ÎLE-DU-PRINCE-ÉDOUARD

ALBERTA

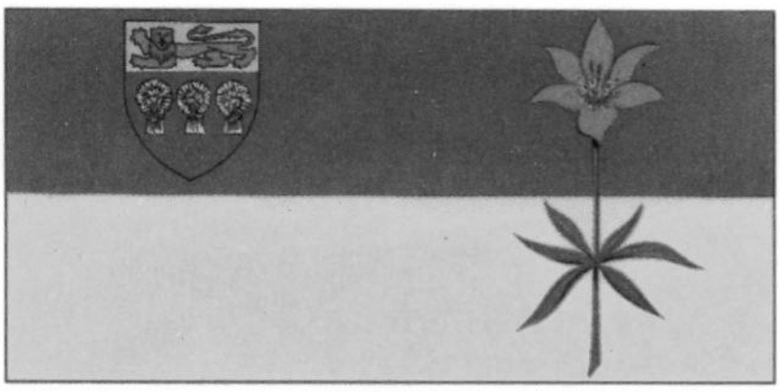

SASKATCHEWAN

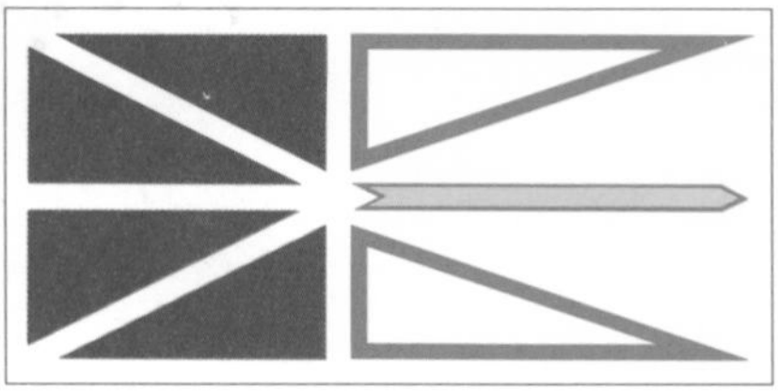

TERRE-NEUVE

TERRITOIRES DU NORD-OUEST

TERRITOIRE DU YUKON

DICTIONNAIRE DU FRANÇAIS

plus

DICTIONNAIRE DU FRANÇAIS

plus

À

L'USAGE

DES

FRANCOPHONES

D'AMÉRIQUE

CEC

Centre Educatif et Culturel inc.

8101, BOUL. MÉTROPOLITAIN, MONTRÉAL (QUÉBEC) H1J 1J9 TÉL. (514) 351-6010

L'éditeur exprime ses remerciements à MM. Jacques Beauchamp, Claude Ducharme, André Gourd, Serge Martiano, Marc Moingeon, Pierre-Karl Péladeau et Jean Saint-Jacques, membres du Conseil d'administration du CEC, pour leur encouragement et leur soutien tout le long de la préparation de l'ouvrage.

Il remercie également MM. Gaston Dulong et Jean-Claude Boulanger, professeurs à l'Université Laval, pour leurs précieux conseils.

Les illustrations des drapeaux et des emblèmes floraux des Provinces et Territoires du Canada qui apparaissent sur les gardes, au commencement et à la fin du livre, ont été gracieusement fournies par le Secrétariat d'État du Canada.

Cette édition du
Dictionnaire du français Plus
dérive d'un dictionnaire publié en 1987
par la Librairie Hachette, à Paris.

Dépôt légal: 3e trimestre 1988
Bibliothèque nationale du Québec
Bibliothèque nationale du Canada
ISBN: 2-7617-0508-4
Imprimé au Canada

DICTIONNAIRE DU FRANÇAIS

plus

Édition établie sous la responsabilité de

A. E. SHIATY
premier vice-président du Centre Éducatif et Culturel, inc.
avec la collaboration de **Pierre Auger**, professeur à l'Université Laval, et
de **Normand Beauchemin**, professeur à l'Université de Sherbrooke.

Rédacteur principal: **Claude Poirier**,
professeur à l'Université Laval,
avec le concours de **Louis Mercier** et de **Claude Verreault**,
chercheurs au Trésor de la langue française au Québec.

Ont également collaboré à l'ouvrage:

Jean-Guy Deschamps
Hubert Reid

Murielle Arsenault
Brigitte Beaulieu
Jean Bédard
Suzelle Blais
Ludmila Bovet
Steve Canac-Marquis
Jacques Crochetière
Jean Daigle
Miriam Deraspe
Gaston Deschênes
Jean-Yves Dugas
Denis Dumas
Jacques Fortin
Jean-Denis Gendron
Roberta Gilbert
Louis-Edmond Hamelin
Nicole Labrecque
Paul Laurendeau
Renald Lessard
Bruno Lévesque
Dean Louder
Paul-Louis Martin
Jacques Mathieu
Jeanne Millet
Sonia Morin
Esther Poisson
Guy W. Richard
Michelle Rousseau
Norman Ryan
André Vachon
Thomas Wien

Coordination éditoriale: Raymonde Abenaim

Lecture des épreuves: Michèle Turcotte et Johanne Villemure

NOTE DE L'ÉDITEUR

«Convoqués par le ministre des **Affaires intergouvernementales**, des **sous-ministres** du Québec et des **provinces maritimes** se sont réunis pour examiner la situation de l'enseignement **secondaire** dans leur milieu respectif. Quelques députés **libéraux** et **péquistes**, membres de la **Commission permanente de l'Éducation**, et des représentants de la **CEQ** ont également participé à cette rencontre. Lors de la première journée, des questions telles: **l'école privée** et la **confessionnalité** des écoles publiques ont été abordées.»

Les gens d'ici auraient pu lire ces trois phrases dans un journal de langue française sans se rendre compte qu'elles contiennent plusieurs mots créés ici ou ayant un sens enraciné dans notre patrimoine culturel et institutionnel. Jusqu'à ce jour, aucun dictionnaire d'usage courant, utilisé dans nos foyers et nos établissements scolaires, ne s'est autant inspiré de notre contexte culturel, social, environnemental ou politique.

Le **Centre Éducatif et Culturel inc** est fier de présenter le premier dictionnaire moderne qui reflète, dans sa lexicographie et ses choix d'articles et de développements encyclopédiques, notre réalité canadienne et nord-américaine.

Comme groupes actifs au sein de la francophonie, les communautés francophones d'Amérique ont enrichi la langue française. L'avènement du **Dictionnaire du français Plus** met fin à l'habitude qu'ont eue jusqu'ici les ouvrages d'usage courant de réduire notre apport à l'état de régionalismes marginalisés.

Le **CEC** a une longue tradition dans l'édition de manuels scolaires et la production de matériel didactique. L'évaluation réalisée à la suite du succès du dictionnaire des écoles primaires, le CEC Jeunesse, nous permet de constater qu'une oeuvre bien enracinée dans le milieu des jeunes les motive davantage dans l'apprentissage du français. Notre mission pédagogique se perpétue par l'édition de ce dictionnaire de langue qui fait une large place à des centaines de canadianismes de bon aloi et à un nombre imposant de développements encyclopédiques dictés par notre contexte.

En plus de permettre à notre public de mieux se reconnaître dans cette oeuvre inédite, sa réalisation a permis l'émergence d'une équipe québécoise de lexicographes et de linguistes dont la compétence est largement reconnue.

Sans la participation active de Pierre Auger, professeur à l'Université Laval, et de Normand Beauchemin, professeur à l'Université de Sherbrooke, de Claude Poirier, professeur à l'Université Laval, des chercheurs du Trésor de la langue française et du Centre d'études sur la langue, les arts et les traditions populaires de la Faculté des lettres de l'Université Laval, et la remarquable coordination de M. A.E. Shiaty, le CEC n'aurait pu franchir ce pas déterminant.

Nous les remerçions chaleureusement ainsi que tous les autres collaborateurs qui ont rendu possible l'édition du **Dictionnaire du français Plus.**

André Rousseau,
président-directeur général,
Centre Éducatif et Culturel, inc.

AVANT-PROPOS

Le **Dictionnaire du français Plus** que nous présentons aujourd'hui dérive d'un dictionnaire publié à Paris par la Librairie Hachette. Le travail original qui a été fait pour réaliser le **Dictionnaire du français Plus** dépasse largement l'adaptation comme on la retrouve d'ordinaire chez plusieurs lexicographes ou éditeurs de dictionnaires qui ont tenté l'expérience avec un succès variable depuis les années cinquante ou soixante. Ce genre particulier, anodin en apparence, a été pratiqué au Québec à des moments différents de son histoire linguistique. D'abord utilisé jusque vers 1960 comme prétexte à une «épuration» lexicologique et secondairement morale (les mots tabous et les concepts y rattachés) pour servir les besoins et les exigences du système éducatif d'alors, ce genre lexicographique a pris un essor particulier avec la mode des «régionalismes» (entendu en son sens sociologique) qui a suivi dans les années soixante. Mode qui a amené les linguistes à reconnaître enfin la légitimité de la variation linguistique et à «défolkloriser» celle-ci socialement parlant. Cette conception nouvelle d'un espace socioculturel du français dominé plutôt par les parlers français que par le parler, en apparence unique et monolithique, diffusé par la Mère Patrie, n'a cessé de se renforcer dans les années qui ont suivi. Les premières manifestations de cette idéologie ont donné lieu dans la pratique à l'enrichissement progressif des dictionnaires en régionalismes de toutes provenances (régionalismes de France, belgicismes, helvétismes, africanismes, canadianismes — québécismes ou acadianismes — et franco-américanismes). Dans ce cas, l'entrée dans le dictionnaire a été surtout pratiquée pour augmenter le contenu culturel francophone de celui-ci. Tels des papillons, les régionalismes sont ainsi repérés, répertoriés et identifiés (cf. les marqueurs de provenance géographique) un peu comme des curiosités explicitant le pittoresque de ces rejetons des français régionaux. L'École traditionnelle des dialectologues français issue de Gilliéron et celle des philologues représentée par W. Von Wartburg a beaucoup compté dans la dissémination ou le maintien de la pensée régionaliste d'arrière-garde centrée sur l'identification des différences plutôt que sur la description sociolinguistique des parlers français, pensée reposant sur l'apriorisme de la filiation historique française sans référence à la sociologie, l'anthropologie et la psychologie langagières. La reconnaissance de l'autonomie des parlers francophones allait devoir attendre encore les années 1980 avant de pouvoir s'émanciper un peu grâce aux efforts politiques et aménagistes des régions de la francophonie.

Le dictionnaire se situe dans le courant d'une nouvelle attitude vis-à-vis la variation linguistique du français pour laquelle il ne suffit pas de «truffer» les dictionnaires de langue de quelques dizaines (ou centaines) de régionalismes pour en reconnaître véritablement l'existence et la légitimité ou en illustrer la vitalité, régionalismes d'ailleurs présentés comme des protubérances du tissu langagier «normal» plutôt que comme des constituants fondamentaux de ce même tissu langagier dans les variations infinies pratiquées par ses locuteurs aux quatre coins de la francophonie. Comment donc est-il possible de relever ce défi d'une prise en compte sociolinguistique poussée des dictionnaires qui ne peuvent ni ne doivent être des outils universels mononormatifs? Nous avons cru dès le départ qu'un tel objectif était possible et réalisable. Nous savions aussi que nous devions nous rendre aussi près que possible, sans y parvenir tout à fait, d'un modèle «idéal» de dictionnaire général de la langue québécoise dont on a beaucoup parlé ces dernières années. Partant du contenu d'un dictionnaire français de langue, le Dictionnaire du français (Hachette, 1987), nous étions tout aussi conscients des limites du travail de «québécisation» ou de naturalisation qui nous attendait. Pour arriver à réaliser le Dictionnaire général de la langue québécoise, il nous aurait fallu partir d'une matière première intégralement québécoise relevant l'ensemble des usages québécois et seulement ces usages en nous entourant de toutes les précautions de l'appareil de la sociolinguistique. Nous croyons maintenant en publiant ce dictionnaire avoir réussi à présenter une image assez précise de ce qu'est le standard québécois, ce nouveau standard, à mi-chemin entre le modèle européen et le vieux modèle québécois, que constitue l'usage de la nouvelle classe moyenne québécoise assez fortement scolarisée.

L'idée d'un dictionnaire général d'usage proprement québécois n'est pas neuve. Il y a un malaise à enseigner le français au Québec avec des dictionnaires élaborés à Paris, les enseignants de chez nous l'ont souvent répété. Les enfants se plaignent de ne jamais y trouver leurs mots ou quand ils les trouvent de ne plus les reconnaître. Plus encore, les informations de nature encyclopédique fournies par le dictionnaire ont presque exclusivement une référence française ou européenne. Il n'est jamais question du Canada ou du Québec sinon pour dire que **bleuet** veut dire myrtille au Canada. Si tous les mots se doivent de figurer au dictionnaire, où se trouvent donc les leurs? On répète trop souvent que les enfants se désintéressent de plus en plus de leur langue en oubliant de mentionner que les références sur lesquelles on appuie la formation linguistique de nos jeunes reposent avant tout sur une représentation française du monde qui leur est étrangère. C'est un fait que les jeunes Québécois peuvent difficilement s'identifier à un contenu «étranger» qu'on s'entête à leur servir dans les classes de français. Est-il donc si absurde de songer à offrir aux Québécois un dictionnaire conçu pour refléter le contexte langagier qui est le leur?

Il faut maintenant s'interroger sur ce que devrait comporter un dictionnaire québécois d'usage. Est-ce qu'on devra y trouver un peu tout ce qui concerne l'usage quotidien que font les Québécois de leur langue, c'est-à-dire les mots représentant tout ce qui touche la vie, la culture et les réalités québécoises comme le font tous les dictionnaires par reférence à un modèle défini à l'avance? Comment situer également le qualificatif «québécois»? Pourrait-on parler d'un dictionnaire qui ne répertorie que l'usage que font les Québécois de leur langue en excluant la nécessité de partager un fonds linguistique commun avec les francophones d'où qu'ils proviennent? Est-ce encore par opposition aux dictionnaires de langue «français de France» et c'est ce que sont en fait les dictionnaires français dits de langue? En fait, l'étiquette importe relativement peu, la difficulté réside plutôt dans le degré d'acceptation profonde qu'on a des variétés régionales de français (le statut de notre langue maternelle) qui bouleverse fréquemment notre conscience linguistique à plusieurs égards et, plus encore, notre toute première éducation langagière.

Il est bien certain qu'une pareille entreprise ne rencontrera pas que des appuis. Plusieurs opposants, par purisme d'ailleurs, feront valoir qu'une telle entreprise peut être nuisible au développement linguistique des jeunes Québécois et que le mal réside justement dans le fait que ceux-ci ne connaissent pas bien leur langue (qui devrait être le français standard selon eux) et que c'est plutôt vers les outils normatifs traditionnels qu'il faut se tourner (grammaires et dictionnaires du français standard) pour leur inculquer ce qu'est le français. En fait, ce n'est pas à la variété en elle-même qu'on en veut, mais plutôt à son apprentissage par le système officiel d'enseignement. Il ne faut pas oublier que l'internationalisation est à la mode et que c'est dans l'unité linguistique (c'est-à-dire dans l'adoption d'un standard unique) que plusieurs voient le maintien et le développement de la francophonie. D'autres, au contraire, identifient la langue québécoise à un prolongement nécessaire d'un nationalisme de bon ton qu'il convient de protéger. Toutes ces idéologies comportent chacune leur part de vérité et c'est probablement entre les deux solutions extrêmes qu'il convient de viser.

Concevoir un dictionnaire, le mettre en œuvre et le rédiger, toute cette tâche du lexicographe doit reposer sur des choix normatifs préalables. Qu'on le veuille ou non, diffuser un dictionnaire, c'est aussi proposer un modèle normatif par le prestige qu'on reconnaît d'ordinaire à ce genre d'outil et, en situation d'enseignement, imposer une norme unique d'une certaine façon. Il est donc très important que de bons choix, pesés et mesurés délicatement, soient effectués au départ et, en cette matière, on ne peut être totalement objectif. Il convient d'éviter à la fois le rigorisme et le laxisme qui sont deux attitudes ennemies de l'aménagement linguistique. L'élaboration d'un dictionnaire d'usage québécois nous fait toucher de très près ce domaine de l'aménagement linguistique.

Il faut laisser aux lexicographes généraux du français la mission secondaire qu'on leur reconnaît facilement (la première étant de décrire le français standard et de le diffuser), mission qui consiste à montrer à l'usager de la langue que le français n'est peut-être pas aussi unifié qu'on le dit d'ordinaire, en lui présentant un certain nombre de mots régionaux qui «méritent» (et c'est bien cela qu'on veut dire) de figurer au dictionnaire, mots en provenance des «régions» de la francophonie. Ainsi en est-il des dérivés en -ismes: canadianismes, québécismes, acadianismes, franco-américanismes, belgicismes, helvétismes, africanismes, etc., présentant des faits de langage dont le nombre doit être soigneusement dosé pour ne pas déséquilibrer la nomenclature du dictionnaire. Les critères d'entrée des régionalismes dans les dictionnaires généraux sont généralement inexistants ou flous, dans le meilleur des cas, et de toute façon «secondarisés» par le jugement métalinguistique du lexicographe. Ce n'est donc pas avec ce genre d'outil général et unificateur qu'on peut avoir accès aux différentes variétés du français pratiquées dans la francophonie internationale. Aussi avons-nous privilégié la formule d'un dictionnaire à base française certes, mais présentant l'usage réel que font les locuteurs québécois de leur langue dans les différentes situations de leur vie. Ce faisant, nous croyons avoir pu démontrer qu'il est possible d'arriver à produire enfin un dictionnaire de l'usage québécois qui soit autre chose qu'un ouvrage de pure description linguistique et qui puisse remplir pleinement sa mission de référence linguistique quant au standard linguistique québécois. Toute l'entreprise s'appuie en fait sur la proposition d'un modèle normatif qui puisse être reconnu en quelque sorte comme un modèle officiel apte à recueillir un consensus étendu dans notre communauté linguistique. Cela ne veut pas dire, par ailleurs, que le dictionnaire ne présente qu'un seul standard linguistique et n'inclut que des entrées tirées de ce standard. Le dictionnaire fait place à la variation langagière telle que notre société la pratique sur le plan interne, et en présente sa réalisation lexicale avec toute sa diversité et sa richesse.

Puisque publier un dictionnaire c'est aussi faire œuvre pédagogique, nous avons dû au départ nous imposer certaines balises «qualitatives» quant au produit que nous avions à élaborer. Un dictionnaire à contenu québécois certes, mais non à n'importe quel prix. C'est ici que le choix d'un modèle normatif prend tout son sens pour le lexicographe. Cela veut dire, concrètement, qu'en affirmant que le français du Québec constitue une variété légitime de français qu'il convient d'illustrer, nous avons aussi affirmé que cette même variété ne peut faire abstraction du fonds commun qui la rattache au reste de la francophonie et qu'elle doit permettre aux francophones québécois de participer à son développement. Cela veut dire, entre autres contraintes, accepter de partager intégralement certaines composantes de la langue comme la grammaire et la syntaxe qui doivent demeurer uniques.

Pour clore cet avant-propos, disons que le **Dictionnaire du français Plus** que nous livrons aujourd'hui au public québécois ou francophone d'Amérique est le premier pas vers un Dictionnaire général de la langue québécoise qui se dégagera naturellement suite aux rééditions successives que devrait voir le dictionnaire dans les années à venir.

Pierre Auger
Normand Beauchemin

PRÉSENTATION DU DICTIONNAIRE

par
Claude Poirier

I. LE FRANÇAIS DANS LE CONTEXTE NORD-AMÉRICAIN

Le dictionnaire de langue joue un rôle qui dépasse celui de simple vademecum grammatical et sémantique. Enregistrant le vocabulaire qui a cours au sein d'une communauté, il véhicule les connaissances acquises et reflète les jugements de valeur qui sous-tendent les comportements individuels et collectifs. Intimement lié, comme le vocabulaire qu'il recense, à la vie d'une société, le dictionnaire témoigne de son organisation, de son fonctionnement, de ses aspirations, des luttes qui la secouent, en somme, de ce qu'elle est à un moment de son histoire.

L'évolution rapide que subissent les sociétés contemporaines est sans contredit l'une des principales raisons du développement considérable que connaît la lexicographie dans le monde depuis une quinzaine d'années. Le lexique français a, à la faveur de ce mouvement, fait l'objet de nombreuses descriptions de grande qualité. Mais, malgré les progrès importants qui ont été réalisés, les Québécois, les Canadiens et, de façon générale, ceux qui parlent le français en Amérique du Nord n'ont pas, jusqu'à ce jour, bénéficié pleinement de l'essor de la lexicographie du fait que leur variété de français n'a jamais été prise en compte dans des dictionnaires d'usage faits à leur intention. Ils sont, comme auparavant, dans la nécessité de chercher dans des ouvrages réalisés en France les réponses aux questions qu'ils se posent comme francophones nord-américains. Or ces ouvrages ne reflètent pas le contexte social, politique ni culturel dans lequel ils vivent et ne rendent compte que de façon partielle de leurs intuitions de locuteurs, ce qui contribue à entretenir une situation d'insécurité linguistique.

Les exemples ne manquent pas pour illustrer la situation de malaise dans laquelle peut se trouver un Québécois quand il consulte un dictionnaire de langue fait en France. De nombreux mots relatifs à l'administration de son pays sont absents de l'ouvrage (**assurance-chômage, sous-ministre, zec,** etc.) ou ne sont définis qu'en rapport avec la société française (**municipalité, paroisse, préfet, taxe,** etc.). Le vocabulaire exprimant son histoire, sa géographie, sa façon de vivre, sa culture au sens large n'y est pas représenté ou ne fait l'objet que de mentions rapides (**anglo-québécois, guignolée, habitant, laurentien, souverainiste,** etc.). À plus forte raison cherchera-t-il en vain dans un dictionnaire usuel fait en France les mots de la langue courante qui caractérisent sa variété de français (**aiguise-crayon, barrer** au sens de «fermer à clef», **enfarger, partisannerie, stationner** v. tr., etc.), surtout si ces mots appartiennent à la langue familière (**achalant, bazou, flanc-mou, niaiseux, pitonner,** etc.).

Mais le problème principal réside peut-être dans le fait que le lexicographe français s'adresse en priorité — comme on doit raisonnablement s'y attendre —

aux quelque cinquante millions de lecteurs potentiels qui composent la société française. Ceux-ci ne voient évidemment aucun problème à ce que le mot **biscuit** soit défini par «gâteau sec», à ce que le mot **hockey** ne soit traité qu'en deux ou trois lignes et à ce que les exemples ne renvoient pour ainsi dire jamais à la réalité nord-américaine. Les Québécois se sont habitués, dans une certaine mesure, à cet état de choses et ne se surprennent même plus que, sous **couverture**, on ne fasse pas mention des couvertures de bardeaux, qui sont les seules qu'ils connaissent vraiment, ou que, sous **bataille,** on préfère parler de la bataille de Marengo plutôt que de celle des plaines d'Abraham. Il n'en reste pas moins que leur intuition de locuteurs et, partant, leur confiance dans leurs ressources linguistiques sont régulièrement mises à l'épreuve, par exemple quand ils lisent que **présentement** est un mot vieilli ou que le mot **casser** peut s'employer dans une phrase comme : *il a cassé sa bicyclette.*

Comment, dans ces conditions, les Québécois peuvent-ils juger de la qualité de leur langue ? Comment réagissent les enseignants quand ils ont à évaluer un travail dans lequel se rencontrent des mots, des expressions qui ne figurent pas dans les dictionnaires et qu'ils emploient souvent eux-mêmes ? En théorie, l'époque est révolue où l'on estimait que seuls étaient français les emplois consignés dans un dictionnaire fait à Paris. En pratique cependant, chacun doit s'en remettre à son propre jugement, sans pouvoir comparer sa perception avec les données d'un dictionnaire faisant autorité, qui aurait justement pour fonction de faire le bilan de l'ensemble des jugements que les Québécois, comme communauté linguistique, portent sur leur langue.

La formule consistant à inclure des québécismes (ou des canadianismes, selon le point de vue) dans des dictionnaires du français de France, qui a été adoptée selon des modalités diverses depuis plus d'une quinzaine d'années, a été utile à bien des égards, notamment en contribuant à faire évoluer les mentalités. Il s'agit là en effet d'une forme de reconnaissance du français du Québec par les Français eux-mêmes. Cette formule ne constitue cependant qu'une demi-mesure; le nombre de mots touchés est en effet extrêmement réduit, leur traitement est fondé sur une documentation élémentaire et, de ce fait, peu approfondi, ce qui entraîne à l'occasion des jugements hâtifs sur la qualité des emplois. Mais surtout, cette formule ne permet pas de régler le problème du contexte culturel, qui demeure hexagonal. Pour toutes ces raisons, les Québécois doivent maintenant s'engager, avec assurance, dans le développement d'une lexicographie adaptée à leurs besoins.

C'est à cette tâche enthousiasmante mais combien difficile qu'ont voulu s'attaquer les auteurs du présent ouvrage. Le **Dictionnaire du français Plus** est en effet le premier dictionnaire de français à s'adresser en priorité aux Québécois et aux Canadiens francophones en intégrant à la description lexicographique les usages qui leur sont propres, sans les refouler dans des sections spécialisées ou les protéger par l'étiquette traditionnelle de *québécisme* (ou de *canadianisme*). Ce dictionnaire de langue dérive du *Dictionnaire du français* (édition 1987), de la maison Hachette, qui a été profondément remanié pour rendre compte de la réalité québécoise, canadienne et nord-américaine. Le projet du Centre Éducatif et Culturel a pu se réaliser grâce à la collaboration de dizaines de spécialistes de diverses disciplines. Il tombait à point nommé. D'une part, les années 1970 et 1980 ont vu l'aboutissement de nombreux travaux, dans diverses branches de la connaissance. D'autre part, la société québécoise sort de la Révolution tranquille avec une perception nouvelle de son identité et une confiance dans l'avenir qui se manifeste par la percée de l'élite dans divers domaines de l'activité humaine. Voilà donc réunies les deux conditions essentielles pour renouveler la lexicographie telle que pratiquée chez nous dans le passé : une documentation scientifique solide et une volonté collective d'affirmation culturelle.

II. LE CONTENU DU DICTIONNAIRE

Le **Dictionnaire du français Plus** vise à mettre à la portée de l'utilisateur québécois et nord-américain une vaste documentation analysée et structurée, à la fois linguistique et encyclopédique, qui réponde aux besoins de la communication en français au seuil des années 1990. L'ouvrage compte environ 62 000 mots et 1 000 développements encyclopédiques qui prolongent l'analyse linguistique et établissent un lien naturel entre l'amélioration de la compétence linguistique et l'acquisition des connaissances.

1. La dimension linguistique

Ce dictionnaire comprend tout le vocabulaire usuel du français, de même que les emplois disparus ou à valeur historique que le francophone cultivé contemporain se doit de connaître. Les articles présentent, pour chacun des mots, les renseignements habituels (prononciation, catégorie grammaticale, sens, étymologie) auxquels s'ajoutent au besoin des exemples, des remarques, des renvois synonymiques ou autres commentaires pertinents. Le dictionnaire enregistre les locutions et expressions usuelles dont il donne la définition et qu'il met en relation avec les sens qui en expliquent la genèse.

Ce vocabulaire usuel inclut évidemment les faits de langue caractéristiques du français québécois, que les spécialistes essaient de circonscrire tant bien que mal par l'appellation de **québécismes** (V. ce mot). En raison du rayonnement historique de la variété québécoise au Canada, ces mots, sens ou expressions sont le plus souvent utilisés par l'ensemble des Canadiens francophones. On a cherché en outre à recueillir les **acadianismes** les plus représentatifs, le français canadien se composant de deux variétés principales, le québécois et l'acadien, qui ont de nombreux traits en commun par comparaison avec les variétés européennes; mais comme le lexique acadien contemporain est encore mal connu et que les Acadiens eux-mêmes ne se sont pas encore prononcés sur l'inclusion de leurs mots dans des dictionnaires d'usage, on s'est limité pour l'heure à certains emplois traditionnels (par ex. **coquemar, poulamon**, qui a d'ailleurs passé dans l'usage québécois, **prusse**). Quoi qu'il en soit, cette première édition du **Dictionnaire du français Plus** ouvre une voie dont l'exploration méthodique exigera encore de nombreuses années; un bon nombre de mots en usage au Québec, en Acadie et ailleurs au Canada manquent encore à la nomenclature et seront progressivement intégrés à mesure que les auteurs de l'ouvrage disposeront de la documentation et des connaissances nécessaires à un traitement lexicographique de qualité.

Les terminologies spécialisées occupent une place de plus en plus importante dans les milieux de travail, dans les media et dans les communications quotidiennes. On les a examinées avec beaucoup d'attention afin d'en extraire tous les éléments nécessaires à une meilleure compréhension du monde contemporain. Certains des termes retenus sont tellement utilisés que les locuteurs finissent par en oublier le caractère technique (par ex. **amiantose, câblodistribution**). Ici encore, on a accordé une attention particulière aux termes largement répandus dans les écrits spécialisés au Québec et au Canada et qui ne figurent pas, jusqu'à ce jour, dans les dictionnaires usuels du français (par ex. **acériculture, embérizidés**); à cette fin, on a exploité les terminologies établies sous la responsabilité de l'Office de la langue française.

Dans le prolongement des recherches approfondies dont a fait l'objet la prononciation du français au Québec et au Canada depuis les années 1950 (notamment celles de Jean-Paul Vinay, de Jean-Denis Gendron, de Pierre R. Léon, de Marcel Juneau et de Laurent Santerre), la notation phonétique a été revue afin de rendre compte de l'usage qui domine dans les milieux cultivés québécois et canadiens. Dans cette première édition du dictionnaire, on a fait porter les efforts sur les mots empruntés à l'anglais, qui reçoivent un traitement phonétique différent au Québec et en France (**lunch**, par exemple, se prononce [lɔnʃ] au Québec, et non pas [lœ̃ʃ] ou [lœnʃ] comme en France), de même que sur de nombreux autres mots dont la prononciation enregistrée dans les dictionnaires ne correspond pas à l'usage québécois. D'autres aspects plus généraux seront pris en considération dans le futur, notamment la distribution du [ɑ] et du [a] selon les mots qui est d'ailleurs variable en France même d'après les relevés des dictionnaires, et la distinction nette que font les Québécois entre les deux voyelles [ɛ] et [ɜ], distinction que les dictionnaires passent aujourd'hui sous silence puisque cette opposition est en voie de disparition en France.

L'étymologie a été notée généralement de façon succincte. On n'a cependant pas hésité à apporter les précisions nécessaires, notamment pour les mots que ce dictionnaire est le premier à enregistrer officiellement (par ex. **enfarger, piton 3**), ou encore quand un complément d'information sur ce plan était susceptible d'aider le lecteur à mieux comprendre certaines caractéristiques de sa langue (par ex. **tabagane** et **toboggan**) ou quand des recherches originales permettaient de corriger ou de compléter les explications antérieures (par ex. **bleuet**).

2. La dimension encyclopédique

On a déjà signalé plus haut la place qui a été faite aux vocabulaires spécialisés, dont la connaissance permet une appréhension plus précise des réalités. L'approche encyclopédique que pratique ce dictionnaire consiste en effet à compléter la description linguistique par des renseignements sur la nature des choses désignées par les mots. Pour cette raison, le **Dictionnaire du français Plus** recourt lui-même à une terminologie spécialisée quand la chose est nécessaire, par exemple pour les mots de la faune et de la flore; la définition en langue commune est complétée par le nom latin des plantes et des animaux, qui renvoie à une réalité précise pour les spécialistes (voir par ex.

carouge). Dans le cas de ces vocabulaires, on a de plus développé une formule de renvois, explicites ou suggérés par la définition, entre les appellations usuelles et la terminologie scientifique afin de permettre au lecteur de choisir le mot ou le terme qui convient, selon la situation (par ex. **fauvette** renvoie à **paruline, mainate** à **quiscale, pinson** à **bruant**, et vice versa).

La vocation encyclopédique de l'ouvrage se manifeste de façon plus évidente par les nombreux développements encyclopédiques qui jalonnent les quelque 1 800 pages d'articles qu'il contient. Ces textes portent non seulement sur des questions relevant des sciences pures (V. **atome, nerf, plomb,** etc.), mais s'intéressent également à l'histoire, à la géographie, à la politique, à la vie en société (V. **acadien, bande 2, bleuet, coroner, éducation, paroisse, seigneurie,** etc.). Ces développements fournissent une information précieuse permettant de bien saisir les divers aspects de l'emploi d'un mot ou d'un terme et les valeurs qui y sont associées.

Compte tenu de l'importance de la question linguistique au Québec et de l'absence d'ouvrages de grande diffusion renseignant sur le français nord-américain, sur son histoire, sa formation et ses caractéristiques, on a cru utile d'inclure un certain nombre de commentaires encyclopédiques sur des thèmes linguistiques généraux (V. **joual, prononciation,** etc.) et sur des points particuliers, par ex. la raison des différences entre le québécois et l'acadien (V. **verne**), ou encore l'origine d'appellations, de mots ou de prononciations qui suscitent souvent des interrogations (V. par ex. **blason, chasse-galerie, diphtongue, seau** — pour la variante *siau* —, **sou** — pour la locution *trente-sous*).

III. LA NORME

Tout lexicographe doit fixer une limite au nombre des mots qu'il enregistre dans un dictionnaire. Cette limite impose, de façon inévitable, des choix dans la multitude des énoncés sur lesquels le dictionnaire pourrait s'appuyer. Un dictionnaire comme celui-ci, visant à répondre aux besoins du public cultivé, se doit de prendre en compte un large éventail de discours tout en s'assurant de donner la priorité à ceux de la langue soignée ou neutre. Mais il importe également que le locuteur puisse interpréter justement et utiliser adéquatement les mots qui relèvent d'autres registres de la langue, d'où la nécessité de ne pas se limiter à la langue dite soignée. Dans cette perspective, on peut concevoir la norme que cherche à décrire le lexicographe comme un état d'adéquation entre, d'une part, les multiples ressources qu'offre la langue et, d'autre part, la nature des messages à produire et des situations de communication.

C'est pourquoi la norme de ce que l'on appelle souvent «le bon usage» doit reposer avant tout sur une bonne description des mots. Cette norme ne peut être définie d'entrée de jeu, avant de commencer le travail lexicographique; elle résulte au contraire de l'analyse détaillée de chacun des éléments répertoriés. Dans la description qu'il en donne, le lexicographe vise à fournir au lecteur tous les renseignements permettant de faire les choix appropriés, selon les circonstances. Le locuteur, ainsi informé des possibilités de sa langue, devient plus confiant dans ses propres ressources linguistiques.

La méthode qui a été pratiquée dans le **Dictionnaire du français Plus** a été élaborée en fonction de cette conception de la norme. On a réuni tous les renseignements disponibles sur les registres, précisés au moyen de marques d'usage établies à la suite de l'examen des exemples disponibles, sur les jugements dont certains mots ont fait l'objet (par ex. «Emploi critiqué»), sur l'origine exacte des emplois, puisque cet aspect est de nature à influencer la perception qu'on en a, etc. Pour ce qui est des marques, on a repris la terminologie traditionnelle (*Fam., Cour., Vulg.*, etc., V. la liste des rubriques de langue qui figure à la suite des abréviations). La marque *Rég.* (régional), sans précision supplémentaire, signifie qu'un emploi est limité à une région du Québec. La marque *France*, placée devant un mot, un sens ou une expression, vise à attirer l'attention sur le fait que l'emploi en cause caractérise avant tout la variété de français en usage dans ce pays; cette marque signifie qu'il s'agit d'un emploi inusité ou peu usuel au Québec, ou auquel un locuteur québécois ne recourt normalement que par référence au français hexagonal.

IV. L'ILLUSTRATION DES EMPLOIS

Pour la plupart des mots de la langue courante, on a signalé les locutions et constructions dans lesquelles ils reviennent le plus souvent. Dans de nombreux cas, on a complété la définition par des exemples à contenu didactique (V. par ex. **cassot, marsouin, rang** II, etc.). On a de plus estimé nécessaire d'apporter un soin particulier à l'illustration de bon nombre d'usages introduits pour la première fois dans un dictionnaire de français.

Dans ce but, on a largement puisé dans la littérature québécoise, dans la littérature acadienne, dans les écrits des universitaires, et même, à l'occasion, dans les anciens récits de voyage, dans les revues et dans les journaux. Le **Dictionnaire du français Plus** devient ainsi le premier dictionnaire à grande diffusion à donner une telle audience aux auteurs québécois et canadiens. Les exemples ont été choisis en fonction de leur intérêt littéraire et de leur contenu plutôt qu'en fonction de la renommée de ceux qui les ont produits, mais les grands auteurs ont pour la plupart eu droit de parole. Les Philippe Aubert de Gaspé, Claude Jasmin, Robert De Roquebrune, Louis Hémon, Clémence Des Rochers, Jacques Ferron, Arthur Buies, Gabrielle Roy, Claude Melançon, Félix Leclerc, Anne Hébert, Michel Tremblay, Madeleine Ferron, Antonine Maillet, Pierre Perrault, Émile Nelligan, Jean-Paul Filion, Roger Lemelin et bien d'autres encore se voisinent dans les colonnes du dictionnaire qui, invitant de cette façon les lecteurs à se reporter aux oeuvres de nos écrivains, prolonge le magnifique travail réalisé par l'équipe du *Dictionnaire des oeuvres littéraires du Québec*.[1].

[1] *Dictionnaire des oeuvres littéraires du Québec*, sous la direction de Maurice Lemire, 5 vol., publiés chez Fides de 1978 à 1987.

V. LA DOCUMENTATION LEXICOGRAPHIQUE

La description du français que présente cet ouvrage prend appui sur les dictionnaires qu'a fait paraître la maison Hachette au cours des dernières années. Le contenu proprement québécois et canadien du **Dictionnaire du français Plus** a été tiré, pour l'essentiel, de la documentation réunie à l'Université Laval par l'équipe du Trésor de la langue française au Québec[2], exception faite des données concernant le vocabulaire judiciaire et les terminologies spécialisées, qui proviennent de sources diverses.

On a en outre tiré parti d'autres travaux sur le lexique qui ont été réalisés à l'Université de Montréal (inventaire d'exemples tirés de la littérature, réalisé par Émile Seutin et André Clas), à l'Université de Sherbrooke (enquêtes linguistiques et études de fréquence lexicale, par Normand Beauchemin et Pierre Martel), à l'Université Laval (enquêtes linguistiques, par Gaston Dulong et Gaston Bergeron) de même qu'à l'Université du Québec à Chicoutimi (enquêtes linguistiques, par Thomas Lavoie, Gaston Bergeron et Michelle Côté). Ces travaux et de nombreux autres permettent aujourd'hui d'envisager avec optimisme l'avenir de la lexicographie québécoise.

[2] L'équipe du Trésor de la langue française au Québec prépare un dictionnaire historique des québécismes et a publié, en 1985, un volume annonçant l'ouvrage qui est en chantier : *Dictionnaire du français québécois. Volume de présentation*, sous la direction de Claude Poirier, publié aux Presses de l'Université Laval. Les travaux du TLFQ sont financés conjointement par le Conseil de recherches en sciences humaines du Canada et par l'Université Laval. Le ministère de l'Éducation du Québec fournit également une contribution dans le cadre de son programme pour la formation de chercheurs et l'aide à la recherche (F.C.A.R.). Le groupe du TLFQ est rattaché au Département de langues et linguistique et au Centre d'études sur la langue, les arts et les traditions populaires (C.É.L.A.T.) de la Faculté des lettres.

ABRÉVIATIONS

abb.	**abbaye**
abbat.	**abbatial**
abrév.	**abréviation**
absol.	**absolument**
abusiv.	**abusivement**
acad.	**académie**
accus.	**accusatif**
acoust.	**acoutisque**
adj.	**adjectif**
adject.	**adjectivement**
admin.	**administration, administratif**
adv.	**adverbe, adverbial**
aéron.	**aéronautique**
affl.	**affluent**
a. fr.	**ancien français**
afr.	**africain, aine (adj.)**
aggl.	**agglomération**
aggl. urb.	**agglomération urbaine**
agric.	**agriculture, agricole**
alch.	**alchimie**
alg.	**algèbre**
alim.	**alimentaire**
all.	**allemand, e (adj., n.)**
allus.	**allusion**
alphab.	**alphabétique**
alt.	**altitude**
altér.	**altération**
amér.	**américain, aine (adj., n.)**
anal.	**analogie, analogue**
anat.	**anatomie**
anc.	**ancien, anciennement**
angl.	**anglais, aise (adj., n.)**
anthrop.	**anthropologie**
Antiq.	**Antiquité**
antiq. égypt.	**antiquité égyptienne**
antiq. gr.	**antiquité grecque**
antiq. rom.	**antiquité romaine**
ap.	**après**
ap. J.-C.	**après Jésus-Christ**
apic.	**apiculture**
appos.	**apposition**
ar.	**arabe (adj., n.)**
arbor.	**arboriculture**
arch.	**archaïque**
archéol.	**archéologie**
archi.	**architecture**
arg.	**argot, argotique**
arith.	**arithmétique**
armur.	**armurerie**
arpent.	**arpentage**
arr.	**arrondissement**
art culin.	**art culinaire**
artill.	**artillerie**
Arts déc.	**Arts décoratifs**
asiat.	**asiatique (adj., n.)**
Atlant.	**Atlantique**
atom.	**atomique**
attract.	**attraction, attractif**
auj.	**aujourd'hui**
auto.	**automobile**
auton.	**autonome**
autref.	**autrefois**
autrich.	**autrichien, ienne (adj., n.)**
auxil.	**auxiliaire**
av.	**avant**
av. J.-C.	**avant Jésus-Christ**
avic.	**aviculture**
avr.	**avril**
bactér.	**bactériologie**
baln.	**balnéaire**
bibl.	**bibliographie**
bijout.	**bijouterie**
biochim.	**biochimie**
biogr.	**biographie**
biol.	**biologie**
blas.	**blason**
bot.	**botanique**
bouch.	**boucherie**
brit.	**britannique (adj., n.)**
bs	**bas**
Bx-A.	**Beaux-Arts**
c.-à-d.	**c'est-à-dire**
cal.	**calorie**
calligr.	**calligraphie**
cant.	**canton**
cap.	**capitale**
card.	**cardinal**
carross.	**carrosserie**
cath.	**cathédrale**
cathol.	**catholique**
celt.	**celtique**
centr.	**central**
céram.	**céramique**
cert.	**certain**
cf.	**confer : se reporter à**
chancel.	**chancellerie**
chap.	**chapelle**
chât.	**château**
ch. de f.	**chemin de fer**
ch.-l.	**chef-lieu**
ch.-l. de cant.	**chef-lieu de canton**
chim.	**chimie**
chin.	**chinois, oise (adj., n)**
chir.	**chirurgie**
chorégr.	**chorégraphie**
chron.	**chronologie**
Cie	**compagnie**
ciné.	**cinéma**
circonsc.	**circonscription**
class.	**classique, lat. classique**
clim.	**climatique**
climat.	**climatologie**
coeff.	**coefficient**
col.	**colonne**
coll.	**collection**
collab.	**collaboration, collaborateur**
collect.	**collectif**
collectiv.	**collectivement**
com.	**commune**
comm.	**commerce, commercial**
comp.	**complément**
compta.	**comptabilité**
confl.	**confluent**
conj.	**conjonction, conjonctif**
conjug.	**conjugaison**
const.	**constant**
constr.	**construction**
contemp.	**contemporain**
contract.	**contraction**
conurb.	**conurbation**
corr.	**correct**
corrél.	**corrélatif**
cosmol.	**cosmologie**
cour.	**couramment**
cout.	**couture**
crois.	**croisement**
cryptogr.	**cryptographie**
ctr.	**contraire**
cuis.	**cuisine**
cult.	**culture**
d.d.p.	**différence de potentiel**
déb.	**début**
déc.	**décembre**
déf.	**défini**
défect.	**défectif**
déform.	**déformation**
dém.	**démonstratif, démocratie, démocratique**
dénigr.	**dénigrement**
dép.	**département**
dér.	**dérivé**
dét.	**déterminatif**
dial.	**dialecte, dialectal**
didac.	**didactique**
dimin.	**diminutif**
diplom.	**diplomatie, diplomatique**
dir.	**direct**
distill.	**distillerie**
distr.	**district**
div.	**divers**
dout.	**douteux**
dr.	**droit**
dr. admin.	**droit administratif**
dr. anc.	**droit ancien**
dr. civ.	**droit civil**
dr. coutum.	**droit coutumier**
dr. ecclés.	**droit ecclésiastique**
dr. féodal	**droit féodal**
dr. forest.	**droit forestier**
dr. marit.	**droit maritime**
dr. rom.	**droit romain**
ébénist.	**ébénisterie**
éc.	**école**
ecclés.	**ecclésiastique**
écol.	**écologie**
écon.	**économie**
écon. polit.	**économie politique**
éd.	**édition, éditeur**
égl.	**église**
égypt.	**égyptien, ienne (adj., n)**
électr.	**électricité**
électroacoust.	**électroacoustique**
électrochim.	**électrochimie**
électromécan.	**électromécanique**
électrométall.	**électrométallurgie**
électron.	**électronique**
ellipt.	**elliptiquement**
embryol.	**embryologie**
empl.	**emploi, employé**
empr.	**emprunt**
encycl.	**encyclopédie, encyclopédique**
enseig.	**enseignement**
env.	**environ**
environn.	**environnement**
équat.	**équatorial**
équit.	**équitation**
erpét.	**erpétologie**
escr.	**escrime**
esp.	**espagnol, ole (adj., n.)**
esp.	**espace**
etc.	**et cætera**
ethn.	**ethnographie, ethnologie**
étym.	**étymologie**
étymol.	**étymologiquement**
euph.	**euphémisme, euphémique**
ex.	**exemple**
exag.	**exagération**
exclam.	**exclamation, exclamatif**
expr.	**expressif(ive), expression**
ext.	**extension**
f.	**féminin**
fabr.	**fabrique**
fac.	**facultatif**
fam.	**famille**
fbg	**faubourg**
féd.	**fédération, fédéral, fédérative**
fém.	**féminin**
f.é.m.	**force électromotrice**
féod.	**féodalité, féodal**
ferrug.	**ferrugineux, euse**
fév.	**février**
fig.	**figure, figuratif, figuré**
filat.	**filature**
fin.	**finances**
finn.	**finnois**
fisc.	**fiscalité**
fl., fluv.	**fleuve, fluvial**
flam.	**flamand**
flamb.	**flamboyant**
forest.	**forestier**
fortif.	**fortification, fortifié**
fr.	**français, aise (adj., n.)**
fréquent.	**fréquentatif**
frq.	**francique**
funér.	**funéraire**
fut.	**futur**
g.	**gauche**
gaul.	**gaulois**
gd, gde	**grand, grande**
généal.	**généalogie**
génét.	**génétique**
géod.	**géodésie**
géogr.	**géographie**
géol.	**géologie**
géom.	**géométrie**
géomorphol.	**géomorphologie**
géoph.	**géophysique**
germ.	**germanique**
gest.	**gestion**
goth.	**gothique**
gouv.	**gouvernement**
gr.	**grec**
gram.	**grammaire, grammatical**
grav.	**gravure**

gymn. .... **gymnastique**
gynécol. .... **gynécologie**
h (sans point) .... **heure**
ha .... **hectare**
hab. .... **habitant**
hébr. .... **hébreu**
héral. .... **héraldique**
hist. .... **histoire**
hist. milit. .... **histoire militaire**
histol. .... **histologie**
holl. .... **hollandais, aise (adj., n.)**
hom. .... **homonyme**
horl. .... **horlogerie**
hortic. .... **horticulture**
ht., hts. .... **haut, hauts**
hte, htes. .... **haute, hautes**
hydraul. .... **hydraulique**
hydroél. .... **hydroélectrique**
hydrogr. .... **hydrographie**
hyg. .... **hygiène**
hyper. .... **hyperbole**
ibid. .... **ibidem**
ichtyol. .... **ichtyologie**
iconogr. .... **iconographie**
id. .... **idem**
imp. .... **impérial**
imparf. .... **imparfait**
impér. .... **impératif**
impers. .... **impersonnel**
import. .... **important, ance**
impr. .... **impropre, improprement**
imprim. .... **imprimerie**
incert. .... **incertain**
incon. .... **inconnu**
incorr. .... **incorrection, incorrect**
ind., indir. .... **indirect**
indéf. .... **indéfini**
indép. .... **indépendant, ance**
indic. .... **indicatif**
industr. .... **industrie, industriel**
inf. .... **infinitif**
infér. .... **inférieur**
infl. .... **influence, inflexion**
inform. .... **informatique**
injur. .... **injurieux**
instr. .... **instrument**
int. .... **interne, intérieur**
interj. .... **interjection**
intern. .... **international**
interrog. .... **interrogation, interrogatif**
intr. .... **intransitif**
inus. .... **inusité**
inv. .... **invariable**
iron. .... **ironie, ironiquement**
irr. .... **irrégulier**
ital. .... **italien, ienne (adj., n.)**
janv. .... **janvier**
jap. .... **japonais, aise (adj., n.)**
J.-C. .... **Jésus-Christ**
joaill. .... **joaillerie**
juil. .... **juillet**
jurid. .... **juridique**
jurispr. .... **jurisprudence**
l. .... **litre, lettre**
lat. .... **latin**
latit. .... **latitude**
législ. .... **législation, législatif**
libr. .... **librairie**
ling. .... **linguistique**
litt. .... **littéraire**
littér. .... **littérature**
littéral. .... **littéralement**
liturg. .... **liturgie**
loc. .... **locution**
local. .... **localité**
loc. conj. .... **locution conjonctive**
loc. exclam. **locution exclamative**
loc. lat. .... **locution latine**
loc. prép. .... **locution prépositive**
log. .... **logique, logarithme**
long. .... **longueur**
longit. .... **longitude**
m. .... **masculin, mot, même**
m (sans point) .... **mètre**
mach. .... **machine**
magnét. **magnétisme, magnétique**
manuf. .... **manufacture**
mar. .... **marine**
marit. .... **maritime**
math. .... **mathématiques**
mauv. part. .... **mauvaise part (en)**
méca. .... **mécanique**
méd. .... **médecine, médical**
médiév. .... **médiéval**
médit. .... **méditerranéen**
méd. lég. .... **médecine légale**
méd. vét. .... **médecine vétérinaire**
mégalit. .... **mégalithique**
mention. .... **mentionné**
mérid. .... **méridional**
métall. .... **métallurgie, métallique**
métaph. .... **métaphore**
météo. .... **météorologie**
méton. .... **métonymie**
métr. .... **métrique**
métrol. .... **métrologie**
métropol. .... **métropolitain**
Mgr .... **Monseigneur**
microb. .... **microbiologie**
mil. .... **milieu**
minér. .... **minéral, minéralogique**
mod. .... **moderne**
mon. .... **monument**
monn. .... **monnaie**
morphol. .... **morphologie**
mus. .... **musique**
music. .... **musical**
musulm. .... **musulman, mane**
myth. .... **mythologie, mythologique**
N. .... **Nord**
n. .... **nom**
nat. .... **national, nationaux**
navig. .... **navigation**
n. b. .... **nota bene**
N.-D. .... **Notre-Dame**
N.-E. .... **Nord-Est**
néerl. .... **néerlandais**
nég. .... **négatif, négation**
néol. .... **néologisme**
n. f. .... **nom féminin**
n. f. pl. .... **nom féminin pluriel**
n. m. .... **nom masculin**
n. m. pl. .... **nom masculin pluriel**
nombr. .... **nombreux**
nomi. .... **nominal**
N.-O. .... **Nord-Ouest**
norm. .... **normand**
norv. .... **norvégien, ienne (adj., n.)**
notam. .... **notamment**
nouv. .... **nouvelle**
nov. .... **novembre**
n. pr. .... **nom propre**
nucl. .... **nucléaire**
num. .... **numéral**
numism. .... **numismatique**
O. .... **Ouest**
obs. .... **observation**
obstétr. .... **obstétrique**
occid. .... **occidental**
occult. .... **occultisme**
océanogr. .... **océanographie**
oct. .... **octobre**
œnol. .... **œnologie**
off. .... **officiel**
onomat. .... **onomatopée**
oppos. .... **opposition**
opt. .... **optique**
ord. .... **ordinal**
ordin. .... **ordinaire**
orfèvr. .... **orfèvrerie**
orient. .... **oriental**
orig. .... **origine**
ornith. .... **ornithologie**
orthogr. .... **orthographe**
orthop. .... **orthopédie**
ouv. .... **ouvrage**
paléogr. .... **paléographie**
paléont. .... **paléontologie**
papet. .... **papeterie**
par ex. .... **par exemple**
par ext. .... **par extension**
paron. .... **paronyme**
part. .... **participe**
partic. .... **particule, particulier, particulièrement**
pass. .... **passif**
pathol. .... **pathologie**
pâtiss. .... **pâtisserie**
pdt. .... **président**
p.-ê. .... **peut-être**
pédag. .... **pédagogie**
pédol. .... **pédologie**
peint. .... **peinture**
péj., péjor. .... **péjoratif**
pers. .... **personne, personnel**
P. et Ch. .... **Ponts et Chaussées**
pétrog. .... **pétrographie**
pétroléochim. .... **pétroléochimie**
pharm. .... **pharmacie, pharmaceutique**
philol. .... **philologie**
philol. gr., lat. .... **philologie grecque, latine**
philo. .... **philosophie**
phon. .... **phonétique, phonétiquement**
photo. .... **photographie**
phys. .... **physique**
physiol. .... **physiologie**
phys. nucl. .... **physique nucléaire**
pisc. .... **pisciculture**
pl. .... **planche**
pl., plur. .... **pluriel**
plaisant. .... **plaisanterie**
plus. .... **plusieurs**
P. Nobel. .... **Prix Nobel**
poét. .... **poétique**
polit. .... **politique**
pop. .... **populaire, population**
portug. .... **portugais, aise (adj., n.)**
poss. .... **possessif**
possess. .... **possessions**
post. .... **postérieur**
posth. .... **posthume**
pp. .... **participe passé**
ppr. .... **participe présent**
prat. .... **pratique**
préc., précéd. .... **précédent, précédemment**
préf. .... **préfecture, préfixe**
préf. urb. .... **préfecture urbaine**
préhist. .... **préhistoire**
prem. .... **premier**
prép. .... **prépositif, préposition**
prés. .... **présent**
princ. .... **principal, principalement**
priv. .... **privatif**
probabl. .... **probablement**
procéd. .... **procédure**
prod. .... **produit, production**
prod. alim. .... **produits alimentaires**
prod. chim. .... **produits chimiques**
prod. manuf. .... **produits manufacturés**
pron. .... **pronom, pronominal**
prononc. .... **prononciation, prononcer**
propr. .... **propre, proprement**
propos. .... **proposition**
prosod. .... **prosodie**
protohist. .... **protohistoire**
prov. .... **proverbe, proverbial, provenance, province**
provenç. .... **provençal**
psychan. .... **psychanalyse**
psychiat. .... **psychiatrie**
psycho. .... **psychologie**
pyrot. .... **pyrotechnie**
qqch .... **quelque chose**
qqn .... **quelqu'un**
rac. .... **racine**
rad. .... **radical**
radiodif. .... **radiodiffusion**
radioélectr. .... **radioélectrique**
radioph. .... **radiophonie**
radiotél. .... **radiotélévision**
raff. .... **raffinerie**
récipr. .... **réciproque**
réfl. .... **réfléchi**
rég. .... **région, régional**
rég. mérid. .... **région méridionale**
rég. occid. .... **région occidentale**
rel. .... **reliure**
relig. .... **religion**
rem. .... **remarque**
rép. .... **république**
rép. auton. .... **république autonome**
rép. dém. **république démocratique**

rép. féd.	république fédérale
rép. pop.	république populaire
rhét.	rhétorique
riv.	rivière
rom.	romain, aine (adj., n.)
roy.	royaume
R.S.F.S.R.	République socialiste fédérative soviétique de Russie
S.	Sud
s.	singulier, siècle
sanit.	sanitaire
sanscr.	sanscrit
sc.	science
scand.	scandinave
scientif.	scientifique
sc. nat.	sciences naturelles
scol.	scolaire
scolast.	scolastique
s. comp.	sans complément (sans le complément attendu)
sculpt.	sculpture
S. E.	Son Excellence
S.-E.	Sud-Est
s.-ent.	sous-entendu
sept.	septembre
septent.	septentrional
séric.	séricículture
serv.	service
sidér.	sidérurgie
signif.	signifiant
simpl.	simplement
sing. ou s.	singulier
S.-O.	Sud-Ouest
soc.	socialiste
sociol.	sociologie
sov., soviét.	soviétique
spécial.	spécialement
s.-préf.	sous-préfecture
S.S.	Sa Sainteté
st, ste	saint, sainte
stat.	station
stat. baln.	station balnéaire
stat. therm.	station thermale
statist.	statistique
sté	société
subj.	subjonctif, subjonctivité
subst.	substantif, substantivé
suff.	suffixe
suiv.	suivant
sup.	supérieur
superf.	superficie
superl.	superlatif
syll.	syllabe
sylvic.	sylviculture
synopt.	synoptique
synt.	syntaxe
t.	terme
tabl.	tableau
tech.	technique, technologie
teint.	teinturerie
télécomm.	télécommunications
télégr.	télégramme, télégraphe
téléph.	téléphone
térat.	tératologie
term.	terminaison
territ.	territoire
text.	textile
théât.	théâtre
théol.	théologie
thérap.	thérapeutique
therm.	thermal, thermique
tol. orth.	tolérance orthographique
topogr.	topographie
tourist.	touristique
tr.	transitif
trad.	traduit, traduction
tram.	tramway
trans.	transitif
transp.	transports
trav. publ.	travaux publics
trigo.	trigonométrie
triv.	trivial
typo.	typographie
urb.	urbain
urban.	urbanisme
us.	usité, usuel
v.	verbe, ville
V.	voir, voyez
var.	variante
v. imp.	verbe impersonnel
v. intr.	verbe intransitif
v. pron.	verbe pronominal
v. tr.	verbe transitif
vén.	vénerie
versif.	versification
vest.	vestiges
vétér.	vétérinaire
virol.	virologie
vitic.	viticulture
vol.	volume
vulg.	vulgaire, vulgairement
vx	vieux
Z.	numéro atomique
zool.	zoologie
zootech.	zootechnie

RUBRIQUES DE LANGUE

Anc.	ancien
Ant.	antonyme
Arg.	argot
Cour.	courant, couramment
Dial.	dialectal
Didac.	didactique
Fam.	familier, familièrement
Fig.	figuré
Grossier.	grossier
Inj.	injurieux
Iron.	ironique
Litt.	littéraire
Mod.	moderne
Péjor.	péjoratif
Plaisant.	plaisant
Poét.	poétique
Pop.	populaire
Rare	rare
Rég.	régional
Syn.	synonyme
Vieilli	vieilli
Vulg.	vulgaire, vulgairement
Vx	vieux

INDICATIONS DE VOCABULAIRE DE SPÉCIALITÉS

ADMIN	Administration
AERON	Aéronautique
AGRIC	Agriculture
ALG	Algèbre
ALPIN	Alpinisme
AMEUB	Ameublement
ANAT	Anatomie
ANTHROP	Anthropologie
ANTIQ	Antiquité
ANTIQ GR	Antiquité grecque
ANTIQ ROM	Antiquité romaine
APIC	Apiculture
ARBOR	Arboriculture
ARCHEOL	Archéologie
ARCHI	Architecture
ARCHI ANTIQ	Architecture antique
ARITH	Arithmétique
ART	Art
ARTILL	Artillerie
ARTS GRAPH	Arts graphiques
ASTRO	Astronomie
ASTROL	Astrologie
AUDIOV	Audiovisuel
AUTO	Automobile
AVIAT	Aviation
BALIST	Balistique
BIOCHIM	Biochimie
BIOL	Biologie
BLAS	Blason
BOT	Botanique
BOUCH	Boucherie
BX-A	Beaux-Arts
RELIG CATHOL	Religion catholique
CHASSE	Chasse
CH de F	Chemin de fer
CHIM	Chimie
CHIR	Chirurgie
CHOREGR	Chorégraphie
CINE	Cinéma
COMM	Commerce
COMPTA	Comptabilité
CONJUG	Conjugaison
CONSTR	Construction
COUT	Couture
CUIS	Cuisine
CYCLISME	Cyclisme
DOCUM	Documentation
DR	Droit
DR ADMIN	Droit administratif
DR ANC	Droit ancien
DR CANON	Droit canon
DR COMM	Droit commercial
DR INTERN	Droit international
DR FEOD	Droit féodal
DR MARIT	Droit maritime
DR PUBL	Droit public
DR TR	Droit du travail
ECOL	Écologie
ECON	Économie
EDITION	Édition
EDUC	Éducation
ELECTR	Electricité
ELECTROACOUST	Électroacoustique
ELECTROCHIM	Électrochimie
ELECTRON	Électronique
EMBRYOL	Embryologie
ENTOM	Entomologie
EQUIT	Équitation
ESP	Espace
ETHNOL	Ethnologie
FAUC	Fauconnerie
FEOD	Féodalité
FIN	Finance
FISC	Fiscalité
FOLKL	Floklore
FOREST	Foresterie
FORTIF	Fortification
GENEAL	Généalogie
GENET	Génétique
GEOGR	Géographie
GEOL	Géologie
GEOM	Géométrie
GEOMORPH	Géomorphologie
GEOPH	Géophysique
GEST	Gestion
GOLF	Golf
GRAM	Grammaire
GRAM GR	Grammaire grecque
GYM	Gymnastique
HERALD	Héraldique
HIST	Histoire
HISTOL	Histologie
HORL	Horlogerie
HORTIC	Horticulture
HYDROL	Hydrologie
ICHTYOL	Ichtyologie
IMPRIM	Imprimerie
INDUSTR	Industrie
INFORM	Informatique
JEU	Jeu
LEGISL	Législation
LING	Linguistique
LITTER	Littérature
LITURG	Liturgie
LOG	Logique
MAR	Marine
MAR ANC	Marine ancienne
MATH	Mathématique

MECA	Mécanique
MED	Médecine
MED BIOL	Médecine biologique
MED VET	Médecine vétérinaire
METALL	Métallurgie
METEO	Météorologie
METR ANC	Métrique ancienne
METROL	Métrologie
MICROB	Microbiologie
MILIT	Militaire
MINER	Minéral
MINES	Mines
MUS	Musique
MYTH	Mythologie
OBSTETR	Obstétrique
OCCULT	Occultisme
OCEANOGR	Océanographie
OPT	Optique
ORNITH	Ornithologie
PALEONT	Paléontologie
PECHE	Pêche
PEDAG	Pédagogie
PEDOL	Pédologie
PEINT	Peinture
PETROG	Pétrographie
PETROLEOCHIM	Pétroléochimie
PHARM	Pharmacie
PHILO	Philosophie
PHILO ANC	Philosophie ancienne
PHON	Phonétique
PHOTO	Photographie
PHYS	Physique
PHYSIOL	Physiologie
PHYS NUCL	Physique nucléaire
POET	Poétique
POLIT	Politique
PREHIST	Préhistoire
PRESSE	Presse
PROTOHIST	Protohistoire
PSYCHAN	Psychanalyse
PSYCHIAT	Psychiatrie
PSYCHO	Psychologie
PSYCHOPATHOL	Psychopathologie
PUBL	Publicité
RADIOELECTR	Radioélectricité
RELIG	Religion
RHET	Rhétorique
SC NAT	Sciences naturelles
SCULP	Sculpture
SOCIOL	Sociologie
SPECT	Spectacle
SPORT	Sport
STATIS	Statistique
SYLVIC	Sylviculture
TECH	Technologie, technique
TELECOM	Télécommunications
TELEV	Télévision
TENNIS	Tennis
TEXT	Textile
THEAT	Théâtre
THEOL	Théologie
TRANSP	Transport
TRAV PUBL	Travaux publics
TRIGO	Trigonométrie
TURF	Turf
TYPO	Typographie
URBAN	Urbanisme
VEN	Vénerie
VETER	Vétérinaire
VITIC	Viticulture
ZOOL	Zoologie

ALPHABET PHONÉTIQUE INTERNATIONAL

CONSONNES

b	de bal	[bal]
d	de dent	[dɑ̃]
f	de foire	[fwaʀ]
g	de gomme	[gɔm]
h	holà !	[hɔla]
	hourrah ! (valeur expressive)	[huʀa]
k	de clé	[kle]
l	de lien	[ljɛ̃]
m	de mer	[mɛʀ]
n	de nage	[naʒ]
ɲ	de gnon	[ɲɔ̃]
ŋ	de racing	[ʀasiŋ]
p	de porte	[pɔʀt]
ʀ	de rire	[ʀiʀ]
s	de sang	[sɑ̃]
ʃ	de chien	[ʃjɛ̃]
t	de train	[tʀɛ̃]
v	de voile	[vwal]
x	de jota (esp.)	[xɔta]
	de khamsin (ar.)	[xamsin]
z	de zen	[zɛn]
ʒ	de jeune	[ʒœn]

VOYELLES

a	de patte	[pat]	o	de gros	[gʀo]
ɑ	de pâte	[pɑt]	ɔ̃	de long	[lɔ̃]
ɑ̃	de clan	[klɑ̃]	œ	de leur	[lœr]
e	de dé	[de]	œ̃	de brun	[brœ̃]
ɛ	de belle	[bɛl]	ø	de deux	[dø]
ɛ̃	de lin	[lɛ̃]	ɔ	de corps	[kɔr]
ə	de demain	[dəmɛ̃]	u	de fou	[fu]
i	de gris	[gʀi]	y	de pur	[pyr]

CLASSIFICATION DES CONSONNES	sourde	sonore	nasale
bilabiale	p	b	m
labiodentale	f	v	
apicale	t	d	n
sifflante	s	z	
chuintante	ʃ	ʒ	
palatale			ɲ
dorsale	k	g	ŋ
uvulaire		ʀ	
latérale		l	

SEMI-VOYELLES
(OU SEMI-CONSONNES)

j	de fille	[fij]
ɥ	de huit	[ɥit]
w	de oui	[wi]

'	note l'absence de liaison - ex. un haricot [œ̃'ariko]

COMMENT UTILISER LE DICTIONNAIRE

Les **mots d'entrée** sont suivis de la transcription de leur prononciation, notée en alphabet phonétique international (p. XXIII), et de l'indication de leur catégorie grammaticale (nom, adjectif, verbe, etc.). Lorsque le mot est un verbe, un nombre entre crochets renvoie au tableau des conjugaisons (p. 1806).

Bien souvent, en français, les mots ont **plusieurs sens**. Ces sens sont alors classés soit selon leur date d'apparition dans la langue, soit selon la fréquence de leur usage, du plus au moins courant. Ce classement obéit à des règles constantes: les groupements les plus importants sont indiqués par une lettre (A, B, C, etc.); puis viennent des numéros en chiffres romains (I, II, III, etc.), puis des numéros en chiffres arabes (1, 2, 3, etc.); ensuite un triangle éclairé (▷) et, enfin, un tiret (—) indiquant des nuances de plus en plus fines.

Les définitions ainsi classées sont complétées par des **exemples** qui précisent l'usage des mots; ces exemples, tout comme les locutions, les proverbes, les expressions idiomatiques, sont en italique.

Tous les mots du français ne sont pas indifféremment utilisés en toutes circonstances. C'est là qu'interviennent les **niveaux de langue**: diverses abréviations signalent que tel mot est populaire (Pop.), familier (Fam.), voire vulgaire (Vulg.) ou argotique (Arg.); tel autre, à l'inverse, est réservé à l'usage des savants (Didac.) ou de la littérature classique (Litt.). Ces abréviations sont également utilisées pour noter qu'un mot est sorti de l'usage courant (Vx), ou voit cet usage réservé à une zone géographique déterminée (Rég.).

Ce dictionnaire consacre une place importante à des mots qui ne sont pas d'usage quotidien, mais dont l'emploi, lié au développement accéléré des sciences et des techniques, se répand dans tous les milieux. Ces termes des divers **vocabulaires de spécialité** sont précédés d'abréviations qui indiquent leur champ d'application (ÉTHNOL: ethnologie; PHYS NUCL: physique nucléaire).

Pour éviter les redondances, lorsqu'une définition fait appel à des notions déjà définies, nous avons multiplié les **renvois**, en utilisant l'astérisque placé après le mot (exemple: «ut, première note de la gamme majeure ne comportant pas d'altération* à la clé*»), ou en notant explicitement «V. ce mot».

Tout article comportant une définition est suivi de l'**étymologie** du mot défini. Si cette étymologie n'est pas formellement établie, nous signalons cette incertitude par un astérisque disposé avant l'étymon (exemple: **sapin**, «gaul. **sappus*»). Si, dans la liste des entrées, un étymon a un homonyme homographe, et se trouve donc précédé d'un numéro qui l'en différencie (exemple: 1. **général, ale, aux,** adj.; 2. **général, ale, aux,** n.), on retrouve ce numéro dans l'étymologie à la suite de l'étymon (exemple: «**généraliser**; de *général* 1»).

Pour faciliter la lecture, les **développements** proprement **encyclopédiques** sont séparés des articles qui définissent les mots; ils apparaissent à la suite de ces articles, précédés du cartouche ENCYCL.

A a

a [a, ɑ] n. m. La première lettre de l'alphabet, la première des voyelles. *Un A majuscule. Un a minuscule, un petit a.* ▷ *Prouver par A plus B,* de manière irréfutable. ▷ *De A à Z,* du début à la fin. ▷ PHYS A: abrév. de *ampère.* – Å: symbole de l'*angström.*

à [a] prép. (au, aux: *à le* se contracte en *au* devant les noms masc. commençant par une consonne et *à les* en *aux* devant les noms de l'un et l'autre genre). **A.** La préposition *à* sert à introduire le complément d'un verbe ou d'un nom exprimant: **I.** Le lieu. **1.** La direction, la destination. *Je vais à la ville. Un voyage à Chicoutimi.* **2.** La position, sans idée de mouvement. *Il vit à Sherbrooke. Des vacances à la montagne.* **3.** La localisation corporelle. *Avoir mal à un œil. Une reprise au coude.* **4.** Le chemin parcouru, la distance, l'intervalle *(de...à). Aller de Montréal à Québec. La distance de Trois-Rivières à Percé.* **II.** Le temps. **1.** Le moment. *Il sort à midi. Départ au petit matin.* ▷ La simultanéité. *Il s'est levé à mon arrivée.* **2.** L'éloignement dans le futur. *Remettre au lendemain ce qu'on peut faire le jour même. Renvoi à huitaine.* **3.** L'intervalle *(de...à). Jeûner du lever au coucher du soleil. La semaine du 2 au 8 janvier.* **III.** L'attribution. **1.** Le destinataire. *Donner à une bonne œuvre. Lettre ouverte au ministre de l'Éducation.* **2.** L'appartenance (seulement avec le verbe *être* ou un pron. pers. comp. de nom). *La voiture est à mon père. Un vieil ami à nous.* ▷ N. B. La construction du comp. de nom avec *à (la maison à Jeanne)* est considérée comme fautive. **IV.** La manière. **1.** La façon, le mode. *Marcher à grands pas. Achat au comptant.* **2.** L'instrument, le moyen. *Écrire à la machine. Rixe au couteau. Montre à quartz.* **V.** Le rapport distributif. *S'abonner à l'année. La vente au numéro.* **VI.** Le nombre. **1.** Le prix. *Ils soldent leurs cravates à deux dollars. Une babiole à cinquante cents.* **2.** L'évaluation. *Cela prendra cinq à sept jours. Une foule de cent à cent vingt mille personnes.* **B.** La préposition *à* sert à introduire: **1.** L'objet indirect d'un verbe. L'objet peut être: ▷ Un nom. *J'aspire à la tranquillité. Il échappe aux poursuites.* ▷ Un infinitif. *Songer à prendre sa retraite. Consentir à parler.* **2.** Le complément d'un nom issu d'un v. tr. indir. *Le renoncement aux plaisirs.* **3.** Le complément de certains adjectifs. *Conforme à la loi. Prompt à agir.* – Lat. *ad.*

1. a-, an- Préfixe tiré du grec, dit «a privatif», exprimant le manque, la privation, la suppression. (Ex.: *amoral,* sans morale).

2. a- Préfixe, du lat. *ad,* marquant la direction vers, le but.

ab absurdo [abapsyʀdo] loc. lat. Par l'absurde. *Démonstration ab absurdo.*

abaca [abaka] n. m. Fibre textile (chanvre de Manille) tirée d'un bananier; ce bananier. – Mot des Philippines, par l'esp.

abaissable [abɛsabl] adj. Qui peut être abaissé. *Une manette abaissable.* – De *abaisser.*

abaisse [abɛs] n. f. Pâte amincie au rouleau à pâtisserie. – Déverbal de *abaisser.*

abaisse-langue [abɛslɑ̃g] n. m. inv. Palette servant à abaisser la langue pour examiner la gorge. – De *abaisser,* et *langue.*

abaissement [abɛsmɑ̃] n. m. **1.** Action d'abaisser, de s'abaisser; son résultat. ▷ ASTRO *Abaissement de l'horizon:* angle de l'horizon théorique d'un lieu avec l'horizon réel. **2.** Diminution (d'une grandeur, d'une quantité). *Abaissement de la température.* – De *abaisser.*

abaisser [abese] **I.** v. tr. [1] **1.** Faire descendre (qqch) à un niveau inférieur. *Abaisser un store.* – *Abaisser ses regards.* ▷ MATH *Abaisser un chiffre,* le reporter à la droite du reste du dividende, dans une division. – *Abaisser une perpendiculaire:* mener une perpendiculaire à une droite, à un plan. **2.** Diminuer la hauteur de (qqch). *Abaisser un mur.* ▷ CUIS *Abaisser une pâte,* l'amincir au rouleau. **3.** Diminuer (une grandeur, une quantité). *Abaisser les prix.* Syn. réduire. ▷ MATH *Abaisser le degré d'une équation,* ramener sa résolution à celle d'une équation de degré moindre. **4.** *Abaisser qqn,* l'avilir, l'humilier. *La misère abaisse l'homme.* Syn. dégrader. **II.** v. pron. **1.** Descendre à un niveau inférieur (choses). *La plage s'abaisse en pente douce.* **2.** Diminuer (grandeurs, quantités). *Le taux de mortalité s'est abaissé.* **3.** S'humilier (personnes). *S'abaisser à des compromissions.* – De *a-2,* et *baisser.*

abaisseur [abɛsœʀ] n. m. (et adj.). ANAT Muscle dont la fonction est d'abaisser la ou les parties qu'il fait mouvoir. ▷ ELECTR *Transformateur abaisseur,* dans lequel la tension de sortie est inférieure à la tension d'entrée. – De *abaisser.*

abajoue [abaʒu] n. f. Extension de la joue chez certains mammifères (singes, hamsters), qui sert de réserve à aliments. – De *bajoue.*

abandon [abɑ̃dɔ̃] n. m. **1.** Fait, action d'abandonner. ▷ SPORT Action d'abandonner, dans une compétition, une épreuve. *Les abandons ont été nombreux au cours de la dernière étape de la course.* ▷ DR Acte par lequel une personne renonce à un bien, un droit, une prétention juridique. ▷ *Abandon du domicile conjugal ou de la résidence familiale:* le fait, pour l'un des époux, de quitter le domicile légal ou la résidence familiale du couple. ▷ EDUC *Abandon scolaire:* fait, pour un élève, de cesser de fréquenter l'école avant la fin de la période de l'obligation* scolaire. **2.** État de la chose, de l'être abandonné. *Mourir dans l'abandon.* ▷ Loc. adv. *À l'abandon:* dans un état d'abandon, de délaissement. *La maison était à l'abandon.* **3.** Fait, action de s'abandonner (au sens II. 3); son résultat. *Elle m'a raconté sa vie dans un moment d'abandon.* – De l'anc. loc. *mettre à bandon,* «mettre au pouvoir de».

abandonné, ée [abɑ̃dɔne] adj. Qui a été l'objet d'un abandon. *Un enfant abandonné.* ▷ Subst. *Secourons les abandonnés. Une pauvre abandonnée.* – Pp. de *abandonner.*

abandonner [abɑ̃dɔne] **I.** v. tr. [1] **1.** Renoncer à (qqch). *Abandonner un projet. Abandonner son emploi.* ▷ SPORT (s. comp.) Renoncer à poursuivre une compétition, une épreuve. *De nombreux coureurs ont abandonné au cours de cette étape.* **2.** Laisser (qqch) à (qqn); mettre (qqch) à la disposition de (qqn). *Il abandonne sa part d'héritage à son frère.* **3.** Ne pas conserver, délaisser (qqch). *Abandonner sa voiture sur la voie publique.* **4.** Quitter (un lieu). *J'abandonne la capitale pour m'établir dans une petite ville.* ▷ *Ses forces l'abandonnent,* viennent à lui manquer. **5.** Se séparer volontairement de (qqn envers qui on a des obligations, avec qui on est lié). *Abandonner sa famille.* **II.** v. pron. **1.** Se livrer à (une émotion, un sentiment). *S'abandonner à la douleur.* ▷ (S. comp.) Détendre son corps, son esprit. *Vous êtes crispé, laissez-vous aller, abandonnez-vous !* **2.** S'en remettre à (qqch). *S'abandonner au hasard, à la fortune.*

3. (S. comp.) Se confier. *Dans l'intimité, il s'abandonne volontiers.* – De *abandon.*

abaque [abak] n. m. **1.** MATH Graphique qui donne, par simple lecture, la valeur approchée d'une fonction pour divers valeurs et paramètres. *Abaque pour le calcul des marées.* **2.** Boulier compteur. **3.** ARCHI Tablette couronnant le chapiteau d'une colonne. – Lat. *abacus.*

abasie [abazi] n. f. MED Trouble caractérisé par la perte totale ou partielle de la faculté de marcher. – De *a*-1, et *basis,* «marche».

abasourdir [abazuʀdiʀ] v. tr. [2] **1.** Rendre sourd; étourdir par un grand bruit. *Cessez donc ce vacarme qui nous abasourdit!* **2.** Fig. Frapper de stupeur. *Voilà une nouvelle qui m'abasourdit.* – De l'arg. *basourdir,* «tuer».

abasourdissant, ante [abazuʀdisɑ̃, ɑ̃t] adj. Qui abasourdit. – Ppr. de *abasourdir.*

abasourdissement [abazuʀdismɑ̃] n. m. – Fait d'abasourdir; état d'une personne abasourdie. – De *abasourdir.*

abat [aba] n. m. **1.** Vx Action d'abattre, de renverser pour tuer. *L'abat des animaux.* **2.** Au plur. Sous-produits comestibles (viscères essentiellement) des volailles ou des animaux de boucherie (les abats ne font pas partie de la carcasse). *Abats de poulet.* – De *abattre.*

abâtardir [abɑtaʀdiʀ] **I.** v. tr. [2] Faire dégénérer. *Le climat a abâtardi cette race.* – Fig. *La servitude abâtardit le courage.* **II.** v. pron. Dégénérer. *Race qui s'abâtardit.* – De *bâtard.*

abâtardissement [abɑtaʀdismɑ̃] n. m. Dégénérescence, altération. – De *abâtardir.*

1. abatis ou **abattis** [abati] n. m. FOREST **1.** Terrain dont on a abattu les arbres sans essoucher; résidus de l'abattage (branches, houppiers, souches) destinés à être brûlés ou à être réduits en copeaux. **2.** Ensemble d'arbres abattus. – De *abattre.*

2. abatis ou **abattis** [abati] n. m. pl. **1.** Abats de volaille. **2.** Fam. Membres. *Tu veux te battre? Numérote tes abattis!* – De *abattre.*

abat-jour [abaʒuʀ] n. m. inv. **1.** ARCHI Baie disposée pour diriger la lumière dans une direction déterminée. **2.** Réflecteur qui rabat la lumière. – De *abattre,* et *jour,* «clarté».

abat-son(s) [abasɔ̃] n. m. inv. Ensemble de lames obliques placées dans les fenêtres d'un clocher pour renvoyer au sol le son des cloches. – De *abattre,* et *son.*

abattage [abataʒ] n. m. **1.** Action de faire tomber (ce qui est dressé). *Abattage des arbres.* ▷ *Abattage du minerai:* action de le détacher du front de taille. **2.** Mise à mort (d'un animal de boucherie). **3.** Action de mettre à terre, de coucher. *Abattage d'un cheval,* pour le soigner. *Abattage en carène d'un navire,* pour nettoyer ou réparer ses œuvres vives. **4.** Fig. *Avoir de l'abattage,* du brio, de la vivacité. – De *abattre.*

abattant [abatɑ̃] n. m. Partie d'un meuble qui se lève ou s'abaisse. – Ppr. subst. de *abattre.*

abattée [abate] n. f. **1.** MAR Changement de cap d'un voilier qui s'écarte du lit du vent. **2.** AVIAT Piqué brusque à la suite d'une perte de vitesse. – De *abattre.*

abattement [abatmɑ̃] n. m. **1.** Affaiblissement des forces physiques ou morales. *Il était plongé dans un profond abattement.* Syn. accablement. Ant. alacrité, vigueur. **2.** FISC Réduction du montant de l'assiette d'un impôt, parfois de l'impôt lui-même. Syn. déduction. – De *abattre.*

abatteuse [abatøz] n. f. FOREST Engin forestier autotracté muni d'une cisaille hydraulique et servant à l'abattage intensif. – De *abattre.*

abattis. V. abatis.

abattoir [abatwaʀ] n. m. Établissement où se fait l'abattage des animaux de boucherie. – De *abattre.*

abattre [abatʀ] **I.** v. tr. [81] **1.** Mettre à bas, faire tomber (ce qui est dressé). *Abattre un mur.* ▷ *Abattre de la besogne:* faire beaucoup de travail en peu de temps. ▷ *Abattre son jeu:* étaler d'un seul coup toutes ses cartes. – Fig. Montrer clairement ses intentions. **2.** Tuer (un animal). *Abattre un bœuf.* ▷ *Abattre qqn,* le tuer avec une arme à feu. **3.** Déprimer, affaiblir (qqn). *Cette maladie l'a abattu.* ▷ Prov. *Petite pluie abat grand vent:* un événement apparemment sans importance met souvent fin à une situation de crise. **II.** v. pron. **1.** Tomber. *Le chêne déraciné s'est abattu sur le sol.* **2.** Se laisser tomber en volant (sur). *Le vautour s'abat sur sa proie.* ▷ Tomber par accident (avions). *L'appareil s'est abattu peu après le décollage.* **3.** Se laisser tomber (personnes). *Il s'abattit sur le divan et n'en bougea plus jusqu'au dîner.* **III.** v. intr. MAR Faire une abattée. – Lat. pop. **abattere.*

abbatial, iale, iaux [abasjal, jo] adj. De l'abbaye; de l'abbé ou de l'abbesse. *Palais abbatial. Dignité abbatiale.* ▷ N. f. Église d'une abbaye. *Abbatiale du XVIIe s.* – Bas lat. **abbatialis.*

abbaye [abei] n. f. Communauté d'hommes ou de femmes placée sous l'autorité d'un abbé ou d'une abbesse; ensemble des bâtiments de cette communauté. *Faire une retraite dans une abbaye. Abbaye du XVIIIe s.* – Lat. ecclés. *abbatia.*

abbé [abe] n. m. **1.** Supérieur d'une abbaye, d'un monastère d'hommes. **2.** RELIG CATHOL Titre donné à un membre du clergé séculier. *L'abbé X, curé de Saint-Antoine.* – Lat. *abbas.*

abbesse [abɛs] n. f. Supérieure d'une abbaye, d'un monastère de femmes. – Lat. ecclés. *abbatissa.*

abbevillien [abviljɛ̃] n. m. (et adj.). Faciès ancien du Paléolithique inférieur, caractérisé par des silex irrégulièrement taillés sur les deux faces (bifaces). Syn. chelléen. – De *Abbeville,* nom d'une ville de France.

abc [ɑbese] n. m. **1.** Vieilli Livret dans lequel les enfants apprennent les rudiments de la lecture. Syn. abécédaire. **2.** Principes élémentaires. *Il ignore l'abc du métier.*

abcéder (s'), [apsede] v. pron. [11] Rare Se transformer en abcès. – De *abcès.*

abcès [apsɛ] n. m. Collection de pus dans une cavité formée aux dépens des tissus environnants. *Abcès chaud,* accompagné d'une inflammation aiguë. *Abcès froid,* qui se forme lentement, sans réaction inflammatoire (par ex., abcès tuberculeux). *Abcès de fixation:* abcès provoqué en vue de localiser une infection générale. ▷ Fig. *Crever* ou *vider l'abcès:* mettre au grand jour, faire éclater une situation de crise latente. – Lat. méd. *abscessus.*

abdication [abdikasjɔ̃] n. f. **1.** Action d'abdiquer le pouvoir souverain. *L'abdication d'Édouard VII.* **2.** Abandon, renoncement. – Lat. *abdicatio.*

abdiquer [abdike] v. tr. [1] **1.** Abandonner (le pouvoir souverain). *Abdiquer la royauté.* ▷ (S. comp.) *Napoléon fut contraint d'abdiquer.* **2.** Renoncer à. *Abdiquer tous ses droits.* ▷ (S. comp.) *Jamais je n'abdiquerai,* je ne renoncerai. – Lat. *abdicare.*

abdomen [abdɔmɛn] n. m. **1.** Partie inférieure du tronc, limitée en haut par le diaphragme, en bas par le petit bassin, et qui contient la majeure partie de l'appareil digestif, le foie, la rate et une partie de l'appareil génito-urinaire. Syn. ventre. **2.** Segment postérieur du corps des arthropodes. – Lat. *abdomen.*

abdominal, ale, aux [abdɔminal, o] adj. De l'abdomen. ▷ Subst. *Les abdominaux:* les muscles abdominaux. – De *abdomen.*

abducteur [abdyktœʀ] adj. et n. m. ANAT Qualifie les muscles qui effectuent le mouvement d'abduction. ▷ Subst. *L'abducteur du pouce.* – Lat. *abductor.*

abduction [abdyksjõ] n. f. Mouvement par lequel un membre ou un segment de membre s'écarte du plan de symétrie du corps. – Lat. *abductio.*

abécédaire [ɑbesedɛʀ] n. m. Abc (sens 1). – Lat. *abecedarium.*

abée [abe] n. f. Ouverture par laquelle s'écoule l'eau qui entraîne la roue d'un moulin. – D'*abéer,* «ouvrir la bouche».

abeillage [abɛjaʒ] n. m. FEOD Droit des seigneurs sur les ruches de leurs vassaux. – De *abeille.*

abeille [abɛj] n. f. **1.** Insecte hyménoptère aculéate (muni d'un aiguillon) produisant le miel. ▷ *Nid d'abeilles.* V. nid. **2.** Emblème héraldique figurant une abeille. *L'abeille symbolise le travail.* – Provenç. *abelha,* du lat. *apicula.*

ENCYCL De nombreuses abeilles (osmie, mégachille) sont solitaires; certaines vivent en société. La principale espèce sociale, l'abeille mellifique, dite encore abeille domestique (*Apis mellifica,* fam. apidés), est longue de 15 à 20 mm et possède des pièces buccales de type broyeur-lécheur, dont certaines forment une trompe destinée à recueillir et aspirer le nectar des fleurs, que l'insecte transforme en miel par évaporation d'eau. La société des abeilles comprend plusieurs castes, bien distinctes morphologiquement: les ouvrières, de petite taille, sont chargées de nourrir les larves, nettoyer la ruche et collecter nectar et pollen; leur abdomen est terminé par un aiguillon venimeux; parmi les mâles (faux bourdons) un seul assure la reproduction; la reine, de grande taille, n'a qu'une fonction: pondre. Les ouvrières se communiquent, par un système de mouvements instinctifs («danse», étudiée par K. von Frisch), la direction, par rapport au Soleil, du lieu de la récolte et sa distance de la ruche. La reine sécrète une substance chimique qui, absorbée par les abeilles, maintient la cohésion de la population; lorsque celle-ci devient excessive, la concentration de cette substance, trop faible, provoque l'essaimage des surnuméraires. Les rayons de la ruche portent deux types d'alvéoles, les uns remplis de pollen ou de miel, les autres destinés à recevoir les œufs pondus par la reine. Selon leur taille, ces «alvéoles à couvain» verront naître des ouvrières (castrats par carence alimentaire), des futures reines (nourries de gelée royale) ou des mâles (issus d'œufs non fécondés).

abélien, ienne [abeljɛ̃, jɛn] adj. MATH *Fonctions abéliennes,* introduites en analyse par N. Abel. *Ensemble abélien,* qui est muni d'une loi de composition interne commutative. – Du n. du mathématicien norvégien *N. Abel.*

abénaquis, ise [abenaki, iz] adj. et n. **1.** adj. Relatif aux Amérindiens établis dans le centre du Québec. *Les coutumes abénaquises.* ▷ Subst. Amérindien du Québec appartenant à la famille algonquine. *Les Abénaquis étaient d'habiles chasseurs.* **2.** n. m. Langue de la famille linguistique algonquienne. *L'abénaquis n'est guère plus en usage.* – Abén. *wabanaki,* «pays qui est à l'est».

ENCYCL Langue en voie d'extinction, l'abénaquis est encore parlé à Odanak, petite réserve indienne située près de Pierreville (Québec), à l'est de la rivière Saint-François. Toutefois, moins d'une douzaine de personnes le parlent encore couramment et elles sont âgées. Historiquement, la graphie *abénaki(s),* que l'on rencontre encore sporadiquement, était presque aussi fréquente que celle qui a cours actuellement.

aberrance [abɛʀɑ̃s] n. f. STAT Écart important par rapport à une valeur moyenne. – De *aberrant.*

aberrant, ante [abɛʀɑ̃, ɑ̃t] adj. Qui s'écarte du type habituel, normal. ▷ **1.** BIOL Qui présente une (des) variation(s) par rapport à l'espèce. **2.** Contraire à la raison, au bon sens. *Une idée aberrante.* – Ppr. de *aberrer.*

aberration [abɛʀasjõ] n. f. **1.** ASTRO et PHYS Déformation provoquée par des paramètres secondaires. **2.** MED Anomalie d'ordre anatomique, physiologique ou psychique. *Aberration du goût.* ▷ *Aberration chromosomique:* anomalie relative à la constitution ou au nombre des chromosomes, qui peut être à l'origine de diverses maladies telles que la *trisomie 21* (mongolisme). **3.** Écart de l'imagination, erreur de jugement. *Il a commis cette faute dans un moment d'aberration.* ▷ Idée, façon d'agir contraire à la raison, au bon sens. – Lat. *aberratio:* «éloignement».

aberrer [abɛʀe] v. intr. [1] Rare Être dans l'erreur. – Lat. *aberrare,* «s'éloigner».

abêtir [abetiʀ] **I.** v. tr. [2] Rendre bête, stupide. *Vous abêtissez cet enfant, en le faisant trop travailler.* ▷ (S. comp.) *Activité monotone qui abêtit.* **II.** v. pron. *Elle s'abêtit, à lire ces illustrés ineptes !* – De *bête.*

abêtissant, ante [abetisɑ̃, ɑ̃t] adj. Qui abêtit. – Ppr. de *abêtir.*

abêtissement [abetismɑ̃] n. m. Action d'abêtir; son résultat; état d'une personne abêtie. – De *abêtir.*

abhorrer [abɔʀe] v. tr. [1] Litt. Avoir en horreur. *Abhorrer le mensonge.* Syn. abominer, exécrer, haïr. Ant. adorer. – Lat. *abhorrere.*

abiétacées [abjetase] n. f. pl. BOT Famille de conifères comprenant les sapins. – Du lat. *abies,* «sapin».

abîme [abim] n. m. **1.** GEOMORPH Gouffre très profond. Syn. aven. ▷ Par métaphore. *Un abîme sépare ces deux personnes,* elles diffèrent tellement qu'il n'y a entre elles aucun point commun, aucune entente possible. **2.** Fig. *Un abîme de...:* une quantité considérable de... *Un abîme de désespoir.* **3.** Fig. Ruine, grand malheur. *Être au bord de l'abîme. Courir à l'abîme.* – Du lat. ecclés. *abyssus,* altéré en *abismus.*

abîmer [abime] **I.** v. tr. [1] **1.** Vx Précipiter dans un abîme. **2.** Endommager (qqch). *Abîmer ses affaires. Ses chaussures sont tout abîmées.* **II.** v. pron. **1.** Litt. S'engloutir. *Le navire s'abîma dans les flots.* ▷ Fig. *S'abîmer dans ses pensées,* s'y absorber complètement. **2.** Se gâter, se détériorer. *Ces fruits se sont abîmés à la chaleur.* – De *abîme.*

ab initio [abinisjo] loc. adv. Mots latins, «depuis le début».

ab intestat [abɛ̃tɛsta] loc. adv. DR Sans testament. Se dit d'une succession qui s'ouvre en l'absence d'un testament. – Loc. lat.

abiotique [abjɔtik] adj. BIOL Où ne peut exister la vie. – Gr. *abiotikos.*

ab irato [abiʀato] loc. adv. Mots latins, «de la part d'un homme en colère». *Testament ab irato,* fait sous l'influence de la colère.

abject, ecte [abʒɛkt] adj. Qui suscite le mépris, la répulsion. *Une créature abjecte.* Syn. ignoble, immonde. – Du lat. *abjectus.*

abjection [abʒɛksjõ] n. f. **1.** Caractère abject. *L'abjection de sa conduite m'a révolté.* **2.** État de dégradation, d'abaissement méprisable. *L'abjection dans laquelle il est tombé.* – Lat. *abjectio.*

abjuration [abʒyʀasjɔ̃] n. f. Acte par lequel on abjure. – De *abjurer.*

abjurer [abʒyʀe] v. tr. [1] **1.** Renier publiquement par un acte solennel (une religion). *Abjurer le protestantisme.* ▷ (S. comp.) *Henri IV abjura en 1593.* **2.** Renoncer à (une opinion, une pratique). *Il a abjuré toute fierté.* – Lat. *abjurare.*

1. ablatif [ablatif] n. m. LING Sixième cas de la déclinaison latine exprimant le point de départ, l'origine, la séparation, l'éloignement. – Lat. *ablativus (casus),* «(cas) marquant l'origine».

2. ablatif, ive [ablatif, iv] adj. ESP *Matériau ablatif:* matériau de revêtement destiné à protéger les structures d'un engin lorsque celui-ci effectue sa rentrée dans l'atmosphère terrestre. – Angl. *ablative,* de *to ablate,* «enlever», refait sur *ablation.*

ablation [ablasjɔ̃] n. f. Retranchement, suppression. **1.** CHIR Résection d'un membre, d'un organe, d'un tissu, d'une tumeur. *L'ablation de l'estomac est une gastrectomie.* **2.** ESP Destruction d'un matériau, accompagnée d'une forte absorption de chaleur. **3.** GEOMORPH Perte de matériaux d'un relief soumis à l'érosion (mécanique ou chimique). – Lat. *ablatio.*

able [abl] n. m. Nom générique de certains poissons d'eau douce. – Du lat. *albulus,* «blanchâtre».

-able. Suffixe du lat. *-abilis,* «qui peut être» (ex.: faisable, mangeable) ou «enclin à être» (ex.: aimable, secourable). V. aussi *-ible.*

ablégat [ablega] n. m. Délégué du pape chargé d'une mission. – Lat. *ablegatus,* «envoyé».

ableret [ablərɛ] ou **ablier** [ablje] n. m. Filet de pêche carré. – De *able* (V. ablette).

ablette [ablɛt] n. f. Petit poisson (fam. cyprinidés) à la nageoire caudale allongée, aux écailles argentées, vivant dans les eaux douces d'Europe. – De *able,* m. sens, du lat. *albulus,* «blanchâtre».

ablier. V. ableret.

abluer [ablye] v. tr. [1] **1.** Vx Laver. **2.** TECH Enduire (un parchemin, un papier) d'un produit qui ravive l'écriture. – Lat. *abluere,* «laver».

ablution [ablysjɔ̃] n. f. **1.** Toilette purificatrice rituelle, prescrite par de nombreuses religions. **2.** Plur. Vin et eau versés sur les doigts du prêtre après la communion. **3.** *Faire ses ablutions:* se laver. – Lat. *ablutio.*

abnégation [abnegasjɔ̃] n. f. Renoncement, sacrifice volontaire de soi. *Son abnégation est admirable.* Syn. dévouement. – Lat. *abnegatio,* «refus».

aboi [abwa] n. m. **1.** Vx Aboiement. **2.** VEN *Bête aux abois,* cernée par les chiens qui aboient. **3.** Fig. *Personne aux abois,* dans une situation désespérée. – Déverbal de *aboyer.*

aboiement [abwamɑ̃] n. m. **1.** Cri du chien. **2.** Fig., péjor. Invectives importunes. *Les aboiements de la critique.* – De *aboyer.*

aboiteau [abwato] n. m. GEOGR En Acadie, digue élevée pour la récupération des terres littorales à des fins de culture. – D'un dial. de l'ouest de la France.
ENCYCL Pour assécher les marais et pour les protéger contre les grandes marées, les Acadiens construisaient, au moyen d'arbres entiers et de glaise, des digues très étanches, dans lesquelles ils ajustaient des boîtes rectangulaires, faites de madriers et fermées à chaque bout d'un clapet qui, à marée basse, permettait à l'eau des marais de s'écouler, et qui, à marée haute, empêchait l'eau de mer d'y entrer. Le clapet était appelé *aboiteau,* terme qui finit par désigner l'ensemble de la digue. On a trouvé des aboiteaux en Nouvelle-Écosse, au Nouveau-Brunswick et dans la région de Kamouraska, au Québec.

abolir [abɔliʀ] v. tr. [2] **1.** Vx Supprimer. *«Jupiter résolut d'abolir cette engeance»* (La Fontaine). ▷ Mod. Réduire à néant. *Abolir les distances.* **2.** DR Faire cesser la validité d'un usage, d'une loi, d'une peine. *La peine de mort a été abolie au Canada en 1976.* Syn. abroger. – Lat. *abolere,* «détruire».

abolition [abɔlisjɔ̃] n. f. Action d'abolir; son résultat. *Abolition de l'esclavage.* – Lat. *abolitio,* «suppression».

abolitionnisme [abɔlisjɔnism] n. m. Doctrine prônant l'abolition de l'esclavage ou de la peine de mort. – Angl. *abolitionism.*

abolitionniste [abɔlisjɔnist] n. et adj. Partisan de l'abolition de l'esclavage, de la peine de mort. – Angl. *abolitionist.*

abomasum [abɔmazɔm] n. m. ZOOL La quatrième poche de l'estomac des ruminants. Syn. caillette. – Du lat. *ab-,* «du côté de» et *omasum,* «tripes de bœuf».

abominable [abɔminabl] adj. **1.** Qui inspire l'abomination, l'horreur. *Un meurtre abominable.* **2.** *Par ext.* Très désagréable. *De la pluie, du brouillard, bref, un temps abominable.* – De *abominer.*

abominablement [abɔminabləmɑ̃] adv. De manière abominable. – Du préc.

abomination [abɔminasjɔ̃] n. f. **1.** Caractère de ce qui inspire l'horreur, le dégoût. *L'abomination de ce forfait a révolté l'opinion.* **2.** Ce qui inspire l'horreur, le dégoût. *C'est une véritable abomination!* – *L'abomination de la désolation:* dans la Bible, le comble du sacrilège, la plus impie des profanations. – Lat. ecclés. *abominatio.*

abominer [abɔmine] v. tr. [1] Avoir en abomination, en horreur. *J'abomine l'hypocrisie.* Syn. abhorrer, détester, exécrer. – Lat. *abominare.*

abondamment [abɔ̃damɑ̃] adv. **1.** En grande quantité. **2.** D'une manière plus que suffisante. *Les faits l'ont abondamment démontré.* – De *abondance.*

abondance [abɔ̃dɑ̃s] n. f. **1.** Grande quantité. *Une abondance de marchandises à l'étalage. Abondance de biens ne nuit pas* (Prov.). ▷ *En abondance:* en grande quantité, à foison. **2.** Profusion de biens matériels, richesse. *Vivre dans l'abondance. Société d'abondance. Finie la disette, voilà l'abondance!* ▷ *Corne d'abondance,* débordant de fruits et de fleurs, symbole de la richesse. ▷ *Parler d'abondance,* en improvisant avec brio. – Lat. *abundantia,* «affluence».

abondant, ante [abɔ̃dɑ̃, ɑ̃t] adj. **1.** Qui abonde, qui est en grande quantité. *Nourriture abondante.* **2.** *Style abondant,* d'une grande richesse d'expression. – Lat. *abundans.*

abonder [abɔ̃de] v. intr. [1] **1.** Être, exister en très grande quantité. *Les fruits abondent cet été.* Syn. foisonner. **2.** *Abonder en, de:* avoir, produire en très grande quantité. *Une région qui abonde en gibier.* Syn. regorger. **3.** *Abonder dans le sens de qqn:* soutenir la même opinion que lui et la justifier par des arguments supplémentaires. – Lat. *abundare,* «déborder».

abonné, ée [abɔne] adj. Qui bénéficie d'un abonnement. ▷ Subst. *Nos abonnés sont priés de régler par chèque. Il n'y a pas d'abonné au numéro que vous avez demandé.* – Pp. de *abonner.*

abonnement [abɔnmɑ̃] n. m. Convention qu'un client passe avec un fournisseur pour bénéficier d'un service régulier (*spécial.,* la livraison d'un quotidien, d'un périodique). *Abonnement téléphonique. Carte d'abonnement à un club. Résilier son abonnement à une publication.* – De *abonner.*

abonner [abɔne] v. tr. [1] Prendre un abonnement pour (qqn). *Abonner ses enfants à un journal.*

▷ v. pron. *Il s'est abonné à cette revue.* – De *bonne,* anc. forme de *borne.*

abonnir [abɔniʀ] v. tr. [2] Rendre bon. *Les caves fraîches abonnissent le vin.* ▷ v. pron. Devenir meilleur. – De *bon.*

abord [abɔʀ] n. m. **1.** Vx Action d'aborder (un rivage), d'arriver dans (un lieu). ▷ Mod. *Lieu d'un abord facile,* auquel on accède facilement. **2.** Vieilli Action d'aborder, de rencontrer (une personne). ▷ Mod. *Personne d'un abord facile,* qui fait bon accueil, avenante. ▷ Loc. adv. *Dès l'abord:* dès la rencontre (d'une personne). *Dès l'abord, il me fit bonne impression.* **3.** Loc. adv. *D'abord, tout d'abord:* avant toute chose, en premier lieu. *Les femmes et les enfants d'abord. Tout d'abord agissez, vous parlerez ensuite.* **4.** Loc. adv. *Au premier abord, de prime abord:* à première vue. *De prime abord, la chose paraît facile.* **5.** MAR *En abord:* à bord d'un navire, sur le côté. *Chaloupe arrimée en abord.* – De *aborder.*

abordable [abɔʀdabl] adj. **1.** Où l'on peut aborder, accessible. **2.** Que l'on peut aborder, avenant (personnes). **3.** *Prix abordable,* raisonnable. – De *aborder.*

abordage [abɔʀdaʒ] n. m. Action d'aborder. **1.** Action de prendre d'assaut un navire. *À l'abordage!* **2.** Collision accidentelle de deux navires. – De *aborder.*

aborder [abɔʀde] **I.** v. tr. [1] **1.** Accoster (un navire) pour lui donner l'assaut. *Corsaire qui aborde une frégate.* **2.** Heurter (un navire) accidentellement. *Le paquebot a abordé un chalutier dans la brume.* ▷ V. pron. *Navires qui se sont abordés.* **3.** Arriver à (un endroit par où l'on va passer). *Aborder un virage.* **4.** *Aborder qqn,* s'approcher de lui pour lui parler. Syn. accoster. **5.** *Aborder un sujet,* commencer à en parler. **II.** v. intr. Prendre terre, toucher le rivage (navires, embarcations). *Le vent nous empêche d'aborder.* – De *à,* et *bord.*

aborigène [abɔʀiʒɛn] adj. et n. Né dans le pays qu'il habite. ▷ N. m. pl. Les premiers habitants d'une contrée (par oppos. à ceux qui sont venus s'y établir). *Les aborigènes d'Australie.* (V. encycl.) – Lat. *aborigines,* de *origo,* «origine».

ENCYCL Les aborigènes d'Australie, qu'on estime auj. à 75 000 individus env., dont plusieurs milliers de métis, ont une origine encore mal définie. Certains voient en eux les derniers représentants d'une race caucasoïde disparue: ce seraient, en quelque sorte, des pré-Européens. Cette hypothèse est infirmée par l'analyse sanguine. Pour d'autres, les aborigènes seraient le fruit du métissage de Négritos de Tasmanie, de Murrayiens parents des Aïnous, et de Carpentariens voisins des veddoïdes de Ceylan. Dernière hypothèse: ils seraient venus de la région d'Australie-Malaisie il y a trente mille ans au moins, par une terre aujourd'hui immergée (le banc de Sahul), avant les vagues d'immigrations qui ont modifié le type physique des ethnies de cette région. Jusqu'à ces dernières années, ils vivaient presque uniquement de la chasse, de la pêche et de la cueillette. Ils font aujourd'hui valoir leurs droits sur leurs terres ancestrales où se trouvent des mines de turquoise dont ils entendent percevoir des revenus.

abornement [abɔʀnəmɑ̃] n. m. Action d'aborner; son résultat. – De *aborner.*

aborner [abɔʀne] v. tr. [1] Délimiter (un terrain) par des bornes, des marques. – De *a-,* et *borne.*

abortif, ive [abɔʀtif, iv] adj. **1.** Qui fait avorter. ▷ N. m. *Un abortif.* **2.** Qui n'atteint pas le terme normal de son évolution. *Forme abortive.* – Lat. *abortivus,* «avorté».

abot [abo] n. m. Entrave au paturon d'un cheval. – Forme dial. de *about.*

aboucher [abuʃe] **I.** v. tr. [1] **1.** Mettre en relation (des personnes). **2.** Appliquer (un tube à un autre) par l'extrémité. **II.** v. pron. **1.** Entrer en relation avec (qqn). *Il s'est abouché avec un grossiste qui vend à très bas prix.* **2.** S'appliquer par une extrémité à (tubes). *La descente d'eaux usées s'abouche au collecteur.* – De *à,* et *bouche,* «faire tomber en avant sur la bouche».

abouler [abule] v. tr. [1] Arg. Donner, remettre. *Aboule ton fric!* ▷ S. comp. Vieilli. *Aboule!* Viens. – v. pron. Vieilli. *S'abouler:* venir. – De *«amener la boule»;* de *à,* et *bouler.*

aboulie [abuli] n. f. Absence, diminution de la volonté. – Gr. *aboulia,* «irréflexion».

aboulique [abulik] adj. (et n.). Atteint d'aboulie. – Du préc.

about [abu] n. m. **1.** Extrémité par laquelle une pièce d'assemblage se joint à une autre. **2.** GEOGR Espace résiduel entre deux rangs, résultant d'un découpage cadastral. – De *abouter.*

aboutement [abutmɑ̃] n. m. Action d'abouter; son résultat. – De *abouter.*

abouter [abute] v. tr. [1] Joindre par le bout. – De *à,* et *bout.*

aboutir [abutiʀ] **I.** v. tr. ind. [2] **1.** Arriver en bout de parcours à (un lieu). *Ce chemin aboutit à la maison.* **2.** Fig. *Raisonnement qui aboutit à une absurdité.* **II.** v. intr. Arriver à bonne fin, réussir. *Ses démarches ont abouti.* – De *bout.*

aboutissants [abutisɑ̃] n. m. pl. *Connaître les tenants et les aboutissants d'une affaire,* la connaître dans toutes ses implications, dans le détail. – Ppr. subst. de *aboutir.*

aboutissement [abutismɑ̃] n. m. Résultat. *L'aboutissement des efforts de quelqu'un.* – De *aboutir.*

aboyer [abwaje] v. intr. [26] **1.** Crier (en parlant du chien). **2.** Fig. Invectiver (personnes). *Homme qui aboie plus qu'il ne mord,* qui crie beaucoup, mais ne peut guère nuire. – Lat. pop. **abbaudiare.*

aboyeur, euse [abwajœʀ, øz] n. **1.** Chien qui aboie. ▷ CHASSE Chien qui prévient, en aboyant, de la présence du gibier sans l'attaquer. **2.** Péjor. Personne qui crie beaucoup. **3.** Personne dont le métier exige qu'elle parle en criant (par ex.: personne qui annonce les invités dans une réception. Vieilli. Annonceur à la porte d'une salle de spectacle). – De *aboyer.*

abracadabra [abʀakadabʀa] n. m. Mot qui passait pour doté d'un pouvoir magique de guérison. – Mot grec.

abracadabrant, ante [abʀakadabʀɑ̃, ɑ̃t] adj. Invraisemblable. *Histoires abracadabrantes.* – Du préc.

abraser [abʀaze] v. tr. [1] TECH User par abrasion. – Du lat. *abrasus,* de *abradere,* «enlever en grattant».

abrasif, ive [abʀazif, iv] adj. Qui use par frottement. – N. m. Corps abrasif. – Du lat. *abrasus,* de *abradere,* «enlever en grattant».

abrasion [abʀazjɔ̃] n. f. **1.** TECH Usure par frottement. **2.** GEOL Érosion par l'eau ou par la glace. – Lat. *abrasio,* de *abradere,* «enlever en grattant».

abraxas [abʀaksas] n. m. **1.** ZOOL Lépidoptère (fam. géométridés) aux couleurs vives, dont les chenilles s'attaquent aux arbres fruitiers, partic. aux groseilliers. **2.** GENET *Type abraxas:* mode de détermination du sexe dans lequel le mâle contient la paire d'hétérochromosomes semblables, alors que la femelle est hétérogamétique.

abréaction [abʀeaksjɔ̃] n. f. PSYCHAN Extériorisation émotionnelle par laquelle un sujet se libère de l'affect resté lié à un traumatisme. – De *ab,* «hors», et *réaction.*

abréagir [abreaʒiʀ] v. intr. [2] PSYCHAN Se décharger d'un affect par abréaction. – All. *abreagiren.*

abrégé [abʀeʒe] n. m. **1.** Représentation sous une forme réduite. *L'enfant, cet abrégé de l'adulte.* **2.** Discours, écrit réduit à l'essentiel. *L'abrégé d'un récit.* ▷ Petit ouvrage exposant succinctement une science, une technique. Syn. mémento. **3.** Loc. adv. *En abrégé:* en peu de mots, sommairement. *Noter en abrégé.* – Pp. subst. de *abréger.*

abrégement [abʀɛʒmɑ̃] n. m. Action d'abréger. *Abrégement d'un délai.* – De *abréger.*

abréger [abʀeʒe] v. tr. [17] Rendre plus court (en durée, en substance). *Abréger une attente fastidieuse. Abréger un article trop long.* Syn. écourter, résumer. Ant. allonger. – Bas lat. *abbreviare.*

abreuver [abʀøve] **I.** v. tr. [1] **1.** Faire boire (un animal ou, fam., une personne). *Abreuver son cheval. Abreuver qqn de vin.* **2.** Fig. Imbiber. *Arroser une plante en abreuvant la terre.* – CONSTR *Abreuver un mur,* le mouiller abondamment pour obtenir une meilleure adhérence de l'enduit. **3.** Fig. *Abreuver qqn d'injures,* l'accabler d'injures. **II.** v. pron. **1.** Boire. *Vaches qui s'abreuvent au ruisseau.* **2.** Fig. Jouir à satiété, profiter pleinement de. *Un fin lettré qui s'est abreuvé des bons auteurs.* – Lat. pop. **abbiberare.*

abreuvoir [abʀøvwaʀ] n. m. **1.** Lieu conçu pour faire boire les animaux; auge destinée à cet usage. *Mener le bétail à l'abreuvoir.* **2.** Dans les endroits publics, appareil permettant de boire grâce à un mécanisme commandant un jet d'eau. – De *abreuver.*

abréviatif, ive [abʀevjatif, iv] adj. Qu'on utilise pour abréger. *Formule abréviative.* – De *abréviation.*

abréviation [abʀevjɑsjɔ̃] n. f. **1.** Retranchement de lettres dans un mot, de mots dans une phrase, pour gagner en rapidité, en espace. *Prof est l'abréviation de professeur.* **2.** Mot, groupe de mots abrégés. *Ce texte ne contient aucune abréviation.* – Bas lat. *abbreviatio.*

abréviativement [abʀevjativmɑ̃] adv. Par abréviation. *Noter abréviativement.* – Du préc.

abri [abʀi] n. m. Lieu de protection, de refuge contre les intempéries ou le danger. *Un abri contre la pluie. Abri antiatomique.* ▷ *Abri fiscal:* type de placement qui permet au contribuable de bénéficier de certains avantages fiscaux (report ou élimination de l'impôt). ▷ Loc. adv. *À l'abri:* à un endroit où l'on est protégé. *Se mettre à l'abri.* ▷ Loc. prép. **1.** *À l'abri de:* protégé contre. *La maison est à l'abri du vent.* **2.** À couvert au moyen de. *À l'abri du feuillage.* – De l'a. fr. *abrier,* «mettre à couvert».

abribus [abʀibys] n. m. Petite construction légère servant d'abri, à l'emplacement d'un arrêt d'autobus. V. aubette. – Nom déposé; de *abri,* et *bus.*

abricot [abʀiko] n. m. Fruit de l'abricotier, d'une saveur délicate et parfumée, de couleur jaune rosé. – De l'ar. *al-barqūq,* par le catalan.

abricoté, ée [abʀikote] adj. **1.** Qui tient de l'abricot. *Une pêche abricotée.* **2.** Recouvert de marmelade d'abricots. *Un gâteau abricoté.* – De *abricot.*

abricotier [abʀikɔtje] n. m. Arbre fruitier à fleurs blanches, originaire d'Arménie ou de Chine (*Armeniaca vulgaris,* fam. rosacées). – De *abricot.*

abrier [abʀije] v. tr. **1.** Recouvrir d'une couverture. *Abrier un enfant.* – Recouvrir pour protéger des intempéries. *Abrier le bois.* **2.** Cacher, dissimuler. *Abrier son crime.* – De *abri.*

abri-sous-roche [abʀisuʀɔʃ] n. m. Cavité naturelle à la base d'une falaise. *Les abris-sous-roches ont souvent servi de gîte aux hommes préhistoriques.* – De *abri, sous,* et *roche.*

abrité, ée [abʀite] adj. Qui est à l'abri du vent. *Une terrasse bien abritée.* – Pp. de *abriter.*

abriter [abʀite] **I.** v. tr. [1] **1.** Mettre à l'abri, protéger par un abri. *Abriter de sa main la flamme d'une allumette. Garage qui abrite une voiture.* **2.** Servir d'habitation à. *Cette maison abrite de nombreux locataires.* **II.** v. pron. Se mettre à l'abri (des intempéries, du danger). *S'abriter sous un arbre.* ▷ Fig. *S'abriter derrière la loi:* éluder une obligation morale, une responsabilité, en mettant à profit des dispositions légales favorables. – De *abri.*

abrogatif, ive [abʀɔgatif, iv] adj. Qui a le pouvoir d'abroger. – De *abroger.*

abrogation [abʀɔgasjɔ̃] n. f. DR Anéantissement d'une loi, d'un règlement, d'un décret, d'une ordonnance par un acte explicitement ou implicitement contraire. – De *abroger.*

abrogatoire [abʀɔgatwaʀ] adj. DR Qui a pour but d'abroger. – De *abroger.*

abrogeable [abʀɔʒabl] adj. Qui peut être abrogé. – De *abroger.*

abroger [abʀɔʒe] v. tr. [15] DR Rendre légalement nul. *Abroger une loi, des décrets, des règlements.* Syn. abolir. Ant. promulguer. – Lat. *abrogare,* «supprimer».

abrupt, te [abʀypt] adj. **1.** Coupé à pic. *Falaises abruptes.* Syn. escarpé. ▷ N. m. *Escalade d'un abrupt.* **2.** Fig. Rude, direct. *Manières abruptes, style abrupt.* – Lat. *abruptus.*

abruptement [abʀyptəmɑ̃] adv. D'une façon abrupte. – De *abrupt.*

abrupto (ex). V. ex abrupto.

abruti, ie [abʀyti] adj. Devenu stupide, intellectuellement diminué. *Être abruti de fatigue.* ▷ Subst. (Fam.) Personne privée d'intelligence. *Un parfait abruti. Va donc, abruti!* – Pp. de *abrutir.*

abrutir [abʀytiʀ] v. tr. [2] Rendre stupide, hébété. *Abrutir d'un flot de paroles.* Syn. abêtir, abasourdir. – (S. comp.) *L'alcool abrutit.* ▷ v. pron. *S'abrutir de travail.* – De *brute.*

abrutissant, ante [abʀytisɑ̃, ɑ̃t] adj. Qui abrutit. *Un bruit abrutissant.* – Ppr. de *abrutir.*

abrutissement [abʀytismɑ̃] n. m. Action d'abrutir; son résultat. – De *abrutir.*

abscisse [apsis] n. f. MATH Nombre qui permet de définir la position d'un point. (Dans le cas d'un espace vectoriel à deux ou trois dimensions, l'abscisse est la première des deux ou trois coordonnées cartésiennes). *Abscisse curviligne:* mesure algébrique de l'arc qui relie l'origine d'une courbe à un point courant de cette courbe. – Lat. *(linea) abscissa,* «(ligne) coupée».

abscons, onse [apskɔ̃, ɔ̃s] adj. Péjor. Obscur, difficile à comprendre. *Un auteur à la pensée absconse.* Syn. hermétique. Ant. clair, évident. – Lat. *absconsus.*

absence [apsɑ̃s] n. f. **1.** Défaut de présence, fait de ne pas être en un lieu donné. *Nous avons regretté votre absence à cette séance de travail.* **2.** DR Situation d'une personne dont la disparition prolongée a rendu l'existence incertaine. *L'absence n'entraîne pas dissolution du mariage.* **3.** Le fait d'être éloigné d'une autre personne. *L'absence de sa femme lui pèse.* ▷ (S. comp.) *L'absence diminue les passions.* **4.** Inexistence, manque. *Absence de goût.* **5.** Défaillance de la mémoire, de l'attention. **6.** Loc. prép. *En l'absence de:* à défaut de (qqn). *Cette décision a été prise en l'absence de l'intéressé.* – Lat. *absentia.*

absent, ente [apsɑ̃, ɑ̃t] adj. **1.** Qui n'est pas (dans un lieu). *Je serai absent de chez moi jusqu'à lundi.* – (S. comp.) *Je voulais le voir, mais il était absent.* ▷ Subst. *Les absents ont toujours tort* (Prov.). **2.** DR Personne disparue de son domicile et dont l'existence est mise en doute sans que l'on soit certain de son décès. **3.** Qui manque. *L'inspiration est totalement absente de cette œuvre.* **4.** Distrait. *Vous lui parlez, il est absent, il n'écoute pas.* – Lat. *absens.*

absentéisme [apsɑ̃teism] n. m. Manque d'assiduité; absence fréquente des lieux de travail. – Angl. *absenteeism.*

absentéiste [apsɑ̃teist] adj et n. Qui pratique l'absentéisme. – Du préc.

absenter (s') [apsɑ̃te] v. pron. [11] S'éloigner momentanément. *Je m'absenterai de Montréal quelques jours.* ▷ (S. comp.) *Il faut que je m'absente un instant.* – Lat. *absentare,* «rendre absent».

absidal, ale, aux [apsidal, o] ou **absidial, iale, iaux** [apsidjal, jo] adj. De l'abside. *Chapelle absidiale.* – De *abside.*

abside [apsid] n. f. Extrémité d'une église, arrondie ou polygonale, derrière le chœur. – Bas lat. *absida.*

absidiole [apsidjɔl] n. f. Chacune des petites chapelles, en hémicycle ou polygonales, attenantes à l'abside. – De *abside.*

absinthe [apsɛ̃t] n. f. **1.** Plante à l'odeur forte, à la saveur amère et aromatique (genre *Artemisia,* fam. composées). **2.** Liqueur extraite de cette plante. – Lat. *absintium.*

absolu, ue [apsɔly] adj. **1.** Qui est sans limite. *Je suis dans l'incertitude absolue.* – *Pouvoir absolu:* pouvoir politique que rien ne borne. **2.** Total; entier. *Impossibilité absolue.* ▷ CHIM Exempt de tout mélange. *Alcool absolu.* **3.** Fig. Intransigeant. *Un caractère absolu.* **4.** Considéré en soi, indépendamment de toute référence à autre chose (par oppos. à *relatif*). *La vérité absolue existe-t-elle?* ▷ MATH *Valeur absolue d'un nombre réel:* sa valeur indépendamment de son signe algébrique. (Ex.: a est la valeur absolue de +a ou de –a). ▷ PHYS *Zéro absolu:* origine de l'échelle thermodynamique des températures exprimées en kelvins, soit 0 K (qui correspond à – 273,15 °C). V. froid. ▷ N. m. Ce qui existe en dehors de toute relation. *L'absolu a été longtemps considéré comme l'objet ultime de toute philosophie. L'absolu, dont tout dépend et qui ne dépend de rien.* – Lat. *absolutus.*

absoluité [apsɔlyite] n. f. Caractère absolu. – De *absolu.*

absolument [apsɔlymɑ̃] adv. De manière absolue. **1.** Sans limite, sans contrôle. *Il dispose absolument de tout dans la maison.* **2.** Totalement, entièrement. *Je suis absolument décidé. En êtes-vous convaincu? Absolument!* **3.** Sans faute, de toute nécessité. *Je dois absolument aller à ce rendez-vous.* **4.** GRAM *Verbe transitif employé absolument,* sans complément d'objet (par ex., *aimer* dans *le temps d'aimer*). – De *absolu.*

absolution [apsɔlysjɔ̃] n. f. **1.** RELIG CATHOL Pardon accordé au nom de Dieu par le confesseur au pécheur repentant. *L'absolution est une des deux parties essentielles du sacrement de pénitence.* **2.** Pardon accordé à qui a commis une faute. *Il a eu l'absolution de l'opinion publique.* – Lat. *absolutio.*

absolutisme [apsɔlytism] n. m. Exercice sans contrôle du pouvoir politique; doctrine des partisans d'un tel pouvoir *(absolutistes).* – De *absolu.*

absolutoire [apsɔlytwaʀ] adj. Qui porte absolution. *Jugement absolutoire.* – Lat. *absolutorius,* «relatif à l'absolution».

absorbant, ante [apsɔʀbɑ̃, ɑ̃t] adj. **1.** Qui absorbe. *Les poils absorbants des racines puisent les aliments dans le sol.* ▷ N. m. Corps qui a la propriété d'absorber. **2.** Fig. Qui occupe entièrement l'attention. *Tâche absorbante.* – Ppr. de *absorber.*

absorber [apsɔʀbe] v. tr. [1] **1.** Laisser pénétrer et retenir (un fluide, un rayonnement, de l'énergie). *Tissu qui absorbe l'eau. Les plantes vertes absorbent le gaz carbonique de l'atmosphère. Le noir absorbe la lumière.* **2.** Ingérer (qqch). *Il absorbe une énorme quantité de nourriture.* ▷ Fig. *Entreprise qui en absorbe une autre,* qui l'annexe en devenant détentrice de la majeure partie de son capital. **3.** Fig. Consumer entièrement. *Ces travaux ont absorbé tous les crédits.* **4.** Fig. Captiver, occuper totalement (qqn). *Ses multiples activités l'absorbent entièrement.* ▷ v. pron. *Il s'absorbe dans son travail et ne pense à rien d'autre.* – Lat. *absorbere,* «engloutir».

absorption [apsɔʀpsjɔ̃] n. f. **1.** Action d'absorber. *L'absorption des eaux de ruissellement par le calcaire.* ▷ PHYS *Facteur d'absorption:* quotient de l'énergie absorbée par l'énergie reçue. **2.** Action d'ingérer. *Une absorption massive de médicaments.* **3.** Fig. *Absorption d'une petite entreprise par une plus grosse.* – Lat. *absorptio.*

absoudre [apsudʀ] v. tr. [55] **1.** RELIG CATHOL Accorder la rémission des péchés à. *Prêtre qui absout un pénitent.* **2.** Accorder son pardon à (qqn). – Lat. ecclés. *absolvere.*

absoute [apsut] n. f. RELIG CATHOL Anc. Dernière prière du prêtre (accompagnée d'encensements et d'aspersions) de la liturgie des funérailles à l'église, au cours de laquelle on recommande le défunt à Dieu. *L'absoute a pris le nom de «dernier adieu» dans le rituel issu du concile Vatican II.* – Pp. fém. de *absoudre.*

abstème [apstɛm] adj. (et n.) RELIG Qui ne boit pas de vin, qui a horreur du vin. *Les prêtres abstèmes, ne participant pas au calice, ne peuvent exercer leur sacerdoce.* – Lat. *abstemius,* de *ab, abs,* «loin», et *temetum,* «vin».

abstenir (s') [apstəniʀ] v. pron. [39] et [11] **1.** Se garder de (faire qqch). *S'abstenir de répondre:* ne pas répondre, volontairement. – (Devant un nom d'action.) *S'abstenir de toute critique.* **2.** (S. comp.) Ne pas agir. *Dans le doute, abstiens-toi* (Prov.). – *Spécial.*, ne pas prendre part à un scrutin. *Je m'abstiendrai lors des prochaines élections.* **3.** Se priver volontairement de (qqch.). *S'abstenir de cigarettes.* – Lat. *abstinere,* «tenir éloigné».

abstention [apstɑ̃sjɔ̃] n. f. Action de s'abstenir. – *Spécial.*, le fait de ne pas participer à un scrutin. *Bulletins blancs, bulletins nuls et abstentions.* – Lat. *abstentio.*

abstentionnisme [apstɑ̃sjɔnism] n. m. Attitude de ceux qui ne prennent pas part à un scrutin, ou refusent d'y participer *(abstentionnistes).* – De *abstention.*

abstinence [apstinɑ̃s] n. f. Fait de se priver de certains aliments, de certaines activités, pour des motifs religieux ou médicaux. *Pratiquer le jeûne et l'abstinence.* – *Par euph.* Continence sexuelle. *Le médecin lui a prescrit l'abstinence.* – Lat. *abstinentia.*

abstinent, ente [apstinɑ̃, ɑ̃t] adj. Qui pratique l'abstinence. – Lat. *abstinens.*

abstracteur [apstʀaktœʀ] n. m. Celui qui se plaît aux abstractions. – Bas lat. *abstractor.*

abstraction [apstʀaksjɔ̃] n. f. **1.** Opération par laquelle l'esprit isole dans un objet une qualité particulière pour la considérer à part. **2.** Idée abstraite. *Raisonner sur des abstractions.* **3.** *Faire abstraction de:* ne pas tenir compte de. – Bas lat. *abstractio,* «séparation, isolement».

abstraire [apstʀɛʀ] **I.** v. tr. [78] Isoler par abstraction (qqch). **II.** v. pron. **1.** Isoler son esprit en se plongeant dans la réflexion, la méditation. **2.** Faire abstraction de (qqch). – Lat. *abstrahere,* «enlever».

abstrait, aite [apstʀɛ, ɛt] **I.** adj. **1.** Considéré par abstraction (au sens 1). *Notion abstraite.* **2.** Qui s'applique à des relations, et non à des objets du monde. *La logique est une science abstraite.* **3.** *Art abstrait* ou *non figuratif,* qui ne cherche pas à représenter le réel (V. encycl.). **II.** n. m. **1.** Ce qui est abstrait (par oppos. au concret). **2.** *L'abstrait:* l'art abstrait. – *Un abstrait:* un peintre, un sculpteur abstrait. – Lat. *abstractus.*

ENCYCL **Beaux-Arts.** – L'art abstrait, qui s'affranchit des règles de l'imitation de la réalité selon les lois de l'optique perspectiviste traditionnelle, est né au début du XXe s. Il s'est développé suivant deux grandes tendances, l'une émotionnelle, souvent «tachiste» ou gestuelle, expression limite entre le conscient et l'inconscient de l'artiste (Hartung, Pollock, De Kooning), l'autre géométrique, recherche plus ou moins «froide» de la forme et de la couleur en termes de rapports mathématiques (Mondrian, Malevitch, Vasarely).

abstraitement [apstʀɛtmɑ̃] adv. De manière abstraite. – De *abstrait.*

abstrus, use [apstʀy, yz] adj. Péjor. Que l'on a du mal à comprendre. Syn. abscons, hermétique, obscur. Ant. clair, facile. – Lat. *abstrusus.*

absurde [apsyʀd] adj. **1.** Qui est contre le sens commun, la logique. *Une conduite absurde.* ▷ N. m. Absurdité. *Tomber dans l'absurde.* **2.** *Démonstration par l'absurde,* qui établit la vérité d'une proposition en montrant que son contraire ne peut être vrai. – Lat. *absurdus,* «discordant».

ENCYCL **Philo.** – Les auteurs existentialistes non chrétiens (Sartre, Camus, etc.) ont fait usage de la notion d'absurde en insistant, chacun dans un sens bien particulier, sur l'abîme infranchissable qui existe entre l'homme et le monde, entre les aspirations de l'être humain et l'incapacité du monde à les satisfaire. **Littér.** – Dans le *théâtre de l'absurde* (expression due au critique Martin Esslin), l'intrigue est désintégrée, la communication entre les personnages, leur langage sont disloqués. Beckett, Tardieu, Ionesco, Adamov, Pinter, Albee sont les principaux représentants de ce genre apparu vers 1950.

absurdement [apsyʀdəmɑ̃] adv. D'une manière absurde. – De *absurde.*

absurdité [apsyʀdite] n. f. **1.** Caractère de ce qui est absurde. **2.** Conduite, propos absurde. *Commettre une absurdité. Il a débité mille absurdités.* – De *absurde.*

absurdo (ab). V. ab absurdo.

abus [aby] n. m. **1.** Action d'abuser (de); mauvais usage, usage excessif. *L'abus des somnifères est dangereux.* – *Spécial.* (S. comp.) Mauvais usage d'un privilège, d'un droit; injustice. *Nous ne tolérerons plus désormais aucun abus.* ▷ Fam. *Il y a de l'abus:* la mesure est comble, cela n'est plus admissible. **2.** DR *Abus d'autorité:* acte commis par un fonctionnaire qui outrepasse ses pouvoirs. *Abus de confiance:* acte commis par quiconque profite, à des fins délictueuses, de la confiance accordée par un tiers. *Abus de droit:* mauvais usage ou usage excessif d'un privilège, d'un droit. ▷ (D'après l'angl. *physical abuse, sexual abuse*) *Abus physique:* mauvais traitement envers une personne en position d'infériorité. *Abus sexuel:* acte indécent envers ou avec une personne (général. mineure) qui ne peut s'y soustraire. – Lat. *abusus.*

abuser [abyze] **I.** v. tr. ind. [1] **1.** Faire un usage excessif de (qqch). *Il ne faut pas abuser des bonnes choses.* **2.** *Abuser d'une femme,* la violer. ▷ v. tr. dir. et ind. (D'après l'angl. *to abuse*) Maltraiter, exploiter une personne, ou encore entraîner une personne (général. mineure) dans une activité sexuelle en profitant de l'ascendant qu'on a sur elle. *Abuser physiquement un enfant, d'un enfant. Être abusé sexuellement par qqn.* **II.** v. tr. Litt. Tromper (qqn). *Il fut facile d'abuser ce naïf. J'ai été abusé par une ressemblance.* ▷ v. pron. *Si je ne m'abuse:* si je ne me trompe pas. – De *abus.*

abusif, ive [abyzif, iv] adj. Qui constitue un abus. ▷ (D'après l'angl. *abusive* en parlant de qqn) Qui maltraite (un enfant, un vieillard), qui a un comportement sexuel répréhensible envers une personne mineure, en situation d'infériorité. – Bas lat. *abusivus.*

abusivement [abyzivmɑ̃] adv. D'une manière abusive. – Du préc.

abyme [abim] n. m. BX-A, LITTER *Composition en abyme,* qui, dans une œuvre, inclut un élément particulier renvoyant à la totalité de l'œuvre. *La composition en abyme du miroir central, dans le tableau de Jan Van Eyck, «les époux Arnolfini».* – V. *abîme.*

abyssal, ale, aux [abisal, o] adj. Des abysses; de la nature de l'abysse. *La faune abyssale.* – Du gr. *abussos,* «abîme», par le lat.

abysse [abis] n. m. Fosse océanique. – Lat. *abyssus,* «abîme», d'après *abyssal.*

abyssin, ine [abisɛ̃, in] adj. et n. De l'Abyssinie. ▷ N. m. Chat de race à la robe fauve, aux larges oreilles pointues. – De *Abyssinie.*

Ac CHIM Symbole de l'actinium.

acabit [akabi] n. m. Péjor. *De cet acabit, du même acabit:* de ce genre, du même genre. *Faussaires, escrocs, maîtres chanteurs et autres malfaiteurs du même acabit.* – Provenç. *acabir,* «obtenir».

acacia [akasja] n. m. **1.** BOT Nom scientif. des mimosas. **2.** Cour. Arbre (*Robinia pseudacacia,* le robinier, fam. papilionacées) à fleurs blanches odorantes, bois dur et rameaux épineux, originaire d'Amérique du Nord. – Lat. *acacia.*

académicien, ienne [akademisjɛ̃, jɛn] n. **1.** HIST Disciple de l'école de Platon. **2.** Membre d'une académie, *spécial.,* de l'Académie française. – Lat. *academicus.*

académie [akademi] n. f. **1.** Société réunissant des savants, des artistes, des hommes de lettres. ▷ *L'Académie canadienne-française. L'Académie française.* **2.** École où l'on s'exerce à la pratique d'un art. *Académie de peinture, de musique.* **3.** (France) Circonscription universitaire. *L'académie de Paris.* **4.** Dessin, peinture, exécuté d'après le modèle nu et qui n'entre pas dans une composition. – Ital. *accademia,* du gr. *Akadêmia,* par le lat.

ENCYCL **Académie.** École philosophique fondée par Platon (fin du IVe s. av. J.-C.), à Athènes, dans les jardins d'Akadêmos. Speusippe, premier successeur de Platon, modifia la doctrine: le Bien, de Transcendance organisatrice s'est transformé en un terme coïncidant avec les êtres développés. Sous l'influence de Xénocrate, l'école identifia la théorie platonicienne des idées et la théorie pythagoricienne des nombres. Ces transformations sont caractéristiques de l'*Ancienne Académie.* Rompant avec ces doctrines, Arcésilas élabora, de 268 à 241, une théorie du «vraisemblable» marquée par le «scepticisme probabiliste» et mise en système par Carnéade. Elle prit alors le nom de *Nouvelle Académie.* **Académie française.** Société de gens de lettres érigée en académie par Richelieu en 1635, pour conserver et perfectionner la langue française. Elle se compose de 40 membres, les «Quarante», les «Immortels», choisis (à vie) par cooptation. L'Académie s'occupe en particulier de la rédaction et de la mise à jour d'un dictionnaire. Elle a publié une grammaire; 1re éd., 1932. Elle distribue de nombreux prix de fondation. **Académie Goncourt.** Exécution testamentaire de E. de Goncourt, elle fut créée en 1896; dix écrivains appointés décernent chaque année le *prix Goncourt* à un ouvrage récemment paru (le plus souvent un roman). Il existe en outre des bourses *Goncourt:* récit historique, nouvelle, biographie, poésie. **Société royale du Canada**. Fondée en 1882 par le marquis de Lorne, gouverneur général du Canada, et constituée par une loi du Parlement canadien en 1883, cette société regroupe les trois académies nationales du Canada: l'Académie des lettres et des sciences humaines, l'Academy of Humanities and Social Sciences, et l'Académie des sciences (bilingue). Les *Mémoires* de la société forment une vaste collection, et touchent à tous les domaines de la connaissance. **Académie canadienne-française**. Fondée à Montréal en 1944 par Victor Barbeau, elle compte 24 membres et publie des *Cahiers* d'une belle tenue. **Académie des sciences morales et politiques**. Émanation de la précédente, elle compte également 24 membres et fut fondée à Montréal en 1961.

académique [akademik] adj. **1.** HIST De l'Académie athénienne. **2.** D'une académie. ▷ (France) D'une académie (au sens 3). *Inspection académique.* **3.** (D'après l'angl. *academic*) Relatif aux études, surtout de niveau supérieur. *Diplôme académique. Préparation académique.* – *Année académique:* temps qui s'écoule entre le début et la fin des classes, des cours. Rem. L'OLF recommande de remplacer ce terme par *année scolaire* ou *année universitaire*, selon le cas. **4.** Conventionnel, froid et compassé. *Un style académique.* ▷ (D'après l'angl. *academic*) Théorique, sans portée pratique. *Une discussion purement académique.* – De *academicus.*

académiquement [akademikmɑ̃] adv. De manière académique (au sens 4). – De *académique.*

académisme [akademism] n. m. Attachement rigoureux aux traditions et aux règles académiques. *Peinture d'un académisme froid.* – De *académie.*

acadianisme [akadjanism] n. m. LING Mot, locution ou tournure propre au français d'Acadie. *Les mots* aboiter *(appâter) et* croc *(hameçon) sont des acadianismes.* – De *acadien,* et *-isme.*

acadien, ienne [akadjɛ̃, jɛn] adj. et n. De l'Acadie (rég. orient. du Canada).

ENCYCL **Histoire**. En 1524, l'explorateur Verrazano emploie le terme «Arcadie» pour désigner une région du littoral atlantique dont il apprécie la beauté. Au 17e siècle, le toponyme «Acadie» désigne la première colonie française d'Amérique située dans la région des provinces Maritimes. Les Acadiens, originaires de la province française du Poitou, s'installent le long de la baie Française (Fundy). Ils y pratiquent l'agriculture en gagnant sur la mer les terres basses de la région grâce à un ingénieux système de digues appelées aboiteaux*. Leur existence est troublée par les attaques répétées des colonies américaines qui désirent y préserver leur emprise économique.
L'Acadie devient colonie anglaise en 1713. Appelée alors Nouvelle-Écosse, elle conserve son caractère français et catholique jusqu'à l'arrivée d'un fort contingent de colons anglais à Halifax en 1749. Les autorités anglaises n'acceptent pas le refus des Acadiens de prêter un serment d'allégeance sans réserve à la couronne britannique et décident de les expulser en trois vagues successives de 1755 à 1762. Les déportations et les migrations subséquentes dispersent les Acadiens dans les colonies américaines, au Québec, en France et en Angleterre. Ceux qui reviennent trouvent leurs anciennes terres occupées par des colons américains qui ont émigré en Nouvelle-Écosse. Les exilés sont forcés de s'établir maintenant le long des côtes de l'Atlantique; les anciens cultivateurs se font pêcheurs.
La division de la Nouvelle-Écosse en trois unités administratives (Nouvelle-Écosse, Nouveau-Brunswick et Île-du-Prince-Édouard) rend plus difficile la reconstruction sociale amorcée par les Acadiens. Minoritaires, ils assurent leur survivance grâce à des institutions centrées autour de la famille, de l'école et de l'Église. Au cours des vingt dernières années du 19e siècle, un mouvement nationaliste élabore des plans d'action à différents niveaux et choisit des symboles nationaux: un drapeau (le tricolore français avec une étoile jaune dans la partie bleue), une fête nationale (l'Assomption, célébrée le 15 août) et un hymne national (l'Ave Maris Stella).
Émergeant lentement d'un contexte de pauvreté et d'isolement régional, les communautés acadiennes des trois provinces Maritimes vivent des évolutions différentes; leurs succès ou leurs échecs aux niveaux politique, culturel, social et économique s'expliquent, en grande partie, par leur poids démographique respectif. Au recensement de 1981, les Acadiens du Nouveau-Brunswick représentent plus de 30 % de la population alors qu'à l'Île-du-Prince-Édouard et en Nouvelle-Écosse ils ne constituent pas plus de 6 % de la population.
Institutions. Durant les années 1980, plus de 210 000 Acadiens du Nouveau-Brunswick qui utilisent le français exercent une présence dynamique à tous les niveaux et résistent avec succès à l'assimilation. Un système d'éducation francophone de l'élémentaire à l'universitaire y est financé par le gouvernement tandis que les deux autres provinces entretiennent des écoles francophones. L'Église a son clergé et sa hiérarchie acadienne. En 1987, deux quotidiens, plusieurs hebdomadaires, la radio et la télévision de Radio-Canada et quelques stations de radio privées fournissent informations et divertissements en français. Des progrès remarquables ont été accomplis dans le secteur économique par une classe moyenne de professionnels œuvrant dans les entreprises commerciales et industrielles. Les Acadiens contrôlent une compagnie d'assurance-mutuelle ainsi que le secteur de la coopération francophone au Nouveau-Brunswick. Plusieurs, engagés en politique, représentent les intérêts des leurs aux niveaux municipal, provincial et fédéral. Au Nouveau-Brunswick, la loi de 1981 garantit un statut égal aux deux communautés linguistiques.
Culture. Pendant longtemps, le folklore fut le seul moyen d'expression d'une population démunie au point de vue culturel. La riche tradition orale permet la transmission d'une génération à l'autre des traditions et du parler originaires du Poitou français du 17e siècle. Aujourd'hui, interprètes, compositeurs, chorales, musiciens, peintres sont de plus en plus connus dans les divers milieux de l'art. Les auteurs acadiens publient des ouvrages scientifiques et littéraires qui rejoignent un public de lecteurs de plus en plus vaste et certains remportent les honneurs de la critique.

acagnarder (s') [akaɲaʀde] v. pron. **[11]** Rare Mener une vie paresseuse; s'accoutumer à l'oisiveté. – De *cagnard,* «paresseux».

acajou [akaʒu] n. m. **1.** Bois dur, de teinte brun rougeâtre, utilisé en ébénisterie pour sa texture finement striée et le poli qu'il est susceptible d'acquérir. *Salle à manger en acajou.* – Arbre qui donne ce bois. (Il en existe plusieurs espèces appartenant à divers genres de méliacées; *Swietenia mahagoni* des Antilles fournit l'acajou vrai.) **2.** *Acajou à noix* ou *à pommes* ou *pommier d'acajou:* anacardier. *Noix d'acajou* ou *de cajou.* V. cachou 2. – Mot tupi.

acalculie [akalkyli] n. f. MED Dans certaines aphasies, perte d'origine pathologique de la capacité de calculer et de manier les chiffres. – De *a*-1, et *calcul.*

acalèphes [akalɛf] n. m. pl. ZOOL Classe de cnidaires comprenant la plupart des méduses communes dans les mers d'Europe. – Gr. *akalêphê,* «ortie».

acanthacées [akɑ̃tase] n. f. pl. BOTAN Famille dont le type est l'acanthe.

acanthaires [akɑ̃tɛʀ] n. m. pl. ZOOL Classe de protozoaires actinopodes, marins et planctoniques. – Du gr. *akantha*, «épine».

acanthe [akɑ̃t] n. f. **1.** Plante méditerranéenne ornementale épineuse (genre *Acanthus*) à feuilles longues et découpées, à inflorescences rose blanchâtre raides et dressées. **2.** *Feuille d'acanthe:* ornement d'architecture imité de cette plante. – Lat. *acanthus*.

acanthocéphales [akɑ̃tɔsefal] n. m. pl. ZOOL Némathelminthes parasites de l'intestin des vertébrés. – Du gr. *akantha*, «épine», et *-céphale*.

acanthocyte [akɑ̃tɔsit] n. m. MED Globule rouge du sang apparaissant, à l'examen microscopique, comme hérissé d'épines. – Du gr. *akantha*, «épine», et *kutos*, «cellule».

acanthocytose [akɑ̃tɔsitoz] n. f. Maladie caractérisée par la présence d'acanthocytes. – Du préc. et *-ose*.

acanthoptérygien [akɑ̃topteʀiʒjɛ̃] n. m. et adj. m. Poisson téléostéen dont les nageoires comportent des rayons épineux. *Les acanthoptérygiens constituent un ordre.* – Du gr. *akantha*, «épine», et *pterux*, «aile».

acanthose [akɑ̃toz] n. f. MED Affection cutanée caractérisée par l'épaississement de la couche de Malpighi. – Du gr. *akantha*, «épine», et *-ose*.

a cappella [akapɛlla] loc. adv. MUS *Chanter a cappella*, sans accompagnement instrumental, en parlant d'un chœur. – Loc. ital.

acare [akaʀ] n. m. ZOOL Sarcopte de la gale. – Gr. *akari*, «ciron».

acariâtre [akaʀjɑtʀ] adj. D'une humeur aigre et querelleuse. *Un caractère acariâtre.* Syn. acrimonieux, bougon, grincheux, hargneux. Ant. doux, paisible, sociable. – Du nom de saint *Acaire*, qui passait pour guérir la folie.

acariens [akaʀjɛ̃] n. m. pl. ZOOL Ordre de petits arachnides, à huit pattes (tiques, aoûtats, etc.). *Certains acariens sont responsables d'allergies à la poussière.* – Du lat. *acarus*, gr. *akari*, «ciros».

acatalepsie [akatalɛpsi] n. f. Doctrine philosophique des sceptiques grecs, affirmant l'impossibilité d'atteindre la certitude. – Gr. *akatalêpsia*, «incompréhensibilité».

acataleptique [akatalɛptik] adj. (et n.). Se dit des adeptes de l'acatalepsie, ou de cette doctrine elle-même. – Du préc.

acaule [akol] adj. BOT Sans tige apparente. *Le pissenlit est acaule.* – De *a*-1, et gr. *kaulos*, «tige».

accablant, ante [akablɑ̃, ɑ̃t] adj. Qui accable. *Chaleur accablante.* – *Charges accablantes contre un prévenu*, qui font peser sur lui une très forte présomption de culpabilité. – Ppr. de *accabler*.

accablement [akabləmɑ̃] n. m. **1.** Action d'accabler. **2.** État d'une personne accablée. *Son accablement faisait peine à voir.* – De *accabler*.

accabler [akable] v. tr. **[1]** **1.** Faire supporter par (qqn) une chose fatigante, pénible. *La chaleur nous accablait.* – *Accabler de:* surcharger de. *Accabler le peuple d'impôts.* **2.** *Accabler une personne de mépris, d'injures*, lui faire sentir le mépris que l'on a pour elle, lui adresser des injures nombreuses et humiliantes. ▷ Iron. *Accabler qqn de louanges:* lasser qqn par des louanges excessives. – De *a*-2, et a. fr. *chabler*, du lat. *catabola*, gr. *katabolê*, «lancement».

accalmie [akalmi] n. f. **1.** Calme momentané dans une tempête, un orage, une averse. *Profiter d'une accalmie pour sortir.* Syn. éclaircie, embellie. **2.** Calme qui suit l'agitation, l'activité. *Accalmie dans une bataille.* Syn. répit. – De l'a. fr. *accalmir*, de *calme*.

accaparement [akapaʀmɑ̃] n. m. Action d'accaparer; son résultat. – De *accaparer*.

accaparer [akapaʀe] v. tr. **[1]** **1.** ECON Acquérir ou conserver en grande quantité (une marchandise) pour faire monter son prix. – *Accaparer un marché*, en détenir le monopole. **2.** Prendre, conserver pour son usage exclusif. *Accaparer les bons morceaux. Accaparer l'attention.* – *Accaparer qqn*, l'occuper, le retenir exclusivement. – Ital. *accaparrare*, «acheter en donnant des arrhes».

accapareur, euse [akapaʀœʀ, øz] n. Personne qui accapare. – De *accaparer*.

accastillage [akastijaʒ] n. m. **1.** Vx Les châteaux avant et arrière d'un navire. **2.** Mod. Partie du gréement d'un voilier nécessaire à la manœuvre des voiles, des cordages, des chaînes. *Les poulies, les taquets, les manilles font partie de l'accastillage.* – De *accastiller*.

accastiller [akastije] v. tr. **[1]** **1.** Vx Munir (un navire) de ses châteaux avant et arrière. **2.** Mod. Munir (un voilier) de son accastillage (au sens 2). – Esp. *acastillar*.

accéder [aksede] v. tr. ind. **[16]** **1.** Pouvoir entrer dans, parvenir à. *On accède à la cuisine par un couloir.* **2.** *Accéder aux désirs, aux vœux de qqn:* leur donner une suite favorable. – Lat. *accedere*.

accelerando [akseleʀɑ̃do] adv. MUS En pressant la mesure. – Mot ital.

accélérateur, trice [akseleʀatœʀ, tʀis] **I.** adj. Qui accélère, qui donne une vitesse plus grande. *Force accélératrice.* **II.** n. m. **1.** Cour. Pédale qui commande l'admission du mélange combustible dans un moteur d'automobile. *Appuyer sur l'accélérateur.* **2.** Substance qui rend plus rapide une réaction chimique. ▷ CONSTR *Accélérateur de prise*, qui rend plus rapide la prise du béton. ▷ *Accélérateur de particules.* (V. encycl.). – De *accélérer*.

ENCYCL **Phys. nucl.** – *Un accélérateur de particules* est un appareil qui permet de communiquer à des particules électriquement chargées une grande énergie cinétique et de les diriger sur une cible (matière solide, liquide ou gazeuse) pour en briser les noyaux atomiques, soit en vue d'étudier leur structure, soit en vue de créer d'autres particules. On accélère les particules soit par un champ électrique seul, soit par un champ électrique associé à un champ magnétique. Dans le premier cas, l'accélérateur est linéaire, sa longueur pouvant atteindre plusieurs kilomètres. Dans le deuxième cas, le champ magnétique provoque la courbure de la trajectoire de la particule, qui devient soit spiralée *(cyclotron* ou *synchrocyclotron)*, soit circulaire *(bêtatron, synchrotron à électrons* ou *à protons)*.

accélération [akseleʀasjɔ̃] n. f. **1.** Cour. Augmentation de vitesse. *L'accélération du train a été sensible dès la sortie de la gare.* **2.** MECA V. encycl. **3.** Augmentation de la rapidité d'une action. *L'accélération des travaux.* – De *accélérer*.

ENCYCL **Méca.** – D'une façon générale, l'accélération est le quotient d'une variation de vitesse par l'intervalle de temps correspondant. Quand un mobile se déplace sur une droite, l'accélération est positive si la vitesse augmente, négative si elle diminue. *L'accélération totale* est la différence $v - v^0$ des vitesses aux temps t et t^0. L'accélération moyenne est le quotient $(v-v^0)/(t-t^0)$. *L'accélération instantanée* au temps t est la limite de ce quotient quant $t - t^0$ tend vers zéro. C'est donc la *dérivée* de la vitesse et par conséquent la *dérivée seconde* de l'abscisse par rapport au temps. *L'accélération de la pesanteur* est la valeur, en un lieu déterminé, de l'accélération que subit un corps abandonné à lui-même dans le vide sous l'effet de son poids. Cette valeur est de 9,78 m/s^2 à l'équateur et de 9,83 m/s^2 aux pôles.

accéléré [akseleʀe] n. m. CINE Procédé qui simule, à la projection, des mouvements accélérés. – Pp. de *accélérer.*

accélérer [akseleʀe] **I.** v. tr. [16] **1.** Augmenter la rapidité de. *Accélérer la marche.* **2.** Fig. Faire évoluer plus rapidement. *Accélérer la décision d'une affaire.* Syn. hâter. **II.** v. pron. Augmenter de vitesse. *Mouvement qui s'accélère.* **III.** v. intr. Agir sur l'accélérateur d'une automobile pour augmenter sa vitesse, la vitesse de rotation de son moteur. *Accélérer pour dépasser un camion. Accélérer à l'arrêt, pour faire chauffer le moteur.* – Lat. *accelerare.*

accéléromètre [akseleʀɔmɛtʀ] n. m. Appareil servant à mesurer l'accélération d'un corps. – De *accélérer,* et *-mètre.*

accent [aksɑ̃] n. m. **I. 1.** Accroissement de l'intensité d'un son de la parole. *C'est en général la dernière syllabe du mot qui porte l'accent en français.* ▷ MUS Accroissement de l'intensité sonore sur un temps de la mesure; signe qui note cet accroissement. **2.** Signe graphique qui précise la valeur d'une lettre. – En français, signe graphique placé au-dessus d'une voyelle pour en indiquer la prononciation (*é:* [e]; *è, ê:* [ɛ]), ou pour distinguer un mot d'un homonyme (par ex.: *du* et *dû*). **II. 1.** Modification expressive de la voix. *Parler avec l'accent de la passion.* ▷ Au plur., litt. *«Liberté, liberté chérie... que la victoire accoure à tes mâles accents !» (La Marseillaise).* **2.** *Mettre l'accent sur:* souligner l'importance de. *Mettre l'accent sur un aspect d'un problème.* **III.** Prononciation particulière d'une langue. *L'accent acadien. Parler l'anglais avec l'accent d'Oxford.* – Lat. *accentus.*

accenteur [aksɑ̃tœʀ] n. m. Oiseau passériforme (fam. prunellidés), au bec fin et au plumage terne. – Lat. *accentor,* «qui chante en accompagnement».

accentuation [aksɑ̃tɥasjɔ̃] n. f. **1.** La manière, le fait d'accentuer (dans la parole ou l'écriture). **2.** Le fait d'accentuer, de s'accentuer. *L'accentuation de la tendance inflationniste serait dangereuse pour l'économie.* – De *accentuer.*

accentué, ée [aksɑ̃tɥe] adj. **1.** Qui porte un accent (aux sens I, 1 et 2). *Syllabe accentuée. Lettre accentuée.* **2.** Marqué. *Des rides accentuées.* – Pp. de *accentuer.*

accentuer [aksɑ̃tɥe] v. tr. [1] **I. 1.** Accroître l'intensité de la voix en prononçant (un son, un groupe de sons). *Il accentue trop les rimes en disant ces vers.* **2.** Mettre un accent sur (une lettre). ▷ (S. comp.) *Vous ponctuez mal et vous n'accentuez pas.* **II.** Rendre plus perceptible; renforcer. *Sa haute taille accentuait sa maigreur. Cet incident ne peut qu'accentuer leur désaccord.* ▷ v. pron. Augmenter. *Infirmité qui s'accentue avec l'âge.* – Lat. médiév. *accentuare,* «déclamer».

acceptabilité [aksɛptabilite] n. f. Caractère de ce qui est acceptable. ▷ Pour la grammaire générative, caractère des phrases que les locuteurs tiennent pour normales (par ex.: *«Y en a, dans le métro, faut qu'y poussent»).* – De *acceptable.*

acceptable [aksɛptabl] adj. Qui peut être accepté. *Une offre acceptable.* – De *accepter.*

acceptant, ante [aksɛptɑ̃, ɑ̃t] adj. et n. DR Personne dont le consentement valide une convention. – Ppr. de *accepter.*

acceptation [aksɛptasjɔ̃] n. f. **1.** Le fait d'accepter. *La douloureuse acceptation de la mort.* Ant. refus. **2.** DR Manifestation de volonté par laquelle une personne donne son consentement formel à une offre qui lui est faite. *L'acceptation d'une offre d'achat équivaut à vente.* ▷ En droit commercial, l'acceptation d'une lettre de change est l'engagement pris par le débiteur (ou tiré) de payer le montant de celle-ci lors de l'échéance. – De *accepter.*

accepter [aksɛpte] **I.** v. tr. [1] **1.** Prendre, recevoir volontairement ce qui est proposé. *Accepter un cadeau. Accepter une invitation.* ▷ (S. comp.) *Acceptez-vous?* Ant. refuser. **2.** DR Donner son accord; s'engager à payer une lettre de change à son échéance. **3.** Supporter. *Accepter son sort avec résignation.* Syn. endurer. **4.** Tenir pour fondé. *Accepter une théorie.* **5.** *Accepter qqn,* l'admettre comme l'un des siens. *Ses beaux-parents l'ont accepté.* **II.** v. tr. ind. **1.** (+ inf.) Consentir à. *J'accepte de parler, mais il faut m'écouter.* **2.** (+ subj.) Admettre que. *Il acceptera sans doute que vous l'accompagniez.* – Lat. *acceptare.*

accepteur [aksɛptœʀ] n. m. **1.** DR Personne qui s'engage envers le tireur à payer à l'échéance le montant inscrit sur la lettre de change. **2.** CHIM Atome susceptible de recevoir un électron supplémentaire. *Les phénomènes d'oxydoréduction s'expliquent par des échanges d'électrons à partir d'un donneur vers un accepteur.* – Lat. *acceptor.*

acception [aksɛpsjɔ̃] n. f. **1.** Vx Acceptation. ▷ DR, mod. *Sans acception de personne:* sans préférence envers qqn. **2.** Sens particulier d'un mot. *Ce mot a plusieurs acceptions.* – Lat. *acceptio.*

accès [aksɛ] n. m. **1.** Voie pour se rendre dans, passage vers (un lieu). *Accès d'une autoroute. Accès interdit.* **2.** Possibilité d'accéder, de parvenir à. *Village d'un accès difficile.* ▷ Fig. *L'accès à une profession,* la possibilité de l'exercer. ▷ INFORM *Accès direct:* procédé qui donne la possibilité d'atteindre directement l'emplacement d'une information dans une mémoire (tambour, disque), par oppos. à *accès séquentiel:* procédé qui nécessite l'exploration d'une suite d'informations avant de parvenir à l'information recherchée (bande magnétique). **3.** Manifestation d'un phénomène pathologique ou émotionnel. *Accès de fièvre, de délire. Il a de brusques accès de fureur.* Syn. crise. – Lat. *accessus.*

accessibilité [aksesibilite] n. f. Qualité de ce qui est accessible. – De *accessible.*

accessible [aksesibl] adj. **1.** Que l'on peut atteindre (lieux). *Une crique accessible seulement par mer.* ▷ Fig. Que l'on peut comprendre. *Livre accessible au profane.* ▷ Fig. *Un article accessible à toutes les bourses, d'un prix accessible,* que tout le monde peut acheter, bon marché. **2.** Que l'on peut approcher, rencontrer (personnes). *Il n'est accessible que sur rendez-vous.* **3.** Qui se laisse toucher par (un sentiment, une émotion). *Être accessible à la compassion.* – De *accès.*

accession [aksesjɔ̃] n. f. **1.** Action de s'approcher de, d'accéder à. *Accession au trône.* **2.** DR *Droit d'accession:* principe en vertu duquel le droit de propriété d'une chose mobilière ou immobilière s'étend à ses fruits et produits ainsi qu'à tout ce qui s'y incorpore ou s'y unit accessoirement. – Lat. *accessio.*

accessit [aksesit] n. m. Distinction attribuée à un élève qui, sans avoir obtenu un prix, s'en est approché. *Des accessits.* – Mot lat.

accessoire [akseswaʀ] adj. et n. m. **I.** adj. Subordonné à ce qui est essentiel. *Idée, clause accessoire. N'avoir qu'un intérêt accessoire.* Syn. annexe, secondaire, subsidiaire. ▷ N. m. *Examinons d'abord le principal, l'accessoire ensuite.* **II.** n. m. **1.** Pièce qui ne fait pas partie intégrante d'un ensemble mécanique. *Des accessoires d'automobile.* **2.** Petit objet conçu pour un usage précis, déterminé, dans l'exercice d'une activité particulière ou d'une profession. *Outils et accessoires chirurgicaux.* **3.** Objet, élément mobile du décor, dans un spectacle. *Mise en scène nécessitant de nombreux accessoires.* – Lat. ecclés. *accessorius,* de *accedere,* «joindre».

accessoirement [akseswaʀmɑ̃] adv. D'une manière accessoire. – De *accessoire.*

accessoiriste [akseswaʀist] n. **1.** Personne qui, au théâtre, au cinéma, à la télévision, s'occupe des accessoires. **2.** Vendeur d'accessoires (sens II, 1) pour l'automobile. – De *accessoire.*

accident [aksidɑ̃] n. m. **I. 1.** Vx Événement qui survient par hasard, de manière imprévue. *Un heureux accident.* **2.** Mod. Simple péripétie, épisode sans réelle importance. *Son échec à l'examen n'était qu'un accident, qu'un accident de parcours.* **3.** PHILO Ce qui n'est pas inhérent à l'être, à la substance. *L'essence et l'accident.* **4.** MUS Signe d'altération (dièse, bémol, bécarre) placé devant une note dans le courant d'un morceau. **5.** *Accident de terrain:* dénivellation. **II.** Événement imprévu aux conséquences fâcheuses. **1.** Événement imprévu, survenant brusquement, qui entraîne des dommages matériels ou corporels. *Accident de voiture, d'avion. Accident du travail.* **2.** MED Affection qui survient brutalement. *Être victime d'un accident cardiaque, vasculaire, cérébral.* – Lat. *accidens.*

accidenté, ée [aksidɑ̃te] adj. **1.** *Terrain accidenté,* qui présente des creux et des bosses, inégal. **2.** Qui a subi un accident (au sens II, 1). *Voiture accidentée.* ▷ Subst. *Une accidentée. Un accidenté du travail.* – Pp. de *accidenter.*

accidentel, elle [aksidɑ̃tɛl] adj. Fortuit, qui arrive par accident. *Mort accidentelle.* – De *accident.*

accidentellement [aksidɑ̃tɛlmɑ̃] adv. Fortuitement. – Du préc.

accipitriformes [aksipitʀifɔʀm] n. m. pl. ZOOL Syn. de *falconiformes.* – Du lat. *accipiter,* «oiseau de proie».

accise [aksiz] n. f. *Droits d'accise:* impôt indirect prélevé le plus souvent au moment de la fabrication d'un produit (tabac, alcool, etc.). – Bas lat. *accisia,* de *acciderer,* «couper».

acclamation [aklamasjɔ̃] n. f. Cri collectif en faveur de quelqu'un. *Acclamations à la fin d'un spectacle, d'un concert. Motion votée par acclamation,* adoptée sans scrutin, dans l'enthousiasme collectif. – De *acclamer.*

acclamer [aklame] v. tr. [1] Saluer par des acclamations. *Acclamer un orateur.* Ant. conspuer, huer. – Lat. *acclamare.*

acclimatable [aklimatabl] adj. Qui peut être acclimaté. *Cette plante tropicale n'est pas acclimatable au Canada.* – De *acclimater.*

acclimatation [aklimatasjɔ̃] n. f. Action d'acclimater ou de s'acclimater. Syn. accommodation. – De *acclimater.*

acclimatement [aklimatmɑ̃] n. m. SC NAT Résultat de l'acclimatation; état d'un sujet qui s'est acclimaté. – De *acclimater.*

acclimater [aklimate] **I.** v. tr. [1] Habituer (une plante ou un animal) à des conditions de climat, d'environnement, différentes de celles de son milieu d'origine. *Acclimater un arbre au Canada.* **II.** v. pron. **1.** S'adapter à un climat, un milieu différent (plantes, animaux). ▷ Fig. S'accoutumer à de nouvelles conditions d'existence (personnes). *Immigré qui s'acclimate à sa patrie d'adoption.* **2.** Fig. *Mot nouveau qui s'acclimate,* qui entre dans l'usage. – De *climat.*

accointance [akwɛ̃tɑ̃s] n. f. (souvent péjor.) Fréquentation, liaison familière. *Avoir des accointances avec des individus peu recommandables.* – Lat. pop. **accognitare.*

accolade [akɔlad] n. f. **1.** Coup du plat de l'épée donné sur l'épaule du bachelier qu'on armait chevalier. **2.** Action de mettre les bras autour du cou ou sur les épaules de qqn pour l'accueillir ou l'honorer. *Une accolade fraternelle. Accolade solennelle, lors d'une remise de décoration.* **3.** Signe typographique ({) utilisé pour réunir plusieurs lignes ou plusieurs colonnes. **4.** ARCHI Arc surbaissé en forme d'accolade (au sens 3). **5.** MATH Signe utilisé pour encadrer une expression algébrique ou les éléments d'un ensemble. – Provenç. *accolada.*

accolé, ée [akɔle] adj. Étroitement joint à. *Grange accolée à une ferme.* – Pp. de *accoler.*

accoler [akɔle] v. tr. [1] **1.** Réunir côte à côte, joindre étroitement. *Accoler les lentilles d'un instrument d'optique.* ▷ v. pron. S'attacher à. *Le lierre s'accole au mur.* **2.** Unir par une accolade (au sens 3). *Accoler les portées d'une partition.* – De *col,* «cou».

accommodant, ante [akɔmɔdɑ̃, ɑ̃t] adj. D'humeur facile; complaisant. *Une personne très accommodante.* – Ppr. de *accommoder.*

accommodat [akɔmɔda] n. m. BIOL Être vivant présentant des variations phénotypiques (donc non transmissibles) dues à la vie dans un milieu inhabituel; ces variations elles-mêmes. – De *accommoder.*

accommodation [akɔmɔdasjɔ̃] n. f. **1.** Action d'accommoder ou de s'accommoder. **2.** *Accommodation de l'œil:* variation de la courbure du cristallin qui permet la vision nette à des distances différentes. – De *accommoder.*

accommodement [akɔmɔdmɑ̃] n. m. Arrangement, accord à l'amiable. *Il refuse tout accommodement.* – De *accommoder.*

accommoder [akɔmɔde] **I.** v. tr. [1] **1.** Vx Rendre propre à l'usage qu'on doit en faire. *Comment avez-vous accommodé votre maison?* **2.** Préparer (des aliments). *Accommoder une pièce de gibier. Accommoder un gigot à l'ail.* **3.** *Accommoder à:* adapter à. *Accommoder un discours au goût du public. Accommoder sa vie aux circonstances.* **II.** v. pron. *S'accommoder de:* se faire à, s'habituer à. *Je devrai m'accommoder de cette désagréable situation.* – De *a-2,* et *commode.*

accompagnateur, trice [akɔ̃paɲatœʀ, tʀis] n. **1.** MUS Musicien qui assure l'accompagnement instrumental. **2.** Personne qui accompagne, guide ou dirige un groupe. – De *accompagner.*

accompagnement [akɔ̃paɲmɑ̃] n. m. **1.** Ce qui accompagne. *Le vin rouge est un agréable accompagnement pour le fromage.* **2.** MUS Soutien de la mélodie d'une voix ou d'un instrument par l'harmonie qu'on exécute sur un instrument secondaire. – Partition écrite pour assurer ce soutien. – De *accompagner.*

accompagner [akɔ̃paɲe] v. tr. [1] **1.** Aller de compagnie avec (qqn). *Il l'accompagne à la gare.* **2.** Joindre, ajouter (qqch) à (qqch). *Il accompagna ces paroles d'un sourire.* ▷ v. pron. Advenir en même temps que. *Les migraines s'accompagnent souvent de nausées.* **3.** MUS Soutenir le chant, un instrument, par un accompagnement (au sens 2). *Accompagner un chanteur à la guitare.* ▷ v. pron. *S'accompagner au piano.* – De *a-2,* et a. fr. *compain,* «avec qui on partage le pain».

accompli, ie [akɔ̃pli] adj. **1.** Qui est parfait en son genre. *Une maîtresse de maison accomplie.* **2.** Entièrement achevé. *C'est une affaire accomplie.* ▷ *Fait accompli,* sur lequel il n'y a plus à revenir. *Mettre qqn devant le fait accompli.* **3.** Révolu. *Il a dix-huit ans accomplis.* – Pp. de *accomplir.*

accomplir [akɔ̃pliʀ] **I.** v. tr. [2] Réaliser entièrement. **1.** Mener à son terme. *Accomplir son temps de service.* Syn. effectuer. **2.** Exécuter (ce qui était prévu). *Accomplir un projet.* **3.** S'acquitter de. *Accomplir sa tâche, ses obligations.* **II.** v. pron. Se réaliser. *Leurs vœux se sont accomplis.* – De *a-2,* et a. fr. *complir,* «achever».

accomplissement [akõplismɑ̃] n. m. Fait d'accomplir, de s'accomplir; son résultat. *L'accomplissement de ses projets. L'accomplissement de ses rêves.* – De *accomplir.*

accon ou **acon** [akõ] n. m. MAR Bateau à fond plat servant au chargement et au déchargement des navires. Syn. allège. – Orig. incon.

acconage ou **aconage** [akɔnaʒ] n. m. Chargement ou déchargement des navires au moyen d'accons. – De *accon.*

acconier ou **aconier** [akɔnje] n. m. Entrepreneur en acconage. – De *accon.*

accord [akɔʀ] n. m. **I. 1.** Entente entre des personnes. *Leur accord est fondé sur leur communauté de goûts et d'aspirations. – Vivre en bon accord avec qqn.* **2.** Convention. *Passer un accord avec un fournisseur. Signer un accord commercial.* **II. 1.** Concordance (de choses, d'idées entre elles). *L'accord des couleurs témoigne du goût de la décoratrice. – Mettre ses actes en accord avec ses convictions,* en conformité avec elles. ▷ *Être d'accord, tomber d'accord (avec qqn):* être du même avis. ▷ *D'un commun accord:* selon une décision prise en commun. *D'un commun accord, nous avons renoncé à ce projet.* **2.** Assentiment, approbation. *Donner son accord. Il faut l'accord préalable de la direction. – Cette décision a été prise en accord avec l'intéressé,* avec son assentiment. ▷ *D'accord* (pour manifester son assentiment, son approbation à ce qui vient d'être dit). *Vous nous accompagnez ? D'accord !* **III. 1.** MUS Combinaison de notes jouées ensemble. *Plaquer quelques accords au piano. Accord parfait. Accord dissonant. Accord arpégé.* **2.** MUS Réglage d'un instrument de musique à un ton donné. *Faire l'accord d'une mandoline à l'aide d'un diapason.* **3.** PHYS Réglage de deux mouvements vibratoires sur la même fréquence. *Chercher l'accord d'un récepteur sur la fréquence d'un émetteur.* **4.** GRAM Concordance entre les marques de genre, de nombre ou de personne de deux ou plusieurs mots dans une phrase. *L'accord du participe passé.* – De *accorder.*

accordailles [akɔʀda(ɑ)j] n. f. pl. Vx Fiançailles. – De *accorder.*

accordéon [akɔʀdeõ] n. m. Instrument de musique portatif à soufflet et à anches métalliques, muni de touches. ▷ *En accordéon:* qui forme de nombreux plis. *Pantalon en accordéon.* – All. *Akkordion.*

accordéoniste [akɔʀdeɔnist] n. Personne qui joue de l'accordéon. – De *accordéon.*

accorder [akɔʀde] **A.** v. tr. [1] **I.** Établir une entente entre (des personnes). *Il est parvenu à les accorder en obtenant de chacun des concessions.* **II. 1.** Faire concorder (une idée, une chose) avec (une autre). *Comment accorder le goût de la liberté avec les contraintes de la vie sociale ?* **2.** Octroyer, concéder. *Accorder une autorisation. Accorder son pardon à quelqu'un. Je vous accorde que vous avez raison sur ce point.* **III. 1.** MUS Régler un instrument de musique à un ton donné, le faire sonner juste. *Accorder un piano.* ▷ Fig. *Accordons nos violons, nos flûtes:* mettons-nous d'accord. **2.** GRAM Faire correspondre les marques de genre, de nombre ou de personne de deux ou plusieurs mots dans une phrase. *Accorder le verbe avec son sujet.* **B.** v. pron. **I.** S'entendre. *Louis et Jean s'accordent bien.* ▷ *S'accorder à, pour (faire qqch):* s'entendre pour. *Tout le monde s'accorde à le reconnaître. Ils s'accordent pour le blâmer.* **II. 1.** *S'accorder avec:* être assorti à. *Ces chaises anciennes s'accordent bien avec cette table moderne. – Ces couleurs s'accordent parfaitement.* **2.** S'octroyer. *S'accorder un moment de répit.* **III.** GRAM *L'adjectif s'accorde en genre et en nombre avec le nom,* prend les marques du genre et du nombre du nom. – Lat. pop. *accordare.*

accordeur [akɔʀdœʀ] n. m. Personne dont le métier est d'accorder certains instruments de musique. *Accordeur de pianos.* (Rem.: Comme forme féminine, l'OLF recommande *une accordeuse.*) – De *accorder.*

accordoir [akɔʀdwaʀ] n. m. Clef carrée pour régler les cordes de certains instruments de musique (pianos, clavecins, etc.). – De *accorder.*

1. accore [akɔʀ] n. m. MAR Pièce de bois qui étaie un navire en construction. – Néerl. *score,* «étai».

2. accore [akɔʀ] adj. MAR Se dit d'une côte dépourvue d'estran, plongeant à pic en eau profonde. Syn. franc. – Néerl. *schore,* «escarpé».

accorer [akɔʀe] v. tr. [1] Étayer au moyen d'accores. – De *accore* 1.

accort, orte [akɔʀ, ɔʀt] adj. **1.** Litt., rare Civil et accommodant. *Un homme fort accort.* **2.** Litt. Avenant, gracieux (se dit surtout d'une femme). *Une serveuse accorte.* – Ital. *accorto,* «adroit».

accostage [akɔstaʒ] n. m. Action d'accoster. ▷ ESP Opération d'approche et de mise en contact de deux engins spatiaux. – De *accoster.*

accoster [akɔste] v. tr. [1] **1.** Aborder (qqn) pour lui parler. *Un inconnu qui m'a accosté dans la rue.* **2.** MAR Se ranger le long de (un quai, un autre bateau). *Navire qui accoste une jetée. La vedette du pilote accoste le cargo.* ▷ (S. comp.) *Le paquebot a accosté,* s'est rangé à quai. – De *a-2,* et de l'a. fr. *coste,* «côté».

accotable [akɔtabl] adj. Fam. *Pas accotable:* Qui ne peut pas être égalé ou surpassé facilement, avec qui il est difficile de rivaliser. – De *accoter.*

accotage [akɔtaʒ] n. m. Péjor. ou fam. Fait de vivre en concubinage. – De *accoter.*

accoté, ée [akɔte] adj. **1.** Fam. Qui jouit d'un soutien, d'un moyen d'action, d'une protection. **2.** Péjor. ou fam. Qui vit en concubinage. *Ils sont accotés depuis trois ans.* Subst. *Des accotés.* – Pp. de *accoter.*

accotement [akɔtmɑ̃] n. m. Espace aménagé, sur le côté d'une route, entre la chaussée et le fossé. *Ranger sa voiture sur l'accotement.* – De *accoter.*

accoter [akɔte] v. [1] **I.** Appuyer (concrètement). **1.** v. tr. Placer (qqch ou qqn) de manière à lui fournir un point d'appui. *Accoter une échelle contre un mur. Accoter sa tête sur un oreiller. Accoter un enfant sur son épaule.* ▷ v. pron. *S'accoter les bras sur la table. S'accoter contre un mur.* **2.** *Spécial.* Soutenir (qqch) au moyen d'un étai, d'une étançon, ou en servant d'étai, d'étançon; retenir, fixer, bloquer (qqch). *Accoter un mur, une clôture, une porte.* **3.** v. intr. Trouver, prendre appui contre qqch; *spécial.,* entrer en contact avec, frotter contre qqch qui fait obstacle. *La corde de bois accote sur le mur du hangar. La porte ferme mal, elle accote quelque part.* **II.** Fig. **1.** v. tr. Fam. Fournir un soutien, un moyen d'action, une protection à (qqn). «Je suis une fille qui écrit des revues. [...] Je remercie les comédiens et musiciens qui m'ont «accotée», qui ont apporté leur talent, leur création, leurs idées, qui ont enrichi chacun de ces spectacles.» (Clémence DesRochers, *La grosse tête,* 1973). **2.** Fam. Être égal ou supérieur à, rivaliser avec. *Aux échecs, personne (ne) peut l'accoter.* **3.** v. pron. Péjor. ou fam. Se mettre en concubinage. «Bébée s'est amenée la première pour pouvoir manger les chocolats et les fruits qui débordent des paniers. [...] Depuis qu'elle a quitté la maison pour aller s'accoter avec un auteur de bandes dessinées elle n'a plus grand-chose à se mettre sous la dent.» (Jacques Godbout, *Les têtes à Papineau,* 1981). – Du bas lat. *accubitare,* «être étendu sur le lit de table», avec infl. de *accoster.*

accotoir [akɔtwaʀ] n. m. Vieilli Ce qui sert à s'appuyer (une partie du corps); bras, dossier (de chaise). – De *accoter.*

accouchée [akuʃe] n. f. Femme qui vient d'accoucher. – Pp. fém. subst. de *accoucher.*

accouchement [akuʃmɑ̃] n. m. **1.** Action de mettre au monde un enfant. *Elle a eu des contractions longtemps avant son accouchement.* **2.** Assistance à une femme qui met un enfant au monde. *Cette sage-femme a une longue expérience des accouchements.* – *Accouchement sans douleur,* ou *dirigé,* ou *psychoprophylactique,* au cours duquel les douleurs du travail sont réduites, grâce à une préparation physique et psychologique de la mère au cours de la grossesse. – De *accoucher.*

accoucher [akuʃe] **I.** v. tr. ind. [1] **1.** Mettre au monde. *Accoucher d'un fils, d'une fille.* ▷ (S. comp.) *Elle accouchera bientôt.* **2.** Fig. fam. Produire avec effort (un travail intellectuel). *Accoucher d'un projet.* **3.** Pop. Parler. *Alors, tu accouches?:* Parleras-tu enfin? **II.** v. tr. Aider (une femme) à mettre un enfant au monde. *C'est le médecin qui l'a accouchée.* – De *a-2,* et *coucher.*

accoucheur, euse [akuʃœʀ, øz] n. Médecin spécialiste des accouchements. – De *accoucher.*

accouder (s') [akude] v. pron. [11] S'appuyer sur un coude ou les deux. *S'accouder au balcon. S'accouder sur la table.* – De l'a. fr. *accoter* (lat. *accubitare*), d'après *coude.*

accoudoir [akudwaʀ] n. m. Appui pour s'accouder. *L'accoudoir d'un prie-Dieu.* – De *accouder.*

accouer [akwe] v. tr. [1] Attacher des chevaux à la file, le licol de l'un à la queue de l'autre. – De l'a. fr. *couer,* de *coe,* «queue».

accouplé, ée [akuple] adj. **1.** Formant une paire ou un couple. **2.** MECA Réuni par un accouplement (à). – Pp. de *accoupler.*

accouplement [akupləmɑ̃] n. m. **1.** Action, fait d'accoupler. **2.** Acte sexuel entre le mâle et la femelle d'une espèce animale. **3.** TECH Dispositif destiné à rendre solidaires deux pièces, deux machines. *Accouplement rigide, semi-élastique, hydraulique. Accouplement à la Cardan.* – De *accoupler.*

accoupler [akuple] **I.** v. tr. [1] **1.** Réunir par couple (des animaux). *Accoupler des canaris; spécial.,* faire s'unir sexuellement le mâle et la femelle. *Accoupler une jument anglaise à un étalon arabe.* **2.** Réunir par paire (des animaux). *Accoupler des bœufs.* **3.** Fig. Réunir (deux mots, deux choses très différentes). *Accoupler des mots qui jurent ensemble.* **4.** TECH Rendre solidaire une pièce, une machine d'une autre. **II.** v. pron. S'unir sexuellement, en parlant d'animaux. – De *a-2,* et *couple.*

accourcir [akuʀsiʀ] v. intr. [2] Litt. Devenir plus court. *Les jours accourcissent.* – A. fr. *accorcir.*

accourir [akuʀiʀ] v. intr. [29] Venir en courant, en hâte. *Les brancardiers ont accouru et emporté le blessé. Je suis accouru, et me voilà.* – Lat. *accurrere.*

accoutrement [akutʀəmɑ̃] n. m. Habillement étrange ou grotesque. – De *accoutrer.*

accoutrer [akutʀe] v. tr. [1] Péjor. Habiller (qqn) de façon étrange ou grotesque. *Accoutrer un enfant de vieilles nippes.* ▷ v. pron. *Il s'accoutre de vêtements voyants.* Syn. affubler. – Lat. pop. **acconsuturare,* «coudre ensemble».

accoutumance [akutymɑ̃s] n. f. **1.** Le fait de s'accoutumer, de s'habituer. 2. MED Phénomène métabolique se traduisant par la nécessité d'augmenter les doses absorbées d'une substance pharmacologique pour en obtenir l'effet habituel. – De *accoutumer.*

accoutumé, ée [akutyme] adj. Ordinaire, habituel. *Se promener à l'heure accoutumée.* ▷ Loc. adv. *Comme à l'accoutumée:* comme d'habitude. *Il a bu comme à l'accoutumée.* – Pp. de *accoutumer.*

accoutumer [akutyme] **I.** v. tr. [1] Faire prendre une habitude à (qqn, un animal). *Accoutumer un chien à la propreté.* ▷ *Être accoutumé à:* avoir l'habitude de. *Il est accoutumé à se lever tôt.* **II.** v. pron. S'habituer à. *S'accoutumer au froid.* – De *a-2,* et *coutume.*

accouvage [akuvaʒ] n. m. Technique qui consiste à faire éclore des œufs en couveuse artificielle. – De *couver.*

accréditation [akʀeditasjɔ̃] n. f. **1.** Action d'accréditer. *L'accréditation d'un ambassadeur auprès d'un pays étranger.* **2.** DR TR *Accréditation syndicale:* reconnaissance officielle que la législation ou un organisme public compétent accorde à un syndicat pour représenter un groupe de travailleurs auprès de l'employeur. – De *accréditer.*

accréditer [akʀedite] v. tr. [1] **1.** Faire reconnaître officiellement la qualité de qqn. *Accréditer un ambassadeur auprès d'une puissance étrangère.* ▷ *Être accrédité auprès d'une banque,* y avoir un crédit. **2.** DR Faire déclarer légale l'existence d'une association syndicale. **3.** *Accréditer une rumeur,* la rendre plausible. ▷ v. pron. *La nouvelle s'accréditait,* devenait plausible, se répandait. – De *a-2,* et *créditer.*

accréditeur, trice [akʀeditœʀ, tʀis] n. Personne qui accrédite, en donnant sa garantie au bénéfice de quelqu'un. – Du préc.

accréditif [akʀeditif] n. m. Crédit ouvert au client d'une banque auprès d'un correspondant étranger ou d'une succursale; document qui ouvre ce crédit. – De *accréditer.*

accrescent, ente [akʀesɑ̃, ɑ̃t] adj. BOT Se dit des parties de la fleur qui s'accroissent durant la maturation du fruit. – Lat. *accrescens,* de *accrescere,* «s'accroître».

accrétion [akʀesjɔ̃] n. f. ASTRO et METEO Agglomération d'éléments. *Accrétion de nuages.* – Lat. *accretio.*

accroc [akʀo] n. m. **1.** Déchirure faite en s'accrochant. *Elle a un accroc à son manteau.* **2.** Fig. Difficulté imprévue. *Tout s'est déroulé sans accroc.* – Déverbal de *accrocher.*

accrochage [akʀɔʃaʒ] n. m. **1.** Action d'accrocher. *L'accrochage d'un wagon à une motrice.* **2.** Accident matériel sans gravité entre deux véhicules. **3.** MILIT Engagement de courte durée. **4.** ELECTRON Perturbation dans une amplification. **5.** Fam. Querelle. – De *accrocher.*

accroche [akʀɔʃ] n. f. PUBL Dans une annonce publicitaire, élément central destiné à attirer l'attention du consommateur éventuel. – De *accrocher.*

accroche-cœur [akʀɔʃkœʀ] n. m. Boucle de cheveux en forme de croc plaquée sur la tempe. *Se faire des accroche-cœurs.* – De *accroche,* et *cœur.*

accrocher [akʀɔʃe] **I.** v. tr. [1] **1.** Suspendre à un crochet. *Accrocher un miroir au mur.* **2.** Retenir au moyen d'un objet crochu. *Il a accroché ma veste avec son hameçon.* **3.** Heurter (un véhicule avec un autre). *Accrocher l'aile d'une voiture.* **4.** MILIT Obliger au combat (des ennemis). *Accrocher une patrouille.* **5.** Fig. Aborder et retenir (qqn). *Une fois qu'il vous a accroché, il ne vous lâche plus.* **II.** v. pron. **1.** Être retenu ou suspendu par un crochet. *Ce fusil s'accroche au-dessus de la cheminée.* **2.** Se cramponner (personnes). *Monter à un arbre en s'accrochant aux branches.* ▷ Fig., fam. *S'accrocher à quelqu'un,* l'importuner en le retenant avec insistance. – S. comp. Faire preuve de ténacité. – De *a-2,* et *croc.*

accrocheur, euse [akʀɔʃœʀ, øz] adj. et n. **1.** Qui retient l'attention. *Un slogan accrocheur.* **2.** Fam. Tenace, obstiné. *Un représentant accrocheur.* – De *accrocher.*

accroire [akʀwaʀ] v. tr. (Usité seulement à l'inf.) **[62]** **1.** Rare *Faire accroire:* faire croire (ce qui n'est pas). *Il voudrait faire accroire qu'il est riche.* **2.** *En faire accroire à qqn,* l'abuser, le tromper. *N'essaie pas de m'en faire accroire !* – De *à,* et *croire.*

accroissement [akʀwasmɑ̃] n. m. **1.** Le fait d'augmenter. *L'accroissement des connaissances.* **2.** Action de croître, de pousser. *L'accroissement d'une tige.* Syn. croissance, développement. **3.** MATH Différence entre deux valeurs successives d'une variable. **4.** DR Droit en vertu duquel la part d'un héritier, qui renonce à une succession ou qui ne peut la recueillir, augmente la part de tous les autres héritiers en proportion de leurs droits respectifs. **5.** DR Augmentation naturelle de l'étendue du fonds riverain d'un cours d'eau. V. alluvion. – De *accroître.*

accroître [akʀwatʀ] v. tr. **[63]** Augmenter, rendre plus grand. *Accroître sa fortune, sa production.* Syn. agrandir, développer. Ant. réduire, amoindrir. ▷ v. pron. Aller en augmentant. *Sa détresse s'est accrue.* Syn. grandir. – Lat. *accrescere.*

accroupir (s') [akʀupiʀ] v. pron. **[2]** et **[11]** S'asseoir sur sa croupe (animaux); s'asseoir sur ses talons, sans que les genoux touchent le sol (personnes). – De *à,* et *croupe.*

accroupissement [akʀupismɑ̃] n. m. Position d'une personne accroupie. – De *accroupir.*

accru [akʀy] n. m. HORTIC Rejeton d'une racine. – Pp. subst. de *accroître.*

accrue [akʀy] n. f. **1.** Augmentation de la surface d'un terrain par un dépôt d'alluvions, après une crue. **2.** Terrain gagné par une forêt qui croît hors de ses limites. – Pp. fém. subst. de *accroître.*

accueil [akœj] n. m. **1.** Façon de recevoir qqn. *Un accueil glacial, enthousiaste.* **2.** *Centre d'accueil,* qui prend en charge à l'arrivée des touristes, des migrants. – Déverbal de *accueillir.*

accueillant, ante [akœjɑ̃, ɑ̃t] adj. Qui fait bon accueil. *Un homme chaleureux et accueillant.* – Ppr. de *accueillir.*

accueillir [akœjiʀ] v. tr. **[30]** **1.** Recevoir qqn (d'une certaine manière). *Accueillir un ami à bras ouverts. Il nous a fort mal accueillis.* ▷ Fig. *Accueillir une nouvelle avec étonnement,* manifester de l'étonnement en l'apprenant. **2.** Donner l'hospitalité à. *J'ai dans cette ville un ami qui peut nous accueillir.* – Lat. pop. **accolligere.*

aculement [akylmɑ̃] n. m. Chez le cheval, résistance à se porter en avant, caractérisée par le report du poids sur l'arrière-main. – De *acculer.*

acculer [akyle] v. tr. **[1]** Pousser dans un endroit où il est impossible de reculer. *Acculer l'ennemi à la mer.* ▷ Fig. *Crise politique qui accule un ministre à la démission,* le contraint à démissionner. – De *à,* et *cul.*

acculturation [akyltyʀasjɔ̃] n. f. Ensemble des phénomènes résultant du contact direct et continu entre des groupes d'individus de cultures différentes et entraînant des changements dans les types culturels de l'un ou l'autre de ces groupes ou des deux. – Emprunt à l'angl.

acculturer [akyltyʀe] v. tr. **[1]** SOCIOL Modifier la culture d'un individu ou d'un groupe par le contact avec d'autres cultures. – De *acculturation.*

accumulateur [akymylatœʀ] n. m. Générateur électrochimique qui accumule l'énergie électrique et la restitue sous forme de courant. *Recharger un accumulateur, une batterie d'accumulateurs.* Fam. Accus. – De *accumuler.*

ENCYCL **Électrochim.** – Une pile réversible est un accumulateur. Cette réversibilité a été observée par le physicien français Gautherot en 1801, peu après la découverte de la pile par Volta en 1800. C'est en 1889 que Planté imagina l'accumulateur au plomb. Un élément d'accumulateur est constitué par deux électrodes: une électrode positive reliée à la borne + et une électrode négative reliée à la borne –; celles-ci sont immergées dans un électrolyte (acide, basique ou neutre) contenu dans un bac. Lorsque le générateur débite, on dit qu'il se *décharge* parce que l'énergie chimique en réserve se transforme en énergie électrique. Quand on régénère l'accumulateur, on dit qu'on le *charge.* **1.** La *force électromotrice* est la différence de potentiel continu qui existe entre l'électrode positive et l'électrode négative lorsque l'accumulateur ne débite pas; on l'exprime en volts. **2.** La *capacité* est la quantité d'électricité qu'il peut fournir pendant la décharge; on l'exprime en ampères-heure. **3.** La *résistance interne* est la résistance électrique mesurée entre les bornes de sortie; elle est due aux électrodes et à l'électrolyte. On l'exprime en ohms. Les accumulateurs les plus courants sont: les accumulateurs au plomb *(automobiles),* les accumulateurs cadmium-nickel et fer-nickel *(véhicules lourds, éclairage de secours),* les accumulateurs argent-zinc *(aviation et marine),* les accumulateurs argent-cadmium *(satellites)* et les accumulateurs bioxyde de manganèse-zinc *(poste à transistors).*

accumulation [akymylasjɔ̃] n. f. **1.** Action d'accumuler; son résultat. *Une accumulation d'erreurs de gestion les a conduits à la faillite.* ▷ *Chauffage par accumulation,* qui restitue au moment voulu la chaleur emmagasinée auparavant. **2.** GEOL Entassement de matériaux détritiques en milieu continental. *Accumulation fluviatile, glaciaire, éolienne.* – De *accumuler.*

accumuler [akymyle] v. tr. **[1]** Mettre ensemble en grande quantité, en grand nombre. *Accumuler des provisions pour l'hiver.* Syn. amasser, entasser. Ant. disperser. ▷ v. pron. Concourir à former un grand nombre, une grande quantité avec d'autres choses de même nature. *Dossiers qui s'accumulent. De gros nuages s'accumulaient dans le ciel.* – Lat. *accumulare.*

accus [aky] n. m. pl. Fam. Abrév. de accumulateur.

accusateur, trice [akyzatœʀ, tʀis] adj. Qui fait peser un soupçon, qui tend à prouver une responsabilité. *Une lettre accusatrice.* ▷ Subst. Personne qui accuse en justice. – De *accuser.*

accusatif [akyzatif] n. m. LING Cas de déclinaison qui sert à exprimer principalement l'objet direct. – Lat. *accusativus.*

accusation [akyzasjɔ̃] n. f. **1.** Imputation (d'un défaut, d'un vice). *Accusation d'inconduite.* **2.** Action en justice, plainte par laquelle on porte devant la justice pénale la connaissance d'une infraction pour en obtenir la répression. **3.** *L'accusation:* le ministère public près un tribunal criminel. **4.** DR *Acte d'accusation:* acte de procédure rédigé par le représentant du procureur général et exposant les infractions imputées à la personne traduite en justice. – Lat. *accusatio.*

accusatoire [akyzatwaʀ] adj. Qui a rapport à une accusation ou la motive. – Lat. *accusatorius.*

accusé, ée [akyze] n. **1.** Cour. Personne à qui l'on impute une infraction aux lois. **2.** DR Personne à qui est imputé un crime ou une infraction et qui fait l'objet d'une poursuite devant un tribunal afin d'y être jugée. – Pp. subst. de *accuser.*

accuser [akyze] v. tr. **[1]** **1.** Présenter comme coupable (qqn). *On m'accuse sans preuve.* – *Accuser qqn de qqch,* l'en tenir pour coupable. *Tu m'accuses de négligence.* ▷ v. pron. S'avouer coupable. *Il s'accuse des pires méfaits.* **2.** Dénoncer (qqn) à la justice. *Accuser quelqu'un d'un meurtre.* **3.** Faire ressortir, accentuer. *L'âge a accusé leurs différences.* **4.** Révéler par ses apparences. *Cet homme accuse son âge.* ▷ Manifester une réaction à (une douleur, une émotion). *Boxeur qui accuse un coup.* – Lat. *accusare.*

acéphale [asefal] adj. (et n.). Sans tête. *Les moules sont des mollusques acéphales.* – Lat. *acephalus,* d'orig. gr.

acéracées [aseʀase] n. f. pl. BOT Famille de térébinthales comprenant les érables et les sycomores. – Du lat. *acer,* «érable».

acerbe [asɛʀb] adj. **1.** Litt. Rare D'un goût âpre, acide. **2.** Fig. Caustique, blessant. *Son ton acerbe l'irrita.* Syn. acrimonieux, mordant, sarcastique. – Lat. *acerbus,* «triste, pénible».

acéré, ée [aseʀe] adj. **1.** Tranchant ou pointu. *Un couteau acéré.* **2.** Fig. Blessant, caustique. *Décrire quelqu'un d'une plume acérée.* – Pp. de *acérer.*

acérer [aseʀe] v. tr. **[16]** Rendre pointu ou tranchant. *Acérer une hache.* – De l'a. fr. *acier,* «garnir d'acier».

acériculteur, trice [aseʀikyltœʀ, tʀis] n. TECH Personne qui pratique l'acériculture. – De *acériculture.*

acériculture [aseʀikyltyʀ] n. f. TECH Exploitation d'une érablière en vue de la production des produits de l'érable (sirop, sucre, tire). – Du lat. *acer,* «érable», et *culture.*

acescence [asesɑ̃s] n. f. État d'un liquide acescent. *L'acescence des boissons fermentées est due à la transformation partielle de l'alcool en acide acétique par des bactéries.* – De *ascescent.*

acescent, ente [asesɑ̃, ɑ̃t] adj. Qui devient ou est devenu aigre (en parlant d'un liquide). – Lat. *acescere,* «aigrir».

acét(o)- Préfixe, du lat. *acetum,* «vinaigre».

acétabulaire [asetabylɛʀ] n. f. BOT Algue verte unicellulaire de grande taille, ayant la forme d'une ombrelle, utilisée dans les études cytologiques. – Du lat. *acetabulum,* «cavité».

acétal [asetal] n. m. CHIM Composé organique résultant de la combinaison d'une molécule d'aldéhyde, ou de cétone, et de deux molécules d'alcool, dont le type est l'acétal ordinaire, de formule CH_3-CH $(OC_2H_5)_2$.

acétaldéhyde [asetaldeid] n. m. CHIM Aldéhyde éthylique, de formule CH_3-CHO, utilisé comme intermédiaire industriel dans la préparation des dérivés acétiques. Syn. éthanal.

acétamide [asetamid] n. m. CHIM Monoamide primaire de l'acide acétique.

acétate [asetat] n. m. CHIM Sel ou ester de l'acide acétique. *Les acétates de vinyle et de cellulose servent de point de départ à la fabrication de nombreuses matières plastiques.* – Lat. *acetatus,* «rendu acide».

acétification [asetifikasjɔ̃] n. f. CHIM Transformation de l'alcool éthylique en acide acétique. – De *acétifier.*

acétifier [asetifje] v. tr. **[1]** Provoquer l'acétification de. – De *acétique,* et *-fier.*

acétique [asetik] adj. **1.** Qui a la nature, la saveur du vinaigre. **2.** CHIM *Acide acétique:* V. encycl. – Du lat. *acetum,* «vinaigre».

ENCYCL **Chim.** – L'acide acétique (CH_2-COOH) est le type traditionnel des composés organiques à fonction acide. Il résulte de l'oxydation de l'alcool éthylique en présence de bactéries *Acetobacter* ou *Mycoderma aceti* (préparation du vinaigre). L'industrie en prépare de grandes quantités à partir de l'acétaldéhyde ou de l'acétylène. L'acide pur est utilisé comme réactif et dans de nombreuses industries. Ses sels et esters, les acétates, sont importants. L'anhydride acétique est utilisé dans l'industrie des matières plastiques.

acétobacter [asetobaktɛʀ] n. m. inv. MICROB Bactérie responsable de la fermentation acétique. – De *acét(ique),* et *bactérie.*

acétone [asetɔn] n. f. CHIM Liquide incolore (CH_3-CO-CH_3), très volatil, d'odeur éthérée, le représentant le plus simple de la famille des cétones. *L'acétone est un excellent solvant organique.* – Lat. *acetum,* «vinaigre».

acétonémie [asetɔnemi] n. f. MED Présence d'acétone et de corps cétoniques dans le sang. – De *acétone,* et *-émie.*

acétonurie [asetɔnyʀi] n. f. MED Présence d'acétone dans les urines. – De *acétone,* et *-urie.*

acétylcellulose [asetilselyloz] n. f. CHIM. Composé solide résultant de l'estérification des fonctions alcooliques de la cellulose par l'acide acétique et ses dérivés (les propriétés plastiques de l'acétylcellulose la font utiliser pour obtenir des vernis, rayonnes, etc.). Syn. acétocellulose. – De *acétyle,* et *cellulose.*

acétylcholine [asetilkɔlin] n. f. PHYSIOL Médiateur chimique (ester acétique de la choline) transmettant l'influx nerveux au niveau des synapses neuromusculaires et des synapses parasympathiques du système végétatif. – De *acétyle,* et *choline.*

acétylcoenzyme A [asetilkoɑ̃zimɑ] n. f. BIOL Forme activée de l'acide acétique qui constitue le point de départ de plusieurs processus métaboliques (biosynthèse des acides gras, formation des corps cétoniques, etc.).

acétyle [asetil] n. m. CHIM Radical de formule CH_3-CO-, dérivant de l'acide acétique par perte du groupement OH. – De *acét-,* et gr. *hulê,* «matière».

acétylène [asetilɛn] n. m. CHIM Hydrocarbure de formule C_2H_2 ou H–C≡C–H. – De *acétyle.*

ENCYCL L'acétylène est le premier terme de la série des hydrocarbures de la série grasse. Dans les conditions normales, c'est un gaz incolore, un peu plus léger que l'air, peu soluble dans l'eau, mais très soluble dans l'acétone. Il se solidifie à – 85 °C sous la pression atmosphérique, sans passer par l'état liquide. Sa combustion dégage une grande quantité de chaleur, ce qui a conduit à l'utiliser dans le chalumeau oxyacétylénique, pour le découpage ou la soudure des métaux, même sous l'eau (la température de sa flamme dépasse 3000 °C). Les réactions d'addition sur la triple liaison carbone-carbone font de l'acétylène un des points de départ de la synthèse de nombreuses substances utilisées dans l'industrie: *solvants chlorés, matières plastiques vinyliques, caoutchoucs et fibres synthétiques (Nylon, Orlon, Crylor, Rhovyl, etc.).* On le produit industriellement, soit par action de l'eau sur le carbure de calcium CaC_2, préparé en chauffant un mélange de chaux vive et de charbon à 2000 °C, soit à partir du méthane.

acétylénique [asetilenik] adj. De l'acétylène. ▷ *Hydrocarbures acétyléniques,* qui dérivent de l'acétylène dont ils possèdent les propriétés, et de formule $C_n H_{2n-2}$. – De *acétylène.*

acétylsalicylique [asetilsalisilik] adj. CHIM *Acide acétylsalicylique.* V. aspirine.

achaine. V. akène.

achalage [aʃalaʒ] n. m. Fam. Action d'achaler, résultat de cette action. – Plur. Ensemble de propos, de manières qui achalent. *En avoir assez des achalages de qqn.* – De *achaler.*

achalandage [aʃalɑ̃daʒ] n. m. **1.** DR Clientèle attirée par l'emplacement d'un fonds de commerce et qui constitue un facteur d'appréciation de sa valeur. **2.** FIN Excédent de la valeur globale d'une entreprise à une date donnée, sur la juste valeur de son actif à pareille date. – De *achalander.*

achalandé, ée [aʃalɑ̃de] adj. **1.** Vx Qui a une nombreuse clientèle. **2.** (France) Mod. (sens non admis par l'Acad. fr.). Qui offre un grand choix de marchandises. *Une épicerie bien achalandée.* – Pp. de *achalander.*

achalander [aʃalɑ̃de] v. tr. **1.** Vx Amener une clientèle à. *Les vitrines de Noël achalandaient les magasins de jouets.* **2.** (France) (emploi critiqué) Approvisionner en marchandises. – De *chaland.*

achalant, ante [aʃalɑ̃, ɑ̃t] adj. Fam. **1.** Qui cause du désagrément, du souci. *C'est achalant d'être obligé de s'habiller pour sortir l'hiver.* **2.** Qui ennuie, dérange (par sa présence, ses propos). *Trouver qqn achalant. Être achalant avec qqch.* ▷ Subst. «Je suis allée seule au cinéma et je me suis fait emmerder par un «achalant.» (Clémence Des Rochers, *La ville depuis,* 1966.) – De *achaler.*

achalanterie [aʃalɑ̃tʀi] n. f. Fam. Chose qui achale. – De *achalant.*

achalé, ée [aʃale] adj. Fam. *Pas achalé:* qui n'est pas contraint par l'opinion d'autrui, qui agit à sa guise. – De *achaler.*

achaler [aʃale] v. tr. [1] Fam. **1.** Contrarier, incommoder (qqn), être source d'ennuis. *Ça l'achale d'avoir à répondre au téléphone.* **2.** Déranger, importuner (qqn). *Achaler qqn avec des histoires. Cesse de m'achaler!* – Dér. de *chaler,* var. dial. (nord-ouest et ouest de la France) de l'anc. v. *chaloir,* «chauffer», du lat. *calere,* être chaud, avoir chaud».

achar ou **achard** [aʃaʀ] n. m. Condiment fait de légumes et de fruits macérés dans du vinaigre. – Malais *atchar.*

acharné, ée [aʃaʀne] adj. **1.** Qui manifeste de l'acharnement. *Un plaideur acharné.* **2.** Plein d'acharnement. *Une dispute acharnée.* – Pp. de *acharner.*

acharnement [aʃaʀnəmɑ̃] n. m. **1.** Ardeur opiniâtre pour combattre. *Se défendre avec acharnement.* **2.** Ardeur vive et longtemps soutenue. *Il travaille avec acharnement.* – De *acharner.*

acharner (s') [aʃaʀne] v. pron. [11] **1.** Continuer à exercer des violences (sur un être animé). *Le lion s'acharne sur sa proie. Ils se sont acharnés sur lui et l'ont laissé pour mort.* ▷ *S'acharner sur* (qqch): s'obstiner avec brutalité sur. *Il s'acharne sur ce vieux piano, mais il n'en tire que des fausses notes.* **2.** S'attacher avec opiniâtreté, avec excès à. *Il s'acharne au travail. Il s'acharne à passer ce concours très difficile.* ▷ (S. comp.) *Plus il perd au jeu, plus il s'acharne.* Syn. obstiner (s'). – De *a-2,* et a. fr. *charn,* «chair».

achat [aʃa] n. m. **1.** Action d'acheter. *Faire ses achats dans les grands magasins. Un achat à crédit.* **2.** Ce qui est acheté. *Ranger ses achats.* Syn. acquisition, emplette. **3.** ECON *Pouvoir d'achat:* ce que représentent les revenus individuels d'une catégorie ou d'une classe sociale à un moment déterminé en potentiel d'acquisition de biens ou de services. – De *acheter.*

ache [aʃ] n. f. Nom cour. de diverses ombellifères. – Lat. *apium.*

acheminement [aʃ(ə)minmɑ̃] n. m. Action d'acheminer. *Retard dans l'acheminement postal.* – De *acheminer.*

acheminer [aʃ(ə)mine] v. tr. [1] Faire avancer, diriger (vers un lieu, un but). *Acheminer une armée vers le front. Acheminer du courrier.* ▷ v. pron. *S'acheminer vers un lieu,* s'y diriger. – De *a-2,* et *chemin.*

achène. V. akène.

achetable [aʃtabl] adj. Qu'on peut acheter. – Cour. *Pas achetable:* (produit de consommation) dont le prix est excessif. – De *acheter.*

acheter [aʃte] v. tr. [21] **1.** Acquérir à prix d'argent. *Acheter du pain, des livres.* ▷ Fig. Obtenir (qqch) au prix d'efforts, de sacrifices. *Acheter chèrement une victoire.* Ant. vendre. **2.** *Acheter qqn,* s'assurer de sa complicité, le corrompre à prix d'argent. *Acheter un témoin compromettant.* – Lat. pop. **accaptare.*

achètes [akɛt] n. m. pl. ZOOL Syn. de *hirudinées.*

acheteur, euse [aʃtœʀ, øz] n. **1.** Personne qui achète, client. **2.** Employé chargé des achats pour le compte d'une entreprise commerciale. *Les grands magasins ont des acheteurs spécialisés.* – De *acheter.*

acheuléen [aʃøleɛ̃] n. m. (et adj.). Ensemble des phases du Paléolithique inférieur, caractérisé par l'apparition de la taille au percuteur doux. – De *Saint-Acheul,* local. de la Somme (France).

achevé, ée [aʃve] adj. **1.** Terminé. **2.** Accompli, parfait dans son genre. *Un modèle achevé de toutes les vertus. Un fripon achevé.* – Pp. de *achever.*

achèvement [aʃɛvmɑ̃] n. m. Action d'achever; son résultat. *L'achèvement des travaux est retardé.* Ant. commencement. – De *achever.*

achever [aʃve] v. tr. [19] **1.** Mener à bonne fin, terminer (ce qui est commencé). *Achever son travail* ▷ *Achever de* (+ inf.): finir de. **2.** *Achever (un être animé),* le tuer alors qu'il est affaibli ou blessé, lui donner le coup de grâce. *Achever une bête blessée.* ▷ Fig. Ôter tout courage à (qqn). *Il était démoralisé, ce coup du sort l'a achevé.* – De *chef,* «bout, fin».

achigan [aʃigɑ̃] n. m. Poisson d'eau douce nord-américain (genre *Micropterus*), comestible, de la même famille que le crapet, mais de forme allongée. *Achigan à grande bouche* (*Micropterus salmoides*), connu en France notam. sous les noms de *perche truitée, perche noire. Achigan à petite bouche (Micropterus dolomieui).* – Mot algonquien, «celui qui se débat».

achillée [akile] n. f. BOT Composée, autrefois employée comme hémostatique. Syn. millefeuille. – Lat. bot. *achillea.*

achondroplasique [akɔ̃dʀɔplazik] adj. et n. De l'achondroplasie. – Personne atteinte de cette maladie. – Du préc.

achoppement [aʃɔpmɑ̃] n. m. Vx Difficulté, obstacle. Surtout usité dans la loc.: *pierre d'achoppement,* même sens. – De *achopper.*

achopper [aʃɔpe] v. intr. [1] **1.** Vx Heurter du pied un obstacle, trébucher. **2.** Fig. Être arrêté par une difficulté. *Il achoppe toujours sur ce mot qu'il n'arrive pas à prononcer.* – De *chopper.*

achromatine [akʀɔmatin] n. f. BIOL Portion du noyau de la cellule vivante qui ne fixe pas les colorants. – De *a-1,* et gr. *khrôma,* «couleur».

achromatique [akʀɔmatik] adj. **1.** PHYS Qualifie un système optique dont on a corrigé les aberrations chromatiques. *Objectif photographique achromatique.* **2.** BIOL Se dit d'une substance cellulaire qui ne prend pas (ou prend mal) les colorants. – Du gr. *akhrômatos,* «sans couleur».

achromatisme [akʀɔmatism] n. m. PHYS Propriété d'un système optique achromatique. – Du préc.

achromatopsie [akʀɔmatɔpsi] n. f. MED Non-perception des couleurs. Syn. achromasie. – De *a-1,* du gr. *khrôma,* «couleur», et *opsis,* «vue».

aciculaire [asikylɛʀ] ou **aciculé, ée** [asikyle] adj. SC NAT Qui est en forme d'aiguille. – De *acicule.*

acicule [asikyl] n. m. BOT Aiguille droite et grêle. – Lat. *acicula,* «petite aiguille».

acide [asid] **I.** adj. **1.** De saveur aigre, piquante. *Ces oranges sont acides.* ▷ Fig. *Propos acides,* désagréables ou blessants. **2.** CHIM Qui a les propriétés des acides. **3.** GEOL *Roche acide,* à forte teneur en silice. **II.** n. m. **1.** Composé hydrogéné de saveur piquante, qui fait virer au rouge la teinture de tournesol, réagit sur les bases et attaque les métaux. **2.** Arg. L.S.D. (acide lysergique diéthylamide). – Lat. *acidus.*

acidifier [asidifje] v. tr. [1] Transformer en acide, rendre acide. – De *acide.*

acidimétrie [asidimetʀi] n. f. Mesure du titre d'une solution acide. – De *acide,* et *-métrie.*

acidité [asidite] n. f. **1.** Saveur acide. **2.** Nature de ce qui est acide. – De *acide.*

acidophile [asidofil] adj. HISTOL Se dit des constituants cellulaires qui fixent les colorants acides. – De *acide,* et *-phile.*

acidose [asidoz] n. f. MED Diminution de l'alcalinité du plasma, entraînant une rupture de l'équilibre acido-basique de celui-ci. – De *acide,* et *-ose* 2.

acidulé, ée [asidyle] adj. Acide au goût, aigrelet. *Bonbons acidulés.* – De *acide.*

acier [asje] n. m. **1.** Alliage de fer et de carbone contenant moins de 2 % de carbone (V. encycl.). ▷ Fig. *Jarrets d'acier,* souples et forts. *Regard d'acier:* regard dur, pénétrant. **2.** Litt. Arme blanche. *«Un homicide acier»* (Racine). –Bas lat. *aciarium.*

ENCYCL **Métall.** – Pour l'industrie, les aciers sont les plus importants des alliages fer-carbone. On réserve le nom d'acier aux alliages fer-carbone auxquels on a ajouté en petite quantité certains éléments (métalliques, comme le manganèse et le molybdène, ou non, comme le silicium et l'azote) destinés à modifier leurs propriétés mécaniques, magnétiques ou chimiques (résistance à la corrosion). Lorsque le pourcentage de ces éléments d'addition devient important, on parle alors d'*aciers alliés;* ex.: les *aciers inoxydables.* Suivant leur teneur en carbone (0,35 à 2 %), les aciers possèdent des propriétés différentes; ils forment une gamme allant des aciers doux aux aciers extra-durs, cette gamme des aciers ordinaires étant complétée par celle des aciers dits *spéciaux* contenant des métaux ou des non-métaux supplémentaires. – La préparation de l'acier se fait par affinage de la fonte en deux étapes: oxydation du carbone, du silicium et du manganèse contenus dans la fonte; réduction destinée à diminuer la teneur en oxyde. Les calories nécessaires à ces réactions peuvent être apportées par soufflage d'air ou d'oxygène (convertisseur Thomas) ou par une source de chaleur extérieure, comme le gaz naturel (four Martin). Les aciers spéciaux se préparent au four électrique. – Les aciers se différencient par des qualités d'ordre mécanique *(dureté, élasticité, résistance à la rupture,* etc.), d'ordre magnétique *(intensité d'aimantation, hystérésis),* d'ordre chimique *(résistance à l'oxydation, aux acides,* etc.). Ces qualités dépendent étroitement de leur composition et des traitements auxquels ils ont été soumis. *Les aciers ordinaires* durcissent d'autant plus par la trempe et sont d'autant plus tenaces qu'ils sont plus riches en carbone, mais leur perméabilité magnétique est relativement faible. *Les aciers spéciaux* contiennent, en proportions diverses, certains métaux (chrome, manganèse, tungstène, nickel, vanadium, aluminium, etc.) et des non-métaux (silicium, antimoine, azote) qui leur confèrent des propriétés mécaniques, magnétiques, etc., spécifiques. Ainsi, certains aciers dits *rapides,* au chrome, tungstène, vanadium, peuvent travailler dans des conditions acceptables jusque vers 600 °C, alors que les aciers ordinaires ne sont guère utilisables lorsqu'ils atteignent 250 °C (*outils à grande vitesse de coupe, soupapes d'échappement de moteurs,* etc.).

aciérer [asjeʀe] v. tr. [16] **1.** Vx Souder de l'acier sur (un outil, une arme en fer). **2.** Vx Transformer en acier (du fer). **3.** Recouvrir d'une couche d'acier (une surface métallique). – De *acier.*

aciérie [asjeʀi] n. f. Usine qui produit de l'acier. – De *acier.*

acinétiens [asinetjɛ̃] n. m. pl. ZOOL Classe d'infusoires dépourvus de cils à l'état adulte mais munis de tentacules porteurs de ventouses. Syn. tentaculifères. – Du gr. *akinetos,* «immobile».

acineux, euse [asinø, øz] adj. ANAT *Glande acineuse,* dont les éléments *(acini),* en cul-de-sac, sont groupés autour d'un canal comme les grains de raisin d'une grappe. – De *acinus.*

acinus [asinys] n. m. Élément d'une glande acineuse. Pl. *acini.* – Mot. lat., «grain de raisin».

aclinique [aklinik] adj. GEOPH Où l'inclinaison du champ magnétique terrestre est nulle. – Gr. *aklinês,* «qui ne penche pas».

acmé [akme] n. m. **1.** MED Période d'une maladie où les symptômes sont les plus aigus. **2.** Litt. Point de plus haut développement. *L'acmé d'une civilisation.* – Gr. *akmê.*

acné [akne] n. f. Affection de la peau due à un dysfonctionnement des glandes sébacées ou pilosébacées, et se traduisant par une éruption de micropustules sur le visage et la partie supérieure du thorax. *Acné inflammatoire* ou *boutonneuse* (folliculite), *acné juvénile.* – Gr. *akhnê,* «efflorescence».

ACNOR [aknɔʀ] Sigle de **A**ssociation **C**anadienne de **NOR**malisation. V. encycl. norme.

acœlomates [aselɔmat] n. m. pl. ZOOL Tous les animaux dépourvus de cœlome, soit les métazoaires diploblastiques et les plathelminthes (triploblastiques). – De *a*-1, et *cœlome.*

acolytat [akɔlita] n. m. RELIG CATHOL Autrefois, le plus élevé des quatre ordres mineurs (auj. nommés ministères). – De *acolyte.*

acolyte [akɔlit] n. **1.** n. m. RELIG CATHOL Anc. Clerc ayant reçu l'acolytat. – Mod. Clerc exerçant le ministère de l'acolytat (il assiste le prêtre à l'autel). **2.** n. Péjor. Compère, complice. *Je n'aime pas beaucoup le voir rôder par ici avec son acolyte.* – Lat. ecclés. *acolythus,* par le gr.

acompte [akõt] n. m. DR Paiement partiel du prix total, versé généralement lors de la conclusion du contrat, qui reste définitivement acquis à celui qui l'a reçu. *Contrairement aux arrhes, l'acompte ne permet pas aux parties de se soustraire à leur engagement.* ▷ FIN *Acompte provisionnel:* paiement partiel à valoir sur des impôts dont le montant ne sera définitivement arrêté qu'après la fin de l'année d'imposition. – De *compte.*

acon. V. accon.

aconage. V. acconage.

aconier. V. acconier.

aconit [akɔnit] n. m. Plante vénéneuse (fam. renonculacées) à feuilles alternes découpées et à fleurs zygomorphes bleues en grappes. – Lat. *aconitum.*

aconitine [akɔnitin] n. f. BIOCHIM Alcaloïde très toxique extrait des tubercules d'*Aconit napel.* – De *aconite,* et *-ine.*

a contrario [akõtʀaʀjo] loc. adv. Se dit d'un raisonnement qui, partant d'une opposition dans les hypothèses, conclut à une opposition dans les conséquences. – Mots lat.

à contre [akõtʀ] loc. adv. MAR *Voile à contre, bordée à contre,* dont le point d'écoute est au vent. – De *à,* et *contre.*

acoquiner (s') [akɔkine] v. pron. [11] Péjor. Se lier (avec qqn). *S'acoquiner avec des personnes peu recommandables.* – De *coquin.*

à-côté [akote] n. m. **1.** Ce qui est secondaire, par rapport à l'essentiel. *Ne nous égarons pas, ceci n'est qu'un à-côté du problème.* **2.** Gain d'appoint. *Je me fais des à-côtés en travaillant le soir.* – De la loc. adv. *à côté.*

acotylédone [akɔtiledɔn] ou **acotylédoné, ée** [akɔtiledɔne] adj. BOT Se dit d'une graine à embryon peu différencié. – De *a*-1, et *cotylédon.*

à-coup [aku] n. m. Secousse, discontinuité dans un mouvement. *Il y a eu un à-coup au départ du train.* ▷ *Par à-coups:* sans régularité. *Travailler par à-coups.* – De *à,* et *coup.*

acouphène [akufɛn] n. m. MED Sensation auditive (bourdonnement, sifflement, etc.) qui n'est pas provoquée par une excitation extérieure de l'oreille. – De *acou(stique),* et du gr. *phainien,* «paraître».

acousticien, ienne [akustisjɛ̃, ɛn] n. Spécialiste de l'acoustique. – De *acoustique.*

acoustique [akustik] **I.** adj. **1.** De l'ouïe. *Nerf acoustique.* **2.** Qui sert à produire, à modifier ou à transmettre les sons; relatif au son, à sa propagation. *Phénomène acoustique. Cornet acoustique,* autrefois utilisé pour la correction auditive. **II.** n. f. **1.** Branche de la physique qui étudie les vibrations sonores, leur production, leur propagation, leurs effets (V. encycl.). **2.** Capacité d'un lieu à laisser entendre les vibrations sonores qu'on y émet avec toutes leurs composantes et dans toute leur intensité. *L'acoustique des théâtres grecs. Cette salle a une mauvaise acoustique.* – Gr. *akoustikos,* «de l'ouïe».

ENCYCL **Phys.** et **physiol.** – L'acoustique physique étudie la production et la propagation des sons dans les fluides et dans les solides. *L'électro-acoustique* étudie la conversion de l'énergie acoustique en énergie électrique, la transmission des signaux électriques correspondants, leur amplification, et la restitution des sons, ainsi que leur synthèse par des procédés électroniques. *L'acoustique physiologique* étudie le mécanisme de la sensation et de la perception auditives et détermine les seuils d'audition. L'*acoustique architecturale* se préoccupe notam. de l'atténuation des nuisances dues aux bruits. L'*acoustique médicale* s'intéresse aux mécanismes et aux troubles de l'audition (à l'aide d'audiogrammes). L'*acoustique musicale* étudie les propriétés des sons utilisés en musique, leur combinaison (harmonie), leur production (instruments de musique, voix humaine) et leur synthèse (électroacoustique musicale), leur propagation et leur réception dans les lieux de concert (en étroite liaison avec l'acoustique architecturale).

acqua-toffana [akwatɔfana] n. f. Poison à base d'arsenic utilisé en Italie aux XVIe et XVIIe s. – Ital. *acqua,* «eau», et *Toffana,* nom de la femme qui aurait inventé la préparation.

acquéreur [akeʀœʀ] n. m. Personne qui devient propriétaire d'un bien ou titulaire d'un droit. – De *acquérir.*

acquérir [akeʀiʀ] **I.** v. tr. [38] **1.** Devenir possesseur de. *Acquérir une terre.* **2.** Arriver à avoir. *J'ai acquis la certitude qu'il ment.* **3.** *Acquérir (qqch) à:* faire gagner, procurer à. *Louis XIV a acquis la Franche-Comté à la France.* **II.** v. pron. **1.** (sens passif). Être gagné, obtenu. *La fortune s'acquiert parfois par des bassesses.* **2.** (réfl. ind.). Obtenir pour soi. *Il s'est acquis une réputation de grande probité.* – Lat. pop. **acquaerere.*

acquêt [akɛ] n. m. DR Bien acquis par chacun des époux pendant le mariage. – Lat. pop. **acquaesitum.*

ENCYCL Sous le régime matrimonial de la société d'acquêts, les acquêts forment la masse commune des biens de la société, à l'exception de ceux qui en sont explicitement exclus par la loi. Les acquêts comprennent le produit du travail de chacun des époux ainsi que les fruits et revenus provenant de tous leurs biens lorsqu'ils sont échus ou perçus pendant le mariage.

acquiescement [akjɛsmɑ̃] n. m. **1.** Approbation, consentement. **2.** DR Consentement exprès ou tacite donné à une demande en justice, à l'exécution d'un jugement ou d'un acte juridique. – De *acquiescer.*

acquiescer [akjese] v. tr. ind. [14] **1.** Manifester son consentement (à une proposition, une requête). *Il a acquiescé à ma demande.* ▷ (S. comp.) *Quand je lui ai proposé cette solution, il a acquiescé.* **2.** DR Consentir à une demande en justice, à l'exécution d'un jugement ou d'un acte juridique. – Renoncer à se prévaloir de son droit d'appeler d'une décision. – Lat. *acquiescere,* «avoir confiance en».

acquis, ise [aki, iz] **I.** adj. **1.** Dont on est devenu possesseur. *Bien mal acquis ne profite jamais* (Prov.). **2.** *Acquis à (qqn):* obtenu par. *Vous pouvez déjà considérer que mon soutien vous est acquis.* ▷ Fig. *Je vous suis tout acquis,* tout dévoué. **3.** MED, BIOL Qui n'est ni congénital, ni héréditaire. *Maladies acquises. Les caractères acquis sont intransmissibles.* **II.** n. m. Connaissances acquises. *Votre acquis vous permettra de trouver facilement du travail.* – Pp. de *acquérir.*

acquisitif, ive [akizitif, iv] adj. Qui permet d'acquérir, qui équivaut à une acquisition. – De *acquérir.*

acquisition [akizisjɔ̃] n. f. **1.** Action d'acquérir. *L'acquisition d'une maison.* **2.** La chose acquise. *Montre-moi ta nouvelle acquisition.* – Lat. *acquisitio.*

acquit [aki] n. m. **1.** FIN Écrit par lequel un créancier reconnaît que le débiteur a acquitté sa dette. – *Pour acquit:* V. acquitter (sens **2.**) ▷ *Par acquit de conscience:* pour rendre quitte sa conscience, pour ne pas avoir de doute ou de regret. *Je suis sûr qu'il n'y a pas d'erreur, mais par acquit de conscience, je vais vérifier encore une fois.* – Déverbal de *acquitter.*

acquittement [akitmɑ̃] n. m. **1.** Action d'acquitter, de s'acquitter. **2.** DR Décision d'un tribunal déclarant un accusé non coupable. – De *acquitter.*

acquitter [akite] **I.** v. tr. [1] **1.** Payer (ce qui est dû). *Acquitter des droits de douane.* **2.** COMPTA *Acquitter une facture, un mémoire,* etc., y inscrire les mots «pour acquit», suivis de la signature, en reconnaissance du paiement. **3.** *Acquitter qqn,* le rendre quitte, le libérer d'une dette ou d'un engagement. *Il ne pouvait pas payer, je l'ai acquitté.* **4.** DR *Acquitter un accusé,* le déclarer non coupable. *Le tribunal l'a acquitté.* **II.** v. pron. **1.** Se libérer (d'une obligation pécuniaire). *Je me suis acquitté de mes dettes.* **2.** Fig. Exécuter (ce à quoi on est tenu). *Je dois m'acquitter d'une promesse que je lui ai faite. S'acquitter d'un devoir, d'une tâche.* – De *quitte.*

acre [ɑkʀ] n. f. **1.** Ancienne mesure (française) de superficie agraire, valant environ 50 ares. **2.** Mesure de superficie agraire en usage au Canada et dans les pays anglo-saxons qui vaut 4 046,86 mètres carrés (4840 verges carrées) ou 40,47 ares – Anglo-normand *acre.*

âcre [akʀ] adj. Piquant et irritant au goût, à l'odorat. *Une odeur âcre qui prend à la gorge.* ▷ Fig., litt. Amer et blessant, moralement douloureux. *L'âcre souvenir des échecs passés.* – Lat. *acer.*

âcreté [akʀəte] n. f. Caractère de ce qui est âcre. – De *âcre.*

acridiens [akʀidjɛ̃] n. m. pl. ZOOL Nom scientifique des criquets. – Gr. *akridos,* «sauterelle».

acrimonie [akrimɔni] n. f. Mécontentement, amertume qui s'exprime par des paroles blessantes. *Parler avec acrimonie.* – Lat. *acrimonia,* «âcreté».

acrimonieux, euse [akrimɔnjø, øz] adj. Qui manifeste de l'acrimonie. *Propos acrimonieux.* – De *acrimonie.*

acro- [akro] Préfixe, du gr. *akros,* «élevé, extrême».

acrobate [akrɔbat] n. **1.** Artiste qui exécute des exercices de gymnastique, des tours de force et d'adresse. *Les acrobates d'un cirque.* **2.** ZOOL Petit marsupial grimpeur et planeur d'Australie. – Gr. *akrobatos,* «qui marche sur la pointe des pieds».

acrobatie [akrɔbasi] n. f. Exercice qu'exécute un acrobate; technique de l'acrobate. *Numéro d'acrobatie.* – *Acrobatie aérienne:* exercice de virtuosité exécuté en avion, évolution difficile ou périlleuse (tonneau, vrille, chandelle, etc.). – Du préc.

acrobatique [akrɔbatik] adj. De la nature de l'acrobatie. *Rétablissement acrobatique.* – Du préc.

acrocéphalie [akrɔsefali] n. f. MED Malformation crânienne, due à la soudure précoce de certaines sutures, entraînant une déformation en hauteur et un aplatissement latéral de la tête (pain de sucre). – Gr. *akron,* «hauteur », et *kephalê,* «tête».

acrocyanose [akrosjanoz] n. f. MED Cyanose permanente des mains, parfois des jambes et plus rarement du nez, des oreilles, etc., observée chez les jeunes filles, et due à des troubles endocriniens. – De *acro-,* et *cyanose.*

acrolecte [akrolɛkt] n. m. LING Variété de langue en usage parmi les classes dominantes d'une communauté linguistique. – Gr. *akros,* «élevé», et *-lecte.*

acroléine [akrɔlein] n. f. CHIM Aldéhyde de formule CH_2 = CH–CHO se formant en petites quantités dans la pyrolyse des corps gras. – Du lat. *acer, acris,* «aigre, âcre», de *olere,* «sentir», et *-ine.*

acromégalie [akrɔmegali] n. f. MED Affection d'origine hypophysaire frappant l'adulte, hypertrophie des extrémités et de la face. – Gr. *akron,* «extrémité», et *mégalos,* «grand».

acromion [akrɔmjõ] n. m. ANAT Apophyse de l'omoplate s'articulant avec l'extrémité externe de la clavicule. – Gr. *akrômion,* «pointe de l'épaule».

acronyme [akrɔnim] n. m. Sigle que l'on prononce comme un mot ordinaire, sans l'épeler. *Cégep et non c.e.g.e.p.* – Angl. *acronym,* «à prononciation syllabique».

acropole [akrɔpɔl] n. f. Partie la plus élevée des cités grecques de l'Antiquité, comportant une citadelle et des lieux de culte. *Les acropoles étaient souvent couvertes de nombreux monuments.* ▷ *L'Acropole:* l'acropole d'Athènes, où furent érigés le Parthénon et l'Érechthéion (Vᵉ s. av. J.-C.). – Gr. *akropolis,* «ville haute».

acrosome [akrɔzom] n. m. BIOL Organite sécrété par l'appareil de Golgi, situé à la partie antérieure du spermatozoïde. – Gr. *akros,* «extrême», et *sôma,* «organe».

acrostiche [akrɔstiʃ] n. m. Petit poème où les lettres initiales de chaque vers, prises dans l'ordre des vers eux-mêmes, composent le nom d'une personne, une devise, une sentence. – Gr. *akros,* «extrême», et *stikhos,* «vers».

acrotère [akrɔtɛr] n. m. ARCHI **1.** Piédestal placé au sommet ou aux extrémités d'un fronton pour recevoir une statue, un ornement; cet ornement. **2.** Couronnement placé à la périphérie d'une toiture-terrasse. – Gr. *akrôtêrion,* par le lat.

acrylique [akrilik] adj. CHIM Qualifie l'*acide acrylique* de formule CH_2 = CH – COOH, composé synthétique obtenu par oxydation de l'acroléine*. – *Résine acrylique,* obtenue par polymérisation de l'acrylonitrile et servant à la préparation de fibres textiles, de caoutchoucs, de peintures (où la résine, émulsionnée, sert de liant des couleurs). – Lat. *acer, acris,* «acide».

acrylonitrile [akrilɔnitril] n. m. Syn. nitrile acrylique $CH_2 = CH - C \equiv N$. – Du rad. de *acrylique,* et *nitrile.*

actant [aktɑ̃] n. m. **1.** LING Agent. **2.** Protagoniste de l'action, dans l'analyse structurale du récit. – De *acte.*

1. acte [akt] n. m. **I. 1.** Ce qui est fait par une personne. *On connaît l'homme à ses actes. Acte volontaire, instinctif.* ▷ *Acte médical:* consultation, visite, intervention, pratiquée par un médecin ou une personne appartenant à une profession médicale. ▷ *Faire acte de...,* agir avec..., faire preuve de. *Faire acte d'autorité, de bonne volonté.* ▷ *Faire acte de présence:* se montrer dans un lieu où l'on a l'obligation d'être présent sans réellement participer aux activités qui s'y tiennent; n'être présent que le temps nécessaire pour y être vu. **2.** DR Manifestation de volonté ayant des conséquences juridiques. *Acte unilatéral,* exprimant la manifestation d'une seule volonté (donation, testament). *Acte bilatéral,* exprimant un accord des volontés (convention, contrat). ▷ *Faire acte de:* agir en tant que. *Faire acte de propriétaire, d'héritier.* **II.** Pièce écrite qui constate, enregistre. **1.** DR Pièce écrite qui constate légalement un fait. *Acte authentique,* qui a été reçu ou attesté par un officier public compétent selon les lois du pays, avec les formalités requises par la loi. *Acte d'accusation.* V. accusation. *Acte notarié*: acte authentique, reçu ou attesté par un notaire (contrat, testament). *Acte sous seing privé,* passé entre les parties sans le concours d'un officier public. *Actes de l'état civil,* qui constatent les naissances, mariages ou décès. ▷ *Prendre acte:* faire constater un fait juridiquement, dans les formes légales. – Cour. Prendre bonne note de. ▷ *Dont acte:* le présent acte constate légalement le fait (formule finale d'un acte juridique). – Cour. Il est pris bonne note de ce qui précède. **2.** Recueil des comptes rendus des séances d'une assemblée, d'une société savante. *Les actes des conciles. Actes d'un congrès.* ▷ BIBLE *Actes des Apôtres:* cinquième livre de l'Ancien testament, écrit par Luc entre 60 et 80, qui relate les premières prédications des Apôtres et rend compte de la vie de l'Église primitive. – Lat. *actum.*

2. acte [akt] n. m. Chacune des divisions principales d'une pièce de théâtre, séparées par un entracte. *Tragédie en cinq actes.* –Lat. *actus.*

acteur, trice [aktœr, tris] n. **1.** Comédien, personne qui joue un rôle dans une pièce de théâtre, un film. **2.** Fig. Personne qui prend une part active à un événement. *Il a été l'un des principaux acteurs dans cette négociation.* – Lat. *actor,* «auteur, orateur, acteur».

A.C.T.H. [aseteaʃ] n. f. PHYSIOL Hormone antéhypophysaire contrôlant les sécrétions hormonales de la cortico-surrénale. – Sigle de *Adreno-Cortico-Trophic-Hormone,* emprunt à l'anglais.

actif, ive [aktif, iv] adj. **I.** Qui agit, qui a la propriété d'agir. *L'esprit est actif, la matière est passive. Principe actif d'une substance.* ▷ CHIM Se dit de certains adsorbants, de certains catalyseurs auxquels une préparation particulière confère la propriété de réagir très vivement. *Charbon actif.* **II. 1.** Qui aime agir; vif dans l'action, diligent. *Un ouvrier actif.* Syn. dynamique, travailleur. **2.** Anc. *Citoyen actif,* qui jouit du droit de vote. **III. 1.** ADMIN *Service actif,* qui compte pour la retraite. **2.** *Armée active,* comprenant les militaires effectuant un service actif, sous les drapeaux (par oppos. à l'armée de réserve). **3.** DR *Dettes actives:*

sommes dont on est créditeur (par oppos. aux *dettes passives:* sommes dont on est débiteur). ▷ N. m. L'ensemble des biens constituant un patrimoine. *L'actif d'une société.* (*L'actif du bilan* d'une entreprise indique l'emploi qu'elle a fait des fonds mis à sa disposition: terrains, immeubles, stocks, sommes dues par les clients, sommes en banque ou en caisse. Le *passif du bilan* précise l'origine de ces fonds.) – Fig. *Cette bonne action sera portée à son actif,* jouera en sa faveur. **4.** GRAM *Verbe à la voix active,* dont le sujet est l'agent de l'action. **5.** PEDAG *Méthodes actives,* qui requièrent une participation personnelle effective de l'élève à son propre apprentissage, et suscitent son intérêt par l'exercice d'activités formatrices diversifiées. – Lat. *activus.*

actine [aktin] n. f. BIOCHIM Protéine qui s'associe à la myosine pour former l'actomyosine.

actinides [aktinid] n. m. pl. CHIM Ensemble des éléments qui suivent l'actinium (de numéro atomique Z=89) dans la classification périodique des éléments. – De *actinium.*

actinies [aktini] n. f. pl. ZOOL Ordre de cnidaires hexacoralliaires, nommés cour. *anémones de mer,* polypes qui vivent isolés, fixés sur les rochers. – Gr. *aktis, aktinos,* «rayon».

actinique [aktinik] adj. Qualifie un rayonnement qui exerce une action chimique sur certains corps. – Gr. *aktis, aktinos,* «rayon».

actinistiens [aktinistjɛ̃] n. m. pl. ZOOL Sous-ordre de crossoptérygiens, auquel appartient le cœlacanthe.

actinium [aktinjɔm] n. m. CHIM Élément radioactif (Ac), de numéro atomique Z=89, dont les propriétés sont proches de celles du lanthane. – Gr. *aktis, aktinos,* «rayon».

actino- Préfixe, du grec *aktis, aktinos,* «rayon», impliquant l'idée de radiation ou de forme rayonnante.

actinologie [aktinɔlɔʒi] n. f. Science des propriétés biologiques ou curatives des radiations. –De *actino-,* et *biologie.*

actinomètre [aktinɔmɛtʀ] n. m. PHYS Instrument de mesure de l'énergie des radiations, en particulier des radiations solaires. – De *actino-,* et *mètre.*

actinométrie [aktinɔmetʀi] n. f. PHYS Mesure de l'énergie transportée par un rayonnement. *Actinométrie solaire.* –De *actinomètre.*

actinomorphe [aktinɔmɔʀf] adj. BOT Se dit d'une fleur dont les pièces florales sont rayonnées. Ant. zygomorphe. – De *actino-,* et *-morphe.*

actinomycétales [aktinomisetal] n. f. pl. MICROBIOL Classe de bactéries à cellules filamenteuses comprenant, entre autres genres, *Actynomyces,* agent de l'actynomycose, et *Streptomyces,* dont on extrait la streptomycine. – De *actino-,* et gr. *mukês,* «champignon».

actinomycose [aktinomikoz] n. f. MED VET Maladie des animaux, transmissible à l'homme, caractérisée par la présence de formations pseudo-tumorales avec suppuration, localisées surtout à la langue, aux muqueuses et à la peau. *Actinomycose bovine.* – De *actino-,* et *mycose.*

actinopodes [aktinɔpɔd] n. m. pl. ZOOL Sous-embranchement de protozoaires émettant de fins pseudopodes rayonnants. *Les actinopodes comprennent les acanthaires, les radiolaires et les héliozoaires.* –De *actino-,* et *-pode.*

actinoptérygiens [aktinopteʀiʒjɛ̃] n. m. pl. ZOOL Sous-classe d'ostéichthyens, poissons dont les nageoires sont soutenues par quelques vrais rayons bien ossifiés. *Les actinoptérygiens comprennent les chondrostéens (esturgeon), les holostéens, les téléostéens et les polyptères.* –De *actino-,* et gr. *pteron,* «aile».

actinote [aktinɔt] n. f. MINER Variété d'amphibole, de couleur verte, assez riche en fer. – Gr. *aktinôtos,* «radié».

1. action [aksjɔ̃] n. f. **I. 1.** Ce que fait une personne qui réalise une volonté, une pulsion. *La moindre de ses actions est tendue vers le but qu'il s'est fixé. Action irréfléchie.* ▷ *Action d'éclat:* acte de courage, de dévouement, qui distingue particulièrement son auteur. **2.** Le fait d'agir (par oppos. à la pensée, à la parole). *La réflexion doit précéder l'action. L'action et la connaissance.* **3.** Affrontement, lutte. *L'action s'engage. L'action a été chaude.* ▷ MILIT Petit engagement de troupes. **II. 1.** Opération, fait dû à un agent quelconque et qui occasionne une transformation, produit un effet donné. *C'est par l'action de l'entendement que se forme notre jugement. L'action chimique d'un acide.* ▷ *Mettre en action:* faire opérer, mettre en œuvre. *Mettre une pompe en action.* ▷ CHIM *Loi d'action de masse,* qui rend compte quantitativement du déplacement de l'équilibre dans une réaction chimique réversible. **2.** MECA Ce qu'exerce une force agissant sur un corps. *Si un corps A, en contact avec un corps B, exerce une action sur le corps B, inversement B exerce sur A une force égale et opposée, appelée réaction.* **III. 1.** DR Exercice d'un droit en justice. Pouvoir de s'adresser à un tribunal en vue d'obtenir la sanction d'un droit dont on se prétend titulaire. *Intenter une action judiciaire.* **2.** Déroulement des événements qui forment la trame d'une fiction. *L'action d'un roman, d'une pièce de théâtre.* Syn. intrigue. ▷ *Roman, film d'action,* dont l'intérêt tient plus au déroulement des événements racontés qu'à la description d'une situation ou à l'étude psychologique des personnages. – Lat. *actio.*

2. action [aksjɔ̃] n. f. Titre négociable remis par une société à un particulier en reconnaissance des valeurs qu'il a apportées comme participation à cette société. ▷ *Action ordinaire:* action comportant en général un droit de vote et une participation aux bénéfices d'une société. ▷ *Action privilégiée:* action accordant à son détenteur des droits particuliers (conversion, participation aux bénéfices) et parfois un droit de vote. ▷ *Action accréditive:* action qui permet à son détenteur de bénéficier de déductions et dégrèvements fiscaux qui ne sont normalement accordés qu'à la société émettrice. – De *action* 1.

actionnaire [aksjɔnɛʀ] n. Personne qui possède des actions émises par une société. *Les actionnaires d'une compagnie financière. Actionnaire majoritaire,* qui possède plus de la moitié des actions d'une société. – De *action* 2.

actionnariat [aksjɔnaʀja] n. m. *Actionnariat ouvrier:* participation des salariés aux bénéfices de l'entreprise, à sa gestion. – De *actionnaire.*

actionner [aksjɔne] v. tr. [1] **1.** DR Poursuivre en justice. **2.** Mettre en mouvement, faire fonctionner (une machine, un mécanisme). *C'est la vapeur qui actionne cette turbine. Pour mettre la machine en marche, il faut actionner cette manette.* – De *action* 1.

actionneur [aksjɔnœʀ] n. m. TECH Dispositif de commande d'un mouvement, dans un automatisme. – De *actionner.*

activation [aktivasjɔ̃] n. f. PHYS NUCL Action de communiquer à une substance des propriétés radioactives. – De *activer.*

activement [aktivmɑ̃] adv. De manière active. – De *actif.*

activer [aktive] v. tr. [1] **1.** Augmenter l'activité, rendre plus rapide. *Activer des travaux.* – (S. comp.) *Activez!:* Hâtez-vous! ▷ CHIM *Activer une réaction,* l'accélérer par l'adjonction d'un corps étranger ou par un apport d'énergie (lumière, chaleur, etc.). **2.** Rendre plus vif, plus intense. *Activer un feu.* **3.** v. pron. S'affairer. *La cuisinière s'active devant ses fourneaux.* – De *actif.*

activisme [aktivism] n. m. Doctrine qui prône le recours à l'action violente pour faire triompher une idée politique. – De *actif.*

activiste [aktivist] n. Partisan de l'activisme, du recours à l'action violente en politique. – Du préc.

activité [aktivite] n. f. **1.** Puissance, faculté d'agir. *L'activité d'un remède.* ▷ ASTRO *Activité solaire:* ensemble des phénomènes liés aux perturbations du champ magnétique solaire. ▷ CHIM *Activité optique:* propriété d'un corps transparent de faire tourner le plan de polarisation d'un faisceau lumineux polarisé rectilignement. V. isomérie. **2.** Vivacité, diligence dans l'action. *Déployer une grande activité.* **3.** Ensemble d'actions et d'opérations humaines visant un but déterminé. *L'activité industrielle d'une région.* ▷ Plur. Occupations. *Ses multiples activités ne lui laissent aucun loisir.* **4.** Exercice d'une fonction, d'un emploi. *Temps d'activité à un poste, dans un grade. Militaire en activité.* – Bas lat. *activitas.*

actomyosine [aktɔmjɔzin] n. f. BIOCHIM Protéine, constituée d'actine et de myosine, qui permet la contraction musculaire.

actuaire [aktɥɛʀ] n. Spécialiste chargé de la partie mathématique des opérations financières ou d'assurances (statistiques, tarifs, etc.). – Angl. *actuary.*

actualisation [aktɥalizasjɔ̃] n. f. **1.** L'action d'actualiser (au sens 1); son résultat. *Actualisation des connaissances.* ▷ ECON Opération qui consiste à calculer quelle valeur représente aujourd'hui un capital qui ne sera disponible que dans plusieurs années; ce calcul s'effectue en fonction d'un *taux d'actualisation* que l'on détermine en tenant compte notam. de la dépréciation monétaire et du taux d'intérêt. **2.** PHILO Passage de la virtualité à la réalité. – De *actualiser.*

actualiser [aktɥalize] v. tr. [1] **1.** Donner un caractère actuel à. *Actualiser un ouvrage de référence.* **2.** PHILO Passer de la virtualité à la réalité. – De *actuel.*

actualité [aktɥalite] n. f. **1.** Nature de ce qui est actuel, de ce qui concerne les hommes d'aujourd'hui. *L'actualité d'un problème. Sujet d'une actualité brûlante.* **2.** L'ensemble des événements qui se déroulent au moment où l'on parle ou qui se sont déroulés dans un passé très proche. *Revue qui présente l'actualité hebdomadaire.* ▷ Plur. Informations sur les événements récents. *Présentateur chargé des actualités à la radio.* **3.** PHILO Nature de ce qui est actuel, en acte. – De *actuel.*

actuariat [aktyaʀja] n. m. Domaine d'exercice d'un actuaire. – De *actuaire.*

actuariel, elle [aktyaʀjɛl] adj. Relatif aux calculs des actuaires. – De *actuaire.*

actuel, elle [aktɥɛl] adj. **1.** Qui existe dans le présent, au moment où l'on parle. *Cette question n'est pas résolue dans l'état actuel de la recherche, à l'heure actuelle.* ▷ Qui concerne les contemporains, les hommes d'aujourd'hui. *Ce roman, écrit il y a cinquante ans, reste très actuel.* Ant. démodé, désuet. **2.** PHILO Qui est en acte. *Volonté actuelle* (opposée à volonté potentielle). Ant. virtuel. ▷ THEOL *Péché actuel,* constitué par un acte personnel (par oppos. au *péché originel*). – Bas lat. *actualis,* «agissant».

actuellement [aktɥɛlmɑ̃] adv. **1.** À l'heure actuelle, au moment présent. **2.** PHILO En acte, réellement. – De *actuel.*

acuité [akɥite] n. f. **1.** Qualité de ce qui est aigu. *L'acuité d'un son. L'acuité d'une douleur.* **2.** Pouvoir de discrimination (d'un organe des sens). *Acuité visuelle, auditive.* – Lat. *acutus,* «aigu».

aculéates [akyleat] n. m. pl. ZOOL Sous-ordre d'hyménoptères dont l'extrémité postérieure de l'abdomen est munie d'un aiguillon (abeilles, guêpes, fourmis). – Lat. *aculeatus.*

acuminé, ée [akymine] adj. BOT Qui se termine en pointe effilée. – Lat. *acuminatus.*

acupuncteur ou **acuponcteur, trice** [akypɔ̃ktœʀ, tʀis] n. Médecin qui pratique l'acupuncture. – De *acupuncture* ou *acuponcture.*

acupuncture ou **acuponcture** [akypɔ̃ktyʀ] n. f. Procédé médical employé par les Chinois depuis la plus haute Antiquité, et qui, selon leur conception philosophique du Yin et du Yang, consiste à piquer avec des aiguilles du métal requis (argent, yin, calmant; or, yang, stimulant) et à une profondeur rigoureusement déterminée pour chaque cas, certains points de la surface du corps répartis le long de méridiens. – Lat. *acus,* «aiguille», et *punctura,* «piqûre».
ENCYCL L'acuponcture se fonde sur le fait que, par une action réflexe non encore élucidée, certains points cutanés, toujours les mêmes, deviennent douloureux aussitôt qu'il y a maladie ou trouble de fonctionnement d'un organe donné, parfois éloigné de ce point; aussi a-t-on cherché à agir, également par voie réflexe, par l'excitation convenable de ce point, sur l'organe qui est en relation avec lui (réflexothérapie).

acutangle [akytɑ̃gl] adj. GEOM *Triangle acutangle,* dont les trois angles sont aigus. – Bas lat. *acutiangulum,* «angle aigu».

acyclique [asiklik] adj. **1.** CHIM *Composé acyclique,* dont la formule développée est une chaîne ouverte. **2.** BOT *Fleur acyclique,* dont les pièces sont insérées en spirale. **3.** ELECTR *Génératrice acyclique,* ou *unipolaire,* dans laquelle l'induction demeure constante en grandeur et en direction par rapport aux conducteurs induits. – De *a-1,* et *cyclique.*

adage [adaʒ] n. m. Sentence, maxime populaire. *Un vieil adage.* – Lat. *adagium.*

adagio [adadʒjo] adv. MUS Lentement (placé au début d'une partition, indique que le morceau doit être joué dans un tempo lent). ▷ N. m. Morceau joué dans ce tempo. *Un adagio de Bach. Des adagios.* – Mot ital.

adamantin, ine [adamɑ̃tɛ̃, in] adj. **1.** Litt Qui a la dureté et l'éclat du diamant. **2.** BIOL *Cellules adamantines,* qui sécrètent l'émail des dents. – Lat. *adamantinus.*

adamique [adamik] adj. D'Adam. *La descendance adamique.* – Lat. des alchimistes, *adamicus.*

adamites [adamit] n. m. pl. **1.** Membres d'une secte gnostique du IIe s. qui, voulant imiter Adam au paradis terrestre, refusaient tout vêtement. **2.** Hétérodoxes de Bohême (XVe s.) qui niaient la présence réelle, se jugeaient au-dessus du péché et pratiquaient le nudisme *(adamisme).* – De *Adam.*

adaptabilité [adaptabilite] n. f. Qualité de ce qui peut être adapté, de ce qui peut s'adapter. *L'adaptabilité d'un matériel.* – De *adaptable.*

adaptable [adaptabl] adj. Qui peut être adapté, s'adapter. – De *adapter.*

adaptateur, trice [adaptatœʀ, tʀis] n. **1.** Personne qui adapte une œuvre littéraire. **2.** n. m. TECH Organe qui permet à un appareil de fonctionner dans des conditions particulières d'utilisation. *Adaptateur d'une minicalculatrice permettant d'utiliser le courant du secteur.* – De *adapter.*

adaptatif, ive [adaptatif, iv] adj. **1.** Rare Qui peut être adapté. **2.** Qui réalise une adaptation. *Les mécanismes adaptatifs d'un animal.* – De *adapter.*

adaptation [adaptasjɔ̃] n. f. **1.** Action d'adapter ou de s'adapter. **2.** Modification du style, du contenu d'une œuvre littéraire; transposition à la scène ou à l'écran. *Adaptation, destinée aux enfants, d'un roman pour adultes. Adaptation théâtrale d'un récit d'aventures.* – De *adapter.*

adapter [adapte] **I.** v. tr. [1] **1.** Rendre (une chose) solidaire (d'une autre), appliquer en ajustant. *Adapter un manche à un outil.* **2.** Harmoniser, rendre conforme à. *Adapter sa conduite aux circonstances.* **3.** Procéder à l'adaptation de (une œuvre littéraire). *Réalisateur qui adapte une pièce de théâtre pour la télévision.* **4.** Rendre (un dispositif, des mesures, etc.) aptes à assurer leurs fonctions dans des conditions particulières ou nouvelles. *Adapter un programme d'équipement à une région déterminée.* **II.** v. pron. **1.** S'acclimater, s'habituer (êtres vivants). *Animal exotique qui s'adapte au climat des régions tempérées. Nouvelles habitudes auxquelles il faut s'adapter.* **2.** Pouvoir être appliqué à, rendu solidaire de. *Objectifs qui s'adaptent au boîtier d'un appareil photo.* – Lat. *adaptare.*

addax [adaks] n. m. ZOOL Antilope du Sahara, aux longues cornes spiralées, qui aurait été domestiquée par les Égyptiens. – Mot lat.

addenda [adɛ̃da] n. m. pl. Additions à la fin d'un ouvrage. – Mot lat.

addiction [addiksjɔ̃] n. f. Fait de s'adonner à une drogue. – Mot anglais.

additif, ive [aditif, iv] **I.** adj. Qui s'additionne, s'ajoute. *Feuillets additifs joints à un rapport.* **II.** n. m. Ce qui est additionné, ajouté. **1.** Texte ajouté à un autre. *Ce décret comporte un additif.* **2.** Substance ajoutée à une autre pour en modifier les propriétés. *Additif mélangé à l'essence pour la rendre moins détonante.* – Bas lat. *additivus.*

addition [adisjɔ̃] n. f. **1.** Cour. Opération, notée +, par laquelle on ajoute des quantités arithmétiques ou algébriques les unes aux autres, et dont le résultat est une somme. ▷ MATH Loi de composition interne, associative et commutative, définie sur un ensemble E (qui est un groupe) et notée par le signe +. **2.** Total des sommes dues, au restaurant, au café; feuillet sur lequel est mentionné ce total. *Garçon, l'addition, s'il vous plaît!* Syn. note. **3.** Le fait, l'action d'ajouter (une chose) à (une autre); son résultat. *L'addition d'une clause à un contrat.* – Lat. *additio.*

additionnel, elle [adisjɔnɛl] adj. Qui est, qui doit être additionné, ajouté. *Les pièces additionnelles d'un dossier.* – De *addition.*

additionner [adisjɔne] v. tr. [1] **1.** Effectuer une addition. **2.** Ajouter en mêlant. *Il additionne toujours son vin d'un peu d'eau. Eau additionnée de miel.* – De *addition.*

additionneur [adisjɔnœʀ] n. m. INFORM Ensemble des circuits capables, dans un ordinateur, d'effectuer des additions en mode binaire et des opérations d'algèbre de Boole. – De *additionner.*

adducteur [adyktœʀ] adj. m. **1.** ANAT Qualifie les muscles qui effectuent un mouvement d'adduction. Ant. abducteur. ▷ Subst. *L'adducteur du pouce.* **2.** Qui amène des eaux dérivées. *Canal adducteur.* ▷ Subst. *Un adducteur.* – De *adduction.*

adduction [adyksjɔ̃] n. f. **1.** ANAT Mouvement qui rapproche du plan de symétrie du corps un membre ou un segment de membre. Ant. abduction. **2.** Action de conduire des eaux d'un point à un autre. – Bas lat. *adductio.*

adénine [adenin] n. f. BIOCHIM L'une des quatre bases puriques fondamentales constituant des acides nucléiques (A.D.N. et A.R.N.) et l'un des constituants des adénosines. – De *adén(o)-,* et *-ine.*

adénite [adenit] n. f. MED Inflammation des ganglions lymphatiques. – De *adén(o)-,* et *-ite* 1.

adén(o)- Préfixe tiré du grec *adên,* «glande».

adénoïde [adenɔid] adj. MED Du tissu ganglionnaire, relatif au tissu ganglionnaire. ▷ *Végétations adénoïdes:* hypertrophie du tissu constituant l'amygdale pharyngée. – De *adén(o)-,* et *-oïde.*

adénome [adenom] n. m. MED Tumeur développée aux dépens d'une glande. – De *adén(o)-,* et *-ome.*

adénopathie [adenɔpati] n. f. MED Toute affection des ganglions lymphatiques. – De *adéno-,* et *-pathie.*

adénosine [adenɔzin] n. f. BIOCHIM Nucléoside constitué par une molécule d'un pentose (ribose ou désoxyribose) et une molécule d'adénine. – De *adén(ine),* *-ose* et *-ine.*

adénosine-phosphate [adenɔzinfɔsfat] n. f. BIOCHIM Nucléotide formé de l'union d'une molécule d'adénosine et d'une ou plusieurs molécules d'acide phosphorique. *Adénosine monophosphate* (A.M.P.), *diphosphate* (A.D.P.), *triphosphate* (A.T.P.) (cette dernière porte une liaison riche en énergie).

adénovirus [adenɔviʀys] n. m. Virus à acide désoxyribonucléique et à symétrie cubique, ayant des affinités pour les tissus lymphoïdes. – De *adéno-,* et *virus.*

adent [adɑ̃] n. m. Mortaise ou tenon pour réaliser l'assemblage de deux pièces de bois. – De l'anc. v. *adenter,* «mordre».

adepte [adɛpt] n. **1.** Rare Personne initiée aux secrets d'une doctrine ésotérique. **2.** Personne qui pratique une religion, adhère à une doctrine philosophique. *Les adeptes du bouddhisme.* ▷ Personne qui pratique (une activité quelconque). *Les adeptes de la bicyclette.* – Lat. des alchimistes *adeptus.*

adéquat, ate [adekwa, at] adj. Bien adapté à son usage, à son emploi. *Pour faire ce travail, choisissez les outils adéquats.* – Lat. *adaequatus,* «rendu égal».

adéquation [adekwasjɔ̃] n. f. Fait d'être adéquat, conforme à. *Adéquation du fond et de la forme, du mot à l'idée.* – De *adéquat.*

A.D.H. V. vasopressine.

adhérence [adeʀɑ̃s] n. f. **1.** Le fait, pour une chose, d'adhérer à une autre. *Cette colle permet une bonne adhérence des surfaces.* **2.** MED Réunion de deux surfaces anatomiques normalement séparées. *Les adhérences succèdent le plus souvent à des lésions inflammatoires des membranes séreuses.* **3.** MECA Force de frottement qui s'oppose au glissement. *Cette automobile dispose d'une bonne adhérence sur route.* – De *adhérer.*

adhérent, ente [adeʀɑ̃, ɑ̃t] **1.** adj. Qui adhère (choses). ▷ BOT *Ovaire adhérent,* ou *infère:* ovaire soudé par ses côtés aux enveloppes florales. **2.** n. Personne qui adhère à une organisation. *Cette société compte de nombreux adhérents.* – De *adhérer.*

adhérer [adeʀe] v. tr. ind. [16] **1.** Tenir fortement (à qqch), être joint étroitement (à la surface de qqch). (Choses.) *L'écorce de cet arbre adhère fortement au bois.* **2.** Fig. Approuver (une idée). *Je suis loin d'adhérer à vos thèses.* **3.** *Adhérer à une organisation,* en être membre, le devenir. – Lat. *adhaerere.*

adhésif, ive [adezif, iv] adj. Qui adhère (choses). *Bande adhésive.* ▷ n. m. Tissu, papier collant. – De *adhérer.*

adhésion [adezjɔ̃] n. f. **1.** Consentement, approbation. *Il a donné son adhésion au projet.* Ant. refus. **2.** Action d'adhérer à une organisation. **3.** DR *Contrat d'adhésion:* contrat type dont les clauses sont fixées préalablement par une partie et que l'autre partie n'a d'autre choix que de l'accepter intégralement ou de refuser de contracter (par ex. contrat d'abonnement au téléphone). DR INTERN Acte par lequel un pays, un État souscrit à un pacte déjà conclu avec d'autres États et accepte les obligations qui y sont contenues. **4.** PHYS Force maintenant joints l'un à l'autre deux corps en contact par leurs surfaces, et faisant intervenir des phénomènes d'attraction intermoléculaire. – De *adhérer.*

ad hoc [adɔk] loc. adj. Qui convient à un usage déterminé, à une situation précise. *Servez-vous pour cette manipulation du dispositif ad hoc.* – Loc. lat., «pour cela».

ad hominem [adhɔminɛm] loc. adj. *Argument ad hominem,* dirigé contre la personne même de celui à qui on s'adresse. – Loc. lat., «à l'homme».

adiabatique [adjabatik] adj. PHYS *Transformation adiabatique:* transformation thermodynamique ou chimique ne s'accompagnant d'aucun échange de chaleur avec le milieu extérieur. ▷ *Courbe adiabatique,* représentant les variations de la pression en fonction du volume au cours d'une transformation adiabatique. – Gr. *adiabatos,* «qu'on ne peut traverser», par l'all.

adieu [adjø] interj. et n. m. **1.** interj. Terme de politesse par lequel on prend congé de qqn qu'on ne doit pas revoir de longtemps, ou qu'on ne doit jamais revoir. *Adieu, les amis!* (Se dit aussi à l'occasion d'une espérance déçue, d'une affaire manquée, de la perte de qqch. *Adieu, tous nos beaux projets!*) **2.** n. m. Séparation d'avec quelqu'un. *Un adieu déchirant.* ▷ *Faire ses adieux:* prendre congé de qqn qu'on ne doit pas revoir. – De *à,* et *Dieu.*

à Dieu vat [adjøva(t)] loc. interj. **1.** MAR Vx Commandement utilisé pour virer de bord vent devant. **2.** Mod. À la grâce de Dieu! – De *à, Dieu,* et impér. de *aller.*

adipeux, euse [adipø, øz] adj. **1.** ANAT Qui est de nature graisseuse, qui contient de la graisse. *Tissu adipeux.* **2.** Cour. Gras, obèse. *Un gros homme adipeux.* – Du lat. *adeps, adipis,* «graisse».

adipogène [adipoʒɛn] adj. Qui favorise la production de graisses ou de tissus graisseux dans l'organisme. – Subst. *Un adipogène.* – De *adipeux,* et *-gène.*

adipose [adipoz] n. f. MED Accumulation pathologique, localisée ou non, de graisses dans les tissus. Syn. obésité. – Du rad. de *adipeux,* et *-ose.*

adiposité [adipozite] n. f. Accumulation localisée de graisses dans le tissu cellulaire. – De *adipeux, -ose* et *-ité.*

adiposo-génital [adipozoʒenital] adj. MED *Syndrome adiposo-génital:* syndrome d'origine hypophysaire associant une obésité très importante et une dystrophie génitale qui se traduit chez un sujet jeune par l'arrêt du développement des organes sexuels secondaires, par l'aménorrhée (femme) ou la frigidité (homme). – Du rad. de *adipeux,* et *génital.*

adjacent, ente [adʒasɑ̃, ɑ̃t] adj. **1.** Situé auprès de, contigu. *Les rues adjacentes.* **2.** *Angles adjacents,* qui ont le même sommet, un côté commun, et sont situés de part et d'autre de ce côté commun. – Lat. *adjacens.*

adjectif [adʒɛktif] **I.** n. m. Mot variable qui peut être adjoint à un substantif, qu'il qualifie ou détermine. *Adjectif qualificatif épithète, attribut. Adjectifs déterminatifs* (démonstratif, possessif, numéral, indéfini, relatif, interrogatif ou exclamatif). **II.** adj. Qui a valeur d'adjectif, est employé comme adjectif. *Forme adjective.* – Lat. *adjectivum.*

adjectival, ale, aux [adʒɛktival, o] adj. Relatif à l'adjectif; de la nature d'un adjectif. *Usage adjectival.* – De *adjectif.*

adjectivement [adʒɛktivmɑ̃] adv. Avec la valeur d'un adjectif. *Dans «Corneille est poète», «poète» est employé adjectivement.* – Du préc.

adjectiver [adʒɛktive] v. tr. **1.** Donner la fontion d'adjectif à. *Adjectiver un participe passé.* – De *adjectif.*

adjoindre [adʒwɛ̃dʀ] v. tr. [66] **1.** Associer (une personne) à une autre comme auxiliaire. *On a dû lui adjoindre quelqu'un pour finir le travail.* ▷ v. pron. *Il s'est adjoint un collaborateur.* **2.** Ajouter (une chose) à une autre. – Lat. *adjungere.*

adjoint, ointe [adʒwɛ̃, wɛ̃t] adj. **1.** Associé comme auxiliaire. *La secrétaire qui m'a été adjointe est très compétente.* ▷ Subst. Personne adjointe à une autre, chargée de l'assister. *Adjoint parlementaire:* député désigné pour assister un ministre. Professeur* adjoint. **2.** MATH Qualifie un être mathématique construit à partir d'un autre. *Soit M une matrice: on appelle matrice adjointe de M la matrice conjuguée de la transposée de M.* – Pp. de *adjoindre.*

adjonction [adʒɔ̃ksjɔ̃] n. f. **1.** Action d'adjoindre. *L'adjonction d'un carburateur supplémentaire a permis d'améliorer le rendement du moteur.* **2.** Ce qui est adjoint. *Adjonctions dans la nouvelle édition d'un ouvrage.* – De *adjoindre.*

adjudant [adʒydɑ̃] n. m. Sous-officier de grade intermédiaire entre celui de sergent et celui d'adjudant-chef. (Rem.: Comme forme féminine, l'OLF recommande *une adjudante.*) – Esp. *ayudante,* de *ayudar,* «aider».

adjudant-chef [adʒydɑ̃ʃɛf] n. m. Militaire du grade le plus élevé dans la hiérarchie des sous-officiers. – De *adjudant,* et *chef.*

adjudicataire [adʒydikatɛʀ] n. Personne en faveur de qui a été prononcée une adjudication. – De *adjuger.*

adjudicateur, trice [adʒydikatœʀ, tʀis] n. Personne (physique ou morale) qui met en adjudication. – De *adjuger.*

adjudication [adʒydikasjɔ̃] n. f. **1.** Attribution par autorité de justice d'un bien vendu aux enchères. **2.** *Adjudication administrative,* ayant pour objet le marché de fournitures ou de travaux dont les prix doivent être payés par des collectivités ou des établissements publics. *Adjudication d'une construction à une entreprise.* **3.** DR Décision judiciaire. ▷ *Adjudication sur un point de droit:* moyen de procédure par lequel les parties demandent à un juge de trancher un litige qui les oppose, lorsqu'elles s'accordent sur les faits mais ne s'entendent pas sur une question de droit. – Lat. *adjudicatio.*

adjuger [adʒyʒe] v. tr. [15] **1.** Attribuer par adjudication. *Adjuger une pendule ancienne à un amateur. Adjugé, vendu!* **2.** Attribuer (qqch) à (qqn). ▷ v. pron. S'attribuer. *Il s'est adjugé les meilleurs morceaux.* – Lat. *adjudicare.*

adjuration [adʒyʀasjɔ̃] n. f. Action d'adjurer; prière pressante, supplication. *Je suis bien décidé, et toutes vos adjurations sont inutiles.* – De *adjurer.*

adjurer [adʒyʀe] v. tr. [1] Prier (qqn) instamment, le conjurer de (faire qqch). *Je vous adjure de dire la vérité, de ne pas partir.* Syn. supplier. – Lat. *adjurare.*

adjuvant [adʒyvɑ̃] n. m. **1.** MED Médicament qui renforce l'action du médicament principal. *Un adjuvant doit être ajouté à un antigène pour qu'il entraîne une réaction immunitaire de l'organisme.* **2.** TECH CHIM Corps qui facilite une réaction, une imprégation (teinture, impression). ▷ CONSTR Produit qui améliore les caractéristiques du béton. **3.** Ce qui renforce l'action de quelque chose. ▷ Adj. *Une substance adjuvante.* – Lat. *adjuvans,* «qui aide».

ad libitum [adlibitɔm] loc. adv. À volonté, au gré de chacun. ▷ MUS Au choix de l'interprète. *Tempo ad libitum* (abrégé *ad lib.*). – Loc. lat.

admettre [admɛtʀ] v. tr. [68] **I.** *Admettre quelqu'un.* **1.** Recevoir après agrément. *Admettre quelqu'un dans une société.* **2.** *Admettre quelqu'un à,* lui permettre de, l'autoriser à. *Admettre quelqu'un à se justifier.* **II.** *Admettre quelque chose.* **1.** Accepter pour valable, pour vrai. *J'ai admis ses raisons, cette hypothèse.* **2.** Prendre en considération, donner une suite favorable à (ce qui est demandé). *Admettre une requête.* **3.** Comporter, souffrir. *Cette règle admet des exceptions.* **4.** Permettre, tenir pour acceptable. *Je n'admets pas qu'on se comporte de cette façon.* **5.** Laisser entrer dans (un lieu, une enceinte close). V. admis, admission. – Lat. *admittere.*

administrateur, trice [administʀatœʀ, tʀis] n. Personne chargée d'administrer des biens. *Administrateur de société:* membre du conseil d'administration d'une société, nommé par l'Assemblée générale pour une durée prévue par les statuts. *Administrateur judiciaire,* nommé par autorité de justice. – De *administrer.*

administratif, ive [administʀatif, iv] adj. De l'administration, relatif à l'administration. – De *administrer.*

administration [administʀasjõ] n. f. **1.** GEST *Administration des biens d'un mineur.* ▷ *Conseil d'administration,* qui gère une société anonyme. **2.** Direction des affaires publiques ou privées. ▷ *L'administration publique, l'Administration:* la direction des affaires publiques. *École nationale d'administration publique* (E.N.A.P.). **3.** Autorité chargée d'une partie de la direction des affaires publiques. *Administration centrale, départementale, municipale.* ▷ Corps d'employés d'un service public. *L'administration des Finances.* ▷ Siège d'un service public. *Je vais à l'administration des Douanes.* **4.** Ensemble des activités d'organisation, de planification, de direction et de contrôle nécessaires pour qu'une entreprise atteigne ses objectifs en faisant une utilisation optimale des ressources dont elle dispose. **5.** Action d'administrer (au sens II). *Administration des sacrements. Administration de preuves.* – Lat. *administratio.*

administrativement [administʀativmɑ̃] adv. Suivant les formes, les règlements administratifs. – De *administratif.*

administré, ée [administʀe] n. Citoyen dépendant d'une administration particulière. *Le maire sera regretté de ses administrés.* – Pp. subst. de *administrer.*

administrer [administʀe] v. tr. [1] **I. 1.** Gérer. *Administrer des biens.* **2.** Diriger au moyen d'une administration. *Administrer un pays.* **II.** Donner, faire prendre par qqn. **1.** *Administrer des preuves,* les produire en justice. **2.** *Administrer un médicament à un malade,* le lui faire absorber. **3.** *Administrer les sacrements,* les conférer. – *Administrer un malade,* lui donner l'extrême-onction. **4.** *Administrer une correction à qqn,* le battre, le maltraiter physiquement. – Lat. *administrare.*

admirable [admiʀabl] adj. Qui mérite, suscite l'admiration. *Un spectacle admirable.* ▷ Iron. *Vous êtes admirable de donner des conseils à ceux qui en savent plus que vous !* – Lat. *admirabilis.*

admirablement [admiʀabləmɑ̃] adv. D'une manière admirable, merveilleusement. – De *admirable.*

admirateur, trice [admiʀatœʀ, tʀis] n. Personne qui admire (une autre personne). *Bouquet envoyé à une actrice par un admirateur.* – De *admirer.*

admiratif, ive [admiʀatif, iv] adj. Qui exprime l'admiration. *Exclamation admirative.* – De *admirer.*

admiration [admiʀasjõ] n. f. Sentiment que fait éprouver ce qui est beau, ce qui est grand. *Cette œuvre fait l'admiration de tous. Être en admiration devant le paysage.* Ant. mépris, dédain. – De *admirer.*

admirativement [admiʀativmɑ̃] adv. D'une manière admirative. – De *admiratif.*

admirer [admiʀe] v. tr. [1] Considérer avec approbation, enthousiasme. *Admirer une belle action. J'admire l'art avec lequel le peintre a su rendre l'expression de ce visage.* ▷ Iron. *J'admire ton inconscience.* – Lat. *admirari.*

admis, ise [admi, iz] adj. **I. 1.** Reçu (dans une société, un groupe) après agrément. *Être admis dans un cercle très fermé.* ▷ Reçu à un concours, un examen. *Être admis à Polytechnique.* **2.** Reçu, autorisé à entrer (dans un lieu). *Personne ne sera admis dans la salle après le début du spectacle.* **3.** *Admis à:* autorisé à. *Être admis à faire valoir ses droits à la retraite.* **II. 1.** Accepté, reconnu pour valable, pour vrai. *C'est l'opinion communément admise.* **2.** Permis par l'usage; autorisé. *Un tel comportement ne saurait être admis ici.* **3.** Qui a pénétré dans une enceinte close. *Les gaz admis dans le cylindre sont compressés au retour du piston.* – Pp. du verbe *admettre.*

admissibilité [admisibilite] n. f. **1.** Caractère de ce qui peut être admis, reçu pour valable, pour vrai. **2.** Situation d'un candidat admissible. – De *admissible.*

admissible [admisibl] adj. **1.** Qu'on peut admettre. **2.** Reçu à la première partie éliminatoire d'un examen ou d'un concours et admis à subir les épreuves complémentaires. – Lat. médiév. *admissibilis.*

admission [admisjõ] n. f. **1.** Fait d'admettre, d'être admis. **2.** Fait d'être reçu définitivement à un examen ou à un concours. **3.** TECH Entrée des gaz dans le cylindre d'un moteur à explosion (premier temps d'un cycle). – De *admettre.*

admittance [admitɑ̃s] n. f. ELECTR Quotient (exprimé en siemens) de l'intensité efficace du courant qui parcourt un dipôle par la tension efficace aux bornes de celui-ci. Ant. impédance. – Mot angl., du lat. *admittere,* «admettre».

admixtion [admiksjõ] n. f. PHARM Action d'ajouter en mélangeant – Lat. *admixtio.*

admonestation [admɔnɛstasjõ] n. f. Réprimande, vive semonce. – De *admonester.*

admonester [admɔnɛste] v. tr. [1] Faire une remontrance à, réprimander. *Je l'ai vivement admonesté.* Syn. blâmer, disputer (fam.). – Lat. pop. **admonestare.*

admonition [admɔnisjõ] n. f. Vx Avertissement, réprimande. – Lat. *admonitio.*

A.D.N. BIOCHIM Sigle de *acide désoxyribonucléique.* V. nucléique.

adné, ée [adne] adj. BOT *Organe adné,* très étroitement collé ou soudé à un autre organe. – Lat. *adnatus,* «né sur».

adobe [adɔb] n. m. Brique crue séchée au soleil. – Mot espagnol.

adolescence [adɔlɛsɑ̃s] n. f. Âge compris entre la puberté et l'âge adulte. – Lat. *adolescentia.*

adolescent, ente [adɔlesɑ̃, ɑ̃t] n. Jeune garçon, jeune fille dans l'adolescence. – Lat. *adolescens.*

adon [adõ] n. m. **I.** Fam. Concours fortuit et général. heureux de circonstances; chance, occasion favorable. *C'est tout un adon! Tu parles d'un adon!* – Vieilli *Par adon:* par hasard, par chance. **II.** Vieilli ou rég. *D'adon* loc. adj. **1.** (Chose) Qui tombe à propos, est approprié à telle circonstance ou à tel usage, convient bien à sa destination; favorable. «[...] un gros bonhomme m'est venu de ce pays dormant avec tous ses garçons. Je lui ait fait voir des lots. Il a partout levé le nez. Aucun n'était de son goût, d'*adon*, comme il m'a dit.» (Félix-Antoine Savard, *L'abatis*, 1943.) **2.** (Personne) Qui s'entend facilement avec autrui, qui est d'un abord facile, d'un commerce agréable; aimable, agréable, serviable. – Déverbal de *adonner*.

1. adonis [adɔnis] n. m. **1.** Jeune homme particulièrement beau. **2.** Papillon diurne dont le mâle est d'un beau bleu vif. – Du n. pr. *Adônis*, jeune chasseur aimé d'Aphrodite pour sa beauté.

2. adonis [adɔnis] n. f. Petite plante herbacée (fam. renonculacées) aux fleurs jaunes (*adonis de printemps*) ou rouges (*adonis d'été, d'automne*). – Du n. pr. *Adônis*.

adonner [adɔne] v. [1] **I.** v. intr. **1.** MAR Tourner dans un sens favorable à la marche d'un navire. *Le vent adonne.* **2.** *Par ext.*, rég. Tourner, souffler favorablement (en parlant du vent); être, devenir favorable (en parlant de la marée). *Le vent adonne vers la maison. La marée adonne pour la pêche.* **II.** Fam. **1.** (Choses) Arriver, se présenter, survenir (bien ou mal) à propos, de manière à convenir (bien ou mal); être (bien ou mal) à propos, convenir (bien ou mal). *Ça adonne bien.* – v. pron. *Ça s'adonne mal.* – v. tr. indir. *Ça (ne) leur adonne pas de venir souper ce soir.* **2.** v. pron. (Personnes) Tomber (bien ou mal) à propos. *On s'est mal adonné, la banque était fermée.* **3.** v. pron. Se trouver justement ou par hasard. *C'est sur mon chemin, je m'adonne à passer par là.* – *S'adonner à être, à avoir:* se trouver être, se trouver avoir. «Je me pointe au bar, le barman s'adonne à être un ami, un Irlandais. C'est toujours comme ça dans la vie: tu as besoin de quelqu'un, tu trouves un Irlandais à côté de toi.» (Jacques Ferron, *Le ciel de Québec*, 1969.) – v. intr. (Choses) *Noël adonne un jeudi cette année.* **4.** Loc. interj. *Ça s'adonne:* sert à marquer que qqch tombe sous le sens, va de soi, est entendu. **III.** Fam. **1.** v. intr. (Choses) Coïncider, s'harmoniser (avec), se placer harmonieusement ou exactement (sur), s'adapter (à). *Les rideaux (n') adonnent pas avec le tapis.* – v. pron. *Des couleurs qui s'adonnent bien ensemble.* **2.** v. pron. (Personnes) S'entendre, s'accorder, se plaire. *Bien s'adonner avec qqn.* **IV.** v. pron. Se livrer (à une activité, une pratique). *S'adonner à l'étude, au jeu.* – D'un lat. pop. **addonare*, «donner, livrer».

adopter [adɔpte] v. tr. [1] **1.** Prendre qqn pour fils ou pour fille dans les formes prescrites par la loi. *Adopter un enfant.* ▷ Choisir avec prédilection. *Il m'adopta pour ami.* **2.** Choisir, admettre (une idée). *J'ai adopté cette opinion.* **3.** En parlant d'une assemblée délibérante: donner son approbation à une proposition. *L'Assemblée nationale a adopté ce projet de loi.* – Lat. *adoptare*.

adoptif, ive [adɔptif, iv] adj. Qui a été adopté, a légalement adopté. *Fils adoptif. Mère adoptive.* – Lat. jurid. *adoptivus*.

adoption [adɔpsjõ] n. f. **1.** Action de prendre légalement pour fils ou pour fille. *Enfant par adoption.* ▷ *Patrie d'adoption:* pays qu'un étranger résident reconnaît pour sien. **2.** Action d'adopter (au sens 3), de donner son approbation. *Adoption d'un projet de loi.* – Lat. *adoptio*.

adorable [adɔʀabl] adj. Qui plaît extrêmement par sa beauté, sa grâce. *Une femme adorable.* Syn. délicieux, exquis, charmant. – Bas lat. *adorabilis*.

adorablement [adɔʀabləmɑ̃] adv. D'une manière adorable, charmante. – De *adorable*.

adorateur, trice [adɔʀatœʀ, tʀis] n. **1.** Personne qui adore, rend un culte à (une divinité). *Les adorateurs d'idoles des religions animistes.* **2.** Personne éprise avec passion. *Cette chanteuse a de nombreux adorateurs.* – De *adorer*.

adoration [adɔʀasjõ] n. f. **1.** Culte rendu à une divinité. – THEOL Glorification de la souveraineté de Dieu par le culte de latrie. **2.** Passion, attachement extrême. *L'adoration d'une mère pour ses enfants. Il est en adoration devant elle.* – Lat. *adoratio*.

adorer [adɔʀe] v. tr. [1] **1.** Rendre un culte à (une divinité). *«Oui, je viens dans son temple adorer l'Éternel»* (Racine). **2.** Aimer avec passion (qqn). *Il adore ses petits-enfants.* ▷ Aimer beaucoup (qqch). *Adorer la musique.* – Lat. *adorare*.

ados [ado] n. m. AGRI Terre qu'on élève en talus le long d'un mur bien exposé, pour y obtenir des primeurs. – Déverbal de *adosser*.

adossement [adosmɑ̃] n. m. État de ce qui est adossé. – De *adosser*.

adosser [adose] v. tr. [1] Faire prendre appui à, avec le dos, la face postérieure. *Adosser une maison contre un rocher.* ▷ v. pron. S'appuyer avec le dos contre, s'appuyer contre. *S'adosser à un mur. Appentis qui s'adosse à une maison.* – De *a-2*, et *dos*.

adoubement [adubmɑ̃] n. m. Cérémonie au cours de laquelle, au Moyen Âge, un bachelier* était armé chevalier et recevait son équipement et ses armes. – De *adouber*.

adouber [adube] v. tr. [1] **1.** Au Moyen Âge, armer chevalier un bachelier*. **2.** Aux échecs, aux dames, jouer une pièce à l'essai. – Frq. **dubban*, «frapper».

adoucir [adusiʀ] **I.** v. tr. [2] **1.** Rendre doux (ce qui est acide, amer). *Le sucre adoucira ces fruits.* Syn. édulcorer. **2.** Atténuer l'âcreté, le piquant, la rudesse de. *Ce savon adoucit la peau. Adoucir sa voix.* **3.** Fig. Atténuer, tempérer. *Adoucir une expression. Adoucir un mal, un ennui.* **4.** TECH Procéder à l'adoucissage ou à l'adoucissement de. *Adoucir un miroir à l'émeri. Adoucir des couleurs. Adoucir une eau trop calcaire.* **II.** v. pron. Devenir plus doux. *Le temps s'adoucit. Son humeur s'adoucit.* – De *a-* 2, et *doux*.

adoucissage [adusisaʒ] n. m. **1.** Polissage d'une surface (pierre, métal, verre). **2.** Atténuation de la vivacité des teintes (peintures, teintures). – De *adoucir*.

adoucissant, ante [adusisɑ̃, ɑ̃t] adj. et n. Qui adoucit la peau, calme les irritations. *Pommade adoucissante.* ▷ N. m. *Un adoucissant.* – Ppr. de *adoucir*.

adoucissement [adusismɑ̃] n. m. **1.** Action d'adoucir; fait de s'adoucir; état d'une chose adoucie. *L'adoucissement de la température.* **2.** Atténuation, soulagement. *Adoucissement d'une peine.* **3.** TECH Réduction de la teneur en sels de calcium d'une eau, afin de la rendre propre à son utilisation (à sa consommation, par ex.). – De *adoucir*.

adoucisseur [adusisœʀ] n. m. Appareil pour adoucir l'eau. – De *adoucir*.

A.D.P. BIOCHIM Sigle pour *adénosine-diphosphate*.

ad patres [adpatʀɛs] loc. adv. *Envoyer ad patres:* tuer. – Mots latins, «vers les ancêtres».

adragant [adʀagɑ̃] n. m.; **adragante** ou **adraganthe** [adʀagɑ̃t] n. f. Matière gommeuse produite par plusieurs astragales. – Déformation de *tragacanthe*.

adrénaline [adʀenalin] n. f. BIOCHIM Hormone du groupe des catécholamines sécrétée par la médullosurrénale. – De *ad* (v. a-2), et *rénal*.

ENCYCL Son action permet à l'organisme de s'adapter à des agressions extérieures. Elle accélère le rythme cardiaque, contracte les vaisseaux, augmente la tension artérielle, provoque la libération de sucre par le foie, contracte les musculatures intestinales et bronchiques. L'adrénaline est également le plus parfait des sympathico-mimétiques et le médiateur chimique des synapses du système sympathique.

adrénergique [adRenɛRʒik] adj. Propre à la libération d'adrénaline; qui agit grâce à l'adrénaline. De *adré(naline)*, et *(é)nergique*, par l'angl.

adressage [adResaʒ] n. m. INFORM Action d'adresser une mémoire; ensemble des moyens utilisés *(modes d'adressage)* pour accéder à des informations contenues dans une mémoire. – De *adresser*.

1. adresse [adRɛs] n. f. **1.** Habileté dans les gestes. *Jongler avec adresse.* Syn. dextérité. Ant. gaucherie, maladresse. **2.** Habileté à obtenir un résultat. *Traiter une affaire avec adresse.* – De l'a. fr. *adrece*, «bonne direction».

2. adresse [adRɛs] n. f. **1.** Indication du nom et du domicile d'une personne. *Inscrire une adresse sur une enveloppe.* **2.** Lieu du domicile. *Je n'habite plus à cette adresse.* **3.** *À l'adresse de:* destiné à, à l'intention de. *Cette allusion était évidemment à mon adresse.* **4.** INFORM Numéro d'ordre dans une mémoire, permettant d'identifier une information ou une donnée, et d'y accéder. – Déverbal de *adresser*.

adresser [adRese] **I.** v. tr. **[1] 1.** Dire, exprimer (qqch) à l'intention de qqn. *Adresser des remerciements à quelqu'un. Je ne lui adresse plus la parole.* **2.** Envoyer vers (qqn), faire parvenir à. *Vous pouvez lui adresser cette lettre chez ses parents.* **3.** Envoyer (une personne) à une autre. *C'est l'ami qui m'a adressé son fils.* **4.** INFORM Fournir (à une mémoire) une adresse de mot afin d'accéder au contenu de ce mot (donnée, information). **II.** v. pron. **[11] 1.** Parler (à qqn). *Il s'adressa au peuple. À qui pensez-vous vous adresser?* ▷ Être destiné à. *C'est à moi que cette question s'adresse?* **2.** Aller trouver, avoir recours à. *Les bureaux sont fermés, il faudrait vous adresser au gardien.* – De *a* -2, et *dresser*.

adret [adRɛ] n. m. Versant d'une montagne exposé au soleil, opposé à l'*ubac*. – Anc. provenç. *adrech*, «droit (par rapport au soleil)».

adroit, oite [adRwa, wat] adj. **1.** Qui a de l'adresse. *Être adroit de ses mains. Un adroit financier.* **2.** Qui est fait avec adresse, habileté. *Un compliment adroit.* Syn. habile, ingénieux. Ant. gauche, maladroit. – De *a*-2, et *droit*.

adroitement [adRwatmɑ̃] adv. Avec adresse, habileté. – De *adroit*.

adsorbant, ante [adsɔRbɑ̃, ɑ̃t] adj. Qui adsorbe. ▷ N. m. *Un adsorbant.* – Ppr. subst. de *adsorber*.

adsorber [adsɔRbe] v. tr. **[1]** PHYS Fixer par adsorption. – De *adsorption*.

adsorption [adsɔRpsjɔ̃] n. f. PHYS, CHIM Fixation d'ions libres, d'atomes ou de molécules à la surface d'une substance. – Lat. *ad*, «vers», et rad. de *absorber*. ENCYCL Les phénomènes d'adsorption ont une très grande importance dans l'industrie (obtention de vides poussés, phénomènes de catalyse) ainsi qu'en biochimie (réactions antigène-anticorps, réactions enzymatiques). Les substances poreuses ou à l'état très divisé (solutions colloïdales, par ex.) ont un pouvoir d'adsorption élevé.

adulateur, trice [adylatœR, tRis] n. Personne qui adule. – De *aduler*.

adulation [adylasjɔ̃] n. f. **1.** Vx Flatterie basse et intéressée. **2.** Louange enthousiaste ou excessive. – De *aduler*.

aduler [adyle] v. tr. **[1] 1.** Vx Flatter bassement, louer excessivement et avec fausseté. **2.** Multiplier les éloges, les louanges, à l'adresse de quelqu'un. *Vedette adulée du public*, pour laquelle le public multiplie les témoignages d'enthousiasme, d'adoration. – Lat. *adulari*.

adulte [adylt] adj. et n. **1.** Arrivé au terme de sa croissance. *Bête adulte. Plante adulte. L'âge adulte*, qui succède à l'adolescence. **2.** n. Personne arrivée au terme de sa croissance. – Lat. *adultus*, de *adolescere*, «grandir».

adultération [adylteRasjɔ̃] n. f. Vieilli Action d'adultérer, de falsifier. *L'adultération des monnaies.* – De *adultérer*.

1. adultère [adyltɛR] adj. (et n.). Qui a, qui a eu des rapports sexuels volontaires avec quelqu'un d'autre que son conjoint. – Lat. *adulter*, «qui altère».

2. adultère [adyltɛR] n. m. Le fait, pour une personne mariée, d'avoir volontairement des rapports sexuels avec quelqu'un d'autre que son conjoint. – Lat. *adulterium*.

adultérer [adylteRe] v. tr. **[16]** Vieilli Frelater, falsifier. – Lat. *adulterare*, «altérer, falsifier».

adultérin, ine [adylteRɛ̃, in] adj. Né d'un adultère. *Fille adultérine.* – De *adultère* 2.

ad valorem [advalɔRɛm] loc. adj. FIN *Droits ad valorem*, droits de douane calculés d'après la valeur de la marchandise. – Mots lat., «d'après la valeur».

advection [advɛksjɔ̃] n. f. METEO Déplacement horizontal d'une masse d'air. – De *ad*, «vers», et rad. de *convection*.

advenir [advəniR] v. intr. défectif (n'est utilisé qu'à l'infinitif et à la 3e pers. du sing.). **[39]** Arriver, se produire. *Il advint que...* Prov. *Fais ce que dois, advienne que pourra:* fais ton devoir sans t'inquiéter des conséquences. – Lat. *advenire*.

adventice [advɑ̃tis] adj. **1.** PHILO *Idées adventices*, qui viennent des sens, par oppos. aux idées innées. **2.** AGRI *Plantes adventices:* mauvaises herbes. **3.** Annexe, subsidiaire. *Une idée adventice était venue se greffer sur le projet initial.* – Lat. *adventicius*, «qui s'ajoute».

adventif, ive [advɑ̃tif, iv] adj. **1.** BOT Se dit des racines et des bourgeons qui croissent hors de leur place normale de développement. *Racines adventives du lierre.* **2.** GEOL *Cônes adventifs*, qui se forment sur les pentes du cône initial d'un volcan. – Lat. *adventicius*, «qui s'ajoute».

adventiste [advɑ̃tist] n. Membre d'un mouvement religieux millénariste, d'origine américaine, qui, interprétant les prophètes et l'Apocalypse, attend comme imminente une seconde venue du Christ sur Terre. ▷ adj. *Doctrine adventiste.* – Anglo-amér. *adventist*, de *advent*, «avènement», lat. *adventus*.

adverbe [advɛRb] n. m. GRAM Mot invariable qu'on joint à un verbe, à un adjectif, à un autre adverbe pour en compléter ou en modifier le sens (par ex.: Il lit *couramment*. Une maison *trop* petite. Il lit *tellement* mal). *Adverbe de manière, de lieu, de temps, de quantité, d'affirmation, de négation, de doute.* – Lat. *adverbium*.

adverbial, iale, iaux [advɛRbjal, jo] adj. GRAM Qui remplit le rôle d'un adverbe. *Locution adverbiale.* – De *adverbe*.

adverbialement [advɛRbjalmɑ̃] adv. Avec une valeur d'adverbe. *Les adjectifs employés adverbialement sont invariables.* – De *adverbial*.

adversaire [advɛRsɛR] n. Personne à laquelle on est opposé, contre qui on lutte. *Battre, vaincre un adversaire.* Syn. antagoniste. Ant. auxiliaire, allié. – Lat. *adversarius*.

adversatif, ive [advɛRsatif, iv] adj. GRAM Qui marque l'opposition. *Adverbe adversatif. Conjonction adversative.* – Bas lat. *adversativus*.

adverse [advɛRs] adj. Contraire, opposé. *Fortune adverse.* – *Partie adverse:* l'adversaire, dans un procès. – Lat. *adversus*.

adversité [advɛʀsite] n. f. Sort contraire; situation de celui qui le subit. *Lutter contre l'adversité. Garder sa dignité dans l'adversité.* Syn. infortune, misère, revers. – Lat. ecclés. *adversitas.*

ad vitam aeternam [advitamɛtɛʀnam] loc. adv. Fam. Pour toujours, indéfiniment. *Je suppose que tu ne t'installes pas dans ce trou perdu ad vitam aeternam?* – Mots lat., «pour la vie éternelle».

adynamie [adinami] n. f. MED Grande faiblesse musculaire. – Gr. *adunamia.*

aède [aɛd] n. m. Dans la Grèce antique, poète qui chantait ses propres œuvres. – Gr. *aoidos,* «chanteur».

aepyornis ou **épyornis** [epjɔʀnis] n. m. ZOOL Ratite géant, ayant l'aspect d'une énorme et massive autruche, qui habita Madagascar du Pléistocène au Moyen Âge. – Lat. zool., du gr. *aipus,* «haut», et *ornis,* «oiseau».

aér-. V. aéro-.

aérage [aeʀaʒ] n. m. Ventilation des chantiers d'une mine. – De *aérer.*

aérateur [aeʀatœʀ] n. m. Appareil qui sert à renouveler l'air d'un local. – De *aérer.*

aération [aeʀasjõ] n. f. **1.** Action d'aérer; son résultat. **2.** GEOMORPH Synonyme de degré de dissection (du relief). – De *aérer.*

aéré, ée [aeʀe] adj. Où l'air circule librement. *Local bien aéré.* – Pp. de *aérer.*

aérer [aeʀe] **1.** v. tr. **[16]** Renouveler l'air de, donner accès à l'air dans (un local clos). *Aérer une chambre.* ▷ Fig. *Page dont on aère la présentation,* qu'on rend plus lisible en espaçant les lignes. **2.** v. pron. Respirer, prendre l'air. *Je vais faire un tour pour m'aérer un peu.* – Lat. *aer,* «air».

aérien, ienne [aeʀjɛ̃, jɛn] adj. **1.** De l'air; qui appartient à l'air, à l'atmosphère. *Couches aériennes. Phénomènes aériens.* ▷ Fig. Léger comme l'air, vaporeux. *Créature, grâce aérienne.* **2.** Dont l'air est le milieu vital. *Animaux aériens.* ▷ BOT *Racines aériennes,* qui se développent et vivent hors du sol. **3.** Relatif au transport par air, à l'aviation; qui utilise l'avion. *Lignes aériennes. Navigation aérienne. Attaque aérienne.* **4.** Suspendu au-dessus du sol. *Câble aérien.* ▷ N. m. ELECTR Conducteur suspendu. *Un aérien.* – Antenne d'un appareil de radio, de télévision, de radar. – Du lat. *aer,* «air».

aérifère [aeʀifɛʀ] adj. BIOL Qui conduit l'air nécessaire à la respiration des êtres vivants. *Lacunes aérifères.* – Lat. *aer, aeris,* «air», et *-fère.*

aérium [aeʀjɔm] n. m. En France, établissement de cure d'air et de repos pour les enfants convalescents ou fragiles. – Du lat. *aerius,* «aérien», sur *sanatorium.*

aér(o)-. Préfixe tiré du grec *aêr,* «air», et se rapportant soit à l'air et à l'atmosphère, soit à la navigation aérienne.

aérobie [aeʀobi] adj. BIOL Qui a besoin, pour vivre, d'oxygène gazeux libre. *Bactéries aérobies.* Ant. anaérobie. – De *aéro-,* et gr. *bios,* «vie».

aérobiose [aeʀobjoz] n. f. BIOL Ensemble des conditions de vie en air libre. – De *aéro-,* et gr. *bios,* «vie».

aérobique [aeʀɔbik] adj. *Danse aérobique:* gymnastique comportant des mouvements traditionnels et des mouvements issus des exercices d'échauffement des danseurs, qui se pratique sur une musique à rythme très soutenu. – De l'angl. *aerobic.*

aéro-club [aeʀoklœb] n. m. Club, société dont les membres pratiquent en amateurs les activités aéronautiques (pilotage, vol à voile, parachutisme, aéromodélisme). – De *aéro-,* et *club.*

aérocolie [aeʀokɔli] n. f. MED Accumulation de gaz dans le côlon. – De *aéro-,* et *côlon.*

aérocondenseur [aeʀokõdɑ̃sœʀ] n. m. TECH Appareil destiné à refroidir un gaz ou un liquide par convection naturelle ou forcée. – De *aéro-,* et *condenseur.*

aérodrome [aeʀodʀom] n. m. Terrain aménagé pour le décollage et l'atterrissage des avions, et pourvu des installations nécessaires à leur maintenance. – De *aéro-,* et *-drome.*

aérodynamique [aeʀodinamik] **I.** n. f. Science des phénomènes physiques liés au déplacement des corps solides dans l'atmosphère. **II.** adj. **1.** Relatif à cette science. **2.** Se dit des engins carénés de façon à opposer à l'air une résistance minimale. *Carrosserie de voiture aérodynamique.* – De *aéro-,* et *dynamique.*

ENCYCL L'aérodynamique ne date que du début du XIXe s. (étude du vol des oiseaux et expérimentation de planeurs par l'Allemand Lilienthal et le Français Mouillard). Les études aérodynamiques sont indispensables à la construction des automobiles et des avions. Elles s'appuient sur des essais en soufflerie qui permettent de transposer sur les machines réelles les résultats obtenus sur des maquettes. Les phénomènes aérodynamiques varient suivant la vitesse relative du mobile dans l'air. Aux vitesses *subsoniques* (infér. à Mach 0,7), les forces de résistance sont proportionnelles au carré de la vitesse et à la surface du profil. En carénant la carrosserie d'une automobile, par ex., on parvient à réduire sensiblement la consommation d'essence aux vitesses élevées. Aux vitesses *transsoniques* (Mach 0,7 à Mach 1,1), la vitesse de l'air en certains points du profil peut dépasser la vitesse du son. Une onde de choc se forme, augmentant sensiblement la traînée. Aux vitesses *supersoniques* (Mach 1,1 à Mach 5), deux ondes de choc prennent naissance au bord d'attaque et au bord de fuite de la voilure d'un avion. Aux vitesses *hypersoniques,* le phénomène le plus important est celui de l'échauffement des structures sous l'effet du frottement de l'air. Les températures atteintes peuvent alors nécessiter l'emploi de métaux plus résistants à la chaleur, comme le titane, ou de matériaux *ablatifs.*

aérodyne [aeʀodin] n. m. AERON Tout engin plus lourd que l'air et capable de voler (avion, planeur, hélicoptère, etc.). – De *aéro-,* et *dyne.*

aérofrein [aeʀofʀɛ̃] n. m. Dispositif de freinage d'un avion, d'une automobile de course, utilisant la résistance que l'air oppose à l'avancement. – De *aéro-,* et *frein.*

aérogare [aeʀogaʀ] n. f. **1.** Ensemble des installations d'un aéroport destinées aux voyageurs et au fret. **2.** Dans certaines grandes villes, gare assurant la desserte d'un aéroport. – De *aéro-,* et *gare.*

aérogastrie [aeʀogastʀi] n. f. Accumulation d'air dans l'estomac. – De *aéro-,* et *-gastre.*

aéroglisseur [aeʀoglisœʀ] n. m. Véhicule terrestre ou marin dont la sustentation est assurée par un coussin d'air. – De *aéro-,* et *glisseur.*

aérogramme [aeʀogʀam] n. m. Lettre expédiée par avion postal. – De *aéro-,* et *-gramme.*

aérographe [aeʀogʀaf] n. m. Pistolet pulvérisateur à air comprimé employé pour appliquer des couleurs liquides. – De *aéro-,* et *-graphe.*

aérolithe [aeʀolit] n. f. Météorite pierreuse. – De *aéro-,* et *-lithe.*

aérologie [aeʀolɔʒi] n. f. Étude des caractéristiques physiques et chimiques de la troposphère et de la stratosphère. – De *aéro-,* et *-logie.*

aéromodélisme [aeʀomɔdelism] n. m. Technique de la construction des modèles réduits d'avions. – De *aéro-,* et *modélisme.*

aéromoteur [aeʀomɔtœʀ] n. m. et adj. TECH Moteur actionné par l'énergie éolienne. – De *aéro-*, et *moteur.*

aéronaute [aeʀɔnot] n. Personne embarquée à bord d'un aérostat. – De *aéro-*, et *-naute.*

aéronautique [aeʀonotik] adj. Relatif à la navigation aérienne. ▷ n. f. Science de la navigation aérienne; technique de la construction des aéronefs. – Du préc.

aéronaval, als, ales [aeʀonaval] adj. Qui relève à la fois de l'aviation et de la marine. *Puissance aéronavale.* ▷ n. f. *L'Aéronavale:* en France, l'ensemble des forces aériennes dépendant de la Marine nationale. – De *aéro-*, et *naval.*

aéronef [aeʀonɛf] n. m. Tout appareil capable de se sustenter dans l'air par ses propres moyens (avions, hélicoptères, aérostats, etc.). – De *aéro-*, et *nef.*

aéronomie [aeʀonɔmi] n. f. Science, étude de la haute atmosphère. – De *aéro-*, et *-nomie.*

aérophagie [aeʀofaʒi] n. f. MED Déglutition d'une certaine quantité d'air qui pénètre dans l'estomac et provoque une distension douloureuse et parfois des vomissements. – De *aéro-*, et *-phagie.*

aérophobie [aeʀofɔbi] n. f. Peur des courants d'air. – De *aéro-*, et *-phobie.*

aéroplane [aeʀoplan] n. m. Vieilli Avion. – De *aéro-*, et *planer.*

aéroport [aeʀopɔʀ] n. m. Ensemble d'installations (pistes, tour de commande, aérogare, gare de fret, zone industrielle) aménagées pour le trafic aérien. – De *aéro-*, et *port.*

aéroporté, ée [aeʀopɔʀte] adj. MILIT Qualifie les troupes transportées par voie aérienne et parachutées sur l'objectif. *Division aéroportée.* (V. aérotransporté). – De *aéro-*, et *porté.*

aéroportuaire [aeʀopɔʀtyɛʀ] adj. Qui se rapporte à un aéroport. – De *aéro-*, et *portuaire.*

aéropostal, ale, aux [aeʀopɔstal, o] adj. Qui concerne la poste aérienne, en assure le service. – De *aéro-*, et *postal.*

aérosol [aeʀosɔl] n. m. Dispersion dans un gaz de particules microscopiques. Système permettant la diffusion ou la vaporisation de ces particules. – De *aéro-*, et *sol(ution).*

aérospatial, iale, aux [aeʀospasjal, o] adj. Qui relève à la fois de l'aéronautique et de l'astronautique. *Techniques aérospatiales.* – De *aéro-*, et *spatial.*

aérostat [aeʀosta] n. m. Tout appareil qui se sustente dans l'air au moyen d'un gaz plus léger que l'air. *Les ballons, les dirigeables sont des aérostats.* – De *aéro-*, et gr. *statos.*

aérostation [aeʀostasjõ] n. f. Technique de la construction et de la manœuvre des aérostats. – Du préc.

aérostatique [aeʀostatik] **1.** adj. Qui concerne l'aérostation. **2.** n. f. Science qui traite de l'équilibre des fluides élastiques. – Du préc.

aérostier [aeʀostje] n. m. Celui qui pilote un aérostat. – De *aérostat.*

aérosynchrone [aeʀosɛ̃kʀon] adj. ESP Qualifie l'orbite d'un satellite qui tourne autour d'un astre à la même vitesse que cet astre tourne sur lui-même. (Pour la Terre, on parle d'orbite *géostationnaire.*) – De *aéro-*, et *synchrone.*

aéroterrestre [aeʀoteʀɛstʀ] adj. Qui réunit des forces aériennes et terrestres. – De *aéro-*, et *terrestre.*

aérotherme [aeʀotɛʀm] n. m. TECH Appareil qui produit de l'air chaud et le souffle pour chauffer un local. – De *aéro-*, et *-therme.*

aérotrain [aeʀotʀɛ̃] n. m. Véhicule à sustentation par coussin d'air, utilisant une voie spéciale, et susceptible d'atteindre de grandes vitesses. – Nom déposé, de *aéro-*, et *train.*

aérotransporté, ée [aeʀotʀɑ̃spɔʀte] adj. MILIT Se dit de troupes transportées par voie aérienne et déposées au sol par atterrissage de l'appareil (V. aéroporté). – De *aéro-*, et *transporté.*

aeschne [ɛskn] n. f. ZOOL Libellule de grande taille, à l'abdomen coloré, commune près des étangs. – Lat. zool. *aeschna.*

aethuse [etyz] n. f. BOT Ombellifère vénéneuse appelée aussi *petite ciguë, persil des fous, faux persil, ache des chiens.* – Lat. bot. *aethusa.*

affabilité [afabilite] n. f. Qualité d'une personne affable. Syn. aménité, courtoisie. – De *affable.*

affable [afabl] adj. Qui accueille les autres avec amabilité, douceur. *Manières affables,* courtoises. Syn. aimable, sociable. Ant. froid, hautain. – Lat. *affabilis,* «à qui l'on peut parler».

affablement [afabləmɑ̃] adv. D'une manière affable. – De *affable.*

affabulation [afabylasjõ] n. f. **1.** Trame d'une œuvre de fiction. **2.** Mensonge, travestissement de la vérité. – Bas lat. *affabulatio.*

affabuler [afabyle] v. intr. [1] Se livrer à des affabulations, à des mensonges. – De *affabulatio.*

affacturage [afaktyʀaʒ] n. m. Gestion des créances d'une entreprise, effectuée par une société spécialisée. (Syn. de l'anglicisme *factoring.*) – De *facture.*

affadir [afadiʀ] v. tr. [2] Rendre fade, insipide. *Affadir une sauce. Affadir des couleurs.* ▷ v. pr. Fig. *Une vivacité, un entrain qui s'affadissent.* – De *fade.*

affadissement [afadismɑ̃] n. m. Le fait de devenir fade, insipide. – De *affadir.*

affaiblir [afɛbliʀ] v. tr. [2] Diminuer la force physique ou l'énergie morale de, rendre faible. *La maladie l'a affaibli.* Syn. débiliter, diminuer. Ant. fortifier. ▷ v. pron. Devenir faible. *Ma vue s'affaiblit.* – Fig. *Le sens de ce mot s'est affaibli avec le temps,* a perdu de sa force d'expression. – De *faible.*

affaiblissant, ante [afɛblisɑ̃, ɑ̃t] adj. Qui affaiblit. *Remèdes affaiblissants.* – Ppr. de *affaiblir.*

affaiblissement [afɛblismɑ̃] n. m. Diminution de la force, de la puissance, de l'intensité. *L'affaiblissement de la monarchie. L'affaiblissement de la mémoire.* PHYS Diminution de l'amplitude d'une onde. – De *affaiblir.*

affaire [afɛʀ] n. f. **I. 1.** Ce qui concerne l'intérêt personnel de qqn. *C'est mon affaire:* cela ne concerne que moi. *J'en fais mon affaire:* je m'en charge. *Cela ferait bien mon affaire:* cela me conviendrait. ▷ plur. Objets personnels, vêtements. *Il ne retrouve jamais ses affaires.* **2.** Ensemble de circonstances où des intérêts divers sont en jeu, s'opposent, s'affrontent. *Voilà une affaire à laquelle il vaut mieux ne pas être mêlé. Une scandaleuse affaire de pots-de-vin et de trafic d'influence.* **3.** Ensemble de difficultés avec lesquelles une personne est aux prises; tracas, ennui. *Il s'est attiré une vilaine affaire.* – Fam. *Ce n'est pas une affaire! :* Cela n'est pas bien grave, cela ne tire pas à conséquence. *N'en fais pas une affaire! :* Ne prends pas cela trop à cœur, n'y attache pas d'importance. ▷ *Tirer qqn d'affaire,* lui épargner une difficulté, le sauver d'un danger. **4.** Ensemble de faits dont la justice a à connaître. *Plaider une affaire. Affaire criminelle.* ▷ Ensemble de faits délictueux ou criminels sur lesquels la police est chargée d'enquêter. *«L'Affaire Saint-Fiacre»* (titre d'un roman de Simenon). **5.** Conflit. ▷ Conflit international, militaire ou diplomatique. *L'affaire de Suez.* ▷ Combat, engagement de troupes. *L'affaire fut chaude.* **II. 1.** *Affaire de...,* qui concerne... *Affaire d'honneur,* où l'honneur est en jeu (*spécial.,* par *euph.:* duel). – *Affaire de cœur:* intrigue galante, amourette. ▷ *C'est une affaire de goût:* cela dépend du goût de chacun. – *C'est une affaire d'habitude:* il ne s'agit que de s'exercer, de s'accoutumer. **2.** *Avoir affaire à quelqu'un,* lui parler, traiter ou négocier avec lui. *J'ai eu affaire au directeur lui-même.* ▷ *Vous aurez affaire à moi!* (avertissement menaçant). **III.** Entreprise industrielle ou commerciale. *Le patron d'une affaire. L'affaire a été reprise par une société étrangère.* **IV. 1.** Transaction, marché. *Voilà une affaire conclue! Il a fait une affaire, une bonne affaire,* une transaction avantageuse. ▷ plur. Opérations financières, commerciales; spéculations. *Cette maison fait beaucoup d'affaires. Chiffre d'affaires. Homme, femme d'affaires. Les affaires sont les affaires:* quand il s'agit d'intérêt, les autres considérations n'ont pas à intervenir. **2.** Plur. Intérêts pécuniaires d'une personne. *Il est au courant de mes affaires. Mettre de l'ordre dans ses affaires.* **V.** plur. Tout ce qui concerne l'administration et le gouvernement des choses publiques. *Les affaires de l'État. Ministère des Affaires culturelles.* ▷ *Affaires courantes:* partie des débats parlementaires qui comprend notamment la période des questions orales. – De *à,* et *faire.*

affairé, ée [afeʀe] adj. Qui a beaucoup à faire, qui s'empresse. – Pp. de *s'affairer.*

affairement [afɛʀmɑ̃] n. m. Fait d'être affairé. – De *s'affairer.*

affairer (s') [afeʀe] v. pron. [11] S'empresser, se montrer actif dans l'exécution d'une tâche. *Manœuvres qui s'affairent sur un chantier.* – De *affaire.*

affairisme [afeʀism] n. m. Péjor. Préoccupation exclusive de faire des affaires, de gagner de l'argent. – De *affaire.*

affairiste [afeʀist] n. Péjor. Homme, femme d'affaires sans scrupules, préoccupé(e) surtout par la recherche du profit. – Du préc.

affaissement [afɛsmɑ̃] n. m. Fait de s'affaisser; état de ce qui est affaissé. *L'affaissement de la chaussée.* – Fig. Accablement. *L'affaissement de son moral fait peine à voir.* ▷ GEOMORPH Lent mouvement d'abaissement du sol, dû aux forces tectoniques. – De *affaisser.*

affaisser [afese] **I.** v. tr. [1] Rare Faire plier sous un poids, abaisser le niveau de. *Cette lourde armoire a affaissé le plancher.* **II.** v. pron. **1.** Plier, baisser de niveau sous l'effet d'un poids, d'une pression. *Le mur de soutènement s'est affaissé sous la poussée des terres.* **2.** Tomber lourdement, sans forces (personnes). *Il a eu une faiblesse et il s'est affaissé tout d'un coup.* – De *faix.*

affaler [afale] v. [1] **1.** v. tr. MAR Laisser tomber, faire descendre rapidement. *À affaler la grand-voile!* **2.** v. pron. Se laisser tomber. *S'affaler sur son lit. Ivrogne affalé dans un coin.* – Néerl. *afhalen,* «tirer (un cordage) en bas».

affamé, ée [afame] adj. **1.** Qui a une très grande faim. *Loup affamé.* ▷ Subst. *Nourrir les affamés.* **2.** Fig. *Affamé de:* avide de. *Être affamé de gloire, d'argent.* – Pp. de *affamer.*

affamer [afame] v. tr. [1] Causer la faim en privant de nourriture. *Affamer la population d'une ville investie.* – Lat. pop. **affamare.*

affameur, euse [afamœʀ, øz] n. Personne qui affame autrui. *Un accapareur est un affameur.* – De *affamer.*

1. affectation [afɛktasjɔ̃] n. f. **1.** Imitation, faux-semblant. *Affectation de vertu.* **2.** Manque de naturel, de simplicité. *Il parle avec affectation.* Syn. afféterie. – De *affecter* 1.

2. affectation [afɛktasjɔ̃] n. f. **1.** Destination (d'une chose) à un usage. *Affectation d'une somme à telle dépense.* **2.** Désignation à un poste, une fonction. *L'affectation d'un militaire.* – De *affecter* 2.

1. affecté, ée [afɛkte] adj. **1.** Feint, imité. *Humilité affectée.* Ant. sincère. **2.** Qui manque de naturel, de simplicité. *Manières affectées.* – Pp. de *affecter* 1.

2. affecté, ée [afɛkte] adj. Qui a reçu une affectation. *Fonctionnaire récemment affecté.* – Pp. de *affecter* 2.

3. affecté, ée [afɛkte] adj. **1.** Ému, affligé. *Il semble très affecté.* **2.** MATH Muni de (un coefficient, un exposant, etc.). *10^{-4} est un nombre affecté d'un exposant négatif.* – Pp. de *affecter* 3.

1. affecter [afɛkte] v. tr. [1] **1.** Feindre. *Affecter la modestie. Il affecta de prendre pour argent comptant tous ces mensonges.* **2.** Prendre (une forme, une apparence). *Les cristaux de sel marin affectent la forme cubique.* – Lat. *affectare,* «rechercher, poursuivre».

2. affecter [afɛkte] v. tr. [1] **1.** Destiner (qqch) à un usage. *Affecter un véhicule au transport des denrées.* **2.** Donner une affectation à (qqn). *On a affecté ce fonctionnaire à Sept-Îles.* – De l'a. fr. *afaitier,* «façonner».

3. affecter [afɛkte] v. tr. [1] **1.** Mettre dans une certaine disposition; influer, agir sur (l'esprit, les sens). *Ces sons affectent désagréablement l'oreille.* **2.** Causer une impression pénible, de la peine. *Ce deuil m'affecte douloureusement.* ▷ v. pron. S'affliger, souffrir moralement de. *Ce malade s'affecte beaucoup de son état.* **3.** MATH Munir de, adjoindre à, afin d'obtenir une variation. *Affecter un nombre d'un coefficient, d'un exposant.* – Du lat. *affectus,* «disposition, état».

affectif, ive [afɛktif, iv] adj. PSYCHO Relatif au plaisir, à la douleur, aux émotions. *Plaisir, douleur, émotions, sentiments sont des états affectifs.* – Bas lat. *affectivus.*

affection [afɛksjɔ̃] n. f. **1.** Sentiment d'attachement pour les êtres que l'on aime. *Affection paternelle.* Syn. inclination, tendresse. Ant. antipathie, aversion, haine. **2.** Vieilli État affectif. *Les affections de l'âme.* **3.** MED État morbide, maladie. *Affection cutanée.* – Lat. *affectio.*

affectionné, ée [afɛksjɔne] adj. Dévoué, attaché par l'affection. *Ton petit-fils affectionné,...* (suivi de la signature: formule à la fin d'une lettre). – Pp. de *affectionner.*

affectionner [afɛksjɔne] v. tr. [1] **1.** Avoir de l'affection pour. *Il affectionne particulièrement sa fille cadette.* Syn. aimer, chérir. Ant. détester. **2.** Avoir un goût marqué pour. *J'affectionne particulièrement cet endroit.* – De *affection.*

affectivité [afɛktivite] n. f. Ensemble des phénomènes affectifs. – De *affectif.*

affectueusement [afɛktyøzmɑ̃] adv. D'une manière affectueuse. – De *affectueux.*

affectueux, euse [afɛktyø, øz] adj. Qui manifeste de l'affection. – De *affection.*

1. afférent, ente [afeʀɑ̃, ɑ̃t] adj. **1.** Qui revient à chacun dans un partage. *Part afférente.* **2.** Qui se rapporte à. *Rémunération afférente à un emploi.* – Lat. *affert,* «cela apporte, contribue», de *afferre.*

2. afférent, ente [afeʀɑ̃, ɑ̃t] adj. ANAT Se dit d'un vaisseau sanguin, lymphatique, d'un nerf, etc., qui arrive à un organe. Ant. efférent. – Lat. *afferens.*

affermage [afɛʀmaʒ] n. m. Location à ferme ou à bail. – De *affermer.*

affermer [afɛʀme] v. tr. [1] Donner ou prendre à ferme ou à bail. *Affermer une terre. Cultivateur qui* *afferme un domaine.* Syn. louer. – De *à*, et *ferme*, «location».

affermir [afɛʀmiʀ] v. tr. [2] **1.** Rendre ferme, stable, solide. *Affermir une muraille. L'exercice affermit les muscles.* **2.** Rendre plus fort, plus assuré. *Affermir sa voix. Affermir son pouvoir.* Ant. affaiblir, ébranler. ▷ v. pron. *Devenir plus ferme.* – De *à*, et *ferme* (adj.).

affermissement [afɛʀmismɑ̃] n. m. Action d'affermir, de consolider; son résultat. – De *affermir.*

afféterie [afɛtʀi] n. f. Recherche prétentieuse, affectation dans les manières, le style. – De l'anc. v. *afaitier, affaiter,* «façonner».

affichage [afiʃaʒ] n. m. **1.** Action d'afficher (au sens 1); résultat de cette action. *Affichage interdit.* **2.** INFORM Présentation de données, de résultats, sur un écran de visualisation. – De *afficher.*

affiche [afiʃ] n. f. Feuille imprimée, comportant un texte ou une représentation graphique, ou les deux, placardée et destinée à informer le public. *Affiche publicitaire. Affiche officielle collée à un emplacement réservé.* – De *afficher.*

afficher [afiʃe] v. tr. [1] **1.** Publier, annoncer au moyen d'affiches; apposer une affiche. *Afficher un avis officiel.* **2.** Fig. Montrer ostensiblement, faire étalage de. *Elle affiche un air satisfait.* ▷ v. pron. Péjor. Se montrer avec ostentation (*spécial.*, en faisant étalage de sa vie privée). *Il s'affiche avec sa dernière maîtresse.* **3.** TECH Visualiser par affichage (au sens 2). – De *à*, et *ficher.*

afficheur, euse [afiʃœʀ, øz] n. Celui, celle qui pose des affiches. – De *afficher.*

affichiste [afiʃist] n. Artiste qui compose des affiches illustrées; concepteur d'affiches. – De *affiche.*

affidavit [afidavit] n. m. **1.** DR Déclaration écrite et signée, faite volontairement sous serment devant une personne légalement apte à la recevoir. **2.** Certificat par lequel un porteur étranger de titres émis dans un pays obtient l'exonération des taxes qui frappent les autochtones. – Mot angl., du lat. médiév. *affidare,* «attester».

affidé, ée [afide] **1.** adj. Vx En qui l'on a confiance. *Il se confia à une personne affidée.* **2.** n. m. Péjor. Espion, agent à tout faire. *Il a mis en campagne ses affidés.* – Ital. *affidato.*

affilage [afilaʒ] n. m. Action d'affiler un outil. – De *affiler.*

affilée (d') [dafile] loc. adv. À la suite, sans discontinuer. *Dormir dix heures d'affilée.* – De *affiler,* «planter en ligne, aligner».

affiler [afile] v. tr. [1] Donner du fil à, aiguiser. *Affiler un rasoir.* ▷ Fig. *Avoir la langue bien affilée:* être médisant ou caustique. – Lat. pop. **affilare.*

affiliation [afiljasjɔ̃] n. f. Action d'affilier ou de s'affilier; le fait d'être affilié. – De *affilier.*

affilié, ée [afilje] n. Membre d'une organisation. – Pp. subst. de *affilier.*

affilier [afilje] **1.** v. tr. [1] Faire entrer (une organisation) dans un groupement qui en réunit plusieurs autres de même nature sous son autorité. *Affilier un club sportif à une fédération.* **2.** v. pron. Adhérer à (une organisation). *S'affilier à un parti.* – Lat. médiév. *affiliare,* du lat. *filius,* «fils».

affin, ine [afɛ̃, in] adj. Qui présente des affinités. ▷ BIOL *Formes affines,* présentant des similitudes suggérant une parenté. ▷ MATH *Géométrie affine,* qui étudie les transformations par affinité. – Lat. *affinis.*

affinage [afinaʒ] n. m. Action de rendre plus fin, de débarrasser des impuretés. *Affinage de la fonte.* – De *affiner.*

affinement [afinmɑ̃] n. m. Fait de s'affiner. – De *affiner.*

affiner [afine] v. tr. [1] **1.** Purifier, enlever les éléments étrangers mêlés à (une substance). *Affiner de l'or.* **2.** *Affiner des fromages,* leur faire achever leur maturation. **3.** Fig. Rendre plus fin, plus subtil. *Affiner le goût.* ▷ v. pron. Devenir plus fin, plus délié. *L'esprit s'affine par la conversation.* – De *à*, et *fin.*

affinité [afinite] n. f. **1.** Vx Parenté par alliance. **2.** Attirance, sympathie due à une conformité de caractères, de goûts. *Il y avait entre eux une grande affinité.* Ant. antipathie. ▷ Analogie, accord entre des choses; rapport d'harmonie. *Décoration qui tient compte des affinités entre les formes et les couleurs.* **3.** CHIM Tendance qu'ont les corps de nature différente à réagir les uns sur les autres. *L'affinité chimique est mesurée par la diminution d'énergie libre du système entre l'état initial des réactants et leur état final.* **4.** GEOM *Transformation par affinité:* transformation plane qui fait correspondre à un point de coordonnées (x, y) un point (x, ky) où k est un nombre réel constant. – Lat. *affinitas,* «voisinage».

affiquet [afikɛ] n. m. **1.** Vx Petite parure qu'on fixe à une robe, à la coiffure. **2.** Arrêt qu'on fixe à la pointe d'une aiguille à tricoter pour empêcher les mailles déjà montées de glisser. – Dimin. de *affique* (affiche), «agrafe, épingle».

affirmatif, ive [afiʀmatif, iv] adj. **1.** Qui exprime l'affirmation. *Geste affirmatif.* **2.** Qui affirme (personnes). *C'est un homme trop sûr de lui et trop affirmatif.* **3.** *Proposition affirmative,* qui n'exprime ni une négation, ni une interrogation. ▷ N. f. *Répondre par l'affirmative:* répondre «oui» à une proposition. *La majorité fut pour l'affirmative.* – Bas lat. *affirmativus.*

affirmation [afiʀmasjɔ̃] n. f. **1.** Action d'affirmer. *Ton affirmation est bien catégorique!* ▷ DR *Affirmation solennelle:* attestation faite par une personne, sur la foi de son honneur, qu'elle dira la vérité lors du témoignage qu'elle s'apprête à rendre, ou que la déclaration écrite qu'elle atteste contient la vérité. **2.** Chose affirmée. *Il ne contrôle pas toujours ses affirmations.* **3.** Fait de se manifester nettement, avec autorité. *L'affirmation de ses possibilités. L'affirmation de soi.* – Lat. *affirmatio.*

affirmativement [afiʀmativmɑ̃] adv. D'une manière affirmative. – De *affirmatif.*

affirmer [afiʀme] **1.** v. tr. [1] Soutenir qu'une chose est vraie. *Vous pouvez me croire, je vous l'affirme.* **2.** v. pron. Se manifester nettement, avec autorité. *Ses progrès s'affirment tous les jours.* – Lat. *affirmare.*

affixe [afiks] n. m. GRAM Élément de composition qui s'ajoute au commencement (préfixe), dans le corps (infixe) ou à la fin (suffixe) d'un mot pour en modifier le sens. – Lat. *affixus,* de *affigere,* «attacher».

affleurement [aflœʀmɑ̃] n. m. **1.** TECH Action d'affleurer, de mettre au même niveau. **2.** État de ce qui affleure (au sens 2). ▷ GEOMORPH Partie d'une couche géologique qui apparaît en surface. – De *affleurer.*

affleurer [aflœʀe] **I.** v. tr. [1] **1.** TECH Mettre au même niveau (deux pièces contiguës). *Affleurer une trappe au niveau d'un plancher.* **2.** Arriver au niveau de (choses). *L'eau affleure le quai.* **II.** v. intr. Être au niveau de la surface de l'eau, du sol. *Rochers qui affleurent à marée basse. Veine de minerai qui affleure.* – De *à*, et de *fleur;* propr. «mettre à fleur de».

affliction [afliksjɔ̃] n. f. Peine morale, douleur profonde. *Deuil qui plonge une famille dans l'affliction.* Syn. chagrin, tristesse, désolation. – Bas lat. *afflictio.*

affligé, ée [afliʒe] adj. **1.** Qui ressent de l'affliction. **2.** Qui est éprouvé par un malheur. *Pays affligé par* *la peste.* – Plaisant. *Il est affligé de six enfants.* – Pp. de *affliger.*

affligeant, ante [afliʒɑ̃, ɑ̃t] adj. **1.** Qui cause de l'affliction. *Une nouvelle affligeante.* **2.** Désolant (par sa médiocrité). *Un roman d'une pauvreté d'invention affligeante.* – Ppr. de *affliger.*

affliger [afliʒe] v. tr. [15] **1.** Causer de l'affliction à. *Cette nouvelle l'a affligé.* ▷ v. pron. Ressentir de l'affliction. **2.** Faire endurer de grandes souffrances à. *Une grave épidémie afflige actuellement ce pays.* – Lat. *affligere,* «frapper, abattre».

affluence [aflɥɑ̃s] n. f. **1.** Rassemblement d'un grand nombre de personnes arrivant en même temps dans un lieu. *Les heures d'affluence.* **2.** Abondance. *L'affluence des denrées fait baisser les prix.* Ant. disette, rareté. – Lat. *affluentia.*

affluent [aflɥɑ̃] n. m. Cours d'eau qui se jette dans un autre. *Le Richelieu est un affluent du Saint-Laurent.* – Lat. *affluens.*

affluer [aflɥe] v. intr. [1] **1.** Couler en abondance vers (sang). *Sous l'effet de l'émotion, le sang lui afflua au visage.* **2.** Arriver en abondance, en nombre. *Les clients commençaient à affluer.* – Lat. *affluere,* «couler vers».

afflux [afly] n. m. **1.** Fait d'affluer (au sens 1). *Afflux sanguin.* **2.** Arrivée d'un grand nombre de personnes. *L'afflux des passagers dans les stations de métro aux heures de pointe.* – De *affluer,* sur *flux.*

affolant, ante [afɔlɑ̃, ɑ̃t] adj. **1.** Qui affole, provoque une émotion violente. *Nouvelle affolante.* **2.** Qui trouble par les sens, émeut. *Un parfum affolant.* **3.** Fam. Angoissant, alarmant. *C'est affolant, ce que vous nous racontez là.* – Ppr. de *affoler.*

affolement [afɔlmɑ̃] n. m. **1.** Action de s'affoler; état d'une personne affolée. *Allons, pas d'affolement, vous voyez bien qu'il n'y a pas de danger.* Syn. panique. **2.** État de l'aiguille d'un compas, d'une boussole, affolée. – De *affoler.*

affoler [afɔle] v. tr. [1] Rendre comme fou, égarer. *Cette nouvelle nous a affolés, nous ne savions plus que faire.* ▷ v. pron. Se troubler profondément, perdre la tête. *Ne vous affolez pas!* – De *fol* (fou).

affouillement [afujmɑ̃] n. m. Enlèvement localisé de matériau meuble par un courant ou un remous de l'eau. *Affouillement des berges.* – De *affouiller.*

affouiller [afuje] v. tr. [1] Produire l'affouillement de. – De *fouiller.*

affourchage [afuʀʃaʒ] n. m. Action d'affourcher. *L'affourchage assure en général une moins bonne tenue sur le fond que l'empennelage.* – De *affourcher.*

affourche [afuʀʃ] n. f. Action d'affourcher. *Ancre d'affourche.* – Déverbal de *affourcher.*

affourcher [afuʀʃe] v. intr. [1] MAR Mouiller sur deux ancres dont les lignes sont disposées en fourche, en V. *Navire qui affourche.* – De *à,* et *fourche.*

affranchi, ie [afʀɑ̃ʃi] adj. **1.** Libéré de la servitude, de l'esclavage. ▷ Subst. Dans l'Antiquité, esclave affranchi. *Plaute était un affranchi.* **2.** Qui s'est libéré de traditions, de préjugés, de façons de penser intellectuellement contraignantes. *C'est une personne tout à fait affranchie et sans l'ombre d'une idée préconçue.* ▷ Subst. Personne qui vit en marge des lois (affranchie de la morale sociale). *Celui-là, c'est un dur, un affranchi.* – Pp. de *affranchir.*

affranchir [afʀɑ̃ʃiʀ] v. tr. [2] **I. 1.** Rendre libre (une personne), indépendant (un pays). *Affranchir un esclave.* ▷ v. pron. Se rendre libre, indépendant. *S'affranchir de la tyrannie.* **2.** Délivrer, libérer (d'une gêne, d'une contrainte). *Sa cordialité m'avait affranchi de toute timidité.* ▷ v. pron. *Affranchissez-vous des préjugés de votre milieu.* **3.** Arg. Renseigner, mettre au courant. **II.** *Affranchir un envoi postal,* en payer le port. – De *franc,* «libre».

affranchissement [afʀɑ̃ʃismɑ̃] n. m. **1.** Action d'affranchir, de rendre libre. *L'affranchissement d'un peuple.* Syn. émancipation. **2.** Paiement du port d'un objet confié à la poste. – De *affranchir.*

affranchisseuse [afʀɑ̃ʃisøz] n. f. TECH Machine servant à affranchir les lettres et le courrier en général. – De *affranchir.*

affres [afʀ] n. f. pl. *Les affres de la mort:* les souffrances de l'agonie. ▷ *Les affres de...,* l'angoisse, les souffrances morales causées par... *Les affres du doute, de la jalousie, de l'inquiétude.* – Anc. provenç. *afre,* «horreur», rad. germ. *aifr-,* «horrible, terrible».

affrètement [afʀɛtmɑ̃] n. m. Action d'affréter; convention réglant les conditions de la location d'un ou de véhicules. – De *affréter.*

affréter [afʀete] v. tr. [16] Louer (un véhicule: car, avion, navire, etc.) pour un certain temps ou pour un voyage déterminé. – De *fret.*

affréteur [afʀetœʀ] n. m. Celui qui affrète un véhicule. – De *affréter.*

affreusement [afʀøzmɑ̃] adv. D'une manière affreuse. – De *affreux.*

affreux, euse [afʀø, øz] adj. **1.** Qui suscite la répulsion, l'effroi. *C'était un spectacle affreux, qui m'a bouleversé. Un affreux visage grimaçant.* 2. Désagréable, pénible. *De la pluie, du brouillard, bref, un temps affreux.* – De *affres.*

affriander [afʀiɑ̃de] v. tr. [1] Vx Allécher, attirer. – De *friand.*

affriolant, ante [afʀiɔlɑ̃, ɑ̃t] adj. Qui séduit, excite le désir. *Des dessous affriolants.* – Ppr. de *affrioler.*

affrioler [afʀiɔle] v. tr. [1] Attirer, séduire. – D'un anc. v. *frioler,* «griller d'envie».

affront [afʀɔ̃] n. m. Avanie, insulte publique. *Subir un affront humiliant.* – De *affronter,* a. fr., «couvrir de honte».

affrontement [afʀɔ̃tmɑ̃] n. m. **1.** Action d'affronter ou de s'affronter. **2.** CHIR *L'affrontement des lèvres d'une plaie,* leur réunion. – De *affronter.*

affronter [afʀɔ̃te] [1] **1.** v. tr. Aller avec courage au-devant de (un ennemi, un danger). *Soldat qui affronte le feu pour la première fois.* **2.** v. pron. (récipr.) Combattre l'un contre l'autre. *Les deux armées s'affrontaient.* **3.** CHIR *Affronter les lèvres d'une plaie,* les réunir. – De *front.*

affubler [afyble] v. tr. [1] Habiller avec un vêtement bizarre ou ridicule. *On l'affubla d'un vieux manteau.* Syn. accoutrer. ▷ v. pron. *S'affubler de nippes multicolores.* – Lat. pop. **affibulare,* de *fibula,* «agrafe».

affût [afy] n. m. **1.** Bâti qui sert à supporter et à mouvoir une pièce d'artillerie. **2.** Guet derrière un couvert pour tirer le gibier au passage. *Un bon endroit pour l'affût. Tirer un lièvre à l'affût.* ▷ Fig. *Être à l'affût de,* épier, attendre pour saisir l'occasion. *Être à l'affût d'une bonne affaire.* – Déverbal de *affûter.*

affûtage [afytaʒ] n. m. **1.** Assortiment des outils nécessaires à un ouvrier. **2.** Action d'affûter, d'aiguiser (un outil); son résultat. – De *affûter.*

affûter [afyte] v. tr. [1] Aiguiser (un outil), le rendre tranchant. *Affûter un ciseau à bois.* – De *à,* et *fût.*

affûteur, euse [afytœʀ, øz] n. Ouvrier spécialiste de l'affûtage des outils. Syn. aiguiseur. – De *affûter.*

affûtiaux [afytjo] n. m. pl. **1.** Fam. Petits objets sans valeur dont on se pare. Syn. bagatelle, brimborion. **2.** Pop. Instruments nécessaires pour faire qqch. *Pré-*

parez vos affûtiaux. – De *affûter* avec l'anc. sens de «disposer».

afghan, ane [afgɑ̃, an] adj. De l'Afghanistan. *Manteau afghan.* ▷ *Lévrier afghan,* longiligne, au poil long et souple. ▷ Subst. Habitant de l'Afghanistan. – N. m. Langue afghane. – Mot persan.

aficionado [afisjɔnado] n. m. **1.** Amateur de courses de taureaux. **2.** Amateur d'un sport particulier. *Les aficionados de la boxe, du cyclisme.* – Mot esp.

afin [afɛ̃] **1.** *Afin de* (+ inf.). Loc. prép. marquant l'intention, le but. *On écrème le lait afin de faire le beurre.* **2.** *Afin que* (+ subj.). Loc. conj. marquant l'intention, le but. *Érostrate mit le feu au temple d'Éphèse afin qu'on parlât de lui.* – De *à,* et *fin.*

aflatoxine [aflatɔksin] n. f. BIOL Toxine produite par des champignons proliférant sur des graines conservées en atmosphère chaude et humide. – De *A(spergillus) fla(vus),* n. du champignon, et *toxine.*

afocal, ale, aux [afɔkal, o] adj. OPT Dont les foyers sont situés à l'infini. – De *a-*1, et *focal.*

a fortiori [afɔʀsjɔʀi] loc. adv. À plus forte raison. – Lat. *a fortiori (causa),* «par une raison plus forte».

africain, aine [afʀikɛ̃, ɛn] adj. (et n.). De l'Afrique, spécial., de l'Afrique noire. – Lat. *africanus.*

africaner. V. afrikander.

africanisation [afʀikanizasjɔ̃] n. f. Le fait d'africaniser. – De *africaniser.*

africaniser [afʀikanize] v. tr. [1] Remplacer (les structures économiques, politiques, les cadres, etc.) en utilisant des moyens proprement africains, un personnel africain. – De *africain.*

africaniste [afʀikanist] n. Spécialiste des cultures, des langues africaines. – De *africain.*

afrikaans [afʀikans] n. m. Langue d'origine néerlandaise parlée en Afrique du Sud. – Mot néerl.

afrikander [afʀikɑ̃dɛʀ] ou **africaner** [afʀikanɛʀ] n. Habitant de l'Afrique du Sud d'origine néerlandaise (parlant l'*afrikaans*). – Du néerl. *afrikaans,* «africain».

afro-. Préfixe désignant une origine, une appartenance africaine.

afro-asiatique [afʀoazjatik] adj. De l'Afrique et de l'Asie; qui concerne à la fois l'Afrique et l'Asie du point de vue politique. *Les États afro-asiatiques.* – De *afro-,* et *asiatique.*

Ag CHIM Symbole de l'argent.

aga. V. agha.

agaçant, ante [agasɑ̃, ɑ̃t] adj. Qui agace, irrite. *Un petit bruit agaçant.* – Ppr. de *agacer.*

agacement [agasmɑ̃] n. m. Énervement, irritation. – De *agacer.*

agacer [agase] v. tr. [14] **1.** Énerver et impatienter. *Tu commences à nous agacer, avec tes hésitations!* ▷ Taquiner en provoquant. *Il agace son chien pour le faire aboyer.* **2.** Produire une sensation d'irritation sur. *Une saveur un peu acide qui agace les dents.* – De l'a. fr. *aacier,* «irriter», du lat. pop. **adaciare,* par croisement avec *agacer,* «crier comme une pie».

agaceries [agasʀi] n. f. pl. (rare au sing.). Manières coquettes et provocantes d'une femme qui cherche à séduire. – De *agacer.*

agalactie [agalakti] n. f. MED Absence de lactation après l'accouchement. – Gr. *agalaktos,* «qui n'a pas de lait».

1. agame [agam] adj. BIOL *Reproduction agame,* qui s'effectue sans fécondation. – De *a-*1, et gr. *gamos,* «mariage».

2. agame [agam] n. m. ZOOL Genre *(Agama)* d'agamidés. – Même origine que *agame* 1.

agami [agami] n. m. ZOOL Gros oiseau noir des forêts guyanaise et amazonienne (fam. psophiidés), que son cri a fait surnommer *oiseau-trompette.* – Mot caraïbe.

agamidés [agamide] n. m. pl. Importante famille de sauriens des régions chaudes de l'Ancien Monde, comprenant le margouillat, le dragon volant, l'uromastix, etc. – De *agame* 2, et suff. *-idés.*

agamie [agami] n. f. BIOL Reproduction sans fécondation (reproduction asexuée; parthénogenèse). – De *agame* 1.

agape [agap] n. f. **1.** HIST Repas en commun des premiers chrétiens. **2.** n. f. pl. Mod. Banquet entre amis. Syn. festin. – Lat. ecclés., du gr. *agapê,* «amour».

agapè [agapɛ] n. m. Amour divin. – Mot gr., «amour».

agar-agar [agaʀagaʀ] n. m. CHIM Substance extraite de certaines algues, qui forme avec l'eau une gelée utilisée en bactériologie comme milieu de culture et dans l'industrie comme produit d'encollage. Syn. gélose. – Mot malais.

agaric [agaʀik] n. m. Champignon basidiomycète (genre *Agaricus*), sans volve ni anneau, à lamelles colorées. *Le rosé des prés, le champignon de Paris sont des agarics.* Syn. psalliote. – Lat. *agaricum.*

agaricales [agaʀikal] n. f. pl. BOT Ordre de champignons basidiomycètes comprenant les agarics. – De *agaric.*

agate [agat] n. f. **1.** Minéral formé de silice déposée en couches concentriques diversement colorées, utilisé dans l'industrie à cause de sa dureté. (Le poli qu'on peut lui donner l'a fait rechercher dès l'Antiquité pour la fabrication de bijoux. Diverses variétés: cornaline, calcédoine, jaspe, etc.) **2.** Bille faite d'agate, ou de verre imitant l'agate. – Gr. *akhatès,* par le lat.

agave [agav] n. m. BOT Plante ornementale (diverses espèces du genre *Agave,* fam. amaryllidacées), originaire du Mexique, à haute hampe florale jaune verdâtre, qui meurt après une floraison unique. (Les feuilles, épaisses et charnues, bordées d'épines, produisent une fibre textile, le *sisal;* la sève fermentée fournit une boisson alcoolisée, le *pulque.*) – Gr. *agauê,* fém. de *aganos,* «admirable».

âge [ɑʒ] n. m. **I. 1.** Période écoulée depuis la naissance. *Quel âge a-t-il? Nous sommes du même âge, nous avons le même âge. Il est mort à l'âge de 80 ans. Un âge avancé:* un grand âge. *Un homme d'un certain âge,* qui n'est plus jeune. – Période écoulée depuis le début de l'existence d'un être vivant. *L'âge d'un animal, d'un arbre.* ▷ *Être d'âge à, en âge de:* être à l'âge convenable pour. *Être d'âge à se marier. Il est en âge d'aller à l'école.* ▷ *L'âge de raison:* l'âge auquel un enfant est considéré comme capable de discerner le bien du mal (environ sept ans). ▷ DR *Âge légal:* celui qui est fixé par la loi pour l'exercice de certains droits civils ou politiques. *Au Canada, l'âge légal est fixé à 18 ans.* ▷ PSYCHO *Âge mental:* niveau d'aptitude mentale (mesuré par des tests) d'un individu, comparé au niveau d'aptitude mentale de l'ensemble des individus d'un âge civil donné (notion introduite par Binet et Simon). ▷ SOCIO STATIST *Classe d'âge:* ensemble d'individus nés la même année dans une population donnée. **2.** *Par ext.* Période écoulée depuis le moment où une chose a commencé à exister. *L'âge de la Terre. Détermination de l'âge d'une roche par la mesure de sa radioactivité.* ▷ OCEANOGR *Âge de la marée:* retard entre la date de conjonction astronomique (marée de vives eaux) et celle de la forte marée correspondante. **3.** Les années écoulées, considérées dans leur durée par rapport à la vie d'un homme. *Votre myopie s'atténuera avec* *l'âge.* **4.** (Dans quelques expressions.) L'étendue de la vie humaine. *La fleur de l'âge:* la période de la vie où un être humain est en pleine possession de ses moyens physiques et intellectuels, la jeunesse de l'adulte. *Le retour d'âge:* la ménopause. *Le déclin de l'âge:* le commencement de la vieillesse. ▷ (S. comp.) *L'âge:* la vieillesse. – *Un homme d'âge,* âgé, vieux. **5.** Période de la vie d'un être humain. *Bas âge, jeune âge, âge mûr. Un homme entre deux âges,* ni jeune, ni vieux. *L'âge ingrat:* la puberté. *L'âge critique:* la ménopause, l'andropause. *Le troisième âge:* l'âge de la retraite, la vieillesse. ▷ (D'après l'angl. *Golden age*) *L'âge d'or:* période de la vie qui commence à l'âge de la retraite, qui coïncide avec la vieillesse. *Atteindre l'âge d'or.* – Ensemble des personnes ayant atteint cette période. *Organiser des loisirs pour l'âge d'or.* – *Club de l'âge d'or, club d'âge d'or:* cercle réservé aux personnes de plus de cinquante ans, où se déroulent diverses activités à caractère socioculturel. **II.** Grande période de l'histoire. *L'âge de la féodalité, de la monarchie.* – *Spécial.,* chacune des grandes périodes de l'ère quaternaire, caractérisées par l'état d'avancement de l'industrie humaine. *Âge de pierre* (préhistoire): *âge de la pierre taillée, de la pierre polie. Âge des métaux* (protohistoire): *âge du cuivre, du bronze, du fer.* ▷ Plur. *Une superstition venue du fond des âges,* très ancienne. ▷ Pour les Anciens, chacune des périodes des temps primitifs, au cours desquelles les hommes seraient devenus de moins en moins bons et vertueux. *Âge d'or, d'argent, d'airain, de fer.* – *Âge d'or:* époque de prospérité, période particulièrement favorable. ▷ *D'âge en âge:* de siècle en siècle, de génération en génération. – Lat. pop. *aetaticum.*

âgé, ée [ɑʒe] adj. **1.** Vieux (pour les personnes). *Une femme âgée. Il est plus âgé que moi.* **2.** *Âgé de:* qui a l'âge de... *Un homme âgé de trente ans.* – De *âge.*

âgéisme [ɑʒeism] n. m. SOCIO Discrimination exercée envers les personnes âgées. – De *âge,* et *-isme.*

agence [aʒɑ̃s] n. f. **1.** Établissement commercial qui propose un ensemble de services déterminés, ou se charge d'effectuer pour le compte de ses clients certaines opérations ou certaines démarches, moyennant le versement d'une commission. *Agence de voyages. Agence immobilière.* – *Agence de presse,* qui centralise les nouvelles, les dépêches, et les transmet à ses abonnés, à la presse. ▷ Succursale d'une société de crédit. **2.** Nom de certains organismes publics. *Agence canadienne de développement international (ACDI).* – Ital. *agenzia.*

agencement [aʒɑ̃smɑ̃] n. m. Action d'agencer; son résultat (disposition, arrangement). *L'agencement d'une cuisine. L'agencement des parties d'un spectacle.* – De *agencer.*

agencer [aʒɑ̃se] v. tr. **[14]** Disposer, arranger (les éléments d'un tout) d'une manière cohérente, régulière. *Agencer les péripéties d'une intrigue romanesque. Appartement bien agencé.* ▷ v. pron. *Parties d'une composition picturale qui s'agencent harmonieusement.* – De *à,* et *gent,* «bien né, beau», du lat. *genitus.*

agenda [aʒɛ̃da] n. m. Registre, carnet sur lequel on note, jour par jour, les choses que l'on se propose de faire. *Notez l'heure de notre rendez-vous sur votre agenda. Des agendas.* – Mot lat., plur. neutre de *agendum,* «choses à faire».

agénésie [aʒenezi] n. f. MED **1.** Arrêt partiel du développement d'un organe ou d'un membre pendant la vie intra-utérine, entraînant ultérieurement une atrophie. **2.** Impuissance sexuelle; impossibilité d'engendrer. – De *a-*1, et gr. *génésis,* «génération».

agenouillement [aʒ(ə)nujmɑ̃] n. m. Action, fait de s'agenouiller. – De *agenouiller.*

agenouiller (s') [aʒ(ə)nuje] v. pron. **[11]** **1.** Se mettre à genoux. *S'agenouiller sur un prie-Dieu. S'agenouiller pour réparer un tapis.* **2.** Fig. S'humilier, s'abaisser. *C'est par intérêt qu'il s'agenouille devant lui.* – De *genou.*

1. agent [aʒɑ̃] n. m. **1.** Celui qui agit. ▷ GRAM Personne ou chose qui, dans la réalité extralinguistique, effectue l'action ou est dans l'état exprimé par le verbe. *Dans «les feuilles tombent en automne» et «cet enfant s'ennuie», «feuilles» et «enfant» sont agents; ils sont aussi sujets grammaticaux du verbe.* – *Complément d'agent:* complément d'un verbe à la voix passive, désignant la personne ou la chose effectuant l'action. *Dans «la pomme est mangée par Jean», «Jean» est complément d'agent.* **2.** Ce qui accomplit une action, produit un effet déterminé. *Dégradation d'un édifice par les agents atmosphériques,* par le vent, la pluie, le gel, etc. *Agent physique, chimique, mécanique, thérapeutique.* – TECH *Agent mouillant,* produit qui permet à un liquide de mieux recouvrir ou imprégner une surface. ▷ ECON *Agents économiques:* individus ou organismes constituant, du point de vue des mouvements économiques, des centres de décision et d'action élémentaires (entreprises non financières, ménages, administration, institutions financières). – Lat. scolast. *agens,* de *agere,* «agir».

2. agent, ente [aʒɑ̃, ɑ̃t] n. **1.** Personne chargée d'agir pour le compte d'une autre, ou pour le compte d'une administration ou d'une société dont elle représente les intérêts. *Agent diplomatique. Agent d'affaires. Agent d'assurances.* ▷ *Agent secret,* appartenant à un service de renseignements, espion. ▷ (France) *Agents de change:* officiers ministériels qui détiennent le monopole des négociations des effets publics, des obligations et des actions de sociétés susceptibles d'être cotées, dont ils constatent officiellement les cours. ▷ *Agent de liaison:* militaire chargé d'assurer la liaison entre le commandant d'unité et ses unités subordonnées ou entre deux unités. **2.** Employé d'une société, d'une administration. *Vous recevrez sous peu la visite d'un de nos agents.* ▷ *Agent de voyages:* personne qui exploite une agence de voyages. ▷ *Agent de bord:* personne affectée au service des passagers d'un avion. ▷ *Spécial. Agent de la paix:* personne chargée de faire régner l'ordre public. *Les policiers sont des agents de la paix.* ▷ *Spécial.* (France) *Agent de police* (ou, s. comp., *agent*). – Lat. *agens,* par l'ital. *agente.*

aggiornamento [adʒjɔʀnamɛnto] n. m. **1.** Rénovation permanente de l'Église face aux besoins du monde actuel (mot-programme lancé par le pape Jean XXIII). **2.** Adaptation à l'évolution du monde, au progrès. – Mot. ital., «mise à jour».

agglomérat [aglɔmeʀa] n. m. GEOL Agrégat naturel de minéraux. – De *agglomérer.*

agglomération [aglɔmeʀasjɔ̃] n. f. **1.** Action d'agglomérer, fait de s'agglomérer. **2.** Ensemble d'habitations constituant un village, un bourg, une ville. *La vitesse est limitée dans les agglomérations.* ▷ Ensemble urbain. *L'agglomération montréalaise:* Montréal et sa banlieue. **3.** METALL Reconstitution d'un minerai, opérée à partir de fines, par frittage ou à l'aide d'un liant. – De *agglomérer.*

aggloméré [aglɔmeʀe] n. m. **1.** Combustible formé de fines de charbon réunies par un liant (le brai, par ex.). **2.** CONSTR Matériau obtenu par mélange de matières inertes que réunit un liant. *Panneaux d'aggloméré.* **3.** Bois reconstitué, fait de copeaux agrégés sous pression au moyen d'une colle. *Meuble en aggloméré.* – Pp. subst. de *agglomérer.*

agglomérer [aglɔmeʀe] v. tr. **[16]** Faire une masse dense, compacte, de divers éléments. *Le vent agglomère les grains de sable.* ▷ v. pron. Se rassembler en une masse compacte. *Neige qui s'agglomère en con-*

gère. Syn. agglutiner, agréger. Ant. désagréger. – Lat. *agglomerare.*

agglutinant, ante [aglytinɑ̃, ɑ̃t] adj. Propre à agglutiner, à coller ensemble. *Substance agglutinante.* ▷ LING *Langues agglutinantes:* langues synthétiques exprimant des rapports grammaticaux par l'accumulation après le radical d'affixes distincts. – Ppr. de *agglutiner.*

agglutination [aglytinasjɔ̃] n. f. Action d'agglutiner; fait de s'agglutiner. ▷ BIOL *Réaction d'agglutination:* réaction antigène-anticorps dans laquelle les anticorps complets normaux provoquent l'agglutination des cellules (bactéries, globules rouges, etc.) présentant les antigènes correspondants sur leur surface. – Bas lat. *agglutinatio.*

agglutiner [aglytine] v. tr. [1] et [11] Coller ensemble, assembler de manière à former une masse compacte. Syn. agglomérer, agréger. Ant. désagréger. ▷ v. pron. Fig. *La foule s'agglutinait devant l'entrée du stade.* – Lat. *agglutinare,* «coller».

agglutinine [aglytinin] n. f. BIOL Anticorps responsable de la réaction d'agglutination. – De *agglutiner,* et *-ine.*

agglutinogène [aglytinɔʒɛn] n. m. BIOL Antigène porté par certaines cellules qui peuvent ainsi être agglutinées en présence de l'agglutinine correspondante. – De *agglutiner,* et suff. *-gène.*

aggravant, ante [agʀavɑ̃, ɑ̃t] adj. Qui rend plus grave. ▷ DR *Circonstances aggravantes,* qui augmentent la gravité d'un délit ou d'un crime (par oppos. aux *circonstances atténuantes).* – Ppr. de *aggraver.*

aggravation [agʀavasjɔ̃] n. f. **1.** Action d'aggraver; son résultat. **2.** Fait de s'aggraver. *Aggravation rapide d'une maladie.* – De *aggraver.*

aggravée [agʀave] n. f. MED VET Inflammation douloureuse de la patte et des espaces interdigités, chez le chien. – De anc. *agravé,* «endolori par le gravier», du rad. de *gravier.*

aggraver [agʀave] **1.** v. tr. [1] Rendre plus grave, plus pénible, plus douloureux. *Ses mensonges aggravent sa faute. La grêle a aggravé les dégâts que la sécheresse avait causés à la récolte.* Syn. augmenter, renforcer. Ant. diminuer, atténuer. **2.** v. pron. Devenir plus grave, empirer. *Le mal s'aggrave de jour en jour.* – Lat. *aggravare.*

agha ou **aga** [aga] n. m. **1.** Officier supérieur de la cour des anciens sultans turcs. **2.** En Algérie av. 1962, chef supérieur au caïd. – Mot turc.

agile [aʒil] adj. Dont les mouvements sont rapides, aisés. *Une démarche souple et agile.* ▷ Fig. *Un esprit agile.* – Lat. *agilis.*

agilement [aʒilmɑ̃] adv. Avec agilité. – De *agile.*

agilité [aʒilite] n. f. Légèreté, facilité à se mouvoir. *L'agilité des doigts d'un pianiste.* – Lat. *agilitas.*

agio [aʒjo] n. m. FIN Ensemble des rémunérations (intérêts, commissions, change) perçues par une banque en échange des services rendus. – Ital. *aggio.*

a giorno [adzjɔʀno] loc. adv. et adj. *Rue, salle éclairée a giorno* (ou *à giorno*), comme en plein jour. – Loc. ital.

agiotage [aʒjɔtaʒ] n. m. DR Manoeuvre frauduleuse effectuée par une personne qui, dans le dessein de réaliser un profit par la hausse ou la baisse de la valeur des actions d'une entreprise ou du prix des marchandises, conclut des ententes factices concernant leur achat, leur vente ou leur livraison. – De *agioter.*

agioter [aʒjɔte] v. intr. [1] Pratiquer l'agiotage. – De *agio.*

agioteur, euse [aʒjɔtœʀ, øz] n. Personne qui agiote. – De *agioter.*

agir [aʒiʀ] **I.** v. intr. [2] **1.** Faire qqch, accomplir une action. *Assez parlé, il faut agir.* **2.** Se conduire, se comporter d'une certaine façon. *Agir en sage. Il a bien agi envers moi.* **3.** Exercer une action, opérer un effet. *Il faut laisser agir le médicament. Le bruit agit sur le système nerveux.* **4.** *Agir auprès d'une personne:* intervenir, faire des démarches auprès d'elle pour obtenir qqch. *Il agit auprès du ministre pour les intérêts de sa circonscription.* **II.** v. pron. impers. **1.** *Il s'agit de:* il est question de. *De quoi s'agit-il?:* de quoi est-il question? *C'est de vous qu'il s'agit.* **2.** *Il s'agit de* (+ inf.): il faut, il importe de. *Il s'agit non seulement de trouver la bonne méthode, mais encore de l'appliquer. Il s'agit de savoir ce que vous voulez!* **3.** *S'agissant de:* puisqu'il s'agit de. – *Agir,* lat. *agere;* «s'agir de»: calqué sur le lat. *agitur de.*

agissant, ante [aʒisɑ̃, ɑ̃t] adj. Qui agit avec efficacité, actif. *Un remède agissant.* – Ppr. de *agir.*

agissements [aʒismɑ̃] n. m. pl. Façons d'agir, procédés condamnables. *Surveiller les agissements d'un suspect.* – De *agir.*

agitateur, trice [aʒitatœʀ, tʀis] n. **1.** Personne qui suscite ou entretient des troubles politiques ou sociaux. **2.** n. m. Instrument servant à remuer des mélanges liquides. – De *agiter.*

agitation [aʒitasjɔ̃] n. f. **1.** État de ce qui est parcouru de mouvements irréguliers. *L'agitation de la mer.* **2.** État d'une personne que des émotions diverses bouleversent. *Calmer l'agitation d'un anxieux.* **3.** État de mécontentement politique ou social, qui se traduit par des revendications, des troubles. *Projet de loi qui suscite une certaine agitation.* – Lat. *agitatio.*

agitato [aʒitato] adv. MUS Indique qu'un morceau doit être joué de manière vive. – Ital. *agitato,* «agité».

agité, ée [aʒite] adj. En proie à l'agitation. *Mer agitée. Une existence agitée.* ▷ Subst. Personne très nerveuse, qui s'agite beaucoup. – MED Malade mental en proie à une agitation incessante. – Pp. de *agiter.*

agiter [aʒite] v. tr. [1] **1.** Remuer, secouer par des mouvements irréguliers. *Les vagues agitent le bateau.* **2.** Fig. Causer du trouble à. *Les passions qui nous agitent.* **3.** *Agiter des idées,* les examiner, en débattre. **4.** v. pron. Remuer, aller et venir. *Un malade ne doit pas s'agiter.* ▷ Fam. péjor. S'affairer sans résultat. *Il s'agite beaucoup, mais il n'est pas très efficace.* – Lat. *agitare.*

agit-prop [aʒitpʀɔp] n. f. Abréviation d'«agitation-propagande», activité militante pratiquée par certains groupes révolutionnaires. – Calque du russe, lui-même calque du français.

aglobulie [aglɔbyli] n. f. MED Diminution du nombre des globules rouges du sang. – De *a-*1, et *globule.*

aglosse [aglɔs] n. m. ou f. ZOOL Lépidoptère nocturne (fam. pyralidés) aux ailes grises ponctuées ou rayées de noir. (La chenille, appelée *teigne de la graisse,* se nourrit, en fait, de débris végétaux.) – Gr. *aglôssos,* «privé de langue».

aglyphe [aglif] adj. Se dit des serpents non venimeux à dents lisses. – De *a-*1, et gr. *gluphê,* «ciselure».

agnathes [agnat] n. m. pl. ZOOL Classe des vertébrés les plus primitifs, dépourvus de mâchoires, comme la lamproie, et classés jadis parmi les poissons. Syn. cyclostomes. – De *a-*1, et gr. *gnathos,* «mâchoire».

agnation [agnasjɔ̃] n. f. Parenté par les mâles. – Lat. *agnatio.*

agneau [aɲo] n. m. **1.** Petit de la brebis. *Agneau de lait:* agneau nourri de lait, à la chair blanche et molle. ▷ *Doux comme un agneau,* se dit d'une personne calme et paisible. **2.** HIST *Agneau pascal:* agneau que les juifs mangeaient à la Pâque. – RELIG *L'Agneau mystique, l'Agneau de Dieu:* le Christ, comme victime immaculée. **3.** Viande d'agneau. *Gigot d'agneau.* **4.** Fourrure d'agneau. *Une veste d'agneau.* – Lat. *agnus.*

agnelage [aɲəlaʒ] n. m. Mise bas, chez la brebis. – Époque de l'année où la brebis met bas. – De *agneler.*

agnelée [aɲəle] n. f. Portée de la brebis. – De *agneau.*

agneler [aɲəle] v. intr. [20] Mettre bas, en parlant de la brebis. – De l'a. fr. *agnel,* anc. forme de *agneau.*

agnelet [aɲəlɛ] n. m. Petit agneau. – Dimin. de *agneau.*

agnelin [aɲəlɛ̃] n. m. Peau d'agneau mégissée à laquelle on conserve la laine. – De l'a. fr. *agnel,* anc. forme de *agneau.*

agneline [aɲəlin] n. f. Laine d'agneau, courte et frisée, qui provient de la première tonte. – Du préc.

agnelle [aɲɛl] n. f. Agneau femelle. – Fém. de l'a. fr. *agnel,* anc. forme de *agneau.*

agnosie [agnɔzi] n. f. MED Trouble de la reconnaissance des objets dû à une perturbation des fonctions cérébrales supérieures. *Agnosie auditive, visuelle, tactile* (astéréognosie). – De *a*-1, et gr. *gnôsis,* «connaissance».

agnosique [agnɔzik] adj. (et n.) Frappé d'agnosie. – De *agnosie.*

agnosticisme [agnɔstisism] n. m. Doctrine ou attitude tenant a priori pour vaine toute métaphysique et déclarant que l'absolu est inconnaissable pour l'esprit humain. – Du gr. *agnôstos* «ignorant».

agnostique [agnɔstik] **1.** adj. Qui concerne l'agnosticisme. **2.** n. Personne qui professe l'agnosticisme. – De l'angl. *agnostic,* par le gr. *agnôstos.*

agnus Dei [agnysdei] n. m. invar. **1.** Médaillon en cire bénite, représentant un agneau. **2.** Prière de la messe débutant par les mots «Agnus Dei». – Mots lat., «agneau de Dieu».

agonie [agɔni] n. f. **1.** Période de transition entre la vie et la mort, caractérisée par un ralentissement circulatoire et une altération de la conscience. **2.** Fig. Déclin final. *L'agonie de la royauté en 1792, en France.* – Gr. *agônia,* «combat».

agonir [agɔniʀ] v. tr. [2] *Agonir qqn d'injures,* l'accabler d'injures. ▷ Absol. *Se faire agonir.* – De l'a. fr. *ahonnir,* «faire honte».

agonisant, ante [agɔnizɑ̃, ɑ̃t] adj. (et n.). Qui est à l'agonie. *Prière pour les agonisants.* – Ppr. de *agoniser.*

agoniser [agɔnize] v. intr. [1] **1.** Être à l'agonie. *Le blessé agonise.* **2.** Fig. Décliner, toucher à sa fin. *La révolte agonise.* – Du gr. *agônizesthai,* «combattre».

agora [agɔʀa] n. f. Place publique et marché des anciennes villes grecques. *À Athènes, l'Agora était le centre de la vie publique et politique.* – Mot gr.

agoraphobe [agɔʀafɔb] adj. (et n.) Qui souffre d'agoraphobie. – De *agoraphobie.*

agoraphobie [agɔʀafɔbi] n. f. Crainte des espaces ouverts, des places publiques. Ant. claustrophobie. – De *agora,* et *phobie.*

agouti [aguti] n. m. Rongeur (fam. dasyproctidés) de la taille d'un lièvre et haut sur pattes, répandu du Mexique à l'Argentine. – Mot guarani.

agrafage [agʀafaʒ] n. m. Action d'agrafer. – De *agrafer.*

agrafe [agʀaf] n. f. **1.** Petit crochet qu'on passe dans un anneau pour fermer un vêtement. *Attacher les agrafes d'un blouson.* **2.** Petit fil de métal recourbé permettant de réunir des papiers ou d'autres objets. *Des agrafes de bureau. Enlever les agrafes avec une dégrafeuse.* **3.** CHIR Petite lame de métal servant à joindre les bords d'une plaie. **4.** CONSTR Accessoire, en forme de crampon ou de pince à ressort, servant à réunir des éléments de construction. **5.** ARCHI Ornement, placé à la tête d'un arc, unissant plusieurs parties architecturales. – Déverbal de *agrafer,* de l'a. fr. *grafe,* «crochet».

agrafer [agʀafe] v. tr. [1] **1.** Fixer à l'aide d'agrafes. *Elle agrafe son chemisier. Agrafer des feuilles de papier.* **2.** Vieilli Saisir brusquement ou fortement avec les mains, s'emparer de (qqch). ▷ *Par ext.* Empoigner, attraper (qqn), général. en vue de lui faire un mauvais parti. – Fig. Apostropher (qqn) pour le sermonner, lui dire son fait. «Ma mère m'agrafe pour aller à la messe avec Flo, ma sœur cadette [...].» (Jeanne-d'Arc Jutras, *Délira Cannelle,* 1983.) – De l'anc. v. *grafer,* «fixer à l'aide d'un crochet».

agrafeuse [agʀaføz] n. f. Machine à poser des agrafes. – *Spécial.* Instrument de bureau permettant d'attacher des feuilles au moyen d'agrafes. – De *agrafer.*

agraire [agʀɛʀ] adj. **1.** Des champs, des terres. *Mesure agraire.* **2.** Qui concerne le sol, les intérêts de ceux qui le cultivent ou qui le possèdent. ▷ *Lois agraires,* organisant la distribution des terres dans un sens égalitaire. – Lat. *agrarius,* de *ager,* «champ».

agrammatical, ale, aux [agʀamatikal, o] adj. LING Qualifie un énoncé ne répondant pas aux critères de la grammaticalité. – De *a*-1, et *grammatical.*

agrammaticalité [agʀamatikalite] n. f. LING Caractère d'un énoncé agrammatical. – Du préc.

agrammatique [agʀamatik] adj. Atteint d'agrammatisme. – De *agrammatisme.*

agrammatisme [agʀamatism] n. m. MED Réduction du langage à une série d'énoncés unitaires non liés, observée au cours de certaines aphasies de Broca. – De *a*-1, et gr. *grammata,* «lettres».

agrandir [agʀɑ̃diʀ] **I.** v. tr. [2] **1.** Rendre plus grand. *Agrandir une maison.* ▷ *Agrandir une photographie,* en tirer une épreuve plus grande que le négatif original. ▷ Faire paraître plus grand. *Mettre des miroirs dans une pièce pour l'agrandir.* **2.** Fig. Élever, ennoblir. *La générosité agrandit celui qui l'exerce.* **II.** v. pron. **1.** Devenir plus grand. *Ce supermarché s'est encore agrandi.* ▷ Fam. *Ils attendent un enfant et voudraient s'agrandir,* trouver un logement plus spacieux. – De *grand.*

agrandissement [agʀɑ̃dismɑ̃] n. m. **1.** Action d'agrandir. *L'agrandissement d'une villa.* **2.** PHOTO Opération qui permet d'obtenir une épreuve plus grande que le négatif original. – L'épreuve ainsi obtenue. **3.** Fig. Augmentation de l'importance. – De *agrandir.*

agrandisseur [agʀɑ̃disœʀ] n. m. Appareil qui permet d'agrandir des photographies. – De *agrandir.*

agranulocytose [agʀanylɔsitoz] n. f. MED Diminution importante des leucocytes granuleux du sang. – De *a*-1, *granulocyte,* et *-ose* 2.

agraphie [agʀafi] n. f. MED Impossibilité de s'exprimer par l'écriture. – De *a*-1, et *graphie.*

agrarien, ienne [agʀaʀjɛ̃, jɛn] **1.** n. HIST Défenseur des lois agraires, du partage du sol entre les cultivateurs. **2.** adj. Se dit des partis politiques qui défendent les propriétaires fonciers. – De *agraire.*

agréable [agʀeabl] adj. et n. m. **1.** Qui agrée, qui plaît (à qqn). *Vous serait-il agréable que nous dînions ensemble?* **2.** Plaisant pour les sens. *Physionomie agréable. Une agréable demeure.* ▷ Sympathique, avenant (personnes). *Un homme fort agréable.* **3.** Subst. *Joindre, mêler l'utile à l'agréable.* – De *agréer.*

agréablement [agʀeabləmɑ̃] adv. De manière agréable. *Le prix modique de cet objet m'a agréablement surpris.* – De *agréable.*

agréé, ée [agʀee] adj. Reconnu conforme à certains règlements. *Traitement agréé par la Commission de la santé et de la sécurité du travail.* – *Pp. de agréer.*

agréer [agʀee] **1.** v. tr. [1] *Agréer qqch,* l'accepter. *Agréer une demande.* ▷ *Veuillez agréer mes hommages, mes excuses* (formule de politesse). ▷ *Fournisseur agréé de la Cour d'Angleterre:* commerçant autorisé à se réclamer du patronage de la Cour. **2.** v. tr. ind. Être au gré, à la convenance de. *Cela ne m'agrée pas du tout.* – De *à,* et *gré.*

agrégat [agʀega] n. m. **1.** Assemblage de diverses parties qui forment masse. *Un agrégat de gneiss.* **2.** STATIST Terme qui désigne les grandeurs caractéristiques de la comptabilité nationale: production intérieure brute, consommation, etc. **3.** TRAV PUBL Plur. Ensemble des éléments inertes, tels que sables et gravillons, qui entrent dans la fabrication du béton. – De *agréger.*

agrégatif, ive [agʀegatif, iv] n. Fam. En France, étudiant(e) qui prépare l'agrégation. – De *agrégation* (le concours).

agrégation [agʀegasjɔ̃] n. f. **1.** Réunion de parties homogènes qui forment un tout. ▷ TRAV PUBL Matériau, à base de sable ou de débris de pierres, utilisé comme revêtement routier. **2.** Procédure administrative en vue de la nomination d'un professeur d'université au rang d'agrégé; la nomination elle-même. ▷ En France, concours assurant le recrutement de professeurs de lycée et d'université (médecine, droit, pharmacie, etc.). *Se présenter à l'agrégation de lettres modernes.* – Du lat. *agregatio.*

agrégé, ée [agʀeʒe] n. **1.** *Professeur agrégé.* V. professeur. **2.** En France, personne reçue à l'agrégation. *Une agrégée d'espagnol.* – Pp. subst. de *agréger.*

agréger [agʀeʒe] v. tr. [17] **1.** Réunir (des solides). *Le granit est formé de cristaux agrégés.* **2.** Fig. Admettre, incorporer (dans un groupe, une société). – Lat. *agregare,* «réunir en troupe», de *grex, gregis,* «troupeau».

agrément [agʀemɑ̃] n. m. **1.** Approbation, consentement qui vient d'une autorité. *Soumettre un projet à l'agrément d'un directeur.* – DR Validation d'un acte par une autorité. *L'agrément d'un régime de rentes par l'État.* **2.** Qualité qui rend agréable (qqn, qqch). *Une physionomie pleine d'agrément.* **3.** Plaisir. *Arts d'agrément:* se disait des arts pratiqués en amateur, pour le plaisir. – *Voyage d'agrément,* de détente, par opposition à: voyage d'affaires. – Fam. *Se donner de l'agrément:* prendre du plaisir. **4.** MUS Trait, ornement d'une phrase musicale. – De *agréer.*

agrémenter [agʀemɑ̃te] v. tr. [1] Enjoliver, ajouter des ornements. *Un exposé agrémenté de citations.* ▷ Fam. (par antiphrase). *Une lettre agrémentée de fautes d'orthographe.* – De *agrément.*

agrès [agʀɛ] n. m. pl. **1.** MAR Vx Gréement. **2.** Appareils de gymnastique (trapèze, barre fixe, anneaux, etc.). – De *agreier,* de l'anc. scandinave *greida,* «équiper».

agressant [agʀɛsɑ̃] n. m. ENV Substance susceptible de créer des dommages à l'environnement. – De *agresser.*

agresser [agʀese] v. tr. [1] Attaquer de façon brutale, physiquement ou moralement. – Du lat. pop. *aggressare.*

agresseur [agʀesœʀ] n. m. **1.** Celui qui attaque le premier. – DR INTERN État qui en attaque un autre. **2.** Personne qui attaque brusquement quelqu'un. *Identifier son agresseur.* – De *agression.*

agressif, ive [agʀesif, iv] adj. **1.** Qui a le caractère d'une agression. *Des paroles agressives.* ▷ Provocant. *Elle arbore un maquillage agressif.* **2.** Qui recherche le conflit, l'affrontement, la lutte. *Un État belliqueux et agressif.* **3.** PSYCHO Qui traduit l'agressivité. **4.** CHIM Corrosif. – De *agression.*

agression [agʀesjɔ̃] n. f. **1.** Attaque brusque. ▷ DR INTERN Attaque militaire d'un État par un autre. *L'agression japonaise de Pearl Harbor a entraîné les États-Unis dans la guerre.* – *Pacte de non-agression:* renoncement par des États au recours à la force dans leurs rapports. **2.** Attaque brusque et violente contre une personne. *Passant victime d'une agression dans la rue.* **3.** PSYCHO Tout acte de caractère hostile envers autrui, réel, simulé dans le jeu ou imaginé. **4.** Mod. Atteinte à l'intégrité physique ou psychique des personnes, par des agents nuisibles. *Le bruit dans les villes constitue une agression permanente.* – Lat. *agressio.*

agressivement [agʀesivmɑ̃] adv. D'une façon agressive. – De *agressif.*

agressivité [agʀesivite] n. f. **1.** Caractère agressif. *Il devrait modérer l'agressivité de ses paroles.* **2.** PSYCHO Activité d'un sujet tournée vers l'extérieur et dans laquelle il s'affirme. – PSYCHAN Mode de relation avec l'extérieur dans lequel une volonté de destruction anime inconsciemment le sujet qui compense ainsi une frustration. (Freud a vu dans l'agressivité un instinct de destruction qui, allié à la libido, constitue le sadisme.) – De *agressif.*

agreste [agʀɛst] adj. Litt. Champêtre, rustique. *Des plantes agrestes.* – Lat. *agrestis.*

agricole [agʀikɔl] adj. **1.** Qui s'adonne à l'agriculture. *Une population agricole. Un ouvrier agricole.* **2.** Qui concerne l'agriculture. *Matériel, travaux agricoles. Coopérative agricole.* – Lat. *agricola,* «laboureur».

agriculteur, trice [agʀikyltœʀ, tʀis] n. Personne dont le métier est de cultiver la terre, de pratiquer l'élevage. – Lat. *agricultor.*

agriculture [agʀikyltyʀ] n. f. Travail de la terre, exploitation du milieu naturel permettant la production des végétaux et des animaux nécessaires à l'homme. – Lat. *agricultura,* de *ager,* «champ» et *cultura,* «culture».

ENCYCL L'agriculture, secteur primaire de toute économie nationale, regroupe la phytotechnie, culture des végétaux, et la zootechnie (élevage). La science agricole, ou agronomie, comprend la connaissance: des *terrains* (agrologie), laquelle repose notam. sur la géologie, la géochimie, la pédologie; du *milieu* (écologie, biogéographie, bioclimatologie, biométéorologie); des *plantes cultivées* et de leur amélioration (création de races et variétés par la sélection des graines et l'hybridation). Le drainage, l'irrigation, l'amendement (calcaire et humique) améliorent les qualités physiques des sols et l'apport d'engrais leurs qualités chimiques (agrochimie). On pratique également la rotation des terres, ou assolement. La lutte contre les prédateurs, les parasites, les plantes adventices («mauvaises herbes», détruites par les pesticides) revêt une importance capitale. Toutes ces disciplines et techniques, qui requièrent examens en laboratoire, statistiques, informatique, ont bénéficié largement des progrès de toutes les sciences et des capacités d'investissement financier, surtout dans les pays industriels, où les exploitations se regroupent et se spécialisent, la main-d'œuvre diminuant, la mécanisation s'accélérant, les rendements battant des records. Il n'en va pas de même dans les pays du Tiers Monde, où l'on a surtout développé les «cultures commerciales» (café, canne à sucre, arachides, etc.), dont les prix sont sujets aux fluctuations du marché mondial.

agrion [agʀijõ] n. m. Insecte odonate voisin des libellules. – Gr. *agrios,* «sauvage».

agripper [agʀipe] v. tr. [1] Saisir avec force en s'accrochant. *Il m'a agrippé par les revers de ma veste.* ▷ v. pron. S'accrocher avec force. *S'agripper à une branche.* – De *gripper,* «saisir».

agro-. Préfixe, du gr. *agros,* «champ».

agro-alimentaire [agʀoalimɑ̃tɛʀ] adj. et n. m. Se dit de l'ensemble des activités de transformation des produits de l'agriculture (culture, élevage, pêche) destinés à l'alimentation. *L'industrie agro-alimentaire est un secteur économique très important pour le Québec.* – De *agro-,* et *alimentaire.*

agrologie [agʀɔlɔʒi] n. f. Science qui a pour objet la connaissance des terrains et des sols en vue de leur exploitation agricole. – De *agro-,* et *-logie.*

agronome [agʀɔnɔm] n. Spécialiste de l'agronomie. *Ingénieur agronome,* diplômé en génie rural. – De *agro-,* et *-nome.*

agronomie [agʀɔnɔmi] n. f. Ensemble des connaissances théoriques et pratiques relatives à l'agriculture. – De *agro-,* et *-nome.*

agronomique [agʀɔnɔmik] adj. De l'agronomie; relatif à l'agronomie. – Du préc.

agrostide [agʀɔstid] ou **agrostis** [agʀɔstis] n. f. BOT Plante fourragère vivace (fam. graminées), très commune dans les prairies naturelles. – Lat. *agrostis.*

agrotechnicien, ienne [agʀotɛknisjɛ̃, jɛn] n. Technicien, technicienne de l'industrie agro-alimentaire. – De *agro-,* et *technicien.*

agrotide [agʀɔtid] n. f. ou **agrotis** [agʀɔtis] n. m. ZOOL Noctuelle (famille des lépidoptères). – Lat. *agrotis,* du gr. *agrotês,* «campagnard».

agroville [agʀovil] n. f. En U.R.S.S., centre de regroupement de la population agricole, localité nouvelle pourvue de services commerciaux, culturels, sanitaires, administratifs, etc. – Trad. du russe *agrogorod.*

agrumes [agʀym] n. m. pl. Nom collectif des citrons, oranges, mandarines, clémentines, pamplemousses. – Ital. *agrumi.*

aguerrir [ageʀiʀ] v. tr. [2] **1.** Accoutumer aux épreuves de la guerre. *Aguerrir de nouvelles recrues.* **2.** Accoutumer à des choses pénibles, endurcir. *Les épreuves l'ont aguerri.* ▷ v. pron. *Il s'est aguerri. S'aguerrir à la douleur, à la fatigue.* – De *à,* et *guerre.*

aguets (aux) [ozagɛ] loc. adv. *Être aux aguets:* guetter, être attentif et sur ses gardes. – De *agait,* «guet».

agueusie [agøzi] n. f. MED Perte du sens du goût. – De *a-*1, et gr. *geusis,* «goût».

aguichant, ante [agiʃɑ̃, ɑ̃t] ou **aguicheur, euse** [agiʃœʀ, øz] adj. Qui aguiche. – Ppr. de *aguicher.*

aguicher [agiʃe] v. tr. [1] Exciter par des agaceries, des manières provocantes. – De *guiche.*

Ah Abréviation de *ampère-heure.*

ah! [ɑ] interject. **I.** Onomatopée. **1.** Exprime une vive émotion morale ou physique. *Ah! quel bonheur! Ah! que je souffre!* **2.** Renforce une négation, une affirmation. *Ah! ça, non! Ah! je te l'avais bien dit!* **3.** Redoublée, exprime la raillerie, l'ironie. *Ah! ah! je vous y prends.* **II.** n. invar. *Pousser des oh! et des ah! de surprise.* – Onomatopée.

ahan [aɑ̃] n. m. Litt. ou Vx Effort physique pénible; gémissement, plainte qui l'accompagne. – Probabl. du lat. pop. *afanare,* «se donner de la peine».

ahaner [aane] v. intr. [1] Faire un effort physique pénible; laisser entendre des ahans. – De *ahan.*

ahuri, ie [ayʀi] adj. Frappé de stupeur, hébété. *Brutalement réveillé, il était tout ahuri.* ▷ Subst. Fam. *Qui est-ce qui m'a fichu un ahuri pareil?* – Pp. de *ahurir.*

ahurir [ayʀiʀ] v. tr. [2] Étourdir, rendre stupéfait. *Ahurir un enfant à force de questions.* – De *hure.*

ahurissant, ante [ayʀisɑ̃, ɑ̃t] adj. Qui ahurit. *Une nouvelle ahurissante.* – Ppr. de *ahurir.*

ahurissement [ayʀismɑ̃] n. m. État d'une personne ahurie. – De *ahurir.*

aï [ai] n. m. Mammifère xénarthre arboricole, végétarien, vivant dans la forêt brésilienne. Syn. paresseux tridactyle. – Mot tupi.

1. aide [ɛd] n. f. **I. 1.** Action d'aider, d'unir ses efforts à ceux d'une autre personne. *Son aide m'a été précieuse pour finir ce travail. Je ne pourrai pas porter cette caisse tout seul, j'ai besoin de votre aide.* – *À l'aide!:* Au secours! ▷ Loc. prép. Grâce à, au moyen de. *Arracher un clou à l'aide de tenailles.* **2.** Secours ou subside accordé aux personnes démunies. *Aide sociale:* ensemble des allocations ou aides en nature ou en espèces accordées à titre gratuit aux personnes dont les ressources sont insuffisantes. *Aide juridique,* destinée à faciliter l'accès à la justice aux personnes dont les ressources sont insuffisantes pour faire face aux frais d'un procès. **II.** plur. **1.** EQUIT Moyens employés par le cavalier pour agir sur son cheval. *Aides naturelles* (assiette, jambes, rênes); *aides artificielles* (cravache, éperons, mors, etc.). **2.** *Aides à la navigation:* moyens optiques, radioélectriques, etc., destinés à faciliter la navigation des navires et des aéronefs. **3.** HIST *Aides royales:* impôts perçus sous l'Ancien Régime par les rois de France. – Déverbal de *aider.[RM]*

ENCYCL **Aide juridique.** – Le système actuel d'aide juridique du Québec est entré en vigueur le 1er juin 1973. Mis sur pied par l'État, il a remplacé celui que géraient alors certaines sections locales du Barreau; il a, de plus, entraîné la suppression, du Code de procédure civile, des dispositions relatives à la procédure «*in forma pauperis*» selon laquelle une partie, lors d'un procès, pouvait être dispensée de certains frais judiciaires si elle apportait au juge la preuve qu'elle ne pouvait les acquitter, faute de ressources suffisantes.

La Loi confie à un organisme central, la Commission des services juridiques, la mission de former et de développer des corporations régionales et locales et de promouvoir avec elles des programmes d'information visant principalement à renseigner les personnes économiquement défavorisées sur leurs droits et leurs obligations. La Loi prévoit également l'établissement de bureaux locaux d'aide juridique qui offrent des services aux citoyens à faibles revenus.

L'aide juridique, qui s'inspire des principes fondamentaux de la sécurité sociale, est offerte aux personnes dont les ressources sont inférieures à certains plafonds déterminés par règlement et qui varient selon les revenus dont elles disposent et les obligations familiales qu'elles doivent assumer. Elle est accordée à tout requérant qui fait la preuve de sa situation économique et qui démontre, du moins «prima facie», le sérieux de son droit ou du recours qu'il entend exercer.

Les services sont fournis aux bénéficiaires par des avocats ou des notaires à l'emploi de la Commission ou par des praticiens qui exercent dans des cabinets privés.

2. aide [ɛd] n. Personne qui en aide une autre dans une fonction, un travail, et lui est subordonnée. *S'adjoindre un aide pour accomplir une tâche délicate. Une aide ménagère.* – *Aide de camp:* officier attaché à un chef militaire. ▷ En composition. *Un aide-maçon. Des aides-mécaniciens.* – De *aider.*

aide-mémoire [ɛdmemwaʀ] n. m. invar. Résumé des renseignements essentiels sur un sujet déterminé, auquel on peut avoir recours si la mémoire fait défaut. – De *aider,* et *mémoire.*

aider [ede] **I.** v. tr. dir. [1] Faciliter les actions, les entreprises d'une personne, la soulager dans ses difficultés; assister (qqn). *Ses amis l'aideront à réaliser ce projet. Ta présence m'a beaucoup aidé.* **II.** v. tr. indir. *Aider à quelque chose. Un séjour à la montagne aidera à son rétablissement.* **III.** v. pron. **1.** *S'aider de:* se servir de, utiliser. *Marcher en s'aidant d'une canne.* **2.** (Récipr.). Se soutenir, s'apporter un mutuel appui. *Aidez-vous les uns les autres.* – Lat. *adjutare.*

aïe! [aj] interject. Exclamation de douleur, de désagrément. *Aïe! Aïe! que je souffre! Aïe! je crois que je vais avoir des ennuis.* – Onomatopée.

aïeul, eule [ajœl] n. (plur. *aïeuls, eules*). **1.** Grand-père, grand-mère. *L'aïeul somnolait au soleil.* **2.** Litt. (plur. *aïeux* [ajø]). Ancêtre. *Nos aïeux ont fait les croisades.* Fam. *Mes aïeux!:* exclamation exprimant la surprise, l'admiration, etc. – Lat. pop. *aviolus.*

aigle [ɛgl] **I.** n. m. **1.** Oiseau rapace de la fam. des falconidés (genre *Aquila,* qui comprend plusieurs espèces), généralement de grande envergure (2 m pour l'aigle doré ou aigle royal), au bec et aux pattes robustes. *L'aigle a des pattes armées de griffes très puissantes, les serres. L'aigle glatit. Aire d'un aigle,* son nid. ▷ *Avoir un œil d'aigle,* une vue perçante. ▷ *Un nez en bec d'aigle,* crochu. **2.** Fig. *Ce n'est pas un aigle:* ce n'est pas une personne très intelligente, d'une grande valeur. **3.** Pupitre d'église en forme d'aigle aux ailes déployées. **II.** n. f. **1.** Femelle de l'aigle. **2.** Emblème héraldique figurant un aigle. *L'aigle impériale.* ▷ Enseigne militaire en forme d'aigle. *Les aigles romaines.* – D'orig. dial., ou lat. *aquila.*

aiglefin. V. églefin.

aiglon, onne [ɛglõ, ɔn] n. Petit de l'aigle. ▷ *Napoléon II a été surnommé l'Aiglon (fils de l'Aigle).* – De *aigle.*

aigre [ɛgʀ] adj. **1.** Qui a une acidité désagréable au goût. *Fruit aigre.* – *Vin aigre,* qui s'est corrompu, acétifié. **2.** Perçant, criard (sons). *La sonorité aigre du fifre.* **3.** Froid et vif. *Une bise aigre.* **4.** Fig. Revêche, acrimonieux. *Un caractère aigre. Parler d'un ton aigre.* Syn. acerbe. ▷ N. m. *Conversation qui tourne à l'aigre,* qui s'envenime. – Bas lat. *acrus.*

aigre-doux, douce [ɛgʀədu, us] adj. **1.** Dont la saveur est à la fois douce et aigre. *Fruits aigres-doux.* **2.** Fig. Dont l'aigreur, l'acrimonie perce sous une apparente douceur. *Des paroles aigres-douces.* – De *aigre,* et *doux.*

aigrefin [ɛgʀəfɛ̃] n. m. Péjor. Individu sans scrupule, escroc, chevalier d'industrie. – P.-ê. de *agriffer,* «saisir avec les griffes».

aigrelet, ette [ɛgʀəlɛ, ɛt] adj. Légèrement aigre. *La saveur aigrelette de la rhubarbe.* – Dimin. de *aigre.*

aigrement [ɛgʀəmɑ̃] adv. Avec aigreur, acrimonie. *Exposer aigrement ses griefs.* – De *aigre.*

aigrette [ɛgʀɛt] n. f. **I.** Héron blanc (genre *Egretta*) dont la tête est pourvue de longues plumes. **II. 1.** Faisceau de plumes qui couronne la tête de certains oiseaux. *Aigrette d'un paon.* – Ornement qui rappelle l'aigrette des oiseaux, par sa forme ou par la matière dont il est fait. *Aigrette d'une coiffure militaire. Aigrette de diamants, de perles.* **2.** BOT Touffe de soies fines qui couronnent certaines graines et certains fruits. **3.** PHYS Effet lumineux prenant naissance à l'extrémité d'un conducteur porté à un potentiel élevé. – Provenç. *aigreta,* «héron».

aigreur [ɛgʀœʀ] n. f. **1.** Caractère de ce qui est aigre. *Aigreur d'un vin.* ▷ Fig. *Répondre avec aigreur.* **2.** *Aigreurs d'estomac:* régurgitations acides après les repas. – De *aigre.*

aigri, ie [ɛgʀi] adj. Se dit d'une personne que les épreuves de la vie ont rendu amère et irritable. *Il est tellement aigri qu'il a perdu le sens de l'humour.* – Pp. de *aigrir.*

aigrir [egʀiʀ] **I.** v. tr. [2] **1.** Rendre aigre. *La chaleur aigrit le lait.* ▷ v. pron. *Ce vin s'aigrit.* **2.** Fig. Rendre aigre, amer (qqn). *Tant d'échecs l'ont aigri.* ▷ v. pron. *Son caractère s'aigrit de jour en jour.* **II.** v. intr. Devenir aigre, tourner à l'aigre. *Mon vin a aigri.* – De *aigre.*

aigu, uë [egy] adj. **1.** Terminé en pointe ou en tranchant. *Des crocs aigus. Un fer aigu.* ▷ *Angle aigu,* inférieur à 90 degrés. ▷ *Accent aigu.* V. accent. **2.** D'une fréquence élevée, haut dans l'échelle tonale (sons). *Un son aigu. Une voix aiguë.* Ant. grave. ▷ N. m. Le registre aigu. *Aller du grave à l'aigu.* **3.** Vif, intense (douleur). *Une douleur aiguë.* ▷ MED *Maladie aiguë,* survenant brusquement et évoluant rapidement (par oppos. à *chronique*). **4.** Pénétrant, subtil (esprit). *Une intelligence aiguë.* – Lat. *acutus.*

aiguade [ɛg(ɥ)ad] n. f. Anc. Lieu où les navires pouvaient se ravitailler en eau douce. – Provenç. *aigada,* du lat. *aqua,* «eau».

aigue-marine [ɛgmaʀin] n. f. MINER Béryl bleu-vert. – Provenç. *aiga marina,* «eau de mer».

aiguière [ɛgjɛʀ] n. f. Anc. Vase à eau doté d'une anse et d'un bec. – Lat. pop. **aquaria,* par le provenç.

aiguillage [egɥijaʒ] n. m. **1.** CH DE F Appareil reliant deux ou plusieurs voies de chemin de fer et permettant à un convoi de passer de l'une à l'autre. – La manœuvre de cet appareil. *Faux aiguillage,* engageant un train sur une voie qu'il ne devrait pas suivre. **2.** TELEV Opération qui consiste à effectuer les commutations d'images indiquées par le réalisateur. **3.** Fam. Orientation d'une personne dans une direction. *Vous vous êtes trompé de porte; il y a eu une erreur d'aiguillage.* – De *aiguiller.*

aiguillat [egɥija] n. m. ZOOL Squale *(Squalus acanthias)* portant deux aiguillons sur les nageoires dorsales, long d'environ un mètre, commun dans les mers d'Europe. – Provenç. *agulhat.*

aiguille [egɥij] n. f. **I. 1.** Tige de métal petite et mince, pointue à un bout et percée à l'autre d'un chas où l'on passe le fil dont on se sert pour coudre. *Enfiler une aiguille.* ▷ Loc. fig. *De fil en aiguille:* en passant d'un propos à un autre; une chose en entraînant une autre. ▷ Loc. fig. *Chercher une aiguille dans une botte de foin:* chercher une chose difficile à trouver au milieu de beaucoup d'autres. **2.** Tige longue et mince. *Aiguille à tricoter.* ▷ *Fusil à aiguille.* V. fusil. **3.** Fine tige métallique creuse, terminée en pointe, utilisée pour les injections et les ponctions. *Aiguille de seringue pour injections hypodermiques.* – *Aiguille d'acupuncture,* pleine. **4.** Fine tige qui se déplace devant le cadran d'un appareil de mesure et qui sert d'index. *Aiguilles d'une montre. Aiguille d'un baromètre.* – *Aiguille aimantée d'une boussole.* **II. 1.** Sommet très aigu d'un massif montagneux. **2.** Partie d'un monument se terminant en pointe très aiguë. *L'aiguille d'un clocher d'église,* ou flèche. **3.** CONSTR Tige boulonnée reliant deux éléments de charpente. **4.** TRAV PUBL Pièce travaillant à la traction et servant à la suspension des tabliers de pont. Syn. suspente. **5.** CH DE F Les deux éléments de rails, taillés en biseau et mobiles, d'un aiguillage; chacun de ces éléments. **6.** TECH *Roulement à aiguilles:* roulement constitué de cylindres de faible diamètre. **7.** Feuille étroite et pointue d'un conifère. *Aiguilles de sapin.* **8.** *Aiguille de mer:* orphie. – Bas lat. *acucula.*

aiguillée [egɥije] n. f. Longueur de fil sur laquelle une aiguille est enfilée. – De *aiguille.*

aiguiller [egɥije] v. tr. [1] **1.** Diriger (un train) sur une voie par la manœuvre de l'aiguille. **2.** Fig. Orienter (qqn) dans une direction, vers un but. *Il a aiguillé son fils vers les études scientifiques.* – De *aiguille.*

aiguillette [egɥijɛt] n. f. **1.** Anc. Cordon ferré aux deux bouts servant à fermer un vêtement. *Les hauts-de-chausse se fermaient par une braguette et une aiguillette.* ▷ Loc. fig. *Nouer l'aiguillette:* rendre impuissant par maléfice. **2.** Tranche mince et longue de la poitrine d'une volaille. *Couper des aiguillettes de canard.* **3.** Orphie, en Bretagne. – De *aiguille.*

aiguilleur [egɥijœʀ] n. m. **1.** CH DE F Employé chargé de manœuvrer les aiguillages. **2.** TELEV Technicien chargé d'effectuer les commutations d'images selon les directives du réalisateur. (Rem.: Comme forme féminine, l'OLF recommande *une aiguilleuse.*) – De *aiguiller.*

aiguillon [egɥijõ] n. m. **1.** Long bâton terminé par une pointe de fer utilisé pour piquer les bœufs. ▷ Fig. Ce qui stimule, incite à l'action. *L'appât du gain est un aiguillon.* **2.** Dard de certains insectes hyménoptères (guêpes, abeilles, etc.), dits *aculéates.* **3.** BOT Épine. – Lat. pop. *aculeonem.*

aiguillonner [egɥijɔne] v. tr. [1] **1.** Piquer (un bœuf) avec l'aiguillon. **2.** Fig. Stimuler. *Aiguillonner un enfant pour le faire travailler.* – De *aiguillon.*

aiguisage [egizaʒ] n. m. Action d'aiguiser. – De *aiguiser.*

aiguise-crayon ou **aiguise-crayons** [egizkʀɛjõ] n. m. Petit instrument à lame(s) dans lequel on fait tourner un crayon pour l'aiguiser. *Des aiguise-crayons. Dans les bureaux, on se sert d'un aiguise-crayon fixe actionné par une manivelle.* – De *aiguiser,* et *crayon.*

aiguiser [egize] v. tr. [1] **1.** Rendre tranchant ou pointu. *Aiguiser le fil d'un rasoir. Aiguiser un crayon. Aiguiser ses griffes.* – *Aiguiser des patins,* en passer les lames à la meule pour qu'elles mordent mieux la glace. **2.** Fig. Rendre plus vif. *Aiguiser l'appétit.* **3.** Rendre plus aigu, plus fin (l'esprit). *Lectures qui aiguisent l'intelligence.* – Lat. pop. **acutiare.*

aiguiseur, euse [egizœʀ, øz] n. Ouvrier spécialiste de l'aiguisage des objets tranchants. – De *aiguiser.*

aiguisoir [egizwaʀ] n. m. Outil à aiguiser. – De *aiguiser.*

aïkido [ajkido] n. m. Art martial japonais, sport de combat à mains nues utilisant principalement les clés aux articulations. – Mot jap.

ail [aj] n. m. Plante vivace monocotylédone (genre *Allium,* fam. liliacées) dont les bulbes, à l'odeur forte et au goût âcre, sont employés comme condiment. *Sauce à l'ail. Piquer un gigot à l'ail.* – *Ail des bois:* au Canada, variété sauvage d'ail *(Allium tricoccum Ait.)* utilisé traditionnellement en cuisine. ▷ Plur. *Des aulx* (vieilli), *des ails.* Syn. ail trilobé, ail sauvage. (Le genre *Allium* comprend l'ail, l'oignon, le poireau, etc.) – Lat. *allium.*

ailante [ɛlɑ̃t] n. m. Arbre d'ornement (fam. simarubacées), aux feuilles composées pennées, originaire de Chine. (Nom cour.: vernis du Japon.) – Du malais.

aile [ɛl] n. f. **I. 1.** Partie du corps de certains animaux, qui leur sert à voler. *Oiseau qui étend, déploie ses ailes. Battre de l'aile. S'envoler à tire-d'aile.* (Chez les oiseaux, il s'agit du membre antérieur entier, alors que chez les chauves-souris c'est seulement la main; chez les insectes, l'aile est un organe spécifique du groupe.) ▷ Fig. *La peur donne des ailes,* fait courir très vite. – *Ne battre plus que d'une aile:* avoir beaucoup perdu de sa vigueur. – *Avoir du plomb dans l'aile:* avoir sa santé, sa situation très compromise. – *Rogner les ailes à quelqu'un,* lui ôter de son pouvoir. – *Voler de ses propres ailes:* agir sans le secours d'autrui, être autonome. – *Être sous l'aile de quelqu'un,* sous sa protection. ▷ Fig. *Les ailes du temps, de la victoire.* **2.** Morceau d'une volaille, d'un gibier à plume, constitué par la chair du membre antérieur. *Une aile de perdrix.* **II. 1.** Plan de sustentation d'un avion. **2.** *Ailes d'un moulin à vent:* châssis entoilés qui, en tournant sous l'action du vent, font mouvoir la meule. **III.** Chacune des deux parties latérales de certaines choses. **1.** ARCHI Partie latérale d'un édifice. *Les ailes d'un château.* ▷ *Mur en aile:* mur de soutènement en retour. **2.** Chacune des parties latérales de la ligne formée par une troupe rangée en bataille. ▷ SPORT Dans certains sports (soccer, football, etc.), partie extrême, sur les côtés du terrain, de la ligne d'attaque. – Chacune des parties latérales du terrain. **3.** *L'aile parlementaire d'un parti:* les représentants de ce parti élus au Parlement (par oppos. aux militants). **4.** AUTO Élément de carrosserie recouvrant une roue. **5.** *Aile du nez:* chacune des parties latérales inférieures du nez. **6.** BOT Chacun des deux pétales latéraux de la corolle des papilionacées. **7.** TECH Partie d'un profilé métallique, perpendiculaire à l'âme. – Lat. *ala.*

ailé, ée [ele] adj. Pourvu d'ailes. *Mammifère ailé.* ▷ BOT Se dit des organes d'une plante pourvus d'une membrane analogue à une aile. *Graine ailée.* – De *aile.*

aileron [ɛlʀõ] n. m. **1.** Extrémité de l'aile d'un oiseau. ▷ Nageoire (d'un requin). **2.** AVIAT Volet mobile, à incidence variable, situé sur le bord de fuite de l'aile. **3.** MAR Quille latérale ou prolongement de la quille servant de plan de dérive, sur certains petits bateaux. **4.** ANAT Nom donné à certains replis et expansions ligamentaires ou aponévrotiques. *Aileron du sacrum, du pharynx.* – De *aile.*

ailette [ɛlɛt] n. f. **1.** Lame métallique adaptée à un projectile d'artillerie pour augmenter la précision du tir. **2.** Saillie adaptée à un radiateur, un cylindre de moteur, pour augmenter la surface radiante. **3.** Petite branche proéminente de certains mécanismes. *Les ailettes des broches de filature. Écrou à ailette,* que l'on peut serrer à la main, appelé aussi «écrou papillon». – Dimin. de *aile.*

ailier [elje] n. m. SPORT (hockey, football, soccer) Joueur occupant l'extrême gauche ou l'extrême droite de la ligne d'attaque. *Ailier droit, ailier gauche.* De *aile.*

aillade [ajad] n. f. Sauce à l'ail. – Provenç. *alhada.*

-aille. Élément donnant une valeur péjorative et collective aux substantifs. *Marmaille, valetaille.*

ailler [aje] v. tr. [1] Garnir, frotter d'ail. *Ailler un gigot.* – De *ail.*

-ailler. Suffixe verbal, péjoratif et fréquentatif. *Discutailler, écrivailler.*

ailleurs [ajœʀ] adv. **1.** En un autre lieu. *Ne le cherchez pas ailleurs. Vous ne trouverez pas ailleurs une telle qualité.* – *Nous avons dit ailleurs...,* dans un autre ouvrage, dans un autre passage. – *Son mécontentement vient d'ailleurs,* tient à une autre cause. ▷ Fig. *Être ailleurs:* rêver, penser à autre chose. **2.** *D'ailleurs:* d'un autre endroit. *Un inconnu venu d'ailleurs.* **3.** Loc. adv. *D'ailleurs:* de plus, en outre (avec une nuance nouvelle ou une restriction). *Je n'ai pas envie de vous voir, d'ailleurs je n'ai pas le temps.* **4.** Loc. adv. *Par ailleurs:* d'un autre côté, d'autre part. *Il est séduisant mais par ailleurs bien sot.* – Lat. pop. *(in) aliore (loco),* «(dans) un autre (lieu)».

ailloli ou **aïoli** [ajɔli] n. m. Mayonnaise à l'ail pilé. – Provenç. *aioli.*

aimable [ɛmabl] adj. **1.** Affable, courtois. *Vous êtes bien aimable de m'aider. Il m'a dit quelques mots aimables.* ▷ Subst. *Faire l'aimable:* s'efforcer de plaire. Syn. charmant, sociable. **2.** Vx Digne d'être aimé. ▷ Vieilli Plaisant, agréable. *Un aimable lieu.* – Lat. *amabilis.*

aimablement [ɛmabləmɑ̃] adv. D'une manière aimable. – De *aimable.*

1. aimant [ɛmɑ̃] n. m. Corps attirant le fer ou l'acier. ▷ MINER *Aimant naturel:* magnétite. – Lat. pop. **adimas,* du lat. class. d'orig. gr. *adamas, adamantis,* «diamant».

2. aimant, ante [ɛmɑ̃, ɑ̃t] adj. Enclin à l'affection, à la tendresse. *Une nature aimante.* – Ppr. de *aimer.*

aimantation [ɛmɑ̃tasjɔ̃] n. f. Action d'aimanter; état de ce qui est aimanté. – De *aimanter.*

aimanter [ɛmɑ̃te] v. tr. [1] Communiquer des propriétés magnétiques à (un corps). – De *aimant* 1.

aimer [eme] **I.** v. tr. [1] **1.** Éprouver de l'affection, de l'attachement, de l'amitié pour (qqn). *Aimer ses amis, sa famille.* **2.** Éprouver de l'amour, de la passion pour (qqn). *Il aime passionnément sa femme.* ▷ Euph. Faire l'amour à (qqn). ▷ (S. comp.) *Le temps d'aimer.* **3.** Avoir un penchant, du goût pour (qqch). *Aimer les voyages, le luxe, la chasse.* – Fig. *La violette aime l'ombre,* trouve à l'ombre des conditions favorables à sa croissance. **4.** (+ inf.) Prendre plaisir à. *Il aime travailler.* (Litt. *Il aime à travailler.*) ▷ (+ subj.) Trouver bon, avoir pour agréable. *J'aime que vous veniez me voir souvent.* **5.** *Aimer mieux:* préférer. *Il aime mieux la pipe que le cigare.* **II.** v. pron. **1.** (Réfl.) Être content de soi. *S'aimer tel qu'on est.* **2.** (Récipr.) Éprouver un mutuel attachement, amoureux ou amical. *«Deux pigeons s'aimaient d'amour tendre»* (La Fontaine). *Aimez-vous les uns les autres.* – Lat. *amare.*

aine [ɛn] n. f. Partie du corps comprise entre le bas-ventre et le haut de la cuisse. *Le pli de l'aine.* – Lat. pop. **inguinem.*

aîné, ée [ɛne] adj. **1.** Né le premier (parmi les enfants d'une famille). *C'est mon fils aîné.* ▷ Subst. *C'est l'aîné de mes enfants,* le plus âgé. **2.** n. Frère, sœur aînée. ▷ Personne plus âgée qu'une autre. *Il est mon aîné de cinq ans.* Par euph. *Les aînés:* les personnes âgées. – De l'anc. adv. *ainz,* «avant», et *né.*

aînesse [ɛnɛs] n. f. HIST *Droit d'aînesse:* droit de primogéniture, privilégiant l'aîné des enfants mâles dans une succession. – De *aîné.*

ainsi [ɛ̃si] adv. **I.** adv. de manière. De cette façon. *Il a raison d'agir ainsi. Il commença ainsi son discours.* ▷ *Ainsi soit-il:* expression d'un souhait, à la fin d'une prière. ▷ *Pour ainsi dire:* formule atténuant la phrase qu'elle accompagne. *Elle lui a pour ainsi dire interdit de partir.* ▷ *Ainsi donc:* par conséquent. *Ainsi donc, vous leur donnez tort.* **II.** adv. de comparaison. De même, de la même façon. *Comme un coup de tonnerre, ainsi a éclaté la nouvelle.* ▷ Loc. conj. de subordination. *Ainsi que:* comme. *Ainsi que vous me l'avez demandé, je vous écris dès mon arrivée.* – Loc. conj. de coordination. Et. *Ces comprimés sont à prendre le matin, ainsi qu'à midi.* – Du lat. *sic,* «ainsi».

aïoli. V. ailloli.

1. air [ɛʀ] n. m. **1.** Mélange gazeux qui constitue l'atmosphère terrestre et que de nombreux êtres vivants respirent. *Aspirer une bouffée d'air pur. Quitter Ottawa pour changer d'air. Ouvrir la porte et la fenêtre pour faire un courant d'air.* ▷ Fig. *Vivre de l'air du temps,* sans ressources. **2.** Ce fluide quand il est en mouvement. *Quand toutes les fenêtres sont ouvertes, cela fait de l'air.* ▷ *À l'air libre, en plein air, au grand air:* à l'extérieur, en un lieu où l'air circule. – Fig. *Être libre comme l'air:* pouvoir agir sans contrainte. **3.** Espace que ce fluide emplit autour de la Terre. *Une fumée monte dans l'air.* – Litt. au plur. *La montgolfière s'éleva dans les airs.* ▷ Fig., pop. *Jouer la fille de l'air:* fuir. ▷ *En l'air:* vers le haut. *Regarder, tirer en l'air.* – Fig. Sans fondement. *Des menaces, des paroles, des promesses en l'air.* – *Parler en l'air,* sans réfléchir. – *Une tête en l'air:* une personne distraite. – Sens dessus dessous. *Les enfants ont mis toute la chambre en l'air.* – Loin. *Envoyer, ficher, flanquer quelque chose en l'air,* s'en débarrasser. – Vulg. *S'envoyer en l'air:* prendre du plaisir, sexuellement. **4.** *Hôtesse de l'air. Mal de l'air:* mal des transports qu'on éprouve en avion. **5.** Fig. Ambiance, atmosphère. *Il y a de la bagarre, de l'électricité, de l'orage dans l'air:* l'atmosphère est tendue. – *Les idées qui sont dans l'air,* qui ont cours à une époque donnée, dans un milieu donné. **6.** *Air liquide:* liquide de couleur bleue, de la densité de l'eau, qui bout vers – 190 °C. – Gr. *aêr,* «air», par le lat.

ENCYCL *Air atmosphérique.* L'air contient (en volume) 78 % d'azote, 21 % d'oxygène, 0,9 % d'argon et 0,03 % d'anhydride carbonique, ainsi que d'autres gaz en quantités plus faibles (néon, hélium, krypton, hydrogène et xénon) ou à l'état de traces (ozone et radon). L'air contient également, mais en quantités très variables suivant les lieux, de la vapeur d'eau, de l'ammoniac, du dioxyde de soufre, des gaz polluants, des poussières et des microorganismes. L'air est peu soluble dans l'eau (30 cm^3 par litre à 0 °C). Sa masse volumique, à 0 °C et sous la pression atmosphérique, est égale à 1,3 gramme par litre. L'air est un comburant, car il contient de l'oxygène (fourni en partie par les plantes vertes au cours de l'assimilation chlorophyllienne). Il est indispensable à la respiration des êtres vivants aérobies. L'azote de l'air est utilisé par les bactéries. *Air comprimé.* L'air comprimé est utilisé comme fluide moteur dans les outillages portatifs (marteaux-piqueurs, par ex.), pour le transport des matériaux en vrac (ciment, farine, etc.) et des conteneurs de courrier, pour la manœuvre des portes des voitures de chemin de fer, pour le vidage des ballasts des sous-marins, etc. L'air comprimé est produit par des compresseurs, sous une pression généralement inférieure à 10 bars (un million de pascals). Les compresseurs d'air qui alimentent en comburant les turbines à gaz, les turbosoufflantes et les turboréacteurs fournissent de l'air comprimé sous des pressions beaucoup plus élevées. *Air liquide.* L'air passe de l'état gazeux à l'état liquide vers – 190 °C sous la pression atmosphérique. Sa température de solidification est voisine de – 220 °C. L'air liquide a une couleur bleu ciel. À température ordinaire, il s'évapore rapidement en produisant un froid intense, ce qui en fait un excellent réfrigérant. La masse volumique de l'air liquide est voisine de celle de l'eau. La liquéfaction de l'air a une grande importance dans l'industrie, car elle permet d'obtenir l'oxygène et l'azote à des coûts avantageux. La liquéfaction de l'air s'opère par compression à 40 bars, suivie d'une double détente. La première, qui s'effectue à 5 bars, permet de séparer l'azote; la seconde, à la pression atmosphérique, fournit l'oxygène.

2. air [ɛʀ] n. m. **1.** Apparence qu'une personne a en général. *Avoir grand air, un drôle d'air, l'air comme il faut.* – *Un air de famille:* une ressemblance due à des liens de parenté. – *Il a un faux air d'empereur romain,* une ressemblance trompeuse avec un empereur romain. ▷ Au plur. *Prendre de grands airs:* affecter des manières de grand seigneur. – *Prendre des airs de:* singer. *Prendre des airs entendus,* une attitude de complicité. – Plaisant. *Prendre des airs penchés,* une attitude rêveuse, la tête penchée. **2.** *Avoir l'air:* sembler, paraître. *Ils ont l'air contents. Elle a l'air heureuse. Il a l'air d'être au courant.* – (N.B. Si le sujet est un nom de chose, l'attribut s'accorde avec le sujet: *cette statue a l'air ancienne.* Si le sujet est un nom de personne, l'attribut s'accorde soit avec le sujet, soit avec «air». *Grand-mère a l'air heureux* ou *heureuse.*) **3.** *N'avoir l'air de rien:* paraître sans importance, sans valeur, sans difficulté (mais à tort). *Elle n'a l'air de rien mais, pendant l'incendie, elle a été héroïque.* – Du sens 5 de *air* 1.

3. air [ɛʀ] n. m. **1.** Suite de sons musicaux formant une mélodie. *Je me souviens des paroles de cette chanson, mais j'ai oublié l'air. Elle a enregistré les airs les plus célèbres des opéras de Verdi.* ▷ Au plur. Chansons. *Cet ethnologue recueille des airs traditionnels auprès des cultivateurs.* **2.** Mélodie jouée par un instrument seul. *Un air de flûte, de violon.* – Ital. *aria.*

airain [ɛʀɛ̃] n. m. **1.** Vx Bronze, alliage à base de cuivre. *Statue d'airain.* **2.** Fig. *D'airain,* dur, impitoyable. *Un cœur d'airain.* – Du lat. *aes, aeris.*

air-air [ɛʀɛʀ] adj. inv. Qualifie un missile lancé à partir d'un aéronef en direction d'un autre aéronef. – De *air* 1.

aire [ɛʀ] n. f. **I.** Surface plane. **1.** Terrain plat où l'on battait le grain. **2.** Nid, établi sur une surface plane, de certains grands oiseaux de proie. *L'aire de l'aigle, du vautour.* **3.** GEOL *Aires continentales:* plates-formes de grande étendue d'un continent, où se sont déposées, de façon régulière, des couches sédimentaires. **4.** *Aire d'atterrissage:* surface destinée aux manœuvres des avions. ▷ ESP *Aire de lancement:* plate-forme comprenant une rampe, un mât ombilical ou une tour de montage, où sont réunis les équipements qui assurent le support de l'engin spatial et son alimentation par les installations au sol. **5.** TRANSP *Aire de repos:* espace aménagé en bordure d'une route afin de permettre aux automobilistes de prendre du repos sans gêner l'écoulement de la circulation. **II. 1.** GEOM Superficie d'une figure géométrique. *Aire d'un carré.* **2.** MAR *Aire de vent:* la trente-deuxième partie de l'horizon, sur la rose des vents. Syn. rhumb. **III. 1.** Étendue géographique où l'on trouve certaines espèces animales ou végétales, où l'on constate certains phénomènes. *Aire de répartition du blé. Aire culturelle,* propre à un certain type de culture. – *Aire linguistique,* où l'on trouve un ensemble de faits linguistiques. **2.** PHYSIOL Zone déterminée du corps ayant une importance fonctionnelle particulière. *Aire cutanée, striée.* **3.** BOTAN *Aire germinative:* portion du germe où se développe l'embryon. – Lat. *area.*

airedale [ɛʀdal] n. m. Chien terrier de grande taille, à poil dur serré et plat, originaire de la vallée de l'Aire (Yorkshire). – Abrév. de l'angl. *Airedale terrier,* du nom de la vallée *(dale)* de l'*Aire.*

airelle [ɛʀɛl] n. f. Arbrisseau (genre *Vaccinium*) produisant des baies comestibles, légèrement acides; fruit de cet arbrisseau. *Le bleuet et l'atoca sont les variétés d'airelles les mieux connues.* – Du lat. *atra,* «noire», par le cévenol *airelo.*

airer [ɛʀe] v. intr. [1] Faire son nid (oiseaux de proie). – De *aire.*

air-mer [ɛʀmɛʀ] adj. inv. Qualifie un missile lancé à partir d'un aéronef en direction d'un navire. – De *air* 1, et *mer.*

air-sol [ɛʀsɔl] adj. inv. Qualifie un missile lancé à partir d'un aéronef en direction d'un objectif terrestre. – De *air* 1, et *sol.*

ais [ɛ] n. m. **1.** TECH Planchette de bois, de carton ou de métal servant au cours des travaux de reliure. **2.** Vx Longue planche. – Lat. *axis.*

aisance [ɛzɑ̃s] n. f. **1.** État de fortune qui permet une vie agréable. *Les habitants de ce quartier vivent dans l'aisance.* **2.** Facilité, grâce naturelle, liberté de corps ou d'esprit dans la manière d'être. *Agir, parler, s'exprimer avec aisance. Elle manie avec aisance plusieurs langues étrangères.* **3.** Au plur. Vx Liberté de jouissance, d'après certains droits. *Le droit d'aisances d'un puits.* – Mod. *Lieux d'aisances:* cabinets. – Lat. *adjacentia,* «environs».

1. aise [ɛz] n. f. **1.** État d'une personne qui n'est pas gênée. *Être à l'aise dans un vêtement. Se sentir à l'aise, à son aise.* **2.** Plur. *Aimer ses aises:* apprécier son confort personnel. – *Prendre ses aises:* s'installer sans se soucier d'autrui. **3.** Fig. *Mettre quelqu'un à l'aise, à son aise (mal à l'aise, mal à son aise):* procurer à qqn une impression de bien-être (de gêne). *Cette réflexion désagréable l'a mis mal à son aise. En prendre à son aise avec...:* ne pas se soucier de... – *Parler à son aise de qqch,* en parler de manière détachée, sans être personnellement mis en cause. *Vous parlez à votre aise de la conduite automobile, vous n'avez pas de voiture.* ▷ *À votre aise!:* comme il vous plaira! **4.** Litt. Joie, contentement. *Pousser un soupir d'aise.* – Lat. *adjacens,* «situé à côté».

2. aise [ɛz] adj. Litt. Content, joyeux. *Je suis bien aise de vous voir.* – Du préc.

aisé, ée [eze] adj. **1.** Facile, qui se fait sans peine. *Un travail aisé.* **2.** Fig. Qui a de l'aisance, du naturel. *Un style aisé.* **3.** Qui vit dans l'aisance. *Une famille aisée.* – Pp. de l'anc. v. *aisier.*

aisément [ezemɑ̃] adv. Facilement. *Il surmonta aisément cette épreuve.* – De *aisé.*

aisselle [ɛsɛl] n. f. **1.** Région située au-dessous de la jonction du bras avec le tronc, pourvue de poils chez l'adulte et riche en glandes sudoripares. **2.** BOT Région de la tige située immédiatement au-dessus de l'insertion d'une feuille. – Lat. *axilla.*

ajointer [aʒwɛ̃te] v. tr. [1] Joindre bout à bout. – De *à,* et *joint.*

ajonc [aʒɔ̃] n. m. Arbrisseau épineux (fam. papilionacées), à fleurs jaunes, poussant en terrain sec, non calcaire. – Mot berrichon.

à jour. V. jour.

ajour [aʒuʀ] n. m. **1.** Petite ouverture par où passe le jour. *Les ajours d'un clocher.* **2.** Espace vide dans une broderie, une dentelle. – Déverbal de *ajourer.*

ajouré, ée [aʒuʀe] adj. **1.** Percé de jours. **2.** Orné de jours. – Pp. de *ajourer.*

ajourer [aʒuʀe] v. tr. [1] Percer, orner de jours. *Ajourer un drap.* – De *jour.*

ajournement [aʒuʀnəmɑ̃] n. m. Action d'ajourner, de retarder. *Ajournement des débats.* ▷ POLIT Suspension des travaux à l'intérieur d'une même session parlementaire. – De *ajourner.*

ajourner [aʒuʀne] v. tr. [1] Renvoyer à une date ultérieure. *Ajourner un procès.* – De *jour.*

ajout [aʒu] n. m. Élément ajouté à un ensemble. *Les ajouts architecturaux.* – Déverbal de *ajouter.*

ajouter [aʒute] **I.** v. tr. [1] **1.** Mettre en plus. *Ajouter quelques fleurs à un bouquet.* **2.** Dire en plus. *Il sortit sans ajouter un mot.* **3.** Litt. *Ajouter foi à:* croire. *Ne pas ajouter foi à certaines rumeurs.* **II.** v. tr. ind. Augmenter (qqch). *En parler ne ferait qu'ajouter au malaise.* **III.** v. pron. Se joindre, s'additionner. *À cela s'ajoute le fait que c'est très loin.* – Lat. pop. *juxtare,* «être attenant», du lat. *juxta,* «près de».

ajustage [aʒystaʒ] n. m. Action d'ajuster. ▷ TECH Assemblage de pièces effectué avec précision. – De *ajuster.*

ajustement [aʒystəmɑ̃] n. m. **1.** Action d'ajuster; fait d'être ajusté. **2.** Adaptation. *L'ajustement des horaires.* – De *ajuster.*

ajuster [aʒyste] v. tr. [1] **1.** Réaliser l'adaptation exacte d'une chose à une autre, joindre à. *Ajuster une porte dans son huisserie. Ajuster un piston à un cylindre.* **2.** Rendre juste, mettre à une dimension donnée. *Ajuster la longueur d'un vêtement.* **3.** Viser.

Tireur qui ajuste la cible. ▷ Fig. *Ajuster son coup:* préparer, combiner les choses au mieux. **4.** Mettre en accord, en harmonie. *Ajuster la théorie à la pratique.* **5.** Arranger avec soin, mettre en ordre. *Elle ajusta les plis de son châle.* – De *juste.*

ajusteur [aʒystœʀ] n. m. Ouvrier spécialisé dans les travaux d'ajustage. – De *ajuster.*

ajutage [aʒytaʒ] n. m. TECH Petit tuyau que l'on adapte à un réservoir ou à une conduite contenant un fluide, afin de régler le débit ou la forme du jet. *La tuyère est un ajutage pour les fluides gazeux.* – Variante de *ajustage.*

akène [akɛn] n. m. BOT Fruit sec qui ne contient qu'une seule graine et ne s'ouvre pas à maturité (ex.: la noisette). – N.B. On écrit aussi *achaine* et *achène.* – De *a-*1, et gr. *khainein,* «s'ouvrir».

akinésie [akinezi] n. f. MED Impossibilité totale ou partielle, distincte de la paralysie, d'effectuer certains mouvements. – Gr. *akinêsia,* «immobilité».

akkadien, ienne [akadjɛ̃, jɛn] adj. Du pays d'Akkad, anc. rég. du N. de la Mésopotamie. ▷ N. m. Langue sémitique. (L'akkadien est considéré comme la plus ancienne des langues sémitiques.)

Al CHIM Symbole de l'*aluminium.*

alabandine [alabɑ̃din] n. f. MINER Variété de grenat rouge foncé. – De *Alabanda,* nom d'une anc. ville d'Asie Mineure.

alabastrite [alabastʀit] n. f. MINER Variété de gypse, très blanche, utilisée en sculpture. – Du gr. *alabastron,* «albâtre».

alacrité [alakʀite] n. f. Litt. Enjouement, gaieté. – Lat. *alacritas.*

alactique [alaktik] adj. PHYSIOL Qualifie les processus musculaires s'effectuant sans production d'acide lactique. – De *a-*1, et *lactique.*

alaire [alɛʀ] adj. Qui se rapporte aux ailes (d'oiseaux, d'avions). *Plumes alaires, surface alaire.* – Lat. *alarius.*

alaise ou **alèse** [alɛz] n. f. **1.** Pièce de toile, souvent imperméable, qui protège le matelas et le drap de dessous, notam. dans le lit d'un malade, d'un petit enfant. ▷ *Alaise jetable,* destinée à être jetée après usage. **2.** Planche ajoutée à un panneau pour lui donner la dimension voulue. – De *laize,* du lat. *latus,* «large».

alambic [alɑ̃bik] n. m. Appareil de distillation composé d'une chaudière (cucurbite) à laquelle est relié un tube à plusieurs coudes (serpentin). – Ar. *al anbïq,* par le gr. *ambix.*

alambiqué, ée [alɑ̃bike] adj. Complexe, confus, maniéré. *Style alambiqué.* – De *alambic.*

alandier [alɑ̃dje] n. m. Four circulaire pour la cuisson des poteries. – De *landier.*

alanguir [alɑ̃giʀ] v. tr. [2] Abattre, affaiblir, rendre languissant. *La maladie l'a alangui.* ▷ V. pron. Perdre de son énergie, être dans un état de langueur. *S'alanguir au soleil.* – De *languir.*

alanine [alanin] n. f. BIOCHIM Acide aminé aliphatique présent dans toutes les protéines. – De *al(déhide),* et *-ine.*

alarmant, ante [alaʀmɑ̃, ɑ̃t] adj. De nature à alarmer. *Des rumeurs alarmantes circulaient dans les couloirs.* – Ppr. de *alarmer.*

alarme [alaʀm] n. f. **1.** Signal, cri pour appeler aux armes, annoncer un danger. *Il hurla pour donner l'alarme.* ▷ *Signal d'alarme,* qui demande l'arrêt d'un train en cas de danger. **2.** Frayeur subite, vive émotion devant quelque chose d'alarmant. *L'alarme qui s'empara de la population à l'approche de la guerre. Ce n'était qu'une fausse alarme, la fièvre est tombée.* – Ital. *all'arme,* «aux armes».

alarmer [alaʀme] [1] **1.** v. tr. Inquiéter par l'annonce d'un danger. *Cette découverte l'alarma sérieusement.* **2.** v. pron. S'effrayer. *Les parents s'alarment vite.* – De *alarme.*

alarmiste [alaʀmist] n. Personne qui répand délibérément des bruits alarmants. ▷ Adj. *Ouvrage qui expose des vues alarmistes.* – De *alarmer.*

albanais, aise [albanɛ, ɛz] adj. De l'Albanie. ▷ Subst. Habitant de l'Albanie. – N. m. *L'albanais:* langue indo-européenne parlée en Albanie. – Du lat. médiév. *Albania.*

albâtre [albɑtʀ] n. m. **1.** Variété de gypse d'un blanc immaculé, utilisée pour sculpter de petits objets. ▷ Fig. *D'albâtre:* d'une blancheur éclatante. *Des épaules d'albâtre.* **2.** *Albâtre calcaire:* variété de calcite, veinée et colorée. – Lat. *alabastrum.*

albatros [albatʀos] n. m. Grand oiseau blanc (plusieurs espèces du genre *Diomedea,* fam. diomédéidés, ordre procellariiformes), habitant les mers australes et le Pacifique Nord, muni d'un bec robuste et de très longues ailes. *L'albatros hurleur a la plus grande envergure connue chez les oiseaux* (3,60 m). – Angl. *albatross.*

albédo [albedo] n. m. PHYS et ASTRO Grandeur qui caractérise la proportion d'énergie lumineuse renvoyée par un corps éclairé. – Bas lat. *albedo,* «blancheur».

alberge [albɛʀʒ] n. f. Variété d'abricot dont la chair blanche adhère au noyau. – Esp. *alberchiga.*

albertain, aine [albɛʀtɛ̃, ɛn] adj. De l'Alberta. ▷ Subst. Habitant de l'Alberta.

albigeois, oise [albiʒwa, waz] n. et adj. Membre d'une secte chrétienne hétérodoxe professant, dès le XIIe s., un dualisme mitigé, apparenté au manichéisme. (Les albigeois, nommés aussi *cathares,* en lutte contre le catholicisme officiel et la domination des rois de France, furent en butte à une impitoyable répression: bûcher de Montségur, 1244.) – De *Albiga,* nom lat. de la v. d'Albi, parce que les cathares étaient implantés dans le Languedoc au voisinage d'Albi.

albinisme [albinism] n. m. MED Absence héréditaire de pigmentation, partielle (poils, iris) ou totale (tous les téguments). – De *albinos.*

albinos [albinos] adj. Atteint d'albinisme. *Lapin albinos.* ▷ Subst. Sujet atteint d'albinisme. – Portug. *albino,* du lat. *albus,* «blanc».

albite [albit] n. f. MINER Minéral blanc opaque de la fam. des feldspaths, silicate double d'aluminium et de sodium, fréquent dans certaines roches éruptives. – Du lat. *albus,* «blanc», et de *-ite* 3.

albuginé, ée [albyʒine] adj. *Tissu albuginé,* blanc nacré. ▷ N. f. *L'albuginée:* la membrane limitant le testicule. – Du lat. *albugo, albuginis,* «tache blanche».

albuginite [albyʒinit] n. f. Inflammation de l'albuginée. – De *albuginée* (n. f.), et *-ite* 1.

albugo [albygo] n. m. MED Tache blanche de la cornée. – Mot lat., «tache blanche».

album [albɔm] n. m. **1.** Cahier, recueil personnel destiné à recevoir des cartes postales, des photos, des timbres, des collections diverses. *Ranger des timbres dans un album.* **2.** Livre de grand format abondamment illustré. ▷ *Album de disques:* pochette contenant plusieurs disques vendus ensemble. – *Album amicorum,* «liste d'amis», express. lat. employée en Allemagne; lat *album,* «tableau blanc».

albumen [albymɛn] n. m. **1.** BOT Tissu nourricier typique des angiospermes, servant à l'élaboration de la graine. **2.** Blanc de l'œuf. – Mot lat.

albumine [albymin] n. f. BIOCHIM Protéine simple, contenue dans le sérum, soluble dans l'eau. – De *albumen.*

albuminé, ée [albymine] adj. BOT *Graine albuminée:* graine dont la maturation est terminée avant la disparition totale de l'albumen. – De *albumine.*

albuminémie [albyminemi] n. f. MED Concentration sérique en albumine. – De *albumine,* et *-émie.*

albumineux, euse [albyminø, øz] adj. Qui contient de l'albumine. – De *albumine.*

albuminurie [albyminyʀi] n. f. MED Présence d'albumine dans l'urine. Syn. protéinurie. – De *albumine,* et *-urie.*

albuminurique [albyminyʀik] adj. Qui a rapport à l'albuminurie. ▷ Subst. Personne atteinte d'albuminurie. – Du préc.

alcade [alkad] n. m. Vx Juge, en Espagne. ▷ Mod. Maire, en Espagne. – Esp. *alcalde,* ar. *al qâdi,* «le juge».

alcaïque [alkaik] adj. METR ANC *Vers alcaïques:* vers grecs, repris par les poètes latins, formés de deux dactyles et de deux trochées (petit alcaïque), ou de six pieds, avec une syllabe longue au milieu (grand alcaïque). – Du gr. *alkaios,* «d'Alcée», par le lat.

alcali [alkali] n. m. **1.** Cour. Ammoniaque. **2.** CHIM Nom générique donné aux oxydes et hydroxydes des métaux alcalins. ▷ *Alcalis caustiques:* potasse, soude. – De l'ar. *al qāli,* «soude».

alcalimètre [alkalimɛtʀ] n. m. Appareil servant à doser les substances alcalines. – De *alcali,* et *-mètre.*

alcalimétrie [alkalimetʀi] n. f. CHIM Mesure de la concentration d'une solution alcaline. – Du préc.

alcalin, ine [alkalɛ̃, in] adj. CHIM *Corps alcalins,* qui possèdent des propriétés basiques. ▷ *Métaux alcalins:* famille de 6 métaux (lithium, sodium, potassium, rubidium, césium et francium) caractérisés par leur tendance à s'ioniser, qui sont groupés dans la première colonne de la classification périodique des éléments. – De *alcali.*

alcaliniser [alkalinize] v. tr. **[1]** Rendre alcalin. – De *alcalin.*

alcalinité [alkalinite] n. f. CHIM Caractère alcalin d'une substance. – De *alcalin.*

alcalino-terreux, euse [alkalinotɛ(e)ʀø, øz] adj. *Métaux alcalino-terreux:* famille de 4 métaux groupés dans la deuxième colonne de la classification périodique des éléments (calcium, strontium, baryum et radium), auxquels on ajoute quelquefois les deux premiers éléments de la colonne (béryllium et magnésium). – De *alcalin,* et *terreux.*

alcaloïde [alkalɔid] n. m. BIOCHIM Nom générique de diverses substances organiques d'origine végétale (ex.: caféine, nicotine, mescaline) comportant une ou plusieurs fonctions amine, à caractère nettement basique. *Les alcaloïdes, très utilisés en pharmacologie, sont souvent extrêmement toxiques à l'état pur.* – De *alcali.*

alcalose [alkaloz] n. f. MED Exagération pathologique de l'alcalinité du sang. – De *alcalin,* et *-ose* 2.

alcane [alkan] n. m. CHIM Nom générique des hydrocarbures saturés de formule C_nH_{2n+2} (méthane, éthane, propane, butane, etc.). Syn. paraffine. – De *alcool.*

alcaptone [alkaptɔn] n. f. BIOCHIM Produit de dégradation incomplète d'acides aminés aromatiques (phénylalanine et tyrosine). Syn. acide homogentésique. – De *alca(li),* et du rad. lat. *captare,* «prendre».

alcaptonurie [alkaptɔnyʀi] n. f. MED Anomalie enzymatique héréditaire caractérisée par la présence d'alcaptone dans les urines, lesquelles noircissent à la lumière. – De *alcaptone,* et *-urie.*

alcarazas [alkaʀazas] n. m. Vase de terre poreuse dans lequel l'eau se rafraîchit par évaporation. – Esp. *alcarraza,* ar. *al-karaz.*

alcazar [alkazaʀ] n. m. **1.** Palais fortifié de l'époque des rois maures, en Espagne. *Alcazars de Tolède, Cordoue, Ségovie, Séville.* **2.** Nom donné à certains établissements publics (cafés, salles de spectacle) décorés dans le style mauresque. – De l'ar. *al qasr,* «le palais», par l'esp.

alchémille. V. alchmille.

alchimie [alʃimi] n. f. Science occulte du Moyen Âge qui, en se fondant sur un symbolisme minéral et planétaire issu d'une tradition ésotérique, cherchait à établir des correspondances entre le monde matériel et le monde spirituel, et à découvrir la pierre philosophale, capable de transmuter en or les métaux vils. – Lat. médiév. *alchemia,* ar. *al-kimya.*

alchimique [alʃimik] adj. De l'alchimie; relatif à l'alchimie. – De *alchimie.*

alchimille. V. alchmille.

alchimiste [alʃimist] n. m. Celui qui s'occupait d'alchimie. – De *alchimie.*

alchmille [alʃmij], **alchimille** [alʃimij] ou **alchémille** [alkemij] n. f. BOT Genre de rosacées ornementales, à propriétés astringentes. – Lat. médiév. *alchemilla,* de *alchimie.*

alcidés [alside] n. m. pl. ZOOL Famille d'oiseaux marins et plongeurs (pingouins, guillemots, macareux), aux ailes développées, aux pattes situées très en arrière du corps et au plumage généralement noir et blanc. – Du lat. *alca,* «pingouin».

alciformes [alsifɔʀm] n. m. pl. Ordre d'oiseaux marins comprenant l'unique fam. des alcidés. – De *alcidés.*

alcool [alkɔl] n. m. **1.** *Alcool, alcool éthylique:* liquide incolore, d'odeur agréable et de saveur brûlante, produit par la distillation de jus sucrés fermentés (de betterave, de raisin, de céréales, etc.). *Alcool à 90°. Teneur en alcool. Désinfecter à l'alcool.* – *Alcool à friction:* alcool dénaturé employé comme antiseptique, pour les massages. Rem. On entend aussi la prononc. [alkoɔl], notam. dans *alcool à friction.* **2.** Cour. Toute boisson à base d'alcool. *L'abus de l'alcool. Société des alcools.* ▷ Eau de vie, boisson spiritueuse à fort titre en alcool. *Servir les alcools. Alcool de poire, de prune.* **3.** CHIM Nom générique des composés organiques possédant un ou plusieurs groupements hydroxyles. – De l'ar. *al-kuhl,* «antimoine pulvérisé», par le lat.

ENCYCL **Chim.** Les alcools sont caractérisés par la fixation d'un groupement hydroxyle OH sur un carbone saturé. Ils dérivent des hydrocarbures, un atome d'hydrogène étant remplacé par le groupement OH; par ex., le méthanol, de formule CH_3-OH, provient du méthane, de formule CH_4. Certains alcools, appelés polyalcools, possèdent plusieurs groupements hydroxyles; ainsi le glycol CH_2OH-CH_2OH est un diol (deux groupements OH), utilisé en particulier dans les radiateurs d'automobiles comme antigel, et le glycérol CH_2OH-CHOH-CH_2OH est un triol (trois groupements OH), appelé aussi glycérine, qu'on utilise dans la fabrication d'explosifs et de matières plastiques glycérophtaliques. Les alcools sont liquides à la température ordinaire; leur densité est comprise entre 0,80 et 0,84. Ils sont miscibles à l'eau. Les acides réagissent avec les alcools en donnant des esters et de l'eau; cette réaction, appelée estérification, est réversible, l'*hydrolyse* des esters fournissant des alcools. L'*oxydation* des alcools fournit des aldéhydes et des cétones. Leur *déshydratation* conduit aux alcènes. Les alcools sont utilisés dans l'industrie comme solvants et comme intermédiaires dans les synthèses organiques. Ils possèdent une grande importance en biochimie: élaboration des membranes cellulaires et des graisses (à partir du glycérol et d'acides gras à longue chaîne), formation des vitamines et des hormones. *Alcool éthylique.* – Appelé couramment *alcool,* l'alcool éthylique, ou éthanol, de formule CH_3-CH_2OH, s'obtient par fermentation alcoolique naturelle des sucres; il est consommé dans le monde entier sous forme de boissons diverses. Sous la pression atmosphérique, l'alcool bout à 78,30 °C; il se solidifie à – 117 °C. Sa densité est égale à 0,806 (à 0 °C). L'alcool est utilisé dans l'industrie comme solvant et en médecine comme antiseptique. Le degré d'un alcool se mesure en déterminant sa température d'ébullition (ébullioscopie) ou à l'aide d'un *alcoomètre* (appareil gradué).

alcoolat [alkɔ(ɔ)la] n. m. PHARM Préparation obtenue par distillation de l'alcool sur des substances aromatiques (eau de Cologne, par ex.). – De *alcool.*

alcoolature [alkɔ(ɔ)latyʀ] n. f. PHARM Médicament obtenu par l'action dissolvante de l'alcool sur une plante fraîche. – De *alcool.*

alcoolémie [alkɔ(ɔ)lemi] n. f. Taux d'alcool dans le sang. *Le taux d'alcoolémie du conducteur d'un véhicule ne doit pas dépasser 80 milligrammes par 100 millilitres de sang.* – De *alcool,* et *-émie.*

alcoolification [alkɔ(ɔ)lifikasjõ] n. f. Transformation en alcool sous l'influence d'un ferment. – De *alcool.*

alcoolique [alkɔ(ɔ)lik] adj. **1.** Qui contient de l'alcool. *Liqueur, teinture alcoolique.* ▷ *Fermentation alcoolique:* transformation en alcool sous l'influence d'un ferment. **2.** Qui abuse de l'alcool. *Une personne alcoolique.* ▷ Subst. Personne atteinte d'alcoolisme. – De *alcool.*

alcoolisation [alkɔ(ɔ)lizasjõ] n. f. **1.** Transformation en alcool. **2.** Addition d'alcool à un liquide. **3.** Intoxication progressive par absorption d'alcool. – De *alcooliser.*

alcooliser [alkɔ(ɔ)lize] v. [1] **1.** v. tr. Mêler de l'alcool à d'autres liquides. **2.** v. pron. Consommer trop d'alcool; devenir alcoolique. *Il s'alcoolise à la bière.* – De *alcool.*

alcoolisme [alkɔ(ɔ)lism] n. m. Intoxication par l'alcool. – De *alcool.*

ENCYCL *L'alcoolisme aigu,* dû à l'absorption, en peu de temps, d'une importante quantité d'alcool, se manifeste par une certaine euphorie avec levée des contraintes, anomalies du comportement et de la coordination, et, dans les cas graves, stupeur puis coma, lequel peut entraîner la mort par dépression respiratoire. *L'alcoolisme chronique* est une véritable toxicomanie, que provoquent ou développent une tendance dépressive et de mauvaises conditions sociales. L'intoxication aiguë y est rare, en raison de la tolérance de l'organisme à l'alcool. L'alcoolisme chronique provoque des perturbations psychologiques graves avec dépendance, des complications neurologiques (polynévrite, encéphalopathie, syndrome de Korsakoff, névrite optique) et une insuffisance hépatique qui peut aboutir à une cirrhose. Ces complications, généralement irréversibles, ne peuvent bénéficier que de traitements symptomatiques. Le véritable traitement est la désintoxication alcoolique avant l'apparition des complications. Elle nécessite une prise de conscience et une puissante motivation du patient et repose sur la crise de dégoût, la psychothérapie et l'intégration du malade à des organisations sociales de lutte contre l'alcoolisme. Le syndrome d'abstinence frappe les intoxiqués chroniques à l'occasion de la suppression de l'alcool. Il se caractérise par des tremblements, des hallucinations, et peut aboutir au *delirium tremens,* souvent mortel.

alcoologie [alkɔ(ɔ)lɔʒi] n. f. MED Discipline médicosociale ayant pour objet l'alcoolisme considéré globalement dans ses dimensions médicale, biologique, économique, sociologique et psychologique. – De *alcool,* et *-logie.*

alcoomètre [alkɔ(ɔ)mɛtʀ] ou **alcoolomètre** [alkɔlɔ(o)mɛtʀ] n. m. Aréomètre mesurant la teneur des liquides en alcool. – De *alcool,* et *-mètre.*

alcoométrie [alkɔ(ɔ)metʀi] ou **alcoolométrie** [alkɔlɔ(o)metʀi] n. f. Mesure de la teneur en alcool des vins, des liquides alcoolisés. – Du préc.

alcootest ou **alcotest** [alkɔ(o)tɛst] n. m. Test servant au dépistage de l'alcool dans l'air expiré: appareil utilisé pour ce test. – De *alcool,* et *test.*

alcôve [alkov] n. f. Enfoncement pratiqué dans une chambre pour y placer un lit. ▷ *Les secrets de l'alcôve,* de la vie intime d'un couple. – Esp. *alcoba,* de l'ar. *al qubba.*

alcoyl ou **alcoyle** [alkɔil] n. m. CHIM Syn. de *alkyle.*

alcyne [alsin] n. m. CHIM Nom générique des hydrocarbures acétyléniques de formule générale C_nH_{2n-2}, qui dérivent des paraffines ou alcanes par enlèvement de $2H_2$ et ont donc une triple liaison –C≡C– (la nomenclature de Genève leur attribue le nom de l'alcane correspondant, dans lequel on a remplacé *ane* par *yne,* par ex. *éthyne, propyne*). – De *alcane.*

1. alcyon [alsjõ] n. m. MYTH Oiseau de mer fabuleux dont la rencontre passait chez les Anciens pour un heureux présage. – Du gr. *alkuôn,* par le lat.

2. alcyon [alsjõ] n. m. ZOOL Octocoralliaire commun dans les mers d'Europe, où il forme des colonies de polypes allongés. – De *alcyon* 1.

aldactone [aldaktɔn] n. f. MED Substance antagoniste de l'aldostérone, employée dans le traitement de l'hyperaldostéronisme. – De *aldéhyde.*

aldéhyde [aldeid] n. m. CHIM Nom générique des composés organiques possédant le groupement fonctionnel –CHO. – All. *Aldehyd,* de *al(cool)dehyd(rogenatum),* «alcool déshydrogéné».

ENCYCL Les aldéhydes dérivent des hydrocarbures et sont caractérisés par le groupement CHO ($C<^{H}_{O}$ en formule développée). Ainsi l'éthanal, de formule CH_3-CHO, provient de l'éthane (CH_3-CH_3). Les aldéhydes sont des corps très réactifs, du fait de la présence de la double liaison carbonyle C=O. Leur oxydation fournit des acides et leur réduction des alcools. Ils ont une grande importance dans l'industrie des parfums et constituent dans l'industrie chimique le point de départ de la fabrication des résines urée-formol. Les aldéhydes, très répandus dans le règne végétal, sont des agents des synthèses organiques.

al dente [aldɛnte] loc. adv. Se dit d'un aliment cuit, tenu légèrement croquant (pâtes, légumes). – Mot ital., «à la dent».

aldin, ine [aldɛ̃, in] adj. *Caractères aldins* ou *italiques:* caractères d'imprimerie conçus par Alde Manuce, imprimeur vénitien. – Du lat. érudit *aldinus,* de *Aldus (Manucius),* ital. *Aldo (Manuzio).*

aldol [aldɔl] n. m. CHIM Nom générique des composés organiques possédant à la fois une fonction aldéhyde et une fonction alcool. – De *ald(éhyde),* et *(alco)ol.*

aldolase [aldɔlaz] n. f. BIOCHIM Enzyme qui intervient dans la dégradation du glycogène hépatique. – De *aldol*, et *-ase*.

aldostérone [aldosteʀɔn] n. f. BIOCHIM Hormone minéralo-corticoïde, sécrétée par les corticosurrénales, réglant les mouvements du sodium et du potassium au niveau rénal. – De *ald(éhyde)*, *stér(ol)* et *(horm)one*.

ale [ɛl] n. f. Bière anglaise fabriquée avec du malt peu torréfié. – Moyen néerl. *ale*.

aléa [alea] n. m. Risque, tournure hasardeuse que peuvent prendre les événements. *Affaire pleine d'aléas*. – Lat. *alea*, «coup de dés».

aléatoire [aleatwaʀ] adj. **1.** Dont la réussite est conditionnée par le hasard, la chance. *Un placement aléatoire*. Syn. hasardeux, incertain. **2.** MATH Qui dépend du hasard, soumis aux lois des probabilités. *Variable, fonction aléatoire*, dont la valeur est aléatoire. Syn. stochastique. ▷ MUS *Musique aléatoire*, dont la conception ou l'exécution relève partiellement de facteurs de hasard. ▷ INFORM *Accès aléatoire*. Syn. (déconseillé) accès direct. – Lat. *aleatorius*, de *alea*.

alémanique [alemanik] adj. Qualifie la Suisse de langue allemande. ▷ N. m. Haut allemand parlé notam. en Suisse alémanique. – Bas lat. *alemanicus*, de *Alemani*, *Alamans*, «tribu germanique».

alêne [alɛn] n. f. Poinçon d'acier utilisé pour percer le cuir. – Du germ. **alisna*.

alénois [alenwa] adj. m. *Cresson alénois:* plante comestible de la famille des crucifères. – De *orlénois*, «orléanais».

alentour [alɑ̃tuʀ] adv. Tout autour, dans les environs. *Rôder alentour. Les chemins d'alentour*, des environs. – De *entour*.

alentours [alɑ̃tuʀ] n. m. pl. **1.** Lieux environnants. *Les alentours de la ville*. **2.** Fig. Ce qui se rapporte à qqch. *Les alentours d'un procès*. – Du préc.

aleph [alɛf] n. m. Première lettre (א) de l'alphabet hébreu, utilisée en mathématique pour noter la puissance des ensembles infinis.

alépine [alepin] n. f. Étoffe de soie et de laine. – De *Alep*, ville de Syrie.

alérion [aleʀjɔ̃] n. m. BLAS Figure stylisée d'aigle sans bec ni pattes. – Frq. **adalaro*.

1. alerte [alɛʀt] adj. **1.** Vif, agile. *Un vieillard encore alerte*. **2.** Vx Vigilant. – De *a l'erte*, «sur ses gardes», de l'ital.

2. alerte [alɛʀt] n. f. **1.** Signal qui avertit d'un danger imminent et appelle à la vigilance. *Donner, sonner l'alerte*. – *État d'alerte:* état d'une troupe prête à intervenir à tout moment. **2.** Menace soudaine d'un danger. *À la première alerte, nous nous enfuyons*. – Subst. de *a l'erte* (V. *alerte* 1).

alerter [alɛʀte] v. tr. [1] Avertir d'un danger. *Alerter les pompiers*. – *Par ext.* Attirer l'attention de... (sur une difficulté, un problème grave). *Alerter l'opinion*. – De *alerte*.

alésage [alezaʒ] n. m. TECH Usinage de la paroi intérieure d'une pièce de révolution (cylindre, par ex.), destiné à lui donner ses dimensions définitives. ▷ AUTO Diamètre d'un cylindre de moteur. – De *aléser*.

alèse. V. alaise.

aléser [aleze] v. tr. [16] Opérer l'alésage de. – Lat. pop. **allatiare*, de *latus*, «large».

aléseur, euse [alezœʀ, øz] n. Ouvrier, ouvrière spécialiste de l'alésage. – De *aléser*.

aléseuse [alezøz] n. f. Machine à aléser. – De *aléser*.

alésoir [alezwaʀ] n. m. Outil, appareil servant à aléser. – De *aléser*.

aleurite [alœʀit] n. f. BOT Plante (genre *Aleurites*, fam. euphorbiacées) dont une espèce, le bancoulier des Moluques, donne une noix dont l'amande contient une huile purgative (une autre espèce, l'arbre à huile, fournit une huile siccative). – Gr. *aleuritès*, «farineux».

alevin [alvɛ̃] n. m. **1.** Jeune poisson destiné à peupler les étangs et les rivières. **2.** ZOOL Poisson non adulte. – Du lat. pop. **adlevanem*, de *allevare*, «soulager», pris au sens de *elevare*, «élever».

alevinage [alvinaʒ] n. m. Peuplement des eaux en alevins. – De *aleviner*.

aleviner [alvine] v. tr. [1] Peupler avec des alevins. – De *alevin*.

alevinier, ière [alvinje, jɛʀ] n. m. ou f. Étang où l'on élève des alevins. – De *alevin*.

1. alexandrin, ine [alɛksɑ̃dʀɛ̃, in] adj. Qui appartient à la ville, à l'école d'Alexandrie (Égypte). *Période alexandrine. Philosophes alexandrins*. – Lat. *alexandrinus*.

2. alexandrin [alɛksɑ̃dʀɛ̃] adj. Se dit d'un vers de 12 syllabes. *Un vers alexandrin*. ▷ N. m. *Un alexandrin*. – De *Romans d'Alexandre*, poème fr. du XIIe-XIIIe s. en vers de 12 syllabes.

alexie [alɛksi] n. f. MED Perte de la faculté de lire. – De *a-*1, et gr. *lexis*, «mot».

alezan, ane [alzɑ̃, an] adj. De couleur fauve, en parlant de la robe d'un cheval, d'un mulet. ▷ Subst. *Un alezan:* un cheval de robe alezane. – Esp. *alezan*, ar. *al-hissān*.

alfa [alfa] n. m. Plante herbacée (fam. graminées), cultivée en Afrique du Nord, dont on fait de la pâte à papier. – Ar. *halfa*.

alfange [alfɑ̃ʒ] n. m. Vx Cimeterre. – Esp. *alfange*, ar. *al-khandjar*.

alfatier, ière [alfatje, jɛʀ] adj. Qui se rapporte à l'alfa. ▷ N. Celui, celle qui travaille l'alfa. – De *alfa*.

alfénide [alfenid] n. m. TECH Maillechort servant à faire des couverts. – De *Alphen*, nom de l'inventeur.

algarade [algaʀad] n. f. **1.** Querelle, brusque altercation avec qqn. *Avoir une algarade avec un collègue*. **2.** Vx Attaque militaire brutale. – Esp. *algarada*, ar. *al-ghāra*.

algazelle. V. oryx.

algèbre [alʒɛbʀ] n. f. Partie des mathématiques qui a pour objet la généralisation du calcul des nombres. *Un traité d'algèbre*. – Lat. médiév. *algebra*, ar. *al-djabr*, «réduction, réparation».

ENCYCL L'algèbre est une science ancienne dont les premières acquisitions remontent au deuxième millénaire avant J.-C. (découverte des nombres entiers et des nombres rationnels et irrationnels par les Babyloniens, puis par les Égyptiens) mais qui fait l'objet aujourd'hui d'une rigoureuse normalisation (travaux de Nicolas Bourbaki qui, notam., l'a détachée de l'analyse). Les mathématiciens grecs Pythagore, Euclide, Eudoxe et Archimède se sont intéressés à l'algèbre et l'ont rattachée à la géométrie. Diophante, au IIIe s. ap. J.-C., utilise un symbole littéral pour représenter une inconnue, marquant ainsi la séparation entre l'arithmétique et l'algèbre. Au Moyen Âge, les Indiens inventent le zéro et les nombres négatifs. Ces découvertes sont perfectionnées par les Arabes, puis introduites, à la fin du XVe s., en Italie d'où elles gagnent la France puis l'Allemagne. L'algèbre *classique*, liée aux noms des Français Viète et Descartes, permet d'effectuer les calculs sur des lettres et non sur des nombres. L'algèbre *contemporaine* repose sur l'étude des structures et des espaces vectoriels. Elle s'appuie sur la théorie des ensembles développée en 1910 par Steinitz. Elle a notam.

profité des travaux de Morgan et de Boole (algèbre de la logique), et de Cayley (introduction de la notion de matrice), au XIXᵉ s.

algébrique [alʒebʀik] adj. Qui appartient à l'algèbre. *Calcul algébrique.* ▷ *Structure algébrique:* ensemble muni de lois de composition internes et externes. – De *algèbre.*

algébriquement [alʒebʀikmɑ̃] adv. D'après les règles de l'algèbre. – De *algébrique.*

algébriste [alʒebʀist] n. Mathématicien qui étudie l'algèbre. – De *algèbre.*

algérien, ienne [alʒeʀjɛ̃, jɛn] adj. De l'Algérie. ▷ n. Habitant ou personne originaire d'Algérie. – De *Alger,* n. désignant ancien. le pays et la ville, ar. *El Djezaïr.*

algérois, oise [alʒeʀwa, waz] adj. (et n.). D'Alger. ▷ *L'Algérois,* la région d'Alger. – De *Alger.*

algie [alʒi] n. f. MED Douleur. – Gr. *algos,* «douleur».

-algie, algo-. Éléments, du grec *algos,* «douleur».

alginate [alʒinat] n. m. Sel de l'acide alginique, qui sert de base à diverses préparations utilisées dans la dentisterie et l'industrie des colles, notam. – De *algine,* et *-ate.*

algine [alʒin] n. f. TECH Matière mucilagineuse extraite de certaines algues marines. – De *algue.*

alginique [alʒinik] adj. *Acide alginique,* dont le sel se trouve dans certaines algues. – De *algine.*

algique [alʒik] adj. De la douleur, qui a trait à la douleur. – De *algie.*

algo-. V. -algie.

algodystrophie [algodistʀɔfi] n. f. MED Syndrome associant le plus souvent douleur et gonflement diffus de la peau et des doigts avec rougeur et chaleur de la peau. – De *algo-,* et *dystrophie.*

algol [algɔl] n. m. INFORM Langage de programmation utilisé en calcul scientifique, et facilitant l'écriture des algorithmes. – Angl. *algo[rithmic] l[anguage].*

algologie [algɔlɔʒi] n. m. BOT Étude scientifique des algues. – De *algue.*

algonkien ou **algonquien, ienne** [algɔ̃kjɛ̃, jɛn] adj. et n. m. GEO Étage terminal du Précambrien. – De *Algonkin.*

algonquien, ienne [algɔ̃kjɛ̃, jɛn] adj. et n. Qui est propre à la plus importante famille linguistique amérindienne de l'Amérique du Nord qui s'étend du Labrador à la Caroline du Nord. *Le cri et le delaware sont des langues algonquiennes.* ▷ Subst. Groupe linguistique amérindien parlant une langue jadis très répandue sur le continent nord-américain. *Les Algonquiens et les Iroquoiens sont les deux principaux groupes linguistiques amérindiens du Canada.* – Probabl. du micmac *algumekin,* «lieu où l'on harponne», et suff. fr. *-ien.*

ENCYCL Les termes *algonquien* et *algonquin* (v. ce mot) sont utilisés par les spécialistes pour identifier respectivement la famille linguistique et la langue particulière des Algonquins. On rencontre parfois le mot *algique* comme synonyme d'*algonquien* dans certains textes anciens, mais il est devenu désuet en ce sens et il est réservé aujourd'hui aux langues californiennes wiyot et yurok.
Les langues amérindiennes du Québec qui font partie de la famille algonquienne sont: l'abénaquis, l'algonquin, l'attikamek, le cri, le micmac, le montagnais et le naskapi. Même si cet ensemble linguistique était le plus répandu sur le continent nord-américain, quelques-unes de ces langues sont presque mortes et ne subsistent que dans le sud du Québec, près de la frontière ontarienne, ainsi qu'en Ontario.

algonquin, ine [algɔ̃kɛ̃, in] adj. et n. **1.** Qui appartient aux Algonquins, relatif à eux. *Canot algonquin.* ▷ Subst. Membre d'une tribu amérindienne de l'Amérique du Nord occupant un territoire situé aux nord-ouest du Saint-Laurent. *Un Algonquin, une Algonquine.* **2.** n. m. Langue amérindienne de la famille algonquienne. *L'algonquin est une langue agglutinante.* – Probabl. du micmac *algumekin,* «lieu où l'on pêche au harpon».

ENCYCL Ce peuple amérindien a joué un rôle considérable au Québec, car il détenait une partie importante du territoire et partageait le pouvoir avec les Iroquois et les Hurons avant la venue des Européens.
On rencontre également la graphie *algonkin,* mais elle demeure très peu répandue, d'autant plus qu'elle peut susciter une grande confusion. En effet, elle a souvent été utilisée par le passé, à tort, pour désigner sans distinction aussi bien la famille linguistique que la tribu. V. algonquien.

algorithme [algɔʀitm] n. m. MATH Procédé de calcul utilisant un nombre fini d'applications d'une règle. – *Algorithme d'Euclide,* permettant de calculer le plus grand commun diviseur de deux nombres entiers. – Lat. médiév. *algorithmus,* du nom d'un mathématicien ar. du Xᵉ s., *Al-Khouaresmi.*

algorithmique [algɔʀitmik] adj. Qualifie une méthode ou un appareil qui fait appel aux algorithmes. *Musique algorithmique.* – De *algorithme.*

alguazil [alg(w)azil] n. m. Officier de police, en Espagne. – Esp. *alguacil,* de l'ar. *al-wazir,* «vizir».

algue [alg] n. f. BOT Végétal inférieur essentiellement aquatique, presque toujours pourvu de chlorophylle. – Lat. *alga.*

ENCYCL L'appareil végétatif des algues, rudimentaire, est un thalle; le groupe, imposant, comprend aussi bien des êtres unicellulaires que des formes aux thalles géants et très ramifiés. La reproduction sexuée détermine les remaniements génétiques, mais les reproductions végétatives sont souvent très efficaces pour la multiplication et la dissémination des espèces. Les algues sont pourvues, en plus de la chlorophylle, de pigments assimilateurs. D'après la couleur de ces pigments, on les range en différentes classes: les *rhodophycées* ou algues rouges, les *chlorophycées* ou algues vertes, les *phéophycées* ou algues brunes; les *cyanophycées* ou algues bleues sont actuellement rangées à part dans le groupe des procaryotes, avec les bactéries. L'association d'une algue et d'un champignon constitue un lichen; ces trois groupes de cryptogames sont nommés thallophytes (plantes à thalle). Les algues sont essentiellement aquatiques; les algues aériennes vivent en atmosphère humide. Elles peuplent à peu près tous les milieux, surtout les eaux douces et marines, où elles forment la partie primordiale du benthos et du plancton, constituant ainsi le premier maillon de la chaîne alimentaire. L'homme utilise les algues comme engrais (goémon), amendement (maërl); il en extrait des mucilages divers (agar-agar, alginates). On envisage une production industrielle d'algues destinées à l'alimentation humaine et animale (chlorelle, spiruline).

alias [aljɑ(a)s] adv. Autrement appelé (de tel autre nom, surnom ou pseudonyme). *Jean-Baptiste Poquelin, alias Molière.* – Mot lat., «autrement».

alibi [alibi] n. m. **1.** DR Moyen de défense, qui consiste à invoquer le fait qu'on se trouvait ailleurs qu'à l'endroit où un délit a été commis. *Fournir un alibi très solide.* **2.** Fig. Ce qui permet de se disculper, de s'excuser. *Il a invoqué, pour ne pas venir, l'alibi d'une importante réunion de travail.* – Mot lat., «ailleurs».

aliboron [alibɔʀɔ̃] n. m. Péjor. Personne ignorante, sotte. – Du nom d'un hypothétique philosophe arabe,

Al-Birūni, connu au Moyen Âge sous le nom de *Maître Aliboron.*

alidade [alidad] n. f. Règle biseautée comportant un viseur, qui sert à tracer sur une planchette la direction visée. *Alidade à pinnules,* à visée directe, qui permet de tracer les directions. *Alidade holométrique,* pourvue d'une lunette, avec laquelle on peut mesurer les distances et les inclinaisons. – Lat. médiév. *alidada,* ar. *al-idhāda.*

aliénabilité [aljenabilite] n. f. DR Caractère d'un bien aliénable. – De *aliénable.*

aliénable [aljenabl] adj. Qui peut être aliéné (sens I. 1). *Un bien aliénable.* Ant. inaliénable. – De *aliéner.*

aliénation [aljenasjõ] n. f. **1.** DR Transmission qu'un propriétaire fait à un tiers d'un bien ou d'un droit qui lui appartient. *L'aliénation peut être à titre gratuit (donation, legs) ou à titre onéreux (vente, cession).* **2.** *Aliénation mentale,* démence. Syn. folie. **3.** Chez Marx, condition de l'homme qui ne possède ni le produit ni les instruments de son travail. – *Par ext.* Asservissement de l'être humain, dû à des contraintes extérieures (économiques, politiques, sociales), et qui conduit à la dépossession de soi, de ses facultés, de sa liberté. *L'aliénation des femmes dans une société régie par l'homme.* – Lat. jurid. *alienatio.*

aliéné [aljene] n. m. Malade mental. Syn. fou. – De *aliéner.*

aliéner [aljene] **I.** v. tr. **[16] 1.** DR Céder ou vendre (qqch). *Aliéner une terre.* – Fig. *Aliéner sa liberté.* **2.** Engendrer l'aliénation. *La misère qui aliène l'homme.* **II.** v. pron. **1.** *S'aliéner quelqu'un,* perdre sa sympathie, son affection. **2.** Se déposséder de ses facultés, de sa volonté, de sa liberté. *S'aliéner par le travail.* – Lat. *alienare.*

aliéniste [aljenist] n. Médecin spécialiste de l'aliénation mentale. – De *aliéné.*

alifère [alifɛʀ] adj. ZOOL Qui porte des ailes. – Lat. *ala,* «aile», et *-fère.*

aliforme [alifɔʀm] adj. ZOOL En forme d'aile. *Membranes aliformes.* – Lat. *ala,* «aile», et *-forme.*

alignement [aliɲ(ə)mɑ̃] n. m. **1.** Action d'aligner, disposition sur une ligne droite. *Un alignement de chaises.* – Fig. *Alignement d'une politique.* ▷ MILIT *À droite, alignement:* commandement pour faire aligner des troupes. ▷ AUTO Réglage des roues avant destiné à éviter qu'elles s'écartent lorsque le véhicule roule. ▷ ARCHEOL Rangées de menhirs implantés en lignes parallèles. *Alignements de Carnac.* ▷ TRAV PUBL Élément routier en ligne droite. **2.** Tracé en ligne effectué au moyen de repères, de jalons; droite imaginaire reliant deux, plusieurs repères. *Prendre des alignements.* ▷ MAR Droite passant par deux amers séparés par une certaine distance. *Suivre un alignement.* – De *aligner.*

aligner [aliɲe] **I.** v. tr. **[1] 1.** Disposer, ranger sur une même ligne droite. *Aligner les poteaux d'une clôture.* **2.** Fig. *Aligner une monnaie:* en déterminer officiellement la valeur par rapport à une monnaie étrangère. **3.** TELECOMM Accorder (plusieurs circuits) sur une même fréquence. **II.** v. pron. **1.** (Sens réfl.) Se mettre sur la même ligne. *Les élèves s'alignent dans la cour.* ▷ Fig. Se conformer à la «ligne» politique d'un parti. **2.** (Sens pas.). *Des arbres s'alignaient le long de l'allée.* – De *à,* et *ligne.*

aligoté [aligɔte] n. m. Cépage blanc de Bourgogne. – Mot d'orig. germ.

aliment [alimɑ̃] n. m. **1.** Toute substance qui sert à la nutrition des êtres vivants. *Consommer des aliments. Faire cuire des aliments.* ▷ *Aliment vide:* aliment beaucoup plus riche en calories qu'en valeur nutritive. ▷ DR *Les aliments:* les frais de subsistance et d'entretien d'une personne dans le besoin. **2.** Fig. Ce qui entretient, nourrit. *Des griefs, aliments d'une querelle.* – Lat. *alimentum.*

alimentaire [alimɑ̃tɛʀ] adj. **1.** Qui est propre à servir d'aliment. *Denrées alimentaires.* ▷ Relatif à l'alimentation. *Régime alimentaire.* **2.** DR *Pension alimentaire:* somme d'argent versée périodiquement à une personne, en vertu d'un jugement ou d'un accord à l'amiable, en vue d'assurer sa subsistance. **3.** Péjor. *Travail, besogne alimentaire,* dont l'unique intérêt est d'assurer une rémunération. **4.** TECH *Bâche alimentaire,* récipient alimentant en eau les chaudières à vapeur. – Lat. *alimentarius.*

alimentation [alimɑ̃tasjõ] n. f. **1.** Action, manière de fournir ou de prendre de la nourriture. *Surveiller son alimentation. Commerce d'alimentation,* de denrées comestibles. **2.** Approvisionnement. *L'alimentation en eau d'une ville. L'alimentation d'un marché.* ▷ TECH Approvisionnement des machines en fluides (eau, carburant, etc.) ou en énergie nécessaire à leur fonctionnement. *Il y a une panne d'alimentation.* ELECTRON *Alimentation stabilisée,* dispositif utilisé pour fournir une tension ou une intensité constante. – De *alimenter.*

alimenter [alimɑ̃te] v. tr. **[1] 1.** Nourrir, fournir les aliments nécessaires à. *Alimenter un enfant, un malade.* ▷ v. pron. *Il s'alimente tout seul depuis qu'il va mieux.* **2.** *Par ext.* Approvisionner. *Alimenter une ville en eau.* ▷ Fig. Donner matière à. *Incidents qui alimentent une discorde.* – Lat. médiév. *alimentare.*

alinéa [alinea] n. m. Commencement en retrait de la première ligne d'un texte, d'un paragraphe. ▷ Passage d'un texte compris entre deux de ces lignes en retrait. *Cet alinéa est fort long.* – Lat. *a linea,* «à la ligne».

alios [aljos] n. m. PEDOL Grès à ciment organique et minéral de couleur brun rougeâtre, apparaissant en profondeur dans les sols sableux par précipitation et cristallisation entre les grains de sable des colloïdes organiques et minéraux. – Mot gascon.

aliotique [aljɔtik] adj. Qui a rapport à l'alios. – De *alios.*

aliphatique [alifatik] adj. CHIM Se dit des corps gras à chaîne ouverte (série grasse). – Du gr. *aleiphar, aleiphatos,* «graisse».

aliquante [alikɑ̃t] adj. MATH *Partie aliquante d'un nombre,* partie qui n'est pas contenue un nombre exact de fois dans un nombre. Ant. aliquote. – Lat. *aliquanta,* fém. de *aliquantus,* «en quantité assez grande».

aliquote [alikwɔt] adj. MATH *Partie aliquote d'un nombre,* partie contenue un nombre entier de fois dans ce nombre. – Lat. *aliquot,* «en quelque quantité».

alise [aliz] n. f. Fruit rouge foncé, acidulé, de l'alisier. – Probabl. gaul. **alisia.*

alisier [alizje] n. m. Arbre (fam. rosacées), à feuilles non divisées, à fleurs blanches, dont le bois est utilisé en ébénisterie. – Du préc.

alismatacées [alismatase] n. f. pl. BOT Famille de plantes monocotylédones aquatiques, comprenant le plantain d'eau, le butome, etc. – Du gr. *alisma,* «plantain».

alite [alit] n. f. TECH Silicate tricalcique, composant du ciment Portland.

alitement [alitmɑ̃] n. m. Fait, pour un malade, de rester au lit. – De *aliter.*

aliter [alite] v. tr. **[1]** Faire garder le lit à. ▷ v. pron. Se mettre au lit. *Elle s'est alitée il y a trois jours.* – De *à,* et *lit.*

alizari [alizaʀi] n. m. Racine de la garance. – Ar. *al-'usāra,* «le jus».

alizarine [alizaʀin] n. f. CHIM Matière colorante rouge, extraite autref. des racines de garance, obtenue auj. par synthèse. – Du préc.

alizé [alize] adj. et n. m. *Vent alizé* ou *alizé*, vent régulier soufflant toute l'année dans la zone intertropicale (du N.-E. au S.-O. dans l'hémisphère N., du S.-E. au N.-O. dans l'hémisphère S.), dû à la quasi-permanence des anticyclones sur les régions subtropicales et de basses pressions sur les régions équatoriales (en altitude, le champ de pression se renverse: contre-alizé). – Probabl. de l'a. fr. *alis*, «régulier».

alkékenge [alkekɑ̃ʒ] n. f. BOT Plante ornementale (*Physalis alkekengi*, fam. solanacées) aux baies rouges enfermées dans une enveloppe d'un beau rouge orangé, évoquant une lanterne vénitienne. Syn. coqueret, amour-en-cage. – Ar. *al-kākendj*.

alkermès [alkɛʀmɛs] n. m. Liqueur colorée en rouge par le kermès, obtenue par distillation de divers aromates, macérés dans l'alcool, auxquels on ajoute de l'eau sucrée. – Esp. *alkermes*, ar. *alquirmiz*.

alkylation [alkilasjɔ̃] n. f. CHIM Introduction d'un radical alkyle dans une molécule organique. – De *alcool*.

alkyle [alkil] adj. CHIM Qualifie les radicaux acycliques obtenus par enlèvement d'un atome d'hydrogène à une molécule d'hydrocarbure. Syn. alcoyl. – De *alcool*.

all-. V. all(o)-.

allache [alaʃ] n. m. Petite sardine méditerranéenne. Syn. sardinelle. – Mot du français d'Algérie, du lat. *allec*, «reste de saumure de poisson», par l'esp.

allaitement [alɛtmɑ̃] n. m. Action d'allaiter; alimentation en lait du nourrisson jusqu'à son sevrage. *Allaitement maternel*, au sein. *Allaitement artificiel*, au biberon. *Allaitement mixte*. – De *allaiter*.

allaiter [alete] v. tr. [1] Nourrir de lait, de son lait (un nouveau-né, un petit); élever au sein. *Elle a allaité son enfant plus de six mois*. – Bas lat. *allactare*.

allant, ante [alɑ̃, ɑ̃t] n. et adj. **I. 1.** n. m. Vivacité dans l'action, entrain. *Avoir de l'allant*. **2.** adj. Qui aime à se déplacer, actif. *Elle est encore très allante pour son âge*. **II.** n. m. plur. *Allants et venants:* individus qui vont et viennent. – Ppr. de *aller*.

allantoïde [alɑ̃tɔid] n. f. EMBRYOL Organe fœtal qui ne subsiste que pendant les deux premiers mois de la gestation chez les primates, mais qui, chez les sauropsidés, constitue l'appareil respiratoire de l'embryon. – Gr. *allantoeidês*, «à forme de boyau».

allantoïdien, ienne [alɑ̃tɔidjɛ̃, jɛn] adj. Qui concerne l'allantoïde. – De *allantoïde*.

alléchant, ante [al(l)eʃɑ̃, ɑ̃t] adj. Qui allèche, séduit. *Proposition alléchante*. – Ppr. de *allécher*.

allécher [al(l)eʃe] v. tr. [16] Attirer par quelque appât qui met les sens en éveil, par l'espérance de quelque plaisir. *Allécher quelqu'un avec des promesses*. Syn. appâter. ▷ Fig. Séduire. – Lat. pop. **allecticare*.

allée [ale] n. f. **1.** Action d'aller (seulement dans la loc. *allées et venues*). **2.** Chemin de parc, de forêt, de jardin. *Allée cavalière*. ▷ Dans une ville: avenue plantée d'arbres. **3.** Couloir, passage. **4.** ARCHEOL *Allée couverte*, monument mégalithique formé de dolmens disposés en couloir. – De *aller*.

allégation [al(l)egasjɔ̃] n. f. **1.** Citation d'une autorité. **2.** Ce que l'on affirme. *Justifiez vos allégations*. **3.** DR Affirmation d'un fait sur lequel une partie à un procès fonde ses prétentions. *Une allégation peut être écrite ou orale*. – Lat. *allegatio*.

allège [alɛʒ] n. f. **1.** MAR Chaland à fond plat servant au chargement et au déchargement des navires. **2.** ARCHI Mur d'appui d'une fenêtre. – De *alléger*.

allégeance [al(l)eʒɑ̃s] n. f. HIST Obligation de fidélité envers le roi. *Serment d'allégeance*. – Angl. *allegiance*, de l'a. fr. *lige*.

allégement [al(l)ɛʒmɑ̃] n. m. Action d'alléger; diminution d'une charge, d'un poids. *Allégement des charges publiques*. ▷ SPORT Réduction du poids apparent d'un skieur par flexion ou extension du corps (notam. pour mieux virer). – De *alléger*.

alléger [al(l)eʒe] v. tr. [17] **1.** Rendre plus léger, diminuer le poids de. *Alléger un fardeau*. Ant. alourdir. **2.** Rendre moins pénible. *Alléger une douleur*. ▷ *Alléger les impôts:* les rendre moins onéreux. – Bas lat. *alleviare*, de *levis*, «léger».

allégorie [allegɔʀi] n. f. Litt. Description, récit, qui, pour exprimer une idée générale ou abstraite, recourt à une suite de métaphores. – Lat., d'orig. gr. *allegoria*.

allégorique [al(l)egɔʀik] adj. Qui tient de l'allégorie, qui appartient à l'allégorie. *Personnage allégorique*. – *Char* allégorique*. – De *allégorie*.

allégoriquement [al(l)egɔʀikmɑ̃] adv. D'une manière, dans un sens allégorique. – De *allégorique*.

allègre [al(l)ɛgʀ] adj. Vif, plein d'entrain. – Lat. pop. **alecrus*, lat. class. *alacer*.

allégrement [al(l)egʀəmɑ̃] adv. D'une manière allègre. *Marcher allégrement*. – De *allègre*.

allégresse [al(l)egʀɛs] n. f. Joie très vive qui se manifeste avec vivacité. *Cris d'allégresse*. – De *allègre*.

allegretto [al(l)egʀɛt(t)o] adv. MUS D'un mouvement un peu moins vif qu'allegro. ▷ n. m. Morceau joué dans ce tempo. – Mot ital., dimin. de *allegro*.

allegro [al(l)egʀo] adv. MUS D'un mouvement vif et rapide. ▷ n. m. Morceau joué dans ce tempo. – Mot ital., «vif».

alléguer [al(l)ege] v. tr. [16] **1.** Citer une autorité (pour se défendre, se justifier). *«Jean Lapin allégua la coutume et l'usage»* (La Fontaine). **2.** Mettre en avant comme justification, comme excuse. *Alléguer de bonnes raisons*. Syn. prétexter, se prévaloir (de). – Lat. jur. *allegare*.

allèle [alɛl] n. m. GENET Nom des gènes situés sur un même locus de deux chromosomes homologues, et déterminant la même fonction (avec, éventuellement, des variantes). – Du gr. *allêlon*, «l'un l'autre».

allélique [alelik] adj. Qui dépend d'un allèle (monoallélique) ou de plusieurs allèles (pluriallélique). *Les antigènes des groupes sanguins A, B, O sont déterminés par un système allélique*. – De *allèle*.

allélisme [alelism] n. m. Système génétique reposant sur la notion d'allèles. – De *allèle*.

allélomorphe [alelɔmɔʀf] adj. BIOL Qui se présente sous diverses formes. – Du gr. *allêlon*, «l'un l'autre», et *-morphe*.

alléluia [al(l)eluja] n. m. Mot exprimant l'allégresse des fidèles, ajouté par l'Église à des prières ou à des psaumes. – *Spécial*. Verset précédé et suivi par ce mot et qui est chanté avant l'évangile. – *Par ext. Chanter, entonner l'alléluia:* se réjouir, manifester une grande joie. – Hébreu *hallelou Yah*, «louez l'Éternel».

allemand, ande [almɑ̃, ɑ̃d] adj. et n. De l'Allemagne. ▷ Subst. Personne originaire d'Allemagne. *Un Allemand*. ▷ n. m. La langue allemande. ▷ n. f. Air à quatre temps. Danse sur cet air. – Lat. *Alamani, Alemani*.

allène [alɛn] n. m. CHIM Hydrocarbure de formule C_3H_4. Syn. propadiène. – De *allyle*.

1. aller [ale] **I.** v. intr. **[8] 1.** Se mouvoir (dans une direction) *(êtres animés). Ne faire qu'aller et venir. Aller à grands pas:* marcher. ▷ Avec un complément, une préposition, un adverbe indiquant les modalités de l'action, la manière, le moyen: *Je vais à pied, en train, par mer. Le cheval va au trot. Aller à fond de train,* très vite. *J'allais seul, avec des amis.* ▷ Avec un compl. de destination, de direction. *Nous allons de Montréal à Moncton. Aller à la campagne, au théâtre. Elle ira chez le coiffeur. J'y vais. On y va? Où va-t-on? Il est allé dans les Laurentides. Tu vas jusqu'à la voiture. Aller de ville en ville, de port en port. Aller devant, derrière, à côté de quelqu'un. J'irai jusqu'à lui, s'il ne vient pas à moi.* – Fig. *Cet enfant ira loin,* réussira. – *Vous allez trop loin!* vous exagérez. – Loc. fam. *Allez au diable!* – Fig. *Allons au plus pressé,* à ce qui importe avant tout. *Aller au fond des choses,* examiner une question avec soin. – ▷ *(Sujet nom de chose) La voiture va vite. L'eau va jusqu'aux genoux,* monte jusqu'aux genoux. – Fig. *Sa gentillesse m'est allée droit au cœur,* m'a touché. **2.** Y aller. Fig. Faire une chose (d'une certaine manière). *Il y va fort,* il exagère. *Il n'y va pas de main morte:* il agit sans mesure. *J'y suis allé carrément. Je n'y suis pas allé par quatre chemins:* j'ai agi sans détours. *Elle y allait de sa petite larme:* elle pleurait. ▷ JEU *J'y vais de dix dollars:* je mise dix dollars. – *Par ext.: Y aller de ses économies:* risquer ses économies. **3.** À l'impératif, pour renforcer une affirmation, marquer la surprise, l'indignation, etc. *«Va, je ne te hais point»* (Corneille). *Allez, les gars, courage! Allons, laisse-moi tranquille.* **4.** Indiquant un état, un fonctionnement. – (État de santé) *Aller bien. Aller mal. Comment allez-vous? Ça va mieux?* – (État des choses) *Tout va parfaitement. Le commerce va mal.* ▷ Loc. *Cela va tout seul,* ne présente pas de difficulté. *Cela va de soi,* c'est évident. ▷ *Il y va de* (impers.). *Il y va de votre vie,* votre vie est en jeu. ▷ En aller de. *Il en va de même pour lui,* c'est le même cas pour lui. – Fonctionner. *Cette montre va bien,* elle marque l'heure exacte. **5.** S'adapter à, être en harmonie avec (qqn, qqch). *Cette robe vous allait bien. Le jaune et le violet ne vont pas ensemble.* **6.** Suivi d'un gérondif ou d'un participe présent marquant la continuité ou la progression de l'action. *La tristesse ira en s'atténuant. Le mal va croissant.* **7.** *Laisser aller.* – Ne pas retenir. *Il n'y a qu'à laisser les choses aller.* – Abandonner. *Laissez tout aller.* ▷ v. pron. *Se laisser aller à la douleur,* s'y abandonner. – (S. comp.) Se décourager. *Il ne faut pas vous laisser aller.* **II.** *S'en aller,* v. pron. Partir, quitter un lieu. *S'en aller d'Ottawa.* – À l'impératif. *Allez-vous-en!* – Fig. *Il s'en est allé doucement,* il est mort. *Le mal vient vite et s'en va lentement,* disparaît lentement. Fam. *Tout s'en est allé en fumée,* a disparu. – À la première personne, suivi d'un infinitif, marque le futur proche. *Je m'en vais vous dire.* Suivi d'un participe présent, marque la continuité. *Ils s'en vont chantant le long des routes.* **III.** *Auxiliaire de temps.* **1.** Au présent ou à l'imparfait, suivi d'un infinitif, marque un futur proche, dans le passé ou dans l'avenir. *Il va mourir. On allait rire.* **2.** À tous les temps, suivi d'un infinitif: se disposer à, se trouver dans la situation de. *Vous n'iriez pas lui dire cela.* – En tournure négative, indique quelquefois une mise en garde. *N'allez pas croire que. N'allez pas penser que.* ▷ Fam. *Aller pour,* marque une action que l'on se dispose à faire et qui n'a pas lieu. *Georges allait pour sortir quand il se ravisa.* – Issu de trois racines latines différentes: *ire* (futur et conditionnel); *vadere* (présent indic.: je vais, tu vas, il va, ils vont); **alare* (étym. contestée) (présent, imparfait de l'indic., etc.).

2. aller [ale] n. m. **1.** Action d'aller; parcours effectué pour se rendre dans un lieu précis. *L'aller a été difficile. Prendre le métro à l'aller.* ▷ *Un aller:* un billet de transport valable pour une seule direction. *Un aller et retour,* valable pour l'aller et le retour. **2.** Fig. *Au pis aller, un pis-aller* (n.): dans le cas le plus défavorable. – Subst. du v. *aller.*

allergène [alɛʀʒɛn] n. m. Substance qui peut déterminer l'allergie. – De *allergie,* et *-gène.*

allergie [alɛʀʒi] n. f. MED **1.** Vx Immunité. *Allergie tuberculinique,* témoin d'une réaction immunitaire à la tuberculine (et donc à la tuberculose). **2.** Mod. Réaction anormale et inadaptée lors de la rencontre de l'organisme avec une substance (allergène) avec laquelle il a déjà été en contact. *Allergie à la poussière.* – De *allergique.*

ENCYCL – Les réactions allergiques peuvent être violentes et généralisées, on parle alors d'anaphylaxie (V. ce mot). Le plus souvent, elles ont une expression focale: respiratoire (asthme, coryza ou rhume des foins), cutanée (urticaire, eczéma, dermite, etc.), digestive, nerveuse, oculaire, vasculaire (vascularites allergiques), etc. La preuve de l'allergie est parfois difficile à apporter. Elle repose sur la notion d'une prédisposition familiale et personnelle à l'allergie, sur la découverte d'un allergène possible dont la présence ou l'ingestion correspond aux manifestations cliniques. Des tests cutanés utilisant le ou les allergènes présumés peuvent affirmer l'allergie lorsqu'ils provoquent une réaction locale. Les allergènes sont très variés: médicaments (surtout les antibiotiques), détersifs, teintures, solvants, cosmétiques, ciment (pour les allergies cutanées), pollen et poussière (pour les allergies respiratoires), etc.

allergique [alɛʀʒik] adj. Qui développe une allergie. ▷ Relatif à l'allergie. – All. *allergisch,* du gr. *allos,* «autre», et *ergon,* «effet».

allergographie [alɛʀgɔgʀafi] n. f. Mesure des tests allergiques cutanés. – De *allergie,* et *-graphie.*

allergologie [alɛʀgɔlɔʒi] n. f. Étude de l'allergie, de ses manifestations morbides, de leur traitement. – De *allergie,* et *-logie.*

allergologue [alɛʀgɔlɔg] n. Médecin spécialiste de l'allergologie. – Du préc.

alleu. V. franc-alleu.

alliacé, ée [aljase] adj. Qui est propre à l'ail. *Une odeur alliacée.* – Lat. *a(l)lium,* «ail».

alliage [aljaʒ] n. m. METALL Corps obtenu par combinaison d'éléments d'apport (métalliques ou non) à un métal de base, et qui présente les caractéristiques de l'état métallique. – De *allier.*

alliaire [aljɛʀ] n. f. Crucifère à fleurs blanches et à odeur alliacée. – Lat. *a(l)lium,* «ail».

alliance [aljɑ̃s] n. f. **1.** Pacte entre plusieurs partis ou puissances. *Alliance militaire.* ▷ THEOL Pacte entre Dieu et le peuple hébreu (Ancien Testament), renouvelé et étendu à la descendance spirituelle d'Abraham (Nouveau Testament). *Arche d'alliance.* **2.** Union par mariage. ▷ Anneau de mariage porté à l'annulaire. **3.** LEGISL Lien civil entre les époux et leurs parents. – De *allier.*

allié, ée [alje] adj. et n. **1.** Uni par un traité d'alliance. *Peuples alliés.* ▷ Subst. *Un allié. Les Alliés,* les pays qui ont contracté une alliance pour lutter contre un autre pays. – *Spécial.* Les pays opposés à l'Allemagne au cours de la Première et de la Seconde Guerre mondiale. – Par anal. Celui qui secourt, qui apporte son aide. *Un allié fidèle.* **2.** Uni par un mariage. *Familles alliées.* ▷ Subst. *Les parents et les alliés.* – Pp. de *allier.*

allier [alje] **I.** v. tr. **[1] 1.** Unir par une alliance. *L'attrait du pouvoir a allié ces deux partis longtemps opposés.* **2.** Combiner des métaux. *Allier l'or avec l'argent.* METALL *Acier allié,* dans la composition duquel entrent des éléments d'addition (*acier inoxydable,* par ex.). – Fig. Unir des éléments différents. *Allier la clémence à la justice.* **II.** v. pron. Contracter une alliance. *S'allier contre des ennemis.* – Lat. *alligare,* «lier».

alligator [aligatɔʀ] n. m. Crocodilien au museau court dont une espèce habite la Chine et l'autre l'Amérique. – De l'esp. *el lagarto,* «le lézard», par l'angl.

alligatoridés [aligatɔʀide] n. m. pl. Famille de crocodiliens comprenant les alligators et les caïmans. – Du préc., et *-idés.*

allitération [al(l)iteʀasjɔ̃] n. f. Répétition d'une consonne ou d'un groupe de consonnes dans une phrase, un vers. Par ex.: *«Pour qui sont ces serpents qui sifflent sur vos têtes?»* (Racine). – Angl. *alliteration,* du lat. *ad,* et *littera,* «lettre».

all(o)-. Préfixe, du gr. *allos,* «autre».

allô [alo] interj. **1.** Appel conventionnel dont on se sert dans une communication téléphonique. **2.** Formule fam. de salutation. – Amér. *hallo,* de *hello.*

allocataire [al(l)ɔkatɛʀ] n. Personne qui bénéficie d'une allocation prévue par la loi. – De *allocation.*

allocation [al(l)ɔkasjɔ̃] n. f. **1.** Action d'allouer. *Allocation d'un prêt.* **2.** Somme allouée à des personnes qui doivent faire face à des dépenses ou à des charges supplémentaires. *Allocation de voyage.* ▷ *Allocations familiales:* sommes versées habituellement à la mère et destinées à l'éducation des enfants. **3.** INFORM *Allocation dynamique:* attribution à un programme en cours d'exécution des zones de mémoire qui serviront à l'exécuter. – Lat. médiév. *allocatio.*

allocutaire [allɔkytɛʀ] n. LING Celui, celle à qui s'adresse un énoncé. – De *allocution.*

allocution [al(l)ɔkysjɔ̃] n. f. Bref discours. – Lat. *allocutio.*

allogamie [al(l)ɔgami] n. f. BIOL Mode de reproduction où la fécondation a lieu entre deux gamètes provenant d'individus différents ou entre deux fleurs de la même plante. – De *allo-,* et *-gamie.*

allogène [al(l)ɔʒɛn] adj. **1.** GEO Se dit de populations mêlées à la race propre du pays. *Les Berbères de l'Algérie sont mêlés d'éléments allogènes.* **2.** GEOL Se dit des éléments de roches qui ne se sont pas formés dans la roche où ils se trouvent. – Gr. *allogenês,* «d'une autre origine».

allométrie [al(l)ɔmetʀi] n. f. BIOL Croissance d'un organe plus forte ou plus faible que celle d'un autre organe ou de l'ensemble de l'organisme. – De *allo-,* et *-métrie.*

allonge [alɔ̃ʒ] n. f. **1.** Pièce servant à allonger qqch. *Mettre une allonge à une table.* Syn. rallonge. **2.** SPORT Longueur des bras chez un boxeur. – Déverbal de *allonger.*

allongé, ée [alɔ̃ʒe] adj. Dont la longueur l'emporte sur les autres dimensions. *Un visage de forme allongée.* – Pp. de *allonger.*

allongement [alɔ̃ʒmɑ̃] n. m. **1.** action d'allonger; résultat de cette action. *Allongement d'une rue. Allongement d'une robe.* Ant. raccourcissement. **2.** AVIAT Rapport du carré de l'envergure d'une aile à sa surface. – De *allonger.*

allonger [alɔ̃ʒe] **I.** v. tr. [15] **1.** Augmenter la longueur de. *Allonger un texte. Allonger une promenade par des détours.* ▷ CUIS *Allonger une sauce,* la rendre plus liquide. **2.** Faire paraître plus long. *Cette robe allonge ta silhouette.* **3.** Étendre, déployer (un membre). *Allonger le bras.* – *Allonger le pas:* se presser. – *Par ext.,* fam. *Allonger un coup à quelqu'un,* le frapper. – *Allonger une somme,* la donner. **II.** v. intr. Devenir plus long. *«Puis c'était le mois de mars, les jours allongeaient»* (Hugo). **III.** v. pron. **1.** (sens pass.) Devenir plus long. *La séance s'allonge interminablement.* – Fig. *Sa mine s'allonge,* marque le dépit. **2.** (sens réfl.) S'étendre. *S'allonger dans l'herbe.* – De *à,* et *long.*

allopathe [al(l)ɔpat] n. Médecin qui soigne par l'allopathie. – De *allopathie.*

allopathie [al(l)ɔpati] n. f. MED Médecine classique, qui emploie des médicaments tendant à contrarier les symptômes et les phénomènes morbides (par oppos. à *homéopathie*). – All. *Allopathie,* du gr. *allos,* «autre», et *pathos,* «maladie», sur *homéopathie.*

allophone [alɔfɔn, alofɔn] n. et adj. **1.** n. Personne dont la langue maternelle est autre que celle(s) officiellement en usage dans le pays qu'elle habite. *Au Canada, on distingue les allophones des francophones et des anglophones.* **2.** adj. *La population allophone.* ▷ *Par ext.* Qui est relatif aux allophones. *Le vote allophone.* – De *allo-,* et *-phone.*

allophtalmie [al(l)ɔftalmi] n. f. MED Anomalie de la coloration de l'iris d'un même œil ou différence de coloration des deux yeux chez un même individu (yeux vairons). Syn. hétérophtalmie. – De *all(o)-,* et *-ophtalmie.*

allosome [al(l)ɔ(o)zom] n. m. BIOL Chacun des deux chromosomes liés à la différenciation sexuelle et représentés par X ou Y (X et Y chez le mâle, X et X chez la femelle), par oppos. à tous les autres chromosomes, dits *autosomes.* – De *allo-,* et *-some.*

allotropie [al(l)ɔtʀɔpi] n. f. CHIM Existence de plusieurs états sous lesquels peut se présenter un corps. (Ex.: le carbone peut se trouver à l'état de graphite ou de diamant *(allotropie cristalline);* l'atome d'oxygène se retrouve dans l'oxygène O_2 et dans l'ozone O_3.) – De *allo-,* et *-tropie.*

allotropique [al(l)ɔtʀɔpik] adj. Relatif à l'allotropie. – Du préc.

allouer [alwe] v. tr. [1] Attribuer, accorder (de l'argent, du temps). *Allouer un traitement à quelqu'un. Trois jours lui sont alloués pour terminer son travail.* – Lat. pop. **allocare.*

allumage [alymaʒ] n. m. **1.** TECH Inflammation du mélange combustible dans les moteurs à explosion. *Un système d'allumage défectueux. Retard à l'allumage.* ▷ *Par ext.* Le système produisant cette inflammation. **2.** Action d'allumer. *L'allumage de ce four est délicat.* **3.** Le fait de s'allumer. *L'allumage des rétrofusées est automatique.* – De *allumer.*

allume-feu [alymfø] n. m. invar. Petit instrument pour allumer un appareil à gaz. – De *allumer,* et *feu.*

allumer [alyme] v. tr. [1] **1.** Mettre le feu. *Allumer un cigare. Allumer un incendie.* – *Par ext. Allumer un radiateur, un four électrique.* ▷ Fig. Faire naître. *Allumer la discorde au sein d'un groupe. Allumer la colère de quelqu'un.* Allumer [qqn], provoquer son désir. – Pop. *Les flics t'ont allumé:* les flics t'ont pincé. **2.** Enflammer afin d'éclairer. *Allumer une bougie.* ▷ *Par ext. Allumer une lampe électrique, allumer l'électricité.* – (S. comp.) Faire de la lumière. *Allumer dans le salon.* ▷ v. pron. Devenir lumineux. *Les vitrines s'allumèrent.* ▷ Fig. *Son regard s'alluma,* devint brillant. – Lat. pop. *alluminare.*

allumette [alymɛt] n. f. **1.** Bâtonnet combustible dont une extrémité est enduite d'un corps inflammable par frottement, et qui sert à mettre le feu. **2.** Pâtisserie de forme allongée. – De *allumer.*

allumeur [alymœʀ] n. m. **1.** *Allumeur de réverbères,* personne chargée, autrefois, d'allumer et d'éteindre les appareils d'éclairage public. **2.** Dispositif destiné à mettre le feu à une charge explosive. **3.** Système d'allumage d'un moteur à explosion, qui comprend la bobine, le distributeur, le rupteur, les bougies et les câbles de liaison. – De *allumer.*

allumeuse [alymøz] n. f. Femme qui provoque le désir, qui aguiche. – De *allumer.*

allure [alyʀ] n. f. **1.** Vitesse. *Marcher à vive allure.* **2.** Aspect, apparence. *Un individu aux allures louches. La discussion prit l'allure d'une querelle.* **3.** *Avoir de l'allure.* (D'une personne) Avoir de la prestance, de l'élégance. – Avoir du jugement, du savoir-faire. *Il ne faut pas avoir d'allure pour dire des choses pareilles!* ▷ (D'une chose) Qui est vraisemblable, a du sens, est acceptable. *Une histoire qui n'a pas d'allure. Ça commence à avoir de l'allure.* «Des gens alités quasiment vingt-quatre heures par jour, et qui mangent du spaghetti à la viande, est-ce que ça a de l'allure?» (*L'Actualité,* 1977.) **4.** MAR Orientation d'un navire à voiles par rapport à la direction du vent. *Les allures portantes,* le vent arrière, le grand largue, le largue, le vent de travers. *Les allures de louvoyage,* le près serré, le près, le près bon plein. – De *aller.*

allusif, ive [alyzif, iv] adj. Qui tient d'une allusion, renvoie à une allusion. *Une plaisanterie allusive.* – De *allusion.*

allusion [alyzjõ] n. f. Évocation non explicite d'une personne ou d'une chose. *Une allusion perfide. Tu as fait allusion à un aspect de sa vie que personne ne connaît.* – Bas lat. *allusio.*

alluvial, iale, iaux [al(l)yvjal, jo] adj. Produit par des alluvions. – De *alluvion.*

alluvion [al(l)yvjõ] n. f. **1.** (au pl.) Dépôts de matériaux détritiques charriés par les eaux. ▷ GEOL Terrains meubles déposés à la surface des continents par divers agents. *Alluvions glaciaires. Alluvions fluviales.* **2.** DR Accroissement de terrain résultant de l'alluvionnement. *Une alluvion profite au propriétaire riverain.* – Lat. *alluvio,* «inondation».

alluvionnaire [al(l)yvjɔnɛʀ] adj. Qui tient de l'alluvion. *Terres alluvionnaires.* – De *alluvion.*

alluvionnement [al(l)yvjɔnmɑ̃] n. m. Formation d'alluvions. – De *alluvion.*

alluvionner [al(l)yvjɔne] v. intr. [1] Déposer des alluvions dans. – De *alluvion.*

allyle [alil] adj. CHIM Qualifie le radical monovalent $CH_2 = CH–CH_2–$, aromatique et entrant dans plus. esters. – Du lat. *allium,* «ail».

allylique [alilik] adj. CHIM Qualifie les composés qui renferment le radical allyle. *Alcool allylique.* – Du préc.

alma mater [almamatɛʀ] n. f. Plaisant *L'Alma mater:* l'Université. – Mots latins: «mère nourricière».

almanach [almana(k)] n. m. Calendrier souvent illustré contenant des renseignements de tous ordres: astronomiques, religieux, historiques, pratiques, etc. – Lat. médiév. *almanachus,* ar. *al-manākh.*

almandin [almɑ̃dɛ̃] n. m. MINER Grenat aluminoferreux, appelé aussi *escarboucle.* – Var. de *alabandine.*

almée [alme] n. f. Danseuse et chanteuse d'Orient. – Ar. *'ālima,* «savante».

aloès [alɔɛs] n. m. **1.** Plante des pays chauds, à feuilles charnues (fam. liliacées). **2.** Suc résineux amer, tiré de l'aloès, purgatif énergique. – Gr. *aloê,* par le lat.

aloétique [alɔetik] adj. Qui contient du suc d'aloès. – De *aloès.*

alogique [alɔʒik] adj. Étranger à la logique. – De *a-1,* et *logique.*

aloi [alwɑ] n. m. **1.** Titre légal des matières d'or et d'argent. **2.** Fig. *De bon aloi, de mauvais aloi,* de bonne, de mauvaise qualité. *Plaisanterie de mauvais aloi.* – A. fr. *aloyer,* «allier».

alopécie [alɔpesi] n. f. MED Chute partielle ou totale des cheveux ou des poils. – Gr. *alôpekia,* par le lat.

alors [alɔʀ] adv. **1.** Dans ce temps-là, à ce moment-là. *Nous étions heureux alors. Nous pourrons alors réaliser nos projets.* ▷ *Jusqu'alors,* jusqu'à ce moment-là. *Jusqu'alors, il avait été prudent.* ▷ *D'alors,* de cette époque-là. *C'étaient les mœurs d'alors.* **2.** Dans ce cas-là. *S'il venait à mourir, alors elle hériterait.* – Fam. Ponctue une exclamation de joie, d'indignation, de surprise. *Bon, et alors? Non mais alors? Ça alors! Chic alors!* – De *à,* et *lors.*

alors que [alɔʀkə] loc. conj. Marque le temps et l'opposition. *Il partit alors que le jour se levait. Vous jouez alors qu'il faudrait travailler.* – Du préc.

alose [aloz] n. f. ZOOL Poisson marin (fam. clupéidés), de grande taille (jusqu'à 80 cm), à chair fine, qui, au printemps, remonte les cours d'eau pour frayer. – Bas lat. *alausa,* du gaul.

alouette [alwɛt] n. f. Oiseau passériforme (genre *Alauda,* fam. alaudidés), au bec robuste, au plumage terne, habitant les champs et les steppes. *L'alouette cornue, qui chante en volant, est commune en Amérique du Nord.* ▷ Loc. prov. *Il attend que les alouettes lui tombent toutes rôties dans le bec,* il voudrait avoir les choses sans peine. – Lat. *alauda,* par le gaul.

alourdir [aluʀdiʀ] v. tr. [2] **1.** Rendre plus lourd. **2.** Fig. *L'âge alourdit sa démarche,* la rend moins aisée, moins souple. *Cette expression alourdit la phrase,* la rend maladroite, peu élégante. Syn. embarrasser. ▷ V. pron. Devenir lourd, plus lourd. – De *à,* et *lourd.*

alourdissement [aluʀdismɑ̃] n. m. État de ce qui devient lourd. – De *alourdir.*

aloyau [alwajo] n. m. Quartier de bœuf situé le long des reins et comprenant notam. le filet. *Un bifteck dans l'aloyau.* – Probabl. de l'a. fr. *aloel,* «alouette», ce morceau étant autrefois accommodé au lard et rôti à la broche par petites tranches, à la façon des alouettes.

alpaga [alpaga] n. m. ZOOL Lama domestique (plutôt nommé *alpaca*) dont on exploite la laine. ▷ Étoffe de laine légère et brillante produite par l'alpaga. *Veston d'alpaga.* – Mot quichua, par l'esp.

alpage [alpaʒ] n. m. **1.** Pâturage de haute montagne. **2.** Temps passé par les troupeaux dans ces pâturages. – De *Alpes.*

alpax [alpaks] n. m. METALL Alliage léger d'aluminium (87 %) et de silicium (13 %), utilisé en fonderie. – De *Al,* symb. de l'aluminium, et lat. *pax,* «paix», à cause de la date de son invention (1920).

alpe [alp] n. f. Alpage (au sens 1). – Mot d'origine celtique, «élévation».

alpenstock [alpənstɔk] n. m. Vieilli Bâton ferré utilisé autref. pour les excursions en montagne. – Mot all., «bâton des Alpes».

alpestre [alpɛstʀ] adj. Des Alpes, propre aux Alpes. *Paysages alpestres.* ▷ BOT *Plantes alpestres,* qui vivent autour de 1 000 m d'altitude. – Ital. *alpestre.*

alpha [alfa] n. m. **1.** Première lettre (α) de l'alphabet grec. ▷ *L'alpha et l'oméga:* le commencement et la fin. **2.** MED *Rythme alpha,* rythme normal de base de l'électroencéphalogramme d'un adulte éveillé, au repos, les yeux fermés. **3.** PHYS *Particules alpha* (symbole α): noyaux d'hélium émis lors de certaines réactions nucléaires. Syn. hélion. *Rayonnement alpha,* constitué de particules alpha. – Gr. *alpha.*

alphabet [alfabɛ] n. m. **1.** Ensemble des lettres servant à transcrire les sons d'une langue. *L'alphabet latin est issu de l'alphabet grec.* – *Réciter l'alphabet:* énumérer les lettres dans leur ordre traditionnel. ▷ *Alphabet phonétique,* au moyen duquel on peut transcrire les sons de la plupart des langues. ▷ *Alphabet morse:* système de transcription télégraphique composé de points et de traits. **2.** Livre de lecture élémentaire. Syn. abécédaire, syllabaire. – Du nom des deux premières lettres grecques *alpha* et *bêta;* bas lat. *alphabetum.*

alphabétique [alfabetik] adj. Établi selon l'ordre de l'alphabet. *Index alphabétique.* – De *alphabet.*

alphabétiquement [alfabetikmɑ̃] adv. Dans l'ordre alphabétique. – Du préc.

alphabétisation [alfabetizasjɔ̃] n. f. Enseignement de l'écriture et de la lecture à des personnes analphabètes. – De *alphabétiser.*

alphabétiser [alfabetize] v. tr. [1] Enseigner l'écriture et la lecture. – De *alphabet.*

alphabloquant, ante [alfablɔkɑ̃, ɑ̃t] adj. MED Se dit des médicaments qui bloquent les récepteurs adrénergiques. – ▷ N. m. *Un alphabloquant.* – De *alpha* (récepteur *α*), et *bloquant.*

alphanumérique [alfanymeʀik] adj. INFORM Qui comprend ou qui utilise des lettres et des chiffres. *Clavier alphanumérique. Code alphanumérique.* – De *alpha(bet),* et *numérique.*

alpin, ine [alpɛ̃, in] adj. **1.** Des Alpes. ▷ *Plissement alpin,* plissement de l'écorce terrestre qui a formé les Alpes (ainsi que l'*Apennin,* les *Pyrénées,* les *Carpates,* etc.). ▷ *Chasseurs alpins:* en France, soldats des formations opérant en montagne. ▷ SPORT *Ski alpin,* ski de descente (par oppos. à *ski de fond).* **2.** *Par ext.* Des hautes montagnes (du même type que les Alpes). *Un relief alpin.* ▷ *Plantes alpines,* qui vivent en haute montagne (plus haut que les plantes alpestres). – Lat. *alpinus.*

alpinisme [alpinism] n. m. Pratique sportive des ascensions en montagne. – De *alpin.*

alpiniste [alpinist] n. Personne qui s'adonne à l'alpinisme. – Du préc.

alpiste [alpist] n. m. Plante herbacée (fam. graminées), parfois cultivée comme fourrage, et dont le grain est utilisé pour nourrir les oiseaux. Syn. millet long, blé des Canaries. – Esp. *alpista.*

alsacien, ienne [alzasjɛ̃, jɛn] adj. De l'Alsace. ▷ Subst. L'ensemble des dialectes germaniques parlés en Alsace. – *Les Alsaciens,* les habitants de l'Alsace. – Du lat. *Alsacia,* «l'Alsace».

Alsama [alsama] n. f. Sigle souvent utilisé pour désigner l'ensemble constitué des trois provinces, ALberta, SAskatchewan, MAnitoba. *La production canadienne de blé est concentrée en Alsama.* – Du nom des trois prov.

altérable [alteʀabl] adj. Qui peut être altéré. – De *altérer.*

1. altérant, ante [alteʀɑ̃, ɑ̃t] adj. Qui modifie l'état, la composition d'un corps. *Médicament altérant.* – Ppr. de *altérer* 1.

2. altérant, ante [alteʀɑ̃, ɑ̃t] adj. Qui cause la soif. – Ppr. de *altérer* 2.

altération [alteʀasjɔ̃] n. f. **1.** Modification dans l'état d'une chose (dans quelques emplois). – GEOL *Altération des roches:* modification dues à des phénomènes physiques, chimiques ou biologiques. – MUS Signe qui modifie le son de la note devant laquelle il est placé. **2.** Modification qui dénature. *Ce texte a subi de graves altérations.* **3.** DR Falsification. *Altération de signatures, d'actes, de monnaies.* – Lat. *alteratio.*

altercation [altɛʀkasjɔ̃] n. f. Dispute, échange de propos violents entre des personnes. *Ils ont eu une vive altercation.* Syn. querelle. – Lat. *altercatio,* «débat».

altéré, ée [alteʀe] adj. Assoiffé. – Fig. *Être altéré de pouvoir,* être avide de pouvoir. – Pp. de *altérer* 2.

alter ego [altɛʀego] n. m. Personne de confiance; ami inséparable. *C'est mon alter ego.* – Mots lat., «autre moi-même».

1. altérer [alteʀe] v. tr. [1] **1.** Provoquer la modification, le changement de. *Altérer une substance par un traitement chimique.* Syn. transformer. **2.** Modifier en mal. *Ce séjour a altéré sa santé.* – Fig. *Ses malheurs altéraient son jugement. Une voix altérée par la peur.* ▷ v. pron. *Le vin s'altère à l'air.* – Fig. *Sa confiance s'est altérée.* **3.** Dénaturer, falsifier. *Altérer les monnaies,* en changer la valeur légale. *Altérer la vérité,* mentir. *Altérer un texte.* – Lat. *alterare,* «changer».

2. altérer [alteʀe] v. tr. [1] Exciter la soif de. *La chaleur altère les animaux.* Ant. désaltérer. – De *altérer* 1, dérivé du sens «irriter, exciter».

altérité [alteʀite] n. f. PHILO Caractère de ce qui est autre. *«Faire de l'autre un alter ego* [...] *c'est neutraliser son altérité absolue»* (J. Derrida). – Bas lat. *alteritas.*

alternance [altɛʀnɑ̃s] n. f. Action d'alterner; état de ce qui est alterné. *Alternance des formes, des couleurs.* ▷ ELECTR Demi-période d'un courant alternatif. ▷ AGRIC *Alternance des cultures,* leur rotation sur un même champ. ▷ BOT *Alternance des feuilles* ou *des fleurs,* leur disposition régulière à des hauteurs différentes de part et d'autre de la tige. ▷ LING *Alternance vocalique:* modification du vocalisme d'une racine ou d'un radical (par ex., en latin: *capio,* parfait *cepi).* – De *alterner.*

alternant, ante [altɛʀnɑ̃, ɑ̃t] adj. Qui alterne. – Ppr. de *alterner.*

alternat [altɛʀna] n. m. AGRIC Assolement. – De *alterner.*

alternateur [altɛʀnatœʀ] n. m. ELECTR Machine destinée à produire des courants monophasés ou polyphasés alternatifs. – De *alternatif.*

ENCYCL Un *alternateur* comprend un *stator,* partie fixe constituée de tôles feuilletées, et un *rotor,* partie mobile comportant des bobines connectées en série et alimentées en courant continu par l'induit, après redressement du courant alternatif qu'il délivre. On caractérise un alternateur par sa fréquence (60 Hz pour la production du courant en Amérique du Nord), par sa force électromotrice (exprimée en volts) et par sa puissance (en volts-ampères [VA] ou en watts [W]). Les puissances nominales peuvent aller d'une centaine de watts pour les alternateurs d'automobiles à un million de kVA pour les turboalternateurs des centrales thermiques.

alternatif, ive [altɛʀnatif, iv] adj. **1.** Qualifie des choses, des phénomènes qui se succèdent tour à tour. *Des périodes alternatives de chaleur et de froid.* ▷ AGRIC *Cultures alternatives.* ▷ MECA *Mouvement alternatif,* mouvement qui s'effectue tantôt dans un sens, tantôt dans l'autre. ▷ ELECTR *Courant alternatif,* courant périodique dont l'intensité reprend au bout d'une demi-période la même valeur, changée de signe. **2.** (D'après l'angl. *alternative*) Qui diffère de ce à quoi on est habitué, qui explore des voies nouvelles. *Radio, musique alternative.* – Qui offre une solution de rechange à ce qui existe déjà, qui rompt avec la tradition. *École, médecine alternative. Thérapeute alternatif.* – Du rad. de *alternatum,* supin de *alternare* (v. *alterner*), et *-if.*

alternative [altɛʀnativ] n. f. **1.** (Plur.) Succession d'états qui se répètent. *Passer par des alternatives de richesse et de pauvreté.* **2.** LOG Système de deux propositions dont une seule est vraie. **3.** *Par ext.* Situation dans laquelle on ne peut choisir qu'entre deux solutions possibles. *Il se trouve devant une cruelle alternative.* ▷ Cour. (Emploi critiqué) Chacune de ces deux solutions possibles et, par ext., toute possibilité de choix offerte à qqn. – Solution de rechange. «Le travail, dans la vie des jeunes, c'est très important. Ils ont exploré des alternatives au travail mais n'y ont pas trouvé le moyen de se réaliser.» (*L'Actualité*, sept. 1983.) De *alternatif*.

alternativement [altɛʀnativmɑ̃] adv. Tour à tour. – De *alternatif*.

alterne [altɛʀn] adj. BOT *Feuilles alternes*, insérées sur une tige, à raison d'une seule par nœud. ▷ GEOM *Angles alternes-internes:* angles formés par une sécante et deux droites, et situés l'un d'un côté, l'autre de l'autre côté de la sécante, en dedans des deux droites. – Du lat. *alternus*.

alterné, ée [altɛʀne] adj. Qui alterne. *Chants alternés.* ▷ MATH *Série alternée*, dont les termes consécutifs sont de signes contraires. – Pp. de *alterner*.

alterner [altɛʀne] **1.** v. intr. [1] Se succéder à tour de rôle. *Les platanes alternent avec les marronniers le long de la route.* **2.** v. tr. AGRIC Faire produire successivement à une terre des récoltes différentes. *Alterner les cultures.* – Lat. *alternare*.

altesse [altɛs] n. f. **1.** Titre qui se donne aux princes ou aux princesses. *Son Altesse le prince de...* **2.** Personne qui porte ce titre. *On remarquait dans l'assistance plusieurs altesses.* – Ital. *altezza*, de *alto*, «haut».

althaea [altea] n. f. BOT Nom scientifique des guimauves, de la rose trémière, etc. – Lat. *althaea*, gr. *althaia*, «guimauve».

altier, ière [altje, jɛʀ] adj. Qui a ou qui marque de l'orgueil, de la fierté. *Démarche altière. Caractère altier.* – Ital. *altiero*.

altimètre [altimɛtʀ] n. m. PHYS Appareil mesurant les altitudes. – Lat. médiév. *altimeter*.

altimétrie [altimetʀi] n. f. TRAV PUBL Ensemble des procédés de détermination des altitudes d'un tracé routier, par oppos. à *planimétrie*, détermination du tracé en plan. – De *altimètre*.

altiport [altipɔʀ] n. m. AVIAT Aérodrome aménagé en montagne. – De *alti[tude]*, et *[aéro]port*.

altiste [altist] n. Musicien qui joue de l'alto. – De *alto*.

altitude [altityd] n. f. Élévation verticale d'un lieu par rapport au niveau de la mer. *Cette montagne a trois mille mètres d'altitude.* – *Spécial.* Grande élévation verticale. *Il ne supporte pas l'altitude. Traiter une maladie par l'altitude*, par un séjour en montagne. *Cure d'altitude.* ▷ *La fusée prend de l'altitude*, s'élève dans les airs. – Lat. *altitudo*.

alto [alto] n. m. MUS **I.** Nom donné autref. à la plus grave des voix de femme et à la plus aiguë des voix d'homme. (On dit aujourd'hui *haute-contre* pour les hommes et *contralto* pour les femmes.) **II.** Nom de plusieurs instruments de musique. **1.** Instrument à cordes frottées, un peu plus grand que le violon et s'accordant une quinte au-dessous. **2.** Instrument à vent à embouchure et à pistons, de la famille des saxhorns, intermédiaire entre le bugle et le baryton. **3.** *Saxophone-alto* ou *alto*, instrument à vent de la famille des saxophones, en mi bémol, intermédiaire entre le ténor et le soprano. – Ital. *alto*, «haut».

altocumulus [altokymylys] n. m. METEO Nuage dont l'altitude moyenne est 3 000 m, blanc ou gris, formant des bancs ou des nappes d'aspect pommelé. – Du lat. *altus*, «haut», et *cumulus*, «amas».

altostratus [altostʀatys] n. m. METEO Nuage dont l'altitude moyenne est 3 500 m, formant une couche grisâtre, parfois légèrement bleutée, d'aspect uniforme ou strié. – Du lat. *altus*, «haut», et *stratus*, «étendu».

altruisme [altʀɥism] n. m. Propension à aimer et à aider son prochain. Ant. égoïsme. ▷ PHILO *«Doctrine* [...] *qui pose au point de départ l'intérêt de nos semblables comme but de la conduite morale»* (Lalande). – De *autrui*, d'après lat. *alter*, «autre».

altruiste [altʀɥist] adj. Qui est inspiré par l'altruisme. *Sentiments altruistes.* ▷ Subst. *Un altruiste.* Ant. égoïste. – Du préc.

aluchromie [alykʀomi] n. f. ART Technique consistant à fixer chimiquement des colorants semi-transparents sur une plaque d'aluminium anodisé. – De *alu*(minium), et du gr. *chroma*, «couleur».

aluchromiste [alykʀomist] n. ART Artiste utilisant la technique de l'aluchromie. – De *aluchromie*.

alucite [alysit] n. f. ZOOL Lépidoptère (fam. tinéidés), dont la chenille (teigne des céréales) endommage les grains de blé. – Lat. *alucita*, «moucheron».

aluminate [alyminat] n. m. CHIM Nom générique des sels où l'alumine joue le rôle d'anhydride d'acide. – De *alumine*.

alumine [alymin] n. f. CHIM et MINER Oxyde d'aluminium, Al_2O_3. – Lat. *alumen, aluminis*, «alun».

ENCYCL L'alumine existe à l'état naturel dans la *bauxite* (alumine hydratée mélangée de fer) d'où on l'extrait industriellement. Les corindons sont constitués d'alumine anhydre, colorée ou non par des oxydes métalliques.

aluminer [alymine] v. tr. [1] **1.** Combiner avec l'alumine. **2.** Couvrir d'aluminium. – De *alumine*.

aluminerie [alyminʀi] n. f. METALL Usine de fabrication de l'aluminium. – De *alumin*(e), et *-erie*.

alumineux, euse [alyminø, øz] adj. Qui contient de l'alumine ou de l'alun, ou qui en a les propriétés. – De *alumine*.

aluminium [alyminjɔm] n. m. Métal blanc, léger, produit industriellement à partir de l'alumine. – De *alumine*.

ENCYCL L'aluminium est le métal le plus abondant sur la Terre: il entre pour 7,5 % dans la masse terrestre. Élément de numéro atomique Z = 13 et de masse atomique 26,98, l'aluminium est un métal peu dense, de masse volumique 2,7 g/cm³ à 20 °C. Il entre dans la fabrication d'alliages légers, dont il constitue l'élément fondamental. Ses propriétés mécaniques sont médiocres, mais sa conductibilité, électrique ou thermique, est très élevée. Plastique et ductile, il se transforme en feuilles très minces (emballage) ou en fils. Sa température de fusion est 660 °C et sa température de vaporisation 2 467 °C. L'aluminium, très réducteur, présente une grande affinité pour l'oxygène, mais il est inaltérable à l'air par suite de la formation d'une pellicule protectrice d'alumine. L'aluminium se prépare par électrolyse de l'alumine. Pour obtenir 1 kg d'aluminium, il faut 4 kg de bauxite (fournissant 2 kg d'alumine), 1 kg de soude, 1 kg d'électrode, 10 kg de carbone et 15 kWh d'énergie électrique. Les utilisations de l'aluminium, pur ou sous forme d'alliages, sont très nombreuses: gaines de barreaux d'uranium dans les réacteurs nucléaires (aluminium à 99,998 %), réservoirs de stockage des acides sulfurique et nitrique concentrés (99,5 %), matériel de cuisine, câbles électriques, etc. Les alliages d'aluminium, duralumin, par ex., sont utilisés dans l'industrie automobile, l'aviation, les constructions navales et le bâtiment. Le Canada se classe au troisième rang des producteurs mondiaux d'aluminium après les États-Unis et l'Union soviétique. Le Québec, à lui seul, fournit 80 % de la production canadienne.

aluminothermie [alyminotɛʀmi] n. f. TECH Procédé utilisant la chaleur dégagée par l'oxydation de l'aluminium pour la réduction d'oxydes (préparation du chrome, du manganèse, etc.) et pour la soudure autogène. – De *aluminium,* et gr. *thermos,* «chaud».

alun [alœ̃] n. m. CHIM Nom générique des sels isomorphes, de formule générale M_2SO_4, $M'_2(SO_4)_3$, $24H_2O$, dans laquelle M est un métal alcalin ou l'ammonium NH_4, et M' un métal trivalent (Fe, Al, Cr, Mn, Co, Rh). *On utilise les aluns en tannerie, en photographie, en teinture et en médecine.* – Lat. *alumen.*

alunage [alynaʒ] n. m. Traitement à l'alun. – De *aluner.*

aluner [alyne] v. tr. [1] Traiter par l'alun (du tissu, du papier, etc.). – De *alun.*

alunir [alyniʀ] v. intr. [2] Prendre contact avec le sol de la Lune. (Mot critiqué, ainsi que son dérivé *alunissage;* dire: *atterrir sur la Lune.*) – De *Lune.*

alunite [alynit] n. f. Sulfate basique d'aluminium et de potassium. – De *alun.*

alvéolaire [alveɔlɛʀ] adj. **1.** ANAT Des alvéoles. *Gaz alvéolaire* (contenu dans les alvéoles pulmonaires, intermédiaire entre l'air et le sang). **2.** PHON Se dit d'un son articulé au niveau des alvéoles des dents d'en haut. [z] *est une fricative alvéolaire.* – De *alvéole.*

alvéole [alveɔl] n. m. (f. dans l'usage courant). **1.** Petite cellule de cire construite par les abeilles pour y élever les larves et y déposer miel et pollen. **2.** GEOL Cavité dans une roche homogène. **3.** ANAT *Alvéole dentaire,* cavité des maxillaires où se logent les racines des dents. ▷ *Alvéole pulmonaire,* cavité située à l'extrémité d'une bronchiole, au niveau de laquelle s'effectuent les échanges gazeux avec le sang. **4.** ELECTR Pièce conductrice recevant une broche de contact. – Lat. *alveolus.*

alvéolé, ée [alveɔle] adj. Qui est creusé d'alvéoles. – De *alvéole.*

alvéolite [alveɔlit] n. f. Inflammation des alvéoles (pulmonaires ou dentaires). – De *alvéole,* et *-ite* 1.

alymphocytose [alɛ̃fɔsitoz] n. f. MED Absence de lymphocytes dans le sang et les organes lymphoïdes. – De *a-*1, *lymphocyte,* et *-ose* 1.

alyte [alit] n. m. ZOOL Crapaud (genre *Alytes,* fam. discoglossidés) dit *crapaud accoucheur,* parce que le mâle porte, enroulé autour de ses membres postérieurs, le chapelet d'œufs pondus par la femelle jusqu'à leur éclosion. – Gr. *alutos,* «qu'on ne peut délier».

Am CHIM Symbole de l'*américium.*

amabilité [amabilite] n. f. Caractère d'une personne aimable; manifestation de ce caractère. *On vante son amabilité.* – Lat. *amabilitas.*

amadou [amadu] n. m. Combustible spongieux qu'on tire de l'amadouvier, champignon (fam. polyporacées) parasite du chêne et du hêtre. – Provenç. *amadou,* «amoureux, qui s'enflamme vite».

amadouer [amadwe] v. tr. [1] Apaiser (une personne), employer avec elle des manières douces et adroites, pour en obtenir quelque chose. *Il était très en colère, mais elle est arrivée à l'amadouer.* – Du provenç. *amadou,* «amoureux».

amaigrir [amegʀiʀ] v. tr. [2] **1.** Rendre maigre. *L'excès de travail l'a amaigri.* **2.** CONSTR Diminuer l'épaisseur de (une pièce de bois, de fer, de pierre, etc.). – De *maigre.*

amaigrissant, ante [amegʀisɑ̃, ɑ̃t] adj. Qui fait maigrir. *Régime amaigrissant.* – Du préc.

amaigrissement [amegʀismɑ̃] n. m. Fait de maigrir, d'être plus maigre. – De *amaigrir.*

amalgamation [amalgamasjɔ̃] n. f. CHIM Mélange ou combinaison d'un métal avec le mercure. – *Spécial.* Extraction de l'or ou de l'argent de leur gangue au moyen du mercure. – De *amalgamer.*

amalgame [amalgam] n. m. Alliage du mercure avec un autre métal. ▷ Fig. Mélange d'éléments qui ne s'accordent pas nécessairement. – Lat. des alchimistes *amalgama,* d'orig. ar.

amalgamer [amalgame] v. tr. [1] Faire un amalgame. ▷ Fig. Mélanger, rapprocher ce qui ne va guère ensemble. – De *amalgame.*

aman [aman] n. m. Chez les musulmans: fait d'accorder la vie sauve à un ennemi vaincu, un rebelle. *Accorder l'aman.* – Mot ar., «protection, sécurité».

amande [amɑ̃d] n. f. **1.** Fruit de l'amandier. *Amande douce,* agréable au goût. *Amande amère,* contenant de l'acide cyanhydrique. – *Par ext.* Toute graine contenue dans un noyau. ▷ *Amande tissée, glacée, soufflée, pralinée:* dragée faite avec une amande. **2.** BX.-A. *Amande mystique:* auréole en forme d'amande (symbole de virginité) autour des images de la Vierge ou du Christ. V. mandorle. – Lat. pop **amandula.*

amandier [amɑ̃dje] n. m. Arbre fruitier (genre *Amygdalus,* fam. rosacées), dont les fleurs, blanc rosé, apparaissent avant les feuilles, et dont le fruit est l'amande. – De *amande.*

amanite [amanit] n. f. BOT Champignon basidiomycète (nombr. espèces; genre *Amanita,* ordre des agaricales), caractérisé par des lamelles rayonnantes sous le chapeau, un anneau à mi-hauteur du pied et une volve enserrant la base du pied, dont certaines espèces sont comestibles (oronge), d'autres vénéneuses (amanite tue-mouches ou fausse oronge, amanite panthère), d'autres mortelles (amanite phalloïde). – Gr. *amanitês.*

amant, ante [amɑ̃, ɑ̃t] **1.** n. m. et f. (Vx dans ce sens.) Celui, celle qui éprouve pour une personne de l'autre sexe un amour partagé. **2.** n. m. Homme qui a des relations sexuelles avec une femme qui n'est pas son épouse. ▷ Plur. Deux personnes entretenant une relation sexuelle et affective. – Ppr. de l'anc. v. *amer,* «aimer».

amarantacées [amaʀɑ̃tase] n. f. pl. Famille de dicotylédones (ordre des centro-spermales) dont le type est l'amarante. – De *amarante.*

amarante [amaʀɑ̃t] **1.** n. f. Plante ornementale à fleurs pourpres en grappes. ▷ adj. inv. De la couleur rouge de ces fleurs. *Étoffes amarante.* **2.** n. m. Arbre de la Guyane (acajou de Cayenne) dont le bois, violet, est utilisé en ébénisterie. **3.** TECH Colorant de produits alimentaires. – Lat. *amarantus.*

amareyeur, euse [amaʀɛjœʀ, øz] n. Ouvrier chargé des parcs à huîtres. – De *marée.*

amaril, ile [amaʀil] adj. Qui a rapport à la fièvre jaune. *Virus amaril.* – Esp. *amarillo,* «jaune».

amariner [amaʀine] v. tr. [1] MAR **1.** Vx Envoyer des hommes d'équipage à bord d'un navire saisi en mer, pour en assurer la manœuvre. **2.** Habituer à la mer. *Il est difficile d'amariner les montagnards.* ▷ *Personne amarinée,* habituée à la mer, et, *spécial.,* qui n'a plus le mal de mer. – De *marin.*

amarrage [amaʀaʒ] n. m. Action d'amarrer; état de ce qui est amarré. *Amarrage d'engins spatiaux.* – De *amarrer.*

amarre [amaʀ] n. f. Cordage pour attacher un objet quelconque sur un navire. ▷ Cordage (aussière, grelin) servant à retenir un navire. – Déverbal de *amarrer.*

amarrer [amaʀe] v. tr. [1] **1.** Attacher, fixer avec une amarre. *Amarrer un navire dans le port.* **2.** Assujettir un objet avec un cordage quelconque. *Amarrer des colis.* – Du néerl. *aanmarren.*

amaryllidacées [amaʀilidase] n. f. pl. Famille de monocotylédones dont *Amaryllis* est le type (perce-neige, jonquille, etc.). – De *amaryllis.*

amaryllis [amaʀilis] n. f. BOT Genre de plantes originaires des régions tropicales, dont une espèce (le lis de Saint-Jacques), très répandue, a de belles fleurs diversement colorées et odorantes. – Lat. *Amaryllis,* du gr., nom d'une bergère dans Virgile.

amas [ama(ɑ)] n. m. **1.** Masse formée par une quantité de choses semblables ou diverses. *Amas de sable.* **2.** GEOL Dépôt de matières enveloppées, en totalité ou en partie, par des matières d'un genre différent et qui forment ainsi des masses plus ou moins régulières et de volume variable. **3.** ASTRO *Amas d'étoiles:* groupement plus ou moins serré d'étoiles physiquement liées, de même âge et de même origine. (On distingue les amas *galactiques,* situés au voisinage du plan de la Galaxie et contenant surtout des étoiles bleues, et les amas *globulaires,* de forme sphérique et contenant surtout des étoiles rouges.) – Déverbal de *amasser.*

amasser [amase] **1.** v. tr. [1] Faire un amas, une masse; réunir en grande quantité. *Amasser des matériaux, de l'argent.* Ant. disperser, éparpiller. ▷ (S. comp.) Thésauriser. *Il ne cesse d'amasser, sans jamais dépenser.* **2.** v. pron. S'entasser, s'accumuler. *Le courrier s'amasse sur son bureau.* – De *masse,* lat. *massa.*

amateur, trice [amatœʀ, tʀis] n. **1.** Personne qui aime, qui a du goût pour (qqch). *Un amateur d'opéra.* **2.** Personne qui pratique un art, une science, un sport par plaisir, sans en faire sa profession. *Un photographe amateur.* **3.** Péjor. Personne qui ne fait pas sérieusement son travail. *Exécuter une commande en amateur.* – Lat. *amator.*

amateurisme [amatœʀism] n. m. **1.** SPORT Statut de l'amateur (qui ne reçoit ni rétribution, ni prix en espèces, à la différence des professionnels). **2.** Péjor. Caractère d'une tâche effectuée avec négligence, sans le soin qui caractérise le travail du professionnel. – De *amateur.*

amazone [amazon] n. f. **1.** Cavalière. *Une amazone passa au trot.* ▷ *Monter en amazone,* les deux jambes du même côté de la selle. **2.** Longue jupe très ample portée par une femme pour monter en amazone. – Du nom des *Amazones,* femmes guerrières, du gr. *a-,* et *mazos,* «sein», les Amazones de la légende se coupant un sein pour mieux tirer à l'arc.

amazonien, ienne [amazɔnjɛ̃, jɛn] adj. De l'Amazonie. *La forêt amazonienne.* – De *Amazonie.*

ambages [ɑ̃baʒ] n. f. pl. *Parler sans ambages,* sans détours ni faux-fuyants, franchement. – Lat. *ambages,* «détours».

ambassade [ɑ̃basad] n. f. **1.** Mission, députation envoyée pour représenter un souverain, un pays. *Envoyé en ambassade.* **2.** Mission diplomatique permanente auprès d'un gouvernement étranger. – Personnel attaché à cette mission. *Il appartient à l'ambassade.* ▷ Fonction d'un ambassadeur. *On lui a confié l'ambassade de Paris.* ▷ Résidence, bureaux d'un ambassadeur. *Aller à l'ambassade.* **3.** Démarche faite par un tiers. *Il a envoyé son cousin en ambassade auprès de son père.* – Lat. médiév. *ambactia,* «service», d'orig. gaul.

ambassadeur, drice [ɑ̃basadœʀ, dʀis] n. **1.** Personne ayant le caractère et le titre de représentant d'un État auprès d'un autre État. *Les ambassadeurs jouissent en tant qu'agents diplomatiques de certaines prérogatives.* **2.** Personne chargée d'une mission. – Ital. *ambasciatore.*

ambi-. Préfixe, du lat. *ambo,* «les deux, des deux côtés».

ambiance [ɑ̃bjɑ̃s] n. f. **1.** Le milieu physique dans lequel se trouvent les êtres vivants. **2.** Le milieu intellectuel et moral où sont placés les individus. ▷ Fam. *Il y avait beaucoup d'ambiance,* beaucoup de gaieté, d'entrain. – De *ambiant.*

ambiant, ante [ɑ̃bjɑ̃, ɑ̃t] adj. Qui entoure de toutes parts. *Air ambiant. La température ambiante.* – Lat. *ambiens.*

ambidextre [ɑ̃bidɛkstʀ] adj. Qui se sert des deux mains avec une égale facilité. – Lat. *ambidexter.*

ambigu, uë [ɑ̃bigy] adj. **1.** Dont la pluralité de sens ne permet pas une interprétation sans équivoque. *Réponse ambiguë.* **2.** Qui participe de qualités différentes. *Caractère ambigu.* – Lat. *ambiguus.*

ambiguïté [ɑ̃bigɥite] n. f. Caractère de ce qui est ambigu. Ant. clarté, netteté, précision. – Lat. *ambiguitas.*

ambiophonie [ɑ̃bjofɔni] n. f. AUDIOV Technique consistant à répartir les enceintes acoustiques en avant et en arrière des auditeurs pour améliorer leur perception de sons préalablement enregistrés. – Du lat. *ambo,* «tous les deux, de part et d'autre», et *-phonie.*

ambitieusement [ɑ̃bisjøzmɑ̃] adv. D'une manière ambitieuse. – De *ambitieux.*

ambitieux, ieuse [ɑ̃bisjø, jøz] adj. **1.** Qui a de l'ambition. *C'est un homme très ambitieux.* **2.** Qui indique l'ambition. *Un projet ambitieux.* – De *ambition.*

ambition [ɑ̃bisjɔ̃] n. f. **1.** Désir d'atteindre à la gloire, au pouvoir, à la réussite sociale. *Un homme dévoré par l'ambition.* **2.** Aspiration, volonté très marquée. *Il a l'ambition de se rendre utile.* – Lat. *ambitio.*

ambitionner [ɑ̃bisjɔne] v. [1] **I.** v. tr. **1.** Briguer, poursuivre par ambition. *Il ambitionnait de monter en grade.* **2.** Vieilli Encourager, stimuler (qqn). **3.** v. pron. Trouver du courage, de la stimulation. *S'ambitionner à l'ouvrage.* **II.** v. intr. Fam. **1.** Aller au-delà de ce qui est raisonnable, convenable, conforme à la réalité. **2.** *Ambitionner sur:* abuser de. *Ambitionner sur qqn, sur qqch.* – Loc. *Ambitionner sur le pain bénit:* exagérer. – De *ambition.*

ambivalence [ɑ̃bivalɑ̃s] n. f. **1.** PSYCHO «Apparition simultanée de deux sentiments opposés à propos de la même représentation mentale» (Bleuler), un des symptômes de la schizophrénie. **2.** Caractère de ce qui présente une dualité de valeurs, de sens, d'aspects. – Lat. *ambo,* «tous les deux», et *valence.*

ambivalent, ente [ɑ̃bivalɑ̃, ɑ̃t] adj. Doué d'ambivalence. – Du préc.

amble [ɑ̃bl] n. m. Allure, naturelle ou acquise, de certains quadrupèdes qui se meuvent en déplaçant simultanément les deux membres d'un même côté. *L'ours va l'amble.* – De *ambler.*

ambler [ɑ̃ble] v. intr. [1] Aller l'amble. – Lat. *ambulare.*

ambly-. Élément, du gr. *amblus,* «émoussé, obtus», entrant dans la composition de certains termes scientifiques.

amblygonite [ɑ̃bligɔnit] n. f. MINER Minerai de lithium (fluophosphate d'aluminium et de lithium). – De *ambly-,* et gr. *gônia,* «angle».

amblyope [ɑ̃blijɔp] adj. et n. Atteint d'amblyopie. – De *amblyopie.*

amblyopie [ɑ̃blijɔpi] n. f. MED Faiblesse de la vue. – Gr. *ambluôpia.*

amblyrhynque [ɑ̃bliʀɛ̃k] n. m. ZOOL Saurien des îles Galapagos, appelé aussi *iguane marin,* végétarien, excellent nageur, long de 1 m env., portant de la tête à la queue une crête dentée. – De *ambly-,* et gr. *rugkhos,* «bec».

amblystome [ɑ̃blistɔm] n. m. ZOOL Amphibien urodèle du Mexique *(Amblystoma tigrinum)* ressemblant aux salamandres communes et dont la larve est l'axolotl. – De *ambly-*, et gr. *stoma*, «bouche».

ambon [ɑ̃bɔ̃] n. m. ARCHI Tribune élevée dans le chœur, ou à la séparation de la nef et du chœur, dans certaines églises anciennes. – Gr. *ambôn*.

ambre [ɑ̃bʀ] n. m. Nom donné à diverses substances aromatiques ou résineuses. **1.** *Ambre jaune:* résine fossile de conifères du Tertiaire, utilisée en bijouterie. **2.** *Ambre gris:* concrétion qui se forme dans l'appareil digestif du cachalot, utilisée en parfumerie. **3.** *Ambre blanc,* ou *spermaceti:* matière grasse (dite blanc de baleine) extraite de la tête du cachalot. – Ar. *ambar*.

ambré, ée [ɑ̃bʀe] adj. Qui a le parfum ou la couleur de l'ambre. – De *ambre*.

ambrette [ɑ̃bʀɛt] n. f. Plante (genre *Abelmosch*, fam. malvacées) qui fournit le musc végétal employé en parfumerie. – De *ambre*.

ambroisie [ɑ̃bʀwazi] n. f. Nourriture des dieux de l'Olympe, qui rendait immortel. – Gr. *ambrosia*, par le lat.

ambrosiaque [ɑ̃bʀozjak] adj. Qui a l'odeur, le parfum de l'ambroisie. – De *ambroisie*.

1. ambrosien, ienne [ɑ̃bʀozjɛ̃, jɛn] adj. Syn. *d'ambrosiaque*. – De *ambroisie*.

2. ambrosien, ienne [ɑ̃bʀozjɛ̃, jɛn] adj. Relatif au rite attribué à saint Ambroise. *Chant ambrosien*. – Lat. ecclés. *ambrosianus*.

ambulacraire [ɑ̃bylakʀɛʀ] adj. ZOOL *Pied, tube ambulacraire:* ambulacre. – De *ambulacre*.

ambulacre [ɑ̃bylakʀ] n. m. ZOOL Fin tube situé sur la face inférieure du corps des échinodermes et qui, terminé par une ventouse, sert à leur locomotion. – Lat. *ambulacrum*, «allée d'arbres pour se promener».

ambulance [ɑ̃bylɑ̃s] n. f. **1.** Anc. Installation sommaire mobile de premiers soins aux blessés des champs de bataille. *Ambulance de campagne*. **2.** Véhicule affecté au transport des malades, des blessés. – De *ambulant*.

ambulancier, ière [ɑ̃bylɑ̃sje, jɛʀ] adj. **1.** Anc. Personne employée dans une ambulance (au sens 1). **2.** Personne qui conduit une ambulance. – De *ambulance*.

ambulant, ante [ɑ̃bylɑ̃, ɑ̃t] adj. Qui se déplace, va de lieu en lieu. *Marchand ambulant, bibliothèque ambulante.* ▷ N. m. *Un ambulant:* un marchand ambulant. – Lat. *ambulans*.

ambulatoire [ɑ̃bylatwaʀ] adj. **1.** ZOOL Se dit des organes propres à la locomotion, particulièrement chez les animaux dépourvus de pattes véritables. **2.** MED *Traitement ambulatoire,* qui peut être pratiqué sans hospitalisation. – Lat. *ambulatorius*, «mobile».

âme [ɑm] n. f. **I. 1.** Dans une doctrine spiritualiste, principe spirituel, agent essentiel de la vie, qui, uni au corps, constitue l'être vivant. *Rendre l'âme,* mourir. ▷ Par anal. *L'âme d'une nation, d'un peuple.* ▷ *Par ext.* Être vivant. *Un village de 900 âmes. – Ne pas rencontrer âme qui vive:* ne rencontrer personne. **2.** Dans une doctrine spiritualiste, principe immortel subsistant après la mort. *Prier pour l'âme de quelqu'un.* **3.** Principe des facultés morales, sentimentales, intellectuelles; siège de la pensée et des passions. *En mon âme et conscience. Avoir l'âme sensible. Chanter avec âme,* avec émotion et chaleur. **II.** Élément essentiel d'une chose, d'un instrument. *L'âme d'un soufflet:* soupape de cuir pour l'entrée de l'air. – *L'âme d'un violon:* petit cylindre de bois placé entre le fond et la table, qu'il soutient. – *L'âme d'un canon, d'un fusil:* partie intérieure du tube. – *L'âme d'un câble, d'une poutre,* sa partie centrale. **III. 1.** *L'âme d'un complot,* son instigateur. **2.** *L'âme damnée de quelqu'un:* celui qui incite quelqu'un à faire le mal, son alter ego dans le mal. – Lat. *anima*.

amélanchier [amelɑ̃ʃje] n. m. Arbuste (fam. rosacées) portant des fleurs en grappes, produisant des baies comestibles de couleur très foncée, presque noire. *Les fruits de l'amélanchier sont couramment appelés petites poires.* – Du provenç. mod. *amélanquier*, de *amelanco*, «fruit de l'amélanchier».

améliorable [ameljɔʀabl] adj. Qui peut être amélioré. – De *améliorer*.

améliorant, ante [ameljɔʀɑ̃, ɑ̃t] adj. Qui améliore. AGRI *Plantes améliorantes,* qui, cultivées sur un sol dégradé ou appauvri, lui rendent sa fertilité (les papilionacées: trèfle, luzerne, haricot, enrichissent le sol en azote utilisable par d'autres végétaux). – Ppr. de *améliorer*.

amélioration [ameljɔʀasjɔ̃] n. f. Action d'améliorer; fait de s'améliorer. *Amélioration des sols à des fins agricoles. L'amélioration des plantes cultivées repose sur la génétique.* – De *améliorer*.

améliorer [ameljɔʀe] v. tr. [1] Rendre meilleur, perfectionner. *Améliorer le rendement d'un sol par des engrais. Améliorer un texte avant sa publication.* ▷ v. pron. Devenir meilleur. *Le temps s'améliore.* Ant. empirer. – De *meilleur*.

amen [amɛn] interj. Mot hébreu («ainsi soit-il») qui termine la plupart des prières juives et chrétiennes. ▷ Fam. *Dire amen à tout:* approuver tout, consentir à tout.

aménagement [amenaʒmɑ̃] n. m. Action d'aménager; résultat de cette action. **1.** Organiser en vue d'améliorer les conditions d'utilisation. *Aménagement d'une école. Aménagement d'un terrain vague en jardin public.* ▷ *Aménagement d'une forêt:* réglementation de son exploitation. ▷ *Aménagement du territoire:* mise en valeur du territoire national. **2.** Assouplissement apporté dans l'application d'un règlement. *Des aménagements ont été apportés au système fiscal. Aménagements fiscaux.* – De *aménager*.

aménager [amenaʒe] v. tr. [15] **1.** Préparer, organiser en vue d'une utilisation précise. *Aménager un appartement,* le rendre habitable. *Aménager une pièce en auditorium.* **2.** SYLVIC Réglementer la coupe, l'exploitation d'une forêt. – De *ménage*.

amende [amɑ̃d] n. f. Peine pécuniaire imposée en cas d'infraction à une loi. *Payer une amende.* ▷ Pénalité imposée, dans un jeu. ▷ *Faire amende honorable:* présenter des excuses, reconnaître ses torts. – Déverbal de *amender*.

amendement [amɑ̃dmɑ̃] n. m. **1.** AGRI Amélioration des caractères physiques d'un sol cultivé à l'aide de substances calcaires ou humiques notam.; cette substance elle-même. **2.** POLIT Action d'amender un texte légal; modification apportée à un texte légal par les membres d'une assemblée législative. *Les amendements votés ont complètement défiguré le projet de loi.* **3.** DR Moyen par lequel une partie modifie un acte de procédure qu'elle a produit. *Un amendement ne sera pas permis s'il est inutile ou contraire aux intérêts de la justice.* – De *amender*.

amender [amɑ̃de] v. tr. [1] **1.** AGRI Améliorer. *Amender une terre avec de la craie.* **2.** Apporter des modifications à un texte à caractère légal. *Amender une loi, un acte de procédure.* **3.** v. pron. Se corriger. *Pécheur qui s'est amendé.* – Lat. *emendare*.

amène [amɛn] adj. Litt. Agréable, courtois, aimable. *Un caractère amène.* – Lat. *amœnus*, «agréable».

amenée [amne] n. f. Action d'amener. *Canal d'amenée.* – De *amener.*

amener [amne] v. tr. [19] **I. 1.** Mener, conduire (qqn) quelque part ou auprès d'une personne. *Amenez-le-moi.* – Fam. *Quel bon vent vous amène?* ▷ Fig. *Amener quelqu'un à une opinion,* la lui faire adopter. **2.** Entraîner avec soi. *Un malheur en amène un autre.* **3.** Faire venir avec préparation préalable. *Amener une conclusion.* **4.** JEU Faire tel ou tel point d'un coup de dés. *Amener deux as et un six.* **5.** v. pron. Pop. Venir. *Alors, tu t'amènes?* **II.** Tirer à soi. *Amener les rames.* ▷ Faire descendre. *Amener une voile.* – *Amener le pavillon,* pour marquer la reddition. – De *mener.*

aménité [amenite] n. f. **1.** Vx Agrément, beauté d'un lieu. **2.** Amabilité, charme, affabilité. *Aménité du caractère.* ▷ Iron. *Échanger des aménités,* d'aigres propos. – Lat. *amœnitas.*

aménorrhée [amenɔʀe] n. f. MED Absence anormale des règles, dont les causes peuvent être fort diverses (endocriniennes, psychologiques ou secondaires à une maladie générale). – De *a-*1, gr. *mên,* «mois», et *rhein,* «couler».

amentifère [amɑ̃tifɛʀ] adj. BOT Qui porte des inflorescences en chatons. – Du lat. *amentum,* «chaton».

amentiflores [amɑ̃tiflɔʀ] n. f. pl. Vaste ensemble d'arbres amentifères (châtaigniers, chênes, saules, noyers). – Du préc.

amenuisement [amənɥizmɑ̃] n. m. Action d'amenuiser; fait de s'amenuiser. – De *amenuiser.*

amenuiser [amənɥize] v. tr. [1] **1.** Rendre plus menu, amincir. **2.** v. pron. Devenir plus menu, moins nombreux, moins fort. – De *menuiser.*

1. amer, ère [amɛʀ] adj. **1.** Qui a une saveur âpre, désagréable. *L'aloès est amer.* ▷ Fig. Pénible, douloureux. *Chagrin amer.* **2.** Dur, mordant. *Critique amère.* **3.** n. m. Liqueur apéritive à base de plantes amères. – Lat. *amarus.*

2. amer [amɛʀ] n. m. MAR Tout point des côtes très visible (clocher, balise, château d'eau, etc.), porté sur une carte et servant de point de repère pour la navigation. – Néerl. *merk,* «limite».

amèrement [amɛʀmɑ̃] adv. Avec amertume. *Critiquer amèrement.* – De *amer* 1.

américain, aine [ameʀikɛ̃, ɛn] adj. **1.** De l'Amérique. *Continent américain.* **2.** Des États-Unis (d'Amérique). *Parler l'anglais avec l'accent américain. Cigarettes américaines.* ▷ N. m. L'anglais parlé aux États-Unis. – *Un Américain:* un habitant de l'Amérique; *spécial.,* un citoyen des États-Unis. – De *Amérique.*

américanisation [ameʀikanizasjɔ̃] n. f. Action d'américaniser; fait de s'américaniser. – De *américaniser.*

américaniser [ameʀikanize] v. tr. [1] Donner un caractère américain. ▷ v. pron. Prendre l'allure et les coutumes américaines. – De *américain.*

américanisme [ameʀikanism] n. m. Ensemble des traits de civilisation propres aux États-Unis. ▷ Tournure de phrase de langue anglaise spéciale aux Américains. – De *américain.*

américaniste [ameʀikanist] n. Personne qui étudie l'Amérique, ses mœurs, ses langues, son histoire. – De *américain.*

américanophile [ameʀikanɔfil] adj. Qui aime les Américains (des États-Unis). – De *américano-,* et *-phile.*

américium [ameʀisjɔm] n. m. CHIM Élément radioactif de numéro atomique Z = 95; symbole Am. – De *Amérique.*

amérindianisme [ameʀɛ̃djanism] n. m. LING Mot, locution ou tournure empruntés aux langues amérindiennes. *Les mots* achigan *et* ouaouaron *sont des amérindianismes.* – De *amérindien,* et *-isme.*

amérindien, ienne [ameʀɛ̃djɛ̃, jɛn] adj. et n. Qui a trait aux autochtones d'Amérique du Nord. *Spécialiste en langues amérindiennes. Mot d'origine amérindienne.* ▷ Subst. Autochtone du continent américain. *Les Amérindiens du Canada vivent de la chasse et de la pêche.* **2.** n. m. Langue parlée sans distinction par tous les autochtones d'Amérique. *La Romaine est un toponyme transposé de l'amérindien.* – Du rad. de *Amérique,* et *Indien,* tiré de l'anglo-améric. *Amerindian.*

ENCYCL Au cours de l'histoire, de nombreux mots ont été en usage pour identifier, en français, les Indiens d'Amérique, les plus fréquents étant *Indiens, Sauvages, Peaux-Rouges* et *Amérindiens,* également employés comme adjectifs. *Sauvage* et *Peau-Rouge,* très courants jusqu'au début du XXe siècle, ont été écartés en raison de la connotation péjorative dont ils s'étaient chargés, reliée à la barbarie et au primitivisme. Or, comme *Indien* suscitait un rapprochement avec les habitants de l'Inde, tributaire de l'erreur géographique des premiers découvreurs qui ont confondu l'Amérique et les Indes, les spécialistes ont opté pour le terme *Amérindien,* plus précis, d'un usage exclusivement informatif et exempt de toute intention classificatoire, de différenciation ou d'origine. Le terme *Indien* est conservé, en vertu de sa connotation historique, dans les textes qui font référence aux périodes anciennes.
Pour certains chercheurs, le terme *Amérindien* englobe aussi bien les Inuit (Esquimaux) que les Indiens. Cependant, deux facteurs rendent difficile cette utilisation au Canada. D'une part, le ministère canadien des Affaires indiennes et du Nord maintient une nette distinction entre les deux groupes et, d'autre part, la similitude lexicale entre *Amérindien* et *Indien* a contribué à confondre les deux désignations. En conséquence, au Canada, *Amérindien* n'est employé, en général, qu'au sens restreint d'*Indien.* V. inuit.

amerrir [ameʀiʀ] v. intr. [2] Se poser sur un plan d'eau. *Hydravion qui amerrit.* – De *mer,* sur *atterrir.*

amerrissage [ameʀisaʒ] n. m. Action d'amerrir. – De *amerrir.*

amertume [amɛʀtym] n. f. **1.** Goût amer. *L'amertume de la gentiane.* **2.** Fig. Aigreur, mélancolie due à un sentiment de mécontentement, de déception. *Il remarqua avec amertume qu'on ne l'avait pas remercié.* – Lat. *amaritudinem,* accus. de *amaritudo.*

améthyste [ametist] n. f. MINER Variété violette de quartz hyalin cristallisé, utilisée en joaillerie. – Lat. d'orig. gr. *amethystus,* «qui combat l'ivresse»; propriété qui lui était attribuée.

amétrope [ametʀɔp] adj. Atteint d'amétropie. – Du gr. *ametros,* «non conforme à la mesure», et *ôps,* «vue».

amétropie [ametʀɔpi] n. f. PHYSIOL Trouble de la réfraction dû à une mauvaise mise au point de l'image sur la rétine. V. hypermétropie, myopie et astigmatisme. – Du préc.

ameublement [amœbləmɑ̃] n. m. Ensemble du mobilier d'une pièce, d'une maison. *Un ameublement ultramoderne.* – De l'anc. v. *ameubler,* de *meuble.*

ameublir [amœbliʀ] v. tr. [2] **1.** AGRI Rendre (une terre) plus meuble, plus légère. **2.** DR Faire entrer un immeuble dans la communauté légale des époux. – De *meuble.*

ameublissement [amœblismɑ̃] n. m. **1.** Action d'ameublir (une terre). **2.** DR *Clause d'ameublissement d'un contrat de mariage,* faisant entrer dans la communauté une partie ou la totalité des immeubles présents ou futurs des époux. – De *ameublir.*

ameuter [amøte] **I.** v. tr. [1] **1.** VEN Rallier en meute (les chiens). **2.** Attrouper (des personnes) dans l'intention de susciter des réactions hostiles. *Ses cris ont ameuté tout le voisinage.* ▷ Alerter. *Les articles de ce journaliste ont ameuté l'opinion publique.* **II.** v. pron. S'assembler pour manifester de façon hostile. – De *meute.*

amharique [amaʀik] n. m. Langue sémitique parlée sur le plateau éthiopien. – Lat. scientif. *amharicus,* de *Amhara,* anc. prov. d'Éthiopie.

ami, ie [ami] **I.** n. **1.** Personne à laquelle on est lié par une affection réciproque. *Un ami d'enfance. Je me suis fait un ami de ce garçon.* Syn. camarade, compagnon. ▷ *Mon ami(e):* par euphém., mon amant, ma maîtresse. *Petit ami, petite amie:* ami(e) de cœur, amant, maîtresse. ▷ Vieilli, fam. *Mon ami, l'ami,* pour s'adresser à quelqu'un d'un rang qu'on considère comme inférieur. *Dites-moi, mon ami... Eh! L'ami! Venez un peu ici!* **2.** Personne bien disposée, animée de bonnes intentions. *Venir en ami. C'est un ami qui vous parle.* Ant. ennemi. **II.** adj. **1.** D'un ami. *Une maison amie.* ▷ *Un regard ami,* amical, bienveillant. **2.** Allié. *Des pays amis.* ▷ De son propre camp. *Des troupes amies.* Ant. ennemi. – Lat. *amicus.*

amiable [amjabl] adj. **1.** Qui se fait de gré à gré. *Vente amiable.* ▷ Loc. adv. *À l'amiable:* par voie de conciliation, par accord volontaire des parties. *Litige réglé à l'amiable.* **2.** MATH *Nombres amiables,* dont chacun est égal à la somme des diviseurs de l'autre (par ex. 284 et 220). – Bas lat. *amicabilis.*

amiante [amjɑ̃t] n. m. CHIM Silicate de calcium et de magnésium résistant au feu et aux acides, qui se présente sous forme de filaments peu adhérents entre eux. – Lat. d'orig. gr. *amiantus.*

ENCYCL L'amiante est utilisé pour ses qualités de résistance au feu (combinaisons des pilotes d'automobiles de course, cloisons pare-feu, par ex.) et pour sa légèreté (tuyaux et plaques de couverture en amiante-ciment, par ex.). Les fines aiguilles d'amiante peuvent menacer les alvéoles pulmonaires; elles sont cancérigènes.

amiantose [amjɑ̃toz] n. f. MED Maladie industrielle qui attaque les poumons et résulte de l'inhalation sur une période prolongée de poussière d'amiante. Syn. asbestose. – De *amiante,* et *-ose* 2.

amibe [amib] n. f. Protozoaire rhizopode des eaux douces et salées qui se déplace en émettant des pseudopodes. *Parmi les six espèces d'amibes qui parasitent l'homme, une seule est pathogène.* – Lat. *amiba,* du gr. *ameibein,* «changer, alterner».

amibiase [amibjaz] n. f. MED Parasitisme du gros intestin, dû à *Entamoeba histobytica,* le plus souvent asymptomatique, mais qui peut provoquer une diarrhée aiguë ou chronique et des lésions viscérales graves, en partic. hépatiques. – De *amibe,* et *-ase.*

amibien, ienne [amibjɛ̃, jɛn] adj. **1.** Dû aux amibes. *Dysenterie amibienne.* **2.** Qui est spécifique des amibes. – De *amibe.*

amiboïde [amibɔid] adj. **1.** Qui ressemble aux amibes. **2.** Qui émet des pseudopodes (leucocytes polynucléaires, etc.). – De *amibe,* et *-oïde.*

amical, ale, aux [amikal, o] adj. Qui est inspiré par l'amitié. *Un conseil amical.* Ant. hostile, malveillant. – Bas lat. *amicalis.*

amicale [amikal] n. f. Association professionnelle ou privée, regroupant des personnes ayant une même activité. *Une amicale de pêcheurs à la ligne.* – De *amical.*

amicalement [amikalmɑ̃] adv. D'une manière amicale. *Bavarder amicalement.* – De *amical.*

amict [amikt] n. Linge bénit, que le prêtre catholique se place sur le cou et les épaules avant de passer l'aube. – Lat. *amictus.*

amide [amid] n. m. CHIM Composé organique dérivant de l'ammoniac ou des amines par substitution d'un ou plusieurs radicaux acyle R-CO- à un ou plusieurs atomes d'hydrogène. – Du rad. de *ammoniac.*

amidon [amidɔ̃] n. m. Substance de réserve végétale, de nature glucidique, dont les granules broyés avec de l'eau chaude fournissent un empois *(empois d'amidon).* – Lat. médiév. *amidum,* du lat. d'orig. gr. *amylum.*

ENCYCL L'amidon, polyoside de formule brute $(C_6H_{10}O_5)_n$, est formé de molécules de glucose associées en longues chaînes linéaires *(amylose)* ou ramifiées *(amylopectine)* par des liaisons osidiques *(pont oxygène).* Produit lors de la synthèse chlorophyllienne dans les feuilles, il constitue la principale réserve glucidique des graines (céréales, haricots, etc.) et des tubercules (pomme de terre). Il est utilisé dans l'industrie pour la préparation du glucose par hydrolyse, l'encollage du papier, l'apprêt des tissus, etc.

amidonnage [amidɔnaʒ] n. m. Action d'amidonner. – De *amidonner.*

amidonner [amidɔne] v. tr. [1] Enduire d'amidon. – De *amidon.*

amidure [amidyʀ] n. m. CHIM Composé dérivant de l'ammoniac ou d'une amine par substitution d'un métal monovalent à un atome d'hydrogène. – De *amide.*

amincir [amɛ̃siʀ] v. tr. [2] **1.** Rendre plus mince. *Amincir une tôle.* ▷ v. pron. Devenir plus mince. Ant. épaissir. **2.** Faire paraître plus mince. *Cette robe l'amincit.* – De *mince.*

amincissant, ante [amɛ̃sisɑ̃, ɑ̃t] adj. Qui amincit. *Un régime amincissant.* – Ppr. de *amincir.*

amincissement [amɛ̃sismɑ̃] n. m. Action d'amincir; son résultat. – Fait de s'amincir. – De *amincir.*

amine [amin] n. f. CHIM Composé organique obtenu en remplaçant partiellement ou totalement les atomes d'hydrogène de l'ammoniac NH_3 par des radicaux hydrocarbonés monovalents (R–). – Du rad. de *ammoniac.*

aminé, ée [amine] adj. BIOCHIM *Acides aminés:* acides organiques possédant une ou plusieurs fonctions amine, et dont 20 sont indispensables à la vie. – De *amine.*

ENCYCL Constituants essentiels des protéines, ils sont formés par la réunion d'un radical carboné, d'une ou deux fonctions acide organique (COOH) et d'une ou plusieurs fonctions amine. Dans les protéines, les vingt acides aminés naturels sont liés entre eux par une liaison peptidique selon des combinaisons variables. Chez l'homme, 10 acides aminés naturels sont indispensables; les autres peuvent être synthétisés. La séquence d'acides aminés d'une protéine fabriquée par une cellule est déterminée par la séquence des bases de l'A.D.N. constitutif d'un gène chromosomique. La synthèse protéique s'effectue dans les ribosomes, où l'A.D.N. messager transporte le code, les acides aminés nécessaires étant délivrés par l'A.R.N. de transfert.

a minima. V. minima (a).

aminoplaste [aminɔplast] n. m. CHIM Résine synthétique thermodurcissable utilisée pour fabriquer des colles, des vernis, etc. – De *amine,* et *-plaste.*

aminosides [aminɔsid] n. m. pl. BIOCHIM Famille d'antibiotiques qui ont pour effet d'enrayer la croissance bactérienne en agissant sur la synthèse protéique au niveau des ribosomes. – De *amine,* et *oside.*

amiral, ale, aux [amiʀal, o] n. Officier général de la marine militaire. ▷ adj. *Bâtiment amiral,* sur lequel se trouve l'amiral, le chef d'escadre. – De l'ar. *amīr,* «prince, chef».

amirauté [amiʀote] n. f. **1.** État et office d'amiral; résidence, services et bureaux de l'amiral. **2.** Corps des amiraux, formant l'état-major de la marine militaire. – *Premier lord de l'Amirauté:* ministre britannique de la Marine. – De *amiral.*

amitié [amitje] n. f. **1.** Affection mutuelle liant deux personnes. *Une solide amitié les unit.* ▷ *Amitié particulière:* relation à coloration homosexuelle. **2.** Témoignage d'affection bienveillante. *Faites-nous l'amitié d'accepter ce présent. Je lui transmettrai vos amitiés.* Ant. antipathie, inimitié. – Du lat. pop. *amicitatem.*

amitose [amitoz] n. f. BIOL Mode de multiplication cellulaire par étranglement du noyau et du cytoplasme, et sans constitution d'un fuseau achromatique. – De *a-*1, et *mitose.*

amixie [amiksi] n. f. BIOL Impossibilité de croisement entre deux espèces ou deux races. – De *a-*1, et gr. *mixis,* «mélange».

ammocète [amɔsɛt] n. f. Larve de lamproie. – Gr. *ammos,* «sable», et *koitê,* «demeure».

1. ammoniac [amɔnjak] n. m. Gaz de formule NH_3, incolore et d'odeur suffocante, extrêmement soluble dans l'eau. – Lat. *ammoniacum,* du gr. *Ammôn,* nom d'un dieu (on préparait, dit-on, l'ammoniac près d'un temple de Jupiter Ammon, en Libye).

ENCYCL L'ammoniac est un gaz de densité 0,6. Son point d'ébullition est de – 33 °C et son point de solidification – 77 °C sous la pression atmosphérique. Sa solubilité dans l'eau s'élève à 1 170 litres par litre d'eau à 0 °C. Il possède des propriétés réductrices à chaud et brûle dans l'oxygène en donnant de l'azote. Utilisé comme agent réfrigérant dans les machines frigorifiques (il se liquéfie à 20 °C sous une pression de 8,8 bars), il sert de point de départ à la fabrication d'engrais tels que le sulfate ou le nitrate d'ammonium, de l'acide nitrique et de l'urée (matières plastiques formolurée).

2. ammoniac, aque [amɔnjak] adj. *Sel ammoniac:* chlorure d'ammonium. – De *ammoniac* 1.

ammoniacal, ale, aux [amɔnjakal, o] adj. Qui est constitué par l'ammoniac ; qui en contient, ou possède ses propriétés. *Urine ammoniacale.* – De *ammoniac* 1.

ammoniaque [amɔnjak] n. f. Solution aqueuse de l'ammoniac. – De *ammoniac* 1.

ammonite [amɔnit] n. f. PALEONT Mollusque céphalopode tétrabranchial fossile, à coquille spiralée, dont les multiples espèces, fort abondantes pendant le Secondaire, avaient des formes et des tailles (jusqu'à 0,50 m) très diverses. – De *Ammon,* à cause de la ressemblance de la coquille avec les cornes du dieu Jupiter Ammon.

ammonium [amɔnjɔm] n. m. CHIM Radical de formule NH_4, que ses propriétés font classer parmi les métaux alcalins. – *Ion ammonium:* ion monovalent [NH_4^+]. – Du rad. de *ammoniac* 1.

ammonoïdes [amɔnɔid] n. m. pl. Les ammonites en tant qu'ordre (par oppos. aux nautiloïdes, également fossiles). – De *ammon(ite),* et *-oïde.*

amnésie [amnezi] n. f. Diminution ou perte totale de la mémoire. – Gr. ecclés. *amnêsia,* «oubli».

amnésique [amnezik] adj. (et n.). Qui est frappé d'amnésie. – Du préc.

amniocentèse [amnjosɑ̃tɛz] n. f. MED Prélèvement, aux fins d'analyse, de liquide amniotique, réalisé par ponction transabdominale. – De *amnio-,* et *centèse* (d'apr. *paracentèse*).

amnios [amnjos] n. m. BIOL La plus interne des annexes embryonnaires chez les vertébrés supérieurs, dont la paroi est issue de l'ectoderme et du mésoderme pariétal, et qui constitue une poche emplie de liquide dans lequel baigne le fœtus (appelée *poche des eaux* chez les mammifères). – Gr. *amnion.*

amnioscopie [amnjɔskɔpi] n. f. Observation par l'orifice cervical du liquide amniotique à travers la membrane placentaire. – De *amnios,* et *-scopie.*

amniotes [amnjɔt] n. m. pl. ZOOL Vertébrés dont les annexes embryonnaires comportent un amnios (reptiles, oiseaux, mammifères). – De *amnios.*

amniotique [amnjɔtik] adj. Qui appartient à l'amnios. *Le liquide amniotique protège et hydrate le fœtus.* – De *amnios.*

amnistie [amnisti] n. f. Acte du pouvoir législatif qui annule des condamnations et leurs conséquences pénales. *Un délit couvert par l'amnistie.* – Gr. *amnêstia,* «oubli».

amnistier [amnistje] v. tr. [1] Accorder une amnistie à. – De *amnistie.*

amocher [amɔʃe] v. tr. [1] Pop. Abîmer, défigurer, blesser. *Il s'est fait amocher dans une bagarre.* ▷ v. pron. *Il s'est rudement amoché !* – De *moche.*

amoindrir [amwɛ̃dʀiʀ] **1.** v. tr. [2] Diminuer, rendre moindre. *La fatigue amoindrissait ses capacités.* Syn. réduire, restreindre. Ant. accroître, agrandir. **2.** v. pron. Diminuer, devenir moindre. *Ses revenus se sont considérablement amoindris.* – De *moindre.*

amoindrissement [amwɛ̃dʀismɑ̃] n. m. Diminution, affaiblissement. – De *amoindrir.*

amok [amɔk] n. m. Crise de folie homicide dont sont parfois frappés certains opiomanes malais. – Mot malais.

amollir [amɔliʀ] v. tr. [2] **1.** Rendre mou. *Le soleil amollit le beurre.* **2.** Fig. Rendre plus faible, enlever de la force. *De nombreuses pressions amolliront ses résolutions.* Syn. affaiblir, alanguir. Ant. affermir, endurcir. ▷ v. pron. *Son ardeur s'amollissait.* – De *mol,* anc. forme de *mou.*

amollissement [amɔlismɑ̃] n. m. Action d'amollir ; état de ce qui est amolli. – De *amollir.*

amonceler [amɔ̃sle] **1.** v. tr. [22] Entasser, mettre en monceau. *Ils amoncellent des piles de livres.* ▷ Fig. Réunir, accumuler. *Amonceler des preuves.* **2.** v. pron. *De lourds nuages s'amoncelaient à l'horizon.* – De *moncel,* «monceau».

amoncellement [amɔ̃sɛlmɑ̃] n. m. Entassement, accumulation de (qqch). *Un amoncellement d'ordures.* – De *amonceler.*

amont [amɔ̃] n. m. **1.** Partie d'un cours d'eau comprise entre sa source et un point donné. Ant. aval. ▷ Loc. prép. *En amont de:* du côté d'où vient le courant (par rapport à un point donné). *En amont du pont.* **2.** *Vent d'amont,* venant de l'intérieur des terres. **3.** adj. inv. SPORT *Ski amont,* celui qui se trouve vers le haut de la piste. – D'abord pour *à mont,* «vers la montagne», puis adv. signif. «vers le haut».

amoral, ale, aux [amɔʀal, o] adj. Qui ignore les principes de la morale. Ant. moral. – De *a-*1, et *moral.*

amoralisme [amɔʀalism] n. m. Attitude d'une personne amorale. Ant. moralisme. – De *amoral.*

amoralité [amɔʀalite] n. f. Caractère de ce qui est étranger à la notion de moralité. Ant. moralité. – De *amoral.*

amorçage [amɔʀsaʒ] n. m. Action d'amorcer. ▷ ELECTR Phénomène transitoire précédant l'établissement du régime permanent dans une génératrice autoexcitée. ▷ ELECTRON *Amorçage d'un arc:* processus d'établissement d'un arc ou d'une étincelle. ▷ TECH *Amorçage d'une tuyère:* établissement d'un régime sonique ou supersonique dans une tuyère. – De *amorcer.*

amorce [amɔʀs] n. f. **1.** Appât jeté dans l'eau ou disposé autour d'un piège pour attirer le poisson, le gibier. **2.** Fig. Ce qui séduit, attire. *L'espoir d'un gain important était une puissante amorce pour les spéculateurs.* **3.** Capsule à poudre fulminante servant à mettre à feu une charge de poudre, d'explosif. – Pastille de fulminate collée entre deux papiers, servant de jeu pour les enfants. *Pistolet à amorces.* **4.** *Par ext.* Ébauche (d'un ouvrage). *L'amorce d'une rue.* **5.** INFORM Séquence d'instructions généralement microprogrammées qui permettent la mise en fonctionnement d'un micro-ordinateur. – De l'a. fr. *amordre,* de *mordre.*

amorcer [amɔʀse] v. tr. **[14] 1.** PECHE Garnir d'une amorce. *Amorcer un hameçon.* ▷ Attirer en jetant une amorce. *Amorcer les poissons.* Syn. appâter. **2.** Fig. Séduire et tenter. *Amorcer quelqu'un par des flatteries.* **3.** Munir d'une amorce (une charge de poudre, d'explosif). **4.** *Amorcer une pompe,* y verser ou y amener du liquide pour déclencher son fonctionnement normal. **5.** *Par ext.* Ébaucher (un ouvrage). *Amorcer une allée.* ▷ Fig. *Amorcer une affaire,* la mettre en train. **6.** INFORM Démarrer un ordinateur en chargeant en mémoire le système d'exploitation pour permettre l'exécution de programmes de traitement. – De *amorce.*

amoroso [amɔʀɔzo] adv. MUS Avec une expression tendre (indication figurant sur une partition). – Ital. «amoureusement».

amorphe [amɔʀf] adj. **1.** Qualifie une personne sans caractère, sans énergie. *C'est un être amorphe, sans volonté.* Syn. inconsistant, mou. Ant. énergique. **2.** CHIM Qui n'a pas le caractère cristallin. *Les verres sont des substances amorphes.* – Gr. *amorphos,* «sans forme».

amorti [amɔʀti] n. m. SPORT **1.** Au tennis, balle frappée de façon à ne rebondir que faiblement et presque verticalement. **2.** Au soccer, le fait d'arrêter le ballon en accompagnant du pied ou du genou son mouvement sur sa trajectoire. – Pp. subst. de *amortir.*

amortir [amɔʀtiʀ] v. tr. [2] **1.** Diminuer la force, l'intensité de. *Amortir un choc, un bruit.* ▷ Fig. *Une longue vie commune a amorti leur passion.* Syn. affaiblir. ▷ v. pron. *Bruits qui s'amortissent dans le lointain.* **2.** FIN Échelonner une dépense sur une certaine durée. *Amortir une dette,* en rembourser progressivement le montant jusqu'à son extinction. ▷ Cour. Récupérer une somme consacrée à l'achat d'un bien par son utilisation. *Amortir une automobile.* – Lat. pop. **admortire,* de **mortus,* «mort».

amortissable [amɔʀtisabl] adj. FIN Qui peut être amorti (sens 2). – De *amortir.*

amortissement [amɔʀtismɑ̃] n. m. **1.** Atténuation, réduction de l'intensité. *Amortissement d'un choc.* ▷ PHYS Réduction progressive de l'amplitude d'un mouvement oscillatoire, d'une onde. **2.** Action d'amortir (sens 2). **3.** ARCHI Ornement placé au faîte d'un édifice. – De *amortir.*

ENCYCL **Fin.** – Les dépenses pour l'achat d'un matériel sont souvent réparties sur plusieurs années de façon à alléger les charges d'exploitation de l'exercice au cours duquel ces dépenses sont engagées. L'amortissement peut être *linéaire* (la somme est répartie également) ou *dégressif* (une part plus importante est affectée aux premières années). L'amortissement *financier* d'un investissement s'effectue en prenant en compte le taux d'intérêt de l'argent. L'annuité d'amortissement *A,* c.-à-d. la somme qu'il faut dépenser chaque année pour rembourser au bout de *n* années un investissement de montant *I,* avec un taux d'intérêt *t,* peut se calculer par la formule: $A = I \times t \times \frac{(1+t)^n}{1-(1+t)^n}$

amortisseur [amɔʀtisœʀ] n. m. **1.** Dispositif permettant de réduire l'amplitude des oscillations engendrées lors d'un choc brutal. *Les amortisseurs d'une automobile.* – De *amortir.*

ENCYCL Les amortisseurs d'un véhicule ont pour rôle de répartir sur un certain laps de temps l'énergie cinétique des chocs en évitant ainsi une trop forte variation de l'adhérence des roues. Il ne faut pas appeler *amortisseurs* les organes de suspension tels que barres ou ressorts.

amour [amuʀ] n. m. **I. 1.** Sentiment d'affection passionnée, attirance affective et sexuelle d'un être humain pour un autre du sexe opposé (du même sexe, en cas d'homosexualité). *Elle lui a inspiré un grand amour. Aimer d'amour. Filer le parfait amour:* s'aimer dans une entente parfaite. – Fam. (Emplois critiqués) *Être, tomber en amour (avec qqn):* être, devenir subitement amoureux. «Tombe pas en amour avec une fille de par là, même la plus belle, tu te marierais, pis t'aurais des enfants, et ensuite fini le sport.» (Roger Lemelin, *Les Plouffe,* 1948.) – *Faire l'amour (avec qqn):* avoir des rapports sexuels. ▷ Litt., au f. pl. *De folles amours.* Syn. passion, tendresse, attachement. **2.** La personne aimée. *Mon amour.* – *Vous êtes un amour:* vous êtes très aimable, charmant(e). **3.** Nom de la divinité à laquelle les Anciens attribuaient le pouvoir de faire aimer. *L'arc et les flèches du petit dieu Amour.* – Représentation allégorique de cette divinité. *Des amours joliment sculptés.* **II.** Vif sentiment d'affection que ressentent les uns pour les autres les membres d'une même famille. *Amour maternel, filial, fraternel.* **III. 1.** Sentiment de profond attachement (à un idéal moral, philosophique, religieux) impliquant don de soi et renoncement à l'intérêt individuel au profit d'une valeur ressentie comme supérieure. *L'amour du prochain, de la patrie* ▷ *Amour de Dieu:* piété, ferveur. – *Pour l'amour de Dieu:* formule de supplication. **2.** Goût, enthousiasme pour une chose, une activité. *L'amour de la musique.* – *Faire un travail avec amour,* avec grand plaisir et en y mettant tout son soin. Ant. aversion, dégoût. – Lat. *amor.*

amouracher (s') [amuʀaʃe] v. pron. **[11]** Péjor. S'éprendre soudainement (de qqn). *Il s'est amouraché d'une petite pimbêche.* – Ital. *(inn)amoracciarsi,* de *amoraccio,* dér. péjor. de *amore,* «amour».

1. amourette [amuʀɛt] n. f. Aventure sentimentale sans conséquence. – Dimin. de *amour.*

2. amourette [amuʀɛt] n. f. **1.** Plante du genre *Briza* (fam. graminées). **2.** *Bois d'amourette:* bois d'un arbre du genre *Mimosa* (fam. papilionacées), employé en ébénisterie. – Du lat. pop. **amarusta,* «camomille», avec infl. de *amour.*

amourettes [amuʀɛt] n. f. pl. Morceaux cuits de moelle épinière de veau, de bœuf ou de mouton. – Anc. provenç. *amoretas,* «testicules du coq», de *amor,* «amour».

amoureusement [amuʀøzmɑ̃] adv. D'une façon amoureuse; avec amour. *Il est amoureusement tendre.* – De *amoureux.*

amoureux, euse [amuʀø, øz] adj. (et n.). **1.** Propre à l'amour, qui dénote de l'amour. *Sentiments, regards amoureux.* **2.** Qui éprouve de l'amour. *Ne la taquine pas, elle est amoureuse.* **3.** n. Celui, celle qui éprouve de l'amour. *C'est son amoureux.* – De *amour.*

amour-propre [amuʀpʀɔpʀ] n. m. Sentiment très vif qu'une personne a de sa propre valeur, dont elle veut garantir l'image aux yeux d'autrui. *Il a trop* *d'amour-propre pour faire cette bassesse. Satisfactions d'amour-propre.* Pl. *Amours-propres.* – De *amour,* et *propre.*

amovibilité [amɔvibilite] n. f. Caractère de ce qui est amovible. – De *amovible.*

amovible [amɔvibl] adj. **1.** DR Qui peut être déplacé, muté (fonctionnaire, magistrat). Ant. inamovible. **2.** Qui peut être démonté, enlevé. *Pièce amovible d'un mécanisme.* Ant. fixe, inamovible. – Lat. médiév. *amovibilis,* du lat. *amovere,* «écarter».

A.M.P.c. BIOCHIM Sigle de l'*Adénosine MonoPhosphate cyclique* présente dans la membrane cellulaire où elle joue le rôle de second messager hormonal.

ampélidacées [ɑ̃pelidase] n. f. pl. BOT Famille de dicotylédones dialypétales, dont la vigne est le type, comprenant surtout des arbustes grimpant à l'aide de vrilles. Syn. vitacées. – Lat. bot. *ampelidaceæ,* du gr. *ampelos,* «vigne».

ampélographie [ɑ̃pelɔgʀafi] n. f. Science qui étudie la vigne. – Du gr. *ampelos,* «vigne», et *-graphie.*

ampelopsis [ɑ̃pelɔpsis] n. m. Genre d'ampélidacées ornementales appelées *vignes vierges.* – Du gr. *ampelos,* «vigne», et *opsis,* «apparence».

ampère [ɑ̃pɛʀ] n. m. ELECTR Unité d'intensité des courants électriques (abrév. A). – Du n. du physicien *Ampère.*

ampère-étalon [ɑ̃pɛʀetalɔ̃] n. m. Électrodynamomètre utilisé pour la vérification des ampèremètres. – Du préc., et *étalon.*

ampère-heure [ɑ̃pɛʀœʀ] n. m. Quantité d'électricité transportée en 1 heure par un courant de 1 ampère (abrév. Ah). – De *ampère,* et *heure.*

ampèremètre [ɑ̃pɛʀmɛtʀ] n. m. Appareil de mesure de l'intensité d'un courant. – De *ampère,* et *mètre.*

ENCYCL Lorsqu'un courant circule dans un conducteur, il crée un champ magnétique qui sert, dans les ampèremètres du type électrodynamique, ferromagnétique ou à aimant mobile, à mesurer l'intensité de ce courant. Les ampèremètres thermiques utilisent l'échauffement produit dans un conducteur par le courant électrique. On mesure alors la dilatation d'un fil ou les variations de la force électromotrice d'un thermocouple.

ampèretour [ɑ̃pɛʀtuʀ] n. m. Unité de force magnétomotrice qui correspond au passage d'un courant d'une intensité de 1 ampère dans un conducteur formant une seule spire. – De *ampère,* et *tour.*

amphétamine [ɑ̃fetamin] n. f. MED Excitant du système nerveux central, qui accroît les capacités physiques et psychiques de l'individu. (On classe l'amphétamine dans la catégorie des toxiques car elle entraîne accoutumance, assuétude et dépendance; elle est souvent employée, frauduleusement, comme stimulant physique par les athlètes avant les épreuves: c'est le dopage.) – Pour *amphéthylamine,* de *amphi-, éthyle,* et *amine.*

amphi-. Préfixe, du gr. *amphi,* «autour de, des deux côtés».

amphibie [ɑ̃fibi] adj. **1.** Qui vit dans l'air et dans l'eau. *Les phoques sont amphibies.* ▷ Subst. *Un amphibie.* **2.** Qui peut se déplacer sur terre et dans l'eau. *Véhicule amphibie.* – De *amphi-,* et gr. *bios,* «vie».

amphibiens [ɑ̃fibjɛ̃] n. m. pl. ZOOL Classe de vertébrés tétrapodes poïkilothermes, à peau nue, généralement ovipares, comprenant trois (ou quatre) ordres: les anoures (grenouilles, crapauds), les urodèles (tritons, salamandres), les sirens (parfois non différenciés des urodèles) et les apodes (cécilie). Syn. anc. batraciens. – De *amphibie.*

ENCYCL Le développement des amphibiens présente des métamorphoses: les larves, ou têtards, à respiration branchiale, sont aquatiques, tandis que les adultes, terrestres, sont pulmonés. L'anatomie de l'adulte est intermédiaire entre celle des poissons, dont ils dérivent, et celle des reptiles, dont ils sont la souche: à l'ère primaire, les amphibiens stégocéphales furent les premiers vertébrés à s'aventurer sur la terre ferme.

amphibole [ɑ̃fibɔl] n. f. MINER Fam. de silicates (de fer, calcium et magnésium), généralement de couleur sombre, entrant en partie dans la constitution des roches éruptives et métamorphiques. – Gr. *amphibolos,* «indéterminé» (sa composition étant alors inconnue).

amphibolite [ɑ̃fibɔlit] n. f. PETROG Roche constituée presque entièrement d'amphiboles. – Du préc., et *-ite* 3.

amphibologie [ɑ̃fibɔlɔʒi] n. f. GRAM Construction vicieuse qui donne un double sens à une phrase (par ex.: *j'ai volé une pomme à ma sœur qui n'est pas bonne*); équivoque. – Bas lat. *amphibologia,* du gr.

amphibologique [ɑ̃fibɔlɔʒik] adj. À double sens, ambigu. – Du préc.

amphictyonie [ɑ̃fiktjɔni] n. f. HIST Assemblée d'amphictyons, délégués des cités grecques de l'Antiquité, qui, à Delphes en partic., organisaient les jeux et œuvraient au maintien de la paix. – Mot gr.

amphidromique [ɑ̃fidʀɔmik] adj. OCEANOGR *Point amphidromique,* où le marnage est nul et autour duquel les lignes cotidales se disposent radialement. – De *amphi-,* et du gr. *dromos,* «course».

amphigouri [ɑ̃figuʀi] n. m. Discours, écrit confus et obscur. – Orig. incon.

amphigourique [ɑ̃figuʀik] adj. Confus, embrouillé. *Style amphigourique.* – Du préc.

amphimixie [ɑ̃fimiksi] n. f. BIOL Fusion des noyaux des gamètes mâles et femelles lors de la fécondation. – De *amphi-,* et gr. *mixis,* «mélange».

amphineures [ɑ̃finœʀ] n. m. pl. ZOOL Classe de mollusques marins primitifs. Syn. polyplacophores. – De *amphi-,* et gr. *neuron,* «ligament».

amphioxus [ɑ̃fjɔksys] n. m. ZOOL Invertébré marin céphalocordé *(Branchiostoma lanceolatum),* dont le squelette, interne, dorsal, est réduit à la corde et l'œil à une tache oculaire, insensible à la lumière. – De *amphi-,* et gr. *oxus,* «pointu».

amphisbéniens [ɑ̃fisbenjɛ̃] n. m. pl. ZOOL Ordre de reptiles apodes des régions tropicales, auj. détachés des sauriens, semblables à de gros vers de terre, et qui se déplacent aussi bien vers l'avant que vers l'arrière, d'où leur nom de serpents à deux têtes. – De *amphi-,* et gr. *bainein,* «marcher».

amphithéâtre [ɑ̃fiteɑtʀ] n. m. **1.** ANTIQ ROM Vaste édifice à gradins de forme ronde ou elliptique, destiné principalement aux combats de gladiateurs et aux jeux publics. *Amphithéâtre de Pompéi.* ▷ *Terrain en amphithéâtre,* aux pentes incurvées et s'élevant graduellement. **2.** Par anal. Salle de cours, garnie de gradins. Fam. *amphi.* **3.** GEOL *Amphithéâtre morainique:* bassin limité par la moraine frontale d'un glacier qui s'est retiré. – Lat. d'orig. gr. *amphitheatrum.*

amphitryon [ɑ̃fitʀijɔ̃] n. m. Plaisant Le maître d'une maison où l'on dîne, celui qui donne à dîner. – Par allus. à deux vers de l'*Amphitrion* de Molière: *«Le véritable Amphitrion/est l'Amphitrion où l'on dîne.»*

amphogène [ɑ̃fɔʒɛn] adj. BIOL Produisant des individus appartenant aux deux sexes *(espèce amphogène).* – De *amphi-,* et *-gène.*

amphophile [ɑ̃fɔfil] adj. BIOL Qui présente des affinités aussi bien pour les acides que pour les bases. – De *amphi-*, et *-phile*.

amphore [ɑ̃fɔʀ] n. f. ANTIQ Vase ovoïde en terre cuite, à deux anses, terminé en pointe. *Les amphores contenaient des grains ou des liquides destinés à être transportés.* – Lat. d'orig. gr. *amphora*.

amphotère [ɑ̃fɔtɛʀ] adj. (et n. m.). CHIM Qui possède à la fois les propriétés des acides et celles des bases (l'oxyde de zinc, par ex.). – Du gr. *amphoteros*, «l'un et l'autre».

ample [ɑ̃pl] adj. 1. Vaste, large. *Un vêtement ample.* Ant. ajusté, étriqué, étroit. 2. Important, abondant. *J'ai fait pendant mon voyage une ample provision de souvenirs.* ▷ Loc. *Jusqu'à plus ample informé:* avant d'avoir recueilli plus d'informations. – Lat. *amplus*.

amplectif, ive [ɑ̃plɛktif, iv] adj. BOT Qualifie tout organe qui en enveloppe complètement un autre. *Feuilles amplectives*, qui entourent la tige. – Du lat. *amplecti*, «embrasser».

amplement [ɑ̃pləmɑ̃] adv. D'une manière ample, abondamment. *Il a été amplement renseigné.* – De *ample*.

ampleur [ɑ̃plœʀ] n. f. 1. Caractère de ce qui est ample (au sens 1). *Cette manche a trop d'ampleur.* 2. Importance, étendue. *On mesure l'ampleur de la crise.* – De *ample*.

amplificateur [ɑ̃plifikatœʀ] n. m. ELECTRON Appareil qui amplifie un signal dont l'amplitude est trop faible pour qu'on puisse l'utiliser directement. – Fam. *ampli*. – Lat. *amplificator*.

ENCYCL Les amplificateurs sont utilisés dans de très nombreux domaines: télécommunications, radars, enregistrement et reproduction des sons (en partic. dans les chaînes haute fidélité), télévision, etc. Ils sont constitués de semiconducteurs et servent à augmenter l'amplitude ou la puissance des signaux. On caractérise un amplificateur par son *gain* (exprimé en décibels), qui est égal à 10 log A ; A est le rapport d'amplification, c.-à-d. le rapport entre la puissance de sortie et la puissance d'entrée.

amplification [ɑ̃plifikasjɔ̃] n. f. 1. ELECTRON Action d'amplifier un signal. 2. Littér. Développement d'un sujet en littérature. – Péjor. Développement verbeux, exagération. – Lat. *amplificatio*.

amplifier [ɑ̃plifje] 1. v. tr. [1] Augmenter la quantité, le volume, l'étendue, l'importance de. *Amplifier le courant, le son. Amplifier les échanges commerciaux.* Ant. abréger, diminuer, réduire, restreindre. 2. v. pron. Devenir plus important. *Le recul des valeurs à la Bourse s'amplifie.* – Lat. *amplificare*.

amplitude [ɑ̃plityd] n. f. 1. Vx Grandeur, étendue considérable. 2. Écart entre deux valeurs extrêmes (de la température). *L'amplitude des températures entre le jour et la nuit est considérable dans les déserts chauds.* 3. *Amplitude d'un mouvement oscillatoire*, son élongation maximale. 4. ASTRO Arc de l'horizon compris entre le point où un astre se lève ou se couche et les directions de l'est et de l'ouest. – Lat. *amplitudo*.

ampoule [ɑ̃pul] n. f. 1. Petit tube de verre, terminé en pointe et soudé, contenant un médicament liquide; son contenu. *Verser (le contenu d') une ampoule dans un verre d'eau.* ▷ HIST *La Sainte Ampoule;* vase contenant l'huile consacrée, qui servait à l'onction des rois de France (de Clovis à Charles X). 2. *Ampoule électrique:* enveloppe de verre enfermant le filament des lampes à incandescence et généralement remplie d'un gaz inerte pour éviter la destruction du filament par oxydation. 3. MED Petit gonflement de l'épiderme, rempli de sérosité, consécutif à un frottement ou à une brûlure. *Il s'est fait des ampoules aux pieds.* Syn. phlyctène. – Lat. *ampulla*, «petit flacon, fiole».

ampoulé, ée [ɑ̃pule] adj. Emphatique, pompeux. *Tenir un discours ampoulé.* Ant. naturel, simple. – Pp. de l'anc. v. *ampouler*, «gonfler».

ampullaire [ɑ̃pylɛʀ] n. et adj. 1. n. f. ZOOL Gastéropode voisin des paludines. 2. adj. BIOL Qui a la forme d'une ampoule. *Glande ampullaire.* – Du lat. *ampulla*, «petit flacon, fiole».

amputation [ɑ̃pytasjɔ̃] n. f. 1. CHIR. Ablation d'un membre, d'un segment de membre ou de certains organes. *Amputation d'une jambe, d'un sein.* 2. Fig. *Amputation d'un texte.* – Lat. *amputatio*.

amputé, ée [ɑ̃pyte] n. Personne qui a subi l'ablation d'un membre ou d'un segment de membre. – Pp. subst. de *amputer*.

amputer [ɑ̃pyte] v. tr. [1] 1. Pratiquer l'amputation de. *Amputer un membre.* 2. *Amputer un texte*, en retrancher un ou plusieurs passages. – Lat. *amputare*, «tailler».

amuïr (s') [amɥiʀ] v. pr. [2] et [11] PHON Devenir muet, ne plus se prononcer. – Lat. pop. **admutire*.

amuïssement [amɥismɑ̃] n. m. PHON Le fait de s'amuïr. *«L'élision est l'amuïssement d'une des voyelles finales, a, e, i, devant une initiale vocalique»* (M. Grevisse). – De *amuïr*.

amulette [amylɛt] n. f. Petit objet que l'on porte sur soi et auquel on attribue un pouvoir magique de protection. – Lat. *amuletum*.

amure [amyʀ] n. f. MAR ANC Cordage maintenant au vent le coin inférieur d'une voile. ▷ *Point d'amure:* Anc. coin de la voile portant l'amure; Mod. coin inférieur avant d'une voile triangulaire. ▷ *Courir bâbord, tribord amures*, en recevant le vent par bâbord, par tribord. – Du provenç. *amurar*, «fixer au mur, à la muraille du navire».

amurer [amyʀe] v. tr. [1] Anc. Tendre l'amure d'une voile pour l'orienter. ▷ Mod. Fixer par le point d'amure. – De *armure*.

amusant, ante [amyzɑ̃, ɑ̃t] adj. Qui amuse, divertit. – Ppr. de *amuser*.

amuse-gueule [amyzgœl] n. m. inv. Fam. Petit hors-d'œuvre servi avec l'apéritif. – De *amuser*, et *gueule*.

amusement [amyzmɑ̃] n. m. Ce qui amuse. *Les cartes sont pour lui un amusement.* Syn. distraction, récréation. – De *amuser*.

amuser [amyze] I. v. tr. [1] 1. Distraire, divertir. *Ses plaisanteries m'ont bien amusé.* Syn. égayer. Ant. ennuyer. 2. Tromper au moyen d'habiles diversions. *Il amuse l'auditoire pour gagner du temps.* II. v. pron. Se distraire, se divertir. *Les enfants s'amusent – S'amuser de quelqu'un*, se moquer de lui. ▷ *Ne vous amusez pas à...:* ne vous avisez pas de... – De *muser*.

amusette [amyzɛt] n. f. Distraction sans portée, à laquelle on n'attache pas d'importance. – De *amuser*.

amuseur, euse [amyzœʀ, øz] n. Personne qui amuse. – De *amuser*.

amygdalaire [ami(g)dalɛʀ] ou **amygdaloïde** [ami(g)dalɔid] adj. GEOL *Massifs amygdalaires:* massifs montagneux de forme allongée. *Roches amygdalaires*, contenant des inclusions en forme d'amande. – Du lat. *amygdala*, «amande».

amygdale [ami(g)dal] n. f. Formation lymphoïde située dans la région bucco-pharyngée (les plus importantes sont les deux amygdales palatines, de part et d'autre du voile du palais, dans les fosses amygdaliennes). – Lat. *amygdala*, «amande», d'orig. gr.

amygdalectomie [ami(g)dalɛktɔmi] n. f. CHIR Ablation des amygdales. – De *amygdale*, et *-ectomie*.

amygdalite [ami(g)dalit] n. f. MED Inflammation des amygdales. – De *amygdale*, et *-ite* 1.

amygdaloïde [ami(g)dalɔid] adj. **1.** Qui a la forme d'une amande. **2.** GEOL V. amygdalaire. – Du lat. *amygdala*, «amande», d'orig. gr., et *-oïde*.

amyl(o)-. Du lat. d'orig. gr. *amylum*, «amidon». Élément entrant dans la composition de plusieurs mots.

amylacé, ée [amilase] adj. CHIM Qui contient de l'amidon. – De *amyle*.

amylase [amilɑz] n. f. BIOCHIM Enzyme d'origine salivaire et pancréatique, qui scinde l'amidon et le glycogène en dextrines et maltose, au cours de la digestion intestinale. – De *amyl(o)-*, et *-ase*.

amylasémie [amilasemi] n. f. MED Concentration sanguine en amylase. – De *amylase*, et *-émie*.

amyle [amil] n. m. CHIM Radical monovalent C_5H_{11} caractéristique des composés amyliques. – Lat. *amylum*, «amidon».

amylique [amilik] adj. CHIM Qualifie un composé qui renferme le radical amyle. *Alcool amylique.* – De *amyle*.

amylobacter [amilɔbaktɛʀ] n. m. Bacille anaérobie qui transforme la cellulose, les sucres en acide butyrique. – De *amyl(o)-*, et *bactérie*.

amyloïde [amilɔid] adj. Qui ressemble à de l'amidon. – De *amyl(o)-*, et *-oïde*.

amylomyce [amilɔmis] n. m. BOT Champignon (fam. mucoracées) utilisé pour la fabrication de l'alcool de grain, qui transforme en maltose l'amidon des grains cuits. – De *amyl(o)-*, et *-myce*.

amylopectine [amilɔpɛktin] n. f. BIOCHIM Polyoside constituant de l'amidon, comportant au moins 1 000 monomères *(glucose)* formant une macromolécule très ramifiée. – De *amyl(o)-*, et *pectine*.

amyloplaste [amilɔplast] n. m. BOT Plaste synthétisant de l'amidon dans les organes végétaux non soumis à la lumière. *Les amyloplastes des tubercules de pommes de terre.* – De *amyl(o)-*, et *-plaste*.

amylose [amiloz] n. m. **1.** BIOCHIM Polyoside constituant de l'amidon, formé de 250 à 300 monomères *(glucose)*. **2.** MED n. f. Maladie grave caractérisée par l'infiltration dans les différents tissus d'une substance glycoprotéique mal connue, et le plus souvent secondaire à une maladie générale chronique (tuberculose, syphilis, etc.). – De *amyl(o)-*, et *-ose* 2.

amyotrophie [amjɔtʀɔfi] n. f. MED Atrophie musculaire. – De *a-*1, de *myo-*, et *-trophie*, «nourriture».

an [ɑ̃] n. m. Période correspondant à la durée d'une révolution de la Terre autour du Soleil; année. *Il y a trois ans... Il a cinquante ans.* – Loc. *Bon an, mal an:* compensation faite des bonnes et des mauvaises années. – Au plur., poét. *Le poids des ans.* ▷ Période comprise entre le 1er janvier et le 31 décembre, dans le calendrier grégorien. *L'an prochain, l'an dernier. Le jour de l'an:* le 1er janvier. – Indiquant une date. *L'an 1280 après J.-C. L'an 923 de l'hégire.* – Lat. *annus*.

an-. V. a-1.

ana-. Préfixe, du gr. *ana*, «de bas en haut», marquant une idée de mouvement en arrière, de répétition, de changement, d'inversion de sens.

ana [ana] n. m. inv. Recueil de pensées, d'anecdotes, de bons mots. – De la terminaison du titre lat. de recueils (*Valesiana, Scaligerana*, etc.).

anabaptisme [anabatism] n. m. Doctrine des anabaptistes. *L'anabaptisme est apparu en Allemagne au XVIe s.* – De *anabaptiste*.

anabaptiste [anabatist] n. Adepte d'un mouvement protestant qui dénie toute valeur au baptême des enfants et réserve ce sacrement aux adultes. – De *ana-*, et gr. *baptizein*, «baptiser».

anabolisant [anabɔlizɑ̃] n. m. PHARM Stéroïde apparenté à la testostérone, favorisant l'anabolisme des protéines et souvent utilisé frauduleusement par les athlètes pour augmenter leurs performances sportives. – De *anabolisme*.

anabolisme [anabɔlism] n. m. BIOL Ensemble des réactions de synthèse s'effectuant dans un organisme vivant. – Du gr. *anabolê*, «ascension, accroissement».

anacarde [anakaʀd] n. m. Fruit (noix de cajou) de l'anacardier, dont les téguments contiennent un caustique puissant. – De *ana-*, et gr. *kardia*, «cœur».

anacardier [anakaʀdje] n. m. Arbrisseau tropical (genre *Anacardium*, fam. térébinthacées). (*Anacardium occidentale*, ou cajou, est cultivé pour son fruit, la noix de cajou). – De *anacarde*.

anachorète [anakɔʀɛt] n. **1.** n. m. Ascète qui vit seul, retiré du monde. Ant. cénobite (qui vit en communauté). **2.** n. *Par ext.* Personne qui vit par goût dans la solitude. – Lat. ecclés. *anachoreta*, gr. *anachôrêtês*, «qui se retire».

anachronique [anakʀɔnik] adj. **1.** Entaché d'anachronisme (au sens 1). **2.** Suranné, désuet. – De *anachronisme*.

anachronisme [anakʀɔnism] n. m. **1.** Faute contre la chronologie; attribution à une époque d'usages, de notions, de pratiques qu'elle n'a pas connus. *Parler d'un portrait photographique de Jacques Cartier, c'est commettre un anachronisme.* **2.** Usage suranné, désuet. ▷ Caractère de ce qui est anachronique. – De *ana-*, et gr. *khronos*, «temps».

anacoluthe [anakɔlyt] n. f. Rupture dans la construction d'une phrase. *«Vous, ministre de paix (...), Le sang, à votre gré, coule trop lentement»* (Racine). – Bas lat. gram. d'orig. gr. *anacoluthon*, «absence de suite».

anaconda [anakɔ̃da] n. m. ZOOL Serpent des marais et des fleuves d'Amérique tropicale (fam. boïdés, genre *Eunectes*), qui peut atteindre dix mètres. – Orig. incert.

anacrouse [anakʀuz] n. f. METR ANC Syllabe qui commence un vers et ne compte pas dans la mesure. ▷ MUS Notes qui, dans certains morceaux, précèdent le premier temps fort de la première mesure. – Mot gr. *anacrousis*.

anadipsie [anadipsi] n. f. MED Syn. de *polydipsie*.

anadrome [anadʀom] adj. Se dit des poissons qui remontent les fleuves pour y pondre. *Le saumon atlantique est un poisson anadrome.* – Du gr. *anadromos*, «qui court en remontant».

anadyomène [anadjɔmɛn] adj. *Aphrodite anadyomène*, «qui sort de l'eau» (les Grecs croyaient qu'Aphrodite était née de l'écume de la mer). – Gr. *anaduomenê*.

anaérobie [anaeʀɔbi] adj. BIOL Qui ne peut vivre au contact de l'air. *Processus anaérobies*, qui se déroulent en l'absence d'oxygène. Ant. aérobie. – De *an-*, voir *a*-1, et *aérobie*.

anaérobiose [anaeʀɔbjoz] n. f. BIOL Ensemble des conditions nécessaires au développement des organismes anaérobies. Ant. aérobiose. – De *an(a)-*, et *aérobiose*.

anagenèse [anaʒənɛz] n. f. PHYSIOL Régénération de tissus détruits. – De *ana-*, et *genèse*.

anaglyphe [anaglif] n. m. **1.** ANTIQ Ouvrage sculpté ou ciselé en relief. *Les camées sont des anaglyphes.* **2.** PHOTO Procédé stéréoscopique donnant une impression de relief. – Bas lat. d'orig. gr. *anaglyphus,* de *ana-,* et gr. *gluphein,* «sculpter».

ENCYCL Pour obtenir un anaglyphe, on dispose de deux épreuves (photographiques ou d'imprimerie) d'un même sujet, l'une en bleu-vert, l'autre en rouge; on les superpose sur du papier photographique (ou on les imprime) avec un très léger décalage; un spectateur muni de lunettes dont l'un des verres est bleu-vert, l'autre rouge, voit apparaître le sujet en relief, les couleurs ayant disparu.

anaglyptique [anagliptik] adj. (et n. f.) Se dit des impressions en relief à l'usage des aveugles. – Bas lat. *anaglypticus,* «ciselé en relief».

anagogie [anagɔʒi] n. f. Interprétation dans le sens anagogique. – Lat. ecclés. *anagoge,* gr. *anagôgê,* «élévation».

anagogique [anagɔʒik] adj. *Sens anagogique:* l'un des sens spirituels des textes bibliques, qui a rapport à l'achèvement céleste de la vie surnaturelle. – Du préc.

anagramme [anagʀam] n. f. Mot obtenu par transposition des lettres d'un autre mot (par ex.: *chien, niche, chine. Alcofribas Nasier, pseudonyme de François Rabelais).* – Gr. *anagrammatismos,* «inversion de lettres».

anal, ale, aux [anal, o] adj. De l'anus, relatif à l'anus. *Le sphincter anal.* ▷ PSYCHAN *Stade anal.* V. sadique-anal. – De *anus.*

analectes [analɛkt] n. m. pl. Recueil de morceaux choisis d'un auteur. – Lat. d'orig. gr. *analecta.*

analepsie [analɛpsi] n. f. MED Rétablissement des forces pendant la convalescence. – Gr. *analêpsis,* «rétablissement».

analeptique [analɛptik] adj. (et n. m.) MED *Médicament analeptique,* qui stimule et redonne des forces. – Du gr. *analêptikos.*

analgésie [analʒezi] n. f. MED Abolition de la sensibilité douloureuse. – Gr. *analgêsia.*

analgésique [analʒezik] adj. (et n. m.). Qui diminue ou supprime la douleur. – Du préc.

anallergie [analɛʀʒi] n. f. MED Syn. de *anergie.*

analogie [analɔʒi] n. f. **1.** Rapport de ressemblance établi par l'intelligence ou l'imagination entre deux ou plusieurs objets. *L'analogie entre l'homme et le singe. Une analogie frappante.* ▷ *Raisonner par analogie,* en se fondant sur des rapports de similitude entre deux ou plusieurs objets. Ant. dissemblance, contraste. **2.** LING *Principe d'analogie,* en vertu duquel certaines formes subissent l'influence assimilatrice d'autres formes que l'esprit leur associe (par ex.: *«vous disez»* – barbarisme –, pour *«vous dites»* – forme correcte –, sur le modèle de *«vous lisez»).* **3.** MATH Proportionnalité. – Lat. *analogia,* mot gr.

analogique [analɔʒik] adj. **1.** Fondé sur l'analogie. *Dictionnaire analogique.* **2.** INFORM Qui est représenté par la variation continue d'une certaine grandeur (par oppos. à *numérique*). *Signal analogique:* signal pouvant prendre une infinité continue de valeurs. *Le son d'un instrument de musique constitue un signal analogique.* – Bas lat. *analogicus.*

analogue [analɔg] adj. Qui présente une analogie. Syn. ressemblant, similaire. Ant. contraire, opposé. – Gr. *analogos.*

analphabète [analfabɛt] adj. (et n.). Qui ne sait ni lire ni écrire. Syn. illettré. – Ital. *analfabeto,* gr. *analphabêtos.*

analphabétisme [analfabetism] n. m. État de l'analphabète. – Du préc.

analysable [analizabl] adj. Qui peut être analysé. – De *analyser.*

analyse [analiz] n. f. Décomposition d'un tout en ses parties. Ant. synthèse. **1.** Opération par laquelle l'esprit, pour parvenir à la connaissance d'un objet, le décompose en ses éléments (regroupés ensuite dans l'opération de *synthèse).* ▷ Étude détaillée de nos sentiments, des mobiles profonds de nos actes. *Roman d'analyse.* ▷ Loc. *En dernière analyse:* une fois l'analyse faite, dans le fond. **2.** CHIM Détermination de la composition d'une substance. – MED Examen biologique permettant d'établir ou de préciser un diagnostic. *Analyse de sang.* ▷ ELECTRON Lecture et interprétation d'informations. – *Analyse d'une image de télévision:* décomposition de cette image en lignes et points. ▷ PHYS *Analyse spectrale:* détermination de la structure d'un composé à partir de son spectre d'émission ou d'absorption. **3.** Étude des idées essentielles constitutives d'une œuvre artistique ou littéraire. *Analyse d'une pièce de théâtre.* **4.** GRAM Décomposition d'une phrase en propositions *(analyse logique),* d'une proposition en mots *(analyse grammaticale),* dont on établit la nature et la fonction. **5.** MATH Partie des mathématiques comprenant le calcul infinitésimal, ainsi que ses applications. – *Analyse harmonique:* décomposition d'une fonction harmonique en fonctions sinusoïdales. Syn. analyse de Fourier. – *Analyse vectorielle* ou *tensorielle:* théorie des transformations infinitésimales des vecteurs ou des tenseurs. – *Analyse combinatoire,* qui fait appel aux notions de combinaisons, d'arrangements et de permutations. **6.** FIN *Analyse financière:* examen de la situation financière et des résultats d'exploitation d'une entreprise pour en apprécier l'équilibre financier et les perspectives d'avenir. **7.** Psychanalyse. **8.** INFORM Ensemble des opérations qui interviennent avant la programmation. – *Analyse fonctionnelle:* description des données du problème à traiter, des algorithmes de calcul et de l'organisation générale du traitement. – *Analyse organique:* description détaillée des programmes et des traitements. – Gr. *analusis,* «décomposition».

ENCYCL **Chim.** – L'analyse *élémentaire* a pour objet de déterminer la nature des éléments contenus dans un corps pur composé (analyse *qualitative*), et les proportions de ces éléments (analyse *quantitative*), donc la formule du composé. Elle est précédée d'opérations destinées à séparer les corps purs présents dans l'échantillon (analyse *immédiate*). On utilise à cet effet diverses techniques: triage, flottation, lévigation, sublimation et dissolution fractionnée pour les solides; distillation et cristallisation fractionnées, dialyse et électrophorèse pour les liquides; liquéfaction fractionnée, diffusion et absorption pour les gaz. L'analyse qualitative utilise toute une gamme de réactifs permettant d'identifier les corps recherchés. L'analyse quantitative repose sur un certain nombre de méthodes: gravimétrie (mesure des masses), volumétrie (mesure des volumes), colorimétrie (absorption de la lumière), dosages électrochimique et par radioactivité, spectrographie, etc. L'analyse *organique* permet de déterminer la formule des composés organiques, par oppos. à l'analyse *minérale,* qui s'applique aux espèces chimiques présentes dans l'écorce terrestre. L'analyse chimique présente une grande importance dans de nombreux domaines, par ex. en biochimie et en biologie médicale. Elle a été utilisée pour étudier les échantillons prélevés sur la Lune lors des vols *Apollo* et sur Mars par les sondes *Viking.*

analyser [analize] v. tr. [1] Procéder à l'analyse de. *Analyser une substance. Analyser ses sentiments. Analyser une œuvre.* – De *analyse.*

analyseur [analizœʀ] **1.** n. m. PHYS Système optique permettant de définir l'état de polarisation d'un faisceau lumineux. – ELECTRON *Analyseur d'images:* tube électronique qui transforme une image en signaux électriques. **2.** adj. Qui analyse. *Système analyseur.* – De *analyser.*

analyste [analist] n. **1.** Spécialiste de l'analyse (chimique ou mathématique). **2.** INFORM Personne chargée des opérations de *diagnostic* (recherche de l'utilité de l'emploi de l'ordinateur) et d'analyse. – *Analyste-programmeur:* personne spécialisée dans l'analyse et la programmation. **3.** Personne versée dans l'analyse psychologique. **4.** Psychanalyste. – De *analyse.*

analytique [analitik] adj. Qui contient une analyse, procède par analyse. *Table analytique des matières.* Ant. synthétique. ▷ MATH Qui relève du domaine de l'analyse. *Géométrie analytique,* appliquant le calcul algébrique à la géométrie. *Fonction analytique.* ▷ *Langues analytiques,* qui utilisent peu de formes liées et expriment les rapports syntactiques par des mots distincts (par oppos. aux langues synthétiques). *Le français est une langue analytique.* ▷ *Technique* ou *traitement analytique,* qui utilise la psychanalyse. – Bas lat. *analyticus.*

analytiquement [analitikmɑ̃] adv. Par voie d'analyse. – Du préc.

anamnèse [anamnɛz] n. f. **1.** LITURG Prière de la messe qui suit l'élévation et qui rappelle la passion, la résurrection et l'ascension du Christ. **2.** MED Renseignements fournis par le malade et son entourage sur l'histoire de sa maladie. – Gr. *anamnêsis.*

anamnestique [anamnestik] adj. Fourni par l'interrogatoire médical. – Du préc.

anamniotes [anamnijɔt] n. m. pl. ZOOL Ensemble des vertébrés dont les annexes embryonnaires ne comportent pas d'amnios (cyclostomes, poissons et amphibiens). – De *an-,* voir *a-*1, et *amnios.*

anamorphose [anamɔʀfoz] n. f. PHYS Image d'un objet déformée par certains dispositifs optiques (miroirs cylindriques, par ex.). ▷ PEINT Représentation volontairement déformée d'un sujet, dont le véritable aspect ne peut être découvert par le spectateur que sous un angle déterminé par rapport au plan du tableau. ▷ CINE Procédé optique consistant à rendre, à la projection, des proportions normales à l'image comprimée à la prise de vues (utilisé dans le Cinémascope, par ex.). ▷ MATH Transformation géométrique des figures où les coordonnées sont multipliées par deux constantes différentes. – Du gr. *anamorphoun,* «transformer».

ananas [anana] n. m. **1.** Plante originaire de l'Amérique tropicale (fam. broméliacées, genre *Ananas*). **2.** Fruit, comestible, d'*Ananas sativa. Tranches d'ananas.* – Mot tupi.

anapeste [anapɛst] n. m. Pied d'un vers grec ou latin composé de deux syllabes brèves et d'une longue. – Du gr. *anapaistos,* «frappé à rebours», par le lat.

anaphase [anafaz] n. f. BIOL Troisième phase de la mitose, au cours de laquelle les chromosomes se séparent en deux lots rigoureusement semblables. – De *ana-,* et *phase.*

anaphore [anafɔʀ] n. f. RHET Répétition d'un mot ou d'un groupe de mots au début de plusieurs phrases successives, pour insister sur une idée, produire un effet de symétrie. – Lat. gram. d'orig. gr. *anaphora.*

anaphrodisiaque [anafʀɔdizjak] adj. (et n. m.). Qui diminue les désirs sexuels. – De *anaphrodisie.*

anaphrodisie [anafʀɔdizi] n. f. Diminution ou absence de désirs sexuels. – Gr. *anaphrodisia.*

anaphylactique [anafilaktik] adj. Dû à l'anaphylaxie. *Choc anaphylactique.* – De *anaphylaxie.*

anaphylactogène [anafilaktɔʒɛn] n. m. MED Antigène anaphylactique. – De *anaphylactique,* et *-gène.*

anaphylactoïde [anafilaktɔid] adj. Qualifie un choc identique au choc anaphylactique. – De *anaphylactique,* et *-oïde.*

anaphylaxie [anafilaksi] n. f. MED Réaction souvent violente d'un organisme à une substance à laquelle il a déjà été sensibilisé lors d'un contact antérieur. – De *ana-,* et gr. *phulaxis,* «protection».

ENCYCL L'anaphylaxie a été décrite par Richet et Portier en 1902. Après un premier contact sensibilisant, un contact ultérieur avec le même allergène déclenche une réaction violente chez l'animal ou chez l'homme. Ce *choc anaphylactique* consiste surtout en une insuffisance circulatoire aiguë qui peut entraîner la mort; les troubles respiratoires et cutanés apparaissent plus tardivement si l'individu a survécu. Le choc *anaphylactoïde* est identique au choc anaphylactique, mais il est déclenché par des substances avec lesquelles l'individu n'a jamais été en contact (venin de serpent, alcaloïdes, piqûres d'insecte). Le traitement d'urgence de ces chocs repose essentiellement sur la corticothérapie.

anaplasie [anaplazi] n. f. MED Perte anormale de certains caractères cellulaires, sans retour à l'état de cellule primitive. – De *ana-,* et gr. *plassein,* «former».

anaplastie [anaplasti] n. f. CHIR Réparation d'une partie mutilée par autogreffe. – Du gr. *anaplassein,* «remodeler».

anarchie [anaʀʃi] n. f. **1.** État de désordre et de confusion qu'entraîne la faiblesse de l'autorité politique. *Pays où règne l'anarchie.* **2.** Désordre, confusion. *Entreprise en pleine anarchie.* **3.** Anarchisme. – Gr. *anarkhia.*

ENCYCL L'anarchie (préférer ce terme à *anarchisme*), en tant que doctrine, date du XIXe s. Marx taxait d'idéalistes, d'utopistes, Stirner (*l'Unique et sa propriété,* 1844) et Proudhon, tandis que Bakounine (1814-1876) accusait les marxistes de vouloir instaurer une «bureaucratie rouge». En effet, si le marxisme aspire au dépérissement final de l'État, il juge nécessaire l'instauration d'un parti fortement structuré et d'un État socialiste. Or les anarchistes sont les ennemis radicaux de toute hiérarchie, de tout État; passé l'époque de l'attentat terroriste (nihilistes russes), ils prônent la spontanéité des masses (Russie de 1917, guerre d'Espagne) et seule une partie d'entre eux (militants de l'anarcho-syndicalisme, né à la fin du XIXe s.) se déclara favorable à l'action syndicale. Outre les personnes déjà citées, les princ. théoriciens de l'anarchie sont Kropotkine, Malatesta et Voline.

anarchique [anaʀʃik] adj. **1.** Marqué par le désordre, la confusion. *Gestion anarchique d'une affaire. – Prolifération anarchique des cellules.* **2.** De l'anarchisme; relatif à l'anarchisme. – Du préc.

anarchiquement [anaʀʃikmɑ̃] adv. D'une façon anarchique. – Du préc.

anarchisant, ante [anaʀʃizɑ̃, ɑ̃t] adj. Qui a des tendances anarchistes. – De *anarchie.*

anarchisme [anaʀʃism] n. m. Doctrine politique qui prône la suppression de l'État. – De *anarchie.*

anarchiste [anaʀʃist] adj. De l'anarchisme, de ses partisans. *Un complot anarchiste.* ▷ Subst. *Un anarchiste* (pop. *anar*). – De *anarchie.*

anarcho-syndicalisme [anaʀkosɛ̃dikalism] n. m. Mouvement qui introduisit dans le syndicalisme la conception anarchiste de l'antiétatisme. – De *anarchie,* et *syndicalisme.*

anasarque [anazaʀk] n. f. MED Œdème généralisé. – Lat. méd., de *ana-,* et gr. *sarx, sarcos,* «chair».

anastigmat [anastigma] ou **anastigmatique** [anastigmatik] adj. Qui est exempt d'astigmatisme. *Une lentille anastigmatique. Un objectif anastigmat.* – De *an-,* voir *a-*1, et *astigmatisme.*

anastomose [anastɔmoz] n. f. ANAT Communication naturelle ou pratiquée chirurgicalement entre deux conduits de même nature et, *par ext.*, entre deux nerfs. – Gr. *anastomôsis*, «embouchure».

anastomoser [anastɔmoze] v. tr. [1] ANAT Créer une anastomose. ▷ v. pron. ANAT Se joindre, se réunir. – BOT Se réunir en réseau (nervures). – De *anastomose*.

anastrophe [anastʀɔf] n. f. GRAM Renversement de l'ordre habituel des mots dans la phrase. *«D'amour mourir me font, belle marquise, vos beaux yeux»* (Molière). – Gr. *anastrophê*.

anathème [anatɛm] n. m. **1.** RELIG CATHOL Sentence d'excommunication. ▷ *Par ext.* Réprobation, blâme solennel. *Jeter l'anathème sur ses adversaires.* **2.** Personne qui est l'objet d'un anathème, d'une sentence d'excommunication. – Lat. ecclés., du gr. *anathêma*.

anatidés [anatide] n. m. pl. ZOOL Famille d'oiseaux ansériformes comprenant les cygnes, les oies et les canards. – Du lat. *anas, anatis*, «canard».

anatife [anatif] n. m. ZOOL Crustacé à carapace bivalve (fam. cirripèdes), qui se fixe souvent aux bois flottants grâce à un pédoncule. – Abrév. de *anatifère;* lat. zool. *anatifer*, du lat. *anas, anatis*, «canard», et *ferre*, «porter» (on croyait jadis que de la coquille de ce crustacé naissaient des canards sauvages).

anatocisme [anatɔsism] n. m. FIN Opération consistant à réunir les intérêts au capital pour former un nouveau capital portant intérêt. – Lat. *anatocismus*, d'orig. gr., de *tokos*, «intérêt».

anatolien, ienne [anatɔljɛ̃, jɛn] adj. et n. De l'Anatolie.

anatomie [anatɔmi] n. f. **1.** Science qui étudie, en partic. par la dissection, la structure et les rapports dans l'espace des différents organes et tissus chez les êtres organisés. ▷ *Anatomie pathologique:* étude des lésions provoquées par les maladies et les traumatismes dans les tissus et les viscères, par analyse microscopique, histologique, cellulaire et ultrastructurale. ▷ *Pièce d'anatomie:* corps, partie d'un corps disséqué ou sa reproduction en plâtre, matière plastique, etc. **2.** Structure générale d'un organisme, disposition des organes les uns par rapport aux autres. *La complexité de l'anatomie du corps humain.* – Par anal. *Anatomie d'une automobile.* ▷ Fam. Aspect extérieur du corps. *Exhiber une piètre anatomie.* – Bas lat. d'orig. gr. *anatomia*.

anatomique [anatɔmik] adj. Qui relève de l'anatomie. *Une planche anatomique.* – Lat. *anatomicus*.

anatomiquement [anatɔmikmɑ̃] adv. Sur le plan anatomique. *Deux organismes anatomiquement comparables.* – Du préc.

anatomiste [anatɔmist] n. Spécialiste de l'anatomie. – De *anatomie*.

anatoxine [anatɔksin] n. f. BIOL Toxine ayant perdu son pouvoir pathogène grâce à un traitement adéquat, mais gardant ses propriétés immunisantes. *Anatoxine diphtérique de Ramon.* – De *ana-*, et *toxine*.

anatrope [anatʀɔp] adj. BOT *Ovule anatrope*, dans lequel le micropyle est proche du hile. – Gr. *anatropê*, «renversement».

ancestral, ale, aux [ɑ̃sestʀal, o] adj. Qui appartient aux ancêtres; transmis par les ancêtres. *En vertu d'un droit ancestral...* – De *ancêtre*.

ancêtre [ɑ̃sɛtʀ] n. **1.** Personne de qui l'on descend, ascendant (*en général:* plus éloigné que le grand-père). ▷ *Les ancêtres:* ceux de qui l'on descend, l'ensemble des ascendants. *Marcher sur la trace de ses ancêtres.* **2.** (Au pl.) Les hommes qui vécurent avant nous. **3.** Initiateur lointain. *Théophraste Renaudot peut être considéré comme l'ancêtre des journalistes.* – Lat. *antecessor*.

anche [ɑ̃ʃ] n. f. MUS Languette placée dans le bec de certains instruments à vent (clarinette, saxophone, tuyau d'orgue, etc.) et qui, par vibration, produit les sons. *Anche simple. Anche double.* – Du germ. **ankja*, «embouchure».

anchois [ɑ̃ʃwa] n. m. Poisson téléostéen (fam. engraulidés), commun dans les mers européennes, de petite taille (15 à 20 cm) et dont la bouche est fendue au-delà des yeux. *Beurre d'anchois:* filets d'anchois pilés avec du beurre. – Esp. *anchoa*.

ancien, ienne [ɑ̃sjɛ̃, jɛn] **I.** adj. **1.** Qui existe depuis longtemps. *Coutume ancienne.* **2.** Qui a de l'ancienneté dans un emploi, une fonction, un grade. *Il est plus ancien que vous dans la profession.* **3.** (Devant un substantif.) Qui a cessé d'être (ce qu'indique le substantif). *Un ancien juge.* **4.** Qui n'existe plus depuis longtemps. *Les anciens Grecs.* **II.** n. m. **1.** Prédécesseur dans un métier, un service, une école, un régiment, etc. *Demander l'avis d'un ancien. Les anciens de Polytechnique.* **2.** Personne âgée (le plus souvent au plur.). *Les anciens du village.* **3.** (Avec une majuscule.) Les peuples, les auteurs de l'Antiquité. – Bas lat. *anteanus* , sur *ante*, «avant».

anciennement [ɑ̃sjɛnmɑ̃] adv. Dans les temps anciens, autrefois. – De *ancien*.

ancienneté [ɑ̃sjɛnte] n. f. **1.** Caractère de ce qui est ancien (au sens 1). **2.** Temps passé dans l'exercice d'une fonction, d'un grade. *Avancement à l'ancienneté*, selon l'ordre d'ancienneté des postulants. – De *ancien*.

ancillaire [ɑ̃silɛʀ] adj. De la servante. *Amours ancillaires*, entre le maître et la servante. – Lat. *ancilla*, «servante».

ancolie [ɑ̃kɔli] n. f. Genre *(Aquilegia)* de plantes ornementales (fam. renonculacées) aux fleurs bleues, violettes, roses ou blanches, dont les pétales se terminent en éperon. – Du lat. *aquilegus*, «qui recueille l'eau».

ancrage [ɑ̃kʀaʒ] n. m. **1.** MAR Vx Mouillage. **2.** TECH Fixation, attache à un point fixe. *Point d'ancrage d'un câble.* – De *ancrer*.

ancre [ɑ̃kʀ] n. f. **1.** Instrument de métal qui, jeté au fond de l'eau à l'aide d'un câble ou d'une chaîne, s'y accroche et sert à retenir le navire. *Navire à l'ancre.* ▷ Fig. et fam. *Lever l'ancre:* partir (cf.: mettre les voiles). **2.** HORL Pièce servant à régler l'échappement. **3.** CONSTR Pièce métallique reliant deux éléments de construction pour éviter qu'ils s'écartent l'un de l'autre. – Lat. *ancora*.

ancrer [ɑ̃kʀe] v. tr. [1] **1.** Vx Immobiliser (un navire) au moyen de l'ancre. **2.** Fig. *Ancrer une idée dans l'esprit de quelqu'un*, l'y fixer. ▷ v. pr. *Cette conviction s'est ancrée en lui.* **3.** TECH Fixer au moyen d'un dispositif d'ancrage. *Ancrer un hauban, un tirant.* – De *ancre*.

andain [ɑ̃dɛ̃] n. m. Ligne formée par les herbes que le faucheur ou la machine coupe et rejette sur le côté. – Du lat. *ambitus*, «bord».

andaineuse [ɑ̃denøz] n. f. Machine qui coupe et rassemble les céréales en andains. – De *andain*.

andalou, ouse [ɑ̃dalu, uz] adj. et n. De l'Andalousie.

andalousite [ɑ̃daluzit] n. f. MINER Silicate d'aluminium de formule [Al_2SiO_5], fréquent dans les roches métamorphiques (gneiss et micaschistes). – De *Andalousie*, prov. d'Espagne.

andante [ɑ̃dɑ̃t(e)] adv. MUS Indique un mouvement modéré. ▷ n. m. Morceau joué dans ce mouvement. – Mot ital., «allant», de *andare*.

andantino [ɑ̃dɑ̃tino] adv. D'un mouvement moins modéré que celui de l'andante. ▷ n. m. Morceau joué dans ce mouvement. – Mot ital., diminutif de *andante.*

andésine [ɑ̃dezin] n. f. MINER Variété de feldspath tricyclique, élément important des roches éruptives. – De *Andes,* et *-ine.*

andésite [ɑ̃dezit] n. f. Lave grise ou noire à fort pourcentage d'andésine. – De *Andes,* et *-ite* 3.

andésitique [ɑ̃dezitik] adj. *Volcanisme andésitique,* typique des Andes, où il se manifeste par effusion d'andésites. – Du préc.

andin, ine [ɑ̃dɛ̃, in] adj. Des Andes.

andouille [ɑ̃duj] n. f. **1.** Boyau de porc farci de tripes et de chair du même animal. **2.** Pop. Individu sans intelligence. *Espèce d'andouille, fais donc attention!* – Du lat. *inducere,* «introduire».

andouiller [ɑ̃duje] n. m. Ramification des bois des cervidés (cerf, daim, chevreuil). *Les andouillers permettent de déterminer l'âge de l'animal.* – Altér. de *antoillier,* probabl. du lat. pop. *anteoculare,* «qui est devant les yeux».

andouillette [ɑ̃dujɛt] n. f. Petite andouille. – Dimin. de *andouille.*

andragogie [ɑ̃dʀagɔʒi] n. f. EDUC Ensemble des moyens pédagogiques visant le développement de l'adulte dans le sens de ses acquis professionnels. – Du gr. *andro-,* «homme», et *-agogie.*

andragogique [ɑ̃dʀagɔʒik] adj. Relatif à l'andragogie. – De *andragogie.*

andragogue [ɑ̃dʀagɔg] n. Spécialiste de l'andragogie. – De *andragogie.*

andrinople [ɑ̃dʀinɔpl] n. f. Étoffe de coton rouge. – Du nom d'*Andrinople,* ville de Turquie.

andro-. Élément tiré du gr. *anêr, andros,* «homme, mâle».

androcée [ɑ̃dʀɔse] n. m. BOT Partie mâle de la fleur des phanérogames, constituée par les étamines. – De *andros,* d'après *gynécée.*

androgène [ɑ̃dʀɔʒɛn] adj. Qui provoque l'apparition de caractères secondaires sexuels mâles. ▷ n. m. Hormone androgène. – De *andro-,* et *-gène.*

ENCYCL Les hormones androgènes sont des hormones stéroïdes sécrétées par les testicules et, dans les deux sexes, par les cortico-surrénales. Les principaux androgènes sont la testostérone, la déhydroépiandrostérone (D.H.E.A.) et l'andro-sténedione. Leur sécrétion est sous la dépendance de l'A.C.T.H. Ils provoquent l'apparition de caractères sexuels secondaires et une augmentation de la synthèse protéique au profit des masses musculaires et des os.

androgyne [ɑ̃dʀɔʒin] adj. (et n.) Qui tient des deux sexes; hermaphrodite. ▷ BOT Syn. de *monoïque.* – Lat. d'orig. gr. *androgynus.*

androgynie [ɑ̃dʀɔʒini] n. f. MED Pseudohermaphrodisme partiel chez l'homme. – Du préc.

androïde [ɑ̃dʀɔid] n. m. Automate à figure humaine. – De *andr(o)-,* et *-oïde.*

andrologie [ɑ̃dʀɔlɔʒi] n. f. Médecine de l'homme (sens 2). – De *andro-,* et *-logie.*

andrologue [ɑ̃dʀɔlɔg] n. Médecin spécialiste d'andrologie. – De *andro(logie),* et *-logue.*

andromède [ɑ̃dʀɔmɛd] n. f. Plante printanière du genre *Andromeda,* à fleur rose, généralement répandue au Québec.

andropause [ɑ̃dʀɔpoz] n. f. MED Chez l'homme, ensemble des manifestations organiques et psychiques survenant entre 50 et 70 ans, notam. une diminution des activités génitales. – De *andro-,* d'après *ménopause.*

androstérone [ɑ̃dʀɔsteʀɔn] n. f. BIOCHIM Hormone présente dans l'urine masculine et qui joue un rôle au cours du développement de la puberté chez l'homme (dérivé de la testostérone, principale hormone mâle). – De *andro-, stér(ol)* et *(horm)one.*

âne [ɑn] n. m. **1.** Mammifère domestique (genre *Asinus.* fam. équidés), plus petit que le cheval, dont la tête très puissante est munie de longues oreilles. *L'âne brait.* ▷ Loc. fig. *Têtu comme un âne. Le coup de pied de l'âne:* basse vengeance d'un faible ou d'un lâche à l'égard d'un adversaire jadis puissant mais affaibli et sans défense. ▷ *Dos d'âne:* élévation arrondie, bosse. *Route en dos d'âne.* **2.** Fig. Homme sot, borné et ignorant. *C'est un âne bâté.* – *Pont aux ânes:* difficulté facilement surmontable, qui n'arrête que les ignorants. – Lat. *asinus.*

anéantir [aneɑ̃tiʀ] **I.** v. tr. [2] **1.** Réduire à néant (qqch), faire disparaître. *La grêle a anéanti la récolte.* **2.** Fig. Plonger qqn dans un état d'abattement. *Cet échec inattendu l'a anéanti.* Syn. accabler. Ant. créer, fortifier. **II.** v. pron. Disparaître. *Au fil des jours s'est anéanti mon espoir de le revoir vivant.* – De *néant.*

anéantissement [aneɑ̃tismɑ̃] n. m. **1.** Le fait d'entrer dans le néant. Syn. destruction, mort, extinction. **2.** Fig. Abattement profond. Syn. accablement, prostration. – De *anéantir.*

anecdote [anɛgdɔt] n. f. Bref récit d'un fait curieux, parfois historique, révélateur d'un détail significatif. – Lat. *anecdota* (surtout pl.); gr. *anekdota,* «choses inédites».

anecdotique [anɛgdɔtik] adj. Qui s'attache à l'anecdote. – Qui contient des anecdotes. *Histoire anecdotique.* – De *anecdote.*

anémie [anemi] n. f. **1.** MED Diminution du nombre des globules rouges ou de la concentration sanguine en hémoglobine se traduisant par une accélération du rythme cardiaque, un essoufflement, une sensation de fatigue générale et due soit à une insuffisance de la production médullaire en globules rouges (par ex. anémie de Biernes), soit à une insuffisance de la quantité d'hémoglobine contenue dans chaque globule rouge. **2.** Fig. Affaiblissement. *L'anémie de l'économie.* – Lat. scientif. *anaemia,* gr. *anaimia,* «manque de sang».

anémier [anemje] v. tr. [1] Rendre anémique. ▷ v. pron. Devenir anémique. – De *anémie.*

anémique [anemik] adj. **1.** Atteint d'anémie. **2.** Fig. Faible, sans vigueur. *Vin anémique,* sans goût. – De *anémie.*

anémo-. Élément, du gr. *anemos,* «vent».

anémochore [anemokɔʀ] adj. Rare. BOT *Dissémination anémochore,* assurée par le vent. *Les pissenlits sont anémochores.* – De *anémo-,* et du gr. *choreuein,* «danser».

anémomètre [anemomɛtʀ] n. m. Appareil servant à mesurer la vitesse du vent ou d'un écoulement d'air. – De *anémo-,* et *-mètre.*

anémone [anemɔn] n. f. **1.** Plante printanière de la famille des renonculacées, à fleur blanche ou jaunâtre, affectionnant les basses terres du Saint-Laurent. *Anémone du Canada.* **2.** *Anémone de mer:* actinie. – Gr. *anemônê,* par le lat.

anémophile [anemofil] adj. BOT *Plante anémophile,* dont le pollen est disséminé par le vent. – De *anémo-,* et *-phile.*

anémophilie [anemofili] n. f. BOT Pollinisation par le vent. – Du préc.

anergie [anɛʀʒi] n. f. MED Disparition de la faculté de réaction contre un antigène à l'égard duquel l'organisme était immunisé. Syn. anallergie. ▷ *Anergie tuberculinique,* négativation de la cutiréaction à la tuberculine et donc à l'immunité antituberculeuse après certaines maladies virales (rougeole, varicelle, etc.). – De *an-*, voir *a*-1, et rad. de *allergie.*

anergique [anɛʀʒik] adj. Relatif à l'anergie. – Du préc.

anergisant, ante [anɛʀʒizɑ̃, ɑ̃t] adj. Qui entraîne une anergie. – De *anergie.*

ânerie [anʀi] n. f. Acte ou propos stupide. *Il ne fait, il ne dit que des âneries.* Syn. bêtise, bourde, sottise. – De *âne.*

anéroïde [aneʀɔid] adj. PHYS *Baromètre anéroïde,* dont l'organe sensible est constitué d'une capsule vide qui se déforme sous l'effet de la pression atmosphérique. – Pour *anaéroïde,* de *an-*, voir *a*-1, et gr. *aeroeidês,* «aérien».

ânesse [anɛs] n. f. Femelle de l'âne. – De *âne.*

anesthésie [anɛstezi] n. f. MED Disparition plus ou moins complète de la sensibilité superficielle ou profonde. – Gr. *anaisthêsia.*

ENCYCL Plusieurs méthodes anesthésiques peuvent être employées selon le type d'intervention et l'état du sujet. L'*anesthésie générale* atteint l'organisme entier, avec perte de conscience (narcose). Elle est le plus souvent obtenue par l'administration d'un produit anesthésique (par inhalation, injection intraveineuse ou voie rectale). L'*anesthésie locale, régionale ou loco-régionale* ne touche qu'un territoire limité, sans perte de conscience. Les substances anesthésiques sont mises en contact soit avec des terminaisons nerveuses, soit des plexus nerveux (par badigeonnage, instillation, tamponnement, pulvérisation, infiltration, injection intraveineuse), soit des racines rachidiennes (par injection médullaire), dans l'*anesthésie loco-régionale,* la *rachianesthésie* et l'*anesthésie péridurale* (notam. utilisées en obstétrique). Il faut citer aussi, bien plus rarement employées et applicables à l'anesthésie générale, régionale ou locale: l'électroanesthésie, l'hypnose et l'acupuncture (courante en Chine).

anesthésier [anɛstezje] v. tr. [1] Rendre momentanément insensible à la douleur au moyen d'un anesthésique. Syn. endormir, insensibiliser. – Du préc.

anesthésiologie [anɛstezjɔlɔʒi] n. f. MED Branche de la science médicale comprenant l'anesthésie et la réanimation. – De *anesthésie,* et *-logie.*

anesthésique [anɛstezik] adj. (et n. m.). Qui détermine l'anesthésie. Ant. excitant. – De *anesthésie.*

anesthésiste [anɛstezist] n. Médecin spécialiste qui dirige l'anesthésie au cours d'une intervention chirurgicale. – *Infirmière anesthésiste,* spécialisée dans l'anesthésie. – De *anesthésie.*

aneth [anɛt] n. m. BOT Genre *(Anethum)* d'ombellifères (fenouil). – Du lat. *anethum.*

anévrismal, ale, aux [anevʀismal, o] adj. Ayant rapport à un anévrisme. – De *anévrisme.*

anévrismatique [anevʀismatik] adj. Affecté d'anévrisme. – De *anévrisme.*

anévrisme [anevʀism] n. m. MED **1.** Dilatation localisée d'une artère. *Anévrisme de l'aorte. Rupture d'anévrisme:* éclatement de la poche anévrismale, qui entraîne presque toujours la mort. *Anévrisme artério-veineux:* communication permanente d'une artère et d'une veine. **2.** *Par ext.* Dilatation d'une paroi du cœur. – Gr. *aneurusma.*

anfractuosité [ɑ̃fʀaktɥɔzite] n. f. Cavité sinueuse et profonde. (S'emploie surtout au pl.) *Les anfractuosités de la montagne, d'une côte.* – Du bas lat. *anfractuosus,* «tortueux».

angarie [ɑ̃gaʀi] n. f. DR marit. Réquisition par un État belligérant d'un navire neutre qui se trouve dans ses eaux territoriales. – Lat. jur. *angaria,* «corvée de charroi»; gr. *aggareia,* «imposition, corvée».

ange [ɑ̃ʒ] n. m. **1.** Créature spirituelle, servant d'intermédiaire entre les hommes et Dieu (généralement représentée dans l'art religieux sous la forme d'une créature ailée portant une auréole). – *Ange gardien,* qui protège chaque être humain (relig. cathol.). – *Par ext.* Personne qui agit en tant que protecteur, bienfaiteur d'une autre. – Plaisant. Garde du corps veillant à la protection des personnalités. ▷*Être le bon ange, le mauvais ange de quelqu'un:* avoir sur lui une bonne, une mauvaise influence. ▷*Être aux anges,* ravi de joie. ▷*Rire aux anges:* rire seul et sans raison. ▷ *Une patience d'ange:* une très grande patience. ▷ Fam. Vieilli *Faiseuse d'anges:* avorteuse. **2.** Fig. Personne dotée de toutes les qualités. *C'est un ange. – Cette femme est un ange de bonté, de vertu.* ▷*Vous êtes un ange:* vous êtes très gentil. **3.** ZOOL *Ange de mer* ou *ange:* poisson chondrychtien (squaliforme) intermédiaire entre la raie et le requin. – Gr. *aggelos,* «messager».

angéite [ɑ̃ʒeit] n. f. MED Inflammation d'un vaisseau. – Du gr. *aggeion,* «vaisseau», et *-ite* 1.

1. angélique [ɑ̃ʒelik] adj. **1.** Qui est propre à l'ange. ▷*Salutation angélique:* l'Ave Maria. **2.** Fig. Digne d'un ange, aussi parfait qu'un ange. *Douceur angélique.* Syn. séraphique. – Lat. ecclés. *angelicus.*

2. angélique [ɑ̃ʒelik] n. f. Plante ombellifère odoriférante dont les racines ont des propriétés stimulantes et dont on emploie la tige en confiserie. ▷ Tige confite de cette plante. – De *angélique* 1.

angelot [ɑ̃ʒlo] n. m. Petit ange. – De *ange.*

angélus [ɑ̃ʒelys] n. m. Prière en l'honneur de la Vierge, récitée le matin, à midi et le soir, et qui commence par le mot latin *angelus.* ▷ Son de cloche annonçant cette prière. *Sonner l'angélus.* – Lat. *angelus,* «ange».

angi(o)-. Élément, du gr. *aggeion,* «capsule, vaisseau».

angine [ɑ̃ʒin] n. f. MED Inflammation aiguë du pharynx et des amygdales provoquant souvent une gêne à la déglutition et présentant un aspect variable selon la cause (angine érythémateuse, herpétique, diphtérique, de Vincent). ▷ *Angine de poitrine:* syndrome douloureux, de siège thoracique, provoqué par l'effort et témoignant d'une insuffisance coronarienne. Syn. angor. – Lat. *angina.*

angiographie [ɑ̃ʒjogʀafi] n. f. MED Radiographie des vaisseaux après injection d'une substance opaque aux rayons X. – De *angio-*, et *-graphie.*

angiomateux, se [ɑ̃ʒjomatø, øz] adj. **1.** Qui ressemble à un angiome. **2.** D'un angiome. – De *angiome.*

angiomatose [ɑ̃ʒjomatoz] n. f. Maladie générale caractérisée par l'existence d'angiomes multiples. *Angiomatose hémorragique familiale* (maladie de Rendu-Osler). – De *angiome,* et *-ose* 2.

angiome [ɑ̃ʒjom] n. m. MED Malformation vasculaire consistant en une agglomération circonscrite des vaisseaux sanguins (hémangiome) ou lymphatiques (lymphangiome). – De *angi(o),* et *-ome.*

angiopathie [ɑ̃ʒjopati] n. f. MED Affection des vaisseaux. – De *angio-*, et *-pathie.*

angioplastie [ɑ̃ʒjoplasti] n. f. CHIR Modification correctrice et réparatrice du calibre des vaisseaux (essentiellement les artères). – De *angio-*, et *-plastie.*

angiospasme [ɑ̃ʒjospasm] n. m. MED Spasme d'un vaisseau sanguin. – De *angio-*, et *spasme.*

angiosperme [ɑ̃ʒjospɛʀm] adj. et n. BOT **1.** adj. *Plante angiosperme,* dont les ovules sont protégés par un ovaire complètement clos qui, à maturité, donnera le *fruit contenant la graine.* **2.** n. f. pl. Sous-embranchement des spermatophytes, comprenant les plantes angiospermes, qui se divise en monocotylédones et dicotylédones, et forme avec les gymnospermes les phanérogames, constituant ainsi l'ensemble des plantes les plus évoluées. Sing.: *Une angiosperme.* – De *angio-,* et *sperme.*

angiospermie [ɑ̃ʒjospɛʀmi] n. f. Mode de reproduction des angiospermes. – Du préc.

angiotensine [ɑ̃ʒjotɑ̃sin] n. f. PHYSIOL Polypeptide circulant, hypertenseur et vasoconstricteur. – De *angio-, tension,* et *-ine* 3.

angiotensinogène [ɑ̃ʒjotɑ̃sinoʒɛn] n. m. PHYSIOL Protéine sérique, précurseur inactif de l'angiotensine. – Du préc.

anglais, aise [ɑ̃glɛ, ɛz] adj. et n. **I.** adj. **1.** De l'Angleterre, des habitants de ce pays. *Un lord anglais. L'humour anglais.* ▷ *Clé anglaise:* clé de mécanicien à mâchoires mobiles. **2.** De langue anglaise. *Les quartiers anglais de Montréal. Un cégep anglais.* ▷ Du Canada anglais. *Les provinces anglaises.* **3.** Loc. adv. *À l'anglaise:* à la manière anglaise. *Légumes à l'anglaise,* cuits à la vapeur. – *Filer à l'anglaise,* sans être vu et sans prendre congé. **II.** n. **1.** Citoyen britannique. *Un Anglais, une Anglaise.* **2.** Habitant du Canada d'expression anglaise. *Les Anglais sont minoritaires au Québec.* Syn. Canadien anglais. **3.** n. m. *L'anglais:* la langue anglaise, langue germanique parlée en Grande-Bretagne, aux États-Unis, dans le Commonwealth. **4.** n. f. *Anglaise:* écriture cursive dont les lettres sont penchées à droite. **5.** n. f. pl. *Anglaises:* longues boucles de cheveux en spirale. – De *Angles,* peuple germanique qui s'installa en Angleterre au VIe s.

ENCYCL À l'époque de la cession du Canada à l'Angleterre, les nouveaux maîtres du pays étaient naturellement appelés *les Anglais.* Leurs descendants ont conservé cette dénomination jusqu'à nos jours dans la langue de ceux qu'ils ont vaincus et qui portaient le nom de *Canadiens* depuis plusieurs générations déjà. *Anglais* s'est opposé aux appellations *Canadien* (ou *Canayen,* à partir de la seconde moitié du XIXe s.) et *Canadien français,* réservées aux locuteurs français du Canada vivant dans la province de Québec. Au milieu du XIXe s., *Canadien* véhicule l'idée de non-Anglais, voire d'anti-Anglais. Par la suite, *Anglais* a pu se charger à l'occasion d'une signification très large, englobant, en plus des habitants du Canada d'origine anglaise, aussi bien les Américains que les étrangers s'identifiant à la majorité anglophone. Inversement, dès la première moitié du XIXe s., on a senti le besoin, dans certains contextes, de distinguer les Anglais du Canada de ceux d'Europe en attribuant à ces derniers des appellations explicites comme *Anglais d'outre-mer, Anglais d'Angleterre.* Même si, de nos jours, on fait davantage appel à *Canadien anglais* pour désigner un habitant du Canada d'expression anglaise, l'appellation *Anglais* demeure largement usitée, notamment quand on veut mettre l'accent sur la différence entre les deux groupes ethniques principaux du Canada, et peut prendre une connotation péjorative. V. canadien, québécois.

anglaiser [ɑ̃gleze] v. tr. [1] Couper à un cheval les muscles abaisseurs de la queue pour que celle-ci prenne une position presque horizontale. – De *anglais,* c.-à-d. «à la mode anglaise».

angle [ɑ̃gl] n. m. **1.** Saillie ou renfoncement que forment deux surfaces ou deux lignes qui se coupent. *L'angle d'un mur.* ▷ Fig. *Arrondir les angles:* minimiser les différends entre des personnes, en usant de diplomatie. **2.** GEOM Figure formée par deux demi-droites de même origine, mesurée en degrés, en grades ou en radians. *Angles adjacents:* angles qui ont le même sommet et un côté commun. *Angle plat,* dont les côtés sont portés par une même droite. *Angle droit,* dont les côtés sont perpendiculaires. *Angle aigu,* dont la mesure est comprise entre 0° et 90°. *Angle obtus,* compris entre 90° et 180°. *Angles complémentaires,* dont la somme des mesures est égale à 90°. *Angles supplémentaires,* dont la somme des mesures est égale à 180°. *Angles alternes-internes,* angles formés par deux droites coupées par une troisième, situés de part et d'autre de cette troisième droite et à l'intérieur de l'angle formé par les deux premières. *Angle solide,* portion d'espace située dans un cône. *Angle dièdre,* figure formée par deux demi-plans qui se coupent. *Angle trièdre,* figure formée par trois plans qui ont un point commun. – *Voir les choses sous un certain angle, sous l'angle de ...,* d'un certain point de vue, du point de vue de ... ▷ ASTRO *Angle horaire d'un astre:* angle formé par le méridien du lieu d'observation et le méridien origine passant par le zénith de ce lieu. ▷ AVIAT *Angle d'attaque:* angle formé par le plan de la voilure et la direction de l'écoulement de l'air. ▷ MECA *Angle de frottement:* angle formé par la normale à la surface de contact et la force de réaction de contact entre deux solides, lorsque la vitesse relative de ces solides cesse d'être nulle. ▷ OPT *Angle d'incidence, de réflexion, de réfraction:* angle formé par le rayon incident, réfléchi, réfracté, avec la normale à la surface. – *Angle limite:* angle de réfraction pour un angle d'incidence égal à 90°, lorsque la lumière passe dans un milieu d'indice supérieur. ▷ ANTHROP *Angle facial,* formé par la droite joignant la partie moyenne du front à la base du nez et la droite passant par la conque de l'oreille et la base du nez. – Lat. *angulus.*

ENCYCL La mesure des angles plans s'exprime en *degrés,* en *grades* ou en *radians.* Un angle plat vaut 180 degrés, 200 grades ou 2π radians. Les angles solides se mesurent en *stéradians,* rapport entre la surface découpée sur une sphère par le cône délimitant la portion d'espace, et le carré du rayon de cette sphère. La totalité de l'espace correspond à $4\pi R^2/R^2$ soit 4π stéradians (la moitié de l'espace correspond à 2π stéradians).

anglet [ɑ̃glɛ] n. m. ARCHI Canal à angle droit qui sépare les bossages. – De *angle.*

anglican, ane [ɑ̃glikɑ̃, an] adj. Qui a rapport à l'anglicanisme. *Rite anglican. Église anglicane.* ▷ Subst. Personne qui appartient à cette église. – Lat. médiév. *anglicanus.*

ENCYCL L'Église anglicane (Église d'État) fut instituée après la rupture d'Henry VIII avec le pape Clément VII, qui refusa d'annuler son mariage avec Catherine d'Aragon. Avec une liturgie préparée dans une ligne calviniste par Cranmer (*Prayer Book,* 1549), un énoncé dogmatique dit des 39 articles (élaboré sous Elizabeth Ire, mais officiel seulement en 1571), un sursaut piétiste provoqué par Wesley (XVIIIe s.), un nouveau réveil à couleur patristique au XIXe s. (Pusey, Newman), que l'histoire a enregistré sous le nom de «mouvement d'Oxford», l'évolution des communions anglicanes vers un rapprochement avec Rome est marquée, après quatre siècles d'existence, par la nomination (1961) d'un délégué au Secrétariat pour l'unité et la création d'une commission pour les relations avec les catholiques (1964), devenue une commission mixte permanente (1970).

C'est à l'occasion de la conquête de l'Acadie (1710) et de celle de la Nouvelle-France (1760) que l'Église anglicane prit racine au Canada; mais il fallut attendre 1758 en Nouvelle-Écosse, et 1791 dans le Bas et le Haut-Canada (Québec et Ontario) pour qu'elle acquît un statut officiel. «L'Église d'Angleterre au Canada» devint, du moins dans les intentions, l'*Église établie,* la loi constitutionnelle de 1791 prévoyant que le septième des terres concédées par le gouvernement serait affecté à son soutien. Cette disposition, longtemps combattue par les autres Églises protestantes du Haut-Canada et par les Canadiens du Bas-Canada, fut abrogée en 1854. À ce moment, existaient trois diocèses anglicans: Québec (1793), Montréal (1836) et Toronto (1839). Depuis 1980, l'Église anglicane du Canada, qui compte 2,5 millions de fidèles, est indépendante de celle d'Angleterre.

anglicanisme [ɑ̃glikanism] n. m. Ensemble des rites et des institutions propres à l'Église anglicane. – De *anglican*.

anglicisation [ɑ̃glisizasjɔ̃] n. f. LING Processus par lequel la langue anglaise a tendance à s'imposer comme langue hégémonique. *Les législations linguistiques du Québec visent à enrayer son anglicisation.* – De *angliciser*.

angliciser [ɑ̃glisize] v. tr. [1] Donner un aspect anglais à. ▷ v. pron. Prendre un aspect anglais. – Du lat. médiév. *anglicus*.

anglicisme [ɑ̃glisism] n. m. **1.** Façon de parler, locution propre à la langue anglaise. **2.** Mot emprunté à l'anglais. – De *anglais*.

angliciste [ɑ̃glisist] n. Spécialiste de la civilisation et de la langue anglaises. – Du préc.

anglo-. Préfixe, du rad. de *anglais*.

anglo-canadien, ienne [ɑ̃glokanadjɛ̃, jɛn] adj. et n. Relatif ou propre aux Canadiens d'expression anglaise. ▷ Subst. *Un Anglo-Canadien.* Rem. Moins courant que *canadien-anglais*. – De *anglo-*, et *canadien*.

anglomane [ɑ̃gloman] n. Personne qu'une admiration excessive pour l'Angleterre conduit à imiter sans discernement les mœurs, les habitudes de ce pays. – De *anglo-*, et *-mane* 2.

anglomanie [ɑ̃glomani] n. f. Manie des anglomanes. – Du préc.

anglophile [ɑ̃glofil] adj. (et n.). Qui aime les Anglais. – De *anglo-*, et *-phile*.

anglophilie [ɑ̃glofili] n. f. Sentiment d'amitié, de sympathie à l'égard des Anglais. – Du préc.

anglophobe [ɑ̃glofɔb] adj. (et n.). Qui déteste les Anglais. – De *anglo-*, et *-phobe*.

anglophobie [ɑ̃glofɔbi] n. f. Sentiment d'aversion pour les Anglais, pour tout ce qui est anglais. – Du préc.

anglophone [ɑ̃glofɔn] adj. (et n.). Dont l'anglais est la langue; qui parle anglais. *L'Afrique anglophone. Les Canadiens anglophones.* – De *anglo-*, et *-phone*.

anglo-québécois, oise [ɑ̃glokebekwa, waz] adj. et n. Relatif ou propre aux Québécois de langue anglaise. *La communauté anglo-québécoise.* ▷ Subst. *Les Anglo-Québécois. – De anglo-*, et *québécois*.

anglo-saxon, onne [ɑ̃glɔsaksɔ̃, ɔn] adj. et n. **1.** adj. Relatif aux peuples de civilisation britannique. **2.** n. L'ensemble des peuples actuels de langue anglaise. *Les Anglo-Saxons étaient composés de trois groupes germaniques: les Angles, les Jutes et les Saxons, qui envahirent la Grande-Bretagne aux Ve et VIe s.* – De *anglo-*, et *saxon*.

angoissant, ante [ɑ̃gwasɑ̃, ɑ̃t] adj. Qui cause de l'angoisse. – Ppr. de *angoisser*.

angoisse [ɑ̃gwas] n. f. Cour. Sentiment d'appréhension, de profonde inquiétude. Syn. anxiété. ▷ MED Sentiment d'anxiété, qui s'accompagne de symptômes physiques (constriction épigastrique, tachycardie, gêne respiratoire, impossibilité de déglutir, diarrhée) et qui est souvent déclenchée par des états ou des situations similaires chez le même individu (solitude, présence dans la foule – agoraphobie –, dans un lieu fermé – claustrophobie –, moments chargés d'émotion, etc.). ▷ PHILO Inquiétude métaphysique, pour les philosophes existentialistes. – Lat. *angustia*, «lieu resserré».

angoisser [ɑ̃gwase] v. tr. [1] Causer de l'angoisse à. – De *angoisse*.

angon [ɑ̃gɔ̃] n. m. **1.** Javelot muni de deux crochets utilisé autref. par les Francs. **2.** Crochet pour la pêche aux crustacés. – Lat. médiév. *angon*, d'orig. gr.

angor [ɑ̃gɔʀ] n. m. MED Syn. de *angine de poitrine*. – Mot lat., «oppression».

angora [ɑ̃gɔʀa] adj. inv. **1.** Se dit de variétés de chats, de lapins, de chèvres remarquables par la longueur de leurs poils. *Une chèvre angora.* ▷ n. m. *Un angora.* **2.** Laine faite de ces poils. *Laine angora. Tricot en angora.* – De la ville d'*Angora*, auj. Ankara, en Turquie.

angström ou **angstroem** [ɑ̃gstʀø(œ)m] n. m. PHYS Anc. unité de longueur valant un dix-millionième de millimètre (Symbole: Å). – De *Angströom*, physicien suédois (1814-1874).

anguille [ɑ̃gij] n. f. **1.** Poisson téléostéen d'eau douce (mais se reproduisant en mer), de forme très effilée, à peau visqueuse très glissante. ▷ Loc. fig. *Il y a anguille sous roche*, qqch qui se prépare et qu'on nous cache. **2.** *Anguille de mer:* congre. – Lat. *anguilla*.

ENCYCL Vorace, résistante et prolifique, l'anguille abondait dans la plupart des fleuves, rivières et lacs du nord-est américain. Elle était considérée comme une manne par les Amérindiens qui la pêchaient au harpon à la lueur des torches ou à l'aide de nasses tressées, placées à l'extrémité de murets de pierres sèches ou de claies, disposés sur le rivage en zones de marée. En début d'automne, ils en capturaient ainsi des milliers qu'ils conservaient en les fumant, s'assurant ainsi une réserve de nourriture d'hiver et de printemps. La peau des anguilles tannée et découpée en fines lanières, les «babiches», servait à tresser les raquettes, à coudre les vêtements, à fabriquer des collets et des attaches multiples. Les premiers colons de la Nouvelle-France connaissaient aussi la pêche à l'anguille qui se pratiquait de semblable façon sur les côtes de Normandie, de Bretagne et du littoral de Ré et d'Oléron. Les parcs de pêcheries étaient d'ailleurs réglementés en France depuis la fin du XVIe siècle. Ils furent soigneusement décrits et inventoriés plus tard par Le Masson du Parc et Henri-Louis Duhamel de Monceau (1769). L'emploi des claies de fascines et des coffres, de même que l'usage de ports flottants et calants, se répandit autour de Québec et dans l'estuaire. Certains seigneurs et censitaires de la côte de Lauzon, en face de Québec, se livrèrent au XVIIe siècle à une exploitation intensive de l'anguille, exportant en France et aux Antilles des milliers de barriques de poissons salés. Durant les siècles suivants, cette pêche assura parfois la survie et constitua un important revenu d'appoint pour la plupart des riverains de l'estuaire du Saint-Laurent, du Richelieu et de l'île de Montréal. Plus importante autrefois qu'aujourd'hui dans le régime alimentaire, on la consommait bouillie ou rôtie à la broche, salée ou fumée. La pêche à l'anguille se pratique encore, surtout dans le Bas Saint-Laurent, mais les prises, principalement exportées en Allemagne de l'Ouest, diminuent régulièrement depuis quelques années en raison de la pollution chimique qui menace la qualité, voire la survie de cette espèce.

anguiller [ɑ̃gije] n. m. MAR Chacun des petits canaux ménagés entre les varangues et le bordé pour permettre à l'eau des fonds de s'écouler jusqu'à la maille la plus basse, où elle est pompée.

anguillère [ɑ̃gijɛʀ] ou **anguillière** [ɑ̃giljɛʀ] n. f. Vivier où l'on conserve les anguilles. – De *anguille*.

anguillule [ɑ̃gilyl] n. f. ZOOL Petit ver némathelminthe filiforme qui parasite l'homme, les animaux ou les végétaux. – De *anguille.*

anguillulose [ɑ̃gilyloz] n. f. Maladie causée par l'anguillule. – De *anguillule,* et *-ose* 2.

angulaire [ɑ̃gylɛʀ] adj. Qui forme un ou plusieurs angles. *Forme angulaire.* ▷ *Pierre angulaire:* la pierre qui est à l'angle d'un édifice. Fig. Fondement, base. *La pierre angulaire d'un raisonnement.* ▷ ASTRO *Distance angulaire de deux étoiles:* angle formé par les rayons lumineux parvenant à l'observateur depuis ces étoiles. ▷ MECA *Vitesse angulaire.* V. vitesse. – Lat. *angularis.*

anguleux, euse [ɑ̃gylø, øz] adj. Qui présente des angles vifs. *Un visage anguleux.* – Fig. Peu abordable, rude. *Esprit anguleux.* – Lat. *angulosus.*

angusticlave [ɑ̃gystiklav] n. m. ANTIQ Bande de pourpre étroite ornant la tunique des chevaliers romains; cette tunique elle-même. – Lat. *angustus,* «étroit», et *clavus,* «bande de pourpre».

angusture [ɑ̃gystyʀ] n. f. PHARM Écorce d'un arbuste (fam. rutacées) d'Amérique du S. à propriétés fébrifuges. – De *Angostura,* v. du Venezuela, auj. Ciudad Bolivar.

anharmonique [anaʀmɔnik] adj. GEOM *Rapport anharmonique* de quatre points successifs A, B, C et D pris sur un axe: $\frac{AC}{AD} : \frac{BC}{BD}$. – De *an-,* voir *a*-1, et *harmonique.*

anhidrose [anidʀoz] n. f. MED Diminution ou abolition de la sécrétion sudorale. – De *an-,* voir *a*-1, gr. *hidrôs,* «sueur», et *-ose* 2.

anhidrotique [anidʀɔtik] adj. MED *Médicament anhidrotique,* qui diminue la sécrétion de la sueur. – Du préc.

anhimiformes [animifɔʀm] n. m. pl. ZOOL Ordre d'oiseaux d'Amérique du S., réduit aux kamichis.

anhydrase [anidʀɑz] n. f. BIOCHIM Enzyme du groupe des *phosphatases* qui hydrolyse spécifiquement les liaisons anhydridophosphoriques. – De *anhydre,* et *-ase.*

anhydre [anidʀ] adj. CHIM Qui ne contient pas d'eau. – Gr. *anudros.*

anhydride [anidʀid] n. m. CHIM Oxyde résultant de l'élimination d'une molécule d'eau d'un oxacide, par ex. l'anhydride sulfurique, SO_3, qui dérive de l'acide sulfurique H_2SO_4. – De *anhydre,* et *-ide.*

anhydrite [anidʀit] n. f. MINER Sulfate de calcium anhydre orthorhombique $CaSO_4$ formant en général des cristaux blanchâtres enchevêtrés possédant la dureté et l'aspect du marbre. – De *anhydre,* et *-ite* 2.

anicroche [anikʀɔʃ] n. f. Petite difficulté qui arrête, contretemps. – De *croc,* et a. fr. *ane,* «canard»; désigna d'abord une arme courbée en bec de cane.

ânier, ière [ɑnje, jɛʀ] n. Conducteur d'ânes. – Lat. *asinarius.*

aniline [anilin] n. f. CHIM Amine aromatique, de formule $C_6H_5 - NH_2$. – Du portug. *anil,* «indigo», et *-ine.* ENCYCL L'aniline, découverte en 1826 par l'Allemand Unverdorben, est un liquide huileux et toxique qui se colore facilement par oxydation à l'air et à la lumière. On l'obtient par hydrolyse du nitrobenzène. Elle conduit aux sels de diazonium qui fournissent de nombreux colorants (hélianthine, jaune d'aniline, etc.).

anilisme [anilism] n. f. MED Intoxication par l'aniline. – Du préc.

animadversion [animadvɛʀsjɔ̃] n. f. Litt. Blâme, réprobation. *Encourir l'animadversion de qqn.* – Lat. *animadversio.*

1. animal, aux [animal, o] n. m. **1.** Être vivant, doué de sensibilité et de mouvement (opposé aux végétaux). *Les végétaux sont autotrophes, les animaux hétérotrophes. Certains animaux sont unicellulaires (protozoaires).* **2.** Être vivant privé du langage, de la faculté de raisonner (opposé à l'homme). *L'ignorance rabaisse l'homme au rang des animaux.* **3.** Fig. Personne stupide ou grossière. *Quel animal !* – Mot. lat., de *anima,* «souffle vital».

2. animal, ale, aux [animal, o] adj. **1.** Qui est propre à l'animal, qui concerne l'animal (en tant qu'opposé aux végétaux). *Règne animal. Chaleur animale. Fonctions animales.* **2.** Qui est propre à l'animal (en tant qu'opposé à l'homme). *Nourriture animale.* **3.** Bestial. *Une fureur animale. Il mène une vie purement animale.* – De *animal* 1.

animalcule [animalkyl] n. m. Animal microscopique. – Dimin. de *animal.*

animalerie [animalʀi] n. f. **1.** Local annexe d'un laboratoire où l'on garde les animaux réservés aux expériences. **2.** Magasin spécialisé dans la vente de petits animaux et d'articles pour les élever. – De *animal.*

animalier [animalje] n. m. Peintre ou sculpteur d'animaux. – En appos. *Un peintre animalier.* – De *animal.*

animaliser [animalize] v. tr. [1] Rare Rabaisser au rang des animaux. – De *animal.*

animalité [animalite] n. f. Ensemble des caractères, des facultés propres à l'animal. – De *animal.*

animateur, trice [animatœʀ, tʀis] n. Personne qui anime. *C'est l'animateur du groupe.* – Personne responsable des activités d'un centre culturel. – Personne qui présente un spectacle, une émission de radio ou de télévision, etc. *Un animateur sportif.* – CINE Technicien spécialiste des dessins animés. – De *animer.*

animation [animasjɔ̃] n. f. **1.** Caractère de ce qui vit, bouge; activité. *L'animation de la rue.* **2.** CINE Procédé permettant d'obtenir des images animées à partir de dessins ou de photographies. *Cinéma d'animation.* – De *animer.*

animato [animato] adv. MUS Indication signifiant «animé». *Allegro animato.* – Mot ital.

animé, ée [anime] adj. **1.** Qui est vivant. *Un être animé.* ▷ *Par ext.* Où il y a de la vie, du mouvement. *Un quartier animé.* ▷ Fig. Vif et enflammé. *Un débat animé.* **2.** Dirigé, guidé par. *Un garçon animé d'un grand courage.* – Pp. de *animer.*

animelles [animɛl] n. f. pl. Testicules d'animaux d'élevage apprêtés en plat. – De l'ital. *animella,* «abats».

animer [anime] v. tr. [1] **1.** Communiquer la vie, rendre vivant. *L'âme anime le corps.* ▷ Donner l'apparence de la vie à (une œuvre d'art). *Animer une toile en quelques coups de pinceau.* ▷ Donner de l'animation à. *Les oiseaux animent la forêt.* Fig. *Il anima le débat.* **2.** Encourager, exciter (personnes). *César animait ses soldats par son exemple.* Syn. stimuler. ▷ Être l'élément moteur de (une organisation, une entreprise). *Animer un parti.* **3.** Aviver, enflammer (choses). *L'exercice anime le teint.* ▷ *L'amour (la passion) l'anime, l'inspire, le guide.* – *Animé de la meilleure volonté du monde.* **4.** v. pron. Se mettre à vivre, à bouger. *La maison et ses habitants s'animaient vers 8 h.* ▷ Fig. *Il s'animait fort en discutant.* – Lat. *animare.*

animisme [animism] n. m. Croyance attribuant aux choses une âme, une conscience. – Du lat. *anima,* «âme».

animiste [animist] adj. et n. Qui relève de l'animisme. *Religions animistes.* – Du préc.

animosité [animɔzite] n. f. **1.** Volonté de nuire à qqn, inspirée par le ressentiment, l'antipathie. *Il garde de l'animosité contre elle.* Ant. bienveillance, cordialité. **2.** Violence dans une discussion. *Débat marqué par l'animosité.* – Bas lat. *animositas.*

anion [anjõ] n. m. CHIM Ion possédant une ou plusieurs charges électriques négatives. Ant. cation. – Du préf. de *an(ode),* et *ion.*

anis [ani] n. m. BOT **1.** Plante (fam. ombellifères, genre *Anethum*) dont les différentes espèces (anis vrai, anis vert, bocage, carvi, cumin, anis des Vosges) sont cultivées pour leurs propriétés aromatiques et médicinales. **2.** *Anis étoilé:* fruit d'un arbrisseau (fam. magnoliacées) de Chine et du Tonkin, qui contient une essence aromatique servant à la fabrication de l'anisette. Syn. badiane. – Lat. *anisum,* du gr.

aniser [anize] v. tr. [1] Parfumer à l'anis. – De *anis.*

anisette [anizɛt] n. f. Liqueur ou apéritif à l'anis. – De *anis.*

aniso-. Élément, du gr. *an-,* privatif, et *isos,* «égal».

anisochromie [anizɔkʀɔmi] n. f. MED Inégalité de coloration des globules rouges du sang. – De *aniso-,* et gr. *chrôma,* «couleur».

anisocytose [anizɔsitoz] n. f. MED Inégalité pathologique de taille des globules rouges. – De *aniso-,* et gr. *kutos,* «cellule».

anisogamie [anizɔgami] n. f. BIOL Mode de reproduction sexuée caractérisée par l'existence de deux gamètes aux caractéristiques morphologiques, anatomiques ou physiologiques diffé-rentes. – De *aniso-,* et gr. *gamos,* «mariage».

anisoménorrhée [anizɔmenɔʀe] n. f. MED Irrégularité du rythme des règles. – De *aniso-,* et *ménorrhée.*

anisomère [anizɔmɛʀ] adj. Formé de parties inégales. – De *aniso-,* et *-mère.*

anisométropie [anizɔmetʀɔpi] n. f. MED Inégalité de l'acuité visuelle des deux yeux. – De *aniso-,* gr. *metron,* «mesure», et *ops,* «œil».

anisotrope [anizɔtʀɔp] adj. PHYS *Substance anisotrope,* dont les propriétés varient selon la direction considérée. – De *a(n)-*1, et *isotrope.*

anisotropie [anizɔtʀɔpi] n. f. Caractère de ce qui est anisotrope. – Du préc.

ankylose [ɑ̃kiloz] n. f. Impossibilité mécanique de mobiliser normalement une articulation naturellement mobile. – Gr. *agkulôsis.*

ankyloser [ɑ̃kiloze] v. tr. [1] Déterminer l'ankylose. ▷ v. pron. Être frappé d'ankylose. *Ses doigts s'ankylosent.* – *Par ext.* Perdre de sa capacité à agir rapidement, à se mouvoir, par manque d'activité. – De *ankylose.*

ankylostome [ɑ̃kilostom] n. m. ZOOL Petit nématode (1 cm), parasite intestinal de l'homme, dont la larve vit dans le sol. – Du gr. *agkulos,* «recourbé», et *stoma,* «bouche».

ankylostomiase [ɑ̃kilɔstɔmjaz] n. f. MED Anémie grave, fréquente en milieu chaud et humide (pays tropicaux, mines), provoquée par l'ankylostome. – De *ankylostome,* et *-ase.*

annal, ale [anal] adj. DR *Possession annale,* valable une année seulement. – Bas lat. *annalis.*

annales [anal] n. f. pl. **1.** Ouvrage, récit qui rapporte les événements année par année. *Annales militaires. Annales littéraires.* **2.** Histoire. *Son nom restera dans les annales.* – Lat. *annales.*

annaliste [analist] n. Auteur d'annales. – De *annales.*

annamite [anamit] adj. (et n.). De l'Annam, région centrale du Vietnam actuel; qui habite l'Annam, en est originaire.

annate [anat] n. f. Redevance versée autref. au Saint-Siège par les nouveaux titulaires d'un bénéfice ecclés., équivalant à une année de revenus. – Bas lat. *annata.*

anneau [ano] n. m. **1.** Cercle de matière dure qui sert à attacher, à suspendre, à retenir. *Les anneaux d'un rideau.* ▷ Cercle de métal, généralement précieux, qu'on porte au doigt. *Anneau nuptial:* alliance. ▷ Plur. Agrès de gymnastique composés de deux anneaux de métal suspendus chacun à une corde. *Exercice aux anneaux.* **2.** Ce qui affecte une forme circulaire. *Les anneaux du serpent.* ▷ BOT Bague membraneuse, reste du voile partiel, autour du pied de certains champignons. ▷ *Anneaux de Saturne:* couronnes concentriques constituées de blocs de glace qui ceinturent la planète Saturne. ▷ GEOM *Anneau sphérique:* volume engendré par un segment circulaire tournant autour d'un diamètre. ▷ OPT *Anneaux de Newton:* franges lumineuses obtenues en éclairant la lame d'air comprise entre une plaque de verre parfaitement plane et la surface sphérique d'une lentille en contact avec la plaque. ▷ PHYS NUCL *Anneaux de stockage:* réservoirs de particules animées de grandes vitesses, en forme d'anneaux, et permettant de produire des collisions entre particules. **3.** ALG Ensemble muni de deux lois de composition interne: une loi de groupe commutatif (ou abélien), et une loi associative et distributive par rapport à la première. – Lat. *an(n)ellus*; en fr. d'abord *anel.*

année [ane] n. f. **1.** ASTRO Durée d'une révolution de la Terre autour du Soleil. – *Année sidérale:* durée de la révolution sidérale de la Terre par rapport aux étoiles fixes (365,2564 jours). – *Année anomalistique:* durée entre deux passages successifs au périhélie. – *Année tropique:* durée entre deux passages successifs au point vernal (365,2422 jours, du fait de la précession). – *Année-lumière* ou *de lumière:* unité de longueur égale à la distance parcourue par la lumière en un an (env. 9 461 milliards de km). *Une année-lumière est égale à 0,307 parsec et à 63 240 unités astronomiques.* – *Année civile:* année comptant 365 ou 366 jours (année bissextile) et commençant le 1er janvier (par oppos. aux diverses années astronomiques). **2.** Cour. Période de douze mois commençant le 1er janvier et finissant le 31 décembre. *Souhaits de bonne année,* qu'il est d'usage de faire au début de chaque année. **3.** Chacune de ces périodes, envisagées dans leurs successions chronologiques et datées. *L'année 1950.* **4.** Période de douze mois, à compter du jour de la naissance d'une personne. *Il entre dans sa quatrième année.* **5.** Période consacrée à certaines activités, d'une durée inférieure à douze mois. *L'année scolaire, universitaire:* temps compris entre le début des cours et les grandes vacances. – Lat. pop. **annata,* de *annus.*

annelé, ée [anle] adj. **1.** BIOL Composé d'anneaux distincts. *Vers annelés* (annélides). *Vaisseaux annelés du bois.* **2.** ARCHI *Colonne annelée,* décorée d'anneaux. – De *anel,* anc. forme de *anneau.*

anneler [anle] v. tr. [22] **1.** *Anneler un cochon,* lui passer un anneau dans le groin. **2.** Rare Boucler (des cheveux). – De *anel,* anc. forme de *anneau.*

annelet [anlɛ] n. m. **1.** Petit anneau. **2.** ARCHI Petit filet ornant les chapiteaux doriques. – Dimin. de *anneau.*

annélides [anelid] n. m. pl. ZOOL Embranchement d'invertébrés cœlomates divisé en trois classes: polychètes (vers marins), oligochètes (lombrics), hirudinées ou achètes (sangsues). *Les annélides, ou vers annelés, sont formés d'une succession d'anneaux (métamères), tous semblables, à l'exception de la tête et de la queue.* – De *annelé.*

1. annexe [anɛks] adj. Qui est uni à la chose principale, qui en dépend. *Les documents annexes d'un rapport.* – Lat. *annexus,* de *annectere,* «attacher à».

2. annexe [anɛks] n. f. **1.** Ce qui est adjoint à la chose principale ou qui en est une partie complémentaire, accessoire. *Les annexes d'un dossier. L'annexe d'un groupe scolaire.* **2.** ANAT *Les annexes de l'œil: paupières, cils.* – *Les annexes de l'utérus: trompes, ovaires.* ▷ BIOL *Annexes embryonnaires:* l'allantoïde, l'amnios, le chorion et le placenta; le sac vitellin des poissons. – Lat. *annexus,* «association».

annexer [anɛkse] v. tr. [1] **1.** Joindre, rattacher (une chose secondaire) à la chose principale. *Annexer une procuration à un acte.* **2.** Réunir à son territoire, rendre dépendant (un État) d'un autre. *Les États-Unis ont annexé le Texas en 1845.* ▷ v. pron. Fam. S'approprier. *Il s'est annexé les bons morceaux.* – De *annexe.*

annexion [anɛksjõ] n. f. Action d'annexer. *L'annexion de l'Alaska par les États-Unis.* – De *annexer.*

annexionnisme [anɛksjɔnism] n. m. Théorie qui préconise le rattachement par annexion des petits États aux grands États voisins (soutenue par les *annexionnistes*). – De *annexion.*

annexite [anɛksit] n. f. MED Inflammation des annexes de l'utérus (trompes, ovaires). – De *annexe,* et *-ite* 1.

annihilation [aniilasjõ] n. f. **1.** Action d'annihiler; son résultat. Syn. anéantissement. **2.** PHYS NUCL Transformation de la masse d'une particule en énergie par désintégration totale. – De *annihiler.*

annihiler [aniile] v. tr. [1] **1.** Réduire à rien (qqch), rendre de nul effet. *Annihiler un droit. Annihiler les efforts de qqn.* ▷ v. pron. Se réduire à rien. **2.** Réduire à néant la volonté de (qqn). *Le chagrin l'annihile.* Syn. anéantir. – Lat. ecclés. *annihilare,* de *nihil,* «rien».

anniversaire [anivɛʀsɛʀ] adj. Qui rappelle le souvenir d'un événement antérieur arrivé à pareille date. *Cérémonie anniversaire du 11 novembre.* ▷ n. m. Jour anniversaire. *Célébrer l'anniversaire d'une victoire. C'est mon anniversaire,* l'anniversaire de ma naissance. – Lat. *anniversarius.*

annonce [anõs] n. f. **1.** Avis par lequel on informe le public. *L'annonce d'une vente. Annonce publicitaire, radiophonique. Faire passer une annonce dans un journal,* pour offrir ou demander un emploi, louer un appartement, etc. *Les petites annonces.* ▷ JEU Déclaration par chaque joueur du contrat qu'il s'engage à remplir, des atouts ou des combinaisons qu'il possède. *Le jeu des annonces est très important au bridge.* **2.** Ce qui annonce qqch. *Le retour des merles d'Amérique est l'annonce du printemps.* – Déverbal de *annoncer.*

annoncer [anõse] **I.** v. tr. [14] **1.** Faire savoir, donner connaissance de (qqch). *Annoncer une victoire, une fête.* ▷ Publier, porter à la connaissance du public. *Les journaux annoncent la nouvelle.* ▷ *Annoncer qqn:* dire le nom d'un visiteur qui désire être reçu. *Il s'est fait annoncer par la secrétaire.* **2.** Faire connaître par avance, prédire. *Les astronomes ont annoncé le retour de cette comète.* **3.** Être l'indice de, présager (choses). *Des traits qui annoncent la détresse. Nuages qui annoncent un orage.* ▷ Signaler. *La cloche annonce la fin des cours.* **II.** v. pron. **1.** Se manifester par des signes précurseurs. *Son génie s'annonça de bonne heure.* **2.** Se présenter favorablement ou défavorablement. *L'affaire s'annonce avantageuse, délicate.* – Lat. *annuntiare.*

annonceur, euse [anõsœʀ, øz] n. **1.** n. m. Personne, entreprise qui fait passer des annonces publicitaires. **2.** n. Personne qui fait les annonces, donne des informations (en dehors des bulletins d'information qui sont sous la responsabilité des journalistes) à la radio et à la télévision. (Rem.: Comme forme féminine, l'OLF recommande *une annonceure.*) – De *annoncer.*

annonciateur, trice [anõsjatœʀ, tʀis] adj. Qui annonce, qui présage. – De *annoncer.*

annonciation [anõsjasjõ] n. f. **1.** (Avec une majuscule.) Annonce faite à la Vierge Marie par l'ange Gabriel pour lui apprendre qu'elle serait mère de Jésus-Christ. – BX-A. Représentation de cette scène. **2.** Fête commémorant cette annonce (25 mars). – Lat. ecclés. *annuntiatio.*

annone [anɔn] n. f. ANTIQ À Rome, approvisionnement annuel en denrées de première nécessité (blé, en partic.); production, récolte de l'année. – Lat. *annona.*

annotateur, trice [anɔtatœʀ, tʀis] n. Personne qui annote. – De *annoter.*

annotation [anɔtasjõ] n. f. Remarque explicative ou critique accompagnant un texte. *Les annotations figurent en dernière page.* – De *annoter.*

annoter [anɔte] v. tr. [1] Ajouter à un texte des notes critiques. *Annoter un texte en marge,* y inscrire des remarques personnelles. *Exemplaire annoté de la main de l'auteur.* – Lat. *annotare.*

annuaire [anɥɛʀ] n. m. Recueil annuel donnant divers renseignements. *Annuaire du téléphone.* – Du lat. *annuus,* «annuel».

annualité [anɥalite] n. f. Caractère de ce qui est annuel, qui vaut pour un an. *Annualité de l'impôt.* – De *annuel.*

annuel, elle [anɥɛl] adj. **1.** Qui dure un an seulement. *Contrat annuel.* AGRIC *Plantes annuelles,* qui ne vivent qu'une année (par oppos. aux plantes vivaces). **2.** Qui revient tous les ans. *Fête annuelle. Redevances annuelles,* perçues chaque année. – Lat. jurid. *annualis.*

annuellement [anɥɛlmɑ̃] adv. Par an, chaque année. – De *annuel.*

annuité [anɥite] n. f. **1.** DR Paiement que le débiteur fait annuellement à son créancier, en remboursement partiel de sa dette, en capital et intérêts. *Rente viagère versée sous forme d'annuité.* **2.** Équivalence d'une année de service, dans le calcul des pensions. – De *annuel.*

1. annulaire [anylɛʀ] adj. En forme d'anneau. ASTRO *Éclipse annulaire du Soleil,* ne laissant apparaître que la couronne solaire qui se profile en anneau autour de la Lune. ▷ ANAT *Protubérance annulaire,* située à la face inférieure de l'encéphale. – Lat. *annularius.*

2. annulaire [anylɛʀ] n. m. Le quatrième doigt de la main, celui qui porte l'anneau. – Du préc.

annulation [anylasjõ] n. f. Action d'annuler, de supprimer. *L'annulation d'un contrat, d'un mariage.* Syn. abrogation, invalidation. Ant. validation, confirmation. – De *annuler.*

annuler [anyle] **I.** v. tr. [1] **1.** DR Rendre nul (qqch), frapper de nullité. *Annuler un verdict, une élection.* Ant. valider. **2.** Cour. Supprimer, rendre de nulle valeur. *Annuler une réception, une commande.* Ant. confirmer, maintenir. **II.** v. pron. (récipr.). Devenir nul, se neutraliser en s'opposant. *Des forces égales et opposées s'annulent.* – Lat. ecclés. *annulare.*

annulite [anylit] n. f. MED Inflammation de l'anneau d'un orifice auriculo-ventriculaire du cœur. *Annulite mitrale.* – Lat. *annulus,* «anneau», et *-ite* 1.

annuloplastie [anylɔplasti] n. f. Intervention chirurgicale conservatrice sur un orifice valvulaire anormalement dilaté (insuffisance mitrale). – Du lat. *annulus,* «anneau», et *-plastie.*

anoblir [anɔbliʀ] v. tr. [2] Faire noble, conférer un titre de noblesse à. *Le roi l'avait anobli.* – De *à,* et *noble.*

anoblissement [anɔblismɑ̃] n. m. Action d'anoblir. *Lettres d'anoblissement,* par lesquelles le roi conférait la noblesse. – De *anoblir.*

anode [anɔd] n. f. PHYS Électrode positive vers laquelle se dirigent des particules chargées négativement (opposé à *cathode*). – Gr. *anodos,* «chemin vers le haut».

anodin, ine [anɔdɛ̃, in] adj. **1.** MED Vx Qui calme la douleur. *Potion anodine.* **2.** Sans gravité, sans importance, inoffensif. *Une grippe anodine. Des propos anodins.* Syn. bénin. **3.** Insignifiant, sans intérêt (personnes). *Je trouve ce garçon tout à fait anodin.* – Lat. médiév. *anodynos,* du gr. *anôdunos,* «qui calme la douleur».

anodique [anɔdik] adj. PHYS Qui se produit à l'anode. *Oxydation anodique.* TECH *Protection anodique:* protection contre la corrosion des métaux au moyen d'un film superficiel qui, électropositif, joue le rôle d'anode. – De *anode.*

anodisation [anɔdizasjɔ̃] n. f. TECH Procédé de protection des pièces en aluminium par oxydation anodique. – De *anode.*

anodonte [anɔdɔ̃t] adj. et n. m. **1.** adj. Qui n'a pas de dents. **2.** n. m. ZOOL Mollusque lamellibranche d'eau douce. – Du gr. *anodous, anodontos,* «édenté».

anodontie [anɔdɔ̃ti] n. f. Absence de dents. – Du préc.

anomal, ale, aux [anɔmal, o] adj. Qui présente une anomalie. *Fleurs anomales,* dont la constitution est différente de la fleur habituelle. ▷ GRAM *Forme, construction anomale,* qui, sans être incorrecte, présente des divergences par rapport à un type ou à une règle. – Bas lat. *anomalus,* du gr.

anomalie [anɔmali] n. f. **1.** Cour. Bizarrerie, particularité qui rend une chose différente de ce qu'elle devrait être normalement; écart par rapport à une règle. *Relever des anomalies dans un compte.* **2.** GRAM Caractère d'une forme, d'une construction anomale. **3.** ASTRO *Anomalie vraie:* angle formé par le grand axe de l'ellipse que décrit une planète autour du soleil et la droite menée de la planète au Soleil. *Anomalie excentrique:* angle formé par le grand axe et la droite qui joint le centre du cercle circonscrit à l'ellipse et le point du cercle situé sur le prolongement de la droite passant par la planète et perpendiculaire au grand axe. **4.** BIOL Écart par rapport au type normal. *Anomalie du crâne.* – Lat. *anomalia,* du gr.

anomalistique [anɔmalistik] adj. ASTRO *Année anomalistique.* V. année. – *Révolution anomalistique:* mouvement d'une planète entre deux passages successifs au périhélie. – De *anomal.*

anomie [anɔmi] n. f. SOCIOL Absence ou désintégration des normes sociales. – Gr. *anomia,* «désordre».

ânon [ɑnɔ̃] n. m. Petit de l'âne. – Dimin. de *âne.*

anonacées [anɔnase] n. f. pl. BOT Famille de dicotylédones comprenant des arbres et des arbustes tropicaux. – De *anone.*

anone [anɔn] n. f. Arbre tropical (fam. anonacées) fournissant des fruits savoureux. – Son fruit (le corossol, la pomme-cannelle, le cœur-de-bœuf). – *Anon,* forme esp. de même orig. que *ananas.*

ânonnement [anɔnmɑ̃] n. m. Action d'ânonner. – De *ânonner.*

ânonner [anɔne] v. intr. [1] Parler, réciter avec peine, en balbutiant, en hésitant. ▷ v. tr. [1] *Enfant qui ânonne la table de multiplication.* – De *ânon.*

anonymat [anɔnima] n. m. Caractère de ce qui est anonyme. *L'anonymat d'un don. Il est resté dans l'anonymat.* – De *anonyme.*

anonyme [anɔnim] adj. et n. **1.** Se dit d'une personne dont on ignore le nom, ou d'une œuvre sans nom d'auteur. *Écrivain anonyme. Ouvrage anonyme. Don anonyme.* – *Lettre anonyme,* que son auteur n'a pas voulu signer. – DR (France) *Société anonyme:* société commerciale par actions dans laquelle la responsabilité des associés est limitée au montant de l'apport. **2.** Fig. Sans personnalité, froid. *Le décor anonyme d'une salle d'attente.* – Bas lat. *anonymus,* du gr. *onoma,* «nom».

anonymement [anɔnimmɑ̃] adv. D'une manière anonyme. – De *anonyme.*

anophèle [anɔfɛl] n. m. Moustique (fam. culicidés) dont la femelle transmet le paludisme. – Gr. *anôphelês,* «nuisible».

anoploures [anɔpluʀ] n. m. pl. ZOOL Ordre d'insectes comprenant les poux. – Du gr. *anoplos,* «désarmé», et *oura,* «queue».

anorak [anɔʀak] n. m. Veste de sport imperméable avec ou sans capuchon. – Mot esquimau.

anorchidie [anɔʀkidi] ou **anorchie** [anɔʀki] n. f. Absence congénitale de l'un ou des deux testicules. – De *a-*1, et gr. *orkhis,* «testicule».

anorexie [anɔʀɛksi] n. f. MED Absence d'appétit, perte de l'appétit. ▷ *Anorexie mentale:* syndrome d'origine psychologique qui se voit en particulier chez le nourrisson et la jeune fille, caractérisé par le refus obstiné de toute alimentation, un amaigrissement grave, et, chez la jeune fille, des troubles endocriniens. – Gr. *anorexia,* de *an-* et *orexis,* «appétit».

anorexigène [anɔʀɛksiʒɛn] adj. et n. m. Qui coupe l'appétit. *Médicament anorexigène.* – De *anorexie,* et *-gène.*

anorexique [anɔʀɛksik] adj. et n. Relatif à l'anorexie. *Troubles anorexiques.* – Atteint d'anorexie. *Adolescent anorexique.* ▷ Subst. Personne souffrant d'anorexie. *Un, une anorexique.* – De *anorexie.*

anormal, ale, aux [anɔʀmal, o] adj. Qui semble contraire aux règles, aux usages habituels ou à la raison. *Un froid anormal pour la saison. Il est anormal de payer si cher pour cette bagatelle.* – *Enfants anormaux,* qui présentent des troubles psychiques ou physiques. Ant. normal, naturel, régulier. Syn. exceptionnel, singulier, insolite. – Lat. médiév. *anormalis.*

anormalement [anɔʀmalmɑ̃] adv. D'une manière anormale. *Elle était anormalement pâle.* – De *anormal.*

anosmie [anɔsmi] n. f. Perte totale ou partielle de l'odorat. – Du gr. *anosmos,* «inodore».

anoure [anuʀ] adj. et n. **1.** adj. ZOOL Dépourvu de queue. **2.** n. m. pl. Ordre d'amphibiens dépourvus de queue au stade adulte (crapauds, grenouilles). – De *an-,* voir *a-*1, et gr. *oura,* «queue».

anoxémie [anɔksemi] n. f. MED Diminution de la quantité d'oxygène dans le sang. – De *an-,* voir *a-*1, *ox(ygène),* et *-émie.*

anoxie [anɔksi] n. f. MED Diminution de la quantité d'oxygène dans les tissus, conséquence de l'anoxémie. – De *an-,* voir *a-*1, et *ox(ygène).*

anse [ɑ̃s] n. f. **1.** Partie saillante et souvent recourbée par laquelle on saisit certains objets. *L'anse d'un panier, d'une tasse.* Loc. fig. *Faire danser l'anse du panier:* en parlant des employés de maison, majorer le prix des achats au détriment des employeurs. **2.** GEOGR Petite baie. **3.** GEOM *Anse de panier:* courbe formée d'un nombre impair d'arcs de cercle de rayons différents, pouvant se raccorder. *L'anse de panier est utilisée en architecture pour la construction des voûtes.* **4.** ANAT Courbure que décrit un vaisseau, un rameau nerveux, un organe. *Anse vasculaire.* – Lat. *ansa.*

ansé, ée [ɑ̃se] adj. *Croix ansée,* surmontée d'une anse (symbole de vie éternelle chez les anciens Égyptiens). – De *anse.*

ansériformes [ɑ̃seʀifɔʀm] n. m. pl. ZOOL Ordre d'oiseaux palmipèdes dont le bec est garni intérieurement de lamelles cornées (oies, cygnes, canards, flamants). – Du lat. *anser,* «oie».

anspect [ɑ̃spɛk(t)] n. m. **1.** CH de F Sabot à levier pour la manœuvre à la main des wagons. **2.** MAR Grand levier pour la manœuvre des canons. – *Barre d'anspect:* barre de cabestan. – Mot néerl.

ant-, anti-. Élément, du grec *anti,* «contre», qui sert à marquer l'opposition, le contraire: *antihistaminique, antipape.* V. anti-.

antagonique [ɑ̃tagɔnik] adj. Qui est en lutte, en opposition. *Forces antagoniques.* – De *antagonisme.*

antagonisme [ɑ̃tagɔnism] n. m. Opposition de deux forces; rivalité hostile. *L'antagonisme entre deux peuples.* – Gr. *antagônisma.*

antagoniste [ɑ̃tagɔnist] adj. et n. **1.** Opposé, hostile. *Factions antagonistes.* ▷ Subst. *Après s'être insultés, les deux antagonistes en vinrent aux coups.* **2.** ANAT *Muscles antagonistes,* dont les actions sont opposées. **3.** MECA *Couple antagoniste,* dont les forces s'exercent en sens contraire du couple produisant le mouvement. – De *antagonisme.*

antalgique [ɑ̃talʒik] adj. (et n. m.). MED Qui atténue la douleur. – De *ant(i)-,* et gr. *algos,* «douleur».

antan (d') [(d)ɑ̃tɑ̃] loc. adj. Litt. D'autrefois, de jadis. – Lat. pop. **anteannum,* «l'année précédente».

antarctique [ɑ̃taʀktik] adj. Relatif au pôle Sud et aux régions polaires australes. – Lat. *antarcticus,* du gr. *antarktikos,* de *anti,* «à l'opposé», et *arktos,* «(Grande et Petite) Ourse».

anté-, anti-. Élément, du latin *ante,* «avant», marquant l'antériorité: *antédiluvien, antidater.*

antébois [ɑ̃tebwa] ou **antibois** [ɑ̃tibwa] n. m. Baguette de bois fixée sur le plancher pour empêcher les meubles de heurter le mur. – Orig. incert.

antécambrien, ienne [ɑ̃tekɑ̃bʀijɛ̃, jɛn] adj. et n. **1.** adj. Qui précède le Cambrien. **2.** n. m. GEOL Ensemble des terrains antérieurs au Cambrien (on y distingue deux étages: l'Archéen et l'Algonkien). – De *anté-,* et *cambrien.*

antécédence [ɑ̃tesedɑ̃s] n. f. **1.** ASTRO Marche apparemment rétrograde (d'E. en O.) des planètes. **2.** Phénomène par lequel un élément géologique se maintient malgré d'importantes phases tectoniques ultérieures. – De *antécédent.*

antécédent, ente [ɑ̃tesedɑ̃, ɑ̃t] adj. et n. **I.** adj. Rare Qui précède dans le temps. Syn. antérieur. Ant. postérieur. **II.** n. m. **1.** Chacun des actes, des faits du passé d'une personne, en rapport avec son existence actuelle. *Avoir de bons, de fâcheux antécédents.* **2.** MATH et LOG Premier terme d'un rapport par opposition au second terme, appelé *conséquent.* **3.** TECH En ordonnancement: tâche qui précède une autre tâche. *Méthode des antécédents.* **4.** GRAM *Antécédent du relatif:* mot qui précède et que remplace le pronom relatif. **5.** MED Chacun des phénomènes morbides qui ont précédé une maladie. – Lat. *antecedens,* ppr. de *antecedere,* «précéder».

antéchrist [ɑ̃tekʀist] n. m. THEOL Faux messie qui, d'après l'Évangile et l'Apocalypse, paraîtra peu avant la fin du monde pour prêcher une religion hostile à celle du Christ. – Fig. Adversaire du Christ et de sa doctrine. – Du lat. ecclés. *antichristus.*

antédiluvien, ienne [ɑ̃tedilyvjɛ̃, jɛn] adj. Qui est antérieur au Déluge. *Animaux antédiluviens.* Fig., fam. Très ancien, démodé. *Un tacot antédiluvien.* – De *anté-,* et lat. *diluvium,* «déluge».

antéfixe [ɑ̃tefiks] n. f. ARCHI ANTIQ Sculpture, ornement placé au bord d'un toit. – Lat. *antefixa.*

antéhypophyse [ɑ̃teipɔfiz] n. f. PHYSIOL Lobe antérieur de l'hypophyse, responsable de la sécrétion d'hormones qui contrôlent les glandes endocrines périphériques (thyroïde, corticosurrénales, glandes génitales). – De *anté-,* et *hypophyse.*

antéislamique [ɑ̃teislamik] adj. Antérieur à l'islam (fondé en 622). *Poésie antéislamique.* – De *anté-,* et *islamique.*

antenais, aise [ɑ̃tənɛ, ɛz] adj. Se dit des agneaux et agnelles nés l'année précédente, et encore inaptes à la reproduction. – De *antan.*

antennaire [ɑ̃tenɛʀ] adj. ZOOL Relatif aux antennes des insectes. – De *antenne.*

antennates [ɑ̃tenat] n. m. pl. ZOOL Sous-embranchement d'arthropodes comprenant les crustacés, les myriapodes et les insectes, qui tous possèdent des antennes. – De *antenne.*

antenne [ɑ̃tɛn] n. f. **1.** MAR Longue vergue oblique soutenant une voile triangulaire. **2.** ZOOL Appendice sensoriel mobile, situé sur la tête de la plupart des arthropodes (antennates). – Fig. *Avoir des antennes:* avoir de l'intuition, du flair. **3.** RADIOELECTR Organe capable de transformer un signal radioélectrique en ondes électromagnétiques et inversement. Fig. *Passer sur l'antenne,* dans une émission de radio ou de télévision. – Lat. *antenna.*

antépénultième [ɑ̃tepenyltjɛm] adj. Qui précède la pénultième, l'avant-dernière syllabe. – Subst. *L'antépénultième:* la syllabe antépénultième. – Lat. gram. *antepænultimus.*

antérieur, eure [ɑ̃teʀjœʀ] adj. **1.** Qui précède dans le temps. *Les événements antérieurs.* Ant. ultérieur. – GRAM *Passé, futur antérieur,* exprimant l'antériorité d'une action par rapport à une autre. **2.** Situé en avant. *La partie antérieure d'une maison.* Ant. postérieur. – PHON *Voyelles antérieures:* voyelles dont le point d'articulation se situe dans la partie avant de la cavité buccale (comme [i, a, ɛ]). – Lat. *anterior.*

antérieurement [ɑ̃teʀjœʀmɑ̃] adv. Précédemment, avant. – Du préc.

antériorité [ɑ̃teʀjɔʀite] n. f. Caractère de ce qui est antérieur. *Antériorité d'un fait.* Ant. postériorité. – De *antérieur.*

antérograde [ɑ̃teʀɔgʀad] adj. Se dit d'une amnésie portant sur des faits qui ont suivi un événement pris comme repère. – Du rad. de *antér(ieur),* sur *rétrograde.*

antéropostérieur, eure [ɑ̃teʀɔpɔsteʀjœʀ] adj. Qui est orienté d'avant en arrière. – De *antér(ieur),* et *postérieur.*

anthélie [ɑ̃teli] n. f. Tache lumineuse qui apparaît à l'opposé du Soleil et à la même hauteur que lui, dans certaines conditions météorologiques (cristaux de glace en suspension dans l'air). – De *ant-,* et gr. *hêlios,* «soleil».

anthémis [ɑ̃temis] n. f. BOT Genre *(Anthemis)* de composées, souvent ornementales, auquel appartiennent les camomilles. – Lat. *anthemis,* du gr. *anthos,* «fleur».

anthère [ɑ̃tɛʀ] n. f. BOT Terminaison renflée de l'étamine, qui contient le pollen. – Gr. *anthêros,* «fleuri».

anthéridie [ɑ̃teʀidi] n. f. BOT Organe producteur d'anthérozoïdes chez les bryophytes (mousses) et les fougères. – De *anthère.*

anthérozoïde [ɑ̃teʀozɔid] n. m. BOT Gamète mâle flagellé. – De *anthère,* sur *spermatozoïde.*

anthèse [ɑ̃tɛz] n. f. BOT Ensemble des phénomènes qui accompagnent l'épanouissement des fleurs. Syn. floraison. – Gr. *anthêsis,* «floraison».

anthocyanes [ɑ̃tɔsjan] n. f. pl. BIOCHIM Pigments hétérosidiques responsables des couleurs rouges ou bleues des fleurs ou d'autres éléments végétaux (feuilles rouille en automne). – Du gr. *anthos,* «fleur», et *kuanos,* «bleu».

anthologie [ɑ̃tɔlɔʒi] n. f. Recueil de pièces choisies d'œuvres littéraires ou musicales. *Anthologie de la poésie romantique.* – Du gr. *anthos,* «fleur», et *legein,* «choisir».

anthozoaires [ɑ̃tozɔɛʀ] n. m. pl. ZOOL Superclasse de cnidaires comprenant les octocoralliaires (corail des bijoutiers) et les hexacoralliaires (actinies, madréporaires). – Du gr. *anthos,* «fleur», et *zôon,* «animal».

anthracène [ɑ̃tʀasɛn] n. m. CHIM Hydrocarbure aromatique tricyclique condensé, de formule $C_{14}H_{10}$. – Du gr. *anthrax, anthrakos,* «charbon».

anthracite [ɑ̃tʀasit] n. m. Charbon à combustion lente, qui brûle sans flamme en dégageant une vive chaleur. ▷ adj. inv. Gris foncé. *Un costume anthracite.* – Du gr. *anthrax, anthrakos,* «charbon».

anthracnose [ɑ̃tʀaknoz] n. f. BOT Maladie de diverses plantes cultivées (groseilliers, haricots, vigne), sur les feuilles ou les fruits desquelles des champignons microscopiques provoquent des taches noirâtres *(charbon de la vigne).* – Du gr. *anthrax, anthrakos,* «charbon», et *nosos,* «maladie».

anthracose [ɑ̃tʀakoz] n. f. MED **1.** Infiltration des poumons par de la poussière de charbon inhalée. **2.** Maladie professionnelle des mineurs, du groupe des pneumoconioses, due à une infiltration importante et prolongée. – Du gr. *anthrax, anthrakos,* «charbon», et *-ose* 2.

anthraquinone [ɑ̃tʀakinɔn] n. f. CHIM Dérivé de l'anthracène, de formule $C_{14}H_8O_2$, point de départ de la fabrication de colorants. – De *anthra(cène),* et *quinone.*

anthrax [ɑ̃tʀaks] n. m. MED Suppuration localisée dans plusieurs foyers contigus du tissu cellulaire sous-cutané, due au staphylocoque doré. – Gr. *anthrax,* «charbon».

anthrène [ɑ̃tʀɛn] n. m. ZOOL Coléoptère de petite taille (4 mm) dont la larve, qui se nourrit de matières animales sèches, endommage les fourrures, les collections zoologiques. – Gr. *anthrênê,* «frelon».

-anthrope, -anthropie, -anthropique, anthropo-. Éléments, du gr. *anthrôpos,* «homme».

anthropocentrique [ɑ̃tʀɔposɑ̃tʀik] adj. Relatif à l'anthropocentrisme. *Philosophie anthropocentrique.* – De *anthropo-,* et *centre.*

anthropocentrisme [ɑ̃tʀɔposɑ̃tʀism] n. m. Doctrine, attitude, qui fait de l'homme le centre et la fin de tout. – De *anthropocentrique.*

anthropogénie [ɑ̃tʀɔpoʒeni] ou **anthropogenèse** [ɑ̃tʀɔpoʒənɛz] n. f. Étude de l'origine et de l'évolution de l'homme. – De *anthropo-,* et gr. *genesis,* «génération».

anthropoïde [ɑ̃tʀɔpoid] adj. Qui ressemble à l'homme, en parlant d'un animal. *Singe anthropoïde.* ▷ n. m. pl. ZOOL Sous-ordre de primates comprenant les singes et les hominidés. – De *anthropo-,* et *-oïde.*

anthropologie [ɑ̃tʀɔpolɔʒi] n. f. Étude, science de l'homme. **1.** Étude de l'espèce humaine des points de vue anatomique, physiologique, biologique, génétique et phylogénétique. **2.** Étude des cultures des différentes collectivités humaines (institutions, structures familiales, croyances, technologies). – De *anthropo-,* et gr. *logos,* «science».

ENCYCL On tend auj. à désigner l'anthropologie au sens 1 par les mots *anthropologie physique* et l'anthropologie au sens 2 par *anthropologie culturelle* ou *sociale.* L'anthropologie sociale et l'ethnologie se donnent, en principe, comme champ d'étude toutes les cultures et toutes les sociétés humaines, y compris celle dont elles sont issues. Cependant, pour des raisons historiques et heuristiques, elles s'attachent plus particulièrement à l'étude des sociétés dites primitives.

anthropologique [ɑ̃tʀɔpolɔʒik] adj. Qui relève de l'anthropologie. – Du préc.

anthropologue [ɑ̃tʀɔpolɔg] ou **anthropologiste** [ɑ̃tʀɔpolɔʒist] n. Spécialiste de l'anthropologie. – De *anthropologie.*

anthropométrie [ɑ̃tʀɔpometʀi] n. f. Ensemble des procédés de mensuration des diverses parties du corps humain. – *Anthropométrie judiciaire,* appliquée à l'identification des délinquants. – De *anthropo-,* et *-métrie.*

anthropométrique [ɑ̃tʀɔpometʀik] adj. Relatif à l'anthropométrie. *Fiche anthropométrique,* établie au moyen de l'anthropométrie pour réunir un certain nombre de renseignements. – Du préc.

anthropomorphe [ɑ̃tʀɔpomɔʀf] adj. Qui a la forme, l'apparence humaine. ▷ ZOOL Se dit des grands singes de la famille des pongidés, les animaux les plus proches de l'homme. – Gr. *anthrôpomorphos.*

anthropomorphique [ɑ̃tʀɔpomɔʀfik] adj. Qui présente, est relatif à un anthropomorphisme. – De *anthropomorphisme.*

anthropomorphisme [ɑ̃tʀɔpomɔʀfism] n. m. Représentation de Dieu sous l'apparence humaine. – *Par ext.* Tendance à attribuer aux êtres et aux choses des manières d'être et d'agir, des pensées humaines. – Du préc.

anthroponymie [ɑ̃tʀɔponimi] n. f. Étude de l'origine des noms de personnes. – De *anthropo-,* et gr. *onoma,* «nom».

anthropophage [ɑ̃tʀɔpofaʒ] adj. et n. Qui mange de la chair humaine. *Peuplade anthropophage.* – Lat. d'orig. gr. *anthropophagus.*

anthropophagie [ɑ̃tʀɔpofaʒi] n. f. Fait de manger de la chair humaine. Syn. cannibalisme. – Gr. *anthrôpophagia.*

anthropopithèque [ɑ̃tʀɔpopitɛk] n. m. Animal hypothétique dont on faisait autrefois un intermédiaire entre le singe et l'homme. – De *anthropo-,* et gr. *pithêkos,* «singe».

anthropozoïque [ɑ̃tʀɔpozɔik] adj. Qualifie l'ère quaternaire durant laquelle l'homme est apparu. – De *anthropo-,* et *-zoïque.*

anti-. Préfixe (V. aussi ant-) indiquant une idée de: **1.** Hostilité: *Antiadministratif, antiannexionniste, antiaristocratique, anticatholique, antichrétien, antichristianisme, anticolonialiste, anticommuniste, antiesclavagiste, antifasciste, antilibéral, antimilitariste, antiministériel, antimonarchique, antinational, antiparlementaire, antipatriotique, antipapiste, antiprogressiste, antiprotectionniste, antirationaliste, antireligieux, antirépublicain, antirévolutionnaire, antisoviétique, antispiritualiste,* etc.

2. Protection: *Antiacridien, antiallergique, antiapoplectique, antiarthritique, antiasthmatique, antibruit, anticatarrhal, anticellulitique, anticholérique, antidoryphorique, antidysentérique, antiépileptique, antigaleux, antigiratoire, antigouteux, antihelmintique, antihémolytique, antihémorragique, antihémorroïdal, antihypnotique, antihystérique, antimalarique, antimicrobien, antimissile, antinévralgique, antipaludique, antipelliculaire, antipestilentiel, antipneumococcique, antipollution, antirhumatismal, antiscorbutique, antisudoral, antisyphilitique,* etc.
3. Opposition: *Antiartistique, anticonstitutionnel, antidémoniaque, antidramatique, antiévangélique, antihéros, antimatière, antipsychiatrie, antithéâtral,* etc.

antiaérien, ienne [ɑ̃tiaeʀjɛ̃, jɛn] adj. MILIT Qui combat les attaques aériennes, protège de leurs effets. *Défense antiaérienne. Abri antiaérien.* – De *anti-*, et *aérien.*

antialcoolique [ɑ̃tialkɔlik] adj. Qui lutte contre l'alcoolisme. *Ligue antialcoolique.* – De *anti-*, et *alcoolique.*

antiar [ɑ̃tjaʀ] n. m. BOT Latex d'une urticacée, contenant un poison utilisé par les Malais pour leurs flèches sous le nom de *upas.* – Du malais *antjar,* par le lat. scientif.

antiarches [ɑ̃tiaʀʃ] n. m. pl. PALEONT Ordre de poissons placodermes d'eau douce du Primaire, cuirassés et possédant des appendices pectoraux articulés. – De *anti-*, «avant», et gr. *arkhê,* «début».

antibactérien, ienne [ɑ̃tibakteʀjɛ̃, jɛn] adj. et n. m. Qui détruit les bactéries. – De *anti-*, et *bactérien.*

antibélier [ɑ̃tibelje] n. m. et adj. TECH Dispositif placé à la partie haute d'une canalisation d'eau pour amortir les variations brusques de pression (coups de bélier). – De *anti-*, et *bélier.*

antibiogramme [ɑ̃tibjɔgʀam] n. m. BIOCHIM Résultat d'un test de sensibilité d'un germe microbien à divers antibiotiques en vue de sélectionner l'antibiotique le plus efficace pour lutter contre ce germe. – De *antibio(tique),* et *-gramme.*

antibiothérapie [ɑ̃tibjɔteʀapi] n. f. Traitement par les antibiotiques. – De *antibio(tique),* et *thérapie.*

antibiotique [ɑ̃tibjɔtik] n. m. (et adj.). MED Substance qui détruit les bactéries (bactéricide) ou s'oppose à leur multiplication (bactériostatique). – De *anti-*, et gr. *biôtikop,* «ce qui concerne la vie».
ENCYCL La pénicilline a été découverte par Fleming en 1929 et fabriquée industriellement en 1941. Depuis, des centaines d'antibiotiques différents sont fabriqués à partir de micro-organismes ou synthétisés. Il existe plusieurs groupes d'antibiotiques: pénicillines naturelles et synthétiques (ampicilline), macrolides, aminosides (streptomycine et gentamycine), tétracyclines, antituberculeux, etc. Chaque groupe a un spectre bactérien particulier. L'utilisation des antibiotiques a permis de guérir un grand nombre de maladies infectieuses d'origine bactérienne. L'apparition et la transmission de résistances bactériennes aux antibiotiques incitent à une grande prudence dans leur maniement, afin d'éviter la création d'une flore bactérienne extrêmement résistante.

antibrouillard [ɑ̃tibʀujaʀ] adj. inv. Se dit des dispositifs optiques favorisant l'efficacité d'un faisceau lumineux dans le brouillard. *Des projecteurs antibrouillard.* ▷ n. m. *Des antibrouillards:* des phares antibrouillard. – De *anti-*, et *brouillard.*

antibruit [ɑ̃tibʀɥi] adj. Qui empêche la propagation du bruit. – De *anti-*, et *bruit.*

anticancéreux, euse [ɑ̃tikɑ̃seʀø, øz] adj. Qui assure la lutte contre le cancer. *Un centre anticancéreux.* – De *anti-*, et *cancéreux.*

anticathode [ɑ̃tikatɔd] n. f. PHYS Bloc de métal placé entre cathode et anode, dans un tube à rayons X, recevant le flux d'électrons et émettant le rayonnement X. – De *anti-*, et *cathode.*

antichambre [ɑ̃tiʃɑ̃bʀ] n. f. **1.** Pièce qui précède une chambre ou un appartement. **2.** Pièce qui sert de salle d'attente. *Faire antichambre:* attendre avant d'être reçu. *Courir les antichambres:* aller chez plusieurs personnes influentes solliciter une faveur, une autorisation, un poste, etc. – Ital. *anticamera,* «chambre de devant».

antichar [ɑ̃tiʃaʀ] adj. inv. (et n. m.). MILIT Qui sert à la lutte contre les chars de combat. *Canon antichar. Mines antichar.* – De *anti-*, et *char.*

antichrèse [ɑ̃tikʀɛz] n. f. DR Contrat par lequel un débiteur remet à son créancier, qui en percevra les revenus, un immeuble en garantie de sa dette. – Lat. jurid. d'orig. gr. *antichresis.*

anticipation [ɑ̃tisipasjɔ̃] n. f. **1.** Action d'anticiper, de faire par avance. *Régler son loyer par anticipation,* avant l'échéance. **2.** *Roman, récit d'anticipation,* qui décrit un futur imaginaire. **3.** MUS Accord comprenant une ou plusieurs notes de l'accord qui suit. **4.** RHET Figure par laquelle on réfute d'avance une objection possible. – Lat. *anticipatio.*

anticipé, ée [ɑ̃tisipe] adj. Fait à l'avance, avant la date fixée. *Paiement anticipé,* fait avant échéance. *Son arrivée anticipée a complètement modifié mes plans. Des remerciements anticipés.* Ant. retardé. – Pp. de *anticiper.*

anticiper [ɑ̃tisipe] **1.** v. tr. [1] Faire par avance. *Anticiper un paiement,* le régler avant l'échéance. **2.** v. tr. ind. *Anticiper sur l'avenir,* considérer un événement futur comme s'il s'était produit. ▷ (S. comp.) *N'anticipons pas,* procédons par ordre, en respectant la succession logique des choses; commençons par le commencement. – Lat. *anticipare.*

anticlérical, ale, aux [ɑ̃tikleʀikal, o] adj. (et n.). Qui s'oppose au clergé, à son influence sociale, politique. – De *anti-*, et *clérical.*

anticléricalisme [ɑ̃tikleʀikalism] n. m. Attitude politique anticléricale. – De *anticlérical.*

anticlinal, ale, aux [ɑ̃tiklinal, o] adj. (et n. m.). GEOL *Pli anticlinal,* dont la convexité est tournée vers le haut. Ant. synclinal. – Du gr. *antiklinein,* «pencher en sens contraire».

anticoagulant, ante [ɑ̃tikɔagylɑ̃, ɑ̃t] adj. (et n. m.). MED Qui s'oppose à la coagulation du sang, partic. dans le traitement des thromboses. *L'héparine est un anticoagulant physiologique.* – De *anti-*, et *coaguler.*

anticodon [ɑ̃tikɔdɔ̃] n. m. BIOCHIM Triplet de nucléotides d'un A.R.N. de transfert permettant à celui-ci de se fixer complémentairement sur le triplet correspondant (codon) d'une molécule d'A.R.N. messager, au cours de la protéosynthèse. – De *anti-*, et *codon.*

anticolonialisme [ɑ̃tikolɔnjalism] n. m. Opposition, hostilité au colonialisme. (Adj. et n.: *anticolonialiste.*) – De *anti-*, et *colonialisme.*

anticommutatif, ive [ɑ̃tikɔmytatif, iv] adj. MATH Qualifie une loi de composition interne k, définie sur un groupe additif E, si pour tout élément a et b de E on a: akb = – bka. *La soustraction est anticommutative.* – De *anti-*, et *commutatif.*

anticonceptionnel, elle [ɑ̃tikɔ̃sɛpsjɔnɛl] adj. Qui prévient la conception, évite la grossesse. *Pilules anticonceptionnelles.* Syn. contraceptif. – De *anti-*, et *conception.*

anticonformiste [ɑ̃tikɔ̃fɔʀmist] adj. Opposé au conformisme. ▷ Subst. *Façon d'agir d'un anticonformiste* (anticonformisme). – De *anti-*, et *conformiste.*

anticonstitutionnel, elle [ɑ̃tikɔ̃stitysjɔnɛl] adj. Contraire à la Constitution. – De *anti-*, et *constitutionnel.*

anticonstitutionnellement [ɑ̃tikɔ̃stitysjɔnɛlmɑ̃] adv. D'une manière anticonstitutionnelle. – Du préc.

anticorps [ɑ̃tikɔʀ] n. m. MED Protéine sérique, appelée aussi *immunoglobuline* (abrév. Ig), synthétisée par les cellules lymphoïdes en réponse à l'introduction d'une substance étrangère appelée *antigène.* – De *anti-*, et *corps.*

ENCYCL Chaque anticorps est spécifique de l'antigène correspondant, auquel il peut s'adapter pour favoriser son éviction hors de l'organisme. Il existe 5 groupes d'anticorps: Ig G, Ig M, Ig A, Ig E, Ig D. Les principaux sont les Ig G, qui sont les gammaglobulines. Les Ig M apparaissent en premier après le contact avec l'antigène. Les Ig A sont surtout localisées sur les surfaces muqueuses (bronches et intestins), où elles assurent une protection locale. Les Ig E interviennent dans les phénomènes allergiques. Le rôle des Ig D est mal connu. On distingue les anticorps dits *naturels* (agglutinines des groupes sanguins A, B, O) et les anticorps *immuns,* les plus fréquents, qui apparaissent après un contact avec l'antigène (infection, vaccin). Les *anticorps monoclonaux,* qui sont obtenus par clonage et sont dirigés contre un seul déterminant antigénique, ont de multiples applications potentielles médicales (thérapeutiques et diagnostiques).

anticorrosion [ɑ̃tikɔʀozjɔ̃] adj. inv. TECH Se dit d'un traitement ou d'un enduit protégeant de la corrosion. V. antirouille. – De *anti-*, et *corrosion.*

anticryptogamique [ɑ̃tikʀiptɔgamik] adj. Qui détruit les champignons parasites. Syn. fongicide. – De *anti-*, et *cryptogamique.*

anticyclone [ɑ̃tisiklon] n. m. METEOR Centre de hautes pressions atmosphériques (par oppos. à *dépression*). – De *anti-*, et *cyclone.*

antidaté, ée [ɑ̃tidate] adj. Se dit d'un document portant une date antérieure à celle à laquelle il a été rédigé. *Chèque antidaté.* – Pp. de *antidater.*

antidater [ɑ̃tidate] v. tr. [1] Indiquer (sur un document) une date antérieure à la date réelle. *Antidater un contrat.* Ant. postdater. – De *anti-*, «avant», et *dater.*

antidérapant, ante [ɑ̃tideʀapɑ̃, ɑ̃t] adj. TECH Qui réduit les risques de dérapage. *Semelles antidérapantes. Pneu antidérapant.* – De *anti-*, et *déraper.*

antidétonant, ante [ɑ̃tidetɔnɑ̃, ɑ̃t] adj. Qui s'oppose à la détonation. ▷ n. m. TECH Additif permettant d'augmenter la compression dans le cylindre d'un moteur à explosion sans provoquer une explosion prématurée. *Le plomb-tétraéthyle est un antidétonant.* – De *anti-*, et *détonant.*

antidiphtérique [ɑ̃tidifteʀik] adj. Qui combat, prévient la diphtérie. *Vaccin antidiphtérique.* – De *anti-*, et *diphtérie.*

antidiurétique [ɑ̃tidjyʀetik] adj. (et n. m.). MED Qui diminue l'élimination urinaire d'eau. *L'A.D.H. est une hormone antidiurétique.* – De *anti-*, et *diurétique.*

antidote [ɑ̃tidɔt] n. m. **1.** MED Substance qui s'oppose aux effets d'un poison ou d'un médicament. **2.** Fig. Ce qui atténue une peine, une souffrance morale. *La lecture est un excellent antidote contre l'ennui.* – Lat. d'orig. gr. *antidotum,* «donné contre».

antiélectrostatique [ɑ̃tielɛktʀɔstatik] adj. TECH Qui annule les phénomènes d'électricité statique. – De *anti-*, et *électrostatique.*

antiémétique [ɑ̃tiemetik] adj. Qui arrête le vomissement. – De *anti-*, et *émétique.*

antienne [ɑ̃tjɛn] n. f. **1.** LITURG Verset que l'officiant chante, en partie ou en entier, avant un psaume ou un cantique et que l'on répète ensuite tout entier. **2.** Fig. *Chanter toujours la même antienne:* répéter toujours la même chose. – Du lat. ecclés. d'orig. gr. *antiphona.*

antiferment [ɑ̃tifɛʀmɑ̃] n. m. Substance empêchant la fermentation. – De *anti-*, et *ferment.*

antiferromagnétique [ɑ̃tifeʀomaɲetik] adj. Qui a les propriétés d'antiferromagnétisme. – De *antiferromagnétisme.*

antiferromagnétisme [ɑ̃tifeʀomaɲetism] n. m. PHYS Ensemble des propriétés magnétiques de certaines substances, dont les moments magnétiques des atomes se séparent en deux groupes de sens opposés. – De *anti-*, et *ferromagnétisme.*

antifouling [ɑ̃tifuliŋ] adj. MAR Se dit d'une peinture qui empêche le développement des algues et des coquillages sur la coque d'un navire. *Peinture antifouling.* ▷ N. m. *Un antifouling.* – De *anti-*, et angl. *fouling,* «salissure».

antifriction [ɑ̃tifʀiksjɔ̃] n. m. (et adj.). TECH Alliage à base d'antimoine, utilisé pour réduire le frottement de pièces qui tournent. – De *anti-*, et *friction.*

anti-g [ɑ̃tiʒe] adj. inv. Se dit des équipements, des vêtements permettant à l'homme de supporter des accélérations plusieurs fois égales à celle de la pesanteur. *Une combinaison anti-g.* – De *anti-*, et *g,* symbole de l'accélération de la pesanteur.

antigel [ɑ̃tiʒɛl] n. m. (et adj. inv.). Produit qui empêche ou qui retarde la congélation. – De *anti-*, et *gel.*

antigène [ɑ̃tiʒɛn] n. m. BIOL et MED Substance étrangère (microbes, toxines, nombr. substances organiques) capable d'induire, lors de son introduction dans un organisme animal, la formation d'anticorps spécifiques (V. anticorps). – De *anti-*, et *gène.*

antigivre [ɑ̃tiʒivʀ] adj. inv. et n. m. TECH Qui évite le givrage ou supprime le givre qui s'est formé sur une paroi. – De *anti-*, et *givre.*

antigrippal, ale, aux [ɑ̃tigʀipal, o] adj. Qui protège de la grippe; qui a un effet thérapeutique bénéfique contre l'infection grippale. – De *anti-*, et *grippal.*

antihalo [ɑ̃tialo] adj. et n. m. PHOTO Qui protège contre l'effet de halo. – De *anti-*, et *halo.*

antihistaminique [ɑ̃tiistaminik] n. m. et adj. BIOL et MED Substance naturelle ou synthétique se comportant comme un antagoniste de l'*histamine* et ayant une action calmante (prométhazine, chlocyclizine, etc.). – De *anti-*, et *histaminique.*

anti-inflammatoire [ɑ̃tiɛ̃flamatwaʀ] adj. MED Qui combat l'inflammation. – De *anti-*, et *inflammatoire.*

antilacet [ɑ̃tilasɛ] adj. inv. AUTO Qualifie un dispositif destiné à éviter l'oscillation d'un véhicule autour de son axe longitudinal. – De *anti-*, et *lacet.*

antillais, aise [ɑ̃tijɛ, ɛz] adj. et n. qui est relatif ou propre aux Antilles, à leurs habitants. – De *Antilles.*

antilogarithme [ɑ̃tilɔgaʀitm] n. m. MATH Nombre correspondant à un logarithme donné. *L'antilogarithme de 1 est égal à 10* (log. 10 = 1). – De *anti-*, et *logarithme.*

antilope [ɑ̃tilɔp] n. f. ZOOL Mammifère ruminant bovidé aux allures vives, des déserts ou des steppes d'Afrique (nombr. espèces). – Angl. *antelope,* du lat. médiév. *anthalopus;* gr. byzantin *anthalôps,* «animal fabuleux».

antimatière [ɑ̃timatjɛʀ] n. f. PHYS NUCL Ensemble d'antiparticules. – De *anti-*, et *matière.*

ENCYCL De même que la matière est constituée d'électrons, de neutrons, de protons, l'antimatière serait constituée d'antiparticules telles que positons, antineutrons, antiprotons. La rencontre d'une particule et de son antiparticule donne naissance à une dématérialisation produisant un rayonnement électromagnétique. Inversement, un couple particule-antiparticule peut être créé à partir d'un rayonnement électromagnétique. Des antiparticules ont été créées en laboratoire dès 1955 (antiprotons et antineutrons). Elles ont une durée de vie extrêmement courte dans notre univers.

antimilitarisme [ɑ̃timilitaʀism] n. m. Opinion, doctrine de ceux qui sont hostiles à l'esprit ou aux institutions militaires *(antimilitaristes).* – De *anti-*, et *militarisme.*

antimoine [ɑ̃timwan] n. m. CHIM Élément intermédiaire entre les métaux et les non-métaux, de numéro atomique Z = 51 et de masse atomique M = 121,75 (symbole Sb). – Lat. médiév. *antimonium,* probabl. de l'ar. *ithmid,* gr. *stimmi* ou *stibi,* «noir d'antimoine».

ENCYCL L'antimoine est un élément aux propriétés voisines de celles de l'arsenic. D'une couleur blanc bleuâtre, il fond à 630 °C. Sa densité est égale à 6,7. Il brûle dans l'air en donnant des fumées blanches. On le prépare à partir de la *stibine,* minerai sulfuré de formule [Sb_2S_3]. L'antimoine est utilisé pour fabriquer des alliages antifriction et des alliages de plomb servant de plaques d'accumulateurs. Ses propriétés thérapeutiques sont connues depuis longtemps (expectorant, par ex.).

antimoniate [ɑ̃timɔnjat] n. m. CHIM Sel correspondant à l'acide antimonique. – De *antimoine.*

antimonides [ɑ̃timɔnid] n. m. pl. MINER Minéraux renfermant de l'antimoine – De *antimoine* et *-ide.*

antimonié, iée [ɑ̃timɔnje] adj. CHIM Qui renferme de l'antimoine. – De *antimoine.*

antimonieux [ɑ̃timɔnjø], **antimonique** [ɑ̃timɔnik] adj. CHIM Qualifie les composés d'antimoine dont les degrés d'oxydation sont respectivement 3 et 5. – De *antimoine.*

antimonite [ɑ̃timɔnit] adj. CHIM Sel correspondant à l'acide antimonieux. – De *antimoine,* et *-ite* 2.

antimoniure [ɑ̃timɔnjyʀ] n. m. CHIM Sel d'antimoine. – De *antimoine.*

antineutron [ɑ̃tinøtʀɔ̃] n. m. PHYS NUCL Antiparticule du neutron, de même masse que celui-ci. V. antimatière. – De *anti-*, et *neutron.*

antinomie [ɑ̃tinɔmi] n. f. **1.** Contradiction entre deux systèmes, deux concepts. Syn. contradiction, opposition. **2.** PHILO Chez Kant: contradiction inévitable résultant des lois mêmes de la raison pure. – Lat. *antinomia,* mot gr.

antinomique [ɑ̃tinɔmik] adj. Qui présente une antinomie. – Du préc.

antioxygène [ɑ̃tiɔksiʒɛn] n. m. CHIM Corps ayant la propriété de protéger un autre corps contre l'action de l'oxygène (naphtol, plomb tétraéthyle). – De *anti-*, et *oxygène.*

antipape [ɑ̃tipap] n. m. Usurpateur de la papauté au préjudice d'un pape légitime canoniquement élu. – Lat. médiév. *antipapa.*

antiparallèle [ɑ̃tipaʀalɛl] adj. GEOM *Droites antiparallèles:* droites qui, sans être parallèles, forment avec deux autres droites des angles égaux. – De *anti-*, et *parallèle.*

antiparasitage [ɑ̃tipaʀazitaʒ] n. m. TECH Montage d'un dispositif antiparasite sur un récepteur radio. – De *antiparasite.*

antiparasite [ɑ̃tipaʀazit] adj. et n. m. TECH Qualifie les dispositifs destinés à réduire la production de parasites dans les récepteurs radio. – De *anti-*, et *parasite.*

antiparticule [ɑ̃tipaʀtikyl] n. f. PHYS NUCL Particule dont la masse est la même que celle de la particule qui lui est homologue, mais dont la charge électrique est de signe contraire. *Le positon est l'antiparticule de l'électron.* V. particule et antimatière. – De *anti-*, et *particule.*

antipathie [ɑ̃tipati] n. f. Sentiment d'aversion à l'égard de qqn. *Son arrogance suscite immédiatement l'antipathie.* Ant. sympathie. – Lat. d'orig. gr. *antipathia.*

antipathique [ɑ̃tipatik] adj. Qui suscite l'antipathie. *Un individu prétentieux et grossier, extrêmement antipathique.* Syn. déplaisant, désagréable. Ant. attirant, sympathique. – Du préc.

antipelliculaire [ɑ̃tipelikylɛʀ] adj. PHARM Se dit d'un produit propre à enrayer la formation des pellicules capillaires. *Shampoing antipelliculaire.* – De *anti-*, et *pelliculaire.*

antiphonaire [ɑ̃tifɔnɛʀ] n. m. LITURG Livre d'église contenant le chant noté des offices. – Lat. médiév. *antiphonarius,* du gr. *antiphôna,* «antienne».

antiphrase [ɑ̃tifʀaz] n. f. Figure de style qui consiste à employer un mot, une phrase, dans un sens contraire à sa véritable signification. *C'est par antiphrase que les Grecs donnaient aux Furies le nom d'Euménides* («Bienveillantes»). – Lat. gram. *antiphrasis,* mot. gr.

antipodal, ale, aux [ɑ̃tipɔdal, o] adj. Se dit d'un lieu situé à l'antipode d'un autre, de deux lieux situés aux antipodes. *Deux lieux antipodaux ont les mêmes latitudes, l'une boréale, l'autre australe.* – De *antipode.*

antipode [ɑ̃tipɔd] n. m. **1.** GEOGR Lieu de la Terre diamétralement opposé à un autre. *L'Uruguay, antipode de la Corée. Point situé à l'antipode, aux antipodes d'un autre.* ▷ Par exag. *Voyager aux antipodes,* dans un pays lointain. **2.** Fig. *À l'antipode de:* à l'opposé de. – Lat. d'orig. gr. *antipodes.*

antipodiste [ɑ̃tipɔdist] n. Acrobate qui exécute avec un partenaire un numéro d'équilibre sur les mains, les pieds. – De *anti-*, et gr. *pous, podos,* «pied».

antipoison [ɑ̃tipwazɔ̃] adj. inv. MED *Centre antipoison:* centre spécialisé dans le traitement d'urgence des intoxications sous toutes les formes. – De *anti-*, et *poison.*

antipollution [ɑ̃tipɔlysjɔ̃] adj. inv. Propre à combattre la pollution. – De *anti-*, et *pollution.*

antiproton [ɑ̃tipʀɔtɔ̃] n. m. PHYS NUCL Antiparticule du proton, de même masse, mais de charge négative, stable dans le vide, mais d'une durée de vie brève dans la matière. V. antimatière. – De *anti-*, et *proton.*

antipsychiatrie [ɑ̃tipsikjatʀi] n. f. Mouvement, issu des expériences de libéralisation du traitement psychiatrique menées de 1962 à 1966 par David Cooper et R.D. Laing, à Kingsley Hall (Londres), qui considère que l'exclusion et la répression de la «folie» signent les déséquilibres idéologiques et mentaux de la société, et que, bien au contraire, la folie est une aventure qui doit être vécue librement. – De *anti-*, et *psychiatrie.*

antipyrétique [ɑ̃tipiʀetik] adj. (et n. m.) MED Qui combat la fièvre. Syn. fébrifuge, antithermique. – De *anti-*, et *pyrétique.*

antiquaille [ɑ̃tikaj] n. f. Fam., péjor. Objet ancien de peu de valeur. Syn. vieillerie. – Ital. *anticaglia.*

antiquaire [ɑ̃tikɛʀ] n. Personne qui vend des objets anciens. – Lat. *antiquarius,* «relatif à l'antiquité».

antique [ɑ̃tik] adj. **1.** Très ancien. *Une antique demeure.* ▷ Vieux et démodé. *Un costume antique, aux manches rapiécées.* **2.** Qui date de l'Antiquité. *Une statuette antique.* ▷ n. m. Ensemble des œuvres d'art qui nous viennent des Anciens. *S'inspirer de l'antique.* ▷ n. f. Litt. Objet d'art de l'Antiquité. *Une curieuse antique.* – Lat. *antiquus.*

antiquité [ɑ̃tikite] n. f. **1.** Grande ancienneté (d'une chose). *Maison vénérable par son antiquité.* **2.** Époque très reculée. *Usage qui remonte à la plus haute antiquité.* **3.** *L'Antiquité:* époque reculée de l'histoire correspondant aux plus anciennes civilisations, et spécial. aux civilisations grecque et romaine. *Les philosophes de l'Antiquité.* **4.** Plur. Monuments des civilisations de l'Antiquité. *Les antiquités de Rome. Les antiquités précolombiennes.* **5.** Plur. Objets d'art anciens. *Magasin d'antiquités.* ▷ Plaisant. Vieille chose démodée. *Sa voiture est une véritable antiquité.* – Lat. *antiquitas.*

antirabique [ɑ̃tiʀabik] adj. MED Qui combat la rage. *Vaccin antirabique.* – De *anti-*, et *rabique.*

antiracisme [ɑ̃tiʀasism] n. m. SOCIOL Idéologie qui s'oppose au racisme et vise à le combattre. – De *anti-*, et *racisme.*

antiraciste [ɑ̃tiʀasist] adj. SOCIOL Qui s'oppose au racisme. ▷ Subst. *Un, une antiraciste.* – De *anti-*, et *raciste.*

antiradar [ɑ̃tiʀadaʀ] adj. inv. MILIT Qualifie les dispositifs servant à brouiller et à rendre inefficace la détection par radar. *Des dispositifs antiradar.* – De *anti-*, et *radar.*

antireflet [ɑ̃tiʀəflɛ] adj. inv. Qui évite la formation des reflets. – De *anti-*, et *reflet.*

antiretour [ɑ̃tiʀətuʀ] adj. inv. TECH Qualifie un dispositif qui interdit la circulation d'un fluide en sens contraire du sens normal. *Clapet antiretour.* – De *anti-*, et *retour.*

antirouille [ɑ̃tiʀuj] adj. inv. et n. m. Qui préserve de la rouille ou qui l'enlève. *Des peintures antirouille.* – De *anti-*, et *rouille.*

antisémite [ɑ̃tisemit] n. Personne qui manifeste du racisme à l'égard des juifs. ▷ adj. *Doctrine, attitude antisémite.* – De *anti-*, et *sémite.*

antisémitisme [ɑ̃tisemitism] n. m. Racisme à l'égard des juifs. – Du préc.

antisepsie [ɑ̃tisɛpsi] n. f. MED Ensemble des méthodes de destruction des bactéries. – De *antiseptique.*

antiseptique [ɑ̃tisɛptik] adj. (et n. m.) Qui détruit les bactéries et empêche leur prolifération. – De *anti-*, et du gr. *sêpsis*, «putréfaction».

antisocial, iale, iaux ou **anti-social, iale, iaux** [ɑ̃tisɔsjal, jo] adj. **1.** Contraire aux lois de la société, à l'ordre social. **2.** Qui va à l'encontre des besoins, des intérêts des travailleurs. – De *anti-*, et *social.*

antisolaire [ɑ̃tisɔlɛʀ] adj. **1.** TECH Qualifie un matériau qui réduit les apports calorifiques dus aux rayons solaires. **2.** Qui protège des radiations solaires. – De *anti-*, et *solaire.*

antispasmodique [ɑ̃tispasmɔdik] adj. (et n. m.) MED Qui combat les spasmes. – De *anti-*, et *spasmodique.*

antistrophe [ɑ̃tistʀɔf] n. f. METR ANC Seconde strophe des stances lyriques grecques, de même structure que la première et lui répondant. – Lat. *antistrophe*, gr. *antistrophê*, «retournement».

antisymétrique [ɑ̃tisimetʀik] adj. MATH Une relation O définie sur un ensemble E est dite *antisymétrique* si: aOb et bOa entraînent a = b. – De *anti-*, et *symétrique.*

antitabac [ɑ̃titaba] adj. inv. Qui s'oppose à l'usage du tabac. *Campagne antitabac.* – De *anti-*, et *tabac.*

antitétanique [ɑ̃titetanik] adj. MED Qui prévient le tétanos. *Sérum, vaccin antitétanique.* – De *anti-*, et *tétanique.*

antithermique [ɑ̃titɛʀmik] adj. MED Qui s'oppose à l'élévation de la température de l'organisme. Syn. fébrifuge, antipyrétique. – De *anti-*, et *thermique.*

antithèse [ɑ̃titɛz] n. f. **1.** Rapprochement de deux termes opposés, afin de les mettre en valeur l'un par l'autre. *«Cette obscure clarté qui tombe des étoiles»* (Corneille). **2.** Chose, idée opposée à une autre. *L'anarchie est l'antithèse de la dictature.* **3.** PHILO Deuxième temps du raisonnement dialectique, opposé à la thèse et dépassé avec elle dans l'opération de synthèse qui résout l'antinomie. – Gr. *antithésis.*

antithétique [ɑ̃titetik] adj. Qui forme antithèse. *Arguments antithétiques.* – Du préc.

antitoxine [ɑ̃titɔksin] n. f. MED Anticorps qui neutralise les toxines sécrétées par certaines bactéries. *Antitoxine diphtérique, tétanique.* – De *anti-*, et *toxine.*

antitrust [ɑ̃titʀœst] adj. inv. Opposé à la naissance ou au développement des trusts. *Lois antitrust.* – De *anti-*, et *trust.*

antituberculeux, euse [ɑ̃titybɛʀkylø, øz] **1.** adj. MED Propre à dépister, à combattre la tuberculose. **2.** n. m. MED Antibiotique qui détruit le bacille de Koch. – De *anti-*, et *tuberculeux.*

antitussif, ive [ɑ̃titysif, iv] adj. MED Se dit des médicaments qui calment ou suppriment la toux. ▷ N. m. *Un antitussif.* – De *anti-*, et *tussif.*

antivénérien, ienne [ɑ̃tiveneʀjɛ̃, jɛn] adj. MED Propre à dépister, à combattre les maladies vénériennes. – De *anti-*, et *vénérien.*

antivenimeux, euse [ɑ̃tivənimø, øz] adj. Qui prévient, combat les effets d'un venin. *Sérum antivenimeux.* – De *anti-*, et *venimeux.*

antivitamine [ɑ̃tivitamin] n. f. BIOCHIM Substance naturelle ou synthétique qui entre en compétition dans l'organisme avec une vitamine, en contrariant son action sans en posséder les effets (ex.: l'antivitamine K, médicament anticoagulant). – De *anti-*, et *vitamine.*

antivol [ɑ̃tivɔl] n. m. et adj. inv. Dispositif de sécurité destiné à empêcher le vol. *Un antivol pour bicyclette.* – *Dispositif antivol.* – De *anti-*, et *vol.*

antonomase [ɑ̃tɔnɔmaz] n. f. RHET Emploi d'un nom commun ou d'une périphrase à la place d'un nom propre ou inversement: *le père de la tragédie française* pour *Corneille; un Néron* pour *un tyran cruel.* – Lat. *antonomasia*, mot gr.

antonyme [ɑ̃tɔnim] n. m. Mot dont le sens est opposé à celui d'un autre: *grand* et *petit; haut* et *bas.* Ant. synonyme. – De *antonymie*, d'après *synonyme.*

antonymie [ɑ̃tɔnimi] n. f. Propriété des antonymes. Ant. synonymie. – De *anti-*, et gr. *onoma*, «nom».

antre [ɑ̃tʀ] n. m. **1.** Cavité naturelle, souterraine, servant de repaire à un animal, *spécial.* à un fauve. ▷ Plaisant. Habitation d'une personne un peu sauvage, qui s'entoure de mystère. *Il n'aime pas qu'on vienne le déranger dans son antre.* **2.** ANAT Cavité naturelle de certains organes du corps humain. *Antre pylorique, mastoïdien.* – Lat. d'orig. gr. *antrum.*

antrustion [ɑ̃tʀystjɔ̃] n. m. HIST Guerrier qui faisait partie de la suite d'un roi, chez les Francs. – Lat. médiév. *antrustio*, de *trustis*, forme lat. de l'anc. haut all. *trost*, «fidélité».

anubis [anybis] n. m. ZOOL Petit singe *(Papio anubis)* d'Afrique occidentale. – Du n. du dieu égyptien *Anubis.*

anucléé, éée [anyklee] adj. BIOL Dépourvu de noyau. *Cellule anucléée.* – De *a*-2, et lat. *nucleus*, «noyau».

anurie [anyʀi] n. f. MED Absence d'urine dans la vessie, due à l'arrêt de la sécrétion rénale ou (très rarement) à un obstacle situé entre les reins et la vessie. – De *an-*, voir *a*-1, et *-urie*.

anus [anys] n. m. Extrémité distale du tube digestif par où sortent les excréments, constituée, chez les mammifères, par deux sphincters qui en assurent la fermeture. MED *Anus artificiel*, établi chirurgicalement et débouchant sur la paroi abdominale. – Mot. lat, «anneau».

anxiété [ɑ̃ksjete] n. f. Grande inquiétude Syn. angoisse. Ant. calme, quiétude, tranquillité. – Lat. *anxietas*.

anxieusement [ɑ̃ksjøzmɑ̃] adv. De manière anxieuse. – De *anxieux*.

anxieux, ieuse [ɑ̃ksjø, øz] adj. **1.** Qui exprime l'anxiété. *Elle lui lança un regard anxieux.* **2.** Qui s'accompagne d'anxiété. *Une attente anxieuse.* **3.** Qui éprouve de l'anxiété. *L'incertitude le rend anxieux.* **4.** Par ext. *Être anxieux de:* désirer fortement. *Je suis anxieuse de revoir la maison où je suis née.* – Lat. *anxius*.

anxiogène [ɑ̃ksjɔʒɛn] adj. Se dit de ce qui est susceptible d'engendrer des manifestations d'angoisse. *Une atmosphère anxiogène.* – De *anxieux*, et *-gène*.

anxiolytique [ɑ̃ksjɔlitik] adj. et n. m. MED Se dit des substances destinées à combattre l'anxiété. – Du rad. de *anxiété*, et *-lytique*.

aoriste [aɔʀist] n. m. GRAM Temps de la conjugaison grecque indiquant un passé indéfini. – Bas lat. *aoristus*, gr. *aoristos*, propr. «indéfini».

aorte [aɔʀt] n. f. Artère principale de l'organisme par laquelle le sang chargé d'oxygène, éjecté du ventricule gauche, gagne les artères viscérales et celles des membres, par des collatérales et des branches de division. (Son trajet, chez l'être humain, passe par le thorax en décrivant une crosse et descend verticalement dans la partie postérieure et médiane de l'abdomen; elle se divise en deux artères iliaques au niveau du petit bassin.) – Gr. *aortê*.

aortique [aɔʀtik] adj. MED De l'aorte. *Dissection aortique.* – Du préc.

aortite [aɔʀtit] n. f. MED Inflammation de la paroi aortique. – De *aorte*, et *-ite* 1.

aortographie [aɔʀtɔgʀafi] n. f. MED Radiographie de l'aorte après injection d'un produit opaque aux rayons X. – De *aorte*, et *graphie*.

août [u] n. m. Le huitième mois de l'année. *La mi-août, le 15 août.* – Lat. pop. *agustus*, class. *augustus*, «mois d'Auguste».

aoûtat [auta] n. m. Larve du trombidion, qui vit dans l'épiderme, surtout en août, provoquant des démangeaisons. – De *août*.

aoûtien, ienne [ausjɛ̃, jɛn] n. (France) Personne qui prend ses vacances au mois d'août. – De *août*.

apagogie [apagɔʒi] n. f. RHET Démonstration par l'absurde. – Gr. *apagôgê*, «action d'emmener».

apaisant, ante [apɛzɑ̃, ɑ̃t] adj. Qui calme. *Lecture apaisante.* – Ppr. de *apaiser*.

apaisement [apɛzmɑ̃] n. m. **1.** Retour à la quiétude, à la paix. *L'apaisement d'une colère.* **2.** Plur. *Donner des apaisements à qqn*, le tranquilliser par des promesses, des assurances. – De *apaiser*.

apaiser [apeze] v. tr. [1] **1.** Ramener (qqn) au calme. *Apaiser une foule.* ▷ v. pron. *Avec le temps il s'apaise.* Syn. (s') adoucir, (se) calmer. Ant. (s') exciter. **2.** Rendre (qqch) moins violent, moins agité. *Apaiser une rancœur. Boisson qui apaise la soif.* ▷ v. pron. *La mer s'apaise.* Ant. (se) déchaîner. – De *a*-2, et *paix*.

apanage [apanaʒ] n. m. **1.** HIST Portion du domaine royal attribuée par les rois de France à leurs fils puînés et à leur descendance mâle. **2.** Fig. Ce qui est le propre de qqn ou de qqch. *La raison est l'apanage de l'homme.* Syn. privilège. – De l'anc. v. *apaner*, «donner du pain, doter»; du lat. *panis*, «pain».

à part. V. part.

aparté [apaʀte] n. m. **1.** Ce qu'un acteur dit à part soi et qui est censé n'être entendu que par les spectateurs. **2.** Bref entretien particulier dans une réunion. *Cessez vos apartés et mêlez-vous à la conversation.* ▷ Loc. adv. *En aparté:* en tête à tête, en confidence. – Ital. *a parte*, «à l'écart».

apartheid [apaʀtɛd] n. f. Ségrégation raciale institutionnalisée systématiquement pratiquée en Afrique du S. – Mot afrikaans, «séparation».

apathie [apati] n. f. **1.** PHILO ANC Indifférence du sage à tout mobile sensible. **2.** Insensibilité, caractère d'une personne indifférente à l'émotion ou aux désirs. *On ne peut le tirer de son apathie.* Syn. indolence, inertie, mollesse. – Gr. *apatheia*.

apathique [apatik] adj. et n. Sans énergie, insensible à tout. Syn. indolent, mou. – Du préc.

apatite [apatit] n. f. MINER Phosphate de calcium naturel renfermant du chlore ou du fluor, très répandu dans les roches éruptives. – D'abord en all.; du gr. *apatân*, «tromper», parce qu'elle peut ressembler à une pierre précieuse.

apatride [apatʀid] n. (et adj.). Personne sans patrie; personne sans nationalité. – De *a*-1, et gr. *patris, patridos*, «patrie».

aperception [apɛʀsɛpsjɔ̃] n. f. PHILO Perception claire, par oppos. à perception inconsciente. – De *apercevoir*, d'après *perception*.

apercevoir [apɛʀsəvwaʀ] **I.** v. tr. [47] **1.** Discerner, distinguer. *J'aperçois une barque à l'horizon.* – Voir (qqn, qqch qui apparaît brièvement). *Je l'ai aperçu hier.* **2.** Saisir par la pensée. *J'aperçois ses raisons. Apercevoir ce qu'il y a de juste dans une affirmation.* **II.** v. pron. **1.** Remarquer, prendre conscience de. *Il s'est aperçu du piège qu'on lui tendait.* **2.** (Réfl.) Voir sa propre image. *S'apercevoir dans un miroir.* – (Récipr.) Se voir mutuellement. *Ils s'aperçoivent, se reconnaissent, se serrent la main.* – (Pass.) Se remarquer, pouvoir être vu. *Imperfection qui ne s'aperçoit que de près.* – De *percevoir*.

aperçu [apɛʀsy] n. m. **1.** Coup d'œil rapide; première vue sur une question, un objet. *Nous n'avons eu qu'un aperçu du pays.* **2.** Exposé sommaire. *Il nous a donné un aperçu de l'affaire.* – Pp. subst. de *apercevoir*.

apériodique [apeʀjɔdik] adj. PHYS *Appareil apériodique*, tendant sans oscillation vers sa position d'équilibre. – De *a*-1, et *périodique*.

apéritif, ive [apeʀitif, iv] adj. et n. **1.** adj. Qui ouvre l'appétit. *Médicament apéritif.* **2.** n. m. Boisson, alcoolisée ou non, qui se sert avant les repas. *Prendre l'apéritif.* – Lat. médiév. *aperitivus*, de *aperire*, «ouvrir».

aperture [apɛʀtyʀ] n. f. PHON Ouverture du chenal expiratoire pendant l'émission d'une voyelle. – Lat. *apertura*, «ouverture».

apesanteur [apəzɑ̃tœʀ] n. f. ESP Absence de pesanteur. *État d'apesanteur*, dans lequel les effets de la pesanteur ne se font pas sentir. – De *a*-1, et *pesanteur*.

apétale [apetal] adj. BOT Qui n'a pas de pétales. – De *a*-1, et *pétale*.

apétales [apetal] n. f. pl. BOT Groupe de dicotylédones dépourvues de corolles (chêne, gui, oseille, etc.). – Du préc.

à-peu-près ou **à peu près** [apøpʀɛ] n. m. inv. **1.** Chose vague, imprécise, incomplète. **2.** Calembour approximatif. – Subst. de la loc. adv. *à peu près.*

apeurer [apœʀe] v. tr. [1] Effaroucher, effrayer. – De *a*-2, et *peur.*

apex [apɛks] n. m. **1.** ANAT Extrémité d'un organe. *L'apex du cœur,* sa pointe. **2.** ASTRO Point de l'espace vers lequel le système solaire semble se diriger. – Mot lat.

aphasie [afazi] n. f. MED Perte de la parole, défaut d'adaptation du mot à l'idée, sans atteinte fonctionnelle de la langue et du pharynx, souvent consécutif à une lésion cérébrale. (Il en existe deux grands types: l'aphasie motrice, dite de Broca, et l'aphasie sensorielle, dite de Wernicke, correspondant à des localisations différentes des lésions cérébrales.) – Gr. *aphasia.*

aphasique [afazik] adj. (et n.) MED Atteint d'aphasie. – Du préc.

aphélie [afeli] n. m. ASTRO Point de l'orbite d'une planète ou d'une comète le plus éloigné du Soleil. Ant. périhélie. – Lat. scientif. *aphelium,* d'après *apogoeum,* «apogée», du gr. *hêlios,* «soleil».

aphérèse [afeʀɛz] n. f. LING Chute d'un son, d'une syllabe au début d'un mot (par ex.: *bus* pour *autobus*). V. apocope. – Lat. d'orig. gr. *aphresis,* «action d'enlever».

aphidiens [afidjɛ̃] n. m. pl. ZOOL Sous-ordre d'insectes homoptères comprenant les pucerons. – Du lat. scientif. *aphis,* «puceron».

aphone [afɔn] adj. **1.** Qui n'a pas de son. **2.** Qui n'a pas ou n'a plus de voix. – Gr. *aphônos.*

aphonie [afɔni] n. f. MED Perte de la voix par atteinte de l'appareil vocal. – Gr. *aphônia.*

aphorisme [afɔʀism] n. m. Proposition concise résumant un point essentiel d'une théorie, d'une morale. *Les aphorismes d'Hippocrate.* Syn. apophtegme, sentence. – Bas lat. *aphorismus,* du gr. *aphorismos,* «définition».

aphrodisiaque [afʀɔdizjak] adj. (et n. m.) Qui stimule les désirs sexuels. – Gr. *aphrodisiakos,* de *Aphroditê,* «Aphrodite».

aphrodisie [afʀɔdizi] n. f. MED Exagération des désirs sexuels. – Du préc.

aphte [aft] n. m. MED Petite ulcération de la muqueuse buccale, linguale ou pharyngienne. – Lat. méd. *aphtae,* du gr. *aphtai,* de *aptein,* «brûler».

aphteux, euse [aftø, øz] adj. MED Accompagné d'aphtes. *Stomatite aphteuse:* maladie éruptive contagieuse. ▷ *Fièvre aphteuse:* maladie éruptive d'origine virale, très contagieuse, qui atteint surtout les bovins et les porcs, transmissible au mouton et au chien, parfois à l'homme. – De *aphte.*

aphylle [afil] adj. BOT Se dit d'une plante dépourvue de feuilles (petit houx, asperge). – Gr. *aphullos.*

api (d') [(d)api] loc. adj. *Pomme d'api:* petite pomme ferme et sucrée, dont une face est rouge vif. – De *Appius,* qui les aurait introduites à Rome.

à pic [apik] **1.** loc. adv. Verticalement. *Couler à pic.* ▷ Fig. À point nommé, à propos. *Tomber à pic.* **2.** adj. inv. *Une falaise à pic,* abrupte. – De *à,* et *pic.*

à-pic [apik] n. m. Pente abrupte. *Des à-pics.* – Du préc.

apical, ale, aux [apikal, o] adj. **1.** ANAT Relatif à l'apex d'un organe. **2.** PHON Se dit d'un son prononcé avec la pointe de la langue appuyée contre les dents, les alvéoles ou la voûte du palais (par ex.: [t], [d]). – Du lat. *apex, apicis,* «sommet».

apicole [apikɔl] adj. Qui a rapport à l'apiculture. – Du lat. *apis,* «abeille», et *-cole.*

apiculteur, trice [apikyltœʀ, tʀis] n. Éleveur d'abeilles. – Formé avec *api-,* de *apis,* «abeille», d'apr. agriculteur.

apiculture [apikyltyʀ] n. f. Art d'élever les abeilles en vue de récolter les produits de la ruche. – De *api-,* de *apis,* «abeille», et *culture.*

ENCYCL L'apiculture est l'un des rares domaines, avec la sériciculture (élevage des vers à soie), où l'homme retire un profit de l'élevage des insectes. Elle est pratiquée depuis la plus haute antiquité. L'apiculture moderne utilise des ruches à cadres amovibles dans lesquels les abeilles construisent leurs rayons. Le bilan d'une ruche de 45 000 abeilles s'établit comme suit: *entrées:* 300 kg, dont 240 kg de *nectar* (pour la nourriture des larves et la production du miel), 40 kg de *pollen* (nourriture des larves), 10 kg d'eau et quelques centaines de grammes de propiolis, utilisé par les abeilles pour calfeutrer la ruche; *sorties:* 300 kg, dont 60 kg de *miel* (20 kg seulement peuvent être récoltés, le reste servant à la nourriture des abeilles), 40 kg d'excréments, 25 kg d'abeilles mortes, de la *cire* et du *pollen* récolté par l'apiculteur, de la vapeur d'eau et du gaz carbonique. L'apiculteur doit observer le comportement des abeilles pour en tirer le meilleur parti; en effet, il ne peut le modifier.

apidés [apide] n. m. pl. ZOOL Famille d'insectes hyménoptères, dont les larves se nourrissent exclusivement de miel, comprenant les abeilles et les bourdons. – Du lat. *apis,* «abeille».

apion [apjɔ̃] n. m. ZOOL Petit coléoptère (fam. curculionidés), de couleur noire ou bleue, à reflets métalliques, vivant sur les légumineuses (pois, vesce). – Du gr. *apios,* «poire», p.-ê. à cause de son aspect.

apiquer [apike] v. tr. [1] MAR Donner de l'inclinaison à (un espar). – De *à pic.*

apitoiement [apitwamɑ̃] n. m. Fait de s'apitoyer. – De *apitoyer.*

apitoyer [apitwaje] v. tr. [26] Toucher de pitié. *Le récit de tous ses malheurs m'a apitoyé.* ▷ v. pron. Éprouver de la pitié. *Il ne mérite pas qu'on s'apitoie sur son sort.* Syn. s'émouvoir, s'attendrir. – De *pitié.*

apivore [apivɔʀ] adj. Qui se nourrit d'abeilles. – Du lat. *apis,* «abeille», et *-vore.*

APL [apeɛl] n. m. INFORM Langage de programmation utilisé dans les applications conversationnelles à caractère scientif. – Abrév. de l'angl. *A Programming Language.*

aplacophores [aplakɔfɔʀ] n. m. pl. ZOOL Classe de mollusques primitifs marins, qui vivent dans la vase, dont la tête n'est pas bien dégagée du corps et dont le manteau, développé, sécrète des spicules calcaires. ▷ Sing. *Un aplacophore.* – De *a*-1, gr. *plax, placos,* «plaque», et *phoros,* «qui porte».

aplanétique [aplanetik] adj. OPT Se dit d'un système optique qui, stigmatique pour un couple de points A et A' de l'axe, l'est aussi pour tout couple de points B et B' situés dans les plans de front passant par A et A' et voisins de A et A'. *Objectif aplanétique,* ou *aplanat.* – Angl. *aplanatic,* du gr. *aplanêtos,* «qui ne dévie pas».

aplanétisme [aplanetism] n. m. Qualité d'un système optique aplanétique. – Du préc.

aplanir [aplaniʀ] v. tr. [2] **1.** Rendre plan, uni. *Aplanir un terrain.* Syn. niveler, égaliser. **2.** Fig. *Aplanir les difficultés, les obstacles,* diminuer leur importance, les faire disparaître. – De *a*-2, et *plan.*

aplanissement [aplanismɑ̃] n. m. Action d'aplanir; son résultat. – De *aplanir.*

aplasie [aplazi] n. f. MED Arrêt du développement d'un tissu ou d'un organe après la naissance. *Aplasie médullaire,* de la moelle osseuse. – De *a-*1, et gr. *plasis,* «façon, modelage».

aplasique [aplazik] adj. MED Relatif à l'aplasie. – Du préc.

aplat [apla] n. m. **1.** TECH Surface sans aucun dégradé ni blanc pur. **2.** BX-A Teinte plate, unie et soutenue sur toute sa surface. – De *à plat.*

aplatir [aplatiʀ] **I.** v. tr. [2] Rendre plat. *Aplatir les coutures d'une robe. Le forgeron aplatit un morceau de fer sur l'enclume.* **II.** v. pron. **1.** Plaquer son corps (contre qqch). *Ils s'aplatissent contre le mur pour se cacher.* ▷ Fig. Faire des bassesses. *S'aplatir devant son chef.* **2.** Fam. Tomber. *Il s'est aplati par terre.* – De *a-*2, et *plat.*

aplatissement [aplatismɑ̃] n. m. État de ce qui est aplati. *L'aplatissement de la Terre aux pôles.* – De *aplatir.*

aplomb [aplɔ̃] n. m. **1.** Direction verticale indiquée par le fil à plomb. *Prendre les aplombs d'un édifice.* – *Par ext.* Position d'équilibre du corps. *Il a pu, en s'appuyant sur moi, reprendre son aplomb.* **2.** n. m. pl. *Aplombs du cheval:* positions des membres de l'animal par rapport au sol. **3.** Fig. Grande assurance. ▷ Péjor. Audace excessive, effronterie. *Il ne manque pas d'aplomb, celui-là!* Syn., fam. culot, toupet. **4.** Loc. adv. *D'aplomb:* exactement vertical. *Ce mur n'est pas d'aplomb.* – Fig., fam. En bonne santé. *Je ne me sens pas d'aplomb.* – De *à plomb.*

aplysie [aplizi] n. f. ZOOL Gastéropode marin *(lièvre de mer)* nageant grâce à des ondulations du manteau, et qui, en cas de menace, libère un liquide violet lui permettant de fuir. – Du gr. *aplusias,* «sale».

apnée [apne] n. f. MED Arrêt des mouvements respiratoires. – *Plongée sous-marine en apnée,* sans scaphandre. – Gr. *apnoia.*

apo-. Préf., gr. *apo,* «au loin, à l'écart».

apoastre [apɔastʀ] n. m. ASTRO Point occupé par un satellite, ou une planète, lorsqu'il se trouve à la plus grande distance de l'astre autour duquel il gravite. Ant. périastre. – Du gr. *apo,* «loin», et *astre.*

apocalypse [apɔkalips] n. f. **1.** *L'Apocalypse:* le dernier livre du Nouveau Testament, écrit v. 95 et traditionnellement attribué à saint Jean l'Évangéliste, qui décrit les sept visions de l'apôtre sur la fin du monde et annonce la victoire du Christ et de l'Église sur leurs persécuteurs. **2.** Fin du monde. – Lat. ecclés., du gr. *apocalupsis,* «révélation».

apocalyptique [apɔkaliptik] adj. **1.** Relatif à l'Apocalypse. **2.** Qui a le caractère d'épouvante de l'Apocalypse de saint Jean, qui fait penser à la fin du monde. *Une vision apocalyptique.* – De *apocalypse.*

a poco [apɔko] loc. adv. MUS Insensiblement. – Loc. ital. signif. *[peu] à peu.*

apocope [apɔkɔp] n. f. LING Chute d'un ou de plusieurs sons, d'une ou plusieurs syllabes à la fin d'un mot (par ex.: *auto* pour *automobile*). V. aphérèse. – Lat. gram. d'orig. gr. *apocopa.*

apocryphe [apɔkʀif] adj. **1.** Dont l'authenticité est douteuse. *Document apocryphe.* **2.** Se dit des textes bibliques non canoniques. ▷ Subst. *Un apocryphe.* – Lat. ecclés. d'orig. gr. *apocryphus.*

ENCYCL Les Églises chrétiennes n'ont pas toutes la même notion de l'apocryphe. L'Église catholique romaine a adopté, pour l'Ancien Testament, le canon des Juifs alexandrins, les protestants celui des Juifs palestiniens, plus court; les livres qui ne figurent pas dans ce deuxième canon sont nommés *apocryphes* par les protestants et *deutérocanoniques* par les catholiques. De très nombreux textes du Nouveau Testament sont considérés comme apocryphes par toutes les confessions chrétiennes.

apocynacées [apɔsinase] n. f. pl. BOT Famille de dicotylédones gamopétales, dont certains genres fournissent du latex, d'autres des produits officinaux (strophantus, pervenche). – Du lat. d'orig. gr. *apocynon,* «plante fatale aux chiens».

apode [apɔd] adj. **1.** Dépourvu de pied. *Vase apode,* sans pied. **2.** Dépourvu de nageoires paires. **3.** n. m. pl. Ordre d'amphibiens dépourvus de pattes (ex.: la cécilie). **4.** n. m. pl. *Poissons apodes* ou *anguilliformes:* sous-ordre de téléostéens comprenant notam. les anguilles et les congres. – Lat. d'orig. gr. *apus, apodis.*

apodictique [apɔdiktik] adj. LOG Nécessaire (par oppos. à *assertorique* et à *problématique*). *Certitude apodictique.* – Lat. d'orig. gr. *apodicticus.*

apodiformes [apɔdifɔʀm] n. m. pl. ZOOL Ordre d'oiseaux de petite taille, très bons voiliers, qui comprend les martinets (genre *Apus,* fam. apodidés) et les colibris. – De *apode,* et *forme.*

apodose [apɔdoz] n. f. GRAM Proposition principale précédée d'une subordonnée conditionnelle, ou *protase* (par ex.: *S'il l'exigeait* – protase –, *je partirais* – apodose). – Gr. *apodosis,* «restitution».

apoenzyme [apoɑ̃zim] n. f. BIOCHIM Protéine qui, associée à la coenzyme, forme l'enzyme. – De *apo-,* et *enzyme.*

apogamie [apɔgami] n. f. BIOL Mode de reproduction non sexuée, dans lequel le développement se fait à partir d'une seule cellule végétative. – De *apo-,* et gr. *gamos,* «mariage».

apogée [apɔʒe] n. m. **1.** ASTRO Point où le Soleil, la Lune, ou un corps céleste artificiel, se trouve à sa plus grande distance de la Terre. Ant. périgée. **2.** Fig. Point le plus élevé où l'on puisse parvenir. *Il est à l'apogée de sa gloire.* Syn. comble, faîte, sommet. – Du gr. *apogaion,* «point éloigné de la Terre».

apolitique [apɔlitik] adj. Qui se situe en dehors de la lutte politique. *Syndicat apolitique.* – De *a-*1, et *politique.*

apollinaire [apɔlinɛʀ] adj. Vx En l'honneur d'Apollon. *Jeux apollinaires.* – Lat. *apollinaris.*

apollinien, ienne [apɔlinjɛ̃, jɛn] adj. Chez Nietzsche: caractérisé par l'ordre, la mesure (opposé à *dionysiaque*). – All. *apollinisch,* du lat. *Apollo,* «Apollon».

apollon [apɔlɔ̃] n. m. **1.** Fam. Homme harmonieux dans ses proportions, très beau. **2.** Beau papillon diurne (fam. papilionidés) des montagnes d'Europe et d'Asie. – Du n. du dieu *Apollon.*

apologétique [apɔlɔʒetik] adj. et n. **1.** adj. Qui contient une apologie. ▷ Qui fait l'apologie de la religion. **2.** n. f. THEOL Partie de la théologie qui a pour objet de défendre le christianisme. – Gr. *apologêtikos.*

apologie [apɔlɔʒi] n. f. **1.** Paroles ou écrits destinés à justifier ou à défendre qqn ou qqch. *L'Apologie de Socrate,* œuvre de Platon. *Faire l'apologie d'une idée.* **2.** Éloge que l'on fait de qqn ou de qqch. *Il a fait dans son discours l'apologie de la vertu.* Syn. panégyrique, dithyrambe. Ant. critique. – Lat. ecclés. *apologia,* mot gr.

apologiste [apɔlɔʒist] n. Personne qui fait l'apologie de qqn ou de qqch. ▷ *Spécial.* Défenseur des dogmes de la religion chrétienne. – Du préc.

apologue [apɔlɔg] n. m. Petit récit allégorique exposant une vérité morale. – Lat. d'orig. gr. *apologus.*

apomorphine [apɔmɔʀfin] n. f. MED Alcaloïde dérivé de la morphine, autref. employé comme vomitif puissant lors de certaines intoxications. – De *apo-*, et *morphine.*

aponévrose [apɔnevʀoz] n. f. ANAT Membrane fibreuse qui enveloppe les muscles en les séparant les uns des autres. – Gr. *aponeurôsis.*

aponévrotique [apɔnevʀɔtik] adj. Qui est relatif aux aponévroses ou qui est de leur nature. – Du préc.

apophonie [apɔfɔni] n. f. GRAM Modification du vocalisme d'une racine ou d'un radical dans une conjugaison, une déclinaison (par ex.: lat. *facio,* parfait *feci*). – De *apo-,* et *-phonie.*

apophtegme [apɔftɛgm] n. m. Maxime mémorable d'un personnage éminent. *Les apophtegmes des rois et capitaines célèbres,* de Plutarque. – Gr. *apophthegma.*

apophysaire [apɔfizɛʀ] adj. Relatif aux apophyses. – De *apophyse.*

apophyse [apɔfiz] n. f. ANAT Partie saillante des os qui permet leur articulation ou la fixation des muscles. *Apophyse articulaire, musculaire.* – Gr. *apophusis.*

apoplectique [apɔplektik] adj. (et n.) Relatif à l'apoplexie. ▷ Prédisposé à l'apoplexie (personnes). – De *apoplexie.*

apoplexie [apɔpleksi] n. f. MED Perte brusque de la connaissance et de la mobilité volontaire, due le plus souvent à une hémorragie cérébrale. – Bas lat. d'orig. gr. *apoplexia,* de *apoplêssein,* «renverser».

aporie [apɔʀi] n. f. LOG Difficulté logique sans issue. – Lat. ecclés. *aporia,* mot gr. de *a-*1 et *poros,* «chemin».

aposiopèse [apɔzjɔpɛz] n. f. RHET Interruption subite d'une phrase, traduisant l'émotion ou marquant une réticence. – Lat. *aposiopesis,* mot gr.

apostasie [apɔstazi] n. f. **1.** Abandon public d'une religion au profit d'une autre. ▷ Abusiv. Renonciation d'un religieux à ses vœux. **2.** Fig. Reniement. – Lat. ecclés. *apostasia,* mot gr.

apostasier [apɔstazje] v. intr. **[1]** Faire acte d'apostasie. – Du préc.

apostat [apɔstɑ] n. m. Celui qui a apostasié. *Julien l'Apostat.* – De *apostasie.*

aposter [apɔste] v. tr. **[1]** Péjor., vieilli Placer (qqn) à un poste, pour observer ou pour accomplir une action répréhensible. *Aposter des espions.* – De *a-*2, et *poste.*

a posteriori [apɔsteʀjɔʀi] loc. adv. LOG En remontant des effets aux causes, des données de l'expérience aux lois. *Raisonner a posteriori.* – Cour. *Prendre une décision a posteriori,* compte tenu d'une expérience, d'un résultat. ▷ Adj. inv. *Notions a posteriori,* tirées de l'expérience. Ant. a priori. – Loc. lat.

apostille [apɔstij] n. f. Annotation ou recommandation en marge d'un écrit, d'une pétition, d'un mémoire. – Du lat. méd. *post illa,* «après ces choses».

apostiller [apɔstije] v. tr. **[1]** Ajouter une apostille à. *Apostiller une requête.* – Du préc.

apostolat [apɔstɔla] n. m. **1.** Ministère d'un apôtre. **2.** Propagation de la foi. – Fig. Zèle à propager une doctrine, une cause. *Vie de combat et d'apostolat d'un militant.* Syn. prosélytisme. **3.** Tâche, travail exigeant une abnégation, une générosité exceptionnelles. *La médecine est un apostolat.* – Lat. ecclés. *apostolatus.*

apostolicité [apɔstɔlisite] n. f. THEOL Fidélité à la doctrine des apôtres. – De *apostolique.*

apostolique [apɔstɔlik] adj. **1.** Qui vient des apôtres. *La Sainte Église catholique, apostolique et romaine.* **2.** Propre à l'apostolat. *Zèle apostolique.* **3.** Qui émane du Saint Siège, relève de lui. *Lettres apostoliques. Nonce apostolique.* – Lat. ecclés. *apostolicus.*

apostoliquement [apɔstɔlikmɑ̃] adv. D'une manière apostolique. – De *apostolique.*

1. apostrophe [apɔstʀɔf] n. f. **1.** RHET Figure de rhétorique par laquelle on s'adresse directement aux personnes ou aux choses personnifiées. *«Ô Canada!».* **2.** GRAM *Mot mis en apostrophe,* au moyen duquel on s'adresse directement à une personne ou à une chose personnifiée. Par ex.: «poète» dans *«Poète, prends ton luth»* (Musset). **3.** Trait mortifiant lancé à qqn. *Essuyer une apostrophe.* – Lat. d'orig. gr. *apostropha.*

2. apostrophe [apɔstʀɔf] n. f. Signe (') qui marque l'élision d'une voyelle. *S'il le faut, j'irai.* – Lat. d'orig. gr. *apostrophus.*

apostropher [apɔstʀɔfe] v. tr. **[1]** Interpeller (qqn) brutalement et sans égards. ▷ v. pron. *Ils se sont apostrophés sans ménagement.* – De *apostrophe* 1.

apothécie [apɔtesi] n. f. BOT Carpophore en forme de coupe largement ouverte de certains champignons ascomycètes (pézizes, notam.). Ant. périthèce. – Du gr. *apothêkê,* «dépôt».

apothème [apɔtɛm] n. m. GEOM Perpendiculaire abaissée du centre d'un polygone régulier sur un de ses côtés. – Perpendiculaire abaissée du sommet d'une pyramide régulière sur l'un des côtés de la base. – Du gr. *apotithenai,* «déposer, abaisser», d'après *hupothema,* «base».

apothéose [apɔteoz] n. f. **1.** ANTIQ Déification des empereurs romains après leur mort. **2.** Honneurs extraordinaires rendus à qqn, triomphe. ▷ Fig. *Finir en apothéose,* triomphalement. – Lat. d'orig. gr. *apotheosis.*

apothicaire [apɔtikɛʀ] n. m. Vx Pharmacien. ▷ *Comptes d'apothicaire,* très compliqués (ou fortement majorés). – Bas lat. *apothecarius,* de *apotheca,* gr. *apothêkê,* «boutique».

apôtre [apotʀ] n. m. **1.** Chacun des douze disciples de Jésus-Christ, qu'il choisit pour prêcher l'Évangile (Pierre et André son frère, Jacques le Majeur et son frère Jean l'Évangéliste, Philippe, Barthélemy, Matthieu, Thomas, Jacques le Mineur, Simon, Jude, encore appelé Thaddée, et Judas Iscariote – «de Kerioth» –, remplacé par Mathias après sa mort; aux douze, on associe d'ordinaire l'«apôtre» Paul). **2.** *L'apôtre d'une idée, d'une doctrine,* l'ardent propagateur de... **3.** Péjor. *Faire le bon apôtre:* contrefaire l'homme de bien. – Lat. ecclés. *apostolus,* gr. *apostolos,* «envoyé».

appalachien, ienne [apalaʃjɛ̃, jɛn] adj. *Relief appalachien,* issu de l'aplanissement d'une structure plissée et soumis, à la suite d'un soulèvement, à l'érosion qui dégage des crêtes de roches dures. – De *Appalaches,* monts d'Amérique du N.

apparaître [apaʀɛtʀ] v. intr. **[59]** **1.** Devenir visible, se montrer brusquement. *Une voile apparaît à l'horizon.* – *Spécial.* Se manifester par une apparition. *Hamlet vit apparaître le spectre de son père.* **2.** Fig. Se montrer, se découvrir. *Votre hypocrisie apparaît au grand jour.* Syn. révéler (se), surgir. **3.** (Avec attribut) Sembler. *L'obscurité lui apparaissait terrifiante.* ▷ *Apparaître comme:* se présenter à l'esprit sous un certain aspect. *Cet homme m'apparaît comme un misérable.* **4.** *Il apparaît que:* il résulte de ces faits que, il est clair que. *Il apparaît donc qu'il est coupable.* – Lat. ecclés. *apparescere,* de *apparere,* «apparaître».

apparat [apaʀa] n. m. **1.** Majesté pompeuse, faste solennel. *Tenue d'apparat.* ▷ *En grand apparat:* en grande pompe. **2.** *Apparat critique:* ensemble des notes et des variantes d'un texte. – Lat. *apparatus*, «préparatifs».

apparatchik [apaʀatʃik] n. m. POLIT Péjor. Membre zélé d'un syndicat ou d'un parti (communiste, en particulier). – Mot russe.

apparaux [apaʀo] n. m. pl. **1.** MAR Appareils nécessaires à l'équipement et aux manœuvres d'un navire. **2.** GYM Appareils de culture physique. – Anc. plur. de *appareil*.

appareil [apaʀɛj] n. m. **1.** Ensemble de pièces, d'organes mécaniques destinés à un usage particulier. *Appareil photographique. Comment marche cet appareil?* Syn. machine, instrument. ▷ Téléphone. *Qui est à l'appareil?* ▷ Avion. *L'appareil va décoller.* ▷ Instrument de contention qui maintient un membre cassé, une partie du corps déformée. *Appareil plâtré.* **2.** Ensemble d'éléments qui participent à une même fonction. *Appareil d'État:* ensemble des organes administratifs d'un État. *L'appareil d'un parti,* l'ensemble de ses cadres administratifs. **3.** ARCHI Disposition des pierres dans un ouvrage de maçonnerie. *Édifice en grand (en petit) appareil.* ▷ TRAV PUBL *Appareil d'appui,* organe sur lequel s'appuie le tablier d'un pont et qui lui permet de se dilater. **4.** ANAT Ensemble d'organes qui remplissent une fonction dans le corps. *Appareil respiratoire, digestif.* **5.** Vx, litt. Apparence de certains êtres ou de certaines choses; apprêt. *Pompeux appareil.* ▷ Mod. *Être dans son plus simple appareil:* être nu. – Lat. pop. **appariculum,* de *apparare,* «préparer».

1. appareillage [apaʀɛjaʒ] n. m. MAR Action d'appareiller; ensemble des manœuvres faites au moment de quitter le port, le mouillage. – De *appareiller* 1.

2. appareillage [apaʀɛjaʒ] n. m. TECH Ensemble d'appareils, de dispositifs. *Appareillage électrique.* – De *appareil.*

appareillement [apaʀɛjmɑ̃] n. m. Action d'appareiller des animaux domestiques, soit en vue d'un travail, soit en vue de la reproduction. – De *appareiller* 2.

1. appareiller [apaʀeje] **I.** v. tr. **[1] 1.** MAR Vx *Appareiller un navire,* le préparer pour la navigation. **2.** Mettre en place un appareil. – *Appareiller des pierres,* les tailler en vue de leur pose. **II.** v. intr. MAR Quitter le mouillage. *La flotte a appareillé.* – De *appareil.*

2. appareiller [apaʀeje] v. tr. **[1] 1.** Mettre ensemble, réunir des choses pareilles, assortir. *Appareiller des assiettes.* **2.** Accoupler pour la reproduction. – De *a-2,* et *pareil.*

appareilleur, euse [apaʀɛjœʀ, øz] n. CONSTR Spécialiste de la pose des pierres de taille. – De *appareiller* 1.

apparemment [apaʀamɑ̃] adv. Selon les apparences, vraisemblablement. Ant. effectivement. – De *apparent.*

apparence [apaʀɑ̃s] n. f. **1.** Aspect extérieur d'une chose ou d'une personne; façon dont elle se présente à notre vue. *L'immeuble a belle apppparence.* Syn. air, aspect, mine, tournure. **2.** Ce qu'une chose semble être, par oppos. à ce qu'elle est réellement. *Cette table n'a qu'une apparence de solidité. Il ne faut pas se fier aux apparences.* Syn. façade, dehors. ▷ Loc. adv. *En apparence:* extérieurement, d'après ce que l'on voit. **3.** PHILO Phénomène, qui s'oppose au noumène. – Bas lat. *apparentia,* de *apparere.*

apparent, ente [apaʀɑ̃, ɑ̃t] adj. **1.** Qui est bien visible, qui apparaît clairement. *Un détail apparent.* **2.** Qui n'est pas tel qu'il paraît être. *La grandeur apparente du Soleil.* ▷ ASTRO *Hauteur apparente d'un astre:* angle que fait avec l'horizon le rayon visuel aboutissant à cet astre. – *Diamètre apparent d'un astre:* angle que font les rayons visuels aboutissant aux extrémités du diamètre de cet astre. – *Mouvement apparent:* mouvement que paraît avoir un corps lorsque l'observateur est lui-même en mouvement. *Mouvement apparent du Soleil.* ▷ PHYS *Poids apparent d'un corps dans un fluide:* différence entre le poids réel et la poussée d'Archimède. – Ppr. de *apparoir.*

apparentement [apaʀɑ̃tmɑ̃] n. m. **1.** Le fait de s'apparenter. **2.** POLIT Alliance électorale qui permet que les voix d'une liste soient reportées sur l'autre, dans les systèmes de représentation proportionnelle. – De *apparenter.*

apparenter [apaʀɑ̃te] **I.** v. tr. **[1]** Vx Rendre parent par alliance. **II.** v. pron. Mod. **1.** S'allier par un mariage. ▷ Fig. S'unir par communauté d'idées, d'intérêts. *Ces deux groupes politiques se sont apparentés.* **2.** Avoir des points communs, une ressemblance avec (choses). *Le style de cet auteur s'apparente à celui de Proust.* – De *a-2,* et *parent.*

appariement [apaʀimɑ̃] n. m. **1.** Vx Action d'apparier. **2.** BIOL Rapprochement des chromosomes homologues au cours de la méiose. – De *apparier.*

apparier [apaʀje] v. tr. **[1] 1.** Vx Assortir par paire. *Apparier des gants.* **2.** Accoupler un mâle et une femelle. *Apparier des pigeons.* ▷ v. pron. *S'apparier.* – A. fr. *apairier;* de *à,* et *pairier,* «accoupler».

apparition [apaʀisjɔ̃] n. f. **1.** Action d'apparaître. *Ne faire qu'une apparition:* ne rester qu'un instant. **2.** Manifestation visible d'un être surnaturel. *Apparitions de la Vierge à Lourdes.* – Lat. ecclés. *apparitio.*

apparoir [apaʀwaʀ] v. intr. (v. défectif, ne s'emploie plus qu'à la 3e pers. de l'indic. prés., rarement à l'inf.) *Il appert de:* il résulte de. *Il appert de cet acte.* – *Il appert que:* il est évident que. – Lat. *apparere,* «apparaître».

appartement [apaʀtəmɑ̃] n. m. **1.** Ensemble de pièces faisant partie d'un immeuble collectif, servant à l'habitation. *Louer un appartement.* **2.** Chacune des pièces d'un logement, d'un bâtiment. *Avoir trois appartements à peinturer, à laver.* «Alors, passez par ici, dit-elle, en ouvrant une porte qui donnait dans un petit appartement généralement nommé dans les campagnes, *bas côté.*» (Philippe Aubert de Gaspé, *L'influence d'un livre,* 1837.) Rem. Auj. moins usuel que *pièce.* – Ital. *appartamento,* de *appartare,* «séparer».

appartenance [apaʀtənɑ̃s] n. f. Fait d'appartenir. *Appartenance à la classe ouvrière.* ▷ MATH *Relation d'appartenance:* relation qui exprime que certains éléments appartiennent à un ensemble donné (symbole ∈). – De *appartenir.*

appartenir [apaʀtəniʀ] **1.** v. tr. ind. **[39]** Être la propriété de qqn en vertu d'un droit, d'une autorité. *Cette maison-là m'appartient. Je suis libre et n'appartiens à personne.* ▷ v. pron. Ne dépendre que de soi-même. *Depuis qu'elle a des enfants, elle ne s'appartient plus.* **2.** Être propre à. *La gaieté appartient à l'enfance.* ▷ Impers. *Il ne m'appartient pas de choisir.* **3.** Faire partie de (un corps, un groupe). *Appartenir à une administration.* – Bas lat. *adpertinere,* «être attenant».

appas [apɑ] n. m. pl. **1.** Ce qui séduit, charme. *Les appas de la gloire.* **2.** Vieilli Formes épanouies du corps féminin qui éveillent le désir. – V. appât.

appassionato [apasjɔnato] adv. MUS Avec passion. – Mot ital., «passionné».

appât [apɑ] n. m. **1.** Pâture employée pour attirer les animaux qu'on veut prendre. *Mettre l'appât à un piège.* Syn. Amorce. **2.** Ce qui attire, exerce une attraction sur qqn. *L'appât du gain.* – De l'a. fr. *past,* «nourriture».

appâter [apɑte] v. tr. [1] Attirer avec un appât. – Fig. Attirer (qqn) par des propositions alléchantes. *Il l'a appâté en lui promettant une très belle situation.* – De *appât.*

appauvrir [apovʀiʀ] **1.** v. tr. [2] Rendre pauvre. *Sa prodigalité l'a appauvri.* – Fig. *Appauvrir un terrain,* en diminuer la fertilité. **2.** v. pron. [2] et [11] Perdre de sa richesse, de sa valeur. – De *a-2,* et *pauvre.*

appauvrissement [apovʀismɑ̃] n. m. Action d'appauvrir; fait de s'appauvrir. *L'appauvrissement d'une région, d'une terre.* – De *appauvrir.*

appeau [apo] n. m. **1.** Instrument imitant le cri des oiseaux. **2.** Oiseau que l'on emploie pour appeler, attirer des oiseaux de même espèce. – Var. de *appel* en a. fr.

appel [apɛl] n. m. **1.** Action d'appeler par la voix, par un geste. *J'ai entendu votre appel.* **2.** Action d'appeler nommément quelqu'un pour s'assurer de sa présence. *Répondre à l'appel. Faire l'appel des élèves.* **3.** Action d'appeler au moyen d'un signal des hommes à s'assembler. *Battre, sonner l'appel.* **4.** Action de convoquer des militaires. *Appel des réservistes.* **5.** *Appel à:* invitation, incitation à. *Appel à la révolte.* **6.** Action de réclamer, d'invoquer. ▷ FIN *Appel de fonds:* demande de nouveaux fonds aux actionnaires ou autres. ADMIN *Appel d'offres:* procédure administrative mettant en concurrence divers fournisseurs avant conclusion d'un marché public. ▷ DR Voie de recours ordinaire par laquelle une personne qui n'a pas obtenu satisfaction devant un tribunal inférieur soumet le jugement à une juridiction supérieure pour en obtenir la réformation. *Faire appel d'un jugement.* **7.** TECH *Appel d'air:* courant d'air qui facilite la combustion d'un foyer. **8.** SPORT *Prendre son appel:* prendre son élan en appuyant sur le sol le pied qui va assurer la projection du corps. – De *appeler.*

appelant, ante [aplɑ̃, ɑ̃t] **1.** adj. et n. DR Qui fait appel d'un jugement. ▷ Subst. *L'appelant, l'appelante.* **2.** n. m. Oiseau servant d'appeau. – Ppr. de *appeler.*

appelé, ée [aple] **I.** adj. **1.** Nommé. *Simon appelé ensuite Pierre par Jésus.* **2.** *Appelé à:* dans l'obligation de, destiné à. *Il sera appelé à vendre sa maison. Il est appelé à une brillante carrière.* **II.** n. m. *«Il y a beaucoup d'appelés et peu d'élus»* (Évangiles): beaucoup sont appelés au service et à l'amour de Dieu, mais peu y parviennent. Mod. *Un poste où il y a beaucoup d'appelés et peu d'élus,* qui est très convoité mais difficilement accessible. – Pp. de *appeler.*

appeler [aple] **I.** v. tr. [22] **1.** Se servir de la voix pour faire venir (une personne, un animal). *Appeler quelqu'un. Appeler son chien. Appeler au secours.* **2.** Inviter (qqn) à venir, le demander. *Appeler le médecin, les pompiers.* – *Appeler qqn à une fonction, à un poste,* le désigner pour qu'il occupe cette fonction, ce poste. Syn. convoquer, mander, prier. **3.** Téléphoner à. *Je vous appellerai demain.* **4.** Rendre nécessaire, exiger (choses). *Le crime appelle la sévérité des lois.* Syn. nécessiter, impliquer, entraîner. **5.** Nommer, donner un nom à. *J'appellerai mon fils Jean. Ceux qu'on appelait les Justes. Appeler les choses par leur nom,* les nommer sans détour, sans circonlocutions. **II.** v. tr. ind. DR *Appeler d'un jugement:* s'adresser à une juridiction supérieure en vue d'obtenir la réformation de la décision d'un tribunal inférieur. ▷ *En appeler à. J'en appelle à votre générosité,* je l'invoque. **III.** v. pron. **1.** (Récipr.) *Des voix s'appelaient dans la nuit.* **2.** Avoir pour nom. *Comment t'appelles-tu?* – Lat. *appellare.*

appeleur [aplœʀ] n. m. TECH Appareil de téléphonie pouvant composer automatiquement des numéros préenregistrés. – De *appeler.*

appellatif, ive [apɛl(l)atif, iv] adj. GRAM *Nom appellatif,* qui convient à toute une espèce. – Lat. gram. *appellativas.*

appellation [apɛl(l)ɑsjɔ̃] n. f. Action, façon d'appeler une chose. *Appellation injurieuse.* ▷ COMM *Appellation d'origine:* nom donné à un produit en fonction de sa provenance. *Appellation contrôlée.* – Lat. *appellatio.*

appendice [apɛ̃dis] n. m. **1.** Partie qui est le prolongement d'une autre. Syn. extrémité. ▷ ANAT *Appendice caudal:* queue. *Appendice vermiculaire* ou *appendice:* diverticule de la portion terminale du cæcum. **2.** Supplément à un ouvrage, comportant des pièces justificatives, des notes. – Lat. *appendix, appendicis.*

appendicectomie [apɛ̃disɛktɔmi] n. f. CHIR Ablation de l'appendice vermiculaire du cæcum. – De *appendice,* et *-ectomie.*

appendicite [apɛ̃disit] n. f. MED Inflammation aiguë ou chronique de l'appendice. *Crise d'appendicite.* – De *appendice,* et *-ite* 1.

appendiculaire [apɛ̃dikylɛʀ] **1.** adj. Qui constitue un appendice, qui s'y rapporte. *Prolongement appendiculaire.* **2.** n. m. pl. ZOOL Classe de tuniciers pélagiques qui possèdent un très long appendice caudal. – De *appendice.*

appendre [apɑ̃dʀ] v. tr. [75] Vieilli Suspendre. *Appendre des ex-voto.* – Lat. *appendere.*

appentis [apɑ̃ti] n. m. ARCHI **1.** Toit d'un seul versant, appuyé contre un mur du côté supérieur et supporté par des piliers. **2.** Petite construction s'appuyant contre un bâtiment. – A. fr. *apent,* pp. de *appendre.*

appert (il). V. apparoir.

appesantir [apəzɑ̃tiʀ] **I.** v. tr. [23] **1.** Rare Rendre plus pesant. **2.** Rendre moins léger, moins actif. *L'âge appesantit sa démarche, son esprit.* Syn. alourdir. Ant. alléger. **II.** v. pron. *S'appesantir sur un sujet:* s'y attarder. – De *a-2,* et *pesant.*

appesantissement [apəzɑ̃tismɑ̃] n. m. État d'une personne rendue moins vive, moins active. – De *appesantir.*

appétence [apetɑ̃s] n. f. Litt. Inclination qui pousse quelqu'un à satisfaire un désir, un besoin (plus partic. alimentaire). Ant. inappétence. – Lat. *appetentia.*

appétissant, ante [apetisɑ̃, ɑ̃t] adj. **1.** Qui excite l'appétit. *Gâteau appétissant.* **2.** Fig., fam. Qui éveille le désir, séduit. *Femme appétissante.* – De *appétit.*

appétit [apeti] n. m. **1.** Besoin, plaisir de manger. *Manger de bon appétit. Avoir un gros appétit.* – Loc. fig. *L'appétit vient en mangeant:* plus on a de biens, plus on en désire. ▷ Plur. Inclination qui a pour objet la satisfaction d'un besoin organique. *Appétits sexuels.* Syn. besoin, désir. **2.** *Par ext.* Désir impérieux de qqch. *Appétit d'honneurs.* – Lat. *appetitus,* «désir».

applaudimètre [aplodimɛtʀ] n. m. Fam. Appareil (souvent fictif) qui mesure le succès d'un spectacle à l'intensité des applaudissements. – De *applaudir,* et *-mètre.*

applaudir [aplodiʀ] **1.** v. intr. [2] Battre des mains en signe d'approbation. ▷ v. tr. *Applaudir une pièce, un acteur.* **2.** v. tr. ind. *Applaudir à:* approuver avec enthousiasme et sans réserve. *Applaudir à une proposition.* **3.** v. pron. Se féliciter de. *Il s'applaudit de la décision qu'il a prise.* – Lat. *applaudere.*

applaudissement [aplodismɑ̃] **1.** Battement répété des mains l'une contre l'autre en signe d'enthousiasme. *Une tempête d'applaudissements.* **2.** Fig. Vive approbation de qqch. – De *applaudir.*

applicabilité [aplikabilite] n. f. Faculté d'application, en ce qui concerne la loi. – De *applicable.*

applicable [aplikabl] adj. Qui doit ou qui peut être appliqué. *La loi est applicable à tous.* – De *appliquer.*

applicateur [aplikatœʀ] n. m. TECH Instrument qui permet d'appliquer un produit sur une surface. – De *appliquer.*

application [aplikasjõ] n. f. **1.** Action d'appliquer une chose sur une autre. *L'application d'un papier sur un mur. Applications de dentelle sur un fond.* **2.** Fig. Emploi de qqch à une destination particulière. *Application d'une somme d'argent à une dépense.* **3.** Mise en pratique. *Application d'un principe. Mettre une théorie en application.* **4.** Attention soutenue à l'étude. *Mettre toute son application à faire un travail.* Syn. attention, zèle. **5.** MATH Correspondance qui à chaque élément d'un ensemble associe un élément, et un seul, d'un autre ensemble. *Une application bijective est une bijection.* Syn. fonction. – De *appliquer,* d'après le lat. *applicatio,* «action d'appliquer son esprit».

applique [aplik] n. f. Pièce, accessoire que l'on ajoute à un objet, généralement pour l'orner. *Des appliques de dentelles.* ▷ *Applique murale:* appareil d'éclairage qui se fixe au mur. – Déverbal de *appliquer.*

appliqué, e [aplike] adj. **1.** Qui est studieux, attentif. *Élève appliqué.* **2.** *Sciences appliquées,* qui recherchent les applications techniques possibles des découvertes scientifiques. – Pp. de *appliquer.*

appliquer [aplike] **I.** v. tr. [1] **1.** Mettre une chose au contact d'une autre, de façon qu'elle la recouvre, y adhère ou y laisse son empreinte. *Appliquer une compresse sur une plaie. Appliquer des couleurs sur une toile. Appliquer un cachet sur la cire.* **2.** Fig. Faire servir une chose à tel usage. *Appliquer son esprit à une chose:* y apporter une extrême attention. **3.** Réaliser, mettre en pratique. *Appliquer une théorie, un conseil.* – *Appliquer une loi:* la faire exécuter. **II.** v. pron. **1.** Se placer, se poser sur. *Une crème qui s'applique sur le visage.* **2.** Fig. S'adapter à, être applicable. *La règle s'applique à tous.* **3.** Mettre tout son soin à faire qqch. *Il écrit en s'appliquant.* – Lat. *applicare.*

appoggiature [apo(d)ʒjatyʀ] n. f. MUS Note d'agrément qui précède et sert à attaquer une des notes réelles de la mélodie ou de l'accord. – Ital. *appoggiatura,* de *appoggiare,* «appuyer».

appoint [apwɛ̃] n. m. **1.** Complément exact en menue monnaie d'une somme que l'on doit. *Faire l'appoint.* ▷ COMM Toute somme qui fait le solde d'un compte. **2.** Fig. Ce qui s'ajoute à une chose pour la compléter. *Un salaire d'appoint,* qui s'ajoute à un salaire principal. – *Par ext.* Secours, appui. *Votre recommandation a été un appoint important.* – Déverbal de *appointer* 1.

appointements [apwɛ̃tmɑ̃] n. m. pl. Salaire (plus particulièrement d'un employé) attaché à une place, à un emploi. Syn. salaire, traitement. – De *appointer* 1.

1. appointer [apwɛ̃te] v. tr. [1] Rétribuer. *Appointer un contremaître.* – De *a-*2, et *point.*

2. appointer [apwɛ̃te] v. tr. [1] **1.** Tailler en pointe. **2.** Réunir, à l'aide de pointes, deux pièces de cuir, d'étoffe. – De *a-*2, et *pointe.*

appontage [apõtaʒ] n. m. MILIT Action d'apponter. – De *apponter.*

appontement [apõtmɑ̃] n. m. Construction flottante ou sur pilotis qui permet l'accostage des bateaux. – De *a-*2, et *pont.*

apponter [apõte] v. intr. [1] MILIT Se poser sur la plate-forme d'un porte-aéronefs (en parlant d'un avion, d'un hélicoptère). – De *a-*2, et *pont.*

apponteur [apõtœʀ] n. m. MILIT Officier qui dirige les manœuvres d'appontage. – De *apponter.*

apport [apɔʀ] n. m. **1.** Action d'apporter. *Apport d'engrais à un sol.* **2.** DR Biens apportés dans la communauté par les époux. **3.** COMM Capital que les associés mettent en commun lors de la création d'une société ou au cours de son existence. *Apport en espèces. Apport en nature.* **4.** Fig. Contribution, appui. *L'apport de la science à la technique.* – Déverbal de *apporter.*

apporter [apɔʀte] v. tr. [1] **I. 1.** Porter (qqch) à (une personne), là où elle est. *Apportez-moi ce livre.* ▷ Porter soi-même en venant dans un lieu. *Apporter ses outils.* **2.** Fournir pour sa part. *Apporter des capitaux.* **II.** Fig. **1.** *Apporter de bonnes, de mauvaises nouvelles à qqn,* les lui apprendre, l'en informer. **2.** Donner, procurer. *Apporter des conseils. Apporter la consolation.* **3.** Employer, mettre. *Apporter tous ses soins à une affaire,* s'y employer avec application. **4.** Causer, produire (choses). *L'électricité a apporté de grands changements.* – Lat. *apportare.*

apporteur, euse [apɔʀtœʀ, øz] n. COMM Personne qui fournit une part du capital dans une société par actions. – De *apporter.*

apposer [apoze] v. tr. [1] **1.** Appliquer, mettre (qqch) sur. *Apposer un avis sur un panneau d'affichage. Apposer sa signature:* signer. ▷ DR *Apposer les scellés, le scellé:* appliquer un sceau sur une chose pour en interdire l'usage. **2.** DR *Apposer une condition, une clause, à un contrat,* l'insérer dans le contrat. – De *à,* et *poser.*

apposition [apozisjõ] n. f. **1.** Action d'apposer. *Apposition d'une affiche. Apposition des scellés.* **2.** GRAM Mot ou groupe de mots qui, placé à côté d'un nom ou d'un pronom, lui donne une qualification sans l'intermédiaire d'un verbe (par ex.: *Ottawa, capitale du Canada. Lié par ses serments, il ne pouvait obéir).* – Lat. *appositio.*

appréciable [apʀesjabl] adj. **1.** Qui peut être apprécié, dont on peut donner une estimation. *Un préjudice appréciable.* – Par ext. *Revenus appréciables,* importants. **2.** Digne d'estime. *Qualité appréciable.* – De *apprécier.*

appréciateur, trice [apʀesjatœʀ, tʀis] n. Celui, celle qui apprécie. *Un juste appréciateur du mérite.* – De *apprécier.*

appréciatif, ive [apʀesjatif, iv] adj. Qui marque l'appréciation (au sens 1). *État appréciatif des biens.* Syn. estimatif. – De *apprécier.*

appréciation [apʀesjɑsjõ] n. f. **1.** Estimation, évaluation. *Appréciation d'un immeuble.* **2.** Cas que l'on fait d'une chose. *La juste appréciation d'un fait.* **3.** FIN Accroissement de la valeur d'un bien qui ne peut être attribué à des transformations, mais à des facteurs externes tels la hausse des prix. – De *apprécier.*

apprécier [apʀesje] **I.** v. tr. [1] **1.** Estimer, évaluer le prix d'une chose, en fixer la valeur. *Le juge a apprécié le montant de l'indemnité.* **2.** Évaluer approximativement une grandeur. *Apprécier une distance.* **3.** Priser, avoir de l'estime pour. *Apprécier qqn.* **II.** v. pron. (récipr.) S'aimer, faire cas l'un de l'autre. *Ils s'apprécient beaucoup.* Syn. estimer. – Lat. ecclés. *appretiare,* «évaluer», de *ad,* et *pretium,* «prix».

appréhender [apʀeɑ̃de] v. tr. [1] **1.** Prendre, arrêter. *Appréhender un criminel.* **2.** Vx ou litt. Saisir par l'esprit. **3.** Craindre par avance, redouter. *J'appréhende sa colère.* – Lat. *apprehendere,* «saisir, concevoir».

appréhension [apʀeɑ̃sjõ] n. f. **1.** Crainte, anxiété vague. *Avoir des appréhensions.* Syn. anxiété, inquiétude. **2.** Vx ou litt. Action de saisir par l'esprit. ▷ PHILO

Mod. Opération intellectuelle simple et immédiate qui s'applique à un objet. – Lat. *apprehensio.*

apprenant, ante [apʀənɑ̃, ɑ̃t] n. PEDAG Personne en situation d'apprentissage. – Ppr. de *apprendre.*

apprendre [apʀɑ̃dʀ] v. tr. [74] **I. 1.** Acquérir des connaissances sur, étudier. *Apprendre l'histoire.* ▷ (S. comp.) S'instruire. *La volonté d'apprendre.* **2.** Se mettre dans la mémoire. *Apprendre une leçon. Apprendre par cœur.* **3.** *Apprendre à* (+ inf.) Acquérir les connaissances nécessaires pour. *Apprendre à lire.* **4.** Être informé de. *J'apprends votre arrivée.* **II.** Donner à (qqn) la connaissance de (qqch). **1.** Enseigner, instruire. *Apprendre la grammaire à un élève.* **2.** *Apprendre à qqn à* (+ inf.) *J'apprends à conduire à ma femme.* **3.** Annoncer, faire savoir. *Je vous apprends une mauvaise nouvelle.* – Lat. pop. **apprendere,* lat. class. *apprehendere,* «comprendre».

apprenti, ie [apʀɑ̃ti] n. **1.** Personne qui apprend un métier. *Apprentie d'une couturière. Apprenti maçon.* **2.** Personne qui est malhabile (comme quelqu'un qui apprend un métier). *Ce livre est l'œuvre d'un apprenti.* **3.** *Apprenti sorcier* (par allus. à une ballade de Goethe): celui qui provoque des événements graves dont il n'est plus le maître. – Lat. pop. *apprendititum,* de *apprendere.*

apprentissage [apʀɑ̃tisaʒ] n. m. **1.** Acquisition d'une formation professionnelle. *Apprentissage en usine.* **2.** Litt. Première expérience. *L'apprentissage de la vie.* – De *apprenti.*

apprêt [apʀɛ] n. m. **1.** Vx Plur. Préparatifs. *Les apprêts d'un festin.* **2.** TECH Manière de préparer les étoffes, les peaux pour leur donner l'aspect marchand; la préparation elle-même. *Donner un apprêt à un tissu.* – *Papier d'apprêt:* papier qu'on applique sur un support avant de poser le revêtement définitif. – Matière utilisée à cet effet (colle, gomme, enduit). ▷ CONSTR Matériau dont on enduit un support avant de le peindre, pour obtenir un aspect mieux fini. *Passer une couche d'apprêt sur un mur.* **3.** Fig. Recherche, affectation du style, des manières. *Un style naturel et sans apprêt.* – Déverbal de *apprêter.*

apprêtage [apʀɛtaʒ] n. m. TECH Action de donner un apprêt, particulièrement aux étoffes. – De *apprêter.*

apprêté, e [apʀɛte] adj. Qui est peu naturel, maniéré. *Une coiffe trop apprêtée. Un style apprêté.* Syn. affecté. – Pp. de *apprêter,* sens I, 2.

apprêter [apʀɛte] **I.** v. tr. [1] **1.** Préparer, mettre en état. *Apprêter ses valises. Apprêter un mets,* l'accommoder. **2.** TECH Donner l'apprêt. *Apprêter un cuir, une étoffe.* **II.** v. pron. (réfl.) **1.** Se préparer à. *S'apprêter à partir.* **2.** Se parer, revêtir une toilette. *Cendrillon s'apprêtait pour le bal.* – Lat. pop. **apprestare,* rac. *praesto,* «à portée».

apprêteur, euse [apʀɛtœʀ, øz] n. TECH Personne qui prépare ou donne un apprêt, partic. aux étoffes. – De *apprêter.*

apprivoisable [apʀivwazabl] adj. Qui peut être apprivoisé. – De *apprivoiser.*

apprivoisement [apʀivwazmɑ̃] n. m. Action d'apprivoiser, son résultat. – De *apprivoiser.*

apprivoiser [apʀivwaze] **I.** v. tr. [1] **1.** Rendre (un animal) moins farouche, plus familier. *Apprivoiser un ours.* **2.** Fig. Rendre (qqn) plus sociable, plus doux. *Apprivoiser un enfant timide.* **II.** v. pron. Devenir moins farouche (animaux), plus sociable (personnes). – Lat. pop. *apprivitiare,* de *privatus,* «privé».

approbateur, trice [apʀɔbatœʀ, tʀis] adj. (et n.) Qui marque l'approbation. *Murmure approbateur.* – Lat. *approbator.*

approbatif, ive [apʀɔbatif, iv] adj. Qui exprime l'approbation. – Bas lat. *approbativus.*

approbation [apʀɔbasjɔ̃] n. f. **1.** Agrément, consentement que l'on donne. *Donner son approbation. Cette mesure a reçu l'approbation de l'administration.* **2.** Jugement favorable, marque d'estime. *Mériter l'approbation générale.* – Lat. *approbatio.*

approbativité [apʀɔbativite] n. f. PSYCHO Caractère pathologique de celui qui ressent toujours le besoin d'approuver ses interlocuteurs. – De *approbatif.*

approchable [apʀɔʃabl] adj. (le plus souvent dans une phrase à valeur négative). Dont on peut s'approcher. *Il est difficilement approchable.* – De *approcher.*

approchant, te [apʀɔʃɑ̃, ɑ̃t] adj. Qui se rapproche, qui est comparable. *N'avez-vous rien d'approchant?* – Ppr. de *approcher.*

approche [apʀɔʃ] n. f. **1.** Action de s'approcher; mouvement par lequel on se dirige vers qqn, qqch. *À notre approche, il prit la fuite.* ▷ AVIAT Dernière phase d'un vol avant l'atterrissage. **2.** Plur. Ce qui est à proximité d'un lieu; les parages. *Les approches d'une ville, d'une côte.* **3.** Arrivée, venue de qqch. *L'approche du soir. À l'approche de la vieillesse.* – Déverbal de *approcher.*

approché, ée [apʀɔʃe] adj. Approximatif ▷ MATH *Valeur approchée:* valeur calculée, proche de la valeur réelle. – Pp. de *approcher.*

approcher [apʀɔʃe] **I.** v. tr. dir. [1] **1.** Mettre près, avancer (qqch) auprès de (qqn ou qqch). *Approcher une table du mur. Approcher une chaise.* **2.** Venir près de qqn. *Ne m'approchez pas.* ▷ Fig. Avoir libre accès auprès de qqn. *Approcher des ministres.* **II.** v. tr. ind. et intr. **1.** Venir près de, s'avancer auprès de qqn, qqch. *Nous approchons de Drummondville.* ▷ (S. comp.) *Mes neveux, approchez !* **2.** Être près (de). *Approcher du but, de la perfection. L'hiver approche. La vieillesse approche.* **III.** v. pron. S'avancer, se mettre auprès de. *La voiture s'approcha de nous. La nuit s'approche.* Syn. avancer, venir. – Bas lat. *appropiare,* de *prope,* «près».

approfondi, ie [apʀɔfɔ̃di] adj. Minutieux. *L'examen approfondi de la question révéla des omissions.* – Pp. de *approfondir.*

approfondir [apʀɔfɔ̃diʀ] v. tr. [2] **1.** Rendre plus profond, creuser plus avant. *Approfondir un trou.* ▷ v. pron. *La faille s'approfondit.* **2.** Fig. Pénétrer plus avant dans la connaissance de qqch. *Approfondir la grammaire.* – De *a-2,* et *profond.*

approfondissement [apʀɔfɔ̃dismɑ̃] n. m. Action d'approfondir; fait de devenir plus profond. *L'approfondissement d'une crevasse.* ▷ Fig. *Approfondissement d'un sujet.* – De *approfondir.*

appropriation [apʀɔpʀijasjɔ̃] n. f. **1.** Action d'approprier, de rendre propre à une utilisation. *L'appropriation d'une terre à la culture de la vigne.* **2.** Action de s'attribuer qqch, d'en devenir propriétaire. *L'appropriation d'une maison.* – De *approprier.*

approprié, ée [apʀɔpʀije] adj. Qui convient. *Je ne trouve pas les mots appropriés.* Syn. adéquat, convenable. Ant. impropre. – Pp. de *approprier.*

approprier [apʀɔpʀije] **I.** v. tr. 1 [1] Rendre propre à une destination, conformer. *Approprier les lois aux mœurs.* **II.** v. pron. **1.** Se conformer à. *Un air qui s'approprie aux circonstances.* **2.** S'emparer de, s'attribuer. *S'approprier les biens, les idées d'autrui.* – Bas lat. *appropriare.*

approuvable [apʀuvabl] adj. Qui peut être approuvé. – De *approuver.*

approuver [apʀuve] v. tr. [1] **1.** Donner son consentement à (qqch). *Approuver un mariage. Le conseil des ministres a approuvé un accord international.* **2.** Juger louable, digne d'estime. *J'approuve sa décision.* Syn. admettre, agréer. – Lat. *approbare.*

approvisionnement [apʀɔvizjɔnmɑ̃] n. m. **1.** Action d'approvisionner. *L'approvisionnement d'une ville en eau.* **2.** Ensemble des fournitures, des provisions réunies. *Un approvisionnement de blé.* – De *approvisionner.*

approvisionner [apʀɔvizjɔne] **I.** v. tr. **[1]** Fournir selon les besoins. – *Spécial.* Fournir en provisions alimentaires. *Approvisionner un magasin d'alimentation.* ▷ *Approvisionner un compte bancaire,* le nantir d'une provision, y verser de l'argent. **II.** v. pron. Se fournir en provisions. *Je m'approvisionne au marché.* – De *à,* et *provision.*

approvisionneur, euse [apʀɔvizjɔnœʀ, øz] n. Celui, celle qui approvisionne. – De *approvisionner.*

approximatif, ive [apʀɔksimatif, iv] adj. **1.** Déterminé, fixé par approximation. *Chiffre approximatif.* **2.** Peu rigoureux, qui manque de précision. *Caractère approximatif d'un raisonnement.* – De *approximation.*

approximation [apʀɔksimasjɔ̃] n. f. Estimation, évaluation peu rigoureuse. *Dites-moi par approximation ce que vaut ceci. En première approximation.* Ant. exactitude, précision. ▷ MATH *Calcul par approximations successives:* méthode consistant à partir d'une première valeur approchée pour en calculer une seconde plus exacte et ainsi de suite. – Du bas lat. *approximare,* «approcher», de *proximus,* «très proche».

approximativement [apʀɔksimativmɑ̃] adv. D'une manière approximative. – De *approximatif.*

appui [apɥi] n. m. Ce qui sert de soutien, de support. **1.** Soutien, support qui empêche de tomber. *Mettre des appuis à un mur. Appui d'une fenêtre, barre d'appui:* partie sur laquelle on peut s'accouder. **2.** Fig. Assistance matérielle, aide. *Comptez sur mon appui.* – Personne qui aide, défenseur. *Il me sert d'appui.* ▷ MILIT *Appui aérien:* ensemble des aides apportées par l'aviation aux forces de surface. **3.** Loc. prép. *À l'appui de:* pour appuyer (une déclaration, une affirmation). *Donner des arguments à l'appui d'une thèse.* – De *appuyer.*

appui-bras ou **appuie-bras** [apɥibʀa] n. m. Support dans une voiture permettant d'appuyer les bras. *Des appuis-bras* ou *appuie-bras.* – De *appui* ou *appuyer,* et *bras.*

appui-livres ou **appuie-livres** [apɥilivʀ] n. m. Syn. de serre-livres. *Des appuis-livres* ou *appuie-livres.* – De *appui* ou *appuyer,* et *livre.*

appui-nuque ou **appuie-nuque** [apɥinyk] n. m. Partie supérieure d'un siège pour reposer la nuque. *Des appuis-nuque* ou *appuie-nuque.* – De *appui* ou *appuyer,* et *nuque.*

appui-tête ou **appuie-tête** [apɥitɛt] n. m. **1.** Dispositif réglable qui sert à maintenir la tête. *Siège muni d'un appui-tête.* **2.** Pièce d'étoffe qui sert de protection à un fauteuil à l'endroit où l'on pose sa tête. *Des appuis-tête* ou *appuie-tête.* – De *appui* ou *appuyer,* et *tête.*

appuyé, ée [apɥije] adj. Qui insiste. *Regard appuyé. Plaisanterie appuyée,* lourde, sans discrétion. – Pp. de *appuyer.*

appuyer [apɥije] **I.** v. tr. **[25] 1.** Soutenir (qqch) par un appui. *Appuyer une muraille par des piliers. Appuyer une échelle contre un mur, à un mur.* **2.** Fig. *Appuyer sur, par, de...,* fonder, rendre plus solide par... *Il appuie son raisonnement sur des preuves. Il appuie son sentiment par de bonnes raisons.* **3.** Aider, soutenir (qqn, qqch). *Appuyer une demande.* **II.** v. tr. ind. **1.** Exercer une pression sur. *Appuyer sur l'accélérateur.* **2.** *Appuyer sur une phrase, sur une syllabe,* l'accentuer fortement de manière à la mettre en valeur. **3.** Fig. Insister avec force sur. *Appuyer sur un argument.* Prov. *Glissez, mortels, n'appuyez pas.* **4.** *Appuyer sur la droite, sur la gauche:* se porter sur la droite, sur la gauche. **III.** v. pron. *S'appuyer sur.* **1.** Se servir comme d'un appui de, s'aider de. *S'appuyer sur une canne.* **2.** Fig. Se servir de qqn, de qqch comme d'un soutien. *Sur quoi voulez-vous qu'il s'appuie? Je m'appuie sur des réalités. S'appuyer sur une argumentation,* se fonder sur elle. – Lat. pop. *appodiare,* de *podium,* «support».

apraxie [apʀaksi] n. f. MED Perte de la mémoire des gestes. – De *a-*1, et gr. *praxis,* «action».

âpre [apʀ] adj. **1.** Qui produit une sensation désagréable par sa rudesse. *Un froid âpre. Une voix âpre.* ▷ Spécial. *Le goût âpre d'un fruit,* qui râpe la gorge. **2.** Rude, violent. *Une discussion âpre.* – Lat. *asper, asprum.*

âprement [apʀəmɑ̃] adv. Avec âpreté, violemment. *La bataille se poursuivait âprement.* – De *âpre.*

après [apʀɛ] **I.** Prép. marquant: **1.** La postériorité dans le temps. *Après le coucher du soleil. Ils sont partis les uns après les autres. Ceux qui viendront après nous.* – *Après quoi:* ensuite, après cela. *Écoute ton frère, après quoi tu parleras.* ▷ Loc. adv. *Après coup:* une fois la chose faite. *J'ai pensé après coup que j'avais eu tort.* ▷ Loc. adv.: *Après tout:* tout bien considéré. *Après tout, fais ce que tu veux.* ▷ Loc. conj. *Après que* (+ indic.) *Après qu'il a parlé, tout le monde se tait.* (N.B. L'emploi du subjonctif est critiqué.) ▷ Après (+ inf. passé.) *Après avoir bien ri.* **2.** La postériorité dans l'espace. *La chambre est après l'entrée. Traîner après soi:* avoir derrière soi, à sa traîne. *Elle traîne après elle une foule d'adorateurs.* **3.** Une succession dans un rang, dans un ordre. *Le premier après le roi. Le seul maître à bord après Dieu. Après vous:* formule de politesse. **4.** L'aspiration, la tendance vers ou contre qqn, qqch. *Être après qqn* (fam.), le suivre constamment, le harceler. *Il est sans arrêt après son fils* (fam.). *Crier après qqn* (fam.), le réprimander. *Soupirer après qqch,* le désirer vivement. *Languir après qqch,* l'attendre impatiemment. *Attendre après qqch,* en avoir besoin. *Je n'attends pas après cette somme. Courir après une chose,* la rechercher avec ardeur. *Courir après la fortune.* **5.** Fam. *Être après* (+ inf.) *Être après travailler,* en train de travailler. **6.** Loc. prép. *D'après:* selon, suivant. *Un portrait d'après nature. D'après les anciens auteurs.* **II.** Adv. marquant: **1.** Un rapport de temps. *Trois ans après. Bien après.* – *Après?* (pour interroger). *Après, qu'arriva-t-il?* **2.** Un rapport d'espace, de rang, d'ordre. *Il le plaça en premier et me mit immédiatement après.* ▷ Loc. adv. *Ci-après.* Plus loin, plus bas. *On verra ci-après la preuve de ce que j'avance.* Ant. avant. – Bas lat. *ad pressum,* de *pressus,* «serré».

après-demain [apʀɛdmɛ̃] adv. Dans deux jours, ou le second jour après aujourd'hui. *Nous avons rendez-vous après-demain.* – De *après,* et *demain.*

après-guerre [apʀɛgɛʀ] n. m. Période qui suit une guerre. *Des après-guerres.* – De *après,* et *guerre.*

après-midi [apʀɛmidi] n. m. inv. Période de temps comprise entre midi et le soir. – De *après,* et *midi.*

après-rasage [apʀɛʀazaʒ] adj. Se dit d'un produit cosmétique (lotion, crème) destiné à adoucir la peau après le rasage. ▷ N. m. *Des après-rasages.* – De *après,* et *rasage.*

après-ski [apʀɛski] n. m. inv. Chaussure de repos à tige montante, que l'on met aux sports d'hiver quand on ne skie pas. *Des après-ski.* – De *après,* et *ski.*

après-vente [apʀɛvɑ̃t] adj. inv. et n. m. inv. Ensemble des services et prestations assurés à un client après l'achat d'une machine ou d'un appareil (dépannage, entretien, etc.). – De *après,* et *vente.*

âpreté [apʀəte] n. f. Caractère de ce qui est âpre. **1.** Litt. *Âpreté d'un fruit:* goût âpre, râpeux d'un fruit.

2. Brutalité, violence. *Apreté des mœurs. Discuter avec âpreté.* – Lat. *asperitas.*

a priori [apʀijɔʀi] loc. adv. **1.** LOG, PHILO D'après des principes antérieurs à l'expérience. *Connaître a priori.* ▷ Loc. adj. inv. *Un raisonnement a priori.* ▷ n. m. inv. *Vous avez des a priori.* **2.** Cour. À première vue. *A priori je ne peux rien décider.* – Loc. lat. «en partant de ce qui est avant».

apriorisme [apʀijɔʀism] n. m. Méthode de raisonnement a priori. – De *a priori.*

aprioriste [apʀijɔʀist] adj. et n. Qui se fonde sur des a priori. *Des idées aprioristes.* – Du préc.

à-propos [apʀɔpo] n. m. V. propos.

apside [apsid] n. f. ASTRO Chacun des deux points situés aux extrémités du grand axe de l'orbite d'une planète. *Apside supérieure,* ou *aphélie:* le point le plus éloigné du Soleil. *Apside inférieure,* ou *périhélie:* le point le plus proche du Soleil. *Ligne des apsides,* qui joint ces deux points. – Du gr. *hapsis,* «arc, voûte», par le lat.

apte [apt] adj. Propre à, qui réunit les conditions requises pour. *Apte à un emploi,* à remplir un emploi. – Lat. *aptus.*

aptère [aptɛʀ] adj. **1.** ZOOL Dépourvu d'ailes. ▷ Subst. pl. Ancien nom des anoploures. **2.** ARCHI *Temple aptère,* sans colonnades sur les faces latérales. **3.** SCULP *La Victoire aptère:* statue du temple athénien de la Victoire, exceptionnellement sans ailes (pour qu'elle ne s'envole pas). – Gr. *apteros.*

aptérygotes [apteʀigɔt] n. m. pl. ZOOL Sous-classe d'insectes (ex.: les collemboles, les thysanoures) tous dépourvus d'ailes. – Gr. *apterugos,* «sans ailes».

aptéryx [apteʀiks] n. m. ZOOL Oiseau ratite des forêts de Nouvelle-Zélande, de la taille d'une poule, au plumage brunâtre et aux ailes réduites à des moignons. Syn. kiwi. – De *a-1,* et gr. *pterux,* «aile».

aptitude [aptityd] n. f. **1.** Don naturel. *Des aptitudes pour le dessin.* **2.** Faculté, compétence acquise. *Aptitude professionnelle.* **3.** DR Capacité légale. *Aptitude à succéder.* – Bas lat. *aptitudo,* de *aptus,* «apte».

apurement [apyʀmɑ̃] n. m. Vérification définitive d'un compte. – De *apurer.*

apurer [apyʀe] v. tr. [1] Vérifier (un compte), s'assurer qu'il est en règle. – De *a-2,* et *pur.*

apyrétique [apiʀetik] adj. MED Sans accès de fièvre. – De *a-1,* et du gr. *pur, puros,* «feu».

aquaculture [akwakyltyʀ] n. f. Élevage des poissons de mer, des crustacés, etc. – Du lat. *aqua,* «eau», et *culture.*

aquafortiste [akwafɔʀtist] n. Artiste qui grave à l'eau-forte. – Ital. *acquafortista,* de *acquaforte,* «eau forte».

aquamanile [akwamanil] n. m. HIST Bassin, fontaine ou aiguière servant à se laver les mains, en usage jusqu'au Moyen Âge. – Lat. *aquaemanile,* de *aqua,* «eau», et *manus,* «main».

aquaplanage [akwaplanaʒ] n. m. Phénomène réduisant l'adhérence des roues d'un véhicule, lorsque celui-ci roule à grande vitesse sur un sol mouillé. – Du faux anglicisme *aqua-plan(n)ing.*

aquaplane [akwaplan] n. m. SPORT Planche remorquée par un canot automobile, sur laquelle *l'aquaplaniste* se tient debout en s'aidant d'une corde. – Le sport ainsi pratiqué. – Du lat. *aqua,* «eau», et *planer.*

aquarelle [akwaʀɛl] n. f. Peinture exécutée avec des couleurs délayées dans l'eau, sur une feuille de papier dont le grain demeure visible par transparence. – Ital. *acquarella,* de *acqua,* «eau».

aquarelliste [akwaʀelist] n. Peintre d'aquarelles. – De *aquarelle.*

aquariophile [akwaʀjɔfil] n. Personne qui s'adonne à l'élevage des poissons d'ornement en aquarium. – De *aquarium,* et *-phile.*

aquarium [akwaʀjɔm] n. m. Bassin à parois transparentes où l'on élève des animaux et des plantes aquatiques. – Muséum abritant dans des aquariums une collection d'animaux aquatiques. – Lat. *aquarium,* «réservoir».

aquastat [akwasta] n. m. TECH Appareil qui sert à maintenir constante la température d'un circuit d'eau. – Du lat. *aqua,* «eau», sur *thermostat.*

aquatinte [akwatɛ̃t] n. f. Gravure à l'eau-forte imitant le lavis, l'aquarelle. – Ital. *acquatinta,* «eau teinte».

aquatintiste [akwatɛ̃tist] n. Artiste qui grave à l'aquatinte. – Du préc.

aquatique [akwatik] adj. **1.** Qui vit dans l'eau ou au bord de l'eau. *Plantes aquatiques. Coléoptères aquatiques.* **2.** Plein d'eau, marécageux. – Lat. *aquaticus.*

aqueduc [akdyk] n. m. Canal destiné à conduire l'eau d'un lieu à un autre. *Aqueduc souterrain.* ▷ *Pont-aqueduc* ou *aqueduc,* portant une conduite d'eau. – Lat. *aquaeductus,* de *aqua,* «eau», et *ductus,* «conduite».

aqueux, euse [akø, øz] adj. **1.** Qui ressemble à de l'eau, qui est de la nature de l'eau. ▷ CHIM *Solution aqueuse,* dont le solvant est l'eau. **2.** Qui contient de l'eau. *Légumes, fruits aqueux.* – Lat. *aquosus,* de *aqua,* «eau».

à quia [akɥija] loc. adv. Vieilli *Mettre quelqu'un à quia,* le réduire à ne plus savoir que répondre. – De *à,* et lat. *quia,* «parce que», utilisé au Moyen Âge dans la dialectique scolastique.

aquiculture [akɥikyltyʀ] n. f. **1.** Ensemble des techniques d'élevage des êtres vivants aquatiques (animaux et végétaux). **2.** Culture dans laquelle une solution nutritive remplace la terre. – Du lat. *aqua,* «eau», et *culture.*

aquifère [akɥifɛʀ] adj. Qui porte, contient de l'eau. *Couche aquifère.* – Du lat. *aqua,* «eau», et *ferre,* «porter».

aquilin [akilɛ̃] adj. m. *Nez aquilin,* courbé en bec d'aigle. – Lat. *aquilinus,* de *aquila,* «aigle».

aquilon [akilɔ̃] n. m. POET Vent du nord, froid et violent. – Lat. *aquilo.*

Ar CHIM Symbole de l'*argon.*

ara [aʀa] n. m. ZOOL Grand psittacidé (perroquet) d'Amérique du Sud, remarquable par ses couleurs vives et sa longue queue. – Mot tupi.

arabe [aʀab] **1.** adj. D'Arabie; des peuples du pourtour méditerranéen, qui parlent l'arabe. *L'écriture arabe. L'art arabe.* – *Les pays arabes,* de civilisation arabe (par la langue, la religion: V. islam). – Subst. Habitant, personne originaire d'un pays arabe. *Un, une Arabe.* ▷ *Chiffres arabes* (opposé à chiffres *romains*): les chiffres de la numération usuelle (rapportés de l'Inde par les Arabes). ▷ *Cheval arabe:* cheval de petite taille, résistant et sobre, originaire de l'Arabie. **2.** n. m. *L'arabe:* langue sémitique du groupe méridional. *Arabe littéral, dialectal, maghrébin. Arabe classique, moderne.* – Lat. *arabus,* gr. *araps.*

ENCYCL Le lien linguistique unit fortement le peuple arabe (env. 150 millions d'individus), formé de populations anthropologiquement différentes, qui occupent une vaste zone, de l'Irak au Maroc, englobant quelques minorités non arabophones telles que Kurdes, Arméniens, Berbères. L'origine des Arabes, leur existence primitive, de même que l'étymologie de leur nom, restent obscures. C'est probablement du désert d'Arabie que venaient les Sémites installés en Basse-Mésopotamie, où ils s'étaient sédentarisés et assimilés à la civilisation akkadienne. En 854 av. J.-C., pour la première fois, nous les trouvons mêlés à l'histoire des pays du Croissant fertile, où ils se montrent traditionnellement antiassyriens et probabyloniens, mais leur infiltration dans le désert syro-mésopotamien est certainement beaucoup plus ancienne. Au IIe millénaire, des éléments restés nomades auraient effectué une importante migration de tribus vers l'intérieur de la péninsule arabique, où, au cours des siècles, se formèrent deux royaumes: sabéen au sud, nabatéen au nord. Mais l'ensemble de la péninsule restait inorganisé et les tribus se querellaient continuellement. Farouchement particulariste, même dans le domaine religieux, chaque groupe avait ses dieux et ses pierres sacrées (bétyles); cependant, bien avant Muhammad (Mahomet), émergeait la notion d'un dieu supérieur créateur: Allah. Muhammad, né à La Mecque en 570, commença la prédication de l'islam (soumission à Dieu) en 612; il dut émigrer à Yathrib, avec ses premiers adeptes, en 622 (début de l'ère hégirienne). Yathrib, au nord de La Mecque, prit alors le nom de «ville du Prophète» (Madina el Nabi: Médine), et devint la capitale de l'État théocratique que Muhammad organisa en rassemblant les tribus, qui se rallièrent toutes après la prise de La Mecque en 630. L'unification de la péninsule Arabique était dès lors réalisée. Les successeurs du Prophète la complétèrent et poursuivirent une expansion qui porta les limites du monde musulman en quelques décennies du Sind (nom anc. de l'Indus) à l'Espagne. Cette expansion réalisa un brassage des civilisations, véhicula vers l'Occident les connaissances scientifiques et techniques de l'Orient et donna un essor considérable aux échanges commerciaux.

arabesque [aʀabɛsk] n. f. **1.** Ornement formé de combinaisons capricieuses de fleurs, de fruits, de lignes, etc. **2.** Ligne sinueuse, irrégulière. **3.** CHOREGR Figure de danse classique dans laquelle le corps, incliné en avant, porte sur une seule jambe. – Ital. *arabesco.*

arabinose [aʀabinoz] n. m. CHIM Sucre non fermentescible du groupe des pentoses, extrait de la gomme arabique. – De *arabique,* et *-ose* 1.

arabique [aʀabik] adj. **1.** D'Arabie, qui vient d'Arabie. *Le désert arabique.* **2.** *Gomme arabique.* V. gomme. – Lat. *arabicus.*

arabisant, ante [aʀabizɑ̃, ɑ̃t] n. et adj. **1.** n. Spécialiste de la langue arabe. **2.** adj. *Politique arabisante,* qui arabise. – Ppr. de *arabiser.*

arabisation [aʀabizɑsjɔ̃] n. f. Le fait d'arabiser, et, *spécial.,* de restituer le caractère national arabe, dans les pays naguère colonisés. *L'arabisation de l'enseignement dans les pays du Moyen-Orient.* – De *arabiser.*

arabiser [aʀabize] v. tr. [1] Rendre arabe; faire adopter la langue, la religion, les mœurs arabes. *Les califes de Cordoue arabisèrent l'Andalousie.* – De *arabe.*

arabisme [aʀabism] n. m. Tournure propre à la langue arabe. – De *arabe.*

arable [aʀabl] adj. Qui peut être retourné par la charrue; cultivable. *Terre arable.* – Lat. *arabilis,* de *arare,* «labourer».

arabophone [aʀabofɔn] adj. et n. Qui parle l'arabe. – De *arabe,* et *-phone.*

arac. V. arack.

aracées [aʀase] n. f. pl. BOT Famille de monocotylédones herbacées ou ligneuses, croissant principalement dans les régions tropicales, et dont le genre *Arum* est le type. – Du lat. *arum,* «gouet».

arachide [aʀaʃid] n. f. **1.** Plante annuelle des pays chauds, originaire du Brésil (genre *Arachis,* fam. papilionacées), cultivée pour ses graines qui se développent sous terre. *L'arachide est une des principales cultures commerciales du tiers monde.* **2.** Fruit de cette plante, ayant la forme d'une gousse et contenant deux ou trois graines; ces graines que l'on consomme torréfiées. *Huile d'arachide. Beurre d'arachide(s). Des arachides salées.* – Gr. *arakhidna,* «gesse», par le lat.

arachnéen, éenne [aʀakneɛ̃, eɛn] adj. Dont la légèreté ou la transparence rappelle la toile d'araignée. *Dentelle arachnéenne.* – Du gr. *arakhnê,* «araignée».

arachnides [aʀaknid] n. m. pl. ZOOL Classe d'arthropodes (araignées, scorpions, etc.) possédant un céphalothorax (tête et thorax soudés), quatre paires de pattes et une paire de chélicères. – Du gr. *arakhnê,* «araignée», et *-ide.*

arachnoïde [aʀaknɔid] n. f. Membrane intermédiaire entre la pie-mère et la dure-mère, les trois formant les méninges. – Gr. *arakhnoeidês.*

arack, arak ou **arac** [aʀak] n. m. Liqueur alcoolique obtenue par distillation de mélasse de canne à sucre ou de divers fruits ou grains fermentés (riz, orge, dattes, etc.). – Ar. *araq.*

aragonaise [aʀagɔnɛz] n. f. Danse esp. originaire de l'Aragon. Syn. jota. – De *Aragon,* prov. d'Espagne.

aragonite [aʀagɔnit] n. f. MINER Variété cristalline de carbonate de calcium. – De *Aragon,* prov. d'Espagne où ce minéral fut découvert.

araignée [aʀeɲe] n. f. **1.** Arthropode qui tisse, au moyen de filières abdominales, des toiles, pièges à insectes. *Les araignées constituent l'ordre des aranéides, aux nombreuses espèces; elles appartiennent à la classe des arachnides.* ▷ Fig., fam. *Avoir une araignée au plafond:* avoir l'esprit tant soit peu dérangé, être un peu fou. ▷ TECH *Pattes d'araignée:* rainures en forme de croix ménagées à la surface des coussinets d'arbre de moteurs pour favoriser le graissage des parties frottantes. **2.** Crochet métallique à plusieurs pointes aiguës. *Repêcher un seau dans un puits au moyen d'une araignée.* **3.** Appareil qui retient les détritus à la partie supérieure d'une descente d'eaux pluviales. **4.** Muscle obturateur interne du bœuf, enveloppé par une membrane dont les fibres figurent une toile d'araignée. *Un bifteck dans l'araignée.* **5.** *Araignée de mer,* crabe (genre *Maia*) à la carapace épineuse, dont les pattes longues et fines rappellent celles de l'araignée. – Lat. *aranea.*

araire [aʀɛʀ] n. m. Charrue simple dépourvue d'avant-train. – Lat. *aratrum.*

arak. V. arack.

araldite [aʀaldit] n. f. Matière plastique, résine époxy utilisée comme isolant et comme colle. – Nom déposé.

araméen, éenne [aʀameɛ̃, eɛn] adj. Relatif aux Araméens. ▷ n. m. *L'araméen:* la langue araméenne. – De l'hébreu *Aram,* «Syrie».

aramon [aʀamɔ̃] n. m. Cépage noir très commun du Languedoc (sud de la France), à gros grains ovoïdes, produisant un vin de consommation courante. – De *Aramon,* ville du Gard.

aranéides [aʀaneid] n. m. pl. ZOOL Ordre d'arachnides comprenant toutes les araignées. – Du lat. *aranea,* «araignée», et *-ide.*

ENCYCL Les aranéides ont une paire de chélicères venimeuses qui servent à paralyser les proies; l'abdomen mou non segmenté, relié au céphalothorax par un fin pédicule, porte des filières qui permettent à l'animal soit de tisser une toile, soit de tapisser un terrier; la toile lui sert notam. de piège pour la chasse à l'affût. Il en existe 100 000 espèces dans le monde entier, réparties en deux sous-ordres: les mygalomorphes (mygales), et les aranéomorphes: pholques, tarentules, tégénaires, veuves noires (au venin dangereux, parfois mortel, pour l'homme), épeires.

arasement [aʀazmɑ̃] n. m. Action d'araser; son résultat. – De *araser.*

araser [aʀaze] v. tr. [1] **1.** CONSTR Mettre de niveau un mur, un terrain. **2.** TECH Mettre une pièce d'assemblage à ses dimensions en enlevant au ras du tracé le bois superflu. *Araser un tenon.* – De *a-2,* et *raser.*

aratoire [aʀatwaʀ] adj. Qui concerne le labourage, l'agriculture. *Instruments aratoires.* – Lat. *aratorius,* de *arare,* «labourer».

araucan, ane [aʀokɑ̃, an] adj. D'Araucanie. N. m. pl. *Les Araucans:* Amérindiens auj. regroupés dans des réserves situées entre le fleuve Bio-Bio et le canal de Chacao. (Autref. nomades, ils ne furent soumis qu'au XIXe s.) – De *Araucanie,* anc. nom de la région la plus méridionale du Chili.

araucaria [aʀokaʀja] n. m. BOT Conifère subtropical, remarquable par sa haute taille, son port caractéristique, les dimensions de ses cônes, et dont certaines espèces ornementales sont cultivées en France (Bretagne, Provence). – De *Araucanie,* région du Chili.

araucariales [aʀokaʀjal] et **araucariacées** [aʀokaʀjase] n. f. pl. Ordre et famille dont le genre *Araucaria* est le type. – Du préc.

arbalète [aʀbalɛt] n. f. **1.** Arme de trait, arc puissant monté sur un fût et bandé à l'aide d'un mécanisme (moufle, cric ou levier). *Tir à l'arbalète.* **2.** MAR Instrument, remplacé aujourd'hui par le sextant, dont on se servait pour mesurer la hauteur d'un astre au-dessus de l'horizon. – Bas lat. *arcuballista,* de *arcus,* «arc», et *ballista,* «balliste».

arbalétrier [aʀbaletʀije] n. m. **1.** Anc. Soldat armé de l'arbalète. **2.** CONSTR Chacune des deux poutres inclinées suivant la ligne de la plus grande pente d'un toit et soutenant les pannes et la couverture. *Les deux arbalétriers constituent avec l'entrait et le poinçon, auxquels ils sont assemblés, un système porteur triangulé, la ferme.* – De *arbalète.*

arbalétrière [aʀbaletʀijɛʀ] n. f. ARCHEOL Ouverture étroite, évasée vers l'intérieur, pratiquée dans une muraille, pour tirer à l'arbalète. – De *arbalète.*

arbitrage [aʀbitʀaʒ] n. m. **1.** Règlement d'un différend par un arbitre. *Soumettre un litige à l'arbitrage d'un tiers.* **2.** FIN Opération boursière de vente et d'achat simultanés, qui permet de réaliser un profit fondé sur la différence des cotes d'une même valeur sur des marchés différents, ou de valeurs différentes mais comparables, sur un même marché. **3.** SPORT Action d'arbitrer; façon d'arbitrer. *Un arbitrage contesté.* – De *arbitrer.*

arbitragiste [aʀbitʀaʒist] n. Boursier spécialiste de l'arbitrage. – De *arbitrage.*

arbitraire [aʀbitʀɛʀ] adj. **1.** Qui est laissé à la libre volonté de chacun, qui ne relève d'aucune règle. *Choix arbitraire.* **2.** Qui dépend uniquement de la volonté, du caprice d'un homme; despotique. *Pouvoir arbitraire.* ▷ n. m. Autorité que ne borne aucune règle. *L'arbitraire royal.* **3.** MATH *Quantité, fonction arbitraire,* dont on choisit sans règle précise la valeur numérique, la forme ou la nature. – Lat. *arbitrarius.*

arbitrairement [aʀbitʀɛʀmɑ̃] adv. D'une façon arbitraire. – De *arbitraire.*

arbitral, ale, aux [aʀbitʀal, o] adj. DR *Sentence arbitrale:* décision rendue par un arbitre. *Tribunal arbitral,* composé d'arbitres. – Lat. *arbitralis.*

1. arbitre [aʀbitʀ] n. **1.** Personne choisie d'un commun accord par les parties intéressées ou selon une procédure prévue dans la loi pour régler le différend qui les oppose. *Prendre pour arbitre...* ▷ *Tiers arbitre:* arbitre désigné en cas de désaccord entre les deux premiers. ▷ *Être l'arbitre des élégances:* avoir le goût particulièrement sûr en matière d'habillement, de mode. **2.** Maître souverain. *Vous êtes l'arbitre de mon sort.* **3.** SPORT Personne qui veille à la régularité d'une compétition sportive. *Arbitre d'un match de hockey, de tennis.* – Lat. *arbiter.*

2. arbitre [aʀbitʀ] n. m. Vx Volonté. – PHILO *Libre arbitre:* pouvoir qu'a la raison humaine de se déterminer librement. – Lat *arbitrium.*

arbitrer [aʀbitʀe] v. tr. [1] **1.** Régler en qualité d'arbitre. *Arbitrer un conflit du travail. Arbitrer un combat de boxe.* **2.** *Arbitrer des valeurs:* procéder à leur arbitrage en Bourse. – Lat. *arbitrari.*

arboré, ée [aʀbɔʀe] adj. Portant des arbres. *Savanes arborées.* – Pp. de *arborer.*

arborer [aʀbɔʀe] v. tr. [1] **1.** Vx Élever, planter droit (comme un arbre). *Arborer un mât.* ▷ Mod. *Arborer un drapeau (un pavillon, un étendard,* etc.), le hisser, le faire voir. – Fig. *Arborer l'étendard de la révolte.* **2.** Porter sur soi de manière ostentatoire. *Arborer une décoration, une toilette.* ▷ Fig. *Arborer certaines idées,* s'en déclarer fièrement partisan. – Ital. *arborare,* du lat. *arbor,* «arbre».

arborescence [aʀbɔʀɛsɑ̃s] n. f. État de ce qui est arborescent. ▷ MATH Arbre dont un des sommets est relié à tous les autres par un seul chemin. – Du lat. *arborescens.*

arborescent, ente [aʀbɔʀɛsɑ̃, ɑ̃t] adj. Dont la forme ou le port rappelle un arbre. *Fougères arborescentes. Structure arborescente.* – Lat. *arborescens.*

arboretum [aʀbɔʀetɔm] n. m. SYLVIC Lieu où l'on fait, dans un but scientifique, la culture et l'étude des arbres forestiers groupés selon un ordre systématique ou phytogéographique. – Du lat. *arboretum,* «lieu planté d'arbres».

arboricole [aʀbɔʀikɔl] adj. **1.** Qui vit dans les arbres. *L'écureuil, rongeur arboricole.* **2.** Qui a trait à l'arboriculture. *Travaux arboricoles.* – Du lat. *arbor,* «arbre», et *colere,* «habiter».

arboriculteur, trice [aʀbɔʀikyltœʀ, tʀis] n. Spécialiste de la culture des arbres. – De *arboriculture.*

arboriculture [aʀbɔʀikyltyʀ] n. f. Culture des arbres. *Arboriculture fruitière.* – Du lat. *arbor,* «arbre», et *culture.*

arborisation [aʀbɔʀizasjɔ̃] n. f. PHYS et MINER Cristallisation offrant l'apparence d'un arbre ou d'une plante ramifiée. *Arborisation du givre sur les vitres.* – Du lat. *arbor,* «arbre».

arbouse [aʀbuz] n. f. Fruit de l'arbousier, ressemblant à une grosse fraise, comestible, mais de saveur âcre. – Provenç. *arborisso,* du lat. *arbutum.*

arbousier [aʀbuzje] n. m. Genre (*Arbutus,* fam. éricacées) d'arbres du midi de la France à feuillage décoratif. – De *arbouse.*

arbre [aʀbʀ] n. m. **1.** Végétal ligneux de grande taille, dont la tige (*tronc*), simple à la base, ne se ramifie qu'à partir d'une certaine hauteur (6 ou 7 m au minimum). *«Un grand arbre plusieurs fois centenaire, dont les maîtresses branches s'étendaient presque horizontalement»* (Gautier). *Arbre à feuillage persistant,* portant des feuilles tout au long de l'année. *Arbre à feuilles caduques,* dont toutes les feuilles tombent à l'automne. ▷ *Arbre de Noël:* sapin garni de jouets et de bougies, au moment de Noël. – ▷ Prov. *Entre l'arbre et l'écorce il ne faut point mettre le doigt:* il ne faut pas s'immiscer en tiers dans un différend si l'on peut craindre pour soi-même des conséquences fâcheuses. **2.** TECH Axe entraîné par un moteur et transmettant le mouvement de rotation à un organe, à une machine. *Arbre de transmission.* **3.** ANAT *Arbre de vie:* la substance blanche du cervelet, ramifiée en arbre. ▷ CHIM anc. *Arbre de Diane, de Jupiter, de Saturne:* cristallisation arborescente de l'argent, de l'étain, du plomb. **4.** *Arbre généalogique:* figure en forme d'arbre dont les rameaux partant d'une souche commune représentent la filiation des membres d'une famille. **5.** MATH Graphe orienté, sans cycle et convexe. – Lat. *arbor.*

arbrisseau [aʀbʀiso] n. m. Petit arbre (moins de 6 ou 7 m) au tronc ramifié dès la base (V. arbuste). – Lat. pop. **arboriscellum,* de *arbor,* «arbre».

arbue. V. herbue.

arbuste [aʀbyst] n. m. Arbre ou arbrisseau de très petite taille (moins de 2,5 à 3 m). *La bruyère, les ajoncs sont des arbustes.* (N.B. *Arbuste* et *arbrisseau* sont employés l'un pour l'autre dans la langue usuelle.) – Du lat. *arbustum.*

arbustif, ive [aʀbystif, iv] adj. Qui se rapporte aux arbustes. *Savane arbustive,* constituée d'arbustes. – De *arbuste.*

arc [aʀk] n. m. **1.** Arme constituée d'une pièce longue et mince en matière élastique, courbée par une corde assujettie à ses deux extrémités et servant à lancer des flèches. *Bander un arc avant de décocher une flèche. Le tir à l'arc, sport olympique.* ▷ Fig. *Avoir plusieurs cordes à son arc,* des talents divers utiles dans toutes sortes de circonstances. **2.** Objet naturel ou façonné dont l'aspect évoque cette arme. ▷ ANAT Forme courbe que présentent certains organes, certains tissus. *Arc pleural.* ▷ ARCHI Courbure que présente une voûte. – *Arc de triomphe:* portique monumental consacrant le souvenir d'un personnage ou d'un événement glorieux. ▷ PHYS *Arc électrique:* étincelle jaillissant dans un gaz, entre deux électrodes entre lesquelles est appliquée une certaine différence de potentiel, lorsqu'on les sépare lentement après les avoir mises en contact. V. Encycl. **3.** GEOM Portion de courbe. *La corde d'un arc est la droite qui joint ses deux extrémités.* ▷ ASTRO *Arc diurne* (ou *nocturne*): portion de cercle qu'un astre parcourt au-dessus (ou au-dessous) de l'horizon. ▷ NAVIG *Arc de grand cercle:* le plus court chemin sur la sphère terrestre d'un point à un autre. Syn. orthodromie. ▷ TRIGO *Arc cosinus, arc sinus, arc tangente:* fonctions inverses, respectivement, des fonctions cosinus, sinus et tangente. (Ex.: si sin $\theta = X$, alors arc sin X vaut θ ou $\pi - \theta$.) – Lat. *arcus.*

ENCYCL *Arc électrique.* – Les lampes à arc sont utilisées pour obtenir de très fortes intensités lumineuses (projecteurs, phares, etc.). Les fours électriques à arc, aux températures très élevées, sont utilisés notam. pour fabriquer les aciers spéciaux.

arcade [aʀkad] n. f. **1.** ARCHI Ouverture en forme d'arc dans sa partie supérieure. *Percer une arcade dans un mur.* ▷ Par anal. *Des arcades de verdure.* **2.** ANAT Partie du corps en forme d'arc. *Arcade sourcilière. Arcade dentaire.* – Ital. *arcata, arcada,* de *arco,* «arc».

arcane [aʀkan] n. m. **1.** Opération mystérieuse des alchimistes. **2.** Plur. Secret, mystère. *Les arcanes de l'histoire, de la politique.* – Lat. *arcanum,* «secret».

arcanson [aʀkɑ̃sɔ̃] n. m. Résidu provenant de la distillation de l'essence de térébenthine. Syn. colophane. – Altér. d'*Arcachon,* nom d'une ville de France.

arcature [aʀkatyʀ] n. f. ARCHI Série de petites arcades, ouvertes ou aveugles, servant à consolider ou à décorer. – De l'ital. *arcata,* «arcade».

arc-boutant [aʀkbutɑ̃] n. m. ARCHI Maçonnerie en forme d'arc qui sert de soutien extérieur à un mur ou à une voûte. – De *arc,* et *boutant,* ppr. de *bouter.*

arc-bouter [aʀkbute] v. tr. [1] **1.** Soutenir, consolider au moyen d'un arc-boutant. *Arc-bouter une voûte.* **2.** v. pron. S'appuyer solidement (sur qqch, par ex. sur le sol) pour exercer un effort. *Les pêcheurs s'arc-boutèrent pour tirer le filet.* – Du préc.

arc-doubleau [aʀkdublo] ou **doubleau** [dublo] n. m. ARCHI Arc en saillie, placé sous une voûte pour la renforcer, la doubler. *Des arcs-doubleaux.* – De *arc,* et *doubleau.*

arceau [aʀso] n. m. **1.** ARCHI Courbure d'une voûte et, *par ext.,* toute ouverture en arc. **2.** Petit objet en forme d'arc. *Les arceaux du jeu de croquet.* ▷ MED Arc métallique servant à maintenir le drap à distance d'une partie du corps afin d'éviter tout frottement. – Lat. pop. **arcellus,* de *arcus,* «arc».

arc-en-ciel [aʀkɑ̃sjɛl] n. m. Demi-cercle qui se forme dans le ciel sur un écran de gouttes de pluie, situé à l'opposé du Soleil. *Les sept couleurs de l'arc-en-ciel sont le violet, l'indigo, le bleu, le vert, le jaune, l'orangé, le rouge, en allant de l'intérieur vers l'extérieur. Des arcs-en-ciel.* – De *arc, en,* et *ciel.*

archaïque [aʀkaik] adj. **1.** Ancien. *Expressions, techniques archaïques,* qui ne sont plus en usage. ▷ Suranné, démodé. *Des goûts archaïques.* Ant. moderne. **2.** BX-A Antérieur à l'âge classique. *Statues archaïques des îles grecques.* **3.** ETHNOL *Sociétés archaïques,* à base économique non industrielle. Syn. primitif. – Gr. *arkhaikos.*

archaïsant, ante [aʀkaizɑ̃, ɑ̃t] adj. Qui fait usage d'archaïsmes. *Auteur archaïsant.* – De *archaïque.*

archaïsme [aʀkaism] n. m. **1.** Mot, expression sortis de l'usage contemporain. Ant. néologisme. **2.** Imitation des auteurs ou des artistes anciens. – Gr. *arkhaismos,* de *arkhaios,* «ancien».

archal [aʀkal, aʀʃal] n. m. Vx *Fil d'archal:* fil de laiton. – Lat. *orichalcum,* gr. *oreikhalkos,* «laiton».

archange [aʀkɑ̃ʒ] n. m. Ange qui occupe une place prééminente dans la hiérarchie angélique. *Les archanges Gabriel, Michel et Raphaël.* – Lat. ecclés. *archangelus.*

1. arche [aʀʃ] n. f. ARCHI Voûte en arc soutenant le tablier d'un pont. – Lat. pop. **arca,* du lat. class., *arcus,* «arc».

2. arche [aʀʃ] n. f. HIST RELIG **1.** *Arche de Noé:* vaisseau construit par Noé sur l'ordre de Yahvé pour sauver du Déluge sa famille et les diverses espèces animales. **2.** *Arche d'alliance, arche sainte:* coffre de bois imputrescible dans lequel les Hébreux conservaient les tables de la Loi. – Lat. *arca,* «coffre».

archéen, éenne [aʀkeɛ̃, eɛn] adj. et n. m. GEOL Antérieur au Cambrien. (Absolument dépourvu de fossiles, l'Archéen comprend les plus anciennes roches connues, vieilles de 4,5 milliards d'années.) – Du gr. *arkhaios,* «ancien».

archégone [aʀkegɔn] n. m. BOT Organe produisant un gamète femelle, l'oosphère, chez les bryophytes et les cryptogames vasculaires. – Du gr. *arkhê,* «principe», et *gonos,* «semence».

archégoniates [aʀkegɔnjat] n. f. pl. BOT L'ensemble des plantes à archégones et des phanérogames (dont l'organe femelle résulte de l'évolution des archégones typiques). – Du préc.

archéo-. Préfixe, du gr. *arkhaio-,* de l'adj. *arkhaios,* «ancien».

archéologie [aʀkeɔlɔʒi] n. f. Science qui étudie les civilisations anciennes à partir de leurs vestiges matériels. – Gr. *arkhaiologia*, de *arkhaios*, «antique», et *logos*, «science».

ENCYCL C'est au XVIIIe s., avec la découverte de Pompéi, et surtout au XIXe, avec l'expédition d'Égypte et l'envoi des marbres du Parthénon en Angleterre, que s'est développée l'archéologie européenne. Les tâches multiples de l'archéologue consistent à déterminer et organiser le champ des fouilles (toujours soumises à une sévère réglementation), puis, au fur et à mesure des découvertes, à reconstituer l'histoire du site (en notant tous les détails de l'opération); enfin, à identifier et à dater les trouvailles (analyse chimique, méthode du carbone 14, spectrographie, etc.). La photographie aérienne permet de détecter la présence de vestiges indétectables autrement.

archéologique [aʀkeɔlɔʒik] adj. Qui a rapport à l'archéologie. – Du préc.

archéologue [aʀkeɔlɔg] n. Personne qui s'occupe d'archéologie. – De *archéologie*.

archéométrie [aʀkeometʀi] n. f. ARCHEOL Branche de l'archéologie qui utilise des méthodes de mesure: datation, analyse physique et chimique, traitements de données, etc. – De *archéo-*, et *métrie*.

archéoptéryx [aʀkeopteʀiks] n. m. PALEONT Le plus ancien genre d'oiseaux connu, de la taille d'un pigeon, trouvé dans le Jurassique de Bavière, seul représentant de la sous-classe des archéornithes. – De *archéo-*, et gr. *pterux*, «aile».

ENCYCL L'archéoptéryx conserve de nombreux caractères de ses ancêtres reptiliens (dents, longue queue, griffes aux membres antérieurs), mais il possède, comme les oiseaux, des plumes et des ailes.

archéornithes [aʀkeɔʀnit] n. m. pl. ZOOL Sous-classe d'oiseaux fossiles, aux caractères reptiliens, comprenant l'archéoptéryx. – Du gr. *arkhaios*, «antique», et *ornis, ornithos*, «oiseau».

archer [aʀʃe] n. m. **1.** HIST Soldat qui utilisait un arc comme arme de combat. ▷ Sous l'Ancien Régime en France, policier des villes. **2.** Mod. Tireur à l'arc. ▷ ICHTYOL *Archer* ou *archer-cracheur:* poisson perciforme (fam. toxotidés), lançant avec sa bouche des gouttes d'eau qui frappent les insectes et les font tomber à l'eau. – De *arc*.

archère. V. archière.

archet [aʀʃɛ] n. m. **1.** Baguette flexible (autref. en forme d'arc), entre les extrémités de laquelle sont tendus des crins, et qui sert à mettre en vibration les cordes de certains instruments de musique (instruments à cordes frottées: violon, violoncelle, rebec, etc.). *Tenir son archet bien droit.* – *Avoir un bon coup d'archet:* jouer avec une grande dextérité. **2.** TECH Arc dont on se sert dans certains métiers pour imprimer à une pièce, à l'axe d'un tour, un mouvement de rotation. **3.** ZOOL Appareil sonore des sauterelles. – De *arc*.

archétype [aʀketip] n. m. **1.** Type primitif ou idéal; modèle sur lequel on fait un ouvrage. ▷ PHILOL Manuscrit d'où dérivent d'autres textes. **2.** PHILO Selon Platon: modèle idéal, intelligible et éternel, de toute chose sensible, laquelle n'en est que le reflet. **3.** PSYCHAN Chez Jung, chacun des grands thèmes de l'inconscient collectif. – Lat. *archetypum*, gr. *arkhetupon*.

archevêché [aʀʃəveʃe] n. m. **1.** Archidiocèse. **2.** Ville où réside un archevêque; sa demeure. – De *archevêque*.

archevêque [aʀʃəvɛk] n. m. Prélat placé à la tête d'une circonscription ecclésiastique comprenant plusieurs diocèses. – Lat. ecclés. d'orig. gr., *archiepiscopus*.

archi-. Élément, du grec *arkhi*, servant **1.** À marquer la supériorité hiérarchique: *archicamérier, archichambellan, archichapelain, architrésorier*, etc. **2.** De superlatif familier: *archimillionnaire, archiconnu, archifacile*, etc.

archiconfrérie [aʀʃikõfʀeʀi] n. f. Groupe de confréries religieuses. – De *archi-*, et *confrérie*.

archidiaconat [aʀʃidjakɔna] n. m. Dignité d'archidiacre. – Bas lat. *archidiaconatus*.

archidiaconé [aʀʃidjakɔne] n. m. Territoire sous la juridiction d'un archidiacre. – Du préc.

archidiacre [aʀʃidjakʀ] n. m. RELIG CATHOL Dignitaire ecclésiastique ayant pouvoir de visiter les curés d'un diocèse. – Lat. ecclés. *archidiaconus*.

archidiocésain, aine [aʀʃidjɔsezɛ̃, ɛn] adj. Qui dépend d'un archevêché. – De *archidiocèse*.

archidiocèse [aʀʃidjɔsɛz] n. m. Circonscription ecclésiastique placée sous la responsabilité d'un archevêque. – De *archi-*, et *diocèse*.

archiduc, duchesse [aʀʃidyk, dyʃɛs] n. m. et f. Titre porté par les princes et princesses de la maison impériale d'Autriche. – De *archi-*, et *duc, duchesse*.

-archie, -arque. Éléments, du gr. *arkhein*, «commander».

archiépiscopal, ale, aux [aʀʃiepiskɔpal, o] adj. Qui appartient à l'archevêque. *Palais archiépiscopal.* – Lat. ecclés. *archiepiscopalis*.

archiépiscopat [aʀʃiepiskɔpa] n. m. Dignité, fonction d'archevêque. – Lat. ecclés. *archiepiscopatus*.

archière [aʀʃjɛʀ], ou **archère** [aʀʃɛʀ] n. f. Étroite ouverture verticale dans une muraille, par laquelle on tirait à l'arc. – De *arc*.

archimandrite [aʀʃimɑ̃dʀit] n. m. Supérieur d'un monastère grec orthodoxe. – Lat. d'orig. gr. *archimandrita*.

archine [aʀʃin] n. f. Ancienne mesure russe de longueur (0,71 m). – Russe *archin*.

archipel [aʀʃipɛl] n. m. Groupe d'îles. *L'archipel des Baléares, des Açores, de la Reine-Charlotte.* – Du gr. *pelagos*, «mer».

archipresbytéral, ale, aux [aʀʃipʀɛsbiteʀal, o] adj. Qui concerne l'archiprêtre. – Bas lat. *archipresbyteralis*.

archipresbytérat [aʀʃipʀɛsbiteʀa] n. m. Dignité d'archiprêtre. – Du préc.

archiprêtre [aʀʃipʀɛtʀ] n. m. Anc. Prêtre investi par l'évêque d'un droit de surveillance sur les autres prêtres. ▷ Mod. Titre honorifique, conférant au curé qui en est investi une certaine prééminence. – Lat. d'orig. gr., *archipresbyter*.

architecte [aʀʃitɛkt] n. Personne possédant un diplôme délivré ou validé par l'État, agréée par l'ordre des architectes, et apte à dresser les plans d'un édifice, établir le devis de sa construction et en diriger les travaux. – *Architecte industriel:* personne physique ou morale chargée de la conception, de la réalisation et de la mise en service d'une usine, d'un produit complexe, etc. ▷ Fig. *L'Architecte de l'Univers, le Grand Architecte:* Dieu. – Lat. *architectus*, gr. *arkhitektôn*, de *tektôn*, «ouvrier».

architectonique [aʀʃitɛktɔnik] adj. Qui a rapport aux procédés techniques de l'architecture. ▷ n. f. Ensemble des règles de la construction. – Lat. d'orig. gr. *architectonicus*.

architectural, ale, aux [aʀʃitɛktyʀal, o] adj. Qui se rapporte à l'architecture. *Décoration architecturale.* – De *architecture*.

architecture [aʀʃitɛktyʀ] n. f. **1.** Art de construire des édifices selon des proportions et des règles déterminées par leur caractère et leur destination. *Architecture religieuse, civile et militaire* (ouvrages de défense). *Architecture industrielle:* art de la construction des usines, des matériels industriels complexes, etc. *Architecture navale:* art de construire les vaisseaux. **2.** Disposition, ordonnance, style d'un bâtiment. *Un beau morceau d'architecture. Architecture baroque.* **3.** Fig. Structure harmonieuse. *L'architecture du corps humain.* – Lat. *architectura.*

architecturer [aʀʃitɛktyʀe] v. tr. [1] Donner une structure, une ordonnance régulière à. *Pièce de théâtre solidement architecturée.* – De *architecture.*

architeuthis [aʀʃitøtis] n. m. ZOOL Calmar gigantesque (18 m de long, tentacules allongés). – De *archi-*, et gr. *teuthis,* «calmar».

architrave [aʀʃitʀav] n. f. ARCHI Partie inférieure de l'entablement reposant directement sur les chapiteaux des colonnes. – Mot ital., «maîtresse poutre».

architravé, ée [aʀʃitʀave] adj. ARCHI *Corniche architravée,* qui repose directement sur une architrave. ▷ N. f. *Une architravée.* – De *architrave.*

archivage [aʀʃivaʒ] n. m. Action d'archiver. – De *archiver.*

archiver [aʀʃive] v. tr. [1] Classer dans les archives (une pièce, un écrit, un document). *Archiver des manuscrits.* – De *archives.*

archives [aʀʃiv] n. f. pl. **1.** Documents anciens concernant une famille, un groupe de personnes, une société, un lieu, un édifice, un État. **2.** Fondation, lieu qui conserve ces documents. *Les Archives publiques du Canada. Les Archives nationales du Québec.* – Bas lat. *archivum,* gr. *arkheion,* «ce qui est ancien».

archiviste [aʀʃivist] n. Personne qui est chargée de la conservation des archives. – De *archives.*

archivistique [aʀʃivistik] n. f. Science des archives. – De *archiviste,* et *-ique.*

archivolte [aʀʃivɔlt] n. f. ARCHI Bandeau mouluré qui décore le cintre d'un arc. – Ital. *archivolto.*

archontat [aʀkɔ̃ta] n. m. **1.** ANTIQ GR Dignité, charge d'un archonte. **2.** Durée de sa charge. – De *archonte.*

archonte [aʀkɔ̃t] n. m. ANTIQ GR Magistrat principal des cités grecques, notam. d'Athènes, chargé de gouverner. – Lat. d'orig. gr. *archon, archontis.*

arçon [aʀsɔ̃] n. m. **1.** Pièce arquée constituant l'armature d'une selle. *Arçon de devant,* ou pommeau. *Arçon de derrière,* ou troussequin. **2.** SPORT *Cheval d'arçons* ou *cheval-arçons* : V. cheval. – Du lat. *arcus,* «arc».

arc-rampant [aʀkʀɑ̃pɑ̃] n. m. **1.** ARCHI Arc reposant sur des supports de hauteur inégale. **2.** CONSTR Arc métallique soutenant une rampe. *Les arcs-rampants de l'escalier.* – De *arc,* et *rampant.*

arctique [aʀktik] adj. Qui est situé, sur le globe terrestre, du côté de la constellation de l'Ourse, dans les régions polaires du nord. *Pôle arctique. Cercle polaire arctique.* Syn. boréal. Ant. antarctique, austral. ▷ Subst. *Expédition dans l'Arctique.* – Lat. *arcticus,* gr. *arktikos;* de *arktos,* «ours».

arcure [aʀkyʀ] n. f. ARBOR Courbure des rameaux ou des branches, qui permet de provoquer des accumulations de sève et de favoriser la fructification. – De *arquer.*

-ard, -arde. Suffixe d'adj. et de noms, à valeur péjor. ou vulgaire (ex.: *vantard, trouillard*), ou à valeur neutre (ex.: *banlieusard, campagnard*).

ardéidés [aʀdeide] n. m. pl. Familles d'ardéiformes (hérons, aigrettes). – Du lat. *ardea,* «héron».

ardéiformes [aʀdeifɔʀm] n. m. pl. ZOOL Ordre d'oiseaux à longues pattes grêles, au cou généralement allongé, au bec long, conique et dur, et comprenant notam. les *hérons,* les *aigrettes,* les *cigognes.* – Du lat. *ardea,* «héron».

ardemment [aʀdamɑ̃] adv. Avec ardeur. *Aimer, désirer ardemment.* – De *ardent.*

ardent, ente [aʀdɑ̃, ɑ̃t] adj. **1.** Qui est en feu, qui brûle. *Une fournaise ardente.* – Par anal. *Blond ardent,* qui tire sur le roux. ▷ *Chapelle ardente:* pièce éclairée par des cierges, où l'on expose le corps d'un défunt. **2.** Dont la chaleur est très vive. *Un soleil ardent.* ▷ Vx *Verre ardent, miroir ardent:* lentille ou miroir qui concentre les rayons du soleil. **3.** Qui cause une sensation de brûlure. *Une soif ardente.* ▷ n. m. *Mal des ardents:* maladie qui sévissait au Moyen Âge et s'accompagnait d'intenses sensations de brûlure (ce fut vraisemblablement dans la plupart des cas l'*ergotisme*). **4.** Fig. Plein d'ardeur, enthousiaste, fougueux. *Un tempérament ardent.* Ant. froid, indolent. **5.** Fig. Vif, violent (sentiments). *Un amour ardent.* **6.** Se dit d'un bateau à voiles qui a tendance à lofer. Ant. mou. – Lat. *ardens.*

ardeur [aʀdœʀ] n. f. **1.** Chaleur vive. *Les ardeurs de la canicule.* **2.** Fig. Vivacité, entrain. *Travailler avec ardeur.* Ant. indolence, inertie. – Lat. *ardor.*

ardillon [aʀdijɔ̃] n. m. Pointe de métal servant à arrêter dans la boucle la courroie qu'on y passe. – Du frq. *hard,* «lien, corde».

ardoise [aʀdwaz] n. f. **1.** Schiste à grain fin, habituellement gris foncé, qui se clive en minces plaques régulières utilisées pour les toitures. **2.** Tablette (autref. d'ardoise, auj. le plus souvent de carton ou de matière plastique) sur laquelle on écrit ou dessine. *Une ardoise d'écolier. Un crayon d'ardoise.* ▷ Pop. (France) Total des sommes dues pour des marchandises achetées à crédit (autref. noté sur une ardoise). *Il a une ardoise dans tous les bistrots du quartier.* – Orig. incon.

ardoisé, ée [aʀdwaze] adj. **1.** Couleur d'ardoise. **2.** Recouvert d'une préparation contenant de l'ardoise ou l'imitant. – De *ardoise.*

ardoisier, ière [aʀdwazje, jɛʀ] adj. De la nature de l'ardoise. *Un sol ardoisier.* ▷ N. m. Ouvrier qui travaille à l'exploitation de l'ardoise. – De *ardoise.*

ardoisière [aʀdwazjɛʀ] n. f. Carrière d'ardoise. – De *ardoise.*

ardu, ue [aʀdy] adj. **1.** Difficile à résoudre, à mener à bien. *Questions ardues. Entreprise ardue.* Ant. aisé, facile. **2.** Rare Escarpé, d'un accès difficile. *Un sentier ardu.* Ant. accessible. – Lat. *arduus.*

are [aʀ] n. m. Unité de surface pour les mesures de terrains, valant 100 m^2. Abrév.: a. – Du lat. *area,* «aire».

arec [aʀɛk] ou **aréquier** [aʀekje] n. m. Palmier (genre *Arec*) dont une espèce antillaise a des bourgeons comestibles *(chou palmiste).* – *Noix d'arec:* fruit d'un aréquier du Viêt-nam mérid., dont on tire le cachou. – Mot portug., par l'ital.

aréique [aʀeik] adj. GEOGR Se dit d'une région privée d'écoulement régulier des eaux (par ex.: les dunes du Sahara). – De *a-*1, et gr. *rhein,* «couler».

aréisme [aʀeism] n. m. État d'une région aréique. – Du préc.

aréna [aʀenɑ] n. m. Vaste édifice à gradins occupé au centre par une patinoire, destiné à la pratique du hockey. *Les arénas peuvent être aménagés facilement pour d'autres sports de spectacle (par ex. la lutte), pour des manifestations culturelles, etc.* «Des cris fusent de l'aréna. Des clameurs, une joute de hockey? me parviennent de la rue Saint-Pierre.» (Claude Jasmin, *L'Outaragasipi*, 1971.) Rem. Souvent au fém. dans la langue parlée. – De l'amér. *arena.*

arénacé, ée [aʀenase] adj. GEOL Qui a la consistance du sable. – Du lat. *arena,* «sable».

arène [aʀɛn] n. f. **1.** Partie sablée d'un amphithéâtre où avaient lieu les combats de gladiateurs. ▷ Fig. *Entrer, descendre dans l'arène:* s'engager dans un combat (politique, idéologique, notam.). **2.** Plur. Amphithéâtre romain. *Les arènes de Lutèce.* ▷ Amphithéâtre où se déroulent des courses de taureaux. **3.** Vx Sable, étendue sableuse. **4.** GEOL Sable grossier dû à la décomposition de roches cristallines. – Lat. *arena,* «sable».

arénicole [aʀenikɔl] adj. et n. ZOOL **1.** adj. Qui vit dans le sable. **2.** n. f. Annélide polychète (genre *Arenicola)* vivant dans le sable des plages marines, qui sert d'appât aux pêcheurs. – Du lat. *arena,* «sable», et *-cole.*

aréole [aʀeɔl] n. f. **1.** ANAT Cercle coloré qui entoure le mamelon du sein. **2.** MED Zone rougeâtre qui entoure les points enflammés de vaccine, les piqûres d'insectes, etc. **3.** MED Petite cavité. – Lat. *areola,* dimin. de *area,* «aire».

aréomètre [aʀeɔmɛtʀ] n. m. PHYS Instrument qui permet de déterminer, par simple lecture, la densité d'un liquide par rapport à l'eau. – Du gr. *araios,* «peu dense», et *metron,* «mesure».

aréométrie [aʀeɔmetʀi] n. f. PHYS Mesure de la densité des liquides au moyen de l'aréomètre. – Du préc.

aréométrique [aʀeɔmetʀik] adj. Ayant rapport à l'aréométrie. – Du préc.

aréopage [aʀeɔpaʒ] n. m. **1.** ANTIQ GREC *L'Aréopage* (avec A majuscule): tribunal athénien qui siégeait sur la colline consacrée au dieu Arès et qui était chargé de surveiller les mœurs des citoyens, de réprimer l'impiété, de punir les vols et les crimes. **2.** Fig. Assemblée de savants, de personnes compétentes. – Du gr. *Areios pagos,* «la colline d'Arès», par le lat.

aréostyle [aʀeɔstil] n. m. ARCHI Espacement entre des colonnes égal à trois fois et demie le diamètre de ces dernières. – Gr. *araiostulos,* par le lat.

aréquier. V. arec.

arête [aʀɛt] n. f. **1.** Os long et mince propre aux poissons. **2.** Fig. Ligne formée par la rencontre de deux plans. *L'arête du nez.* ▷ GEOGR Ligne qui sépare les deux versants d'une chaîne de montagnes. *Les alpinistes avancent lentement le long de l'arête.* ▷ ARCHI Angle saillant que forment deux plans. *Arête d'un toit. Voûte d'arête,* formée par l'intersection de deux voûtes en plein cintre, dont les poussées s'exercent sur quatre points d'appui. ▷ GEOM Ligne d'intersection de deux plans, de deux surfaces. *Les six arêtes d'un tétraèdre.* ▷ BOT Poil raide attaché sur le dos ou le sommet d'un organe. *Chez les graminées, les arêtes forment les barbes de l'épi.* – Lat. *arista.*

arêtier [aʀɛtje] n. m. CONSTR Pièce de charpente inclinée qui forme l'arête d'un comble. – De *arête.*

arêtière [aʀɛtjɛʀ] n. f. CONSTR Tuile ou ardoise qui couvre l'arête d'un toit. – De *arête.*

argas [aʀgas] n. m. ZOOL Acarien parasite épidermique des oiseaux et de l'homme, dont il suce le sang. – Mot grec.

argent [aʀʒɑ̃] n. m. **1.** Métal blanc, brillant, peu altérable donc précieux. *Mine d'argent. Vaisselle d'argent.* **2.** Monnaie faite avec ce métal. ▷ *Par ext.* Toute espèce de numéraire: billets de banque, pièces. *Gagner beaucoup d'argent. Dépenser son argent.* ▷ Loc. *Payer argent comptant,* au moment de l'achat. – Fig. *Prendre ce qu'on raconte pour argent comptant,* le croire trop légèrement. – *En avoir pour son argent:* être bien servi pour la dépense faite, être bien récompensé de sa peine. – *Jeter l'argent par les fenêtres:* dépenser sans compter, exagérément. ▷ Prov. *Plaie d'argent n'est pas mortelle:* les difficultés pécuniaires finissent par s'arranger. – *Le temps, c'est de l'argent,* traduction du proverbe anglais *Time is money.* – *L'argent n'a pas d'odeur:* peu importe la provenance de l'argent. **3.** BLAS Un des deux métaux employés, représenté blanc et uni. – Lat. *argentum.*

ENCYCL L'argent est un métal de numéro atomique Z = 47 et de masse atomique M = 107,87 (symbole Ag). Sa densité est égale à 10,5. Sa température de fusion s'élève à 962 °C et sa température d'ébullition à 2 212 °C. Il existe à l'état natif *(métal noble),* principalement sous forme de sulfures (argyrose [Ag_2S]) et de chlorures (cérargyrite AgCl), d'où on l'extrait par cyanuration (traitement au cyanure de sodium). L'argent est très malléable et ductile; il possède une conductivité thermique et électrique très élevée. Il est peu attaqué par l'air et résiste aux acides *(métal précieux),* ce qui explique sa longue coexistence avec l'or comme monnaie *(bimétallisme).* La ductilité de l'argent permit à l'argenterie de se développer depuis la plus haute antiquité, atteignant ses sommets au XVIIIe s. L'argent est utilisé en photographie (halogénures d'argent), en chirurgie dentaire, en thérapeutique (argent colloïdal), en électricité (contacts), en soudure (brasures à l'argent) et en miroiterie.

argentage [aʀʒɑ̃taʒ] n. m. TECH Syn. d'*argenture.* – De *argenter.*

argentan [aʀʒɑ̃tɑ̃] n. m. TECH Alliage de cuivre, de nickel et de zinc, employé en orfèvrerie à cause de sa blancheur et en électricité pour sa résistance élevée. – De *argent.*

argenté, ée [aʀʒɑ̃te] adj. **1.** Recouvert d'argent. *Métal argenté.* **2.** Fig. Qui ressemble à de l'argent, qui a la couleur de l'argent. *Les rayons argentés de la Lune. Gris argenté.* **3.** Fam. *Être argenté,* avoir de l'argent, être riche. – De *argent.*

argenter [aʀʒɑ̃te] v. tr. [1] Couvrir d'une couche d'argent. ▷ Fig. poét. Donner l'éclat de l'argent. – De *argent.*

argenterie [aʀʒɑ̃tʀi] n. f. Vaisselle, ustensiles d'argent. *Une pièce d'argenterie finement ciselée.* – De *argent.*

argenteur, euse [aʀʒɑ̃tœʀ, øz] n. Ouvrier, ouvrière qui argente. – De *argenter.*

argentier [aʀʒɑ̃tje] n. m. **1.** HIST Surintendant des Finances royales. *Jacques Cœur était argentier du roi Charles VII.* ▷ Mod., par plaisant. *Le grand argentier:* le ministre des Finances. **2.** Meuble contenant l'argenterie. – Lat. *argentarium,* «banquier».

argentifère [aʀʒɑ̃tifɛʀ] adj. MINER *Minerai argentifère,* contenant de l'argent. – De *argent,* et *-fère.*

1. argentin, ine [aʀʒɑ̃tɛ̃, in] adj. Qui a le même son clair que l'argent. *Une voix argentine.* – De *argent.*

2. argentin, ine [aʀʒɑ̃tɛ̃, in] adj. De l'Argentine. ▷ Subst. Habitant, personne originaire de l'Argentine.

argenture [aʀʒɑ̃tyʀ] n. f. **1.** Couche d'argent appliquée sur un objet. **2.** Action d'argenter. *L'argenture des miroirs.* **3.** Art de l'argenteur. – De *argenter.*

argien, ienne [aʀʒjɛ̃, jɛn] adj. et n. ANTIQ GR D'Argos. *Jeux argiens.* – De *Argos,* v. de la Grèce antique.

argile [aʀʒil] n. f. **1.** Roche terreuse, appelée également glaise, donnant une pâte plastique imperméable lorsqu'elle est imprégnée d'eau et qui, après cuisson, donne des poteries, des tuiles, etc. ▷ Fig. *Un colosse aux pieds d'argile,* dont la puissance, mal établie, est illusoire. **2.** MINER Groupe de silicates d'alumine hydratée. **3.** PETROG Roche contenant plus de

50 % d'argiles. – Lat. *argilla.*

ENCYCL Les argiles sont des silicates d'aluminium, de magnésium et de fer. Elles sont composées de particules de très petite taille (épaisseur: env. 1 millième de µm). Avides d'eau, car poreuses, les argiles sont imperméables. On utilise l'argile pour fabriquer des matériaux de construction (tuiles, briques) et des matériaux de garnissage réfractaire pour fours. L'argile est une matière de base en poterie et dans l'industrie de la porcelaine (kaolinite).

argileux, euse [aʀʒilø, øz] adj. Formé d'argile, ou qui en contient. *Un terrain argileux.* – De *argile.*

arginine [aʀʒinin] n. f. BIOCHIM Acide aminé, constituant de nombreuses protéines, qui, combiné à l'acide phosphorique, joue un rôle important dans les phénomènes de contractions musculaires. – De *ar(gent)* et *-ine.*

argiope [aʀʒiɔp] n. f. Araignée voisine des épeires, qui constituent avec elle la famille des *argiopidés.* – Du gr. *argos,* «brillant», et *-ope.*

argon [aʀgõ] n. m. Élément de numéro atomique Z = 18 et de masse atomique M = 39,94, le plus abondant des gaz rares de l'air (0,93 %), incolore et inodore, de densité 1,38, que son inertie chimique conduit à employer comme atmosphère inerte en soudure, en métallurgie (protection des bains en fusion contre l'oxydation) et dans les ampoules électriques. (Symb. A ou Ar.) – Du gr. *argos,* «inactif», à cause de son inertie chimique.

argonaute [aʀgɔnot] n. m. **1.** ZOOL Mollusque céphalopode octopode, seul représentant de la fam. des argonautidés, dont la femelle fabrique une nacelle calcaire pour abriter sa ponte. **2.** N. m. pl. *Les Argonautes:* héros grecs qui voyagèrent, sous la conduite de Jason, à bord de l'*Argo,* pour aller en Colchide conquérir la Toison d'or. – Fig. *Un argonaute:* un hardi marin. – De *Argo,* nom du navire de Jason, et *nautês,* «navigateur».

argot [aʀgo] n. m. Langage particulier à une catégorie sociale ou professionnelle. *L'argot des corps de métier, des écoles, des sportifs.* ▷ *Spécial.* Langage des malfaiteurs. – Orig. incert.

ENCYCL Autrefois, le mot «argot» désignait le peuple même des gueux, des «argotiers». Puis il désigna la langue qu'ils parlaient entre eux. Créations de la langue parlée, les mots d'argot ont souvent une étymologie obscure. Ils concernent des domaines sémantiques stables, tabous (désignation du sexe, de la mort) ou fortement marqués affectivement et socialement (l'argent, les vêtements, les origines ethniques et sociales).

argotique [aʀgɔtik] adj. Qui appartient à l'argot. *La verve argotique d'un conteur populaire.* – De *argot.*

argotisme [aʀgɔtism] n. m. LING Mot, expression appartenant à l'argot. – De *argot.*

argousier. V. hippophaé.

argousin [aʀguzɛ̃] n. m. Anc. Bas officier des galères. ▷ Péjor., vieilli. Agent de police. – Du portug. *algoz,* «bourreau».

arguer [aʀgye] **1.** v. tr. dir. [1] Tirer un argument, une conclusion de (qqch.). *Que voulez-vous arguer de ce fait?* ▷ DR *Arguer un acte de faux:* soutenir qu'il est faux. **2.** v. tr. indir. *Arguer de quelque chose:* prétexter quelque chose, en tirer un argument. *Il arguait de sa situation de famille pour obtenir un passe-droit.* (N.B. – Le *u* du radical se prononce dans toute la conjugaison: *il argue* [aʀgy]). – Lat. *arguere.*

argument [aʀgymɑ̃] n. m. **1.** Raisonnement tendant à établir une preuve, à fonder une opinion. *Quel argument apportez-vous à l'appui de votre thèse? – Un argument solide, irréfutable, contestable.* ▷ *Tirer argument de:* utiliser comme preuve, comme raison, prétexter (qqch). *Il tire argument de ses faibles revenus pour demander une diminution d'impôts.* **2.** Résumé succinct du sujet d'un ouvrage littéraire, dramatique. *L'argument d'une pièce de théâtre.* **3.** MATH Variable dont la valeur permet de définir celle d'une fonction (x est l'argument de la fonction sin x, par ex.). – *Argument d'un nombre complexe:* angle formé par l'axe réel et le vecteur qui représente ce nombre complexe. ▷ INFORM Syn. paramètre (dans une fonction ou une procédure d'appel de sous-programme). – Lat. *argumentum.*

argumentaire [aʀgymɑ̃tɛʀ] n. m. Liste des arguments de vente. – De *argument.*

argumentation [aʀgymɑ̃tasjõ] n. f. **1.** Le fait, l'art d'argumenter. **2.** L'ensemble des arguments tendant à la même conclusion. *Une argumentation aussi serrée est difficile à réfuter.* – De *argumenter.*

argumenter [aʀgymɑ̃te] v. intr. [1] Faire usage d'arguments. *Argumenter contre un adversaire.* – *Argumenter de quelque chose,* en tirer des conséquences. – De *argument.*

argus [aʀgys] n. m. **I. 1.** Vieilli Surveillant vigilant. **2.** (France) Publication qui fournit des renseignements spécialisés. *L'argus de l'automobile. Voiture d'occasion cotée à l'argus.* **3.** (France) *Argus de la presse:* agence qui adresse à ses abonnés les coupures de journaux les concernant. **II.** ZOOL **1.** Phasianidé (genre *Argus*) des forêts du Sud-Est asiatique, dont le mâle possède, sur les ailes, de splendides ocelles. **2.** Papillon (fam. lycénidés). – De *Argus,* personnage fabuleux qui avait cent yeux.

argutie [aʀgysi] n. f. Raisonnement subtil et vainement minutieux. – Lat. *argutia.*

argyraspide [aʀʒiʀaspid] n. m. ANTIQ Fantassin d'élite d'Alexandre le Grand, portant bouclier d'argent. – Du gr. *arguros,* «argent», et *aspis, aspidos,* «bouclier».

argyrisme [aʀʒiʀism] n. m. MED Intoxication chronique par certains sels d'argent, qui se traduit par une coloration ardoisée des téguments. Syn. argyrose, sens 2. – Du gr. *arguros,* «argent».

argyronète [aʀʒiʀɔnɛt] n. f. ZOOL Araignée qui tisse dans l'eau, entre les plantes, une sorte de cloche où, après avoir stocké de l'air, elle se tient à l'affût. – Du gr. *arguros,* «argent», et *neîn,* «filer».

argyrose [aʀʒiʀoz] n. f. **1.** MINER Sulfure d'argent de formule [Ag_2S] qui existe à l'état natif (il contient 87 % d'argent). **2.** MED Argyrisme. – Du gr. *arguros,* «argent».

1. aria [aʀja] n. f. Air, mélodie, accompagné par quelques instruments ou un seul. *Une aria de Bach.* – Mot ital., «air».

2. aria [aʀja] n. m. Fam. Souci, tracas, embarras. *Que d'arias !* – De l'anc. v. *harier,* «harceler».

arianisme [aʀjanism] n. m. Hérésie chrétienne d'Arius qui, niant l'unité et l'identité de substance du Fils avec le Père, ne reconnaissait que partiellement la nature divine de Jésus-Christ, infirmant ainsi le dogme de la Trinité. – De *arien.*

aride [aʀid] adj. **1.** Sec. *Climat aride. Zone aride.* ▷ Stérile, sans végétation. *Une colline, un plateau aride.* Ant. fertile, fécond. **2.** Fig. Dépourvu de tendresse, de sensibilité. *Un cœur aride.* **3.** Fig. Privé d'attrait, difficile. *Une matière, une lecture aride.* – Lat. *aridus,* de *arere,* «être sec».

aridité [aʀidite] n. f. **1.** Sécheresse. *Aridité du sol.* **2.** Fig. Insensibilité. **3.** Fig. Manque d'attrait, difficulté. *Être rebuté par l'aridité d'un sujet.* – De *aride.*

arien, ienne [aʀjɛ̃, jɛn] adj. D'Arius. *L'hérésie arienne.* ▷ Subst. Personne qui professe l'arianisme. – De *Arius,* hérésiarque des IIIe-IVe s.

ariette [aʀjɛt] n. f. MUS Petite mélodie, air de style léger, aimable ou tendre. – Ital. *arietta,* «petite aria».

arille [aʀij] n. m. BOT Expansion du tégument d'une graine qui se développe au voisinage du hile. *Arille de l'if:* partie rouge de la graine de l'if, comestible. – Lat. *arillus,* «grain de raisin».

arillé, ée [aʀije] adj. Pourvu d'un arille. – Du préc.

arion [aʀjõ] n. m. ZOOL Nom de genre de mollusques gastéropodes pulmonés très communs en France. – De *Arion,* poète grec.

arioso [aʀjozo] n. m. MUS Air de chant, de forme intermédiaire entre l'aria et le récitatif. – Mot ital., de *aria,* «air».

ariser ou **arriser** [aʀize] v. tr. [1] MAR Diminuer la surface (d'une voile) en prenant un, des ris. – De *ris.*

aristocrate [aʀistɔkʀat] n. (et adj.). Membre de l'aristocratie. – De *aristocratie.*

aristocratie [aʀistɔkʀasi] n. f. **1.** Forme de gouvernement dans laquelle le pouvoir souverain, en général héréditaire, est détenu par un petit nombre de personnes. ▷ La classe qui détient le pouvoir, dans un tel système politique. Syn. Noblesse. **2.** Ensemble de ceux qui constituent l'élite dans un domaine quelconque. *L'aristocratie du sport.* – Gr. *aristokratia,* de *aristos,* «le meilleur», et *kratos,* «pouvoir».

aristocratique [aʀistɔkʀatik] adj. Digne d'un aristocrate. *Des manières aristocratiques.* – De *aristocratie.*

aristoloche [aʀistɔlɔʃ] n. f. Plante grimpante (fam. aristolochiacées), apétale, dont le calice pétaloïde est en forme de cornet. – Lat. *aristolochia;* gr. *aristolokhia,* de *aristos,* «le meilleur», et *lokhos,* «accouchement» (cette plante passant pour le faciliter).

aristotélicien, ienne [aʀistɔtelisjɛ̃, jɛn] adj. Relatif à Aristote, à sa doctrine. ▷ Subst. Partisan de cette doctrine. – De *aristotélique.*

aristotélique [aʀistɔtelik] adj. Qui se rapporte à Aristote ou à sa philosophie. – Lat. *aristotelicus.*

aristotélisme [aʀistɔtelism] n. m. Doctrine, système d'Aristote. – Du nom du philosophe Aristote, en gr. *Aristotelês.*

arithméticien, ienne [aʀitmetisjɛ̃, jɛn] n. Personne qui pratique, professe l'arithmétique. – De *arithmétique.*

arithmétique [aʀitmetik] **I.** n. f. Partie des mathématiques consacrée à l'étude des nombres entiers et des nombres rationnels. *L'arithmétique fait auj. partie de l'algèbre* (V. algèbre et nombre). **II.** adj. **1.** Qui repose sur les nombres. **2.** Qui concerne l'arithmétique et ses règles. – Du gr. *arithmos,* «nombre».

arithmologie [aʀitmɔlɔʒi] n. f. Science générale de la mesure des grandeurs. – Du gr. *arithmos,* «nombre», et *logos,* «connaissance».

arithmomancie [aʀitmɔmɑ̃si] n. f. Divination par les nombres. – Du gr. *arithmos,* «nombre», et *manteia,* «divination».

arkose [aʀkoz] n. f. MINER Grès ayant l'aspect du granit, composé de quartz, feldspath, mica, agglutinés par un ciment minéral siliceux.

arlequin, ine [aʀləkɛ̃, in] n. **1.** n. m. Personnage bouffon de la comédie italienne au costume fait de pièces rapportées multicolores, au masque noir et au sabre de bois. *Habit d'arlequin,* confectionné avec des pièces disparates. *Manteau d'arlequin:* panneau encadrant la scène d'un théâtre, figurant un rideau relevé, ou fait de draperie. ▷ Fig. Homme peu fiable. **2.** n. f. Femme portant un habit d'arlequin. – De l'a. fr. *Hellequin,* n. d'un diable.

arlequinade [aʀləkinad] n. f. **1.** Bouffonnerie d'Arlequin. **2.** Pièce de théâtre où joue Arlequin. – De *arlequin.*

armada [aʀmada] n. f. **1.** (Avec une majuscule.) Flotte importante. **2.** Fam. Une grande quantité. *Une armada de représentants officiels.* – Mot esp. qui désigne la flotte que Philippe II d'Espagne envoya contre l'Angleterre en 1588.

armagnac [aʀmaɲak] n. m. Eau-de-vie de raisin fabriquée en Armagnac (région du sud-ouest de la France).

armateur [aʀmatœʀ] n. m. Celui qui équipe et exploite un navire pour le commerce ou pour la pêche. – Bas lat. *armator.*

armature [aʀmatyʀ] n. f. **1.** CONSTR Ensemble d'éléments destinés à accroître la rigidité d'une pièce, d'un ouvrage ou d'un matériau. – *Spécial.* Ensemble des éléments incorporés au béton armé pour accroître sa résistance à la traction et à la flexion. **2.** Fig. Ce qui constitue l'élément essentiel, le soutien. *L'armature d'une société, d'une politique.* **3.** ELECTR Pièce conductrice d'un électroaimant ou d'un condensateur. **4.** MUS Altérations constitutives (dièses et bémols), placées à la clef et indiquant la tonalité du morceau. – Lat. *armatura,* «armure».

arme [aʀm] n. f. **I. 1.** Instrument qui sert à attaquer ou à se défendre. *Arme offensive, défensive. Arme blanche,* par oppos. à *arme à feu.* ▷ Loc. fam. *Passer l'arme à gauche:* mourir. – *Salle d'armes:* salle d'escrime. *Maître d'armes,* qui enseigne l'escrime. ▷ Fig. Ce qui sert à combattre un adversaire. *La calomnie est une arme redoutable.* **2.** Chacune des grandes divisions de l'armée correspondant à une activité spécialisée. *L'arme blindée.* **II.** Au plur. **1.** *La carrière des armes:* le métier militaire. ▷ *Un fait d'armes:* un exploit guerrier. ▷ *Déposer les armes:* cesser le combat. ▷ *Prise d'armes:* parade militaire. ▷ *Passer quelqu'un par les armes,* le fusiller. ▷ Fig. *Faire ses premières armes:* faire ses débuts. **2.** Armoiries. *Les armes de la ville de Paris.* – Lat. plur. *arma.*

armé, ée [aʀme] adj. **1.** Muni d'une arme. *Un homme armé. Être armé d'un bâton. Vol à main armée.* **2.** Pourvu d'une armature. *Verre armé. Béton armé.* **3.** n. m. Position d'une arme prête à tirer. – Pp. de *armer.*

armée [aʀme] n. f. **1.** Ensemble des forces militaires d'un État. *L'armée canadienne.* **2.** Grande unité réunissant plusieurs corps. ▷ *Corps d'armée:* partie d'une armée comprenant plusieurs divisions avec des troupes de toutes armes, commandées par un général de corps d'armée. **3.** Fig. Grand nombre. *Une armée de laquais.* – De *armer.*

armement [aʀməmɑ̃] **1.** n. m. Action d'armer. *L'armement des recrues.* **2.** Ensemble des armes. *L'armement d'un char.* **3.** Action de pourvoir un navire de tout ce qui est nécessaire à son utilisation (équipage et matériel). ▷ *Port d'armement:* port où est armé un navire. ▷ *L'armement:* le corps des armateurs. **4.** ELECTR Ensemble des éléments qui supportent les conducteurs d'une ligne aérienne. – De *armer.*

arménien, ienne [aʀmenjɛ̃, jɛn] adj. De l'Arménie. ▷ Subst. Habitant, personne originaire de l'Arménie. – *L'arménien:* langue indo-européenne de la rég. du Caucase.

armer [aʀme] **I.** v. tr. [1] **1.** Pourvoir d'armes. *Armer des volontaires. Armer une nation. Armer un hélicoptère.* **2.** Garnir d'une armature. *Armer du béton.* **3.** Mettre en état de fonctionnement (certains mécanismes). *Armer un fusil, un appareil photo.* **4.** Équiper (un navire) de tout ce qui lui est nécessaire pour naviguer. **5.** Fig. *Armer qqn contre qqch,* lui donner des moyens de défense contre qqch. *La nature a armé l'ours contre le froid.* ▷ *Armer qqn de qqch,* l'en munir. *Ses études l'ont armé d'un solide bagage.* **II.** v. pron. **1.** Se munir d'armes. *S'armer jusqu'aux dents.* **2.** Fig. Se munir de. *Armez-vous de patience.* – Lat. *armare.*

armet [aʀmɛ] n. m. Casque fermé en usage aux XVe et XVIe s. – De l'esp. *almete,* «casque», avec infl. de *arme.*

1. armillaire [aʀmil(l)ɛʀ] adj. ASTRO *Sphère armillaire,* formée par l'assemblage de cercles figurant les mouvements des astres autour de la Terre selon l'ancienne astronomie. – Du lat. *armilla,* «bracelet».

2. armillaire [aʀmi(l)lɛʀ] n. f. BOT Champignon basidiomycète comestible couleur de miel. – Du lat. *armilla,* «bracelet».

arminianisme [aʀminjanism] n. m. Doctrine de Hermann Armenszoon, dit Jacobus Arminius, théologien protestant du XVIe s.

arminien [aʀminjɛ̃] n. m. RELIG Adepte de Jacobus Arminius. Syn. remontrant.

armistice [aʀmistis] n. m. Suspension des hostilités après accord entre les belligérants. – Du lat. *arma,* «armes», et *sistere,* «arrêter».

arm-lock [aʀmlɔk] n. m. Au judo, clef au bras. – Mot angl. de *arm,* «bras», et *lock,* «serrure».

armoire [aʀmwaʀ] n. f. **1.** Meuble haut destiné au rangement, fermé par une ou plusieurs portes. *Armoire à linge.* ▷ TECH *Armoire électrique:* meuble métallique contenant des appareillages électriques et dont la façade est équipée d'organes de commande et de contrôle. **2.** Fig., fam. *Armoire à glace:* personne de forte carrure. – Lat. *armarium.*

armoiries [aʀmwaʀi] n. f. pl. Emblèmes qui distinguent une famille noble, une collectivité. *Les armoiries d'une ville.* – A. fr. *armoyer, armorie,* de «armorier».

armoise [aʀmwaz] n. f. Plante aromatique de la famille des composées (genre *Artemisia*) dont de nombreuses espèces (l'absinthe, l'estragon, l'armoise d'Alep, qui fournit le semen-contra, etc.) sont utilisées par l'homme. – Lat. *artemisia,* «plante d'Artémis», déesse grecque.

armon [aʀmɔ̃] n. m. Pièce double à laquelle est fixé le timon d'une voiture à cheval. – Lat. *artemo, artemonis,* «poulie».

armorial, iale, iaux [aʀmɔʀjal, jo] adj. Relatif aux armoiries. ▷ N. m. Recueil d'armoiries. *L'armorial du Canada.* – De *armoiries.*

armorier [aʀmɔʀje] v. tr. [1] Orner d'armoiries (qqch). – De l'a. fr. *armoyer.*

armure [aʀmyʀ] n. f. **1.** Anc. Ensemble de plaques métalliques que revêtait l'homme d'armes pour se protéger. ▷ Par anal. Défenses naturelles de quelques animaux. **2.** Fig. Ce qui protège. *Le mépris est une armure.* **3.** TECH Mode d'entrecroisement de la chaîne et de la trame d'un tissu. **4.** MUS Syn. armature. – Lat. *armatura.*

armurerie [aʀmyʀʀi] n. f. **1.** Technique de la fabrication et de l'entretien des armes. **2.** Boutique, atelier d'un armurier. – De *armure.*

armurier [aʀmyʀje] n. m. Celui qui fabrique, entretient ou vend des armes. – De *armure.*

A.R.N. [ɑɛʀɛn] BIOCHIM Sigle de l'acide ribonucléique.

arnaque [aʀnak] n. f. Pop. Escroquerie, tromperie. – V. *arnaquer.*

arnaquer [aʀnake] v. tr. [1] Pop. **1.** Escroquer, duper. **2.** Arrêter, prendre. *Il s'est fait bêtement arnaquer.* – Var. de *harnacher.*

arnaqueur, euse [aʀnakœʀ, øz] n. Personne qui arnaque. – De *arnaquer.*

arnica [aʀnika] n. f. BOT Genre de composées comprenant des espèces ornementales et médicinales (*teinture d'arnica* ou simplement *arnica,* employée comme vulnéraire). – Du lat. des botanistes *ptarnica,* du gr. *ptarnos,* «éternuement».

aromate [aʀɔmat] n. m. Substance odoriférante d'origine végétale. – Bas. lat. *aromatum.*

aromathérapie [aʀɔmateʀapi] n. f. MED Utilisation thérapeutique des huiles essentielles (aromatiques). – De *arôme,* et *-thérapie.*

aromatique [aʀɔmatik] adj. **1.** Qui dégage un parfum agréable. *Des herbes aromatiques.* **2.** CHIM *Série aromatique:* ensemble des composés cycliques formés à partir du benzène (dont le noyau est figuré par un φ) et de ses dérivés. – Bas lat. *aromaticus.*

aromatiser [aʀɔmatize] v. tr. [1] Parfumer avec une substance aromatique. – Bas lat. *aromatizare.*

arôme [aʀom] n. m. Odeur agréable qui se dégage de certaines substances. *L'arôme d'un café, d'un vin.* – Gr. *arôma,* par le lat.

aronde [aʀɔ̃d] n. f. Vx Hirondelle. ▷ TECH *Assemblage à* (ou *en*) *queue d'aronde:* assemblage en forme de queue d'hirondelle. – Lat. *hirundo.*

aroumain [aʀumɛ̃] n. m. Parler roumain en usage au sud de la Yougoslavie, au nord de la Grèce et dans certaines régions d'Albanie. Syn. macédo-roumain.

arpège [aʀpɛʒ] n. m. MUS Exécution successive de toutes les notes d'un accord. – Ital. *arpeggio,* «jeu de harpe».

arpéger [aʀpeʒe] v. intr. [17] MUS Faire des arpèges. ▷ v. tr. Interpréter en arpèges. *Arpéger un passage.* – De *arpège.*

arpent [aʀpɑ̃] n. m. **1.** Anc. mesure française de superficie agraire dont la valeur variait entre 20 et 50 ares selon les régions. ▷ Mesure de superficie valant 36 802 pieds carrés ou 34,20 ares. **2.** Mesure de longueur valant 191,8 pieds ou 58,47 mètres. *Une terre longue de 40 arpents.* – Gaul. *arepennis,* par le lat.

arpentage [aʀpɑ̃taʒ] n. m. Évaluation de la superficie d'un terrain. ▷ *Documents d'arpentage:* documents qui définissent les limites d'une parcelle. – De *arpenter.*

arpenter [aʀpɑ̃te] v. tr. [1] **1.** Mesurer (la superficie d'un terrain). **2.** Parcourir à grands pas. *Arpenter les couloirs.* – De *arpent.*

arpenteur [aʀpɑ̃tœʀ] n. m. Spécialiste du relèvement des terrains et du calcul des surfaces. ▷ *Chaîne d'arpenteur* (ou *d'arpentage*): chaîne de mesure d'une longueur de dix mètres. (Rem.: Comme forme féminine, l'OLF recommande *une arpenteuse.*) – De *arpenter.*

arpenteuse [aʀpɑ̃tøz] adj. ZOOL *Chenille arpenteuse:* chenille de certaines phalènes qui, pour se déplacer, replie son corps en forme de U inversé, donnant ainsi l'impression de mesurer le chemin parcouru. ▷ N. f. *Une arpenteuse.* – De *arpenter.*

-arque. V. -archie.

arqué, ée [aʀke] adj. Courbé en arc. *Avoir les jambes arquées.* – Pp. de *arquer.*

arquebusade [aʀkəbyzad] n. m. Anc. Coup d'arquebuse. – De *arquebuse.*

arquebuse [aʀkəbyz] n. f. Ancienne arme à feu portative. – Néerl. *hakebusse,* «mousquet à crochet», avec infl. de l'ital. *archibugio.*

arquebusier [aʀkəbyzje] n. m. Anc. Soldat armé d'une arquebuse. – De *arquebuse.*

arquer [aʀke] **I.** v. tr. [1] Courber en arc. *Arquer une tige de fer.* **II.** v. intr. **1.** Devenir courbe. *Poutre qui arque.* **2.** Pop. Marcher. **III.** v. pron. Se courber en arc. – Lat. *arquare.*

arrachage [aʀaʃaz] n. m. AGRIC Action d'arracher une plante, une racine. – De *arracher.*

arraché [aʀaʃe] n. m. SPORT Mouvement par lequel on porte un haltère du sol au-dessus de la tête, à bout de bras et en un seul temps. ▷ Loc. adv. *À l'arraché:* au prix d'un violent effort. – Pp. subst. de *arracher.*

arrache-clou [aʀaʃklu] n. m. Instrument pour arracher les clous. *Des arrache-clous.* – De *arracher,* et *clou.*

arrachement [aʀaʃmɑ̃] n. m. **1.** Rare Action d'arracher. ▷ Fig. Douleur morale intense due à une séparation, à un sacrifice. **2.** ARCHI Pierres en saillies, destinées à servir de liaison avec un second mur. – De *arracher.*

arrache-pied (d') [daʀaʃpje] loc. adv. Avec acharnement. – De *arracher,* et *pied.*

arracher [aʀaʃe] **I.** v. tr. [1] **1.** Déraciner (une plante). *Arracher des mauvaises herbes.* **2.** Détacher avec effort. *Arracher une dent.* **3.** Ôter de force à une personne, à une bête, ce qu'elle retient. *Arracher qqch des mains de qqn.* – Fig. Soustraire. *Arracher qqn à la misère, à la mort.* **4.** Obtenir difficilement. *Je lui ai arraché la promesse qu'il viendrait me voir.* **II.** v. pron. **1.** *S'arracher à, s'arracher de:* se séparer à regret, se détacher avec effort de. *S'arracher à une passion. S'arracher du lit.* **2.** *S'arracher qqn:* se disputer sa compagnie. *On se l'arrache.* – Lat. *e(x)radicare,* de *radix,* «racine».

arrache-racine(s) [aʀaʃʀasin] n. m. Instrument pour arracher racines et tubercules. – De *arracher,* et *racine.*

arracheur, euse [aʀaʃœʀ, øz] n. **1.** Personne qui arrache. *Mentir comme un arracheur de dents:* mentir effrontément. **2.** n. f. Machine qui arrache les plantes, les tubercules (pommes de terre, betteraves, arachides, etc.). – De *arracher.*

arrachis [aʀaʃi] n. m. **1.** Arrachage des arbres. **2.** Plant arraché dont les racines sont à nu. – De *arracher.*

arraisonnement [aʀɛzɔnmɑ̃] n. m. Action d'arraisonner. – De *arraisonner.*

arraisonner [aʀɛzɔne] v. tr. [1] *Arraisonner un navire,* l'arrêter en mer et contrôler son équipage et sa cargaison, etc. – De *a-2,* et *raison.*

arrangeable [aʀɑ̃ʒabl] adj. Qui peut être arrangé, réglé à l'amiable. – De *arranger.*

arrangeant, ante [aʀɑ̃ʒɑ̃, ɑ̃t] adj. Disposé à la conciliation. – Ppr. de *arranger.*

arrangement [aʀɑ̃ʒmɑ̃] n. m. **1.** Action d'arranger; état de ce qui est arrangé. *L'arrangement d'une chambre, d'une coiffure.* **2.** MUS Adaptation d'une œuvre à d'autres instruments que ceux pour lesquels elle a été écrite. **3.** Conciliation, convention amiable. *Procès terminé par un arrangement.* **4.** PHYS Disposition des atomes dans un réseau cristallin. **5.** MATH *Arrangement de n éléments pris p à p:* tout assemblage de p de ces éléments dans un ordre de succession déterminé. – De *arranger.*

arranger [aʀɑ̃ʒe] **I.** v. tr. [15] **1.** Placer dans l'ordre qui convient. *Arranger des bibelots.* **2.** Régler à l'amiable. *Arranger une affaire.* **3.** Convenir à. *Cela m'arrange.* **4.** Remettre en état. ▷ Par antiphrase, abîmer. **II.** v. pron. **1.** Être remis en état, aller mieux. *Tout finit par s'arranger.* **2.** S'accorder à l'amiable. **3.** S'installer commodément. *S'arranger dans un fauteuil pour dormir.* **4.** *S'arranger pour:* faire en sorte de. *Arrange-toi pour venir.* **5.** *S'arranger de qqch,* s'en accommoder. – De *a-2,* et *ranger.*

arrangeur, euse [aʀɑ̃ʒœʀ, øz] n. Personne qui adapte une œuvre musicale ou littéraire. – De *arranger.*

arrérager [aʀeʀaʒe] v. intr. [15] DR Se trouver en retard de paiement. *Ne pas laisser arrérager une rente.* – De *arrérages.*

arrérages [aʀeʀaʒ] n. m. pl. Termes échus d'une rente, d'une pension. – Autre forme de *arriérage,* de *arrière.*

arrestation [aʀɛstasjɔ̃] n. f. **1.** Action de se saisir d'une personne pour l'emprisonner ou la garder à vue. **2.** État d'une personne arrêtée. Ant. élargissement, libération. – Lat. médiév. *arrestatio.*

arrêt [aʀɛ] n. m. **1.** Action d'arrêter; fait de s'arrêter. *Ne pas ouvrir la portière avant l'arrêt complet du train.* ▷ *Arrêt de travail:* euphémisme souvent utilisé pour désigner une grève. ▷ CHASSE *Chien d'arrêt,* dressé à s'arrêter devant le gibier. **2.** Pièce qui sert à arrêter, à bloquer. *Arrêt de porte.* **3.** Endroit où s'arrête un véhicule de transports en commun. *Un arrêt d'autobus.* **4.** Signal routier ordonnant d'immobiliser un instant son véhicule, à un croisement. Syn. stop, pfs arrêt-stop (en raison de la double mention figurant souvent sur les panneaux de signalisation). **5.** DR Décision d'une juridiction d'appel. (On appelle *jugement* la décision d'un tribunal de première instance.) *Arrêt de la Cour d'appel. Arrêt de la Cour suprême du Canada.* **6.** Action d'arrêter qqn. *Mandat d'arrêt:* ordre d'arrestation. ▷ *Maison d'arrêt:* prison. **7.** Plur. Sanction (défense de sortir ou de s'éloigner d'un lieu fixé pendant une période déterminée) prise contre un officier ou un sous-officier. *Mettre qqn aux arrêts.* – Déverbal de *arrêter.*

arrêté [aʀete] n. m. Décision écrite d'une autorité administrative. *Un arrêté ministériel.* ▷*Arrêté en conseil* : décision du conseil des ministres qui sert à approuver un règlement. V. décret. ▷ FIN *Arrêté de compte:* opération comptable qui consiste à solder un compte. ▷*Arrêté de compte bancaire:* relevé de compte périodique soumis par la banque à son client. – Pp. subst. de *arrêter.*

arrêté, ée [aʀete] adj. **1.** Décidé, définitif. *C'est une chose arrêtée.* **2.** Qu'on ne peut fléchir. *Une volonté bien arrêtée.* – Pp. de *arrêter.*

arrête-bœuf [aʀɛtbœf] n. m. inv. Papilionacée épineuse à fleurs roses ou bleues. Syn. bugrane. – De *arrêter,* et *bœuf,* parce que leurs racines ralentissaient le travail de la charrue.

arrêter [aʀete] **I.** v. tr. [1] **1.** Empêcher d'avancer. *Arrêter un passant, une voiture.* **2.** Empêcher d'agir. *Le moindre obstacle l'arrête.* **3.** Interrompre (un processus). *Arrêter une hémorragie.* **4.** Appréhender (qqn). *Arrêter un bandit.* **5.** Déterminer par choix. *Arrêter une date.* **6.** Fig. Tenir fixé. *Arrêter sa pensée, ses regards sur.* **II.** v. intr. **1.** Cesser d'avancer. *Chauffeur, arrêtez!* **2.** Cesser d'agir ou de parler. *Il n'arrête jamais.* **III.** v. pron. **1.** Cesser d'aller ou d'agir. *Le train s'arrête à Trois-Rivières. S'arrêter de peindre.* **2.** Cesser de fonctionner. *La pendule s'est arrêtée.* **3.** *S'arrêter à.* Fixer son attention sur. *S'arrêter à l'essentiel.* – Lat. pop. **arrestare.*

arrêtiste [aʀetist] n. DR Juriste qui commente ou résume les décisions des cours de justice. – De *arrêt.*

arrêtoir [aʀɛtwaʀ] n. m. Saillie, cliquet qui bloque le mouvement d'un mécanisme. – De *arrêter.*

arrhénotoque [aʀenɔtɔk] adj. BIOL *Parthénogenèse arrhénotoque,* qui ne donne que des individus mâles (ex.: abeilles). – Du gr. *arrên,* «mâle», et *tokos,* «enfantement».

arrhes [aʀ] n. f. pl. DR Somme donnée comme gage ou dédit de l'exécution d'un marché, d'un contrat (l'acheteur peut se dédire en abandonnant les arrhes, le vendeur le peut également, mais doit rembourser le double des arrhes). – Lat. *arr(h)a.*

arriération [aʀjeʀasjõ] n. f. PSYCHO *Arriération mentale:* faiblesse intellectuelle par rapport à la normalité pour l'âge, évaluée par le quotient intellectuel (Q.I.). – De *arriéré* 2, sens 3.

1. arrière [aʀjɛʀ] adv. **I.** Derrière, du côté opposé à devant; à l'opposé de la direction dans laquelle on va, vers laquelle on se tourne. **1.** MAR *Naviguer vent arrière,* en recevant le vent de l'arrière. **2.** *Faire marche arrière, machine arrière:* faire reculer (un véhicule), inverser l'ordre de marche d'un moteur (Fig. Revenir sur ses paroles, sur une décision). *Navire dont l'hélice bat arrière.* **3.** *Arrière!* (employé seul, comme exclamation): Reculez! *Arrière, laissez passer! Arrière, les médisants!* **II.** loc. adv. *En arrière.* **1.** Dans une direction opposée à celle qui est devant soi. *Faire un pas en arrière.* ▷ Loc. exclam. *En arrière!* (V. I, 3). **2.** Derrière. *Ne restez pas en arrière!* **III.** Loc. prép. *En arrière de.* Derrière et à une certaine distance de. *Rester en arrière de la ligne de bataille.* – Lat. pop. **adretro,* de *ad,* «vers», et *retro,* «en arrière».

2. arrière [aʀjɛʀ] n. m. **1.** Partie postérieure d'une chose. *L'arrière d'une voiture, d'un navire.* Ant. avant. **2.** MILIT Territoire, population d'un pays en guerre, qui se trouve en arrière du front. *Blessé évacué sur l'arrière. Le moral de l'arrière.* ▷ Plur. *Les arrières d'une troupe, d'une colonne, d'une formation.* **3.** SPORT Joueur placé à l'arrière d'une équipe pour défendre les approches du but. **4.** adj. inv. Qui est à l'arrière. *Les roues arrière d'une voiture. La lunette arrière.* – Du préc.

1. arriéré [aʀjeʀe] n. m. **1.** Dette ou partie d'une dette non payée à la date échue. *Régler un arriéré.* ▷ Rentes, dettes dont l'État retarde le paiement. **2.** Partie d'un travail qui reste en retard. – V. *arriéré* 2.

2. arriéré, ée [aʀjeʀe] adj. **1.** Qui reste dû. *Une dette arriérée.* **2.** Péjor. Qui appartient à un passé révolu. *Des idées arriérées.* **3.** Retardé dans son développement mental. *Un enfant arriéré.* – Pp. de *arriérer.*

arrière-ban [aʀjɛʀbɑ̃] n. m. V. ban. *Des arrière-bans.* – De *arrière,* et *ban.*

arrière-bec [aʀjɛʀbɛk] n. m. ARCHI Partie d'une pile de pont qui fait saillie en aval. *Des arrière-becs.* – De *arrière,* et *bec.*

arrière-bouche [aʀjɛʀbuʃ] n. f. ANAT Pharynx. *Des arrière-bouches.* – De *arrière,* et *bouche.*

arrière-boutique [aʀjɛʀbutik] n. f. Pièce située à l'arrière d'une boutique. *Des arrière-boutiques.* – De *arrière,* et *boutique.*

arrière-cour [aʀjɛʀkuʀ] n. f. Cour située à l'arrière d'un bâtiment ou d'une cour principale. *Des arrière-cours.* – De *arrière,* et *cour.*

arrière-garde [aʀjɛʀgaʀd] n. f. Partie d'une armée en mouvement chargée de protéger les arrières. ▷ Fig. *D'arrière-garde:* dépassé (dans le domaine intellectuel). – De *arrière,* et *garde.*

arrière-gorge [aʀjɛʀgɔʀʒ] n. f. Partie supérieure du pharynx, limitée en avant par le voile du palais. *Des arrière-gorges.* – De *arrière,* et *gorge.*

arrière-goût [aʀjɛʀgu] n. m. Goût que laisse dans la bouche l'absorption de certains aliments, de certaines boissons. *Un arrière-goût de framboise.* ▷ Fig. Impression laissée par un événement. *Un arrière-goût de tristesse.* – De *arrière,* et *goût.*

arrière-grand-oncle [aʀjɛʀgʀɑ̃tõkl] n. m., **arrière-grand-tante** [aʀjɛʀgʀɑ̃tɑ̃t] n. f. Frère, sœur de l'un des arrière-grands-parents. – De *arrière,* et *grand-oncle, grand-tante.*

arrière-grand-père [aʀjɛʀgʀɑ̃pɛʀ] n. m., **arrière-grand-mère** [aʀjɛʀgʀɑ̃mɛʀ] n. f. Père, mère du grand-père ou de la grand-mère. *Des arrière-grands-pères, des arrière-grand-mères.* – De *arrière,* et *grand-père, grand-mère.*

arrière-grands-parents [aʀjɛʀgʀɑ̃paʀɑ̃] n. m. pl. L'arrière-grand-père et l'arrière-grand-mère. – De *arrière,* et *grands-parents.*

arrière-main [aʀjɛʀmɛ̃] n. f. **1.** Vx Revers de la main. **2.** Partie postérieure du cheval. *Des arrière-mains.* – De *arrière,* et *main.*

arrière-neveu [aʀjɛʀnəvø] n. m., **arrière-nièce** [aʀjɛʀnjɛs] n. f. Descendant du neveu ou de la nièce. – De *arrière,* et *neveu, nièce.*

arrière-pays [aʀjɛʀpei] n. m. inv. Partie d'un pays située en retrait de la zone côtière. – De *arrière,* et *pays.*

arrière-pensée [aʀjɛʀpɑ̃se] n. f. Pensée, intention dissimulée, et différente de celle qu'on exprime. *Des arrière-pensées.* – De *arrière,* et *pensée.*

arrière-petits-enfants [aʀjɛʀpətizɑ̃fɑ̃] n. m. pl., **arrière-petit-fils** [aʀjɛʀpətifis] n. m., **arrière-petite-fille** [aʀjɛʀpətitfij] n. f. Enfants, fils ou fille d'un petit-fils ou d'une petite-fille. – De *arrière,* et *petits-enfants, petit-fils, petite-fille.*

arrière-plan [aʀjɛʀplɑ̃] n. m. **1.** Plan d'une perspective le plus éloigné du spectateur. *Des arrière-plans.* **2.** Fig. *Rester à l'arrière-plan,* à l'écart, dans une position peu en vue. – De *arrière,* et *plan.*

arriérer [aʀjeʀe] **1.** v. tr. [16] Retarder (un paiement). **2.** v. pron. Ne pas payer aux échéances. – De *arrière.*

arrière-saison [aʀjɛʀsɛzõ] n. f. L'automne, la fin de l'automne. *«De l'arrière-saison le rayon jaune et doux»* (Baudelaire). – De *arrière,* et *saison.*

arrière-salle [aʀjɛʀsal] n. f. Salle qui est derrière une autre. *L'arrière-salle d'un restaurant. Des arrière-salles.* – De *arrière,* et *salle.*

arrière-train [aʀjɛʀtʀɛ̃] n. m. **1.** L'arrière du tronc et les membres postérieurs d'un animal (opposé à l'avant-train). ▷ Fam. Fesses d'une personne. **2.** Partie postérieure d'un véhicule à quatre roues. *Des arrière-trains.* – De *arrière,* et *train.*

arrière-vassal, aux [aʀjɛʀvasal, o] n. m. HIST Dans le système féodal, vassal d'un vassal (par rapport au suzerain de celui-ci). *Des arrière-vassaux.* – De *arrière,* et *vassal.*

arrière-voussure [aʀjɛʀvusyʀ] n. f. ARCHI Voûte pratiquée en arrière d'une porte, d'une fenêtre, pour couronner l'embrasure. *Des arrière-voussures.* – De *arrière,* et *voussure.*

arrimage [aʀimaʒ] n. m. Action d'arrimer; son résultat. – De *arrimer.*

arrimer [aʀime] v. tr. [1] **1.** Répartir et fixer (un chargement) dans la cale d'un navire, d'un avion, à l'intérieur d'un véhicule spatial, etc. **2.** *Par ext.* Assujettir (une charge). *Arrimer des bagages sur le toit d'une voiture.* – Du moy. angl. *rimen,* «arranger».

arrimeur, euse [aʀimœʀ, øz] n. Personne qui arrime les marchandises. – De *arrimer.*

arriser. V. ariser.

arrivage [aʀivaʒ] n. m. Arrivée de marchandises sur le lieu où elles seront vendues. ▷ Ces marchandises elles-mêmes. *Un arrivage de bananes, d'huîtres.* – De *arriver.*

arrivant, ante, [aʀivɑ̃, ɑ̃t] n. Celui, celle qui vient d'arriver. *Les premiers arrivants.* – Ppr. de *arriver.*

arrivé, ée [aʀive] adj. Qui a réussi socialement. *Un artiste arrivé.* – Pp. de *arriver.*

arrivée [aʀive] n. f. **1.** Action d'arriver. *Annoncer son arrivée.* **2.** Lieu où l'on arrive. *Je t'attendrai à l'arrivée.* **3.** Moment où arrive qqch ou qqn. *Attendre l'arrivée du courrier.* **4.** TECH Endroit par où un fluide débouche d'une canalisation. *Arrivée d'eau.* – Pp. subst. fém. de *arriver.*

arriver [aʀive] v. intr. [1] **I. 1.** Vx Aborder, toucher terre. ▷ Mod. *Arriver à bon port:* parvenir heureusement au terme de son voyage. **2.** Parvenir en un lieu, au lieu prévu. *Arriver à Lyon. Arriver à cinq heures.* ▷ *Arriver à ses fins:* obtenir ce qu'on voulait, réussir ce qu'on avait projeté. **3.** *Arriver sur:* se diriger rapidement vers, s'approcher de. *L'orage arrive sur nous.* **4.** (S. comp.) S'élever socialement, réussir dans sa carrière, son métier. *Voilà un jeune homme qui veut arriver. Il est enfin arrivé!* **5.** *En arriver à:* en venir à (faire qqch). *Il en est arrivé à m'injurier.* **6.** MAR Écarter le cap d'un navire du lit du vent. Ant. lofer. **II. 1.** Survenir, se produire. *Accidents qui arrivent en haute montagne. Dites-moi comment c'est arrivé.* ▷ Loc. impers. *Quoi qu'il arrive:* de toute façon, quels que soient les événements. *Il arrive que...* (marquant une éventualité). *Il arrive parfois qu'un menteur dise la vérité.* ▷ *Il arrive à (qqn) de* (+ inf.). *Il arrive à tout le monde de se tromper.* – Lat. pop. **arripare*, «toucher la rive».

arrivisme [aʀivism] n. m. Attitude, ligne de conduite de l'arriviste. – De *arriver.*

arriviste [aʀivist] n. (et adj.). Personne qui vise à la réussite sociale, sans trop regarder au choix des moyens. *Un jeune arriviste.* – Du préc.

arroche [aʀɔʃ] n. f. BOT Genre (*Atriplex*, fam. chénopodiacées) de plantes herbacées très communes, dont on peut consommer les feuilles, comme celles des épinards. – Du lat. *atriplex.*

arrogamment [aʀɔgamɑ̃] adv. Avec arrogance. – De *arrogance.*

arrogance [aʀɔgɑ̃s] n. f. Orgueil, morgue; manières hautaines et méprisantes. *Parler avec arrogance.* Ant. affabilité, humilité, modestie. – Lat. *arrogantia.*

arrogant, ante [aʀɔgɑ̃, ɑ̃t] adj. **1.** Qui montre de l'arrogance. *Personnage arrogant.* **2.** Qui marque de l'arrogance. *Une attitude arrogante.* – Lat. *arrogans.*

arroger (s') [aʀɔʒe] v. pron. [11] S'attribuer illégitimement (un droit, un pouvoir). *Ils se sont arrogé des privilèges exorbitants. Les fonctions qu'il s'est arrogées.* – Lat. *arrogare*, de *rogare*, «demander».

arroi [aʀwa] n. m. Vx Équipage, appareil. – Loc. *En bon, en mauvais arroi*, en ordre, en désordre. – De l'a. fr. *arroyer*, «arranger».

arrondi, ie [aʀɔ̃di] adj. et n. m. **1.** De forme ronde. *Des contours arrondis.* **2.** PHONET *Voyelles arrondies*, qui se prononcent en avançant et en arrondissant les lèvres. **3.** n. m. Partie arrondie de quelque chose. – Pp. de *arrondir.*

arrondir [aʀɔ̃diʀ] **I.** v. tr. [2] **1.** Doter d'une forme ronde. *Arrondir une boucle. Sculpteur qui arrondit les épaules d'une statue.* ▷ Fig. *Arrondir les angles:* atténuer en usant de diplomatie les différends entre personnes. **2.** *Arrondir son bien, sa fortune*, l'augmenter. *Arrondir une somme, un poids*, en supprimer les fractions pour faire une somme ronde, un poids rond. **3.** MAR *Arrondir un cap:* passer au large en le contournant. **II.** v. pron. **1.** Prendre une forme ronde, pleine. *Son visage s'est arrondi.* **2.** Devenir plus considérable (biens, argent). *Fortune qui s'arrondit à la suite d'un héritage.* – De *a-2*, et *rond.*

arrondissage [aʀɔ̃disaʒ] n. m. TECH Opération qui consiste à arrondir. *Arrondissage d'une lime.* – De *arrondir.*

arrondissement [aʀɔ̃dismɑ̃] n. m. **I.** Vx Action d'arrondir; son résultat. **II.** En France, circonscription territoriale soumise à certaines autorités civiles ou militaires. **1.** *Spécial.* En France, division territoriale administrative, sans personnalité morale, placée sous l'autorité d'un sous-préfet. ▷ *Scrutin d'arrondissement*, dans lequel on élit un seul député par arrondissement. **2.** *Arrondissement maritime:* en France, subdivision d'une préfecture maritime. **3.** En France, subdivision administrative de certaines grandes villes. *Les vingt arrondissements de Paris.* – De *arrondir.*

arrosable [aʀozabl] adj. Qui peut être arrosé. *Terres arrosables.* – De *arroser.*

arrosage [aʀozaʒ] n. m. Action d'arroser, de fournir de l'eau; irrigation. *Un boyau d'arrosage.* – De *arroser.*

arroser [aʀoze] v. tr. [1] **1.** Humecter (en répandant de l'eau ou un autre liquide). *Arroser son jardin.* ▷ Fam. *Se faire arroser:* recevoir une pluie violente. ▷ Vieilli *Arroser de ses larmes:* mouiller de ses larmes. **2.** Faire circuler de l'eau dans, irriguer. *De nombreux canaux arrosent cette prairie.* – Couler à travers, baigner. *La Chaudière arrose la Beauce.* **3.** Fam. Célébrer en buvant. *Arroser sa promotion.* **4.** Fig. *Arroser l'ennemi de projectiles:* répandre des projectiles en grande quantité sur lui; le bombarder violemment. **5.** Fam. *Arroser quelqu'un*, lui donner de l'argent (notam. pour le corrompre). – Bas lat. *arrorare*, de *ros, roris*, «rosée».

arroseur, euse [aʀozœʀ, øz] n. **1.** Celui, celle qui arrose. **2.** Appareil utilisé pour l'arrosage. **3.** n. f. Véhicule qui sert au nettoyage des voies publiques. *Arroseuse municipale.* – De *arroser.*

arrosoir [aʀozwaʀ] n. m. Récipient muni d'une anse et d'un bec, qui sert à arroser. *Pomme d'arrosoir:* extrémité amovible, ronde et criblée de trous, d'un arrosoir. – De *arroser.*

arrow-root [aʀoʀut] n. m. Fécule très légère extraite du rhizome de diverses plantes (genres *Maranta* et *Canna*). – Mot angl., de *arrow*, «flèche», et *root*, «racine».

arroyo [aʀɔjo] n. m. Canal naturel ou artificiel reliant des cours d'eau (en Amérique tropicale, en Extrême-Orient). – Mot esp.

ars [aʀ] n. m. Ligne de contact entre la poitrine et le membre antérieur chez le cheval. *Saigner un cheval à l'ars.* – Lat. *armus*, «jointure du bras et de l'épaule».

arsenal, aux [aʀsənal, o] n. m. **1.** *Arsenal maritime:* lieu où se fabriquent, se conservent ou se réparent les navires de guerre. **2.** Dépôt d'armes et de munitions. *Un arsenal d'artillerie.* **3.** Vx Fabrique d'armes. **4.** Grande quantité d'armes, et, *par ext.*, d'objets usuels compliqués. *L'arsenal d'un bricoleur.* ▷ Fig. *L'arsenal des lois.* – Ital. *Arsenale*, d'orig. ar., nom propre de l'arsenal de Venise jusqu'au XVIe s.

arséniate [aʀsenjat] n. m. CHIM Autre nom de l'anhydride arsénieux AS_2O_3. – De *arsenic.*

arsenic [aʀsənik] n. m. **1.** Cour. Acide arsénieux, poison violent. **2.** CHIM Élément, de numéro atomique $Z = 33$, de masse atomique $M = 74{,}92$ (symbole As). – Bas lat. d'orig. gr. *arsenicum.*

ENCYCL L'arsenic est un élément intermédiaire entre les métaux et les non-métaux. On l'extrait du mispickel (FeAsS) par grillage à l'air. L'arsenic est utilisé pour durcir les métaux (plombs de chasse) et pour doper les semiconducteurs. Les arséniates [As_2O_3] ont des propriétés antiparasitaires externes et internes. Les dérivés organiques moins toxiques étaient utilisés comme anti-infectieux en médecine.

Toxicologie. L'arsenic est un poison cumulatif, utilisé surtout sous forme d'acide arsénieux, par dose massive ou par petites doses répétées. Il se fixe sur les protéines et enzymes soufrées des tissus kératinisés (ongles, peau, poils), ce qui permet de déceler facilement sa présence lors d'une intoxication (méthode de Marsh ou de Cribier). L'intoxication aiguë se manifeste par des troubles digestifs (diarrhée hémorragique), cardiaques, respiratoires et rénaux. *L'intoxication chronique,* ou *arsénicisme,* se manifeste par des troubles cutanés et nerveux.

arsenical, ale, aux [aʀsənikal, o] adj. Qui contient de l'arsenic. – De *arsenic.*

arsénicisme [aʀsenisism] n. m. Intoxication chronique par l'arsenic et ses sels. – De *arsenic.*

arsénié, ée [aʀsenje] adj. Qui contient de l'arsenic. – De *arsenic.*

arsénieux, euse [aʀsenjø, øz] adj. CHIM Qualifie l'anhydride As_2O_3 et l'acide qui en est dérivé. – De *arsenic.*

arsénite [aʀsenit] n. m. CHIM Nom générique des sels de l'acide arsénieux. – De *arsenic.*

arséniure [aʀsenjyʀ] n. m. Nom générique des composés d'arsenic avec un corps simple. – De *arsenic.*

arsin [aʀsɛ̃] adj. m. SYLVIC *Bois arsin,* que le feu a endommagé. – De l'a. fr. *ardre,* «brûler».

arsine [aʀsin] n. f. CHIM Nom générique des composés basiques dérivés de l'hydrure d'arsenic AsH_3, redoutable gaz de combat. – De *arsenic.*

arsouille [aʀsuj] n. Voyou, mauvais sujet (s'emploie au m. ou au f. pour désigner un homme). *Une petite arsouille.* ▷ adj. *Un air, un genre arsouille,* crapuleux. – Orig. incon.

art [aʀ] **I. 1.** Activité humaine qui tend à la création d'œuvres exprimant un idéal de beauté, d'harmonie. *Les chefs-d'œuvre de l'art. Spécial.* (excluant la création littéraire). Cette activité en tant qu'elle s'exerce dans le domaine de la création plastique ou musicale. V. beaux-arts. *Histoire de l'art. Œuvre d'art.* – Plur. *Les arts et les lettres.* ▷ *D'art:* artistique. *Cinéma d'art et d'essai.* **2.** Chacun des domaines dans lesquels les facultés créatrices de l'homme peuvent exprimer un idéal esthétique. *Cultiver tous les arts. L'art pictural. L'art dramatique:* le théâtre. *Le septième art:* le cinéma. *Les arts de l'espace* (dessin, gravure, sculpture, architecture), opposés aux *arts temporels* (mime, poésie, musique, cinéma). *L'art sacré,* religieux. **3.** Ensemble d'œuvres caractéristiques d'une époque, d'une contrée, d'un style. *L'art antique. L'art nègre. L'art baroque.* **II. 1.** Ensemble de connaissances, de techniques nécessaires pour maîtriser une pratique donnée. *L'art du trait. L'art militaire, médical. La critique est aisée et l'art est difficile. Le grand art, l'art sacré, l'art hermétique:* l'alchimie. – *Travailler dans les règles de l'art,* en se conformant aux principes qui régissent l'activité exercée; le mieux possible. *Un homme de l'art,* hautement qualifié dans l'art, l'activité qu'il pratique; désigne partic. un médecin. **2.** Plur. Anc. *Les arts libéraux,* qui privilégient l'activité de l'esprit (par oppos. aux *arts mécaniques,* qui font appel au travail manuel ou au travail des machines). *Les sept arts libéraux des universités médiévales* (la grammaire, la logique, la rhétorique, qui formaient le cours d'études appelé *trivium;* l'arithmétique, la géométrie, la musique et l'astronomie, qui composaient le *quadrivium).* ▷ Mod. *Arts industriels,* dans lesquels les modes de production industriels interviennent au plus haut point. *Arts ménagers,* qui se rapportent à l'entretien d'une maison. *Arts appliqués. Arts décoratifs.* **3.** Ce qui est l'œuvre de l'homme (par oppos. aux créations de la nature). *L'art gâte parfois la nature.* ▷ Artifice. *Il y a dans sa grâce plus d'art que de naturel.* **4.** Adresse, talent. *Avoir l'art de plaire.* – Lat. *ars, artis,* «science, savoir».

artefact [aʀtefakt] n. m. Phénomènes ou structures artificiels dont l'apparition est liée à la méthode utilisée lors d'une expérience, biologique notam. – Mot angl., du lat. *artis factum,* «fait de l'art».

artel [aʀtɛl] n. m. Société coopérative d'exploitation (forêts, mines, etc.) en U.R.S.S. – Mot russe, «commune».

artemia [aʀtemja] n. f. ZOOL Genre de petits crustacés branchiopodes des eaux saumâtres, présentant un polymorphisme en rapport avec la salinité du milieu aquatique et dont l'élevage, très simple à partir des œufs, permet l'utilisation comme aliment vivant pour un aquarium. – Mot lat.

artère [aʀtɛʀ] n. f. **1.** MED Vaisseau sanguin conduisant le sang du cœur vers les différents organes et tissus. **2.** Fig. Grande voie de circulation. *Les artères d'une ville.* – Lat. d'orig. gr. *arteria.*

artériectomie [aʀteʀjɛktɔmi] n. f. CHIR Exérèse d'un segment d'artère. – De *artère,* et *-ectomie.*

artériel, ielle [aʀteʀjɛl] adj. Qui appartient aux artères; relatif aux artères. *Sang artériel,* sang rouge, oxygéné. – De *artère.*

artériole [aʀteʀjɔl] n. f. ANAT Petite artère. – Dimin. de *artère.*

artériosclérose [aʀteʀjoskleʀoz] n. f. MED Sclérose siégeant sur les artères musculaires et rénales, liée à un déséquilibre nutritionnel, à la sénescence. – De *artère,* et *sclérose.*

artériotomie [aʀteʀjɔtɔmi] n. f. CHIR Incision, section d'une artère. – De *artère,* et *-tomie.*

artérite [aʀteʀit] n. f. MED Épaississement de la paroi artérielle, d'origine inflammatoire ou dégénérative. – De *artère,* et *-ite* 1.

artésien, enne [aʀtezjɛ̃, ɛn] adj. *Puits artésien,* duquel l'eau jaillit sous l'effet de la pression de la nappe souterraine. – De *Artois* (région de la France où le premier puits de ce type fut creusé).

arthralgie [aʀtʀalʒi] n. f. MED Douleur articulaire. – Du gr. *arthron,* «articulation», et *-algie.*

arthrite [aʀtʀit] n. f. MED Inflammation aiguë ou chronique des articulations, d'origine bactérienne ou rhumatismale. – Bas lat. *arthritis,* mot gr., «goutte».

arthritique [aʀtʀitik] adj. Relatif à l'arthrite; qui souffre d'arthritisme. ▷ Subst. Malade atteint d'arthrite. – De *arthrite.*

arthritisme [aʀtʀitism] n. m. MED Disposition de l'organisme à l'arthrite (V. aussi diathèse). – De *arthrite,* et *-isme.*

arthroplastie [aʀtʀoplasti] n. f. CHIR Intervention au niveau d'une articulation. – Du grec *arthron,* «articulation», et *-plastie.*

arthropodes [aʀtʀɔpɔd] n. m. pl. ZOOL Embranchement de métazoaires invertébrés cœlomates. – Sing. *Un arthropode.* – Du gr. *arthron,* «articulation», et *pous, podos,* «pied».

ENCYCL Les arthropodes sont caractérisés par un tégument rigide, inextensible, ce qui leur impose une croissance par mues et une structure articulée, à laquelle ils doivent leur aspect. Ils représentent 80 % des espèces animales connues. On distingue trois sous-embranchements: les proarthropodes, tous fossiles (trilobites du Primaire); les antennates (crustacés, myriapodes et insectes); les chélicérates, c.-à-d. surtout les arachnides (araignées, scorpions).

arthrose [aʀtʀoz] n. f. MED Affection chronique dégénérative non inflammatoire des articulations, avec déformation et impotence, sans altération de l'état général, survenant habituellement après cinquante ans. – Du gr. *arthron,* «articulation», et *-ose* 2.

artichaut [aʀtiʃo] n. m. **1.** BOT Légume (*Cynara scolymus,* fam. composées) dont la tige florale porte un gros capitule, la base des bractées *(feuilles d'artichaut)* et le réceptacle *(fond d'artichaut),* charnus, constituant la partie comestible. ▷ Le capitule comestible de cette plante. *Artichaut à la vinaigrette.* **2.** Pièce de ferronnerie hérissée de pointes, qui garnit une clôture pour empêcher de l'escalader. – Ital. dial. *articioc,* de l'ar. *al-kharchoūf.*

article [aʀtikl] n. m. **I. 1.** Chaque partie d'une loi, d'une convention, etc., qui établit une disposition, une stipulation. *Article du Code civil.* ▷ *Article de foi:* point de dogme religieux. **2.** *Par ext.* Partie distincte d'un compte, d'un mémoire, d'une facture, d'un inventaire. *Porter une somme à l'article des recettes, des dépenses.* **3.** Chacun des textes, distincts par leur auteur, leur titre ou leur sujet, qui composent un journal, une publication, un dictionnaire. *Un article de presse.* **4.** Chacun des sujets distincts sur lesquels porte un écrit. – *Par ext.* Question, sujet. *Il est très strict sur l'article de l'honneur.* ▷ *À l'article de la mort,* au dernier moment de la vie. INFORM Élément d'information contenu dans un fichier. **II.** Marchandise vendue dans un magasin. *Article de luxe.* ▷ *Faire l'article:* vanter un produit. – *Par ext.* Faire valoir les avantages de quelque chose. **III.** GRAM Mot lié à un substantif qu'il détermine et dont il indique le genre et le nombre. *«Le» est un article défini.* **IV. 1.** ZOOL Toute pièce simple et mobile située entre deux articulations (ex.: phalange d'un doigt; élément d'un appendice d'arthropode). **2.** BOT Partie comprise entre deux discontinuités de structures nettes, entre deux nœuds. *Article de tige.* – Lat. *articulus,* «articulation».

articulaire [aʀtikylɛʀ] adj. Des articulations; relatif aux articulations. *Rhumatisme articulaire.* – Lat. *articularis.*

articulation [aʀtikylasjɔ̃] n. f. **I. 1.** Mode de jonction de pièces osseuses, mobiles ou non, entre elles. *L'articulation du fémur avec le bassin.* ▷ Ensemble des éléments de jonction des os. **2.** Assemblage de deux pièces permettant leur mouvement relatif. **II.** PHONET Mouvement des organes de la parole pour l'émission des sons. *Articulation orale, nasale, dentale, vélaire.* ▷ Manière de prononcer les sons d'une langue. *Une articulation nette.* – Lat. *articulatio.*

articulatoire [aʀtikylatwaʀ] adj. PHON Qui se rapporte à l'articulation. – De *articuler.*

articulé, ée [aʀtikyle] adj. **1.** Qui s'articule (sens II, 2). *Les membres articulés des crustacés.* ▷ Subst. pl. Syn. anc. d'*arthropodes.* – Sous-classe de brachiopodes dont les valves sont articulées par une charnière (rhynchonelles, térébratules, etc.). **2.** Prononcé distinctement. *Phrase bien articulée.* – Pp. de *articuler.*

articuler [aʀtikyle] **I.** v. tr. [1] **1.** Joindre (une pièce mécanique à une autre) par un dispositif qui permet le mouvement. *Articuler une bielle sur un piston.* **2.** Prononcer distinctement. *Articulez si vous voulez qu'on vous comprenne!* **II.** v. pron. **1.** PHONET Se prononcer. *Le R grasseyé s'articule avec la luette.* **2.** ANAT Être joint par une articulation. *La main s'articule sur l'avant-bras.* ▷ Fig. *Son récit s'articule bien.* – Lat. *articulare.*

articulet [aʀtikylɛ] n. m. Petit article insignifiant. – Du lat. *articulus.*

artifice [aʀtifis] n. m. **1.** Technique élaborée. *Artifice de style.* **2.** Moyen peu naturel. *Les artifices d'une coquette.* **3.** *Pièce d'artifice:* combinaison de corps très inflammables dont la combustion donne des flammes colorées. ▷ *Feu d'artifice:* spectacle obtenu par l'agencement et la mise en œuvre de pièces d'artifice et autres dispositifs pyrotechniques (fusées, feu, etc.) ▷ Fig. *C'est un feu d'artifice,* se dit d'un dialogue, d'une œuvre écrite ou jouée, où les traits d'esprit se succèdent de façon continue. – Lat. *artificium,* «art».

artificiel, elle [aʀtifisjɛl] adj. **1.** Qui est le produit de l'activité humaine (par oppos. à *naturel*). *Des fleurs artificielles. Un rein artificiel, une jambe artificielle.* **2.** Fig. Qui manque de simplicité. *Style artificiel.* **3.** TECH Qualifie les matières obtenues à partir de produits qui existent dans la nature (par oppos. à *synthétique*). *Textile artificiel.* – Lat. *artificialis,* «conforme à l'art».

artificiellement [aʀtifisjɛlmɑ̃] adv. Par un moyen artificiel. – De *artificiel.*

artificier [aʀtifisje] n. m. Celui qui confectionne des pièces d'artifice, ou les met en œuvre. – De *artifice.*

artificieusement [aʀtifisjøzmɑ̃] adv. D'une manière artificieuse, trompeuse. – De *artificieux.*

artificieux, euse [aʀtifisjø, øz] adj. Qui est empreint d'artifice, de ruse. *Une conduite artificieuse.* – De *artifice.*

artillerie [aʀtijʀi] n. f. **1.** MILIT Matériel de guerre comprenant les bouches à feu, leurs munitions et les engins servant à leur transport. *Artillerie motorisée. Artillerie lourde. Artillerie anti-aérienne.* **2.** Ensemble du personnel servant ces armes. – De l'a. fr. *artillier,* «munir d'engins de guerre».

artilleur [aʀtijœʀ] n. m. Militaire servant dans l'artillerie. – De *artillerie.*

artimon [aʀtimɔ̃] n. m. MAR *Mât d'artimon,* ou *artimon,* le plus petit des mâts, situé à l'arrière d'un navire ayant deux mâts ou plus. *Voile d'artimon.* – Lat. *artemo, artemonis.*

artiodactyles [aʀtjɔdaktil] n. m. pl. ZOOL Ordre de mammifères ongulés dont chaque membre se termine par un nombre pair de doigts (suidés [porcs], ruminants, hippopotamidés). Syn. paridigités. – Du gr. *artios,* «pair», et *daktulos,* «doigt».

artisan, ane [aʀtizɑ̃, an] n. Personne qui exerce pour son propre compte un art mécanique ou un métier manuel. ▷ Fig. Auteur, cause de qqch. *Il est l'artisan de sa fortune.* Prov. *À l'œuvre, on connaît l'artisan.* – Ital. *artigiano.*

artisanal, ale, aux [aʀtizanal, o] adj. Relatif à l'artisan. *Travail artisanal.* – De *artisan.*

artisanalement [aʀtizanalmɑ̃] adv. De manière artisanale. – De *artisanal.*

artisanat [aʀtizana] n. m. **1.** Profession d'artisan. **2.** Ensemble des artisans. – De *artisan.*

artiste [aʀtist] n. Personne qui pratique un art. ▷ Par ext. *Artiste capillaire, culinaire.* – Ital. *artista.*

artistement [aʀtistəmɑ̃] adv. Avec goût, habileté. *Artistement aménagé.* – De *artiste.*

artistique [aʀtistik] adj. **1.** Relatif aux arts. *Activités artistiques.* **2.** Fait, présenté avec art. *Une décoration artistique.* – De *artiste.*

artistiquement [aʀtistikmɑ̃] adv. D'une manière artistique. – De *artistique.*

artocarpus [aʀtɔkaʀpys] n. m. BOT Genre d'arbres (fam. moracées), dont une espèce d'Asie tropicale, l'arbre à pain *(Artocarpus incisa),* donne un fruit comestible volumineux, très riche en amidon. – Du gr. *artos,* «pain», et *karpos,* «fruit».

arum [aʀɔm] n. m. Plante herbacée (fam. aracées) aux feuilles lancéolées, aux fleurs en épi entourées d'une bractée blanche en cornet, la spathe. – Mot lat., du gr. *arôn.*

aruspice [aʀyspis] n. m. ANTIQ ROM Devin qui interprétait la volonté des dieux par certains signes, en partic. d'après l'examen des entrailles des animaux immolés. – Lat. *haruspex, haruspicis.*

aryen, yenne [aʀjɛ̃, jɛn] adj. Des Aryens (de Arya); relatif à ces peuples de langue et d'origine indo-européennes qui s'établirent en Iran et au N. de l'Inde entre 2 000 et 1 000 av. J.-C. (Dans les théories racistes, on trouve cet adjectif employé pour définir un type d'homme de «pure race», censé descendre directement, sans métissage, des Aryens; cette notion est totalement dépourvue de fondement scientifique.) - Du sanscrit *ārya,* «noble».

aryle [aʀil] adj. CHIM Qualifie les radicaux qui dérivent d'un hydrocarbure aromatique par perte d'un atome d'hydrogène (ex.: radical phényle - C_6H_5). - De *ar(omatique),* et *-yle.*

aryténoïde [aʀitenɔid] n. m. et adj. ANAT Cartilage du larynx. - Du gr. *arutainoeidês,* «en forme d'aiguière».

arythmie [aʀitmi] n. f. MED Irrégularité du rythme cardiaque ou respiratoire. *Arythmie par fibrillation auriculaire.* - De *a-*1, et gr. *ruthmos,* «rythme».

As Symbole de l'arsenic.

as [ɑs] n. m. **1.** JEU Un point seul, marqué sur une des faces d'un dé à jouer, ou sur une carte, ou sur une moitié de domino. *As de pique. As de cœur.* ▷ Fam. *Être fichu comme l'as de pique:* être très négligé dans sa tenue. ▷ Fam. *Être plein aux as:* avoir beaucoup d'argent. **2.** Fam. Personne qui excelle dans un domaine, une activité. *C'est un as ! Un as du volant.* **3.** ANTIQ Unité monétaire chez les Romains. - Lat. *as* (sens 3).

asaret [azaʀɛ] n. m. Plante printanière pubescente, vivace et à rhizome aromatique. *Asaret du Canada.* - Lat. *asarum.*

asbeste [asbɛst] n. m. PETROG Syn. d'*amiante.* - Lat. *asbestos,* «incombustible», du gr.

asbestose [asbɛstoz] n. f. MED Syn. d'*amiantose.* - De *asbeste,* et *-ose* 2.

ascaridiase [askaʀidjaz] ou **ascaridiose** [askaʀidjoz] n. f. MED Troubles dus à la présence d'ascaris dans l'intestin. - De *ascaris,* et *-ase* ou *-ose* 2.

ascaris [askaʀis] n. m. ZOOL Nématode parasite de l'intestin grêle des mammifères, dont une espèce, *Ascaris lombricoïdes,* infeste l'homme. - Gr. *askaris.*

ascendance [asɑ̃dɑ̃s] n. f. **1.** Ensemble des ancêtres directs d'un individu, d'une lignée. *Ascendance paternelle, maternelle.* Ant. descendance. **2.** ASTRO Marche ascendante d'un astre à l'horizon. **3.** Courant aérien vertical, dirigé de bas en haut, dans l'atmosphère. - De *ascendant* 2.

1. ascendant [asɑ̃dɑ̃] n. m. **1.** ASTROL Point de l'écliptique qui se lève à l'horizon au moment de la naissance de quelqu'un. *Avoir la planète Mars à l'ascendant.* **2.** Fig. Influence dominante, autorité exercée sur la volonté de quelqu'un. *Avoir de l'ascendant sur quelqu'un.* - De *ascendant* 2.

2. ascendant, ante [asɑ̃dɑ̃, ɑ̃t] adj. et n. Qui va en montant. *Mouvement ascendant.* ▷ ASTRO Qui s'élève au-dessus de l'horizon. ▷ DR *Ligne ascendante:* série des parents dont on descend directement. - N. m. pl. Les parents dont on descend. ▷ MATH *Progression ascendante,* qui va en augmentant numériquement. ▷ MUS *Gamme ascendante,* qui va du grave à l'aigu. Ant. descendant. - Lat. *ascendens,* de *ascendere,* «monter».

ascenseur [asɑ̃sœʀ] n. m. Appareil à déplacement vertical, servant au transport des personnes. - Du rad. de *ascension.*

ascension [asɑ̃sjɔ̃] n. f. **I.** Action de s'élever. **1.** Action de gravir une montagne. *L'ascension de l'Everest.* **2.** Action de s'élever dans les airs au moyen d'un aérostat. *Les audacieuses ascensions de Pilâtre de Rozier.* ▷ Fig. Élévation vers la réussite sociale. *Une ascension semée d'embûches.* **II.** ASTRO *Ascension droite d'un astre:* une des deux coordonnées équatoriales d'un astre, l'angle entre le cercle horaire qui passe par le point vernal et celui qui passe par l'astre considéré. **III. 1.** THEOL *L'Ascension:* l'élévation miraculeuse du Christ ressuscité, quittant la Terre et montant au ciel. **2.** Jour où l'Église célèbre ce mystère. - Lat. *ascensio.*

ascensionnel, elle [asɑ̃sjɔnɛl] adj. Qui tend à monter, à faire monter. *Mouvement ascensionnel.* - De *ascension.*

ascèse [asɛz] n. f. Ensemble d'exercices de mortification visant à une libération spirituelle. ▷ *Par ext.* Façon de vivre, de penser, de créer, qui conduit à l'exclusion de toute compromission, de tout excès, de tout artifice. - Gr. *askêsis,* «exercice».

ascète [asɛt] n. **1.** Personne qui se consacre aux exercices de piété, à la méditation et aux mortifications. **2.** Personne qui mène une vie particulièrement austère. *Vivre en ascète.* - Du gr. *askêtês,* de *askein,* «exercer».

ascétique [asetik] adj. **1.** Qui a rapport à la vie, aux conceptions des ascètes. *Une spiritualité ascétique.* **2.** Austère. *Une vie ascétique et monotone de vieux garçon.* - Gr. *askêtikos.*

ascétisme [asetism] n. m. Vie, état, doctrine des ascètes. *L'ascétisme chrétien.* - De *ascète.*

ascidie [asidi] n. f. **1.** BOT Appendice creux terminant les feuilles de certaines plantes carnivores. Syn. urne. **2.** ZOOL Animal marin dont le corps, en forme d'outre, est recouvert d'une tunique cellulosique, et dont il existe deux classes (ascidies solitaires et coloniales), du sous-embranchement des urocordés (ou tuniciers). V. cordés. - Gr. *askidion,* «petite outre».

ascite [asit] n. f. MED Épanchement de liquide dans la cavité péritonéale. - Du gr. *askos,* «outre».

ascomycètes [askɔmisɛt] n. m. pl. BOT Vaste embranchement de champignons, caractérisés par des spores formées à l'intérieur d'*asques,* et comprenant les morilles, les pézizes, les truffes, les levures, certaines moisissures. - Du gr. *askos,* «outre», et *mukês,* «champignon».

ascorbique [askɔʀbik] adj. BIOCHIM *Acide ascorbique:* vitamine C, antiscorbutique et stimulant général. - De *a-*1, et *scorbut.*

ascospore [askɔspɔʀ] n. m. BOT Spore prenant naissance dans un asque. - Du gr. *askos,* «outre», et *spore.*

asdic [asdik] n. m. MAR Appareil à ultrasons servant à détecter les sous-marins, les bancs de poissons, etc. - Sigle de l'amér. *Allied Submarine Detection Investigation Committee.*

-ase. Élément tiré de *diastase,* désignant certains enzymes. ▷ n. f. *Une ase:* syn. de diastase.

aselle [azɛl] n. m. ZOOL Genre *(Asellus)* de petits crustacés isopodes, très fréquents dans les eaux douces. - Lat. *asellus,* «petit âne».

asémantique [asemɑ̃tik] adj. LING Énoncé qui n'a pas de sens (mais qui peut néanmoins être grammatical). - De *a-l,* et *sémantique.*

asepsie [asɛpsi] n. f. **1.** Absence de tout germe microbien. **2.** MED Destruction des micro-organismes par stérilisation. ▷ Ensemble des procédés utilisés dans ce but. - De *a-*1, et gr. *sêpsis,* «putréfaction».

aseptique [asɛptik] adj. Exempt de tout microbe. - Du préc.

aseptisation [asɛptizasjɔ̃] n. f. Action de rendre aseptique. - De *aseptiser.*

aseptiser [asɛptize] v. tr. [1] Rendre aseptique. - De *aseptique.*

asexué, ée [asɛksɥe] adj. Privé de sexe. BIOL *Reproduction asexuée:* reproduction (aussi répandue dans le monde vivant que la reproduction sexuée) se faisant sans le concours de cellules sexuelles, donc sans fécondation. Syn. reproduction végétative. – De *a-*1, et *sexe.*

ashkénaze [aʃkenaz] n. et adj. Juif d'Europe, de culture et de langue yiddish. ▷ adj. *Le rite ashkénaze.* Plur. *ashkenazim* ou *ashkénazes.* – De l'hébreu *ashkenaze.*

ashram [aʃʀam] n. m. En Inde: lieu où vit une communauté groupée autour d'un maître spirituel. – Mot sanscrit.

asiate [azjat] adj. et n. Péjor. Personne originaire d'Asie. – Syn. Asiatique. – De *asiatique.*

asiatique [azjatik] adj. De l'Asie. *Les civilisations asiatiques.* ▷ Subst. *Un, une Asiatique.* – Lat. *asiaticus.*

asilaire [ɑzilɛʀ] adj. Relatif à l'asile. – De *asile.*

asile [azil] n. m. **1.** Lieu inviolable où l'on est à l'abri des poursuites de la justice, des persécutions, des dangers. *Les églises furent longtemps des asiles.* ▷ *Droit d'asile:* immunité accordée aux ressortissants de pays étrangers, poursuivis dans leur pays pour crimes ou délits politiques, qui évitent ainsi l'extradition. **2.** *Par ext.* Demeure, habitation. *Être sans asile.* **3.** Anc. Établissement où l'on recueillait les indigents, les vieillards. ▷ *Asile d'aliénés:* hôpital psychiatrique (ne s'emploie plus en psychiatrie). – Lat. d'orig. gr. *asylum.*

asine [azin] adj. f. *Espèce, race asine:* espèce, race du genre âne. – Lat. *asininus,* de *asinus,* «âne».

asinien, ienne [azinjɛ̃, jɛn] adj. Propre à l'âne. – Lat. *asininus,* de *asinus,* «âne».

asocial, ale, aux [asɔsjal, o] adj. (et n.). Qui n'est pas adapté à la vie en société. – De *a-*1, et *social.*

asparagine [aspaʀaʒin] n. f. BIOCHIM Amide de l'acide aspartique présent, à de fortes concentrations, dans les pousses d'asperges. – Du lat. *asparagus,* «asperge».

asparagus [aspaʀagys] n. m. **1.** BOT Nom scientif. des asperges (fam. liliacées). **2.** Cour. Variété d'asperge dont le feuillage ornemental est utilisé dans la confection de bouquets. – Mot lat., «asperge».

aspect [aspɛ] n. m. **1.** Vue d'une personne, d'une chose. *Il tremble à l'aspect de son maître.* **2.** Manière dont une personne ou une chose s'offre à la vue. *Maison à l'aspect accueillant.* **3.** Point de vue sous lequel on peut considérer un objet, une affaire. *Examiner une chose sous tous ses aspects.* **4.** LING Façon d'envisager l'action exprimée par le verbe dans son déroulement temporel. *Aspect imperfectif* (indiquant que l'action est inaccomplie), *perfectif* (indiquant que l'action est accomplie). *Aspect itératif, inchoatif.* **5.** ASTROL Situations respectives des astres par rapport à leur influence sur la destinée des hommes. – Lat. *aspectus,* de *aspicere,* «jeter les yeux sur».

asperge [aspɛʀʒ] n. f. **1.** Plante potagère (genre *Asparagus,* fam. liliacées), originaire d'Asie, aux pousses comestibles. **2.** Fig., fam. Personne trop grande et trop mince. *C'est une véritable asperge!* – Lat. *asparagus.*

asperger [aspɛʀʒe] v. tr. [15] Arroser légèrement en surface. *Asperger du linge pour le repasser.* – Du lat. *spargere,* «répandre».

aspergillose [aspɛʀʒiloz] n. f. MED Infection pulmonaire due à *Aspergillus fumigatus.* – De *aspergillus,* et *-ose* 2.

aspergillus [aspɛʀʒilys] n. m. BOT Genre de champignons ascomycètes, moisissure qui se développe sur les substances en décomposition (confitures, sirop, etc.). – Lat. *aspergillum,* «goupillon».

aspérité [aspeʀite] n. f. **1.** Vx Rudesse, rugosité. *L'aspérité du sol.* – Fig. *L'aspérité du caractère.* **2.** Petite saillie qui rend une surface inégale, rude. *L'alpiniste prit pied sur une aspérité du rocher.* – Lat. *asperitas.*

asperme [aspɛʀm] adj. BOT Qui ne produit pas de graines. – Gr. *aspermos,* «sans semence».

aspermie [aspɛʀmi] n. f. BOT Absence de graines. – MED Absence de sperme. – De *asperme.*

aspersion [aspɛʀsjõ] n. m. Action d'asperger. ▷ LITURG Cérémonie de purification par l'eau bénite. – Lat. *aspersio.*

aspersoir [aspɛʀswaʀ] n. m. Goupillon servant à asperger d'eau bénite. – Lat. ecclés. *aspersorium.*

aspérule [aspeʀyl] n. f. BOT Genre de plantes herbacées à feuilles verticellées et à tige quadrangulaire (fam. rubiacées), dont une espèce *(Asperula odorata)* est, séchée, très appréciée par le bétail. – Du lat. *asper,* «rude».

asphaltage [asfaltaʒ] n. m. Action d'asphalter. – De *asphalte.*

asphalte [asfalt] n. m. PETROG Roche sédimentaire, calcaire, poreuse, imprégnée naturellement de bitume. ▷ TRAV PUBL Revêtement pour les chaussées préparé avec cette roche, pulvérisée et mélangée à chaud à du bitume. – Bas lat. *asphaltus,* gr. *asphaltos.*

asphalter [asfalte] v. tr. [1] Étendre de l'asphalte sur. – De *asphalte.*

asphaltier [asfaltje] n. m. TECH Cargo aménagé pour le transport des asphaltes. – De *asphalte.*

asphaltique [asfaltik] adj. Qui contient de l'asphalte. – De *asphalte.*

asphodèle [asfɔdɛl] n. m. Plante herbacée à fleurs blanches (fam. liliacées), dont une espèce méditerranéenne *(Asphodelus albus)* fournit des tubercules utilisés pour la fabrication d'une eau-de-vie. – Lat. *asphodelus,* gr. *asphodelos.*

asphyxiant, ante [asfiksjɑ̃, ɑ̃t] adj. Qui asphyxie. *Des gaz asphyxiants.* ▷ Fig. Se dit d'une atmosphère moralement étouffante. – De *asphyxier.*

asphyxie [asfiksi] n. f. **1.** Défaut d'oxygénation du sang et arrêt consécutif des battements du cœur, pouvant entraîner la mort. **2.** Fig. Oppression, contrainte. *L'asphyxie de l'opinion publique.* **3.** Fig. Diminution, arrêt de l'activité économique. *L'asphyxie d'une région.* – Gr. *asphuxia,* «arrêt du pouls».

asphyxier [asfiksje] v. tr. [1] Déterminer l'asphyxie. ▷ v. pron. Mourir volontairement ou accidentellement par asphyxie. – De *asphyxie.*

1. aspic [aspik] n. m. Vipère brun-rouge *(Vipera aspis),* au venin très toxique. ▷ Fig. *Langue d'aspic:* personne médisante. – Lat. *aspis.*

2. aspic [aspik] n. m. Nom courant d'une lavande *(Lavandula spica),* la lavande spic. – Provenç. *espic,* «épi».

3. aspic [aspik] n. m. CUIS Plat froid de viande, de poisson moulé dans une gelée. *Aspic de poulet.* – Orig. incon.

aspidistra [aspidistʀa] n. m. Genre de plantes (fam. liliacées) dont une espèce *(Aspidistra eliator),* originaire du Japon, aux larges feuilles vert sombre, est utilisée comme plante d'appartement. – Du gr. *aspidion,* «petit bouclier».

aspidobranches [aspidɔbʀɑ̃ʃ] n. m. pl. ZOOL Ordre de mollusques gastéropodes, prosobranches, très archaïques, au système nerveux peu développé, dont font partie l'ormeau et la patelle. Syn. archéogastéropodes. – Du gr. *aspis,* «bouclier», et *branchies.*

aspirant, ante [aspiʀɑ̃, ɑ̃t] adj. et n. **I.** adj. Qui aspire. *Une pompe aspirante.* **II.** n. **1.** Personne qui aspire à obtenir une place, un titre, un poste. *Un aspirant au doctorat.* **2.** n. m. Grade attribué aux élèves officiers avant leur promotion au grade de sous-lieutenant. – Ppr. de *aspirer.*

aspirateur [aspiʀatœʀ] n. m. **1.** Appareil qui sert à dépoussiérer. *Passer l'aspirateur.* **2.** CHIR Instrument destiné à pratiquer l'aspiration de liquides, de gaz. – De *aspirer.*

aspiration [aspiʀasjɔ̃] n. f. **1.** Action d'aspirer. *Aspiration des buées.* **2.** PHON Mouvement expiratoire guttural. **3.** Fig. Élan, mouvement de l'âme vers un idéal. *L'aspiration vers un monde meilleur.* – De *aspirer.*

aspiratoire [aspiʀatwaʀ] adj. Qui aspire. *Mouvement aspiratoire.* – De *aspirer.*

aspirer [aspiʀe] **I.** v. tr. dir. [1] **1.** Attirer un fluide. *Aspirer l'air, l'eau.* ▷ (S. comp.) Attirer l'air dans ses poumons. *Aspirer lentement.* **2.** PHON Prononcer en expulsant de l'air au fond du gosier. *Aspirer une consonne.* ▷ *H aspiré:* signe (la lettre h) qui empêche la liaison. **II.** v. tr. ind. Désirer fortement, ambitionner. *Aspirer aux honneurs, au repos.* – Lat. *aspirare.*

aspirine [aspiʀin] n. f. Nom déposé de l'acide acétylsalicylique, utilisé comme analgésique et pour lutter contre la fièvre et les rhumatismes. – De l'all. *Aspirin,* de *a-* (privatif), et de *Spiraea ulmania* (voir spirée), indiquant que cet acide n'est pas extrait de cette plante qui en contient une certaine proportion.

asplenium [asplenjɔm] n. m. BOT Fougère ornementale aux feuilles entières d'un beau vert clair (ex.: *Asplenium scolopendrium,* la scolopendre). – De *a*-1, et gr. *splên,* «rate».

asque [ask] n. m. BOT Cellule reproductrice, caractéristique des champignons ascomycètes, à l'intérieur de laquelle se forment en général huit spores (ascospores, endospores) qui sont le résultat d'une méiose. – Gr. *askos,* «outre».

assa-foetida [asafetida] n. f. PHARM Résine d'odeur désagréable, antispasmodique et vermifuge, extraite d'une espèce de férule. – Lat. médiév. *asa* (mot présumé persan), et *fœtida,* «fétide».

assagir [asaʒiʀ] v. tr. [2] Rendre sage. *La solitude assagit l'homme.* ▷ V. pron. Devenir sage. *S'assagir avec l'âge.* – De *a*-2, et *sage.*

assagissement [asaʒismɑ̃] n. m. Action de rendre ou de devenir sage. – De *assagir.*

assai [asaj] adv. MUS Très (terme augmentatif précisant le mouvement). *Presto assai.* – Mot ital., «beaucoup».

assaillant, ante [asajɑ̃, ɑ̃t] adj. Qui assaille. *Les troupes assaillantes.* ▷ Subst. *Repousser les assaillants,* ou *l'assaillant* (sens collectif). – Ppr. de *assaillir.*

assaillir [asajiʀ] v. tr. [31] **1.** Attaquer vivement à l'improviste. *Assaillir un camp militaire. Être assailli par les moustiques.* **2.** Fig. *Assaillir qqn de questions,* le harceler par des questions. – Lat. pop. **assalire,* «sauter sur».

assainir [aseniʀ] v. tr. [2] Rendre sain, ou plus sain, plus pur. *Assainir une maison. Assainir les finances publiques.* – De *a*-2, et *sain.*

assainissement [asenismɑ̃] n. m. Action d'assainir. *L'assainissement d'une ville.* ▷ TRAV PUBL *Réseau d'assainissement:* ensemble de collecteurs assurant l'évacuation des eaux usées et des eaux pluviales. – De *assainir.*

assainisseur [asenisœʀ] n. m. Appareil ou produit qui combat les odeurs désagréables. – De *assainir.*

assaisonnement [asɛzɔnmɑ̃] n. m. **1.** Action et manière d'assaisonner. *Un assaisonnement léger.* **2.** Ce qui sert à relever le goût. *Utiliser des assaisonnements variés.* – De *assaisonner.*

assaisonner [asɛzɔne] v. tr. [1] Accommoder des aliments avec des ingrédients propres à en relever le goût. *Assaisonner une salade.* ▷ Fig. Rendre plus vif, plus agréable. *Assaisonner ses écrits de traits d'esprit.* – De *a*-2, et *saison.*

assassin, ine [asasɛ̃, in] n. et adj. **1.** n. m. Celui qui attente à la vie d'autrui avec préméditation. *Tomber sous les coups d'un assassin.* ▷ *Par ext.* Celui qui provoque la mort de qqn. par négligence ou incompétence. *Cet anesthésiste est un assassin.* **2.** adj. Fig. Qui blesse; qui provoque. *Une pique assassine. Un clin d'œil assassin.* – De l'ar. *hachchāchin,* pl. de *hachchāch,* «fumeur de haschisch», par l'ital.

assassinat [asasina] n. m. Homicide volontaire commis avec circonstances aggravantes (préméditation, guet-apens). *Commettre un assassinat.* – Ital. *assassinato.*

assassiner [asasine] v. tr. [1] Tuer avec préméditation. – De *assassin.*

assaut [aso] n. m. **1.** Attaque pour emporter de force une position. *Monter à l'assaut. Repousser un assaut.* ▷ Fig. *Les assauts de la tempête.* **2.** SPORT Combat opposant deux escrimeurs. *Un assaut d'armes.* ▷ Fig. *Faire assaut d'esprit:* rivaliser sur le plan intellectuel. – Lat. pop. **assaltus,* de *saltus,* «saut».

-asse. Élément de suffixation donnant une valeur péjorative (ex. *mollasse, dégueulasse).*

asseau [aso] n. m. TECH Marteau employé par les couvreurs pour couper et clouer les ardoises. – Du lat. *ascia,* «hache».

assèchement [asɛʃmɑ̃] n. m. Action d'assécher; résultat de cette action. – De *assécher.*

assécher [aseʃe] v. tr. [16] Mettre à sec. *Assécher un marais.* ▷ V. intr. *Ce rocher assèche à marée basse.* – De *a*-2, et *sécher.*

assemblage [asɑ̃blaʒ] n. m. **1.** Action d'assembler. *L'assemblage des pièces d'un moteur.* **2.** Réunion de choses diverses qui forment un tout. *Un curieux assemblage de couleurs.* ▷ BX-A Œuvre d'art moderne composée de matériaux, d'objets divers mis ensemble. **3.** TECH Dispositif, procédé destiné à relier entre elles plusieurs pièces. *Assemblage à tenon et mortaise.* – De *assembler.*

assemblé [asɑ̃ble] n. m. CHOREGR Saut exécuté sur une jambe, l'autre glissant de côté puis la rejoignant. – Pp. subst. de *assembler.*

assemblée [asɑ̃ble] n. f. **1.** Réunion de plusieurs personnes en un même lieu. *Une grande, une nombreuse assemblée.* **2.** Corps délibérant. *Convoquer, dissoudre, présider une assemblée. Assemblée nationale du Québec* (anc. Assemblée législative) où siègent les députés provinciaux québécois. **3.** FIN *Assemblée générale des actionnaires:* réunion que tiennent annuellement les actionnaires d'une société. – Pp. fém. subst. de *assembler.*

assembler [asɑ̃ble] **I.** v. tr. [1] **1.** Mettre ensemble, réunir. *Assembler des mots pour en faire une phrase.* **2.** Réunir par convocation. *Assembler le conseil.* **3.** Joindre des pièces pour en former un tout. *Assembler les pièces d'une machine, les feuillets d'un volume.* **II.** v. pron. Se réunir. *Les manifestants se sont assemblés devant le Parlement.* ▷ Prov. *Qui se ressemble s'assemble.* – Lat. pop. *assimulare.*

assembleur, euse [asɑ̃blœʀ, øz] n. **1.** Personne qui assemble. ▷ TECH Ouvrier, ouvrière qui assemble les feuillets d'un livre. **2.** n. f. Machine qui assemble les feuilles imprimées. **3.** n. m. INFORM Programme qui permet de traduire un langage symbolique en langage machine en supprimant la phase de compilation. – De *assembler.*

assener [asene] v. tr. **[19]** Porter, donner (un coup violent). *Assener un coup de matraque.* – Lat. *assignare,* «attribuer».

assentiment [asɑ̃timɑ̃] n. m. Adhésion, consentement donné à une proposition, à un acte. *Donner son assentiment à un mariage.* Syn. approbation Ant. refus. – Du lat. *assentire,* «sentir, penser de même».

asseoir [aswaʀ] **I.** v. tr. **[44] 1.** Placer (qqn) sur son séant. *Asseoir un enfant sur ses genoux.* **2.** Établir solidement. *Asseoir une maison sur ses fondations.* ▷ Fig. *Asseoir un raisonnement sur des bases solides.* **II.** v. pron. Se mettre sur son séant. *S'asseoir à une table, sur une chaise, à califourchon.* – Lat pop. **assedere.*

assermentation [asɛʀmɑ̃tasjɔ̃] n. f. Action de faire prêter ou de prêter serment. *L'assermentation des témoins. L'assermentation des nouveaux ministres.* – De *assermenter.*

assermenté, ée [asɛʀmɑ̃te] adj. **1.** Qui a prêté serment. *Expert assermenté. Témoin assermenté.* ▷ (France) *Prêtres assermentés,* qui avaient prêté serment à la Constitution civile du clergé (1790). **2.** Fait sous serment. *Déclaration assermentée.* – Pp. de *assermenter.*

assermenter [asɛʀmɑ̃te] v. tr. **[1]** Faire prêter serment à. *Assermenter un témoin.* – De *serment.*

assertif, ive [asɛʀtif, iv] adj. DR Qui a le caractère de l'assertion. *Un jugement assertif.* – Lat. *assertus,* de *asserere* (V. assertion).

assertion [asɛʀsjɔ̃] n. f. Proposition que l'on avance comme vraie. *Des assertions mensongères.* – Lat. *assertio,* de *asserere,* «affirmer, prétendre».

assertorique [asɛʀtɔʀik] adj. PHILO *Jugement assertorique:* chez Kant, jugement vrai mais non nécessaire (par ex.: *La Terre est sphérique*). – All. *assertorisch,* du lat. (V. assertion).

asservir [asɛʀviʀ] **I.** v. tr. **[2] 1.** Rendre esclave, assujettir, réduire à la servitude. *Asservir une nation.* Ant. libérer, délivrer, affranchir. **2.** Soumettre (qqn). *Asservir qqn à ses caprices.* **3.** TECH Réaliser un asservissement. **II.** v. pron. Se soumettre. *S'asservir à la règle.* – De *a-2,* et *serf.*

asservissant, ante [asɛʀvisɑ̃, ɑ̃t] adj. Qui asservit. *Un travail asservissant.* – De *asservir.*

asservissement [asɛʀvismɑ̃] n. m. **1.** Action d'asservir. **2.** État de ce qui est asservi. *Tenir un peuple dans l'asservissement.* ▷ Fig. *Asservissement aux usages, à la mode.* **3.** TECH Réaction de la part d'un organe ou d'un système commandé sur les circuits de commande, assurant une régulation; dispositif utilisant une telle réaction. – De *asservir.*

assesseur [asesœʀ] n. m. DR Personne ayant une compétence particulière dans un secteur d'activités, qui siège auprès d'un juge et l'assiste dans ses fonctions. ▷ *Par ext.* Personne qui en seconde une autre dans ses fonctions. (Rem.: Comme forme féminine, l'OLF recommande *une assesseure.*) – Lat. *assessor,* «celui qui est assis auprès de quelqu'un».

assette [asɛt] n. f. Syn. de *asseau.*

assez [ase] adv. **1.** (Avec un verbe ou un nom). Autant qu'il faut. *Dormir assez. Assez de courage. Assez de sel.* **2.** Avec un adj. ou un adv., sert à restreindre la signification du mot qui le suit. *Elle est assez jolie. Courir assez vite.* ▷ *C'est assez, c'en est assez, Assez!,* pour faire taire un contradicteur, arrêter un importun. ▷ *Assez peu:* pas beaucoup. – Lat. *adsatis.*

assibilation [asibilasjɔ̃] n. f. LING Développement d'une sifflante après certaines occlusives, notamment les dentales *t* et *d. En français du Québec, les consonnes* t *et* d *sont assibilées devant les voyelles* i *et* u. – De *assibiler,* et *-ation.*

assibiler [asibile] v. tr. **[1]** Donner un son sifflant à un phonème occlusif. – Du lat. *asibilare,* «siffler».

assidu, ue [asidy] adj. **1.** Qui se trouve constamment auprès de quelqu'un ou dans quelque lieu. *Être assidu auprès d'un malade.* ▷ *Visites assidues,* fréquentes. **2.** Ponctuel, exact. *Un élève assidu.* **3.** Qui s'applique avec persévérance. *Assidu au travail.* **4.** Constant. *Des soins assidus.* – Lat. *assiduus,* de *assidere,* «être assis auprès».

assiduité [asidɥite] n. f. Présence régulière là où l'on doit s'acquitter de ses obligations. *Assiduité d'un bon élève.* ▷ Plur., péjor. Empressement auprès d'une femme. *Repousser des assiduités.* – De *assidu.*

assidûment [asidymɑ̃] adv. De manière assidue, régulière. *Travailler assidûment.* – De *assidu.*

assiégé, ée [asjeʒe] adj. et n. Qui subit un siège. – Pp. de *assiéger.*

assiégeant, ante [asjeʒɑ̃, ɑ̃t] adj. et n. Qui assiège. – Ppr. de *assiéger.*

assiéger [asjeʒe] v. tr. **[17] 1.** Mettre le siège devant (une place, une forteresse). ▷ Par anal. *La foule assiège les guichets.* **2.** Poursuivre, obséder. *Les ennuis m'assiègent.* – De *a-2,* et *siège.*

assiette [asjɛt] n. f. **I. 1.** Pièce de vaisselle servant à contenir les aliments. ▷ *Assiette anglaise:* plat composé de viandes froides (et parfois de charcuteries). ▷ *Pique-assiette:* parasite. **2.** Le contenu d'une assiette. *Manger une assiette de soupe.* V. assiettée. **II. 1.** Vx Situation d'équilibre d'un corps. *L'assiette d'une pierre.* ▷ Mod. Adhérence des fesses et des cuisses du cavalier au corps de son cheval, lui permettant d'en sentir les réactions. **2.** Vx Situation d'une ville, d'une construction. *L'assiette d'un camp.* ▷ Mod. *L'assiette d'une route:* la surface nécessaire à sa construction. **3.** Fig. *Ne pas être dans son assiette:* se sentir mal. **4.** FIN *L'assiette de l'impôt:* la matière assujettie à l'impôt. – Lat. pop. *assedita,* de **assedere,* «asseoir».

assiettée [asjete] n. f. Contenu d'une assiette. – De *assiette.*

assignable [asiɲabl] adj. Qui peut être assigné. – De *assigner.*

assignat [asiɲa] n. m. En France, papier-monnaie émis en 1789, supprimé en 1797, et garanti par la vente des biens nationaux. – De *assigner.*

assignation [asiɲasjɔ̃] n. f. **1.** Action d'affecter un fonds au paiement d'une dette, d'une rente. **2.** DR Ordre donné à une personne par une autorité judiciaire de se présenter devant un tribunal, à une date fixe ou dans un délai déterminé, en tant que défendeur ou témoin. ▷ *Bref d'assignation:* ordre de cour signifié normalement par un huissier, par lequel le demandeur informe le défendeur qu'un procès civil est engagé contre lui et l'invite à comparaître devant un tribunal dans un délai déterminé. – De *assigner.*

assigner [asiɲe] v. tr. **[1] 1.** Attribuer (qqch) à qqn. *Assigner une mission à une personne de confiance.* **2.** Fixer, déterminer. *Assigner une date de livraison.* **3.** Affecter un fonds ou une recette déterminée au paiement d'une dette, d'une rente, etc. **4.** DR Sommer par exploit judiciaire à comparaître devant un tribunal statuant en matière civile, à un jour déterminé. – Lat. *assignare,* «attribuer».

assimilable [asimilabl] adj. Qui peut être assimilé. – De *assimiler.*

assimilateur, trice [asimilatœʀ, tʀis] adj. Qui assimile, qui permet l'assimilation. *La chlorophylle est un pigment assimilateur.* – De *assimiler.*

assimilation [asimilasjõ] n. f. **1.** Le fait de considérer deux ou plusieurs choses comme semblables. *L'assimilation d'un artisan à un artiste.* ▷ Équivalence de certaines catégories de fonctionnaires. **2.** PHYSIOL Action d'assimiler (en parlant d'un tissu vivant). ▷ *Assimilation chlorophyllienne:* fonction spéciale des végétaux renfermant de la chlorophylle, qui consiste à absorber le gaz carbonique de l'air en présence de lumière, et à l'incorporer dans des molécules glucidiques (amidon) avec un rejet d'oxygène. Syn. photosynthèse. ▷ *Par ext.* Le fait de se pénétrer des choses étudiées. *L'assimilation d'un théorème.* **3.** Le fait de devenir semblable sur le plan social et culturel. **4.** PHON Phénomène par lequel un phonème adopte un ou plusieurs traits distinctifs du phonème avec lequel il est en contact. *Assimilation progressive, régressive, à distance.* – De *assimiler.*

ENCYCL L'assimilation chlorophyllienne étant la seule fonction biologique capable de capter de l'énergie hors du sol terrestre, elle est seule responsable du maintien de la vie, végétale et animale, sur Terre; il est donc vital de protéger les végétaux chlorophylliens.

assimilé, ée [asimile] adj. Rendu semblable; considéré comme semblable. ▷ N. Cour. Personne qui remplit la même fonction qu'une autre sans en avoir le titre. – Pp. de *assimiler.*

assimiler [asimile] **I.** v. tr. [1] **1.** Présenter, considérer comme semblable. *Assimiler un cas à un autre.* **2.** BIOL Pour un organisme vivant: prendre des molécules simples, organiques ou minérales, dans le milieu où il vit (N.B.: ne pas confondre avec *digérer* et *métaboliser*). *Assimiler du glucose.* ▷ Fig. *Assimiler une théorie,* la comprendre pleinement. **3.** Incorporer (des étrangers) dans une nation. *Assimiler les immigrants.* **II.** v. pron. **1.** Se considérer comme semblable à qqn. **2.** (Impr. au lieu de *se métaboliser.*) S'intégrer aux structures cellulaires d'un organisme. *Les graisses animales s'assimilent plus difficilement que les graisses végétales.* **3.** Devenir semblable aux membres d'un groupe social, d'une nation. *Immigrant qui cherche à s'assimiler à son nouveau pays.* – Lat. *assimilare,* de *similis,* «semblable».

assis, ise [asi, iz] adj. **1.** Qui est sur son séant. *J'ai voyagé assis sur un strapontin.* ▷ *Place assise,* où l'on peut s'asseoir. **2.** Solidement établi. *Une réputation bien assise.* – Pp. de *asseoir.*

assise [asiz] n. f. CONSTR Rang de pierres qu'on pose horizontalement pour construire un mur. ▷ Fig. Base, fondement. *Les assises d'un raisonnement.* – De *asseoir.*

assises [asiz] n. f. pl. DR *Assises criminelles:* juridiction de la Cour supérieure chargée d'entendre et de juger les crimes. *Les assises criminelles sont composées, en règle générale, d'un juge qui préside et d'un jury.* ▷ *Par ext.* Réunion d'un groupement, d'une association, etc. *Tenir ses assises une fois par an.* – De *asseoir.*

assistanat [asistana] n. m. Fonction d'assistant princ. dans l'enseignement supérieur, le cinéma et le théâtre. – De *assistant.*

assistance [asistɑ̃s] n. f. **1.** Assemblée, auditoire. *Une nombreuse assistance.* **2.** Aide apportée à qqn. *Demander, porter assistance à un ami.* ▷ TECH Dispositif capable d'amplifier un effort manuel et de le transmettre à un mécanisme. **3.** DR Intervention d'une personne ayant le pouvoir légal de conseiller un incapable, afin de l'autoriser à accomplir des actes juridiques. **4.** Nom donné à différentes administrations qui prennent en charge, qui aident certaines catégories d'individus. *Assistance sociale.* – De *assister.*

assistant, ante [asistɑ̃, ɑ̃t] n. **1.** Personne présente en un lieu. *Les assistants applaudirent l'orateur.* **2.** Celui ou celle qui seconde qqn. *L'assistant d'un médecin. Le premier assistant du metteur en scène. Les assistants d'un professeur de faculté.* ▷ *Assistante sociale:* personne ayant reçu une formation sociale et médicale, sanctionnée par un diplôme, et dont le rôle est d'apporter une aide aux individus et aux familles dans le cadre des lois sociales. – De *assister.*

assisté, ée [asiste] adj. Qui bénéficie de l'aide d'un organisme chargé d'assister les personnes dans le besoin. *Une personne assistée.* – Subst. *Un, une assisté(e).* ▷ TECH Muni d'un dispositif d'assistance. *Direction assistée. Freinage assisté.* – Pp. de *assister.*

assister [asiste] **1.** v. tr. ind. [1] Être présent. *Assister à un mariage, à une inauguration.* **2.** v. tr. Aider, seconder quelqu'un. *Un avocat assistait le prévenu, Dieu vous assiste !* ▷ TECH Équiper d'un dispositif d'assistance. – Lat. *assistere,* «se tenir auprès».

associatif, ive [asɔsjatif, iv] adj. **1.** Qui a rapport avec une, des association(s). *La vie associative.* **2.** MATH *Loi associative:* loi de composition interne k telle que, quels que soient les éléments a, b, et c d'un ensemble E, (akb)kc = ak(bkc). *L'addition des nombres entiers positifs est associative* [ex: (5 + 7) + 2 = 5 + (7 + 2)]. – De *association.*

association [asɔsjasjõ] n. f. **I.** Union de personnes dans un intérêt commun. *Une association à trois. Association à but non lucratif.* **II. 1.** Action d'associer des choses; son résultat. *Une association de couleurs inattendue. Association d'idées.* **2.** ASTRO Groupe diffus d'étoiles très jeunes ou en formation au sein de la matière interstellaire. – De *associer.*

associationnisme [asɔsjasjɔnism] n. m. PHILO Doctrine selon laquelle tous les phénomènes psychologiques résultent d'associations d'idées purement automatiques. – De *association.*

associationniste [asɔsjasjɔnist] adj. Qui relève de l'associationnisme. ▷ Subst. Partisan de l'associationnisme. – Du préc.

associativité [asɔsjativite] n. f. Propriété d'une loi associative, d'un ensemble muni d'une telle loi. – De *associatif.*

associé, ée [asɔsje] n. Personne qui fait partie d'une association. ▷ *Membre associé:* membre d'une académie qui participe aux travaux sans être titulaire. – Pp. subst. de *associer.*

associer [asɔsje] **I.** v. tr. [1] **1.** Unir, joindre (des choses). **2.** Réunir (des personnes) dans une entreprise commune (politique, économique, sociale, intellectuelle). *Associer des gouvernements, des entrepreneurs.* ▷ *Associer qqn à une entreprise, à une activité, à un profit,* l'y faire participer. – Fig. *Associer qqn à sa gloire, à son succès.* **II.** v. pron. **1.** *S'associer à qqn, avec qqn:* s'unir à qqn dans une entreprise commune. ▷ *S'associer aux vues de qqn,* y adhérer. *Je m'associe volontiers à vos propos.* **2.** Former une association. *Ils s'associèrent pour pouvoir moderniser leur matériel.* **3.** Aller ensemble (choses). *Ces couleurs s'associent parfaitement.* – Lat. *associare,* de *socius,* «compagnon».

assoiffé, ée [aswafe] adj. et n. Qui a soif. ▷ Fig. Avide. *Être assoiffé d'honneurs.* – Pp. de *assoiffer.*

assoiffer [aswafe] v. tr. [1] Donner soif. *La chaleur nous a assoiffés.* – De *a-2,* et *soif.*

assolement [asɔlmɑ̃] n. m. AGRIC Alternance des cultures sur un terrain donné. (Les différentes plantes ne tirant pas les mêmes aliments du sol, celui-ci peut récupérer ses qualités originelles entre deux passages successifs d'une même plante, ce qui permet l'obtention d'un rendement maximal.) – De *assoler.*

assoler [asɔle] v. tr. [1] AGRIC Faire un assolement. – De *a-2,* et *sole,* «planche, bande de terre».

assombrir [asõbʀiʀ] **I.** v. tr. [2] **1.** Rendre sombre. *Ces couleurs assombrissent l'appartement.* Ant. éclairer. **2.** Attrister. *Les soucis ont assombri son regard.* **II.** v. pron. **1.** Devenir sombre. *Le ciel s'est assombri.* **2.** Devenir triste, prendre une expression triste. *Son visage s'assombrit.* – De *a-2,* et *sombre.*

assombrissement [asõbʀismɑ̃] n. m. Le fait d'assombrir ou de s'assombrir; état de ce qui est assombri. *L'assombrissement du ciel.* – De *assombrir.*

assommant, ante [asɔmɑ̃, ɑ̃t] adj. Fam. Accablant, ennuyeux. *Un travail assommant.* – Ppr. de *assommer.*

assommer [asɔme] v. tr. [1] **1.** Tuer en donnant un coup sur la tête. *Assommer un bœuf avec un merlin.* **2.** Faire perdre conscience par des coups sur la tête. ▷ V. pron. *S'assommer contre un mur.* **3.** Accabler. *La chaleur m'assomme.* **4.** Ennuyer. *Vous m'assommez avec vos plaintes et vos récriminations.* – A. fr. *somme,* «sommeil».

assommeur [asɔmœʀ] n. m. Celui qui est chargé d'abattre les animaux en les assommant. *Un assommeur de chevaux.* – De *assommer.*

assommoir [asɔmwaʀ] n. m. **1.** Vx Instrument servant à assommer, à tuer des animaux. **2.** Vx Cabaret où l'on sert de l'alcool. *L'Assommoir,* roman d'Émile Zola. – De *assommer.*

Assomption [asõpsjõ] n. f. **1.** Montée au ciel de l'âme et du corps de la Vierge Marie. **2.** Jour où est fêté cet événement (15 août). **3.** BX-A Œuvre d'art figurant cette scène. – Du lat. *assumere,* «enlever».

assonance [asɔnɑ̃s] n. f. Répétition d'un son voyelle, dans la syllabe tonique des mots. – Du lat. *assonare,* de *sonus,* «son».

assonancé, ée [asɔnɑ̃se] adj. Qui présente une assonance. *Des vers assonancés.* – De *assonance.*

assonant, ante [asɔnɑ̃, ɑ̃t] adj. Qui forme une assonance. *Plage* et *sable* sont assonants. – De *assonance.*

assorti, ie [asɔʀti] adj. **1.** Adapté, en harmonie avec. *Une cravate et une pochette assorties. Un couple bien assorti.* **2.** Pourvu de marchandises. *Une épicerie bien assortie.* **3.** Pl. Variés. *Hors-d'œuvre assortis.* – Pp. de *assortir.*

assortiment [asɔʀtimɑ̃] n. m. **1.** Harmonie de plusieurs choses unies en un tout. *Assortiment de couleurs.* **2.** Assemblage de choses allant ensemble. *Un assortiment de bonbons.* ▷ COMM Collection de marchandises de même sorte, mais de qualité et de prix différents. *Un assortiment de dentelles.* – De *assortir.*

assortir [asɔʀtiʀ] **I.** v. tr. [2] **1.** Mettre ensemble des choses, des personnes qui se conviennent. *Assortir des couleurs. Assortir une cravate à une chemise.* **2.** Vieilli Garnir du nécessaire. *Assortir un magasin.* **II.** v. pron. **1.** Aller ensemble. *Des meubles qui s'assortissent.* **2.** Vieilli Se fournir en biens nécessaires. *S'assortir de produits étrangers.* – De *a-2,* et *sorte.*

assoupir [asupiʀ] **1.** v. tr. [2] Provoquer l'engourdissement qui précède le sommeil. *Les vapeurs du vin l'assoupissent.* ▷ Fig. Calmer, apaiser, atténuer. *Assoupir la douleur.* **2.** v. pron. Commencer à s'endormir. *S'assoupir dans un fauteuil.* ▷ Fig. Se calmer, s'affaiblir. – Autre forme de *assouvir,* sur le lat. assouvir, calmer.

assoupissement [asupismɑ̃] n. m. **1.** Le fait de s'assoupir. **2.** État de demi-sommeil. – De *assoupir.*

assouplir [asupliʀ] v. tr. [2] Rendre souple, flexible. *Assouplir le cuir, un ressort.* ▷ V. pron. Devenir souple. *Étoffe qui s'assouplit à l'usage.* – Fig. *Son caractère s'est assoupli,* est devenu plus accommodant, plus sociable. – De *a-2,* et *souple.*

assouplissement [asuplismɑ̃] n. m. **1.** Action d'assouplir; fait de s'assouplir. *Mouvements d'assouplissement.* **2.** Correctif apporté à ce qui est trop strict. *L'assouplissement d'un règlement.* – De *assouplir.*

assourdir [asuʀdiʀ] **I.** v. tr. [2] **1.** Causer une surdité passagère (à qqn). *Le bruit du canon l'avait assourdi.* **2.** Rendre moins sonore. *Moquette qui assourdit les pas. Cloison étudiée pour assourdir une pièce.* **3.** Fig. Diminuer la force, atténuer l'éclat (d'une couleur). *Assourdir un rouge en y mêlant du vert.* **II.** v. pron. PHONET Perdre son caractère sonore, en parlant d'une consonne. *En français, le [b] s'assourdit devant une consonne sourde* (par ex. dans *absolu,* prononcé [apsɔly]). – De *a-2,* et *sourd.*

assourdissement [asuʀdismɑ̃] n. m. **1.** Action d'assourdir. ▷ État d'une personne assourdie. **2.** Perte par une consonne du trait de sonorité. – De *assourdir.*

assouvir [asuviʀ] v. tr. [2] **1.** Rassasier. *Assouvir sa faim.* **2.** Fig. Satisfaire. *Assouvir ses désirs, sa passion.* ▷ V. pron. *Haine qui s'assouvit dans la vengeance.* – Du lat. pop. **assopire,* class. *sopire* «endormir».

assouvissement [asuvismɑ̃] n. m. **1.** Action d'assouvir. **2.** État de ce qui est assouvi, de celui qui est assouvi. – De *assouvir.*

assuétude [asɥetyd] n. f. MED **1.** Tolérance de l'organisme à une drogue qui y est introduite de façon habituelle. **2.** Dépendance psychique d'un toxicomane vis-à-vis de son toxique. – Lat. *assuetudo,* «habitude».

assujetti, ie [asyʒeti] adj. Soumis. ▷ Subst. Personne que la loi soumet au paiement d'un impôt ou d'une taxe, ou à l'affiliation à un organisme. – Pp. de *assujettir.*

assujettir [asyʒetiʀ] **I.** v. tr. [2] **1.** Asservir, ranger sous sa domination. *Assujettir un peuple.* ▷ Ôter toute liberté à. *Cette tâche l'assujettit entièrement.* **2.** *Assujettir à:* soumettre à. *Il l'assujettit à ses caprices. Assujettir des contribuables à un impôt.* **3.** Fixer solidement, immobiliser (qqch). *Assujettir un chargement sur un camion.* **II.** v. pron. S'astreindre, se soumettre. *S'assujettir à une règle.* – De *a-2,* et *sujet.*

assujettissant, ante [asyʒetisɑ̃, ɑ̃t] adj. Astreignant, qui exige de l'assiduité. *Métier assujettissant.* – Ppr. de *assujettir.*

assujettissement [asyʒetismɑ̃] n. m. **1.** Action d'assujettir; état de ce qui est assujetti, asservissement. *L'assujettissement d'un pays.* **2.** État de contrainte habituelle, dépendance. *Assujettissement aux usages.* – De *assujettir.*

assumer [asyme] v. tr. [1] Prendre sur soi la charge de. *Assumer une fonction, une responsabilité. Assumer sa condition:* l'envisager lucidement et supporter avec résolution les obligations qui en résultent. ▷ V. pron. Assumer sa condition (psychique, sociale, morale, etc.). *Personne qui s'assume pleinement.* – Lat. *assumere.*

assurable [asyʀabl] adj. Susceptible d'être couvert par une assurance. *Risque assurable.* – De *assurer.*

assurance [asyʀɑ̃s] n. f. **1.** Litt. Sérénité. *Partez en toute assurance.* **2.** Mod. Comportement confiant et ferme. *Perdre son assurance:* se décontenancer. **3.** Gage ou garanties qui rassurent. *Exiger des assurances.* ▷ (Formule épistolaire.) *Croyez à l'assurance de ma considération.* **4.** Contrat passé entre une personne et une société (compagnie d'assurances) qui la garantit contre des risques éventuels. *Contracter une assurance.* ▷ Plur. La compagnie qui assure. *Se renseigner auprès des assurances.* ▷ Nom donné à divers programmes d'assurances sociales et aux organismes publics qui en ont la charge. *Assurance-automobile. Assurance-chômage. – Carte d'assurance-maladie. – Numéro d'assurance sociale.* – De *assurer.*

assuré, ée [asyʀe] adj. **1.** Hardi, sans crainte. *Un air assuré.* **2.** Certain, inévitable, infaillible. *Succès assuré.* **3.** Garanti par un contrat d'assurance. ▷ Subst. La personne qui a contracté une assurance; qui verse des cotisations à un organisme d'assurance. – Pp. de *assurer.*

assurément [asyʀemɑ̃] adv. Certainement, sûrement. – De *assuré.*

assurer [asyʀe] **I.** v. tr. **[1] 1.** Donner pour certain. *Je vous assure que...* ▷ Garantir, autoriser à croire. *Son effort nous assure de sa réussite.* **2.** Protéger par un dispositif de sûreté. *Assurer ses frontières.* ▷ Rendre sûr, garantir. *Ce traité assure la paix.* **3.** Rendre stable, ou (fig.) résolu. *Assurer un mur, sa contenance.* **4.** Garantir le fonctionnement, la réalisation de. *Les ailes assurent la sustentation. L'interne assure la garde.* **5.** Garantir un droit. *Assurer une hypothèque.* ▷ Garantir ou faire garantir d'un risque par contrat. *Assurer un véhicule.* ▷ *Assurer une personne,* la garantir contre tel ou tel risque. **II.** v. pron. **1.** Vérifier, contrôler. *Assurez-vous que la porte est fermée. Assure-toi de sa bonne volonté.* **2.** Affermir sa position. *S'assurer en selle.* **3.** *S'assurer contre:* prendre des mesures de défense contre. ▷ Contracter une assurance couvrant tel ou tel risque. *S'assurer contre l'incendie.* **4.** *S'assurer de qqn,* utiliser les moyens nécessaires pour le contraindre à agir, à obtempérer, *partic.*, l'emprisonner. ▷ *S'assurer de qqch,* utiliser les moyens voulus pour s'en rendre maître. – Lat. pop. **assecurare,* de *securus,* «exempt de souci».

assureur [asyʀœʀ] n. m. Personne qui garantit contre un risque par contrat. (Rem.: Comme forme féminine, l'OLF recommande *une assureuse.*) – De *assurance.*

assyrien, ienne [asiʀjɛ̃, jɛn] adj. (et n.). De l'Assyrie; relatif à la civilisation assyrienne. – Du n. de l'anc. empire d'Asie occidentale.

assyriologie [asiʀjɔlɔʒi] n. f. Étude de la civilisation assyrienne. – De *Assyrie,* et *-logie.*

assyriologue [asiʀjɔlɔg] n. Spécialiste en assyriologie. – Du préc.

astasie [astazi] n. f. MED Trouble caractérisé par l'impossibilité de rester debout. – De *a-*1, et gr. *stasis,* «station».

astate [astat] n. m. CHIM Élément radioactif de numéro atomique Z = 85, de masse atomique 210 (symbole At), obtenu artificiellement et appartenant à la famille des halogènes. – Gr. *astatos,* «instable».

astatique [astatik] adj. MECA *Système astatique,* qui reste en équilibre indifférent dans n'importe quelle position. – Du gr. *astatos,* «instable».

aster [astɛʀ] n. m. **1.** BOT Genre de composées ornementales, à petites fleurs en forme d'étoiles. **2.** BIOL Figure constituée par un centrosome et des filaments rayonnants. *Les asters apparaissent lors des divisions cellulaires, sauf chez les végétaux chlorophylliens.* – Gr. *astêr,* «étoile».

astérie [asteʀi] n. f. ZOOL Échinoderme appartenant à la sous-classe des *asteroidea,* étoile de mer. – Lat. *aster,* «étoile».

astérisque [asteʀisk] n. m. Signe typographique (*) indiquant le plus souvent un renvoi ou annonçant une note. – Lat. d'orig. gr. *asteriscus,* «petite étoile».

astéroïde [asteʀɔid] n. m. ASTRO Petite planète. *La plupart des astéroïdes circulent autour du Soleil sur des orbites situées entre celles de Mars et de Jupiter.* (Leur nombre est supérieur à 30 000 et leur masse totale est inférieure au 1/1000 de celle de la Terre. Le plus gros, Cérès, a un diamètre de 1 000 km.) – Gr. *asteroeidês.*

asteroidea [asteʀɔidea] n. m. pl. ZOOL Sous-classe d'échinodermes dont le corps est soit pentagonal, soit en forme d'étoile à cinq branches.

asthénie [asteni] n. f. MED Fatigue générale. Syn. adynamie. – De *a-*1, et gr. *sthenos,* «force».

asthénique [astenik] adj. et n. Atteint d'asthénie. – Du préc.

asthénosphère [astenɔsfɛʀ] n. f. GEOPH Couche interne du globe située, en dessous de la lithosphère, jusqu'au manteau. (C'est sur ce magma, analogue à un liquide visqueux, que se déplacent les plaques rigides.) – De *a-*1, gr. *sthenos,* «force», et *sphère.*

asthmatique [asmatik] adj. et n. Qui est sujet à l'asthme. – De *asthme.*

asthme [asm] n. m. Maladie caractérisée par des crises de dyspnée paroxystique, avec blocage de la respiration en inspiration et hypersécrétion bronchique. (Son origine peut être allergique – pollen –, psychologique, infectieuse ou cardiaque – asthme cardiaque.) – Lat. d'orig. gr. *asthma,* «respiration difficile».

asticot [astiko] n. m. **1.** Larve de la mouche dorée *(Lucilia caesar)* servant d'appât pour la pêche. **2.** Fam. Bonhomme. *Un drôle d'asticot.* – Orig. incert.

asticoter [astikɔte] v. tr. [1] Fam. Tracasser. – P.-ê. de l'all. *dass dich Gott...,* «que Dieu te...».

astigmate [astigmat] adj. et n. Atteint d'astigmatisme. – De *a-*1, et du gr. *stigma,* «point».

astigmatisme [astigmatism] n. m. MED Défaut de courbure des milieux réfringents de l'œil, rendant impossible la convergence en un seul point des rayons homocentriques. – Du préc.

astiquage [astikaʒ] n. m. Action d'astiquer. – De *astiquer.*

astiquer [astike] v. tr. [1] Frotter pour faire reluire. – De *astic,* «os pour lisser le cuir».

astragale [astʀagal] n. m. **1.** BOT Genre de papilionacées, dont une espèce *(Astragalus gummifera)* produit la gomme adragante. **2.** ANAT Os du tarse articulé en haut avec les os de la jambe, en bas avec le calcanéum et le scaphoïde. **3.** ARCHI Moulure qui sépare le fût d'une colonne de son chapiteau. – Lat. *astragalus.*

astrakan [astʀakɑ̃] n. m. Peau d'agneau mort-né à laine frisée, fort recherchée comme fourrure. – De *Astrakhan,* n. d'une v. en U.R.S.S.

astral, ale, aux [astʀal, o] adj. Relatif aux astres. *Signes astraux.* ▷ *Corps astral:* en occultisme, principe intermédiaire entre l'âme et le corps. – Bas lat. *astralis.*

astre [astʀ] n. m. **1.** Corps céleste. *Le mouvement des astres.* ▷ Poét. *L'astre du jour, de la nuit:* le Soleil, la Lune. – *Beau comme un astre.* **2.** Plur. Corps célestes, considérés par rapport à leur influence sur les hommes et leur destinée. *Consulter les astres.* ▷ Sing. Fig. Destin. *Être né sous un astre favorable.* – Gr. *astron,* par le lat. *astrum.*

astreignant, ante [astʀɛɲɑ̃, ɑ̃t] adj. Qui astreint; qui constitue une contrainte. *Mesures, travail astreignants.* – Ppr. de *astreindre.*

astreindre [astʀɛ̃dʀ] **1.** v. tr. **[73]** Obliger, soumettre, assujettir. *Astreindre à des travaux pénibles.* **2.** v. pron. *S'astreindre à:* s'imposer (qqch) comme discipline. *Elle s'astreignait à une gymnastique quotidienne.* – Adj. verbal. *Des exercices astreignants.* – Lat. *astringere,* «serrer».

astreinte [astʀɛ̃t] n. f. **1.** DR Moyen de contraindre un débiteur récalcitrant, qui consiste à lui faire payer une certaine somme par jour de retard dans l'exécution de son obligation. **2.** *Par ext.* Contrainte. – Pp. subst. de *astreindre.*

astringence [astʀɛ̃ʒɑ̃s] n. f. Qualité de ce qui est astringent. *L'astringence du jus de citron.* – De *astringent.*

astringent, ente [astʀɛ̃ʒɑ̃, ɑ̃t] adj. et n. m. Qui resserre les tissus vivants. – Lat. *astringens,* de *astringere,* «serrer».

astro-. Élément du gr. *astron,* «astre».

astrographe [astʀɔgʀaf] n. m. ASTRO Appareil qui permet de mesurer les coordonnées angulaires d'un groupe d'astres, par analyse d'un cliché photographique. – De *astro-,* et *-graphe.*

astrolabe [astʀɔlab] n. m. Anc. Instrument astronomique qui servait à déterminer la hauteur apparente des astres et à calculer les latitudes. *L'astrolabe fut inventé par Hipparque.* – Mod. Instrument qui permet de déterminer la latitude d'un lieu en observant le passage apparent des étoiles sous une hauteur et à une heure données. *Astrolabe à prisme.* – Gr. *astrolabos,* par le lat.

astrolâtrie [astʀɔlɑtʀi] n. f. Culte rendu aux astres. – De *astro-,* et *-latrie.*

astrologie [astʀɔlɔʒi] n. f. Étude de l'influence, réelle ou supposée, des astres sur le comportement de l'homme et des groupes sociaux, ainsi que sur leur destinée. (L'astrologie est pratiquée depuis la plus haute antiquité et a servi d'élément moteur au développement de l'astronomie, avec laquelle elle s'est longtemps confondue.) – Gr. *astrologia,* «astronomie, astrologie», par le lat.

astrologique [astʀɔlɔʒik] adj. Qui se réfère à l'astrologie. *Prédictions astrologiques.* – Du préc.

astrologue [astʀɔlɔg] n. Personne qui pratique l'astrologie. – De *astrologie.*

astromètre [astʀɔmɛtʀ] n. m. V. héliomètre.

astrométrie [astʀɔmetʀi] n. f. Branche de l'astronomie qui étudie la position des astres telle qu'elle est déterminée par des mesures d'angles. – De *astro-,* et *-métrie.*

astronaute [astʀɔnot] n. Cosmonaute. – V. astronautique.

astronautique [astʀɔnotik] n. f. Ensemble des sciences et des techniques qui permettent à des engins propulsés de sortir de l'atmosphère terrestre. – De *astro-,* sur *aéronautique.*

astronef [astʀɔnɛf] n. m. Vieilli Appareil, piloté par l'homme, capable de se déplacer hors de l'atmosphère terrestre et plus généralement hors du champ de gravitation de la Terre. – De *astro-,* et *nef.*

astronome [astʀɔnɔm] n. Personne qui pratique l'astronomie. – De *astronomie.*

astronomie [astʀɔnɔmi] n. f. Étude scientifique des astres, de la structure de l'Univers. – Lat. *astronomia,* du gr.

ENCYCL **Historique.** – L'astronomie, avec l'arithmétique, est certainement la plus vieille des sciences. Dès la préhistoire, l'étude du ciel a montré à l'homme l'existence de lois naturelles qui scandent sa vie. À côté des grands phénomènes périodiques (alternance du jour et de la nuit, rythme des saisons) apparaissaient des phénomènes inattendus comme les éclipses et les comètes, considérés alors comme surnaturels. L'astronomie a pris son véritable essor en Italie au Ve s. av. J.-C. avec l'école pythagoricienne, fondée sur une conception mathématique du monde, et en Grèce, au IVe s. av. J.-C., avec l'école ionienne, créée par Thalès, qui débouchera sur une conception unitaire de l'Univers. De ces deux écoles naîtront les plus grandes découvertes de l'Antiquité: théorie des éclipses, mesure des dimensions de la Terre et de la Lune, premiers essais de calcul de la distance Terre-Soleil, mais aussi le postulat du *géocentrisme* (la Terre occupe le centre de l'Univers) admis par Ptolémée (140 ap. J.-C.) et qui fera force de loi jusqu'à sa remise en cause par Copernic (1543) et par Galilée (1623). Kepler adopta en 1609 l'*héliocentrisme* (les planètes tournent autour du Soleil) et publia, à partir des observations effectuées par Tycho Brahé, ses deux premières lois du mouvement des planètes: celles-ci décrivent des ellipses (et non pas des cercles, comme on le pensait auparavant) dont le Soleil occupe l'un des foyers; le rayon vecteur Soleil-planète balaie des aires égales en des temps égaux. En 1619, il publia sa troisième loi: le carré du temps de révolution d'une planète est proportionnel au cube de la distance moyenne entre le Soleil et cette planète. Galilée, à la même époque, se servit de la lunette astronomique et découvrit la vraie nature de la Voie lactée, le relief de la Lune et les satellites de Jupiter. Ses thèses furent condamnées par l'Église en 1616 et il dut les abjurer en 1633. L'astronomie franchit une nouvelle étape avec Newton (*Principes mathématiques de la philosophie naturelle* en 1687), qui énonça la loi de la gravitation universelle: deux corps s'attirent en raison inverse du carré de leur distance et en raison directe de leurs masses. La mécanique de Newton devait dominer toutes les sciences pendant deux siècles. Au cours de cette période, marquée notamment par la découverte d'Uranus grâce au télescope (Herschel en 1780) et de Neptune grâce au calcul (Le Verrier en 1846), l'astronomie sortit du système solaire grâce à l'*astrophysique* et à l'*astronomie stellaire.* Le développement de l'analyse spectrale, de la photographie et des grands télescopes permettra à l'astronomie, à la fin du XIXe s., de connaître un nouvel essor. L'expérience de Michelson (1881) montra l'impossibilité de mettre en évidence le mouvement de la Terre autour du Soleil par des mesures de la vitesse de la lumière; Einstein élabora ses théories de la relativité restreinte et de la relativité généralisée. Après la Deuxième Guerre mondiale se développa la *radioastronomie,* qui, captant les «messages» radioélectriques émis dans l'Univers, permit notam. de découvrir les supernovae et les nébuleuses, les quasars et les pulsars. Aujourd'hui, les techniques spatiales permettent l'observation des astres à partir de satellites et de sondes, donc au-delà de l'atmosphère terrestre, c'est-à-dire sans altération par celle-ci des images reçues.

Astronomie théorique et astro. fondamentale. – L'astronomie *théorique* étudie et décrit les mouvements des astres, après en avoir défini les positions successives. La direction des astres se mesure par rapport à un système de référence dont l'origine peut être constituée par la Terre (coordonnées *géocentriques*), par le Soleil (coordonnées *héliocentriques*) ou par le centre de la Galaxie (coordonnées *galactiques*). La position d'un astre est définie par deux angles (longitude et latitude) et par sa distance au centre du système de référence. L'astronomie *fondamentale* interprète les résultats obtenus par l'astronomie théorique en procédant notam. à la mesure du temps et à la recherche d'un système de référence absolu.

Astronomie stellaire. – Son rôle est de recenser les corps célestes et de les classer suivant leurs particularités (étoiles doubles ou multiples, étoiles instables ou variables, novae et supernovae, radiosources, nébuleuses, galaxies, amas stellaires et associations d'étoiles, etc.). Les catalogues ainsi établis (qui ne comprennent qu'une faible partie des objets astronomiques que l'on peut observer) contiennent des informations relatives aux coordonnées, à la magnitude et au type spectral de ces objets. L'astronomie s'appuie sur les statistiques et sur l'astrophysique.

Astrophysique. – Elle étudie la nature physique des astres en analysant les images reçues dans les télescopes. Les spectrographes permettent de décomposer la lumière qui provient des étoiles et des galaxies en faisant apparaître des raies caractéristiques des atomes, et donc de la constitution physique des corps observés. Le but ultime de l'astrophysique est la compréhension et la représentation, réalisée le plus souvent au moyen de modèles mathématiques, des processus qui se déroulent dans les astres (réactions thermonucléaires au sein des étoiles).

Radioastronomie. – Elle étudie le rayonnement électromagnétique émis par les corps célestes. La différence entre astrophysique et radioastronomie réside dans les longueurs d'onde observables (de 0,4 à 0,8 μm dans le premier cas, de 2 mm à 15 mm dans le second, si les observations sont effectuées à partir de la Terre). La radioastronomie permet d'explorer l'espace jusqu'à des distances de 100 000 années-lumière (10 000 années-lumière avec l'astrophysique). Elle s'intéresse plus particulièrement à la répartition de l'hydrogène dans l'Univers (raie de 21 cm de longueur d'onde) et, depuis 1963, à celle du radical hydroxyle OH (raie de 18 cm). Les *radiotélescopes* ont permis de dresser le catalogue des astres qui émettent un rayonnement radioélectrique continu (étendu sur une large gamme de fréquences), appelés *radiosources* (le Soleil, la Nébuleuse du Crabe, la galaxie Andromède, etc.). Parmi celles-ci, il faut citer les *pulsars* (émission radio par impulsions) et les *quasars* (radiosources quasi stellaires). La radioastronomie a permis d'élucider la structure de notre Galaxie. Parmi les radiotélescopes les plus puissants, il faut mentionner celui d'Arecibo dans l'île de Porto Rico (diamètre de 300 m), et celui de Nançay, en France (200 m sur 35 m).

Cosmogonie. – Elle a pour objet l'étude de la formation des corps célestes. La *cosmographie* décrit cette formation et la *cosmologie* s'intéresse à la structure de l'Univers, à sa naissance et à son évolution. Les étoiles se formeraient dans les bras des galaxies spirales par fragmentation puis condensation de la matière interstellaire sous l'effet de la gravitation, jusqu'à ce que la densité et la température soient suffisantes pour que s'amorcent les réactions thermonucléaires.

astronomique [astʀɔnɔmik] adj. **1.** De l'astronomie. **2.** Fig. Exagéré, démesuré. *Des sommes astronomiques.* – De *astronomie.*

astrophysicien, ienne [astʀɔfizisjɛ̃, jɛn] n. Personne qui pratique l'astrophysique. – De *astrophysique.*

astrophysique [astʀɔfizik] n. f. Partie de l'astronomie qui étudie la nature physique des astres. – De *astro-*, et *physique.*

astuce [astys] n. f. **1.** Vx Finesse rusée, confinant à la perfidie. **2.** Vieilli Ruse pour tromper. *Les astuces du diable.* **3.** Esprit d'ingéniosité. *Il a montré beaucoup d'astuce.* **4.** Procédé ingénieux. *Multiplier les astuces pour atteindre son but.* **5.** Fam. Trait d'esprit, jeu de mots. *Faire des astuces.* – Lat. *astutia.*

astucieusement [astysjøzmɑ̃] adv. Avec astuce. – De *astucieux.*

astucieux, ieuse [astysjø, jøz] adj. **1.** D'une finesse rusée. *Diplomate astucieux.* **2.** Plein d'ingéniosité. *Bricoleur astucieux.* **3.** Qui dénote de l'astuce. *Physionomie éveillée et astucieuse.* – De *astuce.*

asymétrie [asimetʀi] n. f. Absence de symétrie. – Gr. *asummetria.*

asymétrique [asimetʀik] adj. Qui manque de symétrie. – Du préc.

asymptote [asɛ̃ptɔt] n. et adj. **1.** n. f. GEOM Droite, courbe dont la distance à une courbe tend vers zéro quand cette droite ou cette courbe s'éloigne vers l'infini. ▷ Fig. *«La paix universelle est une hyperbole dont le genre humain suit l'asymptote»* (Hugo). **2.** adj. *Droite asymptote à une courbe. Courbe asymptote à une parabole.* – Gr. *asumptôtos,* de *sumptôsis,* «rencontre».

asymptotique [asɛ̃ptɔtik] adj. GEOM De l'asymptote. – Du préc.

asynchrone [asɛ̃kʀon] adj. Qui n'est pas synchrone. ▷ ELECTR *Moteur asynchrone:* moteur à courant alternatif dont le rotor tourne à une vitesse inférieure à celle du champ magnétique qui l'entraîne (par opp. au *moteur synchrone,* qui tourne à la même vitesse que le champ magnétique). – De *a*-1, et *synchrone.*

asyndète [asɛ̃dɛt] n. f. GRAM Suppression des mots de liaison d'une phrase (conjonctions de coordination, adverbes), qui donne au discours plus de vigueur. – Lat. gram. d'orig. gr. *asyndeton.*

asystolie [asistɔli] n. f. MED Vieilli Insuffisance cardiovasculaire. – De *a*-1, et *systole.*

At CHIM Symbole de l'astate.

ataca. V. atoca.

ataraxie [ataʀaksi] n. f. PHILO Dans la doctrine épicurienne : paix complète de l'esprit fondée sur la connaissance raisonnée de la «limite d'accroissement des plaisirs», elle-même définie comme suppression de ce qui est douleur morale. – Gr. *ataraxia,* «absence de trouble».

atavique [atavik] adj. Qui a trait à l'atavisme. – Du lat. *atavus,* «ancêtre».

atavisme [atavism] n. m. **1.** BIOL Réapparition, chez un descendant, d'un caractère des ascendants, qui peut avoir été latent pendant plusieurs générations. **2.** Cour. Ensemble des caractères héréditaires. – De *atavique.*

ataxie [ataksi] n. f. MED Incoordination des mouvements avec conservation de la force musculaire, due à une atteinte du système nerveux central. – Gr. *ataxia,* «désordre».

ataxique [ataksik] adj. Qui se rapporte à l'ataxie; atteint d'ataxie. ▷ Subst. *Un, une ataxique.* – Du préc.

-ate. Suffixe employé en chimie, tiré de *acétate* (ex.: *sulfate, carbonate).*

atèle [atɛl] n. m. Singe d'Amérique du Sud (genre *Ateles,* famille des cébidés), aux membres très longs, aux mains sans pouce, à la queue préhensile, appelé également *singe-araignée.* – Gr. *atelês,* «incomplet».

atélectasie [atelɛktazi] n. f. MED Affaissement d'un ou plusieurs lobes du poumon, dont les alvéoles ne sont plus ventilés mais continuent à être irrigués. – Du gr. *atelês,* «incomplet», et *ektasis,* «extension».

atelier [atəlje] n. m. **1.** Local où travaille une personne exerçant une activité manuelle. *Atelier de menuisier, d'orfèvre. L'atelier d'un bricoleur.* **2.** Subdivision d'une usine, d'une fabrique, où s'exécute un type déterminé de travail. *Atelier de montage. Atelier de tréfilage.* **3.** Local où travaillent un ou plusieurs artistes plasticiens. *L'atelier d'un sculpteur.* – *Par ext.* Ensemble des élèves travaillant sous la conduite d'un maître. **4.** Compagnie de francs-maçons réunis sous le même vocable; lieu où ils s'assemblent. **5.** EDUC Groupe de travail constitué autour d'une activité. **6.** PREHIST Gisement ou partie de gisement préhist. où se trouvent des produits de débitage et de façonnage de la pierre. – De l'a. fr. *astelle,* «éclat de bois», lat. *astulla.*

atellane [atɛ(l)lan] n. f. Comédie bouffonne, outrancière, de la Rome antique, qui préfigure la comédie italienne. – De *Atella,* v. de Campanie.

a tempo [atɛmpo] loc. adv. MUS Signe indiquant qu'on doit reprendre le mouvement initial. – Loc. ital. signif. *à temps.*

atérien [ateʀjɛ̃] n. m. PREHIST Faciès culturel du Paléolithique récent de l'Afrique du N.-O., ayant Bir-el-Ater (Algérie, près de Constantine) pour site éponyme.

atermoiement [atɛʀmwamɑ̃] n. m. **1.** Vx Délai accordé à un débiteur. **2.** Mod. (généralement pl.). Action d'atermoyer, d'hésiter et de remettre à plus tard. *Décision prise après bien des atermoiements.* – De *atermoyer.*

atermoyer [atɛʀmwaje] **1.** v. tr. **[26]** Vx Retarder (un paiement). **2.** v. intr. Chercher des délais, remettre à plus tard une décision. *Nous ne pouvons plus atermoyer, prenons une décision.* – De *a*-2, et a. fr. *termoyer,* «vendre à terme».

athée [ate] adj. et n. Qui ne croit pas en Dieu, qui en nie l'existence. – Gr. *atheos,* de *theos,* «dieu».

athéisme [ateism] n. m. Opinion ou doctrine de l'athée. – De *athée.*

athénée [atene] n. m. En Belgique, établissement public d'enseignement secondaire. – Lat. *athenæum,* du gr. *athênaion,* «temple ou sanctuaire d'Athéna».

athénien, ienne [atenjɛ̃, jɛn] adj. D'Athènes, capitale de la Grèce. ▷ Subst. Habitant, personne originaire d'Athènes.

athèques [atɛk] n. m. pl. ZOOL Sous-ordre de chéloniens dépourvus de cuirasse cornée, dont le seul représentant actuel est la tortue-luth. – De *a*-1, et gr. *thêkê,* «boîte».

athermane [atɛʀman] adj. TECH Qualifie un matériau mauvais conducteur de la chaleur. – De *a*-1, et gr. *thermainein,* «chauffer».

athermique [atɛʀmik] adj. PHYS *Transformation athermique,* qui s'effectue sans échange de chaleur. – De *a*-1, et *thermique.*

athéromateux, euse [ateʀɔmatø, øz] adj. Constitué par l'athérome. ▷ Subst. Qui souffre d'athérome. – De *athérome.*

athérome [ateʀom] n. m. MED *Athérome artériel:* lésion de la tunique interne des artères, constituée par des dépôts lipidiques (cholestérol). – Lat. d'orig. gr. *atheroma.*

athérosclérose [ateʀɔskleʀoz] n. f. MED Sclérose artérielle secondaire à l'athérome. – Du gr. *athêra,* «bouillie», et *sclérose.*

athlète [atlɛt] n. **1.** ANTIQ Celui qui concourait dans les jeux gymniques solennels de la Grèce et de Rome. **2.** Mod. Personne qui s'adonne à l'athlétisme. *Entraînement d'un athlète. Les athlètes canadiennes.* ▷ Par ext. *Un athlète:* un homme fort, bien bâti. – Lat. d'orig. gr. *athleta,* de *athlon,* «combat».

athlétique [atletik] adj. **1.** Relatif à l'athlétisme. *Sports athlétiques.* **2.** Propre à l'athlète. *Force athlétique.* – De *athlète.*

athlétisme [atletism] n. m. Ensemble des exercices physiques qui forment aujourd'hui l'un des sports individuels de compétition officiellement reconnus (lancers, courses, sauts). *Les épreuves d'athlétisme des jeux Olympiques.* – De *athlète.*

athrepsie [atʀɛpsi] n. f. MED Dénutrition importante du nourrisson associée à une diarrhée chronique. – De *a*-1, et gr. *threpsis,* «nutrition».

athrocyte [atʀɔsit] n. m. ZOOL Cellule péricordiale ovoïde de certains arthropodes, remplie de déchets et considérée comme un organe excréteur. – Du gr. *athroos,* «serré», et *kutos,* «cellule».

athymie [atimi] n. f. MED Trouble de l'humeur, fréquent dans la schizophrénie, qui se traduit par l'absence de toute extériorisation affective. – De *a*-1, et gr. *thumos,* «passion».

atlante [atlɑ̃t] n. m. ARCHI Statue qui soutient un entablement, figurant un homme robuste chargé d'un fardeau (à la manière d'Atlas portant le ciel sur ses épaules). – Ital. *atlante,* du gr. *Atlas.*

atlanthrope [atlɑ̃tʀɔp] n. m. Vx Hominidé fossile découvert dans les montagnes de l'Atlas, du genre *Homo erectus* (nom par lequel il est aujourd'hui désigner), vieux d'environ 0,7 à 0,8 million d'années. – De *Atlas,* et gr. *anthropos,* «homme».

atlantique [atlɑ̃tik] adj. **1.** De l'océan Atlantique; relatif à l'océan Atlantique. *Littoral atlantique.* ▷ *Les Provinces atlantiques:* Terre-Neuve et les Provinces maritimes. **2.** Relatif au Pacte atlantique (entre les pays de l'O.T.A.N.). *Politique atlantique.* – Lat. *atlanticus,* gr. *atlantikos,* «d'Atlas», la chaîne de l'Atlas ayant donné son nom à la mer qui borde le Maroc.

ENCYCL Le Pacte atlantique (pacte de l'Atlantique Nord), signé le 4 avril 1949 par douze États (Belgique, Canada, Danemark, États-Unis, France, Grande-Bretagne, Islande, Italie, Luxembourg, Norvège, Pays-Bas, Portugal), auxquels vinrent s'adjoindre, en 1952, Grèce et Turquie; en 1954, la R.F.A. et, en 1982, l'Espagne, a pour but de «sauvegarder la paix et la sécurité, et de développer la stabilité et le bien-être dans l'Atlantique Nord».

atlantisme [atlɑ̃tism] n. m. Opinion, doctrine des partisans du Pacte atlantique *(atlantistes).*

1. atlas [atlas] n. m. ANAT La première vertèbre cervicale, qui supporte la tête. – Du géant *Atlas.*

2. atlas [atlas] n. m. Recueil de cartes géographiques ou astronomiques. ▷ *Par ext.* Recueil de planches, de tableaux. *Atlas botanique.* – Du géant *Atlas,* représenté au frontispice des premiers recueils de ce genre.

atm PHYS Abrév. de *atmosphère* (unité de pression).

atmosphère [atmɔsfɛʀ] n. f. **1.** Enveloppe gazeuse qui entoure le globe terrestre. ▷ Enveloppe gazeuse qui entoure une planète. *L'atmosphère de Mars, de Vénus.* – *Atmosphère stellaire:* zone qui entoure la surface d'une étoile et que traversent les rayonnements d'origine thermonucléaire émis par celle-ci. (La densité des atmosphères stellaires est de l'ordre de 10^{-7} g/cm^2; températures comprises entre 3 000 et 70 000 K.) **2.** Air que l'on respire. *L'atmosphère parfumée de la roseraie.* **3.** Fig. Milieu, ambiance morale et intellectuelle. *Une atmosphère de corruption et d'intrigues.* **4.** CHIM Couche de fluide libre qui entoure un corps isolé. *Atmosphère oxydante, réductrice.* **5.** METROL Unité de pression, correspondant à la pression atmosphérique normale (1 atm = $1{,}013.10^5$ pascals). – Du gr. *atmos,* «vapeur», et *sphaira,* «sphère».

ENCYCL **Géophys. et météo.** – L'atmosphère est constituée par un mélange de gaz et de particules solides d'origines terrestre et cosmique. On admet qu'au-delà de 1 000 km d'altitude, du fait de la raréfaction des molécules d'air, l'atmosphère ne donne plus lieu à des phénomènes observables. La classification des couches de l'atmosphère, fondée sur la répartition verticale des températures, permet de distinguer: la *troposphère,* comprise entre le sol et une altitude de 7 km (–50 °C) aux pôles et 17 km (–85 °C) à l'équateur, où la décroissance de la température est en moyenne de 6 °C par kilomètre de dénivellation, qui est le siège de phénomènes météorologiques intéressant la vie sur la Terre. La *stratosphère,* où la température moyenne est de 0 °C, s'étend jusqu'à une cinquantaine de kilomètres d'altitude. On y rencontre des vents violents pouvant atteindre 350 km/h. La *mésosphère,* qui s'étend jusqu'à 80 km d'altitude, est une zone où la température décroît jusqu'à atteindre −90 °C. La *thermosphère*, enfin, présente une température à grande variation diurne, mais toujours croissante à mesure qu'on s'élève, atteignant plusieurs centaines de degrés au-dessus de 200 km. Du point de vue des propriétés électriques, on distingue trois couches ionisées, qui jouent un rôle important dans la transmission des ondes radioélectriques et qui constituent l'ionosphère (au-delà de 70 km d'altitude).

atmosphérique [atmɔsfeʀik] adj. De l'atmosphère; qui se rapporte à l'atmosphère. *Pression atmosphérique.* – *Agents atmosphériques,* dont l'action est localisée à la surface de la Terre, et dont l'origine est dans l'atmosphère (vent, pluie, foudre, etc.). – De *atmosphère.*

atoca [atokɑ] ou **ataca** [atakɑ] n. m. **1.** Petit arbrisseau, variété d'airelle (*Vaccinium oxycoccos* ou *macrocarpon,* fam. éricacées), poussant dans les tourbières et produisant de petites baies rougeâtres à saveur légèrement acide. **2.** Cour., général. au plur. Le fruit de cet arbrisseau, souvent vendu dans le commerce sous le nom de *canneberge. Gelée d'atocas.* «Il y avait de tout: dinde, poulet, viandes en gelée, jusqu'aux tourtières [...] sans oublier les «atocas», petites baies qui accompagnent invariablement la dinde de Noël.» (Marguerite – A. Primeau, *Dans le muskeg,* 1960.) – Mot d'orig. amérindienne.

atoll [atɔl] n. m. Île corallienne en forme d'anneau, entourant une lagune. *Les atolls du Pacifique.* – Mot des îles Maldives, par l'angl.

atome [atom] n. m. **1.** CHIM Constituant élémentaire de la matière, corpuscule formé d'un noyau chargé positivement, autour duquel gravitent des électrons, chargés négativement. ▷ Fig. Chose extrêmement petite. *L'homme est un atome dans l'Univers.* **2.** Par ext. *L'atome:* l'énergie atomique; ses applications. – Gr. *atomos,* «insécable», par le lat.

ENCYCL **Historique.** – L'atome, «essence de toutes choses», ne fut dans l'Antiquité qu'un concept philosophique sans base scientifique. La première théorie atomique a été élaborée par Lavoisier, Proust, Dalton et Gay-Lussac entre 1789 et 1815. Elle se perfectionna grâce à Mendeleïev (classification périodique des éléments en 1868), Einstein (équivalence masse-énergie en 1900), Planck (théorie des quanta en 1905), Rutherford (découverte du noyau en 1911), Bohr et Sommerfeld (modèles de l'atome en 1913 et 1915), de Broglie (bases de la mécanique ondulatoire en 1923), Chadwick (découverte du neutron en 1932), I. et F. Joliot-Curie (transmutation artificielle en 1934), et aboutit à la divergence du premier réacteur nucléaire en 1942 et à l'explosion de la première bombe atomique en 1945.
Structure de l'atome. – Bohr, développant les idées de Thomson et de Rutherford, a élaboré un premier modèle (l'*atome de Bohr*), illustrant la structure de l'atome: autour d'un *noyau* central, chargé positivement, gravitent des *électrons,* chargés négativement; la charge du noyau est égale à la somme de celles des électrons, qui décrivent des orbites circulaires. Chaque orbite est caractérisée par son rayon et par son énergie, qui augmente lorsqu'on s'écarte du centre. Sous l'effet d'une excitation, un électron peut passer d'une orbite à une autre, d'énergie supérieure, mais il revient ensuite spontanément sur une orbite d'énergie inférieure, en émettant un rayonnement électromagnétique (photons) dont la fréquence ν est proportionnelle à la différence ΔE entre les énergies de deux orbites: $\Delta E = h\nu$, h étant la constante de Planck. Pour expliquer le comportement des éléments autres que l'hydrogène, on supposa d'abord que les orbites décrites par l'électron pouvaient être elliptiques *(atome de Sommerfeld)* puis que l'électron tournait sur lui-même (*hypothèse du spin,* 1925). Le noyau est formé de A *nucléons* (Z *protons* et N *neutrons;* $A = Z + N$; Z étant le numéro atomique et A le nombre de masse). Autour du noyau gravitent Z électrons, chacune de leurs orbites étant caractérisée par une énergie (nombre quantique principal), une excentricité (nombre quantique secondaire) et l'orientation de son plan (nombre quantique magnétique). Un électron peut tourner dans un sens ou dans l'autre (spin égal à $+ 1/2$ ou $- 1/2$). *Le modèle actuel de l'atome* repose sur la mécanique ondulatoire, dont les lois ont été définies par Louis Victor de Broglie. À toute particule matérielle est associée une longueur d'onde telle que $n = h/mv$, relation dans laquelle h est la constante de Planck, m la masse de la particule et v la vitesse de la particule. La position et la vitesse d'un électron ne peuvent être déterminées simultanément (relation d'incertitude de Heisenberg). Il existe donc une certaine probabilité que les électrons se trouvent dans certaines régions de l'espace autour du noyau: les *orbitales* atomiques. Cette probabilité peut se calculer grâce à l'équation de Schrödinger. L'étude de la structure du noyau (nature de ses constituants, calcul des forces de liaison, modalité de sa désintégration) a été menée en parallèle avec celle de la structure périphérique et s'est révélée particulièrement riche en résultats théoriques et en applications pratiques. V. noyau, particule, plasma.

atome-gramme [atomgʀam] n. m. CHIM Syn. anc. de *moles d'atomes:* unité servant à dénombrer des atomes identiques. (Une mole d'atomes d'un élément est un ensemble de $6,022.10^{23}$ *[nombre d'Avogadro]* atomes de cet élément.) – De *atome,* et *gramme.*

atomicité [atɔmisite] n. f. CHIM Nombre d'atomes dans la molécule ou nombre de moles d'atomes dans la mole. – De *atomique* (nombre).

atomique [atɔmik] adj. **1.** PHYS et CHIM Qui a trait à l'atome, qui le caractérise. *Noyau atomique. Théorie atomique.* – *Chaleur atomique:* produit de la masse atomique par la chaleur massique à l'état solide. *Masse atomique d'un élément, d'un isotope:* nombre mesurant la masse de moles d'atomes d'un élément ou d'un isotope de celui-ci, dans une échelle dont la base est la masse de mole d'atomes de l'isotope de masse 12 du carbone, arbitrairement prise comme égale à 12,000 00 g. – *Poids atomique:* poids en un lieu déterminé d'une masse d'élément égale à sa masse atomique. – *Liaison atomique:* syn. de *liaison covalente.* – *Nombre* ou *numéro atomique:* nombre de charges élémentaires positives du noyau de l'atome. *Le nombre atomique représente le rang de l'élément dans la classification de Mendeleïev.* – *Volume atomique:* quotient du volume molaire par le nombre de moles d'atomes de la mole. **2.** Relatif au noyau de l'atome, aux réactions nucléaires. *Énergie atomique,* produite par la fission du noyau de l'atome. *Bombe atomique.* – De *atome.*

atomisé, ée [atɔmize] adj. Qui a subi les effets d'une explosion atomique. – Pp. de *atomiser.*

atomiser [atɔmize] v. tr. [1] **1.** Réduire un corps en particules extrêmement fines. **2.** Détruire au moyen d'armes atomiques (surtout au passif). *Hiroshima et ses habitants furent atomisés en 1945.* **3.** Fig. Morceler à l'extrême, détruire la cohésion de. *La vie moderne atomise les groupes sociaux traditionnels.* – De *atome.*

atomiseur [atɔmizœʀ] n. m. TECH Appareil qui permet de pulvériser très finement un liquide. – De *atomiser.*

atomisme [atɔmism] n. m. PHILO Doctrine philosophique des Anciens (Leucippe, Démocrite, Épicure, Lucrèce) selon laquelle la matière est constituée d'atomes juxtaposés indivisibles. – De *atome.*

atomiste [atɔmist] n. (et adj.). **1.** Partisan de l'atomisme. **2.** Spécialiste de la physique atomique. – De *atomisme.*

atomistique [atɔmistik] **1.** adj. Qui se rapporte à l'atomisme. **2.** n. f. PHYS NUCL Théorie de la structure de l'atome. – De *atomisme.*

atonal, ale, als [atɔnal] adj. MUS Qui n'obéit pas aux règles du système tonal de l'harmonie classique. *Les musiques dodécaphoniques et sérielles sont atonales.* – De *a*-1, et *tonal.*

atonalité [atɔnalite] n. f. Caractère de l'écriture musicale atonale; ensemble des principes qui la régissent. – De *atonal.*

atone [atɔn] adj. **1.** MED Qui manque de tonicité. *Muscle atone.* **2.** Sans expression, sans vie (en parlant du regard). *Des yeux atones.* **3.** LING Dépourvu d'accent tonique. *Syllabe, voyelle atone.* – Gr. *atonos.*

atonie [atɔni] n. f. **1.** MED Faiblesse des tissus d'un organe. *Atonie musculaire.* **2.** Fig. Inertie morale ou intellectuelle. – De *atone.*

atonique [atɔnik] adj. MED Relatif à l'atonie. – De *atone.*

atour [atuʀ] n. m. **1.** Vx Ornement, parure. – Anc. *Dame d'atour:* dame qui présidait à la toilette d'une reine ou d'une princesse. **2.** Plur., Plaisant. Éléments de la parure féminine (vêtements, linge, bijoux). *Revêtir ses plus beaux atours.* – Déverbal de l'a. fr. *atourner,* «parer».

atout [atu] n. m. **1.** Dans les jeux de cartes, couleur qui l'emporte sur les autres au cours d'une partie; carte de cette couleur. *Ne pas avoir d'atout. Jouer un atout.* **2.** Fig. *Avoir, mettre tous les atouts dans son jeu:* réunir tous les moyens de succès. – De *à,* et *tout.*

A.T.P. BIOCHIM Sigle pour *adénosine-triphosphate.*

A.T.P.ase BIOCHIM Sigle pour *adénosine-triphosphatase,* enzyme qui scinde l'adénosine-triphosphate (A.T.P.) en adénosine-diphosphate (A.D.P.) avec libération d'une grande quantité d'énergie utilisable par la cellule.

atrabilaire [atʀabilɛʀ] adj. et n. Vieilli Atteint d'hypocondrie, de mélancolie. – De *atrabile.*

atrabile [atʀabil] n. f. Vx Bile noire, qui passait pour causer la mélancolie, l'hypocondrie. – Du lat. *atra,* «noire», et *bilis,* «bile».

âtre [atʀ] n. m. Foyer d'une cheminée. ▷ Par ext. La cheminée elle-même. – Lat. pop. **astracus,* «carrelage», alt. du gr. *ostrakon,* «coquille», puis «carreaux de brique».

-âtre. Suffixe exprimant un caractère approchant (ex. *brunâtre, jaunâtre*) ou une nuance péjorative (ex. *saumâtre, marâtre*).

atrium [atʀijɔm] n. m. ANTIQ Cour intérieure, généralement entourée d'un portique, dans la maison romaine. – Mot lat.

atroce [atʀɔs] adj. **1.** D'une cruauté horrible. *Vengeance atroce.* **2.** Insupportable. *Une douleur atroce.* ▷ Extrêmement désagréable, pénible. *Un hiver atroce. Elle est d'une atroce prétention.* **3.** Fam. Très laid. *Un visage atroce.* – Lat. *atrox, atrocis.*

atrocement [atʀɔsmɑ̃] adv. D'une manière atroce. *Il a atrocement souffert.* – De *atroce.*

atrocité [atʀɔsite] n. f. **1.** Caractère de ce qui est atroce. *Crime d'une atrocité révoltante.* **2.** Action atroce. *Commettre des atrocités.* **3.** Propos calomnieux. *On raconte sur lui des atrocités.* – De *atroce.*

atrophie [atʀɔfi] n. f. MED Diminution du volume ou du poids d'un tissu, d'un organe. *Atrophie d'un muscle.* – Fig. Affaiblissement d'une faculté, d'un sentiment, etc. *Une atrophie intellectuelle.* – Lat. d'orig. gr. *atrophia,* «privation de nourriture».

atrophier [atʀɔfje] **1.** v. tr. [1] Diminuer ou faire disparaître par l'atrophie. *La suppression de l'influx nerveux atrophie les membres.* – Fig. Empêcher de se développer, dans l'ordre intellectuel ou moral. *Une existence difficile a atrophié le talent de cet artiste.* **2.** v. pron. Diminuer, disparaître par atrophie. *Les ailes des oiseaux qui ne volent plus s'atrophient.* – Fig. Cesser de se développer. *Intelligence qui s'atrophie.* – De *atrophie.*

atropine [atʀɔpin] n. f. BIOCHIM Alcaloïde, extrait de la belladone, de la jusquiame et du datura, aux propriétés vagolytiques, utilisé surtout comme antispasmodique et dilatateur de la pupille. – De *atropa,* n. scientif. de la belladone.

attabler (s') [atable] v. pron. [11] S'asseoir à table. *Les convives, les joueurs s'attablèrent.* – De *a*-2, et *table.*

attachant, ante [ataʃɑ̃, ɑ̃t] adj. **1.** Vieilli Qui intéresse, qui fixe l'attention. *Une lecture attachante.* **2.** Qui inspire un intérêt mêlé de bienveillance. *Enfant d'un caractère très attachant.* – Ppr. de *attacher.*

attache [ataʃ] n. f. **1.** Ce qui sert à attacher. *Mettre un animal à l'attache.* – Loc. fig. *Être, tenir à l'attache:* être, tenir dans une étroite dépendance. **2.** MAR *Port d'attache d'un navire,* celui où il a été inscrit sur les documents de douane établissant sa nationalité. **3.** ANAT Endroit où s'insère un muscle, un ligament. ▷ Plur. Les poignets et les chevilles. *Avoir des attaches fines.* – Déverbal de *attacher.*

attaché, ée [ataʃe] n. Fonctionnaire diplomatique ou ministériel. *Attaché d'ambassade. Attaché de cabinet,* auprès d'un ministère. *Attaché militaire, attaché naval:* officiel spécialisé délégué par son gouvernement auprès d'un gouvernement étranger. *Attaché commercial:* attaché d'ambassade, ou fonctionnaire spécialisé dans les questions économiques. – Cour. Personne appartenant à un service. *Attaché de direction.* – Pp. subst. de *attacher.*

attachement [ataʃmɑ̃] n. m. **1.** Sentiment d'affection durable. *Être incapable d'un attachement quelconque.* **2.** Grande application. *Attachement à l'étude.* **3.** TECH Relevé quotidien des travaux effectués par une entreprise, *spécial.* une entreprise de travaux publics. – De *attacher.*

attacher [ataʃe] **I.** v. tr. [1] **1.** Joindre, fixer (à une chose) à l'aide d'un lien. *Attacher un chien à sa niche avec une chaîne.* **2.** Joindre, tenir serré. *Attachez vos ceintures !* – Fig. Lier (qqn) par devoir, sentiment, intérêt. *Une vieille amitié nous attache à lui.* **3.** *Attacher du prix, de l'importance à une chose,* y tenir, la considérer comme précieuse, importante. **4.** *Attacher ses regards sur:* regarder fixement. **II.** v. intr. Fam. Rester collé au fond d'un récipient (aliments). *La viande a attaché.* **III.** v. pron. **1.** Se fixer par un lien. **2.** S'accrocher de manière à adhérer. *Le lierre s'attache aux arbres.* **3.** S'appliquer à, s'intéresser fortement à. *S'attacher à ses devoirs. Historien qui s'attache à ressusciter le passé.* **4.** Suivre avec obstination. *Le chien s'attachait aux pas de son maître.* **5.** Se consacrer à; se dévouer à. *S'attacher au sort d'un homme politique.* **6.** Éprouver une affection durable pour (qqn, qqch). *Elle s'est attachée à lui. Étranger qui s'attache à Montréal.* – De *a*-2, et a. fr. *tache,* «agrafe».

attaquable [atakabl] adj. Qui peut être attaqué. *Testament attaquable en justice.* – De *attaquer.*

attaquant, ante [atakɑ̃, ɑ̃t] n. Celui, celle qui engage une attaque. ▷ *Spécial.* Joueur de la ligne d'attaque dans certains sports d'équipe. Ant. défenseur. – Ppr. subst. de *attaquer.*

attaque [atak] n. f. **1.** Action d'attaquer. *Une vigoureuse attaque.* **2.** Acte de violence agressive. *Attaque* *nocturne.* **3.** SPORT *Ligne d'attaque,* et, *par ext., attaque* (au soccer, au hockey, etc.), ensemble des joueurs qui attaquent. *Au hockey, la ligne d'attaque est composée du centre, de l'ailier droit et de l'ailier gauche.* **4.** Fig. Critique âpre. *Les attaques d'un journal satirique contre un homme politique.* **5.** Retour d'une affection périodique, accès. *Attaque de goutte, d'épilepsie. Il a eu une attaque* (d'apoplexie, de nerfs, etc.). **6.** Loc. adv. Fam. *Être d'attaque:* être en forme. **7.** MUS Manière de commencer l'exécution d'un développement musical joué ou chanté, ou d'émettre une note sur un instrument. – Déverbal de *attaquer.*

attaquer [atake] **I.** v. tr. [1] **1.** Agir avec violence contre (autrui), engager le combat contre. *Attaquer une place forte. Attaquer une passante.* ▷ (S. comp.). Prendre l'offensive. *Demain, à l'aube, nous attaquerons.* **2.** *Par ext.* Critiquer âprement. *L'opposition attaque le gouvernement.* ▷ Tâcher de renverser, de détruire. *Attaquer un préjugé.* **3.** Ronger, détériorer. *Les termites attaquent le bois.* **4.** Commencer d'exécuter. *L'orchestre attaqua une valse.* – Loc. *Écrivain, orateur qui attaque son sujet,* qui commence à le traiter. – Fig., fam. Entamer un plat. *Attaquer une dinde farcie.* **5.** Affecter, frapper. *Maladie qui attaque surtout les enfants.* **6.** Intenter une action judiciaire contre. *Attaquer qqn en justice.* **7.** CHIM Donner naissance à une réaction, partic. en parlant de l'action d'un liquide ou d'un gaz sur un solide. *Acide qui attaque le cuivre.* **II.** v. pron. **1.** Engager une attaque contre. *S'attaquer à plus fort que soi.* – Fig. *Acteur qui s'attaque à un rôle difficile,* qui entreprend de le jouer. *S'attaquer aux hors-d'œuvre,* les entamer. **2.** Détériorer, frapper. *Le phylloxéra s'attaque à la vigne. Maladie qui s'attaque au bétail.* – De l'ital. *attaccare,* «commencer», puis *attaccare bataglia,* «commencer la bataille», d'où *attaccare* est devenu «attaquer».

attardé, ée [ataʀde] adj. **1.** Qui est en retard. *Un passant attardé,* qui n'est pas encore rentré chez lui. **2.** Spécial. *Enfant attardé,* en retard, par rapport à la norme, dans son évolution physiologique ou intellectuelle. – Pp. de *attarder.*

attarder (s') [ataʀde] v. pr. [11] Se mettre en retard. *Elle s'attarda devant les vitrines des magasins.* – De *a-2,* et *tard.*

atteindre [atɛ̃dʀ] **I.** v. tr. [73] **1.** Toucher de loin avec un projectile. *Atteindre une cible.* ▷ (En parlant du projectile lui-même.) *Flèche qui atteint la cible. Une balle l'atteignit au front.* **2.** Parvenir à. *Atteindre une ville. Atteindre sa majorité. Atteindre un prix, une hauteur.* **3.** Porter atteinte à, léser. *Ses calomnies ne sauraient m'atteindre.* **II.** v. tr. ind. *Atteindre à:* parvenir avec effort à. *Atteindre au sublime.* – Lat. pop. **attangere, lat. class. attingere,* de *tangere,* «toucher».

atteint, einte [atɛ̃, ɛ̃t] adj. Attaqué, affligé. *Atteint de folie, d'une maladie mortelle.* – Pp. de *atteindre.*

atteinte [atɛ̃t] n. f. **1.** Vieilli Coup dont on est atteint. **2.** Effet nuisible, dommage, préjudice. *Plante exposée aux atteintes de la gelée. Les atteintes de la médisance. Les premières atteintes d'une maladie,* ses premiers effets, ses premières manifestations. ▷ *Porter atteinte à qqn,* lui nuire. ▷ Loc. *Hors d'atteinte:* impossible à atteindre. *Les fugitifs sont maintenant hors d'atteinte.* – Pp. fém. subst. de *atteindre.*

attelage [atlaʒ] n. m. **1.** Action d'atteler; manière d'atteler. **2.** Ensemble d'animaux attelés. **3.** TECH Dispositif servant à accrocher les wagons de chemin de fer. **4.** ESP Amarrage d'un engin spatial à un autre destiné à le propulser; dispositif qui sert à cette opération. – De *atteler.*

atteler [atle] **1.** v. tr. [22] Attacher (des animaux de trait) à une charrue, à une voiture. – Par ext. *Atteler un wagon, une remorque,* l'attacher au véhicule qui doit le traîner. **2.** v. pron. Fam. *S'atteler à un travail:* entreprendre un travail long, s'y appliquer avec ardeur et persévérance. – Lat. pop. **attelare,* de *telum,* «attelage».

attelle [atɛl] n. f. **1.** Pièce du collier d'un cheval à laquelle les traits sont attachés. **2.** Lame rigide qui sert à maintenir immobile un membre fracturé. – Lat. pop. **astella,* class. *astula,* «petit ais».

attenant, ante [atnɑ̃, ɑ̃t] adj. Contigu, extrêmement rapproché de. *Son jardin est attenant au mien.* Syn. adjacent. – Ppr. de l'a. fr. *attenir,* «avoisiner».

attendre [atɑ̃dʀ] **I.** v. tr. [75] **1.** Rester en place pour la venue de qqn ou de qqch. *Attendre un ami. Attendre l'autobus. J'attends qu'il vienne. J'attends de vos nouvelles,* j'espère en avoir bientôt. ▷ Loc. *Vous ne perdez rien pour attendre:* vous aurez quand même ce que vous méritez. **2.** Différer d'agir jusqu'à un terme fixé. *Nous attendons le beau temps pour partir.* **3.** Être prêt, préparé. *Ma voiture m'attend à la porte. Un excellent repas nous attend.* **4.** Être prévu ou prévisible; menacer. *De graves ennuis vous attendent si vous persistez dans votre attitude.* **5.** v. tr. ind. Fam. *Attendre après qqch,* en avoir besoin. *Je n'attends pas après cette somme.* **II.** v. pron. Compter sur, se tenir assuré de. *Je m'attends à le voir d'un moment à l'autre. Je m'attends qu'il vienne* (ou: *à ce qu'il vienne*). ▷ *On peut s'attendre à ce que...:* il est fort possible que... Loc. *S'attendre à tout:* estimer que tout, le pire, peut arriver. **III.** Loc. adv. *En attendant:* jusqu'à ce qu'arrive ce qu'on attend. ▷ Loc. conj. *En attendant que:* jusqu'à ce que. – Lat. *attendere,* «faire attention».

attendrir [atɑ̃dʀiʀ] **I.** v. tr. [2] **1.** Rendre tendre. *Attendrir un bifteck.* **2.** Émouvoir, exciter la sensibilité de. *Ses larmes m'ont attendri.* **II.** v. pron. Être ému, ressentir de la pitié. *Il s'est attendri sur le sort de ces malheureux.* – De *a-2,* et *tendre.*

attendrissant, ante [atɑ̃dʀisɑ̃, ɑ̃t] adj. Qui émeut, éveille l'attendrissement. *Une attendrissante héroïne de mélodrame.* – Ppr. de *attendrir.*

attendrissement [atɑ̃dʀismɑ̃] n. m. Action de s'attendrir; état d'une personne attendrie. *Il la regarde avec attendrissement.* – De *attendrir.*

attendrisseur [atɑ̃dʀisœʀ] n. m. **1.** Appareil utilisé en boucherie pour attendrir la viande. **2.** Condiment pour attendrir les viandes qu'on destine à la cuisson au gril. – De *attendrir.*

attendu, ue [atɑ̃dy] **1.** adj. Espéré, escompté. *Le triomphe tant attendu.* **2.** Loc. prép. inv. *Attendu les événements, les circonstances:* étant donné les événements, les circonstances. ▷ Loc. conj. DR *Attendu que:* vu que. *Attendu que l'accusé déclare...* **3.** n. m. DR *Les attendus d'un jugement:* les alinéas exposant ses motifs (qui commencent tous par: *attendu que*). – Pp. de *attendre.*

attentat [atɑ̃ta] n. m. **1.** Entreprise criminelle contre une personne, une institution. *Préparer, déjouer un attentat. Attentat à la bombe. Attentat contre les libertés publiques.* **2.** *Attentat à la pudeur:* acte contraire à la pudeur commis en public. – De *attenter.*

attentatoire [atɑ̃tatwaʀ] adj. Qui porte atteinte à (choses). *Mesure attentatoire à la liberté de la presse.* – De *attenter.*

attente [atɑ̃t] n. f. **1.** Le fait d'attendre. *L'attente d'une naissance.* **2.** Temps pendant lequel on attend. *L'attente prolongée engendre l'impatience. Une heure d'attente.* ▷ *Salle d'attente, salon d'attente:* pièce où l'on attend (dans une gare; chez un médecin, etc.). **3.** Espérance, prévision. *Cet événement comble notre attente. Il a déçu, trompé notre attente. Répondre à l'attente de qqn.* **4.** *File d'attente:* file formée par des gens qui attendent (à l'entrée d'un commerce, d'un spectacle, etc.). **5.** BX-A *Table d'attente:* surface où rien n'est encore peint, sculpté ou gravé. **6.** ARCHI

Pierres d'attente: pierres en saillie destinées à former une liaison avec une construction ultérieure. – Du lat. **attenditus*, anc. pp. de *attendere.*

attenter [atɑ̃te] v. intr. [1] Commettre un attentat sur. *Attenter à la vie de qqn.* – Lat. *attentare*, «essayer avec audace».

attentif, ive [atɑ̃tif, iv] adj. **1.** Qui a de l'attention, qui montre de l'attention. *Un écolier attentif. Attentif à:* qui est en éveil, en alerte. *Oreille attentive au moindre bruit.* **2.** Vieilli Qui veille soigneusement à. *Être attentif à plaire.* – Lat. *attentivus.*

attention [atɑ̃sjɔ̃] n. f. **1.** Tension de l'esprit qui s'applique à quelque objet. *Réveiller, fixer, concentrer l'attention.* ▷ *Faire attention à* (ou *que*, ou *à ce que*): prendre garde. *Faire attention aux virages. Faites attention que cet enfant ne vous entende.* – Interj. *Attention! Faites attention!* ▷ *Attention à...* Prenez garde à... *Attention à la peinture!* **2.** Marque de prévenance. *Une attention délicate.* – Plur. Égards, ménagements. *Il est plein d'attentions pour son aïeule.* – Lat. *attentio.*

attentionné, ée [atɑ̃sjɔne] adj. Qui est plein d'attentions (au sens 2), de prévenances. *Enfant attentionné pour ses parents.* – De *attention.*

attentisme [atɑ̃tism] n. m. Politique d'attente, de temporisation. – De *attente.*

attentiste [atɑ̃tist] n. Partisan de l'attentisme. – Du préc.

attentivement [atɑ̃tivmɑ̃] adv. Avec attention. *Regarder attentivement l'horizon.* Ant. distraitement. – De *attentif.*

atténuant, ante [atenyɑ̃, ɑ̃t] adj. Propre à atténuer. ▷ DR *Circonstances atténuantes*, qui permettent au juge et aux jurés de diminuer, dans les limites prescrites par la loi, la peine encourue par un prévenu. – *Par ext.*, Cour. *Il joue mal dans le film, mais il a des circonstances atténuantes !* – Ppr. de *atténuer.*

atténuation [atenɥasjɔ̃] n. f. **1.** Diminution de la force, de la gravité. *Atténuation d'une douleur.* **2.** ELECTR Diminution d'une grandeur (puissance, tension, intensité). ▷ TELECOM Rapport entre l'intensité (ou la tension) à l'arrivée d'une ligne et l'intensité (ou la tension) au départ, mesurée en bels. – De *atténuer.*

atténuer [atenɥe] v. tr. [1] Rendre moins fort, moins grave. *Atténuer le bruit. Atténuer une souffrance. Atténuer la gravité d'un délit.* ▷ V. pron. *Spasmes nerveux qui s'atténuent.* – Lat. *attenuare*, «rendre mince», de *tenuis*, «mince».

atterrages [ateʀaʒ] n. m. pl. MAR Parages de la terre. – De *atterrer.*

atterrer [ateʀe] v. tr. [1] Accabler, abattre, consterner. *Cette défaite nous a atterrés.* – A. fr. *aterrer*, «jeter à terre».

atterrir [ateʀiʀ] v. intr. [2] **1.** MAR Reconnaître la terre en arrivant du large. **2.** Se poser sur le sol. *Avion qui atterrit. Atterrir sur la Lune.* – Fam. Tomber brutalement. *Le cavalier désarçonné atterrit dans un fossé.* – De *a-2*, et *terre.*

atterrissage [ateʀisaʒ] n. m. Action d'atterrir. *Terrain d'atterrissage. Faire un atterrissage forcé. Train d'atterrissage d'un avion.* – De *atterrir.*

atterrissement [ateʀismɑ̃] n. m. GEOL Dépôt de matières terreuses que la mer ou les fleuves forment sur leurs bords. – De *atterrir.*

attestation [atɛstasjɔ̃] n. f. Acte d'attester. Certificat, témoignage par écrit confirmant la vérité, l'authenticité d'une chose. *Attestation du médecin, de l'employeur.* ▷ *Attestation de scolarité:* document officiel faisant foi du nombre d'années d'études accomplies par une personne. *L'attestation de scolarité est délivrée notamment aux personnes se destinant à l'enseignement.* – Bas lat. *attestatio.*

attester [atɛste] v. tr. [1] **1.** Affirmer, certifier la vérité d'une chose. *Il a attesté que cela s'était passé ainsi.* Syn. affirmer. Ant. nier, dénier. **2.** Servir de preuve à. *Des efforts qui attestent la bonne volonté.* **3.** Prendre à témoin. *J'en atteste le ciel.* – Lat. *attestari*, de *testis*, «témoin».

atticisme [atisism] n. m. **1.** Litt. Délicatesse de langage, finesse de goût propres aux anciens Athéniens. – *Par ext.* Élégance et pureté du style. **2.** Forme propre au dialecte attique de la langue grecque ancienne. – Gr. *attikismos*, par le lat.

attiédir [atjediʀ] **1.** v. tr. [2] Rendre tiède (ce qui est chaud ou froid). *La brise attiédit l'atmosphère.* – Fig. Affaiblir un sentiment. *Le temps a attiédi leur amour.* **2.** v. pron. Devenir tiède; devenir plus faible. – De *a-2*, et *tiède.*

attiédissement [atjedismɑ̃] n. m. Action d'attiédir; fait de s'attiédir. – De *attiédir.*

attifer [atife] v. tr. [1] Fam. Orner, parer (qqn) d'une façon excessive ou bizarre. *Qui vous a ainsi attifée?* ▷ V. pron. *S'attifer à la mode d'autrefois.* – De l'a. fr. *tiffer*, «parer».

attiger [atiʒe] v. intr. [15] Pop. Exagérer. – Orig. incert.

attikamek [atikamɛk] adj. et n. **1.** adj. Qui a trait aux Amérindiens qui vivent dans la Haute-Mauricie québécoise. *Noms de lieux attikameks.* Rem. Ce mot conserve la même orthographe au fém. qu'au masc. *La culture attikamek.* ▷ Subst. Amérindien du Canada de la tribu des Attikameks. *Un Attikamek, une Attikamek.* **2.** n. m. Langue de la famille algonquienne. *L'attikamek est peu répandu au Québec.* – D'un mot amérindien signif. «poisson blanc».

ENCYCL La nation attikamek est culturellement, géographiquement et linguistiquement très proche de celle des Montagnais du Québec auxquels ils se sont joints en une corporation légalement enregistrée, qui forme le Conseil attikamek-montagnais.

On rencontre encore fréquemment la graphie désuète *attikamègue*, moins authentique, et qui doit être évitée. Par ailleurs, la dénomination *Tête-de-Boule* a prévalu depuis la fin du XVIIe siècle pour identifier ces Amérindiens, vraisemblablement exterminés entre 1670 et 1680 par les Iroquois. Or, probabl. que les survivants se sont joints à un autre groupe vers 1690, connu sous le nom de Têtes-de-Boule, et leurs descendants ont repris, depuis une quinzaine d'années, l'ancien nom d'*Attikameks.*

attique [atik] adj. et n. **I.** adj. **1.** Qui provient d'Athènes ou de l'ancienne Attique. *Vase attique à figures noires.* **2.** Propre aux anciens Athéniens. *Dialecte attique.* – Par ext. *La finesse et l'élégance attiques.* ▷ Loc. *Sel attique:* finesse de pensée; plaisanterie délicate. **II.** n. m. ARCHI Partie supérieure d'un édifice, qui dissimule le toit. – Gr. *attikos*, par le lat.

attirable [atiʀabl] adj. Susceptible d'être attiré. – De *attirer.*

attirail [atiʀaj] n. m. **1.** Vx Ensemble des objets nécessaires à une activité donnée. *Attirail de guerre.* **2.** Mod., fam. Équipement compliqué. *Attirail d'un pêcheur à la ligne.* – Bagage encombrant ou inutile. *Se déplacer avec un attirail hétéroclite. Des attirails.* – De *attirer.*

attirance [atiʀɑ̃s] n. f. Force qui attire moralement, affectivement. *L'attirance du plaisir. Éprouver de l'attirance pour la haute montagne.* Syn. attrait. Ant. répulsion. – De *attirer.*

attirant, ante [atiʀɑ̃, ɑ̃t] adj. Qui exerce un attrait, une séduction. *Physionomie attirante. Un spectacle attirant.* – Ppr. de *attirer*.

attirer [atiʀe] **I.** v. tr. [1] **1.** Faire venir à soi. *L'aimant attire le fer.* **2.** Inciter à venir. *Le miel attire les mouches.* **3.** Provoquer (l'intérêt, l'attention). *Jeune femme qui attire les regards, les hommages.* ▷ Éveiller un sentiment (de sympathie, d'amour) chez qqn. *J'avoue qu'il m'attire.* **II.** v. pron. **1.** Récipr. *Les molécules s'attirent mutuellement.* **2.** Encourir, être l'objet de. *Par sa conduite, il s'est attiré nos reproches.* – De *a-2*, et *tirer*.

attisement [atizmɑ̃] n. m. Fig. Action d'attiser. *Attisement des convoitises.* – De *attiser*.

attiser [atize] v. tr. [1] Aviver (le feu). ▷ Fig. Exciter, aviver (un sentiment). *Attiser la discorde, la jalousie.* – Lat. pop. **attitiare*, de *titio*, «tison».

attitré, ée [atitʀe] adj. Chargé nommément, par un titre, d'une fonction ou d'un office. *Représentant attitré d'une puissance étrangère.* – Cour. *Marchand attitré*, chez qui l'on se fournit habituellement. – De l'a. fr. *attitrer*, «charger en titre».

attitude [atityd] n. f. **1.** Manière de tenir son corps. *Prendre diverses attitudes. Une attitude penchée, cambrée, raide, décidée. L'attitude de la soumission, du commandement.* ▷ DANSE Figure d'équilibre sur une seule jambe, l'autre se repliant en arrière. **2.** Conduite que l'on adopte en des circonstances déterminées. *Attitude hostile à l'égard d'un projet. Pays qui règle son attitude sur celle d'une grande puissance.* – Ital. *attitudine*.

attorney [atɔʀnɛ] n. m. **1.** En Angleterre, auxiliaire de justice qui remplit pour le compte d'un client les fonctions de procureur ou d'avoué. – Aux États-Unis, auxiliaire de justice cumulant les fonctions d'avocat et d'avoué. **2.** *Attorney général:* en Angleterre, officier de la Couronne chargé des poursuites criminelles au nom de celle-ci. – Aux États-Unis, fonction correspondant à celle de ministre de la Justice. – Mot angl.

attouchement [atuʃmɑ̃] n. m. Action de toucher avec la main. *Les rois de France passaient pour guérir les écrouelles par attouchement.* – De *attoucher*, de *a-2*, et *toucher*.

attractif, ive [atʀaktif, iv] adj. **1.** Qui a la propriété d'attirer. **2.** Qui exerce une attraction, une séduction. – De *attraction*.

attraction [atʀaksjɔ̃] n. f. **1.** Action d'attirer; effet produit par ce qui attire. *L'attraction du fer par l'aimant.* ▷ PHYS *Attraction électrostatique:* force d'attraction entre charges électriques de signe contraire. – *Attraction magnétique:* force d'attraction entre les pôles d'aimants de noms contraires; force exercée par un aimant sur certains objets. – *Attraction terrestre:* force d'attraction exercée par la Terre, et qui se manifeste par la pesanteur. – *Attraction universelle.* V. gravitation. *Les lois de l'attraction universelle furent établies par Kepler et Newton.* **2.** Ce qui séduit, ce qui attire. *Ressentir l'attraction de l'inconnu.* **3.** Élément d'un spectacle, d'une exposition, spécialement destiné à attirer le public. *Les attractions d'un music-hall. Des attractions comiques.* – Par ext. *Un parc d'attractions*, où sont présentées des attractions. ▷ Fam. Objet de curiosité. *Il est l'attraction de la soirée.* – Lat. *attractio*.

attrait [atʀɛ] n. m. **1.** Ce qui attire. *L'attrait de la gloire. Un projet qui manque d'attrait.* ▷ Plur. Charmes d'une femme. *Coquette qui déploie tous ses attraits.* **2.** *Éprouver de l'attrait, se sentir de l'attrait pour...:* éprouver un certain goût, une inclination pour... – De l'a. fr. *attraire*, «attirer».

attrapade [atʀapad] n. f. ou **attrapage** [atʀapaʒ] n. m. Fam. Réprimande, gronderie, vifs reproches; querelle. – De *attraper*.

attrape [atʀap] n. f. **1.** Vx Piège pour les petits oiseaux, le menu gibier. **2.** Tromperie, tour plaisant. ▷ Plur. Objets destinés à mystifier. *Marchand de farces et attrapes.* – Déverbal de *attraper*.

attrape-mouches [atʀapmuʃ] n. m. inv. **1.** Nom usuel de plusieurs plantes qui retiennent, emprisonnent les petits insectes qui se posent sur leurs fleurs ou leurs feuilles, et les digèrent (ex.: *la dionée*). **2.** Piège à mouches. – De *attrape*, et *mouches*.

attrape-nigaud [atʀapnigo] n. m. Ruse grossière. *Des attrape-nigauds.* – De *attrape*, et *nigaud*.

attraper [atʀape] **I.** v. tr. [1] **1.** Prendre à une trappe, à un piège. *Attraper un oiseau avec de la glu.* **2.** Atteindre et saisir. *Attraper un papillon.* **3.** Surprendre. *Je l'ai attrapé à me voler.* **4.** Duper. *C'est un filou qui m'a attrapé.* ▷ Fam. *Être attrapé:* éprouver un mécompte, une déception. **5.** Mystifier, faire une attrape, par plaisanterie. *Je t'ai bien attrapé!* **6.** Obtenir par hasard. *J'ai attrapé le meilleur lot.* **7.** Fam. Recevoir de manière imprévue. *Attraper des coups. Attraper un rhume.* **8.** Fig., fam. Saisir et reproduire avec exactitude. *Attraper la manière d'un peintre. Il y a là un tour de main qu'il faut attraper.* **9.** Fam. Réprimander vivement. *Son père l'a attrapé. Se faire attraper par son patron.* **II.** V. pron. **1.** Vieilli S'accrocher, se prendre à. *S'attraper à un clou, dans l'embrasure d'une porte.* **2.** Récipr. Fam. Se disputer gravement. *Ils se sont attrapés et sont restés brouillés.* – De *a-2*, et *trappe*.

attrayant, ante [atʀɛjɑ̃, ɑ̃t] adj. Qui exerce de l'attrait. *Un programme attrayant.* – Ppr. de l'anc. v. *attraire*, «attirer».

attribuable [atʀibɥabl] adj. Qui peut ou doit être attribué (à). – De *attribuer*.

attribuer [atʀibɥe] **I.** v. tr. [1] **1.** Conférer, concéder. *Attribuer une place à quelqu'un.* **2.** Supposer (des qualités bonnes ou mauvaises) chez qqn. *On lui attribue du courage.* **3.** Considérer comme cause ou comme auteur de qqch. *Attribuer un incendie à la malveillance. Ce tableau fut longtemps attribué à Raphaël.* **II.** v. pron. *Spécial.* S'adjuger, revendiquer (sans y avoir droit). *Il s'attribue tout le mérite de cet ouvrage collectif.* – Lat. *attribuere*, de *tribuere*, «accorder en partage».

attribut [atʀiby] n. m. **1.** Caractère particulier, d'un être, d'une chose. *«La faculté de voler est un attribut essentiel de l'oiseau»* (Buffon). ▷ PHILO Caractère essentiel d'une substance. **2.** LOG Ce qu'on affirme ou ce qu'on nie du sujet dans une proposition. Syn. de *prédicat*. **3.** GRAM Mot exprimant une qualité, une manière d'être, attribuée à un nom (sujet ou complément d'objet direct) par l'intermédiaire d'un verbe comme *être, sembler, trouver, nommer*, etc. **4.** Emblème, signe distinctif d'une fonction, d'un personnage allégorique. *Le sceptre et la couronne sont les attributs de la royauté. L'arc et les flèches, attributs de l'Amour.* – Lat. scolast. *attributum*.

attributaire [atʀibytɛʀ] n. Personne qui a bénéficié d'une attribution par voie de droit. – De *attribuer*.

attributif, ive [atʀibytif, iv] adj. LOG Qui indique un attribut. ▷ GRAM *Verbe attributif*, qui relie l'attribut au mot auquel il se rapporte. – De *attribuer*.

attribution [atʀibysjɔ̃] n. f. **1.** Action d'attribuer. *Attribution de crédits.* **2.** Plur. Droits et devoirs attachés à certaines charges. ▷ *Spécial.* Limites de compétence. *Les attributions d'un ministre, d'un tribunal. Entrer dans les attributions de...:* être du ressort, de la compétence de... **3.** GRAM *Complément d'attribution:* autre dénomination du complément d'objet indirect ou second (ex.: *Donner un livre* à l'enfant). – De *attribuer.*

attristant, ante [atʀistɑ̃, ɑ̃t] adj. Qui attriste, qui déçoit. – De *attrister.*

attrister [atʀiste] **1.** v. tr. [1] Rendre triste, affliger. *Cette nouvelle m'attriste.* **2.** v. pron. Devenir triste. *S'attrister de qqch.* – De *a-2,* et *triste.*

attrition [atʀisjɔ̃] n. f. **1.** MED Écorchure par frottement; violente contusion. **2.** RELIG Regret d'avoir offensé Dieu, causé par la crainte du châtiment. *L'attrition est une contrition imparfaite.* **3.** ECON Usure, amenuisement progressif. *Taux d'attrition de la vente d'une encyclopédie par fascicules:* taux de baisse des ventes d'un numéro à l'autre. ▷ GEST Phénomène d'usure des effectifs d'une entreprise dû à une politique graduelle de décroissance. – Lat. *attritio,* «action de broyer».

attroupement [atʀupmɑ̃] n. m. **1.** Action de s'attrouper, de se rassembler. **2.** Groupe de personnes attroupées. *Disperser un attroupement.* – De *attrouper.*

attrouper [atʀupe] v. tr. [1] Assembler en troupe tumultueuse. *L'accident attroupa plus de cent personnes.* ▷ V. pron. *Les enfants s'attroupèrent.* – De *a-2,* et *troupe.*

atypique [atipik] adj. Différent du type normal. – De *a-1,* et *type.*

Au CHIM Symbole de l'or.

au, aux [o] article défini contracté. *Au* ne s'emploie que devant les noms masculins commençant par une consonne ou un h aspiré. *Au roi, au hameau.* – Le plur. *aux* s'emploie devant tous les noms masculins ou féminins. *Aux hommes, aux femmes, aux enfants.* – De la prép. *à,* et de l'art. *le, les.*

aubade [obad] n. f. Concert donné à l'aube sous les fenêtres de quelqu'un pour l'honorer. – Provenç. *aubada.*

aubain [obɛ̃] n. m. DR Étranger qui n'est pas naturalisé dans le pays où il demeure. – Lat. pop. **alibanus,* du lat. class. *alibi,* «ailleurs».

aubaine [obɛn] n. f. **1.** DR ANC Droit en vertu duquel les biens formant la succession d'un aubain mort en France devenaient la propriété du seigneur ou du roi. **2.** Avantage inespéré. – De *aubain.*

1. aube [ob] n. f. **1.** Premières lueurs de l'aurore; moment où le ciel blanchit à l'est. *À l'aube, dès l'aube.* **2.** Fig. Débuts, naissance. *L'aube de l'humanité.* – Lat. *alba,* «blanche».

2. aube [ob] n. f. LITURG Ample tunique de toile blanche. – Lat. ecclés. *alba.*

3. aube [ob] n. f. Palette solidaire d'une roue, qui reçoit la pression d'un fluide ou qui exerce une pression sur celui-ci. *Turbine à aubes. Roue à aubes.* – Origine incert., peut-être lat. *alapa,* «soufflet».

aubépine [obepin] n. f. Arbrisseau épineux (fam. rosacées), à fleurs blanches ou rosées, donnant des fruits rouges. *L'aubépine sauvage est connue sous le nom de cenellier (ou senellier).* – Lat. pop. **albispinum,* du lat. class. *alba,* «blanche», et *spina,* «épine».

aubère [obɛʀ] adj. (et n. m.). Se dit d'un cheval dont la robe est un mélange uniforme de poils blancs et alezans. – Esp. *hobero.*

auberge [obɛʀʒ] n. f. **1.** Vieilli Maison hôtelière de campagne, simple et sans luxe. ▷ Loc. fam. *On n'est pas sorti de l'auberge:* les difficultés promettent d'être considérables. – Fig. *Auberge espagnole:* lieu où l'on trouve ce qu'on y apporte. **2.** Mod. Restaurant dont le décor évoque une auberge (au sens 1), mais qui offre une chère et un service de qualité. – Provenç. *aubergo.*

aubergine [obɛʀʒin] n. f. Plante potagère (*Solanum melongena,* fam. solanacées), originaire de l'Inde. – Fruit comestible de cette plante, en forme de massue, de couleur violette. ▷ adj. inv. Couleur violet-cramoisi. – Catalan *alberginia,* de l'arabe *albādinjān,* empr. au persan *bādindjān.*

aubergiste [obɛʀʒist] n. Personne qui tient une auberge. – De *auberge.*

aubette [obɛt] n. f. En Belgique, petite construction légère sur la voie publique, servant d'abri (kiosque à journaux, arrêt d'autocar, etc.). V. abribus. – De l'a. fr. *hobe,* moyen haut all. *hûbe,* «ce qui coiffe un édicule».

aubier [obje] n. m. Partie ligneuse du tronc et des branches d'un arbre, tendre et blanchâtre, qui se trouve entre le cœur du bois et l'écorce, correspondant aux couches les plus récemment formées. – De *albus,* «blanc».

aubin [obɛ̃] n. m. Allure défectueuse d'un cheval qui galope avec les jambes de devant et trotte avec celles de derrière (ou inversement). – De l'a. fr. *hober,* «remuer».

auburn [obœʀn] adj. inv. Brun-roux (cheveux). *Des cheveux auburn.* – Empr. à l'anglais.

aucuba [okyba] n. m. BOT Arbrisseau ornemental (genre *Aucuba,* fam. cornacées) à feuilles luisantes, d'un vert panaché de jaune, coriaces et persistantes. – Jap. *aoki.*

aucun, une [okœ̃, yn] **I.** pron. **1.** (*Accompagné de* ne.) Nul, pas un seul, personne. *J'ai écrit à plusieurs, aucun ne m'a répondu. Parmi tous ces livres, aucun n'est encore relié.* ▷ Litt. ou Vx *D'aucuns:* quelques-uns, certains. *D'aucuns le blâmeront de ce choix.* **2.** *Aucun de:* quelqu'un, quelqu'une, certain, un quelconque (parmi d'autres). *Il saura faire ce travail mieux qu'aucun de nous. De tous mes amis, aucun m'a-t-il secouru?* **II.** adj. **1.** Litt. Quelque. *Je doute qu'aucun homme le fasse.* **2.** (*Accompagné de* ne *ou de* sans.) Nul, nulle, pas un. *Il n'a aucun défaut. Sans aucune hésitation.* (N.B. *Aucun,* adj., s'emploie toujours au sing. sauf devant un nom qui n'est utilisé qu'au plur., ou dont le plur. n'a pas le même sens que le sing. *Aucuns frais. Aucunes représailles.*) – Lat. pop. **aliquunus,* de *aliquis,* «quelqu'un», et *unus,* «un».

aucunement [okynmɑ̃] adv. Nullement, en aucune façon (*employé avec* ne). *Je ne lui en veux aucunement.* – De *aucun.*

audace [odas] n. f. **1.** Tendance à oser des actions hardies, en dépit des dangers ou des obstacles. ▷ Innovation qui brave les habitudes. *Les audaces de versification de Victor Hugo par rapport aux règles classiques. Les audaces de la mode.* **2.** Péjor. Impudence. *Il a eu l'audace de prétendre... Vous avez une certaine audace, mon ami!* – Lat. *audacia.*

audacieusement [odasjøzmɑ̃] adv. Avec audace. – De *audacieux.*

audacieux, euse [odasjø, øz] adj. **1.** Qui a de l'audace. *Un homme audacieux.* ▷ Subst. *La fortune sourit aux audacieux.* **2.** Qui dénote de l'audace. *Projet audacieux.* – De *audace.*

au-deçà [odəsa] loc. adv. De ce côté-ci (par oppos. à *au-delà*). – V. deçà.

au-dedans [odədɑ̃] loc. adv. À l'intérieur. – V. dedans.

au-dehors [odəɔʀ] loc. adv. À l'extérieur. – V. dehors.

au-delà [od(ə)la] loc. adv. Plus loin (par oppos. à *au-deçà, en deçà*). ▷ N. m. *L'au-delà:* l'autre monde, après la mort. – V. delà.

au-dessous [odəsu] loc. adv. Plus bas. – V. dessous.

au-dessus [odəsy] loc. adv. Plus haut – V. dessus.

au-devant [odəvɑ̃] loc. adv. Dans une position antérieure. ▷ *Au-devant de*, loc. prép. *Aller au-devant de quelqu'un*, aller à sa rencontre. – V. devant.

audibilité [odibilite] n. f. Caractère de ce qui est audible. – De *audible.*

audible [odibl] adj. Susceptible d'être entendu. Ant. inaudible. – Bas lat. *audibilis*, de *audire*, «entendre».

audience [odjɑ̃s] n. f. **1.** Vieilli ou litt. Écoute attentive prêtée à qqn qui parle. **2.** Mod. Intérêt que suscite auprès d'un public une œuvre, une pensée, etc. *Avoir l'audience des intellectuels.* **3.** Entretien accordé par un personnage de haut rang à des visiteurs. *Demander audience à un ministre.* **4.** Ceux qui écoutent, auditoire. *Audience passionnée par un conférencier.* **5.** DR Séance de tribunal. *Une audience publique, à huis clos.* – Lat. *audientia*, de *audire*, «entendre».

audio-. Élément, du lat. *audire*, «entendre».

audiofréquence [odjɔfʀekɑ̃s] n. f. PHYS Fréquence audible (comprise entre 20 et 20 000 Hz env.), dite aussi *basse fréquence* ou *fréquence acoustique.* – De *audio-*, et *fréquence.*

audiogramme [odjɔgʀam] n. m. ACOUST et MED Courbe des valeurs des seuils d'audition en fonction de la fréquence. – De *audio-*, et *-gramme.*

audiologie [odjɔlɔʒi] n. f. MED Science de l'audition. – De *audio-*, et *-logie.*

audiomètre [odjɔmɛtʀ] n. m. Appareil qui sert à mesurer l'acuité auditive et à établir les audiogrammes. – De *audio-*, et *-mètre.*

audiométrie [odjɔmetʀi] n. f. MED et ACOUST Étude de l'acuité auditive. ▷ *Audiométrie objective:* mesure de l'audition sans la participation consciente du sujet. – De *audio-*, et *-métrie.*

audionumérique [odjɔnymeʀik] adj. *Disque audionumérique*, sur lequel les sons sont enregistrés de façon numérique. *La lecture des disques audionumériques s'effectue par un procédé utilisant le laser.* – De *audio-*, et *numérique.*

audiophone [odjɔfɔn] n. m. Petit appareil acoustique servant à amplifier le son, utilisé par les malentendants. – De *audio-*, et *-phone.*

audioprothésiste [odjɔpʀɔtezist] n. Praticien qui délivre et contrôle les prothèses auditives. – De *audio-*, et *prothésiste.*

audiovisuel, elle [odjɔvizɥɛl] **1.** adj. Qualifie l'ensemble des techniques de communication qui font appel à la sensibilité visuelle et auditive. **2.** n. m. Ces techniques elles-mêmes. *L'audiovisuel s'est développé depuis 1945.* – De *audio-*, et *visuel.*

ENCYCL Les techniques audiovisuelles peuvent être utilisées dans les communications de masse (télévision), dans les communications de groupe (pédagogie, échanges à l'intérieur d'une entreprise) et à l'échelle individuelle (vidéocassettes). Elles comprennent les techniques *visuelles* (photographie, affiches, livres et journaux, projection de vues fixes au moyen d'épiscopes, de visionneuses ou de rétroprojecteurs, cinéma muet, télécopie), les techniques *auditives* (radiodiffusion, enregistrement sonore sur disque ou bande magnétique, téléphone) et les techniques proprement *audiovisuelles* (spectacle, présentation sonorisée de vues fixes, cinéma parlant, télévision, enregistrement sur vidéogramme, télévision, visiophonie, télédistribution). Les *vidéogrammes* sont des programmes audiovisuels enregistrés sur film, sur disque (vidéodisque) ou sur bande magnétique (vidéocassette).

auditeur, trice [oditœʀ, tʀis] n. **1.** Personne qui écoute. *Opérer un sondage auprès des auditeurs d'une station radiophonique.* **2.** *Auditeur libre:* étudiant qui assiste à des cours sans l'obligation d'être soumis à l'examen. **3.** En France, nom de divers fonctionnaires. *Auditeur au Conseil d'État, à la Cour des comptes.* – Lat. *auditor.*

auditif, ive [oditif, iv] adj. Propre à l'ouïe, à ses organes. *Conduit auditif, nerf auditif. – Prothèse auditive*, pour corriger la surdité. – Du lat. *auditus.*

audition [odisjɔ̃] n. f. **1.** Perception des sons par l'oreille. ▷ *Seuil d'audition:* intensité minimale, à fréquence donnée, produisant une sensation auditive. **2.** Écoute. *Une audition radiophonique.* ▷ DR *Audition des témoins.* **3.** Essai que passe un artiste en vue d'un engagement. – Lat. *auditio*, de *audire*, «entendre».

auditionner [odisjɔne] **1.** v. intr. [1] Présenter un échantillon de son répertoire (artistes). **2.** v. tr. *Auditionner un artiste*, assister à une présentation de son numéro pour le juger. – De *audition.*

auditoire [oditwaʀ] n. m. Ensemble des auditeurs. Syn. Audience, public. – Lat. *auditorium.*

auditorium [oditɔʀjɔm] n. m. Salle équipée pour l'écoute, l'enregistrement, la reproduction d'œuvres sonores. – Mot lat.

auge [oʒ] n. f. **1.** Bassin de pierre, de bois ou de métal servant à donner à boire ou à manger aux animaux. **2.** Récipient utilisé par les maçons pour délayer le plâtre. **3.** GEOGR *Auge glaciaire:* vallée à fond large et aux parois raides, dont le profil évoque celui d'une auge. – Lat. *alveus*, «cavité».

augée [oʒe] n. f. Contenu d'une auge. – De *auge.*

auget [oʒɛ] n. m. **1.** Petite auge où l'on met la nourriture des oiseaux. **2.** Petite auge fixée à la circonférence d'une roue hydraulique. **3.** BALIST Pièce mécanique d'un fusil, qui reçoit la cartouche. – Dimin. de *auge.*

augite [oʒit] n. f. MINER Pyroxène d'un noir d'ébène responsable de la teinte sombre des basaltes. (C'est un silicate d'aluminium contenant en quantités variables calcium, fer et magnésium.) – Gr. *augitis.*

augment [ɔ(o)gmɑ̃] n. m. LING Addition qui se fait au commencement d'une forme verbale, à certains temps, dans certaines langues telles que le grec et le sanscrit. – Lat. *augmentum.*

augmentable [ɔ(o)gmɑ̃tabl] adj. Susceptible d'augmentation. – De *augmenter.*

augmentatif, ive [ɔ(o)gmɑ̃tatif, iv] adj. Se dit d'une forme grammaticale, préfixe ou suffixe, renforçant le sens d'un mot (ex.: *super* dans *superchampion*). ▷ N. m. *Un augmentatif.* – De *augment.*

augmentation [ɔ(o)gmɑ̃tasjɔ̃] n. f. **1.** Action, fait d'augmenter. *Augmentation de volume, de poids, de durée.* **2.** Majoration d'appointements. *Obtenir une augmentation.* – Lat. *augmentatio.*

augmenter [ɔ(o)gmɑ̃te] **I.** v. tr. [1] **1.** Rendre plus grand, plus considérable. *Augmenter le son, la longueur, les prix, la surface, les intérêts.* **2.** Majorer les appointements de. *Augmenter les ouvriers, les fonctionnaires.* **II.** v. pron. *S'augmenter:* s'accroître. **III.** v. intr. Devenir plus grand, croître en quantité, en prix, etc. (choses). *La vie ne cesse d'augmenter. Augmenter de volume.* – Lat. imp. *augmentare*, de *augere*, «accroître».

augural, ale, aux [ogyʀal, o] adj. Qui concerne les augures. *Science augurale.* – Lat. *auguralis.*

augure [ogyʀ] n. m. **I. 1.** ANTIQ À Rome, devin qui tirait présage du chant et du vol des oiseaux. **2.** Personne qui se livre à des conjectures, prétend prédire l'avenir. **II. 1.** ANTIQ Présage tiré par les augures. **2.** Ce qui semble présager l'avenir. *J'en accepte l'augure.* ▷ Loc. *Oiseau de bon, de mauvais augure:* personne qui annonce, par sa présence ou ses propos, de bonnes, de mauvaises nouvelles. – Sens I: lat. *augur.* Sens II: lat. *augurium.*

augurer [ogyʀe] v. tr. [1] Tirer de l'observation de certains signes des conjectures sur l'avenir. *Je n'augure rien de bon de tout cela.* – Lat. *augurare.*

1. auguste [ogyst] adj. Vénérable et solennel. *Une auguste assemblée.* – Lat. *augustus,* de *augur,* «consacré par les augures».

2. auguste [ogyst] n. m. Type de clown au maquillage bariolé. *L'auguste et le clown blanc.* – D'un nom propre.

augustin, ine [ogystɛ̃, in] n. Religieux, religieuse qui suit la règle dite de saint Augustin. – De *saint Augustin.*

augustinien, ienne [ogystinjɛ̃, jɛn] adj. **1.** Relatif à saint Augustin, à sa pensée. **2.** Qui adopte les thèses de saint Augustin sur la grâce. – De *saint Augustin.*

augustinisme [ogystinism] n. m. Doctrine de saint Augustin. – De *saint Augustin* ou de *Augustinus* (ouvrage de Jansénius).

aujourd'hui [oʒuʀdɥi] adv. **1.** Au jour où l'on est. *Il arrive aujourd'hui.* **2.** Au temps où nous sommes, à notre époque. ▷ Subst. L'époque actuelle. *Le monde d'aujourd'hui.* – De *au, jour, de,* et *hui* (lat. *hodie,* «en ce jour»).

aula [ola] n. f. Chez les Romains, cour d'entrée d'une maison. – Mot lat.

aulique [olik] adj. HIST *Conseil aulique:* tribunal suprême dans l'ancien Empire germanique. – Lat. *aulicus,* de *aula,* «cour».

aulnaie ou **aunaie** [onɛ] n. f. SYLVIC Lieu planté d'aulnes. – De *aulne* ou *aune.*

aulne ou **aune** [on] n. m. Arbre des terrains humides (fam. bétulacées) dont une espèce, l'aulne rugueux (*Alnus rugosa*), fournissait aux anciens Canadiens une teinture jaune très employée. V. verne. – Probabl. du lat *alnul,* avec infl. du frq. **alisa.*

auloffée ou **aulofée** [olɔfe] n. f. MAR Mouvement d'un voilier dont l'axe se rapproche du lit du vent. Ant. abattée. – De *aulof.*

aulx [o] n. m. plur. Pl. de *ail.*

aumône [omon] n. f. **1.** Ce qu'on donne aux pauvres par charité. *Vivre d'aumônes.* Syn. obole. **2.** Fig. Faveur parcimonieuse. *L'aumône d'un sourire, d'une parole.* – Lat. pop. **alemosina,* du gr. *eleêmosunê,* «compassion».

aumônerie [omonʀi] n. f. **1.** Charge d'aumônier. **2.** Service administratif qui regroupe les aumôniers. *L'aumônerie des prisons.* **3.** Logement d'un aumônier. – De *aumônier.*

aumônier [omonje] n. m. **1.** Anc. Ecclésiastique attaché au service d'un grand. *L'aumônier du château.* Syn. chapelain. **2.** Mod. Ecclésiastique qui exerce son ministère auprès d'une collectivité donnée. *Aumônier d'une prison. Aumônier protestant, israélite.* – De *aumône.*

aumônière [omonjɛʀ] n. f. Petite bourse qu'on attachait autref. à la ceinture. – De *aumône.*

aumusse [omys] n. f. **1.** Anc. Bonnet garni de fourrure en usage au Moyen Âge. **2.** Anc. Pèlerine fourrée des chanoines. – Lat. médiév. *almutia.*

aunaie. V. aulnaie.

1. aune [on] n. f. Ancienne mesure de longueur valant 1,188 m. ▷ Loc. *Mesurer les autres à son aune,* les juger d'après soi-même. – Frq. **alina,* «avant-bras».

2. aune. V. aulne.

aunée [one] n. f. Longueur d'une aune. – De *aune.*

auparavant [opaʀavɑ̃] adv. Avant, antérieurement. *Il l'avait rencontré peu auparavant. Un mois, un an auparavant.* – De *au, par,* et *avant.*

auprès [opʀɛ] adv. Litt. Dans le voisinage, non loin. *La mer est proche, il habite auprès.* – De *au,* et *près.*

auprès de [opʀɛdə] loc. prép. **1.** Dans la proximité de. *Être assis auprès de qqn ou de qqch.* **2.** Fig. Par comparaison avec. *Auprès de votre complaisance, la sienne est peu de chose.* **3.** Aux yeux de, de l'avis de. *Il passe pour érudit auprès des ignorants.* – De *au,* et *près.*

auquel, à laquelle, auxquels, auxquelles. Pron. relatifs pour: à lequel, etc. V. lequel.

aura [oʀa] n. f. **1.** MED Sensation vague, précédant une crise d'épilepsie. **2.** Corps immatériel qui, selon les occultistes, entourerait certaines substances. **3.** Fig. Influence mystérieuse qui semble émaner d'une personne. *Une aura de sensibilité.* – Lat. *aura,* «souffle».

auréole [ɔʀeɔl] n. f. **1.** Couronne lumineuse dont les peintres entourent symboliquement la tête du Christ, de la Vierge et des saints. **2.** Fig. Prestige, gloire. *Parer qqn d'une auréole.* **3.** Couronne apparaissant autour de certains corps célestes; halo. **4.** Trace circulaire laissée par une tache qu'on a nettoyée. – Lat. ecclés. *aureola (corona),* «(couronne) d'or».

auréoler [ɔʀeɔle] v. tr. [1] Parer d'une auréole. ▷ Fig. Glorifier. – De *auréole.*

auréomycine [o(ɔ)ʀeɔmisin] n. f. BIOL et MED Antibiotique du groupe des tétracyclines. – Du lat. *aureus,* «d'or», *-myc(e)* et *-ine.*

auriculaire [ɔ(o)ʀikylɛʀ] adj. et n. **I.** adj. Qui se rapporte à une oreille ou à une oreillette du cœur. *Fibrillation auriculaire.* ▷ *Témoin auriculaire,* qui rapporte ce qu'il a entendu (V. oculaire). **II.** n. m. *L'auriculaire:* le plus petit doigt de la main (qu'on peut introduire dans le conduit de l'oreille). – Bas lat. *auricularius.*

auricule [ɔ(o)ʀikyl] n. f. ANAT Appendice surmontant chacune des oreillettes du cœur. – Lat. *auricula,* «petite oreille».

auriculo-ventriculaire [ɔ(o)ʀikylo-vɑ̃tʀikylɛʀ] adj. ANAT Appartenant à la fois à l'oreillette et au ventricule du cœur. *Orifice, sillon auriculo-ventriculaire.* – De *auricule,* et *ventricule.*

aurifère [oʀifɛʀ] adj. MINER Qui contient, qui charrie de l'or. *Terrains, cours d'eau aurifères.* – Du lat. *aurum,* «or», et *-fère.*

aurification [oʀifikasjɔ̃] n. f. Action d'aurifier; son résultat. – De *aurifier.*

aurifier [oʀifje] v. tr. [1] STOMATO Obturer (une dent) par un bloc d'or; protéger (une dent) par une couronne d'or. – Du lat. *aurum,* «or», et *-fier.*

aurige [oʀiʒ] n. m. ANTIQ Conducteur de char. *L'aurige de Delphes,* célèbre statue antique en bronze (musée de Delphes). – Lat. *auriga,* «cocher».

aurignacien, ienne [oʀiɲasjɛ̃, jɛn] adj. et n. m. PREHIST Faciès culturel de la première moitié du Paléolithique supérieur, caractérisé par une industrie lithique composée de lames à retouches écailleuses, de burins, de lamelles finement retouchées et d'un bel outillage osseux. *La culture aurignacienne, œuvre de l'homme de Cro-Magnon, marque les débuts de l'art figuratif.* – De *Aurignac* (France).

aurique [oʀik] adj. MAR *Voile aurique:* voile de forme trapézoïdale enverguée sur une corne. – Néerl. *oorig.*

aurochs [oʀɔk] n. m. Bovidé de grande taille (2 m au garrot) qui vécut en Europe, à l'état sauvage, jusqu'au Moyen Âge et qu'on a pu reconstituer récemment par croisements. – All. *Auerochs.*

auroral, ale, aux [ɔRɔRal, o] adj. Qui appartient à l'aurore. – De *aurore.*

aurore [ɔRɔR] n. f. **1.** Lumière rosée qui précède le lever du Soleil. **2.** Fig. Origine, début. *L'aurore de la vie.* **3.** *Aurore polaire,* phénomène lumineux observable dans les régions polaires. *Aurore boréale, australe.* (Les aurores polaires résultent du bombardement des molécules de la haute atmosphère par les rayonnements corpusculaires du Soleil. Elles s'étendent entre 110 et 400 km d'altitude et prennent la forme d'arcs, de draperies ou de couronnes.) – Lat. *aurora.*

auscultation [ɔ(o)skyltasjõ] n. f. Action d'ausculter. – Lat. *auscultatio,* «examen».

ausculter [ɔ(o)skylte] v. tr. [1] Écouter, directement ou à l'aide d'un stéthoscope, les bruits qui se produisent dans certaines parties internes du corps, en vue d'un diagnostic. *Ausculter le cœur. Ausculter qqn.* – Lat. *auscultare,* «écouter».

auspice [ɔ(o)spis] n. m. **1.** ANTIQ Présage tiré de l'observation des oiseaux. *César n'entreprenait rien sans consulter les auspices.* **2.** Fig. *Sous d'heureux, de funestes auspices:* dans des circonstances qui présagent le succès ou l'échec. *Sous les auspices de qqn,* sous sa protection, son patronage. – Lat. *auspicium,* de *avis,* «oiseau», et *spicere,* «examiner».

aussi [osi] adv. et conj. **I.** adv. **1.** Également, de même. *Son père le gâte, sa mère aussi.* (On emploie *non plus* lorsque l'idée est négative. *Son père ne le gâte pas, sa mère non plus.*) **2.** Devant un adj. ou un adv. dans une comparaison, exprime l'égalité. *Cette moto est aussi rapide qu'une voiture. Ma nièce est aussi belle que gracieuse.* **II.** conj. *(En tête de proposition).* C'est pourquoi, en conséquence. *Elle travaille, aussi réussit-elle.* ▷ loc. conj. *Aussi bien:* après tout, d'ailleurs. *Je ne lui écris plus, aussi bien nous sommes fâchés.* ▷ *Aussi bien que:* de même que. – Du lat. pop. **alid,* du lat. class. *aliud,* «autre chose», et *sic,* «ainsi».

aussière ou **haussière** [osjɛR] n. f. MAR Fort cordage, utilisé pour l'amarrage et le remorquage des navires. – Lat. pop. **helciara,* de *helcium,* «collier de trait».

aussitôt [osito] adv. Dans le même moment. *Il est entré et aussitôt il s'est dirigé vers moi.* ▷ Loc. conj. *Aussitôt que:* dès que. *Répondez aussitôt que vous pourrez.* – De *aussi,* et *tôt.*

austénite [ostenit] n. f. Constituant des aciers, solution solide de carbone dans le fer γ. – De *Austen,* métallurgiste anglais.

austère [ɔ(o)stɛR] adj. **1.** Qui présente dans son attitude ou son caractère un penchant pour la gravité, la sévérité morale, la rigueur puritaine (personnes). *Un moraliste austère.* Ant. dissolu, hédoniste, libertin. **2.** Dénué d'agréments ou de fantaisie (choses). *Un intérieur austère.* Syn. rude, sévère. Ant. aimable, gai. – Lat. *austerus.*

austérité [ɔ(o)steRite] n. f. **1.** Caractère de ce qui est austère. **2.** Plur. Mortifications du corps et de l'esprit. – Lat. *austeritas.*

1. austral, ale, als ou **aux** [ɔ(o)stRal, o] adj. Qui se trouve dans l'hémisphère Sud. *Terres australes,* voisines du pôle Sud. Ant. boréal. – Lat. *australis,* de *auster,* «vent du sud».

2. austral [ɔ(o)stRal] n. m. Unité monétaire argentine. – Mot esp.

australien, ienne [ɔ(o)stRaljɛ̃, jɛn] adj. De l'Australie. ▷ Subst. Habitant de l'Australie. – *Spécial.* Aborigène d'Australie (V. aborigène).

australopithèque [ɔ(o)stRalɔpitɛk] n. m. PREHIST Type d'homme fossile découvert en Afrique australe et orientale. (Ses restes connus les plus anciens remontent à 3,5, voire à 5 millions d'années.) – Du lat. *australis,* «méridional», et du gr. *pithêkos,* «singe».

austro-hongrois, oise [ɔ(o)stRoõgRwa, waz] adj. et n. Relatif à l'empire d'Autriche-Hongrie (1867-1918).

autan [otɑ̃] n. m. Vent de secteur Sud-Est, dans le midi de la France. – Mot provenç., du lat. *altanus,* «vent de la haute mer».

autant [otɑ̃] adv. **I.** *Autant... que.* Marque l'égalité entre deux quantités. **1.** (Avec les quantités dénombrables). Le même nombre de. *Autant de femmes que d'hommes.* **2.** (Avec les termes abstraits ou les quantités non dénombrables). La même quantité de. *Autant à boire qu'à manger.* **3.** Marquant l'égalité entre deux idées exprimées par un verbe ou un adjectif. *Il travaille autant qu'il s'amuse. Bizarre autant qu'étrange!* **4.** Loc. *Autant que possible:* dans la mesure du possible. **II. 1.** La même quantité, le même degré, la même intensité. *J'en voudrais deux fois autant.* **2.** Ce dont on parle, pris individuellement. *Tous ses serments sont autant de mensonges.* ▷ Loc. prov. *Autant en emporte le vent:* ce sont choses sans lendemain. **3.** *Autant..., autant.* Pour comparer les degrés et les opposer à la fois. *Autant il peut être gai, autant il est parfois mélancolique.* **III.** Dans des loc. adv. ou conj. exprimant la proportionnalité. ▷ *D'autant:* à proportion. *Remboursez la moitié, vous serez libéré d'autant.* ▷ *D'autant plus:* à plus forte raison. ▷ *Pour autant:* malgré cela. *Il a voyagé, mais il n'a rien appris pour autant.* ▷ *D'autant (plus, moins) que:* avec cette raison (en plus ou en moins) que. *Il est malade et ne viendra pas, d'autant (plus) qu'il n'en avait pas envie.* ▷ *(Pour) autant que:* dans la mesure où (avec indic. ou subj.). *(Pour) autant qu'il m'en souvient,* ou *souvienne...* – Du lat. *alterum,* «autre», et *tantum,* «tant».

autarcie [otaRsi] n. f. Système économique d'un État, d'une région qui peut suffire à tous ses besoins et vit seulement de ses propres ressources. – Gr. *autarkeia.*

autarcique [otaRsik] adj. Relatif à l'autarcie. – De *autarcie.*

autel [otɛl] n. m. **1.** ANTIQ Table destinée aux sacrifices. **2.** LITURG CATHOL Table consacrée sur laquelle se célèbre la messe. ▷ Fig. Symbole de la religion en général (prend une majuscule dans ce sens). *Le Trône et l'Autel:* le pouvoir temporel et le pouvoir spirituel. – Lat. *altare,* de *altus,* «haut».

auteur [otœR] n. m. **1.** Celui qui est la cause première de qqch. *L'auteur de mes jours. L'auteur de l'Univers: Dieu.* **2.** DR Celui de qui on tient un droit ou une propriété. *Appeler ses auteurs en garantie.* **3.** Personne qui a fait un ouvrage de littérature, de science ou d'art. ▷ Personne qui a pour métier d'écrire. *Un auteur-compositeur. La Société des auteurs.* – *Droits d'auteur:* voir à droit 1 (sens I, 2). (Rem.: Comme forme féminine, l'OLF recommande *une auteure.*) – Lat. *auctor.*

authenticité [otɑ̃tisite] n. f. Qualité de ce qui est authentique. – De *authentique.*

authentification [otɑ̃tifikasjõ] n. f. Action d'authentifier. – De *authentifier.*

authentifier [otɑ̃tifje] v. tr. [1] Certifier authentique, conforme, certain. (On dit aussi, dans un registre strictement juridique, *authentiquer.*) – De *authentique.*

authentique [otɑ̃tik] adj. **1.** DR *Acte authentique,* dressé dans les formes exigées par la loi et qui fait preuve jusqu'à inscription en faux. **2.** Se dit d'une œuvre qui émane effectivement de l'auteur auquel on l'attribue. *Un authentique Vermeer.* Ant. faux. **3.** Dont la vérité ou l'exactitude ne peut être contestée. *La version authentique des faits.* Ant. imaginaire, fantaisiste. **4.** Qui émane de la nature profonde d'une personne. *Des émotions, des sentiments authentiques.* Ant. conventionnel, affecté, artificiel. – Lat. jur. d'orig. gr. *authenticus.*

authentiquement [otɑ̃tikmɑ̃] adv. De manière authentique. – De *authentique.*

authentiquer. V. authentifier.

autisme [otism] n. m. PSYCHIAT Repliement pathologique sur soi-même, avec perte de contact avec la réalité extérieure. V. schizophrénie. – All. *Autismus,* du gr. *autos,* «soi-même».

autiste [otist] ou **autistique** [otistik] adj. (et n.) Relatif à l'autisme; atteint d'autisme. *L'enfant autiste ne parle pas.* – De l'all. *autistisch.*

1. auto-. Élément, du gr. *autos,* «soi-même».

2. auto [oto] n. f. Abréviation d'*automobile.*

3. auto [auto] n. m. Drame religieux espagnol en un acte. *Auto sacramental:* auto écrit à la louange de l'Eucharistie et représenté à la Fête-Dieu. – Mot esp., «acte».

auto-accusation [otoakyzasjɔ̃] n. f. PSYCHIAT Trouble psychique consistant à s'accuser, le plus souvent à tort, d'actes ou d'intentions répréhensibles. – De *auto-,* et *accusation.*

auto-adhésif, ive [otoadezif, iv] adj. et n. m. Syn. de autocollant. – De *auto-,* et *adhésif.*

auto-allumage [otoalymaʒ] n. m. Inflammation du mélange en l'absence d'étincelle à la bougie, dans les moteurs à explosion. – De *auto-,* et *allumage.*

autoanticorps [otoɑ̃tikɔʀ] n. m. Anticorps produit par un organisme contre un ou plusieurs de ses constituants, agissant contre eux comme contre des antigènes. – Calque de l'anglais *autoantibody.*

autobiographie [otobjogʀafi] n. f. Biographie d'une personne écrite par elle-même. Syn. mémoires. – De *auto-,* et *biographie.*

autobiographique [otobjogʀafik] adj. Qui a les caractères de l'autobiographie. – Du préc.

autobus [otobys] n. m. Véhicule automobile destiné aux transports en commun dans une ville ou d'une ville à l'autre. *Prendre, attendre l'autobus. Billet d'autobus.* . ▷*Autobus articulé:* autobus auquel est rattachée une remorque par un système d'articulation qui permet aux voyageurs de passer de l'un à l'autre. ▷*Autobus scolaire:* véhicule qui sert au transport des élèves entre leur domicile et un établissement scolaire. Rem. Souvent fém. de la langue familière. – De *auto(mobile),* et *(omni)bus.*

autocar [otokaʀ] n. m. Véhicule automobile destiné surtout au transport collectif interurbain ou de tourisme. *Autocar de luxe.* Rem. On dit plus cour. *autobus.* – De *auto(mobile),* et angl. *car,* «voiture».

autocaravane [otokaʀavan] n. f. Véhicule autotracté dont l'intérieur est aménagé de façon à servir de logement. – De *auto-,* et *caravane.*

autocatalyse [otokataliz] n. f. CHIM Réaction chimique dans laquelle l'un des produits formés joue le rôle de catalyseur. – De *auto-,* et *catalyse.*

autocensure [otosɑ̃syʀ] n. f. Censure préventive exercée par un auteur sur ses propres œuvres. – De *auto-,* et *censure.*

autocéphale [otosefal] adj. **1.** *Église autocéphale:* église hiérarchiquement indépendante. *Les églises orthodoxes sont autocéphales.* **2.** *Évêque autocéphale:* évêque qui n'est pas sous l'autorité des patriarches, dans l'Église grecque. – De *auto-,* et gr. *képhalê,* «tête».

autochenille [otoʃnij] n. f. Véhicule tout terrain muni de chenilles. – De *auto(mobile),* et *chenille.*

autochrome [otokʀom] adj. PHOTO *Procédé autochrome,* qui reproduit les couleurs par synthèse additive. – De *auto,* et gr. *chrôma,* «couleur».

autochtone [ɔtɔktɔn] adj. et n. **1.** Se dit d'un peuple réputé avoir toujours habité le pays où il se trouve. *Les populations autochtones ont rarement une littérature.* Syn. aborigène. ▷ Subst. Personne née dans le pays où elle vit ou qui est originaire de ce pays. *Les Autochtones, au Canada, se répartissent en Amérindiens et en Inuit.* **2.** GEOL Se dit de formations géologiques qui n'ont pas subi de transport. *Gisement autochtone.* – Du gr. *autokhthôn,* de *autos,* «soi-même» et *khthôn,* «terre».

ENCYCL On présente souvent les termes *indigène, aborigène* et *autochtone* comme des synonymes, ce qui est inexact. Alors qu'*indigène* a pour sens restrictif «personne née dans un pays», *aborigène* et *autochtone* mettent l'accent sur la permanence, les personnes ayant vécu de tout temps dans un pays où elles n'ont pas immigré. La distinction entre ces derniers mots repose sur une base étymologique, *autochtone* rappelant que l'individu est né de la terre alors qu'*aborigène* ne véhicule, aucune référence en ce sens. Toutefois, *autochtone* est le plus couramment usité.

autoclave [otoklav] adj. et n. m. **1.** adj. Qui se ferme soi-même. *Chaudière autoclave.* **2.** n. m. TECH Récipient fermé hermétiquement à l'intérieur duquel est maintenue une forte pression, pour cuire, stériliser des substances diverses (aliments, milieux de culture, pâte à papier). – De *auto-,* et lat. *clavis,* «clé».

autocollant, ante [otokɔlɑ̃, ɑ̃t] adj. Qui peut être collé par simple pression. *Enveloppe autocollante.* ▷ N. m. Vignette autocollante. – De *auto-,* et *collant.*

autocommutateur [otokɔmytatœʀ] n. m. TELECOM Appareil qui permet la sélection et la commutation automatiques des circuits téléphoniques. – De *auto-,* et *commutateur.*

autoconsommation [otokɔ̃sɔmasjɔ̃] n. f. Consommation des produits par leur producteur. – De *auto-,* et *consommation.*

autocrate [otokʀat] n. m. **1.** Souverain dont le pouvoir n'est limité par aucun contrôle. **2.** Titre officiel des tsars à partir de Pierre le Grand. **3.** Fig. Personne autoritaire, tyrannique. – Gr. *autokratês,* «qui gouverne par lui-même».

autocratie [otokʀasi] n. f. Système politique dans lequel le monarque possède une autorité absolue. – Du préc.

autocratique [otokʀatik] adj. Qui a les caractères de l'autocratie. – Du préc.

autocritique [otokʀitik] n. f. **1.** POLIT Dans la pratique marxiste, analyse critique publique de son propre comportement. ▷ *Par ext.* Aveu de ses torts. **2.** PSYCHOL Critique de soi-même, de ses comportements. – De *auto-,* et *critique.*

autocuiseur [otokɥizœʀ] n. m. Autoclave de ménage pour la cuisson rapide des aliments. – De *auto-,* et *cuiseur.*

autodafé [otodafe] n. m. **1.** Cérémonie au cours de laquelle le pouvoir séculier faisait exécuter les jugements prononcés par l'Inquisition. – Supplice du feu. **2.** Destruction par le feu. *Faire un autodafé de ses papiers.* – Portug. *auto da fe,* «acte de foi».

autodéfense [otodefɑ̃s] n. f. **1.** Défense assurée par ses propres moyens par un individu, une collectivité, etc. **2.** PHYSIOL Réaction spontanée d'un organisme contre un agent pathogène. – De *auto-*, et *défense.*

autodestruction [otodɛstʀyksjõ] n. f. Destruction physique ou morale de soi-même. – De *auto-*, et *destruction.*

autodétermination [otodetɛʀminasjõ] n. f. Fait, pour un peuple, de déterminer par lui-même, librement, son statut international, politique et administratif. – De *auto-*, et *détermination.*

autodidacte [otodidakt] adj. Qui s'est instruit seul, sans maître. ▷ Subst. *Un, une autodidacte.* – Gr. *autodidaktos,* de *didaskein,* «instruire».

autodiscipline [otodisiplin] n. f. Maintien de la discipline au sein d'une collectivité par ses propres membres. – *Spécial.* Dans un établissement scolaire, maintien de la discipline par les élèves. – De *auto-*, et *discipline.*

autodrome [otodʀom] n. m. Piste spécialement aménagée pour les courses ou les essais d'automobiles. – De *auto(mobile),* et gr. *dromos,* «course».

auto-école [otoekɔl] n. f. Entreprise autorisée par l'État à dispenser des cours de conduite automobile en vue de l'obtention du permis de conduire. *Des auto-écoles.* – De *auto(mobile),* et *école.*

auto-épuration [otoepyʀɑsjõ] n. f. Propriété des eaux d'éliminer elles-mêmes une partie de leurs bactéries pathogènes. – De *auto-*, et *épuration.*

autofécondation [otofekõdɑsjõ] n. f. BIOL Union de deux gamètes, mâle et femelle, produits par le même individu. – De *auto-*, et *fécondation.*

autofinancement [otofinɑ̃smɑ̃) n. m. FIN Financement d'une entreprise au moyen des fonds tirés de l'exploitation. ▷*Marge brute d'autofinancement:* capacité d'une entreprise à produire de la richesse, évaluée d'après l'ensemble de ses amortissements, de ses provisions et de ses bénéfices. – De *auto-*, et *financement.*

autogame [otogam] adj. Qui se produit par autogamie. – De *autogamie.*

autogamie [otogami] n. f. **1.** BIOL Mode de reproduction dans lequel la fécondation s'effectue à partir de deux gamètes formés dans la même cellule. **2.** BOT Mode de reproduction s'effectuant, dans une fleur hermaphrodite, par fécondation de ses ovules par son propre pollen. – De *auto-*, et gr. *gamos,* «mariage».

autogène [otoʒɛn] adj. TECH *Soudure autogène:* soudure de pièces métalliques de même nature sans apport d'un métal étranger. – De *auto-*, et *-gène.*

autogéré, ée [otoʒeʀe] adj. GEST Se dit d'une entreprise qui est gérée par ses propres travailleurs. – De *auto-*, et *géré.*

autogestion [otoʒɛstjõ] n. f. Gestion d'une entreprise par les travailleurs eux-mêmes. – De *auto-*, et *gestion.*

autogestionnaire [otoʒestjɔnɛʀ] adj. Relatif à l'autogestion; favorable à l'autogestion. *Socialisme autogestionnaire.* – Du préc.

autogire [otoʒiʀ] n. m. AERON Aéronef dont la sustentation est assurée par une voilure tournante et la propulsion par une hélice à axe horizontal. – Esp. *autogiro,* du gr. *guros,* «cercle».

autographe [otogʀaf] adj. et n. m. **I.** adj. Écrit de la main même de son auteur. *Lettre, manuscrit, testament autographe.* **II.** n. m. **1.** Document écrit de la main même de son auteur. *Un autographe de Victor Hugo.* **2.** *Spécial.* Cour. Signature d'une personne célèbre, souvent accompagnée de quelques mots. *Demander, donner un autographe. Collectionner les autographes de joueurs de hockey.* – De *auto-*, et *-graphe.*

autographier [otogʀafje] v. tr. [1] Apposer son autographe (II, 2) sur. *Autographier un livre.* – De *autographe.*

autogreffe [otogʀɛf] n. f. CHIR Restauration d'une partie mutilée au moyen d'un greffon prélevé sur le sujet lui-même. Syn. autoplastie. – De *auto-*, et *greffe.*

autoguidage [otogidaʒ] n. m. TECH Système qui permet à un engin de se diriger automatiquement. – De *auto-*, et *guidage.*

autoguidé, ée [otogide] adj. Dirigé par autoguidage. *Missile autoguidé.* – De *auto-*, et *guidé.*

auto-immun, une [otoimœ̃, yn] adj. *Maladie auto-immune,* due à une auto-immunisation (anémie hémolytique à auto-anticorps). – De *auto-immunisation.*

auto-immunisation [otoimynizɑsjõ] n. f. BIOL Production par l'organisme d'auto-anticorps réagissant sur un ou plusieurs de ses propres constituants (auto-antigènes). Syn. autosensibilisation. – De *auto-*, et *immunisation.*

auto-immunité [otoimynite] n. f. BIOL Propriété des individus chez lesquels se sont formés des auto-anticorps. – Du préc.

auto-incrimination [otoɛ̃kʀiminasjõ] n. f. DR Acte ou déclaration par lesquels une personne s'incrimine elle-même, se met en cause. – De *auto-*, et *incrimination.*

auto-induction [otoɛ̃dyksjõ] n. f. ELECTR Création d'une force électromotrice dans un circuit, par variation de son flux propre. – De *auto-*, et *induction.*

autolyse [otoliz] n. f. BIOL Destruction d'un tissu par ses propres enzymes. *Lors de la métamorphose, la queue du têtard se détache à la suite d'une autolyse.* – De *auto-*, et gr. *lusis,* «destruction».

automate [otomat] n. m. **1.** Appareil présentant l'aspect d'un être animé et capable d'en imiter les gestes. ▷ Fig. Personne dénuée d'initiative, de réflexion. **2.** TECH Appareil équipé de dispositifs qui permettent l'exécution de certaines tâches sans intervention humaine. **3.** INFORM Système susceptible d'occuper un certain nombre d'états en fonction des informations qu'il reçoit. – Gr. *automatos,* «qui se meut de soi-même».

automaticité [otomatisite] n. f. Caractère de ce qui se fait automatiquement ou sans l'intervention de la volonté. *L'automaticité des réflexes.* – De *automatique.*

automatique [otomatik] adj. et n. **I.** adj. **1.** Qualifie les mouvements du corps humain exécutés sans l'intervention de la volonté, de la conscience. **2.** Qualifie un dispositif qui exécute de lui-même certaines opérations définies à l'avance. *Distributeur automatique de café.* ▷ Fig. Qui s'accomplit lorsque certaines conditions sont remplies. *Une mise à la retraite automatique.* **II.** n. m. **1.** Pistolet automatique. **2.** Système de liaison téléphonique automatique. *Dans les liaisons internationales, l'automatique est maintenant la règle.* – De *automate.*

automatiquement [otomatikmɑ̃] adv. De façon automatique. – De *automatique.*

automatisation [otomatizɑsjõ] n. f. Ensemble des procédés visant à réduire ou supprimer l'intervention humaine dans les processus de production industrielle et de traitement de l'information. *L'automatisation d'une raffinerie de pétrole.* – De *automatiser.*

automatiser [otomatize] v. tr. [1] Rendre automatique le fonctionnement de. *Automatiser la gestion des stocks.* – De *automatique.*

automatisme [otomatism] n. m. **1.** PHYSIOL Accomplissement des mouvements sans participation de la volonté. *L'automatisme cardiaque.* **2.** Fig. Comportement qui échappe à la volonté ou à la conscience réfléchie. *Fumer est devenu chez lui un automatisme.* **3.** TECH Dispositif dont le fonctionnement ne nécessite pas l'intervention de l'homme. – Empr. à l'angl.

automédication [otomedikasjõ] n. f. MED Pratique consistant à prendre des médicaments sans avis médical et, donc, sans ordonnance. – De *auto-*, et *médication.*

automédon [otomedõ] n. m. Poét. Cocher. – Du nom du conducteur du char d'Achille dans Homère.

automitrailleuse [otomitʀajøz] n. f. MILIT Véhicule automobile blindé puissamment armé (canon, mitrailleuse). – De *auto(mobile),* et *mitrailleuse.*

automnal, ale, aux [otɔnal, o] adj. Qui appartient à l'automne. – De *automne.*

automne [otɔn] n. m. Saison qui succède à l'été et précède l'hiver, entre l'équinoxe (21, 22 ou 23 septembre) et le solstice (21 ou 22 décembre). ▷ Fig. *L'automne de la vie:* l'âge qui précède la vieillesse. – Lat. *autumnus.*

automobile [otomɔbil] n. f. et adj. Véhicule à moteur assurant le transport terrestre d'un nombre limité de personnes. ▷ Adj. Relatif aux automobiles. *Industrie automobile.* – De *auto-*, et *mobile.*

ENCYCL Le développement de l'automobile est lié à celui de la machine à vapeur et de l'industrie du pétrole (fardier de Cugnot en 1769 et moteur à explosion de Daimler en 1887). Une automobile comprend des *structures* (soubassement caissonné autoporteur sur lequel est fixée la partie supérieure) supportant les organes qui l'équipent et assurant la sécurité des passagers en cas de choc, un système de *roulement* (trains avant et arrière, roues et organes de suspension), un *moteur* (généralement à explosion ou Diesel), un système de *transmission* (embrayage, boîte de vitesses et pont de transmission) dont le rôle est de transmettre aux roues motrices l'énergie délivrée par le moteur, un système de *guidage* (colonne et boîtier de direction, timonerie), un système de *freinage* et différents équipements qui augmentent le confort des passagers et la sécurité de la conduite.

automobilisme [otomɔbilism] n. m. **1.** Pratique de l'automobile. **2.** Sport pratiqué avec des automobiles. – De *automobile.*

automobiliste [otomɔbilist] n. Personne qui conduit une automobile. – De *automobile.*

automoteur, trice [otomɔtœʀ, tʀis] adj. Qualifie un véhicule équipé d'un moteur qui lui permet de se déplacer. ▷ N. m. Péniche à moteur. ▷ N. f. Voiture de chemin de fer propulsée par un moteur. – De *auto-*, et *moteur.*

autoneige [otonɛʒ] n. f. Véhicule automobile à plusieurs places, muni de chenilles pour se déplacer sur la neige. – De *auto(mobile),* et *neige.*

autonettoyant, ante [otonetwajɑ̃, ɑ̃t] adj. Qui a la propriété de se nettoyer sans intervention externe. *Four autonettoyant.* – De *auto-*, et *nettoyant.*

autonome [otonɔm] adj. **1.** Se dit d'une collectivité ou d'un territoire qui, à l'intérieur d'une structure plus vaste, s'administre librement. *Une filiale autonome. Des régions autonomes.* ▷ *Syndicat autonome,* qui n'est pas affilié à une centrale. **2.** Qui fonde son comportement sur des règles choisies librement. ▷ Qui fait preuve d'indépendance, qui se passe de l'aide d'autrui. *Un adolescent autonome.* – Gr. *autonomos,* «qui se régit par ses propres lois», de *nomos,* «loi».

autonomie [otonɔmi] n. f. **1.** Indépendance dont jouissent les pays autonomes. **2.** Liberté, indépendance morale ou intellectuelle. **3.** Distance que peut parcourir (ou temps pendant lequel peut fonctionner) sans ravitaillement un véhicule terrestre, maritime ou aérien. – Du préc.

ENCYCL Au Québec, pendant la crise des années 1930, plusieurs groupes et mouvements prônaient une «restauration sociale», voire la «libération économique et sociale» des Canadiens français. C'est dans ce contexte que, de la fusion de libéraux dissidents et du parti conservateur, naquit l'Union nationale. Sous la direction de Maurice Duplessis, ce parti, au pouvoir de 1936 à 1939 et de 1944 à 1960, se fit le champion de l'autonomie provinciale. Combattant tout empiétement fédéral dans les domaines de sa juridiction, le gouvernement affirma concrètement les droits du Québec, par exemple en établissant un impôt sur le revenu des corporations et des particuliers. De 1960 à 1966, le gouvernement libéral de Jean Lesage, qui avait adopté le slogan «Maîtres chez nous», poursuivit la même politique, mais avec plus d'audace et de vigueur, et commença à doter le Québec d'un appareil étatique et d'institutions modernes. L'objectif était d'occuper – ou de réoccuper – tous les champs de juridiction provinciale. Cet objectif fut aussi celui de l'Union nationale, de nouveau au pouvoir de 1966 à 1970, sous Daniel Johnson et Jean-Jacques Bertrand, Johnson allant jusqu'à réclamer l'«Égalité ou (l')indépendance», et Bertrand changeant le nom de l'Assemblée législative en celui d'Assemblée nationale. Divers mouvements indépendantistes, nés depuis une dizaine d'années, voulaient la rupture complète du lien constitutionnel avec le Canada. Ces mouvements disparurent à toutes fins utiles ou se fondirent dans le Parti Québécois, fondé en 1969 par René Lévesque, dont l'objectif était la souveraineté-association, c'est-à-dire «le pouvoir exclusif», pour le Québec, «de faire ses lois, de percevoir ses impôts et d'établir ses relations extérieures», et le maintien avec le Canada d'«une association économique comportant l'utilisation de la même monnaie». Succédant en 1976 au gouvernement libéral, autonomiste, de Robert Bourassa, élu en 1970, le Parti Québécois fit adopter plusieurs lois visant à la protection et à l'épanouissement de la langue et de la culture françaises au Québec, et tint, sur son option constitutionnelle, le 20 mai 1980, un référendum qu'il perdit, ce qui l'amena à reléguer dans l'ombre son projet souverainiste.

autonomisme [otonɔmism] n. m. Doctrine, mouvement politique des autonomistes. – De *autonomiste.*

autonomiste [otonɔmist] n. (et adj.). Partisan de l'autonomie d'un pays, d'une province. – De *autonomie.*

auto-patrouille [otopatʀuj] n. f. Voiture utilisée par la police pour patrouiller. – La brigade chargée de cette activité. – De *auto(mobile),* et *patrouille.*

autophagie [otofaʒi] n. f. BIOL Survie d'un être vivant sous-alimenté aux dépens de sa propre substance. Syn. autoconsommation. – De *auto-*, et gr. *phagein,* «manger».

autoplastie [otoplasti] n. f. Syn d'*autogreffe.*

autopompe [otopɔ̃p] n. f. Véhicule automobile sur lequel est montée une pompe actionnée par le moteur du véhicule. – De *auto(mobile),* et *pompe.*

autoportant, ante [otopɔʀtɑ̃, ɑ̃t] ou **autoporteur, euse** [otopɔʀtœʀ, øz] adj. CONSTR Qualifie un mur (sans poteaux d'ossature) ou une dalle (sans nervures) qui supporte son propre poids. Syn. autostable. – De *auto-*, et *portant, porteur.*

autoportrait [otopɔʀtʀɛ] n. m. Portrait d'un artiste exécuté par lui-même. – De *auto-*, et *portrait.*

autopropulsé, ée [otopʀɔpylse] adj. TECH Qui possède son propre système de propulsion. – De *auto-*, et *propulsé.*

autopsie [otɔpsi] n. f. **1.** Dissection d'un cadavre et inspection de ses différents organes en vue d'un examen scientifique ou médico-légal. **2.** Fig. Examen attentif. – Gr. *autopsia*, «action de voir de ses propres yeux».

autopsier [otɔpsje] v. tr. [1] Faire l'autopsie de. – Du préc.

autopunition [otopynisjõ] n. f. PSYCHO Conduite morbide d'un sujet qui combat un sentiment de culpabilité en s'infligeant une punition réelle ou symbolique. – De *auto-*, et *punition*.

autoradio [otoʀadjo] n. f. (ou m.). Poste de radio spécialement conçu pour être monté dans une voiture. – De *auto(mobile)*, et *radio*.

autoradiographie [otoʀadjɔgʀafi] n. f. Radiographie obtenue en mettant une plaque photographique au contact d'un objet imprégné de substances radioactives. – De *auto-*, et *radiographie*.

autorail [otoʀɑj] n. m. CH DE F Automotrice à moteur Diesel. – De *auto(mobile)*, et *rail*.

autoréglage [otoʀeglaʒ] n. m. TECH Propriété d'un système capable de rétablir son fonctionnement normal sans intervention extérieure en cas de perturbation. – De *auto-*, et *réglage*.

autorégulation [otoʀegylɑsjõ] n. f. Syn. d'*autoréglage*, employé pour des systèmes autres que technologiques. *Autorégulation d'un processus métabolique.* – De *auto-*, et *régulation*.

autorisation [otɔʀizɑsjõ] n. f. **1.** Action d'autoriser; permission. **2.** Permis délivré par une autorité. – De *autoriser*.

autorisé, ée [otɔʀize] adj. **1.** Pourvu d'une autorisation (personnes). **2.** Permis (choses). **3.** Qui fait autorité. *Un jugement autorisé. Les milieux autorisés.* – Pp. de *autoriser*.

autoriser [otɔʀize] **I.** v. tr. [1] **1.** Accorder à (qqn) la permission de (faire qqch). *Son chef ne l'a pas autorisé à sortir.* **2.** Permettre. *J'ai autorisé cette démarche.* – Par ext. Fournir un motif, un prétexte pour faire quelque chose. *Ce précédent semble nous autoriser à...* **II.** v. pron. Prendre (qqch) comme référence, comme justification, pour... *Il s'autorise de votre exemple pour agir ainsi.* – Du lat. *auctor*, «garant».

autoritaire [otɔʀitɛʀ] adj. **1.** Qui veut toujours imposer son autorité. Syn. tyrannique, abusif. **2.** Fondé sur l'autorité. *Un régime autoritaire.* – De *autorité*.

autoritarisme [otɔʀitaʀism] n. m. **1.** Caractère arbitraire, autoritaire, du pouvoir (politique, administratif, etc.). **2.** Tendance à abuser de son autorité. – De *autoritaire*.

autorité [otɔʀite] n. f. **1.** Pouvoir de commander, d'obliger à quelque chose. *L'autorité des lois.* ▷ *Autorité de justice:* pouvoir des juges. ▷ DR *Autorité parentale:* ensemble des pouvoirs que la loi reconnaît au père et à la mère sur la personne et les biens de leurs enfants mineurs et qui ne sont pas émancipés. ▷ Loc. *D'autorité, de sa propre autorité:* sans y être autorisé régulièrement, en vertu du seul pouvoir qu'on s'attribue. **2.** Gouvernement, administration publique chargés de faire respecter la loi. *Force restera à l'autorité.* ▷Plur. *Les autorités:* les personnes qui exercent l'autorité. **3.** Crédit, influence, ascendant. *Il a une grande autorité sur ses élèves.* **4.** *Faire autorité:* faire loi, servir de règle en la matière. *Les travaux de Pasteur sur la prophylaxie font autorité.* – Lat. *auctoritas*.

autoroute [otoʀut] n. f. Voie routière comportant deux chaussées ou plus, à sens unique, sans carrefour à niveau, conçue pour la circulation rapide et à grand débit des véhicules automobiles. *Autoroute à péage.* – De *auto(mobile)*, et *route*.

autoroutier, ière [otoʀutje, jɛʀ] adj. Relatif aux autoroutes. – Du préc.

auto sacramental. V. auto 3.

autosatisfaction [otosatisfaksjõ] n. f. Satisfaction de soi-même, contentement de sa propre façon de penser, d'agir. – De *auto-*, et *satisfaction*.

autosensibilisation. V. auto-immunisation.

autosome [otozom] n. m. BIOL Chromosome ne jouant aucun rôle dans la détermination du sexe. Ant. allosome ou hétérochromosome. – De *auto-*, et gr. *sôma*, «corps».

autostable [otostabl] adj. CONSTR Syn. d'*autoportant*. – De *auto-*, et *stable*.

auto-stop [otostɔp] n. m. Pratique consistant à arrêter un véhicule (au moyen d'un signe) pour être transporté gratuitement. *Faire de l'auto-stop.* Syn. stop. – De *auto(mobile)*, et angl. *stop*, «arrêt».

auto-stoppeur, euse [otostɔpœʀ, øz] n. Personne qui pratique l'auto-stop. – Du préc.

autosuffisance [otosyfizɑ̃s] n. f. Autonomie de ressources ou de moyens qui dispense d'une aide extérieure. – De *auto-*, et *suffisance*.

autosuffisant, ante [otosyfizɑ̃, ɑ̃t] adj. Qualifie une personne ou un pays se suffisant à lui-même, sans aide extérieure. – De *auto-*, et *suffisant*.

autosuggestion [otosygʒɛstjõ] n. f. Suggestion exercée sur soi-même. V. suggestion. – De *auto-*, et *suggestion*.

autotomie [ototɔmi] n. f. ZOOL Mutilation réflexe (patte du crabe, queue du lézard) observée chez certains animaux lorsqu'ils cherchent à échapper à un prédateur. – De *auto-*, et gr. *tomein*, «couper».

autotransformateur [ototʀɑ̃sfɔʀmatœʀ] n. m. ELECTR Transformateur de courant alternatif dont les enroulements primaire et secondaire présentent une partie commune. – De *auto-*, et *transformateur*.

autotrophe [ototʀɔf] adj. Qualifie un être vivant capable d'élaborer ses propres substances organiques à partir d'éléments minéraux. *Les végétaux sont autotrophes et les animaux hétérotrophes. Les plantes vertes sont autotrophes pour le carbone, car elles peuvent assimiler directement (respiration) le dioxyde de carbone (CO_2), composé minéral.* – De *auto-*, et *trophein*, «nourrir».

1. autour [otuʀ] **I.** adv. Dans l'espace environnant. *Un jardin avec des murs autour. Jeter ses regards tout autour.* Syn. alentour. **II.** Loc. prép. *Autour de.* **1.** Dans l'espace qui fait le tour de. *La Terre tourne autour du Soleil.* **2.** Aux environs de, dans l'entourage de. *Autour de l'église. Autour du professeur.* **3.** (Suivi d'une quantité, d'une date). Environ. *Avoir autour de quarante ans.* – De *au*, et *tour*.

2. autour [otuʀ] n. m. Oiseau de proie diurne (ordre des falconiformes), dont une seule espèce, *Accipiter gentilis*, vit en Amérique du Nord. – Du lat. *accipiter*, «épervier».

autourserie [otuʀsəʀi] n. f. Art d'élever des autours. – De *autour* 2.

autovaccin [otovaksɛ̃] n. m. MED Vaccin obtenu après culture du germe prélevé sur le sujet atteint. – De *auto-*, et *vaccin*.

autre [otʀ] adj., pron. indéf. et n. m. **I.** adj. **1.** (Avec l'article indéfini). Différent, dissemblable. *Montrez-moi un autre modèle.* ▷ *Un autre jour:* plus tard. **2.** Second par la ressemblance, la conformité. *Un autre moi-même. C'est un autre César.* **3.** (Avec l'article défini). Opposé, dans un groupe de deux. *L'autre rive. L'autre monde.* ▷ *L'autre jour:* l'un de ces derniers jours. **4.** (Sans article). *Autre chose. Vous prendrez autre chose? Passons à autre chose.* **5.** Loc. adv. *Autre* *part:* ailleurs, dans un autre lieu. ▷ *D'autre part:* d'un autre côté, en outre. **6.** Fam. *Nous autres, vous autres:* de notre (votre) côté, quant à nous (à vous). **II.** pron. indéf. **1.** (Renvoyant au substantif qui précède). *J'ai vu un film, mon frère un autre.* **2.** (Avec *personne* sous-entendu, au singulier ou au pluriel). *D'autres pardonneraient, pas moi.* ▷ *À d'autres!:* je ne crois pas ces sornettes. **3.** (Avec *choses* sous-entendu). *J'en ai vu d'autres:* j'ai vu des choses plus extraordinaires, plus pénibles. *Il n'en fait jamais d'autres:* il commet toujours les mêmes sottises. ▷ *Entre autres:* notamment. **4.** (En relation avec *l'un* et, au pl., *les uns*). Pour désigner deux individus, deux groupes opposés. *L'un dit blanc, l'autre dit noir.* ▷ *Ni l'un ni l'autre:* aucun des deux. ▷ *Ils s'épaulaient les uns les autres,* réciproquement. ▷ *L'un dans l'autre:* en compensant une chose avec une autre. **III.** n. m. PHILO Toute conscience, par oppos. au sujet. *L'histoire de la personnalité est déterminée par son rapport à l'autre.* – Lat. *alter.*

autrefois [otʀəfwa] adv. Dans un temps plus ou moins lointain; jadis. – De *autre,* et *fois.*

autrement [otʀəmɑ̃] adv. **1.** D'une autre façon. *Tiens-toi autrement!* **2.** Sans quoi, sinon. *Reposez-vous, autrement vous serez malade.* **3.** À un plus haut degré. *J'ai à traiter une affaire autrement importante.* – De *autre.*

autrichien, ienne [otʀiʃjɛ̃, jɛn] adj. et n. D'Autriche. ▷ Subst. Habitant de l'Autriche, personne originaire d'Autriche.

autruche [otʀyʃ] n. f. Oiseau ratite struthioniforme *(Struthio camelus),* le plus grand des oiseaux actuels (2,50 m de haut), incapable de voler mais très bon coureur (40 km/h) qui vit en bandes dans les savanes africaines et qu'on élève pour ses magnifiques plumes noires ou blanches (confection de parures). – Du bas lat. *avis struthio,* gr. *strouthiôn.*

autrui [otʀɥi] pron. indéf. inv. Les autres, le prochain. *Le bien d'autrui.* – Cas régime de *autre* en a. fr., d'après *lui.*

auvent [ovɑ̃] n. m. Petit toit incliné au-dessus d'une porte. – Lat. pop. **antevannum.*

auvergnat, ate [ovɛʀɲa, at] adj. D'Auvergne, région du centre de la France. ▷ Subst. Habitant de l'Auvergne ou personne originaire d'Auvergne. ▷ N. m. Parler de l'Auvergne.

auxèse [oksɛz] ou **auxésis** [oksezis] n. f. BOT Augmentation de taille des cellules d'un végétal, entraînant l'accroissement de celui-ci. Ant. mérèse. – Mot gr., «augmentation».

auxiliaire [oksiljɛʀ] adj. et n. **1.** Qui aide. *Machine auxiliaire.* ▷ Subst. *Un auxiliaire précieux.* ▷ *Fonctionnaire auxiliaire,* et, subst., *un auxiliaire:* personne recrutée provisoirement par l'administration. Ant. titulaire. ▷ *Service auxiliaire:* intendance et bureaux de l'armée, où servaient autrefois ceux qui étaient inaptes au service armé. – Subst. *Servir dans l'auxiliaire.* ▷ Spécial. *Auxiliaires de justice:* les personnes (avocat, syndic, greffier, huissier, etc.) qui contribuent au fonctionnement de la justice. ▷ *Auxiliaires médicaux:* soignants non médecins. **2.** LING *Verbes auxiliaires,* et, subst., *auxiliaires,* qui servent à former les temps composés des verbes (*être* et *avoir*). – Lat. *auxiliaris.*

auxine [oksin] n. f. BOT **1.** Acide β-indolyl-acétique (A.I.A.). **2.** n. f. pl. Groupe d'hormones végétales ou *phythormones,* dont l'auxine est le type, et qui ont des effets très variés sur les plantes (le principal est le phénomène d'*auxèse*). – Du gr. *auxein,* «augmenter», et *-ine.*

auxotrophe [oksɔtʀɔf] adj. BIOL Qualifie un organisme qui, pour croître, a besoin d'un ou plusieurs macro-éléments dans son alimentation. *Souche bactérienne auxotrophe pour un acide aminé.* – Du gr. *auxein,* «croître», et *trophein,* «nourrir».

avachir [avaʃiʀ] **1.** v. tr. [2] Amollir ou déformer. *Avachir ses chaussures.* ▷ (S. comp.) Rendre incapable d'effort. *L'oisiveté avachit.* **2.** v. pron. Se déformer (choses). *Vêtement qui s'avachit.* – Se laisser aller (personnes). *S'avachir sur un lit.* – Du frq. **vaikjan,* «amollir».

avachissement [avaʃismɑ̃] n. m. État d'une chose ou d'une personne avachie. – De *avachir.*

1. aval, als [aval] n. m. BANQUE Engagement pris par un tiers de payer un effet de commerce au cas où le débiteur principal serait défaillant. *Bon pour aval.* ▷ Fig. Caution. *Donner son aval à un projet.* – Ital. *avallo,* de l'ar. *hāwālāh,* «mandat».

2. aval [aval] n. m. et adj. inv. **1.** Côté vers lequel coule un cours d'eau. **2.** Côté situé vers le bas d'une pente. ▷ SPORT *Ski aval,* celui qui est situé vers le bas de la pente. Ant. amont. **3.** Loc. prép. *En aval de:* au-delà de, en descendant le courant. – De *à,* et *val.*

avalanche [avalɑ̃ʃ] n. f. **1.** Glissement d'une masse considérable de neige mêlée de terre, de pierres, etc., le long des pentes d'une montagne. ▷ *Couloir d'avalanche.* V. couloir. **2.** Fig. Une grande quantité de. *Une avalanche de reproches, d'injures.* – Du savoyard, *lavantse,* avec infl. de *aval.*

avaler [avale] v. tr. [1] **1.** Faire descendre par le gosier dans le tube digestif. *Avaler un bouillon, un œuf.* ▷ Loc. fig. *Avaler des couleuvres:* subir un affront sans pouvoir se plaindre. **2.** Fig. Lire avidement. *Avaler un roman policier.* **3.** Fig. Croire naïvement. *Comment a-t-il pu avaler de pareilles sornettes?* – De *aval* 2.

avaleur [avalœʀ] n. m. *Avaleur de sabres:* amuseur public dont le numéro consiste à s'introduire une lame dans le gosier. – De *avaler.*

avaliser [avalize] v. tr. [1] FIN Donner son aval à. *Avaliser un effet.* ▷ Fig. Cautionner. – De *aval* 1.

avaloir [avalwaʀ] n. m. **1.** TRAV PUBL Orifice le long d'un trottoir pour évacuer les eaux pluviales vers le réseau d'assainissement. **2.** Elément tronconique d'une cheminée, par où s'échappent les gaz et fumées de combustion – De *avaler.*

à-valoir [avalwaʀ] n. m. inv. Règlement partiel d'une somme. – De *à,* et *valoir.*

avance [avɑ̃s] n. f. **1.** Progression. *Il faut freiner l'avance de ces troupes.* **2.** Espace parcouru avant qqn. *Le premier avait deux longueurs d'avance.* **3.** Temps gagné sur qqn. *Avoir deux jours d'avance.* Ant. retard. ▷ *Avance à l'allumage:* dispositif permettant de régler l'instant de l'allumage, dans un moteur à explosion. ▷ Loc. *À l'avance, d'avance, par avance:* de façon anticipée, avant le moment fixé. *Se réjouir d'avance.* ▷ Loc. *En avance:* avant le moment prévu. **4.** Somme d'argent donnée ou reçue à titre d'acompte. *Solliciter une avance sur son salaire.* ▷ Plur. Somme investie dans un capital. *Récupérer ses avances.* **5.** (Toujours au plur.) Premières démarches, premières offres pour nouer ou renouer les relations. *Répondre aux avances de qqn.* – De *avancer.*

avancé, ée [avɑ̃se] adj. **1.** Qui se situe en avant. *Sentinelle avancée,* fort avant vers l'ennemi. **2.** Précoce. *Le blé est très avancé cette année.* ▷ *Des idées avancées,* qui devancent les opinions courantes, d'avant-garde. **3.** Arrivé à un certain degré de perfection. *Une civilisation avancée.* **4.** Dont une grande partie est écoulée, ou qui touche à son terme. *Âge avancé:* grand âge. *Après-midi bien avancé. Son manuscrit est très avancé.* **5.** Proche de la décomposition. *Viande avancée.* – Pp. de *avancer.*

avancée [avɑ̃se] n. f. **1.** Ce qui est en avant, qui fait saillie. **2.** MINES Extrémité d'une galerie en cours de creusement. **3.** PECHE Partie terminale de la ligne. – Pp. subst. fém. de *avancer.*

avancement [avɑ̃smɑ̃] n. m. **1.** Progrès, développement. *L'avancement des sciences.* **2.** Promotion. *Avancement au choix, à l'ancienneté.* – De *avancer.*

avancer [avɑ̃se] **I.** v. intr. [1] **1.** Aller en avant. *Il recule au lieu d'avancer.* **2.** VEN Trotter, en parlant d'un cerf. **3.** Faire des progrès vers un terme. *Ce travail avance lentement.* ▷ Fig. *Avancer en âge, en sagesse.* **4.** Obtenir de l'avancement (au sens 2). **5.** Indiquer une heure plus avancée que l'heure réelle (montres). Ant. retarder. **6.** Faire saillie, dépasser de l'alignement. **II.** v. tr. **1.** Porter en avant. *Avancer un fauteuil.* **2.** Faire progresser. *Avance ton travail pour demain.* **3.** Payer par anticipation. *Il se fit avancer cent dollars sur sa facture.* **4.** Prêter. *Avance-moi le prix du repas, je te rembourserai.* **5.** Faire avancer plus tôt que prévu. *La chaleur avance la végétation.* ▷ *Avancer une montre,* la mettre en avance sur l'heure réelle ou la remettre à l'heure quand elle retarde. **6.** Mettre en avant. *Ce journaliste n'avance rien qui ne soit dûment prouvé.* **III.** v. pron. *S'avancer.* **1.** (Personnes.) Se porter en avant. **2.** (Choses.) Faire saillie. **3.** (Temps.) S'écouler. *L'après-midi s'avance et nous sommes loin de conclure.* **4.** Fig. S'engager trop avant dans ses propos ou ses démarches. *Vous vous avanceriez jusqu'à dire que...* ▷ (S. comp.) *Je crois que je me suis avancé.* – Lat. pop. **abantiare,* de *abante,* «avant».

avanie [avani] n. f. Vexation, affront public. *Essuyer des avanies.* – Ital. *avania,* «imposition des Turcs rançonnant les chrétiens».

1. avant [avɑ̃] adv. et prép. **I.** adv. **1.** Marque l'antériorité. *Lisez avant, vous répondrez ensuite.* **2.** Marque une priorité dans la succession spatiale. *Avant, il y a un carrefour et après, une église.* **3.** Marque un éloignement du point de départ, un progrès. *N'allez pas trop avant dans le bois. Pénétrer fort avant dans la connaissance.* **4.** Loc. adv. *En avant:* devant soi. ▷ *Mettre en avant (qqch):* l'alléguer. *Mettre en avant (qqn):* se retrancher derrière son autorité. *Se mettre en avant:* se faire valoir. **5.** Loc. prép. *En avant de:* devant. **II.** Prép. **1.** Marque l'antériorité. *Avant l'orage, il faisait très chaud.* **2.** Marque la priorité, l'ordre dans une succession spatiale. *La boulangerie est juste avant le feu rouge.* **3.** Marque la hiérarchie, la préférence. *À l'atout, le valet est avant le neuf. Mettre Napoléon avant César.* **4.** Loc. prép. (avec l'infinitif) *Avant de:* antérieurement au fait de. (Litt. *Avant que de.*) **5.** Loc. conj. *Avant que* (avec le subjonctif). *Ne descendez pas avant que le train (ne) se soit complètement arrêté.* – Lat. impérial *abante,* de *ab,* «du côté de», et *ante,* «devant».

2. avant [avɑ̃] n. m. **1.** Partie antérieure d'un véhicule, d'un navire, etc. *La montée se fait par l'avant.* **2.** Front des combats. *Les soldats de l'avant.* **3.** SPORT Joueur placé devant tous les autres. **4.** Adj. inv. Placé à l'avant. *La portière avant droite.* **5.** Loc. *Aller de l'avant:* progresser vivement. – Fig. S'engager résolument dans une affaire. – Substantivation de *avant* 1.

avantage [avɑ̃taʒ] n. m. **1.** Ce dont on peut tirer parti pour un profit, un succès; supériorité. *Quel avantage a-t-il sur moi? – Avoir, prendre l'avantage:* gagner, prendre le dessus. **2.** JEU Au tennis, point marqué par un joueur lorsque la marque est à quarante partout. **3.** Profit. *Tirer avantage d'une situation.* ▷ *Avoir avantage à:* gagner à. – De *avant* 2.

avantager [avɑ̃taʒe] v. tr. [1] Favoriser. – De *avantage.*

avantageusement [avɑ̃taʒøzmɑ̃] adv. De manière avantageuse ou honorable. – De *avantageux.*

avantageux, euse [avɑ̃taʒø, øz] adj. **1.** Qui procure des avantages. *Prix avantageux.* **2.** Flatteur. *Avoir une opinion avantageuse de qqn.* **3.** Vain, présomptueux. *Prendre un air avantageux.* – De *avantage.*

avant-bassin [avɑ̃basɛ̃] n. m. Partie d'un port en avant du bassin. *Des avant-bassins.* – De *avant,* et *bassin.*

avant-bec [avɑ̃bɛk] n. m. ARCHI Partie amont d'une pile de pont. *Des avant-becs.* – De *avant,* et *bec.*

avant-bras [avɑ̃bʀa] n. m. inv. Segment du membre supérieur compris entre le coude et le poignet. – De *avant,* et *bras.*

avant-corps [avɑ̃kɔʀ] n. m. inv. ARCHI Corps de bâtiment en saillie sur la façade. – De *avant,* et *corps.*

avant-coureur [avɑ̃kuʀœʀ] adj. Précurseur. *Les signes avant-coureurs de la maladie.* – De *avant,* et *coureur.*

avant-dernier, ière [avɑ̃dɛʀnje, jɛʀ] adj. Qui est situé avant le dernier. *L'avant-dernière page.* ▷ Subst. *L'avant-dernier au classement général. Des avant-derniers.* – De *avant,* et *dernier.*

avant-garde [avɑ̃gaʀd] n. f. **1.** MILIT Ensemble des éléments de reconnaissance et de protection qu'une troupe détache en avant d'elle. *Des avant-gardes.* **2.** Fig. *D'avant-garde:* qui est ou prétend être à la tête des innovations, du progrès, dans telle ou telle discipline littéraire, artistique. – De *avant,* et *garde.*

avant-gardisme [avɑ̃gaʀdism] n. m. Courant de pensée qui préconise la prise d'une position d'avant-garde, considérée comme une valeur en soi. – De *avant-garde,* et *-isme.*

avant-gardiste [avɑ̃gaʀdist] adj. et n. De l'avant-garde, à l'avant-garde. – Du préc.

avant-goût [avɑ̃gu] n. m. Impression, sensation qu'on a par avance. *L'avant-goût des plaisirs à venir. Des avant-goûts.* – De *avant,* et *goût.*

avant-guerre [avɑ̃gɛʀ] n. m. ou f. Période qui a précédé la guerre. *Une mode d'avant-guerre.* – De *avant,* et *guerre.*

avant-hier [avɑ̃tjɛʀ] adv. Dans le jour qui a précédé la veille. – De *avant,* et *hier.*

avant-main [avɑ̃mɛ̃] n. m. Partie du cheval qui se trouve devant la main du cavalier. Ant. arrière-main. – De *avant,* et *main.*

avant-métré [avɑ̃metʀe] n. m. CONSTR Devis estimatif sommaire d'un ouvrage. – De *avant,* et *métré.*

avant-pays [avɑ̃pei] n. m. inv. GEOGR Région peu accidentée et plus ou moins étendue, située au pied d'une montagne. – De *avant,* et *pays.*

avant-port [avɑ̃pɔʀ] n. m. Partie d'un port ouverte sur la mer. *Des avant-ports.* – De *avant,* et *port.*

avant-poste [avɑ̃pɔst] n. m. MILIT Poste avancé. *Des avant-postes.* – De *avant,* et *poste.*

avant-première [avɑ̃pʀəmjɛʀ] n. f. Spectacle donné à l'intention des critiques avant la première représentation destinée au public. *Des avant-premières.* – De *avant,* et *première.*

avant-projet [avɑ̃pʀɔʒɛ] n. m. Étude préliminaire d'un projet. *Des avant-projets.* – De *avant,* et *projet.*

avant-propos [avɑ̃pʀɔpo] n. m. inv. Courte préface. – De *avant,* et *propos.*

avant-scène [avɑ̃sɛn] n. f. **1.** Partie de la scène comprise entre le rideau et la rampe. **2.** Loge placée sur chaque côté de la scène. *Des avant-scènes.* – De *avant,* et *scène.*

avant-solier [avɑ̃sɔlje] n. m. ARCHI Poutre supportant les étages en saillie d'une maison. – De *avant,* et *solier.*

avant-toit [avɑ̃twa] n. m. ARCHI Portion de toit en saillie. *Des avant-toits.* – De *avant,* et *toit.*

avant-train [avɑ̃tʀɛ̃] n. m. Les jambes de devant et le poitrail d'un quadrupède. *Des avant-trains.* Ant. arrière-train. – De *avant,* et *train.*

avant-veille [avɑ̃vɛj] n. f. Jour qui précède la veille. *Des avant-veilles.* – De *avant,* et *veille.*

avare [avaʀ] adj. **1.** Qui a la passion de l'argent et l'accumule sans vouloir l'utiliser. Ant. prodigue, dépensier. ▷ Subst. *Un avare.* **2.** Fig. *Être avare de son temps.* – Lat. *avarus.*

avarice [avaʀis] n. f. Amour excessif de l'argent pour lui-même. – Lat. *avaritia.*

avaricieux, euse [avaʀisjø, øz] adj. D'une parcimonie mesquine. ▷ Subst (langue classique). *«La peste soit de l'avarice et des avaricieux»* (Molière). – De *avarice.*

avarie [avaʀi] n. f. **1.** Dommage arrivé à un navire ou à sa cargaison. **2.** Dommage, détérioration subie par un objet. – De l'ar., par l'ital. *avaria.*

avarié, ée [avaʀje] adj. **1.** Qui a éprouvé une avarie. *Navire, fret avarié.* **2.** Détérioré, gâté. *Viande avariée.* – Pp. de *avarier.*

avarier [avaʀje] v. tr. [1] Endommager. *La pluie a avarié les récoltes.* ▷ V. pron. *S'avarier.* – De *avarie.*

avatar [avataʀ] n. m. **1.** Incarnation de Vishnu, ou d'un autre dieu, dans le brahmanisme. **2.** Fig. Transformation, métamorphose. **3.** Abusiv. Tracas, malheur. – Sanscr. *avatāra,* «descente».

à vau-l'eau [avolo] loc. adv. **1.** Vx Au fil de l'eau. **2.** Mod. À l'abandon, à la ruine. *Affaire qui va à vau-l'eau.* – De *à, val,* et *eau.*

Avé [ave] ou **Avé Maria** [avemaʀia] n. m. inv. Prière à la Vierge commençant par *Ave,* dite *salutation angélique* parce que ce sont les paroles de l'archange Gabriel venu annoncer à Marie qu'elle serait la mère du Christ. – Lat. *ave,* «salut».

avec [avɛk] prép. **I. 1.** En compagnie de. *Il voyage avec un ami.* **2.** À l'égard de. *Comment se comporte-t-il avec ses enfants?* **3.** Contre. *Se battre avec qqn.* **4.** S'agissant de. *Avec lui, il n'y a rien à faire.* **5.** Conformément à. *Penser avec Descartes que les animaux sont des machines.* ▷ Selon, aux yeux de. *Avec vous, il n'y a que le plaisir qui compte.* **6.** Pour marquer une relation entre individus. *Être ami (d'accord, en opposition, dans les pires termes, etc.) avec qqn.* **7.** Loc. prép. *D'avec.* Pour marquer l'idée de séparation. *Divorcer d'avec...* **II. 1.** À l'aide de, grâce à. *Manger avec une fourchette.* **2.** En même temps que. *Un vent violent s'est levé avec le soleil.* **3.** En plus de. *Et avec cela, que désirez-vous?* **4.** En ayant pris, emporté. *Il sort avec un parapluie.* **5.** Pour exprimer une relation circonstancielle. *Parler avec élégance* (manière). *Boire son whisky avec de l'eau,* à l'eau. **III.** Adv. Fam. Avec cela. *Il a acheté un crayon, il dessine avec.* – Lat. pop. **apud-hoc,* «auprès de cela».

aveline [avlin] n. f. Fruit de l'avelinier, grosse noisette allongée à cupule violacée. – Lat. *nux abellana,* «noix d'Abella» (ville de Campanie).

avelinier [avlinje] n. m. Variété de noisetier *(Corylus avellana)* dont le fruit est l'aveline. – Du préc.

aven [avɛn] n. m. Gouffre naturel creusé par les eaux d'infiltration dans les régions calcaires. – A. fr. *avenc,* «gouffre».

1. avenant, ante [avnɑ̃, ɑ̃t] adj. Qui a bon air, affable. *Visage avenant. Manières avenantes.* – De l'anc. v. *avenir,* «convenir».

2. avenant [avnɑ̃] n. m. Addition, modification à un contrat en cours. *Avenant à une police d'assurance.* – Ppr. de l'anc. v. *avenir,* «revenir à (qqn)».

avenant (à l') [alavnɑ̃] loc. adv. À proportion, en conformité. ▷ Loc. prép. *À l'avenant de:* en conformité avec. – De l'anc. v. *avenir,* qui signifie aussi «arriver».

avènement [avɛnmɑ̃] n. m. **1.** THEOL Venue (du Messie). **2.** Accession à la souveraineté. *L'avènement de la reine Élisabeth II.* ▷ *Don de joyeux avènement:* don offert jadis à un nouveau souverain. – De l'anc. v. *avenir,* signifiant aussi «arriver».

1. avenir [avniʀ] v. intr. défect. Vx Usité seulement au part. passé, *avenu,* dans l'expression *nul et non avenu:* considéré comme inexistant, sans valeur. – Forme primitive de *advenir.*

2. avenir [avniʀ] n. m. **1.** Le temps à venir, les événements futurs. *Prévoir l'avenir.* ▷ Loc. adv. *À l'avenir:* désormais. **2.** Situation de qqn dans le futur. *Assurer, compromettre l'avenir de ses enfants.* ▷ Loc. adj. *D'avenir:* dont on peut espérer la réussite. *Un sportif d'avenir.* **3.** Postérité. *Écrire pour l'avenir.* – Ellipse de «le temps à venir».

Avent [avɑ̃] n. m. Temps consacré par les Églises chrétiennes à se préparer à la fête de Noël (*avènement* de Jésus), comprenant les quatre dimanches qui précèdent celle-ci. ▷ Les sermons prêchés pendant cette période. – Lat. *adventus,* «arrivée (de J.-C.)».

aventure [avɑ̃tyʀ] n. f. **1.** Événement imprévu, extraordinaire. *Chercher l'aventure, une aventure surprenante.* **2.** Intrigue amoureuse. *Avoir eu de nombreuses aventures.* **3.** Entreprise risquée. *Il y a un siècle, c'était une aventure de traverser l'Afrique.* **4.** Loc. adv. *D'aventure, par aventure:* par hasard. – Lat. pop. **adventura,* «ce qui adviendra».

aventurer [avɑ̃tyʀe] **1.** v. tr. [1] Risquer, hasarder. *Aventurer sa fortune.* **2.** v. pron. *S'aventurer:* se risquer. *S'aventurer en pays inconnu.* – De *aventure.*

aventureusement [avɑ̃tyʀøzmɑ̃] adv. De façon risquée. – De *aventureux.*

aventureux, euse [avɑ̃tyʀø, øz] adj. **1.** Qui aime le risque (personnes). *Esprit aventureux.* **2.** Qui comporte des risques (choses). *Projet aventureux.* **3.** Plein d'aventures. *Vie aventureuse.* – De *aventure.*

aventurier, ière [avɑ̃tyʀje, jɛʀ] n. **1.** Personne qui cherche les aventures. *De courageux aventuriers.* **2.** Personne qui vit d'intrigues. **3.** N. m. Au Moyen Âge, soldat volontaire, mercenaire. – De *aventure.*

aventurine [avɑ̃tyʀin] n. f. **1.** Pierre artificielle («pierre d'aventure») constituée par du verre mêlé de limaille de cuivre. **2.** Variété de quartz brun rougeâtre dans la masse duquel sont disséminées des paillettes de mica. – De *aventure,* la limaille étant jetée «à l'aventure» dans le verre.

avenue [avny] n. f. **1.** Vx Chemin d'accès à un lieu. *Boucher les avenues.* ▷ Fig., mod. *Les avenues du pouvoir.* **2.** Voie, rue large et souvent bordée d'arbres. – De l'anc. v. *avenir,* «arriver».

avéré, ée [aveʀe] adj. Reconnu pour certain. *C'est un fait avéré.* – Pp. de *avérer.*

avérer [aveʀe] **1.** v. tr. [1] Vx Établir, prouver comme vrai. **2.** v. pron. Se révéler. *Il s'avère que:* il apparaît que. ▷ (Suivi d'un adj.) Se manifester comme. *Cette manœuvre s'est avérée utile.* ▷ Abus. *La nouvelle s'est avérée fausse.* – De l'a. fr. *voir,* «vrai».

avers [avɛʀ] n. m. Face d'une pièce, d'une médaille, opposée au revers. – Lat. *adversus,* «qui est en face».

averse [avɛʀs] n. f. Cour. Pluie soudaine et abondante de courte durée. ▷ METEO Précipitations liquides ou solides, subites et abondantes mais de courte durée. *Averse de pluie, de neige, de grêle.* ▷ Fig. *Une averse d'insultes.* – De *(pleuvoir) à (la) verse.*

aversion [avɛʀsjɔ̃] n. f. Violente antipathie, répugnance. *Avoir de l'aversion pour* ou *contre qqch* ou *qqn. Prendre qqn en aversion.* Ant. goût, penchant. – Lat. *aversio,* de *avertere,* «détourner».

averti, ie [avɛʀti] adj. **1.** Informé, sur ses gardes. *Tenez-vous pour averti.* **2.** Expérimenté, compétent. *Un critique averti.* – Pp. de *avertir.*

avertir [avɛʀtiʀ] v. tr. [2] Appeler l'attention de (qqn) sur. *Je l'avais pourtant averti du danger.* – Lat. pop. **advertire,* pour *advertere,* «tourner vers».

avertissement [avɛʀtismɑ̃] n. m. **1.** Appel à l'attention. *Un sage avertissement.* Syn. recommandation. **2.** Court avant-propos. *Avertissement de l'éditeur.* **3.** Remontrance avant la sanction. Syn. observation. – De *avertir.*

avertisseur, euse [avɛʀtisœʀ, øz] adj. *Panneau avertisseur,* qui avertit. ▷ N. m. **1.** Vieilli Celui qui avertit. **2.** Mod. Dispositif sonore qui avertit. *Avertisseur d'incendie, de voiture.* – De *avertir.*

aveu [avø] n. m. **1.** DR FEOD Déclaration constatant l'engagement du vassal envers son seigneur. ▷ *Homme sans aveu:* vagabond sans feu ni lieu. **2.** Litt. Consentement, approbation. *Il ne fait rien sans mon aveu.* **3.** Action de reconnaître qu'on a fait ou dit quelque chose. *L'aveu d'une erreur, d'un crime.* Ant. dénégation. **4.** DR Déclaration reconnaissant un fait ou un droit allégué par la partie adverse. *Aveu judiciaire,* fait en justice. *Aveu extrajudiciaire,* fait hors de la présence du juge. ▷ Loc. prép. *De l'aveu de:* selon le témoignage de, aux dires de. *De l'aveu de tous, c'est un homme intelligent.* – De *avouer.*

aveuglant, ante [avœglɑ̃, ɑ̃t] adj. Éblouissant. ▷ Fig. Qu'on ne peut nier. *Vérité aveuglante.* Syn. flagrant. – Ppr. de *aveugler.*

aveugle [avœgl] adj. **1.** Privé du sens de la vue. *Devenir aveugle.* ▷ Subst. *Un aveugle, un aveugle-né.* **2.** Fig. Manquant de clairvoyance et de discernement. *La passion le rend aveugle.* **3.** Qui ne souffre pas l'examen ou la discussion (sentiments). *Une foi, une obéissance, une soumission aveugle.* **4.** Loc. adv. *En aveugle:* sans réflexion. *Juger en aveugle.* **5.** ARCHI *Fenêtre aveugle:* fausse fenêtre ou fenêtre obturée, qui ne laisse pas passer le jour. – Lat. **ab oculis.*

aveuglement [avœgləmɑ̃] n. m. **1.** Vx Cécité. **2.** Fig. Manque de discernement. – De *aveugler.*

aveuglément [avœglemɑ̃] adv. Sans réflexion, sans examen. *Croire, obéir aveuglément.* – De *aveugle.*

aveugler [avœgle] v. tr. [1] **1.** Rendre aveugle. **2.** Gêner momentanément la vue. *L'éclat du soleil m'aveugle.* Syn. Éblouir. **3.** Fig. Priver de la faculté de discernement. *La vanité l'aveugle.* Syn. égarer. **4.** v. pron. *S'aveugler:* se faire illusion, se cacher volontairement la vérité. *S'aveugler sur ses défauts.* – De *aveugle.*

aveuglette (à l') [alavøglɛt] loc. adv. **1.** Sans voir. **2.** Fig. Au hasard. – De *aveugle.*

aveulir [avøliʀ] v. tr. [2] Rendre veule. – De *veule.*

aveulissement [avølismɑ̃] n. m. Action d'aveulir; fait d'être aveuli. – De *aveulir.*

aviaire [avjɛʀ] adj. Des oiseaux, relatif aux oiseaux, à la volaille. *Le harfang des neiges est l'emblème aviaire du Québec.* – Du lat. *avis,* «oiseau».

aviateur, trice [avjatœʀ, tʀis] n. Pilote ou membre de l'équipage d'un avion. – De *aviation.*

aviation [avjɑsjɔ̃] n. f. **1.** Locomotion dans l'atmosphère à l'aide d'appareils plus lourds que l'air. **2.** Ensemble des moyens permettant la navigation aérienne. ▷ *Par ext.* Tout ce qui se rapporte aux avions, à leur utilisation et au personnel qui les met en œuvre. – Du lat. *avis,* «oiseau».

ENCYCL **Historique.** – Les plans des premières machines volantes ont été établis par Léonard de Vinci au début du XVe s. Clément Ader, le «père» de l'aviation, parvint le premier, en 1890, à faire voler un aéroplane, l'*Éole.* À partir de 1900, les frères Wright réalisèrent de nombreux vols sur planeurs. En 1909, Louis Blériot effectua la traversée de la Manche en 37 minutes sur son *Blériot XI.* La guerre de 1914-1918 fit considérablement progresser l'aviation. La traversée de l'Atlantique Nord est réussie en 1919 (Alcock et Brown) et celle de l'Atlantique Sud en 1922 (Cabral et Coutinho). En 1927, Charles Lindbergh relie, sans radio, New York au Bourget en 33 heures et demie. À partir de 1930 commence l'exploitation des lignes transocéaniques. Les premiers avions à réaction sont expérimentés en vol en Allemagne dès 1937. La guerre de 1939-1945 donnera à l'aviation militaire toute son importance et permettra à l'aviation civile de connaître son véritable développement après la guerre. Le domaine transsonique est exploré de 1945 à 1957 (le mur du son est franchi par Charles Yeager en 1947) et les avions sont alors progressivement équipés de turbopropulseurs et de réacteurs qui remplacent les anciens moteurs à hélice. La période 1958-1970 est marquée par l'exploration du domaine supersonique et hypersonique (la vitesse de Mach 6 est atteinte par White en 1961), et par le vol des premiers avions civils supersoniques (Tupolev 144 en 1968, Concorde en 1969). De plus, on note une volonté de mettre au point des techniques qui favorisent les économies de carburant.

avicole [avikɔl] adj. ZOOL **1.** Se dit des parasites des oiseaux. **2.** Qui concerne l'aviculture. – Lat. *avis,* «oiseau», et *-cole.*

aviculaire [avikylɛʀ] adj. Didac. Qui concerne les oiseaux. – Lat. *avis,* «oiseau».

aviculteur, trice [avikyltœʀ, tʀis] n. Personne qui élève des oiseaux. – Du lat. *avis,* «oiseau».

aviculture [avikyltyʀ] n. f. Élevage des oiseaux et de la volaille. – Du lat. *avis,* «oiseau».

avide [avid] adj. **1.** Qui désire ardemment se procurer qqch. *Avide de gloire, de richesse.* ▷ Cupide. *Un héritier avide.* **2.** CHIM Qui se combine facilement avec (un autre corps). – Lat. *avidus.*

avidement [avidmɑ̃] adv. De manière avide. – De *avide.*

avidité [avidite] n. f. **1.** Désir immodéré, cupidité. **2.** CHIM Caractère d'un produit avide. – De *avide.*

avifaune [avifon] n. f. Faune ailée d'une région donnée. – Du lat. *avis,* «oiseau», et *faune.*

avilir [aviliʀ] **I.** v. tr. [2] **1.** Déprécier, abaisser la valeur de. *Avilir une monnaie.* **2.** Rendre méprisable. *Avilir son nom.* Syn. déconsidérer. **II.** v. pron. Se déprécier, se dégrader. *Marchandises qui s'avilissent. S'avilir par des bassesses.* – De *vil.*

avilissant, ante [avilisɑ̃, ɑ̃t] adj. Qui avilit. Syn. Dégradant. – Ppr. de *avilir.*

avilissement [avilismɑ̃] n. m. **1.** Dépréciation (d'une monnaie). **2.** Action d'avilir; état de ce qui est avili. – De *avilir.*

aviné, ée [avine] adj. Ivre. ▷ Qui dénote l'ivresse. *Démarche avinée.* – Pp. de *aviner.*

aviner [avine] v. tr. [1] Imbiber de vin (un récipient neuf). *Aviner des futailles.* – De *a-2,* et *vin.*

avion [avjɔ̃] n. m. Aéronef plus lourd que l'air équipé d'une voilure fixe et d'un moteur qui lui permettent de voler. – Nom de deux appareils inventés par Ader, nommés *Avion I* et *Avion II,* de *avis,* «oiseau».

ENCYCL Un avion est constitué d'un fuselage, d'une

voilure, d'un (ou de plusieurs) moteur(s), d'un train d'atterrissage, d'un équipement de pilotage, de navigation et de sécurité. La voilure lui permet de se soutenir dans l'air sous l'effet de la *portance*, qui équilibre son poids. La poussée des moteurs compense la *traînée*, qui s'oppose à l'avancement. Les avions militaires et commerciaux sont auj. surtout équipés de *turboréacteurs* qui ont un fonctionnement plus simple que celui des moteurs à hélice et qui procurent un gain de masse. Les turbopropulseurs sont bien adaptés aux vitesses inférieures à Mach 3. Au-delà, il faut utiliser d'autres types de propulseurs (statoréacteurs, moteurs-fusée) ou des moteurs hybrides (turbofusées, statofusées). Les *structures* d'un avion sont le plus souvent réalisées en alliages d'aluminium et de magnésium. Au-delà de Mach 2 on utilise les alliages de titane, qui résistent mieux à l'échauffement. Les matériaux composites (stratifiés à base de fibres de verre et de résines époxy ou de fibres de bore et de carbone) connaissent auj. un grand développement, car ils permettent de réduire la masse des structures, à résistance égale. Le *pilotage* des avions est rendu plus facile par des dispositifs qui assurent automatiquement la stabilité en vol. Les centrales de navigation à inertie, qui utilisent le principe des gyroscopes, permettent de maintenir l'avion sur la route définie par son plan de vol. Un certain nombre de systèmes d'*aides à l'atterrissage* (radars et radiophares) permettent aux pilotes de procéder aux manœuvres d'approche dans les meilleures conditions de sécurité. Le pilotage des avions modernes (supersoniques notam.) demande un long entraînement, réalisé en partie sur *simulateur de vol*. Lorsqu'un avion approche de la vitesse du son (vol *transsonique*), sa portance diminue et sa traînée augmente; le centre de poussée est déplacé vers l'arrière de la voilure et il se produit des ondes de choc de forme conique, perçues au sol avec plus ou moins d'intensité (bang: passage du *«mur du son»*). L'échauffement dû au frottement de l'air devient partic. important au-delà de Mach 2,2. Au-delà de Mach 3 et jusqu'à Mach 5 les phénomènes aérodynamiques se modifient progressivement. À partir de Mach 5, le vol est appelé *hypersonique*. L'onde de choc précède alors l'avion. Pour des raisons économiques, de telles vitesses sont difficilement acceptables pour les avions commerciaux. De nombreux systèmes ont été mis au point pour améliorer la sécurité des avions et pour diminuer leurs nuisances: dispositifs anticollision avec repérage automatique des avions à l'aide de radars et prévision des risques au moyen de l'ordinateur, réduction du bruit par l'emploi de réacteurs à taux de dilution élevé, obligation pour les avions supersoniques de survoler les zones habitées à une vitesse subsonique, etc. D'autres dispositifs ont par ailleurs été développés pour permettre aux avions de décoller et d'atterrir sur des pistes courtes (A.D.A.C.) ou même à la verticale (A.D.A.V.): accroissement de la portance (système de l'aile soufflée, par ex.), réacteurs de sustentation, générateurs basculants, etc.

avion-cargo [avjõkaʀgo] n. m. Avion aménagé pour le transport des marchandises. – De *avion*, et *cargo*.

avion-citerne [avjõsitɛʀn] n. m. Avion rempli de carburant destiné à ravitailler d'autres avions en vol. *Les avions-citernes, remplis d'eau, sont souvent utilisés pour éteindre les incendies de forêts.* – De *avion*, et *citerne*.

avionique [avjɔnik] n. f. AVIAT Ensemble des équipements et des systèmes de guidage, de pilotage et de navigation qui fonctionnent avec un matériel informatique ou électronique. ▷ Technique de conception et de réalisation de ces équipements. – De *avion*.

avionnerie [avjɔnʀi] n. f. **1.** Usine où l'on construit des avions. **2.** Industrie de la construction d'avions. – De *avion*, et *-erie*.

avionneur [avjɔnœʀ] n. m. Constructeur de cellules d'avions. – De *avion*.

avion-taxi [avjõtaksi] n. m. Petit avion pouvant transporter des voyageurs à la demande. – De *avion*, et *taxi*.

avipelviens [avipɛlvjɛ̃] n. m. pl. PALEONT Ordre de reptiles dinosauriens typiquement herbivores, à bec corné, dont le bassin avait une structure semblable à celui des oiseaux, et qui vécurent du Trias au Crétacé. – Lat. *avis*, «oiseau», et *pelvis*, «bassin».

aviron [aviʀõ] n. m. **1.** MAR Rame. ▷ Cour. Rame à long manche utilisée pour les embarcations légères. **2.** Sport du canotage. *Une équipe, un champion d'aviron.* – De l'a. fr. *viron*, «tour».

avironner [aviʀɔne] v. intr. [1] Faire avancer une embarcation, un canot à l'aviron. – De *aviron*.

avis [avi] n. m. **1.** Opinion. *Donner un, son avis.* Syn. point de vue. ▷ *Être d'avis de* (+ inf.), *que* (+ subj.). **2.** Conseil. *Un avis charitable, paternel, amical.* **3.** Annonce d'un événement, d'un fait qu'on porte à la connaissance de qqn, du public. *Avis de passage. Avis de décès.* **4.** *Avis au lecteur:* courte préface. **5.** DR *Avis de présentation:* acte de procédure écrite par lequel une partie au litige informe son adversaire ou un tiers qu'elle présentera une demande particulière à une période et à un endroit déterminés. **6.** DR *Avis public*, publié dans un journal ou une gazette officielle ou affiché à la porte d'un établissement public dans le but de faire connaître une démarche d'intérêt général ou d'assigner en justice une personne dont l'adresse est inconnue ou que l'on ne peut joindre par les modes normaux de signification. **7.** FIN *Avis de cotisation:* avis par lequel l'Administration fiscale établit le montant des impôts sur le revenu d'un contribuable ou d'une société. – De *ce m'est à vis*, trad. du lat. pop. *(mihi est) visum*, «il m'a semblé bon».

avisé, ée [avize] adj. Prudent, qui agit avec à-propos. *Un conseiller avisé.* – Pp. de *aviser*.

1. aviser [avize] v. tr. [1] Informer par un avis. *On m'a avisé que...* Syn. avertir. – De *avis*.

2. aviser [avize] **1.** v. tr. [1] Vieilli Tourner sa vue vers, apercevoir. *Aviser un ami dans la foule.* **2.** v. tr. ind. Réfléchir, faire attention. *Aviser à la situation.* ▷ (S. comp.) Prendre une décision. *Il est temps d'aviser.* **3.** v. pron. *S'aviser de:* se rendre compte brusquement de, avoir soudainement l'idée de. *S'aviser de l'arrivée de qqn, s'aviser d'un stratagème.* ▷ (+ inf.). Être assez audacieux pour. *Si jamais vous vous avisez de me tromper...* – De *a-2*, et *viser*.

aviso [avizo] n. m. MAR Bâtiment de guerre rapide utilisé autref. pour assurer des liaisons et auj. pour escorter d'autres navires ou pour lutter contre les sous-marins. – De l'esp. *(barca de) aviso*, «bateau d'avis».

avitailler [avitaje] v. tr. [1] Pourvoir de vivres, de munitions, de carburant une place, un navire, etc. – De *a-2*, et *vitaille*, forme anc. de *victuaille*.

avitailleur [avitajœʀ] n. m. AVIAT Dans un aéroport: dispositif servant à avitailler un aéronef. – De *avitailler*.

avitaminose [avitaminoz] n. f. MED Affection provoquée par la carence en une ou plusieurs vitamines. – De *a-1*, *vitamine* et *-ose*.

avivage [avivaʒ] n. m. Action d'aviver des couleurs. – De *aviver*.

avivement [avivmɑ̃] n. m. Action d'aviver les bords d'une plaie pour en faciliter la suture. – De *aviver*.

aviver [avive] v. tr. [1] **1.** Rendre plus vif. *Aviver le feu.* Syn. attiser. **2.** Donner de l'éclat à. *Aviver une couleur, le teint.* Syn. rehausser. Ant. ternir. ▷ TECH *Aviver le marbre, les métaux,* les rendre brillants. **3.** Fig. Exciter, irriter. *Aviver une querelle, une jalousie.* **4.** CHIR *Aviver une plaie,* en mettre les parties saines à vif. – De *a*-2, et *vif.*

avocaillon [avɔkajõ] n. m. Péjor., fam. Avocat sans talent ou sans clientèle. – De *avocat.*

avocasserie [avɔkasʀi] n. f. Péjor., fam. Mauvaise chicane. – De l'anc. v. *avocasser,* péj.

avocassier, ière [avɔkasje, jɛʀ] adj. Péjor., fam. Qui se rapporte aux avocats. *Engeance avocassière.* – De l'anc. v. *avocasser,* péj.

1. avocat, ate [avoka, at] n. **1.** Personne qui fait profession de donner des consultations juridiques, de défendre des causes devant les tribunaux et de faire valoir les droits des clients qu'elle représente. *Consulter un avocat. L'Ordre des avocats.* **2.** RELIG *Avocat du diable:* celui qui, dans un procès en canonisation, est chargé de soulever les objections. ▷ Cour., fig. Personne qui soulève, pour mieux faire le tour de la question, et afin de mieux y répondre, des objections systématiques. **3.** Personne qui prend fait et cause pour une personne, une idée. *Se faire l'avocat d'une cause perdue.* – Lat. *advocatus.*

ENCYCL L'avocat exerce une profession libérale réglementée par une corporation, appelée Barreau, à qui l'État a confié la double mission de protéger l'intérêt public et l'intérêt de ses membres. Au Québec, le Barreau est administré par un Conseil général que préside le bâtonnier du Québec. Ce dernier est élu au suffrage universel des membres, de même que le vice-président de la corporation.

À l'exception des pouvoirs conférés par la loi au notaire, sont du ressort exclusif de l'avocat certains actes exécutés pour le compte d'autrui, notamment la représentation devant les tribunaux civils et criminels, la rédaction de documents de nature juridique, la communication d'avis d'ordre juridique.

L'avocat est libre d'accepter ou de refuser un mandat que veut lui confier un client. De plus, il peut y mettre fin, pour un motif valable, à condition qu'il se soit préalablement assuré que ce dernier n'en subira pas préjudice.

Pour être admis à exercer la profession d'avocat, il faut remplir certaines conditions: être un citoyen canadien majeur, détenir un diplôme d'études en droit décerné par une université reconnue, avoir reçu la formation professionnelle et réussi les examens du Barreau, avoir effectué un stage et prêté serment d'allégeance et d'office. Il faut, enfin, acquitter les cotisations imposées par la corporation.

Au Canada, l'avocat ne peut généralement exercer sa profession que dans la province où ce droit lui est reconnu par le Barreau dont il est membre.

2. avocat [avɔka] n. m. Fruit de l'avocatier, piriforme, dont la pulpe comestible, onctueuse à maturité, est très riche en vitamines. – D'un mot caraïbe, *aouicate.*

avocatier [avɔkatje] n. m. Lauracée *(Persea gratissima)* originaire d'Amérique du Sud, cultivée dans tous les pays chauds. – De *avocat* 2.

avocette [avɔsɛt] n. f. Genre d'oiseau échassier (ordre des charadriiformes) à long bec recourbé vers le haut et plumage noir et blanc. *L'avocette d'Amérique* (Recurvirostra americana) *habite la partie méridionale des Prairies canadiennes.* – Ital. *avocetta.*

avoine [avwan] n. f. Graminacée à inflorescence en panicule dont une espèce *(Avena sativa)* est cultivée comme céréale pour la nourriture des chevaux (picotin d'avoine) et des volailles. – Lat. *avena.*

1. avoir [avwaʀ] v. tr. [7] **I. 1.** Posséder. *Avoir une voiture, la télévision.* ▷ Entrer en possession de. *Il a eu le téléphone, un emploi de comptable.* ▷ Fam. *Avoir les moyens, avoir de quoi:* être riche. ▷ Bénéficier de. *J'espère que vous avez du beau temps.* **2.** Être dans une relation de parenté avec. *Il a une femme et deux enfants.* **3.** Pour exprimer un rapport entre personnes. *Avoir beaucoup d'amis. Avoir du monde à déjeuner.* **4.** Posséder sexuellement. ▷ Fig., fam. Duper, l'emporter sur. *Tu nous as bien eus. Courage, on les aura!* **5.** Toucher, attraper. *Avoir son train au vol.* Ant. manquer. **II. 1.** (Sans article). Éprouver une sensation de. *Avoir chaud, faim, froid, sommeil.* **2.** (Avec article partitif). Ressentir. *Avoir de la peine, du souci.* **3.** (Avec objet direct). Porter sur soi. *Avoir ses papiers.* ▷ Être âgé de. *Avoir quarante ans.* **4.** (Avec objet direct et attribut). Pour caractériser une particularité. *Il a les yeux bleus, la parole embarrassée.* **5.** *Avoir qqch:* ne pas se trouver bien (personnes); mal fonctionner (choses). **III.** Tournures et expressions particulières. **1.** *Avoir beau* (+ inf.) *Elle a beau se farder, elle paraît son âge:* elle se farde en vain... **2.** *En avoir à, après* (fam.), *contre (qqn),* lui manifester de l'hostilité. **3.** *Il y a,* tournure impersonnelle: il existe. ▷ *Il y a cinq minutes:* cela fait cinq minutes. ▷ *Il n'y a qu'à:* il suffit de. ▷ *Qu'est-ce qu'il y a?* Qu'est-ce qui se passe? ▷ *Il n'y en a que pour lui:* il est le seul objet d'attention. **IV.** (Auxiliaire) **1.** *Avoir à,* exprimant l'obligation. *N'oublie pas ce que tu as à faire. J'ai à travailler.* ▷ *N'avoir qu'à:* avoir simplement à. *Il n'avait qu'à avouer, il était pardonné!* – Avec nuance d'ordre. *Tu n'as qu'à partir.* **2.** Auxiliaire des formes composées actives de tous les verbes transitifs et de la plupart des verbes intransitifs. *J'ai écrit, j'ai eu, j'ai été.* – Lat. *habere.*

2. avoir [avwaʀ] n. m. **1.** Biens, possession. *Un petit avoir.* **2.** FIN Somme due à une personne, susceptible d'être déduite du montant de la prochaine demande de paiement qui lui sera adressée. ▷ *Avoir des actionnaires:* capital social et réserves. – De *avoir* 1.

avoisiner [avwazine] v. tr. [1] **1.** Être à proximité de. **2.** Fig. Ressembler à. *Cela avoisine le génie.* – De *a*-2, et *voisin.*

avortement [avɔʀtəmɑ̃] n. m. **1.** MED, VET Expulsion du produit de la conception avant qu'il soit viable. **2.** Cour. Interruption provoquée de la grossesse. **3.** BOT Non-développement d'un organe. **4.** Fig. Insuccès. Ant. aboutissement. – De *avorter.*

avorter [avɔʀte] v. intr. [1] **1.** Expulser le produit de la conception avant qu'il soit viable. **2.** BOT Ne pas parvenir à sa pleine maturité (fruits, fleurs). **3.** Fig. Ne pas aboutir, ne pas avoir le succès prévu (plans, entreprises). *Révolution qui avorte.* Syn. échouer. **4.** (Emploi transitif.) *Faire avorter.* ▷ Au passif. *Entreprise avortée.* – Lat. *abortare.*

avorteur, euse [avɔʀtœʀ, øz] n. Péjor. Personne qui provoque l'interruption de grossesse sans respecter la loi. – De *avorter.*

avorton [avɔʀtõ] n. m. **1.** Vx Prématuré. **2.** Cour., péjor. Individu difforme et chétif. – De *avorter.*

avouable [avwabl] adj. Qu'on peut avouer sans en avoir honte. *Motifs avouables.* – De *avouer.*

avoué [avwe] n. m. En France, officier ministériel (autref., *procureur*). (Maintenus *près les cours d'appel* par la loi du 31 décembre 1971, les *avoués près les tribunaux de grande instance* ont vu leur profession fusionnée avec la profession d'avocat.) – Du lat. *advocatus.*

avouer [avwe] v. tr. [1] **1.** Vieilli ou litt. Reconnaître pour sien. *Avouer un ouvrage. Avouer pour fils:* reconnaître pour fils. **2.** Vieilli Approuver, ratifier. *Principes que la morale peut avouer.* Ant. Désavouer. **3.** Cour. Confesser, reconnaître. *Avouer ses erreurs.* ▷ (S. comp.) Faire des aveux. *Le prévenu a avoué.*

4. v. pron. *S'avouer* (+ adj.) Se reconnaître (coupable, fautif, etc.). – Lat. *advocare.*

avril [avʀil] n. m. Le quatrième mois de l'année grégorienne. ▷ Poét. Le printemps. *Voici renaître l'avril.* ▷ *Poisson d'avril:* plaisanterie, farce faite traditionnellement le 1er avril. – Lat. *aprilis.*

avulsion [avylsjõ] n. f. **1.** Action d'arracher. *L'avulsion d'une dent.* Syn. extraction. **2.** DR Partie considérable et reconnaissable d'un terrain emportée, par une action brusque et violente des eaux, sur le fonds voisin ou sur la rive opposée d'un cours d'eau. – Lat. *avulsio.*

avunculaire [avõkylɛʀ] adj. Rare Qui se rapporte à l'oncle ou à la tante. – Du lat. *avunculus,* «oncle».

axe [aks] n. m. **1.** Droite autour de laquelle un corps tourne. *Axe du monde,* qui relie les deux pôles de la Terre. ▷ MINER *Axe d'ordre n d'un cristal:* axe tel que les arêtes du cristal se recouvrent après une rotation de $2\pi/n$. **2.** TECH Pièce cylindrique autour de laquelle tourne un corps. *Axe d'une roue.* **3.** MATH Droite qui sert de référence. *Axe des abscisses.* ▷ *Axe de symétrie:* droite telle qu'à tout point d'une figure correspond son symétrique. **4.** Ligne centrale. *L'axe d'une rue. Les grands axes routiers.* **5.** BOT Toute partie d'un végétal qui supporte des organes appendiculaires (tige, rameau, etc.). ▷ MED *Axe cérébrospinal:* ensemble formé par le cerveau et la moelle épinière. Syn. névraxe. **6.** Ligne directrice (d'un projet, d'un plan). *Les grands axes de la réforme foncière.* **7.** POLIT Alliance de gouvernements en vue de coopérer à une même politique. Spécial. *L'axe Rome-Berlin:* alliance conclue en oct. 1936 entre l'Italie et l'Allemagne nazie. ▷ Ellipt. *Les puissances de l'Axe.* – Lat. *axis,* «essieu».

axénique [aksenik] adj. Se dit d'un être vivant élevé en laboratoire en dehors de tout contact microbien et de tout germe. – De *a*-1, et du gr. *xénos,* «étranger».

axer [akse] v. tr. [1] **1.** Diriger selon un axe. **2.** Orienter selon telle direction. *Axer sa vie sur un idéal.* – De *axe.*

axial, iale, iaux [aksjal, jo] adj. Qui se rapporte à un axe. *Éclairage axial,* au moyen de lampadaires suspendus dans l'axe d'une voie publique. – De *axe.*

axile [aksil] adj. BOT Se dit d'un mode de placentation dans lequel les graines sont groupées autour de l'axe de l'ovaire. – De *axe.*

axillaire [aksilɛʀ] adj. **1.** ANAT Qui se rapporte à l'aisselle. *Creux axillaire.* **2.** BOT *Bourgeon axillaire,* né à l'aisselle d'une feuille. – Du lat. *axilla,* «aisselle».

axiologie [aksjɔlɔʒi] n. f. PHILO Théorie des valeurs, plus partic. des valeurs morales (le bon, le bien, etc.), recherche sur leur nature et la hiérarchie à établir entre elles. – Du gr. *axios,* «qui vaut», et *-logie.*

axiologique [aksjɔlɔʒik] adj. Qui a rapport aux valeurs. – Du préc.

axiomatique [aksjɔmatik] adj. **1.** Qui tient de l'axiome. *Vérité axiomatique.* **2.** Qui raisonne sur des symboles, indépendamment de leur contenu. *Logique axiomatique.* Syn. formel. ▷ N. f. Branche de la logique qui recherche et organise en système l'ensemble des axiomes d'une science. – De *axiome.*

axiomatiser [aksjɔmatize] v. tr. [1] Mettre sous forme d'axiome. – De *axiome.*

axiome [aksjom] n. m. Proposition générale reçue et acceptée comme vraie sans démonstration. *Tout système d'axiomes cohérents possède un modèle.* ▷ *Par ext.* Principe posé a priori. *L'axiome selon lequel il n'y a plus de saison.* – Lat. *axioma,* du gr. *axioun,* «juger».
ENCYCL Un axiome est une proposition, posée a priori, de laquelle on déduit d'autres propositions, appelées *théorèmes* en mathématiques. Un système d'axiomes doit conduire à des propositions qui ne se contredisent pas, en nombre suffisant pour présenter de l'intérêt. L'axiomatisation est au centre de la recherche mathématique actuelle. En philosophie, le *postulat* se distingue de l'axiome, le premier pouvant être mis en doute alors que le second doit être accepté comme vrai.

axis [aksis] n. m. ANAT La seconde vertèbre cervicale, servant de pivot aux mouvements de la tête. – Mot lat. *axis,* «axe».

axolotl [aksɔlɔtl] n. m. ZOOL Larve de l'amblystome ayant la faculté d'acquérir la maturité sexuelle et de se reproduire sans passer par le stade adulte (phénomène de néoténie). – Mot aztèque.

axone [aksɔn] n. m. ANAT Prolongement cylindrique et allongé du neurone qui conduit l'influx nerveux vers une synapse neuro-effectrice. Syn. cylindraxe. – De *axe.*

axonge [aksõʒ] n. f. Graisse de porc fondue utilisée autref. comme lubrifiant d'essieu, ainsi qu'en parfumerie et en pharmacie. – Lat. *axungia,* de *axis,* «essieu», et *ungere,* «graisser».

axonométrie [aksɔnɔmetʀi] n. f. TECH Représentation d'un volume en perspective à partir de trois axes faisant entre eux un angle de 120 degrés, qui conserve les distances entre les points situés sur les droites parallèles aux axes de référence. – Du gr. *axôn,* «axe», et *metron,* «mesure».

axonométrique [aksɔnɔmetʀik] adj. TECH Relatif à l'axonométrie. *Perspective axonométrique.* – De *axonométrie.*

ayant cause [ɛjɑ̃koz] n. m. DR Celui auquel les droits d'une personne ont été transmis. Pl. *Les ayants cause.* – De *avoir,* et *cause.*

ayant droit [ɛyɑ̃dʀwa] n. m. Celui qui a acquis un droit, une obligation d'une autre personne. – De *avoir,* et *droit.*

ayatollah [ajatɔla] n. m. Dignitaire musulman chiite. – Mot arabe, «verset de Dieu».

aye-aye [ajaj] n. m. ZOOL Lémurien malgache en voie de disparition, de la taille d'un chat, au pelage argenté, avec une queue touffue et des doigts très minces, unique représentant de la famille des daubentonidés *(Daubentonia madagascariensis).* – Onomat.

azalée [azale] n. f. Arbuste ornemental cultivé pour ses grosses fleurs colorées (fam. éricacées, genre *Azalea,* auj. intégré au genre *Rhododendron*). – Gr. *azaleos,* «sec».

azéotrope [azeotʀɔp] n. m. (et adj.). CHIM Mélange de liquides caractérisé, comme un corps pur, par une température d'ébullition constante. – De *a*-1, du gr. *zein,* «bouillir», et *tropos,* «action de tourner».

azéotropique [azeotʀɔpik] adj. CHIM Qui a le caractère d'un azéotrope. – Du préc.

azilien, ienne [aziljɛ̃, jɛn] adj. et n. m. PREHIST Se dit d'un ensemble industriel épipaléolithique postérieur au Magdalénien final, dont il dérive. – Du *Mas d'Azil,* site préhistorique de l'Ariège.

azimut [azimyt] n. m. ASTRO Angle compris entre le plan vertical passant par l'axe de visée et le plan vertical de référence (plan du méridien de l'observateur). *Azimut d'un astre.* ▷ MILIT *Défense tous azimuts,* efficace dans toutes les directions. ▷ Fam. *Dans tous les azimuts:* dans tous les sens. *Courir dans tous les azimuts.* – De l'ar. *al-samt,* «le droit chemin».

azimutal, ale, aux [azimytal, o] adj. Qui représente ou qui mesure des azimuts. – De *azimut.*

azimuté, ée [azimyte] adj. Pop. Fou, déboussolé. – De *azimut.*

azobacter. V. azotobacter.

1. azoïque [azɔik] adj. GEOL *Terrains azoïques,* qui ne contiennent ni fossiles, ni traces de vie. – De *a*-1, et gr. *zôon,* «animal».

2. azoïque [azɔik] adj. (et n.) CHIM Se dit des composés organiques renfermant le radical – N = N –. *Colorants azoïques.* – N. m. *Un azoïque.* – De *azote.*

azonal, ale, aux [azɔnal, o] adj. PEDOL Se dit d'un sol dont la constitution n'est pas liée à une zone climatique du globe terrestre, mais à des conditions locales. – De *a*-1, et *zone.*

azoospermie [azɔɔspɛʀmi] n. f. MED Absence de spermatozoïdes dans le sperme. – De *a*-1, gr. *zôê,* «vie», et *sperme.*

azote [azɔt] n. m. Gaz incolore, qui constitue 78 % du volume de l'atmosphère terrestre. – De *a*-1, et gr. *zôê,* «vie».

ENCYCL **Chim.** Élément (symbole N) de numéro atomique Z = 7 et de masse atomique 14,0067, l'azote est à l'état naturel (N_2) un gaz incolore, inodore, peu réactif et peu soluble dans l'eau, de densité 0,97. Sa température d'ébullition est de –196 °C et sa température de fusion –210 °C. Certains de ses composés jouent un rôle capital dans l'industrie (ammoniac et acide nitrique) et dans l'agriculture (engrais azotés). L'azote se prépare par distillation de l'air liquide. Avec l'hydrogène, le carbone et l'oxygène, il constitue l'un des éléments les plus abondants dans l'Univers; il occupe une place capitale dans la composition de la matière vivante.
Biochim. – *Cycle de l'azote.* Les végétaux supérieurs absorbent les nitrates du sol et incorporent l'azote dans des composés organiques (acides nucléiques, protéines). Les végétaux étant consommés par les animaux (incapables d'utiliser l'azote minéral), l'azote se trouve alors incorporé dans les constituants des animaux. À la mort de ceux-ci, les micro-organismes provoquent la putréfaction des cadavres, libérant ainsi les produits ammoniacaux qui vont être transformés en nitrites par les nitrosobactéries, puis en nitrates par les nitrobactéries, nitrates réutilisables par les végétaux supérieurs.

azoté, ée [azɔte] adj. Qui contient de l'azote. *Composés azotés.* – De *azote.*

azotémie [azɔtemi] n. f. MED Taux des produits d'excrétion azotés (urée, urates) dans le sang. – De *azote,* et *-émie.*

azotobacter [azɔtobaktɛʀ] ou **azobacter** [azobaktɛʀ] n. m. MICROB Genre d'azotobactériales, aérobie et fixateur d'azote. – De *azote,* et *bacter.*

azotobactériales [azɔtobakteʀjal] n. f. pl. MICROB Classe de mycobactéries, fixant dans certaines conditions l'azote atmosphérique. – Du préc.

azoturie [azɔtyʀi] n. f. MED Élimination, parfois excessive, des composés azotés (urates, urée) par l'urine. – De *azote,* et *-urie.*

aztèque [aztɛk] adj. Relatif aux Aztèques, à leur civilisation dans l'anc. Mexique. – Mot mexicain.

azulejo [azulexo] n. m. Carreau de faïence émaillée, d'abord bleu, d'origine arabo-persane, employé en Espagne et au Portugal. – Mot esp., de *azul,* «bleu».

azur [azyʀ] n. m. **1.** Ancien nom du lapis-lazuli ou *pierre d'azur.* **2.** TECH Verre coloré en bleu par une poudre d'oxyde de cobalt. **3.** Litt. Couleur bleu clair limpide. ▷ Poét. Le ciel. *Contempler l'azur.* ▷ *La Côte d'Azur:* la côte méditerranéenne entre Toulon et Menton, en France. **4.** BLAS Couleur bleue, représentée par des hachures horizontales. – Lat. médiéval *azzurum,* du pers., par l'ar.

azurage [azyʀaʒ] n. m. **1.** Passage du linge blanc au cours du rinçage dans une solution bleue, qui rend son aspect plus agréable. **2.** Opération destinée à masquer la teinte grisâtre d'une pâte à papier. – De *azurer.*

azuré, ée [azyʀe] adj. **1.** De couleur d'azur. **2.** Qui a subi l'azurage. – Pp. de *azurer.*

azurer [azyʀe] v. tr. [1] **1.** Rendre de couleur azur. **2.** Pratiquer l'azurage du linge. – De *azur.*

azurite [azyʀit] n. f. MINER Carbonate de cuivre hydraté naturel de couleur bleue. – De *azur,* et *-ite* 3.

azygos [azigos] adj. et n. f. ANAT *Veines azygos:* les deux veines asymétriques qui font communiquer entre elles les veines caves supérieure et inférieure. – Gr. *azugos,* «non accouplé».

azyme [azim] adj. (et n.) Sans levain. *Pain azyme:* pain que mangent les juifs à l'époque de la Pâque; pain dont on fait les hosties. ▷ N. m. Pain sans levain. – *La fête des Azymes:* la Pâque juive. – Lat. *azymus,* du gr. *azumos,* de *zumê,* «levain».

B b

b [be] n. m. La deuxième lettre de l'alphabet, notant une occlusive bilabiale sonore; la première des consonnes. Un *B majuscule.* Un *b minuscule,* un *petit b.* ▷ *Le b a, ba:* les rudiments, les connaissances élémentaires.

B CHIM Symbole du bore.

Ba CHIM Symbole du baryum.

B.A. [bea] n. f. Abrév. de *bonne action.*

1. baba [baba] adj. inv. Fam. Stupéfait. *J'en suis resté baba.* – Onomat., de *ébahi.*

2. baba [baba] n. m. Gâteau spongieux préparé avec une pâte levée qu'on imbibe de sirop et de rhum. – Mot polonais.

baba cool [babakul] n. Nom donné à ceux qui, après le déclin du mouvement hippie dans les années 1970, en perpétuent le style et les idéaux. *Des babas cool.* – Appos. *Une mentalité baba cool.* – De *baba,* mot hindi, «papa», et de l'angl. *cool,* «détendu, calme».

babeurre [babœʀ] n. m. Liquide séreux, aigrelet, qui reste après qu'on a battu la crème pour obtenir le beurre. – De *battre,* et *beurre.*

babil [babil] n. m. Abondance de paroles futiles, bavardage continuel. *Le babil des enfants.* – Par anal. *Le babil de la pie.* Syn. caquet. – Déverbal de *babiller.*

babillage [babijaʒ] n. m. **1.** Action de babiller. **2.** PSYCHO Émission par l'enfant de sons plus ou moins articulés avant la période d'acquisition du langage. – De *babiller.*

babillard, arde [babijaʀ, aʀd] adj. et n. m. **1.** adj. Qui babille sans cesse; bavard. *Il est trop babillard pour garder un secret.* **2.** n. m. Panneau servant à afficher des notes, des messages, etc. ▷ INFORM *Babillard électronique:* logiciel permettant l'affichage de messages sur un écran cathodique. – De *babiller.*

babiller [babije] v. intr. [1] Bavarder beaucoup, futilement. – Rad. *bab-,* onomat.; a. fr. «bégayer».

babines [babin] n. f. pl. Lèvres pendantes de certains animaux. *Singe qui remue les babines.* ▷ Fam. *S'en lécher, s'en pourlécher les babines:* se passer la langue sur les lèvres (en signe de gourmandise satisfaite ou en pensant à une chose savoureuse). Syn. badigoinces. – Du rad. *bab-,* onomat.

babiole [babjɔl] n. f. **1.** Petit objet sans grande valeur. **2.** Fig. Fait sans importance, bagatelle. – Ital. *babbola.*

babiroussa [babiʀusa] n. m. Mammifère suidé à poils rares (genre *Babirussa*), de la taille d'un sanglier, vivant aux Célèbes. (Les canines du mâle forment quatre défenses recourbées qui peuvent atteindre 40 cm.) – Mot malais.

bâbord [babɔʀ] n. m. MAR Côté situé à gauche de l'axe longitudinal du navire lorsqu'on regarde vers l'avant (par opp. à *tribord*). – Néerl. *bakboord.*

babouche [babuʃ] n. f. Pantoufle en cuir sans quartier de derrière et sans talon, en usage dans les pays islamiques. – Ar. *bâboûch; papouch.*

babouin [babwɛ̃] n. m. Singe cercopithécidé africain (diverses espèces du genre *Papio:* babouin vrai, hamadryas, mandrill, chacma, etc.). Syn. cynocéphale. – Du rad. onomat. *bab-.*

babouvisme [babuvism] n. m. Doctrine de Gracchus Babeuf, de ses partisans *(babouvistes),* aspirant à une sorte de communisme. – Du n. de François Noël, dit Gracchus *Babeuf* (1760-1797), révolutionnaire français.

baby-sitter [bebisitɛʀ] n. (France) Personne rémunérée pour garder un bébé, un jeune enfant, à la demande des parents. *Des baby-sitters.* – Mot angl., de *baby,* «bébé», et *to sit,* «se tenir (quelque part)».

1. bac [bak] n. m. **1.** Bateau à fond plat servant à faire traverser un bras d'eau ou un lac à des personnes, des véhicules. ▷ AVIAT *Bac aérien:* avion qui transporte des automobiles et leurs passagers sur de courtes distances. **2.** Cuve destinée à des usages variés. *Bac à glace d'un réfrigérateur. Bac à douche.* – Lat. pop. **baccus,* «récipient».

2. bac [bak] n. m. Fam. Abrév. de baccalauréat.

bacantes. V. bacchantes.

baccalauréat [bakalɔʀea] n. m. Études universitaires de premier cycle; grade qui sanctionne ces études. *Baccalauréat ès arts (B. A.), ès sciences (B. Sc.). Faire son baccalauréat à l'Université de Montréal. Il a obtenu son baccalauréat le printemps dernier.* ▷ (France) Le premier grade universitaire, qui donne le titre de bachelier et couronne les études du second degré. – Abrév. fam. *bac* (aussi *bachot,* en France). – Lat. médiév. *baccalaureatus,* de *baccalaureus,* d'après *baccalarius,* «bachelier», rapproché de *bacca laurea,* «baie de laurier».

baccara [bakaʀa] n. m. Jeu de hasard qui se joue avec un ou plusieurs jeux de 52 cartes, entre un *banquier* et des joueurs *(pontes).* – Orig. incon.

baccarat [bakaʀa] n. m. Cristal de la manufacture de Baccarat. – Du n. de *Baccarat,* localité de Meurthe-et-Moselle (France).

bacchanale [bakanal] n. f. **1.** Plur. ANTIQ ROM Fêtes religieuses dédiées à Bacchus. **2.** Tableau ou bas-relief représentant ces fêtes. **3.** Fig., vieilli Désordre, débauche tapageuse. – Lat. *bacchanalisa,* «fêtes de Bacchus», du nom du dieu romain.

bacchante [bakɑ̃t] n. f. **1.** ANTIQ ROM Prêtresse de Bacchus. **2.** Fig., vieilli Femme de conduite désordonnée, de mauvaise vie. – Lat. *bacchans, bacchantis,* «qui célèbre les fêtes de Bacchus».

bacchantes ou **bacantes** [bakɑ̃t] n. f. pl. Arg. Moustaches. *Il a de belles bacchantes.* – De l'all. *Backen,* «joue», avec infl. de *bacchante.*

bâchage [bɑʃaʒ] n. m. Action de bâcher. – De *bâcher.*

bâche [baʃ] n. f. **1.** Forte toile, souvent rendue imperméable et imputrescible, destinée à mettre des voitures, des chargements, des récoltes, etc., à l'abri des intempéries. **2.** HORTIC Châssis vitré utilisé pour protéger des plantes. **3.** TECH Réservoir d'eau alimentant une chaudière. – Lat. d'orig. gaul. *bascauda,* par l'a. fr. *baschoe,* «baquet».

bachelier, ière [baʃəlje, jɛʀ] n. **1.** n. m. HIST Au Moyen Âge: jeune homme aspirant à devenir chevalier. **2.** Détenteur d'un baccalauréat, diplôme de premier cycle universitaire. ▷ En France, titre d'une personne qui a passé avec succès le baccalauréat. – Lat. pop. d'orig. gaul. **baccalaris,* «jeune homme».

bâcher [bɑʃe] v. tr. [1] Couvrir d'une bâche. – De *bâche.*

bachi-bouzouk [baʃibuzuk] n. m. HIST Soldat irrégulier enrôlé autref. en Turquie, en temps de guerre, comme volontaire. – Mot turc «mauvaise tête».

bachique [baʃik] adj. Qui a rapport à Bacchus ou au vin. *Fête bachique. Chanson bachique:* chanson à boire. – Lat. *bacchicus.*

1. bachot [baʃo] n. m. Petit bac. – De *bac* 1.

2. bachot [baʃo] n. m. En France, synonyme familier de *baccalauréat. Il a raté son bachot.* – De *baccalauréat.*

bachotage [baʃɔtaʒ] n. m. Action de bachoter. – De *bachot* 2.

bachoter [baʃɔte] v. intr. [1] Préparer un examen par un travail intensif faisant appel surtout à la mémoire. – De *bachot* 2.

bacillaire [basilɛʀ] adj. Qui se rapporte aux bacilles. *Infection bacillaire.* ▷ Subst. Atteint de tuberculose (porteur de bacilles de Koch). – De *bacille.*

bacille [basil] n. m. Bactérie en forme de bâtonnet. – Lat. *bacillum,* «bâtonnet».

bacilliforme [basilifɔʀm] adj. En forme de bacille. – De *bacille,* et *forme.*

bacillose [basiloz] n. f. MED Toute maladie causée par des bacilles. – De *bacille,* et *-ose* 2.

backgammon [bakgamɔ̃] n. m. Nom angl. du trictrac. – Mot angl.

bâclage [bɑklaʒ] n. m. Action de bâcler. – De *bâcler.*

bâcle [bakl] n. f. Traverse assurant la fermeture d'une porte, d'une fenêtre. – Déverbal de *bâcler.*

bâcler [bakle] v. tr. [1] **1.** Fam. Faire (un travail) trop rapidement et sans application. **2.** Vx Fermer une porte ou une fenêtre avec une bâcle. – Lat. pop. **baccularе,* de *baculum,* «bâton».

bacon [bekœn] n. m. Lard de poitrine de porc fumé, ordinairement présenté en fines tranches. *Bacon de dos:* bacon tiré de la longe du porc. – Frq. **bakko,* «jambon»; empr. à l'angl.

bactéricide [bakteʀisid] adj. Qui tue les bactéries. – De *bactérie,* et *-cide.*

bactérie [bakteʀi] n. f. Être vivant unicellulaire, procaryote (sans noyau individualisé), dépourvu de chlorophylle. – Gr. *baktêria,* «bâton».

ENCYCL Les bactéries sont de très petite taille (de l'ordre du micron) et munies d'une paroi externe, rigide, de nature glucidique. Elles possèdent un seul chromosome, de structure circulaire, qui se trouve plus ou moins replié sur lui-même dans le cytoplasme, sans aucune membrane autour: les bactéries sont des procaryotes. L'envahissement d'un milieu favorable se fait par division très rapide (toutes les trente minutes) des individus, ce qui correspond à une reproduction asexuée (végétative). Des phénomènes sexuels ont été récemment mis en évidence, au cours desquels les bactéries se conjuguent et échangent des portions de chromosomes. Les bactéries pratiquent tous les types de nutrition: 1° *autotrophie:* certaines possèdent un pigment (la bactérioviridine) qui leur permet d'effectuer une sorte de photosynthèse; 2° *saprophytisme* (bactéries de la putréfaction); 3° *parasitisme:* les bactéries pathogènes qui agissent sur l'hôte soit directement, soit par la sécrétion de toxines, soit de ces deux façons à la fois. Les bactéries trouvent de nouveaux champs d'utilisation en biotechnologie (notam. fermentation bactérienne et manipulations génétiques).

bactérien, ienne [bakteʀjɛ̃, jɛn] adj. Qui se rapporte aux bactéries; provoqué par une bactérie. *Infection bactérienne.* – De *bactérie.*

bactériologie [bakteʀjɔlɔʒi] n. f. Partie de la microbiologie qui étudie les bactéries et les infections bactériennes. – De *bactérie,* et *-logie.*

bactériologique [bakteʀjɔlɔʒik] adj. Qui se rapporte à la bactériologie. ▷ *Arme bactériologique,* qui utilise des bactéries. – De *bactériologie.*

bactériologiste [bakteʀjɔlɔʒist] n. Biologiste qui pratique la bactériologie. – De *bactériologie.*

bactériophage [bakteʀjɔfaʒ] n. m. MICROBIOL Virus parasite de certaines bactéries. (On dit mieux *phage.*) – De *bactérie,* et *-phage.*

bactériostatique [bakteʀjɔstatik] adj. (et n. m.). Qui bloque la multiplication bactérienne. *Antibiotique bactériostatique.* – N. m. *Un bactériostatique.* – De *bactérie,* et *-statique.*

bacula [bakyla] n. m. CONSTR Lattis de bois que l'on cloue au-dessous des solives et que l'on recouvre d'un enduit de plâtre qui constitue le plafond. – Lat. *baculum,* «bâton».

badaud, aude [bado, od] n. et adj. Flâneur dont la curiosité est éveillée par le moindre spectacle de la rue. ▷ Adj. *Une allure badaude.* – Provenç. *badau,* de *badar,* «béer».

badauder [badode] v. intr. [1] Flâner en curieux. – De *badaud.*

badauderie [badodʀi] n. f. Fait de badauder; comportement du badaud. – De *badaud.*

baderne [badɛʀn] n. f. Fam. *Baderne, vieille baderne:* homme âgé et tatillon, aux idées rétrogrades. – De l'ital. ou de l'esp. *baderna,* «vieux cordage».

badge [badʒ] n. m. ou f. **1.** Insigne scout. **2.** Insigne voyant porté sur un vêtement à des fins publicitaires ou pour indiquer son appartenance à un groupe. ▷ TECH Dosimètre porté par le personnel d'une installation nucléaire. – Mot angl., «insigne».

badiane [badjan] n. f. BOT Plante dicotylédone, arbuste (*Ilicium verum,* fam. magnoliacées) dont le fruit, *l'anis étoilé,* aromatique, sert à fabriquer l'anisette. – Persan *badian,* «anis».

badigeon [badiʒɔ̃] n. m. **1.** Peinture grossière dont on enduit les murs ou les plafonds. **2.** MED Liquide médicamenteux (désinfectant, analgésique, etc.) dont on enduit une partie malade. – Orig. incon.

badigeonnage [badiʒɔnaʒ] n. m. Action de badigeonner; son résultat. – De *badigeonner.*

badigeonner [badiʒɔne] v. tr. [1] **1.** Peindre avec un badigeon. **2.** MED Enduire d'un liquide médicamenteux. *Badigeonner une écorchure de mercurochrome.* – De *badigeon.*

badigeonneur, euse [badiʒɔnœʀ, øz] n. Fam., péjor. Peintre sans talent. – De *badigeonner.*

badigoinces [badigwɛ̃s] n. f. pl. Pop. Lèvres, babines. – Orig. incert.

1. badin, ine [badɛ̃, in] adj. Enjoué, plaisant. *Un esprit badin. La conversation prend un tour badin.* – Du provenç. *badau,* «niais».

2. badin [badɛ̃] n. m. AVIAT Vx Anémomètre. – De *Badin,* nom de l'inventeur.

badinage [badinaʒ] n. m. Action de badiner, de plaisanter. *Un badinage amoureux.* – De *badiner.*

badine [badin] n. f. Baguette mince et souple. – Déverbal de *badiner.*

badiner [badine] v. intr. [1] Plaisanter, parler de manière enjouée. *Il ne badine pas avec...:* il prend au sérieux, attache de l'importance à... – De *badin* 1.

badinerie [badinʀi] n. f. Ce qu'on dit, ce qu'on fait en badinant. – De *badiner.*

badminton [badmintɔn] n. m. Jeu apparenté au tennis, qui se joue avec des raquettes et un volant. – Mot angl.

baffe [baf] n. f. Pop. Gifle. – Orig. incert.

bafouer [bafwe] v. tr. [1] Traiter avec mépris, d'une manière outrageante; ridiculiser. Syn. outrager. – Du provenç. *bafar,* «se moquer».

bafouillage [bafujaʒ] n. m. Action de bafouiller; propos confus, incohérents. *Un bafouillage incompréhensible.* – De *bafouiller.*

bafouille [bafuj] n. f. Arg. Lettre. *Envoyer une longue bafouille.* – Déverbal de *bafouiller.*

bafouiller [bafuje] v. intr. [1] S'exprimer d'une manière embarrassée et incohérente. ▷ V. tr. *Bafouiller des excuses, des promesses.* – Origine incertaine.

bafouilleur, euse [bafujœʀ, øz] n. Personne qui s'exprime en bafouillant. – De *bafouiller.*

bâfrer [bafʀe] v. intr. [1] Pop., péjor. Manger avec avidité et avec excès. – De l'onomat. *baf.*

bâfreur, euse [bafʀœʀ, øz] n. Pop. Personne goulue, gloutonne. – De *bâfrer.*

bagad [bagad] n. m. Formation musicale traditionnelle bretonne. – Mot breton.

bagage [bagaʒ] n. m. **1.** Plur. Objets que l'on transporte avec soi en déplacement. *Avoir beaucoup de bagages. L'enregistrement des bagages.* ▷ *Partir, quitter un endroit avec armes et bagages,* en emportant tout ce qui peut être emporté. ▷ Sing. Ensemble des objets que l'on emporte en déplacement. *Tout son bagage tenait dans une seule valise.* ▷ *Plier bagage:* partir. **2.** Fig. Ensemble des connaissances acquises. *Il a un sérieux bagage scientifique.* – De l'a. fr. *bagues,* peut-être de l'angl. *bag,* «paquet».

bagagiste [bagaʒist] n. Préposé aux bagages dans un hôtel, une gare, un aéroport, etc. – De *bagage.*

bagarre [bagaʀ] n. f. Fam. Rixe. *Une bagarre de rue.* ▷ *Par ext.* Fam. Conflit. *Une bagarre syndicale.* – Provenç. *bagarro.*

bagarrer [bagaʀe] [11] **1.** v. pron. Fam. *Se bagarrer:* se battre. *Gamins qui se bagarrent.* **2.** v. intr. Fam. et Vieilli Lutter. *Il a bagarré dur pour l'avoir.* – De *bagarre.*

bagarreur, euse [bagaʀœʀ, øz] adj. (et n.). Fam. Qui aime se bagarrer. – De *bagarrer.*

bagasse [bagas] n. f. Résidu végétal (tige de canne à sucre, de l'indigo, marc de raisin ou d'olive, etc.) dont on extrait divers produits. – Esp. *bagazo,* «marc».

bagatelle [bagatɛl] n. f. **1.** Objet de peu de prix, sans utilité. *Offrir une bagatelle.* Syn. babiole, bricole. ▷ *Acheter un objet pour une bagatelle,* pour une somme d'argent très peu élevée. – Par antiphrase: *Cela m'a coûté la bagatelle de...* **2.** Mets composé de biscuits ou de restes séchés de gâteaux, de confitures et de blanc-manger. **3.** Fig. Chose futile et sans importance. *S'occuper à des bagatelles. Se disputer pour une bagatelle.* **4.** Fam. L'amour, le plaisir physique. *Ne songer qu'à la bagatelle.* – Ital. *bagatella,* «tour de bateleur».

bagel [bagɛl] n. m. Petit pain en forme de beigne, à la mie très ferme. – Du yiddish *beygel,* par l'amér.

bagnard [baɲaʀ] n. m. Forçat. – De *bagne.*

bagne [baɲ] n. m. Lieu où étaient détenus les condamnés aux travaux forcés. ▷ Fig. Endroit où l'on est maltraité, tenu en servitude. – Ital. *bagno,* «bain», n. donné à une prison de Constantinople créée dans un établissement de bains.

bagnole [baɲɔl] n. f. **1.** Pop. Mauvaise voiture. **2.** Fam. Automobile. *Quelle belle bagnole tu as!* – De *banne,* «tombereau».

bagosse [bagɔs] n.f. Fam. Alcool de fabrication clandestine. – Probabl. de l'esp. *bagazo,* «marc», cp. *bagasse.*

bagou ou **bagout** [bagu] n. m. Fam. Grande facilité à se servir de la parole pour amuser, faire illusion, duper. – De l'anc. v. *bagouler,* «parler à tort et à travers».

baguage [bagaʒ] n. m. **1.** ZOOL Action de baguer la patte d'un oiseau, d'un chiroptère, pour pouvoir l'identifier, notam. après une migration. **2.** ARBOR Incision circulaire sur une tige pour arrêter la descente de la sève. – De *baguer.*

bague [bag] n. f. **1.** Anneau, généralement orné d'une pierre, que l'on porte au doigt. *Une bague de fiançailles.* ▷ Par anal. Anneau que l'on met à la patte de certains animaux pour les reconnaître. **2.** Objet ayant la forme d'un anneau. ▷ ARCHI Moulure de colonne en forme d'anneau. ▷ ELECTR Anneau conducteur en laiton ou en bronze fixé sur l'arbre d'une machine. ▷ TECH Pièce creuse à paroi cylindrique. ▷ AUDIOV Anneau qui sert à fixer un objectif ou un filtre sur un appareil photo, une caméra. – Du néerl. *bagge,* «anneau».

baguenaude [bagnod] n. f. **1.** BOT Fruit du baguenaudier, ayant la forme d'une vessie quadrangulaire. **2.** Pop. Promenade, flânerie. – Du languedocien *baganaudo.*

baguenauder [bagnode] v. intr. [1] Pop. Flâner. *Baguenauder sur les quais.* ▷ V. pron. *Se baguenauder.* Syn. balader (se). – De *baguenaude.*

baguenaudier [bagnodje] n. m. Arbrisseau à feuillage décoratif et belles fleurs jaunes (genre *Colutea,* fam. papilionacées). – De *baguenaude.*

1. baguer [bage] v. tr. [1] **1.** Garnir d'une bague, de bagues. **2.** ARBOR Faire un baguage à. – De *bague.*

2. baguer [bage] v. tr. [1] COUT Faufiler (deux épaisseurs de tissu, les plis d'un vêtement plissé). – De l'a. fr. *baguer,* «attacher».

baguette [bagɛt] n. f. **1.** Bâton mince et flexible. – Fig. *Commander à la baguette,* d'une manière impérieuse et brutale. ▷ *Baguettes de tambour:* petits bâtons avec lesquels on bat du tambour. ▷ *Baguette de chef d'orchestre,* pour diriger les musiciens. ▷ *Baguette magique:* attribut des magiciens et des fées, utilisé pour les enchantements. **2.** Pain de forme allongée. **3.** ARCHI Petite moulure ronde, unie ou ornée. **4.** TECH Moulure de menuiserie. ▷ *Baguette de soudure:* tige utilisée comme métal d'apport pour le soudage. – Lat. *baculum,* par l'ital. *bacchetta.*

baguier [bagje] n. m. **1.** Meuble, coffret où l'on met des bagues. **2.** Collection d'anneaux utilisés par les bijoutiers pour mesurer la dimension d'un doigt. – De *bague.*

bah! [bɑ] interj. Marque l'indifférence, le dédain, l'insouciance. *Bah! on verra bien.*

bahut [bay] n. m. Coffre à couvercle bombé. ▷ *Par ext.* Meuble massif servant au rangement. – Orig. incon.

bai, baie [bɛ] adj. Rouge-brun, en parlant de la robe d'un cheval (avec la queue et la crinière noires). *Une jument baie.* – Lat. *badius,* «brun».

1. baie [bɛ] n. f. BOT Fruit indéhiscent, entièrement charnu, à l'exception des graines (pépins) et de l'épicarpe (la «peau» du fruit). – Lat. *baca.*

2. baie [bɛ] n. f. **1.** Partie rentrante d'une côte occupée par la mer. **2.** Golfe. *La baie d'Hudson.* – Bas lat. *baia,* «petit port».

3. baie [bɛ] n. f. **1.** Large ouverture pratiquée dans un mur, servant de porte ou de fenêtre. *Une large baie donnant sur la mer.* **2.** ELECTRON Châssis métallique qui reçoit des appareillages. – De l'a. fr. *baer,* «béer».

baieriverain, aine [beʀivʀɛ̃, ɛn] adj. De la ville de La Baie au Saguenay. *Les installations portuaires* *baieriveraines.* ▷ Subst. Habitant de La Baie. *Un(e) Baieriverain(e).* – De *Baie,* et *riverain,* «personne qui habite le long d'un cours d'eau».

ENCYCL L'élément *riverain* rappelle la position géographique de la ville située sur le bord de la rivière Saguenay et permet de contourner harmonieusement les difficultés soulevées par la dérivation d'un nom de lieu à finale vocalique. Ce procédé est mis à contribution dans la formation de gentilés comme *Roserain* (Sainte-Rose-du-Nord, Saguenay), *Mariverain* (Sainte-Marie, Beauce).

baignade [bɛɲad] n. f. Action de prendre un bain dans la mer, une rivière, un lac, pour le plaisir. *Rivière interdite à la baignade.* ▷ *Par ext.* Lieu où l'on prend ce bain. – De *baigner.*

baigner [beɲe] **I.** v. tr. [1] **1.** Mettre dans l'eau, dans un liquide. *Baigner ses pieds.* ▷ Faire prendre un bain à, laver. *Baigner un enfant.* **2.** Fig. Toucher (mer, fleuves). *L'océan Pacifique baigne la Colombie-Britannique.* **3.** *Par ext.* Mouiller, arroser. *Les pleurs baignaient son visage.* **II.** v. intr. **1.** Être entièrement plongé dans un liquide. *Herbes qui baignent dans le vinaigre.* **2.** Fig. Être entouré, imprégné. *La rue baignait dans la lumière du petit jour.* **III.** v. pron. Prendre un bain. *Se baigner dans la mer, dans une baignoire.* – Bas lat. *balneare.*

baigneur, euse [bɛɲœʀ, øz] n. Personne qui se baigne. *La plage est envahie par les baigneurs.* ▷ BX-A Représentation picturale d'une personne qui se baigne. *Les grandes baigneuses de Cézanne.* ▷ N. m. Poupon en celluloïd qui sert de jouet. – De *baigner.*

baignoire [bɛɲwaʀ] n. f. **1.** Grande cuve servant à prendre des bains. *Faire déborder la baignoire. Baignoire encastrée.* **2.** *Par ext.* Loge de théâtre, au rez-de-chaussée. **3.** MAR Partie supérieure du kiosque d'un sous-marin. – De *baigner.*

bail, baux [baj, bo] n. m. **1.** DR Contrat par lequel une personne, propriétaire d'un bien, meuble ou immeuble, en cède la jouissance à une autre personne, moyennant un prix convenu, et pour une durée déterminée. *Extinction, reconduction d'un bail. Un bail peut être écrit ou verbal. Bail d'un logement, d'une automobile.* ▷ *Bail emphytéotique:* bail d'une durée de 9 à 99 ans. **2.** Fig., pop. *Un bail:* un long espace de temps. *Ça fait un bail qu'il est parti.* – Déverbal de *bailler,* «donner».

baille [baj] n. f. **1.** MAR Baquet. ▷ Fig. Mauvaise embarcation. **2.** Arg. La mer; l'eau. – Ital. *baglia,* du lat. **bajula,* «porteur d'eau».

bâillement [bajmɑ̃] n. m. Action de bâiller. *Un bâillement intempestif.* – De *bâiller.*

bailler [baje] v. tr. [1] Vx Donner. ▷ Loc. Mod. *Vous me la baillez belle:* vous voulez m'en faire accroire. – Lat. *bajulare,* «porter».

bâiller [bɑje] v. intr. [1] **1.** Faire, en ouvrant largement la bouche, une inspiration profonde suivie d'une expiration prolongée. *Bâiller de fatigue, d'ennui.* **2.** Fig. Être entrouvert, mal joint. *Porte qui bâille.* – Bas lat. *bataculare,* de *batare,* «avoir la bouche ouverte».

bailleur, bailleresse [bajœʀ, bajʀɛs] n. **1.** DR Personne qui cède (un bien) à bail (par oppos. au *preneur,* qui prend à bail). **2.** COMM *Bailleur de fonds,* celui qui fournit les capitaux à une entreprise. – De *bailler.*

bailli [baji] n. m. HIST Officier remplissant des fonctions judiciaires, militaires et financières au nom du roi de France. – De l'a. fr. *baillir,* «administrer», du lat. *bajulus.*

bailliage [bajaʒ] n. m. HIST **1.** Partie du territoire soumise à l'autorité du bailli. **2.** Tribunal qui rendait la justice en son nom. ▷ *Par ext.* Lieu où siégeait ce tribunal. – De *bailli.*

bâillon [bɑjɔ̃] n. m. Étoffe qu'on met dans ou devant la bouche de qqn pour l'empêcher de crier. ▷ Fig. Entrave à l'expression de la pensée, des sentiments. *Mettre un bâillon à la presse.* ▷ *Imposer le bâillon au Parlement:* faire adopter la clôture des débats. – De *bâiller.*

bâillonnement [bɑjɔnmɑ̃] n. m. **1.** Action de bâillonner. **2.** État de celui, de ce qui est bâillonné. – De *bâillonner.*

bâillonner [bɑjɔne] v. tr. [1] Mettre un bâillon à. ▷ Fig. Forcer au silence. *Bâillonner les journaux.* – De *bâillon.*

bain [bɛ̃] n. m. **I. 1.** Immersion plus ou moins prolongée du corps ou d'une partie du corps dans l'eau, dans un liquide. *Prendre un bain de mer. Un bain de pieds, de siège.* – Aussi: *bain de sable, de boue, de cendres.* ▷ *Bain de soleil:* exposition à l'action des rayons du soleil, pour faire hâler la peau. ▷ Fig. *Être dans le bain:* être impliqué, mêlé à une affaire. ▷ *Se mettre dans le bain:* aborder délibérément une tâche nouvelle et s'y accoutumer. **2.** L'eau, le liquide dans lequel on se baigne. *Préparer un bain. Un bain de lait.* **3.** Baignoire. *Remplir le bain.* ▷ *Bain tourbillon,* où le mouvement de l'eau pulsée agit comme un massage du corps. **4.** Plur. Établissement public où l'on peut prendre des bains. ▷ Station thermale. *Les bains d'Évian.* **II. 1.** TECH Solution, liquide dans lequel on plonge un objet. *Bains révélateurs, fixateurs des photographes. Bain d'électrolyse pour la métallisation d'une pièce.* **2.** *Bain de bouche:* solution antiseptique avec laquelle on se nettoie la bouche. – Lat. *balneum.*

bain-marie [bɛ̃maʀi] n. m. Eau bouillante dans laquelle on plonge un récipient contenant des substances à faire chauffer ou cuire lentement, sans contact direct avec le feu. *Réchauffer une sauce au bain-marie.* ▷ *Par ext.* Récipient contenant ce bain. – De *bain,* et prénom *Marie,* de *Marie-la-Juive,* alchimiste légendaire.

baïonnette [bajɔnɛt] n. f. **1.** Arme métallique pointue qui s'adapte au canon d'un fusil. *Charger à la baïonnette.* **2.** TECH *Joint à baïonnettes,* dont le mode de fixation rappelle celui de la baïonnette. – En appos. *Douille baïonnette.* – De *Bayonne,* où cette arme fut d'abord fabriquée.

baïram [bajʀam] n. m. Chacune des deux fêtes qui suivent le ramadam chez les musulmans. – Mot turc.

baisemain [bɛzmɛ̃] n. m. **1.** HIST Hommage que le vassal rendait à son suzerain en lui baisant la main. **2.** Geste de politesse consistant à saluer une dame en lui baisant la main. – De *baiser,* et *main.*

baisement [bɛzmɑ̃] n. m. RELIG Action de baiser en signe d'humilité et de vénération. – De *baiser.*

1. baiser [beze] v. tr. [1] **1.** Poser les lèvres sur. *Baiser le front.* – Par ext. *Baiser quelqu'un sur la joue, sur les lèvres.* Syn. embrasser. **2.** Vulg. Avoir des relations sexuelles (avec). ▷ Fig. *Baiser quelqu'un,* le tromper. Syn. posséder. – Lat. *basiare.*

2. baiser [beze] n. m. Action de baiser (au sens 1). *Dérober un baiser. Échanger des baisers.* – *Baiser de paix,* qui scelle une réconciliation. – *Baiser de Judas:* baiser d'un traître. – Du v. *baiser.*

baisoter [bezɔte] v. tr. [1] Fam. Donner de nombreux petits baisers à. – De *baiser.*

baisse [bɛs] n. f. **1.** Abaissement du niveau. *La rivière est en baisse.* ▷ Diminution. *Baisse de la température.* **2.** Diminution du prix, de la valeur. *Les fruits sont en baisse. Grande baisse sur les fromages.* – *Spécial.* Recul du prix des valeurs en Bourse. *Jouer à la baisse.* – Déverbal de *baisser.*

baissé, ée [bese] adj. Qui a été baissé, descendu. *Rideaux baissés. Il marchait les yeux baissés,* dirigés vers le bas. – Pp. de *baisser.*

baisser [bese] **I.** v. tr. [1] **1.** Mettre plus bas, diminuer la hauteur de; faire aller plus bas. *Baisser un store.* ▷ *Baisser les yeux:* regarder vers le bas. ▷ *Baisser le ton* (d'un morceau de musique): diminuer la hauteur des sons. – *Baisser un poste de radio,* le faire marcher moins fort. ▷ Fig. *Baisser le ton:* parler avec moins d'assurance, d'insolence. *Baisser le nez:* être confus. *Baisser les bras:* s'avouer vaincu. **2.** MAR *Baisser pavillon:* amener son pavillon pour montrer qu'on se rend à l'ennemi. – Fig. Capituler, s'avouer vaincu. **II.** v. intr. **1.** Aller en diminuant de hauteur. *La mer baisse.* **2.** Aller en diminuant d'intensité. *La lumière baisse. Sa vue baisse,* est de moins en moins bonne. ▷ Fig. Perdre ses forces. *Ce vieillard baisse de jour en jour.* **3.** Diminuer de prix, de valeur. *Les légumes baissent.* **III.** v. pron. Se courber. *Se baisser pour passer sous une voûte.* – Lat. pop. **bassiare.*

baissier [bɛsje] n. m. Spéculateur qui joue à la baisse en Bourse. – De *baisser.*

baissière [bɛsjɛʀ] n. f. **1.** Reste du vin, du cidre, de la bière, qui approche de la lie. **2.** Creux où séjourne l'eau de pluie dans une terre labourée. – De *baisser.*

bajocien, ienne [baʒɔsjɛ̃, jɛn] adj. (et n. m.). GEOL Se dit de l'étage inférieur du Jurassique moyen, où domine l'oolithe. – Du nom lat. de *Bayeux.*

bajoue [baʒu] n. f. Joue, chez les animaux. ▷ Fam. Joue pendante, chez l'homme. – De *bas,* et *joue.*

bajoyer [baʒwaje] n. m. TECH Chacun des massifs de maçonnerie qui constituent les parois latérales d'une écluse. – De *bajoue.*

bakchich [bakʃiʃ] n. m. Fam. Pourboire ou pot-de-vin. – Mot persan.

bakélite [bakelit] n. f. Matière plastique obtenue par traitement du formol par le phénol (nom déposé). – De *Baekeland,* n. de l'inventeur.

baklava [baklava] n. m. Gâteau feuilleté très sucré fourré aux amandes, aux pistaches. – Mot turc.

bal [bal] n. m. **1.** Réunion consacrée à la danse. *Donner un bal. Ouvrir le bal:* être le premier, la première à danser. *Bal masqué,* où l'on va avec un masque. *Bal costumé,* comportant un travestissement. **2.** Local où se donnent des bals publics. *Aller au bal chaque samedi. Bal musette* (France): bal populaire. – A. fr. *baller,* «danser».

balade [balad] n. f. Fam. Promenade, flânerie; excursion. *Faire une belle balade. – De balader.*

balader [balade] **1.** v. tr. [1] Fam. Promener. *Balader sa famille.* **2.** v. pron. *Se balader.* – Arg. «flâner».

baladeur, euse [baladœʀ, øz] n. et adj. **I.** n. **1.** Fam. Personne qui se balade, qui aime à se balader. **2.** n. m. Terme recommandé par l'Office de la langue fr. en remplacement de *walkman.* **3.** n. f. Lampe électrique munie d'un long fil souple qui permet de la déplacer. **II.** adj. AUTO *Train baladeur:* organe d'une boîte de vitesses qui permet d'obtenir plusieurs rapports par déplacement des pignons. – De *balader.*

baladin [baladɛ̃] n. m. **1.** Vx Danseur de théâtre. **2.** Vieilli Comédien ambulant, saltimbanque. – Mot provenç., de *balar,* «danser».

balafon [balafɔ̃] n. m. Xylophone de l'Afrique occidentale. – Du guinéen *balafo,* «jouer du bala» (nom de l'instrument).

balafre [balafʀ] n. f. Longue entaille faite au visage; cicatrice qu'elle laisse. – De l'a. fr. *leffre,* «lèvre».

balafré, ée [balafʀe] adj. Marqué d'une balafre. – Pp. de *balafrer.*

balafrer [balafʀe] v. tr. [1] Blesser en faisant une balafre. *Il le balafra d'un coup de sabre.* – De *balafre.*

balai [balɛ] n. m. **1.** Ustensile de ménage destiné au nettoyage du sol, composé d'une brosse ou d'un faisceau de tiges (végétales ou de matière plastique) et d'un manche. *Balai de crin. – Manche à balai:* le bâton par lequel on tient le balai. Fig. Personne maigre. ▷ Fam. *Con comme un balai:* complètement con. ▷ Fig. *Voiture balai:* véhicule qui recueille les coureurs cyclistes qui ont abandonné. ▷ (France) Dernier train (métro), dernière voiture (autobus) de la journée. **2.** ELECTR Organe qui, par frottement, transmet ou recueille le courant électrique sur la partie tournante d'une machine. **3.** CHASSE Extrémité de la queue des chiens ou des oiseaux de fauconnerie. – Mot breton, «genêt».

balai-brosse [balɛbʀɔs] n. m. Brosse à frotter le sol montée sur un manche à balai. *Des balais-brosses.* – De *balai,* et *brosse.*

balais [balɛ] adj. m. *Rubis balais:* rubis d'un rouge violacé ou d'un rose intense. – De l'ar. *balakhtch,* par le lat. médiév. *balascius.*

balaise. V. balèze.

balalaïka [balalaika] n. f. Petit luth à caisse triangulaire, à trois cordes, employé dans la musique russe. – Mot russe.

balance [balɑ̃s] n. f. **1.** Instrument qui sert à peser. *Une balance juste. Faire pencher une balance. Balance de précision.* ▷ AERON *Balance aérodynamique:* dispositif pour mesurer les efforts auxquels est soumise une maquette dans une soufflerie. **2.** Équilibre. *La balance des forces, des pouvoirs.* Loc. fig. *Mettre en balance:* comparer. *Rester en balance,* dans l'indécision. *Faire entrer en balance,* en ligne de compte. *Faire pencher la balance du côté de...:* faire prévaloir... *Jeter dans la balance:* apporter (un élément nouveau) pour obtenir un résultat. **3.** *La Balance:* la constellation zodiacale que le Soleil parcourt du 23/24 septembre au 23/24 octobre. **4.** Filet rond et creux qui sert à pêcher les petits crustacés. **5.** ECON *Balance des comptes:* confrontation comptable des échanges commerciaux d'un pays avec l'étranger. *Balance commerciale,* qui concerne les biens exportés ou importés. *Balance des paiements,* qui concerne les mouvements de capitaux. **6.** FIN En comptabilité, document dans lequel figure la liste de tous les comptes avec leur solde respectif. *Balance de vérification. Balance des fournisseurs, des clients.* – Lat. pop. **bilancia,* de *bis,* «deux fois», et *lanx, lancis,* «plateau».

balancé, ée [balɑ̃se] adj. Fam. *Bien balancé,* bien bâti. – Pp. de *balancer.*

balancelle [balɑ̃sɛl] n. f. **1.** Banc de jardin sur lequel on peut se balancer. **2.** MAR Embarcation pointue aux deux extrémités, à un seul mât. – Génois *balanzella.*

balancement [balɑ̃smɑ̃] n. m. **1.** Mouvement d'oscillation d'un corps qui s'incline alternativement d'un côté et de l'autre. **2.** Fig. Disposition équilibrée des parties (d'une période, d'un tableau, etc.). – De *balancer.*

balancer [balɑ̃se] **I.** v. tr. [1] **1.** Mouvoir, agiter par balancement. *Balancer les bras.* **2.** Fig. Faire un examen comparatif de. *Balancer le pour et le contre.* ▷ Spécial. *Balancer un compte:* réaliser l'équilibre entre débits et crédits. **3.** Compenser. *Son gain balance ses pertes.* ▷ ARCHI *Balancer un escalier:* réaliser un bon équilibre entre le nombre de marches, leur hauteur, leur largeur et leur position. **4.** Pop. Lancer (qqch). **5.** Par ext., pop. Jeter (qqch); renvoyer (qqn). **II.** v. intr. Être en suspens, hésiter. *Balancer entre l'espoir et la crainte.* **III.** v. pron. **1.** S'incliner alternativement d'un côté et de l'autre. *Fleurs qui se balancent au gré du vent.* – Fig., litt. S'équilibrer, se compenser. *Ici, le bien et le mal se balancent.* **2.** Utiliser une balançoire. **3.** Pop. *S'en balancer:* s'en moquer. – De *balance.*

balancier [balɑ̃sje] n. m. **1.** Pièce oscillante qui sert à régler le mouvement d'une horloge ou d'une montre. **2.** Longue perche utilisée par les funambules pour se maintenir en équilibre. **3.** Flotteur placé sur le côté d'une embarcation pour en assurer la stabilité. *Pirogue à balancier.* **4.** Machine utilisée autref. pour la frappe des monnaies et des médailles. **5.** ENTOM Organe propre aux diptères, qui sert à diriger et à régulariser leur vol. – De *balancer.*

balancine [balɑ̃sin] n. f. MAR Cordage qui soutient l'extrémité d'un espar et lui donne son inclinaison. *Balancine de tangon, de bôme.* – De *balancer.*

balançoire [balɑ̃swaʀ] n. f. Longue pièce (de bois, de métal, etc.), posée en équilibre sur un point d'appui et sur laquelle se balancent deux personnes, placées aux deux bouts. ▷ Siège suspendu au bout de deux cordes et sur lequel on se balance. *Pousser une balançoire.* Syn. escarpolette. – De *balancer.*

balane [balan] n. f. Crustacé cirripède très commun *(Balanus),* qui vit fixé sur un support dur (rochers, navires, moules, etc.), dans une carapace pyramidale qu'il sécrète, composée de plusieurs plaques calcaires mobiles. – Gr. *balanos,* «gland».

balanite [balanit] n. f. MED Inflammation de la muqueuse du gland. – Du gr. *balanos,* «gland», et *-ite* 1.

balanoglosse [balanoglɔs] n. m. ZOOL Ver des plages, unique représentant de la classe des entéropneustes. – Du gr. *balanos,* «gland», et *-glosse.*

balata [balata] n. m. Arbre dicotylédone (*Mimusops balata,* fam. saponacées), produisant un latex. ▷ Ce latex, utilisé pour la fabrication de matériaux isolants. – Orig. incert.

balayage [balɛjaʒ] n. m. Action de balayer. ▷ ELECTRON Déplacement horizontal ou vertical du faisceau électronique sur la surface d'un écran de télévision. ▷ INFORM Exploration des informations se trouvant sur un support. – De *balayer.*

balayer [baleje] v. tr. [24] **1.** Nettoyer avec un balai; enlever avec un balai. *Balayer une chambre. Balayer la poussière.* ▷ Fig. *Le vent a balayé le ciel, a balayé les nuages,* les a chassés. – *Balayer une objection,* l'écarter. **2.** Par anal. *Faisceau lumineux d'un projecteur qui balaie le ciel nocturne.* – De *balai.*

balayette [balejɛt] n. f. Petit balai à manche court. – De *balai.*

balayeur, euse [balɛjœʀ, øz] n. **1.** Personne qui balaie. – *Spécial.* Ouvrier chargé de balayer la voie publique. **2.** n. f. Véhicule automobile destiné au nettoiement de la voie publique. **3.** n. f. Appareil servant à dépoussiérer. (Syn. aspirateur). – De *balayer.*

balayures [balɛjyʀ] n. f. pl. Ce qu'on enlève avec un balai. – De *balayer.*

balbutiant, ante [balbysjɑ̃, ɑ̃t] adj. Qui balbutie. *Voix balbutiante.* – Pp. de *balbutier.*

balbutiement [balbysimɑ̃] n. m. Action de balbutier; paroles balbutiées. *Les premiers balbutiements d'un enfant.* – De *balbutier.*

balbutier [balbysje] **1.** v. intr. [1] Articuler avec difficulté ou avec hésitation les mots, bredouiller. **2.** v. tr. *Balbutier des excuses.* – Lat. *balbutire,* de *balbus,* «bègue».

balbuzard [balbyzaʀ] n. m. ZOOL Oiseau de proie diurne (*Pandion haliaetus,* falconiforme, balbuzard fluviatile), piscivore, d'environ 60 cm d'envergure. – Angl. *bald buzzard,* «busard chauve».

balcon [balkõ] n. m. **1.** Terrasse entourée d'une balustrade, suspendue en encorbellement sur la façade d'un édifice, et accessible par une ou plusieurs baies. ▷ Balustrade d'un balcon. *Être accoudé au balcon.* **2.** Galerie (d'abord circulaire) d'une salle de spectacle. *Fauteuil de balcon.* – Ital. *balcone.*

baldaquin [baldakɛ̃] n. m. **1.** Dais posé ou suspendu au-dessus d'un trône, d'un lit, etc. **2.** Ouvrage d'architecture qui, soutenu par des colonnes, surmonte l'autel dans une église. *Le baldaquin de Saint-Pierre-de-Rome.* – Ital. *baldacchino,* «étoffe de soie de Bagdad».

baleine [balɛn] n. f. **I. 1.** Mammifère marin mysticète (muni de fanons; genres *Balaena, Eubalaena* et *Neabalaena)* comptant parmi les plus gros animaux (14 à 24 m de longueur). (Les baleines sont auj. très rares, victimes de la chasse incontrôlée qui leur est faite pour leur viande, leur graisse, leurs os, leurs fanons, etc. Les derniers représentants se trouvent dans les mers polaires, où l'on tente de les protéger.) **2.** Nom donné à des cétacés mysticètes proches des baleines (mégaptères, balénoptères). *Blanc de baleine:* partie solide de l'huile que l'on extrait notam. des sinus du cachalot et qui entre dans la fabrication de certains cosmétiques. ▷ Loc. fam. *Rire comme une baleine,* en ouvrant toute grande la bouche. **II.** Fragment flexible et résistant d'un fanon de baleine, employé autref. à divers usages (auj., lame de métal, de matière plastique). *Baleines d'un parapluie.* – Lat. *balaena.*

baleiné, ée [balɛne] adj. Garni de baleines (sens II). *Corset baleiné.* – De *baleine.*

baleineau [balɛno] n. m. Petit de la baleine. – Dimin. de *baleine.*

baleinier, ière [balɛnje, jɛʀ] adj. Relatif aux baleines, à leur chasse. ▷ N. m. Navire équipé et armé spécialement pour la chasse à la baleine. – De *baleine,* sens I.

baleinière [balɛnjɛʀ] n. f. **1.** Petit canot à bord de tous les bâtiments de commerce et de guerre. **2.** Embarcation légère et pointue aux deux bouts, pour la pêche à la baleine. – De *baleine,* sens I.

balénoptère [balenɔptɛʀ] n. m. ZOOL Mammifère cétacé mysticète voisin des baleines, dont il se distingue par son aileron dorsal, ses fanons plus courts et les sillons longitudinaux de sa gorge. V. rorqual. *Le balénoptère bleu atteint 33 mètres et peut peser 120 tonnes.* – De *baleine,* et gr. *ptéron,* «aile, nageoire».

balèvre [balɛvʀ] n. f. **1.** ARCHI Saillie d'une pierre sur une autre, près d'un joint, dans un mur ou dans une voûte. **2.** CONSTR Excroissance en béton à l'emplacement des joints du coffrage. – De *ba(s),* lat. *bis,* «deux», et *lèvre.*

balèze ou **balaise** [balɛz] adj. et n. Pop. **1.** Personne à la carrure imposante. **2.** Fig. Très instruit dans un domaine particulier. – Subst. *C'est un(e) balèze en chimie.* – Du provençal *balès,* «(homme) grotesque».

balisage [balizaʒ] n. m. Action de baliser; ensemble des signaux et des marques qui servent à faciliter la navigation maritime ou aérienne. – De *baliser.*

1. balise [baliz] n. f. **1.** Marque très apparente destinée à faciliter la navigation maritime ou aérienne. *Balise signalant un obstacle, une épave.* ▷ Appareil émettant des signaux optiques ou radioélectriques pour guider les navires ou les avions. **2.** Signal qui matérialise le tracé d'une route. – Orig. incert.

2. balise [baliz] n. f. Fruit du balisier, dont la graine fournit un colorant pourpre. – De *balisier.*

baliser [balize] v. tr. [1] Munir de balises, marquer par des balises. *Baliser un terrain d'atterrissage.* – De *balise* 1.

baliseur [balizœʀ] n. m. MAR Navire spécialement aménagé pour la mise en place et l'entretien des balises. – De *baliser.*

balisier [balizje] n. m. Monocotylédone (*Canna indica,* fam. cannacées) originaire d'Amérique tropicale, à larges feuilles ornementales et à belles fleurs complexes jaunes ou rouges. Syn. canna. – De *balliri,* mot des Caraïbes.

1. baliste [balist] n. f. HIST Machine de guerre utilisée dans l'Antiquité et jusqu'au Moyen Âge, qui servait à lancer des boulets de pierre en utilisant la force motrice de câbles tordus et, plus tard, d'appareils à contrepoids. – Lat. *ballista,* du gr. *ballein,* «lancer».

2. baliste [balist] n. m. Poisson téléostéen des massifs coralliens des mers chaudes, aux brillantes couleurs, dont la chair est parfois vénéneuse. – De *baliste* 1, par allus. à la rapidité avec laquelle se relèvent les épines de la nageoire dorsale.

balistique [balistik] adj. et n. f. **1.** adj. Relatif au mouvement des projectiles. *Théorie, expériences balistiques.* ▷ AVIAT *Vol balistique d'un avion:* phase du vol au cours de laquelle les effets de la pesanteur sont annulés. ▷ *Engin, missile balistique,* fonctionnant sous l'effet de la gravitation seule. **2.** n. f. Science du mouvement des corps lancés dans l'espace, en partic. des projectiles lancés par les armes à feu. *Balistique externe,* qui étudie la trajectoire des projectiles. *Balistique interne,* qui étudie le mouvement des projectiles à l'intérieur de l'arme. – De *baliste.*

balivage [balivaʒ] n. m. Choix et marquage des baliveaux. – De *baliveau.*

baliveau [balivo] n. m. Jeune arbre réservé, lors de la coupe d'un taillis. – De l'a. fr. *baïf,* «celui qui regarde».

baliverne [balivɛʀn] n. f. Propos frivole; sornette. *Raconter des balivernes.* – Orig. incert.

balkanique [balkanik] adj. Des Balkans, péninsule du sud-est de l'Europe, qui s'étend sur la Bulgarie, la Yougoslavie, l'Albanie, la Grèce et la Turquie d'Europe. – Du n. *Balkans.*

balkanisation [balkanizɑsjɔ̃] n. f. POLIT Action de balkaniser. – De *balkaniser.*

balkaniser [balkanize] v. tr. [1] POLIT Fragmenter une unité géopolitique en plusieurs États. – Du n. *Balkans.*

ballade [balad] n. f. **1.** Au Moyen Âge: chanson qui accompagnait certaines danses. **2.** Poème français de forme fixe, composé de trois strophes, terminées par un refrain, et clos par une strophe plus courte (envoi). *Les ballades de François Villon.* ▷ Poème de forme libre, comportant souvent un refrain, sur un sujet familier ou fantastique. *Goethe et Thomas Moore ont écrit des ballades.* **3.** MUS L'une des principales formes de la polyphonie franco-allemande des XIVe et XVe s. ▷ Pièce vocale ou instrumentale de forme libre, typique de la musique romantique. *Les ballades de Chopin.* – Provenç. *ballada,* de *ballar,* «danser».

ballant, ante [balɑ̃, ɑ̃t] adj. et n. m. **I.** adj. Qui se balance. *Les bras ballants, il avançait.* **II.** n. m. **1.** Mouvement de balancement. *Ballant d'un véhicule mal chargé.* **2.** Partie ballante d'un cordage. *Ballant d'une drisse.* – De l'anc. v. *baller,* «remuer», du bas. lat. *ballare,* «danser».

ballast [balast] n. m. **1.** MAR Anc. Lest de gravier assurant la stabilité d'une embarcation. – Mod. Réservoir de plongée. *Les ballasts d'un sous-marin.* **2.** Lit de pierres sur lequel reposent les traverses d'un chemin de fer. – Mot néerl.

ballastière [balastjɛʀ] n. f. Carrière d'où l'on extrait le ballast. – De *ballast.*

1. balle [bal] n. f. **1.** Petite sphère de matière élastique qui sert dans certains jeux. *Balle de tennis.* ▷ Loc. fig. *Saisir la balle au bond:* saisir prestement une occasion favorable. – *Renvoyer la balle:* répliquer avec vivacité. – *Se renvoyer la balle:* s'accuser réciproquement de quelque chose. – Fam. *À vous la balle:* c'est à vous de parler ou d'agir. ▷ Fig. *Enfant de la balle:* personne élevée dans le métier de ses parents et qui en connaît toutes les finesses (se dit surtout des artistes de théâtre et de cirque). **2.** Projectile métallique des armes à feu portatives. *Balle de fusil, de mitrailleuse. Balle explosive,* qui éclate à l'impact. *Balle traçante,* dont le sillage est rendu visible par une composition chimique. – Ital. *palla.*

2. balle [bal] n. f. **1.** Gros paquet de marchandises, souvent enveloppé et lié de cordes. *Une balle de coton.* **2.** Fig., pop. Figure, physionomie. *Il a une bonne balle.* **3.** Fam. (France) (toujours au plur.). Francs. *T'as pas cent balles ?* – Frq. **balla,* «boule».

3. balle [bal] n. f. Ensemble des pièces de l'infrutescence des graminées, enveloppe des grains, séparées de ces derniers au battage. – Gaul. **balu.*

ballerine [balʀin] n. f. **1.** Danseuse de profession qui fait partie d'un ballet. **2.** Chausson léger de danse, à bout renforcé. **3.** Chaussure légère de femme, sans talon. – Ital. *ballerina.*

ballet [balɛ] n. m. Danse exécutée par plusieurs personnes, qui comporte le plus souvent une part de pantomime, avec un accompagnement de musique et quelquefois de texte parlé. ▷ Musique qui accompagne cette danse. *Les ballets de Lulli, de Stravinski.* ▷ Troupe de danseurs et de danseuses. *Les Grands Ballets canadiens.* – Ital. *balletto,* de *ballo,* «bal».

1. ballon [balɔ̃] n. m. **1.** Grosse balle gonflée d'air dont on se sert pour jouer, pour pratiquer certains sports. *Ballon de soccer, de basket.* – *Ballon de football,* de forme ovale. **2.** Vessie gonflée d'un gaz plus léger que l'air, qui sert de jouet aux enfants. **3.** Aéronef constitué par une enveloppe contenant un gaz plus léger que l'air. – *Ballon captif,* qui reste relié au sol par un câble. ▷ *Ballon-sonde,* équipé d'appareils de mesure pour explorer la haute atmosphère. **4.** Vase de verre sphérique utilisé dans les laboratoires. **5.** *Verre ballon; ballon:* verre à boire de forme hémisphérique; son contenu. *Un ballon de beaujolais.* **6.** *Ballon d'oxygène:* vessie, bouteille remplie d'oxygène que l'on donne à respirer à un malade, à un blessé. – Ital. dial. *ballone,* de *palla,* «balle».

2. ballon [balɔ̃] n. m. Montagne au sommet arrondi, dans les Vosges, en France. *Ballon de Guebwiller.* – Calque de l'all. *belchen* confondu avec *bällchen,* dimin. de *ball,* «balle».

ballonné, ée [balɔne] adj. Gonflé, distendu. *Ventre ballonné.* – Pp. de *ballonner.*

ballonnement [balɔnmɑ̃] n. m. État du ventre ballonné. – De *ballonner.*

ballonner [balɔne] v. tr. [1] Gonfler comme un ballon; produire le ballonnement. – De *ballon* 1.

ballonnet [balɔnɛ] n. m. Petit ballon. – Dimin. de *ballon* 1.

ballot [balo] n. m. **1.** Petite balle, petit paquet de marchandises. **2.** Fig., fam. Niais, lourdaud. – De *balle* 2.

ballote [balɔt] n. f. Labiacée *(Ballota foetida)* à fleurs rases dégageant une odeur fétide, très commune sur les décombres, chemins, etc. – Lat. d'orig. gr. *ballota.*

ballotine ou **ballottine** [balɔtin] n. f. Petite pièce de viande désossée, roulée, ficelée pour la cuisson, et qui se mange froide. *Ballotine de volaille.* – P.-ê. de *ballotte,* «boulette».

ballottage [balɔtaʒ] n. m. **1.** Action de ballotter; son résultat. *Ballottage du chargement d'un camion.* **2.** POLIT Dans un système électoral majoritaire, situation d'un candidat arrivé en tête d'un scrutin, mais qui n'a pas obtenu le nombre de voix nécessaire pour être élu. *Candidat en ballottage. Scrutin de ballottage:* nouveau tour de scrutin rendu nécessaire par cette situation. – De *ballotter.*

ballottement [balɔtmɑ̃] n. m. Mouvement d'un corps qui ballotte. – De *balloter.*

ballotter [balɔte] **1.** v. intr. [1] Aller d'un côté et de l'autre comme une balle qu'on se renvoie; éprouver des secousses. *La barque ballotte dans les vagues.* **2.** v. tr. Agiter en secouant de côté et d'autre. *Les secousses du train ballottent les voyageurs.* – De l'a. fr. *ballotte,* «petite balle».

ballottine. V. ballotine.

balluchon ou **baluchon** [balyʃɔ̃] n. m. Fam. Petit paquet. – De *balle* 2.

balnéaire [balneɛʀ] adj. Qui concerne les bains de mer. *Saison, station balnéaire.* – Lat. *balnearius.*

balnéothérapie [balneoteʀapi] n. f. Cure médicale par les bains. – De *balnéaire,* et *-thérapie.*

1. balourd [baluʀ] n. m. MECA Défaut d'équilibrage d'une pièce tournant autour d'un axe. – De *balourd* 2.

2. balourd, ourde [baluʀ, uʀd] n. et adj. **1.** n. Personne sans finesse, sans délicatesse. **2.** adj. *Un air balourd.* – Ital. *balordo.*

balourdise [baluʀdiz] n. f. **1.** Chose faite ou dite niaisement, sans finesse. **2.** Comportement d'un balourd. – De *balourd* 2.

balsa [balza] n. m. Arbre (*Ochroma grandiflora,* fam. bombacacées) d'Amérique tropicale fournissant un bois très peu dense (0,15) mais résistant, utilisé comme isolant phonique, dans la réalisation de maquettes et en construction navale. – Mot esp.

balsamier [balzamje] n. m. Arbuste épineux des régions chaudes de l'Eurasie, dont de nombreuses espèces donnent des baumes. (*Commiphora opobalsamum* fournit le baume de La Mecque, base du saint chrême; *Commiphora molmol* produit la myrrhe.) – Du lat. *balsamum,* «baume».

balsamine [balzamin] n. f. Plante (genre *Impatiens*) à la tige translucide, aux fleurs zygomorphes brillamment colorées, dont les fruits, à maturité, éclatent et projettent leurs graines dès qu'on les touche. – Du lat. *balsamum,* «baume».

balsamique [balzamik] adj. **1.** Qui a la propriété, la vertu d'un baume. *Un air balsamique.* **2.** Qui contient un baume, agit comme un baume. *Un médicament balsamique.* ▷ Subst. *Un balsamique.* – Du lat. *balsamum,* «baume».

balte [balt] adj. et n. De la mer Baltique. – *Pays baltes:* les trois pays, auj. soviétiques, qui bordent la Baltique orient. (Estonie, Lettonie, Lituanie). ▷ Subst. *Les Baltes.* – De *Baltique.*

balthazar [baltazaʀ] n. m. Grosse bouteille de champagne égale à seize bouteilles ordinaires. – Du nom d'un roi de Babylone.

baluchon. V. balluchon.

balustrade [balystʀad] n. f. ARCHI Mur plein ou ajouré qui se termine à hauteur d'appui. *Les balustrades ont été inventées à la Renaissance.* ▷ *Par ext.* Clôture ajourée et à hauteur d'appui. – Ital. *balaustrata.*

balustre [balystʀ] n. m. **1.** Petit pilier renflé. **2.** TECH Compas pour tracer des cercles de très petit diamètre. – Ital. *balaustro.*

balzan [balzɑ̃] adj. m. Se dit d'un cheval noir ou bai qui a des balzanes. – Ital. *balzano,* du lat. pop. *balteanus,* «rayé».

balzane [balzan] n. f. Tache blanche circulaire audessus du sabot et au-dessous du genou d'un cheval. – Du préc.

bambin, ine [bɑ̃bɛ̃, in] n. Fam. Petit enfant (le fém. est rare). – Ital. *bambino.*

bambochade [bɑ̃bɔʃad] n. f. Tableau représentant une scène populaire ou grotesque. – Du surnom ital. *il Bamboccio,* «le Pantin», du peintre Pieter Van Laar, qui peignit beaucoup de scènes de ce genre.

bamboche [bɑ̃bɔʃ] n. f. Fam. Débauche, grosse gaieté. *Faire bamboche.* – De l'ital. *bamboccio,* «pantin».

bambocher [bɑ̃bɔʃe] v. intr. [1] Fam. S'amuser, ripailler. – De *bamboche.*

bambocheur, euse [bɑ̃bɔʃœʀ, øz] n. Fam. Personne qui aime bambocher. – De *bambocher.*

bambou [bɑ̃bu] n. m. **1.** Graminée (genre *Bambusa*) de grande taille (jusqu'à 40 m) des forêts tropicales, dont quelques espèces ont été acclimatées en Europe méridionale, et qui sert à faire des clôtures, des meubles légers, etc. *Les pousses de bambou et ses graines sont comestibles.* **2.** Canne, bâton fait avec cet arbuste. – Du malais *mambu,* par le portug.

bamboula [bɑ̃bula] n. f. *Faire la bamboula:* faire la fête, la noce. – Mot bantou.

1. ban [bɑ̃] n. m. **1.** HIST Dans le droit féodal: proclamation solennelle émanant d'une autorité. – *Spécial.* Mandement par lequel un seigneur convoquait ses vassaux, généralement pour aller à la guerre. – *Par ext.* L'ensemble des vassaux. ▷ Loc. fam. *Convoquer le ban et l'arrière-ban:* convoquer tout le monde. **2.** HIST Règlement seigneurial établissant des monopoles au profit du seigneur. *Ban de vendange, ban de moisson,* qui permettait au suzerain de vendre sa récolte avant ses vassaux. *Four à ban.* V. banal. **3.** *Battre le ban:* battre le tambour avant une proclamation, une annonce. – *Ouvrir et fermer le ban:* faire entendre une sonnerie de clairon, de trompette ou une batterie de tambour avant et après une cérémonie militaire. **4.** *Publication des bans:* publication officielle d'un projet de mariage par voie d'affiche apposée au lieu de la célébration pendant les jours qui précèdent la date prévue pour sa célébration, afin que ceux qui ont des oppositions les fassent connaître. *Afficher les bans.* – **5.** Vieilli Exil, bannissement. ▷ Loc. *Condamné en rupture de ban:* qui quitte le lieu à lui assigné pour résidence après l'expiration de sa peine. – Fig. *Être en rupture de ban:* avoir changé de métier, d'occupation. *Professeur, avocat en rupture de ban.* – Frq. **ban.*

2. ban [bɑ̃] n. m. HIST Chez les anciens Slaves du Sud: haut dignitaire, gouverneur d'une province. – Mot croate.

banal, ale, aux, ou **als** [banal, o] adj. et n. m. **1.** (Plur. en *-aux*). HIST Dont l'usage était imposé aux vassaux d'un seigneur moyennant une redevance. *Four banal. Des fours banaux.* **2.** (Plur. en *-als*). Commun, sans originalité. *Un incident assez banal. Des idées banales, des préjugés banals.* ▷ Subst. *Le banal manque souvent d'intérêt.* – De *ban* 1.

banalement [banalmɑ̃] adv. D'une manière banale, sans originalité. – De *banal.*

banalisation [banalizɑsjɔ̃] n. f. **1.** Action de banaliser. **2.** CH. de F Aménagement d'une voie ferrée (et notam. de sa signalisation) qui permet de faire circuler les trains indifféremment dans les deux sens sur cette voie. – De *banaliser.*

banalisé, ée [banalize] adj. Qui a été soumis à une banalisation. ▷ *Véhicule banalisé:* voiture de police qui ne possède aucune marque distinctive. – Pp. de *banaliser.*

banaliser [banalize] v. tr. [1] Rendre banal, dépouiller de son originalité. *Un uniforme banalise les silhouettes.* – De *banal.*

banalité [banalite] n. f. **1.** Dans le droit féodal: obligation faite aux vassaux d'utiliser le moulin, le four banal moyennant redevance. **2.** Caractère de ce qui est banal, commun. *Paysage d'une grande banalité.* **3.** Propos, idée banale. *Il m'a dit une ou deux banalités.* – De *banal.*

banane [banan] n. f. **1.** Fruit comestible du bananier, à pulpe très riche en amidon se transformant en sucres au cours de la maturation. **2.** Par anal. de forme. Fam. Butoir en caoutchouc d'un pare-chocs. – Mot africain, par le portug.

bananeraie [bananʀɛ] n. f. Lieu planté de bananiers. – De *bananier.*

bananier [bananje] n. m. **1.** Monocotylédone herbacée géante (jusqu'à 8 m), de la fam. des musacées, à très grandes feuilles (2,5 m x 0,4 m), originaire d'Asie et cultivée dans toutes les régions chaudes. (*Musa sapientum* produit les bananes comestibles, groupées en énormes grappes, ou régimes. *Musa textilis* produit l'abaca; *Musa ensette* est ornementale.) **2.** Navire équipé de chambres froides pour le transport des bananes. – De *banane.*

banat [bana] n. m. HIST Province gouvernée par un ban. – De *ban* 2.

banc [bɑ̃] n. m. **1.** Petit siège sans bras ni dossier. *Ajuster le banc du piano.* Syn. tabouret. **2.** Long siège sur lequel plusieurs personnes peuvent prendre place côte à côte. *Les bancs de l'église. S'asseoir sur un banc dans un parc.* – *Banc-lit* ou *banc de quêteux:* meuble tenant à la fois du banc et du coffre, que l'on pouvait au besoin transformer en lit. ▷ MAR *Banc de nage,* celui sur lequel se placent les rameurs d'une embarcation. **3.** Siège, emplacement réservé. Au tribunal, *banc des avocats, banc des accusés. La Cour du Banc de la Reine:* V. encycl. cour. À l'église, *banc d'œuvre,* réservé aux marguilliers. Au hockey, *banc des joueurs, banc des punitions.* **II. 1.** Couche naturelle, consistante, plus ou moins régulière et horizontale, de matières minérales superposées. *Banc de sable. Banc de calcaire, de grès.* ▷ OCEANOGR, PECHE Élévation du fond marin; secteur maritime favorable à l'exploitation des fonds, à la pratique de la pêche commerciale. *Le banc de Terre-Neuve. Banc de pêche.* **2.** Par anal. *Banc de neige,* amoncellement de neige causé par le vent ou par un travail de déneigement. *Rester pris dans un banc de neige.* «Les arbres et les bancs de neige éblouissants de lumière du côté ensoleillé avaient un relief accentué et des ombres nettes.» (Madeleine Ferron, *La fin des loups-garous,* 1966.) – *Banc de glace.* **3.** Amas régulier. *Banc de brouillard.* **4.** Masse de poissons qui se déplacent ensemble. *Un banc de harengs, de sardines.* – Par anal. *Banc d'huîtres.* **III. 1.** TECH Ensemble de montants et de traverses destiné à servir de plan de travail, à supporter ou à fixer une machine. *Banc de tourneur. Banc de scie.* **2.** TECH *Banc d'essai:* appareillage qui permet de procéder aux essais d'un matériel. ▷ Fig. Ce par quoi on évalue les capacités de qqn. – Germ. **banki.*

bancaire [bɑ̃kɛʀ] adj. Qui se rapporte à la banque. *Opérations bancaires. Chèque bancaire.* – De *banque.*

bancal, ale, als [bɑ̃kal] adj. et n. m. **1.** adj. Dont les jambes sont d'inégale longueur, boiteux. ▷ Fig. *Meuble bancal,* dont les pieds ne sont pas de la même longueur. – Fam. *Phrase bancale,* mal équilibrée, peu correcte. **2.** N. m. Sabre court des anciens régiments de cavalerie. – De *banc.*

banche [bɑ̃ʃ] n. f. **1.** GEOL Banc de marne très argileuse. **2.** CONSTR Coffrage amovible, qui permet de couler du béton sur une certaine hauteur. – Forme dialect. de *banc.*

banché, ée [bɑ̃ʃe] adj. CONSTR Coulé à l'aide de banches. *Béton banché.* – Pp. de *bancher.*

bancher [bɑ̃ʃe] v. tr. [1] CONSTR Couler (du béton) à l'aide de banches. ▷ Mettre en place des banches. – De *banche.*

banco [bɑ̃ko] n. m. *Faire banco:* tenir seul l'enjeu contre la banque, au baccara. – Mot ital., «banque».

bancoul [bɑ̃kul] n. m. *Noix de bancoul:* fruit du bancoulier dont on extrait une huile comestible. – De *Bankoulen,* n. d'une ville de Sumatra.

bancoulier [bɑ̃kulje] n. m. Plante de l'Asie du Sud-Est au fruit oléagineux. – De *bancoul.*

bancroche [bɑ̃kʀɔʃ] adj. (et n.). Fam. Bancal, contrefait. – De *banc,* et anc. adj. *croche,* «crochu».

banc-titre [bɑ̃titʀ] n. m. AUDIOV Tout ce qui est filmé image par image au moyen d'une caméra fixe: générique, sous-titres, etc. *Des bancs-titres.* – De *banc,* et *titre.*

bandage [bɑ̃daʒ] n. m. **1.** Application d'un lien, d'une bande ou de tout autre appareil servant à maintenir un pansement ou à maintenir une partie du corps lésée. **2.** Cet appareil lui-même. *Épingler un bandage.* – *Spécial.* Appareil servant à contenir les hernies ou les ptoses d'organes. **3.** Bande de métal, de caoutchouc entourant la jante d'une roue, pour la tenir en place et la protéger. *Bandage plein. Bandage pneumatique.* – De *bander.*

bandagiste [bɑ̃daʒist] n. Personne qui fabrique ou qui vend des bandages, notam. des bandages herniaires. – De *bandage.*

1. bande [bɑ̃d] n. f. **1.** Morceau d'étoffe, de papier, de cuir, etc., beaucoup plus long que large. *Bande de velours. Bande à pansements. Bande de Mœbius (ou Möbius):* surface (sens 3) qui ne possède qu'une seule face et que l'on obtient en tordant un ruban avant de joindre ses extrémités à plat, bout à bout. ▷ *Bande de terre:* isthme étroit. **2.** Clôture à hauteur d'appui qui entoure une patinoire; chacune des sections composant cette clôture. *La rondelle frappe la bande. Poser, enlever les bandes de la patinoire.* ▷ Chacun des quatre côtés intérieurs d'un billard. *Faire un point par la bande.* ▷ Loc. fig. *Par la bande:* indirectement. *J'ai eu cette information par la bande.* **3.** Partie allongée et bien délimitée d'une chose. *Bandes d'une chaussée,* signalées par une ligne peinte. – *Par ext.* Rayures d'un tissu. *Étoffe à larges bandes.* **4.** PHYS *Spectre de bandes:* spectre optique formé d'un ensemble de bandes lumineuses. – *Bandes d'absorption:* bandes sombres dans certaines régions d'un spectre, dues à l'absorption de certaines radiations par un gaz ou un liquide. **5.** AUDIOV *Bande sonore* ou *bande son:* partie d'un film cinématographique réservée à l'enregistrement optique du son. ▷ *Bande magnétique:* ruban en matière plastique qui sert de support à des informations ou à l'enregistrement des sons. ▷ *Bande vidéo:* bande magnétique servant à enregistrer des images et éventuellement des sons. **6.** TELECOM *Bande publique:* bande de fréquence affectée aux communications privées par émetteur-récepteur de petite fréquence. **7.** *Bande dessinée:* suite d'images dessinées racontant une histoire. – Frq. **binda,* «lien».

2. bande [bɑ̃d] n. f. **1.** Groupe, compagnie. *Une bande de jeunes gens. Bande de voleurs.* ▷ Loc. *Faire bande à part:* rester à l'écart d'un groupe. **2.** HIST Communauté d'Amérindiens plus petite que la nation. ▷ LEGISL Communauté d'Amérindiens constituée conformément à la loi canadienne et vivant sur un territoire déterminé. *Conseil de bande.* – Ital. *banda.* ENCYCL Dès leur arrivée au Canada, les Français ont appliqué le mot *bande* à tout groupe d'Amérindiens formant une communauté socialement organisée, établie en campement ou en village, plus petite que la nation. Chez les nomades en particulier, on distinguait la bande d'hiver et la bande d'été. La bande d'hiver, la plus petite et la plus stable, correspondait à un groupe formé de quelques familles seulement; retirées au cœur de la forêt une partie de l'année, ces bandes d'hiver assuraient leur subsistance commune en exploitant de petits territoires de chasse. À partir du printemps jusqu'en automne, les bandes d'hiver se regroupaient pour former des bandes d'été beaucoup plus nombreuses; généralement établies en campement sur le bord de points d'eau importants, ces bandes d'été permettaient à la vie sociale et politique de se ranimer. Puis, au cours de l'hiver, en raison de la rareté de la nourriture, les groupes se redivisaient et se dispersaient à nouveau dans des campements respectifs. Avec le temps, l'organisation sociale amérindienne a été profondément modifiée en raison notamment de la création de réserves et de diverses lois canadiennes dont les Amérindiens ont fait l'objet au XIXe s., en particulier à partir de l'*Acte pour amender et refondre les lois concernant les Sauvages* (1876), qui est à l'origine du sens juridique que le mot *bande* connaît de nos jours. Maintes fois refondue depuis (la dernière refonte remonte à 1985), cette loi confère aux bandes certains droits et certains pouvoirs administratifs. L'administration interne d'une bande relève généralement d'un conseil de bande composé d'un chef et de conseillers élus par les membres de la bande. Le rôle de ce conseil, outre celui de représenter la bande auprès des différents paliers de gouvernement, consiste à administrer des services semblables à ceux offerts par une municipalité. Au Québec, on compte près d'une quarantaine de bandes appartenant à l'une ou l'autre des neuf nations amérindiennes établies sur le territoire de la province, soit près des grandes villes, par ex. la bande mohawk de Kahnawake (Caughnawaga), soit en région éloignée, par ex. la bande montagnaise de La Romaine sur la Côte-Nord. Dans les écrits des historiens et des spécialistes qui portent sur l'organisation traditionnelle de la vie des Amérindiens, on désigne généralement par le mot *bande* un groupe d'Amérindiens nomades.

3. bande [bɑ̃d] n. f. MAR Inclinaison permanente d'un navire autour de son axe longitudinal. *Donner de la bande sur tribord.* – Provenç. *banda,* «côté»; du germ. *bandwa.*

bandé, ée [bɑ̃de] adj. **1.** Recouvert d'un bandeau. *Avoir les yeux bandés.* **2.** Protégé par une bande, un bandage. *Front bandé d'un blessé.* – Pp. de *bander.*

bande-annonce [bɑ̃danɔ̃s] n. f. AUDIOV Sélection d'extraits d'un film pour la publicité. *Des bandes-annonces.* – De *bande,* et *annonce.*

bandeau [bɑ̃do] n. m. **1.** Bande qui couvre les yeux, ou le front. – Loc. fig. *Avoir un bandeau sur les yeux:* ne pas voir ce qu'on devrait voir. **2.** ARCHI Ornement en saillie qui marque les différents étages d'un édifice. – Moulure unie. **3.** Coiffure qui applique les cheveux de chaque côté du front. – De *bande* 1.

bandelette [bɑ̃dlɛt] n. f. **1.** Bande très longue et très mince. *Momie enveloppée de bandelettes.* **2.** ARCHI Moulure étroite et plate. – Dimin. de *bandelle,* anc. fém. de *bandeau.*

bander [bɑ̃de] **I.** v. tr. [1] **1.** Serrer au moyen d'une bande. *Bander une plaie.* – Recouvrir d'un bandeau. *Bander les yeux de qqn.* **2.** Tendre avec effort. *Bander un arc, un ressort.* – Par ext. *Athlète qui bande ses muscles.* – Fig. *Bander sa volonté, ses forces.* **II.** v. intr. Vulg. Être en érection. – De *bande* 1.

banderille [bɑ̃dʀij] n. f. Dard orné de bandes de papier ou de rubans, que l'on plante dans le cou des taureaux pour les exciter, pendant les corridas. – Esp. *banderilla.*

banderillero [bɑ̃deʀijeʀo] n. m. Torero qui pose les banderilles. – Mot esp.

banderole [bɑ̃dʀɔl] n. f. Flamme, étendard long et mince; longue bande d'étoffe qui sert à décorer. *Édifice public orné de banderoles tricolores.* ▷ Mod. Grande bande de tissu qui porte une inscription. *Les banderoles des manifestants.* – Ital. *banderuola,* «petite bannière».

bandicoot [bɑ̃dikut] n. m. ZOOL Mammifère marsupial d'Australie dont la taille va de celle d'un rat à celle d'un blaireau. (Les diverses espèces de bandicoots, de la fam. des péramélidés, sont les seuls marsupiaux qui possèdent un véritable placenta; les 3e et 4e orteils sont soudés, comme chez le porc.) – Mot indien *pandikakku,* «rat-cochon».

bandit [bɑ̃di] n. m. **1.** Malfaiteur dangereux; hors-la-loi. *Al Capone, célèbre bandit.* **2.** *Par ext.,* péjor. Homme sans scrupules. – Ital. *bandito,* «banni, hors-la-loi».

banditisme [bɑ̃ditism] n. m. Mœurs, activités des bandits. – De *bandit.*

bandonéon [bɑ̃dɔneɔ̃] n. m. Accordéon de forme hexagonale. – Orig. incert., finale d'*accordéon.*

bandothèque [bɑ̃dɔtɛk] n. f. INFORM Pièce où sont archivées les bandes magnétiques; l'ensemble de ces bandes. – De *bande* 1, et *-thèque.*

bandoulière [bɑ̃duljɛʀ] n. f. Bande de cuir ou d'étoffe pour soutenir une arme ou un sac, qui passe sur une épaule et retombe sur la partie opposée du corps. ▷ Loc. *Porter une sacoche en bandoulière.* – Esp. *bandolera.*

bang [bɑ̃g] n. m. Bruit violent provoqué par un avion lorsqu'il franchit le mur du son. – Onomat.

banian [banjɑ̃] n. m. **1.** Membre d'une secte brahmanique qui comptait de nombreux commerçants. **2.** BOT *Arbre* ou *figuier des banians:* figuier de l'Inde (fam. moracées) dont les nombreuses racines aériennes et pendantes rejoignent le sol et forment de nouveaux troncs. – Mot indien *baniyan,* par l'ital.

banjo [bɑ̃(d)ʒo] n. m. Instrument à cordes pincées (de cinq à neuf cordes) ayant pour table une peau tendue. – Mot anglo-amér., de l'esp. *bandurria,* «mandoline».

banlieue [bɑ̃ljø] n. f. Ensemble des agglomérations autour d'une grande ville. – Lat. médiév. *banleuca,* «territoire autour d'une ville, où s'exerçait le ban».

banlieusard, arde [bɑ̃ljøzaʀ, aʀd] n. Habitant de la banlieue d'une grande ville. – De *banlieue.*

banne [ban] n. f. **1.** Chariot servant particulièrement au transport du charbon. **2.** Grande malle d'osier. **3.** Grosse toile que l'on étend sur des marchandises pour les protéger. **4.** Auvent en toile, qui protège des intempéries la devanture d'une boutique. – Lat. *benna,* «chariot en osier».

banneret [banʀɛ] n. m. HIST Seigneur qui arborait une bannière. – De *ban* 1.

bannette [banɛt] n. f. Petite banne d'osier ou de bois mince. – Dimin. de *banne.*

banni, ie [bani] adj. **1.** Exilé ou expulsé de sa patrie; exilé, proscrit. ▷ Subst. Personne bannie. *Le rappel des bannis.* **2.** Fig. Exclu ou éloigné. *Toute tranquillité est bannie de mon cœur.* – Pp. de *bannir.*

bannière [banjɛʀ] n. f. **1.** HIST Enseigne ou drapeau autour duquel se groupaient les vassaux rassemblés par le ban. **2.** Étendard d'une confrérie, d'une société. *La bannière d'un défilé de majorettes.* ▷ Loc. fig. *Se ranger sous une bannière:* se rallier à un parti, combattre dans ses rangs. ▷ Loc. fam. *C'est la croix et la bannière:* c'est une entreprise compliquée, laborieuse, difficile. ▷ Loc. pop. *En bannière:* en chemise. – Du germ. *bandwa,* «étendard».

bannir [baniʀ] v. tr. [2] **1.** Condamner (qqn) à quitter son pays ou son lieu de résidence. **2.** Fig. Chasser, exclure. *Il est banni de ma mémoire. Bannissez toute crainte.* – Frq **bannjan.*

bannissement [banismɑ̃] n. m. Peine qui consiste à être banni. – De *bannir.*

banque [bɑ̃k] n. f. **1.** Entreprise qui se consacre au commerce de l'argent et des titres (effets de commerce, titres de bourse, épargne, réinvestissements). *Banque d'affaires. Banque privée. Banque contrôlée par l'État.* – *Banque du Canada:* organisme d'État constitué en 1935 qui a la responsabilité d'émettre les billets destinés à la circulation, d'établir le taux d'escompte officiel, de formuler et d'appliquer la politique monétaire du pays, en accord avec le ministre des Finances, et qui joue le rôle de banque centrale du pays. ▷ Établissement où fonctionne une telle entreprise. *Compte en banque. Coffres-forts d'une banque.* ▷ *Banque à pitons**. **2.** L'ensemble des banques. *La haute banque. Rôle de la banque dans les concentrations de branches économiques.* **3.** Somme que l'un des joueurs tient devant lui pour payer les gagnants, à certains jeux de hasard. *Faire sauter la banque:* gagner tout l'argent mis en jeu. **4.** Tirelire. *Une petite banque.* «[...] après avoir ouvert le couvercle et vidé le contenu de la banque sur le tapis, Gabrielle put compter jusqu'à vingt sous.» (Napoléon Legendre, *À mes enfant,* 1875.) **5.** Par anal. *Banque du sang, banque d'organes:* établissements médicaux qui recueillent et conservent du sang, certains organes, pour les transfusions ou les greffes. ▷ INFORM *Banque de données:* ensemble d'informations réunies dans des fichiers. – Ital. *banca,* «banc» (qui servait de comptoir aux changeurs).

banquer [bɑ̃ke] v. intr. [1] Pop. Payer. – De *banque.*

banqueroute [bɑ̃kʀut] n. f. **1.** État du failli jugé coupable d'imprudence ou de fraude. – **2.** *Banqueroute d'État:* action d'un gouvernement qui cesse de payer tout ou partie des arrérages des rentes à ses créanciers. – Ital. *banca rotta,* «banc rompu» (après la faillite d'un banquier).

banquet [bɑ̃kɛ] n. m. Festin, repas solennel, avec de nombreux convives. *Porter un toast dans un banquet.* – Ital. *banchetto,* «petit banc».

banqueter [bɑ̃kte] v. intr. [23] **1.** Participer à un banquet. **2.** Fam. Faire bonne chère. – De *banquet.*

banqueteur [bɑ̃ktœʀ] n. m. Personne qui participe à un banquet. – De *banqueter.*

banquette [bɑ̃kɛt] n. f. **1.** Banc rembourré. **2.** AGRIC Replat artificiel étroit établi horizontalement ou en pente douce, pour lutter contre l'érosion du sol. ▷ Remblai de terre servant de parapet le long d'un ravin. ▷ Gradin pratiqué au flanc d'un talus. ▷ *Banquette de tir:* dans une fortification, marche permettant d'accéder à un emplacement de tir. **3.** ARCHI Banc de pierre dans une embrasure. **4.** Petit chemin de circulation le long d'une route, d'une voie ferrée, d'un canal. **5.** *Banquette irlandaise:* obstacle de courses. – Languedocien *banqueta,* «petit banc».

banquier, ière [bɑ̃kje, jɛʀ] n. **1.** Celui, celle qui fait le commerce de la banque. *De puissants banquiers se sont entremis dans cette affaire.* **2.** Celui, celle qui tient la banque, dans certains jeux de hasard. – De l'ital. *banca* (V. banque).

banquise [bɑ̃kiz] n. f. Très vaste amas de glaces permanentes, formé par la congélation des eaux marines au large des côtes polaires, et dont se détachent parfois des blocs flottants. – De l'anc. nordique *pakki,* «paquet», et *iss,* «glace», avec influence de banc.

banquiste [bɑ̃kist] n. Vx Bateleur; forain. – De *banque,* «estrade».

banteng [bɑ̃tɑ̃ŋ] n. m. Bœuf d'Asie du Sud, au pelage brun-roux, avec les pattes et les fesses blanches. – Mot malais.

bantou [bɑ̃tu] adj. Relatif aux Bantous et à leurs langues. – Mot africain, de *Bantous,* pop. africaine du S. de l'équateur.

bantoustan ou **bantustan** [bɑ̃tustɑ̃] n. m. En république d'Afrique du Sud, tout territoire, «indépendant» ou non, attribué, sur une base ethnolinguistique, à l'un des peuples noirs de l'État. (Le système de l'*apartheid* réserve à chaque ethnie africaine un *bantoustan* – en angl. *homeland* – ou «foyer bantou», dont les noirs sont déclarés citoyens, perdant ainsi leur citoyenneté sud-africaine; certains bantoustans ont été déclarés «indépendants» par le gouvernement sud-africain, sans que cette «indépendance» ait été reconnue par les instances internationales.) – De *bantou.*

baobab [baɔbab] n. m. Arbre (*Adansonia digitata,* fam. bombacacées) au tronc énorme (jusqu'à 10 m de diamètre), des régions tropicales d'Afrique et d'Australie. – Mot arabe.

baptême [batɛm] n. m. **1.** Sacrement chrétien, le premier des sept sacrements de l'Église catholique. *Le baptême se confère par immersion complète dans l'eau ou par simple ablution sur le front. Bénédictions, prières du baptême. Acte de baptême:* extrait du registre paroissial certifiant qu'une personne a été baptisée. ▷ Loc. *Nom de baptême:* prénom conféré lors du baptême. **2.** Par anal. *Baptême d'une cloche, d'un navire:* cérémonie qui consiste à les bénir en leur donnant un nom. **3.** Fig. Initiation. *Baptême du feu:* débuts d'un militaire au combat. *Baptême de l'air:* premier voyage en avion. – Lat. ecclés. *baptisma,* du gr. *baptizein,* «immerger».

baptiser [batize] v. tr. [1] **1.** Conférer le baptême à. **2.** Fig. Donner un nom, un sobriquet à. **3.** Fig., fam. *Baptiser son vin,* le couper d'eau. – Lat. ecclés. *baptizare,* du gr. *baptizein.*

baptismal, ale, aux [batismal, o] adj. Relatif au baptême. *Fonts baptismaux:* cuve ou vase contenant l'eau consacrée destinée à la célébration du baptême. – Du lat. ecclés. *baptisma,* «baptême».

baptisme [batism] n. m. Doctrine religieuse selon laquelle le baptême doit être administré aux adultes (et non aux enfants), par immersion complète. – Du lat. *baptisma,* «baptême».

baptistaire [batistɛʀ] adj. et n. m. Relatif au baptême, qui constate le baptême. *Registre baptistaire.* ▷ n. m. L'extrait du registre indiquant la date du baptême. – Lat. ecclés. *baptistarius.*

baptiste [batist] n. (et adj.). Membre d'un mouvement religieux protestant répandu surtout aux États-Unis, qui adopte les thèses du baptisme. – Lat. chrét. *baptista;* repris à l'angl.

baptistère [batistɛʀ] n. m. **1.** Édifice religieux spécial. destiné, autref., à l'administration du baptême. *Les portes de bronze du baptistère de Florence furent sculptées par Ghiberti.* **2.** *Par ext.* Chapelle d'une église où se trouvent les fonts baptismaux. – Lat. ecclés. *baptisterium.*

baquet [bakɛ] n. m. Petit cuvier, généralement en bois. – De *bac* 1.

1. bar [baʀ] n. m. **1.** Débit de boissons où le client consomme généralement au comptoir. **2.** Le comptoir lui-même. *Commander une bière au bar.* **3.** Petit meuble contenant des bouteilles de boisson. – Mot angl.

2. bar [baʀ] n. m. PHYS Unité de pression égale à 10^5 pascals. *La pression atmosphérique normale vaut très sensiblement 1 bar.* – Gr. *baros,* «pesanteur».

3. bar [baʀ] n. m. Poisson téléostéen marin *(Labrax lupus)* de l'Atlantique et de la Méditerranée, carnivore très vorace, à la chair estimée. Syn. loup. – Néerl. *baers.*

baragouin [baʀagwɛ̃] n. m. Langage incompréhensible. ▷ *Par ext.* Langue étrangère que l'on ne comprend pas. – P.-ê. du breton *bara,* «pain», et *gwin,* «vin».

baragouinage [baʀagwinaʒ] n. m. Action de baragouiner. – De *baragouiner.*

baragouiner [baʀagwine] **1.** v. tr. [1] Fam. Parler une langue incorrectement. *Il baragouine l'espagnol.* **2.** v. intr. Parler une langue inintelligible. – De *baragouin.*

baragouineur, euse [baʀagwinœʀ, øz] n. Fam. Personne qui baragouine. – De *baragouiner.*

baraka [baʀaka] n. f. Fam. Chance qui semble due à une protection surnaturelle. *Avoir la baraka.* – Mot ar., «bénédiction, protection divine».

baraque [baʀak] n. f. Construction légère et temporaire. *Baraque d'un chasseur de canards. Les baraques de la foire.* – *Par ext.* Fam. Maison mal bâtie, mal agencée ou mal tenue. *Je n'ai trouvé à louer qu'une vieille baraque. Il n'y a pas une assiette propre dans cette baraque !* – Ital. *baracca,* ou esp. *barraca,* «hutte».

baraqué, ée [baʀake] adj. Pop. Robuste (en parlant d'une personne). *Un gaillard bien baraqué.* – De *baraque.*

baraquement [baʀakmɑ̃] n. m. Ensemble de baraques, servant notam. de logement provisoire à des soldats ou à des travailleurs. *Baraquements préfabriqués.* – De *baraquer.*

1. baraquer [baʀake] v. intr. [1] S'établir dans des baraques. – De *baraque.*

2. baraquer [baʀake] v. intr. [1] S'accroupir, en parlant du dromadaire, du chameau. – De l'ar. *barak.*

baraterie [baʀatʀi] n. f. Fraude commise par le patron ou par l'équipage d'un navire au préjudice des armateurs, des assureurs ou des expéditeurs de marchandises. – De l'a. fr. *barater,* «tromper», d'orig. incon.

baratin [baʀatɛ̃] n. m. Pop. Discours, flot de paroles pour enjôler ou abuser; paroles sans portée réelle. *Tout ça, c'est du baratin!* – Du provenç. *barat,* même orig. que *baraterie.*

baratiner [baʀatine] **1.** v. intr. [1] Pop. Parler beaucoup, tenir des propos sans intérêt. **2.** v. tr. Pop. Essayer de séduire par un baratin. *Baratiner une fille.* – De *baratin.*

baratineur, euse [baʀatinœʀ, øz] adj. (et n.). Pop. Qui baratine, qui aime à baratiner. – De *baratiner.*

barattage [baʀataʒ] n. m. Action de baratter. – De *baratter.*

baratte [baʀat] n. f. Récipient clos dans lequel on bat la crème pour en extraire le beurre; machine à baratter. – Déverbal de *baratter.*

baratter [baʀate] v. tr. [1] Agiter (de la crème) dans une baratte pour en faire du beurre. – De l'a. fr. *barate,* «agitation», du scandinave *barâtta,* «combat».

barbacane [baʀbakan] n. f. **1.** Anc. Ouvrage de fortification avancé, protégeant une porte ou un pont, et percé de meurtrières. **2.** Meurtrière étroite. **3.** ARCHI Ouverture pratiquée dans un mur de soutènement pour faciliter l'écoulement des eaux. – Ar. *barbakkhaneh.*

barbant, ante [baʀbɑ̃, ɑ̃t] adj. Pop. Ennuyeux, fastidieux. – Ppr. de *barber.*

barbaque [baʀbak] n. f. Pop. Viande de qualité inférieure, ou très dure. – Orig. incert.

barbare [baʀbaʀ] adj. (et n.). **1.** ANTIQ Étranger, chez les Grecs et les Romains. **2.** *Par ext.* Qui n'est pas civilisé. *Une peuplade barbare.* ▷ Mod. Cruel, féroce. *Une foule barbare voulut assister à l'exécution.* **3.** Grossier, qui choque le goût (choses). *Quelle musique barbare !* **4.** HIST *Les Barbares:* les peuples d'origine slave, germanique ou asiatique, qui envahirent l'Empire romain aux IVe et Ve s. – Lat. *barbarus,* du gr.
ENCYCL Dans la Grèce ancienne et à Rome, le mot barbare s'appliquait à tous ceux qui ne participaient pas de la civilisation gréco-romaine et visait essentiellement les peuples germaniques. De tout temps, Grecs et Romains ont été confrontés aux Barbares mais, parmi les assauts que le monde antique eut à subir de la part de ceux-ci, les plus graves furent les grandes invasions des IVe et Ve s. qui entraînèrent la chute de l'Empire romain d'Occident. La poussée des Huns, peuple nomade venu d'Asie centrale, provoque chez les Goths, à la fin du IVe s., une véritable fuite vers l'Empire romain qui apparaît comme un refuge avant de devenir une proie. En 376, autorisés à pénétrer dans l'Empire, une partie des Goths, les Wisigoths, se ruent vers Constantinople et la mer. En 378, ils écrasent l'armée romaine à Andrinople. Après quelques années de répit, ils repartent vers l'ouest et, sous la conduite d'Alaric, s'emparent de Rome en 410. Pour leur résister, on a dû dégarnir la frontière rhénane. Aussi, dès 406, Vandales et Suèves passent le Rhin sans rencontrer de résistance et ravagent la Gaule puis l'Espagne, où les Wisigoths les rejoignent. À leur suite d'autres peuples se précipitent dans l'Empire. L'invasion des Huns (pourtant battus en 452 aux champs Catalauniques) et la chute de l'Empire romain d'Occident mettent un terme à cette phase tumultueuse des invasions barbares. Au VIe s. on assiste à une pénétration plus lente, plus méthodique. À l'image de la progression des Francs, une véritable entreprise de peuplement se poursuit. Par la suite, des mouvements plus restreints ont lieu: Lombards en Italie au VIe s., Bavarois au VIIe s. Puis le mouvement des peuples barbares s'apaise avant de reprendre au IXe s. avec les invasions normandes. Après la chute de l'Empire romain et l'implantation des Barbares, on voit se dessiner un monde gothique, lombard et mérovingien qui a pris le relais de l'Espagne, de l'Italie romaine et de la Gaule.

barbaresque [baʀbaʀɛsk] adj. Se dit des régions autrefois groupées sous le nom de *Barbarie,* qui désignait jusqu'au début du XIXe s. la partie de l'Afrique du Nord (Algérie, Tunisie et Tripolitaine) placée sous la suzeraineté ottomane. *Pirates barbaresques.* – Ital. *barbaresco,* «barbare».

barbarie [baʀbaʀi] n. f. **1.** État d'un peuple qui n'est pas civilisé. *Les ténèbres de la barbarie.* **2.** Cruauté, inhumanité. *Exercer sa barbarie sur les vaincus.* ▷ Vieilli. Acte barbare. – Lat. *barbaria.*

barbarisme [baʀbaʀism] n. m. Emploi d'un mot inventé ou déformé, ou d'un mot détourné de son sens normal, qui constitue une faute. (Ex.: *confusionné* pour *confus, colidor* pour *corridor, recouvrir la vue* pour *recouvrer la vue.*) – Lat. médiév. *barbarismus.*

1. barbe [baʀb] n. f. **1.** Poils du menton et des joues. *Porter la barbe. Barbe en pointe, en collier.* ▷ Loc. fig. *Faire qqch à la barbe de qqn,* en sa présence et sans qu'il s'en aperçoive. – *Rire dans sa barbe:* rire, se moquer sans le laisser paraître. ▷ Fig., fam. *Une vieille barbe:* un homme âgé, aux idées désuètes. ▷ Fam. *La barbe! Quelle barbe!* exclamations marquant l'ennui, l'impatience. **2.** Par anal. Touffe de poils sous le menton de certains animaux. *Barbe d'un bouc.* **3.** (Presque toujours au plur.). Arêtes qui terminent les glumes de certaines graminées. *Les barbes d'un* *épi de blé.* ▷ Filaments ramifiés à angles droits, que portent les tuyaux des plumes d'oiseaux. ▷ TECH Bavures ou aspérités d'une pièce brute. **4.** Vx Plur. Bandes d'étoffe qui pendaient de part et d'autre de certaines coiffures de femmes. – Lat. *barba.*

2. barbe [barb] n. m. Se dit d'un cheval originaire des pays d'Afrique du Nord. ▷ Adj. *Une jument barbe.* – Ital. *barbero.*

barbeau [barbo] n. m. **1.** Poisson téléostéen d'eau douce (*Barbus barbus,* fam. cyprinidés) pouvant atteindre 50 cm de long, qui ressemble à une carpe, mais possède quatre barbillons à la mâchoire supérieure. **2.** Pop. Souteneur. – Lat. pop. **barbellus,* de *barba,* «barbe».

barbecue [barbəkju] n. m. **1.** Appareil comportant un foyer à charbon de bois surmonté d'une grille, et utilisé pour la cuisson en plein air. **2.** Réunion, repas en plein air où sont servies des viandes grillées ou rôties. **3.** *Sauce barbecue:* sauce épicée utilisée pour badigeonner les viandes à griller ou à rôtir, ou servie comme accompagnement de ces viandes. ▷ *Poulet barbecue:* poulet rôti badigeonné, accompagné de cette sauce. Rem. Souvent abrégé en *Bar-B-Q* ou *B.B.Q.* – Mot angl.

barbe-de-capucin [barbdəkapysɛ̃] n. f. **1.** Chicorée sauvage comestible. **2.** Lichen fruticuleux *(Usnea barbata)* fréquent en montagne et ressemblant à une barbe accrochée à une branche. *Des barbes-de-capucin.* – De *barbe,* et *capucin.*

barbelé, ée [barbəle] adj. Garni de pointes ou de dents. *Flèche barbelée.* – *Fil de fer barbelé:* fil de fer garni de pointes, employé pour les clôtures. ▷ N. m. (le plus souvent au plur.). Fils de fer barbelés. *Entourer un pâturage de barbelés.* – De l'a. fr. *barbel,* «petite pointe».

barbelure [barbəlyr] n. f. Hérissement des pointes du fil barbelé. – De l'a. fr. *barbel,* «petite pointe».

barber [barbe] **1.** v. tr. [1] Pop. Ennuyer. *Ce travail me barbe.* **2.** v. pron. *On s'est barbés en vous attendant.* – De *barbe.*

barbet [barbɛ] n. m. Chien d'arrêt griffon, à poils longs (55 à 60 cm au garrot). – Adj. *Un chien barbet.* ▷ Fig., fam. *Crotté comme un barbet:* couvert de boue, sali par les intempéries. – De *barbe.*

barbette [barbɛt] n. f. **1.** Guimpe montante de religieuse. **2.** Plate-forme en terre, sur laquelle on installe une batterie d'artillerie. **3.** MAR Batterie établie sur le pont. – De *barbe.*

barbiche [barbiʃ] n. f. Petite barbe qu'on laisse pousser à la pointe du menton. – De *barbe.*

barbichette [barbiʃɛt] n. f. Plaisant. Petite barbiche. – De *barbiche.*

barbier [barbje] n. m. **1.** Anc. Celui dont la profession était de tailler ou de raser la barbe. **2.** Nom cour. du *Lepadogaster* et de l'*Anthias,* poissons communs dans la Méditerranée. – De *barbe.*

barbifier [barbifje] v. tr. [1] **1.** Fam. Raser, faire la barbe. **2.** Fam. Ennuyer. – De *barbe.*

barbille [barbij] n. f. Filament, bavure qui reste au flan d'une monnaie. – De *barbe.*

1. barbillon [barbijɔ̃] n. m. **1.** Filament tactile de la bouche de certains poissons. **2.** Plur. Replis membraneux sous la langue du cheval et du bœuf. – De *barbe.*

2. barbillon [barbijɔ̃] n. m. ZOOL Petit barbeau. – De *barbeau.*

barbiturique [barbityrik] n. m. (et adj.). Médicament utilisé comme hypnotique, sédatif, anesthésique, anticonvulsif, dérivé de l'*acide barbiturique* (ex.: penthotal, véronal, gardénal). – Du premier élément du mot all. *Barbitursaüre* (créé par Baeyer), et de *urique.*

barbiturisme [barbityrism] n. m. Intoxication par les barbituriques. – Du préc.

barbituromanie [barbityrɔmani] n.f. MED Toxicomanie aux barbituriques. – De *barbiturique,* et *-manie.*

barbon [barbɔ̃] n. m. Vx ou plaisant. Vieillard désagréable ou ennuyeux. – Ital. *barbone,* «grande barbe».

barbotage [barbɔtaʒ] n. m. **1.** Fait de barboter dans l'eau. **2.** CHIM Passage d'un gaz, d'une vapeur dans un liquide. – De *barboter.*

barbote. V. barbotte.

barboter [barbɔte] **I.** v. intr. [1] **1.** Remuer l'eau en nageant. *Les canards barbotent dans la mare.* **2.** CHIM *Faire barboter un gaz:* faire passer un gaz à travers un liquide. **II.** v. tr. Pop. Voler. *On m'a barboté ma montre.* – Orig. incert.

barboteur, euse [barbɔtœr, øz] n. Pop. Personne qui vole. – De *barboter.*

barboteuse [barbɔtøz] n. f. Vêtement pour enfants, d'une seule pièce, fermé entre les jambes et laissant celles-ci nues. – De *barboter.*

barbotin [barbɔtɛ̃] n. m. **1.** MAR Couronne en métal, entraînée par le cabestan ou le guindeau et sur le pourtour de laquelle viennent s'engrener les maillons de la chaîne à virer. **2.** Roue motrice des chenilles de tracteurs et de chars de combat. – Du n. de l'inventeur.

barbotine [barbɔtin] n. f. Pâte fluide utilisée en céramique, pour confectionner par coulage des pièces ou des motifs décoratifs de porcelaine tendre. – De *barboter.*

barbotte ou **barbote** [barbɔt] n. f. **1.** Poisson d'eau douce nord-américain (genre *Ictalurus* ou *Noturus*) à nageoires épineuses, dont la mâchoire est garnie de barbillons ressemblant à des moustaches. **2.** Nom donné en France à la lotte ou à la loche, poisson d'eau douce portant un barbillon à la mâchoire inférieure. – De *barboter.*

barbouillage [barbujaʒ] ou **barbouillis** [barbuji] n. m. **1.** Écriture peu lisible. **2.** Enduit de couleur fait rapidement à la brosse. **3.** Fam. Mauvaise peinture. *Un barbouillage de peintre amateur.* – De *barbouiller.*

barbouiller [barbuje] v. tr. [1] **1.** Salir, tacher grossièrement. *Enfant qui barbouille ses cahiers de taches d'encre.* – Fam. *Barbouiller du papier:* faire des écritures; écrire beaucoup. ▷ Loc. *Barbouiller le cœur, l'estomac:* donner des nausées. **2.** Peindre grossièrement. – De *barboter,* avec influence de *bouillir.*

barbouilleur, euse [barbujœr, øz] n. Peintre sans talent. – De *barbouiller.*

barbouillis. V. barbouillage.

barbouze [barbuz] n. et adj. **1.** n. f. Pop. Barbe. **2.** n. f. ou m. Péjor. Agent plus ou moins officiel d'un service de renseignements (police, documentation extérieure). – De *barbe.*

barbu, ue [barby] adj. Qui a de la barbe, qui porte la barbe. *Jeune homme barbu. Menton barbu, joues barbues.* ▷ N. m. Homme qui porte la barbe. – Lat. *barbatus.*

barbue [barby] n. f. Poisson de mer plat voisin du turbot (*Rhombus laevis,* fam. pleuronectidés), qui atteint 80 cm de long. – De *barbu.*

barbule [barbyl] n. f. Chacun des filaments recourbés qui assurent l'accrochage des barbes d'une plume d'oiseau les unes aux autres. – De *barbe.*

barcarolle [baʀkaʀɔl] n. f. **1.** Chanson cadencée des gondoliers de Venise. **2.** Chant ou air sur un rythme à trois temps. *Les barcarolles de Mendelssohn, de Chopin.* – Ital. *barcarola,* de *barcarolo,* «gondolier».

barcasse [baʀkas] n. f. Grosse barque à fond plat, d'origine méditerranéenne, servant surtout au transbordement des passagers et des marchandises. – De *barque.*

barcelonnette. V. bercelonnette.

bard [baʀ] n. m. Civière pour le transport des matériaux. – De *béer.*

barda [baʀda] n. m. Fam. Bagage encombrant. *Déposez donc votre barda.* – De l'ar. *barda'a,* «bât».

bardane [baʀdan] n. f. Composée *(Lappa communis)* très fréquente sur les terrains incultes, les décombres, etc., dont le capitule rose a des bractées terminées en crochets qui s'accrochent aux vêtements. (D'où les noms cour. de *pignole:* peigne, *herbe aux teigneux,* etc.) – Lat. pop. **barrum,* «boue».

1. barde [baʀd] n. m. **1.** Poète celte qui célébrait les héros. *Les bardes formaient en Gaule et en Irlande de véritables confréries.* **2.** *Par ext.* Poète national, épique et lyrique. – Lat. *bardus,* mot d'orig. gaul.

2. barde [baʀd] n. f. **1.** Ancienne armure faite de lames métalliques, dont on protégeait les chevaux de guerre. **2.** Tranche mince de lard dont on enveloppe certaines viandes à rôtir. – De l'ar. *barda'a,* «bât».

bardé, ée [baʀde] adj. Entouré de bardes, en parlant d'une viande. *Des cailles bardées.* – De *barde* 2.

1. bardeau [baʀdo] n. m. **1.** Planchette mince et courte utilisée pour le revêtement des façades et des toits. *Des bardeaux de cèdre.* ▷ Matériau à base d'asphalte pour le revêtement des toits, en feuilles imitant la forme du bardeau de bois. *Bardeaux d'asphalte.* ▷ Fam. *Il lui manque un bardeau:* il (elle) a le cerveau dérangé, il (elle) est timbré(e). – De *barde* 2.

2. bardeau. V. bardot.

1. barder [baʀde] **1.** v. tr. [1] Charger et transporter (des matériaux) sur un bard. **2.** v. impers. Fam. Tourner mal, se gâter, devenir violent. *Ça va barder, ça barde.* – De *bard.*

2. barder [baʀde] v. tr. [1] **1.** Revêtir d'une barde (2, sens 1), d'une armure. *Le chevalier et sa monture étaient bardés de fer.* ▷ Fig. *Il est bardé de décorations. – Être bardé de préjugés.* **2.** Entourer de bardes (2, sens 2). *Barder une volaille.* – De *barde* 2.

bardis ou **bardit** [baʀdi] n. m. MAR Cloison longitudinale empêchant un chargement en vrac de se déplacer sous l'effet du roulis. – De *barde* 2.

bardit [baʀdi] n. m. HIST Chant de guerre des anciens peuples germaniques et scandinaves. – Bas lat. *barditus.*

bardot ou **bardeau** [baʀdo] n. m. Hybride issu d'un cheval et d'une ânesse. – Ital. *bardotto,* «animal qui porte le bât», de l'arabe.

barème [baʀɛm] n. m. Répertoire de données chiffrées. ▷ FIN *Barème d'imposition:* liste de taux d'impôt correspondant à différentes tranches ou fourchettes d'imposition. – De *Barrême,* nom de l'inventeur.

1. barge [baʀʒ] ou **berge** [bɛʀʒ] n. f. Oiseau charadriiforme des marais (genre *Limosa*), de la taille d'une bécasse, aux pattes et au bec très longs. – Orig. incon.

2. barge [baʀʒ] n. f. MAR Embarcation à fond plat et à faible tirant d'eau. *Barge de débarquement. – Barge océanique,* utilisée pour le transport de marchandises ou de matériel en haute mer. *Barge de forage.* – Var. de *barque.*

barguigner [baʀgiɲe] v. intr. [1] Vieilli. *Sans barguigner:* sans hésiter. – Frq. **borganjan.*

barigoule [baʀigul] n. f. **1.** Nom provençal du lactaire délicieux, champignon comestible. **2.** *Artichauts à la barigoule,* farcis de viande ou d'œuf haché et cuits à l'huile d'olive. – Provenç. *barigoulo.*

baril [baʀil] n. m. **1.** Petit tonneau de bois. *Un baril de poudre, d'anchois.* **2.** Unité de capacité (1 baril: 0,159 m^3). – Lat. pop. **barriculus.*

barillet [baʀijɛ, -lɛ] n. m. **1.** Petit baril. **2.** ANAT Cavité derrière le tambour de l'oreille. **3.** Dispositif mécanique de forme cylindrique. *Barillet d'un revolver,* où sont logées les cartouches. – Dimin. de *baril.*

bariolage [baʀjɔlaʒ] n. m. Assemblage disparate de différentes couleurs. – De *barioler.*

bariolé, ée [baʀjɔle] adj. Se dit d'objets dont les couleurs sont variées, vives et mal assorties. *Robe bariolée.* – Pp. de *barioler.*

barioler [baʀjɔle] v. tr. [1] Couvrir de diverses couleurs bizarrement assorties. – Croisement de *barrer,* et a. fr. *rioler,* «rayer».

barkhane [baʀkan] n. f. Dune en forme de croissant, d'une dizaine de mètres de haut, qui progresse rapidement sur le substrat rocheux. – Mot arabe.

barlong, ongue [baʀlɔ̃, ɔ̃g] adj. Qui est plus long d'un côté que de l'autre. *Une jupe barlongue.* – De *long,* et *bes,* lat. *bis,* «deux fois».

barlotière [baʀlɔtjɛʀ] n. f. ARCHI Traverse de fer qui sert, dans les châssis de vitraux, à consolider les plombs. – Pour *barrelotière,* de *barre.*

barmaid [baʀmɛd] n. f. Serveuse d'un bar (plur. *barmaids*). – Mot angl.

barman [baʀman] n. m. Serveur d'un bar (plur. *barmen*). – Mot angl.

bar-mitsva [baʀmitsva] n. f. Dans le judaïsme, célébration de la majorité religieuse des garçons (treize ans). – Mots hébr., «fils des commandements».

barn [baʀn] n. m. PHYS NUCL Unité de mesure de la section efficace d'un noyau atomique. – Mot angl., «grange» (idée de largeur).

barnabites [baʀnabit] n. m. pl. Congrégation religieuse fondée en 1530, à Milan, par Antonio Zaccaria, et installée en 1538 dans l'égl. St-Barnabé. – De *Barnabé.*

baro-. Élément, du gr. *baros,* «pesanteur», impliquant une idée de gravité ou de pression atmosphérique.

barocentrique [baʀɔsɑ̃tʀik] adj. GEOM *Courbe barocentrique,* formée par les intersections, sur un plan méridien, des verticales contenues dans ce plan. – De *baro-,* et *centre.*

barographe [baʀɔgʀaf] n. m. PHYS Baromètre enregistreur. – De *baro-,* et *-graphe.*

baromètre [baʀɔmɛtʀ] n. m. **1.** Appareil servant à mesurer la pression atmosphérique. *Baromètre à mercure,* qui équilibre la pression atmosphérique par le poids d'une colonne de mercure dont on mesure la hauteur. *Baromètre anéroïde,* comportant un dispositif élastique qui se déforme selon les variations de la pression. **2.** Fig. Ce qui sert à mesurer, à estimer. *Les sondages d'opinion sont le baromètre de l'opinion publique.* – Empr. à l'angl., du gr. *baros,* «pesanteur», et *metron,* «mesure».

barométrique [baʀɔmetʀik] adj. Relatif au baromètre ou aux variations de la pression atmosphérique. – De *baromètre.*

1. baron [baʀɔ̃] n. m. **1.** FEOD Grand seigneur du royaume. **2.** Titre nobiliaire immédiatement inférieur à celui de vicomte. **3.** Fig. Personnage important dans le monde de la politique, de la finance, etc. *Les barons de la grande industrie.* – Frq. **baro*, «homme libre».

2. baron [barõ] n. m. *Baron d'agneau:* pièce d'agneau (ou de mouton) comportant la selle et les deux gigots. – Orig. incert.

baronne [barɔn] n. f. Femme noble possédant une baronnie; épouse d'un baron. – De *baron.*

baronnet [barɔnɛ] n. m. Titre de noblesse honorifique, propre à la Grande-Bretagne, institué par Jacques Ier en 1611. – Mot anglais.

baronnie [barɔni] n. f. Anc. Terre seigneuriale donnant à qui la possède le titre de baron; ce titre lui-même. – De *baron.*

baroque [barɔk] adj. **1.** D'une irrégularité qui étonne, qui choque. *Une idée baroque,* bizarre, excentrique. **2.** BX-A Se dit d'un style exubérant (seconde moitié du XVIe s.-XVIIIe s.). *Une église baroque.* – Subst. *Le baroque:* ce style. ▷ *Par ext.* Qui présente, à d'autres époques, en art et en littérature, les mêmes caractères que le baroque proprement dit. – Portug. *barroco,* «perle irrégulière», mot d'orig. incon.

ENCYCL **Beaux-Arts.** Le baroque, qui s'est développé d'abord en Italie, puis en Autriche, en Bohême, en Allemagne, en Espagne et dans les pays d'Amérique latine, est caractérisé par la ligne courbe, le mouvement, l'exubérance de l'ornementation, la lourdeur ou l'expressivité marquée des formes, la tendance au pathétique et la surenchère dans le faste. Il symbolise l'esprit de la Contre-Réforme dans les pays catholiques et, par la suite, un refus des normes classiques.

barorécepteur [barɔreseptœr] n. m. MED Organe sensible à des variations de pression. – De *baro-,* et *récepteur.*

baroscope [barɔskɔp] n. m. PHYS Balance démontrant l'application du principe d'Archimède aux gaz. – De *baro-,* et *-scope.*

barotraumatique [barɔtromatik] adj. Dû à un barotraumatisme. – De *barotraumatisme.*

barotraumatisme [barɔtromatism] n. m. MED Ensemble de troubles graves provoqués (partic. chez un plongeur sous-marin) par une variation trop forte et trop rapide de la pression. – De *baro-,* et *traumatisme.*

baroud [barud] n. m. Arg. Bataille, bagarre, échauffourée. *Baroud d'honneur,* avant de déposer les armes. – Mot arabe.

barouder [barude] v. intr. [1] Se battre, participer à des combats. – De *baroud.*

baroudeur [barudœr] n. m. (et adj.). Homme qui aime le baroud. – De *barouder.*

barouf [baruf] n. m. Pop. Grand bruit, tapage. *Tu en fais un barouf!* – Ital. *baruffa,* «bagarre».

barque [bark] n. f. Petit bateau non ponté. ▷ MAR *Trois-mâts barque:* trois-mâts n'ayant pas de voiles carrées au mât d'artimon. ▷ Loc. fig. *Conduire, mener sa barque:* conduire, de telle ou telle manière, une entreprise. *Il a bien mené sa barque.* – Provenç. *barca,* du lat.

barquette [barkɛt] n. f. **1.** Tartelette en forme de barque. *Barquette aux cerises.* **2.** Petit récipient utilisé pour le conditionnement des fruits délicats. *Une barquette de fraises.* – Dimin. de *barque.*

barracuda [barakyda] n. m. Poisson téléostéen marin *(Sphyraena barracuda),* atteignant 2 m, rapide et très vorace (il peut attaquer l'homme). – Mot angl., p.-ê de l'espagnol.

barrage [baraʒ] n. m. **1.** Ce qui barre (une voie); action de barrer (une voie). *Barrage d'une route à l'aide de chevaux de frise.* ▷ *Barrage de police:* dispositif policier (cordon de policiers, automobiles) empêchant de passer. ▷ TECH *Vanne de barrage:* organe de coupure sur une canalisation de gaz. **2.** Ouvrage disposé en travers d'un cours d'eau pour créer une retenue ou exhausser le niveau amont. **3.** MILIT *Tir de barrage:* tir d'artillerie destiné à interdire un accès. **4.** GEOL *Lac de barrage:* lac résultant de la présence d'un obstacle (moraine, éboulis, etc.) qui empêche l'écoulement des eaux. – De *barrer.*

barre [bɑ(a)r] n. f. **1.** Pièce longue et rigide, de bois, de métal, etc. *Barre de fer. Barre d'appui:* barre horizontale à hauteur d'appui, sur une fenêtre, un balcon. ▷ TECH *Barre d'attelage:* dispositif qui relie deux véhicules. – *Barre à mine:* barre métallique qui sert de levier ou d'outil de perforation. ▷ SPORT *Barre fixe* (en hauteur), *barres parallèles* (à hauteur d'homme): agrès de gymnastique. ▷ Lingot. *Une barre d'or fin.* – Fig., fam. *C'est de l'or en barre:* c'est une bonne affaire. **2.** Morceau moulé en forme de plaque rectangulaire ou de petit pain allongé d'un produit alimentaire, d'entretien, etc. *Barre de chocolat* (Syn. tablette, fam. palette). *Barre de savon* (Syn. pain). **3.** Trait (de plume, de crayon, etc.) rappelant une barre. *La barre de la lettre t. Barre de soulignement.* – Fam. *La barre blanche d'une rue, d'une route:* la ligne blanche. ▷ MUS *Barre de mesure:* signe de notation musicale qui divise la partition en mesures. ▷ Fig., vx ou litt. *La barre du jour:* les premières lueurs de l'aurore. *Se lever à la barre du jour.* «La montée prochaine de l'aurore se devine aux reflets de plus en plus vifs que prend, tout là-bas, la barre du jour.» (Sylva Clapin, *Sensations de Nouvelle-France,* 1895.) **4.** MAR Levier fixé à la mèche du gouvernail et permettant de l'orienter. – *Par ext.* Système permettant d'orienter le gouvernail. *Barre mécanique, électrique, commande de barre. Barre franche,* qui agit directement sur le gouvernail (par oppos. à *barre à roue*). ▷ Fig. *Être à la barre, tenir la barre:* diriger une entreprise, gouverner. **5.** GEOGR Accumulation d'alluvions fluviales en forme d'arête sur le fond marin, parallèlement à la côte, au large de vastes estuaires, là où le courant fluvial est annulé par la mer. *Barre du Mississippi, du Sénégal, de l'Amazone.* **6.** Zone de hautes vagues qui viennent se briser en avant de certaines côtes. *Pirogue qui franchit la barre.* **7.** Ligne de crête due à la persistance d'une couche géologique verticale dure dans une structure sédimentaire plissée qui a été érodée. *La barre des Écrins.* **8.** Emplacement réservé aux dépositions des témoins dans les salles d'audience d'un tribunal. *Appeler un témoin à la barre.* **9.** Espace entre les dents labiales (incisives et canines) et les dents jugales (prémolaires et molaires) de la mâchoire inférieure des ruminants, solipèdes, lagomorphes, etc. *La barre, chez le cheval, correspond à l'endroit où l'on place le mors.* – Lat. pop. **barra,* p.-ê. d'orig. gauloise.

barré, ée [bɑre] adj. **1.** Fermé, bloqué au moyen d'une barre, d'un mécanisme quelconque; *spécial.* fermé à clef. *Porte, valise barrée.* «Une autre blessure les attendait. Le presbytère était barré. Pour la première fois depuis l'existence de leur village, ils virent cette porte barrée comme une porte de banque; fermée à clef comme une maison de commerce où l'on ne va qu'à certaines heures [...].» (Félix Leclerc, *Adagio,* 1943.) **2.** Dont l'accès est bloqué. *Chemin barré. Côte barrée pendant l'hiver.* **3.** Fam. Exclu d'un endroit, d'un groupe. *Élève barré dans toutes les écoles.* **4.** Fig., fam. Loc. adj. *Pas barré, pas barré à quarante:* qui agit avec assurance, avec audace; qui n'a honte de rien, sans-gêne. *Le gars, pas barré, lui demande sans détours de l'héberger.* ▷ Qui ne regarde pas à la dépense. *Quand on fête quelque chose, on (n') est pas barré.* **5.** Paralysé (sous l'effet du froid, de l'émotion). *Les joueurs n'avancent plus sur la glace, ils sont barrés.* ▷ Contracté, aux prises avec un spasme qui raidit les muscles. *Avoir le front barré, la mâchoire bar-*

rée. **6.** Vieilli Rayé. *Tissu barré, chemise barrée.* «Marie sortit, pieusement, avec des caresses, les couvertures grises aux larges bordures pourpres, puis les lourdes catalognes barrées où, par bandes, la défunte avait étalé la couleur des paysages et des saisons [...].» (Félix-Antoine Savard, *Menaud, maître-draveur,* 1937.) ▷ Tacheté, bariolé (d'un animal). *Vache barrée.* **7.** *Dent barrée:* dent dont la configuration des racines rend l'extraction difficile. – Pp. de *barrer.*

barreau [bɑ(a)ʀo] n. m. **1.** Barre de bois, de fer qui sert d'assemblage, de clôture, etc. *Les barreaux d'une chaise, d'une grille.* **2.** Emplacement garni de bancs, réservé aux avocats dans les salles d'audience judiciaire, et clôturé autrefois par un barreau amovible. – Fig. La profession d'avocat. *Se destiner au barreau.* ▷ Corporation professionnelle des avocats dont seuls les membres, lorsqu'ils sont inscrits au tableau de l'Ordre, peuvent exercer la profession d'avocat. *Le barreau du Québec.* – De *barre.*

barre-code [baʀkɔd] n. f. INFORM Bâtonnet vertical utilisé pour la codification de caractères d'impression et permettant une lecture optique automatisée. – De *barre,* et *code.*

barrer [bɑʀe] v. **I.** v. tr. [1] **1.** Fermer (une porte, une fenêtre) au moyen d'une barre. *Par ext.* Fermer par un mécanisme quelconque (verrou, cadenas, chaîne) et, plus spécial., fermer à clef. *Barrer la porte derrière soi.* «On ne barre pas un camp dans le bois.» (adage beauceron cité dans Madeleine Ferron et Robert Cliche, *Quand le peuple fait la loi,* 1972.) – v. pron. *Coffre, valise qui se barre.* ▷ Bloquer, empêcher momentanément le fonctionnement (de qqch.). *Barrer le volant, les roues d'un véhicule. Barrer sa bicyclette,* par ex. avec une chaîne et un cadenas. **2.** Rendre un passage inaccessible, en bloquer l'accès. *Barrer une route, un chemin.* – Fig. *Barrer la route (à un adversaire).* **3.** Rayer, biffer d'un trait. *Barrer un mot, une phrase dans un texte. Barrer un nom sur une liste.* ▷ Refuser (à qqn) l'accès (d'un établissement); l'exclure (d'un groupe, d'une profession). *Barrer un médecin de la corporation.* **4.** Fig. Paralyser, figer, immobiliser. «[...] une sorte de peur m'a comme barré partout.» (Jean-Paul Filion, *À mes ordres, mon colonel!,* 1982.) ▷ Produire une contraction au niveau d'un membre, d'un organe. *L'émotion lui barrait la poitrine, l'estomac. Le froid nous barrait les jambes.* – v. intr. *Un genou qui barre.* ▷ *Barrer les jambes à qqn,* entraver son pas. Syn. enfarger. – Fig. Empêcher qqn d'avancer, lui nuire dans ses projets. – v. pron. *Se barrer les pieds, les jambes,* se prendre les pieds, les jambes (dans qqch.). **5.** MAR Tenir la barre de (un bateau de plaisance). **II.** v. pron. (France) Pop. S'en aller, se sauver. *Barrons-nous!* – De *barre.*

1. barrette [baʀɛt] n. f. Bonnet carré des ecclésiastiques. ▷ Bonnet rouge des cardinaux. – Ital. *baretta,* «béret».

2. barrette [bɑ(a)ʀɛt] n. f. Petite barre. **1.** Petite barre formant un bijou, une broche. *Barrette de diamants.* **2.** Petite pince pour tenir les cheveux. *Accroche-cœur fixé par une barrette.* **3.** Ruban d'étoffe, insigne d'une décoration. – De *barre.*

barreur, euse [baʀœʀ, øz] n. Personne qui tient la barre à bord d'un voilier, d'un navire de plaisance. – De *barre.*

barricade [baʀikad] n. f. Retranchement élevé hâtivement avec des moyens de fortune pour barrer un passage et se mettre à couvert, notam. pendant une insurrection. ▷ Fig. *Ne pas être du même côté de la barricade:* être d'opinions contraires. – De l'a. fr. *barriquer,* «rouler des barriques».

barricader [baʀikade] **I.** v. tr. [1] **1.** Obstruer (une voie de communication) par des barricades. **2.** Fermer solidement. *Barricader un portail.* **II.** v. pron. S'enfermer. – De *barricade.*

barrière [bɑ(a)ʀjɛʀ] n. f. **1.** Assemblage de pièces de bois ou de métal formant une clôture. *Barrière d'un champ.* – *Spécial.* Clôture mobile au croisement d'une voie ferrée et d'une route. *Barrière automatique.* **2.** Vx Porte, avec ou sans barrière, à l'entrée d'une ville, d'un palais. *Barrière de l'octroi. «La garde qui veille aux barrières du Louvre»* (Malherbe). ▷ TRANSP *Barrière de péage:* installation destinée à percevoir les péages sur une autoroute. ▷ *Barrière de dégel:* interdiction faite aux véhicules lourds d'emprunter certaines routes pendant la période du dégel. **3.** Obstacle naturel important. *La barrière des Pyrénées entre la France et l'Espagne.* ▷ Fig. *Les barrières douanières s'opposent au libre-échange.* **4.** ESP *Barrière thermique:* limite à partir de laquelle l'échauffement dû au frottement de l'atmosphère détruit les structures d'un engin. V. ablation. – De *barre.*

barrique [baʀik] n. f. Tonneau contenant 200 à 250 litres; son contenu. ▷ Loc. fig. Pop. *Être rond comme une barrique:* avoir trop bu. – Gascon *barrico.*

barrir [baʀiʀ] v. intr. [2] Crier, en parlant de l'éléphant, du rhinocéros. – Lat. *barrire.*

barrissement [baʀismɑ̃] ou **barrit** [baʀi] n. m. Cri de l'éléphant, du rhinocéros. – De *barrir.*

barrot [ba(ɑ)ʀo] n. m. MAR Poutre transversale supportant les ponts d'un navire. – De *barre.*

bartavelle [baʀtavɛl] n. f. Perdrix *(Alectoris graeca)* du Jura et des Alpes, très voisine de la perdrix rouge. – Provenç. *bartavelo.*

bary-. Élément, du gr. *barus,* «lourd».

barycentre [baʀisɑ̃tʀ] n. m. MATH Notion généralisant celle de centre de gravité. (Le barycentre de n points M_i affectés de coefficients a_i, dont la somme n'est pas nulle, est le point G, tel que $\sum_i^n a_i\overrightarrow{GM_i}=\overrightarrow{O}$.). – De *bary-,* et *centre.*

barycentrique [baʀisɑ̃tʀik] adj. Qui se rapporte au barycentre, au centre de gravité. – De *barycentre.*

baryon [baʀjɔ̃] n. m. PHYS NUCL Nom générique des particules lourdes (nucléons et hypérons). – De *bary-,* et *-on,* de *électron.*

barysphère [baʀisfɛʀ] n. f. GEOL Noyau central de la Terre, qui serait constitué de métaux lourds. (On dit plutôt *Nifé.*) – De *bary-,* et *sphère.*

baryte [baʀit] n. f. Hydroxyde de baryum ($Ba[OH]_2$), utilisé en radiologie pour opacifier le tube digestif. – Du gr. *barus,* «lourd».

baryté, ée [baʀite] adj. Qui contient ou utilise de la baryte. – De *baryte.*

barytine [baʀitin] n. f. MINER Sulfate de baryum naturel ($BaSO_4$), très dense, incolore ou brun clair (barytine miel), transparent lorsqu'il est cristallisé. – De *baryte,* et *-ine.*

baryton [baʀitɔ̃] n. m. **1.** GRAM GR Accent grave remplaçant l'accent aigu sur la dernière syllabe d'un mot; mot qui porte cet accent. **2.** MUS Voix intermédiaire entre le ténor et la basse. – *Par ext.* Chanteur qui a cette voix. – Gr. *barutonos,* de *barus,* «grave», et *tonos,* «accent».

barytose [baʀitoz] n. f. Maladie pulmonaire professionnelle due à l'inhalation de poussières de sulfate de baryum. – De *baryte,* et *-ose* 2.

baryum [baʀjɔm] n. m. CHIM Élément métallique de numéro atomique $Z = 56$ et de masse atomique $M = 137{,}34$ (symbole Ba), qui fait partie des alcalino-terreux. *Le baryum est un métal blanc et mou, de densité 3,74, qui fond à 714 °C et bout à 1 640 °C.* – Du gr. *barus,* «lourd».

barzoï [baʀzɔj] n. m. Lévrier russe à poil long. – Mot russe.

1. bas, basse [bɑ, bɑs] adj. **I.** Qui a peu de hauteur ou d'élévation. **1.** Qui est au-dessous d'une hauteur moyenne ou normale. *Porte basse.* – Qui est au-dessous d'un degré pris comme terme d'une comparaison. *À cette heure-ci, la mer est basse.* – Spécial. *Ciel bas,* par ext., *temps bas,* couvert, avec des nuages peu élevés. *Le baromètre, le thermomètre est bas.* ▷ (En parlant de l'âge.) *En bas âge,* très jeune. **2.** (Par comparaison avec une autre partie d'un même ensemble.) *Les basses branches d'un arbre. Parties basses d'un édifice.* ▷ (Dans l'espace géographique.) *La basse ville* (par oppos. à *la haute ville), le bas pays.* – (Dans un n. propre.) *La basse Bretagne:* la partie la moins montagneuse de cette province de France. *Les basses Alpes:* la partie de la chaîne des Alpes où les sommets sont comparativement moins élevés. – Par ext. *La basse Seine:* la partie de la Seine la plus voisine de son embouchure. *La Basse-Côte-Nord:* subdivision de la Côte-Nord située dans la partie est de cette région, s'étendant environ de Kégashka à Blanc-Sablon. – Vieilli *Les planètes basses:* celles qui sont situées entre la Terre et le Soleil (Mercure et Vénus.) ▷ *Ce bas monde:* ce monde où nous vivons (par opp. au *ciel* chrétien.) **3.** (En parlant de la voix ou du chant.) Grave (opposé à *haut, à aigu.*) *Ce morceau est trop bas pour ma voix. À voix basse:* sans élever la voix. *Messe basse:* messe non chantée. Loc. fam. *Faire des messes basses:* chuchoter. **4.** Loc. *Avoir la vue basse:* ne distinguer les objets que de fort près. *Les personnes âgées ont souvent la vue un peu basse.* ▷ *Marcher la tête basse,* la tête inclinée vers l'avant. – Fig. *Avoir la tête basse:* être honteux. ▷ *Faire main basse sur:* dérober, piller. **5.** Dont la valeur matérielle est moindre. *Le change est bas,* au-dessous du cours ordinaire. *Pratiquer des prix assez bas,* des prix modiques. **II.** D'un niveau inférieur, avec ou sans idée de comparaison sociale ou morale. **1.** D'un rang considéré comme inférieur dans la hiérarchie sociale. *Le bas peuple. Les basses classes de la société. – Le bas clergé.* **2.** Inférieur, subalterne. *De basses fonctions. Besognes de basse police.* **3.** Vil, moralement méprisable. *Un individu bas. Une basse jalousie.* **4.** Trivial. *Cette expression est basse.* **5.** Qui appartient à une époque relativement récente. *Le bas latin, le bas allemand, le Bas-Empire.* **III.** (Pris adv.) **1.** Dans la partie basse, inférieure. *Le coup est parti de plus bas.* – Loc. *Chapeau bas:* en ayant enlevé son chapeau. *Mettre bas les armes, la veste:* déposer les armes; enlever sa veste. ▷ *Mettre bas:* en parlant des animaux, mettre des petits au monde. ▷ Loc. *Plus bas:* plus loin en descendant. *Il habite trois maisons plus bas.* – Ci-dessous, ci-après. *Voyez dix lignes plus bas.* **2.** *Bas, plus bas, tout bas:* en baissant la voix; à mi-voix. **3.** Loc. *Jeter, mettre à bas:* renverser, détruire. ▷ *Bas les pattes!* Ne touchez pas! ▷ Suivi d'un nom, marque le mépris et la révolte. *À bas la tyrannie!* **4.** Loc. adv. *En bas:* dans le lieu qui est en dessous. *Il habite en bas. Regardez donc en bas.* **5.** Loc. prép. *À bas de, en bas de, au bas de* (avec ou sans mouvement): hors de, au pied de. *Être jeté à bas de son lit. Il habite en bas de la colline.* Dans la partie inférieure. *La rivière coule au bas de notre jardin.* **6.** Loc. adv. *Ici-bas:* en notre monde, sur cette terre. *Là-bas:* en un lieu plus ou moins éloigné. – Lat. *bassus.*

2. bas [bɑ] n. m. **1.** La partie inférieure. *Le bas de la montagne. Le bas de la page. Le bas de son visage est ridé.* (Servant à désigner un espace géographique.) *Le bas de la paroisse:* la partie est d'une paroisse située sur le Saint-Laurent, ou la partie qui est la plus proche du fleuve. – (Dans un n. propre.) *Le Bas-du-Fleuve* (ou *Bas-Saint-Laurent*): région de la rive sud du Saint-Laurent s'étendant environ de La Pocatière jusqu'à Mont-Joli. ▷ Loc. fig. *Il y a des hauts et des bas; avoir des hauts et des bas,* de bons et de moins bons moments. **2.** MUS Les notes les plus graves. *Il a une belle voix dans le bas.* – De *bas,* adj.

3. bas [bɑ] n. m. Vêtement très ajusté, tricoté ou tissé, qui sert à couvrir le pied et la jambe. *Une paire de bas. Des bas de soie, des bas nylon.* – Loc. fig. *Bas de laine:* économies d'un petit épargnant. – Pour *bas-de-chausses.*

basal, ale, aux [bɑzal, o] adj. De base. *Métabolisme basal:* quantité d'énergie (exprimée couramment en calories) utilisée par un organisme au repos. – De *base.*

basalte [bazalt] n. m. Roche éruptive compacte, très dure, formée d'un agrégat de petits cristaux de feldspath, de pyroxène et d'olivine noyés dans un verre noir. – Lat. *basaltes.*

ENCYCL À leur sortie du cratère, les basaltes sont toujours très fluides et ils constituent d'immenses coulées à surface horizontale. Au refroidissement, des prismes hexagonaux se forment qui, après érosion des coulées, prennent l'aspect de tuyaux d'orgue. Les basaltes sont très importants; ils constituent la couche profonde de l'écorce terrestre, dite *croûte océanique,* car elle affleure au fond des océans, sur laquelle reposent les continents granitiques.

basaltique [bazaltik] adj. Formé de basalte. – De *basalte.*

basane [bazan] n. f. **1.** Cuir très souple obtenu à partir d'une peau de mouton tannée, employé en sellerie, en maroquinerie, en reliure. **2.** Plur. Bandes de cuir souple protégeant l'entrejambe et le fond d'une culotte de cheval contre l'usure due au frottement de la selle. – Provenç. *bazana;* esp. *badana;* ar. *bitâna,* «doublure».

basané, ée [bazane] adj. De la couleur de la basane. – *Par ext.* Hâlé, bruni. *Teint basané.* – Pp. de *basaner.*

basaner [bazane] v. tr. [1] Donner la couleur de la basane (à qqch). – De *basane.*

bas-bleu [bɑblø] n. m. Péjor. Femme pédante. – Trad. de l'angl. *Blue stocking,* surnom d'un brillant causeur.

bas-côté [bɑkote] n. m. **1.** ARCHI Galerie ou nef latérale d'une église. **2.** Accotement d'une route entre la chaussée et le fossé. – De *bas,* et *côté.*

basculant, ante [baskylɑ̃, ɑ̃t] adj. Qui bascule. *Une benne basculante.* – De *basculer.*

bascule [baskyl] n. f. **1.** Pièce de bois ou de métal, qui peut osciller librement autour de son axe. ▷ Balançoire faite d'une seule pièce en équilibre. ▷ Fig. *Jeu de bascule:* équilibre instable entre deux éléments contraires. **2.** Machine à peser les lourdes charges. **3.** ARCHI Porte-à-faux d'escaliers ou de balcons formant saillie. **4.** ELECTRON Circuit qui peut occuper deux états différents. – De l'a. fr. *baculer,* «frapper le derrière», de *battre* et *cul,* avec infl. de *bas.*

basculement [baskylmɑ̃] n. m. Action de basculer. – De *basculer.*

basculer [baskyle] **I.** v. intr. [1] **1.** Imprimer un mouvement de bascule à. *Faire basculer une poutre.* **2.** Décrire un mouvement de bascule, tomber. *Le camion a basculé dans le ravin.* **II.** v. tr. Imprimer un mouvement de bascule à. *Basculer un fardeau.* – De l'a. fr. *baculer.* V. *bascule.*

basculeur [baskylœʀ] n. m. Appareil pour faire basculer. – De *basculer.*

bas-culotte [bɑkylɔt] n. m. Ensemble de deux bas qui se rejoignent de façon à former une culotte. Syn. collant. – De *bas,* et *culotte.*

bas-de-casse [bɑdkɑs] n. m. TYPO Partie inférieure de la casse d'imprimerie, où sont les caractères des lettres minuscules; ces lettres elles-mêmes. – De *bas,* et *casse.*

base [bɑz] n. f. **1.** Partie inférieure d'un corps, sur laquelle ce corps repose. *La base d'une colonne.* ▷ Fig.

Ensemble des militants d'un parti politique, d'un syndicat (par opposition aux dirigeants). **2.** Principal ingrédient d'un mélange. *Un poison à base d'arsenic.* **3.** Fig. Principe, donnée fondamentale. *Les bases d'un système.* **4.** ANAT Extrémité la plus large d'un organe. *La base du cœur* (d'où partent les vaisseaux sanguins). **5.** CHIM Substance capable de capter les protons (ions H+) des acides. **6.** ELECTRON *Base d'un transistor:* couche qui sépare l'émetteur et le collecteur. **7.** GEOM Face particulière de certains volumes. *Base d'un prisme.* ▷ Côté particulier de certaines figures. *Base d'un triangle isocèle.* **8.** INFORM *Base de temps:* générateur de signaux réglant le cycle de fonctionnement d'un calculateur. *Base de données:* ensemble de fichiers contenant des informations à traiter. **9.** MATH *Base de numération:* nombre de chiffres ou de symboles utilisés dans un système de numération. *Système à base 2,* ou *binaire. Base d'un système de logarithmes,* nombre tel que si $y = \log_a x$ (logarithme à base a de x) on a $x = a^y$. (La base des logarithmes *décimaux* est égale à 10, celles des logarithmes *népériens* à *e,* soit 2,71828...) **10.** *Base de plein air:* lieu aménagé en pleine nature où des familles, des groupes peuvent en toute saison séjourner et pratiquer librement des activités de plein air. **11.** MILIT Zone où sont rassemblés les équipements et les services nécessaires à une action offensive ou défensive. ALPIN Camp de base. ▷ ESP *Base de lancement:* lieu où sont réunies les installations nécessaires à la préparation, au lancement, au contrôle en vol et au guidage d'engins spatiaux. – Lat. d'orig. gr. *basis.*

ENCYCL **Chim.** Les bases sont des corps susceptibles de fixer les protons (ions H+) contenus dans les acides, au moyen de doublets d'électrons, et de favoriser ainsi la libération de ces protons. Certaines bases contiennent le radical OH (soude NaOH, potasse KOH); dans ce cas, la réaction acide + base fournit un sel et de l'eau. D'autres ne contiennent pas ce radical (ammoniac NH_3, méthylamine CH_3-NH_2). La force d'une base est directement liée à son aptitude à capter des protons. Les bases sont très utilisées dans l'industrie. Elles servent en partic. à fabriquer les savons.

baseball [bezbɑl] n. m. Jeu opposant deux équipes de neuf joueurs, qui consiste à frapper, à l'aide d'un bâton de bois, une balle dure lancée par un joueur de l'équipe adverse et à parcourir un circuit jalonné de quatre buts afin de marquer un point. *Joueur de baseball. Balle, bâton* de baseball.* – Mot amér.

baselle [bɑzɛl] n. f. Plante tropicale (genre *Basella*) dont on consomme les feuilles comme celles des épinards. – D'une langue indienne.

baser [bɑze] **I.** v. tr. [1] **1.** Prendre ou donner pour base. *Baser sa conduite sur l'exemple d'un grand homme.* **2.** MILIT Établir une unité dans une base militaire. *Escadrille basée à l'arrière du front.* **II.** v. pron. S'appuyer, se fonder. *Je me base sur cette probabilité.* (*Baser sur, se baser sur,* sont critiqués par certains puristes). – De *base.*

bas-fond [bɑfɔ̃] n. m. **1.** Terrain plus bas que ceux qui l'entourent. *Les bas-fonds sont souvent marécageux.* **2.** Endroit peu profond dans un cours d'eau, un lac, une mer. Syn. haut-fond. **3.** Fig. (Toujours au plur.) Couches les plus misérables d'une société, d'une population. *Les bas-fonds d'une grande cité.* – De *bas,* et *fond.*

basic [bazik] n. m. INFORM Langage de programmation. – Abrév. de l'angl. *Beginner's All purpose Symbolic Instruction Code,* «code d'instructions symboliques à usage universel destiné au débutant».

basicité [bɑzisite] n. f. CHIM Caractère d'un milieu basique. – De *basique.*

baside [bɑzid] n. f. BOT Cellule sporifère, en forme de massue, caractéristique des basidiomycètes. – Du gr. *basis,* «base».

basidiomycètes [bɑzidjɔmisɛt] n. m. pl. BOT Classe très importante (env. 1 500 espèces) de champignons caractérisés par la possession de basides, comprenant tous les champignons classiques (amanites, bolets, psalliotes, clavaires, etc.), mais également un grand nombre de formes parasites (rouille du blé, charbon du maïs, armillaire couleur de miel, etc.). – De *baside,* et gr. *mukês, mukêtos,* «champignon».

basilaire [bazilɛʀ] adj. ANAT Qui est à la base de, qui sert de base à. – Du gr. *basis,* «base».

basilecte [bazilɛkt] n. m. LING Variété de langue parlée par les couches défavorisées d'une communauté linguistique donnée. – Du gr. *basis,* «base», et *-lecte.*

basileus [baziløs] n. m. HIST Titre du roi de Perse dans l'Antiquité, jusqu'à la conquête arabe, puis de l'empereur d'Orient à Byzance. – Mot gr., «roi».

1. basilic [bazilik] n. m. **1.** Saurien iguanidé arboricole d'Amérique (genre *Basilicus*), à crête dorsale très développée. **2.** MYTH Serpent fabuleux dont le regard passait pour être mortel. – Lat. *basiliscus,* gr. *basiliskos,* «petit roi».

2. basilic [bazilik] n. m. Plante aromatique, employée comme condiment (*Ocimum basilicum,* fam. labiacées). – Bas lat. *basilicum,* gr. *basilikon,* «royal».

basilical, ale, aux [bazilikal, o] adj. ARCHI Propre à une basilique, au plan des basiliques. – De *basilique.*

basilique [bazilik] n. f. **1.** ANTIQ Édifice rectangulaire aux vastes proportions, souvent terminé par un hémicycle à l'une de ses extrémités, qui servait de tribunal, de bourse de commerce, de lieu de négoce et de promenade. *La basilique de Maxence, au pied du Palatin, à Rome.* **2.** Église chrétienne des premiers siècles, construite d'abord sur le plan des basiliques (sens 1). *Les basiliques de Ravenne, chefs-d'œuvre de l'art byzantin.* **3.** Grande église métropolitaine ou archiépiscopale. *La basilique Notre-Dame à Montréal.* – *Par ext.* Titre concédé par le pape à certaines grandes églises. *La basilique du Sacré-Cœur à Paris.* – Gr. *basilikê,* «royale», par le lat.

basin [bazɛ̃] n. m. Tissu de lin et de coton. – De l'a. fr. *bombasin,* compris plus tard comme *bon basin;* ital. *bombagine,* de *bombagia,* «étoffe de coton».

basique [bɑzik] adj. **1.** CHIM Qui possède les caractères de la fonction base, qui peut fixer des ions H+ en solution. *Sel basique, oxyde basique.* **2.** GEOL *Roche basique:* roche éruptive contenant peu de silice. – De *base.*

bas-jointé [bɑʒwɛ̃te] adj. *Cheval bas-jointé,* dont le paturon est trop incliné vers l'horizontale. – De *bas,* et *jointé.*

basket-ball [baskɛtbɑl] ou **basket** [baskɛt] n. m. Jeu de ballon consistant à faire pénétrer le plus souvent possible le ballon dans le panier de l'équipe adverse. – Mot amér., «balle au panier».

basketteur, euse [baskɛtœʀ, øz] n. Joueur, joueuse de basket. – De *basket.*

basoche [bazɔʃ] n. f. **1.** HIST Association des clercs du Parlement, dans les grandes villes de la France médiévale, qui conserva certains privilèges de juridiction jusqu'en 1789. *Les clercs de la basoche.* **2.** Vieilli, fam. L'ensemble des gens de justice et de loi. – Forme pop. de *basilique.*

basochien, ienne [bazɔʃjɛ̃, jɛn] adj. HIST Qui appartient à la basoche. ▷ N. m. Clerc de la basoche. – De *basoche.*

basommatophores [basɔmatofɔʀ] n. m. pl. ZOOL Ordre de mollusques gastéropodes pulmonés aquatiques dont les yeux ne sont pas pédonculés (limnée, planorbe, etc.), par oppos. aux stylommatophores. – Du gr. *basis,* «base», *omma,* «œil», et *phorein,* «porter».

basophile [bazɔfil] adj. Qui a de l'affinité pour les colorants basiques. *Cellule basophile.* – De *base,* et *-phile.*

basophilie [bazɔfili] n. f. BIOCHIM Affinité pour les colorants basiques. – De *base,* et gr. *philein,* «aimer».

basquais, aise [baskɛ, ɛz] adj. (rare au masc.) et n. f. **1.** Du Pays basque. ▷ N. f. Habitante, femme originaire du Pays basque. **2.** Loc. CUIS *À la basquaise :* cuit avec du jambon de Bayonne, du piment doux et des tomates. *Poulet à la basquaise,* ou, ellipt., *poulet basquaise.* – V. basque.

basque [bask] adj. et n. Du Pays basque. *Les coutumes basques.* – Subst. Habitant, personne originaire du Pays basque. ▷ N. m. *Le basque:* la langue non indo-européenne, d'origine très controversée, que parlent les Basques. – Lat. *Vasco.*

basques [bask] n. f. plur. Pans de vêtement qui partent de la taille. *Habit, redingote à longues basques.* – Fig., fam. *Être pendu aux basques de qqn:* ne pas le quitter; l'importuner. – A. fr. *baste* avec infl. de *basquine;* ital. *basta,* «troussis».

basquine [baskin] n. f. Jupe ample, à plis et richement brodée, des femmes basques. – Esp. *basquina.*

bas-relief [baʀəljɛf] n. m. Sculpture faisant peu saillie par rapport au bloc qui lui sert de support. *Les bas-reliefs du Parthénon sont dus à Phidias.* – Calque de l'ital. *basso-rilievo,* «faible relief».

1. basse [bas] n. f. MUS **1.** La partie la plus grave d'un morceau. – *Voix de basse:* voix apte à chanter les parties basses. ▷ Chanteur capable de chanter ces parties. *Chaliapine fut une célèbre basse.* ▷ Instrument de musique (à vent ou à cordes) servant à exécuter la basse. ▷ *Basse continue:* basse notée indépendamment du chant, qui servait, dans la musique ancienne, de support aux accords des différentes voix, et qui donna naissance à la *basse chiffrée,* ancêtre de la notation musicale moderne. **2.** (Toujours au plur.) Grosses cordes de certains instruments. – Ital. *basso,* «bas».

2. basse [bas] n. f. MAR Fond rocheux suffisamment profond pour ne jamais découvrir, mais où la mer brise aux grandes marées. – De *bas.*

basse-cour [baskuʀ] n. f. Cour, loges et petits bâtiments d'une exploitation rurale, où l'on élève la volaille et les lapins. *La basse-cour de la ferme. Des basses-cours.* ▷ Ensemble de ces animaux. – De *bas,* et *cour.*

basse-fosse [basfos] n. f. Cachot souterrain des anciens châteaux forts. ▷ *Cul de basse-fosse:* second cachot creusé dans la basse-fosse elle-même. *Des basses-fosses.* – De *bas,* et *fosse.*

bassement [basmɑ̃] adv. D'une manière basse, vile. *Il a agi bassement.* – De *bas.*

bassesse [basɛs] n. f. **1.** Vx Condition sociale humble ou obscure. *Reprocher à qqn la bassesse de sa naissance.* **2.** Dégradation morale, absence de fierté. *Bassesse de sentiments.* **3.** Action vile. – De *bas.*

basset [basɛ] n. m. Chien aux pattes très courtes, le plus souvent torses. *Toutes les races de chien pourraient, par sélection, fournir des bassets.* – De *bas.*

basse-taille [bastaj] n. f. MUS *Voix de basse-taille, ou basse-taille:* voix de basse chantante, située entre le baryton et la basse; chanteur qui possède cette voix. *Des basses-tailles.* – De *basse,* et *taille,* «ténor».

bassin [basɛ̃] n. m. **1.** Grand plat creux, généralement rond ou ovale. *Bassin de bronze, de porcelaine.* **2.** Pièce d'eau aménagée, de grandes dimensions. *Le bassin du parc Lafontaine à Montréal.* ▷ *Petit bassin* (d'une piscine): partie de la piscine où les nageurs ont pied, où les enfants peuvent se baigner, par oppos. au *grand bassin.* **3.** MAR Plan d'eau d'un port, bordé de quais. *Bassin ouvert.* V. darse. – *Bassin de radoub:* cale sèche. **4.** GEOGR et GEOL Territoire dont les eaux de ruissellement vont se concentrer dans une mer ou un océan *(bassin maritime),* dans un fleuve *(bassin fluvial)* ou dans un lac *(bassin lacustre).* – *Bassin fermé,* celui dont les eaux de ruissellement sont privées d'écoulement vers la mer. – *Bassin sédimentaire:* région en cuvette d'un socle où la sédimentation s'est effectuée en couches continues et relativement régulières, ce qui les fait affleurer en auréoles concentriques, les plus récentes au centre, les plus anciennes à la périphérie. – *Bassin d'effondrement:* zone affaissée d'un socle, plus ou moins fermée, limitée par des failles. Syn. limagne, fossé d'effondrement. – *Bassin minier:* région dont le sous-sol contient un gisement de minerais de grande étendue exploité par de nombreuses mines. **5.** ANAT Structure osseuse en forme de ceinture, qui constitue la base du tronc, et où s'attachent les membres inférieurs, chez les mammifères supérieurs et chez l'homme. *Fracture du bassin. Petit bassin:* partie inférieure du bassin, étroite, au niveau de laquelle se trouvent le rectum et les organes génito-urinaires. – Lat. pop. **baccinus,* «qui forme récipient».

bassinage [basinaʒ] n. m. Action de bassiner. ▷ Arrosage léger. – De *bassiner.*

bassine [basin] n. f. Grande cuvette servant à divers usages domestiques. *Recueillir des cendres chaudes dans une bassine. Bassine à confitures.* – De *bassin.*

bassiner [basine] v. tr. [1] **1.** Chauffer avec une bassinoire. *Bassiner un lit.* **2.** Humecter, arroser légèrement. *Se bassiner les yeux. Bassiner une platebande.* **3.** Pop. Fatiguer, ennuyer. – De *bassin.*

bassinet [basinɛ] n. m. **1.** Vx Petite bassine, petit bassin (au sens 1). ▷ Loc. fam. *Cracher au bassinet:* contribuer à quelque dépense, en général à contrecœur. **2.** HIST Calotte de fer que l'on plaçait sous le casque, au Moyen Âge. – Casque du XIVe s., arrondi, à visière mobile. ▷ Capsule d'une arme à feu à pierre, où l'on mettait l'amorce. **3.** ANAT Cavité située dans le hile rénal où se collectent les urines, qui viennent des calices et seront évacuées par les uretères. – Dimin. de *bassin.*

bassinoire [basinwaʀ] n. f. Anc. Bassin de métal muni d'un manche et d'un couvercle percé de trous, où l'on mettait des braises pour chauffer un lit. – De *bassin.*

bassiste [basist] n. Personne qui joue de la basse (c.-à-d., dans un orchestre classique, du violoncelle), de la contrebasse (dans un orchestre de danse, de jazz). – De *basse.*

basson [basɔ̃] n. m. MUS Instrument à vent, en bois et à anche double, la basse de la famille des bois. ▷ Celui qui joue du basson. – Ital. *bassone,* «grosse basse».

basta! [basta] interj. Marque l'agacement. – Mot ital., «assez».

bastague. V. bastaque.

bastaing ou **basting** [bastɛ̃] n. m. CONSTR Madrier, planche en résineux. – De *bâtir.*

bastaque [bastak] n. f. ou **bastague** [bastag] n. m. MAR Hauban mobile qui retient le mât, depuis la hanche arrière, du côté du vent. *Bastaques des gréements de cotre, de goélette.* – Du néerlandais *bakstag.*

baste [bast] interj. Marque l'indifférence ou le mépris. *Baste! Je me moque de ses menaces.* – Ital. *basta,* «assez!».

bastide [bastid] n. f. **1.** Au Moyen Âge: ouvrage de fortification. ▷ Ville fortifiée de fondation seigneuriale, royale ou abbatiale. **2.** Mod. En Provence: petite maison de campagne. – Provenç. *bastida,* «bâtie».

bastidon [bastidõ] n. m. Petite bastide (sens 2). – De *bastide.*

bastille [bastij] n. f. Au Moyen Âge: ouvrage de fortification détaché en avant d'une enceinte ou faisant corps avec elle. – *Par ext.* Château fort. ▷ *La Bastille:* le château, commencé par Charles V pour défendre Paris, qui devint prison d'État sous Richelieu, et que le peuple prit d'assaut (14 juillet 1789) et détruisit. – Altér. de *bastide.*

basting. V. bastaing.

bastingage [bastɛ̃gaʒ] n. m. MAR **1.** Anc. Caisson de bois ou de fer destiné à recevoir les hamacs de l'équipage, surmontant le plat-bord et les gaillards des navires de guerre, et servant à la protection contre le feu de l'ennemi. **2.** Mod. Garde-corps. – Du provenç. *bastingo,* «toile bâtie, matelassée».

bastion [bastjõ] n. m. MILIT Ouvrage fortifié formant un angle saillant. – Fig. *Ce pays est le bastion du racisme.* – Pour *bastillon,* de *bastille.*

bastonnade [bastɔnad] n. f. Coups de bâton. *La bastonnade joue un grand rôle dans certaines farces de Molière.* – Ital. *bastonata.*

bastringue [bastʀɛ̃g] n. m. **1.** Vieilli Bal de guinguette; orchestre bruyant. **2.** Fam. Tapage, vacarme. **3.** Fam. Chose quelconque. Syn. machin, truc. *Qu'est-ce que c'est que ce bastringue?* – Orig. incert.

bas-ventre [bɑvɑ̃tʀ] n. m. Partie inférieure du ventre. – De *bas,* et *ventre.*

bât [bɑ] n. m. Harnachement des bêtes de somme pour le transport des fardeaux. *Un bât de mulet.* ▷ Fig. *C'est là que le bât le blesse:* c'est là son point sensible, sa cause de préoccupation ou d'irritation. – Du gr. *bastazein,* «porter», par le bas lat.

bataclan [bataklɑ̃] n. m. Fam. Attirail embarrassant. ▷ *Et tout le bataclan:* et cætera; et tout le reste. – Onomat.

bataille [bataj] n. f. **1.** Combat général entre deux armées, deux flottes, deux forces aériennes. *Engager la bataille. La bataille des plaines d'Abraham.* – *Troupes en bataille,* déployées pour le combat. – *Champ de bataille:* lieu où se déroule un combat. – *Cheval de bataille,* propre à bien servir un jour de combat. Fig. Idée favorite, sur laquelle quelqu'un revient sans cesse. – *Ordre de bataille:* liste et implantation des unités constituant une armée qui livre bataille. ▷ Loc. *En bataille:* en désordre. *Cheveux en bataille.* **2.** Combat violent. *Bataille de chats.* – Fig. *Bataille d'idées. Bataille politique.* **3.** Jeu de cartes très simple qui se joue à deux. – Bas lat. **battalia,* «escrime».

batailler [bataje] v. intr. [1] **1.** Vx Livrer bataille, guerroyer. **2.** Auj. Discuter avec chaleur, avec âpreté. *Il a fallu batailler pour arracher cette concession.* **3.** Fam. Mener une lutte incessante. *J'ai bataillé pour faire fortune.* – De *bataille.*

batailleur, euse [batajœʀ, øz] adj. **1.** Qui aime à se battre. *Enfant batailleur.* **2.** Qui aime la discussion, la lutte. *Tempérament batailleur.* – De *batailler.*

bataillon [batajõ] n. m. **1.** Vx ou litt. Troupe de combattants. **2.** Subdivision d'un régiment d'infanterie, groupant plusieurs compagnies. *Un bataillon de chasseurs.* **3.** Fig., fam. Troupe nombreuse et peu disciplinée. – Ital. *battaglione.*

bâtard, arde [bɑtaʀ, aʀd] adj. et n. **I.** adj. **1.** Vieilli *Enfant bâtard,* qui est né hors du mariage. *Une fille bâtarde.* ▷ N. Enfant naturel. *Louis XIV légitima plusieurs de ses bâtards.* **2.** En parlant des végétaux et des animaux, qui n'est pas d'une variété, d'une race pure. *Olivier bâtard. Lévrier bâtard.* ▷ Fig. Qui est le résultat d'un mélange de genre. *Architecture d'un style bâtard.* **3.** Qui tient le milieu entre deux autres choses. ▷ CONSTR *Porte bâtarde,* intermédiaire entre une petite porte et une porte cochère. – *Ciment bâtard,* dont le liant comprend du ciment et de la chaux. ▷ Péjor. *Cette affaire s'est terminée par une solution bâtarde.* **II.** n. **1.** n. m. *Un bâtard:* un pain court. **2.** n. f. *Bâtarde* (ou *écriture bâtarde*), écriture intermédiaire entre l'anglaise et la ronde. – Orig. incert.

batardeau [bataʀdo] n. m. **1.** TRAV PUBL Ensemble de cloisons destinées à retenir ou à détourner les eaux afin de pouvoir exécuter certains travaux au sec. **2.** MAR Caisson, appliqué contre le bord d'une embarcation, que l'on vide pour pouvoir réparer la partie de la coque ainsi mise à sec. – A. fr. *bastart,* «digue», de *bâtir.*

bâtardise [bɑtaʀdiz] n. f. État de celui qui est bâtard. *La bâtardise est signalée sur les anciennes armoiries par une brisure particulière.* – De *bâtard.*

batave [batav] adj. et n. **1.** Relatif aux Bataves, ancien peuple germanique établi à l'embouchure du Rhin. ▷ Vx ou plaisant. Syn. de *hollandais.* **2.** HIST *République batave:* nom des Pays-Bas sous domination française, entre 1795 et 1806. – Lat. *Batavi.*

batavia [batavja] n. f. BOT Variété de laitue *(Lactuca sativa* var. *batavia).* – Du lat. *Batavi.*

batavique [batavik] adj. *Larme batavique:* goutte de verre terminée par une pointe très déliée que l'on produit en laissant tomber du verre liquide dans l'eau froide. – De *Batave,* parce qu'observée, à l'origine, en Hollande.

batayole [batajɔl] n. f. MAR Montant en fer servant de garde-corps ou de support de bastingage sur un navire, de rambarde verticale à l'extrémité d'un pont. – Ital. *battagliola.*

bateau [bato] n. m. **1.** Nom générique des engins conçus pour naviguer. *Bateau à voile, à moteur.* – *Bateau-pilote,* qui assure un service de pilotage pour les navires. – *Bateau de sauvetage,* destiné à secourir les naufragés ou les nageurs en difficulté. – *Bateau-pompe,* pourvu de pompes à incendie. – *Bateau-citerne,* aménagé pour le transport des liquides. – *Bateau-feu:* bateau fixe ou ponton qui porte un phare pour signaler un haut-fond dangereux. – *Bateau pneumatique,* constitué de flotteurs gonflés. ▷ Loc. fig. *Être du même bateau,* de la même coterie, du même bord. ▷ Fam. *Mener quelqu'un en bateau,* lui en faire accroire. – *Un bateau:* une plaisanterie, une supercherie. *Il lui a monté un bateau.* **2.** MAR Embarcation de faible tonnage (par oppos. à *navire*). **3.** Abaissement de la bordure d'un trottoir devant une porte de garage, un passage pour piétons pour permettre l'accès des véhicules. *L'aménagement de bateaux devant les passages pour piétons permet aux personnes âgées ou handicapées de traverser la rue sans difficulté. Le stationnement est interdit le long d'un bateau.* – De l'anc. angl. *bât.*

batée [bate] n. f. Récipient pour le lavage des sables aurifères. – Var. de *battée,* «plat en terre battue».

batelage [batlaʒ] n. m. **1.** Allées et venues des bateaux qui chargent ou déchargent un navire. **2.** Salaire du batelier. – De *bateau.*

bateler [batle] v. tr. [11] Charger et transporter par bateau. – De *bateau.*

bateleur, euse [batlœʀ, øz] n. Vieilli Personne qui, en plein air, amuse le public par des tours d'adresse, de passe-passe, mêlés de pitreries. – De l'a. fr. *baastel,* «tour d'escamoteur».

batelier, ière [batəlje, jɛʀ] n. Personne dont le métier est de conduire les bateaux sur les cours d'eau. – De *bateau.*

batellerie [batɛlʀi] n. f. Ensemble des bateaux assurant les transports sur les cours d'eau, ou sur un cours d'eau déterminé; industrie relative à ces transports. *La batellerie de la voie maritime du Saint-Laurent.* – De *bateau.*

bâter [bɑte] v. tr. [1] Munir d'un bât (une bête de somme). *Bâter un mulet.* – Fig. *Âne bâté,* homme très ignorant. – De *bât.*

bat-flanc [baflɑ̃] n. m. inv. **1.** Planche de séparation entre deux chevaux dans une écurie. **2.** Cloison en bois, dans une chambrée de caserne. – De *battre,* et *flanc.*

bath [bat] adj. inv. Pop. Beau, joli, agréable. – Orig. incert.

batholite [batɔlit] n. m. GEOL Affleurement granitique massif de forme grossièrement elliptique, contenant souvent des enclaves sédimentaires de même nature que les terrains sédimentaires avoisinants, ceux-ci ayant été modifiés au niveau du contact avec le granite. – Du gr. *bathos,* «profondeur», et *lithos,* «pierre».

bathonien [batɔnjɛ̃] n. m. GEOL Étage supérieur du Jurassique moyen. – De *Bath,* v. de G.-B.

bathy-. Élément, du gr. *bathus,* «profond».

bathyal, ale [batjal] adj. GEOL Se dit des fonds océaniques compris entre 300 et 3 000 m de profondeur, et correspondant à peu près au talus continental. – Du gr. *bathus,* «profond».

bathymètre [batimɛtʀ] n. m. GEOL Gravimètre utilisé pour mesurer la profondeur des océans. – De *bathy-,* et *-mètre.*

bathymétrie [batimetʀi] n. f. Mesure de la profondeur des océans. – De *bathymètre.*

bathyscaphe [batiskaf] n. m. Appareil autonome pour l'exploration des grandes profondeurs marines. – De *bathy-,* et gr. *scaphê,* «barque».

bathysphère [batisfɛʀ] n. f. Sphère d'acier suspendue à un câble porteur, destinée à l'exploration des grandes profondeurs marines. – De *bathy-,* et *sphère.*

1. bâti, ie [bɑti] adj. **1.** Constitué, édifié de telle ou telle manière. *Une maison mal bâtie.* ▷ Sur quoi on a édifié un bâtiment. *Terrain bâti.* **2.** Fig. (Personnes). *Être bien, (mal) bâti:* être robuste, (contrefait). – Pp. de *bâtir.*

2. bâti [bɑti] n. m. **1.** Cadre d'une porte ou d'une croisée. *Bâti dormant,* fixe. **2.** Ensemble de montants et de traverses destiné à supporter ou à fixer une machine. **3.** Assemblage provisoire des pièces d'un vêtement avant couture. *Le bâti d'une robe.* – Pp. subst. de *bâtir.*

batifolage [batifɔlaʒ] n. m. Fam. Action de batifoler, de folâtrer. – De *batifoler.*

batifoler [batifɔle] v. intr. [1] Fam. Jouer à la manière des enfants, folâtrer. *Batifoler dans l'herbe.* – Ital. *battifolle,* «boulevard où l'on s'amuse».

batifoleur, euse [batifɔlœʀ, øz] n. Fam. Personne qui aime à batifoler. – De *batifoler.*

batik [batik] n. m. Procédé de décoration consistant à masquer certaines zones avec de la cire pour empêcher leur imprégnation par la teinture. ▷ Tissu obtenu par ce procédé. – Mot javanais.

bâtiment [bɑtimɑ̃] n. m. **1.** Construction; *spécial.,* construction destinée à l'habitation. *Corps de bâtiment. Peintre en bâtiment.* **2.** L'ensemble des corps de métiers qui concourent à la construction. ▷ Fam. *Être du bâtiment:* être de la partie; s'y connaître. ▷ Prov. *Quand le bâtiment va, tout va:* l'activité dans la construction est un indice de prospérité générale. **3.** Bateau ou navire de dimensions assez importantes. *Bâtiment de ligne:* cuirassé ou croiseur de bataille. – De *bâtir.*

bâtir [bɑtiʀ] **I.** v. tr. [2] **1.** Construire, édifier. *Bâtir une maison.* ▷ Loc. fig. *Bâtir en l'air* ou *sur le sable:* fonder qqch sur une base peu solide. – *Être bâti à chaux et à sable:* avoir une robuste constitution. **2.** Faire construire. *Les pharaons qui ont bâti les pyramides.* **3.** Fig. Établir, fonder. *Bâtir sa fortune sur d'audacieuses spéculations.* **4.** Assembler à grands points les parties d'un vêtement. *Bâtir un chemisier.* **II.** v. pron. Être construit. *Cette maison s'est bâtie rapidement.* – Frq. **bastjan,* «assembler avec de l'écorce» *(bast).*

bâtisse [bɑtis] n. f. **1.** Grand bâtiment. **2.** Péjor. Grosse maison prétentieuse. – De *bâtir.*

bâtisseur, euse [bɑtisœʀ, øz] n. Personne qui fait construire de nombreux bâtiments. *Louis XIV fut un grand bâtisseur.* ▷ Fig. *Les pionniers du Canada, bâtisseurs de pays.* – De *bâtir.*

batiste [batist] n. f. Toile de lin d'un tissu très fin et serré. – Du nom du premier fabricant: *Baptiste.*

bâton [bɑtɔ̃] n. m. **1.** Morceau de bois long et mince, servant d'appui ou servant à frapper. *Coup de bâton.* ▷ SPORT *Bâton de baseball:* bâton droit et arrondi avec lequel le joueur de baseball frappe la balle. *Bâton de hockey:* bâton avec lequel le joueur de hockey maîtrise la rondelle, composé d'un manche et d'une palette formant entre eux un angle obtus. *Bâton de ski:* tige de bois ou de métal, munie d'une poignée et terminée par une rondelle et une pointe, qui permet au skieur de prendre appui. *Bâton de golf** ou *club.* ▷ Fig. *Bâton de vieillesse:* celui, celle qui assiste une personne âgée. ▷ *Bâton de commandement:* bâton porté en signe d'autorité, par certains chefs militaires ou civils, à diverses époques de l'histoire. ▷ Loc. fig. *Mettre des bâtons dans les roues:* créer des difficultés. **2.** Objet en forme de bâton. *Un bâton de cire, de réglisse.* ▷ Loc. *Parler à bâtons rompus,* sans suite, avec des interruptions ou en changeant fréquemment de sujet. **3.** Trait, barre que fait un enfant qui apprend à écrire, à compter. **4.** BOT *Bâton blanc:* nom cour. d'une asphodèle. *Bâton d'or:* giroflée jaune. **5.** *Bâton du diable:* nom cour. d'un phasme. – Bas lat. *bastum,* de **bastare,* «porter».

bâtonnat [bɑtɔna] n. m. Fonction d'un bâtonnier de l'ordre des avocats; durée de sa fonction. – De *bâton.*

bâtonner [bɑtɔne] v. tr. [1] **1.** Frapper à coups de bâton. **2.** Rayer, biffer. – De *bâton.*

bâtonnet [bɑtɔnɛ] n. m. **1.** Petit bâton; petit objet en forme de bâton. **2.** ANAT Cellules nerveuses photoréceptrices de la rétine, responsables de la vision en lumière faible (vision scotopique) et de la vision en noir et blanc. – Dimin. de *bâton.*

bâtonnier [bɑtɔnje] n. m. Chef et représentant de l'Ordre des avocats, dans le territoire de chaque barreau. *Le bâtonnier est élu par ses confrères.* (Rem.: Comme forme féminine, l'OLF recommande *une bâtonnière.*) – De *bâton.*

batoude [batud] n. f. Espèce de tremplin flexible utilisé par les acrobates pour leurs exercices. – De l'ital. *battuto.*

batraciens [batʀasjɛ̃] n. m. pl. ZOOL Anc. nom des amphibiens. – Gr. *batrakhos,* «grenouille».

battage [bataʒ] n. m. Action de battre. *Battage des tapis.* – *Battage des céréales,* pour séparer le grain des épis. – *Battage de l'or:* martelage des lames d'or pour les réduire en feuilles très minces. – *Battage de pieux:* enfoncement de pieux dans un terrain peu résistant, par ex. pour servir de fondation à une construction. ▷ Fig. et fam. *Faire du battage:* faire une réclame tapageuse, une publicité bruyante et excessive. – De *battre.*

1. battant, ante [batɑ̃, ɑ̃t] adj. Qui bat. *Pluie battante,* abondante et violente. *Porte battante,* qui se referme d'elle-même. ▷ Fig. *Faire une chose tambour battant,* avec célérité et autorité. – Ppr. de *battre.*

2. battant [batɑ̃] n. m. **1.** Marteau intérieur d'une cloche. **2.** Vantail d'une porte ou d'une fenêtre. *Ouvrir une porte à deux battants.* **3.** MAR Dimension horizontale d'un pavillon, qui bat au vent (par oppos. au *guindant,* dimension verticale). **4.** Personne énergique, qui aime à combattre. *Cet homme politique est un battant.* – Ppr. subst. de *battre.*

batte [bat] n. f. **1.** TECH Action de battre l'or ou l'argent pour le réduire en feuilles très minces. **2.** Maillet de bois plat, à long manche. **3.** Sabre de bois de certains personnages de comédie (Arlequin notam.). **4.** SPORT Bâton à bout renflé qui sert à renvoyer la balle au cricket. – De *battre.*

battement [batmɑ̃] n. m. **I. 1.** Choc, bruit que produit ce qui bat; mouvement de ce qui bat. *Battement de mains, d'ailes.* – *Les battements du cœur,* ses pulsations. **2.** PHYS Oscillation d'amplitude due à l'interférence de deux ondes de fréquences voisines. *Le phénomène de battement est utilisé en radio pour obtenir la moyenne fréquence.* **3.** Intervalle de temps, délai. *Laissons une heure de battement entre chaque séance.* **II.** CONSTR **1.** Pièce contre laquelle s'applique le battant d'une porte. **2.** Pièce d'arrêt pour les persiennes. – De *battre.*

batterie [batʀi] n. f. **1.** Réunion de bouches à feu. *Une batterie de lance-roquettes.* ▷ Subdivision d'un groupe d'artillerie; matériel composant l'armement de cette unité. ▷ MAR Emplacement des canons sur un vaisseau de guerre. ▷ Loc. *Mettre en batterie:* disposer pour le tir (une pièce d'artillerie). – Fig. *Changer ses batteries:* modifier ses projets. **2.** Par anal. *Batterie de cuisine:* ensemble des ustensiles qui servent à la cuisine. **3.** ELECTR Ensemble de piles, d'accumulateurs, de condensateurs associés en série ou en parallèle. *Batterie d'accumulateurs d'une voiture.* ▷ Fig. *Recharger ses batteries:* reprendre des forces. **4.** Ensemble de machines semblables. *Une batterie de téléscripteurs.* **5.** MUS Formule rythmique exécutée sur le tambour. ▷ Figure musicale formée d'accords brisés ou arpégés, répétée pendant plusieurs temps ou plusieurs mesures. **6.** Nom collectif des instruments de percussion dans l'orchestre. – De *battre.*

batteur [batœʀ] n. m. **1.** Celui qui effectue le battage des céréales. **2.** Celui qui bat les métaux. *Batteur d'or.* **3.** Loc. fig. *Batteur de fer:* escrimeur enragé. ▷ *Batteur de pavé:* flâneur, fainéant. **4.** MUS Musicien qui joue de la batterie dans un orchestre de jazz, de danse. **5.** Instrument pour battre les œufs. **6.** Dans une batteuse: pièce cylindrique tournant à très grande vitesse, garnie de battes qui frappent les épis pour en détacher les grains. – De *battre.*

batteuse [batøz] n. f. **1.** Machine transformant les métaux en feuilles par martelage. **2.** Machine servant à séparer les grains de la balle et de la paille. – De *batteur.*

battiture [batityʀ] n. f. Parcelle d'oxyde qui s'échappe pendant le cinglage ou le forgeage d'un métal. – De *battre.*

battoir [batwaʀ] n. m. Instrument qui sert à battre (le linge, le beurre, etc.). – Fig. fam. Main grosse et large. – De *battre.*

battre [batʀ] v. tr. **[81] I. 1.** Donner des coups à, frapper (un être vivant). *Battre un chien, un enfant. Battre qqn à coups de poing. Battre qqn avec un bâton, une matraque.* **2.** Vaincre, avoir le dessus sur (qqn, un groupe). *Il a battu tous les candidats. Notre équipe de baseball a battu celle de la ville voisine.* ▷ Par ext. *Battre un record.* **II. 1.** Donner des coups sur (qqch) avec un instrument. *Battre un tapis, des tentures avec une tapette pour en faire sortir la poussière. Battre l'or, l'argent,* pour le réduire en feuilles très minces. – *Battre monnaie:* fabriquer des pièces de monnaie. ▷ *Battre le fer sur l'enclume.* – Loc. fig. *Il faut battre le fer quand il est chaud:* il faut profiter sans attendre de l'occasion qui se présente. **2.** Remuer, mêler en frappant à petits coups. *Battre des œufs:* mêler le blanc et le jaune. *Battre des œufs en neige.* ▷ Par ext. *Battre les cartes,* les mélanger avant de jouer. **3.** *Battre les buissons,* les fouiller avec un bâton pour faire sortir le gibier. – Par ext. *Battre le pays, la contrée, la campagne,* les parcourir pour faire des recherches. *Battre la région pour retrouver un criminel.* Fig. *Battre la campagne:* laisser son esprit, son imagination errer, rêver. **4.** *Battre le tambour:* jouer du tambour. ▷ *Battre la retraite, le rappel:* jouer l'air de la retraite, du rappel sur le tambour. – Fig. *Battre le rappel:* appeler, rassembler des personnes. **5.** *Battre la semelle:* frapper le sol avec chaque pied alternativement (pour se réchauffer). **6.** Heurter, frapper contre (choses). *La mer bat les rochers. La pluie bat les carreaux. Le vent lui bat le visage.* **7.** MAR *Battre pavillon français, grec,* etc.: arborer au mât de pavillon le pavillon français, grec, etc. **III.** v. pr. **1.** Se porter des coups, lutter. *Deux enfants qui se battent.* **2.** Combattre, entrer en conflit, en lutte avec un adversaire. *Nos troupes se battent depuis plusieurs mois. Se battre pour obtenir une augmentation de salaire.* **IV.** v. intr. et tr. indir. **1.** Être agité de mouvements répétés. *Le cœur bat. La porte bat dans le vent.* **2.** *Battre contre:* frapper. *Les volets battent contre le mur.* **3.** Agiter (une partie du corps) de façon répétée. *Battre des mains. Battre des paupières. Battre de l'aile.* (Fig. Aller mal, être instable. *Une affaire commerciale qui bat de l'aile.*) **4.** *Le tambour bat:* on bat du tambour. **V.** Loc. **1.** *Battre froid à qqn:* être froid, inamical avec lui. **2.** *Battant neuf. Un sou battant neuf,* qui vient d'être battu. *Par ext.* Tout neuf. **3.** *Battre son plein:* se trouver à son plus haut degré (choses). *La fête bat son plein.* – Lat. *battuere,* puis *battere,* d'orig. gaul.

battu, ue [baty] adj. **1.** Défait, vaincu. *Armée, équipe battue.* **2.** Qui a reçu des coups. *Un chien battu.* ▷ *Avoir les yeux battus,* cernés, qui marquent la fatigue. *Une mine battue,* un air fatigué. **3.** Foulé, tassé. *Terre battue. Sentiers, chemins battus,* très fréquentés. Fig. *Suivre les sentiers battus:* agir comme tout le monde, sans originalité. **4.** Exposé aux coups de (choses). *Falaise battue par les vents.* **5.** CHOREGR *Pas, jeté battu,* accompagné de croisements rapides des jambes. – Pp. de *battre.*

battue [baty] n. f. Action de battre le terrain pour en faire sortir le gibier et le rabattre vers les chasseurs. ▷ *Par ext.* Action de battre le terrain pour rechercher un malfaiteur, un animal égaré, une personne disparue, etc. – Pp. subst. de *battre.*

batture [batyʀ] n. f. **1.** Rivage à faible pente que les eaux douces ou salées viennent battre. *À marée haute, le chemin de batture est impraticable.* **2.** Glace plus ou moins nivale, fixée ou non au rivage. *Les battures partent à la dérive, au printemps.* **3.** Écoumène réel ou imaginaire en bordure des nappes d'eau. **4.** Nom de lieu. *Les Battures des Belles Filles.* – De *battre.*

ENCYCL Mot utilisé par Cartier au XVIe s. Implique une variation du niveau des eaux due à la marée, la débâcle, l'embâcle, aux courants et au vent. La batture devient visible à la baisse des eaux. Les conditions topographiques et climatiques produisent sur les battures des étages de végétation, dont le *foin de mer* de la Côte-de-Beaupré.

bau, baux [bo] n. m. MAR Poutre transversale qui réunit deux couples d'un navire. – *Maître bau,* celui qui est placé à l'endroit où le navire est le plus large. – Frq. **balk*.

baud [bo] n. m. TELECOMM Unité de vitesse de modulation. *Une ligne à 2 400 bauds permet de transmettre 66 caractères en 10 secondes.* – De *Baudot,* n. pr.

baudet [bodɛ] n. m. Âne. – *Spécial.* Âne étalon. *Être chargé comme un baudet,* très chargé. – De l'a. fr. *baud,* «lascif».

baudrier [bodʀije] n. m. Bande de cuir ou d'étoffe qui se porte en écharpe et qui soutient une arme, un tambour. – Orig. incert., p.-ê. germ. *balt,* lat. *balteus,* «bande».

baudroie [bodʀwa] n. f. Poisson téléostéen marin qui attire les petits poissons en agitant devant son énorme gueule un lambeau membraneux de sa nageoire dorsale. (Une espèce, *Lophius piscatorius,* très commune sur les côtes européennes, est vendue sous le nom de *lotte de mer.*) – Provenç. *baudroi.*

baudruche [bodʀyʃ] n. f. **1.** Membrane très mince faite avec les intestins du bœuf ou du mouton. **2.** Ballon de baudruche ▷ Fig. Homme sans caractère, sans volonté. – Orig. incert.

bauge [boʒ] n. f. **1.** Lieu fangeux où gîte le sanglier. Syn. souille. ▷ Fig. Habitation sale et mal tenue. **2.** Mortier de terre grasse mêlée de paille. Syn. torchis. – A. fr. *bauche,* «boue séchée», du gaul. **balcos,* «fort».

baume [bom] n. m. **1.** Substance résineuse et odorante qui coule de certains végétaux. ▷ (France) *Baume du Canada:* résine extraite du sapin baumier, abondant au Canada, de même indice de réfraction que le verre et utilisée pour coller des pièces d'optique (prismes, lentilles, etc.). **2.** Médicament à odeur balsamique pour l'usage externe. ▷ Fig. Apaisement, consolation. *Cette heureuse nouvelle est un baume pour son chagrin.* – Lat. *balsamum,* du gr.

bauquière [bokjɛʀ] n. f. MAR Ceinture longitudinale intérieure d'un navire, reliant les couples et supportant les baux. – De *bau.*

bauxite [boksit] n. f. Minerai renfermant surtout de l'alumine hydratée, plus ou moins mêlée d'oxydes de fer et de silicium, dont on extrait l'aluminium. – Du nom des *Baux-de-Provence,* où fut découvert le premier gisement.

bavard, arde [bavaʀ, aʀd] adj. **1.** Qui parle beaucoup, qui aime parler. ▷ Subst. *Un bavard impénitent.* **2.** Qui commet des indiscrétions. – De *bave,* «bavardage».

bavardage [bavaʀdaʒ] n. m. **1.** Action de bavarder. **2.** Propos vains, indiscrets ou médisants. – De *bavarder.*

bavarder [bavaʀde] v. intr. [1] **1.** Parler avec excès. **2.** Parler familièrement avec qqn, causer. **3.** Divulguer ce qu'on devrait taire. – De *bavard.*

1. bavarois, oise [bavaʀwa, waz] adj. De Bavière. ▷ Subst. Habitant ou personne originaire de la Bavière.

2. bavarois [bavaʀwa] n. m. Entremets froid à base de crème anglaise et de gélatine, diversement parfumé, désigné autrefois sous le nom de *fromage bavarois.* – De *Bavaria,* ancien nom de la Bavière.

bavaroise [bavaʀwaz] n. f. Boisson chaude parfumée à l'alcool, à base de thé longuement battu avec un jaune d'œuf et du sucre. – De *bavarois,* nom d'une boisson mise à la mode par les princes de Bavière.

bave [bav] n. f. **1.** Salive visqueuse qui s'échappe de la bouche, ou de la gueule d'un animal. **2.** Sécrétion gluante de la limace, de l'escargot. – Lat. pop. *bava,* «boue».

baver [bave] v. intr. [1] **1.** Laisser couler de la bave. **2.** Fig., vieilli *Baver sur qqn,* le salir de calomnies. **3.** Fig., pop. *En baver:* passer par de rudes épreuves. *Il en a bavé pour réussir.* **4.** Présenter des bavures. – De *bave.*

bavette [bavɛt] n. f. **1.** Petite pièce de lingerie qui protège la poitrine des jeunes enfants. Syn. bavoir. **2.** Partie supérieure d'un tablier de femme. **3.** BOUCH (Coupe française) Morceau situé au-dessous de l'aloyau. **4.** Loc. fam. *Tailler une bavette:* bavarder. – De *bave.*

baveux, euse [bavø, øz] adj. **1.** Qui bave. ▷ Fig. *Omelette baveuse,* peu cuite et molle. **2.** Qui présente des bavures. – De *bave.*

bavocher [bavɔʃe] v. intr. [1] Former des traits ou imprimer de façon peu nette. – De *baver.*

bavoir [bavwaʀ] n. m. Bavette (sens 1). – De *bave.*

bavolet [bavɔlɛ] n. m. **1.** Coiffure de paysanne. **2.** Étoffe ornant par derrière une coiffure de femme. – De *bas,* et *volet,* «voile».

bavure [bavyʀ] n. f. **1.** Trace des joints du moule sur un objet moulé. **2.** Trace d'encre ou de couleur débordant d'un trait peu net. ▷ Fig. Imperfection d'un travail. *Un travail sans bavures,* irréprochable. – Par euphém.: *Cette opération de police a comporté de nombreuses bavures.* – De *baver.*

bayadère [bajadɛʀ] n. f. Danseuse indienne. ▷ *Étoffe bayadère,* à raies multicolores. – Du portug. *bailadeira,* «danseuse».

bayer [baje] v. intr. [24] *Bayer aux corneilles:* regarder en l'air niaisement. V. bâiller. – A. fr. *béer,* lat. pop. **batare.*

bayou [baju] n. m. Partie de méandre recoupée et occupée par un lac, ou bras mort d'un delta, en Louisiane. – Mot amérindien.

ENCYCL Le bassin du Mississippi inférieur est caractérisé par ses terres basses et ses marais, sillonnés par de nombreux cours d'eau dérivés des rivières et du fleuve, et par des ruisseaux non moins nombreux, sortes de canaux où le courant est presque nul, et que l'on appelle *bayous.* Ce nom d'origine amérindienne (on le doit aux Chactas) se trouve déjà, en 1730, sous la forme «bayouk». Pour protéger ces terres marécageuses contre les inondations, on a construit des digues (ou «levées») sur des milliers de kilomètres. C'est le long des bayous que s'étaient fixés les Acadiens arrivés en Louisiane au XVIIIe siècle; outre qu'il leur rappelait celui de la Nouvelle-Écosse, le territoire y était très fertile, et le poisson, les crustacés, le gibier y abondaient. Le mot bayou, qui en est originaire, ne s'emploie que pour la Louisiane et les régions limitrophes.

bazar [bazaʀ] n. m. **1.** Marché public, en Orient. **2.** Magasin où l'on vend toutes sortes d'objets. **3.** Fig. Lieu où tout est en désordre. ▷ Objets en désordre. – Du persan *bâzâr,* «souk».

bazarder [bazaʀde] v. tr. [1] Fam. Se défaire à bas prix de. *Bazarder ses vieux livres.* – De *bazar.*

bazooka [bazuka] n. m. MILIT Lance-roquettes antichar portatif. – Mot amér.

bazou [bazu] n. m. Fam. Automobile démodée, ou délabrée. «[...] je monte dans un gros bazou balourd qui mène un train d'enfer.» (Jean-Paul Filion, *Les murs de Montréal,* 1977.) – D'un mot amér., p.-ê. de l'arg. *bazooker,* «auto».

B.C.G. [beseʒe] Sigle pour (vaccin) *bilié* de *Calmette* et *Guérin,* vaccin antituberculeux.

B.D. [bede] n. f. Abrév. de bande dessinée.

Be CHIM Symbole du béryllium.

beagle [bigl] n. m. Chien basset à jambes droites. – Mot angl.

béant, ante [beɑ̃, ɑ̃t] adj. Largement ouvert. *Un trou béant.* – Ppr. de *béer.*

béarnais, aise [bearnɛ, ɛz] adj. et n. Du Béarn. ▷ n. f. *Béarnaise* ou *sauce béarnaise:* sauce relevée à base de vinaigre, d'herbes aromatiques, de beurre et d'œufs, pour accompagner la viande et le poisson.

béat, ate [bea, at] adj. **1.** Bienheureux, tranquille. *Mener une vie béate.* **2.** Satisfait de soi-même et un peu niais. **3.** Qui exprime la béatitude. *Une mine béate.* – Lat. *beatus,* «heureux».

béatement [beatmɑ̃] adv. D'une manière béate. – De *béat.*

béatification [beatifikasjɔ̃] n. f. Acte du pape mettant au rang des bienheureux une personne décédée, à qui peut être rendu un culte public provisoire. – De *béatifier.*

béatifier [beatifje] v. tr. [1] Mettre au rang des bienheureux. – Lat. ecclés. *beatificare.*

béatifique [beatifik] adj. Qui donne la félicité céleste. *Vision béatifique:* vision de Dieu dont jouissent au ciel les élus. – Lat. ecclés. *beatificus.*

béatitude [beatityd] n. f. **1.** État de plénitude heureuse, de grand bonheur. **2.** Bonheur parfait de l'élu au ciel. **3.** *Les Béatitudes:* les huit sentences du Christ, commençant par le mot *beati* («bienheureux»), qui ouvrent le Sermon sur la Montagne et détaillent les voies d'accès au royaume des Cieux. – Lat. ecclés. *beatitudo.*

beatnik [bitnik] n. et adj. **1.** Aux États-Unis, adepte de la *beat generation* (mouvement littéraire et phénomène social qui naquit au début des années 1950 et qui s'affirmait en prenant le contre-pied du mode de vie américain traditionnel). **2.** Jeune homme, jeune fille affirmant son opposition à la morale sociale et aux valeurs traditionnelles par son mode de vie, son comportement, son habillement. **3.** Adj. *La civilisation beatnik.* – Mot amér.

1. beau ou **bel, belle** [bo, bɛl] adj. (La forme *bel* s'emploie devant les noms masculins singuliers commençant par une voyelle ou un h muet. *Un bel enfant, un bel homme.*) **I.** Qui suscite un plaisir esthétique, qui plaît par l'harmonie de ses formes, de ses couleurs. *Un beau château, une belle maison.* Ant. laid. Loc. *Se faire beau:* s'habiller avec soin. ▷ Vieilli *Le beau sexe:* le sexe féminin. **II.** Qui suscite l'admiration. **1.** Qui plaît, qui satisfait intellectuellement. *Une belle œuvre, un beau talent.* **2.** Qui mérite l'estime. *Un beau geste. Une belle conduite.* **3.** Distingué, raffiné. *De belles manières.* ▷ Pop. *Le beau monde:* la haute société. ▷ *Un beau parleur:* un homme qui parle bien. ▷ *Un beau joueur,* qui sait perdre avec bonne grâce. **4.** Clair, ensoleillé (temps). *Le beau temps. À la belle saison.* ▷ Loc. *Il fait beau.* ▷ Subst. *Le temps est au beau.* **5.** Qui est satisfaisant, réussi. *Un beau travail. Un beau match. Faire un beau coup:* réussir un coup adroit. ▷ *L'échapper belle:* éviter de justesse un danger. ▷ *Avoir la partie belle:* disposer de tous les éléments favorables. ▷ *Jouer, faire la belle,* la partie décisive quand deux partenaires ou deux équipes ont gagné chacun une manche. **6.** *Par ext.* Qui est grand, important, considérable. *Une belle fortune.* ▷ Loc. *Au beau milieu:* juste au milieu. – *À belles dents:* avec avidité. ▷ *Il y a beau temps que:* il y a longtemps que. **7.** Par antiphrase. *Une belle entorse. De belles promesses,* auxquelles on ne doit pas se fier. – (Augmentatif.) *Un bel égoïste. Une belle fripouille.* ▷ Loc. *En faire de belles:* faire de grosses sottises. ▷ Fam. *Cela te fera une belle jambe:* cela te sera bien inutile. **8.** Loc. verb. *Avoir beau* (+ inf.). *Il a beau dire, il a beau faire:* quoi qu'il dise, quoi qu'il fasse. ▷ *Il ferait beau voir:* il serait étrange de voir. **9.** Loc. adv. *Bel et bien:* réellement, incontestablement. *Il a bel et bien échoué.* ▷ *De plus belle:* encore plus, plus que jamais. – Lat. *bellus,* «joli».

2. beau, belle [bo, bɛl] n. **I.** n. m. Ce qui est beau, ce qui suscite un plaisir esthétique, un sentiment d'admiration. *Le beau et le bien. Avoir l'amour du beau.* **II. 1.** n. m. *Un vieux beau:* un homme âgé qui cherche à séduire. **2.** Loc. *Faire le beau:* en parlant d'un animal, se tenir en équilibre sur ses pattes de derrière. **3.** n. f. *Une belle:* une belle femme. *Il courtise les belles.* – De *beau* 1.

beaucoup [boku] adv. **1.** *Beaucoup de* (+ subst.). Une grande quantité, un grand nombre. *Il a beaucoup d'argent.* **2.** (Emploi nominal). Un grand nombre de personnes, de choses. *Beaucoup l'ont cru. Je lui dois beaucoup.* **3.** (Avec un verbe, un adverbe). *Il a beaucoup bu. Il est beaucoup trop fatigué.* ▷ (Avec un comparatif). *Il va beaucoup mieux. Il est beaucoup plus doué que son frère.* **4.** Loc. adv. *De beaucoup:* nettement. *Il est de beaucoup le plus savant.* – De *beau,* et *coup.*

beau-fils [bofis] n. m. **1.** Fils que la personne que l'on a épousée a eu d'un précédent lit. **2.** Gendre. – *Des beaux-fils.* – De *beau,* et *fils.*

beau-frère [bofrɛr] n. m. **1.** Frère du mari pour la femme, de la femme pour le mari. **2.** Mari d'une sœur ou d'une belle-sœur. *Des beaux-frères.* – De *beau,* et *frère.*

beaujolais [boʒɔlɛ] n. m. Vin du Beaujolais. – Du n. de la région, à cheval sur les dép. du Rhône et de la Loire.

beau-père [bopɛr] n. m. **1.** Père du mari pour la femme, de la femme pour le mari. **2.** Second mari de la mère pour les enfants d'un premier lit. *Des beaux-pères.* – De *beau,* et *père.*

beauportois, oise [bopɔrtwa, waz] adj. De Beauport au Québec. ▷ Subst. Habitant de cette ville.

beaupré [bopre] n. m. MAR Mât incliné ou horizontal, à l'avant d'un navire. – Néerl. *boegspriet,* «mât de proue».

beauté [bote] n. f. **1.** Qualité de ce qui suscite un sentiment d'admiration, un plaisir esthétique. *La beauté d'un visage, d'une fleur. Le culte de la beauté.* ▷ Loc. *De toute beauté:* d'une beauté parfaite, totale. – Fam. *En beauté:* avec noblesse, avec grande allure. *Finir en beauté.* **2.** Qualité d'une personne qui est belle. *La beauté d'un enfant. Il a une beauté naturelle. Produits de beauté:* produits servant à embellir le visage et la peau. ▷ Loc. *La beauté du diable:* l'éclat de la jeunesse. ▷ Absol. *Une beauté:* une femme très belle. **3.** Plur. Les éléments de la beauté, les parties belles d'une chose. *Les beautés de cette œuvre en font oublier les défauts.* – Lat. pop. **bellitas.*

beaux-arts [bozar] n. m. pl. **1.** Les arts plastiques: peinture, sculpture, architecture, gravure, etc. **2.** Les arts en général. *Le Musée des beaux-arts.* – De *beau,* et *art.*

beaux-parents [boparɑ̃] n. m. pl. Les parents du conjoint. – De *beau,* et *parent.*

bébé [bebe] n. m. **1.** Enfant en bas âge, nourrisson. ▷ Fig. Personne d'un caractère infantile. *C'est un vrai bébé.* **2.** (En composition avec un nom d'animal). Très jeune animal. *Un bébé-phoque.* – De l'angl. *baby.*

bébé-éprouvette [bebeepruvɛt] n. m. Enfant issu d'une fécondation in vitro (formation de l'œuf dans un récipient de laboratoire avant l'implantation dans l'utérus de la femme). *Des bébés-éprouvettes.* – De *bébé,* et *éprouvette.*

bébête [bebɛt] adj. Fam. Niais. – De *bête.*

be-bop [bibɔp] ou **bop** [bɔp] n. m. **1.** Style de jazz né au début des années 1940. **2.** Danse sur un rythme rapide. – Onomat. amér.

bec [bɛk] n. m. **1.** Partie cornée et saillante, composée de deux mandibules, qui tient lieu de bouche aux oiseaux. *Un long bec, un bec crochu.* – *Par ext.* Bouche de certains animaux (tortues, céphalopodes, charançons). **2.** Par anal., Fam. Bouche (surtout dans le langage enfantin). *Embrasser un enfant sur le bec. Avoir la cigarette au bec.* «[...] la liqueur à l'orange ou aux fraises qui nous tachait le bec qu'on essuyait avec des débarbouillettes humides [...].» (Paul Villeneuve, *J'ai mon voyage!*, 1969.) ▷ Loc. *Se sucrer le bec:* manger des sucreries, des mets sucrés. – *Avoir qqch. tout cuit, tout rôti dans le bec,* l'obtenir facilement, sans faire d'effort. – *Avoir, se retrouver le bec à l'eau:* ne pas être plus avancé après qu'avant, se retrouver Gros-Jean comme devant. – Donner un coup de bec: lancer un trait piquant. – *Avoir une prise de bec,* une altercation (avec qqn). – *Clouer, clore le bec à qqn,* le réduire au silence par des arguments péremptoires. – *Fermer son bec:* se taire. – *Fin bec:* gourmet. – *Faire le bec fin,* faire le difficile. **3.** Fam. Baiser. «Il échangea avec son amante une douce poignée de main et lui appliqua sur la joue un bec des plus sonores.» (Hector Berthelot, *Les mystères de Montréal*, 1898.) **4.** ARCHI Masse de pierre formant saillie aux extrémités des piles d'un pont. – GEOGR Pointe de terre au confluent de deux rivières ou à l'embouchure d'un fleuve. – MUS Embouchure de certains instruments à anche. *Bec d'une clarinette, d'un saxophone.* **5.** Partie pointue ou saillante de certains objets, de certains outils. *Le bec d'une plume. Les becs d'un pied à coulisse.* **6.** Anc. *Bec de gaz:* appareil d'éclairage public qui fonctionnait au gaz. ▷ CHIM *Bec Bunsen:* brûleur à gaz utilisé dans les laboratoires. – Lat. d'orig. gaul. *beccus.*

bécane [bekan] n. f. Fam. Bicyclette. – Orig. incert.

bécard ou **beccard** [bekaʀ] n. m. Saumon mâle dont la mâchoire inférieure prend, en période de frai, la forme d'un crochet. – De *bec.*

bécarre [bekaʀ] n. m. Signe de notation musicale (♮) que l'on place devant une note haussée ou baissée d'un demi-ton par un dièse ou un bémol à la clé, pour la rétablir dans son ton naturel. ▷ Adj. *Ré bécarre.* – Ital. *B quadro,* «B carré».

bécasse [bekas] n. f. **1.** Oiseau charadriiforme (genre *Scolopax*) migrateur à plumage brun-roux, aux pattes courtes, dont le très long bec lui sert à sonder la vase. *La bécasse d'Amérique (Philohela minor) est de moeurs nocturnes; elle niche dans les clairières à végétation éparse et les terrains marécageux.* ▷ Par anal. *Bécasse de mer:* nom vulg. du *Centriscus,* poisson à long bec. **2.** Fig. Femme peu intelligente. – De *bec.*

bécasseau [bekaso] n. m. **1.** Nom de divers oiseaux migrateurs charadriiformes de la famille des scolopacidés, de genres variés (*Calidris, Tryngilis, Micropalama,* etc.), généralement de la taille d'une alouette. **2.** Petit de la bécasse. – Dimin. de *bécasse.*

bécassine [bekasin] n. f. **1.** Oiseau charadriiforme des marais (genre *Gallinago*) au très long bec, dont une espèce, la *bécassine des marais (Capella gallinago),* est commune au Canada. **2.** Fig. Jeune fille sotte et naïve (en référence au personnage de Bécassine dessiné en 1905 par Pinchon, petite Bretonne ainsi surnommée par antiphrase à cause de son nez minuscule et célèbre par son grand parapluie et sa naïveté). – De *bécasse.*

bec-croisé [bɛkkʀwaze] n. m. Oiseau passériforme (genre *Loxia*) dont les mandibules se croisent, de la taille d'un gros moineau, abondant dans les forêts de conifères. – De *bec,* et *croisé.*

bec-d'âne. V. bédane.

bec-de-cane [bɛkdəkan] n. m. Serrure sans fermeture par clé, ne comportant qu'un pêne demi-tour. ▷ Poignée recourbée d'une telle serrure. *Des becs-de-cane.* – De *bec,* et *cane.*

bec-de-corbin [bɛkdəkɔʀbɛ̃] n. m. **1.** TECH Outil recourbé pour faire des rainures. **2.** Petite pince pour travailler les métaux. *Des becs-de-corbin.* – De *bec,* et *corbin,* «corbeau».

bec-de-lièvre [bɛkdəljɛvʀ] n. m. Malformation congénitale de la face se présentant le plus souvent comme une fissure verticale de la lèvre supérieure, rappelant celle du lièvre. *Des becs-de-lièvre.* – De *bec,* et *lièvre.*

bec-de-perroquet [bɛkdəpɛʀɔkɛ] n. m. MED Ostéophyte en forme de crochet apparaissant au niveau des vertèbres dans certains rhumatismes chroniques. *Des becs-de-perroquet.* – De *bec,* et *perroquet.*

becfigue [bɛkfig] n. m. Nom cour. de divers petits oiseaux passériformes et migrateurs (pipits, gobemouches, etc.). – Ital. *beccafico,* «pique-figue».

bec-fin [bɛkfɛ̃] n. m. Nom cour. de divers oiseaux passériformes au bec très effilé (fauvettes, rouges-gorges, etc.). – De *bec,* et *fin.*

bêchage [bɛʃaʒ] n. m. Action de bêcher, de cultiver à la bêche. – De *bêcher.*

béchamel [beʃamɛl] n. f. CUIS Sauce blanche faite de beurre, de farine et de lait. – Du n. du marquis de Béchameil, maître d'hôtel de Louis XIV.

bêche [bɛʃ] n. f. **1.** Outil de jardinage constitué d'un fer plat, large et tranchant et d'un manche. **2.** ARTILL *Bêche de crosse:* appendice de l'affût d'un canon, servant à l'ancrer dans le sol. – De *bêcher.*

1. bêcher [beʃe] v. tr. [1] Couper et retourner (la terre) avec une bêche. – Du lat. pop. *bissicare,* «travailler avec la *bissa* (fourche à deux dents)», de *bis;* a. fr. *besse.*

2. bêcher [beʃe] **1.** v. tr. [1] Fam. Dire du mal de (qqn). **2.** v. intr. Fam. Avoir à l'égard d'autrui une attitude distante et hautaine. *Celle-là, qu'est-ce qu'elle bêche!* – Orig. incert.

becher [beʃɛʀ] n. m. CHIM Récipient cylindrique à bord arrondi. – Du n. du chimiste all. *J. J. Becher.*

bêcheur, euse [bɛʃœʀ, øz] n. **1.** Fam. Personne qui bêche, qui est médisante. **2.** Fam. Personne hautaine et prétentieuse. – De *bêcher* 2.

bécot [beko] n. m. Fam. Petit baiser; baiser. – De *bec.*

bécoter [bekɔte] v. tr. [1] Fam. Donner des bécots. ▷ V. pron. *Se bécoter,* s'embrasser. – De *bécot.*

becquée ou **béquée** [beke] n. f. Quantité de nourriture qu'un oiseau peut prendre avec son bec pour nourrir ses petits. *Donner la becquée.* – De *bec.*

becquerel [bɛkʀɛl] n. m. Unité d'activité radioactive du système international (SI) qui correspond à une désintégration par seconde (symbole Bq.). – Du n. du phys. fr. H. *Becquerel* (1852-1908).

becquet ou **béquet** [bɛkɛ] n. m. **1.** Petit bec. **2.** TYPO Feuillet additif ou rectificatif collé sur une épreuve. – Dimin. de *bec.*

becquetance [bɛktɑ̃s] n. f. Pop. Nourriture. – De *becqueter.*

becqueter ou **béqueter** [bɛkte] **1.** v. tr. [1] Piquer à coups de bec. *Les oiseaux ont becqueté ces fruits.* Syn. picorer. **2.** v. intr. Pop. Manger. *On va bien becqueter.* – De *bec.*

bec-scie [bɛksi] n. m. Canard plongeur nord-américain (fam. anatidés) au bec long et effilé, dentelé sur les côtés. *Des becs-scie. Le bec-scie à poitrine rousse* (Mergus serrator) *et le bec-scie couronné (Lophodytes cuculatus) portent une huppe.* Rem. L'appellation *harle*, anc. appliquée aux becs-scie, semble auj. réservée à une espèce européenne apparentée, au bec dentelé mais court. – De *bec*, et *scie*

bedaine [bədɛn] n. f. Fam. Panse, gros ventre. – Var. de l'a. fr. *boudine*, «nombril».

bédane [bedan] ou **bec-d'âne** [bɛkdɑn] n. m. Ciseau en acier plus épais que large. – De *bec*, et a. fr. *ane*, «canard» pris pour *âne*.

bedeau [bədo] n. m. Laïc employé au service d'une église. – Du frq. **bidal*, «messager de justice».

bédégar [bedegaʀ] n. m. Galle chevelue des églantiers et des rosiers produite par la larve d'un hyménoptère cynipidé *(Diplolepis rosae)*. – Persan *bâdaward*.

bedon [bədõ] n. m. Fam. Ventre rebondi. Syn. bedaine. – A. fr. *boudine*, «nombril».

bedonnant, ante [bədɔnɑ̃, ɑ̃t] adj. Fam. Qui bedonne. – Ppr. de *bedonner*.

bedonner [bədɔne] v. intr. [1] Fam. Prendre du ventre. – De *bedon*.

bédouin, ine [bedwɛ̃, in] n. Nomade des déserts d'Afrique du N. et du Moyen-Orient. ▷ Adj. *Un campement bédouin*. – Ar. *bedoui*, «nomade du désert».

bée [be] adj. f. *Bouche bée:* bouche ouverte, béante (d'étonnement, d'admiration, etc.). – Pp. de *béer*.

beefsteak. V. bifteck.

béer [bee] v. intr. [1] **1.** Litt. Être grand ouvert. **2.** Litt. Avoir la bouche grande ouverte. *Il en béait de surprise*. – Lat pop. **batare*.

beffroi [bɛfʀwɑ] n. m. **1.** Tour mobile en bois dont on se servait au Moyen Âge pour s'emparer des places fortes. **2.** Tour de guet élevée dans l'enceinte d'une ville. – *Par ext.* Tour, clocher d'une église. – Moy. haut all. *bergfrid*.

bégaiement [begɛmɑ̃] n. m. **1.** Trouble de la parole, d'origine psychomotrice, se manifestant par l'impossibilité de prononcer une syllabe ou une voyelle sans la répéter, et par un débit ralenti des mots. *L'émotion entraîne parfois le bégaiement.* **2.** *Par ext.* Élocution maladroite et difficile. – De *bégayer*.

bégayant, ante [begɛjɑ̃, ɑ̃t] adj. Qui bégaie. – Ppr. de *begayer*.

bégayer [begeje] v. intr. [24] Parler avec une élocution difficile et en répétant certaines syllabes. ▷ V. tr. *Bégayer des excuses*. – De *bègue*.

bégayeur, euse [begɛjœʀ, øz] n. (et adj.). Personne qui bégaie. – De *bégayer*.

bégonia [begɔnja] n. m. Plante dicotylédone (genre *Begonia*) originaire d'Amérique tropicale dont diverses espèces sont cultivées pour leurs fleurs de couleurs vives ou leurs feuillages panachés. – Du n. de *Bégon*, intendant de Saint-Domingue.

bégu, uë [begy] adj. Se dit d'un cheval dont les incisives indiquent un âge inférieur à celui qu'il a réellement. *Une jument béguë*. – Orig. incon.

bègue [bɛg] adj. et n. Qui bégaie. – A. fr. *béguer*, «bégayer».

béguètement [begɛtmɑ̃] n. m. Cri de la chèvre. – De *bégueter*.

bégueter [bɛgte] v. intr. [23] Crier, en parlant de la chèvre. – A. fr. *béguer*, «bégayer».

bégueule [begœl] n. f. et adj. Femme prude qui s'effarouche au moindre propos un peu libre. ▷ Adj. *Elle est assez bégueule. Un critique bégueule*. – De *bée gueule*, «bouche ouverte».

bégueulerie [begœlʀi] n. f. Caractère, manières d'une bégueule. – De *bégueule*.

béguin [begɛ̃] n. m. **1.** Coiffe de femme rappelant celle des béguines. – *Par ext.* Bonnet pour les enfants. **2.** Fig. et fam. Passion légère et passagère. *Il a le béguin pour elle.* ▷ Personne qui en est l'objet. *C'est ton béguin*. – De *béguine*.

béguinage [beginaʒ] n. m. Communauté de béguines. – De *béguine*.

béguine [begin] n. f. Aux Pays-Bas et en Belgique: religieuse vivant en communauté sans prononcer de vœux perpétuels. – Néerl. *beggaert*, «moine mendiant».

bégum [begɔm] n. f. Titre honorifique donné aux princesses indiennes. – De l'hindi, *beg*, «Seigneur».

béhaviorisme [beavjɔʀism] ou **behaviourisme** [beavjuʀism] n. m. Doctrine psychologique, créée à partir de 1913 aux É.-U. par Watson, qui propose de substituer une psychologie du comportement à une psychologie introspective qui cherchait à décrire et à expliquer les «états de conscience». – Anglo-amér. *behaviourism*, de *behaviour*, «comportement».

beige [bɛʒ] adj. Qui a la couleur brun clair de la laine naturelle. ▷ Subst. *Un beige clair*. – Orig. incon.

1. beigne [bɛɲ] n. m., pfs f. Pâtisserie en forme d'anneau, faite de pâte sucrée cuite en pleine friture. *Le beigne traditionnel, servi dans le temps des Fêtes, est souvent recouvert de sucre en poudre*. – De l'a. fr. *buyne*, «bosse».

2. beigne [bɛɲ] n. f. (France) pop. Gifle. *Donner une beigne*. – Orig. incert., p.-ê. de l'a. fr. *buyne*, «bosse».

beignet [bɛɲɛ] n. m. Petit morceau de fruit, de viande, etc., frit dans une pâte légère. *Beignet de pomme. Beignet de langoustine*. – De l'a. fr. *buyne*, «bosse».

béjaune [beʒon] n. m. **1.** FAUC Oiseau jeune et non dressé. **2.** Fig., vx Jeune homme sot et niais. – De *bec jaune*.

béké [beke] n. Créole de Martinique ou de Guadeloupe. – Mot créole.

1. bel, belle. V. beau.

2. bel [bɛl] n. m. PHYS Unité sans dimension (symbole B) utilisée pour exprimer la comparaison de deux grandeurs, en général deux puissances, le nombre de bels étant égal au *logarithme décimal* de leur rapport. (On utilise surtout le décibel [dB], dixième partie du bel.) *Si les grandeurs sont des tensions ou des courants électriques, le nombre de bels est égal au double du logarithme du rapport*. – Du n. de A. Graham *Bell*, physicien américain.

bêlant, ante [bɛlɑ̃, ɑ̃t] adj. **1.** Qui bêle. **2.** Fig., fam. Plaintif, geignard. *Une ritournelle bêlante*. – Ppr. de *bêler*.

bel canto [bɛlkɑ̃to] n. m. Technique du chant dans la tradition lyrique italienne (pureté du son, virtuosité). – Mot ital., «beau chant».

bêlement [bɛlmɑ̃] n. m. Cri des animaux de race ovine et caprine. ▷ Fig. et péjor. *Les bêlements d'un chanteur*. – De *bêler*.

bélemnite [belɛmnit] n. f. PALEONT Mollusque céphalopode fossile du secondaire, à la coquille fuselée, avec un rostre en cigare. – Gr. *belemnitês*, «pierre en forme de flèche».

bêler [bɛle] v. intr. [1] Faire entendre un bêlement. *Brebis qui bêle.* ▷ Fig., fam. Chanter ou s'exprimer sur un ton mal assuré ou plaintif. – Lat. *balare*, *belare*, onomat.

belette [bəlɛt] n. f. Petit carnivore (fam. mustélidés) au corps mince et souple dont on trouve trois espèces au Canada: la belette à longue queue, la belette pygmée et l'hermine. – Dimin. de *belle*.

belge [bɛlʒ] adj. De Belgique. ▷ Subst. Habitant ou personne originaire de la Belgique. – Lat. *Belga.*

belgicisme [bɛlʒisism] n. m. Tournure propre aux Belges de langue française. – De *belge.*

bélier [belje] n. m. **1.** Mouton non castré. **2.** ASTROL *Le Bélier:* constellation zodiacale boréale parcourue par le Soleil entre le 20-22 mars et le 20-21 avril. **3.** Machine de guerre utilisée par les anciens, constituée d'une forte poutre de bois armée à l'une de ses extrémités d'une masse métallique figurant la tête d'un bélier. *Le bélier servait à ébranler et à renverser les murailles.* **4.** *Coup de bélier:* choc produit sur les parois d'une conduite par la dissipation de l'énergie cinétique d'un liquide dont l'écoulement est brusquement interrompu. ▷ *Bélier hydraulique:* appareil élévateur d'eau qui utilise le phénomène du coup de bélier. – A. fr. *belin,* rad. de *bêler.*

bélière [beljɛʀ] n. f. **1.** Anneau qui tient le battant d'une cloche. ▷ *Par ext.* Anneau servant à attacher une montre, un couteau, une breloque. **2.** Clochette du bélier qui marche en tête du troupeau. – De *bélier.*

bélinographe [belinɔgʀaf] n. m. Appareil qui permet la transmission par fil d'images, de photographies (bélinogrammes). – Du nom de l'inventeur, Édouard *Belin* (1876-1963).

bélître [belitʀ] n. m. Vx Homme de rien, coquin. – Orig. incert.

belladone [bɛladɔn] n. f. Plante annuelle (fam. solanacées) à grande tige rougeâtre, à fleurs pourpres, à baies noires, qui contient divers alcaloïdes extrêmement toxiques, dont l'atropine. – De l'ital. *bella donna,* «belle dame».

bellâtre [bɛlɑtʀ] n. m. Homme d'une beauté conventionnelle, dépourvue d'expression; fat. – De *bel,* et *-âtre.*

belle. V. beau 1 et 2.

belle-dame [bɛldam] n. f. **1.** Nom cour. de la belladone et de l'arroche. **2.** Grand papillon cosmopolite migrateur (fam. nymphalidés). V. vanesse. – De *belle,* et *dame.*

belle-de-jour [bɛldəʒuʀ] n. f. Liseron (fam. convolvulacées) dont la fleur se ferme au coucher du soleil. *Des belles-de-jour.* – De *belle,* et *jour.*

belle-de-nuit [bɛldənɥi] n. f. **1.** Nom cour. d'un mirabilis, dont les fleurs ne s'ouvrent que le soir. **2.** Fig. Prostituée. *Des belles-de-nuit.* – De *belle,* et *nuit.*

belle-famille [bɛlfamij] n. f. Famille de l'époux ou de l'épouse. *Des belles-familles.* – De *belle,* et *famille.*

belle-fille [bɛlfij] n. f. **1.** Fille née d'un premier mariage de la personne que l'on a épousée. **2.** Bru, femme d'un fils. *Des belles-filles.* – De *belle,* et *fille.*

bellement [bɛlmɑ̃] adv. Vx De belle manière. ▷ Doucement, avec modération. – De *beau.*

belle-mère [bɛlmɛʀ] n. f. **1.** Mère du mari pour la femme, de la femme pour le mari. **2.** Seconde épouse du père, pour les enfants du premier lit. *Des belles-mères.* – De *belle,* et *mère.*

belles-lettres [bɛllɛtʀ] n. f. pl. Vieilli La grammaire, l'éloquence, la poésie, l'histoire, la littérature. – De *belle,* et *lettres.*

belle-sœur [bɛlsœʀ] n. f. **1.** Sœur du mari pour la femme, de la femme pour le mari. **2.** Épouse d'un frère ou d'un beau-frère. *Des belles-sœurs.* – De *belle,* et *sœur.*

bellicisme [bɛl(l)isism] n. m. Amour de la guerre; théorie, tendance des bellicistes. Ant. pacifisme. – Du lat. *bellicus,* «de guerre».

belliciste [bɛl(l)isist] n. et adj. Partisan de la guerre, qui prône la guerre. *Théories bellicistes.* Ant. pacifiste. – Du préc.

belligérance [bɛl(l)iʒeʀɑ̃s] n. f. Situation d'un pays, d'un peuple en état de guerre. – De *belligérant.*

belligérant, ante [bɛl(l)iʒeʀɑ̃, ɑ̃t] adj. et n. Qui est en guerre. *Puissances belligérantes.* – Lat. *belligerans,* ppr. de *belligerare,* «faire la guerre».

belliqueux, euse [bɛl(l)ikø, øz] adj. **1.** Qui aime faire la guerre. *Nation belliqueuse.* Ant. pacifique. **2.** Qui aime engager des polémiques, agressif. *Tempérament belliqueux.* Ant. paisible. – Lat. *bellicosus,* «guerrier».

bellot, otte [bɛlo, ɔt] adj. Vx Gentil, mignon. – Dimin. de *beau.*

belluaire [bɛlɥɛʀ] n. m. ANTIQ ROM Gladiateur qui combattait des bêtes féroces. Syn. bestiaire. ▷ Litt. Dompteur. – Lat. *belluarius.*

belon [bəlɔ̃] n. f. Huître à coquille plate et ronde. – De *Bélon,* riv. de Bretagne.

belote [bəlɔt] n. f. Jeu de cartes. *Faire une belote.* ▷ Réunion dans une même main de la dame et du roi d'atout, à ce jeu. – De *Belot,* inventeur de ce jeu.

béluga [belyga] ou **bélouga** [beluga] n. m. Cétacé blanc odontocète (*Delphinapterus leucas,* fam. monodontidés) des mers arctiques, appelé aussi *baleine blanche* ou *marsouin.* – Russe *bielouha,* de *bielyi,* «blanc».

belvédère [bɛlvedɛʀ] n. m. **1.** ARCHI Petit pavillon construit sur une éminence, au sommet d'un édifice, d'où l'on peut contempler le paysage. **2.** *Par ext.* Éminence, lieu dégagé d'où la vue s'étend au loin. – Ital. *belvedere.*

bémol [bemɔl] n. m. Signe d'altération que l'on place devant une note qui doit être baissée d'un demi-ton. ▷ Adj. *Ré bémol.* – Ital. *b molle,* «b rond».

bémoliser [bemɔlize] v. tr. [1] Marquer une note d'un bémol ou armer la clé d'un ou plusieurs bémols. – De *bémol.*

bénarde [benaʀd] n. f. Serrure à clé non forée s'ouvrant des deux côtés de la porte. ▷ Appos. *Serrure bénarde.* – De *Bernard,* «pauvre homme».

bénédicité [benedisite] n. m. Prière dite avant le repas, qui commence par le mot *Benedicite.* – Lat. *benedicite,* «bénissez».

bénédictin, ine [benediktɛ̃, in] n. Religieux, religieuse de l'ordre de saint Benoît de Nursie. Fig. *Travail de bénédictin:* travail long, exigeant une application minutieuse. ▷ Adj. Relatif à l'ordre bénédictin. *La règle bénédictine.* – Lat. ecclés. *benedictinus,* de *Benedictus,* «Benoît».

ENCYCL L'ordre bénédictin, fondé au VIe s. par saint Benoît de Nursie (abb. du Mont-Cassin, v. 529), est le plus ancien ordre monastique d'Occident. Il aurait été introduit en Gaule par saint Maur (v. 542). Saint Benoît d'Aniane codifia sa règle en 817. À partir du Xe s., il se diversifia: clunisiens, camaldules, chartreux, etc. En 1098, avec la création de Cîteaux par Robert de Molesme, naissait l'ordre des cisterciens, dont le théologien le plus célèbre fut saint Bernard, abbé de Clairvaux. Sainte Scholastique, sœur de saint Benoît, est à l'origine des divers ordres de bénédictines.

bénédiction [benediksjɔ̃] n. f. **1.** Action de bénir. *Bénédiction nuptiale:* cérémonie religieuse du mariage. *Bénédiction urbi et orbi:* bénédiction solennelle du pape à toute la chrétienté («à la ville et au monde») en certaines occasions. **2.** Grâce et faveur du ciel. *Dieu l'a comblé de ses bénédictions.* ▷ Fig. *C'est une bénédiction,* un événement heureux. – Lat. ecclés. *benedictio.*

bénéfice [benefis] n. m. **I. 1.** Avantage, privilège, faveur. *Gracié au bénéfice du doute.* **2.** Au Moyen Âge: concession de terre faite à un vassal par son seigneur. **3.** *Bénéfice ecclésiastique:* concession de biens-fonds ou de revenus attachée aux fonctions, aux dignités ecclésiastiques. Syn. prébende. ▷ *Par ext.* Lieu où étaient l'église et le bien du bénéfice. **4.** DR Droit, faveur, privilège accordé par la loi. ▷ En matière d'assurance, somme exigible de l'assureur lorsque le risque assuré est réalisé. ▷ *Bénéfice de discussion:* droit octroyé à la caution, qui est poursuivie par le créancier, de faire exécuter l'obligation préalablement sur les biens du débiteur principal avant qu'il ne soit lui-même tenu de remplir son engagement. ▷ *Bénéfice de division:* droit accordé aux cautions d'une même dette d'exiger que le créancier divise son action et la réduise contre chacune à la part et portion de sa dette. ▷ *Bénéfice d'inventaire:* prérogative accordée à un héritier de ne prendre la décision d'accepter ou de refuser la succession qu'après avoir pris connaissance du contenu de l'inventaire des biens du défunt. – Fig. *Sous bénéfice d'inventaire:* provisoirement, sous toutes réserves. **II.** Différence entre le prix de vente et le prix de revient. *Bénéfice brut,* calculé sans déduction des charges. Syn. gain, profit. Ant. déficit, perte. – Lat *beneficium,* «bienfait», de *bene,* «bien», et *facere,* «faire».

bénéficiaire [benefisjɛʀ] n. et adj. **1.** Celui, celle qui tire un avantage de qqch. ▷ DR Personne qui bénéficie d'un droit, d'une faveur, d'un privilège. ▷ En vertu d'un régime de retraite, de prévoyance, etc., personne qui a droit à une prestation. ▷ *Héritier bénéficiaire:* personne qui a accepté une succession sous bénéfice d'inventaire. **2.** Qui a rapport au bénéfice, qui produit un bénéfice. *Une opération bénéficiaire.* – De *bénéficier* 1.

1. bénéficier [benefisje] n. m. Celui qui avait un bénéfice ecclésiastique. ▷ Adj. *Abbé bénéficier.* – Lat. méd. *beneficiarius.*

2. bénéficier [benefisje] v. tr. ind. [1] Tirer un avantage, un profit (d'une chose). Syn. profiter. *Il a bénéficié de la situation de son père.* – De *bénéfice.*

bénéfique [benefik] adj. Dont l'action, l'influence est favorable. *Un pouvoir bénéfique.* – Lat. *beneficus.*

benêt [bənɛ] n. et adj. m. Niais, sot. *Un grand benêt.* – De *benoît,* anc. pp. de *bénir.*

bénévolat [benevɔla] n. m. Tâche accomplie, service rendu à titre bénévole (sens 2). – De *bénévole.*

bénévole [benevɔl] adj. et n. **1.** Litt. Favorablement disposé, bienveillant. *Un auditeur bénévole.* **2.** Qui fait qqch sans y être obligé et gratuitement (personnes). *Une infirmière bénévole.* Subst. *Un, une bénévole.* – Qui est fait sans obligation, à titre gratuit (choses). *Un service bénévole.* – Lat. *benevolus,* «bienveillant».

bénévolement [benevɔlmɑ̃] adv. D'une manière bénévole. – De *bénévole.*

bengalais, aise [bɛ̃galɛ, ɛz] adj. et n. Du Bangladesh.

bengali [bɛ̃gali] adj. et n. **1.** Du Bengale. Langue du Bengale, du Bangladesh. **2.** Passériforme (divers genres) au plumage coloré, originaire de la péninsule indienne ou de l'Afrique tropicale. – Mot hindi.

bénignement [beniɲmɑ̃] adv. D'une façon bénigne. – De *bénin.*

bénignité [beniɲite] n. f. Caractère d'une personne, d'une chose bénigne. Ant. malignité. – De *bénin.*

bénin, igne [benɛ̃, iɲ] adj. **1.** Doux, bienveillant. *Un naturel bénin.* Ant. méchant. **2.** Qui est sans gravité. *Accident bénin.* – Lat. *benignus.*

béni-oui-oui [beniwiwi] n. m. inv. Fam. Approbateur empressé de toute initiative d'un pouvoir établi. – De l'ar. *beni,* pl. de *ben,* «fils de», et redoublement de *oui.*

bénir [beniʀ] v. tr. [2] **1.** Répandre sa grâce, sa bénédiction sur (en parlant de Dieu). – Fam., vieilli *Dieu vous bénisse,* comble vos souhaits (surtout en s'adressant à qqn qui vient d'éternuer). **2.** Appeler la protection, la bénédiction divine sur. *Le prêtre a béni les fidèles.* **3.** Consacrer au culte divin. *Bénir une chapelle.* **4.** Louer, rendre grâce avec reconnaissance à. *Les malheureux bénissent sa mémoire.* ▷ *Par ext.* Se féliciter, se réjouir de. *Je bénis cette occasion de vous rencontrer.* – Lat. *benedicere,* «louer».

bénit, ite [beni, it] adj. Qui a reçu une bénédiction liturgique. *Pain bénit, eau bénite.* – Pp. de *bénir.*

bénitier [benitje] n. m. **1.** Bassin ou vase destiné à contenir de l'eau bénite. ▷ Fam. *Se démener comme un diable dans un bénitier:* faire tous ses efforts pour sortir d'une situation difficile. ▷ Pop. *Grenouille de bénitier:* bigote. **2.** Tridacne *(Tridacna gigas)* dont l'énorme coquille côtelée (1 m de diamètre) a souvent servi de bénitier. – De l'a. fr. *benoît,* pp. de *bénir.*

benjamin, ine [bɛ̃ʒamɛ̃, in] n. Le plus jeune enfant d'une famille; le plus jeune membre d'un groupe. – De *Benjamin,* le plus jeune fils de Jacob.

benjoin [bɛ̃ʒwɛ̃] n. m. Résine de différents arbres du genre *Styrax* (notam. *Styrax benzoin* d'Asie tropicale), utilisée en parfumerie et en pharmacie. – Lat. bot. *benzoe,* par l'ital.

benne [bɛn] n. f. **1.** Caisson pour la manutention des matériaux en vrac; son contenu. *Des bennes de bauxite.* ▷ *Benne preneuse:* benne à mâchoires, qui s'ouvre pour prendre les matériaux. **2.** Cabine d'ascenseur ou de téléphérique. – Var. de *banne.*

benoît, oîte [bənwa, wat] adj. Qui affecte une mine doucereuse. – Anc. pp. de *bénir.*

benoîte [bənwat] n. f. Plante herbacée (fam. rosacées) à fleurs jaunes et fruits groupés terminés par un crochet, dont la tige et la racine ont des propriétés toniques et astringentes. – De *benoît,* adj.

benoîtement [bənwatmɑ̃] adv. D'une manière benoîte. – De *benoît,* adj.

benthique [bɛ̃tik] adj. Qui vit sur les fonds marins. – De *benthos.*

benthos [bɛ̃tos] n. m. BIOL Ensemble des organismes vivant sur les fonds marins (par oppos. à *necton* et *plancton).* – Gr. *benthos,* «fond de la mer».

bentonite [bɛntɔnit] n. f. TECH Argile gonflant fortement au contact de l'eau, utilisée dans l'industrie pour son pouvoir décolorant et dans les forages. – De *Fort Benton,* nom d'une v. des États-Unis.

benzène [bɛ̃zɛn] n. m. CHIM Liquide incolore, mobile, réfringent, à l'odeur caractéristique (dangereux à respirer). – Du lat. bot. *benzoe,* «benjoin».
ENCYCL Le benzène est un solvant organique, non polaire, insoluble dans l'eau, inflammable. C'est un hydrocarbure cyclique de formule brute C_6H_6. Sa densité est de 0,88. Il bout à 80,1 °C et se solidifie à 5,5 °C. Il dissout un grand nombre de corps et a de nombreuses applications (en partic., fabrication de l'aniline). On l'extrait des goudrons de houille ou par reformage du pétrole. Type de composés aromatiques, il a une structure extrêmement stable, qualifiée de *noyau benzénique* (représenté par un φ au centre d'un hexagone).

benzénique [bɛ̃zenik] adj. Du benzène, de la nature du benzène. ▷ Chimiquement apparenté au benzène. – De *benzène.*

benzénisme [bɛ̃zenism] ou **benzolisme** [bɛ̃zɔlism] n. m. MED Intoxication par le benzol et ses dérivés (toluène, xylène, etc.), qui se manifeste par une grave aplasie de la moelle osseuse. – De *benzène* ou *benzol.*

benzine [bɛ̃zin] n. f. Mélange d'hydrocarbures provenant de la rectification du benzol.

benzoate [bɛ̃zɔat] n. m. CHIM Sel ou ester de l'acide benzoïque.

benzoïque [bɛ̃zɔik] adj. CHIM *Acide benzoïque:* acide aromatique dont certains esters sont utilisés en parfumerie.

benzol [bɛ̃zɔl] n. m. CHIM Mélange de benzène, de toluène et de xylène obtenu par distillation du goudron de houille.

benzolisme. V. benzénisme.

benzylcellulose [bɛ̃zilselyloz] n. f. CHIM Éther benzylique de la cellulose utilisé comme vernis.

benzyle [bɛ̃zil] n. m. CHIM Le radical toluène C_6H_5-CH_2.

benzylique [bɛ̃zilik] adj. CHIM *Alcool benzylique* ou *benzoïque,* que l'on rencontre dans l'essence de jasmin, le baume du Pérou, etc. – De *benzyl.*

béotien, ienne [beɔsjɛ̃, jɛn] adj. et n. **1.** De la Béotie. ▷ Subst. Habitant, personne originaire de ce pays. **2.** Lourd d'esprit, ignorant (les Béotiens passaient pour tels parmi les anciens Grecs). ▷ La *Ligue béotienne,* confédération de cités, fut l'alliée des Perses contre Athènes au moment de la seconde guerre médique (480 av. J.-C.).

béquée. V. becquée.

béquet. V. becquet.

béqueter. V. becqueter.

béquille [bekij] n. f. **1.** Bâton surmonté d'une traverse sur laquelle les infirmes s'appuient pour marcher. ▷ Fig. Appui, soutien. **2.** Poignée de serrure. **3.** Pièce destinée à soutenir, à étayer. *Béquille de queue d'avion, de navire en carénage.* – De *béquillon,* «petit bec».

béquiller [bekije] **1.** v. intr. [1] Vx Marcher avec des béquilles. **2.** v. tr. Étayer à l'aide de béquilles. *Béquiller un navire.* – De *béquille.*

ber [bɛʀ] n. m. MAR Charpente en forme de berceau qui sert à soutenir un bateau hors de l'eau. – Lat. d'orig. gaul. *bercium.*

berbère [bɛʀbɛʀ] adj. et n. Relatif aux Berbères, groupe ethnique d'Afrique du N., vivant principalement dans les régions montagneuses. – N. m. *Le berbère:* la langue berbère (nomb. dialectes). – P.-ê. du lat. *barbarus.*

berbéridacées [bɛʀbeʀidase] n. f. pl. BOT Famille de dicotylédones dialypétales (de type 3) des régions tempérées, comprenant l'épine-vinette (genre *Berberis*) et le mahonia (genre *Mahonia*). – Du gr. *berberi,* «coquillage».

bercail [bɛʀkaj] n. m. sing. **1.** Rare Bergerie. **2.** Fig. *Ramener une brebis au bercail:* ramener un hérétique au sein de l'Église; ramener qqn à sa famille, à une meilleure conduite. ▷ *Rentrer au bercail:* rentrer chez soi. – Lat. pop. **verbicalis,* «bergerie».

berçante [bɛʀsɑ̃t] n. f. Fauteuil ou chaise à bascule. – Ppr. subst. de *bercer.*

ENCYCL Apparue d'abord aux États-Unis, où on en attribue l'invention à Benjamin Franklin vers 1763, la berçante ou «rocking chair» se répand vite à travers toute l'Amérique du Nord, devenant l'un des types de sièges les plus populaires. Pratiquement inconnue en Europe jusqu'au XXe siècle, elle y prendra diverses appellations rarement usitées ici: fauteuil à bascule, «rocking chair», berceuse.

Au Québec, les premières mentions écrites remontent aux années 1830, mais son usage peut être antérieur de quelques années, aussi bien dans le Haut-Canada (Ontario) que dans les provinces maritimes, tout le nord-est américain ayant adopté presque simultanément ce siège original. Généralement construite en bois, la berçante emprunte d'abord les formes et les décorations des sièges traditionnels que les artisans se contentent d'adapter et souvent même de transformer en ajoutant des berceaux (patins, châteaux, arceaux, berces). Puis, sans toutefois éliminer les types régionaux, dominera finalement le modèle dit «de Boston», inspiré des sièges Windsor et décoré d'éléments de style Empire français. Sa popularité dure toujours.

Objet hautement personnalisé, souvent fabriqué sur mesure et portant des marques d'usages caractéristiques (encoches pour couper la laine, cavité de frottement des allumettes), la berçante a été associée à toutes les étapes de la vie domestique – enfance, amours, vieillesse – incarnant aussi la détente, le repos, voire même les premières manifestations du «confort moderne» dans les intérieurs paysans. Offrir une berçante à un visiteur a toujours été le signe de l'hospitalité.

berce [bɛʀs] n. f. Ombellifère (genre *Heracleum*) de grande taille, aux grosses inflorescences blanches, fréquente dans les prés, les lieux incultes humides, etc. – Orig. incert., p.-ê. all. *Bartsch.*

berceau [bɛʀso] n. m. **1.** Petit lit d'enfant en bas âge que l'on peut généralement faire se balancer. ▷ Fig. *Dès le berceau:* dès la plus tendre enfance. ▷ Fig. Lieu où une personne est née, où une chose a commencé. *La ville de Florence, en Italie, a été le berceau de la peinture moderne.* **2.** Par anal. de forme. ARTILL Partie cintrée d'un affût de canon. – HORTIC Charmille taillée en voûte ou treillage en voûte couvert de plantes grimpantes. *Berceau de verdure.* – MAR Syn. ber. – ARCHI *Voûte en berceau,* en plein cintre. – Dimin. de *ber.*

bercelonnette [bɛʀsəlɔnɛt] ou **barcelonnette** [baʀsəlɔnɛt] n. f. Berceau suspendu et mobile. – De *berceau.*

bercement [bɛʀsəmɑ̃] n. m. Action de bercer. – De *bercer.*

bercer [bɛʀse] v. tr. [14] **1.** Balancer (un enfant) dans son berceau. ▷ *Par ext.* Balancer (un enfant) en le portant dans les bras. – *Par anal.* Balancer mollement. *La mer berce les navires.* **2.** Fig. Apaiser, calmer, endormir. *Bercer sa douleur.* **3.** Tromper, amuser par de fausses espérances. *Bercer qqn de vaines promesses.* Syn. leurrer. ▷ V. pron. Se leurrer, s'amuser d'illusions. *Il se berce d'idées chimériques.* – De l'a. fr. *berz,* «berceau».

berceur, euse [bɛʀsœʀ, øz] adj. Qui berce. *Une voix berceuse.* – De *bercer.*

berceuse [bɛʀsøz] n. f. **1.** Chanson destinée à endormir les enfants. ▷ *Par ext.* Pièce de musique d'un genre doux. **2.** Siège dans lequel on peut se balancer. – De *bercer.*

béret [beʀɛ] n. m. Coiffure en étoffe, ronde et plate. *Béret basque.* – Béarnais *berret,* bas lat. *birrum.*

bergamasque [bɛʀgamask] n. f. Danse et air de danse du XVIIIe s., empruntés aux paysans de la province de Bergame. – Ital. *bergamasco.*

bergamote [bɛʀgamɔt] n. f. **1.** Variété de poire fondante. **2.** Variété d'agrume dont on tire une essence utilisée en parfumerie et en confiserie. – Ital. *bergamotta,* du turc.

bergamotier [bɛʀgamɔtje] n. m. Arbre fruitier de la famille de l'oranger *(Citrus bergamia),* qui produit la bergamote. – De *bergamote.*

1. berge [bɛʀʒ] n. f. Bord d'un cours d'eau. *Nous avons marché sur la berge.* – Lat. pop. **barica.*

2. berge. V. barge.

berger, ère [bɛʀʒe, ɛʀ] n. **1.** Personne qui garde les moutons. Syn. pâtre (litt.). ▷ Loc. *Réponse du berger à la bergère:* réplique définitive qui met fin à une discussion. – *L'heure du berger:* l'heure favorable aux amants. – *L'étoile du berger:* la planète Vénus. **2.** Fig. Chef, guide. *Les bons, les mauvais bergers.* **3.** n. m. Chien de berger. *Un berger allemand.* – Lat. pop. **verbecarius.*

bergère [bɛʀʒɛʀ] n. f. Fauteuil large et profond, aux accotoirs capitonnés, garni d'un épais coussin. – De *berger.*

bergerie [bɛʀʒəʀi] n. f. **1.** Lieu où l'on parque les moutons. ▷ Fig. *Enfermer le loup dans la bergerie:* introduire un élément dangereux dans un endroit où l'on a précisément lieu de craindre sa présence. **2.** LITTER Petit poème pastoral (XVIIe s.). – De *bergère.*

bergeronnette [bɛʀʒəʀɔnɛt] n. f. Oiseau passériforme (genre *Motacilla*) à silhouette svelte, dont la longue queue s'agite sans arrêt. Syn. hochequeue, lavandière. – De *berger* (cet oiseau vivant près des troupeaux).

béribéri [beʀibeʀi] n. m. Affection due à une avitaminose (B_1), fréquente surtout en Extrême-Orient. – Cinghalais, *béri,* «faiblesse».

berkélium [bɛʀkeljɔm] n. m. CHIM Élément artificiel (symbole Bk) de numéro atomique Z = 97, de la famille des *actinides.* – De *Berkeley,* université californienne où cet élément fut obtenu pour la première fois.

berline [bɛʀlin] n. f. **1.** Anc. Voiture hippomobile à quatre roues, recouverte d'une capote, et garnie de glaces. **2.** Mod. Automobile à quatre portes. **3.** Wagonnet assurant le transport des minerais. – De *Berlin,* lieu d'origine de cette voiture.

berlingot [bɛʀlɛ̃go] n. m. **1.** Bonbon de sucre étiré en forme de tétraèdre. *Un sac de berlingots.* **2.** Emballage de plastique ou de carton en forme de berlingot, utilisé pour le conditionnement de certains liquides. *Un berlingot de lait.* – Ital. *berlingozzo,* «gâteau».

berlinois, oise [bɛʀlinwa, waz] adj. De Berlin. ▷ Subst. Habitant, personne originaire de cette ville.

berlue [bɛʀly] n. f. *Avoir la berlue:* voir quelque chose qui n'existe pas. – Fig. Être la proie de ses illusions. – Déverbal de *belluer,* «éblouir».

berme [bɛʀm] n. f. **1.** Chemin entre le pied d'un rempart et le fossé. **2.** Chemin entre une levée de terre et le bord d'un canal ou d'un fossé. ▷ TRAV PUBL Passage étroit ménagé entre le bord d'une tranchée et les déblais qui proviennent de son terrassement. – Néerl. *berm,* «talus».

bermuda [bɛʀmyda] n. m. Short à jambes étroites descendant jusqu'aux genoux. – Mot amér., du nom des îles *Bermudes.*

bernache [bɛʀnaʃ] n. f. **1.** Variété d'oie sauvage (fam. anatidés). *La bernache du Canada* (Branta canadensis), *cour. appelée outarde, se distingue par son long cou noir et sa large tache blanche sous la gorge. La bernache cravant* (Branta bernicla) *niche dans les régions arctiques.* **2.** En France, nom cour. de l'anatife (aussi appelé *bernacle*). – Irlandais *bairneach* (avec infl. de *bernicle* pour la var. *bernacle*).

bernardin, ine [bɛʀnaʀdɛ̃, in] n. Religieux, religieuse cisterciens qui obéissent à une règle issue de la réforme de saint Bernard de Clairvaux. – De (saint) *Bernard.*

bernard-l'ermite ou **bernard-l'hermite** [bɛʀnaʀlɛʀmit] n. m. inv. Nom cour. du pagure. – De *Bernard,* et *ermite* (parce que ce crustacé se loge dans une coquille vide).

1. berne [bɛʀn] n. f. Vx Brimade qui consiste à faire sauter quelqu'un en l'air et à le rattraper sur une couverture tenue par plusieurs personnes. – P.-ê. de l'ar. *burnus,* par l'ital., *bernia;* «couverture».

2. berne [bɛʀn] n. f. MAR *Mettre un pavillon, un drapeau en berne:* le hisser à mi-mât seulement, en signe de détresse ou de deuil. ▷ *Mettre les drapeaux en berne:* descendre à mi-mât les drapeaux des édifices publics, ou les attacher pour qu'ils ne flottent pas, en signe de deuil. – Orig. incert.

berner [bɛʀne] v. tr. [1] **1.** Vx Faire subir la berne. **2.** Fig. Tromper et ridiculiser. *Ce faussaire a berné les marchands de tableaux.* – De *berne* 1.

1. bernique [bɛʀnik] ou **bernicle** [bɛʀnikl] n. f. Nom cour. de la patelle. – Breton *bernic.*

2. bernique [bɛʀnik] interj. Vieilli Marque un espoir déçu. *J'espérais le trouver, mais bernique !* – Orig. incert.

berquinade [bɛʀkinad] n. f. Petite œuvre au ton moralisateur un peu mièvre. – Du n. d'Arnaud *Berquin,* écrivain français.

bersaglier [bɛʀsaglije] n. m. Soldat de l'infanterie légère, dans l'armée italienne. *Les bersagliers* (ou *bersaglieri*). – Mot ital.

berthe [bɛʀt] n. f. **1.** Large col d'une blouse, d'une robe ou petite pèlerine. **2.** Récipient métallique à anses utilisé pour transporter le lait. – Du nom de *Berthe* au grand pied.

bertillonnage [bɛʀtijɔnaʒ] n. m. Méthode d'identification des criminels, basée sur l'utilisation de caractéristiques anthropométriques. – Du n. de l'inventeur de la méthode.

béryl [beʀil] n. m. Pierre précieuse de couleur variable: bleu ciel (aigue-marine), verte (émeraude), jaune (héliodore), rose ou incolore (silicate d'aluminium et de béryllium) – Lat. *beryllus,* gr. *bêrullos.*

béryllium [beʀiljɔm] n. m. CHIM Élément métallique de numéro atomique Z = 4, de masse atomique M = 9,012, autref. appelé glucinium, utilisé dans des alliages et dans l'industrie nucléaire (émetteur de neutrons sous l'action de rayons X). Symbole Be. – De *béryl.*

bes-. V. bi-.

besace [bəzas] n. f. Sac à deux poches, avec une ouverture au milieu. – Bas lat. *bisaccia,* «double sac».

besaiguë. V. bisaiguë.

besant ou **bezant** [bəzɑ̃] n. m. **1.** Monnaie d'or ou d'argent qui fut d'abord frappée à Byzance. **2.** BLAS Pièce ronde de métal (or ou argent) posée sur couleur. **3.** ARCHI Ornement en forme de pièce de monnaie sculpté sur un bandeau. – Lat. *byzantium,* «monnaie de Byzance».

bésef ou **bézef** [bezɛf] adv. Pop. Beaucoup. *Pas bésef,* pas beaucoup. – De l'ar. *bezzaf.*

besicles [bezikl] n. f. pl. **1.** Vx Lunettes rondes. **2.** Plaisant. Lunettes. – A. fr. *bericle,* de *beril* (béryl), utilisé autref. pour faire des loupes.

bésigue [bezig] n. m. Jeu de cartes qui se joue à deux, trois ou quatre joueurs, avec deux, trois ou quatre jeux de trente-deux cartes. – P.-ê. du provençal *besi* ou *bezi.*

besogne [bəzɔɲ] n. f. **1.** Ouvrage à faire, travail à effectuer. *Une dure besogne.* – *Abattre de la besogne:* travailler efficacement et beaucoup. – *Allez vite en besogne:* travailler avec rapidité. **2.** Ouvrage fait, travail effectué. *Faire de la belle, de la bonne besogne.* – Anc. fém. de *besoin.*

besogner [bəzɔɲe] v. intr. [1] Péjor. Faire un travail rebutant. – De *besogne.*

besogneux, euse [bəzɔɲø, øz] adj. et n. **1.** Qui vit dans la gêne. **2.** Qui fait un travail rebutant et peu rétribué. – De *besogne.*

besoin [bəzwɛ̃] n. m. **1.** Sensation qui porte les êtres vivants à certains actes qui leur sont ou leur paraissent nécessaires. *Manger, boire, dormir sont des besoins organiques. Il ne prend pas de vacances cette année, il n'en sent pas le besoin.* ▷ Plur. Ce qui est indispensable à l'existence quotidienne. *Subvenir aux besoins de sa famille.* ▷ Fam. *Faire ses (petits) besoins, ses besoins naturels:* uriner, déféquer. **2.** Loc. verb. *Avoir besoin de qqch, de qqn:* ressentir comme nécessaire qqch, la présence de qqn. *Elle est fatiguée, elle a besoin de repos. Cet enfant a besoin de sa mère.* – *Avoir besoin de* (+ inf.): ressentir la nécessité de. *Elle a besoin de partir, de prendre des vacances.* – *Avoir besoin que* (+ subj.). *Ils ont besoin qu'on les aide.* – Impers. *Être besoin. Est-il besoin que:* faut-il que... *Si besoin est:* si c'est nécessaire. **3.** Loc. adv. *Au besoin:* en cas de nécessité. *Écrivez-moi vite, et au besoin n'hésitez pas à téléphoner.* **4.** Privation du nécessaire. *Être dans le besoin. Être réduit par le besoin à mendier sa nourriture.* – Frq. **bisunnia.*

1. bestiaire [bɛstjɛʀ] n. m. ANTIQ ROM Celui qui combattait dans le cirque contre les bêtes féroces. – Lat. *bestiarius,* de *bestia,* «bête».

2. bestiaire [bɛstjɛʀ] n. m. **1.** Traité didactique du Moyen Âge décrivant des animaux réels ou légendaires. ▷ *Par ext.* L'ensemble des représentations d'animaux (d'une culture, d'une époque, d'un pays, etc.). *Le bestiaire roman. Le bestiaire du blason.* **2.** Mod. Recueil, traité sur les animaux, généralement illustré. – Lat. méd. *bestiarium,* de *bestia,* «bête».

bestial, ale, aux [bɛstjal, o] adj. Qui tient de la bête, qui fait descendre l'être humain au niveau de la bête. *Physionomie, fureur bestiale.* – Du lat. *bestia,* «bête».

bestialement [bɛstjalmɑ̃] adv. D'une manière bestiale. – De *bestial.*

bestialité [bɛstjalite] n. f. **1.** État de quelqu'un qui a les instincts grossiers de la bête. **2.** Rapports sexuels entre un être humain et un animal. – De *bestial.*

bestiaux [bɛstjo] n. m. pl. Ensemble des troupeaux d'une exploitation agricole. – De *bestial.*

bestiole [bɛstjɔl] n. f. Petite bête, et, *spécial.,* insecte. – Lat. *bestiola,* dimin. de *bestia,* «bête».

best-seller [bestselœʀ] n. m. Anglicisme. Livre à succès, qui a une grosse vente. *Les best-sellers de l'été.* – Mot amér., de *best,* «le meilleur», et *to sell,* «vendre».

1. bêta [beta] n. m. **1.** Deuxième lettre (β) de l'alphabet grec. **2.** PHYS NUCL *Rayons bêta:* rayonnement constitué d'électrons émis par les corps radioactifs. **3.** PHYSIOL *Onde bêta, rythme bêta,* observés sur l'électroencéphalogramme normal d'un adulte au repos, les yeux fermés.

2. bêta, asse [bɛta, as] n. et adj. **1.** n. Fam. Personne sotte, niaise. *Un gros bêta.* **2.** adj. Niais. *Air bêta.* – De *bête.*

bêta-bloquant, ante [betablɔkɑ̃, ɑ̃t] adj. (et n. m.). MED Se dit des médicaments qui bloquent les récepteurs bêta du système sympathique (notam. dans les cas d'hypertension artérielle et d'insuffisance coronarienne). – De *bêta* 1 et ppr. de *bloquer.*

bétail [betaj] n. m. Ensemble des animaux de pâture, dans une exploitation agricole. – De *bête.*

bétaillère [betajɛʀ] n. f. Camion utilisé pour transporter le bétail. – De *bétail.*

bétaïne [betain] n. f. Alcaloïde découvert dans la racine de la betterave. – *Par ext.* Acide aminé dont la fonction amine primaire est transformée enzymatiquement en ammonium quaternaire.

bêtatron [betatʀɔ̃] n. m. PHYS NUCL Accélérateur d'électrons non linéaire. – De *bêta* 1, et *(cyclo)tron.*

bête [bɛt] n. f. **I. 1.** Tout être animé, à l'exception de l'être humain. *Bête à cornes. Bête de somme,* employée pour porter des charges. *Bête à bon Dieu:* coccinelle. *Bête à patate(s):* doryphore. *Bête puante:* mouffette (en France, *bêtes puantes* se dit de l'ensemble des bêtes dégageant une odeur forte, désagréable, comme les mouffettes, les putois, les blaireaux, etc.). *Bêtes féroces:* carnassiers, comme le lion, le tigre, etc. ▷ Au plur. *Les bêtes:* le bétail. *Mener les bêtes aux champs.* **2.** Loc. *Reprendre du poil de la bête:* réagir avec succès, recouvrer quelque chose (santé, moral, situation, etc.) qui était compromis. – *Morte la bête, mort le venin:* un ennemi mort cesse d'être dangereux. – *C'est sa bête noire:* se dit de ce qui inspire de l'aversion à quelqu'un. – *Chercher la petite bête:* faire preuve d'une minutie tatillonne dans la recherche d'une erreur commise par quelqu'un. – *Regarder quelqu'un comme une bête curieuse,* avec une curiosité déplaisante. Fam. *Bête à concours:* étudiant possédant les qualités indispensables pour passer brillamment les concours. **II. 1.** Être humain qui se livre à ses instincts. *Une bête immonde.* **2.** Personne dépourvue de bon sens, d'esprit, d'intelligence. *Une vieille bête.* – *Une bonne bête:* une personne gentille mais plutôt niaise. **III.** adj. Stupide, sot. *Être bête à manger du foin. Bête et méchant. Raconter des histoires bêtes.* – *Pas si bête:* pas assez sot (pour faire ou croire quelque chose). – *As-tu son numéro de téléphone? – C'est bête, j'ai oublié de le noter.* – Lat. *bestia.*

bétel [betɛl] n. m. **1.** Plante grimpante de l'Inde (*Piper betel,* fam. pipéracées). **2.** Masticatoire stimulant préparé avec des feuilles de bétel et de tabac, de la noix d'arec et de la chaux, qui stimule les glandes salivaires et empêche les sueurs abondantes. – De l'hindi, *vettila,* par le portugais.

bêtement [bɛtmɑ̃] adv. D'une manière stupide. *Se conduire bêtement.* ▷ *Tout bêtement:* simplement. – De *bête.*

bêtifier [betifje] v. intr. [1] Dire, faire des bêtises, des niaiseries. – De *bête.*

1. bêtise [betiz] n. f. **1.** Défaut d'intelligence, de jugement; sottise, stupidité. *Il est d'une rare bêtise.* **2.** Action ou propos bête. *Il dit, fait des bêtises.* ▷ Action, propos, chose sans importance, insignifiante. *Se fâcher pour une bêtise,* pour un motif futile. **3.** Action imprudente ou dangereuse. *Surveillez-le, il risque de faire une bêtise.* – De *bête.*

2. bêtise [betiz] n. f. Berlingot à la menthe. – De *bêtise* 1.

bétoine [betwan] n. f. Plante (fam. labiacées), à fleurs mauves et ayant une rosette de feuilles bien développées à la base. (ex.: la bétoine officinale, *Betonica officinalis*). – Lat. *bettonica.*

bétoire [betwaʀ] ou **bétoure** [betuʀ] n. f. **1.** Puisard pour les eaux pluviales. **2.** GEOL Gouffre où se perdent, en terrain calcaire, certains cours d'eau. – Lat. pop. **bibitoria,* «abreuvoir».

béton [betɔ̃] n. m. Matériau obtenu par malaxage d'un mélange de gravier et de sable (agrégats) avec un liant hydraulique (généralement du ciment), en présence d'eau. *Barrage, jetée en béton. Béton armé,* coulé autour d'armatures en acier qui augmentent sa résistance à la traction et au cisaillement. *Béton précontraint,* dont les armatures sont mises en tension pour permettre au béton de travailler uniquement à la compression. – A. fr. *betun,* «gravat», «boue», lat. *bitumen,* «bitume».

bétonnage [betɔnaʒ] n. m. Action de bétonner. – De *bétonner.*

bétonner [betɔne] **1.** v. tr. [1] Construire, recouvrir ou renforcer avec du béton. *Bétonner une route. Abri bétonné.* **2.** v. intr. SPORT Au soccer: grouper les joueurs d'une équipe devant ses buts, à la façon d'un mur, pour parer à toute action adverse. – De *béton.*

bétonnière [betɔnjɛʀ] n. f. CONSTR Machine servant à préparer le béton. – De *bétonner.*

bette [bɛt] n. f. **1.** Cour. Betterave potagère. *Mettre des bettes dans le vinaigre.* **2.** Fig., fam. Visage, physionomie. *Avoir une drôle de bette.* **3.** *Bette (à carde):* plante comestible voisine de la betterave cultivée pour ses feuilles amples, aux côtes épaisses et tendres. – Lat. *beta.*

betterave [bɛtʀav] n. f. Plante (fam. chénopodiacées) cultivée pour sa racine pivotante charnue, riche en sucre; *spécial.* betterave potagère ou sa racine comestible, plus cour. appelée *bette. Betterave potagère, betterave rouge* (*Beta vulgaris* var. *esculenta*), cultivée comme légume pour sa racine ronde et rouge. *Betterave sucrière, betterave à sucre* (*Beta vulgaris* var. *rapa*), à racine très riche en saccharose (15 à 20%). *Betterave fourragère* (*Beta vulgaris*), dont la racine sert d'aliment pour le bétail. *Betterave sauvage* (*Beta vulgaris* var. *maritima*), aux tiges nombreuses, à la racine mince et ligneuse, aux feuilles charnues. – De *bette,* et *rave.*

betteravier, ière [bɛtʀavje, jɛʀ] adj. Qui a rapport à la betterave. *Culture betteravière.* ▷ N. m. Celui qui cultive la betterave. – De *betterave.*

bétoure. V. bétoire.

bétulacées [betylase] n. f. pl. BOT Famille de fagales, arbres ou arbustes à fleurs en chatons et feuilles caduques (aulnes, noisetiers, charmes, etc.), dont le bouleau (genre *Betula*) est le type. – Du lat. *betulla.*

bétyle [betil] n. m. Pierre sacrée adorée en Syrie et en Phénicie, et dont le culte passa chez les Romains. – Lat. d'orig. gr. *boetylus* par l'hébreu *Bêth-El,* «maison de Dieu».

beuglante [bøglɑ̃t] n. f. Pop. Chanson chantée d'une voix assourdissante, discordante. – De *beugler.*

beuglement [bøgləmɑ̃] n. m. **1.** Cri des animaux qui beuglent. *Le beuglement des vaches.* **2.** *Par anal.* Son intense et prolongé qui assourdit. – De *beugler.*

beugler [bøgle] **I.** v. intr. [1] **1.** Mugir, en parlant du taureau, du bœuf et de la vache. **2.** *Par anal.,* fam. Crier, chanter très fort. ▷ Faire entendre un son puissant et désagréable. *Haut-parleur qui beugle.* **II.** v. tr. Hurler. *Beugler une chanson.* – Du lat. *buculus,* «jeune bœuf».

beur [bœʀ] n. et adj. **1.** Arabe, en verlan. **2.** *Par ext.* Maghrébin vivant en France, appartenant à la deuxième génération de l'immigration; homme ou femme (en général enfant, adolescent ou jeune adulte) d'origine maghrébine et de nationalité française. – Déformation en verlan du mot *arabe: b* [*eu pour a*].

beurre [bœʀ] n. m. **1.** Substance alimentaire onctueuse obtenue par barattage de la crème du lait, mélange complexe de divers glycérides (notam. ceux des acides butyrique, oléique, palmitique et stéarique). *Beurre frais. Une livre de beurre.* ▷ *Beurre noir,* fondu et noirci dans la poêle. – Fig. et fam. *Avoir un œil au beurre noir,* noirci par un coup. ▷ Loc. fam. *Faire son beurre:* s'enrichir. – *Mettre du beurre dans les épinards:* améliorer la situation matérielle. – *Assiette au beurre:* source de profits. ▷ Loc. fam. *Passer dans le beurre:* passer à côté (en frappant, en donnant un coup). ▷ Loc. adj. *Beurre-frais:* couleur jaune clair. *Des gants beurre-frais.* **2.** Substance grasse extraite de divers végétaux. *Beurre d'arachide(s), de cacao, d'érable.* **3.** CHIM Vx Nom de certains chlorures très fusibles. *Beurre d'antimoine, d'étain.* – Lat. *butyrum.*

beurré [bœʀe] n. m. Variété de poire à chair fondante. – De *beurre.*

beurrée [bœʀe] n. f. Fam. Tranche de pain recouverte de beurre, de confiture, etc. *Une beurrée de beurre d'arachide(s).* – De *beurrer.*

beurrer [bœʀe] v. tr. [1] **1.** Recouvrir de beurre. *Beurrer des tartines, des rôties.* **2.** Pop. *Être beurré:* être ivre. – De *beurre.*

beurrerie [bœʀʀi] n. f. **1.** Endroit où l'on fabrique, où l'on conserve le beurre. – N.B. Auj., on dit plutôt *laiterie.* **2.** Industrie du beurre. – De *beurre.*

beurrier [bœʀje] n. m. Récipient servant à conserver ou à servir le beurre. – De *beurre.*

beuverie [bøvʀi] n. f. Réunion où l'on boit avec excès. – De *boire.*

bévatron [bevatʀɔ̃] n. m. PHYS Accélérateur qui permet de communiquer à des protons une très grande énergie. – De *BeV,* unité d'un milliard d'électron-volts, et d'après *(cyclo)tron.*

bévue [bevy] n. f. Erreur grossière, commise par ignorance, inadvertance ou faute de jugement. – Du préf. péjor. *bé,* et *vue.*

bey [bɛ] n. m. Titre porté autref. dans l'empire ottoman par les gouverneurs des provinces et des villes, les officiers généraux, les capitaines des galères. *Le bey de Tunis.* – Mot turc, «seigneur».

beylical, ale, aux [belikal, o] adj. Qui a rapport à un bey, à son autorité. *Le palais beylical.* – De *bey.*

beylicat [belika] n. m. Pouvoir exercé par un bey. – Territoire où s'exerce ce pouvoir. – De *bey.*

beylisme [belism] n. m. Litt. Attitude, manière d'envisager la vie qui évoque celle des héros de Stendhal, énergiques et passionnés. – De Henry *Beyle,* vrai nom de Stendhal.

bezant. V. besant.

bézef. V. bésef.

B.F. ELECTR Sigle pour basse fréquence.

Bi CHIM Symbole du bismuth.

bi-, bis-, bes-. Éléments (lat. *bis*) signifiant deux fois, double. Ex.: *bicolore:* de deux couleurs; *biscuit:* deux fois cuit; *besace:* sac à double poche.

biafrais, aise [bjafʀɛ, ɛz] adj. et n. Du Biafra, nom que prit en 1967 la partie S.-E. du Nigéria, en sécession de 1967 à 1970.

1. biais, aise [bjɛ, ɛz] adj. Vx Qui a une direction oblique. *Pont biais.* ▷ *Bouteur biais.* V. bouteur. – P.-ê. du gr. *epikarsios,* «oblique», par l'anc. provenç.

2. biais [bjɛ] n. m. **1.** Ligne oblique. ▷ COUT La diagonale, par rapport aux fils du tissu. *Tailler dans le biais.* **2.** Fig. Moyen détourné et ingénieux. *Chercher un biais pour engager la conversation.* **3.** Loc. adv. *De biais, en biais:* de côté. *Jeter des regards en biais.* – Fig. *Prendre quelqu'un de biais,* habilement et de façon détournée. – V. *biais* 1.

biaiser [bjeze] v. intr. [1] **1.** Être, aller de biais. **2.** Fig. User de détours. *Soyez franc, ne biaisez pas.* – De *biais.*

biathlon [biatlɔ̃] n. m. SPORT Épreuve olympique combinant le ski de fond et le tir. – De *bi-,* et gr. *âthlon,* «combat».

bibelot [biblo] n. m. Petit objet de décoration. *Bibelots d'étagère.* – Mot formé par onomat., p.-ê. de *beau.*

bibeloteur, euse [biblɔtœʀ, øz] n. Vieilli Personne qui s'intéresse aux bibelots, qui les collectionne. – De *bibelot.*

biberon [bibʀõ] n. m. Petite bouteille de verre munie d'une tétine, avec laquelle on fait boire un nourrisson (ou un jeune animal). – Du lat. *bibere,* «boire».

biberonner [bibʀɔne] v. intr. [1] Fam. Boire beaucoup et souvent. – De *biberon.*

1. bibi [bibi] n. m. Fam. Petit chapeau de femme. – Onomat.

2. bibi [bibi] pron. Pop. Moi. *Et l'addition, c'est pour qui? C'est pour bibi !* – Onomat.

bibine [bibin] n. f. Fam. Mauvaise boisson. – P.-ê. de l'ital. *bibita,* «boisson».

bibite, bibitte [bibit] n. f. Fam. (Cour. dans le voc. enfantin.) Insecte; petite bête. – *Bibite à patate(s):* doryphore. ▷ Loc. fig. *Avoir la bibite aux doigts:* avoir l'onglée. – *Être en* bibite,* en colère. Rem. Var. orthogr.: *bebite, bébite.* – Mot d'orig. dial., de *bête.*

bible [bibl] n. f. **1.** (Avec une majuscule). L'ensemble des textes inspirés par Dieu au peuple juif et que les chrétiens considèrent comme l'Ancien Testament, auquel ils adjoignent le Nouveau Testament. – Le livre, le volume contenant ces textes. ▷ Appos. *Papier bible,* très mince et opaque, comme celui des bibles. **2.** Fig. Manifeste, ouvrage fondamental d'une doctrine. **3.** Par ext. Ouvrage que l'on consulte souvent. – Lat. ecclés. *biblia,* du gr. *biblia,* plur de *biblion,* «livre».

ENCYCL Pour les chrétiens, la Bible est «le livre» par excellence: écrite tout entière sous l'inspiration de Dieu (dont le Concile de Trente dit qu'il en est «l'auteur»), elle est un véhicule important de la révélation, et ne saurait comporter d'erreur. Elle comprend deux grandes parties: l'Ancien Testament (ou Ancienne Alliance), qui compte 45 livres, et le Nouveau Testament (ou Nouvelle Alliance), qui en compte 22. Les livres de l'un et l'autre Testament peuvent être classés en livres historiques, moraux et prophétiques; le Nouveau Testament, plus familier à la majorité des chrétiens, est composé des quatre Évangiles et des Actes des Apôtres (livres historiques), des Épîtres (livres moraux) et de l'Apocalypse (livre prophétique). Les 72 livres de la Bible ont été écrits par des Juifs, si bien que, spirituellement, les chrétiens sont tous des sémites (Pie XI). Protestants et catholiques ont, toutefois, une attitude différente devant la Bible: les premiers revendiquent le libre examen (chacun étant libre de l'interpréter à sa manière); les seconds affirment que l'Église seule en est l'interprète infaillible.

biblio-. Élément, du gr. *biblion,* «livre».

bibliobus [biblijobys] n. m. Véhicule transportant des livres et servant de bibliothèque publique itinérante. – De *biblio (thèque),* et *(auto)bus.*

bibliographe [bibliɔgʀaf] n. Spécialiste de bibliographie. – De *bibliographie.*

bibliographie [biblijɔgʀafi] n. f. **1.** Science du livre, de l'édition. **2.** Liste des écrits se rapportant à un sujet. *Établir une bibliographie proustienne.* – De *biblio-,* et *-graphie.*

bibliographique [bibliɔgʀafik] adj. Qui a rapport à la bibliographie. *Appendice bibliographique.* – Du préc.

bibliomanie [biblijɔmani] n. f. Manie, passion des livres, surtout des livres rares et précieux. – De *biblio-,* et *manie.*

bibliophile [bibliɔfil] n. Personne qui aime les livres précieux et rares. – De *biblio-,* et *-phile.*

bibliophilie [bibliɔfili] n. f. Amour des livres, science du bibliophile. – Du préc.

bibliothécaire [biblijɔtekɛʀ] n. Personne préposée à la garde et aux soins d'une bibliothèque. – De *bibliothèque.*

bibliothéconomie [biblijɔtekɔnɔmi] n. f. DOCUM Discipline de l'organisation et de la gestion des bibliothèques. – De *biblioth(èque),* et *économie.*

biblique [biblik] adj. Relatif à la Bible. Récits bibliques. – De *bible.*

bibliothèque [biblijɔtɛk] n. f. **1.** Meuble ou assemblage de planches, de tablettes, permettant de ranger des livres. *Chercher un livre sur les rayons d'une bibliothèque.* **2.** Pièce ou édifice où sont conservés des livres. *Bibliothèque publique.* **3.** Collection de livres. *Une bibliothèque de dix mille volumes.* – Lat. *bibliotheca,* du gr. *bibliothêkê,* de *biblion,* «livre», et *thêkê,* «coffre».

bibliste [biblist] n. Spécialiste de la Bible. – De *bible.*

bicamérisme [bikameʀism] ou **bicaméralisme** [bikameʀalism] n. m. Système politique fondé sur un Parlement composé de deux Chambres. (Par ex.: Chambre des communes et Sénat, au Canada; Chambre des lords et Chambre des communes, en G.-B.) – De *bi-,* et lat. *camera,* «chambre».

bicarbonate [bikaʀbɔnat] n. m. CHIM Hydrogénocarbonate. – De *bi-,* et *carbonate.*

bicarbonaté, ée [bikaʀbɔnate] adj. Qui contient du bicarbonate. – Du préc.

bicentenaire [bisɑ̃tnɛʀ] adj. et n. m. **1.** adj. Deux fois centenaire. *Manuscrit bicentenaire.* **2.** n. m. *Célébrer le bicentenaire de la fondation d'une ville.* – De *bi-,* et *centenaire.*

bicéphale [bisefal] adj. À deux têtes. *Aigle bicéphale:* aigle à deux têtes qui figure dans certaines armoiries. *Pouvoir bicéphale.* – De *bi-,* et *-céphale.*

biceps [bisɛps] n. m. *Biceps brachial:* muscle fléchisseur de l'avant-bras; *biceps crural:* muscle fléchisseur de la cuisse. – Mot lat., «qui a deux têtes».

biche [biʃ] n. f. **1.** Femelle du cerf. – Par ext. Femelle d'autres cervidés. ▷ *Table à pieds de biche,* (V. pied-de-biche). **2.** *Ventre de biche:* couleur d'un blanc roussâtre. **3.** Fam. Terme d'affection adressée à une jeune fille, à une femme. – Lat. pop. **bistia,* «bête».

bicher [biʃe] v. intr. [1] Pop. **1.** Aller bien. *Ça biche?* **2.** Être content. – De l'anc. v. *bécher,* «piquer du bec».

bichette [biʃɛt] n. f. Rare Jeune biche. ▷ Terme d'affection. *Ma bichette.* – Dimin. de *biche.*

bichon, onne [biʃõ, ɔn] n. **1.** Petit chien à poil long, issu du croisement d'un barbet et d'un épagneul. **2.** Fam. Terme d'affection. *Mon bichon!* – Aphérèse de *barbichon,* de *barbe.*

bichonner [biʃɔne] **I.** v. tr. [1] **1.** Vx Friser une chevelure. **2.** Parer avec soin, avec coquetterie. **3.** Fig., fam. Traiter avec de grands soins. *Elle le bichonne, son petit mari!* **II.** v. pron. Se parer avec coquetterie. *Il a beau se bichonner, il ne sera jamais élégant.* – De *bichon.*

bichromate [bikʀɔmat] n. m. CHIM Sel de l'acide chromique. – De *bi-,* et *chromate.*

bicipital, ale, aux [bisipital, o] adj. ANAT Du biceps. *Coulisse bicipitale.* – De *biceps.*

bickford [bikfɔʀd] n. m. TECH Cordeau fusible utilisé pour le tir des explosifs. – Mot angl.

bicolore [bikɔlɔʀ] adj. Qui présente deux couleurs. *Une étoffe bicolore.* – De *bi-,* et lat. *color,* «couleur».

biconcave [bikõkav] adj. Qui présente deux faces concaves opposées. *Lunettes à verres biconcaves.* – De *bi-,* et *concave.*

biconvexe [bikõvɛks] adj. Qui présente deux faces convexes opposées. *Lentille biconvexe.* – De *bi-,* et *convexe.*

bicoque [bikɔk] n. f. **1.** Vx Petite ville ou place fortifiée peu importante. **2.** Fam., péjor. Petite maison peu solide, inconfortable. *Retaper une vieille bicoque.* – Ital. *bicocca,* «petit château».

bicorne [bikɔʀn] adj. et n. **1.** adj. Qui a deux cornes. *Utérus bicorne.* **2.** n. m. Chapeau à deux pointes. – Lat. *bicornis.*

bicot [biko] n. m. Fam. Petit de la chèvre. – Dimin. de *bique.*

biculturalisme [bikyltyʀalism] n. m. Coexistence dans un même pays de deux cultures nationales (Belgique, Canada, etc.). – De *bi-,* et *culturalisme.*

biculturel, elle [bikyltyʀɛl] adj. Qui possède deux cultures. – De *bi-,* et *culturel.*

bicuspide [bikyspid] adj. **1.** BOT Qui présente deux pointes. **2.** ANAT *Valvule bicuspide,* formée de deux valves (ex.: valvule mitrale). – De *bi-,* et *cuspide.*

bicuspidie [bikyspidi] n. f. MED Anomalie d'un orifice cardiaque qui comporte deux valvules au lieu de trois. *Bicuspidie aortique.* – Du préc.

bicycle [bisikl] n. m. Anc. Vélocipède à deux roues de taille différente. – Mot angl., de *bi-,* et *cycle.*

bicyclette [bisiklɛt] n. f. Cycle à deux roues d'égal diamètre, dont la roue avant est directrice et dont la roue arrière est mise en mouvement par un pédalier. *Faire le tour du Québec à bicyclette. Aller, monter, rouler à bicyclette* (Fam. *en bicyclette*). – Dimin. de *bicycle.*

ENCYCL L'ancêtre de la bicyclette est la draisienne, à roue avant directrice (1813). L'idée d'adapter des pédales sur la roue avant a conduit au bicycle. La bicyclette, inventée vers 1880, comporte un cadre métallique muni d'un pédalier, deux roues d'égale dimension et un guidon. L'invention par Dunlop des pneumatiques, celle de la roue libre vers 1900, ont conduit à la bicyclette actuelle.

bidasse [bidas] n. m. Fam. (France) Soldat. – N. pr., type caractérisant le personnage comique du soldat dans la chanson «*Avec l'ami Bidasse*».

bide [bid] n. m. **1.** Pop. Ventre. *Avoir du bide.* **2.** Arg. Manque de succès, échec. *Avec son nouveau tour de chant, elle a fait un bide.* **3.** Pop. Se dit de quelque chose de mensonger. *Sa maladie, c'est du bide.* V. bidon. – De *bidon.*

bidet [bidɛ] n. m. **1.** Petit cheval de selle trapu et résistant. ▷ *Par ext.* Cheval. **2.** Cuvette sur pied, de forme oblongue, utilisée pour la toilette intime. – De l'a. fr. *bider,* «trotter».

bidimensionnel, elle [bidimɑ̃sjɔnɛl] adj. Qui a deux dimensions principales. – De *bi-,* et *dimensionnel.*

bidirectionnel, elle [bidiʀɛksjɔnɛl] adj. Qui fonctionne dans deux directions. – De *bi-,* et *directionnel.*

bidoche [bidɔʃ] n. f. Pop. Viande. – De *bidet.*

bidon [bidɔ̃] n. m. **1.** Récipient métallique portatif destiné à contenir un liquide. *Bidon d'huile.* **2.** Pop. Ventre. *Il a pris du bidon.* **3.** Pop. *Du bidon:* quelque chose de faux. *Son histoire, c'est du bidon.* ▷ Adj. *Une histoire bidon.* – Scand. *bida,* «vase».

bidonner (se) [bidɔne] v. pron. [11] Pop. Rire, bien s'amuser. *Qu'est-ce qu'ils ont pu se bidonner!* ▷ V. intr. Galéjer. – De *bidon.*

bidonville [bidɔ̃vil] n. m. Agglomération d'habitations précaires, construites en matériaux de récupération, en partic. de vieux bidons, et qui se trouvent à la périphérie de certaines villes. – De *bidon,* et *ville.*

bidule [bidyl] n. m. Fam. Chose, objet quelconque machin, truc. – Arg. milit., «désordre».

bief [bjɛf] n. m. **1.** Canal conduisant l'eau sur la roue d'un moulin. **2.** Espace entre deux écluses sur une rivière ou sur un canal de navigation. – Lat. pop. d'orig. gaul. **bedum,* «fossé».

bielle [bjɛl] n. f. MECAN Pièce de certains mécanismes destinée à transmettre un mouvement, à transformer un mouvement rectiligne alternatif en un mouvement circulaire ou inversement. – *Couler une bielle:* faire fondre accidentellement l'antifriction de la tête de bielle d'un moteur à explosion. – Orig. incert.

biellette [bjɛlɛt] n. f. Petite bielle. – Dimin. de *bielle.*

1. bien [bjɛ̃] adv. et adj. **I.** adv. de manière. **1.** De manière satisfaisante. *Il cuisine bien. Un enfant bien élevé.* **2.** De manière raisonnable, juste, honnête. *Il a fort bien agi.* **3.** De manière plaisante, agréable. *Un compliment bien tourné.* **4.** De manière habile. *Savoir bien parler est un art. Bien joué!* **II.** adv. d'intensité. **1.** *Bien de, bien des:* beaucoup. *Je vous souhaite bien du plaisir. Il a manqué bien des occasions.* **2.** (Devant un adjectif, un participe passé, un adverbe). Très, tout à fait. *Tu es bien beau ce matin. Elle est bien reposée. Il y en a bien trop.* **3.** (Devant un verbe). Beaucoup. *J'espère bien vous revoir.* **4.** (Avec une quantité). Au moins. *Il y a bien deux ans que je ne l'ai pas rencontré. Cela fait bien un kilo.* **5.** (Avec un conditionnel). Volontiers. *Je vous dirais bien de rester.* **III.** interj. **1.** *Bien! très bien!:* marques d'approbation. **2.** *Eh bien?:* marque d'interrogation. *Eh bien! qu'en penses-tu?* ▷ Marque d'acquiescement. *Eh bien, soit!* ▷ Marque de surprise, d'indignation. *Eh bien! je ne l'aurais pas cru!* **IV.** adj. invar. **1.** (Attribut). Bon, satisfaisant, agréable. *Tout est bien qui finit bien. Cette comédienne est vraiment bien en Bérénice.* **2.** En bonne santé, à l'aise. *Se sentir bien.* **3.** Convenable, d'un point de vue moral. *Ce n'est pas bien de mentir.* **4.** Beau. *Ils sont encore bien pour leur âge.* **5.** (Épithète). Fam. Qui est plein de qualités. *C'est un garçon bien, on peut compter sur lui.* **6.** Fam. Convenable, d'un point de vue social. *Ce sont des gens bien.* **V.** Loc. **1.** *Bien plus:* en outre, et plus encore. *Il lui a pardonné, bien plus il est devenu son ami.* **2.** *Aussi bien:* dans un cas comme dans l'autre. *Qu'il parte, aussi bien nous ne l'en empêcherons pas.* **VI.** Loc. conj. *Bien que:* marque la concession, la restriction portant sur un fait réel. *Bien que blond aux yeux bleus, il est originaire du Mexique. Il veut sortir bien qu'il pleuve.* – Lat. *bene.*

2. bien [bjɛ̃] n. m. **I.** **1.** Ce qui est bon, avantageux, profitable. *Buvez un peu, cela vous fera du bien. Travailler pour le bien public,* l'intérêt général. *Le bien le plus précieux, c'est la santé. Dire du bien de qqch, de qqn,* en parler en termes élogieux. *Mener à bien (qqch):* réussir (dans une entreprise). **2.** Ce que l'on possède (en argent, en propriétés). *Il a un petit bien près de Saint-Sauveur,* un terrain, une maison. *Hériter des biens paternels.* – Prov. *Bien mal acquis ne profite jamais.* **3.** DR Toute chose matérielle, tout droit qui fait partie du patrimoine d'une personne. ▷ *Bien corporel:* chose qui a une existence matérielle, comme les objets, les animaux, la terre. ▷ *Bien imposable:* se dit d'un bien qui est assujetti à l'impôt. ▷ *Bien incorporel:* chose qui n'a pas d'existence matérielle mais qui représente une valeur pécuniaire, comme le nom commercial, un droit de créance. **II.** Ce qui est conforme au devoir moral, ce qui est juste, honnête, louable. *«Les personnes qui aiment et savent faire le bien le font dans l'ombre»* (Proust). *Reconnaître le bien du mal. Rendre le bien pour le mal.* – *Homme de bien,* vertueux et charitable. ▷ Loc. adv. Fam. *En tout bien tout honneur,* sans arrière-pensée, sans mauvaise intention. – De *bien,* adv.

bien-aimé, ée [bjɛ̃neme] adj. et n. **1.** adj. Qui est tendrement aimé, particulièrement chéri. **2.** n. Personne dont on est amoureux. *Être avec sa bien-aimée. Des bien-aimés.* – De *bien,* et pp. de *aimer.*

bien-dire [bjɛ̃diʀ] n. m. Litt. Manière de parler élégante et distinguée. – De *bien,* et *dire.*

bien-être [bjɛ̃nɛtʀ] n. m. **1.** État agréable du corps et de l'esprit. *Éprouver une sensation de bien-être total.* **2.** Situation matérielle qui rend l'existence aisée et agréable. *Il jouit d'un bien-être suffisant. Ministère de la Santé et du Bien-être social, créé en 1944.* ▷ Cour. *Bien-être (social):* nom donné à l'organisme public qui apporte une aide économique directe aux personnes dans le besoin. – Fam. *Être, vivre sur le bien-être:* vivre des prestations de l'aide sociale. – De *bien,* et *être.*

bienfaisance [bjɛ̃fəzɑ̃s] n. f. **1.** Inclination à faire du bien aux autres. *Sa bienfaisance est inépuisable.* **2.** Action de faire du bien aux autres; le bien que l'on fait dans un intérêt social. *Établissement, société de bienfaisance.* – De *bienfaisant.*

bienfaisant, ante [bjɛ̃fəzɑ̃, ɑ̃t] adj. **1.** Qui fait du bien aux autres (personnes). **2.** Qui fait du bien, qui a une influence salutaire (choses). *Un remède bienfaisant.* – Ppr. de l'anc. v. *bienfaire.*

bienfait [bjɛ̃fɛ] n. m. **1.** Vieilli Bien que l'on fait à quelqu'un, service rendu. *Accorder ses bienfaits.* – Prov. *Un bienfait n'est jamais perdu.* **2.** Mod. Avantage, utilité. *Les bienfaits de la science.* **3.** Résultat bienfaisant. *Vous constaterez les bienfaits de ce médicament.* – Lat. *benefactum.*

bienfaiteur, trice [bjɛ̃fɛtœʀ, tʀis] n. Personne qui fait du bien. *Une généreuse bienfaitrice. Un bienfaiteur de l'humanité.* – De *bienfait.*

bien-fondé [bjɛ̃fɔ̃de] n. m. **1.** DR Conformité d'une demande, d'une prétention, d'un acte au droit. *Le bien-fondé d'une requête.* **2.** *Par ext.* Conformité à la raison. *Le bien-fondé d'une opinion.* – De *bien,* et *fondé.*

bien-fonds [bjɛ̃fɔ̃] n. m. DR Biens immeubles. V. bien 2, sens I, 3. – De *bien,* et *fonds.*

bienheureux, euse [bjɛ̃nøʀø, øz] adj. et n. **1.** Très heureux. *Une vie bienheureuse.* **2.** THEOL Qui jouit de la béatitude céleste. *Âmes bienheureuses.* ▷ Subst. Dans l'Église catholique, personne qui a été béatifiée. *La bienheureuse Katéri Tékatwitha.* – De *bien,* et *heureux.*

biennal, ale, aux [bjenal, o] adj. et n. **I.** adj. **1.** Qui dure deux ans. *Charge biennale.* **2.** Qui a lieu tous les deux ans. *Foire biennale.* **II.** n. f. Manifestation artistique qui a lieu tous les deux ans. – Bas lat. *biennalis.*

bien-pensant, ante [bjɛ̃pɑ̃sɑ̃, ɑ̃t] adj. Attaché à des valeurs traditionnelles (*spécial.,* en matière de religion). ▷ Subst. *La Grande Peur des bien-pensants* (essai de Georges Bernanos). – De *bien,* et *pensant.*

bienséance [bjɛ̃seɑ̃s] n. f. Conduite publique en conformité avec les usages. *Cela choque la bienséance.* – De *bienséant.*

bienséant, ante [bjɛ̃seɑ̃, ɑ̃t] adj. Conforme à la bienséance. – De *bien,* et *séant.*

bientôt [bjɛ̃to] adv. **1.** Dans peu de temps. *Ils reviendront bientôt.* **2.** Loc. adv. *À bientôt:* formule utilisée pour prendre congé de quelqu'un que l'on compte revoir peu après. **3.** Rapidement. *Ce fut bientôt fait.* – De *bien,* et *tôt.*

bienveillance [bjɛ̃vɛjɑ̃s] n. f. Disposition favorable à l'égard de quelqu'un. *Montrer, témoigner de la bienveillance à, envers quelqu'un.* – De *bienveillant.*

bienveillant, ante [bjɛ̃vɛjɑ̃, ɑ̃t] adj. Qui a, qui marque une disposition favorable à l'égard de qqn (en général ressenti comme inférieur par l'âge, le rang social). *Un écrivain célèbre, resté bienveillant envers ses cadets.* – De *bien,* et anc. ppr. de *vouloir.*

bienvenir [bjɛ̃vəniʀ] v. intr. [39] Rare *Se faire bienvenir de quelqu'un,* s'en faire accueillir favorablement. – De *bien,* et *venir.*

bienvenu, ue [bjɛ̃vəny] adj. et n. **1.** adj. Qui arrive à propos (choses). *Une explication bienvenue.* ▷ Qui est accueilli avec plaisir (personnes). *Il est bienvenu partout.* **2.** n. Chose, personne qui est accueillie avec plaisir. *Soyez les bienvenues, mesdemoiselles. Cette proposition est la bienvenue.* – De *bien,* et *venu.*

bienvenue [bjɛ̃vəny] n. f. Heureuse arrivée. *Nous vous souhaitons la bienvenue.* – De *bienvenu.*

1. bière [bjɛʀ] n. f. Boisson alcoolisée produite par la fermentation du malt dans de l'eau. *Les bières sont parfumées par des fleurs de houblon* (bière blonde), *du caramel* (bière brune), *des piments* (bière âcre). *Une bouteille, une canette, une chope de bière. Une grosse, une petite bière.* – *Bière en fût, bière (à la) pression,* mise sous pression dans des barils d'où elle est tirée directement pour être servie aux clients. – *Bière d'épinette:* boisson fabriquée avec des rameaux ou de l'écorce d'épinette ou aromatisée artificiellement. «[...] la petite industrie de la bière d'Épinette, si connue dans le Québec, utilise cette espèce [l'Épinette noire]; la technique de fabrication de cette boisson de ménage remonte au Régime français.» (Frère Marie-Victorin, *Flore laurentienne,* 1935.) ▷ Fig., fam. *C'est de la petite bière,* une affaire sans importance. – Néerl. *bier,* «boisson».

2. bière [bjɛʀ] n. f. Cercueil. *La mise en bière a lieu au domicile du défunt.* – Frq. **bera,* «civière».

biergol [biɛʀgɔl] n. m. ESP Propergol constitué de deux ergols. Syn. diergol. – De *bi-,* et *ergol.*

biface [bifas] n. m. Outil préhistorique du Paléolithique inférieur, obtenu à partir d'un galet de pierre dure, plus ou moins grossièrement taillé sur les deux faces. – De *bi-,* et *face.*

bifacial, iale, iaux [bifasjal, o] adj. **1.** *Retouche bifaciale,* sur les deux faces d'un outil. **2.** BOT *Feuille bifaciale,* dont les deux faces ont la même structure. – De *bi-,* et *facial.*

biffage [bifaʒ] n. m. Action de biffer. – De *biffer.*

biffer [bife] v. tr. [1] Rayer, barrer ce qui est écrit. *Il a biffé cette clause.* – De l'a. fr. *biffe,* «étoffe rayée».

biffure [bifyʀ] n. f. Action de biffer. ▷ Trait par lequel on biffe. – De *biffer.*

bifide [bifid] adj. SC NAT Se dit d'un organe fendu longitudinalement. *La langue bifide des serpents.* – Lat. *bifidus,* «fendu en deux».

bifilaire [bifilɛʀ] adj. Constitué par deux fils. *Suspension bifilaire.* – De *bi-,* et *fil.*

biflèche [biflɛʃ] adj. Qui a deux flèches articulées à l'essieu, en parlant de certains affûts de canons modernes. – De *bi-,* et *flèche.*

bifocal, ale, aux [bifɔkal, o] adj. OPT Se dit d'un verre, d'une lentille à double foyer. – De *bi-,* et *focal.*

bifteck [biftɛk] n. m. Tranche de bœuf grillée, à griller. V. steak. ▷ Pop. *Gagner son bifteck:* gagner de quoi vivre. – Angl. *beefsteak,* «tranche de bœuf».

bifurcation [bifyʀkasjɔ̃] n. f. **1.** Endroit où une chose se divise en deux parties, de directions différentes. *La bifurcation d'une tige, d'un chemin, d'une voie ferrée.* **2.** Fig. Possibilité de choix. – De *bifurquer.*

bifurquer [bifyʀke] v. intr. [1] **1.** Se diviser en deux, comme une fourche. *Ici, le chemin bifurque.* **2.** Changer de direction à un croisement. *Bifurquer à droite.* **3.** Fig. Prendre une direction différente. *Le colonel a bifurqué dans l'industrie.* – Du lat. *bifurcus,* «fourchu».

bigame [bigam] adj. et n. Qui est marié à deux personnes à la fois. – Lat. ecclés. *bigamus.*

bigamie [bigami] n. f. État d'une personne qui, déjà mariée, contracte un second mariage sans que le premier ait été annulé. – De *bigame.*

bigarade [bigaʀad] n. f. Orange amère. – Du provenç. *bigarrado,* «bigarré».

bigaradier [bigaʀadje] n. m. Oranger amer *(Citrus vulgaris).* – De *bigarade.*

bigarré, ée [bigaʀe] adj. **1.** Qui a des couleurs, des dessins variés. *Une étoffe bigarrée.* **2.** Fig. Disparate. *Une foule bigarrée.* – De l'anc. adj. *garre,* «bicolore».

bigarreau [bigaʀo] n. m. Cerise rouge et blanche à chair ferme et sucrée. – De *bigarrer.*

bigarrer [bigaʀe] v. tr. [1] **1.** Assembler des couleurs tranchantes et mal assorties. **2.** Fig. Produire un ensemble disparate. – De *bigarré.*

bigarrure [bigaʀyʀ] n. f. **1.** Assemblage de couleurs, de dessins variés. **2.** Fig. Assemblage de choses, de gens disparates. – De *bigarrer.*

big bang [bigbɑ̃g] n. m. ASTRO *Théorie du big bang,* émise en 1927 par l'astronome belge Georges Lemaître et développée en 1948 par l'Américain Gamow, selon laquelle l'Univers se serait formé, il y a env. 15 milliards d'années, à la suite d'une gigantesque explosion (le big bang) qui aurait provoqué l'émission de protons, de neutrons, d'électrons et de photons à une température très élevée. – Mot angl.

bige [biʒ] n. m. Char antique tiré par deux chevaux. – Lat. *biga.*

bigle [bigl] adj. et n. Vieilli Atteint de strabisme. – De l'anc. v. *biscler* (V. bigler).

bigler [bigle] **1.** v. intr. [1] Fam. Loucher. **2.** v. tr. Fam. Regarder avec convoitise ou avec étonnement. – D'abord *biscler,* p.-ê. du lat. pop. *bisoculare,* de *bis,* «deux fois», et *oculus,* «œil».

bigleux, euse [biglø, øz] adj. et n. **1.** Fam. Qui louche. **2.** Pop. Qui ne voit pas bien. – De *bigle.*

bignone [biɲɔn] ou **bignonia** [biɲɔnja] n. m. BOT Liane ornementale (*Tecoma radicans,* fam. bignoniacées) à grosses fleurs orangées en trompette, cultivée en Europe. – De *Bignon,* bibliothécaire de Louis XIV.

bignoniacées [biɲɔnjase] n. f. pl. BOT Fam. de dicotylédones gamopétales à grosses fleurs ornementales en trompette, comprenant notam. le *catalpa.* – De *bignognia.*

bigophone [bigofɔn] n. m. **1.** Mirliton affectant la forme de divers instruments de musique. **2.** Fam. Téléphone. *Un coup de bigophone.* – Du nom de *Bigot,* inventeur de l'instrument, et *-phone.*

bigorne [bigɔʀn] n. f. **1.** Petite enclume d'orfèvre à deux pointes. **2.** Masse en bois qui sert à fouler les peaux. – Lat. *bicornis,* «à deux cornes», par le provenç.

bigorneau [bigɔʀno] n. m. Petit coquillage comestible à coquille en spirale. V. littorine. – Dimin. de *bigorne.*

bigorner [bigɔʀne] v. tr. [1] **1.** Forger sur la bigorne. **2.** Pop. Endommager. ▷ *Se bigorner :* se battre. – De *bigorne.*

1. bigot, ote [bigo, ɔt] n. (et adj.). Péjor. Personne qui fait preuve d'une dévotion étroite et pointilleuse. *Des racontars de vieilles bigotes.* – Anc. angl. *bî God (by God),* «par Dieu».

2. bigot [bigo] n. m. TECH Pioche à deux dents. – Anc. provenç. *bigos.*

bigoterie [bigɔtʀi] n. f. ou **bigotisme** [bigɔtism] n. m. Péjor. Dévotion étroite et pointilleuse. – De *bigot.*

bigouden, ène [bigudɛ̃, ɛn] **1.** n. m. ou f. Coiffe d'une région de la Bretagne. – Adj. *Une coiffe bigoudène.* **2.** n. f. Bretonne qui porte cette coiffe. – Mot breton.

bigoudi [bigudi] n. m. Rouleau, cylindre utilisé pour friser les cheveux. *Une femme qui se met des bigoudis.* – Orig. incert.

bigre! [bigʀ] interj. Fam. Atténuation de *bougre.* – V. bougre.

bigrement [bigʀəmɑ̃] adv. Fam. Atténuation de *bougrement,* extrêmement. – De *bigre.*

bigrille [bigʀij] adj. ELECTRON Qualifie un tube électronique muni de deux grilles. – De *bi-,* et *grille.*

bigue [big] n. f. TECH et MAR Appareil de levage pour charges importantes, constitué par un bâti dont l'extrémité supérieure porte une poulie ou un palan. *Bigue flottante.* – Provenç. *biga,* «poutre».

biguine [bigin] n. f. Danse d'origine antillaise. – Mot antillais.

bihebdomadaire [biɛbdɔmadɛʀ] adj. Qui a lieu, qui paraît deux fois par semaine. – De *bi-,* et *hebdomadaire.*

bihoreau [biɔʀo] n. m. Héron *(Nycticorax nycticorax)* au plumage gris, noir et blanc, de mœurs crépusculaires. – Orig. incon.

bijectif, ive [biʒɛktif, iv] adj. MATH *Application bijective,* dans laquelle tout élément de l'ensemble d'arrivée est l'image d'au moins un élément de l'ensemble de départ (application *surjective)* et dans laquelle deux éléments distincts de l'ensemble de départ ont deux images distinctes dans l'ensemble d'arrivée (application *injective).* – De *bijection.*

bijection [biʒɛksjɔ̃] n. f. MATH Application bijective. – De *bi-,* et *(in)jection.*

bijou [biʒu] n. m. **1.** Petit objet de parure, façonné généralement en métal noble, et associant souvent des pierres précieuses ou semi-précieuses brutes ou travaillées. *Un bijou en argent, en or, en strass. Offrir des bijoux à une femme.* **2.** Fig. Chose très jolie, fabriquée avec grand soin. *Cette voiture de sport, c'est un vrai bijou !* – Breton *bizou,* «anneau», de *biz,* «doigt».

bijouterie [biʒutʀi] n. f. **1.** Fabrication, commerce des bijoux. ▷ Les bijoux, en tant qu'objets d'industrie, de commerce. **2.** Magasin où l'on vend des bijoux. – De *bijou.*

bijoutier, ière [biʒutje, jɛʀ] n. **1.** Fabricant de bijoux. **2.** Personne qui tient un magasin de bijoux. – De *bijou.*

bikini [bikini] n. m. Costume de bain pour femme, en deux pièces de dimensions très réduites. – Nom déposé, du nom de l'atoll du Pacifique où eurent lieu des explosions atomiques expérimentales, les porteuses de bikini étant supposées produire sur leurs contemporains un effet «explosif».

bilabiale [bilabjal] adj. f. (et n. f.). PHON Se dit d'une consonne dont l'articulation met en jeu le mouvement des deux lèvres (ex: [p], [b]). – De *bi-,* et *labial.*

bilabié, ée [bilabje] adj. **1.** SC NAT Qui est partagé en deux lèvres. **2.** BOT Se dit d'une corolle gamopétale divisée en deux lèvres. – De *bi-,* et lat. *labium,* «lèvre».

bilame [bilam] n. f. TECH Interrupteur utilisé notam. dans les thermostats, constitué par deux lames de coefficients de dilatation différents et qui fonctionne sous l'effet des variations de température. – De *bi-,* et *lame.*

bilan [bilɑ̃] n. m. **1.** FIN Document qui précise le solde de tous les comptes d'une entreprise à une date donnée. – *Dépôt de bilan:* déclaration au tribunal de commerce de cessation de paiements. **2.** PHYS *Bilan thermique:* calcul des différentes puissances calorifiques fournies et reçues par une machine ou par une installation. – *Bilan énergétique d'une réaction nucléaire:* décompte des énergies mises en jeu, compte tenu des pertes de masse. **3.** MED *Bilan de santé:* examen médical comportant une série d'examens cliniques ou complémentaires (biologiques, radiologiques, etc.), pratiqué systématiquement, occasionnellement ou à intervalles réguliers, afin d'apprécier l'état des organes et leur fonctionnement. **4.** Fig. *Faire le bilan de qqch,* en tirer les enseignements qui s'imposent, en évaluer les résultats. – Ital. *bilancio,* «balance».

ENCYCL Le bilan d'une entreprise est l'inventaire de ses moyens *(actif)* et de ses dettes *(passif).* Le passif (situé à droite du bilan) donne l'origine des fonds, par ordre d'exigibilité croissante: capitaux propres, dettes à long et moyen terme, avances reçues des clients et dettes à court terme. L'actif (situé à gauche) précise l'utilisation de ces fonds, par ordre de liquidité croissante: valeurs immobilisées, stocks ou valeurs d'exploitation, avances consenties aux fournisseurs, valeurs réalisables et disponibles.

bilatéral, ale, aux [bilateʀal, o] adj. **1.** Qui a deux côtés. **2.** Qui a, ou qui se rapporte à deux côtés symétriques. *Stationnement bilatéral,* autorisé sur les deux côtés d'une voie. **3.** DR Qui lie deux parties. *Un traité bilatéral.* – *Aide bilatérale,* apportée par un pays industrialisé à un État en voie de développement sans passer par l'intermédiaire des organismes internationaux. – De *bi-,* et *latéral.*

bilatéralement [bilateʀalmɑ̃] adv. De manière bilatérale. – De *bilatéral.*

bilboquet [bilbɔkɛ] n. m. Jouet formé d'une boule percée d'un trou et reliée par une ficelle à un manche à bout pointu qu'il faut faire pénétrer dans le trou en la lançant en l'air. – De *bille,* et dial. *bouquer,* «encorner», de *bouc.*

bile [bil] n. f. **1.** Liquide sécrété par le foie, contenant des sels et des pigments, stocké par la vésicule biliaire et excrété par le canal cholédoque dans le duodénum pendant la digestion. **2.** Fig. *S'échauffer la bile:* se mettre en colère. – *Décharger sa bile sur quelqu'un,* lui faire supporter sa mauvaise humeur. **3.** Fig., fam. *Se faire de la bile:* s'inquiéter. – Lat. *bilis.*

biler (se) [bile] v. pron. [11] Fam. S'inquiéter. – De *bile.*

bileux, euse [bilø, øz] adj. Fam. Qui s'inquiète facilement, de tempérament anxieux. – De *bile.*

bilharzie [bilaʀzi] n. f. ZOOL Plathelminthe trématode (genre *Schistosoma,* autref. *Bilharzia*) vivant en parasite dans les vaisseaux de divers organes (reins, vessie, foie, rate, etc.) qu'il lèse, provoquant des hémorragies. – Du n. du médecin all. T. *Bilharz.*

bilharziose [bilaʀzjoz] n. f. MED Maladie parasitaire provoquée par les *Schistosoma* (ou *Bilharzia*), *Schistosoma mansoni* étant l'agent de la bilharziose intestinale en Afrique et en Amérique, *Schistosoma hæmatobium,* celui de la bilharziose vésicale, uniquement en Afrique. – De *bilharzie,* et *-ose* 2.

biliaire [biljɛʀ] adj. Qui a rapport à la bile. *Vésicule biliaire. Calculs biliaires.* – De *bile.*

bilieux, ieuse [biljø, jøz] adj. **1.** Qui a rapport à la bile, qui résulte de l'abondance de bile. *Tempérament bilieux. Maladies bilieuses.* **2.** Fig. Morose, coléreux. **3.** Fig. D'un tempérament inquiet, anxieux. – Lat. *biliosus.*

biligenèse [biliʒənɛz] n. f. PHYSIOL Synthèse des sels et des pigments biliaires. – De *bile,* et *genèse.*

bilingue [bilɛ̃g] adj. **1.** Écrit en deux langues différentes. *Un dictionnaire bilingue.* **2.** Où l'on parle deux langues. *Le Canada et la Belgique sont des pays bilingues.* **3.** Qui parle deux langues. *Une secrétaire bilingue.* – Lat. *bilinguis.*

bilinguisme [bilɛ̃gwism] n. m. Qualité d'une personne, d'une population qui parle deux langues. – De *bilingue.*

bilirubine [biliʀybin] n. f. BIOCHIM Pigment biliaire acide, jaune rougeâtre, provenant de la dégradation de l'hémoglobine des hématies. – De *bile* et *rusine,* du lat. *rubens,* «rouge».

bilirubinémie [biliʀybinemi] n. f. MED Concentration sérique en bilirubine. – De *bilirubine.*

biliverdine [bilivɛʀdin] n. f. BIOCHIM Pigment biliaire vert noirâtre dont la réduction conduit à la bilirubine au cours de la dégradation de l'hémoglobine. – De *bile* et *verdine,* du lat. *viridis,* «vert».

bill [bil] n. m. Vieilli Projet de loi soumis au vote du Parlement fédéral. – Mot angl.

billard [bijaʀ] n. m. **1.** Jeu qui se joue avec des billes d'ivoire, que l'on frappe avec une queue, sur une table couverte d'un tapis de drap vert. *Une boule de billard. Faire une partie de billard.* ▷ Fig., fam. *C'est du billard:* c'est très facile. **2.** Table rectangulaire, recouverte d'un tapis de drap vert, sur laquelle on joue au billard. ▷ Fam. Table d'opération. *Passer sur le billard:* subir une opération chirurgicale. **3.** Salle où l'on joue au billard. **4.** *Billard chinois, japonais, russe:* jeux où l'on cherche à placer des boules dans des cases. – De *bille* 2.

1. bille [bij] n. f. **1.** Boule pour jouer au billard. **2.** Petite boule de pierre, de verre, d'acier, d'argile, avec laquelle jouent les enfants. *Les jeux de billes remontent à l'Antiquité.* **3.** TECH *Roulement à billes:* organe de roulement muni de sphères métalliques qui réduisent le frottement d'un axe tournant. **4.** *Crayon, stylo à bille,* muni d'une petite bille de métal en contact avec de l'encre très grasse. **5.** Pop. Tête, figure. *Une drôle de bille. Une bille de clown,* comique. – P.-ê. du frq. **bikkil,* «dé».

2. bille [bij] n. f. Pièce de bois de toute la grosseur du tronc, destinée à être équarrie et débitée. *Une bille de chêne.* – Lat. pop. **bilia,* «tronc d'arbre».

billebaude (à la) [bij(ə)bod] loc. adv. Vx En confusion, sans ordre. – De *bille* 1, et a. fr. *baude,* «hardie».

billbergia [bilbɛʀʒja] n. f. BOT Broméliacée ornementale d'appartement (genre *Billbergia*) dont les feuilles coriaces forment, par leurs bases serrées, une citerne axiale d'où sort une hampe florale portant de nombreuses fleurs roses. – Du n. du bot. suédois G.J. *Billberg.*

billet [bijɛ] n. m. **1.** Lettre très courte. – *Billet doux, galant:* lettre d'amour. – Lettre d'avis d'une naissance, d'un mariage, d'un décès. *Billet de faire-part.* **2.** FIN Écrit par lequel une personne (le souscripteur) s'engage à payer, à vue ou à une date déterminée, une somme d'argent à une autre personne (le bénéficiaire). – *Billet à ordre:* effet de commerce par lequel on s'engage à payer une somme d'argent à une personne ou à son ordre. *Le chèque est un billet à ordre.* – *Billet au porteur.* **3.** *Billet de banque:* papier-monnaie. *Une liasse de billets de vingt dollars. Un billet froissé.* ▷ Pop. *Je parie vingt billets sur ce cheval.* **4.** Petit papier imprimé servant de carte d'entrée ou de parcours. *Un billet de théâtre. Billet de faveur,* gratuit. *Billet de train, d'avion, d'autobus. Billet ouvert:* billet d'avion non daté. *Le contrôleur poinçonne les billets.* – *Billet de loterie:* V. loterie. **5.** Papier servant d'attestation. *Billet de confession.* ▷ Fig., fam. *Je vous donne, fiche mon billet que:* je vous garantis que. – A. fr. *billette.*

billette [bijɛt] n. f. **1.** Bois de chauffage scié et fendu. **2.** TECH Petite barre d'acier laminé. **3.** ARCHI Ornement fait de sections de tore disposées en série. *Les* *billettes sont utilisées dans l'architecture romane.* – De *bille* 2.

billetterie [bijɛtʀi] n. f. **1.** Lieu où l'on vend ou distribue des billets. **2.** Conception, émission et délivrance des billets de transport. **3.** Distributeur de billets de banque auquel donne accès une carte magnétique individuelle. – De *billet.*

billetiste [bijɛtist] n. TRANSP Personne chargée de l'émission de billets de voyage ou de spectacle. – De *billet.*

billevesée [bij(l)vəze] n. f. Chose, propos frivole. – Mot de l'Ouest, p.-ê. de *beille,* «boyau», et *vezé,* «gonflé».

billion [biljõ] n. m. **1.** Vx Milliard (ce sens se maintient en anglais). **2.** Mod. Un million de millions, soit mille milliards. – De *bi-,* et *[mi]llion.*

billon [bijõ] n. m. **1.** AGRIC Talus formé le long d'un sillon par la charrue. **2.** Ancien nom de certains alliages de cuivre. *Monnaie de billon.* – De *bille* 2.

billonnage [bijɔnaʒ] n. m. AGRIC Action de faire des billons dans un terrain. – De *billon.*

billot [bijo] n. m. **1.** Tronçon de bois non équarri. **2.** Bloc de bois posé verticalement et qui présente une surface plane à sa partie supérieure. **3.** Pièce de bois sur laquelle le condamné à la décapitation posait la tête. *Mourir sur le billot.* ▷ Fig. *J'en mettrais ma tête sur le billot:* je suis absolument sûr de ce que j'avance. **4.** Corbeille en bois blanc servant au transport des fruits, des légumes. – De *bille* 2.

biloculaire [bilokylɛʀ] adj. ANAT Se dit d'une cavité naturelle divisée en deux. *Estomac, utérus biloculaire.* – De *bi-,* et *loculaire.*

biloquer [bilɔke] v. tr. [1] AGRIC Faire un labour très profond avant l'hiver. – Alt. de l'a. fr. *binoquer,* de *biner.*

bimane [biman] adj. (et n.) Qui a deux mains. *L'être humain est un animal bimane.* – De *bi-,* et *-mane* 1.

bimbeloterie [bɛ̃blɔtʀi] n. f. **1.** Fabrication, commerce de bibelots. **2.** Ensemble de bibelots. *Acheter de la bimbeloterie.* – De *bimbelot,* var. anc. de *bibelot.*

bimbelotier, ière [bɛ̃blɔtje, jɛʀ] n. Personne qui fabrique ou vend de la bimbeloterie. – De *bimbelot,* var. anc. de *bibelot.*

bimensuel, elle [bimɑ̃sɥɛl] adj. Qui a lieu, qui paraît deux fois par mois. *Une publication bimensuelle.* – De *bi-,* et *mensuel.*

bimestre [bimɛstʀ(ə)] n. m. Période de temps s'étendant sur deux mois. – De *bi-,* et *-mestre.*

bimestriel, elle [bimɛstʀijɛl] adj. Qui a lieu, qui paraît tous les deux mois. *Une publication bimestrielle.* – De *bi-,* et *(se)mestriel.*

bimétallique [bimetalik] adj. **1.** ECON Qui a rapport au bimétallisme. **2.** Composé de deux métaux. – De *bi-,* et *métal.*

bimétallisme [bimetalism] n. m. ECON Système monétaire à double étalon, or et argent. – De *bi-,* et *métal.*

bimétalliste [bimetalist] adj. ECON Qui se rapporte au bimétallisme. ▷ Subst. Partisan du bimétallisme. – De *bi-,* et *métal.*

bimillénaire [bimil(l)enɛʀ] adj. et n. m. **1.** adj. Qui a deux mille ans. **2.** n. m. Deux-millième anniversaire. – De *bi-,* et *millénaire.*

bimoteur [bimɔtœʀ] adj. (et n. m.) *Avion bimoteur,* muni de deux moteurs. ▷ N. m. *Un bimoteur.* – De *bi-,* et *moteur.*

binage [binaʒ] n. m. AGRIC Action de biner, travail superficiel du sol qui brise les mottes de la croûte de surface et élimine les mauvaises herbes. – De *biner.*

binaire [binɛʀ] adj. **1.** CHIM Composé de deux éléments. *L'eau (H_2O) est un composé binaire.* **2.** MATH *Numération binaire:* numération à base deux, utilisant uniquement les chiffres 0 et 1. (Sert notam. en informatique; les deux états 1 et 0 correspondent au passage ou à l'absence de passage du courant électrique.) **3.** MUS *Rythme binaire,* à deux temps. – Bas lat. *binarius.*

binard ou **binart** [binaʀ] n. m. Chariot à deux roues muni d'une plate-forme mobile pour charger des blocs de pierres. – Orig. incert.

binational, ale, aux [binasjɔnal, o] adj. Qui possède deux nationalités. – De *bi-,* et *national.*

biner [bine] **1.** v. tr. [1] AGRIC Travailler à la binette, en surface, des terres labourées sur lesquelles s'est formée une croûte dure, où persistent des mottes, où croissent de mauvaises herbes. Syn. sarcler. **2.** v. intr. LITURG Célébrer deux messes le même jour. – Lat. *binare,* «refaire».

1. binette [binɛt] n. f. AGRIC Petite pioche à manche court et fer large et plat. – De *biner.*

2. binette [binɛt] n. f. Pop. Visage, tête. *Tu en fais une drôle de binette!* – Probabl. de *bobinette, trombinette.*

bineuse [binøz] n. f. AGRIC Machine servant à effectuer les binages, en grande culture. – De *biner.*

bingo [bingo] n. m. Jeu de hasard auquel un grand nombre de joueurs peuvent participer sous la direction d'un meneur de jeu, souvent organisé en vue d'amasser de l'argent pour des œuvres charitables. «La vieille église, moins son clocher, fut transformée en salle de théâtre, pour les bazars, les bingos, les expositions des Dames-de-toutes-les-catégories, pour finir sa carrière, ne vous déplaise, en aréna avec glace s'il vous plaît!» (Réal-Gabriel Bujold, *Le P'tit Ministre-les-pommes,* 1980.) – Mot amér.

ENCYCL À ce jeu, chaque participant dispose d'un ou de plusieurs cartons divisés en vingt-cinq cases numérotées, réparties en cinq colonnes coiffées chacune d'une lettre du mot BINGO. Tirés successivement et au hasard, les numéros sont criés par le meneur de jeu dans un ordre rigoureux: d'abord la lettre identifiant la colonne, puis le chiffre (ex. B 12). Les joueurs marquent les cases correspondantes sur leurs cartons, le gagnant étant celui qui réussit le premier à couvrir cinq cases consécutives, horizontalement, ou verticalement, ou diagonalement. Venu des États-Unis, ce jeu a connu une grande popularité au Québec dès les années 1930.

biniou [binju] n. m. **1.** Cornemuse bretonne. **2.** Arg. Instrument. *Spécial.* Instrument à vent. – Mot breton.

binocle [binɔkl] n. m. **1.** Anc. Lorgnon qui s'adapte sur le nez. **2.** Pl. Plaisant. Lunettes. *Il a perdu ses binocles.* – Lat. scientif. *binoculus.*

binoculaire [binɔkylɛʀ] adj. (et n. f.). **1.** Relatif aux deux yeux. **2.** OPT Muni de deux oculaires. *Microscope binoculaire.* **3.** n. f. MILIT Jumelle d'observation. – De *binocle.*

binôme [binom] n. m. **1.** MATH Expression algébrique composée de la somme ou de la différence de deux monômes (ex.: $b^2 - 4ac$). – *Binôme de Newton:* formule donnant la $n^{ième}$ puissance d'un binôme. Ex.: $(x + a)^3 = x^3 + 3\,ax^2 + 3\,a^2\,x + a^3$. **2.** BIOL Ensemble des deux noms latins, de genre et d'espèce, servant à désigner les espèces dans la nomenclature scientifique (ex.: *Felis domesticus:* chat domestique). – Lat. médiév. *binomium,* «qui a deux noms».

binomial, ale, aux [binɔmjal, o] adj. MATH *Loi binomiale:* loi de probabilité se référant au binôme de Newton. – De *binôme.*

bio-. Élément, du gr. *bios,* «vie».

biobibliographie [bjobiblijɔgʀafi] n. f. Discipline étudiant la vie d'un auteur et ses œuvres. – De *bio-*, et *bibliographie.*

biocatalyse [bjokataliz] n. f. Catalyse due à un biocatalyseur. – De *bio-*, et *catalyse.*

biocatalyseur [bjokatalizœʀ] n. m. BIOCHIM Composé chimique synthétisé par un être vivant et utilisé par lui pour catalyser une réaction de son métabolisme. *Les enzymes sont des biocatalyseurs.* – De *bio-*, et *catalyseur.*

biocénologie [bjosenɔlɔʒi] ou **biocénotique** [bjɔsenɔtik] n. f. Étude des biocénoses. – De *biocénose.*

biocénose ou **biocœnose** [bjosenoz] n. f. BIOL Ensemble d'êtres vivants en équilibre biologique (les effectifs de chaque espèce restant constants dans le temps). – De *bio-*, et gr. *koinos*, «commun».

biochimie [bjoʃimi] n. f. Science qui étudie la structure chimique des êtres vivants et les phénomènes chimiques qui accompagnent les diverses manifestations de la vie. – De *bio-*, et *chimie.*

ENCYCL Le rôle de la biochimie est d'étudier les phénomènes chimiques de la matière vivante. Elle rassemble toutes les connaissances sur la constitution des organismes ainsi que les réactions dont ils sont le siège. Dans l'organisme vivant et les cellules qui le composent, ces réactions ont une complexité qui demande la connaissance de nombreuses sciences: anatomie, physiologie, médecine, chimie, électrochimie, physique, statistique, etc. Les grands secteurs d'activité de la biochimie sont liés à la systématisation des types de réaction et groupes de molécules actives définies dans leur contexte physiologique. *La biochimie analytique et structurale*, la plus proche de la chimie organique dont elle utilise les méthodes, définit la composition élémentaire d'un organisme, d'une cellule ou d'un composé viral. *La biochimie moléculaire* étudie à l'échelon moléculaire la structure, les séquences et les sites actifs des macromolécules biologiques et leur fonctionnement. *La biochimie quantique ou électronique*, plus proche de la biophysique, étudie la quantification de l'énergie des édifices atomiques et moléculaires en fonction de la structure ou des processus réactionnels des molécules biologiques. *La biochimie physiologique ou fonctionnelle*, qui étudie le fonctionnement chimique des organes, comporte de nombreuses subdivisions: métabolisme, biosynthèse et dégradation enzymatique, oxydoréduction, énergétique, endocrinologie, etc. *La biochimie médicale*, proche par ses subdivisions et sa méthodologie de la biochimie physiologique, en diffère cependant en ce qu'elle s'intéresse à l'organe dans son dysfonctionnement et apporte au médecin des analyses permettant un diagnostic. *La biochimie cellulaire* étudie le métabolisme cellulaire. Tout ce qui a trait à la génétique, à l'immunologie, etc., bref au secret de la vie, de son origine, de son maintien, relève de la biochimie, laquelle dispose auj. de techniques extrêmement évoluées.

biochimique [bjoʃimik] adj. Relatif à la biochimie. – De *bio-*, et *chimique.*

biochimiste [bjoʃimist] n. Biologiste qui étudie la biochimie. – De *bio-*, et *chimiste.*

bioclimatologie [bjoklimatɔlɔʒi] n. f. BIOL Science qui étudie les effets des climats sur les êtres vivants. *La bioclimatologie fait partie de la biogéographie.* – De *bio-*, et *climatologie.*

biodégradable [bjodegʀadabl] adj. Qui peut subir une biodégradation. *Détergent biodégradable.* – De *bio-*, et *dégradable.*

biodégradation [bjodegʀadasjõ] n. f. CHIM Processus selon lequel des composés chimiques sont détruits par des organismes vivants (micro-organismes, par ex.). – De *bio-*, et *dégradation.*

bioélectricité [bjoelɛktʀisite] n. f. Ensemble des phénomènes cellulaires mettant en jeu des différences de potentiel électrique entre deux milieux aux concentrations ioniques différentes. – De *bio-*, et *électricité.*

bioélectrique [bjoelɛktʀik] adj. Relatif à la bioélectricité. *La mort est la cessation des fonctions bioélectriques du cerveau.* – De *bio-*, et *électrique.*

bioénergétique [bjoenɛʀʒetik] adj. et n. BIOL **1.** adj. Dont les êtres vivants tirent de l'énergie. *Les sucres sont bioénergétiques.* **2.** n. f. Partie de la biochimie qui étudie les transformations que les êtres vivants font subir aux différentes formes d'énergie (lumière, chaleur, etc.). – De *bio-*, et *énergétique.*

bioéthique [bjoetik] n. f. Étude des préceptes moraux qui doivent présider aux pratiques médicales et biologiques concernant l'être humain. – L'ensemble de ces préceptes. *La bioéthique réprouve l'avortement et la fécondation artificielle.* – De *bio-*, et *éthique.*

biogenèse [bjoʒənɛz] n. f. BIOL Théorie selon laquelle tout être vivant vient d'un autre être qui lui a donné naissance (*omne vivum ex vivo*). – De *bio-*, et *genèse.*

biogénétique [bjoʒenetik] adj. Relatif à la biogenèse. – De *biogenèse.*

biogéographe [bjoʒeɔgʀaf] n. Personne qui étudie la biogéographie. – De *bio-*, et *géographe.*

biogéographie [bjoʒeɔgʀafi] n. f. Étude de la répartition des êtres vivants à la surface du globe, en fonction du climat, de l'altitude, des sols, etc. *La bioclimatologie, la biocénologie, la chorologie* (étude des territoires faunistiques et floristiques), *font partie de la biogéographie.* – De *bio-*, et *géographie.*

biogéographique [bjoʒeɔgʀafik] adj. Relatif à la biogéographie. – De *biogéographie.*

biographe [bjɔgʀaf] n. Auteur d'une biographie, de biographies. – De *bio-*, et *-graphe.*

biographie [bjɔgʀafi] n. f. Histoire de la vie d'un individu. *Les «Vies des hommes illustres» de Plutarque rassemblent plusieurs biographies.* – De *biographe.*

biographique [bjɔgʀafik] adj. Qui a trait à la biographie. *Des renseignements biographiques.* – Du préc.

biologie [bjɔlɔʒi] n. f. Science de la vie, des êtres vivants. – De *bio-*, et *-logie.*

ENCYCL Science de la vie, la biologie traite de toutes les manifestations de l'état vivant, depuis la réaction biochimique jusqu'à la vie en société. Le sujet étant très complexe, chaque aspect de la vie a été pris en charge par une branche particulière de la biologie: biochimie, cytologie, histologie, physiologie, etc., qui ont leurs buts, leurs méthodes et leurs techniques propres. Actuellement, sous le vocable de biologie (générale) on ne traite que des phénomènes vitaux fondamentaux, c.-à-d. de la constitution chimique de la cellule, des structures et de la physiologie cellulaires, ainsi que de l'organisation et du fonctionnement général des êtres vivants (étude des grandes fonctions: nutrition, métabolisme, croissance, reproduction, photosynthèse, etc.). La biologie s'est intéressée aux origines de la matière vivante et aux transformations successives des organismes qui ont conduit aux êtres vivants actuels: c'est le domaine de la paléontologie. Science du présent et du passé, la biologie est également, avec la biogéographie, la science de l'espace habité (biosphère). La vie, phénomène à multiples facettes, mobilise absolument toutes les méthodes et les techniques mises au point par l'homme, de la simple observation oculaire aux techniques utilisant des corps radioactifs, en passant par les microscopes photoniques, électroniques et protoniques. Statistiques et informatique apportent leur contribution irremplaçable à de telles études sur le sujet le plus mouvant, le plus «aléatoire» qui soit: au sein de toute espèce (on en compte des millions) il n'existe pas deux individus (sur des milliards) qui soient absolument identiques.

biologique [bjɔlɔʒik] adj. **1.** Relatif à la biologie. **2.** Propre à l'état vivant. *La reproduction est une fonction biologique.* – De *biologie.*

biologiste [bjɔlɔʒist] n. Spécialiste de l'étude de la vie, des êtres vivants. ▷ Appos. *Médecin biologiste,* chargé de mettre en œuvre les méthodes et les techniques de la biologie (la biochimie, partic.) au service de la médecine. – De *biologie.*

bioluminescence [bjolyminesɑ̃s] n. f. BIOL Luminescence de certains êtres vivants due à des organes spécialisés (qui utilisent notam. la dégradation de la luciférine par la luciférase). – De *bio-,* et *luminescence.*

biomasse [bjomas] n. f. BIOL Masse de l'ensemble des organismes vivant dans un biotope délimité. – De *bio-,* et *masse.*

biome [bjom] n. m. BIOL Syn. de *biotope.*

biomédical, ale, aux [bjomedikal, o] adj. Qui concerne la biologie et la médecine. – *Génie biomédical:* art de construire des appareils au service de la biologie et de la médecine. ▷ *Par ext.* Appareillage servant en biologie et en médecine. – De *bio-,* et *médical.*

biométéorologie [bjometeɔʀɔlɔʒi] n. f. Étude de l'influence des saisons, des climats, de l'altitude, etc., sur les êtres vivants (l'homme, notam.). – De *bio-,* et *météorologie.*

biométrie [bjometʀi] n. f. BIOL Partie de la biologie qui étudie les phénomènes de la vie par les méthodes statistiques. – De *bio-,* et *-métrie.*

bionique [bjɔnik] n. f. BIOL Science qui étudie les phénomènes et les mécanismes biologiques en vue de leurs applications industrielles. (Ainsi, l'hélicoptère a été inspiré par le vol de certains insectes, le sonar par le système d'ultrasons dont dispose la chauve-souris, etc.) – De *bio-,* et *(électro)nique.*

biophysicien, ienne [bjofizisjɛ̃, jɛn] n. Spécialiste de la biophysique. – De *biophysique.*

biophysique [bjofisik] n. f. BIOL Science biologique qui applique les méthodes et les techniques de la physique à l'étude des êtres vivants. – De *bio-,* et *physique.*

biopsie [bjɔpsi] n. f. MED Prélèvement d'un fragment de tissu sur un être vivant, aux fins d'examen histologique. – De *bio-,* et gr. *opsis,* «vue».

biorythme [bjoʀitm] n. m. Selon certaines théories, variation périodique régulière du niveau d'énergie et de performance d'un individu sur les plans physique, psychique, intellectuel. Rythme biologique [d'un individu], déterminée par les variations de son propre organisme et celles de son environnement. – De *bio-,* et *rythme.*

biosphère [bjosfɛʀ] n. f. Partie de l'écorce terrestre et de l'atmosphère où il existe une vie organique. – De *bio-,* et *sphère.*

biostasie [bjostazi] n. f. GEOL Période au cours de laquelle une région donnée, à la suite de phénomènes biologiques tels que l'établissement d'une forêt, de cultures denses, etc., échappe à l'érosion et accumule une épaisse couche de matériaux superficiels dus à une altération chimique des roches sous-jacentes. *La biostasie caractérise les régions géologiquement stables* (socles brésilien, canadien, etc.). Ant. rhexistasie. – De *bio-,* et gr. *stasis,* «fixité».

biosynthèse [bjosɛ̃tɛz] n. f. BIOCHIM Synthèse de composés organiques par un organisme vivant. *La protéosynthèse est la biosynthèse des protéines.* – De *bio-,* et *synthèse.*

biotechnologie [bjotɛknɔlɔʒi] n. f. Ensemble des procédés et techniques utilisant, à des fins industrielles, les capacités des micro-organismes, des cellules végétales et animales et des fractions subcellulaires qui en dérivent. – De *bio-,* et *technologie.*

biotique [bjɔtik] adj. BIOL **1.** Qui a pour origine un être vivant. **2.** Qui permet le développement d'êtres vivants. *Un milieu biotique.* – Gr. *biotikos,* «qui concerne la vie».

biotite [bjɔtit] n. f. MINER Mica ferromagnésien brun foncé ou noir, abondant dans les roches éruptives et métamorphiques (mica du granite), utilisé comme fertilisant. – Du n. du physicien fr. Jean-Baptiste *Biot,* et *-ite* 3.

biotope [bjɔtɔp] n. m. BIOL Aire géographique où les facteurs écologiques gardent des valeurs à peu près constantes, qui permettent le développement de telle ou telle espèce. – De *bio-,* et *-tope.*

biotraitement [bjotʀɛtmɑ̃] n. m. TECH Traitement des effluents par un lit bactérien ou des boues activées. – De *bio-,* et *traitement.*

biotraiteur [bjotʀɛtœʀ] n. m. TECH Appareil dans lequel s'effectue un biotraitement. – De *bio-,* et *traiteur.*

biotypologie [bjotipɔlɔʒi] n. f. Étude des types morphologiques ou constitutionnels humains. – De *bio-,* et *typologie.*

bioxyde [bjɔksid] n. m. CHIM Oxyde qui renferme deux fois plus d'oxygène que l'oxyde le moins oxygéné du même corps. – De *bi-,* et *oxyde.*

bipale [bipal] adj. Qui a deux pales. *Hélice bipale.* – De *bi-,* et *pale.*

biparti, ie [bipaʀti] ou **bipartite** [bipaʀtit] adj. **1.** Divisé en deux parties. **2.** Composé par l'union de deux partis politiques. *Un gouvernement bipartite.* – Lat. *bipartitus.*

bipartisme [bipaʀtism] n. m. Régime politique où deux partis gouvernent, ensemble ou tour à tour. *Le bipartisme aux États-Unis.* – De *biparti.*

bipartition [bipaʀtisjɔ̃] n. f. Division en deux parties. – De *bi-,* et *partition* 1.

bip-bip [bipbip] n. m. Signal acoustique basé sur la répétition d'émissions sonores brèves et identiques. – Onomat.

bipède [bipɛd] adj. et n. m. **1.** adj. Qui marche sur deux pieds. *Un animal bipède. L'être humain est un bipède.* **2.** n. m. Deux des jambes d'un cheval. *Bipède antérieur, postérieur, latéral, diagonal.* – Lat. *bipes, bipedis,* «à deux pieds».

bipenne [bipɛn] ou **bipenné, ée** [bipe(ɛn)ne] adj. et n. **I.** adj. **1.** ZOOL Qui a deux ailes. **2.** BOT Se dit d'une feuille composée pennée dont les folioles sont elles-mêmes divisées en pinnules. **II.** n. f. Hache de pierre polie à deux tranchants. – De *bi-,* et *penne* ou *penné.*

biplace [biplas] adj. et n. m. À deux places. *Un avion biplace.* – De *bi-,* et *place.*

biplan [biplɑ̃] n. m. (et adj.). Avion dont les ailes sont formées de deux plans superposés. – De *bi-,* et *plan* 1.

bipolaire [bipɔlɛʀ] adj. **1.** PHYS Qui a deux pôles. **2.** MATH *Système de coordonnées bipolaires,* dans lequel la position d'un point dans un plan est définie par ses distances à deux points fixes. **3.** BIOL Se dit d'une cellule qui possède une structure dissymétrique donnant deux zones dont les rôles physiologiques sont différents. *Neurone bipolaire,* qui a son axone et une dendrite. – De *bi-,* et *polaire.*

bipolarisation [bipɔlaʀizasjɔ̃] n. f. POLIT Tendance des courants politiques à se rassembler en deux blocs opposés. – De *bi-,* et *polarisation.*

bipolarité [bipɔlaʀite] n. f. **1.** PHYS État d'un corps qui a deux pôles magnétiques, électriques, etc. **2.** BIOL *Bipolarité d'une cellule,* son caractère bipolaire. – De *bi-,* et *polarité.*

bipoutre [biputʀ] adj. AVIAT Qualifie un avion dont l'arrière est constitué de deux éléments qui supportent l'empennage de queue. – De *bi-,* et *poutre.*

bique [bik] n. f. **1.** Fam. Chèvre. *Un manteau en peau de bique.* **2.** Fam., péjor. *Une vieille bique:* une vieille femme désagréable. – De *biche,* avec infl. de *bouc.*

biquet [bikɛ] n. m. **1.** Fam. Petit de la chèvre. **2.** Terme d'affection. *Mon biquet.* – Dimin. de *bique.*

biquette [bikɛt] n. f. **1.** Fam. Jeune chèvre. **2.** Terme d'affection. – Dimin. de *bique.*

biquotidien, ienne [bikɔtidjɛ̃, jɛn] adj. Qui a lieu, qui se fait deux fois par jour. – De *bi-,* et *quotidien.*

birbe [biʀb] n. m. Pop., péjor. *Un vieux birbe:* un vieil homme. – Ital. *birba,* «chenapan».

biréacteur [biʀeaktœʀ] adj. (et n. m.) AVIAT Qui comporte deux réacteurs. – De *bi-,* et *réacteur.*

biréfringence [biʀefʀɛ̃ʒɑ̃s] n. f. PHYS Propriété des substances biréfringentes. – De *biréfringent.*

biréfringent, ente [biʀefʀɛ̃ʒɑ̃, ɑ̃t] adj. MINER Se dit d'un cristal qui produit une double réfraction (spath d'Islande, par ex.). – De *bi-,* et *réfringent.*

birème [biʀɛm] n. f. ANTIQ Galère à deux rangs de rames ou rameurs. – Lat. *biremis,* de *remus,* «rame».

biribi [biʀibi] n. m. Jeu de hasard. – Ital. *biribissi.*

birman, ane [biʀmɑ̃, an] adj. et n. De Birmanie. ▷ n. m. *Le birman:* langue du groupe tibéto-birman parlée en Birmanie.

biroute [biʀut] n. f. AVIAT Tube tronconique en toile qui indique la direction du vent. – Mot du nord de la France.

1. bis, bise [bi, biz] adj. Gris tirant sur le brun. *Du pain bis. Une toile bise.* – Orig. incert.

2. bis [bis] adv. **1.** Une seconde fois. (S'emploie pour obtenir que l'on répète ou que l'on recommence ce que l'on vient de dire, de faire, de chanter ou de jouer.) *Le public ravi criait «bis!». La cantatrice a donné en bis un air d'Aïda.* ▷ Subst. *Un bis.* **2.** Indique que le même numéro est répété. *Habiter le 9* bis, *rue Saint-Jacques.* – Lat. *bis,* «deux fois».

3. bis-. Élément. V. bi-.

bisaïeul, eule [bizajœl] n. Litt. Arrière-grand-père, arrière-grand-mère. *Des bisaïeuls.* – De *bis-,* et *aïeul.*

bisaiguë [bizɛgy] ou **besaiguë** [bəzɛgy] n. f. TECH Outil de charpentier servant à tailler les mortaises, dont une extrémité est un ciseau plat, l'autre un bédane. – Lat. pop. **bis acuta,* «deux fois aiguë».

bisannuel, elle [bizanɥɛl] adj. **1.** Qui a lieu tous les deux ans. *Une foire bisannuelle.* **2.** Se dit d'une plante dont le cycle évolutif dure deux ans. – De *bis-,* et *annuel.*

bisbille [bizbij] n. f. Fam. Petite querelle pour des motifs futiles. *Ils sont en bisbille depuis longtemps.* – Ital. *bisbiglio,* «murmure».

biscornu, ue [biskɔʀny] adj. **1.** Qui a une forme irrégulière. *Une maison biscornue.* **2.** Fig., fam. Surprenant, extravagant. *Quelle idée biscornue!* – De *bis-,* et *cornu.*

biscotin [biskɔtɛ̃] n. m. Petit biscuit ferme et cassant. – Ital. *biscottino.*

biscotte [biskɔt] n. f. Tranche de pain de mie séchée au four. *Beurrer une biscotte sans la casser.* – Ital. *biscotto,* «biscuit».

biscuit [biskɥi] n. m. **I. 1.** Pain en forme de galette, qui peut se conserver longtemps. ▷ Fig., fam. *S'embarquer sans biscuit:* partir en voyage sans provision, *et, par ext.,* entreprendre une affaire avec imprévoyance. **2.** Petite pâtisserie plate à pâte plutôt sèche, souvent garnie ou enrobée d'un mélange aromatisé. *Des biscuits secs, au chocolat. Une boîte de petits biscuits.* – *Biscuit soda:* biscuit salé, sec et croquant sous la dent, qui accompagne la soupe, les hors-d'œuvre. **3.** Pâtisserie à pâte légère, de consistance molle. *Biscuit de Savoie.* **II. 1.** Porcelaine qui a subi deux cuissons et qu'on laisse dans son blanc mat, sans peinture. *Une figurine en biscuit.* **2.** Ouvrage fait de cette porcelaine. *Un biscuit de Saxe.* – De *bis-,* et *cuit.*

biscuiter [biskɥite] v. tr. [1] TECH Chauffer (une pièce de poterie) au four pour la durcir en biscuit. – De *biscuit.*

biscuiterie [biskɥitʀi] n. f. Fabrique de biscuits, de gâteaux. – De *biscuit.*

1. bise [biz] n. f. Vent de nord à nord-est, sec et froid. POET Froid, hiver. *«La cigale, ayant chanté/Tout l'été/Se trouva fort dépourvue/Quand la bise fut venue»* (La Fontaine). – Frq. **bisa,* ou lat. *aura bisa,* «vent noir».

2. bise [biz] n. f. Fam. Baiser. *Faire la bise:* donner un baiser. – Déverbal de *biser.*

biseau [bizo] n. m. **1.** Bord, extrémité coupée en biais, en oblique. *Un miroir taillé en biseau.* **2.** Outil à tranchant en biseau. **3.** MUS Bec de l'embouchure de certains instruments. – Partie terminale d'un tuyau d'orgue. – P.-ê. du lat. *bis,* «deux».

biseautage [bizotaʒ] n. m. Action de tailler en biseau. – De *biseauter.*

biseauter [bizote] v. tr. [1] Tailler en biseau. *Une glace biseautée. Biseauter des cartes,* leur faire une marque en biais, pour pouvoir les reconnaître, et tricher. – De *biseau.*

1. biser [bize] v. tr. [1] Fam. Embrasser. – Forme dial. du v. *baiser.*

2. biser [bize] v. intr. [1] AGRIC Devenir bis, grisâtre, en parlant des grains qui dégénèrent. – De *bis* 1.

biset [bizɛ] n. m. Pigeon sauvage *(Columba livia),* dit *pigeon de roche,* au plumage gris ardoise avec un croupion blanc et des pattes rouges, souche de nombreuses races domestiques et du pigeon des villes. – De *bis* 1 (adj.).

bisexualité ou **bissexualité** [bisɛksɥalite] n. f. **1.** BIOL État des organismes bisexués. **2.** PSYCHAN Caractère bisexuel des tendances psychiques, constitutionnel chez l'être humain. – De *bi-,* et *sexualité.*

bisexué ou **bissexué, ée** [bisɛksɥe] adj. BIOL Qui possède des organes sexuels mâles et femelles. *Fleur bisexuée.* – Du rad. de *bisexuel.*

bisexuel ou **bissexuel, elle** [bisɛksɥɛl] adj. **1.** Qui concerne les deux sexes chez l'être humain. **2.** Qui est à la fois hétérosexuel et homosexuel. – De *bi-,* et *sexe.*

bismuth [bismyt] n. m. Élément (symbole Bi) de numéro atomique $Z = 83$ et de masse atomique $M = 208{,}98$, intermédiaire entre les métaux et les nonmétaux, qui fond à 271 °C et bout vers 1560 °C (densité = 9,8). *On emploie le bismuth pour fabriquer des alliages très fusibles et, sous forme de sous-nitrate, pour soigner les infections intestinales.* – Lat. alchim. *bisemutum,* de l'all. *Wismuth.*

bison [bizõ] n. m. Grand bovidé sauvage (1,80 m au garrot), bossu, à collier laineux. (L'espèce américaine, *Bison bison*, est, au Canada, le plus grand mammifère terrestre.) – Mot lat. d'orig. germ.

ENCYCL Le bison est un animal grégaire, formant des hardes serrées de 4 à 20 individus, lesquelles peuvent se regrouper en imposants troupeaux comptant des milliers de têtes. Le bison se déplace d'un pas lent et lourd. Au galop, il peut toutefois atteindre une vitesse de 50 km/h. Il fréquente des habitats divers: plaines arides, prairies, vallées fluviales, tremblaies aménagées et même forêts de conifères. En hiver, les troupeaux peuvent migrer de quelques centaines de kilomètres à la recherche de pâturages plus abondants. Ces animaux vivent exceptionnellement vieux; certains peuvent atteindre 40 ans. Autrefois, l'économie des Amérindiens des Plaines se fondait sur le bison. Ils se nourrissaient de sa chair, de la graisse et de la moelle des os; ils fabriquaient abris et vêtements avec la peau et faisaient des récipients à partir des cornes. La presque totalité des parties de l'animal trouvait son utilité. Les Amérindiens révéraient particulièrement les bisons blancs (albinos). On a estimé à entre 40 et 60 millions de têtes la population de bisons occupant le Canada avant l'arrivée des Européens. À la suite de l'abattage massif, les troupeaux de l'est furent exterminés dès 1800; en 1875, il ne restait plus que quelques noyaux isolés d'individus dans l'ouest du pays. En 1893, le gouvernement du Canada adoptait une loi afin d'assurer la protection des derniers survivants. En 1906, il acquit d'un propriétaire de ranch du Montana un troupeau de bisons de race pure qui furent par la suite répartis dans différents parcs nationaux de l'Ouest. En 1922 fut créé le parc de Wood Buffalo (Alberta) dans le but de conserver un troupeau de bisons de 1 500 à 2 000 têtes. Dans les années 1970, on estimait à environ 12 000 le nombre de têtes de ce troupeau. Le parc national de Wood Buffalo est aujourd'hui le refuge du plus grand troupeau de bisons survivant en Amérique du Nord.

bisque [bisk] n. f. Potage fait d'un coulis de crustacés ou de volaille. *Une bisque de homard.* – Orig. incert.

bisquer [biske] v. intr. [1] Fam. Éprouver du dépit. *Faire bisquer quelqu'un.* – P.-ê. provenç. *bisca*, de *bico*, «bique».

bissac [bisak] n. m. Besace. – De *bis-*, et *sac*.

bissecteur, trice [bisɛktœʀ, tʀis] MATH **1.** adj. Qui partage en deux parties égales. **2.** n. f. Demi-droite qui partage un angle en deux parties égales. – De *bis-*, et *secteur*.

bissection [bisɛksjõ] n. f. MATH Division géométrique en deux parties égales. – De *bis-*, et *section*.

bissel [bisɛl] n. m. TECH Essieu porteur d'une locomotive, pouvant pivoter autour d'un axe vertical. – De *Bissel*, nom de l'inventeur.

bisser [bise] v. tr. [1] Solliciter (un artiste) par des applaudissements, des acclamations, parfois pour qu'il rejoue un morceau de musique, redonne une tirade, etc. *Bisser une cantatrice à l'issue de son récital.* ▷ *Bisser un morceau:* le jouer une deuxième fois. – De *bis* 2.

bissexte [bisɛkst] n. m. Jour ajouté au mois de février quand l'année est bissextile. – De *bis-*, et lat. *sextus*, «sixième».

bissextile [bisɛkstil] adj. f. Se dit de l'année de 366 jours, qui revient tous les quatre ans. – Bas lat. *bissextilis*.

bissexualité. V. bisexualité.

bissexué ou **bissexuel.** V. bisexué ou bisexuel.

bistorte [bistɔʀt] n. f. BOT Renouée *(Polygonum bistorta)* à rhizome replié en S. Syn. serpentaire. – Lat. *bistorta*, de *bis-*, et *torta*, «tordue».

bistouille [bistuj] n. f. Pop. **1.** Café mélangé d'eau-de-vie. **2.** Mauvaise eau-de-vie. – De *bis-*, et *touiller*.

bistouri [bistuʀi] n. m. Instrument de chirurgie composé d'une lame tranchante fixe ou mobile sur un manche. – *Bistouri électrique*, utilisant, pour sectionner les tissus et coaguler le sang des hémorragies, la chaleur produite par un courant de haute fréquence. – Orig. incert.

bistournage [bistuʀnaʒ] n. m. Procédé de castration des animaux domestiques par torsion des cordons testiculaires. – De *bistourner*.

bistourner [bistuʀne] v. tr. [1] **1.** Tourner, courber un objet dans un sens contraire au sens naturel pour le déformer. **2.** Tourner les cordons qui aboutissent aux testicules d'un animal, pour le castrer. – De *bis-*, et *tourner*.

bistre [bistʀ] n. et adj. **1.** n. m. Couleur intermédiaire entre le brun et le jaune rouille. **2.** adj. *Teinte bistre.* – Orig. incon.

bistrer [bistʀe] v. tr. [1] Donner la couleur bistre à. – De *bistre*.

bistro ou **bistrot** [bistʀo] n. m. **1.** FAM. Café, petit bar. **2.** Pop. et vieilli Patron d'un tel établissement. – Orig. incert.; p.-ê. du russe *bistro*, «vite», apporté par les troupes russes qui occupaient Paris en 1815 (les soldats réclamaient ainsi leur consommation).

bisulfate [bisylfat] n. m. CHIM Hydrogénosulfate. – De *bi-*, et *sulfate*.

bisulfite [bisylfit] n. m. CHIM Hydrogénosulfite. – De *bi-*, et *sulfite*.

bisulfure [bisylfyʀ] n. m. CHIM Hydrogénosulfure. – De *bi-*, et *sulfure*.

bit [bit] n. m. INFORM Unité de la numérotation binaire (0 ou 1, par ex.). – Contract. de l'angl. *binary digit*, «chiffre binaire».

bitension [bitɑ̃sjõ] adj. inv. *Appareil électrique bitension*, qui peut fonctionner sous deux tensions différentes. – De *bi-*, et *tension*.

bitord [bitɔʀ] n. m. MAR Petit cordage composé de plusieurs fils de caret tordus ensemble. – De *bi-*, et *tordre*.

biture. V. bitture.

bitte [bit] n. f. MAR **1.** Pièce fixée sur le pont d'un navire qui sert à tourner les aussières. **2.** Borne d'amarrage placée sur un quai. – Du scand. *biti*, «poutre».

bitter [bitɛʀ] n. m. Liqueur alcoolisée, au goût amer, fabriquée avec du genièvre. – Du néerl. *bitter*, «amer».

bitture ou **biture** [bityʀ] n. f. **1.** MAR Partie du câblot ou de la chaîne d'une ancre, disposée à plat sur le pont pour filer librement quand on mouille. **2.** Fig., pop. *Prendre une biture:* s'enivrer. – De *bitte*.

bi(t)turer (se) [bityʀe] v. pron. [11] Pop. S'enivrer. – De *bitture*.

bitumage [bitymaʒ] n. m. Action de bitumer. – De *bitumer*.

bitume [bitym] n. m. **1.** GEOL Roche sédimentaire noirâtre ou brunâtre plus ou moins visqueuse, imprégnant des roches poreuses (roches magasins), et qui, mélangée à du calcaire concassé, fournit l'asphalte artificiel. **2.** PETROLEOCHIM Résidu de distillation sous vide du fuel-oil, ayant la même utilisation que le bitume naturel. **3.** Fam. *Le bitume:* le sol des rues. – Lat. *bitumen*.

bitumer [bityme] v. tr. [1] Revêtir de bitume. *Bitumer un trottoir.* – De *bitume.*

bitumineux, euse [bityminø, øz] adj. TECH Qui contient du bitume ou un produit qui lui ressemble. – *Schistes bitumineux:* roches sédimentaires dont on tire une huile aux caractéristiques voisines de celles du pétrole. – *Sables bitumineux:* sables qui contiennent du bitume. – Lat. *bituminosus.*

biunivoque [biynivɔk] adj. MATH *Correspondance biunivoque,* telle qu'à un élément d'un premier ensemble correspond un élément d'un second ensemble et réciproquement. – De *bi-*, et *univoque.*

bivalence [bivalɑ̃s] n. f. CHIM Propriété d'un corps qui possède la valence 2. – De *bivalent.*

bivalent, ente [bivalɑ̃, ɑ̃t] adj. **1.** CHIM Qui possède la valence. **2.** Se dit d'une personne qui peut remplir deux fonctions. – De *bi-*, et *valent.*

bivalve [bivalv] adj. et n. m. ZOOL **1.** adj. Qui a une coquille constituée de deux valves. **2.** n. m. Lamellibranche. – De *bi-*, et *valve.*

biveau [bivo] n. m. TECH Équerre à branches mobiles, employée par les tailleurs de pierres, les fondeurs de caractères. – De l'a. fr. *baïf,* «béant».

bivitellin, ine [bivitelɛ̃, in] adj. BIOL *Jumeaux bivitellins,* provenant de la fécondation de deux ovules différents («faux jumeaux»). – De *bi-*, et *vitellin.*

bivouac [bivwak] n. m. Campement temporaire en plein air (militaires, alpinistes, etc.). – Du suisse all. *Bîwacht,* «patrouille supplémentaire de nuit».

bivouaquer [bivwake] v. intr. [1] Camper en plein air. *Les grimpeurs bivouaquaient près du glacier.* – De *bivouac.*

biwa [biwa] n. f. Luth japonais à caisse de résonance piriforme, à manche très court, monté de quatre cordes. – Mot japonais.

bizarre [bizaʀ] adj. (et n.). **1.** adj. Étrange, singulier et surprenant. *Un accoutrement bizarre.* ▷ n. m. Ce qui est étrange. *Avoir un goût marqué pour le bizarre.* **2.** Fantasque, capricieux. *«Son caractère tellement bizarre, sa folie»* (Marguerite Duras). – Ital. *bizzarro,* «capricieux», de l'esp. *bizarro,* «brave».

bizarrement [bizaʀmɑ̃] adv. D'une façon bizarre. – De *bizarre.*

bizarrerie [bizaʀʀi] n. f. **1.** Caractère de ce qui est bizarre. *La bizarrerie des modes.* **2.** Caractère d'une personne qui se montre changeante, fantasque, extravagante. **3.** Action, chose bizarre. *Les bizarreries de l'orthographe.* – De *bizarre.*

bizarroïde [bizaʀɔid] adj. Fam. Étrange. – De *bizarre.*

Bk CHIM Symbole du berkélium.

blablabla [blablabla] ou **blabla** [blabla] n. m. Fam. Verbiage, bavardage vide. – Onomat.

blackboulage [blakbulaʒ] n. m. Action de blackbouler. – De *blackbouler.*

blackbouler [blakbule] v. tr. [1] **1.** Faire échouer lors d'une élection. **2.** Fam. Refuser à un examen (un candidat). *Il s'est fait blackbouler à l'examen.* – De l'angl. *to blackball,* «rejeter» (lors d'un vote, en mettant une boule noire, *black ball,* dans l'urne).

black-jack [blakʃak] n. m. Jeu de cartes américain proche du jeu de vingt-et-un. – Mot amér., «valet noir».

black-out [blakaut] n. m. **1.** Suppression de toute lumière extérieure, pour éviter qu'un objectif soit repéré par l'ennemi. **2.** Fig. *Faire le black-out sur:* garder le secret à propos de. – Angl. *black-out,* «noir total».

blafard, arde [blafaʀ, aʀd] adj. D'une couleur pâle, terne. *Teint blafard. Les lueurs blafardes de l'aube.* – Moyen all. *bleichvar,* «de couleur pâle».

1. blague [blag] n. f. **1.** Petit sac, pochette pour tabac. – Du néerl. *blag* «enveloppe».

2. blague [blag] n. f. **1.** Fig., fam. Histoire inventée pour mystifier quelqu'un. *Raconter des blagues.* – Fam. *Sans blague!* Interjection employée à l'annonce d'une chose qui paraît incroyable. **2.** Fam. Plaisanterie, farce. *Une sale blague.* **3.** Fam. Bêtise. *Faire des blagues. Pas de blagues!* – Déverbal de *blaguer.*

blaguer [blage] **1.** v. intr. [1] Fam. Dire des blagues, des plaisanteries, des mensonges. *Non mais tu blagues?* **2.** v. tr. Fam. Se moquer de (qqn) sans méchanceté. *Barman qui blague ses clients.* – De *blague* 1, avec métaphore: «se gonfler comme un sac, une enveloppe».

blagueur, euse [blagœʀ, øz] n. (et adj.) Fam. Qui dit des blagues, qui aime blaguer. *Il est très blagueur.* – De *blague* 2.

blair [blɛʀ] n. m. Pop. Nez. – Abrév. de *blaireau,* par allus. à son museau allongé.

blaireau [blɛʀo] n. m. **1.** Mammifère carnivore (fam. mustélidés) plantigrade, à la fourrure épaisse, gris-brun sur le dos, noire sur le ventre. **2.** Pinceau fabriqué avec le poil de cet animal. **3.** Pinceau fourni, pour se savonner la barbe avant de se raser. – A. fr. *bler,* «tacheté», frq. **blari.*

blairer [bleʀe] v. tr. [1] Pop. Supporter (surtout dans les phrases négatives). *Il ne peut pas me blairer. Je le blaire mal.* – De *blair.*

blâmable [blamabl] adj. À blâmer, répréhensible. *Action blâmable.* – De *blâmer.*

blâme [blam] n. m. **1.** Jugement défavorable. *Encourir le blâme des honnêtes gens.* Ant. approbation, louange. **2.** Réprimande officielle faisant partie de la gamme des sanctions scolaires, administratives, etc. *Un blâme du conseil de discipline.* – Déverbal de *blâmer.*

blâmer [blame] v. tr. [1] **1.** Désapprouver. *Blâmer l'attitude de qqn. «Sans la liberté de blâmer, il n'est point d'éloge flatteur»* (Beaumarchais). **2.** Réprimander; infliger un blâme officiel. – Lat. pop. **blastemare,* «faire des reproches», lat. ecclés. *blasphemare.*

1. blanc, blanche [blɑ̃, blɑ̃ʃ] adj. **1.** Qui est de la couleur commune à la neige, à la craie, au lait, etc. *Le lis et la marguerite sont des fleurs blanches. Drapeau blanc,* qui indique la capitulation, lors d'un combat, ou le désir de parlementer. **2.** D'une couleur pâle qui se rapproche du blanc. *La race blanche. Au XVIIe s., les femmes élégantes devaient avoir la peau très blanche. Un vieillard à cheveux blancs. Être blanc,* pâle. *Il est blanc comme un drap.* **3.** De couleur claire (par oppos. à d'autres choses de même espèce mais de couleur foncée). *Du vin blanc et du vin rouge. Du whisky blanc. Viande blanche:* chair de la volaille, du veau, du lapin, etc. ▷ *Armes blanches,* telles que sabre, baïonnette, etc., par oppos. aux armes à feu. **4.** Vierge, non écrit. *Papier blanc. Remettre une copie blanche. Bulletin blanc,* lors d'une élection. ▷ Loc. fig. *Donner carte blanche:* laisser toute initiative, donner pleins pouvoirs. **5.** Fig. Innocent. *Sortir d'une accusation blanc comme neige.* **6.** *Nuit blanche,* passée sans dormir. – *Voix blanche,* sans timbre. – *Vers blancs,* non rimés. *Mariage blanc,* non consommé. – Frq. **blank,* «brillant».

2. blanc [blɑ̃] n. m. **I. 1.** La couleur blanche. *Un blanc mat. Un blanc cassé,* avec des nuances d'une autre couleur. – *Être en blanc,* habillé de vêtements blancs. *En Asie, le blanc est signe de deuil. Les marins américains sont vêtus de blanc.* **2.** Couleur ou matière blanche employée pour blanchir une surface. *Blanc de céruse, de plomb.* **3.** Espace vierge, sans inscriptions, dans une page manuscrite ou imprimée. *Laisser un blanc.* **4.** Partie blanche de certaines choses. *Un blanc de poulet,* morceau de chair blanche. *Blanc d'œuf,* par oppos. à la partie jaune. *Le blanc de l'œil,* la cornée. *(Se) regarder dans le blanc des yeux:* bien en face. **5.** Linge blanc. *Une vente de blanc.* **6.** Vin blanc. *Préférer le blanc au rouge.* – Vieilli Whisky blanc. *Prendre un petit blanc.* **7.** Maladie des plantes causée par des champignons qui répandent une poudre blanche. *Blanc du chêne, du rosier.* **8.** CHIM *Blanc d'alumine:* variété d'alumine hydratée. *Blanc d'argent:* carbonate de plomb. *Blanc de baleine:* graisse animale extraite de la tête des cachalots. **9.** Loc. *À blanc,* jusqu'à amener la couleur blanche. *Métal chauffé à blanc.* – Fig. *Chauffer à blanc (qqn):* exciter son intérêt, sa passion, son impatience. – *Saigner à blanc:* vider de son sang. Fig. Dépouiller. – *De but en blanc:* directement. – *Tirer à blanc,* avec une cartouche sans balle. **II.** *Un Blanc, une Blanche:* un homme, une femme de race blanche. – V. *blanc* 1.

blanc-bec [blɑ̃bɛk] n. m. Péjor. Jeune homme sans expérience. – De *blanc,* et *bec.*

blanc-étoc [blɑ̃ketɔk] ou **blanc-estoc** [blɑ̃kɛs tɔk] n. m. SYLVIC Coupe à blanc, dans laquelle on abat tout. *Des blancs-étocs.* – De *blanc,* et *estoc.*

blanchaille [blɑ̃ʃaj] n. f. Menu poisson blanc, souvent employé comme appât. V. mené. – De *blanc.*

blanchâtre [blɑ̃ʃɑtʀ] adv. D'une couleur tirant sur le blanc. – De *blanc.*

blanche [blɑ̃ʃ] n. f. MUS Figure de note dont la valeur en temps est égale à la moitié de celle de la ronde. *Une blanche vaut deux noires.* – De *blanc.*

blanchet [blɑ̃ʃɛ] n. m. TYPO Morceau de drap dont on garnit le cylindre ou le tympan d'une presse à bras. ▷ Dans une machine offset: manchon de caoutchouc qui entoure le cylindre dit *de blanchet* et transfère les éléments à imprimer de la forme imprimante au papier. – De *blanc.*

blancheur [blɑ̃ʃœʀ] n. f. **1.** Couleur blanche; qualité de ce qui est blanc. *La blancheur de la neige.* **2.** Fig. Candeur, innocence. *La blancheur d'une âme pure.* – De *blanc.*

blanchiment [blɑ̃ʃimɑ̃] n. m. **1.** Action de blanchir. *Blanchiment d'un mur.* **2.** TECH Action de décolorer pour faire devenir blanc. *Blanchiment de la pâte à papier.* – De *blanchir.*

blanchir [blɑ̃ʃiʀ] **I.** v. tr. [2] **1.** Rendre blanc. *Blanchir de la laine.* – *Blanchir des fruits, des légumes,* leur donner une première cuisson dans l'eau avant de les apprêter. **2.** Couvrir d'une couleur blanche. *La gelée blanchit les prés. Blanchir un mur.* **3.** Rendre propre. *Blanchir le linge.* – Par ext. Fam. *Blanchir qqn:* laver son linge. *Un domestique nourri, logé et blanchi.* **4.** Fig. Disculper. *Blanchir un accusé.* **II.** v. intr. **1.** Devenir blanc. *Blanchir de colère. Ses cheveux ont blanchi.* **2.** Fig. *Blanchir sous le harnais:* passer sa vie dans un emploi jusqu'à un âge avancé. **III.** v. pron. *Se blanchir.* **1.** Être blanchi. *Un tissu qui se blanchit facilement.* **2.** Se salir avec du blanc. **3.** Fig. Se disculper. *Se blanchir d'une accusation calomnieuse.* – De *blanc.*

blanchissage [blɑ̃ʃisaʒ] n. m. **1.** Action de blanchir le linge, de le rendre propre; résultat de cette action. *Le blanchissage d'un bleu de travail.* **2.** TECH Raffinage du sucre. – De *blanchir.*

blanchissement [blɑ̃ʃismɑ̃] n. m. Action, fait de blanchir. – De *blanchir.*

blanchisserie [blɑ̃ʃisʀi] n. f. **1.** Lieu où l'on blanchit le tissu, la cire, etc. **2.** Entreprise commerciale pour le lavage du linge. *Une blanchisserie-teinturerie.* – De *blanchir.*

blanchisseur, euse [blɑ̃ʃisœʀ, øz] n. Celui, celle qui blanchit le linge. – De *blanchir.*

blanchon [blɑ̃ʃõ] n. m. Petit du phoque du Groenland. *La chasse aux blanchons sur les bancs de glace du Golfe.* Syn. bébé phoque. ▷ Rég. (Charlevoix, Saguenay, Côte-Nord). Jeune béluga dont la peau a commencé à blanchir. – De *blanc.*

blanc-manger [blɑ̃mɑ̃ʒe] ou **blanc-mange** [blɑ̃mɑ̃ʒ] n. m. CUIS Gelée faite avec du lait, du sucre, des amandes et de la gélatine. – De *blanc,* et *manger.*

blanc-seing [blɑ̃sɛ̃] n. m. Papier signé en blanc, que peut remplir à sa convenance la personne à qui il est remis. *Des blancs-seings.* – De *blanc,* et *seing,* «signe».

blandices [blɑ̃dis] n. f. pl. Rare, litt. Flatteries. – Lat. *blanditia.*

1. blanquette [blɑ̃kɛt] n. f. Vin blanc mousseux. – Du provenç. *blanqueto,* dimin. de *blanc.*

2. blanquette [blɑ̃kɛt] n. f. Ragoût de viande blanche à la sauce blanche. *Blanquette de veau.* – Dimin. de *blanc.*

blaps [blaps] n. m. inv. Coléoptère (*Blaps mortisaga*) des lieux sombres et humides, qui se nourrit de matière végétale plus ou moins décomposée. – Du gr. *blaptein,* «nuire».

blasé, ée [blaze] adj. Dégoûté de tout, rendu indifférent, insensible, par l'expérience ou la satiété. *Des snobs blasés et revenus de tout.* – Pp. de *blaser.*

blaser [blaze] **I.** v. tr. [1] **1.** Émousser les sens. *L'abus de l'alcool lui a blasé le goût.* **2.** Fig. Rendre incapable d'émotions, de sentiments. *Les excès l'ont blasé.* **II.** v. pron. Devenir blasé. – Du néerl. *blasen,* «gonfler».

blason [blazõ] n. m. **1.** Ensemble des pièces qui constituent un écu héraldique. *Le blason d'une ville.* **2.** Science des armoiries, héraldique. **3.** *Blason populaire:* appellation familière servant à désigner de façon plaisante un groupe d'individus. *Les Anguilles, les Bouts de Ligne et les Lièvres sont les blasons populaires respectifs des habitants de Charlevoix, de Maria et de Saint-Pamphile.* – Orig. incert.

ENCYCL L'expression *blason populaire,* créée par le folkloriste français Auguste Canel en 1859, recouvre, au sens large, l'ensemble des appellations, mots, formules, apophtegmes, allusions et jeux de mots servant à désigner de façon amusante, moqueuse ou satirique les habitants de certaines régions, de certains lieux, ces régions ou ces lieux eux-mêmes, des groupes de personnes comportant des traits communs comme les infirmes, les roux, les pingres, les personnes de même profession ou de même métier, etc. Rapproché du *gentilé,* le blason populaire s'en distingue notamment par la nuance affective qui s'en dégage, laudative ou flétrissante, alors que celui-là demeure neutre. De plus, le gentilé prend pour base dérivative le nom du lieu concerné (*Victoriavillois* est tiré de Victoriaville) alors que le blason populaire n'entretient généralement avec celui-ci aucun lien formel (*Chiards Blancs* de L'Islet, mais *Cap à Gnaces* de Cap-Saint-Ignace).

Parmi la très grande variété des blasons populaires, on peut distinguer les blasons ethniques ou nationaux portant aussi bien sur les peuples que sur la langue qu'ils parlent (*Baptiste* ou *Pea Soup* pour le Canadien français; *Patte de Poil* pour l'Irlandais), les blasons politiques (*Rouges* pour les Libéraux; *Bérets Blancs* pour les Créditistes; *Bleus* pour les Conservateurs), les blasons religieux (*Punaises de Sacristie; Rongeux de Balustres; Corneilles* pour les religieuses), les blasons militaires (*Vingt Cennes de Valcartier*), sportifs (la *Sainte-Flanelle*; les *Glorieux*), familiaux (*Tremblay Pas d'Fesse*), individuels (*Castor Giroux; la Pochette; l'Innocent*).

Les blasons comportent en général une connotation péjorative, mais certains échappent à l'interdit et provoquent la fierté des blasonnés comme les *Jarrets Noirs*, les *Bleuets*, les *Marsouins*, les *Cayens* identifiant respectivement les habitants de la Beauce, du Saguenay–Lac-Saint-Jean, de l'île aux Coudres et de Havre-Saint-Pierre. Bien que de nombreux blasons populaires demeurent largement usités, on peut observer au Québec une nette tendance à ne les considérer que comme des curiosités folkloriques amusantes, ce qui contribue à en freiner presque définitivement l'expansion. V. gentilé.

blasonner [blɑ(a)zɔne] v. tr. [1] **1.** Peindre des armoiries. **2.** Déchiffrer, expliquer des armoiries. – De *blason.*

blasphémateur, trice [blasfematœʀ, tʀis] n. Personne qui blasphème. – De *blasphémer.*

blasphématoire [blasfematwaʀ] adj. Qui contient un blasphème. *Des propos blasphématoires.* – De *blasphémer.*

blasphème [blasfɛm] n. m. **1.** Parole qui outrage la divinité, qui insulte la religion. *Blasphème contre le Saint-Esprit.* **2.** Paroles injurieuses. – Lat. ecclés. *blasphemia,* du gr.

blasphémer [blasfeme] **1.** v. tr. [1] Outrager par des blasphèmes. *Blasphémer le nom de Dieu.* **2.** v. intr. Proférer des blasphèmes. – *Par ext.* Proférer des injures, des imprécations. – Lat. ecclés. *blasphemia,* «parole impie».

-blaste, blasto-. Éléments, du gr. *blastos,* «germe».

blastocoele [blastɔsɛl] n. m. ZOOL Cavité emplie de liquide, qui apparaît au cours de la formation de la blastula par écartement des blastomères. – De *blasto-,* et gr. *koilia,* «cavité».

blastoderme [blastɔdɛʀm] n. m. ZOOL Disque constitué de cellules réparties en une seule couche coiffant les réserves de l'œuf, et qui donneront l'embryon (germe de l'œuf des oiseaux). – De *blasto-,* et *derme.*

blastogenèse [blastɔʒənɛz] n. f. ZOOL Formation de la blastula à partir de l'œuf. – De *blasto-,* et *-genèse.*

blastoïdes [blastɔid] n. m. pl. Classe d'échinodermes fossiles du Primaire, pourvus d'un pédoncule. – De *blasto-,* et suff. *-oïde.*

blastomère [blastɔmɛʀ] n. m. BIOL **1.** Cellule provenant de la segmentation de l'œuf lors de la formation de la blastula. **2.** Chacune des premières cellules des embryons végétaux. – De *blasto-,* et gr. *meros,* «partie».

blastomycètes [blastɔmisɛt] n. m. pl. BOT Groupe de champignons se reproduisant par bourgeonnement (les levures, le muguet, etc.). – De *blasto-,* et *-mycètes.*

blastomycose [blastɔmikoz] n. f. Maladie due à un blastomycète. – De *blasto-,* et *mycose.*

blastula [blastyla] n. f. BIOL Sphère constituée par les blastomères accolés, au stade final de la segmentation de l'œuf. – Du gr. *blastos,* «germe».

blatérer [blateʀe] v. intr. [1] Crier, en parlant du bélier, du chameau. – Lat. *blaterare.*

blatte [blat] n. f. Nom de différentes espèces d'insectes dictyoptères nocturnes de genres différents. – Lat. *blatta.*

ENCYCL De couleur brune ou jaune, les blattes peuvent atteindre 50 mm de long. Diverses espèces sont commensales de l'homme; la blatte germanique, *Blatella germanica,* atteint 18 mm; la blatte des cuisines, *Blatta orientalis,* ou *cafard,* atteint 30 mm; la blatte américaine, *Periplaneta americana,* ou *cancrelat,* atteint 45 mm.

blazer [blezœʀ] ou [blazɛʀ] n. m. Veste légère, autref. de couleurs vives, auj. bleue ou noire. *Un collégien en blazer.* – Mot angl., de *to blaze,* «flamboyer».

blé [ble] n. m. **1.** Plante graminée dont le grain fournit une farine panifiable. ▷ Loc. fig. *Manger son blé en herbe:* dépenser son revenu d'avance. **2.** Le grain lui-même. *Pain de blé entier.* **3.** *Par ext.* Se dit d'autres graminées. *Blé noir:* sarrasin. – *Blé méteil:* mélange de blé et de seigle. V. aussi blé d'Inde. **4.** (France) Arg. Argent. – P.-ê. frq. **blad,* «produit du champ» ou gaul. **blato,* «farine».

ENCYCL **Agric.** – Le blé, ou *froment,* est la plus vieille culture céréalière du monde; c'est elle qui nourrit le plus grand nombre d'hommes. Le blé appartient au genre *Triticum,* de la famille des graminées et de la sous-famille des festucoïdés. C'est une plante annuelle à racines fasciculées, à épi cylindrique et compact, barbu ou non, à gros grains procurant une céréale panifiable; on distingue les *blés vêtus,* dont les balles adhèrent au grain, et les *blés nus,* dont les balles se séparent facilement du grain. On peut croiser le blé avec du chiendent. Les blés sont originaires du bassin méditerranéen oriental et de l'Asie occidentale; on connaît une vingtaine d'espèces de *Triticum,* mais seules quelques-unes sont utilisées par l'homme comme céréales. La principale est le *blé tendre,* type de la céréale panifiable; c'est le blé le plus productif: il possède 3 grains nus, oblongs, tendres et farineux par épillet. Le *blé poulard,* également d'un bon rendement, a un grain nu plus renflé et de moindre qualité. L'*amidonnier* (2 grains par épillet) et l'*engrain* (1 grain par épillet), moins productifs, à grains vêtus, allongés et vitreux, étaient autrefois très répandus, mais leur culture est à peu près abandonnée. Le grain nu, allongé et dur, riche en gluten, du *blé dur* convient bien à la préparation des pâtes et semoules; c'est «le blé Macaroni» ou «blé de force». Le blé tendre se plaît en climat tempéré ou tempéré froid; c'est une céréale assez rustique. Le blé dur exige plus de chaleur et tolère mieux la sécheresse que le blé tendre; il a été considéré comme la céréale essentielle des pays méditerranéens. Les terres argilo-calcaires sont celles qui conviennent le mieux au blé; le calcaire est indispensable, l'argile doit prédominer. Les exigences du blé en éléments fertilisants sont importantes. À la récolte, un blé de rendement moyen produit 25 à 30 q de grain et 50 à 60 q de paille par ha; la masse de l'hl de grains va de 75 à 80 kg. La date de la moisson varie beaucoup selon les années, selon les régions et selon les variétés. En Amérique, le blé a été introduit pour la première fois en 1530 par les Espagnols au Mexique. La première culture au Canada s'est faite en 1604 par un groupe de colons français. La culture du blé a sans cesse pris de l'expansion. Aujourd'hui, le Canada consacre près de 14 millions d'ha à la culture du blé; c'est la plus vaste étendue de culture au pays, la plus grande partie se trouvant dans les provinces des Prairies. Le rendement moyen au Canada est d'environ 1,7 t par ha.

bled [blɛd] n. m. **1.** Pays, région, en Afrique du Nord. **2.** Fam., péjor. Pays perdu, campagne déserte, village isolé. *Passer ses vacances dans un bled perdu.* – Mot ar., «terrain, pays».

blé d'Inde [bledɛ̃d] n. m. Nom courant du maïs. *Du blé d'Inde en grains, en crème. Sirop de blé d'Inde. Épluchette* de blé d'Inde. Manger un épi de blé d'Inde, un blé d'Inde.* «Les rangées de blé d'Inde, de gourganes, de carottes, d'oignons, etc., sont tirées au cordeau et propres: bataillons de paix, nourris de soleil et de rosée, vêtus, dressés pour la vie de l'homme.» (Félix-Antoine Savard, *Carnet du soir intérieur,* t. 2, 1979.) – De *blé,* et *Inde.*

blême [blɛm] adj. **1.** Pâle, livide, en parlant du visage. *Il est blême de fatigue.* Ant. frais, vermeil, coloré. **2.** Terne, blafard. *Une lueur blême.* – De *blêmir.*

blêmir [blemiʀ] v. intr. [2] Devenir blême. *Blêmir de colère.* – Frq. **blesmjan,* de *bless,* «pâle».

blêmissement [blemismɑ̃] n. m. Le fait de devenir blême. – De *blêmir.*

blende [blɛ̃d] n. f. MINER Minerai sulfuré de zinc (en partic. le sulfure de zinc ZnS). – Mot all.

blennie [bleni] n. f. Poisson téléostéen à grosse tête, à corps allongé souvent couvert de mucus. (La blennie baveuse, *Blennius ocellaris,* vit par 30 m de fond en Méditerranée; elle atteint 25 cm de long. Certaines espèces sortent de l'eau pour se nourrir, par ex. la blennie coiffée, *Blennius galerita,* qui mange des balanes.) – Lat. *blennius.*

blennorragie ou **blennorrhagie** [blenɔʀaʒi] n. f. MED Maladie vénérienne due au gonocoque, caractérisée par une inflammation des organes génitaux et un écoulement purulent. – Du gr. *blenna,* «mucus», et *rhagê,* «éruption».

blennorragique ou **blennorhagique** [blenɔʀaʒik] adj. MED Atteint de blennorragie.

blépharite [blefaʀit] n. f. MED Inflammation du bord libre des paupières. – Du gr. *blepharon,* «paupière».

blèsement [blɛzmɑ̃] n. m. Le fait de bléser. – De *bléser.*

bléser [bleze] v. intr. [16] Parler avec un défaut de prononciation qui fait substituer les consonnes sifflantes aux consonnes chuintantes (*seval* pour *cheval, zerbe* pour *gerbe*). – Du lat. *blaesus,* «bègue».

blésité [blezite] n. f. Rare Défaut de prononciation de quelqu'un qui blèse. – De *bléser.*

blessant, ante [blesɑ̃, ɑ̃t] adj. Qui blesse, qui offense. *Des propos blessants.* – Ppr. de *blesser.*

blessé, ée [blese] adj. et n. **1.** adj. Qui a reçu une blessure. *Un soldat blessé.* ▷ Fig. *Blessé dans son honneur.* **2.** n. Personne blessée. *Un blessé léger. Soigner les blessés.* – Pp. de *blesser.*

blesser [blese] v. tr. [1] **1.** Donner un coup qui fait une plaie, une fracture ou une contusion. *Blesser d'un coup d'épée, de bâton, de revolver.* ▷ Provoquer une blessure. *Ce collier blesse le cheval.* – *Par ext.* Gêner jusqu'à causer une douleur. *Ses chaussures neuves la blessent.* **2.** Causer une impression désagréable (à la vue, à l'ouïe). *Une fausse note qui blesse l'oreille.* **3.** Fig. Choquer, froisser, outrager. *Son orgueil en fut blessé.* – *Blesser quelqu'un au cœur, à vif,* douloureusement. **4.** Litt. Enfreindre. *Blesser les convenances, la pudeur, la vraisemblance, le bon goût.* **5.** Causer un tort, un préjudice à. *Blesser l'honneur de quelqu'un.* – Frq. **blettjan,* «meurtrir».

blessure [blesyʀ] n. f. **1.** Lésion comportant une plaie. *Une blessure superficielle. Sa blessure s'est rouverte.* **2.** Fig. Atteinte morale. *Une blessure d'amour-propre. Rouvrir une blessure:* raviver un chagrin – De *blesser.*

blet, blette [blɛ, blɛt] adj. Se dit des fruits trop mûrs, dont la chair est ramollie et tachée. *Des poires blettes.* – Même racine que *blesser.*

blettir [bletiʀ] v. intr. [2] Devenir blet. – De *blet.*

blettissement [bletismɑ̃] n. m. Le fait de devenir blet. – De *blettir.*

1. bleu, eue [blø] adj. **1.** Qui est couleur d'azur. *Des yeux bleus. Un ciel bleu, sans nuages.* ▷ Fig. *Sang bleu,* noble. ▷ *Cordon-bleu:* fine cuisinière. ▷ CUIS *Un steak bleu,* saignant, à peine cuit. ▷ (France) *Zone bleue,* à stationnement réglementé. **2.** D'une teinte livide. *Avoir les mains bleues de froid.* ▷ *Maladie bleue:* cardiopathie cyanogène, état pathologique dû à des malformations du cœur et des gros vaisseaux, avec une coloration bleue des téguments. *Enfant bleu,* atteint de cette maladie. – Frq. *blao.*

2. bleu, eue [blø] n. **I.** n. m. **1.** La couleur bleue. *Le bleu du ciel est dû à la diffusion des radiations solaires par l'atmosphère. Bleu pâle, bleu ciel. Bleu(-) marin ou bleu marine.* ▷ Fig., fam. *N'y voir que du bleu:* ne s'apercevoir de rien, n'y rien comprendre. *Passer au bleu:* escamoter. **2.** Matière colorante bleue. *Bleu d'amidon, de cobalt, d'outremer, de Prusse.* **3.** (France) Fam. Recrue nouvellement incorporée. *Par ici les bleus!* **4.** Meurtrissure ayant déterminé un épanchement sanguin superficiel. *Se faire un bleu à la cuisse.* **5.** (France) Fam., péjor. *Gros bleu:* vin rouge de mauvaise qualité. **6.** CUIS *Cuire une truite au bleu,* dans de l'eau bouillante. **7.** Fromage à moisissure *bleue. Bleu de Bresse. Bleu danois.* **8.** *Bleu de méthylène:* antiseptique de couleur bleue. **9.** Vx *Petit bleu:* télégramme (sur papier bleu). **10.** Vêtement de travail, en grosse toile bleue. *Bleu de mécanicien. Des bleus de travail.* **II.** n. Fam. Membre ou partisan du parti conservateur fédéral ou provincial, de l'Union nationale (par oppos. à *rouge*). *Bleu au provincial, rouge au fédéral.* – *Les bleus:* le parti conservateur, ou l'Union nationale. *Travailler, voter pour les bleus.* ▷ adj. Relatif, propre à l'un de ces partis. *Une administration bleue.* ▷ adv. *Voter bleu.* – De *bleu* 1.

bleuâtre [bløɑtʀ] adj. Qui tire sur le bleu. – De *bleu,* et *-âtre.*

bleuet [bløɛ] ou **bluet** [blyɛ] n. m. **1.** Petit arbrisseau (genre *Vaccinium,* fam. éricacées) produisant des baies bleues ou noirâtres comestibles. *Un pied, une talle de bleuets.* V. bleuetier. **2.** Cour. Le fruit de cet arbrisseau. *Un pouding aux bleuets. Du vin de bleuets.* Rem. La forme *bluet,* qui est plus ancienne et qui était courante autrefois, est auj. plus rare. **3.** En France, centaurée bleue *(Centaurea cyanus),* plante très courante, appelée aussi *casse-lunettes.* – *Bleuet* est une var., sous l'influence de *bleu,* du mot *bluet,* lui-même dimin. de *blu,* mot dial. signifiant «myrtille» ou «airelle» (d'une forme préromane **belluca,* «petit fruit bleu»).

ENCYCL Le bleuet nain a une aire de distribution très vaste dans l'est de l'Amérique du Nord. On le retrouve dans tout l'Ontario septentrional, le Québec méridional, les Maritimes et dans plusieurs États de la Nouvelle-Angleterre. Au Québec, le bleuet trouve son optimum écologique entre le 48° et le 49° degré de latitude N. Il croît dans un sol acide et sablonneux et est particulièrement abondant après un incendie forestier ou l'abattage des arbres. Les principales espèces de bleuet nain sont le *Vaccinium myrtilloïdes* et le *Vaccinium angustifolium* (bleuet bleu) qui comprend également la variété *nigrum* (bleuet noir). Comme ces espèces sont de petite taille (de 15 à 60 cm), le plant est protégé par la neige et peut ainsi survivre dans les régions où les périodes de gel sont importantes.

Les principales régions productrices de bleuets au Québec sont, par ordre d'importance, le Saguenay–Lac-Saint-Jean (ou Sagamie), l'Abitibi-Témiscamingue et Charlevoix. En 1985, la production totale de bleuets pour le Québec se chiffrait à 3 965 tonnes métriques (2 772 000 $), dont 3 411 tonnes métriques (2 036 000 $) pour la seule région du Saguenay–Lac-Saint-Jean.

On pratique la cueillette du bleuet depuis toujours; les premiers défricheurs ont appris les rudiments de cette récolte des Amérindiens qui utilisaient ce fruit à des fins alimentaires et médicinales. Le début de la cueillette commerciale du bleuet dans la région du Saguenay–Lac-Saint-Jean semble toutefois correspondre au «Grand Feu» de 1870 qui rasa tout le territoire de Saint-Félicien jusqu'à la Grande-Baie. On suppose en effet qu'après ce feu, le bleuet s'est répandu dans les grands espaces dévastés; vers le milieu du XIXe s., on exportait déjà vers les grands marchés québécois et américains. Cette *manne bleue* constituait d'ailleurs un argument convaincant pour attirer des colons dans cette région au début du XXe s. L'intérêt économique de l'industrie du bleuet est donc reconnu depuis longtemps et a contribué à la renommée de la région (ses habitants sont d'ailleurs surnommés «les Bleuets»). Au cours de la Deuxième Guerre mondiale, cette industrie connaît une nouvelle expansion en raison d'une forte demande de ce fruit sur le marché américain. La cueillette se faisait alors exclusivement en forêt, dans les espaces déboisés par les incendies ou les compagnies forestières. Enfin, au début des années 1960, une vingtaine de bleuetières sont créées, la plupart situées dans la région du Lac-Saint-Jean. La création de ces bleuetières s'intégrait dans un plan d'aménagement régional mis sur pied par le ministère de l'Agriculture et de la Colonisation de l'époque. L'objectif de ce plan était de rendre productifs de grands espaces de terrain impropres à l'agriculture et d'apporter un revenu à une population qui connaissait un taux de chômage élevé.

La bleuetière, située à proximité des villes et des villages, est un espace d'une superficie moyenne de 460 ha (pouvant atteindre 1 000 ha) et aménagé en vue de la production des bleuets. Elle appartient à des propriétaires ou à des compagnies privés ou encore est administrée par des coopératives qui louent des terres qui sont la propriété du gouvernement. Les bleuetières fournissent environ 50 % de la production de bleuets, le reste étant tiré directement de la forêt. De nombreux cueilleurs continuent en effet de faire la récolte des bleuets dans les concessions forestières et doivent ainsi s'exiler pour des périodes de trois à cinq semaines. Des commerçants se rendent sur place pour y acheter leur récolte et s'occupent par la suite du transport et de la revente. Les techniques de cueillette ont peu changé, que ce soit dans les bleuetières ou en forêt; le principal instrument utilisé est le peigne.

La plus grande partie de la récolte est acheminée à l'usine de congélation (située à Saint-Bruno) où les fruits sont lavés et surgelés. Ils entreront dans la préparation de pâtisseries, de confitures et autres produits alimentaires manufacturés au Canada ou aux États-Unis. Une autre partie de la récolte est vendue à l'état frais dans les régions de production et dans les grands centres du Québec. Le bleuet entre également dans la fabrication d'un vin et d'apéritifs mis sur le marché par une firme jeannoise.

bleuetier [bløətje] n. m. BOT Petit arbrisseau (genre Vaccinium, fam. éricacées), ordinairement appelé *bleuet*. – De *bleuet*.

bleuetière [bløətjɛʀ] n. f. Terrain aménagé pour l'exploitation des bleuets. *Les bleuetières de la région du Lac-Saint-Jean*. – De *bleuet*.

bleuir [bløiʀ] 1. v. tr. [2] Faire devenir bleu. *Ce colorant bleuit l'eau*. 2. v. intr. Devenir bleu. – De *bleu*.

bleuissement [bløismɑ̃] n. m. 1. Passage d'une couleur au bleu. 2. Action de bleuir (au sens 1). – De *bleuir*.

bleusaille [bløzaj] n. f. (France) Arg. *La bleusaille:* l'ensemble des jeunes recrues. – De *bleu*.

bleuté, ée [bløte] adj. Qui a une teinte tirant sur le bleu. – Pp. de *bleuter*.

bleuter [bløte] v. tr. [1] Passer légèrement au bleu. – De *bleu*.

bliaud ou **bliaut** [blijo] n. m. Anc. Blouse ample portée au Moyen Âge par les hommes et les femmes. – Mot d'orig. germ.

blindage [blɛ̃daʒ] n. m. 1. Action de blinder (au sens 1) ; ouvrage qui sert à consolider les parois d'une tranchée, d'un tunnel. 2. Revêtement métallique qui protège un navire, un véhicule, une porte. 3. ELECTR Gaine métallique qui empêche un circuit, un câble, de subir l'action de champs électriques et magnétiques, ou de rayonner. 4. PHYS NUCL Écran qui assure une protection contre les rayonnements. – De *blinder*.

blindé, ée [blɛ̃de] adj. et n. I. adj. 1. Qui est blindé. *Train blindé. Engin blindé de reconnaissance*. 2. MILIT Équipé de véhicules blindés. *Division blindée. Arme blindée*. 3. Fig., fam. Endurci. 4. Pop. Ivre. II. n. m. MILIT Véhicule muni d'un blindage (automitrailleuse, char de combat). ▷ *Les blindés:* unités utilisant ces véhicules. – Pp. de *blinder*.

blinder [blɛ̃de] v. tr. [1] 1. CONSTR Consolider les parois d'une tranchée, d'un tunnel, par un coffrage, afin de réduire les risques d'éboulement. 2. Protéger la coque d'un navire, les structures d'un véhicule, le panneau d'une porte, etc., à l'aide d'un revêtement métallique de forte épaisseur. 3. Fig. fam. Endurcir. *Après ce coup-là, il est blindé*. – De l'allemand *blenden*, «aveugler».

blini [blini] n. m. Crêpe salée épaisse et un peu spongieuse, de petit diamètre. – Mot russe.

blizzard [blizaʀ] n. m. GEOGR Vent du grand Nord, très rapide (200 à 250 km/h), très froid, chargé de neige. – Mot amér.

1. bloc [blɔk] n. m. 1. Masse, gros morceau d'une matière pesante et dure à l'état brut. *Des blocs de pierre*. 2. Carnet de feuilles de papier détachables. 3. Fam. Prison. 4. INFORM Chaîne d'enregistrements, de mots ou de caractères, constituée pour des motifs techniques ou logiques en vue d'être traitée comme un tout. 5. Fig. Assemblage d'éléments homogènes. *Faire bloc:* s'unir fortement. 6. AUTO *Bloc-moteur:* ensemble formé par le moteur, la boîte de vitesses et l'embrayage. ▷ *Bloc-cylindres:* ensemble des cylindres d'un moteur. 7. Ensemble de bâtiments, d'équipements. *Bloc d'immeubles. Bloc technique. Bloc opératoire*, pour les opérations chirurgicales. 8. Loc. adv. *En bloc:* en gros, en totalité. *Il a refusé en bloc mes propositions*. – Néerl. *bloc*, «tronc abattu».

2. bloc [blɔk] n. m. Loc. adv. *À bloc*. 1. MAR *Hisser un pavillon à bloc*, de façon qu'il soit contre la poulie de la drisse qui le supporte. ▷ De façon à bloquer, à fond. *Serrer un frein à bloc*. 2. Fig., fam. (comme augmentatif). *Être gonflé à bloc*. – De *bloquer*.

1. blocage [blɔkaʒ] n. m. CONSTR Débris de pierres, de briques pour remplir les vides entre deux murs. ▷ TR PUBL Fondation de chaussée en menus mœllons compactés au cylindre. – De *bloquer*.

2. blocage [blɔkaʒ] n. m. 1. Action de bloquer. *Le blocage des freins*. 2. Fig. ECON POLIT Mesure prise pour assurer une stabilisation des prix. *Blocage des prix, des salaires*. 3. ESP Protection d'une structure soumise à un échauffement aérodynamique, par injection d'hélium ou d'hydrogène dans la couche limite. – De *bloquer*.

blocaux [blɔko] n. m. pl. GEOL *Argile à blocaux*, contenant des blocs plus ou moins gros, le plus souvent d'origine glaciaire (blocs arrondis et striés). – De *bloc* 1.

blockhaus [blɔkos] n. m. Réduit fortifié. – De l'all. *Block*, «poutre», et *Haus*, «maison».

blockpnée [blɔkpne] n. f. MED Crise de suffocation, non douloureuse, équivalent mineur de l'angine de poitrine – Angl. *block* et du gr. *pnein*, «respirer».

block-système ou **bloc-système** [blɔksistɛm] n. m. CH de F Système de signalisation destiné à éviter les collisions entre des trains qui circulent sur une même voie. – Angl. *block-system*.

bloc-notes [blɔknɔt] n. m. Carnet de feuilles de papier détachables, pour prendre des notes. *Des blocs-notes*. – Angl. *block*, et *notes*.

bloc-système. V. block-système.

blocus [blɔkys] n. m. Investissement d'une place forte, d'un port, d'un pays. ▷ *Blocus économique:* mesures visant à l'isolement d'un pays sur le plan économique. – Du néerl. *blokhuis* (V. blockhaus).

blond, onde [blõ, õd] adj. et n. **I. 1.** adj. Qui est d'une couleur proche du jaune, entre le doré et le châtain clair. *Des cheveux blonds. Une moustache blonde.* **2.** subst. Personne dont les cheveux sont blonds. *Une jolie blonde.* **3.** n. m. La couleur blonde. *Un blond vénitien,* lumineux, tirant sur le roux. **4.** *Par anal.* De couleur jaune pâle. *Du tabac blond. De la bière blonde.* **II.** n. f. Fam. Jeune fille courtisée, recherchée en mariage. *Par ext.* Maîtresse, femme qui partage la vie d'un homme. «Il la contemplait [l'image d'une belle fille] le soir à la lumière fumeuse du fanal avant de s'endormir, et quand ses paupières pesantes glissaient une dernière fois sur ses yeux, elles renfermaient pour son rêve une image de femme, qui peu à peu devenait l'image idéalisée de sa blonde.» (Sylvain, *Dans le bois,* 1940.) – Origine incert., p.-ê. germ. **blund.*

blondasse [blõdas] adj. Péjor. D'un blond fade. – De *blond,* et *-asse.*

blondeur [blõdœʀ] n. f. Caractère de ce qui est blond. – De *blond.*

blondin, ine [blõdɛ̃, in] n. Personne qui a les cheveux blonds. – De *blond.*

blondin [blõdɛ̃] n. m. TECH Appareil de levage et de transport se déplaçant sur câbles aériens. – Du nom du célèbre acrobate *Blondin* qui avait traversé les chutes du Niagara sur un fil tendu.

blondinet, ette [blõdinɛ, ɛt] n. Enfant blond. – De *blond.*

blondir [blõdiʀ] v. intr. [2] Devenir blond. *Ses cheveux blondissent en été.* – CUIS *Faire blondir des oignons dans une poêle.* – De *blond.*

blongios [blõʒjɔs] n. m. ZOOL Genre d'oiseaux ciconiiformes, les plus petits hérons, appelés aussi butors nains.

bloquer [blɔke] v. tr. [1] **1.** Mettre en bloc. *Il a bloqué ses jours de congé pour partir en vacances.* **2.** Fermer par un blocus. *Bloquer un port.* **3.** Empêcher de bouger. *Bloquer un écrou.* **4.** SPORT *Bloquer le ballon, la rondelle,* l'arrêter net. – *Bloquer un coup,* en boxe, empêcher qu'il atteigne le point visé. **5.** Fig. Empêcher, interdire (une augmentation). *Bloquer les salaires.* – Empêcher le fonctionnement de. *Bloquer un compte en banque.* **6.** *Par ext.* Obstruer. *La route est bloquée par la neige.* – De *bloc.*

bloqueur, euse [blɔkœʀ, øz] adj. Qui bloque. *Un écrou bloqueur.* – De *bloquer.*

blottir (se) [blɔtiʀ] v. pron. [2] et [11] Se ramasser sur soi-même. *Se blottir dans son lit.* – P.-ê. bas all. *blotten,* «écraser».

blouse [bluz] n. f. **1.** Vêtement de travail fait de grosse toile. *Blouse de pharmacien, d'infirmier.* **2.** Corsage de femme en tissu léger. *Une blouse froncée à la taille.* – Orig. incert.

1. blouser [bluze] v. intr. [1] Ne pas être ajusté à la taille. *Un corsage qui blouse.* – De *blouse.*

2. blouser [bluze] v. tr. [1] **1.** Vx Au billard: envoyer la bille de son adversaire dans une blouse, un trou. **2.** Fig., fam. *Blouser quelqu'un,* le tromper. – De *blouse,* «trou au coin des anciens billards», orig. incon.

blouson [bluzõ] n. m. Veste courte. *Un blouson de cuir.* – De *blouse.*

blue-jean [bludʒin] n. m. Pantalon de coutil, généralement de couleur bleue, muni de nombreuses poches. – Abrév. «jean» [dʒin]. – Mot amér., «coutil bleu».

blues [bluz] n. m. **1.** Chant populaire des Noirs américains, d'inspiration souvent mélancolique. **2.** MUS Séquence harmonique de douze mesures, organisée autour des accords de tonique, de dominante et de sous-dominante, qui sert de canevas à des improvisations, dans le jazz. – De l'amér. *blues,* «vague à l'âme, cafard».

bluet. V. bleuet.

bluette [blyɛt] n. f. **1.** Vx Petite étincelle. **2.** Fig., vieilli Petit ouvrage sans prétention. *Une jolie bluette.* – A. fr. **belue,* «étincelle».

bluff [blœf] n. m. **1.** Dans une partie de cartes: attitude destinée à tromper l'adversaire. **2.** *Par ext.* Parole, action dont le but est de faire illusion, d'en imposer à quelqu'un. – Mot amér.

bluffer [blœfe] v. tr. [1] Fam. *Bluffer quelqu'un,* le tromper. ▷ V. intr. Se vanter, faire du bluff. – De *bluff.*

bluffeur, euse [blœfœʀ, øz] n. et adj. Personne qui bluffe. – De *bluffer.*

blutage [blytaʒ] n. m. Action de bluter. – De *bluter.*

bluter [blyte] v. tr. [1] Séparer la farine du son par tamisage. – Moyen haut all., *bruteln,* même sens.

bluterie [blytʀi] n. f. **1.** TECH Machine à bluter. **2.** Lieu où l'on blute. – De *bluter.*

blutoir [blytwaʀ] n. m. Tamis à bluter. – De *bluter.*

BNQ Sigle de Bureau de Normalisation du Québec. V. encycl. norme.

boa [bɔa] n. m. **I. 1.** Grand serpent non venimeux d'Amérique du S. (L'espèce *Boa constrictor* atteint 6 m et tue ses proies en les étouffant dans ses anneaux.) **2.** Nom donné à de nombreux autres boïdés. **II.** Parure de plumes ou de fourrure que les femmes portent autour du cou. – Mot lat.

boat people [botpipœl] n. m. pl. Réfugiés qui abandonnent en groupes leur pays sur des bateaux de fortune, spécial. dans le Sud-Est asiatique. – Exp. angl., «gens des bateaux».

bobard [bɔbaʀ] n. m. Fam. Histoire fantaisiste; propos mensonger; nouvelle inventée. *Raconter des bobards.* – A. fr. *bobeau,* «mensonge».

bobèche [bɔbɛʃ] n. f. Disque de verre ou de métal adapté sur un chandelier pour recevoir les gouttes de bougie fondue. – Orig. incert.

bobeur, euse [bɔbœʀ, øz] n. SPORT Pratiquant du bobsleigh. – De *bob,* «bobsleigh».

bobinage [bɔbinaʒ] n. m. **1.** Action d'enrouler sur une bobine. **2.** ELECTR Ensemble des fils enroulés, dans une machine, un transformateur. – De *bobiner.*

bobine [bɔbin] n. f. **1.** Cylindre à rebords qui sert à enrouler du fil, des pellicules photographiques, etc. **2.** ELECTR Enroulement de fil conducteur. ▷ AUTO Appareil qui produit le courant alimentant les bougies. **3.** Fam., fig. Tête, figure; expression du visage. *Faire une drôle de bobine.* – Orig. incert.

bobiner [bɔbine] v. tr. [1] Mettre en bobine. – De *bobine.*

bobinette [bɔbinɛt] n. f. **1.** Pièce de bois qui servait autref. à fermer une porte. **2.** Fam., fig. Tête, figure. – De *bobine.*

bobineur, euse [bɔbinœʀ, øz] n. Personne qui met en bobines. – De *bobiner.*

bobineuse [bɔbinøz] n. f. ou **bobinoir** [bɔbinwaʀ] n. m. TECH Machine pour bobiner (du fil, un câble, etc.). – De *bobiner.*

bobo [bobo] n. m. **1.** Dans le langage des enfants: mal physique. *Avoir bobo.* **2.** Mal bénin. *Ce n'est qu'un bobo.* – Onomat.

bobsleigh [bɔbslε] n. m. SPORT Traîneau articulé à plusieurs places, qui peut glisser très vite sur des pistes de glace. Par abrév., *bob.* – Mot angl., de *to bob,* «se balancer», et *sleigh,* «traîneau».

bocage [bɔkaʒ] n. m. **1.** Vx ou litt. Petit bois ombreux. **2.** Pays de prairies et de cultures coupées de haies vives et de bois. – Dérivé normand de *bosc,* forme primitive de *bois.*

bocager, ère [bɔkaʒe, ʒεʀ] adj. **1.** Vx, litt. Des bois. *Les nymphes bocagères.* **2.** Des bocages (au sens 2). – De *bocage.*

bocal, aux [bɔkal, o] n. m. Récipient en verre ou en grès à large goulot. *Des bocaux à cornichons.* – Du gr. *baukalis,* «vase réfrigérant», par le lat. et l'ital.

bocard [bɔkaʀ] n. m. TECH Broyeur à minerais. – De l'all. *Pochhammer,* «marteau à écraser».

bocardage [bɔkaʀdaʒ] n. m. TECH Action de broyer du minerai. – De *bocarder.*

bocarder [bɔkaʀde] v. tr. [1] TECH Passer au bocard. – De *bocard.*

boche [bɔʃ] n. m. et adj. Fam., péjor., vieilli Allemand. – Apocope d'*alboche,* altér. d'*allemoche,* arg. «allemand», d'après *tête de boche,* «tête de bois».

bock [bɔk] n. m. **1.** Verre à bière, d'un quart de litre environ. *Boire un bock.* **2.** *Bock à injections:* récipient muni d'un tube terminé par une canule, utilisé pour les lavements. – De l'all. *bockbier,* altér. de *Einbeckbier,* «bière d'Einbeck».

bodhisattva [bɔdisatva] n. m. Dans certaines formes de bouddhisme: être (humain ou divin), avancé dans la perfection, qui n'a pas encore atteint l'état de bouddha et veille sur les hommes. – Mot sanscrit, «être qui a atteint l'état d'éveil».

bodoni [bɔdɔni] n. m. Variété de caractères typographiques créée par Bodoni.

boësse [bwεs] n. f. TECH Brosse métallique avec laquelle le ciseleur ébarbe son ouvrage. – Du provenç. *gratta-boyssa,* «gratte, balaye».

boëte, boëtte [bwεt] ou **boitte** [bwat] n. f. PECHE Appât. – Du breton *boued,* «nourriture».

boeuf, boeufs [bœf, bø] n. m. **1.** Mammifère ruminant de grande taille (fam. bovidés), dont le taureau et la vache domestiques constituent l'espèce *Bos primigenius taurus.* (*Bos primigenius* était l'aurochs. Au genre *Bos* appartiennent les bantengs, les gaurs, les yacks.) ▷ *Bœuf musqué:* mammifère ruminant (*Ovibos moschatus,* fam. bovidés) des régions arctiques, aux cornes plates recourbées, couvert d'une épaisse toison brune. *Le bœuf musqué se nourrit de mousses et de lichens. Troupeau de bœufs musqués.* **2.** Taureau castré. ▷ Fig. *Mettre la charrue avant les bœufs:* commencer par où l'on devrait finir. *Avoir un bœuf sur la langue:* se taire obstinément. **3.** La chair de cet animal. *Un filet de bœuf. Du bœuf haché.* ▷ *Bœuf mariné:* terme recommandé par l'Office de la langue française pour remplacer l'anglicisme *smoked-meat.* **4.** adj. inv. Fam. Énorme, considérable. *Un effet, un toupet bœuf.* – Lat. *bos, bovis.*

bof! [bof] interj. Exprime le mépris, l'indifférence. – Onomatopée.

bogey [bɔgε] n. m. SPORT Au golf: nombre de coups que réalise un joueur de bon niveau sur un parcours. – De *Bogey,* nom propre.

boghei, boguet [bɔgε] ou **buggy** [bœge] n. m. Anc. Petit cabriolet découvert. – De l'angl. *buggy.*

bogie ou **boggie** [bɔʒi] n. m. CH de F Chariot à plusieurs essieux permettant à un wagon, une voiture ou une locomotive de s'articuler. – Mot angl.

bogomile [bɔgɔmil] n. (et adj.) Membre d'une secte néo-manichéenne apparue en Bulgarie au Xᵉ s., dont la doctrine se répandit en Europe du S. au XIIᵉ s – Adj. *La nécropole bogomile de Radimlja, en Yougoslavie, est une des plus importantes.* – Mot bulgare, de *bog,* «Dieu», et *mile,* «qui aime».

1. bogue [bɔg] n. f. Enveloppe épineuse de la châtaigne. – Mot de l'ouest de la France, breton *bolc'h.*

2. bogue [bɔg] n. m. INFORM Défaut de conception ou de réalisation d'un logiciel se manifestant par des anomalies de fonctionnement. (Contrairement à l'Admin. française, le Québec déconseille l'utilisation de cet anglicisme.) – De l'angl. *bug.*

boguet. V. boghei.

bohème [bɔεm] n. et adj. **1.** n. m. Fig. Personne qui a une vie vagabonde, au jour le jour. *Un artiste, un bohème. Une vie de bohème.* – Adj. *Mener une existence bohème.* **2.** n. f. (collectif) Les gens qui mènent une vie irrégulière et désordonnée. *La bohème des cafés.* – Du lat. médiév. *bohemus,* «habitant de la Bohême».

bohémien, ienne [bɔemjɛ̃, jεn] n. et adj. Membre de tribus vagabondes qu'on croyait originaires de la Bohême. *Une troupe de bohémiens.* – De *Bohême,* auj. prov. de Tchécoslovaquie.

boïdés [bɔide] n. m. pl. ZOOL Famille de reptiles à laquelle appartiennent les boas, pythons et autres grands serpents constricteurs. – De *boa.*

1. boire [bwaʀ] v. tr. [56] **1.** Avaler (un liquide). *Buvez pendant que c'est chaud!* ▷ Loc. fam. *Boire un coup, un verre. Boire comme un trou, comme une éponge,* excessivement. ▷ *Boire à la santé de quelqu'un:* exprimer des vœux pour sa santé au moment de boire. **2.** Loc. fig. *Il pleut* (fam. *il mouille*) *à boire debout,* à verse. – *Il y a là à boire et à manger,* du bon et du mauvais. *Ce n'est pas la mer à boire:* ce n'est pas difficile. *Boire un bouillon:* échouer, et en partic., perdre de l'argent. *Quand le vin est tiré, il faut le boire:* il faut terminer ce que l'on a commencé. *Qui a bu, boira:* on retombe toujours dans ses mauvaises habitudes. *Boire les paroles de quelqu'un:* l'écouter avec avidité. *Boire du petit lait:* écouter avec plaisir (des flatteries). Fam. *Boire la tasse:* avaler de l'eau (en nageant, en tombant à l'eau). *Avoir toute honte bue:* n'avoir plus honte de rien. **3.** (S. comp.) Boire de l'alcool avec excès. *Il a l'habitude de boire.* **4.** Absorber, s'imprégner de. *La terre boit l'eau.* – (S. comp.) *Ce papier boit,* absorbe l'encre. – Lat. *bibere.*

2. boire [bwaʀ] n. m. *Le boire et le manger:* ce que l'on boit et mange. – *En perdre le boire et le manger:* être entièrement absorbé par une occupation, un chagrin, une passion. ▷ Lait ou autre aliment liquide qu'on sert régulièrement aux jeunes bébés. *L'heure du boire. Donner son boire au bébé.* – Subst. du préc.

bois [bwa(ɑ)] n. m. **I.** Espace couvert d'arbres, quelle que soit son étendue. *Un bois de sapins, d'épinettes. Lisière du bois. Se promener dans le bois. Coureur* de bois. Aller, monter, travailler dans le bois,* dans les chantiers d'exploitation forestière. ▷ Fig. *Homme des bois:* individu fruste. – Loc. fam. *Il est pas sorti du bois,* il est dans une situation difficile, embarrassante, qui risque de se prolonger, de s'envenimer. **II. 1.** Substance solide et fibreuse des arbres. *Couper, scier du bois. Bois sec, bois vert. Bois franc* (ou *bois dur*)*:* bois des arbres à feuilles caduques et à texture serrée, comme l'érable, le bouleau, le chêne. *Bois mou:* bois tendre des résineux et de certains arbres à feuilles caduques, comme le peuplier et le tremble. *Bois de sciage. Bois de charpente, de construction, d'œuvre. Bois de chauffage, de corde, de poêle. Corde de bois. Poêle à bois. Chauffer au bois. Feu de bois.* – *En bois rond:* construit avec des pièces de bois non équarries. *Cabane en bois rond. Camp de bois rond.* ▷ AGRIC., FOREST. *Bûcher du bois,* des arbres. *Coupe de bois. Limites à bois. Terre à bois.* – *Bois debout,* sur pied. *Une terre en bois debout.* **2.** Dans certains noms pop. d'arbres: *Bois blanc:* tilleul. *Bois barré:* érable de Pennsylvanie. *Bois d'orignal:* érable de Pennsylvanie ou viorne à feuilles d'aulne (dont se nourrit l'orignal). **3.** Loc. *Il est du bois dont on fait les flûtes:* il accepte tout. *Il saura de quel bois je me chauffe,* comment je vais réagir (c'est-à-dire: violemment). *Touchons du bois:* formule pour conjurer le sort. *On n'est pas de bois:* on n'est pas insensible aux charmes de l'autre sexe. *Avoir la gueule de bois:* avoir la bouche empâtée après un excès de boisson. **4.** Objet en bois. *Bois d'une raquette de tennis.* **5.** MUS *Les bois:* les instruments à vent en bois. **6.** Plur. Os pairs ramifiés du front des cervidés mâles, qui tombent et repoussent chaque année. Syn. (Cour.) panache. **7.** (France) *Les bois de justice:* la guillotine. – Mot d'orig. germ.; lat. *boscus.*

boisage [bwa(ɑ)zaʒ] n. m. Action de boiser (aux sens 1 et 2). – L'ouvrage ainsi réalisé. – De *boiser.*

boisé, ée [bwa(ɑ)ze] adj. Couvert d'arbres. ▷ n. m. Petit espace couvert d'arbres. *Le cadavre de la victime a été découvert dans un boisé.* – Pp. de *boiser.*

boisement [bwa(ɑ)zmɑ̃] n. m. SYLVIC Action de planter des arbres sur un terrain; les plantations d'arbres de ce terrain. – De *boiser.*

boiser [bwa(ɑ)ze] v. tr. [1] **1.** CONSTR Garnir d'une boiserie. **2.** MINES Procéder au soutènement à l'aide d'étais en bois. **3.** Planter d'arbres. – De *bois.*

boiserie [bwa(ɑ)zʀi] n. f. Revêtement d'un mur au moyen d'un ouvrage en menuiserie; cet ouvrage luimême. – De *bois.*

boiseur [bwa(ɑ)zœʀ] n. m. MINES Ouvrier chargé du boisage. – De *boiser.*

boisseau [bwaso] **1.** Mesure de capacité pour les grains et les matières sèches valant 8 gallons ou 36,36 l. Syn. minot. – Anc. Mesure de capacité française valant env. 13 l. ▷ Fig. *Mettre la lumière sous le boisseau:* cacher la vérité. **2.** CONSTR Élément préfabriqué, à emboîtement, pour les conduits de fumée ou de ventilation. **3.** TECH *Robinet à boisseau:* robinet muni d'un axe qu'on tourne avec une clé pour le fermer. – Lat. pop. **buxitellum.*

boissellerie [bwasɛlʀi] n. f. Fabrication de boisseaux (au sens 1) et d'ustensiles ménagers en bois. – De *boisseau.*

boisson [bwasõ] n. f. **1.** Tout liquide que l'on peut boire. *Une boisson rafraîchissante.Boisson gazeuse. Boissons forte*.* **2.** *Spécial.* Boisson alcoolisée. – Litt. *Être pris de boisson,* (fam.*être en boisson*), être ivre. **3.** Fig. Passion de boire de l'alcool. *S'adonner à la boisson.* – Bas lat. *bibitio,* de *bibere,* «boire».

boîte [bwat] n. f. **1.** Récipient de bois, de métal, de plastique, de carton, etc., généralement à couvercle. *Boîte carrée, ronde. Boîte à bijoux.* ▷ Loc. fam. *Mettre en boîte:* se moquer de. *Boîte à malice:* ruses dont une personne dispose. *Elle sort d'une boîte:* elle est arrangée avec soin. *Fermer sa boîte:* se taire. **2.** *Par ext.* Contenu d'une boîte. *Avaler toute une boîte de bonbons.* **3.** *Boîte à musique:* coffret contenant un mécanisme qui reproduit une mélodie. **4.** *Boîte aux lettres, à lettres* (fam. *boîte à malle*): boîte postale, dans la rue ou dans une poste; boîte où le facteur dépose le courrier. **5.** ANAT *Boîte crânienne:* cavité osseuse renfermant l'encéphale. **6.** AERON *Boîte noire:* enceinte placée dans un conditionnement à l'abri des chocs, qui enregistre les conversations et les bruits extérieurs. **7.** AUTO *Boîte de vitesses:* organe qui sert à modifier le rapport entre la vitesse du moteur et celle des roues motrices. **8.** TECH *Boîte à fumée:* élément d'une chaudière reliant l'extrémité des tubes de fumées à la buse d'évacuation des fumées. – *Boîte à vent:* caisson qui reçoit l'air d'alimentation des tuyères d'un haut fourneau. – *Boîte de dérivation, de jonction,* à l'intérieur de laquelle on raccorde des conducteurs électriques. **9.** PHYS NUCL *Boîte à gants:* enceinte à l'intérieur de laquelle on manipule des produits radioactifs à travers des ouvertures munies de gants. **10.** Fam., péjor. École, lieu de travail. *Il ne veut plus retourner dans cette sale boîte.* **11.** *Boîte de nuit:* cabaret qui sert des boissons alcoolisées, qui présente des spectacles et où l'on danse. Syn. club (de nuit). – Lat. classique *pyxis,* lat. pop. **buxida.*

boitement [bwatmɑ̃] n. m. Fait, action de boiter, claudication. – De *boiter.*

boiter [bwate] v. intr. [1] **1.** Incliner le corps plus d'un côté que de l'autre en marchant. *Boiter du pied droit.* **2.** Fig. Être défectueux, en parlant d'un raisonnement, d'un plan – *Un vers qui boite,* qui n'a pas le nombre régulier de pieds. – Orig. incert.

boiterie [bwatʀi] n. f. Action de boiter, en parlant des êtres humains et des animaux. – De *boiter.*

boiteux, euse [bwatø, øz] adj. (et n.). **1.** Qui boite. **2.** En parlant de choses, en déséquilibre. *Table boiteuse.* **3.** Fig. Qui manque d'équilibre. *Une paix boiteuse.* – Irrégulier. *Période, phrase boiteuse.* – De *boiter.*

boîtier [bwatje] n. m. **1.** Coffret compartimenté. **2.** Partie d'une montre renfermant le mouvement. *Boîtier de montre.* – De *boîte.*

boitillement [bwatijmɑ̃] n. m. Boitement léger. – De *boitiller.*

boitiller [bwatije] v. intr. [1] Boiter légèrement. – De *boiter.*

boitte. V. boëte.

1. bol [bɔl] n. m. **1.** Récipient hémisphérique, destiné à contenir des liquides. *Un bol à punch.* **2.** Contenu d'un bol. *Un bol de lait.* ▷ Fig. *Prendre un (bon) bol d'air:* sortir au grand air. **3.** Pop. *Avoir du bol,* de la chance. – Fam. *En avoir ras le bol:* en avoir assez. – Angl. *bowl.*

2. bol [bɔl] ou **bolus** [bɔlys] n. m. MED *Bol alimentaire:* masse que forme, au moment d'être avalé, un aliment qui a été soumis à la mastication. – Lat. méd. *bolus,* du gr. *bôlos,* «motte».

bolbène. V. boulbène.

bolchevik [bɔlʃəvik] n. m. **1.** Partisan des positions de Lénine, dont les amis eurent, au IIe congrès du Parti ouvrier social-démocrate de Russie, en 1903, une légère majorité en leur faveur. (Les amis de Lénine défendaient des positions radicales, alors que ceux de Martov étaient plus modérés; ces derniers furent mis en minorité, ce qui leur vaut d'être connus sous le nom de *mencheviks**.) **2.** Vieilli, péjor. Communiste. – Mot russe, de *bolchetsvo,* «majorité».

bolchevique [bɔlʃəvik] adj. Vieilli Qui se rapporte au bolchevisme. – De *bolchevik.*

bolchevisme [bɔlʃəvism] n. m. **1.** HIST Ensemble des positions idéologiques et des pratiques révolutionnaires des bolcheviks. **2.** Péjor. Communisme russe. – De *bolchevik.*

boldo [bɔldo] n. m. BOT Arbre du Chili (*Peumus boldo*) dont l'écorce, utilisée en infusion, est tonique pour le foie. – Mot esp., de l'araucan.

bolduc [bɔldyk] n. m. Lien de couleur, plat et souvent imprimé, utilisé pour ficeler de petits paquets dans le commerce. – De *Bois-le-Duc,* où il était fabriqué.

bolée [bɔle] n. f. Contenu d'un bol. *Une bolée de cidre.* – De *bol* 1.

boléro [bɔleʀo] n. m. **1.** Danse espagnole de rythme ternaire. **2.** Air sur lequel elle se danse. **3.** Veste sans manches, courte et ouverte. **4.** Petit chapeau de femme. – Esp. *bolero,* «danseur», de *bola,* «boule».

bolet [bɔlɛ] n. m. Champignon basidiomycète dont le dessous du chapeau est garni de tubes accolés, et dont de très nombreuses espèces sont comestibles. – Lat. *boletus.*

bolide [bɔlid] n. m. **1.** Grosse météorite qui produit une trace fortement lumineuse en traversant les hautes couches de l'atmosphère. ▷ Fig. *Arriver en bolide, comme un bolide,* brusquement et à toute vitesse. **2.** *Par ext.* Véhicule allant à grande vitesse. – Lat. *bolis, bolidis;* du gr. *bolis, bolidos,* «sonde, jet».

bolier [bɔlje] ou **boulier** [bulje] n. m. Grand filet de pêche utilisé le long des côtes. – Anc. provenç. *bolech,* du lat. *bolus,* «coup de filet».

bolivar [bɔlivaʀ] n. m. **1.** Unité monétaire du Venezuela. **2.** Anc. Large chapeau haut de forme. – Du n. de Simon *Bolivar,* homme polit. sud-américain.

bolivien, ienne [bolivjɛ̃, jɛn] adj. et n. De Bolivie.

bollard [bɔlaʀ] n. m. MAR Grosse masse cylindrique coudée, profondément enfoncée dans le quai d'un port, et qui sert à amarrer les navires. – Mot angl.

bolomètre [bɔlɔmɛtʀ] n. m. PHYS Appareil qui mesure l'énergie totale des rayonnements peu intenses, comme ceux des étoiles. – Du gr. *bolê,* «trait», et *-mètre.*

bombacacées [bõbakase] n. f. pl. BOT Famille de plantes dicotylédones comprenant des arbres gigantesques, tels que le baobab (*Adansonia digitata*) d'Afrique, l'espèce *Bombax malabaricum,* ou le kapokier.

bombage [bõbɑʒ] n. m. Action d'écrire sur les murs avec une peinture en bombe. – De *bombe.*

bombagiste [bõbaʒist] n. TECH Ouvrier, ouvrière qui cintre des plaques de verre. – De *bomber.*

bombance [bõbɑ̃s] n. f. Bonne chère en abondance, ripaille. *Faire bombance.* – De l'a. fr. *bobance,* «faste».

bombarde [bõbaʀd] n. f. **1.** HIST Ancienne pièce d'artillerie à boulets de pierre (XIVe-XVe s.). **2.** MUS Instrument à vent à anche double, ancêtre du hautbois. – Du lat. *bombus,* «bruit sourd».

bombardement [bõbaʀdəmɑ̃] n. m. **1.** Action de bombarder, d'attaquer par bombes ou obus. *Un bombardement aérien.* **2.** PHYS Action de diriger un faisceau de particules (le plus souvent accélérées par un accélérateur de particules) sur une cible matérielle, en vue de produire des rayonnements divers ou de propager des réactions nucléaires. ▷ TECH *Soudage par bombardement électronique.* – De *bombarder.*

bombarder [bõbaʀde] v. tr. [1] **1.** Attaquer à coups de bombes. *Bombarder une ville.* **2.** Lancer des projectiles en grand nombre sur qqn ou qqch. *Les enfants bombardaient de cailloux une vieille boîte de conserve.* ▷ Fig., fam. Accabler de. *Il me bombarde de coups de téléphone.* **3.** PHYS Soumettre à un bombardement de particules. **4.** Fig., fam. Revêtir (qqn) avec précipitation d'un titre, d'une fonction, d'une dignité. *On l'a bombardé ambassadeur.* – De *bombarde.*

bombardier [bõbaʀdje] n. m. **1.** Vx Artilleur. **2.** Avion de bombardement. ▷ Anc. Aviateur chargé, à bord d'un bombardier, de larguer les bombes. **3.** Nom de différents insectes qui projettent une sécrétion caustique sur l'agresseur lorsqu'ils sont attaqués. – De *bombarde.*

bombardon [bõbaʀdõ] n. m. Instrument à vent en cuivre, très grave (basse et contrebasse) à tube conique et à piston. – De *bombarde.*

1. bombe [bõb] n. f. Fam. *Faire la bombe:* manger, boire, se réjouir. – De *bombe* 2.

2. bombe [bõb] n. f. **I. 1.** Projectile explosif qu'on lançait autref. avec un canon, qu'on largue auj. d'avion. **2.** *Par ext.* Projectile ou engin explosif. *Une bombe à retardement.* ▷ Fig., fam. *Tomber comme une bombe:* arriver à l'improviste. **II.** Par anal. **1.** Rég. Bouilloire (V. encycl.). «Il s'était réveillé avec le matin, avait pris le pain et les cretons pendant que l'eau, dans la bombe, chauffait.» (Victor-Lévy Beaulieu, *Les grands-pères,* 1971.) **2.** *Bombe glacée:* crème glacée moulée. **3.** *Bombe calorimétrique:* appareil qui mesure les quantités de chaleur accompagnant les réactions chimiques telles que les combustions. **4.** GEOL Projection volcanique solidifiée. **5.** EQUIT Casquette de cavalier. **6.** *Bombe aérosol, bombe:* récipient dans lequel un liquide destiné à être pulvérisé est maintenu sous pression par un gaz comprimé. – Ital. *bomba.*

ENCYCL La bouilloire est désignée traditionnellement au Canada par trois mots principaux, selon les régions. *Bombe* est le plus répandu, à partir de Trois-Rivières jusqu'en Gaspésie, incluant la région du Saguenay–Lac-Saint-Jean; *canard* est le mot de l'ouest du Québec et *coquemar* est de nos jours confiné à l'Acadie; en Abitibi et dans les régions francophones de l'Ontario, qui ont été peuplées par des colons venant de diverses régions du Québec, *bombe* et *canard* ont été relevés à peu près partout comme synonymes. La répartition géographique des mots *bombe* et *canard* a été remarquée dès le XIXe s. (notam. par Oscar Dunn, *Glossaire franco-canadien,* 1880: «À Québec on dit *Bombe,* à Montréal *Canard,* pour désigner la *Bouilloire* de nos poêles de cuisine ordinaires»); dans les textes d'archives, on trouve, dès la fin du XVIIIe s., des passages où *bombe* est glosé par *canard* et vice-versa, ce qui traduit p.-ê. une perception semblable, ou encore révèle la lutte que se sont livrée les deux mots avant que leur aire de distribution ne soit fixée («Une bombe ou canar de fer», 1793, Île-aux-Coudres). Le fait que *bombe* et *canard* aient pris le sens de «bouilloire» s'explique, dans les deux cas, par un phénomène d'analogie. C'est par allusion à la forme du bec de la bouilloire, qui rappelait celui de l'oiseau, que le récipient a pris le nom de *canard,* sans doute déjà en France; *bombe* paraît avoir pris le sens de «bouilloire» au Québec même (attesté depuis 1779; dès 1766 dans *bombe à thé,* désignant une théière), mais à partir du sens de «vase sphérique», déjà connu en France au XVIIIe s. et qui découle lui-même d'une analogie avec le projectile rempli d'explosif (autref. de forme sphérique). *Coquemar* est beaucoup plus ancien en français (XIIIe s.); c'était le mot en usage partout en Nouvelle-France jusque vers la fin du XVIIIe s., époque à partir de laquelle il a commencé à s'effacer devant ses concurrents pour se limiter à la région acadienne. La bouilloire était faite jadis de cuivre, de fer, de fer-blanc ou de fonte et pouvait être munie d'un trépied, ou encore d'un robinet (appelé *champlure*). Le bruit de la bouilloire qui bout et sa position sur le feu ont inspiré des croyances qui sont encore connues des gens âgés.

bombé, ée [bõbe] adj. Convexe. *Un verre bombé. Il a le front bombé.* – Pp. de *bomber.*

bombement [bõbmɑ̃] n. m. Convexité, renflement. *Le bombement d'une route.* – De *bomber.*

bomber [bõbe] v. tr. [1] **1.** Rendre convexe. *Bomber une tôle.* – Fig. *Bomber le torse,* prendre un air avantageux. **2.** Écrire (sur les murs) avec une peinture en bombe. **3.** v. intr. Devenir convexe. *Ce panneau bombe.* – De *bombe.*

bombonne. V. bonbonne.

bombyx [bõbiks] n. m. ZOOL Nom de divers papillons nocturnes. *La chenille du bombyx du mûrier (Bombyx mori) est le ver à soie.* – Lat. *bombyx,* du gr. *bombux,* «ver à soie».

bôme [bom] n. f. Espar horizontal sur lequel est enverguée une voile aurique, au tiers ou triangulaire. Syn. (peu usité) gui. – Néerl. *boom,* «arbre», «mât».

bômé, ée [bome] adj. Muni d'une bôme. *Trinquette bômée.* – De *bôme.*

1. bon, bonne [bõ, bɔn] **A.** adj. **I. 1.** Qui a les qualités propres à sa destination, qui est utile. *Avoir de bons yeux, une bonne digestion. – Avoir bon pied, bon œil:* être en parfaite santé. Fig. *Donner de bons conseils.* ▷ *Il est bon de, bon que...,* il est utile de, que... *Croire, juger, trouver bon.* **2.** Qui a acquis un certain degré de perfection dans un travail, un métier, une science. *Un bon élève. Un bon nageur.* **3.** Qui possède une valeur intellectuelle ou artistique. *Un bon livre.* **4.** Conforme aux règles morales ou sociales. *Avoir bon esprit. La bonne société. Un jeune homme de bonne famille.* **5.** Agréable. *De la bonne cuisine. Il a la bonne vie!* – (Formule de vœux.) *Souhaiter la bonne année. Bon appétit!* **6.** Spirituel, amusant. *Un bon mot.* ▷ Subst. Fam. *En avoir de bonnes:* exagérer, plaisanter. **7.** Juste, correct. *Avoir un bon jugement. Ce calcul est bon. Écrire en bon français. Arriver au bon moment.* **8.** Loc. *Bon pour:* qui convient à. *Un médicament bon pour le foie.* ▷ Fam. *Être bon pour...,* ne pas pouvoir échapper à... *Je suis bon pour l'indigestion, après un dîner pareil! – Il est bon:* il ne peut pas échapper. ▷ *Bon à:* propre à. *Il n'est bon à rien:* il est incapable de faire quoi que ce soit d'utile. **II. 1.** Qui aime faire le bien (personnes). *«Un sot n'a pas assez d'étoffe pour être bon»* (La Rochefoucauld). **2.** De disposition agréable; bienveillant, poli. *Être de bonne humeur. De bon gré. Bon accueil.* **3.** Qui montre de la bonté. *Avoir bon cœur. Une bonne action.* **III. 1.** Considérable. *Une bonne quantité. Cela fait un bon moment qu'il est parti. Coûter un bon prix.* ▷ *Une bonne fois pour toutes:* définitivement. ▷ *Arriver bon premier:* le premier loin devant les autres. **2.** (Par antiphrase.) Fort, violent. *Il a pris une bonne correction.* **B.** adv. **1.** adv. de manière. *Sentir bon. Tenir bon:* résister fermement. *Il fait bon:* la température est agréable. *Il fait bon* (+ inf.): il est agréable de. *Il fait bon marcher. Il fait bon vivre à la campagne.* (Négativement.) *Il ne fait pas bon s'y frotter:* on risque des désagréments à le mécontenter. **2.** Loc. adv. ▷ *À quoi bon?* à quoi sert-il de ...? *À quoi bon tant de discours?* ▷ *Pour de bon:* réellement (Litt. *Tout de bon*). *Se fâcher pour de bon.* ▷ Pop. *À la bonne:* en sympathie. *Elle m'a à la bonne.* **C.** Interj. **1.** *Bon!* marque la satisfaction. **2.** Marque la surprise, la déception. *Allons bon!* **3.** Marque le mécontentement, la restriction ironique. *Je n'ai pas fini. – Bon, voilà autre chose!* **4.** *C'est bon!:* assez! – N. B. Le comparatif de supériorité de *bon* est *meilleur. Bon* épithète est en général placé avant le nom. – Lat. *bonus.*

2. bon [bõ] n. m. **I. 1.** Ce qui est bon. *Le beau et le bon.* **2.** Ce qui est avantageux, important, intéressant. *Le bon de l'affaire, de l'histoire. Avoir du bon:* offrir des avantages. **3.** Personne qui a de la bonté. *Les bons et les méchants.* **II.** Autorisation écrite permettant à quelqu'un de toucher de l'argent, de recevoir un objet, une marchandise, etc. *Un bon de caisse de mille dollars.* ▷ *Bon de souscription:* titre conférant au détenteur d'obligations ou d'actions émises par une société le droit de souscrire à des actions non encore émises de cette société. ▷ *Bon du Trésor:* obligation à court terme émise par l'État. ▷ *Bon à tirer:* autorisation d'imprimer donnée par l'auteur ou l'éditeur à l'imprimeur. – Lat. *bonus.*

bonace [bɔnas] n. f. MAR Calme plat. – Provenç. *bonassa.*

bonapartisme [bɔnapaʀtism] n. m. Attachement au régime impérial fondé par Napoléon Bonaparte et à sa dynastie. – De *Bonaparte.*

bonapartiste [bɔnapaʀtist] adj. (et n.). Qui se rapporte au bonapartisme. – Qui fait profession de bonapartisme. – De *Bonaparte.*

bonasse [bɔnas] adj. Bon jusqu'à la niaiserie; simple et sans malice. – Ital. *bonaccio.*

bonbon [bõbõ] n. m. Petite friandise faite avec du sucre. *Des bonbons à la menthe.* – De *bon* redoublé.

bonbonne ou **bombonne** [bõbɔn] n. f. Grosse bouteille servant à garder et à transporter de l'huile, des acides, etc. *Une bonbonne de verre.* – Provenç. *bombouno,* du lat. *bombus.*

bonbonnière [bõbɔnjɛʀ] n. f. **1.** Boîte à bonbons. **2.** Fig. Petit appartement arrangé avec recherche. – De *bonbon.*

bond [bõ] n. m. **1.** Saut brusque. *Faire un bond. Les bonds d'un tigre.* – Fig. *Aller par sauts et par bonds:* progresser irrégulièrement. **2.** Rejaillissement, rebondissement d'un corps inerte. ▷ Fig. *Saisir la balle au bond:* saisir l'occasion. – *Faire faux bond:* manquer à une promesse, décevoir l'attente. – Déverbal de *bondir.*

bonde [bõd] n. f. **1.** Ouverture par laquelle s'écoule l'eau d'un étang, d'un réservoir. – Pièce qui obture cet orifice. *Hausser, lâcher la bonde.* **2.** Fig. *Lâcher la bonde à sa colère, à ses larmes,* leur donner libre cours. **3.** Trou fait à un tonneau pour le remplir et le vider. – Gaul. **bunda.*

bondé, ée [bõde] adj. Rempli (de gens). *Un théâtre bondé de spectateurs. Un autobus bondé.* – De *bonde.*

bondérisation [bõdeʀizasjõ] n. f. TECH Protection des métaux contre la rouille par phosphatation superficielle. – De l'angl. *bond,* «lien».

bondériser [bõdeʀize] v. tr. [1] TECH Procéder à la bondérisation de. – De l'angl. *bond,* «lien».

bondieuserie [bõdjøzʀi] n. f. Péjor. **1.** Dévotion outrée. **2.** Objet de piété de mauvais goût. *Une marchande de bondieuseries.* – De *bon Dieu.*

bondir [bõdiʀ] v. intr. [2] **1.** Faire des bonds, sauter. *La balle bondit. Le cheval bondit.* **2.** S'élancer. *Bondir au secours de quelqu'un.* **3.** Fig. Tressaillir. *Mon cœur bondit de joie. Cela me fait bondir,* me scandalise. – Du lat. pop. **bombitire,* class. *bombire,* «résonner».

bondissement [bõdismɑ̃] n. m. Mouvement de ce qui bondit. – De *bondir.*

bondon [bõdõ] n. m. Tampon de bois qui bouche la bonde d'un tonneau. – De *bonde.*

bondrée [bõdʀe] n. f. Oiseau falconiforme de 55 cm de long environ, de la couleur d'une buse. – Du breton *bondrask,* «grive».

bonellie [bɔnɛl(l)i] n. f. ZOOL Animal vermiforme marin (classe des échiuriens), au remarquable dimorphisme sexuel. (Le mâle a quelques mm, la femelle 1 m; elle a une action masculinisante sur la larve, si celle-ci s'accole à elle.)

bongo [bõgo] n. m. Instrument de percussion d'origine cubaine, composé de deux petits tambours juxtaposés, recouverts de peau sur un seul côté.

bonheur [bɔnœʀ] n. m. **1.** Événement heureux, hasard favorable, chance. *Cet héritage, c'est un bonheur inespéré. – Porter bonheur:* favoriser, faire réussir. – *Au petit bonheur:* au hasard. – *Par bonheur:* heureusement. *Par bonheur, il est arrivé à temps.* **2.** État de bien-être, de félicité. *«Le bonheur n'est pas le fruit de la paix; le bonheur, c'est la paix même»* (Alain). *Au comble du bonheur. Faire le bonheur de quelqu'un,* le rendre heureux. **3.** *Par ext.* Ce qui rend heureux. *J'ai eu le bonheur de vous rencontrer* (formule de politesse). Prov. *Le malheur des uns fait le bonheur des autres.* – De *bon,* et *heur.*

bonheur-du-jour [bɔnœʀdyʒuʀ] n. m. Petit meuble à tiroirs servant de secrétaire. *Des bonheurs-du-jour.* – De *bonheur,* et *jour.*

bonhomie [bɔnɔmi] n. f. Bonté et simplicité; bienveillance. *Un vieillard plein de bonhomie.* – De *bonhomme.*

bonhomme [bɔnɔm], **bonshommes** [bõzɔm] n. m. (et adj.). **1.** Vx Homme bon. **2.** Vieilli Homme simple, doux, naïf. *Un bonhomme de mari.* ▷ Adj. invar. Simple, doux, naïf. *Il a des aspects bonhomme.* **3.** Fam. Homme. *Comment s'appelle-t-il, ce bonhomme?* **4.** Terme d'affection (en parlant à un petit garçon). *Mon petit bonhomme, mon bonhomme.* **5.** Figure humaine grossièrement dessinée. *Dessiner des bonshommes. Faire un bonhomme de neige.* **6.** Loc. *Aller son petit bonhomme de chemin:* vaquer tranquillement à ses affaires. – De *bon,* et *homme.*

boni [bɔni] n. m. **1.** Excédent, bénéfice dans une opération financière; supplément. *Des bonis.* **2.** Anglicisme Prime, gratification que l'employeur verse à un employé pour reconnaître ses bons services ou à certaines occasions (Noël, jour de l'an, etc.). – Lat. *(aliquid) boni,* «quelque chose de bon».

boniche ou **bonniche** [bɔniʃ] n. f. Péjor. Bonne, employée de maison. – De *bonne,* et suff. péjor. *-iche.*

bonichon [bɔniʃõ] n. m. Fam. Petit bonnet. – De *bonnet.*

1. bonification [bɔnifikɑsjõ] n. f. **1.** Avantage accordé sur le taux d'intérêt d'un emprunt. **2.** SPORT Points supplémentaires accordés à un concurrent, à une équipe. – De *bonifier* 1.

2. bonification [bɔnifikasjõ] n. f. Amélioration. *Bonification d'une terre.* – De *bonifier* 2.

1. bonifier [bɔnifje] v. tr. [1] Accorder une bonification sur un taux d'intérêt. *Emprunt bonifié.* – De *bon.*

2. bonifier [bɔnifje] **1.** v. tr. [1] Rendre meilleur, améliorer. *Le fumier bonifie la terre.* **2.** v. pron. Devenir meilleur. *Le vin se bonifie en vieillissant.* – Lat. *bonificare.*

boniment [bɔnimɑ̃] n. m. **1.** Discours tenu en public par les camelots, les bateleurs, etc. **2.** Fam. Propos mensonger. *Ne crois pas tous ces boniments.* – De l'argot *bonnir,* «dire».

bonimenter [bɔnimɑ̃te] v. intr. [1] Faire des boniments. – De *boniment.*

bonimenteur, euse [bɔnimɑ̃tœʀ, øz] n. Personne qui fait des boniments. – De *bonimenter.*

bonite [bɔnit] n. f. Nom donné à plusieurs poissons méditerranéens du genre *Thynnus* (thon). – Esp. *bonito,* par l'ital.

bonjour [bõʒuʀ] n. m. Salutation qu'on emploie dans la journée lorsqu'on rencontre qqn ou lorsqu'on le quitte. *Dire bonjour à qqn. Il lui souhaite le bonjour.* V. bonsoir. – Loc. *Facile, simple comme bonjour:* très facile. – De *bon,* et *jour.*

bonne [bɔn] n. f. **1.** Servante, domestique. *Bonne d'enfants.* **2.** *Bonne à tout faire,* et (cour.), *bonne:* employée de maison nourrie, logée et rétribuée qui s'occupe de tous les travaux de la maison. – De *bon.*

bonne-maman [bɔnmamɑ̃] n. f. Terme affectueux pour *grand-mère. Des bonnes-mamans.* – De *bon,* et *maman.*

bonnement [bɔnmɑ̃] adv. Simplement. *Je vous le dis tout bonnement.* – De *bon.*

bonnet [bɔnɛ] n. m. **1.** Coiffure sans rebord. *Bonnet de nuit,* qu'on mettait pour dormir. – *Bonnet à poil:* coiffure des grenadiers de l'Empire, des horse-guards anglais, etc. – *Bonnet phrygien, bonnet rouge:* coiffure retombant sur le côté adoptée en France par les révolutionnaires de 1789 et devenue l'emblème de la République. – *Bonnet d'âne:* coiffure à longues oreilles qu'on mettait aux élèves punis. – *Bonnet de bain:* coiffure imperméable qui empêche les cheveux d'être mouillés. **2.** Loc. *Un bonnet de nuit:* une personne triste, ennuyeuse. *Être triste comme un bonnet de nuit:* être triste et ennuyeux. – *Un gros bonnet:* un personnage important. – *Opiner du bonnet:* adhérer sans réserve à l'avis d'un autre. – *Avoir la tête près du bonnet:* être prompt à se fâcher. – *Prendre sous son bonnet:* prendre sous sa responsabilité. – *Jeter son bonnet par-dessus les moulins:* braver les convenances (en parlant d'une femme). – *C'est bonnet blanc et blanc bonnet:* il n'y a pas de différence. **3.** Le deuxième estomac d'un ruminant. **4.** Chacune des deux poches d'un soutien-gorge. – Orig. incert.

bonneteau [bɔnto] n. m. Jeu de hasard et d'escamotage qui se joue avec trois cartes ou trois gobelets. – De *bonneteur.*

bonneterie [bɔnɛtʀi] n. f. **1.** Industrie ou commerce des articles en tissu à mailles (lingerie, sous-vêtements, chaussettes, etc.). **2.** Marchandise vendue par le bonnetier. **3.** Boutique d'un bonnetier. – De *bonnet.*

bonneteur [bɔntœʀ] n. m. **1.** Joueur de bonneteau. **2.** Tricheur, filou. – De *bonnet.*

bonnetier, ière [bɔntje, jɛʀ] n. **1.** Personne qui fabrique ou vend de la bonneterie. **2.** n. f. Petite armoire. – De *bonnet.*

bonnette [bɔnɛt] n. f. **1.** FORTIF Ouvrage formant saillant avancé au-delà du glacis. **2.** MAR Petite voile en forme de trapèze, que l'on ajoutait aux autres par temps calme. **3.** OPT Partie de la monture d'un oculaire servant d'appui à l'œil d'un observateur. ▷ Lentille additionnelle d'un objectif. – De *bonnet.*

bonniche. V. boniche.

bon-papa [bõpapa] n. m. Terme d'affection pour *grand-père. Des bons-papas.* – De *bon,* et *papa.*

bonsaï ou **bonzaï** [bõzaj] n. m. Arbre ou arbuste miniaturisé selon une technique et un art originaires de Chine. *Depuis environ huit cents ans, le Japon est passé maître dans la culture et l'art des bonsaïs.* – Mot jap. de *bon,* «plateau, coupe», et *saï,* «plante, arbre».

bon sens. V. sens.

bonsoir [bõswaʀ] n. m. Formule employée le soir pour saluer la personne qu'on rencontre ou celle dont on prend congé. V. bonjour. – Fig., fam. *Bonsoir!* c'est fini. *Tout est dit, bonsoir!* – De *bon,* et *soir.*

bonté [bõte] n. f. **1.** (Rare en parlant de choses.) Qualité de ce qui est bon. *La bonté d'une terre.* **2.** (En parlant de personnes.) Qualité qui pousse à faire le bien, à être bon envers autrui. *Recourir à la bonté de quelqu'un.* **3.** (Formule de politesse.) *Ayez la bonté de...* Plaisant. *Ayez la bonté de vous taire.* **4.** Plur. Actes de bonté, de bienveillance, d'amabilité. *Avoir des bontés pour quelqu'un.* – Lat. *bonitas.*

bonzaï. V. bonsaï.

bonze [bõz] n. m. **1.** Prêtre bouddhiste. **2.** Fig., fam. Personnage officiel d'une solennité ridicule. **3.** Pop. Vieillard. – Du jap. *bozu,* «prêtre», par le portug.

bonzerie [bõzʀi] n. f. Monastère de bonzes. – De *bonze.*

bonzesse [bõzɛs] n. f. Religieuse bouddhiste. – De *bonze.*

boogie-woogie [bugiwugi] n. m. MUS Danse sur un rythme très rapide et saccadé issu du blues. *Le boogie-woogie est proche du be-bop.* – Mot anglo-américain (onomat.).

bookmaker [bukmekœʀ] n. m. Anglicisme Entrepreneur de paris sur les courses. – Mot angl., de *to book,* «enregistrer», et *maker,* «faiseur».

booléen, éenne [bɔleɛ̃, eɛn] adj. MATH Qui concerne l'algèbre de Boole. *Logique booléenne.* – Du n. du mathématicien angl. *G. Boole.*

boom [bum] n. m. **1.** Hausse subite des valeurs en Bourse. **2.** Forte poussée de prospérité économique, souvent éphémère. *Le boom japonais.* – Mot amér., «hausse rapide».

boomerang [bumʀɑ̃g] n. m. Arme des aborigènes d'Australie, lame de bois recourbée qui revient vers celui qui l'a lancée si le but n'est pas atteint. – Mot angl., de l'australien.

booster [bustœʀ] n. m. TECH Moteur-fusée fournissant une forte poussée pendant un temps relativement court, destiné à lancer les missiles. – Angl. *booster,* «survolteur».

bootlegger [butlɛgœʀ] n. m. HIST Nom donné aux contrebandiers d'alcool à l'époque de la prohibition aux États-Unis. – Mot angl., de *boot leg,* «jambe de botte», dans laquelle ils cachaient les bouteilles.

bop. V. be-bop.

boqueteau [bɔkto] n. m. Petit bois. – Du picard.

bora [bɔʀa] n. m. Vent violent du N.-E. soufflant sur la mer Noire et le littoral oriental de l'Adriatique. – Mot slovène et triestin, du lat. *boreas,* «vent du Nord».

boracite [bɔʀasit] n. f. MINER Minerai contenant du bore et du magnésium. – De *borax.*

borane [bɔʀan] n. m. CHIM Nom générique des composés hydrogénés du bore, pouvant servir de propergols. – De *borax.*

borate [bɔʀat] n. m. CHIM Sel ou ester de l'acide borique. – De *borax.*

boraté, ée [bɔʀate] adj. CHIM Qui contient de l'acide borique. – De *borate.*

borax [bɔʀaks] n. m. CHIM Borate de sodium hydraté ($Na_2B_4O_7$, 10 H_2O), utilisé notam. comme décapant en soudure. – Lat. méd.; ar. *būrăq,* «salpêtre», du persan *būrah.*

borazon [bɔʀazɔ̃] n. m. CHIM Nitrure de bore artificiel, de dureté supérieure à celle du diamant. – Du lat. médiév. *borax.*

borborygme [bɔʀbɔʀigm] n. m. Gargouillement produit par le déplacement des gaz intestinaux. – Gr. *borborugmos.*

bord [bɔʀ] n. m. **I. 1.** Extrémité, limite d'une surface. *Le bord de la mer. Le bord d'un chemin. – Le verre est plein à ras bord.* **2.** Ce qui borde. *Une capeline à larges bords.* ▷ Ruban, galon sur le pourtour d'un vêtement. *Mettre un bord à une veste.* **3.** Fig. *Au bord de:* très près de. *Avoir un mot au bord des lèvres:* être prêt à le dire. *Être au bord des larmes, de la tombe.* **II. 1.** Le côté d'un navire, d'un vaisseau. *Faire feu des deux bords. Virer de bord:* changer d'amures. *Passer par-dessus bord:* tomber à la mer. **2.** *Par ext.* Le navire même. *Dîner à bord. Livre de bord.* **3.** Fig. Parti, opinion. *Nous ne sommes pas du même bord.* – Frq **bord,* «bord d'un vaisseau».

bordage [bɔʀdaʒ] n. m. **1.** MAR Revêtement appliqué sur les membrures d'un navire. **2.** Souvent au plur. Bordure de glace qui se forme sur les rives d'un cours d'eau. **3.** Rare Action, manière de border. – Sens 1, de *bord* (sens II, 1); sens 2, de bord (sens I, 1); sens 3, de *border.*

bordé [bɔʀde] n. m. **1.** MAR Ensemble des bordages. **2.** Galon servant à border les vêtements. – De *border.*

bordeaux [bɔʀdo] **1.** n. m. Vin produit dans la région de Bordeaux. **2.** adj. invar. D'une couleur proche de celle des vins rouges de Bordeaux (rouge foncé). *Des étoffes bordeaux.*

bordée [bɔʀde] n. f. **1.** Décharge simultanée de tous les canons du même bord d'un navire. ▷ *Bordée (de neige):* abondante chute de neige. *La première bordée de l'hiver.* ▷ Fig. *Une bordée d'injures.* **2.** Moitié de l'équipage d'un navire. **3.** Chemin que parcourt un navire qui louvoie entre deux virements de bord. **4.** Fig., fam. *Tirer une bordée:* courir les lieux de plaisir. – *Être en bordée,* en escapade. – De *bord.*

bordel [bɔʀdɛl] n. m. **1.** Vulg. Lieu de prostitution. **2.** Fig., pop. Désordre. – Frq. **borda,* «cabane».

bordelaise [bɔʀdəlɛz] n. f. **1.** Futaille de 225 litres. **2.** Bouteille contenant 75 centilitres. – Du n. de la v. de *Bordeaux.*

bordélique [bɔʀdelik] adj. Pop. Particulièrement désordonné. *Organisation bordélique. Ne l'embauche pas, il est très bordélique.* – De *bordel.*

border [bɔʀde] v. tr. [1] **1.** Servir de bord, longer. *Le quai borde la rivière.* **2.** Garnir le bord d'une chose pour l'orner, la renforcer. *Border de fourrure un manteau. – Border un lit:* rentrer le bord des draps et des couvertures sous le matelas. – Par ext. *Border qqn (dans son lit).* **3.** MAR *Border une voile:* en raidir les écoutes. ▷ *Border un navire:* revêtir ses membrures de bordages. – De *bord.*

bordereau [bɔʀdəʀo] n. m. État détaillé d'articles, de pièces d'un dossier, d'opérations effectuées. – De *bord.*

bordier, ière [bɔʀdje, jɛʀ] adj. GEOGR Qui borde. *Mer bordière d'un océan.* – De *bord.*

bordigue [bɔʀdig] n. f. Enceinte formée de claies, sur le bord de mer, pour prendre du poisson. – Provenç. *bordiga.*

bordure [bɔʀdyʀ] n. f. **1.** Ce qui orne, marque, renforce le bord. *La bordure d'une tapisserie. La bordure d'un tableau. Une bordure de fleurs. Une bordure de trottoir.* **2.** MAR *Bordure d'une voile,* son côté inférieur. **3.** *En bordure de:* au bord de. – De *border.*

bore [bɔʀ] n. m. CHIM Élément non métallique de numéro atomique $Z = 5$ et de masse atomique 10,81 (symbole B). – De *borax.*

boréal, ale, aux [bɔʀeal, o] adj. Du Nord, septentrional. *Hémisphère boréal. Mers boréales. Aurore boréale,* V. aurore. – Lat. *borealis,* «du Nord».

borgne [bɔʀɲ] n. et adj. **1.** n. et adj. Qui n'a qu'un œil. (Le féminin *borgnesse,* toujours péjor., est rare ou vx. *Cateau la borgnesse.*) – Prov. *Au royaume des aveugles, les borgnes sont rois.* **2.** adj. ARCHI Sans aucune ouverture. *Mur borgne.* **3.** adj. Fig. Obscur, mal famé. *Hôtel, rue borgne.* – Orig. incert.

borie [bɔʀi] n. f. Construction de pierres sèches à couverture en encorbellement, en Provence. – Mot provenç.

borique [bɔʀik] adj. CHIM Qualifie les composés oxygénés du bore. *Acide borique. Anhydride borique.* – De *bore.*

boriqué, ée [bɔʀike] adj. PHARM *Eau boriquée:* solution aqueuse d'acide borique, utilisée autref. comme antiseptique. – De *borique.*

bornage [bɔʀnaʒ] n. m. **1.** Opération qui consiste à déterminer, puis à matérialiser la limite entre deux propriétés par des bornes. **2.** MAR Nom de la navigation côtière. – De *borner.*

borne [bɔʀn] n. f. **1.** Marque qui matérialise sur le terrain les limites d'une parcelle. *Planter, reculer une borne.* **2.** *Borne kilométrique,* indiquant les distances en kilomètres sur les routes. **3.** Grosse pierre plantée au pied d'un mur, d'un bâtiment, pour les protéger des roues des voitures. – Fig., fam. *Planté comme une borne:* immobile. **4.** ELECTR Pièce de connexion. *Bornes d'une pile.* **5.** MATH *Borne supérieure:* plus petit des majorants; *borne inférieure,* plus grand des minorants. **6.** Plur. Limites, frontières. *Les bornes d'un État.* – *Un horizon sans bornes.* ▷ Fig. *Une ambition sans bornes.* – *Dépasser les bornes:* exagérer. – Du lat. pop. **bodina*, d'orig. gaul.

borné, ée [bɔʀne] adj. **1.** Limité, restreint. **2.** Fig. Peu intelligent. *Un esprit borné.* – Pp. de *borner.*

borne-fontaine [bɔʀnfõtɛn] n. f. **1.** Dispositif élevé en forme de borne le long des rues, muni d'une prise d'eau alimentée à même la canalisation publique, réservé notam. à l'usage des pompiers. *Des bornes-fontaines. Il est interdit de stationner son auto devant une borne-fontaine.* **2.** (France) Petite fontaine en forme de borne, actionnée au moyen d'un poussoir ou d'un levier. *Aller puiser de l'eau à la borne-fontaine.* – De *borne,* et *fontaine.*

borner [bɔʀne] **I.** v. tr. [1] **1.** Marquer avec des bornes les limites de. *Borner un champ.* **2.** Limiter. *La mer et les Alpes bornent l'Italie. Borner la vue,* la limiter. **3.** Fig. Modérer, restreindre. *Borner ses ambitions.* **II.** v. pron. **1.** Se contenter de. *Se borner au nécessaire.* ▷ (S. comp.). Se restreindre. *Il faut savoir se borner.* **2.** Se limiter à. *Sa culture se borne à de vagues souvenirs.* – De *borne.*

bornoyer [bɔʀnwaje] **1.** v. intr. [26] Regarder d'un seul œil, pour vérifier si un alignement est droit, si une surface est plane. **2.** v. tr. Placer des jalons pour aligner des arbres, construire un mur. – De *borgne.*

borraginacées [bɔʀaʒinase] n. f. pl. BOT Famille de dicotylédones gamopétales, le plus souvent très poilues (bourrache, myosotis). – Du bas lat. **borrago, borraginis,* «bourrache».

bort [bɔʀ] n. m. MINER Diamant que ses défauts rendent inutilisable en bijouterie et qui sert à polir des outils ou d'autres diamants. – Mot angl.

bortsch [bɔʀtʃ] n. m. Plat russe, potage aux choux et aux betteraves agrémenté de tomates et de viande ou de lard, et lié avec de la crème fraîche. – Mot russe.

borure [bɔʀyʀ] n. m. CHIM Combinaison du bore et d'un métal. – De *bore* et *-ure.*

bosco [bɔsko] n. m. MAR Maître de manœuvre. – Altér. argot. de *bosseman* (mot angl.).

boson [bozõ] n. m. PHYS NUCL Particule de spin entier obéissant à la statistique de Bose-Einstein (le comportement statistique des bosons s'oppose à celui des fermions, soumis au principe de Pauli; le photon, les mésons, les nucléides de nombre de masse pair, sont des bosons). – Du n. du physicien indien S. *Bose,* et *-on* (de électron).

bosquet [bɔskɛ] n. m. Petit groupe d'arbres, petit bois. – Ital. *boschetto,* «petit bois».

bossage [bɔsaʒ] n. m. ARCHI Saillie laissée à dessein sur un ouvrage de bois ou de pierre et destinée à servir d'ornement. – De *bosse.*

bossa-nova [bɔsanɔva] n. f. MUS Danse brésilienne, variante de la samba. – Mot brésilien.

bosse [bɔs] n. f. **1.** Tuméfaction due à une contusion. *En tombant il s'est fait une bosse au front.* – Fig. *Ne rêver que plaies et bosses:* aimer les querelles, les batailles, les rixes. **2.** Grosseur dorsale due à une déviation de la colonne vertébrale, du sternum ou des côtes. – Fig., fam. *Rouler sa bosse:* voyager. **3.** Protubérance sur le dos de certains animaux. *Le dromadaire a une bosse, le chameau en a deux.* **4.** ANAT Protubérance du crâne considérée autref. comme indice des facultés des individus. *La bosse des sciences.* Fig., fam. *Avoir la bosse de...:* être doué pour... **5.** Relief. *Ornements en bosse. Terrain rempli de bosses.* **6.** MAR Nom de divers cordages. *Bosse d'amarrage. Bosse de ris.* – P.-ê. frq. **botja,* «coup».

bosselage [bɔslaʒ] n. m. En orfèvrerie, travail en bosse, en relief. – De *bosseler.*

bosseler [bɔsle] v. tr. [22] **1.** En orfèvrerie, travailler en bosse. **2.** Faire des bosses à (qqch). – De *bosse.*

bossellement [bɔsɛlmɑ̃] n. m. Action de bosseler ; son résultat. – De *bosseler.*

bosselure [bɔslyʀ] n. f. **1.** Produit ou travail en bosse. **2.** Déformation d'une surface par des bosses. – De *bosseler.*

bosser [bɔse] **1.** v. tr. [1] MAR Maintenir avec une bosse. **2.** v. intr. Pop. Travailler. – De *bosse ; bosser du dos,* «être courbé» (sur son travail).

bossette [bɔsɛt] n. f. **1.** Ornement en bosse de chaque côté du mors d'un cheval. **2.** TECH Semence de tapissier. **3.** Renflement présenté par les ressorts de batterie des anciennes armes à feu. – Dimin. de *bosse.*

bosseur, euse [bɔsœʀ, øz] n. Fam. Celui, celle qui travaille dur. *C'est un bosseur acharné.* – De *bosser.*

bosseyer [bɔseje] v. tr. [24] MINER Abattre le minerai en gros blocs, par perforation. – Orig. belge.

bossoir [bɔswaʀ] n. m. MAR Potence située en abord d'un navire qui permet de soulever une embarcation et de la mettre à son poste de mer. – *Bossoirs d'ancres:* sur les anciens voiliers, pièces de bois, situées à chaque bord sur l'avant du navire, qui servaient à amarrer les ancres. – De *bosse* sens **6.**

bossu, ue [bɔsy] adj. et n. Qui a une ou plusieurs bosses. – Loc. fam. *Rire comme un bossu,* à se tordre. – De *bosse.*

bossuer [bɔsɥe] v. tr. [1] Déformer par des bosses. *Bossuer un plat d'argent.* – De *bossu.*

boston [bɔstõ] n. m. **1.** Ancien jeu de cartes ressemblant au whist. **2.** Valse lente. – Du nom de la v. de *Boston,* aux É.-U.

bostonner [bɔstɔne] v. intr. [1] **1.** Vieilli Jouer au boston. **2.** Vieilli Danser le boston. – De *boston.*

bostryche [bɔstʀiʃ] n. m. ZOOL Petit coléoptère lignivore à corps cylindrique allongé et à élytres brun rouge. – Gr. *bostrukhos,* «boucle de cheveux».

bot, bote [bo, bɔt] adj. Contrefait. *Pied bot. Main bote.* – Du germ. *butta,* «émoussé».

botanique [bɔtanik] **1.** n. f. Science qui traite des végétaux. **2.** adj. Qui concerne les végétaux, l'étude des végétaux. *Un jardin botanique,* où sont réunies les plantes que l'on veut étudier. – Gr. *botanikê,* adj. fém., de *botanê,* «plante».

ENCYCL Un végétal «parfait» est caractérisé par: des parois cellulaires cellulosiques, rigides à un stade de la vie de l'individu; la présence d'au moins un type de chlorophylle, donc la fonction chlorophyllienne; un cycle de reproduction sexuée dans lequel la phase haploïde peut être représentée par des individus très organisés et menant une vie indépendante. Si un être vivant présente un, deux ou trois des caractères précédents, c'est un végétal. La botanique étudiera donc les algues, les bryophytes («mousses»), les cryptogames vasculaires, les phanérogames (gymnospermes et angiospermes), qui sont toutes des plantes chlorophylliennes, et les champignons. – Science biologique, la botanique se subdivise en morphologie, anatomie, physiologie, cytologie, histologie, etc., auxquelles on ajoute l'épithète *végétale.* L'importance de la botanique est énorme car elle représente la base scientifique de la phytotechnie et de l'agronomie. Le terme *botanique* s'applique de plus en plus uniquement à la morphologie et à l'anatomie végétales, l'ancien sens, beaucoup plus large, étant couvert par *biologie végétale* (ou *phytobiologie*).

botaniste [bɔtanist] n. Personne qui étudie les végétaux. – De *botanique.*

bothriocéphale [bɔtʀijɔsefal] n. m. ZOOL Genre *(Bothriocephalus)* de plathelminthes cestodes, voisins du ténia, parasites de l'homme, qui se fixent à sa paroi intestinale par deux ventouses situées au niveau de la tête (la contamination se fait par la consommation de certains poissons d'eau douce). – Gr. *botrion*, «fossette» (ventouse), et *kephalê*, «tête».

botrytis [bɔtʀitis] n. m. BOT Genre de champignons ascomycètes microscopiques, tous parasites de végétaux. (*Botrytis cinerea* produit la pourriture grise des raisins mais également la pourriture noble mise à profit dans la préparation des sauternes et du tokay.) – Gr. *botrus*, «grappe» (pour la forme des fructifications).

1. botte [bɔt] n. f. Réunion de végétaux de même nature liés ensemble. *Une botte de paille, de radis, de fleurs.* – Moy. néerl. *bote*, «touffe de lin».

2. botte [bɔt] n. f. **1.** Chaussure de cuir ou de caoutchouc qui enferme le pied et la jambe, parfois la cuisse. *Des bottes de cavalier.* **2.** Fig. *Graisser ses bottes:* se préparer à partir. – *Avoir du foin dans ses bottes:* être riche. – *Lécher les bottes de quelqu'un*, le flatter avec bassesse. – *Bruits de bottes:* rumeurs de guerre. – Orig. incert.

3. botte [bɔt] n. f. **1.** SPORT En escrime, coup porté à l'adversaire avec un fleuret ou une épée. *Pousser, porter, parer une botte. Botte secrète.* **2.** Fig. Question, attaque imprévue. – Ital. *botta*, «coup».

botté [bɔte] n. m. SPORT Au football (sens 1), au soccer, coup de pied sec et puissant sur le ballon pour dégager ou pour marquer. – De *botter*.

bottelage [bɔtlaʒ] n. m. Action de botteler. – De *botteler*.

botteler [bɔtle] v. tr. [22] Lier en bottes. – De *botel*, anc. dimin. de *botte* 1.

botteleur, euse [bɔtlœʀ, øz] n. Personne qui fait, qui lie des bottes. – De *botteler*.

botteleuse [bɔtløz] n. f. AGRIC Machine à botteler. – De *botteler*.

botter [bɔte] v. tr. [1] **1.** Pourvoir de bottes, chausser de bottes. **2.** Fam. Donner un coup de pied à. *Botter le derrière de qqn.* **3.** SPORT Faire un botté. *Botter le ballon.* – De *botte* 2.

bottier, ière [bɔtje, jɛʀ] n. Personne qui fait des bottes, des chaussures sur mesure. – De *botte* 2.

bottillon [bɔtijɔ̃] n. m. Chaussure à tige montante, souvent fourrée. – De *botte* 2.

bottine [bɔtin] n. f. Chaussure dont la tige monte assez haut pour couvrir la cheville. *Bottines de travail. Petites bottines d'enfant.* – De *botte* 2.

botulique [bɔtylik] adj. Relatif au botulisme. – De *botulisme*.

botulisme [bɔtylism] n. m. MED Toxi-infection due aux toxines secrétées par *Clostridium botulinum*, bacille contenu dans certaines conserves et charcuteries avariées. – Du lat. *botulus*, «boudin».

boubou [bubu] n. m. Tunique flottante des Africains. *Des boubous colorés.* – Mot malinké (Guinée) désignant un singe, puis sa peau.

boubouler [bubule] v. intr. [1] Crier, en parlant du hibou. – Onomat.

bouc [buk] n. m. **1.** Mâle de la chèvre. **2.** Mâle de toute espèce caprine. **3.** *Bouc émissaire:* bouc que les Juifs chassaient dans le désert après l'avoir chargé des iniquités d'Israël, pour détourner d'eux la malédiction divine. – Fig. Personne que l'on charge des fautes commises par d'autres. **4.** Barbe portée seulement au menton. *Porter le bouc.* – Celt.* *bucco*.

1. boucan [bukɑ̃] n. m. Viande ou poisson fumés qui entraient dans l'alimentation des Amérindiens. – *Par ext.* Le gril qu'ils utilisaient pour fumer ces aliments. – Du tupi *moukem*, «viande fumée».

2. boucan [bukɑ̃] n. m. Pop. Tapage. *Faire du boucan.* – Ital. *baccano*, «tapage».

boucanage [bukanaʒ] n. m. Vx Action de boucaner. – De *boucaner*.

boucane [bukan] n. f. Fam. Fumée. *Une pièce remplie de boucane. Faire de la boucane.* – De *boucaner*.

boucané, ée [bukane] adj. Vx Qui a été exposé à l'action de la fumée. *Du hareng boucané.* – Pp. de *boucaner*.

boucaner [bukane] **1.** v. tr. [1.] Vx Exposer à l'action de la fumée des aliments (viande, poisson) à conserver, des peaux à tanner. *Faire boucaner du jambon.* – Par ext. *Le soleil boucane la peau.* **2.** v. intr. Fam. Dégager de la fumée, notam. par suite d'un mauvais tirage, d'un mauvais fonctionnement. *La cheminée, le poêle boucane.* **3.** v. intr. Vx Chasser le bœuf sauvage pour la viande, le cuir. – De *boucan* 1.

boucanerie [bukanʀi] n. f. Vx Endroit, petit bâtiment où l'on boucanait les viandes, les poissons. – De *boucaner*.

boucanier [bukanje] n. m. **1.** Chasseur de bœufs sauvages. **2.** Nom donné aux pirates qui infestaient les Antilles au XVIIe s. – De *boucan* 1.

boucanière [bukanjɛʀ] n. f. Vx V. boucanerie. – De *boucaner*.

boucaut [buko] n. m. **1.** Vx Outre en peau de bouc. **2.** Tonneau pour enfermer des marchandises sèches. *Un boucaut de tabac.* – De *bouc*, dont on utilisait la peau.

bouchage [buʃaʒ] n. m. Action de boucher. – De *boucher* 1.

bouchain [buʃɛ̃] n. m. MAR Partie de la carène d'un navire entre les fonds et la muraille. *Coque à bouchain vif:* dont la muraille et les fonds forment un angle. – Orig. incert.

boucharde [buʃaʀd] n. f. **1.** Massette de sculpteur, de tailleur de pierre, dont les têtes sont garnies de pointes de diamant. **2.** Rouleau des cimentiers. – Orig. incert.

boucharder [buʃaʀde] v. tr. [1] Travailler à la boucharde. – De *boucharde*.

bouche [buʃ] n. f. **1.** Cavité de la partie inférieure du visage, chez l'être humain, en communication avec l'appareil digestif et les voies respiratoires. *Avoir la bouche pleine.* – *Avoir la bouche sèche, pâteuse.* ▷ Les lèvres. *Avoir la bouche grande, petite.* – *Faire la fine bouche*, le difficile. – *Rester bouche bée*, la bouche grande ouverte de surprise. ▷ *La bouche*, organe du goût. *Garder (qqch) pour la bonne bouche:* réserver (le meilleur) pour la fin. – *Faire venir l'eau à la bouche:* exciter la soif, l'appétit. – Fig. Exciter les désirs. – *S'ôter le pain de la bouche:* se priver du nécessaire pour secourir qqn. – *Les bouches inutiles:* les personnes à charge, qui ne rapportent rien. ▷ *La bouche*, organe de la parole. *Il n'ouvre pas la bouche. Rester bouche close. «Cet océan de bouches ouvertes qui crient.»* (Claudel). – *Fermer la bouche de qqn*, lui imposer silence. – *Avoir toujours un mot à la bouche*, le répéter sans cesse. – *Bouche cousue!:* gardez le secret! – *Une nouvelle qui passe de bouche en bouche. Son nom est dans toutes les bouches:* tout le monde parle de lui. *De bouche à oreille*, oralement. **2.** Cavité buccale de certains animaux. *La bouche d'un cheval* (on dit *la gueule* pour les carnivores). **3.** *Par anal.* Ouverture. *La bouche d'un four, d'un égout, d'un canon. Bouche de métro:* accès à une station de métro. *Bouche à feu:* pièce d'artillerie. *Bouche d'aération.* Spécial. Ouverture d'une canalisation, permettant d'adapter un tuyau. *Bouche d'incendie. Bouche d'arrosage.* **4.** Embouchure. *Les bouches du Nil.* – Lat. *bucca,* «joue», puis «bouche».

bouché, ée [buʃe] adj. **1.** Fermé, obstrué, encombré. *Avoir le nez bouché.* – Par ext. *Vin, cidre bouché,* en bouteille (par oppos. à *au tonneau).* **2.** Fig. Peu intelligent. *Avoir l'esprit bouché, être bouché.* – Pp. de *boucher* 1.

bouche-à-bouche [buʃabuʃ] n. m. inv. Méthode de respiration artificielle pratiquée par un sauveteur sur un asphyxié et consistant à lui insuffler de l'air par la bouche. – De *bouche.*

bouchée [buʃe] n. f. **1.** Morceau qu'on met dans la bouche en une seule fois. *Une bouchée de pain.* Fig. *Pour une bouchée de pain:* pour une somme dérisoire. – *Ne faire qu'une bouchée d'un plat,* le dévorer. Fig. *Ne faire qu'une bouchée de qqn,* en triompher aisément. – *Prendre une bouchée:* prendre une collation, se restaurer rapidement. Syn. manger un morceau. Fig. *Mettre, prendre les bouchées doubles:* faire, accomplir qqch. plus vite, avec plus d'ardeur qu'à l'ordinaire. **2.** CUIS Petit vol-au-vent garni. *Bouchée à la reine.* – *Bouchée au chocolat:* gros chocolat fourré. – De *bouche.*

1. boucher [buʃe] **I.** v. tr. [1] Fermer (une ouverture, l'ouverture de qqch). *Boucher un trou, un tonneau.* – Par ext. *Boucher un chemin,* l'obstruer. – *Boucher la vue:* empêcher de voir. ▷ Fig., fam. *En boucher un coin à quelqu'un,* l'étonner. **II.** v. pron. **1.** Se fermer. *Se boucher le nez.* Fig. *Se boucher les yeux, les oreilles:* refuser de voir, d'écouter. **2.** Être obstrué. *Le tuyau s'est bouché.* – De l'a. fr. *bousche,* «bouchon de paille»; lat. pop. **bosca.*

2. boucher, ère [buʃe, ɛʀ] n. **1.** Personne qui abat le bétail, qui vend de la viande crue au détail. *Un garçon boucher.* **2.** Fig. Homme sanguinaire. – *Par ext.* Chirurgien malhabile. *Un vrai boucher.* – De *bouc.*

boucherie [buʃʀi] n. f. **1.** Commerce de la viande des bestiaux. **2.** Boutique où se vend de la viande. **3.** Fig. Massacre, carnage. *Mener les soldats à la boucherie.* – De *boucher* 2.

bouche-trou [buʃtʀu] n. m. Personne, objet occupant momentanément une place vide. *Servir de bouche-trou. Des bouche-trous.* – De *boucher* 1, et *trou.*

bouchon [buʃɔ̃] n. m. **I. 1.** Poignée de paille tortillée. *Mettre en bouchon:* tortiller, froisser. **2.** Anc. Rameau de verdure servant d'enseigne à un cabaret. – *Par ext.,* Vx Cabaret. **II. 1.** Pièce servant à fermer une bouteille, une carafe, un flacon. *Bouchon de liège, de cristal, de matière plastique. Faire sauter le bouchon:* faire partir bruyamment le bouchon d'une bouteille de cidre ou de vin mousseux. **2.** Jeu dans lequel on cherchait à atteindre avec des palets un bouchon surmonté de pièces de monnaie. Loc. fam. *C'est plus fort que de jouer au bouchon:* c'est très surprenant. **3.** PECHE Liège servant de flotteur adapté à la ligne. **4.** *Par ext.* Ce qui empêche le passage, ou le gêne. *Un bouchon:* des véhicules arrêtés dans un embouteillage. – De l'a. fr. *bousche,* «bouchon de paille».

bouchonnement [buʃɔnmɑ̃] n. m. Action de bouchonner un animal. – De *bouchonner.*

bouchonner [buʃɔne] **I.** v. tr. [1] **1.** Mettre en bouchon, chiffonner. *Du linge bouchonné.* **2.** Frotter (un cheval) avec un bouchon de paille, pour l'essuyer et le nettoyer. **3.** Fig., fam. Caresser, dorloter. **II.** v. intr. Former un embouteillage. – De *bouchon.*

bouchonnier [buʃɔnje] n. m. Celui qui fait, vend des bouchons de liège. – De *bouchon.*

bouchot [buʃo] n. m. Ensemble de pieux placés près des côtes, servant à la culture des moules, des coquillages. – Mot poitevin, du lat. pop. **buccale.*

bouchoteur ou **bouchotteur, euse** [buʃɔtœʀ, øz] n. Personne qui s'occupe d'un bouchot. – De *bouchot.*

bouclage [buklaʒ] n. m. **1.** TECH Mise en communication de deux circuits électriques, de deux canalisations d'eau ou de gaz (pour en équilibrer les pressions). **2.** Encerclement d'une région, d'une ville, d'un quartier par des troupes. **3.** PRESSE Fin de la rédaction (d'un numéro d'un journal). – De *boucler.*

boucle [bukl] n. f. **1.** Agrafe, anneau, muni d'une ou plusieurs pointes mobiles (ardillons), servant à tendre une ceinture, une courroie. *Une boucle de ceinture.* **2.** Pendant d'oreille. *Des boucles d'oreilles.* **3.** MAR Gros anneau métallique. **4.** Spirale formée par les cheveux frisés. *Des boucles blondes.* **5.** Courbe d'un cours d'eau. *Les boucles de la rivière l'Assomption.* **6.** Acrobatie aérienne, cercle vertical effectué par un avion. **7.** ELECTROACOUST Bande magnétique fermée. **8.** INFORM. Séquence d'instruction qui se répète cycliquement. – Du lat. *buccula,* «petite joue».

boucler [bukle] **I.** v. tr. [1] **1.** Attacher par une boucle. *Boucler sa ceinture.* **2.** Fam. Fermer. *Boucler une chambre.* – *La boucler:* se taire. – Fig., fam. Enfermer. *Boucler un cambrioleur. Se faire boucler.* **3.** Mettre en boucles (des cheveux). **4.** Fermer (une boucle). *Boucler la boucle.* Fig. *Boucler le budget,* l'équilibrer. **II.** v. intr. Prendre la forme de boucles. *Elle a les cheveux qui bouclent naturellement.* – De *boucle.*

bouclette [buklɛt] n. f. Petite boucle. *Bouclette de cheveux.* En appos. *Laine bouclette* ou, subst., *bouclette:* laine à tricoter constituée de deux fils dont l'un est en boucle autour de l'autre. – Dimin. de *boucle.*

bouclier [buklije] n. m. **1.** Arme défensive, plaque portée au bras pour parer les coups. *Bouclier de bronze.* ▷ *Levée de boucliers:* geste des soldats romains en signe de résistance aux volontés de leur général. ▷ Fig. Manifestation d'opposition. **2.** Fig. Protection, défense. **3.** PHYS NUCL Blindage entourant un réacteur. *Bouclier biologique,* qui protège contre les rayonnements. **4.** ESP *Bouclier thermique:* dispositif qui protège les structures d'un engin des effets de l'échauffement aérodynamique. **5.** ZOOL Pièce anatomique plate protégeant des organes mous. *Le bouclier céphalique des poissons cuirassés.* **6.** TECH Appareil utilisé pour le percement des tunnels. **7.** GEOL Masses de terrains continentaux formés de roches primitives. *Le bouclier canadien.* Syn. socle. – De l'anc. fr. *écu bocler,* «écu à bosse».

ENCYCL Le *Bouclier canadien* qui s'étend du Labrador atlantique jusqu'à l'archipel arctique, entourant ainsi la mer d'Hudson, se subdivise en Provinces géologiques. Les Laurentides québécoises font partie du Bouclier. Tout le Bouclier a été envahi par les glaciations du Quaternaire. Du côté de la végétation, la partie septentrionale du Bouclier (Keewatin), recouverte d'une mince couche de toundra, a pris le nom de barren ou terres stériles; par contre, la partie méridionale, surtout au Québec et en Ontario, est envahie par la forêt boréale. Historiquement pays d'autochtones et de coureurs de bois, le Bouclier est riche en fourrures (castor), en minerais ferreux et non ferreux ainsi qu'en hydroélectricité (centrale LG-Deux au Québec). La région est peu peuplée, excepté à sa frange sud.

bouddha [buda] n. m. BX-A Représentation du Bouddha, fondateur du bouddhisme (VIe-Ve s. av. J.-C.).

bouddhique [budik] adj. Qui se rapporte au bouddhisme. – De *bouddhisme.*

bouddhisme [budism] n. m. Doctrine (plus que religion) prêchée par le Bouddha. – De *Bouddha.*

ENCYCL Le bouddhisme est fondé sur une philosophie, voire une éthique (béatitude de l'émancipation), selon laquelle le sage doit anéantir en lui le désir, source de douleurs, pour atteindre le nirvāna, totale et béatifique «extinction» des illusions qui forment le fond de l'existence de l'individu. Sa diffusion a abouti à un ensemble très varié d'écoles réparties en deux branches principales: le Petit Véhicule (*hīnayāna* ou *therāvada*) et le Grand Véhicule *(mahāyāna).* Longtemps florissant en Inde, où il a auj. à peu près disparu, le bouddhisme a essaimé dans toute l'Asie du S. et du S.-E., surtout au Tibet, en Chine et au Japon.

bouddhiste [budist] n. Adepte du bouddhisme. – Du préc.

bouder [bude] **1.** v. intr. [1] Témoigner de la mauvaise humeur par une mine renfrognée. – Fig. *Bouder contre son ventre:* refuser de manger par dépit. **2.** v. tr. *Elle boude son mari.* ▷ V. pron. *Ils se boudent encore.* – Orig. incert., d'un rad. expressif *bod-*.

bouderie [budʀi] n. f. **1.** Mauvaise humeur. **2.** Fâcherie. – De *bouder.*

boudeur, euse [budœʀ, øz] adj. **1.** Qui boude volontiers. *Un enfant boudeur.* **2.** Qui marque la bouderie. *Humeur boudeuse.* – De *bouder.*

boudeuse [budøz] n. f. Siège sur lequel deux personnes peuvent s'asseoir en se tournant le dos. – De *bouder.*

boudin [budɛ̃] n. m. **1.** Boyau rempli de sang et de graisse de porc, qu'on mange cuit. – *Boudin blanc,* fait avec du lait et du blanc de volaille. ▷ *Eau de boudin,* dans laquelle on lave le boyau. – Loc. fig. *S'en aller en eau de boudin:* échouer misérablement (affaire, entreprise). **2.** Objet dont la forme rappelle celle du boudin. ▷ ARCHI Grosse moulure ronde. ▷ MINES Mèche avec laquelle on met le feu à une mine. ▷ TECH Saillie de la jante d'une roue de wagon ou de locomotive. ▷ *Ressort à boudin,* formé d'une hélice d'acier. – Orig. incert.

boudinage [budinaʒ] n. m. **1.** TECH Torsion du fil précédant l'embobinage. **2.** Façonnage en forme de boudin d'une matière pâteuse. – De *boudiner.*

boudiné, ée [budine] adj. **1.** En forme de boudin. *Doigts boudinés.* **2.** Serré dans des vêtements trop étroits. – Pp. de *boudiner.*

boudiner [budine] v. tr. [1] Exécuter l'opération du boudinage sur. – De *boudin.*

boudineuse [budinøz] n. f. TECH **1.** Appareil à boudiner une pâte. **2.** Machine finissant l'opération de cardage. – De *boudiner.*

boudoir [budwaʀ] n. m. **1.** Salon intime d'une habitation. **2.** Petit biscuit saupoudré de sucre, de forme allongée. – De *bouder.*

boue [bu] n. f. **1.** Mélange de terre ou de poussière et d'eau. Syn. fange. ▷ Fig. Abjection. *Traîner qqn dans la boue,* le diffamer. *Une âme de boue:* une âme vile. **2.** Plur. Limons déposés par les eaux minérales et utilisés en thérapeutique. *Bains de boues.* ▷ GEOL Sédiment très fin, riche en eau, d'origine détritique se déposant sur les fonds aquatiques calmes. ▷ TECH Résidu plus ou moins pâteux de diverses opérations industrielles. **3.** *Par ext.* Dépôt épais. *La boue d'un encrier.* – Gaul. **bawa.*

bouée [bwe] n. f. **1.** MAR Engin flottant qui sert à signaler une position, à baliser un chenal, ou à repérer un corps immergé. **2.** Engin flottant qui maintient une personne à la surface de l'eau. *Bouée de sauvetage. Apprendre à nager avec une bouée.* ▷ Fig. *Bouée de sauvetage:* tout ce à quoi l'on peut se raccrocher pour se sortir d'une situation difficile ou dangereuse. – Germ. **bauk,* «signal».

1. bouette [bwɛt] n. f. **1.** Fam. Boue, vase. *Marcher, jouer dans la bouette.* **2.** *Par ext.* (Sur la chaussée, les trottoirs.) Mélange plus ou moins liquide de neige fondante, de sable, de sels (de sodium ou de calcium). Syn. (cour.) *slush.* – De *boue;* le sens 2 est probabl. dû à un crois. avec *bouette* 2.

2. bouette [bwɛt] n. f. Aliment plus ou moins liquide destiné aux animaux (notam. le porc). *La bouette à cochons.* – Mot du nord-ouest de la France, du lat. *bebita,* de *bibere,* «boire».

boueur [buœʀ] ou **boueux** [buø] n. m. Éboueur. – De *boue.*

boueux, euse [buø, øz] adj. **1.** Plein, couvert de boue. *Chemin, souliers boueux.* **2.** Pâteux. *Impression, écriture boueuse.* – De *boue.*

bouffant, ante [bufɑ̃, ɑ̃t] adj. Qui bouffe, qui gonfle. *Manche bouffante.* – Ppr. de *bouffer,* «se gonfler».

bouffarde [bufaʀd] n. f. Fam. Pipe. – De *bouffée.*

1. bouffe [buf] adj. **1.** *Opéra bouffe:* opéra d'un genre léger, sur un thème de comédie. **2.** Comique, dans le genre de la farce italienne. – Ital. *opera buffa,* de *buffo,* «plaisant».

2. bouffe [buf] n. f. Fam. Cuisine, nourriture, repas. *Il ne pense qu'à la bouffe. On se téléphone et on se fait une bouffe?* – Déverbal de *bouffer,* «manger».

bouffée [bufe] n. f. **1.** Souffle, exhalaison. *Bouffée de fumée, de tabac.* – Par anal. *Bouffée de vent, de chaleur.* ▷ PHYS NUCL *Bouffée de neutrons.* V. salve. **2.** Fig. Accès passager. *Bouffées d'orgueil.* – Pp fém. substant. de *bouffer.*

bouffer [bufe] **1.** v. intr. [1] Se gonfler, prendre une forme ample. *Cheveux qui bouffent.* **2.** v. tr. Pop. Manger. – *Bouffer des briques:* n'avoir rien à manger. ▷ Fig. pop. *Se bouffer le nez:* se quereller. – Onomat.

bouffette [bufɛt] n. f. Petite houppe servant d'ornement. *Bouffettes aux harnais des chevaux.* ▷ Nœud de ruban. – De *bouffer* sens 1.

1. bouffi, ie [bufi] adj. Boursouflé, gonflé. *Bouffi de graisse. Yeux bouffis.* – Fig. *Bouffi d'orgueil.* – Pp. de *bouffir.*

2. bouffi [bufi] n. m. Hareng saur fumé. – Subst. de *hareng bouffi,* gonflé de saumure.

bouffir [bufiʀ] **1.** v. tr. [2] Rendre enflé, boursoufler. **2.** v. intr. Devenir enflé. – Var. de *bouffer.*

bouffissure [bufisyʀ] n. f. **1.** Enflure des chairs, embonpoint malsain. **2.** Fig. Vanité. – *Bouffissure du style:* affection, emphase. – De *bouffir.*

1. bouffon [bufɔ̃] n. m. **1.** Anc. Personnage de théâtre dont l'emploi est de faire rire. Syn. histrion. **2.** Anc. Personnage grotesque attaché à un seigneur qu'il devait divertir par ses facéties. Syn. fou. **3.** *Par ext.* Personne qui s'efforce de faire rire. – Ital. *buffone,* de *buffa,* «plaisanterie».

2. bouffon, onne [bufɔ̃, ɔn] adj. **1.** Plaisant, facétieux. *Personnage bouffon.* **2.** Ridicule, grotesque (choses). *Une prétention bouffonne.* – Ital. *buffone.*

bouffonner [bufɔne] v. intr. [1] Vx ou LITTER Faire, dire des bouffonneries. – De *bouffon* 1.

bouffonnerie [bufɔnʀi] n. f. Facétie, plaisanterie de bouffon. – De *bouffon* 1.

bougainvillée [bugɛ̃vile] n. f. ou **bougainvillier** [bugɛ̃vilje] n. m. Plante du genre *Bougainvillea,* dicotylédone apétale grimpante, ornementale, originaire d'Amérique du Sud, acclimatée dans les régions méditerranéennes, dont les bractées prennent une couleur intense, rouge carmin ou violet. – Du n. du navigateur *Bougainville.*

bouge [buʒ] n. m. **1.** Partie renflée d'un objet. *Bouge d'un tonneau.* ▷ MAR Convexité du pont d'un navire. **2.** Petit logement pauvre, obscur et sale. *Habiter un bouge.* ▷ Maison mal famée. *Hanter bouges et tripots.* – Lat. d'orig. gaul. **bulga,* «sac».

bougeoir [buʒwaʀ] n. m. Petit chandelier à anse. – De *bougie.*

bougeotte [buʒɔt] n. f. Fam. Envie de déplacements, de voyages. – Manie de bouger son corps. *Avoir la bougeotte.* – De *bouger.*

bouger [buʒe] I. v. intr. [1] 1. Faire un geste (personnes). *Il est assommé, il ne bouge pas.* ▷ Changer de place. *Je n'ai pas bougé de la maison.* ▷ Fig. S'agiter de manière hostile. *Les mécontents n'osèrent bouger.* 2. Remuer (choses). *Dent, manche de couteau qui bouge.* Syn. branler. II. 1. v. tr. Déplacer. *Bouger un objet.* 2. v. pron. Fam. *Se bouger:* se remuer, s'activer. – Du lat. pop. **bullicare,* «bouillonner».

bougie [buʒi] n. f. 1. Cylindre de cire, de stéarine, de paraffine, qui brûle grâce à une mèche noyée dans la masse. *Souffler une bougie.* 2. CHIR Tige flexible ou rigide, cylindrique, autref. en cire, utilisée pour explorer un canal naturel. 3. MECA Dispositif d'allumage électrique qui déclenche la combustion du mélange gazeux dans le cylindre d'un moteur. 4. OPT Ancienne unité d'intensité lumineuse, remplacée par la *candela.* – De l'anc. nom de la v. d'Algérie *(Bougie,* auj. *Béjaïa),* qui exportait la cire.

bougnoul ou **bougnoule** [buɲul] n. m. Pop., injurieux et raciste. (France) Travailleur immigré maghrébin; tout immigré non européen. – D'abord en argot, du wolof *bou-gnoul,* «noir».

bougon, onne [bugɔ̃, ɔn] adj. (et n.) Qui est enclin à bougonner. – De *bougonner.*

bougonnement [bugɔnmɑ̃] n. m. Fait de bougonner ; paroles dites en bougonnant. – De *bougonner.*

bougonner [bugɔne] v. intr. [1] Murmurer entre ses dents, dire en grondant des choses désagréables. ▷ V. tr. *Bougonner des reproches.* – P.-ê. onomat.

bougre, esse [bugʀ, ɛs] n. 1. Fam. Individu, gaillard. *Un bon bougre:* un brave homme. *Ah! le bougre! La petite bougresse!* 2. Pour renforcer une injure. *Bougre d'âne.* ▷ Interj. *Bougre!* Diable! – Bas lat. *Bulgarus,* «Bulgare» puis, péjor. «hérétique», «sodomite», des hérétiques de Bulgarie (bogomiles) étant supposés avoir de mauvaises mœurs.

bougrement [bugʀəmɑ̃] adv. Fam. Très. *C'est bougrement embêtant.* Syn. rudement. – De *bougre.*

boui-boui [bwibwi] n. m. (France) Fam. Café-concert, restaurant de qualité inférieure. *Des bouis-bouis.* Syn. beuglant, gargote. – De *bouis,* dial., «étable», du lat. *bos,* «bœuf».

bouillabaisse [bujabɛs] n. f. Mets d'origine provençale à base de poissons cuits dans un bouillon aromatisé. – Provenç. *bouiabaisso,* «poisson bouilli».

bouille [buj] n. f. 1. Hotte de vendangeur. 2. Pop. Figure, tête. – P.-ê. du lat. pop. **buttula,* de *buttis,* «tonneau».

bouilleur [bujœʀ] n. m. Celui qui fabrique de l'eau-de-vie. *Bouilleur de cru:* en France, propriétaire qui distille sa propre récolte. – De *bouillir.*

bouilli [buji] n. m. Mets composé de viande bouillie dans l'eau avec du lard salé et des légumes (pommes de terre, navets, carottes, oignons, etc.). – Pp. de *bouillir.*

bouillie [buji] n. f. Aliment constitué de farine cuite dans un liquide (le plus souvent du lait) en ébullition, ou de farine précuite mélangée à un liquide chaud. – *Par ext.* Substance ayant perdu toute consistance. *Cette viande s'en va en bouillie.* – Fam. *Mettre en bouillie:* écraser. – Fig., fam. *Bouillie pour les chats:* propos manquant de clarté. – De *bouillir.*

bouillir [bujiʀ] v. intr. [34] 1. En parlant d'un liquide, entrer en ébullition. *La lave bout dans le volcan.* 2. Cuire dans un liquide qui bout. *Faire bouillir les légumes.* – Par ext. *Faire bouillir du linge.* 3. Fig., fam. *Faire bouillir la marmite:* procurer des moyens de subsistance. 4. Fig. Être dans un état d'emportement violent. *Bouillir d'impatience.* Absol. *Cela me fait bouillir.* – Lat. *bullire,* «former des bulles».

bouilloire [bujwaʀ] n. f. Récipient à bec et à anse servant à faire bouillir de l'eau. – De *bouillir.*

bouillon [bujɔ̃] n. m. I. 1. Bulles d'un liquide en ébullition. *Éteindre au premier bouillon.* ▷ Bulles que forme un liquide qui tombe ou jaillit. *Sang qui coule à gros bouillons.* 2. COUT Fronces d'étoffe bouffante. 3. Plur. EDITION Exemplaires invendus d'une publication. II. 1. Aliment liquide obtenu en faisant bouillir dans de l'eau, viande, poisson ou légumes. *Bouillon gras.* ▷ Fam. *Bouillon d'onze heures:* breuvage empoisonné. ▷ Fam. *Boire un bouillon:* boire en se débattant dans l'eau, *et,* fig., faire de mauvaises affaires. 2. *Bouillon de culture:* milieu stérilisé préparé en vue de la culture de micro-organismes. – Fig. Terrain où peut se développer un phénomène néfaste. 3. Vx Restaurant modeste. – De *bouillir.*

bouillon-blanc [bujɔ̃blɑ̃] n. m. Scrofulariacée *(Verbascum thapsus)* portant une rosette de feuilles très velues dont sort une hampe dressée (jusqu'à 2 m) aux fleurs jaunes, employées en infusion comme émollient. *Des bouillons-blancs.* Syn. molène. – Du bas lat. **bugillo.*

bouillonnant, ante [bujɔnɑ̃, ɑ̃t] adj. 1. Qui bouillonne. *Surface bouillonnante d'un fleuve en crue.* 2. Fig. Agité par une émotion forte. Syn. tumultueux. – Ppr. de *bouillonner.*

bouillonné [bujɔne] adj. et n. COUT Froncé en bouillons. ▷ N. m. Ornement d'étoffe froncé en bouillons. – Pp. de *bouillonner.*

bouillonnement [bujɔnmɑ̃] n. m. 1. État d'un liquide qui bouillonne. 2. Fig. État d'une personne agitée d'émotions fortes. – De *bouillonner.*

bouillonner [bujɔne] I. v. intr. [1] 1. En parlant d'un liquide, former des bouillons. 2. Fig. S'agiter sous le coup d'une émotion forte. 3. EDITION Avoir une partie du tirage invendue. *Journal qui bouillonne.* II. v. tr. COUT Froncer en bouillons (un tissu). *Bouillonner une manche.* – De *bouillon.*

bouillotte [bujɔt] n. f. 1. Récipient rempli d'eau bouillante pour chauffer un lit. 2. Ancien jeu de cartes. 3. Syn. de *bouilloire.* – De *bouillir.*

bouillotter [bujɔte] v. intr. [1] Bouillir doucement. – De *bouillir.*

boulaie [bulɛ] n. f. Lieu planté de bouleaux. – De *bouleau.*

boulange [bulɑ̃ʒ] n. f. Fam. Métier du boulanger. – Déverbal de *boulanger* 2.

1. boulanger, ère [bulɑ̃ʒe, ɛʀ] n. Personne qui fait, qui vend du pain. – Du picard *boulenc.*

2. boulanger [bulɑ̃ʒe] v. intr. [15] Pétrir et faire cuire le pain. ▷ V. tr. *Boulanger de la farine.* – Du préc.

boulangerie [bulɑ̃ʒʀi] n. f. 1. Fabrication, commerce du pain. 2. Boutique du boulanger. – De *boulanger* 1.

boulbène [bulbɛn] ou **bolbène** [bɔlbɛn] n. f. 1. Terre limono-sableuse dépourvue de calcaire, contenant des concrétions ferrugineuses, appelée aussi *argile à grenailles.* 2. Lieu où se trouve cette terre. – Gascon *boulbeno,* «terre d'alluvion».

boule [bul] n. f. 1. Objet sphérique. *Rond comme une boule. Boule de neige.* – Fig. *Faire boule de neige:* s'amplifier. ▷ *Se mettre en boule:* se pelotonner en une attitude défensive (animaux). Fig., fam. Se mettre en colère. 2. MATH Le volume intérieur d'une *sphère.* 3. Corps sphérique de dimension variable utilisé dans certains jeux. *Jeu de la boule:* jeu de hasard, à 9 numéros. *Jeu de boules:* jeu d'adresse qui consiste à placer des boules le plus près possible d'un but. – *Boule de billard, boule de loto.* **4.** *Arbre en boule:* arbre dont le feuillage présente une forme sphérique. **5.** *Boule-de-neige:* nom cour. de la viorne obier. **6.** Fam. Tête. *Avoir la boule à zéro:* avoir les cheveux coupés ras. *Perdre la boule:* déraisonner. – Lat. *bulla* «bulle».

boulê [bulɛ] n. f. ANTIQ Sénat d'une cité grecque. – Mot gr.

bouleau [bulo] n. m. Arbre (fam. bétulacées) dont l'écorce, plutôt lisse et de couleurs diverses, se détache par feuillets minces; *spécial.* la variété à écorce blanche. *C'est avec l'écorce du bouleau à papier (Betula papyrifera), aussi appelé bouleau blanc ou bouleau à canot, que les Amérindiens fabriquaient leurs canots d'écorce.* V. merisier. – A. fr. *boul,* du gaul. par le lat. *betullus.*

ENCYCL Le bouleau a joué un rôle important dans la recolonisation des terres par la végétation, à la suite du retrait des derniers glaciers au Canada (15 000 à 6 000 ans av. J.-C.). Aujourd'hui, les bouleaux (incluant le merisier) sont un élément important de la végétation des régions tempérées et froides de l'hémisphère septentrional. On compte environ 50 espèces de *Betula* à travers le monde, dont environ 10 sont indigènes au Canada (6 atteignent la taille d'arbre). Les espèces arborescentes se reconnaissent à leur tronc grêle recouvert d'une écorce papyracée généralement blanchâtre; le feuillage est vert pâle et peu touffu. Chez toutes les bétulacées, les fleurs mâles et les fleurs femelles sont séparées, mais portées sur le même individu (espèces monoïques). Au Canada, le bois du bouleau est abondamment utilisé en menuiserie et dans l'industrie des pâtes et papiers. Excellent bois de chauffage, l'écorce est particulièrement inflammable. L'écorce du bouleau à papier *(Betula papyrifera)* a longtemps servi aux Amérindiens pour la fabrication du canot d'écorce. La sève de la même espèce peut être extraite et, une fois bouillie, donner du sirop ou *sucre de bouleau.* Le bouleau *coule* beaucoup, mais il faut une plus grande quantité de sève, par rapport à l'érable, pour donner la même quantité de sucre.

bouledogue [buldɔg] n. m. Chien aux pattes courtes et torses (25-35 cm de haut), à la mâchoire inférieure prognathe, au museau plat, aux grandes oreilles dressées, dont la robe est blanche avec quelques grandes taches sombres. – Angl. *bull,* «taureau», et *dog,* «chien».

bouler [bule] **1.** v. intr. [1] Rouler à terre comme une boule. *Lièvre qui boule.* ▷ Fam. *Envoyer bouler qqn,* l'éconduire, le renvoyer brutalement. **2.** v. tr. *Bouler les cornes d'un taureau,* les garnir de cuir. – De *boule.*

boulet [bulɛ] n. m. **1.** HIST Projectile sphérique dont on chargeait les canons. *Boulet rouge:* boulet rougi au feu, destiné à incendier. ▷ Loc. fig. *Tirer à boulets rouges sur qqn:* tenir des propos très violents contre lui. **2.** Boule métallique que les bagnards traînaient aux pieds. – Fig. *Traîner qqch (ou qqn) comme un boulet,* le ressentir comme une corvée, une charge pénible. **3.** TECH Aggloméré de forme ovoïde, combustible. *Boulets d'anthracite.* **4.** VETER Chez le cheval, articulation du canon avec le paturon. – De *boule.*

bouleté, ée [bulte] adj. VETER Se dit d'un cheval dont le boulet est trop en avant. – De *boulet* sens 4.

boulette [bulɛt] n. f. **1.** Petite boule. ▷ CUIS Viande hachée ou pâte en boule. **2.** Fig., fam. Sottise, bévue. – Dimin. de *boule.*

bouleute [buløt] n. m. Membre de la boulê. – De *boulê.*

boulevard [bulvaʀ] n. m. **1.** Large voie dans une ville ou sur son pourtour. **2.** Genre théâtral, illustré par des comédies légères représentées à Paris sur les *Grands Boulevards,* entre la porte St-Martin et la Madeleine. *Théâtre de boulevard.* – Moy. néerl. *bolwerc,* «ouvrage de fortification fait de madriers».

boulevardier, ière [bulvaʀdje, jɛʀ] n. m. Vieilli Viveur élégant. ▷ adj. *Esprit boulevardier:* comique facile. – De *boulevard.*

bouleversant, ante [bulvɛʀsɑ̃, ɑ̃t] adj. Particulièrement émouvant. *Images bouleversantes d'une catastrophe.* – Ppr. de *bouleverser.*

bouleversement [bulvɛʀsəmɑ̃] n. m. Changement profond, perturbation radicale. *Un bouleversement politique.* – De *bouleverser.*

bouleverser [bulvɛʀse] v. tr. [1] **1.** Mettre dans une confusion extrême, déranger. *Bouleverser un tiroir.* **2.** Modifier totalement. *Cet événement bouleversa ses plans.* **3.** Fig. Émouvoir vivement (qqn). *Ce récit m'a bouleversé.* – De *bouler,* et *verser.*

boulier [bulje] n. m. Abaque, cadre comportant des boules qui glissent sur des tringles, servant à compter. – De *boule.*

boulimie [bulimi] n. f. Augmentation pathologique de l'appétit accompagnant certains troubles psychiques. – Gr. *boulimia,* «faim de bœuf».

boulimique [bulimik] adj. (et n.) Qui est atteint de boulimie, qui a trait à la boulimie. – De *boulimie.*

boulin [bulɛ̃] n. m. **1.** Trou pratiqué dans un mur pour permettre à un pigeon d'y nicher. **2.** TECH Trou destiné à recevoir, dans un mur, un support d'échafaudage; ce support lui-même. – De *boule.*

bouline [bulin] n. f. MAR Filin servant, au louvoyage, à haler sur la chute d'une voile carrée. – Angl. *bowline,* «cordage de proue».

boulingrin [bulɛ̃gʀɛ̃] n. m. Gazon bordé d'arbustes. – De l'angl. *bowling-green,* «gazon pour le jeu de boules».

bouliste [bulist] adj. Qui a trait au jeu de boules. *Club bouliste.* ▷ Subst. Joueur de boules. – De *boule* sens 3.

boulodrome [bulɔdʀom] n. m. Terrain aménagé pour le jeu de boules. – De *boule,* et *-drome.*

boulon [bulɔ̃] n. m. Tige cylindrique munie d'une tête et d'un filetage sur lequel est vissé un écrou. – Dimin. de *boule.*

boulonnage [bulɔnaʒ] n. m. **1.** Action de boulonner; son résultat. **2.** Ensemble des boulons d'un montage. – De *boulonner.*

boulonnais, aise [bulɔnɛ, ɛz] adj. *Race boulonnaise:* race de chevaux réputée, aux membres puissants et courts, à l'encolure épaisse et à la crinière touffue. – De la v. de *Boulogne-sur-Mer,* et de sa région où sont élevés ces chevaux.

boulonner [bulɔne] **1.** v. tr. [1] Fixer avec des boulons. **2.** v. intr. Fig., fam. Travailler beaucoup. – De *boulon.*

boulonnerie [bulɔnʀi] n. f. Fabrique de boulons. – De *boulon.*

boulot [bulo] n. m. Fam. Travail. *C'est l'heure du boulot.* – De *boulotter.*

boulot, otte [bulo, ɔt] adj. et n. Fam. Se dit d'une personne petite et forte. – De *boule.*

boulotter [bulɔte] v. intr. [1] **1.** Vx Aller doucement. **2.** Vx, fam. Travailler. ▷ Mod., fam. Manger. – De *(pain)* boulot,* «pain rond».

boum! [bum] interj. Onomat. imitant le bruit d'un choc, d'une détonation.

boumer [bume] v. intr. [1] Pop. Aller bien. *Ça boume?* – De *boum,* angl. *boom,* «réussite».

1. bouquet [bukɛ] n. m. **1.** Petit bois, groupe d'arbres. **2.** Assemblage de fleurs, d'herbes liées ensemble. *Bouquet d'iris.* ▷ CUIS *Bouquet garni:* persil, thym et laurier. **3.** *Par anal.* Parfum, arôme (d'un vin, d'une liqueur). *Le bouquet d'un bordeaux.* **4.** Gerbe de fusées qui termine un feu d'artifice. ▷ Fam. *C'est le bouquet:* c'est le comble. – De *bosc,* var. dial. (Normandie) de *bois.*

2. bouquet [bukɛ] n. m. **1.** Petit bouc. **2.** Lapin, lièvre mâle. Syn. bouquin. **3.** Grosse crevette rose. – De *bouc.*

bouquetière [buktjɛʀ] n. f. Marchande ambulante de fleurs. – De *bouquet* 1.

bouquetin [buktɛ̃] n. m. Chèvre sauvage *(Capra ibex)* à longues et puissantes cornes annelées, arquées vers l'arrière, que l'on trouve dans les montagnes d'Europe. – De l'all. *steinbock,* «bouc de rocher» par le provençal.

1. bouquin [bukɛ̃] n. m. **1.** Vieux livre. **2.** Fam. Livre. *Avoir toujours le nez dans ses bouquins.* – Néerl. *boek,* «livre».

2. bouquin [bukɛ̃] n. m. **1.** Vx Vieux bouc. **2.** Lièvre ou lapin mâle. – De *bouc* sens 1.

bouquiner [bukine] v. intr. [1] **1.** Vieilli Chercher de vieux livres. **2.** Fam. Lire. – De *bouquin* 1.

bouquinerie [bukinʀi] n. f. Commerce de bouquiniste. – De *bouquiner.*

bouquineur, euse [bukinœʀ, øz] n. Personne qui aime bouquiner. – De *bouquiner.*

bouquiniste [bukinist] n. Marchand de livres d'occasion. – De *bouquiner.*

bourbe [buʀb] n. f. Fange formée dans les eaux croupissantes. – Gaul. **borva.*

bourbeux, euse [buʀbø, øz] adj. Plein de bourbe. *Chemin bourbeux.* – De *bourbe.*

bourbier [buʀbje] n. m. Lieu fangeux. – Fig. Situation embarrassante et fâcheuse. *S'enliser dans un bourbier.* – De *bourbe.*

bourbillon [buʀbijɔ̃] n. m. MED Masse blanchâtre de tissus nécrosés, située au centre d'un furoncle. – De *bourbe.*

bourbon [buʀbɔ̃] n. m. Whisky américain à base d'alcool de maïs. – Du n. du comté de *Bourbon* (dans le Kentucky) où il est fabriqué.

bourbonien, ienne [buʀbɔnjɛ̃, jɛn] adj. De la famille des Bourbons. *Nez bourbonien,* long et busqué.

bourcet (à) [buʀsɛ] loc. adj. MAR *Voile à bourcet:* voile au tiers (suspendue au mât par un point au tiers de la longueur de la vergue). – Du néerl. *boegzeil,* «voile de proue».

bourdaine [buʀdɛn] n. f. Arbrisseau d'Europe (*Rhamnus frangula,* fam. rhamnacées) à petites fleurs verdâtres dont les jeunes rameaux sont utilisés en vannerie et dont l'écorce a des propriétés laxatives. – Orig. incert.

bourde [buʀd] n. f. **1.** Propos mensonger, baliverne. *Raconter des bourdes.* **2.** *Par ext.* Erreur, bévue. – De l'a. fr. **bihurder,* «plaisanter».

1. bourdon [buʀdɔ̃] n. m. Long bâton des pèlerins, surmonté d'un ornement en forme de pomme. – Lat. pop. **burdo,* de *burdus,* «mulet».

2. bourdon [buʀdɔ̃] n. m. ZOOL **1.** Nom de divers genres d'insectes hyménoptères aculéates, notam. de *Bombus terrestris,* qui vit en colonies annuelles souterraines et auquel sa forte pilosité donne une allure globuleuse. (Ses couleurs peuvent être très vives – bandes alternées jaunes et noires – et sa taille respectable: jusqu'à 2,5 cm.) **2.** *Faux bourdon:* mâle de l'abeille. **3.** Fig., pop. *Avoir le bourdon:* être triste sans raison précise, avoir le cafard. – Onomat.

3. bourdon [buʀdɔ̃] n. m. **1.** MUS Basse continue dans divers instruments. ▷ *Bourdon d'orgue:* jeu d'orgue rendant les sons les plus graves. **2.** Grosse cloche à son grave. **3.** *Faux-bourdon:* plain-chant où la basse, transposée, forme le chant principal. – Onomat.

4. bourdon [buʀdɔ̃] n. m. TYPO Omission lors de la composition. – De *bourde.*

bourdonnant, ante [buʀdɔnɑ̃, ɑ̃t] adj. Qui bourdonne. – Ppr. de *bourdonner.*

bourdonnement [buʀdɔnmɑ̃] n. m. **1.** Bruit de certains insectes quand ils volent. **2.** Bruit qui rappelle le son grave et continu de ce vol. **3.** Fig. Murmure sourd et confus d'une foule. **4.** *Bourdonnement d'oreilles:* impression de bruit sourd et continu dû à des troubles de l'oreille. – De *bourdonner.*

bourdonner [buʀdɔne] v. intr. [1] **1.** Bruire sourdement. *Machine qui bourdonne.* – De *bourdon* 2.

bourg [buʀ] n. m. Gros village. – Bas lat. **burgus,* «château fort», d'orig. germ.

bourgade [buʀgad] n. f. Village aux habitations dispersées. – Provenç. *borgada,* ital. *borgata.*

bourgeois, oise [buʀʒwa, waz] n. et adj. **I.** n. **1.** Anc. Citoyen d'un bourg, jouissant de certains privilèges. **2.** Anc. Sous l'Ancien Régime, en France, personne qui n'était ni noble, ni ecclésiastique, ni travailleur manuel. Syn. roturier. **3.** Mod. Personne de la classe moyenne. – *Petit-bourgeois:* qui appartient à la couche la moins riche de la bourgeoisie. **4.** Civil. ▷ Adj. *Habit bourgeois:* par oppos. à *uniforme.* **5.** Personne conformiste, terre à terre, fermée à la littérature et aux arts. Syn. philistin. ▷ Personne de mœurs rangées, d'opinions conservatrices. **6.** Fém. (France) Pop. *Ma, la bourgeoise:* ma femme. **II.** adj. **1.** Simple, familial. *Cuisine, maison bourgeoise.* **2.** Traditionaliste, conservateur. *Presse bourgeoise.* **3.** Sans originalité, conformiste. *Goûts bourgeois.* – De *bourg.*

bourgeoisement [buʀʒwazmɑ̃] adv. De façon bourgeoise. – De *bourgeois.*

bourgeoisie [buʀʒwazi] n. f. **1.** Vieilli Qualité de bourgeois. **2.** La classe sociale également appelée *Tiers État* par les historiens de l'Ancien Régime, en France. **3.** Dans le vocabulaire marxiste, la classe dominante, qui possède les moyens de production dans un pays capitaliste. **4.** L'ensemble des bourgeois. – De *bourgeois.*

bourgeon [buʀʒɔ̃] n. m. **1.** Organe végétal écailleux des phanérogames, situé soit à l'extrémité d'une tige (bourgeon terminal ou apical), soit à l'aisselle d'une feuille (bourgeon axillaire), et contenant à l'état embryonnaire les organes de la période suivante de végétation: les feuilles et la tige qui les portera (bourgeons à bois, dans le cas des arbres) ou les fleurs (bourgeons à fleurs). **2.** Vieilli Bouton au visage. **3.** MED *Bourgeons charnus:* excroissances rougeâtres formées de cellules embryonnaires, qui envahissent les plaies et constituent le signe de la cicatrisation. – Lat. **burrionem,* accusatif de **burrio,* de *burra,* «bourre».

bourgeonnement [buʀʒɔnmɑ̃] n. m. **1.** Formation et développement des bourgeons. **2.** ZOOL Mode de reproduction asexuée par bourgeons, fréquent chez les cnidaires. – De *bourgeonner.*

bourgeonner [buʀʒɔne] v. intr. [1] **1.** Jeter, pousser des bourgeons. *Les arbres bourgeonnent. Plaie qui bourgeonne.* **2.** Fig. Se couvrir de boutons (visage). – De *bourgeon.*

bourgeron [buʀʒəʀɔ̃] n. m. Veste en toile forte, vêtement de travail que portaient autrefois les ouvriers, les soldats. – De l'a. fr. *borge,* du lat. pop. **burrica,* de *burra,* «bourre».

bourgmestre [buʀgmɛstʀ] n. m. Principal magistrat, maire de certaines villes de Belgique, des Pays-Bas, d'Allemagne, de Suisse. – Moy. haut all. *Burgmeister,* «maître du bourg».

bourgogne [buʀgɔɲ] n. m. **1.** Vin de Bourgogne. *Une bonne bouteille de bourgogne.* **2.** adj. invar. D'une couleur proche de celle des vins rouges de Bourgogne (rouge foncé). *Des cravates bourgogne.* – Du n. de la région où ce vin est produit.

bourguignon, onne [buʀgiɲõ, ɔn] adj. (et n.). **1.** De Bourgogne. **2.** *Bœuf bourguignon* ou, subst., *bourguignon:* plat de viande de bœuf cuite dans du vin rouge avec des oignons. – De *Bourgogne.*

bourlinguer [buʀlɛ̃ge] v. intr. [1] **1.** MAR En parlant d'un navire: rouler et tanguer violemment, en n'ayant presque pas d'erre. **2.** Naviguer beaucoup. – Fig., fam. Courir le monde, mener une vie aventureuse. – De *bourlingue,* «petite voile».

bourlingueur, euse [buʀlɛ̃gœʀ, øz] n. Fam. Personne qui court le monde, mène une vie aventureuse. – De *bourlinguer.*

bourrache [buʀaʃ] n. f. Plante annuelle (*Borrago officinalis,* fam. borraginacées) à forte pilosité rêche, dont les nombreuses fleurs bleues sont utilisées, en infusion, comme diurétique et sudorifique. – Lat. médiév. *borrago,* ar. *abu rach,* «père de la sueur».

bourrade [buʀad] n. f. Coup de poing, de coude, d'épaule. *Une bourrade de connivence.* – De *bourrer.*

bourrage [buʀaʒ] n. m. **1.** Action de bourrer. *Bourrage d'un pouf.* – *Par ext.* Les matériaux utilisés dans cette opération. **2.** Fig., fam. *Bourrage de crâne:* propos insistants et répétés, tenus avec le dessein de tromper ou d'endoctriner. – *Spécial.* Propagande intensive. Syn. matraquage. **3.** TECH Accumulation accidentelle de pellicule, de papier, etc. en un point d'une caméra, d'un projecteur, d'une imprimante, etc. – De *bourrer.*

bourrasque [buʀask] n. f. Brusque coup de vent tourbillonnant. – Fig. *Arriver en bourrasque.* – Ital. *burrasca,* du lat. *boreas,* «vent du nord».

bourratif, ive [buʀatif, iv] adj. Fam. Qui bourre (aliments). – De *bourrer.*

bourre [buʀ] n. f. **1.** Couche de fond (protection thermique) des fourrures des mammifères, constituée de poils fins, souples, courts et ondulés. *Les poils de bourre sont différents des jarres et des crins.* **2.** Amas de poils détachés de la peau d'animaux. **3.** *Bourre de laine, de soie,* déchets de ces matières. **4.** Duvet couvrant de jeunes bourgeons. **5.** Rondelle de feutre qui, dans une cartouche, sépare la poudre du plomb. **6.** Loc. pop. *À la bourre:* en retard. – *De première bourre:* de premier choix. – Lat. *burra,* «laine grossière».

bourreau [buʀo] n. m. **1.** Exécuteur des jugements criminels (*spécial.* de la peine de mort). **2.** *Par ext.* Homme cruel, inhumain. ▷ *Bourreau des cœurs:* séducteur. ▷ *Bourreau de travail:* travailleur forcené. – De l'anc. v. *bourrer,* «frapper».

bourrée [buʀe] n. f. **1.** Fagot de menues branches. **2.** Danse et air de danse d'Auvergne (qu'on dansait autref. autour d'un feu de bourrées). – Du pp. de l'anc. v. *bourrer,* «frapper».

bourrèlement [buʀɛlmɑ̃] n. m. Litt. Torture, tourment. – De *bourreler.*

bourreler [buʀle] v. tr. [22] Usité au pp. dans la loc. *Bourrelé de remords:* torturé par le remords. – De *bourreau.*

bourrelet [buʀlɛ] n. m. **1.** Cercle rembourré permettant de porter des charges sur la tête. ▷ Vx Coiffure rembourrée des enfants, qui les protégeait en cas de chute. **2.** Longue gaine étroite remplie de bourre, de crin, etc., adaptée aux jointures des portes et des fenêtres pour empêcher le passage des filets d'air. **3.** *Par anal.* Nom donné à divers objets allongés et renflés, ou à une partie du corps présentant une enflure. *Bourrelet de graisse.* – De l'a. fr. *bourrel,* de *bourre* 1.

bourrelier, ière [buʀəlje, jɛʀ] n. Celui, celle qui fabrique, vend ou répare des articles en cuir, partic. des harnachements. – De l'a. fr. *bourrel,* «harnais».

bourrellerie [buʀɛlʀi] n. f. Artisanat et commerce du bourrelier. – De *bourrelier.*

bourrer [buʀe] v. tr. [1] **1.** Garnir de bourre. *Bourrer un matelas, un fusil.* **2.** Remplir complètement. *Bourrer une pipe, ses poches.* ▷ *Par ext.* Fam. Faire trop manger (qqn). *Bourrer ses invités.* ▷ V. pron. Manger avec excès, se gaver. – Pop. S'enivrer. **3.** Fam. *Bourrer le crâne à qqn:* chercher à le tromper par des propos mensongers réitérés. **4.** *Bourrer de coups:* frapper. – De *bourre* 1.

bourrette [buʀɛt] n. f. **1.** Soie grossière, la plus externe du cocon. **2.** Déchets de la filature de la soie. – De *bourre* 1.

bourriche [buʀiʃ] n. f. Long panier pour transporter du poisson, du gibier, etc.; son contenu. *Une bourriche d'huîtres.* – Orig. incert.

bourrichon [buʀiʃõ] n. m. Tête (seulement dans la loc. fam. *Se monter le bourrichon:* se monter la tête, se faire des illusions). – Dimin. de *bourriche.*

bourricot ou **bourriquot** [buʀiko] n. m. Petit âne. – Esp. *borrico.*

bourride [buʀid] n. f. Bouillabaisse à la rascasse épaissie à l'ailloli. – Orig. incert.

bourrin [buʀɛ̃] n. m. Pop. Cheval. – De *bourrique,* «âne».

bourrique [buʀik] n. f. **1.** Ânesse. **2.** Fig., fam. Personne têtue et stupide. ▷ Loc. fam. *Faire tourner qqn en bourrique,* l'abrutir à force d'exigences contradictoires. – De l'esp. *borrico,* «âne».

bourriquet [buʀikɛ] n. m. **1.** Ânon, ou âne de petite espèce. **2.** CONSTR Plate-forme à claire-voie pour hisser des matériaux. – De *bourrique.*

bourriquot. V. bourricot.

bourru, ue [buʀy] adj. **1.** Âpre et rude comme la bourre. *Drap bourru.* – Par ext. *Vin bourru:* vin nouveau qui est en train de fermenter. *Lait bourru,* qui vient d'être trait. **2.** Fig. D'humeur rude et peu accommodante. *Un caractère bourru.* Ant. doux, affable. – De *bourre* 1.

1. bourse [buʀs] n. f. **1.** Petit sac destiné à contenir de l'argent, de la monnaie. – Loc. fig. *Tenir les cordons de la bourse:* disposer de l'argent. *Sans bourse délier:* sans payer. ▷ *Par ext.* L'argent dont quelqu'un dispose. *Avoir recours à la bourse d'un ami. Faire bourse commune:* partager les recettes et les dépenses. **2.** Pension versée par un organisme public ou privé à un élève, à un étudiant, pendant ses études. **3.** Poche servant à prendre les lapins à la sortie du terrier. **4.** ANAT *Bourse séreuse* ou *muqueuse:* petite poche muqueuse qui facilite le glissement de certains organes, en partic. de la peau autour des articulations. ▷ Plur. Scrotum. – Bas lat. *bursa.*

2. bourse [buʀs] n. f. Édifice, lieu public où s'assemblent à certaines heures les négociants, les agents de change, les courtiers, pour traiter d'affaires. *Bourse des valeurs. Bourse de commerce. La Bourse de Montréal.* ▷ *Par ext.* La réunion même de ces personnes. *La Bourse a été agitée.* – De l'hôtel de la famille *Van der Burse,* à Bruges, avec infl. de *bourse* 1.

bourse-à-pasteur [buʀsapastœʀ] n. f. Petite crucifère herbacée *(Capsella bursapastoris)* très courante, dont les fleurs blanches donnent des fruits cordiformes. *Des bourses-à-pasteur.* – De *bourse* 1, et *pasteur.*

boursicotage [buʀsikɔtaʒ] n. m. Le fait de boursicoter. – De *boursicoter.*

boursicoter [buʀsikɔte] v. intr. [1] Jouer à la Bourse par petites opérations. – De *boursicot,* dimin. de *bourse.*

boursicotier, ière [buʀsikɔtje, jɛʀ] ou **boursicoteur, euse** [buʀsikɔtœʀ, øz] adj. et n. Personne qui boursicote. – De *boursicoter.*

1. boursier, ière [buʀsje, jɛʀ] n. Élève, étudiant qui bénéficie d'une bourse. – De *bourse* 1.

2. boursier, ière [buʀsje, jɛʀ] n. et adj. **1.** n. Professionnel de la Bourse. **2.** adj. Qui se rapporte à la Bourse. *Transactions boursières.* – De *bourse* 2.

boursouflage [buʀsuflaʒ] ou **boursouflement** [buʀsufləmɑ̃] n. m. Action de boursoufler; son résultat. – De *boursoufler.*

boursouflé, ée [buʀsufle] adj. **1.** Enflé, bouffi. *Visage boursouflé.* **2.** Fig. Ampoulé, emphatique. *Style boursouflé.* – De *soufflé,* et *bou-,* «idée de gonflement».

boursouflement. V. boursouflage.

boursoufler [buʀsufle] v. tr. [1] Rendre boursouflé, enflé. – De *boursouflé.*

boursouflure [buʀsuflyʀ] n. f. Enflure. – Fig. *Boursouflure du style.* – De *boursoufler.*

bouscueil [buskœj] n. m. Rare (acad. ou litt.) Mouvement des glaces sur la mer lors du dégel printanier, causé par le vent, la marée, le courant. «*Le Bouscueil* est un titre étrange. [...] Ce mot de la Petite-Côte-Nord signifie la débâcle des rivières au printemps. Il pouvait, m'a-t-il semblé, s'appliquer à certains mouvements de l'esprit, lesquels, par moments débâclent, eux aussi, et se délivrent par la parole et par l'écrit.» (Félix-Antoine Savard, *Le Bouscueil,* 1972.) – De *bousculer.*

bousculade [buskylad] n. f. **1.** Action de bousculer. **2.** Mouvement produit par le remous d'une foule. – De *bousculer.*

bousculer [buskyle] v. tr. [1] **1.** Renverser, faire basculer. *Bousculer un pot de fleurs.* **2.** Pousser, heurter (qqn). ▷ V. pron. *On se bousculait aux soldes des grands magasins.* **3.** *Par ext.* Activer, presser. *Ne me bousculez pas, j'ai le temps. Il a été bousculé ces temps-ci.* – De *bouter,* et *cul,* avec infl. de *basculer.*

bouse [buz] n. f. Fiente des ruminants. – Orig. incert.

bousier [buzje] n. m. Nom donné à divers coléoptères qui pondent leurs œufs dans des excréments après les avoir roulés en boule (ex.: le scarabée sacré, le géotrupe). – De *bouse.*

bousillage [buzijaʒ] n. m. **1.** CONSTR Mortier de chaume et de boue. **2.** Fam. Action d'abîmer, massacre. **3.** Fam. Ouvrage bâclé. – De *bousiller.*

bousiller [buzije] **I.** v. intr. [1] CONSTR Maçonner avec un mélange de chaume et de boue. **II.** v. tr. **1.** CONSTR Construire en bousillage. *Bousiller un mur.* **2.** *Par ext.,* fam. Faire précipitamment et sans soin. *Bousiller son travail.* **3.** Fam. Abîmer, démolir (qqch), tuer (qqn). – De *bouse.*

bousilleur, euse [buzijœʀ, øz] n. Fam. Personne qui bousille, qui bâcle son travail. – De *bousiller.*

bousin [buzɛ̃] n. m. Surface tendre de certaines pierres de taille. De *bouse.*

boussole [busɔl] n. f. Instrument constitué par un cadran au centre duquel est fixé un axe vertical autour duquel pivote une aiguille aimantée qui indique la direction du nord magnétique (un peu différent du nord géographique, du fait de la déclinaison magnétique). *La boussole, dont le principe fut découvert par les Chinois au IIe s. ap. J.-C., ne fut utilisée en navigation qu'au XIe s.* ▷ Fig., fam. *Perdre la boussole:* perdre la tête. – Ital. *bussola,* «petite boîte».

boustifaille [bustifɑj] n. f. Pop. Nourriture. – Orig. incert., p.-ê. de *bouffer.*

boustrophédon [bustʀɔfedɔ̃] n. m. ARCHEOL Ancienne écriture grecque dont les lignes vont alternativement et sans interruption de droite à gauche et de gauche à droite. – Du gr. *bous,* «bœuf», et *strophein,* «tourner», l'alternance des lignes évoquant un bœuf traçant des sillons dans un champ.

1. bout [bu] n. m. **1.** Extrémité d'un corps; limite d'un espace. *Le bout des doigts. Au bout de la ville.* ▷ Loc. fig. *Brûler la chandelle par les deux bouts:* compromettre sa fortune, sa santé, par des excès. – *À bout portant:* le bout de l'arme à feu touchant l'objectif. – Fig. *Manger du bout des dents, rire du bout des lèvres,* de mauvaise grâce. – Fig. *Savoir sur le bout du doigt, des doigts,* à fond. – Fig. *Avoir un mot sur le bout de la langue:* être sur le point de se rappeler un mot que l'on a oublié. – Fig. *Montrer le bout de l'oreille:* se trahir, malgré les soins mis à se cacher. – Fig. *Ne pas voir plus loin que le bout de son nez:* être inconséquent, imprévoyant. – *Tenir le haut bout* (c.-à-d. la place d'honneur): avoir de l'influence. – Fig. *On ne sait par quel bout le prendre:* il est d'un caractère difficile. – *D'un bout à l'autre:* d'une extrémité à l'autre. – Fig. *Avoir de la peine à joindre les deux bouts:* manquer d'argent, boucler difficilement son budget. – Fig. *Au bout de la terre, du monde:* très loin. – Fig., fam. *C'est le bout du monde:* on ne peut aller plus loin dans une telle supposition, une possibilité. *Si je peux vous prêter cent dollars, c'est le bout du monde.* **2.** Ce qui garnit l'extrémité de certaines choses. *Mettre un bout à une canne.* **3.** Petite partie, morceau. *Un bout de ruban, un bout de pain.* ▷ Fam. *Petit bout:* petit garçon, petite fille. – *Un bout d'homme:* un homme très petit. **4.** Terme, fin. *Le bout de l'année.* – *Bout de l'an:* service religieux pour un défunt, au premier anniversaire de sa mort. – Fig. *Être au bout de son rouleau:* avoir épuisé toutes ses ressources. – *Il n'est pas au bout de ses peines:* il n'en a pas fini avec les difficultés. ▷ *Au bout du compte:* tout bien considéré. ▷ *À bout:* sans ressource, épuisé. *Être à bout.* – *Pousser à bout:* faire perdre patience. ▷ *À bout de:* à la fin de. – Loc. *Venir à bout de...:* réussir, vaincre. – *À tout bout de champ:* à tout propos, constamment. ▷ *Mettre bout à bout:* joindre par les extrémités. *Éléments d'une canne à pêche mis bout à bout.* ▷ *De bout en bout:* d'une extrémité à l'autre. – Déverbal de *bouter.*

2. bout [but] n. m. Morceau de cordage, cordage. *Passer un bout à un bateau pour le remorquer.* – De *bout* 1.

boutade [butad] n. f. **1.** Plaisanterie. **2.** Rare Caprice. – De *bouter.*

bout-dehors [budəɔʀ] ou **boute-hors** [butəɔʀ] n. m. MAR Espar qui sert à établir une voile hors de l'aplomb du navire. *Foc amuré sur un bout-dehors.* – De *bouter,* et *hors.*

boute-en-train [butɑ̃tʀɛ̃] n. m. invar. **1.** Personne qui sait amuser, mettre en gaieté une assemblée. **2.** Mâle que les éleveurs utilisent pour vérifier qu'une femelle est prête pour la saillie (notam. une jument). – De *bouter, en,* et *train.*

boutefeu [butfø] n. m. **1.** Anc. Mèche au bout d'un bâton, avec laquelle on mettait le feu à la charge d'un canon. **2.** MINES Personne responsable des tirs à l'explosif. **3.** Fig., Vx Personne qui excite la discorde. – De *bouter,* et *feu.*

boute-hors. V. bout-dehors.

bouteille [butɛj] n. f. **1.** Récipient à col étroit et à goulot destiné à contenir des liquides. *Bouteille de verre. Mettre du vin en bouteilles.* – Son contenu. *Boire une bouteille de bière. Une bonne bouteille:* une bouteille de bon vin. ▷ *Aimer la bouteille:* aimer le vin, la boisson. ▷ *Vin qui a de la bouteille,* qui s'est amélioré en vieillissant. – Fig., fam. *Prendre de la bouteille:* vieillir. ▷ Fig. *La bouteille à l'encre:* une affaire obscure, embrouillée. **2.** *Bouteille de Leyde:* condensateur électrique constitué d'un flacon de verre dont la paroi extérieure est revêtue d'une feuille d'étain collée au verre, et la paroi intérieure d'une feuille d'étain ou de clinquant reliée à une tige métallique traversant le goulot. **3.** Récipient métallique pour gaz liquéfiés. *Bouteille de propane, de butane.* – Bas lat. **butticula,* de *buttis,* «tonneau».

bouteiller [buteje] ou **boutillier** [butilje] n. m. HIST Un des grands officiers de la couronne, chargé de la cave du roi, en France. – De *bouteille.*

bouteillon [butɛjõ] n. m. Marmite plate dont se servent les troupes en campagne. – Du nom de *Bouthéon,* son inventeur.

bouter [bute] v. tr. [1] Vx Mettre; pousser, repousser. *Bouter l'ennemi hors du pays.* – Frq. **botan,* «frapper».

bouterolle [butʀɔl] n. f. TECH **1.** Outil portant une empreinte en creux pour refouler les rivets. **2.** Fente sur le panneton d'une clé, près de la tige. – De *bouter.*

boute-selle [butsɛl] n. m. inv. Anc. Signal de trompette avertissant les cavaliers de se tenir prêts à partir. – De *bouter,* et *selle.*

bouteur [butœʀ] n. m. TRAV PUBL Engin de terrassement constitué par un tracteur à chenilles équipé à l'avant d'une lame pour pousser des terres, des déblais. – *Bouteur biais,* dont la lame est orientable obliquement par rapport au sens de la marche. – *Bouteur inclinable,* dont la lame est inclinable par rapport à l'horizontale. – *Bouteur à pneus,* dont les chenilles sont remplacées par des roues munies de pneumatiques. – De *bouter.*

bout-filtre [bufiltʀ] n. m. Embout pour filtrer la fumée d'une cigarette. – De *bout,* et *filtre.*

boutillier. V. bouteiller.

boutique [butik] n. f. **1.** Lieu où un marchand étale et vend sa marchandise, magasin. *Une petite boutique. Tenir boutique.* ▷ Loc. fam. *Parler boutique:* parler de son métier. ▷ Fam. *Et toute la boutique:* et tout le reste. **2.** Magasin de vêtements, d'accessoires féminins portant le nom d'un grand couturier. **3.** *Boutique franche,* où les marchandises ne sont pas soumises au paiement des droits ou des taxes. **4.** Fig., fam. Maison mal tenue. *Quelle boutique!* **5.** PECHE Boîte à fond percé, pour conserver dans l'eau le poisson vivant. – Provenç. *botica,* du gr. *apothêkê.*

boutiquier, ière [butikje, jɛʀ] n. Personne qui tient boutique. ▷ Péjor. Personne à l'esprit étroit. ▷ Adj. *Des calculs boutiquiers.* – De *boutique.*

boutisse [butis] n. f. TECH Pierre taillée, brique dont la plus grande dimension est perpendiculaire à la façade. – De *bouter.*

boutoir [butwaʀ] n. m. **1.** Extrémité du groin des porcins. **2.** *Coup de boutoir:* coup violent. Fig. Trait d'humeur, mots blessants. – De *bouter.*

bouton [butõ] n. m. **1.** Bourgeon. – *Spécial.* Bourgeon à fleur, fleur non encore épanouie. *Bouton de rose.* **2.** Petite pièce, le plus souvent ronde, qui sert à attacher ensemble les différentes parties d'un vêtement. *Recoudre un bouton. Bouton de col.* – *Bouton (à) pression:* bouton dont une partie s'engage dans une autre et y reste maintenue par un petit ressort. **3.** Pièce saillante et arrondie. *Bouton de porte.* ▷ Petite pièce ou touche servant à la commande d'un appareil, d'un mécanisme. *Tourner le bouton de la radio. Appuyer sur le bouton de la minuterie.* **4.** Petite élevure rouge de la peau. *Avoir le visage couvert de boutons.* – De *bouter.*

bouton-d'argent [butõdaʀʒɑ̃] n. m. Renoncule à fleur blanche. – De *bouton,* et *argent.*

bouton-d'or [butõdɔʀ] n. m. Renoncule des prés. – De *bouton,* et *or.*

boutonnage [butɔnaʒ] n. m. **1.** Action de boutonner. **2.** Manière dont un vêtement se boutonne. – De *boutonner.*

boutonner [butɔne] **I.** v. intr. [1] **1.** Rare Pousser des boutons. *Les arbres boutonnent au printemps.* **2.** S'attacher avec des boutons. *Blouse qui boutonne par derrière.* ▷ V. pron. *Jupe qui se boutonne sur le côté.* **II.** v. tr. **1.** Attacher (un vêtement) avec des boutons. *Boutonner son pardessus.* **2.** ESCR Toucher de coups de fleuret. – De *bouton.*

boutonneux, euse [butɔnø, øz] adj. Qui a des boutons sur la peau. *Visage boutonneux.* – De *bouton.*

boutonnière [butɔnjɛʀ] n. f. **1.** Petite fente pratiquée dans un vêtement, bordée d'un point spécial (point de boutonnière), dans laquelle on passe le bouton. **2.** Incision longue et étroite. *Faire une boutonnière pour passer une sonde cannelée.* ▷ Fig., pop. *Faire une boutonnière à quelqu'un,* une blessure, avec un instrument tranchant ou piquant. – De *bouton.*

boutre [butʀ] n. m. MAR Petit navire à voile latine, utilisé pour la pêche et le cabotage sur la côte orientale d'Afrique. – De l'ar. *būt.*

bouts-rimés [buʀime] **1.** n. m. pl. Rimes données d'avance pour écrire une pièce de vers. **2.** Sing. *Un bout-rimé:* une pièce de vers composée de bouts-rimés. – De *bout,* et *rimé.*

bouturage [butyʀaʒ] n. m. Action de bouturer. – De *bouturer.*

bouture [butyʀ] n. f. Jeune pousse d'un végétal (autre que celles ayant naturellement un rôle dans la multiplication végétative: tubercules, bulbilles, etc.) qui, séparée de la plante originelle et mise en terre, régénère les organes manquants pour donner un végétal entier. – De *bouter.*

bouturer [butyʀe] **1.** v. tr. [1] Planter une bouture. **2.** v. intr. Donner, par accident, des boutures. *Cette plante a bouturé.* – De *bouture.*

bouverie [buvʀi] n. f. Étable à bœufs. – De *bœuf.*

bouvet [buvɛ] n. m. TECH Rabot à faire les languettes, les rainures dans le bois. *Bouvet à joindre.* – De *buef,* «bœuf» (à cause du sillon qu'il trace).

bouveter [buvte] v. tr. [23] TECH Raboter avec un bouvet. Rem. On dit plus cour. *embouveter.* – De *bouvet.*

bouveteuse [buvtøz] n. f. TECH Machine à faire des rainures et des languettes dans le bois. – De *bouveter.*

bouvier, ière [buvje, jɛʀ] n. **1.** Personne qui garde les bœufs. ▷ ASTRO *Le Bouvier:* constellation boréale dont fait partie l'étoile Arcturus. **2.** n. m. Robuste chien de garde, de berger. – Lat. *bovarius,* de *bos,* «bœuf».

bouvillon [buvijõ] n. m. Jeune bœuf. – De *bœuf.*

bouvreuil [buvʀœj] n. m. Oiseau passériforme (*Phyrrhula vulgaris,* fam. fringillidés) atteignant 14 cm de long, au bec court et fort, au plumage gris et noir, avec la poitrine rose vif et une calotte céphalique noire. – De *bouvier.*

bouvril [buvʀil] n. m. Partie d'un abattoir où on loge les bœufs. – De *bœuf.*

bovarysme [bɔvaʀism] n. m. Insatisfaction romanesque amenant une illusion sur soi et une tendance à se concevoir et à se vouloir autre que l'on est. *Le Bovarysme. La psychologie dans l'œuvre de Flaubert,* titre d'une œuvre de Jules de Gaultier (1892). – De *Madame Bovary,* roman de Flaubert (mot forgé par Barbey d'Aurevilly).

bovidés [bɔvide] n. m. pl. ZOOL Famille de mammifères ruminants comprenant les bovins, les ovins et les caprins. – Du lat. *bos, bovis,* «bœuf».

bovin, ine [bɔvɛ̃, in] adj. et n. **1.** Relatif aux bœufs. *La race bovine.* ▷ Fig. *Un regard bovin,* stupide. **2.** n. m. pl. Les bœufs, les vaches, les veaux. – Lat. *bovinus,* de *bos,* «bœuf».

bovinés [bɔvine] n. m. pl. ZOOL Sous-famille de bovidés comprenant, outre le bœuf, le buffle, le bison, le zébu, le yack. – De *bovin.*

bowling [buliŋ] n. m. Anglicisme V. quille.

bow-string [bostʀiŋ] n. m. TRAV PUBL Pont dont le tablier est suspendu à une membrure de forme parabolique. – Mot angl., de *bow,* «arc», et *string,* «corde, hauban».

bow-window [bowindo] n. m. Anglicisme V. oriel.

box, boxes [bɔks] n. m. Stalle d'écurie pour un seul cheval. – Mot angl. *box,* «boîte».

boxe [bɔks] n. f. Combat à coups de poing, selon des règles déterminées. *Boxe anglaise. Boxe française,* comportant des attaques avec le pied. *Gants de boxe:* fortes moufles de cuir, rembourrées, qui protègent les poings des boxeurs. – De l'angl. *box,* «coup».

1. boxer [bɔkse] **1.** v. intr. [1] Se battre à coups de poing selon les conventions de la boxe. **2.** v. tr. Fam. Frapper qqn à coups de poing. – De *boxe.*

2. boxer [bɔksɛʀ] n. m. Chien de garde de grande taille (60 à 65 cm au garrot), du groupe des dogues, à la robe le plus souvent fauve, à museau plat, dont la mâchoire inférieure prognathe est dissimulée par les babines. – Mot all. «boxeur».

boxeur [bɔksœʀ] n. m. Celui qui pratique la boxe. *Le visage tuméfié d'un boxeur.* (Rem.: Comme forme féminine, l'OLF recommande *une boxeuse.*) – De *boxe.*

box-office [bɔksɔfis] n. m. Anglicisme Enregistrement (hebdomadaire, mensuel, annuel) de la cote commerciale d'un acteur, d'un chanteur, d'un film, etc. – Mot angl., «caisse (d'un théâtre)».

boy [bɔj] n. m. Vieilli Jeune domestique indigène en Asie, en Afrique, en Océanie, etc. – Mot angl., «garçon».

boyard ou **boïar** [bɔjaʀ] n. m. Seigneur, dans l'ancienne Russie et dans d'autres pays slaves. – Mot slave.

boyau [bwajo] n. m. **1.** Intestin des animaux. – Plur. Fam. Intestin de l'homme. *Rendre tripes et boyaux:* vomir violemment. ▷ *Corde de boyau* ou *boyau:* corde faite avec des intestins de chat ou de mouton, servant à garnir les violons, guitares, etc., et les raquettes de tennis. **2.** *Par anal.* Tuyau souple en cuir, en toile caoutchoutée, etc. *Boyau d'arrosage.* **3.** FORTIF Fossé en zigzag mettant en communication deux tranchées. – Souterrain, corridor long et étroit. **4.** CYCLISME Enveloppe de caoutchouc, plus légère que le pneu. – Lat. *botellus.*

boyauderie [bwajodʀi] n. f. **1.** Préparation des boyaux pour la cuisine, l'industrie. **2.** Lieu où sont préparés les boyaux. – De *boyau.*

boyaudier, ière [bwajodje, jɛʀ] n. Personne qui prépare les boyaux. – De *boyau.*

boycottage [bɔjkɔtaʒ] ou **boycott** [bɔjkɔt] n. m. **1.** Mise en interdit d'un patron par ses ouvriers, d'un commerçant par ses employés, etc. **2.** Refus d'acheter des marchandises provenant d'une firme, d'un pays. **3.** Par ext. Refus collectif de participer à un événement, à une manifestation publics. – De *Boycott,* régisseur irlandais qui fut mis à l'index pour n'avoir pas obéi aux injonctions de la *Ligue agraire.*

boycotter [bɔjkɔte] v. tr. [1] Appliquer le boycott à. – V. précéd.

boycotteur, euse [bɔjkɔtœʀ, øz] n. Personne qui boycotte. – De *boycotter.*

boy-scout [bɔjskut] n. m. Vieilli Scout. – Mot angl. «garçon éclaireur».

BP [bepe] Abréviation de bande* publique.

bpi [bepei] n. m. INFORM Unité de densité d'information sur un support (abrév. de l'angl. *bit per inch*).

bq PHYS NUCL Symbole de becquerel.

Br CHIM Symbole du brome.

brabant [bʀabɑ̃] n. m. AGRIC Charrue métallique pourvue de deux jeux de socs. – De *Brabant,* province où cette charrue fut mise au point.

bracelet [bʀaslɛ] n. m. **1.** Ornement en forme d'anneau qui se porte autour du poignet, du bras. ▷ *Bracelet de force,* en cuir, qui bande étroitement le poignet et le protège. **2.** ARCHI Anneau ornant le fût des colonnes. – De *bras.*

bracelet-montre [bʀaslɛmɔ̃tʀ] n. m. Montre que l'on porte attachée au poignet par un bracelet. *Des bracelets-montres.* (On dit aussi *des montres-bracelets.*) – De *bracelet,* et *montre.*

brachial, iale, iaux [bʀakjal, jo] adj. ANAT Qui appartient, qui a rapport au bras. *Plexus brachial.* – Lat. *brachialis.*

brachiation [bʀakjasjɔ̃] n. f. ZOOL Mode de locomotion de certains singes arboricoles, qui utilisent leurs bras, extrêmement longs. – Sur *brachial.*

brachiopodes [bʀakjɔpɔd] n. m. pl. ZOOL Classe d'invertébrés marins à coquille formée de deux valves calcaires (une dorsale et une ventrale) et souvent munis d'un pédoncule qui les fixe au substrat. – Du lat. *brachium,* «bras», et gr. *pous, podos,* «pied».

brachy-. Élément, du gr. *brakhus,* «court, bref».

brachycéphale [bʀakisefal] adj. et n. ANTHROP Se dit des hommes dont le crâne, vu du dessus, a une longueur et une largeur sensiblement égales. Ant. dolichocéphale. – De *brachy-,* et *-céphale.*

brachycères [bʀakisɛʀ] n. m. pl. ZOOL Sous-ordre de diptères à antennes courtes et à tête très mobile comprenant les mouches communes, la mouche tsé-tsé, le taon, la drosophile, etc. Syn. mouches. – De *brachy-,* et gr. *kéras,* «corne, antenne».

brachyoures [bʀakjuʀ] n. m. pl. ZOOL Sous-ordre de crustacés décapodes à abdomen large et court. Syn. crabes. – De *brachy-,* et gr. *oura,* «queue».

braconnage [bʀakɔnaʒ] n. m. Action de braconner. – De *braconner.*

braconner [bʀakɔne] v. intr. [1] Chasser ou pêcher sans permis, ou en temps et lieux prohibés, ou avec des engins défendus. ▷ Fig. Empiéter sur les biens d'autrui. – Du germ. *brakko,* «chien de chasse»; a. fr. «chasser avec un braque».

braconnier, ière [bʀakɔnje, jɛʀ] n. Chasseur, pêcheur qui braconne. – De *braconner.*

bractéal, ale, aux [bʀakteal, o] adj. BOT De la bractée. – De *bractée.*

bractée [bʀakte] n. f. BOT Petite feuille simple, souvent de couleurs vives, fixée au pédoncule floral. – Lat. *bractea,* «feuille de métal».

bradel [bʀadɛl] n. m. Reliure par emboîtage dans un cartonnage léger. *Reliure à la bradel* ou *bradel.* – De *Bradel,* relieur.

brader [bʀade] v. tr. [1] Vendre à vil prix. *Brader ses meubles.* – Néerl. *braden,* all. *braten,* «rôtir».

braderie [bʀadʀi] n. f. Foire où l'on vend au rabais. – Vente au rabais. – De *brader.*

bradycardie [bʀadikaʀdi] n. f. MED Lenteur du rythme cardiaque (moins de 60 pulsations par minute), pathologique (pouls lent permanent) ou physiologique (cœur des sportifs). – Du gr. *bradus,* «lent», et *-cardie.*

bradype [bʀadip] n. m. ZOOL Nom scientif. *(Bradypus)* du paresseux tridactyle, l'aï. – Du gr. *bradus,* «lent», et *pous,* «pied».

braguette [bʀagɛt] n. f. Ouverture sur le devant d'un pantalon d'homme. – Dimin. de *brague,* «culotte», provenç. *braga,* du lat. *braca,* pl. *bracæ,* «braies».

brahman [bʀaman] n. m. Nom donné, dans les doctrines hindoues, au principe suprême, universel, absolu, infini, neutre et «non qualifié», seulement définissable comme Être, Conscience et Béatitude. – Mot sanskrit.

brahmane [bʀaman] n. m. Membre de la caste sacerdotale hindoue, la première des quatre anciennes castes héréditaires de l'Inde. – Du sanscrit *brãhmana.*

brahmanique [bʀamanik] adj. Qui se rapporte au brahmanisme. – De *brahmane.*

brahmanisme [bʀamanism] n. m. Religion de l'Inde liée à un système socio-religieux caractérisé par une division de la société en castes. (Le brahmanisme comporte de grandes variations de croyances et de philosophies, puisqu'il n'est en somme que le nom générique des divers développements de la doctrine contenue en principe dans les *Védas* et les *Upanishad* [800-500 av. J.-C.?].) – De *brahmane.*

brai [bʀɛ] n. m. Résidu solide ou pâteux de la distillation de matières organiques (pétrole, houille, etc.). *Brai de houille, de pétrole. Brai végétal.* – De *brayer* 1.

braies [bʀɛ] n. f. pl. Anc. Pantalon ample des Gaulois, des Germains. – Lat. *braca(e),* mot gaul.

braillard, arde [bʀɑjaʀ, aʀd] ou **brailleur, euse** [bʀɑjœʀ, øz] n. et adj. Personne qui braille, qui a l'habitude de brailler. – De *brailler.*

braille [bʀaj] n. m. Écriture en relief à l'usage des aveugles. – De *Braille,* n. de l'inventeur.

braillement [bʀɑjmɑ̃] n. m. Cri d'une personne qui braille. – De *brailler.*

brailler [bʀaje] v. intr. [1] **1.** Parler, crier, chanter trop fort. ▷ V. tr. *Brailler un refrain.* **2.** Pleurnicher, se lamenter.– Du rad. de *braire.*

brailleur, euse. V. braillard.

braiment [bʀɛmɑ̃] n. m. Cri de l'âne. – De *braire.*

brainstorming [bʀɛnstɔʀmiŋ] n. m. Anglicisme Méthode de travail en groupe qui consiste à chercher des solutions originales à un problème en faisant appel à l'imagination et à la créativité des participants. – Mot angl., de *brain,* «cerveau», et *to storm,* «se déchaîner».

brain-trust [bʀɛntʀœst] n. m. Anglicisme Groupe de chercheurs, de spécialistes, qui sont chargés d'élaborer un projet ou de seconder une direction. – Mot anglo-amér., «trust des cerveaux».

braire [bʀɛʀ] v. intr. déf. [78] **1.** Crier, en parlant de l'âne. ▷ Fam. Brailler. **2.** Fig. fam. *Faire braire:* ennuyer. – Lat. pop. **bragere.*

1. braise [bʀɛz] n. f. Bois réduit en charbons ardents. *Marrons cuits sous la braise.* – Germ. **brasa.*

2. braise [bʀɛz] n. f. Pop. Argent. – Mot du Lyonnais, «miettes», de *briser.*

braiser [bʀɛze] v. tr. [1] Faire cuire à feu doux et à l'étouffée. *Une viande braisée. Endives braisées.* – De *braise* 1.

braisière [bʀɛzjɛʀ] n. f. **1.** Anc. Étouffoir des boulangers pour éteindre la braise. **2.** Ustensile de métal dans lequel on braise des aliments. – De *braise* 1.

brame [bʀɑm] ou **bramement** [bʀɑmmɑ̃] n. m. Cri du cerf. – De *bramer.*

bramer [bʀɑme] v. intr. [1] Crier, en parlant du cerf. ▷ Fig. Brailler, se lamenter bruyamment. – Provenç. *bramar,* «mugir, braire», germ. **brammon.*

bran [bʀɑ̃] n. m. Partie la plus grossière du son. – Lat. pop. **brennus,* probabl. rad. gaul. *brenno.*

brancard [bʀɑ̃kaʀ] n. m. **1.** Chacune des deux pièces fixées à une charrette, entre lesquelles on attelle une bête de trait. ▷ Fig. *Ruer dans les brancards:* se rebeller. **2.** Civière à bras. *Évacuer un blessé sur un brancard.* – De *branque,* forme normande de *branche.*

brancardier [bʀɑ̃kaʀdje] n. m. Porteur de brancard. – De *brancard.*

branchage [bʀɑ̃ʃaʒ] n. m. Ensemble des branches d'un arbre. ▷ Plur. Amas de branches. *Litière de branchages.* – De *branche.*

branche [bʀɑ̃ʃ] n. f. **1.** Ramification qui pousse du tronc d'un arbre. *Branche maîtresse. Ramasser des branches mortes.* – *Par ext.* Ramification d'une plante. *Céleris en branche,* dont on mange les côtes. ▷ Loc. *Etre comme l'oiseau sur la branche:* être dans une situation incertaine, précaire. ▷ *Vieille branche:* apostrophe d'amitié. **2.** Par anal. Ce qui ressemble à une branche par sa forme ou sa position par rapport à un axe. *Chandelier à sept branches. Les branches d'un compas.* ▷ ANAT *Les branches d'une artère, d'un nerf:* les petites artères, etc., qui proviennent des grosses artères, etc. **3.** Division, ramification. *Les branches d'une science.* **4.** L'une des familles issues d'un ascendant commun. *La branche aînée, la branche cadette.* – Fam. *Avoir de la branche,* une allure distinguée, aristocratique. – Bas lat. *branca,* «patte».

branché, ée [bʀɑ̃ʃe] adj. (et n.) Fam. À la mode, dans le vent. – Pp. de *brancher.*

branchement [bʀɑ̃ʃmɑ̃] n. m. **1.** Action de brancher. **2.** Organe de raccordement, canalisation. *Branchement de gaz.* **3.** INFORM Instruction qui permet de poursuivre un programme à partir d'une autre instruction si une condition est remplie (branchement conditionnel) ou dans tous les cas (branchement inconditionnel). ▷ CH de F Appareil d'aiguillage. – De *brancher.*

brancher [bʀɑ̃ʃe] **1.** v. tr. [1] Relier un circuit secondaire à un circuit principal. *Brancher un fer à repasser.* ▷ v. pr. *Se brancher sur un émetteur,* de façon à en recevoir les signaux, les émissions. ▷ Fam. Se décider. ▷ Fam. *Être bien branché sur qqn:* être sur la même longueur d'onde que lui, bien recevoir ses propos. – *Brancher qqn sur qqn, sur une affaire,* le mettre en contact avec, l'aiguiller sur. **2.** v. intr. Percher sur les arbres. *Les oiseaux branchent.* – De *branche.*

branchette [bʀɑ̃ʃɛt] n. f. Petite branche. – Dimin. de *branche.*

branchie [bʀɑ̃ʃi] n. f. ZOOL Organe d'animaux aquatiques (crustacés, larves d'insectes, poissons, têtards d'amphibiens) qui l'utilisent pour respirer l'oxygène dissous dans l'eau. (Les branchies sont des expansions de tissus très minces, richement vascularisées, au niveau desquelles s'effectuent les échanges gazeux entre le sang et l'eau.) – Lat. d'orig. gr., *branchia.*

branchiopodes [bʀɑ̃ʃjɔpɔd] n. m. pl. ZOOL Anc. nom des phyllopodes. – De *branchie,* et *-pode.*

branchu, ue [bʀɑ̃ʃy] adj. Qui a beaucoup de branches. *Arbre branchu.* ▷ *Canard branchu* ou *canard huppé* (*Aix sponsa,* fam. anatidés), qui niche dans les troncs d'arbre creux. – De *branche.*

brandade [bʀɑ̃dad] n. f. Morue émincée et pochée, puis pilée avec de la crème ou du lait, de l'ail, de l'huile, etc. – Du provenç. *brandado,* de *brandar,* «remuer».

brande [bʀɑ̃d] n. f. Végétation des landes, des sous-bois (bruyères, genêts, etc.). ▷ Lieu où pousse une telle végétation. *Parcourir une brande.* – Lat. médiév. *branda,* «bruyère», de l'anc. v. *brander,* «brûler», du germ. **brand,* «tison», parce qu'on brûlait les bruyères.

brandebourg [bʀɑ̃dbuʀ] n. m. Ornement de broderie ou de galon réunissant les boutons de certains vêtements (vestes des anciens uniformes, notam.). *Tunique à brandebourgs.* – Du nom de l'État all. d'où venait cette mode.

brandebourgeois, oise [bʀɑ̃dbuʀʒwa, waz] adj. et n. Du Brandebourg. – *Concertos brandebourgeois,* dédiés par J.-S. Bach au margrave de Brandebourg.

brandevin [bʀɑ̃dvɛ̃] n. m. Vieilli Eau-de-vie de vin. – Du néerl. *brandewijn,* «vin brûlé».

brandiller [bʀɑ̃dije] v. tr. [1] Vx Agiter deçà, delà. ▷ V. intr. Se mouvoir deçà, delà; se balancer. – De *brandir.*

brandir [bʀɑ̃diʀ] v. tr. [2] **1.** Agiter en l'air, élever pour mieux frapper ou lancer. *Brandir une hache.* **2.** Fig. Présenter comme une menace. *Brandir le Code à tout instant.* ▷ *Par ext.* Agiter, maintenir en l'air pour faire voir. *Il brandissait une pancarte.* – Germ. **brand,* «tison, épée».

brandisite [bʀɑ̃dizit] n. f. MINER Silicate d'aluminium, de calcium et de magnésium.

brandon [bʀɑ̃dɔ̃] n. m. **1.** Vx Flambeau fait de paille tortillée. **2.** Corps enflammé s'élevant d'un feu. *Le vent dispersait les brandons.* **3.** Fig. *Un brandon de discorde:* un provocateur, ou une cause de querelles. – Du germ. **brand,* «tison».

brandy [bʀɑ̃di] n. m. Eau-de-vie, en Angleterre. – Mot angl., de *to brand,* «brûler».

branlant, ante [bʀɑ̃lɑ̃, ɑ̃t] adj. Qui branle, peu stable. – Ppr. de *branler.*

branle [bʀɑ̃l] n. m. **1.** Mouvement oscillant d'un corps. *Le branle d'une cloche.* **2.** Fig. Impulsion donnée. *Donner le branle, mettre en branle:* faire entrer en mouvement, donner une impulsion. *Se mettre en branle:* commencer à entrer en mouvement. **3.** Danse française en vogue du Moyen Âge au XVIIe s.; air sur lequel elle se dansait. – Déverbal de *branler.*

branle-bas [bʀɑ̃lba] n. m. inv. **1.** MAR *Branle-bas de combat:* ensemble des dispositions prises en vue d'un combat. **2.** Bouleversement, agitation. *Un branle-bas général. Des branle-bas.* – Ordre de mettre *bas* les *branles* («hamacs»), au lever ou dans les préparatifs d'un combat.

branlement [bʀɑ̃lmɑ̃] n. m. Mouvement de ce qui branle. – De *branler.*

branler [bʀɑ̃le] **1.** v. tr. [1] *Branler la tête:* la mouvoir, la faire aller deçà, delà. **2.** v. intr. Bouger, être mal assuré, fixé. *Dent qui branle. Branler dans le manche:* être mal emmanché, en parlant d'un outil; fig. être peu stable, peu sûr (situation, fortune, etc.). – Contract. de *brandeler,* de *brandir.*

braquage [bʀakaʒ] n. m. **1.** Action de braquer; son résultat. – *Rayon de braquage;* rayon du cercle parcouru par la roue avant d'un véhicule, le volant étant tourné à fond. **2.** Arg. Attaque à main armée. – De *braquer.*

1. braque [bʀak] n. m. Chien de chasse d'arrêt à poil court, aux oreilles tombantes. – Ital. *bracco,* «chien de chasse».

2. braque [bʀak] n. et adj. Fam. Écervelé, un peu fou. – Du préc.

braquemart [bʀakmaʀ] n. m. Épée courte à deux tranchants. – Orig. incert.

braquer [bʀake] v. tr. [1] **1.** Diriger vers un point, dans une direction déterminée (un instrument d'optique, une pièce d'artillerie, une arme à feu). *Braquer une lunette d'approche sur l'horizon. Braquer un pistolet sur qqn.* ▷ Fig. *Braquer ses regards sur qqn, qqch.* **2.** Arg. Attaquer à main armée. *Braquer un convoyeur de fonds.* **3.** *Braquer les roues d'une automobile dans une direction* (ou, absol., *braquer*), les orienter dans cette direction pour effectuer une manœuvre. **4.** *Braquer qqn:* provoquer son opposition têtue. *Braquer un enfant en le réprimandant.* ▷ V. pron. *Se braquer:* s'obstiner dans son opposition. – Probabl. lat. pop. **brachitare,* de *bracchium,* «bras».

braquet [bʀakɛ] n. m. Développement d'une bicyclette. *Le dérailleur permet de changer de braquet.* – Orig. incert.

bras [bʀa] n. m. **1.** Membre supérieur de l'être humain, rattaché à l'épaule, terminé par la main. *Lever, plier les bras.* – *Spécial.* Partie du membre supérieur comprise entre l'épaule et le coude (par oppos. à l'avant-bras, entre le coude et le poignet). – *Donner le bras à une femme,* l'accompagner en lui tenant le bras. – Fig. *Les bras m'en tombent:* j'en suis stupéfait. – Fig., fam. *Couper bras et jambes à qqn,* le mettre dans l'impuissance d'agir, le décourager. – *Rester les bras croisés,* à ne rien faire. *Recevoir à bras ouverts,* chaleureusement, avec amitié. – *Avoir sur les bras:* être responsable de, ou accablé par. *Avoir beaucoup d'affaires sur les bras.* – *Être dans les bras de Morphée:* dormir. – *Donner du «cher Monsieur» gros comme le bras à qqn,* l'appeler «cher Monsieur», souvent et en insistant. **2.** L'homme qui agit, qui travaille. *Manquer de bras,* de travailleurs. *Être le bras droit de qqn,* son principal collaborateur. **3.** Pouvoir, autorité. *Le bras séculier:* l'autorité temporelle. – Fam. *Avoir le bras long:* avoir du crédit, du pouvoir. **4.** Litt. Valeur guerrière. *Tout cède à son bras.* **5.** *Par anal.* Ce qui présente une certaine ressemblance avec les bras humains. *Les bras d'un fauteuil:* les accotoirs. *Les bras d'une croix, d'un sémaphore.* ▷ ASTRO Développement extérieur d'une galaxie spirale, prenant naissance dans son noyau. ▷ MAR Manœuvre courante fixée à l'extrémité d'une vergue ou d'un tangon et servant à l'orienter. ▷ AUDIOV *Bras de lecture:* pièce d'une platine de tourne-disque qui porte la tête de lecture. ▷ MECA *Bras de levier:* distance du support d'une force à l'axe de rotation. ▷ TECH Tige ou poutre articulée. **6.** GEOGR Affluent ou subdivision du cours d'une rivière. – *Bras de mer:* étendue de mer entre deux terres rapprochées. **7.** Loc. *À bras:* en utilisant la force des muscles de l'homme. *Pompe à bras,* qui se manie avec le bras. – *À tour de bras, à bras raccourcis:* de toute sa force. *Tomber sur qqn à bras raccourcis.* – *À bras le corps:* avec les deux bras passés autour du corps de qqn. – *Bras dessus, bras dessous:* en se donnant le bras. – Lat. pop. **bracium,* class. *bracchium,* gr. *brakhiôn.*

brasage [bʀazaʒ] n. m. TECH Procédé de soudage consistant à assembler des pièces métalliques par apport d'un alliage dont la température de fusion est plus faible que celle des surfaces à souder. – De *braser.*

braser [bʀaze] v. tr. [1] Souder par brasage. – De *braise.*

brasero [bʀazeʀo] n. m. Récipient de métal, sur pieds, destiné à recevoir des braises, utilisé surtout pour le chauffage en plein air. – Mot esp., de *brasa,* «braise».

brasier [bʀazje] n. m. **1.** Feu très vif, violent incendie. *Les sauveteurs étaient gênés par le brasier.* **2.** Fig. Passion, violence qui enflamme. *Le brasier de la guerre civile.* – De *braise.*

brasiller [bʀazije] v. intr. [1] **1.** Se dit de la mer qui scintille aux rayons du soleil ou de la lune. **2.** Rougeoyer comme de la braise. – De *braise.*

brassage [bʀasaʒ] n. m. **1.** Action de brasser, de remuer; fait d'être brassé. – Fig. *Le brassage des races.* **2.** TECH Opération consistant à extraire les matières solubles du malt, dans la fabrication de la bière. – De *brasser.*

brassard [bʀasaʀ] n. m. **1.** Pièce de l'armure qui couvrait le bras. **2.** Ornement ou signe de reconnaissance fixé au bras. *Brassard de secouriste.* – Altér. de *brassal;* ital. *bracciale,* de *braccio,* «bras».

brasse [bʀas] n. f. **1.** Vx Longueur des deux bras étendus. **2.** Anc. unité de longueur (environ 1,60 m en France, 1,80 m en G.-B.). ▷ MAR Unité de profondeur équivalente. **3.** Nage sur le ventre dans laquelle les mouvements des bras et des jambes sont symétriques. *Brasse coulée, brasse papillon.* ▷ Distance parcourue par le nageur à chaque cycle de mouvement. – Lat. *bracchia,* plur. de *bracchium,* «bras».

brassée [bʀase] n. f. Ce que peuvent contenir les deux bras. *Une brassée de linge, de lavage.* – De *bras.*

1. brasser [bʀase] v. tr. [1] MAR Agir sur le bras (d'une vergue, d'un tangon, etc.) pour lui donner l'orientation voulue. – De *bras.*

2. brasser [bʀase] v. tr. [1] **1.** Opérer les mélanges pour la fabrication de la bière. **2.** Remuer pour mélanger. *Brasser un mélange.* ▷ Fig. *Brasser des affaires:* s'occuper de nombreuses affaires. – De l'a. fr. *brais,* «malt», contaminé par *bras.*

brasserie [bʀasʀi] n. f. **1.** Fabrique de bière; industrie de la bière. **2.** Anc. Débit de boissons où l'on ne vendait que de la bière. Mod. Restaurant où l'on peut prendre des repas simples et où l'on boit surtout de la bière. – De *brasser* 2.

brasseur, euse [bʀasœʀ, øz] n. **1.** Fabricant de bière; négociant en bière. **2.** *Brasseur d'affaires:* homme qui traite beaucoup d'affaires. – De *brasser* 2.

brassière [bʀasjɛʀ] n. f. **1.** Petite chemise de bébé en toile fine ou en tricot. **2.** Vieilli Soutien-gorge. **3.** MAR *Brassière de sauvetage:* gilet de sauvetage. – De *bras.*

brasure [bʀazyʀ] n. f. **1.** Alliage à base de cuivre destiné au brasage du cuivre ou du fer. **2.** Zone où les pièces ont été brasées. – De *braser.*

bravache [bʀavaʃ] adj. et n. Faux brave, matamore. – Ital. *bravo,* «brave» avec suff. péjor.

bravade [bʀavad] n. f. Défi, provocation en paroles ou en actes. – Ital. *bravata,* de *bravare* «faire le brave».

brave [bʀav] adj. et n. **1.** adj. Vaillant, courageux. *Un soldat brave.* Ant. lâche. ▷ Subst. *Un, une brave.* Fam. *Un brave à trois poils,* d'une bravoure éprouvée. **2.** adj. (Avant le nom.) Honnête, bon, serviable. *De braves gens.* ▷ N. m. *Mon brave,* appellation familière et condescendante. – Ital. et esp. *bravo.*

bravement [bʀavmɑ̃] adv. Avec bravoure. – De *brave.*

braver [bʀave] v. tr. [1] **1.** Résister à, tenir tête à, en témoignant qu'on ne craint pas. *Braver l'autorité, le danger.* **2.** Manquer à, ne pas respecter. *Braver l'autorité, la morale.* – De *brave.*

bravissimo [bʀavisimo] interj. Exclamation qui exprime une très vive approbation. *Bravo, bravissimo!* – Mot ital., superlatif de *bravo.*

1. bravo [bʀavo] interj. Exclamation qui accompagne un applaudissement, une approbation. ▷ N. m. *Des bravos répétés.* – Mot ital., «excellent!».

2. bravo [bʀavo] n. m. HIST Spadassin, assassin à gages. *Des bravi.* – Mot ital., «brave».

bravoure [bʀavuʀ] n. f. **1.** Courage face aux dangers. **2.** MUS Vieilli *Air de bravoure:* air d'une exécution difficile, permettant de déployer son talent. – Mod. *Morceau de bravoure,* de virtuosité (souvent péjor.). – Ital. *bravura.*

1. brayer [bʀeje] v. tr. [24] CONSTR Enduire de brai. – De l'anc. nordique *braeda,* «goudronner».

2. brayer [bʀeje] n. m. **1.** TECH Lanière soutenant le battant d'une cloche. **2.** Cordage pour monter une charge. – De *braies.*

1. break [bʀɛk] n. m. **1.** Anc. Voiture ouverte, au siège de cocher surélevé, dont les banquettes étaient disposées dans le sens de la longueur. **2.** (France) Mod. Automobile qui possède un hayon sur sa face arrière, et dont la banquette arrière est généralement repliable. V. familiale. – Mot angl.

2. break [bʀɛk] n. m. MUS En jazz: arrêt momentané du jeu de l'orchestre, pour souligner une intervention d'un seul instrument. – Mot amér., «interruption».

brebis [bʀəbi] n. f. **1.** Mouton femelle. *Fromage de brebis.* **2.** (Par une métaph. fréquente dans les Écritures). Chrétien par rapport à son pasteur. *Une brebis égarée:* un pécheur. Syn. ouaille. **3.** Péjor. *Brebis galeuse:* personne considérée comme donnant le mauvais exemple dans un groupe. – Lat. pop. **berbicem.*

1. brèche [bʀɛʃ] n. f. **1.** Ouverture faite à un mur, une haie, etc. – *Spécial.* Trouée dans les remparts d'une ville assiégée. *Monter à l'assaut par une brèche.* ▷ Loc. fig. *Sur la brèche:* en pleine activité. – *Battre en brèche:* pratiquer une trouée dans (un rempart) à l'aide de l'artillerie. – Fig. Combattre avec succès. *Battre en brèche les idées reçues.* **2.** Vide à l'endroit où une partie a été ôtée à qqch. *Faire une brèche à un pâté.* ▷ Fig. Dommage causé à qqch que l'on entame. *Faire une brèche dans son capital.* – Anc. haut all. *brecha,* «fracture».

2. brèche [bʀɛʃ] n. f. GEOL Conglomérat de cailloux anguleux noyés dans un ciment de nature variable. – Mot d'orig. ligure.

bréchet [bʀeʃɛ] n. m. Crête médiane, verticale, ventrale, du sternum des oiseaux carinates, sur laquelle sont insérés les muscles moteurs des ailes. – Angl. *brisket.*

bredindin [bʀədɛ̃dɛ̃] n. m. MAR Palan au-dessus d'un panneau de cale. – Onomat., p.-ê de *bredouiller.*

bredouillage [bʀədujaʒ] ou **bredouillement** [bʀədujmɑ̃] n. m. Action de bredouiller. – Ce qu'on bredouille. – De *bredouiller.*

bredouille [bʀəduj] adj. *Revenir bredouille* (de la chasse, de la pêche), sans gibier, sans poisson. – Fig.: en ayant échoué dans une entreprise, une démarche. – De *bredouiller.*

bredouiller [bʀəduje] v. intr. [1] Parler de manière précipitée et confuse. ▷ V. tr. *Bredouiller des excuses.* Syn. bafouiller. – Altér. de l'a. fr. *bredeler,* probabl. var. de *bretonner,* «parler comme un breton».

bredouilleur, euse [bʀədujœʀ, øz] n. et adj. Personne qui bredouille. – De *bredouiller.*

breeder [bʀidœʀ] n. m. PHYS NUCL Syn. de *surrégénérateur.* – Mot angl.

1. bref, brève [bʀɛf, bʀɛv] adj. **1.** Qui dure peu. *La vie est brève.* ▷ Rapide. *À bref délai:* sous peu. Syn. court. Ant. long. **2.** Qui s'exprime en peu de mots, concis. *Soyez bref. Un bref discours.* Ant. prolixe. ▷ *Un ton bref,* sec et autoritaire. Syn. tranchant. **3.** *Syllabe, voyelle brève,* d'une courte durée d'émission. **4.** adv. En peu de mots, pour résumer. *Bref, cela ne se peut* (Litt.: *en bref*). – Lat. *brevis.*

2. bref [bʀɛf] n. m. **1.** Rescrit du pape, traitant d'affaires généralement de moindre importance que celles évoquées par une bulle. **2.** Ordre d'un tribunal émis au nom du Souverain et intimant à celui à qui il est adressé de s'y conformer dans le délai qui lui est imparti. – De *bref* 1.

bregma [bʀɛgma] n. m. ANAT Point de rencontre des sutures pariéto-frontale et interpariétale, siège de la fontanelle antérieure chez le nouveau-né. – Mot gr., «le haut du crâne».

bréhaigne [bʀeɛɲ] adj. f. Vieilli Se disait des femmes stériles et des femelles, également stériles, de certains animaux. – *Jument bréhaigne,* qui est stérile et possède des canines (caractère sexuel secondaire de l'étalon). – Orig. incert.

breitschwanz [bʀɛtʃvɑ̃ts] n. m. Peau de l'agneau caracul mort-né. – Mot all., «large queue».

brêlage [bʀɛlaʒ] n. m. Assemblage de deux pièces de bois à l'aide d'un lien; ligature qui sert à cet assemblage. – De *brêler.*

brelan [bʀəlɑ̃] n. m. JEU Réunion de trois cartes de même valeur ou, aux dés, de trois faces semblables. *Brelan d'as.* – Anc. haut all. *bretling,* «tablette».

brêler [bʀele] v. tr. [1] Attacher (un chargement, des pièces de bois) avec des cordages. – De l'a. fr. *brael,* «ceinture», de *braies.*

breloque [bʀəlɔk] n. f. **1.** Menu bijou attaché à une chaîne de montre, à un bracelet. **2.** Batterie de tambour qui annonçait la fin d'un rassemblement. ▷ Fig. *Battre la breloque:* fonctionner mal, irrégulièrement. *Horloge, cœur qui bat la breloque.* – Orig. incert.

1. brème [bʀɛm] n. f. Poisson téléostéen cypriniforme des eaux douces lentes et profondes (son corps est comprimé latéralement et atteint 70 cm de long). – Frq. **brahsima.*

2. brème [bʀɛm] n. f. Arg. Carte à jouer. *Maquiller les brèmes:* marquer le dos des cartes pour les reconnaître et tricher. – Orig. incert.

brésil [bʀezil] n. m. Bois rouge, utilisé en teinture. – De *braise.*

brésilien, ienne [bʀeziljɛ̃, jɛn] adj. et n. Du Brésil. – De *Brésil,* «pays du brésil».

1. brésiller [bʀezije] v. tr. [1] Teindre avec du brésil. – De *brésil.*

2. brésiller [bʀezije] v. tr. [1] TECH ou Litt. Rompre par petits morceaux. *Brésiller le sucre.* ▷ V. pron. *Se brésiller:* se fendre en morceaux. – De l'anc. provenc. *brezilh,* «sable fin», dér. dial. de *briser.*

bretèche [bʀətɛʃ] ou **bretesse** [bʀətɛs] n. f. Anc. **1.** Ouvrage de fortification, muni de créneaux et avancé sur une façade. **2.** ARCHI Balcon en bois placé sur la façade de certains hôtels de ville au XVᵉ s. – Lat. médiév. *brittisca,* probabl. «(fortification) bretonne».

bretelle [bʀətɛl] n. f. **1.** Sangle passée sur les épaules, servant à porter certains fardeaux. *Tenir un fusil par la bretelle.* ▷ Bande élastique passée sur chaque épaule et retenant un pantalon d'homme. *Une paire de bretelles.* – Bande de tissu maintenant une combinaison, un soutien-gorge, etc. **2.** Par anal. MILIT Ligne intérieure reliant deux lignes de défense. ▷ CH de F Dispositif d'aiguillage. ▷ TRAV PUBL Portion de route raccordant une autoroute à une autre voie routière. *Bretelle d'accès. Bretelle de sortie.* – Anc. haut all. *brettil,* «rêne».

breton, onne [bʀətɔ̃, ɔn] adj. et n. **1.** De Bretagne. *Calvaires bretons. Un Breton.* ▷ N. m. *Le breton:* la langue celtique parlée en Basse-Bretagne. **2.** *Romans bretons:* cycle épique de romans en vers (français) du Moyen Âge, d'après des légendes et des traditions celtiques de Bretagne et de Grande-Bretagne. – Lat. *Britto, Brittonis.*

bretonnant, ante [bʀətɔnɑ̃, ɑ̃t] adj. Qui conserve la langue et les traditions bretonnes. *Breton bretonnant.* – De *breton.*

brette [bʀɛt] n. f. **1.** Anc. Épée longue et étroite. **2.** Race de vache laitière. **3.** Outil de maçon, à dents, pour crépir. – De *brette,* fém. de *bret,* «breton», lat. pop. **brittus.*

brettelé, ée [bʀɛtle] adj. CONSTR Muni de dents. *Truelle brettelée.* – Pp. de *bretteler.*

bretteler [bʀɛtle] v. tr. [22] CONSTR Tailler ou gratter avec un outil brettelé. – De *brette.*

brettelure [bʀɛtlyʀ] n. f. TECH Travail de finition exécuté sur un ouvrage avec un instrument muni de dents. – De *bretteler.*

bretteur, euse [bʀɛtœʀ, øz] n. **1.** n. m. Anc. Spadassin, ferrailleur. **2.** Fig. Fanfaron. – De *brette.*

bretzel [bʀɛtzɛl] n. m. ou f. Pâtisserie en forme de lorgnon, salée ou sucrée. – Mot alsacien.

breuvage [bʀœvaʒ] n. m. **1.** Boisson spécialement composée, médicamenteuse ou non. *Un breuvage sédatif.* **2.** (Au restaurant.) Boisson non alcoolisée (café, thé, boisson gazeuse, etc.). – Des inf. *beivre, boivre,* var. anc. de *boire.*

brève [bʀɛv] n. f. Syllabe, voyelle brève. – De *bref* 1.

brevet [bʀəvɛ] n. m. **1.** DR Acte établi par le notaire en un seul exemplaire, qu'il remet à l'intéressé et dont il ne garde pas les minutes. **2.** Acte non scellé par lequel le roi de France accordait une grâce, un titre. ▷ Titre délivré au nom d'un gouvernement ou d'un souverain, permettant d'exercer certaines fonctions. ▷ Spécial. *Brevet d'invention:* titre délivré par le gouvernement à l'inventeur d'un dispositif ou d'un produit nouveau, et qui, sous certaines conditions, lui confère un droit exclusif d'exploitation pour un temps déterminé. **3.** Nom de plusieurs diplômes. *Brevet d'enseignement:* acte, délivré par l'État, accordant l'autorisation permanente d'enseigner. – Fig. *Décerner à qqn un brevet de sottise.* – Dimin. de *bref* 2.

brevetable [bʀəvtabl] adj. Susceptible d'être breveté (au sens 2). – De *breveter.*

breveté, ée [bʀəvte] adj. **1.** Qui a obtenu un brevet. ▷ Subst. *Un breveté.* **2.** Qui a fait l'objet d'un brevet. *Produit breveté.* – Pp. de *breveter.*

breveter [bʀəvte] v. tr. [23] **1.** Décerner un brevet à (qqn). **2.** Protéger par un brevet. *Faire breveter une invention.* – De *brevet.*

bréviaire [bʀevjɛʀ] n. m. **1.** RELIG CATHOL Livre contenant les offices, que les clercs lisent chaque jour. **2.** Fig. Livre dont on fait sa lecture habituelle. – Lat. *breviarium,* «abrégé».

bréviligne [bʀeviliɲ] adj. Qui a des mensurations courtes, un aspect trapu. – Du lat. *brevis,* «court», et *ligne.*

brévité [bʀevite] n. f. PHON Caractère bref d'une syllabe, d'une voyelle. – Lat. *brevitas.*

briard, arde [bʀijaʀ, aʀd] adj. et n. m. **1.** De la Brie. **2.** n. m. Grand chien de berger à poils longs. – De *Brie* (France).

bribe [bʀib] n. f. Petit morceau, fragment. *Une bribe de chocolat. Des bribes de conversation.* – Probabl. d'un rad. expressif.

bric-à-brac [bʀikabʀak] n. m. invar. Amas d'objets de peu de valeur et de toutes provenances. *Marchand de bric-à-brac.* ▷ Fig. *Un bric-à-brac de lieux communs et de préjugés.* Syn. fatras. – Formation expressive.

bric et de broc (de) [bʀikedbʀɔk] loc. adv. De pièces et de morceaux, au hasard. – Formation expressive.

brick [bʀik] n. m. MAR Petit navire à voiles à deux phares carrés. – Angl. *brig(antine).*

bricolage [bʀikɔlaʒ] n. m. Action de bricoler. ▷ Installation, réparation de fortune. – De *bricoler.*

bricole [bʀikɔl] n. f. **1.** Baliste du Moyen Âge. **2.** Partie du harnais d'un cheval de trait contre laquelle s'appuie son poitrail. – *Par ext.* Courroie, lanière pour porter un fardeau, pour tirer une charrette. **3.** Petite chose sans valeur; occupation futile ou travail mal rétribué. *Perdre son temps à des bricoles.* – Ital. *briccola.*

bricoler [bʀikɔle] **I.** v. intr. [1] **1.** Se livrer à de menus travaux, peu rémunérés. **2.** Exécuter de menus travaux de réparation, d'agencement, etc. *Passer ses dimanches à bricoler.* **II.** v. tr. Fabriquer, réparer (qqch) avec des moyens de fortune. *Bricoler un réveil.* – De *bricole.*

bricoleur, euse [bʀikɔlœʀ, øz] n. Personne qui aime à bricoler. ▷ Adj. *Elle est très bricoleuse.* – De *bricoler.*

bride [bʀid] n. f. **1.** Harnais de tête du cheval servant à le conduire. **2.** Les rênes seules. *Rendre, lâcher la bride à un cheval. Mener par la bride:* tenir les rênes sans monter. ▷ Fig. *Tenir en bride:* refréner, modérer. *Tenir la bride haute, courte à qqn,* lui accorder peu de liberté. *Laisser la bride sur le cou:* laisser libre d'agir. ▷ Loc. *À toute bride, à bride abattue:* très vite. **3.** *Par anal.* Pièce servant à attacher, à retenir. *Les brides d'un chapeau.* ▷ COUT Petit arceau fait soit de fil recouvert au point de boutonnière, soit de ganse, servant à retenir un bouton ou une agrafe, ou utilisé comme point arrêt. – Fils unissant les motifs d'une dentelle. **4.** CHIR Tissu fibreux dû à une cicatrisation anormale ou secondaire à un processus inflammatoire ou à un acte chirurgical. *Bride cicatricielle. Une bride intrapéritonéale peut provoquer une occlusion intestinale mécanique.* **5.** TECH Pièce d'assemblage des éléments d'une canalisation. – Du haut. all. *bridel,* «rêne».

bridé, ée [bʀide] adj. **1.** À qui on a passé une bride. – *Oie bridée,* dont le bec est traversé par une plume qui l'empêche de franchir grillages et clôtures. **2.** *Yeux bridés,* dont le larmier est dissimulé par un repli de peau (épicanthus) qui bride la paupière supérieure (caractéristiques de la grand-race jaune). – Pp. de *brider.*

brider [bʀide] v. tr. [1] **1.** Mettre la bride à. *Brider un mulet.* **2.** Assurer par une bride, un lien. ▷ COUT Arrêter par une bride. ▷ CUIS *Brider une volaille,* la ficeler pour la cuisson. ▷ MAR Serrer étroitement par un amarrage (deux ou plusieurs cordages parallèles). ▷ *Par ext.* Serrer trop. *Ce veston le bride.* **3.** AUTO *Brider un moteur,* le munir d'un dispositif qui l'empêche de tourner à son régime normal. **4.** Fig. Contenir, refréner. *Brider sa spontanéité.* – De *bride.*

1. bridge [bʀidʒ] n. m. Jeu de cartes dérivé du whist et qui se joue avec un jeu de 52 cartes entre 2 équipes de 2 partenaires. *Un tournoi de bridge.* – Mot angl. d'orig. levantine.

2. bridge [bʀidʒ] n. m. Anglicisme Appareil de prothèse dentaire fixé par chacune de ses extrémités sur une dent saine. V. pont. – Mot angl., «pont».

bridger [bʀidʒe] v. intr. [15] Jouer au bridge. – De *bridge* 1.

bridgeur, euse [bʀidʒœʀ, øz] n. Personne qui joue au bridge. – De *bridge* 1.

brie [bʀi] n. m. Fromage à pâte molle fermentée, fabriqué primitivement dans la Brie (France).

briefing [bʀifiŋ] n. m. Anglicisme AVIAT Réunion au cours de laquelle sont données des informations et des consignes, avant un départ en mission. ▷ *Par ext.* Toute courte réunion d'information. – Mot angl.

brièvement [bʀijɛvmɑ̃] adv. En peu de mots. Syn. succinctement. – V. bref.

brièveté [bʀijɛvte] n. f. **1.** Courte durée. *La brièveté de la vie.* **2.** Rare Concision. *Brièveté du style.* – De *brief,* var. anc. de *bref.*

briffer [bʀife] v. tr. [1] Pop. vx Manger. – Orig. incert.

brigade [bʀigad] n. f. **1.** Corps de troupe, dont la composition et les effectifs ont varié selon les époques. – De nos jours, unité d'une division, composée de plusieurs régiments. ▷ *Brigades internationales:* troupes de volontaires armés, venus de l'Europe entière, qui apportèrent leur soutien à la Rép. espagnole pendant la guerre civile. **2.** Groupe de quelques hommes. *Brigade de police.* **3.** Groupe d'ouvriers commandés par le même chef. *Brigade de cantonniers.* – Ital. *brigata,* «troupe».

brigadier [bʀigadje] n. m. **1.** Chef d'une brigade. ▷ Fam. Général de brigade. **2.** Dans l'artillerie, la cavalerie, grade correspondant à caporal dans les autres armes. ▷ *Spécial.* Chef d'une brigade de gendarmes. ▷ Gradé de police. ▷ MAR Matelot aidant à la manœuvre d'accostage d'une embarcation. **3.** Chef d'une équipe d'ouvriers. – De *brigade.*

brigand [bʀigɑ̃] n. m. Malfaiteur qui vole, pille, commet des crimes. *Une bande de brigands.* Syn. bandit. ▷ *Par ext.* Homme malhonnête. ▷ Terme de reproche affectueux. *Mon brigand de fils.* – Ital. *brigante.*

brigandage [bʀigɑ̃daʒ] n. m. Pillage, vol à main armée. ▷ *Par ext.* Action très malhonnête, concussion. – De *brigand.*

brigantin [bʀigɑ̃tɛ̃] n. m. Anc. Navire à deux mâts, gréé comme un brick, à un seul pont. – Ital. *brigantino.*

brigantine [bʀigɑ̃tin] n. f. Voile de misaine trapézoïdale. – De *brigantin.*

brigue [bʀig] n. f. Vieilli ou litt. Intrigue, manœuvre secrète et détournée pour obtenir une place, un honneur. *S'élever par la brigue, par brigue.* ▷ Vx Faction, cabale. – Ital. *briga.*

briguer [bʀige] v. tr. [1] **1.** Tâcher d'obtenir par brigue. *Briguer une faveur.* **2.** Solliciter, rechercher avec empressement. – De *brigue.*

brillamment [bʀijamɑ̃] adv. De manière brillante. *Exécuter brillamment une sonate.* – De *brillant.*

brillance [bʀijɑ̃s] n. f. **1.** Luminosité. **2.** PHYS Syn. anc. de luminance. – De *brillant.*

1. brillant, ante [bʀijɑ̃, ɑ̃t] adj. **1.** Qui brille. *Un soleil brillant. Des yeux brillants.* Syn. éclatant, étincelant. Ant. sombre, terne. **2.** Qui se manifeste avec éclat, qui attire l'attention. *Une fête brillante. Une victoire brillante. Un style brillant.* ▷ Qui s'impose par ses qualités intellectuelles, son esprit, sa finesse. *Un élève brillant.* **3.** *Par ext.* Abondant, riche. *Un brillant mariage. Une affaire brillante.* Syn. magnifique, splendide. Ant. médiocre. – Ppr. de *briller.*

2. brillant [bʀijɑ̃] n. m. **1.** Éclat, lustre. *Le brillant d'une pierre.* Fig. *Le brillant de sa conversation.* **2.** Diamant taillé à facettes. – Ppr. subst. de *briller.*

brillantage [bʀijɑ̃taʒ] n. m. TECH **1.** Action de brillanter. **2.** Polissage électrolytique. – De *brillanter.*

brillanté [bʀijɑ̃te] adj. *Fil, coton brillanté,* artificiellement rendu brillant. ▷ n. m. Tissu à dessins brillants. – Pp. de *brillanter.*

brillanter [bʀijɑ̃te] v. tr. [1] **1.** Tailler (une pierre précieuse) en brillant. **2.** TECH Donner un aspect brillant à. *Brillanter un métal.* ▷ Litt., rare Rendre brillant, parsemer d'ornements brillants. Ant. ternir. – De *brillant.*

brillantine [bʀijɑ̃tin] n. f. Huile parfumée pour lustrer les cheveux. – De *brillant.*

brillantiner [bʀijɑ̃tine] v. tr. [1] Enduire de brillantine. – De *brillantine.*

briller [bʀije] v. intr. [1] **1.** Jeter une lumière éclatante, avoir de l'éclat. *Le soleil brille. Un bijou qui brille.* Ant. pâlir. **2.** Fig. Se manifester clairement. *La joie brillait sur son visage.* **3.** Fig. Attirer l'attention, provoquer l'admiration. *Elle aime briller,* se faire admirer. ▷ Exceller. *Briller dans l'improvisation.* – Ital. *brillare.*

brimade [bʀimad] n. f. **1.** Plaisanterie, épreuve à caractère plus ou moins vexatoire que les anciens d'une école, d'un régiment, font subir aux nouveaux. **2.** *Par ext.* Mesure désobligeante, mesquine. *Les brimades d'une administration.* – De *brimer.*

brimbalement [bʀɛ̃balmɑ̃] n. m. Fam. Action de brimbaler ; balancement, oscillation. – De *brimbaler.*

brimbaler [bʀɛ̃bale] **1.** v. tr. [1] Fam. Agiter, secouer. **2.** v. intr. Osciller. V. bringuebaler. – Formation expressive sur *baller.*

brimborion [bʀɛ̃bɔʀjɔ̃] n. m. Colifichet, babiole, bagatelle. – Du lat. ecclés. *breviarium,* «bréviaire», avec infl. de *bribe,* autref. *brimbe,* «prière marmottée».

brimer [bʀime] v. tr. [1] **1.** Soumettre (qqn) à des brimades. **2.** Faire subir des vexations à. – De *brimer,* «geler, flétrir», mot dial. de l'Ouest ; de *brime,* altér. de *brume.*

brin [bʀɛ̃] n. m. **1.** Mince pousse, tige (d'une plante). *Brin d'herbe, de muguet.* ▷ Fig. *Un beau brin de fille:* une fille grande et bien faite. **2.** Parcelle mince et longue. *Un brin de paille, de fil.* **3.** TECH Chacun des fils d'un cordage, d'un câble électrique, etc. **4.** MAR Chacune des parties d'une manœuvre passant dans une poulie. *Brins d'un palan.* **5.** Fig. Très petite quantité. *Ajoutez un brin de sel.* ▷Loc. adv. *Un brin:* un peu. *Nous avons causé un brin.* – Orig. incon.

brindezingue [bʀɛ̃dzɛ̃g] adj. Pop. Ivre. – Déform. arg. de *brinde;* V. *bringue* 2.

brindille [bʀɛ̃dij] n. f. Branche mince et courte. *Feu de brindilles.* – De *brin.*

bringé, ée [bʀɛ̃ʒe] adj. Qui présente des bringeures (robe des bovidés, pelage des chiens). – De *brin.*

bringeure [bʀɛ̃ʒyʀ] n. f. Bande noire sur la robe rousse ou fauve d'un bovidé. – De *bringé.*

1. bringue [bʀɛ̃g] n. f. Pop. *Une grande bringue:* une femme dégingandée. – P.-ê. de *brin.*

2. bringue [bʀɛ̃g] n. f. Pop. Beuverie, fête, bombance. *Faire la bringue:* faire la noce. – Var. de *brinde;* all. *bringe,* «(je) porte (la santé)».

brinquebaler [bʀɛ̃kbale] ou **bringuebaler** [bʀɛ̃gbale] **1.** v. tr. [1] Balancer, ballotter. **2.** v. intr. Cahoter, osciller. V. brimbaler. – Formation expressive sur *baller.*

brio [bʀijo] n. m. Vivacité, virtuosité dans l'exécution d'une œuvre musicale. *Jouer avec brio.* – *Par ext.* Virtuosité (dans une activité quelconque). – Mot ital.

brioche [bʀijɔʃ] n. f. Pâtisserie faite avec de la farine, du beurre, des œufs et de la levure. ▷ Fig., fam. *Prendre de la brioche,* du ventre. – De *brier,* forme dial. de *broyer.*

brioché, ée [bʀijɔʃe] adj. Qui est confectionné comme la brioche, qui en a le goût. *Pâte briochée.* – De *brioche.*

brion [bʀiɔ̃] n. m. MAR Pièce qui relie la quille à l'étrave.

brique [bʀik] n. f. **1.** Parallélépipède rectangle de terre argileuse, cuit au four ou séché au soleil. *Une maison de briques.* ▷ Adj. invar. De la couleur rougeâtre de la brique. *Un velours brique.* **2.** *Par anal.* Objet de forme parallélépipédique. *Brique de verre.* ▷ MAR Bloc de grès ayant la forme d'une brique, ou (par extension) mélange de sable et d'eau, qui sert à brosser le pont. ▷ Arg. *Une brique:* en France, un million d'anciens francs, dix mille francs. **3.** Pop. *Bouffer des briques:* n'avoir rien à manger. – Néerl. *bricke,* all. *brechen,* «briser»; en a. fr. «morceau, miette».

briquer [bʀike] v. tr. [1] **1.** MAR Frotter (le pont) avec une brique. **2.** Mod. Nettoyer avec soin. – De *brique, sens 2.*

1. briquet [bʀikɛ] n. m. **1.** Vx Pièce d'acier qui, frappée avec un silex, produit des étincelles. **2.** Mod. Appareil servant à produire du feu. *Briquet à quartz.* **3.** Sabre court utilisé autref. dans l'infanterie. – Probabl. de *brique,* «morceau».

2. briquet [bʀikɛ] n. m. Petit chien de chasse. – Dimin. de *braque.*

briquetage [bʀiktaʒ] n. m. Maçonnerie de briques ; garnissage en briques. – De *briqueter.*

briqueter [bʀikte] v. tr. **1.** [21] Garnir de briques. **2.** Appliquer un enduit (où l'on trace des lignes pour imiter la brique) sur qqch. – De *brique.*

briqueterie [bʀikɛtʀi] n. f. Fabrique de briques. – De *brique.*

briquetier [bʀiktje] n. m. Fabricant ou marchand de briques. – De *brique.*

briquette [bʀikɛt] n. f. Aggloméré en forme de brique, constitué de débris de combustibles (charbon, lignite, etc.), liés au brai. – Dimin. de *brique.*

bris [bʀi] n. m. Rupture. *Bris de scellés, bris de clôture.* – Déverbal de *briser.*

brisant [bʀizɑ̃] n. m. (souvent au plur.). Écueil sur lequel la mer brise et écume. – Ppr. subst. de *briser.*

brisant, ante [bʀizɑ̃, ɑ̃t] adj. TECH *Explosif brisant,* à déflagration très rapide. – Ppr. de *briser.*

briscard ou **brisquard** [bʀiskaʀ] n. m. HIST Vieux soldat chevronné. – De *brisque.*

brise [bʀiz] n. f. Vent modéré et régulier. ▷ MAR Vent de 2 à 10 m/s. *Légère brise, jolie brise, bonne brise* (V. Beaufort, *échelle de*). *Brise de terre,* qui souffle, la nuit, vers le large. *Brise de mer,* qui souffle, le jour, vers la terre. *Régime des brises.* – Mot probabl. frison.

brisé, ée [bʀize] adj. **1.** Rompu, mis en pièces. *Os brisé.* ▷ Fig. *Avoir le cœur brisé.* – *Être brisé de fatigue.* **2.** Qui ne fonctionne plus. *Une montre brisée. Un téléviseur brisé.* **3.** Abîmé (en général), endommagé. *Raccommoder des bas brisés. Une chaise brisée.* **4.** GEOM *Ligne brisée,* composée de segments de droites consécutifs qui forment des angles. ▷ ARCHI *Arc brisé,* aigu. – Pp. de *briser.*

brise-béton [bʀizbetɔ̃] n. m. inv. CONSTR Outil pour casser par percussion les dalles de béton. – De *briser,* et *béton.*

brisées [bʀize] n. f. pl. Branches rompues par le veneur pour marquer la voie. ▷ Fig. *Suivre les brisées de qqn,* l'imiter. *Aller sur les brisées de qqn:* entrer en rivalité avec lui sur son propre terrain. – Pp. subst. de *briser.*

brise-fer [bʀizfɛʀ] n. m. inv. Enfant turbulent, qui brise tout. – De *briser,* et *fer.*

brise-glace ou **brise-glaces** [bʀizglas] n. m. inv. **1.** Éperon placé en avant d'une pile d'un pont pour briser la glace. **2.** MAR Éperon placé à l'avant d'un navire pour briser la glace. ▷ *Navire brise-glace,* ou *brise-glace:* navire à étrave renforcée, construit pour briser la glace et ouvrir un passage à la navigation. – De *briser,* et *glace.*

brise-jet [bʀizʒɛ] n. m. inv. Dispositif adapté à un robinet, afin d'atténuer la force du jet. – De *briser,* et *jet.*

brise-lames [bʀizlam] n. m. inv. Ouvrage destiné à protéger un port contre la mer en amortissant la houle. Syn. jetée, môle. – Hiloire sur la plage avant d'un navire empêchant le ruissellement de l'eau vers l'arrière. – De *briser,* et *lame.*

brisement [bʀismɑ̃] n. m. Rare Action de briser, de se briser. *Le brisement des vagues.* ▷ Fig. *Brisement de cœur:* vive douleur morale. – De *briser.*

brise-mottes [bʀizmɔt] n. m. inv. AGRIC Lourd cylindre dentelé servant à briser les mottes de terre. – De *briser,* et *motte.*

briser [bʀize] **I.** v. tr. [1] **1.** Rompre, casser. *Briser une vitre.* – Fig. *Briser le silence, l'isolement. Voix brisée par le chagrin.* **2.** Abîmer (en général), endommager. *Briser son auto. Briser un meuble en le transportant. Briser le manteau de qqn en lui faisant un accroc par inattention.* «Est-ce que vous essayez de me faire croire que les anges ont brisé mes lunettes?» (Monique Proulx, *Sans cœur et sans reproche,* 1983.) **3.** Fig. Détruire, anéantir. *Briser des espérances.* – *Briser le joug, ses liens:* s'affranchir. – *Briser le cœur:* peiner, affliger. – *Briser la carrière de qqn.* **4.** Fatiguer, abattre. *Toutes ces émotions m'ont brisé.* **5.** Interrompre soudainement. *Briser une conversation.* ▷ (S. comp.) *Brisons là:* ne poursuivons pas la discussion. **II.** v. intr. *Mer qui brise,* qui déferle. **III.** v. pron. Se casser. *Le miroir est tombé et s'est brisé.* – Fig. *Ses efforts se brisent sur l'obstacle.* ▷ *La mer se brise sur les écueils:* déferle, écume. – Lat. pop. **brisare,* d'orig. gaul.

brise-tout [bʀiztu] n. m. inv. Enfant turbulent, personne maladroite qui brise tout. – De *briser,* et *tout.*

briseur, euse [bʀizœʀ, øz] n. Personne qui brise. *Briseur d'images:* iconoclaste. – *Briseur de grève:* ouvrier embauché par l'employeur pour remplacer un gréviste. – De *briser.*

brise-vent [bʀizvɑ̃] n. m. inv. Ouvrage ou plantation qui protège de l'action du vent. – De *briser,* et *vent.*

brisis [bʀizi] n. m. ARCHI Ensemble des angles formés par les plans d'un comble brisé. – De *briser.*

briska [bʀiska] n. f. Voiture légère, calèche transformable en traîneau, utilisée en Russie. – Mot russe.

brisquard. V. briscard.

brisque [bʀisk] n. f. Jeu de cartes, également appelé *mariage.* – Orig. incon.

bristol [bʀistɔl] n. m. Carton mince d'aspect satiné, utilisé notam. pour les cartes de visite. *Chemise de bristol.* – Du nom de la v. de *Bristol,* en G.-B., où ce carton fut fabriqué.

brisure [bʀizyʀ] n. f. **1.** Cassure. Partie brisée, détachée, fragment. *Brisures de biscuits.* **2.** TECH Partie articulée d'un ouvrage de menuiserie qui se replie sur lui-même. **3.** HERALD Modification des armoiries qui distingue les branches d'une famille, ou marque la bâtardise. – De *briser.*

britannique [bʀitanik] adj. (et n.). Du Royaume-Uni. *Les îles Britanniques.* ▷ Subst. *Les Britanniques.* – Lat. *britannicus.*

Britanno-colombien, ienne [bʀitanokɔlɔ̃bjɛ̃, jɛn] Subst. Citoyen de la Colombie-Britannique. – De *britanno-,* élément invariable au sens de «relatif au Royaume-Uni», et de *Colombie* avec suff. *-ien.*

ENCYCL Historiquement, plusieurs formes ont été proposées pour désigner les habitants de la province canadienne de Colombie-Britannique dont, entre autres, *British-Colombien, Britto-Colombien, Colombain, Colombien* et *Colombien-Britannique.*

brittonique [bʀitɔnik] adj. (et n.). Se dit du peuple celte établi en G.-B. avant la conquête romaine. ▷ N. m. La langue parlée par ce peuple. – Du lat. *Britto, Brittonis,* «Breton».

1. broc [bʀo] n. m. Vase à anse et à bec évasé, pour tirer ou transporter de l'eau, du vin, etc. *Broc en métal émaillé.* – Son contenu. *Il a bu tout le broc.* – Mot anc. provenç., du gr. *brokhis.*

2. broc [bʀɔk] adv. *De bric et de broc.* V. bric.

3. broc [bʀɔk] n. m. Pop. Brocanteur. – Abrév. de *brocanteur.*

brocante [bʀɔkɑ̃t] n. f. Activité, commerce du brocanteur. – Déverbal de *brocanter.*

brocanter [bʀɔkɑ̃te] v. intr. [1] Acheter, troquer des marchandises d'occasion, des objets anciens pour les revendre. – Probabl. de l'anc. haut all. *brocko,* «morceau».

brocanteur, euse [bʀɔkɑ̃tœʀ, øz] n. Personne qui fait métier de brocanter. *J'ai trouvé cette lampe chez un brocanteur.* – De *brocanter.*

1. brocard [bʀɔkaʀ] n. m. Maxime juridique. – Du nom latinisé de *Burckard,* évêque de Worms, auteur d'un recueil de maximes.

2. brocard [bʀɔkaʀ] n. m. Vx ou litt. Trait piquant, raillerie mordante. – De l'anc. v. *broquer,* «piquer».

3. brocard [bʀɔkaʀ] n. m. VEN Chevreuil mâle. *Spécial.* Chevreuil âgé d'un an et demi, dont les bois ne sont pas ramifiés. – Du normanno-picard *broque,* «dague».

brocarder [bʀɔkaʀde] v. tr. [1] Vx ou litt. Tourner en dérision par des brocards. – De *brocard* 2.

brocart [bʀɔkaʀ] n. m. Étoffe de soie brochée d'or, d'argent. *Brocart de Venise, de Lyon.* – Ital. *broccato,* «broché».

brocatelle [bʀɔkatɛl] n. f. **1.** Étoffe imitant le brocart. **2.** Marbre renfermant des fragments de différentes couleurs. – Ital. *broccatello.*

brochage [bʀɔʃaʒ] n. m. **1.** Action de brocher un livre, suite d'opérations précédant la reliure ou la couvrure en papier ou carton mince et comportant le pliage, l'assemblage, la couture, parfois le massicotage; résultat de cette action. **2.** Procédé de tissage permettant de former dans l'étoffe des dessins en relief. – De *brocher.*

broche [bʀɔʃ] n. f. **1.** Tige pointue que l'on passe au travers d'une pièce de viande, d'une volaille à rôtir, pour pouvoir la faire tourner pendant qu'elle cuit. *Mettre un poulet à la broche.* ▷ Tige métallique adaptée aux métiers à filer, sur laquelle s'enroulent les fils. ▷ Long clou sans tête. ▷ Tige d'une serrure, qui pénètre dans le trou d'une clé forée. ▷ CHIR Fixateur métallique, interne ou externe, destiné à assurer la contention d'un ou de plusieurs segments osseux. ▷ ELECTR Tige conductrice d'un contact électrique. ▷ TECH Arbre principal d'une machine-outil. **2.** Bijou de femme muni d'un fermoir à épingle, que l'on pique dans l'étoffe d'un vêtement. **3.** VEN Chacune des défenses du sanglier. – Premier bois du cerf, du daim, du chevreuil. – Lat. pop. **brocca,* fém. substantivé de *brocchus,* «saillant».

brocher [bʀɔʃe] v. tr. [1] **1.** Procéder au brochage d'un livre. ▷ *Volume broché,* dont la couverture est en papier ou en carton mince (par oppos. à *volume relié*). **2.** Passer dans une étoffe, lors du tissage, des fils d'or, de soie, etc., qui forment un dessin en relief. **3.** Loc. HERALD *Brochant sur le tout:* passant d'un côté à l'autre de l'écu. – Fig., vieilli *Et brochant sur le tout...:* et pour comble... – De *broche.*

brochet [bʀɔʃɛ] n. m. Poisson osseux d'eau douce (genre *Esox*), au corps élancé, au museau plat et allongé, aux dents acérées, reconnu pour être un prédateur vorace. *Certains brochets, comme le maskinongé (Esox masquinongy) et le grand brochet (Esox lucius), peuvent dépasser un mètre de longueur.* – De *broche,* à cause de la forme pointue de son museau.

brochette [bʀɔʃɛt] n. f. **1.** Petite broche à rôtir; les morceaux enfilés sur la brochette. *Manger des brochettes.* ▷ Plaisant Groupe de personnes alignées. **2.** Petite broche à laquelle on suspend des médailles de décorations. – Dimin. de *broche.*

brocheur, euse [bʀɔʃœʀ, øz] n. Personne qui broche des livres (ou des tissus). ▷ Adj. *Machine brocheuse.* – De *brocher.*

brochure [bʀɔʃyʀ] n. f. **1.** Dessin broché sur une étoffe. **2.** Brochage (d'un livre). **3.** Ouvrage imprimé, peu épais, à couverture de papier ou de carton mince brochée ou piquée. *Brochure publicitaire.* – De *brocher.*

brocoli [bʀɔkɔli] n. m. **1.** Variété de chou-fleur, originaire d'Italie. **2.** Pousse feuillée de chou, consommée comme légume. – Ital. *broccoli,* «pousses de chou».

brodequin [bʀɔdkɛ̃] n. m. **1.** Chaussure de marche montante, qui couvre le cou-de-pied. **2.** Chaussure des acteurs comiques, chez les Anciens (les acteurs tragiques chaussaient le cothurne). – Fig., litt. *Par méton.* La comédie. **3.** Plur. Appareil de torture qui écrasait les jambes du patient. – Altér. sous l'infl. de *broder,* de *brosequin,* esp. *borceguí.*

broder [bʀɔde] **I.** v. tr. [1] Orner (une étoffe) de dessins à l'aiguille. *Broder un couvre-pied.* – (S. comp.). *Soie à broder.* **II.** v. intr. **1.** Fig. Amplifier, embellir un récit. **2.** MUS Ajouter des ornements, des variations à un thème. – Frq. **brozdôn.*

broderie [bʀɔdʀi] n. f. **1.** Dessin exécuté à l'aiguille sur une étoffe déjà tissée. *Une broderie délicate. Faire de la broderie.* ▷ Ouvrage brodé. **2.** Fig. Embellissement apporté à un récit, fabulation. – De *broder.*

brodeur, euse [bʀɔdœʀ, øz] n. **1.** Personne qui brode. **2.** n. f. Machine à broder. – De *broder.*

bromate [bʀɔmat] n. m. CHIM Sel ou ester de l'acide bromique. – De *brome* 2.

1. brome [bʀom] n. f. BOT Genre de graminées comprenant plus de 15 espèces fréquentes en France, notam. *Bromus arvensis,* qui fournit un fourrage pauvre. – Lat. *bromos,* mot gr.

2. brome [bʀom] n. m. CHIM Élément de numéro atomique $Z = 35$ et de masse atomique 79,9 (symbole Br). – Du gr. *brômos,* «puanteur».

ENCYCL Le brome est un non-métal de la famille des halogènes. On le trouve dans la nature sous forme de bromures: eau de mer, gisements d'Alsace et de Stassfurt (R.F.A.). C'est un liquide rouge sombre (fusion à – 7 °C, ébullition à 59 °C).

bromé, ée [bʀɔme] adj. CHIM Qui contient du brome. – De *brome* 2.

broméliacées [bʀɔmeljase] n. f. pl. BOT Famille de monocotylédones d'Amérique tropicale, très souvent épiphytes, comprenant l'*ananas.* – Du nom de *Bromel,* botaniste suédois.

bromer [bʀome] v. tr. [1] CHIM Traiter par le brome. – De *brome* 2.

bromhydrique [bʀɔmidʀik] adj. CHIM *Acide bromhydrique,* bromure d'hydrogène (HBr). – De *brom(ure),* et *hydrique.*

bromique [bʀɔmik] adj. CHIM *Acide bromique,* de formule $HBrO_3$. – De *brome* 2.

bromisme [bʀɔmism] n. m. MED Ensemble des accidents dus à l'abus de bromures. – De *bromure.*

bromoforme [bʀɔmɔfɔʀm] n. m. CHIM Tribromométhane $CHBr_3$ aux propriétés anesthésiques.

bromure [bʀɔmyʀ] n. m. CHIM Sel ou ester de l'acide bromhydrique. – De *brome* 2.

ENCYCL Le bromure d'argent est utilisé en photographie, car il noircit sous l'action de la lumière. En médecine on utilise les bromures de potassium et de calcium comme calmants, le bromure d'éthyle comme anesthésique. Les bromures se combinent aux alcools et donnent différents composés organiques antiseptiques, odorants, sucrés et hypnotiques.

bromuré, ée [bʀɔmyʀe] adj. CHIM Qui contient du bromure. – De *bromure.*

bronche [bʀɔ̃ʃ] n. f. Chacun des conduits aériens nés de la division de la trachée en deux, et chacune de leurs ramifications. *Bronches du premier, du deuxième, du troisième ordre. Une affection des bronches.* – Lat. médiév. *bronchia,* gr. *brogkhia.*

broncher [bʀɔ̃ʃe] v. intr. [1] **1.** En parlant d'un cheval: faire un faux pas, trébucher. **2.** Fig. Faire un geste, prononcer une parole pour protester, manifester sa désapprobation ou son impatience. *Gare à lui s'il bronche. Sans broncher:* sans protester. – Orig. incon.

bronchiole [bʀɔ̃ʃjɔl ou kjɔl] n. f. Nom des ramifications les plus fines des bronches. – Dimin. de *bronche.*

bronchique [bʀɔ̃ʃik] adj. Qui a rapport aux bronches. *Artère bronchique.* – De *bronche.*

bronchite [bʀɔ̃ʃit] n. f. Inflammation de la muqueuse des bronches. – De *bronche.*

bronchitique [bʀɔ̃ʃitik] adj. (et n.) Qui a rapport à la bronchite. ▷ Atteint de bronchite. *Un bronchitique chronique.* – De *bronchite.*

bronch(o)-. Élément, du grec *brogkhia,* «bronches».

broncho-dilatateur, trice [bʀɔ̃kodilatatœʀ, tʀis] adj. MED Qui dilate les bronches et les bronchioles. – De *broncho-,* et *dilatateur.*

bronchogène [bʀɔ̃koʒɛn] adj. MED D'origine bronchique. – De *broncho-,* et *gène.*

bronchographie [bʀɔ̃kogʀafi] n. f. MED Examen radiographique de l'arbre bronchique après administration d'une substance opaque aux rayons X. – De *broncho-,* et *-graphie.*

broncho-pneumonie [bʀɔ̃kopnømɔni] n. f. MED Inflammation des bronches et du parenchyme pulmonaire, généralement d'origine microbienne. – De *broncho-,* et *pneumonie.*

bronchoscopie [bʀɔ̃koskɔpi] n. f. MED Examen visuel des bronches au moyen d'un tube muni d'une source lumineuse (bronchoscope) que l'on introduit dans la trachée et dans les bronches. – De *broncho-,* et *-scopie.*

bronchospasme [bʀɔ̃kospasm] n. m. MED Contracture spasmodique des bronches, gênant les mouvements respiratoires, caractéristique de l'asthme. – De *broncho-,* et *spasme.*

brontosaure [bʀõtozɔʀ] n. m. PALEONT Nom francisé de *Brontosaurus*, le plus grand (40 m de long) des dinosauriens fossiles (Crétacé), herbivore semi-aquatique. – Lat. zool., du gr. *brontê*, «tonnerre», et *saura*, «lézard».

bronzage [bʀõzaʒ] n. m. **1.** TECH Traitement de la surface d'un objet, qui lui donne l'aspect du bronze. **2.** Hâle. – De *bronzer*.

bronze [bʀõz] n. m. **1.** Alliage de cuivre et d'étain. *Statue de bronze. Couler en bronze.* Syn. (litt.) airain. – Alliage de cuivre et d'un autre métal, peu altérable, facile à mouler, et dont on améliore la dureté par addition de phosphore, la malléabilité par du zinc, la conductibilité électrique par du silicium. *Bronze d'aluminium:* alliage de cuivre et d'aluminium. ▷ *Âge du bronze:* époque où les hommes savaient fabriquer des outils et des armes en bronze, sans connaître encore le fer (IIe mill. av. J.-C. env. en Europe continentale). **2.** Objet sculpté, moulé en bronze. *Une collection de bronzes anciens.* – Ital. *bronzo*.

bronzer [bʀõze] v. tr. [1] **1.** TECH Pratiquer le bronzage d'un objet. *Bronzer un canon de fusil.* **2.** Hâler. *Le soleil et le vent l'ont bronzé. Une peau bronzée.* ▷ V. pron. *Se bronzer sur la plage.* ▷ V. intr. *Elle bronze facilement.* – De *bronze*.

bronzeur [bʀõzœʀ] n. m. Ouvrier qui fait le bronzage (sens 1). – De *bronze*.

bronzier [bʀõzje] n. m. Fondeur d'objets d'art en bronze. – De *bronze*.

bronzite [bʀõzit] n. f. MINER Silicate ferro-magnésien naturel, du groupe des pyroxènes, à l'éclat semi-métallique sombre. – De *bronze*, et *-ite* 3.

broquette [bʀɔkɛt] n. f. Petit clou à tête aplatie. Syn. semence. – Mot normanno-picard, «brochette».

brossage [bʀɔsaʒ] n. m. Action de brosser. – De *brosser*.

brosse [bʀɔs] n. f. **1.** Ustensile fait d'une plaque garnie de poils durs, de brins de chiendent, de fils métalliques ou synthétiques, etc., pour nettoyer. *Brosse à habits, à cheveux.* ▷ *Cheveux taillés en brosse*, droits sur la tête comme les soies d'une brosse. **2.** Gros pinceau pour étendre les couleurs. **3.** Poils que porte le cerf aux jambes de devant. ▷ Poils du corps ou des pattes de certains insectes (abeilles, notam.). – Lat. pop. **bruscia*, de *bruscus*, var. de *ruscus*, «fragon épineux».

brosser [bʀɔse] **1.** v. tr. [1] Frotter, nettoyer avec une brosse. *Brosser une veste. Brosser qqn*, brosser ses vêtements. **2.** v. pron. *Se brosser:* brosser ses propres vêtements. – *Se brosser les cheveux, les dents.* ▷ Fig., fam. *Se brosser le ventre:* être privé de nourriture. – *Il peut se brosser:* il n'aura pas ce qu'il veut, il n'obtiendra rien. **3.** v. tr. Peindre à la brosse, par larges touches. *Brosser un décor.* ▷ Fig. Décrire à grands traits. – De *brosse*.

brosserie [bʀɔsʀi] n. f. Commerce, travail du brossier. – De *brosse*.

brossier, ière [bʀɔsje, jɛʀ] n. Personne qui fabrique ou vend des brosses. – De *brosse*.

brou [bʀu] n. m. Écale verte et charnue des noix fraîches. ▷ *Brou de noix:* teinture brun foncé faite avec l'écale des noix. ▷ Liqueur stomachique, faite avec le brou de noix. – De *brout*, «pousse, rejeton», d'une racine germ.

brouet [bʀuɛ] n. m. Vx Mets liquide et peu consistant. ▷ *Brouet noir:* mets grossier des anciens Spartiates. – Plaisant. Mauvais potage. – De l'a. fr. *breu*, «bouillon», anc. haut all., *brod*.

brouette [bʀuɛt] n. f. **1.** Vx Chaise fermée à deux roues, dont on attribue le perfectionnement à Pascal. Syn. vinaigrette. **2.** Petit tombereau à une roue et deux brancards, qu'on pousse devant soi. – Dimin. de **beroue*, bas lat. **birota*, «(véhicule) à deux roues».

brouettée [bʀuɛte] n. f. Charge d'une brouette. – De *brouette*.

brouetter [bʀuete] v. tr. [1] Transporter dans une brouette. *Brouetter de la terre.* – De *brouette*.

brouhaha [bʀuaa] n. m. Bruit confus qui s'élève dans une assemblée nombreuse. *Un grand brouhaha.* – Probabl. onomat.

brouillage [bʀujaʒ] n. m. RADIOELECTR Superposition d'une émission à une autre, rendant celle-ci inintelligible. – De *brouiller*.

brouillamini [bʀujamini] n. m. Fam. Désordre, confusion. *«Il y a trop de tintamarre là-dedans, trop de brouillamini»* (Molière). – Altér., sous l'infl. de *brouiller*, du lat. pharm. *boli armenii*, «du bol d'Arménie».

1. brouillard [bʀujaʀ] n. m. Nuage formé au voisinage du sol par des gouttelettes microscopiques dues à un refroidissement de l'air humide. *Les brouillards de Londres. Brouillard qui voile le paysage.* ▷ Fig. *Voir à travers un brouillard:* avoir la vue troublée. – Fam. *Foncer dans le brouillard:* aller résolument son chemin sans se laisser arrêter par les difficultés – Altér. de *brouillas*, de *broue*, m. rad. que *brouet*.

2. brouillard [bʀujaʀ] n. m. COMM Registre sur lequel on inscrit les opérations, à mesure qu'elles se font. – De *brouiller*.

brouillasse [bʀujas] n. f. Petite pluie fine, bruine. – De *brouillasser*.

brouillasser [bʀujase] v. impers. [1] Tomber, en parlant d'une pluie fine qui forme comme un brouillard. – De *brouillas* (V. brouillard 1).

brouille [bʀuj] ou **brouillerie** [bʀujʀi] n. f. Mésintelligence, fâcherie. – Déverbal de *brouiller*.

brouiller [bʀuje] **I.** v. tr. [1] **1.** Mettre pêle-mêle; mélanger, mêler. *Brouiller des papiers.* – *Œufs brouillés:* dont on a mélangé les blancs et les jaunes pendant la cuisson. **2.** Troubler. *Brouiller la vue.* – *Brouiller le teint:* altérer le teint du visage. ▷ *Brouiller une émission de radio*, empêcher par le brouillage de l'entendre clairement. **3.** Mettre du désordre, de la confusion dans. *L'émotion brouillait ses souvenirs.* – *Brouiller la combinaison d'un cadenas:* bouleverser la combinaison qui avait permis de l'ouvrir. **4.** Désunir (des personnes), susciter le désaccord entre elles. **II.** v. pron. **1.** Se troubler. *Avoir la vue qui se brouille.* ▷ *Le temps se brouille:* le ciel se couvre de nuages. **2.** Devenir désordonné, confus. *Idées qui se brouillent.* **3.** *Se brouiller avec qqn:* se fâcher avec qqn. *Il s'est brouillé avec son frère.* – Probabl. de *bro(u)*, «bouillon, boue» (V. brouet).

brouillerie. V. brouille.

brouilleur [bʀujœʀ] n. m. RADIOELECTR Appareil servant au brouillage d'un émetteur. – De *brouiller*.

1. brouillon, onne [bʀujõ, ɔn] adj. Qui n'a pas d'ordre, qui embrouille tout. *Caractère brouillon.* ▷ Subst. *Un brouillon.* – De *brouiller*.

2. brouillon [bʀujõ] n. m. Ce que l'on écrit d'abord, avant de mettre au net. ▷ *Par méton.* Papier servant à la rédaction des brouillons. *As-tu du brouillon?* ▷ Loc. adv. *Au brouillon. Fais d'abord ton rapport au brouillon, tu le mettras ensuite au propre.* – De *brouiller*.

broussaille [bʀusaj] n. f. (Rare au sing.) Ensemble d'arbustes et d'arbrisseaux souvent épineux, ayant poussé en s'entremêlant. *Terrain couvert de broussailles.* ▷ Par anal. *Sourcils en broussailles*, durs et embrouillés. – De *brosse*.

broussailleux, euse [bʀusajø, øz] adj. Plein de broussailles. – De *broussaille*.

broussard, arde [bʀusaʀ, aʀd] n. Celui, celle qui parcourt la brousse, a l'habitude de vivre dans la brousse. *Un vieux broussard.* – De *brousse*.

brousse [bʀus] n. f. **1.** Végétation clairsemée, caractéristique de l'Afrique tropicale (hautes graminées mêlées d'arbres peu nombreux, savane, formations à épineux). ▷ Étendue couverte par une telle végétation. – *Par ext.* Tout ce qui n'est pas la ville. *Village de brousse.* **2.** Fam. Rase campagne. *Un patelin perdu en pleine brousse.* – Provenç. *brousso*, «broussaille».

broussin [bʀusɛ̃] n. m. Loupe, excroissance ligneuse qui vient sur le tronc ou les branches de certains arbres. – De l'a. fr. *brois*, var. *bruis*, lat. *bruscum*.

brout [bʀu] n. m. Pousse de jeunes tailles. ▷ MED VET *Mal de brout:* intoxication intestinale des herbivores qui mangent trop de plantes riches en résine ou en tanin. – Déverbal de *brouter*.

broutard [bʀutaʀ] n. m. Jeune veau mis au pâturage. – De *brouter*.

broutement [bʀutmɑ̃] n. m. **1.** Action de brouter. **2.** TECH Fonctionnement saccadé de certains mécanismes, de certains outils. – De *brouter*.

brouter [bʀute] **1.** v. tr. [1] Paître de l'herbe, des feuilles vertes. *Les moutons broutent l'herbe.* – (S. comp.) *La chèvre broute.* **2.** v. intr. TECH Couper par saccades et d'une façon irrégulière (outils). ▷ Entrer en action de façon saccadée, en parlant d'un embrayage, d'un système de freinage, d'une machine. – De l'a. fr. *brost*, «brout», du germ. **brustjan*, «bourgeonner».

broutille [bʀutij] n. f. (Rare au sing.) **1.** Vx Menue branche. **2.** Fig. Futilité, chose sans valeur. – De *brout*.

brownien, ienne [bʀɔnjɛ̃, jɛn] adj. PHYS *Mouvement brownien:* mouvement désordonné des particules microscopiques en suspension dans un liquide, dû à l'agitation thermique des molécules du liquide. – Du n. du botaniste R. *Brown* (1773-1858).

browning [bʀɔniŋ] n. m. Pistolet automatique à chargeur. – Du n. de l'inventeur J.M. *Browning* (1855-1926).

broyage [bʀwajaʒ] n. m. Action de broyer. *Le broyage du chanvre.* – De *broyer*.

broyer [bʀwaje] v. tr. [26] Réduire en poudre ou en pâte, écraser. *Les dents broient les aliments. Broyer des couleurs:* pulvériser des substances colorantes. ▷ Fig. *Broyer du noir:* s'abandonner à la tristesse. – Germ. **brekan*, «briser».

broyeur, euse [bʀwajœʀ, øz] n. et adj. **1.** Ouvrier qui broie. *Broyeur de chanvre.* **2.** n. m. Appareil à broyer. *Broyeurs-concasseurs*, qui broient grossièrement. *Broyeur d'évier:* dispositif qui pulvérise déchets et détritus pour les évacuer par le réseau d'égout. **3.** adj. *Appareil buccal broyeur*, typique de certains insectes qui déchiquettent leurs aliments (guêpe, hanneton). – De *broyer*.

brrr! [bʀʀ] interj. marquant une sensation de froid, un sentiment de peur. – Onomat.

bru [bʀy] n. f. Vieilli Femme du fils ; belle-fille. – Bas lat. **brutes*, d'orig. gotique.

bruant [bʀyɑ̃] n. m. ZOOL Genre d'oiseaux passériformes comprenant de nombreuses espèces à bec conique et de la taille d'un moineau, qui nichent au sol ou près du sol. V. pinson. – Var. anc. de *bruyant*, substantivé.

brucelles [bʀysɛl] n. f. pl. TECH Très fines pincettes permettant de saisir des pièces trop petites pour être tenues à la main. *Brucelles de joaillier.* – Orig. incert.

brucellose [bʀysɛloz] n. f. MED Maladie infectieuse due à une bactérie (genre *Brucella*), fréquente chez les grands animaux d'élevage (elle peut provoquer l'avortement des femelles gravides) et transmissible à l'homme (elle se manifeste par une fièvre ondulante et des atteintes articulaires). Syn. fièvre de Malte, fièvre ondulante, mélitococcie. – De *brucella*, nom de la bactérie agent de la maladie, du nom de D. *Bruce*, médecin australien, et *-ose*.

bruche [bʀyʃ] n. f. Insecte coléoptère (genre *Bruchus*, fam. bruchidés) de forme trapue, pourvu d'un bec et vivant sur les fleurs où il pond ses œufs. – Lat. *bruchus*, gr. *broukhos*.

brucine [bʀysin] n. f. CHIM Alcaloïde voisin de la strychnine, qu'on extrait de la noix vomique. – Du lat. bot. *brucea*, anc. nom d'un arbuste abyssin découvert par J. *Bruce*.

brugnon [bʀyɲɔ̃] n. m. Hybride de pêche à peau lisse, à chair jaune et parfumée, à noyau adhérent, ressemblant à une prune. – Provenç. *brugnoun*, du lat. pop. **prunea*.

brugnonnier [bʀyɲɔnje] n. m. Pêcher produisant les brugnons. – De *brugnon*.

bruine [bʀɥin] n. f. Petite pluie fine. – Lat. *pruina*, «frimas», avec infl. de *brume*.

bruiner [bʀɥine] v. impers. [1] Pleuvoir en bruine. *Il ne cesse de bruiner.* – De *bruine*.

bruire [bʀɥiʀ] v. intr. (défect.). [2] Rendre un son confus et continu. *Les vagues bruissaient.* – Lat. pop. **brugere*, croisement du lat. class. *rugire*, «rugir», et du lat. pop. **bragere*, «bramer».

bruissement [bʀɥismɑ̃] n. m. Bruit confus et prolongé. *Le bruissement du vent.* – De *bruire*.

bruit [bʀɥi] n. m. **1.** Sensation perçue par l'oreille. *Le bruit du tonnerre. Les bruits de la rue. Faire du bruit.* ▷ MED Son caractéristique et révélateur entendu à l'auscultation. ▷ PHYS Ensemble de sons à caractère le plus souvent accidentel. *L'intensité d'un bruit se mesure en décibels.* ▷ TELECOM *Bruit de fond:* son parasite dans un récepteur (bruits atmosphériques et cosmiques, bruits dus au fonctionnement de moteurs, aux lignes haute tension, bruits internes dus aux composants des amplificateurs, etc.). **2.** Tumulte, agitation. *Fuir le bruit du monde. Se retirer loin du bruit.* **3.** Nouvelle qui circule, rumeur. *Le bruit court. Un faux bruit immédiatement démenti.* ▷ *Faire du bruit:* se dit de ce qui provoque l'intérêt, l'émotion du public. *Ce scandale a fait trop de bruit.* – De *bruire*.

bruitage [bʀɥitaʒ] n. m. Reconstitution des bruits qui doivent accompagner une scène (théâtre, cinéma, radio, télévision); les bruits ainsi créés (bruits de pas, de tonnerre, etc.). – De *bruit*.

bruiteur [bʀɥitœʀ] n. m. Celui qui fait les bruitages. (Rem.: Comme forme féminine, l'OLF recommande *une bruiteuse*.) – De *bruit*.

brûlage [bʀylaʒ] n. m. **1.** Action de brûler, partic. les herbes sèches. **2.** Traitement des cheveux dont on brûle les pointes. *Se faire faire un brûlage.* – De *brûler*.

brûlant, ante [bʀylɑ̃, ɑ̃t] adj. **1.** Qui brûle, qui dégage une chaleur intense. *Soleil brûlant. Une casserole brûlante.* ▷ Fig. *Une question brûlante*, qu'il est préférable de ne pas aborder ou qui passionne vivement. **2.** Accompagné d'une très grande chaleur. *Fièvre brûlante.* **3.** Fig. Ardent, fervent. *Brûlant d'amour, d'ambition. Désir brûlant.* Ant. tiède, froid. – Ppr. de *brûler*.

brûlé, ée [bʀyle] adj. et n. m. **I.** adj. **1.** Qui a brûlé. *Du riz brûlé.* **2.** Fig. *Une tête, une cervelle brûlée:* un esprit exalté, téméraire. **3.** Démasqué, découvert. *Un agent secret brûlé.* **II.** n. m. *Sentir le brûlé. Avoir goût de brûlé.* ▷ Fig. *Ça sent le brûlé:* l'affaire est suspecte ou la situation dangereuse. – Pp. de *brûler.*

brûle-gueule [bʀylgœl] n. m. inv. Pipe à tuyau très court. – De *brûler,* et *gueule.*

brûle-parfum [bʀylpaʀfœ̃] n. m. Vase, réchaud dans lequel on brûle des parfums. – De *brûler,* et *parfum.*

brûle-pourpoint (à) [bʀylpuʀpwɛ̃] loc. adv. **1.** Vx À bout portant. **2.** Sans préambule, brusquement. *Poser une question à brûle-pourpoint.* – De *brûler,* et *pourpoint.*

brûler [bʀyle] **I.** v. tr. [1] **1.** Consumer, détruire par le feu. *Brûler des papiers, du bois.* – Fig. *Brûler ses vaisseaux:* s'engager dans une affaire en s'ôtant tout moyen de retraite. ▷ *Spécial.* Utiliser comme combustible ou comme luminaire. *Brûler du mazout, de la bougie.* **2.** Causer une altération, une douleur, sous l'effet du feu, de la chaleur, d'un corrosif. *Brûler un plat,* en le laissant cuire trop longtemps. *Ce tison m'a brûlé. Acide qui brûle la peau.* – Par anal. *La gelée a brûlé les bourgeons.* ▷ V. pron. *Je me suis brûlé.* ▷ Loc. fig. *Brûler la cervelle à qqn,* le tuer d'un coup de feu à bout portant dans la tête. **3.** Soumettre au feu pour produire des modifications. *Brûler du vin,* le distiller. *Brûler du café,* le torréfier. **4.** Fig. Ne pas s'arrêter à. *Brûler un feu rouge.* ▷ Loc. *Brûler les étapes,* progresser rapidement. – *Brûler la politesse à qqn,* partir sans prendre congé de lui. ▷ THEAT *Brûler les planches:* jouer avec fougue. **5.** Fam. Démasquer, compromettre. *Brûler un espion.* ▷ V. pron. *Il s'est brûlé.* **II.** v. intr. **1.** Être consumé par le feu. *La maison a brûlé.* ▷ Fig. *Le torchon brûle:* le ménage se querelle. **2.** Subir une cuisson trop prolongée. *L'omelette brûle.* **3.** Être très chaud. *La tête me brûle.* ▷ Fig. Être ardent, possédé d'un grand désir. *Brûler d'impatience. Il brûle de vous voir.* – *Brûler pour qqn,* en être épris. – *Brûler à petit feu:* être dans une grande anxiété. – Probabl. altér. de l'a. fr. *usler,* lat. *ustulare,* «brûler», sous l'infl. de l'a. fr. *bruir.*

brûlerie [bʀylʀi] n. f. **1.** Rare Lieu où l'on distille le vin pour obtenir l'eau-de-vie. **2.** Lieu où l'on torréfie le café. – De *brûler.*

brûleur, euse [bʀylœʀ, øz] n. **1.** Vx Incendiaire. **2.** Fabricant d'eau-de-vie. **3.** n. m. TECH Appareil destiné à mélanger un combustible et un comburant et à en assurer la combustion. *Brûleur à mazout.* – De *brûler.*

brûlis [bʀyli] n. m. **1.** Partie de forêt incendiée. **2.** AGRIC Champ dont on brûle la végétation pour le défricher ou le fertiliser. *Semailles sur brûlis.* – De *brûler.*

brûloir [bʀylwaʀ] n. m. **1.** Appareil de torréfaction. **2.** Appareil pour brûler les vieilles peintures. – De *brûler.*

brûlot [bʀylo] n. m. **1.** Très petit moustique noir dont la piqûre provoque une sensation de brûlure. «[...] dès que nous fûmes sortis de la voiture, des nuages d'insectes ailés se jetèrent voracement sur nous. J'appris alors la différence entre le «brûlot», la «mouche noire» et le «maringouin».» (Nathalie Fontaine, «*Maudits Français!*», 1964.) **2.** Navire que l'on chargeait de matières inflammables pour incendier les vaisseaux ennemis. ▷ Fig. *Lancer des brûlots:* attaquer par un pamphlet ou par des arguments irréfutables. – De *brûler.*

brûlure [bʀylyʀ] n. f. **1.** Sensation douloureuse. *Des brûlures d'estomac.* **2.** Lésion tissulaire produite par le feu, par un corps très chaud ou par une substance corrosive. *Une brûlure aux mains.* ▷ *Par ext.* Marque laissée sur ce qui a brûlé. *Brûlure de cigarette sur une nappe.* **3.** AGRIC Flétrissement, souvent suivi de nécrose, provoqué par le soleil frappant des plantes gelées, qui semblent brûlées. – De *brûler.*

brumaire [bʀymɛʀ] n. m. HIST (France) Deuxième mois du calendrier républicain (22 octobre-21 novembre). – De *brume.*

brumasse [bʀymas] n. f. Petite brume. – De *brume,* et *-asse.*

brumasser [bʀymase] v. impers. [1] Faire un peu de brume. *Il brumasse.* – De *brumasse.*

brume [bʀym] n. f. Suspension dans l'atmosphère de gouttelettes microscopiques ou de particules qui réduisent la visibilité. *Brume de chaleur,* due à la réduction de la transparence de l'air sous l'effet de la chaleur. ▷ Brouillard. ▷ Fig. *Les brumes de son esprit.* – Anc. provenç. *bruma,* lat. *bruma,* «(solstice d')hiver».

brumer [bʀyme] v. impers. [1] Rare Faire de la brume. – De *brume.*

brumeux, euse [bʀymø, øz] adj. **1.** Affecté par la brume. *Climat brumeux.* **2.** Fig. Qui manque de clarté. *Des idées brumeuses.* Ant. clair. – De *brume.*

brun, brune [bʀœ̃, bʀyn] adj. et n. **1.** De couleur jaune sombre tirant sur le noir. *Teint brun. Cheveux bruns.* ▷ Dont les cheveux sont bruns. *Elle est très brune.* ▷ Subst. *Une jolie brune.* – *Une brune,* en parlant d'une bière ou d'une cigarette. *Je ne fume que des brunes.* **2.** n. m. La couleur brune. *Ce drap est d'un beau brun.* ▷ *Brun Van Dyck:* peinture à base de ferrocyanure de cuivre. – Bas lat. *brunus,* d'orig. germ.

brunante [bʀynɑ̃t] n. f. *À la brunante:* à la fin du jour, à la tombée de la nuit. – De *brun.*

brunâtre [bʀynɑtʀ] adj. Tirant sur le brun. – De *brun,* et *-âtre.*

brunch [bʀɔnʃ] n. m. Repas copieux tenant lieu de déjeuner et de dîner, généralt pris en société; mets qui composent ce repas, disposés en buffet. *Les brunchs du dimanche.* – Mot angl.

bruncher [bʀɔnʃe] v. intr. [1] Prendre le brunch. *Aller bruncher au restaurant de l'hôtel.* – De *brunch.*

brune [bʀyn] n. f. Vx Commencement de la nuit. – Mod. *À la brune:* à la fin du jour. – De *brun.*

brunet, ette [bʀynɛ, ɛt] n. (surtout au fém.). Personne dont les cheveux sont bruns. *Une petite brunette.* – Dimin. de *brun.*

bruni [bʀyni] n. m. Le poli, par oppos. au mat. – Pp. subst. de *brunir.*

brunir [bʀyniʀ] **I.** v. tr. [2] **1.** Rendre brun. *Le soleil l'a bruni.* **2.** TECH Polir (un métal). *Brunir l'or.* **II.** v. intr. Devenir brun. *Cheveux qui brunissent. Il a bruni au soleil.* – De *brun.*

brunissage [bʀynisaʒ] n. m. TECH Opération consistant à brunir (au sens I, 2); son résultat. *Brunissage de l'or.* – De *brunir.*

brunissement [bʀynismɑ̃] n. m. Rare Fait de devenir brun. – De *brunir.*

brunisseur, euse [bʀynisœʀ, øz] n. **1.** TECH Ouvrier, ouvrière qui brunit les métaux. **2.** n. m. Produit solaire. – De *brunir.*

brunissoir [bʀyniswaʀ] n. m. TECH Instrument servant au brunissage des métaux. – De *brunir.*

brunissure [bʀynisyʀ] n. f. **1.** Poli d'un ouvrage qui a été bruni. **2.** Façon donnée à une étoffe que l'on teint. – De *brunir.*

brushing [bʀœʃin] n. m. (France) Procédé déposé de mise en plis, consistant à travailler les cheveux mouillés par mèches avec une brosse ronde et en les séchant au séchoir. – Angl. *brushing,* «brossage».

brusque [bʀysk] adj. **1.** Qui a une vivacité rude, sans ménagements. *Un homme brusque. Des manières brusques.* Syn. bourru. Ant. aimable, affable. **2.** Subit, inopiné. *Changement brusque. Un brusque départ.* **3.** n. f. MUS Ancienne forme de danse française. – Ital. *brusco,* «rude».

brusquement [bʀyskəmɑ̃] adv. **1.** Vx D'une manière rude. **2.** D'une manière brusque, soudaine. *Il est parti brusquement.* – De *brusque.*

brusquer [bʀyske] v. tr. [1] **1.** Traiter sans ménagements. *Brusquer les gens.* **2.** Précipiter. *Brusquer les choses. Brusquer une décision.* Ant. ralentir, différer. – *Attaque brusquée,* coup de main rapide, inattendu. – De *brusque.*

brusquerie [bʀyskəʀi] n. f. Manières brusques à l'égard d'autrui. *Répondre avec brusquerie.* Syn. rudesse. – De *brusque.*

brut, brute [bʀyt] adj. **1.** Qui est encore dans son état naturel, n'a pas été modifié par l'homme. *Bois brut. Diamant brut,* non taillé. ▷ Dont la mise en œuvre n'est encore qu'ébauchée. *Sucre brut. Champagne brut,* très sec, qui n'a pas fermenté une deuxième fois. Syn. naturel. ▷ N. m. *Du brut:* des hydrocarbures non raffinés. **2.** Vx Grossier, peu civilisé. **3.** COMM *Poids brut,* celui de la marchandise et de l'emballage (oppos. à poids net). ▷ Adv. *Ce colis pèse brut quarante kilos.* ▷ ECON Évalué avant la déduction des taxes, des frais ou avant l'addition des indemnités, des primes, etc. *Salaire brut. Produit brut.* ▷ Adv. *Cela rapporte brut deux mille dollars.* – Lat. *brutus.*

brutal, ale, aux [bʀytal, o] adj. **1.** Qui tient de la brute. *Passion brutale.* Syn. bestial. **2.** Grossier, violent. *Un geste brutal. Un homme brutal.* ▷ Subst. *Agir en brutal.* **3.** Dénué de ménagements, de douceur. *Franchise brutale.* – *Couleurs brutales,* éclatantes, vives. **4.** Rude et inopiné. *Une nouvelle brutale.* – Bas lat. *brutalis.*

brutalement [bʀytalmɑ̃] adv. Avec violence. *Parler, manier qqch brutalement.* Syn. rudement. Ant. délicatement. – De *brutal.*

brutaliser [bʀytalize] v. tr. [1] Traiter avec rudesse, avec brutalité. *Brutaliser une femme.* Syn. maltraiter. – De *brutal.*

brutalisme [bʀytalism] n. m. Courant architectural, issu dans les années 1950 du fonctionnalisme, qui entend ne pas dissimuler les éléments organiques d'un bâtiment (ex.: le Centre Georges-Pompidou, à Paris). – De *brutal.*

brutalité [bʀytalite] n. f. **1.** Dureté, violence. *La brutalité des soldats. La brutalité de son caractère.* Ant. douceur. **2.** Caractère violent et inopiné de qqch. *La brutalité d'un choc.* – De *brutal.*

brute [bʀyt] n. f. **1.** Litt. L'animal, envisagé sous l'aspect de sa bestialité. **2.** Personne grossière, violente. *Cet homme est une brute.* – De l'adj. *brut.*

bruxellois, oise [bʀyselwa, waz] adj. et n. De la ville de Bruxelles.

bruyamment [bʀɥijamɑ̃] adv. Avec grand bruit. – De *bruyant.*

bruyant, ante [bʀɥijɑ̃, ɑ̃t] adj. **1.** Qui fait du bruit. *Conversation bruyante.* **2.** Où il se fait beaucoup de bruit. *Une rue bruyante.* Ant. silencieux. – Anc. ppr. de *bruire.*

bruyère [bʀyjɛʀ] n. f. **1.** Sous-arbrisseau (fam. éricacées), à fleurs violacées, poussant sur des landes ou dans des sous-bois siliceux. (Diverses espèces arborescentes du genre *Erica* ont des racines noueuses qui servent à la confection des pipes.) **2.** Lieu où poussent les bruyères. **3.** *Terre de bruyère:* terre acide, légère, formée de sable siliceux mélangé aux produits de décomposition des bruyères. **4.** *Coq de bruyère:* tétras. – Lat. pop. **brucaria,* du bas lat. *brucus,* gaul. **bruko.*

bryo-. Élément, du gr. *bruon,* «mousse».

bryologie [bʀijɔlɔʒi] n. f. BOT Partie de la botanique qui traite des bryophytes. – De *bryo-,* et *-logie.*

bryophytes [bʀijɔfit] n. f. pl. BOT Embranchement comprenant en partic. les mousses et les hépatiques. – De *bryo-,* et *-phyte.*

bryozoaires [bʀijɔzɔɛʀ] n. m. pl. ZOOL Anc. embranchement d'invertébrés qui regroupait les petits animaux marins, vivant en colonies. – De *bryo-,* et *-zoaire.*

buanderie [bɥɑ̃dʀi] n. f. Lieu où l'on fait la lessive. – De *buandier.*

buandier, ière [bɥɑ̃dje, jɛʀ] n. **1.** Personne qui blanchit les toiles neuves. **2.** Personne chargée du lavage du linge dans les grandes blanchisseries. – De l'anc. v. *buer,* «lessiver».

bubale [bybal] n. m. ZOOL Antilope africaine (genre *Alcelaphus*), haute de 1,30 m au garrot, dont les cornes divergent à partir d'un support commun qui prolonge le crâne. – Lat. *bubalus,* gr. *boubalos.*

bubon [bybɔ̃] n. m. Tuméfaction ganglionnaire. *Bubon de la peste, de la syphilis.* – Gr. *boubôn,* «tumeur à l'aine».

bubonique [bybɔnik] adj. Qui se caractérise par des bubons. *Peste bubonique.* – De *bubon.*

buccal, ale, aux [bykal, o] adj. Qui a rapport à la bouche. *Cavité buccale.* – Du lat. *bucca,* «bouche».

buccin [byksɛ̃] n. m. **1.** HIST Trompette romaine droite ou recourbée. **2.** ZOOL Genre de mollusques gastéropodes marins à coquille hélicoïdale, dont une espèce, *Buccinum nudatum* (10 cm de long), est comestible. Syn. cor de mer. – Lat. *buccina.*

buccinateur [byksinatœʀ] n. et adj. **1.** n. m. Joueur de buccin, à Rome. **2.** Adj. Se dit des muscles des joues entre les deux mâchoires. ▷ N. m. *Le buccinateur.* – Lat. *buccinator.*

bucentaure [bysɑ̃tɔʀ] n. m. Centaure à corps de taureau. ▷ *Le Bucentaure,* nom du navire sur lequel embarquait le doge de Venise, le jour de l'Ascension, pour la cérémonie de ses épousailles symboliques avec la mer. – Gr. *bous,* «bœuf», et *centaure.*

1. bûche [byʃ] n. f. **1.** Morceau de bois de chauffage. *Une bûche de pin.* ▷ *Bûche de Noël:* grosse bûche mise au feu pendant la veillée de Noël. – *Par anal.* Pâtisserie en forme de bûche que l'on fait pour Noël. **2.** Fig. Personne lourde, stupide. – Germ. **busk,* «baguette».

2. bûche [byʃ] n. f. Pop. Chute. *Ramasser une bûche:* tomber. – Déverbal de *bûcher,* dial., «frapper, heurter, buter».

1. bûcher [byʃe] n. m. **1.** Lieu où l'on range le bois à brûler. **2.** Amas de bois sur lequel les Anciens brûlaient les morts (et sur lequel les fidèles de certaines religions brûlent auj. les cadavres). ▷ Amas de bois sur lequel on brûlait les condamnés au supplice du feu. – De *bûche* 1.

2. bûcher [byʃe] v. tr. [1] **1.** TECH Dégrossir une pièce de bois. – Par anal. *Bûcher une pierre,* en enlever les saillies. **2.** Fam. Travailler avec ardeur. *Bûcher les mathématiques.* ▷ (S. comp.). *Il bûche.* – De *bûche* 1.

bûcheron, onne [byʃʀɔ̃, ɔn] n. Personne qui abat des arbres dans une forêt. – De l'a. fr. *boscheron.*

bûchette [byʃɛt] n. f. Menu morceau de bois sec. – Dimin. de *bûche.*

bûcheur, euse [byʃœʀ, øz] adj. (et n.) Fam. Qui étudie avec ardeur. *Un étudiant bûcheur.* ▷ Subst. *C'est une bûcheuse.* – Du v. *bûcher.*

bucolique [bykɔlik] n. et adj. **1.** n. f. Poème pastoral. **2.** adj. Qui concerne la poésie pastorale. *Un poète bucolique.* – Lat. d'orig. gr. *bucolicus.*

bucrane ou **bucrâne** [bykʀan] n. m. Ornement d'architecture figurant un crâne de bœuf. – Lat. d'orig. gr. *bucranium.*

buddleia [bydleja] n. m. Arbrisseau ornemental (*Buddleia davidii,* fam. loganiacées) originaire de Chine (lilas de Chine), portant de grandes inflorescences violettes qui attirent les papillons (arbre aux papillons). – De *Buddle,* botaniste anglais.

budget [bydʒɛ] n. m. **1.** État prévisionnel et contrôlé de dépenses et recettes, généralement relatif à une année. *Budget d'activité. Budget de fonctionnement.* ▷ DR PUBL État des recettes et des dépenses présumées qu'une personne morale (État, municipalité, établissement, etc.) aura à encaisser et à effectuer pendant une période donnée. *Équilibre du budget.* – *Absol.* Le budget de l'État. *Le Parlement a voté le budget.* **2.** *Par anal.* Revenus et dépenses d'un simple particulier. – Mot angl., d'abord «sac du trésorier», de l'a. fr. *bougette,* dimin. de *bouge,* «sac, valise».

budgétaire [bydʒetɛʀ] adj. Relatif au budget. *Contrôle budgétaire.* – De *budget.*

budgétisation [bydʒetizasjõ] n. f. Inscription au budget. – De *budgétiser.*

budgétiser [bydʒetize] v. tr. [1] Inscrire au budget. – De *budget.*

budgétivore [bydʒetivɔʀ] adj. et n. Plaisant Qui vit aux dépens du Trésor public. – De *budget.*

buée [bɥe] n. f. **1.** Vapeur qui se condense sur un corps froid. *De la buée sur les vitres.* **2.** Vapeur d'eau qui se dégage d'un liquide chauffé. *Aspirer les buées d'une cuisine.* – Pp. substantivé de l'anc. v. *buer,* «lessiver».

buffet [byfɛ] n. m. **1.** Meuble où l'on range la vaisselle, l'argenterie. *Un buffet de chêne massif.* – Fig. *Danser devant le buffet:* n'avoir rien à manger. **2.** Table couverte de mets, de rafraîchissements, dans une réception privée ou publique; mets et boissons servis en buffet. *Un buffet froid.* **3.** Salle d'une gare où l'on sert des repas et des boissons. **4.** Ouvrage de menuiserie qui renferme un orgue. *Buffet d'orgue.* – Orig. incon.

buffetier, ière [byftje, jɛʀ] n. Vieilli Personne qui tient le buffet d'une gare. – De *buffet.*

buffle [byfl] n. m. Nom de divers grands bovinés d'Afrique et d'Asie du Sud. – Ital. *bufalo,* bas lat. **bufalus,* class. *bubalus.*

bufflesse. V. bufflonne.

buffleterie [byflɛtʀi] n. f. Ensemble des bandes de cuir (à l'origine, de cuir de buffle) servant à l'équipement d'un soldat. – De *buffle.*

bufflonne [byflɔn] ou **bufflesse** [byflɛs] n. f. Femelle du buffle. – De *buffle.*

bufonidés [byfɔnide] n. m. pl. ZOOL Famille d'amphibiens regroupant les crapauds vrais (genre *Bufo*).

buggy. V. boghei.

1. bugle [bygl] n. m. Instrument à vent en cuivre, à embouchure, de la famille des saxhorns. – Mot angl. empr. à l'a. fr. *bugle,* lat. *buculus,* «jeune bœuf».

2. bugle [bygl] n. f. BOT Genre de labiées atteignant 30 cm de haut, à fleurs bleues groupées en épis. – Bas lat. *bugula.*

buglosse [byglɔs] n. f. Plante à fleurs bleues (fam. borraginacées) qui pousse dans les lieux incultes. – Lat. *buglossa,* gr. *bouglôsson,* «langue de bœuf».

bugrane [bygʀan] n. f. Syn. de *arrête-bœuf.* – Du lat. *bucranium,* ou du lat. vulg. **boveretina,* «arrête-bœuf».

buire [bɥiʀ] ou **bure** [byʀ] n. f. ARCHEOL Cruche à anse, en métal ou en verre. – Altér. de *buie,* frq. **buk.*

buis [bɥi] n. m. **1.** Arbrisseau toujours vert (genre *Buxus,* fam. buxacées), à bois jaunâtre, dur et à grain fin. ▷ *Buis bénit:* branche de buis bénite le jour des Rameaux. **2.** Nom cour. de l'if du Canada. – Lat. *buxus.*

buisson [bɥisõ] n. m. **1.** Touffe d'arbustes ou d'arbrisseaux épineux. *Buisson d'églantines.* ▷ Spécial. *Buisson ardent,* forme sous laquelle Dieu apparut à Moïse pour le charger de sa mission. ▷ CHASSE *Faire buisson creux:* ne pas trouver la bête détournée. – Fig. Ne pas trouver ce qu'on espérait. ▷ *Arbre en buisson:* arbre fruitier nain taillé. **2.** CUIS *Buisson de crevettes:* crevettes disposées en buisson sur un plat. – Du rad. de *bois.*

buisson-ardent [bɥisõaʀdã] n. m. Arbuste épineux (genre *Pyracantha,* fam. rosacées) à fruits orange ou rouges, à feuillage persistant. – De *buisson,* et *ardent.*

buissonnant, ante [bɥisɔnã, ãt] adj. BOT Qui a le port d'un buisson. *Un arbre buissonnant.* ▷ *L'évolution buissonnante de l'homme,* qui n'est pas linéaire, adopte de multiples tracés. – De *buisson.*

buissonneux, euse [bɥisɔnø, øz] adj. **1.** Couvert de buissons. *Terrain buissonneux.* **2.** En forme de buisson. *Arbre buissonneux.* – De *buisson.*

buissonnier, ière [bɥisɔnje, jɛʀ] adj. **1.** Vx Qui s'abrite dans les buissons. *Lapin buissonnier.* **2.** Anc. *Écoles buissonnières,* tenues secrètement dans la campagne par les protestants, au XVIe s. – Mod. *Faire l'école buissonnière:* aller jouer, se promener au lieu d'aller à l'école, au travail. – De *buisson.*

bulbaire [bylbɛʀ] adj. ANAT D'un bulbe; du bulbe rachidien. – De *bulbe.*

bulbe [bylb] n. m. **1.** Organe végétal de réserve constitué par une tige à entrenœuds très courts portant des feuilles qui peuvent être très modifiées mais qui sont toujours de taille relativement importante. *Bulbe solide* (glaïeul, crocus, etc.): dont la tige est remplie de réserves, les feuilles étant desséchées. *Bulbe feuillé* (lis, tulipe, oignon, etc.): dont les feuilles sont remplies de réserves et deviennent charnues (bulbe écailleux du lis; bulbe tuniqué de l'oignon). **2.** ANAT Nom de certains organes, ou de certaines parties d'organes renflés ou globuleux. *Bulbe de l'œil, bulbe urétral. Bulbe rachidien:* renflement de la partie supérieure de la moelle épinière où se trouvent plusieurs centres nerveux importants, notam. le centre respiratoire. **3.** ARCHI Coupole en forme de bulbe. **4** MAR Partie profilée de l'étrave ou de la quille de certains bateaux. – Lat. *bulbus.*

bulbeux, euse [bylbø, øz] adj. **1.** *Plante bulbeuse,* pourvue d'un bulbe. **2.** ANAT Qui a la forme d'un bulbe. – Lat. *bulbosus.*

bulbille [bylbij] n. f. BOT Bourgeon qui se développe à l'aisselle des feuilles et qui, détaché de la plante mère, peut donner une nouvelle plante. – Dimin. de *bulbe.*

bulgare [bylgaʀ] adj. et n. De la Bulgarie. ▷ N. m. *Le bulgare,* langue slave du groupe méridional. – Lat. *Bulgares.*

bullaire [bylɛʀ] n. m. **1.** Recueil de bulles pontificales. **2.** Scribe qui copiait les bulles pontificales. – De *bulle* 1.

bull-dog [buldɔg] n. m. Chien anglais à poil ras, de taille moyenne, robuste et musclé. (On le confond très souvent avec le bouledogue, qui en diffère par les oreilles, la taille et la queue en tire-bouchon.) – Mot angl. *bull,* «taureau», *dog,* «chien».

bulldozer [byldɔzɛʀ] ou [buldɔzɛʀ] n. m. Anglicisme V. bouteur.

1. bulle [byl] n. f. **1.** HIST Petite boule de plomb attachée au sceau d'un acte pour l'authentiquer; ce sceau lui-même. **2.** Acte authentiqué par un sceau de plomb. – *Spécial. Bulle pontificale:* acte émanant du pape, désigné par son premier ou ses deux premiers mots. *Bulle Unigenitus. Bulle Ausculta fili.* – Lat. *bulla,* «boule d'or» (que portaient au cou, jusqu'à 17 ans, les enfants de famille patricienne, à Rome).

2. bulle [byl] n. f. **1.** Globule de gaz dans un liquide. – Globule de gaz inclus dans une matière fondue ou coulée. ▷ *Bulle de savon:* sphère remplie d'air dont la paroi est une pellicule d'eau savonneuse. **2.** *Par anal.* Espace graphique cerné d'un trait, dans lequel sont inscrites les paroles qu'un personnage de bande dessinée est censé prononcer. **3.** MED Vésicule soulevant l'épiderme par accumulation d'un liquide séreux. ▷ Enceinte stérile où l'on place les malades atteints de troubles immuno-déficitaires. **4.** PHYS NUCL *Chambre à bulles:* enceinte servant à la détection des particules. – Lat. *bulla.*

3. bulle [byl] adj. inv. *Papier bulle:* papier grossier, beige ou jaune pâle, fait de pâte non blanchie. ▷ N. m. *Du bulle.* – Orig. incert.

bulletin [byltɛ̃] n. m. **1.** Avis communiqué par une autorité et destiné au public. *Bulletin de santé,* périodiquement communiqué par les médecins qui soignent un personnage important. ▷ *Bulletin mensuel, trimestriel,* où sont consignées les appréciations portées sur le travail et la conduite d'un élève. **2.** Notice, récépissé. *Bulletin de bagages.* **3.** Revue périodique d'une administration, d'une société. *Bulletins officiels des ministères.* **4.** Rubrique d'un journal, qui donne à intervalles réguliers des informations dans tel ou tel domaine. *Bulletin économique.* **5.** *Bulletin de nouvelles* (à la radio, à la télévision), *bulletin d'information:* nouvelles brèves réunies en un bloc. **6.** Petit papier qui sert à exprimer un vote. *Bulletin blanc,* qui n'exprime aucun choix. *Bulletin nul,* qui ne peut être pris en compte. – Ital. *bollettino,* de *bolla,* «bulle».

bulleux, euse [byløø, øz] adj. Qui contient des bulles, qui présente des bulles. ▷ MED *Râle bulleux,* variété de râle humide entendu à l'auscultation. – De *bulle* 2.

bull-terrier [bylteʀje] n. m. Chien d'origine anglaise, ratier à robe blanche, issu de croisements entre bull-dogs et terriers. *Des bull-terriers.* – De *bull-(dog),* et *terrier.*

buna [byna] n. m. TECH Caoutchouc artificiel obtenu à partir du butadiène. – Nom déposé, de *bu* (tadiène), et *Na,* symbole du sodium.

bungalow [bɔngalo] n. m. **1.** Maison caractéristique de l'Inde, en bois, comportant un seul étage et entourée d'une véranda. *Les bungalows indiens sont parfois bâtis sur pilotis.* **2.** *Par ext.* (France) Petit pavillon sans étage, construit en bois ou en d'autres matériaux légers. **3.** Cour. Maison de conception moderne construite de plain-pied, dont le toit surélevé comporte des versants à faible pente. «[...] la grande révolution des vingt-cinq dernières années reste à coup sûr le bungalow, qui va utiliser un seul plancher pour l'occupation et la division de l'espace intérieur. [...] Dorénavant, salon, salle à manger, cuisine, chambres, salle de bains, seront logés au même niveau.» (Michel Lessard et Huguette Marquis, *Encyclopédie de la maison québécoise,* 1972.) – Mot angl., de l'hindi *bangla,* «du Bengale».

bunker [bunkɛʀ] n. m. Casemate. – *Par ext.* Construction, habitation très protégée. *Le bunker du Premier ministre à Québec.* – Mot all.

bunodonte [bynɔdɔ̃t] adj. ZOOL Qualifie un type de dents à tubercules arrondis. *Les primates, les suidés ont des molaires bunodontes.* – Du gr. *bounos,* «colline», et *odous, odontos,* «dent».

bunraku [bunʀaku] n. m. Spectacle de marionnettes japonais, agrémenté de récitatifs, de musique et de chants. – Mot japonais.

bupreste [bypʀɛst] n. m. Coléoptère aux brillantes couleurs (fam. buprestidés), dont les larves creusent des galeries dans les pins, les chênes, les arbres fruitiers. – Lat. *buprestis,* gr. *bouprêstis.*

buprestidés [bypʀɛstide] n. m. pl. Famille de coléoptères regroupant tous les buprestes. – Du préc.

buraliste [byʀalist] n. **1.** Personne préposée à un bureau de recette, de distribution, de poste, etc. **2.** (France) Personne qui tient un bureau de tabac. – De *bureau.*

1. bure [byʀ] n. f. Grosse étoffe de laine, généralement brune. *Manteau de bure.* – Probabl. lat. pop. **bura,* pour *burra,* «laine grossière».

2. bure [byʀ] n. m. MINES Puits intérieur d'une mine entre deux ou plusieurs galeries de niveaux différents. – Mot wallon, de l'anc. haut all. *bur.*

3. bure. V. buire.

bureau [byʀo] n. m. **I. 1.** Table de travail, ou meuble à tiroirs, à casiers, comportant une table pour écrire. *S'asseoir à son bureau. Garniture de bureau.* **2.** Pièce où se trouve la table de travail. *Un bureau bien aménagé. Le bureau du directeur.* **3.** Lieu de travail des employés, des gens d'affaires, etc. *Dès l'ouverture des bureaux. Aller au bureau.* ▷ Établissement d'administration publique. *Bureau d'enregistrement.* **4.** Guichet d'une salle de spectacle. *Jouer à bureaux fermés,* alors que toutes les places ont déjà été retenues. **5.** Chacune des divisions spécialisées d'un état-major. **II. 1.** L'ensemble des membres directeurs élus d'une assemblée, d'une association. *Élire, réunir le bureau.* **2.** *Bureau électoral:* autorité temporaire chargée de présider aux opérations d'un scrutin, d'en assurer la régularité et la police. – De *bure* 1.

bureaucrate [byʀokʀat] n. Péjor. Employé de bureau. – De *bureaucratie.*

bureaucratie [byʀokʀasi] n. f. **1.** Pouvoir excessif de l'administration. **2.** Péjor. L'administration publique, l'ensemble des fonctionnaires. – De *bureau,* et *-cratie.*

bureaucratique [byʀokʀatik] adj. Relatif à la bureaucratie. – De *bureaucratie.*

bureautique [byʀotik] n. f. et adj. INFORM Ensemble des techniques et des moyens qui visent à automatiser les activités de bureau et principalement le traitement et la communication de la parole, de l'écrit et de l'image. ▷ Adj. *Le matériel bureautique.* – De *bureau,* et *-tique,* sur *informatique;* nom déposé.

burelé, ée [byʀle] adj. En philathélie, se dit d'un fond rayé. – De *bureau,* «tapis (rayé)»; d'abord terme de blason.

burette [byʀɛt] n. f. **1.** Petit flacon destiné à contenir l'huile et le vinaigre. ▷ Flacon destiné à contenir l'eau ou le vin de la messe. **2.** Récipient, généralement métallique, à tubulure effilée, servant au graissage de pièces mécaniques. **3.** CHIM Tube gradué vertical, portant un robinet à sa partie inférieure et servant pour certains dosages volumétriques. – De *buire.*

burgau [byʀgo] n. m. Gastéropode marin (genre *Turbo*) dont la coquille est utilisée pour sa nacre.

(*Turbo marmoratus,* des eaux indo-malaises, a une coquille de 15 à 20 cm de diamètre.) – Orig. incon.

burgaudine [byʀgodin] n. f. Nacre fournie par le burgau. – De *burgau.*

burgrave [byʀgʀav] n. m. Ancien titre de la hiérarchie féodale, en Allemagne. *Les Burgraves,* drame de Victor Hugo (1843). – All. *Burggraf,* «comte d'un bourg».

burin [byʀɛ̃] n. m. Outil d'acier taillé en biseau, qui sert dans de nombreux métiers à entailler les matériaux durs. *Sculpter au burin. Gravure au burin.* – Anc. ital. d'orig. germ. *burino.*

burinage [byʀinaʒ] n. m. TECH Travail au burin. – De *buriner.*

buriner [byʀine] v. tr. [1] Travailler au burin. ▷ Fig. *Visage buriné,* aux traits marqués. – De *burin.*

burineur, euse [byʀinœʀ, øz] n. Ouvrier, ouvrière qui burine. – De *buriner.*

burlesque [byʀlɛsk] adj. **1.** Qui est d'une bouffonnerie outrée. *Tenue burlesque.* ▷ N. m. *Le burlesque:* le genre, le style burlesque. **2.** *Par ext.* Qui est plaisant par sa bizarrerie. *Chanson, projet burlesque.* Syn. grotesque. Ant. sérieux. – Ital. *burlesco,* de *burla,* «plaisanterie».

burlesquement [byʀlɛskəmɑ̃] adv. De manière burlesque. – De *burlesque.*

burnous [byʀnu(s)] n. m. Grand manteau de laine à capuchon porté par les Arabes. ▷ Manteau à capuchon dont on enveloppe les bébés. – Ar. *būrnūs.*

1. bus [bys] n. m. Fam. Abrév. de *autobus.*

2. bus [bys] n. m. INFORM Ensemble des conducteurs électriques et des conventions d'échange de signaux qui permet la transmission parallèle d'informations entre les organes d'un système informatique qui y sont connectés. – De l'angl.

busard [byzaʀ] n. m. Oiseau rapace diurne (fam. falconidés) aux longues ailes, au plumage gris ou brun. *Busard des marais.* – De *buse* 2.

busc [bysk] n. m. **1.** Lame de baleine, de métal, de matière plastique, maintenant le devant d'un corset. **2.** Coude que forme la crosse d'un fusil. **3.** TECH Partie du radier d'une écluse sur laquelle butent les portes. – De l'ital. *busco,* «brindille», même rad. que *bûche.*

1. buse [byz] n. f. Canalisation. *Buse d'assainissement,* destinée à l'écoulement des eaux usées ou pluviales. *Buse d'aérage,* d'une galerie de mine en cul-de-sac. *Buse de haut fourneau,* élément de la tuyère par lequel passe le vent. *Buse de carburateur,* tube calibré qui règle l'entrée de l'air. – P.-ê. du moyen néerl. *bu(y)se.*

2. buse [byz] n. f. **1.** Nom de divers oiseaux falconiformes, appartenant à différents genres. (On en trouve plusieurs espèces en Amérique du Nord, dont la *buse à queue rousse* et la *buse pattue.)* **2.** Fig., fam. Personne ignorante et stupide. – De l'a. fr. *bu(i)son,* lat. *buteo.*

bushi [buʃi] n. m. Au Japon, du XIIe s. au milieu du XIXe s., classe sociale comprenant les guerriers. (Les plus élevés dans la hiérarchie – shôguns, daimyos – s'opposaient aux nobles de la cour; les moins élevés, les samouraïs, sorte de sous-officiers, encadraient les paysans.) – Mot jap.

bushidô [buʃido] n. m. Code d'honneur de la caste guerrière de l'ancien Japon. – Mot jap., du préc.

busqué, ée [byske] adj. Arqué. *Nez busqué.* – Pp. de *busquer.*

busquer [byske] v. tr. [1] **1.** Munir d'un busc. *Busquer un corset.* **2.** Donner la forme d'un arc. – De *busc.*

busserole [bysʀɔl] n. f. BOT Arbrisseau à fruits rouges (fam. éricacées), dit aussi *raisin d'ours.* – Provenç. *bouisserolo,* de *bouis,* «buis».

buste [byst] n. m. **1.** La tête et la partie supérieure du corps humain. – *Spécial.* La poitrine d'une femme. **2.** Peinture, sculpture représentant un buste. *Buste en hermès,* dont la poitrine, le dos, les épaules sont coupés verticalement. – Ital. *busto.*

bustier [bystje] n. m. Sous-vêtement féminin sans bretelles, qui soutient la poitrine. – De *buste.*

but [by(t)] n. m. **1.** Point où l'on vise. *Viser, toucher le but.* ▷ Loc. adv. *De but en blanc:* brusquement. **2.** Terme où l'on s'efforce de parvenir. *Le but d'un voyage. Nous touchons au but.* **3.** Fig. Fin que l'on se propose. *Le but de nos études. Avoir un but dans la vie.* Syn. objectif, dessein. – *Aller droit au but:* aller directement à la fin que l'on se propose, au principal d'une affaire, d'un discours. ▷ Loc. prép. *Dans un but, dans le but de:* en vue de, pour (N. B. Ces locutions, rejetées par certains puristes, sont auj. d'un usage fréquent.) **4.** SPORT Au soccer, au hand-ball, au hockey, etc., rectangle délimité de chaque côté du terrain (de la patinoire au hockey) par deux poteaux verticaux et une barre transversale, et au-delà duquel l'équipe attaquante doit placer ou projeter le ballon (ou la balle, la rondelle, etc.). ▷ Point marqué par l'envoi du ballon au but. *Marquer un but.* – Probabl. frq. **but,* «souche, billot».

butadiène [bytadjɛn] n. m. CHIM Hydrocarbure diénique, $CH_2 = CH - CH = CH_2$, dont la polymérisation, en présence de styrène ou de nitrile acrylique, fournit les principaux caoutchoucs de synthèse actuels. – De *buta(ne),* et *di(éthyl)ène.*

butane [bytan] n. m. CHIM Nom des hydrocarbures saturés de formule C_4H_{10} que l'on trouve dans le pétrole brut, le gaz naturel et les gaz de craquage du pétrole et qui servent de combustible. *Bouteille de butane.* – Du rad. de *but(ylique),* et *-ane.*

butanier [bytanje] n. m. Cargo spécialement aménagé pour le transport du butane. – De *butane.*

buté, ée [byte] adj. Obstiné, entêté. *Esprit buté.* – Pp. de *buter.*

butée [byte] n. f. **1.** TRAV PUBL Massif de pierre aux extrémités d'un pont pour résister à la poussée des arches. Syn. culée. **2.** TECH Pièce empêchant ou limitant le mouvement d'un organe mécanique. *Butée de fin de course d'un ascenseur.* – Pp. fém. subst. de *buter.*

butène [bytɛn] ou **butylène** [bytilɛn] n. m. CHIM Hydrocarbure éthylénique provenant du craquage des pétroles. – Du rad. de *but(ylique),* et *-ène.*

1. buter [byte] **1.** v. intr. [1] Heurter le pied, trébucher (contre un obstacle). *Buter contre une pierre.* – Fig. *Il bute sur une difficulté mineure.* ▷ V. pron. Se heurter. *Se buter à un obstacle.* **2.** v. tr. Étayer, soutenir. *Buter un mur.* **3.** v. tr. Provoquer l'opposition entêtée de. *Buter un enfant.* Syn. braquer. ▷ V. pron. S'obstiner, s'entêter. – De *but.*

2. buter. V. butter 2.

buteur [bytœʀ] n. m. SPORT Joueur adroit qui marque des buts. – De *but.*

butin [bytɛ̃] n. m. **1.** Ce que l'on a pris à l'ennemi après une victoire, ou par pillage. *Combattre pour le butin.* – *Par ext.* Ce que rapporte un pillage, un vol. *Le cambrioleur a emporté un butin estimé à dix mille dollars.* **2.** Fig. Ce qu'on se procure à la suite de travaux, de recherches. *Il a recueilli un riche butin dans ces manuscrits. Le butin de l'abeille.* – Du moyen bas all. *bûte,* «partage».

butinage [bytinaʒ] n. m. Action de butiner. – De *butiner.*

butiner [bytine] v. intr. [1] Se dit des insectes (abeilles, notam.) qui recueillent sur les fleurs le nectar et le pollen. ▷ V. tr. *Abeilles qui butinent les fleurs.* – De *butin.*

butineur, euse [bytinœʀ, øz] adj. (et n.) Qui butine. – De *butiner.*

butoir [bytwaʀ] n. m. **1.** Pièce contre laquelle vient buter le vantail d'une porte. **2.** CH de F Obstacle à l'extrémité d'une voie pour arrêter les locomotives, les wagons. **3.** SPORT Au saut à la perche, dispositif qui permet le blocage de la perche. – De *buter.*

butomacées [bytɔmase] n. f. pl. BOT Famille de monocotylédones aquatiques de l'ordre des fluviales. – De *butome.*

butome [bytom] n. m. BOT Genre (fam. butomacées) de plantes aquatiques comprenant *Butomus umbellatus,* fréquent dans les eaux douces françaises calmes, qui porte des ombelles de fleurs roses à six pétales et neuf étamines. Syn. jonc fleuri. – Lat. bot. *butomus,* gr. *boutomos.*

butor [bytɔʀ] n. m. **1.** Oiseau échassier de l'ordre des ciconiiformes, voisin du héron, au plumage fauve et tacheté, qui vit dans les marais et les endroits humides. *Pour se dissimuler dans les herbes hautes, le butor allonge le cou, le bec dirigé vers le haut. Le cri du butor est une sorte de beuglement. Butor d'Amérique (Botaurus lentiginosus).* **2.** Fig. Homme grossier, malappris. (Le fém. *butorde* est rare.) – Du lat. *buteo, butio,* mais élément final obscur, p.-ê. *taurus,* «taureau».

buttage [bytaʒ] n. m. Action de butter. *Le buttage des artichauts.* – De *butter* 1.

butte [byt] n. f. **1.** Petite élévation de terre. ▷ *Spécial.* Petit tertre où l'on place une cible. *Butte de tir.* – Loc. fig. *Être en butte à:* être exposé à. *Être en butte à des moqueries.* **2.** Colline. *Une butte de sable.* ▷ GEOGR *Butte-témoin:* hauteur, vestige d'un relief ancien arasé. – Forme fém. de *but.*

1. butter [byte] v. tr. [1] Entourer de terre le pied (d'un arbre, d'une plante). *Butter des pommes de terre.* – De *butte.*

2. butter ou **buter** [byte] v. tr. [1] Arg. Assassiner. – De *butte,* «jeu où l'on abat (des bouchons, des quilles)»; de *butte* de tir.

buttoir [bytwaʀ] n. m. Petite charrue servant à butter. – De *butter* 1.

butyle [bytil] n. m. CHIM Radical monovalent C_4H_9.

butylène [bytilɛn] n. m. CHIM Syn. de *butène.*

butyrate [bytiʀat] n. m. CHIM Sel ou ester de l'acide butyrique. – De *butyr-,* et *-ate.*

butyreux, euse [bytiʀø, øz] adj. Qui est de la nature du beurre, qui ressemble à du beurre. – Du lat. *butyrum,* «beurre».

butyrine [bytiʀin] n. f. CHIM Ester de la glycérine et de l'acide butyrique, dont l'hydrolyse provoque le rancissement du beurre. – De *butyr-,* et *-ine.*

butyrique [bytiʀik] adj. CHIM, BIOCHIM *Acide butyrique:* de formule $CH_3-CH_2-CH_2-CO_2H$, présent dans de nombreux corps gras. – *Ferment butyrique:* ferment anaérobie, capable de transformer le lactose en acide butyrique et gaz carbonique (fermentation butyrique). – De *butyr-,* et *-ique.*

butyr(o)- Élément, lat. *butyrum,* gr. *bouturon,* «beurre».

butyromètre [bytiʀɔmɛtʀ] n. m. Instrument servant à prévoir la quantité de beurre que pourra fournir un lait. – De *butyr(o)-,* et *mètre.*

buvable [byvabl] adj. Qui peut être bu, qui n'a pas un goût déplaisant. – De *boire;* a. fr. *bevable.*

buvard [byvaʀ] n. m. **1.** Sous-main composé ou recouvert d'un papier qui absorbe l'encre. **2.** *Papier buvard* ou *buvard:* papier qui absorbe l'encre. – De *boire.*

buvée [byve] n. f. Boisson pour le bétail composée d'eau et de farine. – De *boire.*

buvetier, ière [byvtje, jɛʀ] n. Vieilli Personne qui tient une buvette. – De *buvette.*

buvette [byvɛt] n. f. Endroit où l'on vend des boissons à consommer sur place, dans certains lieux publics. *Buvette d'une gare.* – De *boire.*

buveur, euse [byvœʀ, øz] n. **1.** Personne qui boit. *Buveur d'eau.* **2.** Personne qui boit beaucoup d'alcool, qui s'adonne à la boisson. *Un franc buveur.* – De *boire;* a. fr. *beveor.*

buxacées [byksase] n. f. pl. BOT Famille de dicotylédones des régions tempérées ou subtropicales, à fleurs apétales et fruit charnu ou sec, dont le type est le buis. – Du lat. *buxus,* «buis».

by-pass [bajpas] n. m. inv. **1.** TECH Canalisation ou dispositif de dérivation qui évite le passage d'un fluide dans un appareil. **2.** CHIR Intervention consistant à rétablir une circulation sanguine interrompue par l'oblitération d'une artère, en constituant une circulation dérivée. – Mot angl., de *pass,* «passage», et *by,* «proche, secondaire».

byronien, ienne [biʀɔnjɛ̃, jɛn] adj. Qui appartient à l'œuvre, à la manière de Byron. – Du n. de Lord *Byron* (1788-1824), poète anglais.

byssinose [bisinoz] n. f. MED Pneumoconiose consécutive à l'inhalation des poussières de coton. – Du gr. *bussinos,* «de lin, de coton», et *-ose* 2.

byssus [bisys] n. m. ZOOL Appareil de fixation, sur substrat dur, de certains lamellibranches (notam. la moule), constitué par une touffe de filaments cornés que sécrète une glande située à la base du pied. – Mot lat., du gr. *bussos,* «lin très fin, coton».

byte [bajt] n. m. INFORM Ensemble de huit bits, octet. – Mot angl.

byzantin, ine [bizɑ̃tɛ̃, in] adj. (et n.) **1.** De Byzance. *Empire byzantin. Style byzantin.* **2.** Fig. Qui fait preuve de byzantinisme. *Esprit byzantin.* – Bas lat. *Byzantinus,* de *Byzantium,* gr. *Buzantion,* «Byzance».

ENCYCL Le nom d'Empire byzantin a été donné à l'Empire romain d'Orient après qu'il se fut séparé en 395 de l'Empire rom. d'Occident (partage ayant suivi la mort de Théodose). Cet État subsista jusqu'à la prise de Constantinople par les Turcs (1453). Il fut en butte dès le IVe s. à de graves crises relig. et sociales, et dut lutter contre les invasions barbares qui provoquèrent la chute de Rome (476). Justinien Ier (527-565) ne parvint pas à reconstituer l'Empire rom. Son règne fut un des plus grands, par l'éclat des institutions (Code justinien), des arts et des écoles, propagatrices de l'hellénisme chrétien. Mais la constitution d'un puissant État franc protégeant Rome fit abandonner à Byzance ses visées unitaires (VIIIe s.). L'Empire, affaibli par les querelles intestines, dut lutter contre les envahisseurs arabes (dès le VIIe s.) et slaves. La stabilisation polit. due à la dynastie macédonienne (867-1057) s'accompagna d'un renouveau culturel et permit une reconquête territoriale, achevée sous Basile II (976-1025). Malgré les efforts des Comnènes (1081-1185), l'intégrité de l'Empire, qui, sur le plan religieux, avait rejeté définitivement l'autorité papale (schisme d'Orient, 1054), ne put être conservée devant les invasions turques, slaves et normandes. Les divisions internes favorisèrent la conquête latine née de la IVe croisade (prise de Constantinople en 1204), laquelle provoqua une division de l'État: Empire latin d'Orient, Empires de Trébizonde et de Nicée, despotat d'Épire, ces trois derniers restant aux Byzantins. Les Latins, chassés de Constantinople en 1261 par les Byzantins, se maintinrent dans le Péloponnèse et dans les îles, et l'Empire ne retrouva pas son unité territoriale, gravement compromise, en outre, par les attaques des Turcs. Ceux-ci prirent Constantinople en 1453, le Péloponnèse en 1460 et Trébizonde en 1461. L'Occident n'avait point aidé à arrêter leur avance. – L'art byzantin s'est constitué à partir de la fusion d'apports gréco-romains, orientaux (perse, syrien, anatolien) et barbares. On distingue généralement trois « âges d'or »: la période justinienne (VIe-VIIIe s.); celle des empereurs macédoniens (IXe-XIe s.) et des Comnènes (fin XIe-XIIe s.), marquée par une diffusion dans les pays du Bassin méditerranéen, dans les pays slaves et le Caucase; enfin la «Renaissance» du temps des Paléologues, période d'expansion dans les pays balkaniques.

byzantinisme [bizɑ̃tinism] n. m. Goût des disputes oiseuses, subtiles à l'excès, comme celles qui opposaient les théologiens de Byzance. – De *byzantin*.

C c

c [se] n. m. **1.** Consonne, troisième lettre de l'alphabet français. *Un C majuscule. Un petit c. Un c cédille* (ç). **2.** (Employé comme abréviation.) ▷ ELECTR C: symbole du coulomb. ▷ MATH C: symbole du corps des nombres complexes. ▷ PHYS °C: degré Celsius. **3.** En chiffres romains: une centaine (C = 100, CC = 200, etc). **4.** Le c représente dans l'écriture différents sons: **a.** Suivi des voyelles écrites *a, o, u,* et des consonnes autres que *h,* c correspond à l'occlusive vélaire sourde notée phonétiquement [k]. **b.** Suivi des voyelles écrites *e, i, y,* il correspond à la fricative dentale sourde (dite sifflante) notée phonétiquement [s]. – Le groupe *ch* représente parfois le son [k] (dans les mots savants comme *chiasme*), mais le plus souvent il note la fricative prépalatale sourde [ʃ] (ex.: *cheval*). Le signe ç devant les voyelles *a, o, u* sert à noter le son [s] (ex.: *leçon* [ləsõ]).

C CHIM Symbole du carbone.

Ca CHIM Symbole du calcium.

1. ça [sa] pron. dém. fam. (forme très usuelle dans la langue parlée). Cela. *Donne-moi ça. À part ça, ça va? Ah! non, pas de ça.* ▷ *Sans ça:* sinon. *Tu vas obéir, sans ça, gare!* ▷ *Comme ça:* de cette manière. *Ne te fatigue pas comme ça.* ▷ *Comme ci, comme ça:* médiocrement. *Comment ça va? Comme ci, comme ça.* ▷ Renforçant une interrogation. *Où ça? Quand ça?* ▷ Marquant la surprise, la colère, etc. *Ça, alors!* – Abrév. de *cela.*

2. ça [sa] n. m. PSYCHAN *Le ça:* l'ensemble des pulsions et des tendances que le refoulement maintient dans l'inconscient. (Prend souvent la majuscule: *le Ça.*) – Du préc.; trad. de l'all. *es* (pron. neutre).

çà [sa] adv. de lieu. **1.** Vx Ici, tout près. *Viens çà que je t'embrasse.* ▷ Mod. *Çà et là:* de côté et d'autre. *Elle jetait ses affaires çà et là, au hasard.* **2.** interj. Vx (pour exciter, encourager à faire qqch). *Çà, partons!* – Marquant l'impatience, l'étonnement, etc. *Çà, allez-vous finir?* – Lat. pop. *ecce-hac,* «voici-par ici».

cab [kab] n. m. Cabriolet couvert où le cocher était placé sur un siège élevé derrière la capote, en usage en Angleterre au siècle dernier. – Mot angl., abrév. de «cabriolet».

cabale [kabal] n. f. **I.** *Cabale* ou *Kabbale.* **1.** Ensemble des traditions juives relatives à l'interprétation mystique de l'Ancien Testament. **2.** Science occulte qui prétend mettre ses adeptes en communication avec le monde des esprits. **II. 1.** Ensemble de menées concertées, intrigues visant à faire échouer qqn, qqch. *Cabale montée contre un auteur, une pièce.* Syn. Complot. ▷ Les gens qui forment une cabale. *La cabale remplissait le parterre.* Syn. faction. **2.** Fam. Propagande faite à domicile en faveur d'un candidat ou d'un parti politique, surtout à l'occasion d'une campagne électorale. *Cabale électorale. Les deux partis ont commencé à faire leur cabale.* – Hébr. *qabbalah,* «tradition».

cabaler [kabale] v. [1] Fam. **1.** v. tr. Solliciter qqn à domicile pour le gagner à la cause d'un candidat ou d'un parti politique. *Aller cabaler qqn.* **2.** v. intr. Faire de la cabale (sens II, 2). – De *cabale.*

cabaleur, euse [kabalœʀ, øz] n. Vieilli Personne qui fait de la cabale (sens II, 2). *Cabaleur d'élections. Le comté est arpenté par une armée de cabaleurs.* «[...] des cabaleuses sont allées demander aux unions ouvrières d'endosser un mouvement pour faire nommer sénatrice Mlle Idola St-Jean.» (*Le Goglu,* Montréal, déc. 1929.) Rem. La forme fém. est rare. – De *cabaler.*

cabaliste [kabalist] n. m. Personne versée dans l'étude de la cabale juive. – De *cabale.*

cabalistique [kabalistik] adj. **1.** Qui a rapport à la cabale juive. *Science cabalistique.* **2.** Qui a rapport à la cabale, à la science occulte. ▷ Qui a un air de mystérieuse obscurité. *Signes cabalistiques.* – De *cabale.*

caban [kabɑ̃] n. m. Veste de marin, en drap de laine épais. – Ital. de Sicile *gabbano;* de l'ar. *qabâ.*

cabane [kaban] n. f. **1.** Petite construction en matériaux légers, pouvant servir d'abri. *Cabane de pêcheur. Cabane à outils. Cabane à sucre*. Cabane à moineaux, à oiseaux. Cabane à chien:* niche. ▷ *Cabane à lapins,* où l'on élève des lapins. – Fig., péjor. Maison mal construite; grand immeuble où l'on s'entasse. **2.** Pop. Prison. – Provenç. *cabanna,* bas lat. *capanna.*

cabanon [kabanõ] n. m. **1.** Petite cabane. **2.** Petite maison de campagne, en Provence. **3.** Cellule où l'on enfermait les déments que l'on estimait dangereux (pratique tombée en désuétude depuis l'avènement de la chimiothérapie). *Il est bon à mettre au cabanon:* il est fou. – De *cabane.*

cabaret [kabaʀɛ] n. m. **1.** Établissement qui présente un spectacle (chansons, attractions diverses) et où le public peut boire ou se restaurer. **2.** Vieilli Modeste débit de boissons. **3.** Vx Petit meuble aménagé pour le service des liqueurs. – Néerl. *cabret,* «petite chambre», par le picard.

cabaretier, ière [kabaʀtje, jɛʀ] n. Vieilli Personne qui tient un cabaret (au sens 2). – De *cabaret.*

cabas [kaba] n. m. **1.** Panier à provisions en matériau souple, à deux anses. **2.** Panier en jonc ou en sparterie pour l'emballage des fruits secs. – Provenç. *cabas,* lat. pop **capacium,* de *capax,* «qui contient beaucoup».

cabernet [kabɛʀnɛ] n. m. Cépage rouge de la région de Bordeaux et de la Touraine. – Mot du Médoc.

cabestan [kabɛstɑ̃] n. m. TECH Treuil à tambour vertical. – Provenç. *cabestran,* de *cabestre,* lat. *capistrum,* «licou».

cabiai [kabjɛ] n. m. Le plus gros rongeur actuel (1 m de long), à corps massif couvert de courtes soies, végétarien, vivant en Amérique du Sud près des points d'eau (*Hydrochœrus hydrochœrus*). Syn. cochon d'eau. – Du tupi.

cabillaud [kabijo] n. m. (France) Morue adulte. ▷ Morue fraîche. – Néerl. *kabeljau.*

cabillot [kabijo] n. m. MAR Cheville servant à amarrer les manœuvres courantes. – Provenç. *cabilhot,* de *cabilha,* «cheville».

cabine [kabin] n. f. **1.** Chambre, à bord d'un navire. **2.** Petit réduit, local exigu servant à divers usages. *Cabine de bain,* où les baigneurs changent de vêtements. *Cabine d'essayage d'un magasin de vêtements. Cabine de douche. Cabine téléphonique. Cabine de peinture,* pour peindre au pistolet. **3.** Enceinte pour le transport des personnes (ascenseurs, téléphériques). ▷ Partie du fuselage d'un avion réservée aux passagers. – *Cabine de pilotage,* où sont regroupées les commandes de l'appareil. ▷ Partie d'un véhicule spatial dans laquelle prennent place les cosmonautes. – Angl. *cabin,* du picard *cabine,* «maison de jeu».

cabinet [kabinɛ] n. m. **I. 1.** Petite pièce retirée d'une habitation, destinée à différents usages. *Cabi-*

net de toilette, de débarras. Cabinet noir, sans fenêtre. – *Spécial.,* vieilli, sing. ou plur. Toilettes, lieux d'aisances. **2.** Bureau, pièce destinée au travail, à l'étude. *Cabinet de travail.* **3.** Ensemble des bureaux, des locaux où les membres des professions libérales reçoivent leurs clients. *Cabinet dentaire, médical. Cabinet d'un avocat.* – Ensemble des affaires traitées dans un cabinet, clientèle. *Architecte qui vend son cabinet.* **II. 1.** L'ensemble des ministres. *Le cabinet a été renversé.* **2.** Ensemble des personnes, des services qui dépendent directement d'un ministre, d'un maire. *Chef de cabinet.* **III.** Lieu où l'on place, où l'on expose des objets d'étude ou de curiosité; la collection constituée par ces objets. *Cabinet d'antiques.* **IV.** Meuble à petits tiroirs, généralement sur pieds et richement décoré, qui servait à ranger des bijoux, de menus objets. *Cabinet à bijoux d'époque Louis XIV.* – De *cabine,* ou ital. *gabinetto,* «chambre, meuble».

câblage [kablaʒ] n. m. **1.** Action, manière de câbler (au sens 1). **2.** Ensemble des conducteurs d'un dispositif électrique ou électronique. – De *câbler.*

câble [kabl] n. m. **1.** Ensemble de brins d'une matière textile ou synthétique, ou de fils de métal retordus ou tressés. *Câble en chanvre, en coton, en aloès, en nylon, en acier. Câble plat, rond. Câble équilibré,* antigiratoire. – *Spécial.* Gros cordage très résistant. *Câbles en acier d'un ascenseur.* **2.** Fil, faisceau de fils conducteurs général. recouverts d'une enveloppe isolante. *Câble électrique. Câble aérien, sous-marin. Câble coaxial*, à fibre optique. Transmettre des émissions de télévision par câbles.* ▷ *Par ext.* Cour. Télévision transmise par câbles. *Avoir le câble. S'abonner au câble. Regarder une émission sur le câble.* V. câblodistribution. ▷ Câblogramme. *Recevoir un câble.* **3.** Par anal. *Câble hertzien:* liaison par ondes hertziennes. – Provenç. *cable,* bas lat. *capulum,* «corde».

câblé [kable] n. m. Gros cordon de passementerie, formé par câblage. – De *câbler.*

cableau ou **câblot** [kablo] n. m. MAR Petit câble. *Câblot de grappin.* – De *câble.*

câbler [kable] v. tr. [1] **1.** Réunir par torsion (les brins d'un câble). **2.** Faire parvenir (une information) par télégramme. *J'ai câblé la nouvelle à Paris.* – De *câble.*

câbleur, euse [kablœʀ, øz] n. **1.** Ouvrier, ouvrière spécialisé dans le câblage de circuits électriques. **2.** n. f. Machine à fabriquer des câbles. – De *câble.*

câblier [kablije] n. m. **1.** Celui qui fabrique ou qui pose des câbles. **2.** Navire spécialement construit pour la pose, l'entretien et le relevage des câbles sous-marins. ▷ Adj. *Navire câblier.* – De *câble.*

câbliste [kablist] n. AUDIOV Agent chargé de manipuler les câbles d'une caméra de télévision lors des prises de vues. – De *câble.*

câblodistributeur [kablodistʀibytœʀ] n. m. Entreprise qui exploite un service de câblodistribution. – De *câble,* et *distributeur.*

câblodistribution [kablodistʀibysjõ] n. f. TECH Procédé de transmission par câbles de programmes visuels et sonores vers des usagers. *Système de câblodistribution.* – *Spécial.* Télédistribution. – De *câble,* et *distribution.*

câblogramme [kablɔgʀam] n. m. Télégramme transmis par câble. – De *câble,* et *(télé)gramme.*

câblot. V. cableau.

cabochard, arde [kabɔʃaʀ, aʀd] adj. et n. Fam. Entêté. *Elle est un peu cabocharde. Un sacré cabochard.* – De *caboche.*

caboche [kabɔʃ] n. f. Fam. Tête. *Qu'est-ce qui se passe dans ta caboche?* – Forme normanno-picarde, de *bosse* confondu avec des dér. de *caput,* «tête»; a. fr. *caboce.*

cabochon [kabɔʃõ] n. m. **1.** Pierre précieuse polie mais non taillée. **2.** Clou d'ameublement à tête ouvragée. – De *caboche.*

cabomba [kabõba] n. m. Genre de dicotylédones aquatiques d'Amérique du Sud (fam. cabombacées), très utilisées comme plantes d'aquarium.

cabosse [kabɔs] n. f. **1.** Vx Bosse. **2.** Fruit du cacaoyer. *La cabosse, qui rappelle par sa forme un concombre ventru, contient de 15 à 40 cacaos.* – V. caboche.

cabosser [kabɔse] v. tr. [1] Déformer en faisant des bosses. *Cabosser l'aile de sa voiture contre un pare-chocs. Un vieux chapeau tout cabossé.* – V. caboche.

1. cabot [kabo] n. m. Fam. Chien. Anc. Chien à grosse tête. – Du rad. lat. de *caput,* «tête».

2. cabot [kabo] n. m. Fam. Cabotin. – Abrév. de *cabotin.*

3. cabot [kabo] n. m. Nom courant de divers poissons communs en Méditerranée (chevesne, muge, chabot, etc.). – Anc. provenç. *cabotz,* lat. pop. *capoceus,* «poisson à grosse tête», de *caput,* «tête».

cabotage [kabɔtaʒ] n. m. Navigation marchande à faible distance des côtes (par oppos. à la navigation au long cours). – De *caboter.*

caboter [kabɔte] v. intr. [1] Naviguer au cabotage. – De l'esp. *cabo,* «cap».

caboteur [kabɔtœʀ] n. m. Navire qui fait le cabotage. – De *caboter.*

cabotin, ine [kabɔtɛ̃, in] n. Fam., péjor. **1.** Mauvais comédien, qui sollicite les applaudissements du public par des effets de jeu faciles et peu naturels. **2.** Personne vaniteuse, qui aime attirer l'attention sur elle. ▷ Adj. *Il est un peu cabotin.* – Orig. incert.

cabotinage [kabɔtinaʒ] n. m. Fam. **1.** Jeu affecté d'un cabotin, d'un mauvais acteur. **2.** Manière d'agir d'un cabotin (au sens 2). – De *cabotin.*

cabotiner [kabɔtine] v. intr. [1] Faire le cabotin. – De *cabotin.*

cabrer [kabʀe] **I.** v. tr. [1] **1.** Faire se dresser (un animal, *partic.* un cheval) sur ses pattes, ses jambes postérieures. **2.** Fig. Provoquer l'opposition, la révolte de (qqn). *Il est très susceptible, vous risquez de le cabrer.* V. braquer, buter. **3.** Par ext. *Cabrer un avion:* faire pointer son avant vers le haut. **II.** v. pron. **1.** Se dresser sur les pattes, les jambes postérieures, en parlant d'un animal, *partic.* d'un cheval. **2.** S'emporter avec indignation, se révolter. *Il se cabre au moindre mot.* **III.** v. intr. *Avion, hélicoptère qui cabre,* qui relève anormalement l'avant. – Du rad. lat. de *capra,* «chèvre», par le provenç.

cabri [kabʀi] n. m. Chevreau, petit de la chèvre. – Provenç. *cabrit,* lat. *capra,* «chèvre».

cabriole [kabʀijɔl] n. f. **1.** Gambade, saut léger (comme celui d'un cabri); pirouette. ▷ CHOREGR Pas sauté dans lequel une jambe bat l'autre. **2.** ÉQUIT Saut du cheval les quatre pieds en l'air avec ruade. – Ital. *capriola,* de *capriolo,* «chevreuil», *b* par infl. de *cabri.*

cabrioler [kabʀijɔle] v. intr. [1] Faire des cabrioles. – De *cabriole.*

cabriolet [kabʀijɔlɛ] n. m. **1.** Anc. Voiture à cheval, légère, à capote mobile, suspendue sur deux roues. ▷ Mod. Automobile décapotable. **2.** Petit fauteuil à dossier incurvé. – De *cabrioler.*

cabus [kaby] adj. m. *Chou cabus:* chou pommé à feuilles lisses. – Anc. provenç. *cabus,* du lat. *caput,* «tête».

caca [kaka] n. m. Fam. (langage enfantin). Excrément. *Faire caca.* ▷ Loc. adj. *Caca d'oie,* de couleur verdâtre. – Du lat. *cacare.*

cacaber [kakabe] v. intr. [1] Pousser son cri, en parlant de la perdrix. – Lat. *cacabare.*

cacahouète [kakawɛt] ou **cacahuète** [kakaɥɛt] n. f. **1.** Fruit de l'arachide, très riche en corps gras. **2.** Graine contenue dans ce fruit, que l'on consomme torréfiée. V. arachide. – Esp. *cacahuate,* mot aztèque.

cacao [kakao] n. m. **1.** BOT Graine de cacaoyer, qui, torréfiée puis broyée, sert à fabriquer le chocolat. *Le cacao contient de la théobromine.* Syn. fève de cacao. *Beurre de cacao:* corps gras contenu dans le cacao. **2.** Cour. Poudre de graines de cacaoyer. – Boisson chaude faite avec cette poudre délayée dans de l'eau ou du lait. – Mot esp., de l'aztèque *cacahuatl.*

cacaoté, ée [kakaɔte] adj. Qui contient du cacao. *Poudre cacaotée.* – De *cacao.*

cacaoui ou **kakawi** [kakawi] n. m. Canard sauvage (*Clangula hyemalis,* fam. anatidés) à longue queue effilée, qui niche dans l'Arctique. *Le cacaoui ou canard kakawi hiverne le long des côtes maritimes et dans la région des Grands Lacs.* – Mot algonquien.

cacaoyer [kakaɔje] ou **cacaotier** [kakaɔtje] n. m. Petit arbre (*Theobroma cacao,* fam. sterculiacées) originaire du Mexique, cultivé pour les fèves (cacaos) que contiennent ses fruits (cabosses). – De *cacao.*

cacaoyère [kakaɔjɛʀ] ou **cacaotière** [kakaɔtjɛʀ] n. f. Plantation de cacaoyers. – De *cacao.*

cacarder [kakaʀde] v. intr. [1] Pousser son cri, en parlant de l'oie. – Onomat.

cacatoès ou **kakatoès** [kakatɔɛs] n. m. Perroquet (genre *Kakatoe*) d'Australie et de Papouasie-Nouvelle-Guinée, à plumage blanc rosé, pourvu d'une huppe érectile. – Du malais *kakatūwa.*

cacatois [kakatwa] n. m. MAR Anc. Voile carrée gréée au-dessus des voiles de perroquet et de perruche, par beau temps. – Var. de *cacatoès.*

cachalot [kaʃalo] n. m. Mammifère marin (fam. physétéridés) à la mâchoire inférieure pourvue de dents. (*Physeter macrocephalus,* le grand cachalot, atteint 25 m de long et peut peser plus de 50 t; sa tête énorme contient le blanc de baleine, et ses intestins l'ambre gris; c'est un carnassier vorace des mers chaudes. *Kogia breviceps,* le cachalot pygmée, très rare, ne dépasse pas 3 m.) – Esp. ou portug. *cachalote,* poisson «à grosse tête», du lat. *caput,* «tête».

cache [kaʃ] n. **1.** n. f. Lieu où l'on peut cacher qqch, se cacher. **2.** n. m. PHOTO Feuille, lame opaque destinée à soustraire partiellement une surface sensible à l'action de la lumière. ▷ TECH Feuille de carton ajourée utilisée par les encadreurs. – Petit cadre en carton ou en plastique utilisé pour le montage des diapositives. – De *cacher.*

cache-. Élément faisant partie de divers mots composés. – De *cacher.*

cache-cache [kaʃkaʃ] n. m. inv. Jeu d'enfants où l'un des joueurs doit trouver les autres qui se sont cachés. *Jouer à cache-cache.* – De *cacher.*

cache-col [kaʃkɔl] ou **cache-cou** [kaʃku] n. m. inv. Écharpe portée autour du cou. – De *cache-,* et *col* ou *cou.*

cachectique [kaʃɛktik] adj. (et n.). MED De la cachexie; atteint de cachexie. – De *cachexie.*

cache-entrée [kaʃɑ̃tʀe] n. m. inv. Pièce mobile qui masque l'entrée d'une serrure. – De *cache-,* et *entrée.*

cache-flammes [kaʃflam] n. m. inv. Appareil fixé à l'extrémité du canon d'une arme à feu pour masquer la flamme au départ du coup. – De *cache-,* et *flamme.*

cachemire [kaʃmiʀ] n. m. **1.** Laine mêlée de poil de chèvre du Cachemire ou du Tibet. *Tissu, tricot en cachemire.* **2.** Étoffe à dessins indiens caractéristiques. *Châle, nappe de cachemire.* – Appos. *Motif cachemire.* – De l'État du même n. en Inde.

cache-misère [kaʃmizɛʀ] n. m. inv. Fam. Vêtement qui dissimule des habits usagés. – De *cache-,* et *misère.*

cache-nez [kaʃne] n. m. inv. Longue écharpe qui entoure le cou, préservant du froid le bas du visage. – De *cache-,* et *nez.*

cache-pot [kaʃpo] n. m. inv. Vase ou enveloppe dissimulant un pot de fleurs. – De *cache-,* et *pot.*

cache-poussière [kaʃpusjɛʀ] n. m. inv. Anc. Pardessus d'étoffe légère pour protéger les habits. – De *cache-,* et *poussière.*

cacher [kaʃe] **I.** v. tr. [1] **1.** Mettre en un lieu secret; soustraire à la vue. *Cacher un trésor.* Syn. celer (litt.) dissimuler, planquer (pop.). – Loc. *Cacher son jeu,* aux cartes, et, au fig.: déguiser ses intentions. **2.** Empêcher de voir. *Cet immeuble cache la mer. Tu me caches le soleil.* Syn. masquer, voiler. **3.** Ne pas exprimer; taire. *Cacher sa joie. Cacher son âge.* **II.** v. pron. **1.** Se soustraire à la vue pour n'être pas trouvé. *Le voleur s'est caché.* – (Choses). *Où donc se cachent mes lunettes?* **2.** *Se cacher de qqn,* lui cacher ce qu'on fait. – Lat. pop. **coacticare,* «comprimer», class. *coactare,* «contraindre».

cacher (kasher ou **kawsher), ère** [kaʃɛʀ] adj. Conforme aux lois du judaïsme concernant les aliments et leur préparation. (Se dit surtout des viandes d'animaux abattus selon les rites et préparées conformément à ces rites.) *Viande cachère. Boucherie kashère.* – Mot hébr.

cache-radiateur [kaʃʀadjatœʀ] n. m. inv. Panneau ajouré qui dissimule un radiateur d'appartement. – De *cache-,* et *radiateur.*

cache-sexe [kaʃsɛks] n. m. inv. Pièce de vêtement qui ne couvre que le sexe. – De *cache-,* et *sexe.*

cachet [kaʃɛ] n. m. **1.** Pièce gravée faite d'une matière dure, qu'on applique sur de la cire pour y produire une empreinte; l'empreinte elle-même. ▷ Morceau de cire qui porte cette empreinte. *Le cachet a été rompu.* ▷ HIST (France) *Lettre de cachet,* signée de la main du roi et d'un secrétaire d'État, et qui contenait un ordre d'incarcération ou de mise en exil. **2.** Marque imprimée apposée avec un tampon. *Le cachet de la poste faisant foi* (pour la date d'envoi d'une lettre). **3.** Fig. Marque, caractère distinctif. *On reconnaît le cachet de cet écrivain.* – (S. comp.) *Peinture qui a du cachet, un certain cachet.* **4.** PHARM Capsule de pain azyme contenant un médicament. – Cour. Comprimé. *Cachet d'aspirine.* **5.** Rétribution d'un artiste pour une séance de travail. *Cachet d'un musicien, d'un acteur.* – De *cacher,* au sens anc. de «presser».

cachetage [kaʃtaʒ] n. m. Action de cacheter. – De *cacheter.*

cache-tampon [kaʃtɑ̃pɔ̃] n. m. inv. Jeu d'enfants où l'un des joueurs cache un objet que les autres doivent découvrir. *Jouer à cache-tampon.* – De *cache-,* et *tampon.*

cacheter [kaʃte] v. tr. [23] **1.** Fermer à la cire. *Cire à cacheter. Cacheter une bouteille de vin. Pli diplomatique cacheté.* **2.** Clore (un pli) par collage. *Cacheter une enveloppe.* – De *cachet.*

cachette [kaʃɛt] **1.** n. f. Endroit où l'on peut se cacher, cacher qqch. **2.** Loc. adv. *En cachette:* en se cachant, en dissimulant ce qu'on fait. – Dimin. de *cache.*

cachexie [kaʃɛksi] n. f. **1.** MED Altération profonde de toutes les fonctions de l'organisme à la suite d'une maladie chronique grave. **2.** MED VET *Cachexie aqueuse* *du mouton, du bœuf, du porc,* provoquée par un parasite, la douve ou distome. – Lat. méd. *cachexia,* gr. *kakhexia,* de *kakos,* «mauvais», et *hexis,* «constitution».

cachot [kaʃo] n. m. Cellule de prison, étroite et sombre. *Mettre au cachot.* – De *cacher.*

cachotterie [kaʃɔtʀi] n. f. Manière d'agir ou de parler avec mystère pour cacher des choses sans importance. *Faire des cachotteries.* – De *cacher.*

cachottier, ière [kaʃɔtje, jɛʀ] adj. et n. Qui aime faire des cachotteries. *Une fille cachottière. C'est un cachottier.* – De *cacher.*

1. cachou [kaʃu] n. m. **1.** Substance solide brune extraite du bois d'un acacia indien (*Acacia catechu*), à saveur caractéristique, utilisée en teinturerie. – Astringent tiré de cette substance ou de la noix d'arec, utilisé en pharmacie. ▷ Adj. De la couleur brun foncé du cachou. *Une robe cachou.* **2.** Pastille à base de cachou. **3.** Colorant synthétique de couleur brune. – Portug. *cacho,* du tamoul ou du malais *kâchu.*

2. cachou ou **cashew** [kaʃu] n. m. Fruit d'un arbuste tropical, l'anacardier, dont l'amande réniforme se consomme torréfiée. – Angl. *cashew;* d'orig. tupi, par le portug. *cajú.*

cachucha [katʃutʃa] n. f. Danse espagnole au rythme rapide. – Mot esp.

cacique [kasik] n. m. Chef de tribu, chez certains Indiens d'Amérique centrale auj. disparus. – Esp. *cacique,* par l'ital.; mot indien.

cacochyme [kakoʃim] adj. Vx ou plaisant. D'une constitution faible, déficiente. – Gr. méd. *kakokhumos,* de *khumos,* «humeur».

cacodylate [kakodilat] n. m. CHIM Sel de l'acide cacodylique, employé notam. comme fortifiant. – De *cacodyle.*

cacodyle [kakodil] n. m. CHIM Le radical $(CH_3)_2As$. – Du gr. *kakôdês,* «qui a une mauvaise odeur».

cacodylique [kakodilik] adj. CHIM *Acide cacodylique,* de formule $(CH_3)_2AsO_2H$. – De *cacodyle.*

cacolet [kakɔlɛ] n. m. Siège sommaire fixé de chaque côté du bât d'un mulet et qui servait au transport des blessés. – Mot des Pyrénées, p.-ê. basque.

cacophonie [kakofɔni] n. f. Assemblage désagréable de sons discordants. – *Spécial.* Rencontre de sons de la parole désagréables à l'oreille. *«Non, il n'est rien que Nanine n'honore»* (Voltaire). – Gr. *kakophônia,* de *kakos,* «mauvais», et *phônê,* «son».

cacophonique [kakofɔnik] adj. Qui fait une cacophonie. – De *cacophonie.*

cactacées [kaktase] ou **cactées** [kakte] n. f. pl. BOT Famille de dicotylédones xérophiles, toutes ornementales, à grosses fleurs dialypétales éphémères, à tiges charnues servant de réserves d'eau, et dont les feuilles sont réduites à des épines. *Beaucoup de cactacées sont originaires du Mexique.* – De *cactus.*

cactus [kaktys] n. m. Plante grasse épineuse de la famille des cactacées (nopal, figuier d'Inde, etc.). – Lat. bot. *cactus,* gr. *kaktos,* «artichaut épineux».

c.-à-d. Abrév. de c'est-à-dire.

cadastral, ale, aux [kadastʀal, o] adj. Du cadastre. *Plan cadastral.* – De *cadastre.*

cadastre [kadastʀ] n. m. **1.** Registre public, établi à partir de relevés topographiques, dans lequel sont répertoriées avec précision les limites des propriétés d'un territoire donné. **2.** Administration qui gère le cadastre. *Les employés du cadastre.* – Mot provenç., ital. *catastico,* bas gr. *katastikhon,* «liste».

cadastrer [kadastʀe] v. tr. [1] Inscrire au cadastre. – De *cadastre.*

cadavéreux, euse [kadaveʀø, øz] adj. Qui tient du cadavre. *Un teint cadavéreux.* – De *cadavre.*

cadavérine [kadaveʀin] n. f. BIOCHIM Diamine, produit de dégradation des protéines, présente dans les corps en putréfaction. – De *cadavre,* et de *-ine* 3.

cadavérique [kadaveʀik] adj. Du cadavre. *Rigidité, pâleur cadavérique.* – De *cadavre.*

cadavre [kada(ɑ)vʀ] n. m. Corps d'homme ou d'animal mort. *Après la bataille, le sol était jonché de cadavres.* ▷ Fig., fam. *Un cadavre ambulant:* une personne extrêmement affaiblie, très maigre. ▷ *Il y a un cadavre entre eux:* ils sont liés par un crime, un méfait. – Lat. *cadaver.*

caddie [kadi] n. m. Personne qui, au golf, porte les clubs des joueurs. – Mot angl., du fr. *cadet.*

cade [kad] n. m. Genévrier oxycèdre du pourtour méditerranéen. *Huile de cade:* goudron à odeur très forte, extrait du cade, utilisé en dermatologie. – Provenç. *cade,* bas lat. *catanum.*

cadeau [kado] n. m. **1.** Vx (langue class.). Divertissement, repas offert à une dame. **2.** Mod. Ce que l'on donne en présent; objet offert. *Un cadeau de mariage, d'anniversaire.* Prov. *Les petits cadeaux entretiennent l'amitié. – Faire cadeau de:* offrir. ▷ *Ne pas faire de cadeau à qqn,* ne pas le ménager, le traiter durement; ne pas tolérer de faute de sa part. – Provenç. *capdel,* «chef», fig. «lettre capitale»; lat. pop. *capitellum,* de *caput,* «tête».

cadenas [kadna] n. m. Serrure mobile dont le pêne en arceau est articulé de manière à pouvoir être passé dans un anneau, dans les maillons d'une chaîne, etc. *Clef, combinaison d'un cadenas.* – Provenç. *cadenat,* de *cadena,* «chaîne».

cadenasser [kadnase] v. tr. [1] Fermer avec un cadenas. *Cadenasser une porte.* – De *cadenas.*

cadence [kadɑ̃s] n. f. **1.** Succession rythmique de mouvements, de sons. ▷ Succession d'accents marquant le rythme en poésie, en musique. *La cadence d'un vers.* ▷ CHOREGR Mesure qui règle le mouvement de la danse. *Suivre la cadence.* ▷ *En cadence:* en mesure; avec un rythme régulier. **2.** Rythme de production (*spécial.,* dans le travail à la chaîne). *Augmenter les cadences. Cadence infernale.* **3.** MUS Succession harmonique marquant la conclusion d'une phrase musicale. *Cadence parfaite, imparfaite, plagale. Cadence phrygienne.* – Ital. *cadenza,* de *cadere,* «tomber».

cadencé, ée [kadɑ̃se] adj. Où se manifeste une cadence, rythmé. *Mouvements cadencés.* – Pp. de *cadencer.*

cadencer [kadɑ̃se] v. tr. [14] **1.** Régler (ses mouvements) sur un rythme donné. *Cadencer le pas.* **2.** Donner par l'accentuation une cadence à. *Cadencer ses phrases.* – De *cadence.*

cadène ou **cadenne** [kadɛn] n. f. MAR Pièce (chaîne, tige, plaque, etc.) qui sert à fixer sur la coque les extrémités basses des haubans d'un navire à voile. – Lat. *catena,* par le provenç.

cadenette [kadnɛt] n. f. **1.** Longue mèche de cheveux pendant sur la tempe (XVIIe s.), puis chacune des deux tresses encadrant le visage (XVIIIe s.), que portaient les soldats de l'infanterie. **2.** Tresse, natte. – Du sire de *Cadenet,* favori de Louis XIII, qui mit cette coiffure à la mode.

cadet, ette [kadɛ, ɛt] n. **1.** Chacun des enfants d'une famille nés après l'aîné. – Dernier-né, benjamin. ▷ Adj. *Branche cadette,* issue d'un cadet. **2.** *Être le cadet de qqn:* être moins âgé que lui (sans lien de parenté). *Il est mon cadet de deux ans.* **3.** Loc. *C'est le cadet de mes soucis,* le moindre. **4.** MILIT Élève d'une école militaire, candidat au grade d'officier. ▷ (France) Anc. Gentilhomme apprenant le métier des armes. *Les cadets de Gascogne.* – Gasc. *capdet,* provenç. *capdel,* «chef».

cadi [kadi] n. m. Juge musulman qui exerce des fonctions civiles et religieuses. – Ar. *qādi.*

cadmiage [kadmjaʒ] n. m. TECH Opération qui consiste à revêtir une surface métallique d'une couche protectrice de cadmium. – De *cadmium.*

cadmie [kadmi] n. f. Dépôt résiduel, mélange de zinc, d'oxyde de zinc et d'oxyde de cadmium, dans la métallurgie du zinc. – Lat. *cadmia,* gr. *kadmeia,* carbonate de zinc extrait près de *Kadmos* (Thèbes).

cadmié, ée [kadmje] adj. TECH Recouvert de cadmium. – De *cadmium.*

cadmium [kadmjɔm] n. m. CHIM Métal blanc, malléable et ductile, de symbole Cd, de numéro atomique Z = 48 et de masse atomique 112,41. – De *cadmie.*
ENCYCL Le cadmium, de densité 8,65, fond à 321 °C et bout à 765 °C. Ses propriétés sont assez proches de celles du zinc, qu'il accompagne très souvent dans ses minerais. Il entre dans la fabrication de certains accumulateurs. On l'utilise comme revêtement pour protéger l'acier contre la corrosion. L'oxyde de cadmium, jaune-brun, sert à décorer les porcelaines. Le sulfure de cadmium est utilisé en peinture, dans l'industrie du caoutchouc et dans des détecteurs photosensibles.

cadogan. V. catogan.

cadrage [kadʀaʒ] n. m. AUDIOV Action de cadrer un sujet; son résultat. – De *cadrer.*

cadran [kadʀɑ̃] n. m. **1.** Surface graduée sur laquelle se meut l'aiguille d'un appareil de mesure. *Cadran d'une montre, d'un baromètre.* ▷ *Cadran solaire,* donnant l'heure selon la position de l'ombre portée par un style. ▷ Loc. *Faire le tour du cadran:* dormir douze heures d'affilée. ▷ *Par méton.,* fam. Réveille-matin. *Le cadran n'a pas sonné.* **2.** *Par anal.* Surface plane, divisée et graduée, de divers instruments et appareils. *Le cadran d'une boussole.* ▷ *Spécial.* Disque mobile d'un appareil téléphonique, au moyen duquel on compose les numéros. *Téléphone à cadran.* – Lat. *quadrans,* ppr. de *quadrare,* «être carré» (les cadrans solaires furent d'abord carrés).

cadrat [kadʀa] n. m. TYPO Bloc de plomb parallélépipédique moins haut que le bloc-caractère, et servant à former les blancs. – Lat. *quadratus,* «carré».

cadratin [kadʀatɛ̃] n. m. TYPO Cadrat d'un corps égal à celui du caractère, et dont la chasse est de la même force que le corps. – De *cadrat.*

cadrature [kadʀatyʀ] n. f. Assemblage des pièces qui font mouvoir les aiguilles d'une montre. – Bas lat. *quadratura,* de *quadratus,* «carré».

cadre [kadʀ] n. m. **I. 1.** Bordure entourant un tableau, un miroir, etc. *Cadre à moulures d'une glace. Gravures dans un cadre.* **2.** Assemblage rigide de pièces formant un châssis, une armature. *Cadre de bicyclette. Cadres mobiles d'une ruche. Cadre d'une porte, d'une fenêtre,* scellé dans l'embrasure, et dans la feuillure duquel vient (viennent) battre le vantail (les vantaux). **3.** Grande caisse pour le transport (du mobilier notam.). **4.** ELECTR Circuit ou antenne mobile. **II. 1.** Ce qui entoure, délimite. *Cela sort du cadre de mes fonctions. Dans le cadre de cet ouvrage, nous tenterons d'expliquer...* **2.** Ce qui constitue le milieu, l'environnement; paysage, décor. *Les montagnes formaient un cadre grandiose. Vivre dans un cadre luxueux.* **3.** MILIT Tableau de formation des divisions et subdivisions que comporte un corps. ▷ *Cadre de réserve,* des officiers généraux qui ne sont plus en activité (par oppos. au cadre d'active). ▷ *Les cadres d'une unité:* ses gradés. *Les cadres d'un bataillon.* **4.** Plur. Tableau des services de l'Administration et des fonctionnaires qui les remplissent. *Être rayé des cadres.* **5.** Plur. L'ensemble du personnel de direction, d'encadrement, d'un organisme public, d'une entreprise. ▷ Sing. Personne qui assure des fonctions d'encadrement. *Un cadre moyen, supérieur. Jeune cadre dynamique.* (Rem.: Comme forme féminine, l'OLF recommande *une cadre.*) – Ital. *quadro,* «carré», lat. *quadrus.*

cadrer [kadʀe] **1.** v. intr. [1] S'adapter à, convenir à, concorder. *Son comportement ne cadre pas avec ses idées.* **2.** v. tr. AUDIOV Placer (un sujet) dans le champ d'un appareil photo, d'une caméra, etc. – Du lat. *quadrare* ou de *cadre.*

cadreur, euse [kadʀœʀ, øz] n. AUDIOV Technicien chargé du maniement d'une caméra, opérateur de prises de vues. – De *cadrer.*

caduc, uque [kadyk] adj. **1.** Qui est tombé en désuétude, qui n'a plus cours. *Théorie caduque, usage caduc.* ▷ DR *Legs caduc,* qui est annulé en raison de la mort du légataire. **2.** BOT *Organes caducs,* qui se renouvellent chaque année puis meurent et se détachent spontanément de la plante. *Feuilles caduques* (par oppos. à *persistantes*). **3.** ZOOL, MED Se dit d'un organe qui se sépare du corps au cours de la croissance. *Les dents de lait sont caduques.* ▷ *Membrane caduque:* muqueuse utérine qui tapisse l'œuf implanté et qui est expulsée lors de l'accouchement ou de l'avortement. – N. f. *La caduque.* – Lat. *caducus,* de *cadere,* «tomber».

caducée [kadyse] n. m. Baguette entourée de deux serpents et surmontée de deux ailes, attribut d'Hermès, dieu grec du commerce et de la santé; sa représentation stylisée, emblème des pharmaciens et des médecins. – Lat. *caduceus,* du gr. *kêrukeion,* «insigne du héraut».

caducité [kadysite] n. f. Caractère caduc. *Caducité d'un acte juridique.* – De *caduc.*

caecal, ale, aux [sekal, o] adj. Du cæcum. *Inflammation de l'appendice cæcal,* ou *appendicite.* – De *cæcum.*

caecum [sekɔm] n. m. ANAT Segment initial du gros intestin, formant un cylindre creux fermé à sa partie inférieure, prolongé à sa partie supérieure par le côlon, et communiquant par sa face interne avec l'intestin grêle au niveau de la valvule de Bauhin. – Lat. méd. *(intestinum) cæcum,* «intestin aveugle».

caelostat [selɔsta] n. m. ASTRO Appareil d'observation équipé d'un miroir tournant autour d'un axe parallèle à celui de la Terre, à une vitesse égale à la moitié de la vitesse de rotation de celle-ci, de sorte que les corps célestes observés paraissent immobiles. – Du lat. *caelum,* «ciel», et *stare,* «demeurer immobile».

caesium. V. césium.

CAF [kaf] adj. inv. Se dit d'une marchandise dans le prix de laquelle sont inclus le coût des produits eux-mêmes, l'assurance et le transport à destination. – Sigle de *coût, assurance, fret.*

1. cafard, arde [kafaʀ, aʀd] n. **1.** Hypocrite, faux dévot. ▷ Adj. *Mine cafarde.* **2.** Fam. Dénonciateur, mouchard. Syn. rapporteur. – Ar. *kāfir,* «mécréant», et suff. péjor. *-ard.*

2. cafard [kafaʀ] n. m. **1.** Blatte orientale. – De *cafard* 1 par métaphore.

3. cafard [kafaʀ] n. m. Fig. Tristesse, mélancolie sans motif précis. *Avoir le cafard.* – De *cafard* 2.

cafardage [kafaʀdaʒ] n. m. Action de cafarder. – De *cafarder.*

cafarder [kafaʀde] v. intr. [1] Fam. Faire le cafard, dénoncer. Syn. rapporter. – De *cafard* 1 sens 2.

cafardeux, euse [kafaʀdø, øz] adj. **1.** Qui a le cafard. **2.** Qui donne le cafard. *Un décor cafardeux.* – De *cafard* 3.

1. café [kafe] n. m. **1.** BOT Chacune des deux graines contenues dans la drupe (fruit) du caféier; cette graine torréfiée. *Café en grains, moulu. Une demi-livre, un paquet de café. Moulin à café.* ▷ *Café décaféiné,* partiellement privé de sa caféine au moyen de solvants organiques. **2.** Boisson chaude obtenue par infusion de cette graine torréfiée et broyée. *Café noir,* sans lait. *Café au lait, café crème,* mélangé de lait. *Café viennois, liégeois,* servi glacé et nappé de crème fouettée. ▷ Adj. *Café au lait:* de la couleur brun clair du café au lait. *Une étoffe café au lait.* – Ar. *qahwa,* turc *khavé.*

2. café [kafe] n. m. Lieu public où l'on consomme des boissons. *Prendre une bière à la terrasse d'un café.* – De *café* 1.

café-concert [kafekõsɛʀ] n. m. Anc. Café où se produisaient des artistes, des chanteurs. Abrév. pop. vieillie: *caf'conc'* [kafkõs]. – De *café* 2, et *concert.*

caféier [kafeje] n. m. Arbuste (fam. rubiacées) à feuilles persistantes, originaire d'Afrique équatoriale, cultivé pour sa graine (café). – De *café.*

ENCYCL Originaire d'Afrique équatoriale, le caféier fut ensuite (XIVe ou XVe s.) cultivé sur la côte asiatique de la mer Rouge (Yémen, aux environs de Moka), puis aux Indes et dans les îles de l'océan Indien. Aujourd'hui le Brésil et la Colombie sont les deux principaux producteurs et exportateurs de café. Le caféier dit d'Arabie (*Coffea arabica*) fournit les cafés les plus estimés, comme le moka. Le caféier Robusta (*Coffea robusta*), rustique et très productif, est plus répandu.

caféière [kafejɛʀ] n. f. Plantation de caféiers. – De *café.*

caféine [kafein] n. f. Alcaloïde du café, stimulant du système nerveux, que l'on trouve également dans le thé et le maté. – De *café,* et *-ine* 3.

cafetan ou **caftan** [kaftɑ̃] n. m. Long vêtement oriental, ample et souvent richement décoré. – Turc *qăftān.*

cafeteria [kafetеʀja] n. f. (Dans un établissement public, scolaire, etc.) Restaurant libre-service; local où l'on peut se détendre en prenant une collation, un café, etc. *Dîner à la cafétéria de l'école.* – Mot amér., de l'esp. *cafeteria,* «endroit où l'on vend du café».

café-théâtre [kafeteɑtʀ] n. m. Petit théâtre où l'on peut assister au spectacle en consommant. *Des cafés-théâtres.* – De *café* 2, et *théâtre.*

cafetier, ière [kaftje, jɛʀ] n. Personne qui tient un café. – De *café* 2.

cafetière [kaftjɛʀ] n. f. **1.** Récipient dans lequel on prépare le café; récipient pour servir le café. **2.** Pop. Tête. – De *café* 1.

cafouillage [kafujaʒ] ou **cafouillis** [kafuji] n. m. Action de cafouiller, façon d'agir confuse, maladroite; fait de cafouiller, mauvais fonctionnement; la confusion qui en résulte. – De *cafouiller.*

cafouiller [kafuje] v. intr. [1] Fam. Agir de façon brouillonne et maladroite; mal fonctionner. *Cafouiller à un examen. Mécanique qui cafouille.* – De *fouiller,* et préf. péjor. *ca-.*

cafouilleur, euse [kafujœʀ, øz] adj. Fam. Qui cafouille. – De *cafouiller.*

cafouilleux, euse [kafujø, øz] adj. Fam. Brouillon, désordonné. – De *cafouiller.*

cafouillis. V. cafouillage.

cafre [kafʀ] adj. et n. De la Cafrerie, nom ancien de l'Afrique australe.

caftan. V. cafetan.

cafter [kafte] v. intr. et tr. [1]. Pop. Moucharder. *C'est ce trouillard qui a cafté.* ▷ v. tr. *Cafter qqn,* le dénoncer. – Orig. incert.

cage [kaʒ] n. f. **I. 1.** Loge garnie de grillage ou de barreaux où l'on enferme des oiseaux, des animaux sauvages. *Cage à serins. La cage aux lions d'une ménagerie. Cage à écureuil,* munie d'un tambour creux que l'animal peut faire tourner en s'y introduisant. ▷ Fig. Prison. **2.** SPORT Les buts, *au soccer, au hockey.* **3.** Anc. Arbres découpés en longues pièces et groupés en radeaux pour le transport par flottage. **II. 1.** CONSTR *La cage d'une maison,* ses murs extérieurs. ▷ Espace à l'intérieur duquel se trouve un escalier, un ascenseur. **2.** Pièce, ensemble de pièces qui entourent certains mécanismes. ▷ HORL *Cage d'une horloge, d'une montre,* contenant les rouages. ▷ TECH Bâti. *Cage de laminoir.* ▷ MAR *Cage d'hélice:* évidement pratiqué à l'arrière d'un navire pour permettre à l'hélice d'effectuer sa rotation. **3.** ELECTR (par anal. de forme). *Cage d'écureuil:* rotor d'un moteur, entraîné par induction sous l'action d'un champ tournant et constitué de conducteurs disposés suivant les génératrices d'un cylindre. ▷ *Cage de Faraday:* enceinte métallique isolée qui annule (écran électrostatique) l'influence électrique des corps extérieurs. **4.** MINES *Cage, cage d'extraction,* reliée par câbles à la machine d'extraction, et destinée à remonter au jour les berlines pleines et à les faire redescendre au fond. *«Au-dessus de la cage, il y a un parachute, des crampons de fer qui s'enfoncent dans les guides, en cas de rupture»* (Zola). **5.** *Cage thoracique:* thorax. – Lat. *cavea,* de *cavus,* «creux».

cageot [kaʒo] n. m. Petite caisse à claire-voie, en bois léger, destinée au transport des denrées alimentaires. – De *cage.*

caget ou **cajet** [kaʒɛ] n. m. Claie dans laquelle on laisse égoutter et fermenter certains fromages. – De *cage.*

cageux [kaʒø] n. m. Conducteur de cage (sens I, 3). – De *cage.*

cagibi [kaʒibi] n. m. Fam. Pièce de petite dimension servant de débarras. *Ranger les balais dans un cagibi.* – Mot de l'Ouest, orig. incert.

cagnard [kaɲaʀ] n. m. Coin ensoleillé et abrité, en Provence. – A. fr. *caignart.*

cagneux, euse [kaɲø, øz] adj. Qui a les genoux tournés vers l'intérieur. *Une jument cagneuse.* ▷ (Chose) *Genoux cagneux.* – De *cagne,* «chienne».

cagnotte [kaɲɔt] n. f. **1.** Boîte où l'on conserve tout ou partie des mises des joueurs, à certains jeux; son contenu. *Ramasser la cagnotte.* **2.** Argent économisé par les membres d'un groupe, caisse commune. – Provenç. *cagnoto,* de *cana,* «récipient».

cagot, ote [kago, ɔt] n. et adj. Faux dévot; bigot. *Des manières cagotes.* – Mot béarnais.

cagoterie [kagɔtʀi] n. f. Vx Manière d'être, d'agir, du cagot. – De *cagot.*

cagoulard, arde [kagulaʀ, aʀd] n. (France) Membre d'une anc. organisation terroriste d'extrême droite, la *Cagoule.* ▷ Activiste d'extrême droite. – De *la Cagoule,* nom donné au Comité secret d'action révolutionnaire (C.S.A.R.), actif entre 1932 et 1940.

cagoule [kagul] n. f. **1.** Vêtement de moine à capuchon et sans manches. **2.** Capuchon fermé, percé à la hauteur des yeux. *Cagoule de pénitent.* **3.** Passe-montagne. – Lat. ecclés. *cuculla,* de *cucullus,* «capuchon».

cahier [kaje] n. m. **1.** Assemblage de feuilles de papier liées par couture ou agrafage, destiné à l'écriture manuscrite. *Cahier de brouillon. Déchirer une feuille d'un cahier. Cahier à spirale. Cahier à anneaux.* **2.** *Cahier d'imprimerie,* constitué par une feuille pliée et foliotée. **3.** DR ADMIN *Cahier des charges:* acte qui précise les conditions d'un marché (vente, travaux, fournitures). **4.** N. m. pl. Revue. *Cahiers d'une société littéraire.* – Bas lat. *quaternio,* «groupe de quatre feuilles».

cahin-caha [kaɛ̃kaa] adv. Fam. Avec peine, tant bien que mal. *Avancer cahin-caha. Les affaires marchent? Cahin-caha!* – Lat. *quahinc-quahac,* «par-ci, par-là».

cahot [kao] n. m. Saut que fait un véhicule en mouvement sur un terrain inégal. – Fig. *Cette affaire ne va sans cahots.* – De *cahoter.*

cahotant, ante [kaɔtɑ̃, ɑ̃t] adj. **1.** Qui cahote facilement. *Un vieux tacot cahotant.* **2.** Qui fait faire des cahots. *Chemin cahotant.* – Ppr. de *cahoter.*

cahotement [kaɔtmɑ̃] n. m. Fait de cahoter; secousses causées par les cahots. – De *cahoter.*

cahoter [kaɔte] **1.** v. tr. [1] Secouer par des cahots. *La route cahote la voiture.* – Fig. *Être cahoté par la vie.* **2.** v. intr. Éprouver des cahots. *Voiture qui cahote.* – Du frq. *hottôn,* «secouer», et préf. *ca-.*

cahoteux, euse [kaɔtø, øz] adj. Qui fait éprouver des cahots. *Route cahoteuse.* – De *cahoter.*

cahute [kayt] n. f. Petite hutte; bicoque, cabane. – De *hutte,* et p.-ê., préf., péjor. *ca-.*

caïc. V. caïque.

caïd [kaid] n. m. **1.** Anc. En Afrique du N., magistrat assurant des fonctions judiciaires et administratives. **2.** Pop. Chef d'une bande de malfaiteurs. ▷ Homme énergique, ayant un grand ascendant sur les autres. – Ar. *qâïd.*

caïeu ou **cayeu** [kajø] n. m. Bulbe de remplacement qui se forme sur le bulbe principal à partir d'un bourgeon axillaire. *Caïeu d'ail,* ou *gousse.* – Mot normanno-picard, du lat. *catellus* par l'a. fr.

caillasse [kajas] n. f. **1.** GEOL Dépôt caillouteux tertiaire. **2.** Fam. Accumulation de gros cailloux. *Terrain plein de caillasse. Marcher dans la caillasse.* ▷ Caillou. *J'ai buté sur une caillasse.* – De *caillou.*

caille [kaj] n. f. Oiseau migrateur galliforme (fam. phasianidés) ressemblant à une petite perdrix, et dont une espèce, *Coturnix coturnix,* niche dans les champs européens et hiverne en Afrique. *La caille margotte* ou *carcaille* (cri). *Le cailleteau,* petit de la caille. – Mot frq., onomat.

caillé, ée [kaje] adj. et n. m. Qui s'est coagulé. ▷ N. m. **1.** Lait caillé. **2.** Partie solide du lait caillé (caséine), qu'on utilise pour fabriquer le fromage. – Pp. de *cailler.*

caillebotis [kajbɔti] n. m. Treillis en acier galvanisé (sur les caniveaux), ou en lattes de bois (sur les sols humides ou boueux), laissant passer l'eau. *Le caillebotis d'une douche.* – MAR *Caillebotis couvrant une écoutille.* – De *caillebotte.*

caillebotte [kajbɔt] n. f. Masse de lait caillé. – De l'anc. v. *caillebotter,* «mettre en caillots», de *cailler,* et anc. v. *botter,* «s'agglomérer».

caillebotté, ée [kajbɔte] adj. CHIM Qui forme des caillots. *Précipité caillebotté.* – Du préc.

caille-lait [kajlɛ] n. m. inv. Nom courant du *gaillet* qui servait à faire cailler le lait. – De *cailler,* et *lait.*

cailler [kaje] v. intr. [1] **1.** Se figer, former des caillots (lait, sang). *Lait mis à cailler dans une jatte. Sang caillé.* ▷ V. tr. *Le jus de citron caille le lait.* ▷ V. pron. *Le lait se caille vite par temps chaud.* **2.** Pop. Avoir froid. *On caille, ici!* – Pron. *On se caille.* ▷ Impers. *Il caille, ça caille:* il fait froid. – Du lat. *coagulare.*

caillette [kajɛt] n. f. Quatrième poche de l'estomac des ruminants, qui sécrète un suc (présure) faisant cailler le lait. – De *cailler.*

caillot [kajo] n. m. Petite masse coagulée d'un liquide (surtout le sang). *Le caillot sanguin est constitué par un réseau de fibrine enserrant des globules rouges.* – De *cailler.*

caillou [kaju] n. m. **1.** Pierre petite ou moyenne; débris de roche. *Les cailloux du chemin.* ▷ Fam. Pierre précieuse. *Tu as vu les cailloux qu'elle porte!* **2.** Fragment de cristal de roche travaillé pour la joaillerie. **3.** Pop. Crâne. *Il n'a plus un cheveu sur le caillou.* – Mot normanno-picard, p.-ê. du gaul. **caljavo,* rad. *cal-,* «pierre».

cailloutage [kajutaʒ] n. m. **1.** Action de caillouter. **2.** Ouvrage constitué de cailloux noyés dans un mortier. **3.** Pâte de faïence faite d'argile et de sable ou de quartz pulvérisé. – De *caillouter.*

caillouté, ée [kajute] adj. Garni de cailloux. *Une allée cailloutée.* ▷ N. m. Faïence faite en cailloutage. – Pp. de *caillouter.*

caillouter [kajute] v. tr. [1] Couvrir, garnir de cailloux. – De *caillou.*

caillouteux, euse [kajutø, øz] adj. Couvert, plein de cailloux. *Un chemin caillouteux.* – De *caillou.*

cailloutis [kajuti] n. m. Mélange de cailloux concassés, servant de revêtement routier. ▷ GEOL *Cailloutis glaciaire,* amas de cailloux, de graviers et de sable charrié par un glacier. – De *caillou.*

caïman [kaimɑ̃] n. m. Reptile crocodilien d'Amérique du Sud (genre *Caïman,* fam. alligatoridés), aux mâchoires très larges, au ventre vert-jaune. – Esp. *caiman;* mot caraïbe.

caïque ou **caïc** [kaik] n. m. Petite embarcation à voiles ou à rames, étroite et pointue, utilisée en mer Égée et à Istanbul. – Ital. *caicco,* turc *qaiq.*

cairn [kɛʀn] n. m. **1.** Monticule de pierres ou tumulus, élevé par les Celtes, en Bretagne, en Écosse, en Irlande. **2.** Monticule de pierres ou de glaçons, par lequel des explorateurs, des alpinistes jalonnent leur itinéraire ou marquent leur victoire sur une cime. – Irland. *cairn,* «tas de pierres».

cairote [kɛʀɔt] adj. et n. Du Caire, cap. de l'Égypte.

caisse [kɛs] n. f. **I. 1.** Grande boîte (souvent en bois), servant au transport ou à la conservation des marchandises, ou au rangement d'objets divers. *Expédier, décharger des caisses. Une caisse de champagne.* ▷ Contenu d'une caisse. **2.** TECH Dispositif de protection qui entoure certaines pièces, certains mécanismes. *Caisse d'une horloge. Caisse de poulie.* ▷ AUTO Carcasse de la carrosserie; carrosserie. **3.** HORTIC Coffre ouvert, plein de terre, où l'on fait pousser certaines petites plantes, certains arbres. *Une caisse à fleurs. Palmiers en caisse.* **4.** ANAT *Caisse du tympan:* cavité située derrière le tympan contenant la chaîne des osselets et formant l'oreille moyenne. **5.** (France) Pop. *La caisse:* la poitrine, dans l'expr. *partir de la caisse,* avoir les poumons malades, être tuberculeux. **6.** MUS Corps d'un instrument à cordes qui vibre par résonance. ▷ Cylindre en bois léger ou en métal mince fermé par deux peaux tendues et formant le corps d'un tambour. – *Caisse claire:* tambour plat sous lequel est tendu un timbre métallique réglable. *Grosse caisse:* gros tambour à la sonorité mate et sourde, qu'on frappe avec une mailloche; tambour le plus grave de la batterie. **II. 1.** Coffre où l'on dépose l'argent, les valeurs. *Caisse enregistreuse. Ne plus avoir un sou dans la caisse.* **2.** Fonds contenus dans la caisse. *Livre de caisse. Faire sa caisse:* vérifier la correspondance entre les mouvements de fonds enregistrés et l'argent effectivement en caisse. ▷ *Caisse électorale:* fonds amassés par un parti politique pour payer les frais occasionnés par une campagne électorale. **3.** Bureau, guichet où s'effectuent les recettes et les paiements. *Passer à la caisse.* **4.** Établissement où des fonds sont déposés pour y être gérés. *Caisse d'épargne. Caisse de dépôt et de placement du Québec,* société créée en 1965, qui a la gestion des fonds du régime des rentes du Québec. ▷ *Caisse (populaire),* fam. *caisse pop.:* établissement financier coopératif. *La première caisse populaire a été fondée à Lévis en 1900, par Alphonse Desjardins.* – Provenç. *caissa;* lat. *capsa,* «coffre».

caisserie [kɛsʀi] n. f. Fabrique de caisses. – De *caisse.*

caissette [kɛsɛt] n. f. Petite caisse. – De *caisse.*

caissier, ière [kesje, jɛʀ] n. Personne qui tient la caisse dans un magasin, une banque, une administration. – De *caisse.*

caisson [kɛsõ] n. m. **1.** MILIT Anc. Grande caisse montée sur roues, servant à transporter vivres et munitions. **2.** ARCHI Compartiment creux, orné de moulures, qui décore un plafond ou une voûte. **3.** TECH Grande caisse étanche immergée, contenant de l'air, et permettant de travailler sous l'eau. ▷ MED *Caisson hyperbare,* dans lequel on augmente la pression de l'air, utilisé en thérapeutique (traitements des accidents de décompression et de la gangrène gazeuse). – *Maladie des caissons,* survenant chez des sujets ayant été soumis à une forte pression ou à une décompression trop rapide (air comprimé, plongée sousmarine), et causée par la libération d'azote dans le sang. – De l'ital. *cassone.*

cajeput [kaʒpy] n. m. Huile essentielle, tonique, extraite d'un arbre de l'Inde, le cajeputier (*Melaleuca leucadendron,* fam. myrtacées); cet arbre. – Du malais *kayou,* «arbre», et *pouti,* «blanc».

cajet. V. caget.

cajoler [kaʒɔle] **I.** v. tr. [1] **1.** Avoir des paroles, des gestes tendres pour. *Cajoler un enfant.* **2.** Vieilli Être aimable envers (qqn) pour le séduire; flatter. **II.** v. intr. Crier (pie ou geai). – De l'a. fr. *gaioler,* «babiller».

cajolerie [kaʒɔlʀi] n. f. **1.** Parole tendre, caresse affectueuse. **2.** Flatterie. – De *cajoler.*

cajoleur, euse [kaʒɔlœʀ, øz] adj. et n. Qui cajole. – De *cajoler.*

cajou ou **caju** [kaʒu] n. m. (France) *Noix de cajou:* fruit comestible de l'anacardier. V. cachou. – De *acajou.*

cajun [kaʒœ̃] n. et adj. Habitant francophone de la Louisiane. *Un, une Cajun. Les Cajuns.* ▷ Adj. *La culture cajun.* – Altér. de *acadien.*

ENCYCL Dans la seconde partie du XVIIIe siècle, plusieurs centaines de réfugiés acadiens arrivèrent en Louisiane: ils furent à l'origine du groupe *cajun* (déformation américaine d'«Acadien»). Avec le temps, Cadjin (c'est la forme française) finit par désigner tout francophone louisianais, qu'il fût blanc, noir ou métis. C'est en 1955 qu'un mouvement amorcé dans les années 1930 aboutit, lors des célébrations qui marquèrent le deuxième centenaire de la déportation des Acadiens, à la définition des Cadjins comme descendants des Acadiens. Depuis, les Cadjins sont considérés comme un groupe ethnique de race blanche, qui se distingue par le français qu'il parle, ni le français standard ni le créole, par sa culture traditionnelle (en particulier sa musique) et par sa mentalité. Environ un demi-million de Louisianais ont le français pour langue maternelle; la majorité d'entre eux sont vraisemblablement des Cadjins, regroupés surtout le long des bayous, au sud-ouest de la Louisiane.

cake [kɛ(e)k] n. m. (France) Gâteau contenant des raisins secs et des fruits confits. V. gâteau aux fruits. – Mot angl.

cake-walk [kekwok] n. m. Danse des Noirs américains, en vogue vers 1900. – Mot anglo-amér., «marche du gâteau».

cakile [kakil] n. m. Plante des rivages marins (fam. crucifères) dont une espèce, *Cakile maritima,* qui possède une très longue tige, est dotée de feuilles épaisses et d'odorantes fleurs violettes. – Ar. *kakeleh.*

cal. Symbole de la calorie.

cal [kal] n. m. **1.** Induration localisée de l'épiderme, provoquée par le frottement. *Les cals des mains du forgeron.* **2.** CHIR Formation osseuse qui soude les deux parties d'un os fracturé. *Cal vicieux,* fixant ces deux parties dans une mauvaise position. **3.** BOT Amas de cellulose qui obstrue pendant l'hiver les tubes criblés de certaines plantes (vignes, melons, etc.). – Lat. *callus.*

calabrais, aise [kalabʀɛ, ɛz] adj. De la Calabre, province du sud de l'Italie.

caladium [kaladjɔm] n. m. Plante ornementale d'appartement (fam. aracées, genre *Caladium*), à larges feuilles colorées et marbrées. – Lat. bot., du malais *kélady.*

calage [kalaʒ] n. m. **1.** Action de caler, de rendre stable à l'aide d'une cale. **2.** TECH Réglage d'un organe dans la position où il procure le meilleur rendement. *Calage des balais d'une dynamo.* – De *caler* 1.

calaison [kalɛzõ] n. f. MAR Tirant d'eau d'un navire en charge. – De *caler* 2.

calamar. V. calmar.

calame [kalam] n. m. Roseau dont les Anciens se servaient pour écrire. – Lat. *calamus,* «chaume, roseau».

calamine [kalamin] n. f. **1.** MINER Silicate hydraté de zinc utilisé comme minerai. **2.** TECH Résidu charbonneux encrassant la chambre de combustion, les pistons et les soupapes d'un moteur à explosion. ▷ Oxyde qui se forme à la surface des pièces métalliques soumises à une haute température. – Bas lat. *calamina,* de *cadmia,* «cadmie».

calaminé, ée [kalamine] adj. Encrassé par la calamine. – De *calamine.*

calamistrer [kalamistʀe] v. tr. [1] Friser, onduler (les cheveux, la barbe). *Cheveux calamistrés.* – Du lat. *calamistrum,* «fer à friser».

1. calamite [kalamit] n. f. PALEONT Plante fossile, cryptogame vasculaire de la période carbonifère. – Lat. *calamus,* «roseau».

2. calamite [kalamit] n. f. **1.** Vx Aiguille aimantée, autref. portée par un roseau flottant. **2.** Argile blanchâtre. – Ital. *calamita,* de *calamo,* «roseau».

calamité [kalamite] n. f. **1.** Malheur, désastre collectif qui afflige tout un pays, toute une population. *La famine, la guerre sont des calamités.* **2.** Malheur irréparable, infortune extrême. *La mort de son fils a été pour lui une calamité.* – Lat. *calamitas.*

calamiteux, euse [kalamitø, øz] adj. Qui abonde en calamités. *Saison calamiteuse.* – De *calamité.*

calandrage [kalɑ̃dʀaʒ] n. m. Opération consistant à calandrer. – De *calandrer*

1. calandre [kalɑ̃dʀ] n. f. **1.** TECH Machine composée de cylindres et servant à fabriquer des feuilles (métal, plastique, etc.), à lustrer et lisser des étoffes ou à glacer du papier. **2.** Garniture de tôle découpée, nickelée ou chromée, placée devant le radiateur de certaines automobiles pour le protéger. – Du bas lat. **colendra;* grec *kulindros,* «cylindre».

2. calandre [kalɑ̃dʀ] n. f. Charançon du blé. – Orig. incert.

calandrer [kalɑ̃dʀe] v. tr. [1] Faire passer (un matériau) dans une calandre. – De *calandre* 1.

calanque [kalɑ̃k] n. f. Crique rocheuse, en Méditerranée. – Provenç. *calanco.*

calao [kalao] n. m. Nom cour. des bucérotidés (du genre *Buceros*), oiseaux coraciadiformes d'Afrique, d'Asie et d'Océanie, de la taille d'un faisan, dont l'énorme bec, arqué, porte près des yeux une protubérance osseuse *(casque).* – Mot malais.

calcaire [kalkɛʀ] adj. et n. m. **1.** adj. Qui renferme du carbonate de calcium. *Une roche calcaire. Un terrain calcaire. Eau trop calcaire qu'il faut adoucir.* **2.** n. m. Roche essentiellement constituée par du carbonate de calcium. – Lat. *calcarius,* de *calx,* «chaux».

calcanéen, éenne [kalkaneɛ̃, eɛn] adj. Qui se rapporte au calcanéum. – De *calcanéum.*

calcanéite [kalkaneit] n. f. Inflammation du calcanéum. – De *calcanéum.*

calcanéum [kalkaneɔm] n. m. ANAT Os court, le plus gros du tarse, situé à la partie inféro-postérieure du pied, articulé en haut avec l'astragale, en avant avec le cuboïde et constituant le talon. – Mot lat., «talon».

calcédoine [kalsedwan] n. f. Quartz fibreux imparfaitement cristallisé que l'on trouve dans les roches sédimentaires et dont de nombreuses variétés (agate, chrysoprase, cornaline, jaspe, lydienne, onyx, sardoine, etc.) sont utilisées en joaillerie. – Lat. *calcedonius,* du gr. *khalkêdôn,* de *Khalkêdôn,* v. de Bithynie.

calcémie [kalsemi] n. f. Teneur du sang en calcium (normalement 0,100 g/litre). – De *calc(i),* et gr. *haima,* «sang».

calcéolaire [kalseɔlɛʀ] n. f. Plante ornementale (fam. scrofulariacées) originaire d'Amérique du Sud, à fleurs jaune vif tachées de rouge, en forme de sabot. – Lat. *calceolus,* «petit soulier».

calc(i)- ou **calc(o)-.** Élément, du lat. *calx, calcis,* «chaux», indiquant la présence de calcium.

calcicole [kalsikɔl] adj. BOT Qui pousse bien sur les sols calcaires. Ant. calcifuge. – De *calci-,* et *-cole.*

calcicordés [kalsikɔʀde] n. m. pl. ZOOL Sous-embranchement fossile (du Cambrien au Dévonien) de cordés marins jadis rattachés aux échinodermes. – De *calci-,* et *cordés.*

calciférol [kalsifeʀɔl] n. m. BIOCHIM Vitamine D_2 antirachitique que l'on obtient par irradiation de l'ergostérol. – De *calci-, fer,* et *(ergostér)ol.*

calcification [kalsifikasjɔ̃] n. f. Dépôt de sels calcaires dans les tissus vivants. *Calcification pleurale.* – De *calcium.*

calcifié, ée [kalsifje] adj. Recouvert ou imprégné de carbonate de calcium. – Du préc.

calcifuge [kalsifyʒ] adj. BOT Qui pousse mal sur les sols calcaires. Ant. calcicole. – De *calci-,* et *-fuge.*

calcin [kalsɛ̃] n. m. **1.** Débris de verre servant de matière première pour les émaux, la verrerie. **2.** Croûte qui se forme à la surface des roches calcaires sous l'effet de la pluie. **3.** Dépôt calcaire qui se forme dans les chaudières et les bouilloires. – De *calciner.*

calcination [kalsinasjɔ̃] n. f. **1.** CHIM Transformation du carbonate de calcium en chaux sous l'action de la chaleur. **2.** Traitement d'une substance par le feu; transformation sous l'effet d'une haute température. – De *calciner.*

calciner [kalsine] v. tr. [1] **1.** Transformer (du calcaire) en chaux par l'action du feu. **2.** Soumettre à une haute température (une matière quelconque). **3.** Brûler. *Rôti calciné. Poutres calcinées par un incendie.* – Fig. *Une végétation calcinée par le soleil.* – Du lat. *calx, calcis,* «chaux».

calcinose [kalsinoz] n. f. MED Dépôt pathologique de sels calcaires, généralisé ou localisé (rein, etc.). – De *calci-,* et *-ose* 2.

calcique [kalsik] adj. Relatif au calcium ou aux composés du calcium. *Dépôt calcique.* – Du lat. *calx, calcis,* «chaux».

calcite [kalsit] n. f. MINER Carbonate naturel de calcium cristallisant dans le système rhomboédrique, constituant principal de nombreuses roches sédimentaires (calcaires, marnes, etc.). – De *calc(i)-,* et *-ite* 3.

calcitonine [kalsitɔnin] n. f. BIOCHIM Syn. de *thyrocalcitonine.*

calcium [kalsjɔm] n. m. CHIM Élément de numéro atomique Z = 20 et de masse atomique 40,1, très abondant dans la nature (symbole Ca). – Du lat. *calx, calcis,* «chaux».

ENCYCL Le calcium, de la famille des alcalinoterreux, est un métal blanc, mou, de densité 1,55, qui fond à 838 °C et bout à 1 440 °C. Très réducteur, il brûle dans l'oxygène en donnant de la chaux vive. Gâchée avec du sable, la chaux constitue un mortier utilisé en construction. L'hydroxyde de calcium, formé par action de l'eau sur la chaux vive, est peu soluble dans l'eau. Sa solution (eau de chaux) permet de déceler la présence de CO_2. En suspension dans l'eau (lait de chaux), c'est un produit industriel de base et il est utilisé en agriculture comme désinfectant ou pour augmenter le pH des terrains acides (chaulage). Le carbonate de calcium se rencontre en abondance dans la nature (calcite, aragonite, dolomie); il est à l'origine des sources pétrifiantes, des stalactites et des stalagmites. Le sulfate de calcium existe sous forme de gypse et sert à fabriquer le plâtre. Le phosphate tricalcique est utilisé comme engrais. Le chlorure de calcium, hygroscopique, permet de dessécher l'air humide. Le calcium est apporté à l'organisme par les aliments (produits laitiers, partic.). Il est un des constituants du tissu osseux .

1. calcul [kalkyl] n. m. **1.** Opération, suite d'opérations portant sur des combinaisons de nombres, sur des grandeurs. *Calcul numérique, algébrique. Calcul infinitésimal, différentiel, intégral. Règle à calcul. Calcul mental,* fait de tête, sans poser les opérations. **2.** Technique de la résolution des problèmes d'arithmétique. *Leçon de calcul.* **3.** Fig. Moyens prémédités pour le succès d'une affaire, d'une entreprise. *Les calculs de l'ambition. Déjouer les calculs de l'adversaire.* – *Agir par calcul:* par intérêt. – Déverbal de *calculer.*

2. calcul [kalkyl] n. m. Concrétion pierreuse, qui se forme dans les réservoirs glandulaires et les canaux excréteurs. (Les plus fréquents sont les calculs biliaires et rénaux dont la migration dans le canal cholédoque ou dans l'uretère provoque une crise douloureuse: colique hépatique ou néphrétique.) – Lat. *calculus,* «caillou».

calculable [kalkylabl] adj. Qui peut être calculé. – De *calculer.*

calculateur, trice [kalkylatœʀ, tʀis] n. et adj. **1.** n. Personne qui s'occupe de calcul, qui sait calculer. **2.** adj. Habile à combiner des projets. ▷ Péjor. Qui agit par calcul. *Avoir l'esprit calculateur.* – Subst. *C'est un calculateur.* **3.** n. m. Machine à calculer qui effectue des opérations arithmétiques et logiques à partir d'informations alphanumériques, selon un programme établi au préalable. *Calculateur numérique, analogique, hybride.* **4.** n. f. *Calculatrice de bureau, de poche:* machine à calculer électronique de petite dimension. – De *calculer.*

calculer [kalkyle] v. tr. [1] **1.** Établir, déterminer par le calcul. *Calculer la surface d'un terrain. Prix de revient calculé au plus juste.* ▷ (S. comp.). *Il ne sait pas calculer.* **2.** Fig. Prévoir, combiner. *Il a mal calculé son coup.* **3.** Apprécier, supputer. *Calculer ses chances de succès.* – Bas lat. *calculare,* de *calculus,* «caillou, jeton servant à compter».

calculette [kalkylɛt] n. f. Cour. Calculatrice de poche. – De *calculer.*

calculeux, euse [kalkylø, øz] adj. MED Qui a rapport aux calculs. *Affection calculeuse.* – De *calcul* 2.

caldarium [kaldaʀjɔm] n. m. Salle des bains chauds, dans les thermes romains. – Mot lat.

caldeira [kaldɛʀa] n. f. GEOL Cuvette de grande dimension résultant de l'effondrement du cratère d'un volcan à la suite d'une éruption. – Mot portug., «chaudière».

1. cale [kal] n. f. **1.** Partie du navire située sous le pont le plus bas. *Arrimer le fret dans la cale, à fond de cale.* – Compartiment dans cette partie. *Cale avant. Cale à charbon.* – Fig. *Être à fond de cale:* être complètement ruiné. **2.** *Cale sèche, cale de radoub:* fosse étanche, communiquant avec la mer par des portes, qui sert à mettre les navires à sec pour les réparer ou les caréner. – Déverbal de *caler.*

2. cale [kal] n. f. Ce qui sert à caler, à maintenir d'aplomb ou à immobiliser quelque chose. *Mettre une cale sous un pied de meuble.* – All. *Keil,* «coin».

3. cale [kal] n. f. Rampe permettant l'accostage des navires, des embarcations à toute heure de la marée. – Provençal *calo,* «quai en pente», ou déverbal de *caler.*

calé, ée [kale] adj. Fam. **1.** Qui a beaucoup de connaissances. *Il est calé en géographie. Un gars drôlement calé.* **2.** Difficile. *Il est calé, ce problème.* – Pp. de *caler* 1.

calebasse [kalbas] n. f. Fruit de différentes espèces de cucurbitacées et bignoniacées, qui, vidé et séché, peut servir de récipient; ce récipient; son contenu. – Esp. *calabaza.*

calebassier [kalbasje] n. m. Nom cour. d'une bignoniacée des Antilles et d'Amérique du S. *(Crescentia cujete)* dont la calebasse est le fruit. – De *calebasse.*

calèche [kalɛʃ] n. f. Voiture à cheval très légère, à quatre roues, ordinairement découverte, munie, à l'arrière, d'une capote à soufflet et, à l'avant, d'un siège surélevé. – All. *Kalesche.*

caleçon [kalsõ] n. m. Sous-vêtement masculin en forme de culotte collante, courte ou longue. – Vieilli *Caleçon de bain.* – Ital. *calzoni,* de *calza,* «chausse», lat. *calceus.*

calédonien, ienne [kaledɔnjɛ̃, jɛn] adj. De Calédonie. ▷ GEOL *Plissement calédonien,* qui, à la fin du Silurien, affecta la zone comprise entre l'Irlande, la Scandinavie et la Bohême, laissant de nombreuses traces en Calédonie. – De *Calédonie,* anc. nom. de l'Écosse.

cale-étalon [kaletalõ] n. f. TECH Bloc métallique rectifié servant de calibre. – De *cale,* et *étalon.*

caléfaction [kalefaksjõ] n. f. **1.** Action de chauffer; son résultat. **2.** PHYS Phénomène par lequel un liquide projeté sur une plaque métallique fortement chauffée se résout en globules sphériques affectés d'un mouvement rapide et désordonné, dû à la pellicule de gaz qui se forme entre la plaque et le liquide. – Bas lat. *calefactio,* de *calefacere,* «chauffer».

calembour [kalɑ̃buʀ] n. m. Jeu de mots fondé sur une différence de sens entre des mots de prononciation similaire. *«Et quand tu vois ce beau carrosse.../ Ne dis plus qu'il est amarante /Dis plutôt qu'il est de ma rente.»* (Emprunté par Molière à l'abbé Cotin.) – Orig. incert.

calembredaine [kalɑ̃bʀədɛn] n. f. Plaisanterie; propos fantaisiste, dénué de bon sens. – Altér. de *calembourdaine,* dial., même rad. que *calembour.*

calendes [kalɑ̃d] n. f. pl. ANTIQ Premier jour de chaque mois chez les Romains. – Fig. *Renvoyer aux calendes grecques:* remettre à une époque qui n'arrivera jamais (les Grecs avaient un calendrier sans calendes). – Lat. *calendae.*

calendrier [kalɑ̃dʀije] n. m. **1.** Division du temps en périodes adaptées aux besoins de la vie sociale et concordant en général avec des phénomènes astronomiques. *Calendrier solaire, lunaire, luni-solaire. Calendrier romain. Calendrier julien, grégorien. Calendrier républicain (institué en France par la Ire République, en 1792). Calendrier musulman, israélite. Calendrier perpétuel:* tableau permettant d'établir le calendrier d'une année quelconque. **2.** Tableau des jours de l'année, indiquant généralement les grandes fêtes religieuses et civiles. **3.** *Par ext.* Emploi du temps fixé à l'avance. *Cette entreprise n'a pas respecté son calendrier. Le calendrier parlementaire.* – Bas lat. *calendarium,* «livre d'échéances», de *calendae.*

calendula [kalɑ̃dyla] n. f. BOT Nom de genre du souci (ces composées fleurissent chaque mois). – Mot lat.

cale-pied [kalpje] n. m. Butoir maintenant le pied sur la pédale d'une bicyclette. *Des cale-pieds.* – De *caler* 1, sens I, 2, et *pied.*

calepin [kalpɛ̃] n. m. Petit carnet servant à prendre des notes. – De *Calepino,* lexicographe italien (v. 1435-1510).

1. caler [kale] **I.** v. tr. [1] **1.** Mettre (un objet) de niveau ou d'aplomb, ou l'immobiliser à l'aide d'une cale. *Caler une table bancale avec un morceau de carton.* **2.** Immobiliser, rendre stable. *Caler une pile de livres avec un dictionnaire.* ▷ v. pron. (Personnes). *Se caler dans un bon fauteuil.* – Fig., fam. *Se caler les joues:* manger abondamment, à satiété. **3.** TECH Fixer, immobiliser (une pièce). *Caler un volant sur un arbre à l'aide d'une clavette.* ▷ *Par ext.* Régler (un organe, un système, etc.) pour en obtenir le rendement optimal. *Caler l'avance à l'allumage.* **II.** v. intr. **1.** S'arrêter brusquement (machines). *Moteur qui cale.* ▷ v. tr. *Caler le moteur d'une voiture en embrayant trop vite.* **2.** Fig., fam. S'arrêter, ne pas pouvoir continuer. *Il a calé avant la fin du repas.* – De *cale* 2.

2. caler [kale] **1.** v. tr. [1] MAR Vx Abaisser (un mât supérieur, une basse vergue). **2.** v. intr. Mod. S'enfoncer dans l'eau. *Navire qui ne cale pas assez de l'arrière.* ▷ v. tr. *Ce navire cale six mètres.* **3.** v. intr. Fig. Reculer, céder. *Il a calé devant la menace.* – Du gr. *khalân,* «détendre», par le lat.

caleter. V. calter.

calfat [kalfa] n. m. MAR Ouvrier chargé du calfatage. – Ital. *calafato.*

calfatage [kalfataʒ] n. m. MAR Opération consistant à calfater; son résultat. – De *calfater.*

calfater [kalfate] v. tr. [1] Boucher avec de l'étoupe goudronnée les joints des bordages (d'un bâtiment en bois), pour les rendre étanches. – De l'ar. *qalfata,* par l'ital. *calafatare.*

calfeutrage [kalføtʀaʒ] ou **calfeutrement** [kalføtʀəmɑ̃] n. m. Action de calfeutrer; son résultat. – De *calfeutrer.*

calfeutrer [kalføtʀe] **1.** v. tr. [1] Boucher les fentes (d'une porte, d'une fenêtre, etc.) pour empêcher l'air et le froid de pénétrer. **2.** v. pron. S'enfermer, se mettre au chaud. *Il s'est calfeutré chez lui.* – A. fr. *calefestrer,* d'ap. *feutre.*

calgarien, ienne [kalgaʀjɛ̃, jɛn] adj. et n. De Calgary (Alberta). Habitant de Calgary.

calibrage [kalibʀaʒ] n. m. Action de donner, de mesurer un calibre. ▷ IMPRIM Évaluation de la longueur d'un texte. – De *calibre.*

calibre [kalibʀ] n. m. **1.** Diamètre intérieur d'un tube; *spécial.*, du canon d'une arme à feu. – *Par ext.* Diamètre extérieur du projectile. *Un obus de gros calibre.* ▷ Arg. *Un calibre:* un pistolet, un revolver. **2.** Diamètre d'un objet cylindrique ou sphérique. *Oranges triées selon leurs calibres. Calibre d'une colonne.* **3.** ELECTR *Calibre d'un appareil de mesure:* valeur maximale que celui-ci peut mesurer. **4.** MECA Instrument permettant de contrôler une dimension, un écartement, etc. *Calibre de forme. Calibre à limites.* **5.** Fig., fam. Importance, qualité, état. *Une erreur de ce calibre risque de nous attirer des ennuis. – Ce sont deux individus de même calibre.* – Ital. *calibro;* ar. *qâlib,* «forme, moule».

calibrer [kalibʀe] v. tr. [1] **1.** Donner le calibre convenable à (qqch). **2.** Mesurer le calibre de. **3.** *Par ext.* Classer selon le calibre. *Calibrer des œufs. Pommes de terre calibrées.* **4.** IMPRIM Évaluer la longueur d'un texte. – De *calibre.*

calice [kalis] n. m. **I. 1.** Coupe qui contient le vin du sacrifice eucharistique, consacré par le prêtre pendant la messe. **2.** Fig. Épreuve pénible. *Un calice de douleur. Boire le calice jusqu'à la lie:* endurer une souffrance jusqu'au bout. **II. 1.** BOT Partie la plus externe du périanthe d'une fleur, constituée par les sépales. **2.** ANAT *Calices rénaux:* tubes collecteurs de l'urine dont la réunion forme le bassinet. – Gr. *kalux,* par le lat.

caliche [kaliʃ] n. m. Roche saline du Chili et du Pérou, mélange complexe de sable et de sels dont on extrait notam. le nitrate de sodium. – Mot esp.

calicot [kaliko] n. m. **1.** Toile de coton, moins fine que la percale. ▷ Banderole de cette étoffe portant une inscription. – *Par ext.* Banderole. *Calicot publicitaire.* **2.** Vieilli Commis d'un magasin d'articles de mode. – De *Calicut,* anc. nom de Kozhicode, port du S. de l'Inde.

calicule [kalikyl] n. m. BOT Involucre formé par des bractées à la base du calice, chez certaines fleurs. – Lat. *calyculus,* du gr.

califat [kalifa] n. m. **1.** Dignité de calife. **2.** Durée du règne d'un calife ou d'une dynastie. *Le califat des Abbassides.* **3.** Territoire soumis à l'autorité d'un calife. – De *calife.*

calife [kalif] n. m. HIST Titre adopté après la mort de Mahomet par les dirigeants de la communauté musulmane. (Le calife détenait les pouvoirs spirituels et temporels. Le premier calife fut Abū-Bakr, en 632, auquel succédèrent Omar, Othman et Ali.) – Ar. *khalifah,* qui signifie à la fois «successeur» et «lieutenant».

californien, ienne [kalifɔʀnjɛ̃, jɛn] adj. et n. De la Californie. Habitant de la Californie.

californium [kalifɔʀnjɔm] n. m. CHIM Élément radioactif de numéro atomique Z = 98 (symbole Cf). – Mot américain, de *Californie,* Seaborg ayant obtenu cet élément en 1950 à l'université de Californie.

califourchon (à) [akalifuʀʃɔ̃] loc. adv. Avec une jambe de chaque côté de ce que l'on chevauche. *Être à califourchon sur une chaise,* le dossier par-devant soi. – A. fr. *calefourchies,* de *fourche* et *caler,* ou d'un mot breton, «testicules».

câlin, ine [kalɛ̃, in] adj. et n. **1.** Qui aime à câliner, à être câliné. *Un enfant câlin.* **2.** Doux, caressant. *Un regard très câlin. Parler sur un ton câlin.* **3.** n. m. Gestes tendres, caresses affectueuses. *Viens faire un câlin avec maman.* – De *câliner.*

câliner [kɑ(a)line] v. tr. [1] Avoir des gestes tendres pour, caresser, cajoler. *Câliner un enfant.* – Mot de l'ouest de la France; du bas lat. **calina,* «chaleur de l'été».

câlinerie [kɑ(a)linʀi] n. f. Tendre caresse; manières câlines. *Ils se faisaient des câlineries.* – De *câliner.*

caliorne [kaljɔʀn] n. f. MAR Gros palan destiné à la manutention des objets lourds. – Ital. *caliorna,* «palan».

calisson [kalisɔ̃] n. m. Friandise provençale à la pâte d'amandes et dont le dessus est glacé. – Provenç. *calissoun, canissoun,* «clayon de pâtissier»; du lat. *canna,* «roseau».

calleux, euse [kalø, øz] adj. **1.** Qui a des callosités. *Avoir les mains calleuses.* **2.** ANAT *Corps calleux:* bande de substance blanche unissant les deux hémisphères cérébraux et formant la base du sillon interhémisphérique. **3.** MED *Ulcère calleux:* ulcère gastroduodénal cicatrisé qu'entoure une zone constituée de fibrose. – Lat. *callosus.*

call-girl [kolgœʀl] n. f. Prostituée avec laquelle on prend contact par téléphone. – Mot anglais. De *to call,* «appeler», et *girl,* «fille».

calli-. Élément, du gr. *kallos,* «beauté».

calligraphe [kaligʀaf] n. Personne qui pratique la calligraphie, qui a une belle écriture. – De *calligraphie.*

calligraphie [kaligʀafi] n. f. **1.** Art de bien tracer les caractères de l'écriture. **2.** *Par ext.* Belle écriture. – Gr. *kalligraphia,* de *graphein,* «écrire».

calligraphier [kaligʀafje] v. tr. [1] Bien tracer (les caractères de l'écriture). *Calligraphier un poème.* – De *calligraphie.*

calligraphique [kaligʀafik] adj. Qui a rapport à la calligraphie. – De *calligraphie.*

callipyge [kalipiʒ] adj. Dont les fesses sont belles et, *par ext.*, volumineuses. *Vénus callipyge,* aux belles fesses (célèbre statue de Vénus; musée de Naples). – Gr. *kallipugos;* de *kallos,* «beauté», et *pugê,* «fesse».

callose [kaloz] n. f. BIOCH et BOT Polymère du glucose ne différant de la cellulose que par la nature des liaisons chimiques intramoléculaires. – De *callosité.*

callosité [kalozite] n. f. Épaississement et durcissement d'une partie de l'épiderme (à la paume des mains, au genou, à la plante des pieds, etc.) dus à des frottements répétés. – Lat. *callositas.*

calmant, ante [kalmɑ̃, ɑ̃t] adj. et n. m. **1.** MED Qui apaise la nervosité, qui calme la douleur. *Une infusion calmante.* ▷ N. m. *Un calmant.* **2.** Qui apaise. *Des paroles calmantes et réconfortantes.* – Ppr. de *calmer.*

calmar [kalmaʀ] ou **calamar** [kalamaʀ] n. m. Mollusque céphalopode à corps cylindrique et dont la coquille interne est réduite à une simple *plume* cornée. (La taille des calmars va de quelques décimètres pour *Loligo,* le calmar ordinaire ou *encornet,* comestible, à une vingtaine de mètres, tentacules allongés, pour *Architeuthis,* qui vit dans les grands fonds.) – Ital. *calamaro,* du bas lat. **calamarium,* «écritoire».

1. calme [kalm] n. m. (généralement au s.). **1.** Absence de bruit, d'agitation, de mouvement. *La foule s'est dispersée dans le calme. Un calme absolu règne sur la campagne. Rétablir le calme.* ▷ MAR *Calme plat:* absence de vent sur la mer. ▷ GEOGR *Calmes équatoriaux, tropicaux:* zones de basses pressions, de vents faibles. **2.** État de sérénité, absence d'énervement chez qqn. *Il est d'un calme parfait en toute circonstance. Retrouver, perdre son calme. Du calme!* – Ital. *calma,* du gr. *kauma,* «chaleur brûlante», d'où calme de la mer par temps très chaud.

2. calme [kalm] adj. **1.** Se dit de ce qui est sans agitation, sans perturbation, de faible activité. *La mer est calme ce matin. Le marché de l'or est calme ces derniers jours. Avoir une vie bien calme.* **2.** Tranquille, maître de soi. *Être d'une humeur calme et régulière. Malgré le danger, elle est restée calme.* – Du préc.

calmement [kalməmɑ̃] adv. Avec calme, dans le calme. *Bavarder calmement. L'année s'est achevée calmement.* – De *calme.*

calmer [kalme] v. tr. [1] **1.** Rendre plus calme, apaiser. *Ils ont calmé les enfants et les ont envoyés dormir.* ▷ v. pron. *Calme-toi, tu cries trop fort.* **2.** Atténuer, diminuer l'intensité (d'une sensation, d'un sentiment). *Un médicament qui calme les maux de tête.* – De *calme.*

calmir [kalmiʀ] v. intr. [2] MAR Devenir calme en parlant de la houle, du vent. – Autre forme de *calmer.*

caló [kalo] n. m. Argot espagnol moderne comportant de nombreux mots gitans. – Mot esp.

calomel [kalɔmɛl] n. m. Chlorure mercureux Hg_2Cl_2, autref. utilisé pour ses propriétés purgatives. – Du gr. *kalos,* «beau», et *melas,* «noir».

calomniateur, trice [kalɔmnjatœʀ, tʀis] n. et adj. **1.** n. Personne qui calomnie. *Dénoncer sans pitié les calomniateurs.* **2.** adj. *Des lettres calomniatrices.* – De *calomnier.*

calomnie [kalɔmni] n. f. Accusation mensongère qui attaque la réputation, l'honneur. *Être en butte à la calomnie, aux calomnies. C'est une basse calomnie!* – De *calomnier.*

calomnier [kalɔmnje] v. tr. [1] Attaquer la réputation, l'honneur de (qqn) par des accusations volontairement mensongères. *Calomnier un ennemi.* ▷ *Par ext.* Accuser à tort, même sans intention de nuire. – Lat. *calumniari.*

calomnieusement [kalɔmnjøzmɑ̃] adv. D'une façon calomnieuse. – De *calomnier.*

calomnieux, euse [kalɔmnjø, øz] adj. Qui est de la nature de la calomnie. *Des propos calomnieux.* – De *calomnier.*

caloporteur [kalopɔʀtœʀ] ou **caloriporteur** [kalɔʀipɔʀtœʀ] adj. m. *Fluide caloporteur:* fluide qui circule dans une machine thermique et en évacue la chaleur. – De *calo(ri)-,* et *porteur.*

calori-. Élément du lat. *calor, caloris,* «chaleur».

calorie [kalɔʀi] n. f. Anc. PHYS, PHYSIOL Unité de quantité de chaleur; quantité de chaleur nécessaire pour élever 1 gramme d'eau de 14,5 à 15,5 °C sous la pression atmosphérique normale. (La calorie, appelée aussi *petite calorie* ou *microthermie,* est égale à 4,184 joules; ce n'est plus une unité légale; la grande calorie, appelée aussi *kilocalorie* ou *millithermie,* est égale à 1 000 calories; elle sert à chiffrer la valeur énergétique des aliments et des échanges métaboliques.) – Du lat. *calor, caloris,* «chaleur».

calorifère [kalɔʀifɛʀ] n. m. Appareil assurant le chauffage d'un bâtiment par la circulation d'eau ou d'air chauds dans des conduites. – De *calori-,* et *-fère.*

calorification [kalɔʀifikasjɔ̃] n. f. PHYSIOL Production de chaleur dans le corps des organismes vivants. – De *calorifique.*

calorifique [kalɔʀifik] adj. De la chaleur, relatif à la chaleur; qui produit de la chaleur. *Déperdition calorifique. Pouvoir calorifique.* – Lat. *calorificus.*

calorifuge [kalɔʀifyʒ] adj. (et n. m.). Qui conduit mal la chaleur, qui constitue un isolant thermique. – De *calori-,* et *-fuge.*

calorifugeage [kalɔʀifyʒaʒ] n. m. Action de calorifuger; son résultat. – De *calorifuge.*

calorifuger [kalɔʀifyʒe] v. tr. [5] Revêtir d'un matériau calorifuge. – De *calorifuge.*

calorimètre [kalɔʀimɛtʀ] n. m. PHYS Appareil servant à mesurer la quantité de chaleur dégagée ou absorbée dans un phénomène physique, une réaction chimique. – De *calori-,* et *-mètre.*

calorimétrie [kalɔʀimetʀi] n. f. PHYS Technique de la mesure des quantités de chaleur. – De *calori-,* et *-métrie.*

calorimétrique [kalɔʀimetʀik] adj. PHYS Relatif à la calorimétrie. – De *calorimétrie.*

caloriporteur. V. caloporteur.

calorique [kalɔʀik] n. m. et adj. **1.** N. m. Vx Fluide hypothétique qui servait de véhicule à la chaleur. **2.** Adj. Relatif à la calorie. **3.** Syn. ancien de *calorifique.* – Du lat *calor,* «chaleur».

calorisation [kalɔʀizasjɔ̃] n. f. METALL Procédé de protection de pièces en acier contre l'oxydation, par un alliage d'aluminium. – Du lat. *calor, caloris,* «chaleur».

1. calot [kalo] n. m. Coiffure militaire formée de deux larges bandes de tissu, appelée aussi *bonnet de police,* nom donné autref. au couvre-chef porté par les soldats punis. – De l'anc. mot *cale,* «coiffure»; p.-ê. de *écale,* «coque de noix».

2. calot [kalo] n. m. **1.** Grosse bille. **2.** Pop. Œil. *Ouvre tes calots! Boiter des calots:* loucher. – V. *calot* 1.

calotin, ine [kalɔtɛ̃, in] n. (et adj.). Fam., péjor. Ecclésiastique. ▷ *Par ext.* Ami et défenseur du clergé, de la «calotte». – De *calotte* 1.

1. calotte [kalɔt] n. f. **1.** Petit bonnet rond qui ne couvre que le sommet du crâne. – *Spécial.* Coiffure ecclésiastique. *Recevoir la calotte:* être élevé à la dignité de cardinal. **2.** Péjor. Ensemble du clergé et de ses partisans. *Être du côté de, pour la calotte.* **3.** ANAT *Calotte crânienne:* partie supérieure du crâne. **4.** GEOM *Calotte sphérique:* portion de sphère délimitée par un plan ne passant pas par le centre. **5.** ARCHI Voûte hémisphérique dont le cintre a peu d'élévation. **6.** GEOGR *Calottes glaciaires,* des régions polaires. – De l'a. fr. *cale,* «coiffure», ou *écale.*

2. calotte [kalɔt] n. f. Fam. Petite tape donnée sur la joue, la tête. *Recevoir des calottes. Flanquer une paire de calottes à qqn.* – Du préc.

calotter [kalɔte] v. tr. [1] **1.** Donner une tape, une calotte. **2.** Pop. Voler, dérober. *Il s'est fait calotter son portefeuille.* – De *calotte* 2.

calotype [kalotip] n. m. Procédé inventé par Talbot en 1841, qui permit, pour la première fois, d'obtenir un négatif photographique. – Du gr. *kalos,* «beau», et *tupos,* «empreinte».

caloyer, ère [kalɔ(wa)je, ɛʀ] n. Moine grec, religieuse grecque obéissant à la règle de saint Basile. – Gr. mod. *kalogeros,* «beau vieillard».

calquage [kalkaʒ] n. m. Action de calquer. – De *calque.*

calque [kalk] n. m. **1.** Copie d'un dessin obtenue généralement grâce à un papier transparent appliqué sur le modèle. *Prendre le calque d'une carte de géographie.* Syn. décalque. ▷ Papier servant à cette opération. – Appos. *Papier calque.* **2.** Fig. Imitation très proche du modèle. *Son dernier livre est le calque du précédent. Le fils est le calque du père!* **3.** LING Traduction d'un mot, d'une locution d'une autre langue, pour désigner une notion, un objet nouveau. *Le calque diffère de l'emprunt. Le composé* Moyen-Orient *est un calque de l'américain* Middle East. – Ital. *calco,* de *calcare,* «presser».

calquer [kalke] v. tr. [1] Faire le calque de. *Calquer un motif de broderie.* – Fig. *Calquer son comportement sur celui de qqn.* – Ital. *calcare*, «presser».

calter ou **caleter** [kalte] v. intr. ou **se calter**, v. pron. [1] Pop. S'enfuir rapidement, en courant. *Il s'est calté sans demander son reste.* – De *caler*, «reculer».

calumet [kalymɛ] n. m. Pipe à long tuyau que fumaient les Amérindiens pendant les délibérations importantes. *Le calumet de la paix est rouge, celui de la guerre gris et blanc.* ▷ Fig. *Fumer le calumet de la paix:* se réconcilier. – Forme normanno-picarde de *chalumeau;* «roseau pour la fabrication des pipes».

calvados [kalvados] n. m. Eau-de-vie de cidre. *Un café arrosé de calvados.* Abrév. fam. *calva.* – Nom du département d'origine, en France.

calvaire [kalvɛʀ] n. m. **1.** Représentation de la croix du Calvaire ou des scènes de la Passion. *Giovanni Bellini a peint de nombreux calvaires.* – *Spécial.* Monument sculpté, élevé en plein air, pour commémorer la Passion. *Calvaire élevé à un croisement de routes.* **2.** Fig. Suite d'épreuves douloureuses. *Ses dernières années ont été un vrai calvaire.* – Lat. ecclés. *calvariæ (locus)*, «lieu du crâne», trad. de l'araméen *Golgotha*, nom de la colline où Jésus fut crucifié.

calvinisme [kalvinism] n. m. Doctrine religieuse du réformateur Jean Calvin (1509-1564) qui introduisit le protestantisme en France.

ENCYCL La doctrine religieuse fondée par Calvin, formulée dans l'*Institution de la religion chrétienne*, repose sur trois principes essentiels. **1.** L'unique source de la foi est l'Écriture sainte (Ancien et Nouveau Testament); **2.** L'humanité, dépravée par la Chute, est par nature indigne face à la grâce toute-puissante d'un Dieu rédempteur qui, de toute éternité, a décidé le salut de l'homme en Jésus-Christ (le corollaire de cette affirmation est la doctrine de la prédestination); **3.** Le culte n'admet que deux sacrements: le baptême et la communion, mais Calvin rejette la transsubstantiation romaine et la consubstantiation luthérienne.

calviniste [kalvinist] adj. et n. **1.** adj. Relatif au calvinisme, à Calvin. **2.** n. Personne qui se réclame de la doctrine de Calvin. *Pendant la Contre-Réforme, les Jésuites combattirent les calvinistes.* – Du préc.

calvitie [kalvisi] n. f. Absence plus ou moins complète de cheveux. *Une calvitie précoce.* – Lat. *calvities*, de *calvus*, «chauve».

calypso [kalipso] n. m. Danse jamaïcaine à deux temps. – Mot amér., du n. de la nymphe *Calypso.*

calyptoblastiques [kaliptoblastik] n. m. pl. ZOOL Sous-ordre de cnidaires hydraires qui forment des polypes arborescents. – Du gr. *kaluptos*, «caché», *-blast(e)*, et *-ique.*

camaïeu [kamajø] n. m. **1.** Pierre fine taillée, présentant deux couches d'une même couleur mais de nuances différentes. **2.** Œuvre peinte où sont utilisées les diverses nuances d'une même couleur. *On a peint beaucoup de camaïeux au XVIII*ᵉ *s.* ▷ Fig. *Une colline en camaïeu.* – P.-ê. de l'ar. *qama'il*, «boutons de fleurs».

camail, ails [kamaj] n. m. **1.** HIST Armure de mailles qui protégeait la tête et le cou. **2.** Petite pèlerine à capuchon que portent certains dignitaires du clergé catholique. **3.** ZOOL Ensemble des longues plumes du cou et de la poitrine chez le coq et certains oiseaux. – Provenç. *capmalh*, «tête de mailles»; du lat. *caput*, «tête», et *macula*, «maille».

camarade [kamaʀad] n. **1.** Personne avec qui on partage certaines occupations, certaines habitudes et qui de ce fait devient familière, proche; compagnon. *Camarade d'école, d'atelier.* – *Par ext.* Ami. *Un vrai camarade.* ▷ (Appellation familière.) *Ça va, camarade?* **2.** Appellation utilisée dans les partis et organisations socialistes, communistes, ainsi que dans certains syndicats. *Camarades syndiqués... Le camarade Untel veut intervenir.* **3.** Vx *Faire camarade:* se rendre à l'ennemi, capituler. – Esp. *camarada*, «chambrée», du lat. *camara*, «chambre».

camaraderie [kamaʀadʀi] n. f. Familiarité entre camarades. *Un geste de camaraderie. Un père qui a des liens de camaraderie avec ses enfants.* – *Par ext.* Solidarité. – De *camarade.*

camard, arde [kamaʀ, aʀd] adj. et n. **I.** adj. *Un nez camard*, camus, plat et écrasé. ▷ Qui a un nez camard. **II.** n. **1.** Personne qui a un nez camard. **2.** n. f. Litt. *La Camarde:* la mort. – De *camus.*

camarguais, aise [kamaʀgɛ, ɛz] adj. et n. De Camargue, région située dans le delta du Rhône, en France. ▷ Subst. Habitant ou personne originaire de la Camargue. – N. m. Cheval de Camargue (on dit aussi *cheval camargue).* – Du n. de la région.

camarilla [kamaʀija] n. f. **1.** Vx Familiers du roi, en Espagne. **2.** Péjor. Coterie influente auprès d'un homme puissant. – Mot esp., «cabinet particulier du roi», de *camara*, «chambre».

cambial, ale, aux [kɑ̃bjal, o] adj. FIN Relatif au change. *Droit cambial.* – Du bas lat. *cambiare*, «changer».

cambiste [kɑ̃bist] n. BOURSE Personne qui s'occupe d'opérations de change. – Ital. *cambista*, de *cambio*, «change».

cambium [kɑ̃bjɔm] n. m. BOT Couche de cellules entre le bois et le liber, qui donne naissance à ces deux formations par multiplication cellulaire. – Lat. bot., de *cambiare*, «changer».

cambodgien, ienne [kɑ̃bɔdʒjɛ̃, jɛn] adj. et n. Du Cambodge, État d'Asie du Sud-Est auj. nommé Kampuchéa.

cambouis [kɑ̃bwi] n. m. Huile, graisse ayant servi à la lubrification d'organes mécaniques, noircies par les poussières et les particules qui s'y sont incorporées. – Orig. incon.

cambrage [kɑ̃bʀaʒ] ou **cambrement** [kɑ̃bʀəmɑ̃] TECH Action de cambrer qqch. – De *cambrer.*

cambré, ée [kɑ̃bʀe] adj. Courbé, arqué. *Un dos cambré*, creusé au niveau des reins. *Un pied cambré*, dont la plante est concave. – Pp. de *cambrer.*

cambrement. V. cambrage.

cambrer [kɑ̃bʀe] v. tr. [1] **1.** Courber légèrement, arquer (qqch). *Cambrer un madrier. Cambrer le cuir d'une chaussure.* **2.** *Cambrer le corps, les reins, la taille*, se redresser en courbant légèrement le corps en arrière. ▷ v. pron. *Se cambrer.* – Du normanno-picard *cambre*, «courbe», lat. *camurum*, «courbé».

cambrien, ienne [kɑ̃bʀijɛ̃, ijɛn] n. m. et adj. Première période de l'ère primaire; l'ensemble des terrains formés pendant cette période, qui contiennent les plus anciens fossiles connus. ▷ Adj. De cette période. *La faune cambrienne.* – De *Cambria*, nom breton latinisé du pays de Galles.

cambriolage [kɑ̃bʀijɔlaʒ] n. m. Action de cambrioler; son résultat. *S'assurer contre le cambriolage.* – De *cambrioler.*

cambriole [kɑ̃bʀijɔl] n. f. Arg. Cambriolage, monde du cambriolage. *Le roi de la cambriole.* – De *cambrioleur.*

cambrioler [kɑ̃bʀijɔle] v. tr. [1] Voler en s'introduisant dans (une maison, un lieu fermé). *Cambrioler un appartement, une boutique.* – Par ext. *On a cambriolé* *les voisins pendant les vacances. Se faire cambrioler.* – De *cambrioleur.*

cambrioleur, euse [kɑ̃bʀijɔlœʀ, øz] n. Personne qui cambriole. – De l'arg. *cambriole,* «chambre», provenç. *cambro.*

cambrousse [kɑ̃bʀus] ou **cambrouse** [kɑ̃bʀuz] n. f. Pop., péjor. Campagne. *Il n'est jamais sorti de sa cambrousse!* – Du provenç. *cambrousso,* «cahute».

cambrure [kɑ̃bʀyʀ] n. f. **1.** État, aspect de ce qui est courbe, arqué. *Cambrure d'une poutre de bois.* **2.** Partie cambrée. *La cambrure des reins, des pieds. Cambrure d'une chaussure,* entre la semelle et le talon. – De *cambrer.*

cambuse [kɑ̃byz] n. m. **1.** MAR Magasin à vivres d'un navire. **2.** Pop., péjor. Chambre, habitation pauvre, mal tenue. – Néerl. *kabuis.*

cambusier [kɑ̃byzje] n. m. Marin responsable de la cambuse. – De *cambuse.*

1. came [kam] n. f. Pièce arrondie non circulaire ou munie d'une encoche, d'une saillie, dont la rotation permet d'imprimer à une autre pièce un mouvement rectiligne alternatif. *Un arbre à cames. Des cames à disques.* – All. *Kamm,* «peigne».

2. came [kam] n. f. Arg. Drogue. – Abrév. de *camelote.*

camé, ée [kame] adj. et n. Arg. Drogué. – De *came* 2.

camée [kame] n. m. **1.** Pierre fine (onyx, agate, etc.) formée de couches de différentes couleurs, et sculptée en relief. *Un camée monté en pendentif.* **2.** Peinture en grisaille imitant le camée. V. camaïeu. – Ital. *cameo.*

caméléon [kameleɔ̃] n. m. **1.** Reptile saurien, arboricole et insectivore, long d'environ 30 cm, qui a la faculté de changer de couleur en fonction du milieu. (Les caméléons vivent en Andalousie, en Afrique, à Madagascar, en Asie du Sud. Leurs yeux pédonculés ont des mouvements indépendants. Ils peuvent projeter leur langue très en avant pour capturer leurs proies.) **2.** Fig. Personne qui change fréquemment d'humeur, d'opinion et de conduite, selon les circonstances. – Lat. *camæleon,* gr. *khamaileôn,* «lion qui se traîne à terre», de *khamaï,* «à terre».

camélia [kamelja] n. m. **1.** Plante (genre *Camellia,* fam. théacées) à grandes fleurs blanches ou rouges, à feuilles coriaces et persistantes. (*Camellia japonica* est le camélia ornemental des jardins. *Camellia sinensis* ou *Thea sinensis* est cultivé; c'est l'arbre à thé*.) **2.** Sa fleur. – Lat. bot. *camellia* (Linné) en l'honneur du père *Camelli,* qui introduisit ces plantes en Europe.

camélidés [kamelide] n. m. pl. ZOOL Famille de mammifères artiodactyles sélénodontes (ruminants), sans cornes, à sabots réduits, comprenant les chameaux, les lamas et les vigognes. – Du lat. *camelus,* «chameau».

caméline [kamelin] n. f. Plante crucifère cultivée pour ses graines oléagineuses. – Altér. de *camomine,* bas lat. *chamæmelina,* «plante semblable à la camomille».

camelle [kamɛl] n. f. TECH Amas de sel dans un marais salant. – Du provenç. *camello,* lat. *camelus,* «chameau» (à cause du profil irrégulier de la crête).

1. camelot [kamlo] n. m. Étoffe grossière de laine et de poil de chèvre. – Altér. de *chamelot,* de *chameau,* par l'ar. *hamlat,* «peluche».

2. camelot [kamlo] n. m. Fam. Marchand forain, vendeur de menus objets sur la voie publique. (Rem.: Comme forme féminine, l'OLF recommande *une camelot.*) – Altér., d'après *camelote,* de l'arg. *coesmelot,* de *coesme,* «mercier, colporteur».

camelote [kamlɔt] n. f. **1.** Fam. Marchandise de mauvaise qualité. **2.** Pop. Marchandise. – De l'anc. v. *cameloter,* «façonner grossièrement», de *camelot* 1.

camembert [kamɑ̃bɛʀ] n. m. Fromage de lait de vache à croûte fleurie, en forme de cylindre aplati, fabriqué selon le procédé traditionnel de la région de Camembert, en France. – Du n. de la localité.

caméra [kameʀa] n. f. Appareil de prises de vues (cinéma, télévision). *Caméra électronique,* transformant une image optique en une image électronique. – Angl. *camera,* «appareil photo»; lat. scientif. *camera (obscura),* «chambre noire».

cameraman [kameʀaman] n. m. Anglicisme. V. cadreur.

camérier [kameʀje] n. m. Huissier de la chambre privée du pape. – Ital. *cameriere,* de *camera,* «chambre».

camériste [kameʀist] n. f. **1.** HIST Dame qui était attachée à la chambre d'une princesse, en Italie, en Espagne. **2.** Vieilli Femme de chambre. – Esp. *camarista,* de *camara,* «chambre»; d'après l'ital. *camerista.*

camerlingue [kamɛʀlɛ̃g] n. m. Cardinal qui gère les affaires de l'Église durant la vacance du Saint-Siège. – Ital. *camerlingo.*

camerounais, aise [kamʀunɛ, ɛz] adj. Du Cameroun, État de l'Afrique de l'Ouest.

1. camion [kamjɔ̃] n. m. **1.** Anc. Chariot bas à quatre roues. **2.** Véhicule automobile destiné au transport de charges lourdes et volumineuses. *Camion de déménagement. Camion à benne basculante. Camion-grue. Camion-citerne. Camion frigorifique. Camion porte-conteneur.* **3.** TECH Récipient dans lequel les peintres en bâtiment délaient la peinture. – Orig. incon.

2. camion [kamjɔ̃] n. m. TECH Très petite épingle. – Orig. incon.; semble être un autre mot que *camion* 1.

camionnage [kamjɔnaʒ] n. m. Transport par camion. *Frais de camionnage.* ▷ Le prix de ce transport. – De *camion* 1 sens 2.

camionner [kamjɔne] v. tr. [1] Transporter par camion. – De *camion* 1 sens 2.

camionnette [kamjɔnɛt] n. f. Petit camion. – De *camion* 1 sens 2.

camionneur [kamjɔnœʀ] n. m. **1.** Personne qui conduit un camion. **2.** Personne qui s'occupe de camionnage. (Rem.: Comme forme féminine, l'OLF recommande *une camionneuse.*) – De *camion* 1 sens 2.

camisards [kamizaʀ] n. m. pl. HIST Protestants des Cévennes (Massif central), révoltés contre Louis XIV à la suite de la révocation de l'Édit de Nantes, pendant la guerre de Succession d'Espagne (1702-1705). – De l'occitan *camisa,* «chemise», parce qu'ils portaient, la nuit, une chemise blanche pour se reconnaître.

camisole [kamizɔl] n. f. **1.** Sous-vêtement masculin sans manches, couvrant le torse. «[...] de l'autre côté de la ruelle, un homme en camisole prenait le frais ou prenait froid sur son balcon du troisième étage, pas frileux, le bonhomme!» (Gilbert La Rocque, *Après la boue,* 1972.) ▷ Sous-vêtement semblable, qui peut comporter des manches courtes, porté par les bébés. ▷ Sous-vêtement féminin avec bretelles, sans boutonnage, qui se porte à même la peau. **2.** *Camisole de force:* combinaison à manches fermées employée autref. couramment pour paralyser les mouvements des aliénés furieux. – Ital. *camiciola,* de *camicia,* «chemise».

camomille [kamɔmij] n. f. Nom cour. de *Matricaria chamomilla* et d'*Anthemis nobilis,* toutes deux de la fam. des composées dont les capitules odorants sont utilisés en infusion comme stimulants de la digestion. ▷ Cette infusion. – Bas lat. *camomilla,* du gr. *khamaimêlon,* «pomme à terre».

camouflage [kamuflaʒ] n. m. Action de camoufler; son résultat. – De *camoufler.*

camoufler [kamufle] v. tr. [1] Déguiser, rendre méconnaissable ou moins visible. *Camoufler des engins de guerre avec du feuillage.* – Fig. *Camoufler son écriture. Camoufler ses sentiments.* ▷ v. pron. *Il se camoufle derrière une écharpe.* – Ital. *camufare,* «déguiser, tromper».

camouflet [kamuflɛ] n. m. **1.** Anc. Taquinerie consistant à souffler de la fumée au visage de quelqu'un. ▷ *Par ext.* Mortification, affront. *Infliger un camouflet à quelqu'un.* Syn. vexation, offense. **2.** MILIT Mine utilisée pour détruire un ouvrage adverse. – De *mouflet,* «souffle», et *ca-,* de l'anc. adj. *chault,* «chaud».

camp [kɑ̃] n. m. **I. 1.** Espace de terrain où des troupes, des forces militaires stationnent; base militaire. *Le camp de Valcartier, près de Québec. Camp volant,* provisoire. *Camp retranché:* place forte. ▷ loc. fig. *Lever, ficher* (fam.), *foutre* (fam.) *le camp:* s'en aller, déguerpir. **2.** Espace de terrain servant de lieu d'internement. *Camp de prisonniers, de réfugiés. Camp de concentration.* **3.** Lieu où des campeurs, des explorateurs dressent leur tente, établissent leur campement. *Un camp d'alpinistes.* **4.** Domaine champêtre où l'on peut s'adonner en plein air à divers loisirs (sportifs ou culturels). *Camp de vacances. Camp musical. Camp de nudistes,* réservé aux adeptes du nudisme. **5.** SPORT Terrain de base d'une équipe. *Envoyer la balle dans le camp adverse.* – Chacune des équipes qui s'opposent. ▷ *Camp d'entraînement:* période d'entraînement intense à laquelle sont soumis les joueurs avant d'entreprendre une saison sportive. «Une semaine avant le début de la saison de hockey. Le camp d'entraînement tire à sa fin, les joueurs commencent à se sentir en forme.» (Jacques Poulin, *Faites de beaux rêves,* 1974.) **II.** Fig. **1.** Groupe de personnes défendant une cause commune contre un autre groupe soutenant une cause adverse. *Changer de camp.* **2.** Troupeau. *Un camp de canards, d'oies sauvages.* **III. 1.** Cabane de bois construite en forêt, aménagée sommairement pour abriter des personnes. *Un petit camp en bois rond. Camp de bûcheron, de pêcheur.* «Peut-être [...] est-ce la première cabane de la série de toutes les cabanes habitées? Cabane à sucre abandonnée? Camp de chasseur oublié? La cabane originelle, avec un seul sac de couchage grignoté par les mulots, posé sur le plancher, au milieu de la pièce.» (Anne Hébert, *Les enfants du sabbat,* 1975.) Rem. Aussi sous la forme *campe* [kɑ̃p]. ▷ *Par ext.* Emplacement comportant plusieurs camps. *Un camp forestier.* **2.** Syn. vieilli de *chalet* (II, sens 2). *Camp d'été.* Rem. Aussi sous la forme *campe* [kɑ̃p]. – Forme probabl. normanno-picarde ou provenç. de *champ,* du lat. *campus,* avec infl. de l'angl. *camp* pour certains emplois.

campagnard, arde [kɑ̃paɲaʀ, aʀd] adj. et n. De la campagne; qui vit à la campagne. *Manières campagnardes.* ▷ Subst. *Un campagnard, une campagnarde.* – De *campagne.*

campagne [kɑ̃paɲ] n. f. **I. 1.** Étendue de pays plat et non boisé. *La pleine campagne. Tomber en panne d'essence en rase campagne.* ▷ GEOGR Paysage rural présentant des champs non clôturés et un habitat groupé. **2.** Les régions rurales (par oppos. à la ville). *Aller respirer l'air de la campagne. Maison de campagne. Curé, médecin de campagne. Passer ses vacances tantôt à la campagne, tantôt au bord de la mer.* – *Partie de campagne:* excursion à la campagne. – Loc. *Battre la campagne:* chercher en toutes directions. **II. 1.** Expédition, ensemble d'opérations militaires. *Plan de campagne.* ▷ *Artillerie de campagne,* très mobile. **2.** Période d'activité d'une durée déterminée; ensemble d'opérations qui se déroulent suivant un programme établi à l'avance. *Campagne publicitaire, électorale. Campagne de forages.* ▷ *Campagne de souscription:* sollicitation de dons en vue du financement d'un organisme de bienfaisance ou autre. – Ital. *campagna,* lat. *campania,* «plaine».

campagnol [kɑ̃paɲɔl] n. m. Rongeur muridé de petite taille. (*Clethrionomys gapperi* est le campagnol à dos roux de Gapper, espèce la plus commune en Amérique du Nord; *Microtus pennsylvanicus* est le campagnol des champs.) – Ital. *campagnolo,* «campagnard».

campane [kɑ̃pan] n. f. **1.** Vx Cloche, sonnaille. **2.** ARCHI Corbeille des chapiteaux corinthien et composite, en forme de cloche renversée. **3.** Dentelle blanche. – Bas lat. *campana,* «cloche».

campaniforme [kɑ̃panifɔʀm] adj. Qui a la forme d'une cloche. *Chapiteau campaniforme.* – Du bas lat. *campana,* «cloche», et *forme.*

campanile [kɑ̃panil] n. m. ARCHI **1.** Clocher à jour. – *Par ext.* Clocher isolé du corps de l'église. *Le campanile de Pise en Italie.* **2.** Lanterne qui surmonte certains édifices civils. *Le campanile d'un hôtel de ville.* – Ital. *campanile,* «clocher».

campanulacées [kɑ̃panylase] n. f. pl. BOT Famille de dicotylédones dont la campanule est le type. – De *campanule.*

campanule [kɑ̃panyl] n. f. Plante herbacée (fam. campanulacées) à fleurs gamopétales bleues, violettes ou blanches, en forme de clochettes. (Le genre *Campanula* comprend environ 250 espèces, propres à l'hémisphère boréal.) – Lat. médiév. *campanula,* de *campana,* «cloche».

campe [kɑ̃p] n. m. ou (vieilli) f. Var. de *camp* (III, sens 1 et 2). «Rien qu'avec le bois mort, vous chaufferiez votre campe pendant tout l'hiver.» (Gabrielle Roy, *Alexandre Chenevert,* 1954.) – De l'angl. *camp.*

campé, ée [kɑ̃pe] adj. **1.** *Bien campé:* bien bâti, vigoureux. *Un garçon bien campé.* **2.** EQUIT Se dit d'un cheval dont les aplombs sont défectueux. *Campé du devant, du derrière.* – Pp. de *camper,* sens II, 2.

campêche [kɑ̃pɛʃ] n. m. Bois d'un arbre d'Amérique latine (genre *Hæmatoxylon*), qui, par infusion, donne un colorant brun-rouge. – Du n. d'une v. du Mexique.

campement [kɑ̃pmɑ̃] n. m. **1.** Action de camper. **2.** Lieu où l'on campe. **3.** Installation sommaire, provisoire. – De *camp.*

camper [kɑ̃pe] **I.** v. intr. [1] **1.** Établir un camp; vivre dans un camp. *La troupe campait aux abords de la ville.* **2.** Faire du camping. *Les enfants campent au bord de la mer.* **3.** Fig. S'installer sommairement et provisoirement. *Pendant notre déménagement, nous irons camper chez un ami.* **II.** v. tr. **1.** Établir dans un camp. *Camper son régiment sur la rive d'un fleuve.* **2.** Établir, poser solidement, hardiment. *Camper sa casquette sur l'oreille.* ▷ Fig. Représenter avec exactitude, avec relief. *Auteur qui campe rapidement un personnage. Récit bien campé.* **3.** Fig., fam. *Camper là qqn,* le laisser, l'abandonner subitement. **III.** v. pron. Se placer, s'installer avec audace, avec autorité. *Il se campa hardiment en face de lui.* – De *camp.*

campeur, euse [kɑ̃pœʀ, øz] n. Personne qui pratique le camping. – De *camp.*

camphre [kɑ̃fʀ] n. m. Substance de saveur âcre et aromatique, cétone terpénique et bicyclique ($C_{10}H_{16}O$) extraite du camphrier, aux propriétés sédatives, stimulantes et antiseptiques. – Lat. médiév. *camphora;* de l'ar. *kāfūr.*

camphré, ée [kɑ̃fʀe] adj. Qui contient du camphre. *Huile camphrée. Alcool camphré.* – De *camphre.*

camphrier [kɑ̃fʀije] n. m. Arbuste d'Asie du S.-E. (*Cinammomum camphora*, fam. lauracées) dont on extrait le camphre par distillation du bois. – De *camphre.*

campignien, ienne [kɑ̃piɲjɛ̃, jɛn] adj. (et n. m.). PREHIST Se dit d'un type assez fruste d'outillage en silex (pics, tranchets, etc.) de la fin du Néolithique (Chalcolithique). – De *Campigny,* localité de Seine-Marit.

campimètre [kɑ̃pimɛtʀ] n. m. MED Appareil utilisé pour mesurer l'étendue du champ visuel. – Du lat. *campus,* «champ», et *-mètre.*

camping [kɑ̃piŋ] n. m. Activité touristique qui consiste à camper, à vivre en plein air en couchant, la nuit, sous la tente. *Terrain de camping.* – Mot angl.

campivallensien, ienne [kɑ̃pivalɑ̃sjɛ̃, jɛn] adj. et n. De Salaberry-de-Valleyfield en Montérégie. – De *Campivallensis,* «petite vallée des champs».

ENCYCL Ce gentilé, unique par sa facture au Québec, tire son origine d'un bref apostolique par lequel le pape Léon XIII a élevé la ville de Salaberry-de-Valleyfield (Valleyfield selon l'usage courant) à la dignité de siège épiscopal le 5 avril 1892. Or, la désignation ecclésiastique choisie était *Campivallensis,* forme résultant de la transposition en latin des éléments constitutifs du nom de lieu Valleyfield: *valley,* «vallée» devenu en lat. *vallensis,* «petite vallée», diminutif de *val,* «vallée» et *field,* «champ; terrain», en lat. *campus,* pl. *campi,* «champ(s)». D'ailleurs, à diverses reprises, on a recouru à la dénomination *Vallée des champs* en guise de surnom pour la ville. Le passage de *Campivallensis* à *Campivallensien* s'est effectué tout naturellement.

campos ou **campo** [kɑ̃po] n. m. Fam. (France) Repos, congé donné à des écoliers. *Ils ont campos pour deux jours.* – Lat. *(ire ad) campos,* «aller aux champs».

campus [kɑ̃pys] n. m. Parc, vaste terrain qui entoure les bâtiments de certaines universités. – *Par ext.* Université dont les divers bâtiments sont séparés; l'espace propre à une telle université. *Habiter sur le campus.* – Mot amér., lat. *campus,* «champ».

campyl-, campylo-. Élément, du gr. *kampulos,* «courbé».

campylotrope [kɑ̃pilɔtʀɔp] adj. BOT Se dit d'un ovule plus ou moins arqué. *La graine du haricot provient d'un ovule campylotrope.* – De *campylo-,* et *-trope.*

camus, use [kamy, yz] adj. Court et plat, en parlant du nez. – Dont le nez est court et plat. – P.-ê. de *museau,* et préf. péjor. *ca-.*

canadianisme [kanadjanism] n. m. LING Fait de langue (prononc., mot, tournure, etc.) caractéristique du français du Canada. *Le terme canadianisme est aujourd'hui une appellation générale englobant les acadianismes et les québécismes. Il s'employait autrefois de façon spécifique en parlant d'un fait de langue propre au français du Québec.* V. encycl. québécisme. – De *canadien.*

canadien, ienne [kanadjɛ̃, jɛn] adj. et n. **1.** adj. Du Canada ou relatif au Canada. *La dualité canadienne. Le français canadien (ou franco-canadien) comprend deux variétés principales, le québécois et l'acadien.* **2.** Subst. Habitant du Canada. *Les Canadiens anglais sont plus nombreux que les Canadiens français.* ▷ *Les Canadiens de Montréal,* équipe de hockey. – De *Canada.*

ENCYCL Au cours des XVIᵉ et XVIIᵉ s., on appelait *Canadiens* ou *Canadois* les Amérindiens installés sur les rives du Saint-Laurent. Dans la seconde moitié du XVIIᵉ s., l'appellation *Canadiens* s'applique aux Français établis dans la portion laurentienne de la Nouvelle-France pour les distinguer des militaires et des administrateurs français qui n'étaient que de passage. Cette évolution est confirmée par l'apparition, dès 1688, du composé *François Canadiens.* Au tout début du XVIIIᵉ s., le mot *Canadien* ne s'employait déjà plus qu'en parlant des descendants des Français nés au pays, comme en témoigne La Hontan (1703): «*Canadiens,* sont des naturels de *Canada* nez de pere & de mere François.»

Au début du Régime anglais, l'appellation continue d'être attribuée de manière systématique aux francophones afin de les bien distinguer des Anglais nouveaux venus. L'Acte constitutionnel de 1791 entraîne le partage du pays en deux provinces, celle du Haut-Canada, l'Ontario, très majoritairement anglaise, et celle du Bas-Canada, le Québec, où domine la présence francophone. Cette mesure est à l'origine des appellations *Haut-Canadien* et *Bas-Canadien* qui, en plus de leur sens géographique, prennent peu à peu des connotations politiques et sociales. La forme spécifique *Canadien français,* qui est attestée déjà avant le Régime anglais pour distinguer l'habitant du Canada du Français de France, s'oppose dorénavant à *Canadien anglais* qui fait son apparition au début du XIXᵉ s.; l'appellation *Anglais* demeure cependant de loin la plus fréquente, jusqu'au XXᵉ s., pour nommer les Canadiens d'expression anglaise. Le sens de l'adjectif *canadien* a suivi le même cheminement. C'est ce qui explique que, pour les francophones du Canada, *Canadien* n'ait pris véritablement son sens national qu'au XXᵉ s. Dans l'usage des Acadiens, qui se sont souvent appelés eux-mêmes *Français d'Acadie,* le mot *Canadiens* s'applique traditionnellement aux francophones du Québec, le groupe des anglophones étant, pour eux également, désigné par le nom *Anglais.*

Les formes *Canayen,* au sens d'authentiquement Canadien et francophone, et *Canuck,* surnom péjoratif dont on affuble les Canadiens en général et, à l'origine, les francophones du Canada en particulier, naguère largement usitées, tendent à devenir des appellations purement historiques. V. anglais et québécois.

canadien-anglais, canadienne-anglaise [kanadjɛ̃ɑ̃glɛ, kanadjɛnɑ̃glɛz] adj. Relatif ou propre aux Canadiens d'expression anglaise. Rem. On écrit *un Canadien anglais, une Canadienne anglaise,* en parlant d'une personne. – De *canadien,* et *anglais.*

canadien-français, canadienne-française [kanadjɛ̃fʀɑ̃sɛ, kanadjɛnfʀɑ̃sɛz] adj. **1.** HIST Qui appartient, est relatif aux descendants des Français établis dans la colonie laurentienne. V. québécois. **2.** Qui est relatif ou propre aux francophones de l'ensemble du Canada. Rem. On écrit *un Canadien français, une Canadienne française,* en parlant d'une personne. – De *canadien,* et *français.*

canadienne [kanadjɛn] n. f. **1.** Manteau d'hiver de longueur trois-quarts avec capuchon, en gros tissu de laine, qui se ferme devant au moyen de boutons en forme de fuseau qu'on glisse dans une bride de tissu ou de cuir. «[...] il enfila ses gants de mouton et cuir, releva le capuchon de sa canadienne et dansa quelques pas pour se dégourdir les pieds sur la neige battue.» (Madeleine Gagnon-Mahony, *Les morts-vivants,* 1969.) ▷ (France) Longue veste doublée de peau de mouton. **2.** (France) Canoë aux extrémités relevées. – De *canadien.*

canado-. Élément de composition, du rad. de *canadien. La frontière canado-américaine.*

canaille [kanaj] n. f. et adj. **1.** Ramassis de gens méprisables. *Être insulté par la canaille.* Syn. racaille. **2.** Individu malhonnête, méprisable. *Cette canaille a réussi à lui extorquer de l'argent.* Syn. fripouille, escroc, scélérat. **3.** adj. Débraillé et polisson. *Une allure canaille.* – Ital. *canaglia,* de *cane,* «chien».

canaillerie [kanajʀi] n. f. **1.** Caractère, comportement d'une canaille. *Son audace n'a d'égale que sa* *canaillerie.* **2.** Acte malhonnête et méprisable. *Commettre une canaillerie.* – De *canaille.*

canal, aux [kanal, o] n. m. **I. 1.** Voie navigable artificielle. *Canal de navigation fluviale.* – *Canal maritime,* reliant deux mers, deux océans. *Canal de Suez, de Panama.* **2.** GEOGR Espace de mer, relativement étroit et prolongé, entre deux rives. *Canal de Mozambique.* **3.** Tranchée creusée pour permettre la circulation des eaux. *Canaux d'irrigation,* qui amènent l'eau nécessaire aux cultures. *Canaux de drainage,* assurant l'évacuation de l'eau excédentaire. *Canaux d'amenée, de fuite, de dérivation des usines hydroélectriques.* **4.** Conduit, tuyauterie. **5.** TELECOM Voie par laquelle transitent des informations. ▷ Fréquence sur laquelle sont émises les ondes d'une station de télévision; station de télévision émettant des ondes sur cette fréquence. *Regarder une émission au canal 2. Une émission produite par le canal 10.* **6.** Loc. fig. *Par le canal de:* par l'intermédiaire, l'entremise de. *J'ai obtenu ce renseignement par le canal d'un ami.* **II.** Conduit naturel d'un organisme vivant. **1.** ANAT *Canal cholédoque. Canal excréteur. Canaux semicirculaires de l'oreille interne,* organes de l'équilibre. **2.** BOT Élément tubulaire de forme allongée. *Canaux sécréteurs de résine du pin. Canal mucifère.* – Lat. *canalis,* de *canna,* «roseau».

canaliculaire [kanalikylɛʀ] adj. SC NAT Qui est en forme de canalicule. – De *canalicule.*

canalicule [kanalikyl] n. m. Petit canal, petit conduit d'un organisme. – De *canal.*

canaliculite [kanalikylit] n. f. MED Inflammation d'un canalicule. – De *canalicule,* et *-ite* 1.

canalifère [kanalifɛʀ] adj. SC NAT Muni de canaux, de vaisseaux. *Tissu canalifère.* – De *canal,* et *-fère.*

canalisation [kanalizasjõ] n. f. **1.** Action de canaliser; son résultat. **2.** Conduit destiné à véhiculer un fluide. *Canalisations d'eau, de gaz.* ▷ Conducteur électrique. *Canalisation haute tension.* – De *canaliser.*

canaliser [kanalize] v. tr. [1] **1.** Aménager (un cours d'eau) pour le rendre navigable. **2.** Pourvoir (une région) d'un système de canaux. **3.** Fig. Rassembler et diriger dans le sens choisi. *Un service d'ordre canalisait les manifestants. Canaliser des renseignements.* – De *canal.*

cananéen, éenne [kananeɛ̃, eɛn] adj. (et n.). Du pays de Canaan. ▷ N. m. Groupe de langues sémitiques (hébreu, moabite, phénicien, punique). – De *Canaan,* n. biblique de la Palestine.

canapé [kanape] n. m. **1.** Long siège à dossier où plusieurs personnes peuvent s'asseoir. *Canapé-lit:* canapé transformable en lit. **2.** CUIS Tranche de pain sur laquelle on dispose une garniture. *Servir des cailles sur canapés. Canapés au saumon.* – Lat. *conopeum,* «moustiquaire»; gr. *kônôpeion,* de *kônôps,* «moustique».

canard [kanaʀ] n. m. **1.** Oiseau aquatique palmipède (fam. anatidés) de taille moyenne (inférieure à celle de l'oie), au bec large, au cri nasillard caractéristique, dont certaines espèces sont domestiques et d'autres sauvages; *spécial.* l'oiseau mâle. *Canard malard* ou *colvert. Canard Kakawi* (v. cacaoui). *Canard huppé* ou *branchu. Canard pilet, souchet. La cane, femelle du canard.* – *Le canard cancane,* pousse son cri. ▷ Loc. fam. *Un froid de canard:* un froid intense. **2.** Fig. Morceau de sucre trempé dans le café ou dans l'eau-de-vie. **3.** Fausse note, son discordant. **4.** Fig., fam. Article de journal mensonger, fausse nouvelle. ▷ Par ext. Cour, fam. Journal. **5.** Récipient à bec qui permet à un malade de boire couché. ▷ Rég. (Ouest québécois) Bouilloire. V. bombe (encycl.). – P.-ê. d'un rad. *ca-,* onomat., a. fr. *caner,* «caqueter», et *an-,* du lat. *anas; -ard,* d'après *malard.*

canardeau [kanaʀdo] n. m. Jeune canard, plus âgé que le caneton. – De *canard.*

canarder [kanaʀde] **1.** v. tr. [1] Fam. Faire feu sur, en étant à couvert (comme pour la chasse au canard). **2.** v. intr. MUS Faire entendre des canards, des fausses notes. *Les cuivres canardaient dans les aigus.* – De *canard.*

canardière [kanaʀdjɛʀ] n. f. **1.** Lieu aménagé dans un marais, un étang, pour la chasse au canard sauvage. **2.** Long fusil pour la chasse au canard. **3.** Mare pour canards. – De *canard.*

canari [kanaʀi] n. m. Serin des Canaries, au plumage généralement jaune, apprécié pour son chant. – Esp. *canario.*

canasson [kanasõ] n. m. Pop. Mauvais cheval; cheval. – Altér. péjor. de *canard.*

canasta [kanasta] n. f. Jeu de cartes qui se joue avec deux jeux de 52 cartes et 4 jokers, et qui consiste à étaler sur la table des combinaisons d'au moins trois cartes identiques, puis à compléter les séries, si possible, jusqu'à 7 cartes de même valeur, la série de 7 cartes s'appelant canasta. – Mot esp., «corbeille».

canayen, enne [kanajɛ̃, jɛn] adj. et n. Vieilli **1.** adj. Qui appartient aux descendants des colons français établis dans la vallée du Saint-Laurent, qui est relatif au caractère authentique de leur façon de vivre et de penser. ▷ Subst. Membre de ce groupe ethnique. «Des Anglais, des Écossais, des Irlandais et des Sauvages, mais pas un vestige de «Canayen» pur sang.» (*Le Farceur,* Montréal, 1878.) V. canadien. **2.** n. m. Variété de français en usage au Québec, notamment la variété populaire traditionnelle. *Parler en canayen, en bon canayen.* Rem. Remplacé de nos jours par *québécois.*

1. cancan [kɑ̃kɑ̃] n. m. Fam. Bavardage malveillant. Syn. potin, ragot, commérage. – Du lat. *quanquam,* «quoique».

2. cancan [kɑ̃kɑ̃] n. m. *French cancan* ou *cancan:* spectacle de music-hall, quadrille acrobatique dansé par des «girls». – Onomat, enfantine pour *canard.*

1. cancaner [kɑ̃kane] v. intr. [1] Faire des cancans. – De *cancan* 1.

2. cancaner [kɑ̃kane] v. intr. [1] Crier, en parlant du canard. – De *cancan* 2.

cancanier, ière [kɑ̃kanje, jɛʀ] adj. et n. Qui aime à cancaner, à rapporter des ragots. – De *cancan* 1.

cancel [kɑ̃sɛl] ou **chancel** [ʃɑ̃sɛl] n. m. **1.** En France, lieu entouré d'une balustrade dans lequel on tenait le grand sceau de l'État. V. chancelier. **2.** Clôture du chœur, dans certaines églises. – Lat. *cancellus,* «barreau».

cancer [kɑ̃sɛʀ] n. m. **1.** MED Tumeur maligne caractérisée par la prolifération anarchique des cellules d'un organe, d'un tissu. Syn. néoplasie, néoplasme. **2.** Fig. Danger insidieux, mal qui ronge. **3.** ASTRO *Le Cancer:* constellation zodiacale (et partie du plan de l'écliptique parcourue par le Soleil du 22 juin au 23 juillet env.). *Tropique du Cancer:* tropique boréal. – Mot lat., «crabe».

ENCYCL Le processus de cancérisation peut se développer sur n'importe quel organe. Les plus souvent atteints sont: chez la femme, le sein, l'intestin, l'estomac, l'utérus; chez l'homme, le poumon, la trachée, l'estomac, la prostate, l'œsophage. Les recherches, notam. épidémiologiques, ont permis de savoir qu'il n'y a pas une cause unique des cancers, mais qu'entrent en jeu un certain nombre de facteurs: terrain immunitaire, prédispositions génétiques, processus viral, environnement, etc. Le cancer peut s'étendre localement, régionalement, et à distance, par dissémination sanguine ou lymphatique (métastase). Le traitement est d'autant plus efficace qu'il est plus précoce. Il dépend de la localisation, du type histologique, du stade d'évolution. Plusieurs thérapeutiques sont utilisées: chirurgie, radiothérapie, chimiothérapie, immunothérapie. De nombreux cancers traités à temps peuvent aujourd'hui être guéris.

cancéreux, euse [kɑ̃seʀø, øz] adj. et n. **1.** adj. Du cancer, de la nature du cancer. *Tumeur cancéreuse.* **2.** adj. et n. Qui est atteint d'un cancer. – De *cancer.*

cancérigène [kɑ̃seʀiʒɛn] ou **cancérogène** [kɑ̃seʀɔʒɛn] adj. Qui peut provoquer le développement d'un cancer. *Substances cancérigènes.* Syn. carcinogène. – De *canceri-,* et *-gène.*

cancérisation [kɑ̃seʀizasjɔ̃] n. f. Transformation des cellules saines en cellules cancéreuses. – De *canceri-,* et suff. *(i)sation* marquant un changement d'état.

cancéro-, cancéri-. Éléments signifiant «relatif au cancer». – Du lat. *cancer,* «crabe».

cancérogène. V. cancérigène.

cancérologie [kɑ̃seʀɔlɔʒi] n. f. Étude du cancer et de son traitement. Syn. carcinologie. – De *cancero-,* et *-logie.*

cancérologue [kɑ̃seʀɔlɔg] n. Spécialiste du cancer. – De *cancero-,* et *-logue.*

canche [kɑ̃ʃ] n. f. Graminée fourragère *(Aira flexuosa)* croissant dans les lieux humides comme les marécages. – Orig. incon.

cancre [kɑ̃kʀ] n. m. Fam. Écolier paresseux, mauvais élève. – Lat. *cancer,* «crabe».

cancrelat [kɑ̃kʀəla] n. m. Nom cour. de la blatte américaine. – Néerl. *kakkerlak,* avec attract. de *cancre.*

cancroïde [kɑ̃kʀɔid] n. m. Épithélioma de la peau et des muqueuses. – De *cancer,* et *-oïde.*

candela [kɑ̃dela] n. f. PHYS Unité d'intensité lumineuse (symbole cd); intensité lumineuse, dans une direction donnée, d'une source qui émet un rayonnement monochromatique de fréquence 540.10^{12} hertz et dont l'intensité énergétique dans cette direction est de 1/683 watt par stéradian. *Candela par mètre carré.* – Mot lat., «chandelle».

candélabre [kɑ̃delabʀ] n. m. **1.** Grand chandelier à plusieurs branches. **2.** Vieilli Appareil d'éclairage, colonne supportant une ou plusieurs lampes. **3.** ARCHI Balustre figurant une torchère. – Lat. *candelabrum,* de *candela,* «chandelle».

candeur [kɑ̃dœʀ] n. f. Pureté d'âme, innocence naïve. *Un visage plein de candeur. Parler avec candeur.* Syn. ingénuité. – Lat. *candor,* «blancheur».

candi [kɑ̃di] adj. m. et n. m. *Sucre candi:* sucre en gros cristaux, obtenu par refroidissement lent de sirops très concentrés. *Fruits candis:* fruits confits sur lesquels on a fait se candir une couche de sucre. ▷ N. m. *Du candi blanc.* – Ar. *qandi,* «sucre de canne».

candida [kɑ̃dida] n. m. BOT, MED Genre de champignons deutéromycètes dont une espèce, *Candida albicans,* est l'agent du muguet intestinal ou vaginal. – Du lat. *candidus,* «blanc».

candidat, ate [kɑ̃dida, at] n. Personne qui postule une charge, un emploi, un mandat ou qui se présente à un examen, à un concours. *Les candidats aux élections.* – Lat. *candidatus,* de *candidus,* «blanc», couleur des vêtements de ceux qui briguaient une fonction publique, à Rome.

candidature [kɑ̃didatyʀ] n. f. État de candidat. *Poser sa candidature.* – De *candidat.*

candide [kɑ̃did] adj. Qui a, qui dénote de la candeur. *Une âme candide. Des paroles candides.* – Du lat. *candidus,* «blanc».

candidement [kɑ̃didmɑ̃] adv. D'une manière candide. – De *candide.*

candidose [kɑ̃didoz] n. f. MED Infection due aux *Candida* (muguet buccal, atteinte digestive, localisation cutanée). – De *candida.,* et *-ose* 2.

candir [kɑ̃diʀ] v. tr. [2] Faire fondre jusqu'à cristallisation, en parlant du sucre. ▷ v. pron. Se cristalliser. – De *candi.*

candomblé [kɑ̃dɔ̃ble] n. m. et adj. inv. Rites religieux (notam. danse) voisins du vaudou, pratiqués au Brésil. ▷ Adj. *Cérémonie candomblée.* – Mot brésilien, d'une langue africaine.

cane [kan] n. f. Femelle du canard. – V. canard.

canéficier [kanefisje] n. m. BOT Arbre (*Cassia fistula,* fam. légumineuses) produisant la casse. – De l'esp. *cañafistola.*

canepetière [kanpətjɛʀ] n. f. Petite outarde *(Otis tetrax)* des plaines européennes, qui hiverne en Afrique. – De *cane,* et *petière,* de *pet.*

canéphore [kanefɔʀ] n. f. ANTIQ GR Jeune fille qui, pendant certaines fêtes, portait sur la tête des corbeilles contenant les objets du culte. – Gr. *kanêphoros,* de *kaneon,* «corbeille», et *phorein,* «porter».

1. caner [kane] v. intr. [1] Fam. Reculer, céder devant la difficulté. – De **cane, faire la cane,* «se sauver».

2. caner ou **canner** [kane] v. intr. [1] **1.** Arg. S'enfuir, s'en aller. **2.** Pop. Mourir. – De *canne,* «jambe».

caneton [kantɔ̃] n. m. Petit du canard plus jeune que le canardeau. – De *canette* 1.

1. canette [kanɛt] n. f. Petite cane; petite sarcelle. – Dimin. de *cane.*

2. canette ou **cannette** [kanɛt] n. f. Petit tube garni du fil de trame, dans les métiers à tisser. ▷ Bobine de fil que l'on introduit dans la navette d'une machine à coudre. – Du lat. *canna,* «tuyau», par l'ital.

3. canette [kanɛt] n. f. Petit récipient métallique d'usage commercial destiné à contenir des liquides (bière, boissons gazeuses, jus de fruits, etc.); son contenu. ▷ (France) Petite bouteille de bière; son contenu. *Une canette de bière.* – Du lat. *canna,* «tuyau», par le picard.

canevas [kanva(ɑ)] n. m. **1.** Grosse toile claire servant aux ouvrages de tapisserie. **2.** TOPOGR Ensemble de points relevés en vue de l'établissement d'une carte. **3.** Plan, ébauche, esquisse d'un ouvrage. *Le canevas d'un discours, d'un roman.* – Forme picarde de *caneve,* forme anc. de *chanvre.*

cange [kɑ̃ʒ] n. m. Anc. Bateau à voiles du Nil, étroit et léger. – Ar. *qandja.*

cangue [kɑ̃g] n. f. Carcan de bois très lourd, qui enserrait le cou et les poignets du condamné, utilisé autref. en Asie (notam. en Chine). – Portug. *canga,* annamite *gong.*

caniche [kaniʃ] n. m. Chien de compagnie à poils crépus ou bouclés, utilisé autref. pour ses qualités de nageur dans la chasse au gibier d'eau. – De *cane.*

caniculaire [kanikylɛʀ] adj. De la canicule. *Une chaleur caniculaire.* – De *canicule.*

canicule [kanikyl] n. f. Période de fortes chaleurs; temps très chaud. – Lat. *canicula,* «petite chienne», appliqué à Sirius, étoile se levant en même temps que le Soleil à l'époque des grandes chaleurs estivales.

canidés [kanide] n. m. pl. ZOOL Famille de mammifères carnivores fissipèdes digitigrades comprenant les chiens et les loups (genre *Canis*), le renard *(Vulpes)*, le fennec *(Fennecus)*, etc. – Du lat. *canis*, «chien».

canif [kanif] n. m. Petit couteau de poche à lame pliable. ▷ Fig., fam. *Donner des coups de canif dans le contrat:* tromper son conjoint. – Anc. angl. *knif* (cf. angl. *knife*).

canin, ine [kanɛ̃, in] adj. Qui se rapporte au chien. *Race canine.* – Lat *caninus.*

canine [kanin] n. f. Dent pointue entre les incisives et les prémolaires. *Les canines supérieures.* – Lat. *caninus.*

canitie [kanisi] n. f. MED État de la barbe et des cheveux devenus blancs. – Lat. *canities*, de *canus*, «blanc».

caniveau [kanivo] n. m. **1.** Rigole au bord de la chaussée servant à l'écoulement des eaux. **2.** CONSTR Canal maçonné utilisé pour le passage de tuyauteries, de conducteurs électriques, etc. – Orig. incert.

canna [kana] n. m. BOT Genre de monocotylédones auquel appartient le balisier et qui constitue la famille des cannacées. – Lat. *canna.*

cannabinacées [kanabinase] n. f. pl. BOT Famille de plantes dicotylédones apétales comprenant le chanvre et le houblon. – De *cannabis.*

cannabis [kanabis] n. m. BOT Nom scientif. du chanvre *(Cannabis sativa)*. – Mot lat.

cannabisme [kanabism] n. m. MED Intoxication par le chanvre indien. – De *cannabis.*

cannage [kanaʒ] n. m. Action de tresser des joncs, des roseaux pour garnir un siège; fond canné d'un siège. – De *canner.*

cannaie [kanɛ] n. f. Lieu planté de cannes à sucre ou de roseaux. – De *canne*, sens 4.

canne [kan] n. f. **1.** Bâton léger sur lequel on s'appuie en marchant. *Canne à pommeau d'or. Canne blanche d'aveugle.* – *Canne-épée:* canne creuse dissimulant une épée. ▷ *Par anal.* Pop. Jambe. **2.** *Canne à pêche:* gaule, généralement en plusieurs pièces, qu'on utilise pour pêcher à la ligne. *Une canne à pêche en fibre de verre.* **3.** TECH Tube métallique dont on se sert pour souffler le verre. **4.** Plante dont la tige est droite comme celle du roseau. ▷ *Canne à sucre:* graminée *(Saccharum officinarum)* de grande taille (2 à 3 m de haut) cultivée dans de nombreux pays tropicaux pour le sucre que l'on extrait de son jus. **5.** TECH Bobine de fil. – Lat. *canna*, «roseau, tuyau».

canné, ée [kane] adj. Garni d'un cannage. *Une chaise cannée.* – Pp. de *canner.*

canneberge [kanbɛʀʒ] n. f. Variété d'airelle à baies rouges comestibles; fruit de cette airelle. Rem. En usage surtout dans la langue commerciale. V. atoca. – Orig. incert.

cannelé, ée [kanle] adj. Qui présente des cannelures, des sillons longitudinaux parallèles. *Colonne cannelée.* – De *cannelle* 2.

canneler [kanle] v. tr. [22] Orner, munir de cannelures. – De *cannelé.*

1. cannelle [kanɛl] n. f. **1.** Écorce aromatique du cannelier (*Cinnamomum zeylanicum*, fam. lauracées). *Cannelle de Ceylan.* ▷ Adj. inv. De la couleur brun rosé de la cannelle. **2.** Appos. *Pomme cannelle:* fruit comestible d'une anone. – De *canne*, «tuyau», ou lat. médiév. *cannella.*

2. cannelle [kanɛl] ou **cannette** [kanɛt] n. f. Robinet de bois ou de métal, adapté à une cuve, à un tonneau, etc. – De *canne*, «conduit, tuyau».

cannelloni [kane(ɛl)lɔni] n. m. CUIS Pâte d'origine italienne, en forme de tube, garnie de farce. – Mot ital., de *canna*, «tuyau».

cannelure [kanlyʀ] n. f. **1.** Cour. Rainure, sillon longitudinal ornant certains objets. *Un meuble décoré de cannelures finement ciselées.* ▷ ARCHI Sillon vertical creusé à la surface d'une colonne, d'un pilastre. **2.** BOT Rainure longitudinale sur la tige de certaines plantes. – De *cannelle* 2.

1. canner [kane] v. tr. [1] Garnir d'un cannage (le fond, le dossier d'un siège). – De *canne* sens 4.

2. canner. V. caner 2.

cannetille [kantij] n. f. Fil d'or ou d'argent utilisé pour certaines broderies. – Ital. *cannutiglio;* esp. *cañutillo*, de *caña*, «roseau».

1. cannette. V. cannelle 2.

2. cannette. V. canette 2.

canneur, euse [kanœʀ, øz] ou **cannier, ière** [kanje, jɛʀ] n. Ouvrier, ouvrière qui canne les sièges. – De *canner.*

cannibale [kanibal] n. m. et adj. Anthropophage. ▷ Fig. Homme cruel, féroce. – Esp. *canibal;* arawak *caniba*, qui désigne les Caraïbes.

cannibalisme [kanibalism] n. m. Anthropophagie. ▷ Fig. Cruauté. – De *cannibale.*

cannisse [kanis] n. f. Claie de roseaux. – Mot provenç.; bas lat. *cannicius*, «de roseau».

canoë [kanɔe] n. m. Rare Syn. de *canot* (sens 1 et 2). – De l'angl. *canoe.*

1. canon [kanõ] n. m. **I. 1.** Pièce d'artillerie servant à lancer autref. des boulets, auj. des obus. *Tirer un coup de canon. Canon antichar, antiaérien. Un canon de 75*, de 75 mm de calibre. *Canon mitrailleur:* arme automatique montée sur affût, sur véhicule ou sur aéronef, qui tire des obus d'un calibre supérieur à 20 mm. ▷ *Chair à canon:* les soldats sans grade, qu'on expose au danger sans égard pour leur vie. **2.** Tube d'une arme à feu. *Canon d'un fusil, d'un pistolet.* **3.** PHYS *Canon à électrons*, servant à produire un faisceau d'électrons. **II. 1.** TECH (Nom de divers objets cylindriques). *Canon d'une clef.* ▷ TRAV PUBL Dispositif d'amarrage constitué d'un fût cylindrique vertical solidement ancré sur le bord des quais. MAR Syn. de *bollard.* **2.** Ancienne mesure de capacité pour le vin (un huitième de pinte). **3.** ZOOL Partie de la jambe du cheval, entre le genou et le boulet. – Ital. *cannone*, augmentatif de *canna*, «tuyau».

2. canon [kanõ] n. m. Règle, type, modèle. **1.** THEOL Recueil des décisions solennelles des conciles. *Les canons de Nicée.* ▷ Liste des livres inspirés. *Canon des Écritures.* ▷ Ensemble des prières qui constituent l'essentiel, la partie immuable de la messe. *Canon de la messe, canon romain.* ▷ Collection des textes juridiques de l'Église. ▷ Adj. *Droit canon.* **2.** BX-A Ensemble de règles déterminant le rapport idéal entre les dimensions des diverses parties du corps humain. *Le canon grec. Le canon du dessin de mode.* **3.** Pièce de musique dans laquelle la mélodie est reprise successivement par une ou plusieurs voix. *Un canon de Bach. Chanter en canon.* – Mot lat., gr. *kanôn*, «règle».

cañon ou **canyon** [kanjõ] n. m. GEOGR Gorge profonde creusée par un cours d'eau en terrain calcaire. *Les cañons du Colorado.* – Esp. du Mexique *cañon*, augmentatif de *caño*, «tube».

canonial, ale, aux [kanɔnjal, o] adj. **1.** Qui est réglé par les canons ecclésiastiques. **2.** Relatif au canonicat. – De *canon* 2.

canonicat [kanɔnika] n. m. **1.** Vx Bénéfice d'un chanoine. **2.** Mod. Dignité, office de chanoine. – De *canon* 2.

canonicité [kanɔnisite] n. f. Qualité de ce qui est canonique. – De *canon* 2.

canonique [kanɔnik] adj. **1.** Conforme aux canons de l'Église. *Doctrine canonique.* ▷*Âge canonique:* âge exigé par le droit canon (minimum 40 ans) pour remplir certaines fonctions (notam. celle de servante d'un ecclésiastique). – Fam. *Une femme d'âge canonique,* d'âge respectable, assez avancé. **2.** MATH *Application, forme canonique:* formulations mathématiques liées de façon privilégiée à une structure. *On peut ramener certaines équations à une forme canonique par un simple changement de variable.* – De *canon* 2.

canoniquement [kanɔnikmɑ̃] adv. D'une manière canonique. – De *canon* 2.

canonisable [kanɔnizabl] adj. Qui est susceptible d'être canonisé, qui se prête à la canonisation. – De *canoniser.*

canonisation [kanɔnizasjɔ̃] n. f. Action de canoniser. *Le jugement de canonisation est rendu par le pape après instruction d'un procès en canonisation.* – De *canoniser.*

canoniser [kanɔnize] v. tr. [1] Faire figurer au catalogue des saints. – Lat. ecclés. *canonizare.*

canoniste [kanɔnist] n. m. Spécialiste du droit canon. – De *canon* 2.

canonnade [kanɔnad] n. f. Feu soutenu de canons. – De *canon* 1.

canonnage [kanɔnaʒ] n. m. **1.** Art du canonnier. **2.** Le fait de canonner. *Canonnage des lignes ennemies.* – De *canon* 1.

canonner [kanɔne] v. tr. [1] Attaquer au canon. – De *canon* 1.

canonnier [kanɔnje] n. m. Servant d'un canon. ▷ Adj. ZOOL Relatif au canon 1 (sens II, 3). *Muscles canonniers.* – De *canon* 1.

canonnière [kanɔnjɛʀ] n. f. **1.** Petit navire armé de canons, et qu'on utilise surtout sur les fleuves. **2.** Fortif Meurtrière pour le tir au canon ou au fusil. **3.** ARCHI Ouverture pratiquée dans un mur de soutènement pour permettre l'écoulement des eaux. – De *canon* 1.

canope [kanɔp] n. m. ANTIQ Vase employé par les Égyptiens et les Étrusques pour recevoir les viscères des morts momifiés. *Les canopes égyptiens étaient habituellement au nombre de quatre et leurs couvercles figuraient les bustes des quatre fils d'Osiris* (un homme, un cynocéphale, un épervier, un chacal). – Lat. *Canopus,* nom d'un héros de la myth. gr., éponyme d'une ville de l'Égypte ancienne.

canot [kano] n. m. **1.** Embarcation de forme allongée et à extrémités relevées, légère et portative, mue à la pagaie. *D'origine amérindienne, les canots d'autrefois étaient général. faits de morceaux d'écorce cousus ensemble à un cadre de bois, parfois creusés à même le tronc d'un arbre; de nos jours, ils sont faits surtout de matières synthétiques. Canot d'écorce, de bois, d'aluminium, de fibre de verre. Petit, grand canot. Flottille de canots. Course de canots sur les glaces.* «Le petit canot de chasse, le canot si versant était là, échoué, qui se berçait sans amarres, parmi les joncs au soleil.» (Germaine Guèvremont, *En pleine terre,* 1942.) Rem. En France, *canot* désigne plutôt une chaloupe (sens 2). ▷ *Canot de sauvetage:* embarcation insubmersible, destinée à évacuer les passagers d'un navire en détresse. *Canot pneumatique:* embarcation gonflable, en toile caoutchoutée. **2.** *Par ext.* Action de naviguer en canot; *spécial.,* le sport qui en est résulté. *Faire du canot.* **3.** Fig., fam. ou plaisant Syn. de *chaloupe* (sens 3). – Esp. *canoa,* du caraïbe des Antilles *canaoa.*

ENCYCL Le *canot algonkien* était fait de pièces d'écorce de bouleau cousues au moyen de racines et gommées avec de la résine d'épinette. La structure en était extrêmement légère. Longs de 5 mètres environ, ces canots pouvaient tenir une charge de 500 kilos; très maniables, ils étaient considérés comme plus sûrs et généralement plus rapides que les navires européens du XVIIe siècle; légers, ils pouvaient être portés par un seul homme. Le *canot iroquoien,* ouvrage assez grossier, fait d'écorce d'orme et d'une structure plus lourde, n'offrait pas les qualités de maniabilité et de rapidité du canot algonkien. Le *canot des «voyageurs»,* utilisé au XVIIIe et au XIXe siècle dans le commerce des fourrures, était construit sur le modèle du canot algonkien. Plus grand toutefois (environ 10 mètres de longueur), il portait des charges considérables.

canotable [kanɔtabl] adj. Qui se prête au canotage. *Rivière canotable.* – De *canoter.*

canotage [kanɔtaʒ] n. m. Action de canoter. – De *canoter.*

canoter [kanɔte] v. intr. [1] Naviguer en canot. «[...] ils reviennent d'un voyage de deux et trois ans, après avoir canoté jusqu'au fond du lac Supérieur et du lac Michigan [...].» (Lionel Groulx, *Notre maître, le passé,* 1944.) – *Spécial.* Faire du canot (en tant qu'activité sportive). «Poussez votre vélo dans les sentiers du parc de la Gatineau, nagez, canotez, skiez ou faites de la voile.» (*La Presse,* août 1979.) – De *canot.*

canoteur, euse [kanɔtœʀ, øz] n. Personne qui canote. «C'est le temps où, moyennant la permission de cueillir en chemin quelques peaux de castor, d'audacieux canoteurs conquéraient, à simple coups d'aviron, l'Amérique à la France.» (Lionel Groulx, *Notre grande aventure,* 1958.) Rem. Rare au fém. – De *canoter.*

canotier [kanɔtje] n. m. **1.** Anc. Homme dont le métier consistait à conduire des canots. «[...] je médite [...] sur les eaux contenues et assagies du million de lacs de mon Québec... Les hardis Voyageurs et canotiers de mon pays ont bravé, nommé tout cela.» (Félix-Antoine Savard, *Carnet du soir intérieur,* 1979.) **2.** Chapeau de paille à bords et à fond plats. – De *canot.*

canqueter [kɑ̃kte] v. intr. [23] Pousser son cri, en parlant de la cane. – De *cane.*

canson [kɑ̃sɔ̃] n. m. Papier fort pour le dessin, le lavis, l'aquarelle. – Du nom du fabricant.

cantabile [kɑ̃tabile] n. m. MUS Moment ou phrase musicale au mouvement lent, ample et mélodieux. ▷ Adv. *Jouer cantabile.* – Mot ital., du lat. *cantabilis,* «digne d'être chanté».

cantal [kɑ̃tal] n. m. Fromage de lait de vache à pâte ferme, émiettée puis pressée. – Du n. du département français.

cantaloup [kɑ̃talu] n. m. Melon à côtes rugueuses et à chair rouge-orangé. – De *Cantalupo,* villa des papes, aux environs de Rome, où ce melon était cultivé.

cantate [kɑ̃tat] n. f. Pièce musicale à caractère lyrique, d'inspiration profane ou religieuse, composée pour une ou plusieurs voix avec accompagnement d'orchestre. – Ital. *cantata,* «ce qui se chante», de *cantare,* «chanter».

cantatrice [kɑ̃tatʀis] n. f. Chanteuse de profession dont l'art et le métier requièrent une éducation musicale et des possibilités vocales particulières; essent. chanteuse de chant classique et d'opéra. – Mot ital. «chanteuse»; lat. *cantatrix.*

canter [kɑ̃tɛʀ] n. m. TURF Galop d'essai. – Mot angl.

canthare [kɑ̃taʀ] n. m. ANTIQ Vase à boire à deux grandes anses, plus hautes que le rebord. – Lat. *cantharus,* gr. *kantharos.*

cantharide [kɑ̃taʀid] n. f. **1.** Coléoptère (fam. cantharididés, genre *Lytta*), de couleur vert métallique, long de 2 cm, appelé aussi *mouche d'Espagne.* **2.** MED Préparation à base de cantharides séchées et pilées, utilisée autref. comme aphrodisiaque et abortif. – Lat. *cantharis*, gr. *kantharis*.

cantharididés [kɑ̃taʀidide] n. m. pl. Famille de coléoptères (méloés et cantharides) caractérisés par une tête large, un abdomen mou et des élytres. – De *cantharide*.

cantharidine [kɑ̃taʀidin] n. f. CHIM Alcaloïde vésicant et aphrodisiaque, toxique pour l'appareil rénal et urogénital, que l'on tirait de la poudre de cantharide. – De *cantharide*, et *-ine*.

cantilène [kɑ̃tilɛn] n. f. **1.** Mélodie douce et mélancolique. ▷ MUS Chant profane, d'un style généralement simple. *La cantilène sacrée est appelée «motet».* **2.** LITTER Complainte, récit lyrique et épique médiéval d'un martyre, d'un événement malheureux. *La Cantilène de sainte Eulalie* (premier poème en français, v. 880). – Ital. *cantilena*, mot lat. «chanson».

cantilever [kɑ̃tiləvɛ(œ)ʀ] adj. (et n. m.) Suspendu en porte à faux, sans haubanage. ▷ TRAV PUBL *Poutre cantilever:* poutre utilisée dans la construction de certains ponts, dont la partie centrale repose sur les extrémités de deux poutres consoles latérales. *Pont cantilever.* ▷ AVIAT *Aile cantilever*, qui ne relie au fuselage ni mât ni hauban. – Mot angl., de *cant*, «rebord», et *lever*, «levier».

cantine [kɑ̃tin] n. f. Service chargé de préparer et de servir les repas pour les militaires et pour certains groupes de travailleurs; local, souvent improvisé, où ces repas sont servis. – *Cantine mobile:* service de restauration rapide assuré par un petit camion spécial. aménagé qui fait la tournée de chantiers de construction, de garages, etc. à l'heure de la pause, des repas. – Ital. *cantina*, «cave», de *canto*, «coin, réserve».

cantinier, ière [kɑ̃tinje, jɛʀ] n. Personne qui tient, qui gère une cantine; serveur, serveuse dans une cantine. – De *cantine*.

cantique [kɑ̃tik] n. m. **1.** Chant religieux de forme analogue à celle des psaumes. ▷ Chant religieux en langue vulgaire (et non en latin). **2.** Chez les protestants, tout chant religieux autre que les psaumes. – Lat. ecclés. *canticum*, «chant religieux».

canton [kɑ̃tɔ̃] n. m. **1.** Vx Portion d'un territoire. ▷ Mod. Unité territoriale, général. de forme rectangulaire, relevant d'un mode de division du territoire instauré à la fin du XVIIIe s. dans le but d'accorder à des particuliers des terres publiques libres de toute redevance. – *Les Cantons-de-l'Est:* nom historique et cour. d'une région ayant pour centre la ville de Sherbrooke, située entre le fleuve Saint-Laurent et la frontière américaine. *La région des Cantons-de-l'Est correspond en bonne partie à la région administrative de l'Estrie.* ▷ En France, portion de route ou de voie ferrée dont l'entretien incombe à un ou plusieurs cantonniers. **2.** En France, subdivision administrative d'un arr. **3.** Chacun des 23 États de la Confédération helvétique. *Le chef-lieu du canton de Vaud est Lausanne.* – Anc. provenç. *canton*, «coin, angle».

cantonade [kɑ̃tɔnad] n. f. Côté de la scène au-delà duquel se trouvent les coulisses. ▷ Loc. *Parler à la cantonade:* parler à un personnage qui est supposé être dans les coulisses. – *Par ext.* Parler sans s'adresser à un interlocuteur précis. – Provenç. *cantonada*, «coin de rue».

cantonal, ale, aux [kɑ̃tɔnal, o] adj. Qui appartient, qui a rapport au canton (sens 2). *Un délégué cantonal. Les élections cantonales.* ▷ N. f. *Les cantonales.* – De *canton*.

cantonnement [kɑ̃tɔnmɑ̃] n. m. **1.** Installation temporaire de troupes de passage dans une localité; localité où des troupes sont cantonnées. **2.** Action de diviser un terrain en parcelles délimitées; chacune de ces parcelles. **3.** MED VET *Cantonnement des animaux malades*, leur mise à l'écart dans un enclos; cet enclos. – De *canton*.

cantonner [kɑ̃tɔne] **I.** v. tr. **[1] 1.** Établir (des troupes) dans une localité. **2.** Isoler (animaux). *Il a fallu cantonner les bêtes contagieuses.* **II.** v. pron. **1.** Se renfermer, s'isoler. *Il se cantonne chez lui depuis quelques jours.* **2.** Fig. Se spécialiser étroitement dans, se limiter, se borner à. *Il s'est cantonné jusqu'à présent dans les études théoriques.* – De *canton*.

cantonnier [kɑ̃tɔnje] n. m. Ouvrier qui s'occupe de l'entretien d'une portion de route ou de voie ferrée. – De *canton*.

cantonnière [kɑ̃tɔnjɛʀ] n. f. Bande d'étoffe formant encadrement autour d'une porte ou d'une fenêtre. – De *canton*, «coin».

canulant, ante [kanylɑ̃, ɑ̃t] adj. Fam. Ennuyeux. – Ppr. de *canuler*.

canular ou **canulard** [kanylaʀ] n. m. **1.** Mystification. **2.** *Par ext.* Plaisanterie, farce. – De *canuler*.

canule [kanyl] n. f. Petit tube rigide que l'on introduit dans une cavité du corps, par voie naturelle ou artificielle, de façon à assurer une communication facile entre l'extérieur et cette cavité *(canule trachéale)*, à y introduire un liquide *(canule à lavement)*, ou à drainer des liquides pathologiques qu'elle contient *(canule urétrale, vaginale)*. – Lat. *cannula*, dim. de *canna*, «tuyau».

canuler [kanyle] v. tr. **[1]** Pop. Importuner, ennuyer. – De *canule*.

canut, use [kany, yz] n. (rare au f.). Ouvrier de la soie, dans la région de Lyon en France. – P.-ê. de *canne*, «bobine de fil».

canyon. V. cañon.

canzone [kanzɔne] n. f. Pièce italienne de poésie lyrique divisée en strophes égales et terminée par une strophe plus courte. *Des canzoni* ou *canzones*. – Ital. *canzone*, du lat. *cantare*, «chanter».

caodaïsme [kaɔdaism] n. m. Religion syncrétique vietnamienne. – Du vietnamien *Cao Daï*, «Être suprême».

caoua [kawa] n. m. Pop. Café (boisson). – Mot ar.

caouanne ou **caouane** [kawan] n. f. Caret* (tortue). – Esp. *caouana*, d'une langue d'Amérique du S.

caoutchouc [kautʃu] n. m. **I. 1.** Substance élastique provenant du traitement du latex de certains végétaux *(caoutchouc naturel)* ou du traitement d'hydrocarbures diéthyléniques ou éthyléniques *(caoutchouc synthétique). Gants en caoutchouc.* **2.** Vêtement imperméable en tissu caoutchouté. *Prenez un caoutchouc pour le cas où il pleuvrait.* – *Des caoutchoucs:* des chaussures imperméables. **3.** Bracelet élastique en caoutchouc. **II.** Plante d'appartement *(Ficus elastica)*. – D'un mot indien du Pérou, *caucho*.

caoutchouté, ée [kautʃute] adj. Enduit de caoutchouc. – Pp. de *caoutchouter*.

caoutchouter [kautʃute] v. tr. **[1]** Enduire de caoutchouc. – De *caoutchouc*.

caoutchouteux, euse [kautʃutø, øz] adj. Qui a la consistance du caoutchouc. *Un fromage caoutchouteux.* – De *caoutchouc*.

cap [kap] n. m. **I.** Vx Tête. ▷ Mod. Loc. *De pied en cap:* des pieds à la tête. *Être équipé de pied en cap.* **II. 1.** GEOGR Partie d'une côte, souvent élevée, qui s'avance dans la mer. *Le cap Horn. Doubler, passer, franchir un cap.* ▷ Fig. *Passer, franchir un cap*, une limite, une étape. *Passer le cap de la cinquantaine*, des cinquante ans. – *Franchir le cap des deux millions de chiffre d'affaires.* **2.** Direction d'un navire ou d'un aéronef, définie par l'angle formé par l'axe longitudinal de l'appareil et la direction du Nord. *Cap vrai, cap magnétique, cap compas.* – Provenç. *cap,* «tête», lat. *caput.*

capable [kapabl] adj. **1.** Qui est susceptible d'avoir (une qualité), de faire (une chose). *Il est capable de gentillesse. Capable d'un mauvais coup. Il est capable de tout,* des pires excès pour arriver à ses fins. ▷ *Capable de* (+ inf.): qui est à même de, qui est apte à. *Capable de réussir. Il est capable de comprendre s'il veut s'en donner la peine.* ▷ (S. comp.). *Un homme très capable,* habile, compétent. **2.** DR Qui a les qualités requises par la loi pour. *Capable de tester, de voter.* **3.** GEOM *Arc capable:* ensemble des points d'où l'on voit la corde d'un arc de cercle sous un angle donné. – Lat. *capabilis,* de *capere,* «contenir, être susceptible de».

capacimètre [kapasimɛtʀ] n. m. ELECTR Appareil servant à mesurer la capacité des condensateurs. – De *capaci(té),* et *-mètre.*

capacitance [kapasitɑ̃s] n. f. ELECTR Réactance d'un condensateur au passage d'un courant alternatif sinoïdal. – De *capaci(té),* et *(résis)tance.*

capacité [kapasite] n. f. **I. 1.** Contenance d'un récipient ; volume. *La capacité d'un vase. Mesures de capacité.* **2.** ELECTR Rapport (exprimé en farads) entre la quantité d'électricité qu'un corps ou un condensateur peuvent emmagasiner et la tension qui leur a été appliquée. – *Capacité d'un accumulateur:* quantité d'électricité (exprimée en ampères-heure) que cet accumulateur peut rendre jusqu'à décharge complète. **3.** PHYS *Capacité calorifique* ou *thermique d'un corps:* quantité de chaleur nécessaire pour élever sa température de 1 °C. **II. 1.** Aptitude, habileté. *Il n'a aucune capacité pour ce travail.* ▷ (S. comp., plur.). *Elle a des capacités réduites.* **2.** Pouvoir (de faire). *La capacité d'écouter les autres.* **3.** DR Compétence légale. *Capacité de tester, de voter.* – Lat. *capacitas,* de *capax,* «qui peut contenir».

caparaçon [kapaʀasɔ̃] n. m. Anc. Harnachement d'ornement ou de protection d'un cheval de bataille. – Esp. *caparazón,* p.-ê. de *capa,* «manteau».

caparaçonner [kapaʀasɔne] v. tr. [1] Couvrir d'un caparaçon. – De *caparaçon.*

1. cape [kap] n. f. Manteau ample et sans manche. – *Roman, film de cape et d'épée:* roman, film d'aventures, dont l'action est située à une époque où l'on portait la cape et l'épée, et qui met en scène des héros chevaleresques, batailleurs et généreux. ▷ Loc. fig. *Sous cape:* à la dérobée, en cachette. *Rire sous cape.* – Ital. *cappa,* «grand manteau à capuchon».

2. cape [kap] n. f. MAR Allure d'un voilier qui fait tête au vent en dérivant, d'un navire à moteur qui réduit sa vitesse et prend le meilleur cap pour être protégé du choc des lames (manœuvre de gros temps). *Prendre la cape, se mettre à la cape.* ▷ *Voile de cape,* très résistante et de surface réduite, utilisée pour tenir la cape. – De *cape* 1.

capéer [kapee] ou **capeyer** [kapeje] v. intr. [1] MAR Tenir la cape. – De *cape* 2.

capelage [kaplaʒ] n. m. MAR Boucle de cordage qui entoure un espar. – Ensemble des boucles des haubans entourant la tête d'un mât. – De *capeler.*

capelan ou **caplan** [kaplɑ̃] n. m. **1.** Petit poisson marin argenté (*Mallotus villosus,* fam. salmonidés), apparenté à l'éperlan, qui vient frayer près des côtes, mais ne s'aventure pas en eau douce. *Le caplan a donné son nom à un village québécois de la Baie-des-Chaleurs.* **2.** En France, nom cour. de deux poissons du genre *Gadus* (V. morue) vendus séchés et fumés. – Provenç. *capelan,* «chapelain».

capeler [kaple] v. tr. [22] MAR Passer un cordage en boucle autour de. *Capeler une amarre sur une bitte.* – Fig. *Bateau capelé par une déferlante. Capeler le caban, le ciré.* – Provenç. *capelar,* «coiffer», de *capel,* «chapeau».

capelet [kaplɛ] n. m. MED VET Hygroma, tumeur de la pointe du boulet. – Mot provenç. «chapelet».

capeline [kaplin] n. f. **1.** Chapeau de femme à bords larges et souples. **2.** Anc. Armure de tête avec couvre-nuque. – Ital. *cappellina,* de *cappello,* «chapeau».

capétien, ienne [kapesjɛ̃, jɛn] adj. et n. Relatif à la dynastie des rois de France que fonda en 987 Hugues Capet. ▷ N. m. *Les Capétiens:* troisième dynastie des rois de France (987-1328); les Valois (1328-1589), puis les Bourbons (1589-1792, 1814-1830) et les Orléans (Louis-Philippe, 1830-1848) succédèrent aux Capétiens directs.

capeyer. V. capéer.

capharnaüm [kafaʀnaɔm] n. m. Fam. Lieu qui renferme beaucoup d'objets entassés pêle-mêle, endroit en désordre. *Tu t'y retrouves dans ton capharnaüm?* – N. du village palestinien de *Capharnaüm,* ville frontière et ville marché très animée.

cap-hornier [kapɔʀnje] n. m. **1.** Grand voilier dont la route passait au large du cap Horn. **2.** Marin d'un tel voilier. *Les anciens caphorniers.* – De *cap Horn,* promontoire du Chili.

1. capillaire [kapilɛʀ] adj. **1.** Relatif aux cheveux. *Lotion capillaire. Soins capillaires.* **2.** Fin comme un cheveu. *Tube capillaire,* très fin, très ténu. ▷ ANAT *Vaisseaux capillaires:* vaisseaux sanguins très fins, organisés en réseaux complexes entre les artérioles et les veinules dans tous les tissus. *C'est au niveau des vaisseaux capillaires que s'effectuent les échanges gazeux et nutritifs et l'élimination des déchets.* ▷ N. m. *Les capillaires.* **3.** PHYS Relatif aux phénomènes de capillarité. – Lat. *capillaris,* de *capillus,* «cheveu».

2. capillaire [kapilɛʀ] n. m. Fougère polypodiacée à pétioles longs et grêles, à feuilles très découpées (ex.: *Adiantum capillus veneris:* le cheveu-de-Vénus). – V. capillaire 1.

capillarite [kapilaʀit] n. f. MED Lésion des vaisseaux capillaires cutanés. – De *capillaire* 1, et *-ite* 1.

capillarité [kapilaʀite] n. f. **1.** Qualité, état de ce qui est capillaire. **2.** Propriété des tubes capillaires. **3.** Phénomène d'ascension des liquides dans les tubes fins, dû à la tension superficielle entre des milieux de natures différentes. – De *capillaire* 1.

capilotade [kapilɔtad] n. f. **1.** Vieilli Ragoût fait de restes de viandes coupés en petits morceaux. **2.** Fig., fam. *Mettre en capilotade:* mettre en pièces, écraser. *Il a menacé de le mettre en capilotade s'il ne se taisait pas.* – P.-ê. de l'esp. *capirotada,* «ragoût aux câpres».

capitaine [kapitɛn] n. m. **1.** Officier subalterne dont le grade se situe entre celui de lieutenant et celui de major, dans la hiérarchie militaire. **2.** Officier commandant un navire de commerce. – *Capitaine d'un port.* ▷ Cour. Commandant d'un navire. *Le capitaine, seul maître à bord après Dieu.* **3.** Litt. Chef militaire. *Alexandre et Napoléon furent de grands capitaines.* **4.** Chef d'une équipe sportive. (Rem.: Comme forme féminine, l'OLF recommande *une capitaine.*) – Bas lat. *capitaneus,* de *caput,* «tête».

capitainerie [kapitɛnʀi] n. f. Bureau du capitaine d'un port. – De *capitaine.*

1. capital, ale, aux [kapital, o] adj. et n. f. **I.** adj. **1.** Principal, essentiel. *Le point capital de cette affaire. Une découverte capitale. Les sept péchés capitaux.* – Vx *Ville capitale.* **2.** *Peine capitale:* la peine de mort. **II.** n. f. **1.** Ville où siègent les pouvoirs publics d'un État. *La ville de Québec, capitale du Québec.* – *Capitale fédérale,* où siège le gouvernement d'une fédération d'États. *Ottawa est la capitale fédérale du*

Canada. V. encycl. **2.** Lettre majuscule. *Écrire en capitales d'imprimerie.* – Lat. *capitalis,* de *caput,* «tête».
ENCYCL **Québec.** Depuis sa fondation par Champlain en 1608, Québec a presque toujours été le siège des autorités supérieures. Quand la Nouvelle-France s'étendait du Labrador à la Louisiane et se divisait en plusieurs gouvernements, celui de Québec était le siège de pouvoirs civil, militaire, économique et religieux. «...elle est, écrivait Frontenac en 1673, la première du pays et (on) doit essayer de la rendre digne de la qualité qu'un jour elle portera sans doute de capitale d'un grand empire.» Pendant que l'armée anglaise occupe le Canada, après la capitulation de 1760, le gouverneur s'installe à Québec. Il y établit son Conseil exécutif (1764) puis son Conseil législatif (1774). En 1792, Québec accueille les députés du Bas-Canada et Newark (Niagara-on-the-Lake), ceux du Haut-Canada. Après la Rébellion de 1837-1838, le Conseil spécial siège aussi à Québec mais, après l'union du Haut et du Bas-Canada, Québec perd son statut de capitale au profit de Kingston (1841-1844) et de Montréal (1845-1849). Puis, devant la difficulté d'établir un consensus, le Parlement siège alternativement à Québec et à Toronto. En 1857, malgré les pressions des autorités municipales de Québec auprès de la reine Victoria, cette dernière choisit Ottawa comme capitale des Canadas-Unis. Le Parlement siège temporairement à Québec (1859-1865) avant de s'installer à Ottawa en 1866. L'année suivante, la Confédération transforme Ottawa en capitale fédérale tandis que Québec devient capitale provinciale, même si Montréal est déjà une ville beaucoup plus développée et qu'elle s'impose comme pôle d'attraction des immigrants. Québec demeure encore le siège des hautes autorités religieuses et intellectuelles mais le pouvoir économique se concentre à Montréal. La population anglophone de Québec diminue tandis que Montréal devient cosmopolite. Telle est la toile de fond d'une certaine rivalité entre Montréal, la métropole connue internationalement, et Québec, la «vieille capitale» qui fait partie du patrimoine mondial.
Ottawa. Au milieu des années 1850, le choix du «siège» permanent du gouvernement suscite des débats acrimonieux au Parlement des Canadas-Unis. En avril 1856, les députés choisissent Québec mais le Conseil législatif bloque les crédits proposés pour y construire des édifices permanents. Devant l'impasse, le gouverneur général propose de demander conseil à la reine Victoria à qui il recommande Ottawa, même si ce n'est qu'une ville de «8 000 ou 10 000 habitants qui ne sont pas ce qu'il y a de mieux». Le choix de la reine, en 1857, ne fait pas l'unanimité. Lorsque les Pères de la Confédération se réunissent en 1864, la question du siège du gouvernement fédéral est réévaluée mais les sommes déjà investies dans la construction des édifices parlementaires assurent l'avenir d'Ottawa. Longtemps, la ville s'est développée autour de la colline parlementaire avec les ministères, les organismes gouvernementaux, les organismes de recherche, les ambassades ainsi qu'une foule d'institutions nationales et internationales. En 1959, les autorités fédérales créaient la Commission de la capitale nationale, chargée de préparer des plans d'aménagement, de conservation et d'embellissement. Aujourd'hui, la capitale enjambe la rivière Outaouais et déborde légèrement dans la ville de Hull.

2. capital, aux [kapital, o] n. m. **1.** Cour. Bien, fortune. *Avoir un petit capital. – Manger son capital:* se ruiner. ▷ Fig. *Le capital historique du Canada.* **2.** ECON POLIT Somme de richesses produisant d'autres richesses. **3.** Ensemble des moyens (financiers et techniques) dont dispose une entreprise industrielle ou commerciale. *Évaluer le capital réel d'une société.* ▷ *Capital nominal* ou *social:* somme des apports initiaux contractuels des actionnaires qui constituent une société. **4.** POLIT (collectif). Ceux qui détiennent les moyens de production, les capitalistes; le capitalisme. *Prôner l'union du capital et du travail,* de la bourgeoisie et du prolétariat. **5.** FIN *Spécial.* n. m. pl. Moyens financiers dont dispose une entreprise ou un particulier pour investir. *La fuite des capitaux à l'étranger. Réunir, investir des capitaux. Manquer de capitaux.* ▷ *Capitaux fixes* (biens meubles et immeubles), *circulants* (liquidités destinées à recouvrir des traites, à payer les salaires). *Capitaux propres:* sommes investies dans une entreprise, augmentées des bénéfices réalisés et non distribués. *Capitaux permanents:* capitaux propres et dettes à long et moyen terme. – De *capital.*

capitalisable [kapitalizabl] adj. Qui peut être capitalisé. – De *capital* 2.

capitalisation [kapitalizasjõ] n. f. Action de capitaliser ; son résultat. – De *capital* 2.

capitaliser [kapitalize] **1.** v. intr. [1] Cour. Accumuler de l'argent pour constituer ou augmenter un capital. **2.** v. tr. ECON Accroître un capital par l'addition (des intérêts qu'il procure). – De *capital* 2.

capitalisme [kapitalism] n. m. **1.** Régime économique fondé sur la primauté des détenteurs de capitaux dans l'entreprise. *L'essor du capitalisme au XIXe s.* **2.** *Par ext.* Régime politique dans lequel le pouvoir est dépendant du détenteur de capitaux. *Un agent à la solde du capitalisme.* – De *capital* 2.

capitaliste [kapitalist] adj. et n. **1.** adj. Qui a rapport au capitalisme. *Régime capitaliste.* **2.** n. Celui, celle qui détient des capitaux, ou (fam.) qui est riche. *Un gros capitaliste.* – De *capital* 2.

capitan [kapitã] n. m. Personnage traditionnel de l'anc. comédie italienne, vantard et ridicule. ▷ *Par ext.,* vx Vantard, fanfaron. – Ital. *capitano.*

capitation [kapitasjõ] n. f. **1.** FEOD En France, taxe par tête, abolie en 1789. **2.** Somme d'argent que le paroissien verse chaque année à la fabrique de sa paroisse. *Payer sa capitation.* – Bas lat. *capitatio,* «impôt par tête».

capité, ée [kapite] adj. BOT Se dit d'un organe renflé au sommet. – Du lat. *caput,* «tête».

capiteux, euse [kapitø, øz] adj. Qui porte à la tête, qui enivre. *Vin, parfum capiteux.* – Ital. *capitoso,* «obstiné», du lat. *caput,* «tête».

capitolin, ine [kapitɔlɛ̃, in] adj. ANTIQ Du Capitole. *Jeux capitolins. Jupiter capitolin.* – Lat. *capitolinus,* de *Capitolium,* une des sept collines de Rome.

capiton [kapitõ] n. m. **1.** Bourre de soie. **2.** Rembourrage piqué à intervalles réguliers (formant souvent des losanges) ; chacun de ces losanges. – Ital. *capitone,* «grosse tête».

capitonnage [kapitɔnaʒ] n. m. Action de capitonner; garniture capitonnée. – De *capitonner.*

capitonner [kapitɔne] v. tr. [1] Rembourrer, garnir de capiton. *Capitonner les murs d'une salle de concert. Un siège capitonné. Une porte capitonnée.* – De *capiton.*

capitulaire [kapitylɛʀ] adj. et n. **1.** adj. Qui appartient à un chapitre de chanoines ou de religieux. *Salle capitulaire.* **2.** n. m. Loi édictée par un roi, un empereur mérovingien ou carolingien. – Lat. médiév. *capitularis,* de *capitulum,* «chapitre».

capitulairement [kapitylɛʀmɑ̃] adv. RELIG En chapitre. – De *capitulaire.*

capitulard, arde [kapitylaʀ, aʀd] adj. et n. Péjor. Partisan de la capitulation ; lâche. – De *capituler,* et suff. *-ard.*

capitulation [kapitylasjõ] n. f. **1.** DR INTERN Convention, traité entre États. **2.** MILIT Convention pour la reddition d'une place, d'une troupe. *Signer une capitulation.* **3.** Fig. Le fait de composer avec un adversaire, de céder. – De *capituler.*

capitulations [kapitylasjõ] n. f. pl. HIST Conventions réglant le statut des étrangers chrétiens, notam. dans l'Empire ottoman (1569-1923), en Iran et dans divers pays d'Extrême-Orient. – De *capituler.*

capitule [kapityl] n. m. BOT Inflorescence formée de très nombreuses fleurs sessiles fixées sur un renflement terminal de l'axe floral. *Capitules des composées.* – Lat. *capitulum,* «petite tête».

capituler [kapityle] v. intr. [1] **1.** Traiter avec l'ennemi la reddition d'une place, d'une ville, d'une armée. **2.** Fig. Venir à composition, céder. – Lat. médiév. *capitulare,* «faire une convention».

capoc. V. kapok.

capodastre [kapɔdastʀ] n. m. MUS Dispositif que l'on fixe sur le manche d'une guitare, et qui, pressant toutes les cordes, permet d'obtenir par leur raccourcissement une transposition mécanique. – P.-ê. de l'esp. ou de l'ital. *capotasto.*

capon, onne [kapõ, ɔn] adj. (et n.). Fam., vieilli Lâche. – Ital. *accapone,* orig. incon.

caponnière [kapɔnjɛʀ] n. f. Chemin qui, dans une enceinte fortifiée, traverse le fossé à sec. – Ital. *capponiere,* esp. *caponera,* «cage à chapons».

caporal, aux [kapɔʀal, o] n. m. **1.** Militaire qui a le grade le moins élevé, dans l'infanterie et l'aviation. – *Caporal-chef:* militaire du grade supérieur à celui de caporal et inférieur à celui de sergent. (Rem.: Comme forme féminine, l'OLF recommande *une caporale.*) **2.** Tabac fort, à fumer. *Du caporal supérieur.* – Ital. *caporale,* de *capo,* «tête».

caporaliser [kapɔʀalize] v. tr. [1] Rare Imposer le caporalisme. – De *caporalisme.*

caporalisme [kapɔʀalism] n. m. Régime politique autoritaire, manière de conduire un État militairement. *Le caporalisme prussien de Bismarck.* – De *caporal.*

1. capot [kapo] n. m. **1.** Vieilli ou tradit. Grand pardessus pour homme, en étoffe ou en fourrure. *Capot d'hiver. Capot de poil, de chat*.* ▷ Loc. fam. *En avoir plein son capot:* en avoir assez, en avoir plein le dos. – *Virer, revirer son capot (de bord), tourner (son) capot:* changer de parti politique, changer d'opinion. «T'es rouge, t'es rouge. On est bleu, on est bleu. Essaye pas de nous faire revirer notre capot.» (Germaine Guèvremont, *Marie-Didace,* 1947.) **2.** MAR Toile de protection. **3.** Partie de la carrosserie (d'une voiture, d'un avion) qui recouvre le moteur. – De *cape* 1.

2. capot [kapo] adj. inv. Se dit d'un joueur qui n'a fait aucune levée aux cartes. *Être capot* ou *faire capot* (en France, *faire capot* signifie «faire toutes les levées, rendre l'adversaire capot»). – Par ext. *Faire capot:* échouer, ou revenir bredouille. «Et dire que les Américains y dépensent des cent piastres, pour v'nir dans l'Nord, faire capot [à la pêche].» (Adolphe Nantel, *Au pays des bûcherons,* 1932.) – Du provenç. *cap,* «tête», ou de *capot* 1, par métaph.

capotage [kapɔtaʒ] n. m. **1.** Disposition de la capote d'une voiture. **2.** Fermeture, protection assurée par un capot. – De *capot* 1.

capote [kapɔt] n. f. **1.** Grand manteau à capuchon. **2.** Grand manteau militaire. **3.** Chapeau de femme. **4.** Couverture d'une voiture qui se plie à la manière d'un soufflet. **5.** Vulg. *Capote (anglaise):* préservatif masculin. – De *capot* 1.

1. capoter [kapɔte] v. tr. [1] Munir d'une capote; fermer au moyen d'une capote. – De *capot* 1.

2. capoter [kapɔte] v. intr. [1] **1.** Se retourner par accident (automobiles, avions). **2.** MAR Chavirer. – De *faire capot,* «chavirer», de *capot* 1.

cappadocien, ienne [kapadɔsjɛ̃, jɛn] adj. et n. De la Cappadoce, région de la Turquie d'Asie.

capparidacées [kapaʀidase] n. f. pl. BOT Famille de plantes dicotylédones dialypétales à grandes fleurs odorantes, où l'ovaire est porté par un pédoncule très long ; plantes épineuses des régions chaudes arides. – Du lat. bot. *capparis,* nom de genre du câprier.

cappella (a). V. a cappella.

câpre [kɑpʀ] n. f. Bouton floral du câprier, qui, confit dans le vinaigre, sert de condiment. – Ital. *cappero,* lat. *capperis,* gr. *kapparis.*

capricant, ante [kapʀikɑ̃, ɑ̃t] adj. Rare Inégal, irrégulier, sautillant. – Du lat. *capra,* «chèvre».

caprice [kapʀis] n. m. **1.** Fantaisie, volonté soudaine et irréfléchie. *Satisfaire les caprices d'un enfant.* **2.** Plur. Changements imprévisibles. *Les caprices de la mode.* **3.** Fantaisie amoureuse. *«Les Caprices de Marianne»,* comédie de Musset. – Ital. *capriccio.*

capricieusement [kapʀisjøzmɑ̃] adv. Par caprice. – De *caprice.*

capricieux, ieuse [kapʀisjø, jøz] adj. et n. **1.** Qui a des caprices, fantasque (personnes). *Une diva capricieuse.* **2.** Irrégulier, dont la forme change (choses). *Les flots capricieux.* – De *caprice.*

capricorne [kapʀikɔʀn] n. m. **1.** ASTRO *Le Capricorne:* constellation zodiacale (et partie du plan de l'écliptique parcourue par le Soleil du 22 décembre au 21 janvier environ). *Tropique du Capricorne:* tropique austral. **2.** Coléoptère aux antennes très longues. *Le capricorne arlequin* (Acrocinus longimanus) *et le capricorne héros* (Cerambyx cerdo), *communs en France, sont des xylophages dangereux pour les charpentes.* – Lat. *capricornus,* de *caper,* «bouc», et *cornu,* «corne».

câprier [kapʀije] n. m. Arbuste épineux *(Capparis spinosa)* des zones périméditerranéennes, à grandes fleurs odorantes, type de la fam. des capparidacées. – De *câpre.*

caprification [kapʀifikasjõ] n. f. HORTIC Procédé consistant à suspendre aux branches des figuiers cultivés des figues sauvages contenant des insectes, qui facilitent la fécondation et hâtent la maturation des fruits. – Du lat. *caprificus,* «figuier à bouc».

caprifoliacées [kapʀifɔljase] n. f. pl. BOT Famille de dicotylédones gamopétales, comprenant le chèvrefeuille *(Lonicera caprifolium),* le sureau, la viorne, la symphorine, etc. – Du lat. *caprifolium,* «chèvrefeuille».

caprimulgiformes (kapʀimylʒifɔʀm] n. m. pl. ZOOL Ordre d'oiseaux comprenant notam. l'engoulevent (genre *Caprimulgus,* fam. caprimulgidés). – Du lat. *caprimulgus,* «sorte de chouette qui tète les chèvres», et *-forme.*

caprin, ine [kapʀɛ̃, in] adj. Qui se rapporte à la chèvre, de la chèvre. *Race caprine.* – Lat. *caprinus,* de *capra,* «chèvre».

caprins [kapʀɛ̃] ou **caprinés** [kapʀine] n. m. pl. ZOOL Sous-famille de bovidés ayant des cornes à grosses côtes transversales (chèvres, bouquetins, chamois, moutons). – De *caprin.*

capselle [kapsɛl] n. f. Crucifère du genre *Capsella.* (*Capsella bursa pastoris,* la bourse-à-pasteur, fréquente le long des chemins, doit son nom à la forme triangulaire de son fruit.) – Lat. *capsella,* «coffret».

capside [kapsid] n. f. MICROB Coque formée de capsomères, qui entoure le matériel génétique (A.D.N. ou A.R.N.) d'un virus. – Du lat. *capsa,* «boîte», et *-ide.*

capsien, ienne [kapsjɛ̃, jɛn] n. m. et adj. PREHIST Faciès culturel (Paléolithique final et Épipaléolithique) reconnu dans plusieurs régions du Maghreb. ▷ Adj. *La culture capsienne.* – De *Capsa,* nom antiq. de Gafsa, v. de Tunisie, proche du site d'El-Mekta où fut découvert le premier gisement.

capsomère [kapsɔmɛʀ] n. m. Élément constitutif de la capside virale. – De *cap(side)* et *-mère.*

capsulage [kapsylaʒ] n. m. Opération qui consiste à fixer une capsule métallique sur le goulot d'une bouteille. – De *capsule.*

capsulaire [kapsylɛʀ] adj. BOT En forme de capsule. – De *capsule.*

capsule [kapsyl] n. f. **1.** ANAT *Capsule articulaire:* enveloppe membraneuse qui entoure une articulation. – *Capsules surrénales:* glandes surrénales. **2.** BOT Fruit sec déhiscent contenant plusieurs graines (des lis, des tulipes, etc.). **3.** MICROB Enveloppe protectrice de certaines bactéries. **4.** CHIM Vase en forme de calotte dont on se sert pour faire évaporer un liquide. **5.** Petit tube de cuivre qui renferme une amorce de poudre fulminante. **6.** Couvercle métallique que l'on applique sur le bouchon ou le goulot d'une bouteille. **7.** Enveloppe soluble de certains médicaments. **8.** *Capsule spatiale:* habitacle hermétique destiné à être satellisé. – Lat. *capsula,* «petite boîte».

capsuler [kapsyle] v. tr. [1] Boucher (une bouteille) avec une capsule. – De *capsule.*

captage [kaptaʒ] n. m. Action de capter (des eaux). – De *capter.*

captal [kaptal] n. m. Au Moyen Âge, dans le Midi de la France, capitaine, seigneur. – Vx mot gascon, du lat. *capitalis,* «qui est à la tête».

captateur, trice [kaptatœʀ, tʀis] n. DR Personne qui se rend coupable de captation. – De *captation.*

captation [kaptasjõ] n. f. DR Manœuvre malhonnête destinée à amener quelqu'un à consentir à une donation, un legs. – Lat. *captatio.*

captatoire [kaptatwaʀ] adj. Qui se rapporte à la captation. – Du préc.

capter [kapte] v. tr. [1] **1.** Obtenir par insinuation, par artifice. *Capter la confiance de quelqu'un.* **2.** Recueillir, canaliser (des eaux). *Capter les eaux d'une source.* **3.** Recevoir (une émission radioélectrique) sur un poste récepteur. **4.** PHYS NUCL *Atome qui capte un électron,* qui l'intègre à sa couche périphérique. – Lat. *captare,* «essayer de prendre».

capteur [kaptœʀ] n. m. TECH Organe capable de détecter un phénomène (bruit, lumière, etc.) à sa source et d'envoyer l'information vers un système plus complexe (calculateur en temps réel, par ex.). – De *capter.*

captieusement [kapsjøzmɑ̃] adv. Litt. D'une manière captieuse. – De *captieux.*

captieux, ieuse [kapsjø, jøz] adj. Litt. Qui tend à tromper, à surprendre par de fausses apparences ; insidieux. *Discours captieux.* – Lat. *captiosus,* de *capere,* «prendre».

captif, ive [kaptif, iv] adj. et n. **1.** Privé de la liberté, emprisonné, enfermé. *Un oiseau captif.* ▷ Subst. *Un captif, une captive:* une personne privée de sa liberté et, *spécial.,* faite prisonnière au cours d'une guerre et réduite en esclavage. **2.** *Ballon captif:* aérostat retenu au sol par un câble. **3.** Litt. Assujetti. – Lat. *captivus,* de *capere,* «prendre».

captivant, ante [kaptivɑ̃, ɑ̃t] adj. Qui captive, qui charme. *Un livre captivant.* – Ppr. de *captiver.*

captiver [kaptive] v. tr. [1] **1.** Vx Soumettre. **2.** Attirer et retenir l'attention de ; séduire, charmer. *Cette histoire m'a captivé.* – Bas lat. *captivare.*

captivité [kaptivite] n. f. État d'une personne captive. *Vivre en captivité.* – De *captif.*

captorhinomorphes [kaptɔʀinɔmɔʀf] n. m. pl. ZOOL Ordre de reptiles fossiles, infra-classe des *Captorhina* (du Carbonifère au Permien), qui constituent la souche des reptiles évolués actuels. – Du lat. *captare,* de *-rhino* et de *morphe.*

capture [kaptyʀ] n. f. **1.** Le fait de capturer. *La capture d'un animal, d'un criminel.* ▷ PHYS *Capture d'une particule,* par le noyau d'un atome. ▷ GEOGR *Capture d'un cours d'eau par un autre:* détournement naturel du premier vers le lit du second. **2.** Ce qui a été pris. – Lat. *captura,* de *capere,* «prendre».

capturer [kaptyʀe] v. tr. [1] **1.** Prendre vivant (un être humain, un animal). *Capturer un lion.* – Par anal. *Capturer un navire ennemi.* **2.** PHYS En parlant du noyau d'un atome: absorber (une particule). – De *capture.*

capuce [kapys] n. m. Capuchon de moine. – Ital. *cappuccio.*

capuche [kapyʃ] n. f. **1.** Capuchon à collerette. **2.** Capuchon amovible d'un vêtement. – Var. de *capuce.*

capuchon [kapyʃõ] n. m. **1.** Grand bonnet fixé à une veste, un manteau, etc., qui peut se rabattre sur la tête. *Capuchon d'un anorak.* **2.** *Capuchon de stylo:* tube fermé qui protège la plume, la bille. – De *capuce,* p.-ê. avec l'infl. de l'ital. *cappuccio.*

capuchonner [kapyʃɔne] v. tr. [1] Couvrir d'un capuchon. – De *capuchon.*

capucin, ine [kapysɛ̃, in] n. **1.** Religieux d'un rameau de l'ordre des Franciscains. *Les Capucins luttèrent activement contre le protestantisme.* **2.** BOT *Barbe-de-capucin:* chicorée sauvage. **3.** ZOOL Nom de divers singes d'Amérique du Sud (sajou, saki, saï, etc.). – Ital. *cappucino,* «porteur de capuce».

capucine [kapysin] n. f. **1.** Plante d'ornement (*Tropœolum,* fam. tropéolacées), à fleurs jaunes et rouges ; cette fleur. **2.** Célèbre ronde enfantine. *Danser la capucine.* – De *capucin.*

caque [kak] n. f. Baril ou l'on met les harengs salés. – Prov. *La caque sent toujours le hareng:* on se ressent toujours de son origine. – De *caquer.*

caquelon [kakəlõ] n. m. Poêlon profond en terre ou en fonte. – Alsacien *kakel,* «casserole en terre».

caquer [kake] v. tr. [1] Préparer (le poisson) pour le mettre en caque ; mettre en caque. – Du néerl. *kaken,* «ôter les ouïes».

caquet [kakɛ] n. m. **1.** Gloussement de la poule qui vient de pondre. **2.** Fig. Bavardage importun. **3.** *Rabaisser, rabattre le caquet de qqn:* faire tomber sa jactance. – De *caqueter.*

caquetage [kaktaʒ] n. m. **1.** Action de caqueter, de bavarder. **2.** Bavardage, commérage. – De *caqueter.*

caqueter [kakte] v. intr. [23] **1.** Glousser après avoir pondu (poules). **2.** Fig. Bavarder à tort et à travers. – Onomat.

1. car [kaʀ] conj. de coordination. (Pour indiquer que l'on va énoncer la cause, la preuve, la raison de ce que l'on vient de formuler.) *Elle n'est pas sortie, car il pleuvait.* – Lat. *quare,* «c'est pourquoi».

2. car [kaʀ] n. m. Autocar. – Abrév. de *autocar.*

carabe [kaʀab] n. m. Coléoptère (genre *Carabus*) généralement noir à reflets métalliques, au corps allongé muni de grandes pattes agiles. (De nombreuses espèces françaises sont des carnassiers utiles.) – Gr. *karabos.*

carabin [kaʀabɛ̃] n. m. HIST Soldat de cavalerie légère. – P.-ê. de *escarrabin*, mot du midi de la France, de la fam. de *escarbot*, «nécrophore».

carabine [kaʀabin] n. f. Fusil léger à canon court. – De *carabin* (sens 1).

carabiné, ée [kaʀabine] adj. Fam. Violent. *Un rhume carabiné*. – De *carabiner*, «se battre», et, fig., «souffler en tempête», de *carabine*.

carabinier [kaʀabinje] n. m. **1.** Anc. Soldat, cavalier armé d'une carabine. **2.** Policier, en Italie. – Douanier, en Espagne. ▷ Loc. *Arriver comme les carabiniers:* arriver trop tard (allus. aux *Brigands* d'Offenbach). – De *carabine*.

caracal [kaʀakal] n. m. Lynx africain et asiatique, au pelage fauve clair. – Mot esp., du turc *qara qâlaq*, «oreille noire».

caraco [kaʀako] n. m. Vêtement de femme, camisole. – P.-ê. du turc *kerake*.

caracole [kaʀakɔl] n. f. Demi-tours, voltes effectués par des chevaux (montés ou non). – *Par ext.* Mouvement désordonné d'un cheval. – Esp. *caracol*, «limaçon».

caracoler [kaʀakɔle] v. intr. [1] **1.** Faire des voltes, en parlant de chevaux et de leurs cavaliers. **2.** Cabrioler. – De *caracole*.

caractère [kaʀaktɛʀ] n. m. **I.** Empreinte, marque, figure. **1.** Signe d'une écriture. *Les caractères cunéiformes d'une tablette assyrienne. Écrivez en gros caractères.* **2.** TYPO Bloc métallique portant une figure de lettre en relief. *Caractères mobiles.* **3.** Fig. Empreinte. **II.** Marque distinctive. **1.** Ce qui distingue une personne, une chose. *Les caractères héréditaires s'opposent aux caractères acquis.* **2.** Élément particulier (à une chose). *Sa maladie a un caractère grave.* **3.** Absol. Personnalité, originalité. *Cette œuvre manque de caractère.* – *Danse de caractère,* folklorique; expressive. **III. 1.** Ensemble des possibilités de réactions affectives et volontaires qui définissent la structure psychologique d'un individu; manière d'être, d'agir. *Ces deux frères ont des caractères opposés. Montrer un bon caractère. Avoir un caractère insupportable.* **2.** Force d'âme, fermeté. *Montrer du caractère.* **3.** Traits distinctifs (d'une personne, d'un groupe); leur transcription littéraire. *Le caractère de Joad dans «Athalie». «Les Caractères ou les mœurs de ce siècle»*, de La Bruyère (1688). **4.** Personnalité (d'un peuple, d'une nation). *Le caractère national canadien.* – Lat. *character*, «particularité d'un signe», gr. *kharaktêr*, «empreinte».

caractériel, ielle [kaʀakteʀjɛl] adj. et n. PSYCHO **1.** adj. Relatif au caractère. *Troubles caractériels.* **2.** n. Personne qui présente des troubles du caractère. – De *caractère*.

caractérisation [kaʀakteʀizasjõ] n. f. Manière dont qqch se caractérise ; action, fait de caractériser. – De *caractériser*.

caractérisé, ée [kaʀakteʀize] adj. Nettement marqué, dont les caractères propres apparaissent immédiatement. *Une maladie caractérisée. Des injures caractérisées.* – De *caractériser*.

caractériser [kaʀakteʀize] v. tr. [1] **1.** Décrire avec précision (une personne ou une chose) par ses traits distinctifs. *Proust caractérise ses personnages avec subtilité.* **2.** Constituer les traits caractéristiques de. *La sottise qui caractérise cet homme.* – De *caractère*.

caractéristique [kaʀakteʀistik] adj. et n. f. **I.** adj. Qui distingue d'autre chose. *Une différence caractéristique.* **II.** n. f. **1.** Caractère distinctif, trait particulier. **2.** MATH *Caractéristique d'un logarithme*, sa partie entière (par oppos. à la mantisse, sa partie décimale). – De *caractériser*.

caractérologie [kaʀakteʀɔlɔʒi] n. f. Partie de la psychologie qui étudie les types de caractères. – De *caractère*, et *-logie*.

caracul. V. karacul.

carafe [kaʀaf] n. f. **1.** Bouteille de verre à base élargie et col étroit. – Son contenu. *Boire une carafe d'eau.* **2.** Loc. fam. *Rester en carafe:* être laissé de côté ou rester en panne. – Ar. *gharrāf*, par l'esp. et l'ital.

carafon [kaʀafõ] n. m. **1.** Petite carafe. **2.** Pop. Tête. *Il n'a rien dans le carafon.* – De *carafe*.

caraïbe [kaʀaib] n. et adj. D'une ethnie amérindienne des Antilles, auj. disparue. ▷ N. m. *Le caraïbe:* groupe des langues de cette région. – Mot indigène, *karib*.

caraïte [kaʀait] n. m. Membre d'une secte juive qui n'accepte pas la tradition talmudique et ne reconnaît que l'autorité de l'Écriture. – De l'hébr. *kara*, «lire».

carambolage [kaʀɑ̃bɔlaʒ] n. m. **1.** Au billard, coup par lequel une bille en touche deux autres. **2.** Fig. Chocs répétés, en série. *Le verglas a provoqué plusieurs carambolages sur l'autoroute.* – De *caramboler*.

carambole [kaʀɑ̃bɔl] n. f. Fruit sphérique et orangé du carambolier, arbre cultivé en Inde. – *Par ext.* Bille rouge, au jeu de billard. – Esp. et port. *carambola*.

caramboler [kaʀɑ̃bɔle] **1.** v. intr. [1] Au billard, toucher deux billes avec la sienne. **2.** v. tr. Fig. Heurter, bousculer, renverser. – De *carambole*.

carambouille [kaʀɑ̃buj] n. f. ou **carambouillage** [kaʀɑ̃bujaʒ] n. m. Escroquerie qui consiste à revendre au comptant des marchandises non payées. – Probabl. altér. de *carambole*.

carambouilleur, euse [kaʀɑ̃bujœʀ, øz] n. Personne qui pratique le carambouillage. – De *carambouille*.

caramel [kaʀamɛl] n. m. **1.** Sucre fondu au feu. ▷ Adj. inv. Brun clair. *Une étoffe caramel.* **2.** Bonbon au caramel. *Des caramels durs, mous.* – Esp. *caramelo*.

caramélisation [kaʀamelizasjõ] n. f. Transformation du sucre en caramel. – De *caramel*.

caraméliser [kaʀamelize] v. tr. [1] **1.** Transformer du sucre en caramel. **2.** Additionner de caramel. **3.** Enduire de caramel. – De *caramel*.

carapace [kaʀapas] n. f. **1.** Formation tégumentaire très dure, enveloppe protectrice du corps de certains animaux. *Carapace cornée des chéloniens. Carapace calcifiée des crustacés, des tatous. La carapace d'une langouste.* **2.** Fig. Ce qui protège. *Un égoïste protégé par une carapace d'indifférence.* – Esp. *carapacho*.

carapater (se) [kaʀapate] v. pron. [11] Pop. S'enfuir. – De *patte*, et p.-ê. arg. *se carrer*, «se cacher».

caraque [kaʀak] n. f. et adj. **1.** n. f. Ancien navire de charge de 1 000 à 1 500 tonneaux, très élevé sur l'eau. *Les caraques desservaient les Indes et l'Amérique du Sud.* **2.** adj. ou appos. *Porcelaine caraque:* porcelaine très fine que les caraques rapportaient en Europe. – Ar. *karrākā*, «bateau léger», par l'esp. ou l'ital.

carassin [kaʀasɛ̃] n. m. Poisson téléostéen du genre *Carassius. Carassin doré:* le poisson doré *(Carassius auratus).* – All. *Karas*, du tchèque.

carat [kaʀa] n. m. **1.** Vingt-quatrième partie d'or fin contenue dans une masse d'or. **2.** Unité de masse pour les diamants, les pierres précieuses (0,2 g). – Du gr. *keration*, «tiers d'obole».

caravagisme [kaʀavaʒism] n. m. Courant pictural issu de la peinture du Caravage, caractérisé par le réalisme des représentations et le contraste entre l'ombre et la lumière. – Du n. du peintre italien *le Caravage* (1571?-1610).

caravanage [kaʀavanaʒ] n. m. Camping itinérant avec une caravane. – De *caravane* 2.

1. caravane [kaʀavan] n. f. **1.** Groupe de personnes (commerçants, pèlerins, etc.) voyageant ensemble pour mieux affronter les difficultés, l'insécurité de certaines traversées (déserts notam.). **2.** *Par ext.* Groupe de personnes voyageant ensemble. *Une caravane de touristes.* – Persan *kārwān.*

2. caravane [kaʀavan] n. f. Roulotte de tourisme remorquée par une voiture et aménagée pour servir d'habitation. – Angl. *caravan.*

1. caravanier, ière [kaʀavanje, jɛʀ] n. et adj. **1.** n. m. Conducteur des bêtes de somme d'une caravane. **2.** adj. Relatif aux caravanes. *Piste caravanière.* – De *caravane* 1.

2. caravanier, ière [kaʀavanje, jɛʀ] n. Personne qui utilise une caravane. – De *caravane* 2.

caravaning [kaʀavaniŋ] Anglicisme V. caravanage.

caravansérail [kaʀavɑ̃seʀaj] n. m. Lieu destiné à abriter les caravanes et à héberger les voyageurs, en Orient. – Turco-persan *kārwānsarāy.*

caravelle [kaʀavɛl] n. f. **1.** Anc. Navire à trois ou quatre mâts, à voiles latines, utilisé du XIIIe au XVIe s., notam. dans les grands voyages de découverte. *La Petite Hermine, la Grande Hermine, l'Émérillon, caravelles de Jacques Cartier.* **2.** Mod. Nom donné à un biréacteur moyen-courrier, le premier avion à réaction civil construit en France. – Portug. *caravela,* du bas lat. *carabus,* «canot».

carbamate [kaʀbamat] n. m. CHIM Sel de l'acide $NH_2 - CO - OH$ (acide carbamique, non isolé; ses esters sont les uréthanes). – De *carbam(ide),* syn. de urée, et *-ate.*

carbet [kaʀbɛ] n. m. En Guyane française et aux Antilles, grande case, commune à plusieurs familles; hangar pour abriter les embarcations et les engins de pêche. – Mot tupi.

carb(o)-. Élément, du lat. *carbo, carbonis,* «charbon».

carbochimie [kaʀbɔʃimi] n. f. Chimie industrielle des dérivés provenant de la cokéfaction de la houille (ammoniac, méthane, éthylène, acétylène, benzols, etc.), qui servent d'intermédiaires dans la synthèse de nombreux corps (matières plastiques, colorants, etc.). – De *carbo-,* et *chimie.*

carbogène [kaʀbɔʒɛn] n. m. MED Mélange de 93 % d'oxygène et de 7 % de dioxyde de carbone (CO_2), utilisé en réanimation. – De *carbo-,* et *-gène.*

carbonade. V. carbonnade.

carbonado [kaʀbɔnado] n. m. Diamant noir employé pour le forage de matières dures. – Mot portug. du Brésil.

carbonarisme [kaʀbɔnaʀism] n. m. **1.** Ensemble des principes, de la doctrine des carbonari. **2.** Organisation, mouvement politique des carbonari. – De *carbonaro.*

carbonaro, ari [kaʀbɔnaʀo, aʀi] n. m. Membre d'une société secrète, active en Italie au XIXe s., qui luttait pour la libération et l'unité nationales. *Les carbonari étaient groupés en sections appelées «ventes».* – Mot ital. «charbonnier», en souvenir d'anciens conspirateurs qui se réunissaient dans des huttes de charbonniers.

carbonatation [kaʀbɔnatasjɔ̃] n. f. CHIM Neutralisation d'une base par l'acide carbonique. – De *carbonate.*

carbonate [kaʀbɔnat] n. m. CHIM Sel ou ester de l'acide carbonique. – De *carbone* et *-ate.*

carbonater [kaʀbɔnate] v. tr. [1] CHIM **1.** Transformer en carbonate. **2.** Saturer en dioxyde de carbone (CO_2). – De *carbonate.*

carbone [kaʀbɔn] n. m. **1.** Élément de numéro atomique $Z = 6$ et de masse atomique 12,01 (symbole C). *Il existe deux variétés allotropiques de carbone pur: le diamant et le graphite. Le carbone est présent dans l'atmosphère à l'état de gaz carbonique. La houille, le lignite sont des carbones fossiles, de type amorphe.* ▷ *Fibre de carbone,* obtenue par pyrolyse de matières acryliques, et que l'on incorpore dans une matrice en résine époxyde ou en alliage léger pour obtenir un matériau composite de très haute résistance. **2.** Cour. *Papier carbone* ou *carbone:* papier enduit de couleur sur une face, permettant d'exécuter des doubles, notam. en dactylographie. *Taper une facture en deux exemplaires avec un carbone.* – Lat. *carbo, carbonis,* «charbon».

carbonifère [kaʀbɔnifɛʀ] n. m. et adj. **I.** n. m. GEOL Période de la fin de l'ère primaire, allant du Dévonien au Permien, pendant laquelle se constituèrent d'importantes couches de houille. **II.** adj. **1.** *La période carbonifère.* **2.** Qui contient du carbone. – De *carbone,* et *-fère.*

carbonique [kaʀbɔnik] adj. CHIM *Anhydride* ou *gaz carbonique:* le dioxyde de carbone, CO_2. ▷ *Acide carbonique:* acide faible (H_2CO_3), que l'on ne trouve jamais à l'état libre. ▷ *Neige carbonique:* gaz carbonique solidifié. – De *carbone.*

carbonisation [kaʀbɔnizasjɔ̃] n. f. Réduction de matières organiques à l'état de charbon sous l'action de la chaleur. – De *carboniser.*

carboniser [kaʀbɔnize] v. tr. [1] **1.** Réduire (un corps) en charbon par la chaleur. *Les poutres ont été carbonisées par l'incendie.* **2.** *Par ext.* Cuire, rôtir à l'excès. *Le pain est complètement carbonisé.* ▷ v. pron. *Se carboniser.* – De *carbone.*

carbonitruration [kaʀbɔnitʀyʀasjɔ̃] n. f. Cémentation de l'acier par le carbone et l'azote. – De *carbone,* et *nitruration.*

carbonnade ou **carbonade** [kaʀbɔnad] n. f. Manière de cuire la viande en la faisant griller sur des charbons. *Une entrecôte à la carbonnade.* ▷ Viande ainsi préparée. *Une carbonade aux herbes.* – Ital. *carbonata,* de *carbone,* «charbon».

carbonyle [kaʀbɔnil] n. et adj. **I.** CHIM **1.** n. m. Radical bivalent $C{=}O$. **2.** adj. *Nickel carbonyle, fer carbonyle:* composés résultant de l'union du nickel, du fer, avec l'oxyde de carbone. **II.** n. m. TECH Mélange de phénols et de crésols employé pour éviter l'altération du bois. – De *carbone,* et *-yle,* du gr. *ulê,* «matière».

carborundum [kaʀbɔʀœ̃dɔm] n. m. TECH Carbure de silicium SiC préparé industriellement, utilisé comme réfractaire, comme abrasif ou pour la fabrication de résistances électriques. – N. déposé angl., de *carbo(n),* et *(cu)rundum,* «corindon».

carboxyhémoglobine [kaʀbɔksiemɔglɔbin] n. f. BIOCHIM Combinaison de l'hémoglobine avec l'oxyde de carbone, qui se forme en cas d'intoxication oxycarbonée. – De *carb(one), oxy-,* et *hémoglobine.*

carboxylase [kaʀbɔksilaz] n. f. BIOCHIM Enzyme favorisant l'hydrolyse des acides cétoniques, indispensable au catabolisme cellulaire des glucides et de l'acétyl-coenzyme A. – De *carboxyle,* et *-ase.*

carboxyle [kaʀbɔksil] n. m. CHIM Groupement monovalent COOH caractéristique d'acides organiques. – De *carb(one), ox(ygène),* et du gr. *-ulê,* «matière».

carboxylique [kaʀbɔksilik] adj. CHIM Qui contient le groupe carboxyle. *Acide carboxylique:* acide organique R – COOH. – De *carboxyle.*

carboxypeptidase [kaʀbɔksipɛptidaz] n. f. BIOCHIM Enzyme du groupe des peptides qui permet de libérer hors d'une chaîne peptidique un acide aminé terminal dont le radical carboxyle est libre. – De *carb(one), oxy(gène), peptide,* et *-ase.*

carburant, ante [kaʀbyʀɑ̃, ɑ̃t] adj. et n. **1.** adj. Qui contient une matière combustible. **2.** n. m. Combustible qui, mélangé à l'air, est facilement inflammable. (Les carburants les plus utilisés proviennent de la distillation du pétrole: essence, gazole, etc. ; on peut également fabriquer des carburants synthétiques: essences, benzol, méthanol, alcool éthylique, etc.) – Ppr. de *carburer.*

carburateur, trice [kaʀbyʀatœʀ, tʀis] adj. et n. m. **1.** adj. Qui sert à la carburation. **2.** n. m. Appareil servant à mélanger à l'air le carburant vaporisé qui alimente un moteur à explosion. – De *carbure.*

carburation [kaʀbyʀasjõ] n. f. **1.** METALL Addition de carbone à un métal. *Acier obtenu par carburation du fer.* **2.** Mélange de l'air et du carburant d'un moteur à explosion. – De *carbure.*

carbure [kaʀbyʀ] n. m. **1.** CHIM Combinaison binaire du carbone avec un métal. ▷ Vieilli *Carbures d'hydrogène:* hydrocarbures. **2.** Cour. Carbure de calcium. – De *carb(o)-,* et *-ure.*

carburé, ée [kaʀbyʀe] adj. **1.** CHIM Qui contient du carbone. **2.** Mélangé à un carburant. *Gaz carburé.* – Pp. de *carburer.*

carburéacteur [kaʀbyʀeaktœʀ] n. m. TECH Carburant spécial pour moteur à réaction. – De *carbu(rant),* et *réacteur.*

carburer [kaʀbyʀe] **I.** v. tr. [1] Additionner de carbone (un métal). *Carburer du fer.* **II.** v. intr. **1.** Faire la carburation (choses). *Un moteur qui carbure bien.* ▷ Fig., pop. *Carburer au rouge, au blanc:* ne boire que du vin rouge, blanc. **2.** Pop. Aller bien, marcher, fonctionner. *Alors, ça carbure ?* – De *carbure.*

carcailler [kaʀkaje] v. intr. [1] Crier (caille). Syn. courcailler. – Onomat.

carcajou [kaʀkaʒu] n. m. Mammifère carnivore (*Gulo gulo,* fam. mustélidés) des régions froides, au corps massif (80 cm), au pelage brun foncé marqué de deux larges bandes longitudinales jaunâtres. *Le carcajou, aussi appelé glouton, se nourrit surtout de carcasses de gros animaux morts de causes naturelles ou tués par des prédateurs.* «Les castors, les ravages de chevreuils, les remous, les caches d'ours, le carcajou plus rusé que le renard qui fait sauter le piège avec un bâton et s'enfuit avec l'appât.» (Félix Leclerc, *Carcajou ou le diable des bois,* 1973.) – Mot d'origine montagnaise.

carcan [kaʀkɑ̃] n. m. **1.** Anc. Cercle de fer avec lequel les criminels condamnés à l'exposition publique étaient attachés par le cou au pilori. – La peine elle-même. ▷ Fig. *Ce col empesé est un carcan.* **2.** Ce qui gêne, entrave la liberté (d'action, de pensée, etc.). *Le carcan des institutions.* – Lat. médiév. *carcannum.*

carcasse [kaʀkas] n. f. **1.** Ensemble des ossements dépouillés de leurs chairs du corps d'un animal, encore reliés les uns aux autres. **2.** Fam. Le corps humain. *Traîner, sauver sa carcasse.* **3.** Assemblage de pièces résistantes, structure qui supporte, soutient, assure la rigidité d'un ensemble. *Carcasse d'une dynamo. Carcasse d'un navire en construction. Carcasse radiale* (d'un pneu): armature constituée d'arceaux métalliques disposés radialement. – Orig. incon.

carcel [kaʀsɛl] n. m. Lampe dans laquelle l'huile était élevée par un mouvement d'horlogerie. – N. de l'horloger fr. B. G. *Carcel* (v. 1750-1812).

carcéral, ale, aux [kaʀseʀal, o] adj. De la prison, relatif à la prison. *Le régime carcéral.* – Du lat. *carcer,* «prison».

carcinogène [kaʀsinɔʒɛn] adj. Cancérogène. – Du gr. *karkinos,* «cancer», et *-gène.*

carcinologie [kaʀsinɔlɔʒi] n. f. **1.** MED Cancérologie. **2.** ZOOL Étude des crustacés. – Du gr. *karkinos,* «cancer» (aussi: «écrevisse»), et *-logie.*

carcinomateux, euse [kaʀsinɔmatø, øz] adj. MED De la nature du carcinome. – De *carcinome.*

carcinome [kaʀsinom] n. m. MED Cancer d'origine épithéliale affectant les muqueuses et les glandes. – Gr. *karkinôma,* «tumeur cancéreuse».

carcinose [kaʀsinoz] ou **carcinomatose** [kaʀsinɔmatoz] n. f. MED *Carcinose miliaire:* généralisation du carcinome qui, sous forme d'un semis de granulations, envahit rapidement tous les viscères, partic. le poumon. – De *carcin(ome),* et *-ose* 2.

cardage [kaʀdaʒ] n. m. Action de carder ; son résultat. – De *carder.*

cardamine [kaʀdamin] n. f. Plante des prés, des lieux humides (fam. crucifères, genre *Cardamina*). *Le cresson des prés est une cardamine.* – Lat. *cardamina,* gr. *kardaminê,* «cresson».

cardamome [kaʀdamɔm] n. f. Plante d'Asie *(Elettaria cardamomum),* dont les graines très odorantes sont utilisées notam. pour parfumer le café au Proche-Orient. – Lat. *cardamomum,* gr. *kardamômon.*

cardan [kaʀdɑ̃] n. m. Dispositif comportant deux axes de rotation orthogonaux et constituant une liaison mécanique à deux degrés de liberté. *Joint de Cardan, à la Cardan,* pour accoupler deux arbres dont les axes, situés dans le même plan, ne sont ni alignés ni parallèles. *Suspension à la Cardan,* utilisée sur les navires, et qui permet à certains instruments (compas et chronomètres, notam.) de rester horizontaux malgré le roulis et le tangage. – N. du savant italien G. *Cardano* (1501-1576).

carde [kaʀd] n. f. **1.** Instrument pour carder (autref. garni d'inflorescences de cardères). ▷ Machine à un ou plusieurs cylindres garnis de pointes, qui sert à carder la laine, le coton. **2.** La côte médiane, comestible, du cardon, de la bette, etc. – Lat. *carda,* pl. collect. de *carduus,* «chardon».

cardé, ée [kaʀde] adj. Se dit de la laine seulement cardée, par oppos. à la laine peignée, d'aspect plus régulier. – Pp. de *carder.*

carder [kaʀde] v. tr. [1] Peigner à l'aide d'une carde (les fibres textiles) pour les démêler et les nettoyer. *Carder le coton, la laine.* – De *carde.*

cardère [kaʀdɛʀ] n. f. Chardon à foulon (fam. dipsacacées) dont les inflorescences armées de fortes épines servaient autref. à carder. – Provenç. *cardero,* de *carda,* «chardon».

cardeur, euse [kaʀdœʀ, øz] n. **1.** Personne chargée du cardage. **2.** n. f. Machine à carder. – De *carder.*

cardia [kaʀdja] n. m. ANAT Orifice œsophagien de l'estomac. – Lat. médiév., «cœur».

cardiaque [kaʀdjak] adj. **1.** Du cœur. *Insuffisance cardiaque. Crise cardiaque.* **2.** Qui souffre d'une maladie de cœur. ▷ Subst. *Un, une cardiaque.* – Gr. *kardiakos,* de *kardia,* «cœur».

cardigan [kaʀdigɑ̃] n. m. Veste de laine tricotée, à manches longues, boutonnée sur le devant jusqu'en haut, sans col ni revers. *Le cardigan se porte souvent sur un pull assorti, formant ainsi un ensemble qu'on nomme «tandem».* – Mot angl., nom du comte *Cardigan* (1797-1868).

1. cardinal, ale, aux [kaʀdinal, o] adj. **1.** Litt. Qui sert de pivot, d'articulation, de base; principal.

L'idée cardinale de cette doctrine est... – Les vertus cardinales (justice, prudence, force, tempérance) *et les vertus théologales. – Les points cardinaux:* le nord, l'est, le sud et l'ouest. **2.** *Nombres cardinaux,* qui désignent une quantité (par opposition aux *nombres ordinaux,* qui désignent un ordre, un rang). ▷ Subst. MATH *Cardinal d'un ensemble fini:* nombre des éléments de cet ensemble (noté Card.). *S'il existe une bijection entre deux ensembles A et B, Card (A) = Card (B).* – Lat. *cardinalis,* «principal».

2. cardinal, aux [kaʀdinal, o] n. m. **1.** Haut dignitaire ecclésiastique, membre du Sacré Collège, électeur et conseiller du pape. *Les cardinaux réunis en conclave élisent le pape. Recevoir la barrette de cardinal.* **2.** Oiseau passériforme américain (fam. embérizidés), huppé, à bec fort et de couleur vive; *spécial.* l'espèce (*Cardinalis cardinalis*) qui visite le sud du Québec et de l'Ontario, dont le mâle est presque entièrement rouge, avec du noir autour des yeux et du bec. – Lat. ecclés. *cardinalis.*

cardinalat [kaʀdinala] n. m. Dignité de cardinal. – De *cardinal* 2.

cardinalice [kaʀdinalis] adj. Relatif au cardinalat. *La pourpre cardinalice.* – De *cardinal* 2.

cardi(o)-, -carde, -cardie. Élément, du gr. *kardia,* «cœur».

cardiogramme [kaʀdjogʀam] n. m. Tracé obtenu avec le cardiographe. – De *cardio-,* et *-gramme.*

cardiographe [kaʀdjogʀaf] n. m. Appareil enregistrant les pulsations du cœur. – De *cardio-,* et *-graphe.*

cardiographie [kaʀdjogʀafi] n. f. Étude des battements du cœur à l'aide du cardiographe. – De *cardio-,* et *-graphie.*

cardioïde [kaʀdjɔid] n. f. MATH Courbe de formule $p = a(1 + \cos \theta)$ en coordonnées polaires, qui affecte la forme d'un cœur et qui est engendrée par un point d'un cercle roulant sans glisser sur un cercle égal. ▷ Adj. ELECTROACOUST *Microphone cardioïde,* dont le diagramme directionnel a la forme d'une cardioïde. – De *cardio-,* et *-ide.*

cardiolipide [kaʀdjolipid] n. m. BIOCHIM Phospholipide découvert dans le muscle cardiaque. (La mise en évidence d'anticorps anticardiolipides est à la base de la plupart des séro-diagnostics de la syphilis: test de Bordet-Wassermann, notam.) – De *cardio-,* et *lipide.*

cardiologie [kaʀdjolɔʒi] n. f. Étude du système cardio-vasculaire et de ses maladies. – De *cardio-,* et *-logie.*

cardiologue [kaʀdjolɔg] n. Médecin spécialiste du système cardio-vasculaire et de ses maladies. – De *cardio-,* et *-logue.*

cardiomégalie [kaʀdjomegali] n. f. MED Augmentation du volume du cœur, observée en partic. dans l'insuffisance cardiaque. – De *cardio-,* et *-mégalie.*

cardiomyopathie [kaʀdjomjopati] n. f. MED Syn. de *myocardiopathie.* – De *cardio-, myo-* et *-pathie.*

cardiopathie [kaʀdjopati] n. f. Affection du cœur, acquise (ex. infarctus du myocarde) ou congénitale (ex. tétralogie de Fallot). – De *cardio-,* et *-pathie.*

cardio-pulmonaire [kaʀdjopylmɔnɛʀ] adj. MED Qui concerne le cœur et les poumons. *Une maladie cardio-pulmonaire.* – De *cardio-,* et *pulmonaire.*

cardiothyréose [kaʀdjotiʀeoz] n. f. MED Complication cardiaque de l'hyperthyroïdie. – De *cardio-, thyr(oïde),* et *-ose* 2.

cardiotomie [kaʀdjotɔmi] n. f. CHIR Ouverture chirurgicale du cœur ou du cardia. – De *cardio-,* et *-tomie.*

cardiotonique [kaʀdjotɔnik] adj. Qui augmente la tonicité du muscle cardiaque (médicaments). ▷ N. m. *La digitaline est un cardiotonique.* – De *cardio-,* et *tonique.*

cardio-vasculaire [kaʀdjovaskylɛʀ] adj. Qui concerne le cœur et les vaisseaux. *Les maladies cardio-vasculaires.* – De *cardio-,* et *vasculaire.*

cardite [kaʀdit] n. f. MED Inflammation des trois tuniques du cœur, ou de l'une d'elles. – De *card(io-),* et *-ite* 1.

cardium [kaʀdjɔm] n. m. ZOOL Nom de genre de la coque (sa forme rappelant un cœur). – Du gr. *kardia,* «cœur».

cardon [kaʀdõ] n. m. Plante (*Cynara carduncula,* fam. composées) dont on consomme la côte médiane, ou carde, après l'avoir fait blanchir en la privant d'air et de lumière. – Provenç. *cardon,* bas lat. *cardo, cardonis.*

carême [kaʀɛm] (ou parf. **Carême**) n. m. **1.** Période de quarante jours, du mercredi des Cendres à Pâques, consacrée par les catholiques à la préparation spirituelle à la fête de Pâques, et pendant laquelle les fidèles observent des pratiques d'abstinence et de jeûne (de moins en moins rigoureusement imposées). *Le carême est un rappel des quarante jours passés par le Christ au désert dans le jeûne et la prière.* ▷ Loc. *Arriver comme mars en carême,* régulièrement, avec opportunité, ou inévitablement. **2.** Abstinence, privation de certains plaisirs pendant les jours de carême. *Faire carême.* ▷ Loc. *Face de carême:* mine triste et austère ; personne au visage maigre et blafard. – Du lat. pop. **quaresima,* class. *quadragesima (dies),* «le quarantième (jour avant Pâques)».

carême-prenant [kaʀɛmpʀənɑ̃] n. m. VX **1.** Les trois jours précédant le carême (*spécial.* le Mardi gras). ▷ *Par ext.* Fête du Mardi gras. **2.** Personne déguisée, masquée. – De *carême,* et *prenant,* «commençant».

carénage [kaʀenaʒ] n. m. **1.** Nettoyage de la carène d'un navire; réparation des œuvres vives. **2.** Partie d'un port où l'on carène. **3.** Carrosserie aérodynamique. *Carénage d'une moto.* – De *caréner.*

carence [kaʀɑ̃s] n. f. **1.** Fait pour une personne, une autorité, de manquer à ses obligations, de se dérober devant ses responsabilités. *La carence du gouvernement.* **2.** MED Absence ou insuffisance dans l'organisme d'un ou de plusieurs éléments indispensables à son équilibre et à son développement. *Carence d'apport:* défaut d'apport d'éléments indispensables à l'organisme. *Carence d'utilisation:* défaut d'utilisation par l'organisme des éléments indispensables présents dans l'alimentation. ▷ *Carence affective:* manque d'affection parentale, susceptible de provoquer chez un enfant certains troubles psychologiques. **3.** DR Manque total ou partiel de ressources ou de biens mobiliers permettant de couvrir la dette d'un débiteur. *Dresser un procès-verbal de carence.* – Bas lat. *carentia,* de *carere,* «manquer».

carencé, ée [kaʀɑ̃se] adj. MED **1.** Qui présente une carence. *Régime carencé.* **2.** Qui souffre d'une carence. *Organisme carencé.* – De *carence.*

carène [kaʀɛn] n. f. **1.** Partie de la coque d'un navire située en dessous de la ligne de flottaison, œuvres vives. ▷ *Abattre un navire en carène:* coucher un navire à flot sur l'un de ses flancs (pour caréner l'autre). **2.** BOT Partie inférieure saillante de la corolle des papilionacées, composée des deux pétales opposés à l'étendard. – Ital. *carena,* mot génois; lat. *carina,* «coquille de noix».

caréner [kaʀene] v. tr. [1] **1.** MAR Procéder au carénage de (un navire). **2.** Donner une forme aérodynamique à (une carrosserie) ; pourvoir d'un carénage. *Locomotive carénée.* – De *carène.*

carentiel, ielle [kaʀɑ̃sjɛl] adj. Dû à, relatif à une carence. *Polynévrite carentielle.* – De *carence.*

caressant, ante [kaʀɛsɑ̃, ɑ̃t] adj. **1.** Qui aime à caresser, à être caressé. *Un animal caressant. Une enfant caressante.* **2.** Qui procure une impression de douceur, comme une caresse. *Des paroles, des regards caressants.* – Ppr. de *caresser.*

caresse [kaʀɛs] n. f. **1.** Attouchement tendre, affectueux ou sensuel. *Faire des caresses à un chat. Couvrir, combler un enfant de caresses. Une tendre caresse de la main.* **2.** Manifestation tendre d'amour, d'affection. *Une caresse du regard, de la voix.* ▷ Péjor. Flatterie. **3.** Fig. Effleurement. *La caresse du vent, du soleil sur la peau.* – Ital. *carezza.*

caresser [kaʀɛse] v. tr. [1] **1.** Faire des caresses à. *Caresser un chien. Caresser le cou, le visage d'un être cher.* ▷ Fig. *Caresser du regard, des yeux:* regarder avec douceur, insistance et envie. **2.** Frôler, effleurer avec douceur. *Le vent caresse les blés. Caresser les cordes, les touches d'un instrument.* **3.** Vieilli Flatter (qqn, un sentiment chez qqn). *Des compliments qui caressaient son amour-propre.* **4.** *Caresser un espoir, une idée, un projet,* le cultiver complaisamment. ▷ Loc. fam. *Caresser la bouteille:* avoir un fort penchant pour la boisson. – De *caresse.*

1. caret [kaʀɛ] n. m. Dévidoir utilisé par les cordiers. ▷ *Fil de caret:* gros fil de chanvre utilisé pour la fabrication des cordages. – Mot normanno-picard, dimin. de *car,* «char».

2. caret [kaʀɛ] n. m. Grande tortue des mers chaudes (*Caretta caretta,* fam. chéloniidés), dont l'écaille est très recherchée. Syn. caouanne. – Esp. *carey,* malais *karah.*

carex [kaʀɛks] n. m. BOT Genre de cypéracées des zones humides à feuilles rubanées coupantes, ne comprenant pas moins de mille espèces, dont beaucoup sont nommées *laiche.* – Mot latin.

car-ferry [kaʀfeʀi] n. m. TRANSP (France) Navire aménagé pour le transport des automobiles. – Mot angl., *car,* «voiture», et *ferry,* «bac».

cargaison [kaʀgɛzɔ̃] n. f. **1.** Ensemble des marchandises dont est chargé un navire, un avion ou un camion. *Décharger une cargaison de betteraves. Une cargaison de mazout s'est déversée sur la chaussée.* **2.** Fam. Une grande quantité. *Il s'est invité avec toute une cargaison d'amis.* – Anc. gasc. *cargueson,* du prov. *cargar,* «charger».

cargneule [kaʀɲœl] n. f. PETROG Brèche calcaire à ciment dolomitique, dans laquelle les blocs de calcaire, pâles, tranchent sur le ciment, roussâtre. – De *Carniole,* anc. nom de la Slovénie, une des six républiques de Yougoslavie.

cargo [kaʀgo] n. m. Navire destiné au transport des marchandises. *Cargo mixte,* qui peut transporter aussi des passagers. – Abrév. de l'angl. *cargo-boat,* «navire de charge».

cargue [kaʀg] n. f. MAR Cordage utilisé pour carguer les voiles. – De *carguer.*

carguer [kaʀge] v. tr. [1] MAR Replier (une voile) contre la vergue à l'aide de cargues. – Esp. ou provenç. *cargar,* «charger».

cari, cary [kaʀi] ou **curry** [kyʀi] n. m. **1.** Assaisonnement indien composé de poudre de curcuma, gingembre, piment et autres épices. **2.** Plat de viande, de poisson préparé avec cet assaisonnement. *Un curry de poulet.* – Mot malabar.

cariatide ou **caryatide** [kaʀjatid] n. f. ARCHI Statue de femme soutenant un balcon, une corniche sur la tête. *Les cariatides de l'Érechthéion.* – Ital. *cariatidi,* mot lat., du gr. *karuatides,* «femmes de Karyes», v. du Péloponnèse, qui furent les premiers modèles de ce type de sculpture.

caribou [kaʀibu] n. m. **1.** Grand cervidé (*Rangifer tarandus caribou*) des régions nordiques de l'Amérique, aux bois longs et aplatis, au pelage grisâtre avec du blanc sur la gorge, le cou et la croupe. *Le caribou doit écraser la neige pour atteindre le lichen dont il se nourrit.* ▷ *Mousse de caribou:* nom donné aux lichens (genre *Cladonia*) dont se nourrit cet animal. **2.** Vin additionné d'alcool, consommé notam. pendant la saison froide. *Prendre un verre de petit caribou pour se réchauffer.* – Mot algonquien.

ENCYCL Le caribou de l'Amérique du Nord et le renne d'Europe et d'Asie septentrionale forment une seule espèce (*Rangifer tarandus,* famille des Cervidés, ordre des Artiodactyles). Ce ruminant aux pieds fourchus et ongulés, bien adapté au milieu arctique et subarctique, a cette particularité que les deux sexes possèdent des bois. Ceux des femelles sont cependant moins développés que ceux des mâles et il arrive que certaines femelles n'en portent pas du tout. Les bois tombent et repoussent chaque année. Le caribou est myope et se fie presque exclusivement à son odorat pour déceler le danger. Avant l'arrivée des Européens, le caribou était depuis des millénaires une denrée essentielle des Inuit et des Amérindiens. En plus de se nourrir de sa chair, ils utilisaient la peau pour fabriquer des tentes, des couvertures et des vêtements, les tendons pour faire la *babiche* (ficelle), les os pour les aiguilles et divers ustensiles et la graisse comme combustible pour les lampes et les réchauds. On retrouve quatre sous-espèces de caribous au Canada. Le caribou des bois (*Rangifer tarandus caribou*), qui habite surtout la forêt boréale depuis Terre-Neuve jusqu'en Colombie-Britannique, mais également la taïga subarctique et la toundra arctique et alpine, est la plus grande race et la seule qu'on retrouve dans l'est du pays. De grande taille (poids entre 100 et 250 kg) et au pelage foncé, il se nourrit surtout de lichens, de tiges de plantes herbacées et de ramilles d'arbres et d'arbustes. Il vit en hardes composées de 10 à 50 individus et forme parfois des troupeaux de centaines d'individus. Il migre en hiver mais habituellement sur de courtes distances. Le caribou de la toundra (*Rangifer tarandus groenlandicus*), plus petit et de couleur pâle, vit dans la toundra entre le fleuve Mackenzie et la baie d'Hudson ainsi que sur les îles Baffin et Bylot. Il émigre vers le sud en hiver, parcourant parfois des distances de 1 300 km pour atteindre la forêt. Il forme des bandes ou des troupeaux éparpillés réunissant un millier de têtes. Ses bois sont longs et effilés. Le caribou de Grant (*Rangifer tarandus granti*), plus gros que le caribou de la toundra, occupe le nord du Yukon. Il hiverne en forêt et passe l'été dans la toundra. Le caribou du Peary (*Rangifer tarandus pearyi*), plus petit que le caribou de la toundra, passe toute l'année dans la toundra de l'archipel Arctique.

caricatural, ale, aux [kaʀikatyʀal, o] adj. Qui a les caractères de la caricature. *Un nez caricatural. Une représentation caricaturale.* – De *caricature.*

caricature [kaʀikatyʀ] n. f. **1.** Dessin, peinture qui, par l'exagération de certains traits choisis, donne d'une personne une représentation satirique. **2.** Représentation délibérément déformée de la réalité, dans une intention satirique ou polémique. *Ce reportage est une caricature de la réalité.* **3.** Personne très laide ou ridiculement habillée. – Ital. *caricatura,* de *caricare,* «charger», lat. *carricare.*

caricaturer [kaʀikatyʀe] v. tr. [1] Faire la caricature de. *Caricaturer un homme politique. Molière a caricaturé la médecine de son époque.* – De *caricature.*

caricaturiste [kaʀikatyʀist] n. Artiste, dessinateur qui fait des caricatures. – De *caricature.*

carie [kaʀi] n. f. **1.** MED *Carie osseuse:* inflammation et destruction du tissu osseux. ▷ *Carie dentaire:* altération de l'émail et de l'ivoire de la dent, évoluant vers l'intérieur par formation de cavités qui aboutissent à la destruction de celle-ci. **2.** BOT *Carie du bois:* altération et décomposition des tissus ligneux. ▷ *Carie des céréales,* produite par un champignon du genre *Tilletia,* dont les spores envahissent les grains. – Lat. *caries,* «pourriture».

carié, ée [kaʀje] adj. Atteint par la carie. *Une dent cariée.* – Pp. de *carier.*

carier [kaʀje] **1.** v. tr. [1] Gâter, détruire par la carie. **2.** v. pron. Être atteint par la carie. – De *carie.*

carillon [kaʀijõ] n. m. **1.** Ensemble de cloches accordées à différents tons. ▷ Sonnerie que ces cloches font entendre. *Le carillon de la cathédrale a retenti dans toute la ville.* **2.** Sonnerie d'une horloge, d'une pendule, qui se déclenche régulièrement pour indiquer les heures. ▷ Horloge, pendule possédant un carillon. **3.** Instrument de musique constitué de lames ou de timbres accordés que l'on fait résonner en les frappant avec un petit marteau. – Du lat. pop. **quadrinio,* du lat. class. *quaternio,* «groupe de quatre cloches».

carillonné, ée [kaʀijɔne] adj. *Fête carillonnée:* fête importante annoncée par de nombreuses sonneries des cloches. – Pp. de *carillonner.*

carillonner [kaʀijɔne] **I.** v. intr. [1] **1.** Sonner en carillon, à la manière d'un carillon. *Les cloches, l'horloge carillonnent.* **2.** Faire résonner bruyamment, avec insistance la sonnette d'une porte. *Carillonner chez qqn pour le réveiller.* **II.** v. tr. **1.** Annoncer, indiquer par un carillon. *L'horloge a carillonné minuit. Carillonner une naissance.* **2.** Annoncer, répandre avec bruit (une nouvelle, un triomphe, etc.). – De *carillon.*

carillonneur [kaʀijɔnœʀ] n. m. Celui qui carillonne. *Le carillon électrique a chassé les carillonneurs.* – De *carillonner.*

carinates [kaʀinat] n. m. pl. ORNITH Superordre comprenant les oiseaux munis d'un bréchet. – Du lat. *carina,* «carène», à cause de la forme de leur sternum.

cariste [kaʀist] n. Personne qui conduit un chariot de manutention. – Du lat. *carrus,* «chariot».

caritatif, ive [kaʀitatif, iv] adj. **1.** Qui se consacre à l'aide des plus démunis (individus, groupes sociaux, populations). *Les organisations caritatives internationales.* **2.** Qui constitue une aide, un secours. *L'action caritative des médecins auprès des victimes de la sécheresse.* – Lat. médiéval *caritativus,* de *caritas,* «charité».

1. carlin [kaʀlɛ̃] n. m. Anc. monnaie napolitaine. – Ital. *carlino,* de *Carlo,* «Charles» (d'Anjou, 1226-1285) qui fit frapper cette monnaie.

2. carlin [kaʀlɛ̃] n. m. Chien de petite taille, à poil ras, au museau noir et aplati. – Du n. de l'acteur ital. Carlo Bertinazzi (dit *Carlino,* 1710-1783), qui jouait le rôle d'Arlequin avec un masque noir.

carline [kaʀlin] n. f. Composée épineuse bisannuelle (genre *Carlina*) dont le capitule s'ouvre ou se ferme en fonction de l'humidité atmosphérique, appelée aussi *chardon baromètre.* – Ital. *carlina.*

carlingue [kaʀlɛ̃g] n. f. **1.** MAR Forte pièce reposant sur les couples et servant de liaison longitudinale dans le fond d'un navire. **2.** AVIAT Ensemble formé par la cabine d'un avion et le poste de pilotage. – Scand. *kerling.*

carlisme [kaʀlism] n. m. Doctrine, mouvement des partisans *(carlistes)* de don Carlos d'Espagne, défenseurs d'un traditionalisme politique et religieux. – De don *Carlos* (1788-1855), prétendant au trône d'Espagne contre sa nièce Isabelle II.

carmagnole [kaʀmaɲɔl] n. f. **1.** Veste courte et étroite, à collet et revers, portée par les révolutionnaires français de 1792 à 1795. **2.** Chanson et danse de la Révolution française, d'auteur inconnu. – Veste des fédérés marseillais, portée depuis le XVIIe s. par les ouvriers piémontais originaires de la ville de *Carmagnola.*

carme [kaʀm] n. m. Religieux de l'ordre du Carmel, né d'une communauté d'ermites rassemblés v. 1150 sur les pentes du mont Carmel, en Palestine. – Du mont *Carmel.*

carmélite [kaʀmelit] n. f. Religieuse de l'ordre du Carmel. – Lat. ecclés. *carmelita.*

carmin [kaʀmɛ̃] n. m. **1.** Colorant d'un rouge éclatant, fourni à l'origine par la cochenille. **2.** Couleur rouge éclatant. ▷ Adj. inv. *Des tentures carmin.* – Bas lat. *carminium,* de *minium,* et ar. *kermiz.*

carminatif, ive [kaʀminatif, iv] adj. Vx *Remède carminatif:* destiné à éliminer les gaz intestinaux. – Lat. *carminativus,* de *carminare,* «nettoyer».

carminé, ée [kaʀmine] adj. D'un rouge proche du carmin. – De *carmin.*

carnage [kaʀnaʒ] n. m. Tuerie, massacre. – Ital. *carnaggio,* de *carne,* «chair».

carnallite [kaʀnalit] n. f. MINER. Chlorure double hydraté de magnésium et de potassium. – De *von Carnall,* n. pr.

carnassier, ière [kaʀnasje, jɛʀ] **I.** adj. et n. **1.** Qui se nourrit de chair. *Le renard est un animal carnassier.* **2.** *Dent carnassière:* grosse dent tranchante (4e prémolaire à la mâchoire supérieure et 1re molaire à la mâchoire inférieure) caractéristique des carnivores. ▷ N. f. *Une carnassière.* **II.** n. m. **1.** Animal qui se nourrit de viande. *Le jaguar est un carnassier.* **2.** n. m. pl. Vx Ordre de mammifères nommés auj. carnivores. – D'un m. provenç., de *carn,* «chair».

carnassière [kaʀnasjɛʀ] n. f. Sac destiné à porter le gibier tué à la chasse. – Provenç. mod. *carnassiero.*

carnation [kaʀnasjõ] n. f. **1.** Teint, couleur de la chair d'une personne. **2.** BX-A Couleur des parties du corps humain représentées nues. – Du lat. *caro, carnis,* «chair», d'après *incarnation.*

carnau. V. carneau.

carnauba [kaʀnoba] n. m. Palmier brésilien *(Copernicia cerifera)* dont les feuilles sécrètent une cire utilisée dans l'industrie (ersatz de cire d'abeille, bougies, vernis, etc.). – Mot brésilien.

carnaval [kaʀnaval] n. m. **1.** Anc. Période de réjouissances précédant le carême. *Le carnaval, qui commençait avec le jour des Rois et qui se terminait le soir du Mardi gras, permettait de prolonger les réjouissances du temps des fêtes.* **2.** Mod. Grande fête populaire à laquelle cette période a donné naissance dans certaines localités, qui dure habituellement plusieurs jours. *Le carnaval de Québec, de Rio. Parade*, défilé du carnaval. Des carnavals.* – *Bonhomme carnaval:* personnage amusant, général. déguisé en bonhomme de neige, qui personnifie, représente un carnaval. – Ital. *carnevale,* «mardi gras».

carnavalesque [kaʀnavalɛsk] adj. Relatif au carnaval. *Période carnavalesque. Activités carnavalesques.* – De *carnaval.*

carnavaleux, euse [kaʀnavalø, øs] n. Personne qui participe à un carnaval. – De *carnaval.*

carne [kaʀn] n. f. **1.** Pop. Viande de mauvaise qualité, dure. **2.** Mauvais cheval. **3.** Pop., injur. Personne détestable, méchante. *Quelle vieille carne!* – Ital. *carne,* «viande».

carné, ée [kaʀne] adj. **1.** BOT Qui est couleur de chair. *Rose carnée.* **2.** Qui est à base de viande. *Alimentation carnée.* – Du lat. *caro, carnis,* «chair».

carneau ou **carnau** [kaʀno] n. m. Conduit d'une cheminée, destiné à l'évacuation des produits de la combustion. – Altér. de *créneau.*

carnet [kaʀnɛ] n. m. **1.** Cahier de petit format sur lequel on consigne des renseignements, des notes. *Carnet d'adresses. Carnet de rendez-vous.* **2.** Ensemble de feuillets, souvent détachables, réunis en cahier de format variable. *Carnet de chèques. Carnet de reçus, de quittances.* **3.** Ensemble de billets, tickets, bons, etc., que l'on n'a pas achetés à l'unité. *Carnet de timbres.* – De l'a. fr. *caer* ou *caern.*

carnier [kaʀnje] n. m. Carnassière (sac). – Mot provenç., de *carne,* «chair».

carnivore [kaʀnivɔʀ] **1.** adj. Qui se nourrit de viande. *Mammifères, insectes carnivores.* ▷ BOT *Plantes carnivores,* qui capturent des insectes pour se nourrir (granettes, utriculaires). **2.** n. m. pl. ZOOL Ordre de mammifères caractérisés par le développement des canines (crocs) et des carnassières, et dont l'alimentation est fondamentalement carnée. (On les divise en trois sous-ordres: les créodontes, les fissipèdes et les pinnipèdes.) – Lat. *carnivorus,* de *caro, carnis,* «chair», et *vorare,* «dévorer».

carolin, ine [kaʀɔlɛ̃, in] adj. Relatif à Charlemagne, à son temps. *Écriture caroline.* – Du lat. *Carolus,* «Charles».

carolingien, ienne [kaʀɔlɛ̃ʒjɛ̃, jɛn] adj. Qui a rapport à la dynastie issue du père de Charlemagne. *L'art carolingien.* ▷ n. m. *Les Carolingiens.* – De *carlovingien,* d'après le lat. *Carolus,* «Charles».

carolus [kaʀɔlys] n. m. Anc. monnaie de billon, frappée sous Charles VIII. *Un carolus valait onze deniers.* – Lat. *Carolus,* «Charles».

caronade [kaʀɔnad] n. f. Anc. canon de marine, gros et court. – Angl. *carronade,* de la v. d'Écosse *Carron.*

caroncule [kaʀɔ̃kyl] n. f. **1.** Petite excroissance charnue. *Caroncule lacrymale,* à l'angle interne de l'œil. ▷ Excroissance charnue de couleur rougeâtre sous le bec ou sur la tête de certains oiseaux (dindon, coq). **2.** BOT Petite protubérance de la graine de certaines plantes. – Lat. *caruncula,* de *caro,* «chair».

carotène [kaʀɔtɛn] n. m. BIOCHIM Pigment jaune ou rouge, hydrocarbure présent dans certains végétaux (carotte, surtout) et animaux (carapace de certains crustacés, corps jaune de l'ovaire), précurseur de la vitamine A. – De *carotte.*

carotide [kaʀɔtid] n. f. Artère principale qui irrigue la face et le cerveau. ▷ Adj. *Artères carotides.* (Les deux artères carotides principales, droite et gauche, issues de la crosse de l'aorte, se divisent chacune en une carotide externe qui irrigue la face, et une carotide interne qui irrigue la majeure partie de l'encéphale.) – Gr. *karôtides,* «(artères) du sommeil».

carotidien, ienne [kaʀɔtidjɛ̃, jɛn] adj. De la carotide. – De *carotide.*

carottage [kaʀɔtaʒ] n. m. **1.** Tromperie, escroquerie. **2.** Prélèvement d'un échantillon de terrain (carotte), pour en déterminer la composition. – De *carotter.*

carotte [kaʀɔt] n. f. **I. 1.** Plante (*Daucus carotta,* fam. ombellifères) à racine pivotante rouge, jaune ou blanche, dont certaines variétés (dites *potagères*) sont cultivées pour leur racine comestible et d'autres (dites *fourragères*) pour l'alimentation des animaux. **2.** Racine rouge de la carotte potagère. *Une botte de carottes. Carottes râpées.* ▷ Loc. fam. *Les carottes sont cuites:* les dés sont jetés, il n'y a plus rien à faire. **3.** Adj. inv. De la couleur rouge de la carotte potagère. *Des moustaches carotte.* **II.** Par anal. **1.** *Carotte de tabac:* feuilles de tabac à chiquer roulées en forme de carotte. **2.** Échantillon cylindrique prélevé d'un sol par sondage à l'aide d'un carottier. **III. 1.** Fig. *Tirer une carotte à qqn:* lui soutirer de l'argent, un bien quelconque par ruse. **2.** Fig. *La carotte et le bâton:* la récompense et la sanction. – Lat. *carota,* gr. *karôton.*

carotter [kaʀɔte] v. tr. [1] **1.** Fam. Voler, obtenir (qqch) par ruse. *Il a carotté quelques dollars.* **2.** Prélever un échantillon (en forme de carotte) du sol. – De *carotte.*

carotteur, euse [kaʀɔtœʀ, øz] ou **carottier, ière** [kaʀɔtje, jɛʀ] adj. Qui carotte. ▷ Subst. *Un habile carotteur.* – De *carotter.*

carottier [kaʀɔtje] n. m. Outil servant au carottage. – De *carotter* (sens 2.).

caroube [kaʀub] ou **carouge** [kaʀuʒ] n. f. Fruit du caroubier, à pulpe comestible et sucrée. *La poudre de caroube est utilisée comme antidiarrhéique.* – Lat. médiév. *carrubia,* ar. *kharrùba.*

caroubier [kaʀubje] n. m. Arbre méditerranéen (fam. légumineuses), produisant la caroube et dont le bois dur est utilisé en menuiserie. – De *caroube.*

carouge [kaʀuʒ] n. m. Oiseau passériforme américain (fam. embérizidés) de la taille d'un étourneau, à bec conique et pointu, au plumage largement noir (oiseau mâle), commun dans les endroits humides. *Le carouge à épaulettes* (Agelaius phoeniceus) *porte sur l'aile une tache rouge bordée de blanc crème qui facilite son identification. Le carouge à tête jaune* (Xanthocephalus xanthocephalus) *des provinces de l'Ouest.* V. étourneau (sens 2). – Orig. incert., p.-ê. de *cap,* et *rouge.*

carougeois, oise [kaʀuʒwa, waz] adj. De Cap-Rouge. ▷ Subst. Habitant de Cap-Rouge. *Un(e) Carougeois(e).* – De *Ca(p)-Rouge.*

ENCYCL La graphie particulière *Carougeois* résulterait d'une prononciation singulièrement ancienne du toponyme. On relève, en effet, dans des documents aussi anciens que 1673 et 1680, Cap-Rouge orthographié *Carouge* et même *Cas Rouge,* sur une carte de 1709, dressée par Jean-Baptiste Decouagne. Aucune indication ne permet de croire, par ailleurs, à un quelconque lien étymologique avec l'oiseau dénommé *carouge,* d'autant plus que le motif d'attribution du nom au lieu repose sur la coloration rougeâtre du sol, en particulier près de la falaise de Cap-Rouge. On retrouve également le nom de lieu *Carouge* en France et en Suisse.

carpatique [kaʀpatik] adj. Des Carpates, montagnes d'Europe centrale.

1. carpe [kaʀp] n. f. **1.** Poisson d'eau douce (genre *Carpus,* fam. cyprinidés) de grande taille, à longue nageoire dorsale, dont la mâchoire supérieure est garnie de barbillons. *La carpe habite les eaux tranquilles et se prête aisément à l'élevage; elle a été introduite en Amérique au XIX*e *s.* **2.** Nom cour. de quelques poissons indigènes de taille moyenne (genres *Catostomus* et *Moxostoma*). **3.** Loc. fam. *Rester muet, silencieux comme une carpe:* ne pas prononcer un mot. *Bâiller comme une carpe,* largement et fréquemment. *Saut de carpe,* par lequel on se retourne sur le dos, en un seul mouvement, sans l'aide des mains, alors qu'on est allongé sur le ventre. – Bas lat. *carpa,* mot wisigothique.

2. carpe [kaʀp] n. m. ANAT Ensemble des huit petits os du poignet, répartis en deux rangées, reliant l'avant-bras au métacarpe. *Le grand os et l'os crochu font partie du carpe.* – Gr. *karpos,* «jointure».

-carpe, carpo-. Éléments, du gr. *karpos,* «jointure» ou «fruit», servant à former certains mots savants (métacarpe, carpocapse, etc.).

carpeau [kaʀpo] ou **carpillon** [kaʀpijɔ̃] n. m. Petit de la carpe, très petite carpe. – Dimin. de *carpe* 1.

carpelle [kaʀpɛl] n. m. BOT Chacune des pièces florales dont la réunion constitue le pistil, chez les angiospermes. – Du gr. *karpos*, «fruit».

carpentarien, ienne [kaʀpɑ̃taʀjɛ̃, jɛn] n. et adj. Membre d'un groupe d'indigènes australiens, de haute stature, minces et noirs de peau, qui, d'après certains ethnologues, seraient arrivés en Australie après les Tasmanoïdes et les Murrayens et auraient été l'une des souches du peuplement aborigène actuel. *Les Carpentariens.* ▷ Adj. *La famille carpentarienne.* – Du n. du golfe de *Carpentarie*, situé au N. de l'Australie.

carpette [kaʀpɛt] n. f. **1.** Petit tapis. **2.** Fig., fam. Personne servile, sans amour-propre. – Angl. *carpet*, rac. lat. *carpere.*

carphologie [kaʀfolɔʒi] n. f. MED Mouvement continuel et automatique des mains et des doigts qui semblent vouloir saisir un objet, au cours de certains délires (dans la fièvre typhoïde, par ex.). – Gr. *karphologia*, «action de ramasser des brins de paille».

carpien, ienne [kaʀpjɛ̃, jɛn] adj. Du carpe. *Les huit os carpiens.* – De *carpe* 2.

carpillon. V. carpeau.

carpo-. V.-carpe, carpo-.

carpocapse [kaʀpokaps] n. f. Papillon dont la chenille se développe dans les fruits à pépins, notam. les pommes et les poires. – Lat. zool. *carpocapsa*, de *carpo-*, et gr. *kaptein*, «dévorer».

carpophore [kaʀpofɔʀ] n. m. BOT Appareil qui porte les organes sporifères, chez les champignons ascomycètes et basidiomycètes. *Les «champignons de Paris» sont les carpophores d'*Agaricus bisporus. – De *carpo-*, et *-phore.*

carquois [kaʀkwa] n. m. Étui à flèches. – Lat. médiév. *tarcasius*, persan *terkech*, par le gr. byzantin.

carrare [kaʀaʀ] n. m. Marbre blanc veiné, extrait de carrières de Carrare, en Toscane.

carre [kaʀ] n. f. **1.** TECH Coin, angle saillant d'un objet. **2.** ARBOR Entaille faite au tronc des résineux pour en extraire la résine. **3.** SPORT Baguette de métal encastrée le long des bords inférieurs d'un ski. – De *carrer.*

carré [kaʀe] n. et adj. **A.** n. m. **I. 1.** Quadrilatère aux côtés égaux et perpendiculaires deux à deux. *Si le côté d'un carré vaut a, la diagonale vaut a* $\sqrt{2}$ et l'aire a^2. **2.** Figure, espace rappelant un carré. *Les carrés d'un échiquier. Carré de légumes. Carré de sable. – Un carré de ciel bleu.* ▷ (Dans des noms de lieux, d'après l'angl. *square.*) Espace public découvert et entouré de constructions. *Carré Saint-Louis. Carré d'Youville.* **3.** Objet de forme carrée ou présentant des angles droits. ▷ *Carré de soie, de coton:* foulard carré de soie, de coton. ▷ ANAT Muscle de forme presque carrée. *Carré du menton, de la cuisse.* ▷ BOUCH (Coupe parisienne) *Carré de côtes:* ensemble des côtes découvertes, premières et secondes chez le bœuf. *Carré de côtelettes:* ensemble des côtelettes du mouton, du porc, du veau. *Bas de carré, carré découvert de veau.* ▷ CUIS Morceau en forme de cube, de dé. *Carré de sucre. Découper des carrés de fromage.* – Petite pâtisserie découpée à angles droits. *Carrés aux dattes.* **4.** PECHE Filet carré tendu sur deux arceaux croisés, attachés à une perche. Syn. carreau, carrelet. **5.** MAR Local où les officiers, sur un navire, se réunissent, prennent leurs repas. **6.** MILIT Ordre de formation en bataille qui présentait la figure d'un carré ou d'un rectangle dont les quatre côtés faisaient face à l'ennemi. **7.** TECH Palier d'un escalier. **8.** JEU Réunion de quatre cartes de même valeur. *Un carré de rois, d'as.* **9.** TECH Clé de section carrée ou rectangulaire. **10.** *Carré magique:* tableau composé de nombres, tel que la somme des nombres situés sur une ligne, une colonne ou une diagonale est toujours la même. **II.** MATH Produit d'une expression, d'un nombre par lui-même. *Carré d'un nombre entier, d'une fraction. Le carré de l'hypoténuse. Élever un nombre au carré. Trois au carré* (3^2) *égale neuf.* **B.** adj. **I. 1.** Qui a la forme d'un carré. *Une surface carrée.* ▷ *Mètre, pied carré:* surface carrée d'un mètre, d'un pied de côté. ▷ *Centimètre, mètre, kilomètre... carré:* mesure d'une surface d'un centimètre, mètre, kilomètre... de côté. **2.** *Racine carrée* (d'un nombre donné): nombre dont le produit par lui-même est égal au nombre donné. *Racine carrée de seize égale quatre* ($\sqrt{16} = 4$). ▷ *Nombre carré*, dont la racine carrée est un entier. **II.** Dont la forme est celle, ou rappelle celle d'un carré, d'un cube. *Une cour carrée, un bonnet carré.* ▷ Qui a des angles bien découpés, nettement marqués. *Un menton, un front carré.* – Fig. *Être carré d'épaules.* – Fam. *Faire (mettre) la tête au carré à qqn*, lui tuméfier le visage en lui assénant des coups, au point de le déformer momentanément. ▷ MILIT *Bataillon carré*, rangé en carré. ▷ MAR *Voile carrée:* voile quadrangulaire aux vergues horizontales hissées par le milieu. – *Mât carré*, portant des voiles carrées. **III.** Qui a un caractère tranché, net et catégorique. *Se montrer carré en affaires. Un homme carré*, rude mais franc. – Du lat. *quadratus*, pp. de *quadrare*, «rendre carré».

carreau [kaʀo] n. m. **I. 1.** Pavé plat de terre cuite, faïence, linoléum, etc., de forme géométrique régulière, servant au revêtement des sols, des murs. *Carreaux protégeant un mur au-dessus d'un évier. Intercaler un grand carreau rectangulaire et deux petits carreaux carrés.* **2.** *Par ext.* Sol revêtu de carreaux. *Laver, vernir le carreau.* ▷ *Sur le carreau:* au sol, à terre, en parlant d'une personne vaincue, blessée ou tuée dans une lutte. *Rester sur le carreau. Laisser qqn sur le carreau.* **3.** MINES Emplacement au jour où se trouvent les bâtiments et les installations nécessaires à l'exploitation. **4.** Vitre d'une porte, d'une fenêtre. *Épier ses voisins derrière ses carreaux. Poser un carreau.* **5.** TECH Fer à repasser des tailleurs. **6.** Filet de pêche. (V. carré, sens I, 6.) **7.** Anc. Grosse flèche d'arbalète ou de baliste, à pointe pyramidale. **8.** Vx (langue classique). Coussin de forme carrée. ▷ TECH Coussin de dentellière. **II. 1.** Dessin, motif carré ou rectangulaire. *«Sa jupe à carreaux bleus et verts»* (Colette). *Des copies à grands, à petits carreaux.* **2.** Dessin, peinture. *Carreau de réduction, d'agrandissement:* réseau de lignes tracées sur le papier, la toile, permettant de réduire ou d'agrandir le modèle à reproduire. *Mise au carreau d'un modèle.* **III.** Une des quatre séries d'un jeu de cartes, dont la marque est un carreau rouge. *Roi de carreau.* ▷ Carte de cette série. *Il a trois carreaux.* ▷ Prov. *Qui (se) garde (à) carreau n'est jamais capot. – Se garder, se tenir à carreau:* prendre ses précautions, surveiller sa conduite afin d'éviter tout ennui ou erreur. – Lat. *quadrus.*

carreauté, ée [kaʀote] adj. À carreaux. *Une jupe carreautée.* – De *carreau.*

carrée [kaʀe] n. f. **1.** Vx Châssis garni de toile servant de fond de lit. **2.** Anc. Figure de note, carrée et sans queue, valant deux rondes. – De *carré.*

carrefour [kaʀfuʀ] n. m. **1.** Endroit où se croisent plusieurs routes, plusieurs chemins, plusieurs rues. **2.** Fig. Point de rencontre. *Le carrefour de deux civilisations.* ▷ Moment, point où doit s'effectuer un choix. *Se trouver au carrefour de sa vie.* ▷ Réunion organisée en vue d'un échange. *Inviter des personnalités à un carrefour sur le thème de l'avenir de l'Europe.* – Bas lat. *quadrifurcum*, «à quatre fourches».

carrelage [kaʀlaʒ] n. m. **1.** Action de carreler. **2.** Surface carrelée, revêtement constitué de carreaux. *Mettre un tapis sur le carrelage.* – De *carreler.*

carreler [kaʀle] v. tr. [22] **1.** Paver avec des carreaux. **2.** Tracer des carreaux sur. *Carreler un calque.* – De *carreau.*

carrelet [kaʀlɛ] n. m. **I. 1.** Poisson de mer plat (fam. pleuronectidés), portant de petites taches orange imitant des carrés. Syn. plie. **2.** Filet de pêche. **3.** Filet pour prendre les petits oiseaux. **II. 1.** Règle à section carrée. **2.** Petite lime à quatre faces. **3.** Aiguille à extrémité quadrangulaire, utilisée par les cordonniers, selliers, etc. – De *carrel,* anc. forme de «carreau».

carrelette [kaʀlɛt] n. f. TECH Appareil utilisé pour couper les carreaux de céramique. – De *carrelet,* (sens II, 2).

carreleur, euse [kaʀlœʀ, øz] n. Ouvrier, ouvrière qui pose le carrelage. – De *carreler.*

carrément [kaʀemɑ̃] adv. **1.** En carré, à angles droits. **2.** D'une façon nette, ferme et sans détours. *Je lui ai parlé, avoué carrément.* – De *carré.*

carrer [kaʀe] **I.** v. tr. [1] **1.** TECH Donner une forme carrée à. *Carrer une poutre, une pierre.* **2.** SPORT Ajuster les carres sur (des skis). **II.** v. pron. **1.** Vx Se donner une attitude, un air important, qui manifeste le contentement de soi. **2.** S'installer confortablement, en prenant ses aises. *Se carrer sur son siège.* – De *carré.*

carrick [kaʀik] n. m. Anc. Redingote ample, à collet très long ou à collets étagés. – Mot angl., «voiture légère» et «manteau de cocher».

carrier [kaʀje] n. m. Ouvrier ou entrepreneur travaillant à l'exploitation d'une carrière. – De *carrière* 1.

1. carrière [kaʀjɛʀ] n. f. Lieu, excavation (généralement à ciel ouvert) d'où l'on extrait des matériaux destinés à la construction. *Carrière de sable, de marbre, d'ardoise.* – P.-ê. lat. pop. **quadraria,* «lieu où l'on taille des pierres», de *quadrus,* «carré».

2. carrière [kaʀjɛʀ] n. f. **1.** Vx Lice, enclos pour les courses de chevaux ou de chars. – Mod. EQUIT Terrain d'exercice en plein air pour les cavaliers. ▷ *Donner carrière à un cheval:* le laisser galoper librement. – Par anal. *Donner carrière à:* donner libre cours à. *Donner carrière à sa fantaisie.* **2.** Litt., vieilli Mouvement, cours (du temps, d'un astre). *Le soleil achève sa carrière.* **3.** Fig., litt. Voie, chemin sur lequel on s'engage. *La carrière de l'honneur. Entrer dans la carrière,* dans la vie. **4.** Mod. Profession, activité impliquant une série d'étapes. *Il s'est lancé dans une carrière politique. Un grand choix de carrières. Une carrière littéraire,* d'homme de lettres. ▷ Branche d'activité professionnelle. *La carrière des armes, de la magistrature.* Fig. *Il a une carrière de séducteur devant lui.* ▷ Ensemble des étapes de la vie professionnelle. *Mener sa carrière habilement.* ▷ *La carrière* (ou *la Carrière*): la carrière diplomatique. *Embrasser la Carrière.* – Ital. *carriera,* «chemin de chars»; lat. pop. **carraria,* de *carrus,* «char».

carriérisme [kaʀjeʀism] n. m. Attitude d'une personne qui ne choisit une activité que pour satisfaire ses ambitions et ses intérêts personnels. ▷ Comportement dicté par le désir de réussir sa carrière, à n'importe quel prix. – De *carrière* 2, sens 4.

carriériste [kaʀjeʀist] n. Personne qui fait preuve de carriérisme. – De *carrière* 2, sens 4.

carriole [kaʀjɔl] n. f. **1.** Voiture d'hiver hippomobile, montée sur patins. **2.** Petite charrette couverte. – Ital. ou provenç. *carriola;* lat. *carrus,* «char».

carrossable [kaʀɔsabl] adj. Praticable pour les voitures. *Chemin carrossable.* – De *carrosse.*

carrossage [kaʀɔsaʒ] n. m. TECH Angle formé par le plan d'une roue avant et la verticale. – De *carrosser.*

carrosse [kaʀɔs] n. m. **1.** Anc. Luxueuse voiture à chevaux, à quatre roues, suspendue et couverte. ▷ Fig. *Rouler carrosse:* vivre dans l'opulence. ▷ *La cinquième roue du carrosse:* personne qui se sent inutile, dont on ne s'occupe pas. **2.** Petite corbeille d'osier dans laquelle on couche une bouteille de vin vieux, de façon à servir celui-ci sans le troubler. – Ital. *carrozza,* de *carro,* «char»; lat. *carrus.*

carrosser [kaʀɔse] v. tr. [1] **1.** Vx Voiturer en carrosse. **2.** Doter (un véhicule) d'une carrosserie. – De *carrosse.*

carrosserie [kaʀɔsʀi] n. f. **1.** Caisse, généralement en tôle, revêtant le châssis d'un véhicule. **2.** Industrie, commerce des carrosseries. – De *carrosse.*

carrossier [kaʀɔsje] n. m. Celui qui fabrique, répare des carrosseries. – De *carrosse.*

carrousel [kaʀuzɛl] n. m. **1.** Tournoi, parade où des cavaliers exécutent des joutes, des courses, des exercices divers. – Lieu où se donne un carrousel. ▷ Fig. *Un carrousel bruyant d'automobiles.* **2.** Dispositif de manutention constitué par un plateau, des éléments, etc., tournant autour d'un axe vertical. *Carrousel de distribution des bagages d'une aérogare.* – Ital. *carosello,* orig. incon.

carroyage [kaʀwajaʒ] n. m. Quadrillage servant à agrandir ou à réduire un dessin, une carte d'après modèle. – De *carroyer.*

carroyer [kaʀwaje] v. tr. [26] Exécuter un carroyage sur. – De *carreau.*

carrure [kaʀyʀ] n. f. **1.** Largeur du dos à la hauteur des épaules. *Avoir une belle, une forte carrure. La carrure d'une veste, d'un manteau.* **2.** Configuration large et carrée (du corps, d'une partie du corps). **3.** Fig. Envergure, valeur d'une personne. – De *carrer.*

cartable [kaʀtabl] n. m. **1.** Cahier muni d'anneaux dans lequel on classe des feuilles. **2.** (France) Serviette, sacoche d'écolier. V. sac d'école. – Lat. vulg. **cartabulum,* de *charta,* «papier».

carte [kaʀt] n. f. **I. 1.** Petit carton rectangulaire dont un côté est marqué d'une figure et d'une couleur (trèfle, carreau, cœur, pique), et dont on se sert pour jouer. *Un jeu de trente-deux, de cinquante-deux cartes. Des cartes à jouer. Battre, brasser les cartes. Une partie de cartes. Tours de cartes:* tours de prestidigitation exécutés avec des cartes. – *Château de cartes:* petit échafaudage, construction instable faite avec des cartes à jouer. *S'écrouler comme un château de cartes.* ▷ *Par anal.* Construction, projet fragile. – *Faire, tirer les cartes:* prédire l'avenir d'après la disposition des cartes. **2.** Loc. fig. *Avoir la carte forcée:* être obligé de se plier à certaines exigences. – *Brouiller les cartes:* semer volontairement la confusion, embrouiller une affaire. – *Avoir plus d'une carte dans son jeu:* avoir beaucoup de possibilités, de ressources. – *Jouer, mettre cartes sur table:* ne rien cacher. – *Jouer sa dernière carte:* tenter sa dernière chance. – *Jouer toutes ses cartes:* miser tout ce qu'on possède, tenter sa chance en utilisant toutes ses ressources. – *Jouer la carte de...:* s'appuyer, pour réussir, sur..., compter surtout sur... *Jouer la carte du charme, de l'économie.* – *Connaître le dessous des cartes:* connaître les dessous d'une affaire. **II.** Pièce attestant l'identité de qqn ou son appartenance à un groupe. *Carte de presse,* délivrée aux journalistes. *Carte d'assurance sociale. Carte d'assurance-maladie. Carte d'étudiant. Carte de crédit. Carte grise* (France), indiquant les caractéristiques d'un véhicule et le nom de son propriétaire (certificat d'immatriculation, au Québec). **III. 1.** Au restaurant, liste des mets et des boissons, avec leurs prix. *Déjeuner, dîner à la carte,* qu'on compose en choisissant les plats sur la carte (opposé à *dîner au menu*). **2.** *Carte de visite,* ou *carte:* petit carton rectangulaire sur lequel on fait imprimer son nom, éventuellement son adresse, sa profession, ses titres. *Laisser, envoyer, donner sa carte.* **3.** *Carte postale,* ou *carte:* carte dont le recto est illustré et dont le verso est destiné à la correspondance. *Il a reçu une carte du Brésil.* **4.** TECH *Carte perforée,* dont les perforations constituent la notation d'informations à traiter par une machine. – *Carte magnétique,* munie de pistes magnétiques sur lesquelles sont enregistrées des informations. **5.** Loc. *Donner carte blanche à qqn:* lui laisser le choix, la liberté d'agir. **IV.** GEOGR Représentation plane à échelle réduite d'une surface de terrain. *Dessiner, reproduire la carte du Québec. Une carte des climats. Carte électorale,* où sont indiquées les limites des circonscriptions électorales. *Carte des routes à grande circulation. Carte marine. Carte de la Lune, du ciel.* ▷ Loc. fig. Fam. *Perdre la carte:* perdre connaissance; perdre la raison. – Lat. *charta,* «papier».

1. cartel [kaʀtɛl] n. m. **1.** Anc. Provocation en duel (par l'intermédiaire d'un *carton*). **2.** Cartouche ornant le cadre de certaines pendules. ▷ Pendule ainsi encadrée, accrochée au mur. – Ital. *cartello,* «affiche», de *carta,* «papier».

2. cartel [kɑʀtɛl] n. m. **1.** ECON Groupement, coalition de sociétés industrielles ou commerciales tendant à s'assurer la domination du marché en éliminant la concurrence et en évitant la baisse des prix. **2.** POLIT Union, accord passé entre des organisations politiques, syndicales, etc., en vue d'une action commune déterminée. – Calque de l'all. *Kartell,* «défi», de m. orig. que *cartel* 1, sens 1.

carte-lettre [kaʀtəlɛtʀ] n. f. Feuille de papier utilisée pour la correspondance, pliée et collée sans enveloppe, et qui est taxée comme une lettre. *Des cartes-lettres.* – De *carte,* et *lettre.*

cartellisation [kaʀtelizasjɔ̃] n. f. Fait de se grouper en cartel. – De *cartel.*

carter [kaʀtɛʀ] n. m. Enveloppe métallique rigide destinée à protéger un mécanisme ou à éviter les accidents qu'il est susceptible de provoquer. – Mot angl., du n. de l'inventeur J. H. *Carter.*

cartésianisme [kaʀtezjanism] n. m. Philosophie de Descartes. ▷ *Par ext.* Philosophie de ses disciples ou continuateurs (notam. Malebranche, Spinoza, Leibniz). – De *cartésien.*

cartésien, ienne [kaʀtezjɛ̃, jɛn] adj. (et n.) **1.** Relatif à la doctrine, à la pensée de Descartes. ▷ Subst. Partisan de la philosophie, des théories de Descartes. **2.** Qui présente les caractères attribués à la pensée de Descartes (ordre, rigueur, méthode). **3.** *Coordonnées cartésiennes:* système de coordonnées imaginé par Descartes, dans lequel un point est défini par ses distances à trois axes généralement orthogonaux entre eux. ▷ *Produit cartésien de deux ensembles E et F:* ensemble des couples (x, y) [$x \in E, y \in F$]. – De *Cartesius,* n. lat. de *Descartes,* philosophe français (1596-1650).

carthaginois, oise [kaʀtaʒinwa, waz] n. De Carthage, v. de Tunisie. ▷ Adj. *Antiquités carthaginoises.*

carthame [kaʀtam] n. m. Composée du genre *Carthamus,* dont une espèce, le carthame des teinturiers *(Carthamus tinctorius),* donne deux colorants, le safran bâtard, jaune, et la carthamine, rouge cramoisi. – Lat. médiéval *carthamus,* ar. *qūrtūm.*

cartier [kaʀtje] n. m. Fabricant, vendeur de cartes à jouer. – De *carte.*

cartilage [kaʀtilaʒ] n. m. Tissu conjonctif typique des cordés, dur, élastique, blanc laiteux, constituant le squelette primaire des embryons avant leur ossification. (Ce tissu ne persiste chez les adultes qu'au niveau des articulations: cartilages articulaires, et de quelques organes: pavillons auriculaires, nez, etc. Seuls les poissons chondrichthyens conservent un squelette cartilagineux à l'état adulte.) – Lat. *cartilago.*

cartilagineux, euse [kaʀtilaʒinø, øz] adj. De la nature du cartilage, composé de cartilage. *Tissus cartilagineux.* – De *cartilage.*

cartisane [kaʀtizan] n. f. Petit morceau de carton, entouré de fil de soie, d'or ou d'argent, faisant relief dans certaines broderies. – Ital. *carteggiana,* «petit carton», de *carta,* «papier».

cartographe [kaʀtɔgʀaf] n. Spécialiste de la cartographie. – De *carte,* et *-graphe.*

cartographie [kaʀtɔgʀafi] n. f. Technique de l'établissement des cartes, des plans, d'après les données des recherches géographiques. – De *carte,* et *-graphie.*

cartographique [kaʀtɔgʀafik] adj. De la cartographie, relatif à la cartographie. *Recherches cartographiques.* – Du préc.

cartomancie [kaʀtɔmɑ̃si] n. f. Divination à partir des cartes à jouer. – De *carte,* et *mancie.*

cartomancien, ienne [kaʀtɔmɑ̃sjɛ̃, jɛn] n. Personne pratiquant la cartomancie. – De *cartomancie.*

carton [kaʀtɔ̃] n. m. **1.** Feuille assez rigide, d'épaisseur variable, constituée d'une couche de pâte à papier ou de plusieurs feuilles de papier collées ensemble. *Une boîte de carton, une couverture de livre en carton.* ▷ *Carton-pâte:* carton fabriqué à partir de vieux chiffons, de cartons usagés. – Loc. fig. *De, en carton-pâte,* dont le caractère factice est évident. *Décors en carton-pâte. Personnages en carton-pâte d'un mauvais film.* ▷ *Carton mixte:* carton de pâte dont les deux faces sont recouvertes d'une feuille de papier fort. ▷ *Carton-paille,* dont la pâte est à base de fibres de paille hachées. ▷ *Carton-cuir:* carton enduit de caoutchouc, de résines synthétiques, etc., imitant le cuir. ▷ *Carton-pierre:* carton à la pâte duquel on a incorporé de l'argile, de la craie, etc., et dont la consistance et l'aspect rappellent la pierre. ▷ *Carton ondulé,* présentant des ondulations qui le rendent plus rigide. **2.** Boîte, emballage de carton fort. *Un carton à chapeau. Carton à dessin.* ▷ Casier destiné à ranger, à classer des papiers, des documents. *Projet qui reste dans les cartons,* qui reste en sommeil, qui n'est pas exploité, utilisé. **3.** Composition exécutée sur un carton léger, et destinée à être reproduite (vitrail, tapisserie, fresque). *Les cartons de Raphaël.* **4.** IMPRIM Ensemble de feuilles imprimées que l'on substitue à d'autres, dans un livre. **5.** Cible de carton sur laquelle on s'exerce au tir. *Faire un carton:* tirer sur une cible d'exercice en carton; *par ext.,* sur une cible quelconque. – Ital. *cartone,* augmentatif de *carta,* «papier».

cartonnage [kaʀtɔnaʒ] n. m. **1.** Emballage, ouvrage en carton. **2.** Fabrication d'objets en carton. **3.** Action de cartonner un livre. ▷ Reliure ainsi obtenue. – De *cartonner.*

cartonner [kaʀtɔne] v. tr. **[1]** **1.** Munir, garnir de carton. **2.** Relier (un livre) avec du carton. – De *carton.*

cartonnerie [kaʀtɔnʀi] n. f. **1.** Industrie, commerce du carton. **2.** Fabrique de carton. – De *carton.*

cartonneux, euse [kaʀtɔnø, øz] adj. Qui a l'aspect, la consistance du carton. – De *carton.*

cartonnier, ière [kaʀtɔnje, njɛʀ] n. **1.** Personne qui fabrique, qui vend du carton. **2.** n. m. Meuble de bureau pour le classement des dossiers, dont les tiroirs sont des boîtes en carton. **3.** Artiste réalisant des cartons (sens 3). – De *carton.*

cartophile [kaʀtɔfil] n. Celui, celle qui collectionne des cartes postales. – De *carte,* et *-phile.*

cartothèque [kaʀtɔtɛk] n. f. Meuble, local où l'on conserve des cartes (sens IV). – De *carte*, et *-thèque*.

1. cartouche [kaʀtuʃ] n. m. **1.** Ornement sculpté, présentant une surface destinée à recevoir une inscription, des armoiries. **2.** Encadrement de certaines inscriptions hiéroglyphiques. ▷ Encadrement de l'écu des armoiries. **3.** Encadrement renfermant les références d'une carte, d'un plan (numéro d'ordre, titre, date, échelle, etc.). – Ital. *cartoccio*, «cornet de papier», de *carta*, «papier».

2. cartouche [kaʀtuʃ] n. f. **1.** Étui de carton ou de métal contenant la charge d'une arme à feu. *Le culot, la douille, l'amorce d'une cartouche. – La bourre de fermeture d'une cartouche à plombs, d'une cartouche de chasse. – L'ogive de tête d'une cartouche à balle, d'une cartouche de guerre. Cartouche à blanc*, sans projectile. **2.** Étui contenant des matières explosives. *Une cartouche de dynamite.* **3.** Petit étui, généralement cylindrique, contenant un produit qui nécessite une certaine protection. *Cartouche d'encre pour stylo. Cartouche de gaz pour briquet, pour réchaud de camping.* **4.** Emballage contenant plusieurs paquets de cigarettes. *Une cartouche de cigarettes.* – Ital. *cartuccia*.

cartoucherie [kaʀtuʃʀi] n. f. **1.** Fabrique de cartouches. **2.** Dépôt de cartouches. – De *cartouche* 2.

cartouchière [kaʀtuʃjɛʀ] n. f. Sac de cuir, de toile, ou série d'étuis montés en ceinture ou en baudrier pour porter les cartouches. – De *cartouche* 2.

cartulaire [kaʀtylɛʀ] n. m. Cour. Registre sur lequel on inscrivait autref. les chartes, titres, actes de donations, concernant les biens temporels d'un monastère, d'une église. ▷ Cet acte lui-même. – Lat. médiév. *cartularius*, «archiviste», de *carta*, «papier».

carvi [kaʀvi] n. m. Plante herbacée de la famille des ombellifères (*Carum carvi*), appelée aussi *anis, cumin des prés*, dont la racine et les fruits sont aromatiques. – Lat. médiév., ar. *karāwiya*, «racine à sucre».

cary. V. cari.

caryatide. V. cariatide.

caryo-. Élément, du gr. *karuon*, «noyau, noix».

caryocinèse [kaʀjosinɛz] n. f. BIOL Division du noyau cellulaire lors de la mitose. – De *caryo-*, et gr. *kinêsis*, «mouvement».

caryogamie [kaʀjogami] n. f. BIOL Fusion du noyau du gamète mâle avec le noyau du gamète femelle, lors de la fécondation. – De *caryo-*, et *-gamie*.

caryogramme [kaʀjogʀam] n. m. BIOL Nombre de chromosomes défini par une formule constante pour une espèce donnée et comprenant les paires de chromosomes identiques *(autosomes)* et le ou les chromosomes sexuels *(allosomes* ou *hétérochromosomes)*. (Le caryogramme de l'espèce humaine est de 46 chromosomes, soit 2 fois 22 autosomes et 2 chromosomes sexuels: 2 chromosomes X chez la femme; 1 chromosome X et 1 chromosome Y chez l'homme.) – De *caryo-*, et *-gramme*.

caryolyse [kaʀjoliz] n. f. BIOL Mort du noyau cellulaire. – De *caryo-*, et *-lyse*.

caryolytique [kaʀjolitik] adj. et n. BIOCHIM Se dit des substances provoquant la caryolyse. – Du préc.

caryophyllacées [kaʀjofilase] n. f. pl. Famille de plantes dicotylédones dialypétales, à ovaires libres et feuilles opposées. *Les caryophyllacées comprennent des espèces ornementales comme l'œillet, et des espèces médicinales comme la saponaire.* – Lat. *caryophyllum*, gr. *karuophullon*, «giroflier».

caryophyllé, ée [kaʀjofile] adj. Se dit de fleurs dont les cinq pétales sont recouverts par le tube du calice. ▷ N. f. *Une caryophyllée.* – V. caryophyllacées.

caryopse [kaʀjɔps] n. m. BOT Fruit sec indéhiscent, typique des graminées, dans lequel le péricarpe est soudé à l'unique graine qu'il contient. – De *caryo-*, et gr. *opsis*, «apparence».

caryotype [kaʀjotip] n. m. MED Nombre de chromosomes contenus dans les cellules d'un individu, dont l'examen (par culture cellulaire et microphotographie) permet d'établir le diagnostic de certaines maladies chromosomiques (la trisomie 21, par ex.). – De *caryo-*, et *-type*.

1. cas [kɑ] **I.** n. m. **1.** Ce qui arrive ou est arrivé; ce qui peut se produire; situation. *Cas grave, rare, imprévu. On peut, selon les cas, choisir la solution la mieux adaptée. Il est dans un cas particulièrement délicat. J'ai évoqué votre cas à la dernière réunion.* ▷ DR *Cas fortuit:* événement causé par des éléments extérieurs imprévisibles et irrésistibles, rendant impossible l'exécution d'une obligation. **2.** Ce qui peut être la cause de qqch. *Un cas de guerre* (V. casus belli). *C'est un cas de divorce.* **3.** Manifestation d'une maladie, atteinte. *On a relevé dix cas de choléra.* **4.** *Faire cas de:* apprécier, accorder de l'importance à. *Il fait grand cas de votre avis.* **5.** *Cas de conscience:* difficulté ou question sur ce que la conscience ou la foi permet ou défend en certaines circonstances. **6.** Appos. (précédant un n. pr.). *Le cas X:* la personne de X, considérée sous l'angle des questions ou des problèmes particuliers qu'elle soulève. *Le cas Wagner. Untel est un cas.* **7.** Loc. *C'est le cas de le dire:* cette parole est opportune, tombe bien, est à propos. **II. 1.** Loc. prép. *En cas de:* dans l'hypothèse de. *En cas d'incendie, appeler les pompiers.* **2.** Loc. adv. *En tout cas, dans tous les cas:* quoi qu'il en soit, quoi qu'il arrive. ▷ *En ce cas:* dans cette hypothèse. ▷ *En aucun cas* (dans une propos. nég.): quoi qu'il arrive. **3.** Loc. conj. *Au cas que* (vieilli), *au cas où:* à supposer que. *Dans le cas où, pour le cas où:* s'il arrivait que. – Lat. *casus*, «événement, chute, cas grammatical», pp. de *cadere*, «tomber».

2. cas [kɑ] n. m. Chacune des formes qu'un mot est susceptible de prendre dans une langue à flexions, et qui exprime sa relation aux autres parties du discours. *Le latin, l'allemand sont des langues à cas. Cas directs:* le nominatif, l'accusatif, et parfois le vocatif. *Cas régime.* V. régime. – *Cas obliques:* les autres cas du paradigme. – Lat. *casus*, calque du gr. *ptôsis*, «déviation» (par rapport au nominatif).

casanier, ière [kazanje, jɛʀ] adj. **1.** Qui aime à rester chez soi, à ne pas bouleverser ses habitudes. *Une femme casanière.* ▷ Subst. *C'est un casanier comme beaucoup de vieux garçons.* **2.** Propre aux personnes casanières. *Une vie, des goûts casaniers.* – P.-ê. ital. *casaniere*, de *casa*, «maison».

casaque [kazak] n. f. **1.** Manteau ample à longues manches. ▷ Fig. *Tourner casaque:* changer d'avis, de parti. **2.** Vieilli Blouse, tunique de femme que l'on porte sur une jupe. **3.** SPORT Veste de jockey en soie, de couleur voyante. – Persan *kazagand*.

casbah [kazba] n. f. **1.** Anc. Palais du souverain, citadelle, dans une ville d'Afrique du N. **2.** Mod. Quartier anc. des villes d'Afrique du N. *La Casbah d'Alger.* – Ar. *qaçaba, qaçba*, «citadelle».

cascade [kaskad] n. f. **1.** Chute d'eau, succession étagée de chutes d'eau. *L'eau tombait en cascade, de plusieurs dizaines de mètres de hauteur.* Fig. *Une cascade de rires, de paroles, de chiffres.* ▷ Loc. *En cascade:* à de courts intervalles. *Avoir des ennuis en cascade.* **2.** Chute, numéro périlleux d'un acrobate, d'un coureur automobile, d'un gymnaste, etc. ▷ CINE *C'est un acrobate qui double la vedette du film pour les cascades.* **3.** ELECTR *Association en cascade:* montage d'appareils en série. – Ital. *cascata*, de *cascare*, «tomber».

cascader [kaskade] v. intr. [1] **1.** Tomber en cascade. **2.** Pop. et vieilli Faire le cascadeur (au sens 1), le noceur. – De *cascade.*

cascadeur, euse [kaskadœʀ, øz] **1.** n. (et adj.). Pop. et vieilli Personne qui mène une vie débridée, qui fait la noce. ▷ Adj. *Un garçon cascadeur.* **2.** n. Acrobate qui, dans un cirque, exécute des sauts périlleux, des chutes diverses. ▷ CINE Personne qui exécute une cascade. – De *cascader.*

cascara sagrada [kaskaʀasagʀada] n. f. BOT Écorce, aux propriétés laxatives, de *Rhamnus purshiana* (fam. rhamnacées), arbre des côtes du Pacifique. – Esp. *cáscara,* «écorce», et *sagrada,* «sacrée».

cascatelle [kaskatɛl] n. f. Litt. Petite cascade. – Ital. *cascatella,* de *cascata,* «cascade».

case [kɑz] n. f. **I.** Habitation en matériaux légers des pays chauds. **II. 1.** Compartiment d'un tiroir, d'une boîte, d'un meuble, etc., à usage déterminé. **2.** Division, compartiment délimité sur une surface. *Les cases d'un registre. Mettez une croix dans la case correspondant à votre choix. Les cases d'une bande dessinée. Les cases d'un jeu de jacquet, de dames.* **3.** Loc. fam. *Avoir une case en moins, une case (de) vide:* être un peu fou, ou simple d'esprit. – Lat. *casa,* «chaumière».

caséeux, euse [kazeø, øz] adj. **1.** Qui a l'apparence du fromage. **2.** MED *Lésions tuberculeuses caséeuses,* ayant l'aspect du fromage. – Du lat. *caseus,* «fromage».

caséification [kazeifikasjɔ̃] n. f. Fait de se caséifier. – Du lat. *caseus,* «fromage».

caséifier [kazeifje] v. [1] **1.** v. tr. Faire coaguler la caséine de. *Caséifier du lait.* **2.** v. pron. MED Se nécroser en prenant un aspect caséeux. – Du lat. *caseus,* «fromage».

caséine [kazein] n. f. Protéine contenue dans le lait. – Du lat. *caseus,* «fromage».

casemate [kazmat] n. f. Abri (auj. en béton armé) servant de protection contre les tirs d'artillerie et les attaques aériennes. – Ital. *casamatta,* «maison folle».

caser [kɑze] **I.** v. tr. [1] Trouver une place pour; mettre à la place qui convient. *Caser des bagages dans le coffre d'une voiture.* – Fam. *Où allons-nous vous caser?* **II.** Fam. **1.** v. tr. Trouver pour (qqn) un emploi, une situation. *Caser ses enfants dans l'Administration.* **2.** v. pron. S'établir en un lieu, trouver un emploi. ▷ Se marier. *Il a fini par se caser.* – De *case.*

caserne [kazɛʀn] n. f. **1.** Bâtiment destiné au logement des troupes. ▷ Ensemble des troupes logées dans ce bâtiment. **2.** Fig. Vaste bâtiment peu avenant. **3.** Organisation, lieu où les individus sont enrégimentés comme des soldats. – Provenç. *cazerna,* «groupe de quatre», lat. *quaterna.*

casernement [kazɛʀnəmɑ̃] n. m. **1.** Action de caserner. **2.** Lieu où l'on caserne les troupes. *Revue de casernement.* – De *caserner.*

caserner [kazɛʀne] v. tr. [1] Loger (des hommes) dans une caserne. – De *caserne.*

cashew. V. cachou 2.

casier [kɑzje] n. m. **I. 1.** Meuble de rangement composé de rayons, de compartiments. *On peut ranger cent bouteilles dans ce casier.* **2.** Petit meuble de rangement individuel. *Il y a un casier muni d'un cadenas au-dessus de chaque lit.* **3.** Case d'un meuble. **4.** PECHE Nasse d'osier. **II.** Fig. *Casier judiciaire:* relevé des condamnations criminelles ou correctionnelles dont un individu a fait l'objet; lieu, service où sont enregistrées ces condamnations. *Casier judiciaire vierge,* ne comportant aucune condamnation criminelle ou correctionnelle. – De *case.*

casimir [kazimiʀ] n. m. Étoffe fine et légère, faite de fils de laine croisés. – Altér. angl. *cassimere,* de *kerseymere,* «cariset», de *kashmir.*

casino [kazino] n. m. Établissement de jeux, où l'on donne aussi des spectacles (notam. dans une stat. baln. ou therm.). – Ital. *casino,* «maison de jeux».

casoar [kazɔaʀ] n. m. Oiseau coureur, atteignant deux mètres, au cou et à la tête déplumés, portant sur le crâne une sorte de casque corné; il vit en Australie et en Nouvelle-Guinée. – Lat. zool. *casoaris,* malais *kasuvari.*

casque [kask] n. m. **I. 1.** Coiffure rigide, faite d'un matériau résistant, pour protéger la tête. *Les Gaulois portaient des casques de cuivre ornés de cornes de taureau, de cerf, etc. Casque de hockey. Casque de pompier. Casque de motocyclette. Casque de sécurité,* que doivent porter les ouvriers sur les chantiers de construction. **2.** Vieilli Bonnet de fourrure. *Casque à palette:* casquette de fourrure. – Fig. *Un gros casque:* un personnage important. ▷ Cour. *Casque de bain:* bonnet de bain. ▷ Loc. fig. fam. *En avoir plein le casque, son casque:* en avoir par-dessus la tête, en avoir assez. **3.** Ensemble de deux écouteurs, appliqués sur les oreilles par un ressort cintré. Syn. écouteurs. **4.** Appareil chauffant utilisé pour le séchage des cheveux. *Rester sous le casque chez le coiffeur.* **II. 1.** Mollusque gastéropode des mers chaudes dont on découpe l'épaisse coquille en fragments pour y sculpter des camées. **2.** BOT Partie supérieure, en forme de casque, du calice ou de la corolle de certaines fleurs. **3.** Protubérance sur la tête ou le bec de certains oiseaux. – Esp. *casco,* «tesson», puis «crâne», et «casque», de *cascar,* «briser».

casqué, ée [kaske] adj. Coiffé d'un casque. – De *casque.*

casquer [kaske] v. intr. [1] Fam. Donner de l'argent, débourser. – Ital. *cascare,* «tomber».

casquette [kaskɛt] n. f. Coiffure (surtout masculine), béret à visière. – Dimin. de *casque.*

casquettier, ière [kaskətje, jɛʀ] n. Personne qui confectionne, qui vend des casquettes. – De *casquette.*

cassable [kasabl] adj. Qui peut se casser. Ant. incassable. – De *casser.*

cassage [kasaʒ] n. m. Action de casser. – De *casser.*

cassant, ante [kasɑ̃, ɑ̃t] adj. **1.** Qui est fragile, qui se casse facilement. *Une pâte à tarte desséchée et cassante.* **2.** Autoritaire, dur, tranchant. *C'est un homme sec et cassant. Un ton cassant.* **3.** Pop. Qui fatigue (surtout dans des phrases à valeur négative). *Un boulot pas trop cassant.* – Ppr. de *casser.*

cassate [kasat] n. f. Crème glacée de différents parfums fourrée de fruits confits. *Une tranche de cassate.* – Ital. *cassata.*

1. cassation [kasasjɔ̃] n. f. **1.** Sanction par laquelle un militaire gradé est cassé de son grade. **2.** DR Annulation, par un tribunal compétent, d'une décision administrative ou judiciaire rendue illégalement ou irrégulièrement. *Cassation d'un règlement municipal.* ▷ (France) *Cour de cassation:* juridiction suprême de l'ordre judiciaire. *La Cour de cassation rejette un pourvoi, ou casse et annule la décision de la cour d'appel.* – De *casser.*

2. cassation [kasasjɔ̃] n. f. MUS Suite pour divers instruments, formée de courts morceaux et destinée à être exécutée en plein air. – Ital. *cassazione,* «départ».

cassave [kasav] n. f. Galette préparée avec la fécule du manioc. – Esp. *cazabe,* mot de Haïti.

1. casse [kɑs] n. f. TYPO Boîte plate à petits rebords, divisée en compartiments ou *cassetins* de taille inégale, et contenant les caractères typographiques.

Haut de casse: ensemble des cassetins du haut, contenant les majuscules. – *Texte en haut-de-casse,* en majuscules. – *Bas de casse:* ensemble des cassetins du bas contenant les signes les plus employés, notam. les minuscules. – *Texte en bas-de-casse,* en minuscules. – Ital. *cassa,* «caisse».

2. casse [kɑs] n. f. **1.** Légumineuse tropicale donnant des fruits, en forme de longue gousse, qui renferment une pulpe utilisée autref. pour ses propriétés purgatives. **2.** Fruit de la casse. **3.** Laxatif préparé avec ce fruit. ▷ Prov. *Passe-moi la casse, je te passerai le séné:* faisons-nous des concessions mutuelles. – Lat. *cassia,* gr. *kassia.*

3. casse [kɑs] n. f. **1.** Plat de terre pour rôtir les viandes au four. ▷ *Casse-à-rôt:* lèchefrite. **2.** Grande cuillère utilisée par les verriers. – Provenç. *cassa,* lat. pop. *cattia,* «poêle».

4. casse [kɑs] **1.** n. f. Action de casser; dommage qui en résulte. *Il y a eu de la casse pendant le déménagement. Payer la casse. Vendre à la casse:* vendre un objet fabriqué au poids de la matière première. **2.** n. m. Arg. Cambriolage. *Faire un casse.* – Déverbal de *casser.*

1. cassé [kase] n. m. Degré de cuisson du sucre qui, jeté dans de l'eau froide, devient cassant. – De *casser.*

2. cassé, ée [kase] adj. **1.** Rompu, mis en pièces. *Un verre cassé. Avoir un bras cassé.* **2.** (France) Qui ne fonctionne plus. V. brisé. **3.** DR Annulé. *Arrêt cassé* (V. cassation 1, sens 2). **4.** Privé de son grade. *Un sergent cassé* (V. cassation 1, sens 1). **5.** *Vin cassé,* atteint de cassure. **6.** *Voix cassée,* éraillée, qui a perdu la clarté de son timbre normal. **7.** Usé, infirme. *Un vieillard tout cassé.* **8.** *Blanc cassé:* blanc modifié par l'adjonction d'une très petite quantité de couleur. *Un blanc cassé de jaune.* – Pp. de *casser.*

1. casseau [kaso] n. m. **1.** TYPO Moitié de casse. **2.** VETER Plur. Pièces de bois cylindriques servant à la castration des animaux. – De *casse* 1.

2. casseau. V. cassot.

casse-cou [kasku] n. m. inv. **1.** Endroit où l'on risque de tomber. *Cet escalier est un vrai casse-cou.* ▷ Adj. *Parcours casse-cou.* **2.** Fam. Personne téméraire, qui prend des risques sans réfléchir. *C'est un dangereux casse-cou.* ▷ Adj. *Elle est très casse-cou.* – De *casser,* et *cou.*

casse-croûte [kaskʀut] n. m. inv. **1.** Petit restaurant qui offre des mets rapides et des rafraîchissements qu'il faut général. demander au comptoir. *S'arrêter dans un casse-croûte pour acheter des frites.* Syn. (fam.) snack-bar. **2.** Repas léger pris rapidement. – De *casser,* et *croûte.*

casse-gueule [kasgœl] **I.** n. m. inv. Fam. **1.** Entreprise qui présente des risques. **2.** Casse-cou, endroit où l'on risque de tomber. **II.** adj. inv. **1.** Qui présente des risques. *Décision, itinéraire casse-gueule.* **2.** Téméraire, casse-cou (personnes). – De *casser,* et *gueule.*

cassement [kasmɑ̃] n. m. **1.** Action de casser (peu us.). **2.** *Cassement de tête:* résultat d'une grande fatigue due au bruit, au surmenage... – De *casser.*

casse-noisette ou **casse-noisettes** [kasnwazɛt] n. m. Petit instrument, petite pince qui sert à casser les coques des noisettes. – De *casser,* et *noisettes.*

casse-noix [kasnwa] n. m. inv. **1.** Instrument du même type que le casse-noisette, utilisé pour casser les noix. **2.** ZOOL Nom cour. des passériformes du genre *Nucifraga,* dont le puissant bec, droit, casse les noisettes et les graines de pin. – De *casser,* et *noix.*

casse-pattes [kaspat] n. m. inv. Fam. Eau-de-vie très forte, de qualité médiocre. – De *casser,* et *patte.*

casse-pieds [kaspje] adj. (et n.) inv. Fam. Qui ennuie, dérange. *Un voisin casse-pieds.* Syn. importun, raseur. – *Une affaire casse-pieds.* – De *casser,* et *pied.*

casse-pierre ou **casse-pierres** [kaspjɛʀ] n. m. **1.** Plante qui pousse sur les pierres. V. pariétaire. **2.** Machine, instrument pour briser les pierres. ▷ Gros tamponnoir. – De *casser,* et *pierre.*

casse-pipe ou **casse-pipes** [kaspip] n. m. Pop. La mort sur le champ de bataille. – La bataille, le front. *Aller, monter au casse-pipe.* – De *casser,* et *pipe.*

casser [kase] **I.** v. tr. [1] **1.** Briser, réduire en morceaux. *Casser un vase. Le vent a cassé les branches.* ▷ Fig., prov. *Qui casse les verres les paie:* qui cause un préjudice doit le réparer. ▷ Pop. *Casser la gueule à qqn,* le battre, le rouer de coups. ▷ *Casser la tête:* importuner. ▷ *Casser du sucre sur (le dos de) qqn,* dire du mal de lui. ▷ Fam. *Casser la croûte:* manger. ▷ Pop. *Casser sa pipe:* mourir. ▷ Loc. *À tout casser:* extraordinaire. *Un banquet à tout casser.* ▷ Fam. *Cela ne casse rien:* cela ne sort pas de l'ordinaire, de la banalité. ▷ Fam. *Casser les pieds à qqn,* l'importuner. ▷ Fam. *Casser le morceau:* avouer. ▷ *Casser les prix, les cours:* provoquer une baisse brusque des prix, des cours. **2.** DR Annuler. *Casser une décision, un règlement.* **3.** Dégrader. *Casser un officier.* **II.** v. intr. Se rompre, se briser. *Ce bois casse facilement.* **III.** v. pron. **1.** Se rompre, se briser. *La potiche s'est cassée en tombant.* ▷ Fig., fam. *Se casser la tête:* s'appliquer à une chose avec acharnement; s'efforcer de trouver une solution à un problème. ▷ (surtout en tournure négative, s. comp.) Se donner du mal. *Tu ne t'es pas beaucoup cassé pour le faire.* ▷ *Se casser le nez:* ne pas réussir dans une entreprise. – Ne pas rencontrer qqn chez lui. **2.** Pop. *Se casser:* s'en aller, s'enfuir. – Lat. *quassare,* de *quatere,* «secouer».

casserole [kasʀɔl] n. f. **1.** Ustensile de cuisine cylindrique à fond plat muni d'un manche. ▷ Loc. pop. *Passer à la casserole:* subir un traitement désagréable auquel on ne peut se soustraire. **2.** Fam. Instrument désaccordé. ▷ *Chanter comme une casserole:* chanter faux. – De *casse* 3.

casserolée [kasʀɔle] n. f. Contenu d'une casserole. – De *casserole.*

casse-tête [kastɛt] n. m. inv. **1.** Courte massue utilisée comme arme de guerre. **2.** Bruit fatigant. **3.** Travail, problème demandant beaucoup d'application, de concentration. ▷ *Casse-tête chinois:* question, jeu, problème, dont la solution est difficile à trouver. – De *casser,* et *tête.*

cassetin [kastɛ̃] n. m. TYPO Compartiment d'une casse d'imprimerie. – Ital. *cassettino,* de *cassetta.* V. cassette.

cassette [kasɛt] n. f. **1.** Petit coffre où l'on range ordinairement des objets précieux, de l'argent. *La cassette d'Harpagon.* **2.** Trésor personnel d'un roi, d'un prince. **3.** Étui contenant une bande magnétique, permettant de charger un magnétophone ou un magnétoscope instantanément. – Ital. *cassetta,* de *cassa,* «caisse».

casseur, euse [kasœʀ, øz] **I.** n. **1.** Personne dont le métier est de casser. *Casseur de pierres.* ▷ Commerçant qui casse et revend au poids brut des objets usagés. – *Spécial.* Ferrailleur. **2.** Arg. Cambrioleur. **3.** *Un casseur:* un mauvais garçon, un affranchi, un dur. *Jouer les casseurs.* **II.** adj. Fam. Qui casse beaucoup par maladresse. – De *casser.*

1. cassis [ka(ɑ)sis] n. m. **1.** Arbuste (on dit aussi *cassissier*) à baies noires aromatiques et comestibles (*Ribes nigrum,* fam. grossulariacées). **2.** Fruit de cet arbuste. **3.** Liqueur tirée de ce fruit. – Mot poitevin, de *casse* 2, le cassis ayant servi de laxatif, comme la casse.

2. cassis [ka(ɑ)si] n. m. Rigole traversant perpendiculairement une route, un chemin. ▷ Creux, enfoncement, dans le sol d'une route. *La voiture cahotait sur les cassis et les dos d'âne.* – De *casser.*

cassitérite [kasiteʀit] n. f. Oxyde naturel d'étain (SnO_2), le princ. minerai de ce métal. – Gr. *kassiteros,* «étain».

cassolette [kasɔlɛt] n. f. **1.** Petit réchaud à couvercle percé de trous, servant à brûler des parfums. **2.** Petite boîte d'orfèvrerie contenant des parfums. **3.** Petit récipient cylindrique, muni d'un manche, supportant la chaleur du four, utilisé pour servir certains mets; mets ainsi servi. *Cassolette de fruits de mer.* – Anc. provenç. *casoletta,* «petite casserole», de *casola.*

casson [kasõ] n. m. **1.** Morceau de verre destiné à être recyclé. **2.** Pain de sucre grossier. – De *casser.*

cassonade [kasɔnad] n. f. Sucre brut de canne. – De *casson.*

cassot ou **casseau** [kɑso] n. m. Petit récipient de forme rectangulaire (pfs conique), fait de matériaux légers (écorce de bouleau, éclisses de bois, carton, etc.), utilisé pour récolter des petits fruits, vendre certains produits alimentaires; contenu d'un cassot. *Le cassot est traditionnellement lié aux produits de l'érable; il a servi à recueillir l'eau d'érable, à mouler la tire et le sucre. Ramasser trois casseaux de framboises. Un casseau de patates frites.* ▷ Loc. fig., fam. *Maigre comme un cassot,* très maigre. – Mot de l'ouest de la France, du lat. *capsa.*

cassoulet [kasulɛ] n. m. Ragoût de viande d'oie, de canard, de mouton, etc., aux haricots blancs. – Mot toulousain, de *cassolo,* «terrine».

cassure [kasyʀ] n. f. **1.** Endroit où un objet est cassé. ▷ GEOL Fissure, fracture de l'écorce terrestre. **2.** *Cassure d'un vêtement,* pliure de son étoffe. **3.** *Cassure des vins:* trouble causé par l'exposition des vins à l'action de l'air. **4.** Fig. Rupture. *Ce deuil a été une cassure dans sa vie.* – De *casser.*

castagne [kastaɲ] n. f. Pop. *La castagne:* les coups, la bagarre. *Chercher, aimer la castagne.* – Esp. *castaña,* «châtaigne».

castagnettes [kastaɲɛt] n. f. pl. Instrument à percussion fait de deux petites pièces en matière dure (bois, ivoire, etc.), arrondies et concaves, attachées aux doigts par un cordon, et que l'on fait résonner en les frappant l'une contre l'autre. *Une gitane qui chante et danse en jouant des castagnettes.* – Esp. *castañeta,* de *castaña,* «châtaigne».

caste [kast] n. f. **1.** Chacune des quatre classes sociales dans la société hindoue. **2.** Classe, groupe social fermé qui cherche à maintenir ses privilèges, à préserver ses caractères. *La caste des nantis. Avoir l'esprit de caste.* – Portug. *casta,* «caste (hindoue)», fém. de *casto,* «pur».

castel [kastɛl] n. m. Maison qui ressemble à un château, petit château. – Mot languedocien, lat. *castellum,* de *castrum,* «camp, place fortifiée».

castelet [kastəlɛ] n. m. Petit théâtre où l'on fait jouer les marionnettes. – Dimin. de *castel.*

castillan, ane [kastijɑ̃, an] adj. et n. De Castille, rég. du centre de l'Espagne. ▷ N. m. *Le castillan:* la langue romane parlée en Castille, devenue langue officielle de l'Espagne. Syn. cour. espagnol.

castine [kastin] n. f. METALL Pierre calcaire utilisée comme fondant et comme épurateur dans les hauts fourneaux. – All. *Kalkstein,* de *Kalk,* «chaux», et *Stein,* «pierre».

castor [kastɔʀ] n. m. **1.** Rongeur aquatique (*Castor canadensis* et *Castor fiber,* fam. castoridés) de grande taille (90 cm queue comprise, 30 kg), à la fourrure serrée, brune, fort recherchée, aux pattes postérieures palmées, à la large queue écailleuse. *Emblème animal du Canada, le castor figure sur les pièces de 5 cents.* **2.** La fourrure de cet animal. ▷ Anc. *Chapeau de castor, tuyau de castor:* haut-de-forme en fourrure de castor ou en soie. **3.** Vx *Huile de castor:* huile de ricin. **4.** HIST *Le parti castor* ou *les Castors:* parti politico-religieux créé à la fin du 19e s. par un groupe de dissidents conservateurs. – Mot lat., gr. *Kastôr.*

ENCYCL Le castor vit dans toutes les forêts de la zone boréale tempérée. Il creuse dans les berges des rivières une galerie dont une extrémité débouche sous l'eau et l'autre dans une chambre souterraine, où il niche. Lorsque le cours d'eau est trop irrégulier, il construit un barrage pour maintenir le niveau d'eau au-dessus de l'entrée du terrier; lorsque les berges sont inutilisables, il édifie dans l'eau une butte de terre et de branchages dans laquelle il creuse son terrier. Ce comportement de constructeur, instinctif, n'est pas altéré par la captivité.

castoréum [kastɔʀeɔm] n. m. Sécrétion grasse extraite d'une paire de glandes situées à la base de la queue des castors mâles et femelles, utilisée en pharmacie et en parfumerie. – De *castor.*

castramétation [kastʀametasjõ] n. f. ANTIQ Art d'établir un camp militaire. – Du lat. *castra,* «camp», et *metari,* «mesurer».

castrat [kastʀa] n. m. Mâle, homme castré. ▷ *Spécial.* Chanteur qu'on castrait avant la puberté pour qu'il garde une voix aiguë. – De *castrer.*

castration [kastʀasjõ] n. f. Ablation des glandes génitales (spécial. des testicules). Syn. émasculation (pour les mâles, les hommes); ovariectomie (pour les femelles, les femmes). ▷ PSYCHAN *Angoisse de castration,* apparaissant après la découverte de la différence des sexes et qui se traduit, chez le petit garçon, par une peur fantasmatique de l'ablation du pénis et, chez la petite fille, par un sentiment coupable de manque. – *Complexe de castration:* persistance chez l'adulte de l'angoisse de castration, lui interdisant notam. l'accomplissement de l'acte sexuel. – Lat. *castratio.*

castrer [kastʀe] v. tr. [1] Pratiquer la castration sur. Syn. châtrer. – Lat. *castrare,* «châtrer».

castrisme [kastʀism] n. m. Doctrine, due à Fidel Castro, selon laquelle seule la guérilla rurale peut venir à bout des régimes autoritaires qui, en Amérique latine, s'opposent au développement écon. et dém. de divers pays. – Du n. de Fidel *Castro.*

castriste [kastʀist] n. Partisan du castrisme.

casuel, elle [kazɥɛl] adj. et n. **1.** adj. Qui peut arriver ou non, fortuit, accidentel. **2.** n. m. Revenu éventuel venant s'ajouter au revenu fixe. *Spécial.,* anc. Redevance versée au prêtre par les fidèles en certaines occasions. – FEOD Profits, droits et revenus fortuits. – Lat. *casualis,* de *casus,* «accident».

casuiste [kazɥist] n. m. **1.** THEOL Théologien qui étudie la morale et cherche à se prononcer sur les cas de conscience. **2.** n. Personne qui argumente d'une manière trop subtile. – Esp. *casuista,* du lat. ecclés. *casus,* «cas de conscience».

casuistique [kazɥistik] n. f. **1.** Partie de la morale chrétienne portant sur les cas de conscience. **2.** Péjor. Façon trop subtile d'argumenter. – De *casuiste.*

casus belli [kazysbɛlli] n. m. inv. Fait pouvant motiver, entraîner une déclaration de guerre. – Mots lat., «cas de guerre».

cata-. Élément, du gr. *kata,* «en dessous, en arrière».

catabolique [katabɔlik] adj. Du catabolisme, qui a trait au catabolisme. – De *catabolisme.*

catabolisme [katabɔlism] n. m. BIOCHIM Chez les organismes vivants, ensemble des réactions biochimiques de dégradation au cours desquelles les grosses molécules sont transformées en molécules plus simples, avec libération d'énergie utilisable. – De *cata-*, d'après *métabolisme.*

catachrèse [katakʀɛz] n. f. RHET Figure de rhétorique qui consiste à étendre la signification d'un mot au-delà de son sens propre (ex.: *les bras d'un fauteuil*). – Gr. *katakhrêsis,* «abus».

cataclysme [kataklism] n. m. **1.** Bouleversement de la surface terrestre. **2.** Fig. Grand malheur, bouleversement. *Cette opération fut un cataclysme financier.* – Lat. *cataclysmos,* du gr. *kataklusmos,* «inondation».

catacombes [katakɔ̃b] n. f. pl. Cimetières souterrains où les premiers chrétiens se réunissaient. *Les catacombes de Rome.* – Cavités souterraines ayant servi de sépulture ou d'ossuaire. *Catacombes de Paris.* – Ital. *catacumba,* altér. de *catatumba,* de *kata,* et *tumba,* «tombe».

catadioptre [katadjɔptʀ] n. m. Surface réfléchissante placée à l'arrière d'un véhicule ou sur un obstacle. – De *catadioptrique.*

catadioptrique [katadjɔptʀik] adj. PHYS Se dit d'un instrument d'optique qui comporte au moins un miroir. – Du gr. *katoptrikos,* de *katoptron,* «miroir».

catafalque [katafalk] n. m. Estrade décorée, destinée à recevoir un cercueil. – Ital. *catafalco.*

cataire. V. chataire.

catalan, ane [katalɑ̃, an] adj. et n. De Catalogne, rég. d'Espagne. – Lat. *Catalanus.*

catalectique [katalɛktik] adj. METR ANC Se dit d'un vers auquel il manque le dernier demi-pied. – Gr. *katalêktikos,* de *katalêgein,* «finir».

catalepsie [katalɛpsi] n. f. MED Perte provisoire de la faculté du mouvement volontaire; ceux-ci conservent la position qui leur est donnée en cas de mobilisation passive. *La catalepsie s'observe notamment dans la schizophrénie.* – Lat. médiév. *catalepsis,* gr. *katalêpsis,* «action de saisir».

cataleptique [katalɛptik] adj. (et n.). Atteint de catalepsie; de la nature de la catalepsie. – De *catalepsie.*

catalogage [katalɔgaʒ] n. m. Action de cataloguer, de ranger dans un ordre, une catégorie. – De *cataloguer.*

catalogne [katalɔɲ] n. f. Étoffe généralement multicolore faite avec des restes d'étoffes et dont on fait des tapis, des couvertures, des tentures. – Orig. incertaine.

catalogue [katalɔɲ] n. m. **1.** Liste énumérative méthodique. *Le catalogue des livres d'une bibliothèque.* **2.** Brochure, souvent illustrée, proposant des objets à vendre. *Catalogue de jouets. Catalogue de vente par correspondance.* – Bas lat. *catalogus,* du gr. *katalogos,* «liste».

cataloguer [katalɔge] v. tr. [1] **1.** Enregistrer et classer dans un catalogue. **2.** Fam., péjor. *Cataloguer qqn,* le classer dans une catégorie d'une manière péremptoire. – De *catalogue.*

catalpa [katalpa] n. m. Bignoniacée d'Amérique du N. et d'Asie occid. (*Catalpa bignonioïdes* est un grand arbre ornemental, à grandes feuilles cordiformes et à fleurs blanches en trompette groupées en grappes aux extrémités des branches.) – Mot angloamér., d'origine amérindienne.

catalyse [kataliz] n. f. CHIM Modification de la vitesse d'une réaction chimique due à la présence d'un catalyseur. (La catalyse a une importance capitale dans l'indust. chim.: synthèse de l'acide sulfurique, de l'acide nitrique et de l'ammoniac, indust. des matières plastiques, des textiles et des caoutchoucs synthétiques, ainsi qu'en biologie: biocatalyse.) – Gr. *katalusis,* «dissolution», par l'angl.

catalyser [katalize] v. tr. [1] **1.** CHIM Provoquer ou accélérer par catalyse (une réaction chimique). **2.** Fig. Entraîner une réaction, un processus quelconque. – De *catalyse.*

catalyseur [katalizœʀ] n. m. **1.** CHIM Substance qui modifie, sans subir elle-même d'altération appréciable, la vitesse d'une transformation chimique. **2.** Fig. Chose, personne qui déclenche une réaction, un processus. – De *catalyse.*

catalytique [katalitik] adj. CHIM De la catalyse. – De *catalyse.*

catamaran [katamaʀɑ̃] n. m. **1.** MAR Embarcation faite de deux coques accouplées. **2.** Système de flotteurs de l'hydravion. – Mot angl., du tamoul *katta,* «bien», et *maram,* «bois».

cataménial, ale, aux [katamenjal, o] adj. MED Relatif à la menstruation. – Du gr. *kata,* «par», et *ménia,* «menstrues».

cataphote [katafɔt] n. m. Syn. de *catadioptre.* – Marque déposée, du gr. *kata,* «contre», et *phôs, phôtos,* «lumière».

cataplasme [kataplasm] n. m. **1.** Bouillie médicinale que l'on applique, entre deux linges, sur une partie du corps enflammée ou indurée. *Cataplasme à la farine de lin, de moutarde.* **2.** Fig., fam. Aliment épais et indigeste. *Cette crème est un vrai cataplasme.* – Lat. *cataplasma,* mot gr. «emplâtre».

cataplectique [kataplɛktik] adj. (et n.). De la cataplexie; sujet à la cataplexie. – De *cataplexie.*

cataplexie [kataplɛksi] n. f. MED Perte brutale du tonus musculaire sous l'effet d'une émotion, sans perte de conscience. – Gr. *kataplêxis.*

catapultage [katapyltaʒ] n. m. Action de catapulter. – De *catapulter.*

catapulte [katapylt] n. f. **1.** Machine de guerre dont les Anciens se servaient pour lancer des pierres ou des traits. **2.** Appareil qui imprime à un avion la vitesse nécessaire pour décoller du pont d'un porte-avions, d'un navire. – Lat. *catapulta,* gr. *katapaltês.*

catapulter [katapylte] v. tr. [1] **1.** Faire décoller (un avion) avec une catapulte. **2.** Fam. Lancer (qqch) avec force. – Fig. *Ce fonctionnaire a été catapulté en Gaspésie.* – De *catapulte.*

1. cataracte [kataʀakt] n. f. **1.** Chute à grand débit sur le cours d'un fleuve. *Cataractes du Niagara, du Zambèze.* Syn. chute. **2.** Fig. Pluie violente. *Il tombe des cataractes.* – Lat. *cataracta,* «chutes».

2. cataracte [kataʀakt] n. f. Affection oculaire aboutissant à l'opacité du cristallin ou à celle de sa capsule, qui frappe notam. les personnes âgées. *Traitement chirurgical de la cataracte par ablation du cristallin.* – Du préc.

catarhiniens ou **catarrhiniens** [kataʀinjɛ̃] n. m. pl. ZOOL Infra-ordre de singes anthropoïdes appelés aussi *singes de l'Ancien Monde,* caractérisés par des narines rapprochées, séparées par une cloison nasale très mince (cercopithèque, gibbon, orang-outang, chimpanzé, gorille, etc.). – Du gr. *kata-,* et *rhis, rhinos,* «nez».

catarrhe [kataʀ] n. m. **1.** Vx Inflammation, aiguë ou chronique, des muqueuses, avec hypersécrétion de celles-ci. – *Spécial.* Inflammation de la muqueuse des fosses nasales, rhume de cerveau. **2.** MED VET *Catarrhe auriculaire:* otite externe eczémateuse. – Lat. méd. *catarrhus,* gr. *katarrhous,* «écoulement».

catarrheux, euse [kataʀø, øz] adj. (et n.). Vx Sujet aux catarrhes. ▷ Vieilli. Sujet au rhume. – De *catarrhe.*

catastrophe [katastʀɔf] n. f. **1.** Événement désastreux, calamiteux. *Catastrophe ferroviaire. Catastrophe financière.* **2.** Fam. Événement malheureux, qui porte préjudice. *La perte de son emploi a été pour lui une catastrophe.* – Événement inopportun, malencontreux. *Fais attention, maladroit, tu vas encore provoquer une catastrophe !* ▷ Loc. *En catastrophe:* en prenant de gros risques. *Atterrissage en catastrophe,* d'un avion qui, à la suite d'une avarie, doit se poser d'urgence. – *Par ext.* À la hâte, sans préparation. *Partir en catastrophe.* **3.** Littér. Dénouement d'une tragédie. – Lat. *catastrofa,* gr. *katastrophê,* «bouleversement».

catastrophé, ée [katastʀɔfe] adj. Fam. Consterné, atterré. *Le petit regardait son jouet brisé d'un air catastrophé.* – De *catastrophe.*

catastrophique [katastʀɔfik] adj. **1.** Qui constitue une catastrophe. *Carambolage catastrophique sur l'autoroute.* **2.** Fig. Qui constitue ou entraîne un événement malheureux ou inopportun. *Ses résultats scolaires sont catastrophiques. Une politique catastrophique.* – De *catastrophe.*

catastrophisme [katastʀɔfism] n. m. Anc. théorie selon laquelle les changements de faune et de flore se seraient faits brusquement à la faveur de catastrophes géologiques de très grande ampleur. *La théorie de l'évolutionnisme de Darwin s'opposait au catastrophisme.* – De *catastrophe.*

catatonie [katatɔni] n. f. PSYCHIAT Syndrome, souvent observé dans la schizophrénie, caractérisé par une inertie psychomotrice, une négation du monde extérieur et, accessoirement, des attitudes et des gestes paradoxaux. – De *kata-,* et gr. *tonos,* «tension».

catatonique [katatɔnik] adj. (et n.). Relevant de la catatonie. – De *catatonie.*

catch [katʃ] n. m. Spectacle sportif, lutte où presque tous les coups sont permis. – Mot angl., abrév. de *catch as catch can,* «attrape comme tu peux».

catcher [katʃe] v. intr. [1] Pratiquer le catch. – De *catch.*

catcheur, euse [katʃœʀ, øz] n. Personne qui pratique le catch. – De *catch.*

catéchèse [kateʃɛz] n. f. Enseignement de la doctrine chrétienne. – Lat. *catechesis,* du gr. *katêkhêsis.*

catéchète [kateʃɛt] n. Personne qui enseigne la doctrine chrétienne. – De *catéchèse.*

catéchétique [kateʃetik] adj. De la catéchèse. – De *catéchèse.*

catéchine [kateʃin] n. f. TECH Matière colorante tirée du cachou. – Du lat. sc. [*areca*] *catechu,* du mot indien.

catéchique [kateʃik] adj. TECH Se dit des tanins à base de catéchine, insolubles dans l'eau. – Du préc.

catéchiser [kateʃize] v. tr. [1] **1.** Enseigner les éléments de la doctrine chrétienne à. *Catéchiser des enfants.* **2.** Tâcher de persuader (qqn) de croire, de faire qqch. Syn. endoctriner. – Lat. *catechizare,* du gr. *katêkhizein.*

catéchisme [kateʃism] n. m. **1.** Enseignement de la doctrine chrétienne, généralement destiné à des enfants. – Leçon pendant laquelle est donné cet enseignement. – Livre qui contient cet enseignement (demandes et réponses). **2.** Ensemble des dogmes d'un système de pensée; principes fondamentaux d'une doctrine. – Lat. *catechismus,* gr. *katêkhismos,* «instruction orale».

catéchiste [kateʃist] n. Personne qui enseigne le catéchisme. – De *catéchisme.*

catéchistique [kateʃistik] adj. Relatif au catéchisme. – De *catéchisme.*

catécholamine [katekɔlamin] n. f. CHIM Amine vasopressive (adrénaline, par ex.).

catéchuménat [katekymena] n. m. Formation, état du catéchumène. – De *catéchumène.*

catéchumène [katekymɛn] n. **1.** Personne à qui l'on enseigne, pour la préparer au baptême, les éléments de la doctrine chrétienne. **2.** Personne qui aspire à un enseignement, à une initiation. – Lat. *catechumenus,* gr. *katêkhoumenos.*

catégorie [kategɔʀi] n. f. **1.** Classe dans laquelle on range des objets, des personnes présentant des caractères communs. Syn. ensemble, espèce, famille, genre. **2.** PHILO Qualité qui peut être attribuée à un objet. *Les dix catégories d'Aristote* (substance, quantité, relation, qualité, lieu, temps, situation, manière d'être, action, passion). ▷ *Les catégories de Kant:* les concepts fondamentaux de l'entendement pur, dont la fonction est d'unifier la diversité des intuitions sensibles. **3.** MATH Être mathématique généralisant la notion d'ensemble (ex.: catégorie des ensembles ayant les ensembles comme objets et les applications comme morphismes). – Lat. *categoria,* gr. *katêgoria,* de *katêgorein,* «énoncer».

catégoriel, ielle [kategɔʀjɛl] adj. Qui concerne une catégorie déterminée de personnes. – De *catégorie.*

catégorique [kategɔʀik] adj. Clair, net, sans équivoque. *Faire une réponse catégorique.* – Par ext. Qui n'accepte pas la discussion. *Je suis catégorique: ma réponse est non.* ▷ PHILO *Impératif catégorique:* chez Kant, obligation absolue que constitue la loi morale. ▷ LOG *Proposition catégorique:* proposition énoncée isolément, indépendante d'une proposition antérieure. – De *catégorie.*

catégoriquement [kategɔʀikmɑ̃] adv. D'une manière catégorique. – De *catégorique.*

catégorisation [kategɔʀizasjɔ̃] n. f. Action de catégoriser. – De *catégorie.*

catégoriser [kategɔʀize] v. tr. [1] Ranger par catégorie. – De *catégorie.*

caténaire [katenɛʀ] adj. CH de F Se dit du système de suspension qui maintient le câble distribuant le courant aux véhicules électriques à une hauteur constante par rapport à la voie. *Suspension caténaire.* ▷ N. f. *La caténaire.* – Lat. *catenarius,* de *catena,* «chaîne».

catgut [katgyt] n. m. CHIR Lien utilisé pour suturer les plaies, et qui est résorbé facilement par les tissus. – Mot angl., «boyau de chat».

cathare [kataʀ] n. (et adj.). Membre d'une secte hétérodoxe du Moyen Âge, répandue surtout dans le S.-O. de la France. V. albigeois. – Gr. *katharos,* «pur».

catharsis [kataʀsis] n. f. **1.** PHILO Chez Aristote: effet de purification des passions que produit la tragédie sur le spectateur. **2.** PSYCHAN Libération, sous forme d'émotion, d'une représentation refoulée dans l'inconscient et responsable de troubles psychiques. – Gr. *katharsis,* «purification».

cathartique [kataʀtik] adj. **1.** PSYCHAN Relatif à la catharsis. *Méthode cathartique.* **2.** MED Qui purge. ▷ Subst. *Un cathartique.* – De *catharsis.*

cathédral, ale, aux [katedʀal, o] adj. Rare Du siège de l'autorité épiscopale. *Église cathédrale.* – Lat. médiév. *cathedralis,* de *cathedra,* «siège épiscopal».

cathédrale [katedʀal] n. f. **1.** Église du siège de l'autorité épiscopale. – *Par ext.* Grande église. *Cathédrale Marie-Reine-du-Monde de Montréal. Cathédrale romane d'Avignon. Cathédrales gothiques de Paris, de Chartres, de Reims.* **2.** Appos. *Verre cathé-*

drale: verre translucide, à surface granulée. – De *église cathédrale.*

cathepsine [katɛpsin] n. f. BIOCHIM Enzyme du groupe des protéinases, qui scinde les protéines en petits peptides.

catherinette [katʀinɛt] n. f. Vieilli Jeune fille qui «coiffe sainte Catherine», qui fête la Sainte-Catherine l'année de ses vingt-cinq ans (la tradition évoque la coutume qui voulait qu'autrefois, dans certaines églises, les jeunes filles de vingt-cinq ans renouvellent la coiffure de la statue de la sainte, leur patronne). – Dimin. du prénom.

cathéter [katetɛʀ] n. m. MED Tube long et mince destiné à être introduit dans un canal, un conduit, un vaisseau ou un organe creux pour l'explorer, à injecter un liquide ou à vider une cavité. – Lat. médiév. *catheter,* gr. *kathetêr.*

cathétérisme [kateteʀism] n. m. MED Introduction d'un cathéter. *Cathétérisme des uretères.* – De *cathéter.*

cathétomètre [katetɔmɛtʀ] n. m. PHYS Instrument servant à mesurer la distance verticale entre deux plans horizontaux. – Du gr. *kathetos,* «vertical», et *mètre.*

cathode [katɔd] n. f. PHYS Électrode négative. – Gr. *kata,* «en bas», et *hodos,* «chemin»; mot formé par Faraday.

cathodique [katɔdik] adj. **1.** PHYS De la cathode. *Rayons cathodiques:* faisceau d'électrons produits par la cathode d'un tube à gaz sous faible pression. *Tube cathodique:* tube à vide très poussé comportant un écran fluorescent. **2.** TECH *Protection cathodique,* destinée à ralentir la corrosion d'une surface métallique en contact avec l'eau ou exposée à l'humidité. – De *cathode.*

catholicisme [katɔlisism] n. m. Religion pratiquée par les chrétiens de l'Église catholique romaine. – De *catholique.*

catholicité [katɔlisite] n. f. **1.** Caractère de ce qui est catholique. **2.** Ensemble des catholiques, des pays catholiques. – De *catholique.*

catholique [katɔlik] adj. **1.** Qui se rapporte, qui est propre au catholicisme. *Culte catholique.* ▷ Subst. Personne dont la religion est le catholicisme. *Une fervente catholique. Un catholique non pratiquant.* **2.** Fig. *Une affaire qui n'a pas l'air très catholique,* qui semble irrégulière, louche, suspecte. – Lat. chrét. *catholicus,* gr. *katholikos,* «universel».

ENCYCL Si plusieurs Églises issues de la Réforme se définissent comme catholiques, l'Église de Rome revendique le droit exclusif à ce titre. Catholique, c'est-à-dire universelle, elle affirme l'être dans l'espace et dans le temps, en ce sens qu'elle a reçu du Christ, son fondateur, la mission d'enseigner toutes les nations, et l'assurance de sa pérennité; et, par une succession ininterrompue, le pape, qui a son siège à Rome, tient ses pouvoirs du Christ lui-même, qui les a confiés à saint Pierre, et les évêques se rattachent tous, également sans rupture, aux apôtres. C'est pourquoi l'Église de Rome se proclame une, sainte, catholique et apostolique (Credo de Nicée-Constantinople). Cette Église «romaine», assemblée visible des chrétiens organisés hiérarchiquement sous l'autorité du pape et des évêques, se donne comme le nouveau peuple de Dieu, peuple messianique succédant à l'ancienne Alliance mosaïque, «bien que des éléments nombreux de sanctification et de vérité subsistent hors de ses structures», note le Concile Vatican II. Cette allusion et cet hommage aux autres confessions *chrétiennes* distinguent le *catholicisme* comme groupe religieux spécifique à côté des autres croyants (orthodoxes, réformés, etc.) qui, tout en adhérant au Christ et à sa révélation, n'acceptent pas intégralement certains aspects des dogmes, l'organisation et les moyens de salut de l'Église catholique romaine. On compte, dans le monde, 826 millions de catholiques; au Canada, ils sont plus de 11 millions, répartis dans 74 diocèses.

cati [kati] n. m. Apprêt destiné à donner du lustre à une étoffe. – De *catir.*

catimini (en) [katimini] loc. adv. Fam. En cachette. – Gr. *katamênia.*

catin [katɛ̃] n. f. **1.** Vieilli Femme de mœurs dissolues. **2.** Vieilli Figurine humaine qui sert de jouet d'enfant. *Jouer à la catin. Être belle comme une catin.* **3.** Fam. Pansement entourant un doigt. – Dimin. de *Catherine.*

catinage [katinaʒ] n. m. Action de catiner. – De *catiner.*

catiner [katine] v. [1] **1.** v. intr. Vieilli Jouer à la catin. ▷ Fig., fam. Perdre son temps, s'affairer à des riens. *Va donc catiner ailleurs!* **2.** v. tr. Fam. Cajoler, dorloter. *Catiner un enfant.* – De *catin.*

cation [katjõ] n. m. CHIM Ion porteur d'une ou de plusieurs charges électriques positives. – De *cat(a)-,* et *ion.*

catir [katiʀ] v. tr. [2] TECH Donner à (une étoffe) un aspect ferme et lustré. Ant. décatir. – Lat. pop. *coactire,* de *coactus,* pp. de *cogere,* «pousser ensemble».

catoblépas [katɔblepas] n. m. ANTIQ Animal fabuleux dont le regard passait pour mortel. – Du gr. *kato,* «par dessous» et *blepein,* «regarder».

catogan [katɔgɑ̃] ou **cadogan** [kadɔgɑ̃] n. m. Coiffure formée par un nœud retenant les cheveux sur la nuque. – De *Cadogan,* n. d'un général angl. (1672-1726).

cattleya [katle(ɛ)ya] n. m. Genre d'orchidées d'Amérique tropicale dont les grandes fleurs à labelle en cornet sont très recherchées. – Lat. bot. formé en angl., de W. *Cattley.*

caucasien, ienne [kokazjɛ̃, jɛn] ou **caucasique** [kokazik] adj. (et n.). Du Caucase, chaîne de montagnes d'U.R.S.S.

cauchemar [koʃmaʀ] n. m. **1.** Rêve pénible, effrayant et angoissant. *La fièvre lui donnait des cauchemars.* **2.** Fam. Chose ennuyeuse, obsédante. Personne insupportable. *C'est mon cauchemar.* – Mot picard, de *cauquer,* «fouler», et néerl. *mare,* «fantôme».

cauchemarder [koʃmaʀde] v. intr. [1] Fam. Faire des cauchemars. – De *cauchemar.*

cauchemardesque [koʃmaʀdesk] ou **cauchemardeux, euse** [koʃmaʀdø, øz] adj. Qui tient du cauchemar. *Une vision cauchemardesque.* – De *cauchemar.*

caucus [kɔkys] n. m. **1.** Réunion à huis clos où les parlementaires d'un même parti politique discutent de la conduite, de la stratégie, etc., de leur parti. *Députés réunis en caucus. Président du caucus.* – *Par méton.* Ceux qui participent à cette réunion. **2.** *Par ext.,* fam. Réunion où un petit groupe de personnes discutent de questions qui les concernent. *Caucus de famille, de bureau.* – Probabl. d'orig. algonquienne, par l'angl.

caudal, ale, aux [kodal, o] adj. De la queue. *Nageoire caudale. Appendice caudal.* – Du lat. *cauda,* «queue».

caudataire [kodatɛʀ] n. m. **1.** Celui qui portait la queue de la robe d'un prélat, d'un roi, etc., dans les cérémonies. **2.** Fig. Adulateur, flatteur. – Lat. ecclés. *caudatarius,* de *cauda,* «queue».

caudillo [kawdijo] n. m. Chef militaire espagnol de l'époque de la Reconquête (titre repris par le général Franco). – Mot esp., «capitaine».

caudrette [kodʀɛt] n. f. PECHE Filet en forme de poche que l'on suspend dans l'eau. Syn. balance. – Picard *cauderette,* de *caudière,* «chaudière».

caulescent, ente [kole(ɛ)sɑ̃, ɑ̃t] adj. BOT Qui possède une tige apparente. Ant. acaule. – Du lat. *caulis,* «tige».

caulinaire [kolinɛʀ] adj. BOT Se dit d'un organe qui naît d'une tige, ou qui a la structure d'une tige. *La pomme de terre est un tubercule caulinaire.* – Du lat. *caulis,* «tige».

caulocaline [kolokalin] n. f. BOT Caline impliquée dans la morphogénèse de la tige. – Lat. *caulis,* «tige», et *caline.*

cauri ou **cauris** ou **coris** [ko(ɔ)ʀi(s)] n. m. Coquille d'un petit mollusque gastéropode *(Cypraea moneta)* qui servit de monnaie en Afrique noire et en Asie. – Mot tamoul.

causal, ale, aux [kozal, o] adj. **1.** Qui implique un rapport de cause à effet. **2.** GRAM Se dit des conjonctions introduisant un complément de cause, ou de la subordonnée introduite par cette conjonction. ▷ N. f. Proposition causale. – Lat. *causalis.*

causalgie [kozalʒi] n. f. MED Sensation de brûlure cuisante avec hyperesthésie cutanée et rougeur localisée. – Du gr. *kausis,* «chaleur».

causaliser [kozalise] v. intr. [1] PHILO Remonter des effets aux causes (induction) et déduire les effets des causes (déduction). – De *causal.*

causalisme [kozalism] n. m. PHILO Théorie fondée sur le principe de la causalité. – De *causal.*

causalité [kosalite] n. f. PHILO *Rapport de causalité:* rapport de cause à effet. – *Principe de causalité:* principe selon lequel tout phénomène a une cause. – De *causal.*

causant, ante [kozɑ̃, ɑ̃t] adj. Fam. Qui cause volontiers. *Un homme causant.* Syn. loquace. Ant. taciturne. – Ppr. de *causer* 2.

causatif, ive [kozatif, iv] adj. Syn. de *causal* (au sens 2). – Lat. *causativus.*

1. cause [koz] n. f. **1.** Procès qui se plaide et se juge à l'audience. *Gagner, perdre une cause. Les causes célèbres. Bonne, mauvaise cause. Plaider une cause.* ▷ *Avocat sans cause,* sans clientèle. ▷ *Avoir, obtenir gain de cause:* obtenir l'avantage dans un procès, dans une discussion. ▷ *En connaissance de cause,* en connaissant les faits. ▷ *En désespoir de cause:* en dernière ressource. ▷ *Être en cause:* être concerné, faire l'objet d'un débat. ▷ *Être hors de cause:* ne pas être concerné. *Le suspect fut mis hors de cause.* **2.** Ensemble des intérêts d'une personne, d'un groupe, d'une idée. *Une cause juste. Défendre une cause.* ▷ *La bonne cause:* la cause que l'on croit juste. ▷ *Faire cause commune avec qqn,* s'allier avec lui. ▷ *Prendre fait et cause pour qqn,* prendre sa défense. – Lat. *causa,* «procès».

2. cause [koz] n. f. **1.** Ce qui fait qu'une chose est ou se fait. *La sécheresse fut la cause des mauvaises récoltes. Les causes de la guerre. Il s'est fâché, et non sans cause.* ▷ Fam. *Et pour cause!:* pour de bonnes raisons, pour des raisons évidentes. ▷ *Être cause de:* être responsable de, entraîner. *Les enfants sont souvent cause de soucis.* ▷ *Pour cause de:* en raison de. *Fermé pour cause d'inventaire.* ▷ GRAM *Complément de cause:* complément indiquant la raison, le motif pour lesquels une action se produit. ▷ PHILO *Cause première:* cause au-delà de laquelle on ne peut en concevoir d'autre. – *Cause finale:* la fin en vue de laquelle un être, une chose existe. ▷ Loc. prép. *À cause de:* en tenant compte de, par l'action de. *Il est resté à cause de vous. Il n'a rien vu à cause du brouillard.* ▷ Loc. conj. Vx *À cause que:* parce que. **2.** DR Fait qui explique et justifie la création d'une obligation par la volonté des parties. *L'obligation sans cause ne peut avoir aucun effet.* – Lat. *causa.*

1. causer [koze] v. tr. [1] Être cause de, occasionner. *Causer un malheur.* – De *cause.*

2. causer [koze] v. intr. [1] **1.** S'entretenir familièrement avec qqn. *J'ai causé avec lui à ton sujet. Nous causions.* (Incorrect: *causer à qqn.*) Syn. parler, bavarder. – Ellipt. *Causer peinture, voyages.* ▷ *Causer de la pluie et du beau temps:* parler de choses insignifiantes. ▷ Fam. *Cause toujours...,* tu peux dire ce que tu veux, je n'en tiendrai pas compte. **2.** Fam. Parler trop, inconsidérément. – Lat. *causari,* «plaider».

causerie [kozʀi] n. f. Conversation; exposé fait sur le mode familier. *Notre club organise des causeries.* – De *causer* 2.

causette [kozɛt] n. f. Fam. Bavardage, conversation. *Faire la causette, un brin de causette.* – De *causer* 2.

causeur, euse [kozœʀ, øz] n. Personne qui cause. *Une aimable causeuse. Un causeur insupportable.* – De *causer* 2.

causeuse [kozøz] n. f. Petit canapé à deux places. – De *causer* 2.

causse [kos] n. m. GEOGR Plateau calcaire presque stérile, dans le centre et le sud de la France. *Causse Noir. Causse du Larzac.* – Mot du Rouergue, du lat. *calx,* «chaux».

causticité [kostisite] n. f. **1.** Propriété d'une substance caustique. **2.** Caractère satirique, mordant. *La causticité d'une épigramme.* – De *caustique* 1.

caustification [kostifikasjõ] n. f. Action de rendre un corps caustique. – De *caustique* 1.

1. caustique [kostik] adj. **1.** Corrosif, qui attaque les substances. *Soude caustique.* ▷ N. m. Substance caustique. *Un caustique puissant.* **2.** Fig. Satirique et mordant. *Verve caustique.* – Lat. *causticus,* du gr. *kaustikos,* «brûlant».

2. caustique [kostik] n. f. PHYS Surface courbe à laquelle sont tangents les rayons lumineux réfléchis ou réfractés par une autre surface courbe. – De *courbe caustique,* parce que les rayons lumineux brûlent.

cautèle [kotɛl] n. f. Litt. Précaution mêlée de ruse. – Lat. *cautela,* «défiance».

cauteleusement [kotløzmɑ̃] adv. D'une manière cauteleuse. *Agir cauteleusement.* – De *cauteleux.*

cauteleux, euse [kotlø, øz] adj. Rusé et hypocrite. *Des manières cauteleuses.* Syn. doucereux, mielleux, sournois. – De *cautèle.*

cautère [kotɛʀ] n. m. CHIR **1.** Instrument à brûler les tissus. **2.** Petite ulcération artificielle établie à l'aide d'un caustique. **3.** Loc. prov. *C'est un cautère sur une jambe de bois,* un remède inutile. – Lat. *cauterium,* du gr.

cautérisation [koteʀizasjõ] n. f. Destruction d'un tissu vivant à l'aide d'un caustique ou d'un cautère. – De *cautère.*

cautériser [koteʀize] v. tr. [1] Appliquer un caustique, un cautère sur. *Cautériser une plaie.* – De *cautère.*

caution [kosjõ] n. f. **1.** Garantie d'un engagement, somme consignée à cet effet. *Payer une caution. Être libéré sous caution.* ▷ *Être sujet à caution:* être douteux, suspect. **2.** Personne qui répond pour une autre. – *Spécial.* DR Personne qui s'engage à remplir l'obligation contractée par une autre dans le cas où celle-ci n'y satisferait pas. *Se porter caution pour qqn.* Syn. garant. – Lat. *cautio,* «précaution».

cautionnement [kosjɔnmɑ̃] n. m. **1.** DR Contrat par lequel une personne en cautionne une autre. **2.** Dépôt servant de garantie. *Verser un cautionnement.* – De *cautionner.*

cautionner [kosjɔne] v. tr. [1] **1.** Se porter caution pour qqch ou qqn. *Cautionner qqn pour mille dollars. Cautionner l'honnêteté de quelqu'un.* **2.** Donner son appui à. *Je refuse de cautionner cette attitude.* Syn. soutenir, approuver. – De *caution.*

cavage [kavaʒ] n. m. Excavation, endroit creusé. – De *caver* 1.

1. cavaillon [kavajɔ̃] n. m. AGRI Bande de terre entre les ceps, inaccessible à la charrue. – Provenç. *cavalhon,* lat. *caballio.*

2. cavaillon [kavajɔ̃] n. m. Petit melon jaune, de forme arrondie, à chair orangée et parfumée. – Du n. de la v. de Cavaillon, dans le Vaucluse (France).

cavalcade [kavalkad] n. f. **1.** Défilé de cavaliers. **2.** Défilé grotesque de gens à cheval, de chars, etc. **3.** Course bruyante et tumultueuse. *Nous avons entendu une cavalcade dans l'escalier.* – Ital. *cavalcata,* de *cavalcare,* «chevaucher».

cavalcader [kavalkade] v. intr. [1] Faire des cavalcades. – De *cavalcade.*

cavalcadour [kavalkaduʀ] n. m. Anc. *Écuyer cavalcadour,* qui avait la charge des chevaux et des équipages d'un souverain. – Ital. *cavalcatore,* «cavalier».

1. cavale [kaval] n. f. Litt. Jument. – Ital. *cavalla,* fém. de *cavallo,* «cheval».

2. cavale [kaval] n. f. Arg. Évasion. *Être en cavale:* être en fuite et recherché. – De *cavaler.*

cavaler [kavale] v. intr. et pron. [1] Arg. Courir, se sauver. – De *cavale,* «jument».

cavalerie [kavalʀi] n. f. **1.** Anc. Ensemble des troupes militaires à cheval. *Charge de cavalerie.* ▷ Mod. L'arme blindée. **2.** Fam. Traite frauduleuse sans contrepartie de marchandise. *Papiers de cavalerie.* – De *cavalier.*

cavaleur, euse [kavalœʀ, øz] adj. et n. Fam. Se dit de personnes constamment en quête d'aventures galantes. – De *cavaler.*

1. cavalier, ière [kavalje, jɛʀ] **I.** n. **1.** Personne qui monte à cheval. *Être bon cavalier.* **2.** Personne avec qui on forme un couple dans un bal, un cortège, etc. *Le cavalier donne la main à sa cavalière.* ▷ *Faire cavalier seul:* s'engager seul dans une entreprise. **3.** n. m. Militaire qui sert dans la cavalerie. **4.** n. m. JEU Pièce du jeu d'échecs. **II.** adj. **1.** Propre au cavalier; réservé aux cavaliers. *Route, allée cavalière.* **2.** Qui fait preuve de liberté excessive; inconvenant. *Ce procédé est un peu cavalier.* Syn. impertinent. – Ital. *cavaliere.*

2. cavalier [kavalje] n. m. **1.** MILIT Ouvrage de fortification en arrière du corps principal et le dominant. **2.** PHYS Pièce métallique servant à réaliser l'équilibre, sur une balance de précision. **3.** TECH Clou, pièce de métal ou de matière plastique en forme de U. **4.** Petite pièce servant d'index dans un fichier. **5.** Butée mobile d'une machine à écrire. **6.** adj. GEOM *Perspective cavalière:* projection oblique. – *Vue cavalière:* dessin représentant un paysage vu d'un point élevé. – De *cavalier* 1.

cavalièrement [kavaljɛʀmɑ̃] adv. D'une manière cavalière. *Traiter quelqu'un cavalièrement.* Syn. insolemment. Ant. respectueusement. – De *cavalier* 1.

cavatine [kavatin] n. f. MUS Pièce de chant assez courte, sans reprise ni seconde partie, intercalée dans un récitatif d'opéra. – Ital. *cavatina,* de *cavata,* pp. fém. de *cavare,* «creuser».

1. cave [kav] n. f. **1.** Étage inférieur d'une construction, situé sous le rez-de-chaussée. *De nos jours, la cave est souvent aménagée pour le logement et est désignée plutôt par le mot sous-sol.* **2.** Local souterrain servant de réserve, d'entrepôt. *Avoir quelques bonnes bouteilles dans sa cave.* ▷ Quantité et choix des vins que l'on a en cave. *Avoir une bonne cave.* **3.** Petite construction en partie souterraine, souvent sise à flanc de coteau, destinée autref. à la conservation des fruits et légumes. *Cave à légumes, à patates.* – Lat. *cava,* de *cavus,* «creux».

2. cave [ka(ɑ)v] adj. **1.** Se dit de joues creuses, d'yeux enfoncés dans les orbites. **2.** ANAT *Veine cave,* chacune des deux veines principales de l'organisme. *Veine cave supérieure, veine cave inférieure.* – Lat. *cavus,* «creux».

3. cave [kav] n. f. Somme d'argent que chaque joueur met devant lui pour la miser. – De *caver* 2.

4. cave [kav] adj. et n. **1.** Qui manque d'intelligence, de jugement. *Faire le cave. Avoir l'air cave. Passer pour une cave. Une bande de caves.* **2.** (France) Arg. Qui se laisse duper, ou qui n'appartient pas au milieu, au monde de la pègre (par oppos. à *affranchi*). – De *cavé,* pp. de *caver* 2.

caveau [kavo] n. m. **1.** Petite cave pratiquée dans les églises, les cimetières et servant de sépulture. **2.** Cave 1 (sens 3). *Caveau à légumes, à patates.* Rem. Var.: cavreau. – Dimin. de *cave* 1.

caveçon [kavsɔ̃] n. m. Pièce de fer en demi-cercle que l'on met sur les naseaux d'un cheval pour le dresser. – Ital. *cavezzone,* du lat. pop **capitia,* «ce qu'on met autour de la tête».

cavée [kave] n. f. Chemin creux. – De *caver* 1.

1. caver [kave] v. tr. [1] Creuser, miner. ▷ *Caver les truffes:* les chercher et les déterrer, en parlant du porc. – Lat. *cavare.*

2. caver [kave] v. intr. [1] Miser au jeu. – Ital. *cavare,* «tirer de sa poche».

caverne [kavɛʀn] n. f. **1.** Cavité naturelle dans le roc. *Les hommes préhistoriques ont décoré les parois de nombreuses cavernes. L'Âge des cavernes. La caverne d'Ali-Baba.* Syn. grotte. **2.** MED Cavité pathologique située dans l'épaisseur d'un parenchyme, partic. dans le poumon. *Caverne tuberculeuse.* – Lat. *caverna,* de *cavus,* «creux».

caverneux, euse [kavɛʀnø, øz] adj. **1.** Vx Plein de cavernes. **2.** ANAT Qui comporte des petites cavernes naturelles ou pathologiques. *Corps caverneux:* organes érectiles de la verge. **3.** Qui semble venir d'une caverne. *Voix caverneuse.* Syn. grave, sépulcral. – Lat. *cavernosus.*

cavernicole [kavɛʀnikɔl] adj. SC NAT Qui habite dans les anfractuosités des cavernes. *Insectes cavernicoles.* – De *caverne,* et *-cole.*

cavet [kavɛ] n. m. ARCHI Moulure concave dont le profil est d'un quart de cercle. – Ital. *cavetto,* de *cavo,* «creux».

caviar [kavjaʀ] n. m. **1.** Œufs d'esturgeon salés, gris foncé ou noirs. **2.** Enduit opaque (le plus souv. noir) couvrant un texte, un fragment de texte dont la censure veut interdire la lecture. – Du turc *khâviâr.*

caviarder [kavjaʀde] v. tr. [1] Cacher, noircir (un passage censuré) avec le caviar. – De *caviar* (sens 2).

cavicornes [kavikɔʀn] n. m. pl. ZOOL Ensemble des ruminants (les bovidés) dont les cornes gainent un os (le cornillon). – Lat. *cavus,* «creux», et *cornu,* «corne».

caviste [kavist] n. Personne chargée d'une cave à vin. – De *cave* 1.

cavitaire [kavitɛʀ] adj. MED Relatif aux cavernes pulmonaires. *Tuberculose cavitaire.* – De *cavité.*

cavitation [kavitasjõ] n. f. PHYS Formation, au sein d'un liquide, de cavités remplies de vapeur, lorsque la pression du liquide devient inférieure à celle de la vapeur. – De *cavité.*

cavité [kavite] n. f. Partie creuse à l'intérieur d'un corps solide, d'un tissu organique, etc. *Cavités d'un rocher. Cavité thoracique.* Ant. protubérance, saillie. – Bas lat. *cavitas,* de *cavus,* «creux».

caye [kɛ] Banc de coraux. – Esp. *cayo.*

cayen, enne [kajɛ̃, ɛn] adj. et n. De Havre-Saint-Pierre sur la Côte-Nord. – De *Cadien,* «habitant de l'Acadie, anc. la Cadie».

ENCYCL Le gentilé retenu, vraisemblablement créé par des pêcheurs d'origine française, fait davantage figure de blason populaire, de sobriquet collectif, car il rappelle les origines géographiques des premiers habitants du lieu, des Acadiens. Toutefois, l'utilisation systématique qu'on en fait pour identifier les citoyens de cette municipalité de même que sa sanction officielle par voie de résolution municipale confère à la dénomination un statut de gentilé. La variante neutre *Havre-Saint-Pierrois,* très rarement usitée, a été rapidement écartée par la population locale. Quant à l'équivalent du gentilé en montagnais, *Hãhkanãtshu,* «celui qui roule, celui qui arrive sur les vagues», il fait référence au capelan, poisson dont les habitants sont particulièrement friands.

cayeu. V. caïeu.

C.B. [sibi] n. f. Anglicisme (sigle de *citizen's band*). V. bande* publique.

cc Abrév. non légale de cm^3.

C.C.N. Sigle de *Conseil canadien des normes.*

ENCYCL Corporation de la Couronne créée en 1970 pour encourager et favoriser la normalisation volontaire en vue de développer l'économie nationale, d'améliorer la santé, la sécurité et le bien-être du public, d'aider et de protéger les consommateurs et de promouvoir la coopération internationale dans le domaine des normes.

cd PHYS Symbole de la candela.

Cd CHIM Symbole du cadmium.

1. ce [sə], **cet** [sɛt] m. sing., **cette** [sɛt] f. sing., **ces** [se] m. et f. pl., adj. dém. **I.** Forme simple. **1.** Indique une personne ou une chose que l'on montre ou que l'on a déjà citée. *Cette montagne. Ce conseil est excellent.* **2.** Avec une expression de temps, désigne un moment rapproché. *Ce matin, il a plu. Cette année, j'irai souvent chez vous.* ▷ *Un de ces jours,* un jour prochain. **3.** Dans une phrase exclamative, implique une valeur emphatique ou péjor. *Ces ruines, quelle merveille! Et cette pluie qui gâche nos vacances!* **II.** Renforcé par les adv. *-ci* et *-là,* insiste sur le signe démonstratif. *Je préfère ce livre-ci à celui-là. Ce visage-là m'est inconnu.* – Lat. pop. *ecce iste,* de *iste,* «celui-ci».

2. ce [sə] (c' devant e; ç' devant a), pron. dém. neutre. Désigne la personne ou la chose dont on parle, et représente *ceci* ou *cela.* **1.** *Ce* + v. être, présentatif non analysable précédant un nom, un adj., un infinitif, une proposition introduite par *que. C'est mon frère. Ce sont eux qui me l'ont dit. C'est à toi de jouer. C'est dommage. Partir, c'est mourir un peu. S'il se tait, c'est qu'il n'a rien à dire. Ce doit être fini maintenant.* ▷ *C'en est fait:* le sort en est jeté. ▷ *C'est pourquoi:* telle est la cause, le motif pour lequel... ▷ *Est-ce que...?* Formule interrogative. *Est-ce que vous viendrez ce soir?* **2.** *Ce,* antécédent d'un pron. relatif. *Je suis surpris de ce que vous me dites. C'est justement ce à quoi je pense. Ce dont je vous parle.* **3.** *Ce,* complément (surtout dans cert. expressions figées). *Ce faisant, il a déçu tout le monde. Et ce, parce qu'il voulait partir. Pour ce faire, je devrais y aller. Sur ce, il se retira.* **4.** *Ce que,* loc. adv. exclamative. *Ce qu'il m'ennuie avec ses histoires! Ce que c'est que d'être vieux!* – Lat. pop. *ecce hoc,* de *hoc,* «ceci».

Ce CHIM Symbole du cérium.

céans [seã] adv. Vx Ici. ▷ Mod. *Le maître, la maîtresse de céans:* le maître, la maîtresse de maison. – De *çà,* et de l'a. fr. *enz,* «dedans».

cébidés [sebide] n. m. pl. ZOOL Famille de singes platyrrhiniens comprenant notam. les sajous, les atèles et les hurleurs. – Du gr. *kêbos,* «singe», et *-idés.*

ceci [səsi] pron. dém. neutre. La chose la plus proche; ce qui va suivre (par oppos. à *cela*). *Retenez-bien ceci. Ceci vous démontrera mon innocence. Ceci est à moi, cela est à vous.* – De *ce* 2.

cécidie [sesidi] n. f. BOT Hypertrophie végétale (galle, par ex.) due à l'action d'un parasite. (Dans les zoocécidies, le parasite est un animal; dans les mycocécidies, un champignon; dans les bactériocécidies, une bactérie.) – Gr. *kêkis, kêkidos,* «galle».

cécilie [sesili] n. f. ZOOL Genre *(Cecilia)* d'amphibiens apodes d'Amérique du S., fouisseurs aveugles à l'allure de gros vers (50 cm de long). – Du lat. *caecus,* «aveugle».

cécité [sesite] n. f. **1.** État d'une personne aveugle. *Cécité congénitale, accidentelle. Cécité corticale,* due à une lésion cérébrale, sans atteinte de l'œil. ▷ *Cécité psychique:* perte de la reconnaissance de la nature et de l'usage des objets. ▷ *Cécité verbale:* perte de la reconnaissance des signes écrits. **2.** Fig. Aveuglement. Ant. clairvoyance. – Lat. *caecitas,* de *caecus,* «aveugle».

cédant, ante [sedã, ãt] n. DR Personne qui cède son droit. – Ppr. de *céder.*

céder [sede] **I.** v. tr. **[16] 1.** Laisser, abandonner (qqch à qqn). *Céder sa place.* ▷ *Céder du terrain:* reculer, fléchir, faire des concessions. ▷ *Céder le pas* (à une personne): s'effacer pour la laisser passer; fig. lui laisser la prééminence en telle ou telle occasion. – Perdre de l'importance au profit de (choses). ▷ *Le céder à:* s'avouer, être inférieur à. *Il ne le cède à personne en courage.* **2.** DR Transporter un droit sur une chose à une autre personne; *par ext.,* revendre. *Céder un fonds de commerce.* Syn. vendre. **II.** v. tr. ind. **1.** Ne pas résister, ne pas s'opposer, se soumettre à. *Céder au nombre, à la raison. Céder au sommeil. Elle céda à la tentation de tout lui raconter.* ▷ (s. comp.) *Les troupes durent céder.* Syn. capituler. ▷ S'abandonner (à un homme, en parlant d'une femme). *Elle finit par lui céder.* **2.** Rompre, s'affaisser. *La branche céda sous son poids.* – Lat. *cedere,* «s'en aller».

cedex [sedɛks] n. m. En France, mention, réservée aux boîtes postales ou aux distributions spéciales (administrations, usagers importants), que l'on ajoute au code postal du bureau distributeur. – Acronyme pour *Courrier d'Entreprise à Distribution EXceptionnelle;* 1970.

cédille [sedij] n. f. Signe placé sous la lettre c devant a, o, u, quand elle doit être prononcée [s] (comme dans *garçon, français*). – Esp. *cedilla,* «petit c».

cédrat [sedʀa] n. m. Fruit du cédratier, gros citron qu'on consomme confit. – Ital. *cedrato,* de *cedro,* «citron», lat. *citrus.*

cédratier [sedʀatje] n. m. Citronnier à gros fruits *(Citrus medica macrocarpa)* des régions méditerranéennes. – De *cédrat.*

cèdre [sɛdʀ] n. m. **1.** Grand conifère d'Asie ou d'Afrique, à ramure étalée, à bois assez dur et odorant. (*Cedrus libani,* qui pousse au Liban, est l'emblème de ce pays; *Cedrus atlantica* pousse dans l'Atlas; l'un et l'autre atteignent 40 m de haut et 3,50 m de diamètre à la base.) **2.** Conifère nord-américain (genre *Thuya*), dont les feuilles sont en forme d'écailles, dont le bois est léger, odorant, réfractaire à la pourriture; *spécial.* cèdre blanc (*Thuya* *occidentalis*). *Haie de cèdres.* ▷ Bois de cèdre. *Bardeau, pieu, piquet de cèdre. Coffre de cèdre, en cèdre.* **3.** *Cèdre rouge:* nom cour. du genévrier de Virginie (*Juniperus virginiana*). – Lat. *cedrus,* du gr.

cèdrière ou **cédrière** [sedʀijɛʀ] n. f. Bois où abonde le cèdre (sens 2). – Du préc.

cédulaire [sedylɛʀ] adj. Relatif aux cédules. *Impôt cédulaire.* – De *cédule.*

cédule [sedyl] n. f. **1.** Vx Billet de reconnaissance de dette. **2.** FISC Anc. *Cédule de l'impôt:* chacune des catégories de revenus imposables. – Bas lat. *schedula,* «feuillet».

C.É.E. ou **C.E.E.** Sigle de *Communauté économique européenne.*

cégep [seʒɛp] n. m. Établissement public dispensant un enseignement général et professionnel de niveau collégial. V. collégial. *Professeurs et étudiants du cégep. Des cégeps.* – Par méton. *Faire, commencer, finir son cégep,* son cours collégial. – De *collège d'enseignement général et professionnel.*

cégépien, ienne [seʒepjɛ̃, jɛn] n. Étudiant de niveau collégial qui fréquente un cégep. – Du préc.

ceindre [sɛ̃dʀ] v. tr. **[73]** Litt. **1.** Entourer (une partie du corps). *Une corde lui ceignait les reins.* ▷ V. pron. *Se ceindre d'un pagne. Se ceindre la tête d'un bandeau.* ▷ Par ext. *Ceindre une ville de murailles:* l'en entourer. **2.** *Ceindre le diadème, la couronne:* devenir roi. *Ceindre la tiare:* devenir pape. – Lat. *cingere.*

ceinturage [sɛ̃tyʀaʒ] n. m. CONSTR Mise en place d'une ceinture autour d'un ouvrage. – De *ceinture.*

ceinture [sɛ̃tyʀ] n. f. **I. 1.** Ruban, bande souple, en tissu, en cuir, etc., dont on s'entoure la taille pour y ajuster un vêtement. *Ceinture brodée.* ▷ *Par ext.* Bord supérieur d'un pantalon ou d'une jupe. *Élargir la ceinture d'un pantalon, d'une jupe.* ▷ Fig., fam. *Se serrer la ceinture, faire ceinture:* ne pas manger, se priver, être privé de qqch. – Ellip. *Eux, ils se gobergent, et nous, ceinture!* **2.** *Par ext.* La taille. *Avoir de l'eau audessus de la ceinture.* ▷ Fig., fam. *Il ne lui arrive pas à la ceinture:* il lui est très inférieur. **3.** Ce qui entoure la taille. *Ceinture de sauvetage,* en matière insubmersible, qui permet de se soutenir sur l'eau. ▷ *Ceinture de sécurité,* ou *ceinture:* sangle destinée à retenir sur son siège le passager d'un avion ou d'une automobile, en cas de choc. *Au décollage et à l'atterrissage, les passagers sont priés d'attacher leur ceinture.* ▷ *Ceinture médicale* ou *orthopédique,* qui sert à maintenir les muscles de l'abdomen. **4.** *Ceinture de judo, de karaté, d'aïkido,* dont la couleur indique le niveau atteint par la personne pratiquant l'un de ces arts martiaux. *Ceinture noire,* indiquant les grades les plus élevés. (V. dan.) **II. 1.** Ce qui entoure. *Ceinture de murailles d'une ville.* Syn. enceinte. **2.** Ce qui est périphérique. *Boulevards ou autoroutes de ceinture:* dans certaines grandes villes, boulevards, autoroutes qui entourent la ville comme d'une ceinture. **3.** CONSTR Bande métallique qui maintient un ouvrage. **III.** ANAT Ensemble des os qui rattachent les membres au tronc. *Ceinture pelvienne:* le bassin. *Ceinture scapulaire:* omoplate et clavicule. – Lat. *cinctura,* de *cingere.*

ceinturer [sɛ̃tyʀe] v. tr. **[1] 1.** Entourer d'une ceinture. **2.** Entourer avec ses bras pour maîtriser (une personne). *Ceinturer un malfaiteur.* **3.** CONSTR Entourer d'une bande métallique (un ouvrage). – De *ceinture.*

ceinturon [sɛ̃tyʀɔ̃] n. m. Large ceinture. – De *ceinture.*

cela [səla] pron. dém. neutre (contracté en *ça* dans la langue parlée). **1.** Cette chose. *Montrez-moi cela. Cela n'est pas vrai. Cela se passait hier. Nous verrons cela demain.* ▷ *Et cela* (forme d'insistance). *Il nous a conduits jusqu'à Paris, et cela sans accepter un centime.* ▷ *Comment cela?* de quelle manière? (marque l'étonnement). ▷ *C'est cela:* pour marquer qu'on a bien compris, qu'on acquiesce. ▷ Fam., péjor. (En parlant des personnes.) *Cela (ça) veut donner des leçons aux autres et cela (ça) ne sait même pas se conduire correctement.* **2.** La chose la plus éloignée; ce dont on vient de parler; ce qui précède (par oppos. à *ceci*). *Cela vous étonne? Cela dit, je ne ferai pas d'objection. Ceci est à moi, cela est à vous.* – De *ce* 2.

céladon [seladɔ̃] n. m. et adj. inv. Vert pâle légèrement grisé. ▷ Adj. *Vert céladon.* – Nom d'un personnage de l'*Astrée,* à cause de la couleur de son costume de berger.

célastracées [selastʀase] n. f. pl. BOT Famille de célastrales à laquelle appartient le fusain. – Du gr. *kêlastra,* «nerprun», et du lat. *aceæ,* f. pl. de *aceus,* «appartenant à».

célastrales [selastʀal] n. f. pl. BOT Ordre de dicotylédones auquel appartiennent le fusain et le houx. – Du gr. *kêlastra,* «nerprun».

-cèle. Élément, du gr. *kêlê,* «tumeur».

célébrant [selebʀɑ̃] n. m. Celui qui dit la messe. – De *célébrer.*

célébration [selebʀasjɔ̃] n. f. Action de célébrer. *Célébration du centenaire d'un grand musicien. Célébration d'un mariage.* – De *célébrer.*

célèbre [selɛbʀ] adj. Qui est connu de tous, qui a une grande renommée. *Un auteur célèbre. Un événement tristement célèbre.* Syn. illustre, renommé. – Lat. *celeber.*

célébrer [selebʀe] v. tr. **[10] 1.** Fêter avec éclat (un événement). *Célébrer un anniversaire, la victoire.* **2.** Accomplir avec solennité. *Célébrer la messe,* ou (s. comp.) *célébrer:* dire la messe. **3.** Louer, exalter publiquement et avec force. *Célébrer le talent, le mérite de qqn.* – Lat. *celebrare.*

celebret [selebʀɛt] n. m. RELIG CATHOL Autorisation épiscopale accordée à un prêtre de célébrer la messe hors de sa paroisse. – Mot lat. «qu'il célèbre».

célébrité [selebʀite] n. f. **1.** Large réputation, grande renommée. *La célébrité mondiale de cet artiste.* **2.** *Par ext.* Personne célèbre. *Les célébrités des arts et des lettres.* – De *célèbre.*

celer [səle] v. tr. **[20]** Vx; litt. Cacher, tenir secret. *Celer de sinistres desseins.* – Lat. *celare.*

céleri [sɛlʀi] n. m. Plante potagère (*Agrum graveolens,* fam. ombellifères) dont certaines variétés produisent un tubercule *(céleri-rave),* d'autres des feuilles à pétioles hypertrophiés comestibles *(céleri branche).* – Ital. du N. *seleri,* lat. *selinon,* mot gr., «ache».

célérifère [seleʀifɛʀ] n. m. Anc. **1.** Voiture publique légère et rapide. **2.** Nom donné à un véhicule à deux roues, sans direction, que l'on tenait pour un ancêtre de la bicyclette. – Lat. *celer, celeris,* «rapide», et *-fère.*

célérité [seleʀite] n. f. **1.** Promptitude, diligence. *Traiter une affaire avec célérité.* **2.** PHYS Vitesse de propagation. *La célérité de la lumière.* – Lat. *celeritas,* de *celer,* «rapide».

célesta [selɛsta] n. m. MUS Instrument de musique à clavier dont le son est produit par le choc de marteaux sur des lames d'acier. – De *céleste.*

céleste [selɛst] adj. **1.** Qui appartient au ciel. *Corps célestes.* Ant. terrestre. **2.** Relatif au ciel, en tant que séjour de la Divinité. *Les esprits célestes. – Le père céleste:* Dieu. ▷ *Par ext.* Divin. *«Objet infortuné des vengeances célestes»* (Racine). *Elle était d'une beauté céleste.* ▷ MUS *Voix céleste:* registre de l'orgue qui produit des sons doux et voilés. **3.** *Le Céleste Empire:*

la Chine, dont l'empereur était considéré comme le fils du Ciel. **4.** *Eau céleste:* solution aqueuse bleu azur de cuivre et d'ammoniaque. – Lat. *cælestis,* de *cælum,* «ciel».

célestin [selɛstɛ̃] n. m. HIST Religieux de l'ordre des Ermites de Saint-Damien. – Du n. du pape *Célestin V* (1215-1296), fondateur de l'ordre.

céliaque. V. cæliaque.

célibat [seliba] n. m. État d'une personne non mariée. *Vivre dans le célibat. Le célibat des prêtres.* Ant. mariage. – De *célibataire.*

célibataire [selibatɛʀ] adj. (et n.) Qui vit dans le célibat. *Elle est célibataire. Il vit en célibataire.* – *Mère célibataire:* mère non mariée. ▷ PHYS NUCL *Électron célibataire,* qui se trouve seul sur une des orbites de l'atome. – Lat. *cælibatus,* de *cælibs, cælibis,* «célibataire».

cella [sɛlla] n. f. ANTIQ Partie réservée à la statue et à l'autel d'un dieu, dans les temples antiques. – Mot lat. «loge».

celle. V. celui.

celle-ci. V. celui-ci.

celle-là. V. celui-ci.

cellérier, ière [seleʀje, jɛʀ] n. Religieux, religieuse préposé(e) aux celliers, aux dépenses de la bouche. ▷ Économe. – De *cellier.*

cellier [selje] n. m. Pièce dans laquelle on conserve le vin et les provisions. – Lat. *cellarium,* de *cella,* «chambre à provisions».

cellophane [selɔfan] n. f. Pellicule cellulosique transparente servant de matériau d'emballage. *Légumes sous cellophane.* – Marque déposée; mot angl., de *cell(ulose),* et *-phane,* cf. *diaphane.*

cellulaire [selylɛʀ] adj. **1.** Composé de cellules. *Tissu cellulaire.* **2.** De la cellule. *Organites cellulaires. Division cellulaire.* **3.** Qui a rapport aux cellules des prisonniers. *Régime cellulaire.* ▷ *Fourgon cellulaire,* voiture à compartiments fermés servant au transport des prisonniers. – De *cellule.*

cellular [selylaʀ] n. m. Tissu ajouré à mailles lâches dont on fait du linge de corps, des chemises de sport. – Mot angl. «cellulaire».

cellulase [selylaz] n. f. Enzyme qui hydrolyse la cellulose. – De *cellul(ose),* et *-ase.*

cellule [selyl] n. f. **I. 1.** Local étroit dans une prison, où sont enfermés isolément certains prisonniers. **2.** Petite chambre, partic. d'un religieux, d'une religieuse. *Cellule monastique.* **3.** Alvéole d'une ruche. **II. 1.** BIOL Le plus petit élément organisé et vivant possédant son métabolisme propre (ce qui l'oppose aux virus). **2.** POLIT Groupement élémentaire à la base de certaines organisations politiques. *Cellule de quartier d'un parti communiste. Réunion de cellule.* **3.** SOCIOL Groupe d'individus considéré comme unité constitutive de l'organisation sociale. *La cellule familiale est une cellule sociale.* **4.** AVIAT Ensemble des structures (voilure et fuselage). **III.** *Cellule photoélectrique:* élément transformant un flux lumineux en courant électrique, qu'on utilise notam. en photographie pour mesurer l'intensité de la lumière. *Régler la cellule de son appareil photographique.* – Lat. *cellula,* de *cella,* «chambre».

cellulite [selylit] n. f. **1.** Cour. Infiltration du tissu sous-cutané qui donne à la peau un aspect capitonné, en «peau d'orange». **2.** MED Inflammation du tissu cellulaire sous-cutané, responsable de vives douleurs et d'une induration localisée ou diffuse. – De *cellule,* et *-ite.*

cellulo [selylo] n. m. Feuille de celluloïd, sur laquelle on dessine un décor, on découpe un personnage, utilisée lors du tournage d'un dessin animé. – Abrév. de *celluloïd.*

celluloïd [selylɔid] n. m. Matière plastique très inflammable, formée de nitrocellulose plastifiée par du camphre. – Mot amér., de *cellulose,* et suff. *-oïd(e).*

cellulose [selyloz] n. f. Substance constitutive des parois cellulaires végétales $(C_6H_{10}O_5)n$. – De *cellule.* ENCYCL Synthétisée chez les végétaux à partir du dioxyde de carbone (CO_2) et de l'eau, la cellulose constitue l'aliment de base des animaux herbivores; chez les omnivores, chez l'homme, elle n'est pas digérée, mais constitue un vecteur des produits alimentaires. La cellulose (dont la forme la plus pure et la plus utilisée industriellement est le coton) est un haut polymère, formé de très nombreux groupements $C_6H_{10}O_5$, qui renferment un groupe alcool primaire et deux groupes alcools secondaires, produisant des esters avec les acides, notam. nitrique et acétique: nitrocelluloses (explosifs, vernis, celluloïd), acétates de cellulose (rayonne, films, vernis, etc.). La cellulose a donc une grosse importance industrielle: papier (à partir de la cellulose du bois), viscose, soie artificielle, etc.

cellulosique [selylɔzik] adj. De la nature de la cellulose. *Colle cellulosique.* – De *cellulose.*

celte [sɛlt] ou **celtique** [sɛltik] adj. et n. Des Celtes, relatif aux Celtes, groupe de peuples installés depuis le deuxième millénaire sur une grande partie de l'Europe occidentale. *Les langues celtes, d'origine indo-européenne, sont encore vivantes en Irlande, en Écosse, au pays de Galles et en Bretagne.* – Lat. *Celtæ, celticus.*

celui [səlɥi] m., **celle** [sɛl] f., **ceux** [sø] m. pl., **celles** [sɛl] f. pl., pron. dém. (Pour désigner les personnes et les choses.) **1.** Employé comme antécédent d'un relatif. *Son cousin, c'est celui qui est roux, celui dont je vous ai déjà parlé.* **2.** Suivi de la préposition *de. J'ai pris mon livre et celui de mon frère. Lequel voulez-vous? Celui de gauche.* **3.** Mod. Devant un participe (emploi critiqué). *Les plus beaux coquillages sont ceux ramassés par Paul.* – Lat. pop. *ecce ille.*

celui-ci [səlɥisi], **celui-là** [səlɥila] pron. dém. m. s.; **celle-ci** [sɛlsi], **celle-là** [sɛlla] pron. dém. f. s.; **ceux-ci** [søsi], **ceux-là** [søla] pron. dém. m. pl.; **celles-ci** [sɛlsi], **celles-là** [sɛlla] pron. dém. f. pl. **1.** *Celui-ci* (pour désigner une chose, une personne rapprochée dans le temps et dans l'espace, ce dont il va être immédiatement question). **2.** *Celui-là* (pour désigner ce qui est le plus éloigné, ce qui a été dit précédemment). *J'aime la mer autant que la montagne; celle-là est plus vivante, celle-ci plus reposante.* – De *celui,* et *-ci* 1.

cembro [sɑ̃bʀo] n. m. BOT *Cembro* ou *pin cembro:* pin ornemental (*Pinus cembra,* fam. abiétacées) dont les aiguilles sont groupées par cinq, qui pousse à l'état naturel dans les hautes zones des Alpes.

cément [semɑ̃] n. m. **1.** Couche osseuse recouvrant la racine des dents. **2.** METALL Substance avec laquelle on cémente un métal. – Lat. *cæmentum,* «moellon».

cémentation [semɑ̃tasjɔ̃] n. f. METALL Modification de la composition superficielle d'un métal ou d'un alliage (acier, par ex.) auquel on incorpore en surface divers éléments provenant d'un cément (charbon de bois apportant du carbone à l'acier doux, par ex.). – De *cément.*

cémenter [semɑ̃te] v. tr. [1] Soumettre à la cémentation. – De *cément.*

cémentite [semɑ̃tit] n. f. METALL Carbure de fer, Fe_3C, constituant des aciers. – De *cément,* et *-ite* 3.

cénacle [senakl] n. m. **1.** ANTIQ Salle à manger. ▷ *Spécial.* La salle dans laquelle le Christ prit son dernier repas, en compagnie de ses disciples

(V. Cène) et où le Saint-Esprit descendit sur les apôtres à la Pentecôte. **2.** Réunion de gens de lettres, d'artistes, partageant les mêmes goûts. *Le Cénacle romantique.* – Lat. *cenaculum,* de *cena.*

cendre [sɑ̃dʀ] n. f. **I.** Résidu pulvérulent de matières brûlées. *Enlever la cendre accumulée dans une cheminée. La cendre de bois fournit un excellent engrais. Cendre de cigarette.* ▷ Fig. *Couver sous la cendre:* se développer insidieusement. *Le complot qui couvait sous la cendre n'a pas tardé à éclater.* **II. 1.** Plur. *Les cendres:* les restes des morts. ▷ Fig. *Renaître de ses cendres:* ressusciter (par allus. au phénix*). *Un vieux mythe qui renaît de ses cendres.* **2.** RELIG CATHOL *Les cendres,* symbole de deuil et de mortification. *Mercredi des Cendres:* premier jour du Carême, où le prêtre signe le front des fidèles avec une pincée de cendre pour les appeler à la pénitence. – Lat. *cinis,* de *cinerem.*

cendré, ée [sɑ̃dʀe] adj. Qui est couleur de cendre, grisâtre. *Des cheveux blond cendré. Lumière cendrée:* lumière due à la réflexion sur la Lune de la lumière solaire renvoyée par la Terre. – De *cendre.*

cendrée [sɑ̃dʀe] n. f. **1.** Écume de plomb fondu. **2.** Petit plomb de chasse. **3.** Mâchefer aggloméré dont on fait un revêtement pour les pistes de stade; la piste ainsi revêtue. – De *cendre.*

cendrer [sɑ̃dʀe] v. tr. **[1]** Rare Couvrir de cendre. *Cendrer un champ fraîchement retourné.* – De *cendre.*

cendreux, euse [sɑ̃dʀø, øz] adj. **1.** Mêlé de cendre. **2.** Qui a l'aspect de la cendre. *Teint cendreux.* **3.** TECH *Métal cendreux,* dont la surface grenue se polit difficilement. – De *cendre.*

cendrier [sɑ̃dʀije] n. m. **1.** Partie inférieure d'un foyer destinée à recueillir la cendre. **2.** Récipient destiné à recevoir la cendre de tabac et les restes de cigarettes. – De *cendre.*

cène [sɛn] n. f. *La Cène:* le dernier repas que Jésus-Christ fit avec ses apôtres, la veille de la Passion, et au cours duquel il institua l'eucharistie. – Lat. *cena,* «repas du soir».

-cène. Élément, du gr. *kainos,* «récent», entrant dans la composition de certains mots savants (ex. *oligocène, pliocène*).

cenelle ou **senelle** [snɛl] n. f. Baie rouge de l'aubépine ou cenellier, et du houx. – Lat. pop. **acinella;* de *acinus,* «grain de raisin».

cenellier ou **senellier** [snɛlje] n. m. Nom courant de l'aubépine sauvage. – De *cenelle.*

cénesthésie [senɛstezi] n. f. Ensemble des sensations internes contribuant à la perception qu'un sujet a de son corps sans le concours des organes sensoriels. – Du gr. *koinos,* «commun», et *aisthêsis,* «sensibilité».

cénesthésique [senɛstezik] adj. Relatif à la cénesthésie. *La faim et la fatigue sont des sensations cénesthésiques.* – De *cénesthésie.*

cenne. V. 2. cent.

cénobite [senɔbit] n. m. Moine qui vit en communauté. Ant. anachorète, ermite. – Lat. ecclés. *cœnobita,* de *cœnobium,* «monastère»; gr. *koinobion,* «vie en commun».

cénobitique [senɔbitik] adj. Relatif au cénobite. *Vie cénobitique.* – De *cénobite.*

cénobitisme [senɔbitism] n. m. État de celui qui vit en cénobite. – De *cénobite.*

cénotaphe [senɔtaf] n. m. Tombeau élevé à la mémoire d'un mort, mais ne contenant pas ses restes. – Bas lat. *cenotaphium,* mot gr. «tombeau vide».

cens [sɑ̃s] n. m. **1.** ANTIQ Dénombrement des citoyens romains effectué tous les cinq ans. **2.** FEOD Redevance en argent payée annuellement au seigneur. **3.** DR *Cens d'éligibilité:* conditions requises par la loi pour qu'une personne puisse se porter candidate à une élection. ▷ *Cens électoral:* conditions requises par la loi pour qu'une personne puisse être électeur. – Lat. *census,* «recensement».

censé, ée [sɑ̃se] adj. Supposé (suivi d'un inf.). *Nul n'est censé ignorer la loi. Elle est censée se trouver à Vancouver.* – Lat. *censere,* «estimer, juger».

censément [sɑ̃semɑ̃] adv. Par supposition, apparemment. – De *censé.*

censeur [sɑ̃sœʀ] n. m. **1.** ANTIQ Magistrat romain chargé du recensement et investi du pouvoir de surveiller les mœurs. **2.** Celui qui appartient à une commission de censure officielle. (V. censure 1.) **3.** *Par ext.* Celui qui s'érige en autorité pour juger défavorablement. *Un critique qui se conduit en censeur.* **4.** En France, personne chargée de la surveillance des études et de la discipline dans les lycées. (Rem.: Comme forme féminine, l'OLF recommande *une censeure* aux sens 2 et 3.) – Lat. *censor.*

censier, ière [sɑ̃sje, jɛʀ] adj. (et n.). FEOD **1.** Celui à qui était dû le cens; celui qui le devait. **2.** Recueil de droit coutumier, composé à l'instigation d'un seigneur, à l'époque carolingienne. Syn. terrier. – De *cens.*

censitaire [sɑ̃sitɛʀ] adj. (et n. m.). **1.** *Électeur censitaire,* qui payait le cens électoral. *Suffrage censitaire.* **2.** Censier (sens 1). – De *cens.*

censorat [sɑ̃sɔʀa] n. m. Fonction d'un censeur; durée de l'exercice de cette fonction. – De *censeur.*

censure [sɑ̃syʀ] n. f. **1.** Examen qu'un gouvernement fait faire des publications, des pièces de théâtre, des films, en vue d'accorder ou de refuser leur présentation au public. – *Par ext.* Instance administrative chargée de cet examen. *Délivrer un visa de censure. Abolir la censure.* **2.** Vieilli Action de juger, de blâmer les idées, l'œuvre ou la conduite d'autrui. *S'exposer à la censure du public.* ▷ Mod. POLIT *Motion de censure:* désapprobation, votée par la majorité du Parlement, de la politique du gouvernement. *Voter la censure. Déposer une motion de censure.* **3.** RELIG CATHOL Peine disciplinaire (excommunication, suspense, interdit) que l'Église peut infliger aux fidèles par l'intermédiaire de ses ministres. **4.** PSYCHAN Opposition exercée par le sur-moi à l'encontre de certaines pulsions inconscientes. – Lat. *censura.*

censurer [sɑ̃syʀe] v. tr. **[1] 1.** Interdire ou expurger, en parlant de la censure officielle. *Certains passages de ce film ont été censurés.* **2.** Vieilli Blâmer, critiquer. ▷ Mod. *Le Parlement a censuré le gouvernement,* a voté une motion de censure. **3.** RELIG Infliger la peine de la censure à. – De *censure.*

1. cent [sɑ̃] adj. num. cardinal. **I. 1.** Nombre qui vaut dix fois dix. *Cent dollars. Deux cents ans. Cent cinquante montres.* **2.** Un nombre indéterminé, assez élevé. *Il l'a fait cent fois! – Faire les cent pas:* aller et venir. ▷ Fam. *Faire les quatre cents coups:* mener une vie désordonnée. **3.** adj. inv. Centième. *Page cent.* **II.** n. m. Centaine. *Donnez-moi un cent d'œufs.* **III.** Pour cent. *Bénéfice de trois pour cent (3 %):* bénéfice de 3 $ sur 100 $. ▷ Fam. *(À) cent pour cent:* totalement, entièrement. *Il est fou à cent pour cent. Il est cent pour cent occupé par son travail.* – Lat. *centum.*

2. cent [sɛn(t)] ou **cenne** [sɛn] n. f. Centième partie du dollar canadien ou américain (symbole: ¢). ▷ Pièce de monnaie valant une cent. *Cent canadienne, cent américaine. – Un cinq, dix, vingt-cinq cents,* une pièce de cinq, dix, vingt-cinq cents. Syn. sou. ▷ Fam. Pièce de monnaie. *Sortir une poignée de cents de ses poches. – Une cenne noire:* une pièce d'une cent. – (Souvent au plur.) Argent. *Il est temps de penser à se faire quelques cents.* – Loc. fig. *Ça ne vaut pas une* *cenne, pas cinq cennes:* ça ne vaut rien. Rem. La prononc. [sɛnt] et le genre masc., qui ont cours en France, sont rares au Québec dep. l'apparition du mot au XIXe s. L'orthogr. *cenne* est fréquente dans les expr. fam. – Mot anglo-amér.

ENCYCL Le mot *cent* figure, avec *dollar,* dans la version française d'un acte de 1857 instituant un système monétaire décimal au Canada. Dès 1859, le mot *cent* cède la place à *centin,* néologisme créé pour éviter le mot anglais dans les textes de loi en français. Même si on l'emploie dans tous les documents officiels au XIXe s., *centin* est à son tour critiqué en raison de son absence des dictionnaires français. Le mot finit par tomber en désuétude vers le milieu du XXe s. au profit de *cent,* beaucoup mieux implanté dans l'usage depuis le XIXe s.
Vers la fin du XIXe s. et au début du XXe, on a recommandé de remplacer *cent* et *centin* par *sou,* nom d'une ancienne monnaie française qui a progressivement disparu de la circulation sous le Régime anglais. De nos jours, *cent* (ou *cenne*) demeure usuel mais on lui préfère souvent le mot *sou* dans le style soigné. V. piastre et sou.

centaine [sɑ̃tɛn] n. f. collectif. **1.** Nombre de cent, ou de cent environ. *Une centaine de dollars. Quelques centaines. – Par centaines:* en très grand nombre. *Ils avaient défilé par centaines.* **2.** *La centaine:* l'âge de cent ans. *Dépasser la centaine.* – De *cent* 1.

centaure [sɑ̃tɔʀ] n. m. **1.** MYTH Être fabuleux représenté comme un monstre moitié homme (tête et torse) et moitié cheval. **2.** ASTRO *Le Centaure:* constellation du ciel austral. (Une de ses étoiles, *Proxima Centauri,* est l'étoile la plus rapprochée de la Terre: 4,3 années-lumière.) – Lat. *centaurus,* gr. *kentauros.*

centaurée [sɑ̃tɔʀe] n. f. **1.** BOT Genre de composées comprenant un grand nombre d'espèces, partic. *Centaurea ajanus,* le bleuet, et *Centaurea calcitrapa,* le chausse-trape, qui, en infusion, est un fébrifuge réputé. **2.** Cour. Nom de diverses plantes, telles la centaurée bleue (fam. labiées), la centaurée jaune et la petite centaurée (fam. gentianacées). – Lat. *centaurea,* gr. *kentauriê,* «plante Centaure», le centaure Chiron étant réputé avoir découvert 18 vertus des simples.

centenaire [sɑ̃tnɛʀ] **1.** adj. Qui a cent ans. *Arbre centenaire.* ▷ Subst. *Un, une centenaire:* personne âgée de cent ans ou plus. **2.** Qui se produit, qui est censé se produire environ tous les cent ans. *Crue centenaire.* **3.** n. m. Centième anniversaire. *Fêter le centenaire de la fondation d'une ville.* – De *centaine.*

centennal, ale, aux [sɑ̃tenal, o] adj. Rare Qui a lieu tous les cent ans. *Exposition centennale.* – De *centum,* «cent», et *annus,* «année».

centésimal, ale, aux [sɑ̃tezimal, o] adj. Relatif aux divisions d'une quantité en cent parties égales. *Fraction centésimale.* ▷ PHYS *Échelle centésimale:* échelle déterminée à partir de deux graduations marquées 0 et 100, chaque degré de l'échelle représentant la centième partie de l'intervalle 0-100. – Du lat. *centesimus.*

centète [sɑ̃tet] n. m. ZOOL Nom scientifique du tanrec.

centétidés [sɑ̃tetide] n. m. pl. ZOOL Famille de mammifères insectivores comprenant les tanrecs.

centi-. Élément, du latin *centum,* «cent», impliquant l'idée d'une division en centièmes.

centiare [sɑ̃tjaʀ] n. m. Centième partie de l'are, équivalant à 1 m^2 (abrév.: ca). – De *centi-,* et *are.*

centième [sɑ̃tjɛm] adj. et n. **1.** adj. num. ord. correspondant à cent. *Le centième jour.* ▷ *La centième partie:* l'une des parties d'un tout divisé en cent parties égales. **2.** n. m. La centième partie d'un tout. *L'augmentation a été d'un centième.* **3.** n. f. La centième représentation d'une pièce de théâtre. *L'auteur de la pièce était présent à la centième.* – Lat. *centesimus.*

centigrade [sɑ̃tigʀad] adj. (et n. m.). **1.** adj. Cour. *Degrés centigrades:* les degrés thermométriques centésimaux ou Celsius. (Terme impropre; V. centésimal.) **2.** n. m. GEOM Centième partie du grade (abrév.: cgr). – De *centi-,* et *grade.*

centigramme [sɑ̃tigʀam] n. m. Centième partie du gramme (abrév.: cg). – De *centi-,* et *gramme.*

centile [sɑ̃til] n. m. STAT Centième partie d'un ensemble de données classées. – De *cent* 1.

centilitre [sɑ̃tilitʀ] n. m. Centième partie du litre (abrév.: cl). – De *centi-,* et *litre.*

centime [sɑ̃tim] n. m. Centième partie du franc. *Un chèque de quatre-vingt-douze francs et dix centimes.* (On dit aussi: *quatre-vingt-douze francs dix.*) – De *cent* 1.

centimètre [sɑ̃timɛtʀ] n. m. **1.** Centième partie du mètre (abrév.: cm). ▷ *Par ext.* Règle ou ruban divisé en centimètres. *Un centimètre de couturière.* **2.** PHYS Unité de longueur fondamentale de l'ancien système C.G.S. – De *centi-,* et *mètre.*

centimétrique [sɑ̃timetʀik] adj. De l'ordre du centimètre. *Ondes centimétriques.* – De *centimètre.*

centin [sɑ̃tɛ̃] n. m. Anc. Nom officiel de la centième partie du dollar canadien. – De *cent* 2.

centon [sɑ̃tɔ̃] n. m. LITTER Poème, texte, constitué de fragments dus à des écrivains célèbres. – Lat. *cento,* «vêtement fait de morceaux rapportés».

centrafricain, aine [sɑ̃tʀafʀikɛ̃, ɛn] adj. et n. De l'État d'Afrique centrale qui porte auj. le nom de République centrafricaine. – De *centre,* et *africain.*

centrage [sɑ̃tʀaʒ] n. m. TECH Action de centrer. ▷ Action de placer les axes de différents éléments sur une même droite. – De *centrer.*

central, ale, aux [sɑ̃tʀal, o] adj. (et n.) **I.** adj. **1.** Qui est au centre. *Place centrale.* Ant. périphérique. **2.** Principal, où tout converge, qui distribue tout. *Le système nerveux central:* l'encéphale et la moelle épinière. – *Chauffage central.* **3.** MECA *Force centrale:* force dont la direction passe par un point fixe. **II.** n. m. Bureau, poste assurant la centralisation des communications téléphoniques ou télégraphiques. *Un central téléphonique.* **III.** n. f. **1.** Usine productrice d'énergie. *Centrale nucléaire, centrale hydraulique.* **2.** *Centrale inertielle:* ensemble d'organes (accéléromètres, gyroscopes) capable de fournir la position d'un véhicule. – De *centre.*

centralisateur, trice [sɑ̃tʀalizatœʀ, tʀis] adj. Qui centralise. *Bureau centralisateur.* – De *centraliser.*

centralisation [sɑ̃tʀalizasjɔ̃] n. f. **1.** Action de centraliser. *Centralisation des demandes d'abonnement.* **2.** POLIT Réunion sous l'autorité d'un organisme central des diverses attributions de la puissance publique. *Centralisation politique, administrative.* Ant. Décentralisation. – De *centraliser.*

centraliser [sɑ̃tʀalize] v. tr. [1] Concentrer, réunir en un même centre, sous une même autorité. *Centraliser les pouvoirs.* – De *central.*

centralisme [sɑ̃tʀalism] n. m. **1.** Tendance à la centralisation **2.** POLIT Système gouvernemental qui consiste à prendre les décisions dans les domaines politiques et économiques importants. ▷ Mode d'organisation d'un syndicat ou d'un parti qui interdit la constitution de tendances en ne permettant pas la remise en cause des décisions prises en congrès. *Centralisme démocratique.* – De *centraliser.*

centranthe [sɑ̃tʀɑ̃t] n. m. BOT Genre de valérianacées, dont une espèce franç., *Centranthus ruber,* ornementale, aux corymbes de fleurs rouges, pousse sur les vieux murs et les éboulis caillouteux. Syn. barbe-de-Jupiter, lilas d'Espagne.

centration [sɑ̃tʀasjɔ̃] n. f. PSYCHO *Loi, effet de centration:* concentration de l'attention sur un stimulus particulier au détriment des autres stimuli présents dans le champ perceptif. – De *centrer.*

centre [sɑ̃tʀ] n. m. **I. 1.** Point situé à égale distance de tous les points d'une circonférence ou de la surface d'une sphère. ▷ GEOM *Centre de répétition d'ordre n d'une figure plane:* point de cette figure tel que celle-ci reste identique à elle-même par rotation d'un nième de tour. ▷ *Centre de symétrie:* point C qui fait correspondre à tout point A d'une figure un point A' tel que CA' = -CA. ▷ *Centre d'homothétie,* tel que CA' = k CA. ▷ *Centre de courbure:* point de rencontre des normales d'une courbe en deux points infiniment voisins de cette courbe. **2.** *Par ext.* Le milieu d'un espace quelconque. *Le centre de l'agglomération.* ▷ *Spécial.* (France) *Le Centre:* les régions du centre de la France. ▷ Le Massif central. ▷ La Région du Centre. **3.** POLIT Partie d'une assemblée politique qui siège entre la droite et la gauche. V. centrisme. **II.** PHYS, MECA **1.** Point d'application de la résultante des forces exercées sur un corps. ▷ *Centre de masse* ou *d'inertie* (d'un système de points matériels): barycentre de ces points affectés de leurs masses. ▷ *Centre de gravité:* point par lequel passe la résultante des forces dues à un champ de gravitation uniforme (ce point est confondu avec le centre de masse). ▷ *Centre instantané de rotation:* point d'une figure plane en mouvement, dont la vitesse est nulle à l'instant considéré. ▷ *Centre de poussée:* point d'application de la résultante des forces qui s'exercent sur un corps. **2.** *Centre optique:* point de l'axe d'une lentille ou d'un miroir, tel que tout rayon y passant ne soit ni dévié, ni réfléchi. **III. 1.** Fig. Point d'attraction. *Centre d'intérêt.* **2.** Point de grande concentration d'activité; point d'où s'exerce une action. *Toronto est un grand centre commercial. Centre culturel.* **3.** Endroit où sont regroupés de nombreux commerces. *Centre commercial ou centre d'achats.* **4.** ANAT Région du système nerveux central qui commande le fonctionnement de certains organes vitaux. *Centre respiratoire.* **5.** Organisme assurant la centralisation de certaines activités. *Centre national de recherche du Canada (C.N.R.C.). Centre hospitalier universitaire (C.H.U.).* **IV.** SPORT Joueur dont la place est au centre de l'équipe, sur le terrain, la patinoire. – Lat. *centrum,* gr. *kentron.*

centré, ée [sɑ̃tʀe] adj. **1.** MECA Qui tourne autour d'un point. **2.** MATH *Variable aléatoire centrée,* dont l'espérance mathématique est nulle. – Pp. de *centrer.*

centrer [sɑ̃tʀe] v. tr. [1] **1.** Déterminer le centre (d'une figure, d'un objet). ▷ Ramener au centre. ▷ Régler les pièces tournantes d'une machine, la position de leurs axes de rotation. **2.** Fig. *Centrer le débat sur une question,* se la donner pour objet principal de discussion. – De *centre.*

centreur [sɑ̃tʀœʀ] n. m. TECH Appareil qui sert à centrer. – De *centrer.*

centrifugation [sɑ̃tʀifygasjɔ̃] n. f. TECH Séparation, sous l'action de la force centrifuge, de particules inégalement denses en suspension dans un liquide, un mélange. *Séparer la crème du lait par centrifugation.* – De *centrifuger.*

centrifuge [sɑ̃tʀifyʒ] adj. *Force centrifuge,* qui tend à éloigner du centre. Ant. centripète. ▷ *Pompe centrifuge,* dans laquelle le fluide circule du centre vers l'extérieur du corps de la pompe. – Lat. *centrum,* «centre», et *-fuge.*

centrifuger [sɑ̃tʀifyʒe] v. tr. [1] Soumettre à la centrifugation. – De *centrifuge.*

centrifugeur [sɑ̃tʀifyʒœʀ] n. m. ou **centrifugeuse** [sɑ̃tʀifyʒøz] n. f. TECH Appareil utilisé pour la centrifugation. – De *centrifuge.*

centriole [sɑ̃tʀijɔl] n. m. BIOL Organite intracellulaire, cytoplasmique, situé près du noyau. (Présents dans presque toutes les cellules vivantes, les deux centrioles comprennent 9 groupes de 3 tubules disposés selon les génératrices d'un cylindre de 150 μm de diamètre et de 400 μm de long. Ils forment le fuseau de division pendant la mitose.) – De *centre.*

centripète [sɑ̃tʀipɛt] adj. Qui tend à rapprocher du centre d'une trajectoire; qui est dirigé vers le centre. *Force centripète. Accélération centripète:* composante de l'accélération dirigée vers le centre de courbure de la trajectoire. Ant. centrifuge. ▷ PHYSIOL *Nerfs centripètes,* qui conduisent l'excitation de la périphérie vers le centre. – Lat. *centrum,* «centre», et *petere,* «tendre vers».

centrisme [sɑ̃tʀism] n. m. POLIT Position polit., idéologie, de ceux qui, dans une assemblée législative, siègent entre les conservateurs et les progressistes. *Centrisme de gauche, de droite.* – De *centre.*

centriste [sɑ̃tʀist] adj. (et n.) Relatif au centrisme; partisan du centrisme. – De *centre.*

centro-. Élément, du lat. *centrum,* «centre».

centromère [sɑ̃tʀɔmɛʀ] n. m. BIOL Zone de constriction qui sépare le chromosome en deux bras et joue un rôle important lors de la division cellulaire. – De *centro-,* et *-mère.*

centrosome [sɑ̃tʀozom] n. m. BIOL Organite cellulaire situé près du noyau, qui, après une duplication, devient le centre organisateur de la formation du fuseau achromatique lors de la division cellulaire. (Il intervient également dans les mouvements des cils et flagelles lorsque les cellules en possèdent.) – Empr. à l'all., de *centrum,* et *sôma.*

centrospermales [sɑ̃tʀospɛʀmal] n. f. pl. BOT Vaste ordre de dicotylédones assez primitives comprenant notam. les chénopodiacées, les cactacées, etc. – De *centro-,* et *sperme.*

centumvir [sɑ̃tɔmviʀ] n. m. L'un des cent magistrats de la Rome antiq., désignés chaque année notam. pour statuer sur les successions. – Lat. *centum,* «cent», et *vir,* «homme».

centuple [sɑ̃typl] **1.** adj. Qui vaut cent fois. *Nombre centuple d'un autre.* **2.** n. m. Quantité qui vaut cent fois une autre quantité. *Le centuple de dix est mille.* ▷ Loc. adv. Par exag. *Au centuple:* un grand nombre de fois en plus. *Je lui rendrai cela au centuple.* – Lat. *centuplex.*

centupler [sɑ̃typle] v. tr. [1] **1.** Multiplier par cent, rendre cent fois plus grand. *Centupler un nombre.* ▷ v. intr. *Son chiffre d'affaires a centuplé en moins de dix ans.* **2.** Par exag. Rendre un grand nombre de fois plus grand. *Centupler sa fortune en spéculant.* – De *centuple.*

centurie [sɑ̃tyʀi] n. f. **1.** ANTIQ ROM Subdivision militaire et politique qui comprenait 100 citoyens. **2.** LITTER Ouvrage d'histoire dont les divisions, les chapitres correspondent à des siècles. – Lat. *centuria,* «groupe de cent».

centurion [sɑ̃tyʀjɔ̃] n. m. ANTIQ Officier subalterne de l'armée romaine, placé à la tête d'une centurie. – De *centurie.*

cénure. V. cœnure.

cep [sɛp] n. m. **1.** Pied de vigne. **2.** Partie qui porte le soc de la charrue. – Lat. *cippus,* «pied».

cépage [sepaʒ] n. m. Variété de vigne cultivée. *Les cépages du vignoble bordelais.* – De *cep.*

cèpe [sɛp] n. m. Variété de champignons, généralement comestibles, appartenant essentiellement au genre *Boletus* (bolets). – Gascon *cep*, «tronc».

cépée [sepe] n. f. Touffe de plusieurs tiges de bois ayant poussé à partir de la souche d'un arbre abattu. – De *cèpe*.

cependant [səpɑ̃dɑ̃] mot inv. **1.** conj. de coord. Néanmoins, toutefois, malgré cela. *Il ne devait pas venir et cependant le voici. Vous avez été très gentil, j'ai cependant un reproche à vous faire.* **2.** adv. de temps. Vx Pendant ce temps-là, cela étant en suspens. – D'abord: *tout ce pendant.* V. pendant 2.

céphalalgie [sefalalʒi] n. f. MED Mal de tête. – Lat. *cephalalgia*, du gr. *kephalê* «tête», et *algos*, «douleur».

céphalaspides [sefalaspid] n. m. pl. PALEONT Ordre d'agnathes (fin du Primaire) recouverts d'une cuirasse céphalothoracique, munis d'un œil pinéal, et dont les nerfs aboutissaient à des aires qui étaient p.-ê. des organes électriques. – Du gr. *kephalê*, «tête», et *aspis, aspidos*, «vipère».

-céphale, -céphalie, céphalo-. Éléments, du gr. *kephalê*, «tête».

céphalée [sefale] n. f. MED Céphalalgie violente et tenace. – Lat. *cephalaea*, gr. *kephalaia*.

céphalique [sefalik] adj. ANAT Qui a rapport à la tête. *Veine céphalique:* grosse veine superficielle du bras, qu'on croyait jadis venir de la tête. ▷ ANTHROPOL *Indice céphalique:* rapport du diamètre transverse au diamètre antéro-postérieur du crâne. – Lat. *cephalicus*, gr. *kephalikos*, de *kephalê*, «tête».

céphalocordés [sefalokɔʀde] n. m. pl. ZOOL Sous-embranchement de cordés chez lesquels la corde dorsale se prolonge jusque dans la tête et dont le type est l'amphioxus. – De *céphalo-*, et gr. *khordê*, «boyau».

céphalopodes [sefalopɔd] n. m. pl. ZOOL Classe de mollusques chez lesquels le pied, rabattu vers l'avant autour de la bouche armée d'un bec de perroquet, est découpé en tentacules garnis de ventouses. (On les divise en dibranchiaux et tétrabranchiaux. Seiche, calmar, poulpe sont tous d'excellents nageurs marins.) – De *céphalo-*, et *-pode*.

céphalo-rachidien, ienne [sefaloʀaʃidjɛ̃, jɛn] adj. ANAT, MED Qui a rapport à la tête et au rachis. *Liquide céphalo-rachidien:* liquide contenu dans les espaces méningés, constitué d'eau à 99 %, et dont l'examen par ponction lombaire permet de déceler une méningite, une encéphalite, etc. – De *céphalo-*, et *rachidien*.

céphalothorax [sefalotɔʀaks] n. m. ZOOL Partie antérieure du corps des arachnides et des crustacés décapodes, comprenant tête et thorax soudés et protégés par une carapace commune. – De *céphalo-*, et *thorax*.

céphéïdes [sefeid] n. f. pl. ASTRO Étoiles très brillantes dont la brillance varie périodiquement. – Lat. *cepheus*, mot gr., n. d'une constellation.

C.E.Q. Sigle de *Centrale de l'enseignement du Québec*.

cérambycidés [seʀɑ̃biside] n. m. pl. ZOOL Famille de coléoptères aux couleurs vives, caractérisés par leurs longues antennes et dont les larves creusent le bois. (Le grand capricorne atteint 5 cm.) Syn. longicornes. – De *cerambyx*, nom de genre lat. du grand capricorne.

cérame [seʀam] n. m. ARCHEOL Vase grec en terre cuite. ▷ Adj. *Grès cérame*, qui sert à faire des vases, des appareils sanitaires. – Gr. *keramos*, «argile».

céramique [seʀamik] n. f. **1.** Art du potier; art du façonnage et de la cuisson des objets en terre cuite (faïence, grès, porcelaine). ▷ Adj. *Les arts céramiques.* **2.** Matière dont sont faits ces objets. **3.** TECH Matériau qui n'est ni organique ni métallique. – Gr. *keramikos*, de *keramos*, «argile».

céramiste [seʀamist] n. Personne qui fabrique des objets en céramique. – De *céramique*.

cerargyrite [seʀaʀʒiʀit] n. f. MINER Chlorure naturel d'argent. – Du gr. *keras*, «corne», et *arguros*, «argent».

céraste [seʀast] n. f. Vipère (genre *Cerastes*) saharienne et asiatique, appelée *vipère cornue* en raison des protubérances cornées qu'elle porte au-dessus des yeux. – Lat. *cerastes*, gr. *kerastês*, «cornu».

cérat [seʀa] n. m. PHARM Onguent à base de cire et d'huile. – Lat. *ceratum*, de *cera*, «cire».

cératias [seʀasjas] n. m. ZOOL Poisson téléostéen abyssal dont la tête est munie d'appendices tactiles et lumineux. (Le mâle, long de 8 cm, parasite sa femelle, longue de 1 m, à laquelle il est soudé, leurs deux systèmes circulatoires étant réunis.) – Du gr. *keras*, «corne».

ceratodus [seʀatɔdys] n. m. ZOOL Poisson des rivières australiennes qui possède des branchies et un poumon. – Du gr. *kéras*, «corne», et *odous*, «dent».

cératopsiens [seʀatɔpsjɛ̃] n. m. pl. PALEONT Sous-ordre de dinosauriens cuirassés du Crétacé (genres *Protoceratops* et *Triceratops*, sorte de rhinocéros à 3 cornes). – Du gr. *kéras*, «corne» et *opsis*, «vue».

cerbère [sɛʀbɛʀ] n. m. Litt. Portier, gardien intraitable. – De *Cerbère*, n. du chien gardien des Enfers dans la mythol. gr.; lat. *Cerberus*, gr. *Kerberos*.

cercaire [sɛʀkɛʀ] n. f. ZOOL Larve de trématodes (douves) possédant une queue. – Du gr. *kerkos*, «queue».

cerce [sɛʀs] n. f. CONSTR Armature circulaire. ▷ Calibre qui permet de donner à un ouvrage une forme bombée. – De *cerceau*.

cerceau [sɛʀso] n. m. **1.** Lame circulaire de fer ou de bois, utilisée comme armature. *Cerceau de tonneau. Cerceau de crinoline.* **2.** Jouet d'enfant, cercle de bois léger que l'on fait rouler en le poussant à l'aide d'une baguette. **3.** Demi-cercle de bois, de fer. *Cerceau de tonnelle.* – Lat. imp. *circellus*, «petit cercle», de *circus*, «cercle».

cerclage [sɛʀklaʒ] n. m. **1.** Action de cercler. **2.** MED Resserrement chirurgical du col de l'utérus, au cours de la grossesse, pour éviter une fausse couche. – De *cercler*.

cercle [sɛʀkl] n. m. **I. 1.** GEOM Courbe plane fermée, dont tous les points sont à égale distance d'un point appelé centre. ▷ *Cercle d'Euler:* cercle qui passe par les milieux des côtés d'un triangle, les pieds des hauteurs, et les milieux des segments compris entre les sommets et l'orthocentre. ▷ *Grand cercle d'une sphère*, situé dans un plan qui passe par le centre de cette sphère (les autres cercles sont appelés *petits cercles*). ▷ ASTRO *Cercle horaire d'un astre:* demi grand cercle de la sphère céleste locale, qui passe par les pôles célestes et la direction de l'astre. **2.** Périmètre d'un cercle; ligne circulaire. *L'aigle décrit des cercles dans le ciel.* **3.** Objet de forme circulaire. – PHYS *Cercle oculaire:* pupille de sortie d'un instrument d'optique, sur laquelle l'observateur place son œil. **4.** ASTRO Instrument qui sert à mesurer les angles au moyen d'un cercle gradué sur toute sa circonférence. *Cercle méridien.* **5.** TECH Cerceau servant d'armature. – Cerceau de tonneau; *par ext.*, tonneau. *Vin en cercles.* **II. 1.** Personnes, objets formant une circonférence. *Un cercle de chaises.* **2.** Réunion de personnes dans un local réservé; ce local lui-même. *Cercle littéraire, politique, militaire, sportif.* **III. 1.** Fig. Étendue. *Le cercle de nos connaissances.* **2.** LOG *Cercle vicieux:* raisonnement défectueux qui consiste à démontrer une proposition à l'aide d'une autre proposition, laquelle à son tour est démontrée par la première. ▷ Cour. *Par ext.* Situation sans issue. – Lat. *circulus*, de *circus*, «cercle».

cercler [sɛʀkle] v. tr. [1] Garnir, entourer de cercles, de cerceaux. *Cercler un tonneau.* – De *cercle*.

cercopithèque [sɛʀkɔpitɛk] n. m. ZOOL Singe catarhinien d'Afrique à longue queue grêle et au pelage souvent coloré. (Le genre *Cercopithecus* comprend de très nombreuses espèces; certaines sont fréquentes dans les ménageries.) – Lat. *cercopithecus*, mot gr., de *kerkos*, «queue», et *pithêkos*, «singe».

cercueil [sɛʀkœj] n. m. Caisse dans laquelle on enferme un cadavre pour l'ensevelir. *Un cercueil plombé.* – Lat. *sarcophagus*, du gr.; V. sarcophage.

céréale [seʀeal] n. f. **1.** Graminée cultivée pour la production de grains. *Le blé, le seigle, l'avoine, l'orge, le maïs, le riz, le millet sont des céréales.* ▷ Par méton. *Le commerce des céréales*, des grains de céréales. **2.** Plur. Produit à base de grains de céréales que l'on consomme ordinairement le matin. *Un bol de céréales.* – Lat. *cerealis*, de *Cérès*, déesse des moissons.

céréalier, ière [seʀealje, jɛʀ] adj. (et n.) **I.** adj. De céréales. *Culture céréalière.* – *Faim céréalière*, due à la rareté des céréales (dans le Tiers Monde). **II.** n. **1.** Producteur de céréales. **2.** n. m. Navire spécialement conçu pour le transport des céréales. – De *céréale*.

cérébelleux, euse [seʀebɛllø, øz] adj. ANAT Qui se rapporte au cervelet. ▷ *Ataxie cérébelleuse*, due à une lésion cérébelleuse. – Lat. *cerebellum*, de *cerebrum*, «cerveau».

cérébellite [seʀebɛllit] n. f. MED Encéphalite localisée dans le cervelet. – Du lat. *cerebellum* et *-ite* 1.

cérébral, ale, aux [seʀebʀal, o] adj. **1.** ANAT Qui concerne le cerveau, l'encéphale. *Une hémorragie cérébrale.* **2.** Qui a trait à l'esprit. *Le travail cérébral.* **3.** Se dit d'une personne chez qui l'intellect prime la sensibilité. *Elle est plus cérébrale qu'intuitive.* – Du lat. *cerebrum*, «cerveau».

cérébroside [seʀebʀɔsid] n. m. BIOCHIM Lipide non phosphoré comportant des molécules d'oses, constitutif notam. des membranes cellulaires. – Rad. de *cérébral*, et *-oside*.

cérébro-spinal, ale, aux [seʀebʀospinal, o] adj. Du cerveau et de la moelle épinière. – Lat. *cerebrum*, et *spinal*.

cérémonial, iale, ials [seʀemɔnjal] adj. (et n. m.) **I.** adj. Vx Qui concerne les cérémonies religieuses. **II.** n. m. **1.** Usage réglé que l'on observe lors de certaines cérémonies. *La médaille d'or lui a été remise suivant le cérémonial d'usage.* **2.** RELIG Livre où sont contenues les règles du cérémonial des fêtes liturgiques. **3.** Vieilli Ensemble des règles de politesse. – De *cérémonie*.

cérémonie [seʀemɔni] n. f. **1.** Ensemble des formes extérieures réglées pour donner de l'éclat à une solennité religieuse. *Une cérémonie liturgique.* **2.** Ensemble des formalités observées dans certaines occasions importantes de la vie sociale. *Les cérémonies d'une visite officielle.* **3.** Péjor. Politesse exagérée, importune. *Il fait trop de cérémonies. Sans cérémonies:* en toute simplicité. – Du lat. *cærimonia*, «cérémonie sacrée».

cérémoniel, elle [seʀemɔnjɛl] SOCIOL Qui a trait aux cérémonies. – De *cérémonie*.

cérémonieusement [seʀemɔnjøzmɑ̃] adv. D'une façon cérémonieuse. – De *cérémonieux*.

cérémonieux, euse [seʀemɔnjø, øz] adj. Qui fait trop de cérémonies (sens 3). *Un ton cérémonieux*, affecté. – De *cérémonie*.

céreux, euse [seʀø, øz] adj. CHIM Qualifie les composés trivalents du cérium. – De *cérium*.

cerf [sɛʀ] n. m. Mammifère ruminant de la famille des cervidés, vivant en forêt; *spécial.* le mâle adulte, portant des bois qui se renouvellent chaque année avant le rut. – *Cerf de Virginie*, nom scientif. du chevreuil (sens 1). – Lat. *cervus*.

cerfeuil [sɛʀfœj] n. m. Ombellifère *(Anthriscus cerefolium)* cultivée pour ses feuilles aromatiques, qu'on utilise comme condiment. – *Cerfeuil tubéreux*, aux tubercules comestibles. – Lat. *cærefolium*, du gr. *khairein*, «réjouir», et *phullon*, «feuille».

cerf-volant [sɛʀvɔlɑ̃] n. m. **1.** Lucane. **2.** Appareil fait d'une surface de papier, de toile, disposée sur une armature légère, qu'on fait monter en l'air en le tirant contre le vent avec une ficelle. *Des cerfs-volants.* – De *cerf*, et *volant*.

céride [seʀid] n. m. BIOCHIM Lipide simple, constituant majeur des cires. – Du lat. *cera*.

cérifère [seʀifɛʀ] adj. Qui produit la cire. – Lat. *cera*, «cire», et *-fère*.

cérificateur [seʀifikatœʀ] n. m. Appareil utilisé en apiculture pour fondre et épurer la cire. – Du lat. *cera*, «cire».

cérique [seʀik] adj. CHIM Qualifie les composés du cérium tétravalent. – De *cérium*.

cerisaie [s(ə)ʀisɛ] n. f. Plantation de cerisiers. – De *cerise*.

cerise [s(ə)ʀiz] n. f. **1.** Petit fruit comestible du cerisier, à noyau unique, à peau lisse, luisante, souvent rouge. *Cueillir des cerises.* – *Cerise de France:* fruit charnu et juteux du cerisier cultivé, en partic. du cerisier Montmorency (par oppos. au fruit du cerisier sauvage). – *Cerises à grappes:* fruits à chair pâteuse et à peau noirâtre que le cerisier de Virginie produit en grappes. *Faire du vin de cerises à grappes.* **2.** Adj. inv. *Rouge cerise:* d'un rouge franc. – Lat. pop. **ceresia*.

cerisier [s(ə)ʀizje] n. m. Arbre fruitier (fam. rosacées) qui produit les cerises. *Le cerisier est cultivé pour ses fruits (cerises, griottes, etc.) et pour son bois rosé, à grain très fin, utilisé en ébénisterie. Le cerisier de Virginie (Prunus virginiana) pousse à l'état sauvage au Québec où il est cour. appelé cerisier à grappes.* – De *cerise*.

cérite [seʀit] ou **céritite** [seʀitit] n. f. MINER Silicate naturel hydraté de cérium, dont la température de fusion est très élevée (plus de 2 700 °C). – De *cérium*.

cérithe [seʀit] n. m. Mollusque gastéropode (genre *Cerithium*) à coquille hélicoïdale très allongée, qui, à l'état fossile, abonde dans les calcaires tertiaires. – Lat. *cerithium*, gr. *kêrukion*, «buccin».

cérium [seʀjɔm] n. m. CHIM Élément de numéro atomique Z = 58 et de masse atomique 140,12. (Symbole Ce). – De *Cérès*.

ENCYCL Métal faisant partie des lanthanides, le cérium fond à 795 °C et bout à 3 470 °C. Sa densité est de 6,67. Allié au fer, il donne le ferrocérium (utilisé comme pierre à briquet). Son oxyde, mélangé à l'oxyde de thorium, entre dans la fabrication des manchons à incandescence.

cermet [sɛʀmɛ] n. m. TECH Matériau ductile et résistant, obtenu par frittage de poudres de métaux et de céramique. – De *cé(ramique)*, et *mét(al)*.

cerne [sɛʀn] n. m. **1.** Cercle bleu ou bistre, qui entoure des yeux fatigués. **2.** Cercle livide autour d'une plaie. **3.** Trace laissée sur une étoffe par un détachant, autour d'une tache mal nettoyée. **4.** BOT Chacun des cercles concentriques visibles sur la section des éléments pérennants (racines, tronc, branches) d'un arbre. (Un cerne correspond à une période de végétation; le nombre de cernes indique donc l'âge du végétal.) – Lat. *circinus*, de *circus*, «cercle».

cerné, ée [sɛʀne] adj. *Avoir les yeux cernés*, battus, entourés d'un cerne. – Pp. de *cerner*.

cerneau [sɛʀno] n. m. Une des deux parties de l'amande de la noix. – De *cerner*, «couper en deux».

cerner [sɛʀne] v. tr. [1] **1.** Faire comme un cerne autour de; souligner en entourant. **2.** *Cerner des noix:* séparer le fruit de la coque. – *Cerner un arbre*, en détacher une couronne d'écorce. **3.** *Par ext.* Entourer, investir (un lieu) en le coupant de toute communication avec l'extérieur. *Cerner une place forte.* – (Personnes.) *Nous sommes cernés!* **4.** Entourer d'un trait (un dessin). – De *cerne*.

céroplastique [seʀoplastik] n. f. Modelage de la cire. – Du gr. *kêros*, «cire», et *plastique*.

cerque [sɛʀk] n. m. ZOOL Chacun des appendices situés à l'extrémité de l'abdomen de certains insectes, qui jouent un rôle dans l'accouplement. – Gr. *kerkos*, «queue».

certain, aine [sɛʀtɛ̃, ɛn] adj. (et pron.) **I.** adj. Placé après le nom. **1.** (Choses.) Sûr, indubitable. *La nouvelle est certaine.* **2.** Attribut (Personnes). Assuré de la vérité de (qqch), qui en a la certitude. *Je suis certain de ce que j'avance.* **II.** adj. Placé avant le nom. **1.** Se dit, en un sens vague, des personnes et des choses en quantité indéfinie. *Depuis un certain temps. Il jouit d'une certaine considération*, de quelque considération. *Un homme d'un certain âge*, qui n'est pas très âgé mais qui n'est plus jeune, par oppos. à *d'un âge certain*, âgé. **2.** (Plur.) Quelques. *Certains savants affirment que...* **3.** Devant un nom de personne (marquant une nuance de mépris). *Un certain X a osé le dire.* **III.** pron. Plur. Quelques personnes. *Certains sont venus. Certains ont refusé.* – Lat. pop. *certanus*, de *certus*, «assuré».

certainement [sɛʀtɛnmɑ̃] adv. **1.** D'une manière certaine, indubitable. **2.** *Par ext.* En vérité, assurément. *Il a certainement de vastes connaissances.* **3.** Oui (renforcé). *Viendrez-vous? – Certainement.* – *Certainement pas:* sûrement pas. – De *certain*.

certes [sɛʀt] adv. **1.** Vieilli Assurément, en vérité. *Oui, certes!* **2.** (En signe d'acquiescement, de concession.) *A-t-il raison? Certes, mais...* – Lat. pop. *certas*, de *certus*, «assuré».

certificat [sɛʀtifika] n. m. **1.** Écrit émanant d'une autorité et qui fait foi d'un fait, d'un droit. *Certificat de bonne conduite. Avoir de bons certificats.* ▷ *Certificat de cessation d'emploi*, remis par l'employeur à un salarié pour indiquer le moment où celui-ci cesse d'être à son emploi. ▷ *Certificat d'accréditation d'un syndicat.* **2.** FIN Document, le plus souvent transmissible et négociable, remis à un créancier ou un actionnaire par la société qui l'a émis. *Certificat d'action. Certificat de dépôt. Certificat d'obligation.* Syn. titre. **3.** Attestation, diplôme prouvant la réussite à un examen; cet examen lui-même. *Certificat d'apprentissage. Certificat d'aptitude professionnelle.* – Bas lat. *certificatum*.

certification [sɛʀtifikasjɔ̃] n. f. DR Assurance, donnée par écrit, de la régularité d'une pièce, d'un acte, de l'authenticité d'une signature. – De *certifier*.

certifier [sɛʀtifje] v. tr. [1] **1.** Assurer, attester qu'une chose est vraie, certaine. *Je vous certifie que ce renseignement est exact.* **2.** DR Garantir. – Lat. *certificare*, de *certus*, «assuré», et *facere*, «faire».

certitude [sɛʀtitud] n. f. **1.** Qualité de ce qui est certain. *La certitude des lois mathématiques.* **2.** Conviction qu'a l'esprit d'être dans la vérité. *Ses soupçons se changèrent en certitude. Je le sais avec certitude.* **3.** PHILO Adhésion complète de l'esprit. *La question des critères de la certitude rejoint celle de la valeur de la connaissance.* – Du lat. *certitudo*, de *certus*, «assuré».

céruléen, enne [seʀyleɛ̃, ɛn] adj. Litt. De couleur bleue, d'azur ou de bleu vert. – Du lat. *cæruleus*, «bleu d'azur».

cérumen [seʀymɛn] n. m. Matière molle, jaunâtre et amère, contenue dans le conduit auditif externe qu'elle lubrifie et protège. *Bouchon de cérumen*, obturant le conduit auditif. – Bas lat. *cerumen*, de *cera*, «cire».

cérumineux, euse [seʀyminø, øz] adj. Relatif au cérumen. – De *cérumen*.

céruse [seʀyz] n. f. CHIM Carbonate basique de plomb $2PbCO_3$, $Pb(OH)_2$, utilisé comme pigment blanc. (L'emploi de ce produit toxique est réglementé.) Syn. blanc de plomb. – Lat. *cerussa*.

cérusite [seʀyzit] n. f. MINER Carbonate naturel de plomb. – De *céruse*, et *-ite* 3.

cerveau [sɛʀvo] n. m. **1.** Masse de substance nerveuse, partie de l'encéphale contenue dans la boîte crânienne. **2.** Facultés mentales, esprit. – Fam. *Avoir le cerveau dérangé*, être fou. **3.** Fam. *Un cerveau:* une personne très intelligente. **4.** Fig. Centre intellectuel; centre de direction. – Lat. *cerebellum*, de *cerebrum*, «cerveau».

ENCYCL Le cerveau, que divise en deux hémisphères symétriques un sillon antéro-postérieur et que de nombreuses scissures répartissent en lobes, est formé de substance blanche et de substance grise. Parmi les diverses cavités liquidiennes qu'il renferme, les plus importantes sont les deux ventricules latéraux. Le cerveau comprend les centres de la mémoire, de la sensibilité, de la motricité, du langage, etc. V. encéphale.

cervelas [sɛʀvəlɑ] n. m. Saucisson cuit, gros et court, assaisonné d'ail. – Ital. *cervellato*, «saucisse faite de cervelle de porc».

cervelet [sɛʀvəlɛ] n. m. ANAT Partie de l'encéphale située au-dessous des hémisphères cérébraux et en arrière du bulbe et de la protubérance, formée de deux hémisphères symétriques et d'une partie médiane, le vermis, qui assure le contrôle de l'équilibre et la coordination des mouvements. – De *cerveau*.

cervelle [sɛʀvɛl] n. f. **1.** Substance nerveuse qui constitue le cerveau. ▷ *Se brûler la cervelle:* se tuer d'un coup d'arme à feu tiré dans la tête. **2.** CUIS Cerveau de certains animaux, destiné à servir de mets. *Cervelle d'agneau revenue dans le beurre.* **3.** Facultés mentales, esprit. *Cela lui a troublé la cervelle. Avoir une cervelle d'oiseau*, être sot ou distrait. *Se creuser la cervelle:* faire un effort de réflexion, de mémoire, d'imagination. – Fam. *Trotter dans la cervelle:* occuper l'esprit. – Lat. *cerebella*.

cervical, ale, aux [sɛʀvikal, o] adj. ANAT **1.** Du cou. *Vertèbre cervicale.* **2.** Du col utérin. *Cape cervicale:* préservatif féminin. **3.** Du col de la vessie. – Lat. *cervix, cervicis*, «cou, nuque».

cervicalgie [sɛʀvikalʒi] n. f. MED Douleurs de la région cervicale (cou). – De *cervical*, et *-algie*.

cervicarthrose [sɛʀvikaʀtʀoz] n. f. MED Arthrose de la colonne cervicale. – De *cervical*, et *arthrose*.

cervicite [sɛʀvisit] n. f. Inflammation des cols utérin ou vésical. – Du rad. de *cervical*, et *-ite* 1.

cervico-brachial, iale, iaux [sɛʀvikobʀakjal, jo] adj. ANAT Qui siège au niveau du plexus brachial. – De *cervical*, et *brachial*.

cervidés [sɛʀvide] n. m. pl. ZOOL Famille de mammifères artiodactyles ruminants, dont le cerf est le type, caractérisés par les bois pleins, caducs, que le mâle porte sur le front (la femelle en porte chez les caribous et les rennes). *Les chevreuils, les orignaux,* *les caribous, les wapitis sont des cervidés.* – Du lat. *cervus,* «cerf».

cervier [sɛʀvje] adj. m. V. loup-cervier.

cervoise [sɛʀvwaz] n. f. Bière que les Anciens, les Gaulois en partic., fabriquaient avec de l'orge ou du blé, et qui fut en usage jusqu'au Moyen Âge. – Lat. *cerevisia,* mot gaul.

ces. V. ce.

césalpiniacées [sezalpinjase] n. f. pl. BOT Sous-famille de légumineuses comprenant l'arbre de Judée, la casse, le campêche, etc. – De *Cesalpin,* n. d'un botaniste ital.

césar [sezaʀ] n. m. **1.** Empereur romain. **2.** Dictateur. – Lat. *Cæsar,* surnom de *Julius* (Jules César).

césarien, ienne [sezaʀjɛ̃, jɛn] **1.** Qui se rapporte à un empereur romain. **2.** Qui se rapporte à un dictateur. – De *César.*

césarienne [sezaʀjɛn] n. f. (et adj.). CHIR Ouverture de la paroi abdominale et de l'utérus pour extraire le fœtus vivant lorsque l'accouchement par voie basse n'est pas possible. – Du lat. *cæsar,* «enfant mis au monde par incision»; de *cædere* «couper».

césarisme [sezaʀism] n. m. **1.** HIST Gouvernement des Césars. **2.** Domination d'un souverain absolu, d'un dictateur. – De *César.*

césine [sezin] n. f. CHIM Hydroxyde de césium CsOH. – De *cés(ium),* et *-ine.*

césium [sezjɔm] n. m. CHIM Élément de numéro atomique $Z = 55$ et de masse atomique 132,90; symbole Cs. (Métal alcalin de densité 1,90, le césium fond à 28,3 °C et bout à 670 °C. Il sert à la fabrication de cathodes photoémissives et de tubes électroniques). – Lat. *cæsium,* neutre de *cæsius,* «bleu», à cause de ses raies spectrales.

cessant, ante [sesɑ̃, ɑ̃t] adj. *Toute(s) affaire(s) cessante(s):* immédiatement. – Ppr. de *cesser.*

cessation [sesasjɔ̃] n. f. Le fait de mettre fin à quelque chose. *Cessation des paiements:* état de celui qui cesse de payer ses créanciers. *Cessation des hostilités:* fin officielle de l'état de guerre. – De *cesser.*

cesse [sɛs] n. f. En loc. nég. seulement. **1.** *N'avoir (point, pas) de cesse que,* ne pas s'arrêter avant que... **2.** *Sans cesse:* continuellement. *Il fait sans cesse des progrès.* – De *cesser.*

cesser [sese] **1.** v. intr. [1] Prendre fin. *La pluie a cessé.* ▷ *Faire cesser:* interrompre. *Faire cesser une injustice.* **2.** v. tr. indir. *Cesser de* (+ inf.): finir de. *Cesser de parler. Il a cessé de vivre:* il est mort. ▷ *Ne pas cesser de:* continuer à. – *Ne cesser de:* continuer, avec régularité et constance, à. *Il ne cesse de répéter la même chose.* **3.** v. tr. dir. Arrêter. *Cesser le combat.* – Lat. *cessare,* «fréquent», de *cedere,* «tarder, se montrer lent, s'interrompre».

cessez-le-feu [seselfø] n. m. inv. Armistice, suspension des hostilités. *Signature du cessez-le-feu.* – De *cesser,* et *feu.*

cessibilité [sesibilite] n. f. DR Nature d'une chose susceptible d'être cédée. – De *cession.*

cessible [sesibl] adj. DR Qui peut être cédé. – De *cession.*

cession [sesjɔ̃] n. f. DR Action de céder (un droit, un bien, une créance). *Cession de biens,* par un débiteur à ses créanciers. *Cession de bail. Cession de créance.* – Lat. *cessio.*

cessionnaire [sesjɔnɛʀ] n. DR Personne qui bénéficie d'une cession. – De *cession.*

c'est-à-dire [setadiʀ] loc. conj. qui précède et annonce une explication (abrév. c.-à-d.). *Un mille marin, c'est-à-dire 1 852 mètres.* – Trad. du lat. *id est.*

ceste [sɛst] n. m. Courroie de cuir, garnie de fer ou de plomb, dont se servaient les athlètes de l'Antiquité dans le pugilat. – Lat. *cæstus.*

cestodes [sɛstɔd] n. m. pl. ZOOL Classe de plathelminthes métamérisés dont tous les représentants (par ex., le ténia) sont des parasites intestinaux de vertébrés.

césure [sezyʀ] n. f. Coupe ou repos qui divise le vers après une syllabe accentuée. *Dans un alexandrin, la césure est après la sixième syllabe.* – Lat. *cæsura,* «coupure».

cet, cette. V. ce.

cétacés [setase] n. m. pl. ZOOL Ordre de mammifères marins, aux dimensions puissantes, adaptés à la vie en pleine eau. – Lat. zool. *cœtaceus,* class. *cetus;* gr. *kêtos,* «gros poisson de mer».

ENCYCL Le corps des cétacés est pisciforme; leurs membres antérieurs se sont transformés en palettes natatoires; les membres postérieurs sont pratiquement absents, mais une large nageoire caudale s'est développée, dans un plan horizontal. Les narines, ou évents, s'ouvrent sur le dessus de la tête. On les divise en trois sous-ordres: les mysticètes (baleines), les odontocètes (dauphins) et les archéocètes (qui vivaient au Tertiaire).

cétane [setan] n. m. CHIM Hydrocarbure saturé. – De *cét(ène),* et *-ane.*

cétène [setɛn] n. m. CHIM Nom générique des cétones non saturées possédant le groupement $= C = C = O$.

cétoine [setwan] n. f. Coléoptère (divers genres) de 8 à 24 mm, aux élytres dorés ou bronzés, vivant, en général, sur les roses. Syn. hanneton des roses. – Lat. zool. *cetonia,* orig. incon.

cétol [setɔl] n. m. CHIM Nom générique des corps qui possèdent à la fois la fonction alcool et la fonction cétone. – De *cét(one),* et *(alco)ol.*

cétone [setɔn] n. f. CHIM Nom générique des composés de formule R – CO – R', R et R' étant deux radicaux hydrocarbonés. (Les cétones ont des propriétés voisines de celles des aldéhydes. Elles sont difficiles à oxyder et se trouvent, dans la nature, dans les essences végétales, le camphre, par ex., auxquelles elles donnent leur parfum.) – Abrév. de *acétone.*

cétonémie [setɔnemi] n. f. MED Concentration de corps cétoniques dans le sang (elle s'élève considérablement dans le coma diabétique). – De *cétone,* et *-émie.*

cétonique [setɔnik] adj. CHIM Qui possède la fonction cétone. – De *cétone.*

cétonurie [setɔnyʀi] n. f. MED Présence de corps cétoniques dans l'urine. – De *cétone,* et *-urie.*

cétose [setoz] **1.** n. m. BIOCHIM Sucre simple qui possède une fonction cét[one]. **2.** n. f. MED État pathologique dû à une hypercétonémie. – De *cét[one],* et *-ose* 1.

cétostéroïdes [setɔsteʀɔid] n. m. pl. MED Groupe d'hormones dérivées des stérols et caractérisées par la présence en C_{17} d'un radical cétone. (Sécrétées par le testicule et la cortico-surrénale, elles possèdent presque toutes une action androgène et agissent sur le métabolisme des protides et des électrolytes. Elles sont éliminées dans les urines, où on peut les doser.) – De *cét(one),* et *stéroïde.*

cetraria [setʀaʀja] n. m. BOT Genre de lichens, dont une espèce, *Cetraria islandica,* est consommée par les Islandais. – Du lat. *cetra,* «bouclier».

ceux. V. celui.

cévenol, ole [sevnɔl] adj. (et n.). Des Cévennes, massif montagneux du S.-E. de la France.

cf. Abrév. de l'impér. lat. *confer,* «compare», signifiant «se reporter à».

Cf CHIM Symbole du californium.

C.F.A. [seɛfa] n. m. Sigle de *Communauté Financière Africaine.* – *Franc C.F.A.*: unité monétaire de nombreux pays africains.

cg. Abrév. de centigramme.

C.G.S. PHYS Système C.G.S.: anc. système d'unités fondé sur le centimètre, le gramme et la seconde.

ch. Abrév. de cheval-vapeur.

chablis [ʃabli] n. m. Vin blanc sec de la région de Chablis, en Bourgogne.

chabot [ʃabo] n. m. Poisson téléostéen à grosse tête, qui peut atteindre 30 cm de long. (Les diverses espèces du genre *Cottus* sont marines, à l'exception d'une espèce européenne qui vit dans les eaux courantes très propres.) Syn. crapaud ou scorpion de mer. – Anc. provenç. *cabotz,* du lat. pop. *capoceus,* «poisson à grosse tête», de *caput,* «tête».

chabraque ou **schabraque** [ʃabʀak] n. f. Anc. Peau de chèvre ou de mouton, tissu, dont on recouvrait les chevaux de selle des hussards. – All. *Schabracke,* du turc.

chacal [ʃakal] n. m. Canidé d'Asie et d'Afrique *(Canis aureus)* de taille moyenne (30 cm au garrot), au pelage brun doré, au museau pointu et à la queue touffue, de mœurs grégaires, se nourrissant surtout des reliefs laissés par les grands fauves et par l'homme. (C'est probablement l'une des souches de nos chiens domestiques.) *Des chacals.* – Persan *chagal.*

cha-cha-cha [tʃatʃatʃa] n. m. Danse dérivée de la rumba et du mambo, d'origine mexicaine. – Onomat.

chaconne ou **chacone** [ʃakɔn] n. f. Danse à trois temps apparue en Espagne à la fin du XVIe s. – Pièce instrumentale, suite de variations sur un thème court répété à la basse (basse continue). – Esp. *chacona.*

chacun, une [ʃakœ̃, yn] pron. indéf. **1.** Personne, chose faisant partie d'un ensemble et considérée individuellement. *Chacun d'eux, chacune d'elles. Ils ont chacun sa voiture,* ou *leur voiture.* **2.** *Absol.* Tout le monde. *Chacun a ses défauts.* **3.** n. f., seulement dans l'expression familière: *chacun avec sa chacune,* chaque garçon étant accompagné d'une fille. – Lat. pop. **casquunus,* croisement du lat. *quisque-unus,* et *(unum) cata unum,* «un par un».

chadouf [ʃaduf] n. m. Appareil à bascule, employé surtout en Égypte et en Tunisie, pour puiser l'eau d'irrigation. – Mot ar.

chafouin, ine [ʃafwɛ̃, in] n. et adj. **1.** n. Vx Personne de mine sournoise. **2.** adj. *Un air chafouin.* – De *chat,* et *foin,* masc. de *fouine.*

1. chagrin, ine [ʃagʀɛ̃, in] adj. Litt. Qui est porté à la tristesse; qui manifeste de la tristesse. *Avoir l'humeur chagrine.* – P.-ê. de *chat,* et *grigner,* «montrer les dents».

2. chagrin [ʃagʀɛ̃] n. m. **1.** Vx Colère due au dépit. **2.** Peine morale, affliction. *Il a du chagrin.* **3.** Déplaisir, peine, tristesse due à une cause précise. *Chagrin d'amour.* – Du préc.

3. chagrin [ʃagʀɛ̃] n. m. **1.** Cuir à surface grenue, préparé à partir de peaux de chèvre ou de mouton, utilisé pour les reliures. **2.** *Peau de chagrin:* se dit à propos d'une chose qui se réduit, se rétrécit régulièrement, par allus. au roman de Balzac (1831). – Du turc *sâgri.*

1. chagriner [ʃagʀine] v. tr. [1] **1.** Vx Irriter. **2.** Causer du chagrin, de la peine. *Cette séparation les chagrine.* – De *chagrin* 1.

2. chagriner [ʃagʀine] v. tr. [1] Préparer une peau de manière à la rendre grenue, à la convertir en chagrin. – De *chagrin* 3.

chāh. V. shāh.

chahut [ʃay] n. m. **1.** Vx Danse désordonnée et inconvenante. **2.** Tapage (partic. tapage d'écoliers, d'élèves, pendant un cours). *Mener un chahut.* – De *chathuant.*

chahuter [ʃayte] **I.** v. intr. [1] **1.** Vx Danser le chahut. **2.** Se livrer à des manifestations tapageuses (partic. pendant le cours d'un professeur). **II.** v. tr. **1.** Importuner (qqn, partic. un professeur) par des manifestations tapageuses. **2.** Mettre en désordre (des choses). *Ils ont tout chahuté chez lui.* – De *chathuant.*

chahuteur, euse [ʃaytœʀ, øz] adj. (et n.) Qui aime chahuter, tapageur. *Une élève chahuteuse.* – De *chahut.*

chai ou **chais** [ʃɛ] n. m. Magasin au niveau du sol, utilisé pour entreposer des fûts de vin, d'eau-de-vie. *Vin élevé dans les chais du propriétaire.* – Forme poitevine de *quai.*

chaille [ʃaj] n. f. PETROG Rognon calcaro-siliceux des terrains jurassiques. – De *chaillou,* var. anc. de *caillou.*

chaînage [ʃɛnaʒ] n. m. **1.** Opération de mesure avec une chaîne d'arpenteur. **2.** Armature destinée à renforcer une maçonnerie. – De *chaîne.*

chaîne [ʃɛn] n. f. **I.** Succession d'anneaux métalliques engagés les uns dans les autres. **1.** Lien. *Galérien rivé à sa chaîne. La chaîne d'une ancre de navire.* **2.** Ornement. *Une chaîne de montre. Chaîne d'huissier. Elle porte une chaîne d'or autour du cou.* **3.** TECH *Chaîne de Vaucanson, de Galle:* chaîne de transmission, sans fin. ▷ *Chaîne de vélo,* qui transmet à la roue le mouvement du pédalier. **4.** DR *Chaîne de titres:* relevé des titres de propriété d'un immeuble dans lequel sont décrites, de la première à la dernière, les cessions successives ou les autres formes de dispositions l'affectant en partie ou dans son ensemble. **5.** Plur. Dispositif constitué de chaînes assemblées fixable aux pneus des voitures pour éviter le dérapage sur le verglas ou la neige. **6.** *Chaîne d'arpenteur,* formée de tringles métalliques ou d'un ruban d'acier très souple, qui sert à mesurer des segments de lignes droites sur le terrain. **II.** Fig. **1.** Litt., vieilli *La chaîne, les chaînes:* la servitude; l'état de forçat, de prisonnier. *Ce peuple a brisé ses chaînes,* s'est libéré. **2.** Plur. Litt. Liens d'affection, d'intérêt, qui unissent des personnes. *Les chaînes de l'amitié, de l'amour.* **3.** Enchaînement, continuité, succession. *La chaîne des événements.* **III.** Fig. (Choses liées par une fonction ou unies en une structure.) **1.** Ensemble des fils longitudinaux d'un tissu. **2.** *Chaîne de montagnes:* série de montagnes se succédant dans une direction marquée. *La chaîne de la cordillère des Andes. Chaîne hercynienne.* **3.** ARCHI Syn. de *chaînage,* sens 2. *Chaîne d'angle.* **4.** ANAT *Chaîne nerveuse:* suite de ganglions nerveux réunis par des tissus conjonctifs. **5.** CHIM Suite d'atomes formant le squelette de la molécule d'un composé organique. *Chaîne carbonée.* ▷ PHYS *Réaction en chaîne,* qui, une fois amorcée, se poursuit d'elle-même. *La libération de l'énergie nucléaire provient d'une réaction en chaîne.* **6.** AUDIOV *Chaîne haute-fidélité:* ensemble stéréophonique comprenant une platine de lecture de disques, un ou deux amplificateurs, plusieurs haut-parleurs, éventuellement un magnétophone et un récepteur de radiodiffusion, et permettant une bonne restitution des sons. **7.** AUDIOV Groupement de stations de radiodiffusion ou de télévision diffusant simultanément le même programme. *La chaîne française de Radio-Canada.* **8.** INDUSTR Suite de postes de travail où chaque ouvrier effectue toujours les mêmes opérations sur l'objet en cours de fabrication, qui défile devant lui. *Une chaîne de montage d'automobiles. Travail à la chaîne.* (*Par ext.* Travail répétitif, monotone.) **IV.** Fig. (Ensemble de personnes.) Suite de personnes qui se tiennent par la main, se passent un objet de main en main. *Faire la chaîne avec des seaux pour éteindre un incendie.* – Du lat. *cadena.*

chaîner [ʃɛne] v. tr. [1] **1.** TECH Mesurer à la chaîne d'arpenteur. **2.** ARCHI Établir un chaînage entre (des murailles). – De *chaîne.*

chaînette [ʃɛnɛt] n. f. **1.** Petite chaîne. **2.** COUT *Points de chaînette,* dont la succession imite les maillons d'une chaîne. **3.** MECA Courbe que forme une corde, une chaîne flexible, un fil, d'épaisseur et de densité uniformes, suspendu librement à deux points fixes et abandonné à l'action de la pesanteur. – Dimin. de *chaîne.*

chaîneur [ʃɛnœʀ] n. m. Arpenteur qui mesure des distances à la chaîne. – De *chaîner.*

chaînier [ʃɛnje] ou **chaîniste** [ʃɛnist] n. m. Bijoutier qui fabrique des chaînes. – De *chaîne.*

chaînon [ʃɛnõ] n. m. **1.** Anneau d'une chaîne. **2.** Fig. Élément d'un ensemble. *Chaque être humain est un chaînon de la société.* **3.** Chaîne secondaire formée par un élément montagneux. – De *chaîne.*

chair [ʃɛʀ] n. f. **I. 1.** Chez l'être humain et les animaux, substance fibreuse, irriguée de sang, située entre la peau et les os. *Être bien en chair:* être un peu gros, potelé. – *En chair et en os:* en personne. ▷ *Marchand de chair humaine:* trafiquant d'esclaves. **2.** Peau (chez l'être humain). *La chair douce d'un enfant.* ▷ *Chair de poule:* aspect grenu que prend la peau sous l'effet du froid, de la peur. *Avoir la chair de poule. Donner la chair de poule:* effrayer. **3.** BX-A Carnation des personnages d'un tableau. *Rubens rend bien les chairs.* **4.** En appos. *Couleur chair:* couleur blanc rosé. *Un maillot couleur chair.* **5.** Vx Viande. *Vendredi, chair ne mangeras:* tu ne mangeras pas de viande le vendredi, interdiction faite autref. par l'Église cathol. – Fig. *Ni chair ni poisson,* indécis. **6.** Mod. Viande hachée. *Chair à pâté, à saucisses.* **7.** Partie comestible de certains animaux (viande proprement dite exclue), de certains végétaux. *La chair tendre d'une truite, d'une pêche, d'un champignon.* **II. 1.** RELIG Le corps humain, par oppos. à l'âme. *La résurrection de la chair. La chair est faible.* **2.** Les instincts, *spécial.* l'instinct sexuel. *Péché de la chair. L'œuvre de chair:* les relations sexuelles. – Lat. *caro,* accus. *carnem.*

chaire [ʃɛʀ] n. f. **1.** Trône d'un évêque dans une cathédrale, du pape à Saint-Pierre de Rome. *Chaire épiscopale, pontificale.* **2.** Dans une église, tribune élevée réservée au prédicateur. *L'origine de la chaire à prêcher remonte au XIVe s. L'éloquence de la chaire.* **3.** Tribune d'un professeur. – *Par ext.* Poste d'un professeur d'université. *Occuper une chaire de droit.* – Du gr. *kathedra,* «siège à dossier», par le lat.

chais. V. chai.

chaise [ʃɛz] n. f. **1.** Siège sans bras, à dossier. *Une chaise de jardin.* ▷ *Chaise longue,* où l'on peut s'allonger, à dossier inclinable. ▷ Anc. *Chaise percée,* munie d'un récipient, pour satisfaire les besoins naturels. ▷ Loc. fig. *Être assis entre deux chaises:* se trouver dans une situation instable, inconfortable. **2.** *Chaise électrique,* sur laquelle on assoit les condamnés à mort devant être électrocutés (dans certains États des É.-U.). **3.** Anc. *Chaise à porteurs:* véhicule à une place, porté par deux hommes. ▷ *Mener une vie de bâton de chaise:* mener une vie agitée (les bâtons servant à porter une chaise n'étant pas fixes). **4.** MAR *Nœud de chaise,* formant une boucle qui ne peut se resserrer. **5.** TECH Support servant de soutien à un appareillage. – Var. de *chaire.*

chaisière [ʃɛzjɛʀ] n. f. Anc. Loueuse de chaises dans une église, un jardin public. – De *chaise.*

1. chaland [ʃalɑ̃] n. m. Bateau à fond plat, qui sert à transporter les marchandises sur les fleuves et les canaux. – Du bas gr. *khelandion.*

2. chaland, ande [ʃalɑ̃, ɑ̃d] n. Vx Acheteur, client. *Attirer le chaland.* – De *chaloir.*

chalaze [ʃalaz] n. f. **1.** BIOL Filaments d'albumine qui, dans le blanc d'œuf, maintiennent le jaune dans une position telle que le germe, l'embryon, se trouve toujours à la partie supérieure. **2.** BOT Point de ramification du faisceau nourricier dans l'ovule des angiospermes. – Gr. *khalaza,* «grêlon».

chalazion [ʃalazjõ] n. m. MED Petite tumeur des bords libres de la paupière, d'origine inflammatoire, sans connexion avec la peau. – Du gr. *khalaza,* «grêlon».

chalcididés [kalsidide] n. m. pl. Famille d'insectes hyménoptères, aux couleurs métalliques, dont les larves vivent à l'intérieur des œufs d'autres insectes ou dans les chrysalides de lépidoptères. – Du gr. *khalkos,* «cuivre».

chalcographie [kalkogʀafi] n. f. Vx Art de graver sur le cuivre, les métaux. – Mod. Lieu destiné à la conservation des planches gravées. *La chalcographie d'un musée.* – Du gr. *khalkos,* «cuivre», et *graphie.*

chalcolithique [kalkolitik] adj. et n. m. Période transitoire entre le Néolithique et l'Âge du bronze, où l'on entreprit de travailler le cuivre, le premier métal connu. – Du gr. *khalkos,* «cuivre», et *lithique.*

chalcopyrite [kalkopiʀit] n. f. MINER Sulfure naturel double de cuivre et de fer ($CuFe\ S_2$), d'un beau vert émeraude. – Du gr. *khalkos,* «cuivre», et *pyrite.*

chalcosine [kalkozin] n. f. MINER Sulfure de cuivre Cu_2S, l'un des plus riches minerais de cuivre. – Du gr. *khalkos,* «cuivre», et *-ine.*

chaldéen, éenne [kaldeɛ̃, eɛn] adj. et n. De Chaldée, anc. pays de Mésopotamie.

châle [ʃɑl] n. m. Grande pièce d'étoffe dont les femmes se couvrent les épaules. – De l'hindi *shal,* par l'angl.

chalet [ʃalɛ] n. m. **I.** (En Europe.) **1.** Vx Cabane construite dans les hauts pâturages alpins, où s'abritent les bergers pendant l'été et où ils font le fromage. **2.** Maison de bois caractéristique des Alpes, souvent ornée de balcons abrités par un toit à deux pentes, faisant saillie. *Chalet savoyard, suisse.* **3.** Vx *Chalet de nécessité:* petit bâtiment où sont installés des lieux d'aisance pour le public. **II.** *Par ext.* **1.** Cabane de bois construite en forêt, aménagée sommairement pour abriter des personnes. *Chalet de chasse, de pêche. Chalet en bois rond.* Rem. On dit plur cour. *camp.* ▷ *Spécial.* Dans des installations sportives, bâtiment central où sont concentrés les différents services offerts aux sportifs. *Le chalet d'une patinoire, d'un centre de ski, d'un club de golfe.* **2.** Habitation en bois tenant lieu de maison de plaisance, habituellement située au bord d'un lac, d'un cours d'eau. *Chalet d'été. Chalet habitable à l'année. Aller passer la fin de semaine au chalet. Fermer son chalet pour l'hiver.* «Garrick a ouvert la porte du chalet. Si l'extérieur, tout fait de petites épinettes fendues sur le long, est coquet et original, l'intérieur ne l'est pas moins.» (Charles-Henri Beaupray, *Les beaux jours viendront...,* 1941.) – *Chalet suisse:* habitation construite dans le style des chalets suisses. – Mot de la Suisse romande, d'un prélatin **cala,* «abri».

chaleur [ʃalœʀ] n. f. **I. 1.** Cour Qualité, nature de ce qui est chaud; sensation produite par ce qui est chaud. *La chaleur d'un radiateur, du soleil.* ▷ Température élevée de l'air, temps chaud. *Vague de chaleur.* – Plur. *Les chaleurs:* la saison où le temps est chaud. 2. PHYS Forme d'énergie qui se traduit par une augmentation ou une diminution de température, ou par un changement d'état. ▷ *Chaleur massique:* quantité de chaleur nécessaire pour élever de 1 °C la température de l'unité de masse d'un corps. ▷ *Chaleur latente:* quantité de chaleur nécessaire pour faire passer l'unité de masse d'un corps de l'état solide (ou liquide) à l'état liquide (ou gazeux). ▷ *Chaleur de combustion:* quantité de chaleur dégagée par la combustion de l'unité de masse d'un corps. 3. PHYSIOL *Chaleur animale,* produite par le corps des animaux dits à *sang chaud* (homéothermes*) grâce au catabolisme de leurs réserves. **II. 1.** Sensation de chaud, lors d'un malaise physique. *La chaleur de la fièvre. Coup de chaleur.* **2.** État des femelles de certains animaux quand elles recherchent l'approche du mâle. *Femelle en chaleur.* **3.** Fig. Ardeur, impétuosité, véhémence. *La chaleur de la jeunesse. Il a pris votre défense avec chaleur.* **4.** Fig. Grande cordialité. *Accueillir qqn avec chaleur.* – Lat. *calor,* accus. *calorem.*

chaleureusement [ʃaløʀøzmɑ̃] adv. D'une façon chaleureuse. – De *chaleureux.*

chaleureux, euse [ʃaløʀø, øz] adj. Plein de vie, d'animation, de cordialité. *Un discours chaleureux. Un accueil chaleureux.* – De *chaleur.*

châlit [ʃɑli] n. m. Bois de lit ou cadre métallique supportant le sommier ou le matelas. – Du lat. pop. **catalectus,* de *lectus,* «lit».

challenge [ʃalɑ̃ʒ] n. m. Épreuve sportive dont le vainqueur garde un prix, un titre, jusqu'à ce qu'un concurrent le lui enlève. – Mot angl., «défi».

challenger ou **challengeur** [ʃalɑ̃ʒœʀ] n. m. Concurrent participant à un challenge pour tenter de ravir son titre au champion. – Mot angl.

chaloir [ʃalwaʀ] v. impers. déf. Litt. Seulement dans la loc. *peu me chaut, peu m'en chaut:* peu m'importe. – Lat. *calere,* fig., «s'échauffer pour».

chaloupe [ʃalup] n. f. **1.** Grosse embarcation non pontée (à rames, à moteur ou, autref., à voiles), destinée au service des navires ou utilisée pour naviguer le long des côtes et sur les grands cours d'eau. *Chaloupe de sauvetage.* «Le lendemain, vers les six heures du matin, deux hommes étaient occupés à mettre une embarcation à l'eau, dans l'anse aux Pierre Jean, et une demi-heure après, la chaloupe, couverte de toutes ses voiles, filait huit nœuds à l'heure vers la côte du nord.» (Ph. Aubert de Gaspé (fils), *L'influence d'un livre,* 1837.) **2.** *Par ext.,* cour. Embarcation légère, utilisée surtout pour la navigation de plaisance ou pour la pêche sportive. *Chaloupe à rames, à moteur. Chaloupe en bois, en aluminium. Chaloupe verchère*. Faire un tour de chaloupe.* **3.** Fig., fam. ou plaisant Double chaussure de caoutchouc qui s'adapte aux rebords de la semelle et du talon d'une chaussure d'homme. Syn. canot (sens 3). – De *chaloupe,* «coquille de noix», réduction dial. de l'a. fr. *eschalope,* de *eschale* (anc. var. de *écale*), et de la finale de *enveloppe.*

chaloupé, ée [ʃalupe] adj. *Valse chaloupée,* qu'on danse en chaloupant. – Pp. de *chalouper.*

chalouper [ʃalupe] v. intr. [1] Marcher, danser avec un balancement des hanches et des épaules évoquant le roulis. – De *chaloupe.*

chalumeau [ʃalymo] n. m. **1.** Vieilli Tuyau de roseau, de paille. *Boire avec un chalumeau.* **2.** Flûte champêtre. **3.** Appareil destiné à produire une flamme à haute température à partir de gaz sous pression. *Chalumeau oxhydrique* (oxygène et hydrogène), *oxyacétylénique* (oxygène et acétylène), *à hydrogène atomique* (recombinaison d'atomes d'hydrogène dissociés par un arc électrique), *à plasma* (recombinaison d'ions au contact du métal). **4.** TECH Tube de métal ou de plastique que l'on insère dans l'entaille pratiquée dans le tronc d'un érable pour recueillir la sève. – Du lat. *calamus,* «roseau».

chalut [ʃaly] n. m. Filet de pêche en forme de poche traîné sur le fond ou entre deux eaux, par un ou deux bateaux. – Mot de l'Ouest, orig. incert.

chalutage [ʃalytaʒ] n. m. Pêche au chalut. – De *chalut.*

chaluter [ʃalyte] v. intr. [1] **1.** Pêcher au chalut. **2.** Fig. S'engager dans l'eau ou traîner sur le fond comme un chalut. *Spinnaker qui chalute.* – De *chalut.*

chalutier [ʃalytje] n. m. **1.** Pêcheur au chalut. **2.** Bateau équipé pour la pêche au chalut. – De *chalut.*

chamade [ʃamad] n. f. **1.** Vx Signal de tambours ou de trompettes que donnaient des assiégés pour avertir qu'ils voulaient parlementer. **2.** Mod. *Cœur qui bat la chamade,* dont les battements s'accélèrent sous l'effet de l'émotion. – De l'ital. *chiamare,* «appeler».

chamærops ou **chamérops** [kameʀɔps] n. m. BOT Genre de palmiers nains qui fournissent un crin végétal. – Du gr. *khamai,* «à terre», et *rôps,* «arbrisseau», par le lat.

chamailler (se) [ʃamaje] v. pron. [11] Fam. Se disputer avec bruit pour des vétilles. – P.-ê. de l'a. fr. *mailler,* «frapper».

chamaillerie [ʃamajʀi] n. f. Fam. Querelle bruyante et sans motif sérieux. – De *chamailler.*

chamailleur, euse [ʃamajœʀ, øz] adj. (et n.). Qui aime se chamailler. – De *chamailler.*

chaman [ʃaman] n. m. Prêtre, sorcier, guérisseur des chamanistes. – Mot ouralo-altaïque.

chamanisme [ʃamanism] n. m. Ensemble de pratiques magico-religieuses faisant appel aux esprits de la nature et comportant notam. des techniques de guérison, que l'on observe princ. chez certains peuples de Sibérie, de Mongolie et de l'extrême Nord américain. – De *chaman.*

chamaniste [ʃamanist] adj. (et n.). Qui pratique le chamanisme. – De *chaman.*

chamarrer [ʃamaʀe] v. tr. [1] **1.** (Surtout au pp.) Garnir d'ornements très colorés. *Un uniforme chamarré de décorations.* **2.** Litt. Parer, orner. – De l'esp. *zamarra,* «vêtement de berger».

chamarrure [ʃamaʀyʀ] n. f. Ornement qui sert à chamarrer. – De *chamarrer.*

chambard [ʃɑ̃baʀ] n. m. **1.** Fam. Bouleversement. **2.** Fam. Vacarme accompagné de désordre. *Faire du chambard.* – Déverbal de *chambarder.*

chambardement [ʃɑ̃baʀdəmɑ̃] n. m. Fam. Bouleversement. *Préparer un chambardement général.* – De *chambarder.*

chambarder [ʃɑ̃baʀde] v. tr. [1] Fam. Apporter des modifications profondes à, bouleverser. *Il a chambardé toute sa chambre.* – Orig. incert.

chambellan [ʃɑ̃bɛllɑ̃] n. m. HIST Officier chargé du service de la chambre d'un souverain. *En France, le titre de Grand Chambellan, apparu au XIII*e *s., disparut en 1870.* – Du frq. **kamarling,* rad. lat. *camera,* «chambre».

chambertin [ʃɑ̃bɛʀtɛ̃] n. m. Vin rouge du vignoble de Gevrey-Chambertin, en Bourgogne (France).

chambouler [ʃɑ̃bule] v. tr. [1] Fam. Bouleverser. – Orig. incert.

chambranle [ʃɑ̃bʀɑ̃l] n. m. Encadrement d'une porte, d'une fenêtre, d'une cheminée. – Du lat. *camerare,* «voûter».

chambre [ʃɑ̃bʀ] n. f. **I. 1.** Pièce où l'on couche. *Monter se reposer dans sa chambre.* ▷ Vx ou dans des loc. Pièce d'habitation. *Chambre à coucher.* – *Chambre de bain* ou *chambre de toilette:* petite pièce munie d'une toilette et aménagée pour qu'on puisse s'y laver; *par euph.* lieux d'aisances (dans un endroit public). Syn. salle de bain, toilette(s). ▷ *Garder la chambre:* rester chez soi à cause d'une maladie. ▷ *Valet, femme de chambre:* domestiques chargés du service de la maison, ainsi que du service particulier de leur maître. ▷ *Musique de chambre,* écrite pour être jouée par peu de musiciens dans une petite salle. **2.** Pièce d'habitation servant de logement. *Chambre à louer. Chambre meublée, garnie,* qu'on loue avec des meubles. *Chambre d'hôtel. Maison de chambres,* où on loue des chambres. **3.** Pièce spécialement aménagée pour un usage précis. *Chambre froide:* local maintenu à basse température, où l'on entrepose des aliments. – *Chambre forte,* blindée, pour entreposer de l'argent, des valeurs, des objets précieux. SPORT *Chambre des joueurs:* vestiaire. ▷ MAR *Chambre des cartes:* local, sur la passerelle d'un navire, où se trouvent les cartes, les documents nautiques et les instruments de navigation. – *Chambre des machines.* **II. 1.** Section d'une cour, d'un tribunal. **2.** Assemblée législative, en France. *La Chambre des députés:* l'Assemblée nationale. *Au Canada, le Parlement fédéral comprend la Chambre des communes, appelée parfois Chambre basse, et le Sénat, appelé parfois Chambre haute.* **3.** Assemblée constituée. *Chambre de commerce:* assemblée qui représente les intérêts commerciaux et industriels d'une région auprès des pouvoirs publics. **III. 1.** ARTILL Partie du canon d'une arme à feu où est mise la charge explosive. **2.** OPT *Chambre noire:* boîte dont une paroi est percée d'un trou de petit diamètre à l'opposé duquel se forme une image renversée des objets extérieurs. ▷ *Chambre claire:* appareil permettant de superposer deux vues, l'une directe, l'autre réfléchie. **3.** TECH *Chambre de combustion:* cavité dans laquelle un mélange combustible est injecté, et où s'effectue la combustion. **4.** *Chambre à air:* tube circulaire en caoutchouc, dans lequel on comprime de l'air et que l'on adapte à la jante des roues, à l'intérieur d'un pneumatique. **5.** ACOUST *Chambre sourde:* local traité de manière à offrir le minimum de réverbération aux ondes sonores. **6.** PHYS NUCL *Chambre d'ionisation:* appareil utilisé pour mesurer l'intensité d'un faisceau de rayons ionisants. *Chambre à bulles:* enceinte à l'intérieur de laquelle on peut détecter les trajectoires des particules élémentaires. **7.** ANAT *Chambre de l'œil:* partie contenant l'humeur aqueuse, en avant du cristallin, et l'humeur vitrée, en arrière du cristallin. **8.** BOT *Chambre pollinique:* cavité servant à la fécondation des gymnospermes. – Lat. *camera,* «chambre».

chambrée [ʃɑ̃bʀe] n. f. **1.** Ensemble des occupants d'une même chambre, *partic.* dans une caserne. *Camarade de chambrée.* **2.** La pièce elle-même. *Balayer la chambrée.* – De *chambre.*

chambrer [ʃɑ̃bʀe] v. [1] **I.** v. tr. **1.** Vx Tenir enfermé. *Chambrer qqn.* **2.** *Chambrer du vin,* le mettre à la température de la pièce où il sera bu. **II.** v. intr. Loger dans une maison de chambres; avoir une chambre dans une maison privée. *De nombreux étudiants préfèrent chambrer en ville plutôt que d'habiter dans les résidences universitaires.* – De *chambre.*

chambrette [ʃɑ̃bʀɛt] n. f. Petite chambre. – Dimin. de *chambre.*

chambreur, euse [ʃɑ̃bʀœʀ, øz] n. Personne qui prend une chambre en location (dans une maison de chambres, une maison privée). *Prendre, garder des chambreurs.* «Elle se levait vers six heures pour préparer le petit déjeuner des autres chambreurs, rentrer le lait, aider sa mère à s'habiller...» (Gérard Bessette, *La bagarre,* 1958.) – De *chambrer* (sens II), probabl. d'ap. l'angl. *roomer.*

chambrier, ière [ʃɑ̃bʀije, jɛʀ] n. **1.** n. m. HIST Officier de la chambre du roi. **2.** n. f. Vx Femme de chambre. – De *chambre.*

chambrière [ʃɑ̃bʀijɛʀ] n. f. **1.** Béquille d'une charrette. **2.** Fouet léger à long manche. – De *chambre.*

chame [ʃam] n. m. Petit mollusque lamellibranche qui vit fixé sur les fonds rocheux avec lesquels il se confond grâce à la forme tourmentée de sa coquille. – Lat. *chama,* du gr.

chameau [ʃamo] n. m. **1.** Mammifère ruminant (genre *Camelus,* fam. camélidés) à bosses dorsales graisseuses. *Chameau qui blatère,* qui pousse son cri, *qui baraque,* qui se couche sur le ventre en fléchissant les antérieurs. **2.** Fig., fam. Personne méchante, d'humeur désagréable. ▷ Adj. *Ce qu'elle est chameau!* – Lat. *camelus,* gr. *kamêlos.*

chamelier [ʃaməlje] n. m. Celui qui est chargé de conduire et de soigner les chameaux. – De *chameau.*

chamelle [ʃamɛl] n. f. Femelle du chameau. – De *chameau.*

chamérops. V. chamærops.

chamito-sémitique [ʃamitosemitik] adj. LING *Famille chamito-sémitique:* famille de langues comprenant l'hébreu, l'arabe, le berbère, l'anc. égyptien, l'amharique et le groupe couchitique. – De *chamitique,* «du pays de Cham», et *sémitique.*

chamois [ʃamwa] n. m. **I. 1.** Mammifère ruminant des montagnes d'Europe (*Rupicapra,* fam. bovidés, sous-fam. caprinés), à cornes recourbées en crochet vers l'arrière, à robe gris-beige (en été) ou noire (en hiver), blanche sur le front et la gorge. *Le chamois, haut de 0,70 m au garrot, vit dans les Alpes et dans les Pyrénées (où on le nomme isard) entre 2 000 et 3 000 m d'altitude.* **2.** Peau préparée du chamois. ▷ *Peau de chamois:* cuir de chamois, ou peau de mouton traitée par chamoisage. **3.** Adj. inv. *Étoffe chamois,* d'un jaune clair légèrement ocré. **II.** Épreuve test de niveau à ski (slalom spécial). *Chamois d'or, d'argent, de bronze.* – Bas lat. *camox,* mot prélatin.

chamoisage [ʃamwazaʒ] n. m. Traitement des peaux qui donne un cuir lavable, souple et velouté comme le cuir de chamois. – De *chamoiser.*

chamoiser [ʃamwaze] v. tr. [1] Préparer (une peau) par chamoisage. *Cuir chamoisé.* – De *chamois.*

chamotte [ʃamɔt] n. f. TECH Argile cuite utilisée comme dégraissant en céramique et comme joint des matériaux réfractaires. – All. *Schamotte.*

champ [ʃɑ̃] n. m. **I. 1.** Étendue, pièce de terre cultivable. *Labourer un champ. Un champ de maïs.* **2.** Plur. La campagne, les terres cultivées. *Les fleurs des champs.* – *À travers champs:* sans prendre les chemins. – *Prendre la clef des champs:* s'enfuir. **3.** Terrain. *Champ de bataille. Tomber au champ d'honneur:* être tué à la guerre. *Champ de manœuvres. Champ de foire, de courses.* **4.** Lice où avaient lieu les duels judiciaires, les tournois. *Champ clos. Laisser le champ libre:* se retirer. – Fig. Laisser quelqu'un libre d'agir à sa guise. **5.** BLAS Fond de l'écu. **II.** Fig. **1.** Domaine. *Un vaste champ d'action. Le champ d'une science.* – *Donner libre champ à son imagination, à sa colère,* les laisser se manifester librement, sans restriction. **2.** Loc. adv. *Sur-le-champ:* sur l'heure même, sans délai. *À tout bout de champ:* à chaque instant, à tout propos. **III. 1.** OPT *Champ d'un instrument d'optique:* portion de l'espace vue à travers l'instrument. – CINE *Ce figurant n'est plus dans le champ.* ▷ *Champ visuel:* toute l'étendue embrassée par l'œil immobile. **2.** CHIR *Champ opératoire:* zone cutanée intéressée par l'incision opératoire. – *Par ext.* Chacun des linges qui délimitent cette zone. **3.** PHYS Portion de l'espace où s'exerce une action, où se manifeste un phénomène. *Champ de forces, champ* *acoustique, champ électrique, champ magnétique.* **4.** MATH *Champ de vecteurs:* ensemble de vecteurs dont les composantes sont des fonctions des coordonnées des points auxquels ces vecteurs sont associés. – Lat. *campus,* «plaine, terrain cultivé».

1. champagne [ʃɑ̃paɲ] n. f. GEOL Plaine calcaire, nue et sèche, ou terre dont la couche végétale repose sur un tuf crayeux. – Du lat. pop. **campania,* «plaine».

2. champagne [ʃɑ̃paɲ] n. m. Vin blanc (quelquefois rosé) mousseux préparé en Champagne (France). – De *vin de Champagne.*

champagnisation [ʃɑ̃paɲizasjɔ̃] n. f. Procédé de préparation du champagne. – De *champagniser.*

champagniser [ʃɑ̃paɲize] v. tr. [1] **1.** Rendre mousseux (un vin de Champagne) en le sucrant et en le mettant en bouteilles avant la seconde fermentation. **2.** Rendre (un vin) mousseux par la méthode champenoise. *Les vins champagnisés de Californie n'ont pas droit à l'appellation de «champagne».* – De *champagne* 2.

champart [ʃɑ̃paʀ] n. m. **1.** DR FEOD Droit des possesseurs de fiefs de lever une certaine quantité de gerbes sur les terres de leurs tenanciers. **2.** Vx Mélange de froment, d'orge et de seigle, semés et récoltés ensemble, que l'on donne aux bestiaux. – De *champ,* et *part.*

champenois, oise [ʃɑ̃pənwa, waz] adj. et n. De la Champagne, région du nord de la France. ▷ n. Habitant ou personne originaire de la Champagne. ▷ n. f. Bouteille épaisse, propre à contenir du champagne, du vin mousseux.

champêtre [ʃɑ̃pɛtʀ] adj. **1.** Litt. Qui appartient aux champs. *Divinités champêtres,* qui présidaient aux travaux de la terre. **2.** Propre à la campagne. *Plaisirs champêtres.* – *Garde champêtre:* en France, agent chargé de la police dans une commune rurale. – Lat. *campestris.*

champi ou **champis, isse** [ʃɑ̃pi, is] n. et adj. Vx Enfant trouvé dans les champs. *François le Champi,* roman de George Sand (1849). – De *champ.*

champignon [ʃɑ̃piɲɔ̃] n. m. **1.** Cour. Végétal sans chlorophylle, au pied généralement surmonté d'un chapeau, qui pousse dans les lieux humides. *Ramasser des champignons. Champignon de couche:* agaric des champs, cultivé dans une champignonnière. – Loc. fig. *Pousser comme un champignon:* grandir très rapidement. ▷ BOT Végétal dont le corps est un thalle, sans chlorophylle. **2.** Ce qui rappelle la forme du champignon. *Poser son chapeau sur un champignon,* sur une patère. – Fam. Pédale de l'accélérateur d'une automobile. *Appuyer sur le champignon.* – *Champignon atomique:* nuage lumineux qui accompagne une explosion nucléaire. – De l'a. fr. *champegnuel,* du lat. pop. *(fungus) *campaniolus,* «champignon des champs».

champignonnière [ʃɑ̃piɲɔnjɛʀ] n. f. Lieu, le plus souvent souterrain (cave, carrière), où l'on cultive les champignons de couche. – *Par ext.* Couche de terreau ou de fumier préparée pour cette culture. – De *champignon.*

champion, ionne [ʃɑ̃pjɔ̃, jɔn] n. **1.** n. m. Celui qui combattait en champ clos pour défendre une cause. **2.** Défenseur d'une cause. *Se poser en champion de la vertu.* **3.** Vainqueur d'une compétition sportive. *Un champion du monde d'escrime.* – En appos. *Une équipe championne du monde.* – *Par ext.* Sportif de grande valeur. *Une championne de gymnastique.* **4.** Fig., fam. Personne exceptionnelle. *C'est un vrai champion!* ▷ adj. inv. *Aux échecs, il est champion!* – Bas lat. **campio,* ou germ. **kampjo;* de *campus,* «champ de bataille».

championnat [ʃɑ̃pjɔna] n. m. Épreuve sportive organisée pour décerner un titre au meilleur dans une spécialité. *Le championnat du monde de boxe.* – De *champion.*

champis. V. champi.

champlever [ʃɑ̃l(ə)ve] v. tr. [1] Pratiquer des alvéoles dans une plaque de métal pour y dessiner des figures ou y incruster des émaux. *Émail champlevé.* – De *champ,* et *lever.*

champlure [ʃɑ̃plyʀ] ou **champleure** [ʃɑ̃plœʀ] n. f. Fam. Robinet. *La champlure d'un baril, d'un lavabo. La champlure de l'eau froide, de l'eau chaude. Ouvrir, fermer la champlure. Faire couler la champlure. Champlure chromée, de cuivre.* «Son tournevis reluit comme un neuf sous l'eau de la champleure, un bon tournevis avec un manche de plastique vert bouteille.» (Jacques Renaud, *Le cassé,* 1964.) – Var. dial. (domaine d'oïl) de *chantepleure.*

chamsin. V. khamsin.

chananéen. V. cananéen.

chançard, arde [ʃɑ̃saʀ, aʀd] adj. et n. Fam. Personne qui est favorisée par la chance. Syn. chanceux, sens 2. – De *chance.*

chance [ʃɑ̃s] n. f. **1.** Éventualité heureuse ou malheureuse. *Courir une chance. Souhaiter bonne chance.* **2.** Plur. Probabilités, possibilités. *Il y a peu de chances pour qu'il accepte. Calculer ses chances de succès.* **3.** Hasard heureux. *Quelle chance!* – Lat. pop. *cadentia,* de *cadere,* «tomber».

chancelant, ante [ʃɑ̃slɑ̃, ɑ̃t] adj. **1.** Qui chancelle, vacille. *Une passerelle chancelante.* **2.** Fig. Faible, ébranlé. *Santé chancelante. Courage chancelant.* – Ppr. de *chanceler.*

chanceler [ʃɑ̃sle] v. intr. [22] **1.** Être peu ferme sur ses pieds, sur sa base; osciller, perdre l'équilibre. *Chanceler comme un homme ivre.* **2.** Fig. Être menacé de chute, de ruine. *Un trône qui chancelle.* **3.** Fig. Hésiter. *Chanceler dans sa foi.* – Du lat. *cancellare,* «clore d'un treillis», par une évolution de sens obscure.

chancelier [ʃɑ̃səlje] n. m. **1.** HIST *Chancelier de France:* grand officier de la Couronne à qui était confiée la garde des sceaux. **2.** Titre de plusieurs grands dignitaires et de certains fonctionnaires dépositaires de sceaux. *Un chancelier d'ambassade.* ▷ Premier ministre, en Allemagne et en Autriche. ▷ *Chancelier de l'Échiquier:* ministre des Finances, en G.-B. – Lat. *cancellarius,* «huissier de l'empereur», de *cancelli,* «grilles».

chancelière [ʃɑ̃səljɛʀ] n. f. **1.** Anc. Petit sac garni intérieurement de fourrure pour tenir les pieds au chaud. **2.** Épouse d'un chancelier. – De *chancelier.*

chancellerie [ʃɑ̃sɛlʀi] n. f. **1.** HIST Bureaux, services d'un chancelier. *La grande chancellerie royale scellait les édits du grand sceau.* **2.** En France, ministère de la Justice. **3.** Services d'une ambassade. *Des intrigues de chancellerie.* **4.** *Grande chancellerie,* chargée de l'administration de l'ordre de la Légion d'honneur en France. **5.** *Chancellerie apostolique,* qui expédie les documents pontificaux solennels. – De *chancelier.*

chanceux, euse [ʃɑ̃sø, øz] adj. **1.** Vx Dont le résultat est incertain. **2.** Que la chance favorise. – De *chance.*

chanci [ʃɑ̃si] n. m. Fumier affecté par des moisissures. – De *chancir.*

chancir [ʃɑ̃siʀ] v. intr. et pron. [2] Moisir. – De l'a. fr. *chanir* «blanchir», altéré d'après *rançir,* du lat. *canus,* «blanc».

chancre [ʃɑ̃kʀ] n. m. **1.** Vx Ulcère tendant à s'étendre. **2.** Mod. Ulcération qui marque le début de certaines infections (maladies vénériennes, maladies infectieuses). *Chancre syphilitique, lépreux. Chancre granulomateux de la maladie de Nicolas et Favre.*

Chancre mou: chancrelle. **3.** AGRIC Maladie des arbres, provoquée par un champignon, qui détruit l'écorce et réduit le bois en pourriture. **4.** Fig. Ce qui dévore, détruit, dévaste. *La corruption est un chancre qui ruine toute société.* – Par ext., fig., pop., *manger comme un chancre:* dévorer. – Lat. *cancer,* «ulcère».

chancrelle [ʃɑ̃kʀɛl] n. f. Lésion locale due au bacille de Ducrey, à bords taillés à pic, à fond suppurant, s'accompagnant d'une adénopathie inflammatoire. – De *chancre.*

chandail [ʃɑ̃daj] n. m. Gros tricot de laine. – Aphérèse de *marchand d'ail,* ce tricot ayant d'abord été porté par les vendeurs des Halles, à Paris.

chandeleur [ʃɑ̃dlœʀ] n. f. RELIG CATHOL Fête de la présentation de Jésus au Temple et de la purification de la Vierge, célébrée le 2 février. – Du lat. pop. *(festa)* **candelorum,* «fête des chandelles».

chandelier [ʃɑ̃dəlje] n. m. **1.** Support servant à porter une bougie, un cierge, une chandelle. *Chandelier en argent, en cristal. Chandelier à sept branches:* chandelier traditionnel du culte juif. **2.** MAR Support de rambarde. – De *chandelle.*

chandelle [ʃɑ̃dɛl] n. f. **1.** Anc. Petit cylindre de suif muni d'une mèche, qui servait à l'éclairage. ▷ Mod. Bougie. *Un dîner aux chandelles.* **2.** Loc. fig. *Devoir une fière chandelle à qqn,* lui être redevable d'un grand service (par allus. au cierge que l'on fait brûler à l'église en signe de reconnaissance). – *Des économies de bouts de chandelles,* mesquines et inefficaces. – *Brûler la chandelle par les deux bouts:* faire des dépenses exagérées; abuser de sa santé. – *Le jeu n'en vaut pas la chandelle:* le but ne justifie pas la peine, le risque. – *Voir trente-six chandelles:* éprouver un éblouissement, par l'effet d'un coup, d'une chute. – *Tenir la chandelle:* favoriser, en tiers complaisant, une intrigue galante. **3.** CONSTR Étai vertical. **4.** AVIAT *Monter en chandelle,* presque verticalement. **5.** SPORT *Faire une chandelle:* envoyer la balle à la verticale. – Lat. *candela.*

1. chanfrein [ʃɑ̃fʀɛ̃] n. m. Partie de la tête du cheval et de certains mammifères comprise entre les sourcils et le naseau. – Orig. incert.

2. chanfrein [ʃɑ̃fʀɛ̃] n. m. TECH Surface obtenue en abattant l'arête d'une pièce. – De l'anc. v. *chanfreindre,* «tailler en biseau», de *fraindre* («briser, abattre»), de *chant* 2.

chanfreiner [ʃɑ̃fʀene] v. tr. [1] TECH Abattre une arête (d'une pièce) pour former un chanfrein. – De *chanfrein* 2.

change [ʃɑ̃ʒ] n. m. **1.** Action de changer, d'échanger; troc. *Perdre au change.* **2.** Conversion d'une monnaie, d'une valeur en une autre. *Marché des changes. Cours du change:* rapport des valeurs de monnaies différentes. *Contrôle des changes,* par lequel l'État équilibre offre et demande de devises. ▷ Par ext. *Change:* cours du change. ▷ (France) *Agent de change.* V. agent. ▷ *Lettre de change:* écrit par lequel un souscripteur (le *tireur*) enjoint à une autre personne (le *tiré*), dont il est créancier, de payer à une époque précise une somme qui lui est due, à l'ordre de telle personne dénommée (le *bénéficiaire*). **3.** VEN *La bête donne le change,* fait lever une autre bête dont les chiens suivent la voie. *Chiens qui prennent le change.* – Fig. *Donner le change à qqn,* le tromper en lui faisant prendre une chose pour une autre. *Prendre le change:* se tromper. – Déverbal de *changer.*

changeant, ante [ʃɑ̃ʒɑ̃, ɑ̃t] adj. **1.** Variable, inconstant, qui change facilement. *Son humeur est changeante.* **2.** Chatoyant. *Une étoffe aux reflets changeants.* – Ppr. de *changer.*

changement [ʃɑ̃ʒmɑ̃] n. m. **I. 1.** Fait de changer, de passer d'un état à un autre. Syn. modification, mutation, transformation, variation. Ant. invariabilité, stabilité. ▷ Transformation de ce qui change ou est changé. *Un changement radical. Aimer le changement.* **2.** THEAT *Changement à vue:* changement de décor opéré sans que le rideau soit baissé. – Fig. Changement brusque. **II. 1.** MATH *Changement d'axes:* passage d'un système de coordonnées à un autre. **2.** PHYS *Changement d'état:* passage d'un corps d'un état physique à un autre. *La fusion et la solidification sont des changements d'état.* – De *changer.*

changer [ʃɑ̃ʒe] **I.** v. tr. **[15] 1.** Céder une chose pour une autre. *Changer des dollars pour des livres sterling.* **2.** Remplacer qqch, qqn par qqch, qqn d'autre. *Changer la décoration d'une pièce.* ▷ *Changer un bébé:* changer son linge. **3.** Rendre différent. *Changer ses plans. Changer le sens d'un discours.* – Fam. *Changer les idées:* distraire. *Allons au cinéma, cela nous changera les idées.* **4.** *Changer (qqch) en...:* transformer en... *Son attitude a changé mes soupçons en certitude.* **II.** v. tr. indir. *Changer de.* **1.** Quitter un lieu pour un autre. *Changer de place.* **2.** Quitter une chose pour une autre. *Changer de chaussures. Il change d'avis très souvent.* **III.** v. intr. Évoluer, se modifier. *Le temps est en train de changer. Il vieillit sans changer.* – Iron. *Pour changer:* comme toujours. **IV.** v. pron. **1.** Se transformer. *La chenille se change en papillon.* **2.** Changer de vêtements. *Se changer pour sortir.* – Du bas lat. *cambiare.*

changeur, euse [ʃɑ̃ʒœʀ, øz] n. **1.** n. Personne dont le métier est d'effectuer des opérations de change. **2.** n. m. Appareil qui, contre des pièces de monnaie, des billets de banque, fournit la même somme en pièces de valeur inférieure. **3.** n. m. TECH Dispositif de changement. *Changeur automatique.* – De *changer.*

chanlatte [ʃɑ̃lat] n. f. Chevron refendu, que l'on pose sur l'extrémité des chevrons d'une couverture, dans le sens des lattes. – De *chant* 2, et *latte.*

chanoine [ʃanwan] n. m. **1.** Dignitaire ecclésiastique faisant partie d'un chapitre. **2.** Religieux, dans certaines congrégations. – Fig., fam. *Avoir une mine de chanoine,* prospère et épanouie. – Lat. *canonicus.*

chanoinesse [ʃanwanɛs] n. f. **1.** Anc. Religieuse qui possédait une prébende dans un chapitre de femme. **2.** Religieuse, dans certaines congrégations. – De *chanoine.*

chanson [ʃɑ̃sɔ̃] n. f. **1.** Petite composition chantée, texte mis en musique, divisée en strophes ou couplets, avec ou sans refrain. *Les paroles d'une chanson. Chanson à boire, chanson d'amour, chanson de corps de garde.* – Loc. fig. *L'air ne fait pas la chanson:* les apparences sont souvent trompeuses. *En France, tout finit par des chansons,* allusion à la légèreté prêtée aux Français (par Brid'oison dans *le Mariage de Figaro,* de Beaumarchais). ▷ La musique (d'une chanson). *Siffler une chanson.* ▷ Le texte (d'une chanson). *Il écrit des chansons.* **2.** *Par ext.* Chant. *La chanson du rossignol.* – Bruit plaisant, murmure. *La chanson du ruisseau.* **3.** Fig., fam. Propos futiles, sornettes. *Chanter toujours la même chanson:* radoter. *Vous connaissez la chanson:* inutile de préciser ces propos. *Chansons que tout cela !* **4.** LITTER Au Moyen Âge : poème épique divisé en strophes. *La Chanson de Roland.* – *Chanson de geste.* V. geste 2. – Du lat. *cantio.*

chansonner [ʃɑ̃sɔne] v. tr. **[1]** Vx Se moquer de (qqch, qqn) par une chanson satirique. – De *chanson.*

chansonnette [ʃɑ̃sɔnɛt] n. f. Petite chanson légère ou frivole. – Dimin. de *chanson.*

chansonnier, ière [ʃɑ̃sɔnje, jɛʀ] n. **1.** n. m. LITTER Recueil de chansons. **2.** Vieilli Auteur, compositeur de chansons. **3.** Mod. Auteur, compositeur, interprète de sketches ou de chansons. – De *chanson.*

1. chant [ʃɑ̃] n. m. **1.** Succession de sons musicaux produits par l'appareil vocal; musique vocale. *Un chant harmonieux. Apprendre le chant avec un professeur.* ▷ *Chant grégorien:* chant sacré propre à la liturgie romaine depuis Charlemagne. *Chant choral.* **2.** Composition musicale destinée à être chantée. *Chants profanes, chants sacrés.* ▷ Partie mélodique d'une composition vocale ou instrumentale. *Le chant et le contre-chant.* **3.** *Par anal.* Ramage des oiseaux. *Le chant du rossignol.* ▷ Par ext. *Le chant des cigales.* **4.** Poésie destinée à être chantée. *Chant nuptial, funèbre.* – *Chant royal:* poème allégorique imaginé sous Charles V, qui avait cinq stances et un envoi, tous terminés par un refrain identique. **5.** Chacune des divisions d'un poème épique ou didactique. *Épopée en douze chants.* **6.** POET Plur. Poème. *Daigne inspirer mes chants.* – Lat. *cantus.*

2. chant [ʃɑ̃] n. m. TECH La partie la plus étroite d'une pièce, par oppos. aux parties plus longues ou plus larges. – Lat. *canthus,* «bande de roue».

chantage [ʃɑ̃taʒ] n. m. **1.** Manière d'extorquer de l'argent à qqn en le menaçant de représailles, de révélations scandaleuses. *Être victime d'un chantage. Le chantage est un délit puni par la loi.* **2.** *Par ext.* Pression morale exercée sur qqn. *Elle lui fait du chantage au suicide.* – De *chanter.*

chantant, ante [ʃɑ̃tɑ̃, ɑ̃t] adj. **1.** Qui chante. **2.** Qui se chante aisément. **3.** Mélodieux. *Parler avec des intonations chantantes.* **4.** *Café chantant:* café-concert. – Ppr. de *chanter.*

chanteau [ʃɑ̃to] n. m. **1.** Vx ou rég. Morceau coupé dans un grand pain ou dans une pièce d'étoffe. **2.** Petite douve du fond des tonneaux. **3.** Pièce qui augmente la largeur de la table d'un violon, d'un violoncelle. – De *chant* 2.

chantefable [ʃɑ̃t(ə)fabl] n. f. LITTER Récit médiéval comportant des parties récitées (fable), d'autres chantées. – De *chanter,* et *fable.*

chantepleure [ʃɑ̃tplœʀ] n. f. **I.** Vieilli ou litt. Robinet. *La chantepleure d'un tonneau, d'un évier.* «Ovide, d'un geste brusque, fit couler la chantepleure, s'emplit les mains d'eau et se lava le visage en faisant un bruit étrange avec son nez et sa bouche.» (Roger Lemelin, *Les Plouffe,* 1948.) Rem. Dans la langue fam., on dit plus cour. *champlure.* **II.** TECH **1.** Entonnoir à long tuyau percé de trous à l'extrémité inférieure, pour faire couler un liquide sans le troubler. **2.** Ouverture pratiquée dans un mur pour l'écoulement des eaux. – De *chanter,* et *pleurer.*

chanter [ʃɑ̃te] **I.** v. intr. [1] **1.** Former avec la voix une suite de sons musicaux. *Chanter juste, faux. Chanter en chœur.* **2.** Produire des sons harmonieux (en parlant des oiseaux, de certains insectes, etc.). *Le rossignol chante. L'eau chante dans la bouilloire.* **3.** Loc. *C'est comme si vous chantiez:* on ne tiendra aucun compte de ce que vous dites. – *Faire chanter qqn,* exercer sur lui un chantage. – *Si cela vous chante:* si vous en avez envie. **II.** v. tr. **1.** Exécuter une partie ou un morceau de musique vocale. *Chanter des chansons.* – Fig., fam. *Chanter toujours le même refrain:* répéter toujours la même chose. – *Que me chantez-vous là?:* que me dites-vous? – *Chanter pouilles à qqn,* l'injurier. **2.** Poét. Célébrer, vanter, raconter. *Virgile a chanté les origines de Rome.* – Fam. *Chanter victoire:* se glorifier d'un succès. – *Chanter les louanges de qqn:* faire son éloge. – Lat. *cantare,* forme fréquent. de *canere.*

1. chanterelle [ʃɑ̃tʀɛl] n. f. **1.** La corde d'un instrument qui a le son le plus aigu. – Loc. Fig. *Appuyer sur la chanterelle:* insister sur qqch pour en souligner l'importance. **2.** Appeau. – De *chanter.*

2. chanterelle [ʃɑ̃tʀɛl] n. f. Champignon basidiomycète (genre *Cantharellus*) comestible dont le chapeau est évasé en forme de pavillon de trompette. (*Cantharellus cibarius* est la girolle; *Cantharellus cornucopioides,* la trompette de la mort.) – Lat. *cantharella,* du gr. *kantharos,* «coupe».

chanteur, euse [ʃɑ̃tœʀ, øz] n. et adj. **1.** n. Personne qui chante; personne qui fait métier de chanter. *Une chanteuse légère, réaliste, d'opéra. Un chanteur de charme,* spécialisé dans les chansons sentimentales. **2.** adj. Se dit des oiseaux dont le chant est agréable. **3.** *Maître chanteur:* celui qui pratique le chantage. – Lat. *cantor.*

chantier [ʃɑ̃tje] n. m. **1.** TECH Pièce de bois, de pierre, etc., servant de support. – *Spécial.* Chacune des pièces de bois qui supportent un tonneau. **2.** Lieu où l'on entrepose des matériaux de construction, du bois de chauffage, etc. **3.** Lieu où s'effectue la construction (ou la démolition) d'un ouvrage, d'un bâtiment. *Chantier d'un immeuble en construction. Chantier interdit au public.* – *Chantier naval,* où sont construits des navires. – MINES Lieu d'abattage du minerai. ▷ Fig. *Mettre un ouvrage en chantier, sur le chantier,* le commencer. **4.** Fig., fam. Lieu où règne le désordre. – Du lat. *canterius,* «mauvais cheval».

chantignole [ʃɑ̃tiɲɔl] n. f. **1.** Pièce de bois soutenant les pannes d'une charpente. **2.** Brique plate entrant dans la construction des cheminées. – De *chant* 2.

chantilly [ʃɑ̃tiji] n. m. et f. **1.** n. m. Dentelle à mailles hexagonales. **2.** n. f. Crème fouettée sucrée. – En appos. *crème chantilly.* – Du n. de la ville, en Île-de-France.

chantonnement [ʃɑ̃tɔnmɑ̃] n. m. Action de chantonner. – De *chantonner.*

chantonner [ʃɑ̃tɔne] v. intr. [1] Chanter à mi-voix. ▷ v. tr. *Chantonner un air.* – De *chanter.*

chantoung ou **shantung** [ʃɑ̃tuŋ] n. m. Tissu léger de soie, d'aspect irrégulier. – De *Chan-toung (Shandong),* province de Chine.

chantournement [ʃɑ̃tuʀnəmɑ̃] n. m. Action de chantourner, son résultat. – De *chantourner.*

chantourner [ʃɑ̃tuʀne] v. tr. [1] TECH Découper, évider (une pièce) selon un profil déterminé. – De *chant* 2, et *tourner.*

chantre [ʃɑ̃tʀ] n. m. **1.** Celui dont la fonction est de chanter aux offices, dans une église. **2.** Fig., litt. Celui qui célèbre, qui se fait le laudateur de. *Ce poète s'est fait le chantre des humbles.* **3.** Fig., poét. Poète. *Le chantre d'Énée:* Virgile. – Du lat. *cantor.*

chanvre [ʃɑ̃vʀ] n. m. **1.** Arbuste annuel à feuilles composées palmées (genre *Cannabis sativa,* fam. cannabinacées), cultivé pour les fibres textiles qu'on extrait de sa tige et pour ses graines (chènevis) dont on tire une huile. **2.** Textile fabriqué à partir des fibres du chanvre. ▷ Fig., fam. *Cravate de chanvre:* corde servant à la pendaison. **3.** *Chanvre indien (Cannabis sativa,* var. *indica),* dont on tire le haschisch. – Du provenç. *canebe,* lat. pop. **canapus,* lat. *cannabis.*

chanvrier, ière [ʃɑ̃vʀije, ijɛʀ] n. et adj. **1.** n. Personne qui cultive ou vend le chanvre. **2.** adj. Du chanvre, relatif au chanvre. *Les cultures chanvrières.* – De *chanvre.*

chaos [kao] n. m. **1.** RELIG *Le Chaos:* confusion, néant précédant la création du monde. **2.** GEOL Amoncellement désordonné de blocs rocheux que l'érosion a isolés de terrains hétérogènes. **3.** Désordre, confusion extrême. *Le chaos de la guerre civile.* – Lat. *chaos,* gr. *khaos.*

chaotique [kaotik] adj. Qui donne une impression de chaos, qui ressemble au chaos. – De *chaos.*

chapardage [ʃapaʀdaʒ] n. m. Fam. Fait de chaparder; menu larcin. – De *chaparder.*

chaparder [ʃapaʀde] v. tr. [1] Fam. Dérober (des objets de peu de valeur). Syn. chiper. – De *chapar,* «vol», mot du sabir algérien.

chapardeur, euse [ʃapaʀdœʀ, øz] adj. (et n.). Qui chaparde. *Une gamine chapardeuse.* – De *chaparder.*

chape [ʃap] n. f. **1.** LITURG Long manteau ecclés. sans manches, agrafé par-devant, porté à l'occasion de certaines cérémonies. **2.** CONSTR Couche de ciment ou de mortier appliquée sur un sol pour le rendre plan et uni. **3.** TECH Pièce servant de monture, de couverture ou de protection dans divers mécanismes ou objets. *Chape de bielle,* enveloppant les coussinets. *Chape de poulie,* en forme d'étrier, qui supporte les extrémités de l'axe. *Chape d'un pneumatique,* sa bande de roulement. **4.** ORNITH Partie dorsale du plumage d'un oiseau dont la couleur est différente de celle des autres plumes. – Bas lat. *cappa,* «capuchon, cape».

chapeau [ʃapo] n. m. **I. 1.** Coiffure de matière variable (laine, feutre, paille, etc.) apprêtée généralement pour être rigide, dont la forme change selon les époques et les modes, portée surtout au-dehors, pour des raisons de confort ou de convenances, d'élégance. *Le gibus et le melon sont des chapeaux d'homme, la capeline et la charlotte des chapeaux de femme.* ▷ *Donner un coup de chapeau, tirer son chapeau à qqn:* le saluer en soulevant son chapeau; fig., lui rendre hommage, témoigner de l'admiration à son endroit. ▷ Fam. *Chapeau! Chapeau bas!* (exclamations marquant l'admiration). ▷ Fam. *Porter le chapeau:* endosser les responsabilités pour les autres. ▷ Fam. *Travailler du chapeau:* déraisonner, perdre la tête. **2.** Anc. Chapeau de cardinal. *Recevoir le chapeau.* **II. 1.** Ce qui couvre ou surmonte certains objets. *Un chapeau de lampe. Le chapeau d'une lucarne. Manger le chapeau d'un baba au rhum.* ▷ Partie de certains champignons, supportée par le pied. ▷ MECA Pièce qui couvre, protège une autre pièce. *Chapeau de roue:* enjoliveur d'une roue d'automobile (surtout dans la loc. fam. *démarrer, virer sur les chapeaux de roues,* à grande vitesse). **2.** MUS *Chapeau chinois:* instrument à percussion composé d'une calotte métallique garnie de clochettes. **3.** Petit texte qui présente un article de journal, de revue. – Du lat. pop. **capellus,* de *cappa,* «capuchon».

chapeauter [ʃapote] v. tr. [1] **1.** Coiffer d'un chapeau. (Surtout au pp.) *Une femme élégamment chapeautée.* – Fig. *Texte chapeauté d'une introduction,* précédé. **2.** Fam. Contrôler, avoir sous sa responsabilité. *M. Untel chapeaute ce service.* – De *chapeau.*

chapelain [ʃaplɛ̃] n. m. **1.** Anc. Bénéficier titulaire d'une chapelle. **2.** Prêtre qui dessert une chapelle privée. – De *chapelle.*

chapelet [ʃaplɛ] n. m. **I. 1.** RELIG Objet de dévotion composé de grains enfilés que l'on fait passer un à un entre les doigts, en récitant chaque fois une prière. **2.** Prières récitées en égrenant un chapelet. *Dire son chapelet. – Par ext.,* fam. *Dévider, défiler son chapelet:* dire tout ce que l'on a sur le cœur. **II.** Série d'objets dont la disposition rappelle celle des grains d'un chapelet. *Un chapelet de saucisses. Chapelet d'isolateurs. – Par ext.* Série, suite. *Un chapelet de jurons.* – De l'a. fr. *chapeau,* «couronne de fleurs».

chapelier, ière [ʃapəlje, jɛʀ] n. et adj. Personne qui confectionne ou qui vend des chapeaux. ▷ adj. *L'industrie chapelière.* – De *chapeau.*

chapelle [ʃapɛl] n. f. **I. 1.** Lieu de culte privé. *La chapelle d'un château, d'un couvent.* **2.** Partie d'une église comprenant un autel secondaire. **3.** Petite église qui n'a pas rang d'église paroissiale. *Chapelle expiatoire.* **4.** Ensemble des chanteurs et des musiciens d'une église. ▷ *Maître de chapelle:* celui qui dirige la musique et les chants dans une église. **5.** *Chapelle ardente:* salle tendue de noir, éclairée par des cierges, où l'on veille un mort. **II.** Groupement fermé de personnes ayant les mêmes idées, les mêmes affinités, les mêmes intérêts ; coterie, clan. *Une chapelle littéraire.* – Lat. pop. **capella,* de *cappa,* «lieu où l'on gardait la chape de saint Martin».

chapellenie [ʃapɛlni] n. f. Dignité ou bénéfice de chapelain. – De *chapelain.*

chapellerie [ʃapɛlʀi] n. f. **1.** Commerce, fabrication des chapeaux. **2.** Lieu où l'on fabrique, où l'on vend des chapeaux. – De *chapeau.*

chapelure [ʃaplyʀ] n. f. Miettes de pain séché et concassé. – De l'a. fr. *chapeler,* «retirer le chapeau, le dessus», du bas lat. **capulare.*

chaperon [ʃapʀɔ̃] n. m. **1.** Anc. Coiffure commune aux hommes et aux femmes, en usage au Moyen Âge. **2.** Capuchon. *Le Petit Chaperon rouge,* conte de Perrault (1697). **3.** Coiffe de cuir dont on couvre la tête des oiseaux de proie. **4.** Ornement placé sur l'épaule gauche du costume de cérémonie porté en certaines occasions par les magistrats, les avocats, les professeurs d'Université, etc. **5.** TECH Faîtage protégeant un mur de l'infiltration des eaux de pluie. **6.** Anc. Personne (le plus souvent âgée) qui accompagne une jeune fille quand elle sort. – De *chape,* «capuchon».

chaperonner [ʃapʀɔne] v. tr. [1] **1.** Couvrir d'un chaperon. *Chaperonner une muraille.* **2.** Servir de chaperon à (une jeune fille). – De *chaperon.*

chapiteau [ʃapito] n. m. **1.** ARCHI Partie supérieure d'une colonne, posée sur le fût. *Chapiteau dorique, ionique, corinthien.* ▷ *Par ext.* Couronnement qui sert d'ornement. *Un chapiteau de buffet, de balustre.* **2.** Tente d'un cirque ambulant. ▷ Par méton. *Le chapiteau:* le cirque, le monde du cirque. – Du lat. *capitellum,* de *caput,* «tête, sommet».

chapitre [ʃapitʀ] n. m. **I. 1.** Division d'un livre, d'un traité, d'un registre. *Cet ouvrage est divisé en sept chapitres.* ▷ *Spécial.* COMPTA *Chapitre des recettes, des dépenses:* l'ensemble des recettes, des dépenses. **2.** Matière, sujet (dont il est question). *Puisque nous en venons à ce chapitre, je dois dire... – Sur le chapitre de, au chapitre de:* en ce qui concerne, au sujet de. **II. 1.** Corps des chanoines d'une église cathédrale ou collégiale. **2.** Assemblée délibérante de chanoines ou de religieux ; lieu où se réunit une telle assemblée. ▷ Fig. *Avoir voix au chapitre:* avoir le droit de donner son avis, être qualifié pour cela. – Du lat. *capitulum,* de *caput,* «tête».

chapitrer [ʃapitʀe] v. tr. [1] **1.** Anc. Réprimander en plein chapitre. **2.** Adresser une remontrance à. – De *chapitre.*

chapon [ʃapɔ̃] n. m. **1.** Jeune coq châtré, engraissé pour la table. **2.** Croûte de pain frottée d'ail que l'on met dans une salade. – Du lat. pop. **cappo.*

chaponner [ʃapɔne] v. tr. [1] Châtrer (un jeune coq). – De *chapon.*

chapska ou **schapska** [ʃapska] n. m. Coiffure militaire polonaise, portée par les lanciers sous le Second Empire en France. – Mot polonais.

chaptalisation [ʃaptalizasjɔ̃] n. f. TECH Procédé imaginé par Chaptal pour améliorer les vins en ajoutant du sucre au moût. – De *chaptaliser.*

chaptaliser [ʃaptalize] v. tr. [1] TECH Traiter par chaptalisation. – Du n. du chimiste fr. J. *Chaptal* (1756-1832).

chaque [ʃak] adj. indéf. **1.** (Marquant que tout élément faisant partie de l'ensemble considéré est envisagé en soi, isolément.) *Chaque âge a ses plaisirs. Une place pour chaque chose, chaque chose à sa place. À chaque instant.* **2.** Chacun, chacune (emploi critiqué). *Ces roses coûtent trois dollars chaque.* – Du lat. pop. **casquunus.*

char [ʃaʀ] n. m. **I. 1.** ANTIQ Voiture à deux roues tirée par des chevaux. *Char romain.* **2.** Rural Voiture à traction animale servant au transport de lourdes charges. *Char à bœufs, à chevaux.* – Charrette. *Char à bras.* **3.** *Char (allégorique):* voiture décorée, portant des figurations de personnages, de scènes symboliques ou historiques. «Le petit St-Jean-Baptiste était porté sur un char allégorique garni d'érables et de draperies aux couleurs patriotiques.» (*Le Soleil,* juin 1913.) **4.** Rare *Char funèbre:* corbillard. **5.** Véhicule de guerre blindé, armé et monté sur chenilles. *Char d'assaut, de combat.* **II.** (D'ap. l'angl. *car*) **1.** Vieilli Wagon. *Char à bagages, à passagers, à marchandises.* ▷ *Spécial.* Wagon de marchandises; *par méton.*, son contenu. *Un char de bestiaux, de céréales.* – Fig., fam. Une grande quantité. *J'en ai acheté un char!* **2.** *Par ext.* Vieilli (Général. au plur.) Train. *Les gros chars. Prendre les chars. Voyager par les chars, en chars.* «Les chars conduisent par milliers nos compatriotes sur une terre étrangère, qui n'est point faite pour eux. Ces chers compatriotes! voyez-les partir l'œil morne, l'âme abattue. Le sifflet des chars qui annonce le départ retentit au fond de leurs cœurs comme un coup de massue qui les écrase.» (Père Zacharie Lacasse, *Une mine produisant l'or et l'argent...,* 1880.) ▷ *Par ext.* Voie ferrée, chemin de fer. *Une maison située près des chars.* – Gare. *Aller chercher qqn aux chars.* ▷ Fig., fam. *Ça (ne) vaut pas les chars:* ça ne vaut pas grand-chose, ça ne vaut rien. – *Ce n'est (c'est) pas les chars, les gros chars:* ce n'est pas ce qu'il y a de mieux, ce n'est pas extraordinaire. – *Avoir vu (passer) les gros chars:* en avoir vu d'autres, bien d'autres. **3.** Vieilli Tramway. *Le(s) petit(s) char(s). Char électrique, urbain.* **4.** Fam. Voiture automobile. *Char neuf, usagé. Char de l'année,* du modèle le plus récent. *Char de police.* «Quand le cosmonaute a posé son engin sur le sol lunaire, une fine poussière s'est élevée. Comme celle que tu soulèves vers moi en décollant ton gros char.» (Clémence DesRochers, *J'ai des p'tites nouvelles pour vous autres,* 1974.) – Lat. *carrus.*

charabia [ʃaʀabja] n. m. Fam. Parler confus, inintelligible et incorrect. – De *charabiat,* «émigrant auvergnat», p.-ê. de l'esp. *algarabia,* de l'ar. *algharbiya,* «langue de l'Ouest: le berbère».

characées [ʃaʀase] n. f. pl. BOT Famille d'algues vertes très évoluées que certains caractères rapprochent des mousses. – Du lat. *Chara,* nom de genre d'une de ces plantes.

charade [ʃaʀad] n. f. Jeu consistant à faire trouver un mot (appelé «mon tout» ou «mon entier» dans l'énoncé de la devinette) dont toutes les syllabes (appelées «mon premier», «mon deuxième», etc.) sont successivement suggérées par une courte définition sous forme d'énigme du mot dont elles sont homonymes. *Charade en action,* où les définitions sont mimées. – Provenç. *charrado,* «causerie», de *charra,* «causer».

charadriiformes [kaʀadʀiifɔʀm] n. m. pl. ZOOL Ordre d'oiseaux aux pattes longues et au bec effilé qui vivent dans les lieux marécageux (pluviers, vanneaux, bécasses, etc.). – Du gr. *kharadrios,* «pluvier», et *-forme.*

charançon [ʃaʀɑ̃sɔ̃] n. m. Nom cour. des coléoptères de la famille des curculionidés dont la tête est prolongée par un rostre et qui rongent les graines, les légumes et le bois. *Le charançon du blé,* ou *calandre.* – Orig. incert.

charançonné, ée [ʃaʀɑ̃sɔne] adj. Attaqué par les charançons. – De *charançon.*

charbon [ʃaʀbɔ̃] n. m. **I. 1.** Combustible solide, de couleur noire, contenant une forte proportion de carbone. *Charbon de terre:* houille. *Charbon de bois:* résidu de la pyrolyse du bois. *Charbon actif,* traité de façon à présenter une très grande surface par unité de masse (env. 2 000 m^2/g) et utilisé comme catalyseur, adsorbant, décolorant, etc. ▷ Poussière, morceau de charbon. *Il a un charbon dans l'œil. Les charbons se sont éteints.* ▷ Loc. *Être sur des charbons ardents:* être impatient, ou dans un état de grande tension. **2.** ELECTR Morceau de charbon constituant un balai de dynamo, de moteur. **3.** Fusain. *Dessin au charbon.* **4.** Arg. Travail. *Au charbon!* **II. 1.** Maladie des céréales causée par des champignons parasites dont les spores noires envahissent les grains. *Charbon du maïs (Ustilago maydis).* **2.** Maladie infectieuse, contagieuse, commune à certains animaux (porc, mouton, bœuf, cheval, lapin, etc.) et à l'homme, causée par le bacille charbonneux *(Bacillus anthracis)* et qui se traduit par des pustules qui se rompent en laissant des escarres noires. – Lat. *carbo, carbonis.*

charbonnage [ʃaʀbɔnaʒ] n. m. Exploitation d'une houillère. ▷ Plur. Houillères. – De *charbon.*

charbonner [ʃaʀbɔne] **I.** v. intr. [1] **1.** MAR S'approvisionner en charbon (en parlant d'un navire). **2.** Se réduire en charbon sans faire de flammes. **II.** v. tr. **1.** Réduire en charbon. **2.** Noircir au charbon. – De *charbon.*

charbonnerie [ʃaʀbɔnʀi] n. f. Société secrète politique formée en France sous la Restauration. V. carbonaro. – De *charbon.*

charbonnette [ʃaʀbɔnɛt] n. f. Vx Bois débité pour faire du charbon. – Dimin. de *charbon.*

charbonneux, euse [ʃaʀbɔnø, øz] adj. **1.** Qui a l'aspect, la couleur du charbon. **2.** Relatif au charbon, sens II. – De *charbon.*

charbonnier, ière [ʃaʀbɔnje, jɛʀ] n. et adj. **I.** n. **1.** Personne qui vit du commerce du charbon, ou qui fait du charbon de bois. ▷ *La foi du charbonnier:* la foi naïve et confiante de l'homme simple. ▷ *Charbonnier est maître chez soi:* chacun vit chez soi comme il lui plaît. **2.** n. m. Cargo aménagé pour le transport du charbon. **3.** n. f. Lieu où l'on fait du charbon de bois. **II.** adj. Relatif au commerce, à l'industrie du charbon. *Industrie charbonnière.* – De *charbon.*

charcuter [ʃaʀkyte] v. tr. [1] Fam., péjor. Opérer maladroitement (un patient). – De *charcutier.*

charcuterie [ʃaʀkytʀi] n. f. **1.** Industrie, commerce du charcutier. **2.** Spécialité à base de porc faite par le charcutier. **3.** Boutique de charcutier. – De *charcutier.*

charcutier, ière [ʃaʀkytje, jɛʀ] n. **1.** Personne qui prépare et qui vend de la chair de porc, des boudins, des saucisses, du pâté, etc. **2.** Fam., péjor. Chirurgien, dentiste maladroit. – De *chair,* et *cuit.*

chardon [ʃaʀdɔ̃] n. m. Nom cour. de diverses plantes épineuses, principalement de composées (carline, cirse, etc.), de dipsacacées (cardère) et d'ombellifères (panicaut). – Bas lat. *cardo, cardonem.*

chardonneret [ʃaʀdɔnʀɛ] n. m. Petit oiseau passériforme et granivore du genre *Carduelis* (fam. fringillidés). *Chardonneret jaune,* ou spécial. *chardonneret (Carduelis tristis),* d'un jaune très vif avec la calotte, les ailes et la queue noires. *Chardonneret des pins (Carduelis pinus),* au plumage rayé. *Chardonneret d'Europe (Carduelis carduelis):* oiseau européen au plumage très coloré, élevé pour son chant. – De *chardon.*

charentais, aise [ʃaʀɑ̃tɛ, ɛz] adj et n. Des Charentes, région du sud-ouest de la France. ▷ N. f. *charentaise:* chausson en étoffe épaisse, à semelle souple, à contrefort montant. – Du n. de la région.

charge [ʃaʀʒ] n. f. **I. 1.** Ce qui est porté ; ce que peut porter une personne, un animal, un véhicule, un navire, etc. *La charge d'un mulet. Charge utile d'un vé-*

hicule: charge maximale compatible avec son bon fonctionnement. **2.** MAR Action de charger un navire. **3.** TECH Poussée. ▷ HYDRAUL Pression qui s'exerce sur les parois d'une conduite. **4.** Quantité de poudre, d'explosif qui propulse un projectile ou qui le fait exploser. *La charge d'un fusil. Charge creuse:* masse d'explosif dans laquelle est ménagée une cavité qui focalise l'onde de choc. **5.** Mesure. *Une charge de fagots.* ▷ METALL Quantité de combustible, de minerai, de fondant que l'on met dans un haut fourneau. **6.** PHYS *Charge électrique:* quantité d'électricité portée par un corps, par une particule. **7.** CHIM Substance que l'on incorpore aux matières plastiques, au caoutchouc, au papier, etc., afin d'en modifier les caractéristiques en vue d'un usage précis. **8.** GEOMORPH Masse totale des particules solides transportées par un cours d'eau, en dissolution, en suspension ou roulées sur le fond du lit. **II. 1.** Attaque impétueuse d'une troupe à l'arme blanche. *Charge de cavalerie.* **2.** Batterie ou sonnerie particulière accompagnant une charge. *Battre, sonner la charge.* **3.** Fig. *Revenir, retourner à la charge:* réitérer ses démarches, ses instances, ses reproches, etc. **III.** Ce qui pèse sur qqn, sur qqch. **1.** Ce qui embarrasse, incommode. *Imposer une charge supplémentaire à qqn.* **2.** Tout ce qui met dans la nécessité de faire des dépenses. *Les frais sont à votre charge. Payer son loyer, plus les charges,* les frais d'entretien de l'immeuble. – *Les charges de l'État:* les dépenses publiques. – *Être pris en charge par le Bien-Être social.* **3.** *À charge de:* avec obligation de. *Il lui laisse sa maison, à charge pour lui de payer les créanciers. À charge de revanche:* avec obligation de rendre éventuellement le même service. **4.** Fig. Responsabilité. *Prendre en charge,* sous sa responsabilité. *Avoir charge d'âmes:* avoir la responsabilité morale d'une ou de plusieurs personnes. **5.** Fonction, mission, travail donné à accomplir. *Il s'est bien acquitté de sa charge. – Femme de charge,* de ménage. **6.** Indices, preuves qui s'élèvent contre un accusé. *Relever les charges produites contre l'accusé. Témoin à charge,* dont le témoignage tend à prouver la culpabilité de l'accusé. **7.** Représentation caricaturale, imitation satirique à forme grotesque. *Un portrait charge. Ce rôle demande à être joué en charge.* – Déverbal de *charger.*

chargé, ée [ʃaʀʒe] adj. et n. **I.** adj. **1.** Qui porte une charge. *Un porteur chargé de bagages.* Fam. *Être chargé comme un baudet.* **2.** *Fusil chargé,* prêt à tirer. **3.** *Lettre chargée,* qui contient des valeurs. **4.** MED Embarrassé, alourdi. *Avoir l'estomac chargé. Langue chargée,* blanchâtre. **5.** Fig. Couvert de. *Ciel chargé de nuages noirs. Un vieillard chargé d'ans et d'honneurs.* **6.** Exagéré. *Un récit chargé. Le rococo est le style chargé par excellence.* **7.** Responsable. *Être chargé de famille. Chargé d'une mission officielle.* **8.** Qui porte une charge électrique. *Corps chargé positivement, négativement.* **II.** n. **1.** *Chargé de cours:* professeur non titularisé de l'enseignement supérieur. **2.** *Chargé d'affaires:* diplomate qui assure l'intérim d'une ambassade. *Le chargé d'affaires remplace l'ambassadeur rappelé par son gouvernement.* **3.** *Chargé de mission,* lié par contrat, en vue d'une mission donnée. – Pp. de *charger.*

chargement [ʃaʀʒəmɑ̃] n. m. Action de charger. **1.** Action de charger un animal, un véhicule, un navire. *Chargement d'un train de marchandises.* ▷ *Par ext.* Les marchandises chargées. *Arrimer le chargement.* **2.** Action de charger un fusil, un canon, un appareil photographique, etc. *Un appareil à chargement automatique.* – De *charger.*

charger [ʃaʀʒe] v. tr. [15] **I. 1.** Mettre une certaine quantité d'objets sur (un homme, un animal, un véhicule). *Charger un âne. Charger un cargo.* **2.** *Charger une lettre,* y enfermer des valeurs et l'expédier par pli spécial. **3.** Placer. *Charger une valise dans le coffre d'une voiture.* **4.** *Absol.* Prendre en charge. *Ce navire charge les voitures des passagers.* – Fam. *Taxi qui charge un client.* **5.** Introduire dans une arme à feu une charge, un projectile. *Charger un fusil.* **6.** *Charger un appareil photographique, une caméra,* y introduire de la pellicule vierge. **7.** ELECTR *Charger une batterie électrique, un condensateur, un accumulateur,* y accumuler une certaine quantité d'électricité. ▷ TECH *Charger un fourneau,* le remplir d'une quantité déterminée de combustible et de minerai. **8.** Peser sur. *Cette poutre charge trop la muraille.* **9.** *Charger de:* emplir, couvrir. *Charger un mur de tableaux.* **II.** Attaquer avec impétuosité à l'arme blanche. *Charger l'ennemi à la baïonnette.* – Absol. *Chargez!* **III. 1.** *Charger (qqch, qqn) de:* faire porter à, supporter par. *Charger un peuple d'impôts.* ▷ Confier à (qqn) l'exécution d'une tâche, la conduite d'une affaire. *Charger un avocat d'une cause.* **2.** *Charger un accusé:* faire des déclarations qui tendent à le faire condamner. **3.** Exagérer. *Cet acteur charge pour provoquer les rires.* **IV.** v. pron. **1.** Prendre pour soi, porter une charge. *Ne vous chargez pas trop.* **2.** *Se charger d'un crime, d'une faute:* en prendre la responsabilité. **3.** Prendre le soin, la responsabilité de. *Se charger d'une affaire.* **4.** (Sens passif.) Recevoir une charge, en parlant des armes à feu. *Les anciens canons se chargeaient par la bouche.* – Du lat pop. **carricare,* de *carrus,* «char».

chargeur [ʃaʀʒœʀ] n. m. **1.** Celui qui charge les marchandises. – MAR Celui à qui appartient une cargaison. **2.** Celui qui alimente une pièce, une arme automatique. **3.** Dispositif approvisionnant en cartouches une arme à répétition. **4.** Dispositif permettant d'approvisionner un appareil photographique, une caméra, en pellicule vierge. **5.** ELECTR Appareil servant à la recharge d'une batterie d'accumulateurs. (Rem.: Comme forme féminine, l'OLF recommande *une chargeuse,* aux sens 1 et 2.) – De *charger.*

chargeuse [ʃaʀʒøz] n. f. Engin automoteur équipé d'un godet relevable pour ramasser des matériaux et les déverser ailleurs. – De *charger.*

chariot [ʃaʀjo] n. m. **1.** Voiture à quatre roues pour le transport des fardeaux. *Chariot élévateur:* engin de manutention qui sert à gerber les matériaux. ▷ *Le Petit, le Grand Chariot:* la Petite Ourse, la Grande Ourse (constellations boréales). V. Ourse. **2.** TECH Pièce, partie d'une machine qui se déplace sur des glissières, des rails, des galets, etc. *Le chariot d'un tour, d'une machine à écrire.* **3.** Appareil sur roues qui soutient les enfants qui apprennent à marcher. **4.** Petite table roulante. – De *charrier.*

chariotage [ʃaʀjɔtaʒ] n. m. TECH Façonnage au tour de solides de révolution par déplacement de l'outil parallèlement à l'axe de rotation. – De *chariot.*

charismatique [kaʀismatik] adj. **1.** Relatif à un charisme. **2.** *Pouvoir charismatique:* pouvoir, prestige qu'une personnalité détient en raison de ses qualités exceptionnelles. – De *charisme.*

charisme [kaʀism] n. m. **1.** RELIG CATHOL Grâce imprévisible et passagère accordée par Dieu pour le bien commun de l'Église. **2.** Dons surnaturels d'un individu. – *Par ext.* Influence, prestige extraordinaire d'un chef. – Gr. *kharisma,* «faveur, grâce».

charitable [ʃaʀitabl] adj. **1.** Qui a de la charité pour son prochain. **2.** Qui part d'un principe de charité. *Conseil charitable.* – De *charité.*

charitablement [ʃaʀitabləmɑ̃] adv. Avec charité (souvent iron.). *Je te préviens charitablement que si tu t'avises de recommencer...* – De *charité.*

charité [ʃaʀite] n. f. **1.** THEOL Amour de Dieu et du prochain, l'une des trois vertus théologales. **2.** Bonté, indulgence. *Ayez la charité de lui pardonner.* **3.** Acte de bonté, de générosité envers autrui. *Faire la charité. Demander la charité,* une aumône. – Lat. ecclés. *caritas,* de *carus,* «cher».

charivari [ʃaʀivaʀi] n. m. **1.** Bruit discordant, tapage. **2.** Bruit accompagné de désordre. – Du lat. *caribaria,* «mal de tête», du gr. ou onomat.

charlatan [ʃaʀlatɑ̃] n. m. **1.** Anc. Marchand ambulant qui vendait des drogues sur les places publiques en attirant le public par son boniment. **2.** Guérisseur qui se vante de guérir toutes sortes de maladies. ▷ Péjor. Médecin incompétent. **3.** Personne qui exploite la confiance, la crédulité d'autrui, imposteur. – Ital. *ciarlatano,* de *ciarlare,* «parler avec emphase».

charlatanerie [ʃaʀlatanʀi] n. f. ou **charlatanisme** [ʃaʀlatanism] n. m. Comportement, procédés, propos de charlatan. – De *charlatan.*

charlatanesque [ʃaʀlatanɛsk] adj. De charlatan. – De *charlatan.*

charlatanisme. V. charlatanerie.

charlemagne [ʃaʀləmaɲ] n. m. Loc. *Faire charlemagne:* quitter le jeu quand on vient de gagner. – De l'empereur *Charlemagne,* qui a donné son nom au roi de cœur, aux cartes.

charlesbourgeois, oise [ʃaʀləbuʀʒwa, waz] adj. et n. De Charlesbourg (Québec). *Les hauteurs charlesbourgeoises. Un(e) Charlesbourgeois(e).*

charleston [ʃaʀlɛstɔn] n. m. Danse imitée des danses des Noirs des É.-U., qui fut très en vogue en Europe entre 1920 et 1930. – De *Charleston,* ville de Caroline du S.

charlot [ʃaʀlo] n. m. Pop. Homme qui manque de sérieux ou de compétence, sur qui on ne peut pas compter. – De *Charlot,* personnage créé par Charlie Chaplin.

1. charlotte [ʃaʀlɔt] n. f. Entremets fait de fruits ou de crème, et de biscuits ramollis dans un sirop. *Charlotte au chocolat. Un moule à charlotte.* – Du prén. *Charlotte;* orig. incert.

2. charlotte [ʃaʀlɔt] n. f. Coiffure féminine dont le bord est garni de dentelle froncée et de rubans. – Du prénom de *Charlotte* Corday, que ses portraits montrent portant une coiffure de ce type.

charmant, ante [ʃaʀmɑ̃, ɑ̃t] adj. **1.** Qui charme, séduit comme par ensorcellement. *Le prince charmant:* dans les contes de fées, jeune prince d'une grande beauté, protecteur des jeunes filles innocentes et persécutées. **2.** Plein de charme, d'agrément. *Un site charmant. Une histoire charmante.* ▷ *Par antiphrase.* Déplaisant, désagréable. *Il m'a claqué la porte au nez: charmant accueil!* – Ppr. de *charmer.*

1. charme [ʃaʀm] n. m. **1.** Enchantement magique. *Rompre un charme.* Syn. Envoûtement, maléfice, sortilège. ▷ Fam. *Se porter comme un charme:* jouir d'une santé parfaite. **2.** Effet d'attirance, de séduction, produit sur qqn par une personne ou une chose. *Le charme de la musique. «Un je ne sais quel charme encor vers vous m'emporte»* (Corneille). ▷ *Chanteur de charme,* qui chante des chansons sentimentales. ▷ Fam. *Faire du charme à qqn,* essayer de le séduire. **3.** Plur. *Les charmes d'une femme:* ses formes. *Les charmes opulents des modèles de Rubens.* **4.** PHYS NUCL Nombre quantique caractéristique du quatrième quark*, lequel est noté *c* et appelé *quark de charme.* – Du lat. *carmen,* «incantation magique».

2. charme [ʃaʀm] n. m. Arbre de moyenne grandeur (10 à 15 m) (genre *Carpinus,* fam. bétulacées), aux feuilles ovales, alternes, à nervures saillantes, au bois blanc et dense. *Le charme de Caroline (Carpinus caroliniana), variété plus petite que le charme européen, est connu sous le nom de bois de fer.* – Lat. *carpinus.*

charmer [ʃaʀme] v. tr. [1] **1.** Vx Exercer une action magique, par le moyen d'un charme. **2.** Litt. Adoucir, apaiser comme avec un charme. *Charmer l'ennui de qqn.* **3.** Plaire beaucoup, ravir par son charme. *Cette chanteuse a charmé son auditoire.* **4.** (Terme de politesse.) *Je suis charmé de vous voir:* j'en suis heureux. – De *charme* 1.

charmeur, euse [ʃaʀmœʀ, øz] n. et adj. **1.** Vx Personne qui emploie des charmes magiques. **2.** Personne qui plaît, qui séduit. *«Cet air charmé qui lui a valu sa réputation de charmeur»* (S. de Beauvoir). ▷ Adj. *Un air charmeur.* – De *charme* 1.

charmille [ʃaʀmij] n. f. **1.** Plant de charmes. **2.** Allée bordée de charmes. – *Par ext.* Allée bordée d'arbres taillés en berceau. – De *charme* 2.

charnel, elle [ʃaʀnɛl] adj. **1.** Qui appartient à la chair. **2.** Qui a trait à la chair, à l'instinct sexuel. *Plaisir charnel. – Acte charnel, union charnelle:* acte sexuel. – Lat. *carnalis,* de *caro, carnis,* «chair».

charnellement [ʃaʀnɛlmɑ̃] adv. D'une manière charnelle. – De *charnel.*

charnier [ʃaʀnje] n. m. **1.** Anc. Ossuaire de cimetière. **2.** Amoncellement de cadavres. – Du lat. *carnarium,* «lieu où l'on conserve la viande».

charnière [ʃaʀnjɛʀ] n. f. **1.** Assemblage mobile de deux pièces enclavées l'une dans l'autre, jointes par une tige qui les traverse et forme pivot. *Les charnières d'une porte d'armoire.* **2.** ZOOL Partie où s'unissent les coquilles bivalves. **3.** Fig. Point d'articulation, de jonction. *Attaquer le front ennemi à sa charnière. Vivre à la charnière de deux siècles.* – Lat. pop. *cardinaria,* de *cardo, cardinis,* «gond».

charnu, ue [ʃaʀny] adj. **1.** Formé de chair. *Les parties charnues du corps.* **2.** Bien fourni de chair. *Des épaules charnues.* ▷ (En parlant d'un fruit.) *Orange charnue,* à la pulpe épaisse. – Du lat. *caro, carnis,* «chair».

charognard, arde [ʃaʀɔɲaʀ, aʀd] n. **1.** n. m. Animal qui se nourrit de charognes. – *Spécial.* Vautour. **2.** Fig., péjor. Personne toujours prête à tirer parti du malheur d'autrui ou des calamités publiques. – De *charogne.*

charogne [ʃaʀɔɲ] n. f. **1.** Corps d'animal mort, en décomposition. ▷ Cadavre humain en décomposition. **2.** Péjor. Mauvaise viande, viande avariée. *De la charogne.* **3.** Pop. (terme d'injure) Individu ignoble. – Du lat. *caro, carnis,* «chair».

charolais, aise [ʃaʀɔlɛ, ɛz] adj. et n. Du Charolais, région du centre de la France. ▷ n. m. Bœuf blanc du Charolais. – Du n. de la région.

charophycées [kaʀɔfise] n. f. pl. BOT Syn. de *characées.*

charpentage [ʃaʀpɑ̃taʒ] n. m. Travail de la charpente. – De *charpenter.*

charpente [ʃaʀpɑ̃t] n. f. **1.** Assemblage de pièces de bois ou de métal servant de soutien à une construction. *Bois de charpente,* propre à la construction. *La maison est vieille, mais la charpente reste bonne.* **2.** Ensemble des parties osseuses du corps humain. *La charpente osseuse:* le squelette. *Avoir une solide charpente:* être bien constitué. **3.** Fig. Structure, plan d'un ouvrage. *La charpente d'un roman.* – Déverbal de *charpenter.*

charpenter [ʃaʀpɑ̃te] v. tr. [1] **1.** Tailler (des pièces de charpente). **2.** Fig. Bâtir, agencer selon un plan régulier (un ouvrage de l'esprit). *Un essai adroitement charpenté.* **3.** (Au pp., en parlant d'une personne.) *Être bien charpenté,* solidement constitué. – Lat. pop. *carpentare,* de *carpentum,* «char à deux roues».

charpenterie [ʃaʀpɑ̃tʀi] n. f. **1.** Art, travail, technique du charpentier. **2.** Chantier de charpente. – De *charpente.*

charpentier [ʃaʀpɑ̃tje] n. m. Ouvrier qui fait des travaux de charpente. (Rem.: Comme forme féminine, l'OLF recommande *une charpentière.*) – Lat. *carpentarius,* «charron».

charpie [ʃaʀpi] n. f. **1.** Substance absorbante obtenue par effilement ou râpage de la toile usée. *La charpie était utilisée autref. pour panser les plaies.* **2.** Fig. *Mettre en charpie:* mettre en pièces. *Viande en charpie,* trop cuite. – Déverbal de l'a. fr. *charpir,* «effiler de la laine, mettre en pièces».

charrée [ʃaʀe] n. f. CHIM Résidu formé après le lessivage des soudes brutes. – P.-ê. du bas lat. *cathera (aqua),* «(eau) propre, qui purifie».

charretée [ʃaʀte] n. f. **1.** La charge d'une charrette. *Une charretée de foin.* **2.** Fig. et fam. Une grande quantité. *Une charretée d'insultes.* – De *charrette.*

charretier, ière [ʃaʀtje, jɛʀ] n. et adj. **1.** n. Conducteur de charrette. *Jurer, parler comme un charretier,* très grossièrement. **2.** adj. *Voie charretière,* par où peuvent passer les charrettes. – De *charrette.*

charrette [ʃaʀɛt] n. f. **1.** Voiture à deux roues servant à porter des fardeaux, qui a ordinairement deux brancards et deux ridelles. *Atteler une charrette. Charrette à bras:* petite charrette traînée par un ou deux hommes. *Charrette anglaise:* petite voiture légère à quatre places, généralement à deux roues, tirée par un cheval. **2.** HIST *La charrette des condamnés:* en France, tombereau qui, sous la Révolution, conduisait les condamnés à la guillotine. – Fig. *Des licenciements collectifs ont lieu dans l'entreprise, on se demande qui fera partie de la prochaine charrette.* – De *char.*

charriage [ʃaʀjaʒ] n. m. **1.** Action de charrier, de transporter. **2.** GEOL Déplacement, à composante horizontale prépondérante, d'une partie d'un pli de terrain par rapport à l'ensemble du pli. – De *charrier.*

charrier [ʃaʀje] **I.** v. tr. [1] **1.** Transporter. *Charrier du fumier.* **2.** Entraîner dans son courant, en parlant d'un cours d'eau. *La rivière charrie des glaçons.* **3.** Fig., pop. *Charrier qqn,* le tourner en dérision. **II.** v. intr. Fam. *Il charrie:* il exagère. *Faut pas charrier!* – De *char.*

charroi [ʃaʀwa] n. m. Transport par chariot, charrette, etc. – De *charroyer.*

charron [ʃaʀõ] n. m. Ouvrier, artisan qui fait des trains de voitures, des chariots, des charrettes. ▷ Adj. *Ouvrier charron.* – De *char.*

charronnage [ʃaʀɔnaʒ] n. m. Art, ouvrage du charron. – De *charron.*

charronnerie [ʃaʀɔnʀi] n. f. Fabrication des chariots, des charrettes, des roues de bois, etc. *La charronnerie a presque disparu.* – De *charron.*

charroyer [ʃaʀwaje] v. tr. [26] Transporter sur un tombereau, une charrette, un chariot, etc. – Var. de *charrier.*

charruage [ʃaʀɥ(y)aʒ] n. m. Labour à la charrue. – De l'anc. v. *charruer.*

charrue [ʃaʀy] n. f. Instrument servant à labourer la terre sur de grandes surfaces. *Le coutre et le soc de la charrue découpent une bande de terre que le versoir retourne.* ▷ Loc. fig. *Mettre la charrue avant, devant les bœufs:* commencer par où l'on devrait finir, suivre un ordre illogique. – Bas lat. *carruca,* «char gaulois».

charte [ʃaʀt] n. f. **1.** Au Moyen Âge, titre qui réglait des intérêts, accordait ou confirmait des privilèges et des franchises. ▷ FIN, mod. (D'ap. l'angl. *chartered bank*) *Banque à charte:* institution bancaire privée ayant un réseau de succursales, jouissant de certains privilèges en vertu d'un acte du Parlement fédéral et soumise aux règlements de la Banque du Canada. **2.** *École des chartes:* en France, école fondée en 1821 formant des archivistes, des bibliothécaires, des spécialistes des documents anciens. **3.** POLIT *La Charte constitutionnelle* (ou simplement *la Charte*): constitution octroyée par Louis XVIII en 1814 et révisée après la révolution de 1830. **4.** HIST *La Grande Charte:* pacte imposé en 1215 par les barons anglais au roi Jean sans Terre après la défaite de Bouvines. **5.** DR INTERN *Charte des Nations unies:* traité constitutif de l'Organisation des Nations unies (O.N.U.), signé en 1945 à San Francisco. **6.** *Charte des droits et libertés:* loi fondamentale d'un État énonçant les droits intrinsèques dont bénéficient ses citoyens. **7.** *Charte d'une société commerciale:* acte constitutif d'une société commerciale, émis par l'État à la demande des actionnaires, et qui en précise les droits et obligations. – Lat. *charta,* «papier».

ENCYCL *Charte canadienne des droits et libertés:* entrée en vigueur en 1982, elle fait partie de la constitution du Canada. Elle garantit les droits et libertés qui y sont énoncés et ceux-ci ne peuvent être restreints que par une loi dont les limites doivent être raisonnables et dont la justification puisse se démontrer dans le cadre d'une société libre et démocratique.

Elle assure aux citoyens, notamment, la liberté de conscience et de religion, de pensée, d'opinion et d'expression. Elle garantit le droit de vote, le droit à la vie, à la liberté et à la sécurité. Elle reconnaît à tout accusé le droit d'être présumé innocent, dans les affaires criminelles et pénales, et de ne pas être contraint de témoigner lors de ces procès. Le droit à l'égalité, qu'on y a inscrit, protège les citoyens contre toute discrimination fondée sur la race, l'origine nationale ou ethnique, la couleur, la religion, le sexe, l'âge ou les déficiences mentales ou physiques. Elle précise, enfin, le statut des deux langues officielles du Canada, le français et l'anglais.

Charte québécoise des droits et libertés de la personne: entrée en vigueur en 1975, elle vise les matières qui sont de la compétence législative du Québec et, à moins que le législateur ne déclare expressément sa volonté d'y déroger, elle a primauté sur toutes les lois de la province.

Elle assure aux citoyens du Québec des droits et libertés globalement semblables à ceux de la *Charte canadienne.* Toutefois, contrairement à cette dernière, elle apporte des précisions sur l'existence et la portée de certains droits, notamment le droit à la vie privée, au secret professionnel, à la représentation par avocat, à l'exclusion de toute discrimination fondée sur la grossesse, l'orientation sexuelle, les convictions politiques et la condition sociale. Elle impose aux individus l'obligation de porter secours à une personne dont la vie est en danger.

Enfin, une Commission, chargée de l'application de la loi, peut recevoir des plaintes, effectuer des enquêtes et ordonner le paiement d'indemnités dans le cas de transgression de la Charte. Elle peut même exercer certains recours devant les tribunaux.

Charte de la langue française (Loi 101): cette loi du Québec, entrée en vigueur en 1977, a pour objectif de protéger la langue française au Québec et de promouvoir son usage, la déclarant langue officielle de la province. Elle a fait, depuis son entrée en vigueur, l'objet de nombreuses contestations devant les tribunaux.

charte-partie [ʃaʀtpaʀti] n. f. MAR Contrat fixant les conditions d'affrètement d'un navire. *Des chartes-parties.* – De *charte,* et *partir,* «partager».

charter [(t)ʃaʀtɛ(œ)ʀ] n. m. Anglicisme Avion qui transporte un groupe, une collectivité, à un tarif inférieur à celui d'un vol régulier. *Prendre un charter pour le Mexique.* V. vol nolisé*. – Mot angl., «affrètement».

chartisme [ʃaʀtism] n. m. HIST Mouvement formé en Angleterre par les ouvriers entre 1837 et 1848 afin d'obtenir des réformes sociales améliorant leur condition. – De *charte.*

chartiste [ʃaʀtist] adj. et n. HIST Partisan du chartisme, en Angleterre. – De *charte.*

chartreuse [ʃaʀtʀøz] n. f. **1.** Couvent de chartreux. *La Grande-Chartreuse. «La Chartreuse de Parme»,* roman de Stendhal (1839). **2.** Vieilli Petite maison de campagne retirée. **3.** Liqueur jaune ou verte fabriquée par les chartreux avec des plantes aromatiques. – Du nom de la vallée du Dauphiné (France) où saint Bruno fonda un monastère.

chartreux, euse [ʃaʀtʀø, øz] n. Religieux, religieuse de l'ordre de saint Bruno. – Dér. de *chartreuse.*
ENCYCL L'ordre monastique des Chartreux fut fondé en 1084. Le genre de vie qu'il détermine est une combinaison de la vie érémitique des pères du désert et de la vie cénobitique, c.-à-d. commune, préconisée par saint Benoît (ordre des Bénédictins).

chartrier [ʃaʀtʀije] n. m. **1.** Lieu où l'on conservait les chartes. **2.** Recueil de chartes. **3.** Celui qui gardait les chartes. – De *chartre,* var. de *charte.*

Charybde en Scylla (de) [kaʀibdɑ̃silla] loc. *Tomber de Charybde en Scylla,* de mal en pis. – De *Kharybdis,* nom donné par les Anciens à un tourbillon du détroit de Messine, et *Scylla,* n. d'un rocher à proximité.

chas [ʃa] n. m. Trou d'une aiguille, pour faire passer le fil. – P.-ê. du lat. *capsus,* «coffre».

chasse [ʃas] n. f. **I. 1.** Action de chasser, de poursuivre des animaux pour les tuer (pour les détruire s'ils sont nuisibles, ou pour manger leur chair, utiliser leur peau, leur fourrure, etc.). *Un permis de chasse. Un chien de chasse. Chasse à tir,* au fusil. *Chasse à courre,* consistant à faire poursuivre une seule bête par une meute accompagnée de veneurs à cheval, jusqu'à ce qu'elle tombe, épuisée de fatigue. – *Chasse sous-marine,* dans laquelle on chasse le poisson avec un fusil-harpon. **2.** Sens collectif. Les chasseurs, les chiens, les rabatteurs et tout l'équipage. *La chasse a passé par là.* **3.** Période où la chasse est autorisée. *La chasse n'est pas encore ouverte.* **4.** Domaine réservé pour la chasse. *Chasse gardée.* **5.** Le gibier pris ou tué. *Manger sa chasse.* **6.** Prov. *Qui va à la chasse perd sa place:* celui qui quitte sa place risque de la retrouver occupée par un autre. **II. 1.** L'action de poursuivre. *Faire, donner la chasse à:* poursuivre. Fig. *Faire la chasse aux abus.* **2.** Poursuite d'un navire, d'un avion ennemi. *Prendre en chasse un bombardier, un sous-marin.* ▷ *Aviation de chasse,* ou *la chasse:* branche de l'aviation militaire chargée d'intercepter les avions ennemis, d'attaquer des objectifs terrestres et de fournir aux troupes qui sont au sol l'appui tactique dont elles ont besoin. **III. 1.** *Chasse d'eau:* masse d'eau libérée brusquement pour nettoyer un égout, un appareil sanitaire, etc. **2.** TECH Espace libre donné à une machine ou à certains de ses éléments pour en faciliter le mouvement. ▷ AUTO *Angle de chasse,* formé par la verticale et l'axe des pivots des fusées des roues avant. **3.** Excédent du volume de composition d'un texte imprimé. **4.** En reliure, partie du plat qui déborde le bloc formé par les pages d'un volume. – De *chasser.*

1. châsse [ʃas] n. f. **1.** Coffre d'orfèvrerie où sont gardées les reliques d'un saint. *La châsse de saint Maurice.* ▷ Loc. *Parée comme une châsse.* **2.** TECH Cadre servant à enchâsser ou à protéger divers objets. *Châsse de verres optiques.* ▷ *Châsse d'une balance:* pièce métallique servant à soulever le fléau. – Lat. *capsa,* «boîte».

2. châsse [ʃas] n. f. (Surtout au pl.) Arg. Œil. – De *châssis,* «fenêtre».

chassé [ʃase] n. m. CHOREGR Suite de pas précédant un saut au cours duquel un pied semble chasser l'autre. – Pp. de *chasser.*

chasse-clou [ʃasklu] n. m. Poinçon servant à enfoncer les têtes de clous. *Des chasse-clous.* Syn chasse-pointe. – De *chasser,* et *clou.*

chassé-croisé [ʃasekʀwaze] n. m. **1.** CHOREGR Pas figuré où le cavalier et sa danseuse passent alternativement l'un devant l'autre. **2.** Fig. Changement réciproque et simultané de place, de situation. *Des chassés-croisés.* – De *chasser,* et *croiser.*

chasse-galerie [ʃasgalʀi] n. f. FOLKL Groupe de personnes qui, ayant conclu un pacte avec le diable, sont transportées à toute vitesse la nuit en canot d'écorce à travers les airs vers un endroit qu'elles ont choisi. – De *chasser,* et d'une forme d'orig. incert.
ENCYCL Ce mot est originaire de l'ouest de la France (Maine, Anjou, Poitou, Saintonge) où il désigne une troupe de diables et de damnés passant à grand bruit dans les airs. Cette légende, qui fournit une explication surnaturelle aux bruits étranges que l'on peut entendre la nuit (par exemple, le passage d'oiseaux migrateurs), appartient au folklore international. Apportée au Canada par les colons et les coureurs de bois, elle a été adaptée aux conditions du pays; à part quelques variantes qui se rapprochent de la chasse infernale européenne, elle symbolise ici le rêve de ceux qui, perdus dans l'immensité d'un pays sans routes praticables, voudraient se trouver transportés comme par magie dans leurs familles et dans la vie civilisée. Ce sont donc des bûcherons qui, l'hiver, dans les chantiers forestiers, pactisent avec le diable pour pouvoir aller passer la nuit de Noël ou celle du jour de l'An dans leurs familles et «embrasser leur blonde». Un canot d'écorce volant les transporte à toute vitesse et les ramène à temps le lendemain matin, à condition qu'ils ne sacrent pas, qu'ils ne prononcent pas le nom de Dieu et qu'ils évitent de toucher les croix sur les clochers d'église; sinon, le diable s'emparera de leurs âmes. Cette tradition orale a été fixée dans une nouvelle de l'écrivain Honoré Beaugrand publiée en 1900 avec d'autres «légendes canadiennes» dans un recueil intitulé *La chasse-galerie.* Adaptée au Canada, la légende a perdu son caractère sinistre; même si le pacte avec le diable pouvait effrayer les croyants, l'histoire était liée surtout aux festivités de fin d'année: ceux qui *courent la chasse-galerie* ne sont pas damnés, ils chantent en ramant et leur joyeux voyage risque tout au plus de se terminer dans un banc de neige; quant à ceux qui les voient passer, ce sont aussi des fêtards qui ont déjà pris un coup de trop.
L'origine du mot *galerie* demeure obscure. En France, où existe la variante *chasse-gallery,* on a suggéré que le mot représentait le nom d'un seigneur (*Gallery*) condamné à chasser éternellement pour expier ses péchés, mais il s'agit là d'une étymologie fantaisiste. L'explication la plus satisfaisante à ce jour consiste à voir dans *galerie* (ou *gallery*) un dérivé de *galier* et de *gaille,* mots attestés au XVe s. au sens de «cheval»; cette explication est étayée par le fait qu'on trouve dans l'ouest de la France une variante *chasse-galopine* en rapport avec la même légende.

chasse-goupille [ʃasgupij] n. m. Outil servant à faire sortir une goupille de son logement. *Des chasse-goupilles.* – De *chasser,* et *goupille.*

chasselas [ʃasla] n. m. Raisin de table blanc. – Du n. d'un village près de Mâcon, en France.

chasse-marée [ʃasmaʀe] n. m. inv. MAR Petit bâtiment côtier à deux ou trois mâts, remontant bien au vent. – De *chasser,* et *marée.*

chasse-mouches [ʃasmuʃ] n. m. inv. Éventail, touffe de crins servant à chasser les mouches. – De *chasser,* et *mouche.*

chasse-neige [ʃasnɛʒ] n. m. inv. **1.** Dispositif en éperon ou véhicule qui sert à déblayer les routes ou les voies ferrées couvertes de neige. **2.** SPORT Position des skis en V vers l'avant pour freiner en descente. – De *chasser,* et *neige.*

chasse-pierres [ʃaspjɛʀ] n. m. inv. Appareil fixé en avant des roues d'une locomotive pour écarter les pierres qui se trouveraient sur la voie. – De *chasser,* et *pierre.*

chasse-pointe. V. chasse-clou.

chassepot [ʃaspo] n. m. Fusil à aiguille en usage dans l'armée française de 1866 à 1874. – Du n. de l'armurier fr. A. A. *Chassepot.*

chasser [ʃase] **I.** v. tr. **[1] 1.** Poursuivre (des animaux) pour les tuer ou les prendre vivants. *Chasser l'éléphant.* – Prov. *Bon chien chasse de race:* les qualités viennent de l'atavisme. **2.** Pousser, faire marcher devant soi. *Chasser un troupeau de moutons.* – Loc. prov. *Un clou chasse l'autre:* les événements, les êtres se succèdent et se remplacent. **3.** Mettre dehors avec force, contraindre à sortir. *Chasser qqn d'une ville, d'un pays.* ▷ *Par ext.* Congédier. *Il a chassé son employé, son domestique.* ▷ Fig. *Chasser les mauvaises odeurs d'un lieu,* en en renouvelant l'air. *Chassez ces sombres pensées,* éloignez-les de votre esprit. **II.** v. intr. **1.** MAR *Navire qui chasse sur ses ancres,* qui entraîne ses ancres sous l'effet du vent ou du courant. *Ancre qui chasse,* qui ne tient pas sur le fond. **2.** TYPO En parlant d'un caractère d'imprimerie, occuper un encombrement important. **3.** CHOREGR Exécuter un chassé. **4.** Déraper. *Dans le virage, les roues arrière ont chassé.* – Du lat. pop. **captiare,* de *captare,* «chercher à prendre».

chasseresse [ʃasʀɛs] n. f. et adj. Poét. Chasseuse. *Diane chasseresse.* – De *chasser.*

chasseur, euse [ʃasœʀ, øz] n. **1.** Celui, celle qui pratique la chasse. **2.** *Chasseur d'images:* photographe, cinéaste. – *Chasseur de son:* amateur d'enregistrements pris sur le vif. **3.** *Chasseurs de têtes,* se dit d'Indiens d'Amazonie qui conservaient comme trophées les têtes coupées des ennemis qu'ils avaient tués. ▷ *Chasseur de têtes* (calque de l'amér. *headhunter*): professionnel qui se charge, pour le compte d'une entreprise, du recrutement des cadres dirigeants. **4.** Employé qui fait les commissions dans un hôtel, un restaurant. **5.** En France, nom donné à différentes subdivisions de l'infanterie et de la cavalerie. *Chasseurs d'Afrique:* régiments de cavalerie légère. *Chasseurs à pied, chasseurs alpins:* corps d'infanterie. **6.** MAR Navire rapide qui fait la chasse à d'autres navires, aux sous-marins en partic. **7.** Avion de chasse. *Chasseur à réaction. Chasseur-bombardier,* spécialisé dans l'attaque au sol et le bombardement tactique. **8.** CUIS *À la chasseur* ou, ellipt., *chasseur:* mode de préparation incluant une garniture de champignons, s'appliquant aux menues pièces de boucherie, aux volailles et aux œufs. *Poulet chasseur.* – De *chasser.*

chassie [ʃasi] n. f. Matière visqueuse qui s'amasse sur le bord des paupières. – P.-ê. lat. pop. **caccita,* de *cacare* (V. chier).

chassieux, euse [ʃasjø, øz] adj. Qui a de la chassie. *Des yeux chassieux.* – De *chassie.*

châssis [ʃɑsi] n. m. **I. 1.** Assemblage en métal ou en bois qui sert à encadrer ou à soutenir un objet, un vitrage, etc. *Le châssis d'une fenêtre.* **2.** *Par méton., spécial.* (Emploi critiqué) Fenêtre. *Ouvrir, fermer un châssis. Laver les châssis.* ▷ *Châssis double:* cadre vitré supplémentaire ajouté à une fenêtre, destiné à empêcher le froid de pénétrer. *Poser, enlever les châssis double.* – Fig., plaisant ou fam. (Plur.) Lunettes. **3.** HORTIC Panneau ou abri vitré. *Châssis couche,* qui empêche le refroidissement d'une couche en provoquant un effet de serre. **4.** BX-A Cadre sur lequel est tendue la toile d'un tableau, d'un décor de théâtre. **5.** IMPRIM Cadre rectangulaire dans lequel on impose les pages composées et les clichés. **6.** PHOTO Cadre contenant la plaque sensible d'un appareil photo. ▷ Cadre servant au tirage d'une épreuve photographique. **II. 1.** Vieilli ou rural Ensemble des pièces de bois qui forment le cadre inférieur de la charpente d'une construction. *Le châssis d'une maison, d'une grange.* **2.** Charpente, bâti de diverses machines et véhicules. *Le châssis d'un canon, d'un wagon.* – *Spécial. Châssis d'une automobile:* assemblage métallique supportant la carrosserie, le moteur, etc. – De *châsse* 1.

chaste [ʃast] adj. **1.** Qui pratique la chasteté. *Un homme chaste.* **2.** Pur, éloigné de tout ce qui blesse la pudeur. *Des oreilles chastes* (souvent iron.). *Un amour chaste et pur.* – Lat. ecclés. *castus.*

chastement [ʃastəmɑ̃] adv. De manière chaste. – De *chaste.*

chasteté [ʃastəte] n. f. Vertu qui consiste à s'abstenir des plaisirs charnels jugés illicites; comportement d'une personne chaste. – *Vœu de chasteté:* vœu de continence prononcé par les prêtres, les religieux, les religieuses. – Lat. *castitas.*

chasuble [ʃazybl] n. f. **1.** Ornement liturgique que le prêtre met par-dessus l'aube et l'étole pour dire la messe. *Une chasuble brodée d'or.* **2.** *Robe chasuble:* vêtement de femme, sans manches et de forme évasée. – Bas lat. *casubula,* probabl. altér. du lat. *casula,* «manteau à capuchon».

chat, chatte [ʃa, ʃat] n. **1.** Petit mammifère domestique ou sauvage (fam. félidés) au pelage soyeux, à la tête surmontée d'oreilles triangulaires, aux longues vibrisses («moustaches»), aux pattes garnies de griffes rétractiles. *Le chat et la souris. La chatte et ses petits. Chat tigré, persan, siamois.* ▷ *Appeler un chat un chat:* ne pas avoir peur des mots, parler franchement, crûment. ▷ *Avoir un chat dans la gorge:* être enroué. ▷ *Acheter chat en poche,* sans voir l'objet que l'on achète. ▷ *Avoir d'autres chats à fouetter:* avoir des choses plus importantes à faire que celle dont il est question. ▷ Fam. *Il n'y a pas un chat:* il n'y a personne. ▷ *Il n'y a pas de quoi fouetter un chat:* c'est une affaire sans importance. ▷ *Donner sa langue au chat:* déclarer que l'on renonce à trouver la solution d'une énigme, d'une devinette. ▷ *S'entendre comme chien et chat:* s'entendre très mal, ne pas pouvoir se supporter. ▷ *Écrire comme un chat,* d'une manière illisible. ▷ Prov. *Chat échaudé craint l'eau froide:* les expériences fâcheuses rendent prudent, méfiant. – *La nuit, tous les chats sont gris:* dans l'obscurité, toutes les confusions sont possibles. – *Quand le chat n'est pas là, les souris dansent:* en l'absence du chef, les subordonnés se relâchent. **2.** *Chat sauvage:* nom cour. du raton laveur, de sa fourrure. *Des chats sauvages. Manteau de chat sauvage.* ▷ Vieilli *Chat:* fourrure du raton laveur. *Capot* de chat.* **3.** Terme de tendresse. *Mon petit chat, ma petite chatte.* ▷ Adj. *Des manières chattes:* des manières câlines. **4.** (France) Jeu de poursuite enfantin. *Jouer à chat. Chat perché. Chat coupé.* – Le joueur qui poursuit les autres. *Je t'ai touché! C'est toi le chat!* **5.** MAR *Chat à neuf queues:* fouet à neuf lanières autref. en usage sur les navires anglais. ▷ n. f. *Chatte:* grappin à dents acérées qui sert à draguer des câbles, des chaînes, etc. **6.** CHOREGR *Saut de chat* ou *pas de chat:* saut latéral exécuté en série, au cours duquel les jambes s'écartent tout en se repliant. – Bas lat. *cattus.*

châtaigne [ʃatɛɲ] n. f. **I. 1.** Fruit du châtaignier (V. marron). ▷ *Châtaigne d'eau:* fruit de la macre. **2.** adj. inv. De la couleur brun clair de la châtaigne. *Une robe châtaigne.* **II.** Pop. Coup. *Envoyer une châtaigne sur le nez de qqn.* Syn. marron. – Lat. *castanea.*

châtaigneraie [ʃatɛɲʀɛ] n. f. Lieu planté de châtaigniers. – De *châtaigne.*

châtaignier [ʃatɛɲe] n. m. Arbre des régions tempérées (diverses espèces de *Castanea,* fam. fagacées) produisant les châtaignes. (Les variétés améliorées, sélectionnées et propagées par greffe, portent le nom de marronniers; il convient de ne pas les confondre avec le *marronnier d'Inde.*) – *Par méton.*: le bois de cet arbre. – De *châtaigne*.

châtain, aine [ʃatɛ̃, ɛn] adj. (rare au fém.). Couleur de châtaigne, brun clair. *Cheveux châtains.* ▷ Subst. *Un châtain clair.* – De *châtaigne*.

chataire [ʃatɛʀ] ou **cataire** [katɛʀ] n. f. Plante herbacée odorante (*Nepeta cataria*, l'herbe-aux-chats, fam. labiées), à fleurs blanches, fréquente dans les endroits incultes. – De *chat*.

château [ʃato] n. m. **1.** Forteresse entourée de fossés et défendue par de gros murs flanqués de tours ou de bastions. *Château fort, féodal, médiéval. Les oubliettes d'un château.* **2.** Habitation royale ou seigneuriale. *Le château de Versailles. Les châteaux de la Loire. Le château Dufresne.* **3.** Maison de plaisance, belle et vaste, à la campagne. *Le château du village.* ▷ Dans la région de Bordeaux, vaste habitation, au milieu d'un cru renommé auquel elle donne son nom. *Château-Mouton-Rothschild.* **4.** Loc. *Bâtir, faire des châteaux en Espagne:* former des projets irréalisables. **5.** *Château de cartes.* V. carte. **6.** MAR Superstructure dominant le pont d'un navire. *Château de proue:* gaillard d'avant. **7.** *Château d'eau:* réservoir surélevé permettant la mise sous pression d'un réseau de distribution d'eau. – Lat. *castellum*, de *castrum*, «camp».

chateaubriand ou **châteaubriant** [ʃatobʀijɑ̃] n. m. Morceau de filet de bœuf grillé très épais. – P.-ê. nom de l'écrivain *Chateaubriand*, dont le cuisinier aurait inventé la recette.

châtelain, aine [ʃatlɛ̃, ɛn] n. **1.** HIST Seigneur possesseur d'un château et d'un territoire. **2.** Propriétaire d'un château, d'une vaste et belle demeure campagnarde. – Lat. *castellanus*.

châtelaine [ʃatlɛn] n. f. Bijou, chaîne de ceinture. – De *châtelain*.

châtelet [ʃatlɛ] n. m. Petit château fort. – De l'a. fr. *chastel*, «château».

châtellenie [ʃatɛlni] n. f. **1.** HIST Seigneurie et juridiction d'un seigneur châtelain. **2.** Territoire soumis à la juridiction d'un châtelain. – De *châtelain*.

chat-huant [ʃayɑ̃] n. m. Nom cour. de la hulotte. *Des chats-huants.* – Du lat. pop. **cavannus*, altér. d'ap. *chat*, et *huer*.

châtier [ʃatje] v. tr. [1] **1.** Litt. Infliger une peine à. *Châtier un criminel.* – Prov. *Qui aime bien châtie bien:* c'est aimer véritablement qqn que de le reprendre de ses fautes. **2.** Fig. Punir. *Châtier l'audace de qqn.* **3.** Fig. Rendre plus pur. *Châtier son style. Langage châtié.* – Lat. *castigare*, «corriger».

chatière [ʃatjɛʀ] n. f. **1.** Trou pratiqué dans le bas d'une porte pour laisser passer les chats. **2.** CONSTR Trou d'aération dans une toiture. **3.** TRAV PUBL Ouverture pratiquée dans un bassin pour permettre l'écoulement des eaux. – De *chat*.

châtiment [ʃatimɑ̃] n. m. Correction, punition. *Un châtiment injuste.* – De *châtier*.

chatoiement [ʃatwamɑ̃] n. m. Reflet brillant et changeant. *Le chatoiement de la moire.* – Fig. *Le chatoiement d'un style.* – De *chatoyer*.

1. chaton [ʃatɔ̃] n. m. **1.** Jeune chat. **2.** Inflorescence unisexuée qui se détache d'une seule pièce après la floraison (chaton mâle) ou la fructification (chaton femelle). *Les arbres à chatons sont les amentifères. Chatons de noisetier, de saule.* **3.** Fam. Petit amas de poussière qui s'accumule sous les meubles. Syn. mouton. – De *chat*.

2. chaton [ʃatɔ̃] n. m. Partie saillante d'une bague, marquée d'un chiffre ou portant une pierre précieuse. – Du frq. **kasto*, «caisse».

chatonner [ʃatɔne] v. intr. [1] Rare Mettre bas, en parlant d'une chatte. – De *chaton* 1.

chatouille [ʃatuj] n. f. Fam. Chatouillement. *Faire des chatouilles.* – Déverbal de *chatouiller*.

chatouillement [ʃatujmɑ̃] n. m. **1.** Action de chatouiller. **2.** Picotement désagréable. – De *chatouiller*.

chatouiller [ʃatuje] v. tr. [1] **1.** Causer, par un attouchement léger, un tressaillement spasmodique qui provoque un rire nerveux. *Chatouiller un bébé.* **2.** Produire une impression agréable. *Ce vin chatouille le palais.* **3.** Exciter. *Chatouiller la curiosité de qqn.* – Orig. incert., probabl. onomat.

chatouilleux, euse [ʃatujø, øz] adj. **1.** Sensible au chatouillement. **2.** Fig. Susceptible. *Un caractère chatouilleux.* – De *chatouiller*.

chatoyant, ante [ʃatwajɑ̃, ɑ̃t] adj. **1.** Qui chatoie. *Une étoffe chatoyante.* **2.** Litt., fig. *Style chatoyant*, où les images sont variées et nombreuses. – Ppr. de *chatoyer*.

chatoyer [ʃatwaje] v. intr. [26] Avoir des reflets changeants. – De *chat*, par anal. avec les reflets changeants de l'œil de cet animal.

châtrer [ʃatʀe] v. tr. [1] **1.** Rendre stérile (un être humain ou un animal) par l'ablation des testicules ou des ovaires. **2.** HORTIC Supprimer les organes de multiplication végétative de (une plante). *Châtrer un fraisier*, en coupant les stolons. **3.** Fig. Mutiler. *Châtrer un ouvrage littéraire*, par des coupures. – Lat. *castrare*.

chatte. V. chat.

chattemite [ʃatmit] n. f. Fam. Personne qui affecte des airs doux et humbles pour tromper ou séduire. – De *chatte*, et *mite*, anc. n. pop. du chat.

chatterie [ʃatʀi] n. f. **1.** Caresse câline. *Faire des chatteries à qqn.* **2.** Friandise. – De *chatte*.

chatterton [ʃatɛʀtɔn] n. m. Ruban adhésif employé comme isolant en électricité. – Du nom de l'inventeur.

chaud, chaude [ʃo, ʃod] adj., n. m. et adv. **I.** Adj. **1.** Qui procure une sensation de chaleur, qui présente une température plus élevée que celle du corps humain. *Un climat chaud. De l'eau trop chaude.* **2.** Qui donne, qui produit, qui garde, qui transmet la chaleur. *Des croissants encore chauds. Avoir les mains chaudes.* – Prov. *Il faut battre le fer tant qu'il est chaud*, saisir les occasions quand elles se présentent. **3.** PHYSIOL *Les animaux à sang chaud*, homéothermes. **4.** Fig. *Une nouvelle toute chaude*, récente. – *Pleurer à chaudes larmes*, abondamment. – *Faire des gorges chaudes:* rire, se moquer. **5.** Fig. Ardent, sensuel. *Avoir un tempérament chaud. Avoir le sang chaud:* s'emporter facilement. **6.** Fig. *Une chaude affection*, passionnée, zélée. – Fam. *Il n'est ni chaud ni froid:* il reste indécis. **7.** Fig. *L'alerte aura été chaude*, rude. **8.** Fig. *Une voix chaude*, animée, bien timbrée. **9.** Fig. PEINT *Coloris, tons chauds*, qui évoquent le feu (rouge, orangé, etc.). **II.** N. m. **1.** Chaleur. *Il ne craint ni le chaud ni le froid.* **2.** *Un chaud et froid:* refroidissement brusque alors que l'on est en sueur. **3.** Loc. fig. *Souffler le chaud et le froid:* imposer sa volonté. **4.** *Au chaud:* de manière que la chaleur se conserve. *Tenir un plat au chaud.* **5.** Nominal après un verbe. *Avoir chaud.* – *Avoir eu chaud:* avoir échappé de bien peu à un désagrément. – *Il fait chaud.* **III.** Adv. **1.** *Mangez donc chaud.* **2.** Loc. adv. *Opérer à chaud*, en pleine crise. **3.** Fam. *Cela te coûtera chaud*, cher. – Lat. *calidum*.

chaude [ʃod] n. f. TECH *Donner une chaude au fer, au verre,* les porter à une température élevée pour les travailler. – De *chaud.*

chaudement [ʃodmɑ̃] adv. **1.** De façon à avoir chaud. *Se vêtir chaudement.* **2.** Avec ardeur, vivacité. *Cet avocat l'a chaudement défendu.* – De *chaud.*

chaude-pisse [ʃodpis] n. f. Vulg. Blennorragie. *Des chaudes-pisses.* – De *chaud,* et *pisse,* à cause des sensations de brûlures à la miction que provoque cette maladie.

chaud-froid [ʃofʀwa] n. m. Volaille ou gibier cuit, servi froid, nappé d'une sauce à base de gelée. *Des chauds-froids.* – De *chaud,* et *froid.*

chaudière [ʃodjɛʀ] n. f. **1.** Vx Grand récipient métallique pour faire chauffer, cuire, bouillir. **2.** Récipient, cuve destinée à porter un fluide (généralement de l'eau ou de la vapeur) à une température élevée. *Chaudière de chauffage central, à charbon, à mazout. Chaudière de locomotive, de bateau.* – Lat. imp. *caldaria,* rad. *calidus,* «chaud».

chaudron [ʃodʀɔ̃] n. m. **1.** Petit récipient, de cuivre ou de fonte, muni d'une anse, surtout destiné aux usages culinaires ; son contenu. *Un chaudron de légumes.* **2.** Péjor. Mauvais instrument de musique. **3.** BOT Nom de diverses maladies des arbres, partic. des conifères. – De *chaudière.*

chaudronnée [ʃodʀɔne] n. f. Contenu d'un chaudron. – De *chaudron.*

chaudronnerie [ʃodʀɔnʀi] n. f. Industrie qui a pour objet la fabrication d'objets par emboutissage, estampage, rivetage, martelage et soudage. ▷Usine, atelier où sont fabriqués de tels objets. ▷ Le produit de cette industrie. – De *chaudron.*

chaudronnier, ière [ʃodʀɔnje, jɛʀ] n. Personne qui fabrique ou vend des articles de chaudronnerie. *Un chaudronnier d'art.* – De *chaudron.*

chauffage [ʃofaʒ] n. m. **1.** Action de chauffer; production de chaleur. *Appareil de chauffage.* **2.** Mode de production de chaleur; appareil destiné à chauffer. *Chauffage au bois, au gaz, à l'électricité. Chauffage central. Chauffage solaire. Le chauffage est tombé en panne.* – De *chauffer.*

chauffant, ante [ʃofɑ̃, ɑ̃t] adj. Qui chauffe. *Couverture chauffante.* – Ppr. de *chauffer.*

chauffard [ʃofaʀ] n. m. Automobiliste maladroit, imprudent, ou qui ne respecte pas les règles de la conduite. – De *chauffeur,* et suff. péjor. *-ard.*

chauffe [ʃof] n. f. **1.** TECH Action, fait de chauffer. *Contrôle de chauffe.* ▷ *Surface de chauffe:* surface d'une chaudière (parois et tubes) recevant la chaleur fournie par le foyer. ▷ *Corps de chauffe:* appareil (radiateur, tuyau à ailettes, etc.) qui diffuse la chaleur apportée par un fluide chauffant. ▷ *Bleu de chauffe:* vêtement de toile bleue utilisé par divers corps de métiers (d'abord par les chauffeurs, sens 1). **2.** *Chambre de chauffe:* lieu où l'on brûle le combustible qui chauffe les fourneaux de fonderies, les chaudières de navires. – Déverbal de *chauffer.*

chauffe-bain [ʃofbɛ̃] n. m. Chauffe-eau servant à alimenter une salle de bain. *Des chauffe-bains électriques.* – De *chauffer,* et *bain.*

chauffe-eau [ʃofo] n. m. inv. Appareil de production d'eau chaude domestique. *Chauffe-eau électrique, à gaz.* – De *chauffer,* et *eau.*

chauffe-plat n. m., ou **chauffe-plats** [ʃofpla] n. m. inv. Plaque chauffante, réchaud de table ou de desserte. *Des chauffe-plats.* – De *chauffer,* et *plat.*

chauffer [ʃofe] **I.** v. tr. [1] **1.** Rendre chaud, plus chaud; donner une sensation de chaleur. *Chauffer un métal pour le travailler. L'alcool chauffe les joues.* ▷ *Chauffer au rouge, à blanc:* élever la température jusqu'à ce que le corps chauffé devienne rouge, blanc. – Fig., fam. *Être chauffé à blanc:* être très énervé, ne plus pouvoir se contenir. **2.** Anc. Mettre sous pression (une machine à vapeur). *Chauffer une locomotive.* **3.** Mener vivement, activer (qqch); exciter, enthousiasmer (qqn). *Chauffer une affaire. Un chanteur qui chauffe son public.* ▷ *Chauffer un candidat,* le préparer à une épreuve, à un examen, par un travail intensif. ▷ Fam. *Chauffer les oreilles à qqn,* l'irriter. **4.** Arg. Voler. *Se faire chauffer son portefeuille.* **II.** v. intr. **1.** Devenir chaud. *Le dîner est en train de chauffer.* **2.** Dégager de la chaleur. *La houille chauffe plus que le bois.* **3.** S'échauffer à l'excès. *Cet essieu va chauffer s'il n'est pas graissé.* – Fig., fam. *Ça chauffe, ça va chauffer:* cela se gâte, cela va prendre une tournure violente. **III.** v. pron. **1.** S'exposer à la chaleur. *Se chauffer au coin du feu.* **2.** Être chauffé. *Nous ne nous chauffons qu'à l'électricité.* ▷ Fig., fam. *On verra de quel bois je me chauffe:* on verra de quoi je suis capable (menace). – Lat. pop. **calefare.*

chaufferette [ʃofʀɛt] n. f. Petit appareil électrique destiné au chauffage d'une pièce de petite dimension. ▷ Appareil de chauffage de l'intérieur des véhicules automobiles. – De *chauffer.*

chaufferie [ʃofʀi] n. f. Local où sont installés des appareils de production de chaleur. – De *chauffer.*

chauffeur, euse [ʃofœʀ, øz] n. **1.** Ouvrier chargé de l'alimentation d'un foyer. *Les chauffeurs des anciennes locomotives à vapeur.* **2.** Personne qui conduit une automobile. *Chauffeur de taxi.* **3.** HIST *Les chauffeurs:* brigands qui brûlaient les pieds de leurs victimes pour leur faire avouer où elles cachaient leurs richesses. – De *chauffer.*

chauffeuse [ʃoføz] n. f. Siège bas à dossier pour s'asseoir auprès du feu. – De *chauffer.*

chaufour [ʃofuʀ] n. m. Four à chaux. – De *chaux,* et *four.*

chaufournier [ʃofuʀnje] n. m. Ouvrier chargé de la conduite d'un four à chaux. – De *chaufour.*

chaulage [ʃolaʒ] n. m. Action de chauler; traitement par la chaux. *Chaulage des sols, des arbres.* – De *chauler.*

chauler [ʃole] v. tr. [1] **1.** AGRIC Amender un sol en y incorporant de la chaux. **2.** Enduire de chaux. *Chauler un mur.* – De *chaux.*

chauleuse [ʃoløz] n. f. Appareil à chauler. – De *chauler.*

chaumage [ʃomaʒ] n. m. Récolte du chaume. – *Par ext.* Le temps où a lieu cette récolte. – De *chaume.*

chaume [ʃom] n. m. **1.** BOT Tige herbacée des graminées (blé, avoine, etc.). **2.** AGRIC Partie des céréales qui reste dans un champ après la moisson. *Brûler le chaume.* Syn. éteule. ▷ *Par ext.* (surtout au pl.). Champ où le chaume est encore sur pied. *Se promener dans les chaumes.* **3.** La paille qui sert de couverture à des habitations rurales, dans certains pays; cette couverture elle-même. *Une vieille ferme à toit de chaume. Le chaume d'une maison.* – Lat. *calamus,* «tige de roseau».

chaumer [ʃome] v. tr. et intr. [1] Couper, ramasser le chaume d'un champ. – De *chaume.*

chaumière [ʃomjɛʀ] n. f. Maison couverte de chaume. – De *chaume.*

chaumine [ʃomin] n. f. Vieilli, poét. Petite chaumière. – De *chaume.*

chaussant, ante [ʃosɑ̃, ɑ̃t] adj. Qui chausse bien. *Des escarpins chaussants.* – Ppr. de *chausser.*

chausse [ʃos] n. f. TECH Filtre d'étoffe en forme d'entonnoir. – De *chausser.*

chaussée [ʃose] n. f. **1.** Partie d'une route aménagée pour la circulation. *Chaussée glissante par temps de pluie.* **2.** Levée de terre servant à retenir l'eau d'un étang, d'une rivière, etc., ou utilisée comme chemin de passage dans les lieux marécageux. **3.** MAR Long écueil sous-marin. **4.** HORL Pièce d'une montre, qui porte l'aiguille des minutes. – Lat. pop. *(via) *calceata,* «(voie)» soit «couverte de chaux», soit «foulée par le talon» *(calx, calcis).*

chausse-pied [ʃospje] n. m. Instrument en forme de lame incurvée, dont on se sert pour chausser plus facilement une chaussure. *Des chausse-pieds.* – De *chausser,* et *pied.*

chausser [ʃose] v. tr. [1] **I. 1.** Mettre à ses pieds (des chaussures). *Chausser des bottes. Chausser ses sabots.* – Ellipt. *Chausser du 8:* porter des chaussures de cette pointure. ▷ EQUIT *Chausser les étriers:* mettre les pieds dans les étriers. ▷ Fig. *Chausser des lunettes,* les ajuster sur son nez. **2.** Mettre des chaussures à (qqn). *Chausser une fillette.* ▷ V. pron. *Se chausser.* **3.** Fournir en chaussures. *Un bottier célèbre qui chausse les plus grandes actrices.* ▷ V. pron. *Ne se chausser que dans les petites boutiques.* – Prov. *Les cordonniers sont les plus mal chaussés:* on néglige souvent les avantages les plus accessibles. **4.** Munir de pneumatiques (un véhicule). *Voiture chaussée pour la neige.* **II.** AGRIC *Chausser un arbre,* entourer son pied de terre. Syn. butter 1. – Lat. *calceare,* de *calceus,* «soulier».

chausses [ʃos] n. f. pl. Vx Anc. partie du vêtement des hommes, qui couvrait le corps de la ceinture jusqu'aux genoux (*haut-de-chausses*) ou jusqu'aux pieds (*bas-de-chausses*). – Fig. *Tirer ses chausses:* s'enfuir. – Loc. *Aboyer aux chausses de qqn,* le harceler, le poursuivre de ses attaques. – Lat. vulg. **calcea,* de *calceus,* «soulier».

chausse-trappe ou **chausse-trape** [ʃostʀap] n. f. **1.** Trou recouvert où est dissimulé un piège, destiné à attraper les animaux sauvages. **2.** Fig. Piège que l'on tend à qqn; ruse que l'on emploie pour le tromper. *Attirer qqn dans des chausse-trappes.* **3.** MILIT Anc. Pièce métallique à quatre pointes assemblées en tétraèdre dont on parsemait un terrain pour en défendre le passage à la cavalerie. – Altér. (d'après *chausser,* et *trappe*) de *chauchetrepe,* de l'a. fr. *chalcier,* «fouler aux pieds», lat. *calcare,* et *trappe.*

chaussette [ʃosɛt] n. f. Bas court (porté par les deux sexes). *Chaussettes en laine, en coton.* – *Chaussette russe:* bande de toile enveloppant le pied et le mollet. – Pop., vieilli *Chaussettes à clous:* gros souliers ferrés. – Fam. *Jus de chaussette:* mauvais café. ▷ Loc. *Laisser tomber qqn comme une vieille chaussette:* abandonner qqn qui n'a plus d'intérêt. – De *chausse.*

chausseur [ʃosœʀ] n. m. Commerçant en chaussures, généralement sur mesure. Syn. bottier. *Un grand chausseur montréalais.* – De *chausser.*

chausson [ʃosɔ̃] n. m. **1.** Chaussure d'intérieur souple et légère. *Se mettre en chaussons.* – Spécial. *Chaussons de danse.* **2.** Chaussette tricotée pour nouveau-né. **3.** Fig. Combat à coups de pied, dérivé de la savate. *Pratiquer la canne et le chausson.* **4.** CUIS Pâtisserie faite d'un morceau de pâte feuilletée plié en deux et fourré aux fruits. *Chausson aux pommes.* – De *chausser.*

chaussure [ʃosyʀ] n. f. **1.** Partie de l'habillement qui sert à couvrir et à protéger le pied (sandales, souliers, pantoufles, bottes, etc.); Syn. cour. de *soulier. Cirer, nettoyer, décrotter ses chaussures. Lacets, talons, semelles de chaussures.* ▷ Fig. *Trouver chaussure à son pied:* trouver ce qui convient, spécial. une personne avec qui se marier. **2.** L'industrie de la chaussure. – De *chausser.*

chaut. V. chaloir.

chauve [ʃov] adj. **1.** Qui n'a plus, ou presque plus, de cheveux. *Avoir la tête chauve.* – *Être chauve.* ▷ Subst. *Un chauve.* **2.** *Par ext.* Litt. Nu, dépouillé. *Monts chauves.* – Lat. *calvus.*

chauve-souris [ʃovsuʀi] n. f. Mammifère muni d'ailes plus ou moins glabres, dont le corps rappelle celui d'une souris. (Nom cour. de tous les chiroptères, ordre comprenant de nombr. espèces.) *Des chauves-souris.* – Bas lat. *calvas sorices,* «souris chauve».

chauvin, ine [ʃovɛ̃, in] adj. Péjor. Qui professe un patriotisme exagéré et aveugle. *Un comportement chauvin.* ▷ Subst. *C'était un chauvin convaincu de la supériorité de son pays en tout.* ▷ *Par ext.* Qui manifeste une admiration exclusive pour sa ville, sa région, etc. *Un supporter chauvin.* – De Nicolas *Chauvin,* type du soldat enthousiaste et naïf de l'Empire, en France.

chauvinisme [ʃovinism] n. m. État d'esprit, sentiments chauvins. *Un chauvinisme exacerbé.* – Du préc.

chaux [ʃo] n. f. Oxyde de calcium, de formule CaO. ▷ *Chaux éteinte:* hydroxyde de calcium $Ca(OH)_2$. ▷ *Lait de chaux:* chaux éteinte étendue d'eau jusqu'à consistance de badigeon. ▷ *Eau de chaux:* solution de chaux dans l'eau. ▷ *Chaux vive,* anc. nom de l'oxyde de calcium anhydride. ▷ Loc. fig. *Être bâti à chaux et à sable:* être d'une constitution robuste. – Lat. *calx, calcis.*

chavirement [ʃaviʀmɑ̃] ou **chavirage** [ʃaviʀaʒ] n. m. Fait de chavirer. – De *chavirer.*

chavirer [ʃaviʀe] **I.** v. intr. [1] **1.** Se retourner, en parlant d'un navire. *Un voilier qui chavire.* ▷ *Par ext.* Se renverser, se retourner. *La carriole chavira.* **2.** Fig., fam. Tourner. *La tête chavirée par l'émotion.* ▷ Échouer, en parlant d'un projet. *Faire chavirer les projets, les plans de qqn* (cf. faire tomber à l'eau). **II.** v. tr. Renverser, culbuter. *Chavirer des meubles avec violence.* – Provenç. *cap vira,* «tourner la tête» (en bas).

chebec [ʃebɛk] n. m. Petit navire à trois mâts, gréé en voiles latines, utilisé autref. en Méditerranée. – Ital. *sciabecco,* ar. *chabbâk.*

chèche [ʃɛʃ] n. m. Bande de tissu léger s'enroulant en turban autour de la tête, dans les pays arabes. – Mot ar.

chéchia [ʃeʃja] n. f. Calotte de laine portée dans certains pays d'islam. *La chéchia rouge des troupes coloniales françaises.* – Ar. *châchîya,* de *Châch,* anc. n. de la ville de Tachkent (U.R.S.S.), où l'on fabriquait des bonnets.

check-up [(t)ʃɛkœp] n. m. inv. Anglicisme (France). V. bilan* de santé.

chécographe [ʃekogʀaf] n. m. Machine servant à émettre des chèques. – De *chèque,* et *-graphe.*

cheddar [ʃɛdɑʀ] n. m. Fromage de lait de vache, à pâte dure jaunâtre ou orangée, fabriqué selon un procédé d'origine anglaise. *Cheddar canadien. Cheddar doux, fort.* – Du n. d'un village angl. dans le Somerset.

cheddite [ʃedit] n. f. Explosif à base de chlorate de potassium ou de sodium et de nitrotoluène. – Du n. de *Chedde* (Hte-Savoie), village où fut fabriqué pour la première fois cet explosif.

chef [ʃɛf] n. **I. 1.** Personne qui est à la tête d'un corps constitué (État, assemblée, etc.), qui a le premier rang, la première autorité. *Le chef de l'État:* le souverain, le président de la République. – *Le chef du gouvernement:* le Premier ministre. – *Le chef du parti.* – *Le chef de l'opposition officielle.* – *Chef parlementaire:* le député qui dirige l'aile parlementaire d'un parti dont le chef ou le président n'est pas membre de l'Assemblée. ▷ *Chef de file:* celui dont on suit l'exemple. *Le chef de file des partisans de l'indépendance.* – *Chef d'école:* celui dont les doctrines sont admises par des disciples qui les propagent. ▷ Fam. *Bravo, tu es un chef!* **2.** Dans les armées, la police, tout gradé ayant une autorité. *Obéir à ses chefs. À vos ordres, chef!* ▷ MAR Gradé placé à la tête d'un service. *Chef de quart.* **3.** Titre d'un fonctionnaire à la tête d'un service, d'une division administrative. *Chef de service, chef de bureau.* ▷ *Chef de cabinet d'un ministre.* **4.** Celui, celle qui dirige qqch, qui en est responsable. *Chef d'entreprise. Chef d'atelier. Chef de chantier. Chef de gare, chef de train. Le chef de cuisine d'un restaurant,* ou ellipt., *le chef.* ▷ MUS *Chef d'orchestre, chef de choeurs.* **5.** Loc. adv. *En chef:* en qualité de chef suprême. *Général en chef des armées alliées.* ▷ *Ingénieur en chef.* **II. 1.** Vx ou litt. Tête. *Opiner du chef:* acquiescer (cf. couvre-chef). ▷ Loc. adv. *De son chef:* de sa propre initiative, de sa seule autorité. *Agir de son propre chef.* **2.** Mod. DR Article, point principal. *Les chefs d'accusation qui pèsent sur l'accusé.* ▷ Loc. adv. *Au premier chef:* au plus haut point. *Question importante au premier chef.* **3.** HERALD Partie supérieure de l'écu. – Lat. *caput,* «tête».

chef-d'œuvre [ʃɛdœvʀ] n. m. **1.** Anc. Ouvrage exemplaire que devait faire un ouvrier pour accéder à la maîtrise, au sein d'une corporation. **2.** Œuvre capitale, parfaite en son genre. *Les chefs-d'œuvre de la sculpture grecque.* – Par ext. *Un chef-d'œuvre d'habileté, de malice,* etc.: ce qui dénote une habileté, une malice exceptionnelles. – De *chef,* et *œuvre.*

chefferie [ʃɛfʀi] n. f. **1.** Direction d'un parti politique. *Candidat, course, congrès à la chefferie.* **2.** En France, anc. circonscription qui était placée sous l'autorité d'un officier du génie milit. **3.** En Afrique noire notam., territ. placé sous l'autorité d'un chef traditionnel. – De *chef.*

chef-lieu [ʃɛfljø] n. m. Localité qui est le siège d'une division administrative. *Chef-lieu de comté.* – (France) *Chef-lieu de canton, de département. Des chefs-lieux.* – De *chef,* et *lieu.*

cheftaine [ʃɛftɛn] n. f. Jeune fille chargée de la direction d'un groupe de louveteaux, de guides ou d'éclaireuses. V. scoutisme. – Angl. *chieftain,* a. fr. *chevetain,* «capitaine».

cheik, cheikh ou **scheikh** [ʃɛk] n. m. Titre des chefs de tribu, chez les Arabes, et de certains maîtres spirituels, chez les musulmans. – Ar. *chaykh,* «vieillard».

chéilite [keilit] n. f. MED Inflammation des lèvres. – Du gr. *kheilos,* «lèvre».

chéiroptères. V. chiroptères.

chélate [kelat] n. m. Corps chimique qui peut fixer des cations métalliques en formant un complexe stable. – Du gr. *khêlê,* «pince», l'ion métallique pouvant être fixé comme une bille dans une pince.

chélater [kelate] v. tr. [1] Former un complexe à l'aide d'un chélate. – De *chélate.*

chélateur [kelatœʀ] adj. et n. m. Qui agit comme un chélate. – De *chélater.*

chélation [kelasjõ] n. f. MED Formation d'un complexe à l'aide d'un chélate, utilisée pour combattre certaines intoxications (plomb, chrome). – De *chélate.*

chelem ou **schelem** [ʃlɛm] n. m. **1.** Réalisation de toutes les levées, par un seul joueur ou une seule équipe, à certains jeux de cartes (tarot, bridge). – *Faire un petit chelem:* gagner tous les plis sauf un. **2.** SPORT Série complète de victoires, dans le sport de compétition. – Altér. de l'angl. *slam,* d'orig. obscure.

chélicérates [keliseʀat] n. m. pl. ZOOL Sous-embranchement d'arthropodes comprenant les arachnides, les mérostomes et les pycnogonides, tous pourvus d'une paire de chélicères, à l'aide de laquelle ils capturent leur proie et souvent lui inoculent un venin ou des enzymes destructrices. – De *chélicère,* et *-ate.*

chélicère [keliseʀ] n. f. ZOOL Appendice céphalique le plus antérieur, chez les arthropodes *chélicérates.* – Lat. zool. *chelicera,* gr. *khêlê,* «pince», et *keras,* «corne».

chélidoine [kelidwan] n. f. Papavéracée des vieux murs et des éboulis (*Chelidonium majus,* la grande éclaire), à fleurs jaunes, qui laisse écouler un latex jaune lorsqu'on la casse. Syn. herbeaux-verrues. – Lat. *chelidonia,* gr. *khelidonia,* de *khelidôn,* «hirondelle».

chelin. V. shilling.

chelinguer ou **schlinguer** [ʃlɛ̃ge] v. intr. [1] Pop. Puer. *Lorsqu'il a ôté ses chaussures, qu'est-ce que ça chelinguait!* – All. *schlingen.*

chelléen, éenne [ʃeleɛ̃, eɛn] n. m. (et adj.) PALEONT Le plus vieil étage du Paléolithique inférieur. Syn. abbevillien. – De la localité de *Chelles,* dans la rég. parisienne.

chéloïde [kelɔid] n. m. MED Excroissance cutanée, en forme de bourrelet allongé et ramifié, qui se forme parfois sur une cicatrice. – Gr. *khêlê,* «pince», et *-oïde.*

chéloniens [kelɔnjɛ̃] n. m. pl. ZOOL Ordre de reptiles, couramment nommés tortues, dont le corps est protégé par une carapace osseuse recouverte de corne et par un plastron ventral de même constitution. (Leur gueule, dépourvue de dents, est armée d'un puissant bec corné. Herbivores ou carnivores, ils peuvent être marins, dulçaquicoles ou terrestres. Un sous-ordre est dépourvu de carapace: les athèques.) – Du gr. *khelônê,* «tortue».

chemin [ʃ(ə)mɛ̃] n. m. **I. 1.** Voie, route par laquelle on peut aller d'un point à un autre, généralement à la campagne. *Chemin de terre. Chemin vicinal.* **2.** Par anal. *Chemin de ronde,* aménagé dans une enceinte fortifiée pour le passage des rondes. ▷ *Se frayer un chemin à travers des taillis, la foule,* etc.: s'ouvrir un passage. ▷ *Demander son chemin:* se renseigner sur l'itinéraire à suivre pour aller quelque part. *Perdre son chemin.* **II. 1.** Distance. *La droite est le plus court chemin d'un point à un autre.* – *Faire du chemin:* parcourir une longue distance. ▷ *Par ext.* Durée d'un trajet. *Vous en avez pour deux heures de chemin.* **2.** Ce qui mène à une fin. *Les chemins de la réussite. Il veut faire fortune mais n'en prend pas le chemin.* ▷ Prov. *Tous les chemins mènent à Rome:* on peut atteindre le même résultat de nombreuses façons différentes. **3.** Loc. fig. *Il n'y va pas par quatre chemins:* il va droit au but, sans ménagements. – *Barrer le chemin à qqn,* lui faire obstacle. – *S'arrêter en chemin:* abandonner une entreprise déjà commencée. – *Faire son chemin, faire du chemin:* parvenir, s'enrichir, arriver. *Ce garçon a fait son chemin par lui-même. Il a fait du chemin depuis sa sortie de l'école.* – *Aller son petit bonhomme de chemin:* avancer doucement mais sûrement. – *Suivre le droit chemin:* se conduire conformément aux principes moraux de son époque. – *Montrer le chemin:* montrer l'exemple. – *Faire la moitié du chemin:* faire un geste de bonne volonté dans une négociation. **4.** MATH *Chemin d'un graphe:* suite d'arcs allant d'un point du graphe (origine) à un autre (destination). – *Chemin critique* (d'un graphe), le plus court. **5.** PHYS *Chemin optique:* produit de la distance parcourue par un rayon lumineux dans une substance donnée, par l'indice de réfraction de cette substance. **6.** *Chemin de table:* napperon long et étroit. **7.** LITURG et BX-A *Chemin de croix:* représentation, peinte ou sculptée, de la Passion en quatorze scènes reproduisant les étapes de la montée du Christ au Calvaire. – Lat. pop. **camminus,* mot celt.

chemin de fer [ʃ(ə)mɛ̃dfɛʀ] n. m. **1.** Vx Voie ferrée, constituée par deux rails parallèles, sur laquelle circulent les trains. **2.** Le moyen de transport qui utilise les voies ferrées. *Voyager en chemin de fer. Accident de chemin de fer.* Syn. train. **3.** L'administration qui dirige et exploite un réseau de chemin de fer. *Employé de chemin de fer. Travailler dans les chemins de fer.* ▷ *La Société des chemins de fer nationaux (CN).* **4.** Jeu de casino, variante du baccara. **5.** TECH Appareil ou organe qui se déplace sur des glissières, des rails ou des galets. – Trad. de l'angl. *railway.*

chemineau [ʃ(ə)mino] n. m. Vagabond, journalier qui parcourt les chemins de village en village. – Mot de l'ouest de la France; de *chemin.*

cheminée [ʃ(ə)mine] n. f. **1.** Construction à l'intérieur d'une habitation, aménagée en foyer et dans laquelle on fait du feu. *Se réunir autour de la cheminée.* **2.** L'extrémité du conduit de cheminée, destiné à évacuer la fumée et qui dépasse du toit; ce conduit lui-même. *Certains oiseaux font leur nid sur les cheminées. – Feu de cheminée:* inflammation de la suie déposée sur les parois d'un conduit de cheminée. **3.** Tuyau servant à l'évacuation des fumées dans les machines et dans certains foyers industriels. *Cheminée de locomotive, d'usine.* **4.** GEOL *Cheminée d'un volcan:* canal par lequel se fait l'ascension des gaz, des fumées et de la lave. ▷ *Cheminée de fée:* colonne argileuse dégagée par l'érosion et que protège un chapeau constitué par une roche résistante. **5.** ALPIN Étroite fente rocheuse où l'on progresse à la façon des anciens ramoneurs. – Bas lat. *caminata,* de *caminus,* «âtre».

cheminement [ʃ(ə)minmɑ̃] n. m. **1.** Action de cheminer. **2.** Fig. Évolution, progression (d'une idée, d'un sentiment). *C'est par un lent cheminement qu'il fut amené à la révolte.* ▷ Démarche intellectuelle ou artistique (d'un créateur). *Le cheminement d'un auteur.* **3.** MILIT Trajet suivi pour s'approcher à couvert des positions ennemies. **4.** TOPOGR Procédé de levée de plans consistant en mesures d'angles et de longueurs, le long d'une ligne polygonale. – De *cheminer.*

cheminer [ʃ(ə)mine] v. intr. [1] **1.** Faire du chemin; aller à pied. *Ils cheminaient à travers bois.* **2.** Fig. Évoluer, progresser, en parlant d'une idée, d'un sentiment. **3.** MILIT Progresser à couvert des positions ennemies. **4.** TOPOGR Effectuer une levée par cheminement. – De *chemin.*

cheminot [ʃ(ə)mino] n. m. Employé, ouvrier de chemin de fer. – De *chemin (de fer).*

chemisage [ʃ(ə)mizaʒ] n. m. TECH Opération par laquelle on chemise; son résultat. – De *chemise* 2.

1. chemise [ʃ(ə)miz] n. f. **1.** Vêtement masculin de tissu léger qui couvre le torse. *Chemise en coton, en laine, en nylon. – Être en manches, en bras de chemise,* en chemise, sans veste. – *Chemise de nuit:* long vêtement de nuit. **2.** Loc. fam. *Jouer jusqu'à sa chemise, perdre jusqu'à sa chemise:* jouer tout ce que l'on a, se ruiner. – *Changer de qqch comme de chemise,* en changer très souvent. *Il change d'opinion comme de chemise. – Se soucier de qqch comme de sa première chemise,* ne pas s'en soucier du tout. – Pop. *Ils sont comme cul et chemise,* inséparables. **3.** Pièce d'uniforme caractérisant certaines formations politiques. *Les Chemises rouges:* garibaldiens. *Les Chemises brunes:* nazis. *Les Chemises noires:* fascistes. – Par ext. membre d'une de ces formations. – Bas lat. *camisia;* orig. incert.

2. chemise [ʃ(ə)miz] n. f. **1.** Couverture en papier ou en carton, renfermant des papiers divers. *Mettre des documents dans une chemise.* ▷ *Mettre un livre sous chemise:* le recouvrir. **2.** En armurerie, enveloppe en métal d'un projectile. *Chemise d'une balle, d'un obus.* **3.** CONSTR Revêtement de protection extérieur. **4.** TECH Enveloppe métallique intérieure ou extérieure d'une pièce, destinée à la protéger, à en augmenter la résistance, etc. *Chemise d'un piston.* – De *chemise* 1.

chemiser [ʃ(ə)mize] v. tr. [1] **1.** TECH Garnir d'une chemise. **2.** CUIS Garnir (un moule) de papier blanc. – De *chemise* 2.

chemiserie [ʃ(ə)mizʀi] n. f. **1.** Fabrique, magasin de chemises. **2.** Industrie de la chemise et de la lingerie masculine. – De *chemise* 1.

chemisette [ʃ(ə)mizɛt] n. f. **1.** Chemise d'homme légère à manches courtes. **2.** Corsage léger. – De *chemise* 1.

chemisier [ʃ(ə)mizje] n. m. Vêtement féminin analogue à la chemise d'homme. – De *chemise* 1.

chemisier, ière [ʃ(ə)mizje, jɛʀ] n. Celui, celle qui confectionne ou vend des chemises. – De *chemise* 1.

chémorécepteur, trice [kemoʀesɛptœʀ, tʀis] ou **chémosensible** [kemosɑ̃sibl] adj. ANAT Sensible aux excitants chimiques (en parlant d'un organe ou d'une région du corps). – De l'angl. *chemic,* «chimique», et *récepteur.*

chémosensibilité [kemosɑ̃sibilite] n. f. Sensibilité aux excitants chimiques. – De l'angl. *chemic,* «chimique», et *sensibilité.*

chémosis [kemɔzis] n. m. MED Œdème de la conjonctive, qui forme un bourrelet circulaire autour de la cornée. – Mot gr.

chênaie [ʃɛnɛ] n. f. Lieu planté de chênes. – De *chêne.*

chenal, aux [ʃ(ə)nal, o] n. m. **1.** Partie la plus profonde d'un cours d'eau, d'un estuaire, souvent la seule navigable et entretenue. *Chenal balisé d'un estuaire.* **2.** Canal amenant l'eau à un moulin, une usine. – Var. de l'a. fr. *chenel;* lat. *canalis.*

chenapan [ʃ(ə)napɑ̃] n. m. Vaurien, garnement (en parlant d'un enfant). *Bande de chenapans!* Syn. galopin. – All. *Schnapphahn,* «maraudeur».

chêne [ʃɛn] n. m. Grand arbre forestier (genre *Quercus,* fam. fagacées) à fleurs apétales et à feuilles lobées; bois de cet arbre. *Le gland est le fruit du chêne. Le chêne est recherché pour son bois dur et résistant. Chêne rouge* (Quercus rubra). *Le chêne blanc* (Quercus alba) *et le chêne à gros fruits* (Quercus macrocarpa) *ont largement été employés dans la construction maritime. Certains chênes européens, comme le chêne vert* (Quercus ilex) *et le chêne-liège* (Quercus suber) *ont des feuilles persistantes.* ▷ Fig. *Solide, fort comme un chêne:* d'une grande robustesse, d'une santé à toute épreuve. – De *chasne,* bas lat. **cassanus,* mot gaul.

chêneau [ʃɛno] n. m. Jeune chêne. – De *chêne.*

chéneau [ʃeno] n. m. Conduit placé à la base d'un toit pour recueillir les eaux de pluie et les déverser dans les tuyaux de descente. Syn. gouttière. – Altér. de *chenau,* forme dial. de *chenal.*

chenet [ʃənɛ] n. m. Chacune des deux pièces métalliques qui se placent dans les cheminées, perpendiculairement au fond, et sur lesquelles on dispose le bois pour permettre l'accès de l'air nécessaire à la combustion. – De *chien,* les chenets ayant figuré, à l'origine, des petits chiens ou d'autres animaux accroupis.

chènevis [ʃɛnvi] n. m. Graine de chanvre que l'on donne à manger aux oiseaux et dont on extrait une huile, utilisée en savonnerie et dans la fabrication des peintures. – Lat. pop. **canaputium ;* cf. a. fr. *cheneve,* «chanvre».

chenil [ʃəni(l)] n. m. **1.** Lieu où l'on garde, où l'on élève des chiens. *Le chenil de la Société protectrice des animaux.* **2.** Fig., fam. Logement sale, très mal tenu. – De *chien.*

chenille [ʃ(ə)nij] n. f. **1.** Larve des papillons, formée d'anneaux ou segments, munie de mandibules dont elle se sert pour ronger feuilles et fleurs. *Destruction des chenilles nuisibles. La chenille du bombyx du mûrier est le ver à soie.* **2.** *Par anal.* Dispositif mécanique permettant aux véhicules automobiles de circuler sur des terrains peu consistants ou accidentés, constitué par un certain nombre de patins articulés les uns sur les autres et formant une chaîne sans fin passant sur deux roues motrices, les barbotins. *Chenilles d'une motoneige.* **3.** Gros cordon tors, de soie veloutée, dont on fait des objets de passementerie. – Lat. pop. **canicula,* «petite chienne», à cause de la forme de sa tête.

chenillé, ée [ʃ(ə)nije] adj. Muni de chenilles (sens 2). *Véhicule chenillé.* – De *chenille.*

chenillette [ʃ(ə)nijɛt] n. f. **1.** Nom vulg. d'un *Acacia* et d'un *Scorpiurus* (légumineuses). **2.** Petit véhicule chenillé. – Dimin. de *chenille.*

chénopode [kenopɔd] ou **chenopodium** [kenopɔdjɔm] n. m. BOT Genre de plantes annuelles des décombres et lieux incultes. – Lat. bot. *chenopodium,* gr. *khênopous,* «patte d'oie».

chénopodiacées [kenopɔdjase] n. f. pl. BOT Famille de dicotylédones apétales comprenant notam. la betterave et l'épinard.

chenu, ue [ʃəny] adj. **1.** Que l'âge a rendu blanc. *Barbe chenue.* **2.** Litt. *Arbre chenu,* dont la cime est dépouillée. – Bas lat. *canutus,* de *canus,* «blanc».

cheptel [ʃɛptɛl] n. m. Cour. Ensemble des troupeaux d'une propriété rurale. ▷ *Cheptel national:* l'ensemble des têtes de bétail d'un pays. *Cheptel bovin, porcin,* etc. – Lat. *capitale,* «ce qui constitue le capital d'un bien», de *caput,* «tête».

chèque [ʃɛk] n. m. Mandat de paiement adressé à un banquier et servant au titulaire d'un compte à effectuer, à son profit ou au profit d'un tiers, le retrait de tout ou partie des fonds disponibles à ce compte. *Faire, émettre un chèque. Payer par chèque. Endosser un chèque.* – *Chèque à ordre,* sur lequel est indiqué le nom du bénéficiaire. – *Chèque au porteur:* chèque ne portant pas le nom du bénéficiaire, payable au porteur. – *Chèque certifié,* dont la banque émettrice garantit le recouvrement. – *Chèque sans provision,* qui ne peut être honoré faute de fonds disponibles au compte de l'émetteur. – *Chèque en blanc,* signé sans indication de somme. – *Chèque de voyage* (traduit de l'angl. *traveller check*): titre permettant au porteur de toucher des fonds dans un pays autre que le pays d'émission. – Angl. *check,* de *to check,* «contrôler».

chéquier [ʃekje] n. m. Carnet de chèques. – De *chèque.*

cher, ère [ʃɛʀ] adj. **I. 1.** Qui est tendrement aimé, auquel on tient beaucoup. *Un ami qui m'est cher. C'est mon vœu le plus cher.* **2.** (Langue écrite) *Cher Monsieur, Cher Maître, Cher Ami,* etc.: formules par lesquelles on commence généralement une lettre à qqn que l'on connaît déjà plus ou moins bien. ▷ (Langue parlée, avec une nuance de politesse familière ou affectée) *Comment allez-vous, chère madame?* **II. 1.** Qui coûte beaucoup. *La viande est chère.* ▷ Fig. Précieux, rare. *Le temps est cher.* **2.** Qui vend à haut prix. *Un couturier cher.* **3.** Adv. *Cher:* à haut prix. *Acheter, payer cher.* ▷ Fig., fam. *Ça va vous coûter cher!* Vous allez avoir de gros ennuis. – *Il me le paiera cher:* je me vengerai de lui durement. – *Il ne vaut pas cher:* il est bien peu estimable. – Lat. *carus.*

chercher [ʃɛʀʃe] v. tr. [1] **1.** S'efforcer de trouver, de découvrir ou de retrouver. *Chercher qqn dans la foule. Chercher une clé égarée.* ▷ Loc. prov. *Chercher midi à quatorze heures:* compliquer les questions les plus simples. – Pop. *Chercher des poux sur la tête de qqn,* le harceler pour des motifs futiles. **2.** Tâcher de se procurer. *Chercher une femme de ménage. Chercher un emploi, un logement.* **3.** S'efforcer de trouver par la réflexion, par l'analyse. *Chercher la solution d'un problème.* ▷ *Spécial.* Tâcher de se rappeler. *Je cherche son nom, je ne m'en souviens pas.* ▷ v. pron. *Se chercher:* s'efforcer de mieux se connaître. *Un adolescent qui se cherche.* **4.** *Chercher à:* s'efforcer de, essayer de parvenir à. *Chercher à nuire. Il cherche à rendre les gens heureux.* **5.** Quérir, aller prendre. *Aller chercher le médecin. Va me chercher mon livre.* **6.** Pop. Provoquer. *Tu l'as bien cherché! Quand on me cherche, on me trouve.* **7.** Pop. *Aller chercher dans, aux alentours de:* atteindre tel prix. *Ça va chercher dans les mille dollars.* – Bas lat. *circare,* «aller autour», de *circum.*

chercheur, euse [ʃɛʀʃœʀ, øz] n. et adj. **1.** Rare Celui, celle qui cherche. *Chercheur d'or.* **2.** Celui, celle qui s'adonne à des recherches scientifiques. *Les chercheurs du C.N.R.C.* **3.** *Chercheur de télescope:* petite lunette à faible grossissement et à grand champ, qui permet d'amener rapidement l'objet à observer dans le champ du télescope. **4.** *Tête chercheuse:* dispositif qui permet à un missile de se diriger automatiquement vers l'objectif au cours de la dernière phase de vol. – De *chercher.*

chère [ʃɛʀ] n. f. **1.** Mod. *Aimer la bonne chère,* la bonne nourriture. – *Faire bonne chère:* faire un bon repas. **2.** Vx *Faire bonne chère à qqn:* lui faire bon visage, bien l'accueillir. – Bas lat. *cara,* «visage», gr. *kara,* «tête, visage».

chèrement [ʃɛʀmɑ̃] adv. **1.** Vieilli Tendrement, affectueusement. *Aimer chèrement qqn.* **2.** Vx À haut prix. ▷ Fig., mod. *Une victoire chèrement acquise,* au prix de lourds sacrifices. – De *cher.*

chérer. V. cherrer.

chéri, ie [ʃeʀi] Adj. Que l'on chérit. *Ma fille chérie.* ▷ N. *Mon chéri, ma chérie.* – Pp. de *chérir.*

chérif [ʃeʀif] n. m. Descendant de Mahomet; prince, chez les Arabes. – Ar. *sharif,* «noble», par l'ital.

chérifat [ʃeʀifa] n. m. **1.** Qualité, dignité du chérif. **2.** Le pays sur lequel s'étend son autorité. – De *chérif.*

chérifien, ienne [ʃeʀifjɛ̃, jɛn] adj. Qui concerne le chérif. ▷ Spécial. *Le royaume chérifien:* le Maroc, la dynastie régnante étant issue du Prophète. – De *chérif.*

chérir [ʃeʀiʀ] v. tr. [2] **1.** Aimer tendrement. *Chérir ses enfants. Chérir sa patrie.* **2.** Être très attaché à, se complaire dans. *Chérir la liberté. Chérir son infortune.* – De *cher.*

chermes [kɛʀm] ou **chermès** [kɛʀmɛs] n. m. ZOOL Genre de pucerons parasites des conifères (épicéa, partic.), sur les aiguilles desquels ils provoquent des galles. – Ar. *qirmiz,* «cochenille».

chernozem [ʃɛʀnɔzɛm] ou **tchernoziom** [tʃɛʀnɔzjɔm] n. m. PEDOL Sol noir très riche en humus, légèrement basique, convenant parfaitement à la culture des céréales et des betteraves. – Mot russe, «terre noire».

chérot [ʃeʀo] adj. m. Fam. Cher, onéreux. – De *cher.*

cherrer ou **chérer** [ʃeʀe] v. intr. [1] Arg. vieilli Exagérer, dépasser la mesure. – De *cher.*

cherry [ʃeʀi] n. m. Liqueur de cerise (on dit aussi: *cherry-brandy*). – Mot angl. «cerise».

cherté [ʃɛʀte] n. f. État de ce qui est cher; prix élevé. *La cherté de la vie en période d'inflation. La cherté d'une denrée alimentaire.* – De *cher.*

chérubin [ʃeʀybɛ̃] n. m. **1.** Ange tutélaire des lieux sacrés. **2.** BX-A Tête ou buste d'enfant porté par deux ailes. **3.** Fig. Enfant beau et doux. – Expr. affectueuse. *Mon chérubin.* – Lat. ecclés. *cherubin;* de l'hébr. *keroûbim,* plur. de *keroûb.*

chervi ou **chervis** [ʃɛʀvi] n. m. Ombellifère (genre *Sium*) dont la racine est comestible. – Ar. *karâwija,* «carvi».

chester [tʃɛstəʀ] n. m. Fromage de vache anglais à pâte dure. – Mot angl., n. d'une localité de G.-B.

chétif, ive [ʃetif, iv] adj. **1.** Faible, maigre et maladif. *Enfant chétif.* **2.** Fig. Étroit, mesquin. *Des idéaux chétifs.* – Lat. pop. **cactivus,* croisement du lat. *captivus,* et du gaul. **cactos,* «prisonnier».

chétivement [ʃetivmɑ̃] adv. D'une manière chétive. – De *chétif.*

chétodonte [ketodɔ̃t] n. m. ZOOL Nom de nombr. poissons téléostéens des récifs coralliens, aux couleurs vives et aux dents fines. Syn. papillon de mer. – Du gr. *khaitê,* «crin», et *odous, odontos,* «dent».

chétognathes [ketognat] n. m. pl. ZOOL Classe de lophophoriens planctoniques, longs de 1 cm, hermaphrodites, munis d'un abdomen, d'une tête, d'une queue, de ganglions nerveux. – Du gr. *khaitê,* «crin», et *gnathos,* «mâchoire», à cause de leur orifice buccal garni de soies.

cheval, aux [ʃ(ə)val, o] n. m. **I. 1.** Animal domestique périssodactyle (fam. équidés). *Cheval de trait, de selle, de labour, de course. Atteler un cheval à une carriole. Monter un cheval:* être sur un cheval. ▷ *Par ext.,* fig. *Cheval de bataille:* argument polémique auquel on revient sans cesse. **2.** Équitation. *Faire du cheval. Bottes de cheval. Homme, femme de cheval,* passionné(e) d'équitation. **3.** Loc. fig. et fam. *Fièvre de cheval,* violente. *Remède de cheval,* très énergique. *Santé de cheval,* excellente. ▷ *Cela ne se trouve pas sous les pas d'un cheval:* cela ne se trouve pas facilement. **4.** Fam. (En parlant d'une personne.) *C'est un cheval dans le travail:* il travaille beaucoup, avec énergie. ▷*Cheval de retour:* délinquant récidiviste. **5.** Loc. *À cheval. Être à cheval,* sur un cheval. – *Par ext.* À califourchon. *Être à cheval sur un mur.* – Par anal. *Ce domaine est à cheval sur une route.* ▷ Fig. *Être à cheval sur les principes,* ne pas admettre que l'on s'en écarte. ▷ *Monter sur ses grands chevaux:* s'emporter, le prendre de haut avec qqn. **II. 1.** *Chevaux de bois,* dans un manège de fête foraine. – *Petits chevaux:* jeu de hasard. – Une des pièces du jeu d'échecs. *Déplacer son cheval* (on dit mieux *cavalier*). **2.** MILIT *Chevaux de frise:* obstacles mobiles constitués par une monture de bois garnie de pieux ou de barbelés. **3.** *Cheval marin:* animal fabuleux souvent représenté avec un poitrail de cheval et une queue de poisson; hippocampe. **4.** SPORT *Cheval d'arçons:* appareil au milieu duquel sont fixées des poignées, qui sert d'appui pour des exercices de gymnastique. **III.** PHYS *Cheval-vapeur:* unité de puissance (hors système) valant 736 W (symbole ch). ▷ *Cheval-heure:* unité d'énergie mécanique égale au travail fourni en une heure par un moteur de 1 ch (symbole chh). ▷ En France, unité prise en compte pour taxer les automobiles en fonction de leur puissance (on dit aussi cheval fiscal) (abrév. CV). *Une 2 CV.* – Lat. *caballus,* «mauvais cheval»; mot gaul. qui a remplacé le lat. class. *equus.*

ENCYCL Le genre *Equus* apparut au Pliocène en Amérique du N.; il émigra en Eurasie, où il fut domestiqué, et disparut de son lieu d'origine, où il fut réimporté par la suite, d'abord en Amérique du N., puis, très récemment (XVIIe s.), en Amérique du S. Auj., le seul vrai cheval sauvage serait *Equus przewalskii* d'Asie centrale; tous les autres chevaux «sauvages» (mustangs américains, chevaux camarguais, pottokak pyrénéens, etc.) sont en fait issus de races domestiques retournées à la vie libre. Au cours de son évolution, le cheval s'est remarquablement adapté à la course: ses membres se sont allongés et ses 5 doigts se sont réduits à 1, sur l'ongle duquel il se déplace (sabot). La silhouette d'*Equus caballus,* le cheval domestique, varie peu dans les nombr. races. Il n'en va pas de même pour la taille, qui, de 0,80 m au garrot, et même moins pour certains poneys, atteint 1,50 m et plus pour les chevaux de selle ou de trait. On compte de nombr. races de chevaux, tant pour la selle (pur-sang angl. et arabe, anglo-arabe, cheval de selle fr., etc.) que pour le trait (percheron, boulonnais, etc.). Si les premiers connaissent un regain de popularité avec la vogue des sports équestres, les seconds ne sont plus guère élevés que pour la boucherie. La femelle est la jument, dite aussi *poulinière* lorsqu'elle a mis bas un poulain après 11 mois de gestation.

chevalement [ʃ(ə)valmɑ̃] n. m. **1.** TECH Ensemble d'étais destinés à soutenir provisoirement une construction ou une partie de construction à reprendre en sous-œuvre. **2.** MINES Construction supportant les molettes d'extraction – De *chevaler.*

chevaler [ʃ(ə)vale] v. tr. [1] Étayer avec des chevalements. *Chevaler un mur.* – De *cheval.*

chevaleresque [ʃ(ə)valʀɛsk] adj. Digne d'un chevalier. *Bravoure, courtoisie chevaleresque.* – De *chevalerie.*

chevalerie [ʃ(ə)valʀi] n. f. **1.** FEOD Institution milit. propre à la féodalité; rang, qualité de chevalier. *La cérémonie de l'adoubement consacrait l'accession de l'écuyer à la chevalerie.* ▷ Collect. Les chevaliers. **2.** FEOD *Ordres de chevalerie,* consacrés à la défense des lieux saints et des pèlerins (l'*ordre du Saint-Sépulcre,* l'*ordre de Malte*). ▷ Mod. Distinction honorifique instituée par différents États. *La Légion d'honneur, en France, est un ordre de chevalerie.* – De *chevalier.*

chevalet [ʃ(ə)valɛ] n. m. **1.** Support en bois, sur pieds, réglable en hauteur, que les peintres utilisent pour poser leur toile. – *Tableau de chevalet,* de petite dimension. **2.** Bâti en bois sur lequel on travaille dans plusieurs métiers. *Chevalet de tisserand.* **3.** MUS Pièce de bois dressée sur la table d'harmonie de certains instruments à cordes et qui sert à soutenir les cordes tendues. **4.** Anc. instrument de torture. – De *cheval.*

chevalier [ʃ(ə)valje] n. m. **I. 1.** FEOD Celui qui appartenait à l'ordre de la chevalerie. *Un preux chevalier.* – *Le Chevalier sans peur et sans reproche:* Bayard. – *Le Chevalier de la triste figure:* Don Quichotte. – *Les Chevaliers de la Table ronde:* les compagnons du roi Arthur. ▷ Fig., plaisant. *Être le chevalier servant d'une femme,* l'entourer de soins, de prévenance. **2.** Le grade le plus bas d'une décoration civile ou milit., d'un ordre de chevalerie; le titulaire de ce grade. *Chevalier de la Légion d'honneur. Chevalier de l'ordre de Malte.* **3.** ANTIQ Romain de la seconde classe des citoyens, appartenant à l'ordre équestre. **4.** Fig., fam. *Chevalier d'industrie:* individu qui vit d'affaires louches, d'expédients; escroc, aventurier. **5.** Loc. fam. (Litt. du XVIIIe s.) *Chevalier de la manchette:* homosexuel. **II. 1.** BOT Champignon comestible *(Tricholoma equestre).* **2.** Nom cour. de divers oiseaux charadriiformes (genres *Tringa* et voisins) élancés, à long bec fin et à longues pattes. *Les chevaliers gambette, combattant sont communs en Europe.* **3.** *Omble chevalier.* V. omble. – Lat. *caballarius,* d'ap. *cheval.*

chevalière [ʃ(ə)valjɛʀ] n. f. Bague large et épaisse ornée d'un chaton sur lequel sont souvent gravées des initiales, des armoiries. – De *«bague à la chevalière».*

chevalin, ine [ʃ(ə)valɛ̃, in] adj. Du cheval; qui a rapport au cheval. *Race chevaline. Boucherie chevaline.* – Qui tient du cheval. *Profil chevalin.* – De *cheval.*

chevauchant, ante [ʃ(ə)voʃɑ̃, ɑ̃t] adj. Qui chevauche (I. 1). *Tuiles chevauchantes.* ▷ GEOL *Pli chevauchant:* chevauchement. – Ppr. de *chevaucher.*

chevauchée [ʃ(ə)voʃe] n. f. Course, promenade à cheval. *Une longue chevauchée dans la campagne.* – De *chevaucher.*

chevauchement [ʃ(ə)voʃmɑ̃] n. m. Disposition de pièces, d'objets qui se chevauchent. *Le chevauchement des ardoises d'un toit.* – De *chevaucher.*

chevaucher [ʃ(ə)voʃe] **I.** v. intr. [1] **1.** Se recouvrir en partie. *Tuiles qui chevauchent régulièrement.* – TYPO *Caractères qui chevauchent,* qui sont mal alignés. ▷ v. pron. *Se chevaucher.* **2.** Litt. Aller à cheval. **II.** v. tr. **1.** Être à cheval sur. *Chevaucher un poney.* **2.** Être à califourchon sur. *Chevaucher un canon.* – Bas lat. *cabillicare,* de *caballus.*

chevelu, ue [ʃəvly] adj. (et n.). **1.** Dont les cheveux sont longs et fournis. ▷ Subst. *Regardez-moi tous ces chevelus!* **2.** ANAT *Cuir chevelu:* enveloppe cutanée du crâne, qui donne naissance aux cheveux. **3.** BOT *Racines chevelues,* qui portent un grand nombre de radicelles. ▷ N. m. *Le chevelu d'une racine:* l'ensemble de ses radicelles. **4.** *Astre chevelu:* comète. – De *cheveu.*

chevelure [ʃəvlyʀ] n. f. **1.** Ensemble des cheveux d'une personne. *Une belle chevelure blonde.* **2.** ASTRO La queue d'une comète. – De *cheveu.*

chevet [ʃəvɛ] n. m. **1.** Tête du lit. *Table de chevet,* que l'on place près du lit, à sa portée. Syn. table de nuit. – *Livre de chevet:* livre de prédilection, que l'on garde près de soi pour y revenir souvent. ▷ *Être au chevet de qqn,* près de son lit pour le veiller ou le soigner. *Se rendre au chevet d'un malade.* **2.** ARCHI Partie demi-circulaire qui constitue l'extrémité du chœur d'une église. – Lat. *capitium,* «ouverture d'un vêtement par laquelle on passe la tête», de *caput,* «tête».

chevêtre [ʃəvɛtʀ] n. m. **1.** Vx Bandage. **2.** CONSTR Pièce qui supporte les solives d'un plancher. – Lat. *capistrum,* «licou».

cheveu [ʃ(ə)vø] n. m. **1.** Poil du crâne, dans l'espèce humaine. *Cheveux frisés, crépus. Perdre ses cheveux:* devenir chauve. ▷ *Les cheveux blancs,* en tant que signe de vieillesse. *Par égard pour vos cheveux blancs:* par égard pour votre grand âge. – Loc. *Se faire des cheveux (blancs):* se tourmenter. ▷ Collect. *Le cheveu:* les cheveux. *Avoir le cheveu terne.* **2.** Loc. fig. *Faire dresser les cheveux sur la tête:* épouvanter, faire horreur. – *S'arracher les cheveux...* de désespoir. – Pop. *Mal aux cheveux:* migraine consécutive à un excès de boisson. – *Argument tiré par les cheveux,* amené d'une manière forcée, présenté de façon peu naturelle. – Pop. *Se prendre aux cheveux:* en venir aux mains, se battre. *Saisir l'occasion aux cheveux,* sans hésiter. – Fam. *Venir comme un cheveu sur la soupe,* au mauvais moment, hors de propos. **3.** Loc. *Ne tenir qu'à un cheveu, s'en falloir d'un cheveu:* dépendre de très peu de chose. *Il s'en est fallu d'un cheveu que nous ne rations le train.* – Fam. *Couper les cheveux en quatre:* user de subtilités à l'excès. *Si tu touches à un seul de ses cheveux...:* si tu lui causes le moindre mal... – CUIS *Cheveux d'ange:* tranches très fines d'écorce d'orange ou de citron confites; vermicelles très fins. – BOT *Cheveu-de-Vénus:* fougère capillaire *(Adiantum capillus veneris).* – Lat. *capillus,* «chevelure».

chevillage [ʃ(ə)vijaʒ] n. m. Action de cheviller; ensemble des chevilles d'un assemblage. – De *cheviller.*

chevillard [ʃ(ə)vijaʀ] n. m. Boucher qui vend en gros ou demi-gros. – De *cheville* , sens I, 3.

cheville [ʃ(ə)vij] n. f. **I. 1.** Petite pièce de bois, de métal ou de matière plastique, dont on se sert pour réaliser divers assemblages, ou que l'on enfonce dans un mur pour y mettre une vis. **2.** *Cheville ouvrière:* grosse cheville qui sert de pivot, et fig., agent principal, indispensable, dans une affaire quelconque. *Plus qu'un intermédiaire, il a été la cheville ouvrière de toute l'opération.* ▷ Fam. *Se mettre en cheville avec qqn,* s'associer avec lui dans une entreprise quelconque. **3.** Crochet de boucherie qui sert à suspendre de grosses pièces de viande dans un abattoir. **4.** MUS Pièce de bois ou de métal qui sert à régler la tension des cordes d'un instrument. **5.** VERSIF Mot inutile quant au sens, placé dans un vers pour compléter une rime ou la mesure. **II.** Articulation de la jambe et du pied, formée par la mortaise tibio-péronière et le tenon astragalien. (Elle présente deux saillies: la malléole externe, péronière; la malléole interne, tibiale.) – Fam. *Il ne lui arrive pas à la cheville:* il lui est très inférieur. – Lat. pop. **cavicula,* de *clavicula,* «petite clé».

cheviller [ʃ(ə)vije] v. tr. [1] Joindre, assembler avec des chevilles. – De *cheville.*

chevillette [ʃ(ə)vijɛt] n. f. Petite cheville. – Dimin. de *cheville.*

chevillier [ʃ(ə)vilje] n. m. MUS Partie d'un instrument à cordes où sont fixées les chevilles. – De *cheville.*

cheviot [ʃəvjɔt] n. m. Mouton d'Écosse, élevé sur les monts Cheviot. – Mot angl.

cheviotte [ʃəvjɔt] n. f. Laine d'Écosse tirée du cheviot. ▷ Tissu fait avec cette laine. – De *cheviot.*

chèvre [ʃɛvʀ] n. f. **1.** Mammifère ruminant (fam. bovidés) élevé pour son lait et son poil ; la seule femelle (par oppos. au bouc). ▷ *La Chèvre* ou *Capella:* étoile géante de la constellation du Cocher. **2.** Nom cour. des bovidés sauvages du genre *Capra* (bouquetins), tous de mœurs montagnardes. **3.** Loc. fig. et fam. *Devenir chèvre:* s'énerver à en perdre la tête. – *Ménager la chèvre et le chou:* ne pas prendre parti. **4.** TECH Appareil de levage constitué d'une charpente munie d'une poulie. – Lat. *capra.*

chevreau [ʃəvʀo] n. m. **1.** Petit de la chèvre, cabri. **2.** Le cuir de cet animal. *Des gants de chevreau.* – Du préc.

chèvrefeuille [ʃɛvʀəfœj] n. m. Arbrisseau grimpant aux fleurs très odorantes, fréquent dans tout l'hémisphère boréal (diverses espèces du genre *Lonicera,* fam. caprifoliacées). – Bas lat. **caprifolium,* «feuille de chèvre, de bouc».

chevreter. V. chevroter 1.

chevrette [ʃəvʀɛt] n. f. **1.** Petite chèvre. **2.** Femelle du chevreuil. – De *chèvre.*

chevreuil [ʃəvʀœj] n. m. **1.** Cervidé américain (*Odocoileus virginianus,* ou cerf de Virginie) vivant en forêt, au pelage brun-roux en été, brun grisâtre en hiver. (Le mâle porte des bois verticaux peu ramifiés.) *La chasse au chevreuil. Un ravage de chevreuils.* **2.** Cervidé européen (*Capreolus capreolus*), apparenté au cervidé américain, mais plus petit. (*Chevrillard* à 6 mois, *brocard* à un an, il a pour femelle une *chevrette,* pour petit un *faon.*) – Lat. *capreolus.*

ENCYCL Le chevreuil ou cerf de Virginie (*Odocoileus virginianus,* famille des Cervidés, ordre des Artiodactyles) est un des plus importants gibiers en Amérique du Nord. Ce ruminant aux pieds fourchus et ongulés est élancé et gracieux (poids du mâle entre 85 et 96 kg). On le reconnaît bien à son pelage fauve en été et brun-gris en hiver et à sa queue de près de 30 cm de long, brune au-dessus et ornée d'une large frange blanche. En présence de danger, il prend la fuite en trois ou quatre bonds suivis d'un saut très haut, en agitant la queue de gauche à droite. Durant sa course, il relève sa queue, laissant voir son ventre et son postérieur blancs. Il peut atteindre une vitesse de 65 km/h au galop. Il est habile nageur. Les bois, ou *panaches*, sont l'apanage des mâles, mais il arrive que quelques femelles en portent aussi. Le cerf de Virginie est solitaire, surtout en été. Étonnamment sédentaire, il se tient normalement à l'intérieur des limites de son domaine (20 à 150 ha ou 40 à 300 acres). Il habite de préférence la lisière des forêts de feuillus, les clairières, les zones de repousse, le bord des marais et les berges des cours d'eau. Il se nourrit d'herbe en été, de fruits en automne, de bourgeons et de brindilles de jeunes arbres et d'arbustes en hiver. Lorsque la neige est épaisse (il a beaucoup de peine à se déplacer lorsqu'il y a 450 mm de neige au sol), il se forme des troupeaux dans des endroits abrités offrant couvert et nourriture. Le cerf de Virginie vit rarement plus de 10 ans. On compte au moins 30 sous-espèces de cerfs de Virginie en Amérique du Nord, réparties de l'Amérique centrale jusque dans la forêt de résineux de la zone boréale. Au Canada, on n'en retrouve que trois. Le cerf de Virginie du Nord (*Odocoileus virginianus borealis*) se rencontre dans tout le sud-est du Canada. Le cerf de Virginie des prairies du Nord (*Odocoileus virginianus dacotensis*), race de grande taille aux énormes bois et au pelage pâle, vit dans le sud des provinces des Prairies. Le cerf de Virginie du Nord-Ouest (*Odocoileus virginianus ochrourus*), race de petite taille au pelage fauve, se trouve dans le sud-est de la Colombie-Britannique et à travers les cols des Rocheuses.

chevrier, ière [ʃəvʀije, jɛʀ] n. **1.** Personne qui mène, qui garde les chèvres. **2.** n. m. Variété de haricots à grains verts. – Lat. *caprarius*, de *capra*, «chèvre».

chevrillard [ʃəvʀijaʀ] n. m. Petit du chevreuil jusqu'à six mois. – De *chevreuil*.

chevron [ʃəvʀõ] n. m. **1.** CONSTR Pièce de bois équarrie qui supporte la couverture. **2.** *Par anal. de forme.* MILIT Galon en forme de V renversé, qui se porte sur la manche d'un uniforme et qui indiquait autrefois l'ancienneté ou le nombre des campagnes. ▷ Motif décoratif en forme de chevron. *Une veste à chevrons bleus et blancs.* – Lat. pop. **caprio*, ou **capro, capronis;* de *capra*.

chevronnage [ʃəvʀɔnaʒ] n. m. Ensemble des chevrons d'un ouvrage; action de chevronner. – De *chevronner*.

chevronné, ée [ʃəvʀɔne] adj. **1.** Rare Qui a obtenu des chevrons (sens 2). **2.** *Par ext.*, fig. Qui a de l'ancienneté et une grande compétence dans un métier, une activité. *Un pilote chevronné.* – Pp. de *chevronner*.

chevronner [ʃəvʀɔne] v. tr. [1] Garnir de chevrons. – De *chevron*.

chevrotain [ʃəvʀɔtɛ̃] n. m. Nom de divers petits ruminants (0,30 m au garrot) d'Asie du S.-E. et d'Afrique, qui ne portent ni cornes ni bois. – *Chevrotain porte-musc*, cervidé *(Moschus moschiferus)* muni d'une glande ventrale, en avant des organes génitaux mâles, qui sécrète du musc en période de rut. – De *chevrot, chevreau*.

chevrotant, ante [ʃəvʀɔtɑ̃, ɑ̃t] adj. Qui chevrote. *Une voix chevrotante.* – Ppr. de *chevroter 2.*

chevrotement [ʃəvʀɔtmɑ̃] n. m. Tremblement de la voix. – De *chevroter* 2.

1. chevroter [ʃəvʀɔte] v. intr. [1] ou **chevreter** [ʃəvʀəte] v. intr. [23] Mettre bas des chevreaux. V. encycl. chèvre. – De *chèvre*.

2. chevroter [ʃəvʀɔte] v. intr. [1] Parler ou chanter d'une voix tremblotante qui rappelle le bêlement. ▷ v. tr. *Chevroter un air.* – De *chevrot, chevreau;* rad. *chèvre*.

chevrotin [ʃəvʀɔtɛ̃] n. m. **1.** Petit du chevreuil. **2.** Peau de chevreau corroyée. **3.** Fromage au lait de chèvre. – De *chevreau*.

chevrotine [ʃəvʀɔtin] n. f. Plomb de chasse de fort calibre, pour le chevreuil et le gros gibier. *Une décharge de chevrotines.* – De *chevrotin*.

chez [ʃe] prép. **1.** Dans la maison de, au logis de. *Je suis allé chez vous. Rester chacun chez soi. Chez Larose.* – Précédé d'une autre prép. *Passez par chez moi. Je viens de chez vous.* **2.** *Par ext.* Dans tel pays, dans telle catégorie de gens, dans tel groupe animal. *Chez les Anglais, chez les libéraux, chez les mammifères.* – *Ces gens-là ne sont pas de chez nous:* ils ne sont pas de la région. Fam. *Une petite recette bien de chez nous.* ▷ Au temps de. *Chez les Romains, les jeux du cirque étaient fort prisés.* **3.** En, dans la personne de, dans l'œuvre de. *C'est une manie chez lui. On trouve chez Philippe Aubert de Gaspé...* – A. fr. *chiese*, «maison»; lat. *casa*.

chez-moi [ʃemwa(ɑ)], **chez-soi** [ʃeswa(ɑ)] n. m. inv. Domicile, lieu où l'on habite (connotation familière). *J'aime mon chez-moi. Aimer son chez-soi.* – Plur. *Chez-nous, chez-eux.* – De *chez*, et *moi, soi*.

chiadé, ée [ʃjade] adj. Arg. Fignolé, étudié. *Une mise en scène particulièrement chiadée.* – De *chiader*.

chiader [ʃjade] v. intr. [1] Arg. Travailler durement. *J'ai chiadé toute la nuit sur mon rapport.* ▷ v. tr. *Chiader une question.* – De *chiade*, d'abord «brimade», de *ça chie dur*, signif. «l'affaire est poussée» (Esnault).

chialer [ʃjale] v. intr. [1] Pop. Pleurer. – De *chiailler*, dimin. de *chier*.

chiant, ante [ʃjɑ̃, ɑ̃t] adj. Vulg. Très ennuyeux. *Un boulot chiant. Un type chiant.* Syn. emmerdant. – Ppr. de *chier*.

chianti [kjɑ̃ti] n. m. Vin rouge italien. – Du n. de la région.

chiard [ʃjaʀ] n. m. Fam. **1.** Hachis de pommes de terre et d'oignons bouillis, qui peut comporter des restes de viande, de poisson. – Péjor. Nourriture sans consistance, peu appétissante. **2.** Fig. Situation confuse; grabuge. – De *chier*.

chiasma [kjasma] n. m. ANAT Croisement en forme d'X. *Chiasma optique:* lieu d'entrecroisement des nerfs optiques au niveau du corps de l'os sphénoïde. – Gr. *khiasma*, «croisement».

chiasme [kjasm] n. m. RHET Figure de style disposant en sens inverse les mots de deux propositions qui s'opposent. Ex.: *Il était très riche en défauts, en qualités très pauvre.* – Gr. *khiasma*, «croisement».

chiasse [ʃjas] n. f. **1.** Vx Excrément d'insecte. **2.** Arg. Diarrhée. *Avoir la chiasse.* ▷ Fig. Peur. *T'as la chiasse, pas vrai?* – Difficulté, déveine. *Quelle chiasse!* – De *chier*.

chibouque n. f. ou **chibouk** [ʃibuk] n. m. Pipe turque à long tuyau. – Turc *tchiboucq*, «tuyau».

chic [ʃik] n. m. et adj. **I.** n. m. **1.** Habileté, savoir-faire. *Il a le chic pour dire ce qu'il faut dans ces moments-là.* ▷ Loc. inv. *De chic:* sans l'aide d'un modèle; d'inspiration et avec habileté. *Dessiner de chic. Faire un tableau de chic.* **2.** Ce qui est élégant, de bon goût, distingué. *Ce chapeau a du chic.* **II.** adj. inv. **1.** Élégant, distingué. *S'habiller chic. Un dîner très chic.* Syn. huppé. – *Bon chic bon genre:* qui s'habille de manière élégante, de bon ton. **2.** Amical et serviable. *Un chic type. Vous avez été très chic avec moi.* **3.** interj. fam. Marque l'approbation, une surprise agréable. *Chic alors!* – P.-ê. de l'all. *Schick*, abrév. de *Geschick*, «tenue».

chicane [ʃikan] n. f. **I. 1.** Procédure subtile que l'on engage sans fondement, de mauvaise foi. **2.** *Par ext.*

Querelle sans fondement, tracasserie déplacée. *Chercher chicane à qqn. J'en ai assez de vos chicanes!* **II. 1.** Passage en zigzag installé sur une route et qui oblige les voitures à ralentir. *Chicane matérialisée par des bottes de paille, sur un circuit automobile.* **2.** TECH Aménagement destiné à modifier le trajet normal d'un liquide ou d'un gaz. **3.** JEU Au bridge, absence de cartes d'une couleur dans la distribution d'une main. – Déverbal de *chicaner.*

chicaner [ʃikane] v. [1] **1.** v. intr. User de chicane, dans un procès. **2.** v. intr. Contester sans fondement et avec malveillance. *On ne peut pas discuter avec vous, vous chicanez tout le temps.* ▷ v. tr. *Il n'a pas cessé de me chicaner sur les mots.* **3.** v. tr. Ennuyer, tracasser. *Chicaner qqn.* **4.** v. pron. *Se chicaner:* se disputer pour des vétilles. **5.** MAR *Chicaner le vent:* en voilier, serrer le vent de trop près. – Orig. incon.

chicanerie [ʃikanʀi] n. f. Le fait de chicaner. – De *chicaner.*

chicaneur, euse [ʃikanœʀ, øz] n. Celui, celle qui chicane. ▷ Adj. *Un esprit chicaneur.* – De *chicane.*

chicanier, ière [ʃikanje, jɛʀ] n. Celui, celle qui chicane sur la moindre chose. *C'est un chicanier.* ▷ Adj. *Il est très chicanier.* – De *chicaner.*

1. chiche [ʃiʃ] adj. **1.** Qui ne se laisse pas aller à dépenser, parcimonieux. **2.** Peu abondant, qui témoigne d'un esprit mesquin (choses). *Un repas très chiche.* – Bas gr. *kikkon,* «zeste».

2. chiche. V. pois [chiche].

3. chiche [ʃiʃ] **1.** interj. fam. de défi. *Chiche que tu n'y vas pas!* **2.** adj. *Tu n'es pas chiche de le faire:* tu n'en es pas capable. – Orig. incert., p.-ê. de *chiche* 1.

chichement [ʃiʃmɑ̃] adv. D'une manière chiche, avec parcimonie. *Vivre chichement.* – De *chiche.*

chichi [ʃiʃi] n. m. **1.** Pop. Comportement maniéré. *Faire des chichis.* **2.** Belles paroles trompeuses. *Tout ça, que chichi, et rien d'autre!* – Onomat.

chichiteux, euse [ʃiʃitø, øz] adj. Pop. Qui fait, qui aime faire des chichis. – De *chichi.*

chiclé [ʃikle] n. m. Gomme obtenue par ébullition du latex tiré des fruits verts et du tronc du sapotillier et que l'on utilise pour fabriquer la gomme à mâcher. – Mot espagnol.

chicon [ʃikɔ̃] n. m. **1.** Laitue romaine. **2.** Rég. Endive (Belgique, nord de la France). – Var. de *chicot.*

chicorée [ʃikɔʀe] n. f. **1.** Genre de plantes de la famille des composées liguliflores, dont deux espèces sont cultivées en France: *Cichorium endiva* (chicorée frisée et scarole), plante annuelle, et *Cichorium intybus* (barbe de capucin, chicorée sauvage améliorée et chicorée endive ou Witloof), plante vivace. **2.** *Chicorée à café:* poudre parfois mélangée au café, obtenue à partir de racines torréfiées de variétés de chicorée sauvage (Magdebourg et Brunswick). – Lat. *cichorium;* gr. *kikkorion.*

chicot [ʃiko] n. m. **1.** Reste dressé du tronc d'un arbre brisé ou coupé. **2.** Reste d'une dent cariée ou cassée. – P. ê. même orig. que *chique.*

chicotin [ʃikɔtɛ̃] n. m. Suc très amer d'*Aloe succotrina,* aloès succotrin d'Afrique du S. – Altér. de *socotrin,* de *Socotora,* île dont cet aloès est originaire.

chicoutimien, ienne [ʃikutimjɛ̃, jɛn] adj. et n. De Chicoutimi au Saguenay.

chiée [ʃje] n. f. Pop. Une grande quantité. – Pp. fém. subst. de *chier.*

chie-en-lit ou **chienlit** [ʃjɑ̃li] n. m. et f. **1.** Vx, triv. Celui, celle qui fait dans son lit. **2.** Vieilli Masque de carnaval. – *Par ext.,* fig. Accoutrement ridicule. *Tu ne vas pas sortir avec cette chienlit?* ▷ Mod., vulg. *Quelle chienlit!* Quel ennui (cf. *Quelle chierie!*). V. chier. **3.** N. f. Mod. Agitation, désordre politique. *Faire régner la chienlit.* – De *chier, en,* et *lit.*

chien [ʃjɛ̃] n. m., **chienne** [ʃjɛn] n. f. **I. 1.** Quadrupède domestique de la famille des canidés. *Chien de chasse, de garde, de berger. Chien esquimau*. Chien qui aboie, qui hurle, qui jappe.* – *Chien savant:* chien dressé à faire des tours. *Par ext.,* fig., péjor., personne (souvent: enfant) qui répète ce qu'elle a appris à la seule fin de plaire. – Fig., péjor. *Chien de poche:* enfant qui suit ses parents, ses frères et sœurs; toute personne ayant un comportement analogue. **2.** Loc. fig. *Avoir du chien dans le corps:* avoir beaucoup d'énergie, de détermination. – *Elle a du chien:* elle a de la prestance, elle plaît par son piquant. – *Garder à qqn un chien de sa chienne:* lui garder rancune et projeter une vengeance. – *Se regarder en chiens de faïence:* sans rien dire et avec une certaine hostilité. – *Entre chien et loup:* moment du crépuscule où l'on commence à ne plus reconnaître les objets. – Prov. *Qui veut noyer son chien l'accuse de la rage:* on trouve toujours un prétexte quand on veut se débarrasser de qqn, de qqch. **3.** Fig, fam. (En parlant des choses ou des personnes, par dénigrement.) *Un temps de chien. Quelle chienne de vie!* – *Mourir comme un chien:* (vx) mourir sans les sacrements de l'Église; (mod.) dans l'abandon. – *Mener une vie de chien,* une vie misérable. – *Malade comme un chien,* très malade. ▷ Terme injurieux. *Chien d'Untel!* **4.** Interj., juron fam. *Nom d'un chien!* **5.** ASTRO *Le Grand Chien, le Petit Chien:* constellations australes. **II.** Pièce d'une arme à feu portative, qui assure la percussion de l'amorce de la cartouche. *Le chien d'un pistolet.* ▷ Par anal. avec la forme d'un chien de fusil. *Être couché en chien de fusil:* ramassé sur soi-même, les jambes repliées. **III.** *Chien de (des) prairie(s):* petit mammifère rongeur d'Amérique du Nord, ainsi nommé en raison de son cri. *Le chien de prairie à queue noire* (Cynomys ludovicianus), *qui vit en Saskatchewan, est la seule espèce connue au Canada.* – Lat. *canis.*

ENCYCL *Canis familiaris,* type de la fam. des canidés, a été dès la préhistoire sinon le compagnon, du moins un commensal des hommes. Ses origines sont controversées; certaines races viendraient du chacal, d'autres du loup; actuellement, on penche pour une origine commune à toutes les races: le loup. Le chien a 42 dents, dont 4 crocs bien développés et 4 carnassières; fondamentalement carnivore, il s'est habitué à un régime presque omnivore. C'est un digitigrade à griffes non rétractiles, trotteur infatigable, dépourvu de glandes sudoripares: le moindre effort le fait haleter et tirer la langue pour lutter contre l'élévation de température de son corps. Son âge limite moyen est de 20 ans. La femelle met bas, en une portée, 3 à 10 petits après 60 à 90 jours de gestation. Les très nombr. races sont réparties sous les rubriques suivantes: **1.** *chiens de garde et d'utilité:* chiens de berger, dogues, saint-bernard, etc.; **2.** *chiens de chasse:* terriers, chiens courants, chiens d'arrêt, lévriers, etc.; **3.** *chiens de luxe et d'agrément:* caniches, pékinois, etc.

chien-assis [ʃjɛ̃asi] n. m. ARCHI Lucarne en charpente pratiquée dans le versant d'un toit et munie d'une baie vitrée verticale. *Des chiens-assis.* – De *chien,* et *assis.*

chiendent [ʃjɛ̃dɑ̃] n. m. **1.** Mauvaise herbe des champs et des jardins, très commune en France (*Cynodon dactylon,* fam. graminées). **2.** Nom donné à diverses graminées (genres *Baldingera, Andropogon, Agropyrum,* tous communs en France) ayant en commun avec le vrai chiendent un rhizome vivace très profond, extrêmement difficile à détruire. – De *chien,* et *dent.*

chienlit. V. chie-en-lit.

chien-loup [ʃjɛ̃lu] n. m. Chien de berger (berger allemand), dont l'aspect rappelle celui du loup. – Angl. *wolf-dog;* de *chien,* et *loup.*

chiennerie [ʃjɛnʀi] n. f. Fam. Ce qui est la cause d'un désagrément (chose, événement, situation). *Quelle chiennerie, ce couteau qui ne coupe pas!* ▷ Action basse et vile. *C'est une chiennerie d'avoir fait cela.* – De *chien.*

chier [ʃje] v. intr. [1] **1.** Vulg. Se décharger l'intestin de ses excréments. **2.** Fig. vulg. *Faire chier qqn:* l'ennuyer, lui causer des désagréments. Syn. emmerder. – *Se faire chier:* s'ennuyer. *On s'est fait chier toute la journée.* ▷ *En chier:* en voir de toutes les couleurs. ▷ *Ça va chier:* il va y avoir du grabuge. **3.** Vulg. *C'est chié:* c'est extraordinaire, très réussi. – Lat. *cacare,* esp. *cagar.*

chierie [ʃiʀi] n. f. Vulg. Chose très ennuyeuse, ennui. *Quelle chierie, cette affaire!* – De *chier.*

chiffe [ʃif] n. f. **1.** Rare Morceau de tissu de mauvaise qualité, sans tenue. **2.** Fig. *Il est mou comme une chiffe, c'est une chiffe molle:* il est sans énergie (physique ni morale). – A. fr. *chipe,* «chiffon».

chiffon [ʃifõ] n. m. **1.** Morceau de vieux linge, de vieille étoffe. *Essuyer un meuble avec un chiffon.* ▷ Plur. *Parler chiffons:* parler de vêtements, de toilette. **2.** *Chiffon de papier:* contrat, traité dénué de valeur. *Signer un chiffon de papier.* – De *chiffe.*

chiffonnade [ʃifɔnad] n. f. CUIS Mélange de laitue et d'oseille, finement coupé, cuit au beurre et servant de garniture à un potage. – De *chiffonner.*

chiffonnage [ʃifɔnaʒ] ou **chiffonnement** [ʃifɔnmɑ̃] n. m. **1.** Action de chiffonner. **2.** CONSTR Ponçage d'une peinture à l'aide d'un drap ou d'un abrasif très fin. – De *chiffonner.*

chiffonné, ée [ʃifɔne] adj. Froissé. *Une robe chiffonnée.* Fig. *Avoir la mine chiffonnée,* fatiguée. – De *chiffonner.*

chiffonner [ʃifɔne] **I.** v. tr. [1] **1.** Froisser. **2.** Fig., fam. Contrarier, chagriner. *Il y a qqch qui me chiffonne dans ce que vous dites.* **II.** v. intr. **1.** S'occuper de vêtements, de toilettes féminines. *Elles adorent chiffonner.* **2.** Exercer l'activité de chiffonnier. – De *chiffon.*

chiffonnier, ière [ʃifɔnje, jɛʀ] n. **1.** Celui, celle qui ramasse les chiffons, les vieux papiers, la ferraille; celui, celle qui en fait commerce. ▷ Fig., fam. *Se battre comme des chiffonniers.* **2.** n. m. Petit meuble à tiroirs pour ranger les chiffons. – De *chiffon.*

chiffrable [ʃifʀabl] adj. Qui peut être chiffré; qu'on peut évaluer en chiffres. – De *chiffrer.*

chiffrage [ʃifʀaʒ] n. m. **1.** Action de chiffrer. *Chiffrage d'une dépense.* **2.** Chiffrement. – De *chiffrer.*

chiffre [ʃifʀ] n. m. **1.** Caractère dont on se sert pour représenter les nombres. *Chiffres romains. Chiffres arabes.* **2.** Somme totale. *Diminuer le chiffre de ses dépenses.* ▷ Spécial. *Chiffre d'affaires:* montant total des ventes effectuées par une entreprise au cours d'une seule année. *Doubler son chiffre d'affaires. Comparaison de chiffres d'affaires.* **3.** Écriture conventionnelle que l'on utilise pour transmettre des messages secrets, et dont la clé n'est connue que des correspondants; code secret. – *Service du chiffre:* service de certains ministères où l'on chiffre et déchiffre les dépêches. **4.** Arrangement artistique de lettres initiales d'un nom, entrelacées l'une dans l'autre. *Mouchoirs brodés à son chiffre.* **5.** MUS Caractère numérique placé au-dessus des notes de la basse pour indiquer les accords qu'elle comporte. – De l'ar. *sifr,* «vide», d'où «zéro».

chiffrement [ʃifʀəmɑ̃] n. m. Action de chiffrer un texte. – De *chiffrer.*

chiffrer [ʃifʀe] v. tr. [1] **1.** Évaluer, fixer le chiffre de. *Chiffrer une dépense.* **2.** Numéroter. *Chiffrer les pages d'un livre.* **3.** Traduire en signes cryptographiques. *Chiffrer un texte.* **4.** Marquer d'un chiffre. *Chiffrer du linge.* **5.** MUS Écrire le chiffre d'un accord. – De *chiffre.*

chiffrier [ʃifʀije] n. m. Registre comptable permettant de vérifier la concordance entre le journal et le grand livre. – De *chiffre.*

chigner [ʃiɲe] v. intr. [1] Fam. et Vieilli Râler, pleurnicher. – De *rechigner.*

chignole [ʃiɲɔl] n. f. **1.** Perceuse à main. **2.** Fam. Mauvaise voiture. – Lat. pop. **ciconiola,* «petite cigogne».

chignon [ʃiɲõ] n. m. **1.** Masse de cheveux roulés ou tressés, qui se porte le plus souvent au-dessus de la nuque. **2.** Loc. fam. *Se crêper le chignon:* se battre (exclusivement en parlant des femmes). – Lat. pop. **catenio,* de *catena,* «chaîne, chaîne de vertèbres, nuque».

chihuahua [ʃiwawa] n. m. Chien terrier d'origine mexicaine, le plus petit de tous les chiens (16 à 20 cm de haut et 0,8 à 2 kg). – De *Chihuahua,* ville du Mexique.

chiisme ou **chi'isme** [ʃiism] n. m. L'islam, tel que le conçoivent les chiites; l'ensemble des chiites au sein de l'islam. – De *chiites.*

chiite ou **chi'ite** [ʃiit] adj. et n. Relatif à la secte des musulmans qui ne reconnaissent pas la succession d'Abou Bakr au califat. *La doctrine chiite.* ▷ Subst. *Les chiites sont nombreux en Iran et au Pakistan.* – De l'ar. *chî'i,* «partisan».

chilien, ienne [ʃiljɛ̃, jɛn] adj. et n. Du Chili, État d'Amérique du Sud.

chilopodes [kilopɔd] n. m. pl. ZOOL Sous-classe de myriapodes dont chaque segment ne porte qu'une paire de pattes (ex.: les scolopendres). – Du gr. *khilioi,* «mille», et *pous, podos,* «pied».

chimère [ʃimɛʀ] n. f. **1.** MYTH Monstre fabuleux à tête de lion, corps de chèvre et queue de dragon qui vomit des flammes. **2.** Imagination vaine, illusion. *Se complaire dans des chimères.* **3.** ZOOL Poisson holocéphale des grandes profondeurs marines, à grosse tête et à corps effilé. **4.** BOT Produit d'une greffe possédant à la fois les caractères du greffon et ceux du porte-greffe. ▷ GENET Individu porteur de caractères génétiques issus de deux génotypes différents. – Gr. *khimaira.*

chimérique [ʃimeʀik] adj. **1.** Qui se complaît dans de vaines imaginations, dans des chimères. *Esprit chimérique.* **2.** Qui a le caractère vain, illusoire, des chimères. *Espérance chimérique.* – De *chimère.*

chimie [ʃimi] n. f. Science des caractères et des propriétés des corps, de leurs actions mutuelles et des transformations qu'ils peuvent subir. – Lat. médiév. *chimia,* de *alchimia.* V. alchimie.

chimio-. Élément, de *chimie.*

chimioluminescence [ʃimjolyminɛssɑ̃s] n. f. PHYS Luminescence provoquée par une oxydation lente. – De *chimio-,* et *luminescence.*

chimioprophylaxie [ʃimjopʀɔfilaksi] n. f. MED Traitement préventif contre l'infection par l'administration de médicaments chimiques. – De *chimio-,* et *prophylaxie.*

chimiosynthèse [ʃimjosɛ̃tɛz] n. f. BIOCHIM Synthèse de corps organiques réalisée par les végétaux inférieurs à partir de l'énergie dégagée par une réaction chimique. – De *chimio-,* et *synthèse.*

chimiotactisme [ʃimjotaktism] n. m. BIOL Propriété que possèdent certaines cellules (spermatozoïdes, globules blancs, etc.) d'être attirées (chimiotactisme positif) ou repoussées (chimiotactisme négatif) par certaines substances chimiques. – De *chimio-*, et *tactisme.*

chimiothérapie [ʃimjoteʀapi] n. f. Traitement par les substances chimiques, notam. antibiotiques et anticancéreuses. – De *chimio-*, et *thérapie.*

chimiotrophie [ʃimjotʀɔfi] n. f. BIOL Fait pour un être vivant autotrophe de se nourrir par chimiosynthèse (donc sans recours à la photosynthèse). – De *chimio-*, et *-trophie.*

chimiotropisme [ʃimjotʀɔpism] n. m. BIOL Orientation des organes végétaux en développement due à des substances chimiques, attractives ou répulsives. – De *chimio-*, et *tropisme.*

chimique [ʃimik] adj. De la chimie; relatif aux corps, aux transformations des corps que la chimie étudie. *Les symboles chimiques. Un colorant, un engrais chimique.* – De *chimie.*

chimiquement [ʃimikmɑ̃] adv. D'après les lois de la chimie. *Corps chimiquement pur,* tel qu'aucun réactif n'y révèle la présence de substances étrangères. – De *chimique.*

chimisme [ʃimism] n. m. Ensemble de phénomènes biologiques considérés du point de vue de la chimie. *Chimisme stomacal.* – De *chimie.*

chimiste [ʃimist] n. Spécialiste de la chimie. *Les chimistes de nos laboratoires ont procédé à des analyses.* – De *chimie.*

chimpanzé [ʃɛ̃pɑ̃ze] n. m. Grand singe anthropoïde, de mœurs arboricoles, dont les diverses races peuplent l'Afrique, de la Guinée aux grands lacs. – D'une langue d'Afrique occid.

china-clay [ʃinaklɛ] n. m. Terre argileuse employée pour apprêter les tissus. – Mot angl.

chinage [ʃinaʒ] n. m. TECH Opération qui consiste à teindre des fils, avant tissage, de différentes couleurs, pour que les brins placés au hasard forment une étoffe chinée. – De *chiner.*

chinchilla [ʃɛ̃ʃila] n. m. **1.** Petit rongeur de la cordillère des Andes, à fine fourrure grise très recherchée. *Un élevage de chinchillas.* **2.** Fourrure de cet animal. *Un manteau à col de chinchilla.* – Mot esp., de *chinche,* «punaise; mammifère puant»; lat. *cimex.*

1. chine [ʃin] n. **1.** n. m. Papier fait avec des bambous macérés dans l'eau. **2.** n. m. ou f. Porcelaine de Chine. *Un service en vieux chine.* – Nom du pays.

2. chine [ʃin] n. f. Métier, milieu de la brocante. – De *chiner* 2.

chiné, ée [ʃine] adj. et n. **I.** adj. Dont le fil est de plusieurs couleurs. *Laine chinée.* **II.** n. m. **1.** Dessin formé par la juxtaposition irrégulière de traits de couleurs différentes. **2.** Tissu chiné. – Pp. de *chiner* 1.

1. chiner [ʃine] v. tr. [1] **1.** Procéder au chinage de. *Chiner des fils de laine, de soie.* **2.** Tisser (une étoffe) au moyen de fils chinés. **3.** Imprimer un chiné sur. – De *Chine,* pays d'origine de ce procédé.

2. chiner [ʃine] v. intr. [1] Rechercher des objets d'occasion, anciens, rares ou curieux, soit en amateur, soit pour en faire commerce. – Probabl. altér. d'*échiner,* d'abord «travailler».

3. chiner [ʃine] v. tr. [1] *Chiner qqn:* se moquer de lui, le railler sans malveillance. – De *chiner* 2.

chinetoque ou **chinetoc** [ʃintɔk] n. Pop., péjor. Chinois. – De *chinois* et suff. pop. sur *toc, toqué.*

1. chineur, euse [ʃinœʀ, øz] n. Personne qui aime chiner, ou dont c'est le métier. – De *chiner* 2.

2. chineur, euse [ʃinœʀ, øz] n. Personne qui chine les autres. – De *chiner* 3.

chinois, oise [ʃinwa, waz] adj. et n. **I.** adj. **1.** De Chine. *Un vase chinois. Du thé chinois.* **2.** De la langue chinoise. *Apprendre la grammaire chinoise.* **3.** Fam. Qui est formaliste, minutieux à l'excès. **II.** n. **1.** Habitant ou personne originaire de Chine. *Une délégation de Chinois en visite au Canada. Une Chinoise.* **2.** n. m. Langue parlée en Chine. *Le chinois est une langue isolante**. ▷ Fig., fam. *C'est du chinois:* c'est obscur, inintelligible. **3.** n. m. Jeune fruit encore vert du bigaradier que l'on conserve en Asie (Chine et Japon) dans l'eau-de-vie ou le sirop de sucre. **4.** n. m. Passoire à grille très fine, de forme conique, utilisée en cuisine. – De *Chine.*

ENCYCL Le chinois est une langue monosyllabique de la famille sino-tibétaine, parlée par le peuple han, soit par 95 % de la population de la Rép. pop. de Chine dont il est la langue officielle. On distingue les dialectes du N., peu différenciés, parlés par 70 % des Han (le dialecte de Pékin sert de norme), et les dialectes du S., très divers (cantonais, hakka, etc.). Le chinois est l'unique langue moderne transcrite entièrement par des idéogrammes, nommés caractères; son origine remonte aux Chang et sa forme actuelle date des Ts'in. Un caractère vaut pour une syllabe, c.-à-d., en théorie, pour un mot. L'usage quotidien exige la connaissance de 2 000 caractères, connaissance simplifiée par l'existence d'éléments de base, indiquant la catégorie de sens du caractère (clés) et sa prononciation approximative.

chinoiser [ʃinwaze] v. intr. [1] Fam. Chicaner, ratiociner pour des broutilles. – De *chinois.*

chinoiserie [ʃinwazʀi] n. f. **1.** Meuble, bibelot venant de Chine, ou de style chinois. ▷ *Par ext.,* péjor. Ouvrage surchargé de détails de mauvais goût. **2.** Fam. Complication, chicane mesquine. – De *chinois.*

chinook [ʃinuk] n. m. **1.** Vent sec et chaud qui souffle des montagnes Rocheuses sur la Prairie américaine et canadienne. **2.** Famille de langues amérindiennes de la côte du Pacifique. – Mot amérindien.

chintz [ʃints] n. m. Percale glacée, utilisée surtout en ameublement. – Mot angl., de l'hindi.

chiot [ʃjo] n. m. Très jeune chien. – Du lat. *catellus.*

chiottes [ʃjɔt] n. f. pl. Vulg. Cabinets d'aisances. – De *chier.*

chiourme [ʃjuʀm] n. f. Anc. Ensemble des rameurs d'une galère. ▷ Ensemble des forçats d'un bagne. ▷ *Garde*-chiourme.* – Ital. *ciurma,* lat. *celeusma,* «chant de galériens».

chiper [ʃipe] v. tr. [1] Fam. Dérober (un objet sans grande valeur). – De l'a. fr. *chipe,* «chiffon».

chipette [ʃipɛt] n. f. Loc. fam. *Ne pas valoir chipette:* ne rien valoir. – De *chipe,* «chiffon».

chipeur, euse [ʃipœʀ, øz] adj. (et n.). Fam. Qui chipe, qui commet de menus larcins. – De *chiper.*

chipie [ʃipi] n. f. Fam. Jeune fille ou femme capricieuse, acariâtre ou malveillante. – Probabl. de *chiper.*

chipolata [ʃipɔlata] n. f. Petite saucisse de porc. – Ital. *cipollata,* de *cipolla,* «oignon», parce que ce mot désignait à l'origine un plat à base d'oignon.

chipotage [ʃipɔtaʒ] n. m. ou **chipoterie** [ʃipɔtʀi] n. f. Action de chipoter, fait de se chipoter; querelle mesquine. – De *chipoter.*

chipoter [ʃipɔte] **I.** v. intr. [1] Fam. **1.** Manger peu et sans appétit, du bout des dents. **2.** Travailler sans suite et avec lenteur, lambiner. **3.** Marchander, contester pour des vétilles. ▷ v. tr. *Il me chipote chaque dollar.* **II.** v. pron. *Se chipoter:* se quereller pour des choses sans importance. – De *chipe,* «chiffon».

chipoteur, euse [ʃipɔtœʀ, øz] ou **chipotier, ière** [ʃipɔtje, jɛʀ] adj. (et n.). Qui chipote. – De *chipoter.*

chips [ʃips] n. f. ou m. pl. Anglicisme Syn. de croustilles.

1. chique [ʃik] n. f. **1.** Boulette de tabac spécial. préparée pour être mâchée. **2.** Loc. fam. *Avaler sa chique:* mourir. ▷ *Être mou comme une chique:* être sans énergie, sans entrain. ▷ *Couper la chique à qqn,* le faire taire subitement en lui faisant perdre contenance. – P.-ê. de l'all. *schicken,* «envoyer».

2. chique [ʃik] n. f. Puce des régions tropicales dont la femelle, pénétrant sous la peau, peut occasionner certaines infections. – De *chique* 1 (à cause de la boule formée par l'insecte sous la peau).

chiqué [ʃike] n. m. Fam. **1.** Feinte, simulation. *C'est truqué, c'est du chiqué!* **2.** Affectation, manque de simplicité, de naturel. *Faire du chiqué:* poser, faire des manières. – De *chic.*

chiquenaude [ʃiknod] n. f. Petit coup donné par la détente brusque d'un doigt préalablement plié et raidi contre le pouce. Syn. pichenette. – Orig. incert.

chiquer [ʃike] v. tr. et intr. [1] Mâcher (une chique de tabac). *Tabac à chiquer.* – De *chique* 1.

chiqueur, euse [ʃikœʀ, øz] n. Personne qui chique. – De *chiquer.*

chir(o)-. Élément, du gr. *kheir,* «main».

chirale [kiʀal] adj. f. CHIM *Molécule chirale,* ne possédant ni plan ni centre de symétrie et pouvant exister sous deux variétés énantiomorphes (de la même façon que la main droite est comme l'image de la main gauche dans un miroir). – Du gr. *kheir,* «main».

chiralité [kiʀalite] n. f. CHIM Caractère d'une molécule chirale. – Du préc.

chirographaire [kiʀo(ɔ)gʀafɛʀ] adj. **1.** DR Qui ne repose que sur un acte établi sous seing privé. **2.** Se dit d'une créance non munie de sûretés réelles (qui donneraient au créancier un rang priviligié par rapport aux autres créanciers). – *Créancier chirographaire:* créancier titulaire d'une telle créance. – Lat. *chirographarius.*

chiromancie [kiʀo(ɔ)mɑ̃si] n. f. Art de deviner l'avenir et le caractère des personnes par l'étude des lignes de leurs mains. – De *chiro-,* et *-mancie.*

chiromancien, ienne [kiʀo(ɔ)mɑ̃sjɛ̃, jɛn] n. Personne qui pratique la chiromancie. – De *chiromancie.*

chiropraticien, ienne [kiʀopʀatisjɛ̃, jɛn] n. Personne qui pratique la chiropratique. – De *chiropratique.*

chiropratique [kiʀopʀatik] n. f. Méthode de traitement des douleurs rachidiennes par manipulation vertébrale. – Angl. *chiropractic,* de *chiro-,* et *practic,* «pratique».

chiroptères [kiʀɔptɛʀ] ou **cheiroptères** [keiʀɔptɛʀ] n. m. pl. ZOOL Ordre de mammifères communément appelés chauves-souris, adaptés au vol grâce aux membranes de leurs membres antérieurs qui forment des ailes. *Les grands chiroptères sont frugivores, les plus petits généralement insectivores.* – De *chiro-,* et gr. *pteron,* «aile».

chirurgical, ale, aux [ʃiʀyʀʒikal, o] adj. Qui a rapport à la chirurgie. – De *chirurgie.*

chirurgie [ʃiʀyʀʒi] n. f. Branche de la thérapeutique médicale faisant intervenir la pratique des interventions manuelles ou instrumentales. *Chirurgie générale. Chirurgie esthétique* ou *plastique. Chirurgie du cœur. Chirurgie dentaire.* – Gr. *kheirourgia,* «opération manuelle».

chirurgien, ienne [ʃiʀyʀʒjɛ̃, jɛn] n. Médecin spécialiste de la chirurgie. – De *chirurgie.*

chistéra [ʃisteʀa] n. f. ou m. Panier d'osier en forme de longue gouttière recourbée, que l'on fixe solidement au poignet et qui sert à lancer et à recevoir la balle, à la pelote basque. – Mot esp., lat. *cistella,* «petite corbeille».

chitine [kitin] n. f. Substance organique (polysaccharide), souple et résistante, qui constitue les téguments des arthropodes. – Gr. *chitôn,* «tunique», et *-ine.*

chitineux, euse [kitinø, øz] adj. Constitué de chitine. – De *chitine.*

chiton [kitɔ̃] n. m. **1.** ANTIQ Tunique courte et collante des anciens Grecs. **2.** Mollusque amphineure appelé aussi *oscabrion* ou *cloporte de mer,* dont la coquille est formée de plaques mobiles et qui vit collé aux pierres du littoral. – Gr. *khitôn,* «tunique».

chiure [ʃjyʀ] n. f. Excrément d'insecte, de mouche. – De *chier.*

chlamyde [klamid] n. f. ANTIQ Manteau des anciens Grecs fait d'une courte pièce d'étoffe agrafée sur l'épaule. – Gr. *khlamus, khlamudos.*

chlamydia [klamidja] n. f. MED Organisme présentant les caractères d'une bactérie et d'un virus, responsable de diverses infections transmissibles (chez l'homme et chez l'animal). – Du gr. *khlamus, khlamudos,* «chlamyde, casaque militaire».

chleuh [ʃlø] n. et adj. **1.** n. m. Dialecte berbère parlé par les Chleuhs, peuplade berbère du Maroc. **2.** n. et adj. Pop., péjor. Allemand.

chloasma [kloasma] n. m. MED Ensemble de taches pigmentaires, de forme irrégulière, siégeant habituellement à la face, observées lors de certaines affections et pendant la grossesse (masque de grossesse). – Gr. *khloasma,* «teinte jaune pâle».

chlor-. V. chloro-.

chloracétate [klɔʀasetat] n. m. CHIM Sel ou ester de l'acide chloracétique. – De *chlor-,* et *acétate.*

chloracétique [klɔʀasetik] adj. *Acides chloracétiques,* qui résultent de la substitution du chlore à l'hydrogène de l'acide acétique. – De *chloracétate.*

chlorage [klɔʀaʒ] n. m. TECH Opération qui consiste à soumettre une étoffe à l'action d'un composé chloré. – De *chlorer.*

chloral [klɔʀal] n. m. CHIM Composé organique chloré dont certains dérivés sont utilisés en thérapeutique comme hypnotiques puissants. – De *chlor-,* et *al(cool).*

chlorate [klɔʀat] n. m. CHIM Nom générique des sels ou esters des acides oxygénés dérivés du chlore. (Le plus employé est l'eau de javel, solution aqueuse de chlorure de sodium NaCl et de chlorate de sodium NaClO; les mélanges de chlorates alcalins et de combustibles constituent des explosifs.) – De *chlor-,* et *-ate.*

chloraté, ée [klɔʀate] adj. CHIM Qui contient un chlorate. – De *chlorate.*

chloration [klɔʀasjɔ̃] n. f. Traitement de l'eau par le chlore, pour la rendre potable. – De *chlore.*

chlore [klɔʀ] n. m. CHIM Élément non métallique de numéro atomique $Z = 17$ et de masse atomique 35,45 (symbole Cl). – Gr. *khlôros,* «vert».

ENCYCL Le chlore fait partie de la famille des halogènes. À la température ordinaire, c'est un gaz (molécule Cl_2) plus lourd que l'air (densité 2,49), à l'odeur suffocante (il a été utilisé comme gaz de combat au cours de la guerre de 1914-1918), qui se liquéfie à – 35 °C et se solidifie à – 101 °C. Très répandu dans la nature (0,2 % de la masse de la croûte terrestre), il se présente sous la forme de chlorures (en partic. sel marin et sel gemme). Oxydant très actif, il attaque presque tous les éléments. On l'obtient industriellement par électrolyse d'une solution de chlorure de sodium (ou de magnésium); il sert essentiellement aux chlorations organiques.

chloré, ée [kloʀe] adj. Qui renferme du chlore. – Pp. de *chlorer.*

chlorelles [kloʀɛl] n. f. pl. Algues vertes unicellulaires, très communes, libres ou symbiotiques. – Gr. *khlôros,* «vert».

chlorémie [kloʀemi] n. f. MED Concentration sanguine en chlore. – De *chlor-,* et *-émie.*

chlorer [kloʀe] v. tr. [1] Traiter par le chlore, ou par le chlorure de chaux. – De *chlore.*

chloreux [kloʀø] adj. m. CHIM *Acide chloreux,* de formule $HClO_2$. – De *chlore.*

chlorhydrate [kloʀidʀat] n. m. CHIM Sel résultant de l'action de l'acide chlorhydrique sur une base azotée. – De *chlorhydique.*

chlorhydrique [kloʀidʀik] adj. CHIM *Acide chlorhydrique:* chlorure d'hydrogène HCl, gaz incolore d'odeur piquante, extrêmement soluble dans l'eau, qui attaque presque tous les métaux. ▷ Solution aqueuse de ce gaz. Syn. acide muriatique, esprit de sel (Vx). – De *chlor-,* et *-hydrique.*

chlorique [kloʀik] adj. CHIM *Acide chlorique,* de formule $HClO_3$. – De *chlor-,* et *-ique.*

chlorite [kloʀit] n. m. CHIM Sel de l'acide chloreux. – De *chlor-,* et *-ite* 3.

chloro-. Élément, du gr. *khlôros,* «vert».

chlorobenzène [kloʀobɛ̃zɛn] n. m. CHIM Dérivé du benzène, de formule C_6H_5Cl, utilisé dans la synthèse de l'aniline et du phénol. Syn. Chlorure de phényl. – De *chloro-,* et *benzène.*

chloroforme [kloʀofoʀm] n. m. CHIM Nom usuel du trichlorométhane $CHCl_3$, utilisé autref. comme anesthésique général. – De *chloro-,* et *(acide) formique.*

chloroformer [kloʀofoʀme] v. tr. [1] Anesthésier, endormir au chloroforme. – De *chloroforme.*

chlorome [kloʀom] n. m. MED Tumeur osseuse, souvent de coloration verte, révélatrice d'une leucémie. – De *chlor-,* et *-ome.*

chlorométrie [kloʀometʀi] n. f. CHIM Détermination de la quantité de chlore contenue dans un chlorure décolorant. – De *chloro-,* et *-métrie.*

chlorométrique [kloʀometʀik] adj. CHIM Relatif à la chlorométrie. – De *chlorométrie.*

chlorophycées [kloʀofise] n. f. pl. BOT Classe d'algues des eaux douces et marines, appelées aussi algues vertes, dont la chlorophylle est le seul pigment. – De *chloro-,* et gr. *phukos,* «algue».

chlorophylle [kloʀofil] n. f. Pigment végétal vert qui confère aux végétaux le possédant la fonction d'assimilation du carbone par photosynthèse. (Il existe diverses sortes de chlorophylles, qui ne sont synthétisées qu'à la lumière et dont la structure moléculaire commune est voisine de celle de l'hémoglobine.) – De *chloro-,* et gr. *phullon,* «feuille».

chlorophyllien, ienne [kloʀofiljɛ̃, jɛn] adj. Qui a rapport à la chlorophylle. *Assimilation chlorophyllienne par photosynthèse. – Végétaux chlorophylliens,* qui renferment de la chlorophylle (tous les végétaux, à l'exception de certaines algues et des champignons). – De *chlorophylle.*

chloroplaste [kloʀoplast] n. m. BOT Plaste (élément cellulaire) contenant de la chlorophylle, dans lequel s'effectue la photosynthèse chlorophyllienne. – De *chloro-,* et *plaste.*

chloroprène [kloʀopʀɛn] n. m. CHIM Dérivé chloré du butadiène fournissant des caoutchoucs synthétiques par polymérisation. – De *chloro-, pr(opylène),* et *-ène.*

chlorose [kloʀoz] n. f. **1.** MED Anémie de la jeune fille, fréquente surtout autrefois, efficacement combattue par des médications ferrugineuses, et qui se manifeste notam. par une teinte jaune verdâtre des téguments. **2.** BOT Maladie des plantes, due au manque d'air, de lumière, ou à un excès de calcaire, caractérisée par la décoloration des feuilles. – Lat. médiév. *chlorosis,* du gr. *khlôros,* «d'un jaune verdâtre».

chlorotique [kloʀotik] adj. Qui est affecté de chlorose. – Relatif à la chlorose. – De *chlorose.*

chloruration [kloʀyʀasjɔ̃] n. f. CHIM Transformation en chlorure. – De *chlorurer.*

chlorure [kloʀyʀ] n. m. CHIM Nom générique des sels ou esters de l'acide chlorhydrique et de certains dérivés renfermant du chlore. *Chlorure de sodium, ou sel marin.* ▷ *Chlorure décolorant:* mélange de chlorures et d'hypochlorites (eau de javel, chlorure de chaux). – De *chlore.*

chloruré, ée [kloʀyʀe] adj. CHIM Qui renferme un chlorure. – Pp. de *chlorurer.*

chlorurer [kloʀyʀe] v. tr. [1] CHIM Transformer un corps en chlorure par combinaison avec du chlore. – De *chlorure.*

choane [koan] n. f. ANAT Orifice mettant en communication, chez les vertébrés supérieurs, les fosses nasales et la cavité buccale. Syn. narine interne. – Gr. *khoanê,* «entonnoir».

choanocytes [koanosit] n. f. pl. ZOOL Cellules, particulières aux spongiaires, de forme ovoïde et munies de flagelles. – Du gr. *khoanê,* «entonnoir», et *-cyte.*

choc [ʃok] n. et adj. **I.** n. m. **1.** Heurt d'un corps contre un autre. *Tomber sous la violence d'un choc.* **2.** MILIT Rencontre et combat de deux troupes armées. ▷ *Troupes de choc,* spécialisées dans les coups de main et les combats en première ligne. – Fig. *Un médecin, un curé de choc.* **3.** Fig. Conflit, opposition. *Le choc des opinions, des générations.* **4.** MED Diminution profonde et brutale du débit circulatoire, provoquant une hypotension et des troubles de la conscience, qui peut être due à une agression extérieure (choc infectieux, choc opératoire, choc des brûlés) ou à une défaillance interne (choc cardiogénique ou hémorragique). *Le choc, dont l'évolution spontanée est mortelle, requiert un traitement immédiat.* **5.** Émotion violente, perturbation causée par un événement brutal. *Cela lui a fait un choc de retrouver sa famille après tant d'années.* **6.** METEO *Choc en retour:* effet indirect de la chute de tension qui suit l'éclair. – Fig. Contrecoup d'un événement réagissant sur sa propre cause. **II.** adj. invar. Qui surprend, étonne. *Des soldes à des prix choc.* – De *choquer.*

chochotte [ʃoʃot] n. f. Pop. Mijaurée. – P.-ê. var. de *chouchoute.*

chocolat [ʃokola] **I.** n. m. **1.** Substance comestible à base de cacao grillé et de sucre. *Une tablette, une barre de chocolat. Du chocolat noir, fondant, au lait. Une mousse au chocolat.* **2.** Boisson au chocolat. *Un chocolat au lait, à l'eau.* **II.** adj. inv. **1.** De la couleur brun foncé du chocolat. *Une peinture chocolat.* **2.** Pop. *Être chocolat:* être déçu, trompé. – De l'aztèque, par l'esp.

chocolaté, ée [ʃokolate] adj. Contenant du chocolat, parfumé au chocolat. – De *chocolat.*

chocolaterie [ʃokolatʀi] n. f. Fabrique de chocolat. – De *chocolat.*

chocolatier, ière [ʃokolatje, jɛʀ] **1.** n. Personne qui fait, qui vend du chocolat. **2.** n. f. Récipient, à couvercle et bec verseur, pour servir le chocolat. – De *chocolat.*

choéphore [koefoʀ] n. ANTIQ GR Personne chargée de porter les offrandes aux morts chez les anc. Grecs. –

Gr. *khoêphoros*, de *khoê*, «libation», et *phoros*, «porteur».

chœur [kœʀ] n. m. **I. 1.** ANTIQ Groupe de personnes, représentant un personnage collectif, qui chantaient, en dansant ou non, les vers d'une tragédie et prenaient part à l'action. ▷ *Par ext.* Ce que chante, déclame le chœur dans les tragédies grecques ou inspirées du modèle grec. *Les chœurs d'«Athalie»*. **2.** Groupe de chanteurs qui exécutent ensemble une œuvre musicale. *Les chœurs de l'opéra de Montréal.* ▷ *Par ext.* Morceau de musique chanté par un chœur, chant des choristes. **3.** Réunion de personnes qui expriment ensemble la même chose. *Le chœur des créanciers.* ▷ *En chœur:* tous ensemble, d'un commun accord. *Ils le conspuèrent en chœur.* **II.** Partie de l'église où se trouve le maître-autel et où se tiennent ceux qui chantent l'office divin. *Enfant de chœur:* enfant qui assiste le prêtre pendant la célébration des offices. – Fig. Personne très naïve, crédule. *Je ne suis pas un enfant de chœur, tout de même!* – Lat. *chorus*, gr. *khoros*.

choir [ʃwaʀ] v. intr. **[54]** (Surtout à l'inf. et au pp.). **1.** Litt. ou vieilli Tomber. **2.** Fam. *Laisser choir:* abandonner. *Elle l'a laissé choir sans explications! – Allez, laisse choir:* n'insiste pas, abandonne. – Du lat. *cadere*.

choisi, ie [ʃwa(ɑ)zi] adj. **1.** Qui a fait l'objet d'un choix. *Cocher la réponse choisie.* **2.** *Par ext.* Qui est considéré comme ce qu'il y a de meilleur. *Société choisie.* ▷ Recherché, raffiné. *Il a formulé sa requête en termes choisis.* – Pp. de *choisir*.

choisir [ʃwa(ɑ)ziʀ] v. tr. [2] **1.** Adopter, sélectionner selon une préférence. *Choisir ses amis. Choisir un cadeau.* **2.** Décider de (faire une chose de préférence à une autre, à d'autres). *Il a choisi de vivre seul et de rester à Mascouche.* ▷ (S. comp.) *Être incapable de choisir.* – Gotique *kausjan*, «goûter, éprouver».

choix [ʃwa(ɑ)] n. m. **1.** Action de choisir, décision prise lorsqu'on choisit. *Ses choix sont toujours excellents. Arrêter son choix sur qqch.* **2.** Pouvoir, faculté, liberté de choisir. *Laisser, donner le choix à quelqu'un. N'avoir que l'embarras du choix.* **3.** Ensemble de choses que l'on donne à choisir. *Présenter un choix de bagues.* **4.** Chose choisie, ensemble de choses choisies en fonction de leurs qualités. *Voici mon choix. Un choix de poésies.* ▷ *Des marchandises de choix, de premier choix*, de qualité supérieure. **5.** *Au choix:* en ayant la possibilité de choisir. *Fromage ou dessert, au choix.* **6.** MATH *Axiome du choix*, selon lequel on peut définir une fonction qui associe à toute partie non vide d'un ensemble un et un seul élément de cet ensemble. – De *choisir*.

cholagogue [kɔlagɔg] adj. MED Se dit des substances facilitant l'évacuation de la bile. ▷ N. m. *Un cholagogue.* – De *chol(é)-*, et gr. *agein*, «conduire».

chol(é)-. Élément, du gr. *kholê*, «bile».

cholécyste [kɔlesist] n. m. CHIR Vésicule biliaire. – De *cholé-*, et gr. *kustis*, «poche, vessie».

cholécystectomie [kɔlesistɛktɔmi] n. f. CHIR Ablation de la vésicule biliaire. – De *cholécyste*, et *-ectomie*.

cholécystite [kɔlesistit] n. f. MED Inflammation de la vésicule biliaire. – De *cholécyste*, et *-ite* 1.

cholécystographie [kɔlesistɔgʀafi] n. f. MED Examen radiologique de la vésicule biliaire. – De *cholécyste*, et *-graphie*.

cholédoque [kɔledɔk] adj. ANAT *Canal cholédoque:* canal qui s'abouche dans le duodénum, et par lequel s'écoule la bile. ▷ N. m. *Le cholédoque.* – Lat. méd. *choledochus*, du gr. *dekhestai*, «recevoir».

cholémie [kɔlemi] n. f. MED Taux de la bile dans le sang. – De *cholé-*, et *-émie*.

choléra [kɔleʀa] n. m. Infection intestinale aiguë, très contagieuse, due au vibrion cholérique et à sa variété El Tor. – Lat. *cholera;* gr. *kholera*.

cholériforme [kɔleʀifɔʀm] adj. MED Qui a les apparences du choléra. – De *cholér(a)*, et *forme*.

cholérine [kɔleʀin] n. f. MED Forme bénigne du choléra. – De *choléra*.

cholérique [kɔleʀik] MED **1.** adj. Du choléra, relatif au choléra. *Le vibrion cholérique, ou bacille virgule.* **2.** n. et adj. Qui est atteint du choléra. – De *choléra*.

cholestérol [kɔlɛsteʀɔl] n. m. Variété de stérol présent dans les tissus et les liquides de l'organisme. (Apporté par l'alimentation et synthétisé par le foie, il intervient dans la synthèse des hormones sexuelles, des cortico-stéroïdes, des acides biliaires. Dans le sang, le cholestérol est lié aux lipoprotéines.) – De *cholé-*, et *stérol*.

cholestérolémie [kɔlɛsteʀɔlemi] n. f. MED Concentration sanguine en cholestérol, dont l'augmentation, dans certaines hyperlipémies, favorise l'athérosclérose. – De *cholestérol*, et *-émie*.

choliambe [kɔljɑ̃b] n. m. METR ANC Trimètre ïambique terminé par un spondée. – Du gr. *khôlos*, «boiteux».

choline [ko(ɔ)lin] n. f. BIOCHIM Alcool azoté entrant dans la composition de certains lipides et qui se trouve, à l'état libre ou estérifié (acétylcholine), dans toutes les cellules de l'organisme. – De *cholé-*, et *-ine*.

cholinergie [ko(ɔ)linɛʀʒi] n. f. BIOCHIM Libération d'acétylcholine, médiateur chimique du système parasympathique et des nerfs moteurs, au niveau de la plaque motrice. – De *cholin(e)*, et *-ergie*.

cholinergique [ko(ɔ)linɛʀʒik] adj. BIOCHIM Qui agit par l'intermédiaire de l'acétylcholine. – De *cholinergie*.

cholinestérase [ko(ɔ)linɛsteʀaz] n. f. BIOCHIM Enzyme qui hydrolyse l'acétylcholine, qu'elle rend inactive. – De *choline, ester*, et *-ase*.

chômable [ʃomabl] adj. Que l'on peut ou que l'on doit chômer. *Fête chômable.* – De *chômer*.

chômage [ʃomaʒ] n. m. Fait de chômer, interruption de travail; état d'une personne privée d'emploi. *Être en chômage* (fam. *tomber en chômage*). *Chômage partiel*, par réduction des horaires. *Chômage technique*, imposé à certains secteurs de l'entreprise du fait de l'impossibilité, pour d'autres, de fournir les éléments indispensables à la fabrication. *Chômage structurel*, dû à l'inadéquation qualitative entre l'offre et la demande de travail. – *Assurance-chômage:* programme de juridiction fédérale instauré en 1940, qui gère le versement de prestations aux travailleurs temporairement sans emploi. *L'assurance-chômage est financée au moyen de primes payées par les employeurs et les employés et par des contributions du gouvernement. Cotisations d'assurance-chômage.* ▷ Cour. et fam. Prestations d'assurance-chômage. *Avoir son chômage. Demander, retirer du chômage. Être sur le chômage*, retirer des prestations. – De *chômer*.

chômer [ʃome] **I.** v. intr. [1] **1.** Cesser de travailler pendant les jours fériés. **2.** Être sans travail, être privé d'emploi. **3.** Cesser de fonctionner, d'être productif. *Laisser chômer une terre.* **II.** v. tr. Célébrer (une fête) en cessant le travail. *Chômer le 1er mai. Fête chômée.* – Lat. *caumare*, de *cauma*, d'orig. gr., «forte chaleur».

chômeur, euse [ʃomœʀ, øz] n. Personne privée d'emploi. – De *chômer*.

chondrichthyens [kɔ̃dʀiktjɛ̃] n. m. pl. ZOOL Classe de poissons à squelette cartilagineux (poissons cartilagineux) comprenant, notam., les sélaciens. – Du gr. *khondros*, «cartilage», et *ichthus*, «poisson».

chondriome [kɔ̃dʀijo(ɔ)m] n. m. BIOL L'ensemble des chondriosomes d'une cellule. – De *chondriosome.*

chondriosome [kɔ̃dʀijozom] n. m. BIOL Organite cellulaire, plus souvent nommé mitochondrie. – Gr. *khondros,* «grain», et *sôma,* «corps».

chondrite [kɔ̃dʀit] n. f. MED Inflammation d'un cartilage. – De *chondr(o)-* et *-ite* 1.

chondr(o)-. Élément, du gr. *khondros,* «cartilage».

chondroblaste [kɔ̃dʀoblast] n. m. ANAT Cellule élémentaire du tissu cartilagineux. – De *chondro-,* et *-blaste.*

chondroblastome [kɔ̃dʀoblastom] n. m. MED Tumeur bénigne siégeant aux extrémités des os longs chez les adolescents. – De *chondro-, -blaste,* et *-ome.*

chondrodysplasie [kɔ̃dʀodisplazi] ou **chondrodystrophie** [kɔ̃dʀodistʀɔfi] n. f. MED Trouble de la chondrogenèse. – De *chondro-, dys-,* et *-plasie* ou *-trophie.*

chondrogenèse [kɔ̃dʀoʒenɛz] n. f. BIOL Formation du tissu cartilagineux. – De *chondro-,* et *genèse.*

chondromatose [kɔ̃dʀomatoz] n. f. MED Chondrodysplasie d'origine génétique portant sur les os longs. – De *chondro-,* et *-ose* 2.

chondrome [kɔ̃dʀom] n. m. MED Tumeur formée de tissu cartilagineux. – De *chondro-,* et *-ome.*

chondrosarcome [kɔ̃dʀosaʀkom] n. m. MED Tumeur maligne formée de tissu cartilagineux et de tissu embryonnaire. – De *chondro-,* et *sarcome.*

chondrostéens [kɔ̃dʀɔsteɛ̃] n. m. pl. ZOOL Super-ordre de poissons téléostéens actinoptérygiens dont la colonne vertébrale demeure cartilagineuse. *L'esturgeon, le polyptère sont des chondrostéens.* – De *chondro-,* et gr. *osteon,* «os».

chope [ʃɔp] n. f. Verre à bière à parois épaisses muni d'une anse; son contenu. *Boire une chope de bière.* – All. *schoppen.*

choper [ʃɔpe] v. tr. [1] Pop. **1.** Prendre, voler. *Choper un portefeuille.* **2.** Arrêter, attraper. *Se faire choper.* **3.** Contracter (une maladie). *Choper la rougeole.* – Var. de *chiper,* d'après *chopper.*

chopin [ʃɔpɛ̃] n. m. Pop. Profit, aubaine; conquête amoureuse qui est une bonne affaire. – De *choper.*

chopine [ʃɔpin] n. f. **1.** Mesure de capacité, utilisée surtout pour les liquides, valant une demi-pinte ou deux demiards, soit 0,568 l; récipient pouvant contenir une chopine. *Une chopine de lait, de crème.* ▷ *Par ext.* (Depuis l'adoption du système métrique.) Demi-litre. **2.** (France) Pop. Bouteille; son contenu. – De *chope.*

chopper [ʃɔpe] v. intr. [1] Faire un faux pas en heurtant qqch du pied. – Orig. incert.

choquant, ante [ʃɔkɑ̃, ɑ̃t] adj. Qui choque. *Une conduite choquante. Une histoire choquante.* – Ppr. de *choquer.*

choquer [ʃɔke] v. tr. [1] **I. 1.** Donner un choc à, heurter. *Ne choquez pas ces tasses, elles sont fragiles. Choquer les verres:* trinquer. ▷ v. pron. *Verres qui se choquent.* **2.** Heurter moralement. *Votre conduite l'a beaucoup choqué.* ▷ v. pron. *Elle se choque pour bien peu.* **3.** Être en opposition avec. *Cela choque le bon sens.* **4.** Produire une impression désagréable sur. *Un hiatus qui choque l'oreille.* **5.** Fig. Éprouver moralement, donner un choc émotionnel à. *Ce deuil l'a beaucoup choqué.* **II.** MAR *Choquer une amarre, une écoute,* lui donner du mou. – Néerl. *schokken,* ou angl. *to shock,* «heurter», onomat.

choral, ale, als, ou **aux** [kɔʀal, o] adj. Relatif à un chœur. *Chant choral.* ▷ N. m. Chant liturgique protestant créé par Luther. – Composition pour clavecin ou orgue sur le thème de ce chant. *Bach porta le choral à son sommet.* – Du lat. *chorus,* «chœur».

chorale [kɔʀal] n. f. Groupe, société de chanteurs. *La chorale de la paroisse.* – Du préc.

chorde. V. corde II.

chordés. V. cordés.

1. chorée [kɔʀe] n. f. MED Affection neurologique caractérisée par des mouvements involontaires amples et désordonnés des muscles. *La chorée, ou* chorée de Sydenham *ou* danse de Saint-Guy, *maladie aiguë de l'enfant, a probablement une origine infectieuse.* – Lat. *chorea,* gr. *khoreia,* «danse».

2. chorée [kɔʀe] n. m. Syn. de *trochée* 2. – Gr. *choreios.*

chorège [kɔʀɛʒ] n. m. ANTIQ Citoyen qui, à Athènes, assumait les frais d'un chœur de danse, pour une représentation théâtrale. – Gr. *khorêgos.*

chorégraphe [kɔʀegʀaf] n. Personne qui compose et règle des ballets. – De *chorégraphie.*

chorégraphie [kɔʀegʀafi] n. f. **1.** Art de noter les pas et les figures de danse. **2.** Art de composer, de régler des ballets. **3.** Ensemble des figures de danse qui composent un ballet. – Du gr. *khoreia,* «danse», et *-graphie.*

chorégraphique [kɔʀegʀafik] adj. Relatif à la chorégraphie, à la danse. – De *chorégraphie.*

choréique [kɔʀeik] adj. (et n.). Relatif à la chorée. – Atteint de chorée. – De *chorée* 1.

choreute [kɔʀøt] n. m. ANTIQ Choriste, dans le théâtre grec. – Gr. *khoreutês.*

chorial, ale [kɔʀjal] adj. ANAT Relatif au chorion. – De *chorion.*

choriambe [kɔʀjɑ̃b] n. m. METR ANC Pied composé d'un chorée (ou *trochée*) et d'un ïambe. – Gr. *khoriambos.*

chorion [kɔʀjɔ̃] n. m. ZOOL Paroi externe enveloppant l'embryon des vertébrés, formée par des replis de l'allantoïde. – Gr. *khorion,* «membrane».

choriste [kɔʀist] n. Personne qui chante dans un chœur, dans une chorale. – Lat. ecclés. *chorista,* de *chorus,* «chœur».

chorizo [tʃɔʀizo] n. m. Saucisson espagnol, plus ou moins pimenté. – Mot esp.

choroïde [kɔʀɔid] n. f. ANAT Membrane mince située entre la sclérotique et la rétine. – Adj. *Membrane choroïde.* ▷ *Plexus choroïde:* repli méningé où se forme le liquide céphalo-rachidien. – Gr. *khorioeidês,* de *khorion,* «membrane», et *eidês* (V. -oïde).

choroïdien, ienne [kɔʀɔidjɛ̃, jɛn] adj. Qui se rapporte à la choroïde. – De *choroïde.*

chorologie [kɔʀolɔʒi] n. f. ECOL Répartition des êtres vivants sur un territoire donné. (On distingue: l'*autochorologie,* qui concerne les individus et les espèces; la *synchorologie,* qui concerne les associations animales et végétales.) – Du gr. *khôra,* «contrée», et *-logie.*

chorus [kɔʀys] n. m. **1.** *Faire chorus:* répéter en chœur; se joindre à d'autres pour manifester son approbation. *Il dit que cela devait cesser, et les autres firent chorus.* **2.** JAZZ L'ensemble des mesures du thème, qui constituent le canevas des improvisations. *Prendre un chorus de trente-deux mesures.* – Mot lat., «chœur».

chose [ʃoz] n. f. **I.** Toute réalité concrète ou abstraite conçue comme une unité. Ce que l'on ne nomme pas précisément. *Insister serait la dernière chose à faire. Chaque chose en son temps. Il faisait froid, chose rare en cette saison. Il a très bien pris la chose. Il y a de bonnes choses dans cet ouvrage,* de bons passages, de bonnes idées. *Elle lui a raconté une chose épouvantable:* elle lui a fait un récit... *Elle porte sur la tête une chose qu'elle appelle un chapeau.* ▷ DR *Chose jugée:* ce qui a été définitivement réglé par la juridiction compétente. *L'autorité de la chose jugée.* **II.** *Spécial.* **1.** Être inanimé (par oppos. aux êtres vivants); objet matériel (par oppos. à *mot,* à *idée*). *Débarrassez le grenier de toutes les choses qui l'encombrent. Les personnes et les choses. Le mot et la chose.* Syn. objet. – *Leçon de choses,* portant sur des objets usuels, et visant à inculquer des notions scientifiques élémentaires. **2.** Ce que l'on possède en propre. *C'est mon bien, ma chose.* **3.** DR *Choses communes:* biens non susceptibles d'appropriation. *L'air, l'eau de la mer sont des choses communes.* **4.** PHILO *Chose en soi:* réalité, par oppos. à l'idée, à la représentation. **5.** *La chose publique:* l'État. **6.** Plur. Ce qui existe, se fait, a lieu. *Laissez les choses suivre leur cours. Les choses étant ce qu'elles sont. Il faut regarder les choses en face. Aller au fond des choses:* approfondir un sujet. **7.** n. m. Désignant une personne, un objet que l'on ne peut, ou que l'on ne veut pas nommer. *C'est chose qui me l'a dit. Passez-moi le chose, là-bas.* Syn. (fam.) machin, truc. **8.** adj. inv. Souffrant, fatigué. *Je me sens toute chose. Rester tout chose,* stupéfait, désorienté. **III.** Loc. **1.** *Quelque chose.* Loc. pron. indéf., masc. *J'ai lu quelque chose qui m'a paru fort bon. Vous prendrez bien quelque chose:* vous mangerez ou vous boirez bien un peu. ▷ Suivi de *de* et d'un adj. au masc. *Quelque chose de beau, de nouveau.* ▷ *Il y a quelque chose comme un an que je ne l'ai vu:* il y a environ un an... ▷ *C'est quelque chose!:* exprime l'admiration, l'indignation. *On ne peut jamais avoir la paix, c'est quelque chose!* **2.** *Autre chose.* Quelque chose d'autre. *Passons à autre chose.* **3.** *Grand-chose.* Une chose importante, de valeur (dans des phrases négatives). *Il n'a pas fait grand-chose.* ▷ Subst. *Un, une pas grand-chose:* une personne de peu de valeur, quelque peu méprisable. **4.** *Peu de chose.* Quelque chose de peu d'importance, de faible valeur. *Il suffit de peu de chose pour le contenter. Nous sommes peu de chose.* – Bas lat. *causa,* «chose».

chott [ʃɔt] n. m. Lac temporaire salé, en Afrique du N. – De l'ar. *chatt,* «rivage d'un fleuve».

chou [ʃu] n. m. **1.** Crucifère du genre *Brassica* dont de nombreuses espèces et variétés sont cultivées. (Le *chou pommé,* ou *cabus,* est le chou commun; le *chou-navet* est le rutabaga; le *navet,* le *chou de Bruxelles,* dont on consomme les bourgeons axillaires, le *chou-fleur,* le *chou rouge,* le *colza,* la *navette,* etc., sont également des *Brassica.*) *Chou-palmiste.* V. palmiste. ▷ *Aller planter ses choux:* se retirer à la campagne. ▷ *C'est bête comme chou:* c'est très simple. ▷ Pop. *Être dans les choux:* être dans les derniers d'un classement, échouer dans une entreprise. ▷ *Faire chou blanc:* échouer dans une démarche. ▷ *Faire ses choux gras de qqch:* faire son profit de qqch. ▷ Fam. *Feuille de chou:* journal de peu de valeur. Syn. canard. ▷ Pop. *Rentrer dans le chou de qqn:* se précipiter sur lui pour le battre. **2.** Bouffette, coque de rubans. **3.** Pâtisserie soufflée. *Chou à la crème.* **4.** Fam. (Mot de tendresse). *Mon chou.* ▷ Adj. inv. Fam. Gentil, mignon. *Que c'est chou!* – Lat. *caulis.*

chouan [ʃuɑ̃] n. m. Insurgé royaliste de l'O. de la France, sous la Ire République. – De Jean *Chouan,* surnom d'un chef des insurgés; forme rég. de *chat-huant* dont ils imitaient le cri.

chouannerie [ʃuanʀi] n. f. Insurrection des chouans. – De *chouan.*

chouchou, oute [ʃuʃu, ut] n. Fam. Préféré, favori. *C'est le chouchou du professeur.* – De *chou.*

chouchouter [ʃuʃute] v. tr. [1] Fam. Traiter en favori, dorloter. *Il chouchoute trop son fils.* Syn. choyer. – De *chouchou.*

choucroute [ʃukʀut] n. f. CUIS Mets composé de chou haché et fermenté dans la saumure. – Alsacien *sûrkrût;* all. *Sauerkraut,* «herbe *(kraut)* sure, aigre», avec attraction de *chou,* et de *croûte.*

chou de Siam [ʃudsjam] n. m. Surtout rural Variété de navet (*Brassica napobrassica,* fam. crucifères) cultivée pour sa grosse racine comestible à chair jaune. Rem. Cette variété est commercialisée sous le nom de *navet.* – De *chou, de,* et *Siam.*

1. chouette [ʃwɛt] n. f. Nom donné à tous les oiseaux strigiformes (rapaces nocturnes) dont la tête est dépourvue d'aigrettes de plume, comme la *hulotte, l'effraie,* la *chevêche,* etc. – Dimin. de l'a. fr. *choue,* frq. **kawa.*

2. chouette [ʃwɛt] adj. Fam. Beau, agréable, réussi. *Une chouette robe.* ▷ Interj. (Marquant une surprise agréable). *Ils viennent? chouette!* – De *chouette* 1.

chou-fleur [ʃuflœʀ] n. m. Chou (genre *Brassica*) dont on consomme les inflorescences, de couleur blanche et extrêmement serrées. Pl. *Des choux-fleurs.* – De *chou,* et *fleur,* d'après l'ital. *cavolo fiore.*

chou-navet [ʃunavɛ] n. m. Chou, voisin des navets, dont on consomme la racine. Pl. *Des choux-navets.* – De *chou,* et *navet.*

chou-palmiste. V. palmiste.

chou-rave [ʃuʀav] n. m. Nom donné à une variété de chou commun *(Brassica oleracea)* et à *Brassica rapa* (la rave), dont les racines tubérisées, à chair blanche, sont comestibles. *Des choux-raves.* – De *chou,* et *rave.*

chouraver [ʃuʀave] v. tr. [1] Arg. Voler. *On m'a chouravé mon sac.* – Romani *tchorav.*

chourin, chouriner, chourineur. V. surin, suriner, surineur.

chow-chow [ʃoʃo] n. m. Chien à long poil fauve originaire de Chine. – Mot angl. emprunté au chinois.

choyer [ʃwa(ɑ)je] v. tr. [26] **1.** Soigner avec tendresse, entourer de prévenances. *Choyer un enfant.* **2.** Fig. *Choyer une idée:* l'entretenir, la cultiver. – P.-ê. de l'a. fr. *choue,* «chouette», à cause de la tendresse maternelle de cet oiseau.

chrême [kʀɛm] n. m. Huile consacrée mêlée de baume servant à certaines onctions sacramentelles des Églises catholique et orthodoxe. – Lat. ecclés. *chrisma,* du gr. *khrisma,* «huile».

chrestomathie [kʀɛstɔmati, -masi] n. f. Recueil de morceaux choisis d'auteurs classiques. – Gr. *khrêstomateia,* de *khrêstos,* «utile», et *manthanein,* «apprendre».

chrétien, ienne [kʀetjɛ̃, jɛn] adj. et n. **1.** Qui est baptisé, et, à ce titre, disciple du Christ. ▷ Subst. *Un chrétien, une chrétienne.* **2.** Relatif au christianisme. *Foi, morale chrétienne. Les églises chrétiennes.* – Du gr. *khristianos.*

chrétiennement [kʀetjɛnmɑ̃] adv. D'une manière chrétienne. – De *chrétien.*

chrétienté [kʀetjɛ̃te] n. f. Ensemble des chrétiens ou des pays chrétiens. – Lat. ecclés. *christianitas.*

chrisme [kʀism] n. m. Monogramme du Christ. – Gr. *khrismon.*

christ [kʀist] n. m. **1.** Celui qui est l'oint du Seigneur. – *Le Christ:* Jésus de Nazareth. **2.** Figure de Jésus crucifié. *Un christ d'ivoire.* Syn. crucifix. – Trad. de l'hébr. *meschiah,* «messie»; gr. *khristos,* «oint»; lat. ecclés. *christus.*

ENCYCL Jésus de Nazareth fut d'abord, dans le Nouveau Testament, dit *christ* (oint) par analogie avec l'Ancien Testament qui désignait ainsi le grand prêtre et le roi qui avaient reçu l'onction sainte. Cet adjectif, accolé au nom du Messie, devint un nom: le

Christ, Jésus-Christ (les protestants disent *Christ,* sans article).

christiania [kʀistjanja] n. m. SPORT Technique d'arrêt et de virage à skis (flexion, extension et projection circulaire du corps). – Mot norvégien, anc. nom d'Oslo.

christianisation [kʀistjanizasjɔ̃] n. f. Action de christianiser; fait d'être christianisé, conversion à la foi chrétienne. – De *christianiser.*

christianiser [kʀistjanize] v. tr. [1] Rendre chrétien, convertir à la foi chrétienne. – De *christ.*

christianisme [kʀistjanism] n. m. Religion fondée sur l'enseignement de Jésus-Christ. – Lat. ecclés. *christianismus,* du gr. *khristianismos.*

christique [kʀistik] adj. Qui concerne la personne du Christ. – De *Christ.*

christologie [kʀistɔlɔʒi] n. f. Ce qui, dans la doctrine chrétienne, a trait à la personne du Christ et à ses rapports avec les hommes. – De *christ,* et *-logie.*

chroma-, chromat(o)-, -chrome, -chromie, chromo-. Éléments, du gr. *khrôma, khrômatos,* «couleur».

chromage [kʀomaʒ] n. m. TECH Dépôt par électrolyse d'une pellicule de chrome sur un objet métallique pour le protéger contre la corrosion. – De *chromer.*

chromatage [kʀɔmataʒ] n. m. TECH Imprégnation par le bichromate de potassium. – De *chromater.*

chromate [kʀɔmat] n. m. CHIM Nom générique des sels oxygénés du chrome. – De *chrom(e),* et *-ate.*

chromatide [kʀɔmatid] n. f. BIOL Filament fin et long d'A.D.N. qui se spiralise au moment de la division cellulaire, formant des enroulements serrés qui correspondent aux chromosomes. – De *chromat(o)-,* et *-ide.*

chromatine [kʀɔmatin] n. f. BIOCHIM Structure cellulaire intranucléaire visible au microscope, formée de masses denses reliées entre elles par de fines trabécules formant un réseau. (Elle contient l'A.D.N. nucléaire, de l'A.R.N., des protéines, des histones, des lipides et du calcium. Au moment de la division cellulaire, elle se condense en masses plus denses: les chromosomes.) – De *chromat(o)-,* et *-ine.*

chromatique [kʀɔmatik] adj. **1.** OPT Qui se rapporte aux couleurs. ▷ *Aberrations chromatiques:* défauts dus à la variation de l'indice de réfraction du verre d'une lentille en fonction de la longueur d'onde. **2.** MUS Qui procède par demi-tons consécutifs ascendants ou descendants. *Gamme chromatique.* ▷ *Intervalle chromatique:* intervalle entre deux notes de même nom dont l'une est altérée. **3.** BIOL Relatif aux chromosomes. – Lat. *chromaticus,* du gr. *khrôma, khrômatos,* «couleur», et «ton musical».

chromatisme [kʀɔmatism] n. m. **1.** Ensemble de couleurs. **2.** MUS Emploi de demi-tons à l'intérieur d'une échelle diatonique. – Gr. *khrômatismos.*

chromat(o)-. V. chroma-.

chromatographie [kʀɔmatɔgʀafi] n. f. BIOCHIM Procédé de séparation de différentes substances en solution ou en suspension dans un liquide. (Il existe plusieurs techniques de chromatographie: sur papier, sur colonne échangeuse d'ions et en atmosphère gazeuse, utilisées dans les laboratoires de recherche et d'analyse pour séparer les protéines, les acides aminés, les acides gras.) – De *chromat(o)-,* et *-graphie.*

-chrome. V. chroma-.

chrome [kʀom] n. m. Élément de numéro atomique Z = 24 et de masse atomique 51,996 (symbole Cr). – Gr. *khrôma,* «couleur», à cause de ses composés diversement colorés.

chromé, ée [kʀo(ɔ)me] adj. TECH Qui contient du chrome. ▷ Recouvert de chrome. – De *chrome.*

chromer [kʀo(ɔ)me] v. tr. [1] TECH Recouvrir de chrome. – De *chrome.*

chromeux, euse [kʀo(ɔ)mø, øz] adj. CHIM Qui contient du chrome bivalent. – De *chrome.*

-chromie. V. chroma-.

chromique [kʀo(ɔ)mik] adj. CHIM Qui contient du chrome trivalent. – De *chrome.*

chromisation [kʀo(ɔ)mizasjɔ̃] n. f. METALL Cémentation des aciers au chrome. – De *chrome.*

chromiste [kʀo(ɔ)mist] n. IMPRIM Spécialiste du traitement de la couleur en photogravure. – De *chromo (lithographie).*

chromo [kʀo(ɔ)mo] n. m. Péjor. Mauvaise reproduction en couleurs; mauvais tableau. – Abrév. de *chromolithographie.*

chromo-. V. chroma-.

chromolithographie [kʀo(ɔ)molitɔgʀafi] n. f. TECH Impression lithographique en couleurs; image ainsi obtenue. – De *chromo-,* et *lithographie.*

chromosome [kʀɔmozo(ɔ)m] n. m. BIOL Chacun des bâtonnets apparaissant dans le noyau de la cellule au moment de la division (mitose ou méiose) et résultant de la segmentation et de la condensation du réseau de chromatine. – Mot all., du gr. *khrōma,* «couleur», et *sôma,* «corps», les chromosomes absorbant électivement certains colorants.

chromosomique [kʀɔmozo(ɔ)mik] adj. Relatif aux chromosomes. *Aberration chromosomique.* – De *chromosome.*

chromosphère [kʀɔmosfɛʀ] n. f. ASTRO Région de l'atmosphère du Soleil située entre la photo-sphère et la couronne, d'une épaisseur un peu inférieure à 2 000 km, et de laquelle se détachent les protubérances et les éruptions. – Mot angl., de *chromo-,* et *sphère.*

chronaxie [kʀɔnaksi] n. f. BIOL Durée que doit avoir une excitation électrique (dont l'intensité est le double de celle de la *rhéobase)* pour provoquer une réaction d'un nerf ou d'un muscle. – De *chron(o)-,* et gr. *axia,* «valeur».

-chrone, chron(o)-. Éléments, du gr. *khronos,* «temps».

chronicité [kʀɔnisite] n. f. Caractère de ce qui est chronique. – De *chronique* 2.

1. chronique [kʀɔnik] n. f. **1.** Recueil de faits historiques rédigés suivant l'ordre chronologique. *Les chroniques de Saint-Denis.* **2.** L'ensemble des rumeurs qui circulent. *Défrayer la chronique:* faire parler de soi (en général dans un sens défavorable). **3.** Article spécialisé qui rapporte les informations les plus récentes sur un sujet particulier. *Chronique politique, sportive, financière.* – Lat. *chronica,* de *khronos.*

2. chronique [kʀɔnik] adj. MED Se dit des maladies qui ont perdu leur caractère aigu et durent longtemps, ou qui s'installent définitivement. *Bronchite, rhumatismes chroniques.* ▷ Par ext. *Chômage chronique.* – De *chronique* 1.

chroniquement [kʀɔnikmɑ̃] adv. De façon chronique. – De *chronique* 2.

chroniquer [kʀɔnike] v. intr. [1] Tenir une chronique dans un journal. – De *chronique* 1.

chroniqueur, euse [kʀɔnikœʀ, øz] n. **1.** Celui, celle qui tient une chronique dans un journal. **2.** LITT Auteur de chroniques historiques. *Les grands chroniqueurs du Moyen Âge.* – De *chronique* 1.

chrono [kʀɔno] n. m. Fam. Abrév. cour. de *chronomètre.*

chron(o)-. V. -chrone.

chronobiologie [kʀɔnobjolɔʒi] n. f. BIOL Partie de la biologie qui étudie les phénomènes cycliques et leurs causes chez les êtres vivants: hibernation, reproduction, sommeil, floraison, fonctionnement des diverses cellules selon les heures, etc. – De *chrono-*, et *biologie.*

chronographe [kʀɔnogʀaf] n. m. **1.** TECH Chronomètre. **2.** PHYS Appareil permettant de mesurer la durée d'un phénomène et d'enregistrer graphiquement la mesure effectuée. – De *chrono-*, et *graphe.*

chronologie [kʀɔnolɔʒi] n. f. **1.** Science de l'ordre des temps et des dates. **2.** Liste d'événements par ordre de dates. *Établir la chronologie des faits marquants d'une période.* – Gr. *khrônologia.*

chronologique [kʀɔnolɔʒik] adj. Qui a rapport à la chronologie, à la classification des événements par ordre de dates. *Classer des journaux par ordre chronologique.* – De *chronologie.*

chronologiquement [kʀɔnolɔʒikmɑ̃] adv. Par ordre chronologique. – De *chronologique.*

chronométrage [kʀɔnometʀaʒ] n. m. Action de chronométrer; son résultat. – De *chronométrer.*

chronomètre [kʀɔnomɛtʀ] n. m. **1.** Montre de précision ayant subi divers contrôles attestés par un «bulletin officiel de marche». **2.** *Spécial.* Instrument de précision destiné à mesurer en minutes, secondes, dixièmes et centièmes de seconde, le temps effectué par un athlète au cours d'une épreuve sportive. (Abrév. cour.: *chrono.)* – De *chrono-*, et gr. *metron*, «mesure».

chronométrer [kʀɔnometʀe] v. tr. **[16]** Mesurer à l'aide d'un chronomètre. – De *chronomètre.*

chronométreur, euse [kʀɔnometʀœʀ, øz] n. Personne chargée du chronométrage (d'une épreuve sportive, d'un travail). – De *chronométrer.*

chronométrie [kʀɔnometʀi] n. f. PHYS Mesure du temps. – De *chronomètre.*

chronométrique [kʀɔnometʀik] adj. Qui se rapporte à la chronométrie. – De *chronométrie.*

chronophotographie [kʀɔnofɔtɔgʀafi] n. f. Procédé qui utilise une succession de photographies pour l'étude des mouvements rapides (vol des oiseaux, etc.). *La chronophotographie a donné naissance au cinématographe.* – De *chrono-*, et *photographie.*

chrys-. V. chryso-.

chrysalide [kʀizalid] n. f. **1.** Nymphe spécifique du lépidoptère, état transitoire entre la chenille (larve) et le papillon (imago). – *Par ext.* Cocon de la chrysalide. **2.** Fig. État de ce qui n'a pas encore atteint son plein épanouissement. – Lat. *chrysallis, -idis;* du gr. *khrusos*, «or».

chrysanthème [kʀizɑ̃tɛm] n. m. Genre de composées comportant plus de 200 espèces. (*Chrysanthemum leucanthemum* est la grande marguerite; *Chrysanthemum sinense*, le chrysanthème de Chine, est la souche de très nombr. variétés de plantes ornementales.) – De *chrys-*, et gr. *anthemon*, «fleur».

chryséléphantin, ine [kʀizelefɑ̃tɛ̃, in] adj. ANTIQ Fait d'or et d'ivoire. *La statue chryséléphantine d'Athéna*, par Phidias. – De *chrys-*, et gr. *elephas, elephantos*, «ivoire».

chryso-. Élément, du gr. *khrusos*, «or».

chrysobéryl [kʀizobeʀil] n. m. MINER Pierre précieuse naturelle de couleur variable (de vieil or à vert-jaune), constituée par de l'aluminate de béryllium. – Lat. *chrysoberyllus*, «béryl doré».

chrysocale [kʀizokal] ou **chrysochalque** [kʀizokalk] n. m. Alliage à base de cuivre, imitant l'or en bijouterie. – De *chryso-*, et gr. *khalkos*, «cuivre».

chrysocolle [kʀizokɔl] n. f. Variété de silicate de cuivre bleu turquoise, pierre semi-précieuse utilisée en joaillerie. – Gr. *khrusokolla.*

chrysolite ou **chrysolithe** [kʀizolit] n. f. Pierre semi-précieuse jaune-vert, silicate naturel double de fer et de magnésium. – Lat. *chrysolithus;* gr. *lithos*, «pierre».

chrysomèle [kʀizomɛl] n. f. Coléoptère à élytres brillamment colorés et à reflets métalliques, dont la taille varie de 4 à 10 mm. – De *chryso-*, et gr. *meli*, «miel».

chrysomélidés [kʀizomelide] n. m. pl. ZOOL Famille de coléoptères à corps globuleux, à élytres bombés et à antennes courtes. (Leurs larves sont souvent de dangereux phytophages: doryphores, criocères, etc.) – Du préc.

chrysoprase [kʀizopʀaz] n. f. Variété de calcédoine vert pâle. – Lat. *chrysoprasus;* gr. *prason*, «poireau».

chtonien, ienne [ktɔnjɛ̃, jɛn] adj. MYTH Qui est né de la terre (qualificatif appliqué aux dieux infernaux). *Hadès et Perséphone sont des dieux chtoniens.* – Trad. du lat. *chtonius;* gr. *khthôn*, «terre».

C.H.U. Sigle de *Centre hospitalier universitaire.*

chuchotement [ʃyʃɔtmɑ̃] n. m. Action de chuchoter; le bruit qui en résulte. *On entendait des chuchotements inquiets.* – De *chuchoter.*

chuchoter [ʃyʃɔte] v. intr. **[1]** Parler bas en remuant à peine les lèvres. ▷ v. tr. Dire à voix basse. *Il lui chuchota quelques mots à l'oreille.* – Onomatopée.

chuchoterie [ʃyʃɔtʀi] n. f. Fam. Entretien, propos de personnes qui se parlent à l'oreille. – De *chuchoter.*

chuchoteur, euse [ʃyʃɔtœʀ, øz] n. Fam. Celui, celle qui se plaît à chuchoter. – De *chuchoter.*

chuintant, ante [ʃɥɛ̃tɑ̃, ɑ̃t] adj. Qui chuinte. ▷ PHON n. f. *Les chuintantes:* les consonnes fricatives ch [ʃ], j et g doux [ʒ]. – Ppr. de *chuinter.*

chuintement [ʃɥɛ̃tmɑ̃] n. m. **1.** Action de chuinter. ▷ Défaut de prononciation qui consiste à chuinter. **2.** Bruit d'une chose qui chuinte. – De *chuinter.*

chuinter [ʃɥɛ̃te] v. intr. [1] **1.** Pousser son cri, en parlant de la chouette. **2.** Prononcer les sons [s] et [z] comme [ʃ] et [ʒ]. **3.** Produire un son qui ressemble au son *ch* [ʃ]. *Gaz qui chuinte en s'échappant d'une canalisation.* – Onomatopée.

chut! [ʃyt] interj. Injonction de faire silence. *Chut! Écoutez...* ▷ N. m. inv. *Quelques chut agacés ramenèrent le silence dans la salle.* – Onomatopée.

chute [ʃyt] n. f. **I. 1.** Action de choir, de tomber; mouvement de ce qui tombe. *Faire une chute de cheval.* ▷ PHYS *Chute des corps*, déterminée par la pesanteur. *Chute libre d'un corps qui n'est soumis qu'à l'action de son poids.* ▷ Fig. *La chute du jour:* la tombée du jour. – *Chute du rideau:* le moment où le rideau tombe, au théâtre; la fin d'un spectacle. **2.** *Chute d'eau:* masse d'eau qui se précipite d'une certaine hauteur. *Les chutes du Niagara.* ▷ Différence de hauteur entre les niveaux de deux biefs successifs d'un cours d'eau. ▷ ELECTR *Chute de potentiel:* différence de potentiel. **3.** (En parlant de précipitations atmosphériques) *Chute de pluie, de neige.* «Les jours suivants, des chutes de neige intermittentes avaient camouflé les aspérités des champs [...].» (Lionel Allard, *Mademoiselle Hortense*, 1981.) V. averse. **4.** (Dans un hôpital, un hôtel, un immeuble d'habitation, etc.) Dispositif d'évacuation des ordures ménagères ou de collecte du courrier, du linge sale, comprenant un conduit vertical le long duquel sont disposées, à chaque étage, des trappes. *Chute à déchets, à linge.* **5.** Le fait de se détacher et de tomber (pour une partie de qqch). *La chute des cheveux, des dents.* – *Par ext.* Abaissement de certains organes. *Chute de l'utérus.* – *La chute des feuilles,* leur séparation d'avec l'arbre. *Par ext.* La saison où elles tombent, l'automne. **II.** Fig. **1.** Action de s'écrouler, de s'effondrer. *La chute d'un Empire.* – *La chute d'une valeur boursière,* l'effondrement de son cours. – *Chute d'une place forte après un siège:* sa capitulation. **2.** THEOL Faute, péché. *La chute:* le péché originel. **3.** Litt. Pensée, formule brillante qui termine un texte. – RHET *Chute d'une période:* la fin, le dernier membre d'une période. – MUS La fin d'une phrase musicale. **III. 1.** *La chute d'un toit:* sa pente; son extrémité inférieure. – *La chute des reins:* le bas du dos. ▷ MAR *La chute d'une voile:* sa hauteur verticale lorsqu'elle est tendue. **2.** Déchet, reste inutilisé d'un matériau que l'on a coupé. *Récupérer des chutes de tissu.* – Réfection de *cheoite,* anc. pp. fém. de *choir.*

chuter [ʃyte] v. intr. [1] **1.** Tomber. **2.** Ne pas réussir le contrat demandé, à certains jeux de cartes. *Chuter de deux levées, au bridge.* – De *chute.*

chyle [ʃil] n. m. PHYSIOL Contenu liquide de l'intestin, formé par les aliments digérés et prêts à être absorbés, soit directement par le sang, soit par l'intermédiaire des vaisseaux chylifères. – Gr. *khulos,* «suc».

chylifère [ʃilifɛʀ] adj. Qui porte le chyle. *Vaisseaux chylifères.* – De *chyle.*

chyme [ʃim] n. m. PHYSIOL Bouillie formée par les aliments partiellement digérés au sortir de l'estomac. – Gr. *khumos,* «humeur».

chypriote. V. cypriote.

1. ci [si] adv. de lieu. Marque le lieu où l'on est. **1.** Loc. Avec un verbe. *Ci-gît:* ici est enterré. **2.** Avec un adj. ou un part. *Ci-joint la copie de notre lettre. Les observations ci-incluses.* **3.** En corrélation avec un démonstratif. *Ce livre-ci, cette personne-ci. Celui-ci, ceux-ci.* **4.** Loc. adv. *Ci-après:* plus loin. – *Ci-contre:* tout à côté. – *Ci-dessus:* plus haut, supra. *Ci-dessous:* plus bas, infra. **5.** Loc. adv. Avec les prép. *de* et *par.* – *De-ci, de-là, par-ci, par-là:* de côté et d'autre, en divers endroits. – *Aller de-ci, de-là:* se promener sans but précis. – *On rencontre par-ci, par-là, quelques erreurs dans cet ouvrage.* – Abrév. de *ici.*

2. ci [si] pron. dém. (employé avec *ça*). *Comme ci, comme ça:* moyennement. *Ça va comme ci, comme ça, en ce moment.* – Abrév. de *ceci.*

Ci PHYS NUCL Symbole du curie.

ciao! [tʃjao] Interj. Fam. Salut! – Mot italien.

ci-après. V. après, ci.

cible [sibl] n. f. **1.** Disque, panneau qui sert de but pour le tir. *Atteindre la cible en plein centre.* **2.** *Par ext.* Ce que l'on vise avec une arme. *Le lièvre est une cible difficile.* ▷ Fig. La personne visée. *Toute la soirée, il fut la cible des railleries.* **3.** Fig. L'ensemble des consommateurs que l'on cherche à atteindre par des moyens publicitaires. *Déterminer la cible d'une campagne publicitaire.* **4.** PHYS NUCL Surface que l'on place sur la trajectoire des particules pour étudier les phénomènes qui se produisent aux points d'impact. – Alémanique suisse *schîbe,* all. *Scheibe,* «disque, cible».

ciboire [sibwaʀ] n. m. RELIG CATHOL Vase sacré où l'on conserve les hosties. – Gr. *kibôrion,* «fruit du nénuphar d'Égypte».

ciborium [sibɔʀjɔm] n. m. Baldaquin recouvrant le tabernacle de l'autel. – Mot lat., cf. *ciboire.*

ciboule [sibul] n. f. Liliacée voisine de l'oignon (*Allium fistulosum*), originaire de Sibérie, utilisé comme condiment. Syn. cive. – Provenç. *cebola,* lat. *cæpulla.* «petit oignon».

ciboulette [sibulɛt] n. f. Liliacée *(Allium schœnoprasum)* dont les feuilles tubulaires sont utilisées comme condiment. Syn. civette. – De *ciboule.*

ciboulot [sibulo] n. m. Pop. Tête. – *Se creuser le ciboulot:* se creuser la tête. – De *ciboule,* «oignon», d'ap. *boule,* «tête».

cicadaires [sikadɛʀ] ou **cicadidés** [sikadide] n. m. pl. Sous-ordre d'insectes homoptères comprenant les cigales (genre *Cicada*) et les cicadelles. – Du lat. *cicada,* «cigale».

cicadelle [sikadɛl] n. f. ZOOL Insecte homoptère sauteur (10 mm de long), brunâtre, dont les diverses espèces sont les agents des maladies virales frappant des végétaux cultivés. – Du lat. *cicada,* «cigale».

cicatrice [sikatʀis] n. f. Trace laissée par une plaie après guérison. *Il a gardé de nombreuses cicatrices de son accident.* ▷ Fig. Trace laissée par une blessure morale. *Il garde la cicatrice de cette tragédie.* – Lat. *cicatrix.*

cicatriciel, ielle [sikatʀisjɛl] adj. Relatif à une cicatrice. – De *cicatrice.*

cicatricule [sikatʀikyl] n. f. Marque blanche sur le jaune d'œuf, indiquant la place du germe. – Lat. méd. *cicatricula.*

cicatrisant, ante [sikatʀizɑ̃, ɑ̃t] adj. Qui favorise la cicatrisation. *Pommade cicatrisante.* – Ppr. de *cicatriser.*

cicatrisation [sikatʀizasjɔ̃] n. f. Guérison d'une plaie. – De *cicatriser.*

cicatriser [sikatʀize] **1.** v. tr. [1] Guérir, en parlant d'une plaie. ▷ Fig. Adoucir, calmer. *Le temps cicatrise les douleurs d'amour-propre.* **2.** v. pron. Se refermer, guérir, en parlant d'une plaie. *Les petites blessures se cicatrisent très bien à l'air libre.* – De *cicatrice.*

cicendèle. V. cicindèle.

cicéro [siseʀo] n. m. TYPO Caractère qui a douze points (env. 4,5 mm), employé comme unité de mesure typographique en France. – Lat. *Cicero,* «Cicéron»; caractères de la première édition des œuvres de Cicéron en 1458.

cicérone ou **cicerone** [siseʀɔn] n. m. Guide qui fait visiter aux étrangers les curiosités d'une ville. *Des cicérones.* – Mot ital., du nom de *Cicéron,* par allus. à la verbosité des guides italiens.

cicindèle ou **cicendèle** [sisɛ̃dɛl] n. f. Coléoptère carnivore très vorace (s'attaquant aux limaces, pucerons, etc.), à longues pattes et à très gros yeux. (*Cicindela campestris,* la cicindèle champêtre, aux élytres verts tachetés de jaune, longue de 15 mm, vit en France.) – Lat. *cicindela,* rac. *candere,* «briller».

ciconiiformes [sikɔniifɔʀm] n. m. pl. ZOOL Ordre d'oiseaux échassiers à long cou et long bec conique, comprenant les cigognes, les hérons, les aigrettes, les marabouts, etc. Syn. ardéiformes. – Du lat. *ciconia,* «cigogne».

ci-contre. V. contre.

cicutine [sikytin] n. f. CHIM Alcaloïde très toxique contenu dans la grande ciguë. Syn. conicine. – Du lat. *cicuta,* «ciguë».

-cide. Élément, du lat. *cædes, cædis,* «action d'abattre, meurtre».

ci-dessous, ci-dessus. V. ci 1.

ci-devant [sidəvɑ̃] **1.** Loc. adv. Vx ou didac. Précédemment. *Le ci-devant gouverneur.* **2.** n. inv. HIST *Les ci-devant* (pour *les ci-devant nobles*), nom donné aux nobles pendant la Révolution française. – De *ci* 1, et *devant.*

cidre [sidʀ] n. m. Boisson alcoolique obtenue par fermentation du jus de pommes. *Cidre champagnisé.* – Lat. ecclés. *sicera,* «boisson enivrante».

cidrerie [sidʀəʀi] n. f. Établissement où l'on fait du cidre. *Travailler dans une cidrerie.* – De *cidre.*

Cie. Abrév. de *compagnie.*

1. ciel [sjɛl] n. m. (pl. *ciels* dans tous les sens techniques; *cieux* dans quelques expr. litt.) **I.** ESP **1.** L'espace indéfini dans lequel se meuvent tous les astres; la partie de l'espace que nous voyons au-dessus de nos têtes. *L'immensité du ciel,* et litt., *des cieux. Voir un avion dans le ciel.* ▷ Loc. *Entre ciel et terre:* dans l'air. *Être suspendu entre ciel et terre.* – *Lever les yeux au ciel,* en signe de supplication ou d'exaspération. – Fig. *Remuer ciel et terre:* tout mettre en œuvre pour obtenir un résultat. *Il a remué ciel et terre pour obtenir à temps son visa.* **2.** (avec un adj., un comp.). Aspect de l'air, de l'atmosphère (selon le temps qu'il fait). *Ciel clair, nuageux, pluvieux. Un ciel de plomb.* ▷ METEO Partie du ciel présentant des caractéristiques nuageuses identiques. *Ciel pommelé, moutonné.* **3.** PEINT *Représentation du ciel. Les ciels de ce peintre sont toujours sombres.* **II.** Plafond. **1.** *Ciel de lit:* partie supérieure d'un baldaquin. **2.** MINES Plafond d'une galerie. – *Exploitation d'une mine à ciel ouvert,* à la surface du sol, à l'air libre. – Lat. *cælum.*

2. ciel [sjɛl], **cieux** [sjø] n. m. **1.** Le séjour de Dieu et des bienheureux, le Paradis. *Le royaume des cieux.* – *Être au ciel,* au Paradis; être mort. ▷ Loc. fig. et fam. *Tomber du ciel:* arriver inopinément mais très à propos. *Une occasion qui m'est tombée du ciel.* – *Être au septième ciel:* être dans un état de grande félicité. **2.** *Par ext.* La divinité, la providence. *Grâce au ciel, j'ai réussi.* ▷ Prov. *Aide-toi, le ciel t'aidera.* **3.** HIST *Le fils du Ciel:* autref. l'empereur de Chine. **4.** *Ciel!* Interj. marquant la stupéfaction. *Ciel, les voilà revenus!* – Cf. précédent.

cierge [sjɛʀʒ] n. m. **1.** Longue chandelle de cire à l'usage des églises. *Brûler un cierge à un saint,* en signe de supplication ou de reconnaissance. **2.** Plante dont la forme rappelle celle d'un cierge. – *Spécial. Cereus,* plante cactacée d'Amérique, dont la tige cylindrique peut atteindre 15 m de haut. – Lat. *cereus,* de *cera,* «cire».

cigale [sigal] n. f. **1.** Insecte homoptère aux ailes transparentes et au corps sombre qui se nourrit de la sève des arbres dont il perfore l'écorce grâce à son rostre rigide. (*Cicada fraxini,* 45 mm, est abondante dans les régions chaudes; seul le mâle *craquette:* chante.) **2.** *Cigale de mer.* V. scyllare. – Provenç. *cigala;* lat. *cicada.*

cigare [sigaʀ] n. m. Rouleau de tabac à fumer formé de feuilles non hachées. *Cigares de La Havane.* – Esp. *cigarro.*

cigarette [sigaʀɛt] n. f. Petit rouleau de tabac haché, enveloppé dans une feuille de papier très fin. *Papier à cigarette. Cigarettes blondes, brunes. Cigarettes médicinales,* faites avec des feuilles d'eucalyptus, de belladone ou de jusquiame. Syn., pop. sèche. – Dimin. de *cigare.*

cigarière [sigaʀjɛʀ] n. f. Ouvrière qui façonnait manuellement le tabac en cigare. – De *cigare.*

cigarillo [sigaʀijo] n. m. Cigarette recouverte d'une feuille de tabac; petit cigare. – Mot esp.

ci-gît. V. gésir.

cigogne [sigɔɲ] n. f. **1.** Grand oiseau échassier migrateur. (*Ciconia ciconia* est la cigogne blanche, longue de 1 m, à pattes rouges et à rémiges noires. Elle hiverne en Afrique tropicale.) **2.** TECH Levier coudé. – Lat. *ciconia.*

cigogneau [sigɔɲo] n. m. Petit de la cigogne. – De *cigogne.*

ciguë [sigy] n. f. Plante vénéneuse de la famille des ombellifères, qui contient un alcaloïde très toxique, la conicine. (*Conium maculatum* est la grande ciguë; *Cicuta virosa,* la ciguë vireuse.) ▷ Le poison que l'on en extrait. *Socrate fut condamné à boire la ciguë.* – A. fr. *ceuë,* refait d'ap. *cicuta.*

ci-joint, ci-jointe. V. ci 1.

cil [sil] n. m. **1.** Poil garnissant le bord des paupières de l'être humain et de certains animaux. **2.** BIOL *Cils vibratiles:* filaments protoplasmiques propres à certaines cellules et aux bactéries, qui ont pour fonction d'assurer la nutrition et la propulsion. **3.** BOT Poil garnissant le bord d'une partie quelconque d'un végétal. *Les cils d'une feuille.* – Lat. *cilium.*

ciliaire [siljɛʀ] adj. Des cils. ▷ ANAT *Procès ciliaire:* replis saillants de la choroïde en arrière de l'iris. – De *cil.*

cilice [silis] n. m. Chemise de crin que l'on porte sur la peau, par mortification. – Lat. ecclés. *cilicium,* «étoffe en poil de chèvre de Cilicie».

cilié, ée [silje] adj. et n. **1.** adj. BOT Bordé de poils rangés comme des cils. *Feuilles ciliées.* **2.** n. m. pl. ZOOL *Les ciliés:* classe de protozoaires infusoires dont la cellule est couverte de cils *(paramécie, stentor, vorticelle).* – De *cil.*

cillement [sijmɑ̃] n. m. Action de ciller. – De *ciller.*

ciller [sije] v. tr. [1] **1.** Fermer, agiter et ouvrir rapidement (les yeux). *Ciller les yeux, des yeux, à cause du soleil.* – (S. comp.) *Une lumière éblouissante qui fait ciller.* Syn. cligner. **2.** Fig., fam. Broncher. *Ne pas oser ciller devant qqn.* – De *cil.*

cimaise ou **cymaise** [simɛz] n. f. ARCHI **1.** Moulure à la partie supérieure d'une corniche. **2.** *Par ext.* Partie d'un mur à la hauteur des yeux. – *Spécial.* Dans une galerie de peinture, cette partie, destinée à recevoir des tableaux. – Gr. *kumation,* «petite vague», de *kuma,* «vague».

cime [sim] n. f. **1.** Sommet, faîte, partie la plus élevée. *La cime d'une montagne, d'un clocher.* **2.** Fig. Le plus haut degré. *La cime des honneurs, du bonheur.* – Lat. *cyma,* «pousse»; gr. *kuma,* «ce qui est gonflé».

ciment [simɑ̃] n. m. **1.** Matériau pulvérulent formant avec l'eau une pâte plastique qui fait prise et se solidifie en une matière dure et compacte. *Enduire, lier avec du ciment.* **2.** *Par anal.* Toute matière liante compacte. *Ciment dentaire.* **3.** Fig. Ce qui lie ou rapproche. *Le ciment d'une alliance.* – Lat. *caementum,* «pierre naturelle».

cimentage [simɑ̃taʒ] n. m. Action de cimenter. – De *cimenter.*

cimentation [simɑ̃tasjɔ̃] n. f. TECH Consolidation des parois d'un forage par injection d'une boue colloïdale à base de ciment. – De *cimenter.*

cimenter [simɑ̃te] v. tr. [1] **1.** Lier, enduire avec du ciment. *Cimenter des briques. Cimenter un mur, le perron d'une maison.* **2.** Fig. Confirmer, affermir, consolider. *Cimenter une alliance.* – De *ciment.*

cimenterie [simɑ̃tʀi] n. f. Fabrique de ciment. – De *ciment.*

cimentier [simɑ̃tje] n. m. Ouvrier qui fabrique ou qui emploie du ciment. – *Spécial.* Ouvrier spécialisé dans la mise en œuvre du béton armé. – De *ciment.*

cimeterre [simtɛʀ] n. m. Sabre oriental à lame très forte, tranchante des deux côtés et recourbée en arrière. – Ital. *scimitarra,* du persan.

cimetière [simtjɛʀ] n. m. **1.** Lieu, terrain où l'on enterre les morts. **2.** *Par ext.* Endroit où l'on dépose ce qui est hors d'usage. *Cimetière de voitures.* – Gr. *koimêtêrion,* «lieu où l'on dort».

1. cimier [simje] n. m. Ornement du sommet d'un casque. – De *cime.*

2. cimier [simje] n. m. **1.** En boucherie, pièce de bœuf charnue prise sur la croupe. **2.** Croupe du cheval et des bêtes fauves. – De *cime.*

cinabre [sinabʀ] n. m. **1.** MINER Sulfure naturel de mercure (HgS) rouge-brun, exploité comme minerai et utilisé comme pigment dans certaines peintures. **2.** Couleur rouge vermillon. – Gr. *kinnabari.*

cinchonine [sɛ̃kɔnin] n. f. BOT Alcaloïde tonique et astringent, extrait du quinquina. – Lat. bot. *Cinchona,* genre de *quinquina* (arbre).

cincle [sɛ̃kl] n. m. Oiseau passériforme plongeur des bords des cours d'eau, qui marche sur le fond à la recherche de sa nourriture. (*Cinclus mexicanus,* le cincle d'Amérique, se reconnaît à sa couleur gris ardoise et à sa queue courte; il est commun aux abords des torrents.) – Gr. *kigklos.*

ciné [sine] n. m. Fam. Abrév. de *cinéma.*

cinéaste [sineast] n. Metteur en scène, technicien de cinéma. – De *cinéma.*

ciné-club [sineklœb] n. m. Association d'amateurs de cinéma. *Des ciné-clubs.* – De *ciné,* et *club.*

cinéma [sinema] n. m. **1.** Procédé d'enregistrement et de projection de vues photographiques animées. **2.** L'art de réaliser des films; le spectacle que constitue la projection d'un film. *Une actrice de cinéma. Cinéma politique. Cinéma d'art et d'essai. Critique de cinéma.* ▷ *Le cinéma:* l'ensemble des professionnels du cinéma; l'industrie du spectacle cinématographique. *Le cinéma canadien. Travailler dans le cinéma.* **3.** Salle de spectacle où l'on projette des films. *Aller au cinéma.* **4.** Fig., fam. Façon d'agir pleine d'affectation, comédie. *Faire du cinéma. Arrête ton cinéma!* – Abrév. de *cinématographe.*

cinémascope [sinemaskɔp] n. m. Procédé cinématographique fondé sur l'anamorphose des images, qui donne, à la projection, une vue panoramique avec effet de profondeur. – De *cinéma,* et *-scope,* marque déposée.

cinémathèque [sinematɛk] n. f. **1.** Endroit où l'on conserve les films de cinéma. **2.** Organisme chargé de la conservation et de la projection publique des films de cinéma. – De *cinéma,* d'ap. *(biblio)thèque.*

cinématique [sinematik] adj. et n. **1.** adj. Qui est relatif au mouvement. **2.** n. f. MECA *La cinématique:* la partie de la mécanique qui étudie le mouvement d'un point de vue purement descriptif (abstraction faite des causes du mouvement, dont s'occupe la *dynamique*). – Du gr. *kinêmatos,* de *kinêma,* «mouvement».

ENCYCL La cinématique étudie la trajectoire des mobiles, c.-à-d. les positions de ceux-ci au cours du temps. Lorsque la vitesse du mobile est constante, son accélération est normale à la trajectoire, et le mouvement est dit *uniforme.* Le mouvement est à *accélération centrale* si le vecteur accélération passe par un point fixe. La trajectoire, si elle est plane, est alors déterminée par la loi des aires (mouvement des planètes). La cinématique du solide a pour objet l'étude des mouvements de points dont les distances restent constantes.

cinématographe [sinematɔgʀaf] n. m. Vieilli Appareil de projection cinématographique. *L'invention du cinématographe.* – Du gr. *kinêma,* «mouvement», et *-graphe.*

cinématographie [sinematɔgʀafi] n. f. Ensemble des procédés du cinéma. – Du gr. *kinêma,* «mouvement», et *-graphie.*

cinématographique [sinematɔgʀafik] adj. Du cinéma. *Technique cinématographique.* – De *cinématographie.*

cinémitrailleuse [sinemitʀajøz] n. f. ARTILL MILIT Caméra qui enregistre les résultats du tir d'une arme automatique ou d'un missile, à partir d'un avion. – De *ciné,* et *mitrailleuse.*

cinémomètre [sinemɔmɛtʀ] n. m. TECH Instrument servant à mesurer la vitesse d'un corps en déplacement. ▷ *Cinémomètre-radar:* appareil servant à mesurer, par effet Doppler-Fizeau, la vitesse des véhicules, pour déceler les infractions. – Du gr. *kinêma,* «mouvement», et *-mètre.*

cinéphile [sinefil] n. Amateur de cinéma. – De *ciné,* et *-phile.*

1. cinéraire [sineʀɛʀ] adj. *Urne cinéraire,* qui renferme les cendres d'un mort incinéré. – Lat. *cinerarius,* de *cinis, cineris,* «cendre».

2. cinéraire [sineʀɛʀ] n. f. BOT Composée ornementale (genre *Cineraria*) aux feuilles gris cendré sur leur envers. – Lat. *cinerarius.*

cinérite [sineʀit] n. f. PETROG Roche sédimentaire composée essentiellement de cendres volcaniques et contenant souvent de nombr. fossiles. – Du lat. *cinis, cineris,* «cendre».

cinéroman [sineʀɔmɑ̃] n. m. **1.** Film à épisodes, à la mode entre 1920 et 1930. **2.** Récit en images, roman-photo utilisant les photographies tirées d'un film. – De *ciné,* et *roman.*

cinéscope [sineskɔp] n. m. ELECTRON Tube cathodique effectuant la synthèse d'une image de télévision. – De *ciné,* et *-scope.*

cinétique [sinetik] adj. et n. **I.** adj. **1.** Relatif au mouvement. **2.** PHYS *Énergie cinétique:* énergie emmagasinée par un corps lors de sa mise en mouvement, égale à $1/2\ mV^2$ si le corps est en translation ou à $1/2\ J\omega^2$ s'il est en rotation (*m:* masse; *V:* vitesse; *J:* moment d'inertie par rapport à l'axe de rotation; ω: vitesse angulaire). – *Moment cinétique par rapport à un point:* moment par rapport à ce point de la quantité de mouvement. – *Théorie cinétique des gaz,* suivant laquelle les propriétés des gaz sont déduites de l'étude du mouvement d'agitation des molécules. **3.** BX-A *Art cinétique:* courant de l'art contemp., né des tendances constructivistes de l'abstraction géométrique. (Les œuvres cinétiques sont animées soit d'un mouvement virtuel: Vasarely, Agam, Cruz-Diaz, etc., soit d'un mouvement réel provoqué par des procédés mécaniques et électriques: Nicolas Schöffer, Demarco, Garcia-Rossi, etc.) **II.** n. f. **1.** MECA Partie de la mécanique étudiant les phénomènes de mouvement. **2.** CHIM *Cinétique chimique:* étude de la modification de la composition d'un système chimique en fonction du temps. – Gr. *kinêtikos.*

cingalais ou **cinghalais, aise** [sɛ̃galɛ, ɛz] adj. (et n.). D'une ethnie de Sri Lanka (Ceylan). ▷ n. m. *Le cingalais:* langue indo-aryenne parlée au Sri Lanka. – Tamoul *cingala,* par l'angl.

cinglant, ante [sɛ̃glɑ̃, ɑ̃t] adj. **1.** Qui fouette. *Un vent cinglant.* **2.** Fig. Blessant, mordant. *Une réplique cinglante.* – Ppr. de *cingler* 2.

cinglé, ée [sɛ̃gle] adj. et n. Fam. Un peu fou. ▷ Subst. *Encore un cinglé qui parle tout seul!* – Pp. de *cingler* 2.

1. cingler [sɛ̃gle] v. intr. [1] Litt. Naviguer vers un point à bonne allure. *Le voilier cingle vers le port.* – Du scand. *sigla.*

2. cingler [sɛ̃gle] v. tr. [1] **1.** Frapper avec un objet flexible. *Cingler un cheval avec une cravache.* **2.** Fouetter, en parlant du vent, de la pluie, de la neige. *Un vent fort nous cinglait le visage.* **3.** Fig. Critiquer (qqn) d'une façon mordante. **4.** TECH Marquer une ligne droite sur (une paroi) à l'aide d'un cordeau enduit d'une matière colorante. **5.** METALL *Cingler le fer, l'acier,* les marteler pour en chasser les scories. – Du lat. *cingula,* «ceinture».

cinoche [sinoʃ] n. m. Fam. Cinéma. – De *cinéma,* et suff. *-oche.*

cinq [sɛ̃ devant un mot commençant par une consonne. – sɛ̃k dans les autres cas] adj. et n. inv. **I.** adj. **1.** adj. num. cardinal. Quatre plus un. *Le monde a cinq parties. Une tragédie en cinq actes. – Dans cinq minutes:* tout de suite. *J'arrive dans cinq minutes.* **2.** adj. num. ord. Cinquième. *Charles Cinq. L'acte cinq.* **II.** n. m. **1.** Quatre plus un. *Multiplier cinq par trois. Quatre-vingt-cinq.* **2.** Carte à jouer qui a cinq marques. *Il a deux cinq dans son jeu.* – Loc. *En cinq sec:* très rapidement. **3.** Chiffre qui représente le nombre cinq. *On ne sait pas si c'est un cinq ou un huit qu'il a écrit là.* – Du lat. *quinque.*

cinquantaine [sɛ̃kɑ̃tɛn] n. f. Nombre de cinquante ou environ. *Une cinquantaine de pages. – Absol.* L'âge de cinquante ans. *Elle frôle la cinquantaine.* – De *cinquante.*

cinquante [sɛ̃kɑ̃t] adj. et n. inv. **I. 1.** adj. num. cardinal. Cinq fois dix. *Cinquante dollars. Un homme de cinquante ans.* **2.** adj. num. ord. *La page cinquante.* **II.** n. m. Le nombre cinquante. – Du lat. *quinquaginta.*

cinquantenaire [sɛ̃kɑ̃tnɛʀ] **1.** adj. Celui, celle qui a cinquante ans. **2.** n. m. Cinquantième anniversaire. *Fêter le cinquantenaire d'une revue.* – De *cinquante,* d'apr. *centenaire.*

cinquantième [sɛ̃kɑ̃tjɛm] adj. et n. **I. 1.** adj. num. ord. *La cinquantième page.* **2.** n. *Elle est la cinquantième de la liste.* **II.** n. (et adj.). Chacune des parties d'un tout divisé en cinquante parties égales. *Calculer la cinquantième partie d'une somme.* – De *cinquante.*

cinquième [sɛ̃kjɛm] adj. et n. **I. 1.** adj. num. ord. *Le cinquième étage.* – Ellipt. *Monter au cinquième.* – Loc. *Être la cinquième roue du carrosse:* ne servir à rien. **2.** n. *Vous êtes la cinquième.* **II.** Se dit de chaque partie d'un tout divisé en cinq parties égales. **1.** adj. *La cinquième partie du budget.* **2.** n. m. *Il aura le cinquième de l'héritage.* – De *cinq.*

cinquièmement [sɛ̃kjɛmmɑ̃] adv. En cinquième lieu. – De *cinquième.*

cintrage [sɛ̃tʀaʒ] n. m. TECH Action de cintrer ou de courber une plaque, une barre de métal. – De *cintrer.*

cintre [sɛ̃tʀ] n. m. **1.** ARCHI Courbure concave et continue d'une voûte ou d'un arc. *Arc plein cintre,* qui a la forme d'un demi-cercle régulier. **2.** TECH Appareil qui supporte un tablier de pont ou une voûte pendant le coulage du béton. **3.** Plur. Partie supérieure d'une scène de théâtre. *Les décors descendent des cintres.* **4.** Support pour les vêtements, qui a la forme des épaules. *Accrocher une veste sur un cintre.* – De *cintrer.*

cintré, ée [sɛ̃tʀe] adj. **1.** Courbé en arc. **2.** Pincé à la taille. *Une veste cintrée.* **3.** Pop. Un peu fou (cf. tordu). – Pp. de *cintrer.*

cintrer [sɛ̃tʀe] v. tr. [1] **1.** ARCHI Faire un cintre, faire (un ouvrage) en cintre. **2.** TECH Courber une pièce. *Cintrer un tuyau.* – Du lat. *cinctura,* «ceinture».

cipaille [sipɑj] ou **cipâte** [sipɑt] n. m. Pâté profond fait d'une préparation de pommes de terre et de plusieurs sortes de viandes coupées en morceaux. *Cipaille au lièvre.* ▷ Rég. Dessert fait à base de pâte et de fruits. *Cipaille aux bleuets.* – De l'angl. *sea-pie.*
ENCYCL Le cipaille, qui rappelle la tourtière du Lac-Saint-Jean, peut être apprêté de différentes façons. Traditionnellement à base de gibier (du lièvre, de l'orignal, par ex.), il peut être fait également de viande de boucherie ou même de poissons. À l'intérieur du pâté, les viandes et les pommes de terre peuvent être disposées en plusieurs couches séparées chacune par une abaisse d'où, par étymologie populaire (d'après *pâte*), la var. *cipâte* (parfois orthogr. *six-pâtes,* sous prétexte que le mets comportait six étages). Appliqué à un dessert, le cipaille désigne soit une sorte de tarte dont la garniture est répartie entre plusieurs couches de pâte, soit des boules de pâte cuites dans du sirop ou de la confiture de fruits en ébullition.

cipâte. V. cipaille.

cipaye [sipaj] n. m. Anc. Soldat indien à la solde des Européens, en Inde. – *La révolte des cipayes,* contre les Anglais (1857-1858). – Persan *sipahi,* «cavalier».

cipolin [sipɔlɛ̃] n. m. Calcaire en cristaux assez gros, traversé par des veines concentriques de mica, employé en construction pour remplacer le marbre. – De l'ital. *cipollino,* «petit oignon».

cippe [sip] n. m. ARCHEOL Petite colonne sans base ni chapiteau, employée jadis comme borne ou stèle funéraire. – Lat. *cippus,* «colonne».

cirage [siʀaʒ] n. m. **1.** Action de cirer. **2.** Composition, à base de cire, que l'on applique sur les cuirs pour les rendre brillants. *Étaler du cirage sur une chaussure.* **3.** Fig., fam. *Être dans le cirage:* être à moitié inconscient ou ivre; ne rien comprendre à qqch. – De *cirer.*

circadien, ienne [siʀkadjɛ̃, jɛn] adj. PHYSIOL *Rythme circadien:* organisation séquentielle des diverses fonctions d'un organisme au cours d'une période de 24 heures. – Du lat. *circa,* «environ», et *dies,* «jour».

circom-. V. circum-.

circomméridien. V. circumméridien.

circompolaire. V. circumpolaire.

circoncire [siʀkɔ̃siʀ] v. tr. [83] Pratiquer l'opération de la circoncision sur (qqn). – Lat. ecclés. *circumcidere,* «couper autour».

circoncision [siʀkɔ̃sizjɔ̃] n. f. Opération qui consiste à exciser, complètement ou partiellement, la peau du prépuce. *La circoncision est pratiquée rituellement par les juifs et les musulmans.* – Lat. ecclés. *circumcisio.*

circonférence [siʀkɔ̃feʀɑ̃s] n. f. **1.** Ligne courbe fermée, dont tous les points sont également distants du centre. – Périmètre d'un cercle. *La longueur de la circonférence est égale à $2\pi R$ (R = rayon).* **2.** *Par ext.* Ligne courbe enfermant une surface plane. *La vaste circonférence d'une capitale.* – Lat. *circumferentia,* de *circumferre,* «faire le tour».

circonflexe [siʀkɔ̃flɛks] adj. **1.** *Accent circonflexe:* accent placé sur certaines voyelles longues (*âme, pôle*). **2.** ANAT *Artères, nerfs circonflexes,* de forme sinueuse. – Lat. *circumflexus,* «courbé en arc».

circonlocution [siʀkɔ̃lɔkysjɔ̃] n. f. Litt. Façon de parler qui exprime la pensée de manière indirecte ou imprécise. *Un discours plein de circonlocutions prudentes.* – Lat. *circumlocutio,* trad. du gr. *periphrasis.*

circonscription [siʀkɔ̃skʀipsjɔ̃] n. f. Division d'un territoire (administrative, militaire, etc.). *Circonscription électorale.* – Lat. *circumscriptio,* «espace limité».

circonscrire [siʀkɔ̃skʀiʀ] v. tr. [65] **1.** Tracer une ligne autour de (qqch). – GEOM *Circonscrire un cercle à un polygone:* tracer un cercle passant par les sommets de ce polygone. *Circonscrire un polygone à un cercle:* tracer un polygone dont les côtés sont tangents à ce cercle. **2.** Donner des limites, mettre des bornes à. *Circonscrire un incendie, une épidémie.*

3. Fig. Cerner, limiter. *Circonscrire le sujet d'un ouvrage.* – Lat. *circumscribere,* rad. *scribere,* «écrire».

circonspect, ecte [siʀkɔ̃spɛ, ɛkt] adj. **1.** Qui se tient dans une prudente réserve. *Elle est très circonspecte dans ses déclarations.* **2.** Inspiré par une prudence méfiante. *Des paroles circonspectes.* – Lat. *circumspectus.*

circonspection [siʀkɔ̃spɛksjɔ̃] n. f. Prudence, retenue, discrétion. *Agissez avec circonspection.* – Lat. *circumspectio.*

circonstance [siʀkɔ̃stɑ̃s] n. f. **1.** Ce qui accompagne un fait, un événement. *Se trouver dans des circonstances difficiles, dans une circonstance particulière.* **2.** DR *Circonstances aggravantes,* qui augmentent l'importance et parfois la nature des peines applicables. *Circonstances atténuantes,* qui, laissées à l'appréciation des juges, leur permettent de diminuer la peine encourue. **3.** Ce qui caractérise la situation présente. *Profitez de la circonstance. Dans les circonstances actuelles:* en ce moment. *De circonstance:* adapté à la situation. – Lat. *circumstantia,* de *circumstare,* «se tenir debout autour».

circonstancié, ée [siʀkɔ̃stɑ̃sje] adj. En parlant d'un récit, d'un rapport: détaillé, complet. *Un exposé circonstancié.* – De *circonstance.*

circonstanciel, ielle [siʀkɔ̃stɑ̃sjɛl] adj. GRAM Qui marque les circonstances. *Les compléments circonstanciels marquent un rapport de temps, de lieu, de manière, de but, de prix, de cause, de conséquence, etc.* – De *circonstance.*

circonvallation [siʀkɔ̃valɑsjɔ̃] n. f. MILIT Ensemble de tranchées, de travaux de défense, autour d'une place assiégée. – Du lat. *circumvallare,* «entourer d'un retranchement».

circonvenir [siʀkɔ̃v(ə)niʀ] v. tr. **[39]** Agir [sur qqn] avec méthode et artifice pour obtenir qqch. *Il s'est laissé circonvenir.* – Lat. *circumvenire,* «venir autour».

circonvoisin, ine [siʀkɔ̃vwazɛ̃, in] adj. (Surtout au plur.) Qui se trouve situé près, autour de. *L'ennemi pilla Rome et les lieux circonvoisins.* – Du lat. médiév. *circumvicinus.*

circonvolution [siʀkɔ̃vɔlysjɔ̃] n. f. **1.** Tour décrit autour d'un centre. **2.** ANAT *Circonvolutions cérébrales:* replis sinueux séparés par des sillons qui marquent, chez les mammifères, la surface du cerveau. *Circonvolutions intestinales:* replis des intestins dans l'abdomen. – Du lat. *circumvolutus,* «roulé autour».

circuit [siʀkɥi] n. m. **1.** Itinéraire qui oblige à des détours. *Il faut faire un long circuit pour atteindre la maison.* **2.** Itinéraire touristique. *Faire le circuit de la Gaspésie.* **3.** Itinéraire ramenant au point de départ, utilisé pour des courses. *Un circuit automobile.* ▷ Loc. *En circuit fermé:* en revenant à son point de départ. **4.** ELECTR et ELECTRON Ensemble de conducteurs reliés entre eux. ▷ *Circuit imprimé:* ensemble électrique dont les connexions sont réalisées au moyen de minces bandes conductrices incorporées dans une plaque isolante. ▷ *Circuit intégré:* bloc semiconducteur dans lequel on a incorporé des composants, permettant de réaliser une fonction donnée. ▷ *Circuit logique:* circuit intégré qui remplit des fonctions logiques (OUI, NON, OU, etc.). ▷ *Circuit magnétique:* dispositif réalisé en matériaux ferromagnétiques, qui permet de canaliser les lignes d'induction d'un champ magnétique et d'obtenir des flux d'induction élevés. **5.** MATH *Circuit d'un graphe:* chemin partant d'un sommet du graphe et aboutissant à ce même sommet. – Lat. *circuitus,* de *circumire,* «faire le tour».

circulaire [siʀkylɛʀ] adj. et n. **I.** adj. **1.** Qui a la forme d'une circonférence ou qui décrit cette figure. *Surface circulaire. Mouvement circulaire.* ▷ MATH *Fonction circulaire:* fonction qui fait correspondre à une valeur celle de sa ligne trigonométrique (ex.: $y = \sin x$). ▷ *Secteur circulaire:* portion de plan comprise entre un arc de cercle et les rayons aboutissant aux sommets de cet arc. **2.** Qui a la forme d'un cercle ou qui évoque cette forme. *Excavation circulaire.* **3.** Par ext. *Voyage circulaire,* qui ramène au point de départ. **II.** n. f. Lettre écrite dans les mêmes termes et adressée à plusieurs personnes sur le même sujet. *Une circulaire ministérielle.* – Lat. *circularis.*

circulairement [siʀkylɛʀmɑ̃] adv. En cercle. – De *circulaire.*

circulation [siʀkylɑsjɔ̃] n. f. **1.** Mouvement d'un fluide qui circule. ▷ MED Mouvement du sang qui part du cœur et y revient. *Circulation du sang.* ▷ METEO *Circulation générale de l'atmosphère:* ensemble des grands courants aériens à l'échelle planétaire. **2.** Mouvement de personnes, de véhicules sur une, des voies. *Les embarras de la circulation. Route à grande circulation.* – Loc. fig. et fam. *Disparaître de la circulation:* ne plus donner de ses nouvelles. **3.** Mouvement des biens, des produits, passage de main en main. *Circulation monétaire. Retirer un produit de la circulation. Mettre en circulation:* mettre à la disposition du public. ▷ FIN *En circulation:* se dit d'un chèque que le bénéficiaire n'a pas encore encaissé. – Lat. *circulatio.*

ENCYCL *La circulation sanguine* permet l'apport d'oxygène, d'eau, et des nutriments indispensables aux différents organes et tissus de l'organisme. En outre, elle assure le transport des produits excrétés par la cellule (déchets ou sécrétions hormonales). Le sang oxygéné venant des poumons gagne les cavités cardiaques gauches; après éjection dans le ventricule gauche, l'aorte et ses collatérales, il vient ensuite irriguer les organes et les tissus périphériques, où l'oxygène est consommé. Le sang veineux, pauvre en oxygène et riche en acide carbonique, gagne les deux veines caves et l'oreillette droite, puis les artères pulmonaires, pour atteindre l'espace alvéolo-capillaire, où s'effectuent les échanges gazeux. Le cœur, pompe cardiaque, assure la circulation sanguine et permet de maintenir un niveau stable de pression artérielle.

circulatoire [siʀkylatwaʀ] adj. PHYSIOL Relatif à la circulation des liquides dans un organisme. *Appareil circulatoire. Trouble circulatoire.* – De *circuler.*

circuler [siʀkyle] v. intr. **[1]** **1.** Se mouvoir dans un circuit. *Le sang circule dans tout l'organisme.* **2.** Aller et venir. *Les automobiles circulent à toute allure.* **3.** Passer de main en main. *L'argent circule.* **4.** Fig. Se propager, se répandre. *La nouvelle circule ici depuis hier.* – Lat. *circulare,* «tourner autour».

circum-. Élément, du lat. *circum,* «autour».

circumduction [siʀkɔmdyksjɔ̃] n. f. Mouvement de rotation autour d'un axe ou d'un point. ▷ ANAT Mouvement faisant décrire à un membre un cône dont l'articulation forme le sommet. – Lat. *circumductio,* «action de conduire autour».

circumméridien, ienne ou **circomméridien, ienne** [siʀkɔmmeʀidjɛ̃, jɛn] adj. ASTRO Qui a lieu au voisinage du méridien. – De *circum-,* et *méridien.*

circumnavigation [siʀkɔmnavigasjɔ̃] n. f. Voyage par mer autour d'un continent. – De *circum-,* et *navigation.*

circumpolaire ou **circompolaire** [siʀkɔmpɔlɛʀ] adj. ASTRO Voisin de l'un des pôles. – De *circum-,* et *polaire.*

cire [siʀ] n. f. **1.** Matière avec laquelle les abeilles construisent les alvéoles de leurs ruches. *Cire vierge,* telle qu'on la trouve dans les ruches. ▷ *Par anal.* Cour. Cérumen. **2.** Substance analogue produite par certains végétaux. **3.** Produit à base de cire pour divers usages. *Cire à cacheter. Cire à modeler.* **4.** Préparation, à usage domestique, à base de cire et d'essence de térébenthine. *Cire à parquet.* **5.** ZOOL Membrane recouvrant la base du bec de certains oiseaux. – Lat. *cera.*

ciré, ée [siʀe] adj. et n. **1.** adj. Enduit de cire, de stéarine, etc. – *Papier ciré,* enduit d'une préparation qui le rend imperméable. **2.** n. m. Vêtement de mer imperméable. – Pp. de *cirer.*

cirer [siʀe] v. tr. [1] **1.** Enduire ou frotter de cire. *Cirer un parquet, un meuble.* **2.** Enduire de cirage. *Cirer ses chaussures.* **3.** Fig., pop. *Cirer les bottes à, de qqn,* le flatter bassement. – De *cire.*

cireur, euse [siʀœʀ, øz] n. **1.** Personne qui cire (les parquets, les souliers). **2.** n. f. Appareil ménager électrique pour cirer les parquets. – De *cirer.*

cireux, euse [siʀø, øz] adj. **1.** Qui a la consistance, l'aspect de la cire. **2.** Qui a la couleur jaune pâle de la cire. *Le teint cireux d'un malade.* – De *cire.*

cirier, ière [siʀje, jɛʀ] n. **1.** n. m. Celui qui travaille la cire, qui vend des bougies, des cierges. **2.** n. m. Arbuste (*Myrica ceriferia*) d'Asie et d'Amérique tropicale qui produit de la cire. **3.** n. f. Abeille ouvrière qui produit la cire. – De *cire.*

ciron [siʀõ] n. m. Vx Minuscule acarien considéré jusqu'à l'invention du microscope comme le plus petit animal existant. *«Dame Fourmi trouva le ciron trop petit»* (La Fontaine). – De l'anc. haut all. **seuro.*

cirque [siʀk] n. m. **1.** Lieu destiné chez les Romains à la célébration de certains jeux (courses de chevaux, de chars, combats de cavalerie et d'infanterie, combats de gladiateurs, chasse, naumachies). *Les jeux du cirque. Les cirques gallo-romains d'Arles et de Vienne.* **2.** Enceinte circulaire, où l'on donne en spectacle des exercices d'équitation, d'adresse, d'agilité ou de force, des numéros de clowns. *Le chapiteau d'un cirque forain. Les gens du cirque.* **3.** Fig., pop. Désordre, chahut. **4.** GEOMORPHOL Dépression en cuvette circonscrite par des montagnes abruptes et produite par l'érosion. **5.** ASTRO Dépression circulaire d'origine météorique à la surface de certains astres. *Les cirques lunaires.* – Lat. *circus.*

cirre ou **cirrhe** [siʀ] n. m. **1.** ZOOL Nom de certains appendices plus ou moins filiformes de divers invertébrés (crustacés, insectes, annélides, etc.). **2.** BOT Vrille de certaines plantes grimpantes. – Lat. *cirrus,* «filament».

cirrhose [siʀoz] n. f. MED Affection hépatique caractérisée par la prolifération du tissu conjonctif, la nécrose des hépatocytes et la présence de nodules de régénération. – Du gr. *kirros,* «jaunâtre».

ENCYCL La cirrhose (atrophique ou de Laennec, hypertrophique, bronzée, graisseuse, etc.) a pour conséquence une insuffisance plus ou moins importante des fonctions hépatiques et une hypertension dans le système veineux porte. Les causes en sont variées: l'alcoolisme, mais aussi hépatite chronique, compression biliaire, bilharziose, etc. L'évolution est en général lente et irréversible.

cirripèdes [siʀipɛd] n. m. pl. ZOOL Ordre de crustacés entomostracés marins, fixés sur un support à l'état adulte (balanes, anatifes) ou parasites (sacculine). – Lat. *cirrus,* «filament», et *-pède.*

cirrocumulus [siʀokymylys] n. m. METEO Couche de petits nuages blancs («moutons») constitués d'aiguilles de glace. – De *cirrus,* et *cumulus.*

cirrostratus [siʀostʀatys] n. m. METEO Nuage de haute altitude constituant un voile transparent et blanchâtre donnant un halo autour du Soleil ou de la Lune. – De *cirrus,* et *stratus.*

cirrus [siʀys] n. m. METEO Nuage en filaments, situé entre 6 et 10 km d'altitude. – Lat. *cirrus,* «filament».

cirse [siʀs] n. m. BOT Nom français des composées du genre *Cirsium,* cour. appelées *chardons.* – Lat. *cirsium.*

cis-. Élément, du lat. *cis,* «en deçà».

1. cisaille [sizaj] n. f. Gros ciseaux servant à couper des tôles, à tailler des arbustes, etc. – Du lat. pop. **cisaculum,* lat. class. *cæsalia,* «ciseau».

2. cisaille [sizaj] n. f. Rognure de métal. *Spécial.* Rognure résultant de la fabrication des monnaies. – Déverbal de *cisailler.*

cisaillement [sizajmɑ̃] n. m. **1.** Action de cisailler. **2.** Coupure progressive d'une pièce métallique par une autre pièce avec laquelle le contact est mal assuré. *Cisaillement d'un boulon par les tôles qu'il tient assemblées.* – De *cisailler.*

cisailler [sizaje] v. tr. [1] Couper avec des cisailles; couper par cisaillement. – De *cisaille* 1.

cisalpin, ine [sizalpɛ̃, in] adj. En deçà des Alpes vu d'Italie. HIST *Gaule cisalpine:* pour les Romains, le bassin du Pô, peuplé de Celtes. *République Cisalpine:* État créé (1797) par Bonaparte en Italie du N. et qui, augmenté de l'Italie centrale, devint la République italienne (1802-1805), puis le royaume d'Italie (1805-1814). Ant. transalpin. – De *cis,* et *alpin.*

ciseau [sizo] n. m. **1.** Outil plat, taillé en biseau tranchant à une extrémité, et servant à travailler le bois, le métal, la pierre, etc. *Ciseau de menuisier, de maçon, de sculpteur.* **2.** n. m. pl. Instrument d'acier formé de deux branches mobiles tranchantes en dedans, et jointes en leur milieu par une vis formant axe. *Une paire de ciseaux.* – Du lat. pop. **cisellus,* altér. de **cæsellus,* de *cædere,* «couper».

ciseler [sizle] v. tr. [19] Travailler, tailler, orner avec un ciseau. *Ciseler un métal. Un bijou finement ciselé.* ▷ Fig. *Ciseler une phrase, un vers.* – De *ciseau.*

ciselet [sizlɛ] n. m. Petit ciseau d'orfèvre, de graveur. – De *cisel,* var. anc. du lat. pop. *cisellus* (V. ciseau).

ciseleur [sizlœʀ] n. m. Ouvrier, artiste dont le métier est de ciseler. – De *ciseler.*

ciselure [sizlyʀ] n. f. **1.** Art de ciseler. **2.** Ornement ciselé. – De *ciseler.*

cisjuran, ane [sisʒyʀɑ̃, an] adj. En deçà du Jura. *Bourgogne cisjurane.* Ant. transjuran. – De *cis-,* et *juran.*

cisoires [sizwaʀ] n. f. pl. TECH Cisaille à main, montée sur un support. – Lat. *cisoria.*

cispadan, ane [sispadɑ̃, an] adj. Situé en deçà du Pô (par rapport à Rome). *Gaule cispadane.* – De *cis* et *padan,* «du Pô», d'ap. l'ital.

cissoïde [sisɔid] n. f. GEOM Courbe, équation $y^2 = \frac{x^3}{2a - x}$, possédant une asymptote et un point de rebroussement, et qui est symétrique par rapport à la normale à l'asymptote menée à partir de ce point. – Gr. *kissoeidês,* «semblable au lierre».

ciste [sist] n. f. **1.** ANTIQ Corbeille que l'on portait, chez les Grecs, dans certaines fêtes solennelles. **2.** PREHIST Sépulture dans laquelle le mort était accroupi. – Lat. *cista;* gr. *kistê,* «panier».

cistercien, ienne [sistɛʀsjɛ̃, jɛn] adj. Qui appartient à l'ordre de Cîteaux. *Abbaye cistercienne.* ▷ n. m. Religieux de l'ordre de Cîteaux, fondé en 1098 et obéissant à la règle de saint Benoît. *Un cistercien.* – Du lat. *Cistercium,* nom lat. de «Cîteaux», en Côte-d'Or (France).

cis-trans. V. isomérie.

cistre [sistʀ] n. m. MUS Instrument à cordes, à manche et à dos plat, très en vogue aux XVIe et XVIIe s. – Ital. *citara;* devenu *cistre* par confusion avec *sistre.*

cistron [sistʀõ] n. m. BIOL Ensemble de gènes renfermant l'information nécessaire à la protéosynthèse. – De *cis-,* et *-tron,* selon le modèle des mots scientifiques en *-tron.*

cistude [sistyd] n. f. Tortue (*Emys orbicularis,* 30 cm de diamètre) des marais d'Europe du S. – Lat. zool. *cistudo,* de *cista,* «corbeille», et *testudo,* «tortue».

citadelle [sitadɛl] n. f. **1.** Forteresse commandant une ville. *Une citadelle inexpugnable.* **2.** Fig. Centre important, principal. *Genève, citadelle du calvinisme.* – Ital. *cittadella,* «petite cité».

citadin, ine [sitadɛ̃, in] n. Habitant d'une ville. Ant. paysan, campagnard. ▷ Adj. Qui a rapport à la ville. *Distractions citadines. Population citadine.* Ant. champêtre, rural, rustique. – Ital. *cittadino,* de *città,* «cité».

citateur, trice [sitatœʀ, tʀis] n. Rare Personne qui a l'habitude de faire des citations. – De *citation.*

citation [sitasjõ] n. f. **1.** DR Sommation de comparaître devant une juridiction; acte par lequel cette sommation est signifiée. ▷ *Citation à comparaître:* sommation écrite délivrée par un agent de la paix à une personne qui n'est pas encore inculpée d'une infraction afin qu'elle comparaisse devant un tribunal. ▷ *Citation à procès:* sommation écrite délivrée à la personne inculpée, après l'enquête préliminaire, l'avisant qu'elle subira son procès sur le crime reproché. **2.** Passage cité d'un propos, d'un écrit. *Il multiplie les citations grecques et latines.* Loc. *Fin de citation:* expression par laquelle on signale qu'après avoir rapporté ou dicté les paroles d'un autre on parle en son propre nom. **3.** Mise d'un militaire à l'ordre du jour d'une unité pour une action d'éclat. – Lat. *citatio.*

cité [site] n. f. **1.** Centre urbain, ville. ▷ *Cité de Dieu, cité céleste:* séjour des bienheureux. **2.** Partie la plus anc. d'une ville, souvent entourée de murs. *L'île de la Cité, à Paris. La Cité de Londres, quartier de la finance.* **3.** Groupe de logements. *Cité ouvrière. Cité universitaire. Cité-dortoir. Cité-jardin.* **4.** ANTIQ Communauté politique souveraine et indépendante. *Les cités grecques.* – Du lat. *civitas.*

citer [site] v. tr. **[1]** **1.** Appeler à comparaître en justice. **2.** Rapporter, alléguer, à l'appui de ce qu'on dit. *Citer une loi, un exemple, un texte.* **3.** Signaler une personne, une chose qui mérite d'être remarquée. **4.** Décerner une citation à. *Citer qqn à l'ordre de l'Armée, de la Nation.* – Lat. *citare,* «convoquer en justice».

citérieur, eure [siteʀjœʀ] adj. Situé en deçà, du côté de (la personne qui parle). – Lat. *citerior.*

citerne [sitɛʀn] n. f. **1.** Réservoir d'eau pluviale. **2.** Réservoir destiné au stockage d'un liquide. *Citerne à mazout.* – Lat. *cisterna,* de *cista,* «coffre».

citerneau [sitɛʀno] n. m. Petit réservoir où l'eau s'épure avant de passer dans la citerne. – De *citerne.*

cithare [sitaʀ] n. f. **1.** Instrument de musique dérivé de la lyre, très en faveur chez les anc. Grecs. **2.** Auj., instrument d'Europe centrale composé d'une caisse de résonance plate tendue d'un grand nombre de cordes. – Gr. *kithara,* par le lat.

citizen band [sitizənbɑ̃d] n. f. Anglicisme V. bande* publique.

citoyen, enne [sitwajɛ̃, ɛn] n. **1.** ANTIQ Membre d'une cité, habitant d'un État libre, qui avait droit de suffrage dans les assemblées publiques. **2.** Ressortissant d'un État. *Devenir citoyen canadien par naturalisation.* ▷ Fam., péjor. *Un drôle de citoyen:* un drôle d'individu, de personnage. – De *cité.*

citoyenneté [sitwajɛnte] n. f. Qualité de citoyen. – Du préc.

citrate [sitʀat] n. m. CHIM Nom des sels et esters de l'acide citrique. – Du lat. *citrus,* «citronnier», et *-ate.*

citrin, ine [sitʀɛ̃, in] adj. De la couleur du citron. – Du lat. *citrus.*

citrine [sitʀin] n. f. MINER Quartz jaune plus ou moins foncé. – Du lat. *citrus,* «citronnier».

citrique [sitʀik] adj. CHIM *Acide citrique:* triacide monoalcool existant dans les fruits acides, utilisé dans la préparation des boissons à goût de citron. – Du lat. *citrus,* «citronnier».

citron [sitʀõ] n. m. **1.** Fruit du citronnier, de couleur jaune pâle et de saveur acide. *Jus, zeste de citron. Jaune comme un citron.* **2.** Pop. Tête. *Prendre un coup sur le citron.* **3.** adj. inv. De la couleur jaune pâle du citron. *Rubans citron.* – Lat. *citrus,* «citronnier», *citreum,* «citron».

citronnade [sitʀɔnad] n. f. Boisson préparée avec du jus ou du sirop de citron. – De *citron.*

citronné, ée [sitʀɔne] adj. Qui contient du citron; qui sent le citron. *Crème citronnée.* – De *citron.*

citronnelle [sitʀɔnɛl] n. f. **1.** Nom cour. de diverses plantes qui dégagent une odeur de citron (mélisse, verveine, etc.). **2.** Liqueur faite avec des zestes de citron. – De *citron.*

citronnier [sitʀɔnje] n. m. Arbre (*Citrus limonum,* fam. rutacées) qui produit les citrons et dont le bois odorant est utilisé en ébénisterie fine. – De *citron.*

citrouille [sitʀuj] n. f. Plante potagère (*Cucurbita maxima*), dont le fruit comestible, jaune orangé, peut atteindre 80 cm de diamètre. *Une tarte à la citrouille.* ▷ Pop. et fig. Tête. *Donner un coup sur la citrouille.* – Du lat. *citreum,* «citron», par anal. de couleur.

cive [siv] n. f. Ciboule. – Du lat. *cæpa,* «oignon».

civelle [sivɛl] n. f. Jeune anguille arrivée au stade de développement qui fait suite à celui de la larve leptocéphale. (Elle est transparente et mesure 6 à 8 cm de long lors de la remontée des fleuves.) Syn. pibale. – Du rad. du lat. *cæcus,* «aveugle».

civet [sivɛ] n. m. CUIS Ragoût de gibier préparé avec le sang de l'animal, du vin et des oignons. *Civet de lièvre, de chevreuil.* – De *cive,* d'abord *civé,* «ragoût préparé avec des cives».

1. civette [sivɛt] n. f. Ciboulette. – De *cive.*

2. civette [sivɛt] n. f. **1.** Mammifère carnivore (genre *Viverra,* fam. viverridés), au museau pointu, au corps allongé, aux pattes courtes et à la queue épaisse, possédant des glandes anales à musc. (*Viverra civetta,* la principale espèce africaine, atteint 1,20 m de long, queue comprise.) **2.** Le musc sécrété par la civette. – Ital. *zibetto,* de l'ar. *zābâd,* «musc sécrété par la civette».

civière [sivjɛʀ] n. f. Brancard servant à transporter des fardeaux. ▷ *Spécial.* Brancard pour le transport des blessés, des malades. – Du lat. pop. **cibaria.*

civil, ile [sivil] adj. et n. **I.** adj. **1.** Relatif à l'État, aux citoyens, aux rapports entre les citoyens. *État civil. Responsabilité civile. Guerre civile.* ▷ *Année civile* (par oppos. à *année astronomique*). **2.** Qui n'est ni militaire ni religieux. *Autorités civiles. Enterrement (mariage) civil.* **II.** n. m. **1.** Personne qui n'est ni militaire ni ecclésiastique. ▷ *En civil:* qui n'est pas vêtu d'un uniforme. **2.** *Le civil:* la vie civile (par oppos. à la vie militaire). *Que faisiez-vous dans le civil?* **3.** DR Juridiction civile (par oppos. aux juridictions criminelle, pénale). *Poursuivre qqn au civil.* **III.** adj. Litt. Qui observe les usages, les convenances. *D'une fa-*

çon fort civile. Syn. courtois, poli. – Lat. *civilis,* de *civis,* «citoyen».

civilement [sivilmɑ̃] adv. **1.** DR En matière civile. *Être civilement responsable.* **2.** Avec politesse. *Parler, agir civilement.* – De *civil.*

civilisateur, trice [sivilizatœʀ, tʀis] adj. (et n.). Qui civilise, ou qui est censé civiliser, favoriser le progrès de la civilisation. *Rôle civilisateur des grandes puissances. Les Grecs furent les civilisateurs de l'Italie.* – De *civiliser.*

civilisation [sivilizasjɔ̃] n. f. **1.** Action de civiliser; état de ce qui est civilisé. *Les bienfaits et les méfaits de notre civilisation.* Ant. barbarie. **2.** Ensemble des phénomènes sociaux, religieux, intellectuels, artistiques, scientifiques et techniques propres à un peuple et transmis par l'éducation. *Civilisations grecque, chinoise, occidentale. Civilisations précolombiennes.* Syn. culture. ▷ *Aire de civilisation:* territoire sur lequel s'étend l'influence d'une civilisation. – De *civiliser.*

civilisé, ée [sivilize] adj. (et n.). Doté d'une civilisation avancée. *Pays civilisé.* Syn. policé. Ant. barbare, sauvage. – Pp. de *civiliser.*

civiliser [sivilize] v. tr. [1] **1.** Améliorer l'état intellectuel, moral, matériel (d'un pays, d'un peuple). **2.** Rendre civil, sociable. – De *civil.*

civiliste [sivilist] n. Spécialiste du droit civil. – De (droit) *civil.*

civilité [sivilite] n. f. Politesse, courtoisie. *Les règles de la civilité.* ▷ Plur. Témoignage de politesse. *Il nous fit mille civilités.* – Lat. *civilitas.*

civique [sivik] adj. Relatif au citoyen. *Droits civiques. Instruction civique.* – Lat. *civicus.*

civisme [sivism] n. m. Dévouement du citoyen pour son pays, de l'individu pour la collectivité. – De *civique.*

cl Abrév. de *centilitre.*

Cl CHIM Symbole du chlore.

clabaud [klabo] n. m. Rare. Chien de chasse à longues oreilles, à l'aboiement puissant. – Rad. onomat. de *clapper.*

clabaudage [klabodaʒ] n. m. **1.** Rare. Aboiements répétés. **2.** Fig. Clameurs malveillantes des médisants. – De *clabauder.*

clabauder [klabode] v. tr. [1] **1.** Rare. Aboyer fréquemment; aboyer hors des voies de la bête. **2.** Fig. Faire du bruit mal à propos, avec malveillance; cancaner. – De *clabaud.*

clabauderie [klabodʀi] n. f. Criaillerie malveillante. – De *clabauder.*

clabaudeur, euse [klabodœʀ, øz] n. Personne qui clabaude. – De *clabauder.*

clabot, clabotage, claboter. V. crabot.

clac [klak] interj. Onomatopée imitant un bruit sec. *Clic-clac!*

clade [klad] n. m. ZOOL, BOT Vaste ensemble regroupant des espèces issues d'un ancêtre commun. – Gr. *klados,* «rameau».

clafoutis [klafuti] n. m. Pâtisserie faite d'une pâte à flan garnie de cerises. – Mot du centre de la France, de *clafir,* «remplir».

claie [klɛ] n. f. **1.** Ouvrage d'osier, de bois léger, à claire-voie. *Faire sécher des fruits sur une claie.* **2.** Treillage servant de clôture. – Du bas lat. **cleta,* mot gaul.

clair, claire [klɛʀ] **I.** adj. **1.** Qui répand ou reçoit de la lumière. *Une flamme claire. Une pièce claire.* Syn. lumineux. **2.** Qui laisse passer la lumière, transparent. *Eau claire.* ▷ *Ciel, temps clair,* dégagé, sans nuages. **3.** Peu serré, lâche (tissus). *Toile claire.* **4.** Net et distinct (sons). *Une voix claire. Le son clair de la flûte.* Ant. sourd, voilé. **5.** Facile à comprendre, sans équivoque. *Une démonstration claire. C'est clair comme le jour.* Syn. manifeste, évident. Ant. embrouillé, obscur. **II.** n. m. **1.** Lumière, clarté. *Le clair de (la) lune.* **2.** Partie éclairée d'un tableau, d'une photographie. **3.** *Tirer du vin au clair,* le mettre en bouteilles quand il a reposé. – Fig. *Tirer une affaire au clair,* l'élucider. **4.** Loc. *Le plus clair de:* la plus grande partie de. *Passer le plus clair de son temps à travailler.* **5.** En clair. *Message en clair* (par oppos. à *message chiffré*), écrit sans utiliser de code. **III.** adv. De manière claire, distincte. *Voir clair,* distinctement. Fig. Être clairvoyant. ▷ *Parler clair,* franchement, sans détours. – Lat. *clarus.*

clairance [klɛʀɑ̃s] n. f. **1.** BIOCHIM Coefficient d'épuration qui représente l'aptitude d'un organe à éliminer une substance déterminée. **2.** AVIAT Autorisation donnée par le contrôle, dans un plan de vol. – De l'angl. *clearance,* d'ap. *clair.*

claire [klɛʀ] n. f. **1.** Bassin peu profond dans lequel on met les huîtres à verdir. *Fines de claire.* **2.** Huître de claire. *Une douzaine de claires.* – De *clair.*

clairement [klɛʀmɑ̃] adv. **1.** D'une manière claire, distincte. **2.** D'une manière compréhensible. – De *clair.*

clairet, ette [klɛ(e)ʀɛ, ɛt] adj. **1.** *Vin clairet:* vin léger de couleur rouge clair. ▷ Subst. *Boire du clairet.* **2.** Peu épais. *Un potage clairet.* – De *clair.*

clairette [klɛ(e)ʀɛt] n. f. Raisin blanc du sud de la France, appelé aussi blanquette. ▷ Vin blanc mousseux fabriqué avec ce raisin. – De *clairet.*

claire-voie [klɛʀvwa] n. f. **1.** Ouverture, dans le mur d'un parc ou d'un jardin, qui n'est fermée que par une grille. *Des claires-voies.* ▷ ARCHI Série de hautes fenêtres destinées à éclairer la nef d'une église gothique. **2.** *À claire-voie:* à jour, qui présente des intervalles, des espaces entre ses éléments. *Persiennes à claire-voie.* – De *clair,* et *voie.*

clairière [klɛʀjɛʀ] n. f. Partie dégarnie d'arbres dans un bois, une forêt. – De *clair.*

clair-obscur [klɛʀɔbskyʀ] n. m. **1.** PEINT Représentation des effets de contraste qui se produisent lorsque certaines parties d'un lieu sont éclairées alors que les autres restent dans l'obscurité. *Rembrandt est le grand maître des clairs-obscurs.* **2.** Lumière faible, douce. – Ital. *chiaroscuro.*

clairon [klɛ(e)ʀɔ̃] n. m. **1.** Instrument à vent dans le ton de si bémol, en cuivre, sans pistons ni clefs, à son clair. *Sonner du clairon.* **2.** Celui qui joue du clairon. **3.** L'un des jeux de l'orgue. – De *clair.*

claironnant, ante [klɛ(e)ʀɔnɑ̃, ɑ̃t] adj. *Voix claironnante,* forte. – De *claironner.*

claironner [klɛ(e)ʀɔne] **1.** v. intr. [1] Jouer du clairon. **2.** v. tr. Fig. Annoncer bruyamment. *Claironner une nouvelle.* – De *clairon.*

clairsemé, ée [klɛʀsəme] adj. Peu dense, peu serré. *Des cheveux clairsemés. Une population clairsemée.* – De *clair,* et *semé.*

clairvoyance [klɛʀvwajɑ̃s] n. f. Pénétration d'esprit, lucidité, perspicacité. – De *clairvoyant.*

clairvoyant, ante [klɛʀvwajɑ̃, ɑ̃t] adj. **1.** Qui voit clair (par opposition à *aveugle*). **2.** Fig. Qui est lucide, qui a un jugement perspicace. *Un esprit clairvoyant.* – De *clair,* et *voyant.*

clajeux [klaʒø] n. m. Vieilli Nom donné à l'iris sauvage. «Parmi les rires de l'eau traversée d'iris et de «clajeux» le canot cherche à comprendre les hommes.» (Pierre Perrault, *Toutes isles*, 1963.) – Var. dial. de *glaïeul*, du lat. *gladiolus*, «petit glaive».

clameaux [klamo] n. m. pl. CONSTR Clous à deux pointes utilisés pour assembler des éléments de charpente. – Orig. incert.

clamecer. V. clamser.

clamer [klame] v. tr. [1] Manifester par des cris. *Clamer sa joie, sa douleur.* – Lat. *clamare*, «crier».

clameur [klamœʀ] n. f. Ensemble de cris tumultueux et confus. *Les clameurs de la foule.* – Lat. *clamor.*

clamp [klɑ̃p] n. m. CHIR Pince à long mors, munie d'un cran d'arrêt, servant à pincer *(clamper)* un vaisseau ou un canal. – Mot angl.

clamser ou **clamecer** [klamse] v. intr. [1] Pop. Mourir. – Origine incert. p.-ê. de l'all. *Klaps*, «claque».

clan [klɑ̃] n. m. **1.** Tribu formée par un groupe de familles en Écosse et en Irlande. **2.** ETHN Groupe d'individus tous issus d'un ancêtre commun, souvent mythique, parfois représenté par un totem. **3.** Groupe de scouts. *Clan de routiers.* **4.** Fig. Groupe fermé de personnes ayant qqch en commun. *Avoir l'esprit de clan.* – Gaélique *clann*, «famille».

clandestin, ine [klɑ̃dɛstɛ̃, in] adj. Qui se fait en cachette. *Une publication clandestine.* – *Passager clandestin*, embarqué sur un bateau, un avion, à l'insu du commandant. – Lat. *clandestinus*, de *clam*, «en secret».

clandestinement [klɑ̃dɛstinmɑ̃] adv. De manière clandestine. *Se réunir clandestinement.* – De *clandestin.*

clandestinité [klɑ̃dɛstinite] n. f. Caractère des choses, des actes clandestins. – De *clandestin.*

clanique [klanik] adj. Du clan; relatif à l'organisation en clans d'une société. *Structures sociales claniques.* – De *clan.*

clapet [klapɛ] n. m. TECH Soupape qui ne laisse passer un fluide que dans un sens. – Fig., pop. *Ferme ton clapet:* tais-toi! – De *clapper.*

clapier [klapje] n. m. **1.** Ensemble des terriers d'une garenne. **2.** Cage à lapins domestiques. *Lapin de clapier.* **3.** Fig., fam. Logement exigu. – Provenç. *clapier*, «caillouteux».

clapot [klapo] n. m. MAR Agitation de la mer résultant de la rencontre de vagues ou de houles de directions différentes. – Déverbal de *clapoter.*

clapotage [klapɔtaʒ] ou **clapotement** [klapɔtmɑ̃] ou **clapotis** [klapɔti] n. m. Bruit et mouvement léger que font, par beau temps, des vagues qui se croisent et s'entrechoquent. – De *clapoter.*

clapoter [klapɔte] v. intr. [1] **1.** Se dit de vagues légères qui s'entrechoquent avec un bruit caractéristique. **2.** Pop. Mourir. *Le vieux a clapoté.* – De *clapper.*

clapoteux, euse [klapɔtø, øz] adj. Où il y a du clapot. *Mer clapoteuse.* – De *clapot.*

clapotis. V. clapotage.

clappement [klapmɑ̃] n. m. Bruit sec fait avec la langue contre le palais. – De *clapper.*

clapper [klape] v. intr. [1] Faire entendre un clappement. – Rad. onomat.

claquage [klakaʒ] n. m. **1.** Rupture de fibres musculaires à la suite d'un violent effort. **2.** ELECTR Perforation de l'isolant d'un condensateur ou d'un transformateur soumis à un champ électrique trop intense. – De *claquer.*

claquant, ante [klakɑ̃, ɑ̃t] adj. Pop. Fatigant. – Ppr. de *claquer.*

1. claque [klak] n. **I.** n. f. **1.** Coup du plat de la main, gifle. *Recevoir une claque.* – Fam. *Tête à claques:* visage agaçant. **2.** Anc. *La claque:* en studio, au théâtre, à l'opéra, groupe de personnes payées pour applaudir le spectacle. *Chef de claque.* **3.** Pop. *En avoir sa claque:* en avoir assez. **4.** *Prendre ses cliques et ses claques:* s'en aller rapidement. **II.** n. m. Anc. *Chapeau claque, un claque:* haut-de-forme muni d'un ressort, qui peut s'aplatir. – Déverbal de *claquer.*

2. claque [klak] n. f. Sorte de chaussure généralement de caoutchouc portée par-dessus les souliers pour les protéger de la neige. – Du préc.

3. claque [klak] n. m. Pop. Maison de tolérance. – Orig. incert.

claquement [klakmɑ̃] n. m. Bruit de choses qui claquent. – De *claquer.*

claquemurer [klakmyʀe] v. tr. [1] Renfermer dans un endroit étroit. ▷ V. pron. *Se claquemurer:* se tenir enfermé chez soi. – De *claquer*, et *mur.*

claquer [klake] **I.** v. intr. [1] **1.** Produire un bruit sec et net. *Claquer des mains.* – *Claquer des dents:* avoir peur, avoir froid, être fiévreux, de telle manière que les dents s'entrechoquent. – Fam. *Claquer du bec:* ne pas manger à sa faim. **2.** Fig., pop. Éclater. *Ça va lui claquer dans les mains*, rater, échouer. **3.** Fam. pop. Mourir. *La vieille a claqué.* **II.** v. tr. **1.** Gifler (qqn). **2.** Faire claquer. *Claquer les portes.* **3.** Pop. Dépenser, dissiper. *Claquer un argent fou.* **4.** Fam. Fatiguer, épuiser. *Claquer un cheval.* ▷ v. pron. *Il se claque en travaillant la nuit.* **5.** *Se claquer un muscle*, se le froisser par claquage. **6.** ELECTR Produire le claquage de. – Onomat.

claqueter [klakte] ou **claquetter** [klakete] v. intr. [23] Pousser son cri, en parlant de la cigogne et de la poule qui va pondre. – Dimin. de *claquer.*

claquette [klakɛt] n. f. **1.** Instrument formé de deux lames de bois réunies par une charnière, qui peuvent claquer l'une contre l'autre. **2.** Plur. Danse rythmée par des coups secs donnés avec les pieds, de la pointe et du talon. – De *claquer.*

claquetter. V. claqueter.

clarain [klaʀɛ̃] n. m. MINER Constituant de la houille se présentant sous forme de barres à texture granuleuse. – Orig. incert.

clarifiant, ante [klaʀifjɑ̃, ɑ̃t] adj. et n. m. Qui clarifie; qui sert à clarifier. ▷ Subst. TECH Substance qui sert à clarifier (on dit aussi *clarificateur*). – Ppr. de *clarifier.*

clarification [klaʀifikasjɔ̃] n. f. **1.** Opération par laquelle on sépare d'un liquide les matières étrangères solides qui le troublent. **2.** Fig. Éclaircissement. – De *clarifier.*

clarifier [klaʀifje] v. tr. [1] **1.** Rendre clair (un liquide trouble). *Clarifier du vin.* **2.** Purifier. **3.** Fig. Rendre plus clair. *Clarifier la situation.* – Lat. ecclés. *clarificare*, «glorifier», du lat. *clarus*, «illustre».

clarine [klaʀin] n. f. Clochette pendue au cou des animaux qui paissent en liberté. – De *clair.*

clarinette [klaʀinɛt] n. f. MUS Instrument à vent, généralement en bois, à tube cylindrique, à clés et à anche. – Du mot provenç. *clarin*, «haut-bois».

clarinettiste [klaʀinetist] n. Instrumentiste qui joue de la clarinette. – De *clarinette.*

clarisse [klaʀis] n. f. Religieuse franciscaine de l'ordre de sainte Claire d'Assise (v. 1194-1253). – De *Clara*, «Claire» en lat.

clarté [klaʀte] n. f. **1.** Lumière largement répandue. *La clarté d'un jour d'été.* **2.** Transparence. *La clarté de l'eau.* ▷ PHYS *Clarté d'un instrument d'optique:* rapport entre l'éclairement de l'image et la luminance de l'objet. **3.** Fig. Qualité de ce qui se comprend facilement. *Écrire avec clarté. Clarté d'esprit.* **4.** Fig. vieilli ou litt. (surtout au plur.). Vérité éclatante. *Les clartés de la science.* – Lat. *claritas,* de *clarus,* «clair».

classe [klas] n. f. **I. 1.** Groupe de citoyens dans une répartition civile ou politique. *La classe des chevaliers, à Rome.* **2.** Ensemble des personnes appartenant à un même groupe social. *La classe dirigeante. La lutte des classes.* **3.** Ensemble de personnes, de choses, qui possèdent des caractères communs. *Toutes les classes de spectateurs sont touchées par ce film.* **4.** STATIS *Classe d'âge. Classe creuse.* **5.** SC NAT Unité systématique contenue dans l'embranchement et contenant l'ordre. *L'ordre des carnivores fait partie de la classe des mammifères, embranchement des vertébrés.* **6.** Catégorie de fonctionnaires, de militaires. *Un fonctionnaire de première classe. Un soldat de deuxième classe.* ▷ Catégorie de places dans les trains, les navires, les avions. *Un billet de première classe.* **7.** *Par ext.* Qualité, valeur. *Un spectacle de classe. De grande classe, de haute classe.* ▷ *Spécial.* Qualité d'un bâtiment. **8.** Répartition des élèves dans les établissements scolaires selon leur niveau d'études. *Les classes primaires. Redoubler une classe.* ▷ Ensemble des élèves d'une même classe. *Toute la classe a eu congé.* **9.** Enseignement du professeur. *Faire la classe.* **10.** Salle de classe. – *Par ext.* L'école. *Aller en classe.* **11.** (France) Ensemble des jeunes gens nés la même année, appelés au service militaire. *La classe 1960.* **12.** *Faire ses classes:* acquérir une certaine expérience dans une matière. **II. 1.** ASTRO *Classe spectrale:* famille d'étoiles dont les spectres présentent des caractères communs. ▷ *Classe de luminosité,* qui caractérise la luminosité d'une étoile (étoile supergéante, géante brillante, géante normale, sous-géante, naine). – PHYS *Classe d'un appareil de mesure:* coefficient qui indique l'erreur maximale qui peut entacher une mesure (donné en centièmes de la valeur maximale de la graduation). **2.** MATH *Classe d'équivalence:* ensemble des éléments d'un ensemble liés à un élément donné de cet ensemble par une relation d'équivalence. ▷ En théorie des probabilités, intervalle entre deux valeurs de la variable aléatoire. – Lat. *classis.*

ENCYCL **Sociol.** – L'expression *classe sociale* apparaît avec le développement de l'industrialisation et se différencie des notions de caste, rang, ordre. Pour Marx, «l'histoire de toute société est l'histoire de la lutte des classes»; la classe sociale est définie par sa position et son rôle dans le processus de production. L'existence des classes n'est liée qu'à des phases de développement historique déterminées de la production. La lutte des classes, à l'époque moderne, conduit nécessairement à la dictature du prolétariat. Cette dictature ne constitue que la transition vers l'abolition de toutes les classes et l'instauration de la société sans classes. La *position* occupée et le *rôle* joué dans le processus de production déterminent le niveau de vie, l'idéologie et la culture de groupes ainsi définis. Mais deux stades sont à distinguer dans la constitution d'une classe: au cours du premier, elle existe comme «réalité en soi»; au cours du second comme «réalité pour soi», c.-à-d. comme *conscience de classe;* Marx a ainsi réuni les différentes classes en deux groupes: *prolétariat* et *bourgeoisie,* l'un et l'autre ayant conscience de leur rôle et de leurs positions antagonistes.

classement [klasmɑ̃] n. m. Action de mettre dans un certain ordre; résultat de cette action, de ce travail. *Classement de dossiers. Les élèves sont soumis à un classement mensuel.* – De *classer.*

classer [klase] v. tr. [1] **1.** Ranger, distribuer par classes, par catégories. *Classer les plantes.* **2.** Mettre dans un certain ordre. *Classer par ordre alphabétique.* **3.** Attribuer un rang, une catégorie à. *Classer qqn au premier rang.* **4.** Fam. *Classer qqn,* le juger dès le premier contact, ou de manière définitive. **5.** *Classer un monument,* le ranger dans la catégorie des monuments historiques protégés par l'État. **6.** Fig. *Classer une affaire,* ne pas lui donner suite. **7.** v. pron. *Se classer parmi:* être dans la catégorie de. *Il se classe parmi les grands spécialistes de cette matière.* – De *classe.*

classeur, euse [klasœʀ, øz] n. **1.** n. m. Meuble à compartiments, à tiroirs, où l'on range des papiers, des documents. **2.** n. m. (France) Carton muni d'anneaux où l'on classe des feuilles. V. cartable. **3.** n. m. ou f. TECH Appareil servant à effectuer un classement. – De *classer.*

classicisme [klasisism] n. m. **1.** Caractère des chef-d'œuvre artistiques et littéraires de l'antiquité gréco-romaine et du dix-septième siècle français (V. encycl.). **2.** Caractère de ce qui est conforme à la règle, aux principes, à la mesure. *Le classicisme de ses goûts.* – De *classique,* opposé à *romantisme.*

ENCYCL Le classicisme apparut en France au XVIIe s. et s'opposa au baroque, comme le néo-classicisme du XIXe s. s'opposera au romantisme. L'archi. dite classique est princ. fondée sur l'emploi de la ligne droite et de l'angle droit, des courbes régulières, l'usage des symétriques (colonnade du Louvre) et des proportions mathématiques. Elle triomphe dans la réalisation par Le Vau, puis J. Hardouin-Mansart, du chât. de Versailles. La sculpture imite la ronde-bosse gréco-romaine (*Vénus accroupie,* par Coysevox), donne des attitudes simples aux personnages (*Voltaire assis,* de Houdon), souvent vêtus de draperies tombantes (tombeau de Richelieu, par Girardon). Dans le domaine de la peinture, la beauté classique est inséparable du caractère plan des surfaces: la composition repose sur une opposition rigoureuse des verticales et des horizontales (N. Poussin, Claude Lorrain) qui détermine un système radicalement inverse du mouvement continu que cultive l'art baroque. Le classicisme fut aussi l'idéal esthétique de Le Nain, Philippe de Champaigne, Le Brun, Le Sueur, Jouvenet et Mignard. En littér., le classicisme, dans son sens le plus étroit, désigne la littér. fr. du XVIIe s., caractérisée par la prédominance d'un idéal de goût et de raison, puisé dans les œuvres des Anciens. Avec Vaugelas, Guez de Balzac, Voiture, la langue riche et chargée du XVIe s. est épurée. L'Académie française, fondée par Richelieu en 1635, commence à codifier grammaticalement le bon langage. Descartes écrit le *Discours de la méthode* (1637). Après Mairet (règle des trois unités), Corneille inaugure le théâtre classique, imité par son frère Thomas et par Rotrou. La doctrine dite de l'*école de 1660,* exprimée par Boileau, impose à la critique littéraire le culte de l'ordre (équilibre de la composition) et de la clarté. Racine, Molière et La Fontaine, chacun avec son originalité propre, portent l'écriture classique à un point de perfection formelle, seulement comparable à la beauté stylistique des deux autres «classiques» de génie: Pascal et Bossuet. L'esprit classique anime aussi de grands mémorialistes (notam. Retz) et de grands moralistes (La Rochefoucauld, La Bruyère). À la fin du siècle, la célèbre *Querelle des Anciens et des Modernes* montre que la culture classique est déjà en voie de transformation.

classificateur, trice [klasifikatœʀ, tʀis] n. et adj. **1.** n. Spécialiste en classification. **2.** adj. Relatif à la classification. *Méthode classificatrice.* – De *classifier.*

classification [klasifikasjɔ̃] n. f. Distribution méthodique par classes, par catégories. *La classification des espèces vivantes se nomme* systématique. – ASTRO *Classification stellaire,* relative à la lumière des étoiles. – CHIM *Classification périodique des éléments,* dans laquelle les éléments sont rangés par numéros atomiques croissants, de façon à faire apparaître dans la même colonne les éléments dont la couche de valence présente la même structure électronique. – De *classifier.*

classifier [klasifje] v. tr. [1] Établir des classifications. – Du lat. *classis,* «classe», et *ficare,* «faire».

classique [klasik] adj. et n. **I.** adj. **1.** Qui fait autorité, en quelque matière que ce soit. *L'ouvrage de cette économiste est devenu classique.* **2.** Qui est enseigné en classe, à l'école. *Étudier les auteurs classiques.* **3.** Des civilisations grecque et romaine, proposées en modèles. *Langues classiques:* le grec et le latin. *Études classiques.* ▷ Anc. *Cours classique* ou, n. m., *classique:* cours basé sur l'étude des langues et littératures grecques et latines, préparatoire à l'université ou au séminaire. *Le cours classique s'étalait sur plusieurs années baptisées éléments-latins, syntaxe, méthode, versification, belles-lettres, rhétorique, philosophie I et philosophie II.* – *Collège classique:* établissement d'enseignement dirigé par des religieux, où se donnait le cours classique. **4.** LITTER Se dit des écrivains français du dix-septième siècle et de leurs œuvres. *Le théâtre classique.* ▷ Qui suit les règles de composition et de style des artistes du dix-septième siècle: clarté, mesure, refus du mélange des styles, etc. **5.** MUS *Musique classique,* qui s'est constituée vers le milieu du dix-huitième siècle. – *Par ext.* Musique des grands compositeurs occidentaux traditionnels (par opposition à *musique folklorique,* à *musique de variétés,* etc.). **6.** PHYS *Physique classique:* physique macroscopique du continu, par oppos. à la physique quantique et à la physique relativiste. **7.** Conforme à la règle, aux principes, à la mesure. *Des vêtements très classiques.* **8.** Fam. Courant, qui se produit habituellement. *On lui a fait le coup classique...* **II.** n. m. **1.** Écrivain classique. *Étudier les classiques.* **2.** Œuvre classique. *Des classiques en format de poche.* **3.** *Par ext.* Œuvre d'une grande notoriété, qui sert de référence, de modèle. *Ce film est un classique de la comédie musicale.* **4.** Musique classique. *Elle préfère le classique aux variétés.* – Lat. *classicus,* «de première classe».

classiquement [klasikmɑ̃] adv. D'une façon classique. – De *classique.*

clastique [klastik] adj. **1.** GEOL Se dit des roches composées d'éléments grossiers provenant de l'érosion physique de roches préexistantes (ex.: une brèche). **2.** ANAT Se dit des pièces anatomiques artificielles démontables. **3.** PSYCHO et PSYCHIAT *Crise clastique:* accès coléreux pendant lequel le malade brise des objets. – Du gr. *klastos,* «brisé».

claudicant, ante [klodikɑ̃, ɑ̃t] adj. Litt. Boiteux. *Une silhouette claudicante.* – De *claudiquer.*

claudication [klodikasjɔ̃] n. f. Litt. Le fait de boiter. – Lat. *claudicatio,* de *claudus,* «boiteux».

claudiquer [klodike] v. intr. [1] Litt. Boiter. *Il s'avança en claudiquant.* – Du lat. *claudicare,* «boiter».

clause [kloz] n. f. Disposition particulière faisant partie d'un traité, d'un édit, d'un contrat, ou de tout autre acte, soit public, soit privé. ▷ *Clause de style,* qu'il est d'usage d'insérer dans les contrats du même genre. – Fig. Disposition sans importance, uniquement formelle. – Bas lat. *clausa,* rac. *claudere,* «clore».

claustral, ale, aux [klostʀal, o] adj. Qui appartient à un cloître, à un monastère. *Discipline claustrale.* – Lat. médiév. *claustralis,* de *claustrum,* «cloître».

claustration [klostʀasjɔ̃] n. f. État d'une personne enfermée dans un lieu clos. *Une claustration volontaire.* – De *claustrer.*

claustre [klostʀ] n. m. CONSTR Élément préfabriqué permettant de constituer une paroi ajourée pour clore un local qui doit être ventilé naturellement. ▷ *Par ext.* Cette paroi elle-même. – Lat. *claustrum,* «clôture».

claustrer [klostʀe] v. tr. [1] Enfermer (qqn). *Cette vieille dame reste claustrée chez elle.* ▷ v. pron. *Se claustrer:* s'enfermer. – Fig. *Se claustrer dans le silence.* – De *claustral,* ou lat. *claustrare.*

claustrophobe [klostʀofɔb] adj. et n. Atteint de claustrophobie. – De *claustrophobie.*

claustrophobie [klostʀofɔbi] n. f. Angoisse éprouvée dans un lieu clos. – De *claustrer,* et *-phobie.*

clausule [klozyl] n. f. Vers final d'une strophe. – Dernier membre d'une période oratoire, d'un vers. – Lat. *clausula.*

clavaire [klavɛʀ] n. f. Champignon basidiomycète comestible (genre *Clavaria*) en forme de petit arbre jaune ou crème. – Du lat. *clava,* «massue».

1. claveau [klavo] n. m. ARCHI Pierre taillée en forme de coin, élément de l'appareil* d'un arc, d'une voûte. – Lat. *clavellus,* dimin. de *clavis* «clef».

2. claveau [klavo] n. m. MED VET **1.** Clavelée. **2.** Virus de la clavelée. – Du bas lat. *clavellus,* «pustule».

clavecin [klavsɛ̃] n. m. MUS Instrument à cordes pincées et à clavier. *Le piano a succédé au clavecin à la fin du XVIIIe s.* – Du lat. *clavis,* «clé», et *cymbalum,* «cymbale».

claveciniste [klavsinist] n. Musicien, musicienne qui joue du clavecin. – De *clavecin.*

clavelée [klavle] n. f. MED VET Maladie des ovins, proche de la variole et très contagieuse. – Du bas lat. *clavellus,* «pustule».

clavetage [klavtaʒ] n. m. TECH Action de mettre une clavette, de fixer par clavette. – De *claveter.*

claveter ou **clavetter** [klavte] v. tr. [23] et [1] Assembler avec une, des clavettes. – De *clavette.*

clavette [klavɛt] n. f. Cheville, goupille destinée à assembler deux pièces. – De *clef.*

clavicorde [klavikɔʀd] n. m. MUS Instrument à cordes et à clavier, ancêtre du piano. – Lat. *clavis,* «clef», et *cordium,* «corde».

claviculaire [klavikylɛʀ] adj. De la clavicule. – De *clavicule.*

clavicule [klavikyl] n. f. Os pair, en forme de S allongé, qui s'articule avec le sternum et l'omoplate. – Lat. *clavicula,* «petite clef».

clavier [klavje] n. m. **1.** Ensemble des touches d'un orgue, d'un piano, d'un clavecin, etc. – *Par ext.* Ensemble des touches d'une machine à écrire, à calculer, d'une linotype, d'un ordinateur, etc. *Taper à la machine sans regarder le clavier.* **2.** Fig. *Le clavier de la voix. Ce romancier possède un clavier un peu restreint.* – Du lat. *clavis,* «clef».

claviste [klavist] n. TECH Personne qui compose des textes d'imprimerie en actionnant un clavier. – Du lat. *clavis,* «clef».

clayère [kle(ɛ)jɛʀ] n. f. Parc à huîtres. – De *claie.*

clayette [klɛjɛt] n. f. **1.** Petite claie. V. clayon. – Par ext. *Clayette de réfrigérateur:* dans un réfrigérateur, étagère amovible à clair-voie. **2.** Emballage à claire-voie servant au transport des denrées périssables. – De *claie.*

claymore [kle(ɛ)mɔʀ] n. f. HIST Épée écossaise à lame longue et large. – Mot angl.

clayon [klɛjɔ̃] n. m. **1.** Petite claie qui sert à faire égoutter les fromages, sécher des fruits. – Petite claie ronde sur laquelle les pâtissiers portent des gâteaux. **2.** Élément de clôture. – De *claie.*

clayonnage [klɛjɔnaʒ] n. m. **1.** Assemblage de pieux, de branchages, soutenant des terres. **2.** Construction d'un tel assemblage. – De *clayon.*

clayonner [klɛjɔne] v. tr. [1] Garnir d'un clayonnage. – De *clayon.*

clé. V. clef.

clebs ou **klebs** [klɛps] n. m. Pop. Chien. – De l'ar. class. *kalb,* «chien».

clef ou **clé** [kle] n. f. **I.** Instrument servant à ouvrir. **1.** Instrument de fer ou d'acier, constitué d'un anneau, d'une tige et d'un panneton*, destiné à faire fonctionner une serrure. *Donner un tour de clef. Clef forée,* dont la tige est creuse (par oppos. à *clé bénarde*). *Clef de contact d'une automobile,* qui établit le contact pour faire démarrer le moteur. ▷ *Mettre la clef sous la porte:* s'esquiver, quitter discrètement un lieu. ▷ *Sous clef:* dans un lieu fermé à clef. ▷ *Livrer une installation clefs en main,* la livrer complète, en état de fonctionnement. **2.** Fig. *La clef des champs:* la liberté de circuler. *Prendre la clef des champs:* s'enfuir. **3.** RELIG *Les clefs de saint Pierre:* l'autorité du pape. *Les clés du royaume* (du ciel), remises à saint Pierre. **4.** Ce qui permet d'entrer quelque part, d'accéder à qqch. *Cette place forte est la clef de la région.* **5.** Ce dont dépend, ce qui conditionne le fonctionnement de qqch. – Appos. *Des industries clefs,* essentielles pour l'économie. **6.** Ce qui permet de comprendre, d'interpréter. *La clef d'un code secret, d'un système, d'une affaire compliquée. Un roman à clef,* comportant des allusions à des personnes, à des faits réels. **7.** MUS Signe placé au commencement de la portée pour indiquer l'intonation. *La clef de sol, de fa, d'ut. Un bémol à la clef.* ▷ Loc. fig. *À la clef:* avec pour résultat, pour enjeu. *Il y a une récompense à la clef.* **II. 1.** Outil qui sert à visser, à serrer les écrous. *Clef anglaise, clé à molette.* **2.** ARCHI *Clef de voûte:* celui des claveaux* qui, placé au sommet de l'arc ou de la voûte, maintient les autres pierres. V. voussoirs. **3.** MUS Ce qui commande les trous du tuyau d'un instrument à vent. **4.** SPORT Prise de judo ou de lutte. – Lat. *clavis.*

clématite [klematit] n. f. Arbrisseau grimpant (genre *Clematis,* fam. renonculacées). (*Clematis vitalba,* la vigne blanche, garnit en hiver les haies d'Europe de ses houpettes de fruits à aigrettes soyeuses. Il existe de nombr. variétés ornementales.) – Gr. *klêmatitis,* de *klêma, klêmatos,* «sarment».

clémence [klemɑ̃s] n. f. **1.** Litt. Vertu qui consiste à pardonner les offenses, à modérer les châtiments des fautes que l'on punit. *Faire appel à la clémence de la cour.* **2.** Fig. (En parlant de la température, du temps, du climat.) Douceur. – Lat. *clementia.*

clément, ente [klemɑ̃, ɑ̃t] adj. **1.** Indulgent, porté à la clémence. *Un juge clément.* **2.** Fig. Doux, peu rigoureux. *L'hiver a été clément.* – Lat. *clemens.*

clémentine [klemɑ̃tin] n. f. Fruit de l'hybride de l'oranger doux (*Citrus sinensis*) et du mandarinier (*Citrus nobilis*). – Du nom du père *Clément* qui l'obtint le premier à la fin du XIXe s.

clenche [klɑ̃ʃ] ou **clenchette** [klɑ̃ʃɛt] n. f. Pièce principale d'un loquet de porte, qui tient la porte fermée en s'insérant dans le mentonnet. – Du frq. **klinka,* «levier qui oscille».

clephte ou **klephte** [klɛft] n. m. Nom donné en Grèce, au temps de la lutte contre la domination turque (1821), à des montagnards insoumis, mi-insurgés, mi-brigands. – Gr. *klephtès, kleptès,* «voleur».

clepsydre [klɛpsidʀ] n. f. Horloge à eau des Anciens. – Lat. *clepsydra,* mot gr., «qui vole l'eau».

cleptomane, cleptomanie. V. kleptomane, kleptomanie.

clerc [klɛʀ] n. m. **1.** Celui qui est entré dans l'état ecclésiastique en recevant la tonsure. **2.** Vx (ou mod., plaisant.). Personne lettrée. *Habile homme et grand clerc.* ▷ Fam. *Grand clerc:* expert. *Il ne faut pas être grand clerc pour comprendre.* **3.** Jeune avocat ou stagiaire engagé pour assister les juges, leur donner des avis ou effectuer des recherches. **4.** Loc. fig. *Un pas de clerc:* une faute commise dans une affaire par inexpérience, par étourderie. – Du lat. ecclés. *clericus.*

clergé [klɛʀʒe] n. m. Ensemble des ecclésiastiques attachés à une paroisse, à une ville, à un pays, à une Église. – Du lat. ecclés. *clericatus.*

ENCYCL Dans l'Église catholique, on distingue le clergé *régulier* (membres des congrégations religieuses qui obéissent à une *règle*) du clergé *séculier* (clercs qui vivent dans le *siècle,* sans appartenir à un ordre religieux); on désigne parfois du nom de *bas clergé* l'ensemble des prêtres exerçant un ministère paroissial, et du nom de *haut clergé* l'épiscopat. L'organisation du clergé est différente dans les Églises orthodoxe et réformée.

clergyman [klɛʀʒiman] n. m. Ministre du culte dans l'Église anglicane. Plur. *Des clergymen.* – Mot angl.

clérical, ale, aux [kleʀikal, o] adj. **1.** Qui concerne le clergé. **2.** Qui concerne le cléricalisme. *Une faction cléricale.* – Lat. *clericalis.*

cléricalisme [kleʀikalism] n. m. Attitude, opinion des partisans d'une participation active du clergé à la vie politique. – De *clérical.*

cléricature [kleʀikatyʀ] n. f. État, condition, corps des clercs, des ecclésiastiques. – Lat. *clericatus.*

clérouchie [kleʀuʃi] ou **clérouquie** [kleʀuki] n. f. ANTIQ Colonie d'Athènes. – Gr. *klêroukhos,* de *klêros,* «parcelle», et *ekhein,* «posséder».

1. clic! [klik] interj. Onomatopée imitant un petit claquement bref et sec.

2. clic ou **click** [klik] n. m. PHONET Son produit «en créant un vide à quelque point du chenal expiratoire en écartant les organes entre deux points où se maintient la fermeture». *«Dans certaines langues... les clics représentent des consonnes normales combinables avec les voyelles»* (Martinet). – Onomat.

clichage [kliʃaʒ] n. m. **1.** Action de clicher. **2.** Préparation des clichés. – De *clicher.*

cliché [kliʃe] n. m. **1.** TYPO Bloc métallique d'une seule pièce permettant d'effectuer le tirage d'une composition typographique comportant texte et illustrations. (Il s'obtient généralement en versant dans un moule, appelé *flan,* un alliage de plomb et d'antimoine.) **2.** PHOTO Plaque ou pellicule impressionnée par la lumière et constituant l'épreuve. **3.** Fig., péjor. Idée, phrase toute faite et banale que l'on répète. *Un vieux cliché. Des clichés rebattus.* – Pp. de *clicher.*

clicher [kliʃe] v. tr. [1] TYPO Couler un métal en fusion dans l'empreinte (d'une ou plusieurs pages composées). – De *clic,* onomatopée.

clicherie [kliʃʀi] n. f. TYPO Atelier où sont préparés les clichés. – De *cliché.*

clicheur [kliʃœʀ] n. m. TYPO Ouvrier affecté à la préparation des clichés. – De *clicher.*

client, ente [klijɑ̃, ɑ̃t] n. **1.** Personne qui achète qqch à un commerçant. *Vendeur qui sert un client, dans un magasin.* ▷ Celui, celle qui se fournit habituellement chez un commerçant. *C'est mon meilleur client.* **2.** Personne qui sollicite des services contre paiement. *Clients d'un médecin, d'un avocat, d'une agence de publicité.* **3.** ANTIQ ROM Plébéien qui se mettait sous la protection d'un patricien (le *patron*) en lui abandonnant une partie de ses droits civils et politiques. – Lat. *cliens, clientis.*

clientèle [klijɑ̃tɛl] n. f. **1.** Ensemble des clients d'un commerçant, d'un avocat, d'un médecin, etc. **2.** Habitude d'un particulier de s'adresser à un fournisseur déterminé. *Ce magasin n'aura plus ma clientèle.* **3.** ANTIQ ROM Ensemble des clients d'un *patron.* ▷ Par anal., mod. Ensemble de personnes qui se placent sous la protection d'un homme puissant en échange de services divers. – Lat. *clientela.*

clignement [kliɲmɑ̃] n. m. Action de cligner les yeux. – De *cligner.*

cligner [kliɲe] v. tr. [1] **1.** *Cligner les yeux,* les fermer à demi. **2.** Fermer et ouvrir rapidement (les yeux). *La fumée lui fait cligner les yeux.* **3.** v. tr. ind. *Cligner de l'œil:* faire signe en fermant rapidement la paupière. – P.-ê. du bas lat. **cludiniare,* de *cludere,* «fermer».

clignotant, ante [kliɲɔtɑ̃, ɑ̃t] adj. et n. **1.** adj. Qui clignote. *Des yeux clignotants.* **2.** n. m. AUTO Feu indicateur de changement de direction, s'allumant et s'éteignant alternativement. *Mettre son clignotant avant de tourner.* – Ppr. de *clignoter.*

clignotement [kliɲɔtmɑ̃] n. m. **1.** Mouvement convulsif des paupières. **2.** Fait de s'allumer et de s'éteindre alternativement. – De *clignoter.*

clignoter [kliɲɔte] v. intr. [1] **1.** Cligner fréquemment; remuer convulsivement les paupières. *Ses yeux ne cessent de clignoter. Clignoter des yeux.* **2.** S'allumer et s'éteindre alternativement (lumières). – De *cligner.*

climat [klima] n. m. **1.** Ensemble des éléments qui caractérisent l'état moyen de l'atmosphère dans une région déterminée. *Climat équatorial, tropical, tempéré. Climat pluvieux, sec. Climat vivifiant, malsain.* **2.** Vieilli Pays, contrée caractérisés par un climat. *Connaître tous les climats.* **3.** Fig. Atmosphère, ambiance. *Un climat joyeux, sympathique.* – Lat. *clima, climatis;* gr. *klima,* «inclinaison» d'un point de la Terre par rapport au Soleil, puis «région».

ENCYCL Les éléments du climat sont: la température et l'humidité de l'air dans les couches voisines du sol, les précipitations, l'insolation, le vent, la pression atmosphérique et, accessoirement, le champ électrique de l'atmosphère, l'ionisation de l'air, sa composition chimique. Les facteurs déterminants du climat sont: le rayonnement solaire, dont l'énergie disponible dans les couches inférieures de l'atmosphère varie en raison des mouvements de la Terre, de la latitude et de la présence de vapeur d'eau dans l'atmosphère; la circulation générale de l'atmosphère, où des vents tels que la mousson* jouent un rôle considérable, et les courants océaniques; la nature de la surface terrestre et, notam., le contraste océan-continent; le relief, qui provoque des ascendances. Bien que les climats à la surface du globe soient très variés, on peut les classer en quelques types principaux: climats équatorial, tropical, tempéré, polaire; ou encore: climats maritime, continental, d'altitude. Il existe de nombr. sous-climats (méditerranéen, désertique, etc.). Enfin, dans la vie quotidienne, le rôle des *microclimats* est considérable.

Au Canada, la zone sud comprend cinq principales régions climatiques: façade atlantique, péninsules ontariennes/plaine du Saint-Laurent, Prairies (sec), Cordillères (climat de montagne) et côte du Pacifique (humide). Le Canada du Nord subit les climats subarctique (forêt boréale et tourbières) et arctique (toundra, rocher découvert, glaces). Au Canada, le temps a énormément changé depuis le dernier maximum glaciaire fixé environ à 16 000 ans. Dans le sud du pays, des conditions semblables à celles d'aujourd'hui se sont établies 6 000 ans après, permettant ainsi la reconquête végétale ainsi que le retour des animaux et des autochtones. Cependant, de légères variations de chacun des éléments climatiques ont provoqué refroidissements, réchauffements et sécheresses périodiques qui ont affecté les états biogéographiques. Vers l'an mil, un optimum climatique a influencé la venue des Vikings en Amérique et les déplacements des Inuit de Thulé. Plus tard, les découvertes des côtes canadiennes de l'Atlantique se sont faites lors d'une détérioration du climat (Petit Âge glaciaire du XVIe au XIXe siècle). La situation récente semble devenir encore plus complexe; d'un côté, l'on a découvert d'autres moyens de se prémunir des caprices climatiques et de l'autre, l'accroissement du CO_2 et des polluants peut avoir des conséquences peu prévisibles sur la couverture glacielle, la saison de végétation, l'humidité du sol, la qualité de l'air et de l'eau de même que sur l'humanisation du territoire.

climatérique [klimateʀik] adj. **1.** *Année climatérique:* pour les Anciens, chacune des années de la vie multiples de sept ou de neuf, considérées comme critiques. ▷ n. f. *La climatérique, la grande climatérique:* la soixante-troisième (7 x 9) année. **2.** Vx Climatique. – Gr. *klimaktêrikos,* de *klimaktêr,* «échelon».

climatique [klimatik] adj. Qui se rapporte au climat, à ses effets. *Conditions climatiques. Prévisions climatiques.* ▷ *Station climatique:* lieu dont le climat est propice au traitement de certaines maladies. – De *climat.*

climatisation [klimatizasjɔ̃] n. f. Création ou maintien, dans un local, de conditions déterminées de température, d'humidité relative et de pureté de l'air. – De *climatiser.*

climatisé, ée [klimatize] adj. Maintenu à une température donnée, à l'aide d'un dispositif de climatisation, en parlant d'un lieu. *Salle climatisée.* – Pp. de *climatiser.*

climatiser [klimatize] v. tr. [1] Installer ou faire fonctionner un dispositif de climatisation. – De *climat.*

climatiseur [klimatizœʀ] n. m. Appareil destiné à la climatisation. – De *climatiser.*

climatisme [klimatism] n. m. Ensemble de ce qui concerne les stations climatiques: organisation, hygiène, aménagements particuliers. – De *climat.*

climatologie [klimatɔlɔʒi] n. f. Étude des éléments du climat. – *Climatologie médicale:* étude de l'action des différents climats sur l'organisme. – De *climat,* et *-logie.*

climatologique [klimatɔlɔʒik] adj. Qui se rapporte à la climatologie. – De *climatologie.*

climax [klimaks] n. m. BOT BIOL Stade évolutif final, en équilibre avec le climat, du peuplement végétal naturel d'un lieu. *En France, au nord de la Loire, le climax est la forêt d'arbres à feuilles caduques.* – Gr. *klimax,* «échelle».

clin (à) [klɛ̃] loc. adv. MAR *Embarcation bordée à clin,* dont les bordages se recouvrent les uns les autres comme les ardoises d'un toit. – Du lat. *clinare,* «incliner».

clin d'œil [klɛ̃dœj] n. m. **1.** Signe de l'œil que l'on fait discrètement à qqn par un mouvement rapide des paupières. *Faire un clin d'œil complice à qqn.* ▷ Fig. Allusion plaisante. *Les clins d'œil qu'un auteur adresse au spectateur, au lecteur.* **2.** Fig. *En un clin d'œil:* en très peu de temps. – De *cligner* et *œil.*

clinfoc [klɛ̃fɔk] n. m. MAR Foc léger à l'extrémité du bout-dehors du beaupré. – All. *klein Fock,* «petit foc».

clinicat [klinika] n. m. Fonction et rang de chef de clinique, dans un établissement hospitalier. – De *clinique.*

clinicien, ienne [klinisjɛ̃, jɛn] adj. et n. *Médecin clinicien,* ou *clinicien,* qui pratique la médecine clinique. – De *clinique.*

clinique [klinik] adj. et n. **I. 1.** adj. Qui est effectué auprès du malade, sans utiliser d'appareils et sans recourir aux examens de laboratoire. *Leçons, observations cliniques. Signe clinique,* qui est décelé au simple examen. **2.** n. f. Partie de l'enseignement médical dispensée au chevet des malades d'un service hospitalier; somme des connaissances acquises de cette façon. **II.** n. f. **1.** Service hospitalier dans lequel on donne l'enseignement clinique. **2.** Établissement de soins médicaux privé. – Gr. *klinikos,* par le lat.

clino-. Élément du gr. *klinê,* «lit», ou de *klinein,* «incliné».

clinomètre [klinɔmɛtʀ] n. m. TECH Instrument servant à mesurer les inclinaisons sur l'horizontale. – De *clino-,* et *-mètre.*

clinquant, ante [klɛ̃kɑ̃, ɑ̃t] n. et adj. **I.** n. m. **1.** Lamelle d'or, d'argent, rehaussant les broderies. **2.** Mauvaise imitation de matières précieuses. *Une bague voyante en clinquant.* **3.** Fig. Faux brillant, éclat artificiel. *Le clinquant d'un discours.* **II.** adj. Qui brille d'un faux éclat. *Verroterie clinquante.* Fig. *Verbiage clinquant.* – Ppr. de l'anc. v. *clinquer, cliquer,* «faire du bruit».

1. clip [klip] n. m. Bijou monté sur une pince à ressort. (On dit aussi *clips* [klips)]. – Mot angl., «pince, agrafe».

2. clip [klip] ou **vidéoclip** [videoklip] n. m. Film vidéo conçu dans un but promotionnel. – Mot amér.

clipper [klipœʀ] n. m. MAR Navire à voile, long-courrier rapide et de fort tonnage, utilisé dans la deuxième moitié du XIXe s. et au début du XXe. – Mot angl.

clique [klik] n. f. **1.** Péjor. Groupe, coterie. *Clique de politiciens vendus à la mafia.* **2.** MILIT Ensemble des tambours et des clairons d'un régiment. **3.** SOCIOL Groupe de personnes liées par des obligations mutuelles. – De l'a. fr. *cliquer,* «faire du bruit».

cliques [klik] n. f. pl. Fam. *Prendre ses cliques et ses claques:* déguerpir, filer. – Du rég. *cliques,* «jambes», d'ap. les onomat. *clic* et *clac.*

cliquet [klikɛ] n. m. TECH Pièce mobile qui, butant contre une roue dentée, ne permet à celle-ci qu'un sens de rotation. – A. fr. *cliquer.*

cliqueter [klikte] v. intr. **[23]** Produire un cliquetis. *Les pièces qu'il avait dans son sac cliquetaient quand il marchait.* – A. fr. *cliquer.*

cliquetis [klikti] n. m. Bruit sec et léger que font certains corps sonores qui s'entrechoquent. *Le cliquetis des couverts sur les assiettes.* ▷ Fig. *Cliquetis de mots:* assemblage de mots ayant plus de sonorité que de sens. – De *cliqueter.*

clissage [klisaʒ] n. m. Action de clisser. – De *clisser.*

clisse [klis] n. f. **1.** Claie d'osier pour égoutter les fromages. **2.** Enveloppe d'osier tressé, pour protéger les bouteilles. – P.-ê. de *claie,* et *éclisse.*

clisser [klise] v. tr. [1] Envelopper d'une clisse. *Bouteille clissée.* – De *clisse.*

clitocybe [klitɔsib] n. m. Champignon basidiomycète à chapeau déprimé, à lamelles et spores blanches (nombr. espèces toxiques). – Gr. *klitos,* «incliné», et *kubê,* «tête».

clitoridectomie [klitɔʀidɛktɔmi] n. f. CHIR Ablation du clitoris. – De *clitoris,* et *-ectomie.*

clitoridien, ienne [klitɔʀidjɛ̃, jɛn] adj. Qui concerne le clitoris. – De *clitoris.*

clitoris [klitɔʀis] n. m. ANAT Petit organe érectile situé à la partie antérieure de la vulve. – Gr. *kleitoris.*

clivable [klivabl]adj. Qui peut être clivé. – De *cliver.*

clivage [klivaʒ] n. m. **1.** Action et art de cliver; propriété que possèdent certains minéraux de se fracturer suivant des plans (*plans de clivages*), plus aisément que suivant d'autres. **2.** Fig., cour. Division, séparation. *Le clivage idéologique entre l'Est et l'Ouest.* – De *cliver.*

cliver [klive] v. tr. [1] Fendre un minéral (partic. un diamant) en suivant l'organisation de ses couches, ou de sa symétrie. ▷ v. pron. *Se cliver:* se fendre. – Néerl. *klieven,* «fendre».

cloaque [klɔak] n. m. **1.** Lieu servant de dépôt d'immondices. *Le grand cloaque de Rome:* grand égout de l'ancienne Rome, attribué à Tarquin l'Ancien. – *Par ext.* Endroit malpropre, malsain. *Cette ruelle est un vrai cloaque.* **2.** ZOOL Cavité qui, chez de nombreux animaux (notam. les oiseaux), sert de débouché commun aux voies intestinales, urinaires et génitales. – Lat. *cloaca.*

clochard, arde [klɔʃaʀ, aʀd] n. Personne sans domicile et sans travail, menant une vie misérable. – De *clocher* 2.

clochardisation [klɔʃaʀdizasjɔ̃] n. f. Transformation en clochard, réduction à des conditions de vie misérables d'une personne, d'un groupe social. – De *clochard.*

1. cloche [klɔʃ] n. f. **1.** Instrument sonore de bronze, en forme de vase renversé, muni d'un battant (à l'intérieur) ou d'un marteau (à l'extérieur) qui le met en vibration. *Sonner les cloches à toute volée. Les cloches de l'église, annonçant les cérémonies.* **2.** Loc. fig. *Entendre un autre son de cloche,* une version différente du même récit. ▷ Fam. *Sonner les cloches à qqn,* le réprimander sévèrement. ▷ *Déménager à la cloche de bois,* en cachette (pour ne pas payer le loyer). **3.** Appos. *Jupe cloche,* évasée vers le bas. – *Chapeau cloche,* ou *cloche:* chapeau de femme évasé sur les bords. **4.** Ustensile en forme de cloche, servant à couvrir, à protéger. *Cloche à fromage, à melons.* **5.** Anc. *Cloche de plongée:* appareil en forme de cloche, descendu verticalement dans l'eau et entraînant une certaine quantité d'air avec lui, qui permet à celui qui s'y abritait de respirer. – Bas lat. *clocca,* mot celt. d'Irlande.

2. cloche [klɔʃ] n. f. **1.** Fam. Personne stupide, sotte, incapable. *Tu es une vraie cloche.* ▷ Adj. *Ce qu'il peut être cloche!* ▷ Loc. *C'est cloche:* c'est fâcheux, dommage. **2.** Pop. Clochard. – *La cloche:* le monde des miséreux, des clochards. *Être de la cloche.* – De *clocher* 2, avec infl. de *cloche* 1.

cloche-pied (à) [klɔʃpje] loc. adv. Sur un seul pied portant à terre. *Sauter à cloche-pied.* – De *clocher* 2, et *pied.*

1. clocher [klɔʃe] n. m. **1.** Construction élevée audessus d'une église et dans laquelle sont suspendues les cloches. **2.** *Par ext.* Paroisse, pays natal. *N'avoir jamais quitté son clocher.* – *Intérêts, rivalités de clocher,* qui n'intéressent qu'une localité, qu'une région restreinte. – De *cloche.*

2. clocher [klɔʃe] v. intr. **[1]** **1.** Vx Boiter. **2.** Fig., fam. Être défectueux. *Qqch qui cloche dans un raisonnement.* – Du lat. pop. *cloppicare,* de *cloppus,* «boiteux».

clocheton [klɔʃtɔ̃] n. m. Petit clocher ou ornement en forme de clocher. – Dimin. de *clocher.*

clochette [klɔʃɛt] n. f. **1.** Petite cloche. **2.** Fleur en forme de petite cloche. – Dimin. de *cloche.*

cloison [klwazɔ̃] n. f. **1.** Mur peu épais séparant deux pièces d'une habitation. **2.** ANAT Ce qui divise une cavité, ou sépare une cavité d'une autre. *Cloison* *nasale. Cloison des ventricules du cœur.* ▷ BOT Membrane de séparation à l'intérieur d'une cavité ou dans une masse charnue. **3.** MAR *Cloisons étanches:* cloisons métalliques qui divisent l'intérieur d'un navire en compartiments indépendants, et qui permettent de circonscrire un éventuel envahissement des eaux. – Fig. *Cloison étanche entre deux services administratifs.* – Lat. pop. **clausio, clausionis,* de *clausus,* «clos».

cloisonnage [klwazɔnaʒ] n. m. Action de cloisonner; son résultat. – De *cloisonner.*

cloisonné, ée [klwazɔne] adj. et n. m. **1.** Divisé par des cloisons, séparé en compartiments. *Hangar cloisonné.* **2.** BX-A *Émaux cloisonnés,* dont l'émail est coulé entre des bandes de métal soudées sur le fond et qui y forment un dessin. – N. m. *Un cloisonné.* – Pp. de *cloisonner.*

cloisonnement [klwazɔnmɑ̃] n. m. **1.** Ensemble de cloisons; leur disposition. **2.** Fig. État de ce qui est cloisonné; séparation, division. *Le cloisonnement entre les disciplines scolaires.* – De *cloisonner.*

cloisonner [klwazɔne] v. tr. [1] Séparer par des cloisons. – De *cloison.*

cloisonnette [klwazɔnɛt] n. f. Panneau pouvant être déplacé, destiné à isoler des coins de travail dans des bureaux de vastes dimensions. – De *cloison.*

cloître [klwɑtʀ] n. m. **1.** Partie d'un monastère interdite aux laïcs, d'où les religieux ne sortent pas. **2.** *Par ext.* Monastère, abbaye. **3.** *Le cloître:* la vie conventuelle. *Les rigueurs du cloître.* **4.** Galerie intérieure couverte, dans un monastère, entourant une cour ou un jardin. *Cloître gothique.* – Lat. *claustrum,* «enceinte».

cloîtré, ée [klwatʀe] adj. Qui vit dans un cloître (sens 1). *Religieuses cloîtrées.* – *Monastère cloîtré,* de l'enceinte duquel les religieux ne sortent pas. – Pp. de *cloîtrer.*

cloîtrer [klwatʀe] v. [1] **1.** v. tr. Soumettre à la règle de la clôture (sens 2). **2.** v. pron. Fig., cour. Mener une vie très retirée. – *Se cloîtrer chez soi:* s'y enfermer. – De *cloître.*

clonage [klonaʒ] n. m. BIOL Culture in vitro de cellules toutes issues d'une même cellule initiale et, donc, toutes pourvues d'un équipement génétique strictement identique. – De *clone.*

clone [klo(ɔ)n] n. m. BIOL Ensemble des cellules identiques issues d'une même cellule par division mitotique. – Gr. *klôn,* «jeune pousse».

clonique [klo(ɔ)nik] adj. MED Se dit de convulsions consistant en contractions musculaires rapides et désordonnées. – Du gr. *klonos,* «agitation».

clopin-clopant [klɔpɛ̃klɔpɑ̃] loc. adv. Fam. En clopinant. – De l'anc. v. *cloper,* «boiter».

clopiner [klɔpine] v. intr. [1] Marcher avec peine, en boitant. – De l'a. fr. *clopin,* «boiteux».

clopinettes [klɔpinɛt] n. f. pl. Usité dans l'expr. pop. *des clopinettes:* rien du tout, vous pouvez toujours espérer (en vain)! – De *clope.*

cloporte [klɔpɔʀt] n. m. Crustacé isopode terrestre vivant dans les lieux humides et sombres, sous les pierres, etc. – Orig. incert.

cloque [klɔk] n. f. **1.** Gonflement de la peau produit par une brûlure, une piqûre d'insecte, etc. **2.** HORTIC Maladie cryptogamique du pêcher et de l'amandier, due à *Taplirina deformans* (ascomycète), qui se traduit par des déformations des feuilles. – Forme picarde de *cloche,* «bulle».

cloqué, ée [klɔke] adj. **1.** Boursouflé, en parlant d'une matière en couche mince. – *Tissu cloqué:* gaufré. **2.** HORTIC Attaqué par la cloque. – Pp. de *cloquer.*

cloquer [klɔke] **1.** v. intr. [1] Se boursoufler. *Couche de peinture qui cloque.* **2.** v. tr. *Cloquer un tissu:* le gaufrer. – De *cloque.*

clore [klɔʀ] v. tr. [57] **1.** Vieilli ou litt. Fermer complètement, boucher, obstruer (un passage). *Clore un conduit.* **2.** Vieilli Enclore. *Clore un jardin, un pré.* **3.** Arrêter, terminer ou déclarer terminé. *Clore une opération commerciale, un débat.* – Du lat. *claudere.*

1. clos, close [klo, kloz] adj. Fermé. *Trouver porte close.* ▷ Anc. *Champ clos:* champ entouré de barrières destiné aux tournois, aux duels. ▷ DR *À huis clos:* sans que le public soit admis. *Tribunal qui siège à huis clos.* – N. m. *La cour a ordonné le huis clos.* ▷ *Maison close:* lupanar. ▷ Loc. *En vase clos:* sans contact avec le monde extérieur, isolé, confiné. *Vivre en vase clos. Économie en vase clos.* ▷ Litt. *Nuit close:* pleine nuit. – De *clore.*

2. clos [klo] n. m. Terrain cultivé entouré d'une clôture. – *Spécial.* Vignoble délimité. – De *clore.*

closerie [klozʀi] n. f. Petite exploitation rurale close. Petit clos. – De *clos.*

clôture [klotyʀ] n. f. **1.** Ce qui enclôt un espace. *Mur de clôture d'un parc.* **2.** Enceinte d'un couvent cloîtré. Fig. Obligation faite aux religieux des ordres cloîtrés de vivre retirés du monde. **3.** Action d'arrêter, de terminer une chose, ou de déclarer qu'elle est arrêtée, terminée. *Clôture d'un scrutin, d'un débat, d'une session.* ▷ POLIT *Motion de clôture:* proposition qui permet de mettre rapidement fin à un débat parlementaire. – Du lat. pop. **clausitura,* de *claudere,* «clore».

clôturer [klotyʀe] v. tr. [1] **1.** Entourer de clôtures. **2.** Arrêter, déclarer terminé. *Clôturer la session parlementaire.* – De *clôture.*

clou [klu] n. m. **I. 1.** Petite tige de métal, pointue, et ordinairement dotée d'une tête, servant à fixer, attacher ou pendre qqch. *Enfoncer un clou avec un marteau. Accrocher, suspendre un vêtement à un clou.* ▷ CHIR Tige métallique que l'on introduit dans le canal médullaire d'un os fracturé pour assurer sa contention. **2.** (France) *Les clous:* le passage clouté. *Traverser dans les clous.* V. clouté. **3.** Loc. fig. et fam. *Maigre comme un clou, gras comme un cent de clous:* très maigre. – *Cela ne vaut pas un clou:* cela n'a aucune valeur. – Interj. *Des clous!:* Rien du tout! Pas question! ▷ Prov. *Un clou chasse l'autre:* un nouvel amour, un nouveau goût en fait oublier un autre. **II.** Fig. **1.** Fam. *Le clou:* en France, le mont-de-piété (crédit municipal). *Mettre une chose au clou:* la mettre en gage. **2.** Prison, salle de police. *Se faire mettre au clou.* **3.** *Un vieux clou:* une automobile, une motocyclette ou une bicyclette en mauvais état. **4.** *Le clou de la fête, du programme:* la principale attraction. **III. 1.** Furoncle. **2.** *Clou de girofle:* bourgeon floral très odorant du giroflier, employé comme épice. – Du lat. *clavus.*

clouage [kluaʒ] n. m. Action ou manière de clouer; résultat de cette action. – De *clouer.*

clouer [klue] v. tr. [1] **1.** Fixer, assembler avec des clous. *Clouer une caisse.* **2.** Fig., fam. Fixer, obliger à rester quelque part, dans une situation. *Il est cloué au lit par une forte grippe.* ▷ Loc. fam. *Clouer le bec à qqn,* le réduire au silence. – De *clou.*

cloutage [klutaʒ] n. m. Action de clouter; son résultat. – De *clouter.*

clouté, ée [klute] adj. Garni de clous. *Semelles cloutées.* ▷ *Passage clouté:* passage au travers des rues, délimité naguère par de grosses têtes de clous (de plus en plus souvent, auj., par des bandes peintes sur la chaussée) et réservé aux piétons. – Pp. de *clouter.*

clouter [klute] v. tr. [1] Garnir ou orner de clous. – Refait d'ap. *cloutier.*

clouterie [klutʀi] n. f. Fabrique, commerce de clous. – De *clouter*.

cloutier [klutje] n. m. Fabricant, marchand de clous. – De *clou*, avec un *t* de *clouet*, anc. dimin. de *clou*.

clovisse [klɔvis] n. f. Mollusque lamellibranche fouisseur (*Tapes decussatus*). – Provenç. *clauvisso*.

clown [klun] n. m. **1.** Acteur bouffon de cirque. *Le clown blanc et le clown rouge* (V. auguste 2). *Numéro de clowns.* **2.** Fig. *Faire le clown*, le pitre. – Mot angl., «rustre, farceur».

clownerie [klunʀi] n. f. Farce de clown. – De *clown*.

clownesque [klunɛsk] adj. Relatif aux clowns; digne d'un clown. *Attitude clownesque.* – De *clown*.

cloyère [klwajɛʀ, klɔjɛʀ] n. f. Panier à huîtres; son contenu. – De *claie*.

C.L.S.C. Sigle de *Centre local de services communautaires*.

1. club [klyb] n. m. **1.** Association, cercle de personnes qui se rassemblent régulièrement en un local déterminé, dans un but fixé (politique, sportif, amical, mondain). *Club de l'Âge d'or. Club de voile, de tennis, etc. Ciné-club.* Rem. Pfs prononcé [klɔb]. **2.** Équipe sportive. *Un club de hockey, de baseball. Encourager le club local.* **3.** (D'après l'angl. *night-club*) *Club de nuit* (ou fam. *club*): établissement commercial qui reste ouvert une partie de la nuit, où l'on peut consommer de l'alcool, danser, voir des spectacles. **4.** Appos. *Fauteuil club*, en cuir, large et profond. – Mot angl., «réunion, cercle».

2. club [klɔb] n. m. Bâton servant à frapper la balle au jeu de golf. Syn. bâton de golf. – Mot angl., «massue».

clubman [klœbman] ou, vx, **clubiste** [klœbist] n. m. Membre d'un club. *Des clubmen.* – De *club*.

club(-)sandwich [klɔbsanwitʃ] n. m. Sandwich constitué de trois tranches de pain grillées entre lesquelles on a placé du poulet ou du jambon, du bacon, de la laitue et des tomates, et que l'on sert découpé en quatre portions triangulaires disposées en rangée. (Abrév. fam.: *club*.) – Mot amér.

clunisien, ienne [klynizjɛ̃, jɛn] adj. De l'ordre monastique de Cluny et de l'arch. qu'il contribua à répandre. – De *Cluny*, v. de France où fut fondée au Xe s. une abbaye bénédictine.

clupéiformes [klypeifɔʀm] n. m. pl. ZOOL Ordre de poissons téléostéens malacoptérygiens, de forme allongée, à grandes écailles et queue fourchue, comprenant les *clupéidés* (hareng, alose, sprat, sardine, etc.) et les anchois. – Du lat. zool. *clupea*, nom de genre du hareng.

cluse [klyz] n. f. GEOMORPHOL Région. Coupure transversale d'un anticlinal, mettant en communication deux vallées, typique du relief jurassien. – Lat. *clusa*, var. de *clausa*, de *claudere*, «fermer».

clystère [klistɛʀ] n. m. Vx **1.** Lavement. **2.** Seringue spéciale, généralement en étain, qui servait aux lavements. – Du gr. *kluzein*, «laver».

cm, cm², cm³ Abrév. de *centimètre, centimètre carré, centimètre cube*.

Cm CHIM Symbole du curium.

cnémide [knemid] n. f. ANTIQ Jambière de métal que portaient les soldats grecs. – Gr. *knêmis*.

cnidaires [knidɛʀ] n. m. pl. ZOOL Embranchement de métazoaires diploblastiques à symétrie radiaire, couverts de cellules urticantes, et dont la cavité digestive ne possède qu'un seul orifice. (Ils sont divisés en deux superclasses: les *hydrozoaires*, divisés en hydraires, hydrocoralliaires, siphonophores et automéduses; les *anthozoaires*, divisés en octocoralliaires et hexacoralliaires. Les cnidaires et les cténaires étaient autref. réunis dans les cœlentérés.) – Du gr. *knidê*, «ortie», par le lat.

cnidoblaste [knidoblast] n. m. Cellule urticante de l'épiderme des cnidaires. – De *cnidaire*, et *-blaste*.

cnidosporidies [knidospɔʀidi] n. f. pl. ZOOL Sous-embranchement de protozoaires parasites dont le stade initial est un germe amiboïde et le stade final une spore pourvue d'un filament évaginable. – De *cnidaires*.

co-. Préf. exprimant le concours, l'union, la simultanéité (*coauteur, coaccusé, codétenu*). – Lat. *co*, var. de *cum*, «avec».

Co CHIM Symbole du cobalt.

coaccusation [koakyzasjõ] n. f. Poursuite simultanée contre plusieurs accusés. – De *co-*, et *accusation*.

coaccusé, ée [koakyze] n. Personne accusée en même temps qu'une ou plusieurs autres. – De *co-*, et *accusé*.

coacquéreur, euse [koakeʀœʀ, øz] n. Personne qui acquiert un bien en commun avec une ou plusieurs autres. – De *co-*, et *acquéreur*.

coadjuteur, trice [koadʒytœʀ, tʀis] n. **1.** n. m. Prélat adjoint à un évêque. – **2.** n. f. Religieuse adjointe d'une abbesse. – Bas lat. *coadjutor*, de *adjuvare*, «aider».

coadjuvant [koadʒyvɑ̃] n. m. PHARM Médicament associé à un autre pour le rendre actif. – De *co-*, et lat. *adjuvare*, «aider».

coagulable [kɔagylabl] adj. Susceptible de se coaguler. *Le lait est coagulable.* – De *coaguler*.

coagulant, ante [kɔagylɑ̃, ɑ̃t] adj. (et n. m.). Qui fait coaguler. *L'air est un coagulant.* – Ppr. de *coaguler*.

coagulation [kɔagylasjõ] n. f. Fait de se coaguler; état d'une substance coagulée. *Temps de coagulation du sang.* – De *coaguler*.

ENCYCL La coagulation du sang est un processus physiologique antihémorragique. Elle résulte d'une succession de réactions enzymatiques qui aboutissent à la transformation du fibrinogène en un réseau de fibrine qui enserre les globules rouges et forme le caillot, lequel se rétracte alors, libérant le sérum. Lorsque le processus de coagulation se produit spontanément dans un vaisseau, il provoque une thrombose, qui peut migrer dans le système vasculaire, réalisant une embolie. Il existe deux grands groupes de médicaments anticoagulants: l'héparine et les antivitamines K. Le temps normal de coagulation du sang dans un tube en verre est de 5 à 10 minutes.

coaguler [kɔagyle] v. tr. [1] Transformer une substance organique liquide en une masse semi-solide. *Coaguler du sang, du lait.* Syn. figer, cailler. ▷ v. intr. et pron. Prendre une consistance semi-solide. – Lat. *coagulare*.

coagulum [kɔagylɔm] n. m. Caillot, masse coagulée. – Mot lat.

coalescence [kɔalɛsɑ̃s] n. f. PHYS Formation de gouttes à partir de gouttelettes en suspension. *La pluie se forme par coalescence à partir des gouttelettes des nuages.* – Du lat. *coalescere*, «s'unir, se lier».

coalisé, ée [kɔalize] adj. et n. Ligué dans une coalition. *Peuples coalisés.* – Pp. de *coaliser*.

coaliser [kɔalize] v. tr. [1] Liguer, réunir (différents partis) en vue d'une lutte. ▷ v. pron. Former une coalition. – De *coalition*.

coalition [kɔalisjõ] n. f. **1.** Réunion momentanée de puissances, de partis, de personnes pour lutter contre un ennemi commun. *Les sept coalitions contre la France révolutionnaire.* Syn. alliance, ligue. **2.** Accord réalisé entre personnes de même condition dans des buts économiques ou professionnels. ▷ Entente qui vise à réglementer le marché, à organiser et à limiter la concurrence. *La coalition commerciale est illicite.* – Lat. *coalitus,* de *coalescere,* «s'unir».

coaltar [kɔltaʀ] n. m. Goudron de houille. – Angl. *coal,* «charbon», et *tar,* «goudron».

coassement [kɔasmɑ̃] n. m. Cri de la grenouille. – De *coasser.*

coasser [kɔ(o)ase] v. intr. [1] Pousser son cri, en parlant de la grenouille. – Du gr. *koax,* onomat.

coassocié, ée [koasɔsje] n. Personne associée à d'autres dans une affaire commerciale, financière, industrielle. – De *co-,* et *associé.*

coassurance [koasyʀɑ̃s] n. f. Assurance d'un même risque par plusieurs assureurs. – De *co-,* et *assurance.*

coati [kɔati] n. m. Mammifère carnivore fissipède (genre *Nasua*) d'Amérique tropicale, au très long museau. – Mot brésilien.

coauteur [kootœʀ] n. m. Auteur qui travaille avec un autre à un même ouvrage. ▷ DR *Coauteur d'un crime.* – De *co-,* et *auteur.*

coaxial, iale, iaux [koaksjal, jo] adj. Qualifie un objet qui a le même axe qu'un autre. ▷ ELECTR *Câble coaxial,* constitué par un conducteur central, un conducteur périphérique (tresse métallique généralement) isolé du premier, et une gaine de protection. – De *co-,* et *axial.*

cobalt [kɔbalt] n. m. Métal blanc argenté, ferromagnétique, malléable et ductile, de densité 8,9 (symbole Co). – All. *Kobalt,* var. de *Kobold,* «lutin». V. aussi nickel.

ENCYCL Le cobalt (numéro atomique Z = 27; masse atomique 58,93) fond vers 1 450 °C et bout vers 2 900 °C. Il entre dans la composition de nombr. alliages spéciaux (ferrocobalt, notam.) destinés à la fabrication d'outils de coupe, de résistances électriques et de pièces polaires d'électroaimants. L'isotope 60, radioactif, sert en médecine à soigner les tumeurs («bombe au cobalt»). Le cobalt est un oligo-élément que l'on trouve dans la vitamine B12.

cobaltage [kɔbaltaʒ] n. m. TECH Dépôt protecteur de cobalt appliqué sur un métal. – De *cobalt.*

cobalteux, euse [kɔbaltø, øz] adj. CHIM Qualifie les composés du cobalt au degré d'oxydation + 2. – De *cobalt.*

cobalthérapie [kɔbalteʀapi] ou **cobaltothérapie** [kɔbaltoteʀapi] n. f. MED Traitement par les rayonnements émis par le cobalt 60, isotope radioactif du cobalt. – De *cobalt,* et *thérapie.*

cobaltique [kɔbaltik] adj. CHIM Qualifie les composés du cobalt au degré d'oxydation + 3. – De *cobalt.*

cobaye [kɔbaj] n. m. Petit rongeur (20 cm de long) d'Amérique du S. *(Cavia porcellus),* très utilisé comme animal de laboratoire et appelé également *cochon d'Inde.* – Fig. Personne, chose servant de sujet d'expérience. – Lat. zool. *cobaya,* du tupi-guarani par le portug.

cobelligérant, ante [kobɛlliʒeʀɑ̃, ɑ̃t] adj. et n. Allié à un ou plusieurs pays en guerre contre un ennemi commun. *Nation cobelligérante.* ▷ N. m. *Pendant la Deuxième Guerre mondiale, les forces armées des cobelligérants furent placées, en Europe, sous le commandement du général Eisenhower.* – De *co-,* et *belligérant.*

cobol [kɔbɔl] n. m. INFORM Langage de programmation utilisé en gestion d'entreprise. – Acronyme pour *COmmon Business Oriented Language.*

cobra [kɔ(o)bʀa] n. m. Serpent venimeux dont les côtes peuvent se redresser, formant un élargissement postcéphalique caractéristique. (*Naja naja* est le cobra indien, ou serpent à lunettes. *Naja hannah,* le cobra royal, africain, atteint 4 m de long.) – Portug. *(cobra) de capello,* «couleuvre-chapeau».

coca [kɔka] **1.** n. m. ou f. Arbuste du Pérou (*Erythroxylon coca,* fam. linacées), dont les feuilles renferment divers alcaloïdes et notam. la cocaïne. **2.** n. f. Substance extraite des feuilles de coca. – Mot esp., d'une langue d'Amérique.

cocagne [kɔkaɲ] n. f. **1.** Loc. *Pays de cocagne,* où l'on trouve tout à souhait et en abondance. **2.** *Mât de cocagne:* mât enduit de savon au haut duquel on s'essaie à grimper pour décrocher des lots. – Orig. incert.; mot mérid.: provenç., ital.

cocaïne [kɔkain] n. f. Alcaloïde de formule $C_{17}H_{21}NO_4$ extrait des feuilles de coca, stupéfiant et anesthésique dont la vente est strictement réglementée. – De *coca.*

cocaïnisation [kɔkainizasjɔ̃] n. f. MED Utilisation thérapeutique de la cocaïne. – De *cocaïne.*

cocaïnisme [kɔkainism] n. m. MED État d'intoxication chronique par la cocaïne. – De *cocaïne.*

cocaïnomane [kɔkainɔman] n. Toxicomane accoutumé à la cocaïne. – De *cocaïne,* et *-mane.*

cocaïnomanie [kɔkainɔmani] n. f. Toxicomanie due à l'usage de cocaïne. – De *cocaïne,* et *-manie.*

cocarde [kɔkaʀd] n. f. **1.** Insigne de forme souvent circulaire que l'on portait à la coiffure. **2.** Insigne circulaire aux couleurs nationales. *Cocardes d'un avion.* – A. fr. *coquart, coquard,* «coq», et, au fig., «sot, vaniteux».

cocardier, ière [kɔkaʀdje, jɛʀ] adj. Péjor. Qui aime l'armée, l'uniforme; chauvin. – De *cocarde.*

cocasse [kɔkas] adj. Fam. Qui est d'une étrangeté plaisante, qui fait rire. *Une histoire cocasse.* ▷ N. m. *Le cocasse de l'histoire...* – Var. de *coquard* (V. *cocarde*).

cocasserie [kɔkasʀi] n. f. Caractère de ce qui est cocasse; chose cocasse. – De *cocasse.*

cocci [kɔksi] n. m. pl. Désigne les bactéries en forme de grain sphérique. (Le sing. *coccus* est peu us.) – Lat. *coccus,* «baie rouge».

coccidie [kɔksidi] n. f. Protozoaire sporozoaire de très petite taille, ovoïdal, parasite de la muqueuse intestinale ou du foie. – Du gr. *kokkos,* «grain».

coccidiose [kɔksidjoz] n. f. Maladie provoquée par diverses espèces de coccidies chez les bovins, ovins, volailles, lapins («gros ventre»), etc. – De *coccidie,* et *-ose* 2.

coccinelle [kɔksinɛl] n. f. Coléoptère à corps hémisphérique, à élytres orangés ou rouges tachetés de noir, appelé aussi *bête à bon Dieu. À l'état larvaire ou adulte, les coccinelles chassent les pucerons.* – Du lat. *coccinus,* «écarlate».

coccolithe [kɔkolit] n. m. BOT, PALEONT Plaquette calcaire microscopique couvrant en grand nombre le thalle de certaines algues planctoniques. (C'est un des principaux fossiles de la craie.) – Du gr. *kokkos,* «graine», et *lithos,* «pierre».

coccygien, ienne [kɔksiʒjɛ̃, jɛn] adj. Relatif au coccyx. – De *coccyx.*

coccyx [kɔksis] n. m. Os situé à l'extrémité inférieure du sacrum et formé de quatre ou cinq petites vertèbres soudées entre elles. – Gr. *kokkux,* «(bec de) coucou».

1. coche [kɔʃ] n. m. Grande voiture qui servait au transport des voyageurs, avant les diligences. *Aller* *en coche.* – Fig. *Manquer le coche:* laisser échapper l'occasion. ▷ Fig. et prov. *Faire la mouche du coche:* s'agiter beaucoup et sans utilité (par allus. à la fable de La Fontaine: *le Coche et la Mouche*). – All. *Kutsche;* tchèque *kotchi.*

2. coche [kɔʃ] ou **coche d'eau** [kɔʃdo] n. m. Anc. Bateau qui servait au transport des voyageurs et des marchandises, sur les voies fluviales. – Anc. néerl. *cogge,* bas lat. *caudica.*

3. coche [kɔʃ] n. f. **1.** Entaille, encoche. *Coche d'une flèche.* **2.** *Par ext.* Marque. *Faire une coche au crayon.* – P.-ê. du lat. pop. **cocca.*

cochenille [kɔʃnij] n. f. Nom de nombreux insectes homoptères de très petite taille, dont seul le mâle est ailé, parasites de divers végétaux. *La cochenille du nopal fournit un colorant carmin.* – Esp. *cochinilla,* «cloporte».

1. cocher [kɔʃe] n. m. Personne qui conduit l'attelage d'une voiture. *Cocher de fiacre.* – De *coche* 1.

2. cocher [kɔʃe] v. tr. **[1]** Marquer d'une coche. *Cochez d'une croix les cases correspondantes.* – De *coche* 3.

côcher [koʃe] v. tr. **[1]** Couvrir la femelle, en parlant des oiseaux. – Altér. de l'a. fr. *caucher, chaucher;* lat. *calcare,* «presser, fouler».

cochère [kɔʃɛʀ] adj. f. *Porte cochère,* par laquelle une voiture peut passer. – De *coche* 1.

cochet [kɔʃɛ] n. m. Jeune coq. Syn. coquelet. – De *coq.*

cochléaire [kɔkleɛʀ] adj. ANAT Qui se rapporte au limaçon de l'oreille et, par ext., à l'audition. – De *cochlée.*

cochléaria [kɔkleaʀja] n. m. Crucifère riche en vitamine C, utilisé autref. comme antiscorbutique. Syn. raifort. – Lat. *cochlearium,* «cuillère», à cause de la forme des feuilles.

cochlée [kɔkle] n. f. ANAT Limaçon de l'oreille interne. – Lat. *cochlea,* «limaçon».

cochon [kɔʃõ] n. m. **1.** Animal domestique omnivore, porc élevé pour sa chair. *Cochon de lait:* petit cochon, encore à la mamelle. ▷ Viande de cet animal. *Manger du cochon.* **2.** Loc. fig., fam. *Amis, copains comme cochons,* très liés. – *Tête de cochon:* caractère têtu, mauvais caractère. – *Donner des perles, de la confiture à des cochons:* donner qqch de raffiné à qui n'est pas capable de l'apprécier. **3.** n. (et adj.). *Cochon, onne.* Fam. Personne malpropre; personne indélicate, malfaisante. *Cochon d'Untel! Il m'a encore joué un tour de cochon!* ▷ Adj. Licencieux, pornographique. *Des gravures cochonnes.* – Libidineux, vicieux. *Des jeux cochons, des manières cochonnes.* **4.** *Cochon d'Inde:* cobaye. – *Cochon d'Amérique:* pécari. – *Cochon de mer:* marsouin. – Orig. incon.

cochonnaille [kɔʃɔnaj] n. f. Fam. Charcuterie. *Assiette de cochonnaille.* – De *cochon.*

cochonnée [kɔʃɔne] n. f. Portée d'une truie. – De *cochon.*

cochonner [kɔʃɔne] **1.** v. intr. **[1]** Rare Mettre bas, en parlant d'une truie. **2.** v. tr. Fam. Faire salement ou grossièrement (un ouvrage). ▷ Salir, souiller. – De *cochon.*

cochonnerie [kɔʃɔnʀi] n. f. Fam. **1.** Extrême malpropreté. *Vivre dans la cochonnerie.* ▷ Saleté, souillure. **2.** *Par ext.* Action, parole obscène. **3.** Action indélicate, qui porte tort. *Faire une cochonnerie à qqn.* **4.** Chose sale, gâtée, sans valeur. *Vous n'allez pas manger de cette cochonnerie?* – De *cochonner.*

cochonnet [kɔʃɔnɛ] n. m. **1.** Jeune cochon. **2.** Petite boule servant de but au jeu de boules. – Dimin. de *cochon.*

cochylis [kɔkilis] ou **conchylis** [kõkilis] n. m. Papillon dont la chenille s'attaque à la feuille de la vigne. Syn. tordeuse de la vigne. – Du gr. *kogkulion,* «coquille».

cocker [kɔkɛʀ] n. m. Chien d'arrêt à poil long et grandes oreilles tombantes, ressemblant à un petit épagneul. – De l'angl. *woodcocker,* «bécassier».

cockney [kɔknɛ] n. inv. Londonien de souche, notam. des quartiers pop. ▷ Adj. *Accent cockney.* – De l'angl. *coken-egg,* «œuf de coq», sobriquet du Londonien.

cockpit [kɔkpit] n. m. MAR Creux à l'arrière d'un bateau de plaisance. – AVIAT Cabine constituant le poste de pilotage dans un avion. – Mot angl.

cocktail [kɔktɛl] n. m. **1.** Boisson résultant d'un mélange dans lequel entrent des alcools. ▷ *Par ext.* Mélange. *Cocktail de fruits au sirop.* – Fig. *Un heureux cocktail de malice et de gravité.* **2.** Réunion mondaine où l'on boit des cocktails. *Le vernissage de l'exposition sera suivi d'un cocktail.* **3.** *Cocktail Molotov:* projectile offensif constitué par une bouteille remplie d'un liquide explosif. – Mot anglo-amér., «queue de coq», n'existant pas dans cet emploi, évol. de sens obsc.

1. coco [koko] n. m. **1.** *Noix de coco,* fruit comestible du cocotier. (La noix de coco à maturité fournit le coprah ou blanc de coco, dont on tire divers corps gras servant à la fabrication de savons, parfums, margarine, huile, etc.) – *Lait de coco:* liquide que contient la noix de coco fraîche. **2.** *Fibres de coco:* fibres lignifiées du cocotier, utilisées dans l'industrie. – De l'ital., puis portug. et esp., «croque-mitaine», d'après l'aspect de la noix.

2. coco [koko] n. m. **1.** Œuf (dans le langage enfantin). **2.** Terme d'affection (à l'adresse d'un enfant). *Mon petit coco.* **3.** Fam., péjor. Individu. *Un drôle de coco, celui-là!* – Onomat. d'après le cri de la poule.

3. coco [koko] n. m. Boisson rafraîchissante à base de réglisse. *Boire du coco.* – De *coco* 1.

4. coco [koko] n. et adj. Péjor. Communiste. – De *communiste.*

5. coco [koko] n. f. Fam. Cocaïne. – Abrév.

cocon [kɔkõ] n. m. **1.** Enveloppe soyeuse que filent un grand nombre de chenilles (dont le ver à soie) pour s'y transformer en chrysalides. **2.** *Par ext.* Fig. Endroit douillet, situation où l'on se sent protégé. *Le cocon familial.* – Provenç. *coucoun,* de la même rac. que *coque.*

cocontractant, ante [kɔkõtʀaktɑ̃, ɑ̃t] n. DR Chacune des personnes qui forment ensemble l'une des parties dans un contrat. – De *co-,* et *contracter.*

cocorico [kɔkɔʀiko] interj. et n. m. Cri du coq (on dit aussi *coquerico*). – Onomat.

cocoteraie [kɔkɔtʀɛ] n. f. Plantation de cocotiers. – De *cocotier.*

cocotier [kɔkɔtje] n. m. Palmier *(Cocos mucifera)* des régions tropicales, pouvant atteindre 30 m de hauteur et donnant la noix de coco. ▷ Fig., fam. *Secouer le cocotier* (pour en faire tomber les noix): lutter avec vigueur contre la routine, les habitudes. – Aussi: chercher à déloger de leurs places ceux qui sont plus âgés que soi, ou plus élevés dans une hiérarchie. – De *coco* 1.

1. cocotte [kɔkɔt] n. f. **1.** Poule (langage enfantin). **2.** *Cocotte en papier :* carré de papier plié, figurant une poule. **3.** Femme de mœurs légères. Syn. demi-mondaine, poule (pop.). **4.** Terme affectueux (à l'adresse d'une femme). *Comment vas-tu, ma cocotte?* – Onomat.

2. cocotte [kɔkɔt] n. f. Marmite en fonte, de hauteur réduite, avec un couvercle. – De *coquasse,* «marmite», altér. de l'a. fr. *coquemar* *.

cocu, ue [kɔky] adj. (et n.). Fam. **1.** Qui est trompé par son conjoint. **2.** Loc. fam. *Avoir une veine de cocu,* une chance peu ordinaire (on dit aussi: *veine de pendu).* – Var. de *coucou,* dont la femelle pond ses œufs dans des nids étrangers.

cocuage [kɔkɥaʒ] n. m. Fam. État d'une personne trompée par son conjoint. – De *cocu.*

cocufier [kɔkyfje] v. tr. [1] Fam. Faire cocu, tromper. – De *cocu.*

coda [kɔda] n. f. MUS Mesures ajoutées à un morceau pour le terminer d'une façon brillante. – Mot ital., «queue».

codage [kɔdaʒ] n. m. Fait de coder. – De *coder.*

code [kɔd] n. m. **I. 1.** Recueil, compilation de lois. *Le code du travail.* **2.** Corps de lois constituées en système complet de législation sur une matière déterminée. *Code civil. Code criminel, code de procédure civile.* ▷ *Code de la route.* – (France) Passer le code: l'épreuve théorique du permis de conduire, ayant trait au code de la route. – AUTO *Phares en code,* ou *code:* feux de croisement. *Se mettre en code.* **3.** Fig. *Le code de l'honneur, de la morale, de la politique:* les préceptes en ces matières. **4.** Volume contenant le texte d'un code. **II. 1.** Système conventionnel de signes ou signaux, de règles et de lois, permettant la transformation d'un message en vue d'une utilisation particulière (transmission secrète; exploitation par des moyens informatiques). *Code secret. Code informatique.* ▷ *Code postal,* dont les composantes servent à identifier rapidement et mécaniquement la localisation du destinataire d'un envoi postal. ▷ TELECOM Cour. *Code régional:* indicatif téléphonique régional. ▷ INFORM *Code binaire,* qui utilise un système de numération à base 2 (avec les chiffres 0 et 1). **2.** Recueil de phrases, de mots et de lettres, et de leur traduction chiffrée. **3.** BIOL *Code génétique,* inscrit dans l'A.D.N. chromosomique et qui contient l'information concernant la synthèse protéique propre à chaque individu. – Lat. jur. *codex,* «planchette, recueil».

ENCYCL **Code civil** – Un Code civil constitue, selon la tradition civiliste, un corps de lois qui représentent un système complet de législation gouvernant les relations entre les citoyens. Dans un tout concis, il prescrit les droits et obligations des personnes physiques ou morales du territoire où il s'applique et il détermine l'ensemble des institutions qui doivent guider leur comportement.

Au Canada, seul le Québec possède un Code civil, les autres provinces étant régies par les règles de la *common law* ou par des lois particulières.

Présentement, le Québec vit une période de transition, car il y existe deux Codes civils. Le plus ancien, le Code civil du Bas-Canada, date de 1866; il s'inspire du Code Napoléon, adopté en France en 1804, luimême issu du droit romain, des différentes coutumes de France et du droit canon. Ce code, qui reflète les courants idéologiques du XIXe s., est remplacé graduellement par le Code civil du Québec dont le premier titre, adopté en 1981, porte sur le droit de la famille. Ces nouvelles dispositions énoncent des principes qui correspondent aux valeurs actuelles de la société québécoise, notamment en ce qui concerne le mariage, le divorce et la filiation. On peut présumer que le Code civil du Québec aura remplacé complètement le Code civil du Bas-Canada, vers 1990.

codébiteur, trice [kodebitœʀ, tʀis] n. DR Celui, celle qui a contracté une dette, conjointement ou solidairement avec un ou plusieurs autres. – De *co-,* et *débiteur.*

codéfendeur, eresse [kodefɑ̃dœʀ, əʀɛs] n. DR Personne qui est poursuivie avec une ou plusieurs autres, dans un procès civil. – De *co-,* et *défendeur.*

codéine [kɔdein] n. f. MED Dérivé de la morphine (méthyl-morphine), utilisé comme sédatif et contre la toux. – Du gr. *kôdeia,* «pavot».

codemandeur, eresse [kodəmɑ̃dœʀ, əʀɛs] n. DR Personne qui, conjointement avec une ou plusieurs autres, intente une action en justice. – De *co-,* et *demandeur.*

coder [kɔde] v. tr. [1] **1.** Transcrire à l'aide d'un code secret. *Coder une dépêche. Message codé.* **2.** Transcrire une information selon un code, en vue de son exploitation par moyens informatiques. – De *code.*

codétenteur, trice [kodetɑ̃tœʀ, tʀis] n. DR Celui, celle qui détient, avec une ou plusieurs autres personnes, un objet, un bien quelconque. – De *co-,* et *détenteur.*

codétenu, ue [kodetny] n. Celui, celle qui est détenu(e) avec ou en même temps que d'autres personnes. – De *co-,* et *détenu.*

codex [kɔdɛks] n. m. (France) Recueil des préparations médicamenteuses autorisées par la Faculté de médecine. – Mot lat. (V. code)

codicillaire [kɔdisilɛʀ] adj. DR Qui est établi par un codicille. *Legs codicillaire.* – De *codicille.*

codicille [kɔdisil] n. m. DR Disposition ajoutée à un testament pour le modifier, le compléter ou l'annuler. – Lat. *codicillus,* «tablette», de *codex* (V. code).

codificateur, trice [kɔdifikatœʀ, tʀis] adj. (et n.). Qui codifie. – De *codifier.*

codification [kɔdifikasjɔ̃] n. f. Action de codifier; son résultat. – De *codifier.*

codifier [kɔdifje] v. tr. [1] **1.** Réunir des lois en un code. *Codifier la législation fiscale.* **2.** Soumettre à des lois, des règles cohérentes. *Codifier l'orthographe.* – De *code.*

codirecteur, trice [kodiʀɛktœʀ, tʀis] n. (et adj.). Personne qui dirige avec d'autres. – De *co-,* et *directeur.*

codirection [kodiʀɛksjɔ̃] n. f. Direction exercée simultanément avec d'autres. – De *co-,* et *direction.*

codon [kɔdɔ̃] n. m. GENET Unité constitutive du code génétique de l'A.D.N. chromosomique. (Le groupe de 3 bases azotées, ou triplet, représente un des vingt acides aminés dont il déterminera la position dans la chaîne protéique par l'intermédiaire de l'A.R.N. messager, l'acide aminé étant transporté par un A.R.N. de transfert spécifique.) – De *code* (génétique).

coefficient [kɔefisjɑ̃] n. m. **1.** MATH Valeur numérique ou littérale qui affecte une variable. *Dans 3 a, 3 est le coefficient de a.* ▷ *Spécial.* Dans les examens et les concours, nombre par lequel on multiplie la note attribuée dans une matière selon l'importance de celle-ci. *L'épreuve de mathématiques est affectée d'un coefficient élevé.* Cour. Pourcentage non déterminé. *Prévoir un coefficient d'erreur.* **2.** PHYS Nombre correspondant à une propriété définie d'un corps. *Coefficient de dilatation, de frottement.* – De *co-,* et *efficient.*

coelacanthe [selakɑ̃t] n. m. ZOOL, PALEONT Poisson crossoptérygien, pratiquement disparu, dont une espèce, *Latimeria chalumnae,* connue d'abord par des fossiles (300 millions d'années), a survécu dans le nord du canal de Mozambique (70 exemplaires pêchés depuis 1938). (Ces poissons nous renseignent sur l'évolution, car leurs nageoires sont des ébauches des membres des tétrapodes.) – Du gr. *koilos,* «creux», et *akhanta,* «épine».

cœlentérés [selɑ̃teʀe] n. m. pl. ZOOL Ancien embranchement d'animaux inférieurs actuellement démembré en cnidaires et cténaires (actinie, corail, méduse). – Du gr. *koilos*, «creux», et *enteron*, «intestin».

cœliaque ou **céliaque** [seljak] adj. ANAT Qui a rapport au ventre et aux intestins. – Gr. *koilia*, «ventre, intestin».

cœlomate [selomat] n. m. ZOOL Animal pourvu d'un cœlome (essentiellement les annélides, les arthropodes, les mollusques, les échinodermes et les cordés). Ant. acœlomate. – De *cœlome*.

cœlome [selom] n. m. ZOOL Chez les métazoaires, cavité comprise entre le tube digestif et la paroi du corps, et tapissée dans l'abdomen par un tissu qui constitue le mésentère. Syn. cavité générale. – Gr. *koilôma*, «cavité».

cœlostat. V. cælostat.

cœnure ou **cénure** [senyʀ] n. m. Ténia *(Taenia coenurus)* qui vit dans le tube digestif du chien et dans le cerveau du mouton, chez lequel il provoque le tournis. – Gr. *koinos*, «commun», et *oura*, «queue».

coenzyme [koɑ̃zim] n. f. BIOCHIM Groupement actif, non protéique, d'une enzyme. *De nombreuses vitamines jouent un rôle de coenzyme.* V. encycl. enzyme. – De *co-*, et *enzyme*.

coéquipier, ière [koekipje, jɛʀ] n. Personne qui fait équipe avec d'autres ou qui fait partie de la même équipe sportive que d'autres. – De *co-*, et *équipier*.

coercibilité [kɔɛʀsibilite] n. f. PHYS Qualité de ce qui est coercible. *La coercibilité des gaz.* – De *coercible*.

coercible [kɔɛʀsibl] adj. PHYS Qui peut être comprimé. – De *coercition*.

coercitif, ive [kɔɛʀsitif, iv] adj. **1.** Capable de contraindre; qui contraint. *Moyen coercitif. Dispositions coercitives.* **2.** ELECTR *Champ coercitif:* champ magnétique capable de faire disparaître le magnétisme rémanent dans un noyau magnétique. – De *coercition*.

coercition [kɔɛʀsisjɔ̃] n. f. Action de contraindre qqn à faire qqch, et, spécial., à obéir à la loi. *Pouvoir de coercition d'un jugement.* – Lat. *coercitio*, de *coercere*, «contraindre».

cœur [kœʀ] n. m. **I. 1.** Organe musculaire creux contenu dans la poitrine, agent principal de la circulation du sang. *Les pulsations, les battements du cœur.* **2.** *Par ext.* Poitrine. *Presser qqn sur son cœur.* **3.** Estomac. *Avoir mal au cœur, le cœur retourné:* avoir la nausée. **II.** Fig. **1.** Siège des sentiments, des émotions. *Le cœur battant, le cœur serré. Avoir le cœur gros:* avoir du chagrin. – Fam. *Cela lui fait mal au cœur d'être obligé de partir:* il en est fortement peiné. **2.** Siège des sentiments nobles et forts; ces sentiments et, partic., le courage. *Un homme de cœur. «Rodrigue, as-tu du cœur?»* (Corneille). – Fam. *Du cœur au ventre:* du courage. – Prov. *Faire contre mauvaise fortune bon cœur:* ne pas se laisser abattre par la malchance. **3.** Siège de l'affection, de l'amour, de l'amitié. *Donner son cœur à qqn.* – *C'est un cœur d'artichaut*, une personne volage. – *Faire le joli cœur:* s'efforcer de séduire par ses manières, son élégance. – *Joli, gentil comme un cœur:* très joli, très gentil. ▷ *S'en donner à cœur joie:* prendre beaucoup de plaisir. **4.** Siège de la bonté, de la pitié. *Avoir bon cœur.* – Fig. *Il n'a pas de cœur:* il est égoïste. *Il a un cœur de pierre:* il est sans pitié. *Avoir un cœur d'or, le cœur sur la main:* être d'une grande générosité. **5.** Dispositions secrètes, pensée intime. *Parler à cœur ouvert, ouvrir son cœur:* parler avec une entière franchise. ▷ Loc. *En avoir le cœur net:* se délivrer de ses doutes. **6.** Loc. adv. *Par cœur:* de mémoire. *Apprendre par cœur.* – *Savoir par cœur:* savoir parfaitement. ▷ *De bon cœur, de grand cœur:* très volontiers, avec plaisir. – *À contrecœur:* avec répugnance. **III.** (Par anal.) **1.** Milieu, centre. *Cœur de laitue.* – *Au cœur de l'hiver:* au plus fort de l'hiver. **2.** BOT *Bois de cœur*, ou *duramen:* bois central, résistant, d'un arbre (par oppos. à l'*aubier*). **IV.** (Figures de cœur.) **1.** Bijou en forme de cœur. *Un petit cœur en argent.* **2.** L'une des couleurs des jeux de cartes. *Faire un pli à cœur. Atout cœur.* **3.** TECH *Came en cœur:* excentrique en forme de cœur. – Lat. *cor, cordis*.

ENCYCL Le cœur est un muscle creux à quatre cavités, situé dans le médiastin antérieur, en forme de cône dont le grand axe est dirigé en avant, en bas et à gauche. Il comporte trois tuniques: le péricarde à l'extérieur; le myocarde; l'endocarde, qui tapisse les cavités. Il existe fonctionnellement et anatomiquement un cœur droit et un cœur gauche, que sépare complètement la cloison auriculo-ventriculaire. Chacun comprend une oreillette et un ventricule, qui communiquent par un orifice auriculo-ventriculaire, muni d'une valve: tricuspide à droite, mitrale à gauche. Chaque ventricule communique (par un orifice muni de valves sigmoïdes) avec une volumineuse artère, dans laquelle il éjecte le sang à chaque systole: à droite (artère pulmonaire) et à gauche (aorte). Le cœur droit est à basse pression et contient du sang noir venant des veines caves, qui s'abouchent dans l'oreillette droite. Le cœur gauche est à haute pression et contient du sang rouge oxygéné qui gagne l'oreillette gauche par les veines pulmonaires. Pendant la diastole, les sigmoïdes aortiques et pulmonaires sont fermées, les valves auriculo-ventriculaires ouvertes, les ventricules se remplissent. Pendant la systole, les valves auriculo-ventriculaires sont fermées, les sigmoïdes s'ouvrent et les ventricules se contractent. Chez l'adulte, le cœur bat de façon régulière, à env. 80 battements par minute, en fonction du rythme cardiaque autonome et de l'action contraire des systèmes sympathique et parasympathique. L'examen médical du cœur comporte notam. l'auscultation, l'examen radiologique et l'électrocardiogramme (E.C.G.).

coexistence [koegzistɑ̃s] n. f. Existence simultanée. ▷ POLIT *Coexistence pacifique:* principe qui règle les relations entre États de régimes politiques différents afin que la divergence de leurs intérêts n'entraîne pas de conflit ouvert ou latent («guerre froide»). *La coexistence pacifique de l'U.R.S.S. et des É.-U.* – De *co-*, et *existence*.

coexister [koegziste] v. intr. [1] Exister ensemble, simultanément. *Des conceptions différentes qui coexistent.* – De *co-*, et *exister*.

cofacteur [kofaktœʀ] n. m. MATH Coefficient multiplicateur affectant un élément d'une matrice. – De *co-*, et *facteur*.

coffin [kɔfɛ̃] n. m. Étui contenant de l'eau et une pierre à aiguiser, que le faucheur porte à sa ceinture. – Gr. *kophinos*, «panier».

coffrage [kɔfʀaʒ] n. m. **1.** CONSTR Moule en bois ou en métal, dans lequel est mis en place le béton frais pour y être maintenu en forme pendant la prise. **2.** Charpente maintenant la terre d'une tranchée, d'un puits, d'un remblai, etc. – De *coffre*.

1. coffre [kɔfʀ] n. m. **1.** Meuble en forme de caisse, muni d'un couvercle, qui sert à ranger divers objets. *Coffre à vêtements, à bois, à jouets.* ▷ AUTO Partie d'une voiture destinée à recevoir des bagages. **2.** Caisse spécialement destinée à renfermer de l'argent, des objets de valeur; coffre-fort. *Louer un coffre dans une banque.* **3.** Fam. Cage thoracique. *Avoir du coffre*, du souffle, une voix puissante. **4.** CONSTR Conduit de fumée en saillie par rapport à un mur. – Du bas lat. *cophinus*.

2. coffre [kɔfʀ] n. m. Poisson téléostéen recouvert d'une cuirasse osseuse et habitant les récifs coralliens (fam. ostracionidés). – De *coffre* 1.

coffre-fort [kɔfʀəfɔʀ] n. m. Armoire blindée à serrure spéciale, destinée à enfermer des valeurs, des objets précieux. *Des coffres-forts.* – De *coffre,* et *fort.*

coffrer [kɔfʀe] v. tr. [1] **1.** Fam. Emprisonner. *Coffrer un malfaiteur.* **2.** TECH Mouler au moyen d'un coffrage. *Coffrer un pilier.* – De *coffre* 1.

coffret [kɔfʀɛ] n. m. **1.** Petit coffre orné, servant à enfermer des objets précieux. *Coffret à bijoux.* **2.** Cour. Boîte (avec nuance valorisante). *L'intégrale de l'œuvre d'un compositeur réunie en coffret* (de disques). – Dimin. de *coffre* 1.

cogérance [koʒeʀɑ̃s] n. f. Gérance exercée en commun. – De *co-,* et *gérance.*

cogérant, ante [koʒeʀɑ̃, ɑ̃t] n. Personne qui exerce une cogérance. *Cogérants d'une société.* – De *co-,* et *gérant.*

cogestion [koʒɛstjõ] n. f. **1.** Gestion, administration en commun. **2.** Système de participation active des travailleurs à la gestion de leur entreprise et, par anal., des étudiants à celle de leur université. – De *co-,* et *gestion.*

cogitation [kɔʒitasjõ] n. f. Action de méditer; réflexion. *Il était perdu dans des cogitations mélancoliques.* – De *cogiter.*

cogiter [kɔʒite] v. intr. [1] Fam., plaisant. Penser, réfléchir. *Cogiter sur son avenir.* – Lat. *cogitare.*

cogito [kɔʒito] n. m. PHILO Argument énoncé par Descartes dans son *Discours de la méthode* (1637). (Dans le système cartésien, le *cogito* est la première évidence qui s'impose après le doute le plus radical et qui permet de conclure à la réalité de l'âme comme «substance pensante».) – De la formule lat. *cogito, ergo sum,* «je pense, donc je suis».

cognac [kɔɲak] n. m. Eau-de-vie de raisin fabriquée à Cognac et dans sa région, en France. – Du n. de la ville.

cognassier [kɔɲasje] n. m. Arbre fruitier (*Cydonia oblonga,* fam. rosacées) originaire d'Asie, au port torturé, qui produit le coing. – De *cognasse,* var. de *coing.*

cogne [kɔɲ] n. f. Pop. Rixe, bagarre. – De *cogner.*

cognée [kɔɲe] n. f. **1.** Forte hache pour couper les arbres. **2.** Loc. fig. *Jeter le manche après la cognée:* tout abandonner par découragement. – Du lat. pop. **cuneata,* rad. *cuneus,* «coin».

cognement [kɔɲmɑ̃] n. m. Le fait de cogner. ▷ *Cognements du moteur.* – De *cogner.*

cogner [kɔɲe] **1.** v. tr. dir. [1] Vx Frapper pour enfoncer. *Cogner un clou, une cheville.* ▷ Pop. Battre, frapper qqn. *Si ça continue, tu vas te faire cogner.* **2.** v. intr. Frapper fort (avec l'idée de répétition). *Cogner à la porte.* – Pop. *Il cogne dur:* il frappe fort (en se battant). **3.** TECH *Moteur qui cogne,* qui fonctionne mal et fait entendre un bruit saccadé. **4.** v. pron. Se heurter. *Se cogner à l'angle d'un meuble.* Fig. *Je me suis cogné la tête contre les murs:* je me suis heurté à des difficultés insurmontables. ▷ (Récipr.) Pop. Se battre. – Du lat. *cuneare,* «enfoncer un coin».

cogneur [kɔɲœʀ] n. m. Fam. Personne qui frappe fort (spécial. en parlant d'un boxeur). *Attention, c'est un cogneur.* – De *cogner.*

cognitif, ive [kɔgnitif, iv] adj. PHILO Relatif à la connaissance. *Facultés, opérations cognitives.* – Lat *cognitus.*

cognition [kɔgnisjõ] n. m. PHILO Faculté de connaître. – Acte intellectuel par lequel on acquiert une connaissance. – Lat. *cognitio.*

cohabitation [koabitasjõ] n. f. **1.** État de deux ou plusieurs personnes qui habitent sous le même toit. **2.** POLIT Coexistence, dans un pays de régime présidentiel ou semi-présidentiel, d'un chef de l'Etat et d'un Premier ministre élus par des majorités politiquement opposées et qui partagent le pouvoir. – Lat. *cohabitatio.*

cohabiter [koabite] v. intr. [1] Habiter, vivre ensemble. *Tout ce petit monde cohabite sans problèmes.* – Lat. *cohabitare.*

cohérence [kɔeʀɑ̃s] n. f. **1.** Liaison étroite, adhérence entre les divers éléments d'un corps. *Cohérence des molécules.* ▷ PHYS Caractère des faisceaux lumineux émis par les lasers. **2.** Connexion, rapport logique entre des idées, des propos. *Une histoire qui manque de cohérence.* – Lat. *cohærentia.*

cohérent, ente [kɔeʀɑ̃, ɑ̃t] adj. Qui offre de la cohésion, dont les parties sont liées entre elles. *Ensemble cohérent. Raisonnement cohérent.* Syn. homogène. – Lat. *cohærens,* de *cohærere,* «adhérer ensemble».

cohéreur [kɔeʀœʀ] n. m. Nom du premier détecteur d'ondes radioélectriques, imaginé par Branly. – Du lat. *cohærere,* «adhérer ensemble».

cohériter [koeʀite] v. intr. [1] DR Hériter d'un même bien qu'une ou plusieurs autres personnes. – De *co-,* et *hériter.*

cohéritier, ière [koeʀitje, jɛʀ] n. (et adj.). DR Personne qui cohérite. – De *co-,* et *héritier.*

cohésif, ive [kɔezif, iv] adj. Qui unit, qui joint. *Pouvoir cohésif.* – Du lat. **cohæsum,* supin de *cohærere,* «adhérer ensemble».

cohésion [kɔezjõ] n. f. Union intime des parties d'un ensemble. *La cohésion d'un parti.* ▷ PHYS *Force de cohésion,* qui s'oppose à la séparation des molécules d'un corps (par oppos. à *effusion*). – Lat. *cohæsus,* de *cohærere,* «adhérer ensemble».

cohorte [kɔɔʀt] n. f. **1.** ANTIQ ROM Corps d'infanterie formant la dixième partie d'une légion. **2.** Troupe. *Les cohortes célestes:* les élus. – Lat. *cohors, cohortis.*

cohue [kɔy] n. f. Foule nombreuse et tumultueuse; désordre, confusion. – P.-ê. de *cohuer,* de huer, «appeler».

coi, coite [kwa, kwat] adj. Silencieux, tranquille. *Se tenir, demeurer coi.* – Du lat. *quietus.*

coiffe [kwaf] n. f. **1.** Coiffure. *Coiffes régionales traditionnelles.* **2.** Membrane recouvrant parfois la tête de l'enfant à la naissance. **3.** BOT Enveloppe de la pointe d'une racine. – Bas lat. *cofea;* germ. *kufia,* «casque».

coiffer [kwafe] v. tr. et pron. [1] **1.** Couvrir (d'une coiffure) la tête de. *Coiffer un bébé d'un bonnet de laine.* ▷ Vieilli *Coiffer Ste-Catherine:* passer 25 ans sans être mariée. **2.** Prendre pour coiffure. *Coiffer une casquette.* **3.** Arranger les cheveux de. **4.** Dépasser d'une tête à l'arrivée d'une course; vaincre au dernier moment. *Coiffer sur le poteau.* **5.** Fig. Réunir sous son autorité, contrôler. – De *coiffe.*

coiffeur, euse [kwafœʀ, øz] n. **1.** Personne qui fait le métier de couper, d'arranger les cheveux. *Coiffeur pour dames.* **2.** n. f. Table de toilette munie d'un miroir. – De *coiffer.*

coiffure [kwafyʀ] n. f. **1.** Ce qui couvre ou orne la tête. *Une coiffure élégante.* **2.** Action de coiffer; manière de disposer les cheveux. *Coiffure à la Ninon, à l'ange.* ▷ Art de coiffer. *Salon de coiffure.* – De *coiffer.*

coin [kwɛ̃] n. m. **I. 1.** Angle saillant ou rentrant. *Coin de table. Les quatre coins d'une pièce.* ▷ *Coin d'un bois:* endroit où une route coupe un bois; endroit solitaire. *Je ne voudrais pas le rencontrer au coin d'un bois.* ▷ *Veillée au coin du feu,* à côté de la cheminée, près du feu. ▷ *Coins de la bouche, de l'œil,* les commissures. – *Regarder du coin de l'œil,* à la dérobée. ▷ *Coin de la rue:* endroit où deux rues se coupent. – Absol., fam. *L'épicier du coin.* ▷ *Aller au coin, mettre au coin,* en guise de punition pour un enfant, un écolier. ▷ Fam. *En boucher un coin à qqn,* lui fermer la bouche de surprise, l'étonner. **2.** Parcelle. *Un coin de terre. Un coin de ciel bleu.* **3.** Endroit retiré, non exposé à la vue. *Passer ses vacances dans un coin tranquille. Jetez cela dans un coin.* ▷ *Connaître qqch, qqn dans les coins,* parfaitement. ▷ Fam. *Le petit coin:* les lieux d'aisances. **II. 1.** TECH Pièce qui présente une extrémité en biseau et qui sert à fendre, à caler, etc. **2.** GEOL Faille ayant l'aspect d'un coin, due à une compression ou à une dépression latérale. **3.** VETER Nom de deux incisives du cheval. **4.** Pièce d'acier gravée en creux servant à frapper les monnaies, les médailles. – Du lat. *cuneus.*

coinçage [kwɛ̃saʒ] n. m. TECH Action de serrer dans un coin ou avec un coin. – De *coincer.*

coincement [kwɛ̃smɑ̃] n. m. TECH État d'une pièce immobilisée accidentellement. – De *coincer.*

coincer [kwɛ̃se] v. tr. [14] **1.** Fixer avec des coins; serrer, empêcher de bouger. *Coincer une porte pour l'empêcher de battre. – Il s'est coincé le doigt dans une porte.* **2.** Fig., fam. Acculer, immobiliser. *Il m'a coincé contre un mur.* – Mettre dans l'embarras en questionnant. *Il m'a coincé sur ce sujet.* Prendre. *On a coincé le coupable.* **3.** v. pron. Se bloquer, en parlant des pièces d'un mécanisme. *La serrure s'est coincée.* – De *coin.*

coincher [kwɛ̃ʃe] v. intr. [1] JEU Syn. de *contrer,* à la manille. – P.-ê. forme normanno-picarde de *coincer.*

coïncidence [kɔɛ̃sidɑ̃s] n. f. **1.** GEOM État de deux figures, de deux éléments qui coïncident. **2.** Fait de se produire simultanément; concours de circonstances. *Quelle coïncidence! Nous parlions justement de vous.* – De *coïncider.*

coïncident, ente [kɔɛ̃sidɑ̃, ɑ̃t] adj. Qui coïncide; concomitant. *Des empreintes coïncidentes.* – De *coïncider.*

coïncider [kɔɛ̃side] v. intr. [1] **1.** GEOM Se superposer point à point. **2.** Se produire en même temps, correspondre exactement. *Les dates de nos vacances coïncident. Leurs goûts coïncident.* – Lat. médiév. *coincidere,* «tomber ensemble».

co-inculpé ou **coïnculpé, ée** [koɛ̃kylpe] n. (et adj.). Personne inculpée avec une ou plusieurs autres. – De *co-,* et *inculpé.*

coing [kwɛ̃] n. m. Fruit du cognassier, en forme de poire, de couleur jaune, au goût âpre. – Du lat. *cotoneum,* du gr. *kudonia,* «pomme de Cydonea».

coït [kɔit] n. m. Accouplement, copulation. – Lat. *coitus,* de *coire,* «aller ensemble».

coite. V. coi.

1. coke [kɔk] n. m. Combustible résultant de la pyrogénation de la houille et qui sert de réducteur lors de l'élaboration de la fonte. ▷ *Coke de pétrole:* combustible obtenu par calcination du brai de pétrole. – De l'angl. *coucke.*

2. coke [kok] n. f. Fam. Cocaïne. – Mot anglo-amér., dim. de *cocaïne.*

cokéfaction [kɔkefaksjɔ̃] n. f. TECH Transformation de la houille en coke. – De *coke* 1.

cokéfiant, iante [kɔkefjɑ̃, jɑ̃t] adj. TECH Qualifie un charbon qui tend à s'agglutiner, quand on le chauffe. – De *cokéfier.*

cokéfier [kɔkefje] v. tr. [1] TECH Transformer en coke. – De *coke* 1.

cokerie [kɔkʀi] n. f. Usine où l'on prépare du coke. – De *coke* 1.

col [kɔl) n. m. **1.** Vx Cou. **2.** Partie rétrécie. *Le col d'une bouteille.* ▷ ANAT Partie plus mince et terminale d'un organe. *Col utérin. Col vésical. Col du fémur.* **3.** Partie d'un vêtement qui entoure le cou. *Col de chemise. Col de dentelle. Col roulé. Col Claudine* ▷ *Faux col:* col rapporté, amovible. – Fig., fam. Mousse surmontant la bière dans un verre. **4.** Dépression dans une ligne de faîte ou dans un relief, faisant communiquer deux versants. *Le col du Lautaret,* **5.** TECH *Col de cygne:* robinet de canalisation coudé de manière particulière. – Lat. *collum,* «cou».

col-. élément, du lat. *cum.* V. co- et com-.

cola. V. kola.

colature [kɔlatyʀ] n. f. PHARM Action de filtrer un liquide pour le débarrasser de ses impuretés; le liquide filtré. – Du lat. *colare,* «filtrer».

colback [kɔlbak] n. m. **1.** Anc. coiffure militaire à poil, munie d'une poche qui pend de côté. **2.** Pop. Collet. *Attraper qqn par le colback.* – Turc *qalpâq,* «bonnet de fourrure».

col-blanc [kɔlblɑ̃] n. m. Employé de bureau (par oppos. aux ouvriers, aux travailleurs manuels). *Des cols-blancs.* – De *col,* et *blanc.*

col-bleu [kɔlblø] n. m. Ouvrier municipal, travailleur manuel (par opp. aux employés de bureau). *Des cols-bleus.* – De *col,* et *bleu.*

colchicine [kɔlʃisin] n. f. MED Alcaloïde extrait du colchique, médicament spécifique de la goutte. – Du lat. bot. *colchicum.*

colchique [kɔlʃik] n. m. Plante herbacée à bulbe, vénéneuse, aux fleurs en cornets (*Colchicum autumnale,* fam. liliacées), fréquente en automne dans les prés humides. – Gr. *kolkhikon,* «plante de Colchide», pays de l'empoisonneuse Médée.

colcrete [kɔlkʀɛt] n. m. CONSTR Béton obtenu par injection d'une boue colloïdale dans des agrégats. – Mot angl. de *col(loidal),* «colloïdal», et *(con)crete,* «béton».

col-de-cygne [kɔldəsiɲ] n. m. **1.** TECH Instrument, tuyauterie ayant la forme courbe du cou d'un cygne. **2.** Motif décoratif en ameublement. *Des cols-de-cygne.* – De *col, de,* et *cygne.*

-cole. Élément, du lat. *colere,* «cultiver, habiter».

colectomie [kolektomi] CHIR Ablation partielle ou totale du colon. – De *colon,* et du gr. *ekotomé,* «ablation».

colée [kɔle] n. f. HIST Coup léger du plat de la main (plus tard, de l'épée), sur la nuque de celui que l'on armait chevalier. – De *col.*

colégataire [kolegatɛʀ] n. DR Personne instituée légataire avec une ou plusieurs autres. – De *co-,* et *légataire.*

coléoptères [kɔleɔptɛʀ] n. m. pl. ZOOL Ordre d'insectes ptérygotes néoptères, le plus important de tous (plus de 300 000 espèces, dont: hanneton, cicindèle, carabe, cétoine, doryphore, coccinelle, etc.). (La première paire d'ailes est transformée en étuis chitineux rigides, les élytres, qui ne servent qu'à protéger la seconde paire, membraneuse, seule utilisée lors du vol; les pièces buccales sont broyeuses; carnivores ou polyphages à l'état larvaire ou adulte, les coléoptères ont conquis tous les biotopes; ce sont des holométaboles.) – Gr. *koleopteros,* de *koleos,* «étui», et *pteron,* «aile».

coléoptile [kɔleɔptil] n. m. BOT Étui gainant la première feuille (ou plumule) de l'embryon et de la jeune germination des graminées. – Du gr. *koleos,* «étui», et *ptilon,* «plume».

coléorhize [kɔleɔʀiz] n. m. BOT Étui de la première racine de l'embryon ou de la jeune germination des graminées. – Du gr. *koleos,* «étui», et *rhiza,* «racine».

colère [kɔlɛʀ] n. et [adj]. **1.** n. f. Réaction violente due à un profond mécontentement; accès d'humeur. *Être, se mettre en colère. Être blanc, rouge de colère. Il est dans une colère noire.* – Fam. *Piquer une colère.* Syn. fureur. ▷ Fig., poét. *La colère des éléments.* **2.** adj. Litt. et vx *Il est colère,* en colère. – Lat. *cholera,* du gr. *khôlê,* «bile», et fig. «colère».

coléreux, euse [kɔleʀø, øz] adj. Prompt à la colère. – De *colère.*

colérique [kɔleʀik] adj. Sujet à la colère. – De *colère.*

colibacille [kɔlibasil] n. m. Bacille *(Escherichia coli)* qui vit normalement dans l'intestin de l'homme et des animaux, et qui, devenu virulent dans certaines conditions, provoque des infections urinaires et intestinales (très utilisé en biotechnologie). – Du gr. *kôlon,* «gros intestin», et *bacille.*

colibacillose [kɔlibasiloz] n. f. MED Infection due à *Escherichia coli.* – De *colibacille,* et *-ose* 2.

colibri [kɔlibʀi] n. m. Nom cour. de tous les oiseaux de la famille des trochilidés. (De très petite taille, parfois celle d'un bourdon, à plumage très coloré, ils ont un long bec qui leur permet d'aspirer le nectar en pratiquant le vol stationnaire devant les fleurs. Ils vivent tous en Amérique.) Syn. oiseau-mouche. – Mot des Antilles.

colicitant, ante [kolisitɑ̃, ɑ̃t] n. (et adj.). DR Chacun de ceux au nom desquels se fait une vente par licitation. – De *co-,* et lat. *licitans,* «qui enchérit».

colifichet [kɔlifiʃɛ] n. m. Petit objet, petit ornement sans grande valeur. Syn. bagatelle, babiole. – Altér. de l'anc. v. *coeffichier,* «ornement que l'on «fichait» sur la coiffe».

coliiformes [kɔliifɔʀm] n. m. pl. ZOOL Ordre d'oiseaux africains ne renfermant que les colious (genre *Colius*).

colimaçon [kɔlimasɔ̃] n. m. **1.** Escargot. **2.** *En colimaçon:* en spirale, en hélice. *Escalier en colimaçon.* Syn. hélicoïdal. – Altér. de *calimaçon,* mot picard, de *limaçon.*

colin [kɔlɛ̃] n. m. **1.** Nom cour. de *Merlangus virens,* espèce de merlan. ▷ *Abusiv.* Merlu commun *(Merluccius merluccius). Colin sauce mousseline.* **2.** Oiseau phasianidé américain voisin de la caille. – Altér., d'après *Colin* (diminutif de Nicolas), de *cole,* de l'angl. *coal (-fish),* «poisson-charbon», en raison de la couleur du dos.

colinéaire [kolineɛʀ] adj. MATH *Vecteurs colinéaires,* tels qu'il existe deux scalaires *a* et *b* vérifiant $a\vec{V}_1 + b\vec{V}_2 = 0$. – De *co-,* et *linéaire.*

colin-maillard [kɔlɛ̃majaʀ] n. m. Jeu où l'un des joueurs, les yeux bandés, cherche à attraper les autres à tâtons et les reconnaître. – De *Colin,* et *Maillard,* noms de personnes.

colinot ou **colineau** [kɔlino] n. m. Petit colin (poisson). – Dimin. de *colin.*

colin-tampon [kɔlɛ̃tɑ̃pɔ̃] n. m. **1.** Batterie de tambour de l'ancienne garde royale suisse, dédaignée des autres corps. **2.** *Se soucier comme de colin-tampon de...:* ne faire aucun cas de... – De *colin,* et *tampon,* d'ap. *tambour.*

colique [kɔlik] **I.** n. f. **1.** Violente douleur abdominale. *Colique hépatique,* dans l'hypocondre droit, due à la migration d'un calcul dans les voies biliaires. *Colique néphrétique,* de siège lombaire, due en général à la migration d'un calcul dans l'uretère. *Colique de plomb,* due à une intoxication saturnine. **2.** Diarrhée. **3.** Vulg. Chose ou personne ennuyeuse. *Celui-là, quelle colique!* **II.** adj. ANAT Relatif au côlon. *Artères coliques.* – Gr. *kôlikos,* de *kôlon,* «côlon».

colis [kɔli] n. m. Objet emballé expédié par un moyen de transport public ou privé. *Colis postal.* – Ital. *colli,* plur. de *collo,* «charge portée sur le cou».

colistier, ière [kolistje, jɛʀ] n. POLIT Candidat inscrit sur la même liste qu'un ou plusieurs autres. – De *co-,* et *liste.*

colite [kɔlit] n. f. MED Inflammation du côlon. – Du gr. *kôlon,* «gros intestin».

colitigant, ante [kolitigɑ̃, ɑ̃t] adj. *Parties colitigantes,* qui plaident l'une contre l'autre. – De *co-,* et lat. *litigare,* «être en procès».

collaborateur, trice [kɔlabɔʀatœʀ, tʀis] n. **1.** Personne qui travaille avec une autre, avec d'autres, qui partage leur tâche. **2.** HIST Personne qui pratiquait la collaboration, pendant la Seconde Guerre mondiale. (Abrév. fam. *collabo.*) – De *collaborer.*

collaboration [kɔlabɔʀasjɔ̃] n. f. **1.** Action de collaborer, participation à une tâche. **2.** HIST Agissements favorisant l'occupant allemand en France (1940-1945). – De *collaborer.*

collaborer [kɔlabɔʀe] v. intr. [1] **1.** Travailler en commun à un ouvrage. *Collaborer à une revue.* **2.** HIST Pendant la Seconde Guerre mondiale, pratiquer la collaboration. – Bas lat. *collaborare,* de *laborare,* «travailler».

collage [kɔlaʒ] n. m. **I. 1.** Action de coller; son résultat. **2.** TECH Soudure ou scellement défectueux. **3.** Incorporation de colle dans la pâte à papier. **4.** Clarification des vins à l'aide de colle. **5.** ELECTR État de deux contacts électriques se touchant. **6.** BX-A Œuvre réalisée en collant sur la surface peinte divers matériaux qui, parfois, forment seuls la composition. *Les cubistes ont réalisé les premiers collages.* **II.** Fam. Concubinage. – De *coller.*

collagène [kɔlaʒɛn] adj. et n. m. BIOCHIM Scléroprotéine de structure fibreuse qui constitue l'essentiel de la trame conjonctive. – De *colle,* et *-gène.*

collagénose [kɔlaʒenoz] n. f. MED Groupe de maladies variées atteignant le tissu collagène de façon diffuse et dégénérative. – De *collagène,* et *-ose* 2.

collant, ante [kɔlɑ̃, ɑ̃t] adj. et n. **1.** adj. Qui colle, qui adhère. *Papier collant.* **2.** Fig. Qui moule, dessine les formes (vêtement). *Jupe collante.* ▷ n. m. Maillot moulant; sous-vêtement très ajusté, couvrant le bas du corps des pieds à la taille. Syn. bas-culotte. **3.** (De l'air, de l'atmosphère) Chaud et humide, et causant de l'inconfort. *C'est collant aujourd'hui.* – Fam. (D'une personne) Qui importune, dont on ne peut se débarrasser. *Qu'il est donc collant, celui-là!* – Ppr. de *coller.*

collapsar [kɔlapsaʀ] n. m. ASTRO Objet cosmique qui serait dû à l'effondrement gravitationnel d'une étoile à son stade ultime d'évolution et qui ne se manifesterait que par la présence d'un champ de gravitation intense. Syn. trou noir. – Du lat. *collaps(us),* «tombé», et désinence *ar,* de *quas (ar).*

collapsus [kɔlapsys] n. m. MED *Collapsus cardiovasculaire:* syndrome aigu caractérisé par une chute de tension artérielle, une cyanose, une tachycardie, des sueurs froides, dû le plus souvent à une brusque défaillance cardiaque. *Collapsus pulmonaire:* affaissement du poumon dû à un épanchement de la plèvre ou dû à un pneumothorax*. – Mot lat., de *collabi,* «s'affaisser».

collatéral, ale, aux [kɔlateʀal, o] **I.** adj. Situé à côté, presque parallèlement. ARCHI *Nef collatérale d'une église,* parallèle à la nef princ., bas-côté. ▷ GEOGR *Points collatéraux,* situés entre chaque couple de points cardinaux. **II.** adj. et n. **1.** DR Se dit de la parenté hors de la ligne directe. *Les frères, sœurs, on-*

cles, tantes et cousins sont des collatéraux. Succession collatérale. **2.** ANAT Se dit des branches qui naissent d'un tronc nerveux ou vasculaire principal. – Lat. médiév. *collateralis*, de *latus, lateris*, «côté».

collatéralement [kɔlateʀalmɑ̃] adv. En ligne collatérale. – De *collatéral*.

collateur [kɔlatœʀ] n. m. Celui qui avait le droit de conférer un bénéfice ecclésiastique. – De *collation*.

1. collation [kɔlasjɔ̃] n. f. **1.** Action de conférer à qqn un titre, un bénéfice. *Collation de grade.* **2.** Comparaison de deux textes pour s'assurer de leur conformité. – Lat. *collatio* (sens 1: lat. médiév.; sens 2: lat. class.).

2. collation [kɔlasjɔ̃] n. f. Repas léger. – Lat. chrét. *collatio*, «conférence, discussion», parce que anc., dans les monastères, après ces courtes conférences, qui avaient lieu le soir, les moines prenaient quelque nourriture.

collationnement [kɔlasjɔnmɑ̃] n. m. Action de confronter deux textes, de les collationner. – De *collationner* 1.

1. collationner [kɔlasjɔne] v. tr. [1] Confronter deux écrits pour en vérifier la concordance. *Collationner un acte avec l'original.* – De *collation* 1, sens 2.

2. collationner [kɔlasjɔne] v. intr. [1] Prendre un repas léger. – De *collation* 2.

colle [kɔl] n. f. **1.** Matière utilisée pour faire adhérer deux surfaces. *Colle forte.* ▷ Fig. *Quel pot de colle celui-là!*, qu'il est collant! **2.** Arg. scol. Interrogation. *Une colle de chimie. – Par ext.* Question difficile, délicate. *Poser des colles.* **3.** Arg. scol. Punition, retenue. *Avoir deux heures de colle.* Syn. consigne. **4.** Pop. et Fig. *Être à la colle:* vivre en concubinage. – Lat. pop. *colla*, du gr. *kolla*.

ENCYCL Les colles permettent d'assembler des pièces constituées de matières différentes, sans qu'on ait à les percer ou à les porter à une température élevée. On distingue les colles *d'origines animale, végétale* ou *minérale* (constituées par un colloïde en solution dans un solvant, ce dernier s'évaporant à l'air), les colles *thermoplastiques* (résines polyacryliques, par ex.), liquides lorsqu'on les chauffe et qui se solidifient en refroidissant, et les colles *thermodurcissables* (résines époxydes, aminoplaste-urée-formol, par ex.), qui se mettent en œuvre avec un durcisseur qui active la réaction chimique (leur plasticité augmente lorsqu'on les chauffe, jusqu'à un certain seuil, et elles se solidifient en refroidissant).

collectage [kɔlɛktaʒ] n. m. Action de collecter. *Le collectage du lait.* Syn. ramassage. – De *collecter*.

collecte [kɔlɛkt] n. f. **1.** Action de recueillir et de rassembler. *La collecte des ordures ménagères.* ▷ *Action de recueillir des données pour les fins d'une enquête, d'un travail de recherche, etc.* **2.** Quête effectuée dans un but de bienfaisance. *Faire une collecte au profit des œuvres.* **3.** DR ANC Levée des impôts. **4.** LITURG CATHOL Oraison dite par le prêtre avant l'épître. – Lat. *collecta*, de *colligere*, «placer ensemble».

collecter [kɔlɛkte] **1.** v. tr. [1] Faire une collecte; ramasser, recueillir. *Collecter des dons, des fonds.* **2.** v. pron. MED S'amasser dans une cavité, en parlant du pus, du sang. – De *collecte*.

collecteur, trice [kɔlɛktœʀ, tʀis] n. et adj. **I.** n. m. **1.** Personne chargée de recueillir de l'argent. *Collecteur d'impôts.* **2.** ELECTR Ensemble des pièces conductrices d'un rotor isolées les unes des autres et sur lesquelles frottent les balais d'un moteur ou d'une génératrice. **3.** ELECTRON L'une des électrodes d'un transistor. **4.** TELECOMM *Collecteur d'ondes:* conducteur qui capte les ondes hertziennes. **II.** adj. Qui recueille. *Égout collecteur d'eau pluviale.* – Bas lat. *collector*.

collectif, ive [kɔlɛktif, iv] adj. **1.** Qui réunit, qui concerne simultanément plusieurs personnes. *Travail collectif. Propriété collective.* ▷ SOCIOL *Conscience collective:* manière de penser propre à un groupe social déterminé, distincte de la manière de penser des individus de ce groupe pris séparément. **2.** GRAM Se dit d'un mot singulier désignant plusieurs choses ou plusieurs personnes (par ex.: *peuple, armée, multitude, foule*). ▷ *Valeur, sens collectif:* valeur, sens que prend un mot qui n'est pas collectif par nature (par ex. *lion* dans: *le lion est carnivore*). – Lat. *collectivus*, «ramassé».

collection [kɔlɛksjɔ̃] n. f. **1.** Réunion d'objets de même nature. *Collection de timbres, de papillons.* ▷ *Spécial.* Réunion d'objets d'art. *Les collections du musée d'Art contemporain.* **2.** Série d'ouvrages de même genre. *Vous trouverez cet ouvrage chez tel éditeur, dans telle collection.* ▷ Suite des divers numéros d'une publication. **3.** Série de modèles de couture. *Les collections d'hiver des grands couturiers.* **4.** MED Amas (de pus, de sang) dans une cavité. – Lat. *collectio*.

collectionner [kɔlɛksjɔne] v. tr. [1] **1.** Réunir en collection. **2.** Fig., fam. Accumuler. *Collectionner les sottises.* – De *collection*.

collectionneur, euse [kɔlɛksjɔnœʀ, øz] n. Personne qui fait une, des collections. – De *collectionner*.

collectivement [kɔlɛktivmɑ̃] adv. De manière collective; dans un sens collectif. – De *collectif*.

collectivisation [kɔlɛktivizasjɔ̃] n. f. Attribution des moyens de production à la collectivité. – De *collectiviser*.

collectiviser [kɔlɛktivize] v. tr. [1] Opérer la collectivisation de. *Collectiviser les machines agricoles.* – De *collectif*.

collectivisme [kɔlɛktivism] n. m. Doctrine économique et sociale qui réserve la propriété des moyens de production et d'échange à la collectivité (généralement l'État). – L'organisation politico-économique réalisée sur ces bases. – De *collectif*.

collectiviste [kɔlɛktivist] adj. et n. Relatif au collectivisme. *Théorie collectiviste.* – Partisan du collectivisme. – De *collectivisme*.

collectivité [kɔlɛktivite] n. f. **1.** Ensemble d'individus ayant entre eux des rapports organisés. *La collectivité nationale.* ▷ Spécial. *Les collectivités locales:* les départements et les communes. **2.** Groupe, société, par oppos. à *individu*. *Apprendre à vivre en collectivité.* – De *collectif*.

collège [kɔlɛʒ] n. m. **1.** Corps ou compagnie de personnes revêtues d'une même dignité. *Collège des augures*, dans l'ancienne Rome. – Mod. *Collège des cardinaux*, ou *Sacré Collège.* **2.** *Collège électoral:* ensemble déterminé d'électeurs qui participent à une élection donnée. **3.** Établissement d'enseignement secondaire ou collégial. *Collège privé. Collège classique. Collège d'enseignement général et professionnel (cégep).* ▷ *Spécial.* Collège privé, anc. collège classique. *Envoyer ses enfants au collège.* – En France, établissement d'enseignement secondaire du premier cycle. – Lat. *collegium*, «groupement, confrérie».

collégial, ale, aux [kɔleʒjal, o] adj. **1.** Relatif à un chapitre de chanoines. – *Église collégiale*, sans siège épiscopal et possédant néanmoins un chapitre de chanoines. – N. f. *Une collégiale.* **2.** Qui est fait, assuré par un collège, en commun. *Administration, direction collégiale.* – De *collège*.

collégialité [kɔleʒjalite] n. f. Caractère de ce qui est dirigé, administré en commun (par un collège, un conseil). – De *collégial*.

collégien, ienne [kɔleʒjɛ̃, jɛn] n. Élève d'un collège. – De *collège*.

collègue [kɔlɛg] n. Personne qui remplit la même fonction, une fonction analogue ou qui appartient au même corps qu'une autre. – Lat *collega* (V. collège).

collemboles [kɔlɑ̃bɔl] n. m. pl. Ordre d'insectes aptérygotes sauteurs, longs de 1 à 4 mm, très primitifs, qui affectionnent les endroits sombres et frais (écorces, sols forestiers, etc.).

collenchyme [kɔlɑ̃ʃim] n. m. BOT Tissu de soutien des végétaux supérieurs, constitué de cellules dont les parois cellulosiques sont fortement épaissies. – Gr. *kolla*, «colle», et *ekkhuma*, «épanchement».

coller [kɔle] **I.** v. tr. [1] **1.** Joindre, assembler, fixer avec de la colle. *Coller une affiche sur un mur.* **2.** TECH Imprégner de colle. *Coller de la toile.* ▷ Clarifier par collage (du vin). **3.** Appliquer; faire adhérer. *La sueur lui collait la chemise à la peau.* ▷ *Coller qqn au mur*, pour le fusiller. **4.** v. pron. Se tenir appliqué contre. *L'alpiniste se collait à la paroi.* **5.** Fam. Mettre, placer (vigoureusement, d'autorité). *Il a fini par me coller une boîte de céréales. Coller une gifle à qqn.* **6.** Arg. scol. *Coller un élève*, lui poser une question à laquelle il ne peut répondre. ▷ *Être collé* (à un examen): échouer. **II.** v. intr. ou tr. indir. **1.** Adhérer. *Une boue épaisse qui colle aux souliers.* **2.** S'ajuster exactement. *Un pantalon qui colle bien.* Fig. S'adapter étroitement. *Un discours qui colle à la réalité.* **3.** Fam. *Il y a qqch qui ne colle pas*, qui ne va pas. – Pop. *Ça colle:* ça convient, c'est correct. – De *colle*.

collerette [kɔlʀɛt] n. f. **1.** Petit collet de linge fin que portent les femmes. ▷ Anc. Collet en linge plissé. **2.** TECH Bord rabattu d'une tuyauterie, qui sert à la raccorder à une autre. – De *collier*.

collet [kɔlɛ] n. m. **1.** Partie de l'habillement entourant le cou. *Collet d'une chemise.* ▷ Pèlerine qui s'arrête au milieu du dos. **2.** Mod. Loc. fig. *Collet monté:* qui affecte la pruderie et la gravité. *Ils sont très collet monté.* ▷ *Prendre, saisir qqn au collet*, pour lui faire violence. – *Saisir un malfaiteur au collet*, l'arrêter. **3.** En boucherie, partie du cou des animaux. *Collet de veau.* ▷ TECH Partie de la peau d'une bête, près de la tête, destinée à préparer un cuir. **4.** *Collet battu:* rebord aplati d'un tube, obtenu par martelage. **5.** Lacet, nœud coulant, servant à piéger le menu gibier. *Tendre un collet.* **6.** BOT Zone transitoire entre la racine et la tige d'une plante. **7.** ANAT Partie de la dent entre la couronne et la racine. – Dimin. de *col*, «cou».

colleter [kɔlte] **1.** v. tr. **[23]** Prendre au collet. **2.** v. pron. (Récipr.) Se prendre au collet (pour se battre). – De *collet*.

colletin [kɔltɛ̃] n. m. Pièce d'armure qui protégeait les épaules et le cou. – De *collet*.

colleur, euse [kɔlœʀ, øz] n. **1.** Personne dont la profession est de coller. *Colleur d'affiches.* **2.** n. f. TECH Appareil pour coller (des enveloppes, des éléments de films). – De *colle*, sens 1.

colley [kɔlɛ] n. m. Chien de berger écossais. – Angl. *collie*.

collier [kɔlje] n. m. **1.** Bijou, ornement de cou. *Collier de perles.* – *Spécial.* Chaîne d'or que portent les chevaliers de certains ordres. ▷ Par ext. *Collier de barbe:* barbe courte qui, partant des tempes, garnit le menton. **2.** Lanière, chaîne, etc., dont on entoure le cou des animaux pour les retenir, les atteler, etc. *Collier de chien. Collier de cheval:* partie du harnais à laquelle les traits sont attachés. ▷ Fig., fam. *Reprendre le collier:* le travail. *Donner un coup de collier:* fournir un grand effort. – *Être franc du collier:* agir franchement, de manière directe. **3.** ZOOL Tache de couleurs diverses entourant le cou de certains animaux. *Couleuvre à collier. Tourterelle à collier.* **4.** TECH Pièce creuse cylindrique qui sert à consolider, à maintenir une tuyauterie, à supporter des éléments, etc. – Lat. *collare*, de *collum*, «cou».

colliger [kɔliʒe] v. tr. **[15]** **1.** Vx Collectionner. **2.** Réunir en un recueil (des articles de journaux, des extraits, etc.). – Lat. *colligere*, «réunir».

collimateur [kɔlimatœʀ] n. m. PHYS Appareil d'optique produisant des rayons parallèles, qui permet de superposer l'objet visé à l'image des repères. *Des collimateurs de tir très précis équipent aujourd'hui les avions de combat.* ▷ Loc. fam., fig. *Avoir qqn dans le collimateur*, le surveiller, le tenir à l'œil tout en étant prêt à l'attaquer. – De *collimation*.

collimation [kɔlimasjɔ̃] n. f. PHYS Action de viser à l'aide d'un collimateur (vx à l'aide d'un instrument d'optique quelconque). – Lat. *collimare*, pour *collineare*.

colline [kɔlin] n. f. Relief de faible hauteur, à sommet arrondi, dont les versants sont en pente douce. – Bas lat. *collina*, de *collis*, «colline».

collision [kɔlizjɔ̃] n. f. **1.** Choc de deux corps. *Collision de trains.* – *Les deux véhicules sont entrés en collision:* ils se sont heurtés. **2.** Fig. Lutte violente, affrontement entre deux partis opposés. – Lat. *collisio*.

collocation [kɔlɔkasjɔ̃] n. f. DR COMM Action consistant à ranger les créanciers dans l'ordre suivant lequel ils doivent être payés; cet ordre lui-même. – Lat. *collocatio*, «placement».

collodion [kɔlɔdjɔ̃] n. m. CHIM Solution de nitrocellulose dans un mélange d'alcool et d'éther (autref. utilisée en pharmacie, en photographie et dans la fabrication des explosifs). – Gr. *kollodês*, «collant», de *kolla*, «colle».

colloïdal, ale, aux [kɔlɔidal, o] adj. Qualifie les solides ou les solutions liquides qui contiennent un corps dispersé sous forme de micelles. – De *colloïde*.

colloïde [kɔlɔid] n. et adj. **1.** n. m. CHIM Substance qui, dissoute dans un solvant, forme des particules de très petit diamètre appelées *micelles* (20 à 2 000 angströms). **2.** adj. MED Qui ressemble à de la gelée. – Angl. *colloid*, gr. *kolla*, «colle».

colloque [kɔl(l)ɔk] n. m. Entretien, conférence, entre plusieurs personnes. – *Spécial.* Conférence, débat organisé entre spécialistes d'une discipline donnée. *Un colloque de physique nucléaire.* – Lat. *colloquium*, «entretien», rac. *loqui*, «parler».

colloquer [kɔlɔke] v. tr. [1] DR COMM *Colloquer des créanciers:* les inscrire dans l'ordre dans lequel ils doivent être payés. – Lat. *collocare*, rac. *locus*, «lieu».

collure [kɔlyʀ] n. f. IMPRIM Action, fait de coller des éléments de reliure. – De *colle*.

collusion [kɔlyzjɔ̃] n. f. Entente secrète pour tromper un tiers, lui causer préjudice. – *Par ext.* Entente, intelligence secrète. *Collusion avec l'ennemi.* – Lat. *collusio*, de *colludere*, de *cum*, «avec», et *ludere*, «jouer».

collusoire [kɔlyzwaʀ] adj. DR Qui se fait par collusion. *Procédure collusoire.* – De *collusion*.

collutoire [kɔlytwaʀ] n. m. MED Médicament liquide destiné aux gencives et aux parois de la cavité buccale. – Du lat. *colluere*, «laver».

colluvion [kɔlyvjɔ̃] n. f. GEOL Dépôt fin provenant de reliefs avoisinants. – De *co-*, et *alluvion*.

collybie [kɔlibi] n. f. BOT Champignon basidiomycète (genre *Collybia*) poussant sur les souches (nombr. espèces comestibles). Syn. souchette.

collyre [kɔliʀ] n. m. MED Médicament que l'on applique sur la conjonctive. – Gr. *kollurion,* «onguent».

colmatage [kɔlmataʒ] n. m. Action de colmater. ▷ TECH État de ce qui s'est colmaté. – De *colmater.*

colmater [kɔlmate] v. tr. [1] **1.** AGRIC Exhausser ou fertiliser un sol au moyen de dépôts alluviaux riches en limon. **2.** Combler, boucher. **3.** MILIT Rétablir la continuité d'un front à l'aide de troupes de renfort. *Colmater une brèche.* – Ital. *colmata,* de *colmare,* «combler».

colocase [kɔlɔkaz] n. f. BOT Aracée (genre *Colocasia*) cultivée en Polynésie pour son rhizome comestible très riche en amidon. Syn. taro. – Lat. *colocasia,* du gr.

colocataire [kolɔkatɛʀ] n. Personne qui est locataire avec d'autres dans une même maison. – De *co-,* et *locataire.*

cologarithme [kolɔgaʀitm] n. m. MATH Logarithme de l'inverse d'un nombre: colog a $= \log \frac{1}{a} = -\log$ a. – De *co-,* et *logarithme.*

colombage [kɔlɔ̃baʒ] n. m. Charpente verticale hourdie en plâtre, en torchis, etc., utilisée pour la construction des murs. – De *colombe,* anc. var. de *colonne.*

colombe [kɔlɔ̃b] n. f. **1.** Poét. Pigeon. **2.** Pigeon à plumage blanc (symbole de pureté et de paix). *La blanche colombe et son rameau d'olivier.* **3.** Fig. Jeune fille pure et candide. ▷ Terme d'affection. *Ma douce colombe.* – Lat. *columba.*

colombien, ienne [kɔlɔ̃bjɛ̃, jɛn] adj. et n. De Colombie.

colombier [kɔlɔ̃bje] n. m. Pigeonnier. – De *colombe.*

colombin, ine [kɔlɔ̃bɛ̃, in] n. et adj. **I.** n. m. **1.** Pigeon *(Columba oenas)* au plumage gris-bleu. **2.** Fiente de pigeon, de volaille. **3.** TECH Long boudin de pâte, utilisé pour fabriquer des poteries sans tour. **II.** adj. D'une couleur grise cassée de rouge-violet. Syn. gorge-de-pigeon. – Lat. *colombus.*

colombophile [kɔlɔ̃bɔfil] n. (et adj.). Personne qui élève des pigeons voyageurs. – De *colombe,* et *-phile.*

colombophilie [kɔlɔ̃bɔfili] n. f. Élevage des pigeons voyageurs. – De *colombophile.*

colon [kɔlɔ̃] n. m. **1.** HIST Dans l'Antiquité et au Moyen Âge, homme libre attaché à la terre qu'il travaillait. **2.** Cour. Celui qui habite, exploite une colonie. **3.** Enfant qui fait partie d'une colonie de vacances. – Lat. *colonus,* de *colere,* «cultiver».

colón [kɔlɔn] n. m. Unité monétaire (Salvador, Costa Rica).

côlon ou **colon** [kolɔ̃ ou kɔlɔ̃] n. m. ANAT Totalité du gros intestin qui succède à l'intestin grêle et que termine le rectum. (On distingue trois parties: le *côlon droit,* ou ascendant, qui débute par le cæcum à la jonction iléo-cæcale; le *côlon transverse;* le *côlon gauche,* ou descendant, qui se termine par le rectum.) – Lat. *colon,* gr. *kôlon.*

colonat [kɔlɔna] n. m. HIST État, condition de colon (sens 1). – De *colon* 1.

colonel, elle [kɔlɔnɛl] n. Officier supérieur dont le grade vient immédiatement au-dessous de celui de brigadier général. – Ital. *colonnello,* de *colonna,* «colonne d'armée».

colonial, ale, aux [kɔlɔnjal, o] adj. et n. **1.** adj. Relatif aux colonies, qui vient des colonies. *Exposition coloniale. Denrées coloniales.* **2.** n. Habitant ou originaire des colonies. – De *colonie.*

colonialisme [kɔlɔnjalism] n. m. Péjor. Politique d'exploitation des colonies. – De *colonial.*

colonialiste [kɔlɔnjalist] adj. et n. Relatif au colonialisme. – Partisan du colonialisme. – De *colonialisme.*

colonie [kɔlɔni] n. f. **1.** Groupe de personnes qui quittent leur pays pour s'établir dans une autre contrée. *C'est une colonie de Phocéens qui fonda Marseille.* – Le lieu où viennent se fixer ces personnes. **2.** Territoire étranger à la nation qui l'administre et l'entretient dans un rapport de dépendance politique, économique et culturelle. **3.** *Par ext.* Ensemble de personnes appartenant à une même nation et résidant à l'étranger. *La colonie canadienne en Floride.* **4.** *Colonie de vacances:* groupe d'enfants que l'on conduit à la campagne ou à la mer, sous la surveillance de moniteurs. **5.** ZOOL Rassemblement d'animaux, généralement d'une même espèce. (Agglomération d'individus, dans les groupes inférieurs tels les cnidaires, tuniciers, etc.; rassemblement en vue de la reproduction chez les insectes et les vertébrés.) – Lat. *colonia.*

ENCYCL Le phénomène de la *colonie* (établissement de colons loin de la métropole: d'Athènes, par ex.) caractérise l'Antiquité, mais le *colonialisme* est une réalité des temps modernes. Au XVIe s., la découverte de nouvelles routes maritimes et l'éveil du capitalisme moderne ouvrirent un champ de compétition aux puissances colonisatrices; si la fonction coloniale a un rôle essentiellement commercial, les colonisations portugaise, espagnole, hollandaise, anglaise, française furent loin d'être identiques. Au XIXe s., la révolution économique et financière, l'émigration des Européens, l'exploration qui progresse conduisent les grandes et les petites puissances à une colonisation plus systématique, laquelle mène à l'impérialisme et introduit de nouvelles rivalités. Elle est une manifestation de la puissance de l'Europe. Le problème de la durée des colonies s'est trouvé posé depuis longtemps, les deux grands précédents étant la naissance des États-Unis (1776-1783) et l'émancipation des colonies espagnoles (1825). On a vu des colonies s'élever rapidement à l'autonomie puis à l'indépendance, sans rompre les liens avec la mère patrie (dominions), d'autres s'éveiller au nationalisme sous la poussée des élites. La tension entre colonisateurs et colonisés, qui s'est aggravée de 1918 à 1939, s'est accrue après 1945. Partout, et parfois au prix de convulsions sanglantes, la révision du statut colonial s'est imposée aux puissances colonisatrices. Le mouvement de «décolonisation» est devenu en quelques années un des traits majeurs de notre époque, caractérisée auj. par le sous-développement du Tiers Monde, que certains imputent au «néocolonialisme», au «pillage de la planète» par les grandes puissances industrielles. On notera qu'une grande partie de l'U.R.S.S. est constituée par les conquêtes du tsarisme, dont la fédération au sein de l'Union soviétique s'est accomplie de diverses manières.

colonisateur, trice [kɔlɔnizatœʀ, tʀis] adj. et n. Qui colonise. – De *coloniser.*

colonisation [kɔlɔnizasjɔ̃] n. f. Action de coloniser; résultat de cette action. *La colonisation du Mexique en 1519.* – De *coloniser.*

colonisé, ée [kɔlɔnize] adj. et n. Qui subit la domination d'une puissance colonisatrice. *Peuple colonisé qui revendique son indépendance.* – *Les colonisés* (par oppos. aux colonisateurs). – Pp. de *coloniser.*

coloniser [kɔlɔnize] v. tr. [1] **1.** Organiser un territoire en colonie; y établir des colons. **2.** Envahir un territoire (pour en faire une colonie). ▷ Fig. *Une ville colonisée par les touristes.* – De *colonie.*

colonnade [kɔlɔnad] n. f. ARCHI Série de colonnes disposées symétriquement autour ou sur l'un des côtés d'un édifice, à l'intérieur ou à l'extérieur, pour servir de décoration ou de promenade. *La colonnade du Louvre.* – De *colonne.*

colonne [kɔlɔn] n. f. **1.** Support vertical de forme cylindrique, ordinairement destiné à soutenir un entablement ou à décorer un édifice. ▷ Par anal. *Les colonnes d'un lit,* qui soutiennent le ciel de lit. *Lit à colonnes.* **2.** ARCHI Monument commémoratif en forme de colonne. *La colonne Vendôme à Paris.* ▷ Fig. *Colonnes d'Hercule:* chez les Anciens, le détroit de Gibraltar. **3.** Chacune des divisions verticales des pages d'un livre, d'un journal. *Page imprimée sur trois colonnes.* ▷ *Colonne de chiffres:* suite de chiffres placés les uns au-dessous des autres. *La colonne des dizaines, des centaines.* **4.** MILIT Corps de troupe en marche, disposé sur peu de front et beaucoup de profondeur. *Défiler en colonne par quatre.* ▷ *Par ext.* Longue suite d'individus, de véhicules en marche. *Une colonne de blindés.* ▷ *La cinquième colonne:* les agents ennemis, qui sapent la résistance de l'intérieur. (Référence à la guerre d'Espagne [1936-1939] et, partic., à la bataille de Madrid où Franco en fit usage pour appuyer les quatre colonnes qui assiégeaient la ville.) **5.** ANAT *Colonne vertébrale:* ensemble des vertèbres, articulées en un axe osseux qui soutient le squelette. *Maladie, déformation de la colonne vertébrale.* **6.** TECH *Colonne de production:* colonne utilisée pour acheminer les fluides exploités dans un puits de pétrole. ▷ PHYS *Colonne d'eau, d'air, de mercure:* masse d'eau, etc., à l'intérieur d'un récipient cylindrique vertical. ▷ *Colonne à plateaux:* appareil de distillation fractionnée. ▷ AUTO *Colonne de direction:* arbre reliant le volant à la direction. **7.** CONSTR *Colonne montante:* canalisation alimentant les appareils situés aux différents niveaux d'un bâtiment. – *Colonne sèche:* tuyauterie verticale qui permet aux pompiers de raccorder les tuyaux d'incendie sans les dérouler verticalement. – Lat. *columna.*

colonnette [kɔlɔnɛt] n. f. Petite colonne. – Dimin. de *colonne.*

colophane [kɔlɔfan] n. f. Résidu de la térébenthine exsudée de divers conifères, que l'on utilise pour l'encollage de papiers, la fabrication de vernis et pour faire mordre les archets sur les cordes des instruments de musique. – Lat. *colophonia,* du gr., «résine de Colophon».

coloquinte [kɔlɔkɛ̃t] n. f. Cucurbitacée grimpante méditerranéenne et indienne *(Citrullus colocynthis)* qui donne un gros fruit, jaune à maturité, à péricarpe dur, à la pulpe amère et purgative; le fruit lui-même. – Lat. *colocynthis,* mot gr.

colorage [kɔlɔʀaʒ] n. m. TECH Action d'ajouter un colorant à une denrée alimentaire. – De *colorer.*

colorant, ante [kɔlɔʀɑ̃, ɑ̃t] adj. et n. m. Qui colore, qui donne de la couleur. *Un produit colorant.* ▷ Subst. Substance susceptible de se fixer sur un support et de lui donner une couleur. *L'usage des colorants alimentaires est sévèrement réglementé.* – Ppr. de *colorer.*

coloration [kɔlɔʀasjɔ̃] n. f. Action de colorer; état de ce qui est coloré. *La coloration d'une étoffe.* – De *colorer.*

colorature [kɔlɔʀatyʀ] adj. et n. f. Virtuose du chant d'opéra, dont le registre vocal lui permet de grandes vocalises. – Ital. *coloratura.*

coloré, ée [kɔlɔʀe] adj. Qui a une couleur et, partic., des couleurs vives. – *Teint coloré,* vermeil. ▷ Fig. *Style coloré,* plein d'images, brillant. – Pp. de *colorer.*

colorer [kɔlɔʀe] v. tr. [1] **1.** Donner une couleur, de la couleur à. *Le soleil colore les fruits.* **2.** Fig. Embellir, présenter sous un jour favorable. **3.** v. pron. Prendre de la couleur. *Ses joues se colorèrent sous l'effet de l'émotion.* – Dér. anc. de *couleur,* refait sur le lat. *colorare.*

coloriage [kɔlɔʀjaʒ] n. m. Action de colorier; son résultat. *Le coloriage d'une image. Livre de coloriage:* recueil d'images à colorier, pour les enfants. – De *colorier.*

colorier [kɔlɔʀje] v. tr. [1] Appliquer des couleurs sur une estampe, un dessin, etc. – De *coloris.*

colorimètre [kɔlɔʀimɛtʀ] n. m. CHIM Appareil utilisé pour analyser la couleur d'une solution. – Du lat. *color,* «couleur», et *mètre.*

colorimétrie [kɔlɔʀimetʀi] n. f. CHIM Analyse de l'absorption de la lumière par une solution que l'on cherche à doser. – De *color,* et *-métrie.*

colorimétrique [kɔlɔʀimetʀik] adj. Relatif à la colorimétrie. – De *colorimétrie.*

coloris [kɔlɔʀi] n. m. **1.** Nuance résultant du mélange des couleurs, de leur emploi dans un tableau. **2.** *Par ext.* Coloration, éclat naturel. *Le coloris d'un visage, d'une fleur, d'un fruit.* – Ital. *colorito,* de *colorire,* «colorier».

colorisation [kɔlɔʀizasjɔ̃] n. f. Application d'une couleur sur. – De *coloris.*

coloriste [kɔlɔʀist] n. **1.** Peintre qui excelle dans l'emploi des couleurs. **2.** Personne qui colorie des dessins, des estampes. **3.** Spécialiste de l'utilisation des couleurs en matière de décoration. – De *coloris.*

colossal, ale, aux [kɔlɔsal, o] adj. D'une grandeur exceptionnelle, gigantesque. *Un monument colossal. Un empire colossal.* ▷ Fig. *Une force colossale.* – De *colosse.*

colossalement [kɔlɔsalmɑ̃] adv. De manière colossale. – De *colossal.*

colosse [kɔlɔs] n. m. **1.** Statue d'une grandeur exceptionnelle. *Le colosse de Rhodes était mis par les Anciens au nombre des sept merveilles du monde.* **2.** Homme de haute stature, très robuste. **3.** *Le colosse aux pieds d'argile:* l'Empire assyrien (dans la Bible). – *Par ext.* Loc. prov. Puissance dont les fondements sont fragiles. – Gr. *kolossos.*

colossien, ienne [kɔlɔsjɛ̃, jɛn] adj. et n. De la ville de Colosses. *Épître de saint Paul aux Colossiens.* – Du n. de la ville, située en Asie Mineure et auj. détruite.

colostomie [kɔlɔstɔmi] n. f. CHIR Création d'un anus artificiel par abouchement à la peau d'une portion de côlon. – Gr. *kôlon,* «côlon», et *stoma,* «bouche».

colostrum [kɔlɔstʀɔm] n. m. PHYSIOL Première sécrétion de la glande mammaire après l'accouchement. – Mot lat.

colportage [kɔlpɔʀtaʒ] n. m. **1.** Action de colporter. *Colportage à domicile.* **2.** La profession de colporteur. – De *colporter.*

colporter [kɔlpɔʀte] v. tr. [1] **1.** Présenter (des marchandises) à domicile, en parlant d'un marchand ambulant. **2.** Fig. (souvent péjor.). Répandre (une nouvelle, une information, un renseignement) en les répétant à de nombreuses reprises. *Colporter une nouvelle croustillante.* – De l'a. fr. *comporter,* du lat. *comportare,* «transporter», modifié par *col.* V. coltiner.

colporteur, euse [kɔlpɔʀtœʀ, øz] n. **1.** Marchand ambulant qui transporte ses marchandises avec lui et va les proposer à domicile. **2.** Fig. Personne qui raconte des nouvelles, qui répand des bruits partout où elle va. *Un colporteur de ragots.* – De *colporter.*

colt [kɔlt] n. m. **1.** Revolver. **2.** Pistolet à chargement automatique (calibre 11,43 mm). – Du nom de l'inventeur.

coltiner [kɔltine] v. tr. [1] **1.** Porter sur le cou, les épaules (un fardeau pesant). – *Par ext.* Porter. *Coltiner une énorme valise.* **2.** Fam. *Se coltiner:* faire (une chose pénible). *C'est encore moi qui me coltine tout le travail!* – Var. de *colletiner,* de *collet,* rad. *col,* «cou».

colubridés [kɔlybʀide] n. m. pl. ZOOL Importante famille de serpents comprenant notam. les couleuvres. – Lat. *coluber, colubris,* «couleuvre».

columbarium [kɔlɔ̃baʀjɔm] n. m. Édifice qui reçoit les urnes renfermant les cendres des morts incinérés. – Du lat. *columbarium,* «colombier», à cause des niches qui rappellent celles d'un colombier.

columbiformes [kɔlɔ̃bifɔʀm] n. m. pl. Ordre comprenant les columbidés (pigeon et tourterelle), les raphidés, auj. éteints (dronte, par ex.), et les ptéroclididés (syrrhapte). – Du lat. *columba,* «colombe», et *-forme.*

columelle [kɔlymɛl] n. f. **1.** Axe de la coquille hélicoïdale des gastéropodes. **2.** Organe en forme de colonne d'un végétal ou d'un animal. – Lat. *columella,* «petite colonne», dimin. de *columna,* «colonne».

colvert [kɔlvɛʀ] n. m. Canard sauvage commun, général. appelé *(canard) malard.* – De *col,* et *vert.*

colymbidés [kɔlɛ̃bide] n. m. pl. ZOOL Famille d'oiseaux comprenant les plongeons (genre *Colymbus*), érigée en ordre: *colymbiformes.*

colza [kɔlza] n. m. Variété de chou-navet *(Brassica napus* var. *oleracea)* à fleurs jaunes, cultivée pour l'huile que l'on extrait de ses graines. – Néerl. *koolzaad,* «graine de chou».

com-. Élément, du lat. *cum,* «avec», exprimant le concours, l'union, la simultanéité d'action.

1. coma [kɔma] n. m. État morbide caractérisé par la perte de la conscience, de la sensibilité, de la motilité, avec conservation plus ou moins complète des fonctions respiratoires et circulatoires. *Être dans le coma.* – Gr. *kôma,* «sommeil profond».

2. coma [kɔma] n. m. ou f. OPT Aberration géométrique d'un système centré donnant, d'un point voisin de l'axe, une tache rappelant un peu l'aspect d'une comète. Syn. aigrette. – Gr. *komê,* «chevelure».

comateux, euse [kɔmatø, øz] adj. et n. **1.** Qui se rapporte au coma. *Un état comateux.* **2.** Qui est dans le coma. ▷ Subst. *Un comateux.* – De *coma* 1.

comatule [komatyl] n. f. ZOOL Échinoderme crinoïde libre à l'état adulte, à la différence des lis de mer, toujours fixés. (L'adulte a 10 «bras», les 5 pédoncules de la larve se divisant quand ils se rompent).

combat [kɔ̃ba] n. m. **1.** Lutte entre deux ou plusieurs personnes, entre deux corps de troupes. *Combat de gladiateurs. Combat naval.* – Lutte entre des animaux. *Combat de coqs.* ▷ *Être hors de combat:* n'être plus en mesure de combattre. **2.** Fig., litt. Lutte. *Le combat spirituel.* **3.** Lutte des humains contre l'adversité. *La vie de l'homme est un combat.* **4.** Opposition de choses entre elles. *Le combat des éléments.* – De *combattre.*

combatif, ive [kɔ̃batif, iv] adj. [et n.]. Porté à la lutte, à l'offensive. *Un tempérament combatif.* – N. *C'est un combatif.* – De *combattre.*

combativité [kɔ̃bativite] n. f. Goût du combat. *La combativité des troupes,* leur ardeur à se battre. – Du préc.

combattant, ante [kɔ̃batɑ̃, ɑ̃t] n. et adj. **I.** n. m. **1.** Homme qui prend part à un combat. *Une armée de vingt mille combattants.* – *Les combattants,* par opposition aux *auxiliaires.* – *Anciens combattants:* soldats qui ont combattu pendant une guerre et qui, revenus à la vie civile, se sont regroupés en associations. – Adj. *Une escouade combattante.* **2.** Fam. Personne qui prend part à une rixe. *Apostropher les combattants.* **II. 1.** *Chevalier combattant:* oiseau de rivage charadriiforme (*Philomachus pugnax,* fam. charadriidés) à plastron bouffant de couleur variable, dont les mâles, au printemps, se livrent à des exhibitions à allure de combats. **2.** *Combattant:* rutilant poisson perciforme *(Betta splendens)* d'Asie du S. dont les mâles se livrent des combats à mort. – Ppr. de *combattre.*

combattre [kɔ̃batʀ] **I.** v. tr. [81] **1.** Attaquer qqn ou se défendre contre lui. **2.** Lutter contre (qqch de mauvais, de dangereux). *Combattre un incendie, une maladie.* ▷ S'opposer à. *Combattre des théories erronées.* **II.** v. tr. indir. et intr. **1.** Livrer combat. *Combattre avec des troupes fraîches. Combattre pour une juste cause.* **2.** Faire la guerre. *Combattre pour la patrie.* **3.** Lutter. *Combattre contre les préjugés, les passions.* – Bas lat. *combattuere,* de *cum,* «avec», et *battuere,* «battre».

combe [kɔ̃b] n. f. Dépression longue et étroite, parallèle à la direction des reliefs et entaillée dans les parties anticlinales d'un plissement. – Du gaul. *cumba,* «vallée».

combien [kɔ̃bjɛ̃] adv. et conj. **1.** À quel point, à quel degré. *Il m'a dit combien il vous estime.* **2.** *Combien de:* quelle quantité, quel nombre. *«Oh! combien de marins, combien de capitaines...»* (Victor Hugo). *Combien de temps avez-vous mis pour venir? Combien de kilomètres y a-t-il entre ici et la ville?* – *Absol.* Quelle quantité (de temps, de distance, d'argent, etc.). *Combien y a-t-il d'ici à la ville? Combien coûte ce livre?* Fam. *C'est combien? Ça fait combien?* **3.** n. m. inv. *Ce journal paraît tous les combien?* **4.** *Ô combien!* (fréquemment en incise). *Il exagère, ô combien!,* beaucoup. **5.** *De combien:* de quelle quantité, de quel nombre d'années. *De combien s'en faut-il? De combien est-il votre cadet?* – De l'a. fr. *com,* «comme», et *bien.*

combinaison [kɔ̃binɛzɔ̃] n. f. **1.** Assemblage de plusieurs choses dans un certain ordre. *Combinaison de couleurs.* **2.** CHIM Formation d'un composé à partir de plusieurs corps qui s'unissent dans des proportions déterminées. **3.** MATH Toute partie de l'ensemble fini non vide E composée de *p* éléments et où $p < n$, *n* étant un entier naturel, nombre des éléments de E. **4.** MUS Disposition du mécanisme des orgues permettant de préparer les jeux à jouer ultérieurement. **5.** Fig. Mesures, calculs faits pour réussir. *Déjouer des combinaisons malhonnêtes.* **6.** Sous-vêtement féminin, en tissu léger, porté sous la robe. ▷ Vêtement réunissant pantalon et veste en une seule pièce. *Combinaison de motoneigiste, d'aviateur.* **7.** Ensemble de chiffres ou de lettres que l'on forme au moyen de boutons moletés, de cadrans, etc., et qui permet de faire jouer un système de fermeture (cadenas, serrure de coffre-fort, etc.) dit *à combinaison.* – Du bas lat. *combinatio,* de *combinare,* «combiner».

combinard, arde [kɔ̃binaʀ, aʀd] adj. et n. Pop. Qui utilise des combines. *Un gars combinard.* – De *combiner.*

combinat [kɔ̃bina] n. m. En U.R.S.S., réunion dans une même région de plusieurs industries présentant des affinités techniques. Syn. complexe. – Mot russe de même origine que *combiner.*

combinateur [kɔ̃binatœʀ] n. m. TECH Commutateur destiné à effectuer différentes combinaisons de circuits. – De *combiner.*

combinatoire [kɔ̃binatwaʀ] adj. MATH *Analyse combinatoire:* partie de l'analyse qui étudie les différentes manières de combiner les éléments d'un ensemble (théorie des arrangements, des permutations et des combinaisons, notam.). *L'analyse combinatoire a une grande importance dans le calcul des probabilités.* – De *combiner.*

combine [kɔ̃bin] n. f. Pop. Moyen détourné, tricherie adroite pour arriver à ses fins ou pour obtenir qqch. *Il connaît une combine pour voyager sans payer.* – De *combinaison.*

combiné, ée [kɔ̃bine] adj. et n. m. **I.** adj. **1.** Fig. Réuni. *L'ambition et le talent combinés le mène-*

ront loin. **2.** MILIT *Opérations combinées terre-air,* où interviennent l'infanterie et l'aviation. **II.** n. m. **1.** TECH Combinaison d'appareils ou de systèmes en un produit complexe. ▷ *Combiné téléphonique:* ensemble d'un écouteur et d'un microphone reliés par une poignée. **2.** Sous-vêtement réunissant un soutien-gorge et une gaine. **3.** SPORT Compétition regroupant plusieurs disciplines. *Le combiné alpin en ski réunit la descente, le slalom spécial et le slalom géant.* – Pp. de *combiner.*

combiner [kɔ̃bine] v. tr. [1] **1.** Arranger (plusieurs choses) dans un ordre ou dans des proportions déterminés. *Combiner des couleurs.* **2.** CHIM Faire la combinaison de. **3.** Fig. Calculer, préparer, organiser. *Combiner un plan d'évasion.* – Lat. *combinare,* «réunir».

comblanchien [kɔ̃blɑ̃ʃjɛ̃] n. m. Calcaire jaunâtre, très dur, susceptible d'acquérir un beau poli. – N. de la commune de France dont il est originaire.

1. comble [kɔ̃bl] n. m. **1.** Vx Ce qui peut tenir au-dessus d'une mesure déjà pleine. *Le comble d'un boisseau.* **2.** Fig. Le maximum, le degré le plus élevé. *Le comble de l'hypocrisie. Être au comble du désespoir.* – *C'est le comble, c'est un comble:* cela dépasse la mesure. **3.** ARCHI Ensemble formé par la charpente et la couverture d'un bâtiment. ▷ Cour. *Les combles:* partie d'un édifice se trouvant directement sous la toiture. ▷ Loc. *De fond en comble:* entièrement, du haut en bas. *Fouiller une maison de fond en comble.* – Du lat. *cumulus,* «amoncellement».

2. comble [kɔ̃bl] adj. **1.** Rempli jusque par-dessus les bords. *Un boisseau comble.* Fig. *La mesure est comble:* en voilà assez. **2.** Rempli de gens. *Une salle comble.* – De *combler.*

comblement [kɔ̃bləmɑ̃] n. m. Le fait de combler (un vide, un trou, un creux). *Le comblement d'un étang.* – De *combler.*

combler [kɔ̃ble] v. tr. [1] **1.** Vx Remplir par-dessus les bords. *Combler un boisseau.* – Fig., mod. *Combler la mesure:* dépasser la mesure permise. *Ses insolences comblent la mesure.* **2.** Remplir (un vide, un trou, un creux). *Combler un étang.* **3.** Fig. Compenser. *Combler un déficit.* **4.** *Combler qqn,* le satisfaire pleinement. *Combler les désirs, les vœux de qqn,* les satisfaire pleinement. ▷ *Combler qqn de,* le gratifier en abondance de. *Combler de bienfaits.* – Du lat. *cumulare,* «amonceler».

comburant, ante [kɔ̃byʀɑ̃, ɑ̃t] n. m. et adj. CHIM Substance capable, grâce à l'oxygène qu'elle contient, d'entretenir la combustion d'un combustible. *L'oxygène de l'air est le comburant le plus utilisé.* – Lat. *comburens,* ppr. de *comburere,* «brûler».

combustibilité [kɔ̃bystibilite] n. f. Aptitude d'un corps à entrer en combustion. – De *combustible.*

combustible [kɔ̃bystibl] adj. et n. m. **1.** adj. Qui peut brûler. *Corps, matière combustible.* **2.** n. m. Substance qui peut entrer en combustion (bois, charbon, essence, gaz naturel, etc.) et être utilisé pour produire de la chaleur. *Les carburants sont des combustibles qui contiennent des hydrocarbures.* **3.** PHYS NUCL *Combustible nucléaire:* matière susceptible de fournir de l'énergie par fission ou fusion. – De *combustion.*

combustion [kɔ̃bystjɔ̃] n. f. **1.** Cour. Le fait de brûler. **2.** CHIM Réaction d'oxydoréduction produisant de la chaleur. ▷ *Combustion massique:* énergie libérée par unité du combustible. – Lat. *combustio,* de *comburere,* «brûler».

comédie [kɔmedi] n. f. **I. 1.** Vx Pièce de théâtre; endroit où on la joue. – Troupe de comédiens. **2.** *La Comédie-Française:* en France, le Théâtre-Français officiel, dont la troupe fut constituée en 1680 et le fonctionnement réglé par les décrets de Moscou (1812). **3.** Fig. Caprice, feinte, mensonge. *Tout cela n'est que comédie. Quelle comédie!:* que d'embarras! ▷ *Jouer la comédie:* feindre des sentiments que l'on n'éprouve pas, affecter d'avoir des idées que l'on n'a pas. **4.** LITTER *«La Comédie humaine»:* cycle romanesque d'Honoré de Balzac composé de 1830 à 1850. **II. 1.** Pièce de théâtre où sont décrits de manière plaisante les mœurs, les défauts, les ridicules des êtres humains. *Comédie d'intrigue, de mœurs, de caractères. Comédie-ballet, comédie de boulevard.* **2.** Le genre comique (par opposition à la *tragédie* et au *drame*). *Voltaire, surtout connu pour ses drames, ne méprisait pas la comédie.* **3.** Fig. *Un personnage, une tête, une silhouette de comédie,* ridicule, drôle. – Lat. *comœdia,* «pièce de théâtre».

comédien, ienne [kɔmedjɛ̃, jɛn] n. et adj. **1.** Personne dont la profession est de jouer au théâtre, au cinéma, etc.; acteur. **2.** Acteur de comédie (par oppos. à *tragédien*). **3.** Fig. Personne encline à jouer un rôle, à feindre. – De *comédie.*

comédon [kɔmedɔ̃] n. m. Petite saillie à la surface de la peau, noirâtre au sommet, due à une hypersécrétion de sébum et communément appelée «point noir». – Du lat. *comedere,* «manger».

comestible [kɔmɛstibl] adj. et n. m. pl. **1.** adj. Qui convient à la nourriture des êtres humains. *Un champignon comestible.* **2.** n. m. pl. Produits alimentaires. *Le rayon des comestibles d'un grand magasin.* – Du lat. *comestus,* pp. de *comedere,* «manger».

cométaire [kɔmetɛʀ] adj. ASTRO Des comètes. – De *comète.*

comète [kɔmɛt] n. f. Petit corps céleste qui décrit une parabole ou une ellipse très allongée autour du Soleil. – Loc. fig. *Tirer des plans sur la comète:* faire des projets irréalisables. – Gr. *komêtês,* «astre chevelu», par le lat. *cometa.*

ENCYCL Les comètes ont une masse extrêmement faible. Elles ne sont observables qu'au voisinage du Soleil. Leur période de révolution est quelquefois très importante (plusieurs milliers d'années). La plus connue est la comète de Halley (période: 77 ans). Une comète est constituée d'une chevelure, mirage lumineux de forme ovale au centre duquel se trouve un noyau brillant de 50 000 à 200 000 km de diamètre (la tête), et d'un pinceau lumineux qui peut avoir plusieurs millions de km de long (la queue), dirigé à l'opposé du Soleil.

cométique [kɔmetik] n. m. Traîneau tiré par des chiens.

comices [kɔmis] n. m. pl. **1.** ANTIQ Assemblée du peuple romain pour élire des magistrats ou voter des lois. **2.** HIST Réunion des électeurs. – Lat. *comitium,* «assemblée du peuple».

comicial. V. comitial.

comique [kɔmik] adj. et n. m. **1.** Qui appartient à la comédie (au sens II). *Le genre comique.* – LITTER De la comédie, du théâtre, des comédiens. *«Le Roman comique» de Scarron (1651).* **2.** n. m. Acteur comique. ▷ Fig. *Le comique de la troupe:* le bouffon, le boute-en-train. **3.** *Le comique:* le genre comique, la comédie. *Un acteur expert dans le comique.* **4.** adj. Qui fait rire, plaisant, risible, ridicule. *Il lui arrive des aventures comiques.* – N. m. *Le comique de l'histoire, c'est...* **5.** Auteur comique. *Les comiques grecs.* – Lat. *comicus,* gr. *kômikos.*

comiquement [kɔmikmɑ̃] adv. De manière comique (sens 4). – De *comique.*

comitat [kɔmita] n. m. Ancienne circonscription administrative en Hongrie. – Du bas lat. *comitatus,* «dignité comtale».

comité [kɔmite] n. m. **1.** Réunion de personnes chargées d'examiner certaines affaires, de donner un avis, de préparer une délibération, d'orienter une décision. *Élire un comité.* – *Comité de discipline:* groupe de personnes chargées d'entendre les plaintes relatives à la discipline professionnelle et d'en sanctionner les infractions. **2.** Loc. *En petit comité:* dans l'intimité. *Une réception en petit comité.* – Angl. *committee,* de *to commit,* «confier», lat. *committere.*

comitial, ou **comicial, iale, iaux** [kɔmisjal, jo] adj. **1.** Relatif aux comices. **2.** MED *Mal comitial:* l'épilepsie (parce que les comices romains se séparaient si, dans l'assistance, un épileptique avait une crise). *Crise comitiale.* – De *comices.*

comma [kɔma] n. m. MUS La plus petite division du ton perceptible à l'oreille. *Le ton se divise en neuf commas.* – Gr. *komma,* «membre de phrase», de *koptein,* «couper».

commandant, ante [kɔmɑ̃dɑ̃, ɑ̃t] n. **1.** Celui qui exerce un commandement militaire. *Commandant en chef.* **2.** Grade le plus bas dans la hiérarchie des officiers supérieurs, dans les armées de terre et de l'air. **3.** Officier qui commande un bâtiment de guerre ou un navire de commerce. – Appellation donnée aux officiers du grade de capitaine de corvette. **4.** AVIAT *Commandant de bord:* pilote chef de l'équipage. **5.** n. f. Fam. Femme d'un commandant. – De *commander.*

commande [kɔmɑ̃d] n. f. **1.** Demande de marchandise devant être fournie à une date déterminée. *Faire, passer (une) commande.* – La marchandise commandée. *Livrer une commande.* ▷ *Ouvrage de commande,* exécuté par un artiste à la demande d'un maître d'œuvre. ▷ *Travail sur commande, à la commande,* fait à la demande d'un client. **2.** Fig. *De commande:* affecté, feint, simulé. *Il manifestait un enthousiasme de commande.* **3.** TECH Mécanisme qui permet de provoquer la mise en marche, l'arrêt ou la manœuvre d'un ou de plusieurs organes. *Tenir les commandes.* (Fig.: diriger.) **4.** TECH Action de déclencher, d'arrêter et d'assurer le fonctionnement ou la conduite des organes ou des mécanismes d'un appareil. – De *commander.*

commandement [kɔmɑ̃dmɑ̃] n. m. **1.** Action, manière de commander. *Un ton de commandement,* impératif. – (Armée). Ordre bref. *À mon commandement, marche!* **2.** RELIG Ordre, loi émanant d'une Église. *Les dix commandements,* donnés par Yahvé à Moïse, d'après l'Ancien Testament. *Les commandements de l'Église.* **3.** Autorité, pouvoir de celui qui commande. *Avoir le commandement d'un régiment.* – De *commander.*

commander [kɔmɑ̃de] **I.** v. tr. dir. [1] **1.** User de son autorité en indiquant à autrui ce qu'il doit faire. *Cet adolescent ne supporte pas qu'on le commande.* **2.** Exercer son autorité hiérarchique sur (qqn). *Commander une armée.* **3.** *Commander qqch:* ordonner, diriger. *Commander la manœuvre.* **4.** Fig. Appeler, exiger. *Sa conduite courageuse commande le respect.* **5.** Faire une commande de. *Commander une pizza.* **6.** Dominer, en parlant d'un lieu. *Cette éminence commande la plaine.* ▷ V. pron. S'ouvrir l'une sur l'autre, en parlant des pièces d'un appartement. *Ces deux chambres se commandent.* **7.** TECH Faire marcher, faire fonctionner. *Une cellule photo-électrique commande l'ouverture de cette porte.* **II.** v. tr. indir. **1.** Avoir autorité sur (qqn). *Commander à qqn.* **2.** Fig. Maîtriser. *Commander à ses passions.* **III.** v. intr. User de son autorité, donner des ordres. *Ce n'est pas vous qui commandez ici.* – Lat. pop. **commandare,* de *commendare,* «confier, recommander».

commanderie [kɔmɑ̃dʀi] n. f. **1.** HIST Bénéfice affecté à l'ordre de Malte et à quelques autres ordres militaires. **2.** Résidence du commandeur d'un de ces ordres. *Une ancienne commanderie de Templiers.* – De *commander.*

commandeur [kɔmɑ̃dœʀ] n. m. **1.** HIST Chevalier pourvu d'une commanderie. *La statue du Commandeur dans «Dom Juan».* **2.** Dans l'ordre de la Légion d'honneur en France, grade au-dessus de celui d'officier. *Commandeur de la Légion d'honneur.* **3.** HIST *Commandeur des croyants:* titre que prenaient les califes (et que porte toujours le roi du Maroc). – De *commander.*

commanditaire [kɔmɑ̃ditɛʀ] n. **1.** Bailleur de fonds dans une société en commandite. *La responsabilité du commanditaire est limitée au montant de son apport.* **2.** Personne physique ou morale qui soutient financièrement une entreprise, un organisme, un club sportif, des compétitions, etc., pour en tirer un bénéfice publicitaire. – De *commandite.*

commandite [kɔmɑ̃dit] n. f. **1.** Société dans laquelle une partie des associés (les bailleurs de fonds) ne prennent pas part à la gestion. **2.** Fonds versés par chaque associé d'une société en commandite. **3.** Action du commanditaire (sens 2). – De l'ital. *accomandita,* «dépôt, garde», avec infl. de *commande.*

commandité, ée [kɔmɑ̃dite] n. Associé dans une société en commandite qui en administre les biens. *À la différence du commanditaire, le commandité est responsable des dettes de la société à l'égard des tiers.*

commanditer [kɔmɑ̃dite] v. tr. [1] **1.** Verser des fonds dans une société en commandite. **2.** *Par ext.* Financer. *Mécène qui commandite une troupe théâtrale.* ▷ *Financer à des fins publicitaires (un sportif, une équipe, etc.).* – De *commandite.*

commando [kɔmɑ̃do] n. m. Groupe de combat chargé d'exécuter une opération rapidement et par surprise. *Des commandos.* – Mot portug., de *commandar,* «commander», repris en all. et en angl. durant la Seconde Guerre mondiale.

comme [kɔm] adv. et conj. **I.** adv. interrog. et exclam. **1.** À quel point, combien. *Comme il est susceptible!* **2.** Comment, de quelle manière. *Voyez comme il se hâte.* – Péjor. *Dieu sait comme. Il faut voir comme.* **II.** conj. de subordination. **1.** Puisque. *Comme il l'aime, il lui pardonnera.* **2.** Tandis que. *Comme il approchait, il vit...* **III.** conj. et adv. **1.** (Comparaison). De la même manière que, ainsi que, de même que. *Faites comme lui. Comme on fait son lit, on se couche.* ▷ *Tout comme:* exactement comme. *Elle est blonde tout comme sa mère.* – *C'est tout comme:* c'est pareil. ▷ Fam. *Comme tout:* extrêmement. *Elle est amusante comme tout, votre histoire.* **2.** Ainsi que. *Blanc comme neige.* **3.** (Manière). De la manière que. *Généreux comme il est, il ne peut refuser.* – *Comme vous voudrez:* à votre convenance. – *Comme de juste, comme de raison:* comme il est juste. – Fam. *Comme de bien entendu:* évidemment. – *Comme il faut:* convenablement. *Rétribuez-le comme il faut.* – Fam. Convenable, distingué. *Une dame tout à fait comme il faut. Comme qui dirait:* d'une certaine manière. – *Comme quoi:* ce qui montre que. *Il se trompe, comme quoi cela arrive à tout le monde.* **4.** (Atténuatif). *Elle est comme possédée.* ▷ Fam. *Comme ci comme ça:* tant bien que mal. Ni bien ni mal. *Comment ça va? – Comme ci comme ça.* **5.** Tel que. *Un homme comme lui. On n'a jamais vu une escroquerie comme celle-là.* **6.** En tant que. *Être élu comme président. Prenez-le comme modèle.* – Du lat. *quomodo,* «de quelle façon», auquel on a ajouté les sens de *cum.*

commedia dell'arte [kɔmedjadɛllaʀte] n. f. inv. Comédie à types conventionnels (Arlequin, Pierrot, Pantalon, Colombine, etc.), jouée par des acteurs souvent masqués qui improvisent le dialogue sur un scénario donné. *La commedia dell'arte fut introduite d'Italie en France au début du XVII*e *s.* – Mots ital, «comédie de l'art», c.-à-d. de l'art de la scène.

commémoraison [kɔmemɔʀɛzɔ̃] n. f. LITURG Mention que l'Église catholique fait, à la messe du jour, d'un saint lorsque le jour de sa fête est consacré à une fête plus importante. – Du lat. *commemoratio.*

commémoratif, ive [kɔmemɔʀatif, iv] adj. Qui rappelle le souvenir d'une personne ou d'un événement. *Un monument commémoratif.* – De *commémorer.*

commémoration [kɔmemɔʀasjõ] n. f. **1.** Cérémonie à la mémoire d'une personne ou d'un événement. *Commémoration des morts:* fête que l'Église catholique célèbre le 2 novembre. **2.** *Par ext.* Souvenir. *Prononcer un discours en commémoration de l'armistice.* – Lat. *commemoratio.*

commémorer [kɔmemɔʀe] v. tr. [1] Rappeler le souvenir (d'une personne, d'un événement). *Commémorer la fin de la Deuxième grande guerre.* – Lat. *commemorare.*

commencement [kɔmɑ̃smɑ̃] n. m. **1.** Premier moment dans l'existence d'une chose. *Le commencement du monde. Le commencement de l'année. Au commencement:* à l'origine. *C'est le commencement de la fin:* la mort, la défaite, la débâcle, etc., sont proches. – Prov. *Il y a (un) commencement à tout:* on ne réussit pas toujours dès les premiers essais. **2.** Partie d'une chose que l'on voit la première. *Commencement du corridor.* **3.** DR *Commencement de preuve par écrit:* écrit émanant de la personne à qui on l'oppose, rendant vraisemblable le fait allégué. **4.** Plur. *Commencements :* débuts. *Spécial.* Les premières leçons dans un art, une science. *Les commencements sont souvent pénibles.* – De *commencer.*

commencer [kɔmɑ̃se] **I.** v. intr. [14] Débuter. *La forêt commence ici. Cette histoire commence mal mais finit bien.* **II.** v. tr. **1.** Faire le commencement, le début, la première partie de (qqch). *Commencer un ouvrage.* **2.** Être en tête de. *Une citation bien choisie commence l'article.* **3.** Être dans le premier temps de. *Le souverain commençait son règne.* **4.** *Commencer à* ou *de* (+ inf.): entreprendre, se mettre à. *Les enfants commencent à s'impatienter. Je commence à comprendre.* – Impers. *Il commence à neiger.* **5.** *Commencer par:* faire en premier lieu (qqch). *Commencez par le commencement!* – Du lat. pop. **cominitiare,* de *initium,* «commencement».

commendataire [kɔmɑ̃datɛʀ] adj. et n. Qui tient un bénéfice en commende. – Lat. *commendatarius.*

commende [kɔmɑ̃d] n. f. En droit canon, attribution d'un bénéfice ecclésiastique (abbaye, prieuré, etc.) à un séculier ou un laïc. – Lat. ecclés. *commenda,* de *commendare,* «confier».

commensal, ale, aux [kɔmɑ̃sal, o] n. et adj. **1.** Litt. Personne qui mange à la même table que d'autres. ▷ Sous l'Ancien Régime en France, officiers et serviteurs de la maison royale. **2.** BIOL Désigne les êtres vivants qui vivent et se nourrissent auprès d'autres sans leur nuire (à la différence des *parasites*). *Bactéries commensales du tube digestif.* – Lat. médiév. *commensalis,* de *mensa,* «table».

commensalisme [kɔmɑ̃salism] n. m. BIOL État des commensaux (sens 2). – De *commensal.*

commensurable [kɔmɑ̃syʀabl] adj. Qualifie les grandeurs de même espèce qui peuvent être mesurées par une grandeur commune. – Bas lat. *commensurabilis,* de *mensura,* «mesure».

comment [kɔmɑ̃] adv., n. m. et conj. **1.** (Interrogatif). De quelle façon. *Comment allez-vous?* – Fam. *Comment?* (sous-entendu: *dites-vous?*), interrogation destinée à faire répéter qqch que l'on n'a pas compris. – *Par ext.* Pourquoi. *Comment ne m'avez-vous dit qu'il partait?* **2.** (Affirmatif). De quelle manière. *Je vais vous dire comment cela s'est passé. Je me demande comment il se porte. On ne sait comment.* – *N'importe comment:* de n'importe quelle façon; mal. *Elle s'habille n'importe comment.* **3.** n. m. inv. Manière. *Le pourquoi et le comment d'une chose,* ses causes et la manière dont elle s'est produite. **4.** Exclamation de surprise, d'étonnement, d'impatience, d'indignation. *Comment, vous ici?* **5.** *Comment donc!* pour renforcer une affirmation. *Puis-je téléphoner? – Mais comment donc!* – Fam. *Et comment! On a gagné, et comment!* – De l'a. fr. *com,* «comme».

commentaire [kɔmmɑ̃tɛʀ] n. m. **1.** Explication d'un texte, remarques faites pour en faciliter la compréhension. **2.** Observation, explication, remarque. *Commentaires de presse.* – Fam. *Cela se passe de commentaires. Épargnez-nous vos commentaires.* – Loc. fam. (souvent péjor.). *Sans commentaire:* les faits sont suffisamment éloquents. **3.** Interprétation malveillante. *Susciter les commentaires de son entourage.* – De *commenter.*

commentateur, trice [kɔmmɑ̃tatœʀ, tʀis] n. **1.** Personne qui commente un ouvrage de littérature, d'histoire, de droit. *Un commentateur de François-Xavier Garneau.* **2.** Personne qui commente (les informations) à la radio, à la télévision. *Un commentateur sportif.* – De *commenter.*

commenter [kɔmmɑ̃te] v. tr. [1] **1.** Expliquer (un texte) par des remarques écrites ou orales. *Commenter un texte d'un auteur classique.* **2.** Interpréter, juger. *Commenter les décisions du chef du gouvernement.* **3.** Éclairer (des faits, des paroles, une information, etc.) par des commentaires. *L'ambassadeur a refusé de commenter les décisions présidentielles.* – Lat. *commentari,* «réfléchir, étudier».

commérage [kɔmeʀaʒ] n. m. Fam. Racontar, cancan. *Colporter des commérages.* – De *commère.*

commerçant, ante [kɔmɛʀsɑ̃, ɑ̃t] adj. et n. **1.** n. Personne qui fait du commerce. *Les commerçants du quartier. Commerçant en détail, en gros. Les petits commerçants.* **2.** adj. Qui fait du commerce. *Un pays commerçant.* **3.** adj. Où se trouvent de nombreux commerces. *Une rue commerçante.* – Ppr. de *commercer.*

commerce [kɔmɛʀs] n. m. **I. 1.** Négoce, trafic, achat et vente de marchandises, de biens. *Le commerce intérieur. La balance du commerce extérieur:* le rapport d'équilibre entre les importations et les exportations d'un pays. *Un voyageur de commerce.* **2.** *Le commerce:* les commerçants. **3.** Boutique, magasin, fonds de commerce. *Tenir un commerce.* ▷ *Faire commerce de ses charmes:* se livrer à la prostitution. **II. 1.** Litt. Relations des êtres humains les uns avec les autres. *Aimer le commerce des gens de goût. Commerce charnel.* **2.** Manière d'être en société. *Il est d'un commerce agréable.* – Lat. *commercium,* de *merx, mercis,* «marchandise».

commercer [kɔmɛʀse] v. intr. [14] Faire du commerce. *Cette région commerce avec ses voisines.* – De *commerce.*

commercial, iale, iaux [kɔmɛʀsjal, jo] adj. et n. **I.** adj. **1.** Relatif au commerce. *Une entreprise commerciale.* **2.** Péjor. *Un roman, un film commercial,* réalisé dans le seul but d'être bien vendu, pour les bénéfices escomptés de cette vente. **II.** n. f. (France) Automobile fourgonnette. – De *commerce.*

commercialement [kɔmɛʀsjalmɑ̃] adv. De façon commerciale. Du point de vue du commerce. – De *commercial.*

commercialisation [kɔmɛʀsjalizasjõ] n. f. Action de commercialiser. – De *commercialiser.*

commercialiser [kɔmɛʀsjalize] v. tr. [1] **1.** DR Assujettir aux règles du droit commercial. *Commercialiser une dette.* **2.** Transformer (qqch) en objet de commerce. *Commercialiser une découverte scientifique.* – De *commercial.*

commère [kɔmɛʀ] n. f. **1.** Vx Marraine, par rapport au parrain, au père (le «compère»). **2.** Cour. Femme curieuse et cancanière. *Racontars de commères.* – Lat ecclés. *commater,* «mère avec».

commérer [kɔmeʀe] v. intr. **[16]** Rare Se livrer à des commérages. – De *commère.*

commettage [kɔmetaʒ] n. m. TECH Opération de corderie qui consiste à réunir plusieurs fils déjà tordus pour en faire un câble; son résultat. – De *commettre.*

commettant, ante [kɔmetɑ̃, ɑ̃t] n. DR Personne qui charge un tiers (le préposé) du soin de ses intérêts. – Ppr. de *commettre.*

commettre [kɔmɛtʀ] v. tr. **[68] 1.** Accomplir, faire (un acte répréhensible). *Commettre un péché, une indélicatesse, un crime.* **2.** Préposer (qqn) à, charger (qqn) de. *Commettre qqn à un emploi.* **3.** Vieilli Confier. *Commettre une affaire aux soins de qqn.* **4.** Vieilli Compromettre. *Commettre sa réputation.* **5.** TECH *Commettre un cordage,* le former en tordant ensemble plusieurs torons. **6.** v. pron. Se compromettre, s'exposer. *Se commettre avec des personnes louches.* – Mot normanno-picard; lat. *committere,* «mettre ensemble».

comminatoire [kɔminatwaʀ] adj. **1.** DR Se dit d'une clause, d'une disposition légale, d'un jugement qui contient la menace d'une sanction. **2.** Qui tient de la menace, qui est destiné à intimider. *Un ton comminatoire.* – Lat. médiév. *comminatorius,* rad. *minari,* «menacer».

comminutif, ive [kɔminytif, iv] adj. CHIR Qui réduit en petits fragments. *Fracture comminutive.* – Dérivé du lat. *comminuere,* «briser».

commis [kɔmi] n. m. **1.** Employé subalterne (administration, commerce, agriculture). *Premier commis. Commis-boucher. Commis de ferme.* ▷ Vieilli *Commis voyageur:* voyageur de commerce. **2.** HIST Haut fonctionnaire d'un ministère, d'une administration. ▷ Mod. *Les grands commis de l'État:* les hauts fonctionnaires. (Rem.: Comme forme féminine, l'OLF recommande *une commis.*) – De *commettre.*

commisération [kɔmizeʀasjɔ̃] n. f. Pitié, compassion. *Témoigner de la commisération à ceux qui sont dans la peine.* – Lat. *commiseratio,* de *miserari,* «avoir pitié».

commissaire [kɔmisɛʀ] n. m. **1.** Personne remplissant des fonctions généralement temporaires. – *Haut-commissaire:* haut fonctionnaire chargé d'une mission déterminée. – *Commissaire aux comptes:* agent désigné par les actionnaires d'une société anonyme pour contrôler les comptes des administrateurs. ▷ DR *Commissaire à l'assermentation:* personne autorisée par la loi à recevoir et à attester un serment ou une affirmation solennelle. *Tout affidavit doit être reçu et attesté par un commissaire à l'assermentation.* (On dit aussi *commissaire pour la prestation du serment.*) ▷ SPORT Personne qui vérifie la régularité d'une épreuve. **2.** Titulaire d'une fonction permanente. (France) *Commissaire de police:* fonctionnaire chargé, dans les villes, du maintien de l'ordre et de la sécurité. **3.** Membre d'une commission. *Commissaire d'école.* (Rem.: Comme forme féminine, l'OLF recommande *une commissaire.*) – Lat. médiév. *commissarius,* de *committere,* «préposer».

commissaire-priseur [kɔmisɛʀpʀizœʀ] n. m. Officier chargé de l'estimation et de la vente d'objets mobiliers dans une vente publique. – De *commissaire,* et *priseur,* «qui fait la prisée».

commissariat [kɔmisaʀja] n. m. En France, bureaux, services d'un commissaire. *Commissariat de police.* ▷ Fonction de commissaire. – De *commissaire.*

commission [kɔmisjɔ̃] n. f. **I. 1.** Attribution d'une charge, d'une mission. ▷ DR COMM Charge qu'un commettant confie à un tiers. ▷ Activité de celui qui se livre à des actes de commerce pour autrui; somme perçue pour cette activité. *Toucher une commission sur un achat.* ▷ DR *Commission rogatoire:* mission confiée par le tribunal à une personne pour qu'elle recueille le témoignage d'une autre personne qui réside à l'étranger ou loin du lieu où la cause est pendante. **2.** Message, objet confié à une personne chargée de le transmettre à une autre. **3.** Plur. Fam. Achat des produits ménagers de consommation courante. *Faire les commissions.* **II.** Réunion de personnes chargées de l'examen, du contrôle ou du règlement de certaines affaires. *Commission d'enquête. Commission parlementaire.* ▷ *Commission scolaire:* administration locale dont relèvent les écoles élémentaires et secondaires. *Les taxes scolaires servent à financer les commissions scolaires.* – *Commission scolaire régionale* ou, absol., *régionale.* – Lat. *commissio.*

ENCYCL **Commission d'enquête** – À l'instar du gouvernement canadien, le gouvernement du Québec s'est donné, peu après la Confédération, une loi cadre lui permettant d'instituer une commission d'enquête chaque fois qu'il le juge à propos en vue d'examiner une question d'intérêt public. C'est en vertu de cette loi que la plupart des commissions d'enquête mises sur pied depuis 1869 ont été instituées, mais quelques-unes d'entre elles ont été créées par des lois spéciales. Autrefois qualifiées de «royales», parce qu'elles sont une projection du pouvoir exécutif qui s'incarne théoriquement dans le souverain, les commissions d'enquête sont généralement formées de spécialistes du problème à étudier et elles disposent de ressources et des pouvoirs de contrainte nécessaires pour travailler efficacement.

Commission parlementaire – Dès le début du régime parlementaire au Bas-Canada, les députés ont formé des commissions parlementaires et leur ont confié divers mandats en vue de faire progresser plus efficacement les travaux parlementaires. La commission plénière est composée de tous les membres de l'Assemblée: en fait, c'est l'Assemblée elle-même siégeant dans la même salle, sous un autre nom, avec des règles plus souples. L'Assemblée décide de se transformer en commission plénière lorsqu'elle veut, par exemple, procéder à l'étude détaillée d'un projet de loi. Elle le fait de moins en moins, de nos jours, depuis qu'elle a mis à l'honneur le travail de commissions composées d'un nombre restreint de députés choisis à cette fin pour toute une session ou plus, d'où le nom de «commissions élues permanentes» qu'elles ont longtemps porté, par opposition aux «commissions élues spéciales» qui sont dissoutes dès qu'elles ont accompli le mandat spécifique pour lequel elles ont été formées.

Depuis 1984, il y a huit commissions permanentes dont les membres sont choisis pour deux ans. Cinq commissions sont présidées par un membre du parti ministériel, les trois autres par un député de l'Opposition. Chaque commission a aussi un vice-président appartenant à un parti différent de celui du président. Les commissions exécutent en priorité les mandats que leur confie l'Assemblée: étude des projets de loi, étude des crédits et toute autre tâche. De leur propre initiative, elles peuvent examiner les engagements financiers du gouvernement, étudier les activités et les orientations des organismes gouvernementaux ou mener toute autre étude sur n'importe quel sujet d'intérêt public.

commissionnaire [kɔmisjɔnɛʀ] n. **1.** Personne qui se livre à des opérations commerciales pour le compte d'autrui. ▷ *Commissionnaire en douane:* personne chargée par une autre d'accomplir les formalités de douane. **2.** Personne qui est chargée d'une commission. – Personne dont le métier est de faire des commissions; coursier. – De *commissionner.*

commissionner [kɔmisjɔne] v. tr. [1] **1.** Délivrer (à qqn) une commission par laquelle on le charge de faire qqch, ou on l'y autorise. **2.** Donner commission (à qqn) pour acheter ou vendre des marchandises. – De *commission.*

commissure [kɔmisyʀ] n. f. **1.** Point de jonction des parties d'un organe. *La commissure des lèvres.* **2.** CONSTR Joint entre les pierres. – Lat. *commissura.*

commissurotomie [kɔmisyʀɔtɔmi] n. f. CHIR Section des commissures d'un orifice cardiaque rétréci. *Commissurotomie mitrale.* – De *commissure,* et *-tomie.*

commode [kɔmɔd] **I.** adj. **1.** Pratique, qui répond à l'usage qu'on veut en faire. *Un endroit commode pour se rencontrer. Un outil commode à manier.* **2.** Facile. *Une solution commode.* **3.** Se dit d'une personne au caractère agréable, facile à vivre (souvent empl. nég.). *Un chef exigeant et pas commode.* **II.** n. f. Meuble de rangement à hauteur d'appui, pourvu de larges tiroirs. – Lat. *commodus.*

commodément [kɔmɔdemɑ̃] adv. De manière commode. – De *commode.*

commodité [kɔmɔdite] n. f. **1.** Qualité de ce qui est commode. **2.** Plur. Facilités offertes par qqch. *Les commodités d'un nouveau service.* **3.** Plur. Lieux d'aisances. – De *commode.*

commodore [kɔmɔdɔʀ] n. m. Officier de marine néerlandais, américain ou britannique de grade intermédiaire entre celui de capitaine de vaisseau et de contre-amiral. – Mot angl., du néerl. *kommandeur,* d'orig. fr.

common law [kɔmɑnlɔ] n. f. Système juridique de l'Angleterre et des pays qui ont pris pour modèle le droit anglais. *Le Canada est un pays de common law sauf en ce qui a trait au droit civil du Québec.*

ENCYCL La *common law* a commencé à se développer en Angleterre après la conquête normande, en 1066. Les cours locales qui, jusqu'alors, administraient la justice selon des normes qui leur étaient propres, ont été progressivement évincées par les cours royales. À la fin du Moyen Âge, celles-ci se sont imposées et le corps de règles qu'elles ont élaborées se sont appliquées à l'ensemble du pays. D'où leur nom de *common law.*

Elle constitue un droit jurisprudentiel formé à partir des décisions rendues par les tribunaux, d'où l'on a dégagé graduellement des principes et des règles de conduite dont l'autorité repose essentiellement sur des usages et des coutumes immémoriales judiciairement reconnus. La *common law* se distingue donc du droit statutaire qui est créé par décision du pouvoir législatif. Elle diffère également de *l'equity* qui consiste en un ensemble de règles à la fois complémentaire et rival, lequel s'est développé en Angleterre en réaction au formalisme et à la rigidité de la *common law.*

Ce terme sert aussi à désigner le système judiciaire en vigueur dans de nombreux pays, qui est fondé essentiellement sur la *common law* de l'Angleterre, par opposition à un autre grand système de droit, le droit civil, qui tire son origine du droit romain.

commotion [kɔmosjɔ̃] n. f. **1.** Vx Secousse violente et brutale. **2.** MED Ébranlement d'un organe par un choc, abolissant ses fonctions de façon temporaire ou permanente sans détruire son tissu. *Commotion cérébrale.* **3.** Choc nerveux ou émotionnel brutal. – Lat. *commotio,* «mouvement».

commotionner [kɔmosjɔne] v. tr. [1] Frapper d'une commotion. – De *commotion.*

commuable [kɔmɥabl] adj. Qui peut être commué (on dit aussi *commutable*). – De *commuer.*

commuer [kɔmɥe] v. tr. [1] DR Transformer (une peine) en une peine moindre. – Lat. *commutare.*

commun, une [kɔmœ̃, yn] adj. et n. m. **I.** adj. **1.** Qui appartient à, qui concerne le plus grand nombre. *Le sort commun de l'humanité.* **2.** Qui est partagé par plusieurs personnes, par plusieurs choses. *Les caractères communs de tous les félins. D'un commun accord.* ▷ Loc. *En commun. Ils ont mis leur argent en commun. Transports en commun.* **3.** GRAM *Nom commun,* celui des êtres appartenant à la même catégorie (par oppos. à *nom propre*). **4.** Répandu. *La réponse la plus commune à cette question est non.* **5.** MATH *Diviseur commun:* nombre qui peut en diviser exactement plusieurs autres (ex.: 3 divise 9, 36, 96, etc.). **6.** Péjor. Qui manque de distinction, d'originalité. *Une fille gentille, mais commune.* **II.** n. m. **1.** L'ensemble, la majorité du groupe considéré. *Le commun des mortels. Une femme hors du commun.* **2.** Plur. Bâtiments réservés au service dans une grande propriété. **3.** LITURG CATHOL *Le commun des martyrs, des apôtres,* etc.: liturgie qui s'applique à tous les martyrs, à tous les apôtres qui n'ont pas un office propre. – Lat. *communis.*

communal, ale, aux [kɔmynal, o] adj. et n. **1.** adj. (France) Qui appartient à une commune. *Budget communal. École communale.* **2.** n. m. pl. *Les communaux:* ensemble des biens de la commune. – De *commune.*

communautaire [kɔmynotɛʀ] adj. Relatif à la communauté. – De *communauté.*

communauté [kɔmynote] n. f. **1.** Caractère de ce qui est commun à plusieurs personnes, à plusieurs groupes sociaux. *Une communauté d'idées. Des liens reposant sur une communauté linguistique et religieuse profonde.* – *Communauté urbaine:* organisme régional de gestion, de coordination et d'administration de services dispensés aux municipalités urbaines qui en font partie et à leurs contribuables. *La Communauté urbaine de Québec (C.U.Q.), la Communauté urbaine de Montréal (C.U.M.) et la Communauté régionale de l'Outaouais (C.R.O.) ont été créées en 1969, en vertu d'une loi de l'Assemblée nationale du Québec. Le président du Comité exécutif de la Communauté urbaine.* – *Communauté économique européenne* (C.É.E.) également appelée *Marché commun.* V. encycl. ci-après. **2.** Groupe de personnes vivant ensemble et partageant des intérêts, une culture, ou un idéal communs. *Une communauté de moines. Familles vivant en communauté.* ▷ Lieu abritant cette communauté. **3.** DR *Communauté de biens:* régime matrimonial dans lequel les époux mettent en commun tout ou partie de leurs biens et de leurs dettes. – De *commun.*

ENCYCL La C.É.E. (ou Marché commun) a été créée en 1957. Elle groupa d'abord les Six de la C.E.C.A. (Communauté européenne du charbon et de l'acier): Belgique, France, Italie, Luxembourg, R.F.A., Pays-Bas. S'y adjoignirent ensuite: le Danemark, la Norvège, l'Irlande et la Grande-Bretagne en 1973, puis la Grèce en 1981. La Communauté des Dix a accueilli l'Espagne et le Portugal le 1er janv. 1986. Fondée par le traité de Rome (1957), aboutissement d'une entreprise d'unification et de redressement écon. de l'Europe de l'Ouest (œuvre de Jean Monnet et de Robert Schuman notam.), la C.É.E. a réalisé l'union écon. des Six (union douanière effective en 1968) puis des Dix puis des Douze.

commune [kɔmyn] n. f. **1.** FEOD Ville affranchie que les bourgeois avaient le privilège d'administrer eux-mêmes. **2.** Mod. La plus petite division administrative de France, dirigée par un maire et son conseil municipal. ▷ Les habitants d'une commune. **3.** *Chambre des communes* (ou *les Communes*): chambre des élus du peuple aux parlements britannique et canadien. – Lat. *communia.*

communément [kɔmynemɑ̃] adv. Suivant l'usage commun, l'opinion la plus fréquemment exprimée. *Il est communément admis que...* – De *commun.*

communiant, ante [kɔmynjɑ̃, ɑ̃t] n. Celui, celle qui reçoit l'eucharistie. ▷ *Premier (première) communiant(e):* celui, celle qui communie pour la première fois. – *Par ext.* Jeune garçon, jeune fille qui fait sa communion solennelle (profession de foi). – Ppr. de *communier.*

communicable [kɔmynikabl] adj. Qui peut ou doit être communiqué. *Une émotion difficilement communicable.* – De *communiquer.*

communicant, ante [kɔmynikɑ̃, ɑ̃t] adj. Qui communique, qui établit une communication. PHYS *Principe des vases communicants,* selon lequel les différentes surfaces libres d'un liquide contenu par plusieurs récipients qui communiquent par leur partie inférieure sont dans un même plan horizontal. – De *communiquer.*

communicateur, trice [kɔmynikatœʀ, tʀis] adj. et n. **1.** Qui sert à mettre en communication. **2.** n. Personne qui exerce un métier relié à la communication. ▷ Personne qui possède l'art d'établir des relations avec qqn, de faire partager ses idées, ses opinions, etc. – De *communiquer.*

communicatif, ive [kɔmynikatif, iv] adj. **1.** Qui se communique facilement (choses). *Un rire communicatif.* **2.** Qui se confie facilement (personnes). – Bas lat. *communicativus.*

communication [kɔmynikasjɔ̃] n. f. **1.** Action de communiquer, de transmettre qqch à qqn. *Avoir communication d'un dossier.* **2.** Ce qui est communiqué. *Je dois vous faire une communication urgente.* **3.** Moyen de liaison entre deux points, accès à un lieu. *Toutes les communications sont coupées avec l'étranger.* **4.** Fait d'être en relation avec qqch, qqn. *Communication avec l'au-delà.* ▷ Communication téléphonique. *Le prix de la communication a augmenté.* **5.** SOCIOL Ensemble des phénomènes concernant la possibilité, pour un sujet, de transmettre une information à un autre sujet, par le langage articulé ou par d'autres codes. – Lat. *communicatio.*

ENCYCL **Ling.** On distingue la communication verbale, message parlé ou écrit qu'étudie la *linguistique,* et celle qu'on effectue au moyen de l'un des systèmes de signes («parler avec les mains», par ex.) qu'étudie la *sémiologie.* D'après le linguiste Jakobson, six facteurs caractérisent la communication verbale: les locuteurs: destinateur (émetteur, «encodeur») et destinataire (récepteur, «décodeur»); le message (énoncé); le code (la langue française, par ex.); le contexte ou référent, appartenant à la situation qui donne lieu au dialogue ou à tel moment précis du dialogue; le contact ou canal (le téléphone, par ex.). Ces six facteurs engendrent six fonctions: *dénotative* ou référentielle, qui concerne le contenu du message; *expressive* ou émotive, qui «trahit» l'attitude du destinateur (emploi d'interjections, par ex.); *conative,* qui adresse des appels ou des ordres au destinataire; *phatique,* qui notam. maintient le contact («allô», par ex.); *métalinguistique,* qui situe par ex. un mot dans le code («un bouquin, ... je veux dire un livre»); *poétique,* que caractérisent *redondance* et *complexité.*

communier [kɔmynje] **1.** v. intr. [1] Recevoir le sacrement de l'eucharistie. ▷ v. tr. Rare *Communier un mourant.* **2.** Litt. Être en parfait accord d'idées, de sentiments avec qqn. *Communier dans la même admiration pour un peintre.* – Du lat. chrét. *communicare,* «participer à, s'associer à».

communion [kɔmynjɔ̃] n. f. **1.** Union de personnes dans une même foi. *La communion des fidèles au sein de l'Église catholique.* ▷ *Communion des saints:* partage, par tous les membres de l'Église chrétienne, tant des fidèles sur terre que des bienheureux dans le ciel, de la même richesse spirituelle. **2.** RELIG Réception du sacrement de l'eucharistie. – *Par ext.* Moment de la messe où l'officiant administre l'eucharistie aux fidèles. ▷ *Communion solennelle:* cérémonie au cours de laquelle le jeune catholique renouvelle les engagements du baptême par une profession de foi devant les fidèles. **3.** Partage (d'idées, de sentiments) par plusieurs personnes. *Vivre en parfaite communion de pensée.* – Lat. chrétien *communio.*

communiqué [kɔmynike] n. m. Avis transmis au public, à la presse, par une autorité compétente. *Le ministère a diffusé le communiqué suivant...* – Pp. de *communiquer.*

communiquer [kɔmynike] **I.** v. tr. [1] **1.** Transmettre. *Communiquez vos réclamations à notre service.* **2.** Faire partager (personnes). *Communiquer sa joie, sa peine.* **3.** Faire passer une qualité, un caractère, etc., d'une chose à une autre (choses). *Une plaque électrique qui communique sa chaleur aux récipients.* **II.** v. pron. Se répandre, se transmettre. *L'incendie s'est communiqué à tout l'immeuble.* **III.** v. intr. **1.** Être en relation avec (qqn) (personnes). *Il communique avec un étudiant anglais.* **2.** Être en communication avec (qqch) (choses). *Le salon communique avec la cuisine.* – Lat. *communicare,* «être en relation avec».

communisant, ante [kɔmynizɑ̃, ɑ̃t] adj. (et n.) Proche du communisme. *Des idées communisantes.* – De *communisme.*

communisme [kɔmynism] n. m. **1.** Organisation sociale fondée sur l'abolition de la propriété privée des moyens de production au profit de la propriété collective. **2.** Système social, politique et économique proposé par Marx (V. encycl.). **3.** Ensemble des partis, pays ou personnes partisans de cette doctrine. – De *commun.*

ENCYCL L'organisation communiste, marquée par l'absence de classes sociales, par l'absence de l'«exploitation de l'homme par l'homme», aurait été la forme sociale «primitive». Cette thèse, à laquelle Marx et Engels ne renoncèrent pas, est peu confirmée par l'anthropologie moderne (préhistoire, protohistoire, ethnologie). On trouve chez Platon (qui ne renonce pas à l'esclavage!), puis chez les paléochrétiens, chez certains pères de l'Église, des principes d'organisation sociale fondés sur la communauté des biens. À partir du XVIe s. s'amorce un courant utopiste qui se développera jusqu'au milieu du XIXe s., de plus en plus cohérent à mesure que triomphe le capitalisme: Babeuf, Cabet, Fourier, voire Robert Owen, réclament la suppression de la propriété individuelle et l'abolition des inégalités de toutes sortes. Proudhon et les anarchistes caressent les mêmes rêves. Au contraire, pour Marx et Engels, le «socialisme scientifique» prétend dégager les lois du développement de la société et marquer les étapes de l'évolution sociale, de la lutte des classes, qui mettra fin au capitalisme. Les idées de Marx et d'Engels sont reprises, précisées, adaptées, développées par divers théoriciens dont Lénine, Trotski et Mao Tsetoung. La doctrine est désormais plus souvent nommée communisme que socialisme, pour marquer qu'il s'agit d'une transformation fondamentale, que seul imposera un mouvement révolutionnaire, dépouillé de toute intention réformiste. En fait, les États ou partis dits *communistes* aspirent à bâtir le *socialisme,* dont l'étape finale verra le dépérissement de l'État et de la société de classes*. Ce *communisme,* atteint après des étapes transitoires, «marquera la fin des temps historiques» (fondés sur la violence, l'exploitation, le «mensonge idéologique», etc.).

communiste [kɔmynist] adj. et n. **1.** adj. Relatif au communisme. **2.** n. Partisan du communisme. – Membre d'un parti communiste. – De *commun.*

commutable. V. commuable.

commutateur [kɔmytatœʀ] n. m. Appareil permettant de substituer une portion du circuit à un autre ou de modifier successivement les connexions d'un ou de plusieurs circuits. – Du lat. scientif. *commutare,* «échanger».

commutatif, ive [kɔmytatif, iv] adj. MATH *Loi commutative:* opération dont le résultat est le même quel que soit l'ordre des termes ou des facteurs choisi pour l'effectuer. *L'addition et la multiplication obéissent à des lois commutatives.* – Du lat. scientif. *commutare,* «échanger».

commutation [kɔmytasjõ] n. f. **1.** Changement, substitution. *Procéder à la commutation des éléments dans un ensemble.* **2.** DR Fait de changer (une peine) en une peine moindre. *Obtenir une commutation de peine.* **3.** TELECOM Opération mettant en liaison deux lignes téléphoniques. *Commutation électronique.* **4.** ELECTR Modification des liaisons électriques dans un appareil. – Lat. *commutatio,* «changement».

commutativité [kɔmytativite] n. f. MATH Propriété d'une loi commutative. – De *commutatif.*

commutatrice [kɔmytatʀis] n. f. ELECTR Machine capable de transformer un courant alternatif en courant continu et inversement. – De *commuter.*

commuter [kɔmyte] v. tr. [1] LING Substituer, à l'intérieur d'une même classe phonétique, lexicale ou grammaticale, un élément à un autre, en vue de dégager et classer les unités de la langue. – De *commuer.*

comorien, ienne [kɔmɔʀjɛ̃, jɛn] adj. et n. Des Comores, État au N.-O. de Madagascar dans l'océan Indien.

comourants [kɔmuʀɑ̃] n. m. pl. DR Personnes périssant ensemble dans le même accident sans que l'on puisse établir médicalement l'ordre de décès. – De *co-,* et *mourant,* ppr. de *mourir.*

compacité [kõpasite] n. f. Qualité de ce qui est compact. *La compacité d'une roche.* – De *compact.*

1. compact, acte [kõpakt] adj. **1.** Dont les parties sont fortement resserrées et forment une masse très dense. *Une foule compacte.* – Lat. *compactus,* «amassé».

2. compact, acte [kõpakt] adj. Qui tient relativement peu de place. *Un appareil photo compact. Une chaîne stéréophonique compacte.* – *Disque compact:* disque audionumérique*. ▷ N. f. *Une compacte:* une voiture de petite dimension. – Angl. *compact.*

compactage [kõpaktaʒ] n. m. Action de compacter. – De *compacter.*

compacter [kõpakte] v. tr. [1] Rendre compact (un sol, des déchets, etc.). *Compacter un sol avec un rouleau compresseur.* – De *compact.*

compacteur [kõpaktœʀ] n. m. **1.** Engin de travaux publics utilisé pour compacter les sols. **2.** Appareil qui sert à réduire le volume des ordures ménagères. – De *compacter.*

compagne [kõpaɲ] n. f. **1.** Celle qui partage, habituellement ou pendant une période déterminée, les activités de qqn. *Compagne de classe.* **2.** Litt. Femme, dans un couple. *Il a perdu sa compagne de tous les instants.* – De l'a. fr. *compain.*

compagnie [kõpaɲi] n. f. **1.** Fait d'être présent auprès de qqn. *Sa compagnie est très appréciée.* ▷ *En compagnie de qqn,* avec lui. ▷ *Dame, demoiselle de compagnie:* personne appointée pour vivre auprès d'une autre. *Une dame de compagnie lui fait la lecture.* ▷ *Fausser compagnie à qqn,* le quitter sans prévenir. **2.** Assemblée de personnes réunies par des activités communes, des intérêts communs. *Une nombreuse compagnie l'a salué.* ▷ *... et compagnie:* et tous les autres, et tout ce qui s'ensuit. **3.** Association commerciale. *Compagnie d'assurances.* ▷ *Et compagnie* (abrév. *et Cie*): désigne les associés non nommés dans une raison sociale. V. encycl. **4.** *Compagnie théâtrale:* troupe permanente. **5.** Groupe de gens armés. **6.** Bande d'animaux de même espèce vivant en colonie. *Une compagnie de perdrix.* – Lat. pop. **compania.*

ENCYCL Une compagnie est une personne fictive ou morale, à but lucratif, qui possède une existence propre et indépendante de celle des individus qui la composent. Elle a son nom, son domicile, appelé siège social, son patrimoine; elle a le pouvoir de contracter, elle est responsable de ses actes et elle peut ester en justice, tant en demande qu'en défense.

Elle est créée par application d'une loi provinciale ou d'une loi fédérale et son incorporation se fait par une requête pour lettres patentes ou par dépôt de ses statuts. Elle peut être constituée par une ou plusieurs personnes majeures, capables de contracter.

Les individus qui forment la compagnie y investissent de l'argent et, en retour, ils reçoivent des actions qui prouvent l'importance de l'intérêt qu'ils y détiennent. L'ensemble des sommes investies constitue le capital de la corporation. En principe, l'action donne droit de voter aux assemblées des actionnaires, de participer aux profits et au partage des actifs lorsque la compagnie est mise en liquidation.

Le principal privilège qu'offre une compagnie consiste à limiter la responsabilité de ses actionnaires à l'intérêt qu'ils y possèdent et à les exempter de tout recours personnel pour l'acquittement des obligations qu'elle a contractées dans les limites de ses pouvoirs et le respect des formalités requises.

Sauf lorsqu'il en est autrement prescrit par la loi, une compagnie peut se dissoudre par la volonté de ses actionnaires ou être forcée de le faire si elle est incapable de remplir ses obligations ou refuse de respecter les exigences que la loi lui a imposées.

compagnon [kõpaɲõ] n. m. **1.** Celui qui partage, habituellement ou pour un temps déterminé, les occupations ou la vie de qqn. ▷ Animal familier. *Le chien est un fidèle compagnon de l'homme.* **2.** En France, ouvrier qui travaille pour le compte d'un maître. ▷ Anc. Artisan qui, dans une corporation, n'était plus apprenti, et pas encore maître. **3.** Grade dans la franc-maçonnerie. – Lat. pop. **companio, companionis,* «qui mange son pain avec».

compagnonnage [kõpaɲɔnaʒ] n. m. **1.** Association d'instruction professionnelle et de solidarité entre ouvriers de même métier. **2.** En France, période passée chez un maître par un compagnon après son temps d'apprentissage. – De *compagnon.*

comparable [kõpaʀabl] adj. Qui peut être mis en comparaison. *Deux situations, deux personnes comparables.* ▷ *Comparable à:* qui ressemble à. *Une ville comparable à un vaste terrain de stationnement.* – Lat. *comparabilis.*

comparaison [kõpaʀɛzõ] **I.** n. f. **1.** Action de comparer, de mettre sur le même plan pour chercher des ressemblances, des différences. *Faire, établir une comparaison. Trouver des éléments de comparaison.* ▷ *Supporter la comparaison (avec):* être digne d'être comparé (à). **2.** GRAM *Adverbe de comparaison,* indiquant un rapport d'égalité, de supériorité ou d'infériorité. *Aussi, plus, autant, moins sont des adverbes de comparaison.* ▷ *Degrés de comparaison:* degrés de signification d'un adjectif ou d'un adverbe de manière (positif, comparatif, superlatif). **3.** Figure par laquelle on rapproche deux éléments en vue d'un effet stylistique. *«Muet comme une carpe», «léger comme une plume» sont des comparaisons fréquentes dans la langue courante.* **II.** Loc. **1.** *En comparaison de:* par rapport à, à l'égard de, proportionnellement à. **2.** *Par comparaison à, avec:* relativement à. *Par* *comparaison aux salaires, le prix des loyers est élevé.* ▷ (S. comp.). *Se décider par comparaison.* **3.** *Sans comparaison (avec):* incomparable (à). *Cet ouvrage est sans comparaison avec les autres.* ▷ Empl. adv. Incontestablement, absolument. *C'est, sans comparaison, sa meilleure œuvre.* – Lat. *comparatio.*

comparaître [kõpaʀɛtʀ] v. intr. [59] **1.** Se présenter (devant la justice, une autorité compétente) sur ordre. *Comparaître devant un tribunal comme témoin, comme accusé.* **2.** Se présenter (devant une autorité compétente). *Les époux ont comparu devant le notaire.* – De l'a. fr. *comparoir;* lat. jur. *comparere.*

comparant, ante [kõpaʀɑ̃, ɑ̃t] DR adj. et n. Qui comparaît devant un notaire, un juge, etc. Ant. défaillant, contumax. – Ppr. de *comparoir.*

comparateur, trice [kõpaʀatœʀ, tʀis] adj. et n. m. **1.** adj. Qui aime à comparer. **2.** n. m. TECH Instrument de mesure servant à comparer des longueurs avec une grande précision. – De *comparer.*

comparatif, ive [kõpaʀatif, iv] adj. et n. **I.** adj. **1.** Qui sert à comparer; qui comporte ou qui formule des comparaisons. *Une étude comparative des religions.* **2.** GRAM *Proposition, adverbe comparatifs,* qui marquent une comparaison. **II.** n. m. Un des trois degrés de signification de l'adverbe ou de l'adjectif. *Comparatif d'égalité, d'infériorité, de supériorité.* **III.** n. f. GRAM Proposition comparative. – De *comparer.*

comparatiste [kõpaʀatist] n. Spécialiste de linguistique ou de littérature comparée. – De *comparer.*

comparativement [kõpaʀativmɑ̃] adv. Par comparaison. – De *comparatif.*

comparé, ée [kõpaʀe] adj. *Grammaire, linguistique comparée,* qui étudie les rapports existant entre plusieurs langues. ▷ *Anatomie comparée:* étude comparative des organes des différentes espèces animales. *Littérature comparée:* étude comparative des littératures de différents pays. – Pp. de *comparer.*

comparer [kõpaʀe] **I.** v. tr. [1] **1.** Examiner les rapports entre (des choses, des personnes) en vue de dégager leurs différences et leurs ressemblances. *Comparer les diverses éditions d'une œuvre.* ▷ (S. comp.). *Comparer avant d'acheter.* **2.** *Comparer à, avec:* établir un rapprochement entre (des choses, des personnes) auxquelles on reconnaît des points communs. *Comparer sa vie avec celle des autres.* **II.** v. pron. **1.** (Souvent précédé de pouvoir et d'une nég.) Être comparable. *Ça ne se compare pas! Ces deux comportements ne peuvent se comparer.* **2.** Se juger semblable, égal à (personnes). *Il se compare à Napoléon.* – Lat. *comparare.*

comparoir [kõpaʀwaʀ] v. intr. défect. DR Vx (us. seulement à l'inf. et au ppr. V. comparant). Comparaître en justice. – Du lat. *comparere.*

comparse [kõpaʀs] n. **1.** Figurant muet au théâtre. **2.** *Par ext.* Personne jouant un rôle secondaire dans une affaire, une situation donnée. – Ital. *comparsa,* «personnage muet», pp. de *comparire,* «apparaître».

compartiment [kõpaʀtimɑ̃] n. m. **1.** Chacune des divisions pratiquée dans un espace, un meuble, un lieu de rangement. *Coffret à compartiments.* **2.** Chacun des motifs décoratifs formés par un entrecroisement de lignes divisant une surface. *Les compartiments d'un plafond.* **3.** Partie d'une voiture de chemin de fer servant pour le transport des voyageurs, limitée par des cloisons et une porte. *Compartiment de fumeurs.* – Ital. *compartimento,* de *compartire,* «partager».

compartimentage [kõpaʀtimɑ̃taʒ] n. m. **1.** Fait de compartimenter. **2.** Division en compartiments. – De *compartimenter.*

compartimenter [kõpaʀtimɑ̃te] v. tr. [1] **1.** Diviser en compartiments. **2.** Séparer, diviser par de nettes limites. *Compartimenter une salle de réunions.* – De *compartiment.*

comparution [kõpaʀysjõ] n. f. DR Fait de comparaître, sur ordre, personnellement ou par l'entremise d'un représentant dûment autorisé (par ex. un avocat, un notaire) devant une autorité compétente. *Dans les procès civils, la comparution peut, selon les prescriptions de la loi applicable, se faire en personne ou par un acte de procédure écrite.* – De *comparu,* pp. de *comparaître.*

compas [kõpa] n. m. **1.** Instrument fait de deux branches reliées par une charnière, servant à tracer des angles, des cercles, à prendre certaines mesures. ▷ *Compas d'épaisseur,* à branches recourbées. ▷ *Compas de proportion,* dont les branches sont faites de règles graduées. ▷ Loc. fig. *Avoir le compas dans l'œil:* évaluer les grandeurs avec précision, d'un simple regard. **2.** MAR et AVIAT Instrument de navigation indiquant le cap. *Compas gyroscopique,* comportant un gyroscope dont l'axe se stabilise dans la direction du nord vrai. *Compas magnétique,* composé de plusieurs aiguilles aimantées fixées sur une rose des vents, indiquant le nord magnétique, et permettant d'obtenir le nord vrai grâce à certains calculs de correction. – De *compasser.*

compassé, ée [kõpase] adj. Minutieusement ordonné, réglé jusqu'à l'excès (en parlant d'une personne, de son comportement). *Une politesse compassée. Un personnage compassé.* – Pp. de *compasser.*

compasser [kõpase] v. tr. [1] **1.** Mesurer avec un compas. *Compasser les distances sur une carte.* **2.** Fig., litt. Régler minutieusement, mesurer en ne laissant rien au hasard, à la spontanéité (ses comportements, son style). V. l'adj. compassé. – Lat. pop. **compassare,* «mesurer avec le pas».

compassier [kõpasje] n. m. Ouvrier qui fabrique et répare les compas. – De *compas.*

compassion [kõpasjõ] n. f. Sentiment de pitié éprouvé devant les maux d'autrui et qui nous pousse à les partager. *Éprouver de la compassion pour qqn. Être ému, touché de compassion.* – Lat. ecclés. *compassio,* de *compati,* «souffrir avec».

compatibilité [kõpatibilite] n. f. Caractère de ce qui est compatible. *Compatibilité d'esprit, de caractère.* – De *compatible.*

compatible [kõpatibl] adj. Susceptible de s'accorder, de se concilier. *Ces deux opinions sont compatibles. Cette profession est-elle compatible avec vos obligations?* ▷ MATH *Équations compatibles,* qui admettent des solutions communes. – Du lat. *compati* (V. compatir).

compatir [kõpatiʀ] v. tr. indir. [2] **1.** Vx S'accorder (en parlant des personnes, des sentiments, des caractères). **2.** Éprouver de la compassion. *Compatir à la douleur, au deuil de qqn.* – Bas. lat. *compati,* «souffrir avec».

compatissant, ante [kõpatisɑ̃, ɑ̃t] adj. Qui compatit, qui a de la compassion. *Une âme, des paroles compatissantes.* – Ppr. de *compatir.*

compatriote [kõpatʀiɔt] n. Personne de la même patrie qu'une autre. – Bas lat. *compatriota,* de *cum,* «avec», et *patria,* «patrie».

compendieusement [kõpɑ̃djøzmɑ̃] adv. Vx Brièvement, succinctement. – De *compendieux.*

compendieux, euse [kõpɑ̃djø, øz] adj. Vx **1.** Sommaire, exprimé brièvement. **2.** Qui s'exprime succinctement. *Un homme compendieux dans ses paroles.* – Lat. *compendiosus,* «abrégé».

compendium [kõpɑ̃djɔm] n. m. Abrégé. *Compendium de droit.* – Lat. *compendium,* «abréviation».

compensable [kɔ̃pɑ̃sabl] adj. Qui peut être compensé. – De *compenser.*

compensateur, trice [kɔ̃pɑ̃satœʀ, tʀis] adj. et n. 1. adj. Qui apporte une compensation (choses). ▷ PHYS *Pendule compensateur,* dont la période n'est pas affectée par les variations de température. ▷ FIN *Droits compensateurs:* droits de douane taxant une marchandise importée (pour compenser l'impôt dont elle aurait été frappée si elle avait été produite dans le pays importateur). 2. n. m. TECH Appareil destiné à compenser les effets (d'un phénomène). *Compensateur de freinage, de dilatation.* ▷ ELECTR Appareil permettant la compensation (sens 5) d'un réseau. *Les condensateurs, les moteurs synchrones ou asynchrones sont employés comme compensateurs.* – De *compenser.*

compensation [kɔ̃pɑ̃sasjɔ̃] n. f. 1. Action de compenser; son résultat. *Compensation entre les pertes et les profits.* 2. Dédommagement, avantage qui compense (une perte, un inconvénient). *Obtenir, recevoir une compensation.* ▷ *En compensation:* par contre, en revanche. *Un métier difficile, mais intéressant en compensation.* 3. DR Mode d'extinction de deux obligations de même espèce existant réciproquement entre deux personnes. 4. FIN Règlement par opposition des soldes, sans déplacements de numéraire. *Chambre de compensation.* 5. ELECTR Amélioration du facteur de puissance d'un réseau. 6. MAR et AVIAT *Compensation du compas:* opération destinée à réduire la déviation du compas. 7. MATH *Loi de compensation:* loi des grands nombres. 8. MED Réaction de l'organisme à une lésion primaire par des modifications secondaires tendant à rétablir l'équilibre physiologique. 9. PSYCHO Mécanisme par lequel un sujet réagit à un complexe par une recherche d'activités valorisantes. – Lat. *compensatio,* de *compensare.*

compensatoire [kɔ̃pɑ̃satwaʀ] ou **compensatif, ive** [kɔ̃pɑ̃satif, iv] adj. Qui établit une compensation. *Forfait, indemnité compensatoire.* – De *compenser.*

compensé, ée [kɔ̃pɑ̃se] adj. 1. TECH Se dit d'un appareil qui a été rendu insensible aux effets de certains facteurs. 2. *Semelle compensée:* semelle épaisse qui fait corps avec le talon. 3. MED Se dit d'une lésion, d'une affection dont les effets secondaires ont disparu. *Cardiopathie bien compensée.* – Pp. de *compenser.*

compenser [kɔ̃pɑ̃se] v. tr. [1] 1. Rétablir un équilibre entre (deux ou plusieurs éléments, choses). *Compenser un dommage par un avantage. Sa gentillesse compense tous ses défauts.* 2. MAR et AVIAT *Compenser un compas.* V. compensation, sens 6. 3. DR *Compenser les dépens, une dette.* V. compensation, sens 3. 4. v. pron. *Gains et pertes se compensent.* – Lat. *compensare,* de *cum,* «avec» et *pensare,* «peser».

compérage [kɔ̃peʀaʒ] n. m. 1. Intelligence secrète entre plusieurs personnes en vue d'abuser des autres. 2. Vx État de compère. ▷ Relation de compère ou de commère par rapport aux parents de l'enfant. – De *compère.*

compère [kɔ̃pɛʀ] n. m. 1. Vx Parrain d'un enfant (par rapport à la marraine, ou commère, et aux parents). 2. Fam. Camarade, complice d'un moment (dans une situation donnée). *Un bon compère, toujours prêt à la plaisanterie.* ▷ Vieilli Bon et fidèle camarade. 3. Personne qui est de connivence avec un prestidigitateur, un bonimenteur, etc., et qui aide celui-ci à créer une illusion ou à tromper le public. – Lat. ecclés. *compater,* «père avec».

compère-loriot [kɔ̃pɛʀlɔʀjo] n. m. Petite inflammation sur le bord de la paupière (V. orgelet). – De *compère,* et *loriot.*

compétence [kɔ̃petɑ̃s] n. f. I. DR 1. Aptitude d'une autorité législative, administrative à procéder à certains actes dans des conditions déterminées par la loi. 2. *Compétence législative:* aptitude d'une loi déterminée à régir une situation. II. 1. Cour. Connaissance, expérience qu'une personne a acquise dans tel ou tel domaine et qui lui donne qualité pour en bien juger. *Faire la preuve de ses compétences. Une personne d'une compétence exceptionnelle.* ▷ Fam. Personne compétente. 2. LING En grammaire générative, connaissance implicite que les sujets parlants ont de leur langue, et qui leur permet de produire et de comprendre un nombre infini d'énoncés jamais entendus auparavant (par oppos. à *performance*). – Lat. *competentia.*

compétent, ente [kɔ̃petɑ̃, ɑ̃t] adj. 1. DR Dont la compétence (sens I) est reconnue. *Autorité, loi compétente. Tribunal compétent.* ▷ Requis, reconnu par la loi. *Avoir l'âge compétent pour voter, pour contracter un mariage.* 2. Qui possède une, des compétences dans un domaine. *Un professeur compétent. Être compétent en mathématique, en cuisine,* etc. – Lat. *competens.*

compétiteur, trice [kɔ̃petitœʀ, tʀis] n. Personne en compétition (avec une ou plusieurs autres). – De *compétition.*

compétitif, ive [kɔ̃petitif, iv] adj. 1. Vx Relatif à la compétition. 2. Capable de supporter la compétition, la concurrence (en matière économique). *Des prix, des produits compétitifs.* – Angl. *competitive,* de même origine que *compétition.*

compétition [kɔ̃petisjɔ̃] n. f. 1. Recherche simultanée d'un même but, d'une même réussite (par deux ou plusieurs personnes, groupes). *Les candidats se livrent à une compétition acharnée. Entrer en compétition:* rivaliser, être en concurrence. 2. SPORT Match, épreuve. *Participer à une compétition d'athlétisme.* – Bas lat. *competitio* de *competere,* «rechercher, briguer».

compétitivité [kɔ̃petitivite] n. f. Caractère de ce qui est compétitif. – De *compétitif.*

compilateur, trice [kɔ̃pilatœʀ, tʀis] n. Personne qui compile. – De *compiler.*

compilation [kɔ̃pilasjɔ̃] n. f. 1. Action de compiler. 2. Recueil sans originalité, fait d'emprunts. – De *compiler.*

compiler [kɔ̃pile] v. tr. [1] 1. Rassembler (des extraits de divers auteurs, des documents) pour composer un ouvrage. 2. INFORM Traduire (un langage de programmation) en un langage utilisable par l'ordinateur. – Lat. *compilare,* de *cum,* «avec», et *pilare,* «piller».

complainte [kɔ̃plɛ̃t] n. f. 1. DR Action en justice d'un possesseur d'immeuble dont la possession est actuellement troublée. 2. Vx Lamentation, plainte. 3. Chanson populaire plaintive sur un sujet tragique. – De l'a. fr. *complaindre.*

complaire [kɔ̃plɛʀ] 1. v. tr. ind. [72] Litt. Se conformer, s'accommoder au goût de qqn pour lui plaire. *Je le ferai pour vous complaire.* 2. v. pron. Se délecter, trouver du plaisir à. *Se complaire dans ses erreurs.* – Lat. *complacere,* d'ap. *plaire.*

complaisamment [kɔ̃plɛzamɑ̃] adv. Par, avec complaisance. *Il m'a complaisamment cédé sa place.* ▷ Péjor. *Il étalait complaisamment sa vie privée en public.* – De *complaisance.*

complaisance [kɔ̃plɛzɑ̃s] n. f. 1. Disposition à se conformer aux goûts, à acquiescer aux désirs d'autrui. *Il a eu la complaisance de me prévenir.* 2. Péjor. Acte peu probe, comportement à caractère servile, adopté dans le seul but de plaire. *Ses complaisances répétées lui ont permis de faire carrière.* – *Attestation, certificat de complaisance,* délivré à qqn pour lui permettre d'obtenir certains avantages, mais contenant des déclarations inexactes. **3.** Péjor. Sentiment de satisfaction dans lequel on se complaît par facilité, par vanité. *Raconter sa vie, vanter ses exploits avec complaisance. Se juger avec complaisance.* – De *complaire.*

complaisant, ante [kõplɛzɑ̃, ɑ̃t] adj. **1.** Prévenant, qui aime rendre service. **2.** Péjor. Qui a trop de complaisance, d'indulgence. *Se juger d'une manière complaisante. – Mari complaisant,* qui ferme les yeux sur les aventures de sa femme. – Ppr. de *complaire.*

complément [kõplemɑ̃] n. m. **1.** Ce qui s'ajoute ou doit être ajouté à une chose pour la compléter. *Verser un acompte et payer le complément à la livraison. – Élection complémentaire,* tenue dans une cironscription électorale laissée sans représentation à la suite de la démission ou du décès de son député. **2.** GEOM *Complément d'un angle:* ce qui manque à un angle aigu pour former un angle droit. **3.** LING Mot ou groupe de mots relié à un autre afin d'en compléter le sens. *Le complément indirect est relié au verbe par une préposition, contrairement au complément direct.* – Lat. *complementum,* de *complere,* «remplir».

complémentaire [kõplemɑ̃tɛʀ] adj. et n. **I.** adj. **1.** Qui sert à compléter. *Avantages complémentaires. Informations complémentaires. – Élection complémentaire,* tenue dans une circonscription électorale laissée sans représentation à la suite de la démission ou du décès de son député. **2.** GEOM *Arcs, angles complémentaires,* dont la somme égale 90 degrés. **3.** *Couleurs complémentaires,* dont la superposition donne la lumière blanche. *Le violet est la couleur complémentaire du jaune.* **4.** LING *Éléments en distribution complémentaire,* qui n'ont aucun contexte commun. **II.** n. m. MATH *Complémentaire d'une partie d'un ensemble:* sous-ensemble constitué par les éléments du premier ensemble non contenus dans cette partie. *Le complémentaire d'une partie X de E se note $\bar{X}$.* – De *complément.*

complémentarité [kõplemɑ̃taʀite] n. f. **1.** Qualité de ce qui est complémentaire. *La complémentarité de vos caractères.* **2.** LING *Complémentarité de deux ou plusieurs éléments.* V. complémentaire, sens I, 4. **3.** PHYS *Principe de complémentarité,* selon lequel la propagation d'une onde et le déplacement d'une particule ne sont que deux aspects complémentaires d'une même réalité (énoncé par Niels Bohr). – De *complémentaire.*

1. complet, ète [kõplɛ, ɛt] adj. **1.** Auquel rien ne manque, qui comporte tous les éléments nécessaires. *Les œuvres complètes d'un écrivain.* ▷ *Pain, riz complet,* auquel on a laissé le son. **2.** Qui ne peut contenir davantage. *Le théâtre affiche complet.* **3.** Entier, avec toutes ses parties, achevé. *Le premier chapitre est complet.* ▷ Loc. *Au complet, au grand complet:* dans son intégralité. *La troupe au grand complet est venue saluer.* **4.** À qui aucune qualité ne manque, dont les aptitudes sont très diversifiées. *Un artiste complet.* ▷ Qui réunit toutes les caractéristiques de sa catégorie. *Un abruti complet.* – Lat. *completus,* pp. de *complere,* «achever».

2. complet [kõplɛ] n. m. Vêtement masculin en deux ou trois pièces assorties: veste, pantalon et gilet. – De *complet* 1.

1. complètement [kõplɛtmɑ̃] n. m. Rare Action de compléter. – De *compléter.*

2. complètement [kõplɛtmɑ̃] adv. D'une façon complète, tout à fait. *Être complètement ruiné.* – De *complet* 1.

compléter [kõplete] **1.** v. tr. [16] Rendre complet. **2.** v. pron. Former un ensemble, un tout complet. *Ils ont des talents différents qui se complètent.* ▷ Devenir complet. *Sa collection se complète petit à petit.* – De *complet* 1.

complétif, ive [kõpletif, iv] adj. et n. LING Qui a la fonction de complément. *Proposition complétive.* ▷ Subst. *Une complétive.* – Du lat. *completivus,* «qui complète».

complétion [kõplesjõ] n. f. TECH Ensemble des opérations permettant de mettre un puits de pétrole en production. – De *complet* 1.

complexe [kõplɛks] adj. et n. m. **I.** adj. **1.** Qui contient plusieurs idées, plusieurs éléments. *Question, personnalité, situation complexes.* **2.** Cour. Compliqué. **3.** MATH *Nombre complexe:* nombre de la forme $a + i b$ où a et b sont des nombres réels et $i = \sqrt{-1}$. (L'ensemble des nombres complexes, dits autref. *imaginaires,* forme le corps des complexes, noté C; un nombre complexe peut aussi s'écrire sous la forme trigonométrique: $a(\cos\theta + i \sin\theta)$ ou sous la forme exponentielle: $a e^{i\theta}$.) **4.** CHIM *Ion, molécule complexe,* constitutif d'un complexe. **5.** PHYS *Son complexe,* qui comporte plusieurs fréquences. ▷ *Lumière complexe,* formée de plusieurs radiations monochromatiques. **6.** LING *Phrase complexe,* que l'on peut décomposer en plusieurs phrases simples. **II.** n. m. **1.** GEOM Ensemble de droites à un seul paramètre. **2.** CHIM Édifice formé d'atomes, d'ions ou de molécules (appelés *coordinats*) groupés autour d'un atome ou d'un ion central (appelé *accepteur*) capable d'accepter des doublets d'électrons. **3.** MED Ensemble de phénomènes pathologiques concourant au même effet global. **4.** PSYCHAN Ensemble de représentations, d'affects et de sentiments inconscients organisés selon une structure donnée, liés à une expérience traumatisante vécue par un sujet, et qui conditionnent son comportement. ▷ *Complexe d'Œdipe:* V. encycl. à œdipien. ▷ *Complexe d'infériorité:* selon Adler, sentiment dévalorisant à l'égard de lui-même éprouvé par le sujet. ▷ Cour. Sentiment d'infériorité, manque de confiance en soi. *Avoir des complexes. – Être sans complexes,* agir avec assurance, insouciance. **5.** ECON Ensemble d'industries semblables ou complémentaires groupées dans une région. *Un complexe pétrochimique.* **6.** Ensemble d'édifices aménagés pour un usage déterminé. *Un complexe scolaire, hospitalier, commercial.* – Lat. *complexus,* de *complecti,* «contenir».

complexé, ée [kõplekse] adj. (et n.). Fam. Affligé d'un (ou de) complexe(s), timide. – De *complexe* (sens II, 4).

complexer [kõplekse] v. tr. [1] Fam. Provoquer des complexes chez (qqn). – De *complexe* (sens II, 4).

complexion [kõplɛksjõ] n. f. Litt. Constitution (d'une personne) (considérée essentiellement du point de vue de sa résistance). *Être d'une complexion délicate.* – Lat. *complexio.*

complexité [kõplɛksite] n. f. État, qualité de ce qui est complexe. *La complexité d'une proposition, de la situation.* – De *complexe* (adj.)

complication [kõplikasjõ] n. f. **1.** État de ce qui est compliqué, ensemble de choses compliquées. *La complication d'une situation, d'un appareil.* **2.** (Souvent au plur.) Concours de faits, de circonstances susceptibles de perturber le bon fonctionnement de qqch. *Des complications inattendues l'ont empêché de venir.* Syn. difficulté. **3.** MED (Souvent au pl.). Apparition d'un nouveau trouble lié à un état pathologique préexistant; ce trouble lui-même. – Bas lat. *complicatio,* de *complicare.* V. compliquer.

complice [kõplis] adj. et n. **I.** adj. **1.** Qui participe sciemment à un délit, à un crime commis par un autre. *Se faire complice d'un assassinat.* ▷ DR *Complice avant le fait:* qui participe à l'élaboration des stratégies qui seront employées lors de la commission du crime. ▷ *Complice après le fait:* qui recueille une personne qu'il sait être auteur d'un crime. **2.** Qui prend part à une action blâmable. **3.** Qui aide, qui favorise. *L'obscurité complice.* **II.** n. Personne complice. *Dé-*

noncer ses complices. – Bas lat. *complex, complicis,* «uni étroitement», de *complecti,* «contenir».

complicité [kɔ̃plisite] n. f. **1.** Participation au crime, au délit, à la faute d'un autre. **2.** Connivence, accord profond (entre personnes). *Une complicité de longue date les unissait.* – De *complice.*

complies [kɔ̃pli] n. f. pl. LITURG CATHOL Dernières prières de l'office divin, que l'on récite le soir après les vêpres. – A. fr. *complir,* «accomplir», et lat. ecclés. *completa (hora),* «l'heure qui achève l'office».

compliment [kɔ̃plimɑ̃] n. m. **1.** Paroles de félicitations, obligeantes ou affectueuses. *Présenter ses compliments à qqn. Faire, recevoir des compliments.* **2.** Paroles de civilité que l'on fait transmettre par un tiers à une personne absente. *Présentez mes compliments à votre sœur.* ▷ Petit discours élogieux adressé à (qqn) à l'occasion d'une fête, d'une réjouissance. *Réciter son compliment.* – Esp. *cumplimiento,* de *cumplir con alguien,* «être poli envers qqn».

complimenter [kɔ̃plimɑ̃te] v. tr. [1] Faire des compliments à. *Complimenter qqn sur son mariage.* – De *compliment.*

complimenteur, euse [kɔ̃plimɑ̃tœʀ, øz] adj. (et n.) Qui fait trop de compliments. – De *complimenter.*

compliqué, ée [kɔ̃plike] adj. **1.** Composé d'un grand nombre de parties dont les rapports sont difficiles à comprendre. *Un appareil compliqué.* **2.** Difficile à comprendre. *Un caractère, un texte compliqué.* **3.** Qui manque de simplicité. *Un homme compliqué.* ▷ Subst. Fam. *C'est un compliqué,* qqn qui aime les complications. – Pp. de *compliquer.*

compliquer [kɔ̃plike] **1.** v. tr. [1] Rendre moins simple; rendre confus, difficile à comprendre. *Compliquer un mécanisme. Compliquer le problème.* **2.** v. pron. Devenir compliqué. *L'affaire se complique.* ▷ Fam. *Se compliquer la vie, l'existence:* se créer des difficultés, des soucis inutiles. – Lat. *complicare,* «plier, rouler ensemble».

complot [kɔ̃plo] n. m. Machination concertée secrètement entre plusieurs personnes. *Ourdir un complot.* ▷ DR Entente entre deux ou plusieurs personnes dans le but de commettre, par leur action conjointe, un acte illégal ou criminel ou un acte qui, tout en étant légal en soi, devient illégal ou criminel à cause des moyens retenus pour l'effectuer. ▷ Fam. Petite intrigue. – Orig. incon.

comploter [kɔ̃plɔte] **1.** v. tr. [1] Vieilli Chercher à réaliser par un complot. *Comploter la perte de qqn.* **2.** v. intr. Préparer un complot. *Comploter contre le roi.* – De *complot.*

comploteur, euse [kɔ̃plɔtœʀ, øz] n. Personne qui complote. – De *comploter.*

componction [kɔ̃pɔ̃ksjɔ̃] n. f. **1.** RELIG Douleur, regret d'avoir offensé Dieu. **2.** Cour. Gravité affectée. *Un air de componction.* – Lat. ecclés. *compunctio,* de *compungere,* «piquer».

componentiel, elle [kɔ̃pɔnɑ̃sjɛl] adj. LING *Analyse componentielle,* qui vise à décomposer les significations en unités de signification minimales (appelées aussi *sèmes* ou *traits sémantiques*). – Angl. *componential (analysis),* de *component,* «élément».

comporte [kɔ̃pɔʀt] n. f. Cuve de bois pour transporter les raisins. – Du lat. *comportare* (V. comporter).

comportement [kɔ̃pɔʀtəmɑ̃] n. m. **1.** Manière d'agir, de se comporter. *Avoir un comportement agréable avec ses amis. Un comportement étrange.* **2.** PSYCHO Ensemble des réactions, des conduites conscientes et inconscientes (d'un sujet). ▷ *Psychologie du comportement:* behaviorisme*. – De *comporter.*

comportemental, ale, aux [kɔ̃pɔʀtəmɑ̃tal, o] adj. PSYCHO Qui relève de la psychologie du comportement (ou *behaviorisme*). – De *comportement.*

comportementalisme [kɔ̃pɔʀtəmɑ̃talism] n. m. Syn. de *behaviorisme.* – Du préc.

comporter [kɔ̃pɔʀte] **I.** v. tr. [1] **1.** Permettre, admettre, contenir (choses). *Règlement ne comportant pas de dérogation.* **2.** Comprendre, se composer de. *L'opération comporte trois phases.* **II.** v. pron. Se conduire (personnes). *Se comporter comme un enfant, en ami. Savoir se comporter.* ▷ (Choses). *Une voiture qui se comporte bien après vingt mille kilomètres,* qui fonctionne bien. – Lat. *comportare,* «transporter, supporter».

composacées. V. composé II sens 3.

1. composant, ante [kɔ̃pozɑ̃, ɑ̃t] adj. Qui sert à former, qui entre dans la composition de. *Partie, élément composant d'un objet.* – Ppr. de *composer.*

2. composant [kɔ̃pozɑ̃] n. m. Élément faisant partie de la composition de qqch. *L'azote et l'oxygène sont des composants de l'air. Composants électroniques.* – De *composant* 1.

composante [kɔ̃pozɑ̃t] n. f. MATH Projection d'un vecteur sur l'un des axes d'un système de coordonnées. ▷ PHYS Chacune des forces dont la somme donne la résultante.▷ LING Chacune des parties constituant une grammaire, dans la théorie de la grammaire générative. ▷ Cour. *Les composantes d'un problème, d'une personnalité.* – De *composant* 1.

composé, ée [kɔ̃poze] adj. et n. **I.** adj. Qui est constitué de plusieurs éléments. ▷ BOT *Fleur composée,* formée de l'assemblage de plusieurs fleurs sur un réceptacle commun. *Feuille composée,* formée de plusieurs folioles. ▷ MATH *Nombre composé,* qui admet d'autres facteurs que lui-même ou l'unité. ▷ CHIM *Corps composé:* voir ci-après II, 2. ▷ LING *Temps composé,* formé d'un auxiliaire et du participe passé du verbe conjugué. – *Mot composé:* mot formé d'unités lexicales qui fonctionnent de manière autonome dans la langue (par oppos. à *dérivation*) ou d'un préfixe et d'un mot (ex.: *salle à manger, contrepartie, revenir*). **II.** n. m. **1.** Tout, ensemble formé de deux ou de plusieurs parties. *Le peuple canadien est un composé de différentes ethnies.* **2.** CHIM Corps pur qui peut se fractionner par analyse élémentaire. ▷ LING Mot composé: voir plus haut. **3.** BOT n. f. pl. Importante famille de dicotylédones gamopétales dont les fleurs sont groupées en capitules, et dont le fruit est un akène. *Les composées comptent plus de dix mille espèces parmi lesquelles l'artichaut, la laitue, le chrysanthème, la chicorée.* Syn. composacées. – Pp. de *composer.*

composer [kɔ̃poze] **I.** v. tr. [1] **1.** Former par assemblage de plusieurs éléments. *Composer un cocktail, un dîner, un décor.* **2.** TYPO Assembler des caractères pour former (un texte). *Composer une page.* **3.** Entrer dans la composition (d'un ensemble). *Quatre plats composaient le menu.* **II. 1.** Produire (une œuvre de l'esprit). *Composer un discours, un poème, un opéra.* **2.** (S. comp.). Écrire de la musique. *Beethoven a continué à composer malgré sa surdité.* **3.** (S. comp. dir.). Faire une composition scolaire. *Une classe qui compose en anglais.* **III.** Contrôler (son expression, son comportement, etc.) dans une intention déterminée. *Composer son maintien.* ▷ Fam. *Se composer une tête de circonstances.* **IV.** v. intr. Transiger, trouver un accord grâce à un compromis. *Composer avec ses créanciers.* **V.** v. pron. Être composé. *L'édifice se compose de trois bâtiments.* – Lat. *componere,* d'apr. *poser.*

composeuse [kɔ̃pozøz] n. f. TYPO Machine qui sert à composer les textes à imprimer. – De *composer.*

composite [kõpozit] adj. **1.** ARCHI *Ordre composite,* qui combine l'ionique et le corinthien. ▷ N. m. *Le composite.* **2.** TECH *Matériau composite* (ou n. m., *un composite*): matériau présentant une très grande résistance, constitué de fibres (verre, bore, silice, graphite, alumine) maintenues par un liant (résine de polyester, aluminium). **3.** Cour. Composé d'éléments très différents. *Un public composite.* – Lat. *compositus.*

compositeur, trice [kõpozitœʀ, tʀis] n. **1.** Personne qui écrit des œuvres musicales. **2.** TYPO Personne qui compose un texte avec des caractères d'imprimerie. – De *composer.*

composition [kõpozisjõ] n. f. **I. 1.** Action de composer; résultat de cette action. *Composition d'un repas, d'un livre.* **2.** Manière dont est composée une chose, dont ses éléments sont répartis. *Étiquette précisant la composition d'un produit. Un poème, un traité d'une savante composition. Un sonnet de sa composition,* à sa manière, de son cru. **3.** BX-A Production, œuvre. *La dernière composition d'un sculpteur, d'un peintre. Une composition pour piano et orchestre.* ▷ *Spécial.* Art d'écrire la musique selon les règles. *La classe de composition d'une académie de musique.* **4.** *Composition française:* rédaction, dissertation sur un sujet concernant la langue ou la littérature française. **II.** Accommodement, acceptation d'un compromis. *Amener qqn à composition.* – Loc. fam. *Être de bonne composition:* être très arrangeant, avoir bon caractère. **III. 1.** MATH *Loi de composition:* application qui associe un élément d'un ensemble à un couple d'éléments d'un ensemble quelconque. ▷ Spécial. *Loi de composition interne (sur un ensemble E):* application de E x E dans E. (La réunion et l'intersection sont des lois de composition interne sur l'ensemble des parties d'un ensemble; l'addition et la multiplication sont des lois de composition interne sur l'ensemble des entiers naturels.) **2.** CHIM Indication des éléments qui entrent dans un corps. **3.** PHYS *Composition de plusieurs forces:* leurs composantes. **4.** TYPO Assemblage de caractères d'imprimerie pour constituer un texte. – De *composer.*

compost [kõpɔst] n. m. AGRIC Mélange de détritus organiques et de matières minérales (sable, cendres, etc.) destiné à engraisser et alléger un sol. – Mot angl., de l'a. fr. *compost,* «composé».

compostage [kõpɔstaʒ] n. m. Action de marquer avec un composteur. ▷ Marque ainsi obtenue. – De *composter 2.*

1. composter [kõpɔste] v. tr. [1] Amender (une terre) avec du compost. – De *compost.*

2. composter [kõpɔste] v. tr. [1] Marquer au composteur (sens 2). – De *composteur.*

composteur [kõpɔstœʀ] n. m. **1.** TYPO Réglette à coulisse sur laquelle le compositeur ordonne les caractères destinés à l'impression. **2.** Appareil automatique qui sert à marquer d'un signe distinctif, à dater, à numéroter un document, grâce à des lettres et à des chiffres mobiles. – Ital. *compositore,* «compositeur».

compote [kõpɔt] n. f. Fruits entiers ou en morceaux cuits avec du sucre. *Une compote d'abricots, de pommes.* ▷ Fig., fam. *En compote:* meurtri (en parlant d'une partie du corps). *Avoir les pieds, le nez en compote.* – Lat. *composita,* de *componere,* «mettre ensemble».

compotier [kõpɔtje] n. m. Grande coupe pour les compotes, les entremets, les fruits. – De *compote.*

compound [kɔmpund] adj. inv. et n. **1.** adj. TECH Composé. *Machine compound,* machine à vapeur qui comporte plusieurs cylindres dans lesquels la vapeur se détend successivement. – N. f. *Une compound.* ▷ ELECTR *Fil compound:* fil électrique composé de plusieurs métaux. **2.** n. m. Composition servant à l'isolation des machines électriques. – Mot anglais.

compréhensibilité [kõpʀeɑ̃sibilite] n. f. Qualité de ce qui est compréhensible. – De *compréhensible.*

compréhensible [kõpʀeɑ̃sibl] adj. Qui peut être compris. *Un raisonnement compréhensible.* Syn. intelligible. ▷ *Une réaction bien compréhensible.* Syn. naturel, concevable. – Lat. *comprehensibilis.*

compréhensif, ive [kõpʀeɑ̃sif, iv] adj. **1.** Qui comprend (sens III. 1) autrui, qui admet aisément les idées, le comportement d'autrui. *Soyez compréhensif, ne le punissez pas!* **2.** LOG Qui embrasse un nombre plus ou moins grand de caractères (en parlant d'un concept). *«Arbre» est plus compréhensif que «plante», mais moins extensif.* – Bas lat. *comprehensivus.*

compréhension [kõpʀeɑ̃sjõ] n. f. **1.** Faculté de comprendre, aptitude à concevoir clairement (un objet de pensée). *Avoir une bonne compréhension d'un problème.* **2.** Possibilité, action de comprendre. *Faciliter la compréhension d'un texte par des notes.* **3.** Aptitude à discerner et à admettre le point de vue d'autrui. *Faire preuve de compréhension.* **4.** LOG Ensemble des attributs qui appartiennent à un concept (par oppos. à *extension*). – Lat. *comprehensio,* de *comprehendere,* «saisir».

comprendre [kõpʀɑ̃dʀ] v. **[74] A.** v. tr. **I. 1.** Contenir, renfermer en soi (choses). *Une université comprend plusieurs facultés. Tableau qui comprend toutes les données.* Syn. comporter. **2.** Faire entrer dans un tout, une catégorie. *Comprendre les frais de déplacement dans une facture.* Syn. inclure. **II. 1.** Pénétrer, saisir le sens de. *Comprendre une question. Comprendre le russe.* ▷ *Comprendre qqch aux mathématiques, au sport,* etc.: avoir quelques connaissances dans ces domaines. ▷ (S. comp.). *Malgré ses efforts, il n'a pas compris. – As-tu compris?* **2.** Se représenter, se faire une idée de. *Il comprend la souffrance comme une punition de Dieu.* **3.** Se rendre compte de, que. *Comprendre l'ampleur de la catastrophe. Comprendre que tout est fini.* **III. 1.** Faire preuve de compréhension (sens 3) envers. *Comprendre qqn, sa conduite, ses erreurs.* ▷ *Comprendre la plaisanterie:* ne pas se vexer lorsqu'on est l'objet d'une moquerie, d'une farce. **2.** Percevoir, pénétrer par l'intuition plus que par la raison. *Elle comprend très bien les enfants.* ▷ *Se comprendre* (personnes): bien se connaître et bien s'entendre. **B.** v. pron. Pouvoir être compris. ▷ Loc. fam. *Ça se comprend:* c'est normal, ça se justifie. – Lat. pop. *comprendere,* class. *comprehendere,* «saisir».

comprenette [kõpʀənɛt] n. f. Fam. Faculté de comprendre. *Il a la comprenette difficile.* – De *comprendre.*

compresse [kõpʀɛs] n. f. Pièce de gaze utilisée pour nettoyer, badigeonner, panser, assécher une plaie, une contusion, un champ opératoire. – Déverbal de *compresser.*

compresser [kõpʀese] v. tr. [1] Serrer, presser, comprimer. – Repris sur l'anc. v. *compresser,* «presser sur».

compresseur [kõpʀɛsœʀ] adj. et n. m. **1.** adj. Qui comprime, sert à comprimer. ▷ TRAV PUBL *Rouleau compresseur:* cylindre servant à comprimer l'empierrement d'une chaussée. **2.** n. m. Appareil servant à comprimer un gaz. *Compresseur d'air.* – Du lat. *compressus,* pp. de *comprimere* (V. comprimer).

compressibilité [kõpʀɛsibilite] n. f. Qualité de ce qui peut être comprimé, réduit. *Compressibilité des frais généraux.* ▷ PHYS Aptitude d'un corps à diminuer de volume sous l'effet d'une pression. – De *compressible.*

compressible [kõpʀesibl] adj. Qui peut être réduit. ▷ PHYS Dont le volume peut être réduit sous l'effet d'une pression. – De *compresser.*

compressif, ive [kõpʀesif, iv] adj. Qui sert à comprimer. *Pansement compressif.* – Lat. médiév. *compressivus.*

compression [kõpʀesjõ] n. f. **1.** TECH Action de comprimer; résultat de cette action. ▷ AUTO *Taux de compression:* rapport entre le volume maximal (point mort bas) et le volume minimal (point mort haut) de la chambre de combustion d'un moteur à explosion. **2.** Cour. Restriction, réduction. *Compression des dépenses. Compression de personnel.* – Lat. *compressio.* ENCYCL Les solides et les liquides sont peu compressibles, contrairement aux gaz. La *compression isotherme* d'un gaz est une compression à température constante. Pour les gaz parfaits, elle obéit à la loi de Mariotte: le produit de la pression du gaz par son volume reste constant. La *compression adiabatique* est une compression sans échange de chaleur. Si elle est réversible, elle obéit, pour les gaz parfaits, à la loi de Laplace: $PV\gamma$ = constante (γ = rapport entre les chaleurs massiques à pression et à volume constants).

comprimable [kõpʀimabl] adj. Rare Syn. de *compressible.* – De *comprimer.*

comprimé, ée [kõpʀime] adj. et n. m. **I.** adj. **1.** Dont le volume est réduit sous l'effet de la pression. **2.** Empêché de se manifester. *Pulsions, larmes comprimées.* **II.** n. m. Pastille faite de poudre de médicament comprimée. *Comprimés d'aspirine.* – Pp. de *comprimer.*

comprimer [kõpʀime] v. tr. [1] **1.** Agir sur (un corps) par la pression pour en diminuer le volume. *Comprimer un gaz. – Comprimer son buste dans un corset.* **2.** Empêcher de se manifester (personnes). *Comprimer sa douleur, sa colère.* **3.** Réduire. *Comprimer un budget.* – Lat. *comprimere,* de *cum,* «avec», et *premere,* «serrer».

compris, ise [kõpʀi, iz] adj. **1.** Contenu, inclus (dans qqch). *Prix net, toutes taxes comprises.* ▷ Loc. adv. *Y compris:* en incluant. *Le journal a huit mille acheteurs, y compris les abonnés. – Non compris:* sans inclure. **2.** Saisi par l'intelligence. *Un texte, un problème bien, mal compris.* – Pp. de *comprendre.*

compromettant, ante [kõpʀɔmetɑ̃, ɑ̃t] adj. Qui compromet, qui peut compromettre. *Une situation, des propos compromettants.* – Ppr. de *compromettre.*

compromettre [kõpʀɔmetʀ] **I.** v. intr. [68] DR Faire un compromis. **II.** v. tr. **1.** Exposer à des difficultés, causer un préjudice, nuire à. *Le mauvais temps a compromis les récoltes. Compromettre sa carrière, sa santé.* **2.** Nuire à l'honneur, à la réputation de. *Compromettre une jeune fille.* ▷ v. pron. *Se compromettre gravement dans un scandale.* – Lat. jur. *compromittere.*

compromis [kõpʀɔmi] n. m. **1.** DR Convention par laquelle deux personnes ayant entre elles un litige conviennent de s'en rapporter, pour sa solution, à l'appréciation d'un ou de plusieurs arbitres. **2.** Accord dans lequel on se fait des concessions mutuelles. *Ils en sont venus à un compromis.* **3.** État intermédiaire, moyen terme. *Trouver un compromis entre la rigueur et l'indulgence.* – Lat. *compromissus,* de *compromittere,* «compromettre».

compromission [kõpʀɔmisjõ] n. f. **1.** Action par laquelle qqn est compromis. **2.** Expédient, action peu honorable par laquelle on s'abaisse, on se compromet. – De *compromettre.*

compromissoire [kõpʀɔmiswaʀ] adj. DR Relatif à un compromis. ▷ *Clause compromissoire:* clause d'un contrat par laquelle les parties conviennent de soumettre à l'arbitrage tout litige éventuel découlant de son interprétation ou de son application. – De *compromis.*

comptabilisation [kõtabilizasjõ] n. f. Action de comptabiliser. – De *comptabiliser.*

comptabiliser [kõtabilize] v. tr. [1] Inscrire dans une comptabilité. – De *comptable.*

comptabilité [kõtabilite] n. f. **I. 1.** Manière d'établir des comptes. *Apprendre la comptabilité.* **2.** Ensemble des comptes ainsi établis. **3.** Service, personnel qui établit les comptes. ▷ Bureau où est situé ce service. **II. 1.** COMM *Comptabilité en partie simple,* dans laquelle le commerçant établit uniquement le compte de la personne à qui il livre ou de qui il reçoit. ▷ *Comptabilité en partie double,* dans laquelle le commerçant établit à la fois son propre compte et celui de la personne avec qui il fait commerce, sous la forme de deux écritures égales et de sens contraire. **2.** GEST *Comptabilité analytique,* qui répartit charges et produits par destination, permettant ainsi une gestion décentralisée avec contrôle des prix de revient. ▷ *Comptabilité générale,* qui répartit charges et produits par nature suivant le plan comptable, facilitant ainsi la gestion financière. ▷ *Comptabilité budgétaire,* qui a pour objet de déterminer le budget global à partir de prévisions effectuées par les responsables d'unités. ▷ *Comptabilité de gestion:* comptabilité qui a pour objet de fournir à la direction de l'entreprise les informations dont elle a besoin pour prendre des décisions. ▷ *Comptabilité nationale:* regroupement des statistiques sur les comptes de la nation (prix, production intérieure brute, revenus des ménages, etc.) en vue de l'élaboration du budget et du Plan. ▷ *Comptabilité publique:* ensemble de règles qui s'appliquent à la gestion des finances publiques. – De *comptable.*

comptable [kõtabl] adj. et n. **I.** adj. **1.** Qui est tenu de rendre des comptes. *Agent comptable.* **2.** Responsable, tenu de se justifier. *Un gouvernement comptable de sa politique envers le parlement.* **3.** Relatif à la comptabilité. *Pièce comptable.* ▷ Utilisé pour établir la comptabilité. *Machine comptable.* **II.** n. Personne qui a la charge de tenir une comptabilité. *La comptable est venue pour arrêter les comptes. – Comptable agréé* ou *expert-comptable:* personne dont la profession consiste à établir et à vérifier les comptabilités et qui agit en engageant sa responsabilité. – De *compter.*

comptage [kõtaʒ] n. m. Action de compter pour dénombrer. – De *compter.*

comptant [kõtɑ̃] adj., n. et adv. **1.** adj. m. *Argent, deniers comptants,* comptés, débités sur-le-champ. ▷ Fig., fam. *Prendre* (qqch) *pour argent comptant:* être très crédule, croire (qqch) sans méfiance. *Il a pris toutes ses promesses pour argent comptant.* **2.** n. m. Argent comptant. *Avoir du comptant.* ▷ Loc. *Au comptant:* en argent comptant. *Opérations au comptant,* suivies d'un paiement immédiat (par oppos. aux opérations à terme). **3.** adv. *Acheter, payer comptant,* avec de l'argent comptant. ▷ Loc. fig. et fam. *Payer comptant:* rendre sur-le-champ le bien ou le mal que l'on a reçu. – Ppr. de *compter.*

compte [kõt] n. m. **I. 1.** Action de compter, d'évaluer; résultat de cette action. *Le compte y est. Faites-moi le compte de ce que je vous dois.* ▷ Loc. fig. *À ce compte-là:* vu de cette façon. – *Au bout du compte, en fin de compte, tout compte fait:* tout bien considéré (se dit pour conclure). *Tout compte fait, il n'est pas si méchant!* **2.** État des recettes et des dépenses, de ce que l'on doit et de ce qui est dû. *Arrêter, clore un compte. – Compte en banque. Compte courant:* compte ouvert à un client qui dépose ses fonds dans une banque et se réserve de les retirer en tout ou partie. *Compte de dépôts,* ou *compte de chèques* (abrév. CC). **3.** État des recettes et des dépenses de biens dont on a l'administration. **4.** Ce qui est dû à qqn. *Donner son compte à un employé.* (Fig.: le licencier.) – *Demander son compte:* exiger son dû, son salaire. (Fig.: démissionner.) ▷ Fam. *Régler son compte à qqn,* le punir, le tuer, lui faire un mauvais parti. – *Règlement de comptes:* vengeance, explication violente entre deux rivaux, deux adversaires. **5.** Loc. *À bon compte:* à bon marché, à peu de frais. *Acheter une maison à bon compte.* – Fam. *S'en tirer à bon compte,* avec peu de dommages. **6.** ESP *Compte à rebours:* partie de la chronologie de lancement qui précède l'ordre de mise à feu. **II.** Fig. **1.** *Tenir compte de:* prendre en considération, faire cas de. *Tenir compte des conseils avant d'agir.* ▷ *Faire entrer, mettre en ligne de compte un argument dans son raisonnement,* l'y inclure, le prendre en considération. **2.** *Laisser pour compte:* négliger, ne pas s'occuper de. **3.** *Être à son compte:* travailler pour soi, de manière indépendante. *Travailler pour le compte d'un employeur,* en dépendre. **4.** *Sur le compte de:* au sujet de. *Il y a beaucoup à dire sur son compte.* **5.** *Demander des comptes:* exiger un rapport explicatif, une justification. ▷ *Rendre compte de:* faire un rapport sur, expliquer. *Rendre des comptes:* se justifier, exposer ses raisons. *Je n'ai de comptes à rendre à personne.* **6.** *Se rendre compte de, que:* comprendre. *Il s'est rendu compte de son erreur,* qu'il avait tort. – Fam. *Tu te rends compte?* (pour prendre à témoin son interlocuteur). – Lat. *computus,* de *computare,* «compter».

compte-fils [kõtfil] n. m. inv. Loupe très puissante pour examiner des tissus, des timbres-poste, des épreuves de photogravure, etc. – De *compter,* et *fil.*

compte-gouttes [kõtgut] n. m. inv. Petite pipette en verre destinée à verser un liquide goutte à goutte. ▷ Fig. *Au compte-gouttes:* d'une façon parcimonieuse. – De *compter,* et *goutte.*

compte-minutes [kõtminyt] n. m. inv. Appareil qui émet un signal sonore lorsque le temps préalablement affiché est écoulé. – De *compter,* et *minute.*

compter [kõte] **I.** v. tr. [1] **1.** Dénombrer, calculer le nombre, le montant de. *Compter les personnes présentes. Compter sa fortune.* ▷ Fig. *Compter les jours, les heures:* attendre, s'ennuyer. **2.** Comprendre, inclure dans un compte, un ensemble. *N'oubliez pas de compter les taxes.* **3.** Comporter. *Un parti qui compte de nombreux membres.* ▷ *Compter parmi:* ranger au nombre de. *Compter plusieurs députés parmi ses amis.* **4.** Estimer (à un certain prix). *Il m'a compté cent dollars de frais. À combien avez-vous compté le fromage?* **5.** Calculer, mesurer parcimonieusement. *Il compte chacune de ses dépenses.* ▷ *Compter ses pas:* marcher lentement, avec précaution. – Fig. Se comporter, agir avec prudence, avec précautions. **6.** *Compter une somme à qqn,* la lui payer. **7.** Se proposer de, avoir l'intention de. *Je compte partir demain.* ▷ Espérer. *Il compte bien te voir ce soir.* **II.** v. intr. **1.** Dénombrer; calculer. *Compter jusqu'à cent. Savoir lire et compter.* **2.** *Compter avec:* tenir compte de. *Un homme avec qui il faut compter. Compter avec l'opinion publique.* **3.** Entrer en ligne de compte, être pris en considération. *La première partie ne compte pas.* – Fam. (langage enfantin). *Compter pour du beurre:* ne pas compter. ▷ Être important. *Ce qui compte, c'est d'être en bonne santé.* **4.** *Compter sur:* avoir confiance en, s'appuyer sur. *Je compte sur vous pour régler cette affaire.* ▷ Pop., iron. *Compte là-dessus!:* n'y compte pas! **5.** Être parmi. *Il compte parmi les meilleurs chimistes.* **III.** Loc. prép. **1.** *À compter de:* à dater de, à partir de. **2.** *Sans compter:* en n'incluant pas. *Il me doit mille dollars, sans compter les intérêts.* ▷ *Sans compter que:* sans inclure le fait que, d'autant plus que. *Il parle trop, sans compter qu'il ne dit que des bêtises!* – Lat. *computare.*

compte rendu [kõtʀɑ̃dy] n. m. Exposé, relation (d'un fait, d'un événement, d'une œuvre). *Des comptes rendus de séances.* – De *compte,* et *rendre.*

compte-tours [kõt(ə)tuʀ] n. m. inv. TECH **1.** Appareil qui compte le nombre de tours effectués pendant un laps de temps donné. **2.** *Abus.* Tachymètre. – De *compter,* et *tour.*

compteur [kõtœʀ] n. et adj. **1.** n. m. Rare Celui qui compte. **2.** Appareil servant à mesurer différentes grandeurs (vitesse, fréquence de rotation, distance parcourue, énergie consommée ou produite) pendant un temps donné. *Compteur à gaz.* – *Compteur de particules,* qui permet de dénombrer les particules chargées électriquement. **3.** adj. Qui sert à compter. *Boulier compteur.* – De *compter.*

comptine [kõtin] n. f. Court texte, chanté ou récité par les enfants, reposant sur des jeux de langage, utilisé pour choisir le rôle des participants à un jeu. – De *compter.*

comptoir [kõtwaʀ] n. m. **1.** Table longue et étroite, généralement élevée, sur laquelle un commerçant étale sa marchandise, reçoit de l'argent, sert des consommations. *Boire un café au comptoir.* **2.** Établissement commercial privé ou public installé à l'étranger. ▷ *Spécial.* Établissement commercial installé dans une colonie. *Les comptoirs installés par Colbert à Pondichéry et Chandernagor.* **3.** ECON Organisation fondée sur une entente entre producteurs ou vendeurs, et servant d'intermédiaire entre ceux-ci et leur clientèle. *Comptoir de vente, comptoir d'achat.* **4.** Établissement de banque, de crédit. *Comptoir d'escompte.* – De *compter.*

compulser [kõpylse] v. tr. [1] **1.** DR Obtenir d'un notaire, sur ordre du tribunal, communication d'un acte faisant partie de son greffe. **2.** Examiner, consulter. *Compulser des notes et des documents pour préparer une thèse.* – Lat. *compulsare,* «pousser, contraindre».

compulsif, ive [kõpylsif, iv] adj. **1.** Vx Qui contraint, qui oblige. **2.** PSYCHAN *Tendance, comportement compulsif* (on dit aussi *compulsionnel*). V. compulsion. – De *compulser.*

compulsion [kõpylsjõ] n. f. **1.** Vx Contrainte. **2.** PSYCHAN Contrainte interne, impérieuse, qui pousse un sujet à certains comportements sous peine de sombrer dans l'angoisse. – De *compulser.*

comput [kõpyt] n. m. Calcul destiné à fixer la date des fêtes mobiles du calendrier ecclés. – Lat. *computus,* «compte».

computation [kõpytasjõ] n. f. Méthode utilisée pour supputer le temps. *Computation des délais de justice.* – Lat. *computatio.*

comtal, ale, aux [kõtal, o] adj. Rare Qui appartient à un comte. – De *comte.*

comte [kõt] n. m. **1.** HIST Chef militaire d'un territoire à Rome et au début du Moyen Âge. **2.** Personne dotée d'un titre de noblesse qui se situe au-dessous de celui de marquis et au-dessus de celui de vicomte. ▷ Ce titre lui-même. – Lat. *comes, comitis,* «compagnon».

comté [kõte] n. m. **1.** En Europe, terre donnant au possesseur le titre de comte. ▷ Domaine possédé par un comte. **2.** Au Canada, aux États-Unis et dans plus. pays du Commonwealth, division territoriale, administrative ou électorale (abrév. cté). *En 1979, le Québec a restructuré son système de comtés et créé de nouvelles divisions administratives, les MRC ou municipalités régionales de comté.* – *Conseil de comté,* formé des maires des municipalités rattachées au comté. ▷ Cour. Circonscription électorale représentée par un député élu (au fédéral comme au provincial). *La dernière élection a permis au parti de* *gagner quelques comtés. Modifier les limites d'un comté sur la carte électorale provinciale.* – De *comte.*

comtesse [kõtɛs] n. f. **1.** Femme qui possédait, en propre, un comté. **2.** Femme d'un comte. – De *comte.*

1. con [kɔn] prép. ital. («avec»), utilisée en musique, suivie d'un nom, également en italien, indiquant comment interpréter un morceau. *Con brio,* avec brio, éclat. – *Con (anima),* avec âme.

2. con, conne [kõ, kɔn] n. et adj. **I.** n. m. Vulg. Sexe de la femme. **II.** Injur. et grossier. **1.** Personne stupide, inintelligente. *Prendre qqn pour un con. Traiter une femme de conne.* **2.** Loc. *À la con:* idiot, stupide. *Un livre à la con.* **3.** adj. *Un type complètement con. Une histoire conne* (ou *con*). – Lat. *cunnus.*

3. con-. Élément, du lat. *cum,* «avec».

conard, arde. V. connard, arde.

conasse. V. connasse.

concassage [kõkasaʒ] n. m. Action de concasser. – De *concasser.*

concasser [kõkase] v. tr. [1] Réduire une matière dure en fragments relativement gros. *Concasser des pierres.* – Lat. *conquassare.*

concasseur [kõkasœʀ] n. m. TECH Appareil destiné à fragmenter une matière dure. – De *concasser.*

concaténation [kõkatenasjõ] n. f. PHILO et LING Enchaînement de plusieurs éléments. – Lat. *concatenatio,* de *catena,* «chaîne».

concave [kõkav] adj. Qui présente une courbure en creux. *Verre concave.* Ant. convexe. – Lat. *concavus,* de *cavus,* «creux».

concavité [kõkavite] n. f. **1.** État de ce qui est concave. *La concavité d'un miroir.* **2.** Cavité, creux. *Les concavités du crâne.* – De *concave.*

concéder [kõsede] v. tr. [16] **1.** Accorder, octroyer comme une faveur. *Concéder un droit.* **2.** Céder sur un point en litige. *Je concède que j'ai eu tort.* Syn. admettre. – Lat. *concedere,* de *cedere,* «s'en aller».

concélébration [kõselebʀasjõ] n. f. Action de concélébrer; office concélébré. – De *concélébrer.*

concélébrer [kõselebʀe] v. tr. [16] RELIG Célébrer (un office) avec un ou plusieurs autres ministres du culte. – De *con-,* et *célébrer.*

concentration [kõsɑ̃tʀasjõ] n. f. **1.** Action de concentrer; état de ce qui est concentré. *La concentration urbaine.* ▷ *Camp de concentration:* camp où l'on regroupe des prisonniers de guerre, des déportés, etc. **2.** CHIM Grandeur caractérisant la richesse d'une phase (solide, liquide, gazeuse) en un de ses constituants (ex.: masse du corps dissous par unité de volume). **3.** ECON Regroupement – ou fusion – d'entreprises destiné à lutter plus efficacement contre la concurrence dans un secteur déterminé *(concentration horizontale)* ou aux stades successifs d'élaboration d'un produit donné *(concentration verticale).* **4.** Fig. Fait de concentrer son esprit. – De *concentrer,* d'ap. l'angl.

concentrationnaire [kõsɑ̃tʀasjɔnɛʀ] adj. Relatif aux camps de concentration, de déportation. *La vie concentrationnaire.* – De *concentration.*

concentré, ée [kõsɑ̃tʀe] adj. et n. m. Que l'on a concentré. *Lait concentré.* ▷ N. m. Substance concentrée. *Du concentré de tomate.* – Pp. de *concentrer.*

concentrer [kõsɑ̃tʀe] v. tr. [1] **1.** Réunir, faire converger en un point. *Concentrer le rayonnement solaire. Concentrer des forces armées.* Syn. rassembler. **2.** CHIM Augmenter la concentration de. *Concentrer une solution.* **3.** Fig. Appliquer sur un objet unique. *Concentrer ses efforts sur un problème.* ▷ v. pron. *Se concentrer:* faire retour sur soi-même, appliquer sa réflexion à un unique objet de pensée. – De *con-,* et *centrer.*

concentrique [kõsɑ̃tʀik] adj. Qualifie des courbes ou des surfaces qui ont le même centre de courbure. – De *con-,* et *centre.*

concentriquement [kõsɑ̃tʀikmɑ̃] adv. GEOM De manière concentrique. – De *concentrique.*

concentrisme [kõsɑ̃tʀism] n. m. POLIT Doctrine en faveur de la concentration économique. – De *concentrer.*

concept [kõsɛpt] n. m. PHILO Idée générale que nous avons d'un objet, d'une essence. *Le concept de table. Le concept de bonheur. Forger un concept.* – Lat. *conceptus,* de *concipere,* «concevoir».

conceptacle [kõsɛptakl] n. m. BOT Cavité d'ouverture étroite, où se forment les gamètes ou les spores de multiplication végétative chez certaines algues. – Lat. *conceptaculum,* «réservoir».

concepteur, trice [kõsɛptœʀ, tʀis] n. Personne qui conçoit. ▷ Mod. Personne qui conçoit des projets de publicité. – De *conception.*

conception [kõsɛpsjõ] n. f. **1.** Acte par lequel un nouvel être vivant est produit par fécondation d'un ovule. ▷ *Immaculée Conception:* dogme cathol. selon lequel la Vierge Marie a été préservée du péché originel. **2.** Action, façon de concevoir une idée, création de l'imagination. *Conception hardie, originale. Il a de l'amitié une conception toute particulière.* Syn. idée, opinion. **3.** Faculté de saisir, de comprendre. *Avoir la conception vive, lente.* – Lat. *conceptio,* de *concipere,* «concevoir».

conceptisme [kõsɛptism] n. m. Préciosité de style dans la littér. espagnole du début du XVIIe s. – Mot esp., de *concepto,* «pensée».

conceptivité [kõsɛptivite] n. f. Faculté de concevoir, d'être fécondée. – De *conception.*

conceptualisation [kõsɛptɥalizasjõ] n. f. Organisation en concepts. – De *conceptualiser.*

conceptualiser [kõsɛptɥalize] v. tr. [1] Organiser en concepts (une notion, une idée générale, etc.). – De *concept.*

conceptualisme [kõsɛptɥalism] n. m. PHILO Doctrine d'Abélard selon laquelle nos expériences révèlent les idées générales, en dépit du fait que celles-ci existaient de façon latente dans notre esprit avant toute expérience. *Synthèse du rationalisme et de l'empirisme, le nom de conceptualisme a été donné aux théories d'Aristote et de Kant.* – Du lat. *conceptualis.*

conceptuel, elle [kõsɛptɥɛl] adj. Relatif aux concepts ou à la conception. *Texte conceptuel. Acte conceptuel.* – Lat. *conceptualis.*

concernant [kõsɛʀnɑ̃] prép. Au sujet de. *Règlement concernant le stationnement dans les rues.* – Ppr. de *concerner.*

concerner [kõsɛʀne] v. tr. [1] Intéresser, avoir rapport à. *En ce qui me concerne. Loi concernant la répression de l'ivresse publique.* – Lat. scolast. *concernere,* de *con-(cum),* et *cernere,* «considérer».

concert [kõsɛʀ] n. m. **1.** Accord, entente pour parvenir à une même fin. *Le concert des nations occidentales.* ▷ *De concert:* d'intelligence. *Agir de concert avec qqn.* **2.** MUS Harmonie formée par plusieurs voix ou plusieurs instruments, ou par une réunion de voix et d'instruments; séance musicale. *Aller au concert. Donner un concert.* – Association musicale. **3.** Sons ou bruits qui se font entendre ensemble. *Les concerts des oiseaux. – Un concert de louanges.* – Ital. *concerto,* «accord».

concertant, ante [kõsɛʀtɑ̃, ɑ̃t] adj. MUS Se dit d'un morceau dans lequel plusieurs instruments exécutent alternativement la partie principale. *Symphonie concertante.* – Ppr. de *concerter.*

concertation [kõsɛʀtasjõ] n. f. POLIT et ECON Conférence, échange d'idées en vue de s'entendre sur une attitude commune. – De *concerter.*

concerter [kõsɛʀte] **I.** v. tr. [1] **1.** Préparer en conférant avec une ou plusieurs personnes. *Concerter un dessein.* **2.** Préparer, étudier. *Concerter son attitude. Des paroles concertées.* Syn. préméditer. **II.** v. intr. MUS En parlant d'instruments, de voix, exécuter alternativement ou simultanément la partie principale. *Le hautbois et la flûte concertent.* **III.** v. pron. Préparer ensemble un projet, s'entendre pour agir. *Ils racontèrent la même histoire: visiblement, ils s'étaient concertés.* – De *concert.*

concertino [kõsɛʀtino] n. m. **1.** Dans le concerto grosso, petit groupe d'instrumentistes qui exécutent les passages en solo. **2.** Brève composition dans le style du concerto. – Mot ital.

concertiste [kõsɛʀtist] n. Musicien, musicienne qui se produit en concert, généralement comme soliste. – De *concert.*

concerto [kõsɛʀto] n. m. MUS Composition en forme de sonate, qui oppose un ou plusieurs instruments (solistes) à l'orchestre. – Mot ital., «concert».

ENCYCL Dans le *concerto grosso,* qui apparaît vers 1650, un petit groupe d'exécutants, ou *concertino,* donne la réplique à une formation plus importante *(tutti, ripieno, grosso).* Le *concerto de soliste,* auquel Mozart donna sa forme quasi définitive, se compose de trois mouvements: le premier est rapide, généralement en forme de sonate; le second lent, en forme de lied ou de thème et variations; le troisième rapide, généralement en forme de rondo.

concesseur [kõsɛsœʀ] n. m. Celui qui concède. – De *concéder.*

concessif, ive [kõsɛsif, iv] adj. et n. f. GRAM Qui marque l'idée de concession. *Les propositions concessives sont introduites par «bien que», «quoique», «encore que», etc.* ▷ n. f. *Une concessive.* – De *concéder.*

concession [kõsɛsjõ] n. f. **1.** Action d'accorder un droit, un privilège, un bien. **2.** Chose concédée. *Concession forestière. Concession minière.* ▷ Terre à cultiver distribuée par l'État dans une nouvelle colonie. ▷ Terrain loué ou vendu pour une sépulture. *Concession à perpétuité.* ▷ DR *Concession commerciale:* convention par laquelle un commerçant (*le concessionnaire*) distribue en exclusivité, sur un territoire donné et pour un temps déterminé, les produits d'un fabricant (*le concédant*). **3.** (Souvent au plur.). Ce que l'on accorde à qqn dans un litige. *Faire des concessions à un adversaire.* – Lat. *concessio.*

concessionnaire [kõsɛsjɔnɛʀ] n. **1.** Personne qui a obtenu une concession. **2.** COMM Représentant exclusif d'une marque de produit dans une région. – De *concession.*

concetti [kõse(ɛt)ti] n. m. pl. Pensées brillantes, mais trop subtiles, trop recherchées. – Mot ital., pl. de *concetto,* «concept, mot d'esprit».

concevable [kõs(ə)vabl] adj. Qui peut se concevoir. *Il n'est pas concevable de refuser cela.* – De *concevoir.*

concevoir [kõsəvwaʀ] v. tr. [47] **1.** Devenir enceinte, former (un enfant) en son sein. *Concevoir un enfant.* **2.** Former dans son esprit, créer. *Concevoir un projet. Une voiture conçue pour la ville.* Syn. créer, imaginer, inventer. **3.** Comprendre, avoir une idée de. *Je ne conçois pas une telle étourderie.* **4.** Éprouver. *Concevoir de l'amour pour qqn.* – Lat. *concipere.*

conchoïdal, ale, aux [kõkɔidal, o] adj. **1.** Qui ressemble à une coquille. *Cassure conchoïdale.* **2.** GEOM Relatif à la conchoïde. – De *conchoïde.*

conchoïde [kõkɔid] adj. et n. f. **1.** GEOM Se dit d'une courbe ayant la courbure d'un coquillage. – N. f. *Une conchoïde.* **2.** MINER *Cassure conchoïde* (ou *conchoïdale*): cassure qui présente une surface courbe lisse ou parcourue de stries concentriques. – Lat. *concha,* «coquille», et *-oïde.*

conchyliculture [kõʃilikyltyʀ] n. f. Élevage des coquillages comestibles (huîtres, moules, etc.). – Du gr. *konkhulion,* «coquillage», et *-culture.*

conchylien, ienne [kõkiljɛ̃, jɛn] adj. BIOL et PETROG Qui contient des coquilles. *Calcaire conchylien.* – Du gr. *konkhulion,* «coquillage».

conchyliologie [kõkiljɔlɔʒi] n. f. Science qui étudie les animaux pourvus d'une coquille («coquillages»), ainsi que la coquille elle-même. – Du gr. *konkhulion,* «coquillage», et *-logie.*

conchylis. V. cochylis.

concierge [kõsjɛʀʒ] n. Personne qui a la garde d'un immeuble. *Déposer le courrier chez le concierge.* ▷ Fam. *C'est une vraie concierge,* une personne curieuse et bavarde. – Probabl. du lat. pop. **conservius,* de *servus,* «esclave».

conciergerie [kõsjɛʀʒəʀi] n. f. Charge ou logement de concierge. ▷ HIST *La Conciergerie,* dépendance du Palais de Justice de Paris. (Autref. résidence des rois de France, elle fut transformée en prison sous Charles V; durant la Révolution, de nombr. prisonniers y furent incarcérés: Marie-Antoinette, Danton, Robespierre.) – De *concierge.*

concile [kõsil] n. m. Assemblée d'évêques et de théologiens de l'Égl. cathol., réunis pour régler des questions concernant le dogme, la liturgie et la discipline ecclésiastiques. – Lat. *concilium,* «assemblée».

ENCYCL On distingue les *conciles œcuméniques,* c.-à-d. universels, et les *conciles nationaux* ou *provinciaux,* qui n'intéressent que le clergé d'une nation ou d'une prov. ecclés. Bien qu'elle n'en ait jamais entériné officiellement la liste, l'Égl. cathol. reconnaît 21 conciles œcuméniques: Nicée I (325), Constantinople I (381), Éphèse (431), Chalcédoine (451), Constantinople II (553), Constantinople III (680-681), Nicée II (787), Constantinople IV (869-870), Latran I (1123), Latran II (1139), Latran III (1179), Latran IV (1215), Lyon I (1245), Lyon II (1274), Vienne (1311-1312), Constance (1414-1418), Bâle (1431-1437), déplacé à Ferrare (1437-1439) puis à Florence (1439-1442), Latran V (1512-1517), Trente (1545-1563), Vatican I (18691870), Vatican II (1962-1965). L'Égl. orthodoxe n'accepte que les sept premiers.

conciliable [kõsiljabl] adj. Que l'on peut concilier. – De *concilier.*

conciliabule [kõsiljabyl] n. m. **1.** Vx Réunion secrète aux desseins généralement coupables. **2.** Conversation à voix basse. *Elle avait surpris de mystérieux conciliabules qui cessaient à son approche.* – Lat. ecclés. *conciliabulum,* «concile irrégulier».

conciliaire [kõsiljɛʀ] adj. Relatif à un concile. *Pères conciliaires.* – De *concile.*

conciliant, ante [kõsiljɑ̃, ɑ̃t] adj. Disposé, propre à s'accorder. *Caractère conciliant.* Syn. accommodant. – Ppr. de *concilier.*

conciliateur, trice [kõsiljatœʀ, tʀis] adj. et n. Qui concilie. *Rôle conciliateur.* ▷ Subst. Personne chargée d'inciter les parties à un différend au règlement amiable de leur conflit. – Lat. *conciliator.*

conciliation [kõsiljasjõ] n. f. **1.** Action de concilier; son résultat. **2.** DR Démarche du juge visant à amener les parties à un règlement amiable de leur conflit.

Conciliation dans les instances en séparation de corps ou en divorce. **3.** Règlement amiable des conflits collectifs du travail. **4.** FIN *Conciliation bancaire:* procédé qui consiste à établir la concordance de documents connexes. – Lat. *conciliatio.*

conciliatoire [kõsiljatwaʀ] adj. Qui se propose de concilier. *Démarche conciliatoire.* – De *concilier.*

concilier [kõsilje] **1.** v. tr. [1] Accorder ensemble (des personnes divisées d'opinion, des choses contraires). *Chercher à les concilier serait peine perdue. Concilier l'intérêt et le devoir.* **2.** v. pron. Disposer favorablement, gagner à soi. *Se concilier un auditoire. Se concilier la sympathie de qqn.* – Lat. *conciliare,* «assembler».

concis, ise [kõsi, iz] adj. Qui exprime beaucoup de choses en peu de mots. *Style, orateur concis.* Syn. bref. Ant. prolixe, verbeux. – Lat. *concisus,* «tranché».

concision [kõsizjõ] n. f. Qualité de ce qui est concis. – De *concis.*

concitoyen, enne [kõsitwajɛ̃, ɛn] n. Citoyen de la même ville, d'un même État (qu'un autre). – De *citoyen,* d'ap. lat. *concivis.*

concitoyenneté [kõsitwajɛnte] n. f. Relation entre concitoyens. – De *concitoyen.*

conclave [kõklav] n. m. **1.** Collège de cardinaux réunis pour l'élection d'un pape. **2.** Lieu où l'on procède à cette élection. – Lat. médiév., «chambre fermée à clé».

conclaviste [kõklavist] n. m. Assistant d'un cardinal pendant un conclave. – De *conclave.*

concluant, ante [kõklyɑ̃, ɑ̃t] adj. Qui conclut, qui permet de conclure. *Argument concluant. Un essai concluant.* Syn. décisif, probant. – Ppr. de *conclure.*

conclure [kõklyʀ] **I.** v. tr. [58] **1.** Déterminer par un accord les conditions de. *Conclure une affaire.* **2.** Écrire, prononcer la péroraison de. *Il me reste à conclure mon exposé.* **II.** v. tr. indir. **1.** Tirer (une conséquence), inférer. *On a hâtivement conclu de la présence de l'accusé sur les lieux à sa culpabilité.* **2.** Décider, donner un avis après examen et réflexion. *La police a conclu à un suicide.* – Lat. *concludere,* de *claudere,* «clore».

conclusion [kõklyzjõ] n. f. **1.** Action de conclure, accord final. *La conclusion d'un traité, d'une négociation.* ▷ Solution finale, issue. *L'enquête touche à sa conclusion.* **2.** Fin d'un discours, péroraison. *Une conclusion digne de l'exorde.* **3.** PHILO Proposition terminale d'un syllogisme. ▷ Cour. Conséquence tirée d'un raisonnement. *Tirer une conclusion.* **4.** DR Partie d'un acte de procédure dans laquelle une partie porte à la connaissance du tribunal et de son adversaire ses demandes ou ses prétentions. *Un acte de procédure se divise généralement en deux parties: les allégations et les conclusions.* – Lat. *conclusio,* de *concludere,* «conclure».

concocter [kõkɔkte] v. tr. [1] Fam. Préparer en pensée, remuer dans sa tête. *Il a concocté un plan infaillible.* – Du lat. *concoctio,* de *con- (cum),* et *coctio,* «cuisson».

concombre [kõkõbʀ] n. m. **1.** Gros cornichon (fam. cucurbitacées) très long. *Une salade de concombres.* **2.** ZOOL *Concombre de mer:* nom cour. des holothuries. – Du lat. *cucumis,* par le provenç.

concomitance [kõkɔmitɑ̃s] n. f. Coexistence, simultanéité. – Lat. scolast. *concomitantia,* de *concomitari,* «accompagner».

concomitant, ante [kõkɔmitɑ̃, ɑ̃t] adj. Qui accompagne une chose, un fait. *Symptôme concomitant.* Syn. coexistant. *Variations concomitantes des phénomènes physiques.* – Lat. *concomitans,* de *concomitari,* «accompagner».

concordance [kõkɔʀdɑ̃s] n. f. **1.** Fait de s'accorder, d'être en conformité avec une autre chose. *La concordance de deux récits.* ▷ PHYS *Concordance de phase:* égalité de phase. *Radiations en concordance de phase.* **2.** GRAM *Concordance des temps:* règle syntaxique qui subordonne le temps du verbe de la complétive à celui de la proposition complétée. (Ex.: *Je veux qu'il vienne* et *je voulais qu'il vînt.*) **3.** Ouvrage ou index rassemblant ou mentionnant les passages de la Bible qui se ressemblent. – De *concorder.*

concordant, ante [kõkɔʀdɑ̃, ɑ̃t] adj. Qui concorde. *Renseignements concordants.* – Ppr. de *concorder.*

concordat [kõkɔʀda] n. m. **1.** Accord entre le pape et un gouvernement à propos d'affaires religieuses. **2.** DR Accord en vertu duquel le débiteur s'engage envers l'ensemble de ses créanciers à payer, immédiatement ou à terme, la totalité ou une partie de ses dettes afin d'éviter d'être mis en faillite. – Lat. médiév. *concordatum,* pp. de *concordare,* «concorder».

concordataire [kõkɔʀdatɛʀ] adj. **1.** Relatif à un concordat. **2.** Régi par un concordat. **3.** COMM Qui bénéficie d'un concordat. – De *concordat.*

concorde [kõkɔʀd] n. f. Union de cœurs, de volontés, bonne intelligence. *Rétablir la concorde.* Syn. paix. Ant. discorde. – Lat. *concordia.*

concorder [kõkɔʀde] v. intr. [1] **1.** Être en accord, en conformité. *Leurs témoignages concordent. Sa façon de vivre ne concorde pas avec ses principes.* Syn. correspondre. **2.** Contribuer au même résultat. *Actions qui concordent.* – Lat. *concordare.*

concourant, ante [kõkuʀɑ̃, ɑ̃t] adj. Qui concourt. ▷ GEOM *Droites concourantes,* qui passent par un même point. ▷ PHYS *Forces concourantes,* dont les supports passent par un même point. – Ppr. de *concourir.*

concourir [kõkuʀiʀ] **I.** v. tr. indir. [29] **1.** Contribuer à produire un effet. *Tout concourt à notre succès.* **2.** GEOM Se rencontrer. *Deux droites qui concourent en un même point.* **II.** v. intr. Être en concurrence (pour obtenir un prix, un emploi, etc.); subir les épreuves d'un concours. *Il concourt dans l'épreuve de saut.* – Lat. *concurrere,* «accourir ensemble», d'ap. *courir.*

concours [kõkuʀ] n. m. **1.** Vx Rencontre, réunion. *Un grand concours de peuple.* – Mod. *Concours de circonstances. Point de concours.* **2.** Action de concourir, de contribuer à un même but. *Réaliser un film avec le concours des habitants d'un village.* Syn. aide, collaboration. **3.** Compétition dans laquelle les meilleurs sont récompensés. *Un concours de beauté. Concours de plage.* ▷ SPORT Chacune des épreuves d'athlétisme autres que les courses, les lancers et les sauts. ▷ *Concours hippique:* compétition d'équitation avec saut d'obstacles. – Examen comparatif que subissent des candidats pour un nombre limité de places, de récompenses. *Se présenter, être reçu à un concours.* – Lat. *concursus,* de *concurrere.* (V. concourir.)

concret, ète [kõkʀɛ, ɛt] adj. **1.** Vx Dont la consistance est épaisse (par oppos. à *fluide). Boue concrète.* **2.** Qui exprime, désigne un objet, un phénomène perçu par les sens (par oppos. à *abstrait*). *«Table» est un terme concret. Illustrer une théorie à l'aide d'exemples concrets.* **3.** *Musique concrète:* musique inventée par P. Schaeffer, utilisant des sons préalablement enregistrés, en faisant varier leur forme, leur timbre, leur tessiture, etc., obtenant ainsi des «objets sonores» regroupés selon certaines lois de similitude. (On dit plutôt auj. *musique électroacoustique*). ▷ N. m. Ce qui est concret. *Le concret et l'abstrait.* – Lat. *concretus,* de *concrescere,* «se solidifier».

concrètement [kõkʀɛtmɑ̃] adv. D'une manière concrète, pratique. *Concrètement, qu'est-ce que cela donne?* – De *concret.*

concréter [kõkʀete] v. tr. [1] Solidifier, épaissir. ▷ v. pron. Se coaguler, devenir solide. – De *concret.*

concrétion [kõkʀesjõ] n. f. **1.** Action, fait de s'épaissir. **2.** Agrégat de plusieurs substances en un corps solide. ▷ GEOL Amas minéral cristallisé en couches concentriques ayant précipité le long des cours d'eau souterrains. *Les stalactites sont des concrétions calcaires.* MED Corps étranger solide qui se forme parfois dans les tissus ou les organes. *Les calculs sont des concrétions.* – Lat. *concretio,* de *concrescere,* «se solidifier».

concrétisation [kõkʀetizasjõ] n. f. Fait de concrétiser, de se concrétiser. *La concrétisation de vieux projets.* – De *concrétiser.*

concrétiser [kõkʀetize] v. tr. [1] Rendre concret, réel. *Concrétiser une promesse.* ▷ v. pron. *Elle voyait ses espoirs se concrétiser.* – De *concret.*

concubin, ine [kõkybɛ̃, in] n. Personne qui vit en concubinage. – Lat. *concubina,* «qui couche avec».

concubinage [kõkybinaʒ] n. m. Situation d'un homme et d'une femme vivant ensemble sans être mariés. – De *concubine.*

concupiscence [kõkypisɑ̃s] n. f. Vive inclination pour les plaisirs sensuels. – Lat. *concupiscentia,* de *concupiscere,* «désirer ardemment».

concupiscent, ente [kõkypisɑ̃, ɑ̃t] adj. Qui exprime ou éprouve de la concupiscence. *Regard concupiscent.* – Lat. *concupiscens.*

concurremment [kõkyʀamɑ̃] adv. **1.** En rivalité. *Briguer concurremment une charge.* **2.** Conjointement, ensemble. *Agir concurremment.* – De *concurrent.*

concurrence [kõkyʀɑ̃s] n. f. **1.** Vx Rencontre. ▷ *Jusqu'à concurrence de:* jusqu'à la limite de. **2.** Compétition, rivalité entre personnes, entreprises, etc., qui prétendent à un même avantage; ensemble des concurrents. *Être en concurrence avec qqn. Des prix défiant toute concurrence,* très bas. ▷ *Système de la libre concurrence:* système économique laissant à chacun la liberté de produire et de vendre aux conditions qu'il souhaite. **3.** DR Égalité de rang, de droit. – De *concurrent.*

concurrencer [kõkyʀɑ̃se] v. tr. [1] Faire concurrence à. – De *concurrence.*

concurrent, ente [kõkyʀɑ̃, ɑ̃t] adj. et n. **1.** Qui concourt au même but. *Forces concurrentes.* **2.** Qui se fait concurrence. *Des commerces concurrents.* ▷ N. Personne qui poursuit le même avantage qu'une autre; commerçant qui fait concurrence. *Évincer tous ses concurrents.* – Lat. *concurrens,* de *concurrere,* «accourir ensemble».

concurrentiel, ielle [kõkyʀɑ̃sjɛl] adj. Qui a rapport à la concurrence. *Tarif concurrentiel.* – De *concurrence.*

concussion [kõkysjõ] n. f. Délit consistant à recevoir ou exiger des sommes non dues, dans l'exercice d'une fonction publique. – Lat. *concussio,* de *concutere,* «frapper».

concussionnaire [kõkysjɔnɛʀ] adj. et n. Coupable de concussion. *Ministre concussionnaire.* – De *concussion.*

condamnable [kõdanabl] adj. Qui mérite d'être condamné. *Opinion, attitude condamnable.* Syn. blâmable. Ant. justifiable. – De *condamner.*

condamnateur, trice [kõdanatœʀ, tʀis] adj. et n. Qui condamne. *Regard condamnateur.* – De *condamner.*

condamnation [kõdanasjõ] n. f. **1.** Décision d'une juridiction de sanctionner un coupable. *Condamnation pour vol.* **2.** Blâme, critique. – Lat. *condemnatio.*

condamnatoire [kõdanatwaʀ] adj. Portant condamnation. *Sentence condamnatoire.* – De *condamner.*

condamné, ée [kõdane] adj. et n. **1.** Qui s'est vu infliger une peine. ▷ Subst. *La cigarette, le verre du condamné (à mort).* **2.** *Malade condamné,* dont la maladie est mortelle. **3.** *Porte condamnée,* par laquelle on ne peut plus passer. – Pp. de *condamner.*

condamner [kõdane] v. tr. [1] **1.** Prononcer une peine contre (qqn). *Condamner un criminel à la prison.* – Interdire, proscrire. *La loi condamne le commerce des stupéfiants.* ▷ Par anal. *Les médecins l'ont condamné,* ont déclaré que sa maladie est mortelle. **2.** Astreindre, réduire. *Être condamné à l'immobilité. Cette panne nous condamne à renoncer à cette visite.* **3.** Blâmer, désapprouver. *Condamner la conduite de qqn.* **4.** Barrer (un passage); supprimer (une ouverture). *Condamner une porte.* Syn. barrer, boucher. **5.** Accabler. *Sa conduite la condamne.* – Lat. *condemnare.*

condensable [kõdɑ̃sabl] adj. Qui peut être condensé. – De *condenser.*

condensat [kondɑ̃sa] n. m. TECH Liquide obtenu par condensation. Syn. distillat. – De *condenser.*

condensateur [kõdɑ̃satœʀ] n. m. ELECTR Appareil composé de deux feuilles métalliques *(armatures)* séparées par un isolant *(diélectrique)* et servant à emmagasiner de l'énergie électrique. – De *condenser.*

condensation [kõdɑ̃sasjõ] n. f. **1.** PHYS Transformation de la vapeur en liquide. *Eau de condensation.* **2.** CHIM *Réaction de condensation:* réaction dans laquelle deux molécules organiques se soudent en éliminant une troisième molécule (eau, ammoniac, etc.). **3.** ELECTR Accumulation d'électricité. – Lat. imp. *condensatio.*

condensé, ée [kõdɑ̃se] adj. et n. m. TECH **I.** adj. Réduit de volume par évaporation, dessiccation. *Lait condensé.* **II.** n. m. **1.** Résumé d'un ouvrage littéraire. **2.** Recueil d'œuvres résumées. – Pp. de *condenser.*

condenser [kõdɑ̃se] v. tr. [1] **1.** Rendre plus dense, resserrer dans un moindre espace. ▷ Faire passer de l'état gazeux à l'état liquide. **2.** Fig. Exprimer de manière concise; réduire (un texte). *Condenser sa pensée. Condenser un texte.* Syn. réduire. ▷ v. pron. Passer de l'état gazeux à l'état liquide. *La vapeur d'eau se condense sur les corps froids.* – Lat. *condensare,* «rendre épais», de *densus,* «dense».

condenseur [kõdɑ̃sœʀ] n. m. **1.** TECH Appareil permettant par refroidissement de faire passer une substance de l'état gazeux à l'état liquide. **2.** PHYS Système optique convergent, permettant de concentrer la lumière sur un objet donné. – Angl. *condenser.*

condescendance [kõdesɑ̃dɑ̃s] n. f. Attitude de supériorité bienveillante mêlée de mépris. *Traiter qqn avec condescendance.* Syn. hauteur. – De *condescendre.*

condescendant, ante [kõdesɑ̃dɑ̃, ɑ̃t] adj. Qui condescend. *Manières condescendantes.* – Ppr. de *condescendre.*

condescendre [kõdesɑ̃dʀ] v. intr. [75] Daigner. *Condescendrez-vous à me répondre?* – Bas lat. *condescendere,* «descendre au même niveau».

condiment [kõdimɑ̃] n. m. **1.** Substance ajoutée à un aliment pour l'assaisonner, en relever le goût. *Les épices sont des condiments.* **2.** Fig. Ce qui ajoute un attrait, du piquant. *L'imprévu est un condiment à la vie.* – Lat. *condimentum.*

condisciple [kõdisipl] n. Compagnon d'études. – Lat. *condiscipulus.*

condition [kõdisjõ] n. f. **1.** État, nature, qualité (d'une personne, d'une chose). *La condition humaine. La condition des vieillards.* ▷ *Mettre en condi-*

tion: préparer physiquement ou psychologiquement. **2.** Rang social. *Vivre selon sa condition.* – Vx *Une personne de condition,* de rang social élevé. **3.** Plur. Ensemble d'éléments, de circonstances qui déterminent une situation. *Les conditions atmosphériques. Travailler dans de bonnes, de mauvaises conditions.* **4.** Circonstance, fait dont dépendent d'autres faits, d'autres circonstances. *Condition nécessaire et suffisante.* – *Condition sine qua non,* sans laquelle une chose ne peut se produire. ▷ *À condition, sous condition:* avec certaines réserves. *Acheter à condition, sous condition. Se rendre sans condition.* ▷ *À (la) condition que* (+ ind. fut. ou subj.). *J'irai, à condition que vous veniez me chercher,* seulement si vous venez me chercher. – *À (la) condition de* (+ inf.). *Nous partirons à cinq heures, à condition d'être prêts.* **5.** Convention, clause à la base d'un accord, d'un marché. *Les conditions d'un traité.* – Bas lat. *conditio,* du class. *condicio.*

conditionné, ée [kõdisjɔne] adj. **1.** Soumis à des conditions. *Résultat conditionné par... Réflexe conditionné.* **2.** Qui a subi un conditionnement. *Marchandise conditionnée. Air conditionné.* – Pp. de *conditionner.*

conditionnel, elle [kõdisjɔnɛl] adj. et n. m. Subordonné à un fait incertain. *Promesse conditionnelle.* ▷ N. m. GRAM Mode indiquant que l'idée exprimée par le verbe est subordonnée à une condition. Ex.: *Si j'étais riche, je serais heureux.* – Lat. *condicionalis.*

conditionnellement [kõdisjɔnɛlmɑ̃] adv. À certaines conditions. *Accepter une offre conditionnellement.* – De *conditionnel.*

conditionnement [kõdisjɔnmɑ̃] n. m. **1.** PSYCHO Établissement d'un comportement déclenché par un stimulus artificiel. **2.** Action d'emballer un produit avant de le présenter au consommateur; l'emballage de ce produit. **3.** Opération visant à déterminer le degré d'humidité contenu dans un textile; lieu où se fait cette opération. **4.** *Conditionnement de l'air,* pour maintenir dans un local des conditions de température, d'hygrométrie et de pureté fixées à l'avance. – De *conditionner.*

conditionner [kõdisjɔne] v. tr. [1] **1.** Procéder au conditionnement d'un produit, d'un local. **2.** Constituer une, la condition de. *Votre habileté conditionnera votre réussite.* – De *condition.*

conditionneur, euse [kõdisjɔnœʀ, øz] n. **1.** TECH n. m. Appareil destiné au conditionnement de l'air. **2.** Personne dont le métier est de conditionner des marchandises. – De *conditionner.*

condoléances [kõdɔleɑ̃s] n. f. pl. Témoignage de sympathie à la douleur d'autrui. *Lettre de condoléances.* – Du lat. *condolere,* de *dolere,* «souffrir».

condominium [kõdɔminjɔm] n. m. **1.** Anc. Autorité légale et simultanée de deux puissances sur un même pays. *Le condominium franco-britannique des Nouvelles-Hébrides.* **2.** Anglicisme Forme de propriété selon laquelle un immeuble appartient à plusieurs personnes dont chacune est propriétaire d'une fraction qui lui est exclusive (son appartement) ainsi que d'une quote-part indivise qui est commune à tous les copropriétaires (les murs, corridors, terrain, etc.). V. copropriété. – Mot angl., du lat. *dominium,* «souveraineté».

condor [kõdɔʀ] n. m. Le plus grand de tous les vautours (plus de 3 m d'envergure), qui vit dans les Andes *(Vultur gryphus).* – Mot esp., du quichua du Pérou.

condottiere [kõdɔtjɛʀ] n. m. Nom donné, en Italie, aux chefs d'aventuriers qui louaient leurs services aux différents États italiens, du XIIIe au XVIe s. *Des condottieri; des condottieres.* – Mot ital., «chef de mercenaires».

conductance [kõdyktɑ̃s] n. f. ELECTR Inverse de la résistance (s'exprime en *siemens*). – De *conduire,* d'ap. *résistance.*

conducteur, trice [kõdyktœʀ, tʀis] n. (et adj.) **1.** Personne qui guide. *Un conducteur d'hommes.* ▷ CONSTR *Conducteur de travaux:* personne chargée de diriger les équipes d'un chantier. **2.** Personne aux commandes d'un véhicule, d'une machine. *Conducteur de train.* Syn. chauffeur. *Conducteur de presse.* ▷ N. m. ou adj. TECH Se dit d'une pièce ou d'une matière qui transmet la chaleur, l'électricité. *Fil, vaisseau conducteur. Le cuivre est un bon conducteur.* – De *conduire,* d'ap. lat. *conductor.*

conductibilité [kõdyktibilite] n. f. PHYS et ELECTR Aptitude d'un corps à transmettre la chaleur (conductibilité thermique) ou l'électricité (conductibilité électrique). – De *conductible.*

conductible [kõdyktibl] adj. PHYS Capable de transmettre la chaleur ou l'électricité. (On dit plutôt *conducteur.*) – Du lat. *conductus,* pp. de *conducere.*

conduction [kõdyksjõ] n. f. **1.** DR ROM Action de prendre à loyer. **2.** PHYSIOL Action de conduire, de transmettre d'un endroit à l'autre. *Conduction de l'influx nerveux.* **3.** PHYS Transmission de la chaleur par contact. – Lat. *conductio,* de *conducere,* «louer, conduire».

conductivité [kõdyktivite] n. f. ELECTR Inverse de la *résistivité* (électrique ou thermique). – De *conductance,* d'ap. *résistivité.*

ENCYCL La conductivité thermique des corps est très variable. Les métaux sont de bons conducteurs de la chaleur, particulièrement l'argent (420 W/m. degré) et le cuivre (390). D'autres corps, comme la laine, le verre, le feutre, et le polystyrène expansé ont une conductivité très faible et sont employés comme matériaux d'isolation thermique. Les liquides et les gaz sont peu conducteurs de la chaleur (550.10^{-3} pour l'eau et 1510.10^{-4} pour l'hydrogène). Les métaux, ainsi que leurs alliages, sont de bons conducteurs de l'électricité. Au voisinage du zéro absolu (– 273 °C) la conductivité électrique de certains métaux (aluminium, étain, plomb et zinc) tend vers l'infini (phénomène appelé *supraconductivité*).

conduire [kõdɥiʀ] **I.** v. tr. [71] **1.** Mener, guider, transporter (un être animé) quelque part. *Conduire des voyageurs. Conduire un troupeau aux pâturages.* Syn. accompagner. – *Conduire les pas, la main de qqn,* diriger sa marche, sa main. **2.** Faire aller, aboutir. *Ce chemin conduit au lac.* – Fig. *Le désespoir l'a conduit au suicide.* **3.** Commander, diriger, être à la tête de. *Conduire ses troupes, un pays, une entreprise.* ▷ *Conduire un deuil:* marcher en tête du cortège funèbre. **4.** Être aux commandes (d'un véhicule). *Conduire un train, une voiture.* – Absol. *Bien conduire* (une auto). *Permis de conduire.* **5.** PHYS Transmettre (la chaleur, l'électricité). **II.** v. pron. Se comporter. *Bien, mal se conduire.* – Lat. *conducere,* de *ducere,* «conduire».

conduit [kõdɥi] n. m. **1.** TECH Canal, canalisation destinée à la circulation d'un fluide. *Conduit de fumée.* **2.** ANAT Nom donné à certains canaux. *Conduit auditif.* – De *conduire.*

conduite [kõdɥit] n. f. **I. 1.** Action de conduire, de guider. *La conduite d'un aveugle, d'un troupeau.* **2.** Direction musicale. *La symphonie sera jouée sous la conduite de l'auteur.* **3.** Action de conduire un véhicule. *Conduite en état d'ivresse.* **4.** Manière de se comporter, d'agir. *Adopter une ligne de conduite.* ▷ Fam. *Acheter une conduite:* se corriger. **II.** TECH Canalisation destinée au transport d'un fluide. *Conduite d'eau, de gaz.* – De *conduire.*

condylarthres [kõdilaʀtʀ] n. m. pl. PALÉONT Ordre de mammifères du Tertiaire, plantigrades et omnivores, qui constituent p.-ê. la souche d'une partie des ongulés. – De *condyle,* et gr. *arthros,* «articulation», car leur tarse possédait un astragale muni d'un condyle d'articulation.

condyle [kɔ̃dil] n. m. ANAT Éminence articulaire. – Lat. *condylus,* du gr. *kondulos,* «articulation».

condylien, ienne [kɔ̃diljɛ̃, jɛn] adj. *Articulation condylienne,* dont les surfaces articulaires sont des segments d'ellipsoïde. – De *condyle.*

condylome [kɔ̃dilom] n. m. MED Petite tumeur cutanée siégeant au niveau de l'anus ou des organes génitaux. – Lat. *condyloma.*

cône [kon] n. m. **1.** Surface engendrée par une droite (la génératrice) passant par un point fixe (le sommet) et s'appuyant sur une courbe fixe (la directrice). ▷ ASTRO *Cône d'ombre, de pénombre:* ombre conique circonscrite à une planète ou à un de ses satellites, et au Soleil. **2.** BOT Fleur ou inflorescence de forme conique. *Des cônes de pin.* **3.** ZOOL Mollusque gastéropode de la fam. des conidés, à coquille conique ouverte longitudinalement, et dont certaines espèces sont venimeuses. **4.** GEOL Élévation conique au sommet de laquelle s'ouvre généralement le cratère d'un volcan. ▷ *Cône de déjection:* dépôt alluvionnaire formé par un torrent au moment où il arrive dans la vallée. **5.** ANAT *Cône terminal de la moelle épinière:* partie terminale de la moelle au niveau de la deuxième vertèbre lombaire. – Lat. *conus,* du gr. *kônos.*

confection [kɔ̃fɛksjɔ̃] n. f. **1.** Action de fabriquer, de préparer qqch. **2.** *La confection:* l'industrie des vêtements vendus tout faits (par oppos. à ceux que l'on exécute sur mesure). Syn. prêt-à-porter. – Lat. *confectio,* «achèvement».

confectionner [kɔ̃fɛksjɔne] v. tr. [1] Préparer, fabriquer. *Confectionner un gâteau, un vêtement.* – De *confection.*

confectionneur, euse [kɔ̃fɛksjɔnœʀ, øz] n. Vieilli Personne qui confectionne. ▷ Mod. Personne qui fabrique des vêtements de confection. – De *confectionner.*

confédéral, ale, aux [kɔ̃fedeʀal, o] adj. Qui se rapporte à une confédération. – De *confédération,* d'ap. *fédéral.*

confédération [kɔ̃fedeʀasjɔ̃] n. f. **1.** Association durable d'États ou de nations qui, tout en conférant certaines compétences à une autorité supérieure, conservent une grande autonomie. *L'ancienne confédération iroquoise.* ▷ *La Confédération (canadienne),* l'association des provinces canadiennes, qui reconnaît d'importants pouvoirs au gouvernement central (le fédéral). *Les pères de la Confédération. Le jour de la Confédération:* le 1er juillet, appelé auj. *Fête du Canada.* **2.** Groupement d'associations, de fédérations, de syndicats, etc. *La Confédération des syndicats nationaux (CSN).* – Lat. *confœderatio.*

confédéré, ée [kɔ̃fedeʀe] adj. **1.** Réuni en confédération. *Les cantons confédérés de la Suisse.* **2.** *Les confédérés:* les sudistes, opposés aux *fédéraux,* ou *nordistes,* pendant la guerre de Sécession aux É.-U. – Pp. de *confédérer.*

confédérer [kɔ̃fedeʀe] v. tr. [1] Réunir en confédération. – Lat. *confœderare,* de *fœdus, fœderis,* «traité».

confer [kɔ̃fɛʀ] mot inv. Mot latin qui signifie «comparez, reportez-vous à». (Abrév.: *cf.*). – Mot lat., impér. de *conferre,* «comparer».

conférence [kɔ̃feʀɑ̃s] n. f. **1.** Réunion où plusieurs personnes examinent ensemble une question. *Conférence de presse,* où des journalistes interrogent une ou plusieurs personnalités. **2.** Discours sur un sujet donné, prononcé en public dans un but didactique. – Lat. *conferentia,* de *conferre.* V. conférer.

conférencier, ière [kɔ̃feʀɑ̃sje, jɛʀ] n. Personne qui fait une, des conférences. – De *conférence.*

conférer [kɔ̃feʀe] **1.** v. tr. [16] Accorder, donner. *L'aisance que confère la compétence.* **2.** Rapprocher des choses pour les comparer entre elles. *Conférer plusieurs épreuves typographiques.* **3.** v. intr. *Conférer avec:* être en conversation, s'entretenir d'une affaire avec. *Conférer d'un projet avec ses collaborateurs.* – Lat. *conferre,* «porter avec, rassembler».

confesse [kɔ̃fɛs] n. f. Fam. Confession (dans les loc. *aller à confesse, revenir de confesse*). – De *confesser.*

confesser [kɔ̃fese] v. tr. [1] **1.** Déclarer (ses péchés) à un prêtre, en confession. ▷ v. pron. *Se confesser:* confesser ses péchés. – Fig. Avouer ses fautes. **2.** Entendre en confession. *Confesser un pénitent.* **3.** Obtenir des aveux de. *Confesser un coupable.* **4.** Avouer. *Il a confessé son erreur. Je dois confesser que ...* – v. pron. *Se confesser de:* se reconnaître coupable de. **5.** Faire profession publique (d'une croyance). *Confesser la foi en Jésus-Christ.* – Lat. pop. *confessare,* de *confessus,* pp. de *confiteri,* «avouer, confesser».

confesseur [kɔ̃fesœʀ] n. m. **1.** Dans l'Église primitive, chrétien qui confesse sa foi au péril de sa vie. – Saint qui n'est ni martyr ni apôtre. **2.** Prêtre qui entend en confession. – Lat. ecclés. *confessor.*

confession [kɔ̃fesjɔ̃] n. f. **1.** Aveu de ses péchés fait à un prêtre en vue de recevoir l'absolution, subordonnée à la contrition (regret sincère de ses fautes) et à la pénitence. – Fig., fam. *On lui donnerait le bon Dieu sans confession:* se dit d'une personne qui inspire confiance, sans que celle-ci soit justifiée. **2.** DR Déclaration faite volontairement par un accusé, dans laquelle il avoue sa culpabilité à un crime. **3.** Plur. LITTER Mémoires dans lesquelles l'auteur avoue ses erreurs, ses fautes. *«Les Confessions»,* de Jean-Jacques Rousseau (1781-1788). *«La confession d'un enfant du siècle»,* d'Alfred de Musset (1836). **4.** Déclaration publique de sa foi religieuse. **5.** HIST Déclaration écrite des articles de la foi chrétienne. *Confession d'Augsbourg:* formulaire de foi des luthériens rédigé par Mélanchthon et présenté à Charles Quint. – Lat. ecclés. *confessio.*

confessionnal, aux [kɔ̃fesjɔnal, o] n. m. Meuble d'église où le prêtre entend les confessions. – Ital. *confessionnale.*

confessionnalité [kɔ̃fesjɔnalite] n. f. Caractère de ce qui est confessionnel. *La confessionnalité des écoles au Canada.* – De *confessionnel.*

confessionnel, elle [kɔ̃fesjɔnɛl] adj. Relatif à une confession de foi, à une religion. *École confessionnelle:* école destinée aux élèves d'une religion déterminée. – De *confession.*

confetti [kɔ̃feti] n. m. Petite rondelle de papier de couleur qu'on se lance par poignées pendant un carnaval, une fête. – Mot niçois, d'abord «boulette de plâtre»; ital. *confetto,* «dragée», lat. *confectus,* «préparé, confit».

confiance [kɔ̃fjɑ̃s] n. f. **1.** Espérance ferme en une personne, une chose. *Avoir confiance en qqn, en l'avenir. Homme de confiance,* en qui l'on peut avoir confiance, dont on est sûr. **2.** Assurance, hardiesse. *Avoir confiance en soi. Il est plein de confiance.* **3.** *Poser la question de confiance:* demander à l'Assemblée nationale d'approuver sa politique par un vote, en parlant du gouvernement. – Du lat. *confidentia,* d'ap. l'a. fr. *fiance,* «foi».

confiant, ante [kɔ̃fjɑ̃, ɑ̃t] adj. **1.** Qui a confiance en qqn, en qqch. *Confiant dans l'avenir.* **2.** Disposé à la confiance. *Être confiant de nature.* – Ppr. de *confier.*

confidence [kɔ̃fidɑ̃s] n. f. Communication d'un secret personnel. *Faire, recevoir des confidences.* – *En confidence:* secrètement. *Parler en confidence.* – *Dans* *la confidence:* dans le secret. *Vous a-t-il mis dans la confidence?* – Lat. *confidentia.*

confident, ente [kɔ̃fidɑ̃, ɑ̃t] n. **1.** Personne à qui l'on confie ses pensées intimes. **2.** THEAT Dans les tragédies classiques, personnage secondaire auquel se confie un personnage plus important. *Comédienne qui joue les confidentes.* – Ital. *confidente,* du lat. *confidens,* «confiant».

confidentialité [kɔ̃fidɑ̃sjalite] n. f. Caractère de ce qui doit être maintenu secret. *La confidentialité des délibérations des jurés.* – De *confidentiel.*

confidentiel, ielle [kɔ̃fidɑ̃sjɛl] adj. Dit, écrit, fait en confidence, en secret. *Avis confidentiel.* – *Par ext.* De peu d'écho. *Publication confidentielle.* – De *confidence.*

confidentiellement [kɔ̃fidɑ̃sjɛlmɑ̃] adv. En confidence. – De *confidentiel.*

confier [kɔ̃fje] **I.** v. tr. [1] **1.** Remettre (qqch, qqn) au soin de qqn d'autre. *Confier un dépôt. Confier ses enfants à des amis.* **2.** Litt. Laisser sous l'influence de, livrer à l'action de. *Confier sa fortune au hasard.* **3.** Livrer à la discrétion de qqn. *Confier ses peines, un secret à un ami.* **II.** v. pron. **1.** Avoir confiance en, s'en remettre à. *Se confier à qqn.* **2.** Faire des confidences. *Se confier à qqn.* – Lat. *confidere,* d'ap. *fier.*

configuration [kɔ̃figyʀasjɔ̃] n. f. **1.** Surface extérieure d'un corps, qui le limite et lui donne la forme qui lui est propre. *Configuration d'un terrain.* **2.** CHIM Disposition relative des atomes ou des molécules d'un corps dont la formule développée est asymétrique. – Lat. *configuratio.*

confiné, ée [kɔ̃fine] adj. **1.** Enfermé. *Un malade confiné dans sa chambre.* – Fig. *Un esprit confiné dans la routine.* **2.** *Air confiné,* insuffisamment renouvelé. – Pp. de *confiner.*

confinement [kɔ̃finmɑ̃] n. m. Action de confiner; fait de se confiner, d'être confiné. – De *confiner.*

confiner [kɔ̃fine] **1.** v. tr. [1] Reléguer en un lieu. *La maladie le confine chez lui.* **2.** v. tr. indir. Toucher aux limites d'une terre, d'une région, d'un pays. *La prairie qui confine à la forêt.* – Fig. Être proche de. *Sa naïveté confine à la bêtise.* **3.** v. pron. S'enfermer. *Elle se confine dans sa chambre.* – Fig. Se limiter. *Se confiner dans des tâches subalternes.* – De *confins.*

confins [kɔ̃fɛ̃] n. m. pl. Limites, extrémités d'un pays, d'une terre; parties situées à leurs frontières. *Ville située aux confins de la province.* ▷ Fig. *Plaisanterie aux confins du mauvais goût.* – Lat. *confines,* rac. *finis,* «limite».

confire [kɔ̃fiʀ] v. tr. [83] Mettre (des produits alimentaires) dans une substance qui les conserve. *Confire des cornichons dans du vinaigre.* ▷ Faire cuire (des fruits) avec du sucre. *Confire des fraises.* – Lat. *conficere,* «préparer».

confirmand, ande [kɔ̃fiʀmɑ̃, ɑ̃d] n. RELIG Personne qui va recevoir le sacrement de confirmation. – De *confirmation* (sens 2.).

confirmation [kɔ̃fiʀmasjɔ̃] n. f. Action de confirmer. **1.** Ce qui confirme. *La confirmation d'un soupçon.* – Assurance nouvelle et expresse. *J'ai reçu confirmation de la nouvelle.* **2.** RELIG Sacrement de l'Église catholique romaine qui confirme la grâce reçue au baptême. ▷ Dans l'Église protestante, confession publique de la foi chrétienne après l'instruction religieuse. **3.** DR Décision de justice par laquelle une juridiction supérieure maintient la décision d'une juridiction inférieure. **4.** DR Acte unilatéral validant rétroactivement un écrit qui était entaché de nullité, interdisant ainsi au titulaire du droit d'en demander la nullité. – Lat. *confirmatio.*

confirmer [kɔ̃fiʀme] **I.** v. tr. [1] **1.** Maintenir (ce qui est établi), sanctionner, ratifier. *Confirmer une prérogative.* **2.** Conforter. *Il m'a confirmé dans mon opinion.* **3.** Assurer la vérité de qqch, l'appuyer par de nouvelles preuves. *Expérience qui confirme une théorie. Confirmer une nouvelle.* Ant. contredire, démentir, infirmer. **4.** RELIG Administrer le sacrement de la confirmation à. **II.** v. pron. Devenir certain. *Ce bruit se confirme.* – Lat. *confirmare,* rac. *firmus,* «ferme».

confiscable [kɔ̃fiskabl] adj. Qui est sujet à confiscation. – De *confisquer.*

confiscation [kɔ̃fiskasjɔ̃] n. f. Action, fait de confisquer. – De *confisquer.*

confiserie [kɔ̃fizʀi] n. f. **1.** Lieu où l'on fabrique, où l'on vend des fruits confits, des sucreries, des friandises. **2.** Fabrication, commerce de ces produits. **3.** Ces produits eux-mêmes. *Un assortiment de confiseries.* – De *confire.*

confiseur, euse [kɔ̃fizœʀ, øz] n. Personne qui fabrique, qui vend de la confiserie. ▷ Loc. *Trêve des confiseurs:* en France, période des fêtes de fin d'année pendant laquelle l'activité politique et diplomatique se ralentit. – De *confire.*

confisquer [kɔ̃fiske] v. tr. [1] **1.** Saisir au profit du fisc, de l'État. **2.** Retirer provisoirement un objet à un enfant, à un écolier. **3.** Fig. Prendre pour son seul profit, accaparer. – Lat. *confiscare,* de *fiscus,* «fisc».

confit, ite [kɔ̃fi, it] adj. et n. m. **1.** adj. Conservé dans du vinaigre, dans de la graisse, dans du sucre. ▷ N. m. Préparation culinaire composée de viande (surtout de volaille) cuite et conservée dans sa propre graisse. *Confit d'oie, de canard.* **2.** adj. Fig. *Une bigote confite en dévotion,* exagérément attachée aux formes extérieures de la piété. – Pp. de *confire.*

confiteor [kɔ̃fiteɔʀ] n. m. inv. LITURG CATHOL Prière, commençant par ce mot, qui se disait au début de la messe et avant de se confesser. *Le confiteor se récite désormais en français.* – Mot lat., «je confesse».

confiture [kɔ̃fityʀ] n. f. **1.** Généralt au plur. Fruit que l'on a longuement fait cuire dans du sucre. *Faire des confitures. Confitures aux framboises, aux fraises. Pot de confitures.* **2.** Fig., fam. *Mettre en confiture,* en morceaux, en bouillie. – De *confit,* pp. de *confire.*

confiturerie [kɔ̃fityʀʀi] n. f. **1.** Industrie, commerce du confiturier. **2.** Lieu où l'on fabrique les confitures. – De *confiture.*

confiturier, ière [kɔ̃fityʀje, jɛʀ] n. et adj. **1.** Personne qui prépare, qui vend des confitures. ▷ Adj. *L'industrie confiturière.* **2.** n. m. Pot dans lequel on sert les confitures. – De *confiture.*

conflagration [kɔ̃flagʀasjɔ̃] n. f. **1.** Vx Embrasement. **2.** Fig. Bouleversement très important (guerre, révolution). – Lat. *conflagratio,* rac. *flagrare,* «brûler».

conflictuel, elle [kɔ̃fliktɥɛl] adj. Qui recèle un conflit ou le provoque. *Situation conflictuelle.* – De *conflit.*

conflit [kɔ̃fli] n. m. **1.** Vx Lutte. **2.** Antagonisme. *Le conflit des passions. Un conflit de tendances.* ▷ PSYCHAN Opposition entre des exigences internes contradictoires. *Le conflit peut être manifeste ou latent.* **3.** Opposition entre deux États qui se disputent un droit. *Conflit armé:* guerre. **4.** DR Opposition qui s'élève entre deux tribunaux se prétendant tous deux compétents *(conflit positif)* ou incompétents *(conflit négatif)* au sujet de la même affaire. – Bas lat. *conflictus,* «choc».

confluence [kɔ̃flɥɑ̃s] n. f. **1.** Fait de confluer. *La confluence de la rivière des Outaouais et du Saint-Laurent.* **2.** Fig. Rencontre. *La confluence d'opinions jusque-là divergentes.* **3.** MED Rapprochement de lésions cutanées dont les contours tendent à se confondre. – Lat. *confluentia.*

confluent [kõflyɑ̃] n. m. **1.** Lieu où deux cours d'eau se réunissent. **2.** ANAT Point de rencontre de deux vaisseaux. – Du lat. *confluens, confluentis.*

confluer [kõflye] v. intr. [1] **1.** Se réunir, en parlant de deux cours d'eau. *Le Mississippi conflue avec le Missouri.* **2.** Fig. Se rassembler. *La foule conflue sur la place.* – Lat. *confluere,* «couler ensemble».

confondant, ante [kõfõdɑ̃, ɑ̃t] adj. Qui remplit d'étonnement, qui trouble. *Une audace confondante.* – Ppr. de *confondre.*

confondre [kõfõdʀ] v. tr. [75] **I. 1.** Remplir d'étonnement, troubler. *Sa duplicité me confond.* **2.** Réduire (qqn) au silence en lui prouvant qu'il se trompe. *Confondre ses contradicteurs.* ▷ *Confondre un menteur,* le démasquer. **3.** v. pron. *Se confondre en excuses, en civilités:* multiplier les excuses, les marques de civilité. **II. 1.** Mêler, brouiller. *L'obscurité confondait tous les objets.* **2.** Prendre une chose, une personne pour une autre. *Confondre des noms, des dates.* ▷ (S. comp.). *Ce n'est pas lui, je confonds!* **3.** v. pron. Se mêler. *Les voix des choristes se confondent.* – Lat. *confundere,* «mêler».

conformateur [kõfɔʀmatœʀ] n. m. TECH Instrument dont se servent les chapeliers pour déterminer la forme et la mesure de la tête. – De *conformer.*

conformation [kõfɔʀmasjõ] n. f. **1.** Manière dont un corps organisé est conformé, dont ses parties sont disposées. **2.** MED *Vice de conformation:* malformation congénitale. **3.** CHIM Disposition dans l'espace susceptible d'être prise par les constituants d'une molécule d'un corps organique. – Bas lat. *conformatio.*

conformationnel, elle [kõfɔʀmasjɔnɛl] adj. CHIM Relatif aux conformations possibles d'une molécule. *Analyse conformationnelle.* – De *conformation.*

conforme [kõfɔʀm] adj. **I.** *Conforme à.* **1.** De même forme que, semblable à (un modèle). *Copie conforme à l'original.* – *Pour copie conforme:* formule attestant que la copie est semblable à l'original (abrév.: p. c. c.). **2.** Qui s'accorde avec, qui convient à. *Il mène une vie conforme à ses aspirations.* **II.** (S. comp.). Qui s'accorde avec la majorité des opinions, des comportements en vigueur. *Dans certains régimes, il est dangereux d'avoir des idées non conformes.* – Lat. *conformis.*

conformé, ée [kõfɔʀme] adj. Qui possède telle ou telle conformation. *Un enfant bien, mal conformé.* – Pp. de *conformer.*

conformément [kõfɔʀmemɑ̃] adv. De manière conforme. *Conformément à la loi.* – De *conforme.*

conformer [kõfɔʀme] v. tr. [1] **1.** Rendre conforme. *Conformer ses sentiments à ceux des autres.* **2.** v. pron. *Se conformer à:* agir selon. *Se conformer à un ordre. Se conformer aux coutumes d'un pays.* – Lat. *conformare,* de *formare,* «former».

conformisme [kõfɔʀmism] n. m. **1.** HIST En Angleterre, profession de foi anglicane. **2.** Péjor. Attitude de ceux qui, par manque d'esprit critique, se conforment à ce qui est communément admis. – De *conformiste.*

conformiste [kõfɔʀmist] n. et adj. **1.** n. HIST Personne qui se conforme aux doctrines et aux rites de l'Église anglicane. **2.** n. et adj. Péjor. Personne qui se soumet aux opinions généralement admises. *Un conformiste hypocrite.* – Angl. *conformist.*

conformité [kõfɔʀmite] n. f. Analogie, accord. *Être en conformité de sentiments avec qqn. En conformité avec:* conformément à, selon. *Mener une vie en conformité avec ses idées.* – De *conformer.*

confort [kõfɔʀ] n. m. Bien-être matériel, commodités de la vie quotidienne. *Aimer le confort. Appartement avec tout le confort.* – Fig. *Confort intellectuel.* – Angl. *comfort,* de l'a. fr. *confort,* «aide, réconfort».

confortable [kõfɔʀtabl] adj. Qui contribue au bien-être matériel. *Un appartement confortable. Des revenus confortables,* importants. – Fig. Qui donne le confort intellectuel, la tranquillité de l'esprit. *Ses idées le mettent dans une situation peu confortable.* – Du préc.

confortablement [kõfɔʀtabləmɑ̃] adv. De façon confortable. *Être confortablement installé.* – De *confortable.*

conforter [kõfɔʀte] v. tr. [1] Rendre plus ferme, plus solide, renforcer. *Cela me conforte dans mon opinion.* – Lat. ecclés. *confortare,* de *fortis,* «fort».

confraternel, elle [kõfʀatɛʀnɛl] adj. De confrère, propre à des confrères. *Des relations confraternelles.* – De *confrère,* d'après *fraternel.*

confraternité [kõfʀatɛʀnite] n. f. Relations amicales entre confrères. – De *confraternel.*

confrère [kõfʀɛʀ] n. m. Membre du même corps, de la même compagnie, de la même société (que la personne considérée). *Un médecin estimé de ses confrères. Ils sont confrères à l'université.* – Lat. médiév. *confrater.*

confrérie [kõfʀeʀi] n. f. **1.** Association pieuse, le plus souvent composée de laïcs. **2.** Vieilli Association, corporation. *Une confrérie de gastronomes.* – De *confrère.*

confrontation [kõfʀõtasjõ] n. f. Action de confronter des personnes, des choses. – De *confronter.*

confronter [kõfʀõte] v. tr. [1] **1.** DR Faire comparaître en même temps des accusés, ou des accusés et des témoins, pour les interroger et comparer leurs affirmations. ▷ *Par ext.* Mettre (des personnes) en présence les unes des autres, pour comparer leurs opinions, éclaircir une question obscure, etc. ▷ Examiner deux choses en même temps pour les comparer. *Confronter deux versions d'un texte.* **2.** v. pron. *Se confronter* (à qqun, à qqch). – Lat. médiév. *confrontare,* de *frons,* «front».

confucianisme [kõfysjanism] n. m. Doctrine et enseignement de Confucius, philosophe chinois (VIe s. av. J.-C.).

confus, use [kõfy, yz] adj. **1.** Dont les éléments sont brouillés, mêlés. *Amas confus. Un bruit confus.* **2.** Obscur, embrouillé. *La situation reste confuse.* **3.** Embarrassé, troublé. *«Le corbeau, honteux et confus...»* (La Fontaine). – Lat. *confusus,* pp. de *confundere,* «mêler».

confusément [kõfyzemɑ̃] adv. De manière confuse. – De *confus.*

confusion [kõfyzjõ] n. f. **1.** Embarras, honte. *Vos reproches me remplissent de confusion.* – *À la confusion de:* à la honte de, au dépit de. **2.** Désordre. *La confusion se mit dans les rangs.* **3.** Manque d'ordre, de clarté, de précision dans l'esprit. *La confusion des idées.* **4.** MED *Confusion mentale:* syndrome psychique, aux causes variées, caractérisé par une altération de la conscience, un état de stupeur, des troubles de l'idéation. **5.** Fait de confondre, de prendre une personne, une chose, pour une autre. *Une confusion de dates.* **6.** DR *Confusion des pouvoirs:* réunion de droits, de pouvoirs qui devraient être séparés. – Lat. *confusio,* «ruine, défaite».

confusionnisme [kõfyzjɔnism] n. m. État de confusion; maintien de cet état dans les esprits. – De *confusion.*

conga [kõga] n. f. **1.** Vx Danse cubaine à quatre temps, d'origine africaine. **2.** Mod. Tambour en bois recouvert d'une peau, de forme ovoïde, de plus de 1 m. de haut, utilisé dans la musique africaine et latino-américaine. (On dit aussi *tumba.*) – Mot esp. des Antilles.

congé [kõʒe] n. m. **1.** Permission, autorisation de se retirer. *Prendre congé:* saluer des personnes avant de partir. **2.** Permission de s'absenter, de quitter momentanément son travail. *Congé de maladie. Les congés annuels.* ▷ *Les congés payés:* les vacances payées auxquelles a droit chaque année un salarié. – **3.** (Toujours employé avec le possessif.) *Demander son congé:* demander à quitter son service. *Donner son congé à:* renvoyer. **4.** DR En matière de louage, déclaration écrite ou orale par laquelle l'une des parties signifie à l'autre qu'elle veut mettre fin au contrat. *Donner congé à un locataire.* **5.** Attestation de paiement des droits de circulation frappant certaines marchandises (alcools, notam.). **6.** ARCHI Raccordement d'une moulure et d'un parement. **7.** TECH Évidement. – A. fr. *cumgiet,* du lat. *commeatus,* «action de s'en aller».

congédiement [kõʒedimɑ̃] n. m. Action de congédier. – De *congédier.*

congédier [kõʒedje] v. tr. [1] Renvoyer qqn, lui donner ordre de se retirer. – De *congé.*

congélateur [kõʒelatœʀ] n. m. Appareil, partie d'un réfrigérateur qui sert à congeler des denrées alimentaires. – De *congeler.*

congélation [kõʒelasjõ] n. f. **1.** Passage d'un corps de l'état liquide à l'état solide sous l'action du froid. **2.** Action de congeler (spécial. une denrée alimentaire). – Lat. *congelatio.*

congelé, ée [kõʒle] adj. Qui a subi une congélation. *De la viande congelée.* V. surgelé. – Pp. de *congeler.*

congeler [kõʒle] v. tr. [20] **1.** Faire passer de l'état liquide à l'état solide par l'action du froid. **2.** Soumettre (une denrée alimentaire) à l'action du froid pour qu'elle se conserve. – Lat. *congelare.*

congénère [kõʒenɛʀ] adj. et n. **1.** adj. SC NAT De la même espèce. *Plantes congénères.* ▷ ANAT *Muscles congénères,* qui concourent à produire le même effet (par oppos. aux *muscles antagonistes*). **2.** n. Être, objet, animal du même genre. *Lui et ses congénères.* – Lat. *congener,* rac. *genus,* «genre».

congénital, ale, aux [kõʒenital, o] adj. Qui existe à la naissance. (Ne pas confondre avec *héréditaire*). *Une maladie, une anomalie congénitale.* ▷ Fig. *Une inaptitude congénitale au travail,* complète, absolue. Fam. *Un imbécile congénital.* – Du lat. *congenitus,* «né avec».

congénitalement [kõʒenitalmɑ̃] adv. De manière congénitale. – De *congénital.*

congère [kõʒɛʀ] n. f. (France) Banc de neige formé par le vent. – Lat. *congeries,* «amas».

congestif, ive [kõʒɛstif, iv] adj. Qui a rapport à la congestion. – De *congestion.*

congestion [kõʒɛstjõ] n. f. **1.** Excès de sang dans les vaisseaux d'un organe ou d'une partie d'organe. *Congestion cérébrale, pulmonaire.* **2.** Fig. Encombrement par accumulation. *La congestion des villes surpeuplées.* – Lat. *congestio,* de *congerere,* «accumuler».

congestionner [kõʒɛstjɔne] v. tr. [1] Déterminer la congestion de. ▷ Fig. *Les embouteillages qui congestionnent les grandes villes.* – De *congestion.*

conglomérat [kõglɔmeʀa] n. m. **1.** PETROG Roche formée de blocs noyés dans un ciment naturel (ex.: *brèche* 2, *poudingue*). **2.** Fig. Rassemblement, association. **3.** ECON Ensemble d'entreprises aux productions variées, réunies dans un même groupe financier. – De *conglomérer.*

conglomération [kõglɔmeʀasjõ] n. f. Action de conglomérer. – De *conglomérer.*

conglomérer [kõglɔmeʀe] v. tr. [16] Réunir en boule, en pelote, en masse. – Lat. *conglomerare,* de *glomus,* «pelote».

conglutination [kõglytinasjõ] n. f. MED Formation d'amas volumineux de globules rouges sous l'influence d'une substance présente dans certains sérums. – De *conglutiner.*

conglutiner [kõglytine] v. tr. [1] **1.** Coaguler, rendre un liquide visqueux. **2.** Vx ou litt. Cimenter avec une matière gluante. – Lat. *conglutinare.*

congratulation [kõgʀatylasjõ] n. f. Vx ou plaisant. Félicitations. *Recevez mes sincères congratulations.* – De *congratuler.*

congratuler [kõgʀatyle] v. tr. [1] **1.** Vx ou plaisant. Féliciter, complimenter. **2.** v. pron. Échanger des compliments. – Lat. *congratulari,* de *gratulari,* «féliciter».

congre [kõgʀ] n. m. Poisson téléostéen apode (fam. anguillidés). *De couleur gris-bleu, le congre, qui peut atteindre 3 m de long, est carnivore.* – Lat. *conger.*

congréer [kõgʀee] v. tr. [1] MAR Entourer de fils (un cordage) pour le rendre plus uni. – De l'a. fr. *conreer,* «arranger», d'ap. *gréer.*

congréganiste [kõgʀeganist] adj. et n. **1.** n. Membre d'une congrégation. **2.** adj. Qui dépend d'une congrégation. *École congréganiste.* – De *congrégation.*

congrégation [kõgʀegasjõ] n. f. **1.** Au Vatican, chacune des organisations d'ecclésiastiques qui, placées sous l'autorité du pape, règlent l'administration de l'Église. *Congrégation pour la doctrine de la foi, pour le clergé, pour l'évangélisation des peuples.* **2.** Dans l'Église protestante, organisation ecclésiastique. **3.** Réunion de prêtres, de religieux, de religieuses. *Les congrégations religieuses comprennent les jésuites, les oratoriens, etc.* – Confrérie de dévotion. *Congrégation de la Sainte Vierge.* **4.** Fig. (souvent plaisant.) Assemblée. – Lat. *congregatio,* rac. *grex, gregis,* «troupeau».

congrégationalisme [kõgʀegasjɔnalism] n. m. Chez les protestants, autonomie de chaque église locale. – De *congrégation.*

congrès [kõgʀɛ] n. m. **1.** Réunion de personnes rassemblées pour traiter d'intérêts communs, d'études spécialisées. *Un congrès d'historiens. Palais des congrès.* **2.** Réunion de diplomates appartenant à différentes puissances, ayant pour objet de régler certaines questions internationales. *Le Congrès de Vienne s'acheva en 1815.* **3.** Aux É.-U., corps législatif constitué par le Sénat et la Chambre des représentants. – Lat. *congressus,* «réunion».

congressiste [kõgʀesist] n. Membre d'un congrès. – De *congrès.*

congru, ue [kõgʀy] adj. **1.** Vx Qui convient exactement. *Réponse congrue.* V. incongru. **2.** Anc. *Portion congrue:* rétribution annuelle versée au curé par le bénéficiaire d'une paroisse. – *Par ext.* Mod. Appointements mesquins, revenus insuffisants. *Un employé réduit à la portion congrue.* **3.** MATH *Nombres congrus,* qui donnent le même reste lorsqu'on les divise par un même diviseur appelé *modulo. 14 est congru à 8 modulo 6* (car 14: 6 = 2, reste 2, et 8: 6 = 1, reste 2). – Lat. *congruus,* «convenable».

congruence [kõgʀyɑ̃s] n. f. **1.** MATH Caractère des nombres congrus. **2.** GEOM *Congruence de droites:* ensemble des droites satisfaisant à deux conditions (être tangentes à deux surfaces, par ex.). – De *congru.*

conicine [kɔnisin] n. f. Alcaloïde de la grande ciguë, liquide huileux, incolore et extrêmement toxique. Syn. cicutine. – Du gr. *kôneion,* «ciguë».

conicité [kɔnisite] n. f. Caractère de ce qui est conique. – De *conique.*

conidie [kɔnidi] ou **conidiospore** [kɔnidjɔspɔʀ] n. f. BOT Cellule de multiplication végétale immobile produite en grandes quantités par certains champignons. – Du gr. *konis,* «poussière».

conifère [kɔnifɛʀ] n. m. Plante d'une famille de gymnospermes arborescentes ou arbustives, résineuses, à feuilles persistantes, caractérisées par leurs cônes*. *Les pins, les sapins, les cèdres, les épinettes sont des conifères.* – Lat. *conifer,* de *conus,* «cône», et *-fère.* ENCYCL Appelés communément résineux ou bois tendres, les conifères forment des peuplements purs ou poussent en association avec d'autres espèces; lorsqu'ils sont en association avec des essences feuillues, on parle de forêts mixtes. Ils occupent la majeure partie du territoire nord-américain, une grande proportion de l'Eurasie ainsi qu'un grand nombre de hautes montagnes (Himalayas, hauts sommets d'Amérique centrale et du Sud). Ils forment ainsi un bon nombre de limites latitudinales et altitudinales des arbres (en Afrique et en Australie, les Angiospermes prennent la place). Au-delà de la limite des forêts, on retrouve communément des conifères de formes prostrées, dont la croissance est limitée par des climats trop rigoureux (en toundra). Ces *krummholz* (mot d'origine allemande qui désigne un ou plusieurs individus d'espèce arborescente, de forme rabougrie) peuvent n'avoir que quelques centimètres de hauteur (ex. l'épinette noire, *Picea mariana,* dans la toundra arctique en Amérique) tandis que sous de bonnes conditions de croissance ces mêmes individus se développeraient en arbres. On retrouve 3 familles de conifères au Canada: les Pinacées (pin, mélèze, épinette, pruche, fausse pruche et sapin), les Cupressacées (thuya ou cèdre, cyprès et genévrier) aux feuilles squamiformes et les Taxacées (if). Les conifères arborescents occupent une grande place dans l'industrie du bois; on les utilise principalement comme bois de construction et dans la fabrication de pâte et papier.

conique [kɔnik] adj. et n. f. **1.** adj. Qui a la forme d'un cône. **2.** adj. GEOM Qui se rapporte au cône. **3.** n. f. GEOM Courbe plane du second degré (ellipse, hyperbole ou parabole). V. cône. – Gr. *kônikos.*

conirostre [kɔniʀɔstʀ] adj. et n. ZOOL Qui a un bec conique. *Les fringillidés (pinsons) et les plocéidés (moineaux) sont des conirostres.* – Du lat. *conus,* «cône», et *rostrum,* «bec».

conjectural, ale, aux [kõʒɛktyʀal, o] adj. Fondé sur de simples conjectures. *Preuve conjecturale.* – De *conjecture.*

conjecturalement [konʒɛktyʀalmɑ̃] adv. De manière conjecturale. – De *conjectural.*

conjecture [kõʒɛktyʀ] n. f. Opinion fondée sur des analogies, des vraisemblances, des présomptions, des probabilités. *Se perdre en conjectures.* – Lat. *conjectura.*

conjecturer [kõʒɛktyʀe] v. tr. [1] Inférer, juger en fonction de conjectures. – De *conjecture.*

conjoint, ointe [kõʒwɛ̃, wɛ̃t] n. et adj. **1.** n. Personne qui est mariée à une autre. *La signature du conjoint est requise.* **2.** adj. Lié. *Des questions conjointes.* – De l'anc. v. *conjoindre,* «lier ensemble, unir par le mariage».

conjointement [kõʒwɛ̃tmɑ̃] adv. Ensemble, de concert avec. *Il faut agir conjointement.* – De *conjoint.*

conjoncteur [kõʒõktœʀ] n. m. ELECTR Dispositif qui assure la connexion d'un circuit lorsque la tension est suffisante. – De *conjonction.*

conjonctif, ive [kõʒõktif, iv] adj. **1.** GRAM Qui réunit deux mots, deux propositions. *Bien que* est une locution conjonctive. **2.** ANAT *Tissu conjonctif:* tissu de liaison entre les différents tissus et organes, formé par les cellules conjonctives, les fibres conjonctives et les fibres élastiques. – De l'anc. v. *conjoindre,* «lier ensemble».

conjonction [kõʒõksjõ] n. f. **1.** Union. *La conjonction d'éléments dissemblables.* **2.** GRAM Mot invariable qui unit deux mots, deux propositions. *Ainsi, aussi, car, et, ou, ni, mais, donc, or* sont des conjonctions de coordination. *Que, comme, quand* sont des conjonctions de subordination. **3.** ASTRO Situation de deux planètes (ou d'une planète et du Soleil) alignées avec la Terre. – Lat. *conjunctio.*

conjonctival, ale, aux [kõʒõktival, o] adj. ANAT Qui appartient à la conjonctive. – De *conjonctif.*

conjonctive [kõʒõktiv] n. f. ANAT Membrane qui tapisse la face antérieure de l'œil et la partie interne des paupières. – De *conjonctif.*

conjonctivite [kõʒõktivit] n. f. MED Inflammation de la conjonctive. – De *conjonctive,* et *-ite* 1.

conjoncture [kõʒõktyʀ] n. f. **1.** Situation résultant d'un concours d'événements. *Fâcheuse conjoncture.* **2.** ECON POLIT Ensemble des conditions déterminant l'état du marché à un moment donné, soit pour un produit, soit pour un ensemble de produits. – De l'a. fr. *conjointure,* refait d'ap. le lat. *conjunctus,* «lié».

conjoncturel, elle [kõʒõktyʀɛl] adj. ECON POLIT Qui dépend de la conjoncture. – De *conjoncture.*

conjugable [kõʒygabl] adj. Qui peut être conjugué. *Le verbe «seoir» n'est pas conjugable à toutes les personnes.* – De *conjuguer.*

conjugaison [kõʒygɛzõ] n. f. **1.** Action d'unir, de coordonner en vue d'un même but; son résultat. *La conjugaison de nos efforts.* **2.** GRAM Ensemble des formes que possède un verbe. *Conjugaison régulière, irrégulière. Conjugaison active, passive, pronominale.* **3.** BIOL Appariement de deux cellules avant la fécondation. ▷ Mode de reproduction sexuée typique des ciliés, dans lequel les deux cellules se séparent après avoir échangé une partie de leur A.D.N. – Lat. gram. *conjugatio.*

conjugal, ale, aux [kõʒygal, o] adj. Qui concerne l'union du mari et de la femme. *Amour conjugal.* – Lat. *conjugalis.*

conjugalement [kõʒygalmɑ̃] adv. **1.** Avec son conjoint. **2.** D'une manière conjugale. *Vivre conjugalement sans être marié.* – De *conjugal.*

conjugué, ée [kõʒyge] adj. **1.** Lié ensemble, uni. *Des éléments harmonieusement conjugués.* **2.** CHIM *Liaisons conjuguées:* liaisons multiples séparées par une liaison simple, dans une molécule. **3.** MATH *Expressions conjuguées,* qui ne diffèrent que par le signe de l'un de leurs termes (ex.: $a + b$ et $a - b$). ▷ *Quantités conjuguées,* entre lesquelles il existe une correspondance donnée. **4.** GEOM *Points conjugués harmoniquement* (par rapport à deux autres points A et B) *ou conjugués harmoniques* (de A et B): points N et M tels que $\frac{MA}{MB} = \frac{NA}{NB}$. **5.** PHYS *Points conjugués:* dans un système optique centré, ensemble de deux points dont l'un est l'image de l'autre. **6.** PHYS NUCL *Particules conjuguées:* ensemble d'une particule et de son antiparticule. – Pp. de *conjuguer.*

conjuguées [kõʒyge] n. f. pl. BOT Ordre d'algues vertes chez lesquelles la reproduction sexuée s'effectue par fusionnement deux à deux des cellules des thalles. – Fém. subst. du préc.

conjuguer [kõʒyge] v. tr. [1] **1.** Unir. *Conjuguer ses efforts.* **2.** GRAM Réciter, écrire la conjugaison d'un verbe . – ▷ v. pron. *Le verbe «aller» se conjugue avec l'auxiliaire «être».* – Lat. *conjugare,* «unir».

conjungo [kõʒõgo] n. m. Plaisant, vieilli Mariage. *Ils ne sont pas faits pour le conjungo.* – Mot lat., «j'unis».

conjurateur, trice [kõʒyʀatœʀ, tʀis] n. **1.** Personne qui est à la tête d'une conjuration. **2.** Magicien, exorciseur. – De *conjurer.*

conjuration [kõʒyʀasjõ] n. f. **1.** Association en vue d'exécuter un complot contre l'État, le souverain. *Fomenter une conjuration.* **2.** *Par ext.* Conspiration, cabale. **3.** Pratique de magie destinée à exorciser les influences néfastes. – Lat. *conjuratio.*

conjuré, ée [kõʒyʀe] n. Personne entrée dans une conjuration. *Le chef des conjurés.* – Pp. de *conjurer.*

conjurer [kõʒyʀe] v. tr. [1] **1.** Vieilli Préparer en complotant. *Conjurer la ruine de l'État.* ▷ v. pron. Mod. *Se conjurer:* se liguer par un complot. *Des généraux de l'état-major se conjurèrent contre le souverain.* – Fig. *Des hasards malheureux se conjurent contre nous.* **2.** Écarter, éloigner (une puissance néfaste) par des prières, des pratiques magiques. *Conjurer les esprits malfaisants par une offrande.* **3.** Fig. Écarter (un danger, une menace). *Conjurer les craintes d'un enfant.* **4.** Prier avec insistance, supplier. *Écoutez-le, je vous en conjure.* – Lat. *conjurare,* «jurer ensemble».

connaissable [kɔnɛsabl] adj. et n. m. Qui peut être connu. ▷ N. m. PHILO *Le connaissable,* opposé à l'*inconnaissable.* – De *connaître.*

connaissance [kɔnɛsɑ̃s] n. f. **1.** Le fait de connaître une chose, le fait de savoir qu'elle existe. *La connaissance sensorielle s'oppose à la connaissance abstraite.* **2.** PHILO *Problème de la connaissance:* ensemble de spéculations ayant pour but de déterminer l'origine et la valeur de la connaissance commune, scientifique ou philosophique. **3.** Idée exacte d'une réalité, de sa situation, de son sens, de ses caractères, de son fonctionnement. *Avoir une grande connaissance de la musique, des affaires,* etc. **4.** Loc. *Avoir connaissance de (qqch):* en venir à apprendre (qqch). – *Prendre connaissance d'une chose,* l'examiner. – *À ma connaissance:* autant que je sache. – *Venir à la connaissance de qqn:* être appris par qqn. – *En connaissance de cause:* en se rendant compte de ce que l'on fait, dit, etc. **5.** (En loc.). Conscience de sa propre existence et de l'exercice de ses facultés. *Perdre connaissance; rester, tomber sans connaissance:* avoir une syncope. *Reprendre connaissance:* revenir d'un évanouissement. **6.** Plur. Notions acquises; ce que l'on a appris d'un sujet. *Avoir des connaissances en électronique.* **7.** Relation entre des personnes. *Faire connaissance avec qqn:* entrer en relation avec lui. Fig. *J'ai commencé à faire connaissance avec la région.* ▷ *De connaissance:* que l'on connaît. *J'ai retrouvé une tête de connaissance.* Par ext. *En pays de connaissance:* au milieu de personnes, de choses que l'on connaît. **8.** *Une connaissance:* une personne avec qui l'on est en relation. *C'est une vieille connaissance.* – De *connaître.*

connaissement [kɔnɛsmɑ̃] n. m. DR MARIT Déclaration contenant un état des marchandises chargées sur un navire. – De *connaître.*

connaisseur, euse [kɔnɛsœʀ, øz] n. et adj. Personne qui est experte en une chose. *C'est un connaisseur en art primitif.* ▷ Adj. *Un regard connaisseur.* – De *connaître.*

connaître [kɔnɛtʀ] v. tr. [59] **1.** Avoir une idée pertinente de. *Je connais les raisons de leur brouille.* **2.** Être informé de. *Connaissez-vous les dernières nouvelles?* **3.** Avoir la pratique de. *Connaître une langue, une science, un métier.* **4.** Avoir l'expérience de. *Connaître la misère, le froid.* **5.** *Connaître un endroit,* y être allé. *Connaissez-vous les Caraïbes?* **6.** (Sujet nom de chose.) Avoir. *Son ambition ne connaît pas de limites.* **7.** *Ne connaître que (qqch):* se préoccuper uniquement de. *Ne connaître que son devoir.* **8.** Savoir l'identité de (qqn). *Je le connais de vue, mais je ne lui ai jamais parlé.* **9.** Avoir des relations avec (qqn). *Je le connais depuis trois ans.* ▷ v. pron. *Elles se sont connues au pensionnat.* **10.** (Style biblique, employé auj. par plaisant.) *Connaître une femme,* avoir avec elle des relations sexuelles. **11.** Apprécier, comprendre le caractère, la personnalité de (qqn). *J'ai mis longtemps à bien le connaître.* **12.** v. pron. *Se connaître:* avoir une juste notion de soi-même. ▷ *Ne plus se connaître:* être dominé par la passion, la colère. ▷ *S'y connaître:* être compétent. **13.** v. tr. indir. DR *Connaître de:* avoir autorité pour statuer en matière de. *Connaître d'une affaire.* – Du lat. *cognoscere.*

connard ou **conard, arde** [kɔnaʀ, aʀd] adj. et n. Vulg. Crétin, abruti. *C'est ce connard qui a fait la gaffe!* – De *con* 2.

connasse ou **conasse** [kɔnas] n. f. et adj. Vulg. Imbécile, idiote. *Quelle connasse, alors! Que tu es connasse!* – De *con* 2.

conné, ée [kɔne] adj. GEOL Se dit d'eaux fortement chargées en chlorures de sodium et de calcium présentes dans les gisements d'hydrocarbures. – Du lat. *connatus,* «né avec» (les hydrocarbures).

connecté, ée [kɔnɛkte] adj. ELECTR Mis en connexion. – Pp. de *connecter.*

connecter [kɔnɛkte] v. tr. [1] TECH Joindre. ▷ ELECTR Réunir par une connexion. – Lat. *conectere* «attacher, lier ensemble».

connecteur [kɔnɛktœʀ] n. m. **1.** TECH Dispositif de connexion. **2.** ELECTR Prise de courant à broches multiples. – De *connecter.*

connectif, ive [kɔnɛktif, iv] n. et adj. **1.** n. m. BOT Élément d'une étamine, faisant suite au filet et liant les anthères. **2.** adj. ANAT *Tissu connectif:* tissu conjonctif. – De *connecter.*

connectivite [kɔnɛktivit] n. f. MED Maladie du collagène. – De *connect(if),* et *-ite* 1.

connerie [kɔnʀi] n. f. Fam. et vulg. Bêtise, stupidité. *Tu racontes des conneries, mon pauvre! Presse-toi, mais ne fais pas de conneries.* – De *con* 2.

connétable [kɔnetabl] n. m. HIST (France) **1.** Premier officier de la maison du roi. **2.** Titre de commandant général des armées de 1219 à 1627. **3.** Cinquième grand dignitaire de l'Empire. **4.** Titre qui se donnait aux gouverneurs de places fortes. – Du bas lat. *comes stabuli,* «comte de l'étable».

connexe [kɔnɛks] adj. **1.** Qui est étroitement lié avec qqch d'autre. **2.** MATH *Espace connexe,* tel qu'il n'existe aucune partition de cet espace en deux parties ouvertes (ou fermées) non vides. – Lat. *conexus,* de *conectere,* «lier ensemble».

connexion [kɔnɛksjõ] n. f. **1.** Liaison que certaines choses ont les unes avec les autres. *Il y a connexion entre ces deux sciences.* **2.** ELECTR Liaison de conducteurs ou d'appareils entre eux. ▷ Organe qui établit cette liaison. – De *connexe.*

connexité [kɔnɛksite] n. f. Rapport, liaison de certaines choses entre elles. *Connexité entre deux causes.* – De *connexe.*

connivence [kɔnivɑ̃s] n. f. Complicité par complaisance ou tolérance; accord tacite. *Être, agir de connivence avec qqn.* – Bas lat. *coniventia,* de *conivere,* «cligner les yeux».

connivent, ente [kɔnivɑ̃, ɑ̃t] adj. **1.** BOT Se dit des organes qui se touchent vers le sommet. **2.** ANAT *Valvules conniventes:* replis sur la muqueuse antérieure de l'intestin de l'homme. – Du préc.

connotation [kɔnɔtasjõ] n. f. **1.** LOG Sens appliqué à un terme abstrait, plus général que celui qui lui est propre. **2.** LING Sens particulier que prend un mot ou un énoncé dans une situation ou un contexte donnés. ▷ Cour. Résonance affective (d'un mot). *Les connotations du mot «liberté».* – De *connoter.*

connoter [kɔnɔte] v. tr. [1] **1.** LOG En parlant d'un concept, rassembler (des caractères). **2.** LING Signifier par connotation. – De *con-*, et lat. *notare*, «noter»; par l'anglais.

connu, ue [kɔny] adj. et n. m. **1.** Dont on a connaissance (choses). *Le monde connu des Anciens.* – N. m. *Le connu.* **2.** Célèbre (personnes). *Elle est plus connue en tant qu'actrice qu'en tant qu'écrivain.* ▷ Loc. *Connu comme le loup blanc*, très connu. – *Ni vu ni connu!*, se dit à propos d'une chose faite subrepticement. – Pp. de *connaître*.

conoïde [kɔnɔid] adj. et n. m. **1.** adj. En forme de cône. **2.** n. m. GEOM Surface engendrée par une droite qui se déplace parallèlement à un plan fixe (plan directeur) en s'appuyant sur une droite fixe. – Gr. *kônoidês*.

conque [kɔ̃k] n. f. **1.** Coquille des lamellibranches et des gros gastéropodes du genre *Tritonia* (triton). ▷ MYTH Trompe des tritons, faite d'une de ces coquilles spiralées. **2.** *Par ext.* Objet ayant la forme d'une conque. **3.** ANAT Cavité du pavillon de l'oreille. – Lat. *concha*, gr. *konkhê*, «coquille».

conquérant, ante [kɔ̃keʀɑ̃, ɑ̃t] n. et adj. **I.** n. **1.** Personne qui fait des conquêtes militaires. *Un peuple de conquérants. Guillaume le Conquérant.* **2.** Personne qui gagne la sympathie, l'amour de qqn. **II.** adj. Fam. *Air conquérant:* attitude avantageuse, air dominateur, fat. – Ppr. de *conquérir*.

conquérir [kɔ̃keʀiʀ] v. tr. [38] **1.** Prendre par les armes. *Conquérir un pays.* **2.** Gagner, séduire, s'attacher. *Conquérir les cœurs. Conquérir l'estime de ses collaborateurs.* – Lat. pop. **conquærere*, class. *conquirere*, «chercher à prendre», d'ap. *quærere*, «chercher».

conquêt [kɔ̃kɛ] n. m. DR Acquêts, biens acquis pendant le mariage et qui entrent dans la communauté. – De *conquérir*.

conquête [kɔ̃kɛt] n. f. **1.** Action de conquérir. *Faire la conquête d'une province.* **2.** Ce qui est conquis. *Les conquêtes d'Alexandre. Les conquêtes de la science.* **3.** Fig. Le fait de gagner la sympathie, l'amour de qqn. *Faire la conquête d'une femme.* **4.** Fam. Personne dont on a conquis les bonnes grâces. *Il exhibe partout sa nouvelle conquête.* – Lat. pop. **conquæsita*.

conquis, ise [kɔ̃ki, iz] adj. **1.** Dont on a fait la conquête militairement. *Une ville conquise.* ▷ *Se conduire comme en pays conquis*, avec une insolence cynique. **2.** Dont on a gagné la sympathie, l'amour. *Un public conquis.* – Pp. de *conquérir*.

conquistador [kɔ̃kistadɔʀ] n. m. HIST Nom donné aux conquérants espagnols du Nouveau Monde. *Des conquistadores.* – Mot esp., «conquérant».

consacrant [kɔ̃sakʀɑ̃] adj. m. et n. m. RELIG *Évêque consacrant*, qui sacre un autre évêque. *Prêtre consacrant*, qui consacre l'hostie. – *Un consacrant.* – Ppr. de *consacrer*.

consacré, ée [kɔ̃sakʀe] adj. **1.** Dédié à une divinité; qui a reçu une consécration religieuse. *Lieu consacré.* **2.** Sanctionné par l'usage. *Un terme consacré.* – Pp. de *consacrer*.

consacrer [kɔ̃sakʀe] v. tr. [1] **1.** Dédier à (une divinité). *Consacrer un temple à Zeus.* ▷ *Par ext.* Offrir à Dieu. *Consacrer une église.* – *Consacrer le pain et le vin*, les transformer en le corps et le sang du Christ, lors du sacrifice eucharistique. **2.** Litt. Rendre sacré, saint, vénérable. *Ce lieu fut consacré par le sang des martyrs.* **3.** Sanctionner, faire accepter de tous. *L'usage a consacré ce mot.* **4.** Destiner (qqch) à. *Consacrer ses loisirs à la musique.* **5.** v. pron. *Se consacrer:* se vouer à. *Se consacrer à un travail.* – Lat. *consecrare*.

consanguin, ine [kɔ̃sɑ̃gɛ̃, in] adj. [et n.]. Parent du côté paternel. *Frère consanguin:* frère de père seulement, par oppos. à *frère utérin*, frère de mère seulement. – *Mariage consanguin*, entre proches parents (cousins germains, par ex.). – Subst. *Les consanguins.* – Lat. *consanguineus*, de *sanguis*, «sang».

consanguinité [kɔ̃sɑ̃gɥinite] n. f. **1.** Parenté du côté du père. **2.** *Par ext.* Parenté proche entre conjoints. – Lat. *consanguinitas*.

consciemment [kɔ̃sjamɑ̃] adv. De manière consciente. *Agir consciemment.* – De *conscience*.

conscience [kɔ̃sjɑ̃s] n. f. **1.** Sentiment, perception que l'être humain a de lui-même, de sa propre existence. *Perdre, reprendre conscience.* ▷ *Avoir conscience de:* connaître nettement, apprécier avec justesse. *Avoir conscience de ses droits.* **2.** PHILO Intuition plus ou moins claire qu'a l'esprit de lui-même, des objets qui s'offrent à lui, ou de ses propres opérations. *Conscience de classe* ▷ *Par méton.* Siège des convictions, des croyances. *Liberté de conscience.* **3.** Sentiment par lequel l'être humain juge de la moralité de ses actions. *Agir selon, contre sa conscience. Avoir la conscience nette:* n'avoir rien à se reprocher. *Bonne conscience:* sentiment rassurant de n'avoir rien à se reprocher. – *Avoir qqch sur la conscience:* avoir qqch à se reprocher. – *Cas de conscience:* difficulté à se déterminer sur ce que permet ou défend la religion ou la morale. **4.** Loc. *La main sur la conscience:* en toute franchise. – *En mon âme et conscience:* selon ma conviction la plus intime. – *Par acquit de conscience:* pour n'avoir rien à se reprocher par la suite. – *En conscience, en bonne conscience:* honnêtement, franchement. **5.** *Conscience professionnelle:* souci de probité, grand soin que l'on porte à son travail. – Lat. *conscientia*, «connaissance».

consciencieusement [kɔ̃sjɑ̃sjøzmɑ̃] adv. De manière consciencieuse. *Travailler consciencieusement.* – De *consciencieux*.

consciencieux, ieuse [kɔ̃sjɑ̃sjø, jøz] adj. **1.** Qui remplit scrupuleusement ses obligations. *Un ouvrier consciencieux.* **2.** Fait avec conscience. *Un travail consciencieux.* – De *conscience*.

conscient, iente [kɔ̃sjɑ̃, jɑ̃t] adj. et n. m. **I.** adj. **1.** Qui a la conscience de soi-même, d'un fait, de l'existence d'une chose. *Malgré le choc de l'accident, il est resté conscient. Être conscient de ses obligations.* **2.** Dont on a conscience. *Ce n'est pas un mouvement conscient, c'est un réflexe.* **II.** n. m. Activité psychique consciente, par oppos. à l'*inconscient*. – Lat. *consciens*, de *conscire*, «avoir conscience», de *scire*, «savoir».

conscription [kɔ̃skʀipsjɔ̃] n. f. (France) Inscription annuelle sur les rôles militaires des jeunes gens qui ont atteint l'âge du service national. – Bas lat. *conscriptio*.

conscrit [kɔ̃skʀi] n. m. et adj. m. **I.** n. m. **1.** (France) Jeune homme inscrit sur les listes de recrutement et appartenant à une classe qui doit être prochainement incorporée. **2.** Soldat nouvellement incorporé. **3.** Fam. Novice. *Tu me prends pour un conscrit?* **II.** adj. m. ANTIQ ROM *Pères conscrits:* titre des sénateurs romains. – Du lat. *(patres) conscripti*, «pères conscrits», de *conscribere*, «enrôler».

consécration [kɔ̃sekʀasjɔ̃] n. f. **1.** Action de consacrer. *Consécration d'un temple, d'une église, d'un autel.* **2.** LITURG Action du prêtre cathol. ou orthodoxe qui consacre, pendant la messe, le pain et le vin; moment de la messe où se fait cette action. *Les paroles de la consécration.* **3.** Sanction, confirmation. *La consécration du talent par le succès.* – Lat. *consecratio*.

consécutif, ive [kɔ̃sekytif, iv] adj. **1.** Qui se suit sans interruption. *Trois années consécutives.* **2.** Qui suit (comme résultat). *Accident consécutif à une im-*

prudence. **3.** GRAM *Proposition consécutive:* subordonnée circonstancielle marquant les conséquences de l'action indiquée dans la principale. – Du lat. *consecutus,* de *consequi,* «suivre».

consécutivement [kõsekytivmɑ̃] adv. **1.** Immédiatement après; sans interruption, coup sur coup. *Elle a consécutivement perdu son mari et son père.* **2.** *Consécutivement à:* par suite de. – De *consécutif.*

conseil [kõsɛj] n. m. **1.** Avis que l'on donne à qqn sur ce qu'il doit faire. *Donner, suivre un conseil. Prendre conseil de qqn,* le consulter avant d'agir. **2.** Vx Résolution. *Le conseil en est pris.* **3.** Plur. Vx Vues, principes qui dirigent qqn. *La justice préside à tous ses conseils.* **4.** La personne dont on prend avis. *Conseil juridique. Conseil fiscal.* – *Appos.* Partenaire et conseiller en affaires. *Ingénieur-conseil.* **5.** DR *Conseil judiciaire:* personne que la justice choisit pour gérer les biens d'une autre personne frappée d'interdiction. **6.** Assemblée ayant pour mission de donner son avis, de statuer sur des affaires publiques ou privées. *Conseil municipal, conseil de ville. Conseil de bande**. Conseil exécutif de la centrale syndicale. Conseil du statut de la femme, de la langue française. Tenir conseil.* ▷ POLIT *Conseil législatif:* anc. chambre haute du Parlement québécois (abolie en 1968). – *Conseil exécutif* ou *Conseil des ministres. Conseil du Trésor,* composé de quelques ministres, dont le ministre des Finances. – *Conseil privé:* (au fédéral) composé des présidents du Sénat, de la Chambre des communes et de la Cour suprême, des membres du Cabinet fédéral et des premiers ministres provinciaux. *Le Cabinet fédéral agit officiellement comme Conseil privé au moyen d'arrêtés en conseil émis au nom du gouverneur en conseil. Bureau du Conseil privé.* – *Le gouverneur (général) en conseil,* qui agit avec l'assentiment du Cabinet fédéral ou du Conseil privé. – *Le lieutenant-gouverneur en conseil,* qui agit avec l'assentiment du Conseil des ministres provinciaux. **7.** *Conseil d'administration:* groupe de personnes élues par l'assemblée générale d'une société pour administrer celle-ci conformément à la loi et aux statuts. – *Conseil de famille:* groupe de personnes chargées de donner leur avis sur la nomination d'un tuteur ou d'un curateur et, lorsque requis, sur l'administration des biens de l'incapable. – *Conseil de discipline:* assemblée chargée de juger des questions de discipline. – *Conseil de l'ordre,* chargé de veiller au respect de la déontologie chez les avocats, les architectes, les médecins, les notaires. **8.** HIST *Conseil souverain:* sous le Régime français, conseil exécutif comprenant le gouverneur, l'évêque et des représentants de Québec, Montréal et Trois-Rivières. – *Conseil des Dix:* tribunal secret de l'ancienne république de Venise. – *Conseil d'en haut:* conseil particulier des rois de France. **9.** RELIG *Conseil œcuménique des Églises.* V. œcuménique. – *Conseil presbytéral:* chez les catholiques, représentation élue des prêtres auprès d'un évêque; chez les protestants, assemblée des responsables d'une église locale. – Lat. *consilium,* «délibération, projet, conseil».

ENCYCL **Conseil de Québec** – Créé en 1647 et modifié l'année suivante, le Conseil de Québec était composé du gouverneur, du supérieur des Jésuites, de l'ancien gouverneur, et de deux habitants du pays nommés pour trois ans par les membres permanents du conseil. Cet organisme avait juridiction sur le commerce et les finances de la colonie dans le respect des attributions du gouverneur dont les pouvoirs demeuraient inchangés.

Conseil exécutif – L'origine du Conseil exécutif remonte au temps du gouverneur Murray (1763-1768) qui forma un conseil pour l'aider dans l'administration de la province de Québec, faire les ordonnances et les lois requises pour son bien-être et organiser les tribunaux. En 1774, ce conseil perd ses fonctions législatives au profit du Conseil législatif. En 1791, l'*Acte constitutionnel* ne change rien au mode de nomination et aux attributions des conseillers exécutifs: le gouverneur n'est pas tenu de les choisir parmi les députés et ce caractère irresponsable du conseil provoque un affrontement qui dégénère en insurrection (1837-1838).

Sous le régime de l'*Acte d'Union,* à compter de 1848, les conseillers exécutifs sont choisis parmi les parlementaires qui composent la majorité, c'est-à-dire dont le parti contrôle la Chambre. Le principe de la responsabilité ministérielle continue de s'appliquer dans les parlements fédéral et provinciaux, même s'il n'est pas formellement inscrit dans la constitution établie en 1867. La désignation du premier ministre et le choix du ministre qui forment le Conseil exécutif n'est devenu qu'une formalité pour le représentant royal car il ne fait que ratifier le choix populaire.

Conseil législatif – Le premier Conseil législatif est créé par l'*Acte de Québec* de 1774. Formé d'un maximum de 23 membres, cet organisme a le pouvoir de faire des ordonnances pour la police, le bonheur et le bon gouvernement de la province de Québec. En 1791, l'*Acte constitutionnel* établit un Conseil législatif et une Assemblée élue dans chacune des deux provinces nouvellement créées: ces deux assemblées partagent le pouvoir législatif. Après un intervalle de trois ans (1838-1841) où la constitution fut suspendue, l'*Acte d'Union* rétablit un Conseil législatif dont les membres continuent d'être nommés par le gouverneur jusqu'en 1856: leur nombre est alors augmenté et le conseil devient électif. La Constitution de 1867 maintient au Québec le partage du pouvoir législatif entre le Conseil législatif, dont les 24 membres sont nommés par le lieutenant-gouverneur, et l'Assemblée. Disparu dans toutes les provinces qui en ont été pourvues à leur entrée dans la Confédération, le Conseil législatif de Québec a été aboli en décembre 1968.

Conseil privé – Le Conseil privé de la Reine pour le Canada a été créé par l'article 11 de l'*Acte de l'Amérique du Nord britannique* pour aider la souveraine «dans l'administration du gouvernement du Canada». En fait, ces conseillers privés ne se réunissent pas en tant que tels et ne remplissent aucune fonction réelle, sauf un nombre restreint d'entre eux qui sont appelés par le premier ministre du Canada à former le cabinet. Ce «comité du Conseil privé» est donc composé du premier ministre, des ministres titulaires et des ministres d'État. Ils exercent les fonctions que la constitution canadienne confie au Gouverneur-général-en-conseil, c'est-à-dire au gouverneur général agissant avec le consentement du Conseil privé.

Conseil souverain – Créé en 1663, le Conseil souverain comprenait le gouverneur, l'évêque, cinq conseillers, un procureur et un greffier, auxquels s'ajoutèrent par la suite l'intendant et un nombre variable de conseillers. Détenteur de pouvoirs administratifs très importants à l'origine, le Conseil souverain (devenu Conseil supérieur en 1703) est progressivement devenu un simple rouage auxiliaire de plus en plus limité à son rôle de cour d'appel en dernier ressort.

Conseil spécial – Créé en 1838, par la loi qui suspendait la constitution du Bas-Canada, le Conseil spécial était chargé de faire les lois et les ordonnances pour la gouverne de la Province du Bas-Canada. Composé de vingt-deux membres, il approuva l'union du Haut et du Bas-Canada en 1839 et disparut en 1841 avec la proclamation de l'*Acte d'Union.*

1. conseiller [kõseje] v. tr. [1] **1.** Donner conseil à (qqn). *Conseiller un enfant indécis.* **2.** Recommander (qqch) à (qqn). *Il lui a conseillé la patience.* ▷ Conseiller à (qqn) de. *Je vous conseille de partir à l'heure.* – Lat. pop. **consiliare,* class. *consiliari.*

2. conseiller, ère [kõseje, ɛʀ] n. **1.** Celui, celle qui donne des conseils. *Il s'est montré un conseiller avisé.*

– Fig. *La colère est mauvaise conseillère.* **2.** n. m. En France, membre des cours judiciaires et de certains conseils et tribunaux. *Conseiller à la Cour de cassation, à la cour d'appel.* – Lat. *consiliarius.*

conseilleur, euse [kõsɛjœʀ, øz] n. Vx Personne qui donne des conseils. – Mod. Prov. *Les conseilleurs ne sont pas les payeurs:* ceux qui donnent des conseils se montrent souvent hardis en paroles, car ce ne sont pas eux qui courent des risques. – De *conseiller.*

consensuel, elle [kõsɛ̃sɥɛl] adj. DR *Contrat consensuel,* qui est formé par le seul consentement des parties. – De *consensus.*

consensus [kõsɛ̃sys] n. m. **1.** PHYSIOL Relation qui existe entre les différentes parties du corps. **2.** Consentement, accord entre des personnes. – Mot lat., «accord».

consentant, ante [kõsɑ̃tɑ̃, ɑ̃t] adj. Qui consent, qui donne son adhésion. – Ppr. de *consentir.*

consentement [kõsɑ̃tmɑ̃] n. m. Approbation, adhésion donnée à un projet. *Donner son consentement.* – De *consentir.*

consentir [kõsɑ̃tiʀ] **1.** v. tr. indir. **[33]** Donner son consentement à. *Consentir à un mariage. Je consens à ce qu'il vienne.* ▷ Prov. *Qui ne dit mot consent:* se taire équivaut à consentir. **2.** v. tr. dir. Octroyer. *Le vendeur lui a consenti un rabais.* ▷ Litt. *Consentir que:* admettre, permettre que. – Lat. *consentire.*

conséquemment [kõsekamɑ̃] adv. **1.** Vieilli De manière conséquente, logique. **2.** *Conséquemment à:* par suite, en conséquence de. *Conséquemment à l'augmentation des prix.* – De *conséquence.*

conséquence [kõsekɑ̃s] n. f. **1.** Résultat, suite d'une action, d'un fait. *Une affaire ayant de graves conséquences.* – *Cela ne tire pas à conséquence:* cela n'a pas de réelle importance. ▷ *De conséquence:* important. *Une affaire de conséquence. Une affaire de peu de conséquence.* – *Sans conséquence:* sans importance, sans suite fâcheuse. **2.** Loc. adv. *En conséquence:* par conséquent. *En conséquence de:* en vertu de, conformément à. *En conséquence de vos instructions.* **3.** LOG Ce qui dérive, ce que l'on déduit d'un principe. *Tirer une (les) conséquence(s).* **4.** GRAM *Proposition de conséquence.* V. consécutif (sens 3). – Lat. *consequentia.*

conséquent, ente [kõsekɑ̃, ɑ̃t] adj. et n. m. **I.** adj. **1.** Qui est en accord avec soi-même, qui agit d'une manière logique. *Soyez conséquent avec vous-même!* **2.** Fam. (Emploi critiqué.) Considérable, important. *Une somme conséquente.* **3.** Loc. adv. *Par conséquent:* donc, en conséquence. *J'ai la grippe, par conséquent, je ne puis sortir.* **4** GEOMORPH Se dit d'un cours d'eau ou d'une dépression perpendiculaire à la ligne de crête. Ant. subséquent. **II.** n. m. LOG, MATH, GRAM Second terme d'une proposition, d'un rapport, d'un raisonnement, par oppos. à *antécédent.* – Lat *consequens,* ppr. de *consequor* «venir après, suivre».

conservateur, trice [kõsɛʀvatœʀ, tʀis] n. et adj. **1.** n. Personne chargée de garder qqch. – Titre de certains fonctionnaires. *Conservatrice de musée. Conservateur des hypothèques.* **2.** adj. et n. Qui est partisan, en faveur des valeurs, des institutions anciennes. *Un homme conservateur. Tendance conservatrice.* **3.** POLIT n. Membre ou partisan du parti conservateur (du Canada ou d'une province canadienne), ou, *par ext.,* du parti de l'Union nationale (V. unioniste). *Les milieux conservateurs. Une famille traditionnellement conservatrice.* – Cour. *Les conservateurs. Les conservateurs ont gagné deux nouveaux comtés.* (*Les conservateurs anglais:* V. tory.) ▷ adj. Propre ou relatif aux conservateurs, à leur parti. *Chef conservateur. Victoire conservatrice.* – Emploi adv. *Voter conservateur.* Syn. (fam.) bleu. **4.** n. m. AVIAT *Conservateur de cap:* compas gyroscopique. – De *conserver.*

conservation [kõsɛʀvasjõ] n. f. **1.** Action de conserver; résultat de cette action. *Conservation des aliments. Conservation des droits.* **2.** *Instinct de conservation:* instinct qui pousse un être vivant, l'être humain, à protéger sa propre vie. **3.** État de ce qui est conservé. *Cette momie est dans un état de conservation parfaite.* **4.** Fonction, charge de conservateur; administration qu'il dirige; bâtiment qui en est le siège. *La conservation d'un musée.* – Lat. *conservatio.*

conservatisme [kõsɛʀvatism] n. m. Opinion de ceux qui appartiennent à un parti conservateur, état d'esprit de ceux qui les soutiennent. Ant. progressisme. – De *conservateur* (sens 2.).

1. conservatoire [kõsɛʀvatwaʀ] adj. DR Qui conserve un droit. *Une saisie conservatoire. Un acte conservatoire.* – De *conserver.*

2. conservatoire [kõsɛʀvatwaʀ] n. m. Établissement où l'on enseigne la musique, l'art dramatique, la danse, etc. *Conservatoire d'art dramatique de Montréal. Conservatoire de musique de Montréal.* – Ital. *conservatorio.*

conserve [kõsɛʀv] n. f. **1.** Vieilli Substance alimentaire préparée de manière à se conserver longtemps (salée, fumée, sucrée). **2.** Substance alimentaire qui peut se garder longtemps dans un récipient hermétiquement clos. *Ouvrir une boîte de conserve. Des haricots en conserve.* **3.** MAR Vx Navire faisant route avec un autre pour le secourir au besoin. – Vieilli *Naviguer de conserve,* se dit de navires qui font route ensemble. **4.** Loc. adv. Fig. *De conserve:* ensemble, en accord. *Ils agissent de conserve.* – Déverbal de *conserver.*

conservé, ée [kõsɛʀve] adj. *Être bien conservé:* avoir encore toute sa fraîcheur, sa beauté, ou toute sa vivacité (en parlant d'une personne). – Pp. de *conserver.*

conserver [kõsɛʀve] v. tr. **[1]** **1.** Ne pas se défaire de, ne pas renoncer à. *Conserver de vieilles lettres. Conserver ses habitudes.* **2.** Ne pas perdre. *Conserver son emploi.* **3.** Maintenir en bon état; faire durer. *Conserver des fruits. Conserver une bonne santé.* ▷ Fig. *Je conserve précieusement ces souvenirs heureux.* – Lat. *conservare.*

conserverie [kõsɛʀvəʀi] n. f. **1.** Fabrique de conserves alimentaires. **2.** Industrie des conserves. – De *conserve.*

considérable [kõsideʀabl] adj. **1.** Vieilli Qui mérite considération. **2.** Puissant, important. *Une fortune considérable.* – De *considérer.*

considérablement [kõsideʀabləmɑ̃] adv. Énormément. – De *considérable.*

considérant [kõsideʀɑ̃] n. m. DR Chacun des motifs qui précèdent la décision d'un tribunal. – Ppr. de *considérer.*

considération [kõsideʀasjõ] n. f. **1.** Examen attentif que l'on fait d'une chose avant de se décider. *Un problème digne de considération.* – *Prendre en considération:* tenir compte de. *Prenez en considération l'âge de l'accusé.* **2.** Plur. Réflexions. *Se perdre en considérations oiseuses.* **3.** Motif, raison d'une action. *Cette considération l'a décidé.* ▷ *En considération de:* à cause de. *En considération des services rendus.* **4.** DR Motif incitant une personne à passer un contrat. Se dit également de la prestation à fournir en vertu d'un contrat (par ex., le prix). **5.** Estime, déférence. *Jouir de la considération publique.* – Lat. *consideratio.*

considérer [kõsideʀe] v. **[16]** **I.** v. tr. **1.** Regarder attentivement. *Il considérait le spectacle avec amusement.* **2.** Examiner, apprécier, envisager. *Considérer une affaire sous tous ses aspects.* **3.** Tenir compte de.

Je considère son seul mérite. **4.** Estimer, faire cas de. *Il veut qu'on le considère. Une personne très considérée dans la région.* **5.** *Considérer comme:* juger, estimer. *Je le considère comme un grand peintre.* **II.** v. pron. *Se considérer comme...:* estimer qu'on est... *Il se considère comme un génie méconnu.* – Lat. *considerare.*

consignataire [kõsiɲatɛʀ] n. m. **1.** DR Le tiers entre les mains duquel est faite une consignation. **2.** MAR Négociant ou commissionnaire qui représente dans un port les intérêts de l'armateur. – De *consigner.*

consignation [kõsiɲasjõ] n. f. **1.** DR Dépôt d'une somme entre les mains d'un tiers ou d'un officier public; somme ainsi déposée. **2.** COMM Dépôt de marchandises entre les mains d'un négociant, d'un commissionnaire. **3.** Le fait de consigner un emballage, une bouteille. – De *consigner.*

consigne [kõsiɲ] n. f. **1.** Ordre sous forme d'instruction donné à une sentinelle, un surveillant, un gardien, etc. *Donner, passer la consigne. La consigne est de...* ▷ Par ext. Instruction. **2.** Punition infligée à un soldat, à un élève, consistant en une privation de sortie. *Quatre jours de consigne. Élève en consigne,* en retenue. **3.** Endroit où l'on met les bagages en dépôt dans une gare, un aéroport. *Mettre une malle à la consigne. Utiliser la consigne automatique.* **4.** Somme que l'on rend en échange d'un emballage, d'une bouteille. *Cinquante cents de consigne.* – Déverbal de *consigner.*

consigner [kõsiɲe] v. tr. [1] **1.** DR Déposer chez un tiers une somme contre signature pour qu'elle soit délivrée ensuite à qui de droit. **2.** COMM Adresser à un consignataire. *Consigner pour deux mille dollars de marchandises à M. X.* **3.** Mettre par écrit. *Consigner un procès-verbal.* **4.** Priver de sortie. *Consigner un élève.* **5.** Donner des ordres pour empêcher l'accès ou la sortie (d'un lieu). *Consigner sa porte à qqn:* refuser de le recevoir. **6.** Mettre ses bagages à la consigne d'une gare, d'un aéroport. *Une malle consignée.* **7.** Facturer un emballage, une bouteille, qui, une fois rendus, seront remboursés. *Cette bouteille n'est pas consignée.* – Lat. *consignare,* «sceller».

consistance [kõsistɑ̃s] n. f. **1.** Degré de liaison, de rapprochement des molécules d'un corps, qui lui donne sa dureté ou sa mollesse, sa rigidité ou son élasticité. *La consistance molle de l'argile humide.* **2.** *Absol.* État d'une matière fluide qui prend une certaine solidité. *Une pâte sans consistance.* – *Par ext.* Stabilité, solidité, permanence. *Un esprit sans consistance. La nouvelle prend de la consistance,* commence à se confirmer. – De *consister.*

consistant, ante [kõsistɑ̃, ɑ̃t] adj. **1.** Qui possède de la consistance. *Une soupe consistante.* **2.** Fig. Solide. *Il n'a aucun argument consistant à m'opposer.* – Ppr. de *consister.*

consister [kõsiste] v. intr. [1] **1.** *Consister dans, en:* avoir pour essence. *La beauté consiste dans l'harmonie.* **2.** *Consister en:* être composé de. *Sa fortune consiste en rentes.* **3.** *Consister à* (+ inf.): se limiter à. *Votre tâche consiste à trier ces papiers. Le tout consiste à savoir...:* l'important est de savoir... – Lat. *consistere,* «se tenir ensemble».

consistoire [kõsistwaʀ] n. m. **1.** Dans l'Église cathol., réunion des cardinaux sur convocation du pape. **2.** Direction administrative de certaines communautés religieuses. *Consistoire protestant, israélite.* – Du bas lat. *consistorium,* «assemblée» .

consistorial, iale, iaux [kõsistɔʀjal, jo] adj. et n. **1.** adj. Qui appartient à un consistoire, qui en émane. **2.** n. m. Membre d'un consistoire. *Les consistoriaux:* les membres des consistoires protestants. – De *consistoire.*

consœur [kõsœʀ] n. f. Féminin de *confrère.* – De *sœur,* d'ap. *confrère.*

consolable [kõsɔlabl(ə)] adj. Qui peut être consolé. *Une douleur difficilement consolable.* – De *consoler.*

consolant, ante [kõsɔlɑ̃, ɑ̃t] adj. Qui console, qui est propre à consoler. *Une nouvelle consolante.* – Ppr. de *consoler.*

consolateur, trice [kõsɔlatœʀ, tʀis] adj. et n. Qui console. *Un espoir consolateur. Elle a joué les consolatrices.* – De *consoler.*

consolation [kõsɔlasjõ] n. f. **1.** Soulagement apporté à la douleur morale de qqn. *Recevoir des paroles de consolation.* **2.** Sujet de soulagement, de satisfaction. *Les succès du fils sont la consolation du père.* **3.** La personne qui console. *Vous êtes ma seule consolation.* – De *consoler.*

console [kõsɔl] n. f. **1.** ARCHI Pièce en saillie en forme de S, destinée à supporter un balcon, une corniche, etc. **2.** Table à deux ou quatre pieds en forme de S, appuyée contre un mur, à la mode surtout sous Louis XV. **3.** TECH Pièce encastrée dans une paroi, servant de support. **4.** MUS Dans une harpe, la partie supérieure. – Dans un orgue, meuble placé devant le buffet, qui comporte le pédalier, les claviers et les registres. ▷ ELECTROACOUST *Console de mixage:* pupitre de mixage des diverses sources sonores. **5.** INFORM Périphérique ou terminal permettant de communiquer avec l'unité centrale ou de la contrôler. – De *con-,* et *sole,* «poutre».

consoler [kõsɔle] v. tr. [1] **1.** Soulager (qqn) dans sa douleur, son affliction. *Consoler les affligés.* **2.** Litt. Adoucir (un sentiment pénible). *Cet espoir console sa douleur.* **3.** v. pron. *Se consoler:* oublier son chagrin. *Il se console de cet échec.* – Lat. *consolare.*

consolidation [kõsɔlidasjõ] n. f. **1.** Action de consolider; son résultat. *La consolidation d'une fortune.* **2.** CHIR Action physiologique amenant la réunion des os fracturés par formation d'un cal. *Consolidation d'une fracture.* **3.** FIN *Consolidation d'un bilan:* opération comptable consistant à faire apparaître la situation financière globale d'un groupe de sociétés. – Conversion d'une dette à court terme en dette à long terme. – De *consolider.*

consolidé, ée [kõsɔlide] adj. FIN Qui a été soumis à une consolidation. *Bilan consolidé.* – Pp. de *consolider;* de l'angl. *consolidated (annuities),* même orig. que *consolider.*

consolider [kõsɔlide] **1.** v. tr. [1] Affermir, rendre plus solide. *Consolider un édifice.* ▷ Fig. *Consolider sa puissance.* **2.** v. pron. CHIR *Se consolider:* se réparer, en parlant d'une fracture. **3.** v. tr. FIN Convertir une dette à court terme en une dette à long terme. ▷ Réunir en un seul plusieurs bilans. – Lat. *consolidare,* de *solidus,* «solide».

consommable [kõsɔmabl] adj. Qui peut être consommé. – De *consommer.*

consommateur, trice [kõsɔmatœʀ, tʀis] n. **1.** Personne qui achète des produits pour les consommer. *La défense des consommateurs.* **2.** Personne qui boit ou mange dans un café, une brasserie. **3.** THEOL Celui qui consomme, accomplit, amène à perfection. – De *consommer.*

consommation [kõsɔmasjõ] n. f. **1.** Achèvement, accomplissement. *La consommation d'un sacrifice. La consommation du mariage:* l'union charnelle des époux. – *La consommation des siècles:* la fin des siècles, la fin du monde. **2.** Usage que l'on fait de certains produits dont on ne peut se servir qu'en les détruisant. *Ils cultivent les légumes nécessaires à leur consommation.* **3.** ECON Emploi, pour la satisfaction des besoins des êtres humains, des biens produits antérieurement. *Société de consommation:* se dit, parfois péjorativement, d'un type de société où l'accroissement de la production débouche sur la multiplication des produits à consommer, et par conséquent sur la création de nouveaux besoins et désirs. **4.** Ce qu'on boit dans un café, une brasserie. *Le garçon apporte les consommations.* – De *consommer.*

consommé, ée [kõsɔme] adj. et n. m. **1.** adj. Parvenu au plus haut degré, parfait. *Un musicien consommé.* **2.** n. m. Bouillon produit par la viande dont on a épuisé tout le suc par la cuisson. *Un consommé de volaille.* – Pp. de *consommer.*

consommer [kõsɔme] v. tr. [1] **1.** Accomplir, achever. *Il n'a pas eu le temps de consommer son crime.* **2.** Se servir de choses qui se détruisent par l'usage. *Consommer de la viande, du blé.* – Absol. *On consomme beaucoup.* **3.** User (choses). *Moteur qui consomme trop d'huile.* **4.** v. intr. Prendre une consommation, dans un café. – Lat. *consummare,* «faire la somme».

consomptible [kõsõptibl] adj. DR Qui peut être consommé. – Lat. *consumptibilis.*

consomptif, ive [kõsõptif, iv] adj. MED Qui s'accompagne de consomption. – De *consomption.*

consomption [kõsõpsjõ] n. f. MED Amaigrissement et perte des forces dans les maladies graves et prolongées. – Lat. *consumptio.*

consonance [kõsɔnɑ̃s] n. f. **1.** Ressemblance de sons dans la terminaison de deux ou plusieurs mots. **2.** MUS L'harmonie classique occidentale (intervalles des sons, accords) considérée qualitativement. *Consonances parfaites, imparfaites.* **3.** *Par ext.* Suite de sons. *Une langue aux consonances peu harmonieuses.* – Lat. *consonantia.*

consonant, ante [kõsɔnɑ̃, ɑ̃t] adj. MUS Qui est formé par des consonances, qui produit une consonance. *Accord consonant.* – GRAM *Mots consonants,* qui ont une terminaison semblable. – Lat. *consonans, consonantis.*

consonantique [kõsɔnɑ̃tik] adj. PHON Qui a le caractère de la consonne. – De *consonance.*

consonantisme [kõsɔnɑ̃tism] n. m. PHON Système des consonnes d'une langue. – De *consonne.*

consonne [kõsɔn] n. f. **1.** Phonème résultant de la rencontre de l'émission vocale et d'un obstacle formé par la gorge ou la bouche. *Consonnes dentales:* [d] et [t]; *bilabiales:* [b] et [p]; *labiodentales:* [f] et [v]; *palatales* ou *vélaires:* [g] et [k]; *alvéolaires:* [s] et [z], *etc.* **2.** Lettre qui représente une consonne. – Lat. gram. *consona,* «dont le son se joint à».

consort [kõsɔʀ] n. et adj. m. **1.** n. m. plur. (souvent péjor.). Ceux qui sont engagés avec qqn dans une affaire louche. *Escrocs et consorts.* **2.** adj. *Prince consort:* époux d'une reine, qui n'est pas roi lui-même. *Le prince consort des Pays-Bas.* – Lat. *consors, consortis,* «qui partage le sort».

consortium [kõsɔʀsjɔm] n. m. FIN Association d'entreprises. *Des consortiums.* – Mot angl., du lat., «association».

consoude [kõsud] n. f. Plante herbacée vivace (Borraginacées) autrefois utilisée en médecine, dont une espèce, la consoude officinale (*Symphitum officinale*), est particulièrement abondante autour de la ville de Québec. – Bas lat. *consolida,* de *consolidare,* «affermir», à cause de ses propriétés.

conspirateur, trice [kõspiʀatœʀ, tʀis] n. et adj. **1.** n. Personne qui conspire. *Il affecte des airs de conspirateur.* **2.** adj. Rare *Des ruses conspiratrices.* – De *conspirer.*

conspiration [kõspiʀasjõ] n. f. **1.** Complot, conjuration contre l'État, le pouvoir. **2.** Entente secrète contre qqn (ou qqch). *Une conspiration contre vous.* – De *conspirer.*

conspirer [kõspiʀe] v. [1] **1.** v. intr. Ourdir une conspiration. *Conspirer contre le souverain.* **2.** v. tr. Vieilli Projeter en secret, tramer. *Conspirer la mort d'un ennemi.* **3.** v. tr. indir. Fig., litt. Concourir, tendre au même but. *Tout conspire à votre bonheur.* – Lat. *conspirare,* «souffler ensemble».

conspuer [kõspɥe] v. tr. [1] Manifester bruyamment son hostilité contre (qqn), en parlant d'un groupe, d'une foule. *L'orateur s'est fait conspuer par les opposants.* – Lat. *conspuere,* «cracher sur».

constable [kõstabl] n. m. Membre d'un corps de police. – Mot angl., de l'a. fr. *conestable.*

constabulaire [kõstabylɛʀ] adj. *Force constabulaire:* ensemble des membres d'un corps de police. – De *constable.*

constamment [kõstamɑ̃] adv. **1.** Invariablement, toujours. *Constamment vainqueur.* **2.** Très souvent. *Il vient constamment la voir.* **3.** Vx Avec fermeté, avec persévérance. *Aimer constamment.* – De *constant.*

constance [kõstɑ̃s] n. f. **1.** Vieilli Fermeté, courage. *Souffrir avec constance.* **2.** Persistance, persévérance, en partic. dans ses attachements. *La constance d'une amitié. La constance d'un amant.* ▷ Fam. Patience. *Pour supporter ces enfants, il faut de la constance!* **3.** État de ce qui ne change pas. *Constance des liquides de l'organisme.* ▷ BOT *En phytosociologie, la «constance» mesure la présence d'une même espèce dans divers relevés de la même association végétale.* – De *constant.*

constant, ante [kõstɑ̃, ɑ̃t] adj. et n. f. **I.** adj. **1.** Vx Ferme, courageux. *Une âme constante.* **2.** Qui ne change pas; persévérant. *Constant en amour.* **3.** Qui dure; non interrompu. *Une tradition constante.* **4.** Rare Certain, indubitable. *Il est constant que...* **II.** n. f. **1.** ASTRO *Constante solaire:* quantité d'énergie de rayonnement solaire parvenant aux confins de l'atmosphère. **2.** MATH et PHYS Coefficient ou quantité dont la valeur ne change pas, par oppos. à *variable.* ▷ *Constante de temps:* temps pendant lequel la valeur d'une grandeur à décroissance exponentielle est divisée par e, base des logarithmes népériens. **3.** BIOL *Constante biologique:* élément dont le nombre ou la concentration ne varie pas dans l'organisme et sert de base de normalité. – Lat. *constans, constantis,* «qui se tient fermement».

constantan [kõstɑ̃tɑ̃] n. m. METALL Alliage de cuivre (55 %) et de nickel (45 %) dont la résistivité varie peu avec la température. – Orig. incert.

constat [kõsta] n. m. **1.** Procès-verbal, par ministère d'huissier, constatant un fait. ▷ *Constat amiable:* formulaire utilisé en cas de collision entre véhicules, rempli sur les lieux mêmes de la collision et signé par les parties. **2.** Fig. Ce qui permet de constater qqch. *Sa réflexion l'amène à un constat d'échec.* – Mot lat., «il est certain».

constatation [kõstatasjõ] n. f. **1.** Action de constater. *Constatation d'un fait par des témoins.* **2.** Fait constaté et rapporté, qui sert de preuve. *D'après les constatations d'un voyageur.* – De *constater.*

constater [kõstate] v. tr. [1] **1.** Vérifier, établir, certifier la réalité d'un fait. *Constater la mort de qqn. Constater par un procès-verbal.* **2.** Remarquer, s'apercevoir de. *Constater des différences. Je constate que la porte ferme mal.* – Du lat. *constat,* «il est certain».

constellation [kõstɛlasjõ] n. f. **1.** Groupement apparent d'étoiles ayant une configuration propre. *Noms de constellations:* la Grande Ourse, Persée, le Lion, etc. **2.** Groupe d'objets brillants. **3.** Fig. Réunion de personnes illustres. *Une constellation de vedettes.* – Lat. *constellatio,* de *stella,* «étoile».

constellé, ée [kõstɛlle] adj. **1.** Parsemé d'étoiles. *Un ciel constellé.* 2. Parsemé d'objets, en général brillants. *Une couronne constellée de diamants.* **3.** Fig. Parsemé en abondance. *Ce texte est constellé de fautes.* – Lat. *constellatus,* de *constellatio,* «constellation».

consteller [kõstɛlle] v. tr. [1] **1.** Parsemer d'étoiles. **2.** Fig. Parsemer, couvrir en abondance de. – De *constellé,* ou de *constellation.*

consternant, ante [kõstɛʀnɑ̃, ɑ̃t] adj. Qui consterne. *Une nouvelle consternante.* – Ppr. de *consterner.*

consternation [kõstɛʀnasjõ] n. f. Stupeur causée par un événement pénible, surprise douloureuse, accablement. – Lat. *consternatio.*

consterner [kõstɛʀne] v. tr. [1] Jeter dans l'accablement. *Cette nouvelle nous a consternés.* – Lat. *consternare,* «abattre».

constipation [kõstipasjõ] n. f. Retard ou difficulté dans l'évacuation des selles, d'origine fonctionnelle ou organique. – De *constiper.*

constipé, ée [kõstipe] adj. et n. **1.** Qui souffre de constipation. **2.** Fig., fam. Taciturne, embarrassé, contraint. – Pp. de *constiper.*

constiper [kõstipe] v. tr. [1] Causer la constipation. *Cette alimentation m'a constipé.* – (S. comp.) *Certains aliments constipent.* – Lat. *constipare,* «serrer».

constituant, ante [kõstitɥɑ̃, ɑ̃t] adj. et n. **1.** adj. Qui entre dans la composition de qqch. *Les parties constituantes d'une substance chimique.* **2.** n. m. CHIM Corps pur qui participe à un équilibre. **3.** adj. *Assemblée constituante,* qui donne une constitution. – Ppr. de *constituer.*

constitué, ée [kõstitɥe] adj. **1.** *Les autorités constituées, les corps constitués,* établis par la Constitution. **2.** *Être bien, mal constitué,* de bonne, de mauvaise constitution physique. – Pp. de *constituer.*

constituer [kõstitɥe] v. tr. [1] **1.** Former un tout, par la réunion de deux ou plusieurs choses. *Ces trois maisons constituent tout le village.* **2.** Être en soi, représenter. *Le loyer constitue la plus grande partie de ses dépenses.* **3.** DR Établir, mettre (qqn) dans une situation légale. *Il a constitué son neveu son héritier.* **4.** DR Établir (qqch) pour qqn. *Constituer une rente, une pension à qqn,* s'engager à lui payer une rente, une pension. **5.** Créer, organiser. *Constituer un groupe de recherches.* **6.** v. pron. *Se constituer partie civile. Se constituer prisonnier:* se livrer à la justice. – Lat. *constituere,* de *statuere,* «statuer».

constitutif, ive [kõstitytif, iv] adj. **1.** Qui fait partie de. **2.** Qui constitue l'essentiel de. **3.** DR *Titre constitutif,* qui établit un droit. – De *constituer.*

constitution [kõstitysjõ] n. f. **1.** Ensemble des éléments constitutifs de qqch; composition. *La constitution des corps.* **2.** Complexion du corps humain (état général de son organisation et de sa nutrition). *Être de constitution délicate.* **3.** Création, fondation. *Présider à la constitution d'un ciné-club.* **4.** Ensemble des lois fondamentales qui déterminent la structure, l'organisation, les fonctions et les pouvoirs du gouvernement d'un État. **5.** DR Acte par lequel une personne en établit une autre dans une situation juridique. *Constitution d'avocat.* **6.** Actes solennels des papes et des conciles. *Constitution pastorale.* – De *constituer.*

ENCYCL De sa prise de possession par la France jusqu'à la Conquête, le Canada a connu un régime colonial. Jusqu'en 1608, la métropole y était représentée par un vice-roi, puis, jusqu'en 1647, par un gouverneur. À cette date, le roi de France crée le Conseil de Québec pour administrer les affaires de la colonie. En 1663, il remplace ce conseil par le Conseil souverain, devenu en 1703 le Conseil supérieur.

Après la capitulation de Québec (1759) et de Montréal (1760), le Canada est régi par un gouvernement militaire composé du général en chef des troupes anglaises et des gouverneurs de Québec, Montréal et Trois-Rivières.

Peu après la cession de la Nouvelle-France à l'Angleterre par le *Traité de Paris,* la *Proclamation royale* (7 octobre 1763) crée la «Province de Québec» dont le territoire est réduit à la vallée du Saint-Laurent. Cette colonie est sous la responsabilité d'un gouverneur général assisté d'un conseil formé des lieutenants-gouverneurs de Montréal et de Trois-Rivières, du juge en chef, de l'inspecteur des douanes et de huit notables. La proclamation abolit la dîme et exclut les catholiques du fonctionnarisme. Elle décrète l'application des lois anglaises, tant civiles que criminelles, et autorise le gouverneur à convoquer une assemblée parlementaire dès que l'état de la colonie le permettra.

En 1774, l'*Acte de Québec* étend les frontières de la province de Québec du Labrador jusqu'au confluent de l'Ohio et du Mississippi. Il rétablit la dîme et le droit civil français, et ouvre les portes du fonctionnarisme aux catholiques en abolissant le «serment du test». L'*Acte de Québec* n'accorde aucune institution représentative à la colonie, mais il crée un Conseil législatif nommé par la Couronne auquel il donne le pouvoir de faire, avec le gouverneur, des ordonnances en vue de la paix, de l'ordre et du bien-être dans la province.

En 1791, l'*Acte constitutionnel* divise le Canada en deux provinces, le Haut-Canada, d'où va naître l'Ontario, et le Bas-Canada, qui constituait la partie sud du Québec actuel. Dans les deux provinces, la loi de 1791 crée des institutions identiques: un gouverneur, un Conseil législatif, dont les membres sont nommés à vie, et une assemblée élue au suffrage censitaire qui possède, conjointement avec le Conseil, le pouvoir de voter les lois que le gouverneur peut toutefois réserver au bon plaisir de la Couronne. En 1792, une ordonnance modifie la composition du Conseil exécutif, dont l'origine remonte à 1764, en réduisant le nombre de membres à neuf. Les conseillers exécutifs ne sont pas choisis parmi les membres de la chambre élue et ne sont donc pas responsables devant cette dernière, qui compte cinquante membres à l'origine et quatre-vingt-dix au moment où la Constitution est suspendue, après l'insurrection de 1837.

La loi anglaise qui suspend la Constitution, en février 1838, crée aussi un Conseil spécial chargé de faire les lois et les ordonnances pour la gouverne du Bas-Canada. Ce Conseil, dont les membres sont nommés par la Couronne, disparaît en 1841 avec la proclamation de l'*Acte d'Union.*

Adopté par le Parlement britannique en 1840, l'*Acte d'Union* fusionne les deux provinces en une seule, où on retrouve les institutions établies en 1791: un gouverneur responsable devant le Parlement britannique, un Conseil exécutif nommé par la Couronne, un Conseil législatif de vingt-quatre membres, nommés à vie – puis élus, à compter de 1856 – et une Assemblée législative qui comprend 84 députés – 130 après 1853 – élus en nombre égal par chacune des deux anciennes provinces. En 1848, Londres accepte finalement que soit appliqué le principe de responsabilité ministérielle.

En créant une fédération des colonies britanniques, l'*Acte de l'Amérique du Nord britannique* (aujourd'hui désigné sous le nom de *Loi constitutionnelle de 1867)* a divisé le pouvoir politique entre une autorité centrale ou fédérale et des autorités provinciales, au nombre de quatre à l'origine, dont le Québec. En règle générale, tout ce qui touche à l'organisation sociale, civile, familiale, scolaire et municipale relève de la juridiction provinciale, tandis que la défense, les douanes, les postes et la monnaie, notamment, relèvent du pouvoir central. La loi de 1867 recrée, d'une certaine façon, le Bas-Canada, puisque les frontières et les institutions politiques s'apparentent à celles de 1791-1838. Le lieutenant-gouverneur est assisté d'un Conseil exécutif. Le Conseil législatif comprend vingt-quatre membres nommés à vie et l'Assemblée législative, soixante-cinq députés élus pour quatre ans. Avec le début du XXe siècle, le Canada va progressivement se libérer de la tutelle anglaise et conquérir sa souveraineté en politique internationale, d'abord, par l'affirmation d'une identité propre (Conférence impériale de 1923), puis en politique intérieure, par la rupture des derniers liens coloniaux (*Statut de Westminster* en 1931, fin du recours au Comité judiciaire du Conseil privé de Londres comme tribunal de dernière instance, attribution de la plénitude des pouvoirs royaux au gouverneur général en 1952, drapeau distinctif en 1965, «rapatriement» de la Constitution en 1982). Le Canada conserve toutefois son régime de monarchie constitutionnelle, la reine d'Angleterre étant aussi la reine du Canada, mais son représentant au Canada est choisi, en pratique, par le gouvernement canadien. Parallèlement, sur le plan intérieur, on assiste à l'effacement progressif des fonctions de gouverneur général et de lieutenant-gouverneur au profit de celle de premier ministre, qui est devenu le personnage central des institutions politiques. Québec a délaissé le bicaméralisme en 1968 en abolissant le Conseil législatif. Son Assemblée législative est alors devenue l'Assemblée nationale. Elle compte actuellement 122 députés élus pour un mandat maximal de cinq ans. Le Parlement du Canada se compose d'un Sénat et d'une Chambre des communes où siègent 282 députés également élus pour un mandat maximal de cinq ans.

constitutionnaliser [kõstitysjɔnalize] v. tr. [1] DR Rendre constitutionnel (un texte de loi). – De *constitutionnel.*

constitutionnalité [kõstitysjɔnalite] n. f. Conformité à la constitution de l'État. – De *constitutionnel.*

constitutionnel, elle [kõstitysjɔnɛl] adj. **1.** MED *Maladie constitutionnelle,* qui relève de la constitution de l'individu. **2.** Régi par une constitution. *Monarchie constitutionnelle.* **3.** Conforme à la constitution de l'État. **4.** Relatif à la constitution de l'État. *Loi constitutionnelle.* **5.** Qui est partisan de la constitution de l'État. **6.** *Droit constitutionnel:* partie du droit qui étudie les constitutions et leur fonctionnement. – De *constitution.*

constitutionnellement [kõstitysjɔnɛlmɑ̃] adv. Conformément à une constitution. – De *constitutionnel.*

constricteur [kõstʀiktœʀ] adj. m. [et n. m.] **1.** ANAT *Muscle constricteur,* qui resserre, en agissant circulairement. – Subst. *Un constricteur.* **2.** ZOOL *Boa constricteur* ou *constrictor,* ainsi nommé parce qu'il s'enroule autour de ses proies puis se contracte pour les étouffer. – Du lat. *constrictus,* «resserré, compact».

constrictif, ive [kõstʀiktif, iv] adj. MED Qui resserre. *Douleur constrictive.* – Bas lat. *constrictivus.*

constriction [kõstʀiksjõ] n. f. Resserrement par pression circulaire. – Lat. *constrictio.*

constrictor [kõstʀiktoʀ]. V. constricteur sens 2.

constringence [kõstʀɛ̃ʒɑ̃s] n. f. PHYS Inverse du pouvoir dispersif d'une substance. – Lat. *constringens, constringentis,* de *constringere,* «resserrer».

constructeur, trice [kõstʀyktœʀ, tʀis] n. et adj. **1.** n. Personne qui construit. *Constructeur d'ordinateurs.* ▷ Adj. *Les castors, animaux constructeurs.* **2.** adj. Qui établit qqch de nouveau. *Esprit constructeur.* – Bas lat. *constructor* .

constructif, ive [kõstʀyktif, iv] adj. **1.** Apte, propre à construire, à créer. **2.** Positif. *Des propositions constructives.* – Lat. *constructivus,* de *construere,* «construire».

construction [kõstʀyksjõ] n. f. **1.** Action de construire. *La construction d'un navire.* **2.** Édifice. *Un ensemble de constructions nouvelles.* **3.** Ensemble des techniques qui concourent à l'acte de construire des bâtiments et des ouvrages de génie civil. ▷ *Par ext.* Branche particulière de l'industrie. *Construction mécanique, aérospatiale, navale.* **4.** Fig. Élaboration. *Une construction de l'esprit.* ▷ Art de la composition littéraire. *La construction d'un discours.* **5.** *Jeu de construction:* jeu d'enfant constitué d'éléments, de cubes, qui servent à dresser de petits ensembles figurant des maisons, des monuments, etc. **6.** GRAM Arrangement des mots suivant les règles et l'usage de la langue. **7.** GEOM Tracé d'une figure. *Construction d'un pentagone régulier.* – Lat. *constructio.*

constructivisme [kõstʀyktivism] n. m. Mouvement artistique issu des recherches d'avant-garde qui animèrent les arts en Russie de 1913 à 1922 environ. (Ses principaux initiateurs, le peintre et sculpteur Tatline, les sculpteurs Gabo et Pevsner, prônèrent la valorisation de l'espace en tant que tel, et l'abandon du cubisme et du futurisme qui visaient encore à sa représentation.) – De *constructif.*

constructiviste [kõstʀyktivist] n. et adj. Adepte du constructivisme. – De *constructif.*

construire [kõstʀɥiʀ] v. tr. [71] **1.** Disposer, assembler les parties pour former (un tout), bâtir. *Construire une machine, un pont.* **2.** Fig. Composer. *Construire un poème.* **3.** GRAM Arranger, disposer les mots d'une phrase suivant les règles de l'usage. *Construire une phrase.* **4.** GEOM Tracer (une figure). *Construire un triangle rectangle.* – Lat. *construere,* de *struere,* «élever».

consubstantialité [kõsypstɑ̃sjalite] n. f. THEOL Unité et identité de substance entre les trois personnes de la Trinité. – Lat. ecclés. *consubstantialitas.*

consubstantiation [kõsypstɑ̃sjasjõ] n. f. THEOL *Dogme de la consubstantiation:* dogme luthérien selon lequel la présence du Christ dans l'eucharistie ne fait pas disparaître la substance même du pain et du vin. – Lat. ecclés. *consubstantiatio.*

consubstantiel, ielle [kõsypstɑ̃sjɛl] adj. **1.** THEOL De la même substance. *Le Fils est consubstantiel au Père.* **2.** Inséparable. – Lat. ecclés. *consubstantialis.*

consul [kõsyl] n. m. **1.** ANTIQ Chacun des deux magistrats qui se partageaient, à Rome, le pouvoir exécutif au temps de la République, pendant une période d'une année, non renouvelable. **2.** Au Moyen Âge, titre donné, dans certaines villes de France, dans le Midi en partic., aux magistrats municipaux. – Juge choisi parmi les marchands pour régler les contestations commerciales. **3.** Titre des trois magistrats suprêmes de la République française de 1799 à 1804. *Le premier consul,* Napoléon Bonaparte. **4.** Mod. Agent diplomatique chargé, à l'étranger de la défense et de l'administration des ressortissants de son pays. *Le consul de France à Québec.* (Rem.: Comme forme féminine, l'OLF recommande *une consule* au sens 4.) – Mot lat.

consulaire [kõsylɛʀ] adj. **1.** Qui est propre aux consuls romains. **2.** Mod. Qui se rapporte à un consulat à l'étranger. – Lat. *consularis.*

consulat [kõsyla] n. m. **1.** HIST Dans la Rome antique, dignité, charge de consul; temps pendant lequel un consul exerçait sa charge. – En France, gouvernement de trois consuls institué par la Constitution de l'an VIII; le temps qu'il dura (1799-1804). **2.** Charge de consul dans une ville étrangère. – *Par ext.* Lieu où demeure un consul, où il a ses bureaux. – Lat. *consulatus.*

consultable [kõsyltabl] adj. Qui peut être consulté. *Ce livre épuisé en librairie est consultable en bibliothèque.* – De *consulter.*

consultant, ante [kõsyltɑ̃, ɑ̃t] adj. et n. **1.** adj. Celui, celle qui donne avis et conseil. *Avocat consultant:* avocat-conseil. *Médecin consultant.* **2.** n. Client, cliente d'un médecin, qui vient consulter. – Ppr. de *consulter.*

consultatif, ive [kõsyltatif, iv] adj. Constitué pour donner un avis, sans pouvoir de décision. *Comité consultatif. Assemblée consultative.* – De *consulter.*

consultation [kõsyltasjõ] n. f. **1.** Action de consulter. *Consultation populaire:* élection, référendum. **2.** Examen d'un malade par un médecin, et l'avis de celui-ci. **3.** Réunion de médecins délibérant sur le moyen de secourir un malade. **4.** Conférence pour examiner une affaire. *Faire une consultation.* **5.** DR Avis écrit donné par un avocat. – Lat. *consultatio.*

consulte [kõsylt] n. f. Nom donné en Italie et dans quelques cantons suisses à certains conseils, permanents ou temporaires. *La consulte des finances de Rome.* – Ital. *consulta.*

consulter [kõsylte] **I.** v. tr. [1] **1.** Prendre l'avis de, s'adresser à (qqn) pour un conseil. *Consulter un avocat, un médecin, une voyante.* – (S. comp.) *Malade qui vient pour consulter.* ▷ v. intr. MED Conférer, délibérer. *Les spécialistes consultent ensemble.* **2.** Examiner pour chercher des renseignements. *Consulter un dictionnaire, des archives.* **3.** Examiner pour se déterminer. *Consulter ses goûts, ses intérêts. Consulter ses forces:* examiner si l'on est capable d'entreprendre une chose. **II.** v. pron. récipr. *Se consulter:* délibérer sur une question. *Ils se consultent pour savoir quoi faire.* – Lat. *consultare.*

consulteur [kõsyltœʀ] n. m. RELIG CATHOL Docteur en théologie commis par le pape pour donner son avis sur certaines matières. *Consulteur du Saint-Office.* – De *consulter.*

consumer [kõsyme] v. tr. [1] **1.** Détruire par combustion. *Le feu consuma l'édifice.* **2.** Rare Dépenser. *Consumer son temps en démarches inutiles. Consumer son patrimoine,* le perdre, le dissiper inutilement. **3.** Litt. Épuiser, faire dépérir. *La fièvre, les chagrins le consument.* **4.** v. pron. Litt. *Se consumer:* dépérir, s'épuiser. *Se consumer de chagrin.* – Lat. *consumere,* «détruire».

consumérisme [kõsymeʀism] n. m. Doctrine économique et commerciale des organisations de défense des consommateurs; l'action menée par ces organisations ou par les consommateurs eux-mêmes. – Angl. *consumerism,* de *consumer* (n.), «consommateur».

contact [kõtakt] n. m. **1.** État de corps qui se touchent; action par laquelle des corps se touchent. *Point de contact.* **2.** Liaison, relation. *Mettre deux personnes en contact. Prendre contact, entrer en contact avec qqn:* entrer en liaison avec lui. **3.** MILIT Proximité permettant le combat. **4.** ELECTR Liaison de deux conducteurs assurant le passage d'un courant. – Cour. Dispositif d'allumage d'un moteur à explosion. **5.** GEOM Propriété de deux courbes qui ont en un point la même tangente. **6.** TECH *Lentille, verre de contact:* cupule jouant le rôle de lentille correctrice, que l'on applique directement sur le globe oculaire. – Lat. *contactus,* rac. *tangere,* «toucher».

contacter [kõtakte] v. tr. [1] **1.** Établir une liaison, un contact avec (qqn, des personnes). (Emploi déconseillé par certains puristes.) **2.** ELECTR Établir un contact avec. – De *contact,* d'ap. l'angl.

contacteur [kõtaktœʀ] n. m. ELECTR Interrupteur commandé à distance. – De *contact.*

contactologie [kõtaktɔlɔʒi] n. f. MED Partie de l'ophtalmologie consacrée aux lentilles de contact. – De *contact,* et *-logie.*

contadin. V. comtadin.

contage [kõtaʒ] n. m. MED Support matériel de la contagion. – Lat. scientif. *contagium.*

contagieux, ieuse [kõtaʒjø, jøz] adj. et n. **1.** Transmissible par un contage. *Maladie contagieuse.* ▷ Subst. Sujet atteint d'une maladie contagieuse. **2.** Fig. Qui se communique facilement. *Un fou rire contagieux.* – De *contagion.*

contagion [kõtaʒjõ] n. f. **1.** Transmission d'une maladie par contact direct ou indirect. **2.** Fig. Imitation involontaire. – Lat. *contagio,* rac. *tangere,* «toucher».

contagiosité [kõtaʒjɔzite] n. f. MED Caractère de ce qui est contagieux. – De *contagieux.*

contamination [kõtaminasjõ] n. f. **1.** MED Souillure par des germes pathogènes, par un contage, et, par ext., par des substances radioactives. **2.** METALL Introduction non souhaitée d'un élément dans un métal ou un alliage, altérant ses caractéristiques. **3.** Fig. Souillure. – Lat. *contaminatio.*

contaminer [kõtamine] v. tr. [1] **1.** MED Introduire des germes pathogènes et, par ext., des substances radioactives dans un objet ou un être vivant. *Contaminer de l'eau.* **2.** Fig. Souiller. – Lat. *contaminare.*

conte [kõt] n. m. **1.** Récit d'aventures imaginaires. *«Contes»,* de La Fontaine (1665-1682); *«Trois Contes»,* de Flaubert (1877). *Conte de fées.* **2.** Histoire peu vraisemblable. *Conte à dormir debout, conte en l'air.* – De *conter.*

contemplateur, trice [kõtɑ̃platœʀ, tʀis] adj. et n. Qui contemple, se plaît à la contemplation, à l'observation, à la méditation. – De *contempler.*

contemplatif, ive [kõtɑ̃platif, iv] adj. et n. **1.** Adonné à la contemplation, à la méditation. *Mener une vie contemplative.* **2.** RELIG CATHOL *Ordres contemplatifs,* voués à la contemplation. ▷ Subst. *Un contemplatif:* celui qui se voue à la contemplation dans un ordre cloîtré. – Lat. *contemplativus.*

contemplation [kõtɑ̃plasjõ] n. f. **1.** Action de contempler. *Rester en contemplation devant un paysage.* **2.** Profonde application de l'esprit à un objet intellectuel. **3.** Connaissance de Dieu acquise par la méditation. – Lat. *contemplatio.*

contemplativement [kõtɑ̃plativmɑ̃] adv. Rare De manière contemplative. – De *contemplatif.*

contempler [kõtɑ̃ple] v. tr. [1] Regarder attentivement, avec admiration. *Contempler les astres.* – Fig. *«Du haut de ces pyramides, quarante siècles vous contemplent»* (attribué à Bonaparte). ▷ v. pron. *Se contempler dans un miroir.* – Lat. *contemplari.*

contemporain, aine [kõtɑ̃pɔʀɛ̃, ɛn] adj. et n. **1.** Du même temps. *Louis-Joseph Papineau était contemporain de Jean-Olivier Chénier.* **2.** *Absol.* De notre temps. *Les historiens contemporains. L'histoire contemporaine.* ▷ Subst. *Nos contemporains.* – Lat. *contemporaneus,* de *tempus,* «temps».

contemporanéité [kõtɑ̃pɔʀaneite] n. f. Rare Qualité de ce qui est contemporain. – Du lat. *contemporaneus,* «contemporain».

contempteur, trice [kõtɑ̃ptœʀ, tʀis] n. Litt. Personne qui dénigre, méprise. *Un contempteur des valeurs bourgeoises.* – Lat. *contemptor.*

contenance [kõt(ə)nɑ̃s] n. f. **1.** Capacité, étendue, superficie. *La contenance d'un vase.* **2.** Maintien, posture. *Ne savoir quelle contenance prendre:* ne savoir quelle attitude adopter. – *Par contenance:* pour se donner un maintien. – *Perdre contenance:* être embarrassé. – *Faire bonne contenance:* conserver son sang-froid dans un moment critique. – De *contenir.*

contenant [kõt(ə)nɑ̃] n. m. Ce qui contient (qqch). *Le contenant et le contenu.* – Ppr. de *contenir.*

conteneur [kõtənœʀ] n. m. Récipient métallique, servant à contenir des marchandises ou des substances afin de faciliter leur transport et leur manutention, d'assurer leur conservation et éventuellement de se protéger contre leur nocivité. *Le transport maritime par conteneurs est en plein développement.* – De l'angl. *container.*

conteneuriser [kõtənœʀize] v. tr. [1] TRANSP Mettre en conteneur. – De *conteneur.*

contenir [kõtəniʀ] v. tr. [39] **1.** Avoir une capacité de, comprendre en soi (dans sa substance, dans son étendue). *Cette cuve contient cent hectolitres.* **2.** Renfermer. *Cette cuve contient du vin.* **3.** Maintenir, retenir. *Les gardes contiennent la foule.* **4.** Fig. Renfermer. *Ce livre contient toute sa doctrine.* **5.** Fig. Réprimer, se rendre maître de (qqch). *Contenir ses passions.* ▷ v. pron. Se maîtriser. *Contenez-vous!:* ne vous mettez pas en colère. – Lat. *continere.*

content, ente [kõtɑ̃, ɑ̃t] adj. et n. m. **1.** adj. Dont le cœur et l'esprit sont satisfaits. *Il est content. L'air content,* exprimant la satisfaction. ▷ *Être content de soi:* avoir bonne opinion de soi, à tort ou à raison. ▷ *Être content de:* être satisfait de. *Il est content de son sort.* ▷ *Non content de...:* il ne lui suffit pas de... *Non content de s'enivrer, il bat sa femme.* **2.** n. m. *Avoir son content:* avoir tout ce que l'on désirait. – Lat. *contentus,* de *continere,* «contenir».

contentement [kõtɑ̃tmɑ̃] n. m. **1.** État d'une personne contente. **2.** Satisfaction. *Le contentement de ses désirs.* – De *contenter.*

contenter [kõtɑ̃te] **I.** v. tr. [1] **1.** Rendre content (qqn), le satisfaire. **2.** Satisfaire (qqch). *Contenter ses désirs.* **II.** v. pron. Être satisfait. *Se contenter de peu.* ▷ Se borner à. *Il s'est contenté de rire.* – De *content.*

contentieux, ieuse [kõtɑ̃sjø, jøz] adj. et n. m. **1.** adj. DR Qui est contesté, litigieux, ou qui peut l'être. *Affaire contentieuse.* **2.** n. m. *Le contentieux:* l'ensemble des affaires contentieuses d'une administration, d'une entreprise; le service qui s'en occupe. – Du lat. *contentiosus,* «querelleur».

contentif, ive [kõtɑ̃tif, iv] adj. MED Qui sert à maintenir en place. – De *contenir.*

1. contention [kõtɑ̃sjõ] n. f. **1.** Vx Débat. *Objet de contention.* **2.** Litt. Grande application de l'esprit. *Contention d'esprit.* – Lat. *contentio,* de *contendere,* «lutter».

2. contention [kõtɑ̃sjõ] n. f. CHIR Maintien en place d'une hernie, de fragments osseux après une fracture. – Lat. méd. *contentio.*

contenu, ue [kõt(ə)ny] adj. et n. m. **1.** adj. Maîtrisé. *Colère contenue.* **2.** n. m. Ce qui est renfermé dans qqch. *Le contenu d'une boîte.* ▷ Fig. Substance. *Le contenu d'une lettre.* Syn. teneur. – Pp. de *contenir.*

conter [kõte] v. tr. [1] **1.** Faire le récit de, narrer. *Conter ses peines.* **2.** Dire (une histoire inventée). *Je vais vous conter l'histoire de Barbe-Bleue.* **3.** Raconter des choses inventées, mensongères. *Que vous a-t-il encore conté?* ▷ *En conter de belles:* raconter des choses scandaleuses. – Du lat. *computare,* «compter».

contestable [kõtɛstabl] adj. Qui peut être contesté. – De *contester.*

contestataire [kõtɛstatɛʀ] n. Personne qui conteste, qui remet en cause l'ordre établi. ▷ Adj. *Des propos contestataires.* – De *contestation.*

contestation [kõtɛstasjõ] n. f. **1.** Objection, discussion. *Ce texte a suscité bien des contestations.* ▷ Action, fait de contester. *Contestation d'un résultat, d'un document.* – *Sans contestation:* sans discussion, sans aucun doute. **2.** Remise en cause de l'ordre établi. *La contestation étudiante.* – Lat. *contestatio,* «prière pressante», et lat. jur. «ouverture d'un débat par l'appel de témoins».

conteste (sans) [sɑ̃kõtɛst] loc. adv. Sans aucun doute, incontestablement. – De *contester.*

contester [kõtɛste] **I.** v. tr. [1] **1.** Refuser de reconnaître la légalité ou la légitimité de. *Contester un testament.* **2.** Mettre en doute, discuter. *Il conteste cette version des faits.* **II.** v. intr. Discuter, pratiquer la contradiction. *C'est un esprit frondeur qui se plaît à contester.* ▷ *Spécial.* Remettre en cause l'ordre établi. – Lat. jur. *contestari,* «plaider en produisant des témoins».

conteur, euse [kõtœʀ, øz] n. **1.** Personne qui conte, qui fait des récits. *Un agréable conteur.* **2.** Auteur de contes. *Les conteurs de la Renaissance.* – De *conter.*

contexte [kõtɛkst] n. m. **1.** Ensemble des éléments qui précèdent et suivent une unité déterminée (phonème, mot, groupe de mots) dans le discours. **2.** L'ensemble des circonstances qui entourent un, des événements. *Dans le contexte économique actuel...* – Lat. *contextus,* «assemblage», de *contexere,* «tisser avec».

contexture [kõtɛkstyʀ] n. f. **1.** Liaison, agencement des différentes parties d'un tout. *Contexture des os.* **2.** TEXT Façon dont s'entrecroisent les fils de la chaîne et ceux de la trame. – Lat. *contextus,* «assemblage».

contigu, uë [kõtigy] adj. Attenant à autre chose. *La cuisine est contiguë à la salle à manger. Deux maisons contiguës,* qui se touchent. – Fig. *Notions contiguës,* proches. – Lat. *contiguus,* de *contingere,* «toucher».

contiguïté [kõtigɥite] n. f. Proximité immédiate dans l'espace ou dans le temps. – De *contigu.*

continence [kõtinɑ̃s] n. f. **1.** Abstention volontaire de tout plaisir charnel. **2.** MED *Continence vésicale, rectale:* fonction de rétention qu'assurent normalement les sphincters, en s'opposant au passage involontaire des urines ou des selles. – De *continent.*

1. continent, ente [kõtinɑ̃, ɑ̃t] adj. Qui observe la continence. – Lat. *continens,* «sobre, tempérant», de *continere,* «contenir».

2. continent [kõtinɑ̃] n. m. **1.** Vaste étendue de terre émergée. *L'Australie n'est pas une île mais un continent.* ▷ *L'Ancien Continent:* l'Europe, l'Asie et l'Afrique. – *Le Nouveau Continent:* les deux Amériques. ▷ *Le continent:* la terre ferme, par rapport à une île. **2.** GEOL Vaste étendue granitique continue, émergée ou en partie recouverte de mers peu profondes, reposant sur un soubassement profond basaltique. *Géologiquement, les îles Britanniques font partie du continent européen.* – Lat. *continere,* «tenir ensemble».

ENCYCL On distingue traditionnellement cinq continents: l'Afrique, l'Amérique, l'Asie, l'Europe et l'Océanie, mais d'autres divisions sont possibles. Ainsi l'Eurasie est un continent et l'Amérique en forme deux. Autref., l'Amérique du N. était rattachée à l'Europe et l'Amérique du S. à l'Afrique. La théorie de la dérive des continents, perfectionnée auj. sous le nom de *théorie des plaques,* rend compte de ce fait. V. encycl. plaque.

continental, ale, aux [kõtinɑ̃tal, o] adj. **1.** Relatif aux continents. ▷ GEOGR *Climat continental,* caractéristique de l'intérieur d'un continent, non soumis aux influences océaniques (été chaud, hiver froid et sec). **2.** Relatif à, qui appartient à un continent, *spé-*

cial. au continent européen. *Blocus continental.* ▷ Subst. *Les continentaux:* les habitants du continent (par oppos. à ceux d'une île voisine). – De *continent* 2.

contingence [kɔ̃tɛ̃ʒɑ̃s] n. f. **1.** PHILO Possibilité qu'une chose arrive ou n'arrive pas (par oppos. à *nécessité*). **2.** Plur. Choses sujettes à variation, et dont l'intérêt est mineur. *Il ne se soucie pas des contingences.* – De *contingent.*

contingent, ente [kɔ̃tɛ̃ʒɑ̃, ɑ̃t] **I.** adj. **1.** PHILO Qui peut arriver ou ne pas arriver. *Futurs contingents.* Ant. nécessaire. **2.** Peu important, accessoire. **II.** n. m. **1.** En France, ensemble des conscrits effectuant leur service militaire pendant une même période. **2.** Ensemble de choses reçues ou fournies. *Retourner au grossiste un contingent de marchandises avariées.* **3.** Quantité de marchandises qu'il est permis d'importer. **4.** EDUC Nombre maximal de places dans un établissement d'enseignement. – Lat. *contingens,* ppr. de *contingere,* «arriver par hasard», de *tangere,* «toucher».

contingentement [kɔ̃tɛ̃ʒɑ̃tmɑ̃] n. m. **1.** Partage, répartition. **2.** Limitation des importations. **3.** EDUC Limitation du nombre de places disponibles dans un établissement d'enseignement pour un programme d'études ou pour un cours. – De *contingenter.*

contingenter [kɔ̃tɛ̃ʒɑ̃te] v. tr. [1] Établir une répartition de, fixer un contingent à (sens II. 3). – De *contingent.*

continu, ue [kɔ̃tiny] adj. et n. m. **I.** adj. **1.** Qui n'est pas interrompu dans le temps ou dans l'espace. *Journée continue:* journée de travail qui ne comporte qu'une courte pause pour le repas. **2.** ELECTR *Courant continu,* qui se propage toujours dans le même sens (par oppos. à *courant alternatif).* ▷ MATH *Fonction continue sur un intervalle,* qui admet une dérivée pour toute valeur de cet intervalle. ▷ LING Dont la prononciation ne nécessite pas une interruption de l'écoulement de l'air laryngé (en parlant d'un son). *Les voyelles, contrairement aux consonnes occlusives, sont continues.* **II.** n. m. Ce qui ne comporte pas d'interruption. – Lat. *continuus,* de *continere,* «tenir ensemble».

continuateur, trice [kɔ̃tinɥatœʀ, tʀis] n. Personne qui continue l'œuvre commencée par une autre. – De *continuer.*

continuation [kɔ̃tinɥasjɔ̃] n. f. Action de continuer; son résultat. *Décider la continuation d'un programme.* – *Bonne continuation:* formule fam. adressée à qqn dont on prend congé. – De *continuer.*

continuel, elle [kɔ̃tinɥɛl] adj. **1.** Qui dure sans interruption. *Une pluie continuelle.* **2.** Qui se répète fréquemment et avec régularité. *Être dérangé par des interruptions continuelles.* – De *continu.*

continuellement [kɔ̃tinɥɛlmɑ̃] adv. Sans cesse, à tout moment, fréquemment. – De *continuel.*

continuer [kɔ̃tinɥe] **I.** v. tr. [1] Ne pas interrompre, donner une suite à. *Continuer ses études, ses recherches. Continuer son chemin, sa route.* – (S. comp.) Poursuivre, persévérer dans une activité. *C'est un bon début, continuez!* ▷ v. tr. indir. *Continuer de,* ou *à* (+ inf.). *Il continue à travailler malgré son âge. Ne vous dérangez pas, continuez de dîner.* **II.** v. intr. **1.** Se prolonger. *Le jardin continue jusqu'à la rivière.* **2.** Durer, ne pas cesser. *La séance continue.* **III.** v. pron. Être continué, se prolonger. *Des traditions qui se continuent avec les générations.* – Lat. *continuare,* «faire suivre, faire succéder».

continuité [kɔ̃tinɥite] n. f. Qualité de ce qui est continu, de ce qui se continue dans le temps ou dans l'espace. *La continuité d'une politique. Solution de continuité:* division, interruption. ▷ MATH Propriété d'une fonction continue. – De *continu.*

continûment [kɔ̃tinymɑ̃] adv. Sans interruption, sans cesse. – De *continu.*

continuo [kɔ̃tinɥo] n. m. MUS Basse instrumentale se continuant pendant toute la durée du morceau. Syn. basse continue. – Mot ital., «continu».

continuum [kɔ̃tinɥɔm] n. m. Ensemble homogène d'éléments. ▷ MATH, PHYS Espace relativiste à quatre dimensions (dont l'une est le temps). – Mot lat., «le continu».

contondant, ante [kɔ̃tɔ̃dɑ̃, ɑ̃t] adj. Qui fait des contusions, qui blesse en meurtrissant et non en coupant. *Arme, instrument contondant.* – De l'anc. v. *contondre,* lat. *contundere,* «frapper».

contorsion [kɔ̃tɔʀsjɔ̃] n. f. Contraction, déformation, volontaire ou non, des muscles, des membres. *Des contorsions de douleur. Un clown, un acrobate qui fait des contorsions.* ▷ *Par ext.* Attitude forcée, mouvements désordonnés. *Les contorsions d'un orateur.* – Lat. *contortio,* de *torquere,* «tordre».

contorsionner (se) [kɔ̃tɔʀsjɔne] v. pron. [1] Faire des contorsions. – De *contorsion.*

contorsionniste [kɔ̃tɔʀsjɔnist] n. Artiste de cirque, de music-hall dont la spécialité est de faire des contorsions acrobatiques. – De *contorsion.*

contour [kɔ̃tuʀ] n. m. **1.** Limite extérieure d'un corps, d'une surface. *Tracer les contours d'une figure. Le contour du nez.* **2.** Plur. Méandres, courbes sinueuses. *Les contours de la rivière Péribonka.* – Ital. *contorno.*

contourné, ée [kɔ̃tuʀne] adj. Dont le contour est compliqué, dessine des courbes. *Une chaise aux pieds contournés.* – Fig. *Style contourné,* peu naturel, affecté, forcé. – Pp. de *contourner.*

contourner [kɔ̃tuʀne] v. tr. [1] **1.** Tracer les contours de. *Contourner des volutes.* **2.** Suivre les contours, faire le tour de. *Contourner une île.* ▷ Fig. *Contourner une difficulté,* l'éluder par un artifice quelconque. – Ital. *contornare.*

contra-. Élément, du lat. *contra,* «contre, en sens contraire».

contraceptif, ive [kɔ̃tʀasɛptif, iv] adj. et n. **1.** adj. Propre à la contraception. *Méthode contraceptive.* **2.** n. m. *Prescrire, prendre un contraceptif.* – De *contraception.*

contraception [kɔ̃tʀasɛpsjɔ̃] n. f. (Anglicisme) Action, fait d'empêcher la conception, la grossesse, d'y mettre volontairement obstacle par les méthodes anticonceptionnelles. – Mot angl. *contraception,* de *contra-,* et *conception,* «conception».

ENCYCL Les méthodes naturelles de contraception (méthode Ogino-Knaus, courbe de température) sont peu fiables. Les méthodes artificielles courantes comprennent: 1° des moyens mécaniques: diaphragme vaginal, stérilet intra-utérin qui bloque la nidation, préservatifs pour l'homme; 2° la contraception chimique: les œstro-progestatifs («pilule») quotidiennement absorbés par voie orale bloquent l'ovulation. Ils représentent la contraception la plus efficace, mais doivent être utilisés sous surveillance médicale en raison des contre-indications formelles et des risques qu'ils peuvent présenter. Une «pilule pour homme» est actuellement expérimentée dans plusieurs pays. La stérilisation (vasectomie chez l'homme, ligature des trompes chez la femme) est pratiquement irréversible.

contractant, ante [kɔ̃tʀaktɑ̃, ɑ̃t] adj. et n. Qui contracte, qui s'engage par une convention, un contrat. *Les parties contractantes.* ▷ Subst. *Les contractants.* – Ppr. de *contracter* 1.

contracte [kɔ̃tʀakt] adj. GRAM Se dit des déclinaisons et des conjugaisons où il y a contraction (surtout en gr.). *Déclinaison contracte. Verbes contractes.* – Lat. *contractus.*

1. contracter [kõtʀakte] v. tr. [1] **1.** S'engager à remplir certaines obligations par un contrat, une convention. *Contracter mariage. Contracter une assurance.* ▷ *Contracter des obligations:* accepter des services qui engagent à la reconnaissance. **2.** Prendre, acquérir (une habitude). *Contracter une manie, un goût.* ▷ Être atteint par (une maladie). *Contracter le typhus.* – Du lat. jur. *contractus,* «convention», de *contrahere,* «rassembler, engager (une affaire) avec».

2. contracter [kõtʀakte] **I.** v. tr. [1] **1.** Diminuer le volume de. *Le froid contracte les corps.* **2.** PHYSIOL Mettre en tension, avec ou sans raccourcissement, un ou plusieurs muscles. ▷ Cour. *Contracter son visage, sa bouche. La peur de l'échec le contracte,* le rend nerveux, inquiet. **3.** LING Réunir (deux voyelles, deux syllabes) pour n'en former qu'une seule. *On contracte «de» et «le» en «du».* **II.** v. pron. **1.** Diminuer de volume. **2.** *Muscle, visage qui se contracte.* **3.** Fig. Être brusquement tendu nerveusement. *Se contracter à l'approche du danger.* **4.** LING *Deux voyelles qui se contractent en une seule.* – Du lat. *contractus,* de *contrahere,* «resserrer».

contractile [kõtʀaktil] adj. PHYSIOL Doté de contractilité. – Du lat. *contractus,* «action de resserrer».

contractilité [kõtʀaktilite] n. f. PHYSIOL Propriété que possèdent certaines cellules (notam. celles de la fibre musculaire) de réduire l'une de leurs dimensions en effectuant un travail actif. – De *contractile.*

contraction [kõtʀaksjõ] n. f. **1.** Réduction du volume d'un corps. **2.** PHYSIOL Modification dans la forme de certains tissus sous l'influence d'excitations diverses. *Contraction musculaire. Contractions (utérines) de la femme qui accouche.* ▷ Cour. *Contraction du visage:* modification des traits sous l'influence d'une sensation, d'une émotion. **3.** LING Réunion de deux éléments en un seul (V. contracter 2, sens I. 3.). **4.** *Contraction de texte:* exercice consistant à réduire la longueur d'un texte tout en respectant sa forme et son contenu. – Lat. *contractio.*

ENCYCL **Physiol.** Une contraction musculaire détermine un raccourcissement de la fibre musculaire ou l'apparition d'une tension musculaire. Deux mécanismes peuvent intervenir: 1° *Contraction isométrique,* ou *statique;* la fibre musculaire ne peut se raccourcir, ses deux extrémités étant fixes. 2° *Contraction isotonique,* ou *dynamique;* la fibre se raccourcit, l'une de ses extrémités étant fixe. Le premier mécanisme permet le maintien des postures, le second les mouvements et les déplacements. Le mécanisme de la contraction varie selon le type de muscle envisagé. Les muscles striés sont en contraction légère permanente (tonus musculaire); la contraction volontaire est sous le contrôle des centres de commande nerveux. Les muscles lisses se contractent rythmiquement par l'intermédiaire des nerfs végétatifs (du sympathique et du parasympathique). Ces muscles peuvent se contracter automatiquement (cœur). Au niveau de la fibre musculaire, la contraction s'effectue par glissement des filaments d'actine sur ceux de myosine. L'énergie mécanique produite est libérée par l'hydrolyse de l'A.T.P., catalysée par le complexe actine-myosine en présence de magnésium et de calcium.

contractuel, elle [kõtʀaktɥɛl] adj. **1.** Qui est stipulé par contrat. *Clauses contractuelles. Politique contractuelle.* **2.** *Agent contractuel* ou, subst., *contractuel:* agent d'un service public non titulaire recruté sur la base d'un contrat. – Du lat. jur. *contractus,* «convention».

contracture [kõtʀaktyʀ] n. f. MED Contraction prolongée et involontaire d'un ou de plusieurs muscles sans lésion du tissu musculaire. *On observe la contracture dans le tétanos, la rage, etc.* – Lat. *contractura.*

contracturer [kõtʀaktyʀe] v. tr. [1] MED Causer la contracture de (un muscle). – De *contracture.*

contradicteur, trice [kõtʀadiktœʀ, tʀis] n. Personne qui contredit. – Lat. jur. *contradictor.*

contradiction [kõtʀadiksjõ] n. f. **1.** Action de contredire, opposition faite aux idées, aux paroles d'autrui. *Accepter, refuser la contradiction. Porter la contradiction au sein d'un débat.* – *Esprit de contradiction:* disposition à contredire. **2.** Fait de se contredire, de se mettre en opposition avec ce qu'on a dit ou fait; acte, parole, pensée qui s'oppose à une autre, à d'autres. *Un exposé rempli de contradictions. La contradiction règne au sein de ce parti politique.* **3.** Désaccord, incompatibilité. *Vivre, entrer en contradiction avec son entourage.* **4.** LOG Incompatibilité entre deux propositions qui se nient mutuellement (ex.: *Socrate est grec* et *Socrate n'est pas grec*). – Lat. *contradictio.*

contradictoire [kõtʀadiktwaʀ] adj. **1.** Qui comporte une, des contradictions. *Témoignages contradictoires. Récit, attitude contradictoires.* **2.** DR Se dit de certains actes de procédure présentés ou plaidés en présence des parties intéressées ou de jugements rendus après contestation. *Jugement contradictoire.* – Lat. jur. *contradictorius.*

contradictoirement [kõtʀadiktwaʀmɑ̃] adv. D'une manière contradictoire. – De *contradictoire.*

contraignant, ante [kõtʀɛɲɑ̃, ɑ̃t] adj. Qui contraint, qui gêne. – Ppr. de *contraindre.*

contraindre [kõtʀɛ̃dʀ] **I.** v. tr. [61] **1.** Obliger, forcer (qqn) à agir contre son gré. *On m'a contraint à partir. La maladie l'a contraint à changer de métier.* **2.** Empêcher, réprimer l'expression (d'un sentiment, d'une tendance). *Contraindre son humeur, ses goûts, ses penchants.* **3.** DR *Contraindre qqn,* l'obliger, par voie de justice, à exécuter ses obligations. **II.** v. pron. **1.** Se maîtriser, maîtriser ses penchants. *Un homme austère, habitué à se contraindre.* **2.** S'obliger à. *Se contraindre à faire une heure de marche tous les matins.* – Lat. *constringere,* «resserrer».

contraint, ainte [kõtʀɛ̃, ɛ̃t] adj. **1.** Gêné, qui manque de naturel, d'aisance. *Il a l'air contraint. Un style contraint.* **2.** Soumis à une forte pression morale, à une contrainte puissante. *Je ne ferai cela que forcé et contraint.* – Pp. de *contraindre.*

contrainte [kõtʀɛ̃t] n. f. **1.** Violence, pression exercée sur qqn (pour l'obliger à agir, ou l'en empêcher). *Céder à la contrainte. Obtenir qqch par la contrainte.* ▷ État de celui qui subit cette violence. *Vivre dans une contrainte permanente.* **2.** Obligation, règle à laquelle on doit se soumettre. *Les contraintes de la vie en société.* **3.** Retenue, gêne due au fait qu'on se contraint. *Rire sans contrainte.* **4.** DR Acte qui a pour but d'obliger quelqu'un à faire quelque chose. ▷ En matière pénale, force à laquelle le prévenu n'a pas pu résister en commettant l'infraction qui lui est reprochée. ▷ *Contrainte par corps:* emprisonnement imposé à une personne qui refuse d'obéir à une ordonnance du tribunal. *La contrainte par corps est permise, en matière civile, lorsqu'une personne est déclarée coupable d'outrage au tribunal.* **5.** PHYS Effort qui s'exerce à l'intérieur d'un corps. *Contrainte mécanique.* – De *contraindre.*

contraire [kõtʀɛʀ] adj. et n. m. **I.** adj. **1.** Différent au suprême degré, opposé. *Des goûts contraires.* ▷ De sens opposé. *Vent contraire.* **2.** Qui gêne, qui nuit à, est incompatible avec. *Un régime contraire à la santé.* ▷ Litt. *Le sort, les dieux sont contraires,* hostiles. **3.** LOG *Propositions contraires,* qui ne peuvent être vraies l'une et l'autre, mais peuvent être toutes les deux fausses. ▷ MATH *Événements contraires d'un univers*, tels que leur union donne cet univers et que leur intersection soit vide. **II.** n. m. Ce qui est inverse, tout à fait opposé. *Froid est le contraire de chaud.* – *C'est tout le contraire d'un génie:* c'est un homme médiocre. – *Tu as raison, je ne te dis pas le contraire:* je ne le conteste pas. ▷ Loc. adv. *Au contraire:* inversement. ▷ Loc. prép. *Au contraire de:* contrairement à. – Lat. *contrarius*.

contrairement [kõtʀɛʀmɑ̃] adv. D'une manière contraire à, à l'inverse de. *Contrairement à ce qu'il prétend... Contrairement aux lois.* – De *contraire*.

contra-latéral, ale, aux [kõtʀalateʀal, o] ou **contro-latéral, ale, aux** [kõtʀolateʀal, o] adj. MED Qui est du côté opposé. – De *contra-*, et *latéral*.

contralto [kõtʀalto] n. m. MUS La plus grave des voix de femme. ▷ n. f. Femme qui a cette voix. – Mot ital., «près *(contra)* de l'alto».

contrapuntique [kõtʀapõtik] adj. MUS Relatif au contrepoint. – De l'ital. *contrappunto*, «contrepoint».

contrapuntiste, contrapontiste [kõtʀapõtist] ou **contrepointiste** [kõtʀəpwɛ̃tist] n. MUS Compositeur qui fait usage des règles du contrepoint. – Ital. *contrappuntista*.

contrariant, ante [kõtʀaʀjɑ̃, ɑ̃t] adj. **1.** Qui se plaît à contrarier. *Un esprit contrariant.* **2.** De nature à contrarier. *Événement contrariant.* – Ppr. de *contrarier*.

contrarié, ée [kõtʀaʀje] adj. **1.** Contrecarré, dérangé. *Un projet contrarié.* **2.** Mécontent, dépité. *Un air contrarié.* **3.** TECH Disposé en sens contraire. *Assemblage à joints contrariés.* – Pp. de *contrarier*.

contrarier [kõtʀaʀje] v. tr. [1] **1.** S'opposer à, faire obstacle au déroulement de (qqch). *Contrarier les projets de qqn. La pluie et le vent contrariaient notre marche.* **2.** Mécontenter, causer du dépit à (qqn) en ne répondant pas à son attente. *Tes paroles l'ont vivement contrarié.* ▷ Chagriner, inquiéter. *Il a reçu des nouvelles de sa famille qui l'ont contrarié.* **3.** TECH Disposer de façon à obtenir un contraste. *Contrarier les couleurs d'une étoffe.* – Lat. *contrariare*.

contrariété [kõtʀaʀjete] n. f. **1.** Sentiment de déplaisir créé par un obstacle, un événement imprévu. *Éprouver une grande contrariété.* **2.** Rare Opposition entre des choses contraires. *Contrariété des éléments, des couleurs.* **3.** DR *Contrariété de jugements:* contradiction entre deux jugements rendus en dernier ressort, entre les mêmes parties, et ayant la même cause et le même objet. – De *contrarier*.

contrarotatif, ive [kõtʀaʀɔtatif, iv] adj. *Rotor, propulseur contrarotatif,* dont les hélices tournent en sens inverse. – De *contra-*, et *rotatif*.

contrastant, ante [kõtʀastɑ̃, ɑ̃t] adj. Qui forme contraste. – Ppr. de *contraster*.

contraste [kõtʀast] n. m. **1.** Opposition prononcée entre deux choses ou deux personnes, chacune mettant l'autre en relief. *Être en contraste. Contraste de deux caractères.* **2.** OPT *Contraste de couleurs,* qui fait qu'une couleur paraît plus vive lorsqu'on la regarde en même temps que sa couleur complémentaire. – *Contraste d'une image optique:* variations de l'éclairement dans cette image. – AUDIOV *Régler le contraste d'un poste de télévision,* régler le rapport des brillances entre parties sombres et parties claires de l'image. ▷ MED *Produit de contraste:* substance opaque aux rayons X utilisée en radiologie. ▷ LING Rapport entre une unité d'un énoncé (morphème, phonème) et celles qui forment son contexte. – Ital. *contrasto*.

contrasté, ée [kõtʀaste] adj. Qui présente un, des contrastes. *Tableau contrasté.* – Pp. de *contraster*.

contraster [kõtʀaste] **1.** v. intr. [1] Former un contraste, être en opposition. *Sa conduite contraste avec ses propos.* **2.** v. tr. Mettre en contraste. *Contraster les couleurs.* – Lat. *contrastare*, «se tenir (*stare*) contre».

contrat [kõtʀa] n. m. **1.** DR Accord de volontés destiné à créer des rapports obligatoires entre les parties. *Contrat de travail, de location. Contrat de mariage,* qui fixe le régime matrimonial des époux pendant la durée du mariage. **2.** Acte qui enregistre cet accord. *Rédiger, signer un contrat.* **3.** *Par anal.* Accord amiable. **4.** JEU Au bridge, dernière annonce du camp déclarant, qui s'engage à réaliser un certain nombre de levées. *Le déclarant joue le contrat à 4 cœurs.* **5.** Loc. *Remplir son contrat:* faire ce que l'on avait promis, ce que l'on pouvait attendre de vous. – Lat. jur. *contractus*, «convention».

contravention [kõtʀavɑ̃sjõ] n. f. DR Infraction aux lois et aux règlements. ▷ Cour. Amende dont est punie cette infraction. – *Spécial.* Amende pour infraction au Code de la route. ▷ Procès-verbal dressé pour cette infraction. *Trouver une contravention sur le pare-brise de sa voiture.* – Du bas lat. *contravenire* «s'opposer à».

1. contre [kõtʀ] prép. et adv. **I.** prép. Marque: **1.** L'opposition, la lutte, l'hostilité. *Nager contre le courant. Être contre le gouvernement. Se battre contre une idée, un ennemi* ▷ *Envers et contre tous:* malgré toutes les difficultés. **2.** La proximité, le contact. *Prendre un enfant contre son cœur. S'appuyer contre un pilier. Lancer une balle contre un mur. L'appentis édifié contre la maison.* **3.** L'échange. *Colis contre remboursement:* en échange du... **4.** La proportion. *Être élu par cinquante voix contre dix.* – *Parier à dix contre un.* **5.** L'idée de défense. *S'assurer contre le vol.* – *Un remède contre la migraine,* pour combattre la migraine. **II.** adv. Marque: **1.** L'opposition. *Il a voté contre. J'ai toujours été contre.* **2.** La proximité, le contact. *Approchez-vous du radiateur et mettez-vous contre* (tout près, à le toucher). **III.** Loc. adv. *Par contre:* en revanche, en compensation (expression critiquée par certains puristes). *L'appartement est petit; par contre, il n'est pas cher.* ▷ *Tout contre:* en contact. ▷ *Ci-contre:* en face, vis-à-vis. *Voir la page, la note ci-contre.* ▷ MAR *Voile bordée à contre,* dont le point d'écoute est au vent. – Lat. *contra*, «en face de».

2. contre [kõtʀ] n. m. **1.** Ce qui est défavorable à, en opposition avec qqch. *Peser le pour et le contre:* évaluer les avantages et les inconvénients. **2.** SPORT En escrime, parade qui consiste à baisser sa lame en oblique sous la lame adverse, en rejetant ensuite celle-ci à l'extérieur. – En boxe, dans les sports de combat, attaque déclenchée par l'attaque de l'adversaire, presque en même temps que celle-ci. **3.** *Faire un contre:* au billard, toucher deux fois la même bille avec sa propre bille grâce à un retour imprévu de la première. **4.** JEU *Faire un contre* ou *contrer:* aux cartes, défier l'adversaire de faire ce qu'il a annoncé, de remplir son contrat. *Le contre double les gains ou les pertes.* – De *contre* 1.

3. contre-. Élément, du lat. *contra*, qui marque l'opposition, la proximité, la défense.

contre-alizé [kõtʀalize] n. m. METEO Courant aérien opposé en altitude à l'alizé. – De *contre-*, et *alizé*.

contre-allée [kõtʀale] n. f. Allée latérale, parallèle à une allée, à une voie principale. – De *contre-*, et *allée*.

contre-amiral, aux [kõtʀamiʀal, o] n. m. Officier général de la marine dont le grade se situe immédiatement au-dessus de celui de commodore. – De *contre-*, et *amiral*.

contre-appel [kõtʀapɛl] n. m. MILIT Second appel fait à l'improviste pour contrôler le premier. – De *contre-*, et *appel*.

contre-assurance [kõtʀasyʀɑ̃s] n. f. Seconde assurance contractée comme supplément de garantie. – De *contre-*, et *assurance*.

contre-attaque [kõtʀatak] n. f. Action offensive répondant à une attaque. – De *contre-*, et *attaque*.

contre-attaquer [kõtʀatake] v. tr. [1] Effectuer une contre-attaque. – De *contre-*, et *attaquer*.

contrebalancer [kõtʀəbalɑ̃se] v. tr. [14] **1.** Faire équilibre à (en parlant de deux forces opposées). **2.** Être égal en force, en valeur, en mérite. *Ses qualités contrebalancent ses défauts.* **3.** v. pron. Pop. *S'en contrebalancer:* s'en moquer. *Je m'en balance et je m'en contrebalance.* – De *contre-*, et *balance*.

contrebande [kõtʀəbɑ̃d] n. f. **1.** Importation clandestine de marchandises prohibées ou taxées. *Faire de la contrebande.* **2.** Marchandise introduite en contrebande. *Un receleur de contrebande.* – Ital. *contrabbando,* «contre le ban».

contrebandier, ière [kõtʀəbɑ̃dje, jɛʀ] n. et adj. Personne qui se livre à la contrebande. ▷ Adj. *Un chien contrebandier.* – De *contrebande*.

contrebas (en) [kõtʀəba] loc. adv. À un niveau inférieur. *Talus en contrebas.* – De *contre-*, et *bas*.

contrebasse [kõtʀəbas] n. f. **1.** Le plus grand et le plus grave des instruments de la famille des violons. ▷ Instrument de cuivre en si bémol ou en mi bémol, le plus grand des saxhorns. **2.** Personne qui joue de la contrebasse. **3.** *Voix de contrebasse:* la voix d'homme la plus basse. – Ital. *contrabbasso*.

contrebassiste [kõtʀəbasist] n. Personne qui joue de la contrebasse (V. bassiste). – De *contrebasse*.

contrebasson [kõtʀəbasõ] n. m. Instrument de musique à vent en bois, dont le son est d'une octave au-dessous du basson. – De *contre-*, et *basson*.

contrebatterie [kõtʀəbatʀi] n. f. MILIT Tir d'artillerie pour neutraliser les batteries ennemies. – De *contre,* et *battre,* d'ap. *batterie*.

contreboutant [kõtʀəbutɑ̃] n. m. ARCHI Pièce de bois, de maçonnerie destinée à consolider un mur. (On dit aussi *contrebutement.*) – De *contre-*, et *boutant,* de *bouter*.

contrebouter [kõtʀəbute] ou **contrebuter** [kõtʀəbyte] v. tr. [1] ARCHI Opposer à (une poussée) une poussée de sens contraire. *Les arcs-boutants des cathédrales gothiques contrebutent la poussée des voûtes.* – De *contre-*, et *bouter*.

contrecarrer [kõtʀəkaʀe] v. tr. [1] S'opposer à (qqn); contrarier, empêcher (qqch). *Contrecarrer qqn, les projets de qqn.* – De l'a. fr. *contrecarre,* «opposition».

contrechamp [kõtʀəʃɑ̃] n. m. CINE et AUDIOV Prise de vues effectuée dans un sens opposé à celui de la précédente (champ). – De *contre-*, et *champ*.

contre-chant [kõtʀəʃɑ̃] n. m. MUS Phrase mélodique qui s'oppose au thème par un effet de contrepoint. – De *contre-*, et *chant*.

1. contrecœur [kõtʀəkœʀ] n. m. TECH Fond d'une cheminée, depuis l'âtre jusqu'au tuyau. ▷ Plaque de fonte garnissant le fond de l'âtre. – De *contre-*, et *cœur*.

2. contrecœur (à) [akõtʀəkœʀ] loc. adv. À regret, malgré soi. *Agir à contrecœur.* – De *contre-*, et *cœur*.

contrecollage [kõtʀəkɔlaʒ] n. m. TECH Superposition de matériaux collés entre eux. – De *contre-*, et *collage*.

contrecoller [kõtʀəkɔle] v. tr. [1] TECH Procéder au contrecollage de qqch. – De *contre-*, et *coller*.

contrecoup [kõtʀəku] n. m. **1.** Rebondissement, répercussion. *Être blessé par le contrecoup d'une balle.* **2.** Fig. Événement qui arrive par suite ou à l'occasion d'un autre. *Les contrecoups d'une crise économique.* ▷ *Par, en contrecoup:* en retour. – De *contre-*, et *coup*.

contre-courant [kõtʀəkuʀɑ̃] n. m. Courant allant dans le sens inverse du courant principal. ▷ *À contre-courant:* en remontant le courant. *Nager à contre-courant.* – Fig. *Aller, vivre à contre-courant,* à l'opposé des idées, des habitudes de son époque. – De *contre-*, et *courant*.

contre-courbe [kõtʀəkuʀb] n. f. ARCHI Courbe concave qui suit la courbe convexe d'un arc en accolade. – De *contre-*, et *courbe*.

contre-coussinet [kõtʀəkusinɛ] n. m. TECH Pièce qui maintient le tourillon d'un arbre de transmission dans son coussinet. – De *contre-*, et *coussinet*.

contre-culture [kõtʀəkyltyʀ] n. f. Ensemble des systèmes de valeurs esthétiques et intellectuelles qui se définissent par leur opposition aux valeurs culturelles traditionnelles, considérées comme contraignantes et caduques. – De *contre-*, et *culture*.

contredanse [kõtʀədɑ̃s] n. f. **1.** Danse rapide dans laquelle les couples se font vis-à-vis et exécutent des pas compliqués; air qui accompagne cette danse. **2.** Fam. Contravention. – Altér. de l'angl. *country dance,* «danse de campagne».

contredire [kõtʀədiʀ] **I.** v. tr. **[64] 1.** Dire le contraire de ce que (qqn) a avancé. *Il ne supporte pas qu'on le contredise.* ▷ *Vous contredisez ses propos.* **2.** Être en contradiction avec (ce qui a été dit, établi), démentir. *Cette nouvelle contredit vos prévisions.* **II.** v. pron. **1.** (Réfl.). Tenir des propos contradictoires. *Le témoin ne cesse de se contredire.* **2.** (Récipr.). S'opposer, se démentir. *Faits qui se contredisent.* – Lat. *contradicere*.

contredit [kõtʀədi] n. m. Affirmation que l'on oppose à une autre. *Propos sujets à contredit.* ▷ Loc. adv. *Sans contredit:* sans que cela puisse être contredit, contesté. *Il est sans contredit le plus compétent.* – De *contredire*.

contrée [kõtʀe] n. f. Litt. Étendue déterminée de pays, région. *Une contrée fertile.* – Lat. pop. *contrata (regio),* de *contra,* «pays en face».

contre-écrou [kõtʀekʀu] n. m. TECH Écrou servant à en bloquer un autre. – De *contre-*, et *écrou*.

contre-électromotrice [kõtʀelɛktʀɔmɔtʀis] adj. f. ELECTR *Force contre-électromotrice:* quotient de la puissance électrique fournie par le récepteur (autrement que par effet Joule) par l'intensité qui le traverse. *La force contre-électromotrice s'exprime en volts.* – De *contre-*, et *électromoteur*.

contre-enquête [kõtʀɑ̃kɛt] n. f. Enquête faite à la suite de celle entreprise par la partie adverse ou destinée à compléter une enquête précédente. – De *contre-*, et *enquête*.

contre-épreuve [kõtʀepʀœv] n. f. **1.** En gravure, épreuve inversée d'un dessin dont l'encre est encore fraîche, obtenue en appliquant une feuille sur celui-ci. ▷ Fig. *Une mauvaise contre-épreuve:* une mauvaise imitation. **2.** Seconde épreuve destinée à vérifier les résultats d'une première. *Soumettre les résultats d'une opération, d'une analyse à une contre-épreuve.* – *Spécial.* Vote d'une assemblée sur une proposition opposée à celle d'abord mise aux voix, qui permet de compter les véritables opposants. – De *contre-*, et *épreuve*.

contre-espionnage [kõtʀɛspjɔnaʒ] n. m. Action visant à démasquer, surveiller et déjouer les menées des espions d'une nation étrangère. ▷ Organisation, service chargé de cette action. – De *contre-*, et *espionnage*.

contre-expertise [kõtʀɛkspɛʀtiz] n. f. Nouvelle expertise pratiquée pour contrôler la précédente. *La* *compagnie d'assurances a procédé à une contre-expertise.* – De *contre-*, et *expertise.*

contrefaçon [kõtʀəfasõ] n. f. Imitation ou reproduction frauduleuse de l'œuvre d'autrui; objet ainsi obtenu. *La contrefaçon d'un livre, d'une pièce de monnaie.* – De *contrefaire*, d'ap. *façon.*

contrefacteur [kõtʀəfaktœʀ] n. m. Celui qui commet une contrefaçon. – De *contrefaçon.*

contrefaire [kõtʀəfɛʀ] v. tr. [9] **1.** Représenter en imitant. *Contrefaire la démarche de qqn.* ▷ Imiter, singer pour tourner en ridicule. **2.** Simuler (un sentiment, un comportement). *Contrefaire la folie, le chagrin.* **3.** Déguiser, dénaturer pour tromper. *Contrefaire sa voix.* **4.** Imiter, reproduire frauduleusement. *Contrefaire des billets de banque.* – Bas lat. *contrafacere.*

contrefait, aite [kõtʀəfɛ, ɛt] adj. **1.** Frauduleusement imité. *Signature contrefaite.* **2.** Difforme. *Nez, bras contrefait.* **3.** Fabriqué, artificiel, feint. *Attitude, voix contrefaite.* – De *contrefaire.*

contre-fenêtre [kõtʀəfənɛtʀ] n. f. Intérieur d'une double-fenêtre. – De *contre-*, et *fenêtre.*

contre-fer [kõtʀəfɛʀ] n. m. Pièce métallique appliquée contre le fer d'un rabot, d'une varlope, etc. – De *contre-*, et *fer.*

contre-feu [kõtʀəfø] n. m. **1.** Feu allumé en certains points pour créer des clairières, afin de circonscrire un incendie de forêt. **2.** Garniture métallique placée sur le fond d'une cheminée. – De *contre-*, et *feu.*

contre-fiche [kõtʀəfiʃ] n. f. CONSTR **1.** Étai oblique qui soutient un mur. **2.** Pièce de charpente reliant le poinçon à l'arbalétrier. – De *contre-*, et *fiche.*

contreficher (se) [kõtʀəfiʃe] v. pron. [1] Fam. Se moquer complètement (de), ne prêter aucune attention (à). *Toutes tes histoires, je m'en contrefiche!* (On dit aussi, à l'inf., *se contrefiche.*) – De *contre-*, et *(se) ficher.*

contre-fil [kõtʀəfil] n. m. Sens contraire à la direction normale. *Le contre-fil du bois.* ▷ Loc. adv. *À contre-fil:* à rebours. – De *contre-*, et *fil.*

contre-filet [kõtʀəfilɛ] n. m. CUIS Faux-filet. – De *contre-*, et *filet.*

contrefort [kõtʀəfɔʀ] n. m. **1.** ARCHI Pilier, mur servant d'appui à un autre mur qui subit une poussée. **2.** Pièce de cuir renforçant la partie arrière d'une chaussure. **3.** Plur. Dans un massif montagneux, chaînes latérales qui relient la plaine à la chaîne principale, comme pour la soutenir. – De *contre-*, et *fort.*

contrefoutre (se) [kõtʀəfutʀ] v. pron. [68] Pop. Se moquer complètement (de), ne prêter aucune attention (à). *S'en contrefoutre.* – De *contre-*, et *(se) foutre.*

contre-fugue [kõtʀəfyg] n. f. MUS Fugue dont le sujet est inverse de celui du sujet primitif. – De *contre-*, et *fugue.*

contre-haut (en) [ɑ̃kõtʀəo] loc. adv. À un niveau supérieur. Ant. contrebas (en). – De *contre-*, et *haut.*

contre-indication [kõtʀɛ̃dikasjõ] n. f. MED Circonstance interdisant d'appliquer le traitement qui semblerait indiqué. *Les contre-indications d'un médicament.* – De *contre-*, et *indication.*

contre-indiquer [kõtʀɛ̃dike] v. tr. [1] Notifier une contre-indication. ▷ Cour. *Médicament, aliment contre-indiqué,* qui est déconseillé, qui ne convient pas. – De *contre-*, et *indiquer.*

contre-interrogatoire [kõtʀɛ̃tɛʀogatwaʀ] n. m. DR Interrogatoire d'un témoin par une partie au procès ayant des intérêts opposés à ceux de la partie qui l'a produit. – De *contre-*, et *interrogatoire.*

contre-jour [kõtʀəʒuʀ] n. m. Éclairage d'un objet qui reçoit la lumière du côté opposé à celui du regard. ▷ Loc. adv. *À contre-jour:* dans un sens opposé à celui d'où vient la lumière. *Prendre une photographie à contre-jour.* – De *contre-*, et *jour.*

contre-lettre [kõtʀəlɛtʀ] n. f. DR Acte secret aux termes duquel les parties constatent leur accord véritable alors qu'elles rédigent un acte destiné à être connu et qui déguise leur intention réelle. *La contre-lettre n'a de valeur qu'entre les parties alors que, vis-à-vis des tiers, c'est le contrat apparent qui prévaut.* – De *contre-*, et *lettre.*

contremaître, maîtresse [kõtʀəmɛtʀ, mɛtʀɛs] n. Personne qui surveille, dirige une équipe d'ouvriers, d'ouvrières. – De *contre-*, et *maître.*

contremander [kõtʀəmɑ̃de] v. tr. [1] Prévenir qu'un événement, une manifestation n'aura pas lieu. *La réunion prévue a été contremandée.* – De *contre-*, et *mander.*

contre-manifestant, ante [kõtʀəmanifɛstɑ̃, ɑ̃t] n. Personne qui participe à une contre-manifestation. – De *contre-*, et *manifestant.*

contre-manifestation [kõtʀəmanifɛstasjõ] n. f. Manifestation organisée en vue de protester contre une première manifestation, de la contrecarrer. – De *contre-*, et *manifestation.*

contremarche [kõtʀəmaʀʃ] n. f. **1.** MILIT Marche d'une troupe dans une direction opposée à celle suivie d'abord. **2.** Face verticale d'une marche d'escalier. – De *contre-*, et *marche.*

contremarque [kõtʀəmaʀk] n. f. **1.** Seconde marque apposée sur des marchandises. *Faire une contremarque à la vaisselle d'argent.* **2.** Billet délivré aux spectateurs sortant pendant l'entracte, et qui leur permet de rentrer dans la salle. – De *contre-*, et *marque.*

contre-mesure [kõtʀəm(ə)zyʀ] n. f. **1.** Mesure s'opposant à une autre. ▷ MILIT *Contre-mesures électroniques:* ensemble des actions et des procédés permettant l'interception des émissions radioélectriques de l'ennemi, leur brouillage et la protection des émissions amies. **2.** Loc. adv. MUS *À contre-mesure:* à contretemps. – De *contre-*, et *mesure.*

contre-mine [kõtʀəmin] n. f. MILIT Mine pratiquée pour éventer une mine de l'ennemi ou en annuler l'effet. – De *contre-*, et *mine.*

contre-miner [kõtʀəmine] v. tr. [1] Faire une contre-mine dans, sous, à côté de. – De *contre-*, et *miner.*

contre-mur [kõtʀəmyʀ] n. m. CONSTR Mur bâti pour en soutenir un autre, pour lui servir de contrefort. – De *contre-*, et *mur.*

contre-offensive [kõtʀɔfɑ̃siv] n. f. MILIT Offensive qui contrecarre une offensive ennemie. *Des contre-offensives.* – De *contre-*, et *offensive.*

contre-ordre. V. contrordre.

contrepartie [kõtʀəpaʀti] n. f. **1.** Partie qui correspond à une autre (dans un échange, une opération commerciale). *Inventeur qui cherche une contrepartie financière pour l'exploitation d'un brevet.* ▷ Loc. adv. *En contrepartie:* en échange, en compensation. **2.** Opinion, sentiment contraire. *Prendre la contrepartie de ce qu'on dit,* le contre-pied. **3.** FIN Valeur équivalente (or, devises, etc.) des billets mis en circulation par une banque. ▷ *Se porter contrepartie:* effectuer des opérations boursières en dehors des heures de Bourse (en parlant d'un agent de change). – De *contre-*, et *partie.*

contre-passation [kõtʀəpasasjõ] n. f. Annulation d'une écriture comptable par une nouvelle écriture contraire à la première. *Des contre-passations.* – De *contre-passer.*

contre-passer [kɔ̃tʀəpase] v. tr. [1] Procéder à la contre-passation (d'une écriture). – De *contre-*, et *passer*, «surpasser».

contre-pente ou **contrepente** [kɔ̃tʀəpɑ̃t] n. f. **1.** Versant d'une montagne opposé à un autre. *Des contre-pentes. À contre-pente.* **2.** CONSTR Pente qui empêche l'écoulement normal des eaux. – De *contre-*, et *pente.*

contre-performance [kɔ̃tʀəpɛʀfɔʀmɑ̃s] n. f. SPORT Mauvaise performance d'un sportif. ▷ Par ext. *La contre-performance d'un homme politique à la télévision.* – De *contre-*, et *performance.*

contrepèterie [kɔ̃tʀəpɛtʀi] n. f., ou **contrepet** [kɔ̃tʀəpɛ] n. m. Permutation de lettres ou de sons à l'intérieur d'un groupe de mots, donnant à celui-ci un nouveau sens, généralement burlesque ou licencieux. – De l'a. fr. *contrepéter*, «rendre un son pour un autre».

contre-pied [kɔ̃tʀəpje] n. m. **1.** VEN Erreur des chiens qui prennent à rebours la piste de la bête chassée. **2.** *Par ext.* Cour. Chose contraire. *Prendre le contre-pied de ce que dit, de ce que fait qqn:* soutenir le contraire de ce qu'il dit, faire le contraire de ce qu'il fait. ▷ SPORT *À contre-pied:* dans la direction opposée à celle de l'élan. *Joueur de tennis pris à contre-pied par une balle coupée.* – De *contre-*, et *pied.*

contre-placage [kɔ̃tʀəplakaʒ] n. m. Application à fils croisés de feuilles de bois de part et d'autre d'un panneau. – De *contre-plaqué.*

contre-plaqué [kɔ̃tʀəplake] n. m. TECH Matériau constitué de minces feuilles de bois collées les unes sur les autres, en alternant le sens des fibres. *Plateau en contre-plaqué. Du contre-plaqué.* – De *contre-*, et pp. de *plaquer.*

contre-plaquer [kɔ̃tʀəplake] v. tr. [1] TECH Assembler par contre-placage. – Du préc.

contre-plongée [kɔ̃tʀəplɔ̃ʒe] n. f. Prise de vues effectuée de bas en haut. – De *contre-*, et *plongée.*

contrepoids [kɔ̃tʀəpwa] n. m. **1.** Poids qui contrebalance une force opposée. *Contrepoids d'horloge.* **2.** Cour., fig. Ce qui contrebalance (une qualité, un sentiment). *Son bon cœur fait contrepoids à son mauvais caractère.* – De *contre-*, et *poids.*

contre-poil (à) [akɔ̃tʀəpwal] loc. adv. Dans le sens contraire à celui dans lequel est couché le poil (à rebrousse-poil). *Étriller un cheval à contre-poil.* ▷ Fig., fam. *Prendre qqn à contre-poil*, le choquer dans ses idées, dans ses goûts, etc. – De *contre-*, et *poil.*

contrepoint [kɔ̃tʀəpwɛ̃] n. m. MUS Art d'écrire de la musique en superposant des lignes mélodiques. *L'harmonie enseigne à écrire correctement la musique, le contrepoint à combiner les différentes parties harmoniques.* ▷ *Par ext.* Composition écrite de cette manière. – De *contre-*, et *point*, «note» (les notes étant figurées par des points).

contre-pointe [kɔ̃tʀəpwɛ̃t] n. f. **1.** Partie tranchante à l'extrémité du dos de la lame d'un sabre. ▷ SPORT En escrime, maniement du sabre où l'on combine les coups de taille et d'estoc. **2.** TECH Poupée mobile d'un tour, qui porte une pointe sur laquelle on fixe l'objet à tourner. – De *contre-*, et *pointe.*

contrepointiste. V. contrapuntiste.

contrepoison [kɔ̃tʀəpwazɔ̃] n. m. Remède qui neutralise l'effet d'un poison en cas d'intoxication. Syn. antidote. – De *contre-*, et *poison.*

contre-porte [kɔ̃tʀəpɔʀt] n. f. CONSTR Double porte pour isoler du bruit ou du froid. *Des contre-portes.* – De *contre-*, et *porte.*

contre-projet ou **contreprojet** [kɔ̃tʀəpʀɔʒɛ] n. m. Projet destiné à être substitué à un autre, auquel il s'oppose en certains points. *Des contre-projets.* – De *contre-*, et *projet.*

contre-proposition ou **contreproposition** [kɔ̃tʀəpʀɔpozisjɔ̃] n. f. Proposition faite en réponse à une proposition précédente, à laquelle elle apporte des modifications. – De *contre-*, et *proposition.*

contre-publicité [kɔ̃tʀəpyblisite] n. f. **1.** Publicité destinée à lutter contre une autre publicité. **2.** Publicité mal faite qui arrive à nuire au produit qu'elle veut vanter. – De *contre-*, et *publicité.*

contrer [kɔ̃tʀe] v. intr. et tr. [1] **1.** v. intr. Au bridge, mettre l'adversaire au défi de réaliser son contrat. **2.** v. tr. Fam. Contrecarrer, se dresser contre (avec succès). *Contrer qqn. Se faire contrer.* – De *contre.*

contre-réforme [kɔ̃tʀəʀefɔʀm(ə)] n. f. HIST Réforme catholique qui suivit, au XVIe s., la réforme protestante. – De *contre*, et *réforme.*

contre-révolution [kɔ̃tʀəʀevɔlysjɔ̃] n. f. Mouvement politique visant à la destruction des résultats d'une révolution. – De *contre-*, et *révolution.*

contre-révolutionnaire [kɔ̃tʀəʀevɔlysjɔnɛʀ] n. et adj. Celui qui est favorable à la contre-révolution. *Des contre-révolutionnaires. – Mouvement contre-révolutionnaire.* – Du préc.

contrescarpe [kɔ̃tʀɛskaʀp] n. f. FORTIF Paroi extérieure du fossé qui ceinture une fortification. – De *contre-*, et *escarpe.*

contreseing [kɔ̃tʀəsɛ̃] n. m. Signature de celui qui contresigne. – De *contre-*, et *seing.*

contresens [kɔ̃tʀəsɑ̃s] n. m. **1.** Interprétation contraire à la signification véritable d'un texte, d'un discours. *Traduction pleine de contresens.* **2.** Sens contraire à celui que l'on doit utiliser. *Prendre le contresens d'une étoffe.* ▷ Loc. adv. *À contresens :* dans le sens contraire au sens normal. *Prendre une rue à contresens* (en voiture). *Comprendre à contresens.* – De *contre-*, et *sens.*

contresignataire [kɔ̃tʀəsiɲatɛʀ] adj. et n. Qui contresigne un acte. – De *contresigner.*

contresigner [kɔ̃tʀəsiɲe] v. tr. [1] DR Signer à la suite de qqn d'autre pour authentifier (un acte) ou pour marquer sa solidarité (avec une motion, une proposition, etc.). V. contreseing. – De *contre-*, et *signer.*

contre-taille [kɔ̃tʀətaj] n. f. TECH Hachure qui croise les premières tailles d'une gravure; le trait qui en résulte. – De *contre-*, et *taille.*

contretemps [kɔ̃tʀətɑ̃] n. m. **1.** Circonstance imprévue, accident inopiné qui dérange des projets. *Être empêché de sortir par un contretemps. Un léger contretemps.* ▷ Loc. adv. *À contretemps:* mal à propos, de façon inopportune. *Agir à contretemps.* **2.** MUS Attaque du son sur un temps faible ou sur la partie faible d'un temps, le temps fort – ou la partie forte du temps – étant occupé par un silence. – De *contre-*, et *temps.*

contre-terrorisme [kɔ̃tʀətɛʀɔʀism] n. m. Lutte violente contre le terrorisme, utilisant les mêmes procédés. – De *contre-*, et *terrorisme.*

contre-terroriste [kɔ̃tʀətɛʀɔʀist] n. Partisan du contre-terrorisme. – De *contre-*, et *terroriste.*

contre-tirage [kɔ̃tʀətiʀaʒ] n. m. TECH Calque présentant une image inversée obtenu par tirage. (L'impression s'effectuant à l'envers, sur le recto du calque, il est possible de supprimer des détails de l'original sur le recto et de dessiner sur le verso.) – De *contre-tirer.*

contre-tirer [kɔ̃tʀətiʀe] v. tr. [1] TECH Tirer (une contre-épreuve). – De *contre-*, et *tirer.*

contre-torpilleur [kõtʀətɔʀpijœʀ] n. m. MAR Bâtiment de guerre rapide et de tonnage relativement faible (1 800 à 3 000 t), destiné à combattre les torpilleurs et, comme eux, à attaquer des bâtiments ennemis à la torpille. *Des contre-torpilleurs.* – De *contre-*, et *torpilleur.*

contre-transfert [kõtʀətʀɑ̃sfɛʀ] n. m. PSYCHAN Ensemble des réactions inconscientes du psychanalyste au transfert opéré sur sa personne par l'analysé. – De *contre-*, et *transfert.*

contretype [kõtʀətip] n. m. TECH Cliché obtenu à partir d'un autre cliché (l'épreuve étant dans le même sens, positif ou négatif). – De *contre-*, et *type.*

contre-vair [kõtʀəvɛʀ] n. m. HERALD Fourrure figurée par des rangs de cloches renversées d'azur et d'argent, alternant. – De *contre-*, et *vair.*

contre-valeur [kõtʀəvalœʀ] n. f. FIN Valeur donnée en échange de celle que l'on reçoit. – De *contre-*, et *valeur.*

contrevallation [kõtʀəva(l)lasjõ] n. f. FORTIF Ouvrage établi par les assiégeants autour d'une fortification pour empêcher les sorties adverses. – De *contre-*, et lat. *vallatio,* «retranchement».

contrevenant, ante [kõtʀəvənɑ̃, ɑ̃t] n. Celui, celle qui contrevient à une prescription. *Punir les contrevenants à la loi.* – Ppr. de *contrevenir.*

contrevenir [kõtʀəvəniʀ] v. tr. indir. [39] Faire une chose contraire à ce qui est prescrit, ordonné. *Contrevenir à la loi.* – Lat. médiév. *contravenire.*

contrevent [kõtʀəvɑ̃] n. m. **1.** Volet extérieur. ▷ Cloison pour protéger du vent. **2.** CONSTR Élément renforçant la ferme d'une charpente. – De *contre-*, et *vent.*

contreventement [kõtʀəvɑ̃tmɑ̃] n. m. CONSTR Ensemble des éléments d'une charpente empêchant les déformations de celle-ci sous l'action des efforts horizontaux. – Du préc.

contreventer [kõtʀəvɑ̃te] v. tr. [1] Renforcer (une charpente) au moyen d'un contreventement. – De *contrevent.*

contrevérité ou **contre-vérité** [kõtʀəveʀite] n. f. **1.** Ce que l'on dit dans l'intention de faire entendre le contraire. *Une contrevérité plaisante.* **2.** Affirmation contraire à la vérité. *Un tissu de contrevérités.* – De *contre-*, et *vérité.*

contre-voie (à) [akõtʀəvwa] loc. adv. CH de F *Monter, descendre à contre-voie:* monter, descendre d'un train par le côté opposé au quai. – De *contre-*, et *voie.*

contribuable [kõtʀibɥabl] n. Personne qui contribue aux dépenses publiques, qui paie des contributions. – De *contribuer.*

contribuer [kõtʀibɥe] v. tr. indir. [1] **1.** *Contribuer à:* coopérer à (l'exécution, la réalisation de), prendre part à (un résultat). *Contribuer aux progrès de la médecine. Contribuer au succès d'une affaire.* **2.** *Spécial.* Payer sa part d'une dépense, d'une charge commune. *Contribuer aux frais de copropriété, aux charges publiques.* – Lat. *contribuere,* «fournir sa part».

contributif, ive [kõtʀibytif, iv] adj. DR Relatif à une contribution. *Part contributive.* – De *contribuer.*

contribution [kõtʀibysjõ] n. f. **1.** Part payée par chacun dans une dépense, une charge commune. *Contribution aux charges du ménage.* **2.** *Spécial.* Impôt. – *Contributions directes* (sur les biens et revenus personnels), *indirectes* (sur les produits de consommation taxés). **3.** Concours apporté à une œuvre. *Contribution à la rédaction d'un ouvrage collectif.* ▷ *Mettre qqn à contribution:* avoir recours à ses services, à ses talents. – De *contribuer.*

contrister [kõtʀiste] v. tr. [1] Litt. Rendre très triste, affliger. *La nouvelle le contrista.* – Lat. *contristare.*

contrit, ite [kõtʀi, it] adj. **1.** RELIG Qui a le regret de ses péchés. *Un cœur contrit.* **2.** *Par ext.* Cour. Qui exprime le repentir ou l'affliction. *Un air contrit.* – Lat. *contritus,* «usé, banal, rebattu».

contrition [kõtʀisjõ] n. f. RELIG Repentir sincère d'avoir péché. *Acte de contrition.* – De *contrit.*

contrôlable [kõtʀolabl] adj. Qui peut être contrôlé. – De *contrôler.*

contro-latéral. V. contra-latéral.

contrôle [kõtʀol] n. m. **1.** Vérification, surveillance. *Contrôle des instruments de mesure. Contrôle d'identité. Contrôle sanitaire. Contrôle parlementaire:* ensemble des procédures par lesquelles les députés surveillent les actes de l'Exécutif. ▷ FIN *Contrôle de gestion:* analyse des écarts entre prévisions et réalisations. ▷ *Contrôle budgétaire:* technique administrative qui prévoit l'établissement d'un budget puis la comparaison des résultats obtenus avec le budget. ▷ TECH Ensemble des opérations destinées à vérifier le bon fonctionnement d'un appareillage, d'une machine, d'une installation (en s'assurant notam. de sa conformité avec les règles de sécurité). **2.** Le lieu où se tiennent les contrôleurs. *Passez au contrôle pour faire remplacer vos billets.* **3.** Organisme chargé du contrôle; le corps des contrôleurs. **4.** Maîtrise. *Perdre le contrôle de son véhicule.* ▷ SPORT *Rater le contrôle de la balle.* – Fig. *Le contrôle de soi-même.* **5.** Le fait de diriger. ▷ FIN *Prise de contrôle d'une société:* ensemble des opérations financières par lesquelles un individu ou un groupe devient détenteur de la majorité des actions de cette société. ▷ *Contrôle des naissances* (trad. de l'angl. *birth control*): procréation dirigée, planification familiale. **6.** État nominatif des personnes appartenant à un corps. *Être porté sur un contrôle.* **7.** Marque, poinçon de l'État sur les ouvrages de métal précieux. – De *contre-*, et *rôle.*

contrôler [kõtʀole] v. tr. [1] **1.** Exercer un contrôle sur. *Contrôler la gestion d'une entreprise. Contrôler les billets des passagers.* **2.** Être maître de (une zone, un espace aérien). *L'armée contrôle déjà toute la moitié nord du pays.* – Par ext. *Contrôler une société:* en détenir la majorité des actions. ▷ *Contrôler ses réactions:* être maître de soi. – v. pron. *Se contrôler.* **3.** Apposer le contrôle (sens 7) sur. – De *contrôle.*

contrôleur, euse [kõtʀolœʀ, øz] n. **1.** Personne qui contrôle. ▷ FIN Cadre supérieur chargé du contrôle financier d'une entreprise. **2.** n. m. TECH Appareil servant à effectuer un contrôle. *Contrôleur de vitesse.* – De *contrôler.*

contrordre ou **contre-ordre** [kõtʀɔʀdʀ] n. m. Révocation d'un ordre donné. *Donner, recevoir un contrordre.* – De *contre-*, et *ordre.*

controuvé, ée [kõtʀuve] adj. Inventé pour nuire. *Assertions controuvées.* – Pp. de l'anc. v. *controuver,* «imaginer».

controversable [kõtʀɔvɛʀsabl] adj. Susceptible d'être controversé. – De *controverser.*

controverse [kõtʀɔvɛʀs] n. f. Débat suivi, contestation sur une question, une opinion, un point doctrinal. *Il y a là matière à controverse.* – Lat. *controversia,* «mouvement opposé».

controversé, ée [kõtʀɔvɛʀse] adj. Débattu, qui est l'objet d'une controverse. *Un point très controversé,* sur lequel personne n'est d'accord. – Pp. de *controverser.*

controverser [kõtʀɔvɛʀse] v. tr. [1] Discuter, débattre. (Spécial.: d'un dogme, d'un point de doctrine.) – De *controverse.*

controversiste [kõtʀɔvɛʀsist] n. RELIG Personne qui traite des sujets de controverse religieuse. – De *controverse.*

1. contumace [kõtymas] n. f. État de celui qui, prévenu dans une affaire criminelle, ne se présente pas devant le tribunal. *Condamné par contumace,* par défaut. – Lat. *contumacia,* «orgueil», de *contumax,* «fier, obstiné, rebelle».

2. contumace [kõtymas] ou **contumax** [kõtymaks] adj. et n. Se dit de la personne citée en justice qui ne se présente pas devant le tribunal. *Être déclaré contumace.* ▷ Subst. *Un (une) contumace* ou *un (une) contumax.* – Lat. *contumax,* «fier, obstiné, rebelle».

contus, use [kõty, yz] adj. CHIR Qui est le siège d'une contusion ou qui en résulte. *Plaie contuse.* – De *contusion.*

contusion [kõtyzjõ] n. f. Lésion des tissus sous-jacents à la peau, avec ou sans déchirure des téguments. – Lat. *contusio,* de *contundere,* «frapper».

contusionner [kõtyzjɔne] v. tr. [1] CHIR Faire une contusion. – Cour. Meurtrir, blesser (par contusion). – De *contusion.*

conurbation [kɔnyʀbasjõ] n. f. GEOGR Groupement de plusieurs villes rapprochées constituant une région urbaine. *La conurbation Québec-Sainte-Foy-Sillery.* – De *con-,* et lat. *urbs,* «ville».

convaincant, ante [kõvɛ̃kɑ̃, ɑ̃t] adj. Qui a les qualités requises pour convaincre. *Un argument convaincant.* – Ppr. de *convaincre.*

convaincre [kõvɛ̃kʀ] v. tr. [79] **1.** Amener par des raisons, des preuves, à reconnaître la vérité d'un fait, d'une proposition; persuader. *Il m'a convaincu de la réalité du danger. Il faut le convaincre d'agir sans tarder.* **2.** *Convaincre qqn* (d'une faute): donner des preuves certaines (de sa culpabilité). *Convaincre qqn de trahison. Il a été convaincu de meurtre.* – Lat. *convincere.*

convaincu, ue [kõvɛ̃ky] adj. Qui a la conviction, la parfaite assurance de. *Être convaincu de son bon droit.* ▷ Qui est sûr de ce qu'il croit. *Un militant, un partisan convaincu.* – Qui marque la conviction. *Parler d'une voix convaincue.* – Pp. de *convaincre.*

convalescence [kõvalesɑ̃s] n. f. Période qui succède à la maladie et pendant laquelle le fonctionnement normal de l'organisme se rétablit. – Lat. *convalescentia.*

convalescent, ente [kõvalesɑ̃, ɑ̃t] adj. Qui est en convalescence. ▷ Subst. *Un convalescent, une convalescente.* – Lat. *convalescens,* ppr. de *convalescere,* «reprendre des forces».

convecteur [kõvɛktœʀ] n. m. TECH Appareil de chauffage utilisant le phénomène de convection, constitué d'un tuyau à ailettes et d'une gaine verticale. – De *convection.*

convection [kõvɛksjõ] n. f. PHYS Transport de chaleur sous l'effet des mouvements d'un liquide, d'un gaz, d'un plasma. *Courants de convection* (marins, atmosphériques, au sein du magma). – Lat. *convectum,* de *vehere,* «transporter».

ENCYCL La chaleur peut se transmettre par *convection naturelle* ou par *convection forcée*; dans ce dernier cas, les échanges de chaleur sont favorisés par un apport d'énergie mécanique (pompe ou ventilateur, par ex.). L'étude des phénomènes atmosphériques a montré que certains vents sont des courants de convection. Des phénomènes de convection se produisent également dans les étoiles (au sein de la chromosphère et de la couronne du Soleil, en partic.) et au sein de la Terre.

convenable [kõvnabl] adj. **1.** Qui convient, qui est à propos, adapté. *La réponse convenable.* **2.** Conforme aux convenances. *Une tenue convenable. C'est un jeune homme très convenable* (cf. *comme il faut*). – De *convenir.*

convenablement [kõvnabləmɑ̃] adv. De manière convenable. – De *convenable.*

convenance [kõvnɑ̃s] n. f. **1.** Rapport de conformité entre les choses qui vont bien ensemble. – Spécial. *À sa convenance:* à son goût. *Chercher une robe à sa convenance.* **2.** Utilité, commodité particulière. *Demander une mutation pour convenances personnelles.* ▷ Spécial. *Mariage de convenance,* de raison, où les rapports de naissance, de fortune, sont déterminants. **3.** Plur. *Les convenances:* la bienséance, la décence. *Observer, braver les convenances.* – De *convenir.*

convenir [kõvniʀ] v. tr. indir. **[39] I.** (Litt., avec *être*; cour., avec *avoir.*) **1.** *Convenir de* : s'accorder sur. *Nous sommes convenus d'un prix. Ils ont convenu d'une date.* **2.** Reconnaître, tomber d'accord. *Il avait fait une erreur et a bien voulu en convenir.* **II.** (Auxil. avoir.) **1.** Être en rapport de conformité, être en harmonie. *Le mot convient à la chose. Ce parti ne convient pas à votre fille.* – Plaire, agréer. *Cette situation ne lui a pas convenu. Ça me convient.* ▷ v. pron. (récipr.). *Se convenir:* se plaire, s'entendre. *Ils se sont si bien convenus qu'ils ont décidé de se marier.* **2.** Loc. impers. *Il convient de* (+ inf.): il sied de, il est convenable de; il est utile de. *Il convient de se taire quand qqn parle.* ▷ Litt. *Il convient que* (+ subj.): il faut que. *Il convient que vous reveniez dès que possible.* – Lat. *convenire,* «venir avec».

convent [kõvɑ̃] n. m. Assemblée générale d'une loge maçonnique. – Lat. *conventus,* «réunion», par l'angl.

convention [kõvɑ̃sjõ] n. f. **I. 1.** Accord, pacte, contrat entre deux ou plusieurs personnes (physiques, morales, publiques). *Convention collective:* accord conclu entre des représentants des salariés et des représentants des employeurs pour régler les conditions de travail. ▷ *Convention matrimoniale:* entente écrite entre les futurs époux par laquelle ceux-ci déterminent, pour la durée de leur mariage, leur régime matrimonial. ▷ Stipulation particulière, clause que contient un traité, un pacte ou un contrat. **2.** Ce qu'il convient d'admettre. *Les conventions sociales,* et ellipt., *les conventions.* ▷ Ce que l'on a tacitement convenu d'admettre. *Les conventions du théâtre.* **3.** Loc. adj. *De convention:* qui n'a de valeur, de sens, que par l'effet d'une convention. *Signe de convention.* – Péjor. Qui ne résulte que de l'usage établi par les conventions sociales. *Un sourire, des amabilités de convention.* **II. 1.** HIST Assemblée nationale munie de pouvoirs extraordinaires, soit pour établir une Constitution, soit pour la modifier. **2.** Aux É.-U., congrès d'un parti réuni pour désigner un candidat à la présidence. – *La Convention nationale:* assemblée constituante française qui gouverna du 21 sept. 1792 au 26 oct. 1795, succédant à l'Assemblée législative, après la chute de la royauté. – Lat. *conventio,* de *convenire,* «venir avec».

conventionnel, elle [kõvɑ̃sjɔnɛl] adj. **1.** Qui résulte d'une convention. *Obligation conventionnelle. Signe conventionnel.* **2.** Qui est conforme aux conventions sociales. *Terminer une lettre par une formule conventionnelle* (de politesse). – *Qqn de très conventionnel:* personne qui manque d'originalité, qui est trop respectueuse des conventions sociales. **3.** MILIT *Armes conventionnelles,* autres que nucléaires, biologiques et chimiques. – De *convention.*

conventionnellement [kõvɑ̃sjɔnɛlmɑ̃] adv. De manière conventionnelle. ▷ Par convention. *Parties conventionnellement liées.* – De *conventionnel.*

conventuel, elle [kõvɑ̃tɥɛl] adj. Qui a rapport aux couvents. *Assemblée conventuelle,* composée de tous les membres du couvent. – Lat. ecclés. *conventualis,* de *conventum,* «couvent».

convenu, ue [kõv(ə)ny] adj. Conforme à un accord. – Loc. *Comme convenu. Il est arrivé à huit heures comme convenu.* ▷ Établi par convention. *Langage convenu:* code. – Pp. de *convenir.*

convergence [kõvɛʀʒɑ̃s] n. f. **1.** Action de converger; le fait de converger. – Fig. *Convergence de points de vue.* ▷ GEOM Disposition de lignes qui se dirigent vers un même point. ▷ MATH *Convergence d'une suite:* propriété d'une suite dont le terme U_n tend vers une valeur finie lorsque le paramètre n tend vers l'infini. – *Convergence d'une série:* propriété d'une série dont la somme des termes tend vers une valeur finie. **2.** PHYS *Convergence d'une lentille:* inverse de sa distance focale. – De *converger.*

convergent, ente [kõvɛʀʒɑ̃, ɑ̃t] adj. **1.** Qui converge. – GEOM *Lignes convergentes.* – Fig. *Idées convergentes.* ▷ MATH *Série convergente.* **2.** PHYS Dont la fonction est de faire converger. *Lentille convergente.* – De *converger.*

converger [kõvɛʀʒe] v. intr. **[15] 1.** Se diriger vers un même lieu. *Faire converger des troupes sur une ville.* ▷ PHYS et GEOM Tendre vers un seul et même point. ▷ MATH Tendre vers une valeur donnée, sans jamais l'atteindre. **2.** Fig. Avoir le même but, la même tendance. *Faire converger ses efforts. Ils ont des idées qui convergent.* – Bas lat. *convergere,* de *con-(cum),* et *vergere,* «incliner vers».

convers, erse [kõvɛʀ, ɛʀs] adj. Se dit d'un religieux non prêtre, d'une religieuse qui n'est pas une «religieuse de chœur» admise à chanter les offices dans le chœur de l'église ou de la chapelle, et qui sont en général employés aux besognes domestiques dans leur communauté. *Frère convers.* – Lat. ecclés. *conversus,* «converti».

conversation [kõvɛʀsasjõ] n. f. **1.** Entretien entre deux ou plusieurs personnes, sur des sujets variés. *Lier conversation avec qqn. Sujet de conversation plaisant.* **2.** La matière, le sujet de cet entretien; ce qui s'y dit. *Changer de conversation.* **3.** Art, manière de s'entretenir en société des sujets les plus divers. *Avoir de la conversation.* – Lat. *conversatio,* «fréquentation».

conversationnel, elle [kõvɛʀsasjɔnɛl] adj. INFORM Qui permet le dialogue homme-machine. – De *conversation.*

1. converse [kõvɛʀs] adj. LOG *Proposition converse,* à laquelle on a fait subir une conversion. – N. f. *La converse d'une proposition.* – Lat. *conversus,* «retourné».

2. converse. V. convers.

converser [kõvɛʀse] v. intr. **[1]** S'entretenir, échanger des paroles avec. *Ils conversèrent ensemble quelques instants.* – Du lat. *conversari,* «fréquenter».

conversion [kõvɛʀsjõ] n. f. **1.** Transformation d'une chose en une autre (changement de nature, de forme). *Conversion des métaux.* ▷ FIN *Conversion des monnaies:* leur échange contre d'autres pour une même valeur. **2.** *Spécial.* Changement de religion. *La conversion d'un protestant au catholicisme.* – *Par ext.* Changement de parti, d'opinion. *Conversion au socialisme.* ▷ RELIG *La conversion des âmes:* le fait de les ramener sur le chemin de Dieu. **3.** LOG Opération qui consiste, dans une proposition, à faire du sujet l'attribut et de l'attribut le sujet sans étendre abusivement la compréhension de l'un des concepts. (Ex.: la conversion de «*Tous* les oiseaux sont des animaux ailés» ne doit pas donner «*Tous* les animaux ailés sont des oiseaux» mais «*Certains* animaux ailés sont des oiseaux».) **4.** Changement de direction (*spécial.,* d'une troupe militaire). – SPORT Demi-tour exécuté à l'arrêt par un skieur. – Lat. *conversio,* «action de se tourner (vers Dieu)», de *convertere,* «se tourner vers».

converti, ie [kõvɛʀti] adj. et n. Qui a été amené à changer de religion pour une autre. – Qui a été ramené sur le chemin de la religion. *Un pécheur converti.* ▷ Loc. *Prêcher un converti* : s'évertuer à convaincre qqn qui est déjà convaincu. – Pp. de *convertir.*

convertibilité [kõvɛʀtibilite] n. f. FIN Nature de ce qui est convertible. *Libre convertibilité d'une monnaie.* – De *convertible.*

convertible [kõvɛʀtibl] adj. **1.** Qui peut être converti en une autre chose ou échangé contre une autre chose ▷ FIN *Rente convertible.* **2.** Se dit d'un meuble à usage multiple. *Un canapé convertible.* – De *convertir.*

convertir [kõvɛʀtiʀ] v. tr. **[2] 1.** Changer, transformer. *Convertir de la fonte en acier. Convertir des valeurs en espèces.* **2.** Amener (qqn) à changer de religion et, *par ext.,* de parti, d'opinion. *Les missionnaires voulaient convertir au christianisme les peuples d'Afrique et d'Asie.* ▷ v. pron. *Se convertir:* changer de religion. *Se convertir au judaïsme.* – Revenir aux principes de la religion. – Lat. *convertere,* «se tourner vers».

convertissable [kõvɛʀtisabl] adj. Qui peut être converti. – De *convertir.*

convertissage [kõvɛʀtisaʒ] n. m. METALL Transformation de la fonte en acier au convertisseur. – De *convertir.*

convertisseur [kõvɛʀtisœʀ] n. m. **1.** Rare et souvent iron. Celui qui s'efforce de faire des conversions (sens 2) ou qui s'en flatte. **2.** TECH Appareil ou dispositif qui transforme. ▷ ELECTR Appareil qui transforme un courant en un autre. *Convertisseur statique,* qui transforme un courant alternatif en courant continu sans utiliser d'organes mobiles (par oppos. à *groupe convertisseur*). ▷ ELECTRON Convertisseur d'images: tube électronique permettant d'obtenir une image à partir d'une autre image. ▷ METALL Appareil qui affine la fonte en acier au moyen d'un courant d'oxygène ou d'air. *Convertisseur Thomas, Bessemer.* ▷ AUTO *Convertisseur de couple:* organe, servant à la fois d'embrayage et de boîte de vitesses, qui transmet aux roues l'effort moteur par l'intermédiaire d'un liquide. – De *convertir.*

convexe [kõvɛks] adj. **1.** Bombé, courbé en dehors. *Miroir convexe.* Ant. concave. **2.** MATH *Volume convexe,* tel que tout segment qui joint deux points quelconques de ce volume est contenu à l'intérieur de ce volume. *Surface convexe:* surface plane telle que tout segment joignant deux points quelconques de cette surface est contenu dans cette surface. *Fonction numérique convexe,* telle que la surface du plan située au-dessus de sa courbe représentative est convexe. – Lat. *convexus.*

convexité [kõvɛksite] n. f. État de ce qui est convexe; rondeur, courbure sphérique. – De *convexe.*

convict [kõvikt] n. m. Criminel condamné à la déportation ou aux travaux forcés, dans le droit anglo-saxon. *«Pirates après avoir été convicts, ces misérables écumaient le Pacifique»* (J. Verne). – Mot angl., du lat. *convictus,* «convaincu d'un crime».

conviction [kõviksjõ] n. f. **1.** Certitude que l'on a (de la vérité, d'un fait, d'un principe). *L'intime conviction des jurés quant à l'innocence du prévenu.* – DR *Pièce à conviction,* qui établit la preuve évidente et indubitable d'un fait. **2.** Spécial. *Les convictions :* les idées, les opinions que l'on tient pour vraies et auxquelles on est fortement attaché. *Heurter qqn dans ses convictions. Les convictions religieuses.* – Lat. imp. *convictio,* de *convincere,* «convaincre».

convier [kõvje] v. tr. [1] **1.** Inviter (à un repas, à une fête). **2.** Fig. Engager à. *Dormons, tout nous y convie.* – Lat. pop. **convitare*, d'ap. *invitare*.

convive [kõviv] n. Personne qui participe à un repas avec d'autres. *De joyeux convives.* – Lat. *conviva*.

convivial, ale, aux [kõvivjal, o] adj. Relatif aux repas, aux banquets. *Des échanges conviviaux.* ▷ Qui concerne la convivialité. – Mot angl., du lat. imp. *convivalis*.

convivialité [kõvivjalite] n. f. Goût pour les repas réunissant de nombreux convives. ▷ *Par ext.* Ensemble des rapports des personnes d'un milieu social, entre elles et face à ce milieu. – Angl. *conviviality*, même origine que *convivial*.

convocable [kõvɔkabl] adj. Qui peut être convoqué. – De *convoquer*.

convocation [kõvɔkasjõ] n. f. **1.** Action de convoquer. *La convocation d'une assemblée.* **2.** Billet, feuille par laquelle on convoque. *Recevoir une convocation.* – De *convoquer*.

convoi [kõvwa] n. m. **1.** Réunion de voitures, de bateaux cheminant ensemble vers une même destination. – *Convoi de blé*, de véhicules transportant du blé. *Former un convoi. Escorter un convoi.* ▷ Spécial. *Convoi (de chemin de fer).* **2.** Cortège funèbre. – Déverbal de *convoyer*.

convoiement [kõvwamɑ̃] ou **convoyage** [kõvwajaʒ] n. m. Action de convoyer. – De *convoyer*.

convoiter [kõvwate] v. tr. [1] Désirer avidement. *Convoiter le bien d'autrui.* – Lat. pop. **cupidietare*, de *cupiditas*, «cupidité».

convoitise [kõvwatiz] n. f. Désir immodéré de possession. *Des bijoux qui provoquent la convoitise.* – De *convoiter*.

convoler [kõvɔle] v. intr. [1] Plaisant. *Convoler en justes noces:* se marier. – Lat. *convolare*, «voler avec», en droit «se remarier».

convoluté, ée [kõvɔlyte] adj. BOT Enroulé sur soi-même ou autour de qqch. *Feuilles convolutées.* – Lat. *convolutus*, de *convolvere*, «enrouler».

convolvulacées [kõvɔlvylase] n. f. pl. BOT Famille de dicotylédones gamopétales superovariées généralement grimpantes (par enroulement de la tige: plantes volubiles), dont le type est le liseron et dont la patate douce fait partie. – Du lat. *convolvulus*, «liseron».

convolvulus [kõvɔlvylys] n. m. Liseron. – Lat. *convolvulus*, de *convolvere*, «enrouler».

convoquer [kõvɔke] v. tr. [1] **1.** Faire se réunir. *Convoquer le Parlement.* **2.** Mander, inviter à se présenter. *Convoquer qqn à un examen.* – Lat. *convocare*, rac. *vox*, «voix».

convoyer [kõvwaje] v. tr. [26] **1.** Escorter, accompagner pour protéger. *Bâtiments de guerre qui convoient des cargos.* **2.** TRANSP Conduire (un véhicule) au destinataire qui doit en prendre livraison. – Bas lat. *conviare*, «se mettre en route avec», rac. *via*, «route».

convoyeur [kõvwajœʀ] n. m. **1.** Celui qui convoie, qui escorte pour protéger. *Convoyeurs de fonds.* ▷ MAR Bâtiment qui en escorte d'autres. **2.** TECH Dispositif de manutention continue pour le transport des matériaux (sur bande, rouleaux, chaîne, bac métalliques, etc.). – De *convoyer*.

convulsé, ée [kõvylse] adj. Agité, contracté par des convulsions. – Pp. de *convulser*.

convulser [kõvylse] v. tr. [1] Agiter de convulsions. ▷ v. pron. *Se convulser.* – Du lat. *convulsus*, de *convellere*, «arracher, ébranler».

convulsif, ive [kõvylsif, iv] adj. MED Ayant la nature d'une convulsion. – Cour. *Rire, mouvement convulsif*, nerveux. – De *convulsion*.

convulsion [kõvylsjõ] n. f. **1.** Contraction involontaire et transitoire des muscles, localisée ou généralisée. (Les convulsions peuvent être rapides et brusques – *cloniques* – ou durables – *toniques*. On les observe au cours de l'épilepsie, du tétanos, de la tétanie, etc. Chez l'enfant, elles peuvent survenir lors d'une fièvre élevée.) **2.** Fig. (le plus souvent au plur.) Troubles sociaux violents. *Les convulsions d'une révolution, d'une guerre civile.* – Du lat. *convulsio*.

convulsionnaire [kõvylsjɔnɛʀ] n. MED Personne qui a des convulsions. – HIST *Les convulsionnaires:* jansénistes fanatiques qui étaient pris de convulsions hystériques sur la tombe du diacre Pâris au cimetière St-Médard (1727-1732) où des miracles se seraient produits. – De *convulsion*.

convulsionner [kõvylsjɔne] v. tr. [1] MED Causer des convulsions ou des mouvements convulsifs. – De *convulsion*.

convulsivement [kõvylsivmɑ̃] adv. D'une façon convulsive. – De *convulsif*.

coobligation [koɔbligasjõ] n. f. DR Obligation réciproque ou commune, entre deux ou plusieurs personnes. – De *co-*, et *obligation*.

coobligé, ée [koɔbliʒe] n. DR Personne qui est obligée avec une ou plusieurs autres. – De *coobligation*.

cooccupant, ante [koɔkypɑ̃, ɑ̃t] adj. et n. DR Qui occupe un logement ou un local avec d'autres. – De *co-*, et *occupant*.

cook ou **couque** [kuk] n. m. Vx ou plaisant. Cuisinier. *Cook dans un camp de bûcherons.* – Mot angl.

cool [kul] adj. Fam. Anglicisme *Spécial.* Se dit d'une manière de jouer le jazz: *cool jazz* opposé au *hot jazz* (plus énergique et exubérant). – Mot angl. «frais», par opposition à *hot*, «chaud» (d'abord employé en musique).

coolie [kuli] n. m. Travailleur indien ou chinois, en Extrême-Orient. – Orig. incert., p.-ê. empr. à un parler hindi par l'intermédiaire de l'angl.

coopérant, ante [koɔpeʀɑ̃, ɑ̃t] n. Personne chargée par son gouvernement d'une mission d'assistance technique ou culturelle dans certains pays étrangers en voie de développement. – Ppr. de *coopérer*.

coopérateur, trice [koɔpeʀatœʀ, tʀis] n. Celui, celle qui opère, qui travaille avec qqn. ▷ *Spécial.* Membre d'une société coopérative. – De *coopérer*.

coopératif, ive [koɔpeʀatif, iv] adj. Qui résulte de la coopération de plusieurs personnes. ▷ Spécial. *Société coopérative.* V. coopérative. – De *coopérer*.

coopération [koɔpeʀasjõ] n. f. **1.** Action de coopérer. *Travailler en coopération avec qqn.* **2.** ECON Organisation en coopérative d'une entreprise commerciale. *Société de coopération.* **3.** Politique d'aide économique, culturelle et technique aux pays en voie de développement; cette aide. – Bas lat. *cooperatio*.

ENCYCL La coopération s'est manifestée sous diverses formes, au Québec, depuis deux siècles. À compter de la fin du XVIIIe siècle, on peut identifier des sociétés de secours mutuels (assurance-vie et maladie), puis des mutuelles-incendies, des cercles agricoles (achats en commun de fournitures), des beurreries coopératives, et, finalement, dans le dernier quart du XIXe siècle, quelques expériences de coopératives de type rochdalien. Ce dernier courant demeurera marginal jusqu'aux années 1930. Entre temps, trois types de coopératives font des premiers pas prometteurs: les caisses populaires fondées par Alphonse Desjardins qui s'inspire des expériences européennes, les coopératives agricoles apparues dans le sillage des cercles agricoles et des «syndicats de beurrerie et de fromagerie» et, dans les années vingt, les coopératives de pêcheurs gaspésiens.

Après la crise économique, un véritable mouvement coopératif prend forme, appuyé sur un contexte de réformes sociales et d'affirmation nationale. Un organisme central, le Conseil supérieur de la coopération, cherche à réunir les divers secteurs coopératifs dans une démarche commune et sous une même idéologie. Ce mouvement coopératif connaît alors, à la faveur de la guerre qui stimule la production et gonfle l'épargne, une période d'essor formidable, particulièrement dans le secteur agro-alimentaire (agriculture, pêche et forêt). Certains voient le «coopératisme» comme une troisième voie entre le capitalisme et le communisme. Depuis, la coopération connaît, dans l'ensemble, des hauts et des bas: difficultés de l'après-guerre, nouvel élan dans les années soixante et soixante-dix, ressac au tournant des années quatre-vingt.

Les deux principaux secteurs coopératifs ont traversé assez facilement ce mouvement cyclique. Le mouvement Desjardins, qui compte plus de 1 500 caisses populaires et plus de 3 millions de membres, est devenu un géant du monde financier. Il a absorbé toutes les autres fédérations de caisses d'épargne et de crédit, sauf une. Ses institutions spécialisées (assurance, fiducie, investissement, transport des valeurs) connaissent des succès remarquables. La coopération agricole a permis aux agriculteurs de prendre le contrôle de l'industrie laitière. Des centaines de beurreries locales ont fait place à des complexes industriels appartenant à une poignée de coopératives régionales (Agropur, Purdel, Agrinove, etc.).

Les autres secteurs coopératifs dont l'origine remonte à l'avant-guerre ont connu beaucoup moins de succès. Limitées à la Gaspésie et à la Côte-Nord, les coopératives de pêcheurs ont vu disparaître leur fédération et vendre certaines de leurs usines. Les coopératives de consommation n'ont jamais réussi à prendre une part significative du marché urbain, les Cooprix lancés en 1969 (magasins à grande surface) n'ayant pas rempli leurs promesses. Leur fédération est aussi disparue récemment. Les coopératives forestières ont connu de graves difficultés financières au début des années soixante-dix. Enfin, le secteur de l'habitation se développe de façon remarquable, avec une aide substantielle des gouvernements.

Dans les autres domaines, les expériences de coopération sont demeurées plutôt marginales, soit en raison de leur part de marché, soit par leur caractère régional. Dans le premier groupe, on retrouve des coopératives funéraires, des coopératives de taxis, des garderies coopératives, etc. Dans le second, notons les coopératives du Nouveau-Québec qui détiennent environ 50 pour cent du marché de la consommation et le contrôle quasi exclusif de la mise en marché de la production artisanale.

coopératisme [kɔɔperatism] n. m. ECON Théorie fondée sur l'extension des coopératives de production et de consommation. – De *coopération.*

coopérative [kɔɔperativ] n. f. ECON Société à forme coopérative, dont les associés participent à part égale au travail, à la gestion et au profit. *Coopérative de production. Coopérative de consommation:* groupement de consommateurs pour l'achat de marchandises en gros. – De *coopérer.*

coopérer [kɔɔpere] **1.** v. intr. [1] Opérer, travailler conjointement avec qqn. *Des services qui coopèrent.* **2.** v. tr. indir. *Coopérer à des travaux.* – Bas lat. *cooperari.*

cooptation [kɔɔptasjõ] n. f. Mode de recrutement d'une assemblée, consistant à faire élire les nouveaux membres par les membres déjà élus. – Lat. *cooptatio.*

coopter [kɔɔpte] v. tr. [1] Admettre par cooptation. – Lat. *cooptare.*

coordinat [kɔɔrdina] n. m. CHIM Groupement d'atomes, d'ions, de molécules, qui entoure un atome ou un ion central dans un complexe. – De *coordination.*

coordination [kɔɔrdinasjõ] n. f. **1.** Action de coordonner; état de ce qui est coordonné. *La coordination des mouvements. Coordination des projets d'aménagement.* **2.** GRAM *Conjonction de coordination,* qui sert à lier deux mots ou deux propositions ayant même nature et même fonction *(mais, ou, et, donc, or, ni, car).* **3.** CHIM *Composé de coordination.* Syn. complexe. ▷ *Nombre de coordination.* Syn. coordinence. – Bas lat. *coordinatio,* de *ordinatio,* «mise en ordre».

coordinateur. V. coordonnateur.

coordinence [kɔɔrdinɑ̃s] n. f. CHIM **1.** Liaison chimique forte. **2.** Nombre de coordinats pouvant entourer un ion ou un atome central. – De *coordin(at),* et *(val)ence.*

coordonnateur, trice [kɔɔrdɔnatœr, tris] ou **coordinateur, trice** [kɔɔrdinatœr, tris] adj. et n. Qui coordonne. – De *coordonner.*

coordonné, ée [kɔɔrdɔne] adj. et n. **I.** adj. **1.** Qui se produit, est produit dans un rapport de simultanéité et d'harmonie. *Des efforts bien coordonnés.* **2.** GRAM *Propositions coordonnées,* unies par une conjonction de coordination. **II.** MATH n. f. pl. Ensemble des nombres qui permettent de définir la position d'un point dans un espace (à deux ou plusieurs dimensions) par rapport à un repère. ▷ Par ext. Fam. *Laissez-moi vos coordonnées,* les renseignements qui me permettront de savoir où vous joindre. – Pp. de *coordonner.*

ENCYCL **Math.** – La notion de coordonnées a été définie par Descartes. Les coordonnées cartésiennes utilisent comme repère un système d'axes orthonormés. Dans le plan, on peut utiliser des coordonnées *polaires* (rayon et angle) ou *bipolaires* (un rayon pour chacun des deux pôles). Dans un espace à trois dimensions, on peut employer des coordonnées *cylindriques,* aussi appelées *semi-polaires* (un rayon, un angle et une cote), ou *sphériques* (un rayon et deux angles). **Astro.** – On utilise généralement trois systèmes de coordonnées: horizontales, équatoriales et écliptiques. En coordonnées *horizontales* (ou *azimutales*), la position d'un point sur la sphère céleste est définie par son azimut et par sa hauteur (égale à sa distance zénithale); le plan fondamental est celui de l'horizon. En coordonnées *équatoriales,* cette position se définit par sa déclinaison et son angle horaire (ou son ascension droite); le plan fondamental est celui de l'équateur. En coordonnées *écliptiques,* elle se définit par sa longitude et sa latitude; le plan fondamental est celui de l'écliptique.

coordonner [kɔɔrdɔne] v. tr. [1] Produire, organiser, dans un rapport de simultanéité et d'harmonie dans un but déterminé. *Coordonner ses efforts.* – De *co-,* et *ordonner.*

copahu [kɔpay] n. m. Résine provenant du copayer, très odorante, autref. utilisée contre la blennorragie. – Mot tupi.

copain, ine [kɔpɛ̃, in] n. m. Camarade que l'on aime bien. *Un copain de classe. Une copine de travail.* – Forme de l'a. fr. *compain,* «avec qui on partage le pain».

copal [kɔpal] n. m. Résine sécrétée par certains conifères du genre *Agathis* et par le copayer, utilisée dans la fabrication de vernis. – Mot esp. de l'aztèque du Mexique *copalli.*

copartage [kopaʀtaʒ] n. m. DR Partage entre plusieurs personnes. – De *co-*, et de *partage*.

copartageant, ante [kopaʀtaʒɑ̃, ɑ̃t] adj. et n. DR Qui est appelé à partager avec d'autres (un héritage, un objet quelconque). *Héritier copartageant.* – Ppr. de *copartager*.

copartager [kopaʀtaʒe] v. tr. [1] DR Partager avec une ou plusieurs personnes. *Copartager un héritage.* – De *co-*, et *partager*.

coparticipant, ante [kopaʀtisipɑ̃, ɑ̃t] adj. et n. DR Qui coparticipe. – Ppr. de *coparticiper*.

coparticipation [kopaʀtisipasjɔ̃] n. f. **1.** DR Participation avec d'autres à une entreprise quelconque. **2.** *Par ext.* Vieilli Participation (des ouvriers) aux bénéfices de l'entreprise. – De *co-*, et *participation*.

coparticiper [kopaʀtisipe] v. tr. indir. [1] DR Participer en commun. – De *co-*, et *participer*.

copayer [kɔpaje] n. m. Nom cour. de divers arbres tropicaux (genre *Copaïfera*, fam. césalpiniacées) fournissant un bois rouge et le copahu. – Empr. au tupi, par l'intermédiaire du portugais, de *copahu*.

copeau [kɔpo] n. m. Morceau, éclat enlevé par un instrument tranchant. *Copeaux de bois, de métal.* – A. fr. *coispel*, lat. pop. **cuspellus*, class. *cuspis*, «pointe».

copépodes [kɔpepɔd] n. m. pl. ZOOL Ordre de crustacés entomostracés (ex.: le cyclope) pourvus d'appendices natatoires très développés, marins (planctoniques) ou d'eau douce, libres ou parasites. – Du gr. *kopê*, «rame», et *-pode*.

copermuter [kopɛʀmyte] v. tr. [1] Échanger un bénéfice (*spécial*, un bénéfice ecclésiastique). – De *co-*, et *permuter*.

copernicien, ienne [kɔpɛʀnisjɛ̃, jɛn] adj. Relatif au système de Copernic. – Du n. de l'astronome polonais Nicolas *Copernic* (1473-1543).

copiage [kɔpjaʒ] n. m. Fait de copier qqch. *Durant un examen le copiage est déconseillé! Copiage d'un modèle en plusieurs exemplaires.* – De *copier*.

copie [kɔpi] n. f. **1.** Reproduction exacte d'un écrit. *L'original et la copie. Copie conforme:* attestation que la copie reproduite est conforme à l'original. *Feuille de copie:* papier quadrillé à l'usage des écoliers, sur lequel sont faits les devoirs. **2.** Reproduction qui imite une œuvre d'art. *Ce tableau est une copie d'un Riopelle.* ▷ *Par ext.* Ce qui est emprunté, imité. *Sa pièce n'est qu'une pâle copie de Racine.* **3.** AUDIOV Film positif tiré d'un négatif. **4.** TECH Texte à composer. – Lat. *copia*, «abondance».

copier [kɔpje] v. tr. [1] **1.** Faire la copie manuscrite, la transcription de. **2.** Exécuter la copie de (une œuvre d'art). *Copier un tableau.* **3.** Arg. scol. Reproduire frauduleusement. *Élève qui copie sur son voisin.* – De *copie*.

copieur, ieuse [kɔpjœʀ, jøz] n. (et adj.) **1.** Arg. scol. Celui, celle qui copie frauduleusement. **2.** n. m. Machine à photocopier. – De *copier*.

copieusement [kɔpjøzmɑ̃] adv. De manière copieuse. *Servez-vous copieusement.* – De *copieux*.

copieux, ieuse [kɔpjø, jøz] adj. Abondant. *Repas copieux.* Syn. plantureux. Ant. maigre, chiche. – Lat. *copiosus*, de *copia*, «abondance».

copilote [kopilɔt] n. AVIAT et cour. Second pilote, capable d'aider et de remplacer le pilote principal. ▷ SPORT Lors d'une course automobile, passager qui dicte au pilote les données issues des repérages. – De *co-*, et *pilote*.

copinage [kɔpinaʒ] n. m. Fam., péjor. Entraide par relations et introductions, qui ne profite qu'à un petit nombre de personnes, toujours les mêmes. *C'est par copinage qu'il a obtenu son poste.* – De *copain*.

copine. V. copain.

copiner [kɔpine] v. intr. [1] Établir des liens de familiarité, de camaraderie. – De *copain*.

copiste [kɔpist] n. **1.** Personne qui recopiait les manuscrits, avant l'invention ou l'expansion de l'imprimerie. **2.** Imitateur du style d'un auteur, d'un artiste. **3.** Personne qui copie des œuvres d'art. – De *copie*.

coplanaire [koplanɛʀ] adj. GEOM Qui est situé dans le même plan. *Droites, courbes coplanaires.* – De *co-*, et lat. *planus*, «plan».

copolymère [kopɔlimɛʀ] n. m. CHIM Macromolécule obtenue par polymérisation d'un mélange de monomères. – De *co-*, et *polymère*.

coposséder [kopɔsede] v. tr. [1] DR Posséder (une chose) en commun avec une personne ou plusieurs. – De *co-*, et *posséder*.

copossesseur [kopɔsesœʀ] n. m. DR Celui, celle qui possède qqch en commun avec une personne ou plusieurs. – De *co-*, et *possesseur*.

copossession [kopɔsesjɔ̃] n. f. Le fait de posséder en commun. – De *co-*, et *possession*.

coprah ou **copra** [kɔpʀa] n. m. Albumen de coco mûr dont on extrait diverses matières grasses. – Du malabar *kopparah*.

coprésidence [kɔpʀezidɑ̃s] n. f. Présidence assurée conjointement par plusieurs personnes ou par les représentants de plusieurs gouvernements ou organismes. – De *co-*, et *présidence*.

coprésident, ente [kɔpʀezidɑ̃, ɑ̃t] n. Personne, institution ou gouvernement participant à une coprésidence. – De *co-*, et *président*.

coprin [kɔpʀɛ̃] n. m. Champignon basidiomycète à spores et hyménium déliquescent, noir à maturité, dont le chapeau s'ouvre très peu. (*Coprinus fimetarius* pousse sur le fumier, d'autres coprins poussent sur les troncs, les souches, etc.) – Du gr. *kopros*, «excrément».

coprince [kopʀɛ̃s] n. m. Titre porté par le président de la République française et l'évêque espagnol d'Urgel, qui partagent la suzeraineté (symbolique) de la principauté d'Andorre. – De *co-*, et *prince*.

copro-. Élément, du gr. *kopros*, «excrément».

coproculture [kɔpʀokyltyʀ] n. f. MED Culture bactériologique des selles pour déceler la présence de germes pathogènes. – De *copro-*, et *culture*.

coproduction [kopʀɔdyksjɔ̃] n. f. Production en commun. *Film, livre en coproduction.* – De *co-*, et *production*.

coprolalie [kɔpʀɔlali] n. f. PSYCHIAT Impulsion morbide à tenir des propos orduriers. – De *copro-*, et gr. *lalia*, «bavardage».

coprolithe [kɔpʀɔlit] n. m. PALEONT Excrément fossile. – De *copro-*, et *-lithe*.

coprologie [kɔpʀɔlɔʒi] n. f. MED Étude des matières fécales ou des engrais. – De *copro-*, et *-logie*.

coprophage [kɔpʀɔfaʒ] adj. et n. Se dit des insectes qui se nourrissent d'excréments (*bousiers*). ▷ Subst. *Les coprophages.* – De *copro-*, et *-phage*.

coprophagie [kɔpʀɔfaʒi] n. f. MED Tendance pathologique à manger des excréments. – De *coprophage*.

copropriétaire [kopʀɔpʀijetɛʀ] n. Celui, celle qui possède qqch avec une ou plusieurs autres personnes. – *Spécial.* Celui, celle qui possède un bien immobilier en copropriété. *Assemblée des copropriétaires d'un immeuble.* – De *copropriété*.

copropriété [kɔpʀɔpʀijete] n. f. DR Propriété commune à plusieurs personnes. (Ce terme désigne généralement la situation d'un immeuble divisé en appartements attribués exclusivement à chacun des copropriétaires, la copropriété ne portant que sur les parties communes.) – De *co-*, et *propriété.*

copte [kɔpt] n. et adj. **1.** n. *Les Coptes:* les chrétiens monophysites d'Égypte et d'Éthiopie. ▷ n. m. *Le copte:* langue dérivée de l'ancien égyptien, parlée du IIIe au XIIIe s. et servant auj. uniquement de langue liturgique. **2.** adj. Relatif aux Coptes, à leur civilisation, à leur langue. – Du gr. *Aiguptios,* «Égyptien», par aphérèse de la syllabe initiale.

ENCYCL Lors de la conquête de l'Égypte, les Arabes donnèrent à ses habitants le nom de *Coptes,* nom qui fut ensuite limité à la partie, minoritaire, de la population qui demeura chrétienne. Au nombre auj. de 7 000 000 env., les Coptes, descendants directs des Égyptiens de l'époque pharaonique, étaient devenus chrétiens au IIIe s. et n'avaient pas suivi le concile de Chalcédoine (451) dans sa condamnation du monophysisme; ils forment auj. la plus importante communauté chrétienne à l'intérieur du monde musulman. On nomme également souvent Coptes les chrétiens monophysites d'Éthiopie qui, jusqu'en 1959, dépendaient hiérarchiquement du patriarche copte d'Alexandrie. – L'art copte (IVe – mil. VIIe s.) est remarquable par ses reliefs sur pierre et ses tissus polychromes.

copula [kɔpyla] n. f. BIOL Cellule diploïde résultant de l'union de deux gamètes. Syn. œuf, zygote. – Lat. *copula,* «ce qui sert à attacher, union, lien».

copulateur, trice [kɔpylatœʀ, tʀis] adj. ZOOL Qui sert à la copulation. *Appendice copulateur.* – De *copuler.*

copulatif, ive [kɔpylatif, iv] adj. LOG, GRAM Qui sert à lier les termes, les propositions. *Terme copulatif. Conjonction copulative.* – De *copuler.*

copulation [kɔpylasjõ] n. f. **1.** Union du mâle et de la femelle; accouplement, coït. ▷ BOT Fécondation. **2.** CHIM Réaction de condensation des amines et des phénols avec les sels de diazonium. – Lat. *copulatio,* «assemblage».

copule [kɔpyl] n. f. **1.** LOG Le verbe (en partic. *être*) en tant qu'il affirme ou qu'il nie le prédicat du sujet. **2.** GRAM Ce qui lie le sujet d'une proposition avec l'attribut (se dit en partic. du verbe *être*). – Lat *copula.*

copuler [kɔpyle] v. intr. [1] S'accoupler. (Triv. en parlant d'êtres humains.) – Lat. *copulare,* «lier ensemble».

copyright [kɔpiʀajt] n. m. **1.** Droit que détient un auteur ou un éditeur d'exploiter une œuvre littéraire, artistique, etc., pendant une durée déterminée. **2.** Mention qui est faite de ce droit sur le support matériel de l'œuvre (signe © suivi du nom de l'ayant droit et de l'année de publication). – Mot angl., «droit de copie».

1. coq [kɔk] n. m. **1.** Mâle de la poule domestique et de divers galliformes (ordre des galliformes, fam. phasianidés), à crête charnue rouge vif, au chant éclatant («cocorico») caractéristique. – *Coq de bruyère:* V. tétras. – *Coq de roche:* V. rupicole. ▷ Figure de coq, à la pointe d'un clocher. ▷ *Coq gaulois,* emblème de la France. ▷ Loc. *Fier comme un coq:* très fier. – *Rouge comme un coq:* très rouge (de colère, etc.). – *Mollets de coq:* mollets grêles. – *Être comme un coq en pâte:* être bien soigné, avoir toutes ses aises. **2.** Fig. *Le coq du village:* le garçon qui a le plus de succès auprès des filles. **3.** SPORT *Poids coq:* catégorie de boxeurs pesant entre 50,800 kg et 53,520 kg. – Onomat. d'ap. le cri du coq.

2. coq [kɔk] n. m. MAR Cuisinier, à bord d'un navire. *Maître coq.* – Néerl. *kok* ou ital. *cuoco,* du lat. *coquus,* «cuisinier».

coq-à-l'âne [kɔkalɑn] n. m. inv. Passage sans transition ni motif d'un sujet à un autre dans une conversation, un discours. *Faire des coq-à-l'âne.* – De *(passer du) coq à l'âne.*

coquard ou **coquart** [kɔkaʀ] n. m. Fam. Tuméfaction de la région de l'œil, due à un coup. – De *cocarde,* altér. d'ap. *coque.*

coque [kɔk] n. f. **I. 1.** Enveloppe externe, dure, d'un œuf (cornée chez les sélaciens, calcaire chez les oiseaux). ▷ *Œuf à la coque,* cuit à l'eau dans sa coque sans être durci. **2.** Enveloppe ligneuse sclérifiée de certaines graines. *Coque de noix.* **3.** Lamellibranche marin (*Cardium edule*), comestible, très fréquent sur les côtes sableuses où il vit enfoui. **4.** *Coque de cheveux, de rubans:* boucle de cheveux, nœud de rubans en forme de coque d'œuf. **5.** MAR Boucle dans une amarre neuve qui n'a pas été élongée et détordue. **II. 1.** MAR Ensemble de la membrure et du bordé d'un navire. **2.** Carcasse du corps d'un avion. **3.** AUTO Carrosserie d'une automobile sans châssis. **4.** CONSTR Structure de faible épaisseur. – Onomat., ou du lat. *coccum,* «excroissance».

coquecigrue [kɔksigʀy] n. f. Vx **1.** Animal fantastique. **2.** Baliverne, récit extravagant. *Raconter des coquecigrues.* – P.-ê. de *coq-grue,* croisé avec *ciguë.*

coquelet [kɔklɛ] n. m. CUIS Jeune coq. *Coquelet à l'échalote.* – Dimin. de *coq.*

coquelicot [kɔkliko] n. m. Papavéracée à fleur rouge vif (*Papaver rhoes*), fréquente dans les champs de céréales en Europe. ▷ Adj. inv. De la couleur rouge du coquelicot. *Un ruban coquelicot.* – Onomat. du cri du coq, par comparaison avec sa crête.

coqueluche [kɔklyʃ] n. f. **1.** Maladie infectieuse, contagieuse, immunisante, due au bacille de Bordet-Gengou, fréquente surtout chez l'enfant, caractérisée par une toux quinteuse, asphyxiante, évoquant le chant du coq. **2.** Fam. *Être la coqueluche de:* être très prisé, très admiré par. *Il est la coqueluche des dames.* – Orig. incert., signif. d'abord «capuchon», du lat. *cucullus;* «grippe», d'ap. *coq,* à cause de la toux.

coquelucheux, euse [kɔklyʃø, øz] adj. De la coqueluche. *Toux coquelucheuse.* ▷ Adj. et n. Atteint de la coqueluche. – De *coqueluche.*

coquemar [kɔkmɑʀ] n. m. (Acadie) Bouilloire. V. bombe (Encycl.). – P.-ê. du bas lat. *cucuma.*

coquerelle [kɔkʀɛl] n. f. Syn. de *cancrelat.*

coquet, ette [kɔkɛ, ɛt] adj. **1.** Qui cherche à plaire, à séduire. *Des mines coquettes,* inspirées par le désir de plaire. ▷ N. f. Vieilli Femme qui cherche à plaire. *Le manège d'une coquette.* ▷ THEAT *Grande coquette:* premier rôle féminin dans les comédies de caractère. *Jouer les grandes coquettes.* **2.** Qui aime être élégant. *Un homme coquet.* Ant. négligé. **3.** Dont l'aspect est agréable, soigné. *Un jardin coquet.* **4.** Fam. Important, considérable (en parlant d'une somme d'argent). *Cela vous coûtera la coquette somme de...* – De *coquet,* «petit coq».

coquetier [kɔktje] n. m. Petit récipient dans lequel on place l'œuf que l'on mange à la coque. – De *coque.*

coquetière [kɔktjɛʀ] n. f. Ustensile servant à faire cuire les œufs à la coque. – De *coque.*

coquettement [kɔkɛtmɑ̃] adv. D'une manière coquette. *S'habiller coquettement.* – De *coquet.*

coquetterie [kɔkɛtʀi] n. f. **1.** Désir de plaire, d'attirer les hommages; artifice, manœuvre inspirée par ce désir. *La coquetterie de Célimène, dans «le Misanthrope». Faire des coquetteries.* ▷ Fam. *Avoir une coquetterie dans l'œil:* loucher légèrement. **2.** Goût de la parure, manière élégante de s'habiller. **3.** Bon goût, manière élégante de décorer, d'arranger. *Appartement décoré avec coquetterie.* – De *coquet.*

coquillage [kɔkijaʒ] n. m. Animal testacé (pourvu d'une coquille). *Manger des coquillages.* – Coquille vide d'un tel animal. *Collier de coquillages.* – De *coquille.*

coquillard [kɔkijaʀ] n. m. HIST Malfaiteur qui arborait une coquille, comme les pèlerins; gueux. – De *coquille,* et *-ard.*

coquillart [kɔkijaʀ] n. m. MINER Pierre contenant des coquilles fossiles. – De *coquille.*

coquille [kɔkij] n. f. **I. 1.** Enveloppe dure, calcaire, univalve ou bivalve, sécrétée par le tégument de certains mollusques (lamellibranches, gastéropodes, etc.). *Coquille d'huître, d'escargot.* ▷ *Coquille Saint-Jacques:* lamellibranche comestible du genre *Pecten*; coquille vide de ce mollusque, emblème des pèlerins de St-Jacques-de-Compostelle. Syn. peigne. ▷ Loc. fig. *Rentrer dans sa coquille:* se replier sur soi-même, refuser la communication, l'échange avec autrui. **2.** ARCHI Motif ornemental figurant une coquille. *Coquille Louis XV.* **3.** TECH Élément ayant pour section une demi-couronne circulaire. ▷ Moule utilisé en fonderie. **4.** SPORT Appareil de protection des parties génitales, utilisé dans certains sports. ▷ En escrime, partie de la monture d'une arme qui protège la main contre les coups adverses. **5.** CHIR *Coquille plâtrée:* appareillage amovible en plâtre, qui immobilise le rachis du patient. **6.** TYPO Faute de composition. **II. 1.** Matière calcaire qui recouvre l'œuf. ▷ Adj. inv. *Coquille d'œuf:* jaune pâle. **2.** Enveloppe ligneuse d'une amande, d'une noisette, etc. ▷ Fam. *Coquille de noix:* embarcation très légère. – Sens I, du lat. *conchylium,* du gr. *kogkhulion,* avec infl. du lat. *coccum,* «coque»; sens II, de *coque.*

coquiller [kɔkije] v. intr. [1] En parlant de la croûte du pain, avoir des boursouflures. – De *coquille.*

coquillette [kɔkijɛt] n. f. Pâte alimentaire en forme de petite coquille. – Dimin. de *coquille.*

coquillier, ière [kɔkije, jɛʀ] adj. et n. m. **1.** adj. GEOL Qui contient une grande proportion de coquilles. *Sable, calcaire coquillier.* **2.** n. m. Collection de coquilles. – De *coquille.*

coquin, ine [kɔkɛ̃, in] n. et adj. **1.** n. Vx Personne sans honneur ni probité; fripon, misérable. *C'est un coquin de la pire espèce.* **2.** Mod. Espiègle, malicieux (surtout en parlant d'un enfant). *Petit coquin, où es-tu caché? Un air, des yeux coquins.* **3.** adj. Licencieux, grivois. *Raconter des histoires coquines.* – De *coq.*

coquinerie [kɔkinʀi] n. f. **1.** Vx Action, caractère de coquin; scélératesse. **2.** Mod. Malice, espièglerie. – De *coquin.*

1. cor [kɔʀ] n. m. **I. 1.** Anc. Trompe d'appel formée d'une corne ou d'une défense d'animal creusée et percée. *Le cor de Roland.* **2.** Mod. Instrument à vent, en cuivre, à embouchure, constitué d'un tube conique enroulé sur lui-même et terminé par un large pavillon. *Sonner du cor.* – *Cor de chasse* (*trompe,* dans le langage des chasseurs), en général en *ré,* quelquefois en *mi* bémol. – *Cor d'harmonie:* instrument d'orchestre en *fa,* de même forme que le cor de chasse, mais doté de corps de rechange qui allongent le tube et permettent de jouer dans tous les tons. – *Cor à pistons* (ou *chromatique*), en *fa,* le seul utilisé auj. dans les orchestres. ▷ Loc. *Chasser à cor et à cri,* à grand bruit, avec le cor et les chiens. – Fig. *Demander à cor et à cri,* à grand bruit, en insistant. **3.** *Cor anglais:* hautbois en *fa,* au timbre rauque. ▷ *Cor de basset:* clarinette en *fa,* appelée aussi clarinette alto. **II.** Plur. Les andouillers des bois des cervidés. *Un cerf dix cors:* qui a 5 andouillers sur chaque bois et qui est âgé de 7 ans. – Lat. *cornu.*

2. cor [kɔʀ] n. m. Petite tumeur dure et douloureuse, siégeant sur les orteils ou à la plante des pieds, due à la compression des téguments entre la chaussure et l'os sous-jacent. – De l'a. fr. *cor(n)* «matière cornée».

coraciadiformes [kɔʀasjadifɔʀm] n. m. pl. ZOOL Ordre d'oiseaux aux doigts antérieurs généralement soudés et qui logent dans des cavités (le martin-pêcheur, par ex.). – Du gr. *korax,* «corbeau», par le lat. *coracias,* nom de genre du rollier.

coracoïde [kɔʀakɔid] adj. ANAT *Apophyse coracoïde,* située au bord supérieur de l'humérus. – Du gr. *korax,* «corbeau», et *-oïde.*

corail, aux [kɔʀaj, o] n. m. **1.** Nom cour. des madréporaires. **2.** *Corail rouge (Corallium rubrum):* octocoralliaire ramifié à squelette calcaire rouge-orangé, formant des colonies, très utilisé en joaillerie. **3.** *Serpent corail:* nom cour. de l'*élaps.* **4.** Nom cour. de la substance rouge des coquilles St-Jacques. **5.** Poét. *De corail:* vermeil. *Des lèvres de corail.* ▷ Adj. inv. De la couleur du corail. *Rubans corail.* – Lat. *corallium,* du gr. *korallion.*

corailleur, euse [kɔʀajœʀ, øz] n. et adj. Qui pêche, qui travaille le corail. – De *corail.*

corallien, ienne [kɔʀaljɛ̃, jɛn] adj. Qui est formé de coraux. *Récifs coralliens, calcaire corallien.* – De *corail.*

corallifère [kɔʀalifɛʀ] adj. Qui porte des coraux. – De *corail,* et *-fère.*

coralliforme [kɔʀalifɔʀm] adj. Qui a la forme du corail. – De *corail,* et *-forme.*

coralligène [kɔʀaliʒɛn] adj. Qui produit le corail. ▷ OCEANOGR *Étage coralligène:* niveau des fonds marins, où prospèrent les coraux, habité par une flore et une faune spécifiques. – De *corail,* et *-gène.*

corallin, ine [kɔʀalɛ̃, in] adj. et n. f. **1.** adj. Couleur de corail. **2.** n. f. BOT Algue calcaire articulée formant des petits buissons blanchâtres. – De *corail.*

Coran [kɔʀɑ̃] n. m. (Avec une majuscule) Livre sacré des musulmans. ▷ Exemplaire de ce livre. *Un coran du XVIII*e *s.* – De l'ar. *(al) qūr'ān,* «(la) lecture».

ENCYCL Le Coran, pour les musulmans, est la parole increée de Dieu, révélée à Mahomet par l'archange Gabriel, et non un message inspiré, d'où l'importance capitale du texte. Du vivant du Prophète, le Coran avait été noté sur divers supports (omoplates de chameau, feuilles de palmier, tessons de poterie) et, le plus souvent, retenu de mémoire. Après la mort du Prophète et de ses compagnons, il apparut nécessaire, le Coran étant le fondement de la société musulmane (culte, droit, rapports sociaux, familiaux ou internationaux), d'en fixer le texte. Le troisième calife, Othman, ordonna (entre 644 et 656) de recenser tous les recueils existants et, après la rédaction d'une Vulgate, ils furent détruits. L'importance du texte coranique, la nécessité de l'expliquer aux peuples conquis ont suscité la création de diverses «sciences du Coran»: linguistique, jurisprudence *(fiqh),* théologie, philosophie, qui ont porté à son apogée la culture islamique médiévale. Les manuscrits du Coran tiennent une place importante dans les beaux-arts de l'Islam: la calligraphie, les enluminures, la reliure contribuent à leur valeur extrême.

coranique [kɔʀanik] adj. Du Coran, relatif au Coran. *La loi coranique.* – De *Coran.*

corbeau [kɔʀbo] n. m. **1.** Nom donné aux deux plus grandes espèces du genre *Corvus* (fam. corvidés). (*Corvus corax,* le grand corbeau, atteint 60 cm; son bec, droit, est très puissant; commun seulement dans l'extrême nord et l'ouest de l'Amérique du Nord. *Le* *corbeau est un peu plus grand que la corneille; il se reconnaît à son plumage noir et à ses croassements.* **2.** Pop., vieilli Prêtre. **3.** Auteur de lettres ou de coups de téléphone anonymes. **4.** ARCHI Pierre ou élément en saillie sur un parement de maçonnerie, qui supporte l'une des extrémités d'un linteau, la retombée d'un arc, etc. – Var. *corbel*, de l'a. fr. *corp, corbe*, du lat. *corvus.*

corbeille [kɔʀbɛj] n. f. **1.** Panier sans anse. *Corbeille à papier.* – Son contenu. *Corbeille de fruits.* ▷ *Corbeille de mariage:* présents offerts à des jeunes mariés. **2.** ARCHI Partie du chapiteau corinthien, entre l'astragale et le tailloir, portant des feuilles d'acanthe. **3.** HORTIC Massif de fleurs. **4.** BOURSE Espace entouré d'une balustrade, autour duquel les agents de change font offres et demandes. **5.** THEAT Galerie à balcon située au-dessus des fauteuils d'orchestre. – Bas lat. *corbicula*, de *corbis*, «panier».

corbillard [kɔʀbijaʀ] n. m. Voiture, fourgon mortuaire. *Le corbillard des pauvres.* – Du n. de la v. de Corbeil, depuis laquelle un coche d'eau allait jusqu'à Paris.

corbillon [kɔʀbijõ] n. m. **1.** Petite corbeille. **2.** Fig. Jeu de société où, à la question *«je te tends mon corbillon, qu'y met-on?»*, le joueur doit répondre par un mot rimant avec *on. «Et, s'il faut qu'avec elle on joue au corbillon,/Et qu'on vienne à lui dire à son tour: Qu'y met-on?...»* (Molière). – De *corbeille.*

corbin [kɔʀbɛ̃] n. m. **1.** Vx Corbeau. **2.** TECH *Bec-de-corbin.* V. ce mot. – Lat. *corvinus*, de *corvus*, «corbeau».

corbleu! [kɔʀblø] interj. Ancien juron. – Euph. pour *corps de Dieu.*

cordage [kɔʀdaʒ] n. m. **I.** MAR Câble, corde à bord d'un navire. **II. 1.** Action de mesurer le bois à la corde. **2.** Action de garnir de cordes une raquette de tennis; les cordes de cette raquette. – De *corde.*

corde [kɔʀd] n. f. **I. 1.** Lien fait des brins retordus d'une matière textile. *Attacher un paquet avec une corde. Petite, grosse corde.* – Par ext. *Une corde métallique, de nylon.* ▷ *Corde à linge:* corde tendue sur deux poulies, sur laquelle on étend le linge pour le faire sécher. «Un poteau de corde à linge s'appuyait contre la clôture. Trois chemises pendaient, gelées et lourdes comme des bavures de plâtres.» (Marc Doré, *Le billard sur la neige*, 1970.) – Fig. *Coucher, dormir, passer la nuit sur la corde à linge:* coucher dehors; passer une mauvaise nuit, une nuit blanche. ▷ *Corde à danser:* corde munie de deux poignées que l'on fait tourner au-dessus de la tête puis près du sol, en sautant à chacun de ses passages. *Jouer à la corde à danser. Faire de la corde à danser pour maigrir, pour s'entraîner.* **2.** *Spécial.* Lien que l'on passe autour du cou des condamnés à la potence; le supplice de la potence. *Mériter la corde. Il ne vaut pas la corde pour le pendre.* ▷ Loc. fig. *Parler de corde dans la maison d'un pendu:* aborder un sujet embarrassant pour les personnes présentes. **3.** Lien servant à bander une arme de jet. *La corde d'un arc, d'une arbalète.* – Loc. fig. *Avoir plus d'une corde à son arc:* disposer de plusieurs moyens pour parvenir à un but; avoir des talents variés. ▷ Câble limitant intérieurement la piste d'un hippodrome. *Cheval qui tient la corde,* qui galope près de la corde. ▷ Câble tendu en l'air sur lequel marche, danse un acrobate. – Fig. *Être sur la corde raide,* dans une situation délicate. ▷ Trame d'une étoffe. *Habit usé jusqu'à la corde.* – Fig. *Une histoire usée jusqu'à la corde.* **II. 1.** GEOM Droite qui soustend un arc. ▷ AVIAT *Corde de l'aile:* segment de droite joignant le bord d'attaque au bord de fuite. **2.** MUS Fil d'une matière flexible (boyau, crin, métal) tendu sur un instrument de musique et mis en vibration par différents systèmes (doigts, archet, marteau ou sautereau). *Le violon, la guitare, le piano sont des instruments à cordes.* – *Les cordes:* les instruments à cordes frottées. ▷ Fig. *Vous avez touché en lui la corde sensible:* vous l'avez particulièrement ému, touché, intéressé. – Loc. *Dans les cordes de qqn:* dans ses possibilités. *J'ai trouvé un emploi dans mes cordes.* **3.** ANAT *Cordes vocales:* replis du larynx dont les vibrations produisent les sons vocaux. – *Corde du tympan:* rameau nerveux, branche du nerf facial. **4.** ZOOL *Corde* ou *chorde dorsale:* structure anatomique dorsale limitée à la queue (qui disparaît chez les urocordés), donnant les corps vertébraux chez les vertébrés adultes. **III.** Corde de longueur déterminée servant à mesurer le volume d'un amas de bois débité et empilé régulièrement; pile de bois ainsi mesurée. *Mesurer le bois à la corde. Corde de bois. Une corde de bois correspond à un volume de 128 pieds (4,2 mètres) cubes; sur le marché, la corde représente une pile mesurant 8 pieds (2,4 mètres) sur 4 pieds (1,2 mètre) sur 4 pieds.* ▷ *Par ext.* Tout amas de bois débité (bûches, rondins) et empilé régulièrement. «[...] Maxime Auray s'arrêta sur les quais près du vapeur blanc. [...] Des matelots lançaient à tour de bras, sur les ponts, près des fournaises, les brassées de rondins d'épinette entassés en cordes sur le bord.» (Léo-Paul Desrosiers, *Nord-Sud*, 1931.) – *Bois de corde:* bois débité spécial. pour le chauffage, destiné à être vendu à la corde. – Lat. *chorda*, du gr. *khordê*, «boyau».

1. cordé, ée [kɔʀde] adj. **1.** Côtelé. *Velours cordé.* **2.** PROTOHIST *Céramique cordée*, décorée par impression de cordelettes sur l'argile crue (Chalcolithique, surtout). – De *corde.*

2. cordé, ée [kɔʀde] adj. **1.** Empilé régulièrement. *Du bois cordé.* – Par anal. *Des poches cordées sur un quai. Des livres cordés sur une table.* **2.** Tassé. *Des personnes cordées dans une auto.* – Pp. de *corder.*

3. cordé, ée [kɔʀde] adj. En forme de cœur. – Du lat. *cor, cordis*, «cœur».

cordeau [kɔʀdo] n. m. **1.** Petite corde que l'on tend pour obtenir des lignes droites. *Allée tirée au cordeau.* – Fig. *Au cordeau:* très régulièrement. *Des lettres tracées au cordeau.* **2.** PECHE Ligne de fond pour pêcher les anguilles. **3.** TECH *Cordeau détonant.* Syn. détonateur. – *Cordeau Bickford:* mèche à combustion lente. – De *corde.*

cordée [kɔʀde] n. f. **1.** *Cordée de bois.* Syn. corde (sens III). **2.** PECHE Crin auquel sont attachés plusieurs hameçons. **3.** Caravane d'alpinistes réunis par une corde. *Premier de cordée.* – De *corde.*

cordeler [kɔʀdəle] v. tr. [22] Tordre en forme de corde. *Cordeler des cheveux.* – De *cordel*, anc. forme de *corde.*

cordelette [kɔʀdəlɛt] n. f. Corde mince. – Dimin. *cordel* (V. cordeler).

cordelier, ière [kɔʀdəlje, jɛʀ] n. Sobriquet donné, en France, sous l'Ancien Régime, aux Frères mineurs observants, ou franciscains, et aux religieuses du tiers ordre régulier de Saint-François, ou franciscaines, qui portaient une ceinture de corde. – De *cordelle.*

cordelière [kɔʀdəljɛʀ] n. f. **1.** Cordon de soie, de laine servant de ceinture ou d'ornement de passementerie. **2.** ARCHI Baguette d'ornement en forme de corde. – De *cordelier.*

cordelle [kɔʀdɛl] n. f. Corde pour haler les bateaux. – Dimin. de *corde.*

corder [kɔʀde] v. [1] **I.** v. tr. 1. Tordre, mettre en corde. *Corder du chanvre.* **2.** Entourer, lier avec une corde. *Corder une malle.* **3.** *Spécial.* Mesurer (du bois) au moyen d'une corde (III). ▷ Par ext., cour. Empiler régulièrement. «Peu à peu [...], sous les coups de hache de l'habitant, la pyramide de bois rond disparaît pour faire place à deux tas de bois, l'un de bois franc, l'autre de bois mou. On ne tarde pas pour corder ce bois, car il est sujet à pourrir au centre du tas.» (Jean Provencher et Johanne Blanchet, *C'était le printemps*, 1981.) – Par anal. *Corder des bouteilles, des légumes dans la cave. Corder de la pierre.* **4.** Garnir (une raquette) de cordes. **II.** v. pron. **1.** Se tasser. *Se corder les uns sur les autres.* **2.** Devenir coriace, filandreux (en parlant de légumes). – De *corde.*

corderie [kɔʀdəʀi] n. f. **1.** Technique de la fabrication des cordes, des cordages. **2.** Lieu où l'on fabrique, où l'on entrepose des cordes. – De *cordier.*

cordés ou **chordés** [kɔʀde] n. m. pl. ZOOL Vaste embranchement d'animaux possédant une corde dorsale, au moins pendant leur embryogenèse. (Ce sont les urocordés: ascidies ou anémones de mer; les céphalocordés: amphioxus; et les vertébrés.) – De *corde* II, sens 2.

cordi-. Élément, du lat. *cor, cordis,* «cœur».

cordial, iale, iaux [kɔʀdjal, jo] adj. et n. m. **1.** Qui stimule l'organisme; tonique. *Breuvage cordial.* ▷ N. m. *Prendre un cordial.* **2.** Fig. Qui vient du cœur, sincère. *Affection cordiale. Paroles cordiales.* – Lat. *cordialis,* de *cor, cordis,* «cœur».

cordialement [kɔʀdjalmɑ̃] adv. Avec affection et sincérité. *Saluer cordialement qqn.* ▷ *Ils se détestent cordialement,* de tout cœur, profon-dément. – De *cordial.*

cordialité [kɔʀdjalite] n. f. Manière de parler, d'agir, affectueuse et ouverte. – De *cordial.*

cordier, ière [kɔʀdje, jɛʀ] n. **1.** Personne qui fabrique, qui vend des cordes. **2.** n. m. MUS Partie d'un instrument où s'attachent les cordes. – De *corde.*

cordiforme [kɔʀdifɔʀm] adj. En forme de cœur. Syn. cordé. – De *cordi-,* et *-forme.*

cordillère [kɔʀdijɛʀ] n. f. GEOL Chaîne de montagnes parallèles à crête élevée et continue. *La cordillère des Andes.* – Esp. *cordillera,* du rad. de *corde.*

cordite [kɔʀdit] n. f. CHIM Poudre à base de nitroglycérine, se présentant sous la forme d'une corde. – Mot angl., de *cord,* «corde».

cordon [kɔʀdɔ̃] n. m. **1.** Petite corde servant à divers usages. *Cordon de sonnette, de tirage. Cordons d'un bonnet.* – Loc. fig. *Tenir les cordons de la bourse:* régir les dépenses. ▷ Anc. Petite corde permettant au concierge d'ouvrir la porte sans sortir de sa loge. **2.** En France, ruban servant d'insigne à certains ordres. *Grand cordon de la Légion d'honneur.* ▷ Fig. *Cordon-bleu:* cuisinière, cuisinier habile. **3.** Par anal. *Cordon ombilical,* qui relie le fœtus au placenta. – *Cordon médullaire:* faisceau de fibres nerveuses dans la moelle épinière. **4.** TECH Pièce de forme très allongée. *Cordon prolongateur électrique. Cordon chauffant.* **5.** Bord façonné d'une pièce de monnaie. **6.** ARCHI Grosse moulure de section circulaire. **7.** Série d'éléments alignés. *Cordon d'arbres. Cordon de troupes. Cordon sanitaire.* **8.** GEOL *Cordon littoral:* langue continue de sable, d'alluvions, déposés par les courants côtiers et qui, parfois, emprisonnent une nappe d'eau salée (lagune). – De *corde.*

cordonal, ale, aux [kɔʀdɔnal, o] adj. ANAT Relatif aux cordons de la moelle épinière. – De *cordon.*

cordonner [kɔʀdɔne] v. tr. [1] Réunir plusieurs filaments pour former un cordon. – De *cordon.*

cordonnerie [kɔʀdɔnʀi] n. f. **1.** Métier de cordonnier. **2.** Atelier, boutique de cordonnier. – De *cordonnier.*

cordonnet [kɔʀdɔnɛ] n. m. **1.** Petite tresse, ruban de passementerie. **2.** Fil tors à trois brins. *Boutonnières faites au cordonnet.* – Dimin. de *cordon.*

cordonnier, ière [kɔʀdɔnje, jɛʀ] n. **1.** Vx Personne qui fabrique et vend des chaussures. ▷ Prov. *Les cordonniers sont les plus mal chaussés:* on néglige souvent les avantages dont on peut disposer facilement. **2.** Artisan qui répare les chaussures. – D'ap. *corde, cordon,* de l'a. fr. *cordoan,* «de Cordoue», ville célèbre pour ses cuirs.

cordouan, ane [kɔʀduɑ̃, an] adj. et n. De Cordoue. ▷ N. m. Cuir de chèvre, travaillé à Cordoue. – De *Cordoue,* v. d'Espagne.

coré ou **korê** [kɔʀe] n. f. Statue grecque représentant une jeune fille. – Mot grec, «jeune fille».

corectopie [kɔʀɛktɔpi] n. f. MED Position anormale de la pupille qui n'occupe pas le centre de l'iris. – Gr. *korê,* «pupille», et *ektopos,* «déplacé».

coréen, enne [kɔʀeɛ̃, ɛn] adj. et n. De Corée. – n. m. *Le coréen:* langue du groupe arabo-altaïque parlée en Corée.

corégone [kɔʀegɔn] n. m. Poisson salmonidé (genre *Coregonus*) des eaux douces froides, à grandes écailles, à dents peu développées. *Le grand corégone* (Coregonus Clupeaformis) *est cour. appelé poisson blanc.* – Gr. *korê,* «pupille», et *gonia,* «angle».

coreligionnaire [kɔʀəliʒjɔnɛʀ] n. Personne qui professe la même religion qu'une autre, que d'autres. – De *co-,* et *religion.*

coréopsis [kɔʀeɔpsis] n. m. BOT Genre de composées tropicales comprenant de nombr. espèces ornementales. – Gr. *koris, koreôs,* «punaise», et *opsis,* «apparence».

coriace [kɔʀjas] adj. **1.** Qui est dur comme du cuir. *Une viande coriace.* Ant. tendre. **2.** Fig., fam. Se dit d'une personne dure, qu'il est difficile de faire céder. *Un adversaire coriace.* Syn. obstiné. – Lat. *coriaceus,* de *corium,* «cuir».

coriacité [kɔʀjasite] n. f. État de ce qui est coriace. – De *coriace.*

coriandre [kɔʀjɑ̃dʀ] n. f. Ombellifère *(Coriandrum sativum)* à fleurs blanches ou rougeâtres, dont le fruit est utilisé dans la fabrication de liqueurs, la feuille comme herbe aromatique et la graine comme condiment. – Lat. *coriandrum,* du gr. *koriandron.*

coricide ou **corricide** [kɔʀisid] adj. et n. m. PHARM Qui détruit les cors aux pieds. *Substance coricide.* – De *cor* 2, et *-cide.*

corindon [kɔʀɛ̃dɔ̃] n. m. MINER Alumine anhydre cristallisée, naturelle ou artificielle, très dure, utilisée comme abrasif dans l'industrie. *Le saphir et le rubis sont des corindons.* – Empr. au tamoul *corundum.*

corinthien, ienne [kɔʀɛ̃tjɛ̃, jɛn] n. et adj. **1.** n. et adj. De Corinthe. *Épîtres de Paul aux Corinthiens.* **2.** adj. Se dit de l'ordre architectural grec caractérisé par l'emploi de la feuille d'acanthe dans l'ornementation des chapiteaux. – Du lat. *Corinthus,* «Corinthe», v. de Grèce.

corme [kɔʀm] n. f. Fruit du cormier (ou sorbier), qui ressemble à une petite pomme de 2,5 cm de diamètre et qu'on appelle aussi *sorbe.* – Lat. vulg. **corma,* mot gaul.

cormier [kɔʀmje] n. m. Nom courant du sorbier indigène (*Sorbus americana*). *Les fruits rouges du cormier sont appréciés des oiseaux.* Syn. (rég.) mascouabina. ▷ En France, variété de sorbier (*Sorbus domestica*) cultivée en région méditerranéenne et dont le bois, très dur, sert en ébénisterie. – De *corme.*

cormophytes [kɔʀmɔfit] n. m. pl. Tous les végétaux autres que les thallophytes. – Du lat. *cormus,* «morceau de bois», et du gr. *phuton,* «plante».

cormoran [kɔʀmɔʀɑ̃] n. m. Oiseau pélécaniforme (genre *Phalocrocorax*) à plumage noirâtre et à long cou, répandu sur toutes les côtes. (Le cormoran à aigrettes (*Phalocrocorax auritus*) est le plus commun des cormorans d'Amérique du Nord.) – A. fr. *corp*, «corbeau», et *marenc*, «marin».

cormus [kɔʀmys] n. m. BOT Appareil végétatif plus différencié que le thalle. – Lat. scientif. *cormus*, gr. *kormos*, «morceau de bois».

cornac [kɔʀnak] n. m. **1.** Personne chargée de conduire et de soigner un éléphant. **2.** Fig., fam. Personne qui guide qqn. – De *cornaca*, mot esp. ou portug., du cingalais.

cornacées [kɔʀnase] n. f. pl. BOT Famille de dicotylédones dialypétales arborescentes, voisines des ombellifères, comprenant les cornouillers. – Du lat. *cornus*, «cornouille».

cornage [kɔʀnaʒ] n. m. MED, MED VETER Sifflement laryngo-trachéal intense et bruyant. – De *corner*.

cornaline [kɔʀnalin] n. f. Calcédoine translucide rouge ou jaune, utilisée en joaillerie. – De *corne*.

cornard [kɔʀnaʀ] adj. et n. m. **1.** Cheval atteint de cornage. **2.** Pop. Mari trompé. **3.** Arg. milit. Erreur, contretemps. – De *corne*, et *-ard*.

corne [kɔʀn] n. f. **1.** Appendice céphalique, dur et pointu, constitué de kératine sécrétée par l'épiderme de certains mammifères. (Différant des bois des cervidés, production osseuse dermique, ces cornes sont impaires et pleines, chez les rhinocéros; paires et creuses, chez les bovidés; elles peuvent être caduques ou permanentes.) *Cornes de bœuf. Un coup de corne.* – *Bêtes à cornes :* bœufs, vaches, chèvres (par oppos. aux moutons et aux brebis). ▷ Fam. *Prendre le taureau par les cornes:* affronter résolument les difficultés. ▷ Fam. *Faire les cornes:* faire, par dérision, avec les doigts, un signe qui représente des cornes. ▷ Fam. *Avoir, porter des cornes:* être trompé par son conjoint. **2.** *Par ext.* Appendice céphalique d'un animal. *Les cornes d'un escargot. Vipère à cornes.* **3.** Attribut du diable, des divinités malfaisantes. **4.** Matière dure constituant les cornes (V. kératine), les ongles, les griffes, les sabots, etc. *Dur comme la corne. Un peigne de corne.* ▷ *Corne cutanée:* constituée par l'épaississement des couches cornées de l'épiderme. *Avoir de la corne sous les pieds.* ▷ *Corne à chaussures:* chausse-pied autrefois souvent fait de corne. **5.** Objet fait d'une corne creuse. – *Spécial.* Trompe d'appel. *Corne de berger.* ▷ Par ext. *Corne d'automobile. Corne de brume.* ▷ MYTH *Corne d'abondance:* corne remplie de fruits, de fleurs, symbolisant la prospérité, la richesse. **6.** Pointe, angle saillant. *Les cornes d'un croissant. Corne d'un bois. Chapeau à deux, trois cornes* (V. bicorne, tricorne). – *Faire une corne à la page d'un livre*, en plier un coin. ▷ ARCHI Angle saillant d'un abaque. **7.** ANAT Nom donné à certaines parties de l'organisme, en forme de corne. *Corne utérine.* **8.** ELECTR Tige métallique servant à protéger les isolateurs des effets des arcs. *Cornes de garde.* – Lat. *cornu*.

corné, ée [kɔʀne] adj. Qui est de la nature, qui a l'apparence de la corne. – *Tissu corné:* partie dure et résistante des cornes, des ongles, des sabots. – De *corne*.

corned-beef [kɔʀn(d)bif] n. m. Anglicisme Conserve de viande de bœuf. – Mot angl., de *corned*, «formé de grains, granulé» et «salé», et *beef*, «bœuf».

cornée [kɔʀne] n. f. Partie transparente de la conjonctive de l'œil, située devant l'iris. – Lat. *cornea*, de *tunica cornea*.

cornéen, éenne [kɔʀneɛ̃, eɛn] adj. Relatif à la cornée. *Lentilles cornéennes.* – De *cornée*.

cornéenne [kɔʀneɛn] n. f. PETROG Roche métamorphique très dure, au grain très fin. – De *cornée*.

corneille [kɔʀnɛj] n. f. Nom de divers oiseaux cornidés (genre *Corvus*), voisins des corbeaux. (La corneille d'Amérique, *Corvus brachyrhynchos*, 45 cm de long, au plumage entièrement noir, est très familière en Amérique du Nord.) ▷ Fam. *Bayer* aux corneilles.* – Du lat. pop. **cornicula*, de *cornix, cornicis*.

cornélien, ienne [kɔʀneljɛ̃, jɛn] adj. **1.** Relatif à Pierre Corneille et à son œuvre. *Tragédie cornélienne. Héros cornélien.* **2.** Qui met en balance le devoir et la passion; qui constitue un dilemme douloureux. *Situation cornélienne.* – Du n. du poète dramatique fr. (1606-1684).

cornement [kɔʀnəmɑ̃] n. m. **1.** Bourdonnement des oreilles. **2.** Bruit émis par un tuyau d'orgue quand la soupape de soufflerie est ouverte. – De *corner* 1.

cornemuse [kɔʀnəmyz] n. f. Instrument à vent, d'origine celtique, composé d'une série de tuyaux et d'un sac en peau de mouton que l'on gonfle en soufflant par un tuyau porte-vent. – Déverbal de *cornemuser*, de *corner*, et *muser*, «jouer de la musette».

cornemuseur [kɔʀnəmyzœʀ] ou **cornemuseux** [kɔʀnəmyzø] n. m. Joueur de cornemuse. – De *cornemuse*.

1. corner [kɔʀne] v. intr. [1] **1.** Sonner d'une corne, d'un cornet. **2.** Donner la sensation d'un bourdonnement. *Les oreilles me cornent.* **3.** Fam. Parler très fort. *Corner aux oreilles de qqn.* ▷ v. tr. Répéter à grand bruit, répandre, publier. *Il cornait la nouvelle dans les rues de la ville.* Syn. claironner. **4.** MED VETER Faire entendre le râle appelé *cornage*, en parlant d'un cheval. – De *corne*.

2. corner [kɔʀne] v. tr. [1] Plier en forme de corne le coin de. *Corner les pages d'un livre. Visiteur qui laisse une carte cornée.* – De *corne* (sens 6).

cornet [kɔʀnɛ] n. m. **1.** Petite corne, petite trompe. ▷ MUS *Cornet à pistons:* instrument à vent, en cuivre, comprenant une embouchure et des pistons, généralement en *si* bémol. **2.** Objet creux et conique, servant de récipient; son contenu. *Un cornet de papier. Un cornet de bonbons.* – Biscuit en forme de cornet surmonté d'une boule de crème glacée. ▷ *Cornet acoustique:* instrument présentant une extrémité évasée en pavillon et une extrémité très étroite, que l'on introduisait dans le canal auditif, et qui permettait de remédier à la faiblesse de l'ouïe. **3.** ANAT Ensemble des lames osseuses contenues dans les fosses nasales. **4.** Pop. Estomac. *Je n'ai rien dans le cornet.* – De *corne*.

cornette [kɔʀnɛt] n. f. **1.** Anc. Coiffure de certaines religieuses. **2.** MAR Pavillon à deux pointes, aux couleurs nationales. **3.** Vx Étendard d'une compagnie de cavalerie; la compagnie elle-même. ▷ Officier qui portait cet étendard. – De *corne*.

cornettiste [kɔʀnɛtist] n. Personne qui joue du cornet à pistons. – De *cornet*.

corniaud ou **corniot** [kɔʀnjo] n. m. **1.** Chien bâtard. **2.** Pop. Imbécile, niais. – De *corne*, «coin»: chien bâtard fait au coin des rues.

corniche [kɔʀniʃ] n. f. **1.** ARCHI Partie supérieure de l'entablement. – *Par ext.* Ornement saillant. *Corniche d'une armoire. Corniche d'un plafond.* **2.** Surface horizontale étroite située à flanc de falaise, de coteau. *Chemin en corniche. Route de la corniche.* – Ital. *cornice*, p.-ê. du gr. *korônis*, «courbe».

cornichon [kɔʀniʃɔ̃] n. m. **1.** Cucurbitacée (*Cucumis sativus*) cultivée pour son fruit vert, allongé et arqué, que l'on confit dans le vinaigre pour l'utiliser comme condiment; ce fruit. **2.** Pop. Personne sotte, niaise. – Dimin. de *corne*.

cornier, ière [kɔʀnje, jɛʀ] adj. et n. f. **1.** adj. Qui est à la corne, à l'angle de qqch. *Pilastre cornier.* ▷ *Jointure cornière:* chéneau de tuiles situé à la jonction de deux pentes d'un toit et qui en reçoit les eaux. **2.** n. f.

TECH Profilé métallique en équerre servant à renforcer des angles. – De *corne.*

cornillon [kɔʀnijɔ̃] n. m. ZOOL Axe osseux des cornes des bovidés. – De *corne.*

corniot. V. corniaud.

cornique [kɔʀnik] adj. et n. De Cornouailles. ▷ n. m. *Le cornique:* le dialecte de Cornouailles auj. disparu. – Du rad. de *Cornouailles;* en angl. *cornish.*

corniste [kɔʀnist] n. Musicien qui joue du cor. – De *cor.*

cornouille [kɔʀnuj] n. f. Petit fruit rouge vermillon, comestible, du cornouiller mâle. – Du lat. *cornu,* «corne».

cornouiller [kɔʀnuje] n. m. Genre de cornacées comprenant des arbres, des arbustes et des plantes à rhizome rampant. *La fleur du cornouiller est l'emblème floral de la Colombie-Britannique. Le cornouiller du Canada (Cornus canadensis) ou quatre-temps.* – De *cornouille.*

cornu, ue [kɔʀny] adj. **1.** Qui a des cornes. *Les bêtes cornues.* **2.** Fig., fam. *Raisons, visions cornues,* bizarres, extravagantes. **3.** Fam. Dont le conjoint est infidèle. *Mari cornu.* – Lat. *cornutus.*

cornue [kɔʀny] n. f. **1.** CHIM Vase à col allongé et recourbé. **2.** METALL Récipient métallique garni de matériaux réfractaires. – De *cornu.*

corollaire [kɔʀɔlɛʀ] n. f. **1.** LOG Proposition qui découle nécessairement et évidemment d'une autre proposition. ▷ MATH Conséquence découlant immédiatement d'une proposition déjà démontrée. **2.** Cour. Conséquence immédiate, évidente. – Lat. *corollarium,* «petite couronne».

corolle [kɔʀɔl] n. f. Partie du périanthe d'une fleur constituée par l'ensemble des pétales. – Lat. *corolla,* de *corona,* «couronne».

coron [kɔʀɔ̃] n. m. Maison ou groupe de maisons de mineurs, en Belgique et dans le nord de la France. – Mot du Nord, de l'a. fr. *cor,* «coin».

coronaire [kɔʀɔnɛʀ] adj. ANAT *Artères coronaires,* qui irriguent le muscle cardiaque (myocarde) et dont la thrombose provoque l'infarctus du myocarde. – Lat. *coronarius,* de *corona,* «couronne».

coronal, ale, aux [kɔʀɔnal, o] adj. **1.** ANAT En forme de couronne. *L'os coronal* (subst., *le coronal*): l'os frontal. **2.** ASTRO Qui se rapporte à la couronne solaire. – Lat. *coronalis.*

coronarien, ienne [kɔʀɔnaʀjɛ̃, jɛn] adj. Qui se rapporte aux vaisseaux coronaires. *Insuffisance coronarienne,* due à une sténose des vaisseaux coronaires et qui se traduit par l'angine de poitrine. ▷ n. *Un coronarien,* malade atteint de troubles des artères coronaires. – De *coronaire.*

coronarite [kɔʀɔnaʀit] n. f. MED Inflammation des artères coronaires, pouvant provoquer une angine de poitrine. – De *coronaire,* et *-ite* 1.

coronelle [kɔʀɔnɛl] n. f. Couleuvre (genre *Coronella)* de petite taille (75 cm), ovovivipare, commune dans les régions tempérées. – Lat. *corona,* «couronne».

coroner [kɔʀɔnɛʀ] n. m. Officier public qui est appelé à faire enquête sur un décès dont on ne peut déterminer la cause probable ou qui paraît être survenu dans des circonstances obcures ou violentes. – Mot angl., de l'anc. normand *coroneor,* «représentant de la couronne», du lat. *corona,* «couronne».

ENCYCL La loi confère au coroner tous les pouvoirs nécessaires pour mener à bien ses investigations. Il peut notamment contraindre une personne à témoigner devant lui sauf si celle-ci fait déjà l'objet d'une poursuite devant une cour criminelle pour un crime relié à l'enquête qu'il effectue; toutefois, avant de rendre témoignage, une personne peut obtenir que les propos qu'elle tiendra ne puissent être utilisés contre elle lors d'une poursuite criminelle qui serait éventuellement exercée contre elle.

On ne peut assimiler le rôle du coroner à celui d'une cour criminelle puisqu'il a pour fonction d'investiguer sur une mort qui semble étrange ou suspecte et non pas de rechercher s'il y a eu crime. Il s'ensuit qu'il ne peut se prononcer sur la responsabilité civile ou criminelle d'un individu. Il a cependant pour mission de faire des recommandations visant à une meilleure protection de la vie humaine.

Le coroner est nommé durant bonne conduite et il ne peut être poursuivi en justice en raison d'actes qu'il aurait accomplis de bonne foi dans l'exercice de ses fonctions.

coronille [kɔʀɔnij] n. f. Genre *(Coronilla)* de papilionacées arbustives servant à faire des haies et dont certaines espèces sont des herbacées fourragères. – Esp. *coronilla,* «petite couronne».

coronographe [kɔʀɔnogʀaf] n. m. ASTRO Instrument d'optique permettant l'observation permanente de la couronne solaire et de ses protubérances. – Du lat.*corona,* «couronne», et *-graphe.*

coronoïde [kɔʀɔnɔid] adj. ANAT Se dit de deux apophyses, l'une au maxillaire supérieur, l'autre à l'extrémité supérieure du cubitus. – Gr. *koronê,* «corneille», et *eidos,* «forme».

coronoïdien, ienne [kɔʀɔnɔidjɛ̃, jɛn] adj. ANAT Qui appartient à une apophyse coronoïde. – De *coronoïde.*

corozo [kɔʀɔzo] n. m. Albumen corné, très dur, des graines de *Phytelephas macrocarpa* (palmier américain), utilisé dans la confection de petits objets et appelé également *ivoire végétal.* – Esp. de l'Équateur, «fruit d'un palmier».

corporal [kɔʀpɔʀal] n. m. LITURG CATHOL Linge bénit, figurant le linceul de Jésus-Christ, que le prêtre étend sur l'autel pour y poser le calice et l'hostie. – Lat. ecclés. *corporale,* de *corpus,* «corps» (de Jésus-Christ).

corporatif, ive [kɔʀpɔʀatif, iv] adj. Qui a rapport aux corporations. – De *corporation.*

corporation [kɔʀpɔʀasjɔ̃] n. f. **1.** HIST Réunion d'individus de même profession en un corps particulier, ayant ses règlements propres, ses privilèges, ses jurés chargés de les défendre (V. jurande), etc., et reconnue par l'autorité. **2.** DR Personnes réunies dans un intérêt commun, qui forment une entité fictive individuelle, distincte des membres qui la composent, et à qui la loi reconnaît des droits et des obligations. – Angl. *corporation,* «réunion, corps constitué», du lat. médiév. *corporari,* «se former en corps».

ENCYCL La corporation est une personne fictive ou morale juridiquement reconnue dont les modalités de création, de fonctionnement et de dissolution sont prescrites par la loi. Elle est capable de certains droits et sujette à des obligations. Il s'agit d'un terme générique qui couvre un grand nombre de réalités.

Une corporation peut être simple ou multiple selon qu'elle est composée d'un seul ou de plusieurs individus. Elle est ecclésiastique (ou religieuse), ou bien séculière (ou laïque). Cette dernière peut être publique ou privée selon qu'elle agit principalement pour le bénéfice de la communauté ou qu'elle s'intéresse essentiellement à celui de ses membres; elle est dite politique lorsqu'elle est régie par les principes de droit public, ou civile lorsqu'elle est assujettie aux lois qui affectent essentiellement les individus.

Lorsqu'elle est à but lucratif, une corporation civile privée est désignée sous le nom de compagnie ou de société commerciale.

corporatisme [kɔʀpɔʀatism] n. m. **1.** Doctrine favorable au groupement des travailleurs en corporations (par oppos. au groupement des travailleurs en syndicats). *Le corporatisme fut une des bases de l'organisation sociale de l'État fasciste italien (1922-1945).* **2.** Attitude qui consiste à défendre uniquement les intérêts de sa corporation, de sa caste. – De *corporation.*

corporatiste [kɔʀpɔʀatist] adj. Qui a rapport au corporatisme. *Politique corporatiste.* – De *corporatisme.*

corporel, elle [kɔʀpɔʀɛl] adj. **1.** Relatif au corps. *Châtiment corporel. Accident corporel.* **2.** Qui a un corps. *Êtres corporels.* – Lat. *corporalis.*

corporellement [kɔʀpɔʀɛlmɑ̃] adv. D'une manière corporelle. *Punir corporellement.* – De *corporel.*

corps [kɔʀ] n. m. **I.** La partie matérielle d'un être animé (partic., de l'être humain). **1.** (Par oppos. à âme, esprit, etc.) *Le corps humain. Les exercices du corps.* – Fig. *Se donner corps et âme:* se dévouer entièrement. – *Faire commerce de son corps, vendre son corps:* se livrer à la prostitution. – *Avoir le diable au corps:* être habité par une passion déchaînée. **2.** Constitution, conformation. *Avoir un corps gracieux.* **3.** Le tronc (par oppos. aux membres, à la tête). *Il lui a passé son épée à travers le corps.* – *Par ext.* Partie de l'habillement couvrant le tronc. *Le corps d'une cuirasse.* ▷ **4.** Personne (par oppos. aux biens, aux choses). DR *Séparation de corps.* – Cour. *Garde du corps:* celui qui veille à la sécurité d'une personne qui l'a engagé à cet effet. **5.** Dépouille mortelle, cadavre. *Levée du corps. On a retrouvé son corps dans la rivière.* **6.** Loc. *Lutter (au) corps à corps,* de très près, en touchant directement son adversaire. – *Un corps à corps:* une lutte qui se fait corps à corps. *La bataille fut enfin remportée dans un sanglant et décisif corps à corps.* ▷ *À bras-le-corps:* en saisissant le corps de ses deux bras. *Il le prit à bras-le-corps.* – Fig. *Prendre le problème à bras-le-corps,* l'attaquer résolument et dans son entier. ▷ *À corps perdu:* sans souci pour sa personne, sans ménagement pour soi, totalement. ▷ *À son corps défendant:* malgré soi; contre son gré. ▷ *Passer sur le corps de qqn,* le culbuter, le fouler au pied. – Fig. *Il faudra d'abord me passer sur le corps.* **II.** Objet, substance matériels. **1.** *Corps solide, gazeux. La chute des corps.* ▷ ASTRO *Corps célestes:* les étoiles, les planètes, la matière interstellaire, les rayons cosmiques, etc. ▷ MED *Corps étranger,* introduit dans l'organisme et non assimilable par lui. ▷ PHYS *Corps noir,* qui absorbe complètement le rayonnement thermique qu'il reçoit. **2.** ANAT Nom de différents organes. *Corps calleux. Corps jaune:* vestige de la granulose après la chute de l'ovule, qui sécrète la progestérone. (Lorsque l'ovulation est suivie de fécondation, le corps jaune est beaucoup plus volumineux et persiste plus longtemps.) **3.** Partie principale, essentielle (d'une chose). *Le corps d'une pompe:* le bloc dans lequel joue le piston. *Corps de logis:* partie principale d'un bâtiment ou construction principale (maison de maître, etc.) d'une propriété. – *Le corps d'un livre, d'un article, d'un texte,* etc., considérés sans les préfaces, introductions, tables, etc. – *Le corps d'une doctrine,* ses points essentiels. ▷ MAR *Navire perdu corps et biens,* disparu sans que rien subsiste ni du navire ni de la cargaison, sans que survive aucun membre de l'équipage, aucun passager. ▷ DR *Corps du délit:* le délit considéré en lui-même. ▷ METEO Partie centrale d'un système nuageux. **4.** Épaisseur, solidité, consistance. *Ce papier n'a pas de corps.* – *Prendre corps:* prendre de la consistance, de la force. ▷ Fig. *Une idée qui prend corps.* – *Faire corps avec (qqch):* adhérer fortement à, ne faire qu'une seule masse avec. **5.** TYPO Encombrement d'un caractère d'imprimerie. *Le corps d'une lettre.* **III.** (Abstrait.) **1.** Être collectif que forme une société, un peuple, une corporation, etc. *Le corps social. Le corps de la noblesse. Le corps électoral.* – Spécial. *Esprit de corps* : entente, habitude de se soutenir entre membres d'une même corporation, d'un même groupe social ou professionnel. *L'esprit de corps des polytechniciens.* **2.** DR *Corps politique:* groupe de personnes n'ayant pas nécessairement d'existence légale reconnue et qui sont réunies pour la poursuite d'un intérêt commun, soit privé soit public, selon la finalité de leurs activités. **3.** *Corps public:* personne ou organisme qui œuvre pour le bénéfice du public. **4.** MILIT *Corps d'armée,* groupant 2 à 4 divisions. *Général de corps d'armée.* – *Le corps de l'artillerie, du génie:* l'ensemble de ceux qui appartiennent à ces armes. – *Corps expéditionnaire:* troupe constituée en vue d'une expédition lointaine. *Corps franc* : compagnie d'un régiment chargée des opérations de commando et de l'exécution des coups de main. **5.** CHOREGR *Corps de ballet:* l'ensemble de la troupe des danseurs et danseuses. **6.** THEOL *Corps mystique du Christ:* l'Église elle-même, en tant que rassemblement de tous les baptisés formant un corps dont J.-C. est la tête. **7.** MATH Anneau unitaire (structure algébrique) tel que pour tout élément a (différent de 0) de celui-ci, il existe un élément a' de cet anneau vérifiant $a'a = 1$. *Corps des nombres réels, des nombres rationnels.* – Lat. *corpus.*

corps-mort [kɔʀmɔʀ] n. m. MAR Lourde masse (grosse ancre, bloc de béton, etc.) coulée au fond de l'eau et reliée par une chaîne à une bouée ou à une tonne, destinée à fournir aux navires un mouillage à poste fixe. – De *corps,* et *mort.*

corpulence [kɔʀpylɑ̃s] n. f. Masse du corps. *Un homme de forte corpulence.* – Lat. *corpulentia,* de *corpus,* «corps».

corpulent, ente [kɔʀpylɑ̃, ɑ̃t] adj. De forte corpulence. *Une femme corpulente.* – De *corpulence.*

corpus [kɔʀpys] n. m. **1.** Recueil concernant une même matière. *Corpus d'inscriptions latines.* **2.** LING Ensemble fini d'éléments, d'énoncés, réunis en vue d'une analyse linguistique. – Mot lat., «corps».

corpusculaire [kɔʀpyskylɛʀ] adj. PHYS NUCL Relatif aux corpuscules. *Dimensions corpusculaires.* ▷ *Théorie corpusculaire,* fondée sur la discontinuité de la matière et de l'énergie. – De *corpuscule.*

corpuscule [kɔʀpyskyl] n. m. **1.** ANAT Corps très ténu. *Corpuscule de Malpighi:* unité fonctionnelle de filtration rénale. **2.** PHYS Très petit corps. – Lat. *corpusculum.*

corral [kɔʀal] n. m. En Amérique du S., enclos où l'on parque les bêtes. ▷ En tauromachie, partie de l'arène où l'on parque les taureaux. – Mot esp., «basse-cour».

corrasion [kɔʀazjɔ̃] n. f. GEOMORPH Dans les régions désertiques sèches, usure et polissage des roches par les particules solides que transporte le vent. – Lat. *corradere,* «racler», d'ap. *érosion.*

correct, ecte [kɔʀɛkt] adj. **1.** Exempt de fautes. *Une phrase correcte. La réponse correcte.* **2.** Conforme aux règles, aux convenances, aux lois. *Attitude correcte.* **3.** Fam. Dont la qualité est convenable, acceptable. *Comme repas, c'était très correct.* – Lat. *correctus,* «corrigé».

correctement [kɔʀɛktəmɑ̃] adv. Sans faute; conformément aux règles, aux convenances. *Parler correctement.* – De *correct.*

correcteur, trice [kɔʀɛktœʀ, tʀis] n. et adj. **1.** n. Personne qui corrige et qui note (un devoir, un examen). **2.** TYPO Personne chargée de la correction des épreuves. **3.** Dispositif de correction. *Un correcteur gazométrique.* **4.** adj. Qui corrige. *Verres correcteurs,* qui corrigent, compensent les défauts de la vision. – Lat. *corrector.*

correctif, ive [kɔʀɛktif, iv] adj. et n. m. **1.** adj. Qui a la vertu de corriger, d'atténuer. *Gymnastique corrective*, destinée à corriger une attitude vicieuse et à atténuer ses conséquences sur le squelette ou dans la musculature. **2.** MED *Substance corrective*, que l'on ajoute à une autre (partic. un médicament) pour en adoucir l'action. ▷ Subst. *Un correctif.* **3.** n. m. Ce qui atténue ou corrige (un texte, un propos). *Apporter un correctif à un communiqué.* – Lat. médiév. *correctivus.*

correction [kɔʀɛksjɔ̃] n. f. **1.** Action de corriger, de réformer; résultat de cette action. *La correction des abus.* **2.** Châtiment corporel. *Enfant qui reçoit une correction.* ▷ Coups reçus par qqn. **3.** Changement que l'on fait à un ouvrage. *Apporter des corrections à un chapitre.* ▷ TYPO Indication des fautes de composition sur une épreuve. ▷ *Spécial.* Action de corriger un devoir d'écolier, d'étudiant. *Terminer la correction d'une copie.* **4.** Qualité de ce qui est correct, conforme aux règles et aux convenances. *Correction du style, de la langue. Correction de la tenue. La plus élémentaire correction:* le minimun de politesse, de savoir-vivre. – Lat. *correctio.*

correctionnel, elle [kɔʀɛksjɔnɛl] adj. DR Se dit des peines que l'on applique aux actes qualifiés de délits par la loi. *Peine correctionnelle.* – Subst. *Passer en correctionnelle*, en jugement devant un tribunal correctionnel. – De *correction.*

corrégidor [kɔʀeʒidɔʀ] n. m. HIST Premier magistrat d'une ville ou d'une province espagnole sans gouverneur (XVe-XIXe s.). – Mot esp., de *corregir*, «corriger».

corrélatif, ive [kɔʀelatif, iv] adj. Qui est en relation logique avec autre chose. *Droit et devoir sont des termes corrélatifs.* – *Obligation corrélative*, subordonnée à l'accomplissement d'une première obligation. ▷ GRAM *Mots corrélatifs*, qui vont ensemble et indiquent une relation entre deux membres d'une phrase (par ex.: *tel... que*). – Lat. scolast. *correlativus.*

corrélation [kɔʀelasjɔ̃] n. f. **1.** Relation entre deux choses, deux termes corrélatifs. **2.** MATH Relation que l'on établit entre deux séries de variables aléatoires. – Lat. scolast. *correlatio.*

corréler [kɔʀele] v. tr. (2) Faire la corrélation entre (deux choses, deux termes). – De *corrélation.*

1. correspondance [kɔʀɛspɔ̃dɑ̃s] n. f. **1.** Rapport de conformité, de symétrie, d'analogie. *C'est la parfaite correspondance d'idées entre eux qui a permis à l'affaire d'aboutir si rapidement. Correspondance entre les parties d'un ouvrage.* ▷ *Théorie des correspondances* : doctrine selon laquelle il existerait une analogie terme à terme et une action réciproque entre les différents règnes de l'univers (planètes, métaux, caractères humains). **2.** TRANSP Liaison entre deux lignes de transport (train, métro, autocar, etc.) ou entre deux moyens de transport. *Il y a deux correspondances pour aller à cette station.* – Le moyen de transport qui assure une correspondance. *Il a raté la correspondance pour Toronto.* **3.** MATH Notion généralisant celles de fonction et d'application. – De *correspondre* 1.

2. correspondance [kɔʀɛspɔ̃dɑ̃s] n. f. Échange régulier de lettres entre deux personnes. *Entretenir une correspondance avec qqn.* – Les lettres mêmes d'une correspondance. *La correspondance de Gide a fait l'objet de nombreuses publications.* ▷ Par ext. *Correspondance téléphonique.* – De *correspondre* 2.

correspondancier, ière [kɔʀɛspɔ̃dɑ̃sje, jɛʀ] n. Employé chargé de la correspondance dans une administration, une société commerciale, etc. – Appos. *Secrétaire correspondancière.* – De *correspondance.*

1. correspondant, ante [kɔʀɛspɔ̃dɑ̃, ɑ̃t] adj. Qui a des rapports avec, qui correspond. *Des vis et des boulons correspondants.* ▷ GEOM *Angles correspondants*, formés par deux droites parallèles que coupe une troisième et situés de part et d'autre de la sécante, l'un interne, l'autre externe. (Ils sont égaux.) ▷ PHYS *États correspondants :* état de deux fluides qui ont même pression, même température et même volume réduits. V. réduit. – De *correspondre* 1.

2. correspondant, ante [kɔʀɛspɔ̃dɑ̃, ɑ̃t] n. **1.** Personne avec qui on est en relation épistolaire. – *Par ext.* Personne avec qui on est en relation téléphonique. **2.** Personne chargée par un journal, une agence de presse, une station de radio ou de télévision, d'envoyer des nouvelles du lieu où il se trouve. *Hemingway fut le correspondant de guerre de plusieurs grands journaux américains.* **3.** Titre donné par une société savante à des savants résidant à l'étranger ou en province et n'assistant pas à ses réunions. – Appos. *Membre correspondant de l'Académie des sciences à Paris.* **4.** Personne chargée de veiller sur un jeune élève interne qui se trouve éloigné de sa famille. – Ppr. de *correspondre* 2.

1. correspondre [kɔʀɛspɔ̃dʀ] v. tr. indir. ou intr. [75] **1.** Être en rapport de conformité avec, être approprié à (qqch). *Cet article ne correspond pas à mon texte. On leur avait livré des armes sans les munitions qui correspondent.* ▷ Être en rapport de symétrie, d'analogie avec. *Théorie qui correspond à une conception matérialiste du monde.* **2.** (Sujet nom de chose.) Communiquer l'un avec l'autre. *Pièces, chambres qui correspondent.* – Lat. scolast. *correspondere*, de *respondere*, «répondre».

2. correspondre [kɔʀɛspɔ̃dʀ] v. intr. ou tr. indir. [75] Avoir un échange de lettres (avec qqn). – Même étym. que le préc.

corrida [kɔʀida] n. f. **1.** Course de taureaux. **2.** Fig. Fam. Agitation, bousculade, dispute bruyante. – Mot esp.

corridor [kɔʀidɔʀ] n. m. **1.** Passage qui met en communication plusieurs appartements d'un même étage, plusieurs pièces d'un appartement. **2.** HIST Bande de terre neutralisée. *Le corridor de Dantzig (1918-1939), qui désenclavait la ville en lui donnant accès à la mer.* – Ital. *corridore*, «(galerie) où l'on court».

corrigé, ée [kɔʀiʒe] **1.** n. m. Devoir donné comme modèle à des élèves. *Donner le corrigé d'une version latine.* **2.** Livre contenant les réponses à des problèmes, des exercices, etc. – Pp. de *corriger.*

corriger [kɔʀiʒe] v. tr. [1] **1.** Rectifier les erreurs, les défauts (de qqch). *Corriger un texte, une épreuve d'imprimerie.* ▷ *Corriger un devoir*, en rectifier les fautes et le noter. **2.** Vieilli *Corriger les mœurs*, les redresser. – Mod. *Corriger les défauts de qqn.* ▷ v. pron. *Se corriger:* s'efforcer de rectifier son attitude, de supprimer ses défauts. **3.** Tempérer, adoucir. *Corriger l'acidité du citron avec du sucre.* **4.** Punir, châtier, en infligeant une peine corporelle. *Corriger un enfant qui a désobéi.* – Donner des coups à (qqn), battre. *Il l'a durement corrigé.* – Lat. *corrigere*, «redresser», de *regere*, «diriger».

corroborant, ante [kɔʀɔbɔʀɑ̃, ɑ̃t] adj. Rare Qui confirme. *Preuves corroborantes.* – Ppr. de *corroborer.*

corroboration [kɔʀɔbɔʀasjɔ̃] n. f. Rare Action de corroborer. – De *corroborer.*

corroborer [kɔʀɔbɔʀe] v. tr. [1] Appuyer, confirmer, ajouter du crédit à (une idée, une opinion). *Déposition qui corrobore un témoignage.* – Lat. *corroborare*, rac. *robur*, «force».

corrodant, ante [kɔʀɔdɑ̃, ɑ̃t] adj. Qui corrode, qui ronge. Syn. corrosif. – Ppr. de *corroder.*

corroder [kɔʀɔde] v. tr. [1] Ronger, détruire lentement. *L'acide corrode le fer.* ▷ Fig. *L'envie corrode les* *meilleures amitiés.* – Lat. *corrodere,* de *rodere,* «ronger».

corroi [kɔʀwɑ] n. m. TECH Dernière façon donnée au cuir (foulage, battage, etc.). – De l'a. fr. *conreer.* V. corroyer.

corroierie [kɔʀwaʀi] n. f. Atelier, art du corroyeur. – De *corroi.*

corrompre [kɔʀɔ̃pʀ] v. tr. [82] **1.** Gâter, altérer par décomposition. *La chaleur corrompt la viande.* ▷ Fig. (sens moral). Diminuer, altérer. *La crainte corrompt le plaisir.* **2.** Dépraver, pervertir. *Corrompre les mœurs.* **3.** Détourner de son devoir par des dons, des promesses. *Corrompre des témoins.* – Lat. *corrumpere.*

corrompu, ue [kɔʀɔ̃py] adj. **1.** Altéré par décomposition. **2.** Fig. Dépravé. *Âme corrompue.* **3.** Qui s'est laissé corrompre (sens 3) ou que l'on peut corrompre. *Fonctionnaire corrompu.* – Pp. de *corrompre.*

corrosif, ive [kɔʀɔzif, iv] adj. **1.** Qui corrode, qui ronge. *Substance corrosive.* ▷ N. m. *Un corrosif.* **2.** Fig. Incisif, mordant. *Style, humour corrosif.* – Lat. *corrosivus.*

corrosion [kɔʀɔzjɔ̃] n. f. L'action ou l'effet de ce qui est corrosif. ▷ CHIM Détérioration superficielle des métaux d'origine chimique ou électrochimique (en partic. sous l'effet de l'humidité, du sel, etc.). *La corrosion du fer par l'acide.* ▷ GEOL *Corrosion des sols,* par les eaux de ruissellement. – Lat. médiév. *corrosio* de *corrodere,* «corroder».

corroyage [kɔʀwajaʒ] n. m. **1.** TECH Opération de finition (industrie du cuir, menuiserie). **2.** Forgeage ou soudage de pièces métalliques. – De *corroyer.*

corroyer [kɔʀwaje] v. tr. [26] TECH Soumettre au corroyage. – De l'a. fr. *conreer,* «préparer; avoir soin de».

corroyeur [kɔʀwajœʀ] n. m. Ouvrier chargé du corroyage des cuirs. – De *corroyer.*

corrupteur, trice [kɔʀyptœʀ, tʀis] adj. et n. Qui corrompt. ▷ Subst. Celui, celle qui détourne qqn de son devoir en le soudoyant. – De *corruption.*

corruptibilité [kɔʀyptibilite] n. f. Nature de ce qui est corruptible. – De *corruptible.*

corruptible [kɔʀyptibl] adj. **1.** Qui est sujet à la corruption. *Produit corruptible.* **2.** Que l'on peut circonvenir, détourner de son devoir. *Un juge corruptible.* Ant. incorruptible. – De *corruption.*

corruption [kɔʀypsjɔ̃] n. f. **1.** Altération d'une substance par putréfaction. *Corruption de la viande.* **2.** Litt. Altération, déformation. *Corruption du goût. Corruption d'un texte.* **3.** Fig. Dépravation (des mœurs, de l'esprit, etc.). *La corruption de la jeunesse.* **4.** Moyens employés pour circonvenir qqn, le détourner de son devoir. *Corruption de fonctionnaire.* – Lat. *corruptio.*

cors [kɔʀ] n. m. pl. V. cor 1, sens II.

corsage [kɔʀsaʒ] n. m. Vêtement ou partie de vêtement féminin recouvrant le buste. *Corsage à manches courtes.* – De *corps.*

corsaire [kɔʀsɛʀ] n. m. **1.** HIST Navire armé en course par des particuliers avec l'autorisation du gouvernement (lettre de marque), pour faire la chasse aux navires marchands d'un pays ennemi. – Le commandant d'un tel navire. *Les plus célèbres corsaires français furent Jean Bart, Duguay-Trouin et Surcouf.* **2.** *Abusiv.* Navire monté par des pirates; pirate. – Ital. *corsaro,* de *corsa,* «course».

corse [kɔʀs] adj. et n. De Corse. ▷ N. m. *Le corse:* la langue romane parlée en Corse.

corsé, ée [kɔʀse] adj. **1.** Qui a du corps, de la consistance, de la force. *Vin, café corsé. Goût corsé.* **2.** Fig., fam. *Addition corsée,* trop élevée. ▷ *Histoire corsée,* grivoise. – Pp. de *corser.*

corselet [kɔʀsəlɛ] n. m. **1.** Corps d'une cuirasse. **2.** Vieilli Petit corsage serré à la taille. **3.** ZOOL Partie dorsale très chitinisée du premier segment thoracique (prothorax) des insectes. – De *corps.*

corser [kɔʀse] v. tr. [1] Donner de la force, de la consistance. *Corser un plat avec des épices. Corser un récit.* ▷ v. pron. Fam. *Ça se corse:* ça se complique; ça devient intéressant. – De *corps.*

corset [kɔʀsɛ] n. m. Sous-vêtement féminin, baleiné et lacé, qui moule la taille, de la poitrine aux hanches. ▷ MED *Corset orthopédique:* dispositif qui maintient l'abdomen, le thorax et la colonne vertébrale. – De *corps.*

corseter [kɔʀsəte] v. tr. [21] Rare Mettre un corset à (qqn). **2.** Fig. Donner un cadre serré à. – De *corset.*

corsetier, ière [kɔʀsətje, jɛʀ] n. Personne qui fait ou vend des corsets. – De *corset.*

corso [kɔʀso] n. m. *Corso fleuri:* défilé de chars fleuris, lors de certaines fêtes. – Ital. *corso,* «cours, promenade».

cortège [kɔʀtɛʒ] n. m. **1.** Suite de personnes qui en accompagnent une autre avec cérémonie. – *Spécial. Cortège funèbre.* **2.** *Par ext.* Groupe de gens qui défilent. *Manifestants qui se forment en cortège.* **3.** Fig. *La vieillesse et son cortège d'infirmités,* et les infirmités de toutes sortes qui l'accompagnent. **4.** *Par anal.* PHYS NUCL *Cortège d'électrons:* ensemble des électrons qui entourent un noyau atomique. – Ital. *corteggio,* de *corteggiare,* «faire la cour».

Cortes [kɔʀtɛs] n. f. pl. **1.** HIST Assemblée législative en Espagne et au Portugal. **2.** Mod. Parlement espagnol. – Mot esp., pl. de *corte,* «cour».

ENCYCL L'institution parlementaire des Cortes existait en Espagne sous la monarchie dès le XIIIe s. Son caractère actuel de parlement national élu date du XIXe s. Auj., les Cortes comprennent le Sénat et le Congrès des députés (Constitution de 1978).

cortex [kɔʀtɛks] n. m. ANAT Couche superficielle de certains organes. *Cortex surrénal.* – Absol. *Le cortex:* l'écorce cérébrale. – Mot lat., «écorce».

cortical, ale, aux [kɔʀtikal, o] adj. **1.** BOT Relatif à l'écorce. **2.** ANAT Qui appartient, qui dépend d'un cortex. *Cellules corticales* (du cortex cérébral). – *Hormones corticales* (V. corticosurrénale). – Lat. *cortex, corticis,* «écorce».

cortico-. Élément, du lat. *cortex, corticis,* «écorce», utilisé pour former des mots essentiellement médicaux, avec le sens de «relatif au cortex».

corticoïde [kɔʀtikɔid] n. m. BIOCHIM Nom générique des hormones sécrétées par les corticosurrénales et de leurs dérivés synthétiques. – De *cortico-,* et *-oïde.*

ENCYCL Il existe une trentaine de corticoïdes, répartis en 3 groupes: les minéralocorticoïdes (aldostérone, etc.), qui règlent le métabolisme de l'eau et des électrolytes; les glucocorticoïdes (cortisol, etc.), qui agissent sur le métabolisme glucido-protidique; les 17-cétostéroïdes, qui ont une fonction androgénique. Ce sont des stéroïdes dont la synthèse est sous la dépendance de l'A.C.T.H., ou corticostimuline, d'origine hypophysaire.

corticostéroïde [kɔʀtikosteʀɔid] n. m. BIOCHIM Syn. de *corticoïde.* – De *cortico-,* et *stéroïde.*

corticostérone [kɔʀtikɔsteʀɔn] n. f. BIOCHIM Un des glucocorticoïdes sécrétés par la corticosurrénale. – De *cortico-, stér(ol),* et *(horm)one.*

corticostimuline [kɔʀtikɔstimylin] n. f. BIOCHIM Hormone hypophysaire qui règle la sécrétion de corticoïdes par les corticosurrénales. Syn. A.C.T.H. – De *cortico-,* et *stimuline.*

corticosurrénal, ale, aux [kɔʀtikɔsyʀ(ʀ)enal, o] adj. et n. f. Qui a rapport au tissu cortical de la glande surrénale. – *La corticosurrénale:* ce tissu lui-même. – *Hormones corticosurrénales* ou n. f., *les corticosurrénales,* qui assurent une fonction de régulation des métabolismes. – De *cortico-,* et *surrénal.*

corticothérapie [kɔʀtikɔteʀapi] n. f. MED Emploi thérapeutique des hormones corticosurrénales et de l'A.C.T.H. – De *cortico-,* et *thérapie.*

corticotrope [kɔʀtikɔtʀɔp] adj. Qui a des affinités pour les corticosurrénales. *Axe corticotrope.* – De *cortico-,* et *-trope.*

cortinaire [kɔʀtinɛʀ] n. m. BOT Champignon basidiomycète pourvu d'une cortine. – De *cortine* 1.

1. cortine [kɔʀtin] n. f. BOT Chez certains basidiomycètes (cortinaires), réseau de filaments reliant le bord du chapeau au pied. – Lat. *cortina,* «chaudière, cuve».

2. cortine [kɔʀtin] n. f. BIOCHIM Extrait corticosurrénal total, naturel. – Du rad. de *cortex.*

cortisol [kɔʀtizɔl] n. m. BIOCHIM 17-hydroxycorticostérone, l'hormone la plus active et la plus importante parmi les glucocorticoïdes sécrétés par la corticosurrénale. – De *corti(co)-,* et *sol.*

cortisone [kɔʀtizɔn] n. f. BIOCHIM Hormone glucocorticoïde sécrétée par la corticosurrénale, moins active que le cortisol. (Synthétisée, elle est utilisée comme thérapeutique anti-inflammatoire, antiallergique, etc. Son emploi est délicat dans les traitements prolongés.) – Mot angl., du rad. de *cortex,* et *(horm)one.*

corton [kɔʀtɔ̃] n. m. Vin de Bourgogne très réputé du vignoble d'Aloxe-Corton (Côte-d'Or). – Du n. de la commune.

coruscant, ante [kɔʀyskɑ̃, ɑ̃t] adj. Vx ou litt. Brillant, étincelant. – Lat. *coruscans.*

corvéable [kɔʀveabl] adj. Qui est soumis à la corvée. *Taillable et corvéable à merci.* – De *corvée.*

corvée [kɔʀve] n. f. **1.** DR FEOD Travail gratuit dû par les serfs, les paysans, au seigneur ou au roi. **2.** *Par ext.* Travail que font tour à tour les soldats d'une unité, les membres d'une collectivité, etc. *Corvée d'eau, de vivres.* **3.** Toute chose qu'on est obligé de faire et qu'on trouve pénible ou désagréable. – Du lat. pop. *corrogata (opera),* «travail sollicité», de *corrogare,* «convoquer *(rogare)* ensemble».

corvette [kɔʀvɛt] n. f. MAR Anc. Petit bâtiment de guerre à trois mâts, rapide, destiné à des missions d'éclaireur. – Mod. Escorteur de haute mer spécialisé dans la lutte contre les sous-marins. – Du moy. néerl. *korver,* «bateau chasseur».

corvidés [kɔʀvide] n. m. pl. ZOOL Famille de grands oiseaux passériformes, à fort bec droit, aux pattes robustes, de régime omnivore (corbeaux, corneilles, geais, pies, etc.). – Du lat. *corvus,* «corbeau».

corybante [kɔʀibɑ̃t] n. m. ANTIQ GR Prêtre de Cybèle. – Gr. *korubas, korubantos.*

corymbe [kɔʀɛ̃b] n. m. BOT Inflorescence (du sureau, par ex.) dans laquelle les pédoncules floraux partent de l'axe à des hauteurs différentes et s'allongent de telle façon que toutes les fleurs sont dans un même plan. – Gr. *korumbos,* «bouquet».

coryphée [kɔʀife] n. m. **1.** Chef du chœur dans le théâtre antiq. ▷ CHOREGR Grade dans l'ordre hiérarchique du corps de ballet de l'Opéra de Paris. **2.** Fig., litt. Celui qui a le plus d'autorité dans un groupe. *Le coryphée d'un parti politique.* – Gr. *koruphaios,* de *koruphê,* «tête».

coryza [kɔʀiza] n. m. Rhinite catarrhale aiguë, rhume de cerveau. – Gr. *koruza,* «écoulement nasal».

cos MATH Abrév. de *cosinus.*

cosaque [kɔzak] adj. et n. m. **1.** n. m. Homme faisant partie des populations guerrières d'Asie centrale et recruté pour la conquête des steppes du Sud. *À partir de 1917, les Cosaques se heurtèrent aux Bolcheviks et furent contraints de s'intégrer dans le nouvel ordre soviétique.* **2.** Fig. Homme dur, brutal. **3.** adj. D'origine cosaque, relatif aux Cosaques. – De l'ukrainien *kozak.*

cosécante [kosekɑ̃t] n. f. MATH Vx Inverse du sinus d'un angle (abrév. *cosec*). – De *co-,* et *sécante.*

cosignataire [kosiɲatɛʀ] n. et adj. Personne qui signe avec d'autres un document. *Les cosignataires d'un manifeste, d'un contrat.*– De *co-,* et *signataire.*

cosinus [kɔsinys] n. m. MATH *Cosinus d'un angle aigu* (d'un triangle rectangle): rapport du côté adjacent à l'hypothénuse. V. trigonométrie. – De *co-,* et *sinus.*

-cosme, cosmo-. Éléments, du gr. *kosmos,* «ordre, univers».

cosmétique [kɔsmetik] n. m. Substance utilisée pour l'hygiène et la beauté de la peau, des cheveux. ▷ Adj. *Un produit cosmétique.* – Gr. *kosmêtikos,* «relatif à la parure», de *kosmos,* «parure».

cosmétologie [kɔsmetɔlɔʒi] n. f. Partie de l'hygiène qui concerne les soins de beauté et l'utilisation des cosmétiques. – De *cosmétique,* et *-logie.*

cosmique [kɔsmik] adj. **1.** Relatif à l'Univers. **2.** ASTRO De l'espace extra-terrestre. *Poussières cosmiques:* très petits corps qui circulent dans l'espace. – *Rayons cosmiques:* radiations provenant de l'espace intersidéral. (Les rayons cosmiques sont constitués par des particules animées d'une très grande énergie – quelques dizaines de milliards d'électronvolts – provoquant dans l'atmosphère l'explosion d'atomes et la formation de gerbes corpusculaires.) – Gr. *kosmikos,* de *kosmos,* «monde, univers».

cosmo-. V. -cosme.

cosmodrome [kɔsmodʀom] n. m. Terrain aménagé pour le lancement des engins spatiaux, en U.R.S.S. – De *cosmo-,* et *-drome.*

cosmogonie [kɔsmogɔni] n. f. Théorie (mythique, philosophique ou scientifique) de la formation de l'Univers. *Les cosmogonies de l'Antiquité.* ▷ ASTRO Théorie de la formation des corps célestes. – Gr. *kosmogonia.*

cosmogonique [kɔsmogɔnik] adj. Relatif à la cosmogonie. – De *cosmogonie.*

cosmographie [kɔsmogʀafi] n. f. ASTRO Description de l'Univers tel qu'on peut l'observer. – Gr. *kosmographia.*

cosmographique [kɔsmogʀafik] adj. ASTRO Relatif à la cosmographie. – Du préc.

cosmologie [kɔsmolɔʒi] n. f. **1.** Partie de l'astronomie qui a pour objet l'étude de l'ensemble de l'Univers et de sa structure. **2.** PHILO *Cosmologie (rationnelle):* étude métaphysique de l'Univers. – Gr. *kosmologia.*

cosmologique [kɔsmolɔʒik] adj. Relatif à la cosmologie. – Relatif au monde. *Sciences cosmologiques.* – Du préc.

cosmonaute [kɔsmonot] n. Pilote ou passager d'un véhicule spatial. Syn. astronaute. – De *cosmos,* d'ap. *(astro)naute.*

cosmophysique [kɔsmofizik] n. f. Science ayant pour objet l'étude de la structure physique des corps célestes, notam. par expérimentation directe sur le sol des astres. – De *cosmo-, et physique.*

cosmopolite [kɔsmopɔlit] n. m. et adj. **1.** Vx Qui se déclare citoyen du monde, qui refuse de se laisser enfermer dans le cadre étroit de l'appartenance à une nation. **2.** Mod. Qui s'accommode aisément des mœurs et des usages des pays où il vit. **3.** Composé de personnes originaires de pays divers. *Une société cosmopolite.* – Gr. *kosmopolitês,* «citoyen *(politês)* du monde *(cosmos)*».

cosmopolitisme [kɔsmopɔlitism] n. m. **1.** Doctrine, opinion de ceux qui se disent cosmopolites. *Le cosmopolitisme, idée conforme aux idéaux des Lumières, était une attitude fréquente au XVIIIe s.* **2.** Manière de vivre cosmopolite. – Du préc.

1. cosmos [kɔsmos] n. m. **1.** PHILO L'Univers, considéré comme un tout organisé et harmonieux (opposé à *chaos,* dans les cosmogonies de l'Antiquité). **2.** L'espace extra-terrestre. – Mot gr., «ordre», d'où «univers».

2. cosmos [kɔsmos] n. m. Genre de composées originaires d'Amérique tropicale dont les fleurs rappellent celles du dahlia simple. – Lat. sc. *cosmos,* du gr. *kosmos,* «ornement».

cosmotron [kɔsmotʀõ] n. m. PHYS NUCL Syn. de *bévatron.* – De *cosmos* (la vitesse des protons accélérés étant comparable à celle des rayons cosmiques), d'ap. *(cyclo)tron.*

cossard, arde [kɔsaʀ, aʀd] adj. et n. Paresseux. – Orig. incert.

1. cosse [kɔs] n. f. **1.** Paroi des gousses des petits pois, haricots, fèves, etc. que l'on enlève pour récupérer les graines (opération de l'*écossage*). **2.** ELECTR Plaque métallique que l'on fixe à l'extrémité d'un conducteur pour en faciliter la connexion. **3.** MAR Pièce métallique qui protège l'intérieur d'un œil épissé (V. œil). – Lat. pop. **cocea,* class. *cochlea.*

2. cosse [kɔs] n. f. Pop. Paresse. *«Elle se vautrait dans une vraie cosse»* (Céline). – De *cossard.*

cossidés [kɔside] n. m. pl. Famille de papillons dont les caractères sont ceux du genre *Cossus.*

cossu, ue [kɔsy] adj. (Personnes.) Riche, opulent. *Un homme cossu.* – *Par ext.* (Choses.) Qui dénote la richesse, l'opulence. *Un appartement cossu.* – P.-ê. fig. de *fèves cossues,* «qui portent beaucoup de cosses».

cossus [kɔsys] n. m. Lépidoptère de grande taille (9 cm d'envergure), au corps épais, dont les chenilles (dites *gâte-bois*) creusent des galeries dans les arbres. – Mot lat.

costal, ale, aux [kɔstal, o] adj. ANAT Qui appartient aux côtes. *Douleur costale.* – Du lat. *costa,* «côte».

costard [kɔstaʀ] n. m. Pop. Costume d'homme. – De *cost(ume),* et suff. arg. *-ard.*

costaud [kɔsto] adj. et n. m. Pop. Fort, solide, résistant. *Un type très costaud. Elle est vraiment costaud* (fém. *costaude,* rare). – Du romani *cochto,* «solide».

costière [kɔstjɛʀ] n. f. **1.** TECH Rainure pour faire glisser les décors d'un théâtre. **2.** CONSTR Encadrement d'une cheminée, en saillie. – De *coste,* «côte».

costume [kɔstym] n. m. **1.** Manière de se vêtir propre à une époque, à un pays. *Le costume français, breton,* etc. **2.** Vêtement, habillement. *Un costume ecclésiastique.* ▷ Cour. Vêtement d'homme composé d'un pantalon et d'une veste (et parfois d'un gilet; V. complet). *Mettre un costume pour aller dîner.* ▷ *Spécial.* Habit pour le théâtre, déguisement. *Dessiner les costumes d'une pièce. Mettre un costume de pirate.* ▷ *Costume de bain:* vêtement de bain moulant, généralement en tissu extensible. Syn. maillot (de bain). – Ital. *costume,* «coutume».

costumé, ée [kɔstyme] adj. Vêtu d'un costume de théâtre ou d'un déguisement. *Elle était costumée en bergère.* ▷ *Bal costumé,* où les invités sont travestis. – De *costume.*

costumer [kɔstyme] v. tr. [1] Revêtir d'un costume, d'un déguisement. – v. pron. *Se costumer pour une fête.* – De *costume.*

costumier, ière [kɔstymje, jɛʀ] n. Personne qui confectionne, vend, loue ou répare des costumes de théâtre, de cérémonie, de bal masqué, etc. – De *costume.*

cotangente [kɔtɑ̃ʒɑ̃t] n. f. MATH Inverse de la tangente d'un angle (abrév. cotg). – De *co-,* et *tangente.*

cotation [kɔtasjõ] n. f. **1.** Action de coter. *Cotation en Bourse.* **2.** TECH Ensemble des cotes d'un dessin. – De *coter.*

cote [kɔt] n. f. **1.** Marque numérale dont on se sert pour classer les pièces d'un procès, d'un inventaire, les livres d'une bibliothèque, etc. *La cote d'un document à la Bibliothèque nationale.* **2.** FIN Indication du cours des valeurs mobilières. *Admettre des valeurs à la cote.* – *Par ext.* Bulletin où est publiée la cote des valeurs de la Bourse. **3.** *Par ext.* Évaluation, estimation de la valeur de diverses marchandises. *La cote des voitures d'occasion.* ▷ TURF *La cote d'un cheval:* rapport entre la totalité des sommes engagées dans les paris sur une course et la part engagée sur chaque animal, et, *par ext.,* l'estimation des chances de chaque cheval en fonction de ce rapport. **4.** Cour, fam. *Cote d'amour :* partie de la note donnée à un élève, qui tient compte d'éléments autres que ceux qui résultent des épreuves (antécédents, présentation, impression laissée au correcteur, au jury, etc.). – *Avoir la cote auprès de qqn:* être prisé, estimé de cette personne. **5.** TECH Chiffre qui indique une dimension sur un plan. ▷ GEOM Nombre qui indique, dans un système de coordonnées cartésiennes, la distance d'un point au plan horizontal. – *Par ext.* Désignation de ce point sur une carte. *La cote 304 N.G.F.* – Indications sur une courbe de niveaux. *Cote de niveau, d'altitude.* ▷ *Cote d'alerte:* niveau d'un fleuve au-delà duquel il y a risque d'inondation. ▷ Fig. Niveau où la situation devient critique. **6.** Part de chacun dans une dépense commune (partic., un impôt, une contribution, etc.). *La cote mobilière.* ▷ Fig. *Cote mal taillée:* dépense commune mal répartie; compromis. – Lat. médiév. *quota,* de *quota pars,* «part qui revient à chacun».

côte [kot] n. f. **I. 1.** Chacun des os longs et courbes qui forment la cage thoracique. *L'homme a douze paires de côtes.* ▷ Loc. fam. *On lui compterait les côtes, on lui voit les côtes :* il est très maigre. – Fig. *Rire à s'en tenir les côtes:* rire beaucoup. – Pop. *Avoir les côtes en long:* être très paresseux; être courbatu. ▷ Loc. adv. *Côte à côte:* à côté l'un de l'autre. *Marcher côte à côte.* ▷ En boucherie: *Côte de bœuf, côte de porc,* etc. **2.** *Par anal.* Saillie qui divise une surface courbe, dans divers objets. *Côtes d'un melon.* ▷ ARCHI *Côtes d'un dôme.* – *Côtes d'une colonne:* les listels séparant les cannelures. ▷ *Étoffe à côtes,* qui présente des lignes en relief sur sa surface. *Velours à grosses côtes.* **II. 1.** Penchant d'une montagne; route qui monte. *Une côte raide. Monter, descendre une côte.* ▷ GEOMORPHOL *Relief de côte* ou *cuesta.* ▷ Loc. adv. *À mi-côte :* vers le milieu d'une côte. **2.** Rivage de la mer. *Côte escarpée. Une côte hérissée d'écueils.* – *Par ext.* Rive d'un fleuve, d'une rivière. *La Côte-Nord:* région de la rive nord du Saint-Laurent s'étendant de Tadoussac jusqu'à Blanc-Sablon. ▷ MAR *Aller à, donner à la côte:* s'échouer sur le rivage. *Navire qui va à la côte.* – Fig. *Il est à la côte:* il est sans ressources, ses affaires vont très mal. – Lat. *costa,* «côté».

ENCYCL **Dans une région plane, faiblement inclinée, un *relief de côte,* ou *cuesta,* se produit lorsqu'une couche rocheuse dure affleurante surmonte une couche tendre. Le relief obtenu, dissymétrique, comprend: un plateau de roche dure, faiblement abrupt, dit *revers;* un talus à profil concave très abrupt, le *front de côte,* qui borde le revers.**

coté, ée [kɔte] adj. **1.** *Être coté :* être apprécié, estimé. *Un acteur très coté.* **2.** FIN *Valeur cotée*, admise pour les transactions en Bourse. **3.** GEOM *Géométrie cotée*, dans laquelle un point est défini par sa projection sur un plan horizontal et par sa cote. ▷ TECH *Croquis coté :* représentation d'un objet par ses projections, avec l'indication de ses principales dimensions. – Pp. de *coter*.

côté [kote] n. m. **I. 1.** Partie du corps, de l'aisselle à la hanche, où sont situées les côtes. *Être blessé au côté.* ▷ La partie droite ou gauche du corps. *Être couché sur le côté.* **2.** GEOM Chacun des segments de droite formant le périmètre d'un polygone. *Les côtés d'un triangle.* ▷ Ligne, surface limitant un objet. *Les côtés d'un meuble, d'une boîte.* **3.** L'une des parties, des faces d'une chose (par oppos. à l'autre, à l'une des autres, aux autres). *Le bulletin est imprimé sur un seul côté. Le potager est de l'autre côté du mur.* ▷ Partie latérale d'une chose. *Entrez par le côté gauche de la maison.* **II. 1.** Aspect, manière dont se présente une chose, une situation, une personne. *Les bons, les mauvais côtés de qqn, de qqch. Prendre la vie du bon côté.* **2.** Parti, camp, opinion. *Être du côté du plus fort. Mettre les rieurs de son côté.* **3.** Ligne de parenté. *Cousin du côté du père, parent du côté maternel.* **III.** Loc. **1.** Loc. prép. *À côté de:* près de, tout près de. *Le pain est sur la table, à côté du vin. Il habite à côté de son bureau.* ▷ *À mes (tes, nos...) côtés:* avec, auprès de moi (toi, nous). Fig. *Au(x) côté(s) de :* avec, en soutenant. *Il a toujours milité à nos côtés.* ▷ En dehors de (en n'atteignant pas le but visé). *Le ballon est passé à côté du filet.* Fig. *Passer complètement à côté de la question.* ▷ En comparaison de. *À côté d'elle, il paraît tout petit.* **2.** Loc. adv. *À côté:* tout près d'ici. *Il habite à côté.* **3.** Loc. prép. *Du côté de:* dans la direction de. *Il est parti du côté de la gare.* ▷ Dans les environs de. *Il s'est installé du côté de Victoriaville.* ▷ Avec, auprès de, en accord avec (qqn, un groupe, une opinion). *Être du côté des faibles.* ▷ Fam. *Du côté* ou, absol.: *côté. (Du) côté argent, ne vous inquiétez pas.* ▷ *De mon (ton, leur...) côté*, pour ma (ta, leur) part. *Je pense, de mon côté, pouvoir faire qqch.* ▷ *De tout côté, de tous côtés:* de toutes parts; dans toutes les directions. *Nous sommes cernés de tout côté. Courir de tous côtés.* ▷ *D'un côté... de l'autre:* d'un point de vue... de l'autre. *D'un côté il a raison, de l'autre il a tort.* **4.** Loc. adv. *De côté:* de biais, obliquement. *Regarder, marcher de côté.* ▷ Sur le côté. *Sauter de côté*, en faisant un écart. ▷ *Mettre de côté:* écarter, mettre en réserve. *Tu dis cela parce que tu mets de côté ton amour-propre. Mettre de l'argent de côté.* ▷ *Laisser de côté:* négliger, ne pas tenir compte de. *Laissons de côté nos divergences.* – Lat. pop. **costatum*, «partie du corps où sont les côtes».

coteau [kɔto] n. m. **1.** Versant d'une colline. ▷ *Spécial.* Versant d'une colline planté de vignobles. **2.** Petite colline. – De *côte*.

côtelé, ée [kotle] adj. Couvert de côtes (surtout en parlant d'un tissu). *Velours côtelé.* – De *côte*.

côtelette [kotlɛt] n. f. **1.** Côte des animaux de boucherie de taille moyenne (mouton, porc). **2.** Fam. Côte (d'une personne). – Dimin. de *côte*.

coter [kɔte] v. tr. [1] **1.** Marquer d'un chiffre, d'une lettre, numéroter (un chapitre, les pages d'un document). V. cote. **2.** FIN Marquer à la valeur du jour. *Coter des marchandises, des actions à la Bourse.* **3.** Apprécier par une note. *Coter la copie d'un candidat.* ▷ *Un restaurant très coté*, très apprécié. **4.** TECH Inscrire les cotes sur (un schéma, un plan, etc.). *Coter un croquis.* – De *cote*.

coterie [kɔtʀi] n. f. Anc. Association de paysans entretenant les terres du seigneur. **2.** Mod. péjor. Groupe de personnes se coalisant pour défendre leurs intérêts. *Coterie politique, littéraire. Rivalité de coteries.* – De l'a. fr. *cotier*, rac. germ. *kote*, «cabane», puis «association de paysans».

cotg MATH Abrév. de *cotangente*.

cothurne [kɔtyʀn] n. m. ANTIQ Bottine montant jusqu'à mi-jambe, lacée par-devant, chez les Grecs et les Romains. ▷ Chaussure à semelle épaisse portée par les acteurs tragiques. ▷ *Par ext.* Litt. *Le cothurne:* le genre tragique. – Gr. *kothornos*.

cotidal, ale, aux [kɔtidal, o] adj. GEOGR, MAR *Courbe cotidale:* courbe passant par tous les points où la marée a lieu à la même heure. – Mot angl., de *co-*, et *tidal*, «de la marée».

côtier, ière [kotje, jɛʀ] adj. Relatif au bord de mer; proche des côtes. *Population côtière. – Fleuve côtier*, qui prend sa source près des côtes. ▷ *Pilote côtier* (ou *côtier*, n. m.), qui a la connaissance, la pratique d'une côte. – De *côte*.

cotignac [kɔtiɲak] n. m. Confiture de coings. – Provenç. *codonat*, de *codonh*, «coing».

cotillon [kɔtijɔ̃] n. m. **1.** Anc. Jupon que portaient les femmes du peuple. ▷ Loc. fam. *Courir le cotillon:* courtiser les femmes. **2.** Danse terminant un bal. ▷ Danse avec jeux, réjouissances diverses pour une fête. *Accessoires de cotillon:* serpentins, confettis, etc. – De *cotte*.

cotinga [kɔtɛ̃ga] n. m. Bel oiseau passériforme (fam. Cotingidés) d'Amérique tropicale, de la taille d'un merle. – D'une langue amérindienne.

cotisant, ante [kɔtizɑ̃, ɑ̃t] n. et adj. Personne qui paie une cotisation. – Ppr. de *cotiser*.

cotisation [kɔtizasjɔ̃] n. f. **1.** Action de se cotiser; somme ainsi réunie. **2.** Quote-part. *Verser sa cotisation.* – De *cotiser*.

cotiser [kɔtize] **1.** v. intr. [1] Payer sa quote-part. *Cotiser à un parti, à un syndicat.* **2.** v. pron. Contribuer, en apportant chacun sa participation, à réunir une somme pour couvrir une dépense commune. *Se cotiser pour offrir un cadeau à qqn.* – De *cote*.

côtoiement [kotwamɑ̃] n. m. Fait de côtoyer. – De *côtoyer*.

coton [kɔtɔ̃] n. m. **1.** Matière constituée par les longs poils de cellulose fixés aux graines du cotonnier. **2.** Étoffe fabriquée avec cette matière. *Une robe de coton imprimé.* **3.** Fil de coton. *Un écheveau de coton à broder.* **4.** *Coton hydrophile*, que l'on a débarrassé de ses substances graisseuses et résineuses. ▷ Fam. *Un coton:* un morceau de coton hydrophile. *Appliquer un coton imbibé d'éther sur une plaie.* **5.** Loc. fig. *Élever un enfant dans du coton*, avec mollesse, en l'entourant de trop de soins. ▷ Fam. *Avoir les bras, les jambes en coton:* être très affaibli, ressentir une grande mollesse dans les membres. ▷ *Filer un mauvais coton:* être dans une situation difficile, pénible (pour sa santé, ses affaires, sa réputation). **6.** adj. Pop. Difficile. *C'est coton. Une affaire coton.* – Ital. *cottone*; de l'ar. *qoton*.

ENCYCL On cultive le coton notam. dans le Sud des É.-U., au Mexique, au Brésil, au Proche-Orient (Égypte), au Turkestan, au Pakistan, en Inde, en Afrique centrale. On tire des graines une huile industrielle qui entre dans les margarines, savons, etc. Le coton, qui est l'un des principaux textiles naturels du monde, connaît de nombr. autres utilisations à cause de sa richesse en cellulose.

cotonéaster [kɔtɔneastɛʀ] n. m. Arbrisseau ornemental (genre *Cotoneaster*, fam. rosacées) originaire de l'Himalaya et de l'Extrême-Orient, au feuillage fin et aux fruits rouges ou orangés.

cotonnade [kɔtɔnad] n. f. Étoffe de coton. – De *coton*.

cotonner (se) [kɔtɔne] v. pron. [11] Se couvrir d'un léger duvet rappelant les fibres de coton. *Une étoffe qui se cotonne après le premier lavage.* ▷ *Fruit qui se cotonne,* dont la pulpe devient molle et spongieuse. – De *coton.*

cotonnerie [kɔtɔnʀi] n. f. **1.** Culture du coton. **2.** Lieu où se cultive, où se travaille le coton. – De *coton.*

cotonneux, euse [kɔtɔnø, øz] adj. **1.** Dont l'aspect, la consistance rappelle la ouate. *Un ciel cotonneux.* **2.** Couvert de poils fins. *Fruit cotonneux.* ▷ *Poire, pomme cotonneuse,* qui s'est cotonnée. – De *coton.*

cotonnier, ière [kɔtɔnje, jɛʀ] n. et adj. **1.** n. m. Végétal herbacé annuel, ou arbustif vivace (genre *Gossypilum,* fam. malvacées), à grandes fleurs jaunes, originaire de l'Inde et cultivé pour son coton dans tous les pays chauds. **2.** n. Personne qui travaille le coton. **3.** adj. Qui a rapport au coton. *Industrie, production cotonnière.* – De *coton.*

coton-poudre [kɔtõpudʀ] n. m. Substance explosive formée de cellulose nitrée. Syn. fulmicoton. – De *coton,* et *poudre.*

coton-tige [kɔtõtiʒ] n. m. Bâtonnet aux deux extrémités duquel est enroulé de l'ouate, pour nettoyer les oreilles ou le nez. *Des cotons-tiges.* – Nom déposé; de *coton,* et *tige.*

côtoyer [kotwaje] v. tr. [26] **1.** Aller côte à côte avec, marcher auprès de (qqn). *Côtoyer chaque jour les mêmes personnes sur le même trajet.* ▷ Fig. Fréquenter, être en relation avec. *Il côtoie de nombreux médecins dans sa profession.* **2.** Aller le long de. *La route côtoie la rivière.* ▷ Fig. Frôler, être proche de (qqch). *Une histoire, une personne qui côtoie le ridicule.* – De *côte.*

cotre [kɔtʀ] n. m. Voilier à un mât, gréant foc et trinquette. – De l'angl. *cutter,* «qui fend» (l'eau).

cottage [kɔtaʒ] ou [kɔtedʒ] n. m. Petite maison de campagne, coquette et rustique. – Mot angl., «maison de fermiers». V. coterie.

cotte [kɔt] n. f. **I. 1.** Vx Tunique. **2.** Vx Courte jupe plissée. **3.** Vêtement de travail couvrant les jambes et la poitrine. *Cotte de plombier.* **4.** Anc. *Cotte d'armes:* tunique qui se portait sur la cuirasse. ▷ *Cotte de mailles :* armure souple faite de mailles de fer, en forme de tunique. **II.** Chabot (poisson). – Frq. **kotta.*

cotutelle [kotytɛl] n. f. DR Tutelle dont une personne est chargée avec une autre. – De *co-,* et *tutelle.*

cotuteur, trice [kotytœʀ, tʀis] n. DR Personne chargée avec une autre d'une tutelle. – De *co-,* et *tuteur.*

cotyle [kɔtil] n. m. et f. ANAT Cavité d'un os dans laquelle s'articule la tête d'un autre os. – Gr. *kotulê.*

cotylédon [kɔtiledõ] n. m. **1.** ANAT Ensemble des masses charnues situées sur la face maternelle du placenta, qu'elles relient à l'utérus. **2.** BOT Feuille primordiale constitutive de l'embryon des préphanérogames et des phanérogames. – Gr. *kotulêdôn,* «creux d'une coupe».

ENCYCL **Bot.** Les cotylédons peuvent être chargés de réserves permettant la germination de la graine, ou sécréter des enzymes permettant l'utilisation de réserves externes à l'embryon: albumine, endosperme, etc. Les graines des plantes monocotylédones ont un seul cotylédon, celles des dicotylédones en contiennent deux.

cotylédoné, ée [kɔtiledɔne] adj. BOT Dont les embryons sont pourvus de cotylédons. – De *cotylédon.*

cotyloïde [kɔtilɔid] adj. *Cavité cotyloïde:* cavité de l'os iliaque où s'articule la tête fémorale. – De *cotyle,* et *-oïde.*

cou [ku] n. m. **1.** Partie du corps qui joint la tête au thorax. *Porter un bijou, un foulard autour du cou. Avoir un long cou.* **2.** Loc. fig. *Tendre le cou* (pour que le bourreau le coupe): se laisser maltraiter sans résister. ▷ *Se casser, se rompre le cou:* se blesser grièvement en tombant. Fig. Échouer. ▷ *Laisser la bride sur le cou à qqn,* n'exercer sur lui aucune contrainte. ▷ *Sauter, se jeter au cou de qqn,* l'embrasser avec chaleur, effusion. ▷ *Prendre ses jambes à son cou:* se sauver en courant. ▷ *Passer la corde au cou de qqn,* le pendre. Fig., plaisant. L'épouser. ▷ Fig. *Jusqu'au cou:* complètement. *Être dans les soucis, le travail jusqu'au cou.* **3.** *Par anal.* Partie longue et amincie d'un récipient. *Le cou d'une bouteille, d'une aiguière.* ▷ *Cou-tors:* torcol. – Du lat. *collum.*

couac [kwak] n. m. Son faux, ou déplaisant pour l'oreille, produit par un chanteur ou un instrument à vent. *Faire un couac.* – Onomat.

couagga [kwaga] n. m. Zèbre (*Equus quagga quagga*) auj. disparu, dont l'arrière-train n'était pas rayé. – Onomat. du cri de cet animal.

couard, arde [kuaʀ, aʀd] adj. et n. Lâche, poltron. – De l'a. fr. *coe,* «queue».

couardise [kuaʀdiz] n. f. Poltronnerie, lâcheté. – De *couard.*

couchage [kuʃaʒ] n. m. Action de coucher, de se coucher. *Sac de couchage.* ▷ *Par ext.* Ensemble des objets qui servent à se coucher. – De *coucher* 1.

couchant, ante [kuʃɑ̃, ɑ̃t] adj. et n. **1.** adj. Qui se couche. *Soleil couchant.* ▷ *Chien couchant:* chien d'arrêt qui se couche dès qu'il flaire le gibier. – Fig. *Faire le chien couchant:* s'abaisser, flagorner pour plaire. **2.** n. m. Endroit de l'horizon où le soleil se couche; son aspect. ▷ Moment où le soleil se couche. *Partir au couchant.* – Ppr. de *coucher* 1.

couche [kuʃ] n. f. **I. 1.** Litt. Lit. *La couche nuptiale. Partager, délaisser la couche de qqn.* **2.** Plur. Période d'alitement qui suit l'accouchement. *Être en couches. Mourir en couches.* ▷ Accouchement. *Couches difficiles.* ▷ Sing. *Fausse couche:* avortement spontané. **3.** Linge (auj. protection absorbante et jetable) dont on enveloppe un bébé de la taille aux cuisses de façon à former une protection. **II. 1.** Substance étalée sur une surface. *Passer une couche de peinture.* **2.** HORTIC Terre à laquelle on incorpore du fumier dont la fermentation provoque une élévation de température favorable à la germination et à la croissance des jeunes plantes. *Champignons de couche.* **3.** PHYS *Couche mince:* dépôt d'une épaisseur de l'ordre d'un micron. **4.** PHYS NUCL *Couche de demi-atténuation:* épaisseur d'une substance qui absorbe 50 % d'un rayonnement. **5.** PHYS *Couche électronique:* chacun des niveaux d'énergie correspondant à une probabilité de présence d'un ou plusieurs électrons. **6.** Pop. *En avoir, en tenir une couche:* être stupide. **III. 1.** Épaisseur de substance, de matière (considérée avec d'autres). *Les couches de l'atmosphère.* ▷ GEOL Lit rocheux dont la composition est relativement constante, l'épaisseur plus ou moins importante, la surface étendue, et qui s'est sédimenté dans des conditions géologiques constantes. Syn. strate. *Couche calcaire.* **2.** Fig. Classe sociale, catégorie. *Les couches les plus défavorisées, les couches possédantes.* **IV.** TECH **1.** *Plaque de couche:* armature métallique de la tranche d'une arme à feu. **2.** *Arbre de couche:* arbre moteur. – Du verbe *coucher.*

couché, ée [kuʃe] adj. **1.** Allongé sur un lit, étendu. *Rester couché une semaine.* ▷ Prêt pour le sommeil; endormi. *À cette heure-là, ils doivent être couchés.* **2.** Incliné, penché. *Navire couché,* incliné sous l'action du vent. *Écriture couchée.* – GEOL *Pli couché.* **3.** *Papier couché:* papier couvert d'une couche d'enduit qui le rend lisse et brillant. ▷ n. m. *Un beau couché.* – Pp. de *coucher.*

1. coucher [kuʃe] **I.** v. tr. [1] **1.** Étendre de tout son long (qqn, qqch qui est normalement vertical). *Cou-*

cher une armoire pour la réparer. Coucher un blessé sur une civière. ▷ Mettre au lit. *Coucher un enfant.* ▷ *Coucher qqn chez soi*, l'héberger. ▷ *Coucher un fusil en joue*, l'épauler pour viser. Par ext. *Coucher en joue:* viser. **2.** Incliner, pencher. *La pluie a couché les blés.* **3.** Étendre, étaler en couche. *Coucher une couleur sur une surface.* **4.** Fig., litt. *Coucher par écrit:* consigner. ▷ *Coucher qqn, coucher une clause sur son testament.* V. inscrire, insérer. **II.** v. intr. **1.** S'allonger pour prendre du repos. *Coucher sur un lit de camp. Coucher seul.* **2.** *Coucher avec qqn:* passer la nuit avec qqn dans le même lit. – Fam. Avoir des relations sexuelles avec qqn. **3.** Passer la nuit. *Coucher à l'hôtel, à la belle étoile, chez des amis.* **4.** Loc. fam. *Un nom à coucher dehors:* difficile à prononcer, à comprendre. **III.** v. pron. **1.** S'allonger pour se reposer. *Se coucher dans l'herbe.* ▷ Se mettre au lit. *Se coucher tous les soirs à la même heure.* ▷ Prov. *Comme on fait son lit, on se couche:* on prépare son avenir par sa conduite actuelle. **2.** Se pencher en avant, se courber. *Se coucher sur le guidon de sa bicyclette.* **3.** Descendre sous l'horizon (soleil, astres). *Le soleil se couche.* Ant. Se lever. – Lat. *collocare*, «placer, étendre».

2. coucher [kuʃe] n. m. **1.** Action, moment de se coucher, de se mettre au lit. *Les préparatifs du coucher.* **2.** Moment où un astre disparaît sous l'horizon. *Le coucher du soleil.* ▷ *Coucher de soleil:* représentation (peinte, photographique, etc.) du soleil se couchant. – Du verbe *coucher.*

coucherie [kuʃʀi] n. f. (souvent plur.). Pop., péjor. Rapports sexuels sans amour. – De *coucher* 1.

couchette [kuʃɛt] n. f. Lit étroit, dans une cabine de navire, un compartiment de chemin de fer, etc. – De *coucher* 1.

coucheur, euse [kuʃœʀ, øz] n. Fig., fam. *Mauvais coucheur:* personne difficile à vivre, chicanière. – De *coucher* 1.

couchis [kuʃi] n. m. CONSTR Lit de sable, de terre, de lattes préparé pour un pavage, un plancher. *Couchis de lattes.* – De *coucher* 1 sens 3.

couchitique [kuʃitik] adj. Qualifie un groupe de langues d'Afrique orientale appartenant à la famille chamito-sémitique. – De *Couch*, anc. nom de l'Éthiopie.

couci-couça [kusikusa] loc. adj. Fam. À peu près, ni bien ni mal. – Alter. d'ap. *comme ci, comme ça*, de *coussi-coussi*; ital. *cosi cosi*, «ainsi ainsi».

coucou [kuku] n. m. **1.** Oiseau de silhouette allongée, à longue queue, généralement de mœurs parasites. **2.** Nom des autres oiseaux du genre *Cuculus* et de la fam. des cuculidés. **3.** Nom cour. des primevères sauvages, des narcisses des bois et de diverses anémones à fleurs jaunes. **4.** Pendule de style rustique dont la sonnerie imite le cri du coucou. **5.** Aux XVIIIe et XIXe s., petite voiture publique à deux roues. **6.** Fam. Vieil avion; petit avion. **7.** *Coucou!:* interj. des enfants jouant à la cachette ou de qqn manifestant sa présence, son arrivée. – Du lat. *cuculus*, onomat.

coucoumelle [kukumɛl] n. f. Nom usuel de divers champignons (spécial. de l'amanite vaginée, comestible). – Provenç. mod. *coucoumèlo.*

coude [kud] n. m. **1.** Articulation entre le bras et l'avant-bras, formée, en haut, par le condyle de l'humérus, en bas, par les têtes cubitale et radiale. *Mettre, poser les coudes sur la table. Donner un coup de coude à qqn.* ▷ Loc. fam. *Lever le coude:* boire beaucoup. – *Huile de coude:* dépense d'énergie musculaire, mouvement. *Frotte, n'aie pas peur d'employer l'huile de coude! – Se serrer les coudes:* se soutenir mutuellement. *Jouer des coudes:* se frayer un passage au milieu d'un grand nombre de personnes en les écartant sans ménagement. Fig. Faire son chemin sans souci d'autrui. **2.** Dans un vêtement, partie de la manche couvrant le coude. *Veste trouée aux coudes.* **3.** ZOOL Articulation de la patte antérieure des onguligrades, analogue au coude de l'homme, mais intégrée dans le corps. *Coude de l'âne.* **4.** *Coude d'un chemin, d'une rivière, d'un tuyau:* angle. – Du lat. *cubitus.*

coudée [kude] n. f. **1.** Anc. Mesure de longueur (0,50 m). **2.** Loc. mod. *Avoir les coudées franches:* pouvoir agir librement, sans contrainte. – De *coude.*

cou-de-pied [kudpje] n. m. Partie supérieure du pied, articulée avec la jambe. *Des cous-de-pied.* – De *cou*, et *pied.*

couder [kude] v. tr. [1] Plier en forme de coude. *Couder une barre à angle droit.* – De *coude.*

coudoiement [kudwamɑ̃] n. m. Fait de coudoyer. – De *coudoyer.*

coudoyer [kudwaje] v. tr. [26] **1.** Vx Heurter du coude. **2.** Se trouver en contact avec. *Coudoyer qqn dans la foule. Un discours dans lequel la démagogie coudoie la médiocrité.* – De *coude.*

coudraie [kudʀɛ] n. f. Lieu planté de coudriers. – De l'a. fr. *coudre*, anc. nom du *coudrier.*

coudre [kudʀ] v. tr. [60] Joindre au moyen d'un fil passé dans une aiguille. *Coudre un bouton.* ▷ *Coudre la manche, le col d'une chemise*, les réunir au corps du vêtement. ▷ (S. comp.) *Coudre bien, vite. Coudre à la machine, à la main.* ▷ *Coudre une plaie*, la refermer chirurgicalement. ▷ *Coudre les cahiers d'un livre*, en assembler les pages par un fil pour former une brochure. ▷ *Machine à coudre*, qui permet d'exécuter des travaux de couture. *Le premier modèle de machine à coudre, dû à Thimonnier, date de 1830.* – Du lat. pop. **cosere*, class. *consuere*, de *suere*, «coudre».

coudrier [kudʀije] n. m. Noisetier, avelinier. – De l'a. fr. *coudre*, n. m.; lat. *corylus.*

couenne [kwan] n. f. **1.** Épiderme fibreux, très résistant, du porc. **2.** Peau de cochon flambée et raclée. *Couenne de lard.* **3.** Pop. Peau de l'homme. *Se gratter la couenne:* se raser. ▷ Péjor Imbécile, maladroit. – Du lat. pop. **cutinna*, de *cutis*, «peau».

couenneux, euse [kwanø, øz] adj. **1.** Semblable à la couenne. **2.** Recouvert d'une couenne. ▷ MED *Angine couenneuse:* diphtérie. – De *couenne.*

1. couette [kwɛt] n. f. Lit ou édredon de plume. – Du lat. *culcita*, «oreiller».

2. couette [kwɛt] n. f. Fam. Petite touffe de cheveux retenue par un lien. – De *queue.*

couffe [kuf] ou **couffin** [kufɛ̃] n. m. Cabas souple. ▷ Son contenu. *Un couffin de pommes.* – Provenç. mod. *coufo*, bas lat. *cophinus*, «panier», par l'ar.

coufique [kufik] adj. De Coufa, v. auj. en Irak (Kūfa). ▷ *Écriture coufique :* calligraphie monumentale arabe (dès les premiers siècles de l'hégire). – N. m. *Le coufique.* – Du n. de la ville.

couguar [kugaʀ] ou **cougouar** [kugwaʀ] n. m. Puma. *Le couguar est un animal solitaire. C'est un des plus grands prédateurs d'Amérique.* – Du portug. *cucuarana*, du tupi *susuarana*, d'ap. *jaguar.*

couic [kwik] interj. Onomat. imitant le son d'un cri étranglé.

couille [kuj] n. f. Vulg. Testicule. – Pop., plaisant. Qqch. qui ne va pas, qui cloche. *Y a une couille là-dedans!* – Du bas lat. **colea*, du lat. *coleus*, «sac de cuir».

couillon [kujɔ̃] n. m. et adj. Pop. Idiot, imbécile. – De l'ital. *coglione.*

couillonnade [kujɔnad] n. f. Pop. Sottise, erreur grossière. – De *couillon.*

couillonner [kujɔne] v. tr. [1] Pop. Tromper, gruger. – De *couillon.*

couinement [kwinmɑ̃] n. m. Cri du lièvre, du lapin. – De *couiner.*

couiner [kwine] v. intr. [1] Pousser de petits cris aigus. – Onomat.

coulabilité [kulabilite] n. f. METALL Qualité d'un alliage qui se coule facilement. – De *couler.*

coulage [kulaʒ] n. m. **1.** Action de couler (sens II, 1). ▷ TECH *Coulage d'un métal, du béton.* **2.** Fam. Perte provenant de gaspillages, de petits larcins. – De *couler* (dans un moule).

coulant [kulɑ̃] n. m. **1.** Anneau (d'une ceinture, d'une courroie). **2.** BOT Stolon du fraisier. – Ppr. subst. de *couler.*

coulant, ante [kulɑ̃, ɑ̃t] adj. **1.** Qui coule aisément. *Vin coulant,* agréable à boire. ▷ *Nœud coulant,* qui se serre quand on tire. **2.** Aisé, qui semble se faire sans effort. *Style coulant.* **3.** Fam. Accommodant, facile, indulgent. *Un patron très coulant.* – Ppr. de *couler.*

1. coule [kul] n. f. Long vêtement à capuchon de certains religieux. – Du lat. *cuculla,* de *cucullus,* «capuchon».

2. coule (à la) [alakul] loc. adv. Pop. *Être à la coule:* être au courant, informé; être habitué aux astuces d'une pratique, d'un métier. *C'est un gars à la coule.* – De *couler.*

coulé [kule] n. m. **1.** MUS Liaison entre deux ou plusieurs notes. **2.** JEU Au billard, coup par lequel une bille suit presque la même ligne que la première bille touchée. **3.** SPORT En escrime, action de glisser le fer le long de la lame adverse. – Pp. de *couler.*

coulée [kule] n. f. **1.** GEOL Terrain pâteux répandu en discordance sur d'autres terrains et solidifié par la suite. *Coulée de lave, de boue.* **2.** VEN Trace laissée par le passage répété d'un animal dans des buissons, un sous-bois, etc. **3.** METALL Action de couler un métal; masse de métal que l'on coule. *Coulée continue:* technique consistant à couler le métal en continu et à lui faire subir un premier laminage. – De *couler.*

coulemelle [kulmɛl] n. f. Nom donné à la *lépiote* (champignon basidiomycète). – Lat. *columella.*

couler [kule] **I.** v. intr. [1] **1.** Se mouvoir, aller d'un endroit à un autre d'un mouvement continu (liquides). *Le ruisseau coule lentement.* ▷ Se liquéfier. *Cire, beurre qui coule.* **2.** Laisser échapper un liquide. *Le tonneau coule. Robinet qui coule goutte à goutte.* **3.** Sortir, s'échapper (liquides). *Le sang coulait de sa lèvre fendue. Laisser couler ses larmes.* ▷ *Faire couler le sang:* être responsable d'un massacre, d'une guerre, de blessures (personnes). Faire des morts et des blessés (choses). *Une guerre qui a fait couler beaucoup de sang.* ▷ *Faire couler de l'encre:* susciter de nombreux écrits. ▷ *Couler de source* (choses): être la conséquence évidente, naturelle. **4.** *Farine, sable qui coule dans la main,* qui glisse, s'échappe. ▷ Fig. *L'argent lui coule entre les doigts :* il est très dépensier. **5.** Passer, s'écouler (temps). *Les jours coulaient paisiblement.* **6.** S'enfoncer, disparaître dans l'eau. *Le navire a coulé.* – Fig. *Une affaire, une entreprise qui coule.* Syn. sombrer. **II.** v. tr. **1.** Faire passer un liquide d'un récipient dans un autre. **2.** Verser (une substance fluide) dans un moule où elle se solidifie. *Couler du béton, de l'acier en fusion.* **3.** Glisser, faire passer discrètement (qqch) quelque part. *Couler une pièce de monnaie dans la main de qqn.* **4.** MUS *Couler des notes:* les jouer, les chanter liées. **5.** *Couler un navire:* l'envoyer par le fond. ▷ Fig. Ruiner, discréditer. *Couler qqn, couler une maison de commerce.* **6.** Passer (son temps). *Couler des jours heureux.* ▷ Fam. *Se la couler douce:* mener une vie agréable, sans soucis. **III.** v. pron. **1.** Se glisser adroitement, furtivement. *Se couler le long d'un mur.* **2.** Se perdre, perdre son crédit. – Du lat. *colare.*

couleur [kulœʀ] n. f. **I. 1.** Impression produite sur l'œil par les diverses radiations constitutives de la lumière; qualité particulière de ces radiations. *Les couleurs du prisme. Couleurs simples, couleurs composées. Robe de couleur claire, vive, passée.* ▷ Appos. *Ruban couleur chair, couleur épinard.* **2.** Toute couleur qui n'est ni noire ni grise ni blanche. *Une carte postale en couleurs.* ▷ Tissu, vêtement de couleur. *Laver les blancs et les couleurs séparément.* **3.** Plur. Habit, signe distinctif (d'un groupe). *Porter les couleurs d'un club sportif.* ▷ *Les couleurs:* le pavillon national. *Envoyer, hisser les couleurs.* **4.** Chacune des quatre marques (trèfle, carreau, cœur, pique) dans un jeu de cartes. ▷ *Annoncer la couleur,* la couleur de l'atout. Fig. Expliquer clairement ses intentions. **5.** Teint, carnation du visage. *Avoir des couleurs:* avoir le teint rose, frais, signe de bonne santé. ▷ *Changer de couleur:* pâlir, rougir à la suite d'une émotion. ▷ *Homme de couleur,* qui n'est pas de race blanche (spécial. homme à la peau noire ou très brune). **6.** Coloris (d'un tableau). *Des couleurs trop contrastées.* **II.** Substance colorante. *Broyer, mélanger des couleurs.* (France) *Marchand de couleurs:* personne qui tient une droguerie. **III. 1.** *Couleur locale,* propre à chaque objet indépendamment de son exposition particulière à la lumière. ▷ Fig. Ensemble des caractéristiques extérieures des personnes et des choses en un lieu et à une époque donnés. **2.** Opinion professée (partic. politique). *La couleur d'un journal.* **3.** Apparence, aspect sous lequel se présente une situation. *Voir l'avenir sous de sombres couleurs. Cet incident a une couleur comique. La couleur du temps.* ▷ Loc. prép. *Sous couleur de:* sous prétexte de. *Calomnier sous couleur de défendre.* **4.** Loc. prov. *Des goûts et des couleurs, il ne faut disputer:* chacun peut avoir son opinion. ▷ Fam. *En faire voir de toutes les couleurs à qqn,* l'ennuyer de mille façons. ▷ Fam. *Ne pas voir la couleur de (qqch) :* n'avoir jamais pu voir, apprécier (qqch), ou bénéficier de (qqch, partic. de ce qui vous est dû). *Je n'ai jamais vu la couleur de ce qu'il me doit.* – Lat. *color, coloris.*

ENCYCL Un corps apparaît coloré parce qu'il ne diffuse et ne réfléchit qu'une partie de la lumière blanche qu'il reçoit, ou parce qu'il émet lui-même de la lumière s'il est porté à une température suffisante. On peut décomposer une lumière blanche à l'aide d'un prisme; les couleurs fondamentales sont le rouge, l'orangé, le jaune, le vert, le bleu, l'indigo et le violet. Deux couleurs (par ex., le rouge et le vert) dont la superposition donne la teinte blanche sont appelées *complémentaires.* Une couleur quelconque peut être créée à partir des trois couleurs *primaires* (le rouge, le jaune et le bleu) ou de leurs couleurs complémentaires. C'est le principe de la trichromie, utilisé en imprimerie, photographie, cinéma et télévision.

couleuvre [kulœvʀ] n. f. Serpent (fam. colubridés, ordre colubriformes) dont la mâchoire supérieure est dépourvue de crochets venimeux, très répandu dans les régions tempérées. ▷ Fig. *Avaler des couleuvres:* essuyer des affronts sans protester. – Croire n'importe quoi. – Du lat. *colubra.*

couleuvreau [kulœvʀo] n. m. Petit de la couleuvre. – De *couleuvre.*

couleuvrine [kulœvʀin] n. f. MILIT Ancienne pièce d'artillerie au canon allongé. – De *couleuvre.*

coulis [kuli] adj. et n. m. **I.** adj. *Vent coulis,* qui se glisse par les fentes. **II.** n. m. **1.** Suc, extrait obtenu par la cuisson lente et prolongée d'un aliment passé ensuite au tamis. *Coulis de tomates.* **2.** CONSTR Substance assez fluide (mortier, plâtre, métal fondu) pour pénétrer dans les joints. – De *couler.*

coulissant, ante [kulisɑ̃, ɑ̃t] adj. Monté sur une, des coulisses; qui coulisse. – Ppr. de *coulisser.*

coulisse [kulis] n. f. **1.** TECH Rainure permettant à une pièce mobile de se déplacer par glissement. *Porte à coulisse. Pied à coulisse:* instrument servant à mesurer avec précision la dimension d'une pièce. **2.** COUT Rempli ménagé dans une étoffe pour passer un cordon, un ruban, etc., et serrer à volonté. *Passer un lacet dans une coulisse.* **3.** THEAT Rainure sur laquelle glissent les châssis mobiles des décors. ▷ Sing. et pl. Partie d'un théâtre, invisible du public, derrière les décors. Fig. *Rester dans la (les) coulisse(s):* ne pas se montrer, laisser ignorer sa présence. *Les coulisses de la politique.* **4.** FIN Marché hors cote où se traitent des valeurs non inscrites en Bourse. – De l'adj. *coulis.*

coulisseau [kuliso] n. m. TECH Pièce qui se meut dans une coulisse. – De *coulisse.*

coulissement [kulismɑ̃] n. m. Fait de coulisser, glissement sur coulisse. – De *coulisser.*

coulisser [kulise] **1.** v. tr. [1] Munir d'une, de coulisses. *Coulisser un sac de toile.* **2.** v. intr. Glisser sur des coulisses. *Porte qui coulisse.* – De *coulisse.*

couloir [kulwaʀ] n. m. **1.** Passage de dégagement, de forme étroite et allongée, qui permet d'aller d'un point à un autre. *Couloir d'un appartement, d'un immeuble. Les couloirs du métro.* ▷ Plur. Galeries avoisinant une salle de séance. *Les couloirs de l'Assemblée nationale. Bruits de couloirs:* nouvelles officieuses recueillies dans les couloirs. **2.** Passage étroit délimité au sein d'un relief, d'une étendue. *Rivière encaissée dans un couloir pierreux.* – *Couloir d'avalanches:* chemin encaissé sur une pente montagneuse, suivi généralement par les avalanches. ▷ *Couloir d'autobus:* passage sur une voie de circulation, réservé notam. aux véhicules de transport en commun. ▷ SPORT Bande délimitée sur une piste d'athlétisme, dans un bassin de natation, etc., réservée à un usage déterminé (parcours d'un sprinter, par ex.). ▷ AVIAT *Couloir aérien:* itinéraire imposé à la circulation aérienne. – De *couler.*

coulomb [kulɔ̃] n. m. PHYS Unité SI de charge électrique (symbole C). *Un coulomb = 1 ampère × 1 seconde.* – Du n. du physicien fr. C. de *Coulomb* (1736-1806).

coulomètre [kulɔmɛtʀ] ou **coulombmètre** [kulɔ̃mɛtʀ] n. m. ELECTR Appareil servant à mesurer une quantité d'électricité. – De *coulomb.*

coulométrie [kulɔmetʀi] n. f. Méthode de dosage d'un corps par la mesure de la quantité d'électricité nécessaire pour l'oxyder ou le réduire complètement. – Du préc.

coulommiers [kulɔmje] n. m. Fromage à pâte molle. – Du n. de la v. de *Coulommiers* (France).

coulpe [kulp] n. f. Vx Faute, péché. ▷ Anc. *Battre sa coulpe:* se frapper la poitrine en disant «mea culpa». – *Par ext.*, mod. Avouer sa culpabilité, montrer son repentir. – Lat. *culpa.*

coulure [kulyʀ] n. f. **1.** TECH Partie du métal qui coule par les joints du moule pendant la fonte. **2.** BOT Altération ou élimination du pollen des végétaux par des éléments atmosphériques (froid, pluie persistante, etc.), ce qui rend impossibles la fécondation et la fructification. – De *couler.*

coumarine [kumaʀin] n. f. Substance odorante contenue dans la fève tonka, fruit d'un arbre d'Amérique du S. (coumarou). – De *coumarou*, m. de la Guyane.

country [kɔntʀe] adj. inv. et n. m. **1.** adj. inv. *Musique country:* genre musical qui évoque la vie sur les ranchs, notam. celle des cow-boys de l'Ouest américain et canadien. ▷ Par ext. *Un chanteur, une chanteuse country.* **2.** n. m. *Le country:* la musique country. *Le country est issu de la musique folklorique blanche du sud des États-Unis.* – Mot angl., de *country music.*

coup [ku] n. m. **I.** Choc produit par le heurt violent de deux corps; résultat du choc. *Enfoncer un clou à coups de marteau. Frapper à grands coups.* **1.** Choc violent que reçoit une personne que l'on frappe. *Coup de pied, de poing.* ▷ *Sans coup férir.* V. férir. ▷ *Coup de grâce*, par lequel on met fin aux souffrances d'un condamné à mort. – Fig. Événement, action qui aggrave une situation déjà difficile. ▷ En boxe, *coup bas*, donné au-dessous de la ceinture. – Fig. Action déloyale. ▷ *Coup de pied de l'âne:* insulte adressée lâchement à qqn qui n'est pas en état de se défendre. ▷ Fig. *Coup de bec, coup de patte:* allusion piquante, raillerie. ▷ Fig. *Faire d'une pierre deux coups:* obtenir deux résultats par un seul moyen. ▷ Fig. *Coup d'épée dans l'eau:* action, effort inutile. **2.** Décharge d'une arme à feu. *Coup de revolver, de pistolet.* ▷ *Faire coup double:* tuer deux pièces d'un même coup de feu. – Fig. Obtenir deux résultats par la même action. **3.** Blessure de la sensibilité, choc moral. *Sa mort a été un coup terrible pour elle.* ▷ Fam. *Être aux cent coups:* être très inquiet, s'affoler. – *Tenir le coup:* résister aux épreuves physiques et morales. – *Coup dur:* ennui, épreuve pénible. **4.** SPORT *Coup franc:* au soccer, sanction contre une équipe qui a commis une faute. ▷ En escrime, *coup droit:* mouvement rectiligne de la pointe vers la cible adverse, coordonné avec un mouvement du corps. **II.** Action de très courte durée accomplie en une seule fois. **1.** Action soudaine d'un élément naturel. *Coup de tonnerre.* ▷ METEO *Coup de vent:* vent qui a une vitesse comprise entre 62 et 74 km/h. – Cour. Bourrasque subite. ▷ Fig. *Coup de foudre:* amour violent survenant dès la première rencontre. **2.** CUIS *Coup de feu:* élévation soudaine de la température entraînant une cuisson trop vive. *Le rôti a reçu un coup de feu.* – Fig., fam. Moment de presse. *Ils sont arrivés importunément au coup de feu.* **3.** MAR *Coup de barre:* mouvement brutal imprimé à la barre, qui fait rouler le navire. Fig. Orientation nouvelle donnée à une action, une politique. *Coup de barre à gauche, à droite.* **4.** Mouvement bref et rapide (d'une partie du corps). *Coup d'œil:* regard rapide. Fig. Examen rapide. ▷ Fig. *Donner un coup de main, de pouce, d'épaule:* apporter son aide. ▷ MILIT *Coup de main:* attaque rapide, menée à l'improviste. ▷ Fam. *Coup de gueule:* éclat bruyant, brève colère. **5.** Mouvement, action produite par un outil, un ustensile, un instrument que l'on manie. *Coup de balai, de plumeau.* – *Coup de filet:* lancement du filet dans l'eau pour prendre des poissons; les poissons pris. Fig. *La police a réalisé un beau coup de filet:* elle a arrêté plusieurs malfaiteurs à la fois. ▷ *Coup de téléphone* ou (fam.) *coup de fil:* appel téléphonique. **6.** Bruit soudain. *Entendre des coups de feu. Coup de sonnette. Les douze coups de minuit.* **7.** Action ponctuelle, momentanée. *Faire un mauvais coup. Tenter le coup. Faire les cent* (ou *les quatre cents*) *coups:* faire toutes les sottises possibles. – Fam. *Manquer son coup:* échouer. – Fam. *Être dans le coup:* participer à une action; être informé. ▷ *Coup de maître:* action remarquable, ouvrage très réussi. – *Coup d'essai:* première tentative. **8.** Action soudaine, entraînant des bouleversements. *Coup d'État:* action illégale, souvent violente, par laquelle un gouvernement est renversé. – *Coup de théâtre:* événement inattendu qui change le cours de l'action. **9.** Quantité absorbée, consommée en une fois. *Boire à petits coups.* ▷ Pop. *Offrir, payer un coup, le coup:* inviter à boire. **III.** Loc. **1.** Loc. adv. *À coup sûr:* sûrement, certainement. ▷ *Après coup:* plus tard, une fois la chose faite. *Je m'en suis aperçu après coup.* ▷ *Coup sur coup:* l'un après l'autre, sans interruption. ▷ *Tout à coup, tout d'un coup:* soudain, subitement. ▷ *Sur le coup:* à l'instant même, immédiatement. *Sur le coup, je n'ai pas compris.* **2.** Loc. prép. *Sous le coup de:* sous la menace de, sous l'effet de. *Il est encore sous le coup du choc.* ▷ *À coups de, à grands coups de:* en frappant avec. *Fendre des bûches à coups de hache.* – Fig. En se servant de. *Traduire à coups de dictionnaires.* – Du lat. *colaphus,* lat. pop. *colpus,* gr. *kolaphos.*

coupable [kupabl] adj. et n. **I.** adj. **1.** Qui a commis une faute, un délit, un crime. *Se rendre coupable de vol. L'accusé est reconnu coupable.* ▷ PSYCHO *Se sentir coupable:* avoir un sentiment de culpabilité. **2.** Qui est contraire à la morale, aux convenances, au devoir. *Négligence coupable. Pensées coupables.* **II.** n. *On a retrouvé le coupable. La coupable a été condamnée à une lourde peine.* ▷ Responsable (sens atténué). *C'est lui le coupable de cette mauvaise plaisanterie.* – Lat. *culpabilis,* rac. *culpa,* «faute, péché».

coupage [kupaʒ] n. m. Action de mélanger plusieurs vins, plusieurs alcools. *Vin obtenu par coupages successifs.* ▷ Addition d'eau à un liquide. *Eau minérale pour le coupage des biberons.* – De *couper.*

coupant, ante [kupɑ̃, ɑ̃t] adj. **1.** Qui coupe. *Outil coupant.* **2.** Fig. Autoritaire, impérieux. *Un ton coupant.* – Ppr. de *couper.*

coup-de-poing [kudpwɛ̃] n. m. **1.** Arme métallique, masse percée de trous pour laisser passer les doigts, parfois hérissée de pointes. *Coup-de-poing américain.* **2.** PREHIST Silex tranchant taillé pour servir d'arme de main. *Des coups-de-poing.* – De *coup,* et *poing.*

1. coupe [kup] n. f. **1.** Verre à boire évasé, à pied. *Une coupe à champagne.* ▷ Son contenu. *Boire une coupe de champagne.* ▷ Prov. *Il y a loin de la coupe aux lèvres:* il y a loin du rêve à la réalité, du projet à sa réalisation. **2.** Récipient évasé monté sur un pied; son contenu. *Une coupe à fruit, à glace.* ▷ Vase de cette forme offert comme prix au vainqueur d'un tournoi, d'une compétition sportive; la compétition elle-même. *La coupe Davis. Un match de coupe.* – Lat. *cuppa.*

2. coupe [kup] n. f. **1.** Action de couper. *La coupe des blés.* ▷ COUT *Faire un patron avant de procéder à la coupe.* ▷ Action de diviser en deux paquets un jeu de cartes avant une partie (V. 6). ▷ SYLVIC Action de couper des arbres dans une forêt. – Étendue de bois sur pied à abattre. – *Coupe réglée:* coupe annuelle d'une quantité de bois déterminée. *Mettre une forêt en coupe réglée.* Fig. *Mettre en coupe réglée:* opérer des prélèvements abusifs au détriment de. – *Coupe claire:* abattage d'un grand nombre d'arbres dans un taillis. – *Coupe sombre:* abattage d'une partie des arbres seulement, pour permettre l'ensemencement. Fig. (impr.) Élimination importante. *Pratiquer une coupe sombre dans un texte.* **2.** Manière dont une chose est coupée. *Costume de bonne coupe. Coupe de cheveux.* ▷ *Coupe d'un vers, d'une phrase:* manière dont les repos y sont ménagés. **3.** Ce qui a été coupé. *Une coupe de drap:* un coupon de drap. ▷ Préparation microscopique. *Observer une coupe histologique au microscope.* **4.** Endroit où qqch a été sectionné. *Coupe d'une planche révélant un défaut du bois.* ▷ *Coupe syllabique:* frontière entre deux syllabes. **5.** Représentation de la section verticale d'une pièce, d'un bâtiment, etc. **6.** Loc. JEU *Être sous la coupe de (qqn):* craindre que la carte que l'on vient de jouer ne soit «coupée» par celle d'un autre joueur. – Fig. Être sous la dépendance, sous l'emprise de (qqn). – De *couper.*

1. coupé [kupe] n. m. **1.** Anc. Compartiment avant d'une diligence. **2.** Automobile à deux portes généralement à deux places. **3.** Pas de danse dans lequel une jambe se substitue à l'autre. – De *couper.*

2. coupé, ée [kupe] adj. **1.** Divisé par une coupe, sectionné. *Fleurs coupées.* **2.** Qui est taillé, découpé d'une certaine manière. *Des fruits coupés en dés. Un pantalon mal coupé.* **3.** SPORT *Balle coupée,* à laquelle on a donné de l'effet de façon qu'elle rebondisse anormalement. **4.** Châtré. *Un chat coupé.* – Pp. de *couper.*

coupe-choux [kupʃu] n. m. inv. Fam. anc. Sabre court des fantassins. ▷ Rasoir à longue lame. – De *couper,* et *choux.*

coupe-cigare [kupsigaʀ] n. m. Instrument pour couper le bout des cigares. *Des coupe-cigares.* – De *couper,* et *cigare.*

coupe-circuit [kupsiʀkɥi] n. m. inv. ELECTR Dispositif de sécurité constitué d'un alliage qui fond si l'intensité du courant est trop élevée, coupant ainsi le circuit. – De *couper,* et *circuit.*

coupe-coupe [kupkup] n. m. inv. Sabre destiné à abattre les branches dans une forêt très épaisse. – De *couper.*

coupée [kupe] n. f. MAR Ouverture pratiquée dans la muraille d'un navire et donnant accès à l'*échelle de coupée,* qui permet de monter à bord. – De *couper.*

coupe-faim [kupfɛ̃] adj. inv. et n. m. inv. Se dit de produits (alimentaires ou pharmaceutiques) destinés à couper la faim. – De *couper,* et *faim.*

coupe-feu [kupfø] n. m. inv. Obstacle ou espace libre destiné à éviter ou à interrompre la propagation d'un incendie. – Appos. *Porte coupe-feu, cloison coupe-feu.* – De *couper,* et *feu.*

coupe-file [kupfil] n. m. Carte officielle permettant à son titulaire de circuler librement là où la circulation est interdite au public, ou de bénéficier d'un passage prioritaire. *Des coupe-files* ou *des coupe-file.* – De *couper,* et *file.*

coupe-gorge [kupgɔʀʒ] n. m. inv. Endroit, passage isolé où l'on risque de se faire voler, assassiner. – De *couper,* et *gorge.*

coupe-jarret [kupʒaʀɛ] n. m. Vx ou plaisant. Brigand, assassin. *Des coupe-jarrets.* – De *couper,* et *jarret.*

coupellation [kupɛllasjɔ̃] n. f. METALL Séparation de l'or et de l'argent contenus dans un alliage par fusion en atmosphère oxydante. – De l'anc. v. *coupeller,* de *coupelle.*

coupelle [kupɛl] n. f. **1.** Petite coupe. **2.** CHIM Récipient fait avec des os calcinés dans lequel on pratique la coupellation. – De *coupe* 1.

coupe-ongles [kupɔ̃gl] n. m. inv. Pince ou petits ciseaux à lames courbes pour couper les ongles. – De *couper,* et *ongle.*

coupe-papier [kuppapje] n. m. inv. Couteau de bois, d'ivoire, de métal, etc., pour couper le papier plié, les pages d'un livre. – De *couper,* et *papier.*

couper [kupe] **I.** v. tr. [1] **1.** Diviser avec un instrument tranchant. *Couper du papier avec des ciseaux. Couper du bois.* ▷ Loc. fig. *Couper l'herbe sous le pied de qqn,* le supplanter dans une affaire, un projet. – Fam. *Couper les cheveux en quatre:* compliquer les choses à plaisir, être inutilement subtil. – Fig. *Donner sa tête à couper que...,* affirmer absolument que... – Fig. *Un brouillard à couper au couteau,* très épais. **2.** Cour. Tailler (un vêtement) dans de l'étoffe. *Couper une robe.* **3.** Blesser en entamant la peau, la chair. *La scie lui a coupé le doigt profondément.* **4.** Fig. Produire l'impression d'une coupure. *Vent qui coupe le visage.* **5.** Interrompre, empêcher le passage de. *Couper un circuit, le courant.* – *Couper la retraite à l'ennemi. Couper le cours d'un fleuve.* – *Couper la fièvre, la faim, l'appétit.* – *Couper le souffle:* essouffler. Fig. Étonner, surprendre grandement. – Pop. *Couper le sifflet, la chique:* faire taire (en inspirant l'étonnement, la crainte). *Ça vous la coupe! :* cela vous étonne, vous n'avez plus rien à répondre. – *Couper la parole à qqn:* interrompre qqn qui était en train de parler; imposer le silence. – *Couper une communication téléphonique.* Absol. *Nous avons été coupés.* **6.** Supprimer, censurer. *Certains passages du livre, du film ont été coupés.* **7.** Traverser, partager. *Une droite qui coupe un plan. Ce petit chemin coupe une grande route.* **8.** Mélanger un liquide à un autre. *Couper d'eau du lait, du vin.* **9.** JEU Séparer un jeu de cartes en deux parties. ▷ Jouer un atout quand on ne peut fournir la couleur demandée. **10.** SPORT Au tennis, au tennis de table, donner de l'effet à (une balle). **II.** v. intr. Être tranchant. *Ce rasoir coupe bien.* **III.** v. tr. indir. **1.** *Couper à:* échapper à, éviter. *Couper à une corvée.* **2.** *Couper court à:* abréger brusquement, faire cesser. *Pour couper court à toute discussion, il quitta la pièce.* **IV.** v. pron. **1.** Se blesser avec un instrument tranchant. *Se couper jusqu'à l'os.* **2.** *Étoffe qui se coupe,* qui s'use aux plis. **3.** Se croiser, s'entrecroiser. *Ces routes se coupent à angle droit.* **4.** Fig. Se contredire après avoir menti. *Elle affirmait une chose, puis se coupait maladroitement.* – De *coup,* «diviser d'un coup».

couperet [kupʀɛ] n. m. **1.** Couteau large et lourd pour trancher ou hacher la viande. **2.** Couteau de la guillotine. **3.** TECH Outil d'acier servant à couper les filets d'émail. – De *couper.*

1. couperose [kupʀoz] n. f. CHIM, MINER Anc. nom de différents sulfates hydratés. *Couperose bleue:* sulfate de cuivre. *Couperose verte:* sulfate de fer. *Couperose blanche:* sulfate de zinc. – D'ap. lat. médiév. *cupri rosa,* «rose de cuivre».

2. couperose [kupʀoz] n. f. Acné rosacée, congestion du visage avec dilatation vasculaire, presque toujours associée à une altération des glandes sébacées. – De *couperose* 1.

couperosé, ée [kupʀɔze] adj. Atteint de couperose. *Un visage couperosé.* – De *couperose* 2.

coupeur, euse [kupœʀ, øz] n. **1.** Personne dont la profession consiste à couper (des étoffes, des cuirs, du papier, etc.). **2.** *Coupeur de...:* personne qui coupe... *Coupeur de bourse:* voleur. *Coupeur de têtes. Coupeur de cheveux en quatre:* V. couper I, 1. **3.** n. f. Machine qui sert à couper. – De *couper.*

coupe-vent [kupvɑ̃] n. m. inv. CH de F Dispositif placé à l'avant d'une locomotive, destiné à réduire la résistance de l'air. – Appos. *Une haie, un mur coupe-vent.* – De *couper,* et *vent.*

couplage [kuplaʒ] n. m. **1.** TECH Action d'assembler deux éléments; son résultat. **2.** ELECTR Connexion des enroulements primaire et secondaire d'un appareil. *Couplage étoile-triangle.* **3.** PHYS Rapport entre deux systèmes entre lesquels se produit un transfert d'énergie. – De *coupler.*

1. couple [kupl] n. f. **1.** Ensemble de deux choses de même espèce. *Une couple de bœufs.* **2.** Lien servant à attacher deux chiens de chasse ensemble. – Du lat. *copula,* «lien, liaison».

2. couple [kupl] n. m. **1.** *Un couple:* un homme et une femme; le mari et la femme. *Des couples dansaient au milieu de la piste.* ▷ (Animaux). *Un couple de serins.* **2.** MATH Groupe de deux éléments (a, b) appartenant à deux ensembles différents A et B. **3.** MAR Section transversale de la carène au droit d'une membrure. – Pièce à deux branches courbes et symétriques montant de la quille au plat-bord. *Maître couple:* couple dont les branches sont les plus écartées. – *S'amarrer à couple,* côte à côte avec un autre bateau. **4.** MECA Système de deux forces parallèles, égales et de sens contraires. *Moment du couple:* produit de l'intensité de la force par le bras de levier. ▷ AUTO *Couple moteur:* travail résultant des forces qu'exercent, sur le vilebrequin, la bielle et les paliers. – *Couple conique:* organe qui transmet aux roues le mouvement de l'arbre moteur. **5.** ELECTR *Couple thermoélectrique:* ensemble de deux conducteurs de nature différente soudés entre eux en deux points. (Si l'on maintient une différence de température entre les deux soudures, un courant circule dans le circuit.) – De *couple* 1.

couplé, ée [kuple] adj. TURF *Chevaux couplés:* appartenant au même propriétaire, et engagés dans la même course. – *Pari couplé* (ou *couplé,* n. m.): pari consistant à désigner soit les deux premiers d'une course *(pari gagnant),* soit deux des trois premiers arrivés *(pari placé).* – Pp. de *coupler.*

coupler [kuple] v. tr. [1] **1.** VEN Attacher avec une couple. *Coupler des chiens.* **2.** TECH Assembler (des éléments) deux par deux. *Coupler des essieux.* **3.** ELECTR Réunir par un couplage. *Coupler des circuits.* – Du lat. *copulare,* «réunir».

couplet [kuplɛ] n. m. Strophe d'une chanson qu'achève un refrain. *Premier, deuxième couplet.* ▷ Plur. Chanson. *Couplets satiriques.* – Du provenç. *cobla,* «couple de vers».

coupleur [kuplœʀ] n. m. TECH Dispositif permettant de raccorder deux circuits, d'accoupler deux organes. ▷ ELECTR *Coupleur automatique,* permettant de raccorder une machine synchrone sur le réseau. – De *coupler.*

coupoir [kupwaʀ] n. m. TECH Outil servant à couper. – De *couper.*

coupole [kupɔl] n. f. **1.** Partie concave d'un dôme; dôme. *La coupole de St-Pierre de Rome. La coupole de l'oratoire Saint-Joseph. La Coupole:* en France, l'Institut. *Siéger sous la Coupole,* à l'Académie française. ▷ ASTRO *Coupole astronomique:* dôme qui abrite une lunette, un télescope, etc. **2.** MILIT Partie supérieure d'une tourelle cuirassée. *Coupole tournante.* – De l'ital. *cupola,* du lat. *cupula,* «petite cuve».

coupon [kupɔ̃] n. m. **1.** Morceau d'étoffe restant d'une pièce. *Un coupon de toile.* **2.** FIN Titre joint à une action, une obligation, et que l'on détache pour en toucher les dividendes. **3.** Billet attestant l'acquittement d'un droit. *Coupon de retour.* – De *couper.*

coupure [kupyʀ] n. f. **1.** Incision, entaille faite par un instrument tranchant. *Avoir une coupure à la main.* **2.** Suppression, retranchement dans un ouvrage littéraire, un film. *La censure a exigé certaines coupures.* **3.** Article, passage découpé dans un journal. *Coupures de presse.* **4.** Billet de banque d'une valeur inférieure à celle du billet type. *Somme versée en petites coupures.* **5.** Interruption. *Coupure de courant, de gaz, d'eau, etc.:* arrêt de la fourniture de courant, de gaz, d'eau, etc., par l'organisme distributeur. **6.** MATH Point qui divise l'ensemble des nombres rationnels en deux sous-ensembles. **7.** GEOL Fracture. – De *couper.*

1. couque. V. cook.

2. couque [kuk] n. f. Nom de certaines pâtisseries flamandes. – Du néerl. *coek.*

cour [kuʀ] n. f. **I.** Espace environné de murs ou de bâtiments dépendant d'une maison, d'un immeuble public ou privé. *Un appartement sur cour. La cour de récréation d'une école. Cour d'honneur d'un château, d'un palais.* ▷ THEAT *Côté cour:* côté de la scène à gauche de l'acteur (par oppos. à *côté jardin*). **II. 1.** Lieu où résident un souverain et son entourage. *Vivre à la cour.* **2.** Société vivant autour d'un souverain. *Les gens de cour, ou courtisans.* ▷ *Cour du roi Pétaud* (V. aussi pétaudière): maison où règne la confusion, chacun voulant commander, parler à la fois (du lat. *peto,* «je demande»). *«On n'y respecte rien, chacun y parle haut,/Et c'est tout justement la cour du roi Pétaud»* (Molière). **3.** Le souverain et ses ministres. – *Être bien, mal en cour:* jouir ou non de la faveur du souverain (et, par ext., de qqn). **4.** Ensemble des gens qui entourent une personne et s'efforcent de lui plaire. *Avoir une cour d'adorateurs.* **5.** *Faire la* (ou *sa*) *cour à qqn:* essayer de gagner sa bienveillance. – *Faire la cour à une femme:* tenter de la séduire. **III. 1.** Juridiction comprenant des personnes ou groupes de personnes ayant le pouvoir d'entendre des litiges et de rendre des décisions fondées sur des règles de droit. *Cour supérieure. Cour d'appel. Cour suprême.* **2.** Ensemble des magistrats de l'une de ces juridictions siégeant ensemble. *Messieurs, la cour!* **3.** *Cour d'amour:* au Moyen Âge, réunion littéraire d'hommes et de femmes, généralement nobles, jugeant des questions de galanterie chevaleresque. – Du lat. pop. *cortis, curtis,* du class. *cohors, cohortis,* «cour de ferme», confondu avec le lat. *curia.*

ENCYCL À l'origine, ce terme désignait le souverain anglais et sa suite, l'endroit où il séjournait et celui où il rendait justice. Il est présentement attribué aux personnes qui rendent justice en son nom. Puisque l'organisation judiciaire du Québec s'inspire largement de celle qui prévaut en Angleterre, on emploie généralement ce terme pour désigner une juridiction dont l'existence est prévue dans le système judiciaire traditionnel. Par contre, les tribunaux qui n'entrent pas dans ce cadre ainsi que les organismes administratifs qui détiennent des pouvoirs judiciaires ou quasi judiciaires sont normalement désignés sous le nom de «tribunal».

Les cours peuvent être civiles ou criminelles; les premières ont pour mission de trancher les litiges entre personnes physiques ou morales alors que les secondes ont pour tâche de juger les poursuites prises par le ministère public contre les personnes ayant commis des crimes ou des infractions.

Les cours sont dites de première instance lorsqu'elles sont les premières saisies d'une demande ou d'une poursuite; elles sont dites d'appel lorsqu'elles sont appelées à réviser les décisions rendues par les tribunaux hiérarchiquement inférieurs.

Notre système judiciaire traditionnel reconnaît l'existence d'un tribunal de droit commun, la Cour supérieure du Québec, toutes les autres juridictions de première instance étant considérées comme des tribunaux d'exception. À ce titre, c'est devant elle que doivent être portées toutes les demandes qui n'ont pas été attribuées explicitement par le législateur à un autre tribunal; de plus, elle a pour mission d'assurer le contrôle de la légalité des décisions prises par les cours inférieures et les tribunaux administratifs et elle peut en prononcer la nullité lorsque ceux-ci ont agi illégalement ou ont excédé les pouvoirs qui leur sont conférés par la loi. Le tribunal d'exception ne possède que les seuls pouvoirs qui lui sont attribués par une disposition législative précise.

courage [kuʀaʒ] n. m. **1.** Fermeté d'âme permettant de supporter ou d'affronter bravement le danger, la souffrance. *Combattre avec courage.* Syn. bravoure, cran (fam.). Ant. couardise, lâcheté, poltronnerie, pusillanimité (litt.). **2.** Ardeur, zèle, énergie dans une entreprise. ▷ Fig., fam. *Prendre son courage à deux mains:* concentrer son énergie, sa volonté pour s'imposer un effort. – De *cor,* «cœur» au fig.

courageusement [kuʀaʒøzmɑ̃] adv. Avec courage. *Se défendre courageusement.* Syn. fermement, résolument. – De *courage.*

courageux, euse [kuʀaʒø, øz] adj. Qui a du courage; qui dénote du courage. *Se montrer courageux. Des paroles, une attitude courageuse.* Syn. brave. Ant. pusillanime. – De *courage.*

courailler [kuʀaje] v. intr. [1] Fam. Avoir de nombr. aventures galantes. – De *courir.*

couramment [kuʀamɑ̃] adv. **1.** Sans hésitation, facilement. *Parler couramment le russe.* **2.** D'une manière habituelle, fréquente. *Cela se voit couramment.* – De *courant* 1.

1. courant, ante [kuʀɑ̃, ɑ̃t] adj. **1.** Qui court. *Chien courant.* ▷ *Eau courante,* qui coule. Ant. stagnant. – Eau distribuée par des tuyauteries. *L'eau courante n'est pas installée.* ▷ *Main courante:* dessus d'une rampe d'escalier. ▷ MATH *Point courant:* point caractéristique d'une courbe. **2.** Présent, actuel. *L'année courante. Le 15 courant, fin courant,* le 15, le dernier jour du mois en cours. **3.** FIN *Compte courant:* compte ouvert à un client qui dépose ses fonds dans une banque et se réserve le droit de les retirer en totalité ou en partie à n'importe quel moment. **4.** Qui a lieu, qui a cours ordinairement, habituellement. *Prix courant. Affaires courantes.* Syn. ordinaire. ▷ *Monnaie courante,* qui a un cours légal. Fig. *C'est monnaie courante:* c'est fréquent, banal. – Ppr. de *courir.*

2. courant [kuʀɑ̃] n. m. **1.** Mouvement d'un fluide dans une direction déterminée. *Les courants marins. Nager contre le courant. Courants atmosphériques.* ▷ *Courant d'air:* air en mouvement passant à travers un espace resserré. *Être en plein courant d'air.* ▷ METEO *Courants aériens:* mouvements de l'air atmosphérique. – *Courant de perturbation* ou *courant perturbé:* courant entraînant des perturbations atmosphériques. *Courant perturbé d'ouest.* – *Courant-jet:* violent courant aérien au voisinage de la tropopause. **2.** ELECTR Mouvement d'ensemble de particules chargées électriquement. *Dans un métal, un courant est dû au mouvement d'électrons sous l'action d'un champ électrique. Coupure de courant. Panne de courant.* ▷ *Courant continu,* dont l'intensité reste constante. – *Courant alternatif:* V. alternatif. – *Courants de Foucault,* qui se développent dans les masses métalliques sous l'effet de champs magnétiques variables. **3.** Fig. Déplacement orienté de personnes, de choses; tendance générale. *Les courants de populations. Les grands courants de pensée. Le courant de l'histoire.* **4.** Succession de moments, cours. *Dans le courant du mois, de l'année.* **5.** Ce qui est courant, normal, habituel. *Le courant des affaires.* ▷ *Courant d'affaires:* quantité moyenne d'affaires que fait une entreprise. **6.** *Au courant:* informé, au fait d'une chose. *(Se) mettre, (se) tenir au courant. Être au courant de l'actualité.* **7.** MAR Partie mobile d'une manœuvre (par oppos. à *dormant*). – Ppr. de *courir.*

ENCYCL Un courant marin peut être dû: 1° à des forces de gravité: *courants de marées,* provoqués par les variations du niveau de la mer; 2° aux vents, qui créent des courants superficiels mettant en jeu des masses d'eau considérables; ex.: le *Gulf Stream* (chaud) et le *courant de Humboldt* (froid); 3° à des différences de densités, de salinités, de températures, etc.

courante [kuʀɑ̃t] n. f. Danse ancienne au rythme vif sur une mesure à trois temps; air de cette danse. – Fém. du ppr. de *courir.*

courbage [kuʀbaʒ] ou **courbement** [kuʀbəmɑ̃] n. m. Action de courber; état de ce qui est courbé. – De *courber.*

courbaril [kuʀbaʀil] n. m. Arbre (*Hymenoa courbaril,* fam. légumineuses) fournissant le copal, et dont le bois est utilisé en ébénisterie. – Mot des Caraïbes.

courbatu, ue [kuʀbaty] adj. Qui éprouve une grande fatigue; harassé. – De *court,* et *battu,* «battu à bras raccourcis».

courbature [kuʀbatyʀ] n. f. **1.** Douleur musculaire due à un effort prolongé ou à un état fébrile. **2.** VETER Raideur musculaire généralisée dont souffre momentanément un cheval après un effort trop intense. – Provenç. *courbaduro,* «courbure», de *courbatu.*

courbaturé, ée [kuʀbatyʀe] adj. Qui ressent des courbatures. – De *courbature.*

courbaturer [kuʀbatyʀe] v. tr. [1] Causer une courbature à. – De *courbature.*

courbe [kuʀb] adj. et n. **I.** adj. Se dit d'une ligne qui n'est ni droite, ni composée de segments de droite, d'une surface qui n'est ni plane, ni composée de surfaces planes. Ant. droit, plan. **II.** n. f. **1.** Ligne courbe. *Un cercle est une courbe fermée. Les courbes du corps humain.* **2.** MATH Ligne représentant graphiquement les variations d'un phénomène. *Courbe de température. Courbe des salaires. Courbe de niveau:* ligne qui relie sur une carte tous les points situés à la même altitude. **3.** TECH Pièce cintrée. **4.** Élément de voie courbe. *Aborder une courbe à grande vitesse.* – Du lat. *curvus.*

ENCYCL Une courbe est une ligne continue dont les points possèdent une même propriété caractéristique représentée par son *équation.* Si tous les points de la courbe sont dans un même plan, la courbe est appelée *plane*; elle est *gauche* dans le cas contraire.

courbé, ée [kuʀbe] adj. Rendu courbe, plié, fléchi. – Pp. de *courber.*

courbement. V. courbage.

courber [kuʀbe] **I.** v. tr. [1] **1.** Rendre courbe. *Courber une branche.* **2.** Fléchir, baisser. *Il doit courber la tête pour passer la porte.* – Fig. *Courber le front, la tête:* témoigner sa soumission. **II.** v. intr. Plier, fléchir, devenir courbe. *Courber sous le faix.* **III.** v. pron. **1.** Devenir courbe. *Pièce qui se courbe à la chaleur.* **2.** Fig. Céder, se soumettre. *Je refuse de me courber devant lui.* – Du lat. *corvare.*

courbette [kuʀbɛt] n. f. **1.** EQUIT Mouvement du cheval levant les deux membres antérieurs fléchis. **2.** Fig., fam. Politesse exagérée et obséquieuse. *Faire des courbettes.* Syn. platitude. – Ital. *corbetta.*

courbure [kuʀbyʀ] n. f. Forme ou état d'une chose courbe. *La courbure des pieds d'un fauteuil Louis XV.* Syn. cambrure. *Double courbure:* courbure en S. ▷ GEOM *Courbure moyenne d'un arc de courbe:* rapport entre l'angle formé par les tangentes aux points extrêmes de cet arc et la longueur de celui-ci. *Courbure en un point d'une courbe:* limite de la courbure moyenne d'un arc infiniment petit dont les extrémités tendent à se rapprocher de ce point. ▷ PHYS *Courbure de l'univers,* dans la théorie de la relativité générale. – De *courber.*

ENCYCL La loi d'attraction universelle s'explique en relativité générale par la courbure de l'espace-temps (à quatre dimensions). La distance entre deux points dépend de leur position dans l'espace et dans le temps, de la vitesse de la lumière, d'un facteur d'échelle et d'un coefficient: égal à 1 (courbure positive, espace fini à géométrie sphérique), égal à 0 (courbure nulle, espace euclidien) ou égal à –1 (courbure négative, espace hyperbolique).

courcailler [kuʀkaje] v. intr. [1] Crier, en parlant de la caille. Syn. carcailler. – De *courcaillet.*

courcaillet [kuʀkajɛ] n. m. **1.** Cri de la caille. **2.** Appeau imitant ce cri. – Onomat.

courçon, courçonne ou **courson, coursonne** [kuʀsõ, ɔn] n. f. Branche d'arbre fruitier taillée court. – De *court.*

courette [kuʀɛt] n. f. Petite cour. – Dimin. de *cour.*

coureur, euse [kuʀœʀ, øz] n. **1.** Personne, animal exercé à la course. *Cette jument est une bonne coureuse.* ▷ Personne qui pratique la course ou qui participe à une course. *Coureur cycliste. Coureur de fond.* **2.** Personne qui parcourt (un lieu), fréquente (un endroit). *Un grand coureur de pays.* Syn. voyageur. *Coureur de cafés, de tripots.* **3.** Fam. Personne qui court les aventures galantes. *Un coureur de filles, de jupons. C'est une coureuse.* **4.** n. m. pl. ZOOL Anc. nom des *ratites* (ex.: l'autruche). – De *courir.*

coureur de bois [kuʀøʀdəbwɑ] n. m. **1.** HIST Aventurier de l'époque de la Nouvelle-France qui faisait la traite des pelleteries avec les Amérindiens et était ainsi amené à adopter leur mode de vie. «L'habitant, le coureur de bois, deux types humains originaux et d'une égale vitalité, presque deux races qui vont se compléter l'une l'autre.» (Lionel Groulx, *Histoire du Canada français depuis la découverte,* 1950). **2.** *Par ext.,* vieilli *Coureur de (des) bois:* chasseur, trappeur qui vit de sa chasse et de divers travaux en forêt. *Les coureurs de bois étaient d'excellents guides pour la chasse et la pêche.* Syn. voyageur.

ENCYCL Au XVIIe s., l'économie de la Nouvelle-France se développe autour du commerce des pelleteries. Des postes de traite se créent le long des grandes voies fluviales. Les Amérindiens viennent y échanger leurs fourrures. Entre 1660 et 1760, on évalue à environ vingt-cinq millions le nombre de peaux de castors expédiées en France.

Très tôt, vers 1630, certains fils d'habitants et de seigneurs décident de se rendre dans les «pays d'en haut», c'est-à-dire les régions situées en amont de la colonie, pour négocier directement avec les Amérindiens sans la permission des autorités. En 1680, l'intendant Duchesneau estime à 800 le nombre des coureurs de bois.

Le costume des coureurs de bois se compose comme suit: «un brayet ou courte culotte, des mocassins ou souliers de peaux, des mitasses ou guêtres de drap ou de cuir de chevreuil en guise de bas, le tout complété par la tuque ou le bonnet de laine» (Lionel Groulx).

Pour se rendre aussi loin que les Grands Lacs, le coureur de bois se familiarise avec les canots d'écorce, chausse les raquettes à l'imitation des «sauvages» et utilise leurs traînes longues de dix pieds ou moins et larges d'un pied. Il parcourt habituellement quelque soixante-dix kilomètres par jour. Sa nourriture consiste en une pinte de maïs (blé d'Inde lessivé) et une once de graisse.

En échange des fourrures, les Amérindiens acceptent une grande variété d'articles: vêtements français, couvertures, outils, ustensiles, fusils, poudre à fusil. Cependant, le commerce de l'eau-de-vie devait ternir la réputation du coureur de bois. On l'accuse de mener une vie de libertinage et d'oisiveté, de corrompre les Amérindiens. Les ordonnances, à partir de 1672 (date de la première attestation de *coureur de bois*), les édits les plus sévères et les condamnations allant jusqu'à la peine de mort n'ont jamais pu décourager les coureurs de bois. Ces mesures n'auront réussi qu'à les faire s'enfuir chez les Anglais qui ont d'ailleurs adopté le mot lui-même qu'ils ont employé en même temps que son calque *woods-runner.*

Certains coureurs de bois préféreront se fondre dans la masse amérindienne dont ils parlent parfaitement la langue. Comme le fait remarquer B. Sulte dans *Mélanges historiques:* «Ces voyageurs, perdus pour nous, croit-on, parce qu'ils ne sont pas revenus, fondent des colonies, de grandes villes même, et, en tout cas, ils ont porté jusqu'aux confins du monde habité ce sentiment français, cette langue impérissable, cette gaieté de tous les instants, cette vigueur des muscles, cette connaissance et ce mépris du danger que la civilisation s'étonne d'apercevoir à son avant-poste».

L'instauration de «congés de traite» en 1681 favorise le déclin de l'appellation *coureur de bois* qui devient péjorative et qui tend à être remplacée par celle de *voyageur* (v. ce mot). Toutefois, on retrouve le personnage comme héros légendaire chez nos écrivains qui emploient indifféremment *coureur de bois* ou *coureur des bois* pour désigner cet aventurier et, plus tard, pour nommer le trappeur, le bûcheron, l'homme de chantier.

courge [kuʀʒ] n. f. **1.** Nom cour. de diverses cucurbitacées des genres *Cucurbita* et *Lagenoria,* cultivées pour leur fruit comestible; ce fruit. (Le fruit du *potiron* [*Cucurbita maxima*], atteint une taille considérable.) **2.** Pop. Imbécile. – Altér. de l'a. fr. *coorde, cohourde,* du lat. *cucurbita.*

courgette [kuʀʒɛt] n. f. Courge *(Cucurbita pepo)* dont les fruits allongés sont consommés jeunes; ce fruit. – Dimin. de *courge.*

courir [kuʀiʀ] **A.** v. intr. **[29] I.** (Sujet n. d'être animé). **1.** Aller avec vitesse, mouvoir rapidement les jambes ou les pattes. *Courir vite. Courir à toutes jambes.* **2.** SPORT Disputer une course, une compétition. *Voir courir des cyclistes. Les chevaux qui courent à Blue Bonnets.* **3.** Se porter rapidement vers. *Courir au feu, aux armes.* **4.** Faire qqch en se hâtant. *Lisez plus lentement, ne courez pas.* ▷ *Courir à sa perte, à sa ruine:* se conduire de manière à hâter sa perte, sa ruine. **5.** *Courir après une chose,* la rechercher avec ardeur. *Courir après l'argent, après les honneurs.* – Fam. *Courir après qqn,* le poursuivre de ses assiduités. **II.** (Sujet n. de chose). **1.** Être en cours, suivre son cours. *L'affaire qui court. Par les temps qui courent:* dans les circonstances actuelles. **2.** Fig. Se mouvoir rapidement. *Ses doigts couraient sur le clavier.* **3.** Couler, en parlant des liquides. *Le ruisseau court dans la prairie.* **4.** Circuler. Se propager. *Faire courir un bruit. La nouvelle court déjà dans la ville.* **5.** MAR Faire route. *Courir vent arrière. Courir sur son ancre:* conserver de la vitesse après avoir mouillé. **B.** v. tr. **1.** Poursuivre pour attraper. *Courir le cerf.* V. courre. **2.** SPORT Participer à (une course, une compétition). *Courir le marathon.* **3.** Parcourir. *Courir le monde.* ▷ Fréquenter. *Courir les bals.* – Fam. *Courir les rues:* être fréquent, banal. *Des occasions comme celle-ci, ça ne court pas les rues.* **4.** Rechercher avec ardeur. *Courir les honneurs.* ▷ Fam. *Courir les filles, les garçons.* **5.** S'exposer à. *Courir un risque, un danger.* – A remplacé l'a. fr. *courre,* du lat. *currere.*

courlis [kuʀli] n. m. Oiseau charadriiforme à long bec fin, arqué vers le sol (genre *Numenius*). *Les courlis sont des oiseaux de rivage; leur plumage brunâtre les aide à se camoufler dans la végétation des marais et des plages vaseuses.* – Orig. incert.

couronne [kuʀɔn] n. f. **1.** Ornement encerclant la tête, insigne de dignité, marque d'honneur ou parure. *Couronne de lauriers, de fleurs. La couronne de fer des rois lombards.* – *Couronne d'épines,* qui fut placée par dérision sur la tête du Christ, «roi des Juifs». *Couronne héraldique:* ornement de l'écu. ▷ *Triple couronne:* tiare papale. **2.** Autorité, dignité royale, impériale. *L'héritier de la couronne.* ▷ Territoire royal. *Duché réuni à la Couronne.* ▷ *La Couronne:* le pouvoir suprême de l'État dans un système de gouvernement monarchique, comme celui du Canada. *Les terres de la Couronne. Le domaine de la Couronne. Procureur de la Couronne.* **3.** Objet de forme circulaire. *Couronne funéraire.* ▷ *En couronne,* en cercle. *Pain en couronne.* ▷ AUTO Roue dentée. ▷ ASTRO Partie la plus externe de l'atmosphère solaire. ▷ MATH *Couronne circulaire:* aire comprise entre deux cercles concentriques. ▷ MILIT Fortification semi-circulaire. **4.** *Par anal.* Tonsure monastique. **5.** ANAT Partie de la dent qui sort de la gencive. ▷ CHIR Revêtement en métal placé sur une dent pour la protéger. **6.** ZOOL Partie du pied du cheval située au-dessus du sabot. **7.** BOT Ensemble des appendices libres ou soudés qui naissent à la face interne de certaines corolles. **8.** Unité monétaire de certains pays nordiques. *La couronne danoise.* – Lat. *corona,* mot gr.

couronné, ée [kuʀɔne] adj. **1.** Qui a reçu, qui porte une couronne. *Tête couronnée:* souverain. **2.** Fig. Récompensé. *Ouvrage couronné par l'Académie française.* **3.** *Couronné de:* entouré, surmonté par. *Colline couronnée de verdure.* **4.** *Cheval couronné,* blessé au genou. – *Par ext.* (En parlant d'une personne.) *Avoir le genou couronné,* éraflé, blessé. ▷ *Cerf couronné,* dont les bois se terminent par une ramification comprenant plusieurs andouillers. – Pp. de *couronner.*

couronnement [kuʀɔnmɑ̃] n. m. **1.** Action de couronner; cérémonie au cours de laquelle on couronne un souverain. **2.** ARCHI Ouvrage situé à la partie supérieure d'une façade, d'un mur, d'une pile de pont, etc. **3.** MED VETER Lésion au genou d'un cheval. **4.** Fig. *Le couronnement de:* le plus haut degré, l'achèvement de. *C'est le couronnement de sa carrière.* – De *couronner.*

couronner [kuʀɔne] v. tr. **[1] 1.** Mettre une couronne sur la tête de (qqn). **2.** Sacrer souverain. **3.** Décerner un prix, une récompense à; honorer. *Couronner le vainqueur, un ouvrage.* **4.** Surmonter. *Un entablement couronne l'édifice.* **5.** Fig. Parfaire, mettre un heureux terme à. *Le succès a couronné son entreprise.* – Lat. *coronare.*

couros ou **kouros** [kuʀɔs] ou **koros** [kɔʀɔs] n. m. Statue archaïque grecque représentant un jeune homme nu. – Gr. *kouros,* «jeune homme».

courre [kuʀ] v. tr. (usité seulement à l'inf.). VEN Poursuivre (un gibier). *Courre le cerf.* ▷ *Chasse à courre:* chasse à cheval avec des chiens courants, où l'on s'efforce d'atteindre la bête en la fatiguant. – Anc. inf. de *courir,* du lat. *currere.*

courrier [kuʀje] n. m. **1.** Anc. Personne qui précédait la voiture de poste pour préparer les relais. **2.** Anc. Employé de l'administration des postes qui portait les lettres en malle-poste. – Mod. Porteur de dépêches. **3.** Moyen de transport assurant un service postal ou commercial. *Courrier maritime, aérien.* ▷ AVIAT *Court-courrier, moyen-courrier, long-courrier:* avion de transport pour étapes courtes (moins de 2 500 km), moyennes (2 500 à 4 000 km) ou longues. **4.** Ensemble de la correspondance transmise par un service postal. *Faire, lire son courrier. Le courrier partira à 17 heures.* ▷ *Courrier certifié:* forme de courrier par laquelle l'envoyeur exige de la poste une preuve écrite que le destinataire a reçu l'envoi. ▷ *Courrier recommandé:* forme de courrier par laquelle l'envoyeur exige une preuve écrite de la mise à la poste de l'envoi. **5.** Nom de certains journaux, de certaines chroniques d'un journal. *Le Courrier de N... Le courrier des spectacles.* – Ital. *corriere,* de *correre,* «courir».

courriériste [kuʀjeʀist] n. Journaliste chargé d'une chronique, d'un courrier. *Courriériste parlementaire.* Syn. chroniqueur. – De *courrier.*

courroie [kuʀwɑ] n. f. Bande étroite et longue faite d'une matière souple, et servant à lier, à relier. *Courroie de cuir, de caoutchouc, de nylon.* ▷ TECH *Courroie de transmission:* lien flexible sans fin, servant à transmettre le mouvement entre deux axes de rotation. – Du lat. *corrigia.*

courroucer [kuʀuse] v. tr. **[14]** Litt. Mettre en colère, irriter. – Du bas lat. **corruptiare,* de *corrumpere,* «aigrir».

courroux [kuʀu] n. m. Litt. Colère, irritation. *Craignez mon courroux! Les flots en courroux.* – Déverbal de *courroucer.*

1. cours [kuʀ] n. m. **I. 1.** Mouvement des liquides, en partic. des eaux d'une rivière, d'un fleuve. *Le cours rapide d'un torrent. Remonter, descendre le cours d'une rivière.* ▷ *Cours d'eau:* ruisseau, rivière, fleuve. ▷ Fig. *Donner libre cours à:* ne pas opposer de résistance à, laisser aller. *Donner libre cours à ses larmes, à sa fureur, à ses sentiments.* **2.** Longueur du parcours d'une rivière, d'un fleuve, etc. *Le Saint-Laurent est navigable sur tout son cours.* **3.** Mouvement des astres. *Le cours du soleil.* **4.** Suite, enchaînement d'événements dans le temps. *Le cours des affaires. Nous avons dû nous arrêter en cours de route. «... Et vous, heures propices,/Suspendez votre cours»* (Lamartine). **II.** FIN **1.** Prix auquel sont négociées des monnaies, des marchandises, des valeurs. *Monnaie à cours légal*, acceptée par les caisses publiques et les particuliers pour sa valeur nominale. – *Monnaie à cours forcé*, dont le pouvoir d'achat varie, mais qui est obligatoirement acceptée pour sa valeur nominale dans les règlements intérieurs. ▷ *Avoir cours:* être en usage (monnaie). *Ces vieilles pièces n'ont plus cours.* – Fig. *Ce genre de comportement n'a pas cours ici!* **2.** Taux qui sert de base aux transactions de valeurs mobilières. *Cours de la Bourse.* – *Cours du change:* valeur relative d'une monnaie par rapport à une monnaie étrangère. **III. 1.** Suite de leçons portant sur une matière déterminée; chacune de ces leçons. *Cours d'histoire, de français. Cours par correspondance.* ▷ *Chargé de cours:* personne qui fait un cours dans une université, une faculté sans être titulaire d'une chaire. **2.** Ouvrage renfermant une suite de leçons. *Le «Cours de philosophie positive» d'Auguste Comte.* **3.** Degré d'enseignement. *Cours préparatoire, élémentaire, moyen, supérieur.* – Du lat. *cursus*, «course, cours».

2. cours [kuʀ] n. m. *Navigation au long cours*, de longue durée. ▷ *Capitaine au long cours.* – A. fr., «voyage en mer».

3. cours [kuʀ] n. m. Avenue, promenade plantée d'arbres. *Le cours Albert-Ier, à Paris.* – De l'ital. *corso*.

course [kuʀs] n. f. **1.** Action de courir. *Course rapide. Rejoindre qqn à la course.* ▷ Fam. *Être dans la course:* être au courant; comprendre. **2.** SPORT Compétition, épreuve de vitesse. *Course à pied. Course cycliste, automobile.* ▷ Absol. *Les courses :* les courses hippiques. *Jouer aux courses.* **3.** Action de parcourir; trajet, espace parcouru ou à parcourir. *Une course de trois kilomètres.* **4.** TECH Espace parcouru par une pièce mobile. *La course d'un piston.* **5.** Mouvement, marche en avant, progrès. *Le temps emporte tout dans sa course.* **6.** Allées et venues, démarches effectuées pour se procurer qqch. *Garçon de courses.* ▷ Commissions, achats. *Faire une, des courses.* **7.** Anc. *Guerre de course:* guerre sur mer (capture de vaisseaux, incursions en territoire ennemi). *Armer un vaisseau en course.* V. corsaire. – Forme fém. de *cours*, peut-être d'ap. ital. *corsa*.

course-croisière [kuʀskʀwazjɛʀ] n. f. Course au large, à la voile, sur un parcours d'au moins une centaine de milles. *Des courses-croisières.* – De *course*, et *croisière*.

coursier, ière [kuʀsje, jɛʀ] n. **1.** Personne chargée de faire des courses. Syn. commissionnaire. **2.** n. m. Litt. Cheval. *Un fougueux coursier.* – De *cours*, *course* en a. fr.

coursive [kuʀsiv] n. f. Passage, couloir, à bord d'un navire. – Ital. *corsiva*, «passage».

courson. V. courçon.

1. court, courte [kuʀ, kuʀt] adj., n. et adv. **I.** adj. **1.** De peu de longueur. *La droite est le plus court chemin d'un point à un autre. Des cheveux courts. Vêtement trop court.* Ant. long. **2.** Qui dure peu. *Les nuits d'été sont courtes. Une courte harangue.* Syn. bref. ▷ *Avoir la mémoire courte:* ne pas pouvoir, ou ne pas vouloir, se souvenir. **3.** Peu éloigné dans le temps ou dans l'espace. *Échéance à court terme.* ▷ *Avoir la vue courte:* ne pas distinguer, ou mal distinguer, les objets éloignés. Fig. Manquer de prévoyance, de pénétration. **4.** Insuffisant, sommaire. *Un dîner un peu court.* **II.** n. m. Ce qui est court. *Le court n'est plus à la mode:* les robes et les jupes, les vêtements courts. ▷ *Au (plus) court:* par le plus court chemin. Fig. Par le moyen le plus rapide. *Régler une difficulté en coupant au plus court.* **III.** adv. **1.** En retranchant une certaine longueur de qqch. *Attacher court un animal.* **2.** Brusquement, subitement. *S'arrêter, tourner court. Couper court aux discussions.* ▷ *Demeurer, rester court :* ne plus savoir que dire. **3.** *Être à court de:* manquer, ne plus avoir de. *Être à court d'argent, d'arguments.* **4.** *De court:* à l'improviste. *Prendre qqn de court.* **5.** *Tout court :* sans rien ajouter de plus. *Lui l'aime bien, mais elle, l'aime tout court.* – Lat. *curtus*.

2. court [kuʀ, kɔʀt] n. m. SPORT Terrain de tennis. – Mot angl., de l'a. fr. *court*, «cour».

courtage [kuʀtaʒ] n. m. **1.** Profession, activité des courtiers. ▷ COMM Vente directe au consommateur, par opposition à la vente en magasin. *Les grosses encyclopédies sont vendues par courtage.* **2.** Transaction effectuée par un courtier; commission perçue pour cette transaction. *Frais de courtage.* – De *courtier*.

courtaud, aude [kuʀto, od] n. et adj. **1.** n. m. Cheval, chien auquel on a coupé les oreilles et la queue. **2.** adj. Fam. De taille courte et ramassée. *Un homme courtaud.* – De *court*.

court-bouillon [kuʀbujɔ̃] n. m. CUIS Bouillon fait d'eau additionnée de sel, de vinaigre ou de vin blanc et d'épices, dans laquelle on fait cuire le poisson. *Des courts-bouillons.* – De *court*, et *bouillon*.

court-circuit [kuʀsiʀkɥi] n. m. Connexion volontaire ou accidentelle de deux points d'un circuit entre lesquels il existe une différence de potentiel, par un conducteur de faible résistance. *Des courts-circuits.* – De *court*, et *circuit*.

court-circuiter [kuʀsiʀkɥite] v. tr. [1] **1.** ELECTR Mettre en court-circuit. **2.** Fig. Éliminer un ou plusieurs intermédiaires. *Mode de distribution qui court-circuite les filières commerciales habituelles.* – De *court-circuit*.

courtepointe [kuʀtəpwɛ̃t] n. f. Couverture de lit piquée. – Altér. de *coute-pointe*, du lat. *culcita puncta*, d'ap. *court*.

courtier, ière [kuʀtje, jɛʀ] n. Celui, celle qui met un objet ou un produit à la disposition de la clientèle. *Courtier d'assurances, de change.* – Du provenç. *corratier*, «coureur».

courtilière [kuʀtiljɛʀ] n. f. Insecte orthoptère *(Gryllotalpa vulgaris)*, de couleur brune, long de 4 à 5 cm, dont les pattes antérieures (*palettes*) fouissent le sol, creusant des galeries qui endommagent les jardins. Syn. taupe-grillon. – De l'a. fr. *courtil*, «jardin», du bas lat. **cohortile*, de *cohors*, «cour».

courtine [kuʀtin] n. f. **1.** Vx Rideau de lit, tenture. **2.** Muraille réunissant les tours d'une enceinte fortifiée, d'un château fort. – Bas lat. *cortina*, «tenture».

courtisan [kuʀtizɑ̃] n. m. **1.** Personne vivant à la cour d'un souverain, d'un prince. **2.** Personne qui, par intérêt, cherche à plaire. *Un vil courtisan.* ▷ Adj. *Esprit courtisan.* – De l'ital. *cortigiano*, de *corte*, «cour».

courtisane [kuʀtizan] n. f. Prostituée d'un rang social élevé. *Les courtisanes grecques.* – De *courtisan*.

courtisanerie [kuʀtizanʀi] n. f. Rare. Attitude de courtisan; basse flatterie. – De *courtisan*.

courtiser [kuʀtize] v. tr. [1] Faire sa cour à, rechercher les bonnes grâces de. *Courtiser les grands.* ▷ *Courtiser une femme*, lui faire la cour, tenter de la séduire. – D'ap. *courtisan*, de l'a. fr. *courtoyer*.

court-jointé, ée [kuʀʒwɛ̃te] adj. Se dit d'un cheval aux paturons trop courts. *Des chevaux court-jointés.* – De *court*, et *joint*.

court-jus [kuʀʒy] n. m. Pop. Syn. de *court-circuit*. *Des courts-jus.* – De *court*, et *jus*, «courant».

courtois, oise [kuʀtwa, waz] adj. **1.** Qui manifeste ou exprime la politesse, le respect d'autrui. *Se montrer courtois. Des paroles, des manières courtoises.* Syn. affable, aimable, civil, poli. **2.** Qualifie un genre littéraire en vogue au Moyen Âge, exaltant l'amour mystique et chevaleresque. *Amour courtois. Littérature, roman courtois.* **3.** *Armes courtoises:* mousses ou mouchetées. ▷ Fig. *Lutter à armes courtoises,* avec loyauté. – De l'a. fr. *court,* «*cour*».

courtoisement [kuʀtwazmɑ̃] adv. D'une manière courtoise. – De *courtois.*

courtoisie [kuʀtwazi] n. f. Politesse, civilité. *Traiter qqn avec courtoisie. Merci de votre courtoisie.* – De *courtois.*

court-vêtu, ue [kuʀvety] adj. Qui porte un vêtement court. *Des femmes court-vêtues.* – De *court,* et *vêtu.*

couru, ue [kuʀy] adj. **1.** Recherché, à la mode. *Un spectacle couru.* **2.** Fam. *C'est couru:* c'est d'avance certain. – De *courir,* «se propager».

couscous [kuskus] n. m. Mets d'Afrique du Nord, composé de semoule de blé dur cuite à la vapeur, de bouillon aux légumes et de viande. – Mot ar.

cousette [kuzɛt] n. f. Fam. Jeune apprentie couturière. – De *coudre.*

couseur, euse [kuzœʀ, øz] n. Personne qui coud. ▷ En reliure, personne qui assemble par couture les cahiers des livres. – De *coudre.*

1. cousin [kuzɛ̃] n. m. Moustique *(Culex pipiens).* V. maringouin. – Du lat. pop. **culicinus,* de *culex.*

2. cousin, ine [kuzɛ̃, in] n. Parent issu de l'oncle ou de la tante. *Cousin germain :* fils du frère ou de la sœur du père ou de la mère. *Cousin issu de germain,* issu de cousin germain. – Abrév. du lat. *consobrinus.*

cousinage [kuzinaʒ] n. m. Vieilli **1.** Parenté entre cousins. **2.** Ensemble des parents. *Inviter tout le cousinage.* – De *cousin.*

cousiner [kuzine] v. intr. [1] Vieilli Être cousin. ▷ Tenir compte, faire état de son cousinage. *Elle cousine beaucoup:* elle entretient des liens avec ses parents les plus éloignés. ▷ Fig. Fréquenter, s'entendre avec. *Elles ne cousinent guère ensemble.* – De *cousin.*

coussin [kusɛ̃] n. m. **1.** Petit sac cousu, rempli de plumes, de crin, de bourre, de matière synthétique, etc., servant à supporter confortablement une partie du corps. *Coussins de canapé. Être calé avec des coussins.* **2.** TECH *Coussin d'air:* couche d'air sous pression permettant à un aéroglisseur ou à un engin de manutention de se maintenir au-dessus d'une surface. – Du lat. pop. **coxinum,* de *coxa,* «cuisse».

ENCYCL La sustentation par coussin d'air permet d'atteindre de très grandes vitesses en réduisant les forces de traînée et de roulement. Elle rend possible le déplacement des véhicules au-dessus de l'eau ou de terrains instables. Ces véhicules comportent généralement plusieurs jupes circulaires déformables à l'intérieur desquelles on insuffle de l'air sous pression (ainsi la pression est de 3 000 pascals pour le naviplane français N 500, aéroglisseur marin capable de transporter 400 passagers et 65 automobiles à la vitesse de 130 km/h par mer calme). V. aussi aéroglisseur.

coussinet [kusinɛ] n. m. **1.** Petit coussin. *Coussinet de selle.* **2.** ARCHI Côte de la volute d'un chapiteau ionique. **3.** ZOOL Pelote plantaire. **4.** TECH Pièce qui maintient un rail sur une traverse. **5.** TECH Cylindre à l'intérieur duquel tourne un arbre. – Dimin. de *coussin.*

cousu, ue [kuzy] adj. Assemblé par une couture. *Rideaux cousus à la machine.* ▷ Fam. *Cousu main:* cousu à la main. – Pop. *Du travail cousu main,* de première qualité. ▷ Fig., fam. *Cousu d'or:* très riche. ▷ Fig. *Une ruse cousue de fil blanc,* grossière, qui ne trompe personne. ▷ *Garder bouche cousue :* ne rien dire, rester d'une discrétion absolue. *Motus et bouche cousue!* – Pp. de *coudre.*

coût [ku] n. m. Ce que coûte une chose. *Le coût de la vie.* Syn. valeur, montant, prix. – De *coûter.*

coûtant [kutɑ̃] adj. m. *Prix coûtant:* prix qu'une chose a coûté. *Vendre à prix coûtant,* sans bénéfice. – Ppr. de *coûter.*

couteau [kuto] n. m. **1.** Instrument tranchant composé d'une lame et d'un manche. *Couteau de poche, à découper, à cran d'arrêt.* ▷ Fig. *Avoir le couteau sous la gorge:* subir une contrainte, une menace. ▷ *Être à couteaux tirés avec qqn,* en conflit ouvert avec lui. **2.** TECH Instrument, outil plus ou moins tranchant. *Couteau de vitrier, de maçon, de peintre. Peindre au couteau.* ▷ *Le couteau de la guillotine:* le couperet. *Je le jurerais la tête sous le couteau* (ou: *j'en mettrais ma tête à couper*). **3.** Prisme triangulaire qui supporte le fléau d'une balance. **4.** Lamellibranche fouisseur, remarquable par sa coquille rectangulaire longue et étroite (genres *Solen* et *Ensis*). – Du lat. *cultellus,* de *culter.*

couteau-scie [kutosi] n. m. Couteau dont la lame est dentelée. *Des couteaux-scies.* – De *couteau,* et *scie.*

coutelas [kutlɑ] n. m. **1.** Épée courte et large à un seul tranchant. **2.** Grand couteau de cuisine. – De l'ital. *coltellaccio.*

coutelier, ière [kutəlje, jɛʀ] n. Personne qui fabrique, qui vend des instruments tranchants (couteaux, rasoirs, etc.). – De *couteau.*

coutellerie [kutɛlʀi] n. f. **1.** Industrie, commerce des couteaux, des instruments tranchants. **2.** Lieu où l'on fabrique, où l'on vend des couteaux, des instruments tranchants. – Ensemble des produits fabriqués ou vendus par les couteliers. – De *coutelier.*

coûter [kute] **I.** v. intr. et tr. indir. [1] **1.** Nécessiter un paiement pour être acquis. *Ce vase coûte dix dollars. Objet qui coûte cher. Les milliers de dollars que cette maison m'a coûté. – Absol.* Être cher. *Un luxe qui coûte.* **2.** Occasionner, entraîner des frais, des dépenses. *Son procès lui a coûté cher.* **3.** Fig. Occasionner des peines, des sacrifices. *Son impudence lui coûtera cher. Il n'y a que le premier pas qui coûte.* ▷ *Coûte que coûte:* quoi qu'il puisse en coûter, à tout prix. **II.** v. tr. Causer (une peine, une perte). *Les peines que ce travail m'a coûtées.* – Du lat. pop. *constare,* «avoir pour prix».

coûteusement [kutøzmɑ̃] adv. D'une manière coûteuse. *Être coûteusement vêtu.* – De *coûteux.*

coûteux, euse [kutø, øz] adj. **1.** Qui entraîne une dépense importante. *Un voyage coûteux.* **2.** Fig. Qui entraîne des pertes, des peines. *Une victoire coûteuse.* – De *coûter.*

coutil [kuti] n. m. Toile très serrée et lissée. *Coutil de lin, de coton.* – De *coute,* anc. forme de *couette.*

coutre [kutʀ] n. m. AGRIC Couteau situé en avant du soc de la charrue, qui fend la terre verticalement. – Du lat. *culter,* «couteau».

coutume [kutym] n. f. **1.** Manière d'agir, pratique consacrée par l'usage qui se transmet de génération en génération. *Respecter les coutumes d'un pays. La coutume veut que vous fassiez un vœu.* Syn. tradition. ▷ *Les us et coutumes:* l'ensemble des usages et des coutumes. **2.** Habitude individuelle. *Il a coutume de faire une sieste après le déjeuner.* ▷ Prov. *Une fois n'est pas coutume:* l'habitude ne naît pas d'une manière d'agir exceptionnelle. ▷ *De coutume:* à l'ordinaire. *Il est aussi gai que de coutume.* **3.** DR Le droit non écrit, né de l'usage. *La coutume était autrefois l'une des sources du droit français.* **4.** Recueil du droit coutumier d'un pays. – Du lat. *consuetudinem,* de *consuescere,* «accoutumer, habituer, s'habituer».

coutumier, ière [kutymje, jɛʀ] adj. **1.** Qui a coutume de faire qqch. *Ne vous inquiétez pas de son silence, il est coutumier du fait.* **2.** Ordinaire, habituel.

Les occupations coutumières. **3.** Qui appartient à la coutume. *Droit coutumier,* consacré par l'usage (par oppos. à *droit écrit*). – De *coutume.*

coutumièrement [kutymjɛʀmɑ̃] adv. Suivant la coutume. – De *coutumier.*

couture [kutyʀ] n. f. **1.** Action de coudre; ouvrage exécuté par qqn qui coud. *Faire de la couture. Des points de couture.* **2.** Art de coudre; métier, commerce d'une personne qui coud. *Cours de couture. Maison de couture.* ▷ *Haute couture:* ensemble des grands couturiers qui font la mode. **3.** Suite de points exécutés à l'aide d'un fil et d'une aiguille pour assembler deux pièces. *Couture de pantalon. Couture anglaise. Coutures apparentes.* **4.** Fig. Cicatrice en longueur. – Du lat. pop. **consutura,* de *consuere,* «coudre».

couturé, ée [kutyʀe] adj. Couvert de cicatrices. *Visage couturé.* – Pp. de l'anc. v. *couturer,* «coudre».

couturier [kutyʀje] n. m. **1.** Personne qui dirige une maison de couture. *Collections des grands couturiers parisiens.* **2.** ANAT Muscle de la cuisse qui fléchit la jambe sur la cuisse et la cuisse sur le bassin. – De *couture.*

couturière [kutyʀjɛʀ] n. f. **1.** Personne qui coud, qui exécute, à son propre compte, des vêtements féminins. *Aller chez sa couturière pour un essayage.* **2.** THEAT *Répétition des couturières,* ou *couturière:* dernière répétition avant la générale, qui permet aux costumières de faire leurs dernières retouches. – De *couture.*

couvage [kuvaʒ] n. m. ou **couvaison** [kuvɛ(e)zɔ̃] n. f. **1.** Action de couver. **2.** Temps que dure cette action. – De *couver.*

couvain [kuvɛ̃] n. m. **1.** Ensemble des œufs, chez divers insectes (abeilles, fourmis, punaises, etc.). **2.** Ensemble des œufs, larves et nymphes contenus dans une ruche. – De *couver.*

couvaison. V. couvage.

couvée [kuve] n. f. Œufs couvés en même temps par un oiseau. – *Par ext.* Les petits éclos de l'œuf. *Une poule et sa couvée. «Adieu veau, vache, cochon, couvée!»* (La Fontaine). – Fig. Famille composée de nombreux enfants. – De *couver.*

couvent [kuvɑ̃] n. m. **1.** Maison de religieux ou de religieuses. *Entrer au couvent,* dans un ordre religieux. ▷ Communauté religieuse. *Tout le couvent était rassemblé.* **2.** Pensionnat de jeunes filles tenu par des religieuses. – Du lat. *conventus.*

couventine [kuvɑ̃tin] n. f. Personne qui vit ou qui est élevée dans un couvent. – De *couvent.*

couver [kuve] **I.** v. tr. [1] **1.** En parlant des oiseaux, se tenir sur des œufs pour les faire éclore. *Une poule qui couve ses œufs.* **2.** Fig. Entourer d'une tendre sollicitude. *Cette mère couve ses enfants.* ▷ Fam. *Couver des yeux:* ne pouvoir détacher son regard de (qqch, qqn). **3.** Fig. Préparer par la pensée, élaborer sous forme de projet. *Couver de mauvais desseins.* Syn., fam. concocter, mijoter. **4.** *Couver une maladie,* en porter les germes. **II.** v. intr. Se préparer sourdement, en étant prêt à se manifester. *Le feu couve sous la cendre. Le mécontentement couvait.* – Du lat. *cubare,* «être couché».

couvercle [kuvɛʀkl] n. m. Ce qui sert à couvrir un pot, une boîte, etc. – Du lat. *cooperculum,* de *cooperire,* «couvrir».

1. couvert, erte [kuvɛʀ, ɛʀt] adj. **1.** Muni d'un couvercle, d'un toit. *Maison couverte en ardoises.* **2.** Habillé, vêtu. *Être bien, chaudement couvert.* – Qui porte une coiffure sur la tête. *Je vous en prie, restez couvert.* **3.** *Couvert de:* qui a sur lui beaucoup de... *Un arbre couvert de fruits. Un vêtement couvert de taches.* – Fig. *Être couvert de dettes:* être très endetté. **4.** Dissimulé, caché. *Un ciel couvert,* masqué par les nuages. *Sa voix fut couverte par le brouhaha.* ▷ *Parler à mots couverts,* en termes voilés, par allusions. **5.** Protégé, dégagé de toute responsabilité. *Il est couvert par ses supérieurs.* – Pp. de *couvrir.*

2. couvert [kuvɛʀ] n. m. **I. 1.** Ce qui couvre, toit. *Le vivre et le couvert.* **2.** Abri, ombrage formé par des feuillages. *Se réfugier sous le couvert d'un bois.* **3.** *À couvert (de):* à l'abri (de), en sûreté. *Se mettre à couvert de la pluie. Être à couvert.* **4.** *Sous couvert de:* sous prétexte de. *Sous couvert de littérature, il ne fait que du commerce.* **5.** *Sous le couvert de:* dans une enveloppe portant l'adresse (d'un autre); sous la responsabilité de. *Sous le couvert du ministre.* **II. 1.** Ce dont on couvre une table avant de servir les mets. *Mettre, dresser le couvert.* **2.** Ensemble des ustensiles destinés à chacun des convives. *Ajouter un couvert.* ▷ Cuillère et fourchette, et, parfois, couteau. *Couverts en argent.* – Pp. subst. de *couvrir.*

couverte [kuvɛʀt] n. f. TECH Enduit vitreux transparent recouvrant certaines poteries, certaines faïences. – De *couvrir.*

couverture [kuvɛʀtyʀ] n. f. **I.** Ce qui sert à couvrir, à envelopper, à protéger. **1.** CONSTR Ouvrage situé à la partie supérieure d'une construction, destiné à la protéger des intempéries. *Couverture de bardeaux, de tuiles.* **2.** Épaisse pièce d'étoffe, de laine, de coton, de matière synthétique, destinée à couvrir un lit, à protéger du froid. *Border les couvertures. Couverture chauffante.* ▷ Fig., fam. *Tirer la couverture à soi:* s'adjuger la meilleure part; chercher à se faire valoir, à s'attribuer tout le mérite d'une réussite. **3.** Ce qui couvre, protège un livre, un cahier. *Couverture toilée.* **II.** Fig. **1.** Ce qui sert à dissimuler, à protéger. *Commerce qui n'est qu'une couverture pour dissimuler un trafic illicite.* **2.** FIN, COMM Garantie donnée pour un paiement. **3.** DR Montant maximum qui peut être versé à un bénéficiaire d'une assurance lors de la réalisation du risque assuré. **4.** *Couverture sociale,* la protection garantie à un assuré social. **5.** Dans le journalisme, le fait d'assurer l'information sur un événement. – Du bas lat. *coopertura,* de *cooperire,* «couvrir».

couveuse [kuvøz] n. f. et adj. **1.** Femelle d'oiseau de basse-cour. *Une bonne couveuse.* Adj. *Une poule couveuse.* **2.** Appareil à température constante dans lequel on pratique des couvaisons artificielles. **3.** Appareil dans lequel on place les nouveau-nés fragiles, notam. les prématurés, pour les maintenir à température constante et diminuer le risque infectieux. – De *couver.*

couvi [kuvi] adj. m. Se dit d'un œuf gâté pour avoir été à demi couvé. – De *couver.*

couvoir [kuvwaʀ] n. m. Local réservé aux couveuses animales ou artificielles. – De *couver.*

couvre-chaussure [kuvʀəʃosyʀ] n. m. Petite bottine de caoutchouc qui se porte par-dessus le soulier pour le protéger de la neige ou de la pluie. *Des couvre-chaussures.* – De *couvrir,* et *chaussure.*

couvre-chef [kuvʀəʃɛf] n. m. Vx ou plaisant. Chapeau, coiffure. *Des couvre-chefs.* – De *couvrir,* et *chef,* «tête».

couvre-feu [kuvʀəfø] n. m. **1.** Signal marquant l'heure de se retirer et d'éteindre les lumières. *Sonner le couvre-feu.* **2.** Interdiction qui est faite (en général en période de guerre ou de graves troubles sociaux) de sortir à certaines heures. *Des couvre-feux.* – De *couvrir,* et *feu.*

couvre-lit [kuvʀəli] n. m. Pièce d'étoffe dont on recouvre un lit. *Des couvre-lits.* – De *couvrir,* et *lit.*

couvre-nuque [kuvʀənyk] n. m. Pièce d'étoffe adaptée à la coiffure, qui sert à protéger la nuque du soleil. *Des couvre-nuques.* – De *couvrir,* et *nuque.*

couvre-objet [kuvʀɔbʒɛ] n. m. Lamelle de verre recouvrant une préparation microscopique. *Des couvre-objets.* – De *couvrir,* et *objet.*

couvre-pied ou **couvre-pieds** [kuvʀəpje] n. m. Couverture de lit décorative, généralement épaisse. *Des couvre-pieds.* – De *couvrir,* et *pied.*

couvre-plat [kuvʀəpla] n. m. Couvercle en forme de cloche dont on recouvre un plat. *Des couvre-plats.* – De *couvrir,* et *plat.*

couvreur [kuvʀœʀ] n. m. Artisan, ouvrier qui couvre les maisons, répare les toitures. – De *couvrir.*

couvrir [kuvʀiʀ] **I.** v. tr. **[35] 1.** Placer sur (une chose) une autre qui la protège, la cache, l'orne, etc. *Couvrir une maison. Couvrir un livre pour le protéger.* ▷ JEU *Couvrir une carte,* en mettre une autre par-dessus. ▷ FIN *Couvrir une enchère:* surenchérir. **2.** Habiller, vêtir. *Couvrir ses épaules d'un châle.* **3.** Mettre en grande quantité sur, charger (qqch) de. *Couvrir un habit de broderies.* ▷ Fig. *Cet incident les a couverts de ridicule.* **4.** Être répandu sur. *Des feuilles couvrent les allées.* **5.** Cacher, dissimuler. *Voile qui couvre le bas du visage.* **6.** Garantir, abriter; protéger, défendre. *Couvrir qqn de son corps.* ▷ Fig. *Couvrir qqn,* se déclarer responsable de ce qu'il fait, le protéger. – Par ext. *Couvrir les fautes d'un ami.* ▷ *L'amnistie a couvert ce crime,* fait qu'on ne peut plus poursuivre son auteur. **7.** Balancer, compenser. *La recette ne couvre pas les frais.* ▷ FIN Donner une garantie pour un paiement; payer. *Couvrir un emprunt.* **8.** Parcourir (une distance). *Couvrir trente kilomètres en une heure.* **9.** S'accoupler avec (la femelle), en parlant d'un animal mâle. *Étalon qui couvre une jument.* **11.** Dans le journalisme, assurer l'information sur un événement. *Un envoyé spécial couvre l'événement.* **II.** v. pron. **1.** Se vêtir. *Se couvrir chaudement.* ▷ Mettre un chapeau sur sa tête. *Couvrez-vous, monsieur.* **2.** Mettre sur soi, porter. *Se couvrir de bijoux.* – Fig. *Se couvrir de gloire, de honte.* **3.** Se cacher, se dissimuler; se retrancher derrière. *Se couvrir des apparences de la vertu. Se couvrir d'un prétexte.* ▷ *Le ciel se couvre,* il est obscurci par des nuages. **4.** Se mettre à l'abri. *Se couvrir d'un bouclier.* Fig. Se garantir. *Il s'est bien couvert contre un tel risque.* – Du lat. *cooperire.*

covalence [kovalɑ̃s] n. f. CHIM Liaison entre deux atomes, caractérisée par la mise en commun d'une ou de plusieurs paires d'électrons. – De *co-,* et *valence.*

covalent, ente [kovalɑ̃, ɑ̃t] adj. Relatif à la covalence. *Liaison covalente.* – Du préc.

covariance [kovaʀjɑ̃s] n. f. MATH, STATIS En calcul des probabilités, valeur correspondant à la plus ou moins grande corrélation qui existe entre deux variables aléatoires. – De *co-,* et *variance.*

covariant, iante [kovaʀjɑ̃, jɑ̃t] n. m. et adj. **1.** n. m. MATH, STATIS Fonction déduite d'autres fonctions et telle qu'elle ne varie que d'un facteur constant lorsqu'on applique une transformation linéaire aux variables des autres fonctions. **2.** adj. Relatif aux covariants ou à la covariance. – Du préc.

covendeur, euse [kovɑ̃dœʀ, øz] n. m. DR Personne qui vend avec une autre un bien possédé en commun. – De *co-,* et *vendeur.*

cover-girl [kɔvœʀgœʀl] n. f. Anglicisme Jeune femme qui pose pour les photographies de mode, et notam. pour celles qui illustrent les couvertures des magazines. *Des cover-girls.* – Mot anglo-amér., de *cover,* «couverture», et *girl,* «fille»: «fille de couverture».

cow-boy [kobɔj] ou [kawbɔj] n. m. Gardien de troupeaux dans les ranches du Far West américain. *Des cow-boys.* – Mot anglo-amér., «vacher».

cowper [kupɛʀ] n. m. METALL Appareil servant à récupérer la chaleur d'un haut fourneau. – Du n. de l'inventeur.

cow-pox [kopɔks] n. m. Éruption varioleuse (vaccine) qui se manifeste sur le pis des vaches sous forme de pustules dont le contenu sert à préparer le *vaccin antivariolique.* – Angl. *cow,* «vache», et *pox,* «variole».

coxal, ale, aux [kɔksal, o] adj. ANAT Relatif à la hanche. *Os coxal:* os iliaque. – Du lat. *coxa,* «cuisse».

coxalgie [kɔksalʒi] n. f. MED **1.** Douleur, arthrite de la hanche. **2.** Tuberculose de l'articulation coxofémorale. – Du lat. *coxa,* «cuisse», et *-algie.*

coxalgique [kɔksalʒik] adj. Relatif à la coxalgie. ▷ Adj. et n. Atteint de coxalgie. – Du préc.

coxaplana [kɔksaplana] n. f. MED Déformation de la hanche, consécutive à une ostéochondrite juvénile, et pouvant provoquer une boiterie et des douleurs. – Du lat. *coxa,* «cuisse», et *plana,* «plane».

coxarthrose [kɔksaʀtʀoz] n. f. MED Arthrose de la hanche. – Du lat. *coxa,* «cuisse», et *arthrose.*

coxo-fémoral, ale, aux [kɔksofemɔʀal, o] adj. ANAT Relatif à la hanche et à la partie supérieure du fémur. – Du lat. *coxa,* «cuisse», et *fémur.*

coyau [kɔjo] n. m. CONSTR Petit chevron relevant la partie basse du chevronnage d'une toiture, pour que celle-ci déborde le nu du mur. – De l'a. fr. *coe,* «queue».

coyote [kɔjɔt] n. m. Canidé d'Amérique du Nord *(Canis latrans),* proche du loup et du chacal. – Aztèque *coyotl.*

c.q.f.d. [sekyɛfde] Abrév. de *ce qu'il fallait démontrer,* formule qui conclut une démonstration mathématique.

Cr CHIM Symbole du chrome.

crabe [kʀab] n. m. **1.** Nom cour. de très nombr. crustacés décapodes brachyoures, marins pour la plupart mais dont quelques-uns sont dulçaquicoles ou terrestres. *Crabe des neiges* (*Chionœcetes opilio*), qui vit sur la côte est et qui a une grande valeur économique. – *Crabe des cocotiers:* crustacé décapode de Polynésie, à l'abdomen mou, comme celui du pagure, aux mœurs terrestres; son goût est proche de celui de la langouste. **2.** Fig. *Panier de crabes:* groupe de personnes qui se dénigrent ou cherchent à se nuire. **3.** Fig. *Marcher en crabe,* de côté. – Moyen néerl. *krabbe.*

crabier [kʀabje] n. m. Nom de divers animaux (oiseaux, mammifères) qui se nourrissent de crabes. – De *crabe.*

crabot [kʀabo] ou **clabot** [klabo] n. m. TECH Couronne dentée servant à accoupler deux pièces mécaniques. – Du rad. germ. *krappa,* «crampon, crochet».

crabotage [kʀabɔtaʒ] ou **clabotage** [klabɔtaʒ] n. m. TECH Accouplement au moyen de crabots. – De *crabot.*

craboter [kʀabɔte] ou **claboter** [klabɔte] v. tr. **[1]** Accoupler au moyen de crabots. – De *crabot.*

crabs ou **krabs** [kʀabs] ou **craps** ou **kraps** [kʀaps] n. m. Jeu d'argent se pratiquant avec deux dés. – Mot anglais.

crac [kʀak] interj. Onomat. qui imite le bruit sec de qqch qui se brise, ou qui évoque la soudaineté. *Crac! la branche cassa. Et crac, il disparut!*

crachat [kʀaʃa] n. m. **1.** Salive ou mucosité que l'on crache. – MED Syn. expectoration. *Crachat hémoptysique,* teinté de sang. *Crachat rouillé,* jaunâtre, caractéristique de la pneumonie. **2.** Fig., fam. Plaque, insigne des grades supérieurs, dans les ordres de chevalerie. – De *cracher*.

craché, ée [kʀaʃe] adj. Fig., fam. D'une ressemblance parfaite. *Cet enfant, c'est son père tout craché, c'est le portrait craché de son père.* – Pp. de *cracher*.

crachement [kʀaʃmɑ̃] n. m. **1.** Action de cracher. *Crachement de sang.* **2.** Fig. Projection, éjection. *Des crachements de flammes. Les crachements d'une mitrailleuse, d'un volcan.* **3.** Bruit parasite émis par un haut-parleur. – De *cracher*.

cracher [kʀaʃe] **I.** v. tr. [1] **1.** Rejeter (qqch) de la bouche. *Cracher du sang.* ▷ Fig. *Cracher des injures:* proférer des injures avec véhémence. **2.** Pop. Donner, dépenser. *Il a craché pas mal de fric.* **3.** Fig. Rejeter au-dehors. *Les volcans crachent du feu.* **II.** v. intr. **1.** Rejeter par la bouche de la salive, des mucosités. **2.** Fig., fam. *Cracher sur une chose, sur qqn,* s'exprimer avec dédain à son sujet. **3.** *Plume, stylo qui crache,* qui fait jaillir l'encre de tous côtés. **4.** Faire entendre des crachements. *Un vieux poste de radio qui crache.* – Du lat. pop. **craccare*, onomat.

cracheur, euse [kʀaʃœʀ, øz] n. et adj. **1.** Rare Qui crache souvent. **2.** n. *Cracheur de feu:* bateleur qui emplit sa bouche d'un liquide inflammable et le rejette en l'enflammant. – De *cracher* 1.

crachin [kʀaʃɛ̃] n. m. Pluie fine et dense. – Mot dial. de l'ouest de la France.

crachiner [kʀaʃine] v. impers. [1] Pleuvoir sous forme de crachin. *Il crachine.* – De *crachin*.

crachoir [kʀaʃwaʀ] n. m. **1.** Récipient dans lequel on crache. **2.** Fig., fam. *Tenir le crachoir:* parler sans arrêt. – *Tenir le crachoir à qqn,* l'écouter parler sans pouvoir parler soi-même. – De *cracher* 1.

crachotement [kʀaʃɔtmɑ̃] n. m. **1.** Fait de crachoter. **2.** Bruit que fait entendre ce qui crachote. – De *crachoter*.

crachoter [kʀaʃɔte] v. intr. [1] **1.** Cracher souvent et peu à la fois. **2.** Fig. Faire entendre de petits crachements, de légers crépitements. *Poste de radio qui crachote.* – De *cracher* 1.

crack [kʀak] n. m. **1.** Poulain favori d'une écurie de course. **2.** Fam. Personne très forte dans un domaine. *En philo, c'est un crack.* – *Faire son crack:* poser, se vanter. – Mot angl., «fameux», de *to crack*, «craquer, se vanter».

craie [kʀɛ] n. f. **1.** Roche sédimentaire généralement blanche, tendre et perméable, de densité 1,25, constituée presque exclusivement de carbonate de calcium sous forme de coccolithe (squelettes de foraminifères et autres êtres vivants microscopiques ayant vécu au Crétacé). **2.** Bâton, autref. en craie, auj. en plâtre moulé, avec lequel on écrit sur un tableau noir. – Du lat. *creta*, «craie, argile».

crailler [kʀaje] v. intr. [1] Crier, en parlant des corneilles. – Onomat.

craindre [kʀɛ̃dʀ] v. tr. [61] **1.** Redouter, avoir peur de, chercher à éviter (qqch ou qqn). *Craindre la douleur. Ce chien craint son maître. Il ne craint pas le ridicule.* – *Ne craindre ni Dieu ni diable:* ne reculer devant rien. – *Absol.* Avoir des appréhensions, des inquiétudes. *Craindre pour sa réputation.* **2.** *Craindre que* (+ subj.): considérer comme probable une chose fâcheuse. *Je crains qu'il n'arrive en retard. Il est à craindre que:* il faut malheureusement s'attendre à ce que. *Il est à craindre qu'il ne puisse réaliser ses projets.* **3.** *Craindre de* (+ inf.) *Il craint d'échouer.* – *Ne pas craindre de:* accomplir un acte avec audace. *Il n'a pas craint d'intervenir:* il a eu le courage d'intervenir. *Il n'a pas craint de mentir:* il a eu l'effronterie de mentir. *Je ne crains pas de dire que...:* je suis certain, je puis affirmer que... **4.** Être sensible à (choses). *Cette plante craint le froid.* – Du lat. pop. **cremere*, altér. de *tremere*, «trembler», d'ap. un mot gaul. en *cr-*, *criembre;* refait d'ap. les verbes en *-aindre*.

crainte [kʀɛ̃t] n. f. **1.** Sentiment de trouble, d'inquiétude à l'idée d'un mal possible ou menaçant. *Être saisi de crainte. La crainte du châtiment.* **2.** Loc. conj. *De crainte que:* de peur que. *Ne lui dites rien, de crainte qu'il ne le répète.* **3.** Loc. prép. *De crainte de, crainte de, dans la crainte de:* de peur de. *De crainte de se tromper.* – Déverbal de *craindre*.

craintif, ive [kʀɛ̃tif, iv] adj. **1.** Sujet à la crainte. *Un naturel craintif.* **2.** Qui dénote la crainte. *Une voix craintive.* – De *crainte*.

craintivement [kʀɛ̃tivmɑ̃] adv. D'une façon craintive. *Parler craintivement.* – De *craintif*.

craker [kʀakœʀ] n. m. Biscuit léger et salé. – Mot angl.

crambe [kʀɑ̃b] ou **crambé** [kʀɑ̃be] n. m. Crucifère *(Crambe maritima)*, dite aussi «chou marin», dont on consomme les pétioles blanchis par la cuisson. – Gr. *krambê*, «chou».

cramer [kʀame] **1.** v. tr. [1] Brûler légèrement. *Cramer une pièce de viande.* **2.** v. intr. Pop. Brûler, roussir. – Lat. *cremare*, «brûler»; mot rég. du Centre, var. dial. de l'anc. v. *cremer*.

cramoisi, ie [kʀamwazi] adj. **1.** D'une couleur rouge foncé. *Une draperie cramoisie.* **2.** Très rouge. *Il était cramoisi de colère.* – Ar. *qirmezi*, «rouge de kermès».

crampe [kʀɑ̃p] n. f. **1.** Contraction involontaire, douloureuse et passagère d'un muscle ou d'un groupe musculaire. *Avoir une crampe dans le bras.* **2.** *Crampe d'estomac:* douleur vive qui semble avoir son siège dans la paroi de ce viscère. – Frq. **kramp*.

crampon [kʀɑ̃pɔ̃] n. m. **1.** TECH Pièce de métal, recourbée, à une ou plusieurs pointes, qui sert à fixer. ▷ Pièce fixée sous la semelle d'une chaussure pour éviter de glisser (sur la glace, sur un sol boueux). *Des chaussures à crampons.* ▷ Élément métallique fixé sur un pneumatique pour améliorer l'adhérence sur une route enneigée ou verglacée. **2.** BOT Racines adventives de diverses plantes grimpantes (lierre, par ex.), qui leur permettent de s'accrocher à un support. **3.** Fig., fam. Personne insistante et importune. *Quels crampons, ces gens!* – Adj. inv. *Qu'elle est crampon!* – Frq. **krampo*, «courbé».

cramponner [kʀɑ̃pɔne] v. tr. [1] **1.** TECH Attacher avec un crampon. *Cramponner des fers.* **2.** Fig., fam. Importuner par son insistance. *Il me cramponne pour que je l'écoute.* **3.** v. pron. S'accrocher de toutes ses forces. *Enfant qui se cramponne au cou de sa mère.* ▷ Fig. *Il se cramponne à ses idées folles.* – De *crampon*.

cramponnet [kʀɑ̃pɔnɛ] n. m. TECH Partie d'une serrure dans laquelle on met le pêne. – De *crampon*.

cran [kʀɑ̃] n. m. **1.** Entaille faite dans un corps dur pour accrocher ou arrêter qqch. *Couteau à cran d'arrêt.* ▷ *Cran de mire,* qui détermine la ligne de mire d'une arme à feu. **2.** Trou d'une courroie, servant d'arrêt. *Serrer son ceinturon d'un cran.* **3.** Ondulation donnée à la chevelure. *Se faire des crans.* **4.** Fig. *Monter, baisser d'un cran,* passer à un degré supérieur, inférieur. *Il monte d'un cran dans mon estime.* **5.** Fam. Énergie, courage. *Avoir du cran.* **6.** Fam. *Être à cran,* de très mauvaise humeur, exaspéré. – De l'anc. v. *créner*, «entailler».

crâne [kʀɑn] n. m. **1.** Boîte osseuse contenant l'encéphale de l'homme, des vertébrés. (Chez l'homme, il comprend huit os: le frontal, les deux temporaux, les deux pariétaux, le sphénoïde, l'ethmoïde et l'occipital. La partie inférieure est percée du trou occipital, qui permet le passage de la moelle épinière. Les os de la voûte se réunissent par des sutures, qui ne sont pas fermées chez l'enfant, laissant des espaces non ossifiés, les fontanelles.) **2.** Cour. Tête. *J'ai mal au crâne.* – Fig., fam. *Mets-toi cela dans le crâne:* comprends cela et ne l'oublie plus. *Bourrer le crâne à qqn,* l'endoctriner. – Lat. médiév. *cranium,* gr. *kranion.*

crânement [kʀɑnmɑ̃] adv. Vieilli Hardiment. *Se conduire crânement.* – De *crâne* 2.

crâner [kʀɑne] v. intr. [1] Fam. Faire le brave; poser, se montrer prétentieux. – De *crâne* 2.

crânerie [kʀɑnʀi] n. f. **1.** Vieilli Courage devant le danger. **2.** Fam. Affectation de bravoure. – De *crâner.*

crâneur, euse [kʀɑnœʀ, øz] n. et adj. Fam. Personne prétentieuse, qui pose. *Une petite crâneuse.* – De *crâner.*

craniectomie [kʀanjɛktɔmi] n. f. CHIR Détachement complet d'un volet osseux crânien, qui peut, ensuite, être remis en place. – De *crânien,* et *-ectomie.*

crânien, ienne [kʀɑnjɛ̃, jɛn] adj. ANAT Qui appartient, qui a rapport au crâne. *Traumatisme crânien. Les nerfs crâniens:* l'ensemble des douze paires de nerfs qui naissent directement de l'encéphale. – De *crâne* 1.

crani(o)-. Élément, du gr. *kranion,* «crâne».

craniologie [kʀanjɔlɔʒi] n. f. Syn. de *phrénologie.* – De *cranio-,* et *-logie.*

crantage [kʀɑ̃taʒ] n. m. TECH Action de cranter; son résultat. – De *cranter.*

cranter [kʀɑ̃te] v. tr. [1] Faire des crans à. *Une roue crantée.* – De *cran.*

crapahuter [kʀapayte] v. intr. [1] Progresser, marcher sur un terrain difficile, accidenté. – D'après *crapaud,* «appareil de gymnastique» dans l'arg. de St-Cyr.

crapaud [kʀapo] n. m. **1.** Amphibien anoure («sans queue»), à la peau verruqueuse. (Carnivore, le crapaud détruit limaces, insectes et vers de terre. Terrestre à l'état adulte, il ne va à l'eau qu'au printemps, pour la reproduction.) **2.** MINER Impureté opaque incluse dans une pierre précieuse. **3.** Cour. En appos. *Fauteuil crapaud:* petit fauteuil bas. – *Piano crapaud,* et ellipt. *crapaud:* piano à queue, plus petit que le quart de queue. – De l'a. fr. *crape,* «ordure», de *escraper,* «nettoyer, racler»; frq. **krappon.*

crapaudine [kʀapodin] n. f. **1.** TECH Palier servant de support et de guide à un axe vertical. **2.** Plaque percée ou grille placée à l'extrémité d'un tuyau pour arrêter les ordures. **3.** CUIS *Poulet, canard, pigeon à la crapaudine,* que l'on applatit avant de les faire griller ou rôtir. – De *crapaud.*

crapet [kʀapɛ] n. m. Poisson nord-américain (genre *Lepomis* et voisins) des eaux douces et chaudes, au corps très haut et très coloré, dont les nageoires dorsales, qui rappellent celles de la perche, sont en partie réunies. *Crapet-soleil* (Lepomis gibbosus). *Crapet calicot* (Pomoxis nigromaculatus). *Crapet ou achigan de roche* (Ambloplites rupestris). – Orig. incert., p.-ê. d'une var. dial. de *crapaud.*

crapouillot [kʀapujo] n. m. Petit mortier utilisé pendant la guerre de 1914-1918. – De *crapaud.*

craps. V. crabs.

crapule [kʀapyl] n. f. **1.** Vieilli Débauche grossière. **2.** Vieilli Ceux qui vivent dans la débauche. **3.** Individu malhonnête. *C'est une crapule.* – Lat. *crapula,* «ivresse».

crapulerie [kʀapylʀi] n. f. Malhonnêteté. – De *crapule.*

crapuleusement [kʀapyløzmɑ̃] adv. D'une façon crapuleuse. – De *crapuleux.*

crapuleux, euse [kʀapylø, øz] adj. **1.** Vieilli Qui se plaît dans la crapule. **2.** Relatif à la crapule. ▷ *Crime crapuleux,* qui a le vol pour mobile. – De *crapule.*

craquage [kʀakaʒ] n. m. TECH Procédé thermique ou catalytique de raffinage servant à augmenter la proportion des composants légers d'une huile de pétrole par modification de la structure chimique de ses constituants. – De *craquer,* pour traduire l'angl. *cracking.*

craquant, ante [kʀakɑ̃, ɑ̃t] adj. Qui fait entendre des craquements. – Ppr. de *craquer.*

craque [kʀak] n. f. Pop. Mensonge, hâblerie. *Raconter des craques.* – Déverbal de *craquer,* «mentir».

craquelage [kʀaklaʒ] n. m. TECH Action de craqueler la céramique. – De *craqueler.*

craquelé, ée [kʀakle] adj. Fendillé. *Poterie craquelée.* – Pp. de *craqueler.*

craqueler [kʀakle] v. tr. [22] Fendiller. ▷ v. pron. *Se craqueler.* – De *craquer.*

craquelin [kʀaklɛ̃] n. m. Biscuit qui craque sous la dent. – Moyen néerl. *crakeline.*

craquelure [kʀaklyʀ] n. f. Défaut d'un vernis, d'une peinture qui se fendille. – De *craqueler.*

craquement [kʀakmɑ̃] n. m. Bruit sec que font certaines choses en se cassant, en éclatant. *Le craquement du bois sec.* – De *craquer.*

craquer [kʀake] **I.** v. intr. [1] **1.** Faire un bruit sec. *La table craque. Le pain dur craque sous la dent.* ▷ v. tr. *Craquer une allumette,* l'allumer par frottement. **2.** Céder, se casser en faisant du bruit. – *Plein à craquer,* au point de risquer d'éclater. *Ma valise est pleine à craquer.* **3.** Fig. Échouer. *L'affaire a craqué.* **4.** Fam. S'effondrer nerveusement. *Je suis à bout, je vais craquer!* – Fam, *plaisant.* Ne pas résister (à une tentation). *J'ai craqué et je l'ai acheté.* **II.** v. tr. TECH Soumettre au craquage (un produit pétrolier). – Rad. onomat. *crac.*

craquètement ou **craquettement** [kʀakɛtmɑ̃] n. m. **1.** Action de craqueter. **2.** MED Craquement convulsif des dents. **3.** Cri de la cigogne, de la grue. – De *craqueter.*

craqueter [kʀakte] v. intr. [23] **1.** Craquer avec de petits bruits secs. *Le sel craquette dans le feu.* **2.** Crier, en parlant de la cigogne, de la grue. – Dimin. de *craquer.*

craqueur [kʀakœʀ] n. m. TECH Installation de craquage. – De *craquage.*

crase [kʀɑz] n. f. **1.** GRAM GR Fusion de la syllabe finale d'un mot et de la syllabe initiale du mot suivant. (Ex: *talla* pour *ta alla.*) **2.** MED Coagulation du sang. – Gr. *krasis,* «mélange, contraction».

crash [kʀaʃ] n. m. AVIAT Anglicisme Atterrissage de fortune, effectué train rentré. *Des crashs ou des crashes.* – Abrév. de l'angl. *crash-landing,* de *to crash,* «s'écraser», et *landing,* «atterrissage».

crasher (se). V. cracher (se).

crassane [kʀasan] n. f. Variété de poires rondes, jaunâtres, à chair fondante. – De *Crazannes,* village de France, d'où elle est originaire.

crasse [kʀas] n. f. (et adj. f.) **1.** n. f. Saleté qui s'amasse sur la peau, les vêtements, les objets. *Un habit luisant de crasse.* **2.** TECH Résidu d'une matière. **3.** METALL Scorie d'un métal en fusion. **4.** AVIAT, MAR Fam. Brume épaisse. **5.** Fam. Mauvais procédé, indélicatesse. *Faire une crasse à qqn.* **6.** adj. f. *Une ignorance crasse,* grossière. – Lat. *crassus,* «gras, épais».

crasseux, euse [kʀasø, øz] adj. Couvert de crasse. *Visage crasseux.* – De *crasse.*

crassier [krasje] n. m. METALL Entassement des scories de hauts fourneaux. – De *crasse.*

crassulacées [krasylase] n. f. pl. BOT Famille de dicotylédones dialypétales qui comprend des arbrisseaux et herbes à tiges et feuilles charnues, plantes grasses des terrains secs. *Les tillées et les orpins sont des crassulacées.* – Du lat. bot. *crassula,* de *crassus,* «gras».

crassule [krasyl] n. f. BOT Petite plante herbacée ornementale (*Crassula rubens,* seule espèce européenne, fam. crassulacées), à fleurs rouges, fréquente sur les vieux murs, les éboulis, etc. – Lat. bot. *crassula,* de *crassus,* «gras».

cratère [kratɛr] n. m. **1.** ANTIQ Grand vase à large orifice et à deux anses, dans lequel on mélangeait le vin et l'eau. **2.** Dépression conique par où sortent les produits émis par un volcan, et dont le fond est généralement obstrué, en période d'inactivité, par un bouchon de lave solidifiée. ▷ Par ext. *Cratère lunaire:* dépression en forme de cirque à la surface de la Lune. *Cratère météorique, cratère d'impact,* dû à la chute d'un météorite. *Cratère de bombe,* dû à l'éclatement d'une bombe. **3.** TECH Ouverture dans la partie supérieure d'un fourneau de verrier. – Lat. *crater,* gr. *kratêr.*

craterelle [kratrɛl] n. f. BOT Champignon basidiomycète (genre *Craterellus*), comestible, cour. nommé *corne d'abondance* et *trompette-de-la-mort* ou *des-morts.* – Lat. bot. *craterella,* dimin. de *crater,* à cause de sa forme en entonnoir.

cratériforme [krateriform] adj. En forme de coupe, de cratère. – De *cratère,* et *-forme.*

cravache [kravaʃ] n. f. **1.** Badine flexible servant de fouet aux cavaliers. **2.** Fig *Mener à la cravache,* durement. – All. *Karbatsche,* par le polonais; du turc *qyrbâtch,* «fouet de cuir».

cravacher [kravaʃe] **1.** v. tr. [1] Frapper avec une cravache. *Cravacher son cheval.* **2.** v. intr. Fig., fam. Se dépêcher. – De *cravache.*

cravate [kravat] n. f. **1.** Mince bande d'étoffe qui se noue autour du cou ou du col de la chemise. *Nœud, épingle de cravate.* – Par ext. *Cravate de fourrure,* portée par les femmes. ▷ Loc. vieilli. *Cravate de chanvre:* corde de potence. – Loc. *S'en jeter un derrière la cravate,* boire un verre. **2.** *Cravate de drapeau:* morceau d'étoffe à franges que l'on attache en haut de la hampe. **3.** En France, insigne des commandeurs de certains ordres. *Recevoir la cravate de commandeur de la Légion d'honneur.* **4.** SPORT En lutte, torsion imprimée au cou de l'adversaire. – Forme francisée de *Croate,* à cause de la bande de linge que les cavaliers croates portaient autour du cou.

cravater [kravate] v. tr. [1] **1.** Mettre une cravate à. **2.** Pop. Tromper par des mensonges. **3.** Fam. Saisir (qqn) par le cou. – *Par ext.* Prendre, attraper (qqn). *Les policiers avaient cravaté le voleur.* – De *cravate.*

crawl [krol] n. m. SPORT Nage rapide consistant en un battement continu des pieds avec un mouvement alterné des bras. – Mot angl.

crawler [krole] v. intr. [1] Nager le crawl. – *Dos crawlé,* nage sur le dos, en crawl. – De *crawl.*

crayeux, euse [krɛjø, øz] adj. **1.** Qui contient de la craie. *Terrain crayeux.* **2.** Qui a la couleur de la craie. *Une face crayeuse.* – De *craie.*

crayon [krɛjõ] n. m. **1.** Morceau de minerai coloré, et partic. morceau de plombagine, propre à écrire ou à dessiner. **2.** Petite baguette de bois, garnie intérieurement d'une mine de crayon (sens 1), servant à écrire ou à dessiner. *Crayon de plomb. Crayon de couleur. Aiguiser, tailler un crayon.* – Par ext. *Crayon à bille:* stylo à bille. *Crayon-feutre:* stylo dont la plume est remplacée par une pointe en feutre. *Crayon à mine:* instrument en forme de crayon dans lequel on place une mine et qui sert à écrire, à dessiner. **3.** Dessin au crayon. *Collectionner les crayons d'un grand peintre.* **4.** Manière d'un dessinateur. *Avoir le crayon facile, moelleux.* – De *craie.*

crayonnage [krɛjɔnaʒ] n. m. **1.** Fait de crayonner. **2.** Dessin fait au crayon. – De *crayonner.*

crayonner [krɛjɔne] v. tr. [1] **1.** Dessiner, écrire au crayon. **2.** Écrire rapidement. *Crayonner quelques mots dans un carnet.* **3.** Esquisser. – De *crayon.*

créance [kreɑ̃s] n. f. **1.** Vx Croyance que l'on accorde à une chose. *Donner créance à:* ajouter foi à. **2.** Vieilli Confiance que qqn inspire. **3.** *Lettres de créance:* acte servant à accréditer un agent diplomatique d'un pays auprès du gouvernement d'un autre pays. *Le nouvel ambassadeur a remis ses lettres de créance au gouverneur général.* **4.** DR Droit d'exiger de qqn l'exécution d'une obligation, le paiement d'une dette. – Titre établissant ce droit. – De *creire,* ancienne forme de *croire,* ou lat. pop. *credentia.*

créancier, ière [kreɑ̃sje, jɛr] n. Personne à qui est due l'exécution d'une obligation, le paiement d'une dette. *Il ne paie pas ses créanciers.* – De *créance.*

créateur, trice [kreatœr, tris] n. et adj. **I.** n. **1.** n. m. RELIG Celui qui a créé toutes choses, Dieu. *Adorer le Créateur.* **2.** Personne qui crée, qui a créé. *Lavoisier, créateur de la chimie moderne.* **3.** Artiste novateur. *Est-il un véritable créateur ou un simple opportuniste?* **4.** THEAT Premier interprète d'un rôle. *Cette comédienne va reprendre le rôle dont elle fut la créatrice.* **II.** adj. Qui crée, qui invente. *Génie créateur. Force créatrice.* – Lat. *creator.*

créatif, ive [kreatif, iv] adj. Capable de création, d'invention. *Un enfant créatif.* – De *création.*

créatine [kreatin] n. f. BIOCHIM Constituant de la créatine-phosphate, composé riche en énergie contenu dans les fibres musculaires. – Du gr. *kreas, kreatos,* «chair».

créatinémie [kreatinemi] n. f. BIOCHIM Concentration sanguine en créatine. – De *créatine,* et *-émie.*

créatinine [kreatinin] n. f. BIOCHIM Constituant basique contenu dans les muscles et dans le sang, épuré par le glomérule rénal. – De *créatine,* et *-ine.*

création [kreasjõ] n. f. **1.** RELIG Action de Dieu créant de rien, l'Univers. *La création du monde,* et, absol., *la Création.* **2.** Univers, ensemble des êtres créés. *Les merveilles de la création.* **3.** Invention, œuvre de l'imagination, de l'industrie humaine. *Les créations de Michel-Ange.* **4.** Fondation d'une entreprise, d'une institution, etc. *La création d'une maison de commerce.* **5.** SPECT Fait de jouer un rôle pour la première fois; ce rôle. *Il revient à la scène dans une création.* – Première représentation d'une œuvre. *Assister à la création d'une pièce.* **6.** COMM Nouveau modèle. *Elle portait une création d'un grand couturier.* – Lat. *creatio.*

créativité [kreativite] n. f. Capacité à créer, à inventer. – De *créatif.*

créature [kreatyr] n. f. **1.** RELIG L'être humain, considéré par rapport à Dieu. **2.** Vieilli Individu de l'espèce humaine (se dit en partic. des femmes). *Une belle créature. De malheureuses créatures.* **3.** Péjor., vieilli Femme méprisable. *Il s'affiche avec des créatures.* **4.** Fig., péjor. Personne qui tient sa position, sa fortune, d'une autre. *Les créatures d'un homme politique.* – Lat. *creatura.*

crécelle [kresɛl] n. f. **1.** Instrument à percussion en bois, fait d'une roue dentée mue par une manivelle. *La crécelle est aujourd'hui un jouet.* **2.** Fig. *Voix de crécelle:* voix criarde et déplaisante. ▷ La personne qui possède ce genre de voix. – Probabl. du lat.

pop. **crepicella*, class. *crepitacillum*, «claquette», de *crepitare*, «craquer».

crécerelle [kʀesʀɛl] n. f. Le plus commun et le plus petit des faucons. (La crécerelle d'Amérique, *Falco sparverius*, longue de 20 cm, à dos roux, se nourrit surtout d'insectes.) – De *crécelle*.

crèche [kʀɛʃ] n. f. **1.** Vx Mangeoire des bestiaux. *Mettre du foin dans la crèche.* **2.** Mangeoire où Jésus fut déposé au moment de sa naissance. – *Par ext.* Petite construction représentant l'étable de Bethléem et les scènes de la Nativité. *Crèche de Noël.* **3.** Autrefois, établissement destiné à recevoir des orphelins, des bébés nés hors du mariage, en vue de les faire adopter. *Les crèches pouvaient servir de maternités pour les filles-mères.* «Les enfants de la crèche en ce temps-là, à ce que je me souvienne, devenaient toujours des travailleurs «vaillants» et des amoureux ridicules [...].» (Léonard Bernier, *Au temps du «boxa», 1976.)* **4.** (France) Établissement équipé pour la garde diurne des enfants en bas âge. **5.** (France) Pop. Chambre, logement. – Du frq. **krippia*.

crécher [kʀeʃe] v. intr. [1] Fam. Habiter. *Où est-ce que tu crèches?* – De *crèche*.

crédence [kʀedɑ̃s] n. f. **1.** Meuble, partie de buffet sur lesquels on dépose la vaisselle, les couverts, les plats. **2.** LITURG Petite table près de l'autel, où l'on dispose les objets du culte. – De l'ital. *credenza*, «confiance», dans la loc. *fare la credenza*, «faire l'essai» (des mets, des boissons).

crédibilité [kʀedibilite] n. f. Caractère de ce à quoi l'on peut faire crédit, de ce que l'on peut croire. – Lat. *credibilitas*, de *credere*, «croire».

crédible [kʀedibl] adj. Digne de foi; que l'on peut croire. – Lat. *credibilis*, de *credere*, «croire».

crédirentier, ière [kʀediʀɑ̃tje, jɛʀ] n. et adj. DR Personne créancière d'une rente. – De *crédit*, et *rentier*.

crédit [kʀedi] n. m. **1.** Faculté de se procurer des capitaux, par suite de la confiance que l'on inspire ou de la solvabilité que l'on présente. *Avoir du crédit. Faire crédit, donner à crédit:* céder des marchandises sans en exiger le paiement immédiat. *Vendre, acheter à crédit.* **2.** Cession de capitaux, de marchandises, à titre d'avance, de prêt. *Ouvrir un crédit à qqn:* s'engager à lui faire des avances de fonds jusqu'à concurrence d'une certaine somme. – *Carte de crédit*, qui permet d'acquérir un bien ou un service sans avoir à le payer immédiatement. – *Crédit à court, moyen, long terme:* avance consentie par un organisme financier pour une durée inférieure à deux ans, de deux à dix ans, de plus de dix ans. – *Crédit croisé:* troc effectué entre banques et portant sur des monnaies différentes. **3.** *Établissement de crédit:* établissement destiné à faciliter l'avance des capitaux. – Nom de certaines sociétés bancaires. *Crédit industriel Desjardins.* **4.** Somme prévue par le budget pour une dépense publique. *Les crédits du ministère des Affaires culturelles.* **5.** Partie d'un compte où figure ce qui est dû à un créancier. **6.** Confiance qu'inspire une personne, considération dont elle jouit, influence qu'elle exerce. *Il a perdu tout crédit.* **7.** Unité de valeur dans l'enseignement universitaire et collégial. *Cours de trois crédits. Crédits de scolarité, de recherche.* Rem.: L'OLF recommande d'employer plutôt *unité*. – Lat. *creditum*, de *credere*, «croire».

crédit-bail [kʀedibaj] n. m. FIN Forme de location (vente à bail) d'un bien (immeuble ou équipement à usage industriel) pratiquée par des sociétés financières spécialisées et laissant la possibilité au locataire, à la fin de la période de location, d'acquérir le bien pour la valeur résiduelle fixée au moment de l'élaboration du contrat. *Des crédits-bails.* – De *crédit*, et *bail*.

créditer [kʀedite] v. tr. [1] FIN *Créditer qqn d'une somme:* inscrire cette somme à son crédit, avec les sommes qui lui sont dues. ▷ *Créditer un compte:* inscrire une somme sur ce compte. – De *crédit*.

créditeur, trice [kʀeditœʀ, tʀis] n. et adj. **1.** n. Personne qui a ouvert un crédit à une autre personne. ▷ Personne qui a une somme portée à son crédit dans un compte. **2.** adj. *Compte, solde créditeur*, dont l'avoir dépasse le doit. – Lat. *creditor*, «créancier».

créditiste [kʀeditist] n. et adj. POLIT Partisan de la doctrine économique du Crédit social, émise au début du siècle par C.H. Douglas. ▷ Membre ou partisan du parti du Crédit social (du Canada ou d'une province canadienne), du Ralliement des créditistes. *Les créditistes.* ▷ adj. Propre ou relatif aux créditistes, à leur parti. *Le gouvernement créditiste de la Colombie-Britannique.* ▷ adv. *Voter créditiste.* – De *crédit (social)*.

credo [kʀedo] n. m. **1.** RELIG Premier mot du symbole des Apôtres dit en latin, profession de foi chrétienne. – Cette profession de foi elle-même. *Réciter le Credo.* **2.** *Par ext.* Ensemble de principes sur lesquels repose une opinion. *Un credo politique.* – Mot lat., «je crois», de *credere*, «croire».

crédule [kʀedyl] adj. Qui croit facilement. *Tromper une personne crédule.* – Lat. *credulus*, de *credere*, «croire».

crédulement [kʀedylmɑ̃] adv. D'une façon crédule. – De *crédule*.

crédulité [kʀedylite] n. f. Facilité excessive à admettre un fait, une opinion non assurés. *Abuser de la crédulité de qqn.* – Lat. *credulitas*.

créer [kʀee] v. tr. [1] **1.** Tirer du néant, donner l'être à. *Dieu créa l'Univers en six jours.* **2.** Imaginer, inventer. *Créer une œuvre.* **3.** Fonder, instituer, organiser. *Créer un prix littéraire.* **4.** SPECT Jouer pour la première fois (une pièce, un rôle, un morceau de musique). **5.** Produire, engendrer, causer. *Il va nous créer des ennuis.* – Lat. *creare*.

crémage [kʀemaʒ] n. m. CUIS Mélange crémeux et aromatisé dont on recouvre les gâteaux, à base de sucre en poudre, de corps gras ou de blanc d'œuf. *Un crémage au chocolat, à la vanille. Mettre beaucoup de crémage sur le gâteau.* V. glaçage. – De *crémer*.

crémaillère [kʀemajɛʀ] n. f. **1.** TECH Organe rectiligne denté servant à transformer un mouvement circulaire en mouvement rectiligne ou inversement. *Chemin de fer à crémaillère*, utilisé sur les pentes abruptes. **2.** Pièce métallique munie de crans, utilisée pour suspendre, soutenir à des hauteurs variables un élément mobile, par ex. un chaudron audessus du feu dans une cheminée. – Fig., fam. *Pendre la crémaillère:* célébrer par un repas, une fête, une nouvelle installation. – De l'a. fr. *cramail, cremail*; du lat. pop. **cramaculus*, de **cremasculus*, gr. *kremastêr*, «qui suspend».

crémant [kʀemɑ̃] n. m. et adj. Vin de Champagne qui a une mousse légère et peu abondante. – Ppr. de *crémer*.

crémaster [kʀemastɛʀ] n. m. ANAT Muscle releveur du testicule. – Gr. *kremastêr*, «qui suspend».

crémation [kʀemasjɔ̃] n. f. Action de brûler les cadavres, incinération. – Lat. *crematio*, de *cremare*, «brûler».

crématoire [kʀematwaʀ] adj. *Four crématoire*, où l'on brûle les cadavres. ▷ Subst. *Un crématoire.* – Du lat. *cremare*, «brûler».

crematorium [kʀematɔʀjɔm] n. m. Lieu où les morts sont incinérés. – Mot lat., de *cremare*, «brûler».

crème [kʀɛm] n. f. (et adj. inv.) **1.** Substance grasse de couleur jaune pâle, à la surface du lait qui a reposé, avec laquelle on fait le beurre. *De la crème fraîche. Crème fouettée. Crème Chantilly.* ▷ En appos. *Café crème:* café additionné de crème ou de lait. Ellipt. *Un crème.* **2.** Mets fait ordinairement de lait, de sucre et d'œufs, qui a la consistance de la crème. *Crème pâtissière. Chou à la crème. Crème au chocolat.* ▷ *Crème glacée,* fam. *crème à la glace:* crème aromatisée et congelée, servie comme rafraîchissement ou comme dessert. *Crème glacée à la vanille, à l'érable. Cornet de crème glacée.* **3.** Potage auquel on a donné une consistance crémeuse. *Crème de tomates, d'asperges, de champignons.* **4.** Liqueur fine et très sirupeuse. *Crème de cassis, de menthe.* **5.** Produit de toilette onctueux. *Crème de beauté,* pour la beauté de la peau. **6.** adj. inv. D'un blanc tirant sur le jaune pâle. *Des écharpes crème.* **7.** Fig., fam. *C'est la crème des hommes,* le meilleur des hommes. – Du lat. pop. d'orig. gaul. *crama,* croisé avec le lat. ecclés. *chrisma,* repris du gr., «huile».

crémer [kʀeme] v. [16] **I.** v. tr. **1.** CUIS Recouvrir d'un mélange crémeux, sucré et aromatisé. *Crémer un gâteau.* ▷ Ajouter de la crème à. *Crémer une sauce.* **2.** Donner la coloration crème à. *Crémer du fil.* **II.** v. intr. Se couvrir de crème. *Lait qui crème.* – De *crème.*

crémerie [kʀɛmʀi] n. f. **1.** Boutique où l'on vend des produits laitiers, des œufs, etc. **2.** Fig., fam. *Changer de crémerie:* aller dans un autre endroit. – De *crème.*

crémeux, euse [kʀemø, øz] adj. **1.** Qui contient beaucoup de crème. *Du lait crémeux.* **2.** Qui ressemble à de la crème. *Une peinture crémeuse.* – De *crème.*

crémier, ière [kʀemje, jɛʀ] n. Commerçant, commerçante qui tient une crémerie. – De *crème.*

crémone [kʀemɔn] n. f. Verrou double utilisé pour la fermeture des croisées. – P.-ê. du rad. de *crémaillère,* ou de la v. de *Crémone,* en Italie.

créneau [kʀeno] n. m. **1.** Échancrure rectangulaire pratiquée en haut d'un mur de fortification ou dans un parapet, et qui permet de tirer sur l'ennemi en étant à couvert. **2.** Motif décoratif figurant un créneau. **3.** *Par anal.* Espace libre, intervalle de temps disponible. ▷ ESP *Créneau de lancement:* période pendant laquelle un lancement est possible. ▷ COMM Secteur dans lequel une entreprise a intérêt à exercer son activité, du fait de la faible concurrence. ▷ *Faire un créneau:* garer un véhicule entre deux autres véhicules en stationnement. – De l'a. fr. *cren,* forme anc. de *cran.*

crénelage [kʀɛnlaʒ] n. m. **1.** Ensemble des créneaux d'une fortification. **2.** TECH Cordon sur l'épaisseur d'une pièce de monnaie, d'une médaille. – De *créneler.*

crénelé, ée [kʀɛnle] adj. **1.** Muni de créneaux. *Mur crénelé.* **2.** TECH Muni de crans. – Pp. de *créneler.*

créneler [kʀɛnle] v. tr. [22] **1.** Munir de créneaux. *Créneler une muraille.* **2.** TECH Munir de crans, de dents. ▷ Effectuer le crénelage (d'une pièce de monnaie). – De *créneau.*

crénelure [kʀɛnlyʀ] n. f. Dentelure en créneaux. – De *créneler.*

crénothérapie [kʀenoteʀapi] n. f. MED Ensemble des méthodes thérapeutiques utilisant les eaux minérales sous diverses formes (boisson, bain, inhalation, etc.). – Du gr. *krênê,* «source», et *-thérapie.*

créodontes [kʀeɔdɔ̃t] n. m. pl. Mammifères carnivores fossiles (de l'Éocène au Miocène), ancêtres probables des carnivores fissipèdes. – Du gr. *kreas,* «chair», et *odous, odontos,* «dent».

créole [kʀeɔl] n. et adj. **1.** n. Personne de race blanche née dans une des anciennes colonies des régions tropicales. **2.** n. m. LING Langue provenant du contact d'une langue locale ou importée (partic. d'une langue africaine) avec l'anglais, le français, l'espagnol ou le portugais, et servant de langue maternelle à une communauté culturelle. *Le créole de la Guadeloupe. Créole français d'Haïti.* ▷ Adj. *Le parler créole de la Martinique.* – Altér. de *criolle;* esp. *criollo,* du port. *crioulo,* «serviteur nourri dans la maison».

créosote [kʀeɔzɔt] n. f. Mélange de phénols, incolore, d'odeur forte, utilisé comme antiseptique et comme produit d'imprégnation pour la protection des bois. – Du gr. *kreas,* «chair», et *sôzein,* «conserver».

créosoter [kʀeɔzɔte] v. tr. [1] Imprégner de créosote. – De *créosote.*

crêpage [kʀɛ(e)paʒ] n. m. **1.** Apprêt que l'on donne au crêpe. **2.** Action de crêper les cheveux, son résultat. **3.** Fam. *Crêpage de chignon:* bataille, violente altercation entre femmes. – De *crêper.*

1. crêpe [kʀɛp] n. f. Fine galette plate et ronde à base de farine, d'un liquide (eau, lait ou bière) et d'œufs, généralement cuite sur une plaque. *Crêpes de froment. Crêpes au sirop d'érable, au fromage, au chocolat.* – De l'anc. adj. *cresp,* «frisé, crépu», du lat. *crispus,* «frisé».

2. crêpe [kʀɛp] n. m. **1.** Tissu léger et non croisé, fabriqué avec de la soie brute non décreusée ou de la laine très fine, que l'on soumet à un apprêt particulier. ▷ Morceau de crêpe (ou de tissu analogue) noir, que l'on porte en signe de deuil. *Mettre un crêpe au revers de son manteau.* **2.** Caoutchouc brut épuré. *Des bottillons à semelles de crêpe.* – V. crêpe 1.

crêpelé, ée [kʀɛ(e)ple] adj. Frisé, crêpé avec de très petites ondulations. – De *crêper.*

crêpelu, ue [kʀɛ(e)ply] adj. Frisotté, crêpelé. – De *crêper.*

crêpelure [kʀɛ(e)plyʀ] n. f. État des cheveux crêpelus. – De *crêpelé.*

crêper [kʀɛ(e)pe] **I. 1.** v. tr. [1] Faire gonfler (les cheveux) en repoussant une partie de chaque mèche vers la racine. **2.** v. pron. Être crêpé. *Cheveux qui se crêpent.* ▷ Fam. *Se crêper le chignon:* se battre, se prendre aux cheveux, en parlant de femmes. **II.** Apprêter (le crêpe) en tordant les fils de chaîne. ▷ Donner l'aspect du crêpe à. *Crêper un papier.* – De *crêpe* 2.

crêperie [kʀɛpʀi] n. f. Établissement où l'on déguste des crêpes. – De *crêpe* 1.

crépi [kʀepi] n. m. Enduit projeté sur un mur et non lissé. – Pp. de *crépir.*

crêpier, ière [kʀɛ(e)pje, jɛʀ] n. Personne qui vend des crêpes. – De *crêpe* 1.

crépine [kʀepin] n. f. **1.** Bande de passementerie, brodée de jours et ornée de franges. *«Les lourdes tentures de damas cramoisi à longues crépines»* (G. Sand). **2.** En boucherie, épiploon de l'agneau, du veau, du porc. **3.** TECH Filtre placé à l'aspiration d'une canalisation. – De *crêpe* 2.

crépinette [kʀepinɛt] n. f. Saucisse plate enveloppée dans de la crépine. – De *crépine.*

crépins [kʀepɛ̃] n. m. pl. Outils et marchandises servant au cordonnier. *Commerce de cuirs et crépins.* – Du n. de saint *Crépin,* patron des cordonniers.

crépir [kʀepiʀ] v. tr. [2] Enduire (une muraille) de crépi. – A. fr. *crespir,* «friser», puis «rendre (une surface) grenue».

crépissage [kʀepisaʒ] n. m. Action de crépir. – De *crépir.*

crépissure [kʀepisyʀ] n. f. **1.** Syn. de *crépi.* **2.** État de ce qui est crépi. – De *crépir.*

crépitement [kʀepitmɑ̃] n. m. ou (rare) **crépitation** [kʀepitasjɔ̃] n. f. Bruit produit par ce qui crépite; fait de crépiter. *Le crépitement d'une arme automatique.*

La crépitation d'un feu de bois sec. ▷ MED *Crépitation osseuse:* bruit produit par le frottement des fragments d'un os fracturé. – Bruit dû à la compression de parties emphysémateuses, notam. du poumon. – De *crépiter.*

crépiter [kʀepite] v. intr. [1] Produire une suite de bruits secs. *Un feu de bois qui crépite.* – Lat. *crepitare.*

crépon [kʀepõ] n. m. Crêpe épais. ▷ *Papier crépon:* papier fin, d'aspect gaufré. – De *crêpe* 2.

crépu, ue [kʀepy] adj. **1.** Très frisé. **2.** BOT *Feuilles crépues,* irrégulièrement gaufrées sur toute leur surface. – De l'anc. adj. *cresp.* V. crêpe 1.

crépure [kʀepyʀ] n. f. Action de crêper, état de ce qui est crêpé. – De *crêper.*

crépusculaire [kʀepyskylɛʀ] adj. **1.** Du crépuscule, qui rappelle le crépuscule. *Lueurs crépusculaires.* ▷ *Animal crépusculaire,* qui ne sort qu'au crépuscule. **2.** Fig., litt. Qui est sur son déclin. – De *crépuscule.*

crépuscule [kʀepyskyl] n. m. **1.** Litt. Lumière diffuse qui précède le lever du soleil ou qui suit son coucher. **2.** *Spécial.* Tombée du jour, crépuscule du soir. *Se promener au crépuscule.* **3.** Fig., litt. Déclin. *Le crépuscule d'une vie. «Le Crépuscule des dieux»,* opéra de Wagner. *«Les Chants du crépuscule»,* poèmes de V. Hugo. – Lat. *crepusculum,* de *creper,* «obscur».

crescendo [kʀeʃɛndo] adv. et n. m. **1.** adv. MUS En augmentant par degrés l'intensité du son. ▷ *Par anal.* En augmentant. *Sa mauvaise humeur va crescendo.* **2.** N. m. inv. Passage exécuté crescendo. ▷ *Par anal.* Augmentation progressive. *Un crescendo de cris.* – Mot ital., «en croissant», de *crescere,* «croître».

crésol [kʀezɔl] n. m. CHIM Phénol dérivé du toluène, de formule CH_3–C_6H_4–OH. *Les crésols sont des antiseptiques puissants.* – De *cré(o)s(ote),* et *-ol.*

cresson [kʀə(ɛ)sõ] n. m. Crucifère aquatique comestible *(Nasturtium officinale)* à fleurs blanches, fréquente dans les petites nappes d'eau peu profondes. *Cresson de fontaine. Une salade de cresson et de betterave.* ▷ *Cresson alénois:* plante *(Lepidium sativum)* cultivée en remplacement du cresson vrai. – Frq. **kresso.*

cressonnière [kʀɛ(ə)sɔnjɛʀ] n. f. Lieu où croît le cresson. *Cressonnière artificielle.* – De *cresson.*

crésus [kʀezys] n. m. Fam. Homme extrêmement fortuné. *C'est un vrai crésus.* (Plus cour., loc.: *Être riche comme Crésus.*) – Lat. *Croesus,* gr. *Kroïsos,* en fr. *Crésus,* roi de Lydie à la richesse légendaire.

crésyl [kʀezil] n. m. CHIM Antiseptique à base d'eau, de savon, de crésol et d'huile de créosote. – Nom déposé, de *crés(ol),* et *yl.*

crétacé, ée [kʀetase] adj. et n. m. **1.** adj. Vx GEOL Qui est de la nature de la craie. **2.** n. m. GEOL Période de la fin du Secondaire, s'étendant de moins 190 à moins 135 millions d'années, caractérisée par des dépôts considérables de craie. *On distingue le Crétacé inférieur et le Crétacé supérieur.* ▷ Adj. *Terrain crétacé.* – Lat. *cretaceus,* de *creta,* «craie».

crête [kʀɛt] n. f. **I. 1.** Excroissance en lame d'origine tégumentaire dont sont pourvus certains animaux. *Triton à crête dorsale. La crête du coq est charnue et rouge.* ▷ *Par ext.* Huppe sur la tête de certains oiseaux. *Crête d'alouette.* **2.** ANAT Saillie osseuse. *Crête iliaque.* **II. 1.** Sommet, faîte. *Crête d'un toit, d'une muraille. La crête d'une montagne.* ▷ *Crête d'une vague,* sa partie supérieure, frangée d'écume. **2.** GEOGR *Ligne de crête:* ligne reliant les points les plus élevés d'un relief, appelée aussi *ligne de partage des eaux.* **3.** MILIT Arête formée par l'intersection de deux talus. **4.** METEO *Crête de haute pression:* longue bande de haute pression s'allongeant entre deux dépressions stationnaires. V. dorsale. **5.** ELECTR *Tension, courant de crête:* valeur maximale d'une tension, d'un courant variable. – Lat. *crista.*

crêté, ée [kʀɛte] adj. Qui a une crête. – De *crête.*

crête-de-coq [kʀɛtdəkɔk] n. f. Papillome d'origine vénérienne sur les muqueuses génitales. – De *crête, de,* et *coq.*

crételle [kʀetɛl] n. f. Graminée fourragère (*Cynosurus cristatus*) très commune. – De *crête.*

crétin, ine [kʀetɛ̃, in] n. et adj. **1.** MED Personne affectée de crétinisme. **2.** Fam. Personne stupide, ignorante. – Mot du Valais, var. de *chrétien,* «innocent».

crétinerie [kʀetinʀi] n. f. Stupidité, bêtise. – De *crétin.*

crétinisation [kʀetinizɑsjõ] n. f. Action de crétiniser; son résultat. – De *crétiniser.*

crétiniser [kʀetinize] v. tr. [1] Rendre crétin, abêtir. *Crétiniser les foules avec des spectacles abrutissants.* – De *crétin.*

crétinisme [kʀetinism] n. m. **1.** MED Affection congénitale due à une insuffisance thyroïdienne et caractérisée par une idiotie, un nanisme, une atrophie génitale et un ralentissement de toutes les fonctions de l'organisme. **2.** *Par ext.* Cour. Imbécillité, grande stupidité. – De *crétin.*

crétinoïde [kʀetinɔid] adj. MED Qui ressemble au crétin. ▷ *État crétinoïde:* état proche du crétinisme, mais moins accentué. – De *crétin,* et *-oïde.*

crétois, oise [kʀetwa, waz] adj. et n. **1.** adj. De l'île de Crète. *La cité crétoise de Cnossos.* **2.** n. Habitant de la Crète. ▷ N. m. Langue de la Crète antique. – Du lat. *Creta,* Crète, île de la mer Égée.

cretonne [kʀətɔn] n. f. Toile de coton très forte. – De *Creton,* village de l'Eure, renommé pour ses toiles au XVIe s.

cretons [kʀətõ] n. m. pl. Charcuterie faite de viande de porc hachée, cuite avec des oignons dans de la graisse de panne. – Probabl. du m. néerl. *kerte,* «entaille».

creusage [kʀøzaʒ] ou **creusement** [kʀøzmɑ̃] n. m. Action de creuser; son résultat. *Le creusement d'un canal.* – De *creuser.*

creuser [kʀøze] **I.** v. tr. [1] **1.** Rendre creux, faire un creux dans. *Creuser la terre. La faim et la fatigue lui ont creusé les joues.* **2.** Fig. *Creuser l'estomac:* donner un vif appétit. ▷ S. comp., fam. *L'effort, ça creuse!* **3.** Pratiquer (une cavité). *Creuser un trou, une tranchée.* **4.** Fig. Approfondir. *Creuser un sujet, une question.* **II.** v. pron. **1.** Devenir creux. *Dent qui se creuse.* **2.** Fig., fam. *Se creuser la tête, l'esprit:* se donner beaucoup de peine pour résoudre un problème. ▷ S. comp. *Vous ne vous êtes pas beaucoup creusé!* – De *creux.*

creuset [kʀøzɛ] n. m. **1.** Vase qui sert à faire fondre certaines substances. **2.** METALL Partie inférieure d'un haut fourneau, qui reçoit la fonte et le laitier. **3.** Fig. Point de rencontre de divers éléments qui se mêlent, se confondent. *Montréal, creuset d'influences, d'idées et de cultures.* – Altér. de l'a. fr. *croisuel,* «lampe», gallo-rom. **croseolus,* par attract. de *creux* et changement de suff.

creux, euse [kʀø, øz] adj., n. et adv. **I.** adj. **1.** Dont l'intérieur présente un vide, une cavité. *Dent creuse. Mur creux.* ▷ *Avoir le ventre creux:* avoir très faim. ▷ *Son creux:* son rendu par un objet creux que l'on frappe. **2.** Cave, qui présente un enfoncement. *Assiettes creuses et assiettes plates. Joues creuses.* ▷ *Chemin creux,* situé en contrebas, encaissé. ▷ *Mer creuse,* agitée, houleuse. **3.** *Heures creuses,* pendant lesquelles l'activité est ralentie (opposé à *heures de pointe*). **4.** Fig. Sans substance, sans intérêt. *Des paroles creuses. Raisonnement creux.* **II.** n. m. **1.** Cavité, vide à l'intérieur d'un corps. *Le creux d'un rocher.* **2.** Dépression, concavité. *Le creux de la main.* ▷ *Creux des lames,* hauteur entre leur base et leur sommet. Fig. *Être au (dans le) creux de la vague:* traverser une période de difficultés, d'échecs. **III.** adv. *Sonner creux:* rendre un son creux. V. creux I, 1. – Du lat. pop. **crossus,* **crosus*; probabl. d'orig. gaul.

crevaison [kʀəvɛzɔ̃] n. f. **1.** Action de crever; son résultat. ▷ AUTO Dégonflement d'un pneumatique qui a été percé. **2.** Pop. Mort, ou épuisement. *C'est une vraie crevaison, ce boulot!* – De *crever.*

crevant, ante [kʀəvɑ̃, ɑ̃t] adj. Pop. **1.** Qui fait crever de rire. *Une histoire crevante.* **2.** Qui épuise, fait crever de fatigue. – Ppr. de *crever.*

crevard, arde [kʀəvaʀ, aʀd] adj. et n. Qui va mourir. ▷ Faible, malingre. – De *crever,* et suff. *-ard.*

crevasse [kʀəvas] n. f. **1.** Fissure profonde. *La terre desséchée était fendue de crevasses. Les crevasses d'une muraille.* ▷ GEOL Large fente béante à la surface d'un glacier ou d'une roche dure. **2.** Fissure de la peau. – De *crever.*

crevasser [kʀəvase] v. tr. [1] Faire des crevasses à. ▷ v. pron. Se fendre, se fissurer. – De *crevasse.*

crève [kʀɛv] n. f. Pop. rare Mort ou maladie mortelle. *Avoir la crève.* – (Sens atténué.) Loc. cour. fam. *Attraper la crève:* prendre froid. – Déverbal de *crever.*

crevé, ée [kʀəve] adj. et n. **I.** adj. **1.** Éclaté, percé, déchiré. *Pneu crevé.* **2.** Mort (plantes, animaux, et, pop., personnes). *Des rats crevés.* **3.** Fam. Très fatigué, épuisé. **II.** n. m. **1.** Ouverture longitudinale sur la manche d'un vêtement, laissant apparaître la doublure. **2.** Syn. de *crevard.* – Pp. de *crever.*

crève-cœur [kʀɛvkœʀ] n. m. inv. Grand chagrin mêlé de dépit. – De *crever,* et *cœur.*

crève-la-faim [kʀɛvlafɛ̃] n. m. inv. Fam. Personne misérable, indigente. – De *crever,* et *faim.*

crever [kʀəve] **I.** v. intr. [19] **1.** Éclater, s'ouvrir sous l'effet d'une tension. *Le ballon a crevé. Pneu d'une voiture qui crève.* ▷ Fam. *J'ai crevé:* un pneu de ma voiture a crevé. **2.** Fig., fam. Être sur le point d'éclater. *Crever d'orgueil, d'envie, de jalousie. Crever de rire.* **3.** Mourir (plantes, animaux). *Tous les arbres ont crevé. Le chien a crevé de froid.* ▷ Pop. Mourir (personnes). *Alors, je vais crever tout seul dans mon coin?* ▷ Fam. *Crever de faim, de froid:* avoir très faim, très froid. – (Sens atténué.) *Allons manger, je crève de faim.* **II.** v. tr. **1.** Percer, rompre, faire éclater. *Crever un sac en papier, un ballon. Crever les yeux à qqn.* ▷ Fig., fam. *Cela crève les yeux:* on ne voit que cela, c'est évident. ▷ *Crever le cœur de:* causer une vive contrariété, une grande peine à. **2.** Fam. Épuiser (un animal, et, fam., une personne) en lui imposant un effort excessif. *Crever un cheval. Ce travail la crève.* ▷ v. pron. Fam. *Se crever au travail, à la tâche.* – Du lat. *crepare,* «craquer».

crevette [kʀəvɛt] n. f. Nom de plusieurs crustacés décapodes macroures («à longue queue») marins, à longues antennes, à longues pattes. (Il en existe de nombr. espèces, notam. la crevette grise, *Crangon vulgaris,* la crevette nordique, *Pandalus borealis,* communément appelée crevette de Matane ou crevette rose.) ▷ *Crevette d'eau douce:* syn. de *gammare.* – Forme normande de *chevrette.*

crevettier [kʀəvɛtje] n. m. **1.** Filet pour pêcher les crevettes. **2.** Bateau utilisé pour la pêche à la crevette. – De *crevette.*

cri [kʀi] n. m. **1.** Son de voix aigu ou élevé qu'arrache la douleur, l'émotion ou destiné à être entendu de loin. *Pousser un cri. Cri d'horreur, de peur, de joie, de surprise. Pousser des cris d'indignation. Protester, demander à grands cris,* avec force, insistance. – Loc. *Jeter les hauts cris:* se récrier avec véhémence. *À cor et à cri:* à grand bruit (V. cor). *Demander qqch à cor et à cri.* ▷ *Spécial.* Annonce des marchands ambulants pour interpeller, attirer les clients. ▷ *Dernier cri:* dernière mode, suprême élégance. *Une robe (du) dernier cri.* **2.** Fig. Opinion manifestée hautement. *Un cri unanime d'admiration. Un cri d'amour, de passion.* ▷ Appel. *Cette lettre est un cri. Le cri des opprimés, de la misère, qui parvient jusqu'à nous.* **3.** Par ext. Mouvement intérieur (qui nous pousse à réagir). *Un cri du cœur. Le cri de la conscience.* **4.** Bruit caractéristique émis par la voix d'un animal. *Le cri de la chouette est le hululement.* **5.** Bruit aigre produit par certaines choses. *Le cri de la scie.* – Déverbal de *crier.*

cri, ie [kʀi] adj. et n. **1.** adj. Qui est propre aux Amérindiens vivant au Nouveau-Québec et dans quelques provinces canadiennes. *Des parures de fête cries.* ▷ Subst. Amérindien du Canada. *Un Cri, une Crie.* **2.** n.m. Langue de la grande famille linguistique algonquienne. *Près de 8 000 personnes parlent le cri au Québec.* – De la forme contract. *Kristin(e)au,* du cri *Kenistenoag.*

ENCYCL L'adjectif féminin *crise* peut être régulièrement relevé. Cette forme doit être éliminée au profit de *crie,* qui représente la tendance contemporaine majeure.

Au Québec, les Cris sont surtout localisés à l'est de la Baie-James et regroupés en Cris des Bois et Cris de la Prairie. On en retrouve également des groupes en Ontario, en Alberta, au Manitoba et en Saskatchewan.

criaillement [kʀi(j)ɑjmɑ̃] n. m. Cri désagréable, récrimination aigre. – De *criailler.*

criailler [kʀi(j)ɑje] v. tr. [1] **1.** Crier, se plaindre sans cesse d'une manière désagréable. **2.** Crier (faisan, oie, perdrix, pintade, paon). – De *crier,* et *-ailler.*

criaillerie [kʀi(j)ɑjʀi] n. f. Cri, récrimination répétée et sans motif important. – De *criailler.*

criailleur, euse [kʀi(j)ɑjœʀ, øz] n. et adj. Personne qui ne cesse de criailler. – De *criailler.*

criant, ante [kʀijɑ̃, ɑ̃t] adj. **1.** Qui incite à se plaindre, à protester (choses). *Une injustice criante.* **2.** Évident, manifeste. *Ressemblance criante entre deux personnes.* – Ppr. de *crier.*

criard, arde [kʀijaʀ, aʀd] adj. **1.** Qui crie souvent et désagréablement. *Un enfant criard.* **2.** Qui blesse l'oreille. *Voix criarde. Oiseaux criards.* **3.** Péjor. Qui heurte la vue (par sa vivacité, son bariolage). *Couleurs criardes.* **4.** *Dettes criardes,* dont le remboursement est réclamé avec insistance. – De *crier,* et *-ard.*

criblage [kʀiblaʒ] n. m. TECH Action de cribler. ▷ Triage mécanique. *Le criblage des petits pois.* – De *crible.*

crible [kʀibl] n. m. **1.** TECH Appareil muni de trous pour trier des matériaux. Syn. tamis. **2.** Fig. *Passer au crible*: examiner avec un soin et une attention extrêmes. *Passer au crible les déclarations d'un suspect.* – Lat. pop. *criblum,* class. *cribrum.*

cribler [kʀible] v. tr. [1] **1.** TECH Passer au crible. *Cribler du sable, des grains.* **2.** *Par anal.* Percer, marquer en de nombreux endroits. *Cribler qqn de coups de couteau. Cribler une cible de balles.* ▷ Pp. et adj. *Corps criblé de coups, de bleus. Sol criblé de taches.* – Fig. *Un commerçant criblé de dettes,* couvert de dettes. – De *crible.*

cribleur, euse [kʀiblœʀ, øz] n. TECH **1.** Personne qui crible. **2.** n. m. ou f. Machine pour cribler. – De *cribler.*

criblure [kʀiblyʀ] n. f. **1.** Ce qui est resté sur le crible. **2.** BOT Maladie bactérienne au cours de laquelle les feuilles se couvrent de petites nécroses circulaires (de quelques mm de diamètre). *La criblure du cerisier.* – De *cribler.*

cric [kʀik] n. m. Appareil comportant une crémaillère ou une vis entraînée par une manivelle, qui sert à soulever des corps lourds sur une faible hauteur. *Cric à manivelle. Cric hydraulique. Cric losange.* – P.-ê. moy. all. *Kriec, Krich.*

cric-crac [kʀikkʀak] interj. (et n. m.) Onomatopée évoquant le bruit d'un mécanisme qui joue, d'une serrure que l'on ouvre ou ferme. *Des cric-crac.*

cricket [kʀikɛ(t)] n. m. Jeu, sport qui se joue à deux équipes de douze, avec des battes et des balles de cuir (surtout pratiqué en G.-B.). – Mot angl., «bâton».

cricoïde [kʀikɔid] n. m. et adj. ANAT Cartilage annulaire du larynx inférieur. ▷ Adj. *Cartilage cricoïde.* – Gr. *krikoeidês*, de *krikos*, «anneau».

cri-cri ou **cricri** [kʀikʀi] n. m. Syn. de *grillon. Des cri-cri* ou *cricris.* – Onomat.

crid. V. kriss.

criée [kʀije] n. f. **1.** *Vente à la criée*, ou *criée:* vente aux enchères en public. *Vendre à la criée des meubles saisis.* **2.** Bâtiment où l'on vend le poisson à la criée, dans un port de pêche. – De *crier.*

crier [kʀije] **I.** v. intr. [1] **1.** Pousser un cri, des cris. *Crier à tue-tête. Il crie comme si on l'écorchait.* **2.** Élever la voix. *Discutez sans crier.* **3.** Exprimer son mécontentement, sa colère en élevant très haut la voix. *On ne peut rien lui dire, il se met aussitôt à crier.* V. protester, se fâcher. **4.** *Crier à l'injustice, au scandale, à la trahison:* dénoncer avec véhémence l'injustice, etc. ▷ *Crier au miracle:* déclarer, affirmer bien haut qu'un miracle s'est produit. **5.** (choses). Produire un son aigu et discordant. *Essieu qui crie. La serrure crie, il faut la graisser.* **6.** Pousser le cri de son espèce (animaux). *La volaille effrayée criait, courait dans tous les sens.* **II.** v. tr. **1.** Dire à voix très haute. *Crier des ordres.* **2.** Proclamer, dire hautement. *Crier son innocence.* **3.** *Spécial.* Annoncer publiquement la vente de. *Crier la dernière édition d'un journal.* ▷ *Crier des meubles*, les mettre à l'enchère. **4.** Loc. *Crier vengeance :* exiger, appeler la vengeance. ▷ *Crier grâce*, pour implorer la clémence de son adversaire. ▷ *Crier famine, misère*, s'en plaindre hautement. ▷ *Crier gare:* prévenir d'un danger, d'un risque encouru. **III.** v. tr. indir. *Crier au feu, au secours, à l'aide:* appeler pour avertir et demander de l'aide. – Du lat. pop. **critare*, contract. de *quiritare*, «appeler les citoyens au secours».

crieur, euse [kʀijœʀ, øz] n. **1.** Anc. *Crieur public:* personne qui proclame publiquement, héraut. **2.** Marchand ambulant qui annonce ce qu'il vend. *Crieur de journaux.* – De *crier.*

crime [kʀim] n. m. **1.** Cour. Infraction grave aux prescriptions de la morale. *Accuser qqn de tous les maux et de tous les crimes. Être capable de tous les crimes par amour de l'argent.* ▷ *Par exag.* Acte répréhensible, blâmable. *C'est un crime d'avoir abattu ces arbres. Ce n'est pas un crime:* ce n'est pas très grave. **2.** Cour. Meurtre. *Chercher l'arme, le mobile du crime. Crime passionnel. Crime parfait*, dont on ne parvient pas à découvrir l'auteur. **3.** DR Infraction punie d'une peine afflictive ou infamante (par oppos. à *contravention* et à *délit*). – *Crime de lèse-majesté, crime de guerre.* – Lat. *crimen*, «accusation».

criméen, éenne [kʀimeɛ̃, eɛn] adj. et n. – De Crimée. (Ukraine).

criminalisation [kʀiminalizɑsjɔ̃] n. f. Action de criminaliser. – De *criminaliser.*

criminaliser [kʀiminalize] v. tr. [1] Transformer une affaire civile en affaire criminelle. – De *criminel.*

criminaliste [kʀiminalist] n. Juriste spécialiste du droit criminel. – De *criminel.*

criminalistique [kʀiminalistik] n. et adj. **1.** n. f. Science de toutes les techniques d'investigation policière. **2.** adj. Relatif à cette science. – Du préc.

criminalité [kʀiminalite] n. f. **1.** Caractère de ce qui est criminel. **2.** Ensemble des faits criminels considérés dans une société donnée, pendant une période donnée. *Baisse, accroissement du taux de criminalité.* – De *criminel.*

criminel, elle [kʀiminɛl] n. et adj. **I.** DR **1.** n. Coupable d'un crime (au sens 3). *Condamner un criminel.* **2.** adj. Qui a trait à la répression pénale. *Instruction criminelle. Le droit criminel.* ▷ N. m. Juridiction criminelle. *Poursuivre un inculpé au criminel.* **II.** Cour. **1.** adj. Qui est condamnable, répréhensible au point de vue de la morale. *Une action, une passion criminelle.* **2.** n. Personne qui a commis un crime. *Le criminel s'est enfui par la fenêtre.* ▷ Adj. Relatif à une personne qui a commis un crime. *Main criminelle.* – Bas lat. jurid. *criminalis.*

criminellement [kʀiminɛlmɑ̃] adv. D'une manière criminelle. *Se conduire criminellement.* – De *criminel.*

criminologie [kʀiminɔlɔʒi] n. f. Science de la criminalité, étude de ses causes, de ses manifestations, de sa prévention et de sa répression. – De *criminel*, et *-logie.*

criminologiste [kʀiminɔlɔʒist] ou **criminologue** [kʀiminɔlɔg] n. Spécialiste en criminologie. – Du préc.

crin [kʀɛ̃] n. m. **1.** Poil long et rêche du cou et de la queue de certains mammifères. *Le crin du lion. Crin de cheval.* **2.** Ces crins, considérés comme matériau. *Matelas de crin.* **3.** Par anal. *Crin végétal:* fibres végétales employées aux mêmes usages que le crin animal. **4.** Fig., fam. *À tous crins* (ou *à tout crin*): énergique, entier. *C'est un partisan à tout crin de...* ▷ *Être comme un crin*, grincheux, de mauvaise humeur. – Du lat. *crinis*, «cheveu».

crincrin [kʀɛ̃kʀɛ̃] n. m. Fam. Mauvais violon. – Onomat.

crinier [kʀinje] n. m. Ouvrier qui prépare le crin. – De *crin.*

crinière [kʀinjɛʀ] n. f. **1.** Ensemble des crins du cou de certains animaux. *La crinière du lion.* ▷ Par ext. *Crinière d'un casque:* touffe de crins qui le garnit. **2.** Fam. Chevelure abondante, épaisse. – De *crin.*

crinoïdes [kʀinɔid] n. m. pl. ZOOL Classe d'échinodermes, fixés par un pédoncule (lis de mer), ou libres à l'état adulte (comatule), dont le corps en forme de calice est bordé de cinq tentacules, divisés ou non. – Gr. *krinoeidês*, «en forme de lis».

crinoline [kʀinɔlin] n. f. **1.** Vx Étoffe de lin à trame de crin, servant à faire des jupons, des cols. **2.** *Par ext.* Jupon bouffant maintenu par des lames d'acier et des baleines, à la mode durant la seconde moitié du XIXe siècle. *Robes à crinoline.* **3.** TECH *Échelle à crinoline:* échelle de secours munie d'arceaux servant de garde-corps. – Ital. *crinolino*, de *crino*, «crin», et *lino*, «lin».

criocère [kʀijɔsɛʀ] n. m. ZOOL Coléoptère chrysomélidé (genre *Crioceris*), nuisible, long de 8 mm, aux élytres vivement colorés. – Du gr. *krios*, «bélier», et *keras*, «corne».

crique [kʀik] n. f. **1.** Petit enfoncement de la mer dans une côte rocheuse. *Abriter un voilier dans une crique.* **2.** METALL Fissure qui se produit dans une pièce métallique. ▷ TECH Fente apparaissant dans une structure sous l'effet de contraintes. – Anc. scand. *kriki.*

criquer [kʀike] v. intr. [1] TECH Se fendiller (métal). – De *crique.*

criquet [kʀikɛ] n. m. Insecte orthoptère sauteur, à antennes courtes et élytres longs, au chant caractéristique, appelé souvent (et abusivement) *sauterelle.* – Onomat.

ENCYCL *Schistocerca gregaria,* le criquet pèlerin, et *Locusta migratoria,* le criquet migrateur, ou acridiens, constituent en Afrique et en Asie de véritables fléaux: ils se groupent en nuages de milliards d'individus qui dévorent toute la végétation sur leur passage. Ces migrations sont déclenchées lorsque la population atteint un certain seuil de densité; elle devient alors grégaire, et, dans le même temps, la couleur générale des individus s'assombrit. Ces deux phénomènes permettent de prévoir les migrations.

crise [kʀiz] n. f. **1.** MED Changement rapide, généralement décisif en bien ou en mal, survenant dans l'état d'un malade. ▷ Accident subit chez un sujet atteint d'une maladie chronique, ou apparemment en bonne santé. *Crise d'asthme. Crise d'appendicite. Crise cardiaque.* **2.** Période où un sentiment, un état psychologique atteint son paroxysme. *Traverser une crise de conscience. Avoir une crise de larmes, de désespoir. Crise de nerfs:* état de tension extrême qui se manifeste par des cris, des pleurs. ▷ *Être en crise:* traverser une période difficile, où l'on est amené à résoudre de nombreuses contradictions. ▷ Fam. *Prendre, piquer une crise, faire sa crise:* être en proie à une violente colère. **3.** Moment difficile et généralement décisif dans l'évolution d'une société, d'une institution. *La crise de l'Église.* ▷ *Crise ministérielle:* période entre la chute d'un ministère et la formation d'un nouveau cabinet. ▷ *La crise:* la période où les difficultés économiques, politiques et idéologiques sont ressenties comme paroxystiques. *C'est la crise. Que pensez-vous de la crise?* – Lat. méd. *crisis,* gr. *krisis,* «décision».

crispant, ante [kʀispɑ̃, ɑ̃t] adj. Qui agace, crispe. – Ppr. de *crisper.*

crispation [kʀispɑsjɔ̃] n. f. **1.** Contraction, resserrement qui ride la surface de qqch. *Crispation du papier qui se consume.* **2.** Contraction musculaire involontaire. *La crispation de son front révélait sa colère contenue.* **3.** Impatience, vive irritation. – De *crisper.*

crisper [kʀispe] **I.** v. tr. [1] **1.** Resserrer en plissant la surface de. *Le froid crispe la peau.* **2.** Provoquer la crispation musculaire (d'une partie du corps). *Douleur, colère qui crispe le visage. Mains crispées par le froid.* **3.** Fig. Causer de l'impatience, de la contrariété à (qqn). *Son arrogance me crispe.* **II.** v. pron. **1.** Se contracter (choses). *«Le craquement de l'écorce qui se crispe avant d'éclater.»* (G. Sand). **2.** Se contracter (personnes). *Se crisper au moindre bruit.* – Lat. *crispare,* «friser, rider».

crispin [kʀispɛ̃] n. m. **1.** Anc. Type de valet fanfaron, sans scrupule et flagorneur, de la commedia dell'arte. **2.** Manchette de cuir ajoutée aux gants pour protéger le poignet. – De l'ital. *Crispino* n. d'un valet de la Commedia dell'arte.

criss. V. kriss.

crissement [kʀismɑ̃] n. m. Action de crisser; bruit produit par ce qui crisse. *Crissement des feuilles sèches sous les pas.* – De *crisser.*

crisser [kʀise] v. intr. [1] Produire un grincement par écrasement ou par frottement. *Pneus qui crissent. Le sable crisse sous les pas.* – Frq. **krisan,* «craquer».

crissure [kʀisyʀ] n. f. TECH Ride formée dans une barre ou une feuille de métal. – De *crisser.*

cristal, aux [kʀistal, o] n. m. **1.** CHIM, MINER Fragment d'un corps présentant naturellement des formes géométriques. **2.** *Cristal de roche:* quartz. **3.** Variété de verre pur et dense, très sonore, riche en oxyde de plomb. *Un service à porto en cristal.* ▷ Plur. Objets de cristal. *Une table luxueuse, couverte de cristaux et de porcelaines fines.* **4.** Fig., litt. Eau, glace limpide et pure. *Le cristal d'un lac.* ▷ *De cristal:* pur, limpide, harmonieux. *Une voix de cristal.* **5.** ELECTRON *Cristal liquide:* substance organique dont les molécules peuvent être orientées sous l'effet d'un champ électrique, utilisée pour l'affichage numérique des données. ▷ *Cristal piézoélectrique:* lame cristalline laissant apparaître une charge électrique proportionnelle à la pression qu'on exerce sur elle. **6.** Cour. *Cristaux de glace, de neige:* particules résultant de la cristallisation de l'eau. – Abusiv. *Cristaux de soude.* Carbonate de sodium cristallisé servant au nettoyage. – Lat. *crystallis,* gr. *krustallos,* «glace».

cristallerie [kʀistalʀi] n. f. **1.** Art de fabriquer le cristal, les objets de cristal. ▷ Ensemble d'objets en cristal. *L'argenterie et la cristallerie d'un grand restaurant.* **2.** Lieu où l'on fabrique, où l'on vend des objets en cristal. – De *cristal.*

cristallier, ière [kʀistalje, jɛʀ] n. **1.** Fabricant de cristaux (au sens 3). **2.** n. m. Armoire à cristaux (au sens 3). – De *cristal.*

cristallifère [kʀistalifɛʀ] adj. Qui contient des cristaux (au sens 1). – De *cristal,* et *-fère.*

1. cristallin, ine [kʀistalɛ̃, in] adj. **1.** Propre au cristal. *Structure cristalline.* **2.** Qui contient des cristaux. ▷ MINER *Roche cristalline,* dont les minéraux constitutifs sont cristallisés. *Calcaire, schiste cristallin.* **3.** Litt. Pur, clair comme le cristal. ▷ Pur comme le son rendu par le cristal. *Voix cristalline.* – De *cristal.*

2. cristallin [kʀistalɛ̃] n. m. ANAT Élément constitutif de l'œil, en forme de lentille biconvexe, dont la courbure est modifiable sous l'action des muscles ciliaires, et qui concentre les rayons lumineux de la rétine. *La cataracte détermine l'opacification du cristallin.* – De *cristallin* 1.

cristallinien, ienne [kʀistalinjɛ̃, jɛn] adj. ANAT Relatif au cristallin ou à sa capsule. – De *cristallin* 2.

cristallisable [kʀistalizabl] adj. PHYS Susceptible de se cristalliser. – De *cristalliser.*

cristallisant, ante [kʀistalizɑ̃, ɑ̃t] adj. PHYS Qui détermine la cristallisation. *Propriétés cristallisantes.* – Ppr. de *cristalliser.*

cristallisation [kʀistalizasjɔ̃] n. f. **1.** PHYS Formation de cristaux (par solidification, condensation d'un gaz en solide, évaporation d'un solvant, ou refroidissement d'une solution saturée). ▷ *Cristallisation fractionnée:* fractionnement d'un mélange de corps dissous par abaissement progressif de la température. **2.** Corps formé d'un ensemble de cristaux. *«Une cristallisation basaltique taillée à facettes comme l'œuvre d'un lapidaire.»* (G. Sand). **3.** Fig., litt. Fait de se cristalliser (idées, sentiments, sensations). *Cristallisation des espérances, des souvenirs.* ▷ Litt. Phénomène par lequel l'imagination de celui qui aime, selon Stendhal, transfigure l'objet de sa passion en lui attribuant sans cesse de nouvelles perfections. – De *cristalliser.*

cristalliser [kʀistalize] **I. 1.** v. tr. [1] TECH Provoquer la cristallisation (d'une substance). *Cristalliser du sucre. Un paquet de sucre cristallisé.* **2.** v. intr. PHYS Prendre la forme de cristaux. **3.** v. pron. Former des cristaux (substances). **II.** Fig., litt. **1.** v. tr. Donner forme, transformer en un ensemble cohérent (des éléments dispersés). *Un parti qui réussit à cristalliser les ambitions, les aspirations des citoyens. Fait, incident qui cristallise une angoisse latente.* **2.** v. intr. ou pron. Prendre forme, devenir cohérent (idées, sentiments, sensations). – De *cristal.*

cristallisoir [kʀistalizwaʀ] n. m. CHIM Récipient en verre dans lequel on fait cristalliser les corps dissous. – De *cristalliser.*

cristallo-. Élément, du gr. *krustallos,* «cristal».

cristallo-électrique [kʀistaloelɛktʀik] adj. PHYS Relatif aux propriétés électriques des cristaux. Syn. piézoélectrique. – De *cristallo-*, et *électrique*.

cristallogénie [kʀistaloʒeni] n. f. Science de la formation des cristaux. – De *cristallo-*, et *-génie*.

cristallographe [kʀistalɔgʀaf] n. Spécialiste de l'étude des cristaux. – De *cristallo-*, et *-graphe*.

cristallographie [kʀistalɔgʀafi] n. f. Science qui étudie la structure et la formation des cristaux. – De *cristallo-*, et *-graphie*.

cristallographique [kʀistalɔgʀafik] adj. Relatif à la cristallographie. – De *cristallographie*.

cristalloïde [kʀistalɔid] adj. et n. **1.** adj. Vx Qui a l'apparence d'un cristal. **2.** n. m. Corps dissous qui peut être dialysé (opposé à *colloïde*). **3.** n. f. ANAT Capsule du cristallin. – De *cristallo-*, et *-oïde*.

cristallophyllien, ienne [kʀistalɔfiljɛ̃, jɛn] adj. GEOL *Roche cristallophyllienne*, dont les minéraux constitutifs sont disposés en lits superposés plus ou moins réguliers. *Les gneiss, les micaschistes cristallophylliens sont le résultat du métamorphisme*. – De *cristallo-*, et gr. *phullon*, «feuille».

criste-marine. n. f. V. crithmum.

critère [kʀitɛʀ] ou (vx) **critérium** [kʀiteʀjɔm] n. m. Principe, point de repère auquel on se réfère (pour énoncer une proposition, émettre un jugement, distinguer et classer des objets, des notions). *Les critères de la beauté. Ce n'est pas un critère pour le juger.* ▷ MATH Condition nécessaire et suffisante. – Lat. scolast. *criterium*, du gr. *kritêrion*, de *krinein*, «discerner».

critérium [kʀiteʀjɔm] n. m. SPORT Épreuve organisée en vue d'établir un classement des concurrents. *Être éliminé, sélectionné dans un critérium.* ▷ *Spécial.* Course de poulains ou de pouliches du même âge, permettant d'apprécier leur valeur future (opposé à *omnium*). – Mot lat., du gr. *kritêrion*, «ce qui sert à juger».

crithmum [kʀitmɔm] ou **crithme** [kʀitm] n. m. BOT Plante ombellifère (*Crithmum maritimum*, appelée cour. *criste-marine, perce-pierre, fenouil de mer* ou *marin*) des bords de mer rocheux, dont on utilise les feuilles confites dans du vinaigre comme condiment. – Mot lat. du gr. *krêthmon*.

criticisme [kʀitisism] n. m. PHILO Doctrine de Kant qui place à la base de la réflexion philosophique une étude rigoureuse visant à déterminer les conditions et les limites de notre faculté de connaître. ▷ *Par ext.* Philosophie qui met la théorie de la connaissance à la base de la réflexion. – De *critique* (n. f.).

criticiste [kʀitisist] adj. et n. Qui appartient au criticisme. – N. Partisan du criticisme. – De *criticisme*.

criticité [kʀitisite] n. f. PHYS NUCL État d'un milieu ou d'un système devenu critique. – De *critique*.

critiquable [kʀitikabl] adj. Sujet à la critique. – De *critiquer*.

critique [kʀitik] adj. et n. **A.** adj. **I. 1.** MED Qui annonce ou accompagne une crise; qui décide de l'évolution d'une maladie. *Phase critique.* ▷ Spécial. *Âge critique :* ménopause. **2.** Qui détermine un changement en bien ou en mal (en parlant d'une situation, d'une période, d'un état). *Instant critique.* ▷ Par ext. *Être dans une situation critique*, difficile, pénible, dangereuse. **3.** PHYS *Point critique :* limite supérieure de la phase d'équilibre liquide-vapeur d'un fluide (état caractérisé par une température, une pression et un volume critiques). *Un gaz ne peut être liquéfié que si sa température est inférieure à la température critique.* ▷ PHYS NUCL *Masse critique:* masse de matériau fissile nécessaire au déclenchement d'une réaction en chaîne. **II. 1.** Qui s'applique à discerner les qualités et les défauts d'une œuvre, d'une production de l'esprit. *Compte rendu critique d'une pièce de théâtre. Présentation, exposé critique d'une thèse.* **2.** Qui cherche à établir la vérité, la justesse d'une proposition, d'un fait. *L'examen critique d'une doctrine. Étude critique des Évangiles.* ▷ *Édition critique*, établie après examen et comparaison des divers manuscrits ou éditions antérieures. ▷ *Esprit critique*, qui ne tient pour vraie une proposition qu'après l'avoir établie ou démontrée, et après avoir examiné toutes les objections susceptibles de lui être opposées. *Manquer d'esprit critique.* **3.** Qui porte un jugement sévère, qui blâme ou dénigre. *Juger qqn en termes très critiques.* **B.** n. **I.** n. f. **1.** Art de juger les œuvres littéraires et artistiques. *«La critique est aisée, et l'art est difficile»* (Destouches). *La critique littéraire.* **2.** Jugement porté sur une œuvre littéraire ou artistique; ensemble de ces jugements. *Lire les critiques avant d'aller voir un film. La critique a été encore meilleure dans la presse étrangère que dans la presse canadienne.* **3.** Ensemble des critiques (sens B, II, 1). *«La critique a beaucoup trop d'esprit, c'est ce qui la fera mourir»* (G. Sand). **4.** Analyse rigoureuse (d'une œuvre, d'une production de l'esprit, d'une personne). *La Critique de la raison pure*, ouvrage de Kant. *Critique dogmatique, historique, thématique du roman. Les tendances de la nouvelle critique. Soumettre sa conduite à une critique vigilante.* **5.** Désapprobation, jugement négatif, sévère. *Se livrer à une critique systématique de son entourage. Accabler qqn de critiques.* **II.** n. m. **1.** Personne qui juge des œuvres littéraires et artistiques. *Critique littéraire, critique d'art.* **2.** Vx Celui qui aime à censurer, à blâmer. – Bas lat. *criticus*, gr. *kritikos*, de *krinein*, «juger comme décisif».

critiquer [kʀitike] v. tr. [1] **1.** Examiner en critique. *Critiquer un livre, une doctrine.* **2.** Juger avec sévérité, avec blâme. *Critiquer ses amis, ses voisins.* ▷ (S. comp.). *Il ne fait que critiquer.* – De *critique*.

critiqueur, euse [kʀitikœʀ, øz] adj. et n. Rare Qui se plaît à critiquer. – De *critiquer*.

C.R.O. Sigle de *Communauté* régionale de l'Outaouais.*

croassement [kʀɔasmɑ̃] n. m. Cri du corbeau, de la corneille. ▷ Plur. fig. Propos malveillants. – De *croasser*.

croasser [kʀɔase] v. intr. [1] Crier (corbeaux, corneilles). – Onomat.

croate [kʀɔat] adj. et n. **1.** De la Croatie. **2.** n. m. Langue parlée en Croatie. *Le serbo-croate, une des langues officielles de Yougoslavie, s'écrit soit en caractères latins (croate), soit en caractères cyrilliques (serbe).* – De *Croatie*, auj. rép. de Yougoslavie.

croc [kʀo] n. m. **1.** Instrument à pointes recourbées servant à suspendre. **2.** Longue perche munie d'un crochet. **3.** *Croc à fumier :* instrument à dents pour ramasser le fumier. **4.** Chacune des quatre canines de certains carnivores. *Les crocs d'un lion.* **5.** Fam. Dents de l'homme. ▷ Fig., fam. *Montrer les crocs :* menacer, se mettre en colère. ▷ Fig., pop. *Avoir les crocs:* avoir très faim. – Frq. **krok*, «crochet».

croc-en-jambe [kʀɔkɑ̃ʒɑ̃b] n. m. **1.** Action de mettre le pied devant la jambe de qqn pour le faire tomber. **2.** Fig. Moyen déloyal utilisé pour nuire à qqn. *Des crocs-en-jambe.* – De *croc*, et *jambe*.

croche [kʀɔʃ] adj. et n. **1.** adj. Vx Courbe, crochu. *Nez croche.* ▷ Fig., fam. *Avoir les mains croches.* V. crochu. **2.** n. f. pl. Tenailles de forgeron. **3.** n. f. MUS Note dont la queue porte un crochet, et qui vaut le quart d'une blanche, ou le huitième d'une ronde. *Double croche, triple croche:* croche qui porte deux, trois crochets et qui vaut la moitié, le quart de la croche. – De *croc*.

croche-pied [kʀɔʃpje] n. m. Syn. de *croc-en-jambe*. *Des croche-pieds*. – De *crocher*, et *pied*.

crocher [kʀɔʃe] v. tr. [1] **1.** Saisir avec un croc. ▷ MAR Saisir. – S. comp. *L'ancre a croché*, a accroché le fond. **2.** Tordre en forme de crochet. *Crocher un fil de fer.* – De *croc*.

crochet [kʀɔʃɛ] n. m. **I. 1.** Instrument recourbé pour suspendre, maintenir, attacher. *Clou à crochet. Boucle et crochet d'une agrafe. Crochet d'attelage d'une locomotive.* **2.** Instrument, tige présentant une extrémité recourbée servant à saisir. *Crochet de chiffonnier. Crochet de serrurier:* instrument recourbé en L, pour ouvrir les serrures. **3.** Châssis utilisé par les déménageurs pour transporter de lourdes charges. ▷ Mod., fig. *Vivre aux crochets de qqn*, à ses dépens. **4.** Grosse aiguille à pointe recourbée utilisée pour le tricot ou la dentelle. *Faire une écharpe au crochet.* **5.** Chacune des canines du mulet et du cheval. ▷ Chacune des deux dents recourbées des serpents venimeux, généralement percée d'un canal qui est relié aux glandes à venin. **II. 1.** ARCHI Motif ornemental en forme de feuille recourbée. **2.** TYPO Signe [ ] voisin de la parenthèse. *Transcription phonétique entre crochets.* **3.** Détour, changement de direction. *Faire un crochet pour éviter les embouteillages.* **4.** SPORT En boxe, coup porté par un mouvement du bras en arc de cercle. *Parer un crochet du droit.* – De *croc*.

crochetable [kʀɔʃtabl] adj. Qui peut être crocheté (sens 1). – De *crocheter*.

crochetage [kʀɔʃtaʒ] n. m. Action de crocheter (une serrure) ; résultat de cette action. – De *crocheter*.

crocheter [kʀɔʃte] v. tr. [21] **1.** Ouvrir (une serrure, une porte, etc.) avec un crochet. *Crocheter un coffre-fort.* **2.** Piquer à l'aide d'un crochet. **3.** Garnir (un ouvrage) d'une bordure exécutée au crochet. *Crocheter le bas des manches et le col d'un gilet.* – De *crochet*.

crocheteur [kʀɔʃtœʀ] n. m. **1.** Malfaiteur qui crochète les serrures. **2.** Anc. Portefaix qui utilisait un crochet (sens I, 3). – De *crocheter*.

crochu, ue [kʀɔʃy] adj. **1.** Recourbé en forme de croc. *Nez, doigts crochus.* ▷ Fig., fam. *Avoir les doigts crochus:* être avare, rapace. ▷ ANAT *Os crochu:* l'un des huit os du carpe. **2.** PHILO *Atomes crochus :* dans le système de Démocrite et d'Épicure, atomes qui peuvent s'accrocher les uns aux autres de façon à former les corps, la matière. ▷ Fig. *Atomes crochus entre deux personnes*, affinités qui les rapprochent. – De *croc*.

crocodile [kʀɔkɔdil] n. m. **1.** Grand reptile carnivore vorace, aux pattes courtes, aux mâchoires très longues, vivant dans les eaux chaudes. *Les vagissements du crocodile.* ▷ Fig. *Larmes de crocodile*, hypocrites, simulées. **2.** Peau de crocodile. *Une ceinture, des chaussures en crocodile.* **3.** CH de F Pièce métallique placée entre les rails, qui déclenche un signal. – Lat. *crocodilus*, gr. *krokodeilos*.

ENCYCL Le crocodile, qui vit au bord de l'eau, salée ou douce, est un reptile de l'ordre des crocodiliens, et spécial. du genre *Crocodilus* (bien que l'on nomme abus. crocodiles tous les crocodiliens). Le crocodile du Nil *(Crocodilus niloticus)* dépasse 8 m de long ; il a l'aspect d'un gros lézard aux mâchoires très longues (plus de 70 cm). Le crocodile de la mer des Indes et des zones tropicales *(Crocodilus porosus)* est dangereux pour l'homme et le bétail; son cuir écailleux, très résistant, constitue un produit de luxe en maroquinerie.

crocodiliens [kʀɔkɔdiljɛ̃] n. m. pl. ZOOL Ordre de reptiles sauriens de grande taille (alligators, caïmans, crocodiles, gavials), amphibies, présentant des caractères très évolués (notam. un cœur à quatre cavités, comme les mammifères) et dont le cuir est doublé de plaques osseuses dermiques. – De *crocodile*.

crocus [kʀɔkys] n. m. Plante vivace bulbeuse (fam. iridacées) à grande fleur violette, jaune ou blanche. (*Crocus sativus* fournit le safran). – Mot lat., du gr. *krokos*, «safran».

croire [kʀwaʀ] **I.** v. tr. [62] **1.** Tenir pour vrai, estimer comme véritable. *Croire ce qu'on dit. Croire un récit.* **2.** Avoir confiance (en qqn, en la sincérité de ses dires). *Je le crois, car il ne ment jamais. Croyez-moi, je n'avais jamais vu un tel désordre!* ▷ *En croire:* s'en rapporter à (qqn, à ses dires). *À l'en croire, tout peut changer très rapidement.* ▷ *Ne pas en croire ses oreilles, ses yeux:* être stupéfait, très surpris par ce que l'on entend, par ce que l'on voit. ▷ Fam. *Je te crois!, Je vous crois!, Je crois bien!:* je suis d'accord avec toi, avec vous! *ou:* c'est sûr, c'est évident, cela ne m'étonne pas. **3.** *Croire* (+ inf.): tenir pour véritable (ce qui n'est pas). *Il a cru entendre un bruit. Il croyait être définitivement rétabli mais il a eu une rechute.* ▷ *Croire que:* estimer, supposer que. *Je crois qu'il fera beau demain. Je ne crois pas qu'il puisse tenir ses promesses. Il est à croire* (ou, fam., *c'est à croire*) *qu'il n'a jamais travaillé!* **4.** *Croire qqch, qqn* (suivi d'un attribut): estimer, imaginer, tenir pour vraisemblable ou possible. *Je le crois honnête. Je ne crois pas cette tentative inutile.* ▷ v. pron. S'imaginer être. *Elle se croit une grande comédienne:* elle se prend pour... **II.** v. tr. indir. **1.** *Croire en qqn:* avoir confiance en lui, en sa valeur. *Il croit beaucoup en cet enfant. Croire en soi.* **2.** *Croire à, en une chose:* être convaincu de sa valeur, de sa portée. *Croire à la science, au progrès.* Fam. *Croire dur comme fer:* être fermement convaincu. ▷ *Croire en l'avenir:* avoir confiance en l'avenir. **3.** Être persuadé de la réalité, de la vérité, de l'existence de qqch. *Croire en Dieu et à son amour. Croire aux revenants, à l'enfer, à la vie éternelle.* ▷ *Croire à un changement:* le tenir pour probable. **III.** v. intr. **1.** Accepter entièrement, sans examen ni critique (une proposition, des paroles, etc.). *Croire et ne jamais discuter, voilà sa règle.* **2.** *Spécial.* Avoir la foi. *Il n'est pas pratiquant mais il croit.* – Du lat. *credere*.

croisade [kʀwazad] n. f. **1.** HIST Nom donné aux expéditions parties d'Occident aux XIIe et XIIIe s. pour délivrer les lieux saints de Palestine de la domination musulmane, puis pour assurer leur défense. **2.** Mod. Campagne, lutte menée en vue d'un objectif précis. *Croisade pour la paix, pour le désarmement.* – Réfection de *croisée* et de *croisement*, empl. dans ce sens d'après l'ital. *crociata* et l'esp. *cruzada*.

ENCYCL On compte huit croisades principales, mais ce chiffre ne rend pas compte de la complexité du mouvement, car le va-et-vient des croisés fut continu entre l'Occident et l'Orient. – La *1re croisade* (1096-1099), décidée par le pape Urbain II pendant le concile de Clermont (1095), comporta une croisade populaire (prêchée par Pierre l'Ermite, mais mal organisée et rapidement massacrée par les Turcs en Anatolie) et la croisade des barons, commandée par Godefroi de Bouillon; celle-ci aboutit à la prise de Jérusalem (1099), puis à la création du roy. de Jérusalem, dont Baudouin, frère de Godefroi de Bouillon fut le prem. souverain (1100). – La *2e croisade* (1147-1149), prêchée par saint Bernard de Clairvaux à Vézelay et commandée par le roi de France Louis VII le Jeune et l'empereur Conrad III, échoua devant Damas. – La *3e croisade* (1189-1192), prêchée par Guillaume, archevêque de Tyr, fut commandée par le roi de France Philippe Auguste et le roi d'Angleterre Richard Cœur de Lion, d'une part, l'empereur Frédéric Barberousse, d'autre part; les croisés ne parvinrent pas à reprendre Jérusalem, que Saladin avait enlevée en 1187. – La *4e croisade* (1202-1204), organisée par le pape Innocent III, prêchée par son légat Pierre Capuano, commandée par Baudouin IX, comte de Flandre, et Boniface de Montferrat, fut détournée de son but (l'Égypte) par les Vénitiens, qui l'amenèrent à se tourner contre Byzance; cela aboutit au pillage de Constantinople (1204), ainsi qu'à la constitution des États latins de Grèce: Empire latin, principauté de Morée, empire maritime de Venise. – La 5e *croisade* (1217-1221), décidée par Innocent III, commandée par Jean de Brienne, roi nominal de Jérusalem, et André II de Hongrie, et dirigée contre l'Égypte, remporta quelques succès (prise de Damiette en 1219), puis échoua. – La 6e *croisade* (1228-1229) fut commandée, après de multiples tergiversations, par l'empereur Frédéric II, alors excommunié, qui, par un traité avec le sultan d'Égypte Al Kamil, obtint la cession de Jérusalem. – La 7e *croisade* (1248-1254), commandée par Saint Louis, dirigée contre l'Égypte dont le sultan était redevenu maître de Jérusalem (1244), se solda par un échec: défaite de Mansourah et capture du roi (1250). – La 8e *croisade* (1270) fut également commandée par Saint Louis qui mourut de la peste devant Tunis. – Les croisades, étendues sur deux siècles, se détournèrent de leur objectif initial. La foi cessa d'être la grande inspiratrice, surtout après la 3e croisade, et leur utilisation au profit des intérêts temporels de la papauté finit par leur ôter leur caractère de guerres «justes» contre l'infidèle et de pèlerinage aux lieux saints.

croisé, ée [kʀwaze] adj. et n. m. **I.** adj. **1.** En forme de croix ou de X. *Baguettes croisées.* ▷ *Étoffe croisée.* N. m. *Du croisé:* de l'étoffe à fils très serrés. ▷ *Vêtement croisé,* dont les bords se superposent en partie. *Boutonnage croisé* (par oppos. à *bord-à-bord*). **2.** MILIT *Feux croisés,* qui prennent l'ennemi sous deux angles différents. – Fig. *Être pris sous les feux croisés de la critique.* **3.** LITTER *Rimes croisées,* alternées. ▷ *Mots croisés :* jeu qui consiste à trouver, d'après une définition souvent en forme d'énigme, des mots se croisant à angle droit sur une grille qui peut être lue horizontalement ou verticalement. **4.** Produit par croisement (êtres vivants à reproduction sexuée). *Chien croisé avec un loup.* **II.** n. m. Celui qui partait en croisade. – Pp. de *croiser.*

croisée [kʀwaze] n. f. **1.** Endroit où deux choses se croisent. *La croisée des chemins.* – Fig. *Se trouver à la croisée des chemins:* être dans une situation où un choix décisif s'impose. ▷ ARCHI *Croisée d'ogives:* croisement des ogives d'une voûte gothique. *Croisée du transept:* croisement de la nef et du transept. **2.** Châssis vitré à un ou plusieurs vantaux qui sert à clore une fenêtre. ▷ *Par ext.* Fenêtre. – De *croiser.*

croisement [kʀwazmɑ̃] n. m. **1.** Fait de croiser, de se croiser ; disposition en croix. *Croisement de deux fils, de deux bandes de tissu. Croisement de deux véhicules.* ▷ TEXT Entrelacement des fils d'un tissu. **2.** Point où deux ou plusieurs lignes ou voies se croisent. *Croisement de la voie ferrée et de la grand-route.* ▷ Carrefour. *Tournez à droite au prochain croisement.* **3.** Méthode de reproduction par fécondation entre individus (animaux ou plantes) de même espèce ou d'espèces voisines. – De *croiser.*

croiser [kʀwaze] **I.** v. tr. [1] **1.** Disposer en croix ou en X. *Croiser les jambes, les mains. Croiser un habit:* en faire passer un pan sur l'autre. ▷ *Croiser la baïonnette,* la diriger en avant, perpendiculairement au corps. ▷ *Croiser le fer:* engager les épées, se battre à l'épée. **2.** Passer au travers de (une route, un chemin). *Route croisant une voie ferrée.* **3.** *Croiser qqn:* passer à côté de lui en allant dans la direction opposée. *Je l'ai croisé sur le boulevard. Voiture qui en croise une autre.* **4.** Faire se reproduire des êtres vivants (de races ou d'espèces différentes). *Croiser deux races bovines, deux plantes.* **II.** v. intr. **1.** *Veste qui croise,* dont un côté couvre l'autre et s'y boutonne. **2.** MAR Aller et venir dans un parage déterminé, naviguer. *Navire qui croise au large de la côte.* **III.** v. pron. **1.** Être disposé en croix, ou en X. *Routes qui se croisent.* **2.** *Pans, côtés d'un vêtement qui se croisent,* qui se superposent. **3.** *Personnes, véhicules qui se croisent,* dont les trajectoires sont inverses. ▷ *Regards qui se croisent,* qui se rencontrent. **4.** Se reproduire par croisement (animaux, plantes). **5.** Vx Entreprendre une croisade (sens 1). – De *croix.*

croiserie [kʀwazʀi] n. f. Ouvrage de vannerie en brins d'osier croisés. – De *croiser.*

croisette [kʀwazɛt] n. f. **1.** Petite croix. **2.** Nom cour. d'une gentiane *(Gentiana cruciata)* et d'un gaillet *(Galium cruciatum),* aux pétales disposés en croix. **3.** Fleuret de garde en forme de croix. – De *croix.*

croiseur [kʀwazœʀ] n. m. MAR Bâtiment de guerre, rapide et de tonnage moyen, servant à éclairer la marche des escadres, à engager le combat avant les navires de ligne et à exercer une surveillance sur une grande distance. – De *croiser.*

croisière [kʀwazjɛʀ] n. f. **1.** MAR Action de croiser dans une zone déterminée pour y exercer une surveillance (bâtiment de guerre). **2.** Voyage d'agrément en mer. *Croisière en Méditerranée.* ▷ *Par anal.* Voyage d'agrément en avion. ▷ *Vitesse de croisière d'un avion, d'un navire:* vitesse à laquelle un avion, un navire effectue un long parcours sans usure anormale des moteurs. – Par anal. *Vitesse de croisière d'une voiture.* – De *croiser.*

croisillon [kʀwazijɔ̃] n. m. **1.** Traverse d'une croix, d'une croisée. ▷ ARCHI Bras du transept d'une église. **2.** Pièce qui divise le châssis d'une fenêtre. ▷ Plur. Pièces disposées en croix à l'intérieur d'un châssis, servant à supporter les vitres. **3.** Plur. Ensemble de motifs, de pièces en forme de croix, de X. – De l'a. fr. *croisille,* «petite croix».

croissance [kʀwasɑ̃s] n. f. **1.** Développement progressif des êtres organisés, de leur taille. *Croissance difficile, harmonieuse d'un enfant.* ▷ BIOL Accroissement des diverses parties d'un être vivant, ou adjonction de nouvelles parties semblables à des parties préexistantes, à l'exclusion de toute adjonction de fonctions nouvelles. ▷ MED *Troubles de croissance:* nanisme, gigantisme, acromégalie, etc. – *Hormone de croissance:* l'hormone somatotrope. **2.** Augmentation, développement. *Croissance démesurée des villes. Croissance économique.* – Lat. *crescentia.*

1. croissant [kʀwasɑ̃] n. m. **1.** Figure échancrée de la Lune à son premier ou dernier quartier. **2.** Période pendant laquelle la Lune croît, de la nouvelle à la pleine lune. **3.** Emblème de l'Empire turc, de l'Islam. *La lutte de la croix et du croissant.* **4.** Faucille en forme de croissant servant à élaguer. **5.** Cour. Petite pâtisserie de pâte feuilletée en forme de croissant. *Manger des croissants au petit déjeuner.* **6.** Rue en forme de demi-cercle, dont les deux extrémités débouchent sur une voie principale. – De *croître;* sens 5, d'ap. l'all. *Hörnchen,* n. donné à des pâtisseries à Vienne après la victoire sur les Turcs, en 1686.

2. croissant, ante [kʀwasɑ̃, ɑ̃t] adj. Qui s'accroît, qui va en augmentant. *Le nombre croissant des accidents de la route. Ambition croissante.* ▷ MATH *Fonction croissante,* qui varie dans le même sens que la variable dont elle dépend. – *Suite croissante:* suite telle que l'élément de rang n est toujours inférieur à celui de rang $n + 1$. – Ppr. de *croître.*

croissanterie [kʀwasɑ̃tʀi] n. f. Établissement de restauration où l'on consomme du prêt-à-manger à base de croissants garnis. – De *croissant.*

croît [kʀwa] n. m. **1.** AGRIC Augmentation du nombre de sujets d'un cheptel par la naissance des petits. **2.** Gain de poids vif des animaux. – Déverbal de *croître.*

croître [kʀwatʀ] v. intr. [63] **1.** Se développer, grandir. *Les petits de l'animal croissent, au début de leur vie, plus rapidement que ceux de l'homme.* **2.** Augmenter en volume, en intensité, en nombre. *La rivière a crû. Le bruit croît. L'abstentionnisme croît à chaque scrutin.* **3.** Se développer, pousser naturellement (plantes). *Champignons qui croissent en abondance au pied de certains arbres.* – Du lat. *crescere.*

croix [kʀwa] n. f. **I. 1.** Instrument de supplice composé de deux pièces de bois qui se traversent, sur lequel on fixait certains condamnés à mort dans l'Antiquité (esclaves, notam.). *Mettre qqn en croix. Mourir sur la croix.* **2.** Spécial. *La Croix:* le gibet sur lequel Jésus-Christ fut crucifié. *Jésus portant sa croix. Le mystère de la Croix:* le mystère de la rédemption des hommes par la mort que Jésus a soufferte sur la croix. ▷ Fig. *Chacun porte sa croix:* chacun connaît des épreuves douloureuses, a sa part de souffrance. ▷ *Chemin de Croix:* suite de quatorze tableaux représentant les étapes de la Passion de Jésus. – *Faire le (un) chemin de croix:* s'arrêter pour prier devant chacun de ces tableaux en respectant les étapes du chemin parcouru par le Christ jusqu'à sa crucifixion. ▷ *Signe de (la) croix:* geste rituel des chrétiens (orthodoxes et catholiques), dessinant une croix. *Faire un signe de croix en pénétrant dans une église.* **3.** *La croix:* la religion chrétienne. *Faire triompher la croix.* **4.** Représentation figurée de la croix de Jésus-Christ. *La croix pectorale des évêques. Croix funéraire,* placée sur une tombe. ▷ Bijou en forme de croix. *Offrir une croix à un premier communiant.* **II. 1.** Objet, signe, ornement composé de deux éléments qui se croisent. *Croix du drapeau danois, suisse.* **2.** Décoration en forme de croix de différents ordres de chevalerie. **3.** Marque formée par deux traits qui se croisent. *Marquer une page d'une croix.* ▷ Fig. *Mettre, faire une croix sur une chose,* la tenir pour perdue, y renoncer. **4.** *En croix:* croisé, qui forme une croix, un X. *Couverts disposés en croix sur la table. Carrefour en croix. Étendre les bras en croix.* **5.** COUT *Point de croix,* dans lequel le fil forme une croix, utilisé en broderie, en tapisserie. **6.** Signe en forme de croix. *Croix de Saint-André,* en forme de X. – *Croix de Saint-Antoine,* en forme de T. – *Croix de Lorraine,* à deux croisillons inégaux. – *Croix tréflée, potencée, ancrée.* ▷ *Croix du Sud:* constellation australe dessinant une croix. – Lat. *crux, crucis.*

cromlech [kʀɔmlɛk] n. m. Monument mégalithique formé de blocs dressés en cercle. – Mot gallois et breton, «pierre en courbe».

cromorne [kʀɔmɔʀn] n. m. Instrument de musique à vent, en bois, de la famille de la bombarde, en usage au XVIe et au XVIIe s. ▷ Mod. Un des jeux d'anche de l'orgue. – All. *Krummhorn,* «cor courbe».

crooner [kʀunœʀ] n. m. Anglicisme Chanteur de charme. – Mot américain.

croquant, ante [kʀɔkɑ̃, ɑ̃t] adj. et n. m. Qui croque sous la dent. *Biscuits croquants.* ▷Subst. *Le croquant:* le cartilage de la volaille et de certaines viandes. – Ppr. de *croquer.*

croque au sel (à la) [alakʀɔkosɛl] loc. adv. Avec du sel pour seul assaisonnement. *Artichauts, tomates à la croque au sel.* – De *croquer,* et *sel.*

croquembouche [kʀɔkɑ̃buʃ] n. m. CUIS Pièce montée composée de petits choux caramélisés et fourrés de crème. – De *croque, en,* et *bouche.*

croquemitaine ou **croque-mitaine** [kʀɔkmitɛn] n. m. Être imaginaire et terrible que l'on évoquait autref. pour effrayer les enfants et les faire obéir. *Si tu n'es pas sage, le croquemitaine viendra te prendre!* ▷ Fam. Personne qui se fait redouter par son apparence sévère. *Jouer les croquemitaines.* – De *croquer,* et *mitaine,* «gant», ou p.-ê. altér. néerl. *metjien,* «petite fille».

croque-monsieur [kʀɔkməsjø] n. m. inv. Mets fait de deux tranches de pain de mie entre lesquelles on place une tranche de jambon et du fromage, et que l'on fait griller ou frire (variante, avec un œuf sur le plat: croque-madame). – De *croquer,* et *monsieur* ou *madame.*

croque-mort [kʀɔkmɔʀ] n. m. Fam. Employé d'une entreprise de pompes funèbres. *Des croque-morts.* ▷ *Avoir une figure, une tête de croque-mort:* avoir un air lugubre. – De *croquer,* au fig. «faire disparaître», et *mort* (n. m.).

croquer [kʀɔke] **I.** v. intr. **[1]** Faire un bruit sec sous la dent. *Chocolat qui croque.* **II.** v. tr. **1.** Manger (qqch qui produit un bruit sec) en broyant avec les dents. *Croquer une pomme. Croquer du sucre.* ▷ v. intr. *Croquer dans un fruit.* **2.** Fig. Faire disparaître rapidement. *Croquer un héritage,* le dilapider. ▷ MUS *Croquer des notes,* ne pas les jouer, les escamoter. **3.** Pop. *Croquer le marmot:* se morfondre à attendre. **4.** PEINT Esquisser rapidement, sur le vif, les traits essentiels de. *Croquer un paysage, un visage.* ▷ *Personne jolie à croquer,* très jolie. ▷ *Par anal.* Décrire, présenter les caractères essentiels de. *Il nous a croqué en quelques phrases le portrait de sa future femme.* **5.** Au jeu de croquet, atteindre et projeter loin du but (la boule de l'adversaire). – De *croc.*

1. croquet [kʀɔkɛ] n. m. Jeu qui consiste à pousser sous des arceaux, suivant un itinéraire déterminé, des boules de bois avec un maillet. *Faire une partie de croquet.* – Mot angl., p.-ê. du rad. de *croc,* «crosse».

2. croquet [kʀɔkɛ] n. m. Galon à petites dents, servant à border un ourlet ou à orner un vêtement. – Var. de *crochet.*

croquette [kʀɔkɛt] n. f. CUIS Boulette de pâte, de viande hachée, etc., passée dans du jaune d'œuf et de la chapelure, puis frite. *Croquettes de poisson.* – De *croquer.*

croquignol, ole [kʀɔkiɲɔl] adj. Fam. Amusant et bizarre, comique. – De *croquignole,* ou dér. régressif de *croquignolet.*

croquignole [kʀɔkiɲɔl] n. f. **1.** (France) Chiquenaude. **2.** Pâtisserie traditionnelle faite de pâte sucrée (nouée, tressée, découpée en rondelles, etc.) cuite en pleine friture. Rem. Pfs *croquecignole,* surtout en Acadie. ▷ Petit biscuit croquant. – P.-ê. de *croquer.*

croquignolet, ette [kʀɔkiɲɔlɛ, ɛt] adj. Fam. Mignon, amusant. – De *croquignole* (sens 2.).

croquis [kʀɔki] n. m. **1.** Représentation schématiquement dessinée d'un objet. ▷ PEINT Esquisse rapide indiquant les traits essentiels. *Faire un croquis. Carnet de croquis.* **2.** GEOM Croquis coté. V. coté. – De *croquer.*

croskill [kʀɔskil] n. m. AGRIC Rouleau en fonte pour briser les mottes de terre. – Du nom de l'inventeur.

crosne [kʀon] n. m. Tubercule comestible d'une labiée *(Stachys sieboldi),* présentant plusieurs renflements successifs. – De *Crosne,* village de l'Essonne où la plante fut cultivée.

cross [kʀɔs] n. m. SPORT Parcours tout terrain (motocyclisme, équitation). – Mot angl. de *to cross,* «traverser, parcourir».

cross-country [kʀɔskuntʀi] n. m. SPORT Course à pied au milieu d'obstacles naturels. – Mot angl. de *cross,* et *country,* «campagne».

crosse [kʀɔs] n. f. **1.** Bâton pastoral d'évêque ou d'abbé, à bout recourbé. *Crosse d'évêque.* **2.** Bâton à bout recourbé utilisé dans certains jeux ou sports pour pousser une balle, la frapper, etc. (Rem. Ne s'emploie cour. que pour désigner le bâton utilisé pour jouer à la crosse.) ▷ Sport d'origine amérindienne, pratiqué par deux équipes de 7 ou 10 joueurs, qui consiste à projeter une balle de caoutchouc dur dans le but adverse à l'aide d'un bâton recourbé et muni d'un filet. *Joueur de crosse. Partie de crosse.* **3.** Partie du fût d'un fusil, d'un pistolet, etc., qu'on appuie contre l'épaule ou que l'on serre dans la main pour tirer. ▷ *Mettre la crosse en l'air:* se rendre ou se mutiner, en parlant de soldats. **4.** TECH Pièce recourbée à une des deux extrémités. ▷ ANAT Partie recourbée d'un vaisseau. *Crosse de l'aorte:* courbe de l'aorte dans le médiastin, à sa sortie du cœur. – Du frq. **krukkja*, avec infl. de *croc*.

crossé, ée [kʀɔse] adj. RELIG CATHOL *Abbé crossé*, qui a le droit de porter la crosse. – De *crosse*.

crossoptérygiens [kʀɔsopteʀiʒjɛ̃] n. m. pl. ZOOL Ordre de poissons à choanes ayant vécu du Dévonien au Permien et dont les nageoires préfigurent les membres des amphibiens. (Ils se divisent en actinistiens, ou *cœlacanthes*, encore en vie, et en *rhipidistiens*, qui, sans doute amphibies, constituent la souche des stégocéphales). – Lat. scientif. *crossopterygii*, du gr. *krossos*, «frange», et *pterux*, «aile, nageoire».

crotale [kʀɔtal] n. m. **1.** Serpent très venimeux d'Amérique (genre *Crotalus*), atteignant 2 m de long, et dont l'extrémité de la queue est constituée d'étuis cornés qui produisent un bruit de crécelle quand il se déplace (d'où son appellation cour. de *serpent à sonnette*). **2.** MUS Sorte de castagnette en usage dans l'Antiquité. – Lat. *crotalum*, gr. *krotalon*.

croton [kʀɔtõ] n. m. BOT Euphorbiacée arbustive ou arborescente *(Croton tiglium)*, qui produit des graines (petits pignons d'Inde) dont on tire une huile purgative. – Gr. *krotôn*.

crotte [kʀɔt] n. f. **1.** Fiente de certains animaux. *Crotte de lapins, de souris. – Par ext.* Tout excrément solide . ▷ Fam. *C'est de la crotte, de la crotte de bique:* cela n'a aucune valeur. ▷ Fam. *Crotte!* Interj. de dépit, de surprise. **2.** Vieilli Boue des rues qui salit. *Être tout couvert de crotte.* **3.** *Crotte en chocolat:* bonbon de chocolat. – Frq. **krotta*.

crotté, ée [kʀɔte] adj. Couvert de boue. *Souliers crottés.* – Pp. de *crotter*.

crotter [kʀɔte] v. tr. [1] Salir avec de la boue. ▷ v. pron. *Se crotter.* ▷ v. intr. Faire des crottes. – De *crotte*.

crottin [kʀɔtɛ̃] n. m. Excrément solide des équidés. – De *crotte*.

croulant, ante [kʀulɑ̃, ɑ̃t] adj. et n. **1.** adj. Qui croule ou qui est près de crouler. *Une maison croulante.* **2.** n. Arg. Adulte, personne âgée. – Ppr. de *crouler* 1.

croule [kʀule] n. f. **1.** Vol nuptial de la bécasse. **2.** Chasse pratiquée pendant le passage des bécasses, au printemps. – Déverbal de *crouler* 2.

1. crouler [kʀule] v. intr. [1] **1.** Tomber en se désagrégeant. *Un mur qui croule.* **2.** Fig. S'effondrer. *L'empire croulait de toutes parts.* ▷ Par exag. *Un vieillard qui croulait sous le poids des ans.* – Du lat. pop. **corrotulare*, «faire rouler».

2. crouler [kʀule] v. intr. [1] Crier, en parlant de la bécasse. – Altér. de l'all. *grillen*, «crier», d'après *crouler* 1.

croup [kʀup] n. m. Laryngite à fausses membranes, presque toujours d'origine diphtérique. – Mot angl. dial., p.-ê. onomat.

croupade [kʀupad] n. f. EQUIT Saut d'école dans lequel le cheval ramène ses membres postérieurs sous lui. – De *croupe*.

croupe [kʀup] n. f. **1.** Partie de divers animaux (cheval, âne, etc.) qui s'étend des reins à la naissance de la queue. – *Monter en croupe:* monter derrière celui qui est en selle. **2.** Fig., fam. Partie postérieure de l'être humain (se dit en partic. des femmes). **3.** GEOGR Sommet arrondi d'une colline. – Frq. **kruppa*.

croupetons (à) [akʀuptõ] loc. adv. Dans une position accroupie. *Se tenir à croupetons.* – De *croupe*.

croupi, ie [kʀupi] adj. *Eau croupie*, stagnante et corrompue. – Pp. de *croupir*.

croupier [kʀupje] n. m. Employé d'une maison de jeux qui tient le jeu et la banque pour le compte de l'établissement. – De *croupe;* d'abord *cavalier croupier*, «qui monte en croupe», puis «associé d'un joueur», qui se tenait derrière lui.

croupière [kʀupjɛʀ] n. f. **1.** Partie du harnais passant sous la queue du cheval, du mulet, etc., rattachée à la sellette par-dessus la croupe. **2.** Loc. fig. *Tailler des croupières à qqn*, lui susciter des difficultés. – De *croupe*.

croupion [kʀupjõ] n. m. **1.** Extrémité postérieure du tronc des oiseaux portant des plumes rétrécies. *Le croupion d'un poulet.* ▷ Zone d'attache de la queue, chez les mammifères. **2.** HIST (Par dénigr.). *Parlement croupion:* la fraction du Parlement anglais que Cromwell conserva en 1648. – De *croupe*.

croupir [kʀupiʀ] v. intr. [2] **1.** Se corrompre faute de mouvement (liquides) ; se corrompre dans une eau stagnante. *L'eau croupit. Herbes qui croupissent dans une mare.* **2.** Fig. Vivre dans l'ordure, dans un état dégradant. *Croupir dans sa crasse. Croupir dans le vice.* ▷ S. comp. *Croupir:* être inactif, improductif. – De *croupe*.

croupissant, ante [kʀupisɑ̃, ɑ̃t] adj. Qui croupit. *Mare croupissante.* – Fig. Inactif. – Ppr. de *croupir*.

croupissement [kʀupismɑ̃] n. m. Fait de croupir, état de ce qui croupit. – De *croupir*.

croupon [kʀupõ] n. m. TECH (Industr. du cuir). Partie centrale (dos et croupe) d'une peau. – De *croupe*.

croustade [kʀustad] n. f. **1.** CUIS Pâté chaud à croûte croquante. **2.** Mets préparé avec des tranches épaisses de pain de mie creusées en forme de caisses et garnies. **3.** Pâtisserie faite de couches alternées de pâte très fine et de pommes. – Provenç. mod. *croustado*, de *crousto*, «croûte».

croustillant, ante [kʀustijɑ̃, ɑ̃t] adj. **1.** Qui croustille. *Croissants croustillants.* **2.** Fig. Qui contient des détails scabreux ou grivois. *Histoire croustillante.* – Ppr. de *croustiller*.

croustiller [kʀustije] v. intr. [1] Craquer agréablement sous la dent. *Une galette qui croustille.* – Du lat. *crusta*, «croûte».

croustilles [kʀustij] n. f. pl. Pommes de terre coupées en rondelles très minces et frites. *Un sac de croustilles. Manger des croustilles.* – De *croustiller*.

croustilleux, euse [kʀustijø, øz] adj. Vieilli ou litt. Hardi, croustillant (au sens 2). *Révélations croustilleuses.* – De *croustiller*.

croûte [kʀut] n. f. **I. 1.** Partie extérieure du pain, que la cuisson a durcie. *La croûte et la mie du pain. – Par ext.* Reste de pain durci. *Tremper des croûtes de pain dans sa soupe.* ▷ Loc. fig., fam. *Casser la croûte:* manger. – *Gagner sa croûte:* gagner de quoi manger; gagner sa vie. **2.** Pâte cuite enveloppant ou recouvrant des aliments. *Croûte de tarte bien dorée. Pâté en croûte.* **3.** Partie superficielle du fromage. *Manger un camembert avec la croûte.* **II.** *Par anal.* **1.** Tout ce qui se forme et durcit sur qqch. *Une croûte de tartre.* ▷ MED Plaque non vascularisée qui se forme à la surface des téguments lors de la cicatrisation d'une plaie, de certaines affections dermatologiques. **2.** Couche durcie ou glacée à la surface de la neige, souvent causée par le retour du froid après une période de dégel, de pluie ou de verglas. *Marcher sur la croûte. La croûte est assez épaisse pour porter un homme.* **3.** GEOL *Croûte terrestre:* partie la plus superficielle du globe terrestre. (Elle se compose de la croûte continentale granitique, constituant le sol des continents, et de la croûte océanique basaltique, continue sur tout le globe, qui constitue le sous-sol des continents et le sol des fonds océaniques.) Syn. écorce terrestre. **4.** Planche prise dans la couche extérieure d'un tronc d'arbre, dont une face est recouverte d'écorce. *Des piles de madriers, de planches, de croûtes.* ▷ Souvent au plur. Morceau de cette planche, utilisé comme bois de chauffage. *Chauffer le poêle avec des croûtes de merisier.* Syn. dosse. **5.** Fam. Mauvais tableau. **6.** TECH Partie du cuir obtenue par sciage, côté chair. – Appos. *Cuir croûte.* – Lat. *crusta.*

croûter [kʀute] v. intr. [1] **1.** Former une croûte. *La neige croûte au printemps.* **2.** Pop. Manger. *Quand est-ce qu'on croûte?* – De *croûte;* sens 2, de *(casser la) croûte.*

croûteux, euse [kʀutø, øz] adj. Qui forme une croûte, qui présente l'aspect d'une croûte. – De *croûte.*

croûton [kʀutõ] n. m. **1.** Morceau de croûte, en partic. à l'extrémité d'un pain; extrémité d'un pain. *Il ne restait plus qu'un croûton à manger.* **2.** CUIS Petit morceau de pain frit. *Préparer des croûtons pour accompagner une soupe. Omelette aux croûtons.* **3.** Fig., fam. Individu routinier, confiné dans l'habitude. *Un vieux croûton.* – De *croûte.*

croyable [kʀwajabl] adj. Qui peut être cru (choses). *Est-ce croyable? C'est à peine croyable.* Ant. incroyable. – De *croire.*

croyance [kʀwajɑ̃s] n. f. **1.** Fait de croire. *La croyance aux bienfaits du progrès scientifique.* ▷ *Spécial.* Fait de croire en Dieu. *«Le plus sceptique a ses moments de croyance superstitieuse»* (P. Mérimée). **2.** Ce que l'on croit, ce à quoi on adhère (en matière politique, philosophique, et, spécial., religieuse). *Respecter les croyances d'autrui. «Hors en religion, je n'ai aucune croyance»* (Chateaubriand). – De *croire.*

croyant, ante [kʀwajɑ̃, ɑ̃t] adj. Qui a la foi. *Elle était très croyante.* ▷ Subst. *Les croyants et les athées.* – Ppr. de *croire.*

1. cru [kʀy] n. m. **1.** Terroir considéré relativement à sa production. *Les spécialités du cru.* ▷ Spécial. *Vin du cru,* fait avec le raisin de l'endroit. – Ellipt. *Un grand cru. Les crus de Bourgogne, de Bordeaux.* **2.** Fig., fam. *De son cru:* de sa propre invention. *Il fit encore quelques bons mots de son cru et prit congé.* – De *crû,* pp. de *croître.*

2. cru, ue [kʀy] adj. Que l'on croit. *Une chose crue de tous.* – Pp. de *croire.*

3. cru, ue [kʀy] adj. **1.** Qui n'est pas cuit. *Viande crue.* – Adv. *Manger cru.* **2.** Naturel, brut, non préparé. *Chanvre cru.* **3.** Dit, fait sans ménagement. *Une réponse bien crue.* – Adv. *Parler cru à qqn.* ▷ Licencieux, inconvenant. *Plaisanteries, propos très crus.* **4.** Que rien n'atténue, violent (lumière, couleur). **5.** Loc. adv. *À cru:* sur la peau nue. ▷ *Monter à cru :* sans selle. – Lat. *crudus,* «saignant», de *cruor,* «sang».

crû, ue [kʀy] Pp. du v. croître.

cruauté [kʀyote] n. f. **1.** Inclination à faire souffrir. *Traiter qqn avec cruauté.* ▷ Caractère de ce qui est cruel. *La cruauté d'une action.* – *La cruauté du tigre,* sa férocité. **2.** Acte cruel. *Commettre des cruautés.* **3.** Fig. Caractère de ce qui est rigoureux. *La cruauté du sort, du destin.* **4.** Vx Indifférence de celui, de celle qui fait souffrir ceux qui l'aiment. **5.** DR *Cruauté mentale:* comportement qui contribue à endommager la santé émotionnelle et psychologique d'une personne. *La cruauté mentale constitue un motif de divorce.* – Lat. *crudelitas.*

cruche [kʀyʃ] n. f. **1.** Vase à large panse, à col étroit et à anses. *Une cruche en grès, en terre.* – Son contenu. *Une cruche d'eau.* ▷ Prov. *Tant va la cruche à l'eau qu'à la fin elle se casse:* tout finit par s'user ; à force de s'exposer à un péril, on finit par y succomber. **2.** Fig., fam. Personne sotte. *Quelle cruche!* – Frq. ***kruka.**

cruchon [kʀyʃõ] n. m. Petite cruche; son contenu. – Dimin. de *cruche.*

crucial, ale, aux [kʀysjal, o] adj. **1.** Qui est en forme de croix. *Incision cruciale.* **2.** Fig. *Expérience cruciale,* décisive (indiquant une direction sûre comme le poteau indicateur à un carrefour ; expr. due à Fr. Bacon). **3.** Décisif, capital. *Point crucial. Moment crucial.* – Lat. *crucialis,* de *crux, crucis,* «croix».

cruciféracées [kʀysifeʀase] ou **crucifères** [kʀysifɛʀ] n. f. pl. BOT Famille de dicotylédones dialypétales superovariées dont la corolle à 4 pétales forme une croix et dont les fruits sont des siliques. *Les crucifères sont très nombreuses: chou, navet, cresson, moutarde, giroflée, etc.* – De *crucifère.*

crucifère [kʀysifɛʀ] adj. Qui porte une croix. *Colonne crucifère.* – Lat. ecclés. *crucifer.*

crucifié, ée [kʀysifje] adj. **1.** Mis en croix. ▷ Subst. *Le Crucifié :* Jésus-Christ. **2.** Fig. Qui éprouve une grande souffrance morale. *Un cœur crucifié.* – Pp. de *crucifier.*

crucifier [kʀysifje] v. tr. [1] **1.** Supplicier (qqn) en le fixant sur une croix pour l'y faire mourir. *Les Romains ont crucifié le Christ.* **2.** Fig. Tourmenter cruellement. *Son malheur le crucifie.* ▷ RELIG Mortifier. *Crucifier ses passions.* – Lat. *crucifigere.*

crucifix [kʀysifi] n. m. Croix sur laquelle est représenté le Christ crucifié. *Un crucifix en bois, en argent, en or.* – Lat. ecclés. *crucifixus,* pp. de *crucifigere,* «fixer sur la croix».

crucifixion [kʀysifiksjõ] n. f. ou **crucifiement** [kʀysifimɑ̃] n. m. **1.** Action de crucifier. **2.** BX-A Représentation peinte ou sculptée de Jésus sur la croix. – De *crucifier.*

cruciforme [kʀysifɔʀm] adj. En forme de croix. – Du lat. *crux, crucis,* «croix», et *-forme.*

cruciverbiste [kʀysivɛʀbist] n. Amateur de mots croisés. – Du lat. *crux, crucis,* «croix», et *verbum,* «mot».

crudité [kʀydite] n. f. **1.** Rare Qualité de ce qui est cru (aliments). ▷ Cour. *Crudités:* légumes divers que l'on mange crus, généralement en salade. *Assiette de crudités.* **2.** Fig. Caractère d'un propos, d'une représentation dont le réalisme choque. **3.** Fig. (Lumière, couleur.) *La crudité d'un éclairage.* – Lat. *cruditas,* «indigestion».

crue [kʀy] n. f. Élévation du niveau d'un cours d'eau, pouvant provoquer son débordement. *Les crues des rivières au printemps. Élever des digues pour canaliser une rivière en crue.* – Pp. de *croître.*

cruel, elle [kʀyɛl] adj. **1.** Qui prend plaisir à faire souffrir, à voir souffrir. *C'est un tyran cruel.* ▷ Fig. *Destin, sort cruel.* **2.** Qui dénote la cruauté. *Action cruelle.* **3.** Sévère, inflexible. *Un père cruel.* ▷ Vieilli Insensible, en parlant d'une femme courtisée. *Une beauté cruelle.* – Subst. Vx *Ne point trouver de cruelles:* n'avoir aucune femme qui vous résiste. **4.** Qui cause une grande souffrance. *Une cruelle maladie.* – Lat. *crudelis,* de *crudus,* «cru», au fig. «qui aime le sang».

cruellement [kʀyɛlmɑ̃] adv. **1.** D'une manière cruelle. *Battre qqn cruellement.* **2.** D'une manière douloureuse, intolérable. *Être cruellement éprouvé par la mort d'un parent.* – De *cruel.*

cruenté, ée [kʀyɑ̃te] adj. MED Imprégné de sang. *Plaie cruentée.* – Lat. *cruentus* «sanglant», de *cruor,* «sang».

crûment [kʀymɑ̃] adv. D'une manière crue. *Répondre crûment.* – De *cru* 3.

cruor [kʀyɔʀ] n. m. MED Partie du sang, qui se coagule (opposé à *sérum*). – Mot lat., «sang».

crural, ale, aux [kʀyʀal, o] adj. ANAT Qui appartient à la cuisse. *Arcade crurale.* – Lat. *cruralis,* de *crus, cruris,* «jambe».

crustacé, ée [kʀystase] adj. et n. **1.** adj. Vx SC NAT Dont le corps est couvert d'une membrane dure et cassante. **2.** n. m. pl. Mod. ZOOL *Crustacés :* classe d'arthropodes antennates dont le tégument chitineux est fortement minéralisé par des sels de calcium. (Généralement aquatiques à respiration branchiale, ils sont ovipares. On les divise en *malacostracés,* ou crustacés supérieurs: homard, crevette, crabe, etc., et en *entomostracés,* ou crustacés inférieurs: cypris, cyclops, daphnie, etc.). – Au sing. *Un crustacé.* ▷ Cour. Les crustacés aquatiques comestibles (homard, crevette, crabe, etc.). *Faire un repas de crustacés.* – Lat. savant, de *crusta,* «croûte».

cruzado [kʀuzado] n. m. Unité monétaire du Brésil. – Mot portug., de *cruz,* «croix».

cry(o)-. Élément, du gr. *kruos,* «froid».

cryanesthésie [kʀijanɛstezi] n. f. MED Anesthésie par le froid. – De *cry(o)-,* et *anesthésie.*

cryoclastie [kʀijoklasti] n. f. GEOL Fragmentation des roches par une succession de gels et de dégels. – De *cryo-,* et gr. *klastein,* «briser».

cryoconducteur, trice [kʀijokɔ̃dyktœʀ, tʀis] adj. et n. m. ELECTR Conducteur porté à très basse température pour diminuer sa résistivité. – De *cryo-,* et *conducteur.*

cryoélectronique [kʀijoelɛktʀɔnik] adj. et n. f. ELECTRON Partie de l'électronique qui utilise les supraconducteurs. – De *cryo-,* et *électronique.*

cryogène [kʀijoʒɛn] adj. et n. m. Qui produit du froid. *L'azote liquide est cryogène.* – De *cryo-,* et *-gène.*

cryogénie [kʀijoʒeni] n. f. Production de très basses températures. – De *cryo-,* et *-génie.*

cryogénique [kʀijoʒenik] adj. Relatif à la cryogénie. – Du préc.

cryoglobuline [kʀijoglɔbylin] n. f. BIOCHIM Protéine sérique qui précipite au froid. (Sa présence, pathologique, est parfois liée à une maladie hématologique.) – De *cryo-,* et *globuline.*

cryoglobulinémie [kʀijoglɔbylinemi] n. f. MED Présence de cryoglobuline dans le sang. – De *cryo-, globuline,* et *-émie.*

cryolithe ou **cryolite** [kʀijɔlit] n. f. MINER Aluminofluorure naturel de sodium. – De *cryo-,* et *-lithe.*

cryomètre [kʀijɔmɛtʀ] n. m. PHYS Instrument qui sert à mesurer l'abaissement du point de congélation d'un solvant après dissolution d'un soluté. – De *cryo* et *-mètre.*

cryométrie [kʀijɔmetʀi] n. f. PHYS Mesure des températures de congélation. – Du préc.

cryostat [kʀijosta] n. m. TECH Appareil servant à maintenir des objets à de très basses températures. – De *cryo-,* et *-stat.*

cryothérapie [kʀijoteʀapi] n. f. MED Traitement fondé sur l'emploi du froid. – De *cryo-,* et *-thérapie.*

cryoturbation [kʀijotyʀbasjɔ̃] n. f. GEOL Déplacement, sous l'action d'une alternance de gels et de dégels, des éléments de la couche superficielle du sol. – De *cryo-,* et lat. *turbare* d'ap. *perturbation.*

crypte [kʀipt(ə)] n. f. Caveau construit au-dessous d'une église. – Chapelle souterraine dans une église. – Lat. *crypta,* «galerie souterraine».

cryptique [kʀiptik] adj. **1.** Qui vit dans les grottes. **2.** Souterrain. – De *crypte.*

crypto-. Élément, du gr. *kruptos,* «caché».

cryptocalvinisme [kʀiptokalvinism] n. m. Doctrine qui, sur l'Eucharistie, rapprochait le point de vue luthérien du point de vue calviniste et dont les adeptes furent persécutés, en Allemagne, à la fin du XVIe s. – De *crypto-,* et *calvinisme.*

cryptocommunisme [kʀiptokɔmynism] n. m. Sympathie, non exprimée, pour la doctrine ou les idées communistes, sans adhésion au parti. – De *crypto-,* et *communisme.*

cryptocommuniste [kʀiptokɔmynist] adj. et n. Partisan occulte du communisme. – De *crypto-,* et *communiste.*

cryptogame [kʀiptogam] adj. et n. m. BOT Se dit des végétaux dont les organes de fructification sont cachés ou peu apparents. ▷ *Les cryptogames,* n. m. pl. Vaste ensemble de végétaux dont le mode de reproduction est resté longtemps mystérieux, à cause de la taille, de la position, du caractère aléatoire des organes reproducteurs. (Ils s'opposent aux phanérogames. Ce sont les algues, les champignons, les mousses, etc.). *Cryptogames vasculaires:* les fougères. – De *crypto-,* et *-game.*

cryptogamie [kʀiptogami] n. f. BOT **1.** Reproduction des cryptogames. **2.** Étude des cryptogames. – Du préc.

cryptogamique [kʀiptogamik] adj. BOT Se dit des maladies végétales dues à un champignon parasite. *La cloque est une maladie cryptogamique.* – Du préc.

cryptogénétique [kʀiptoʒenetik] adj. MED Dont la cause reste inconnue. *Maladie cryptogénétique.* – De *crypto-,* et *génétique.*

cryptogramme [kʀiptɔgʀam] n. m. Message rédigé dans une écriture secrète, dépêche chiffrée. – De *crypto-,* et *-gramme.*

cryptographie [kʀiptɔgʀafi] n. f. Technique des écritures secrètes. – De *crypto-,* et *-graphie.*

cryptographique [kʀiptɔgʀafik] adj. Relatif à la cryptographie. *Procédé cryptographique.* – Du préc.

cryptophyte [kʀiptofit] n. f. BOT Plante dont les bourgeons passent la mauvaise saison cachés dans le sol (*géophytes*), dans l'eau (*hydrophytes*) ou dans la vase (*hélophytes*). – De *crypto-,* et *-phyte.*

cryptorchidie [kʀiptɔʀkidi] n. f. MED Absence d'un seul ou des deux testicules dans les bourses, par défaut de migration à partir de l'abdomen. – De *crypto-,* et gr. *orkhis,* «testicule».

Cs CHIM Symbole du césium.

csar. V. tsar.

csardas [ksaʀdas] ou **czardas** [gzaʀdas] n. f. Danse hongroise populaire à deux mouvements, le premier lent, le second rapide. – Mot hongrois.

C.S.D. Sigle de *Centrale des Syndicats Démocratiques.*

C.S.N. Sigle de *Confédération des Syndicats Nationaux.*

C.T.C. Sigle de *Congrès du Travail du Canada.*

cténaires [ktenɛʀ] ou **cténophores** [ktenɔfɔʀ] n. m. pl. ZOOL Embranchement de métazoaires diploblastiques à symétrie bilatérale, pélagiques, se déplaçant à l'aide de 8 palettes ciliées, autref. réunis aux cnidaires dans les cœlentérés. – Lat. scientif., du gr. *kteis, ktenos,* «peigne», à cause de leurs palettes.

Cu CHIM Symbole du cuivre.

cubage [kybaʒ] n. m. **1.** Action de cuber, de mesurer un volume. **2.** Le résultat de cette mesure. *Déterminer le cubage d'une pièce de bois.* – De *cuber.*

cubain, aine [kybɛ̃, ɛn] adj. et n. De Cuba, île des Antilles.

cubature [kybatyʀ] n. f. GEOM Détermination du volume d'un solide. – De *cube.*

cube [kyb] n. m. **1.** Polyèdre limité par six carrés (hexaèdre régulier). (Surface = 6 a^2; volume = a^3, *a* étant la dimension de l'arête du cube.) **2.** MATH Troisième puissance d'un nombre. *4 au cube* (4^3). *Élever 4 au cube* ($4_3 = 4 \times 4 \times 4 = 64$). *64 est le cube de 4.* ▷ Appos. *Centimètre cube* (cm^3), *mètre cube* (m^3), etc.: unités de mesure du volume d'un corps ou de sa contenance. *Ce bassin a une capacité de 4 m^3.* **3.** Objet en forme de cube. – *Jeu de cubes,* jeu destiné aux jeunes enfants. – Lat. *cubus,* gr. *kubos,* «dé à jouer».

cuber [kybe] **1.** v. tr. [1] Évaluer le nombre d'unités de volume cubiques. *Cuber du bois.* **2.** v. intr. Avoir une certaine contenance. *Cette citerne cube 300 litres.* **3.** Fig., fam. Représenter une grosse masse, une grosse quantité. *Dix dollars par-ci, dix dollars par-là, ça finit par cuber.* – De *cube.*

cubilot [kybilo] n. m. METALL Four servant à la refusion de la fonte et des métaux. – Altér. angl. *cupilo, cupelow,* var. dial. (Sheffield) de *cupola,* «four à coupole»; de même orig. que le fr. *coupole.*

cubique [kybik] adj. **1.** Qui a la forme d'un cube. *Construction cubique.* **2.** MATH Qui est à la troisième puissance. ▷ Qui est du troisième degré. *Fonction, équation cubique.* ▷ *Racine cubique d'un nombre,* dont le cube a ce nombre comme valeur (symbole: $\sqrt[3]{}$). *Si* $a = \sqrt[3]{b}$ (racine cubique de *b*), $a^3 = b$. **3.** n. f. *Une cubique :* courbe dont l'équation est du troisième degré. – De *cube.*

cubisme [kybism] n. m. Mouvement artistique, né en 1906-1907, qui rompt avec la vision naturaliste traditionnelle en représentant le sujet fragmenté, décomposé en plans géométriques inscrits dans un espace tridimensionnel de peu de profondeur. – De *cube.*

ENCYCL Le tableau de Picasso, *les Demoiselles d'Avignon* (1907), marque traditionnellement la naissance du cubisme. On y décèle l'influence de Cézanne (pour qui *«il faut traiter la nature par le cylindre, la sphère, le cône»*), de la statuaire romane espagnole et de la sculpture d'Afrique noire. Les éléments constitutifs du vocabulaire cubiste sont ensuite élaborés par Picasso, Braque et Juan Gris (à partir de 1911), dans des recherches néo-cézaniennes (1908-1909) qui débouchent sur ce qu'on a appelé le *cubisme analytique* (1910-1912/1913): plusieurs aspects d'un même sujet géométrisé, fragmenté, s'inscrivent simultanément dans l'espace. Le *cubisme synthétique* (1913-1914) voit la réduction du sujet à son essence et l'on a pu parler d'une véritable esthétique conceptuelle, surtout à propos de J. Gris, qui, partant du cylindre, «fait une bouteille». Avec F. Léger, Delaunay, Gleizes, Metzinger, Marcoussis, La Fresnaye, Lhote, etc., le cubisme a proposé, jusqu'en 1930 env., des formes généralement restées plus proches de la nature et, par conséquent, plus «lisibles».

cubiste [kybist] adj. et n. Qui se rapporte au cubisme. – Artiste dont l'œuvre relève du cubisme. – De *cubisme.*

cubital, ale, aux [kybital, o] adj. Relatif au coude, au cubitus. *Muscles cubital antérieur et cubital postérieur.* – De *cubitus.*

cubitus [kybitys] n. m. ANAT Le plus gros des deux os de l'avant-bras, qui s'articule, en bas, avec les os du carpe et, en haut, avec l'humérus au niveau de l'articulation du coude. (Il est relié au radius à ses deux extrémités, supérieure et inférieure). *L'extrémité supérieure du cubitus, ou «olécrane», forme la saillie du coude.* – Mot lat., «coude».

cucu ou **cucul** [kyky] adj. inv. Fam. Bêtement naïf; simpliste et niais à la fois. – Redoublement de *cul.*

cuculidés [kykylide] n. m. pl. Famille d'oiseaux renfermant les coucous (genre *Cuculus*). – Du lat. *cuculus,* «coucou».

cuculiformes [kykylifɔʀm] n. m. pl. Ordre d'oiseaux comprenant les cuculidés et les musophagidés (touracos), ordre autref. inclus dans les grimpeurs. – Du lat. *cuculus,* «coucou», et *-forme.*

cucurbitacées [kykyʀbitase] n. f. pl. BOT Famille de dicotylédones gamopétales dont la tige est une liane souvent charnue (ex.: les courges, cornichons, melons, etc.). – Sing. *Une cucurbitacée.* – Lat. scientif., de *cucurbita,* «courge».

cucurbite [kykyʀbit] n. f. TECH Partie inférieure renflée de l'alambic. – Lat. *cucurbita,* «courge».

çudra. V. sudra.

cueillaison [kœjɛzɔ̃] n. f. **1.** Litt., (souvent fig.) Action de cueillir. *La cueillaison d'un baiser.* **2.** AGRIC Saison où l'on cueille. – De *cueillir.*

cueillette [kœjɛt] n. f. **1.** Récolte de certains fruits. *La cueillette des fraises.* **2.** Produit de cette récolte. *Une cueillette abondante.* – De *cueillir.*

cueilleur, euse [kœjœʀ, øz] n. Personne qui cueille. *Les cueilleurs de pommes.* – De *cueillir.*

cueillir [kœjiʀ] v. tr. [30] **1.** Détacher (des fleurs, des fruits, des légumes) de la branche ou de la tige. *Cueillir des roses. Cueillir un bouquet de fleurs.* **2.** Fig. Recueillir. *Cueillir un baiser.* – Métaph. *«Cueillez dès aujourd'hui les roses de la vie»* (Ronsard). *Cueillir des lauriers* : avoir des succès. **3.** Fam. et fig. *Cueillir un malfaiteur:* l'arrêter, l'appréhender sans qu'il s'y attende. *Ils ont cueilli l'escroc à sa descente d'avion.* ▷ Passer prendre (qqn). *Il nous a cueillis à l'arrivée du train pour nous conduire à l'hôtel.* – Lat. *colligere.*

cueilloir [kœjwaʀ] n. m. Instrument servant à cueillir les fruits hors de portée (constitué d'un panier et d'une cisaille fixés au bout d'une perche). ▷ Panier où l'on met ce que l'on cueille. – De *cueillir.*

cuesta [kwɛsta] n. f. GEOMORPH Syn. de *relief de côte.* – Mot esp., «côte».

cui-cui [kɥikɥi] n. m. inv. Onomatopée évoquant le cri des petits oiseaux.

cuiller ou **cuillère** [kɥijɛʀ] n. f. **1.** Ustensile de table formé d'une palette creuse à manche, servant à manger les aliments liquides ou peu consistants. *Cuiller à café, à thé, à dessert. Petite cuiller. Cuiller à soupe. Cuiller à pot.* ▷ *Biscuit à la cuiller:* biscuit long et menu, très léger. ▷ Le contenu d'une cuiller. *Versez deux cuillers à soupe de sucre.* **2.** Ustensile en forme de cuiller. *Cuiller de plombier.* – PECHE Pièce métallique brillante, munie d'hameçons, servant d'appât pour le poisson. – CHIR Chacune des deux parties d'un forceps dont la concavité s'adapte à la tête du fœtus. **3.** Loc. fam. *Ne pas y aller avec le dos de la cuiller:* agir sans ménagements, ne pas y aller de main morte. – *Être à ramasser à la petite cuiller:* être en piteux état, être très fatigué. – Du lat. *cochlearium,* «ustensile à manger les escargots (*cochlea*)».

cuillerée [kɥij(ə)ʀe] n. f. Ce que contient une cuiller. *Manger sa soupe à petites cuillerées.* – *Cuillerée à thé, à café* (env. 5 ml). *Cuillerée à table, à soupe* (env. 15 ml). – De *cuiller.*

cuilleron [kɥijʀɔ̃] n. m. **1.** Partie creuse d'une cuiller, au bout du manche. **2.** ZOOL Lame cornée qui protège les balanciers des diptères (mouches). – De *cuiller.*

cuir [kɥiʀ] n. m. **1.** Peau épaisse de certains animaux, contenant une couche dermique fibreuse. **2.** Cette peau séparée de la chair et préparée pour les besoins de l'industrie. *Veste, bagages en cuir.* **3.** *Cuir chevelu:* peau du crâne humain, où sont implantés les cheveux. **4.** Fig et fam. Vice de langage qui consiste à faire une liaison incorrecte entre des mots. Ex.: *Il va (t) à Paris* [ilvatapaʀi] au lieu de [ilvaapaʀi]. – Lat. *corium.*

ENCYCL La peau brute séparée du corps de l'animal présente un côté poil (ou *fleur*) et un côté *chair.* Le *tannage* des peaux est précédé par une série d'opérations destinées à assouplir les peaux et à en ôter les poils et résidus. Il a pour but de transformer la peau en cuir (tannage végétal, tannage minéral ou chamoisage). Le produit fini est obtenu après un *corroyage,* qui lui donne souplesse, résistance et imperméabilité. Les produits de remplacement du cuir sont les *syndermes* (déchets de cuir agglomérés), les *texoïdes* (support textile imprégné de latex), le *cuir reconstitué* et les matières plastiques souples (chlorure de polyvinyle).

cuirasse [kɥiʀas] n. f. **1.** Anc. Arme défensive destinée à protéger le tronc. – *Défaut de la cuirasse:* intervalle non protégé entre deux pièces de la cuirasse. – Fig. Point faible. *Trouver le défaut de la cuirasse.* **2.** Blindage de protection. ▷ MAR Enveloppe métallique destinée à protéger certains navires de guerre (*cuirassés*). **3.** ZOOL Ensemble des plaques anguleuses et dures qui, chez certains poissons et mammifères, couvrent tout ou partie du corps. – Enveloppe protectrice de certains infusoires. **4.** Fig. Ce qui protège, ce dont on affecte de se protéger. *La cuirasse de l'indifférence.* – Du lat. pop. *coriacea,* «de cuir», du lat. clas. *corium,* «cuir».

cuirassé, ée [kɥiʀase] adj. et n. m. **1.** Couvert, protégé par une cuirasse. ▷ N. m. Bâtiment de guerre armé d'artillerie lourde et protégé par un blindage d'acier. **2.** Fig. Endurci moralement, insensible. *Une âme cuirassée.* – De *cuirasse.*

cuirassement [kɥiʀasmɑ̃] n. m. MAR, FORTIF Action de cuirasser, de blinder. – *Par ext.* La cuirasse, le blindage ainsi posé. – De *cuirasser.*

cuirasser [kɥiʀase] v. tr. [1] Revêtir d'une cuirasse. *Cuirasser un navire.* ▷ v. pron. *Se cuirasser:* revêtir une cuirasse. – Fig. *Se cuirasser contre les coups du sort,* s'en protéger. – De *cuirasse.*

cuirassier [kɥiʀasje] n. m. Anc. Cavalier portant une cuirasse. *Le cuirassier blessé,* tableau de Géricault. – Mod. Soldat d'un régiment de cavalerie. – De *cuirasse.*

cuire [kɥiʀ] **I.** v. tr. [71] **1.** Soumettre à l'action du feu, de la chaleur, pour rendre propre à l'alimentation. *Cuire des légumes, de la viande.* **2.** Soumettre (un corps) à l'action transformatrice du feu, de la chaleur, pour le rendre propre à un usage déterminé. *Cuire des briques.* **3.** Réaliser la cuisson, en parlant d'une source de chaleur. *La braise cuit mieux que la flamme.* **4.** Fig. Donner une sensation de brûlure. *Le soleil cuisait ses épaules. – La honte cuisait ses joues.* **II.** v. intr. **1.** Être soumis à l'action du feu, de la chaleur, pour devenir propre à l'alimentation. *La soupe cuit. Ces légumes cuisent bien, mal:* ils sont faciles, difficiles à cuire. ▷ Fig., fam. *Un dur à cuire:* une personne très résistante (à la fatigue, à la douleur, etc.). **2.** Fig., fam. Avoir très chaud. *Ouvrez une fenêtre, on cuit ici!* **3.** *Cuire à qqn:* lui causer une sensation de brûlure, une douleur. *Cette écorchure me cuit.* ▷ Loc. impers. *En cuire à. Il vous en cuira:* vous vous en repentirez. – Du lat. pop. **cocere,* class. *coquere.*

cuisant, ante [kɥizɑ̃, ɑ̃t] adj. **1.** Qui provoque une sensation de brûlure. *Un froid cuisant.* **2.** Fig. Qui affecte vivement. *Un échec cuisant. Des paroles cuisantes.* – Ppr. de *cuire.*

cuisine [kɥizin] n. f. **1.** Pièce où l'on apprête les mets. *Batterie, ustensiles de cuisine.* ▷ *Cuisine roulante:* fourneau ambulant servant à préparer la nourriture des troupes en campagne. **2.** Manière, art de préparer les mets. *Livre, recettes de cuisine.* **3.** Ordinaire d'une maison, nourriture. *La cuisine est médiocre chez lui. Faire la cuisine. Des odeurs de cuisine.* **4.** Fig., fam. Manigances, opérations louches. *Cuisine électorale.* – Lat. *cocina,* de *coquina,* de *coquere,* «cuire».

cuisiner [kɥizine] **I.** v. intr. **[1]** Apprêter les mets, faire la cuisine. *Elle cuisine bien. Il aime cuisiner.* **II.** v. tr. **1.** Accommoder, préparer (un mets). *Cuisiner un ragoût.* ▷ *Plat cuisiné,* vendu chaud, tout préparé. **2.** Fig., fam. *Cuisiner qqn,* le presser de questions pour lui faire avouer qqch. – De *cuisine.*

cuisinette [kɥizinɛt] n. f. Petite cuisine. – Dimin. de *cuisine.*

cuisinier, ière [kɥizinje, jɛʀ] n. Personne qui fait la cuisine. *Un bon cuisinier.* – De *cuisine.*

cuisinière [kɥizinjɛʀ] n. f. Fourneau de cuisine. *Cuisinière électrique, à gaz.* – De *cuisiner.*

cuissage [kɥisaʒ] n. m. DR FEOD *Droit de cuissage:* droit qu'auraient possédé certains seigneurs, de passer avec la femme d'un serf la première nuit de ses noces. – De *cuisse.*

cuissard [kɥisaʀ] n. m. **1.** Partie de l'armure protégeant la cuisse. **2.** Culotte des coureurs cyclistes, s'arrêtant à mi-cuisse. – De *cuisse.*

cuissardes [kɥisaʀd] n. f. pl. Bottes dont la tige couvre les cuisses. – De *cuisse.*

cuisse [kɥis] n. f. Segment supérieur du membre postérieur, contenant le fémur, articulé sur le bassin à la partie supérieure et au genou à la partie inférieure. *Le muscle de la cuisse.* – Fam. *Se croire sorti de la cuisse de Jupiter:* étaler un orgueil injustifié. ▷ (Animaux). *Une cuisse de poulet.* – Lat. *coxa,* «hanche», puis «cuisse».

cuisseau [kɥiso] n. m. En boucherie, partie du veau comprise entre la queue et le rognon. – De *cuissot.*

cuisse-madame [kɥismadam] n. f. Poire jaune, de forme allongée. *Des cuisses-madame.* – De *cuisse,* et *madame.*

cuisson [kɥisɔ̃] n. f. **1.** Action de faire cuire ; son résultat. *La cuisson d'un rôti. Temps de cuisson. Cuisson des briques.* **2.** Fig. Douleur semblable à une brûlure. *La cuisson d'une blessure.* – Du lat. *coctio, coctionis,* de *coquere,* avec infl. de *cuire.*

cuissot [kɥiso] n. m. Cuisse de gibier de grande taille. *Cuissot de chevreuil.* – De *cuisse.*

cuistance [kɥistɑ̃s] n. f. Pop. Cuisine, nourriture. *S'occuper de la cuistance.* Syn. tambouille. – De *cuisine,* p.-ê. d'ap. *becquetance.*

cuistot [kɥisto] n. m. Fam. Cuisinier. – De *cuistance.*

cuistre [kɥistʀ] n. m. (et adj.). Homme pédant, prétentieux. – A. fr. *quistre,* nominatif de *coistron,* «marmiton», du bas lat. **coquistro,* «officier chargé de goûter les mets».

cuistrerie [kɥistʀəʀi] n. f. Pédantisme, manières de cuistre. – De *cuistre.*

cuit, cuite [kɥi, kɥit] adj. **1.** Qui a subi une cuisson. *Pommes cuites au four. Poteries de terre cuite.* ▷ N. m. Ce qui est cuit. *Le Cru et le Cuit,* ouvrage de Cl. Lévi-Strauss. ▷ N. f. TECH Action de cuire. *La cuite de la porcelaine.* **2.** Fig. Dont le coloris est chaud. *Tons cuits.* **3.** Pop. Ivre. *Être complètement cuit.* ▷ N. f. Ivresse. *Prendre une cuite:* s'enivrer. **4.** Fig., fam. Fini, perdu. *C'est cuit:* les jeux sont faits, tout est perdu. *Je suis cuit:* c'en est fait de moi. **5.** Fig., fam. *C'est du tout cuit:* c'est acquis, gagné d'avance. – De *cuire.*

cuiter (se) [kɥite] v. pron. **[11]** Fam. S'enivrer. – De *cuite.*

cuivrage [kɥivʀaʒ] n. m. TECH Action de recouvrir d'une couche de cuivre; cette couche elle-même. – De *cuivrer.*

cuivre [kɥivʀ] n. m. **I.** Élément de numéro atomique Z = 29 et de masse atomique 63,55 (symbole Cu); métal usuel de couleur rouge. *Fil de cuivre.* ▷ *Cuivre jaune:* laiton (par oppos. à *cuivre rouge*, cuivre pur). **II.** Objet en cuivre. **1.** Objet usuel ou d'ornement fait de cuivre ou de laiton. *Fourbir, astiquer les cuivres. Amateur de vieux cuivres.* **2.** MUS *Les cuivres:* les instruments à vent en alliage de cuivre (trompettes, trombones, etc.). *Les cuivres d'un orchestre.* **3.** TECH Planche gravée sur cuivre; gravure tirée de cette planche. – Du lat. **coprium, cuprium*, du class. *(aes) cyprium*, «bronze de Chypre».

ENCYCL Le cuivre est un métal mou, ductile, malléable, de couleur rouge et de densité 8,96. Il fond à 1 083 °C et bout à 2 567 °C. Il se combine avec presque tous les non-métaux pour donner des composés cuivreux et cuivriques. Peu oxydable à l'air, il se recouvre d'une couche protectrice d'un hydroxycarbonate (vert-de-gris). Il possède une excellente conductivité thermique (fabrication de chaudières, d'échangeurs de chaleur, d'ustensiles de cuisine, etc.) et électrique (câbles électriques, bobinages, contacteurs, etc.). Le cuivre a été le premier métal à être travaillé par l'homme (martelage, ciselage), à l'époque nommée *Chalcolithique*, qu'a suivie l'âge du bronze; à cette époque, et plus tardivement encore, le cuivre a été utilisé pour faire des armes, des outils, des bijoux et des objets utilitaires ou décoratifs.

cuivré, ée [kɥivʀe] adj. **1.** De la couleur brun orangé du cuivre. *Teint cuivré. Les reflets cuivrés d'une chevelure.* **2.** Qui a un timbre éclatant, rappelant les instruments de cuivre. *Une voix cuivrée.* – Pp. de *cuivre.*

cuivrer [kɥivʀe] v. tr. [1] **1.** TECH Recouvrir de cuivre. **2.** Fig. Donner une couleur de cuivre à. *Le soleil cuivre le teint.* – De *cuivre.*

cuivreux, euse [kɥivʀø, øz] adj. CHIM Qui renferme du cuivre au degré d'oxydation + 1. – De *cuivre.*

cuivrique [kɥivʀik] adj. CHIM Qui renferme du cuivre au degré d'oxydation + 2. – De *cuivre.*

cul [ky] n. m. **1.** Très fam. Partie postérieure de l'homme et de certains animaux comprenant les fesses et le fondement. *Donner, recevoir des coups de pied au cul. Botter le cul à qqn.* ▷ Loc. fig., vulg. *En avoir plein le cul:* être excédé. – *En tomber sur le cul:* être stupéfait. – *Être à cul:* ne plus avoir de ressources. – *Être comme cul et chemise*, inséparables. – *Être assis, avoir le cul entre deux chaises:* être dans une position fausse, ne savoir quel parti prendre. – *Lécher le cul à qqn*, le flatter bassement. – *Renverser cul par-dessus tête:* culbuter. – *Tirer au cul:* esquiver les corvées (V. flanc). **2.** Partie inférieure, fond de certaines choses. *Cul de bouteille. Cul d'une poulie.* ▷ Loc. fam. *Faire cul sec:* vider son verre d'un trait. – Lat. *culus.*

culasse [kylas] n. f. TECH **1.** Pièce mobile qui ferme la partie arrière du canon d'une arme à feu. **2.** Partie supérieure, démontable, du bloc-moteur d'un moteur à explosion. *Joint de culasse.* **3.** En bijouterie, partie inférieure d'une pierre taillée. – De *cul.*

culbutage [kylbytaʒ] n. m. **1.** Action de culbuter. **2.** ESP Mouvement désordonné d'un véhicule spatial autour de son centre de gravité. – De *culbuter.*

culbute [kylbyt] n. f. **1.** Exercice que l'on exécute en posant les mains et la tête à terre, et en tournant sur soi-même les jambes levées. *Faire des culbutes.* Syn. (fam.) galipette. **2.** Chute à la renverse. **3.** Fig. Faillite, ruine. ▷ Prov. *Au bout du fossé, la culbute:* les actions irréfléchies peuvent avoir des suites fâcheuses. ▷ *Faire la culbute:* se retrouver ruiné. COMM Revendre au double du prix coûtant. – De *culbuter.*

culbuter [kylbyte] **I.** v. intr. [1] Tomber à la renverse. **II.** v. tr. **1.** Renverser cul par-dessus tête, bousculer. *Il culbutait tout sur son passage.* **2.** Rejeter en désordre. *Culbuter l'ennemi.* **3.** Fig. Faire tomber, ruiner. *Culbuter un ministère.* – De *cul*, et *buter.*

culbuteur [kylbytœʀ] n. m. **1.** TECH Dispositif servant à faire basculer un récipient pour le vider de son contenu. **2.** AUTO Dispositif qui actionne les soupapes d'un moteur à explosion. – De *culbuter.*

cul-de-basse-fosse [kyd(ə)bɑsfos] n. m. Cachot souterrain creusé dans une basse-fosse. *Des culs-de-basse-fosse.* – De *cul*, *bas*, et *fosse.*

cul-de-four [kydfuʀ] n. m. ARCHI Voûte en forme de quart de sphère (demi-coupole). *Des culs-de-four.* – De *cul*, et *four.*

cul-de-jatte [kydʒat] n. (et adj.) Personne privée de jambes. *Des culs-de-jatte.* – De *cul*, et *jatte.*

cul-de-lampe [kydlɑ̃p] n. m. **1.** ARCHI Ornement d'un lambris ou d'une voûte ressemblant au dessous d'une lampe d'église. **2.** ARTS GRAPH Vignette imprimée à la fin d'un livre, d'un chapitre. *Des culs-de-lampe.* – De *cul*, et *lampe.*

cul-de-porc [kydpɔʀ] n. m. MAR Nœud en forme de bouton, pratiqué à l'extrémité d'un cordage en entrelaçant les torons de celui-ci. *Des culs-de-porc.* – Altér. de *cul-de-pot*, d'ap. *porc* .

cul-de-poule [kydpul] n. m. *Bouche en cul-de-poule*, dont les lèvres s'arrondissent en une moue pincée. – De *cul*, et *poule.*

cul-de-sac [kydsak] n. m. **1.** Impasse, voie sans issue. *Des culs-de-sac.* **2.** Fig. Situation, entreprise sans avenir. – De *cul*, et *sac.*

culée [kyle] n. f. ARCHI Ouvrage d'appui à l'extrémité d'un pont, d'une voûte. *Culée d'arc-boutant.* – De *cul.*

culer [kyle] v. intr. [1] MAR Aller en arrière, reculer (navires, embarcations). – De *cul.*

culeron [kylʀɔ̃] n. m. Partie de la croupière sur laquelle repose la queue du cheval harnaché. – De *cul.*

culicidés [kyliside] n. m. pl. ZOOL Famille de diptères nématocères, dont fait partie le cousin (moustique du genre *Culex*). – Lat. *culex, culicis*, «cousin», et *-idé.*

culière [kyljɛʀ] n. f. Sangle que l'on attache au derrière d'un cheval pour empêcher le harnais de glisser en avant. – De *cul.*

culinaire [kylinɛʀ] adj. Relatif à la cuisine. *Art culinaire.* – Lat. *culinarius*, de *culina*, «cuisine».

culminant, ante [kylminɑ̃, ɑ̃t] adj. *Point culminant:* point où un astre est le plus haut sur l'horizon. – *Par ext.* Partie la plus élevée d'une chose, plus haut degré. *Il est arrivé au point culminant de sa carrière.* – Lat. *culminans.*

culmination [kylminɑsjɔ̃] n. f. ASTRO Passage d'un astre au méridien du lieu. – Lat. *culminatio*, de *culminare*, «culminer».

culminer [kylmine] v. intr. [1] **1.** ASTRO Passer au méridien, en parlant d'un astre. **2.** Atteindre son plus haut point, son plus haut degré. *Les Rocheuses canadiennes culminent au mont Robson.* – Fig. *L'émotion culmina quand ils se retrouvèrent face à face.* – Lat. médiév. *culminare*, de *culmen*, «comble».

culot [kylo] n. m. **I.** **1.** Partie inférieure de certains objets (partic. de la douille d'une cartouche, d'une ampoule électrique, d'un tube électronique). *Culot à vis, à baïonnette.* **2.** ARCHI Élément portant en surplomb en forme de cône ou de pyramide. **II.** Dépôt qui se forme au fond d'un récipient. **1.** Partie métallique restant au fond d'un creuset. **2.** BIOL Partie inférieure des liquides organiques ou autres préparations soumises à la centrifugation. **3.** Résidu amassé dans le fourneau d'une pipe. **III.** Pop., vieilli Dernier-né d'une famille. **IV.** Pop. Audace excessive. *Quel culot!*

Syn. aplomb, toupet. *Y aller au culot:* payer d'audace. – De *cul.*

culottage [kylɔtaʒ] n. m. Action de culotter (une pipe). – De *culotter.*

culotte [kylɔt] n. f. **1.** Vêtement masculin qui couvre de la ceinture aux genoux. *Culottes de drap. Culotte courte. Faire un accroc à son fond de culotte.* Rem. S'emloie généralt au plur. (notam. dans *paire* de culottes*) et, dans l'usage fam., comme syn. de *pantalon.* ▷ Fig., fam. *Femme qui porte la (les) culotte(s):* qui gouverne le ménage plus que son mari. **2.** Sous-vêtement porté par les femmes, les enfants. *Culotte de coton, de nylon. Culottes en plastique pour les bébés.* **3.** BOUCH (Coupe française) Partie du bœuf située entre le filet et l'échine. **4.** CONSTR Élément de raccordement de conduites d'évacuation. – De *cul.*

culotté, ée [kylɔte] adj. **1.** *Pipe culottée,* dont le fourneau est revêtu d'un dépôt charbonneux. **2.** *Par ext.* Noirci, patiné par un long usage. *Cuir culotté.* **3.** Pop. D'une audace excessive. – Pp. de *culotter* 1; sens 3, de *culot* sens IV.

1. culotter [kylɔte] v. tr. [1] *Culotter une pipe:* la revêtir d'un dépôt charbonneux par un long usage. – De *culot.*

2. culotter [kylɔte] v. tr. [1] Mettre une culotte à. *Culotter un enfant. Être bien, mal culotté.* ▷ v. pron. *Se culotter.* – De *culotte.*

culottier, ière [kylɔtje, jɛʀ] n. Personne qui fabrique des culottes, des pantalons. – De *culotte.*

culpabilisation [kylpabilizasjõ] n. f. Fait de culpabiliser; sa conséquence. – De *culpabiliser.*

culpabiliser [kylpabilize] v. tr. [1] Faire éprouver (à qqn) de la culpabilité. ▷ v. pron. *Se culpabiliser:* se sentir coupable. – De *culpabilité.*

culpabilité [kylpabilite] n. f. **1.** Caractère de ce qui est coupable, état d'un individu reconnu coupable. *La culpabilité de cet homme est évidente.* **2.** PSYCHOL *Sentiment de culpabilité:* état affectif consécutif à un acte réel ou fictif, précis ou imprécis, que le sujet considère comme répréhensible. – Du lat. *culpabilis,* «coupable».

culte [kylt] n. m. **1.** Hommage religieux que l'on rend à un dieu ou à un saint personnage. *Le culte de Dieu. Le culte des saints.* **2.** Ensemble des cérémonies par lesquelles on rend cet hommage. *Ministre du culte.* Syn. rite. **3.** Religion. *Culte catholique, protestant, israélite.* **4.** *Absol.* Office religieux, chez les protestants. *Aller au culte.* **5.** Fig. Admiration passionnée mêlée de vénération. *Vouer un culte à la mémoire de sa mère.* – Lat. *cultus,* pp. de *colere,* «adorer».

cul-terreux [kyteʀø] n. m. Fam., péjor. Paysan. *Des culs-terreux.* – De *cul,* et *terreux.*

-culteur. Élément, du lat. *cultor,* «qui cultive».

cultisme [kyltism] ou **cultéranisme** [kylteʀanism] n. m. LITTER Affectation du style, gongorisme*. – Esp. *cultismo,* du lat. *cultus,* «cultivé».

cultivable [kyltivabl] adj. Susceptible d'être cultivé. *Terre cultivable.* – De *cultiver.*

cultivar [kyltivaʀ] n. m. BOT Variété obtenue par sélection au cours de cultures successives – De *cultivé,* et *var(iété).*

cultivateur, trice [kyltivatœʀ, tʀis] n. et adj. **1.** Personne qui cultive, exploite une terre. ▷ Adj. *Un peuple cultivateur.* **2.** n. m. Nom de divers instruments agricoles. – De *cultiver.*

cultivé, ée [kyltive] adj. **1.** Mis en culture. *Pays cultivé.* **2.** Fig. Qui possède une culture intellectuelle. *Esprit cultivé.* – Pp. de *cultiver.*

cultiver [kyltive] v. tr. [1] **I.** **1.** Travailler la terre de manière à lui faire produire des végétaux. *Cultiver un champ, un jardin.* **2.** Faire pousser, faire venir (un végétal). *Cultiver des fleurs.* **II.** Fig. **1.** Développer, perfectionner (une faculté intellectuelle) par l'éducation, l'instruction. *Cultiver sa mémoire. Cultiver un don.* ▷ v. pron. Enrichir, cultiver son esprit. *Lire pour se cultiver.* **2.** S'adonner à (un art, une science, etc.). *Cultiver les sciences.* ▷ *Cultiver la vertu, la sagesse:* s'appliquer à être vertueux, sage. **3.** Conserver, entretenir des relations amicales avec (qqn). *Cultiver l'amitié d'un grand personnage.* – *C'est une relation à cultiver,* à ne pas négliger, qui peut être utile. – Lat. médiév. *cultivare,* de *cultus,* pp. de *colere,* «cultiver».

cultuel, elle [kyltɥɛl] adj. Relatif au culte. *Édifice cultuel. Association cultuelle.* – De *culte.*

cultural, ale, aux [kyltyʀal, o] adj. Relatif à la culture de la terre. – De *culture.*

culturalisme [kyltyʀalism] n. m. École américaine contemporaine d'anthropologie, qui tente d'infléchir les thèses de la psychanalyse freudienne dans le sens d'une interprétation plus sociologique que biologique. – De *culturel.*

culture [kyltyʀ] n. f. **I.** **1.** Action de cultiver la terre, travail visant à la rendre productive. *Encourager la culture. Pays de grande, de petite culture. Culture mécanique.* ▷ *Culture sèche:* ensemble de techniques culturales appliquées dans les régions semi-arides pour éviter au maximum l'évaporation (ameublissement poussé du sol, permettant une bonne pénétration des eaux pluviales). **2.** Action de cultiver (tel végétal). *La culture du blé.* ▷ Par anal. *Culture de la soie* ou sériciculture. **3.** Plur. Terres cultivées. *Marcher dans les cultures.* **4.** BIOL *Culture de tissus:* technique de laboratoire qui consiste à faire vivre des tissus animaux ou végétaux sur des milieux synthétiques. – *Bouillon de culture:* milieu liquide dans lequel on fait se développer des micro-organismes. **II.** Fig. **1.** Développement des facultés intellectuelles. *La culture de l'esprit.* **2.** Ensemble des connaissances acquises par un individu. *Avoir une culture étendue. Culture générale. Culture littéraire, philosophique. Culture classique.* ▷ *Culture de masse:* répandue par les techniques de diffusion massive (*mass media:* télévision, radio, presse, cinéma) au sein de la masse sociale sans qu'interviennent les structures internes (classe, âge, sexe). **3.** Ensemble des activités soumises à des normes socialement et historiquement différenciées et des modèles de comportement transmissibles par l'éducation, propre à un groupe social donné. *Chaque société a sa culture. Culture occidentale.* **4.** *Culture physique:* gymnastique. – Lat. *cultura.*

-culture. Élément, du lat. *cultura,* «culture».

culturel, elle [kyltyʀɛl] adj. Relatif à la culture intellectuelle, à la civilisation. *Héritage culturel.* – De *culture.*

culturisme [kyltyʀism] n. m. Gymnastique visant à développer la musculature dans un but esthétique. – De *culture.*

culturiste [kyltyʀist] n. Adepte du culturisme. – Du préc.

C.U.M. Sigle de *Communauté urbaine de Montréal.*

cumin [kymɛ̃] n. m. Ombellifère (*Cuminum officinale*) cultivée en Europe centrale pour ses fruits aromatiques et carminatifs. – *Cumin des prés:* le carvi. – Lat. *cuminum,* du gr. *kuminon,* mot d'orig. orient.

cumul [kymyl] n. m. Fait d'exercer simultanément deux fonctions, deux emplois. – De *cumuler.*

cumulard [kymylaʀ] n. m. Fam., péjor. Personne qui cumule plusieurs fonctions rétribuées. – De *cumuler,* et suff. péjor. *-ard.*

cumulatif, ive [kymylatif, iv] adj. Qui résulte de l'accumulation, implique l'accumulation. *Fonction cumulative.* – De *cumuler.*

cumuler [kymyle] v. tr. [1] **1.** Réunir, joindre ensemble (plusieurs droits, plusieurs qualités). **2.** Occuper (plusieurs places), toucher (plusieurs traitements) à la fois. *Cumuler deux emplois.* – Lat. *cumulare.*

cumulonimbus [kymylɔnɛ̃bys] n. m. inv. METEO Nuage à grand développement vertical dont le sommet s'étale en forme d'enclume. *Le cumulonimbus est signe d'orage.* – De *cumulus,* et *nimbus.*

cumulostratus. V. strato-cumulus.

cumulus [kymylys] n. m. inv. METEO Nuage dense, à contours nets, plus ou moins développé verticalement et présentant des protubérances qui le font ressembler à un chou-fleur. – Mot lat., «amas».

cunéiforme [kyneifɔʀm] adj. En forme de coin. **1.** ANAT *Os cunéiformes:* les trois os qui occupent la rangée antérieure du tarse avec le cuboïde et le scaphoïde. **2.** *Écriture cunéiforme:* anc. écriture des Perses, des Mèdes, des Assyriens, qui combine des signes en forme de coin et de fer de lance. – Lat. *cuneus,* «coin», et *-forme.*

cupide [kypid] adj. Qui a un amour immodéré du gain, de l'argent. *Usurier cupide. Esprit cupide.* Syn. avide. Ant. désintéressé. – Lat. *cupidus,* de *cupere,* «désirer».

cupidement [kypidmɑ̃] adv. D'une manière cupide. – De *cupide.*

cupidité [kypidite] n. f. Désir immodéré de s'enrichir, amour du gain. Syn. avidité, convoitise. – Lat. *cupiditas.*

cupressales [kypʀesal] n. f. pl. BOT Ordre de gymnospermes comprenant notam. les cyprès (genre *Cupressus*), les genévriers et les séquoias. – Du lat. *cupressus,* «cyprès».

cupri-, cupro-. Élément, du lat. *cuprum,* «cuivre», utilisé notam. pour former les noms d'alliages à base de cuivre.

cuprifère [kypʀifɛʀ] adj. **1.** MINER Qui renferme du cuivre. **2.** METALL Relatif à l'industrie du cuivre. *Exploitation cuprifère.* – De *cupri-,* et *-fère.*

cuprique [kypʀik] adj. CHIM De la nature du cuivre. – Du lat. *cuprum,* «cuivre».

cuprisme [kypʀism] n. m. MED Intoxication par les sels de cuivre.– De *cuprum,* «cuivre».

cupro-. V. cupri-.

cupro-ammoniacal, ale, aux [kypʀoamɔnjakal, o] adj. CHIM *Liqueur cupro-ammoniacale* ou *liqueur de Schweitzer:* liquide qui dissout la cellulose. – De *cupro-,* et *ammoniacal.*

cupropotassique [kypʀopɔtasik] adj. CHIM *Liqueur cupropotassique* ou *liqueur de Fehling:* solution alcaline utilisée pour le dosage du glucose et l'analyse des sucres. – De *cupro-,* et *potassique.*

cupule [kypyl] n. f. Petit organe en forme de coupe. *Cupule du radius. Cupule de gland.* – Lat. *cupula,* «petit tonneau», confondu avec *cuppa,* «coupe».

cupulifères [kypylifɛʀ] n. f. pl. BOT Famille de plantes arborescentes dont le fruit est enchâssé dans une cupule (noisetier, chêne, hêtre, etc.). – De *cupule,* et *-fère.*

C.U.Q. Sigle de *Communauté urbaine de Québec.*

curabilité [kyʀabilite] n. f. MED Caractère d'un mal curable. – De *curable.*

curable [kyʀabl] adj. Qui peut être guéri. *Un mal curable.* Ant. incurable. – Lat. médiév. *curabilis.*

curaçao [kyʀaso] n. m. Liqueur faite avec de l'eau-de-vie sucrée et des écorces d'oranges amères. – De *Curaçao,* n. d'une île des Antilles qui produit des oranges.

curage [kyʀaʒ] n. m. **1.** Action de curer, de nettoyer; résultat de cette action. *Le curage d'une fosse, d'un puits, d'un étang.* **2.** CHIR Extirpation à la main (sans instruments) du contenu d'une cavité – Excision des éléments d'une région. *Curage ganglionnaire.* – De *curer.*

curare [kyʀaʀ] n. m. Alcaloïde d'origine en grande partie végétale, qui bloque temporairement la plaque neuro-musculaire, entraînant une paralysie généralisée. *Autrefois utilisé comme poison, le curare est administré actuellement contre certains tétanos graves et en anesthésie.* – Mot d'une langue des Antilles.

curarisation [kyʀaʀizasjɔ̃] n. f. MED Action de curariser (un patient). – De *curariser.*

curariser [kyʀaʀize] v. tr. [1] MED Administrer du curare à. – De *curare.*

curatelle [kyʀatɛl] n. f. DR Charge, fonction du curateur. – Lat. médiév. *curatela,* de *curatio,* d'ap. *tutela.*

curateur, trice [kyʀatœʀ, tʀis] n. **1.** DR ROM Officier public chargé de fonctions très diverses. **2.** DR Personne nommée par décision judiciaire pour représenter qqn (enfant à naître, mineur émancipé, incapable ou absent) dans le but soit de l'assister, soit de le remplacer dans l'administration de ses biens. *Curateur à la personne. Curateur aux biens.* ▷ *Curateur public:* personne nommée par le gouvernement pour administrer d'office les biens de tout malade mental qui n'est pas pourvu d'un tuteur ou d'un curateur, ou les biens dont les propriétaires sont inconnus ou introuvables. **3.** En Belgique, administrateur d'une université. – Lat. jur. *curator,* de *curare,* «prendre soin de».

curatif, ive [kyʀatif, iv] adj. Destiné à la guérison des maladies. *Moyens curatifs.* ▷ N. m. *Des curatifs.* – Dér. du lat. *curare,* «soigner».

curculionidés [kyʀkyljɔnide] n. m. pl. ZOOL Famille cosmopolite d'insectes coléoptères phytophages (50 000 espèces au moins) nommés couramment *charançons.* – Du lat. *curculio,* «charançon».

curcuma [kyʀkyma] n. m. BOT Genre de zingibéracées. (Le rhizome de *Curcuma longa,* le *safran des Indes,* entre dans la composition du cari). – Mot esp., de l'ar. *kourkoum,* «safran».

1. cure [kyʀ] n. f. **I.** Vx Souci. – Mod., litt. *N'avoir cure de:* n'avoir aucun souci de. *Je n'en ai cure.* **II.** MED **1.** Traitement d'une maladie ou d'une affection chirurgicale. – *Par ext.,* cour. Usage prolongé que l'on fait de qqch qui est salutaire. *Une cure de soleil, de repos.* **2.** Séjour thérapeutique dans une station thermale, un sanatorium, etc. *Aller en cure.* – Lat. *cura,* «soin».

2. cure [kyʀ] n. f. **1.** Charge de curé, fonction ecclésiastique à laquelle est attachée la direction d'une paroisse. **2.** Territoire dépendant d'un curé. **3.** Presbytère. – Lat. *cura,* d'ap. *curé.*

curé [kyʀe] n. m. **1.** Prêtre qui a la charge d'une paroisse. *Journal d'un curé de campagne,* roman de G. Bernanos. **2.** Pop., péjor. Ecclésiastique. *Les curés:* le clergé. *Bouffer du curé:* être anticlérical. – Du lat. ecclés. *curatus,* «chargé d'une paroisse», de *curare,* «prendre soin».

cure-dent [kyʀdɑ̃] n. m. Petit instrument servant à se curer les dents. *Des cure-dents.* – De *curer,* et *dent.*

curée [kyʀe] n. f. **1.** VEN Partie de la bête donnée aux chiens après la chasse. **2.** Moment de la chasse où l'on donne la curée; sonnerie de cor annonçant ce moment. **3.** Fig. Lutte pleine d'âpreté pour le partage des profits, des places. – De *cuir.*

cure-ongles [kyʀɔ̃gl] n. m. inv. Petit instrument servant à nettoyer le dessous des ongles. – De *curer,* et *ongle.*

cure-oreille ou **cure-oreilles** [kyʀɔʀɛj] n. m. Petit instrument servant à nettoyer le conduit de l'oreille. *Des cure-oreilles.* – De *curer,* et *oreille.*

cure-pipe [kyʀpip] n. m. Petit instrument qui sert à vider le fourneau d'une pipe. *Des cure-pipes.* – De *curer,* et *pipe.*

curer [kyʀe] v. tr. [1] **1.** Nettoyer (qqch) en grattant. *Curer un étang.* ▷ v. pron. *Se curer les dents, les ongles.* **2.** *Curer une vigne en pied:* ôter du cep le bois inutile. – Lat. *curare,* «prendre soin de».

curetage [kyʀtaʒ] n. m. CHIR Grattage et nettoyage d'une cavité naturelle ou pathologique. *Curetage de l'utérus, d'un abcès.* – De *cureter.*

cureter [kyʀte] v. tr. [23] CHIR Effectuer le curetage de. – De *curette.*

curette [kyʀɛt] n. f. **1.** TECH Outil servant à nettoyer. Syn. écouvillon. **2.** CHIR Petit instrument servant à cureter une cavité naturelle ou une plaie. – De *curer.*

curial, ale, aux [kyʀjal, o] adj. **1.** ANTIQ ROM Relatif à la curie romaine. **2.** Relatif à une cure (2), à un curé. *Maison curiale:* presbytère. – Lat. *curialis.*

curiate [kyʀjat] adj. ANTIQ ROM *Comices curiates:* la plus ancienne assemblée politique de Rome. – De *curie* 1.

curide [kyʀid] n. m. CHIM Chacun des éléments dont le numéro atomique est supérieur à 96 (numéro du *curium).* – De *curium.*

1. curie [kyʀi] n. f. ANTIQ ROM **1.** Fraction de la tribu romaine. **2.** Lieu de réunion du Sénat. – Lat. *curia.*

2. curie [kyʀi] n. f. Gouvernement central de l'Église catholique. *Curie romaine.* – Ital. *curia.*

3. curie [kyʀi] n. m. PHYS NUCL Unité de radioactivité (symbole Ci), correspondant à $3{,}7.10^{10}$ désintégrations par seconde (activité de 1 g de radium env.). – Du n. des physiciens fr. Pierre (1859-1906) et Marie (1867-1934) *Curie.*

curietest [kyʀitɛst] n. m. PHYS NUCL Appareil servant à mesurer l'activité de préparations radioactives. – Du n. pr. *Curie,* et *test.*

curiethérapie [kyʀiteʀapi] n. f. MED Irradiation thérapeutique par le radium. Syn. radiumthérapie. – Du n. pr. *Curie,* et *thérapie.*

curieusement [kyʀjøzmɑ̃] adv. **1.** Avec curiosité. *Regarder curieusement.* **2.** D'une manière curieuse, bizarre. *Ils se ressemblent curieusement.* Syn. bizarrement, étrangement. – De *curieux.*

curieux, euse [kyʀjø, øz] adj. **1.** Qui a un grand désir de voir, d'apprendre, de savoir. *Un esprit curieux. Il est curieux de tout.* **2.** Qui cherche à savoir, à connaître les secrets d'autrui. *Curieux jusqu'à écouter aux portes.* ▷ Subst. *J'ai surpris cette curieuse à lire mon courrier. Une foule de curieux qui contemplaient l'incendie.* **3.** Qui excite la curiosité. *Un curieux personnage. Une curieuse mésaventure.* Syn. bizarre, étrange, singulier. ▷ N. m. Aspect curieux, singulier d'une chose. *Le curieux de l'affaire, c'est que...* – Lat. *curiosus,* «qui a soin de».

curiosité [kyʀjɔzite] n. f. **1.** Désir de voir, de connaître, de s'instruire. *Satisfaire sa curiosité. Piquer la curiosité de qqn.* **2.** Désir indiscret de connaître les affaires d'autrui. *La curiosité est un vilain défaut.* **3.** Objet, chose remarquable par sa rareté, sa beauté, etc. *Magasin de curiosités. Les curiosités d'une ville.* – Lat. *curiositas,* «soin».

curiste [kyʀist] n. Personne qui fait une cure thermale. – De *cure* 1.

curium [kyʀjɔm] n. m. CHIM Élément de numéro atomique Z = 96, obtenu en 1944 par Seaborg (symbole Cm). – Du n. des physiciens Pierre et Marie *Curie.*

curling [kœʀliŋ] n. m. SPORT Jeu consistant à faire glisser sur la glace un palet vers une cible. – Mot angl., de *to curl,* «enrouler».

curopalate [kyʀɔpalat] n. m. HIST Dignitaire byzantin, chef de la garde du palais. – Du lat. *cura,* «soin», et *palatium,* «palais».

curriculum vitæ [kyʀikylɔmvite] n. m. inv. Ensemble des renseignements concernant l'état civil, les titres, les capacités et les activités passées d'une personne. *Fournir un curriculum vitæ.* – Mots lat., «cours de la vie».

curry. V. cari.

curseur [kyʀsœʀ] n. m. **1.** TECH Repère coulissant (d'une règle à calcul, d'une hausse de fusil, etc.). **2.** ASTRO Fil que l'on déplace dans le champ d'un oculaire pour mesurer le diamètre apparent d'un astre. **3.** INFORM Repère lumineux affiché à l'écran qui indique la position du prochain caractère. – Lat. *cursor,* de *currere,* «courir».

cursif, ive [kyʀsif, iv] adj. **1.** *Écriture cursive,* tracée à main courante. ▷ N. f. *Une belle cursive moulée.* **2.** Fig. Rapide, bref. *Lecture cursive. Remarques cursives.* – Lat. médiév. *cursivus,* de *currere,* «courir».

cursivement [kyʀsivmɑ̃] adv. De manière cursive. *Lire, écrire cursivement.* – De *cursif.*

cursus [kyʀsys] n. m. Ensemble des phases successives d'une carrière, d'un cycle d'études. *Cursus universitaire.* – Mot lat., de *cursus honorum,* «succession des magistratures dans la carrière des honneurs».

curule [kyʀyl] adj. ANTIQ ROM *Chaise curule:* siège d'ivoire réservé aux magistrats romains occupant les plus hautes charges. – Lat. *curulis.*

curv(i)-. Élément, du lat. *curvus,* «courbe».

curviligne [kyʀviliɲ] adj. GEOM Formé par des lignes courbes. *Triangle curviligne.* ▷ MATH *Abscisse curviligne,* repérant la position d'un point sur une courbe par rapport à une origine prise sur celle-ci. – De *curvi-,* et *ligne.*

curvimètre [kyʀvimɛtʀ] n. m. TECH Appareil servant à mesurer la longueur d'une courbe tracée sur papier. – De *curvi-,* et *-mètre.*

cuscutacées [kyskytase] n. f. pl. BOT Famille de dicotylédones parasites à tige volubile. – De *cuscute.*

cuscute [kyskyt] n. f. Genre *(Cuscuta)* de plantes parasites des légumineuses fourragères. – Lat. médiév. *cuscuta,* de l'ar. *kuchūt.*

cuspide [kyspid] n. f. BOT Longue pointe acérée d'un végétal. – Lat. *cuspis, cuspidis,* «pointe».

custode [kystɔd] n. f. **1.** LITURG Pavillon recouvrant le ciboire qui contient les hosties consacrées. – Petite boîte servant à transporter les hosties. **2.** AUTO Partie arrière du pavillon d'une automobile. *Glace de custode :* vitre arrière. – Lat. *custodia,* «garde».

cutané, ée [kytane] adj. ANAT Qui appartient à la peau. *Lésion cutanée.* – Du lat. *cutis,* «peau».

cuticule [kytikyl] n. f. **I.** ANAT Peau très fine, membrane ou pellicule recouvrant une structure anatomique. **II.** BOT Couche de cutine recouvrant les organes aériens herbacés (feuilles, pollen, etc.) des végétaux. **III.** ZOOL **1.** Couche superficielle chitineuse, résistante, du tégument des invertébrés (notam. des arthropodes). **2.** Couche vernissée externe des coquilles de mollusque. – Lat. *cuticula,* «petite peau».

cutine [kytin] n. f. BOT Substance cireuse imperméable, constituant principal de la cuticule des végétaux. – Du lat. *cutis*, «peau».

cuti-réaction ou **cutiréaction** [kytiʀeaksjɔ̃] n. f. MED Réaction cutanée apparaissant au point d'inoculation d'une substance lorsque le sujet est allergique à cette substance ou, au contraire, immunisé contre elle. (Abrév.: *cuti*) *La cuti-réaction à la tuberculine, qui marque un état d'allergie à cette substance, permet de détecter la tuberculose.* – De *cutis*, «peau», et *réaction*.

cuvage [kyvaʒ] n. m. ou **cuvaison** [kyvɛzɔ̃] n. f. Opération consistant à faire fermenter la vendange dans les cuves. – De *cuver*.

cuve [kyv] n. f. **1.** Grand récipient, le plus souvent en bois, servant à la fermentation du vin, de la bière, etc. **2.** Grand récipient à usage ménager ou industriel. *Cuve à mazout. Cuve de teinturier, de photographe.* **3.** METALL Dans un haut fourneau, tronc de cône évasé vers le bas, dans lequel s'effectue la réduction du minerai. – Lat. *cupa*.

cuveau [kyvo] n. m. Petite cuve. – Dimin. de *cuve*.

cuvée [kyve] n. f. **1.** Quantité de vin qui se fait en une seule fois dans une cuve. *Première cuvée.* **2.** Vin qui provient de la récolte d'une même vigne. *Une bonne cuvée.* – De *cuve*.

cuvelage [kyvlaʒ] ou **cuvellement** [kyvɛlmɑ̃] n. m. **1.** CONSTR Revêtement étanche qui protège contre les infiltrations d'eau. **2.** TECH Ensemble des tubes qui consolident les parois d'un puits de pétrole. – De *cuveler*.

cuveler [kyvle] v. tr. **[22]** Garnir d'un cuvelage. – De *cuve*.

cuver [kyve] **I.** v. intr. **[1]** Demeurer dans une cuve pour y fermenter. *Ce vin a bien assez cuvé.* **II.** v. tr. Fig., fam. *Cuver son vin:* dormir après avoir trop bu. – De *cuve*.

cuvette [kyvɛt] n. f. **1.** Bassin portatif large et peu profond, servant à divers usages. *Cuvette et pot à eau de faïence.* **2.** PHYS Réservoir à mercure dans lequel plonge le tube d'un baromètre. **3.** GEOL Dépression naturelle. – De *cuve*.

cuvier [kyvje] n. m. Cuve servant à la lessive, aux vendanges. – De *cuve*.

cyan [sjɑ̃] n. m. TECH Couleur bleu-vert, complémentaire du rouge. – Gr. *kuanos*, «bleu sombre».

cyan-, cyano-. CHIM Élément, du gr. *kuanos*, «bleu sombre», indiquant la présence du radical $-C \equiv N$ dans une molécule.

cyanamide [sjanamid] n. f. CHIM Substance cristallisée qui se polymérise facilement. *La cyanamide calcique est un engrais.* – De *cyan-*, et *amide*.

cyanhydrique [sjanidʀik] adj. CHIM *Acide cyanhydrique:* liquide incolore (appelé aussi *cyanure d'hydrogène, acide prussique*), poison violent de formule $H-C \equiv N$, qui sert à fabriquer le nitrile acrylique, point de départ de fibres et résines synthétiques. – De *cyan-*, et *hydrique*.

cyano-. V. cyan-.

cyanocobalamine [sjanɔkɔbalamin] n. f. BIOCHIM La vitamine B12. – De *cyano-*, *cobal(t)*, et *amine*.

cyanogène [sjanɔʒɛn] n. m. et adj. **1.** n. m. CHIM Gaz incolore, poison violent, de formule $N \equiv C-C \equiv N$. **2.** adj. MED Qui produit une cyanose. – De *cyano-*, et *-gène*.

cyanophycées [sjanɔfise] n. f. pl. BOT Vaste groupe d'algues procaryotes occupant tous les milieux (marin, eaux douces, terrestre) et comprenant notam. les nostocs et les oscillaires. Syn. algues bleues. – De *cyano-*, et gr. *phukos*, «algue».

cyanose [sjanoz] n. f. MED Coloration bleue des téguments due à l'augmentation du taux d'hémoglobine réduite dans le sang capillaire et traduisant un trouble de l'oxygénation, le plus souvent d'origine respiratoire. – De *cyano-*, et *-ose* 2.

cyanuration [sjanyʀasjɔ̃] n. f. **1.** CHIM Introduction d'un groupe cyanure dans une molécule. **2.** METALL Procédé de durcissement superficiel de l'acier par immersion dans un cyanure. ▷ Opération consistant à soumettre un minerai à l'action d'un cyanure pour en extraire le métal. – De *cyanurer*.

cyanure [sjanyʀ] n. m. CHIM Sel ou ester de l'acide cyanhydrique. (Les cyanures de métaux lourds forment des complexes très stables; le ferrocyanure ferrique, ou *bleu de Prusse*, est utilisé comme pigment.) – *Groupe cyanure:* le groupe $-C \equiv N$. – De *cyanogène*, et suff. *-ure*.

cyanurer [sjanyʀe] v. tr. **[1]** CHIM et METALL Procéder à la cyanuration de. – De *cyanure*.

cybernéticien, ienne [sibɛʀnetisjɛ̃, jɛn] n. Spécialiste de la cybernétique. – De *cybernétique*.

cybernétique [sibɛʀnetik] n. f. Ensemble des théories et des études sur les systèmes considérés sous l'angle de la commande et de la communication. *L'informatique est une application de la cybernétique.* – Angl. *cybernetics*, du gr. *kubernêtikê*, de *kubernan*, «gouverner».

ENCYCL La cybernétique est née officiellement en 1948, année où le mathématicien américain Norbert Wilner en a établi les premiers fondements. Il la définissait alors comme «l'étude de la commande et de la communication chez l'animal et dans la machine». Les progrès en ce domaine ont conduit à introduire dans cette définition la notion de système, pris dans le sens d'ensemble de phénomènes interdépendants. La cybernétique, science à support mathématique, est partie de l'apparition, à la fin du siècle dernier de machines dont le fonctionnement («système à contre-réaction») ressemblait à celui du système nerveux. La génération actuelle de machines, qui doit beaucoup à la cybernétique, se présentant comme des automates, cybernétique et robotique sont souvent, à tort, confondues. Le champ de la cybernétique est très vaste, puisqu'elle trouve des applications aussi bien dans la production industrielle, qu'en biologie, ou dans les domaines musicaux et artistiques.

cycas [sikas] n. m. BOT Gymnosperme préphanérogame (genre *Cycas*) à port de palmier, vivant dans les régions tropicales et dont les ovules ont la grosseur d'un œuf de poule. – Lat. scientif., altér. de *koikas*, accus. pl. de *koix*, «palmier d'Égypte».

cyclable [siklabl] adj. Accessible aux cycles (bicyclettes et cyclomoteurs). – *Piste cyclable.* – De l'anc. v. *cycler*, «faire du vélo», et *-able*.

cyclamen [siklamɛn] n. m. Plante ornementale (fam. primulacées) aux grandes fleurs complexes blanches ou roses, et aux feuilles maculées, dont le tubercule est toxique. – *Par ext.* De la couleur du cyclamen (rose). *Un papier peint cyclamen.* – Mot lat., du gr. *kuklaminos*.

cyclane [siklan] n. m. CHIM Hydrocarbure cyclique saturé. – De *cycl(ique)*, et suff. *-ane*.

1. cycle [sikl] n. m. **1.** ASTRO Période d'un nombre déterminé d'années après laquelle certains phénomènes astronomiques se reproduisent constamment dans le même ordre. *Cycle solaire:* période d'env. 22 ans, généralement divisée en 2 périodes de 11 ans, pendant laquelle l'activité solaire a des variations. *Cycle lunaire:* période de 18 ans et 11 jours à l'issue de laquelle les phases de la lune reviennent aux mêmes époques. **2.** Suite de phénomènes se renouvelant constamment dans un ordre immuable. *Le cycle des saisons.* – PHYSIOL *Le cycle menstruel.* **3.** Ensemble de transformations que subit un corps ou un système d'un état initial jusqu'à un état final identique à l'état initial. PHYS *Cycle de Carnot:* cycle composé de deux isothermes et de deux adiabatiques – BIOCHIM *Le cycle de Krebs:* concerne notamment l'oxydation des carbones (transformés en CO_2) et des hydrogènes (transformés en H_2O). *Les cycles de l'azote, du carbone.* ▷ CHIM Chaîne fermée que forme le squelette d'une molécule. **4.** BIOL *Cycle biologique* ou *cycle de reproduction:* ensemble des étapes par lesquelles passe un être vivant, du moment où il est fécondé jusqu'à celui où il devient capable de se reproduire. ▷ GEOL *Cycle d'érosion:* ensemble des étapes qui conduisent une chaîne de montagnes à être transformée en pénéplaine par l'action des agents d'érosion. ▷ ASTRO *Cycle du carbone* ou *cycle de Bethe:* ensemble de réactions thermonucléaires qui expliquent la transformation de l'hydrogène en hélium dans les étoiles. **5.** LITTER Ensemble de poèmes épiques relatifs à un même groupe de personnages ou aux mêmes événements. *Le cycle troyen. Le cycle de la Table Ronde.* **6.** Division d'un niveau d'enseignement. *Les niveaux primaire et secondaire comptent chacun deux cycles. Les trois cycles universitaires: baccalauréat (1er cycle), maîtrise (2e cycle), doctorat (3e cycle).* ▷ *En France, division de l'enseignement secondaire.* – Gr. *kuklos,* «cercle», lat. *cyclus.*

2. cycle [sikl] n. m. Véhicule à deux roues, plus rarement trois (V. tricycle), mû par la force des jambes (bicyclette) ou par un petit moteur (cyclomoteur). – Angl. *cycle,* du gr. *kuklos.*

cyclique [siklik] adj. **1.** Relatif à un cycle (astronomique, chronologique, etc.). **2.** Qui se reproduit suivant un cycle. PHYS *Transformations cycliques.* – MED *Maladie cyclique,* dont l'apparition dans une population (ou l'évolution chez un individu) est marquée par des phases bien déterminées. ▷ Qui se reproduit à intervalles réguliers. *Phénomènes cycliques.* – ECON *Crise cyclique.* **3.** BOT *Fleur cyclique,* dont les divers éléments (sépales, pétales, étamines, carpelles) sont disposés en cercles concentriques. Syn. verticillé. Ant. acyclique; spiralé. **4.** CHIM *Composé cyclique,* dont la molécule renferme un ou plusieurs cycles. **5.** LITTER Relatif à un cycle littéraire. *Épopées cycliques.* – De *cycle.*

cyclisation [siklizasjõ] n. f. CHIM Transformation d'un hydrocarbure à chaîne ouverte en un composé cyclique. – De *cycle* 1.

cyclisme [siklism] n. m. Pratique de la bicyclette; sport qui utilise la bicyclette. *Aimer le cyclisme.* – De *cycle* 2.

cycliste [siklist] n. et adj. **1.** n. Personne qui fait de la bicyclette. **2.** adj. Relatif à la bicyclette, au sport vélocipédique. *Course cycliste.* – Abrév. de *bicycliste.*

cyclo-. Élément, du gr. *kuklos,* «cercle».

cyclo-cross [siklokʀɔs] n. m. SPORT Épreuve cycliste pratiquée en terrains variés. – De *cycle* 2, et de l'angl. *cross (country).*

cyclohexane [sikloegzan] n. m. CHIM Hydrocarbure cyclique de formule C_6H_{12}, dont les dérivés sont utilisés comme insecticides – De *cyclo-,* et *hexane.*

cyclohexanol [sikloegzanɔl] n. m. CHIM Alcool dérivé du cyclohexane, donnant l'acide adipique, constituant du nylon. – De *cyclohexane.*

cycloïdal, ale, aux [siklɔidal, o] adj. GEOM Relatif à la cycloïde; qui décrit une cycloïde. *Pendule cycloïdal,* dont le mobile décrit une cycloïde. – De *cycloïde* 1.

1. cycloïde [siklɔid] n. f. GEOM Courbe décrite par un point d'un cercle qui roule sans glisser sur une droite. – De *cyclo-,* et *-oïde.*

2. cycloïde [siklɔid] n. et adj. PSYCHIAT Atteint de cycloïdie. – Relatif à la cycloïdie. – De *cycle* 1.

cycloïdie [siklɔidi] n. f. PSYCHIAT Stade prémorbide de la cyclothymie, qui peut se développer en psychose maniaco-dépressive. – De *cycloïde* 2.

cyclomoteur [siklomɔtœʀ] n. m. Cycle à moteur auxiliaire d'une cylindrée inférieure à 50 cm³. *La conduite d'un cyclomoteur sur un chemin public est interdite aux personnes âgées de moins de 14 ans.* – De *cyclo-,* et *moteur.*

cyclomotoriste [siklomɔtɔʀist] n. Personne allant à cyclomoteur. – Du préc.

cyclonal, ale, aux [siklɔnal, o] ou **cyclonique** [siklɔnik] adj. METEO Relatif à un cyclone. *Aire cyclonale. – Pluies cycloniques,* qui accompagnent un cyclone. – De *cyclone.*

cyclone [siklon] n. m. **1.** Mouvement giratoire rapide de l'air autour d'une dépression de faible étendue. (La partie centrale est appelée *œil du cyclone.*) *Région dévastée par un cyclone.* **2.** TECH Appareil servant à séparer un gaz de ses poussières, sous l'effet de la force centrifuge. – Mot angl., du gr. *kuklos,* «cercle».

cyclope [siklɔp] n. m. **1.** (Le plus souvent avec une majuscule.) Nom de géants mythologiques qui avaient un seul œil au milieu du front. **2.** ZOOL Genre *(Cyclops)* de crustacés copépodes munis d'un œil unique et qui utilisent leurs antennes comme appendices locomoteurs. – Lat. *cyclops,* gr. *kuklōps,* de *kuklos,* «cercle» et *ops,* «œil».

cyclopéen, éenne [siklɔpeɛ̃, eɛn] adj. **1.** Qui a rapport aux Cyclopes. **2.** Cour. Énorme, gigantesque. *Déployer une énergie cyclopéenne.* **3.** CONSTR *Béton cyclopéen,* qui contient de gros agrégats. **4.** *Monuments cyclopéens:* constructions gigantesques, de très haute antiquité, faites d'énormes blocs de pierre. – De *cyclope.*

cyclostomes [siklostom] n. m. pl. ZOOL Le seul ordre d'agnathes ayant des représentants vivants, les *lamproies* et les *myxines.* – De *cyclo-,* et lat. scientif. *stoma,* «bouche».

cyclothymie [siklotimi] n. f. PSYCHO Constitution psychique caractérisée par l'alternance de périodes d'excitation euphorique et de dépression mélancolique. (On parle de *cycloïdie* au stade prémorbide de la cyclothymie, et de *folie circulaire* ou *psychose maniaco-dépressive* au stade nettement psychopathique.) – Mot all., du gr. *kuklos,* «cercle», et *thumos,* «humeur, affectivité, état d'esprit».

cyclothymique [siklotimik] adj. et n. Relatif à la cyclothymie; atteint de cyclothymie. – Du préc.

cyclotourisme [sikloturism] n. m. Tourisme à bicyclette. – De *cycle* 2, et *tourisme.*

cyclotron [siklotʀõ] n. m. PHYS NUCL Accélérateur de particules constitué de deux électrodes creuses en forme de demi-cylindre entre lesquelles on établit un champ électrique alternatif. (Les particules y décrivent des demi-cercles dont le rayon augmente à chacun de leur passage entre les électrodes.) – De *cyclo-,* et *(élec)tron.*

cygne [siɲ] n. m. **1.** Grand oiseau anatidé à plumage blanc et au long cou très souple. (*Cygnus olor,* le *cygne tuberculé* des pièces d'eau des parcs, peut atteindre 1,50 m; il possède un tubercule à la base du bec et ses ailes sont souvent arquées au-dessus du dos. *Olor columbianus,* le cygne siffleur, est le plus commun des cygnes d'Amérique du Nord.) – *Une blancheur de cygne:* une blancheur éclatante. *«J'unis un cœur de neige à la blancheur des cygnes»* (Baudelaire). – *Un cou de cygne,* fin, long et gracieux. **2.** Fig. *Le chant du cygne:* le dernier chef-d'œuvre d'un poète, d'un musicien, etc., avant sa mort (par allus. à la légende du chant particulièrement mélodieux du cygne mourant). **3.** Fig. *Le Cygne de Mantoue:* Virgile. *Le Cygne de Cambrai:* Fénelon. **4.** ASTRO *Le Cygne,* constellation boréale. **5.** TECH *Col-de-cygne.* V. col. – Du lat. pop. *cicinus,* de *cycnus,* gr. *kuknos.*

cylindrage [silɛ̃dʀaʒ] n. m. TECH Action de compresser, d'aplanir à l'aide d'un cylindre. *Le cylindrage de l'acier dans le laminoir à train continu. Cylindrage au rouleau compresseur d'un revêtement routier.* – De *cylindre.*

cylindraxe [silɛ̃dʀaks] n. m. ANAT Axone. – De *cylindre,* et *axe.*

cylindre [silɛ̃dʀ] n. m. **1.** Volume obtenu en coupant les génératrices d'une surface cylindrique par deux plans parallèles. – *Cylindre de révolution:* volume engendré par la rotation d'un rectangle autour de l'un de ses côtés (surface latérale $= 2\pi Rh$; surface totale $= 2\pi R(h+R)$; volume $= \pi R^2h$, h étant la hauteur et R le rayon du cercle de base). **2.** TECH Appareil en forme de rouleau. *Cylindre de laminoir. Cylindre compresseur.* ▷ Organe dans lequel se déplace un piston. *Moteur à huit cylindres* (disposés) *en V* (abrév.: V8). Ellipt. *Un huit-cylindres. – Une huit-cylindres:* une voiture dont le moteur a huit cylindres. **3.** MED *Cylindres urinaires:* éléments cylindriques microscopiques de substance protéique formés dans les canaux urinaires et retrouvés dans les urines (leur augmentation est pathologique). – Lat. *cylindrus,* gr. *kulindros.*

cylindrée [silɛ̃dʀe] n. f. AUTO Volume engendré par le déplacement des pistons dans les cylindres (égal au produit de la course d'un piston par la somme des surfaces transversales des pistons; exprimé en *cm³* et en *litres*). *Une voiture de 1 300 cm³ de cylindrée. Une voiture de course de 3,5 l de cylindrée.* – Ellipt. *Une petite, une grosse cylindrée.* – Pp. substantivé de *cylindrer.*

cylindrer [silɛ̃dʀe] v. tr. [1] TECH Procéder au cylindrage de. *Cylindrer une route.* – De *cylindre.*

cylindrique [silɛ̃dʀik] adj. **1.** Qui a la forme d'un cylindre. *Boîte cylindrique.* **2.** GEOM *Surface cylindrique:* surface engendrée par une droite qui se déplace parallèlement à elle-même en s'appuyant sur une courbe plane. – De *cylindrer.*

cylindroïde [silɛ̃dʀɔid] adj. Qui a presque la forme d'un cylindre. – MINER *Cristal cylindroïde.* – De *cylindre,* et *-oïde.*

cymaise. V. cimaise.

cymbalaire [sɛ̃balɛʀ] n. f. BOT Scrofulariacée (*Linaria cymbalaria,* la linaire cymbalaire) à petites fleurs violet pâle, fréquente sur les vieux murs. Syn. ruine-de-Rome. – Bas lat. *cymbalaria,* lat. class. *cymbalaris.*

cymbale [sɛ̃bal] n. f. MUS Instrument à percussion, disque de cuivre ou de bronze muni d'une poignée (et faisant partie d'une *paire de cymbales,* que l'on frappe l'une contre l'autre) ou monté sur pied (et frappé avec une baguette, une mailloche, etc.). – Lat. *cymbalum,* gr. *kumbalon.*

cymbalier [sɛ̃balje] n. m. ou **cymbaliste** [sɛ̃balist] n. Musicien qui joue des cymbales. – De *cymbale.*

cymbalum [sɛ̃balɔm] ou **czimbalum** [tʃimbalɔm] n. m. Instrument à cordes frappées, en forme de trapèze, dérivé du tympanon et employé dans les orchestres hongrois. – Hongrois *czimbalom,* du lat. *cymbalum,* par une langue romane.

cyme [sim] n. f. BOT Inflorescence dont l'axe principal, terminé par une fleur, porte un, deux ou plusieurs rameaux, eux-mêmes terminés par une fleur et ramifiés de la même façon (ex.: le myosotis, la bourrache, le fressia, etc.). – Lat. *cyma,* «cime».

cynégétique [sineʒetik] adj. et n. f. Qui concerne la chasse. *Des exploits cynégétiques.* ▷ N. f. *La cynégétique:* l'art de la chasse. – Gr. *kunêgetikos,* de *kunêgetein,* «chasser avec une meute».

cynips [sinips] n. m. Insecte hyménoptère (fam. cynipidés) de petite taille (3 à 5 mm), à corps noir ou orange selon les espèces, qui provoque des galles sur le chêne et le rosier. – Du gr. *kuôn, kunos* «chien», et *ips,* «insecte rongeur».

cynique [sinik] adj. et n. **1.** PHILO Se dit de l'école d'Antisthène et de ses disciples (Diogène, Ménippe, etc.), qui professaient le mépris des conventions sociales dans le dessein de mener une vie conforme à la nature. *L'école cynique. Les philosophes cyniques.* ▷ Subst. *Les cyniques. Diogène le cynique.* **2.** Cour. Qui se plaît à ignorer délibérément la morale, les convenances. *Conduite cynique.* – Lat. *cynicus,* «du chien», d'orig. gr. (à cause du gymnase où Antisthène enseignait, le *Cynosarges,* «mausolée du chien»).

cyniquement [sinikmɑ̃] adv. De manière cynique. – De *cynique.*

cynisme [sinism] n. m. **1.** PHILO Philosophie morale de l'école cynique. **2.** Cour. Attitude de celui qui affecte de se moquer de la morale, des convenances. *Parler avec cynisme.* – De *cynique.*

cyno-. Élément, du gr. *kuôn, kunos,* «chien».

cynocéphale [sinosefal] n. m. Singe dont la tête ressemble à celle d'un chien (par ex., le babouin). – De *cyno-,* et *-céphale.*

cynodrome [sinodʀom] n. m. Piste aménagée pour les courses de chiens. – De *cyno-,* et *-drome.*

cynoglosse [sinoglɔs] n. f. BOT Borraginacée ornementale (genre *Cynoglossum*) à fleurs pourpres, dont la feuille rugueuse ressemble à une langue de chien. – Lat. scientif., d'orig. gr.; de *cyno-,* et gr. *glôssa,* «langue».

cynomys [sinomis] n. m. Nom scientif. du chien* de prairie. – De *cyno-,* et gr. *mus,* «rat».

cynophile [sinofil] adj. et n. Didac. Qui aime les chiens; qui s'intéresse à l'élevage ou au dressage des chiens. *Association cynophile.* – De *cyno-,* et *-phile.*

cynorhodon [sinoʀɔdɔ̃] n. m. BOT Réceptacle rouge et charnu de l'églantier, dont on fait des confitures. Syn. gratte-cul. – De *cyno-,* et gr. *rhodon,* «rose».

cypéracées [sipeʀase] n. f. pl. BOT Famille de monocotylédones apétales herbacées et vivaces dont la tige est pleine et sans nœuds (ex.: souchet, scirpe). – Lat. *cyperos,* gr. *kupeiros,* «souchet».

cypho-scoliose [sifoskɔljoz] n. f. MED Double déviation de la colonne vertébrale, dans les sens latéral et postérieur. – De *cyphose,* et *scoliose.*

cyphose [sifoz] n. f. MED Déviation de la colonne vertébrale à convexité postérieure. – Gr. *kuphôsis,* «courbure».

cyprès [sipʀɛ] n. m. **1.** Conifère (genre *Cupressus*) à feuillage vert foncé, à forme droite et élancée, fréquent dans les régions méditerranéennes. *Un cimetière planté de cyprès.* **2.** Nom cour. du pin gris (*Pinus divaricata*) dans les régions où cet arbre est indigène (Lac-Saint-Jean, Abitibi, etc.). – Bas lat. *cypressus,* lat. *cupressus,* du gr. *kuparissos.*

cyprin [sipʀɛ̃] n. m. Nom cour. des poissons de la famille des cyprinidés. – Lat. *cyprinus,* gr. *kuprinos,* «carpe».

cyprinidés [sipʀinide] n. m. pl. ZOOL Famille de téléostéens à grandes écailles, munis d'une seule nageoire dorsale et de dents pharyngiennes (carpe, «poisson rouge» ou cyprin doré, barbeau, tanche, etc.). – De *cyprin,* et suff. *-idés.*

cypriote [sipʀijɔt] ou **chypriote** [ʃipʀijɔt] n. et adj. De Chypre, île de Méditerranée orientale. – Du lat. *Cyprus*, «Chypre».

cyrénaïque [siʀenaik] n. et adj. **1.** De la v. antique de Cyrène, auj. ruinée (vestiges en Libye). **2.** PHILO Se dit de la doctrine et des disciples d'Aristippe, fondateur de l'école de Cyrène, qui établit sa morale sur la recherche du plaisir. *L'école cyrénaïque.* ▷ Subst. *Les cyrénaïques.* – Lat. *cyrenaicus*, gr. *kurênaikos*.

cyrillique [siʀilik] adj. *Alphabet cyrillique:* alphabet adapté de l'alphabet grec et utilisé pour noter plusieurs langues slaves et notam. le russe. – De saint *Cyrille* (v. 827-869), qui serait l'inventeur de cet alphabet.

-cyste, cyst(i)-, cysto-. Élément, du gr. *kustis*, «vessie».

cystectomie [sistɛktɔmi] n. f. CHIR Résection totale ou partielle de la vessie. – De *cyst-*, et gr. *ektomê*, «ablation».

cystéine [sistein] n. f. BIOCHIM Acide aminé possédant un radical soufré et qui, synthétisé à partir de la méthionine, joue un rôle important dans les phénomènes d'oxydoréduction. – All. *Cysteïn*.

cyst(i)-. V. -cyste.

cysticercose [sistisɛʀkoz] n. f. MED, MED VET Développement, dans l'organisme, de cysticerques (spécial. de cysticerques de *Tænia solium*, le ver solitaire). – De *cysticerque*, et *-ose* 2.

cysticerque [sistisɛʀk] n. m. ZOOL Larve de ténia à son dernier stade, qui se présente sous la forme d'une petite vésicule (env. 1 cm de diamètre) pleine de liquide séreux contenant un scolex invaginé. – Lat. scientif., de *cyst-*, et gr. *kerkos*, «queue».

cystidés [sistide] ou **cystoïdes** [sistɔid] n. m. pl. PALEONT Classe d'échinodermes du Primaire dont le test était formé de plaques calcaires octogonales. – De *cyst-*, et gr. *eidos*, «forme».

cystine [sistin] n. f. BIOCHIM Acide aminé formé par la réunion de deux molécules de cystéine et jouant un rôle important dans les liaisons protéiques. – De *cyst-*, et *-ine*.

cystique [sistik] adj. ANAT Qui appartient à la vessie ou à la vésicule biliaire. – *Canal cystique*, ou, n. m., *le cystique:* canal qui relie la vésicule biliaire au canal hépatique pour former le canal cholédoque. – Du gr. *kustis*, «vessie».

cystite [sistit] n. f. MED Inflammation de la vessie. – De *cyst-*, et *-ite* 1.

cysto-. V. -cyste.

cystographie [sistɔgʀafi] n. f. MED Radiographie de la vessie après injection d'une substance opaque aux rayons X. – De *cysto-*, et *(radio)graphie*.

cystoïdes. V. cystidés.

cystoscope [sistɔskɔp] n. m. MED Instrument qui permet d'explorer visuellement la vessie après cathétérisme de l'urètre. – De *cysto-*, et *-scope*.

cystoscopie [sistɔskɔpi] n. f. Examen de la vessie au cystoscope. – Du préc.

cystostomie [sistɔstɔmi] n. f. CHIR Intervention consistant à aboucher la vessie à la paroi abdominale. – De *cysto-*, et *-stomie*.

cystotomie [sistɔtɔmi] n. f. CHIR Incision de la vessie. – De *cysto-*, et *-tomie*.

-cyte, cyto-. Élément, du gr. *kutos*, «cavité, cellule» (ex.: *spermatocyte, leucocyte*, etc.).

cytise [sitiz] n. m. Plante arbustive (fam. papilionacées, genre *Cytisus*), aux fleurs jaune d'or en grappes. Syn. ébénier, faux ébénier. – Lat. *cytisus*, d'orig. gr.

cyto-. V. -cyte.

cytobactériologique [sitobakteʀjɔlɔʒik] adj. MED *Examen, analyse cytobactériologique :* recherche de bactéries, de cellules anormales, etc. – De *cyto-*, et *bactériologique*.

cytochrome [sitokʀom] n. m. BIOCHIM Pigment cellulaire contenant du fer et jouant un rôle essentiel dans la respiration cellulaire. – De *cyto-*, et *chrome*.

cytodiagnostic [sitodjagnɔstik] n. m. MED Diagnostic fondé sur la recherche de cellules anormales dans un liquide organique ou dans un tissu lésé. – De *cyto-*, et *diagnostic*.

cytogénétique [sitoʒenetik] n. f. Branche de la génétique qui étudie les cellules particulières à l'hérédité (notam. chromosomes et gènes). – De *cyto-*, et *génétique*.

cytologie [sitɔlɔʒi] n. f. BIOL Science qui étudie la cellule sous tous ses aspects. – De *cyto-*, et *-logie*.
ENCYCL La cytologie se divise en plusieurs disciplines. La *cytochimie* étudie la localisation des divers constituants chimiques de la cellule; la *cytogénétique* s'intéresse au matériel génétique (acides nucléiques) de la cellule. La *cytomorphologie*, qui utilise le microscope électronique, décrit les structures cellulaires. La *cytophysiologie* étudie la physiologie des organites cellulaires. La cytologie est fondamentale en médecine pour établir un diagnostic.

cytologique [sitɔlɔʒik] adj. De la cytologie, relatif à la cytologie. – Du préc.

cytolyse [sitoliz] n. f. BIOCHIM Dissolution, destruction de la cellule. – De *cyto-*, et *-lyse*.

cytolytique [sitolitik] adj. **1.** Relatif à la cytolyse. **2.** Qui produit la cytolyse. – De *cytolyse*.

cytopathologie [sitopatɔlɔʒi] n. f. MED Étude des affections de la cellule. – De *cyto-*, et *pathologie*.

cytoplasme [sitɔplasm] n. m. BIOL Ensemble constitué du hyaloplasme et des organites cellulaires, dans une cellule vivante. (S'oppose traditionnellement au noyau et à la membrane.) Syn. protoplasme. – De *cyto-*, et *(proto)plasme*.

cytoplasmique [sitɔplasmik] adj. Relatif au cytoplasme. – Du préc.

cytosine [sitozin] n. f. BIOCHIM Base pyrimidique, constituant fondamental des nucléoprotéines et des gènes. – De *cyto-*, *-s-* de liaison et *-ine*.

cytostatique [sitostatik] adj. MED Qui bloque la multiplication cellulaire. *Les médicaments cytostatiques sont administrés contre le cancer.* – De *cyto-*, et *statique*.

cytotoxine [sitotɔksin] n. f. MED Toxine d'origine cellulaire. – De *cyto-*, et *toxine*.

cytotropisme [sitotʀɔpism] n. m. BIOL Attraction exercée par une cellule sur une autre. – De *cyto-*, et *tropisme*.

czar. V. tsar.

czardas. V. csardas.

czimbalum. V. cymbalum.

D d

d [de] n. m. **I. 1.** Quatrième lettre et troisième consonne de l'alphabet [**d**] est une consonne occlusive, dentale, sonore. En français, le *d* final de la langue écrite ne se prononce généralement pas, sauf devant une voyelle où il s'assourdit en [t] de liaison. *Un grand arbre* [ɛ̃gʀɑ̃taʀbʀ]. *Un grand homme* [ɛ̃gʀɑ̃tɔm]). **2.** Pop. *Système D* (première lettre de *débrouillard*): art de se débrouiller, même par des procédés douteux. **II.** Abréviations. **1.** *D:* 500 en chiffres romains. **2.** BIOL *Vitamines D:* groupe de vitamines liposolubles antirachitiques. **3.** PHYS *D:* symbole de *debye*. – *d,* abrév. de *déci-* (ex.: *dm,* décimètre; *dB,* décibel).

D CHIM Symbole du deutérium.

d'. V. de.

1. da [da] interj. Vx ou plaisant. Particule quelquefois jointe à l'affirmative *oui* pour la renforcer. *Oui-da.* – Contract. de *dis va,* double impér.

2. da [da] Abrév. du préf. *déca-* (ex.: *dam,* décamètre; *dal,* décalitre).

d'abord. V. abord.

da capo [dakapo] loc. adv. MUS Indique, dans un morceau, qu'il faut reprendre depuis le début. (Abrév. D.C.). – Loc. ital., «depuis le commencement».

d'accord. V. accord.

dace [das] adj. et n. De la Dacie. – Lat. *Dacius.*

dache (à) [daʃ] loc. adv. Arg. Au diable, très loin. *Envoyer à Dache.* – P.-ê de *diache,* déformation de *diable.*

dacron [dakʀõ] n. m. Textile synthétique à base de polyester. – Nom déposé.

dactyle [daktil] n. m. **1.** METR Anc. pied composé d'une longue et de deux brèves, élément fondamental de l'hexamètre grec et latin. *Le dactyle a été ainsi nommé par analogie avec le doigt dont la première phalange est plus longue que les deux autres.* **2.** BOT Graminée fourragère (*Dactylis glomerata,* «dactyle aggloméré»), très commune en France. – Lat. *dactylus,* du gr. *daktulos,* «doigt».

-dactyl(o)-, -dactyle. Élément, du gr. *daktulos,* «doigt».

dactylique [daktilik] adj. METR Qui contient des dactyles. *Hexamètre dactylique.* – De *dactyle.*

dactylo [daktilo] ou (Vx) **dactylographe** [daktilɔgʀaf] n. Personne qui utilise professionnellement une machine à écrire. *Une dactylo expérimentée.* – De *dactylo-,* et *-graphe.*

dactylographie [daktilɔgʀafi] n. f. Technique de l'écriture à la machine. – Abrév. *Cours de dactylo.* – De *dactylographe.*

dactylographier [daktilɔgʀafje] v. tr. [1] Écrire à la machine. *Dactylographier un rapport.* – De *dactylographie.*

dactylographique [daktilɔgʀafik] adj. Relatif à la dactylographie. – De *dactylographie.*

dactyloscopie [daktilɔskɔpi] n. f. Procédé d'identification au moyen des empreintes digitales. *L'anthropométrie judiciaire utilise la dactyloscopie.* – De *dactylo-,* et *-scopie.*

1. dada [dada] n. m. **1.** (Mot enfantin) Cheval. *Aller à dada.* **2.** Fig., fam. Thème de prédilection, idée sur laquelle on revient sans cesse. *Enfourcher son dada.* Syn. marotte. – Onomat.

2. dada [dada] n. m. et adj. Mouvement de révolte littéraire et esthétique né en 1916 par réaction contre la guerre, le militarisme, et qui exprima d'abord un refus absolu de l'art, récusé jusque dans ses manifestations d'avant-garde (cubisme, futurisme). – Mot choisi dans le dictionnaire, par les fondateurs du mouvement, parce que vide de sens.
ENCYCL Le dadaïsme ou, mieux, *Dada* éclata simultanément à Zurich (où il trouva son nom) sous l'impulsion des poètes Tristan Tzara, Hulsenbeck et Hugo Ball, des artistes Hans Arp, Hans Richter, etc., et à New York (Duchamp, Picabia, Man Ray). Un peu avant la fin de la guerre, il s'implanta en Allemagne, à Berlin, où il se doubla d'une révolte politique de caractère marxiste (John Heartfield, George Grosz, Raoul Haussmann), à Cologne (Max Ernst, J.T. Baargeld, Arp, venu de Zurich) et à Hanovre (Kurt Schwitters). À Paris, Tzara, Picabia, Ribemont-Dessaignes et plusieurs des futurs surréalistes (Breton, Aragon, Soupault, Eluard) illustrèrent l'esprit dada en 1920-1921.

dadais [dadɛ] n. m. Personne niaise, gauche. *Un grand dadais.* – Onomat.

dadaïsme [dadaism] n. m. Mouvement dada. – De *dada* 2.

dadaïste [dadaist] adj. (et n.) Qui suit le dadaïsme. *École dadaïste.* ▷ Subst. Adepte du dadaïsme. – De *dada* 2.

dague [dag] n. f. **1.** Épée très courte; poignard à lame très aiguë. **2.** VEN Chacun des bois droits et courts, non ramifiés, des cerfs, des daims, dans leur deuxième année. – Défense d'un vieux sanglier. – Provenç. *daga,* p.-ê. du lat. pop. **daca,* «épée dace».

daguerréotype [dagɛʀeɔtip] n. m. **1.** Appareil photographique inventé par Daguerre, permettant de fixer une image sur une plaque métallique. **2.** L'image ainsi obtenue. – Du n. de l'inventeur, Louis Jacques Manote *Daguerre* (1787-1851), et *-type.*

daguerréotypie [dagɛʀeɔtipi] n. f. Ancien procédé de photographie, qui utilisait le daguerréotype. – Du préc.

daguet [dagɛ] n. m. VEN Jeune cerf ou jeune daim qui porte encore ses dagues. – De *dague.*

dahabieh [daabjɛ] n. f. Grande barque à voiles et à rames, utilisée sur le Nil. – Ar. *dahabiyah.*

dahir [daiʀ] n. m. Ordonnance émanant du souverain du Maroc. – Mot arabe.

dahlia [dalja] n. m. Plante ornementale, de la fam. des composées (genre *Dahlia*), à racines tubéreuses et à grandes fleurs vivement colorées, originaire d'Amérique du S. – Du n. de *Dahl,* botaniste suédois.

dahoméen, éenne [daɔmeɛ̃, eɛn] adj. et n. Du Dahomey, région historique d'Afrique, auj. Bénin.

daigner [de(ɛ)ɲe] v. tr. [1] Vouloir bien, condescendre à (faire qqch). *Il n'a pas daigné répondre.* – Du lat. *dignari,* «juger digne».

d'ailleurs. V. ailleurs.

daim, daine [dɛ̃, dɛn] n. **1.** Petit cervidé originaire d'Europe. *Le daim brame,* pousse son cri. (*Cervus dama* atteint 1 m au garrot; son pelage brun roux est tacheté de blanc; le mâle porte des bois aplatis. Il peut vivre 25 ans.) **2.** Cuir de daim. – *Par ext.* Envers du cuir de veau ayant l'apparence du cuir de daim. *Manteau de daim.* – Bas lat. **damus*, du lat. class. *dama.*

daïmyo ou **daïmio** [daimjo] n. m. Seigneur japonais possesseur d'un vaste fief, de la fin du XVIe au XIXe s. – Mot japonais.

dais [dɛ] n. m. **1.** Baldaquin de bois ou d'étoffe aménagé au-dessus d'un autel, d'un trône, d'un lit, d'une chaire à prêcher. ▷ Pavillon d'étoffe supporté par quatre hampes, pour abriter le saint sacrement dans les processions. **2.** ARCHI Petite voûte saillante abritant une statue. **3.** Par ext. *Un dais de feuillage, de verdure.* – Du lat. *discus*, «disque, plateau».

dalaï-lama [dalailama] n. m. Titre conféré au chef suprême, temporel et spirituel, des bouddhistes lamaïstes. – Mot mongol, de *dalaï*, «océan de sagesse», et du tibétain *lama*, «supérieur».

dallage [dalaʒ] n. m. **1.** Action de daller. **2.** Revêtement de dalles. *Dallage en mosaïque.* – De *daller.*

dalle [dal] n. f. **1.** Plaque de matériau dur de taille variable, servant au revêtement d'un sol, d'un toit. *Couler une dalle de béton sur un sol en terre battue. Le sol était recouvert de dalles de marbre. Dalle funéraire:* pierre tombale. **2.** Fig., pop. Gorge, gosier. *Avoir la dalle:* avoir faim. *Avoir la dalle en pente:* aimer boire. *Se rincer la dalle:* se désaltérer. – Mot normand, de l'anc. scandinave *daela*, «gouttière».

daller [dale] v. tr. [1] Couvrir, paver de dalles. – De *dalle.*

dalmate [dalmat] adj. et n. De la Dalmatie (auj. prov. de Yougoslavie). – Lat. *dalmatius.*

dalmatien [dalmasjɛ̃] n. m. Grand chien d'agrément (50 à 60 cm au garrot), à robe blanche portant de nombreuses petites taches noires ou brunes. – Anglo-américain *dalmatian.*

dalmatique [dalmatik] n. f. **1.** HIST Tunique blanche à longues manches, que portaient les empereurs romains, les rois de France lors de leur sacre. **2.** LITURG Tunique portée par les diacres et les évêques. – Lat. ecclés. *dalmatica*, «blouse en laine de Dalmatie».

dalot [dalo] n. m. **1.** MAR Ouverture pratiquée dans le pavois d'un navire, destinée à l'écoulement des eaux. **2.** Petit canal pratiqué dans les remblais des routes, de voies ferrées pour l'écoulement des eaux. – De *dalle.*

daltonien, ienne [daltɔnjɛ̃, jɛn] adj. et n. MED Atteint de daltonisme. – Du suiv.

daltonisme [daltɔnism] n. m. MED Trouble de la perception des couleurs, anomalie héréditaire récessive. – Du n. du phys. angl. J. *Dalton* (1766-1844), qui étudia cette anomalie sur lui-même.

dam [dɑ̃] n. m. **1.** Vx Dommage, préjudice. ▷ Loc. mod. *Au grand dam de qqn:* au détriment de qqn. **2.** THEOL Peine des damnés consistant en l'éternelle privation de la vue de Dieu. – Du lat. *damnum.*

damage [damaʒ] n. m. Action de damer, de tasser un sol. – De *damer.*

daman [damɑ̃] n. m. Mammifère ongulé herbivore d'Afrique et du Proche-Orient (genre *Daman*, ordre des hyracoïdes), qui ressemble à une marmotte. – Mot arabe.

damas [dama] n. m. **1.** Tissu, autref. fabriqué à Damas, qui présente des dessins satinés sur un fond mat. – *Par ext.* Étoffe imitant le damas de soie. **2.** TECH Acier présentant une surface moirée. **3.** Variété de prunier mirabelle. – De *Damas*, capitale de la Syrie.

damasquinage [damaskinaʒ] n. m. Action de damasquiner. – De *damasquiner.*

damasquiner [damaskine] v. tr. [1] Incruster de filets de métal précieux (une surface métallique). *Pistolet damasquiné.* – De *damasquin*, «de Damas».

damasquinerie [damaskinʀi] n. f. Art de damasquiner. – De *damasquiner.*

damasquineur [damaskinœʀ] n. m. Personne dont le métier est de damasquiner. (Le f. *damasquineuse* est virtuel). – De *damasquiner.*

damassé, ée [damase] adj. et n. m. **1.** Tissé comme du damas. *Linge damassé.* ▷ N. m. Étoffe ainsi tissée. **2.** *Acier damassé*, dont la surface présente des dessins moirés. – Pp. de *damasser.*

damasser [damase] v. tr. [1] Donner la façon du damas à (une étoffe, un acier). – De *Damas*, capitale de la Syrie.

damassure [damasyʀ] n. f. Travail, aspect du damassé. – De *damasser.*

1. dame [dam] n. f. **I. 1.** Vx Femme noble; femme d'un noble (par oppos. à *demoiselle*, femme d'un bourgeois). ▷ Femme à laquelle un chevalier avait voué sa foi. *Rompre une lance pour sa dame.* Mod., plaisant. *La dame de ses (mes, tes) pensées:* la femme aimée. **2.** Femme d'un rang social relativement élevé. *C'est une grande dame. La première dame d'un pays*, l'épouse du chef de l'État. **3.** Terme courtois pour *femme. Il était en compagnie d'une dame.* **4.** Femme mariée. *C'est une dame ou une demoiselle?* – Pop. Épouse. *Et votre dame, ça va?* **5.** Nom que portent certaines religieuses. *Les dames du Sacré-Cœur.* **6.** Titre donné aux femmes ayant certains offices auprès de reines et de princesses. *Dame d'honneur.* ▷ *Dame de compagnie.* V. compagnie. **II. 1.** JEU Chacune des quatre cartes figurant une reine. *La dame de trèfle.* ▷ Pièce du jeu d'échecs, appelée aussi *reine.* ▷ Chacun des pions avec lesquels on joue au jacquet. ▷ *Jeu de dames:* jeu qui se joue à deux sur un *damier*, avec des pions noirs et blancs, et qui consiste à prendre tous les pions de l'adversaire. (Une *dame*, à ce jeu, est un pion doublé, c.-à-d. recouvert d'un pion de même couleur). *Aller à dame:* avancer un pion jusqu'aux dernières cases du côté de l'adversaire. **2.** MAR *Dame de nage :* évidement demi-circulaire servant de point d'appui à un aviron. **3.** Outil servant à tasser un sol. Syn. demoiselle, hie. – Du lat. *domina*, «maîtresse».

2. dame! [dam] interj. **1.** Fam, vieilli Certes. *Dame, oui! Oh! dame non.* **2.** Marque une explication, une excuse, sur un ton d'évidence. *Je ne lui ai pas prêté d'argent; dame! il m'en devait déjà.* – Abrév. de l'a. fr. *par Nostre Dame!*

dame-d'onze-heures [damdɔ̃zœʀ] n. f. Plante bulbeuse du genre *ornithogale* dont les fleurs s'épanouissent vers onze heures du matin. *Des dames-d'onze-heures.* – De *dame* 1, et *onze heures.*

dame-jeanne [damʒɑn] n. f. Grosse bouteille ou bonbonne renflée, de verre ou de grès, souvent cerclée d'osier. *Des dames-jeannes.* – D'un emploi métaphorique de *dame* et prénom *Jeanne*, personnification de la bouteille par anal. de forme.

1. damer [dame] v. tr. [1] **1.** *Damer un pion:* aux dames, aux échecs, transformer un pion en dame. ▷ Fig., fam. *Damer le pion à qqn:* le supplanter, l'emporter sur lui. – De *dame* 1 (sens II, 1).

2. damer [dame] v. tr. [1] Tasser (un sol), le rendre compact. *Damer la neige. Piste damée.* – De *dame* 1 (sens II, 3).

damier [damje] n. m. **1.** Tablette carrée divisée en soixante-quatre carreaux alternativement blancs et noirs, sur laquelle on joue aux dames. **2.** *Par ext.* Surface divisée en carrés de couleurs différentes. *Le damier des champs et des prés vus du haut de la montagne.* – De *dame* 1 (sens II, 1).

damnable [danabl] adj. **1.** RELIG Qui mérite la damnation éternelle. **2.** Pernicieux, blâmable. – De *damner.*

damnation [danasjõ] n. f. Châtiment des damnés. ▷ Litt. Juron inspiré par la colère. *Enfer et damnation!* – Lat. ecclés. *damnatio.*

damné, ée [dane] adj. et n. **1.** Condamné aux expiations de l'enfer. ▷ Subst. *Les damnés.* **2.** Fam. Maudit. *Ce damné coquin!* **3.** *Être l'âme damnée de qqn:* l'aider dans la réalisation de ses mauvais desseins en lui obéissant aveuglément. – Pp. de *damner.*

damner [dane] v. tr. [1] **1.** RELIG Condamner aux peines de l'enfer. ▷ *Dieu me damne!*, anc. juron. **2.** Causer la damnation de. ▷ Fig., fam. *Faire damner qqn,* le tracasser jusqu'à l'exaspérer. – Lat. ecclés. *damnare,* du class., «condamner».

damoiseau [damwazo] n. m. **1.** Au Moyen Âge, jeune gentilhomme qui n'était pas encore chevalier. **2.** Fam., plaisant. Jeune homme qui fait le galant auprès des femmes. – Du lat. pop. **dom(i)nicellus,* dimin. de *dominus,* «seigneur».

damoiselle [damwazɛl] n. f. Vx Titre donné aux jeunes filles nobles. – Forme anc. de *demoiselle,* du lat. pop. **dom(i)nicella,* dimin. de *domina.*

dan [dan] n. m. Dans les arts martiaux japonais (judo, karaté, aïkido, etc.), chacun des degrés dans la hiérarchie des titulaires de la ceinture noire. *Ceinture noire sixième dan. Passer le premier dan.* – Mot japonais.

danaïde [danaid] n. f. Lépidoptère diurne d'Afrique (genre *Danaïs,* fam. des danaïdés), aux ailes orange, atteignant 8 cm d'envergure. – Du gr. *Danaïdês,* nom des 50 filles de Danaos.

dandinant, ante [dɑ̃dinɑ̃, ɑ̃t] adj. Qui dandine, se dandine. *Une allure dandinante.* – Ppr. de *dandiner.*

dandinement [dɑ̃dinmɑ̃] n. m. Action de dandiner, de se dandiner; mouvement qui en résulte. – De *dandiner.*

dandiner [dɑ̃dine] v. intr. [1] Balancer son corps d'un mouvement régulier et rythmé. *Marcher en dandinant.* ▷ v. pron. *Il se dandinait d'un pied sur l'autre.* – De l'a. fr. *dandin,* «clochette».

dandy [dɑ̃di] n. m. **1.** HIST En Grande-Bretagne, nom donné aux jeunes hommes élégants de la haute société. **2.** Homme qui cherche à exprimer, par son comportement et par sa mise, un idéal de parfaite élégance et de raffinement aristocratique. **3.** Cour. Homme qui affecte une grande recherche dans sa toilette. – Mot anglais.

dandysme [dɑ̃dism] n. m. **1.** Idéal esthétique, comportement du dandy (sens 1). **2.** Recherche dans la mise, raffinement du dandy. – De *dandy.*

danger [dɑ̃ʒe] n. m. **1.** Ce qui expose à un mal quelconque, ce qui peut compromettre la sécurité ou l'existence de qqn, de qqch. *Courir un danger. Être en danger de mort. La Patrie est en danger.* Syn. péril, risque. ▷ Fam. *Il n'y a pas de danger que:* il n'arrivera sûrement pas que... *Elle est fatiguée, mais il n'y a pas de danger qu'il l'aide!* ▷ Loc. *C'est un danger public,* se dit de qui met les autres en péril, par son insouciance, sa maladresse, ses imprudences. **2.** MAR Obstacle à la navigation (écueil, épave, etc.). *Prendre une passe en suivant un alignement qui pare les dangers.* – Du lat. pop. **dominiarium,* «pouvoir de domination», de *dominus,* «maître»; d'abord *dangier.*

dangereusement [dɑ̃ʒʀøzmɑ̃] adv. D'une manière dangereuse. *Vivre dangereusement.* – De *dangereux.*

dangereux, euse [dɑ̃ʒʀø, øz] adj. **1.** Qui constitue, qui présente un danger. *Route dangereuse. Maladie dangereuse.* **2.** Qui peut nuire, dont il faut se méfier. *Un bandit dangereux. Un animal dangereux.* – De *danger.*

dangerosité [dɑ̃ʒʀɔzite] n. f. PSYCHOL, didac. Caractère dangereux, capacité de passer à l'acte agressif. – Dér. savant de *dangereux.*

danois, oise [danwa, waz] adj. et n. **I.** adj. Du Danemark. **II.** n. m. **1.** Langue scandinave parlée au Danemark. **2.** Chien de très grande taille (80 à 90 cm au garrot), à robe rase et claire (blanche ou gris acier), parfois tachetée de sombre, appelé aussi *dogue allemand.* – Germ. *danisk.*

dans [dɑ̃] prép. **1.** Marquant le lieu (indique le rapport qui existe entre deux choses dont l'une contient ou reçoit l'autre). ▷ (Emplacement). *Marcher dans la ville. Tomber dans un puits. Mettre du vin dans un verre.* – Par ext. *Je l'ai lu dans le journal.* ▷ (Milieu, situation). *Entrer dans les ordres. Être dans la magistrature. Servir dans l'aviation.* ▷ (Rapports de circonstance, d'état, de situation, de disposition morale ou physique). *Il montra du courage dans l'infortune. Dans la paix comme dans la guerre. Être dans la force de l'âge. Être dans le doute. Tomber dans la misère.* **2.** Marquant la manière. ▷ (Conformité à qqch). *Recevoir dans les règles.* ▷ (Tendance, intention). *Agir dans l'espoir de plaire.* **3.** Marquant le temps. ▷ (Durée, époque). *Dans ma jeunesse. Être dans sa vingtième année. Dans l'attente de vous lire.* ▷ (Délai dans l'avenir). *Il arrivera dans deux jours.* **4.** Fam. Marquant l'approximation. *Cela va chercher dans les trente dollars.* – Du lat. pop. *deintus,* renforcement de *intus,* «dedans».

dansant, ante [dɑ̃sɑ̃, ɑ̃t] adj. **1.** Qui danse. Fig. *Un reflet dansant.* **2.** Propre à faire danser. *Musique dansante.* **3.** Où l'on peut danser. *Soirée dansante.* – Ppr. de *danser.*

danse [dɑ̃s] n. f. **1.** Suite de mouvements rythmiques du corps, évolution à pas réglés, le plus souvent à la cadence de la musique ou de la voix. *Pas de danse. Cours de danse. Danse classique, rythmique, folklorique. Danse de salon. Salle de danse.* **2.** Air, musique à danser. *Jouer une danse.* **3.** Fig., pop. Correction, volée de coups. *Recevoir, administrer une danse.* **4.** Fig., fam. *Entrer en danse, dans la danse:* s'engager dans une entreprise, une bataille, dans laquelle on n'avait d'abord pris aucune part. – *Mener la danse:* diriger une entreprise, une affaire, une action. **5.** *Danse de Saint-Guy:* chorée de Sydenham. – Déverbal de *danser.*

danser [dɑ̃se] **I.** v. intr. [1] **1.** Mouvoir son corps en cadence, le plus souvent au son d'une musique. *Apprendre à danser. Inviter une femme à danser.* ▷ Fig., fam. *Ne savoir sur quel pied danser:* être embarrassé, indécis. **2.** Fig. Remuer, se mouvoir, s'agiter. *Les flammes dansent dans la cheminée. Barque qui danse sur les lames.* **II.** v. tr. Exécuter (une danse). *Danser le rock.* – Du frq. **dintjan,* «se mouvoir de-ci, de-là».

danseur, euse [dɑ̃sœʀ, øz] n. Personne qui danse, par plaisir ou par profession. *Être bon danseur. Un couple de danseurs. Danseuse étoile. Danseur, danseuse de corde:* funambule. ▷ SPORT *En danseuse,* position d'un cycliste qui pédale sans s'asseoir sur la selle. – De *danser.*

dantesque [dɑ̃tɛsk] adj. D'une horreur grandiose, rappelant le caractère de l'œuvre de Dante. *Paysage dantesque.* – Du n. du poète italien *Dante* Alighieri (1265-1321).

danubien, ienne [danybjɛ̃, jɛn] adj. et n. Du Danube, de sa région. ▷ N. m. PREHIST Ensemble de faciès culturels néolithiques de l'Europe centrale et occidentale à céramique rubannée ou poinçonnée (milieu du Ve millénaire – fin du IIIe millénaire av. J.-C.). – De *Danube,* fleuve d'Europe centrale.

daphné [dafne] n. m. Arbrisseau (*Daphne mezereum*, fam. thyméléacées), à fleurs roses très odorantes, appelé aussi *joli-bois* ou *bois-joli*. – Gr. *daphnê*, «laurier».

daphnie [dafni] n. f. Crustacé branchiopode d'eau douce de très petite taille, appelé aussi *puce d'eau* (genre *Daphnia*), qui se déplace par saccades. *La daphnie séchée ou vivante sert d'aliment aux poissons d'aquarium.* – Lat. scientif. *daphnia*, du gr. *daphnê*, «laurier».

d'après. V. après.

daraise [daʀɛz] n. f. Déversoir d'un étang. – Du gaul. *doraton*, «porte».

darbouka. V. derbouka.

darce. V. darse.

1. dard [daʀ] n. m. **1.** Ancienne arme de jet composée d'une pointe de fer montée sur une hampe de bois. **2.** Fig. Trait acéré. *Les dards de la calomnie.* **3.** ARCHI Ornement en forme de fer de lance, séparant les oves. **4.** *Par anal.* Aiguillon de certains animaux. *Le dard de la guêpe.* ▷ Langue du serpent. **5.** HORTIC Rameau court, porteur de fruits, de certains arbres fruitiers (pommiers, poiriers). **6.** TECH Partie la plus chaude de la flamme d'un chalumeau. – Lat. *dardus*, du frq. **darod*, «javelot».

2. dard [daʀ] n. m. Petit poisson d'eau douce de la famille des perches, répandu dans les lacs d'Amérique du Nord. *Dard de sable. Dard à ventre jaune.* – Du lat. *darsus*.

darder [daʀde] v. tr. [1] **1.** Vx Frapper, blesser avec un dard. *Darder une baleine.* **2.** Lancer comme un dard, une flèche. *Darder sur qqn des regards aigus. Le soleil darde ses rayons.* ▷ (S. comp). *Rayons de soleil qui dardent.* – De *dard*.

dardillon [daʀdijõ] n. m. Petit dard. – Dimin. de *dard*.

dare-dare [daʀdaʀ] loc. adv. Fam. En toute hâte. – Orig. incert.

darne [daʀn] n. f. CUIS Tranche de gros poisson. *Darne de saumon béarnaise.* – Breton *darn*, «morceau».

darse ou **darce** [daʀs] n. f. MAR Bassin d'un port. – Du génois *darsena*, ar. *dâr as-sinâ'a*, «lieu de fabrication».

darsonvalisation [daʀsõvalizasjõ] n. f. MED Traitement utilisant des courants de haute fréquence. – De Arsène *d'Arsonval* (1851-1940), qui étudia cette thérapeutique.

dartre [daʀtʀ] n. f. Plaque sèche, squameuse ou durcie de la peau, dans certaines dermatoses. *Avoir des dartres sur le visage.* – Du bas lat. *derbita*, m. gaul.

dartreux, euse [daʀtʀø, øz] adj. **1.** Qui tient de la dartre. *Dermatose dartreuse.* **2.** Qui a des dartres. – De *dartre*.

darwinien, ienne [daʀwinjɛ̃, jɛn] ou **darwiniste** [daʀwinist] adj. et n. Qui a rapport à Ch. Darwin et au darwinisme. – Partisan de la doctrine de Darwin. – Du n. du naturaliste angl. Ch. *Darwin* (1809-1882).

darwinisme [daʀwinism] n. m. Théorie, émise par Ch. Darwin, selon laquelle les divers êtres vivants actuels résulteraient de la sélection naturelle au sein du milieu de vie. *Le darwinisme s'oppose au lamarckisme.* V. encycl. évolution. – Même orig. que le préc.

darwiniste. V. darwinien.

dasycladales [dazikladal] n. f. pl. BOT Ordre d'algues vertes des mers chaudes à thalle siphonné, aux formes compliquées, connues comme fossiles depuis des temps fort reculés. – Du gr. *dasus*, «touffu», et *klados*, «rameau».

dasypodidés [dazipɔdide] n. m. pl. ZOOL Famille de xénarthres comprenant les tatous (genre *Dasypus*). – Gr. *dasus*, «velu», et *pous, podos*, «pied».

dasyure [dazjyʀ] n. m. Mammifère marsupial d'Australie (genre *Dasyurus*) carnivore ou arboricole, à pelage tacheté, dont l'aspect rappelle celui de la martre. – Du gr. *dasus*, «velu», et *oura*, «queue».

datable [databl] adj. *Manuscrit, fossile datable*, auquel on peut attribuer une date avec certitude. – De *dater*.

datage [dataʒ] n. m. Action de mettre la date, de porter une date sur un document, un acte. – De *dater*.

dataire [datɛʀ] n. m. RELIG CATHOL Anc. Cardinal placé à la tête de la daterie. – Lat. ecclés. *datarius*, de *data* (v. date).

datation [datasjõ] n. f. **1.** Syn. de *datage*. **2.** Action de déterminer, d'attribuer une date. *Datation d'un site préhistorique.* ▷ Date attribuée. *Datation incertaine.* – De *dater*.

ENCYCL L'attribution, avec une marge d'erreur connue, d'une date à une couche géologique, à un site préhistorique, archéologique, à un fossile, à une céramique, un outil, etc., peut se faire par diverses méthodes. Les unes permettent d'établir l'ancienneté d'un objet par rapport à un autre; les autres de déterminer l'âge de l'objet étudié. Elles sont toutes fondées sur des phénomènes cycliques dont on peut retrouver la trace dans la matière. Ainsi, on étudiera les anneaux concentriques formés annuellement dans le tissu ligneux d'un arbre lors de sa croissance (dendrochronologie), la vitesse de dépôt des sédiments, des dépôts dus à la fonte des anciens glaciers (varves glaciaires), les fluctuations de niveau d'une mer ou d'un lac, la stratigraphie, la typologie, la paléontologie, les pollens fossiles (palynologie), le paléomagnétisme, etc. La thermoluminescence permettra de déterminer la date de cuisson d'une céramique. On dosera les traces que certains éléments radioactifs ont laissées lors de leur désintégration. Ainsi, le carbone naturel renferme (en très faible pourcentage) un isotope radioactif de masse atomique 14 (^{14}C) dont la période est d'environ 5 700 ans. Toute matière organique contient donc du ^{14}C. La recherche de la proportion de cet isotope dans un composé carboné à dater (cendres de bois, par ex.) et la connaissance de la proportion qu'il contenait au moment où il faisait partie d'un organisme vivant permettent de fixer la date de la mort de cet organisme. Des méthodes analogues utilisent l'uranium, le potassium 40 dans la méthode dite par le potassium-argon (période d'env. 1,3 milliard d'années) et le rubidium 87 (période de 47 milliards d'années env.); le couple rubidium-strontium a permis de calculer l'âge des pierres lunaires rapportées sur Terre (3,2 à 4,6 milliards d'années).

datcha [datʃa] n. f. Maison de campagne russe. – Mot russe.

date [dat] n. f. **1.** Indication précise du jour, du mois et de l'année. *Inscrire sur un registre la date d'un mariage, d'un décès. La date d'une lettre. Date de naissance.* ▷ *Prendre date:* s'engager pour un jour déterminé à faire qqch. **2.** Moment, époque précise où une chose est faite. *Fixer la date des prochaines élections.* ▷ *Amitié de longue date*, qui dure depuis longtemps. *Un ami de fraîche date*, récent. *Le premier, le dernier en date:* le plus ancien, le plus récent que l'on connaisse. ▷ Moment marqué par un événement important; événement important. *La découverte du téléphone est une date dans l'histoire de la technique. Faire date:* marquer un moment important, décisif. – Du lat. médiév. *data (littera)*, «(lettre) donnée», premiers mots de la formule indiquant la date où un acte avait été rédigé.

dater [date] I. v. tr. [1] Mettre la date sur (un document, un acte, etc.). *Dater une lettre. Dater un chèque. Journal daté du 3 mars.* ▷ *Dater une couche géologique*, en déterminer la date. **II.** v. intr. **1.** *Dater de:* avoir eu lieu, avoir commencé d'exister à (telle date, telle époque). *Immeuble qui date du XIXe s.* ▷ Loc. adv. *À dater de:* à partir de. *À dater de ce jour, le stationnement est interdit dans cette rue.* **2.** (S. comp.) Être démodé, paraître ancien. *Les dialogues datent, dans ce vieux film.* – De *date.*

daterie [datʀi] n. f. RELIG CATHOL Bureau d'enregistrement de la chancellerie pontificale (au XVe s.), puis office central des grâces et des bénéfices. *Les attributions de la daterie, supprimée par Paul VI en 1967, sont maintenant déférées à la secrétairerie d'État.* – De *dataire.*

dateur, euse [datœʀ, øz] n. et adj. **1.** n. m. Appareil à lettres et chiffres mobiles pour apposer les dates. **2.** adj. *Un composteur dateur.* – De *dater.*

1. datif [datif] n. m. GRAM Cas marquant l'attribution dans les langues à déclinaison. – Lat. *dativus (casus)*, «(cas) attributif», de *dare*, «donner».

2. datif, ive [datif, iv] adj. **1.** DR Nommé par le conseil de famille ou par le juge. *Tuteur datif, tutelle dative.* **2.** CHIM, PHYS *Liaison dative*, appelée aussi *liaison semi-polaire, liaison de coordinence*, par laquelle un atome donneur met en commun son doublet d'électrons avec un atome accepteur. *Une fois établie, la liaison dative ne se distingue pas de la liaison de covalence ordinaire.* – Lat. *dativus (tutor)*, «(tuteur) qui est donné».

dation [dasjõ] n. f. DR Action de donner. ▷ *Dation en paiement :* opération par laquelle un débiteur remet en paiement à son créancier une chose autre que celle qui faisait l'objet de l'obligation. *La dation en paiement doit être conventionnelle.* – Lat. *datio*, de *dare*, «donner».

datte [dat] n. f. Baie comestible, très sucrée, de forme allongée (3 à 4 cm), produite par le dattier. *Dattes fraîches. Dattes dénoyautées.* – Provenç. *datil*, lat. *dactylus*, du gr. *daktulos*, «doigt».

dattier [datje] n. m. Palmier originaire d'Afrique et du Proche-Orient *(Phœnix dactylifera)* atteignant 20 m de haut, cultivé pour la production des dattes. – De *datte.*

datura [datyʀa] n. m. BOT Solanacée à grandes fleurs en cornet, toxique et narcotique. *La stramoine («Datura stramonium») est un datura.* – Hindi *dhatūra*, par le portug.

daube [dob] n. f. CUIS Manière de cuire les viandes braisées, dans un récipient couvert, avec un assaisonnement relevé. *Du bœuf en daube.* ▷ Viande ainsi accommodée. *Servir une daube.* – De l'ital. *addobbo*, «assaisonnement».

1. dauber [dobe] v. tr. [1] CUIS Cuire (une viande) en daube. – De *daube.*

2. dauber [dobe] v. tr. ou intr. [1] Vx ou litt. *Dauber qqn* ou *sur qqn*, le railler, se moquer de lui. – Probabl. du lat. *dealbare*, «blanchir», de *albus*, «blanc».

daubière [dobjɛʀ] n. f. Braisière utilisée pour cuire les viandes en daube. – De *daube.*

1. dauphin [dofɛ̃] n. m. **1.** Cétacé odontocète (fam. delphinidés), de 2 à 4 m de long, dont les mâchoires, étroites et très longues, forment une sorte de bec garni de nombreuses dents. (Le dauphin des anciens – *Delphinus delphis* – a les flancs rayés; le dauphin à gros nez – *Tursiops truncatus* – est le dauphin souffleur. Toutes les espèces sont grégaires; leur sens social et leur psychisme sont très développés; ils communiquent et se repèrent à l'aide d'ultra-sons). **2.** TECH Tube recourbé, en bas d'une descente d'eaux pluviales, pour évacuer les eaux sur le sol. – Du bas lat. *dalfinus*, lat. class. *delphinus*, gr. *delphis.*

2. dauphin [dofɛ̃] n. m. **1.** Titre qui servait à désigner l'héritier du trône de France (en général le fils aîné du roi) après 1349. *Le dernier à porter le titre de dauphin fut le fils de Charles X.* ▷ Personne portant ce titre; fils aîné du roi de France. **2.** *Par ext.* Successeur présumé d'un chef d'État, d'un personnage important, choisi par lui. – De *Dauphiné;* anc. prov. de France; d'abord titre de seigneur du Dauphiné.

dauphine [dofin] n. f. HIST Femme du dauphin de France. – De *dauphin* 2.

dauphinelle [dofinɛl] ou **delphinelle** [dɛlfinɛl] n. f. Renonculacée ornementale (genre *Delphinium*, nombr. espèces) aux grandes inflorescences. Syn. cour. pied-d'alouette. – Du gr. *delpinion; ph* d'ap. *dauphin.*

dauphinois, oise [dofinwa, waz] **1.** adj. et n. Du Dauphiné. ▷ *Gratin dauphinois:* gratin de pommes de terre au beurre et à la crème fraîche. **2.** n. m. Ensemble des parlers romans du nord du Dauphiné. – Du n. du *Dauphiné*, anc. prov. française.

daurade ou **dorade** [dɔʀad] n. f. Poisson téléostéen marin au corps comprimé latéralement, aux mâchoires très puissantes armées de fortes dents, dont les écailles ont des reflets dorés ou argentés. – Du provenç. *daurada*, «doré».

davantage [davɑ̃taʒ] adv. **1.** Plus, bien plus. *Ne m'en demandez pas davantage. Il est riche, mais son père l'était bien davantage.* **2.** Plus longtemps. *Je ne peux rester davantage.* **3.** Vx En outre, de plus. *Rien davantage:* rien de plus. **4.** Vx ou litt. Le plus. *Choisissez l'ouvrage qui vous plaît davantage.* **5.** *Davantage que, de:* plus que, de. *Davantage d'argent. Rien ne me plaît davantage que...* (Locutions très usitées mais rejetées par certains puristes). – De *d'*, et *avantage.*

davier [davje] n. m. **1.** CHIR Pince à longs bras et à mors très courts pour extraire les dents, ou pour maintenir des os en chirurgie osseuse. **2.** TECH Barre de fer dont l'une des extrémités est recourbée en crampon, servant au menuisier à serrer et à assembler des pièces. **3.** MAR Rouleau, monté sur un axe horizontal, servant à supporter une aussière ou un câble sur lequel s'exerce un effort. *Davier d'étrave.* – Dimin. de l'a. fr. *david*, outil de menuisier.

dazibao [dadzibao] n. m. En Chine, affiche manuscrite traitant de l'actualité politique. – Mot chinois.

dB PHYS Symbole du décibel.

D.C.A. [desea] n. f. Artillerie antiaérienne. – Abrév. de *Défense Contre Avions.*

d.d.p. ELECTR Abrév. de *Différence de Potentiel.*

D.D.T. [dedete] n. m. Sigle pour *Dichloro-Diphényl-Trichloréthane*, insecticide puissant.

1. de [də], **d'** [d] devant une voyelle ou un h muet, prép. (**du, des** [dy, dɛ]: *de le* se contracte en *du* et *de les* en *des*). **I.** La préposition *de* exprime des rapports extrêmement nombreux à partir du sens fondamental d'*origine*, de *point de départ*, et notam.: **1.** Le lieu (départ, séparation, extraction, provenance). *Venir de Chibougamau. Tenir une nouvelle de qqn. Natif de Tadoussac.* – (Éloignement). *C'est à cent mètres de chez moi.* ▷ (Particule nobiliaire). *Madame de Grignan.* **2.** L'intervalle de temps (*de... à...*). *Du matin au soir.* ▷ La durée. *De jour, de nuit:* pendant le jour, la nuit. **3.** Le cheminement, la progression, la répétition, l'intervalle (*de... en...*). *Épidémie qui s'étend de jour en jour. Relais disposés de place en place.* **4.** La cause. *Mourir de faim. Être rouge de colère.* ▷ (Introduisant une propos. à l'indic. ou au subj.) *Il est triste de ce que vous ne lui écrivez (ou écriviez) plus.* **5.** La manière. *Rire de bon cœur. Citer de mémoire.* **6.** L'instrument, le moyen. *Coup de bâton. Signe de tête. Suivre des yeux.* **7.** La mesure. *Un navire de cent* *mètres. Un enfant de six mois.* **8.** L'auteur, l'agent. *Le crime de l'assassin. «Bonheur d'occasion» de Gabrielle Roy.* ▷ (Introduisant le complément d'agent d'un verbe au passif). *Être vu de tous.* **II.** Elle peut marquer également un rapport de possession ou assimilé à la possession: **1.** *Le livre de Paul. Un bien de famille. La beauté d'une femme.* **2.** Le rapport de la partie à l'ensemble. *Le quart de la somme. Le reste du temps.* – Du contenant au contenu. *Un panier de cerises.* – D'une chose aux éléments ou à la matière dont elle est faite. *Une colonne de marbre.* **3.** La qualité. *Une femme de génie.* ▷ La condition, la profession. *Une femme de lettres.* ▷ La catégorie, l'espèce. *Une robe du soir. Un chien de race.* **4.** La destination. *Salle de spectacle.* **III.** Enfin, elle s'analyse comme un mot-outil de sens neutre. **1.** Devant l'objet d'un v. tr. indir. *Médire de qqn.* **2.** Devant les adjectifs, participes passés, adverbes en relation avec certains pronoms. *Qqn de bien. Rien de tel.* **3.** Devant un infinitif sujet ou complément. *D'y retourner ne vous donnerait que du regret. Il est fâcheux de ne pas s'entendre. Arrêtez de courir.* **4.** Devant l'infinitif de narration. *Et moi de rire encore, et lui de crier de plus belle.* **5.** Devant l'attribut de l'objet des verbes *taxer, traiter, qualifier. Traiter qqn de voleur.* **6.** Dans les constructions appositives. *La ville de Roberval. Ce fou de Rameau.* **7.** Dans certaines locutions figées. *Comme de juste. À vous de jouer.* – Lat. class. *de,* propr. «au sujet de» s'est substitué en bas lat. à l'emploi du génitif.

2. de [də], **du** [dy], **de la** [dəla], **des** [dɛ] articles partitifs (devant les noms d'objets qui ne peuvent être comptés). *Boire du vin en mangeant des moules.* – (Abstrait.) *Il y a du vrai dans ce qu'il dit.* ▷ Vx De: pour *du, de la, des* devant un adj. *Manger de gros pain bis.* – De la prép. *de.*

de-, dé-, des-, dés-. Éléments, du lat. *dis,* marquant l'éloignement, la séparation, l'opposition.

1. dé [de] n. m. **1.** Petit cube de matière dure (os, ivoire, bois, plastique) dont chacune des six faces est marquée d'un nombre différent de points, de un à six, et qui sert dans de nombreux jeux. *Lancer les dés. Cornet à dés. Dé pipé,* que l'on a truqué pour s'assurer de gagner. ▷ Fig. *Coup de dé* (ou *de dés*): entreprise, opération hasardeuse. *Risquer sa fortune sur un coup de dés. Les dés sont jetés:* la décision est prise, on ne peut plus revenir en arrière. **2.** TECH Partie d'un piédestal en forme de cube. ▷ Pierre taillée cubique. **3.** CUIS Petit morceau de forme cubique. *Couper le lard en dés.* – Du lat. *datum,* «pion de jeu», pp. de *dare,* «donner».

2. dé [de] n. m. Absol. ou *dé à coudre:* petit fourreau de métal, protégeant le bout du doigt qui pousse l'aiguille. – Du lat. pop. **ditale,* pour *digitale;* rac. *digitus,* «doigt»; *dé* d'ap. *dé* 1.

déambulation [deɑ̃bylasjɔ̃] n. f. Action de déambuler. – De *déambuler.*

déambulatoire [deɑ̃bylatwaʀ] adj. et n. m. **1.** adj. Vx Relatif à la déambulation, à la promenade. **2.** n. m. ARCHI Galerie qui relie les bas-côtés d'une église en passant derrière le chœur. – Du lat. *deambulatorium,* «galerie».

déambuler [deɑ̃byle] v. intr. [1] Marcher, se promener sans but précis. – Lat. *deambulare.*

débâcle [debɑkl] n. f. **1.** Rupture de la glace recouvrant un cours d'eau. Ant. embâcle. **2.** Bouleversement entraînant l'effondrement, la ruine. *Débâcle financière.* – Spécial. *La débâcle d'une armée vaincue.* Syn. déroute. – Déverbal de *débâcler.*

débâcler [debɑkle] **1.** v. tr. [1] Vx Retirer la bâcle de fermeture (d'une porte, ou d'une fenêtre). **2.** v. intr. *Rivière qui débâcle,* dont les glaces se rompent et sont entraînées par le courant. – De *dé-,* et *bâcler.*

débagouler [debagule] **1.** v. intr. [1] Vx, pop. Vomir. **2.** v. tr. Fig., fam. Dire, proférer (toutes les injures, les paroles qui viennent à la bouche). – De *dé-,* et *bagou.*

déballage [debalaʒ] n. m. **1.** Action de déballer. **2.** Étalage pour la vente, d'objets en vrac; commerce de ces objets. **3.** Fig., fam. Étalage (de ce qui jusqu'alors était resté secret). *Un déballage de scandales.* – De *déballer.*

déballastage [debalastaʒ] n. m. MAR Opération consistant à évacuer l'eau de mer dont on leste un navire lorsqu'il revient à vide. *Le déballastage des pétroliers est une cause importante de pollution.* – De *dé-,* et *ballast.*

déballer [debale] v. tr. [1] **1.** Retirer (une marchandise) de son emballage. *Déballez d'abord les assiettes.* **2.** Exposer (des marchandises à vendre). *Déballer des tissus.* **3.** Fig., fam. Étaler, exposer. *Déballer ses sentiments, ses griefs, ce qu'on a sur le cœur.* – De *dé-,* et *balle* 2.

déballeur, euse [debalœʀ, øz] n. Personne qui déballe (qqch.); ouvrier, ouvrière préposé(e) au déballage. – De *déballer.*

débalourder [debaluʀde] v. tr. [1] TECH Enlever le balourd (d'une pièce tournante). – De *dé-,* et *balourd.*

débandade [debɑ̃dad] n. f. Fuite, dispersion désordonnée. ▷ Loc. adv. *À la débandade:* dans la confusion et le désordre. – De *débander* 2.

1. débander [debɑ̃de] v. tr. [1] **1.** Enlever la bande, le bandage de. *Débander une plaie. Débander les yeux de qqn.* **2.** Détendre ce qui est bandé. *Débander un ressort.* ▷ Fam. Ne plus être en érection. ▷ Loc. fig., fam. *Sans débander:* sans relâcher son effort. – De *dé-,* et *bande* 1.

2. débander [debɑ̃de] **1.** v. tr. [1] Vx Mettre en désordre, disperser (une troupe). **2.** v. pron. Se disperser en désordre. *L'armée s'est débandée dès le début de la bataille.* – De *dé-,* et *bande* 2, d'ap. l'ital. *sbandare,* «éparpiller, disperser».

débaptiser [debatize] v. tr. [1] Changer le nom de (qqn ou qqch). *Débaptiser une rue.* – De *dé-,* et *baptiser.*

débarbouillage [debaʀbujaʒ] n. m. Action de débarbouiller ou de se débarbouiller. – De *débarbouiller.*

débarbouiller [debaʀbuje] **1.** v. tr. [1] Laver le visage de. *Débarbouiller un enfant;* nettoyer ce qui barbouille le visage. ▷ v. pron. Se nettoyer le visage; se laver sommairement. **2.** v. pron. Fig., fam. Se tirer d'affaire. *Débarbouille-toi comme tu peux!* – De *dé-,* et *barbouiller.*

débarbouillette [debaʀbujət] n. f. Petit carré de ratine dont on se sert pour se débarbouiller, pour faire sa toilette. «Elle avait pensé à sa mère pendant quelques secondes, sa mère penchée sur elle, lui frottant la bouche avec une débarbouillette savonneuse.» (Michel Tremblay, *La grosse femme d'à côté est enceinte,* 1978.) – De *débarbouiller.*

débarcadère [debaʀkadɛʀ] n. m. Quai ou appontement aménagé pour débarquer ou embarquer des voyageurs, des marchandises. Syn. embarcadère. – De *débarquer,* d'ap. *embarcadère.*

débardage [debaʀdaʒ] n. m. **1.** Action de débarder; son résultat. **2.** FOREST Opération qui consiste à amener les arbres abattus du point de chute jusqu'à un emplacement de stockage ou d'embarquement. – De *débarder.*

débarder [debaʀde] v. tr. [1] **1.** MAR Débarquer (un chargement). **2.** TECH Transporter (des marchandises, *spécial.,* des arbres abattus) du lieu de production ou d'extraction à un autre lieu. – De *dé-,* et *bard;* d'abord «décharger d'un bard».

débardeur [debaʀdœʀ] n. m. **1.** Ouvrier qui travaille au chargement et au déchargement de marchandises. **2.** Maillot couvrant le haut du corps, à encolure et emmanchures très échancrées. – De *débarder.*

débarquement [debaʀkəmɑ̃] n. m. **1.** Action de débarquer (des marchandises, des passagers). *Quai de débarquement.* **2.** Action d'une personne qui débarque; moment de cette action. *Il a été arrêté à son débarquement.* **3.** Fig., fam. Action de révoquer qqn, de s'en débarrasser. *Le débarquement d'un ministre.* **4.** MILIT Opération qui consiste à transférer sur un littoral des troupes embarquées sur un navire avec leurs véhicules et leur armement. *Le débarquement du 6 juin 1944 sur les côtes normandes.* – De *débarquer.*

débarquer [debaʀke] **I.** v. tr. [1] **1.** Faire passer à terre (les passagers, les marchandises d'un navire). ▷ *Par ext.* Enlever, faire sortir (d'un train, d'un avion). ▷ MILIT *Débarquer un commando.* **2.** Fig., fam. Se débarrasser de (qqn), le révoquer. **II.** v. intr. **1.** Quitter le bateau et descendre à terre. *Quelques membres de l'équipage ont débarqué à Halifax.* ▷ Par ext. *Débarquer d'un train, d'un avion.* ▷ MILIT Effectuer une opération de débarquement. **2.** Fam. Arriver (quelque part, partic. chez qqn). *Il débarque toujours à l'improviste.* – De *dé-,* et *barque.*

débarras [debaʀa] n. m. **1.** Disparition d'un embarras, délivrance de ce qui embarrassait. *Les voilà partis, bon débarras!* **2.** Lieu où l'on range les objets encombrants. *Ranger les balais dans le débarras.* – Déverbal de *débarrasser.*

débarrasser [debaʀase] **I.** v. tr. [1] Dégager (un endroit) de ce qui embarrasse. *Débarrasser une chambre, une cave.* ▷ Libérer (un lieu, une personne) de (ce qui gêne, encombre). *Débarrassez donc le bureau de toutes ces paperasses. Débarrassez-le de son manteau.* ▷ (S. comp.) Enlever le couvert d'une table. ▷ Fam. *Débarrassez-moi le plancher:* allez-vous-en! **II.** v. pron. **1.** *Se débarrasser d'une chose,* s'en défaire, l'abandonner. *Se débarrasser d'une vieille voiture. – Se débarrasser d'une manie, d'une idée.* **2.** *Se débarrasser de qqn,* l'éloigner; euphém., le tuer. – De *dé-,* et rad. de *embarrasser* (pour *désembarrasser*).

débarrer [debɑʀe] v. tr. [1] Enlever la (les) barre(s) de, ouvrir ce qui est fermé par un mécanisme quelconque. ▷ *Spécial.* ouvrir à l'aide d'une clef. *Débarrer une porte.* «Le policier débarre ma cellule, je peux sortir [...].» (Mario Bolduc, *Les images de la mer,* 1975.) – Absol. *Tu peux entrer, j'ai débarré.* – De *dé-,* et *barrer.*

débat [deba] n. m. **I. 1.** Examen et discussion d'une question par des personnes d'avis différents. *Un débat animé. Entrer dans le cœur du débat.* **2.** Conflit moral, psychologique. *Être en proie à un débat de conscience, à un débat intérieur.* **II.** Plur. Discussion sur une question, dans une assemblée politique. *Les débats parlementaires.* – Déverbal de *débattre.*

débâter [debɑte] v. tr. [1] Ôter le bât à (une bête de somme). *Débâter un mulet.* – De *dé-,* et *bât.*

débattement [debatmɑ̃] n. m. AUTO Amplitude maximale des mouvements verticaux des axes de roues par rapport à la carrosserie. – De *dé-,* et *battement.*

débattre [debatʀ] **1.** v. tr. [81] Discuter, examiner de façon contradictoire avec une ou plusieurs personnes. *Débattre une affaire, une question.* ▷ v. tr. indir. *Débattre sur, débattre de qqch.* **2.** v. pron. Lutter énergiquement pour résister, se dégager. *À force de se débattre, il a réussi à s'échapper.* ▷ Fig. *Se débattre contre la misère.* – De *dé-,* et *battre.*

débauchage [deboʃaʒ] n. m. Action de débaucher un employé, du personnel. – De *débaucher.*

débauche [deboʃ] n. f. **1.** Dérèglement des mœurs, recherche excessive des plaisirs sensuels. *Incitation de mineurs à la débauche.* **2.** Fig. *Débauche de:* profusion, abus de. *Raconter une histoire avec une débauche d'images, de détails.* – Déverbal de *débaucher.*

débauché, ée [deboʃe] n. et adj. Personne qui vit dans la débauche. Ant. rangé, sage, vertueux. ▷ Adj. *Un homme débauché.* – Pp. de *débaucher.*

débaucher [deboʃe] v. tr. [1] **I. 1.** Engager (qqn) à quitter son travail, son emploi. *Débaucher un employé.* **2.** Renvoyer d'un emploi, faute de travail. Ant. embaucher. **II. 1.** Entraîner qqn dans le plaisir, la débauche. *Débaucher un jeune homme.* ▷ v. pron. *Il a commencé à se débaucher très jeune.* **2.** Fam. (sens atténué). Détourner momentanément (qqn) de son travail, de ses occupations pour le divertir. *Allez, je vous débauche: je vous emmène au cinéma.* – Orig. incert.

débaucheur, euse [deboʃœʀ, øz] n. Vx Personne qui incite à la débauche. – De *débaucher* (sens II, 1).

débecter, débéqueter ou **débecqueter** [debekte] v. tr. [1] Fam. Dégoûter. – De *dé-,* et *bequeter,* «manger»; de *bec.*

débet [debɛ] n. m. Ce qui reste dû après l'arrêté d'un compte. – Mot lat., «il doit».

débile [debil] adj. et n. **I.** adj. **1.** Qui manque de force, de vigueur. *Un corps, un esprit débile.* **2.** Fam. Idiot, stupide. *Une histoire complètement débile.* **II.** n. MED *Débile mental,* ou *débile:* sujet atteint d'une arriération mentale (dont on évalue l'importance par le quotient intellectuel, établi en fonction de l'âge). *Débile léger, profond.* – Lat. *debilis,* «faible».

débilitant, ante [debilitɑ̃, ɑ̃t] adj. **1.** Qui affaiblit, débilite. *Remède débilitant.* **2.** Fig. Déprimant. *Vivre dans un cadre débilitant.* – Ppr. de *débiliter.*

débilité [debilite] n. f. **1.** MED État de faiblesse extrême. *Débilité congénitale.* **2.** MED État d'un débile mental. **3.** Fam. Chose débile. – Lat. *debilitas,* «faiblesse».

débiliter [debilite] v. tr. [1] Rendre débile, affaiblir. ▷ Fig. Déprimer, affaiblir moralement. – Lat. *debilitare,* «affaiblir».

débinage [debinaʒ] n. m. Pop. et vieilli Action de débiner qqn. – De *débiner.*

débine [debin] n. f. Pop. Indigence, misère. *Être dans la débine.* – Déverbal de *débiner* 1.

1. débiner [debine] v. tr. [1] Pop. Dénigrer, médire de. – P.-ê. de *dé,* et régional *biner,* «s'accoupler».

2. débiner (se) [debine] v. pron. [1] Fam. Se sauver, partir précipitamment. – P.-ê. de *dé-,* et a. fr. *s'en bin(n)er,* «fuir».

débineur, euse [debinœʀ, øz] n. Pop. Personne qui débine. – De *débiner.*

débirentier, ière [debiʀɑ̃tje, jɛʀ] n. DR Personne débitrice d'une rente (par oppos. à *crédirentier*). – De *débit* 2, et *rentier.*

1. débit [debi] n. m. **1.** Vente continue au détail d'une marchandise. *Boutique qui a un fort débit. Produit de faible débit.* **2.** Manière de réciter, de parler. *Un orateur au débit rapide.* **3.** Manière dont on coupe, on taille (le bois, la pierre, etc.). *Débit en planches, en rondins d'un arbre.* **4.** Quantité de fluide qui s'écoule en un temps donné. *Débit d'un fleuve.* ▷ Par anal. quantité fournie, capacité de production, par unité de temps, en un point donné. *Débit d'une source électrique. Le débit horaire d'une autoroute.* – Déverbal de *débiter.*

2. débit [debi] n. m. **1.** Compte des sommes dues par qqn. *Porter une dépense au débit de qqn.* Ant. crédit. **2.** COMPTA Compte de toutes les sommes qui ont été versées à un tiers. – Lat. *debitum*, «dette», de *debere*, «devoir».

débitage [debitaʒ] n. m. Action de débiter (le bois, la pierre, etc.); son résultat. Syn. débit (sens 4). – De *débiter* 1.

débitant, ante [debitɑ̃, ɑ̃t] n. Vx Personne qui vend au détail. – Ppr. de *débiter*.

1. débiter [debite] v. tr. [1] **1.** Tailler, découper en morceaux prêts à l'emploi. *Débiter de la pierre. Débiter un quartier de bœuf.* **2.** Vendre (une marchandise) au détail. **3.** Fournir (une certaine quantité de matière, de fluide, d'électricité, etc.) en une période donnée. *Source qui débite tant de litres par heure.* **4.** Vx Déclamer, raconter en détaillant. **5.** Péjor. Énoncer, réciter d'une manière monotone. *Débiter une leçon sans la comprendre.* ▷ Péjor. Raconter, répandre (des sottises, des mensonges, etc.). – De *dé-*, et *bitte*, «billot», de l'anc. scand.

2. débiter [debite] v. tr. [1] Porter une somme au débit de (qqn). *Débiter un client d'une somme.* ▷ Par ext. *Débiter un compte de telle somme.* Ant. créditer. – De *débit* 2.

débiteur, trice [debitœʀ, tʀis] n. et adj. **1.** Personne qui doit de l'argent. *Débiteur insolvable.* ▷ Adj. *Solde, compte débiteur,* où le débit est supérieur au crédit. Ant. créditeur. **2.** Fig. Personne qui a une obligation morale envers une autre. *Vous m'avez rendu un grand service, et je reste votre débiteur.* – De *débiter* 2.

débitmètre [debimɛtʀ] n. m. Appareil permettant de mesurer le débit. – De *débit*, et *mètre*.

déblai [deblɛ] n. m. **1.** Action de déblayer. **2.** *Par ext.* (surtout au plur.). Terres, décombres que l'on retire d'un terrain. *Route en déblai,* en tranchée. Ant. remblai. – Déverbal de *déblayer*.

déblaiement [deblɛmɑ̃] ou **déblayement** [deblɛmɑ̃] n. m. Opération par laquelle on déblaie. – De *déblayer*.

déblatérer [deblateʀe] v. intr. [16] Fam. Parler longtemps et avec violence contre qqch, qqn. *Déblatérer contre le gouvernement.* ▷ v. tr. *Déblatérer des injures.* – Lat. *deblaterare*, «bavarder».

déblayage [deblɛjaʒ] n. m. Action de déblayer. – De *déblayer*.

déblayement. V. déblaiement.

déblayer [deble(ɛ)je] v. tr. [24] **1.** Enlever de la neige, des terres, des décombres de. *Déblayer les rues après une tempête de neige.* **2.** Dégager (un lieu) de ce qui l'encombre. *Déblayer une cave.* ▷ Fig. *Déblayer le terrain:* aplanir les difficultés, préparer avant d'entreprendre. – De *dé-*, et *blé;* d'abord *desblaer*, «moissonner, enlever le blé».

déblocage [deblɔkaʒ] n. m. Action, fait de débloquer. – De *débloquer*.

débloquer [deblɔke] **I.** v. tr. [1] **1.** Remettre en mouvement (une machine, une pièce bloquée). *Débloquer le balancier d'une horloge.* **2.** Permettre le mouvement (de marchandises, de fonds bloqués). *Débloquer les crédits.* ▷ *Débloquer les salaires:* permettre l'augmentation des salaires jusqu'alors bloqués. **3.** TYPO Remplacer dans une composition (une lettre bloquée). **II.** v. intr. Pop. Dire des choses dépourvues de sens, divaguer. – De *dé-*, et *bloquer*.

débobiner [debɔbine] v. tr. [1] Dérouler (ce qui est embobiné). ▷ TECH Démonter les enroulements (d'un appareil, d'un dispositif électrique). – De *dé-*, et *bobine*.

déboire [debwaʀ] n. m. **1.** Vx Arrière-goût désagréable laissé par ce qu'on a bu. **2.** (Surtout au pl.). Contrariété, déception pénible. *Ses enfants lui ont donné des déboires.* – De *dé-*, et *boire*.

déboisement [debwazmɑ̃] n. m. Action de déboiser; son résultat. – De *déboiser*.

déboiser [debwaze] v. tr. [1] Dégarnir (une terre) de ses bois, de ses arbres. ▷ v. pron. Perdre ses bois. *La région s'est déboisée en quelques années.* – De *dé-*, et *boiser*.

déboîtement [debwatmɑ̃] n. m. **1.** MED Luxation. **2.** Action de déboîter. – De *déboîter*.

déboîter [debwate] **I.** v. tr. [1] **1.** Faire sortir (une pièce) de son logement, disjoindre (des éléments emboîtés). *Déboîter une porte. Déboîter des tuyaux.* **2.** MED Luxer. – v. pron. *Se déboîter l'épaule.* **II.** v. intr. **1.** Sortir d'une colonne, d'un cortège, en se déplaçant vers le côté (personnes). **2.** Sortir d'une file (véhicules). *Voiture qui déboîte pour tourner.* – De *dé-*, et *boîte*.

débonder [debɔ̃de] v. tr. [1] **1.** Ôter la bonde de. *Débonder un tonneau.* **2.** Fig. *Débonder son cœur*, ou absol., *débonder:* s'épancher sans retenue. ▷ v. pron. *Se débonder.* – De *dé-*, et *bonde*.

débonnaire [debɔnɛʀ] adj. **1.** Vieilli Bon jusqu'à la faiblesse. *Un roi débonnaire.* **2.** Mod. Bienveillant. *Avoir l'air, être d'humeur débonnaire.* – De *de bonne aire*, «de bonne race».

débonnairement [debɔnɛʀmɑ̃] adv. D'une manière débonnaire. – De *débonnaire*.

débonnaireté [debɔnɛʀte] n. f. Litt. Bonté allant jusqu'à la faiblesse. – De *débonnaire*.

débordant, ante [debɔʀdɑ̃, ɑ̃t] adj. **1.** Qui déborde, qui passe les limites. **2.** Fig. Qui ne peut se contenir et se manifeste avec exubérance. *Joie débordante.* – Ppr. de *déborder*.

débordé, ée [debɔʀde] adj. **1.** Rare Sorti de ses bords. *Fleuve débordé.* **2.** Fig. Surchargé (d'activités, d'obligations, etc.). *Être débordé de travail, de soucis.* – Absol. *Je préfère remettre notre rendez-vous à demain, aujourd'hui je suis débordé.* **3.** Fig. Qui reste impuissant devant les événements, qui n'en a plus le contrôle. *Le service d'ordre a été débordé.* **4.** MILIT, SPORT Contourné, dépassé. *Débordé par les ailes.* – Pp. de *déborder*.

débordement [debɔʀdəmɑ̃] n. m. **1.** Fait de déborder. *Débordement d'un cours d'eau.* **2.** Fig. Profusion, abondance excessive. *Un débordement de paroles.* **3.** Plur. Excès, conduite dissolue. *Se livrer à des débordements.* **4.** MILIT, SPORT Action de déborder. – De *déborder*.

déborder [debɔʀde] **I.** v. intr. [1] **1.** Laisser son contenu se répandre par-dessus bord. *Vase qui déborde.* ▷ Loc. fig. *La goutte d'eau qui fait déborder le vase:* l'événement, le fait qui rend insupportable une situation déjà très pénible. ▷ Fig. S'épancher, manifester des opinions, des sentiments longtemps contenus. *Laisser déborder son cœur.* ▷ Fig. *Déborder de vitalité, de courage. Déborder de joie.* **2.** Se répandre par-dessus bord. *Le lait a débordé de la casserole. Rivière qui déborde.* **II.** v. tr. **1.** Ôter le bord, la bordure de. *Déborder un napperon.* **2.** *Déborder des draps:* tirer les bords des draps de dessous le matelas. – Par ext. *Déborder un lit.* **3.** MAR *Déborder une embarcation*, l'éloigner de la coque d'un navire ou du quai où elle est accostée, la pousser vers le large. – Absol. *Déborde!* **4.** Dépasser les limites, le bord de. *Cette pierre déborde l'autre de quelques centimètres.* – Fig. *Conférencier qui déborde le sujet annoncé.* **5.** MILIT, SPORT Dépasser en contournant. *L'ennemi, l'adversaire a débordé notre aile.* – De *dé-*, et *bord*.

débosseler [debɔsle] v. tr. [20] Faire disparaître les bosses de (qqch). *Débosseler une casserole.* – De *dé-*, et *bosseler*.

débotté ou **débotter** [debɔte] n. m. **1.** Vx Moment où l'on se débotte. – *Par ext.* Moment où l'on arrive.

2. Loc. fig., mod. *Au débotté, au débotter:* à l'improviste, sans préparation. – Subst. de *débotter.*

débotter [debɔte] v. tr. [1] Ôter les bottes à (qqn). ▷ v. pron. *Se débotter:* retirer ses bottes. – De *dé-,* et *botte.*

débouchage [debuʃaʒ] n. m. Action de déboucher. – De *déboucher* 1.

débouché [debuʃe] n. m. **1.** Issue, endroit où un passage resserré débouche sur un espace plus vaste. *Débouché d'une vallée, d'un col.* **2.** TRAV PUBL Section de passage d'un pont. **3.** Moyen de placer un produit, une marchandise, d'en assurer l'écoulement; marché. *Trouver à l'étranger de nouveaux débouchés.* **4.** *Par ext.* (surtout au pl.). Carrières, professions auxquelles telle formation professionnelle, telles études donnent accès. *Spécialité à laquelle peu de débouchés sont offerts.* – Pp. subst. de *déboucher* 2.

débouchement [debuʃmɑ̃] n. m. Action de dégager de ce qui obstrue. – De *déboucher* 1.

1. déboucher [debuʃe] v. tr. [1] **1.** Dégager de ce qui bouche, obstrue. *Déboucher un évier, une cheminée.* **2.** Ôter le bouchon de. *Déboucher une bouteille.* – De *dé-,* et *boucher.*

2. déboucher [debuʃe] v. intr. [1] **1.** Sortir d'un endroit resserré pour entrer dans un endroit plus large. *Un groupe de touristes déboucha sur la place.* **2.** Aboutir à (un lieu plus vaste, un passage plus large), en parlant d'une voie; se jeter dans, en parlant d'un cours d'eau. *Chemin qui débouche dans la plaine, sur la route. Le Saint-Laurent débouche dans l'Atlantique.* **3.** Fig. *Déboucher sur:* aboutir à (un autre domaine, des perspectives, des conclusions nouvelles). *Hypothèse qui débouche sur une remise en question des connaissances actuelles.* – De *dé-,* et *bouche.*

débouchoir [debuʃwaʀ] n. m. Outil qui sert à déboucher un conduit. ▷ TECH Outil de lapidaire. – De *déboucher* 1.

déboucler [debukle] v. tr. [1] **1.** Ouvrir en détachant l'ardillon d'une boucle. *Déboucler un ceinturon.* **2.** Défaire les boucles (d'une chevelure, de la chevelure de qqn). – De *dé-,* et *boucler.*

déboulé [debule] n. m. **1.** CHOREGR Mouvement constitué d'une suite de demi-tours sur les pointes ou les demi-pointes. **2.** SPORT Course rapide, puissante. *Avoir un bon déboulé.* **3.** VEN Départ rapide et à l'improviste du lapin, du lièvre devant le chasseur. *Tirer un lièvre au déboulé.* – Pp. subst. de *débouler.*

débouler [debule] v. intr. [1] **1.** Fam. Rouler comme une boule de haut en bas. – *Par ext.* Descendre très vite, comme une boule qui roule. *Débouler du haut de la rue sans s'arrêter.* – V. tr. *Il déboula les deux étages.* **2.** VEN Fuir précipitamment et à l'improviste devant le chasseur. – De *dé-,* et *boule.*

déboulonnage [debulɔnaʒ] ou **déboulonnement** [debulɔnmɑ̃] n. m. Action de déboulonner; état de ce qui est déboulonné. – De *déboulonner.*

déboulonner [debulɔne] v. tr. [1] **1.** Enlever les boulons de, démonter (ce qui était boulonné). **2.** Fig., fam. *Déboulonner qqn,* lui faire perdre son prestige, sa réputation; lui retirer son poste, ses responsabilités. *Déboulonner un homme politique.* – De *dé-,* et *boulonner.*

débouquer [debuke] v. intr. [1] MAR Déboucher d'une passe, d'un chenal dans la mer. – De *dé-,* et *bouque,* du provenç. *bouca,* «bouche».

débourbage [debuʀbaʒ] n. m. TECH Opération par laquelle on débourbe (un minerai, un liquide). *Le débourbage du vin.* – De *débourber.*

débourber [debuʀbe] v. tr. [1] **1.** Ôter la bourbe de. *Débourber une mare.* ▷ TECH Ôter la gangue (d'un minerai). – Purifier (un liquide) par décantation. **2.** Sortir de la bourbe. *Débourber un camion.* ▷ Fig., vieilli Tirer (qqn) d'une situation difficile. – De *dé-,* et *bourbe.*

débourbeur [debuʀbœʀ] n. m. TECH Appareil qui sert à débourber. – De *débourber.*

débourrage [debuʀaʒ] n. m. **1.** TECH Opération qui consiste à enlever la bourre des cardes. **2.** EQUIT Premier dressage d'un poulain. – De *débourrer.*

débourrement [debuʀmɑ̃] n. m. ARBOR Épanouissement des bourgeons des arbres. – De *débourrer.*

débourrer [debuʀe] **I.** v. tr. [1] **1.** Ôter la bourre de. *Débourrer une peau avant de la tanner.* **2.** Dégarnir de ce qui bourre. *Débourrer une pipe,* en retirer le tabac, les cendres. **3.** EQUIT Commencer à dresser (un poulain). **II.** v. intr. ARBOR Éclore, sortir de sa bourre, en parlant des bourgeons. – De *dé-,* et *bourrer.*

débours [debuʀ] n. m. (Souvent au pl.). **1.** Somme déboursée. *Rentrer dans ses débours.* **2.** DR Sommes avancées par un avocat au profit de son client et qui doivent lui être remboursées par ce dernier ou par la partie adverse. *Les débours font partie des dépens.* – Déverbal de *débourser.*

débourser [debuʀse] v. tr. [1] Sortir (une certaine somme) de sa bourse, de sa caisse, pour payer. *N'avoir rien à débourser.* – De *dé-,* et *bourse.*

déboursés [debuʀse] n. m. pl. Argent déboursé. *Faire le compte de ses déboursés.* – Pp. subst. de *débourser.*

déboussoler [debusɔle] v. tr. [1] Fam., fig. Faire perdre la tête à qqn., le déconcerter. *Ses propos m'ont déboussolé.* – De *dé-,* et *boussole.*

debout [dəbu] adv. et adj. **I.** adv. **1.** Sur un de ses bouts, en position verticale. *Poser un tonneau debout.* ▷ Fig. *Mettre une affaire debout,* la créer, l'organiser. **2.** (Personnes). Sur ses pieds, en station verticale (par oppos. à *couché, assis*). *Se mettre debout.* ▷ *Debout!:* interj. par laquelle on ordonne à qqn de se lever, on l'invite à partir. **3.** Levé, hors de son lit. *Être debout à 5 h tous les matins.* – Loc. *Dormir debout:* être fatigué au point de s'endormir sans être couché. – Fig. *Une histoire à dormir debout,* inimaginable, invraisemblable. **4.** *Être, tenir debout:* résister à la destruction, à l'usure. *Cette vieille bâtisse est encore debout.* ▷ Fig. *Tenir debout* (souvent nég.): être cohérent, vraisemblable (en parlant d'une théorie, d'un récit, etc.). *Un raisonnement, une argumentation qui ne tient pas debout. Cette explication tient debout.* **II.** adj. MAR *Navire debout à la lame, au vent,* qui présente son avant à la lame, au vent. ▷ *Vent debout,* contraire à la direction suivie par le navire, l'avion. *Décoller, atterrir vent debout,* face au vent. – De *de,* et *bout.*

débouté [debute] n. m. DR Rejet d'une demande en justice. – Pp. subst. de *débouter.*

déboutement [debutmɑ̃] n. m. DR Action de débouter. – De *débouter.*

débouter [debute] v. tr. [1] DR Déclarer (qqn) mal fondé dans la demande qu'il a faite en justice. *Le tribunal a débouté le demandeur de sa prétention.* – De *dé-,* et *bouter.*

déboutonner [debutɔne] **1.** v. tr. [1] Dégager de leurs boutonnières les boutons de. *Déboutonner son manteau.* **2.** v. pron. *Se déboutonner:* déboutonner ses vêtements. ▷ Fig., fam. Dire tout ce qu'on pense, parler sans retenue; avouer, dire tout ce que l'on sait. *Complice qui s'est déboutonné.* – De *dé-,* et *boutonner.*

débraillé, ée [debʀɑje] adj. et n. m. **1.** adj. Dont les vêtements sont en désordre. *Un enfant sale et débraillé.* ▷ Négligé, sans soin. *Une allure, une tenue débraillée.* ▷ Fig. *Des manières débraillées,* trop libres, inconvenantes. **2.** n. m. Mise négligée. – Fig. *Le dé-*

braillé du style. – De *dé-*, et a. fr. *braiel, brail,* «ceinture».

débrailler (se) [debʀaje] v. pron. [1] Fam. Se découvrir d'une manière malséante, partic. en déboutonnant ses vêtements sur la poitrine. ▷ Fig. Prendre un tour trop libre, ne plus respecter les convenances. *Réunion, discussion qui se débraille.* – Du préc.

débranchement [debʀɑ̃ʃmɑ̃] n. m. Action de débrancher. – De *débrancher.*

débrancher [debʀɑ̃ʃe] v. tr. [1] **1.** CH de F Séparer (des wagons) d'un convoi pour les diriger sur une autre voie. **2.** Interrompre la connexion, supprimer le branchement de. *Débrancher un poste de radio, une prise électrique.* – De *dé-*, et *brancher.*

débrayage [debʀe(ɛ)jaʒ] n. m. **1.** Action de débrayer. **2.** Arrêt du travail; grève. – De *débrayer.*

débrayer [debʀe(ɛ)je] **1.** v. tr. [24] TECH Désaccoupler (l'arbre mené) de l'arbre moteur d'une machine. ▷ (S. comp.) AUTO *Débrayer pour passer les vitesses.* **2.** v. intr. Cesser le travail à la fin de la journée, dans une usine. – *Spécial.* Cesser le travail en signe de mécontentement, se mettre en grève. *Tous les ateliers ont débrayé.* – A remplacé *désembrayer*, de *dés-*, et *embrayer.*

débrayeur [debʀe(ɛ)jœʀ] n. m. TECH Mécanisme servant à débrayer. – De *débrayer.*

débridé, ée [debʀide] adj. Qui a perdu toute contrainte, sans mesure. *Imagination débridée.* – Pp. de *débrider.*

débridement [debʀidmɑ̃] n. m. **1.** Action de débrider. **2.** MED Sectionnement de la bride qui comprime ou étrangle un organe. – Large incision pratiquée dans un foyer purulent. **3.** Fig. Déchaînement. *Le débridement des passions.* – De *débrider.*

débrider [debʀide] v. tr. [1] **1.** Ôter la bride à. *Débrider un cheval.* **2.** Libérer (qqch) de ce qui serre, contraint comme une bride. ▷ AUTO *Débrider un moteur,* lui permettre de tourner plus vite, après rodage. ▷ MED Pratiquer le débridement de. *Débrider un abcès, une plaie.* – Fig., cour. *Débrider les yeux à qqn,* lui faire voir la vérité. ▷ (S. comp.). *Sans débrider:* sans interruption. – De *dé-*, et *brider.*

débris [debʀi] n. m. (surtout au pl.). **1.** Fragment d'un objet brisé, ou en partie détruit. *Les débris d'un vase.* ▷ Ruines (d'un bâtiment, d'une ville). – Fig., litt. *Les débris d'un empire, d'une civilisation.* **2.** *Débris fossiles, débris organiques:* restes plus ou moins bien conservés d'êtres organisés. **3.** Restes d'une chose en partie consommée. *Les débris d'un repas.* **4.** Pop. *Un vieux débris:* une personne âgée, diminuée physiquement et intellectuellement. – Déverbal de l'a. fr. *débriser,* «mettre en morceaux».

débrochage [debʀɔʃaʒ] n. m. Action de débrocher un livre. – De *débrocher.*

débrocher [debʀɔʃe] v. tr. [1] **1.** Retirer de la broche (une viande, une volaille embrochée). **2.** IMPRIM Découdre (un livre broché) après en avoir ôté la couverture. – De *dé-*, et *broche.*

débrouillage [debʀujaʒ] n. m. **1.** Action de débrouiller. **2.** Fait de se débrouiller. – De *débrouiller.*

débrouillard, arde [debʀujaʀ, aʀd] adj. et n. Fam. Qui sait se débrouiller. *Un enfant débrouillard.* ▷ Subst. *C'est un débrouillard.* – De *débrouiller.*

débrouillardise [debʀujaʀdiz] n. f. Fam. Aptitude (d'une personne) à se débrouiller. – De *débrouillard.*

débrouille [debʀuj] n. f. Fam. Fait de se tirer d'affaire, d'embarras, grâce à sa propre habileté. – Déverbal de *débrouiller.*

débrouillement [debʀujmɑ̃] n. m. Action de débrouiller qqch. – De *débrouiller.*

débrouiller [debʀuje] **I.** v. tr. [1] **1.** Démêler, mettre, remettre en ordre (une chose qui est embrouillée). *Débrouiller un écheveau.* **2.** Fig. Éclaircir, dénouer. *Débrouiller une affaire confuse, un mystère. Débrouiller un texte difficile.* **3.** Fam. *Débrouiller qqn,* lui apprendre à se tirer d'embarras, lui donner les rudiments d'un savoir. **II.** v. pron. Fam. Se tirer d'embarras. *Il a su se débrouiller au milieu de toutes ces difficultés.* ▷ *Spécial.* Se tirer d'affaire, arriver à ses fins par son habileté. *C'est un homme qui arrive toujours à se débrouiller.* – De *dé-*, et *brouiller.*

débrouilleur, euse [debʀujœʀ, øz] n. Rare Personne qui débrouille ce qui est embrouillé, confus. – De *débrouiller.*

débroussaillement [debʀusajmɑ̃] n. m. Action de débroussailler; son résultat. – De *débroussailler.*

débroussailler [debʀusaje] v. tr. [1] Enlever les broussailles de. *Débroussailler un chemin.* ▷ Fig. Commencer à tirer au clair. *Débroussailler une question, un problème.* – De *dé-*, et *broussaille.*

débuché ou **débucher** [debyʃe] n. m. CHASSE Moment où la bête sort du bois, du taillis; sonnerie de trompe qui annonce ce moment. – Subst. de *débucher.*

débucher [debyʃe] [1] **1.** v. intr. CHASSE Sortir du bois (gibier). *L'orignal a débuché.* **2.** v. tr. Faire sortir (une bête) du bois. *Débucher le chevreuil.* – De *dé-*, et *bûche* (au sens anc.), «bois, forêt».

débudgétisation [debydʒetizasjɔ̃] n. f. Action de débudgétiser. – De *débudgétiser.*

débudgétiser [debydʒetize] v. tr. [1] Enlever une charge au budget de l'État et lui trouver un autre mode de couverture financière. – De *dé-*, et *budget.*

débusquage [debyskaʒ] n. m. FOREST Transport du bois abattu du chantier à la sortie de la forêt. – De *débusquer.*

débusquement [debyskəmɑ̃] n. m. Action de débusquer. – De *débusquer.*

débusquer [debyske] v. tr. [1] **1.** VEN Faire sortir (le gibier) du bois, du terrier. ▷ v. intr. Sortir du bois, de son terrier. **2.** Chasser (qqn) d'un abri, d'une position protégée. *Débusquer l'ennemi.* – De *débucher*, d'ap. *embusquer.*

début [deby] n. m. **1.** Commencement. *Depuis le début du mois. Du début jusqu'à la fin. Tout au début, au tout début.* **2.** Au pl. Premiers essais, premiers pas (dans une activité, une carrière). *Faire ses débuts dans le monde. Les débuts d'un comédien, d'un écrivain.* – Déverbal de *débuter.*

débutanisation [debytanizasjɔ̃] n. f. TECH Opération consistant à retirer le butane et le propane de l'huile brute. – De *dé-*, et *butane.*

débutant, ante [debytɑ̃, ɑ̃t] n. et adj. **I.** n. **1.** Personne qui débute dans une activité, un métier. *Un rôle de débutant.* ▷ *Spécial.* Personne sans expérience. *C'est du travail de débutant.* **2.** n. f. Jeune fille qui fait ses débuts dans le monde. **II.** adj. *Un avocat débutant.* – Ppr. subst. de *débuter.*

débuter [debyte] v. intr. [1] **1.** Commencer (choses). *La séance débute à 8 heures.* **2.** Faire ses débuts (dans une activité, une carrière). *Il a débuté comme simple manœuvre.* ▷ v. tr. *Il a mal débuté sa journée* (Construction déconseillée par certains grammairiens). – De *dé-*, et *but.*

debye [dəbaj] n. m. PHYS Unité de moment électrique égale à (1/3). 10^{-29} coulomb-mètre, servant à exprimer les moments dipolaires de molécules (symbole D). – Du nom du physicien néerl. Petrus *Debye* (1884-1966).

D.E.C. [dɛk] n. m. Sigle de *Diplôme d'études collégiales.*

déca-. Élément, du gr. *deka*, «dix».

deçà [dəsa] prép. et adv. **I. 1.** prép. Vx De ce côté-ci (opposé à delà). *Deçà et delà le fleuve, le pays n'est pas le même.* **2.** loc prép. Vx *Au deçà de.* De ce côté-ci. *«Vérité au deçà des Pyrénées, erreur au delà»* (Pascal). – Mod. *En deçà de. En deçà de la rivière.* – Fig. *Rester en deçà de la vérité,* dire moins que la vérité: ne pas tout dire. **II.** Loc. adv. *Deçà... delà, deçà et delà, deçà delà.* D'un côté et de l'autre, de côté et d'autre, de tous côtés. *«Elles s'enfuirent toutes, qui deçà, qui delà»* (Racine). – De *de*, et *çà*.

décachetage [dekaʃtaʒ] n. m. Action de décacheter. – De *décacheter.*

décacheter [dekaʃte] v. tr. [23] Ouvrir (ce qui est cacheté). *Décacheter une lettre.* – De *dé-*, et *cacheter.*

décadaire [dekadɛʀ] adj. Qui a lieu, ou qui paraît tous les dix jours. *Compte rendu décadaire.* – De *décade.*

décade [dekad] n. f. **1.** Période de dix jours consécutifs. **2.** *Par ext.* (abusivement). Période de dix ans. *La première décade du XXe siècle.* **3.** LITTER Partie d'un ouvrage composée de dix livres, dix chapitres, etc. *Nous n'avons conservé que la première et la troisième décade de l'histoire romaine de Tite-Live.* – Lat. *decas, decadis*; gr. *deka*, «dix».

décadenasser [dekadnase] v. tr. [1] Ouvrir en enlevant le cadenas. *Décadenasser une malle.* – De *dé-*, et *cadenasser.*

décadence [dekadɑ̃s] n. f. Commencement de la chute, de la ruine. *Tomber en décadence.* ▷ *Spécial.* Période de déclin politique et économique, accompagné d'un déclin des institutions, des valeurs d'une société. *Les poètes de la décadence,* des derniers siècles de l'Empire romain. – Lat. médiév. *decadentia*, de *cadere*, «tomber».

décadent, ente [dekadɑ̃, ɑ̃t] adj. (et n.). **1.** Qui résulte de la décadence ou la traduit; qui est en décadence. *Siècle décadent. Peinture décadente.* **2.** LITTER *L'école décadente:* l'école littéraire et philosophique qui prépara le symbolisme. ▷ N. m. *Les décadents.* – Du préc.

décaèdre [dekaɛdʀ] adj. et n. m. GEOM **1.** adj. Qui a dix faces. **2.** n. m. Polyèdre limité par dix faces. – De *déca-*, et *-èdre.*

décaféiné, ée [dekafeine] adj. et n. m. Sans caféine. *Un café décaféiné. Un décaféiné* (abrév. fam.: un *déca*). – Pp. de *décaféiner.*

décaféiner [dekafeine] v. tr. [1] Enlever la caféine (du café). – De *dé-*, et *caféine.*

décagonal, ale, aux [dekagɔnal, o] adj. GEOM Qui a dix angles. – De *décagone.*

décagone [dekagɔn] n. m. GEOM Polygone à dix angles et dix côtés. – De *déca-*, et *-gone.*

décagramme [dekagʀam] n. m. METROL Unité valant dix grammes (symbole dag). – De *déca-*, et *gramme.*

décaissement [dekɛsmɑ̃] n. m. Action de décaisser. – De *décaisser.*

décaisser [dekɛse] v. tr. [1] **1.** Sortir (qqch) d'une caisse. *Décaisser un meuble.* **2.** Sortir (des fonds) d'une caisse pour effectuer un paiement, un versement. – De *dé-*, et *caisse.*

décalage [dekalaʒ] n. m. **1.** TECH Action de décaler. **2.** Position, état de ce qui est décalé (dans le temps ou dans l'espace). – *Décalage horaire:* différence (en plus ou en moins) d'heure légale entre deux pays situés sur des fuseaux horaires différents. ▷ ASTRO *Décalage spectral:* phénomène se traduisant, dans le spectre des étoiles, par des raies décalées vers la couleur rouge. (Selon les tenants de l'expansion de l'Univers, la raison en serait la fuite des étoiles à une vitesse proportionnelle à leur distance.) **3.** Fig. Inadéquation, rupture entre deux choses, deux faits. *Il y a un décalage énorme entre sa version des faits et la réalité.* – De *décaler.*

décalaminage [dekalaminaʒ] n. m. TECH Action de décalaminer; son résultat. – De *décalaminer.*

décalaminer [dekalamine] v. tr. [1] TECH Enlever la calamine de. *Décalaminer un moteur.* – De *dé-*, et *calamine.*

décalcification [dekalsifikasjɔ̃] n. f. MED Diminution du calcium de l'organisme provoquant une fragilité osseuse, localisée ou diffuse. – De *décalcifier.*

décalcifier [dekalsifje] v. tr. [1] MED Priver d'une partie de son calcium. – v. pron. *Se décalcifier:* être atteint de décalcification. – De *dé-*, et *calcifier.*

décalcomanie [dekalkɔmani] n. f. Procédé de décoration par report de figures ou de motifs qui se détachent d'un papier humecté que l'on applique sur l'objet à décorer. *Porcelaines décorées par décalcomanie.* – Cour. *Album de décalcomanies pour les enfants.* – De *décalquer*, et *manie.*

décaler [dekale] v. tr. [1] **1.** Ôter les cales de. **2.** Faire subir un léger déplacement (dans le temps ou dans l'espace à). *Être obligé de décaler la date d'un départ.* – De *dé-*, et *caler.*

décalitre [dekalitʀ] n. m. METROL Mesure de capacité valant dix litres (symbole dal). – De *déca-*, et *litre.*

décalogue [dekalɔg] n. m. Les dix principes fondamentaux de la loi juive, énoncés au chap. XX de l'*Exode*, que Dieu aurait lui-même gravés sur les tables de pierre (les Tables de la Loi) que Moïse lui présenta dans le massif du Sinaï. – Lat. *decalogus*, gr. *dekalogos*, de *deka-*, «dix», et *logos*, «loi».

décalotter [dekalɔte] v. tr. [1] Ôter la calotte de (qqch). – De *dé-*, et *calotte.*

décalquage [dekalkaʒ] ou **décalque** [dekalk] n. m. Action de décalquer; son résultat. – De *décalquer.*

décalquer [dekalke] v. tr. [1] Reporter le calque de (qqch) sur une surface quelconque. *Papier à décalquer.* V. (papier) calque. – De *dé-*, et *calquer.*

décalvation [dekalvasjɔ̃] n. f. MED Chute des cheveux. – Bas lat. *decalvatio*, «action de se raser la tête».

décamètre [dekamɛtʀ] n. m. METROL Unité de longueur égale à dix mètres (symbole dam). ▷ TECH Chaîne ou ruban d'une longueur de 10 m servant à certaines mesures. – Spécial. *Décamètre d'arpenteur.* – De *déca-*, et *mètre.*

décamétrique [dekametʀik] adj. TELECOM *Les ondes décamétriques:* les ondes courtes (entre 10 et 100 m). – Du préc.

décamper [dekɑ̃pe] v. intr. [1] **1.** Vx Lever le camp. *L'ennemi décampa dès l'aube.* **2.** Fam. S'enfuir, partir à la hâte. – De *dé-*, et *camp.*

décan [dekɑ̃] n. m. ASTROL Chaque dizaine de degrés de chacun des signes du zodiaque. *Le troisième décan du Bélier.* – Lat. *decanus.*

décanat [dekana] n. m. Dignité de doyen; exercice, durée de cette dignité. – Lat. ecclés. *decanatus*, de *decanus*, «chef de dix hommes».

décaniller [dekanije] v. intr. [1] Pop. S'enfuir prestement, décamper. – P.-ê. de *dé-*, et lyonnais *canille*, «jambe», de *canne.*

décantage [dekɑ̃taʒ] n. m. ou **décantation** [dekɑ̃tasjɔ̃] n. f. Action de décanter; son résultat. – De *décanter.*

décanter [dekɑ̃te] v. tr. [1] Laisser reposer (un liquide) pour le séparer des matières solides qu'il tenait en suspension. *Décanter un liquide pour le débarrasser de ses impuretés.* ▷ v. pron. *Cidre qui se décante.* ▷ Fig. Clarifier. *Laisser la situation se décanter avant d'agir.* – Lat. des alchimistes *decanthare,* de *canthus,* «bec de cruche».

décanteur [dekɑ̃tœʀ] n. m. TECH Appareil servant à décanter. *Les décanteurs d'une station d'épuration d'eau.* – De *décanter.*

décapage [dekapaʒ] n. m. Action de décaper. – De *décaper.*

décapant [dekapɑ̃] n. m. Substance chimique assurant le décapage. – Ppr. de *décaper.*

décapeler [dekaple] v. tr. [22] MAR Enlever le capelage de. *Décapeler un mât.* ▷ v. intr. *Amarre qui décapelle de la bitte.* – De *dé-,* et *capeler.*

décapement [dekapmɑ̃] n. m. TRAV PUBL Action de décaper (un sol). – De *décaper.*

décaper [dekape] v. tr. [1] **1.** TECH Débarrasser (une surface métallique) des oxydes ou des impuretés qui y adhèrent. *Décaper des poutrelles métalliques.* ▷ Par ext., cour. *Décaper une table en bois avant de la vernir.* **2.** TRAV PUBL Enlever la couche superficielle d'un sol. – De *dé-,* et *cape.*

décapeuse [dekapøz] n. f. TRAV PUBL Engin de terrassement pour décaper les sols. – De *décaper.*

décapitation [dekapitasjõ] n. f. Action de décapiter. – De *décapiter.*

décapiter [dekapite] v. tr. [1] **1.** Trancher la tête de (qqn). *Décapiter un criminel.* **2.** *Par anal.* Enlever la partie supérieure de (qqch). *Décapiter des arbres.* **3.** Fig. Enlever la partie essentielle de. *Un parti décapité par la mort de son chef.* – Lat. médiév. *decapitare,* de *caput,* «tête».

décapodes [dekapɔd] n. m. pl. ZOOL **1.** Ordre de mollusques céphalopodes dibranchiaux caractérisés par la présence de 10 tentacules et d'une coquille interne recouverte de chair (*seiches, calmars* et fossiles: *bélemnites*). **2.** Sous-ordre de crustacés malacostracés eucarides pourvus de 5 paires de pattes locomotrices (la première paire pouvant prendre la forme de pinces). *On divise les décapodes en macroures (crevette), brachyoures (crabe) et anomoures (pagure, crabe des cocotiers).* – De *déca-,* et *-pode.*

décapotable [dekapɔtabl] adj. Qui peut être décapoté. *Voiture décapotable.* – N. f. *Une décapotable.* – De *décapoter.*

décapoter [dekapɔte] v. tr. [1] **1.** Ouvrir la capote (d'une voiture). **2.** Retirer, ouvrir le ou les capots (d'un moteur). – De *dé-,* et *capote.*

décapsuler [dekapsyle] v. tr. [1] Enlever la capsule de. *Décapsuler une bouteille.* – De *dé-,* et *capsule.*

décapsuleur [dekapsylœʀ] n. m. Ustensile pour décapsuler les bouteilles. Syn. ouvre-bouteilles. – De *décapsuler.*

décarbonatation [dekaʀbɔnatasjõ] n. f. TECH Action de décarbonater. – De *décarbonater.*

décarbonater [dekaʀbɔnate] v. tr. [1] CHIM Éliminer d'un corps le dioxyde de carbone. – De *dé-,* et *carbonate.*

décarboxylase [dekaʀbɔksilaz] n. f. BIOCHIM Enzyme qui catalyse la décarboxylation de substances organiques. – De *dé-,* et *carboxylase.*

décarboxylation [dekaʀbɔksilasjõ] n. f. BIOCHIM Perte spontanée ou enzymatique d'une molécule de dioxyde de carbone. – Du préc.

décarburant [dekaʀbyʀɑ̃] n. m. CHIM Substance ayant la propriété de débarrasser une autre substance du carbone qu'elle contient. – Ppr. subst. de *décarburer.*

décarburation [dekaʀbyʀasjõ] n. f. METALL Action d'enlever à la fonte une partie de son carbone pour la transformer en acier; son résultat. – De *décarburer.*

décarburer [dekaʀbyʀe] v. tr. [1] METALL Débarrasser un métal du carbone qu'il contient. – De *dé-,* et *carbure.*

décarcasser (se) [dekaʀkase] v. pron. [1] Fam. Se donner beaucoup de peine. – De *dé-,* et *carcasse.*

décasyllabe [dekasil(l)ab] ou **décasyllabique** [dekasil(l)abik] adj. et n. m. Qui a dix syllabes. *Vers décasyllabe.* ▷ N. m. *Un décasyllabe.* – De *déca-,* et *syllabe, syllabique.*

décathlon [dekatlõ] n. m. SPORT Compétition masculine d'athlétisme, inscrite aux jeux Olympiques, comportant dix épreuves (4 courses, 3 sauts, 3 lancers). – De *déca-,* d'ap. *pentathlon.*

décati, ie [dekati] adj. **1.** Qui a perdu son lustre, en parlant d'une étoffe. *Un vieux pardessus en drap décati.* **2.** Fig. Qui a perdu sa fraîcheur. *Un vieil homme décati.* – Pp. de *décatir.*

décatir [dekatiʀ] **1.** v. tr. [2] TECH Enlever (à une étoffe) le lustre et le brillant produits par les apprêts. *Décatir le drap, la toile de lin.* **2.** v. pron. Fig. *Se décatir.* Perdre sa fraîcheur, sa beauté ; vieillir. *Commencer à se décatir.* – De *dé-,* et *catir.*

décatissage [dekatisaʒ] n. m. TECH Action de décatir une étoffe. – Du préc.

decauville [dəkovil] n. m. CH de F Chemin de fer à voie étroite (40-60 cm). – De *Decauville,* n. de l'inventeur.

décaver [dekave] v. tr. [1] JEU Dépouiller un partenaire de sa mise (cave). ▷ v. pron. Perdre sa mise. – De *dé-,* et *cave.*

décéder [desede] v. intr. [16] Mourir (personnes). ▷ Pp. adj. et n. *Un oncle décédé.* Subst. *Les ayants droit du décédé.* – Lat. *decedere,* «s'en aller».

décelable [deslabl] adj. Qui peut être décelé. – De *déceler.*

décèlement [desɛlmɑ̃] n. m. Rare Action de déceler. – De *déceler.*

déceler [desle] v. tr. [20] **1.** Découvrir (ce qui était caché). *Impossible de déceler le moindre indice.* **2.** Être l'indice de; faire découvrir, révéler. *C'est un léger bruit qui décela sa présence.* – De *dé-,* et *celer.*

décélération [deseleʀasjõ] n. f. Accélération négative, diminution de la vitesse d'un mobile. *Les effets de la décélération sur l'organisme d'un cosmonaute sont analogues à ceux d'une accélération.* ▷ TRANSP *Voie de décélération:* voie de circulation supplémentaire permettant aux véhicules de ralentir au sortir du courant principal de la circulation. – De *dé-,* et *(ac)célération.*

décélérer [deseleʀe] v. intr. [16] Effectuer, subir une décélération. – Du préc.

décéléromètre [deseleʀɔmɛtʀ] n. m. TECH Appareil utilisé pour mesurer les décélérations. – De *décélérer,* et *-mètre.*

décembre [desɑ̃bʀ] n. m. Douzième et dernier mois de l'année, dans le calendrier grégorien. *Le jour de Noël est le 25 décembre.* – Lat. *decembris (mensis).*

décemment [desamɑ̃] adv. **1.** D'une manière décente. *Se vêtir, se comporter décemment.* **2.** En tenant compte des convenances, du bon sens. *On ne peut décemment pas le faire attendre.* – De *décent.*

décemvir [desɛmviʀ] n. m. ANTIQ ROM Magistrat romain qui faisait partie d'un collège de dix membres.

(Les décemvirs, au Vᵉ s. av. J.-C., furent chargés de rédiger un code juridique.) – Lat. *decemvir.*

décemvirat [desɛmviʀa] n. m. La dignité des décemvirs. – Le temps pendant lequel Rome fut soumise à leur autorité. – Du préc.

décence [desɑ̃s] n. f. Respect de la pudeur, de la correction, de la modestie. *Montrer de la décence dans sa tenue. – Ayez au moins la décence de...* – Lat. *decentia,* de *decere,* «convenir».

décennal, ale, aux [desenal, o] adj. **1.** Qui dure dix ans. *Engagement décennal.* **2.** Qui revient tous les dix ans. *Exposition décennale.* – Bas lat. *decennalis,* «qui dure, qui revient tous les dix ans».

décennie [deseni] n. f. Période de dix ans. – De *décennal.*

décent, ente [desɑ̃, ɑ̃t] adj. Conforme à la décence, convenable. *Une tenue décente.* ▷ Raisonnable, acceptable. *Un salaire décent.* – Lat. *decens, decentis.*

décentrage [desɑ̃tʀaʒ] n. m. Action de décentrer; fait d'être décentré. ▷ OPT et PHOTO Syn. de *décentrement.* – De *décentrer.*

décentralisateur, trice [desɑ̃tʀalizatœʀ, tʀis] adj. et n. Qui concerne la décentralisation. *Une réforme décentralisatrice* ▷ Subst. Partisan de la décentralisation. – De *décentraliser.*

décentralisation [desɑ̃tʀalizasjɔ̃] n. f. **1.** Transfert de compétences d'un organisme central à des organismes régionaux ou locaux. **2.** Répartition dans un pays d'entreprises, de services, d'organismes jusqu'alors concentrés en un même lieu. – De *décentraliser.*

décentraliser [desɑ̃tʀalize] v. tr. [1] Procéder à la décentralisation de. – De *dé-,* et *centraliser.*

décentrement [desɑ̃tʀəmɑ̃] n. m. ou **décentration** [desɑ̃tʀasjɔ̃] n. f. **1.** OPT Défaut d'alignement des centres des lentilles. **2.** PHOTO Action de décentrer l'objectif d'un appareil photographique. – De *décentrer.*

décentrer [desɑ̃tʀe] v. tr. [1] TECH Déplacer le centre de, ou écarter (qqch) du centre de. ▷ PHOTO Déplacer l'objectif d'un appareil photographique parallèlement à la surface sensible (pour éviter les déformations dues à la perspective). *Décentrer un objectif en largeur.* – De *dé-,* et *centrer.*

déception [desɛpsjɔ̃] n. f. Sentiment d'une personne trompée dans ses espérances. *Votre attitude lui a causé une cruelle déception.* – Lat. *deceptio,* «tromperie».

décérébrer [deseʀebʀe] v. tr. Ôter, détruire le cerveau de (un animal). ▷ Pp. *Étude des réflexes sur la grenouille décérébrée.* – Fig. *Décérébré:* qui semble privé de cerveau. *Une brute décérébrée.* – De *dé-,* et lat. *cerebrum,* «cerveau».

décerner [desɛʀne] v. tr. [1] **1.** Accorder à qqn (des récompenses, des honneurs). *Décerner un prix littéraire à un écrivain.* **2.** Vx. Édicter, établir juridiquement. *La loi ne décerne aucune peine pour cette faute.* ▷ Mod. Ordonner qqch contre qqn. *Décerner un mandat d'arrêt.* – Lat. *decernere,* «décider, décréter».

décès [desɛ] n. m. DR ADMIN Mort naturelle d'une personne. *Acte de décès.* – Cour. Mort. *Le décès d'un de ses proches l'a beaucoup affecté.* – Lat. *decessus,* de *decedere,* «décéder».

décevant, ante [des(ə)vɑ̃, ɑ̃t] adj. Qui apporte des déceptions. *Une réaction décevante de sa part.* – Ppr. de *décevoir.*

décevoir [desəvwaʀ] v. tr. [47] **1.** Tromper (qqn) dans ses espérances. *Ce voyage m'a beaucoup déçu.* **2.** Litt. Ne pas répondre à l'attente de. *Il ne vous pardonnera jamais d'avoir déçu sa confiance.* – Lat. *decipere,* «tromper».

déchaîné, ée [deʃene] adj. **1.** (Choses). *Les vents déchaînés.* **2.** (Personnes). Exubérant; délivré de toute retenue. *Il est déchaîné ce soir! – La foule déchaînée d'une émeute.* ▷ Outré. *Un snobisme déchaîné.* – Pp. de *déchaîner.*

déchaînement [deʃɛnmɑ̃] n. m. Action de déchaîner, de se déchaîner; état de ce qui est déchaîné. *Le déchaînement de l'envie.* – De *déchaîner.*

déchaîner [deʃene] **1.** v. tr. [1] Exciter, soulever, libérer de tout frein. *Une polémique qui déchaîne les passions.* **2.** v. pron. *Les éléments s'étaient déchaînés avec une violence inouïe.* ▷ S'emporter violemment (personnes). *Tous se déchaînèrent contre lui.* – De *dé-,* et *chaîne.*

déchant [deʃɑ̃] n. m. MUS Contrepoint primitif écrit au-dessus du plain-chant, princ. en usage aux XIIᵉ, XIIIᵉ et XIVᵉ s. – Lat. médiév. *discantus;* de *dé-,* et *chant.*

déchanter [deʃɑ̃te] v. intr. [1] Changer de ton, rabattre de ses prétentions, de ses espérances. – De *dé-* et *chanter.*

décharge [deʃaʀʒ] n. f. **I. 1.** Vx Action d'enlever une charge. **2.** Lieu où l'on décharge (des ordures, des déchets). *Décharge publique.* **3.** TECH *Tuyau de décharge,* par lequel se fait l'écoulement des eaux. – Ouverture pratiquée pour permettre cet écoulement. *Déboucher une décharge.* **4.** ARCHI *Arc de décharge,* construit pour diminuer, en la répartissant, la charge supportée par la partie inférieure d'un édifice. **II. 1.** Action de faire partir un projectile d'arme à feu. – Salve, tir simultané de plusieurs armes à feu. *Décharge d'artillerie.* **2.** *Décharge électrique:* phénomène qui se produit lorsqu'un conducteur soumis à un potentiel électrique perd brusquement sa charge. ▷ *Décharge disruptive,* qui entraîne la perforation d'un diélectrique. – *Décharge d'un condensateur,* qui neutralise les charges des armatures de ce condensateur. – *Décharge d'un accumulateur:* réduction de la quantité d'électricité emmagasinée. *Une batterie dont la décharge est anormale.* **III. 1.** DR Se dit de tout ce qui tend à réduire ou à invalider les charges qui pèsent sur un accusé (dans l'expr. *à décharge*). *Témoin à décharge.* ▷ Cour. *Il faut dire à sa décharge...* **2.** Attestation qui dégage la responsabilité de qqn. *Faire signer une décharge.* – Déverbal de *décharger.*

déchargement [deʃaʀʒəmɑ̃] n. m. **1.** Action de décharger (un navire, un camion, etc.). *Procéder au déchargement d'un avion.* **2.** Enlèvement des projectiles introduits dans une arme à feu. – De *décharger.*

déchargeoir [deʃaʀʒwaʀ] n. m. TECH Ouverture, conduit par lequel s'échappe le trop-plein d'un bassin. – De *décharger.*

décharger [deʃaʀʒe] v. tr. [1] **I. 1.** Enlever les marchandises, les objets dont un navire, un camion, etc., sont chargés. *Décharger un bateau. Décharger des briques d'un camion.* **2.** Débarrasser d'un poids qui surcharge. *Décharger un plancher.* **3.** v. pron. S'écouler, en parlant des eaux. *Le trop-plein se décharge dans un bassin.* **4.** Fig. *Décharger son cœur, sa bile, sa colère :* dire enfin l'objet de sa souffrance, de sa rancœur, de son mécontentement. **5.** v. intr. Se dit de l'encre qui macule. *Cette encre décharge.* ▷ Déteindre, en parlant d'une étoffe. **II. 1.** Dispenser (qqn) d'une charge, d'un travail. *Je vous déchargerai de ce soin.* – v. pron. *Il se décharge de toute la comptabilité sur ses collaborateurs.* **2.** Innocenter (un accusé) des charges qui pèsent contre lui. *Les conclusions des experts l'ont totalement déchargé de cette accusation.* **III. 1.** Enlever la charge de (une arme à feu). *Décharger un pistolet avant de le nettoyer.* ▷ *Décharger une arme à feu,* tirer tous les projectiles qu'elle contient. **2.** Débarrasser (un appareil) de sa charge électrique.

Décharger une batterie. – v. pron. *Pile qui se décharge avec l'humidité.* – De *dé-*, et *charger.*

déchargeur [deʃaʀʒœʀ] n. m. Vx Celui qui décharge des marchandises. – De *décharger.*

décharné, ée [deʃaʀne] adj. **1.** Débarrassé de sa chair. *Un squelette décharné.* ▷ Fig. *Un style décharné,* sec, aride. **2.** Extrêmement maigre. *Visage décharné.* – Pp. de *décharner.*

décharner [deʃaʀne] v. tr. [1] **1.** Dépouiller de la chair. *Décharner un os.* **2.** Amaigrir. *La maladie l'a décharné.* – De *dé-*, et a. fr. *charn,* «chair».

déchaumage [deʃomaʒ] n. m. Action de déchaumer. – De *déchaumer.*

déchaumer [deʃome] v. tr. [1] AGRIC Enterrer les éteules (chaumes) par un labour léger. – De *dé-*, et *chaume.*

déchaumeuse [deʃomøz] n. f. Charrue légère pour déchaumer. – De *déchaumer.*

déchaussage [deʃosaʒ] n. m. AGRIC Syn. de *déchaussement.*

déchaussé, ée [deʃose] adj. **1.** Sans chaussure. *Pied déchaussé.* **2.** Dont la base a une mauvaise assise. *Mur déchaussé.* – *Dent déchaussée,* dont la racine n'est plus maintenue correctement dans l'alvéole dentaire. – Pp. de *déchausser.*

déchaussement [deʃosmɑ̃] n. m. **1.** Le fait de se déchausser (construction; dent); état de ce qui est déchaussé. *Le déchaussement des dents.* – CONSTR *Le déchaussement d'un mur.* **2.** AGRIC Opération qui consiste à dégager le pied des arbres ou des vignes pour y mettre du fumier. – De *déchausser.*

déchausser [deʃose] **I.** v. tr. [1] **1.** Ôter ses chaussures à (qqn). ▷ v. pron. *Se déchausser avant d'entrer.* **2.** Mettre à nu le pied, la base de (qqch). *Déchausser un arbre, un mur.* – *Déchausser une dent,* la dégager de la gencive. ▷ v. pron. *Avoir les dents qui se déchaussent.* **II.** v. intr. SPORT Ôter ses skis. – ALPIN Ôter de ses chaussures les crampons à glaces. – Lat. pop. **discalceare,* de *calceus,* «soulier».

déchausseuse [deʃosøz] n. f. AGRIC Charrue légère pour le déchaussement des vignes. – De *déchausser.*

déchaussoir [deʃoswaʀ] n. m. Outil pour déchausser (les dents; les arbres). – De *déchausser.*

dèche [dɛʃ] n. f. Pop. Misère ou gêne passagère. *Être dans la dèche.* – Probabl. de *déchoir,* ou de *déchéance.*

déchéance [deʃeɑ̃s] n. f. **1.** Diminution, perte du rang social, de la réputation. *La déchéance d'une grande maison.* ▷ Cour. Affaiblissement (d'une faculté physique); décadence morale, avilissement. *Tomber dans la déchéance la plus totale.* **2.** DR Perte d'un droit ou d'une faculté (pour défaut d'usage dans les délais fixés, ou dans les conditions prescrites par la loi). *Déchéance de la puissance paternelle.* ▷ Suspension de qqn (d'un rang, d'une fonction). *L'Assemblée nationale en France prononça la déchéance de Louis XVI.* – HIST *Noble frappé de déchéance par décret royal.* – De *déchoir.*

déchet [deʃɛ] n. m. **1.** Vx Perte qu'une chose éprouve dans sa quantité. *Le déchet du pain à la cuisson.* ▷ Mod. DR COMM *Déchet de route:* part admise de dépréciation (qualitative ou quantitative) d'une marchandise au cours d'un transport (par fer, mer, route, etc.). *Le déchet de route n'engage pas la responsabilité du transporteur.* **2.** Ce qui tombe lorsqu'on coupe, rogne, etc. (une matière). *Des déchets de viande, de laine.* **3.** Plur. Résidus, restes (sales, dangereux, etc.). *Déchets radioactifs.* **4.** Fig. Personne déchue, pitoyable ou méprisable. *C'est un déchet. Un déchet de la société.* – De *déchoir.*

déchiffrable [deʃifʀabl] adj. Qui peut être déchiffré. – De *déchiffrer.*

déchiffrage [deʃifʀaʒ] n. m. Action de déchiffrer. – MUS Lecture et exécution à première vue d'un morceau de musique. – De *déchiffrer.*

déchiffrement [deʃifʀəmɑ̃] n. m. Action de déchiffrer (un texte codé; une affaire compliquée, etc.). – De *déchiffrer.*

déchiffrer [deʃifʀe] v. tr. [1] **1.** Trouver la signification de, traduire en clair (ce qui est écrit en chiffres, en caractères inconnus). *Déchiffrer un message codé. Déchiffrer des hiéroglyphes.* **2.** Lire (ce qui est difficile à lire). *Déchiffrer une écriture.* **3.** MUS Lire, jouer ou chanter de la musique à première vue. **4.** Fig. Démêler, pénétrer (ce qui est compliqué, obscur, etc.). *Déchiffrer une affaire.* – Litt. *Déchiffrer quelqu'un.* – De *dé-*, et *chiffrer.*

déchiffreur, euse [deʃifʀœʀ, øz] n. Personne chargée du déchiffrement. – Personne qui sait déchiffrer. – De *déchiffrer.*

déchiquetage [deʃiktaʒ] n. m. Action de déchiqueter; son résultat. – De *déchiqueter.*

déchiqueter [deʃikte] v. tr. [23] **1.** Déchirer, tailler en menus morceaux. *Les lambeaux d'une étoffe déchiquetée. Bête sauvage qui déchiquette sa proie.* **2.** Fig. Mettre en pièces (une idée, un argument, etc.). – Probabl. a. fr. *eschiqueté,* «découpé en cases comme un échiquier».

déchiqueteur [deʃiktœʀ] n. m. TECH Machine servant à déchiqueter. *Passer des journaux à détruire au déchiqueteur.* – De *déchiqueter.*

déchiqueture [deʃiktyʀ] n. f. Taillade, déchirure. – De *déchiqueter.*

déchirant, ante [deʃiʀɑ̃, ɑ̃t] adj. Qui émeut pathétiquement. *Un spectacle déchirant. Des cris déchirants.* – Ppr. de *déchirer.*

déchirement [deʃiʀmɑ̃] n. m. **1.** Action de déchirer; son résultat. – *Déchirement d'un muscle:* claquage. **2.** Fig. Souffrance morale extrême. *Cette séparation lui causa un réel déchirement.* **3.** Plur. Fig. Discordes, luttes intestines. *Les déchirements d'un pays en proie à la guerre civile.* – De *déchirer.*

déchirer [deʃiʀe] v. tr. [1] **1.** Mettre en pièces, en morceaux, sans se servir d'un instrument tranchant. *Déchirer du tissu.* ▷ v. pron. *Le papier se déchire facilement.* – MED *Se déchirer un muscle:* se rompre des fibres musculaires. **2.** Fig. Produire une sensation douloureuse ou désagréable sur. *Cette musique déchire les oreilles.* – Litt. *Ce spectacle déchirait mon âme.* **3.** Fig. Troubler par des dissensions violentes. Diviser. *Les guerres de Religion déchirèrent la France au XVI*e *s.* ▷ v. pron. (récipr.) S'outrager; s'injurier. *Des politiciens qui se déchirent entre eux.* – Du frq. **skerjan,* «séparer, partager».

déchirure [deʃiʀyʀ] n. f. **1.** Rupture faite en déchirant. *Faire une déchirure à un vêtement.* – MED Rupture d'un tissu. *Déchirure musculaire, ligamentaire.* **2.** Litt., fig. Douleur morale très vive. – De *déchirer.*

déchlorurer [deklɔʀyʀe] v. tr. [1] MED Débarrasser (l'alimentation) des chlorures. – *Régime déchloruré,* sans sel. Syn. désodé. – De *dé-*, et *chlorurer.*

déchoir [deʃwaʀ] v. intr. [54] (Princ. employé à l'infinitif et au p.-p.). Tomber d'un état dans un autre, inférieur. *Déchoir de son rang.* ▷ *Être déchu d'un droit,* en être dépossédé. – Du lat. pop. **decadere,* de *cadere,* «tomber».

déchristianisation [dekʀistjanizasjɔ̃] n. f. **1.** Action de déchristianiser. **2.** Fait de se déchristianiser; perte de la pratique chrétienne. – De *déchristianiser.*

déchristianiser [dekʀistjanize] **1.** v. tr. [1] Faire perdre la religion chrétienne à (un peuple, une nation, un État). **2.** v. pron. Perdre la religion chrétienne. – De *dé-*, et *christianiser.*

déchu, ue [deʃy] adj. **1.** Tombé dans un état inférieur; atteint de déchéance. *Gloire déchue. Roi déchu.* **2.** Privé de (un droit, une qualité juridique, etc.). *Déchu de sa nationalité.* **3.** THEOL Qui a perdu l'état de bienheureux. *Ange déchu.* ▷ N. m. pl. *Les déchus:* les anges révoltés contre Dieu. – Pp. de *déchoir.*

déci-. Élément, du lat. *decimus,* «dixième partie».

décibel [desibɛl] n. m. PHYS Unité (égale à 1/10 de bel) sans dimension, exprimant le rapport entre deux grandeurs, notam. deux intensités sonores (symbole dB). – De *déci-,* et *bel.*

décidé, ée [deside] adj. **1.** Sur quoi on a pris une décision. *C'est une chose décidée.* **2.** Résolu, ferme. *Une personne décidée.* – Par anal. *Un air décidé.* – Pp. de *décider.*

décidément [desidemɑ̃] adv. **1.** Vx D'une manière décidée. *Agir décidément.* **2.** Mod. (au début d'une phrase). Vraiment, tout bien considéré, d'une manière certaine. *Décidément, il n'a pas de chance.* – De *décider.*

décider [deside] **I.** v. tr. dir. [1] **1.** Prendre la résolution, la décision de. *J'ai décidé son départ.* – (S. comp.). *C'est elle qui décide.* **2.** *Décider qqn à faire qqch:* déterminer qqn à faire qqch. *Je l'ai décidé à venir.* **3.** Vx Porter un jugement définitif sur (une chose douteuse ou contestée). *L'Église a décidé ce point.* **II.** v. tr. indir. **1.** *Décider de qqch:* statuer sur, décréter sur, disposer de. *C'est la justice qui décidera du bien-fondé de votre plainte. – Une conversation qui décida de son avenir.* **2.** *Décider de* (suivi de l'inf.): prendre la résolution de. *Il a décidé de partir.* **III.** v. pron. **1.** *Se décider à* (+ inf.). Prendre la décision de. *Il s'est enfin décidé à revenir.* **2.** *Se décider pour* (ou *contre*) *qqn ou qqch:* se prononcer pour, se déclarer partisan de. – Lat. *decidere,* «trancher».

décideur [desidœʀ] n. m. Personne qui a le pouvoir de prendre des décisions. ▷ Adj. *Je ne suis pas décideur en cette matière.* – De *décider.*

décigramme [desigʀam] n. m. METROL Dixième partie du gramme (symbole dg). – De *déci-,* et *gramme.*

décile [desil] n. m. STATIS Dixième partie de l'intervalle des données. – Lat. *decilis.*

décilitre [desilitʀ] n. m. Dixième partie du litre (symbole dl). – De *déci-,* et *litre.*

décimal, ale, aux [desimal, o] adj. et n. f. **1.** adj. Qui a pour base le nombre 10. *Numération décimale. Logarithme décimal. – Système décimal,* fondé sur la numération décimale. ▷ *Fraction décimale,* dont le dénominateur est une puissance de 10. – *Nombre décimal :* nombre composé d'une partie entière et d'une fraction décimale séparées par une virgule. *2,5 est un nombre décimal. 5 est la partie décimale de 2,5.* **2.** n. f. Chacun des chiffres formant une fraction décimale dans un nombre et séparés de la partie entière par une virgule. *Dans 2,56 5 et 6 sont des décimales.* – De *décime.*

décimalisation [desimalizasjɔ̃] n. f. Conversion d'un système de mesure non décimal en système de mesure décimal. *La décimalisation des poids et mesures britanniques.* – De *décimaliser.*

décimaliser [desimalize] v. tr. [1] Opérer la décimalisation (d'un système de mesure). – De *décimal.*

décimalité [desimalite] n. f. Didac. Caractère de ce qui est décimal. – De *décimal.*

décimateur [desimatœʀ] n. m. Anc. Celui qui avait le droit de lever la dîme dans une paroisse. – De *décime.*

décimation [desimasjɔ̃] n. f. **1.** ANTIQ Action de décimer; son résultat. **2.** Mod. Ravages commis dans une population par une catastrophe naturelle, une guerre, etc. – Lat. *decimatio.*

décime [desim] n. **1.** n. m. FISC En France, taxe ou impôt égal au dixième du principal et qui vient s'y ajouter (partic., à titre d'amende fiscale). ▷ Rare Dixième partie du franc. **2.** n. f. HIST Impôt levé par le roi de France sur le clergé. – Lat. *decimus,* «dixième».

décimer [desime] v. tr. [1] **1.** ANTIQ ROM Mettre à mort un homme sur dix par tirage au sort. *Décimer une armée après une mutinerie.* **2.** Mod. Faire périr une proportion importante d'une population, en parlant d'une catastrophe naturelle, d'une guerre, etc. *La grande peste de 1348 décima l'Europe.* – Bas lat. *decimare,* de *decem,* «dix».

décimètre [desimɛtʀ] n. m. **1.** METROL Unité de longueur égale à 1/10 de mètre (symbole dm). *Le décimètre carré (dm^2) est la centième partie du m^2; le décimètre cube (dm^3) est la millième partie du m^3.* **2.** TECH Règle graduée en centimètres et millimètres. ▷ Cour. *Décimètre* ou *double décimètre :* règle graduée mesurant 20 centimètres. – De *déci-,* et *mètre.*

décimétrique [desimetʀik] adj. De l'ordre du décimètre. – TELECOMM *Ondes décimétriques:* ondes radioélectriques ultra-courtes. *Le radar utilise des ondes décimétriques.* – De *décimètre.*

décintrage [desɛ̃tʀaʒ] ou **décintrement** [desɛ̃tʀəmɑ̃] n. m. TRAV PUBL Action de décintrer; son résultat. *Le décintrage d'une voûte.* – De *décintrer.*

décintrer [desɛ̃tʀe] v. tr. [1] **1.** TRAV PUBL Débarrasser (une voûte, un arc) des cintres établis pour sa construction. **2.** Défaire les coutures qui cintrent (un vêtement). – De *dé-,* et *cintrer.*

décisif, ive [desizif, iv] adj. **1.** Qui résout, qui tranche (ce qui est incertain). *Une démonstration décisive. – Moment décisif,* où une chose se décide. – *Victoire, bataille décisive.* **2.** Qui indique l'esprit de décision. *Un ton décisif.* – Lat. médiév. *decisivus.*

décision [desizjɔ̃] n. f. **1.** Action de décider ; son résultat. *Prendre une décision énergique. Décision de justice.* ▷ MILIT Document transmettant des ordres. *Exécuter une décision de l'état-major.* **2.** Qualité d'une personne ferme et résolue. *Montrer de la décision. Esprit de décision.* – Lat. jur. *decisio.*

décisionnel, elle [desizjɔnɛl] adj. Relatif à une décision. *Argument décisionnel.* – De *décision.*

décisoire [desizwaʀ] adj. DR Qui a la propriété de décider (qqch). *Serment décisoire.* – Lat. médiév. *decisorius.*

déclamateur, trice [deklamatœʀ, tʀis] n. m. et adj. **1.** ANTIQ ROM Rhéteur qui faisait des exercices d'éloquence dans les écoles. **2.** Mod., péjor. Celui, celle qui déclame, orateur emphatique. – De *déclamer.*

déclamation [deklamasjɔ̃] n. f. **1.** Manière, action et art de déclamer. **2.** Cour. Langage pompeux et affecté. *Les déclamations stériles des politiciens.* – De *déclamer.*

déclamatoire [deklamatwaʀ] adj. Emphatique, pompeux. *Ton déclamatoire.* – De *déclamer.*

déclamer [deklame] v. tr. [1] Réciter à haute voix avec le ton et les accentuations convenant à l'intelligence du texte. *Déclamer des vers.* – Péjor. *Déclamer un discours.* ▷ v. intr. Péjor. Parler avec emphase. *Chaque fois qu'il aborde ses sujets favoris, il ne parle plus, il déclame.* – Litt. *Déclamer contre:* parler violemment contre qqn ou qqch. – Lat. *declamare,* de *clamare,* «crier».

déclaratif, ive [deklaʀatif, iv] adj. **1.** DR Se dit d'un acte par lequel on constate un état de choses, un fait, un droit, etc. *Acte déclaratif de propriété. Jugement déclaratif de décès,* qui atteste un décès contesté. **2.** GRAM *Verbes déclaratifs,* qui énoncent une communication (ex.: expliquer, dire, etc.), par opposition à ceux qui expriment une disposition d'esprit (ex.: croire, vouloir, juger, etc.). – Lat. *declarativus*.

déclaration [deklaʀasjõ] n. f. **1.** Action de déclarer; discours, acte, écrit par lequel on déclare. *Faire une déclaration. Déclaration d'amour.* ▷ *Déclaration de guerre.* **2.** Action de proclamer ouvertement et solennellement; proclamation solennelle. *Déclaration de principes. La Déclaration d'indépendance des États-Unis d'Amérique.* **3.** Action de porter (qqch) à la connaissance des autorités compétentes. *Déclaration d'impôt sur le revenu.* ▷ DR Jugement déclarant un fait comme accompli. *Déclaration de faillite.* – Lat. *declaratio*.

ENCYCL **Hist.** – *Déclaration des droits* (Bill of Rights): acte constitutionnel anglais ratifié par Guillaume III (1689). Il rappelait les droits fondamentaux du Parlement et des sujets. – *Déclaration d'indépendance:* acte par lequel les treize colonies angl. d'Amérique proclamèrent leur indép. (4 juillet 1776), prélude à la guerre d'Indépendance (1776-1783) des É.-U. – *Déclaration des droits de l'homme et du citoyen:* acte voté par l'Assemblée constituante en France le 26 août 1789. Il visait à une portée universelle et inspira la Constitution de 1791. Ses dix-sept art. définissaient les droits du citoyen (égalité devant la loi, respect de la propriété, liberté d'expression) et de la nation (souveraineté, séparation des pouvoirs). La source essentielle de ces principes se trouve dans les théories polit. des philosophes du XVIIIe s. – *Déclaration universelle des droits de l'homme:* acte voté le 10 déc. 1948 par l'O.N.U. Il cherche à définir les droits individuels, les libertés publiques, les droits écon., soc. et culturels, et à fixer les rapports de l'homme et de la société.

déclaratoire [deklaʀatwaʀ] adj. DR Qui déclare quelque chose, en parlant d'un acte juridique. – De *déclarer*.

déclaré, ée [deklaʀe] adj. Avoué, reconnu, qui a nettement pris parti. *Un adversaire déclaré (de...).* – Pp. de *déclarer*.

déclarer [deklaʀe] **I.** v. tr. [1] **1.** Manifester, faire connaître. *Déclarer ses intentions.* – *Déclarer la guerre:* annoncer qu'on va commencer les hostilités. **2.** Manifester l'existence de (qqch) aux autorités compétentes. *Déclarer un objet de valeur à la douane. Rien à déclarer?* – *Déclarer un décès, une naissance.* **3.** Décréter. *Déclarer une transaction nulle et non avenue.* **II.** v. pron. **1.** Manifester son existence, en parlant d'un phénomène dangereux. *Le choléra s'est déclaré. L'incendie s'est déclaré à midi.* **2.** Faire connaître sa pensée, ses intentions, son point de vue, etc. *Il s'est déclaré hautement surpris par votre attitude.* – *Il s'est déclaré incompétent pour juger.* **3.** Prendre parti, se prononcer pour ou contre. *Il s'est nettement déclaré contre la peine de mort.* **4.** (S. comp.). Vieilli, litt. Avouer son amour. *Il n'ose se déclarer.* – Lat. *declarare*.

déclassé, ée [deklase] adj. et n. Hors de sa classification ou de son classement. ▷ Déchu de son rang, de sa position sociale. *Bourgeois, noble déclassé.* ▷ Subst. *C'est un déclassé.* – Pp. de *déclasser*.

déclassement [deklasmɑ̃] n. m. Action de déclasser, de se déclasser; état de ce qui est déclassé. *Déclassement social.* – De *déclasser*.

déclasser [deklase] v. tr. [1] **1.** Déranger (ce qui est classé). *Déclasser des dossiers.* **2.** Faire sortir (qqn) de sa classe sociale pour le faire tomber dans une autre ressentie comme inférieure. *Ses parents prétendent qu'un tel mariage l'a déclassé.* ▷ SPORT Faire rétrograder à une place inférieure un concurrent pour pénaliser un manquement au règlement de l'épreuve. – v. pron. *Se déclasser.* **3.** Classer (qqn ou qqch) à un rang inférieur. *Déclasser un restaurant.* ▷ *Déclasser un monument,* lui retirer sa qualification de monument classé. ▷ *Spécial. Déclasser un voyageur,* le faire changer de classe (le plus souv., le faire passer dans une classe inférieure). – De *dé-*, et *classer*.

déclaveter [deklavte] v. tr. [23] TECH Enlever une clavette (d'une pièce). – De *dé-*, et *clavette*.

déclenche [deklɑ̃ʃ] n. f. TECH Appareil servant à séparer deux pièces d'une machine pour permettre le libre mouvement de l'une d'elles. – Déverbal de *déclencher*.

déclenchement [deklɑ̃ʃmɑ̃] n. m. **1.** Action de déclencher, fait de se déclencher; son résultat. **2.** Fig. *Le déclenchement d'une offensive.* – De *déclencher*.

déclencher [deklɑ̃ʃe] v. tr. [1] **1.** Amorcer le fonctionnement de. *Déclencher le système d'alarme.* ▷ v. pron. *Le dispositif s'est déclenché automatiquement.* **2.** Provoquer subitement. *Son attitude déclencha une huée générale.* ▷ v. pron. *Réaction chimique qui se déclenche.* – De *dé-*, et *clenche*.

déclencheur [deklɑ̃ʃœʀ] n. m. Appareil qui déclenche un mécanisme. *Le déclencheur* (de l'obturateur) *d'un appareil photographique.* – De *déclencher*.

déclic [deklik] n. m. TECH **1.** Décrochement d'un organe, d'une pièce (*cliquet*) qui déclenche le fonctionnement d'un mécanisme. *Faire fonctionner un déclic.* **2.** Bruit sec et métallique (que fait un mécanisme qui se déclenche). – Déverbal de l'anc. v. *decliquer*, de *cliquer*, «faire un bruit sec».

déclin [deklɛ̃] n. m. État de ce qui tend vers sa fin, de ce qui perd de sa force. *Le déclin du jour. Une gloire sur son déclin.* – De *décliner*.

déclinable [deklinabl] adj. GRAM Qui peut être décliné. *Les adverbes latins ne sont pas déclinables.* – De *décliner*.

déclinaison [deklinɛzõ] n. f. **1.** GRAM Dans les langues flexionnelles (latin, russe, etc.), ensemble des formes (cas) que peuvent prendre les noms, pronoms et adjectifs selon leur fonction dans la phrase. **2.** PHYS *Déclinaison magnétique:* angle qui sépare la direction du nord magnétique de celle du nord géographique. **3.** ASTRO *Déclinaison d'un astre:* hauteur d'un astre au-dessus du plan équatorial. – De *décliner*.

déclinant, ante [deklinɑ̃, ɑ̃t] adj. Qui est sur son déclin. – Ppr. de *décliner*.

déclinatoire [deklinatwaʀ] adj. et n. **1.** adj. DR Se dit des exceptions, des moyens que l'on soulève pour décliner la compétence d'une juridiction devant laquelle on est cité. ▷ N. m. Acte par lequel on décline la compétence d'une juridiction. **2.** n. m. Boussole servant, dans les relevés topographiques, à orienter une carte. – De *décliner*.

décliner [dekline] **I.** v. intr. [1] **1.** Tendre vers sa fin. *Le jour commence à décliner.* **2.** Fig. S'affaiblir, tomber en décadence. *Ses forces déclinent de jour en jour.* **3.** ASTRO S'éloigner de l'équateur céleste. *Un astre qui décline.* **II.** v. tr. **1.** GRAM Énumérer les différents cas (nominatif, génitif, etc.) de la déclinaison d'un mot. **2.** Fig. Énumérer. *Décliner ses nom et qualités.* **3.** DR Écarter, refuser de reconnaître (qqch). *Décliner la compétence du tribunal.* **4.** Refuser d'accepter (qqch). *Décliner une invitation.* – *Décliner toute responsabilité dans une affaire.* – Lat. *declinare*.

décliquetage [deklikta ʒ] n. m. Action de décliqueter; son résultat. – De *décliqueter*.

décliqueter [deklikte] v. tr. [23] TECH Dégager le cliquet (d'un mécanisme). – De *dé-*, et *cliqueter*.

déclive [dekliv] adj. et n. f. Qui va en pente. *Terrain déclive.* – N. f. *Chaussée en déclive.* – Lat. *declivis*, de *clivus*, «pente».

déclivité [deklivite] n. f. État de ce qui est en pente; pente. *La déclivité d'un terrain.* – Lat. *declivitas*, «pente».

décloisonnement [deklwazɔnmɑ̃] n. m. Le fait de décloisonner (surtout au sens 2); état de ce qui est décloisonné. *Décloisonnement des services d'une administration.* – De *décloisonner.*

décloisonner [deklwazɔne] v. tr. [1] **1.** Ôter les cloisons de. **2.** Fig. Enlever ce qui sépare, ce qui fait obstacle à la communication entre (des services, des bureaux, des filières, etc.). – De *dé-*, et *cloisonner.*

déclore [deklɔʀ] v. tr. [57] Vieilli Ôter les clôtures de. *Déclore un champ.* – De *dé-*, et *clore.*

déclouer [deklue] v. tr. [1] Défaire, enlever les clous de (ce qui était cloué). *Déclouer des planches.* – De *dé-*, et *clouer.*

décocher [dekɔʃe] v. tr. [1] **1.** Lancer avec un arc, une arbalète. *Décocher une flèche.* – *Par ext.* Lancer, envoyer très brusquement. *Décocher un coup de poing à qqn.* **2.** Fig. Lancer vivement (une remarque malicieuse, ironique, etc.). *Décocher un sarcasme.* – De *dé-*, et *coche*, «entaille».

décocté [dekɔkte] n. m. TECH Produit d'une décoction. – De *décoction.*

décoction [dekɔksjɔ̃] n. f. Procédé consistant à faire bouillir une substance dans un liquide, pour en extraire les principes solubles. – *Par méton.* Le produit ainsi obtenu. – Bas lat. *decoctio*, de *decoquere*, «réduire par la cuisson».

décodage [dekɔdaʒ] n. m. Action de décoder. – De *décoder.*

décoder [dekɔde] v. tr. [1] Déterminer le sens (d'un message codé). – Transformer en langage clair (une information codée). – De *dé-*, et *coder.*

décodeur [dekɔdœʀ] n. m. **1.** TECH Appareil qui permet de décoder des informations. **2.** LING Le sujet parlant, en tant que destinataire actif du message linguistique. – De *décoder.*

décoffrage [dekɔfʀaʒ] n. m. CONSTR Opération qui consiste à ôter les coffrages d'un ouvrage lorsque le béton a une résistance suffisante. – De *décoffrer.*

décoffrer [dekɔfʀe] v. tr. [1] CONSTR Procéder au décoffrage de. – De *dé-*, et *coffrer.*

décoiffage [dekwafaʒ] ou **décoiffement** [dekwafmɑ̃] n. m. Action de décoiffer (qqn ou qqch). – De *décoiffer.*

décoiffer [dekwafe] v. tr. [1] **1.** Vieilli. Enlever le chapeau de qqn. – v. pron. *Se décoiffer:* se découvrir afin de saluer quelqu'un **2.** Déranger, défaire la coiffure de (qqn). *Le vent m'a décoiffé. Être décoiffé.* **3.** TECH Ôter ce qui coiffe (qqch). *Décoiffer une fusée d'obus.* – De *dé-*, et *coiffer.*

décoincement [dekwɛ̃smɑ̃] ou **décoinçage** [dekwɛ̃saʒ] n. m. Action de décoincer; son résultat. – De *décoincer.*

décoincer [dekwɛ̃se] v. tr. [14] Dégager (ce qui était coincé). – De *dé-*, et *coincer.*

décolérer [dekɔleʀe] v. intr. [1] Cesser d'être en colère. (S'emploie négativement.) *Il ne décolère pas.* – De *dé-*, et *colère.*

décollage [dekɔlaʒ] n. m. **1.** Action d'enlever ce qui était collé. **2.** AVIAT Fait de décoller; moment où un avion décolle. ▷ ECON (Trad. de l'angl. *take off*). *Décollage économique:* moment du développement d'un pays, à partir duquel on considère que celui-ci a quitté le niveau des pays sous-développés. *Le difficile décollage économique des jeunes nations du tiers monde.* – De *décoller* 1.

décollation [dekɔlasjɔ̃] n. f. Vx Action par laquelle on décapite qqn. *La décollation de saint Jean-Baptiste.* – De *décoller* 2.

décollement [dekɔlmɑ̃] n. m. Action de décoller, de se décoller; état de ce qui est décollé. – MED Séparation d'un tissu, d'un organe, de la partie à laquelle il adhérait. *Décollement de la rétine.* – De *décoller* 1.

1. décoller [dekɔle] **1.** v. tr. [1] Séparer, détacher (ce qui était collé). *Décoller une étiquette.* – v. pron. *La couverture du livre se décolle.* **2.** v. intr. Quitter le sol (en parlant d'un avion) ou un plan d'eau (en parlant d'un hydravion). *Notre avion a pu décoller malgré le brouillard.* ▷ *Sport* Se séparer du peloton. **3.** v. intr. Fig., fam. *Il ne décolle pas de chez nous*, il y est toujours, ne s'en va pas. – Pop. Maigrir. *Il avait drôlement décollé, après sa jaunisse.* – De *dé-*, et *coller.*

2. décoller [dekɔle] v. tr. [1] Vx, litt. Couper le cou à, décapiter (qqn). – Lat. *decollare*, rac. *collum*, «cou».

décolletage [dekɔltaʒ] n. m. **1.** Action de décolleter. *Le décolletage d'une robe.* ▷ Échancrure du corsage laissant le cou nu; décolleté. **2.** TECH Fabrication de vis, boulons, etc., au tour à décolleter. *Le décolletage permet la production de vis en très grande série.* **3.** AGRIC *Le décolletage des betteraves.* – De *décolleter.*

décolleté, ée [dekɔlte] adj. et n. **1.** adj. Qui laisse apparaître le cou, la gorge, les épaules. *Une robe décolletée.* ▷ *Par ext. Une femme décolletée*, qui porte une robe décolletée. **2.** n. m. *Le décolleté:* la partie décolletée d'une robe. ▷ *Porter un décolleté*, une robe décolletée. ▷ *Par ext.* Les parties du corps que laisse apparaître un décolleté. *Un beau décolleté.* – Pp. de *décolleter.*

décolleter [dekɔlte] v. tr. [23] **1.** Découvrir, laisser apparaître le cou, la gorge, les épaules. **2.** Couper (un vêtement) de manière à dégager le cou. *Décolleter une robe.* **3.** TECH Fabriquer des pièces (vis, boulons, clous, etc.) les unes à la suite des autres à partir d'une même barre de métal. *Tour à décolleter:* machine-outil servant au décolletage. **4.** AGRIC Couper le haut de certaines racines pour les empêcher de bourgeonner. *Il est nécessaire de décolleter les betteraves avant de les mettre en silo.* – De *dé-*, et *collet*, dimin. de *col.*

décolleteur, euse [dekɔltœʀ, øz] n. **1.** TECH Personne spécialisée dans le travail au tour à décolleter. **2.** n. f. Machine à décolleter les racines. – De *décolleter.*

décolonisation [dekɔlɔnizasjɔ̃] n. f. Processus par lequel un peuple accède à l'indépendance, cesse de dépendre politiquement de l'État qui l'avait colonisé. – De *décoloniser.*

décoloniser [dekɔlɔnize] v. tr. [1] Accorder l'indépendance à (une colonie). – De *dé-*, et *coloniser.*

décolorant, ante [dekɔlɔʀɑ̃, ɑ̃t] adj. et n. m. CHIM Qui décolore. ▷ N. m. *Un décolorant. Les décolorants.* – Ppr. de *décolorer.*

décoloration [dekɔlɔʀasjɔ̃] n. f. **1.** Perte de la couleur naturelle. **2.** TECH Opération qui consiste à décolorer. *Se faire faire une décoloration chez le coiffeur.* – De *décolorer.*

décoloré, ée [dekɔlɔʀe] adj. Qui a perdu sa couleur (spécial. en parlant des cheveux). – Pp. de *décolorer.*

décolorer [dekɔlɔʀe] **1.** v. tr. [1] Faire perdre en partie ou complètement sa couleur à (qqch). *Décolorer une étoffe. Elle va se faire décolorer en blond.* **2.** v. pron. *Se décolorer:* perdre de sa couleur ou sa couleur. *Cheveux qui se décolorent au soleil.* – Lat. *decolorare.*

décombres [dekɔ̃bʀ] n. m. pl. **1.** Ruines, gravats qui restent après la démolition ou la destruction d'un édifice. *Des décombres encore fumants.* **2.** Fig. Restes de ce qui a été détruit. *Les décombres d'un empire.* – Orig. gaul.; de *combre*, «barrage de rivière».

décommander [dekɔmɑ̃de] **1.** v. tr. [1] Annuler (une invitation, une commande, etc.). *Il a décommandé toutes les invitations qu'il avait lancées.* **2.** v. pron. *Se décommander:* annuler un rendez-vous. *La réunion est reportée, le conférencier s'étant décommandé.* – De *dé-*, et *commander.*

décompensation [dekɔ̃pɑ̃sasjɔ̃] n. f. MED Rupture de l'équilibre de l'organisme face à une affection jusqu'alors bien tolérée. – De *dé-*, et *compensation.*

décompensé, ée [dekɔ̃pɑ̃se] adj. MED Se dit d'une affection au cours de laquelle l'organe atteint ne peut plus assurer son rôle (jusqu'alors assuré par compensation des parties restées saines). *Cardiopathie décompensée.* – Du préc.

décomplexer [dekɔ̃plɛkse] v. tr. [1] Fam. Enlever à qqn ses complexes, ses inhibitions – v. pron. *Depuis cette époque, il s'est décomplexé.* – De *dé-*, et *complexer.*

décomposable [dekɔ̃pozabl] adj. Susceptible d'être décomposé. – De *décomposer.*

décomposer [dekɔ̃poze] v. tr. [1] **1.** Séparer les parties, les éléments d'une chose; analyser. *Décomposer une phrase.* CHIM *Décomposer de l'eau.* PHYS *Décomposer une force:* déterminer ses composantes. MATH *Décomposer un nombre.* V. décomposition. **2.** Altérer profondément, gâter. *La chaleur décompose les matières animales.* – v. pron. *La viande se décompose sous l'effet de la chaleur.* **3.** Fig. Altérer, bouleverser. *La terreur décomposait son visage. Il était décomposé.* – De *dé-*, et *composer.*

décomposition [dekɔ̃pozisjɔ̃] n. f. **1.** Résolution d'une chose, d'un corps, en ses éléments; séparation de ses différentes parties constituantes. ▷ MATH *Décomposition d'un nombre en facteurs premiers:* opération qui consiste à remplacer un nombre par un produit équivalent de nombres premiers (ex.: $540 = 2^2 \times 3^3 \times 5$). *Décomposition d'un polynôme en un produit de facteurs:* opération qui consiste à transformer une somme de termes $(Ax^n + Bx^{n-1} + ... + C)$ en un produit de facteurs (A (x-a) (x-b)...). **2.** Altération profonde d'une substance organique. *Cadavre en état de décomposition avancée.* **3.** Fig. Altération. *La décomposition de ses traits montrait qu'il avait peur.* **4.** Fig. Destruction, éclatement. *Les invasions barbares hâtèrent la décomposition de l'Empire romain.* – De *décomposer.*

décompresser [dekɔ̃pʀese] v. intr. [1] Faire cesser ou diminuer la compression. ▷ Fam. Relâcher sa tension nerveuse. – De *dé-*, et *compresser.*

décompresseur [dekɔ̃pʀesœʀ] n. m. TECH Appareil qui réduit la pression (d'un fluide, d'un gaz comprimés). – Soupape qui réduit la compression d'un moteur à explosion lors de sa mise en marche. – De *dé-*, et *compresseur.*

décompression [dekɔ̃pʀesjɔ̃] n. f. Action de décomprimer; son résultat. *La décompression d'un gaz.* ▷ MED *Accident de décompression* (on dit aussi *maladie des caissons*). V. barotraumatisme. – De *dé-*, et *compression.*

décomprimer [dekɔ̃pʀime] v. tr. [1] TECH Réduire ou faire cesser une compression. – De *dé-*, et *comprimer.*

décompte [dekɔ̃t] n. m. **1.** Déduction à faire sur une somme. *Faire le décompte des taxes sur une marchandise.* **2.** Compte détaillé d'une somme due. *Faire le décompte d'une facture.* – Déverbal de *décompter.*

décompter [dekɔ̃te] **1.** v. tr. [1] Déduire d'une somme. *Décompter les frais généraux d'un bénéfice.* **2.** v. intr. Se dit d'une pendule dont la sonnerie n'est pas en accord avec l'heure indiquée par les aiguilles. *Réveil qui décompte.* – De *dé-*, et *compter.*

déconcentration [dekɔ̃sɑ̃tʀasjɔ̃] n. f. ADMIN Système administratif dans lequel les agents locaux d'un organisme centralisé ont un certain pouvoir de décision à leur échelon. ▷ Cour. Transfert d'une partie des bureaux, usines, etc., d'un organisme centralisé, en un lieu éloigné du siège de cet organisme. – De *déconcentrer.*

déconcentrer [dekɔ̃sɑ̃tʀe] v. tr. [1] **1.** Procéder à une répartition moins concentrée, moins centralisée. **2.** Fig. Troubler la concentration de qqn. *Déconcentrer un artiste.* ▷ v. pron. *Se déconcentrer:* relâcher sa concentration, son attention. – De *dé-*, et *concentrer.*

déconcertant, ante [dekɔ̃sɛʀtɑ̃, ɑ̃t] adj. Qui déconcerte. *Une question déconcertante.* – Ppr. de *déconcerter.*

déconcerter [dekɔ̃sɛʀte] v. tr. [1] **1.** Troubler, dérouter, faire perdre contenance à (qqn). *Un rien suffit pour le déconcerter. Ce raisonnement m'avait déconcerté.* **2.** Vx, litt. Déranger. *Cela déconcerte tous mes projets.* – De *dé-*, et *concerter.*

déconfit, ite [dekɔ̃fi, it] adj. **1.** Vx, litt. Battu dans un combat. *Les assaillants déconfits abandonnèrent le siège de la ville.* **2.** Mod. Abattu, décontenancé. *Avoir la mine déconfite. Être tout déconfit.* – Pp. d'un anc. v. *déconfire*, «mettre en déroute».

déconfiture [dekɔ̃fityʀ] n. f. **1.** Fam. Ruine financière; faillite morale. *Société qui tombe en déconfiture.* **2.** DR État d'un débiteur non commerçant insolvable. **3.** Vx, litt. Entière défaite (au combat). – De l'anc. v. *déconfire* (V. déconfit).

décongélation [dekɔ̃ʒelasjɔ̃] n. f. Action de décongeler. – De *décongeler.*

décongeler [dekɔ̃ʒle] v. tr. [20] Ramener (un corps congelé) à une température plus élevée que 0°. *Décongeler de la viande.* – De *dé-*, et *congeler.*

décongestion [dekɔ̃ʒɛstjɔ̃] n. f. Action de décongestionner; son résultat. – De *décongestionner.*

décongestionner [dekɔ̃ʒɛstjɔne] v. tr. [1] **1.** MED Atténuer ou faire disparaître la congestion (d'un organe). **2.** Fig. Atténuer l'encombrement de (une voie, un service). *Cette nouvelle avenue décongestionnera le centre de la ville.* – De *dé-*, et *congestionner.*

déconnecter [dekɔnɛkte] v. tr. [1] **1.** Démonter, débrancher (ce qui connecte: tuyauterie de raccordement; raccord électrique). **2.** Fig. Couper les liens, les rapports qui existent entre des personnes, des choses. *Son long séjour à l'étranger l'a déconnecté de la vie politique.* – De *dé-*, et *connecter.*

déconner [dekɔne] v. intr. [1] Fam. **1.** Dire ou faire des conneries. *Vous avez fini de déconner?* **2.** *Il y a quelque chose qui déconne*, qui ne marche pas. – De *dé-*, et *con.*

déconnexion [dekɔnɛksjɔ̃] n. f. **1.** Action de déconnecter; son résultat. **2.** *Par ext.* MED *Déconnexion neuro-végétative :* suppression des réactions neurovégétatives par l'administration de médicaments. – De *déconnecter.*

déconseiller [dekɔ̃seje] v. tr. [1] Conseiller de ne pas faire. *Je le lui ai vivement déconseillé.* – De *dé-*, et *conseiller.*

déconsidération [dekɔ̃sideʀasjɔ̃] n. f. Litt. Perte de l'estime et de la considération publiques. – De *déconsidérer.*

déconsidérer [dekɔ̃sideʀe] **1.** v. tr. [16] Faire perdre la considération, l'estime dont jouissait (qqn). *Cette affaire risque de le déconsidérer.* **2.** v. pron. *Se déconsidérer:* agir de telle façon qu'on perd la considération, l'estime dont on jouissait. *Il se déconsidère* *par ses mauvaises fréquentations.* – De *dé-*, et *considérer.*

déconsigner [dekõsiɲe] v. tr. [1] **1.** Lever la consigne, la punition infligée à. *Déconsigner des troupes.* **2.** Retirer, dégager (les bagages mis à la consigne). *Déconsigner une malle.* **3.** Rembourser le prix de la consigne d'un emballage (princ. pour les bouteilles en verre). – De *dé-*, et *consigner.*

décontamination [dekõtaminasjõ] n. f. Suppression de la contamination des corps ayant subi l'action de radiations ou de substances nocives. – De *dé-*, et *contamination.*

décontaminer [dekõtamine] v. tr. [1] Procéder à la décontamination de. – De *dé-*, et *contaminer.*

décontenancer [dekõtnɑ̃se] **1.** v. tr. [1] Faire perdre contenance à (qqn). *Cette question l'a décontenancé.* **2.** v. pron. *Se décontenancer:* perdre contenance. *Il ne s'est pas décontenancé pour autant.* – De *dé-*, et *contenance.*

décontracté, ée [dekõtʀakte] adj. **1.** Relâché (muscles). **2.** Détendu. **3.** Fig., fam. Insouciant. – Pp. de *décontracter.*

décontracter [dekõtʀakte] v. tr. [1] **1.** Faire cesser la contraction de. *Décontracter ses muscles.* **2.** v. pron. Se détendre; pratiquer la décontraction musculaire. *Décontractez-vous en respirant fortement.* – De *dé-*, et *contracter.*

décontraction [dekõtʀaksjõ] n. f. **1.** Relâchement du muscle succédant à la contraction. **2.** Détente physique. **3.** Fig., fam. Insouciance, laisser-aller. – De *dé-*, et *contraction.*

déconvenue [dekõv(ə)ny] n. f. Désappointement dû à un insuccès, à un contretemps, à une erreur; vive déception. *Essuyer, subir, éprouver une déconvenue.* – De *dé-*, et *convenu*, de *convenir.*

décor [dekɔʀ] n. m. **1.** Ensemble de ce qui sert à décorer. *Cet hôtel offre un superbe décor victorien.* **2.** Au théâtre, au cinéma, à la télévision, ensemble de ce qui sert à représenter les lieux de l'action. *Changer les décors.* **3.** Fig. *L'envers du décor:* le côté caché des choses. *Changement de décor:* évolution soudaine et marquée. **4.** Environnement, cadre. *Mon décor quotidien.* **5.** Fam. *Aller, entrer dans le décor:* sortir des limites d'une route, d'une piste d'aéroport, etc., et heurter les obstacles qui les bordent. – Déverbal de *décorer.*

décorateur, trice [dekɔʀatœʀ, tʀis] n. **1.** Personne dont la profession est d'orner l'intérieur des appartements. *Peintre décorateur. Décoratrice d'intérieur.* **2.** Personne dont la profession est de créer des décors de théâtre, de cinéma, de télévision. *Ce décorateur se consacre à l'opéra.* – De *décorer.*

décoratif, ive [dekɔʀatif, iv] adj. **1.** Qui décore agréablement, qui enjolive. *Des objets décoratifs.* **2.** *Arts décoratifs,* qui ont pour fin la décoration, la stylisation, l'embellissement des objets d'utilité. *Une grande exposition des Arts décoratifs eut lieu à Paris en 1925.* – Abrév. *Le style art déco,* en vogue dans les années 1920-1930. – De *décorer.*

décoration [dekɔʀasjõ] n. f. **1.** Action d'orner au moyen de peintures, tentures, sculptures, etc. *Elle a effectué elle-même la décoration de son appartement.* **2.** Ensemble de ce qui décore. *La décoration d'une villa pompéienne.* **3.** Insigne d'une récompense, d'un ordre honorifique. *Recevoir une décoration.* – Bas lat. *decoratio.*

décorder [dekɔʀde] v. tr. [1] **1.** TECH Disjoindre les brins (d'une corde, d'un câble). **2.** Enlever les cordes de. *Décorder une raquette.* **3.** v. pron. ALPIN *Se décorder:* se détacher d'une cordée. – De *dé-*, et *corder.*

décorer [dekɔʀe] v. tr. [1] **1.** Orner, parer, embellir. *Décorer un appartement.* **2.** Fig. Orner d'une apparence séduisante mais trompeuse. *Le cuisinier décore ce plat d'un nom ronflant.* **3.** Conférer une décoration à (qqn). *Décorer qqn de l'ordre du Canada.* – Lat. *decorare*, de *decus, decoris*, «ornement».

décorner [dekɔʀne] v. tr. [1] **1.** Arracher les cornes de. ▷ Fig., fam. *Un vent à décorner les bœufs,* très violent. **2.** Aplatir les coins cornés de. *Décorner de vieilles images.* – De *dé-*, et *corne.*

décorticage [dekɔʀtikaʒ] n. m. **1.** Opération qui consiste à décortiquer. **2.** Fig., fam. Analyse minutieuse et complète. – De *décortiquer.*

décortication [dekɔʀtikasjõ] n. f. **1.** Action de décortiquer. **2.** Blessure d'un végétal dont l'écorce a été arrachée. **3.** CHIR Action de débarrasser un organe de son enveloppe fibreuse, normale ou pathologique. – De *décortiquer.*

décortiquer [dekɔʀtike] v. tr. [1] **1.** Enlever l'écorce d'un arbre, l'enveloppe d'une graine, la carapace d'un crustacé, etc. *Décortiquer des crevettes.* **2.** Fig., fam. Faire l'analyse minutieuse et complète de quelque chose. *J'ai beau décortiquer sa lettre, je n'y comprends rien.* – Lat. *decorticare*, de *cortex, corticis*, «écorce».

décorum [dekɔʀɔm] n. m. sing. **1.** Pompe officielle. *Le décorum de la Cour.* **2.** Dignité, respect des convenances, des usages de la société. *Respecter le décorum.* – Lat. *decorum*, de *decere*, «convenir».

décote [dekɔt] n. f. FIN Baisse du cours, de la valeur. – De *dé-*, et *cote.*

découcher [dekuʃe] v. intr. [1] Coucher ailleurs que chez soi; ne pas revenir chez soi de toute une nuit. *Jeune homme qui commence à découcher.* – De *dé-*, et *coucher.*

découdre [dekudʀ] v. tr. [60] **1.** Défaire (ce qui est cousu). *Découdre un ourlet.* **2.** v. intr. *En découdre:* se battre. **3.** v. pron. *Se découdre:* se dit des choses dont la couture se défait. *L'ourlet s'est décousu.* – De *dé-*, et *coudre.*

découler [dekule] v. intr. [1] **1.** Vx Couler lentement et de manière continue. **2.** Être la conséquence de. *Les effets qui découlent d'une telle décision.* – De *dé-*, et *couler.*

découpage [dekupaʒ] n. m. **1.** Action de découper. *Procéder au découpage d'une tarte.* ▷ *Découpage électoral:* division d'un territoire en circonscriptions électorales. **2.** Image que les enfants découpent. *Elle joue avec des découpages.* **3.** AUDIOV *Découpage d'un film* (en plans): texte comportant toutes les indications nécessaires au tournage du film. – De *découper.*

découpe [dekup] n. f. TECH Action de découper; résultat de cette opération. COUT Coupe pratiquée dans un vêtement ou morceau de tissu ajouté à un vêtement, dans un but décoratif. – Déverbal de *découper.*

découpé, ée [dekupe] adj. **1.** Coupé suivant un dessin, un contour. *Une photographie découpée dans une revue.* **2.** BOT Se dit des feuilles dont le limbe comporte de profondes échancrures. – Pp. de *découper.*

découper [dekupe] v. tr. [1] **1.** Couper en morceaux ou en tranches. *Découper un poulet, un gigot.* Absol. *Savoir découper. Un couteau à découper.* **2.** Couper avec régularité. *Découper du drap.* **3.** Couper de manière à former une figure. *Découper en festons.* ▷ Couper avec des ciseaux en suivant un contour. *Découper une photographie dans un journal.* **4.** AUDIOV Procéder au découpage d'un film. **5.** v. pron. *Se découper sur:* se détacher sur (un fond). *Le clocher se découpe sur le ciel.* – De *dé-*, et *couper.*

découpeur, euse [dekupœʀ, øz] n. **1.** Celui, celle qui travaille à découper. **2.** n. f. TECH Machine qui sert à découper. – De *découper.*

découplage [dekuplaʒ] n. m. ELECTRON, TELECOMM Suppression du couplage entre deux circuits. – De *découpler*.

découplé, ée [dekuple] adj. 1. VEN Détaché. *Chiens découplés*. 2. *Être bien découplé*, vigoureux et bien bâti. – Pp. de *découpler*.

découpler [dekuple] v. tr. [1] 1. VEN Détacher (des chiens couplés). 2. ELECTRON, TELECOMM Empêcher (deux circuits) de réagir l'un sur l'autre. – De *dé-*, et *coupler*.

découpoir [dekupwaʀ] n. m. TECH Instrument pour découper. ▷ Tranchant d'une découpeuse (sens 2). – De *découper*.

découpure [dekupyʀ] n. f. 1. Action de découper une étoffe, du papier, etc.; son résultat. 2. Irrégularité d'un contour. *Les découpures d'une baie*. – De *découper*.

décourageant, ante [dekuʀaʒɑ̃, ɑ̃t] adj. 1. Qui fait perdre courage, patience (personnes). *Un élève décourageant de bêtise*. 2. Qui fait perdre courage (choses). *Un échec décourageant*. – Ppr. de *décourager*.

découragement [dekuʀaʒmɑ̃] n. m. Abattement, perte de courage. *Tomber dans le découragement*. – De *décourager*.

décourager [dekuʀaʒe] v. tr. [1] 1. Ôter le courage, l'énergie à. *Les obstacles le découragent. Cela décourage*. 2. *Décourager qqn de* : lui faire perdre l'envie de. *Il voulait partir, ses amis l'en ont découragé*. 3. Rebuter. *Il décourage ma patience*. 4. v. pron. Perdre courage. *Ne vous découragez pas!* – De *dé-*, et *courage*.

découronnement [dekuʀɔnmɑ̃] n. m. Action de découronner. – De *découronner*.

découronner [dekuʀɔne] v. tr. [1] 1. Enlever la couronne de. *Découronner un roi*. 2. Fig. Priver de ce qui couronne. *Découronner un arbre de sa cime*. – De *dé-*, et *couronner*.

décours [dekuʀ] n. m. 1. ASTRO Déclin de la lune. 2. Période de déclin des maladies. – Lat. *decursus*, «course sur une pente».

décousu, ue [dekuzy] adj. et n. m. 1. Dont la couture est défaite. *Vêtement décousu*. 2. Fig. Sans suite. *Style décousu. Une conversation décousue*. – N. m. *Le décousu d'un discours*. – Pp. de *découdre*.

décousure [dekuzyʀ] n. f. 1. Vx Endroit décousu (d'un vêtement). 2. VEN Plaie faite à un chien par un sanglier, un cerf. – Du pp. de *découdre*.

1. découvert [dekuvɛʀ] n. m. 1. FIN Solde débiteur d'un compte. *Vendre à découvert*: vendre en bourse des valeurs qu'on ne possède pas. *Être à découvert*: avoir un compte en banque dont le solde est négatif. 2. Loc. adv. *À découvert*: sans protection. *Combattre à découvert*. ▷ Clairement. *Parler à découvert*. – Pp. subst. de *découvrir*.

2. découvert, erte [dekuvɛʀ, ɛʀt] adj. 1. Qui n'est pas couvert. *La tête découverte. Une allée découverte*. Fig. *À visage découvert*: ouvertement, sans se cacher. – *Pays découvert*, non boisé. – Pp. de *découvrir*.

découverte [dekuvɛʀt] n. f. 1. Action de découvrir ce qui était caché ou inconnu. *La découverte d'un trésor, d'un vaccin*. 2. La chose que l'on a découverte. *Exploiter une grande découverte*. 3. SPECT Arrière-plan en trompe-l'œil d'un décor. 4. Loc. adv. *Aller à la découverte*, en reconnaissance. – Fig. *Il va à la découverte des nouvelles idées*. – Pp. fém. subst. de *découvrir*.

découvreur, euse [dekuvʀœʀ, øz] n. Celui, celle qui fait des découvertes. – De *découvrir*.

découvrir [dekuvʀiʀ] I. v. tr. [35] 1. Ôter ce qui couvre. *Découvrir un pot*. 2. Laisser voir. *Une robe sans manches qui découvre les bras*. 3. Faire cesser la protection de. *Découvrir sa dame*, au jeu d'échecs, la laisser isolée. 4. Révéler (ce qui était tenu caché). *Découvrir ses sentiments à qqn*. Fig. *Découvrir son jeu*: laisser paraître ses intentions. 5. Voir, apercevoir (ce qui n'est pas visible d'ailleurs). *Du haut de la tour, on découvre un beau panorama*. 6. Trouver (ce qui n'était pas connu, ce qui était ignoré). *Découvrir une mine. Découvrir une planète. Découvrir la cause d'une maladie*. 7. Parvenir à connaître (ce qui était caché, secret). *Découvrir un complot*. 8. v. intr. *La mer découvre*, se retire. II. v. pron. 1. Retirer ce qui couvre (le corps). *Ce malade se découvre continuellement. Se découvrir devant qqn*: ôter son chapeau pour le saluer. 2. S'éclaircir (temps, ciel). *Le ciel se découvre*. 3. S'exposer. *Le bataillon s'est découvert*. 4. Se montrer. *La ville se découvre dans le lointain*. 5. Livrer sa pensée. *Il se découvre à ses interlocuteurs*. 6. Apprendre à se connaître soi-même. *Il s'est découvert fort tard*. – Bas lat. *discooperire*, «mettre à découvert».

décrassage [dekʀasaʒ] ou **décrassement** [dekʀasmɑ̃] n. m. TECH Opération qui consiste à débarrasser la grille d'un foyer des matières non combustibles. ▷ Opération qui consiste à enlever les crasses et scories qui surnagent. – De *décrasser*.

décrasser [dekʀase] v. tr. [1] 1. Enlever la crasse de. 2. Fig., fam. *Décrasser qqn*, lui inculquer les rudiments d'un savoir; le former aux habitudes de la société. 3. v. pron. Fig., fam. *Se décrasser*: commencer à acquérir les premières notions de ce qui vous est appris. – De *dé-*, et *crasse*.

décrément [dekʀemɑ̃] n. m. INFORM Valeur dont une variable diminue au cours d'une opération. – Angl. *decrement*; lat. *decrementum*, de *decrescere*.

décrépir [dekʀepiʀ] v. tr. [2] CONSTR Enlever le crépi (d'un mur). *Un mur décrépi*. – De *dé-*, et *crépir*.

décrépissage [dekʀepisaʒ] n. m. CONSTR Action de décrépir. – De *décrépir*.

décrépit, ite [dekʀepi, it] adj. Très affaibli par la vieillesse. *Un vieillard décrépit*. – Lat. *decrepitus*.

décrépitude [dekʀepityd] n. f. 1. Vieilli État de vieillesse extrême, de délabrement physiologique. 2. Fig. Décadence. *Un pays qui sombre en pleine décrépitude*. – De *décrépit*.

decrescendo [dekʀeʃɛndo] adv. et n. m. inv. 1. adv. MUS En décroissant, en diminuant l'intensité des sons. – N. m. Phrase musicale jouée decrescendo. *Faire un decrescendo*. 2. Fig., fam. En décroissant, en déclinant. *Ragots qui vont decrescendo*. – Mot ital., «en décroissant», du lat. *decrescere*.

décret [dekʀɛ] n. m. 1. DR Décision du conseil des ministres prise en vertu d'un pouvoir que lui confère la loi. On donne également le nom de décrets à certains règlements (généralement gouvernementaux) qui établissent des normes touchant un groupe important de personnes. *Décret de la construction*. ▷ Fig. *Les décrets de la Providence, du destin, de la critique*. 2. RELIG Décision, ordre émanant de l'Église. *Décret pontifical*. – Lat. *decretum*, «décision, sentence».

décrétale [dekʀetal] n. f. HIST RELIG Ordonnance du pape, sous forme d'épître, pour régler des questions d'administration ecclésiastique ou de discipline. – Lat. ecclés. *decretalis*.

décréter [dekʀete] v. tr. [16] 1. Ordonner, régler par un décret. 2. Décider de manière autoritaire. *Il a décrété qu'il ne voulait plus me voir*. 3. Vx Lancer un décret contre. *Décréter qqn de prise de corps*. – De *décret*.

décreusage [dekʀøzaʒ] ou **décruage** [dekʀyaʒ] ou **décrusage** [dekʀyzaʒ] n. m. TECH Action de décreuser; son résultat. – De *décreuser, décruer* ou *décruser.*

décreuser [dekʀøze], **décruer** [dekʀye] ou **décruser** [dekʀyze] v. tr. [1] TECH Débarrasser (un textile) des matières qui adhèrent aux fils. – *Décreuser*, du dauphinois *descreusa*, «décruer».

décri [dekʀi] n. m. **1.** Vx Proclamation par laquelle une monnaie était décriée. **2.** Litt. Perte de la réputation, de la considération dont on jouissait. *Être victime d'un décri injuste.* – Déverbal de *décrier.*

décrier [dekʀije] v. tr. [1] **1.** Vx Interdire par proclamation la circulation d'une monnaie, la vente d'une marchandise. **2.** S'efforcer de ruiner la réputation, l'autorité de. *Décrier un auteur, une œuvre.* – De *dé-*, et *crier.*

décrire [dekʀiʀ] **I.** v. tr. [65] **1.** Représenter, dépeindre par des mots, en paroles ou par écrit. *Décrire une personne, une ville. Je renonce à décrire la confusion qui suivit.* **2.** Dessiner (une ligne courbe). *Les sinuosités que décrit la rivière.* **3.** GEOM Tracer. *Un point qui se meut décrit une ligne droite ou courbe.* **II.** v. pron. Être représenté au moyen d'un discours. *Une telle scène ne peut se décrire.* – Lat. *describere*, d'ap. *écrire.*

décrochage [dekʀɔʃaʒ] n. m. **1.** Action de décrocher. *Le décrochage des wagons.* **2.** MILIT Mouvement qui permet de décrocher. **3.** AVIAT Réduction brusque de la portance, lorsque l'angle d'incidence de la voilure dépasse la valeur maximale admissible. **4.** Fam. Le fait d'abandonner une activité. – De *décrocher.*

décrochement [dekʀɔʃmɑ̃] n. m. **1.** Discontinuité dans les lignes de deux plans juxtaposées. **2.** GEOL Faille accompagnée d'un déplacement horizontal des deux blocs. – De *décrocher.*

décrocher [dekʀɔʃe] **I.** v. tr. [1] **1.** Détacher (une chose qui était accrochée). *Décrocher un tableau.* ▷ Loc. fam. *Décrocher la timbale:* obtenir ce que l'on postulait depuis longtemps; être le gagnant dans une compétition. – *Vouloir décrocher la lune:* demander, tenter l'impossible. – *Bâiller à se décrocher la mâchoire:* faire de longs bâillements. ▷ (S. comp.) Décrocher le combiné d'un appareil téléphonique. *Pour appeler, décrochez et attendez la tonalité.* **2.** Fam. Obtenir. *Il a enfin décroché son examen.* **II.** v. intr. **1.** Fam. Interrompre une activité. – Abandonner ses études, son métier, etc. **2.** Fam. Ne plus porter son attention à qqch. *La conférence m'ennuyait trop, j'ai décroché une demi-heure avant la fin.* **3.** MILIT Rompre le contact avec l'ennemi. **4.** AVIAT Subir le phénomène du décrochage, en parlant d'un aéronef. – De *dé-*, et *croc.*

décrocheur, euse [dekʀɔʃœʀ, øz] n. Jeune homme, jeune fille qui abandonne ses études. – De *décrocher.*

décroiser [dekʀwaze] v. tr. [1] Cesser de croiser, faire cesser le croisement de. *Décroiser les bras.* – De *dé-*, et *croiser.*

décroissance [dekʀwasɑ̃s] n. f. **1.** Diminution. *La décroissance de la fièvre.* **2.** PHYS NUCL *Décroissance radioactive:* diminution, au cours du temps, de l'activité d'une substance radioactive. – De *décroître.*

décroissant, ante [dekʀwasɑ̃, ɑ̃t] adj. **1.** Qui décroît. **2.** MATH *Fonction décroissante*, qui varie dans le sens inverse de la variable dont elle dépend. *Suite décroissante*, dont les termes diminuent de valeur. – Ppr. de *décroître.*

décroissement [dekʀwasmɑ̃] n. m. Diminution. – De *décroître.*

décroît [dekʀwɑ(a)] n. m. ASTRO Décroissement de la Lune pendant son dernier quartier. – Déverbal de *décroître.*

décroître [dekʀwɑtʀ] v. intr. [63] Diminuer peu à peu; décliner. *Les jours décroissent en automne. Ses forces décroissent.* – N.B. *Décroître* se conjugue comme *croître*, sauf *décru*, qui ne prend pas d'accent circonflexe. – Lat. pop. *discrescere.*

décrottage [dekʀɔtaʒ] n. m. Action de décrotter; son résultat. – De *décrotter.*

décrotter [dekʀɔte] v. tr. [1] **1.** Ôter la boue de. *Décrotter des souliers.* **2.** Fig., fam. Dépouiller (qqn) de sa rusticité. *Il a besoin d'être décrotté.* – De *dé-*, et *crotte*, «boue».

décrotteur [dekʀɔtœʀ] n. m. **1.** TECH Appareil pour décrotter (spécial. pour retirer la boue des véhicules de chantier). **2.** AGRIC Machine débarrassant les tubercules et les racines de la terre qui y reste collée après l'arrachage. – De *décrotter.*

décrottoir [dekʀɔtwaʀ] n. m. Lame de métal, scellée généralement dans le mur extérieur d'une maison, utilisée pour décrotter ses chaussures avant d'y entrer. – De *décrotter.*

décruage. V. décreusage.

décrue [dekʀy] n. f. **1.** Quantité dont les eaux ont décru. *La décrue de la rivière s'est accentuée.* **2.** Fig. Décroissance. – Pp. fém. subst. de *décroître.*

décruer. V. décreuser.

décrusage. V. décreusage.

décruser. V. décreuser.

décryptage [dekʀiptaʒ] n. m. Action de découvrir le sens d'un texte chiffré dont on ne possède pas la clef. – De *décrypter.*

décrypter [dekʀipte] v. tr. [1] Procéder au décryptage de. – De *dé-*, et gr. *kruptos*, «caché».

déçu, ue [desy] adj. Qui a éprouvé une déception. ▷ *Espoir déçu*, non réalisé. – Pp. de *décevoir.*

décubitus [dekybitys] n. m. MED Attitude du corps qui repose en position horizontale. *Décubitus dorsal, ventral, latéral.* – Lat. *decubitus*, de *decumbere*, «se mettre au lit».

de cujus [dekyʒys] n. m. DR Défunt, testateur. *Les volontés du de cujus.* – De la loc. juridique lat. *de cujus (successione agitur):* «celui de la succession de qui il s'agit».

déculasser [dekylase] v. tr. [1] TECH Ôter la culasse (d'une arme à feu, d'un moteur). – De *dé-*, et *culasse.*

déculottée [dekylɔte] n. f. Fam. Défaite humiliante. ▷ Fessée. – De *déculotter.*

déculotter [dekylɔte] **I.** v. tr. [1] **1.** Ôter la culotte, le pantalon de (qqn). **2.** Fam. *Déculotter une pipe*, enlever les dépôts agglomérés dans son fourneau. **II.** v. pron. **1.** Retirer sa culotte, son pantalon. **2.** Fig., pop. Abandonner toute réserve. ▷ Céder honteusement. – De *dé-*, et *culotter.*

déculpabilisation [dekylpabilizasjɔ̃] n. f. Action de déculpabiliser; son résultat. – De *déculpabiliser.*

déculpabiliser [dekylpabilize] v. tr. [1] Libérer qqn d'un sentiment de culpabilité. – De *dé-*, et *culpabiliser.*

déculturation [dekyltyʀasjɔ̃] n. f. SOCIOL Perte progressive de l'identité culturelle d'un peuple. – De *dé-*, et *culture*, d'ap. *acculturation.*

décuple [dekypl] adj. et n. **1.** adj. Qui vaut dix fois autant. **2.** n. m. Ce qui vaut dix fois plus. *Je lui ai rendu le décuple de son prêt.* – Lat. *decuplus*, de *decem*, «dix».

décuplement [dekypləmɑ̃] n. m. Action de décupler; résultat de cette action. – De *décupler.*

décupler [dekyple] **I.** v. tr. [1] **1.** Rendre dix fois plus grand. *Décupler sa fortune.* **2.** Fig. Augmenter considérablement. *Le désir de vaincre décuple ses forces.* **II.** v. intr. Devenir dix fois plus grand. *La valeur de ce tableau a décuplé.* – De *décuple.*

décurie [dekyʀi] n. f. ANTIQ ROM Troupe de dix soldats, le dixième de la centurie. – Lat. *decuria,* de *decem,* «dix».

décurion [dekyʀjõ] n. m. ANTIQ ROM **1.** Chef d'une décurie. **2.** Membre d'une curie (sénat municipal dans l'Empire romain). – Lat. *decurio.*

décurrent, ente [dekyʀɑ̃, ɑ̃t] adj. BOT Se dit d'un organe lamellaire qui se prolonge sur son support. *Feuille décurrente,* dont le limbe se prolonge sur la tige. – Lat. *decurrens,* «qui court le long de».

décussé, ée [dekyse] adj. BOT Se dit d'organes dont les axes sont à angle droit. *Feuilles opposées décussées,* dont les paires successives sont à angle droit (chez les orties, par ex.). – Lat. *decussatus.*

décuvage [dekyvaʒ] n. m. ou **décuvaison** [dekyvɛzõ] n. f. TECH Action de transvaser le vin, après fermentation, de la cuve dans les tonneaux. – De *décuver.*

décuver [dekyve] v. tr. [1] TECH Retirer (le vin) de la cuve. – De *dé-,* et *cuver.*

dédaignable [dedɛɲabl] adj. Qui mérite d'être dédaigné (surtout dans des phrases négatives). *Ces marques de faveur ne sont pas dédaignables.* – De *dédaigner.*

dédaigner [dedeɲe] v. tr. [1] **1.** Traiter avec dédain, marquer du dédain à l'endroit de. *Dédaigner le pouvoir.* **2.** Négliger, rejeter comme sans intérêt, ou indigne de soi. *Dédaigner les services de qqn.* **3.** v. tr. indir. Litt. *Dédaigner de* (+ inf.). *Il dédaigne de nous parler.* – De *dé-,* et *daigner.*

dédaigneusement [dedɛɲøzmɑ̃] adv. Avec dédain. *Il a dédaigneusement repoussé mon offre.* – De *dédaigneux.*

dédaigneux, euse [dedɛɲø, øz] adj. et n. Qui éprouve du dédain, qui montre du dédain. *Une mine dédaigneuse.* ▷ Subst. *Faire le dédaigneux.* – De *dédaigner.*

dédain [dedɛ̃] n. m. Mépris, vrai ou affecté, manifesté par le ton, l'allure, les manières. *Recevoir un compliment avec dédain. Le dédain des honneurs.* – Déverbal de *dédaigner.*

dédale [dedal] n. m. **1.** Labyrinthe, lieu où l'on s'égare à cause de la complication des détours. *Le dédale des ruelles d'une vieille ville.* **2.** Fig. Ensemble compliqué où il est difficile de se reconnaître. *Le dédale de la jurisprudence.* – Lat. *Dædalus,* gr. *Daidalos,* n. du légendaire architecte grec, constructeur du labyrinthe de Cnossos en Crète.

dédaléen, éenne [dedaleɛ̃, eɛn] adj. Qui tient du dédale. – De *dédale.*

dedans [dədɑ̃] adv., prép. et n. m. **I.** adv. de lieu. **1.** À l'intérieur. *On le cherchait dehors, il était dedans.* **2.** Fam. *Mettre qqn dedans,* le tromper. ▷ Pop. *Il lui rentre dedans:* il le frappe. **3.** Loc. adv. *Là-dedans:* là, à l'intérieur, là où vous êtes. *Entrez là-dedans! Que faites-vous là-dedans?*▷ *Au-dedans, en dedans:* à l'intérieur. *Il fait froid au-dedans comme au-dehors. La porte ouvre en dedans. Avoir les genoux en dedans,* cagneux. ▷ *De dedans:* de l'intérieur. *Il vient de dedans.* ▷ *Par-dedans,* par l'intérieur. *Passez par-dedans.* **II.** prép. de lieu. **1.** Vx Dans. *Dedans la ville.* **2.** Loc. prép. Vx *Par-dedans. Il a passé par-dedans la cour.* ▷ *En dedans de:* à l'intérieur de. *La maison se situe en dedans du village.* ▷ *Au-dedans de:* à l'intérieur de. *Au-dedans du village se trouve l'église.* **III.** n. m. **1.** La partie intérieure d'une chose. *Le dedans d'une maison.* **2.** Fig. L'esprit (par oppos. avec le corps); le monde intérieur (par oppos. avec le monde extérieur); l'intérieur (par oppos. avec l'extérieur). *Les ennemis du dedans,* de l'intérieur. – De *de,* et *dans.*

dédicace [dedikas] n. f. **1.** RELIG (judaïsme) Consécration du temple de Jérusalem au culte. **2.** LITURG CATHOL Consécration d'une chapelle, d'une église au culte divin; inscription qui relate cette consécration. **3.** Consécration d'un monument à une personne. ▷ *Par ext.* Inscription qui relate cette consécration. **4.** Inscription par laquelle un auteur dédie son œuvre à qqn, ou en offre un exemplaire avec sa signature. – Lat. ecclés. *dedicatio,* «consécration».

dédicacer [dedikase] v. tr. [14] Faire l'hommage (d'un livre, d'une photographie), par une dédicace. *Cette comédienne envoie son portrait dédicacé à ses admirateurs.* – De *dédicace.*

dédicataire [dedikatɛʀ] n. Personne à qui un ouvrage est dédié. – Du lat. *dedicatio.*

dédicatoire [dedikatwaʀ] adj. *Épître dédicatoire,* qui exprime une dédicace. – Du lat. *dedicatio.*

dédier [dedje] v. tr. [1] **1.** Consacrer au culte divin; placer sous l'invocation d'un saint. *Dédier une chapelle à un saint. Temple dédié à Vénus.* **2.** Faire hommage (d'un ouvrage) par une inscription (dédicace) placée en tête. *Il a dédié son premier livre à sa mère.* **3.** Fig. Consacrer, vouer. *Il a dédié sa vie à l'étude.* **4.** Fig. Offrir. *Il a dédié sa collection de tableaux à l'État.* – Lat. ecclés. *dedicare,* «consacrer».

dédire [dediʀ] **1.** v. tr. [64] Vx *Dédire qqn,* le désavouer. **2.** v. pron. *Se dédire:* désavouer ce qu'on a dit; se rétracter. *Les témoins se sont dédits.* – Pop. *Cochon qui s'en dédit:* formule pour prêter serment. – De *dé-,* et *dire.*

dédit [dedi] n. m. **1.** Révocation d'une parole donnée. **2.** Pénalité stipulée dans un contrat contre la personne qui manque à l'exécution. *Payer un dédit.* – Pp. subst. de *dédire.*

dédommagement [dedɔmaʒmɑ̃] n. m. **1.** Réparation d'un dommage. *Obtenir mille dollars de dédommagement.* **2.** Fig. Compensation. *Trouver un dédommagement à ses malheurs.* – De *dédommager.*

dédommager [dedɔmaʒe] v. tr. [1] **1.** Indemniser d'un dommage. *La compagnie d'assurances les dédommagera.* **2.** Offrir une compensation à. *Rien peut-il dédommager de la perte d'un être cher?* ▷ v. pron. Trouver un dédommagement, une compensation. – De *dé-,* et *dommage.*

dédorer [dedɔʀe] v. tr. [1] Enlever la dorure de. ▷ v. pron. Perdre sa dorure. – De *dé-,* et *dorer.*

dédouanage [dedwanaʒ] ou **dédouanement** [dedwanmɑ̃] n. m. Action de dédouaner (une marchandise); son résultat. – De *dédouaner.*

dédouaner [dedwane] v. tr. [1] **1.** Faire sortir (une marchandise) de la douane en acquittant les droits. **2.** Fig. Réhabiliter (qqn). ▷ v. pron. Se réhabiliter, se blanchir. *Un ancien malfaiteur qui cherche à se dédouaner.* – De *dé-,* et *douane.*

dédoublage [dedublaʒ] n. m. **1.** Action de dédoubler (un vêtement). **2.** TECH Action de diluer l'alcool par l'eau. – De *dédoubler.*

dédoublement [dedubləmɑ̃] n. m. **1.** Action de dédoubler (sens I, 2); son résultat. **2.** PSYCHIAT *Dédoublement de la personnalité:* absence du sentiment de l'unité et de l'identité de la personnalité, observée chez certains psychopathes. (Deux personnalités différentes et autonomes coexistent chez le même individu, en même temps ou successivement. Ce phénomène serait la conséquence de conflits aigus entre des instances psychologiques conscientes et inconscientes.) – De *dédoubler.*

dédoubler [deduble] **I.** v. tr. [1] **1.** Ôter la doublure de. *Dédoubler une veste.* **2.** Diviser en deux. *Dédou-*

bler une classe aux effectifs trop nombreux. Dédoubler un train, en faire partir un second, alors qu'un seul était prévu. **II.** v. pron. **1.** Se séparer en deux. **2.** PSYCHIAT Souffrir de dédoublement de la personnalité. – De *dé-*, et *doubler.*

dédramatiser [dedʀamatize] v. tr. [1] Ôter son caractère dramatique à. *Dédramatiser une situation conflictuelle.* – De *dé-*, et *dramatiser.*

déductible [dedyktibl] adj. Qui peut être déduit, soustrait. – Du lat. *deductum.*

déductif, ive [dedyktif, iv] adj. LOG Qui procède par déduction. *Un raisonnement déductif.* Ant. inductif. – Lat. *deductum.*

déduction [dedyksjõ] n. f. **1.** Soustraction. *Ces cent dollars viennent en déduction de ce que vous avez déjà touché.* **2.** LOG Méthode de raisonnement par laquelle on infère d'un principe ou d'une hypothèse toutes les conséquences qui en découlent. *La forme la plus classique de la déduction est le syllogisme, étudié par Aristote, dans lequel on conclut du général au particulier.* Ant. induction. **3.** Cour. Raisonnement rigoureux; conclusion d'un tel raisonnement; action de déduire. – Lat. *deductio.*

déduire [dedɥiʀ] v. tr. [71] **1.** Retrancher, soustraire d'une somme. *De cette somme, je déduis trente dollars.* **2.** LOG Tirer par déduction (une proposition) comme conséquence d'une autre, admise. **3.** Tirer comme conséquence. *On peut en déduire que...* – Lat. *deducere,* «faire descendre».

déduit [dedɥi] n. m. Vx ou litt. Divertissement amoureux, plaisir. – De *déduire,* «divertir, amuser» en a. fr.

déesse [deɛs] n. f. **1.** MYTH Divinité de sexe féminin. *Minerve était la déesse de la sagesse chez les Romains.* **2.** Fig. Femme d'une grande beauté et d'une grâce imposante. – Du lat. *dea .*

de facto [defakto] loc. adv. De fait et non de droit. Ant. de jure. – Loc. lat. «de fait».

défaillance [defajɑ̃s] n. f. **1.** Faiblesse physique, évanouissement. *Il est tombé en défaillance.* ▷ MED *Défaillance cardiaque:* insuffisance cardiaque aiguë. **2.** Faiblesse morale. *Tout homme a ses défaillances.* **3.** Faiblesse, incapacité. *La défaillance du gouvernement.* **4.** Arrêt du fonctionnement normal. *Défaillance du système de sécurité.* – De *défaillir.*

défaillant, ante [defajɑ̃, ɑ̃t] adj. **1.** Qui s'affaiblit, qui devient faible. *Des forces défaillantes. Murmurer d'une voix défaillante.* **2.** Sur le point de s'évanouir (personnes). **3.** DR Qui fait défaut. *Témoin défaillant.* – Ppr. de *défaillir.*

défaillir [defajiʀ] v. intr. [31] **1.** Tomber en faiblesse, s'évanouir. *Défaillir de peur.* **2.** S'affaiblir. *Son courage défaille.* **3.** Litt. Faiblir, manquer de force morale. *Agissez sans défaillir!* – De *dé-*, et *faillir.*

défaire [defɛʀ] **I.** v. tr. [9] **1.** Changer l'état d'une chose, de manière qu'elle ne soit plus ce qu'elle était. *Ce que l'un fait, l'autre le défait.* **2.** Détacher, dénouer. *Défaire sa cravate.* **3.** Litt. Battre, vaincre, mettre en déroute. *Défaire les troupes ennemies.* **4.** Vx ou litt. Délivrer, débarrasser. *Défaites-moi de cet importun.* **II.** v. pron. **1.** Cesser d'être fait, construit, formé. *Le nœud s'est défait.* **2.** Se délivrer, se débarrasser. *Se défaire d'un fâcheux.* ▷ *Se défaire d'un objet,* le vendre ou le donner. – De *dé-*, et *faire.*

défait, aite [defɛ, ɛt] adj. **1.** Qui n'est plus fait, construit, formé. *Un nœud défait. Le lit défait.* **2.** Vaincu, en déroute. *Une armée défaite.* **3.** Abattu, épuisé. *Il apparut, pâle et défait.* – Pp. de *défaire.*

défaite [defɛt] n. f. **1.** Perte d'une bataille. *La défaite du raid allié sur Dieppe en 1942.* ▷ Perte d'une guerre. *La défaite du Japon en 1945.* Syn. déroute, débâcle. **2.** Échec. *Essuyer une défaite aux élections.* – Pp. fém. subst. de *défaire.*

défaitisme [defɛ(e)tism] n. m. **1.** Manque de confiance dans l'issue victorieuse des hostilités. – Fait d'exprimer et de propager des idées correspondant à cet état d'esprit. **2.** *Par ext.* Manque de confiance dans le succès. – De *défaite.*

défaitiste [defɛ(e)tist] adj. et n. **1.** adj. Qui a trait au défaitisme. ▷ Empreint de défaitisme. *Tenir des propos défaitistes.* **2.** n. Personne qui fait preuve de défaitisme. – Du préc.

défalcation [defalkasjõ] n. f. Déduction, retranchement, décompte. – De *défalquer.*

défalquer [defalke] v. tr. [1] Rabattre; déduire (une somme) d'un compte. *Il faut défalquer les frais du bénéfice brut.* – Lat. médiév. *defalcare,* «couper avec la faux *(falx)*».

défatiguer [defatige] v. tr. [1] Supprimer la fatigue ou les effets de la fatigue chez (qqn). – De *dé-*, et *fatiguer.*

défaufiler [defofile] v. tr. [1] COUT Défaire un faufil. – De *dé-*, et *faufiler.*

défausse [defos] n. f. **1.** Action de se débarrasser d'une carte. **2.** Carte défaussée. – Déverbal de *défausser* 2.

1. défausser [defose] v. tr. [1] Redresser (ce qui a été faussé). *Défausser une tringle.* – De *dé-*, et *fausser.*

2. défausser [defose] v. tr. [1] JEU Jouer (une carte non gagnante). *Défausser un petit cœur.* – *Spécial.* Se débarrasser (d'une carte inutile ou gênante). ▷ v. pron. *Se défausser à pique.* ▷ Fig. Se débarrasser, se décharger. *Se défausser d'une obligation. – De dé-*, et *faux.*

défaut [defo] n. m. **I. 1.** Imperfection physique. *Elle avait un corps de déesse, sans le moindre défaut.* **2.** Imperfection dans un objet, point faible dans une matière. *Cette poutre présente un défaut. Les défauts d'un diamant.* **3.** Fig. Imperfection morale. *Il est trop âgé pour se corriger de ses défauts.* **4.** Imperfection dans une œuvre d'art, un ouvrage de l'esprit. *Critiquer les défauts d'un roman. Les défauts du système sont-ils compensés par ses réussites?* **II. 1.** Manque (de qqch). *Le défaut de preuves l'a fait acquitter.* ▷ *Faire défaut:* manquer. *Le talent lui fait cruellement défaut.* **2.** Absence (de certaines qualités, de certains avantages). *Défaut de jugement, de mémoire.* **3.** Endroit où se rejoignent deux os, deux articulations. *Le défaut des côtes, de l'épaule.* **4.** *Défaut de la cuirasse:* intervalle entre les pièces contiguës d'une armure. – Fig. Le point faible d'un système, d'un raisonnement. **5.** VEN *Les chiens sont en défaut,* ont pris une fausse piste. – Fig. *Être en défaut:* commettre une faute, une erreur; manquer à ses engagements. *Ma mémoire est souvent en défaut. Quand je lui demande un service, je ne le trouve jamais en défaut.* **6.** PHYS NUCL *Défaut de masse:* différence entre la somme des masses des nucléons d'un noyau et la masse du noyau, correspondant à l'énergie de liaison des nucléons. **7.** PHYS *Défauts de réseau:* irrégularités (lacunes d'ions, ions déplacés en position interstitielle, etc.) qui perturbent la structure parfaite d'un réseau cristallin. **8.** DR *Défaut de comparaître:* fait, pour un défendeur, de ne pas donner suite à l'assignation du demandeur ou, pour un témoin, de ne pas se présenter à l'audience tel que requis par un *subpœna.* ▷ *Défaut de plaider:* fait, pour un défendeur qui a produit un acte de comparution, de ne pas présenter de défense à l'action. **9.** Loc. prép. *À défaut de:* faute de, en l'absence de. *Un travail bien rémunéré, à défaut d'être intéressant.* – Anc. pp. de *défaillir.*

défaveur [defavœʀ] n. f. Disgrâce, perte de la faveur. *Être en défaveur auprès de qqn.* – De *dé-*, et *faveur.*

défavorable [defavɔʀabl] adj. Qui n'est pas favorable. *Émettre un avis défavorable.* – De *dé-*, et *favorable.*

défavorablement [defavɔʀabləmɑ̃] adv. D'une manière défavorable. *Sa requête fut défavorablement accueillie.* – Du préc.

défavoriser [defavɔʀize] v. tr. [1] Mettre (qqn) en défaveur ; donner moins d'avantages qu'aux autres à (qqn). *Ce testament l'a défavorisé.* – De *dé-*, et *favoriser.*

défécation [defekasjɔ̃] n. f. **1.** CHIM Séparation, par précipitation, des constituants d'une solution (industrie sucrière). **2.** Expulsion des matières fécales. – Bas lat. *defaecatio.*

défectif, ive [defɛ(e)ktif, iv] adj. GRAM Se dit d'un verbe qui n'a pas tous ses temps, tous ses modes ou toutes ses personnes. *Choir, clore, faillir sont des verbes défectifs.* – Lat. *defectivus*, de *deficere*, «faire défaut».

défection [defɛ(e)ksjɔ̃] n. f. Abandon d'un parti, d'une cause. *Faire défection:* abandonner, ne pas être présent. *Il a fait défection au dernier moment.* – Lat. *defectio*, de *deficere*, «faire défaut».

défectueusement [defɛktɥøzmɑ̃] adv. D'une manière défectueuse. – De *défectueux.*

défectueux, euse [defɛktɥø, øz] adj. Qui manque des qualités, des conditions requises. *Marchandises défectueuses. Une argumentation défectueuse.* – Lat. médiév. *defectuosus*, de *deficere*, «faire défaut».

défectuosité [defɛktɥozite] n. f. Défaut, imperfection. *Les défectuosités d'un meuble.* – De *défectueux.*

défendable [defɑ̃dabl] adj. Qui peut être défendu. *Une place défendable.* – Fig. *Cette opinion n'est plus défendable.* – De *défendre.*

défendeur, deresse [defɑ̃dœʀ, d(ə)ʀɛs] n. DR Personne contre qui est introduite une action en justice. – De *défendre.*

défendre [defɑ̃dʀ] **I.** v. tr. [75] **1.** Protéger, soutenir contre une agression. *Défendre sa vie, son honneur, ses intérêts. L'aigle défend ses petits.* **2.** Résister pour rester maître de (qqch). *Défendre une position contre l'ennemi.* **3.** Plaider pour (qqn). *Défendre un accusé.* **4.** Plaider pour (qqch). *Défendre une opinion.* **5.** Loc. fig. *À son corps défendant:* à contrecœur, malgré soi. *J'ai agi à mon corps défendant.* **6.** *Défendre de:* mettre à l'abri de, préserver de (choses). *Ce mur nous défend du froid.* **7.** Prohiber, interdire (qqch à qqn). *Défendre le vin à un malade. Il est défendu de parler au conducteur.* **II.** v. pron. **1.** Repousser une attaque, une agression, y résister. *Il ne se défendait que mollement.* **2.** Pop. Se débrouiller. *Pour parler anglais, je (ne) me défends pas mal.* **3.** Chercher à se justifier. *Il se défend lui-même devant les juges.* **4.** Nier (une chose qu'on vous impute). *Il se défend d'avoir emporté ce livre.* **5.** Se mettre à l'abri de (qqch). *Se défendre du froid.* **6.** S'empêcher d'éprouver (un sentiment); se retenir de (faire qqch). *Je ne puis me défendre d'une certaine partialité envers lui. Elle ne peut se défendre de pleurer.* – Lat. *defendere.*

défendu, ue [defɑ̃dy] adj. **1.** Protégé. *Une ville défendue par ses remparts.* **2.** Interdit, réprouvé par la morale. *Livre défendu. Fruit défendu:* chose d'autant plus convoitée qu'elle est interdite. – Pp. de *défendre.*

défenestration [defənɛstʀasjɔ̃] n. f. Action de jeter une personne par la fenêtre. – HIST *Défenestration de Prague* (23 mai 1618): acte de violence par lequel les protestants de Bohême, s'insurgeant contre l'empereur Mathias, précipitèrent par la fenêtre de la salle du Conseil deux des quatre gouverneurs. (Ce fut le prélude de la guerre de Trente Ans). – Du lat. *de-*, et *fenestra.*

défenestrer [defənɛstʀe] v. tr. [1] Jeter (qqn) par la fenêtre. – De *dé-*, et *fenêtre*, d'après *défenestration.*

1. défense [defɑ̃s] n. f. **1.** Action de repousser une agression dirigée contre soi ou contre d'autres. *Prendre la défense des opprimés. Venez à ma défense.* ▷ DR *Légitime défense:* droit de se défendre par la force contre une agression. *Être en état de légitime défense*, dans une situation telle qu'étant attaqué, on est en droit de se défendre par la force. **2.** Action de défendre une position contre l'ennemi. *Mettre une place en état de défense. Ligne de défense.* **3.** Ce qu'on dit, ce qu'on écrit pour défendre qqn ou se défendre soi-même. *On ne voulut pas écouter sa défense.* **4.** DR Ensemble des moyens employés par une personne pour se défendre en justice. *L'accusé modifie son système de défense.* **5.** PHYSIOL *Défense de l'organisme*, contre les traumatismes, les microbes. **6.** PSYCHAN *Défense du moi:* ensemble des processus inconscients utilisés par le moi pour se défendre. *Les mécanismes de défense sont plus ou moins intégrés au moi: refoulement, sublimation, régression, projection.* **7.** Prohibition, interdiction. *Défense d'afficher.* – Lat. *defensa.*

2. défense [defɑ̃s] n. f. Dent de certains mammifères, dont la croissance se prolonge durant la vie entière et qui, atteignant de grandes dimensions, sort de la cavité buccale. *Les défenses sont soit des canines (sanglier, chevrotain), soit des incisives (éléphant, narval).* – De *défense* 1.

défenseur [defɑ̃sœʀ] n. m. **1.** Personne qui défend, soutient, protège. *Défenseur des opprimés. Les défenseurs de la patrie.* **2.** Fig. Personne qui défend (une cause, une opinion, une doctrine). *Elle s'érige en défenseur de la morale.* **3.** DR Avocat qui défend en justice. *Avoir un bon défenseur.* – Lat. *defensor.*

défensif, ive [defɑ̃sif, iv] adj. Fait pour la défense. *Traité défensif. Armes défensives, guerre défensive.* – Lat. médiév. *defensivus.*

défensive [defɑ̃siv] n. f. État d'une armée prête à se défendre, ou qui s'efforce de contenir une attaque ennemie. ▷ Loc. *Être, se tenir sur la défensive:* être prêt, se tenir prêt à se défendre (au propre et au figuré). – Du préc.

déféquer [defeke] **1.** v. tr. [1] CHIM Clarifier (un liquide). **2.** v. intr. Évacuer les matières fécales. – Lat. *defaecare*, «débarrasser de la lie», de *faex, faecis*, «lie».

déférence [defeʀɑ̃s] n. f. Politesse respectueuse, considération. *Témoigner de la déférence à une personne âgée.* – De *déférer.*

déférent [defeʀɑ̃] adj. m. **1.** ASTRO *Cercles déférents:* cercles qui ont été imaginés par les Anciens pour expliquer le mouvement des planètes. **2.** ANAT *Canal déférent:* conduit excréteur du testicule, par lequel le sperme gagne les vésicules séminales pour se jeter dans l'urètre. – Lat. *deferens*, ppr. de *deferre.* V. déférer.

déférent, ente [defeʀɑ̃, ɑ̃t] adj. Qui témoigne de la déférence. *Une attitude déférente.* – Lat. *deferens, deferentis.*

déférer [defeʀe] v. tr. [16] **1.** Accorder, décerner (un titre, un honneur). *Le peuple romain déféra le consulat à Scipion.* **2.** DR Traduire (un accusé) en justice. Soumettre à une juridiction. *Déférer un jugement à la cour d'appel.* **3.** v. tr. indir. Céder par respect. *Déférer au désir de qqn.* – Lat. *deferre*, «porter», bas lat. «faire honneur».

deferlage [defɛʀlaʒ] n. m. MAR Action de déferler. – De *deferler.*

déferlant, ante [defɛʀlɑ̃, ɑ̃t] adj. Qui déferle. ▷ N. f. Vague qui déferle. – Ppr. de *déferler.*

déferlement [defɛʀləmɑ̃] n. m. **1.** Action de déferler, de briser. *Écouter le déferlement des vagues.* **2.** Fig. Déploiement, manifestation. *Un déferlement de mécontentement.* – De *déferler.*

déferler [defɛʀle] **1.** v. tr. [1] MAR Déployer. *Déferler une voile, un pavillon.* **2.** v. intr. Se dit des vagues qui se déploient et se brisent en écume. **3.** Fig. Se répandre avec abondance, violence. *Les injures déferlaient sur lui.* – De *dé-*, et *ferler**.

déferrage [defɛʀaʒ], **déferrement** [defɛʀmɑ̃] n. m. ou **déferrure** [defɛʀyʀ] n. f. Action de déferrer; son résultat. – De *déferrer.*

déferrer [defɛʀe] v. tr. [1] **1.** Ôter une ferrure. **2.** Ôter le fer du pied d'un cheval. ▷ v. pron. *Le cheval s'est déferré.* – De *dé-*, et *ferrer.*

défeuillaison [defœjɛzɔ̃] n. f. Chute des feuilles. – De *défeuiller.*

défeuiller [defœje] v. tr. [1] Litt. Enlever ou faire tomber les feuilles (d'un arbre). *L'orage défeuille les arbres.* ▷ v. pron. Perdre ses feuilles. *Arbre qui se défeuille.* – De *dé-*, et *feuille.*

défeutrage [deføtʀaʒ] n. m. Traitement destiné à éviter le feutrage. – De *défeutrer.*

défeutrer [deføtʀe] v. tr. [1] Traiter (la laine) lors de la filature, de façon qu'elle ne puisse feutrer une fois tissée. – De *dé-*, et *feutrer.*

défi [defi] n. m. **1.** Anc. Provocation à un combat singulier, au Moyen Âge. **2.** Mod. Provocation. *Un défi au bon sens. Prendre un air de défi. Mettre qqn au défi de faire qqch. Relever le défi.* – De *défier.*

défiance [defjɑ̃s] n. f. Crainte d'être trompé, méfiance. *Ses mensonges répétés inspirent la défiance.* – De *défier.*

défiant, ante [defjɑ̃, ɑ̃t] adj. Pénétré de défiance. *Un caractère défiant.* – Ppr. de *défier.*

défibrage [defibʀaʒ] n. m. TECH Action de défibrer (le bois, en partic., pour le transformer en pâte à papier). – De *défibrer.*

défibrer [defibʀe] v. tr. [1] TECH Ôter les fibres de. – De *dé-*, et *fibre.*

défibreur, euse [defibʀœʀ, øz] n. **1.** TECH Personne qui défibre le bois. **2.** n. f. TECH Machine pour défibrer le bois. – De *défibrer.*

déficeler [defisle] v. tr. [22] Ôter la ficelle (d'un paquet, d'un objet ficelé). – De *dé-*, et *ficeler.*

déficience [defisjɑ̃s] n. f. **1.** BIOL Insuffisance organique ou fonctionnelle. *Déficience mentale. Déficience hépatique.* **2.** Fig. Faiblesse, insuffisance. – De *déficient.*

déficient, iente [defisjɑ̃, jɑ̃t] adj. **1.** Se dit d'un organe qui n'assure pas normalement ses fonctions. *Un cœur déficient.* **2.** Trop faible, insuffisant. *Son vocabulaire est déficient.* – Lat. *deficiens*, ppr. de *deficere*, «manquer».

déficit [defisit] n. m. **1.** Ce qui manque à certaines choses. *Déficit sur la récolte.* **2.** Excédent des dépenses sur les recettes dans une comptabilité. *Le déficit du budget. Le bilan de cette affaire présente un gros déficit. Être en déficit.* **3.** MED *Déficit immunitaire:* incapacité, pour l'organisme, de trouver la réponse immunitaire adaptée. – Mot lat., «(la chose) manque».

déficitaire [defisitɛʀ] adj. **1.** Trop faible, insuffisant. *Une récolte déficitaire.* **2.** Qui présente un déficit. *Commerce déficitaire.* – De *déficit.*

1. défier [defje] v. tr. [1] **1.** Provoquer (qqn) en combat singulier. – *Par ext.* Provoquer à une lutte quelconque. *Défier qqn à la course.* **2.** Braver, se dresser contre. *Défier la morale.* **3.** Déclarer à qqn qu'on le croit incapable d'exécuter qqch. *Je vous défie de m'en donner la preuve.* **4.** Résister aux attaques, aux coups de (choses). *Notre bateau défiait la tempête.* – De *dé-*, et *fier.*

2. défier (se) [defje] v. pron. [1] *Se défier de:* avoir de la défiance contre. *Se défier des flatteurs, des racontars.* – De *fier*, d'ap. le lat. *diffidere.*

défiguration [defigyʀasjɔ̃] n. f. Rare Action de défigurer (qqn ou qqch); état de ce qui est défiguré. – De *défigurer.*

défigurement [defigyʀmɑ̃] n. m. Rare **1.** État de qqn qui est défiguré. **2.** Le fait de défigurer qqch. – De *défigurer.*

défigurer [defigyʀe] v. tr. [1] **1.** Altérer l'aspect du visage. *Cette blessure l'a défiguré.* **2.** Gâter la forme, l'allure, l'aspect de qqch. *Défigurer un tableau par des retouches.* **3.** Fig. Altérer, dénaturer, rendre méconnaissable. *Défigurer la vérité. Défigurer la pensée d'un auteur.* – De *dé-*, et *figure*, «face».

défilage [defilaʒ] n. m. TECH **1.** Action d'ôter les fils. **2.** Phase de la fabrication du papier, consistant à mettre les chiffons en charpie. – De *défiler* 1.

défilé [defile] n. m. **1.** Passage étroit et encaissé entre deux montagnes. *Troupe surprise dans un défilé.* **2.** Suite d'unités en marche au pas cadencé, passant devant un chef ou rendant les honneurs. **3.** Marche en file de personnes, de véhicules. *Le défilé de la Saint-Patrick.* – Pp. subst. de *défiler* 2.

défilement [defilmɑ̃] n. m. **1.** MILIT Stationnement ou cheminement à couvert des vues et à l'abri des tirs de l'ennemi. **2.** Dans un magnétophone, déroulement continu de la bande magnétique; dans un appareil de projection, déroulement du film. – De *défiler* 2.

1. défiler [defile] **I.** v. tr. [1] **1.** Défaire (un tissu) fil à fil. **2.** Ôter le fil passé dans. *Défiler des perles.* ▷ v. pron. *Votre collier s'est défilé.* **3.** Fig., fam. *Défiler son chapelet:* dire tout ce que l'on sait de désagréable sur qqn ou qqch. **4.** MILIT *Défiler un ouvrage:* le garantir des vues et des feux d'enfilade de l'ennemi. **II.** v. pron. **1.** Se mettre à couvert des vues et des feux d'enfilade de l'ennemi. **2.** Fig., fam. S'esquiver, se dérober. *Se défiler au moment de payer. Quand on lui demande un service, il se défile.* – De *dé-*, et *fil.*

2. défiler [defile] v. intr. [1] **1.** Aller à la file. *Ils défilent en colonne par deux.* **2.** Faire un défilé. *Les soldats, les manifestants défilent en rangs serrés.* **3.** Fig. Se succéder avec régularité. *Les jours défilaient, monotones.* – De *dé-*, et *filer.*

défileuse [defiløz] n. f. TECH Machine qui effectue le défilage (sens 2). – De *défilage.*

défini, ie [defini] adj. **1.** Déterminé, expliqué par une définition. *Mot défini.* ▷ N. m. «*Prouver tout, en substituant mentalement les définitions à la place des définis*» (Pascal). **2.** Précisé. *Une tâche bien définie.* **3.** GRAM *Article défini:* le, la, les. *Passé défini* ou *passé simple:* temps qui fait référence à un moment précis du passé: *«Je fus» est un passé défini.* **4.** CHIM *Loi des proportions définies ou loi de Proust*, qui pose que les proportions suivant lesquelles des corps simples se combinent sont des valeurs fixes et discontinues. **5.** MATH *Quantité définie*, déterminée par le nombre qui l'exprime. – Pp. de *définir.*

définir [definiʀ] v. tr. [2] **1.** Expliquer, préciser en quoi consiste un concept. *Définir la liberté en l'opposant à l'aliénation. Définir un mot:* donner son sens, sa définition. **2.** Décrire de façon précise. *Il a du mal à définir le sentiment qu'il a éprouvé.* – Lat. *definire*, rac. *finire*, «finir».

définissable [definisabl] adj. Que l'on peut définir. – De *définir.*

définitif, ive [definitif, iv] adj. Qui ne peut plus, ne doit plus être modifié. *Version définitive d'une œuvre.* – *Vous en parlez en des termes bien définitifs,* catégoriques, excessifs. ▷ N. m. *Le définitif et le provisoire.* – Fam. *Cet achat, c'est du définitif.* ▷ Loc. adv. *En définitive:* en conclusion, en dernière analyse. *En définitive, je crois qu'il a raison.* – De *définir.*

définition [definisjõ] n. f. **1.** PHILO Ensemble de propositions qui analysent la compréhension d'un concept. *La définition doit être courte, claire, précise, exempte de contradictions.* **2.** Explication précise de ce qu'un mot signifie. *Il est plus difficile de donner la définition des mots abstraits que celle des mots concrets.* **3.** MATH *Ensemble de définition,* dans lequel une relation est possible. **4.** AUDIOV Nombre de lignes qui composent une image de télévision et dont la grandeur caractérise la finesse des détails de l'image. **5.** THEOL Affirmation claire et solennelle d'un dogme par le magistère. *La définition de l'infaillibilité pontificale par Vatican I en 1870.* **6.** Loc. adv. *Par définition:* en vertu de la définition même de ce dont on parle. *Un triangle a, par définition, trois côtés.* – De *définir.*

définitivement [definitivmɑ̃] adv. D'une manière définitive. *Une affaire définitivement close.* – De *définitif.*

déflagrant, ante [deflagʀɑ̃, ɑ̃t] adj. CHIM Qui a la propriété de déflagrer. – Ppr. de *déflagrer.*

déflagrateur [deflagʀatœʀ] n. m. TECH Appareil servant à enflammer des matières explosives. – De *déflagrer.*

déflagration [deflagʀasjõ] n. f. CHIM Mode de combustion dans lequel la vitesse de propagation de la flamme est de l'ordre d'un mètre par seconde. ▷ Cour. Explosion. *La déflagration a soufflé les vitres des maisons environnantes.* – Lat. *déflagratio.*

déflagrer [deflagʀe] v. intr. [1] CHIM S'enflammer en explosant. – De *déflagration.*

1. déflation [deflasjõ] n. f. GEOL Érosion éolienne des sols désertiques. – All. *Deflation,* du lat. *deflare,* «enlever en soufflant».

2. déflation [deflasjõ] n. f. ECON POLIT **1.** Phénomène économique par lequel la demande globale devient insuffisante par rapport à la quantité de produits et de services offerts par l'économie. **2.** Ensemble des mesures (restriction de crédit, compression des dépenses publiques, majoration des impôts, etc.) destinées à lutter contre l'inflation et le déséquilibre extérieur. – Angl. *deflation,* même sens; au propre, «dégonflement».

déflationniste [deflasjɔnist] adj. ECON Qui tient d'une déflation, relatif à une déflation. *Mesures déflationnistes.* – De *déflation* 2.

défléchir [defleʃiʀ] v. tr. [2] Détourner de sa direction. – De *dé-,* et *fléchir.*

déflecteur, trice [deflɛktœʀ, tʀis] adj. et n. **1.** adj. Qui défléchit (un fluide, un courant gazeux). **2.** n. m. TECH Appareil servant à modifier la direction d'un fluide. ▷ AUTO Partie latérale de la vitre d'une portière, constituée d'un petit volet orientable. – De *défléchir.*

défleurir [deflœʀiʀ] **1.** v. tr. [2] Faire tomber, ôter les fleurs de. *La gelée a défleuri les pommiers.* **2.** v. intr. Perdre ses fleurs. – De *dé-,* et *fleurir.*

déflexion [deflɛ(e)ksjõ] n. f. Action de défléchir ; son résultat. ▷ ELECTRON Déviation d'un faisceau d'électrons par un champ électrostatique ou magnétique. – De *défléchir.*

défloraison [deflɔʀɛzõ] ou **défleuraison** [deflœʀɛzõ] n. f. Chute des fleurs. – De *dé-,* et *floraison.*

défloration [deflɔʀasjõ] n. f. Action de déflorer (au sens 2). – De *déflorer.*

déflorer [deflɔʀe] v. tr. [1] **1.** Vx Ôter la fleur (d'une plante). ▷ Fig., mod. Faire perdre sa fraîcheur, sa nouveauté à. *Déflorer un sujet,* lui faire perdre le charme de la nouveauté en le traitant superficiellement ou avec maladresse. **2.** *Déflorer une jeune fille,* lui faire perdre sa virginité. – Lat. *deflorare.*

défoliant, ante [defɔljɑ̃, ɑ̃t] n. et adj. **1.** n. m. Produit chimique provoquant la chute des feuilles. **2.** adj. *Un produit défoliant.* – Ppr. de *défolier.*

défoliation [defɔljasjõ] n. f. BOT Chute des feuilles d'un végétal à feuilles caduques. – Du lat. *defoliare,* «défeuiller».

défolier [defɔlje] v. tr. [1] Provoquer la défoliation de (partic. au cours d'opérations militaires). – De *dé-,* et du lat. *folium,* «feuille».

défonçage [defõsaʒ] ou **défoncement** [defõsmɑ̃] n. m. Action de défoncer; résultat de cette action. ▷ AGRIC Labour profond. – De *défoncer.*

défoncé, ée [defõse] adj. **1.** Éventré, brisé par enfoncement. *Siège défoncé.* **2.** *Chemin défoncé,* plein d'ornières, de nids-de-poules. **3.** Arg. Qui est sous l'effet d'une drogue. – Pp. de *défoncer.*

défoncer [defõse] **I.** v. tr. [14] **1.** Ôter le fond de. *Défoncer un tonneau.* **2.** Briser, crever en enfonçant. *Défoncer un mur. Défoncer un canapé.* **3.** *Défoncer un terrain,* le labourer en profondeur. – TRAV PUBL Ameublir ou creuser. **II.** v. pron. **1.** Arg. Se droguer. *Il se défonce au hasch.* **2.** Fam. Donner le meilleur de soi-même dans un travail, une activité quelconque. – De *dé-,* et *foncer.*

défonceuse [defõsøz] n. f. **1.** AGRIC Charrue très robuste servant à défoncer. **2.** TECH Machine à bois utilisée pour effectuer des découpes à l'intérieur d'une pièce. – De *défoncer.*

déformable [defɔʀmabl] adj. Qui peut être déformé. – De *déformer.*

déformateur, trice [defɔʀmatœʀ, tʀis] adj. Litt. Qui déforme (sens 2). *Une vision déformatrice de la réalité.* – De *déformer.*

déformation [defɔʀmasjõ] n. f. Altération de la forme première, habituelle. *Déformation d'un organe.* – TECH *Déformation permanente d'une pièce métallique,* qu'on a étirée, tordue ou fléchie en dépassant sa limite d'élasticité. ▷ Fig. *Votre récit est une déformation systématique de la vérité.* – *Déformation professionnelle :* ensemble d'automatismes, d'habitudes acquis dans l'exercice d'une profession et qui se manifestent intempestivement dans la vie courante. – De *déformer.*

déformer [defɔʀme] v. tr. [1] **1.** Altérer la forme de (une chose matérielle). *Déformer le corps, un vêtement.* ▷ v. pron. *Objet qui se déforme sous l'action de la chaleur, de l'humidité, etc.* **2.** Reproduire inexactement. *Déformer les paroles, la pensée de qqn.* ▷ *Déformer qqn:* modifier, altérer son esprit, son comportement. *Son éducation l'a déformé.* – Lat. *deformare,* rac. *forma,* «forme».

défoulement [defulmɑ̃] n. m. PSYCHAN Retour dans le conscient de souvenirs, d'affects refoulés. ▷ Cour. Fait de se défouler. – De *dé-,* et *(re)foulement.*

défouler (se) [defule] v. pron. [11] Se livrer à des actions sur lesquelles pouvait peser un interdit; libérer, dans une activité quelconque, une énergie bridée par ailleurs. *Se défouler en faisant du sport.* – Fam. S'épancher sans retenue. – D'ap. *défoulement.*

défournage [defuʀnaʒ] ou **défournement** [defuʀnəmɑ̃] n. m. TECH Action de défourner. – De *défourner.*

défourner [defuʀne] v. tr. [1] Retirer du four. *Défourner du pain, des porcelaines.* – De *dé-,* et *four.*

défraîchi, ie [defʀeʃi] adj. Qui a perdu sa fraîcheur, son éclat. *Costume défraîchi.* ▷ *Visage défraîchi,* fané, flétri. – Pp. de *défraîchir.*

défraîchir [defʀeʃiʀ] v. tr. [2] Faire perdre sa fraîcheur, son éclat à. *Un vêtement que la pluie avait défraîchi.* ▷ v. pron. *Tentures qui se défraîchissent,* qui passent, perdent leur éclat. – De *dé-,* et *frais.*

défraiement [defʀɛmɑ̃] n. m. Paiement par lequel on défraie qqn, remboursement. – De *défrayer.*

défrayer [defʀeje] v. tr. [24] **1.** Payer la dépense, les frais de (qqn). *Défrayer qqn du coût de ses déplacements.* Syn. dédommager. **2.** Fig. *Défrayer la conversation,* en faire les frais en y participant largement, ou parce qu'on en est l'objet. ▷ *Défrayer la chronique:* faire beaucoup parler de soi. – De *dé-,* et *frayer,* «faire les frais».

défrichable [defʀiʃabl] adj. Qui peut être défriché. – De *défricher.*

défrichage [defʀiʃaʒ] ou **défrichement** [defʀiʃmɑ̃] n. m. Action de défricher; son résultat. – De *défricher.*

défricher [defʀiʃe] v. tr. [1] Travailler à rendre cultivable (une terre en friche). ▷ Fig. *Défricher le terrain:* commencer à étudier un sujet, prendre des dispositions avant d'entreprendre un travail, etc. – De *dé-,* et *friche.*

défripement [defʀipmɑ̃] n. m. Action de défriper; son résultat. – De *défriper.*

défriper [defʀipe] v. tr. [1] Défroisser (ce qui est fripé, chiffonné). – De *dé-,* et *friper.*

défrisement [defʀizmɑ̃] n. m. Action de défriser. – De *défriser.*

défriser [defʀize] **1.** v. tr. [1] Défaire la frisure de. *La pluie m'a défrisée, a défrisé mes cheveux.* **2.** Fig., fam. Désappointer, contrarier, décevoir, déplaire à. *Tu ne vas pas faire ça! – Pourquoi? ça te défrise?* – De *dé-,* et *friser.*

défroisser [defʀwa(ɑ)se] v. tr. [1] Aplatir, rendre lisse, uni (ce qui est froissé). – De *dé-,* et *froisser.*

défroncer [defʀɔ̃se] v. tr. [14] Défaire les fronces de. *Défroncer une jupe.* ▷ Fig. *Défroncer les sourcils.* – De *dé-,* et *froncer.*

défroque [defʀɔk] n. f. **1.** Ce qu'un religieux laisse en mourant. *La défroque des moines appartenait à l'abbé.* **2.** Cour. Vêtements usés ou démodés qu'on ne porte plus. – Déverbal de *défroquer.*

défroqué, ée [defʀɔke] adj. et n. Qui a quitté l'état monastique ou ecclésiastique. *Un prêtre défroqué.* ▷ Subst. *Un défroqué.* – Pp. de *défroquer.*

défroquer [defʀɔke] **1.** v. tr. [1] Faire quitter le froc, l'habit monastique ou ecclésiastique à (qqn). **2.** v. pron. ou intr. Quitter l'état monastique, ecclésiastique. *Se défroquer, défroquer.* – De *dé-,* et *froc.*

défunt, unte [defœ̃, œ̃t] adj. et n. **1.** Qui est mort. *Votre défunte mère.* V. feu 1. ▷ Subst. *Prier pour les défunts.* **2.** Litt., fig. Révolu. *Ses espérances défuntes.* – Lat. *defunctus,* pp. de *defungi,* «accomplir sa vie».

dégagé, ée [degaʒe] adj. **1.** Que rien n'encombre. *Un couloir bien dégagé. – Ciel dégagé:* ciel sans nuages. **2.** Qui donne une impression de liberté, d'aisance (allure, démarche, etc.). *Un air dégagé.* Ant. embarrassé, gauche, gêné. **3.** Affranchi, libéré (des conventions; d'une obligation). *Un esprit dégagé de tout préjugé.* – Pp. de *dégager.*

dégagement [degaʒmɑ̃] n. m. **1.** Action de dégager des objets gagés. **2.** Action de dégager ce qui est encombré; son résultat. **3.** Passage facilitant la circulation. *Couloir de dégagement.* ▷ TRANSP *Itinéraire de dégagement,* qui permet de résorber ou d'éviter un embouteillage. **4.** Le fait de se dégager. – CHIM *Dégagement de chaleur,* ou *dégagement calorifique:* production de chaleur lors d'une réaction. **5.** SPORT Action de dégager, au hockey, au soccer. ▷ En escrime, changement de ligne suivi d'un coup droit. **6.** MED Dernier temps de l'accouchement. Syn. délivrance. – De *dégager.*

dégager [degaʒe] **I.** v. tr. [15] **1.** Retirer (ce qui avait été donné en gage). *Dégager des objets du Crédit municipal.* ▷ Fig. *Dégager sa parole,* la retirer après l'avoir engagée. **2.** Débarrasser de ce qui obstrue, encombre. *Dégager une porte, un passage.* **3.** Délivrer, libérer de ce qui enferme. *Dégager une place forte encerclée.* ▷ Fig. Libérer (de ce qui engage). *Dégager qqn d'une responsabilité, d'une obligation.* **4.** Produire (une émanation). *Dégager une odeur sulfureuse. Dégager de l'oxygène.* **5.** Isoler d'un ensemble, faire apparaître (une idée, une impression). *Dégager l'idée centrale d'un texte, la morale d'une histoire.* **II.** v. intr. SPORT Au soccer, au hockey, envoyer le ballon, la rondelle loin de ses buts ou loin de son camp. ▷ En escrime, effectuer un dégagement. **III.** v. pron. **1.** Sortir de. *Des fumées se dégageaient des décombres.* ▷ Fig. Émaner, ressortir. *Une impression pénible se dégage de ce film.* **2.** Se libérer (d'une contrainte, d'une entrave). *Se dégager d'une obligation.* – De *dé-,* et *gage.*

dégaine [degɛn] n. f. Fam. Tournure, allure originale ou ridicule. *Quelle dégaine !* – Déverbal de *dégainer.*

dégainer [degɛne] v. tr. [1] Tirer (une arme) de sa gaine, de son fourreau. *Dégainer un pistolet.* – (S. comp.) *Dégainer et tirer.* – De *dé-,* et *gaine.*

déganter [degɑ̃te] v. tr. [1] Ôter les gants de. – v. pron. *Se déganter:* ôter ses gants. – De *dé-,* et *gant.*

dégarnir [degaʀniʀ] **1.** v. tr. [2] Dégager de ce qui garnit. *Dégarnir une chambre de ses meubles.* **2.** MILIT Retirer des troupes (d'un secteur, d'une place). *Dégarnir les ailes d'une armée.* **3.** v. pron. *Se dégarnir:* perdre ce qui garnissait. – *Spécial.* Perdre ses cheveux. *Ses tempes se dégarnissent.* – (Absol.) *Il se dégarnit.* – De *dé-,* et *garnir.*

dégât [degɑ] n. m. Dommage, destruction, détérioration. *La grêle a fait de gros dégâts.* – Déverbal de l'anc. v. *dégaster,* «dévaster».

dégauchir [degoʃiʀ] v. tr. [2] TECH Rendre plane (la surface d'une pièce de menuiserie ou de charpente, d'une pierre). – De *dé-,* et *gauchir.*

dégauchissage [degoʃisaʒ] ou **dégauchissement** [degoʃismɑ̃] n. m. TECH Action de dégauchir. – De *dégauchir.*

dégauchisseuse [degoʃisøz] n. f. TECH Machine-outil servant à dégauchir les pièces de bois ou de métal. – De *dégauchir.*

dégazage [degazaʒ] n. m. TECH Action de dégazer. ▷ *Spécial.* Élimination des gaz et des résidus contenus dans les cuves d'un pétrolier. – De *dégazer.*

dégazer [degaze] v. tr. [1] TECH Éliminer les gaz de. – De *dé-,* et *gaz.*

dégazolinage [degazɔlinaʒ] n. m. TECH Opération qui consiste à dégazoliner. – De *dégazoliner.*

dégazoliner [degazɔline] v. tr. [1] TECH Extraire d'un gaz naturel les hydrocarbures liquides. – De *dé-,* et *gazoline.*

dégel [deʒɛl] n. m. **1.** Fonte de la glace, de la neige par suite de l'élévation de la température. – *Barrières de dégel,* qui interdisent, sur certaines routes, la circulation des véhicules lourds pendant le dégel. **2.** Fig. Fait de se dégeler. – *Spécial.* Détente des relations entre deux États, deux groupements. *Le dégel des relations internationales.* – Déverbal de *dégeler.*

dégelée [deʒle] n. f. Pop. Volée de coups. *Il a pris une de ces dégelées!* – Pp. fém. subst. de *dégeler.*

dégeler [deʒle] v. tr. [20] **1.** Faire qu'une chose qui était gelée cesse de l'être. **2.** Fig. Rendre moins réservé, détendre. *Dégeler un auditoire.* – v. pron. *L'atmosphère de la réunion s'est rapidement dégelée.* **3.** FIN Remettre en circulation une somme qui avait été bloquée. *Dégeler des crédits.* **4.** v. intr. Cesser d'être gelé. – Impers. *Il dégèle.* – De *dé-*, et *geler.*

dégénératif, ive [deʒeneʀatif, iv] adj. Qui présente les caractéristiques de la dégénérescence; qui amène celle-ci. – De *dégénérer.*

dégénéré, ée [deʒeneʀe] adj. et n. Qui a dégénéré. *Une espèce dégénérée.* ▷ Fam. (En parlant d'une personne). *Il est complètement dégénéré.* – Subst. *Un, une dégénéré(e).* – Pp. de *dégénérer.*

dégénérer [deʒeneʀe] v. intr. [16] **1.** S'abâtardir, perdre les qualités du type primitif de sa race, en parlant d'un animal ou d'une espèce. **2.** En parlant de l'être humain, perdre de ses qualités morales et intellectuelles, de son mérite. **3.** *Dégénérer en:* changer de nature, de caractère (en s'aggravant, en allant de mal en pis). *Discussion qui dégénère en querelle. Son rhume a dégénéré en bronchite.* – Lat. *degenerare,* rac. *genus, generis,* «race».

dégénérescence [deʒeneʀesɑ̃s] n. f. **1.** Le fait de dégénérer. *La dégénérescence d'une espèce animale.* **2.** MED Altération d'un tissu ou d'un organe dont les cellules perdent leurs caractères spécifiques et se transforment en une substance inerte. *Dégénérescence graisseuse, calcaire.* ▷ *Dégénérescence d'une tumeur:* transformation d'une tumeur bénigne en tumeur maligne. – De *dégénérer.*

dégermer [deʒɛʀme] v. tr. [1] Enlever le germe, les germes de. *Dégermer des pommes de terre.* – De *dé-*, et *germe.*

dégingandé, ée [deʒɛ̃gɑ̃de] adj. Fam. Qui a l'air disloqué dans ses mouvements, sa démarche. *Un grand diable tout dégingandé.* – A. fr. *hinguer,* «se diriger», croisé avec *ginguer,* «gigoter».

dégivrage [deʒivʀaʒ] n. m. Action de dégivrer. *Le dégivrage d'un réfrigérateur.* – De *dégivrer.*

dégivrer [deʒivʀe] v. tr. [1] Ôter le givre de. *Dégivrer le pare-brise d'une voiture.* – De *dé-*, et *givre.*

dégivreur [deʒivʀœʀ] n. m. TECH Appareil servant à dégivrer, à éviter la formation du givre. – De *dégivrer.*

déglaçage [deglasaʒ] ou **déglacement** [deglasmɑ̃] n. m. Action de déglacer. – De *déglacer.*

déglacer [deglase] v. tr. [14] **1.** Ôter la glace de. – *Spécial.* Débarrasser (une route, une rue) du verglas. **2.** TECH Ôter le lustre d'une surface brillante (papier, tissu, etc.). **3.** CUIS Dissoudre dans du vin, dans de l'eau, etc., les sucs caramélisés formés au fond d'une casserole. – De *dé-*, et *glace.*

déglinguer [deglɛ̃ge] v. tr. [1] Fam. Disloquer, démolir. *Une voiture toute déglinguée.* – Altér. de *déclinquer,* de *clin.*

dégluer [deglye] v. tr. [1] Débarrasser de la glu. *Dégluer un oiseau.* – De *dé-*, et *glu.*

déglutination [deglytinasjɔ̃] n. f. LING Séparation des éléments d'une même forme (ex.: *ma mie* pour *m'amie*). Ant. agglutination. – De *dé-*, et *(ag)glutination.*

déglutir [deglytiʀ] v. tr. [2] Avaler (sa salive, un aliment). – Bas lat. *deglutire,* «avaler».

déglutition [deglytisjɔ̃] n. f. Action de déglutir. – De *déglutir.*

dégobiller [degɔbije] v. tr. et intr. [1] Pop. Vomir. – De *dé-*, et *gober.*

dégoiser [degwaze] v. intr. [1] Fam., péjor. Parler beaucoup et avec volubilité. – v. tr. *Dégoiser des âneries.* – De *dé-*, et *goiser.*

dégommage [degɔmaʒ] n. m. **1.** Action de dégommer. **2.** Fam. et vieilli Destitution. – De *dégommer.*

dégommer [degɔme] v. tr. [1] **1.** Ôter la gomme de (qqch). **2.** Fam. Renvoyer, destituer. *On l'a dégommé de sa place.* – De *dé-*, et *gomme.*

dégonflage [degɔ̃flaʒ] n. m. **1.** Action de dégonfler. *Le dégonflage des pneus.* **2.** Fam. Fait de se dégonfler (personnes). – De *dégonfler.*

dégonflé, ée [degɔ̃fle] adj. et n. **1.** À plat, crevé. *Pneu dégonflé.* **2.** Fam. Celui, celle qui se dégonfle. *C'est un type dégonflé.* – Subst. *Bande de dégonflés!* – Pp. de *dégonfler.*

dégonflement [degɔ̃fləmɑ̃] n. m. Action de dégonfler. Fait de se dégonfler (choses). – De *dégonfler.*

dégonfler [degɔ̃fle] **1.** v. tr. [1] Vider (une chose) de ce qui la gonflait. *Dégonfler un ballon.* **2.** v. pron. Fig., fam. *Se dégonfler:* perdre son assurance, manquer de courage au moment de faire qqch. *Alors, tu te dégonfles?* – De *dé-*, et *gonfler.*

dégorgement [degɔʀʒəmɑ̃] n. m. **1.** Action de dégorger ; fait de se dégorger. *Un dégorgement de bile.* **2.** Écoulement d'eau, d'immondices, etc., d'un endroit où elles étaient retenues. *Le dégorgement d'un égout.* **3.** TECH Action de dégorger un tissu. – De *dégorger.*

dégorgeoir [degɔʀʒwaʀ] n. m. **1.** TECH Extrémité d'un déversoir par où les eaux dégorgent. **2.** Dispositif servant à dégorger les conduits. **3.** Outil en forme de fourchette, servant à retirer l'hameçon de la gorge des poissons. – De *dégorger.*

dégorger [degɔʀʒe] **I.** v. tr. [15] **1.** Expulser, évacuer (un liquide). *Oléoduc crevé qui dégorge du pétrole.* **2.** Débarrasser (un conduit) de ce qui l'engorge. *Dégorger un tuyau.* **3.** TECH Débarrasser des substances étrangères. *Dégorger de la laine.* **II.** v. intr. **1.** Se déverser, déborder. *Ravines qui dégorgent dans un étang.* – (S. comp.) *Réservoir qui dégorge.* ▷ v. pron. S'épancher, se vider. *Étang qui se dégorge dans des canaux.* **2.** CUIS *Faire dégorger:* faire rendre du liquide à. *Faire dégorger des concombres.* – *Faire dégorger des escargots,* leur faire rendre leur eau, leur bave. – De *dé-*, et *gorge.*

dégoter ou **dégotter** [degɔte] v. tr. [1] Fam. Trouver, obtenir. *Il a dégoté une bonne place.* ▷ Découvrir. *J'ai dégoté un bon petit restaurant.* – «Déplacer la pierre appelée *go*»; celt. *gal,* «caillou».

dégoudronner [degudʀɔne] v. tr. [1] Enlever le goudron de. – De *dé-*, et *goudronner.*

dégoulinade [degulinad] n. f. Le fait de dégouliner; ce qui dégouline. *Peindre un mur sans faire de dégoulinades.* – De *dégouliner.*

dégouliner [deguline] v. intr. [1] S'écouler goutte à goutte ou en filet. *L'eau qui dégouline du toit.* – De *dé-*, et *goule,* «gueule».

dégoupiller [degupije] v. tr. [1] TECH Enlever la goupille de. *Dégoupiller une grenade.* – De *dé-*, et *goupiller.*

dégourdi, ie [deguʀdi] adj. et n. Fam. Actif, avisé, débrouillard. *Il est très dégourdi pour son âge.* ▷ Subst. *C'est un drôle de dégourdi!* – Pp. de *dégourdir.*

dégourdir [deguʀdiʀ] v. tr. [2] **1.** Faire cesser l'engourdissement de. *Dégourdir ses doigts avant de se mettre au piano. Se dégourdir les jambes.* **2.** Faire chauffer légèrement. *Dégourdir de l'eau.* ▷ TECH Soumettre à une légère cuisson. *Dégourdir une pâte de poterie.* **3.** Fig., fam. Faire perdre sa gaucherie, sa timidité à (qqn). *Ce voyage va le dégourdir un peu.* – v. pron. *Il s'est bien dégourdi.* – De *dé-*, et *gourd.*

dégoût [degu] n. m. **1.** Répugnance pour certains aliments; manque d'appétit. *Avoir un dégoût pour le vin.* **2.** *Par ext.*, fig. Répugnance, aversion. *Éprouver un dégoût profond pour le travail.* – Déverbal de *dégoûter.*

dégoûtamment [degutamɑ̃] adv. D'une façon dégoûtante. *Manger dégoûtamment.* – De *dégoûtant.*

dégoûtant, ante [degutɑ̃, ɑ̃t] adj. et n. **1.** Qui inspire de la répugnance, de l'aversion, par son aspect. *Une nourriture dégoûtante.* – Très sale. *Cette table est dégoûtante.* **2.** Fig. Qui inspire du dégoût par sa bassesse morale. ▷ Subst. *Vous êtes un dégoûtant,* un être vil, répugnant par son indélicatesse. **3.** Fam. Révoltant. *C'est trop injuste; c'est vraiment dégoûtant!* – Ppr. de *dégoûter.*

dégoûté, ée [degute] adj. **1.** Qui éprouve du dégoût. – *Dégoûté de:* qui a perdu le goût de. *Un homme aigri, dégoûté de tout.* **2.** Qui éprouve facilement du dégoût. – *Par ext.* Délicat, difficile. – Subst. *Faire le dégoûté,* le délicat. – Pp. de *dégoûter.*

dégoûter [degute] v. tr. [1] **1.** Vx Ôter l'appétit à. **2.** Inspirer de la répugnance, de l'aversion à. *Toutes ces bassesses me dégoûtent.* **3.** *Dégoûter de:* enlever le désir, le goût de. *Il est dégoûté du jeu car il perd toujours.* **4.** v. pron. *Se dégoûter de:* prendre en dégoût, en horreur, en aversion. *Il s'est totalement dégoûté de son travail.* – De *dé-*, et *goût.*

dégoutter [degute] v. intr. [1] **1.** Couler goutte à goutte. *La sueur lui dégouttait du front.* **2.** Laisser tomber goutte à goutte. *Les toits dégouttent de pluie.* – De *dé-*, et *goutte.*

dégradant, ante [degʀadɑ̃, ɑ̃t] adj. Avilissant. *Exercer un métier dégradant.* – Ppr. de *dégrader.*

1. dégradation [degʀadasjɔ̃] n. f. **1.** DR Destitution infamante d'un ordre, d'une qualité, d'un grade, etc., à titre de peine. **2.** Dégât fait à un édifice, à une propriété. *Dégradation de monument, dégradation d'édifice public.* **3.** Délabrement, détérioration. *Monument dans un état de dégradation pitoyable.* ▷ Fig. *La dégradation de la situation économique.* **4.** PHYS *Dégradation de l'énergie:* tendance de toute énergie à se transformer en chaleur. – De *dégrader* 1.

2. dégradation [degʀadasjɔ̃] n. f. Diminution progressive (de la lumière, des couleurs). – De *dégrader* 2.

dégradé [degʀade] n. m. Disposition dégradée des valeurs, des couleurs, en peinture, en photographie, etc. *Papier photographique qui donne de bons dégradés.* – Pp. subst. de *dégrader* 2.

1. dégrader [degʀade] v. tr. [1] **1.** Destituer (qqn) de son grade, de sa dignité. *Dégrader un militaire.* **2.** Fig. Avilir. *L'ivrognerie dégrade l'homme.* **3.** Endommager, détériorer (qqch). *Dégrader un monument.* ▷ v. pron. Se détériorer, s'aggraver. *La situation se dégrade de jour en jour.* – Bas lat. *degradare,* de *gradus,* «degré».

2. dégrader [degʀade] v. tr. [1] Diminuer progressivement (la lumière, les couleurs, etc.). *Ce peintre sait bien dégrader les tons.* – Ital. *digradare,* rac. *grado,* «degré».

dégrafer [degʀafe] v. tr. [1] Détacher, défaire (ce qui est agrafé). *Dégrafer des feuilles de papier. Dégrafer son corsage.* ▷ v. pron. *Ma ceinture s'est dégrafée.* – De *dé-*, et *(a)grafer.*

dégrafeuse [degʀaføz] n. f. Instrument de bureau permettant d'enlever les agrafes qui retiennent des feuilles de papier. – Du préc.

dégraissage [degʀɛsaʒ] n. m. Action de dégraisser; son résultat. *Le dégraissage d'un vêtement.* – De *dégraisser.*

dégraisser [degʀɛse] v. tr. [1] **1.** Enlever la graisse de. *Dégraisser du bouillon.* **2.** Enlever les taches de graisse de. *Dégraisser un pantalon, une jupe.* **3.** TECH *Dégraisser une pièce:* l'amincir. – Mod., fam. *Cette entreprise dégraisse ses effectifs:* en supprime les éléments superflus. – De *dé-*, et *graisse.*

dégraisseur, euse [degʀɛsœʀ, øz] n. Personne qui dégraisse les habits, les étoffes. – De *dégraisser.*

dégras [degʀɑ] n. m. Mélange d'acide et de corps gras servant à imperméabiliser cuirs et peaux. – Déverbal de *dégraisser,* sur *gras.*

dégravoiement [degʀavwamɑ̃] n. m. Effet d'une eau courante qui déchausse une construction ou chasse les graviers. – De *dégravoyer.*

dégravoyer [degʀavwaje] v. tr. [26] **1.** Dégrader, déchausser (une construction), en parlant de l'eau courante. **2.** Enlever le gravier (du lit d'une rivière). – De *dé-*, et *gravois.*

degré [dəgʀe] n. m. **I.** Litt. Chacune des marches qui forment un escalier, qui servent d'entrée ou de soubassement aux grands édifices. *Les degrés de l'Hôtel de Ville.* – L'escalier lui-même. **II. 1.** Échelon, rang, niveau. *Parvenir au plus haut degré de la gloire. Ouvrage d'un haut degré de technicité. Au plus haut degré, au suprême degré* (loc. marquant un superl. absolu renforcé). *Il est intelligent au suprême degré.* **2.** Rang dans la hiérarchie. *Les degrés de la hiérarchie.* ▷ DR *Degré de juridiction:* place qu'occupe un tribunal dans la hiérarchie des juridictions. ▷ *Degré de parenté:* nombre de générations qui sépare les membres d'une famille. *Ils sont cousins au septième degré.* **3.** MED *Brûlures du premier, du deuxième ou du troisième degré.* ▷ GRAM *Degré de comparaison:* son niveau (comparatif ou superlatif). ▷ MUS Position relative de chaque note dans la gamme selon la tonalité. **4.** MATH *Degré d'un polynôme, d'une équation:* valeur la plus élevée des exposants des monômes qui les constituent. $ax^2 + bx + c = 0$ *est une équation du second degré en x.* **5.** Loc. adv. *Par degrés:* graduellement. *S'acclimater par degrés.* **III. 1.** PHYS Chacune des divisions de l'échelle de mesure d'un système donné. – *Degré Celsius:* unité de température. *Degré Kelvin:* anc. nom du kelvin*. *Degré Fahrenheit:* degré d'une échelle de température où au 0 °C correspond le 32 °F et au 100 °C le 212 °F. **2.** GEOM Unité d'arc égale à la 360e partie du cercle. ▷ Unité d'angle correspondant à un arc d'un degré (symb.: °). $360° = 400$ *grades* $= 2\pi$ *radians.* **3.** CHIM Unité qui caractérise la concentration d'une solution. *Degré Gay-Lussac* (symb.: °G-L): nombre de cm^3 d'alcool dans 100 cm^3 d'un mélange eau-alcool éthylique. – *Degré Baumé,* mesurant la densité d'une solution (non légal, mais cour. employé dans certaines industries). – *Degré hydrotimétrique,* mesurant la dureté d'une eau. – De *dé-*, et lat. *gradus.*

dégréer [degʀee] v. tr. [1] MAR Dégarnir de son gréement (un bateau). – Ôter de sa place (un élément du gréement). *Dégréer un foc et le plier.* – De *dé-*, et *gréer.*

dégressif, ive [degʀɛsif, iv] adj. Qui diminue par degrés. *Tarif dégressif.* – *Impôt dégressif,* dont le taux diminue à mesure que croissent les sommes imposables. Ant. progressif. – Du lat. *degressus,* de *degredi,* «descendre».

dégrèvement [degʀɛvmɑ̃] n. m. Action de dégrever. *Demander un dégrèvement fiscal.* – De *dégrever.*

dégrever [degʀəve] v. tr. [19] Dispenser du paiement d'une partie ou de la totalité d'un impôt, d'une charge fiscale. *Dégrever les petits contribuables.* – De *dé-*, et *grever.*

dégringolade [degʀɛ̃gɔlad] n. f. Fam. Action de dégringoler; son résultat. – Fig. *La dégringolade des prix.* – De *dégringoler.*

dégringoler [degʀɛ̃gɔle] **1.** v. tr. [1] Descendre avec précipitation. *Dégringoler un escalier quatre à quatre.* **2.** v. intr. Faire une chute rapide (d'un lieu élevé). *Dégringoler d'une échelle.* ▷ Fig. *Les prix à l'exportation ont dégringolé.* – De *dé-*, et a. fr. *gringoler*, de *gringole*, «colline», du moy. néerl. *crinc*, «courbure».

dégrisement [degʀizmɑ̃] n. m. Action de dégriser; le fait de se dégriser, d'être dégrisé. – De *dégriser.*

dégriser [degʀize] v. tr. [1] **1.** Dissiper l'ivresse de (qqn). *L'air frais achèvera de le dégriser.* ▷ V. pron. Cesser d'être ivre. *Il commence à se dégriser.* **2.** Fig. Faire cesser l'illusion, le charme qui abusait (qqn). *Le contact avec la réalité des faits l'a tout à fait dégrisé.* – De *dé-*, et *griser.*

dégrossir [degʀosiʀ] v. tr. [2] **1.** Ébaucher, donner une première forme à (une matière que l'on façonne). *Dégrossir un bloc de marbre.* **2.** Fig. Commencer à débrouiller, à éclaircir. *Dégrossir une affaire par des contacts officieux.* **3.** Fam. *Dégrossir qqn*, lui donner les premiers rudiments d'instruction, d'éducation. – De *dé-*, et *gros*, d'ap. *grossir.*

dégrossissage [degʀosisaʒ] n. m. Action de dégrossir (une matière); première ébauche effectuée. – De *dégrossir.*

dégrossisseur [degʀosisœʀ] n. m. METALL Train de laminoir utilisé pour les premières passes. – De *dégrossir.*

dégrouiller (se) [degʀuje] v. pron. [1] Fam. Se dépêcher. *Dégrouille-toi!* – De *dé-*, et *(se) grouiller.*

dégroupage [degʀupaʒ] n. m. TRANSP Action de séparer des colis groupés pour les répartir par destination. – De *dé-*, et *groupage.*

dégrouper [degʀupe] v. tr. [1] TRANSP Procéder au dégroupage de. – De *dé-*, et *grouper.*

déguenillé, ée [deg(ə)nije] adj. Dont les vêtements sont en lambeaux. *Être tout déguenillé.* – De *dé-*, et *guenille.*

déguerpir [degɛʀpiʀ] **1.** v. tr. [2] ANC Abandonner la possession de (un immeuble). *Déguerpir un héritage.* **2.** v. intr. Cour. Se sauver, partir précipitamment. *Je vous dis de déguerpir, et vite!* – De *dé-*, et a. fr. *guerpir*; frq. **werpon.*

déguerpissement [degɛʀpismɑ̃] n. m. DR Acte par lequel le locataire d'un immeuble l'abandonne parce qu'il est impropre à l'habitation ou parce qu'il veut s'exonérer de ses obligations. – De *déguerpir.*

dégueulasse [degœlas] adj. et n. Vulg. Dégoûtant, ignoble (au physique ou au moral). *Ce plat est dégueulasse. – T'es dégueulasse! – Faire une chose pareille, c'est dégueulasse.* ▷ Subst. *T'es un dégueulasse.* – De *dégueuler.*

dégueulasserie [degœlasʀi] n. f. Vulg. Chose, action dégueulasse. *Faire des dégueulasseries à qqn.* – De *dégueulasse.*

dégueuler [degœle] v. tr. et intr. [1] Vulg. Vomir. – De *dé-*, et *gueule.*

déguisé, ée [degize] adj. Revêtu d'un déguisement. – Fig. Feint, dissimulé. *Amour déguisé. Pensée déguisée.* ▷ *Fruits déguisés*, enrobés de sucre fondant ou de chocolat. – Pp. de *déguiser.*

déguisement [degizmɑ̃] n. m. **1.** Ce qui sert à se déguiser. *Louer un déguisement. Un déguisement de clown.* **2.** Vieilli Artifice pour cacher la vérité. *Parler sans déguisement.* – De *déguiser.*

déguiser [degize] v. tr. [1] **1.** Habiller (qqn) de sorte qu'on ne puisse le reconnaître. – (Plus souvent pron.) *Détective qui se déguise pour une enquête.* **2.** Habiller (qqn) d'un costume inhabituel, amusant, grotesque, etc., à l'occasion d'une fête ou pour qu'il joue un rôle. *Déguiser un enfant en Pierrot.* ▷ V. pron. *Se déguiser en mousquetaire.* **3.** Rendre méconnaissable. *Déguiser sa voix, son écriture.* **4.** Fig. Cacher sous des apparences trompeuses, dissimuler (qqch). *Déguiser sa perfidie sous les dehors de l'amitié.* – De *dé-*, et *guise*, «manière d'être».

dégurgiter [degyʀʒite] v. tr. [1] Rendre ce qu'on avait ingurgité. – De *dé-*, et *(in)gurgiter.*

dégustateur, trice [degystatœʀ, tʀis] Personne chargée de la dégustation des vins. – De *déguster.*

dégustation [degystasjɔ̃] n. f. Action de déguster. *Une dégustation de fruits de mer.* ▷ *Spécial.* Art de reconnaître au goût la qualité, l'origine, l'âge d'une boisson (partic., du vin). – De *déguster.*

déguster [degyste] v. tr. [1] **1.** Goûter (une boisson, un mets, etc.) pour en apprécier la qualité. *Déguster un vin, un fromage.* **2.** Fig. Apprécier, savourer, se délecter de. *Nous sommes restés là à déguster le spectacle.* **3.** (S. comp.). Pop. Recevoir des injures, des coups. *Qu'est-ce qu'il a dégusté!* – Lat. *degustare*, de *gustare*, «goûter».

déhalage [dealaʒ] n. m. MAR Action de déhaler, de se déhaler. – De *déhaler.*

déhaler [deale] v. tr. [1] MAR Déplacer (un navire) au moyen de ses amarres. ▷ V. pron. *Se déhaler.* – De *dé-*, et *haler.*

déhanchement [deɑ̃ʃmɑ̃] n. m. **1.** Action de se déhancher. **2.** Démarche de ceux qui se déhanchent. – De *déhancher.*

déhancher (se) [deɑ̃ʃe] v. pron. [1] **1.** Balancer les hanches en marchant, avoir une démarche molle, abandonnée ou voluptueuse. **2.** Faire reposer le poids du corps sur une jambe, l'autre étant légèrement fléchie. – De *dé-*, et *hanche.*

déharnacher [deaʀnaʃe] v. tr. [1] Retirer le harnais à (un cheval). – De *dé-*, et *harnacher.*

déhiscence [deisɑ̃s] n. f. BOT Ouverture, lors de la maturation, d'une anthère ou d'un fruit, qui permet au pollen ou aux graines de s'échapper. *Déhiscence longitudinale des gousses et des follicules.* – De *déhiscent.*

déhiscent, ente [deisɑ̃, ɑ̃t] adj. BOT Se dit des organes clos qui s'ouvrent naturellement au moyen de sutures préexistantes. *La silique de giroflée est déhiscente.* – Lat. bot. *déhiscens*, de *dehiscere*, «s'ouvrir».

dehors [dəɔʀ] **I. 1.** adv. de lieu. À l'extérieur, hors du lieu ou de la chose en question. *Rester dehors. Sortir du linge de la buanderie pour le faire sécher dehors.* – Interj. *Dehors!* Sortez! ▷ Fig. *Mettre, flanquer, jeter qqn dehors*, le chasser. **2.** *Mettre toutes voiles dehors:* déployer toutes ses voiles, en parlant d'un navire. ▷ Fig. *Toutes voiles dehors:* en déployant toutes ses ressources; le plus vite possible. *Il a filé toutes voiles dehors.* **II.** loc. adv. et prép. **1.** *En dehors:* à, vers l'extérieur. *La porte ouvre en dehors. – Marcher avec les pieds en dehors.* ▷ *En dehors de:* à l'extérieur de. *Habiter en dehors de la ville.* – Fig. *Je n'ai rien à vous dire en dehors de cela*, mis à part, à l'exclusion de cela. **2.** *Au-dehors:* extérieurement, hors d'un lieu clos. *Il faisait au-dehors un temps affreux.* ▷ *Au-dehors de:* à l'extérieur de. *Au-dehors des fortifications.* **3.** *De dehors:* de l'extérieur. ▷ *Par-dehors:* par l'extérieur. *Il est passé par-dehors.* **III.** n. m. **1.** La partie extérieure d'une chose. *Le dehors et le dedans.* **2.** Fig. Plur. L'extérieur, l'apparence d'un individu. *Sous des dehors modestes, il est fort orgueilleux.* – Lat. pop. *deforis*, de *foris*, d'après *hors.*

déhouiller [deuje] v. tr. [1] MINES Extraire la houille de (un gisement). – De *dé-*, et *houille.*

déicide [deisid] n. et adj. **1.** Meurtre de Dieu en la personne du Christ. – *Le déicide:* la crucifixion de Jésus. **2.** Meurtrier de Dieu. – Lat. ecclés. *deicida,* d'ap. *(homi)cida.*

déictique [deiktik] adj. LING Se dit d'un élément servant à désigner avec précision ou avec insistance (ex.: *ci* dans *ce livre-ci*). – Gr. *deiktikos,* «démonstratif».

déification [deifikasjõ] n. f. Action de déifier; son résultat. – De *déifier.*

déifier [deifje] v. tr. [1] **1.** Diviniser, placer (qqn) au rang des dieux. *Les Romains déifièrent plusieurs empereurs.* **2.** Vénérer, rendre un culte à (qqn, qqch). *Les anciens Égyptiens déifiaient le chat.* – Lat. *deificare,* de *deus, dei,* «dieu».

déisme [deism] n. m. PHILO Opinion, croyance de ceux qui admettent l'existence d'un Être suprême mais qui refusent de lui appliquer toute détermination précise, et rejettent la révélation, les dogmes et les pratiques religieuses. – Du lat. *deus,* «dieu».

déiste [deist] n. Personne qui fait profession de déisme. – Adj. *Les philosophes déistes.* – Du préc.

déité [deite] n. f. Litt. Divinité, dieu ou déesse de la mythologie. – Lat. ecclés. *deitas.*

déjà [deʒa] adv. de temps. **1.** Dès le moment même, au moment où l'on parle, dès à présent. *J'ai déjà fini mon ouvrage.* **2.** Dès le moment (passé ou à venir) dont on parle. *Le soleil était déjà levé lorsqu'il se réveilla. Quand vous arriverez, je serai déjà parti.* **3.** Auparavant. *Je vous l'avais déjà dit.* ▷ Loc. nom. Fam. *Du déjà vu* (en parlant de ce qui n'a rien de nouveau, d'original). *C'est du déjà vu, votre invention révolutionnaire.* **4.** *Déjà!* Interj. marquant la surprise devant ce qui arrive plus vite qu'on ne s'y attendait. *Déjà prêt!* **5.** (Marquant, dans une affirmation, que la chose affirmée n'est pas sans importance). *C'est déjà gentil d'être venu.* ▷ (En fin de phrase, pour se faire rappeler ce que l'on a oublié). *C'est combien, déjà?* – De *des (dé-),* et a. fr. *ja,* «tout de suite», du lat. *jam;* cf. jadis, jamais.

déjanter [deʒɑ̃te] v. tr. [1] Faire sortir (un pneu) de la jante. – De *dé-,* et *jante.*

déjauger [deʒoʒe] v. intr. [15] MAR En parlant d'un bateau, avoir sa ligne de flottaison hors de l'eau. – De *dé-,* et *jauge.*

déjection [deʒɛksjõ] n. f. **1.** Évacuation des matières fécales de l'intestin. – Plur. Les matières évacuées. **2.** Plur. GEOL Matières rejetées par un volcan. ▷ GEOMORPH *Cône de déjection:* dépôt alluvionnaire laissé par un torrent à l'endroit où il débouche sur une vallée. – Lat. *dejectio,* «action de jeter dehors».

déjeté, ée [deʒ(ə)te] adj. **1.** Disjoint; gauchi, courbé. – (Personnes). *Le malheureux est tout déjeté.* **2.** GEOL Dont les flancs n'ont pas le même pendage, en parlant des plis montagneux. *Plis déjetés.* – Pp. de *déjeter.*

déjeter [deʒ(ə)te] v. tr. [23] Déformer, tordre, gauchir. ▷ V. pron. *Se déjeter:* s'écarter de sa position naturelle; se déformer. *Sa colonne vertébrale s'est déjetée.* – De *dé-,* et *jeter.*

1. déjeuner [deʒœne] v. intr. [1] **1.** Prendre le repas du matin. **2.** (France) Prendre le repas du milieu du jour. V. dîner. – Lat. pop. *disjejunare,* **disjunare.*

2. déjeuner [deʒœne] n. m. **1.** Repas du matin; mets qui composent ce repas. *Prendre un déjeuner copieux.* Rem. Pfs appelé *petit déjeuner,* comme en France. **2.** (France) Repas du milieu du jour; mets qui composent ce repas. V. dîner. **3.** Fig. *Un déjeuner de soleil:* une étoffe dont la couleur passe facilement. – *Par anal.* Ce qui est éphémère. *La chance est un déjeuner de soleil.* **4.** La tasse et la soucoupe qui servent au petit déjeuner. *Un déjeuner en porcelaine.* – Du v. *déjeuner.*

déjouer [deʒwe] v. tr. [1] Faire échouer (une intrigue). *Déjouer un complot.* – De *dé-,* et *jouer.*

déjucher [deʒyʃe] **1.** v. intr. [1] Quitter le juchoir, en parlant des poules. **2.** v. tr. Faire quitter le juchoir à (une poule). – De *dé-,* et *jucher.*

déjuger (se) [deʒyʒe] v. pron. [15] Revenir sur ce que l'on avait jugé, décidé. *Il ne peut faire cela sans se déjuger.* – De *dé-,* et *juger.*

de jure [deʒyʀe] loc. adv. et adj. De droit. *Reconnaître* de jure *l'existence d'un nouvel État.* (S'oppose à *de facto*). – Mots lat., «selon le droit».

delà [dəla] adv. et prép. **I.** adv. **1.** adv. de lieu (joint à *deçà* ou *deci*). *Rosiers plantés deçà, delà,* de côté et d'autre. – *Marcher deci, delà,* ici et là. **2.** Loc. adv. *Au-delà, par-delà:* encore plus, encore davantage, encore plus loin. *On l'a satisfait, et au-delà. Ils ont poussé jusqu'à l'équateur et même par-delà.* ▷ Loc. adv. Rare *En delà:* plus loin. *C'est un peu plus en delà.* – À l'extérieur (s'oppose à *en deçà*). *En delà de la limite.* **II.** prép. **1.** Vx Prép. de lieu. *Delà:* de l'autre côté de. *Delà le fleuve.* ▷ Mod. Loc. prép. *Par delà, par-delà:* de l'autre côté, plus loin que. *Par delà la montagne. Vouloir se situer par-delà les polémiques.* **2.** *Au-delà de:* en passant par-dessus, en dépassant. *Au-delà des mers.* ▷ Fig. (Marquant le dépassement d'une chose). *Il a réussi au-delà de nos espérances.* – De *de-,* et *là.*

délabré, ée [delabʀe] adj. En mauvais état, en ruine. *Ferme délabrée.* – Fig. *Estomac délabré.* – Pp. de *délabrer.*

délabrement [delabʀəmɑ̃] n. m. État de ce qui est délabré. – De *délabrer.*

délabrer [delabʀe] **1.** v. tr. [1] Rare Mettre en mauvais état, détériorer. *La tempête a délabré cette cabane.* ▷ Compromettre la solidité de, ruiner. *Ses excès ont délabré sa santé.* **2.** v. pron. Cour. Tomber en ruine. *Monument qui se délabre faute d'entretien.* – Fig. *Un pays dont l'économie se délabre.* – Provenç. *deslabrar,* «déchirer».

délacer [delase] v. tr. [14] Défaire le laçage de. *Délacer un soulier.* ▷ V. pron. *Mon soulier s'est délacé.* – De *dé-,* et *lacer.*

délai [delɛ] n. m. **1.** Temps accordé pour faire une chose, pour s'acquitter d'une obligation. *Travaux à terminer dans un délai de deux ans.* ▷ *Délai de préavis,* ou *délai-congé:* délai que doit respecter chacune des parties engagées dans un contrat de travail, avant de donner congé à l'autre. **2.** Retard, remise à une époque plus éloignée. *Accorder un délai supplémentaire à qqn.* – *Sans délai:* sans nul retard, immédiatement. – De l'a. fr. *deslaier,* «différer».

délainage [delɛnaʒ] n. m. TECH Action de délainer. – De *délainer.*

délainer [delene] v. tr. [1] TECH Enlever la laine (des peaux de moutons écorchés). – De *dé-,* et *laine.*

délaissé, ée [delese] adj. **1.** Laissé sans secours, sans subsistance (personnes). *Enfants délaissés.* **2.** Abandonné (choses). *Procédure délaissée.* – Pp. de *délaisser.*

délaissement [delɛsmɑ̃] n. m. **1.** DR Abandon d'un droit, d'un bien. **2.** DR Acte par lequel le détenteur d'un immeuble hypothéqué l'abandonne à un créancier hypothécaire qui le poursuit. **3.** DR Acte par lequel le défendeur condamné à quitter un immeuble qu'il occupe exécute volontairement le jugement prononcé contre lui. **4.** DR Abandon qu'un assuré fait à son assureur, à la suite d'un sinistre, de tous ses intérêts dans la chose assurée. – De *délaisser.*

délaisser [delese] v. tr. [1] **1.** Laisser (qqn) sans secours, sans assistance; abandonner. *Ses amis l'ont délaissé.* **2.** S'occuper de moins en moins de (une chose, une activité). *Il délaisse ses études.* **3.** DR Abandonner (un droit). ▷ Renoncer à. *Délaisser des poursuites.* – De *dé-*, et *laisser.*

délaiter [delɛte] v. tr. [1] TECH Débarrasser (le beurre) du petit-lait. – De *dé-*, et *lait.*

délaiteuse [delɛtøz] n. f. TECH Machine à délaiter. – Du préc.

délarder [delaʀde] v. tr. [1] **1.** CONSTR Enlever, diminuer une partie du lit (d'une pierre). **2.** Ôter le lard de. – De *dé-*, et *lard.*

délassement [delɑsmɑ̃] n. m. **1.** Repos qu'on prend pour se délasser. *S'accorder une minute de délassement.* **2.** Distraction délassante. *La pêche est son délassement.* – De *délasser.*

délasser [delɑse] **1.** v. tr. [1] Reposer, faire cesser la lassitude de. *La marche délasse l'esprit.* – (S. comp.) *Le sommeil délasse.* **2.** v. pron. Se reposer. *Faire une sieste pour se délasser.* ▷ Se reposer en se distrayant. *Einstein se délassait en jouant du violon.* – De *dé-*, et *las.*

délateur, trice [delatœʀ, tʀis] n. Personne qui dénonce par vengeance ou par intérêt. – Lat. *delator.*

délation [delɑsjɔ̃] n. f. Dénonciation par vengeance ou par intérêt. *Encourager la délation.* – Lat. *delatio*, de *delatus*, pp. de *deferre*, «dénoncer».

délavage [delavaʒ] n. m. Action de délaver; son résultat. – De *délaver.*

délavé, ée [delave] adj. **1.** Détrempé. *Terrain délavé.* **2.** Dont la couleur s'est éclaircie, affaiblie. *Tissu délavé.* – Pp. de *délaver.*

délaver [delave] v. tr. [1] **1.** Pénétrer d'eau, détremper. *L'orage a délavé les champs.* **2.** Éclaircir, affaiblir avec de l'eau une couleur étendue sur du papier. – De *dé-*, et *laver.*

délayage [delɛjaʒ] n. m. **1.** Action de délayer ; état de ce qui est délayé. **2.** Fig., fam. Manque de précision et de concision dans la manière de s'exprimer. *C'est du délayage, ce rapport.* – De *délayer.*

délayer [deleje] v. tr. [24] **1.** Détremper (une substance) dans un liquide. *Délayer de la farine.* **2.** Fig. *Délayer sa pensée*, lui faire perdre sa force en l'exprimant trop longuement. – Lat. pop. **delicare*, de *deliquare*, «clarifier, transvaser».

deleatur [deleatyʀ] n. m. inv. TYPO Signe typographique (₰) qui indique une suppression à effectuer sur une épreuve. – Mot lat., «qu'il soit effacé».

délébile [delebil] adj. Rare Qui s'efface; qui peut être effacé. *Encre délébile.* Ant. indélébile. – Lat. *delebilis*, de *delere*, «détruire».

délectable [delɛktabl(ə)] adj. Litt. Qui délecte. *Un vin délectable.* Syn. délicieux. – Lat. *delectabilis.*

délectation [delɛktasjɔ̃] n. f. **1.** Plaisir qu'on savoure. *Manger, lire, paresser avec délectation.* **2.** THEOL *Délectation morose:* complaisance avec laquelle on pense au péché, mais sans intention de le commettre. – Lat. *delectatio.*

délecter [delɛkte] **1.** v. tr. [1] Vx ou litt. Charmer, causer une joie vive à. **2.** v. pron. Cour. Trouver un vif plaisir à qqch. *Le repas était délicieux et il se délectait. – Se délecter d'un spectacle.* – Lat. *delectare.*

délégant, ante [delegɑ̃, ɑ̃t] n. DR Personne qui délègue (par oppos. à *délégataire*). – Ppr. subst. de *déléguer.*

délégataire [delegatɛʀ] n. Personne à qui l'on délègue (par oppos. à *délégant*). – De *déléguer.*

délégation [delegasjɔ̃] n. f. **1.** Commission donnée par une personne à une autre pour agir en son lieu et place. *Agir en vertu d'une délégation. Auxiliaire qui assure une délégation.* **2.** Procuration, écrit par lequel on délègue qqn. **3.** Action de déléguer, transfert (d'un pouvoir). *Délégation de fonctions d'un ministre à son sous-ministre.* ▷ DR Opération par laquelle une personne (le délégant) ordonne à une autre (le délégué) de donner quelque chose au profit d'une troisième (le délégataire) ou de faire quelque chose dans l'intérêt de cette dernière. *Délégation de paiement.* **4.** Ensemble de personnes déléguées pour représenter un corps, une société, etc. *Le ministre a reçu une délégation.* – Lat. *delegatio.*

délégué, ée [delege] n. Personne chargée d'une délégation ou appartenant à une délégation. *Délégué du personnel, délégué syndical. L'assemblée a élu ses délégués.* – Adj. *Personne déléguée.* – Pp. subst. de *déléguer.*

déléguer [delege] v. tr. [16] **1.** Charger (qqn) d'une mission, d'une fonction, avec pouvoir d'agir. *Administration qui délègue un fonctionnaire dans une commission.* **2.** Transmettre (un pouvoir) par délégation. *Savoir déléguer ses responsabilités.* – Lat. *delegare.*

délestage [delɛstaʒ] n. m. Action de délester. *Itinéraire de délestage.* – De *délester.*

délester [delɛste] v. tr. [1] **1.** Décharger de son lest (un navire, un aéronef). **2.** Fam. Soulager d'un poids, d'un fardeau. *Le bagagiste nous a délestés de nos valises.* ▷ Fam. *On l'a délesté de son portefeuille*, on le lui a volé. **3.** Détourner (d'une route encombrée) une partie des véhicules qui l'empruntent. **4.** ELECTR Réduire la charge (d'un réseau électrique). – De *dé-*, et *lester.*

délétère [deletɛʀ] adj. **1.** Dangereux pour la santé, la vie; toxique. *Un gaz délétère.* **2.** Fig., litt. Corrupteur, pernicieux. *Un discours délétère.* – Gr. *dêlêtêrios*, «nuisible».

délétion [delesjɔ̃] n. f. BIOL Rupture d'un chromosome et disparition d'une de ses parties, provoquant une mutation. – Lat. *deletio*, «destruction».

délibérant, ante [delibeʀɑ̃, ɑ̃t] adj. Qui délibère. *Assemblée délibérante.* – Ppr. de *délibérer.*

délibératif, ive [delibeʀatif, iv] adj. Relatif à la délibération. ▷ *Voix délibérative:* voix d'une personne qui a qualité pour voter (opposé à *voix consultative*). – Lat. *deliberativus.*

délibération [delibeʀasjɔ̃] n. f. **1.** Action de délibérer. *La délibération du jury.* **2.** Examen qu'on fait en soi-même relativement à un parti à prendre. *Agir après délibération.* **3.** Litt. Décision. *Prendre une délibération.* – Lat. *deliberatio.*

délibéré, ée [delibeʀe] adj. et n. **I.** adj. **1.** Arrêté, décidé de façon consciente. *Avoir la volonté délibérée de nuire.* ▷ *Marcher d'un pas délibéré*, ferme et résolu. **2.** loc. adv. *De propos délibéré:* à dessein, avec une intention bien arrêtée. **II.** n. m. DR Période de réflexion que s'accordent les juges avant de rendre jugement. – Pp. de *délibérer.*

délibérément [delibeʀemɑ̃] adv. De façon délibérée, résolument. – De *délibéré.*

délibérer [delibeʀe] **I.** v. intr. [16] **1.** Discuter, se concerter pour résoudre un problème, prendre une décision. *Les membres du conseil délibèrent sur la question.* **2.** Litt. Réfléchir avant de prendre une résolution, un parti. **II.** v. tr. indir. *Délibérer de:* discuter de, se concerter au sujet de. *Nous avons délibéré de cette affaire hier.* – Lat. *deliberare.*

délicat, ate [delika, at] adj. **1.** Fin, raffiné. *Une soie délicate. Une saveur délicate.* Ant. grossier. **2.** Qui a été exécuté avec beaucoup de minutie, d'adresse. *Une statuette délicate.* ▷ Par ext. *Le ciseau délicat du* *sculpteur.* **3.** Qui peut aisément être altéré, endommagé. *Une plante délicate.* **4.** Qui demande de la prudence, de la circonspection. *Se trouver dans une situation délicate.* **5.** Qui apprécie les moindres nuances. *Un esprit délicat. Un palais délicat.* ▷ (Avec une nuance péjor.) *Vous êtes bien délicat!* – Subst. *Faire le délicat.* **6.** Qui dénote le sens moral, la probité; qui montre des scrupules. *Une conscience délicate. Un procédé peu délicat.* ▷ Qui fait preuve de, ou dénote tact et sensibilité. *Un homme délicat. Une délicate attention.* – Lat. *delicatus.*

délicatement [delikatmɑ̃] adv. D'une façon délicate. – De *délicat.*

délicatesse [delikatɛs] n. f. Qualité de ce qui est délicat. **1.** Finesse, subtilité. *La délicatesse d'une teinte.* **2.** Précision, adresse dans un travail, dans un geste. *La délicatesse d'un coup de pinceau. Prendre qqch avec délicatesse:* doucement, avec précaution. **3.** Qualité de ce qui est délicat, fragile. **4.** Qualité de ce qui doit être abordé, traité avec circonspection, prudence. *Étant donné la délicatesse de cette affaire...* **5.** Disposition à sentir, penser, juger avec subtilité. *Délicatesse des sentiments.* **6.** Probité, rigueur morale. *Un procédé qui manque de délicatesse.* ▷ Tact, finesse. *Il a montré beaucoup de délicatesse à son égard.* – De *délicat.*

délice [delis] **1.** n. m. sing. Vif plaisir. – *Par ext.* Cour. *Cette poire est un délice.* **2.** n. f. pl. Litt. Jouissances, plaisirs. *Les délices de la vie.* – Lat. *delicium.*

délicieusement [delisjøzmɑ̃] adv. D'une façon délicieuse. – De *délicieux.*

délicieux, euse [delisjø, øz] adj. **1.** Extrêmement agréable. *Une odeur délicieuse.* **2.** Exquis, charmant. *Une robe délicieuse.* – Lat. *deliciosus.*

délictueux, euse [deliktɥø, øz] adj. DR Qui présente les caractères d'un délit. *Des faits délictueux.* – De *délit,* sur le lat. *delictum.*

délié, ée [delje] adj. **I. 1.** Extrêmement mince, ténu. ▷ N. m. Partie fine, déliée, d'une lettre calligraphiée. *Tracer les pleins et les déliés.* **2.** Fig. *Avoir l'esprit délié:* avoir beaucoup de finesse d'esprit, de subtilité. **II. 1.** Qui n'est plus lié. *Des rubans déliés.* **2.** Fig. Souple, agile. *Les doigts déliés d'un violoniste.* – Pp. de *délier.*

délier [delje] v. tr. [1] **1.** Défaire ce qui lie ou ce qui est lié. *Délier un lacet, une gerbe.* – *Sans bourse délier:* sans payer. ▷ *Délier la langue à qqn,* le faire parler. *Le vin lui déliera la langue.* **2.** Fig. Dégager (d'une obligation, d'un engagement). *Délier qqn d'un serment.* **3.** THEOL Absoudre. – De *dé-,* et *lier.*

délimitation [delimitasjɔ̃] n. f. Action de délimiter. – Lat. *delimitatio.*

délimiter [delimite] v. tr. [1] Assigner des limites à. *Délimiter un territoire.* – Fig. *Délimiter une question.* – Lat. *delimitare.*

délinéateur [delineatœʀ] n. m. TRAV PUBL Balise munie de cataphotes blancs, placée le long des accotements d'une route pour indiquer la limite de la chaussée. – De *dé-,* et du lat. *linea,* «ligne».

délinquance [delɛ̃kɑ̃s] n. f. Ensemble de crimes et délits considérés d'un point de vue statistique. *La délinquance juvénile.* – De *délinquant.*

délinquant, ante [delɛ̃kɑ̃, ɑ̃t] n. Personne qui a commis un délit. ▷ Adj. *La jeunesse délinquante.* – Ppr. d'un anc. v. *délinquer;* lat. *delinquere,* «commettre une faute».

déliquescence [delikesɑ̃s] n. f. **1.** Propriété qu'ont certains corps d'absorber l'eau atmosphérique et de s'y dissoudre. **2.** Fig. État de ce qui se décompose, tombe en ruine; dégénérescence. *Tomber en déliquescence.* – De *déliquescent.*

déliquescent, ente [delikesɑ̃, ɑ̃t] adj. **1.** Qui possède la propriété de déliquescence. ▷ BOT Qui se liquéfie au cours de la maturation. *Les lamelles des coprins sont déliquescentes.* **2.** Fig. Décadent; sans fermeté, sans rigueur. *Prose déliquescente.* – Lat. *deliquescens,* de *deliquescere,* «se liquéfier».

délirant, ante [deliʀɑ̃, ɑ̃t] adj. **1.** En proie au délire. *Un patient délirant.* **2.** Fig. *Un enthousiasme délirant,* excessif, désordonné. – Ppr. de *délirer.*

délire [deliʀ] n. m. **1.** Désordre des facultés intellectuelles caractérisé par une perception erronée de la réalité, qui est souvent interprétée selon un thème (persécution, grandeur, mélancolie, passion, mysticisme, etc.). ▷ Par ext. Cour. *C'est du délire!:* c'est extravagant, insensé. **2.** Fig. Trouble extrême provoqué par des émotions, des passions violentes. *Le délire de l'amour. Foule en délire.* – Lat. *delirium.*

délirer [deliʀe] v. intr. [1] Avoir le délire. *Une forte fièvre fait délirer.* – Fig. *Il délire de joie.* – Lat. *delirare,* «sortir du sillon», de *lira,* «sillon».

delirium tremens [deliʀjɔm tʀemɛ̃s] n. m. Délire alcoolique aigu accompagné d'agitation, d'hallucinations, de tremblements, de fièvre et de déshydratation grave. – Mots lat. «délire tremblant».

1. délit [deli] n. m. **1.** DR CIVIL Acte qui cause à autrui un dommage quelconque, de par la faute ou sous la responsabilité de son auteur. **2.** DR PENAL Infraction punie d'une sanction pénale. ▷ Loc. *En flagrant délit:* au moment même de la consommation du délit. – *Le corps du délit:* le délit considéré en lui-même, abstraction faite de la personne du délinquant. **3.** Cour. Infraction plus ou moins grave à la loi. – Lat. *delictum,* de *delinquere.*

2. délit [deli] n. m. **1.** Plan perpendiculaire au litage, dans une pierre. **2.** Discontinuité, veine d'une pierre, parallèle au plan de litage. – De *déliter.*

délitage [delitaʒ] n. m. Action de déliter. – De *déliter.*

délitement [delitmɑ̃] n. m. CONSTR Division d'une pierre suivant la direction des couches. – De *déliter.*

déliter [delite] **I.** v. tr. [1] **1.** CONSTR Poser une pierre en délit, de façon que le plan de litage soit vertical. **2.** Détacher, débiter (une pierre) dans le sens de ses lignes de stratification. **II.** v. pron. **1.** Se fragmenter en plaques parallèles à la direction du litage (roches, pierres). **2.** En parlant de la chaux, se désagréger dans l'eau qu'elle absorbe. – De *dé-,* et *lit.*

délitescence [delitesɑ̃s] n. f. Fait de se déliter, de se désagréger. – De *déliter.*

délitescent, ente [delitesɑ̃, ɑ̃t] adj. Qui se délite. – De *délitescence.*

délivrance [delivʀɑ̃s] n. f. **1.** Action de délivrer, de libérer ; son résultat. *La ville fête sa délivrance.* **2.** Fig. Soulagement. *La délivrance d'une inquiétude.* **3.** Action de délivrer, de remettre qqch. *La délivrance des marchandises, d'une ordonnance.* **4.** Accouchement. – Expulsion des annexes fœtales. – De *délivrer.*

délivre [delivʀ] n. m. MED Enveloppes du fœtus, arrière-faix. (V. faix 2.) – Déverbal de *délivrer.*

délivrer [delivʀe] v. tr. [1] **I. 1.** Faire recouvrer la liberté à. *Délivrer un captif.* **2.** *Délivrer qqn de:* le débarrasser de (ce qui l'entrave, le gêne). *Délivrer un prisonnier de ses menottes.* – *Délivrez-moi de cet importun!* ▷ V. pron. *Il s'est délivré de toutes ses obligations.* **3.** Accoucher (une femme); la débarrasser des annexes fœtales. **II.** Remettre entre les mains, livrer. *Délivrer un certificat à qqn.* – Bas lat. *deliberare,* class. *liberare,* «mettre en liberté», d'ap. *livrer.*

délocalisé, ée [delɔkalize] adj. CHIM *Liaison délocalisée,* formée d'orbitales moléculaires qui s'étendent à plus de deux noyaux atomiques. – De *dé-*, et *localiser.*

déloger [delɔʒe] **I.** v. intr. **[15]** Abandonner son logement, l'endroit où l'on se trouve. *Il finira bien par déloger tôt ou tard.* **II.** v. tr. **1.** Faire quitter (à qqn) le logement qu'il occupe. Syn. expulser. **2.** Chasser d'une position. *Déloger l'ennemi.* – De *dé-*, et *loger.*

déloyal, ale, aux [delwajal, o] adj. Dépourvu de loyauté; qui dénote le manque de loyauté. *Un adversaire déloyal. Une attaque déloyale.* – De *dé-*, et *loyal.*

déloyalement [delwajalmɑ̃] adv. De manière déloyale. – De *déloyal.*

déloyauté [delwajote] n. f. **1.** Manque de loyauté. *La déloyauté d'un ennemi.* **2.** Acte déloyal. *Il s'est rendu coupable d'une déloyauté.* – De *dé-*, et *loyauté.*

delphinelle. V. dauphinelle.

delphinidés [dɛlfinide] n. m. pl. ZOOL Famille de cétacés odontocètes de taille petite ou moyenne (2 à 10 m), pourvus en général d'un aileron dorsal et d'un bec aux nombreuses dents (dauphins, globicéphales, orques, etc.). – Du lat. *delphinus,* «dauphin».

delphinium [dɛlfinjɔm] n. m. BOT Renonculacée à fleurs zygomorphes; cour. *pied-d'alouette.* – Gr. *delphinion,* «pied d'alouette».

delta [dɛlta] n. m. **1.** Quatrième lettre de l'alphabet grec (Δ, δ). **2.** AVIAT *Aile delta* ou *en delta:* en forme de triangle isocèle. ▷ SPORT *Aile delta:* voilure triangulaire (appelée aussi *aile volante*) utilisée par les adeptes du deltaplane. **3.** Embouchure d'un fleuve divisée en deux ou plusieurs bras par des dépôts d'alluvions affectant la forme d'un triangle. *Le delta du Rhône.* – De *delta,* nom de la quatrième lettre de l'alph. gr.

deltaïque [dɛltaik] adj. Qui se rapporte à un delta. – De *delta.*

deltaplane [dɛltaplan] n. m. Vol à voile que l'on pratique avec une surface alaire triangulaire *(aile delta, aile volante)* assujettie sur le dos. – De *(aile) delta,* et *planer.*

deltoïde [dɛltɔid] adj. et n. m. ANAT Se dit du muscle triangulaire de l'épaule, qui s'insère en haut sur la clavicule et l'omoplate, en bas sur l'humérus, et qui permet le mouvement d'abduction du bras. ▷ Subst. *Le deltoïde.* – Gr. *deltoeidês,* «en forme de delta».

déluge [delyʒ] n. m. **1.** Inondation universelle, d'après la Bible. *Lors du Déluge, Noé se réfugia dans son arche.* ▷ Fig. *Remonter au Déluge,* fort loin dans le passé. **2.** *Par exag.* Pluie torrentielle. *La pluie ne s'arrête pas, c'est un vrai déluge.* V. diluvien. ▷ Fig. *Un déluge de paroles, de larmes.* – Lat. *diluvium,* «inondation».

déluré, ée [delyʀe] adj. D'un esprit vif et astucieux. ▷ Péjor. Très libre dans ses mœurs. *Une fille délurée.* – Pp. de *délurer.*

délurer [delyʀe] v. tr. **[1]** Rendre moins gauche, plus dégourdi. ▷ Péjor. Déniaiser, dévergonder. – V. pron. *Se délurer.* – De *dé-*, et *leurre.*

délustrer [delystʀe] v. tr. **[1]** Enlever le lustre (d'une étoffe) (opération de *délustrage*). – De *dé-*, et *lustre.*

délutage [delytaʒ] n. m. TECH Action de déluter. – De *déluter.*

déluter [delyte] v. tr. **[1]** TECH Ôter le lut de. – De *dé-*, et *lut.*

démagnétisation [demaɲetizasjɔ̃] n. f. PHYS, TECH Action de démagnétiser. – De *démagnétiser.*

démagnétiser [demaɲetize] v. tr. **[1]** PHYS, TECH Faire disparaître le magnétisme de. *Démagnétiser une montre.* – De *dé-*, et *magnétiser.*

démagogie [demagɔʒi] n. f. **1.** Politique, procédés d'un démagogue. **2.** État social dans lequel le pouvoir politique est aux mains de la multitude. – Gr. *dêmagôgia.*

démagogique [demagɔʒik] adj. De la démagogie, relatif à la démagogie. – Gr. *dêmagôgikos.*

démagogue [demagɔg] n. et adj. **1.** n. Politicien, politicienne qui feint de soutenir les intérêts des masses pour mieux les dominer; personne qui professe des théories propres à flatter les passions et les préjugés populaires. ▷ Adj. *Un politicien démagogue.* **2.** adj. (Sens atténué). Se dit d'une personne qui cherche à s'attirer la faveur d'un groupe, la popularité, par des platitudes, une complaisance excessive. – Gr. *dêmagôgos,* «meneur de peuple, chef d'un parti populaire».

démaigrir [demegʀiʀ] v. tr. **[2]** TECH Amincir (une pierre, une pièce de bois). – De *dé-*, et *maigrir.*

démaillage [demɑjaʒ] n. m. Action de démailler. – De *démailler.*

démailler [demɑje] v. tr. **[1]** Défaire les mailles de. – V. pron. *Bas qui se démaille.* – De *dé-*, et *maille.*

démailloter [demajɔte] v. tr. **[1]** Défaire le maillot, les langes (d'un bébé). – De *dé-*, et *maillot.*

demain [dəmɛ̃] adv. **1.** Le jour qui suivra celui où l'on est. *Demain il fera beau.* ▷ (Emploi nominal) *Demain sera un grand jour.* – *À demain:* jusqu'au lendemain (formule pour prendre congé). **2.** Dans un futur proche. *Qu'en sera-t-il demain?* ▷ (Emploi nominal) *De quoi demain sera-t-il fait?* – Lat. *de mane,* «à partir du matin».

démanchement [demɑ̃ʃmɑ̃] n. m. Action de démancher; état de ce qui est démanché. – De *démancher.*

démancher [demɑ̃ʃe] v. tr. **[1]** **1.** Enlever le manche de. *Démancher un balai, un couteau.* ▷ V. pron. *Marteau qui se démanche.* **2.** Défaire, déglinguer, disloquer. ▷ V. pron. *Mécanique qui se démanche.* **3.** v. intr. MUS Dans le jeu de certains instruments à cordes, retirer le pouce gauche de dessous le manche pour jouer les notes aiguës. **4.** v. pron. Fam. *Se démancher:* se donner de la peine, se démener pour un résultat. – De *dé-*, et *manche.*

demande [d(ə)mɑ̃d] n. f. **1.** Action de demander. *Rejeter une demande.* **2.** *Demande en mariage:* démarche par laquelle on demande une jeune fille en mariage. **3.** DR Action intentée en justice en vue de faire reconnaître ses droits. *Une demande en dommages-intérêts.* ▷ *Demande reconventionnelle:* demande formée par le défendeur qui, en plus de contester les prétentions du demandeur, sollicite à son tour la condamnation de ce dernier. **4.** ECON Besoins du consommateur en produits, en services. *La loi de l'offre et de la demande.* – Déverbal de *demander.*

demander [d(ə)mɑ̃de] v. tr. **[1]** **I. 1.** S'adresser à qqn pour obtenir qqch. *Demander un verre d'eau, de l'aide. Je vous demande de partir.* ▷ *Demander la main d'une jeune fille,* la demander en mariage. **2.** Loc. *Ne demander qu'à:* n'avoir d'autre désir que de. *Je ne demande qu'à vous aider.* ▷ Fam. *Ne pas demander mieux:* accepter volontiers. **3.** Faire connaître qu'on a besoin de (qqn). *Demander un médecin. On demande une secrétaire.* **4.** Avoir besoin de, nécessiter. *Sa santé demande des ménagements.* **5.** S'enquérir de, chercher à prendre contact avec. *Qui demandez-vous?* **6.** DR Faire une demande en justice. *Demander le divorce.* **II.** Interroger qqn pour apprendre qqch. *Demander son chemin à un passant. Je lui ai demandé s'il avait terminé.* ▷ V. pron. S'interroger soi-même. *Je me demande si j'ai bien fait.* – Du lat. *demandare,* «confier», de *de,* et *mandare,* «mander, solliciter» en lat. pop.

demandeur, deresse [d(ə)mɑ̃dœʀ, d(ə)ʀɛs] n. DR Personne qui forme une demande en justice. – De *demander.*

démangeaison [demɑ̃ʒɛzɔ̃] n. f. **1.** Picotement de l'épiderme qui incite à se gratter. *Les piqûres de moustiques provoquent des démangeaisons.* **2.** Fig., fam. Vif désir. *«Il faut qu'un galant homme ait toujours grand empire/Sur les démangeaisons qui nous prennent d'écrire»* (Molière). – De *démanger.*

démanger [demɑ̃ʒe] v. intr. [15] **1.** Faire éprouver une démangeaison à. *Le dos me démange.* **2.** Fig., fam. *Les poings, la langue lui démangent:* il a grande envie de frapper, de parler. – De *dé-* (au sens d'accomplissement), et *manger,* «ronger».

démantèlement [demɑ̃tɛlmɑ̃] n. m. Action de démanteler; son résultat. – De *démanteler.*

démanteler [demɑ̃tle] v. tr. [20] **1.** Démolir (des fortifications, les fortifications de). *Démanteler une muraille, un château.* **2.** Fig. Anéantir, abattre. *Démanteler un réseau de trafiquants.* – De *dé-,* et a. fr. *manteler,* de *mantel,* «manteau».

démantibuler [demɑ̃tibyle] v. tr. [1] Fam. Disloquer, démolir, mettre en pièces. *On a démantibulé ce piano en le transportant.* – Altér. de *démandibulé;* de *dé-,* et *mandibule,* d'après *démanteler.*

démaquillant, ante [demakijɑ̃, ɑ̃t] adj. et n. m. Qui est utilisé pour démaquiller. *Crème démaquillante.* – Ppr. de *démaquiller.*

démaquiller [demakije] v. tr. [1] Enlever le maquillage de. *Démaquiller son visage.* – V. pron. *Se démaquiller.* – De *dé-,* et *maquiller.*

démarcage. V. démarquage.

démarcatif, ive [demaʀkatif, iv] adj. Qui sert à démarquer. *Une borne démarcative.* – De *démarcation.*

démarcation [demaʀkasjɔ̃] n. f. **1.** Action de fixer une limite; cette limite. *Les États révisèrent la démarcation de leurs frontières.* ▷ *Ligne de démarcation,* séparant deux zones d'un territoire. – **2.** Fig. Séparation, délimitation. *La démarcation entre les classes sociales.* – P.-ê. de l'esp. *demarcación,* de *demarcar,* «marquer».

démarchage [demaʀʃaʒ] n. m. Travail du démarcheur, de la démarcheuse. – De *démarche.*

démarche [demaʀʃ] n. f. **1.** Façon de marcher. *Une démarche gracieuse.* **2.** Fig. Façon dont procède un raisonnement, une pensée. *Une démarche logique.* **3.** Tentative pour atteindre un but, réussir une affaire. *Faire des démarches pour obtenir un poste.* – De l'anc. v. *démarcher,* «fouler aux pieds».

démarcher [demaʀʃe] v. tr. [1] Visiter à domicile dans le but de placer des marchandises. – De *démarche.*

démarcheur, euse [demaʀʃœʀ, øz] n. Personne dont le métier est de placer des marchandises à domicile. – De *démarche.*

démarquage ou **démarcage** [demaʀkaʒ] n. m. Action de démarquer; son résultat. – De *démarquer.*

démarque [demaʀk] n. f. **1.** JEU Partie où l'un des joueurs perd un nombre de points égal à celui marqué par l'autre joueur. *Jouer à la démarque.* **2.** Action de démarquer des marchandises. – Déverbal de *démarquer.*

démarquer [demaʀke] v. tr. [1] **1.** Enlever la marque de. *Démarquer du linge.* **2.** Plagier. *Démarquer une oeuvre littéraire.* **3.** *Démarquer des marchandises,* en enlever la marque pour les vendre à moindre prix. *Robes de haute couture démarquées.* **4.** SPORT Libérer (un coéquipier) de l'emprise (marquage) d'un adversaire. ▷ v. pron. *Se démarquer:* prendre du recul ou ses distances vis-à-vis de qqn ou de qqch. – De *dé-,* et *marque.*

démarqueur, euse [demaʀkœʀ, øz] n. Personne qui démarque, qui plagie. – De *démarquer.*

démarrage [demaʀaʒ] n. m. Action de démarrer; résultat de cette action. – De *démarrer.*

démarrer [demaʀe] **I.** v. tr. [1] **1.** MAR Rare Larguer l'amarre de. *Démarrer un bateau.* **2.** Faire fonctionner, mettre en mouvement. *Démarrer un moteur.* – Fig. *Démarrer une nouvelle affaire.* **II.** v. intr. **1.** MAR Vx Quitter le port. **2.** Se mettre en mouvement, commencer à fonctionner. *Le train démarre. Moteur qui démarre.* – Fig. *De nouvelles industries vont démarrer.* – De *dé-,* et *(a)marrer.*

démarreur [demaʀœʀ] n. m. Petit moteur électrique auxiliaire, actionné par la batterie, qui sert à lancer le moteur d'un véhicule automobile. – De *démarrer.*

démascler [demaskle] v. tr. [1] TECH Écorcer (un chêne-liège). – Provenç. *demascla,* «émasculer».

démasquer [demaske] v. tr. [1] **1.** Enlever son masque à (qqn). **2.** Fig. Dévoiler, montrer sous son vrai jour. *Démasquer une intrigue, un hypocrite.* **3.** MILIT *Démasquer une batterie :* repérer une batterie camouflée. – Fig. *Démasquer ses batteries:* montrer des desseins jusqu'alors cachés. ▷ v. pron. *Se démasquer:* faire connaître ses intentions. – De *dé-,* et *masquer.*

démâtage [demɑtaʒ] n. m. Action, fait de démâter. – De *démâter.*

démâter [demɑte] **1.** v. tr. [1] Enlever le(s) mât(s) (d'un navire). *Démâter un voilier.* **2.** v. intr. MAR Perdre son, ses mât(s). *L'embarcation a démâté.* – De *dé-,* et *mât.*

dématérialisation [dematerjalizasjɔ̃] n. f. **1.** Fait de se dématérialiser. **2.** PHYS NUCL Transformation en photons d'une particule et de son antiparticule qui se sont annihilées l'une l'autre. – De *dématérialiser.*

dématérialiser [dematerjalize] v. tr. [1] **1.** Rendre immatériel, intangible. **2.** PHYS NUCL Détruire les particules matérielles, celles-ci se transformant en énergie rayonnante. ▷ v. pron. *Un négaton et un positon se dématérialisent en donnant deux photons gamma.* – De *dé-,* et *matérialiser.*

d'emblée. V. emblée.

dème [dɛm] n. m. ANTIQ GR L'une des divisions politiques de l'anc. Attique aux nombreuses fonctions (fiscale, administrative, cultuelle, etc.). – Gr. *dêmos,* «peuple».

démêlage [demɛlaʒ] ou **démêlement** [demɛlmɑ̃] n. m. Action de démêler; son résultat. – De *démêler.*

démêlé [demele] n. m. Altercation, désaccord. *Avoir un démêlé avec qqn.* – *Avoir eu des démêlés avec la justice:* avoir encouru une condamnation. – Pp. subst. de *démêler.*

démêler [demele] v. tr. [1] **1.** Séparer ce qui est emmêlé. *Démêler ses cheveux.* **2.** Fig. Tirer de la confusion, éclaircir. *Démêler une intrigue. Démêler le vrai du faux.* – De *dé-,* et *mêler.*

démêloir [deme(ɛ)lwaʀ] n. m. Peigne à grosses dents. – De *démêler.*

démembrement [demɑ̃bʀəmɑ̃] n. m. Fig. Action de démembrer; son résultat. *Le démembrement de la Pologne.* – De *démembrer.*

démembrer [demɑ̃bʀe] v. tr. [1] **1.** Séparer les membres du tronc de. *Démembrer un orignal.* **2.** Fig. Morceler, séparer les parties de. *Démembrer un royaume.* – De *dé-,* et *membre.*

déménagement [demenaʒmɑ̃] n. m. Action de déménager; son résultat. – De *déménager.*

déménager [demenaʒe] **I.** v. tr. [15] Transporter (des objets, des meubles) d'un endroit à un autre. – Par ext. *Déménager une maison, un placard.* **II.** v. intr. **1.** Changer de logement. *Nous espérons déménager bientôt.* Fam. *Déménager à la cloche de bois,* en cachette et sans avoir payé le loyer. **2.** Fig., fam. Déraisonner. – De *dé-,* et *ménage.*

déménageur [demenaʒœʀ] n. m. Entrepreneur, ouvrier qui fait des déménagements. – De *déménager.*

démence [demɑ̃s] n. f. **1.** Cour. Altération grave du psychisme d'un individu. *Être atteint de démence.* ▷ Cour. *C'est de la démence! :* c'est déraisonnable, insensé. V. délire. **2.** MED Diminution irréversible des facultés mentales. ▷ *Démence précoce* ou *juvénile. Démence sénile.* – Lat. *dementia.*

démener (se) [dem(ə)ne] v. pron. [19] **1.** S'agiter violemment. *Se démener comme un beau diable, comme un diable dans un bénitier.* **2.** Fig. Se donner beaucoup de peine pour la réussite d'un projet, d'une entreprise. *Il s'est démené pour obtenir cette place.* – De *dé-,* et *mener.*

dément, ente [demɑ̃, ɑ̃t] adj. et n. Atteint de démence. ▷ Mod., fam. Extraordinaire, sensationnel. *C'est dément!* – Extravagant, déraisonnable. *Des prix déments.* – Lat. *demens, dementis.*

démenti [demɑ̃ti] n. m. Action de démentir; ce qui dément. *Les faits apportent un démenti formel à votre hypothèse.* – Pp. subst. de *démentir.*

démentiel, ielle [demɑ̃sjɛl] adj. **1.** Qui se rapporte à la démence, dénote la démence. **2.** Fam., cour. Extravagant, insensé. *Des idées complètement démentielles.* – De *dément.*

démentir [demɑ̃tiʀ] v. tr. [33] **1.** Prétendre que qqn n'a pas dit la vérité. *Démentir un témoin.* **2.** Affirmer le contraire de (ce qui a été dit), déclarer faux. *Démentir une nouvelle.* ▷ Contredire. *Les autres témoignages démentent ses assertions.* **3.** Fig. Être en contradiction avec. *Sa conduite dément ses paroles.* **4.** v. pron. Faiblir, cesser. *Sa patience ne s'est jamais démentie.* – De *dé-,* et *mentir.*

démerdard, arde [demɛʀdaʀ, aʀd] ou **démerdeur, euse** [demɛʀdœʀ, øz] adj. et n. Vulg. Qui sait se démerder. – De *démerder.*

démerder (se) [demɛʀde] v. pron. [1] Vulg. Se débrouiller. *Démerde-toi pour arriver à l'heure.* – Se hâter (surtout à l'impér.). *Démerdez-vous!* – De *dé-,* et *merde.*

démérite [demeʀit] n. m. Ce qui fait perdre l'estime d'autrui. *Il n'y a pas de démérite à agir ainsi.* – Déverbal de *démériter.*

démériter [demeʀite] v. intr. [1] Agir d'une façon telle que l'on perd l'estime d'autrui. *Il a grandement démérité à leurs yeux en agissant ainsi.* – De *dé-,* et *mériter.*

démesure [deməzyʀ] n. f. Manque de mesure, excès. *La démesure de son ambition.* – De *dé-,* et *mesure.*

démesuré, ée [deməzyʀe] adj. **1.** Qui excède la mesure normale. *Taille démesurée.* **2.** Fig. Excessif, immodéré. *Une vanité démesurée.* – De *démesure.*

démesurément [deməzyʀemɑ̃] adv. D'une manière démesurée. – De *démesuré.*

1. démettre [demɛtʀ] v. tr. [68] Déplacer (un os), luxer. *Il lui a démis le bras.* – V. pron. *Se démettre l'épaule.* – De *dé-,* et *mettre.*

2. démettre [demɛtʀ] v. tr. [68] Destituer d'un emploi, d'une charge, d'une dignité. Syn. révoquer. ▷ V. pron. Démissionner. *Se démettre de ses fonctions.* – Lat. *dimittere,* «congédier».

démeubler [demø(œ)ble] v. tr. [1] Enlever tout ou partie des meubles (d'un lieu). – De *dé-,* et *meuble.*

demeurant (au) [odəmœʀɑ̃] loc. adv. D'ailleurs, au reste. – Ppr. de *demeurer.*

demeure [dəmœʀ] n. f. **I. 1.** DR Retard mis à remplir une obligation. **2.** *Mettre un débiteur en demeure de payer :* le sommer d'acquitter ses dettes. ▷ Cour. *Mettre qqn en demeure de tenir ses promesses, ses engagements.* ▷ *Il n'y a pas péril en la demeure:* on ne risque rien à maintenir les choses en l'état. **II.** Loc. adv. *À demeure:* de façon permanente. *Châssis fixé à demeure.* **III.** Habitation, maison d'une certaine importance. *Une belle demeure.* – Fig., litt. *La dernière demeure:* la tombe. *Conduire qqn à sa dernière demeure.* – Déverbal de *demeurer.*

demeuré, ée [dəmœʀe] adj. (et n.) Mentalement retardé. *Un enfant demeuré.* – Pp. de *demeurer.*

demeurer [dəmœʀe] v. intr. [1] **1.** (Avec l'auxiliaire *avoir*). Avoir sa demeure, son habitation. *Il demeure à la campagne. Nous avons demeuré longtemps dans ce quartier.* **2.** Litt. S'arrêter, rester un certain temps en quelque endroit. *Notre vaisseau a (est) demeuré trois jours à l'ancre.* Syn. séjourner. **3.** Persister, durer (choses). *Les écrits demeurent.* **4.** (Avec l'auxiliaire *être*). Persister à être (dans un certain état). *Il est demeuré inébranlable.* ▷ *En demeurer d'accord avec qqn:* tomber d'accord après discussion. ▷ Loc. *En demeurer là:* ne pas donner suite à qqch. **5.** *Demeurer à qqn,* lui rester, lui être laissé. *Ce titre lui demeure.* – Lat. *demorari,* «tarder», d'où «séjourner, habiter».

demi-. Élément, de l'adj. *demi,* désignant la division par deux ou le caractère imparfait, incomplet.

demi, ie [d(ə)mi] adj., n. et adv. **I.** adj. **1.** (Devant un nom et suivi d'un trait d'union, inv.) Qui est la moitié exacte d'un tout. *Un demi-kilo. Une demi-livre.* V. aussi hémi-, semi-. ▷ Fig. Incomplet, imparfait. *Ce n'est qu'un demi-succès. Il n'y a que demi-mal.* **2.** *Et demi, ie* (après un nom, s'accordant en genre seulement): plus une moitié. *Il est deux heures et demie. Sept ans et demi.* **II.** n. **1.** n. m. La moitié d'une unité. *Un demi plus un demi égalent une unité.* **2.** n. La moitié d'une chose. *Ne me donne pas une part entière, un morceau entier, je n'en veux qu'une demie, qu'un demi.* **3.** n. m. (France) Verre de bière qui contient 25 cl (un demi-litre à l'origine); contenu de ce verre. *Un demi de blonde.* **4.** n. f. Demi-heure après l'heure juste. *L'horloge sonne les demies. J'ai rendez-vous à la demie.* **III.** adv. **1.** À moitié. *Des bouteilles demi-vides.* **2.** En partie, presque, imparfaitement. *C'est un vieil original, demi-fou.* **IV.** loc. adv. *À demi:* à moitié. *Le travail est plus qu'à demi fait.* ▷ Imparfaitement. *Un rôti à demi cuit.* – Lat. pop. **dimedius,* class. *dimidius* refait sur *medius.*

demiard [dəmiaʀ] n. m. Mesure de capacité pour les liquides, valant une demi-chopine, soit 0,284 l; récipient pouvant contenir un demiard. *Un demiard de crème.* ▷ *Par ext.* (depuis l'adoption du système métrique.) Quart de litre. – Lat. *dimidius,* «demi»; d'orig. normande.

demi-atténuation [d(ə)miatenɥasjɔ̃] n. f. PHYS NUCL Réduction de moitié de l'intensité d'un rayonnement. – De *demi-,* et *atténuation.*

demi-botte [d(ə)mibɔt] n. f. Botte qui ne monte qu'à mi-mollet. – De *demi-,* et *botte.*

demi-cercle [d(ə)misɛʀkl] n. m. GEOM Moitié d'un cercle, limitée par un diamètre. – De *demi-,* et *cercle.*

demi-circulaire [d(ə)misiʀkylɛʀ] adj. Qui a la forme d'un demi-cercle. V. semi-circulaire. – De *demi-,* et *circulaire.*

demi-clef [d(ə)mikle] n. f. MAR Nœud le plus simple, formé avec le brin libre d'un cordage passé en boucle autour du brin sous tension. – De *demi-*, et *clef.*

demi-colonne [d(ə)mikɔlɔn] n. f. ARCHI Colonne engagée de la moitié de son diamètre dans une maçonnerie. *Des demi-colonnes.* – De *demi-*, et *colonne.*

demi-deuil [d(ə)midœj] n. m. Deuil moins strict que l'on portait après la période de grand deuil (vêtements noirs mêlés de blanc, gris ou mauves). – De *demi-*, et *deuil.*

demi-dieu [d(ə)midjø] n. m. MYTH Enfant mâle issu des amours d'un dieu et d'une femme, d'une déesse et d'un homme, ou héros divinisé pour ses exploits. – De *demi-*, et *dieu;* lat. *semideus.*

demi-droite [d(ə)midʀwat] n. f. MATH Segment de droite dont une extrémité est rejetée à l'infini. – De *demi-*, et *droite.*

démieller [demje(ɛ)le] v. tr. [1] Ôter le miel (des rayons de cire). – De *dé-*, et *miel.*

demi-fin, fine [d(ə)mifɛ̃, fin] adj. **1.** Qui n'est ni gros ni fin. *Des petits pois demi-fins.* **2.** Qui contient la moitié de son poids d'alliage. *Or demi-fin.* ▷ N. m. *Un bracelet en demi-fin.* – De *demi-*, et *fin.*

demi-finale [d(ə)mifinal] n. f. SPORT Épreuve éliminatoire dont les vainqueurs disputeront la finale. – De *demi-*, et *finale.*

demi-fond [d(ə)mifõ] n. m. SPORT *Course de demi-fond:* course de moyenne distance, qui demande à la fois des qualités de vitesse et d'endurance. *Un coureur de demi-fond.* – De *demi-*, et *fond* (sens 6).

demi-frère [d(ə)mifʀɛʀ] n. m. Frère seulement par le père (frère consanguin) ou par la mère (frère utérin). – De *demi-*, et *frère.*

demi-gros [d(ə)migʀo] n. m. inv. Vente qui se situe entre le gros et le détail. *Commerce de demi-gros.* – De *demi-*, et *gros.*

demi-heure [d(ə)mijœʀ] n. f. La moitié d'une heure. – De *demi-*, et *heure.*

demi-jour [d(ə)miʒuʀ] n. m. Faible clarté. – De *demi-*, et *jour.*

demi-journée [d(ə)miʒuʀne] n. f. Moitié d'une journée, spécial. d'une journée de travail. – De *demi-*, et *journée.*

démilitarisation [demilitaʀizasjõ] n. f. Action de démilitariser. – De *démilitariser.*

démilitariser [demilitaʀize] v. tr. [1] Empêcher toute activité militaire (dans une zone déterminée), y supprimer toute installation de matériel militaire. – De *dé-*, et *militariser.*

demi-longueur [d(ə)milõgœʀ] n. f. SPORT *Gagner d'une demi-longueur,* en franchissant la ligne d'arrivée avec la moitié de la longueur (du cheval, du bateau, etc.) d'avance sur le suivant. – De *demi-*, et *longueur.*

demi-lune [d(ə)milyn] n. f. **1.** FORTIF Ouvrage avancé, en demi-cercle ou en saillant, situé au droit de la courtine. **2.** ARCHI Place semi-circulaire à l'entrée d'un palais, à l'extrémité d'un jardin, etc. **3.** AMEUB *En demi-lune:* de forme semi-circulaire (fin XVIIIe - déb. XIXe s.). – De *demi-*, et *lune.*

demi-mal [d(ə)mimal] n. m. Mal, dommage moindre que celui qu'on pouvait redouter. – De *demi-*, et *mal.*

demi-mesure [d(ə)mim(ə)zyʀ] n. f. **1.** Moitié d'une mesure. *Une demi-mesure de blé.* **2.** Mesure, démarche, précaution insuffisante. *Vous n'obtiendrez rien avec des demi-mesures.* – De *demi-*, et *mesure.*

demi-mondaine [d(ə)mimõdɛn] n. f. Vieilli Femme appartenant au demi-monde. – De *demi-*, et *mondaine.*

demi-monde [d(ə)mimõd] n. m. Vieilli Milieu social composé de femmes aux mœurs légères, de courtisanes et de leur entourage. – De *demi-*, et *monde.*

demi-mort, morte [d(ə)mimɔʀ, mɔʀt] adj. Presque mort. – De *demi-*, et *mort.*

demi-mot (à) [ad(ə)mimo] loc. adv. Sans qu'il soit nécessaire de tout dire. *Comprendre à demi-mot.* – De *demi-*, et *mot.*

déminage [deminaʒ] n. m. Action de retirer les mines d'une zone terrestre ou maritime, de les rendre inoffensives. – De *déminer.*

déminer [demine] v. tr. [1] Procéder au déminage de. – De *dé-*, et *mine.*

déminéralisation [demineʀalizasjõ] n. f. **1.** TECH Action de déminéraliser; son résultat. **2.** MED Perte pathologique, localisée ou diffuse, des sels minéraux contenus dans la substance osseuse. – De *déminéraliser.*

déminéraliser [demineʀalize] v. tr. [1] TECH Débarrasser des sels minéraux. *Eau déminéralisée.* ▷ V. pron. MED Être atteint de déminéralisation. – De *dé-*, et *minéral,* d'ap. *minéraliser.*

démineur [deminœʀ] n. m. Spécialiste du déminage. – Appos. *Char démineur.* – De *déminer.*

demi-pause [d(ə)mipoz] n. f. MUS Figure de silence d'une durée égale à celle d'une blanche, placée sur la troisième ligne de la portée sous la forme d'un petit trait. – De *demi-*, et *pause.*

demi-pension [d(ə)mipɑ̃sjõ] n. f. Pension qui ne comporte qu'un seul repas par jour. *Hôtel qui propose la demi-pension et la pension complète.* – De *demi-*, et *pension.*

demi-place [d(ə)miplas] n. f. Place à moitié prix. – De *demi-*, et *place.*

demi-plan [d(ə)miplɑ̃] n. m. GEOM Partie d'un plan, limitée par une droite. – De *demi-*, et *plan.*

demi-portion [d(ə)mipɔʀsjõ] n. f. Fam., péjor. Personne chétive, de petite taille. – Personne insignifiante. – De *demi-*, et *portion.*

demi-quart [d(ə)mikaʀ] n. m. Huitième d'un tout (partic., d'un kilogramme ou d'un litre). – De *demi-*, et *quart.*

demi-queue [d(ə)mikø] adj. *Piano demi-queue,* plus petit que le piano à queue et plus grand que le crapaud. ▷ N. m. *Un demi-queue.* – De *demi-*, et *queue.*

demi-reliure [d(ə)miʀəljyʀ] n. f. TECH Reliure dont le dos n'est pas de la même matière que les plats. – De *demi-*, et *reliure.*

demi-rond [d(ə)miʀõ] n. m. TECH Couteau de corroyeur dont la lame est de section semi-circulaire. – De *demi-*, et *rond.*

demi-ronde [d(ə)miʀõd] n. f. TECH Lime dont une face est plate et l'autre arrondie. ▷ Adj. *Lime demi-ronde.* – De *demi-*, et *rond.*

1. démis, ise [demi, iz] adj. Luxé, désarticulé. *Cheville démise.* – Pp. de *démettre* 1.

2. démis, ise [demi, iz] adj. Destitué, révoqué. *Être démis de ses fonctions.* – Pp. de *démettre* 2.

demi-saison [d(ə)misɛzõ] n. f. L'automne ou le printemps. – *Vêtements de demi-saison,* que l'on porte pendant cette période. – De *demi-*, et *saison.*

demi-sang [d(ə)misɑ̃] n. m. inv. Cheval ou jument provenant de l'accouplement d'un cheval pur-sang avec une jument d'une autre race. – De *demi-*, et *sang.*

demi-sel [d(ə)misɛl] adj. et n. m. inv. **1.** adj. *Beurre demi-sel,* peu salé. **2.** n. Fromage blanc frais, légèrement salé. **3.** Fam. Mauvais garçon, homme qui affecte d'avoir des accointances avec le milieu sans y appartenir. – De *demi-*, et *sel.*

demi-sœur [d(ə)misœʀ] n. f. Sœur par le père ou la mère seulement. V. demi-frère. – De *demi-*, et *sœur.*

demi-sommeil [d(ə)misɔmɛj] n. m. État intermédiaire entre l'état de veille et le sommeil. – De *demi-*, et *sommeil.*

demi-soupir [d(ə)misupiʀ] n. m. MUS Silence d'une durée égale à celle d'une croche, figuré sur la troisième ligne de la portée par un signe en forme de 7. – De *demi-*, et *soupir* (sens 3).

démission [demisjõ] n. f. Acte par lequel on renonce à un emploi, à une dignité. *Donner sa démission.* ▷ DR *Démission d'office:* démission forcée dans les cas définis par la loi. – Lat. *demissio*, «action d'abaisser», pour servir de dér. à *démettre.*

démissionnaire [demisjɔnɛʀ] adj. et n. Qui vient de donner sa démission. – *Spécial.* Qui ne fait pas face à ses responsabilités. – De *démission.*

démissionner [demisjɔne] v. intr. [1] **1.** Donner sa démission. ▷ V. tr. Iron. *Démissionner qqn*, le renvoyer. **2.** *Par ext.* Fam. Renoncer à faire qqch, abandonner. *C'est vraiment trop compliqué; moi, je démissionne.* **3.** Fig. Renoncer à faire face à une situation qui exigerait qu'on assume ses responsabilités. – De *démission.*

demi-tarif [d(ə)mitaʀif] n. m. Tarif inférieur de moitié au plein tarif. *Place à demi-tarif.* – Adj. inv. *Billets demi-tarif.* – De *demi-*, et *tarif.*

demi-teinte [d(ə)mitɛ̃t] n. f. **1.** Teinte peu soutenue. *Un tissu imprimé tout en demi-teintes.* ▷ Fig. *Un poème en demi-teinte.* **2.** MUS Sonorité atténuée. – De *demi-*, et *teinte.*

demi-tige [d(ə)mitiʒ] n. f. ARBOR Arbre fruitier dont on a arrêté la croissance. – De *demi-*, et *tige.*

demi-ton [d(ə)mitõ] n. m. MUS Intervalle qui vaut la moitié d'un ton. *Demi-ton diatonique*, entre deux notes de noms différents. *Demi-ton chromatique*, entre deux notes de même nom, dont l'une est altérée par un dièse ou un bémol. – De *demi-*, et *ton.*

demi-tour [d(ə)mituʀ] n. m. Moitié d'un tour; volte-face. *Demi-tour à droite! Demi-tour, droite! – Faire demi-tour:* se retourner; revenir sur ses pas. – De *demi-*, et *tour.*

démiurge [demjyʀʒ] n. m. **1.** PHILO Nom donné par Platon, dans le *Timée*, à l'ordonnateur du cosmos, différent de Dieu, pure Intelligence. **2.** Litt. Créateur d'une œuvre, généralement de grande envergure. – Gr. *dêmiourgos*, «artisan».

demi-vie [d(ə)mivi] n. f. PHYS NUCL Durée à l'issue de laquelle la moitié d'un corps radioactif s'est désintégrée. Syn. période. – De *demi-*, et *vie.*

demi-vierge [dəmivjɛʀʒ] n. f. Vieilli Jeune fille qui est restée vierge mais qui mène une vie fort libre (par allus. au roman de Marcel Prévost, *les Demi-vierges*, 1894). – De *demi-*, et *vierge.*

demi-volée [d(ə)mivɔle] n. f. SPORT Renvoi de la balle (tennis) ou du ballon (soccer) à l'instant même de son rebond. – De *demi-*, et *volée.*

démixtion [demiksjõ] n. f. CHIM Séparation d'un mélange en plusieurs fractions de compositions différentes. – De *dé-*, et *mixtion.*

démobilisateur, trice [demɔbilizatœʀ, tʀis] adj. Qui démobilise. – De *démobiliser.*

démobilisation [demɔbilizasjõ] n. f. Action de démobiliser. – De *démobiliser.*

démobiliser [demɔbilize] v. tr. [1] **1.** Renvoyer à la vie civile (les hommes appelés sous les drapeaux). **2.** Fig. POLIT Diminuer l'enthousiasme combatif de. *Mot d'ordre qui démobilise les masses.* ▷ v. pron. Ne plus se sentir motivé pour agir. *Même les plus obstinés se démobilisèrent.* – De *dé-*, et *mobiliser.*

démocrate [demɔkʀat] n. **1.** Partisan de la démocratie. – Adj. *Un parti démocrate.* **2.** Membre du parti démocrate, aux États-Unis. – De *démocratie.*

démocrate-chrétien, ienne [demɔkʀatkʀetjɛ̃, jɛn] n. et adj. POLIT Qui se réclame à la fois du christianisme et de la démocratie. – Subst. *Les démocrates-chrétiens.* – De *démocrate*, et *chrétien.*

démocratie [demɔkʀasi] n. f. **1.** Régime politique où la souveraineté est exercée par le peuple. *«Lorsque, dans la république, le peuple en corps a la souveraine puissance, c'est une démocratie.»* (Montesquieu). **2.** Pays qui vit sous un tel régime. *Les démocraties antiques.* ▷ *Les démocraties populaires:* les pays de l'Est se réclamant du marxisme-léninisme (économie dirigée de type socialiste). – *Démocratie libérale*, dont l'organisation économique est de type capitaliste libéral. – Gr. *dêmokratia*, de *dêmos*, «peuple», et *kratos*, «puissance, pouvoir».

démocratique [demɔkʀatik] adj. **1.** Conforme à la démocratie. *Élection démocratique. Régime démocratique.* **2.** À la portée du plus grand nombre. *Un moyen de transport démocratique.* – Gr. *dêmokratikos.*

démocratiquement [demɔkʀatikmɑ̃] adv. D'une manière démocratique. *Représentants syndicaux démocratiquement désignés.* – De *démocratique.*

démocratisation [dəmɔkʀatizasjõ] n. f. Action de démocratiser ; fait de se démocratiser. – De *démocratiser.*

démocratiser [demɔkʀatize] v. tr. [1] **1.** Rendre démocratique. *Démocratiser les institutions.* **2.** Mettre à la portée du plus grand nombre. ▷ V. pron. *La pratique de l'équitation se démocratise.* – De *démocratie.*

démodé, ée [demɔde] adj. Passé de mode. *Chapeau démodé.* – Pp. de *démoder.*

démoder [demɔde] v. tr. [1] Rare Mettre hors de mode. – Cour. v. pron. *Se démoder:* cesser d'être à la mode. – De *dé-*, et *mode.*

démodex [demɔdɛks] n. m. Acarien microscopique parasite des glandes sébacées et des follicules pileux des mammifères, qui provoque chez l'être humain la formation de comédons. – Lat. sc., du gr. *dêmos*, «graisse», et gr. tardif *dêx*, «ver».

démoduler [demɔdyle] v. tr. [1] TELECOM, ELECTRON Séparer (un signal modulé en phase, en amplitude ou en fréquence) de l'onde porteuse. – De *dé-*, et *moduler.*

démographe [demɔgʀaf] n. Spécialiste de la démographie. – De *démographie.*

démographie [demɔgʀafi] n. f. Science qui décrit et étudie les peuples (natalité, mortalité, etc.), les populations (âge, profession, etc.). *Les apports de la démographie à la géographie humaine.* – Gr. *dêmos*, «peuple», et *-graphie.*

démographique [demɔgʀafik] adj. **1.** Qui a rapport à la démographie. *Étude démographique.* **2.** Qui a rapport aux populations, envisagées du point de vue quantitatif. *Poussée démographique.* – De *démographie.*

demoiselle [d(ə)mwazɛl] n. f. **I. 1.** Jeune fille, femme non mariée. **2.** *Demoiselle d'honneur:* jeune fille qui accompagne la mariée. *Les demoiselles d'honneur et les garçons d'honneur.* ▷ Jeune fille attachée à la cour d'une reine, d'une princesse. **II.** Fig. **1.** Nom cour. de diverses petites libellules, partic. du genre *Calopteryx.* **2.** *Demoiselle*, ou *demoiselle coiffée:* cheminée de fée. **3.** TECH Outil de paveur qui sert à compacter. Syn. hie, dame. – Lat. pop. **dominicella*, de *domina*, «dame».

démolir [demɔliʀ] v. tr. [2] **1.** Détruire, abattre pièce par pièce (ce qui était construit). *Démolir une maison.* **2.** Fig. Ruiner, abattre complètement. *Démolir la réputation de qqn.* **3.** Mettre en pièces, rendre inutilisable. *Démolir un appareil.* **4.** Fam. *Démolir qqn,* le rosser. *Se faire démolir.* ▷ Fatiguer à l'extrême, exténuer. *Cette marche forcée nous a complètement démolis.* ▷ Ruiner la santé de. *C'est l'alcool qui l'a démoli.* – Lat. *demoliri,* de *moliri,* «bâtir».

démolissage [demɔlisaʒ] n. m. Action de démolir (sens 2 surtout). – De *démolir.*

démolisseur, euse [demɔlisœʀ, øz] n. **1.** Celui, celle qui travaille à démolir. *La pioche des démolisseurs.* **2.** Fig. Celui qui s'acharne à ruiner des idées, des systèmes. **3.** Fam. Destructeur. – De *démolir.*

démolition [demɔlisjõ] n. f. **1.** Action de démolir. *Entreprise de démolition.* – Fig. *La démolition des institutions.* **2.** Plur. Matériaux provenant de constructions démolies. – Lat. *demolitio.*

démon [demõ] n. m. **1.** MYTH Génie bon ou mauvais. ▷ *Le démon de Socrate:* le génie, la voix intérieure (personnification de la conscience morale) qui, aux dires de Socrate, lui inspirait sa conduite. (On dit aussi le *daïmôn* [dajmɔn] *socratique.*) **2.** Ange déchu, chez les chrétiens et les juifs. – Spécial. *Le démon:* le diable, Satan. **3.** Fig. Personne méchante, mauvaise. *Méfiez-vous d'elle, c'est un démon.* ▷ *C'est un petit démon,* un enfant turbulent, bruyant. **4.** *Le démon de...:* l'instinct mauvais qui pousse vers... *Le démon du jeu.* ▷ *Avoir* (ou *être possédé par*) *le démon de midi:* se dit d'une personne qui, au milieu («midi») de sa vie, éprouve le désir violent d'avoir à nouveau des aventures amoureuses. – Lat. ecclés. *daemon,* gr. *daimôn,* «génie protecteur, dieu».

démonétisation [demɔnetizasjõ] n. f. Action de démonétiser. – De *démonétiser.*

démonétiser [demɔnetize] v. tr. [1] **1.** Enlever sa valeur légale à (une monnaie). – Pp. *Pièce démonétisée,* qui n'a plus cours. **2.** Fig. Déprécier, discréditer. *Une idée largement démonétisée.* – De *dé-,* et lat. *moneta,* «monnaie».

démoniaque [demɔnjak] adj. et n. **1.** Relatif au démon; qui a le caractère qu'on prête au démon. *Personnage démoniaque.* – *Perfidie démoniaque.* **2.** Qui est possédé du démon. – Subst. *L'exorcisation d'un démoniaque.* – Lat. ecclés. *dæmoniacus.*

démonisme [demɔnism] n. m. Croyance aux démons (sens 1). – De *démon.*

démonologie [demɔnɔlɔʒi] n. f. Étude du démon, des démons. – De *démon,* et *-logie.*

démonstrateur, trice [demõstʀatœʀ, tʀis] n. **1.** Celui, celle qui fait la démonstration d'un appareil, d'un produit, etc. *Démonstratrice en produits de beauté.* **2.** Vx ou litt. Personne ou chose qui démontre. – Lat. *demonstrator.*

démonstratif, ive [demõstʀatif, iv] adj. et n. m. **1.** Qui sert à démontrer. *Argument démonstratif.* **2.** Qui aime à s'extérioriser, à manifester ses sentiments. *Un homme peu démonstratif.* **3.** GRAM Qui sert à montrer, à désigner ce dont on parle. *Adjectifs démonstratifs* (ce, cet, cette, ces). *Pronoms démonstratifs* (celui, celle, etc.). ▷ N. m. *Ce et* celui *sont des démonstratifs.* – Lat. *demonstrativus.*

démonstration [demõstʀasjõ] n. f. **1.** Action de démontrer; raisonnement par lequel on démontre. ▷ Ce qui prouve, démontre. *Votre manière d'agir est une excellente démonstration de l'absurdité de vos principes.* **2.** Leçon pratique, explication donnée en montrant les objets dont on parle. *Professeur qui fait une démonstration de botanique.* ▷ *Spécial.* Explication pratique concernant un appareil, un produit, etc., donnée par un représentant ou un vendeur. *Démonstration gratuite à domicile.* **3.** Témoignage, manifestation extérieure d'un sentiment. *Faire des démonstrations d'amitié, d'affection à qqn.* **4.** Manifestation publique spectaculaire. *L'aviation militaire a organisé une grande démonstration aérienne.* ▷ MILIT Manœuvres faites pour donner le change à l'ennemi ou pour l'intimider. – Lat. *demonstratio.*

démonstrativement [demõstʀativmɑ̃] adv. D'une manière démonstrative, convaincante. – De *démonstratif.*

démontable [demõtabl] adj. Qui peut être démonté; qui est prévu pour être démonté. – De *démonter.*

démontage [demõtaʒ] n. m. Action de démonter, de désassembler. – De *démonter.*

démonté, ée [demõte] adj. *Mer démontée,* dont les lames sont très grosses et déferlent. – Pp. de *démonter.*

démonte-pneu [demõt(ə)pnø] n. m. Outil, levier qui sert à déjanter un pneu. *Des démonte-pneus.* – De *démonter,* et *pneu.*

démonter [demõte] v. tr. [1] **1.** Séparer, désassembler (des pièces assemblées). *Démonter une horloge. Démonter une roue.* ▷ (Faux pron.) *Se démonter la mâchoire.* **2.** Jeter (qqn) à bas de sa monture. *Cheval qui démonte son cavalier.* **3.** Fig. Causer du trouble, déconcerter. *Cette objection le démonta.* ▷ V. pron. Perdre contenance. *Se démonter devant un contradicteur.* – De *dé-,* et *monter.*

démontrable [demõtʀabl] adj. Qui peut être démontré. – De *démontrer.*

démontrer [demõtʀe] v. tr. [1] **1.** Établir par un raisonnement rigoureux l'évidence, la vérité de. *Démontrer un théorème.* **2.** Témoigner par des signes extérieurs de. *Ces quelques incidents démontrent la difficulté de l'entreprise.* – Lat. *demonstrare,* «montrer, démontrer».

démoralisant, ante [demɔʀalizɑ̃, ɑ̃t] adj. **1.** Qui est propre à décourager, à abattre. *Votre ingratitude est démoralisante.* **2.** Vx, litt. Qui démoralise, qui fait perdre le sens moral. *Influences démoralisantes.* – Ppr. de *démoraliser.*

démoralisateur, trice [demɔʀalizatœʀ, tʀis] adj. et n. Qui démoralise (sens 1). *Tenir des propos démoralisateurs.* – De *démoraliser.*

démoralisation [demɔʀalizasjõ] n. f. **1.** Action de décourager, de démoraliser. – État d'une personne, d'une collectivité, démoralisée. **2.** Vx, litt. Action de faire perdre le sens moral; son résultat. – De *démoraliser.*

démoraliser [demɔʀalize] v. tr. [1] **1.** Donner un mauvais moral, abattre, décourager. *Cet échec l'a démoralisé.* ▷ V. pron. *Se démoraliser:* perdre courage. **2.** Vx, litt. Corrompre, faire perdre le sens moral à. *Le luxe démoralisa les Romains.* – De *dé-,* et *moral,* d'ap. *moraliser.*

démordre [demɔʀdʀ] v. tr. ind. [5] *Démordre de* (s'emploie surtout négativement): se départir de, renoncer à. *Il s'entête dans son erreur, et il n'en démordra pas.* – De *dé-,* et *mordre.*

démotique [demɔtik] n. m. **1.** Ancienne écriture égyptienne à l'usage du peuple. ▷ Adj. *L'écriture démotique est une simplification de l'écriture hiératique.* **2.** Le grec moderne communément parlé. – Gr. *dêmotikos,* de *dêmos,* «peuple».

démotivation [demɔtivasjõ] n. f. Action de démotiver; son résultat. – De *démotiver.*

démotiver [demɔtive] v. tr. [1] Faire perdre à qqn toute raison de continuer un travail, une revendication, etc. – De *dé-,* et *motiver.*

démoucheter [demuʃte] v. tr. [23] *Démoucheter un fleuret:* ôter le bouton (la *mouche*) qui est à la pointe. – Pp. *Fleuret démoucheté.* – De *dé-*, et *moucheter.*

démoulage [demulaʒ] n. m. Action de démouler. – De *démouler.*

démouler [demule] v. tr. [1] Retirer du moule. *Démouler une pièce de fonderie, un gâteau.* – De *dé-*, et *mouler.*

démoustiquer [demustike] v. tr. [1] Débarrasser (un lieu) des moustiques. – De *dé-*, et *moustique.*

démultiplexeur [demyltipleksœʀ] n. m. ELECTRON Système électronique intégré qui réalise l'opération inverse du multiplexage. (Les entrées-informations sont restituées sous la forme d'une combinaison des entrées-adresses.) – De *dé-*, et *multiplexeur.*

démultiplicateur, trice [demyltiplikatœʀ, tʀis] n. et adj. MECA Dispositif qui réduit la vitesse transmise par un moteur en même temps qu'il augmente le couple moteur. – Adj. *Une roue démultiplicatrice.* – De *démultiplier.*

démultiplication [demyltiplikasjõ] n. f. MECA Ensemble de systèmes démultiplicateurs; effet de ces systèmes, rapport (inférieur à 1) entre la vitesse de l'arbre mené et celle de l'arbre moteur. – De *démultiplier.*

démultiplier [demyltiplije] v. tr. [1] Réduire par une démultiplication la vitesse de. – De *dé-*, et *multiplier.*

démunir [demyniʀ] v. tr. [2] Dépouiller (d'une chose nécessaire). *L'afflux de commandes nous a démunis de notre stock.* ▷ V. pron. Se dessaisir de ce qu'on aurait dû conserver par-devers soi, et spécial. (sans comp. indir.) d'argent. *Il ne veut pas se démunir avant d'avoir la certitude de retrouver du travail.* – De *dé-*, et *munir.*

démuseler [demyzle] v. tr. [22] **1.** Ôter sa muselière à (un animal). **2.** Fig. Rendre libre. *Démuseler la presse.* – De *dé-*, et *museler.*

démutiser [demytize] v. tr. [1] Apprendre à parler à (des sourds). – De *dé-*, et *mutisme.*

démystification [demistifikasjõ] n. f. Action de démystifier; son résultat. – De *démystifier.*

démystifier [demistifje] v. tr. [1] **1.** Désabuser (qqn qui a été victime d'une mystification, d'une tromperie). **2.** Cour. Démythifier. – De *dé-*, et *mystifier.*

démythification [demitifikasjõ] n. f. Action de démythifier; son résultat. – De *démythifier.*

démythifier [demitifje] v. tr. [1] Ôter son caractère mythique à. *Démythifier une vedette de cinéma.* – De *dé-*, et *mythe*; d'ap. *démystifier.*

dénasalisation [denazalizasjõ] n. f. PHON Perte par un phonème de son caractère nasal (ex.: *bon* [bõ], *un bon artiste* [œ̃bɔnaʀtist]). – De *dénasaliser.*

dénasaliser [denazalize] v. tr. [1] PHON Opérer la dénasalisation (d'un phonème). – De *dé-*, et *nasaliser.*

dénatalité [denatalite] n. f. Décroissance du nombre des naissances dans un pays. – De *dé-*, et *natalité.*

dénationalisation [denasjɔnalizasjõ] n. f. **1.** Mod. Action de dénationaliser une entreprise, une industrie. **2.** Vieilli Perte du caractère national. – De *dénationaliser.*

dénationaliser [denasjɔnalize] v. tr. [1] **1.** Mod. Rendre au secteur privé (une entreprise, une industrie nationalisée). **2.** Vieilli Faire perdre son caractère national à. – De *dé-*, et *nationaliser.*

dénaturalisation [denatyʀalizasjõ] n. f. Action de dénaturaliser; son résultat. – De *dénaturaliser.*

dénaturaliser [denatyʀalize] v. tr. [1] Faire perdre les droits acquis par naturalisation. – De *dé-*, et *naturaliser.*

dénaturant, ante [denatyʀɑ̃, ɑ̃t] adj. et n. m. Qui dénature; qui sert à la dénaturation. *Produit dénaturant.* ▷ N. m. *La naphtaline est utilisée comme dénaturant du sel marin.* – Ppr. de *dénaturer.*

dénaturation [denatyʀasjõ] n. f. **1.** Action de dénaturer (une chose). – TECH Opération qui consiste à dénaturer une substance pour la rendre impropre à la consommation alimentaire et la réserver à l'usage industriel. ▷ BIOCHIM *Dénaturation d'une protéine,* altération de sa structure. **2.** Fig. Déformation, altération de la nature d'un fait, d'une idée. *Dénaturation d'une théorie scientifique dans un mauvais ouvrage de vulgarisation.* – De *dénaturer.*

dénaturé, ée [denatyʀe] adj. **1.** TECH Qui a subi une dénaturation. *Alcool dénaturé.* ▷ Fig. Faux, altéré. *Un texte dénaturé.* **2.** Qui va à l'encontre de ce qui est considéré comme naturel. *Mœurs dénaturées.* ▷ *Spécial.* Qui manque aux sentiments naturels d'affection ou d'humanité. *Père dénaturé.* – Pp. de *dénaturer.*

dénaturer [denatyʀe] v. tr. [1] **1.** Changer la nature, les caractères spécifiques de. *Engrais chimique qui dénature le goût des légumes.* ▷ TECH Opérer la dénaturation de. *Dénaturer de l'alcool.* **2.** Fig. Changer le caractère de, altérer, déformer. *Citation tronquée qui dénature la pensée de l'auteur.* – De *dé-*, et *nature.*

dénazification [denazifikasjõ] n. f. Ensemble des mesures prises en Allemagne, après la victoire des Alliés en 1945, pour combattre et détruire l'influence du nazisme. – De *dénazifier.*

dénazifier [denazifje] v. tr. [1] HIST Débarrasser des caractères du nazisme. – De *dé-*, et *nazi.*

dendr(o)-, -dendron. Éléments, du gr. *dendron,* «arbre».

dendrite [dɑ̃dʀit] n. f. **1.** MINER Arborisation formée par de fins cristaux de sels métalliques ou de métaux à l'état natif à la surface de diverses roches. **2.** ANAT Prolongement arborescent du cytoplasme de la cellule nerveuse. – Du gr. *dendron,* «arbre», et *-ite* 3.

dendrochronologie [dɑ̃dʀokʀɔnɔlɔʒi] n. f. GEOL, PALEONT Méthode de datation par l'examen des couches concentriques annuelles des arbres, des arbres fossiles. – De *dendro-*, et *chronologie.*

dendroclimatologie [dɑ̃dʀoklimatɔlɔʒi] n. f. PALEONT Méthode de détermination des paléoclimats par reconstitution des caractéristiques de la croissance des arbres aux époques considérées. – De *dendro-*, et *climatologie.*

dendrologie [dɑ̃dʀɔlɔʒi] n. f. BOT Partie de la botanique qui étudie les arbres. – De *dendro-*, et *-logie.*

dendrologique [dɑ̃dʀɔlɔʒik] adj. Qui concerne la dendrologie. *La recherche dendrologique.* – Du préc.

dendron. V. dendr(o).

dénébulateur [denebylatœʀ] n. m. TECH Appareil servant à dénébuler (brûleur à mazout, par ex.). – De *dénébuler.*

dénébulation [denebylasjõ] n. f. TECH Action de dénébuler. – De *dénébuler.*

dénébuler [denebyle] v. tr. [1] TECH Dissiper artificiellement un brouillard (sur les pistes d'un aéroport, en partic.). – De *dé-*, et rad. de *nébuleux.*

dénégation [denegasjõ] n. f. **1.** Action, fait de nier. *Opposer une dénégation formelle à des allégations mensongères.* **2.** DR *Dénégation d'écriture:* refus de reconnaître l'authenticité d'une pièce écrite produite en justice. **3.** PSYCHAN Mécanisme de défense d'un sujet qui, tout en formulant un désir, jusque là refoulé, nie qu'il lui appartienne. – Lat. *denegatio.*

dénégatoire [denegatwaʀ] adj. DR Qui a le caractère d'une dénégation. – De *dénégation.*

déneigement [denɛʒmɑ̃] n. m. Opération qui consiste à déneiger. – De *déneiger.*

déneiger [dene(ɛ)ʒe] v. tr. [15] Ôter la neige de. *Déneiger une route.* – De *dé-*, et *neige.*

dengue [dɛ̃g] n. f. MED Maladie virale aiguë caractérisée par une éruption, une fièvre, une conjonctivite, des douleurs musculaires et articulaires, transmise par les moustiques et qui sévit à l'état endémique dans les zones tropicales et subtropicales. – Mot esp., «minauderie» (à cause de la démarche que donnent ces douleurs).

déni [deni] n. m. **1.** Refus d'accorder son droit à qqn. *Vous ne pouvez me refuser cela après me l'avoir promis, ce serait un déni odieux.* **2.** Vx ou litt. Action de dénier (un fait, une assertion). *Apporter un déni formel aux affirmations de la presse.* – Déverbal de *dénier.*

déniaiser [denjɛze] v. tr. et pron. [1] Fam. **1.** v. tr. Rendre (qqn) moins niais, moins niaiseux. – Absol. *Voyager, ça déniaise!* ▷ v. pron. «[...] ma première année de Beaux-Arts bat son plein. À part les cours, il y a des activités qui m'aident encore à me déniaiser, à me donner de l'aplomb. Personne ne dirait plus que je viens de la campagne.» (Jean-Paul Filion, *Les murs de Montréal,* 1977.) **2.** v. tr. *Spécial.* Initier (qqn) aux plaisirs sexuels, le débaucher. *Déniaiser un gars, une fille.* ▷ v. pron. «[...] il élimina les États-Unis où les mœurs se relâchaient beaucoup. [...] Aller en Europe alors? Oui, peut-être... mais on s'y déniaisait plutôt vite. Les échanges culturels, sans doute... En tout cas, la Scandinavie aurait pu rendre des points aux Américains.» (Bertrand B. Leblanc, *Variations sur un thème anathème,* 1983.) **3.** v. pron. Se grouiller. *Déniaise-toi, on (n') a pas de temps à perdre!* – Ellipt. *Déniaise!* – De *dé-*, et *niais.*

dénicher [deniʃe] v. tr. [1] **1.** Ôter du nid. *Dénicher des oiseaux.* **2.** Fig. Trouver, découvrir à force de recherches. *Dénicher un objet rare.* ▷ Faire sortir par force qqn du lieu qu'il occupe. *Dénicher les ennemis de leur position.* **3.** v. intr. Abandonner son nid. *Les fauvettes ont déniché.* – De *dé-*, et *niche, nicher.*

dénicheur, euse [deniʃœʀ, øz] n. **1.** Personne qui déniche les oiseaux. **2.** Fig. Personne qui sait découvrir (des objets rares). *C'est un incomparable dénicheur de pièces grecques.* – De *dénicher.*

dénicotiniser [denikɔtinize] v. tr. [1] Enlever la nicotine de. *Dénicotiniser le tabac.* – De *dé-*, et *nicotine.*

denier [dənje] n. m. **1.** ANTIQ Monnaie romaine qui valut dix, puis seize as. *Les trente deniers de Judas,* que Judas reçut pour avoir livré le Christ. **2.** Anc. Monnaie française qui valait le douzième d'un sou. ▷ Mod. (au pl.). *Payer qqch de ses deniers,* de son propre argent. *En être de ses deniers,* de sa poche. **3.** RELIG CATHOL *Denier du culte:* somme recueillie auprès des fidèles pour subvenir aux frais du culte et à l'entretien du clergé. ▷ *Les deniers de l'État:* les fonds publics. **4.** TECH Unité de mesure de la finesse d'un fil (de soie, et par ext. de nylon, etc.) valant 0,05 g pour 450 m de ce fil. *Un fil de 3 deniers légaux est un fil dont 450 m pèsent 0,05 g x 3, soit 0,15 g.* – Lat. *denarius.*

dénier [denje] v. tr. [1] **1.** Ne pas reconnaître, ne pas accorder (un droit) à qqn. *Je vous dénie formellement le droit de tenir de tels propos.* **2.** Vx Nier la réalité de (une chose; un fait). ▷ Mod. Refuser de prendre à son compte, de se voir imputer (qqch). *Je dénie toute responsabilité dans cette affaire.* – Lat. *denegare,* de *negare,* «nier».

dénigrement [denigʀəmɑ̃] n. m. Action de dénigrer. – De *dénigrer.*

dénigrer [denigʀe] v. tr. [1] Chercher à diminuer le mérite, la valeur de (qqn, qqch). *Dénigrer un rival.* Syn. noircir, discréditer, décrier. Ant. vanter, louer. – Lat. *denigrare,* «noircir».

dénigreur, euse [denigʀœʀ, øz] adj. et n. Personne qui dénigre. – De *dénigrer.*

dénitrifiant, ante [denitʀifjɑ̃, ɑ̃t] adj. TECH Qui dénitrifie. – MICROB *Bactéries dénitrifiantes,* qui transforment les nitrates du sol ou des eaux (aliment essentiel des plantes) en azote organique inutilisable par les végétaux. – De *dénitrifier.*

dénitrification [denitʀifikasjɔ̃] n. f. TECH Action de dénitrifier ; élimination de l'azote d'un sol. – De *dénitrifier.*

dénitrifier [denitʀifje] v. tr. [1] TECH Enlever l'azote, ou l'un de ses composés, de (une substance, un sol). – De *dé-*, et *nitrifier.*

dénivelée [denivle] n. f. Différence d'altitude entre deux points (partic. entre les deux extrémités d'une remontée mécanique; entre une arme et son objectif). – Pp. fém. subst. de *déniveler.*

déniveler [denivle] v. tr. [22] **1.** Rendre accidenté (ce qui était nivelé). **2.** Donner une certaine inclinaison, une certaine pente à; changer le niveau de. – De *dé-*, et *niveler.*

dénivellation [denivɛlasjɔ̃] n. f. ou **dénivellement** [denivɛlmɑ̃] n. m. **1.** Action de déniveler; son résultat. **2.** Différence de niveau; inégalité du terrain. – De *déniveler.*

dénombrable [denɔ̃bʀabl] adj. Qu'on peut compter, dénombrer; dont on peut dénombrer les éléments. ▷ MATH *Ensemble dénombrable,* en correspondance biunivoque avec une partie de l'ensemble des entiers positifs. *L'ensemble des nombres rationnels et celui des nombres algébriques sont dénombrables.* – De *dénombrer.*

dénombrement [denɔ̃bʀəmɑ̃] n. m. Action de dénombrer; son résultat. – De *dénombrer.*

dénombrer [denɔ̃bʀe] v. tr. [1] Faire le compte détaillé de, recenser. *Dénombrer des effectifs.* – Lat. *denumerare,* d'ap. *nombrer.*

dénominateur [denɔminatœʀ] n. m. ARITH Terme d'une fraction placé sous le numérateur et indiquant en combien de parties égales l'unité a été divisée. *Le dénominateur de* $\frac{7}{3}$ *est 3. Le plus petit dénominateur commun de* $\frac{4}{6}$ *et de* $\frac{20}{15}$ *est* 3 ($\frac{4}{6} = \frac{2}{3}$; $\frac{20}{15} = \frac{4}{3}$). ▷ Fig. *Dénominateur commun:* caractère, particularité que des personnes ou des choses ont en commun. – Lat. *denominator.*

dénominatif, ive [denɔminatif, iv] adj. et n. LING **1.** adj. Qui dénomme, désigne. **2.** n. m. Dérivé d'un nom. *«Rationner», qui vient de «ration», est un dénominatif.* – Bas lat. *denominativus.*

dénomination [denɔminasjɔ̃] n. f. Désignation d'une personne, d'une chose donnée par un nom. – Nom assigné à une chose. *Ce médicament est connu sous plusieurs dénominations.* – Bas lat. *denominatio.*

dénommé, ée [denɔme] n. ADMIN ou péjor. (Devant un nom propre). Celui, celle qui a pour nom... *J'ai eu affaire au dénommé Un Tel.* – Pp. subst. de *dénommer.*

dénommer [denɔme] v. tr. [1] **1.** Cour. Assigner un nom à (une chose). *Il est souvent difficile de dénommer simplement une technique nouvelle.* **2.** Désigner par un nom, par son nom (un objet, une personne). *«Demoiselle» est un terme employé couramment pour dénommer diverses libellules.* – Lat. *denominare.*

dénoncer [denɔ̃se] v. tr. [14] **I. 1.** *Dénoncer (qqn).* Signaler (un coupable) à la justice, à l'autorité. *Dénoncer un criminel.* ▷ V. pron. *«Promesses d'amnistie complète s'il (le délinquant inconnu) se dénonce»* (M. Pagnol). **2.** *Dénoncer (qqch.)* Faire connaître publiquement en s'élevant contre (un acte répréhensible). *Dénoncer l'arbitraire d'une décision.* **3.** Indiquer, révéler (qqch). *Tout, en lui, dénonce la fausseté.* **II. 1.** DR Signifier par voie légale à un tiers qu'une action est engagée contre lui. **2.** Cour. Faire connaître la cessation, la rupture de (un engagement contractuel). *Dénoncer un contrat. Dénoncer un armistice.* – Lat. *denuntiare,* «faire savoir».

dénonciateur, trice [denɔ̃sjatœʀ, tʀis] n. et adj. Celui, celle qui dénonce (qqn, qqch). ▷ Adj. *Écrit dénonciateur.* – Bas lat. *denuntiator.*

dénonciation [denɔ̃sjasjɔ̃] n. f. **1.** Action de dénoncer (qqn). *Être arrêté sur dénonciation.* ▷ Action de dénoncer qqch. *Des dénonciations grandiloquentes.* **2.** Action de dénoncer (un engagement contractuel). *Dénonciation d'un traité.* – Lat. *denuntiatio.*

dénotatif, ive [denɔtatif, iv] adj. Relatif à la dénotation. – De *dénotation.*

dénotation [denɔtasjɔ̃] n. f. **1.** Le fait de dénoter ; la chose dénotée. **2.** LING, LOG Désignation de tous les objets appartenant à la classe définie par un concept, par oppos. à *connotation.* V. compréhension, extension. – Lat. *denotatio,* «indication».

dénoter [denɔte] v. tr. [1] **1.** Marquer, être le signe de. *Tout cela dénote de réelles qualités de cœur.* **2.** LING, LOG Désigner (un sujet) indépendamment de ses qualités (par oppos. à *connoter*). *«Tout nom dénote un ou des sujets et connote les qualités appartenant à ces sujets»* (Goblot). – Lat. *denotare,* «désigner, faire connaître».

dénouement ou **dénoûment** [denumɑ̃] n. m. Le fait de se dénouer; son résultat. *Le dénouement d'une crise.* ▷ Manière dont se termine un roman, une pièce de théâtre, etc. *Un dénouement inattendu.* – De *dénouer.*

dénouer [denwe] v. tr. [1] **1.** Défaire (un nœud) ; détacher (ce qui était noué). *Dénouer sa ceinture.* – V. pron. *Ses nattes se sont dénouées.* ▷ Fig., vieilli *Dénouer la langue à qqn:* la lui délier, le faire parler. **2.** Démêler, débrouiller, trouver la solution de, mettre fin à (une affaire embrouillée, compliquée). *Chercher le moyen de dénouer une crise.* ▷ V. pron. Fig. Se terminer. *L'intrigue de cette pièce se dénoue fort plaisamment.* – De *dé-,* et *nouer.*

dénoyautage [denwajotaʒ] n. m. Action de dénoyauter. *Le dénoyautage mécanique des olives* (avec un *dénoyauteur*). – De *dénoyauter.*

dénoyauter [denwajote] v. tr. [1] Enlever le noyau de (un fruit). – De *dé-,* et *noyau.*

denrée [dɑ̃ʀe] n. f. Tout ce qui se vend pour la nourriture de l'homme et des animaux. *Denrée périssable.* ▷ Fig. *La générosité est une denrée rare.* – De *denier,* «marchandise de la valeur d'un denier».

dense [dɑ̃s] adj. **1.** Compact, épais. *Une forêt dense.* – *Une population dense,* nombreuse relativement à la surface qu'elle occupe. **2.** Fig. *Un style dense,* riche et concis. – *Une vie dense,* riche d'événements. **3.** PHYS Dont la densité est élevée. *Élément plus dense qu'un autre.* **4.** MATH *Ensemble dense dans un autre ensemble,* tel qu'il existe au moins un élément α de ce dernier qui réponde à l'inéquation $a < \alpha < b$, a et b étant deux éléments quelconques du premier ensemble. – Lat. *densus,* «épais».

densification [dɑ̃sifikasjɔ̃] n. f. Augmentation de la densité. ▷ URBAN *Densification de l'habitat:* augmentation du nombre de logements construits sur une surface donnée. – De *densi(té),* et *-fication,* du lat. *facere,* «faire».

densimètre [dɑ̃simɛtʀ] n. m. PHYS Appareil servant à mesurer la densité des liquides. PHYS NUCL Appareil comportant une source de rayonnement ionisant pour déterminer la densité d'un milieu par la mesure de l'absorption ou de la diffusion du rayonnement. – De *densi(té),* et *-mètre.*

densimétrie [dɑ̃simetʀi] n. f. PHYS Mesure des densités. – Du préc.

densité [dɑ̃site] n. f. **1.** Qualité de ce qui est dense. ▷ GEOGR *Densité de la population:* nombre d'habitants (d'une région, d'un pays) au kilomètre carré. ▷ Fig. *La densité d'un style:* sa richesse et sa concision. **2.** PHYS *Densité d'un liquide ou d'un solide:* rapport entre la masse d'un volume de ce liquide ou de ce solide et la masse du même volume d'eau à 4 °C. *La densité du mercure est de 13,55.* ▷ *Densité d'un gaz:* rapport entre la masse d'un volume donné de ce gaz et la masse du même volume d'air, dans les mêmes conditions de température et de pression. *La densité du butane est 2.* ▷ ELECTR *Densité de courant:* rapport entre l'intensité qui traverse un conducteur et la section droite de ce conducteur. ▷ *Densité optique:* logarithme décimal du rapport du flux incident au flux transmis. – Lat. *densitas.*

densitomètre [dɑ̃sitɔmɛtʀ] n. m. PHYS Photomètre servant à mesurer la densité optique. – De *densi(té),* et *-mètre.*

dent [dɑ̃] n. f. **I. 1.** Chez l'homme, organe de consistance très dure, de coloration blanche, implanté sur le bord alvéolaire des maxillaires et servant à la mastication. *Dents de lait, de sagesse. Dent cariée.* **2.** ZOOL Formation osseuse du squelette des vertébrés, qui sert à la mastication, parfois à la défense. *Les dents d'un éléphant, d'un sanglier,* ses défenses. **3.** Loc. fam. *N'avoir rien à se mettre sous la dent:* n'avoir rien à manger. – Fam. *Avoir la dent, avoir la dent creuse:* avoir faim. – *Mordre à belles dents,* de toutes ses dents, avec avidité. *Manger du bout des dents,* sans appétit. ▷ *Parler entre ses dents,* de manière indistincte. *Ne pas desserrer les dents:* garder un silence obstiné. ▷ *Avoir les dents longues:* être très ambitieux. *Un jeune loup aux dents longues.* – *Avoir la dent dure:* ne pas ménager celui dont on parle. – *Avoir une dent contre qqn:* avoir une rancune, une animosité particulière contre qqn. – *Se faire les dents:* s'aguerrir. ▷ *Grincer des dents:* montrer de l'agacement, de la colère. *Il va y avoir des pleurs et des grincements de dents.* ▷ *Être sur les dents:* être débordé de travail; être accablé, surmené. ▷ *Être armé jusqu'aux dents,* très bien armé. ▷ *Prendre le mors aux dents* (comme un cheval qui s'emballe et qui tire sur le mors): s'emporter violemment. ▷ *Œil pour œil, dent pour dent:* formule de la vieille loi du talion. **II.** *Par anal.* **1.** Pointe ou saillie que présentent certains objets. *Les dents d'un râteau, d'un peigne, d'un pignon, d'un timbre-poste. Les dents d'une scie.* ▷ Loc. *En dents de scie:* présentant une suite d'arêtes, de montées et de descentes. *Graphique en dents de scie.* – Fig. *Un marché qui progresse en dents de scie,* irrégulièrement. **2.** BOT *Les dents d'une feuille, d'un calice,* etc.: les échancrures de leurs bords. **3.** GEOGR Pic montagneux. – Lat. *dens, dentis.*

ENCYCL **Anat.** Chaque dent se compose de trois parties: la racine, incluse dans l'alvéole; la couronne, qui fait saillie hors du bord alvéolaire; le collet, par lequel la racine s'unit à la couronne. La dent est creusée d'une cavité centrale, la cavité pulpaire, qui contient les rameaux vasculo-nerveux correspondants. Elle est faite de dentine ou d'ivoire, recouvert d'émail sur la couronne et de cément sur la racine. Les dents implantées sur les maxillaires dessinent deux courbes paraboliques: les arcades dentaires. Chez l'enfant, les dents de lait commencent à apparaître vers l'âge de 6 mois. Au nombre de 20, elles sont remplacées entre 6 et 10 ans par les 32 dents définitives, qui se répartissent en: 8 incisives, 4 canines, 8 prémolaires, 12 molaires (dont 4 dents de sagesse).

dentaire [dɑ̃tɛʀ] adj. Qui appartient, qui a rapport aux dents, à leur traitement. *Arcade dentaire. Soins dentaires.* – *Formule dentaire*, qui indique le nombre et la répartition des dents d'un individu, d'une espèce (homme et animal). – Lat. *dentarius.*

dental, ale, aux [dɑ̃tal, o] adj. et n. f. Vx Relatif aux dents. *Un nerf dental.* ▷ PHON *Consonnes dentales*, qui se prononcent en appliquant la langue contre les dents. – N. f. *D* [d] *et T* [t] *sont des dentales.* – De *dent.*

dentale [dɑ̃tal] n. m. Mollusque marin (genre *Dentalium*) dont la coquille tronconique arquée est ouverte aux deux extrémités. – Lat. scientif. *dentalium*, du lat. *dens, dentis*, «dent», en raison de la forme pointue de ce mollusque.

dent-de-lion [dɑ̃dəljɔ̃] n. f. Autre nom du pissenlit, en raison de la découpure de ses feuilles. *Des dents-de-lion.* – Lat. médiév. *dens leonis.*

denté, ée [dɑ̃te] adj. 1. TECH Garni de dents. *Roue dentée.* 2. BOT Dont les bords présentent des dents. *Feuille dentée.* – De *dent.*

dentée [dɑ̃te] n. f. VEN Coup de dent du chien au gibier. – Coup du sanglier, donné avec ses défenses. – De *dent.*

dentelé, ée [dɑ̃t(ə)le] adj. et n. m. 1. adj. Qui est coupé ou découpé en forme de dents. *Les bords dentelés d'un timbre-poste.* – *Par ext.* découpé. *Un rivage dentelé.* 2. ANAT *Muscles dentelés:* muscles du tronc présentant des digitations qui s'insèrent sur les côtes. ▷ N. m. *Le grand, le petit dentelé.* – Pp. de *denteler.*

denteler [dɑ̃t(ə)le] v. tr. [22] Découper (qqch) en forme de dents. *Denteler le bord d'un tissu pour éviter qu'il ne s'effiloche.* – De *dent.*

dentelle [dɑ̃tɛl] n. f. 1. Tissu à jours et à mailles très fines fait avec du fil de lin, de soie, de laine, d'or, etc., et dont le bord est généralement dentelé. *La dentelle se fait à l'aide d'aiguilles, de fuseaux, de crochets, de navettes ou de métiers.* – *Robe de dentelle.* – *Porter des dentelles*, des parures en dentelle. 2. Ce qui évoque la dentelle par son aspect. *Dentelle de pierre des clochers gothiques.* – Appos. *Crêpes dentelles*, très fines. – De *dent.*

dentellerie [dɑ̃tɛlʀi] n. f. Fabrication, commerce de la dentelle. – De *dentelle.*

dentellier, ière [dɑ̃təlje, jɛʀ] adj. et n. 1. adj. Qui concerne la dentelle. *Industrie dentellière.* 2. n. Personne qui fait de la dentelle. *La Dentellière*, tableau de Vermeer (Louvre). ▷ n. f. TECH Machine à fabriquer la dentelle. – De *dentelle.*

dentelure [dɑ̃tlyʀ] n. f. 1. Découpure en forme de dents. – Par ext. BOT *Les dentelures d'une feuille.* 2. ARCHI Ornement de sculpture dentelé. – De *denteler.*

denticule [dɑ̃tikyl] n. m. ARCHI Ornement de section carrée, rappelant une dent, caractéristique des corniches ionique et corinthienne. – Lat. *denticulus*, «petite dent, dentelure de frise».

denticulé, ée [dɑ̃tikyle] adj. ARCHI Garni de denticules. *Colonne denticulée.* – De *denticule.*

dentier [dɑ̃tje] n. m. Prothèse dentaire amovible constituée de plusieurs dents artificielles montées sur une même pièce rigide. – De *dent.*

dentifrice [dɑ̃tifʀis] n. m. Préparation servant au nettoyage et à l'entretien des dents, des gencives, et à l'antisepsie de la bouche. *Tube de dentifrice.* – Adj. *Pâte, eau, poudre dentifrice.* – Lat. *dentifricium*, de *dens, dentis*, «dent», et *fricare*, «frotter».

dentine [dɑ̃tin] n. f. BIOCHIM Élément constitutif de l'ivoire de la dent, d'une consistance proche de celle de l'os. – De *dent*, et *-ine.*

dentiste [dɑ̃tist] n. Praticien diplômé qui soigne les dents. *Aller chez le dentiste. Chirurgien-dentiste.* – De *dent.*

dentisterie [dɑ̃tist(ə)ʀi] n. f. Pratique des soins dentaires. – Du préc.

dentition [dɑ̃tisjɔ̃] n. f. 1. Ensemble des phénomènes anatomiques et physiologiques conduisant à la mise en place de la denture. 2. Cour. Denture. – Lat. *dentitio, dentitionis.*

denture [dɑ̃tyʀ] n. f. 1. Ensemble des dents. *La denture complète de l'homme adulte comprend 32 dents.* 2. TECH Ensemble des dents d'un outil, d'un pignon. – De *dent.*

dénucléarisation [denykleaʀizasjɔ̃] n. f. MILIT Réduction de l'armement nucléaire d'un pays. – De *dé-*, et *nucléaire.*

dénudation [denydasjɔ̃] n. f. Action de dénuder ; état de ce qui est dénudé. *La dénudation d'une veine. La dénudation d'une roche.* – De *dénuder.*

dénudé, ée [denyde] adj. Dépouillé de son enveloppe, à nu. *Arbre dénudé*, sans feuilles. *Des épaules dénudées. Paysage dénudé*, sans végétation. – Pp. de *dénuder.*

dénuder [denyde] v. tr. [1] Mettre à nu, dépouiller de ce qui recouvre, garnit. *Dénuder une partie du corps. Dénuder un tronc d'arbre de son écorce, un fil électrique de sa gaine.* ▷ V. pron. *En automne, les arbres se dénudent.* – Lat. *denudare.*

dénué, ée [denɥe] adj. Dépourvu, privé (de). *Un livre dénué d'intérêt.* – Pp. de *dénuer.*

dénuement [denymɑ̃] n. m. Manque du nécessaire. *Vivre dans un profond dénuement.* ▷ *Par métaph.* État de ce qui est dépouillé d'un bien moral. *Le dénuement de l'âme, du cœur.* – De *dénuer.*

dénuer (se) [denɥe] v. pron. [11] Litt. Se priver (de). – Autre forme de *dénuder.*

dénutrition [denytʀisjɔ̃] n. f. MED Déficience nutritionnelle due à une carence d'apports (vitamines, protéines) ou à des troubles dus à un déséquilibre entre l'assimilation et la désassimilation. – De *dé-*, et *nutrition.*

déontologie [deɔ̃tɔlɔʒi] n. f. 1. Théorie des devoirs moraux. 2. Morale professionnelle, théorie des devoirs et des droits dans l'exercice d'une profession (en partic. la profession médicale). – Gr. *deon, deontos*, «devoir», et *-logie.*

déontologique [deɔ̃tɔlɔʒik] adj. Relatif à la déontologie. – Du préc.

dépaillage [depɑjaʒ] n. m. Action de dépailler; son résultat. – De *dépailler.*

dépailler [depɑje] v. tr. [1] Dégarnir de sa paille. *Dépailler une chaise.* – De *dé-*, et *pailler.*

dépalisser [depalise] v. tr. [1] Détacher les branches d'un arbre palissé (mis en espalier). – De *dé-*, et *palisser.*

dépannage [depanaʒ] n. m. Action de dépanner. *Entreprise de dépannage.* – De *dépanner.*

dépanner [depane] v. tr. [1] 1. Remettre en état de fonctionnement, réparer (une machine, un appareil en panne). 2. Fig., fam. Tirer d'embarras. *Vous m'avez rendu un service qui m'a bien dépanné. Peux-tu me dépanner de 10 $?* – De *dé-*, et *panne.*

dépanneur, euse [depanœʀ, øz] n. 1. Ouvrier, ouvrière (mécanicien, électricien, etc.) qui se charge des dépannages. 2. n. m. Petite épicerie autorisée à rester ouverte à des moments où les commerces sont habituellement fermés, destinée surtout aux courses rapides ou de dernière minute. *Aller au dépanneur pour acheter du lait et du pain. Dépanneur 24 heures,* qui ne ferme jamais, qui est toujours ouvert. ▷ *Par ext.* Personne tenant une telle épicerie. **3.** n. f. Voiture équipée pour remorquer les véhicules en panne. Syn. remorqueuse. – De *dépanner.*

dépaquetage [depaktaʒ] n. m. Action de dépaqueter. – De *dépaqueter.*

dépaqueter [depakte] v. tr. [23] Défaire (un paquet); sortir d'un paquet. *Dépaqueter des marchandises.* – De *dé-*, et *paquet.*

dépareillé, ée [depaʀeje] adj. **1.** Qui a été séparé d'un ou plusieurs objets avec lesquels il formait un ensemble. *Des chaussettes dépareillées.* **2.** Qui forme un ensemble incomplet. *Jeu de cartes dépareillé.* – De *dépareiller.*

dépareiller [depaʀeje] v. tr. [1] Altérer l'ordonnance régulière d'une paire ou d'un ensemble d'objets assortis. – De *dé-*, et *pareil.*

déparer [depaʀe] v. tr. [1] Nuire à la beauté, au bon effet d'un ensemble. *Ce fauteuil moderne dépare le reste du mobilier.* – (S. compl.) *Ce meuble ne dépare pas.* – De *dé-*, et *parer.*

déparier [depaʀje] v. tr. [1] **1.** Ôter l'une des deux choses qui forment une paire. *Déparier des gants.* **2.** Séparer le mâle et la femelle de certains animaux. *Déparier des canaris.* Syn désapparier. – De *dé-*, et l'anc. v. *parier*, «accoupler, apparier».

1. départ [depaʀ] n. m. Litt. Séparation, distinction (entre une chose et une autre). – Loc. *Faire le départ entre* (deux choses abstraites). – Déverbal de *départir.*

2. départ [depaʀ] n. m. **1.** Action de partir. *Les départs en vacances. Donner le signal du départ.* ▷ SPORT *Faux départ:* départ non valable (certains concurrents étant partis avant le signal). **2.** Action de quitter une fonction, un emploi, une situation. *Refuser le départ du ministre.* **3.** Lieu d'où l'on part. *Rassembler des coureurs au départ.* **4.** Commencement d'une action, d'un mouvement. *Il a pris un mauvais départ. Reprenons l'affaire à son point de départ.* ▷ *Au départ:* d'abord, au début. *Au départ, nous ne voulions pas acheter une si grande maison.* – *De départ:* initial. *Un signal de départ.* – Déverbal de *départir.*

départager [depaʀtaʒe] v. tr. [15] **1.** Faire cesser le partage, l'égalité d'opinions, de suffrages. *Départager des voix, des candidats.* **2.** Choisir entre (deux opinions, deux personnes, deux partis). *Comme il ne pouvait y avoir deux gagnants, on s'en remit au sort pour les départager.* – De *dé-*, et *partager.*

département [depaʀtəmɑ̃] n. m. **1.** Division des services de certaines administrations, de certains organismes. *Le département des manuscrits d'une bibliothèque.* ▷ *Département d'État:* aux États-Unis, ministère des Affaires extérieures. **2.** Chacune des principales divisions administratives de la France et de quelques autres pays. *Le département du Lot. Chef-lieu de département.* – De *départir.*

départemental, ale, aux [depaʀtəmɑ̃tal, o] adj. (France) Qui appartient au département. *Route départementale.* – De *département.*

départir [depaʀtiʀ] **I.** v. tr. [33] Distribuer, attribuer comme part. *Départir des faveurs, des tâches.* **II.** v. pron. *Se départir de.* **1.** Rare Se désister de, renoncer à. *Il s'est départi de sa demande.* **2.** Abandonner (un comportement). *Il ne s'est pas départi de son calme.* Ant. conserver, garder. – De *partir* 1.

dépassant [depɑsɑ̃] n. m. COUT Garniture qui dépasse à dessein une partie d'un vêtement. – Ppr. subst. de *dépasser.*

dépassement [depɑsmɑ̃] n. m. **1.** Action de dépasser. *Dépassement sans visibilité.* ▷ Fait de se dépasser. *Le sublime, c'est le dépassement de soi-même.* **2.** Fait d'excéder, de dépasser. *Dépassement de crédit.* – De *dépasser.*

dépasser [depɑse] v. tr. [1] **1.** Aller plus loin que, au-delà de (qqch). *Dépasser une limite, un but.* – Fig. *Le succès a dépassé mes espérances.* – Fam. *Dépasser les bornes:* exagérer. **2.** Devancer, laisser derrière soi en allant plus vite. *Il a essayé de dépasser le camion dans la ligne droite.* Syn. doubler. – Fig. *Il a rattrapé son aîné dans ses études et il est sur le point de le dépasser.* Syn. distancer. ▷ Fig., fam. *Être dépassé par les événements:* ne pas être en mesure de contrôler la situation. – *Cela me dépasse,* me déconcerte. – *C'est dépassé,* démodé. **3.** Être plus grand, plus important que. *Cet immeuble dépasse les autres. Cette dépense dépasse mes prévisions.* ▷ Absol. *Sa chemise dépasse.* ▷ V. pron. Accomplir une chose hors du commun, exceptionnelle; se transcender. *Se dépasser soi-même.* – De *dé-*, et *passer.*

dépassionner [depasjɔne] v. tr. [1] Rendre moins passionné, plus objectif. *Dépassionner un débat.* – De *dé-*, et *passionner.*

dépatouiller (se) [depatuje] v. pron. [1] Fam. Se sortir d'une situation difficile, embarrassante. *Il est assez grand pour se dépatouiller tout seul.* Syn. se débrouiller, se dépêtrer. – De *patouiller*, dér. de *patte.*

dépavage [depavaʒ] n. m. Action de dépaver. – De *dépaver.*

dépaver [depave] v. tr. [1] Arracher, ôter les pavés de. *Dépaver une rue.* – De *dé-*, et *paver.*

dépaysement [depeizmɑ̃] n. m. **1.** Action de dépayser; état d'une personne dépaysée. *Il supportera mal le dépaysement.* **2.** Changement d'habitudes agréable, bénéfique. *Aimer le dépaysement* – De *dépayser.*

dépayser [depeize] v. tr. [1] **1.** Vx Faire changer de pays, de lieu. *Dépayser des animaux.* **2.** Fig. Dérouter, désorienter en tirant de son milieu, de ses habitudes. *Le climat, le rythme de vie, les gens, tout cela l'a beaucoup dépaysé.* – De *dé-*, et *pays.*

dépeçage [dep(ə)saʒ] ou **dépècement** [depɛsmɑ̃] n. m. Action de dépecer. *Le dépeçage d'une bête.* – De *dépecer.*

dépecer [dep(ə)se] v. tr. [19] Mettre en pièces, en morceaux (surtout un animal). *Dépecer une volaille.* ▷ *Par ext.* Analyser en détails, disséquer. *Ses détracteurs ont dépecé son livre.* – De *dé-*, et a. fr. *pèce*, «pièce».

dépeceur, euse [dep(ə)sœʀ, øz] n. Personne qui dépèce. – De *dépecer.*

dépêche [depɛʃ] n. f. **1.** Correspondance officielle concernant les affaires publiques. *Une dépêche diplomatique, ministérielle.* **2.** Communication, officielle ou privée, transmise par voie rapide. Syn. télégramme. *Envoyer, recevoir une dépêche.* **3.** (Dans le titre de certains journaux). *«La Dépêche de N.»* – Déverbal de *dépêcher.*

dépêcher [depe(ɛ)ʃe] **1.** v. tr. [1] Envoyer (qqn) en hâte. *Le gouvernement a dépêché un ambassadeur.* ▷ Loc. Fig., fam. *Dépêcher qqn dans l'autre monde,* le tuer. ▷ Litt. Faire promptement qqch. *Dépêcher un discours.* **2.** v. pron. Se hâter. *Dépêchez-vous, ou vous serez en retard.* – De *dé-*, et rad. d'*empêcher.*

dépeigner [depeɲe] v. tr. [1] Déranger la coiffure de (qqn). *Ce vent m'a dépeignée.* Syn. décoiffer. – De *dé-*, et *peigner.*

dépeindre [depɛ̃dʀ] v. tr. [73] Décrire, représenter par le discours. *Dépeindre une situation, un caractère.* ▷ V. pron. (passif). *Cette scène horrible ne peut se dépeindre.* Syn. raconter. – Du lat. *depingere*, d'ap. *peindre.*

dépenaillé, ée [dep(ə)nɑ(a)je] adj. **1.** Vêtu de haillons; mal habillé. Syn. déguenillé. **2.** En lambeaux, très endommagé. *Un vieux livre dépenaillé.* – De *dé-*, et *penaille* (vx), «tas de loques», dér. anc. de *pan.*

dépendance [depɑ̃dɑ̃s] n. f. **1.** État d'une personne, d'une chose, qui dépend d'une autre. *Être sous la dépendance de qqn.* **2.** Rapport qui fait dépendre une chose d'une autre. *Ces phénomènes sont dans une dépendance mutuelle.* **3.** Par méton. (souvent au pl.). Ce qui dépend de qqch. *L'hôtel et ses dépendances. Cette île est une dépendance de la France.* – De *dépendre* 1.

dépendant, ante [depɑ̃dɑ̃, ɑ̃t] adj. Qui dépend de. *Il est financièrement dépendant de ses parents.* Ant. indépendant, autonome. ▷ GRAM. *Une proposition subordonnée est dépendante de la principale.* – Ppr. de *dépendre* 1.

1. dépendre [depɑ̃dʀ] v. tr. indir. [75] **1.** *Dépendre de:* être assujetti à, sous la domination de. *Les enfants dépendent de leurs parents. Je ne dépends que de moi-même.* ▷ Relever de l'autorité de. *Ma nomination dépend du ministre.* **2.** Appartenir, être rattaché à. *Ce prieuré dépend de telle abbaye.* **3.** Être fonction de. *Son succès dépendra de son travail.* ▷ V. impers. *Il ne dépend que de vous que vous réussissiez.* ▷ Fam. *Ça dépend:* c'est variable, c'est selon les circonstances. *Irez-vous vous promener? – Ça dépend!* – Lat. *dependere,* «pendre de», d'où «se rattacher à».

2. dépendre [depɑ̃dʀ] v. tr. [75] Détacher ce qui était pendu. *Dépendre un tableau.* – De *dé-*, et *pendre.*

dépens [depɑ̃] n. m. pl. **I.** DR Part des frais encourus lors d'un procès, que la partie gagnante peut se faire rembourser par la partie perdante, à moins que le tribunal n'en ait décidé autrement. *Les dépens comprennent les débours et les honoraires judiciaires.* **II.** loc. prép. *Aux dépens de.* **1.** En occasionnant des frais à. *Il vit à mes dépens.* **2.** Fig. En causant du tort, du dommage à. *Réussir aux dépens d'autrui.* ▷ *Rire aux dépens de qqn:* se moquer de lui. – Lat. *dispensum,* de *dispendere,* «distribuer».

dépense [depɑ̃s] n. f. **I.** Action de dépenser. **1.** Emploi d'argent. *Faire de grandes dépenses.* **2.** Argent déboursé. *Participer aux dépenses.* Loc. fam. *Regarder à la dépense:* être économe, près de ses sous. – COMPTA Compte détaillé de l'argent dépensé. *La dépense excède la recette.* ▷ FIN *Dépenses publiques:* dépenses incombant à l'État, et couvrant le fonctionnement des services publics. **3.** Emploi d'une chose. *Dépense de temps, d'énergie.* **II.** Lieu où l'on garde des provisions (dans une maison, une communauté, etc.). *Ranger les boîtes de conserve dans la dépense.* – Lat. *dispensa,* pp. fém. subst. de *dispendere,* «distribuer».

dépenser [depɑ̃se] **I.** v. tr. [1] **1.** Employer (de l'argent). *Dépenser une fortune, un héritage.* – Absol. *Dépenser beaucoup, sans compter.* **2.** Fig. Employer, puiser dans (des ressources). *Dépenser son temps, ses forces, son énergie, sa salive.* **3.** Consommer. *Ces machines dépensent beaucoup d'électricité.* **II.** v. pron. **1.** Être dépensé. *Il se dépense des sommes énormes dans les casinos.* **2.** Déployer une grande activité. *Elle se dépense sans compter pour les siens.* – De *dépense.*

dépensier, ière [depɑ̃sje, jɛʀ] adj. (et n.) Qui aime la dépense, qui dépense excessivement. *Un homme dépensier.* Ant. économe. – De *dépenser.*

déperdition [depɛʀdisjɔ̃] n. f. Diminution, perte. *La vieillesse entraîne une déperdition des forces.* ▷ PHYS Perte (d'énergie). *Déperdition de chaleur.* – Lat. *deperdere,* d'ap. *perdition.*

dépérir [depeʀiʀ] v. intr. [2] **1.** S'affaiblir progressivement, décliner. *Cet arbre dépérit à cause de la sécheresse. Cet homme dépérit à vue d'œil.* **2.** Se détériorer, être en voie de destruction; péricliter. *Les affaires dépérissent.* – Lat. *deperire.*

dépérissement [depeʀismɑ̃] n. m. État de ce qui dépérit. *Le dépérissement de la végétation. Le dépérissement d'une industrie,* son déclin. – De *dépérir.*

dépersonnalisation [depɛʀsɔnalizasjɔ̃] n. f. PSYCHIAT Trouble mental caractérisé par la sensation d'être étranger à soi-même. – De *dépersonnaliser.*

dépersonnaliser [depɛʀsɔnalize] v. tr. [1] **1.** Faire perdre sa personnalité à. **2.** Ôter le caractère personnel, individuel à. – De *dé-*, et *personnel.*

dépêtrer [depetʀe] v. tr. [1] et pron. [11] **1.** Débarrasser d'une entrave les pieds de. **2.** Dégager, délivrer. *C'est lui qui m'a dépêtré de ce bourbier.* – Fam. *Ne pas pouvoir se dépêtrer de qqn,* ne pas pouvoir s'en débarrasser. – De *dé-*, et *(em)pêtrer.*

dépeuplement [depœpləmɑ̃] n. m. Action de dépeupler, fait de se dépeupler; état de ce qui est dépeuplé. *Le dépeuplement des campagnes.* Syn. dépopulation. – De *dépeupler.*

dépeupler [depœple] **1.** v. tr. [1] Dégarnir, vider de ses habitants. *Les vacances ont dépeuplé la capitale.* – Par ext. *Dépeupler une forêt* (de ses animaux, de ses arbres). **2.** v. pron. Perdre son peuplement. *Régions qui se dépeuplent.* – De *dé-*, et *peupler.*

déphasage [defɑzaʒ] n. m. **1.** PHYS Différence de phase entre deux phénomènes alternatifs de même fréquence. **2.** Fig., fam. Fait d'être déphasé. – De *dé-*, et *phase.*

déphasé, ée [defɑze] adj. **1.** PHYS Qui présente un déphasage. **2.** Fig., fam. Perturbé dans son rythme de vie; troublé dans ses pensées. *Il travaille la nuit et il dort le jour, il est complètement déphasé.* – De *dé-*, et *phase.*

déphosphoration [defɔsfɔʀasjɔ̃] n. f. METALL Opération consistant à éliminer le phosphore de la fonte ou de l'acier. – De *dé-*, et *phosphore.*

déphosphorer [defɔsfɔʀe] v. tr. [1] METALL Procéder à la déphosphoration de. – Du préc.

dépiauter [depjote] v. tr. [1] **1.** Fam. Enlever la peau (d'un animal). *Dépiauter un lapin.* Syn. écorcher. – Par ext. *Dépiauter une orange.* ▷ Fig. *Dépiauter un texte,* l'analyser minutieusement. **2.** v. pron. *Se dépiauter,* pouvoir être dépiauté. *Cet animal se dépiaute facilement.* – De *dé-*, et *piau,* forme dial. de *peau.*

dépigmentation [depigmɑ̃tasjɔ̃] n. f. BIOL MED Disparition du pigment d'un tissu, partic. de la peau. – De *dé-*, et *pigmentation.*

dépilage [depilaʒ] n. m. TECH Action de dépiler les peaux pour le tannage. – De *dépiler* 1.

dépilation [depilasjɔ̃] n. f. **1.** MED Action de dépiler; son résultat. ▷ Chute de poils. **2.** Cour. Action d'éliminer les poils superflus. – De *dépiler* 1.

dépilatoire [depilatwaʀ] adj. et n. Qui sert à faire tomber les poils. *Crème, lotion dépilatoire.* ▷ N. m. *Un dépilatoire.* – De *dépilation.*

1. dépiler [depile] v. tr. [1] Faire tomber les poils, les cheveux de. – Lat. *depilare,* de *pilus,* «poil».

2. dépiler [depile] v. tr. [1] TECH Abattre les piliers d'une mine (opération de *dépilage*). – De *dé-*, et *pile* 1.

1. dépiquage [depikaʒ] n. m. AGRI Action de dépiquer pour repiquer. – De *dépiquer* 1.

2. dépiquage [depikaʒ] n. m. AGRI Action de dépiquer. – De *dépiquer* 2.

1. dépiquer [depike] v. tr. [1] **1.** COUT Défaire les piqûres de. *Dépiquer un col.* **2.** AGRI Déplanter des semis pour les repiquer en pleine terre. *Dépiquer des salades.* – De *dé-*, et *piquer.*

2. dépiquer [depike] v. tr. [1] AGRIC Faire sortir le grain des épis par battage, foulage et roulage. – Du provenç. mod. *depica*, de l'esp. *espigo*, «épi».

dépistage [depistaʒ] n. m. Action de dépister. *Dépistage de la tuberculose par des examens systématiques.* – De *dépister*.

dépister [depiste] v. tr. [1] **I. 1.** CHASSE Découvrir (le gibier) à la piste. – *Par ext.* Découvrir, retrouver (qqn) en suivant une trace. *La police a rapidement dépisté les coupables.* **2.** Découvrir (ce qui était dissimulé). *Dépister une fraude. – Dépister une maladie.* **II.** Faire perdre la piste, la trace à. *Dépister des créanciers.* – De *dé-*, et *pister*.

dépit [depi] n. m. **1.** Vive contrariété mêlée de colère, causée par une déception, une blessure d'amour-propre. *Manifester son dépit. Agir par dépit.* **2.** Loc. adv. *En dépit de:* malgré, sans tenir compte de. *Réussir en dépit des obstacles.* – Du lat. *despectus*, «mépris».

dépité, ée [depite] adj. Qui conçoit, montre du dépit. *Un amant dépité. Une mine dépitée.* – Pp. adj. de *dépiter*.

dépiter [depite] v. tr. [1] Litt. Causer du dépit à. *Votre refus l'a dépité.* – De *dépit*.

déplacé, ée [deplase] adj. **1.** Qui a été changé de place. **2.** Fig. Qui n'est pas à sa place étant donné la situation, les circonstances. *Des propos déplacés. Cette dispute devant des tiers est déplacée.* Syn. malséant, incongru, inopportun. **3.** *Personne déplacée*, qui a été contrainte de quitter son pays. – Pp. de *déplacer;* sens 3, de l'angl. *displaced person*.

déplacement [deplasmɑ̃] n. m. **1.** Action de déplacer, de se déplacer; fait d'être déplacé. *Déplacement d'air. Cela vaut le déplacement.* ▷ MED *Déplacement d'une vertèbre*, qui n'est plus dans sa position normale. **2.** Voyage. *Cet emploi exige des déplacements fréquents.* **3.** MAR *Déplacement d'un navire:* poids du volume d'eau déplacé par la carène. **4.** CHIM *Déplacement d'un équilibre:* modification de la composition d'un système de corps chimiques en équilibre (due à une modification de pression, de température, de concentration). **5.** GEOM Transformation (translation, rotation) d'une figure en figure égale. – De *déplacer*.

déplacer [deplase] **I.** v. tr. [14] **1.** Ôter (une chose) de la place qu'elle occupe. *Déplacer un meuble.* – Fig. *Déplacer la question:* s'écarter de l'objet précis d'une discussion. – *Déplacer les foules*, les attirer massivement derrière soi. – *Déplacer des montagnes:* faire l'impossible. **2.** Fig. Faire changer (qqn) de poste. *Déplacer un fonctionnaire.* **3.** MAR Avoir un déplacement de. *Cuirassé déplaçant 35 000 t.* **II.** v. pron. **1.** Changer de place (choses). *Les nuages se déplaceront vers l'intérieur du pays.* **2.** Quitter un lieu, aller d'un lieu à un autre (personnes). *Vous devrez aller le voir, car il se déplace rarement.* – De *dé-*, et *place*.

déplafonnement [deplafɔnmɑ̃] n. m. FIN Fait de déplafonner. *Déplafonnement des crédits.* – De *déplafonner*.

déplafonner [deplafɔne] v. tr. [1] FIN Faire cesser le plafonnement de, supprimer la limite supérieure de. *Déplafonner les cotisations de l'assurance-chômage.* – De *dé-*, et *plafonner*.

déplaire [deplɛʀ] **I.** v. tr. indir. [72] **1.** Ne pas plaire à, ne pas être du goût de. *Ce livre m'a déplu. Il a un visage sournois qui me déplaît.* Syn. rebuter. ▷ Impers. *Il me déplaît de:* il m'est désagréable de. *Il ne me déplairait pas de le revoir.* **2.** Causer du chagrin à, offenser, fâcher. *Son comportement m'a beaucoup déplu.* ▷ *Ne vous (en) déplaise:* nonobstant votre opinion, votre mécontentement. *«Je chantais, ne vous déplaise»* (La Fontaine). **II.** v. pron. N'éprouver aucun plaisir, ne pas se trouver bien. *Je me déplais en sa compagnie.* – Fig. *Ces plantes se déplaisent à l'ombre.* – (Récipr.) *Au premier coup d'œil ils se sont déplu.* – Lat. pop. *displacere*, de *placere*, «plaire».

déplaisant, ante [deplɛzɑ̃, ɑ̃t] adj. **1.** Qui ne plaît pas. *Un visage déplaisant. Une situation déplaisante.* Syn. antipathique, désagréable. **2.** Qui contrarie, qui offense. *Des allusions déplaisantes.* Syn. désobligeant. – Ppr. de *déplaire*.

déplaisir [deple(ɛ)ziʀ] n. m. **1.** Vx Chagrin, affliction. **2.** Contrariété, mécontentement. *Il a omis de m'en prévenir, à mon grand déplaisir.* – De *dé-*, et *plaisir*.

déplanter [deplɑ̃te] v. tr. [1] **1.** Enlever de terre (des végétaux) pour planter ailleurs. *Déplanter un arbre, un piquet.* **2.** Dégarnir de ses plantes. *Déplanter un verger.* – De *dé-*, et *planter*.

déplâtrage [deplɑtʀaʒ] n. m. Action de déplâtrer. – De *déplâtrer*.

déplâtrer [deplatʀe] v. tr. [1] **1.** Ôter le plâtre de. *Déplâtrer un mur.* **2.** CHIR Enlever un plâtre. *Déplâtrer un bras.* – Par ext. *Déplâtrer qqn.* – De *dé-*, et *plâtrer*.

déplétif, ive [depletif, iv] adj. MED Qui provoque la déplétion. – N. m. *Un déplétif:* un médicament qui présente des propriétés déplétives. – De *déplétion*.

déplétion [deplesjɔ̃] n. f. **1.** MED Déperdition, spontanée ou provoquée, de liquides ou de substances organiques. **2.** ASTRO Hétérogénéité d'un astre, caractérisée par une diminution locale de son champ de gravitation. – Lat. *depletio*, de *deplere*, «vider».

dépliage [deplijaʒ] ou **dépliement** [deplimɑ̃] n. m. Action de déplier; fait de se déplier. – De *déplier*.

dépliant, ante [deplijɑ̃, ɑ̃t] adj. et n. m. **1.** adj. Qui se déplie. *Canapé dépliant.* **2.** n. m. Page plus grande que la couverture d'un livre, qu'on déplie pour la consulter. *Les dépliants des tableaux synoptiques d'un ouvrage.* **3.** n. m. Prospectus imprimé formé de plusieurs volets que l'on déplie. *Dépliants d'une agence de voyages.* – Ppr. subst. de *déplier*.

déplier [deplije] **1.** v. tr. [1] Étaler, étendre, ouvrir (ce qui était plié). *Déplier sa serviette. Déplier son journal.* – Par ext. *Déplier de la marchandise:* la sortir, l'étaler, l'exposer. **2.** v. pron. S'étaler, s'ouvrir, s'étendre. *Les ailes de l'oiseau se déplièrent dans un bruissement soyeux.* – De *dé-*, et *plier*.

déplisser [deplise] v. tr. [1] Défaire les plis, effacer les faux plis de. *Déplisser une jupe.* ▷ V. pron. *Vêtement qui se déplisse sans repassage.* – De *dé-*, et *plisser*.

déploiement [deplwa(ɑ)mɑ̃] n. m. Action de déployer, état de ce qui est déployé. *Déploiement d'un parachute.* – Par ext. *Un grand déploiement de forces policières. Un déploiement de richesses.* – De *déployer*.

déplomber [deplɔ̃be] v. tr. [1] **1.** Enlever un sceau de plomb de. *Déplomber un colis.* **2.** CHIR Enlever l'amalgame (d'une dent obturée). – De *dé-*, et *plomber*.

déplorable [deplɔʀabl] adj. **1.** Vx Triste, affligeant. *Sa fin fut déplorable.* **2.** Regrettable, fâcheux. *Un incident déplorable.* **3.** Très mauvais, blâmable. *Un travail déplorable. Une conduite déplorable.* – De *déplorer*.

déplorablement [deplɔʀabləmɑ̃] adv. D'une manière déplorable. – De *déplorable*.

déplorer [deplɔʀe] v. tr. [1] **1.** Témoigner une grande affliction de. *Déplorer la mort de qqn.* **2.** Trouver mauvais, regretter. *Je déplore la maladresse de cette mesure.* – Lat. *deplorare*.

déployé, ée [deplwaje] adj. Étendu après avoir été plié. *Voguer toutes voiles déployées.* ▷ *Rire à gorge dé-*

ployée, aux éclats, bruyamment. ▷ MILIT *Ligne déployée:* dispositif d'étalement d'une troupe qui permet de faire face à l'ennemi. – Pp. de *déployer.*

déployer [deplwaje] v. tr. [26] **1.** Étendre, développer (ce qui était plié). *Déployer des tentures.* ▷ V. pron. *Son parachute ne s'est pas déployé.* **2.** MILIT *Déployer des troupes*, leur faire occuper un grand espace de terrain; leur faire prendre le dispositif de combat. ▷ V. pron. *L'armée se déploie dans la plaine.* **3.** Fig. Montrer, étaler. *Déployer tous ses talents pour convaincre un auditoire.* – De *dé-*, et *ployer.*

déplumer [deplyme] **I.** v. tr. [1] Ôter ses plumes à. *Déplumer une volaille.* **II.** v. pron. **1.** Perdre ses plumes; s'arracher les plumes. *Les oiseaux se déplument à coups de bec.* **2.** Fig., fam. Perdre ses cheveux. *Il se déplume sur le sommet du crâne.* **3.** Fig. Perdre son argent. *Il s'est déplumé au jeu.* – De *dé-*, et *plumer.*

dépoétiser [depɔetize] v. tr. [1] Ôter son caractère poétique à. – De *dé-*, et *poétiser.*

dépoitraillé, ée [depwatʀaje] adj. Fam., péjor. Dont la poitrine est fort découverte. – De *dé-*, et *poitrail.*

dépolarisant, ante [depɔlaʀizɑ̃, ɑ̃t] adj. PHYS Qui fait cesser la polarisation. – Ppr. de *dépolariser.*

dépolarisation [depɔlaʀizasjɔ̃] n. f. PHYS **1.** Suppression des effets de la polarisation. **2.** Transformation de la lumière polarisée en lumière naturelle. – De *dépolariser.*

dépolariser [depɔlaʀize] v. tr. [1] PHYS Faire cesser la polarisation (électrique, lumineuse) de. ▷ V. intr. Perdre sa polarisation. – De *dé-*, et *polariser.*

dépoli, ie [depɔli] adj. Qui a perdu son poli. *Verre dépoli*, que le dépolissage a rendu translucide (et non plus transparent). – Pp. de *dépolir.*

dépolir [depɔliʀ] v. tr. [2] Ôter le poli de. ▷ V. pron. Perdre son poli. – De *dé-*, et *polir.*

dépolissage [depɔlisaʒ] n. m. TECH Action de dépolir; son résultat. *Dépolissage du verre, des métaux.* – De *dépolir.*

dépolitisation [depɔlitizasjɔ̃] n. f. Action de dépolitiser; son résultat. – De *dépolitiser.*

dépolitiser [depɔlitize] v. tr. [1] Ôter son caractère politique à. *Dépolitiser un sujet.* ▷ v. pron. *Se dépolitiser:* rompre avec la politique. – De *dé-*, et *politiser.*

dépolluer [depɔlɥe] v. tr. [1] Supprimer les effets de la pollution. *Dépolluer un lac.* – De *dé-*, et *polluer.*

dépollueur [depɔlɥœʀ] adj. (et n. m.) Qui combat la pollution, ses effets. *Navire dépollueur.* – De *dépolluer.*

dépollution [depɔlysjɔ̃] n. f. Action de dépolluer; son résultat. – De *dépolluer.*

dépolymérisation [depɔlimeʀizasjɔ̃] n. f. CHIM Transformation d'un polymère en une substance de masse molaire plus faible par un processus inverse de celui de la polymérisation. – De *dé-*, et *polymérisation.*

dépolymériser [depɔlimeʀize] v. tr. [1] CHIM Effectuer une dépolymérisation. – Du préc.

déponent, ente [depɔnɑ̃, ɑ̃t] adj. et n. m. Se dit des verbes latins qui ont une forme passive et un sens actif. – Lat. *deponens.*

dépopulation [depɔpylasjɔ̃] n. f. **1.** Action de dépeupler; fait de se dépeupler. **2.** État d'un pays qui se dépeuple. *La dépopulation des campagnes.* Syn. dépeuplement. – De *dépeupler*, d'ap. *population.*

déport [depɔʀ] n. m. DR Acte par lequel un arbitre se récuse ou démissionne. – Déverbal de *(se) déporter.*

déportation [depɔʀtasjɔ̃] n. f. **1.** Peine d'exil, afflictive et infamante, appliquée autref. aux crimes politiques. *Déportation simple. Déportation dans une enceinte fortifiée.* **2.** Internement dans un camp de concentration situé dans une région éloignée du domicile de la victime ou dans un pays étranger. – Lat. *deportatio.*

déporté, ée [depɔʀte] n. (et adj.). **1.** Personne condamnée à la déportation. **2.** Personne internée dans un camp de concentration. – Pp. subst. de *déporter.*

déportement [depɔʀtəmɑ̃] n. m. **1.** Vx Conduite. ▷ Mod., plur. Acte de débauche. **2.** Fait d'être déporté, dévié de sa direction. – De *déporter.*

déporter [depɔʀte] **I.** v. tr. [1] **1.** Faire subir la déportation à (qqn). *Les nazis déportèrent plusieurs millions de juifs en Allemagne et en Pologne.* **2.** Dévier, entraîner hors de la bonne direction. *Son chargement mal équilibré le déportait vers la droite.* **II.** v. pron. Se récuser. – Lat. *deportare*, «déporter, exiler».

déposant, ante [depozɑ̃, ɑ̃t] n. **1.** DR Qui fait une déposition en justice. **2.** Personne qui effectue un dépôt dans une banque, une caisse d'épargne. *Les déposants des Caisses populaires.* – Ppr. subst. de *déposer.*

dépose [depoz] n. f. TECH Opération consistant à déposer ce qui était fixé, posé. *Frais de pose et de dépose.* – Déverbal de *déposer* 2.

1. déposer [depoze] **A.** v. tr. [1] **I.** Destituer du pouvoir souverain. *Déposer un pape, un roi.* **II. 1.** Poser (ce que l'on porte). *Déposer un fardeau.* – Fig. *Déposer les armes:* cesser le combat, se rendre. **2.** Fig., litt. Quitter, se dépouiller de. *Déposer sa fierté.* **3.** Placer, mettre, laisser quelque part. *Déposer son manteau sur une chaise. La voiture m'a déposé à la porte.* ▷ LEGISL *Déposer un projet de loi*, le soumettre à l'Assemblée nationale. ▷ *Déposer une plainte:* porter plainte en justice. **4.** Mettre en dépôt, donner en garde. *Déposer de l'argent à la banque.* ▷ COMM *Déposer une marque de fabrique, un brevet*, en effectuer le dépôt au tribunal de commerce pour se garantir des contrefaçons. *Modèle déposé.* ▷ DR COMM *Déposer son bilan:* se déclarer en cessation de paiement. **5.** Former un dépôt, en parlant d'un liquide. *Cette eau a déposé beaucoup de sable.* ▷ V. intr. *Laisser un vin déposer.* ▷ V. pron. *La lie se dépose au fond de la bouteille.* **B.** v. intr. DR Faire une déposition en justice. *Le témoin est venu déposer à la barre.* – Lat. *deponere*, d'ap. *poser.*

2. déposer [depoze] v. tr. [1] TECH Ôter (un objet) de la place où il avait été fixé, posé. *Déposer une serrure.* – De *dé-*, et *poser.*

dépositaire [depozitɛʀ] n. **1.** Personne qui reçoit qqch en dépôt. *Ces documents ne vous appartiennent pas, vous n'en êtes que le dépositaire.* – Fig. *Nous sommes les dépositaires d'une grande tradition.* **2.** Commerçant chargé de vendre des marchandises qui lui sont confiées. *Le (la) dépositaire exclusif (ive) de telle marque.* – Lat. jur. *depositarius.*

déposition [depozisjɔ̃] n. f. **1.** Destitution, privation du pouvoir souverain. **2.** DR Déclaration sous serment d'un témoin en justice. *La déposition de l'expert fit grande impression.* **3.** BX-A *Une déposition de croix:* un tableau représentant le Christ descendu de la croix. – Lat. jur. *depositio.*

déposséder [depɔsede] v. tr. [16] Priver (qqn) de ce qu'il possédait. *Déposséder qqn de ses biens.* Syn. dépouiller. – De *dé-*, et *posséder.*

dépossession [depɔsɛsjɔ̃] n. f. Action de déposséder; son résultat. – De *déposséder.*

dépôt [depo] n. m. **1.** Action de déposer, de placer qqch quelque part. *Le dépôt des ordures est interdit à cet endroit.* ▷ Action de remettre, de confier qqch à qqn. – *Spécial.* Action de confier une somme d'argent à un organisme bancaire. *Effectuer un dépôt à la banque. Banque de dépôt*, qui utilise les dépôts à vue de ses clients pour diverses opérations de crédit. ▷ *Dépôt direct:* opération consistant à déposer dans le compte en banque des bénéficiaires les prestations de leur régime de retraite ou d'assurance sociale. (Rem.: L'OLF recommande le remplacement de cette expression par *virement automatique*.) ▷ *Dépôt légal:* dépôt obligatoire de plusieurs exemplaires de tout imprimé à la Bibliothèque nationale, lors de sa publication. **2.** DR Contrat par lequel une personne, le déposant, confie une chose mobilière à une autre, le dépositaire, qui s'engage à la garder et à la restituer lorsque demande lui en sera faite. ▷ *Dépôt volontaire de traitements, salaires ou gages:* consignation par le débiteur qui veut en éviter la saisie, de la portion saisissable de son salaire, au greffe du tribunal. **3.** La chose confiée, donnée en garde. *Restituer un dépôt.* – Fig. *Un secret est un dépôt sacré.* **4.** Lieu où l'on garde des objets. *Dépôt d'armes clandestin.* ▷ Lieu où l'on gare des locomotives, des autobus, etc. **5.** Établissement où sont hébergées ou gardées certaines personnes. *Dépôt des équipages de la flotte:* caserne des marins à terre, dans un port de guerre. **6.** Matières qui se déposent au fond d'un récipient contenant un liquide. *Dépôt au fond d'une bouteille de vin.* **7.** Matière recouvrant une surface. *Dépôt électrolytique. Dépôt calcaire sur les parois d'une bouilloire.* – GEOL Accumulation de matériaux détritiques d'origine minérale. *Dépôt éolien, glaciaire,* etc. – Lat. jur. *depositum.*

dépotage [depɔtaʒ] ou **dépotement** [depɔtmɑ̃] n. m. Action de dépoter; son résultat. – De *dépoter.*

dépoter [depɔte] v. tr. [1] **1.** Ôter d'un pot. *Dépoter une plante.* **2.** TECH Transvaser (un liquide, notam. un hydrocarbure). – Par ext. *Dépoter un wagon-citerne.* – De *dé-*, et *pot.*

dépotoir [depɔtwaʀ] n. m. **1.** Lieu destiné à recevoir les matières provenant des vidanges. **2.** Lieu où l'on dépose les ordures. Décharge publique. ▷ Fig., fam. Lieu en grand désordre, très sale. *C'est un vrai dépotoir, cette chambre!* – De *dépoter.*

dépouille [depuj] n. f. **I. 1.** Peau enlevée à un animal. – ZOOL Tégument épidermique dont se débarrassent, à époques fixes, certains animaux. *La dépouille d'un serpent.* **2.** Fig., litt. *La dépouille mortelle* : le corps d'un défunt. **3.** n. f. pl. Butin pris à l'ennemi. ▷ ANTIQ ROM *Dépouilles opimes**. **II.** TECH Taille oblique donnée au bord d'un outil. – Déverbal de *dépouiller.*

dépouillé, ée [depuje] adj. **1.** Dont on a ôté la peau. *Lapin dépouillé.* **2.** Dégarni, dépourvu. *Arbre dépouillé de ses feuilles.* **3.** Fig. Sobre, simple, sans fioritures. *Formes dépouillées.* – Pp. de *dépouiller.*

dépouillement [depujmɑ̃] n. m. **1.** Action de dépouiller; état de ce qui est dépouillé. **2.** Inventaire, examen, analyse minutieuse. *Dépouillement d'un scrutin.* – De *dépouiller.*

dépouiller [depuje] v. tr. [1] **I. 1.** Enlever la peau de (un animal). *Dépouiller un lapin.* – *Par ext.* Priver de ce qui couvre ou garnit. *Dépouiller un temple de ses ornements. Le vent a dépouillé les arbres.* ▷ V. pron. Ôter, perdre ce qui couvre. *Se dépouiller de ses vêtements. La forêt se dépouille de sa verdure.* **2.** Déposséder. *Dépouiller qqn de ses biens.* ▷ V. pron. *Se dépouiller en faveur de qqn.* **3.** Fig. Faire l'inventaire, l'examen minutieux et approfondi de. *Dépouiller un compte, un dossier.* ▷ *Dépouiller un scrutin:* dénombrer les suffrages en faveur de chacun des candidats, de chacune des propositions, etc. **II.** Litt. **1.** Quitter, perdre (ce qui enveloppait). *L'insecte dépouille sa première carapace.* **2.** Fig. Abandonner, renoncer à. *Dépouiller sa morgue.* ▷ V. pron. *Se dépouiller de ses préjugés.* – Lat. *despoliare.*

dépourvu, ue [depuʀvy] adj. **1.** Qui a perdu ce dont il était pourvu; qui manque du nécessaire. *«La cigale se trouva fort dépourvue»* (La Fontaine). ▷ *Dépourvu de:* dénué, privé de. *Un jardin dépourvu de fleurs. Être dépourvu de bon sens.* Ant. doté, muni, pourvu. **2.** Loc. adv. *Au dépourvu:* à l'improviste, sans préparation. *Il m'a pris au dépourvu.* – De *dé-*, et *pourvu.*

dépoussiérage [depusjeʀaʒ] n. m. Action de dépoussiérer. – De *dépoussiérer.*

dépoussiérant [depusjeʀɑ̃] n. m. TECH Produit qui facilite le dépoussiérage en retenant les poussières. – Ppr. subst. de *dépoussiérer.*

dépoussiérer [depusjeʀe] v. tr. [16] Enlever les poussières de. – Fig. Remettre à neuf, renouveler. – De *dé-*, et *poussière.*

dépoussiéreur [depusjeʀœʀ] n. m. TECH Appareil à dépoussiérer. – De *dépoussiérer.*

dépravation [depʀavasjɔ̃] n. f. Action de dépraver; son résultat. *Dépravation du goût, du jugement, des mœurs. Tomber dans la dépravation.* Syn. corruption, perversion, vice. – Lat. *depravatio.*

dépravé, ée [depʀave] adj. **1.** Altéré, corrompu. **2.** Perverti, vicieux, immoral. *Mœurs dépravées. Des gens dépravés.* ▷ Subst. *Un, une dépravé(e).* – Pp. de *dépraver.*

dépraver [depʀave] v. tr. [1] **1.** Altérer, dégrader. *Dépraver le goût.* **2.** Amener (qqn) à faire et à aimer le mal; corrompre. *Ses fréquentations l'ont dépravé. Dépraver les mœurs.* Syn. pervertir. – Lat. *depravare,* «tordre, corrompre».

déprécation [depʀekasjɔ̃] n. f. RELIG Prière faite pour écarter un malheur, un danger, ou pour obtenir le pardon d'une faute. – Lat. *deprecatio.*

dépréciateur, trice [depʀesjatœʀ, tʀis] n. Personne qui déprécie. – De *déprécier.*

dépréciatif, ive [depʀesjatif, iv] adj. Qui déprécie, vise à déprécier. *Avis dépréciatif.* – De *déprécier.*

dépréciation [depʀesjasjɔ̃] n. f. Action de déprécier, de se déprécier; état d'une chose dépréciée. – De *déprécier.*

déprécier [depʀesje] v. tr. [1] **1.** Rabaisser, diminuer le prix, la valeur de. *L'installation d'une usine à proximité a déprécié ce terrain.* Syn. dévaloriser. ▷ v. pron. *Monnaie qui se déprécie.* **2.** Dénigrer, chercher à déconsidérer. *Il ne parle de vous que pour vous déprécier.* Ant. exalter, vanter. – Lat. *depretiare,* de *pretium,* «prix».

déprédateur, trice [depʀedatœʀ, tʀis] adj. (et n.) Qui commet des déprédations. – Bas lat. *deprædator.*

déprédation [depʀedasjɔ̃] n. f. **1.** Vol, pillage accompagné de destruction, de détérioration. **2.** Détérioration causée à des biens matériels. **3.** Malversation, détournement. *Déprédation des finances publiques.* **4.** Exploitation de la nature, sans précautions écologiques. – Bas lat. *deprædatio,* de *præda,* «proie».

déprendre (se) [depʀɑ̃dʀ] v. pron. [74] Se détacher, se dégager. *Se déprendre de qqn, d'une affection, d'une habitude.* – De *dé-*, et *prendre.*

dépressif, ive [depʀesif, iv] adj. PSYCHO Relatif à la dépression. *État dépressif.* MED *Syndrome dépressif.* Ensemble des manifestations de la dépression. – De *dépression.*

dépression [depʀesjɔ̃] n. f. Abaissement au-dessous d'un niveau donné; enfoncement. **1.** GEOL et GEOMORPH Zone, plus ou moins étendue, en forme de cuvette. **2.** TECH Pression inférieure à la pression atmosphérique. ▷ METEO Zone dans laquelle la pression atmosphérique est plus basse que dans les régions voisines. **3.** État psychique pathologique caractérisé par une asthénie, un ralentissement de l'activité intellectuelle et motrice, accompagné de lassitude, de tristesse et d'anxiété. *Dépression nerveuse.* **4.** ECON Période de ralentissement des affaires, crise. – Lat. *depressio*, «enfoncement» .

dépressionnaire [depʀesjɔnɛʀ] adj. METEO Qui est le siège d'une dépression. *Zone dépressionnaire d'Islande.* – De *dépression.*

dépressurisation [depʀesyʀizasjõ] n. f. TECH Action de dépressuriser (la cabine d'un avion, d'un engin spatial). – De *dépressuriser.*

dépressuriser [depʀesyʀize] v. tr. [1] TECH Faire cesser la pressurisation de. – De *dé-*, et *pressuriser.*

déprimant, ante [depʀimɑ̃, ɑ̃t] adj. Qui déprime, abat. *Une nouvelle déprimante.* Syn. démoralisant. – Ppr. de *déprimer.*

déprime [depʀim] n. f. Fam. Abattement, idées noires. – Déverbal de *déprimer.*

déprimé, ée [depʀime] adj. et n. Qui est dans un état dépressif. *Il est très déprimé. Un déprimé chronique.* – Pp. de *déprimer.*

déprimer [depʀime] v. tr. [1] **1.** Produire un affaissement, un enfoncement dans (qqch). *Le choc a déprimé l'os frontal.* **2.** Diminuer l'énergie, abattre le moral de (qqn). *Sa maladie l'a beaucoup déprimé.* – Lat. *deprimere*, «presser de haut en bas».

dépriser [depʀize] v. tr. [1] Litt. Apprécier au-dessous de sa valeur. *Dépriser qqn, un ouvrage.* Syn. mésestimer. – De *dé-*, et *priser.*

De profundis [depʀɔfõdis] n. m. RELIG CATHOL Psaume de la pénitence devenu la prière pour les morts, et qui commence par ces mots. – Mots lat., «des profondeurs».

déprogrammation [depʀɔgʀamasjõ] n. f. Action, fait de déprogrammer. – De *déprogrammer.*

déprogrammer [depʀɔgʀame] v. tr. [1] **1.** INFORM Supprimer d'un programme qqch qui y figurait, qui en faisait partie. **2.** Fig. Aider (qqn, notam. un adepte d'une secte désireux d'échapper à son emprise) à retrouver un équilibre psychologique. – De *dé-*, et *programmer.*

déprogrammeur, euse [depʀɔgʀamœʀ, øz] n. Celui, celle qui s'attache à déprogrammer (sens 2). – De *déprogrammer.*

dépucelage [depyslaʒ] n. m. Action de dépuceler. – De *dépuceler.*

dépuceler [depysle] v. tr. [22] Vulg. Faire perdre son pucelage, sa virginité à. – De *dé-*, et *pucelle.*

depuis [dəpɥi] prép. **I.** (Exprimant le temps.) **1.** À partir de (tel moment, tel événement passé). *Nous sommes à Vancouver depuis le premier janvier. Depuis quand êtes-vous absents?* – Iron. *Depuis quand nous tutoyons-nous?* ▷ Adv. *Qu'est-il arrivé depuis? Je ne l'ai pas revu depuis.* **2.** Pendant (un espace de temps qui s'étend, s'est étendu jusqu'au moment dont on parle). *Je vous attends depuis une demi-heure. Il n'avait pas plu depuis longtemps.* – Exclam. *Depuis le temps que je voulais vous voir!* **3.** Loc. conj. *Depuis que. Depuis qu'il fait froid, je ne sors plus.* **II.** (Exprimant l'espace, avec une idée de mouvement ou d'étendue.) À partir de (tel endroit). *Il est venu à pied depuis Drummondville. La douleur s'étendait depuis le genou jusqu'à l'aine.* ▷ Abusiv. *Elle surveillait les enfants depuis son balcon* (il faudrait dire: *de son balcon*). *Notre envoyé spécial nous parle depuis Beyrouth* (*de Beyrouth*). **III.** Fig. *Depuis... jusqu'à* (introduisant le premier terme d'une série ininterrompue). *Depuis le plus jeune jusqu'au plus vieux.* – De *de*, et *puis.*

dépulper [depylpe] v. tr. [1] Enlever la pulpe de. *Dépulper des betteraves.* – De *dé-*, et *pulpe.*

dépuratif, ive [depyʀatif, iv] adj. et n. m. Propre à purifier l'organisme. *Une eau dépurative.* ▷ N. m. *Prendre un dépuratif.* – De *dépurer.*

dépuration [depyʀasjõ] n. f. Action de dépurer; son résultat. – De *dépurer.*

dépurer [depyʀe] v. tr. [1] MED, TECH Rendre plus pur. – Lat. *depurare*, de *purus*, «pur».

députation [depytasjõ] n. f. **1.** Envoi d'une ou de plusieurs personnes chargées d'une mission; ces personnes elles-mêmes. *Recevoir une députation.* Syn. délégation. **2.** Fonction de député. *Se présenter à la députation.* – Bas lat. *deputatio*, «délégation».

député [depyte] n. m. **1.** Celui qui est envoyé (par une nation, une ville, une assemblée, etc.) pour remplir une mission particulière. **2.** Personne nommée ou élue pour faire partie d'une assemblée délibérante. **3.** Membre élu de l'Assemblée nationale, ou de la Chambre des communes. *Élire un député.* (Rem.: Comme forme féminine, l'OLF recommande *une députée.* – Du bas lat. *deputatus*, «représentant de l'autorité».

députer [depyte] v. tr. [1] Envoyer (qqn) comme député. *Ils le députèrent pour plaider leur cause.* – Du lat. *deputare*, «tailler», par ext. «assigner, estimer».

déqualification [dekalifikasjõ] n. f. Baisse ou perte de la qualification professionnelle (de qqn). – De *dé-*, et *qualification.*

déqualifier [dekalifje] v. tr. [1] Faire baisser la qualification professionnelle de qqn, ou la lui faire perdre. – De *dé-*, et *qualifier.*

der [dɛʀ] n. f. ou n. m. inv. Fam. *La der des der:* l'ultime fois; *spécial.*, la dernière de toutes les guerres. – *Dix de der:* les dix derniers points attribués à celui qui fait le dernier pli à la belote. – Abrév. de *dernier, dernière.*

déraciné, ée [deʀasine] adj. et n. **1.** Arraché de terre (végétaux). **2.** Fig. Qui a quitté son pays, son milieu d'origine. *Des émigrants déracinés.* ▷ Subst. *«Les Déracinés»:* titre d'une œuvre (1897) de M. Barrès. – Pp. de *déraciner.*

déracinement [deʀasinmɑ̃] n. m. Action de déraciner; état de ce qui est déraciné. – Fig. État d'une personne déracinée. – De *déraciner.*

déraciner [deʀasine] v. tr. [1] **1.** Tirer de terre, arracher avec ses racines (un végétal). *Déraciner un arbre.* – Par anal. *Déraciner une dent.* **2.** Fig. Faire disparaître, détruire complètement. *Déraciner un préjugé, un vice.* Syn. extirper. **3.** Fig. *Déraciner qqn*, lui faire quitter son pays, son milieu d'origine. – De *dé-*, et *racine.*

dérader [deʀade] v. intr. [1] MAR Se dit d'un bâtiment contraint de quitter la rade où il mouillait, à cause du gros temps. – De *dé-*, et *rade.*

dérager [deʀaʒe] v. intr. [1] Litt. Cesser d'être en rage. (Ne s'emploie qu'à la forme négative.) *Il n'a pas déragé de la soirée.* Syn. décolérer. – De *dé-*, et *rager.*

déraillement [deʀajmɑ̃] n. m. Accident de chemin de fer dans lequel le train est sorti des rails. – De *dérailler.*

dérailler [deʀaje] v. intr. [1] **1.** Sortir des rails. *Le train a déraillé.* **2.** Fig., fam. Fonctionner mal, se dérégler, dévier. *Ce baromètre déraille complètement. Sa voix déraille dans les aigus.* **3.** Fig., fam. S'égarer dans un raisonnement; perdre tout bon sens. *Ce n'est pas cela du tout! Tu dérailles, mon vieux!* Syn. déraisonner. – De *dé-*, et *rail.*

dérailleur [deʀajœʀ] n. m. **1.** TECH Dispositif permettant de faire passer la chaîne d'une bicyclette d'un pignon sur un autre de diamètre différent. **2.** CH de F Dispositif permettant à un wagon de changer de voie. – De *dérailler.*

déraison [deʀɛzɔ̃] n. f. Manque de raison; manière de penser, d'agir contraire à la raison. – De *dé-*, et *raison.*

déraisonnable [deʀɛzɔnabl] adj. Qui n'est pas raisonnable. *Personne déraisonnable. Il serait déraisonnable de partir maintenant.* – De *dé-*, et *raisonnable.*

déraisonnablement [deʀɛzɔnabləmɑ̃] adv. De manière déraisonnable. – Du préc.

déraisonner [deʀɛzɔne] v. intr. [1] Penser, parler contrairement à la raison, au bon sens. *Ça, un chef-d'œuvre? Mais tu déraisonnes!* – De *dé-*, et *raisonner.*

dérangement [deʀɑ̃ʒmɑ̃] n. m. **1.** Action de déranger; état de ce qui est dérangé. **2.** Désordre. **3.** Fig. Trouble apporté dans des habitudes. *Causer du dérangement à qqn.* **4.** Mauvais fonctionnement, dérèglement. *Téléphone en dérangement.* **5.** Indisposition passagère. *Dérangement intestinal.* – De *déranger.*

déranger [deʀɑ̃ʒe] v. tr. [15] **1.** Ôter (une chose) de sa place habituelle. *Déranger des livres. Vous rangerez ce que vous avez dérangé. – Par ext.* Mettre du désordre dans. *Déranger une chambre.* **2.** Obliger (qqn) à quitter sa place. *Il a dérangé dix personnes pour accéder à son fauteuil.* ▷ v. pron. *Ne vous dérangez pas, je vous l'apporte.* **3.** Interrompre, troubler (qqn) dans ses occupations. *Cette musique me dérange. Prière de ne pas déranger.* Syn. distraire, ennuyer. ▷ v. pron. *Continuez votre travail, ne vous dérangez pas pour moi.* – Contrarier, gêner. *Cela vous dérange-t-il de reporter notre rendez-vous?* **4.** Provoquer des troubles physiologiques. *Mets indigestes qui dérangent le foie.* ▷ *Avoir le cerveau dérangé:* déraisonner, divaguer. – De *dé-*, et *ranger.*

dérapage [deʀapaʒ] n. m. **1.** Action de déraper. ▷ Fig. Changement imprévu et incontrôlé. *Dérapage des prix.* **2.** SPORT À skis, mouvement de glissade latérale contrôlé avec les carres. – De *déraper.*

déraper [deʀape] v. intr. [1] **1.** TECH Glisser, lorsque l'adhérence n'est plus suffisante. *La voiture a dérapé sur une plaque de verglas.* ▷ Fig. S'écarter de façon imprévue et incontrôlée. *La conversation a dérapé.* **2.** MAR En parlant d'une ancre, ne plus assurer la tenue sur le fond. ▷ V. tr. *Déraper l'ancre* ou, absol., *déraper :* arracher l'ancre du fond pour la remonter. – Provenç. *derapa*, de *rapar*, «saisir», du germ. **hrapôn.*

dérasé, ée [deʀɑze] adj. *Bande dérasée:* couloir situé en bordure d'une autoroute, et réservé aux arrêts d'urgence. – Pp. de *déraser.*

dérasement [deʀɑzmɑ̃] n. m. Action de déraser; son résultat. – De *déraser.*

déraser [deʀɑze] v. tr. [1] CONSTR Abattre le sommet (d'un mur). – De *dé-*, et *raser.*

dératé, ée [deʀate] n. *Courir comme un dératé,* très rapidement. – Pp. de l'anc. v. *dérater,* «enlever la rate» (pour, croyait-on, faire courir plus vite les chevaux).

dératisation [deʀatizasjɔ̃] n. f. Action de dératiser. – De *dé-*, et *rat.*

dératiser [deʀatize] v. tr. [1] Débarrasser des rats. *Dératiser un navire, une cave.* – Du préc.

dérayer [deʀeje] v. tr. [24] AGRIC Creuser profondément un sillon pour délimiter deux champs contigus. – De *dérayure*, d'ap. *rayer.*

dérayure [deʀɛjyʀ] n. f. AGRIC Sillon obtenu en dérayant. – De *dé-*, et *rayure.*

derbouka [dɛʀbuka] ou **darbouka** [daʀbuka] n. m. Tambour d'Afrique du N. fait d'une peau tendue sur l'orifice d'un vase sans fond en terre cuite. – Ar. *darabukha.*

derby [dɛʀbi] n. m. **1.** TURF Course de chevaux qui a lieu chaque année à Epsom, en Angleterre. **2.** Chaussure lacée sur le cou-de-pied. – Mot angl., du n. de Lord *Derby,* qui créa, en 1780, le derby d'Epsom.

derechef [dəʀəʃɛf] adv. Vx ou litt. De nouveau. – De *de-*, *re-*, et *chef.*

déréglé, ée [deʀegle] adj. **1.** Qui est mal réglé, qui fonctionne mal. *Montre déréglée.* ▷ Sans mesure. *Appétit déréglé. Imagination déréglée.* **2.** Qui ne suit pas les règles de la morale. *Conduite déréglée.* – Pp. de *dérégler.*

dérèglement [deʀɛgləmɑ̃] n. m. **1.** État de ce qui est déréglé. *Le dérèglement des saisons.* **2.** Vieilli Absence de règles morales, désordre, inconduite. *Vivre dans le dérèglement. Le dérèglement des mœurs.* – De *dérégler.*

déréglementation [deʀegləmɑ̃tɑsjɔ̃] n. f. Réduction ou suppression de la réglementation dans un secteur économique donné. – De *dé-*, et *réglementation.*

dérégler [deʀegle] v. tr. [16] **1.** Déranger le réglage de; détraquer (un mécanisme). *Le froid dérègle les horloges.* – Par ext. *La boisson lui a déréglé l'estomac.* **2.** Vieilli Faire négliger les règles de la morale, du devoir, etc. *Cette passion pour l'argent, qui dérègle les mœurs.* – De *dé-*, et *régler.*

déréliction [deʀeliksjɔ̃] n. f. THEOL État de l'homme abandonné à lui-même, privé de toute assistance divine. – Lat. *derelictio,* «abandon».

dérépresseur [deʀepʀesœʀ] adj. et n. m. BIOL Se dit d'un gène qui effectue une dérépression. – De *dérépression.*

dérépression [deʀepʀesjɔ̃] n. f. BIOL Levée de l'inhibition qu'assure un gène répresseur sur le gène opérateur. – Angl. *derepression* .

déridage [deʀidaʒ] n. m. CHIR Opération de chirurgie esthétique consistant à tendre la peau du visage pour supprimer les rides. – De *dérider.*

dérider [deʀide] v. tr. [1] **1.** Faire disparaître les rides. **2.** Égayer. *Dérider qqn.* ▷ v. pron. *Se dérider:* perdre sa mauvaise humeur, quitter son air morose. *Il a fini par se dérider.* – De *dé-*, et *rider.*

dérision [deʀizjɔ̃] n. f. Moquerie méprisante. *Je disais cela par dérision. Tourner (qqn, qqch) en dérision:* se moquer de manière méprisante de (qqn, qqch). – Bas lat. *derisio*, de *deridere*, «se moquer de».

dérisoire [deʀizwaʀ] adj. **1.** Litt. Qui incite à la dérision. *Des propos dérisoires. Il était dérisoire dans son malheur.* **2.** Ridiculement bas, insignifiant. *Un salaire dérisoire.* – Bas lat. *derisorius.*

dérisoirement [deʀizwaʀmɑ̃] adv. Litt. D'une manière dérisoire. – De *dérisoire.*

dérivatif, ive [deʀivatif, iv] adj. et n. m. **1.** Cour. Qui procure une dérivation, une diversion pour l'esprit. *Activités dérivatives.* – N. m. *Le travail est un dérivatif au chagrin, aux soucis.* **2.** LING Qui permet la formation de dérivés. *Préfixe, suffixe dérivatif.* – Bas lat. *derivativus.*

1. dérivation [deʀivasjɔ̃] n. f. **1.** Action de dériver, de dévier de son cours. *Dérivation d'un cours d'eau.* ▷ *Ligne branchée en dérivation,* entre deux points d'un circuit électrique. **2.** MATH Calcul de la dérivée d'une fonction. **3.** LING Processus de formation de mots nouveaux à partir d'un radical (ex.: *accidentel* par suffixation de *accident*; *revenir* par préfixation de *venir*; *dégaine* par suppression du *r* de *dégainer*, etc.). – Lat. *derivatio.*

2. dérivation [deʀivasjɔ̃] n. f. **1.** MAR et AVIAT Action de dériver (sous l'effet des courants, du vent). **2.** ARTILL Fait, pour un projectile, de s'écarter du plan de tir (phénomène dû à sa rotation, ou à l'effet du vent). – De *dériver* 2.

dérive [deʀiv] n. f. **1.** MAR et AVIAT Dérivation d'un avion, d'un navire, sous l'effet du vent, des courants. *Navire qui subit une dérive de 3° ouest par rapport à son cap. Angle de dérive.* ▷ *Bateau qui va à la dérive,* qui va au gré des éléments sans pouvoir se diriger. – Fig. *Ses affaires vont à la dérive. Il est à la dérive:* il se laisse aller au gré des circonstances. **2.** MAR Aileron vertical amovible destiné à diminuer la dérive d'un bateau à voile *(dériveur).* ▷ AVIAT Gouvernail de direction d'un avion. **3.** MILIT Angle selon lequel on modifie le tir pour compenser la dérivation des projectiles. **4.** TECH Déplacement du zéro d'un appareil de mesure. – Déverbal de *dériver* 2.

ENCYCL Selon la théorie de la dérive des continents, due à Wegener (1912), les continents actuels résulteraient de la division, au cours des ères secondaire et tertiaire, d'un continent unique, le Gondwana; chaque morceau dériva ensuite sous l'effet des forces dues à la rotation de la Terre, ces déplacements étant possibles grâce à la viscosité du sima sur lequel flotteraient les continents (sial). Cette théorie connaît auj., sous une forme nouvelle, un regain de faveur dû à la théorie des *plaques.*

1. dérivé [deʀive] n. m. **1.** LING Mot qui dérive d'un autre. *«Dépuration» est un dérivé de «dépurer».* **2.** CHIM Corps qui provient d'un autre (par distillation, combinaison, etc.). *L'essence est un dérivé du pétrole.* – Pp. subst. de *dériver* 1.

2. dérivé, ée [deʀive] adj. Détourné de son cours, en parlant d'un cours d'eau. *Canal dérivé.* ▷ ELECTR *Loi des courants dérivés,* qui permet de déterminer la répartition du courant entre plusieurs conducteurs placés en dérivation. – Pp. de *dériver* 1.

dérivée [deʀive] n. f. MATH Limite du rapport entre l'accroissement d'une fonction continue (résultant de l'accroissement de la variable) et l'accroissement de la variable, lorsque ce dernier tend vers zéro. – Pp. subst. de *dériver* 1.

1. dériver [deʀive] v. tr. [1] **I.** v. tr. dir. Détourner de son cours. *Dériver un ruisseau.* ▷ MATH *Dériver une fonction:* en calculer la dérivée. **II.** v. tr. indir. **1.** *Dériver de:* découler de, être issu de. *Une conception du monde qui dérive des philosophies de la Grèce antique.* **2.** LING Tirer son origine de. *Une part importante du vocabulaire français dérive du latin. Mot qui dérive d'un autre.* – Lat. *derivare,* de *rivus* «ruisseau».

2. dériver [deʀive] v. intr. [1] **1.** MAR et AVIAT Avoir tendance (sous l'effet des courants, du vent) à s'écarter du cap suivi. **2.** MAR Aller au gré du vent et de la mer sans pouvoir se diriger, en parlant d'un navire. – De l'angl. *to drive* par croisement avec *dériver* 1.

3. dériver [deʀive] [1] ou **dériveter** [deʀivte] v. tr. [23] TECH Défaire (ce qui était rivé). – De *dé-,* et *river.*

dériveur [deʀivœʀ] n. m. Bateau à voiles muni d'une dérive. – De *dériver* 2.

dermatite [dɛʀmatit] ou **dermite** [dɛʀmit] n. f. MED Inflammation de la peau. *Dermatite séborrhéique.* – Lat. méd. *dermatitis*

dermato-, -derme, derm(o)-. Éléments, tirés du gr. *derma, dermatos,* «peau».

dermatologie [dɛʀmatɔlɔʒi] n. f. MED Partie de la médecine qui traite de la peau et de ses maladies. – De *dermato-,* et *-logie.*

dermatologique [dɛʀmatɔlɔʒik] adj. Qui a rapport à la dermatologie. – Du préc.

dermatologiste [dɛʀmatɔlɔʒist] ou **dermatologue** [dɛʀmatɔlɔg] n. MED Médecin spécialiste en dermatologie. – De *dermatologie.*

dermatose [dɛʀmatoz] n. f. MED Maladie de la peau. – Lat. méd. *dermatosis.*

derme [dɛʀm] n. m. Partie profonde de la peau située sous l'épiderme, formée de tissu conjonctif et contenant des vaisseaux, des nerfs, et les follicules pileux. *C'est le derme des animaux qui, après tannage, donne le cuir.* – Gr. *derma,* «peau».

-derme. V. dermato-.

dermeste [dɛʀmɛst] n. m. Coléoptère (genre *Dermestides*) dont la larve dévore les vêtements, les tentures, les fourrures, etc. – Lat. zool., de *derm-,* et gr. *esthein,* «manger».

dermique [dɛʀmik] adj. Relatif au derme, à la peau. – De *derme.*

dermite. V. dermatite.

derm(o)-. V. dermato-.

dermoptères [dɛʀmɔptɛʀ] n. m. pl. ZOOL Ordre de mammifères, proches des insectivores, auquel appartiennent les galéopithèques. – De *dermo-,* et gr. *pteron,* «aile», à cause des membranes qui, tendues entre leurs membres antérieurs, leur permettent de voler.

dernier, ière [dɛʀnje, jɛʀ] adj. et n. **I.** (Avant le nom.) Qui vient après tous les autres. *Le dernier jour du mois. La dernière édition* (de la journée) *d'un journal. Rendre le dernier soupir:* expirer. *Dire son dernier mot:* faire entendre que la position adoptée, que la décision prise est définitive. *Je vous le laisse à dix dollars, mais c'est mon dernier mot! Avoir le dernier mot dans une polémique:* l'emporter. ▷ (Après le nom.) *Le jugement dernier.* ▷ (Attribut.) *Il est parti dernier. Il est bon dernier au classement général.* ▷ Subst. *Le dernier de la classe. «Le Dernier des Mohicans»,* roman de Fenimore Cooper (1826). ▷ Loc. adv. *En dernier:* après tous les autres, après le reste. *Nous verrons cela en dernier.* **II.** Qui précède immédiatement; le plus récent. *L'année dernière. Habillé à la dernière mode. Nouvelles de la dernière heure. Aux dernières nouvelles.* Fam. *Vous connaissez la dernière?* (nouvelle, histoire). ▷ Subst. Dernier-né. *C'est son petit dernier.* **III.** Extrême. *Le dernier degré de la perfection.* ▷ Subst. *C'est le dernier des individus,* ou *le dernier des derniers:* c'est le plus méprisable, le plus bas. *C'est à la portée du dernier des imbéciles.* – Du lat. pop. **deretranus,* du lat. class. *deretro,* «en arrière», par l'a. fr. *derrain,* refait sur *premier.*

dernièrement [dɛʀnjɛʀmɑ̃] adv. Depuis peu, récemment. *Je l'ai vu tout dernièrement.* – De *dernier.*

dernier-né [dɛʀnjene], **dernière-née** [dɛʀnjɛʀne] n. L'enfant né le dernier. *Les derniers-nés.* – De *dernier,* et *né.*

dérobade [deʀɔbad] n. f. Action de se dérober. *La dérobade d'un cheval devant l'obstacle.* ▷ Fig. *Il a coupé court aux questions par une dérobade.* – De *dérober.*

dérobé, ée [deʀɔbe] adj. **1.** Pris en cachette, volé. *Restituer un objet dérobé.* **2.** Secret, dissimulé. *Escalier dérobé.* – Pp. de *dérober.*

dérobée (à la) [deʀɔbe] loc. adv. Subrepticement, sans être vu. *Je l'observais à la dérobée.* – Du pp. de *dérober.*

dérober [deʀɔbe] **I.** v. tr. [1] **1.** Prendre en cachette, voler (qqch). *On lui a dérobé sa montre. Dérober un secret.* ▷ Prendre subrepticement ou par surprise. *Dérober un baiser.* **2.** Soustraire. *Dérober un coupable à la justice.* **3.** Cacher, empêcher de voir. *Ce mur me dérobe le paysage.* **II.** v. pron. **1.** *Se dérober à:* se soustraire à. *Se dérober à toutes les questions.* ▷ (S. comp.) *Chaque fois qu'on l'interroge, il se dérobe.* **2.** Fléchir, faiblir. *Ses genoux se dérobèrent sous lui.* **3.** EQUIT *Cheval qui se dérobe devant un obstacle, qui se dérobe,* qui refuse de sauter un obstacle. – De l'a. fr. *rober,* frq. **raubôn.*

dérochage [deʀɔʃaʒ] n. m. TECH Action de dérocher un métal. – De *dérocher.*

dérochement [deʀɔʃmɑ̃] n. m. TRAV PUBL Enlèvement de roches. – De *dérocher.*

1. dérocher [deʀɔʃe] v. tr. [1] TECH Nettoyer (un métal) avec de l'acide, du borax. – De *dé-*, et *rocher* 2.

2. dérocher [deʀɔʃe] v. [1] **1.** v. intr. ALPIN Faire une chute en montagne, tomber d'une paroi rocheuse. *Il a déroché.* Syn. dévisser. ▷ v. pron. *Se dérocher.* **2.** v. tr. TRAV PUBL Enlever les roches de. *Dérocher le lit d'une rivière.* – De *dé-*, et *roche.*

déroder [deʀɔde] v. tr. [1] TECH Abattre, en forêt, les arbres qui dépérissent; enlever les souches. *Déroder un bois.* – De *dé-*, et lat. *rodere*, «ronger».

dérogation [deʀɔgasjɔ̃] n. f. **1.** DR Modification spéciale apportée à une loi, à un principe de droit. **2.** Cour. Action de déroger à qqch. *Je ne tolérerai aucune dérogation au règlement.* – Lat. *derogatio.*

dérogatoire [deʀɔgatwaʀ] adj. DR **1.** Qui accorde une dérogation. *Acte dérogatoire.* **2.** Qui a le caractère d'une entorse à la loi. *Cette clause de votre contrat est dérogatoire et illicite* (en vertu du principe de droit civil qui veut qu'aucune convention particulière ne déroge aux lois qui intéressent l'ordre public). – Lat. *derogatorius.*

dérogeance [deʀɔʒɑ̃s] n. f. HIST Action par laquelle on perd la qualité de noble. – De *déroger.*

déroger [deʀɔʒe] v. tr. indir. [15] *Déroger à.* **I. 1.** S'écarter de (un usage, une loi, une convention). *Déroger à la loi.* **2.** Faire une chose indigne de. *Déroger à la majesté du trône.* ▷ (S. comp.) S'abaisser. *Il ne pourrait faire une chose pareille sans déroger.* **II.** HIST *Déroger à noblesse:* perdre la noblesse en exerçant une activité incompatible avec la qualité de noble. – (S. comp.) *«Hélas! le dernier des Sigognac a dérogé!»* (Th. Gautier). – Lat. *derogare*, de *rogare*, «demander».

dérougir [deʀuʒiʀ] v. intr. (En tournure négative) Ne pas cesser, ne pas diminuer. *L'ouvrage n'a pas dérougi depuis le début du mois.* – De *dé-*, et *rougir.*

dérouillée [deʀuje] n. f. Pop. Correction, volée de coups. *Flanquer une dérouillée à qqn.* – Pp. fém. subst. de *dérouiller.*

dérouiller [deʀuje] **I.** v. tr. [1] **1.** Ôter la rouille de. *Dérouiller une arme.* **2.** Fig., cour. Faire perdre son engourdissement à. *La lecture dérouille l'esprit. Se dérouiller les jambes.* **3.** Fam. Battre. *Je l'ai dérouillé.* **II.** v. intr. Fam. Recevoir des coups. *Si tu continues, tu vas dérouiller.* – *Par ext.* Souffrir, avoir mal. *On m'a arraché une dent... ce que j'ai pu dérouiller!* – De *dé-*, et *rouiller.*

déroulage [deʀulaʒ] n. m. **1.** Action de dérouler. ▷ TECH *Déroulage d'une bille de bois* (V. dérouler sens 3). **2.** Déroulement. *Le déroulage d'une bobine.* – De *dérouler.*

déroulement [deʀulmɑ̃] n. m. **1.** Action de dérouler; son résultat. *Le déroulement d'un boyau d'arrosage.* **2.** Fig. *Saisir les faits dans leur déroulement.* – De *dérouler.*

dérouler [deʀule] v. tr. [1] **1.** Étaler (ce qui était roulé). *Dérouler un tapis.* ▷ v. pron. *Pelote de laine qui se déroule.* – Fig. *Le panorama superbe qui se déroulait devant nous.* **2.** Fig. Exposer selon une succession donnée. *Il déroula tout son raisonnement avec une assurance parfaite.* ▷ v. pron. Se produire selon une succession donnée. *Les faits se sont déroulés en si peu de temps que personne n'a réagi.* **3.** TECH Découper (une bille de bois) en feuilles minces destinées au placage. – De *dé-*, et *rouler.*

dérouleuse [deʀuløz] n. f. TECH **1.** Machine pour dérouler le bois. **2.** Dispositif permettant d'enrouler et de dérouler, un câble, un fil électrique, etc. – De *dérouler.*

déroutant, ante [deʀutɑ̃, ɑ̃t] adj. Qui déroute, déconcertant. *Une réponse déroutante. Un mode d'expression déroutant.* – Ppr. de *dérouter.*

déroute [deʀut] n. f. **1.** Fuite en désordre d'une armée vaincue. *Mettre une armée en déroute.* **2.** Fig. Défaite, revers grave; déconfiture. *Ses affaires sont en déroute.* – Déverbal de l'a. fr. *desroter*, «s'enfuir».

déroutement [deʀutmɑ̃] n. m. Modification de l'itinéraire d'un moyen de transport. – De *dérouter.*

dérouter [deʀute] v. tr. [1] **1.** Vx Détourner (qqn) de sa route. **2.** Modifier l'itinéraire initialement prévu (d'un moyen de transport). *Dérouter un avion en raison du brouillard.* **3.** Fig. Déconcerter, mettre sur une fausse voie. *Ses mensonges me déroutent.* – De *dé-*, et *route.*

derrick [deʀik] n. m. Anglicisme Tour* de forage. – Mot angl., de *Derrick*, bourreau de Londres, au XVIIe s., dont le nom devint synonyme de «gibet».

1. derrière [dɛʀjɛʀ] prép. et adv. **I.** prép. **1.** Après, en arrière de (par oppos. à *devant*). *Marcher les uns derrière les autres. Les mains derrière le dos.* – Fig. *Avoir une idée derrière la tête :* avoir une idée non avouée. **2.** De l'autre côté de. *Derrière le mur. Derrière la montagne.* **3.** Fig. Après (dans une succession, un ordre). *X est derrière Y au classement général.* **II.** adv. **1.** En arrière, après, ou du côté opposé au devant. *Regarder derrière. Il marche derrière. Demeurer loin derrière.* **2.** loc. adv. *Par-derrière:* du côté opposé à celui auquel une personne ou une chose fait face. *Attaquer l'ennemi par-derrière.* – Fam. Sournoisement. *Faire des coups par-derrière.* – Du bas lat. *deretro*, de *retro*, «en arrière»; *derrière* sous l'infl. de *derrain.* V. dernier.

2. derrière [dɛʀjɛʀ] n. m. **1.** Partie postérieure d'une chose. *Le derrière de la maison.* Ant. devant, façade. **2.** Partie de l'homme et de quelques animaux qui comprend les fesses et le fondement. *Tomber sur le derrière. Mettre qqn dehors à coups de pied au derrière.* – Du préc.

derviche [dɛʀviʃ] n. m. Religieux musulman faisant partie d'une confrérie rattachée le plus souvent au soufisme. – Persan *darwich*, «pauvre».

des [de] art. **I. 1.** art. déf. pl. contracté *(de les). Le catalogue des livres de la bibliothèque. La salle des conférences.* **2.** art. partitif. *Verser des arrhes. Reprenez des fruits.* **II.** art. indéf. (plur. de un, une). *Une table, des tables. Des amis sont venus me voir.* ▷ (Avec une valeur emphatique.) *Il rentre à des une heure du matin.* – De *de*, et *les.*

dès [dɛ] prép. **I.** (Marquant le temps.) **1.** À partir de, aussitôt après. *Dès l'enfance. Dès maintenant.* ▷ Loc. conj. *Dès que :* aussitôt que. *Dès que vous arriverez, je pourrai partir.* **2.** loc. adv. *Dès lors:* à partir de ce moment. *Dès lors, il devient suspect.* ▷ Loc. conj. *Dès lors que:* à partir du moment où. *Dès lors que vous acceptez, le marché est conclu.* **II.** (Marquant le lieu.) Depuis, à partir de. *Fleuve navigable dès sa source.* – Du lat. pop. *de ex*, renforcement de *ex*, «hors de».

dés-. Élément, du lat. *dis-*, marquant la privation, la cessation.

désabonnement [dezabɔnmɑ̃] n. m. Action de se désabonner. – De *désabonner.*

désabonner [dezabɔne] v. tr. [1] Faire cesser l'abonnement de (qqn). ▷ v. pron. *Cette revue ne m'intéressait plus, je me suis désabonné.* – De *dés-*, et *abonner.*

désabusé, ée [dezabyze] adj. Qui n'a plus d'illusions, revenu de tout. *Une personne désabusée. Pren-*

dre un air désabusé. ▷ Subst. *C'est un désabusé.* – Pp. de *désabuser.*

désabusement [dezabyzmɑ̃] n. m. Litt. Fait de désabuser; état d'une personne désabusée. – De *désabuser.*

désabuser [dezabyze] v. tr. [1] Vx ou litt. Détromper (qqn) de ce qui l'abuse, désillusionner. – De *dés-*, et *abuser.*

désaccord [dezakɔʀ] n. m. **1.** Dissentiment, différence d'opinion. *Ce léger désaccord entre eux n'a fait que croître avec le temps.* ▷ Manque d'accord, désunion. *Ces discussions amenèrent le désaccord dans la famille.* **2.** État de ce qui n'est pas en accord avec qqch. *Le désaccord flagrant entre la théorie et la pratique.* – De *dés-*, et *accord.*

désaccorder [dezakɔʀde] v. tr. [1] **1.** Rare Détruire l'accord entre les personnes. **2.** MUS Détruire l'accord d'un instrument. *L'humidité a désaccordé ce piano.* ▷ v. pron. *Harpe qui se désaccorde.* – De *dés-*, et *accorder.*

désaccoupler [dezakuple] v. tr. [1] Séparer (ce qui était par couple, ce qui était couplé). *Désaccoupler des boeufs.* – TECH *Désaccoupler des circuits électriques.* – De *dés-*, et *accoupler.*

désaccoutumance [dezakutymɑ̃s] n. f. MED Cessation de l'état d'accoutumance d'un organisme à une substance. *La désaccoutumance des stupéfiants nécessite un traitement approprié.* – De *dés-*, et *accoutumance.*

désaccoutumer [dezakutyme] v. tr. [1] Faire perdre une habitude à (qqn). ▷ v. pron. *Se désaccoutumer de fumer, de tricher. Se désaccoutumer du tabac.* – De *dés-*, et *accoutumer.*

désacralisation [desakʀalizasjɔ̃] n. f. Action de désacraliser; son résultat. – De *désacraliser.*

désacraliser [desakʀalize] v. tr. [1] Retirer le caractère sacral attaché à (une fonction, une pratique, une institution). *Désacraliser la justice.* – De *dé-*, et *sacraliser.*

désactivation [dezaktivasjɔ̃] n. f. PHYS NUCL Action de désactiver; son résultat. *La désactivation des déchets radioactifs.* – De *dés-*, et *activation.*

désactiver [dezaktive] v. tr. [1] PHYS NUCL Débarrasser une substance de sa radioactivité. – De *dés-*, et *activer.*

désadaptation [dezadaptasjɔ̃] n. f. Fait de perdre, d'avoir perdu son adaptation. – De *dés-*, et *adaptation.*

désadapté, ée [dezadapte] adj. et n. Qui a perdu son adaptation à un milieu social, professionnel, etc. ▷ Subst. *Un, une désadapté(e).* – Pp. de *désadapter.*

désadapter [dezadapte] v. tr. [1] Faire perdre à (qqn) son adaptation (sociale, professionnelle, etc.). *L'incarcération prolongée désadapte les détenus.* ▷ v. pron. *Se désadapter.* – De *dés-*, et *adapter.*

désaffectation [dezafɛktasjɔ̃] n. f. Action de désaffecter. – De *dés-*, et *affectation.*

désaffecté, ée [dezafɛkte] adj. Qui n'assure plus le service auquel il était affecté, pour lequel il était prévu. *Une grange désaffectée transformée en garage.* – Pp. de *désaffecter.*

désaffecter [dezafɛkte] v. tr. [1] **1.** Ôter à (un édifice) son affectation première. *Désaffecter une caserne, une église.* **2.** FIN Cesser d'affecter (une somme) à un emploi déterminé. – De *dés-*, et *affecter.*

désaffection [dezafɛksjɔ̃] n. f. Perte de l'affection. *La désaffection du peuple pour son souverain.* – Cessation de l'intérêt porté à qqch. *La désaffection du public pour le théâtre.* – De *dés-*, et *affection.*

désagréable [dezagʀeabl] adj. Déplaisant, qui cause du désagrément. *Personne désagréable. Nouvelle désagréable.* – De *dés-*, et *agréable.*

désagréablement [dezagʀeabləmɑ̃] adv. D'une manière désagréable. *Être désagréablement surpris.* – De *désagréable.*

désagrégation [dezagʀegasjɔ̃] n. f. Séparation des différentes parties d'un corps; dislocation, dissolution. – Fig. *La désagrégation des institutions.* – De *désagréger.*

désagréger [dezagʀeʒe] v. tr. [17] Séparer ce qui est agrégé, décomposer, disjoindre. *L'humidité désagrège le plâtre.* ▷ v. pron. *Ce mur se désagrège.* – De *dés-*, et *agréger.*

désagrément [dezagʀemɑ̃] n. m. Déplaisir, ennui, souci. *Causer du désagrément. Vous allez vous attirer bien du désagrément.* – De *dés-*, et *agrément.*

désaimantation [dezɛmɑ̃tasjɔ̃] n. f. Action de désaimanter. – De *désaimanter.*

désaimanter [dezɛmɑ̃te] v. tr. [1] Faire disparaître l'aimantation de. – De *dés-*, et *aimanter.*

désaisonnaliser [desɛzɔnalize] v. tr. [1] Corriger les statistiques relatives à une période donnée afin de supprimer l'incidence des variations saisonnières. – De *dé-*, et *saison.*

désaliénation [dezaljenasjɔ̃] n. f. Cessation de l'aliénation mentale ou sociale. – De *désaliéner*, d'après *aliénation.*

désaliéner [dezaljene] v. tr. [16] Faire cesser l'aliénation (de qqn, qqch); libérer. – De *dés-*, et *aliéner.*

désaltérant, ante [dezalteʀɑ̃, ɑ̃t] adj. Qui apaise bien la soif. *Une boisson très désaltérante.* – Ppr. de *désaltérer.*

désaltérer [dezalteʀe] v. tr. [16] Apaiser la soif de (qqn). *Désaltérer un malade fiévreux.* – (S. comp.) *L'eau pure, le thé désaltèrent.* ▷ v. pron. Apaiser sa soif, boire. *Allons nous désaltérer au bar.* – De *dés-*, et *altérer.*

désamidonnage [dezamidɔnaʒ] n. m. Opération par laquelle on désamidonne. – De *désamidonner.*

désamidonner [dezamidɔne] v. tr. [1] Éliminer l'amidon de. *Désamidonner du linge.* – De *dés-*, et *amidonner.*

désaminase [dezaminaz] n. f. BIOCHIM Enzyme qui effectue la désamination. – De *dés-*, *amin(é)*, et *-ase.*

désamination [dezaminasjɔ̃] n. f. BIOCHIM Perte, par un acide aminé, de son groupement aminé. – De *dés-*, et *aminé.*

désamorçage [dezamɔʀsaʒ] n. m. Action de désamorcer; état de ce qui est désamorcé. *Le désamorçage d'une bombe. Le désamorçage d'une pompe.* – De *désamorcer.*

désamorcer [dezamɔʀse] v. tr. [14] **1.** Ôter l'amorce de. *Désamorcer une bombe.* **2.** Interrompre l'état de fonctionnement. *Désamorcer une pompe.* **3.** Fig. Faire perdre à (une chose) son caractère destructeur ou menaçant. *Désamorcer les antagonismes.* – De *dés-*, et *amorcer.*

désannexer [dezanɛkse] v. tr. [1] Restituer un territoire à l'État auquel il appartenait avant son annexion. – De *dés-*, et *annexer.*

désapparier [dezapaʀje] v. tr. [1] Syn. de *déparier.* – De *dés-*, et *apparier.*

désappointement [dezapwɛ̃tmɑ̃] n. m. État d'une personne désappointée; déception, contrariété. *Elle en conçut un vif désappointement.* – De *désappointer.*

désappointer [dezapwɛ̃te] v. tr. [1] Tromper (qqn) dans son attente, dans son espérance; décevoir. *Je fus désappointé de ne pas le trouver.* Syn. décevoir. – A.

fr. *desappointer*, «destituer», de *dés-*, et *appointer;* par l'angl. *disappointed.*

désapprendre [dezapʀɑ̃dʀ] v. tr. [74] Oublier (ce qu'on avait appris). – De *dés-*, et *apprendre.*

désapprobateur, trice [dezapʀɔbatœʀ, tʀis] adj. Qui désapprouve, marque la désapprobation. *Un ton désapprobateur.* – De *désapprouver*, d'après *approbateur.*

désapprobation [dezapʀɔbasjɔ̃] n. f. Action de désapprouver. *Geste de désapprobation. La désapprobation fut générale.* – De *dés-*, et *approbation.*

désapprouver [dezapʀuve] v. tr. [1] Ne pas agréer, juger mauvais, blâmer. *Désapprouver un projet. Il désapprouve formellement votre attitude. Désapprouver qqn*, lui donner tort, le blâmer. – De *dés-*, et *approuver.*

désapprovisionnement [dezapʀɔvizjɔnmɑ̃] n. m. Action de désapprovisionner; son résultat. – De *désapprovisionner.*

désapprovisionner [dezapʀɔvizjɔne] v. tr. [1] **1.** Priver de son approvisionnement. **2.** Dégarnir de provision. *Désapprovisionner un compte bancaire.* – De *dés-*, et *approvisionner.*

désarçonner [dezaʀsɔne] v. tr. [1] **1.** Mettre un cavalier hors des arçons, jeter (qqn) à bas de la selle. *Son cheval l'a désarçonné.* **2.** Fig. Faire perdre contenance, déconcerter. *Cette question l'a complètement désarçonné.* – De *dés-*, et *arçon.*

désargenté, ée [dezaʀʒɑ̃te] adj. **1.** Qui a perdu sa couche d'argent. *Des couverts désargentés.* **2.** Fam. Démuni d'argent. *Je suis fort désargenté en ce moment.* – Pp. de *désargenter.*

désargenter [dezaʀʒɑ̃te] **1.** v. tr. [1] TECH Enlever la couche d'argent de (un objet recouvert d'argent). ▷ v. pron. *Les couverts se désargentent.* **2.** Fam; rare. Retirer son argent (à qqn) ▷ v. pron. *Se désargenter:* se démunir de l'argent qu'on possède. – De *dés-*, et *argenter.*

désarmant, ante [dezaʀmɑ̃, ɑ̃t] adj. Qui fléchit la rigueur, l'irritation. *Un sourire désarmant.* – Ppr. de *désarmer.*

désarmement [dezaʀməmɑ̃] n. m. **1.** Action de désarmer (qqch). *Le désarmement d'un fort. Le désarmement d'un paquebot.* **2.** Action de réduire ou de supprimer les forces militaires. *De nombreuses réunions de la conférence pour le désarmement se sont tenues sous les auspices de l'O.N.U., en vue de limiter l'armement nucléaire des grandes puissances.* – De *désarmer.*

désarmer [dezaʀme] v. tr. [1] **1.** Enlever, arracher ses armes à (qqn). *Désarmer un malfaiteur.* – Enlever les armes de. *Désarmer un fort*, en retirer les canons. ▷ *Désarmer une arme à feu*, la rendre inoffensive en libérant le ressort de percussion. **2.** Fig. *Ces plaisanteries l'ont désarmé*, lui ont ôté tout moyen de s'irriter. **3.** MAR *Désarmer un navire*, le débarrasser de son matériel mobile et débarquer son équipage. **4.** v. intr. Renoncer à tous préparatifs militaires; réduire son armement (en parlant d'un État). *Toutes les puissances belligérantes désarmèrent à la fois.* ▷ Fig. Se débarrasser d'un sentiment hostile, d'une rancune. *Il est trop rancunier pour désarmer. Il lui en veut et ne désarmera pas.* – De *dés-*, et *armer.*

désarrimage [dezaʀimaʒ] n. m. **1.** Action de désarrimer. *Désarrimage d'un bateau, de deux engins spatiaux.* **2.** TRANSP Dérangement de l'arrimage d'une cargaison (navire, avion). – De *désarrimer.*

désarrimer [dezaʀime] v. tr. [1] Faire que qqch. ne soit plus arrimé, déranger (des marchandises arrimées). – De *dés-*, et *arrimer.*

désarroi [dezaʀwa] n. m. **1.** Mod. Trouble, confusion de l'esprit. *Le bouleversement de ses projets l'avait plongé dans un désarroi complet.* **2.** Vx Désorganisation, désordre. *Une maison en désarroi.* – De l'a. fr. *desarroyer, desareer*, «mettre en désordre».

désarticulation [dezaʀtikylasjɔ̃] n. f. **1.** Action de désarticuler ou de se désarticuler; son résultat. **2.** CHIR Opération consistant à désarticuler. – De *désarticuler.*

désarticuler [dezaʀtikyle] v. tr. [1] **1.** Faire sortir de l'articulation. *Désarticuler un os de poulet.* – v. pron. *Se désarticuler le coude.* **2.** CHIR Amputer au niveau de l'articulation. **3.** Défaire (ce qui était articulé). *Désarticuler les pièces d'un mécanisme. Pantin désarticulé.* **4.** v. pron. *Se désarticuler:* se contorsionner en donnant l'impression que les os sortent de leurs articulations. *Contorsionniste qui se désarticule.* – De *dés-*, et *articuler.*

désassemblage [dezasɑ̃blaʒ] n. m. Action de désassembler ou de se désassembler. – De *désassembler.*

désassembler [dezasɑ̃ble] v. tr. [1] Défaire (ce qui est assemblé). *Désassembler une charpente.* ▷ v. pron. *Meuble qui se désassemble.* – De *dés-*, et *assembler.*

désassimilation [dezasimilasjɔ̃] n. f. **1.** PHYSIOL Élimination des substances préalablement assimilées par un organisme vivant. **2.** BIOL Décomposition partielle des organites cellulaires. – De *désassimiler.*

désassimiler [dezasimile] v. tr. [1] Produire une désassimilation. – De *dés-*, et *assimiler.*

désassortiment [dezasɔʀtimɑ̃] n. m. Action de désassortir; état de ce qui est désassorti. – De *désassortir.*

désassortir [dezasɔʀtiʀ] v. tr. [2] **1.** Rendre incomplet (un assortiment); dépareiller. *Elle a désassorti le service en cassant plusieurs pièces.* – De *dés-*, et *assortir.*

désastre [dezastʀ] n. m. **1.** Événement funeste, grande calamité, catastrophe. *Cette inondation fut un désastre pour la région. Le désastre boursier de Wall Street en octobre 1929.* **2.** Grave échec. *Cette opération a été un désastre.* – It. *disastro*, de *disastrato*, «né sous une mauvaise étoile».

désastreusement [dezastʀøzmɑ̃] adv. Rare D'une manière désastreuse. – De *désastreux.*

désastreux, euse [dezastʀø, øz] adj. **1.** Qui a le caractère d'un désastre. *Un événement désastreux pour notre économie.* **2.** Cour. Très fâcheux; qui porte tort. *Votre attitude est désastreuse.* – De *désastre.*

désatellisation [desatɛl(l)izasjɔ̃] n. f. ESP Action de désatelliser. – De *désatelliser.*

désatelliser [desatɛl(l)ize] v. tr. [1] ESP Faire quitter son orbite à un satellite ou à un engin spatial. – De *dé-*, et *satelliser.*

désavantage [dezavɑ̃taʒ] n. m. **1.** Cause d'infériorité. *Le désavantage d'une position.* **2.** Préjudice, dommage. *Cette clause du contrat est à votre désavantage.* – De *dés-*, et *avantage.*

désavantager [dezavɑ̃taʒe] v. tr. [15] **1.** Frustrer d'un avantage, faire supporter un désavantage. *Désavantager un de ses enfants.* **2.** Mettre en état d'infériorité. *Il est désavantagé par sa mauvaise mémoire.* – De *dés-*, et *avantager.*

désavantageusement [dezavɑ̃taʒøzmɑ̃] adv. D'une manière désavantageuse. – De *désavantageux.*

désavantageux, euse [dezavɑ̃taʒø, øz] adj. Qui cause un désavantage. *Ne vous laissez pas imposer ces conditions désavantageuses.* – De *dés-*, et *avantageux.*

désaveu [dezavø] n. m. **1.** Déclaration par laquelle on désavoue ce qu'on a dit ou fait. *Faire un désaveu public de sa doctrine.* **2.** Fait de désavouer qqn. *Il a* *subi le désaveu de ses supérieurs.* **3.** DR Déclaration par laquelle une personne affirme ne pas avoir dit ou fait quelque chose. **4.** DR Recours exercé par une partie à un procès par lequel elle demande que soit rejeté, pour défaut d'autorisation préalable, un acte fait par son procureur. **5.** DR Acte par lequel une autorité supérieure déclare nulle et sans effet une décision prise par une autorité inférieure. *Désaveu d'une loi.* ▷ *Désaveu de paternité:* action par laquelle un mari fait déclarer judiciairement qu'il n'est pas le père d'un enfant né de sa femme pendant le mariage ou peu de temps après sa dissolution ou son annulation. ▷ *Droit de désaveu:* acte par lequel le gouvernement fédéral canadien annule une loi provinciale. – Déverbal de *désavouer.*

désavouer [dezavwe] v. tr. [1] **1.** Ne pas vouloir reconnaître comme sien. *Désavouer une signature. Désavouer un enfant.* **2.** Déclarer qu'on n'a pas autorisé (qqn) à dire ou à faire qqch. *Désavouer un ambassadeur.* **3.** Désapprouver, condamner. *Désavouer la conduite de qqn.* – De *dés-*, et *avouer.*

désaxé, ée [dezakse] adj. **1.** Qui s'est écarté de son axe. **2.** Déséquilibré mentalement ou physiquement. *Un esprit désaxé.* – Subst. *Un, une désaxé(e).* – Pp. de *désaxer.*

désaxer [dezakse] v. tr. [1] **1.** Écarter de son axe. **2.** Fig. Faire perdre (à qqn) son équilibre mental, physique. – De *dés-*, et *axe.*

descamisados [deskamizadɔs] n. m. pl. HIST Surnom des libéraux espagnols (1820), puis (1943-1955) des partisans argentins du général Perón, qui s'appuyait sur le prolétariat misérable. – Mot esp., «sans chemise».

descellement [desɛlmɑ̃] n. m. Action de desceller; son résultat. – De *desceller.*

desceller [desele] v. tr. [1] **1.** Défaire ce qui était scellé. *Desceller les barreaux d'une fenêtre.* **2.** Ôter le sceau de. – De *dé-*, et *sceller.*

descendance [desɑ̃dɑ̃s] n. f. **1.** Vx. Filiation; fait de descendre de qqn. **2.** Ensemble des descendants, postérité. *Une nombreuse descendance.* **3.** BIOL Ensemble des individus issus d'un couple par reproduction sexuée. – De *descendre.*

descendant, ante [desɑ̃dɑ̃, ɑ̃t] n. et adj. **1.** n. Individu issu d'une personne, d'une famille données. *C'est le seul descendant de cette maison.* **2.** adj. Qui descend. *Marée descendante.* ▷ MILIT *Garde descendante,* celle qui quitte son poste, qui est relevée par la garde montante. ▷ MUS *Gamme descendante,* qui va de l'aigu au grave. – Ppr. de *descendre.*

descenderie [desɑ̃dʀi] n. f. TECH Galerie de mine en pente. – De *descendre.*

descendeur, euse [desɑ̃dœʀ, øz] n. SPORT Sportif, sportive dont la spécialité est la descente (à bicyclette, à skis). – De *descendre.*

descendre [desɑ̃dʀ] **I.** v. tr. [5] **1.** Parcourir de haut en bas. *Descendre un escalier, une colline. Descendre un fleuve,* en suivre le cours en allant vers l'embouchure. **2.** Mettre, porter plus bas. *Descendre un tableau. Descendre du vin à la cave.* **3.** Fam. Abattre. *Descendre un avion.* ▷ Pop. *Descendre qqn,* l'abattre, le tuer. N.B. *Descendre* se conjugue avec l'auxiliaire *avoir* quand il est transitif. **4.** Fam. Vider. *Descendre une bouteille,* la boire entièrement. **II.** v. intr. **1.** Aller de haut en bas. *Descendre de la montagne.* – Litt. *Descendre au cercueil, au tombeau:* mourir. ▷ Loc. *Descendre dans la rue:* participer à une manifestation. *Des milliers de travailleurs sont descendus dans la rue.* **2.** Mettre pied à terre. *Il descendit de sa bicyclette.* ▷ *Descendre à terre:* débarquer. **3.** S'arrêter quelque part pour y coucher, pour y séjourner. *Descendre à l'hôtel.* **4.** Fig. Entrer. *Descendre en soi-même:* consulter sa conscience. *Descendre dans le détail:* examiner tous les détails. **5.** Fig. Être issu de, tirer son origine de. *Il descend d'une famille de magistrats.* **6.** Aller en pente du haut vers le bas. *La route descend puis remonte.* **7.** (Sujet n. de chose). Aller du haut vers le bas. *Le soleil descend. La nuit descend quand le soleil se couche.* **8.** Baisser. *La mer descend.* ▷ Par anal. *Les prix descendent.* **9.** MUS Parcourir l'étendue des sons de l'aigu vers le grave. *Ce chanteur a une voix qui descend très bas.* – Lat. *descendere.*

descenseur [desɑ̃sœʀ] n. m. TECH *Ascenseur-descenseur:* ascenseur pouvant supporter une charge à la descente. – D'ap. *ascenseur.*

descente [desɑ̃t] n. f. **1.** Action de descendre. *La descente à la cave se fait par un escalier très raide. Saluer qqn à la descente du train.* **2.** Irruption d'ennemis venus par terre ou par mer. *La descente des Sarrasins en Espagne.* **3.** Visite d'un lieu pour une opération de justice ou de police. *Une descente de police.* **4.** Mouvement de haut en bas d'une chose. *Descente en vol plané d'un avion.* **5.** Pente. *Descente rapide. Ralentir dans les descentes.* **6.** SPORT Épreuve de ski chronométrée ne comportant que des portes directionnelles. **7.** Action par laquelle on descend qqch. *Descente d'un fleuve.* **8.** MYTH *Descente aux enfers:* récit du voyage fabuleux de certains personnages aux enfers. *Les plus célèbres descentes aux enfers sont celles d'Orphée, d'Hercule, de Thésée, d'Ulysse, d'Énée, de Dante et du Télémaque de Fénelon.* ▷ *Descente de croix:* tableau représentant Jésus-Christ mort que l'on descend de la croix. *Rubens et Rembrandt ont peint des descentes de croix.* **9.** *Descente de lit:* tapis mis à côté du lit. **10.** MED *Descente d'organe:* ptôse, prolapsus. *Descente de matrice.* **11.** Pop. *Avoir une bonne descente:* boire en grande quantité. **12.** CONSTR *Descente d'eaux pluviales:* canalisation verticale servant à évacuer les eaux de pluie. ▷ *Descente de paratonnerre:* conducteur reliant le paratonnerre à la prise de terre. – De *descendre,* sur le modèle de *pente, rente, vente.*

déscolarisation [deskɔlaʀizasjɔ̃] n. f. Action de déscolariser; son résultat. – De *dé-*, et *scolarisation.*

déscolariser [deskɔlaʀize] v. tr. [1] *Déscolariser un enfant,* le retirer de l'école, le soustraire au système scolaire. – De *dé-*, et *scolariser.*

descripteur [deskʀiptœʀ] n. m. **1.** Celui qui fait une, des descriptions. **2.** INFORM Ensemble des signes qui servent à décrire un fichier, un lexique. – Bas lat. *descriptor.*

descriptible [deskʀiptibl] adj. Rare Qui peut être décrit. – Probabl. d'ap. *indescriptible.*

descriptif, ive [deskʀiptif, iv] adj. et n. m. **1.** Qui décrit, qui a pour objet de décrire. *Poésie descriptive.* **2.** CONSTR *Devis descriptif,* décrivant les caractéristiques d'un ouvrage et son mode d'exécution. ▷ n. m. *Un descriptif détaillé.* **3.** MED *Anatomie descriptive,* qui décrit avec précision les formes, les aspects de chacun des organes. **4.** *Linguistique descriptive,* qui rend compte des phénomènes verbaux qu'elle observe, par oppos. aux grammaires traditionnelles de caractère normatif. **5.** MATH *Géométrie descriptive,* représentation de figures projetées sur un plan (géométrie cotée) ou sur plusieurs plans. – Du lat. *descriptivus.*

description [deskʀipsjɔ̃] n. f. **1.** Écrit ou discours par lequel on décrit. *Faire la description d'une tempête. Un chaos qui défie toute description.* **2.** Inventaire. *Le procès-verbal de saisie contient la description des meubles.* – Lat. *descriptio.*

déséchouer [deze∫we] v. tr. [1] MAR Remettre à flot (un navire échoué). – De *dés-*, et *échouer.*

déségrégation [desegʀegasjɔ̃] n. f. Suppression de la ségrégation raciale. – De *dé-*, et *ségrégation.*

désembourber [dezɑ̃buʀbe] v. tr. [1] Tirer hors de la boue. *Désembourber une voiture.* – De *dés-*, et *embourber.*

désembuage [dezɑ̃byaʒ] n. m. Action de désembuer. – De *désembuer.*

désembuer [dezɑ̃bye] v. tr. [1] Éliminer la buée qui se forme par temps humide sur la face interne des vitres d'un véhicule. – De *dés-*, et *embuer.*

désemparé, ée [dezɑ̃paʀe] adj. **1.** Qualifie un navire, un avion, etc., que ses avaries empêchent de manœuvrer. **2.** Qui a perdu tous ses moyens, qui ne sait plus que dire, que faire. *Un homme désemparé.* – Pp. de *désemparer.*

désemparer [dezɑ̃paʀe] v. tr. [1] **1.** Vx Abandonner l'endroit que l'on occupe. – Mod. *Sans désemparer:* sans interruption, avec persévérance. *L'assemblée décida de siéger sans désemparer.* **2.** MAR Vx Mettre hors d'état de manœuvrer. *Désemparer un vaisseau à coups de canon.* – De *dés-*, et anc. v. *emparer*, «fortifier».

désemplir [dezɑ̃pliʀ] **1.** v. tr. [2] Rare Vider en partie. *Désemplir un bassin.* **2.** v. intr. (surtout dans des phrases négatives). *Ne pas désemplir:* être toujours plein, ne pas cesser d'être fréquenté. *Sa maison ne désemplit pas.* **3.** v. pron. *La salle se désemplit.* – De *dés-*, et *emplir.*

désenchaîner [dezɑ̃ʃene] v. tr. [1] Délivrer de ses chaînes. – De *dés-*, et *enchaîner.*

désenchanté, ée [dezɑ̃ʃɑ̃te] adj. (et n.) Désillusionné, déçu, blasé. *Il est revenu désenchanté de ce voyage.* ▷ Subst. *«Les Désenchantées»*, roman de Pierre Loti. – Pp. de *désenchanter.*

désenchantement [dezɑ̃ʃɑ̃tmɑ̃] n. m. **1.** Vx Action de faire cesser un enchantement. **2.** Sentiment de désillusion. – De *désenchanter.*

désenchanter [dezɑ̃ʃɑ̃te] v. tr. [1] **1.** Vx ou litt. Rompre l'enchantement de. **2.** Dissiper les illusions de (qqn). – De *dés-*, et *enchanter.*

désenclaver [dezɑ̃klave] v. tr. [1] **1.** Faire cesser l'enclavement de. **2.** Faire cesser l'isolement (d'une région) par l'extension des moyens de transport et de communication et l'accroissement des échanges économiques. – De *dés-*, et *enclaver.*

désencombrer [dezɑ̃kɔ̃bʀe] v. tr. [1] Débarrasser de ce qui encombre. *Désencombrer un grenier.* – De *dés-*, et *encombrer.*

désencrasser [dezɑ̃kʀase] v. tr. [1] Nettoyer, faire disparaître la crasse de. – De *dés-*, et *encrasser.*

désenfler [dezɑ̃fle] v. intr. [1] Devenir moins enflé. *Son genou désenfle.* – De *dés-*, et *enfler.*

désengagement [dezɑ̃gaʒmɑ̃] n. m. Action de désengager ou de se désengager. *Désengagement politique:* fait de renoncer à un engagement politique. – De *désengager.*

désengager [dezɑ̃gaʒe] v. tr. et pron. [15] Libérer d'un engagement. *Il a désengagé ses capitaux.* ▷ v. pron. *Se désengager d'une obligation.* – De *dés-*, et *engager.*

désengorger [dezɑ̃gɔʀʒe] v. tr. [15] Faire cesser l'engorgement de. *Désengorger une tuyauterie.* – De *dés-*, et *engorger.*

désengrener [dezɑ̃gʀəne] v. tr. [19] TECH Faire cesser l'engrènement de. – De *dés-*, et *engrener.*

désenivrer [dezɑ̃nivʀe] v. tr. [1] Faire passer l'ivresse de. *L'air frais l'a désenivré.* ▷ v. intr. *Ne pas désenivrer:* être toujours ivre. – De *dés-*, et *enivrer.*

désennuyer [dezɑ̃nɥije] v. tr. [25] Dissiper, chasser l'ennui de; distraire. *Visiter un malade pour le désennuyer.* ▷ v. pron. *Jouer aux cartes pour se désennuyer.* – De *dés-*, et *ennuyer.*

désenrayer [dezɑ̃ʀɛje] v. tr. [24] TECH Débloquer (un mécanisme enrayé). *Désenrayer une mitrailleuse.* – De *dés-*, et *enrayer.*

désensabler [dezɑ̃sable] v. tr. [1] Dégager, sortir du sable (qqch). – De *dés-*, et *ensabler.*

désensibilisateur [desɑ̃sibilizatœʀ] n. m. PHOTO Produit servant à désensibiliser une émulsion photographique. – De *désensibiliser.*

désensibilisation [desɑ̃sibilizasjɔ̃] n. f. **1.** MED Procédé destiné à faire disparaître la sensibilité anormale ou l'allergie à l'égard de certains allergènes normalement bien tolérés. (La désensibilisation spécifique consiste à introduire l'allergène dans l'organisme à doses infimes progressivement croissantes, de façon à induire une tolérance, par ex. dans le traitement de l'asthme allergique). **2.** PHOTO Opération qui consiste à diminuer la sensibilité d'une émulsion. – De *désensibiliser.*

désensibiliser [desɑ̃sibilize] v. tr. [1] **1.** MED Pratiquer une désensibilisation sur. **2.** PHOTO Pratiquer la désensibilisation de (une émulsion). – De *dé-*, et *sensibiliser.*

désensorceler [dezɑ̃sɔʀsəle] v. tr. [22] Délivrer d'un ensorcellement. – De *dés-*, et *ensorceler.*

désentoilage [dezɑ̃twalaʒ] n. m. Action de désentoiler. *Désentoilage d'un tableau:* opération qui consiste à enlever la toile qui lui sert de support afin de la remplacer. – De *désentoiler.*

désentoiler [dezɑ̃twale] v. tr. [1] Enlever la toile (d'un tableau, d'un vêtement, etc.). – De *dés-*, et *entoiler.*

désentraver [dezɑ̃tʀave] v. tr. [1] Débarrasser de ses entraves. – De *dés-*, et *entraver.*

désenvaser [dezɑ̃vɑze] v. tr. [1] **1.** Retirer la vase de. *Désenvaser un bassin.* **2.** Sortir de la vase. *Désenvaser une barque.* – De *dés-*, et *envaser.*

désépaissir [dezepɛsiʀ] v. tr. [2] Rendre moins épais. – De *dés-*, et *épaissir.*

déséquilibre [dezekilibʀ] n. m. **1.** Absence d'équilibre. *Le déséquilibre de la balance des paiements.* **2.** Manque d'équilibre mental. *Il donne des signes de déséquilibre.* – De *dés-*, et *équilibre.*

déséquilibré, ée [dezekilibʀe] adj. et n. Qui ne jouit pas de toutes ses facultés mentales, dont l'équilibre psychique est perturbé. – Subst. *Un (une) déséquilibré(e).* – Pp. de *déséquilibrer.*

déséquilibrer [dezekilibʀe] v. tr. [1] **1.** Faire perdre l'équilibre à (qqn); rompre l'équilibre de (qqch). *Sa valise trop lourde le déséquilibre.* **2.** Troubler l'esprit, l'équilibre mental de. *La mort de son fils l'a complètement déséquilibrée.* – De *dés-*, et *équilibrer.*

déséquiper [dezekipe] v. tr. [1] **1.** MAR Désarmer (un navire). **2.** Retirer son équipement à. ▷ v. pron. *Se déséquiper:* retirer son équipement. – De *dés-*, et *équiper.*

1. désert, erte [dezɛʀ, ɛʀt] adj. **1.** Qui est sans habitants. *Une île déserte.* **2.** Peu fréquenté, où il n'y a personne. *Rue déserte.* **3.** Sans cultures, sans végétation. *Paysage désert.* – Du lat. *desertus*, «abandonné».

2. désert [dezɛʀ] n. m. **1.** Région où les rigueurs du climat sont telles que la vie végétale et animale est presque inexistante. *On distingue les déserts chauds, où les précipitations sont inférieures à deux cents millimètres d'eau par an* (Sahara), *et les déserts froids* (Antarctique et Arctique), *dont les basses températures sont peu propices à la vie.* **2.** Vx Lieu écarté, isolé. **3.** Fig. Grande solitude morale; isolement total. *«Le Désert de l'amour»*, roman de François Mauriac.

4. Loc. fig. *Prêcher dans le désert:* parler sans être écouté. – Bas lat. *desertum,* de *desertus.*

déserter [dezɛʀte] v. tr. [1] **1.** Abandonner (un lieu). *Les habitants ont déserté le village.* **2.** Fig. Abandonner, trahir. *Déserter une cause.* **3.** Absol. ou intr. En parlant d'un militaire, refuser de rejoindre son corps ou le quitter illégalement avec l'intention de n'y pas revenir; abandonner son poste. – Passer à l'ennemi. – De *désert* 1.

déserteur [dezɛʀtœʀ] n. m. **1.** Militaire qui a déserté. *Fusiller un déserteur.* **2.** Fig. Personne qui abandonne une cause, un parti, une religion. – De *déserter.*

désertification [dezɛʀtifikasjɔ̃] n. f. Transformation en désert d'une région. – De *désert* 2.

désertion [dezɛʀsjɔ̃] n. f. **1.** Action de déserter (en parlant d'un militaire). *Désertion à l'étranger, à l'ennemi.* **2.** Fig. Acte d'une personne qui abandonne un parti, une cause, une religion. *Le groupe ne s'est pas remis de la désertion de son chef.* – Bas lat. *desertio,* «abandon».

désertique [dezɛʀtik] adj. **1.** Qui a les caractères du désert. *Région désertique.* **2.** Du désert, propre au désert. *Climat, flore désertique.* – De *désert* 2.

désescalade [dezɛskalad] n. f. Processus inverse de l'escalade, dans le domaine militaire, social, etc. – De *dés-,* et *escalade.*

désespérance [dezɛ(e)speʀɑ̃s] n. f. Litt. Lassitude découragée de la personne qui a perdu l'espoir. – De *dés-,* et *espérance.*

désespérant, ante [dezɛ(e)speʀɑ̃, ɑ̃t] adj. **1.** Qui jette dans le désespoir, qui cause un vif chagrin. *Cette pensée est désespérante.* **2.** Décourageant. *Il est désespérant de sottise.* – Ppr. de *désespérer.*

désespéré, ée [dezɛ(e)speʀe] adj. (et n.) **1.** Abandonné au désespoir. *Un amant désespéré.* ▷ Subst. *Le geste fou d'un désespéré.* **2.** Inspiré par le désespoir. *Prendre un parti désespéré.* **3.** Qui ne laisse plus aucun espoir. *Être dans une situation désespérée.* **4.** *Par ext.* Extrême. *Tentative désespérée.* – Pp. de *désespérer.*

désespérément [dezɛ(e)speʀemɑ̃] adv. **1.** D'une façon désespérée. *Elle l'avait désespérément attendu.* **2.** Par exag. *Un livre désespérément ennuyeux,* d'un ennui qui décourage le lecteur. **3.** Éperdument. *Ils se sont battus désespérément jusqu'au bout.* – De *désespéré.*

désespérer [dezɛ(e)speʀe] v. [16] **1.** v. tr. indir. Perdre l'espoir de. *Désespérer de réussir.* – Cesser d'espérer en. *Désespérer de qqn:* perdre l'espoir de le voir se comporter comme on le souhaiterait. **2.** v. intr. Perdre espoir. *Ne désespérez jamais.* **3.** v. tr. Affliger profondément, réduire au désespoir. *La conduite de son fils le désespère.* **4.** v. pron. *Se désespérer:* se livrer, se laisser aller au désespoir. – De *dés-,* et *espérer.*

désespoir [deze(ɛ)spwaʀ] n. m. **1.** État de celui qui a perdu l'espoir. *Tomber dans le désespoir. Être au désespoir:* être désespéré, et, par exag., être navré, désolé. *Je suis au désespoir de ne pouvoir vous accompagner.* **2.** *Faire le désespoir de qqn,* lui causer une profonde affliction. – Par exag. *Le succès de ce romancier fait le désespoir de ses rivaux.* **3.** *Désespoir des peintres:* plante *(Saxifraga umbrosa)* dont les fleurs, qui tremblent au moindre courant d'air, sont très difficiles à peindre. **4.** Loc. adv. *En désespoir de cause:* en dernière ressource et sans trop y croire. – De *dés-,* et *espoir.*

désétatiser [dezetatize] v. tr. [1] Réduire le rôle ou la part de l'État dans (une industrie). – De *dés-,* et *étatiser.*

désexualisation [desɛksyalizasjɔ̃] n. f. Action de désexualiser. – De *désexualiser.*

désexualiser [desɛksyalize] v. tr. [1] Supprimer le caractère sexuel lié à un comportement, une activité. *Désexualiser un emploi.* – De *dé-,* et *sexualiser.*

déshabillage [dezabijaʒ] n. m. Action de déshabiller ou de se déshabiller. – De *déshabiller.*

déshabillé [dezabije] n. m. **1.** Vx Vêtement d'intérieur. *«Voici encore un petit déshabillé pour faire le matin mes exercices»* (Molière). Fig. *En déshabillé:* sans affectation. **2.** Mod. Léger vêtement d'intérieur pour les femmes. *Un déshabillé de dentelle.* – Pp. subst. de *déshabiller.*

déshabiller [dezabije] **I.** v. tr. [1] **1.** Enlever à (qqn) les vêtements qu'il porte. *Déshabiller un enfant.* **2.** TECH Enlever le revêtement, les accessoires de. **3.** Fig. Mettre à nu. **II.** v. pron. **1.** Retirer ses vêtements. *Se déshabiller pour prendre un bain.* **2.** Quitter ses vêtements de ville (manteau, gants, chapeau, etc.) pour une tenue d'intérieur. – De *dés-,* et *habiller.*

déshabituer [dezabitɥe] v. tr. [1] Faire perdre à (qqn) l'habitude de. *Déshabituer qqn de boire.* ▷ v. pron. *Il n'arrive pas à se déshabituer du tabac.* – De *dés-,* et *habituer.*

déshalogénase [dezalɔʒenaz] n. f. BIOCHIM Enzyme qui catalyse une réaction au cours de laquelle des molécules d'halogène sont extraites des corps organiques qui les contiennent. – De *dés-, halogène,* et *-ase.*

désherbage [dezɛʀbaʒ] n. m. Action de désherber. – De *désherber.*

désherbant, ante [dezɛʀbɑ̃, ɑ̃t] adj. et n. m. Qui détruit les mauvaises herbes. ▷ N. m. *Un désherbant.* – Ppr. de *désherber.*

désherber [dezɛʀbe] v. tr. [1] Ôter les mauvaises herbes de. *Désherber les allées.* – De *dés-,* et *herbe.*

déshérence [dezeʀɑ̃s] n. f. DR État d'une succession vacante. *Droit de déshérence:* droit qu'a l'État de recueillir la succession des individus morts intestat et sans héritiers. – De *dés-,* et a. fr. *heir, hoir,* «héritier».

déshérité, ée [dezeʀite] adj. et n. **1.** adj. Privé d'un héritage. *Neveux déshérités.* **2.** n. Fig. Privé de dons naturels, défavorisé par le sort. *Aider les pauvres, les déshérités. Une région déshéritée.* – Pp. de *déshériter.*

déshériter [dezeʀite] v. tr. [1] **1.** Priver de sa succession (ses héritiers légitimes). *Il veut déshériter son fils au profit de son neveu.* **2.** Fig. Priver qqn, qqch des avantages naturels. – De *dés-,* et *hériter.*

déshonnête [dezɔnɛt] adj. Vieilli Contraire à la pudeur, à la bienséance. *Paroles, gestes déshonnêtes.* – De *dés-,* et *honnête.*

déshonnêtement [dezɔnɛtmɑ̃] adv. Rare D'une manière déshonnête. – De *déshonnête.*

déshonnêteté [dezɔnɛtte] n. f. Vx Indécence, impudeur. – De *déshonnête.*

déshonneur [dezɔnœʀ] n. m. Perte de l'honneur, honte, opprobre, infamie. *Être souillé par le déshonneur.* ▷ Ce qui cause le déshonneur. *Il n'est pas homme à souffrir un déshonneur.* – De *dés-,* et *honneur.*

déshonorant, ante [dezɔnɔʀɑ̃, ɑ̃t] adj. Qui déshonore. *Une conduite déshonorante.* – Ppr. de *déshonorer.*

déshonorer [dezɔnɔʀe] v. tr. [1] **1.** Ôter l'honneur à (qqn). *Cette action vile l'a déshonoré.* ▷ v. pron. *Se déshonorer.* **2.** Vieilli. *Déshonorer une femme,* la séduire, abuser d'elle. **3.** Fig. Flétrir, ternir, enlaidir (qqch). *Cette affreuse statue déshonore la place.* – De *dés-,* et *honorer.*

déshuiler [dezɥile] v. tr. [1] TECH Enlever l'huile de. *Déshuiler les eaux usées d'une usine avant de les rejeter.* – De *dés-,* et *huiler.*

déshumanisation [dezymanizasjõ] n. f. Perte du caractère humain de qqn, de qqch. *La déshumanisation du paysage urbain.* – De *déshumaniser.*

déshumaniser [dezymanize] v. tr. [1] Faire perdre son caractère humain à (qqch), sa qualité d'être humain à (qqn). *Conditions d'existence qui déshumanisent l'individu.* – De *dés-*, et *humaniser.*

déshumidificateur [dezymidifikatœʀ] n. m. Appareil servant à déshumidifier. – De *déshumidifier.*

déshumidification [dezymidifikasjõ] n. f. Action de déshumidifier. – De *déshumidifier.*

déshumidifier [dezymidifje] v. tr. [1] Réduire le taux d'humidité (de l'air, d'un corps). – De *dés*, et *humidifier.*

déshydratation [dezidʀatasjõ] n. f. **1.** Action de déshydrater. *Déshydratation de denrées alimentaires en vue de leur conservation.* **2.** MED Diminution de la quantité d'eau contenue dans l'organisme. – De *déshydrater.*

déshydraté, ée [dezidʀate] adj. **1.** Qui a été privé de son eau. **2.** MED Atteint de déshydratation. **3.** Fam. Assoiffé. *Je suis déshydraté, je meurs de soif!* – Pp. de *déshydrater.*

déshydrater [dezidʀate] **1.** v. tr. [1] TECH Enlever l'eau combinée ou mélangée à (un corps). **2.** v. pron. MED *Se déshydrater* : perdre son eau, en parlant de l'organisme. – De *dés-*, et *hydrater.*

déshydrogénase [dezidʀɔʒenɑz] n. f. BIOCHIM Enzyme capable de libérer l'hydrogène constitutif des molécules organiques. – De *dés-*, *hydrogèn(e)*, et *-ase.*

déshydrogénation [dezidʀɔʒenasjõ] n. f. CHIM Action de déshydrogéner. – De *déshydrogéner.*

déshydrogéner [dezidʀɔʒene] v. tr. [16] CHIM Éliminer tout ou partie de l'hydrogène (d'un corps). – De *dés-*, et *hydrogène.*

desiderata [dezideʀata] n. m. plur. Choses désirées. *Exposez vos desiderata.* – Plur. du mot lat. neutre *desideratum.*

design [dizajn] n. m. inv. Anglicisme **1.** Mode de création industrielle qui vise à adapter la forme des objets (appareils, outils, machines, etc.) à la fonction qu'ils doivent remplir tout en leur conférant une beauté plastique qui rende agréable leur utilisation. **2.** Style de décoration inspiré de ce mode de création (dépouillement des formes, emploi de couleurs pures, utilisation de matériaux tels que le verre, l'acier, l'aluminium, les matières plastiques). *Des meubles de style design.* ▷ Ellipt. *Des meubles design.* – Mot angl., «dessin, plan, esquisse», du fr. *dessin.*

désignatif, ive [deziɲatif, iv] adj. Qui désigne. – Bas lat. *designativus.*

désignation [deziɲasjõ] n. f. **1.** Action de désigner. *La désignation d'un aristocrate par son titre de noblesse.* **2.** Action de désigner (qqn) pour une charge, un emploi, une affectation. *Sa désignation pour Ottawa est officielle.* **3.** LING Ce qui désigne (au sens 5). *La désignation de «cabaretier» appliquée au propriétaire d'un bar est vieillie.* – Lat. *designatio.*

designer [dizajnœʀ] n. m. Anglicisme Spécialiste du design. – Mot angl., de *design.*

désigner [deziɲe] v. tr. [1] **1.** Indiquer (une personne ou une chose), d'une manière distinctive, par un signe, un geste, une marque. *Il a désigné la personne qui l'avait frappé.* **2.** Annoncer, indiquer. *«La mine désigne les biens de la fortune»* (La Bruyère). **3.** Fixer, marquer. *Désignez l'endroit de votre choix.* **4.** Signaler. *Désigner qqn à l'hostilité générale.* ▷ v. pron. *Se désigner:* se signaler soi-même. *Il s'est désigné à la fureur publique.* **5.** LING En parlant d'un signe, renvoyer à (qqch). *Le mot «vilain» désignait le paysan, sous l'Ancien Régime en France.* **6.** Appeler (qqn) à une charge, une dignité, une fonction. *Désigner son successeur.* – Lat. *designare*, de *signum*, «signe».

désillusion [dezil(l)yzjõ] n. f. Perte des illusions, déception, désenchantement. *Il a été aigri par cette désillusion.* – De *dés-*, et *illusion.*

désillusionner [dezil(l)yzjɔne] v. tr. [1] Faire perdre à (qqn) une, ses illusions. *Son échec l'a désillusionné.* – De *dés-*, et *illusionner.*

désincarné, ée [dezɛ̃kaʀne] adj. **1.** Dégagé de son enveloppe charnelle (se dit des morts, des esprits). **2.** Fig. Qui néglige les considérations matérielles, qui tend à l'abstraction. – De *dés-*, et *incarné.*

désincrustant, ante [dezɛ̃kʀystɑ̃, ɑ̃t] adj. et n. **1.** adj. Qui sert à désincruster. **2.** n. m. TECH Substance servant à enlever les dépôts qui se forment dans les appareils contenant une eau calcaire. – Ppr. de *désincruster.*

désincrustation [dezɛ̃kʀystasjõ] n. f. **1.** TECH Action de désincruster les appareils où circule de l'eau chaude. **2.** *Désincrustation de la peau du visage*, soins cosmétiques consistant à la débarrasser de ses cellules mortes et à la nettoyer. – De *désincruster.*

désincruster [dezɛ̃kʀyste] v. tr. [1] TECH Ôter les dépôts incrustés de. – De *dés-*, et *incruster.*

désinence [dezinɑ̃s] n. f. **1.** LING Terminaison qui sert à marquer le cas, le nombre, le genre, la personne, etc. **2.** BOT Terminaison de certains organes. – Lat. médiév. *desinentia*, de *desinere*, «finir».

désinfectant, ante [dezɛ̃fɛktɑ̃, ɑ̃t] adj. et n. m. Qui sert à désinfecter. – N. m. *Un désinfectant.* – Ppr. de *désinfecter.*

désinfecter [dezɛ̃fɛkte] v. tr. [1] Nettoyer à l'aide d'une substance (désinfectant) qui détruit les germes pathogènes. *Désinfecter une plaie. Désinfecter un laboratoire.* – De *dés-*, et *infecter.*

désinfecteur [dezɛ̃fɛktœʀ] adj. et n. m. Qui est utilisé pour désinfecter. *Appareil désinfecteur.* – Subst. *Un désinfecteur.* – De *désinfecter.*

désinfection [dezɛ̃fɛksjõ] n. f. Destruction de la flore microbienne d'un lieu, d'une partie de l'organisme, par des moyens mécaniques (lavage, brossage), physiques (chaleur) ou chimiques (antiseptiques, antibiotiques). – De *dés-*, et *infection.*

désinflation [dezɛ̃flasjõ] n. f. Réduction de l'inflation. – De *dés-*, et *inflation.*

désinformation [dezɛ̃fɔʀmasjõ] n. f. Suppression d'une information, réduction de sa portée ou modification de son sens. – De *dés-*, et *information.*

désintégration [dezɛ̃tegʀasjõ] n. f. **1.** Action de désintégrer. **2.** PHYS NUCL Action de désintégrer (par bombardement de particules); fait de se désintégrer (radioactivité naturelle, fission nucléaire). – De *désintégrer.*

désintégrer [dezɛ̃tegʀe] **I.** v. tr. [16] **1.** Détruire l'intégrité de, ruiner complètement. **2.** PHYS NUCL Détruire (un noyau atomique) pour libérer de l'énergie. **II.** v. pron. **1.** PHYS NUCL Se dématérialiser. ▷ Se transformer en émettant un rayonnement et de l'énergie (en parlant d'un noyau). **2.** TECH Se détruire, être détruit complètement. *Le satellite s'est désintégré en rentrant dans l'atmosphère.* – De *dés-*, et *intégrer.*

désintéressé, ée [dezɛ̃teʀese] adj. **1.** Qui n'est pas motivé par son intérêt particulier. *Un homme désintéressé.* **2.** Où l'intérêt ne joue aucun rôle. *Une action désintéressée.* – Pp. de *désintéresser.*

désintéressement [dezɛ̃teʀɛsmɑ̃] n. m. **1.** Détachement de tout intérêt personnel. *Montrer un entier désintéressement.* **2.** Action de désintéresser qqn. – De *désintéresser.*

désintéresser [dezɛ̃teʀese] **1.** v. tr. [1] Payer à (une personne) ce qu'elle peut avoir à réclamer, indemniser, dédommager. *Désintéresser ses créanciers.* **2.** v. pron. *Se désintéresser de:* n'avoir plus d'intérêt pour, ne plus s'occuper de. *Se désintéresser d'une affaire.* – De *dés-*, et *intéresser.*

désintérêt [dezɛ̃teʀɛ] n. m. Perte de l'intérêt pour qqch. – De *dés-*, et *intérêt.*

désintoxication [dezɛ̃tɔksikasjõ] n. f. **1.** Action de débarrasser des toxines. **2.** Traitement destiné à guérir une intoxication, due à l'alcool, aux stupéfiants, etc. *Cure de désintoxication.* – De *désintoxiquer.*

désintoxiquer [dezɛ̃tɔksike] v. tr. [1] **1.** Débarrasser des toxines. **2.** Supprimer les effets de l'intoxication chez (qqn). *Désintoxiquer un alcoolique.* – De *dés-*, et *intoxiquer.*

désinvestir [dezɛ̃vɛstiʀ] [2] **1.** v. tr. MILIT Cesser d'investir. *Désinvestir une place.* **2.** v. intr. PSYCHO Cesser d'investir. ▷ ECON Réduire ou supprimer l'investissement. – De *dés-*, et *investir.*

désinvestissement [dezɛ̃vɛstismɑ̃] n. m. **I.** ECON Action de réduire ou de supprimer les investissements. **II.** PSYCHO Cessation d'un investissement. – De *dés-*, et *investissement.*

désinvolte [dezɛ̃vɔlt] adj. **1.** Qui a une allure libre et dégagée. *Un jeune homme désinvolte.* **2.** Trop libre, léger jusqu'à l'insolence. *Sa réponse désinvolte l'a vexé.* – Ital. *disinvolto*; esp. *desenvuelto*, «développé».

désinvolture [dezɛ̃vɔltyʀ] n. f. **1.** Air dégagé. **2.** Légèreté, sans-gêne. *Il agit à mon égard avec une grande désinvolture.* – Ital. *disinvoltura.*

désir [deziʀ] n. m. **1.** «Tendance qui a pris conscience d'elle-même» (Spinoza), tendance particulière à vouloir obtenir qqch pour satisfaire un besoin, une envie. *Formuler un désir. Modérer ses désirs.* ▷ *Désir de* (+ inf.). *Le désir de plaire.* ▷ *Désir de* (+ subst.). *Désir d'enfant.* **2.** Attirance sexuelle. *Brûler de désir.* – De *désirer.*

désirable [deziʀabl] adj. **1.** Qui excite le désir, qui mérite d'être désiré. *C'est un sort désirable.* **2.** Qui suscite l'attirance sexuelle. *Une femme désirable.* – De *désirer.*

désirer [deziʀe] v. tr. [1] **1.** Avoir le désir de (qqch). *Désirer les honneurs. C'est tout ce qu'il désire. Vous désirez?* ▷ *Désirer que* (+ subj.). *Je désire qu'il réussisse.* **2.** *Se faire désirer:* se faire longtemps attendre; mettre peu d'empressement à satisfaire les désirs d'autrui. **3.** *Laisser à désirer:* présenter quelque imperfection. *Son éducation laisse un peu à désirer.* **4.** Éprouver une attirance sexuelle pour. – Du lat. *desiderare*, «regretter l'absence de».

désireux, euse [deziʀø, øz] adj. Qui désire. *Il se montre très désireux de succès.* ▷ *Désireux de* (+ inf.). Qui a très envie de. *Il est désireux de vous satisfaire.* – De *désirer.*

désistement [dezistəmɑ̃] n. m. **1.** DR Renonciation volontaire à un droit, un avantage. **2.** DR Déclaration par le demandeur, dans une instance, par laquelle il affirme renoncer volontairement avant jugement à la demande qu'il a formée ou à un acte de procédure qu'il a produit. **3.** Action de retirer sa candidature en faveur d'un autre candidat. – De *désister.*

désister (se) [deziste] v. pron. [1] **1.** DR Renoncer à (une poursuite). *Se désister d'une plainte.* **2.** Retirer sa candidature à une élection, en faveur d'un autre candidat. *Se désister en faveur d'un candidat mieux placé.* – Lat. *desistere.*

desman [dɛsmɑ̃] n. m. Mammifère insectivore aquatique (genre *Desmana*) au pelage brun qui vit dans les Pyrénées et en U.R.S.S. – Du suédois *desmanratta*, «rat musqué».

desmolase [dɛsmɔlaz] n. f. BIOCHIM Enzyme capable de scinder les chaînes carbonées avec libération d'énergie. – Du gr. *desmos*, «lien», et *-ase.*

désobéir [dezɔbeiʀ] v. tr. indir. [2] *Désobéir à:* ne pas obéir, refuser d'obéir à (qqn, un ordre). *Il a désobéi à son père. Militaire qui désobéit aux ordres.* – Absol. *Pierre a désobéi.* – De *dés-*, et *obéir.*

désobéissance [dezɔbeisɑ̃s] n. f. Action de désobéir. *Un acte de désobéissance. Désobéissance civile.* – De *désobéir.*

désobéissant, ante [dezɔbeisɑ̃, ɑ̃t] adj. Qui désobéit (ne se dit que des enfants). *Une fillette désobéissante.* – Ppr. de *désobéir.*

désobligeance [deʒɔbliʒɑ̃s] n. f. Litt. Disposition à désobliger autrui; défaut d'obligeance. – De *désobliger.*

désobligeant, ante [dezɔbliʒɑ̃, ɑ̃t] adj. Qui n'aime pas à obliger; qui désoblige, vexe. *Son procédé est tout à fait désobligeant. Insinuations désobligeantes.* – Ppr. de *désobliger.*

désobliger [dezɔbliʒe] v. tr. [15] Litt. Causer de la peine, du déplaisir à (qqn), le vexer. *Vous me désobligeriez en agissant ainsi.* – De *dés-*, et *obliger.*

désobstruction [dezɔbstʀyksjõ] n. f. Rare Action de désobstruer; son résultat. – De *dés-*, et *obstruction.*

désobstruer [dezɔbstʀɥe] v. tr. [1] Débarrasser de ce qui obstrue. *Désobstruer un tuyau.* – De *dés-*, et *obstruer.*

désodé, ée [desɔde] adj. Sans sodium, sans sel. – De *dé-*, et *sodé.*

désodorisant, ante [dezɔdɔʀizɑ̃, ɑ̃t] adj. et n. m. Qui enlève les odeurs. – Subst. *Un désodorisant.* – Ppr. de *désodoriser.*

désodoriser [dezɔdɔʀize] v. tr. [1] Enlever l'odeur qui imprègne (une matière, un corps, un objet, etc.). – *Spécial.* Enlever les mauvaises odeurs au moyen d'un produit parfumé. – De *dés-*, et du lat. *odor.*

désoeuvré, ée [dezœvʀe] adj. Qui ne sait pas, qui ne veut pas s'occuper. *Des vacanciers désœuvrés.* ▷ Subst. *Un, une désœuvré(e).* – De *dés-*, et *œuvre.*

désoeuvrement [dezœvʀəmɑ̃] n. m. État d'une personne désœuvrée. *Le désœuvrement le poussait à fumer.* – De *désœuvré.*

désolation [dezɔlasjõ] n. f. **1.** Vieilli ou litt. Ravage, ruine, destruction. *Désolation par la famine.* **2.** Affliction extrême. *Cette mort les a plongés dans la désolation.* – Bas lat. *desolatio.*

désoler [dezɔle] **I.** v. tr. [1] **1.** Vx ou litt. Dévaster, dépeupler, ruiner. *La peste désolait l'Europe.* **2.** Causer une grande affliction à (qqn). *Votre conduite me désole.* **3.** Contrarier. *Votre absence m'a désolé.* **II.** v. pron. *Se désoler :* être très contrarié. *Il se désole de ne pouvoir vous rendre ce service.* – Lat. *desolare*, «laisser seul», d'où «ravager».

désolidariser [desolidaʀize] **1.** v. tr. [1] Rare Rompre l'union entre, soustraire à la solidarité (des personnes, des groupes). ▷ (Compl. n. de choses) Désunir, disjoindre. *Désolidariser les pièces d'un mécanisme.* **2.** v. pron. *Se désolidariser de, d'avec* (une personne, un groupe): cesser d'être solidaire. – De *dé-*, et *solidariser.*

désoperculer [dezɔpɛʀkyle] v. tr. [1] APIC Enlever les opercules (des alvéoles) pour la récolte du miel. – De *dés-*, et *opercule.*

désopilant, ante [dezɔpilɑ̃, ɑ̃t] adj. Qui fait beaucoup rire. *Un acteur désopilant.* – Ppr. de *désopiler.*

désopiler [dezɔpile] **1.** v. tr. [1] Vx Déboucher. ▷ MED VX *Désopiler la rate*, la débarrasser de la bile. **2.** v. pron. Vieilli *Se désopiler :* s'amuser énormément, rire beaucoup. – De *dés-*, et a. fr. *opiler*, «obstruer»; lat. *oppilare*.

désordonné, ée [dezɔʀdɔne] adj. **1.** Vieilli Livré au désordre, indiscipliné. *Une armée désordonnée.* **2.** Qui manque d'ordre. *Un enfant désordonné.* **3.** Qui n'est pas en ordre. *Une chambre désordonnée.* **4.** Déréglé. *Une vie désordonnée.* – De *dés-*, et *ordonné*.

désordre [dezɔʀdʀ] n. m. **1.** Manque d'ordre; état de ce qui n'est pas en ordre. *Il est d'un désordre effrayant. Une maison en désordre.* **2.** Trouble, confusion, incohérence. *Le désordre des idées.* **3.** Mauvais état de ce qui est mal organisé, mal dirigé. *Le désordre des finances publiques.* **4.** Dérèglement des mœurs. **5.** Tumulte, trouble. *Un grand désordre règne dans l'assemblée.* **6.** Plur. Troubles, dissensions qui agitent une société. *Des désordres qui dégénèrent en émeutes.* **7.** (Le plus souvent au plur.). Troubles physiologiques. *L'eau magnésienne provoque des désordres intestinaux.* – De *dés-*, et *ordre*.

désorganisateur, trice [dezɔʀganizatœʀ, tʀis] adj. et n. Qui désorganise. – De *désorganiser*.

désorganisation [dezɔʀganizasjõ] n. f. Action de désorganiser, fait de se désorganiser; son résultat. *La désorganisation des affaires publiques.* – De *désorganiser*.

désorganiser [dezɔʀganize] v. tr. [1] **1.** Altérer profondément. *La tumeur a désorganisé les tissus environnants.* **2.** Détruire l'organisation de. *Désorganiser un service public.* ▷ v. pron. Perdre son organisation, se désagréger. *À la mort de son chef, le groupe s'est désorganisé.* – De *dés-*, et *organiser*.

désorientation [desɔʀjɑ̃tasjõ] n. f. Rare Action de désorienter; son résultat. – De *désorienter*.

désorienter [dezɔʀjɑ̃te] v. tr. [1] **1.** Faire perdre la notion de l'orientation à. *La brume acheva de nous désorienter.* **2.** Fig. Déconcerter, dérouter, troubler. *La mort de son père l'a désorienté.* – De *dés-*, et *orienter*.

désormais [dezɔʀmɛ] adv. À l'avenir, dès ce moment-ci, dorénavant. *Désormais vous souperez avec nous.* – De *dés-*, *or*, «maintenant», et *mais*, «plus».

désorption [desɔʀpsjõ] n. f. PHYS, CHIM Rupture des liaisons entre un corps adsorbé et le substrat. Ant. adsorption. – De *dé-*, et *(ab)sorption*.

désossé, ée [dezɔse] adj. **1.** Dont on a ôté les os. **2.** Fig. Dont les membres, extrêmement souples, semblent n'avoir plus d'os. – Pp. de *désosser*.

désossement [dezɔsmɑ̃] n. m. Action de désosser, de se désosser. – De *désosser*.

désosser [dezɔse] **1.** v. tr. [1] Ôter l'os, les os (et, par anal, les arêtes) de. *Désosser un gigot.* **2.** v. pron. Fig. Se désarticuler, faire des contorsions avec une extrême souplesse. – De *dés-*, et *os*.

désoxydant, ante [dezɔksidɑ̃, ɑ̃t] adj. et n. m. CHIM Réducteur. – Ppr. de *désoxyder*.

désoxydation [dezɔksidasjõ] n. f. Cour. Action de désoxyder; son résultat. – De *dés-*, et *oxydation*.

désoxyder [dezɔkside] v. tr. [1]. Ôter l'oxyde de. *Désoxyder les pièces d'un mécanisme.* – De *dés-*, et *oxyde*.

désoxyribonucléique [dezɔksiʀibɔnykleik] adj. BIOCHIM *Acide désoxyribonucléique* (abrév. A.D.N.): acide nucléique, constituant chimique essentiel des chromosomes du noyau des cellules vivantes. – De *dés-*, *oxy(gène)*, et *ribonucléique*.

ENCYCL L'A.D.N. constitue le support biochimique de l'hérédité et joue un rôle essentiel dans la synthèse des protéines spécifiques. Son existence a été découverte à la fin du XIXe s. grâce aux travaux de Miescher, Altmann et Kossel; ses fonctions ont été mises en évidence par les expériences de Beadle et Tatum sur la moisissure du pain, *Neurospora crassa* (1954). Un schéma de structure hélicoïdale a été proposé par Crick et Watson (1953); dans ce schéma, les macromolécules d'A.D.N. affectent la forme d'un long escalier en spirale pouvant grouper entre 3 et 10 millions de nucléotides. L'A.D.N. est constitué par 4 bases: adénine et thymine, guanine et cytosine, reliées deux à deux par une liaison hydrogène labile qui permet le dédoublement des chaînes pendant la mitose. Son pentose est le d-désoxyribose. La quantité d'A.D.N. présente dans chaque noyau est constante pour une espèce donnée et constitue 70 à 90 % du poids sec du noyau. V. aussi chromosome, nucléique et code (génétique).

desperado [dəspeʀado] n. m. Homme que son attitude négative face à la société rend disponible à toutes sortes d'entreprises hasardeuses ou violentes. *Des desperados.* – Mot esp., «désespéré».

despotat [dɛspɔta] n. m. État gouverné par un despote (sens 2.). – De *despote*.

despote [dɛspɔt] n. m. **1.** Souverain qui exerce un pouvoir arbitraire et absolu. **2.** HIST Dans l'Empire byzantin, prince (gouverneur de province ou souverain d'un petit État). **3.** Fig. Personne tyrannique. *C'est un despote dans sa famille.* – Adj. *Un patron despote.* – Gr. *despotês*, «maître».

despotique [dɛspɔtik] adj. Absolu et arbitraire. *Gouvernement despotique.* – Qui a un caractère autoritaire, tyrannique. *Un ton despotique.* – Gr. *despotikos*.

despotiquement [dɛspɔtikmɑ̃] adv. De façon despotique. – De *despotique*.

despotisme [dɛspɔtism] n. m. **1.** Pouvoir absolu et arbitraire du despote. – Gouvernement despotique. ▷ HIST *Despotisme éclairé:* nom donné à la doctrine selon laquelle le souverain doit gouverner en s'appuyant sur les principes rationalistes propres aux philosophes du XVIIIe s. **2.** Fig. Autorité qui s'exerce de manière despotique, tyrannique. *Le despotisme d'un chef.* – De *despote*.

desquamation [dɛskwamasjõ] n. f. MED Exfoliation de l'épiderme sous forme de squames ou de plaques plus ou moins étendues. – De *desquamer*.

desquamer [dɛskwame] v. tr. [1] **1.** Débarrasser des squames. **2.** v. intr. MED Se détacher par squames. *Cette dermatose le fait desquamer.* ▷ v. pron. *Peau qui se desquame.* – Lat. *desquamare*, «écailler», de *squama*, «écaille».

desquels, desquelles [dekɛl] pron. relatif. V. lequel.

dessablement [desɑbləmɑ̃] n. m. **1.** Action de dessabler; son résultat. **2.** TECH Élimination des particules minérales en suspension dans les eaux usées. – De *dessabler*.

dessabler [desɑble] v. tr. [1] TECH Enlever le sable de. – De *dés-*, et *sable*.

dessaisir [desɛziʀ] **1.** v. tr. [2] DR Enlever à (une juridiction) ce dont elle a été saisie. *Dessaisir un tribunal d'une affaire.* **2.** v. pron. *Se dessaisir de:* donner, remettre en d'autres mains (ce qu'on avait en sa possession). *Se dessaisir d'un héritage.* – De *dés-*, et *saisir*.

dessaisissement [desɛzismɑ̃] n. m. Action de dessaisir, de se dessaisir. – De *dessaisir*.

dessalage [desalaʒ] n. m. MAR Fait de dessaler (sens 3), chavirage. – De *dessaler*.

dessalement [desalmɑ̃] ou **dessalage** [desalaʒ] n. m. Action de dessaler, d'ôter le sel; résultat de cette action. *Dessalement de l'eau de mer.* – De *dessaler*.

dessaler [desale] **1.** v. tr. [1] Enlever, en partie ou en totalité, le sel de. *Dessaler un jambon.* ▷ v. intr. *Mettre un morceau de porc à dessaler.* **2.** Fig. Rendre moins niais, dégourdir (notam. en matière sexuelle). – Pp. *«Huit de ces élèves disaient qu'ils étaient dessalés et traitaient les autres de puceaux»* (Sartre). – v. pron. *Se dessaler.* **3.** v. intr. MAR Chavirer, en parlant d'un petit voilier. ▷ Tomber à l'eau à la suite d'un chavirage. – De *dés-*, et *saler.*

dessangler [desɑ̃gle] v. tr. [1] Défaire ou relâcher les sangles de. *Dessangler sa monture.* – De *dés-*, et *sangle.*

dessaouler. V. dessoûler.

dessèchement [desɛʃmɑ̃] n. m. Action de dessécher; état de ce qui est desséché. – De *dessécher.*

dessécher [deseʃe] **I.** v. tr. [16] **1.** Rendre sec. *La canicule a desséché les prairies.* **2.** Amaigrir. *La vieillesse a desséché son corps.* **3.** Fig. Faire perdre la vivacité des sentiments, la spontanéité, la sensibilité à. *Ses études l'ont complètement desséché.* **II.** v. pron. **1.** Devenir sec. **2.** Fig. Perdre sa sensibilité, sa spontanéité, ses qualités de cœur. – De *dés-*, et *sécher.*

dessein [desɛ̃] n. m. Litt. Intention, projet. *Avoir le dessein de voyager.* ▷ Loc. adv. *À dessein:* exprès, intentionnellement. *Je l'ai fait à dessein.* ▷ Loc. prép. *À dessein de:* avec l'intention de. *Il est allé chez vous à dessein de vous parler.* – De l'a. fr. *desseigner*, d'ap. l'ital. *disegno*, «dessein».

desseller [dese(ɛ)le] v. tr. [1] Enlever la selle de. *Desseller un cheval.* – De *dés-*, et *seller.*

desserrage [desɛʀaʒ] n. m. Action de desserrer. – De *desserrer.*

desserrement [desɛʀmɑ̃] n. m. Fait de se desserrer, d'être desserré. – De *desserrer.*

desserrer [dese(ɛ)ʀe] v. tr. [1] Relâcher (ce qui est serré). *Desserrer sa cravate. Desserrer un écrou.* ▷ *Ne pas desserrer les dents:* se taire obstinément. – v. pron. *Le nœud s'est desserré.* – De *dés-*, et *serrer.*

dessert [desɛʀ] n. m. Ce qu'on mange à la fin du repas (mets sucrés, fruits, etc.). *Fromage ou dessert.* – *Par ext.* Moment où le dessert est servi. *Arriver au dessert.* – De *desservir* 2.

1. desserte [desɛʀt] n. f. **1.** Fait de desservir une localité, un lieu. *Desserte par autobus.* – *Chemin de desserte d'une exploitation.* **2.** Vx Service d'une paroisse, d'une chapelle, etc. – De *desservir* 1.

2. desserte [desɛʀt] n. f. Petit meuble destiné à recevoir la vaisselle nécessaire au service et celle qui a été desservie. – De *desservir* 2.

dessertir [desɛʀtiʀ] v. tr. [2] TECH Dégager de sa monture. *Dessertir une pierre.* – De *dés-*, et *sertir.*

dessertissage [desɛʀtisaʒ] n. m. Action de dessertir. – De *dessertir.*

desservant [desɛʀvɑ̃] n. m. Ecclésiastique qui dessert une paroisse, une chapelle, etc. – Ppr. subst. de *desservir* 1.

1. desservir [desɛʀviʀ] v. tr. [33] **1.** Assurer les communications avec (une localité, un lieu). *Le train qui dessert la banlieue.* ▷ Par ext. *Ce couloir dessert plusieurs pièces.* **2.** Assurer le service (d'une paroisse, d'une chapelle, etc.). *Ecclésiastique qui dessert plusieurs villages.* – Lat. *deservire.*

2. desservir [desɛʀviʀ] v. tr. [33] **I.** Enlever les plats, les couverts de (la table). – De *dés-*, et *servir* I sens 6.

3. desservir [desɛʀviʀ] v. tr. [33] Nuire à (qqn) en produisant une impression fâcheuse. *Il vous a desservi auprès de vos proches. Son attitude arrogante le dessert.* – De *dés-*, et *servir* I sens 3.

dessiccateur [desikatœʀ] n. m. TECH Appareil propre à assurer la dessiccation d'une substance. – De *dessiccation.*

dessiccatif, ive [desikatif, iv] adj. et n. m. Qui dessèche. – Lat. *desiccativus.*

dessiccation [desikasjɔ̃] n. f. Action de dessécher; fait de se dessécher. – Lat. *desiccatio.*

dessiller [desije] v. tr. [1] Ouvrir les paupières. ▷ Fig. *Dessiller les yeux à qqn, de qqn,* le désabuser, lui faire voir les choses sous leur vrai jour. – De *dés-*, et a. fr. *ciller*, «coudre les paupières d'un oiseau de proie pour le dresser».

dessin [desɛ̃] n. m. **1.** Représentation d'objets sur une surface, au crayon, à la plume, etc. *Un dessin de Raphaël. Dessin à main levée:* exécuté sans règle ni compas. – *Dessin industriel:* représentation linéaire (généralement par projection sur trois plans) d'une pièce mécanique, d'une machine, etc. – *Dessin assisté par ordinateur (D.A.O.):* dessin industriel effectué par un ordinateur à partir du programme et des données qu'il a reçus. ▷ Ensemble de lignes agencées pour produire un effet visuel. *Le dessin d'un tissu, d'un papier mural.* ▷ Contour, forme naturelle. *Le dessin des sourcils.* ▷ Grands traits d'un ouvrage. *Le dessin général d'un projet.* **2.** Art de la représentation des objets sur une surface plane par des moyens graphiques. *Prendre des leçons de dessin.* **3.** *Dessin animé:* film tourné à partir d'une série de dessins qui décomposent le mouvement en ses phases successives. – Déverbal de *dessiner.*

dessinateur, trice [desinatœʀ, tʀis] n. **1.** Personne qui s'adonne à l'art du dessin. ▷ Personne dont la profession est d'exécuter des dessins. *Dessinateur en publicité. Dessinateur industriel.* **2.** Peintre qui donne une importance prépondérante au dessin (par oppos. à *coloriste*). – De *dessiner*, d'ap. l'ital. *designatore.*

dessiner [desine] **I.** v. tr. [1] **1.** Représenter au moyen du dessin. *Dessiner une fleur.* – (S. comp.) *Il dessine.* **2.** (Sujet nom de chose.) Accuser, faire ressortir (les formes du corps). *Robe qui dessine la silhouette.* ▷ Figurer, avoir la forme de. *L'ombre des feuillages dessine une dentelle.* **II.** v. pron. **1.** Se détacher, apparaître nettement sur un fond. *La montagne se dessine sur le ciel.* **2.** Devenir plus apparent, commencer à se développer. *Formes qui se dessinent.* ▷ Fig. *Projets qui se dessinent.* – Altér. de l'ital. *disegnare*, d'ap. lat. *designare.*

dessolement [desɔlmɑ̃] n. m. Action de dessoler un champ. – De *dessoler* 2.

1. dessoler [desɔle] v. tr. [1] Enlever la sole du sabot de. *Dessoler un cheval.* – De *dés-*, et *sole* 1.

2. dessoler [desɔle] v. tr. [1] AGRIC Changer l'ordre des cultures d'un assolement. – De *dés-*, et *(as)soler.*

dessouder [desude] v. tr. [1] TECH Ôter la soudure de; disjoindre (des éléments soudés). ▷ v. pron. *Pièces qui se dessoudent.* – De *dés-*, et *souder.*

dessoûler ou **dessaouler** [desule] **1.** v. tr. [1] Fam. Faire cesser, diminuer l'ivresse de. *L'air frais de la nuit l'avait dessoûlé.* **2.** v. intr. Cesser d'être soûl. *Il ne dessoûle pas.* – De *dés-*, et *soûler.*

1. dessous [d(ə)su] prép. et adv. **I.** prép. marquant la position d'une chose sous une autre. **1.** Vx Sous. *Regardez dessous le lit.* **2.** loc. prép. *De dessous* (marquant la provenance). *On l'a retiré de dessous les décombres.* ▷ Par-dessous. *Porter un chandail par-dessous sa veste.* ▷ Au-dessous de. *Le thermomètre est au-dessous de zéro.* – Fam. *Être au-dessous de tout:* n'avoir aucune valeur, ne présenter aucun intérêt. **II.** adv. de lieu. Plus bas, à un niveau inférieur, dans la partie inférieure. *Cherchez dessous. Sens dessus dessous:* V. dessus 1. ▷ Loc. adv. *Au-dessous:* plus bas. *La citadelle est sur la colline, la ville est au-dessous.* ▷ *Ci-dessous:* ci-après, plus loin dans le texte. *Voyez la note ci-dessous.* ▷ *En dessous, par-dessous:* sous autre chose. *Ce vêtement est fait pour se mettre en des-*

sous. Passez par-dessous. – *Regarder en dessous:* sans lever la tête, sournoisement. – Fig., fam. *Agir en dessous,* d'une manière dissimulée, hypocrite. ▷ *Là-dessous,* sous cela. *Déposez votre panier là-dessous.* – Fig. *Il y a qqch là-dessous:* cela est suspect. – De *de,* et *sous.*

2. dessous [d(ə)su] n. m. **1.** Ce qui est en dessous; l'envers, le côté inférieur. *Le voisin du dessous. Le dessous d'une table, d'une étoffe.* ▷ Loc. *Avoir le dessous:* être en état d'infériorité dans une lutte quelconque. **2.** *Dessous de...:* objet que l'on place sous (un autre). *Dessous de bouteille.* (Voir aussi à l'ordre alphabétique) . **3.** Fig. Ce qui est caché, secret. *Vous ne connaissez pas les dessous de l'affaire.* **4.** Plur. Vêtements de dessous, lingerie féminine. – De *dessous* 1.

dessous-de-bras [d(ə)sudbʀɑ] n. m. inv. Pièce de tissu protégeant un vêtement aux aisselles. – De *dessous,* et *bras.*

dessous-de-plat [d(ə)sudpla] n. m. inv. Support destiné à recevoir les plats déposés sur la table. – De *dessous, de,* et *plat.*

dessous-de-table [d(ə)sudtabl] n. m. inv. Somme donnée clandestinement par un acheteur en plus du prix régulièrement fixé. – De *dessous, de,* et *table.*

dessuinter [desɥɛ̃te] v. tr. [1] TECH Éliminer le suint de (la laine). (Opération du *dessuintage.*) – De *dés-,* et *suinter.*

1. dessus [dəsy] prép. et adv. **I.** prép. marquant la position d'une chose sur une autre. **1.** Vx Sur. *Dessus la table. «Dessus la foi d'autrui»* (La Fontaine). **2.** Loc. prép. *Par-dessus:* sur, au-delà, par-delà. *Sauter par-dessus une barrière.* – *Par-dessus tout:* principalement, surtout. – *Par-dessus le marché:* en plus. ▷ *Au-dessus de:* plus haut que. *Le tableau qui est au-dessus de la cheminée.* – (Marquant une supériorité quelconque.) *Les enfants au-dessus de dix ans.* – *Un travail au-dessus de tout éloge.* **II.** adv. de lieu. Plus haut, à un niveau supérieur, dans la partie supérieure. – *Sens* [sɑ̃] *dessus dessous:* en plaçant dessous ce qui devrait normalement être dessus. *Poser une caisse sens dessus dessous. Il a tout mis sens dessus dessous:* il a tout bouleversé. ▷ Loc. adv. *Au-dessus:* plus haut. *Le sel est sur l'étagère du bas, la farine est au-dessus.* – Fig. *L'auteur n'a rien produit qui soit au-dessus,* qui soit supérieur. ▷ *Ci-dessus:* plus haut, avant dans le texte. *Voyez ci-dessus page...* ▷ *En dessus:* du côté supérieur. *Ce pain est brûlé en dessus.* ▷ *Là-dessus:* sur cela. *Mettez le paquet là-dessus.* – Fig. Sur ce sujet, sur cette affaire. *Passons là-dessus.* – Aussitôt après. *Là-dessus, il m'a quitté.* ▷ *Par-dessus:* sur cela. *Mettez votre manteau par-dessus.* – De *de,* et *sur* ou *sus.*

2. dessus [dəsy] n. m. **1.** Ce qui est au-dessus, l'endroit, le côté supérieur. *Le dessus d'une table, d'une étoffe.* ▷ *Avoir le dessus:* avoir l'avantage dans une lutte. **2.** *Dessus de ...,* objet que l'on place sur (un autre) pour le protéger, le décorer. *Un dessus de cheminée.* **3.** *Le dessus du panier:* ce qu'il y a de meilleur. – De *dessus* 1.

dessus-de-lit [dəsydli] n. m. inv. Syn. de *couvre-lit.*

dessus-de-porte [dəsydpɔʀt] n. m. inv. Ornement peint ou sculpté formant encadrement au-dessus du chambranle d'une porte. – De *dessus, de,* et *porte.*

déstabilisation [destabilizasjɔ̃] n. f. Action de déstabiliser. – De *déstabiliser.*

déstabiliser [destabilize] v. tr. [1] Saper la stabilité de (un État, un régime, une situation). – De *dé-,* et *stabiliser.*

déstalinisation [destalinizasjɔ̃] n. f. Processus, engagé par N. Khrouchtchev (XXe Congrès du parti communiste de l'U.R.S.S., 1956), de libéralisation du régime soviétique stalinien (et, par la suite, du socialisme autoritaire dans les démocraties populaires). – De *déstaliniser.*

déstaliniser [destalinize] v. tr. [1] Libéraliser (un parti, un État, où règne le stalinisme). – De *dé-,* et *Staline,* homme d'État soviétique (1879-1953).

destin [dɛstɛ̃] n. m. **1.** Puissance qui, selon certaines croyances, réglerait la vie des hommes et le cours des événements. *Les arrêts du destin. Le Destin:* cette puissance divinisée. **2.** Le sort particulier d'une personne ou d'une chose. *Un destin malheureux. Le destin d'une œuvre littéraire.* – Déverbal de *destiner.*

destinataire [dɛstinatɛʀ] n. Personne à qui l'on adresse un envoi. *Indiquer lisiblement l'adresse du destinataire.* ▷ LING Celui auquel un message est adressé (par le destinateur). – De *destiner.*

destinateur [dɛstinatœʀ] n. m. LING Dans la communication, celui qui adresse un message (au destinataire). – De *destiner.*

destination [dɛstinasjɔ̃] n. f. **1.** Rôle, emploi assigné à une personne ou à une chose. *La destination de cette machine est de vous faciliter la tâche.* **2.** Lieu où doit se rendre une personne, où une chose est expédiée. *Parvenir à destination.* – Lat. *destinatio.*

destinée [dɛstine] n. f. **1.** Destin (sens 1). *Se révolter contre la destinée.* **2.** Sort (d'une personne). *Ma destinée était de vous rencontrer.* **3.** Vie, existence. – *Unir sa destinée à qqn,* l'épouser, s'unir à lui. – De *destiner.*

destiner [dɛstine] v. tr. [1] **1.** Réserver (qqch) à qqn. *Je vous ai destiné cette tâche.* **2.** Réserver (une chose) à tel ou tel usage. *Salle destinée aux réunions.* **3.** Orienter (qqn) vers une carrière, une occupation. *Destiner son fils à la carrière diplomatique.* – v. pron. *Se destiner à la politique.* – Lat. *destinare.*

destituer [dɛstitɥe] v. tr. [1] Priver (qqn) de sa charge, de son emploi, de sa fonction. *Destituer un fonctionnaire.* Syn. révoquer, casser. – Lat. *destituere.*

destitution [dɛstitysjɔ̃] n. f. Action de destituer; fait d'être destitué. *La destitution d'un haut fonctionnaire.* – Lat. *destitutio.*

destrier [dɛstʀije] n. m. Anc. Cheval de bataille, par oppos. à *palefroi,* cheval de cérémonie. – De l'a. fr. *destre,* «main droite», le destrier étant conduit de la main droite par l'écuyer quand le chevalier ne le montait pas.

destroyer [dɛstʀwaje] n. m. MAR Contretorpilleur rapide. – Mot angl. de *to destroy,* «détruire».

destructeur, trice [dɛstʀyktœʀ, tʀis] adj. et n. Qui détruit. *Un combat destructeur.* – *Une philosophie destructrice.* – Lat. *destructor.*

destructible [dɛstʀyktibl] adj. Qui peut être détruit. – Lat. scientif. *destructibilis.*

destructif, ive [dɛstʀyktif, iv] adj. Qui provoque, peut provoquer la destruction. *La force destructive du vent.* – Bas lat. *destructivus.*

destruction [dɛstʀyksjɔ̃] n. f. Action de détruire; fait d'être détruit. *La destruction d'une ville.* Ant. construction. – Lat. *destructio.*

déstructuration [destʀyktyʀasjɔ̃] n. f. Destruction de la (des) structure(s). – De *déstructurer.*

déstructurer [destʀyktyʀe] v. tr. [1] Détruire la structure de (qqch). – De *dé-,* et *structurer.*

désuet, ète [dez(s)ɥɛ, ɛt] adj. Dont on ne fait plus usage. *Un style désuet.* – Lat. *desuetus.*

désuétude [dez(s)ɥetyd] n. f. Abandon de l'usage d'une chose, surtout dans la loc. *tombé en désuétude. Coutume tombée en désuétude.* – Lat. *desuetudo.*

désulfiter [desylfite] v. tr. [1] En viticulture, éliminer le dioxyde de soufre (des moûts). – De *dé-*, et *sulfite.*

désulfuration [desylfyʀasjɔ̃] n. f. Élimination du soufre contenu dans un corps. – De *désulfurer.*

désulfurer [desylfyʀe] v. tr. [1] CHIM, TECH Éliminer le soufre contenu dans (un corps). *Désulfurer de la fonte.* – De *dé-*, et *sulfure.*

désuni, ie [dezyni] adj. **1.** Séparé par la mésentente. **2.** *Cheval désuni,* qui galope sans synchroniser le mouvement de ses membres antérieurs et celui de ses membres postérieurs. – Par ext. *Athlète désuni.* – Pp. de *désunir.*

désunion [dezynjɔ̃] n. f. Division, mésentente, désaccord. *Mettre la désunion dans une famille.* – De *désunir.*

désunir [dezyniʀ] v. tr. [2] **1.** Rare Disjoindre, séparer (ce qui était joint, uni). **2.** Cour. Rompre l'union, la bonne entente entre (des personnes). *Désunir un couple.* **3.** v. pron. SPORT Perdre la coordination de ses mouvements. – De *dés-*, et *unir.*

désynchronisation [desɛ̃kʀɔnizasjɔ̃] n. f. TECH État de ce qui n'est plus synchrone. *Désynchronisation de deux alternateurs. Désynchronisation du son et de l'image.* – De *désynchroniser.*

désynchroniser [desɛ̃kʀɔnize] v. tr. [1] TECH Faire cesser le synchronisme de. – De *dé-*, et *synchroniser.*

désyndicalisation [desɛ̃dikalizasjɔ̃] n. f. Régression du syndicalisme dans un milieu donné; fait de ne plus appartenir à un syndicat. – De *dé,* et *syndicalisation.*

détachable [detaʃabl] adj. Qui peut être détaché. *Coupon détachable.* – De *détacher* 1.

détachage [detaʃaʒ] n. m. Action de détacher. – De *détacher* 2.

détachant, ante [detaʃɑ̃, ɑ̃t] adj. et n. m. Qui enlève les taches. – Subst. *Un détachant.* – Ppr. de *détacher* 2.

détaché, ée [detaʃe] adj. **1.** Qui n'est plus attaché. **2.** Séparé. *Pièce détachée,* que l'on peut se procurer isolément pour remplacer une pièce usagée d'un mécanisme. **3.** Fig. Qui vit dans le détachement; qui manifeste le détachement. *Il est détaché de tout. Un air détaché.* – Pp. de *détacher* 1.

détachement [detaʃmɑ̃] n. m. **1.** État d'esprit d'une personne qui n'attache pas d'importance particulière à qqch; indifférence. *Le détachement des biens de ce monde. Considérer les choses avec détachement.* **2.** MILIT Fraction d'une unité constituée, en mission temporaire hors de son unité d'origine. **3.** Position d'un fonctionnaire provisoirement affecté à un autre service. – De *détacher* 1.

1. détacher [detaʃe] **I.** v. tr. [1] **1.** Dégager (qqn, qqch) de ce qui l'attache; défaire (ce qui sert à attacher). *Détacher un animal. Détacher des liens.* **2.** Séparer, éloigner (une chose) d'une autre à laquelle elle est jointe, avec laquelle elle est en contact. *Détacher une feuille d'un carnet. Détacher les bras du corps.* ▷ Fig. Écarter, détourner (qqn) d'une personne, d'un groupe. *Ses nouvelles occupations l'ont détaché de nous.* **3.** Séparer (une, des personnes) d'un groupe en vue d'une action donnée. *On l'a détaché pour accueillir les nouveaux venus.* ▷ Affecter provisoirement à un autre service. *Détacher un fonctionnaire.* **4.** Faire ressortir, mettre en évidence, en relief. *Détachez bien le premier plan de votre composition.* **5.** MUS *Détacher des notes,* exécuter chacune d'elles sans les lier. **II.** v. pron. **1.** Cesser d'être attaché. *La vache s'était détachée.* **2.** Se séparer. *Les feuilles mortes se détachent des branches.* ▷ Cesser d'être attaché par un lien affectif. *Se détacher progressivement de sa famille.* **3.** SPORT Prendre de l'avance sur les autres concurrents, dans une course. **4.** Ressortir, être en évidence, en relief. *Lettres noires qui se détachent sur un fond blanc.* – De *attacher,* par changement de préfixe; de l'a. fr. *tache,* «agrafe».

2. détacher [detaʃe] v. tr. [1] Faire disparaître une (des) tache(s) de. *Détacher un vêtement.* – De *dé-*, et *tache.*

détail [detaj] n. m. **1.** Vente ou achat de marchandises par petites quantités (opposé à *gros,* n. m.). *Magasin de détail. Acheter au détail.* **2.** Fig. Fait de considérer un tout dans ses moindres particularités. *Le détail d'un compte, d'une affaire.* ▷ Loc. adv. *En détail:* avec toutes les circonstances, en tenant compte de chacun des éléments de l'ensemble. *Il a raconté son aventure en détail.* **3.** Cour. Élément accessoire. *Se perdre dans les détails. C'est un détail:* cela a peu d'importance. – Déverbal de *détailler.*

détaillant, ante [detajɑ̃, ɑ̃t] n. Commerçant qui vend au détail (opposé à *grossiste*). – Ppr. subst. de *détailler.*

détailler [detaje] v. tr. [1] **1.** Couper en morceaux, diviser en parties. *Détailler un bœuf.* **2.** Vendre (une marchandise) au détail. *Détailler des épices.* **3.** Fig. Raconter, exposer en détail. *Détailler une histoire.* **4.** Observer les détails de. *Détailler un tableau.* – De *dé-*, et *tailler.*

détaler [detale] v. intr. [1] Fam. S'enfuir au plus vite. *Détaler comme un lapin.* – De *dé-*, et *étal.*

détartrage [detaʀtʀaʒ] n. m. Action de détartrer. – De *détartrer.*

détartrant, ante [detaʀtʀɑ̃, ɑ̃t] adj. et n. m. Qui dissout le tartre. – Ppr. de *détartrer.*

détartrer [detaʀtʀe] v. tr. [1] Enlever le tartre de. – De *dé-*, et *tartre.*

détaxation [detaksasjɔ̃] n. f. Action de détaxer; son résultat. – De *détaxer.*

détaxe [detaks] n. f. Suppression, diminution ou remboursement d'une taxe. – Déverbal de *détaxer.*

détaxer [detakse] v. tr. [1] Supprimer ou réduire une taxe sur. – De *dé-*, et *taxer.*

détecter [detɛkte] v. tr. [1] Déceler la présence de (un phénomène, un objet caché). – De l'angl. *to detect;* du lat. *detegere,* «découvrir, mettre à nu».

détecteur, trice [detɛktœʀ, tʀis] n. et adj. Appareil servant à détecter (un objet, un phénomène). *Détecteur de mines, de grisou, de fumées,* etc. ▷ *Détecteur de radar. Le code de la route interdit l'usage des détecteurs de radar.* – Adj. *Sonde détectrice.* – Angl. *detector,* sur le lat.

détection [detɛksjɔ̃] n. f. Action de détecter. – Angl. *detection,* sur le lat. *detectio.*

détective [detɛktiv] n. m. Personne qui effectue des enquêtes policières. *Détective privé.* (Rem.: Comme forme féminine, l'OLF recommande *une détective.*) – Angl. *detective.*

déteindre [detɛ̃dʀ] **1.** v. tr. [73] Enlever la teinture, la couleur de. *Cette lessive déteint les vêtements.* **2.** v. intr. Perdre sa couleur. *Ce tissu déteint au lavage.* ▷ *Déteindre sur:* communiquer sa couleur à. – Fig. *Ses idées ont déteint sur vous.* – De *dé-*, et *teindre.*

dételage [detlaʒ] n. m. Action de dételer (au sens 1). – De *dételer.*

dételer [detle] **1.** v. tr. [22] Détacher (un animal attelé). **2.** v. intr. Fig., fam. Renoncer à son métier, aux plaisirs. ▷ Interrompre une occupation. – De *dé-*, et *(at)teler.*

détendeur [detɑ̃dœʀ] n. m. TECH Appareil servant à réduire la pression d'un fluide. – De *détendre.*

détendre [detɑ̃dʀ] v. tr. [5] **1.** Faire cesser la tension de (qqch). *Détendre un ressort. Détendre un arc.* ▷ v. pron. Cesser d'être tendu. *Le piège se détendit brusquement.* **2.** Fig. Faire cesser la tension mentale de (qqn), reposer. *Allez faire un tour, cela vous détendra.* ▷ v. pron. *Je me détends en écoutant de la musique.* **3.** TECH Diminuer la pression (d'un fluide). ▷ v. pron. *La vapeur se détend dans le cylindre.* **4.** Détacher, enlever (ce qui était tendu). *Détendre une tapisserie.* – De *dé-*, et *tendre.*

détendu, ue [detɑ̃dy] adj. **1.** Qui n'est plus tendu (choses). *Un élastique détendu.* **2.** Fig. Sans tension nerveuse, calme. *Avoir l'air détendu.* – Pp. de *détendre.*

détenir [det(ə)niʀ] v. tr. [39] **1.** Conserver, retenir par-devers soi. *Détenir de l'argent volé.* ▷ Fig. *Détenir l'autorité, un titre sportif.* **2.** Retenir (qqn) en prison. – Lat. *detinere*, de *de-*, et *tenere*, «tenir».

détente [detɑ̃t] n. f. **1.** TECH Mécanisme qui permet de détendre un ressort. ▷ *Spécial.* Mécanisme qui provoque la percussion, dans une arme à feu. *Avoir le doigt sur la détente* (et non *«sur la gâchette»*). ▷ Fig., fam. *Être dur à la détente.* (V. dur, sens I, 3.) **2.** PHYS Expansion d'un fluide préalablement comprimé. **3.** Brusque effort musculaire, produisant un mouvement rapide. *Détente sèche de la jambe d'appel d'un sauteur.* **4.** Fig. Apaisement d'une tension mentale, repos. *Profiter de ses heures de détente pour lire.* **5.** Amélioration d'une situation internationale tendue. *La politique de détente qui a suivi la guerre froide.* – De *détendre.*

détenteur, trice [detɑ̃tœʀ, tʀis] n. Personne qui détient qqch. *La détentrice du titre mondial.* – Bas lat. jurid. *detentor.*

détention [detɑ̃sjɔ̃] n. f. **1.** Action de détenir qqch. *Détention illégale d'armes.* ▷ DR Fait de disposer d'une chose sans en être le possesseur. *Détention d'une voiture par un garagiste en vertu de son pouvoir de détention.* **2.** État d'une personne incarcérée. ▷ *Détention préventive:* incarcération d'une personne inculpée avant qu'elle ne soit entendue sur l'infraction reprochée, cette mesure étant jugée nécessaire pour assurer sa présence au procès ou pour protéger l'intérêt et la sécurité publics. – Lat. *detentio.*

détenu, ue [detny] n. et adj. Personne que l'on détient en prison. – Pp. de *détenir.*

détergent, ente [detɛʀʒɑ̃, ɑ̃t] adj. et n. m. **1.** Vx MED Qui déterge. **2.** Qui nettoie en dissolvant les impuretés. *Substance détergente.* ▷ N. m. *Un détergent.* Syn. détersif. – Lat. *detergens*, ppr. de *detergere*, «nettoyer».

déterger [detɛʀʒe] v. tr. [1] **1.** MED Nettoyer (une plaie, un ulcère). **2.** TECH Faire disparaître (les impuretés) en les dissolvant avec un détergent. – Lat. *detergere*, «nettoyer».

détérioration [deteʀjɔʀasjɔ̃] n. f. Action de détériorer; son résultat. – Bas lat. *deterioratio.*

détériorer [deteʀjɔʀe] v. tr. [1] Mettre en mauvais état, abîmer, dégrader. *Les intempéries ont détérioré la maison.* ▷ v. pron. *Matériel qui se détériore.* ▷ Fig. *Détériorer sa santé. Le temps se détériore.* ▷ v. pron. *Situation qui se détériore.* – Bas lat. *deteriorare*, de *deterior*, «pire».

déterminable [detɛʀminabl] adj. Qui peut être déterminé. – De *déterminer.*

déterminant, ante [detɛʀminɑ̃, ɑ̃t] adj. et n. m. **I.** adj. Qui détermine, qui amène à prendre une décision. *Un argument déterminant.* **II.** n. m. **1.** LING Élément qui détermine un substantif (article, adjectif possessif, démonstratif, indéfini, numéral, etc.). **2.** MATH Nombre qui est déduit du produit des éléments d'une matrice carrée et qu'on utilise pour résoudre un système de n équations à n inconnues. – Ppr. de *déterminer.*

déterminatif, ive [detɛʀminatif, iv] adj. (et n. m.) LING Qui caractérise un mot, en détermine le sens. *Adjectif déterminatif.* ▷ N. m. *Un déterminatif.* – De *déterminer.*

détermination [detɛʀminasjɔ̃] n. f. **1.** Action de déterminer, de préciser. *La détermination de l'âge d'une roche.* **2.** PHILO Relation de dépendance d'un élément de connaissance par rapport à un autre. **3.** Intention, résolution. *Avoir la détermination de réussir.* **4.** Fermeté de caractère. *Agir avec détermination.* – Lat. *determinatio.*

déterminé, ée [detɛʀmine] adj. **1.** Fixé, délimité. **2.** Résolu, décidé. *Une attitude déterminée.* **3.** Qui est la conséquence de phénomènes antérieurs. – Pp. de *déterminer.*

déterminer [detɛʀmine] v. tr. [1] **1.** Fixer, régler. *Déterminer la durée d'un congé.* **2.** Faire prendre une résolution à. *Je l'ai déterminé à abandonner cette situation.* Syn. décider. ▷ v. pron. *Se déterminer:* prendre une résolution. **3.** Établir avec précision, d'une manière positive. *Déterminer la distance du Soleil à la Terre.* **4.** LING Caractériser, préciser la valeur ou la signification de (un mot, et spécial. d'un nom par un déterminant). *L'article détermine le nom.* **5.** Être la cause de. *Le choc a déterminé l'explosion.* – Lat. *determinare*, «marquer les limites de».

déterminisme [detɛʀminism] n. m. PHILO **1.** Caractère d'un ordre nécessaire de faits répondant au principe de causalité. **2.** Système philosophique selon lequel tout dans la nature obéit à des lois rigoureuses, y compris les conduites humaines. – All. *Determinismus.*

ENCYCL Le principe du déterminisme consiste à admettre que tout phénomène dépend d'un ensemble de conditions antérieures ou simultanées («les mêmes causes produisent les mêmes effets»). La connaissance de ces conditions permet de *prévoir* rigoureusement le phénomène, et même de le *reproduire* nécessairement. Les philosophies dialectiques (dont le marxisme) et l'épistémologie contemporaine ont attaqué le déterminisme mécaniste.

déterministe [detɛʀminist] adj. et n. **1.** adj. Qui se rapporte au déterminisme. **2.** n. Partisan du déterminisme. – De *déterminisme.*

déterrage [deteʀaʒ] n. m. **1.** Action de soulever hors de terre le soc d'une charrue. **2.** Destruction dans leur terrier (de certaines bêtes). – De *déterrer.*

déterré, ée [deteʀe] adj. et n. **1.** adj. Qui est sorti de terre. **2.** Subst. fig. *Avoir un air, une mine de déterré :* avoir le visage pâle et défait (comme un cadavre). – Pp. de *déterrer.*

déterrement [detɛʀmɑ̃] n. m. Action de déterrer. – De *déterrer.*

déterrer [deteʀe] v. tr. [1] **1.** Retirer de la terre (ce qui y était enfoui). *Déterrer un trésor.* ▷ *Spécial.* Exhumer (un corps). **2.** Fig. Découvrir (une chose, une personne cachée). *Déterrer un livre rare.* – De *dé-*, et *terre.*

détersif, ive [detɛʀsif, iv] adj. et n. m. Syn. de *détergent.* – Du lat. *detersus*, pp. de *detergere*, «nettoyer».

détersion [detɛʀsjɔ̃] n. f. Nettoyage au moyen d'un détergent. – Lat. médical *detersio.*

détestable [detɛstabl] adj. **1.** Vx Qui doit être, qui mérite d'être détesté. **2.** Mod. Très mauvais, exécrable. – Lat. *detestabilis.*

détestablement [detɛstabləmɑ̃] adv. De façon détestable. – De *détestable.*

détester [detɛste] v. tr. [1] **1.** Vx Maudire. **2.** Mod. Avoir (qqn, qqch) en horreur. *Détester qqn.* – *Par ext.* Ne pas pouvoir supporter. *Détester les bavards.* – Lat. *detestari,* «détourner en prenant les dieux à témoin».

détirer [detiʀe] v. tr. [1] TECH Étendre en tirant. – De *dé-,* et *tirer.*

détonant, ante [detɔnɑ̃, ɑ̃t] adj. (et n. m.). Qui détone, produit une détonation. *Mélange détonant.* – N. m. Produit qui peut détoner. – Ppr. de *détoner.*

détonateur [detɔnatœʀ] n. m. TECH Amorce qui renferme une substance servant à faire détoner une charge d'explosif. ▷ Fig. Fait, événement qui provoque une action. *Cet incident fut le détonateur de la grève.* – De *détoner.*

détonation [detɔnasjɔ̃] n. f. **1.** Cour. Bruit fait par ce qui détone, explose. **2.** CHIM Mode de combustion dans lequel la vitesse de propagation de la flamme est de l'ordre du km par s. – De *détoner.*

détoner [detɔne] v. intr. [1] Exploser bruyamment. – Lat. *detonare,* de *tonare,* «tonner».

détonner [detɔne] v. intr. [1] **1.** MUS Sortir du ton. – Cour. Chanter faux. **2.** Fig. Contraster désagréablement avec autre chose, ne pas s'harmoniser. *La couleur de cette écharpe et celle de votre robe détonnent.* – De *dé-,* et *ton,* au sens music.

détordre [detɔʀdʀ] v. tr. [5] Remettre dans son premier état (ce qui a été tordu). ▷ v. pron. *Fil qui se détord.* – De *dé-,* et *tordre.*

détortiller [detɔʀtije] v. tr. [1] Défaire (ce qui était tortillé). – De *dé-,* et *tortiller.*

détour [detuʀ] n. m. **1.** Changement de direction par rapport à la ligne directe. *Les détours d'une rivière, d'un chemin.* **2.** Trajet qui s'écarte du plus court chemin. *Prendre un détour.* **3.** Fig. Moyen indirect, subterfuge. *User de détours pour atteindre son but.* ▷ Circonlocution. *Avouer sans détours.* – Déverbal de *détourner.*

détourage [detuʀaʒ] n. m. **1.** TECH Opération par laquelle on donne à une pièce en cours d'usinage sa forme définitive. **2.** ARTS GRAPH Opération qui consiste à éliminer le fond entourant le sujet central d'une photo, d'un dessin, par découpage ou masquage. – De *détourer.*

détourer [detuʀe] v. tr. [1] **1.** TECH Procéder au détourage (d'une pièce). **2.** ARTS GRAPH Procéder au détourage (d'un sujet). – De *dé-,* et *tour.*

détourné, ée [detuʀne] adj. **1.** Qui fait un détour. *Un chemin détourné.* ▷ Fig. *Moyens détournés:* moyens indirects, biais. **2.** Qui s'exprime indirectement, de façon voilée. *Un compliment détourné.* – Pp. de *détourner.*

détournement [detuʀnəmɑ̃] n. m. **1.** Action d'éloigner de la voie directe, de sa destination initiale. *Détournement de la circulation.* – *Détournement d'avion:* action de contraindre un avion à changer de destination. **2.** DR Soustraction frauduleuse. *Un détournement de fonds.* **3.** DR *Détournement de mineur:* action de soustraire une personne mineure à l'autorité de ses parents ou de son tuteur. – Cour. Incitation d'une personne mineure à la débauche. – De *détourner.*

détourner [detuʀne] v. tr. [1] **1.** Écarter du chemin suivi ou à suivre; changer la direction, l'itinéraire de. *Détourner un train.* – Contraindre (un avion) à changer de destination. – Fig. *Détourner qqn de son devoir.* ▷ *Détourner la conversation,* l'orienter vers un autre sujet. *Détourner l'attention de qqn.* **2.** Tourner dans une autre direction. *Détourner la tête.* **3.** Soustraire frauduleusement. *Détourner une grosse somme.* – De *dé-,* et *tourner.*

détoxication [detɔksikasjɔ̃] n. f. MED Neutralisation du pouvoir toxique de certains corps. Élimination des toxines. – De *dé-,* et *toxique.*

détracteur, trice [detʀaktœʀ, tʀis] n. Personne qui s'efforce de rabaisser la valeur de qqch, le mérite de qqn. *Une loi qui a ses détracteurs.* – Adj. *Un esprit détracteur.* – Lat. *detractor,* de *detrahere,* «tirer en bas».

détraqué, ée [detʀake] adj. Fam. Malade, déséquilibré. – Subst. *Un(e) détraqué(e).* – Pp. de *détraquer.*

détraquement [detʀakmɑ̃] n. m. Action de détraquer; son résultat. Fait d'être détraqué. – De *détraquer.*

détraquer [detʀake] v. tr. [1] **1.** Déranger (un mécanisme). *Détraquer une serrure, une horloge.* ▷ v. pron. *Montre, système qui se détraque.* **2.** Fig., fam. Troubler le fonctionnement de. *Médicaments qui détraquent le foie. Cette histoire lui a détraqué le cerveau.* ▷ v. pron. *Le temps se détraque.* – De *dé-,* et *trac,* «trace».

1. détrempe [detʀɑ̃p] n. f. **1.** PEINT Couleur délayée dans de l'eau additionnée d'un adhésif-liant. **2.** Œuvre exécutée avec cette préparation. – Déverbal de *détremper* 1.

2. détrempe [detʀɑ̃p] n. f. TECH Opération qui détruit la trempe de l'acier. – Déverbal de *détremper* 2.

1. détremper [detʀɑ̃pe] v. tr. [1] Délayer dans un liquide; mouiller abondamment. *Détremper du pain.* – Bas lat. *distemperare,* «délayer».

2. détremper [detʀɑ̃pe] v. tr. [1] TECH Détruire la trempe de (l'acier). – De *dé-,* et *tremper.*

détresse [detʀɛs] n. f. **1.** Angoisse causée par un danger imminent ou par le besoin, la souffrance. *Un cri de détresse.* ▷ La situation même qui cause cette angoisse. – Dénuement, misère. **2.** Situation périlleuse d'un navire, d'un aéronef, etc. *Signaux de détresse. Navire en détresse.* – Lat. pop. **districtia,* «étroitesse».

détriment [detʀimɑ̃] n. m. **1.** Vx Dommage, préjudice. **2.** Mod. *Au détriment de:* au préjudice de. *Il travaille au détriment de sa santé.* – Lat. *detrimentum,* de *deterere,* «user en frottant».

détritique [detʀitik] adj. GEOL Se dit des dépôts ou des roches (pélites, grès, conglomérats) provenant de la désagrégation mécanique de roches préexistantes. – De *détritus.*

détritus [detʀity(s)] n. m. (le plus souvent au plur.) Débris, ordures. – Lat. *detritus,* «broyé, usé».

détroit [detʀwa] n. m. **1.** Passage maritime resserré entre deux terres. *Le détroit de Cabot.* **2.** ANAT Nom donné aux deux rétrécissements du bassin. *Détroit supérieur,* séparant le grand bassin du pelvis. *Détroit inférieur:* orifice inférieur du pelvis. – Lat. *districtus.*

détromper [detʀɔ̃pe] v. tr. [1] Tirer (qqn) d'erreur. ▷ v. pron. *Détrompez-vous:* ne croyez pas cela, revenez de cette erreur. – De *dé-,* et *tromper.*

détrôner [detʀone] v. tr. [1] **1.** Déposséder du trône, du pouvoir souverain. **2.** Fig. Supplanter. *Théorie qui en détrône une autre.* – De *dé-,* et *trône.*

détrousser [detʀuse] v. tr. [1] Litt. Voler (qqn) en usant de violence. *Bandits qui détroussaient les voyageurs.* – De *dé-,* et *trousser.*

détrousseur [detʀusœʀ] n. m. Litt. Celui qui détrousse. – De *détrousser.*

détruire [detʀɥiʀ] v. tr. [71] **1.** Démolir, abattre (un édifice). *Détruire un immeuble vétuste.* **2.** Anéantir (en altérant, en cassant, en brûlant, etc.). *Détruire des papiers compromettants.* ▷ Fig. *Détruire les abus.* **3.** Donner la mort à. *Poison qui détruit les rongeurs.*

▷ v. pron. *Se détruire:* se suicider. – Ruiner sa santé. *Il se détruit en buvant.* – Lat. pop. **destrugere*.

dette [dɛt] n. f. **1.** Ce que l'on doit à qqn. – *Spécial.* Somme d'argent que l'on doit. *Avoir des dettes. Reconnaissance de dette:* acte écrit par lequel le débiteur reconnaît une créance. ▷ FIN *Dette publique:* ensemble des sommes dues par l'État. **2.** Fig. Obligation morale envers qqn. *Une dette de reconnaissance.* – Lat. *debita*, de *debere*, «devoir».

détumescence [detyme(ɛs)sɑ̃s] n. f. MED Réduction du volume d'une tumeur, d'un organe érectile. – De *dé-*, et *tumescence*.

deuil [dœj] n. m. **1.** Douleur, tristesse que l'on éprouve de la mort de qqn. *Ce fut un jour de deuil.* **2.** Marques extérieures du deuil. *Vêtements de deuil,* noirs ou foncés. *Prendre, porter le deuil, être en deuil:* porter des vêtements de deuil. ▷ Fig., fam. *Ongles en deuil:* malpropres, noirs. **3.** Temps pendant lequel on porte le deuil. *On a abrégé le deuil.* **4.** Cortège funèbre. *Mener le deuil.* **5.** Fam. *Faire son deuil d'une chose,* ne plus compter sur elle, la considérer comme perdue. – Bas lat. *dolus*, de *dolere*, «souffrir».

deus ex machina [deusɛksmakina] n. m. Dans le théâtre antique, dieu qui, sortant de la machinerie de la scène, intervenait pour apporter à une situation sans issue un dénouement heureux. ▷ Fig. Personnage, événement qui vient arranger providentiellement une situation difficile, dans une œuvre dramatique ou dans la réalité. – Mots lat.: «un dieu (descendu) au moyen d'une machine», au théâtre.

deut-, deuter-, deutéro-. Éléments, du grec *deuteros*, «deuxième».

deutérium [døteʀjɔm] n. m. CHIM Isotope de l'hydrogène, de masse atomique 2 (symbole D). – Corps simple diatomique (formule D_2) nommé aussi *hydrogène lourd.* (Son principal dérivé est l'eau lourde, D_2O). – De *deuter(o)-*, et *-ium*.

deutérocanonique [døteʀɔkanɔnik] adj. THEOL Se dit des livres de la Bible reconnus comme inspirés (et donc introduits dans le canon des Écritures) par les catholiques à une date relativement tardive. V. apocryphe. – De *deutéro-*, et *canonique*.

deutéromycètes [døteʀɔmisɛt] n. m. pl. BOT Ensemble des champignons dont on ne connaît pas la reproduction sexuée. (On dit aussi adélomycètes, champignons imparfaits). – De *deutéro-*, et *-mycète*.

deutéron [døteʀɔ̃] ou **deuton** [døtɔ̃] n. m. PHYS NUCL Noyau de deutérium, constitué d'un proton et d'un neutron. – De *deutérium*, d'après *neutron*.

deuton. V. deutéron.

deux [dø] adj. et n. m. **I.** adj. num. cardinal inv. **1.** Un plus un. *Les deux mains.* **2.** (Marquant un très petit nombre indéterminé). *J'habite à deux pas d'ici.* ▷ (Opposé à l'unité.) *Deux avis valent mieux qu'un.* ▷ (Marquant la différence). *Ton père et toi, cela fait deux. – Tenir et promettre sont deux,* sont deux choses bien différentes. **3.** (Pour *deuxième*). *Article deux.* **II.** n. m. **1.** Le nombre deux. *Deux et deux font quatre.* **2.** Chiffre qui représente le nombre deux. **3.** *Le deux:* le deuxième jour du mois. **4.** Carte, face d'un dé, moitié d'un domino marquée de deux points. *Le deux de carreau. Sortir un deux. Le double deux.* **5.** SPORT Bateau léger de compétition manœuvré par deux rameurs. *Deux barré. Deux sans barreur.* – Lat. *duo*.

deux-deux (à) [adødø] loc. adj. MUS *Mesure à deux-deux* (2/2 ou ₵), à deux temps, avec une blanche par temps. – De *deux*.

deuxième [døzjɛm] adj. et n. **1.** adj. num. ordinal. Qui suit immédiatement le premier. *Le deuxième rang.* **2.** n. *La deuxième de la classe:* l'écolière classée deuxième. *Habiter au deuxième,* au deuxième étage. – De *deux*.

deuxièmement [døzjɛmmɑ̃] adv. En second lieu. – De *deuxième*.

deux-mâts [dømɑ] n. m. inv. Voilier à deux mâts. – De *deux*, et *mât*.

deux-pièces [døpjɛs] n. m. inv. Costume féminin comportant une veste et une jupe du même tissu. ▷ Maillot de bain composé d'une petite culotte et d'un soutien-gorge. – De *deux*, et *pièce*.

deux-points [døpwɛ̃] n. m. inv. Signe de ponctuation (:) introduisant une énumération, une explication, etc. – De *deux*, et *point*.

deux-ponts [døpɔ̃] n. m. inv. Avion à deux ponts. – De *deux*, et *pont*.

deux-quatre (à) [adøkatʀ] loc. adj. MUS *Mesure à deux-quatre* (2/4), à deux temps avec une noire par temps. – De *deux*, et *quatre*.

deux-roues [døʀu] n. m. inv. Véhicule à deux roues (bicyclette, cyclomoteur, vélomoteur, motocyclette, etc.). – De *deux*, et *roue*.

deux-temps [døtɑ̃] n. m. inv. Moteur à deux temps. – De *deux*, et *temps*.

dévaler [devale] **1.** v. intr. [1] Aller très vite ou brusquement du haut vers le bas. *Avalanche qui dévale.* **2.** v. tr. Descendre rapidement. *Dévaler un escalier.* – De *dé-*, et *val*.

dévaliser [devalize] v. tr. [1] Voler à (qqn) son argent, ses vêtements. *Dévaliser un passant.* – Par ext. *Dévaliser un chalet.* – De *dé-*, et *valise*.

dévalorisation [devalɔʀizasjɔ̃] n. f. Action de dévaloriser; son résultat. Syn. dépréciation. – De *dévaloriser*.

dévaloriser [devalɔʀize] v. tr. [1] Déprécier, diminuer la valeur de. ▷ v. pron. *Marchandise qui s'est dévalorisée.* – De *dé-*, et *valoriser*.

dévaluation [devalɥasjɔ̃] n. f. Abaissement de la valeur légale d'une monnaie par le choix d'un nouveau rapport de l'unité monétaire avec l'or, l'argent, ou les monnaies étrangères. – De *dé-*, et *(é)valuation*.

dévaluer [devalɥe] v. tr. [1] Opérer la dévaluation de. *Dévaluer une monnaie.* – Angl. *devaluate*, d'ap. *évaluer*.

devancement [d(ə)vɑ̃smɑ̃] n. m. Action de devancer. – De *devancer*.

devancer [d(ə)vɑ̃se] v. tr. [14] **1.** Marcher, aller en avant de; dépasser, distancer. *Coureur qui devance ses concurrents.* **2.** Surpasser, avoir l'avantage sur. *Élève qui devance ses condisciples.* **3.** Précéder (dans le temps). *La génération qui a devancé la nôtre.* – Fig. *Son génie avait devancé son siècle.* **4.** Aller au-devant de, prévenir (qqch). *Devancer une attaque.* – De *devant*, d'ap. *avancer*.

devancier, ière [d(ə)vɑ̃sje, jɛʀ] n. Personne qui en a précédé une autre. – De *devancer*.

1. devant [d(ə)vɑ̃] prép. et adv. **I.** prép. **1.** En avant de. *Marcher devant les autres.* Ant. derrière. **2.** Vis-à-vis de, en face de, contre. *La voiture est garée devant la maison. – Par ext.* En présence de. *Il l'a dit devant témoin.* ▷ Fig. *Avoir du temps, de l'argent devant soi:* disposer d'un certain temps, d'une certaine somme d'argent. **3.** Loc. prép. *Au-devant de:* à la rencontre de. *Aller au-devant des arrivants.* ▷ *Par-devant:* en présence de. *Contrat passé par-devant notaire.* **II.** adv. **1.** adv. de lieu. *Je pars devant.* **2.** adv. de temps. Auparavant. (Vx, sauf dans la loc. prov. *Être Gros-Jean comme devant:* n'avoir pas avancé dans ses affaires malgré ses efforts, ou avoir été trompé). **3.** Loc. adv. *Par-devant:* à la face, à la partie antérieure; par l'avant. – De *avant*.

2. devant [d(ə)vɑ̃] n. m. **1.** La face antérieure d'une chose, le côté opposé à celui de derrière. *Le devant d'une maison, d'une robe.* **2.** loc. plur. *Prendre les devants:* partir avant qqn, le dépasser en allant plus vite. – Fig. Prendre l'initiative, devancer qqn en faisant qqch. – De *devant* 1.

devanture [d(ə)vɑ̃tyʀ] n. f. **1.** Façade d'une boutique. **2.** *Par ext.* L'étalage, les objets exposés dans la vitrine. *Remarquer une bague à la devanture d'une bijouterie.* – De *devant* 2.

dévasement [devɑzmɑ̃] n. m. Action de dévaser. – De *dévaser.*

dévaser [devɑze] v. tr. [1] Débarrasser de la vase. *Dévaser un port.* – De *dé-*, et *vase.*

dévastateur, trice [devastatœʀ, tʀis] adj. et n. Qui dévaste. *Un fléau dévastateur.* ▷ Subst. *Les Mongols furent de grands dévastateurs.* Syn. destructeur. – Bas lat. *devastator.*

dévastation [devastasjɔ̃] n. f. Action de dévaster; son résultat. *Les dévastations dues aux guerres.* Syn. ravage. – Bas lat. *devastatio.*

dévaster [devaste] v. tr. [1] Ruiner, causer de grands dégâts à. *Un tremblement de terre a dévasté la région.* Syn. saccager, ravager. – Lat. *devastare,* «piller, ravager».

déveine [devɛn] n. f. Fam. Mauvaise chance persistante. *Tu parles d'une déveine !* Syn. guigne. Ant. veine. – De *dé-*, et *veine* III, sens 2.

développable [devlɔpabl] adj. Qui peut se développer. ▷ GEOM *Surface développable,* qui peut être étalée sur un plan sans subir de déformation. *Une surface cylindrique est développable.* – De *développer.*

développante [devlɔpɑ̃t] n. f. GEOM Courbe plane servant à définir une développée. – Ppr. subst. de *développer.*

développé [devlɔpe] n. m. SPORT Mouvement consistant à amener progressivement une haltère à bout de bras à la verticale, depuis la hauteur des épaules. – Pp. subst. de *développer.*

développée [devlɔpe] n. f. GEOM Lieu des centres de courbure d'une courbe plane. – Pp. subst. fém. de *développer.*

développement [devlɔpmɑ̃] n. m. **1.** Action de déployer, de donner toute son étendue à. – Fig. Déroulement. *Développement des opérations.* – GEOM Action de développer un solide. – MATH Action de développer une expression algébrique. **2.** Exposition détaillée. *Développement d'une idée. Introduction, développement et conclusion d'un exposé.* **3.** Accroissement naturel d'un organisme vivant par l'acquisition de nouvelles fonctions, de nouveaux organes (distinct de la croissance). Accroissement des facultés mentales ou intellectuelles. *Développement d'un bourgeon. Le développement de l'intelligence chez l'enfant.* **4.** Ampleur, importance, extension que prend une chose qui évolue. *Une entreprise en plein développement.* Syn. essor, expansion. – *Pays en voie de développement, en développement,* dont le niveau économique n'a pas atteint celui de l'Europe occidentale ou de l'Amérique du Nord (expression créée pour remplacer *sous-développé*). **5.** TECH Ensemble des opérations permettant de faire apparaître l'image sur un cliché photographique. **6.** Distance parcourue par une bicyclette à chaque tour de pédalier. – De *développer.*

développer [devlɔpe] **I.** v. tr. [1] **1.** Rare Ôter l'enveloppe de. *Développer un paquet.* **2.** Étendre ce qui était plié, déployer. *Développer un rouleau de papier.* – Fig. Exposer en détail, avec une certaine longueur. *Développer une idée, un sujet, un argument.* – GEOM Représenter sur un plan les différentes faces d'un corps solide. – MATH Effectuer une série de calculs. *Développer une série:* transformer une fonction en une somme algébrique de termes. **3.** Faire croître. *Développer la mémoire, l'intelligence, les goûts de qqn.* **4.** Faire prendre de l'ampleur, de l'importance, de l'extension. *Développer une affaire. Développer un pays.* **5.** TECH Traiter (un cliché photographique) pour faire apparaître l'image. **6.** Avoir (tel développement), en parlant d'une bicyclette. *Cette bicyclette développe 7 mètres.* **II.** v. pron. **1.** Se déployer, s'étendre. *L'armée se développa dans la plaine.* – Fig. *L'intrigue se développait lentement.* **2.** Prendre de l'extension, de l'importance; grandir. *Une ville qui se développe. La pratique de ce sport s'est beaucoup développée ces dernières années.* – De l'a. fr. *voloper,* du bas lat. *faluppa,* «balle de blé», avec infl. de *volvere,* «tourner», et de *envelopper.*

1. devenir [dəvniʀ] v. intr. [39] **1.** Passer d'un état à (un autre). *Devenir vieux, riche. Cette petite affaire est devenue une grosse entreprise.* **2.** Avoir tel ou tel résultat, tel ou tel sort, telle ou telle issue. *Qu'allons-nous devenir? Je ne l'ai pas vu depuis des années, qu'est-il devenu?* – Lat. *devenire,* «arriver», en bas lat. «devenir».

2. devenir [dəvniʀ] n. m. PHILO Transformation des choses, des êtres; ensemble des changements dans leur déroulement temporel. *Les philosophies du devenir s'opposent aux philosophies de l'être, qui insistent sur la permanence.* – De *devenir* 1.

déventer [devɑ̃te] v. tr. [1] MAR Empêcher (un navire, une voile, etc.) d'être soumis à l'effet du vent. *Foc trop bordé qui dévente la grand-voile.* – De *dé-*, et *vent.*

déverbal, aux [devɛʀbal, o] n. m. LING Nom formé à partir du radical d'un verbe, spécial. sans suffixe. – De *dé-*, *verbe,* et suff. *al.*

dévergondage [devɛʀgɔ̃daʒ] n. m. Conduite dépourvue de pudeur, de retenue. *Le dévergondage a nui à sa carrière.* Syn. débauche. – De *dévergonder.*

dévergondé, ée [devɛʀgɔ̃de] adj. Qui n'a aucune retenue, aucune pudeur dans son libertinage. ▷ Subst. *Un, une dévergondé(e).* – De *dé-*, et a. fr. *vergonde,* var. de *vergogne.*

dévergonder (se) [devɛʀgɔ̃de] v. pron. [1] Abandonner toute retenue, toute pudeur; se débaucher. – De *dévergondé.*

déverguer [devɛʀge] v. tr. [1] MAR Ôter (une voile) de sa vergue ou de sa draille. Ant. enverguer. – De *dé-*, et *vergue.*

dévernir [devɛʀniʀ] v. tr. [2] Ôter le vernis de. *Dévernir un meuble.* – De *dé-*, et *vernir.*

déverrouillage [devɛʀujaʒ] n. m. Action de déverrouiller. – De *déverrouiller.*

déverrouiller [devɛʀuje] v. tr. [1] **1.** Ouvrir en tirant le verrou de. *Déverrouiller une porte.* **2.** Libérer (un mécanisme préalablement immobilisé). *Déverrouiller le train d'atterrissage d'un avion.* – De *dé-*, et *verrouiller.*

devers [dəvɛʀ] prép. **1.** Vx Du côté de. *Tourne ton visage devers moi.* **2.** Loc. prép. Rare *Par-devers:* par-devant. *Se pourvoir par-devers le juge.* ▷ En la possession de. *Garder des documents par-devers soi.* – De *de-*, et *vers.*

dévers, erse [devɛʀ, ɛʀs] adj. et n. **I.** adj. CONSTR Qui n'est pas d'aplomb. **II.** n. m. **1.** TECH Différence de niveau entre les deux rails d'une voie de chemin de fer, les deux bordures d'une chaussée. *Dans les courbes, le dévers contrarie les effets de la force centrifuge.* **2.** CONSTR Pente ou gauchissement d'une pièce. – Lat. *deversus,* «détourné».

déversement [devɛʀsəmɑ̃] n. m. Action de déverser, de se déverser. – De *déverser.*

déverser [devɛʀse] v. tr. [1] **1.** Faire couler (un liquide). *Déverser le trop-plein dans la rivière.* ▷ v. pron. S'écouler. *Les eaux de pluie se déversent dans une citerne.* **2.** *Par ext.* Déposer en épandant, en versant. *Déverser du charbon dans une cave par le soupirail.* – Par anal. *Les avions déversent des flots de touristes.* **3.** Fig. Épancher, répandre. *Déverser son mépris, sa rancœur.* – De *dé-*, et *verser.*

déversoir [devɛʀswaʀ] n. m. TECH Ouvrage servant à évacuer l'eau en excès. *Le déversoir d'un barrage.* – De *déverser.*

dévêtir [devɛtiʀ] v. tr. [36] Litt. Enlever la totalité ou une partie des vêtements de. *Dévêtir un enfant.* Syn. déshabiller. ▷ v. pron. *Se dévêtir pour aller se baigner.* – De *dé-*, et *vêtir.*

dévî [devi] n. f. Divinité féminine de la mythologie hindoue. – Mot sanscr., «déesse».

déviance [devjɑ̃s] n. f. PSYCHO Conduite qui s'écarte des normes sociales. – De *déviant.*

déviant, ante [devjɑ̃, ɑ̃t] adj. (et n.). Dont la conduite s'écarte des normes sociales. – Ppr. de *dévier.*

déviateur, trice [devjatœʀ, tʀis] adj. Qui produit une déviation. *Pression déviatrice.* ▷ n. m. TECH Appareil servant à dévier un fluide. – De *dévier.*

déviation [devjasjɔ̃] n. f. **I.** Fait de s'écarter de sa direction. **1.** TECH Angle que fait la direction d'un projectile avec le plan de tir. **2.** Différence angulaire entre la direction du nord magnétique et la direction du nord indiquée par un compas soumis à l'influence des masses ferreuses du navire ou de l'aéronef («nord du compas»). **3.** TECH Déplacement de l'aiguille d'un appareil de mesure. **4.** PHYS Angle formé par le rayon incident et le rayon qui traverse un système optique. **5.** MED Direction anormale d'un organe, d'une partie du corps. *Déviation utérine. Déviation de la colonne vertébrale.* **6.** Fig. Écart, variation dans la conduite. *Suivre ses principes sans déviation.* **II. 1.** Action de changer la direction de qqch. *Déviation d'un cours d'eau, d'une route.* **2.** Itinéraire détourné. *Prenez la déviation à gauche.* – Bas lat. *deviatio.*

déviationnisme [devjasjɔnism] n. m. Fait de s'écarter de la stricte conformité à une doctrine, à la ligne d'un parti. – De *déviation.*

déviationniste [devjasjɔnist] adj. (et n.). Qui s'écarte de la ligne d'un parti. – De *déviationnisme.*

dévidage [devidaʒ] n. m. Action de dévider du fil. – De *dévider.*

dévider [devide] v. tr. [1] **1.** Mettre en écheveau ou en pelote (le fil embobiné ou en fuseau). **2.** Dérouler. *Dévider une bobine.* **3.** Fig., fam. *Dévider son écheveau, son chapelet:* dire tout ce que l'on a sur le cœur. – De *dé-*, et *vider.*

dévideur, euse [devidœʀ, øz] n. Personne qui dévide du fil, de la laine, etc. – De *dévider.*

dévidoir [devidwaʀ] n. m. TECH Appareil servant à dévider ou à dérouler. – De *dévider.*

dévier [devje] **1.** v. intr. [1] S'écarter de sa direction. *La balle a dévié. Dévier de la bonne route.* – Fig. *Dévier d'une ligne de conduite.* **2.** v. tr. Écarter, détourner de la direction normale. *Les gendarmes dévièrent la circulation.* – Lat. *deviare*, de *via*, «voie».

devin, devineresse [dəvɛ̃, dəvinʀɛs] n. Personne qui prétend prédire les événements et découvrir les choses cachées. *Les devins de l'Antiquité.* – Lat. pop. **devinus*, class. *divinus.*

devinable [d(ə)vinabl] adj. Qui peut être deviné. – De *deviner.*

deviner [d(ə)vine] v. tr. [1] **1.** Rare Révéler ce qui doit arriver. *Peut-on deviner l'avenir?* **2.** Découvrir, savoir par conjecture, par supposition. *Deviner la pensée de qqn. Sais-tu ce qui est arrivé? – Je ne le sais pas, mais je le devine.* – Absol. *Deviner juste.* ▷ v. pron. Être deviné. *La fin de l'histoire se devine aisément.* – Lat. pop. **devinare*, class. *divinare.*

devinette [d(ə)vinɛt] n. f. Question que l'on pose par jeu pour en faire deviner la réponse. *Jouer aux devinettes.* – De *deviner.*

dévirer [deviʀe] v. tr. [1] MAR Tourner en sens inverse. *Dévirer un cabestan.* – De *dé-*, et *virer.*

devis [d(ə)vi] n. m. État détaillé des travaux à effectuer accompagné de l'estimation de leur prix. *Devis descriptif :* description détaillée des travaux à effectuer. *Devis estimatif,* qui donne une évaluation du prix des travaux. – Déverbal de *deviser.*

dévisager [devizaʒe] v. tr. [15] Regarder longuement et attentivement un visage. *Il m'a dévisagé avec insistance.* – De *dé-*, et *visage.*

1. devise [d(ə)viz] n. f. Sentence indiquant les goûts, les qualités, la résolution de qqn. *«Plutôt souffrir que mourir, c'est la devise des hommes»* (La Fontaine). ▷ HERALD Sentence concise particulière à une famille, une ville, un pays, etc., inscrite sur un ruban audessus ou au-dessous de l'écu. *La devise du Québec est: «Je me souviens»; celle du Canada est: «A mari usque ad mare» ou «d'un océan à l'autre».* – De *deviser.*

2. devise [d(ə)viz] n. f. FIN Monnaie émise par une banque nationale. *Le dollar est la devise canadienne.* – Probablement emprunt à l'all. *Devise,* du fr.; on imprimait des *devises* (V. devise 1) sur les billets de change.

deviser [dəvize] v. intr. [1] Litt. S'entretenir familièrement. *Nous devisions gaiement entre amis.* – Lat. pop. *devisare*, de *dividere*, «diviser».

dévissage [devisaʒ] n. m. Opération qui consiste à dévisser. – De *dévisser.*

dévisser [devise] **1.** v. tr. [1] TECH Ôter (une vis, un écrou). – Démonter (une pièce vissée). *Dévisser une serrure.* **2.** v. intr. ALPIN Lâcher prise d'une paroi et faire une chute. – De *dé-*, et *visser.*

de visu [devizy] loc. adv. Après avoir vu, en voyant. *S'assurer de visu de la véracité d'un récit.* – Mots lat.

dévitalisation [devitalizasjɔ̃] n. f. Action de dévitaliser. – De *dévitaliser.*

dévitaliser [devitalize] v. tr. [1] *Dévitaliser une dent,* en retirer le tissu vital: la pulpe et le nerf. – De *dé-*, et *vital.*

dévitaminé, ée [devitamine] adj. Qui a perdu ses vitamines. – De *dé-*, et *vitaminé.*

dévitrification [devitʀifikasjɔ̃] n. f. **1.** CHIM Passage de l'état vitreux à l'état cristallin. **2.** TECH Action de dévitrifier le verre; son résultat. – De *dévitrifier.*

dévitrifier [devitʀifje] v. tr. [1] **1.** CHIM Détruire la vitrification de. **2.** TECH Faire perdre (au verre) sa transparence en le chauffant longtemps. – De *dé-*, et *vitrifier.*

dévoiement [devwamɑ̃] n. m. **1.** CONSTR Changement de direction d'un conduit. **2.** État d'une personne dévoyée. – De *dévoyer.*

dévoilement [devwalmɑ̃] n. m. Action de dévoiler, fait de se dévoiler. – De *dévoiler.*

dévoiler [devwale] v. tr. [1] **1.** Enlever le voile qui dissimule (qqn ou qqch). *Dévoiler une statue.* **2.** Fig. Découvrir, révéler (ce qui était secret, caché). *Dévoiler un scandale.* ▷ v. pron. Cesser d'être caché, se montrer. *Ses intentions se sont dévoilées ensuite.* – Se trahir. *Le traître s'est dévoilé.* **3.** TECH Faire perdre son voile à, rendre plan. *Dévoiler une roue.* – De *dé-*, et *voiler.*

1. devoir [dəvwaʀ] **I.** v. tr. **[47]** **1.** Avoir à donner ou à restituer (une somme d'argent) à qqn. *Je te dois trente dollars.* **2.** Être redevable de (qqch) à (qqn), tenir de. *Il lui doit sa situation. L'Égypte doit sa fertilité au Nil.* – *Devoir à... de* (+ inf.). *Je lui dois d'avoir été promu à ce poste.* **3.** Avoir (une obligation morale) envers. *Il me doit le respect.* **II.** v. auxil. suivi de l'inf., marque: **1.** La nécessité inéluctable, l'obligation. *Nous devons tous mourir. Je dois finir cela avant demain.* **2.** Le futur proche, l'intention. *Je dois m'absenter prochainement. Nous devions partir quand l'orage éclata.* **3.** La possibilité, la vraisemblance. *Il doit se tromper.* **4.** (Au conditionnel). La probabilité. *Il devrait être près du but, maintenant.* **5.** (Au subjonctif imparfait, avec inversion du sujet). Même si. *Je le ferai, dussé-je y passer la nuit. Il fera des excuses, dût-il en mourir de honte.* **III.** v. pron. **1.** Être tenu de se sacrifier, de se dévouer. *Se devoir à:* avoir des obligations morales envers. *On se doit à sa famille.* **2.** *Cela se doit:* cela doit être. – Impers. *Comme il se doit:* comme il le faut, comme il est convenable. – Lat. *debere.*

2. devoir [dəvwaʀ] n. m. **1.** Ce à quoi on est obligé par la morale, la loi, la raison, les convenances, etc. *Il a fait son devoir. Manquer à tous ses devoirs.* ▷ *Se mettre en devoir de:* se mettre en état de, commencer à. **2.** *Le devoir:* l'ensemble des règles qui guident la conscience morale. *Agir par devoir.* **3.** Plur., vieilli Hommages. *Présenter ses devoirs à qqn.* – *Les derniers devoirs:* les honneurs funèbres. **4.** Tâche écrite donnée à un élève. *Faire ses devoirs. Un devoir de mathématiques.* – De *devoir* 1.

dévoltage [devɔltaʒ] n. m. ELECTR Action de dévolter. – De *dévolter.*

dévolter [devɔlte] v. tr. [1] ELECTR Diminuer la tension dans (un circuit). – De *dé-*, et *volt.*

dévolteur [devɔltœʀ] n. m. ELECTR Appareil servant à diminuer la tension. – De *dévolter.*

dévolu, ue [devɔly] adj. et n. **I.** adj. **1.** DR Acquis, échu par droit. *Succession dévolue à l'État.* **2.** *Par ext.* Réservé, destiné. *Nous accomplissons les tâches qui nous sont dévolues.* **II.** n. m. Anc. Provision d'un bénéfice ecclésiastique vacant. *Obtenir par dévolu.* ▷ Loc. mod. *Jeter son dévolu sur:* fixer son choix sur. – Lat. *devolutus,* de *devolvere,* «dérouler, faire passer à».

dévolutif, ive [devɔlytif, iv] adj. DR Qui fait qu'une chose est dévolue. *Effet dévolutif de l'appel,* qui consiste à dessaisir le premier juge au profit de la juridiction supérieure. – De *dévolu.*

dévolution [devɔlysjõ] n. f. DR Transmission d'un bien, d'un droit d'une personne à une autre en vertu de la loi. *À défaut de parents dans la ligne paternelle ou maternelle du de cujus, il y a dévolution de sa succession à l'autre ligne.* – Lat. médiév. *devolutio.*

devon [devõ] n. m. PECHE Poisson artificiel muni d'hameçons et servant d'appât. – Mot angl., du comté de *Devon.*

dévonien, ienne [devɔnjɛ̃, jɛn] n. et adj. GEOL *Le Dévonien:* la période de l'ère primaire qui suit le Silurien et précède le Carbonifère. ▷ Adj. *La période dévonienne.* – Angl. *devonian,* «du comté de Devon» où l'on commença à étudier ces terrains.

dévorant, ante [devɔʀɑ̃, ɑ̃t] adj. **1.** Qui dévore. *Loups dévorants.* Syn. vorace. ▷ Fig. *Une soif dévorante de connaître.* **2.** Qui consume, détruit. *Une flamme dévorante.* ▷ Fig. *Une passion dévorante.* – Ppr. de *dévorer.*

dévorateur, trice [devɔʀatœʀ, tʀis] adj. Litt. Qui dévore. – Bas lat. *devorator, devoratrix.*

dévorer [devɔʀe] v. tr. [1] **1.** Manger en déchirant avec les dents, avaler avidement. *Le tigre dévore sa proie.* – Fig. *Elle a été dévorée par les moustiques.* **2.** Manger avec gloutonnerie. *Cet enfant ne mange pas, il dévore.* ▷ Fig. *Dévorer un livre,* le lire très vite. ▷ *Dévorer des yeux:* regarder avec insistance, avec convoitise. **3.** Fig. Détruire, consumer. *Les flammes dévorèrent leur maison en un clin d'œil. Les impôts ont dévoré mes économies.* ▷ Tourmenter (peine, affliction). *Elle était dévorée par le chagrin.* – Lat. *devorare.*

dévoreur, euse [devɔʀœʀ, øz] n. (et adj.) Personne qui dévore. – Fig. *Chaudière dévoreuse de mazout.* – De *dévorer.*

dévot, ote [devo, ɔt] adj. et n. **1.** Attaché aux pratiques religieuses, pieux. ▷ Subst. *Les vrais et les faux dévots.* – Par ext., péjor. Faux dévot. Syn. bigot, cagot, tartuffe. **2.** Qui est fait avec dévotion. *Prière dévote.* – Lat ecclés. *devotus,* «dévoué à Dieu».

dévotement [devɔtmɑ̃] adv. D'une manière dévote. *Prier dévotement.* – De *dévot.*

dévotion [devosjõ] n. f. **1.** Vive piété, attachement aux pratiques religieuses. *Dévotion sincère, affectée.* **2.** Plur. Pratique religieuse. *Faire ses dévotions.* **3.** Culte rendu à un saint. *La dévotion à la Vierge.* – Fig. *Elle a pour la musique une véritable dévotion.* ▷ *Être à la dévotion de qqn,* lui être entièrement dévoué. – Lat. ecclés. *devotio.*

dévoué, ée [devwe] adj. Plein de dévouement. *Être dévoué, tout dévoué à qqn,* disposé à le servir sans restriction. ▷ (Dans les formules épistolaires). *L'assurance de mes sentiments dévoués.* – Pp. de *dévouer.*

dévouement [devumɑ̃] n. m. **1.** Action de se dévouer. *Le dévouement du frère André.* **2.** Disposition à servir qqn, abnégation de soi en faveur d'autrui. *Preuve de dévouement.* – De *dévouer.*

dévouer [devwe] **I.** v. tr. [1] Vx ou litt. Vouer, consacrer. *Dévouer sa vie à la science.* **II.** v. pron. **1.** Se consacrer, se livrer sans réserve (à qqch). *Se dévouer à une grande cause.* **2.** *Absol.* Se sacrifier. *Elle se dévoue pour ses enfants.* – Fam. *C'est toujours lui qui se dévoue pour faire la vaisselle.* – Lat. *devovere.*

dévoyé, ée [devwaje] adj. et n. Sorti du droit chemin. *Un esprit dévoyé.* ▷ Subst. *Une bande de dévoyés.* – Pp. de *dévoyer.*

dévoyer [devwaje] v. tr. **[26]** Détourner du droit chemin. *Les mauvaises fréquentations l'ont dévoyé.* ▷ v. pron. *Se dévoyer.* – De *dé-*, et *voie.*

déwatté, ée [dewate] adj. ELECTR *Courant déwatté* ou *réactif,* déphasé d'un angle de 90 ° par rapport à la tension, et de puissance moyenne nulle, par ex. dans un condensateur ou dans une bobine. – De *dé-*, et *watt.*

dextérité [dɛksteʀite] n. f. **1.** Adresse manuelle. *La dextérité d'un sculpteur, d'un chirurgien.* **2.** Fig. Adresse de l'esprit. *Négocier une affaire avec dextérité.* Syn. habileté, adresse. Ant. maladresse, gaucherie. – Lat. *dexteritas,* de *dexter.* V. dextre.

dextralité [dɛkstʀalite] n. f. Fait d'être droitier. – Du lat. *dextra,* «main droite».

dextran [dɛkstʀɑ̃] n. m. BIOCHIM Polyoside (sucre) de masse molaire élevée, utilisé en chromatographie. – All. *Dextran,* de *dextr*(o)-, et *-an,* suff. de noms d'anhydrides obtenus à partir d'hydrates de carbone.

dextre [dɛkstʀ] n. f. **1.** Vx Main droite (par oppos. à *senestre,* main gauche). **2.** SC NAT Qui décrit une hélice dans le sens des aiguilles d'une montre. *Coquille dextre.* Ant. senestre. – Lat. *dextera,* fém. de *dexter,* «qui est à droite».

dextrine [dɛkstʀin] n. f. BIOCHIM Produit de l'hydrolyse partielle de l'amidon. – De *dextre,* cette substance en solution étant dextrogyre.

dextro-. Élément, du lat. *dexter,* «droite».

dextrocardie [dɛkstʀɔkaʀdi] n. f. MED Déplacement du cœur, acquis ou plus souvent congénital, dans l'hémithorax droit. – De *dextro-*, et *-cardie*.

dextrogyre [dɛkstʀɔʒiʀ] adj. PHYS Qui fait tourner à droite le plan de polarisation de la lumière. *Le glucose est dextrogyre.* V. isomérie. – De *dextro-*, et *-gyre*.

dextrose [dɛkstʀoz] n. f. BIOCHIM Glucose. – De *dextro(gyre)*, et *-ose* 1.

dey [dɛ] n. m. Chef de la milice turque qui gouvernait la régence d'Alger avant la conquête française. – Turc *dâi*, «oncle», titre honorifique.

dg PHYS Symbole de *décigramme*.

dharma [daʀma] n. m. Conformité aux normes naturelles, sociales ou métaphysiques, l'une des notions essentielles de la civilisation indienne. – Mot sanscr. de *dhri*, «tenir».

di-. Élément, du gr. *dis*, «deux fois».

dia-. Préfixe, du gr. *dia-*, «séparation, distinction» (ex. diacritique), ou «à travers» (ex. diagraphe).

dia! [dja] interj. Mot dont se servent les charretiers pour faire aller leurs chevaux à gauche, par oppos. à *hue* (à droite). ▷ Fig. *L'un tire à hue, l'autre à dia :* ils se contrarient, s'opposent, au lieu de combiner leurs efforts. – Anc. forme de *da*.

diabète [djabɛt] n. m. Terme générique désignant un ensemble d'affections caractérisées par une augmentation de la faim, de la soif, de la diurèse, et des modifications hydroélectrolytiques sanguines responsables d'une cachexie. (Le mot employé sans épithète désigne généralement le *diabète sucré*). – Lat. médiév. *diabetes*, du gr. *diabêtês*, «qui traverse», à cause de l'émission surabondante d'urine.

ENCYCL Le *diabète sucré* est caractérisé par une augmentation de la glycémie avec présence de sucre dans les urines (glycosurie). Il peut se compliquer par un coma diabétique avec acidose, déshydratation, cétonémie, cétonurie, nécessitant un traitement d'urgence par l'insuline et la réhydratation. Le diabète sucré peut être dû à une sécrétion insuffisante d'insuline par le pancréas (diabète dit insulinodépendant, car le sujet doit recevoir un apport quotidien d'insuline) ou à un trouble de l'utilisation du glucose sans défaut d'insuline. Le *diabète insipide*, dû à l'absence de sécrétion d'A.D.H. (hormone antidiurétique) par l'hypophyse, se manifeste par une diurèse très importante et immuable, quels que soient les apports hydriques. Il est maintenant traité avec succès par l'administration d'A.D.H.

diabétique [djabetik] adj. (et n.). Relatif au diabète; atteint de diabète. – De *diabète*.

diable [djɑbl] n. m. **I. 1.** Démon, ange déchu voué au mal. – Absol. *Le Diable:* Satan. – Loc. prov. et fam. *La beauté du diable:* la beauté, la fraîcheur de la jeunesse. ▷ *Avoir le diable au corps:* être turbulent, emporté ou très déréglé dans sa conduite. ▷ *C'est le diable:* c'est le difficile, le contrariant de la chose. ▷ *Ce n'est pas le diable:* c'est peu de chose, ce n'est pas très pénible, très difficile. *Je vous demande seulement d'arriver à l'heure, ce n'est quand même pas le diable!* ▷ *Ce serait bien le diable si:* ce serait fort étonnant si. ▷ *Faire le diable à quatre:* faire beaucoup de bruit. ▷ Vieilli *Le diable m'emporte si, du diable si* (renforçant ce que l'on dit). *Le diable m'emporte si je mens.* ▷ *Ne croire ni à Dieu ni à diable:* ne croire à rien. ▷ *Se débattre, remuer comme un (beau) diable:* remuer beaucoup, en déployant une grande vigueur. ▷ *Tirer le diable par la queue:* avoir des difficultés financières. – Loc. adv. *À la diable:* vite et mal. *S'habiller à la diable.* ▷ *Au diable, au diable vauvert* (par allus. au château Vauvert, dans les environs de Paris, que l'on disait hanté): très loin. *Il habite au diable.* ▷ *Envoyer qqn au diable, à tous les diables:* le chasser, le repousser sans ménagement. – (Dans des exclamatives). *Qu'il aille au diable! Au diable l'avarice!* ▷ *En diable:* extrêmement. *Elle est séduisante en diable.* – Loc. adj. *Diable de* (exprimant le mécontentement, la surprise, etc.). *Un diable de métier. Diable d'homme!* ▷ *Du diable. Avoir un esprit du diable, de tous les diables:* avoir beaucoup d'esprit. *Il fait un vent du diable*, très violent. **2.** Fig., vx Personne méchante ou violente. – Mod. *Un petit diable:* un enfant espiègle et turbulent. **3.** (Avec une épithète). Personne, individu. *Un bon diable:* un brave homme. – *Un grand diable:* un homme de grande taille, dégingandé. – *Un pauvre diable:* un miséreux. **II.** (Objets). **1.** Petite figure de diable qui sort d'une boîte à surprise. *Surgir comme un diable d'une boîte.* **2.** TECH Chariot à deux roues servant à transporter des objets lourds. **III.** (Animaux). **1.** *Diable cornu:* moloch. **2.** *Diable de mer:* raie cornue. **IV.** interj. (Marquant la surprise, l'admiration, le mécontentement, le doute, l'inquiétude, etc.). *Diable, c'est loin!* ▷ *Que diable!* (renforçant une exclamation, une interrogation). *Défendez-vous, que diable! Que diable lui voulez-vous?* – Lat. ecclés. *diabolus*, du gr. *diabolos*, propr. «calomniateur».

diablement [djɑbləmɑ̃] adv. Fam. Excessivement. *Il fait diablement chaud.* – De *diable*.

diablerie [djɑbləʀi] n. f. **1.** Sortilège, ensorcellement. **2.** Vx Machination secrète. *Quelque diablerie retarde cette affaire.* **3.** Malice, espièglerie. *Encore une de ses diableries!* **4.** LITTER Au Moyen Âge, pièce dramatique où le diable jouait le rôle principal. *Diablerie à deux, à quatre personnages.* – BX-A Dessin représentant des diables. *Les diableries de Callot.* – De *diable*.

diablesse [djɑblɛs] n. f. **1.** Rare Diable femelle. **2.** Fig., vx Femme méchante, rusée, intrigante. – Mod. Femme remuante, fillette turbulente. *Quelle diablesse!* – De *diable*.

diablotin [djɑblɔtɛ̃] n. m. **1.** Petit diable; petite figure de diable. **2.** Fig. Enfant vif et turbulent. **3.** Bonbon enveloppé avec un petit pétard dans une papillote. **4.** Larve de l'empuse. – Dimin. de *diable*.

diabolique [djabɔlik] adj. **1.** Qui vient du diable. *Pouvoir diabolique.* Syn. démoniaque. **2.** Fig. Qui semble venir du diable, à la fois astucieux et méchant. *Invention diabolique. Esprit diabolique.* Syn. infernal, satanique. **3.** Très désagréable, très difficile. *Une situation diabolique.* – Lat. ecclés. *diabolicus*, gr. *diabolikos*, de *diabolos*, «calomniateur».

diaboliquement [djabɔlikmɑ̃] adv. Avec une astuce, une méchanceté diabolique. *Une ruse diaboliquement préparée.* – De *diabolique*.

diabolo [djabɔlo] n. m. **1.** Jouet, bobine creuse que l'on fait rouler sur une cordelette tendue entre deux baguettes, pour la lancer en l'air et la rattraper. **2.** TECH Avant-train mobile permettant de déplacer les semi-remorques séparées de leur tracteur. – De *diable*, d'ap. l'ital. *diavolo*.

diachronie [djakʀɔni] n. f. LING Évolution dans le temps des faits linguistiques. Ant. synchronie. – De *dia-*, et *-chronie*.

diachronique [djakʀɔnik] adj. LING Relatif à la diachronie. *Linguistique diachronique.* Syn. évolutif, historique. Ant. statique, synchronique. – De *diachronie*.

diachylon [djaʃilɔ̃] n. m. Bande adhésive servant à fixer un pansement. Syn. sparadrap. – Mot d'orig. gr.

diacide [diasid] n. m. et adj. CHIM Composé possédant deux fonctions acide. – De *di-*, et *acide*.

diaclase [djaklɑz] n. f. GEOL Fissure affectant une roche en place. *Le réseau de diaclases est le point d'attaque préférentiel de l'érosion chimique par les eaux d'infiltration.* – Gr. *diaklasis*, «brisure en deux».

diaconal, ale, aux [djakɔnal, o] adj. Relatif au diacre, au diaconat. – Lat. ecclés. *diaconalis.*

diaconat [djakɔna] n. m. **1.** Deuxième ordre majeur chez les catholiques, premier chez les orthodoxes. **2.** Fonction d'un diacre, durée de cette fonction. – Lat. ecclés. *diaconatus.*

diaconesse [djakɔnɛs] n. f. **1.** Dans l'Église primitive, jeune fille ou veuve qui se consacrait à certaines activités religieuses. **2.** Chez les protestants, femme vivant en communauté, et qui se voue à des missions d'assistance (malades, nécessiteux, etc.). – Lat. ecclés. *diaconissa.*

diacoustique [djakustik] n. f. PHYS Partie de l'acoustique qui traite de la réfraction des sons. – De *dia-*, et *acoustique.*

diacre [djakʀ] n. m. **1.** Ministre des cultes catholique et orthodoxe qui a reçu le diaconat. **2.** Dans les Églises protestantes, laïc remplissant bénévolement diverses fonctions (administration, assistance aux nécessiteux, etc.). – Lat. ecclés. *diaconus*, gr. *diakonos*, «serviteur».

diacritique [djakʀitik] adj. Qui sert à distinguer, à différencier. *Signe diacritique:* signe graphique destiné soit à distinguer des mots homographes (par ex., l'accent sur l'*à* préposition distingue celle-ci de *a* verbe avoir), soit les différentes prononciations d'une même lettre (par ex., č et ć, en croate, notent [tz] et [tʃ]). – Gr. *diakritikos*, «qui distingue».

diadème [djadɛm] n. m. **1.** Bandeau qui, dans l'Antiquité, était l'insigne de la royauté. – (Par métaphore). La royauté. **2.** Parure de tête féminine en forme de bandeau, de couronne. *Un diadème de pierres précieuses.* – Lat. *diadema*, gr. *diadêma.*

diadoque [djadɔk] n. m. **1.** Nom donné aux généraux qui se disputèrent l'empire d'Alexandre. **2.** Nom autref. donné au prince héritier de Grèce. – Gr. *diadokhos*, «successeur».

diagenèse [djaʒənɛz] n. f. GEOL Ensemble des phénomènes physico-chimiques transformant un sédiment frais en une roche cohérente. – De *dia-*, et *genèse.*

diagnose [djagnoz] n. f. **1.** MED Connaissance d'une maladie à partir des symptômes, des signes diagnostiques. **2.** BIOL Détermination des caractéristiques d'une espèce. – *Par ext.*, BOT Texte décrivant ces caractéristiques. – Du gr. *diagnosis*, «discernement».

diagnostic [djagnɔstik] n. m. Acte par lequel le médecin, en groupant les symptômes et les données de l'examen clinique et paraclinique, les rattache à une maladie bien identifiée. ▷ *Par ext.* Évaluation d'une situation donnée, jugement porté sur telle conjoncture, tel ensemble de circonstances. – De *diagnostique.*

diagnostique [djagnɔstik] adj. Qui a rapport au diagnostic. *Signes diagnostiques.* – Gr. *diagnôstikos*, «apte à reconnaître».

diagnostiquer [djagnɔstike] v. tr. [1] Faire le diagnostic de. *Le médecin a diagnostiqué un cancer.* ▷ Par ext. *Cet expert a diagnostiqué des erreurs de gestion.* – De *diagnostic.*

diagonal, ale, aux [djagɔnal, o] adj. Qui joint deux angles opposés. *Ligne diagonale.* ▷ MATH *Matrice diagonale*, dont tous les éléments sont nuls sauf ceux de la diagonale. – Bas lat. *diagonalis*, de *diagonus*, gr. *diagônos*, «ligne tracée d'un angle à un autre».

diagonale [djagɔnal] n. f. **1.** Segment de droite reliant deux sommets non consécutifs d'un polygone. **2.** Loc. adv. *En diagonale:* suivant la diagonale, en biais. *Il traversa le carrefour en diagonale.* ▷ *Lire en diagonale*, rapidement et superficiellement. – Du préc.

diagonalement [djagɔnalmɑ̃] adv. En diagonale. – De *diagonal.*

diagonaliser [djagɔnalize] v. tr. [1] MATH *Diagonaliser une matrice*, en déduire une matrice diagonale et une matrice carrée inversible. – De *diagonal.*

diagramme [djagʀam] n. m. **1.** Représentation graphique de la variation d'une grandeur. *Diagramme de température.* Syn. Courbe, graphique. **2.** Dessin géométrique sommaire représentant les parties d'un ensemble et leur position les unes par rapport aux autres. *Diagramme floral:* schéma indiquant le nombre, les positions et les rapports des pièces florales (vues par l'ouverture du périanthe). – Gr. *diagramma*, «dessin».

diagraphe [djagʀaf] n. m. Instrument composé de miroirs ou de prismes, et qui permet de reproduire l'image d'un objet sans connaissances spéciales en dessin. – De *dia-*, et *graphe*, d'ap. *diagramme.*

diagraphie [djagʀafi] n. f. **1.** Art de dessiner au moyen du diagraphe. **2.** GEOL Enregistrement continu des grandeurs physiques caractérisant les couches de terrain traversées au cours d'un forage. – Visualisation (notam. au moyen de l'ordinateur) des données fournies par un tel enregistrement. – De *diagraphe.*

dial [djal] n. m. CHIM Composé possédant deux fonctions aldéhyde. – De *di-*, et *al(déhyde).*

dialcool [dialkɔl] n. m. CHIM Composé possédant deux fonctions alcool. Syn. diol, glycol. – De *di-*, et *alcool.*

dialdéhyde [dialdeid] n. m. CHIM Syn. de *dial.* – De *di-*, et *aldéhyde.*

dialectal, ale, aux [djalɛktal, o] adj. D'un dialecte. *Forme dialectale.* – De *dialecte.*

dialectalisme [dialɛktalism] n. m. Mot, locution, prononciation ou tour d'origine dialectale. *Les mots achaler, enfarger et gourgane sont des dialectalismes.* – De *dialectal.*

dialecte [djalɛkt] n. m. Manière de parler une langue particulière à une province, une région. *Dialecte picard.* – Lat. *dialectus*, gr. *dialektos.*

dialecticien, ienne [djalɛktisjɛ̃, jɛn] n. Personne qui entend la dialectique ou qui discute habilement. – De *dialectique*, d'ap. le lat. *dialecticus*, «dialecte».

dialectique [djalɛktik] n. f. **I.** PHILO **1.** Chez Platon: art de la discussion, du dialogue, considéré comme le moyen de s'élever des connaissances sensibles aux Idées. ▷ Chez Aristote: logique du probable (par oppos. à *analytique*, logique du certain). **2.** Au Moyen Âge: logique formelle (opposé à *rhétorique*). *La dialectique, la rhétorique et la grammaire formaient les trois branches du Trivium.* **3.** Chez Kant: «logique de l'apparence», celle de la pensée qui, voulant se libérer de l'expérience, tombe dans les antinomies. **4.** Chez Hegel: progression de la pensée qui reconnaît l'inséparabilité des contradictoires *(thèse* et *antithèse)*, puis découvre un principe d'union *(synthèse)* qui les dépasse. ▷ Adj. *Démarche dialectique.* **5.** Chez Marx: mouvement progressif de la réalité qui évolue (comme la pensée chez Hegel) par le dépassement des contradictions dans les choses. ▷ Adj. *Mouvement dialectique de l'histoire. Matérialisme dialectique.* **II.** Cour. Manière de discuter, d'exposer, d'argumenter. *Une dialectique serrée.* – Lat. *dialectica*, gr. *dialektikê*, «art de discuter».

dialectiquement [djalɛktikmɑ̃] adv. Selon les formes de la dialectique. *Raisonner dialectiquement.* – De *dialectique.*

dialectologie [djalɛktɔlɔʒi] n. f. LING Étude, science des dialectes. – De *dialecte*, et *-logie.*

dialectologue [djalɛktɔlɔg] n. LING Spécialiste de la dialectologie. – De *dialectologie*.

diallèle [djal(l)ɛl] n. m. LOG Cercle* vicieux. – Gr. *diallêlos*, «réciproque».

dialogique [djalɔʒik] adj. LITTER En forme de dialogue. *Écrit dialogique*. – Lat. *dialogicus*, du gr. *dialogikos*.

dialogue [djalɔg] n. m. **1.** Entretien, conversation entre deux personnes. **2.** Conversation que tiennent entre eux les personnages d'une pièce de théâtre, d'un film. *Le scénario est bon, mais le dialogue est vulgaire*. **3.** Composition littéraire ayant la forme d'une conversation entre deux ou plusieurs personnes. *Les dialogues de Platon*. – Lat. *dialogus*, gr. *dialogos*, de *legein*, «parler».

dialoguer [djalɔge] **1.** v. intr. [1] Converser avec un interlocuteur. **2.** v. tr. Mettre sous forme de dialogue. *Dialoguer un roman*. – De *dialogue*.

dialoguiste [djalɔgist] n. Auteur du dialogue d'un film. – De *dialogue*.

dialypétales [djalipetal] n. m. pl. BOT Ordre d'angiospermes dont les fleurs possèdent des pétales libres les uns par rapport aux autres. – Adj. *Une plante dialypétale*. Ant. gamopétale. – Du gr. *dialuein*, «séparer», et *pétale*.

dialyse [djaliz] n. f. **1.** CHIM Procédé de séparation des corps colloïdaux par diffusion à travers des parois semi-perméables. **2.** MED Procédé thérapeutique d'épuration extra-rénale (parfois dit *rein artificiel*), qui permet d'éliminer les toxines et l'eau contenues en excès dans le sang. – *Dialyse péritonéale*, méthode d'épuration sanguine par diffusion à travers la cavité péritonéale. – Gr. *dialusis*, «séparation».

dialysépale [djalisepal] adj. BOT Se dit des fleurs dont le calice porte des sépales séparés. Ant. gamosépale. – Gr. *dialuein*, «séparer», et *sépale*.

dialyser [djalize] v. tr. [1] CHIM Préparer ou purifier une substance par dialyse – Par ext. *Dialyser un malade*, le soumettre à une dialyse (sens 2). – De *dialyse*.

dialyseur [djalizœʀ] n. m. CHIM Appareil servant à effectuer la dialyse. – De *dialyse*.

diamagnétique [djamaɲetik] adj. PHYS Qui possède la propriété de diamagnétisme. – De *dia-*, et *magnétique*.

diamagnétisme [djamaɲetism] n. m. PHYS Propriété que possèdent certains corps de s'aimanter en sens inverse du champ magnétique dans lequel ils sont placés. – De *dia-*, et *magnétisme*.

diamant [djamɑ̃] n. m. **1.** Variété de carbone pur cristallisé dans le système cubique, caractérisé par une extrême dureté. *Le diamant est une pierre précieuse. Diamant blanc-bleu*. **2.** Bijou orné d'un diamant. *Offrir un diamant*. **3.** TECH Outil servant à couper le verre. **4.** Fig., litt. Ce qui brille comme un diamant. *Les diamants de la rosée*. – Lat. *adamas, adamantis*. V. aimant.

ENCYCL La dureté exceptionnelle du diamant est due aux liaisons de covalence qui unissent ses atomes. Le diamant a une densité de 3,5; il est clivable. On le trouve en très faibles quantités dans les *kimberlites* ou dans des alluvions provenant du remaniement de ces roches. On distingue 3 variétés: le *bort*, transparent, mais comportant de nombreux défauts et que l'on utilise pour tailler le verre et les minéraux; le *carbonado*; le *diamant transparent de joaillerie*, que l'on taille à facettes après clivage, les nombreux feux qu'il jette étant dus à son indice de réfraction très élevé (2,40 à 2,46); on le caractérise par son *eau* (couleur, transparence) et par son poids, exprimé en *carats*. Borts, carbonados et diamants de synthèse sont utilisés dans la construction de meules, d'appareils de forage (trépan), etc., qui requièrent une grande dureté.

diamantaire [djamɑ̃tɛʀ] adj. et n. **1.** adj. Qui a l'éclat du diamant. *Roche diamantaire*. **2.** n. m. Ouvrier qui taille les diamants. – Négociant en diamants. – De *diamant*.

diamanté, ée [djamɑ̃te] adj. **1.** Garni d'une pointe de diamant ou d'iridium. **2.** *Éclat diamanté*, rappelant celui du diamant. – Pp. de *diamanter*.

diamanter [djamɑ̃te] v. tr. [1] **1.** Orner de diamants. ▷ Garnir d'une pointe de diamant. **2.** Faire briller comme un diamant. – De *diamant*.

diamantifère [djamɑ̃tifɛʀ] adj. Qui contient du diamant. *Terrain diamantifère*. – De *diamant*, et *-fère*.

diamantin, ine [djamɑ̃tɛ̃, in] adj. Qui a la dureté ou l'éclat du diamant. Syn. adamantin. – De *diamant*.

diamantine [djamɑ̃tin] n. f. TECH Poudre à polir à base d'alumine cristallisée. – De *diamantin*.

diamétral, ale, aux [djametʀal, o] adj. Qui appartient au diamètre. *Plan diamétral*. – De *diamètre*.

diamétralement [djametʀalmɑ̃] adv. **1.** GEOM Dans le sens du diamètre. *Points diamétralement opposés*. **2.** Cour., fig. *Avis, points de vue diamétralement opposés:* absolument, radicalement opposés. – De *diamètre*.

diamètre [djamɛtʀ] n. m. **1.** GEOM Segment de droite joignant deux points d'un cercle, d'une sphère, et passant par le centre. **2.** *Par ext.* Le segment de droite de plus grande longueur reliant deux points d'une courbe ou d'une surface fermée. ▷ *Diamètre d'un objet cylindrique ou sphérique:* sa plus grande largeur ou grosseur. **3.** PHYS *Diamètre apparent d'un objet;* l'angle sous lequel il est vu. *Diamètre apparent d'un astre*. – Lat. *diametrus*, gr. *diametros*.

diamide [diamid] n. f. CHIM Composé qui possède deux fois la fonction amide. – De *di-*, et *amide*.

diamine [diamin] n. f. CHIM Composé qui possède deux fois la fonction amine. – De *di-*, et *amine*.

diane [djan] n. f. Batterie de tambour ou sonnerie de clairon pour éveiller les soldats ou les matelots. *Battre, sonner la diane*. – Ital. *diana*, rac. *dia*, «jour».

diantre! [djɑ̃tʀ] interj. Vieilli ou plaisant. Diable (juron). *Que diantre voulez-vous?* – Altér. euph. de *diable*.

diapason [djapazɔ̃] n. m. MUS **1.** L'étendue des sons que peut parcourir une voix ou un instrument, de la note la plus grave à la plus aiguë. **2.** Petit instrument composé d'une lame d'acier recourbée et qui, mis en vibration, produit le *la*. **3.** ▷ Fig. *Se mettre au diapason de qqn:* prendre le même ton, adopter la même attitude que lui. – Mot lat., gr. *dia pasôn (khordôn)*, «par toutes (les cordes)».

diapause [djapoz] n. f. BIOL Phase de latence (œufs ou larves d'insectes; graine avant la germination). – De *dia-*, et *pause*.

diapédèse [djapedɛz] n. f. BIOL Migration des globules blancs hors des capillaires, par des mouvements amiboïdes. – Gr. *diapêdêsis*, de *dia*, «à travers», et *pêdân*, «jaillir».

diaphane [djafan] adj. Qui se laisse traverser par la lumière sans laisser distinguer nettement les formes. *Une brume diaphane*. Syn. translucide. – Fig. *Un visage diaphane*, aux traits fins et à la carnation délicate. – Gr. *diaphanês*, «transparent».

diaphanéité [djafaneite] n. f. Rare Qualité de ce qui est diaphane. – De *diaphane*.

diaphragmatique [djafʀagmatik] adj. ANAT Du diaphragme. *Hernie diaphragmatique*. – De *diaphragme*.

diaphragme [djafʀagm] n. m. **1.** ANAT Muscle transversal qui sépare le thorax de l'abdomen, et qui joue un rôle très important dans la respiration (traversé par l'aorte, l'œsophage et la veine cave inférieure, il est innervé par les nerfs phréniques). **2.** Préservatif féminin constitué d'une membrane en caoutchouc souple oblitérant le fond du vagin. **3.** SC NAT Cloison qui sépare un fruit capsulaire. **4.** TECH Cloison extensible, percée d'un orifice, que l'on place à l'intérieur d'une canalisation ou d'un appareil (pour réduire ou mesurer un débit, limiter les faisceaux lumineux traversant un instrument d'optique, etc.). *Diaphragme d'un appareil photo.* **5.** Membrane élastique. *Pompe à diaphragme.* **6.** Renfort permettant d'éviter le flambement d'une pièce. **7.** Cloison étanche (séparant les ergols dans un réservoir, par ex.). – Lat. méd. d'orig. gr. *diaphragma,* «séparation, cloison».

diaphragmer [djafʀagme] **1.** v. tr. **[1]** TECH Munir d'un diaphragme. **2.** v. intr. Diminuer l'ouverture d'un appareil photographique en agissant sur le diaphragme. – De *diaphragme.*

diaphyse [djafiz] n. f. ANAT Partie d'un os long comprise entre ses deux extrémités *(épiphyses).* – Gr. *diaphusis,* «division».

diaporama [djapɔʀama] n. m. AUDIOV Montage ou projection de diapositives accompagné d'une trame sonore. – De *diapo(*sitive), et *-rama.*

diapositive [djapozitiv] n. f. Épreuve photographique positive sur support transparent, destinée à être regardée par transparence ou projetée. – De *dia-,* et *positif.*

diapré, ée [djapʀe] adj. Qui présente des couleurs vives et variées. *Un tissu diapré.* – Pp. de *diaprer.*

diaprer [djapʀe] v. tr. **[1]** Litt. Nuancer de plusieurs couleurs. – A. fr. *diaspre,* «drap à fleurs».

diaprure [djapʀyʀ] n. f. État de ce qui est diapré, variété de couleurs. – De *diaprer.*

diarrhée [djaʀe] n. f. Évacuation fréquente de selles liquides. – Lat. *diarrhoea,* du grec.

diarrhéique [djaʀeik] adj. Relatif à la diarrhée. *Selles diarrhéiques.* – De *diarrhée.*

diarthrose [djaʀtʀoz] n. f. ANAT Articulation présentant des surfaces articulaires mobiles les unes sur les autres, permettant des mouvements étendus (ex.: le coude et le genou). – Gr. *diarthrôsis.*

diaspora [djaspɔʀa] n. f. Dispersion des Juifs, au cours des siècles, hors du territoire de leurs ancêtres. – *Par ext.* Dispersion d'une ethnie quelconque. *La diaspora arménienne.* – Mot gr., «dispersion».

diastase [djastɑz] n. f. BIOCHIM Syn. anc. d'*enzyme.* – Gr. *diastasis,* «séparation».

diastole [djastɔl] n. f. PHYSIOL Période de repos du cœur, pendant laquelle les ventricules se remplissent et se dilatent sous l'effet de l'afflux sanguin. *La diastole succède à la systole.* – Gr. *diastolê,* «dilatation».

diastolique [djastɔlik] adj. Relatif à la diastole. – De *diastole.*

diathermane [djatɛʀman] adj. Qui laisse passer la chaleur. – De *dia-,* et gr. *thermos,* «chaud».

diathermie [djatɛʀmi] n. f. MED Procédé thérapeutique qui utilise les courants de haute fréquence pour produire des effets thermiques dans la profondeur des tissus. – De *dia-,* et *thermie.*

diatomées [djatɔme] n. f. pl. BOT Classe d'algues brunes unicellulaires enfermées dans une coque siliceuse (frustule) formée de deux pièces évoquant une boîte et son couvercle. *Les diatomées sont extrêmement fréquentes dans le plancton marin et d'eau douce, ainsi que dans tous les endroits humides.* – Gr. *diatomos,* «coupé en deux».

diatomique [diatɔmik] adj. CHIM Se dit des corps dont la molécule comporte deux atomes. – De *di-,* et *atomique.*

diatomite [djatɔmit] n. f. PETROG Roche sédimentaire peu dense, blanche, poreuse, composée essentiellement de frustules de diatomées. Syn. tripoli, kieselguhr. – De *diatomées,* et *-ite* 3.

diatonique [djatɔnik] adj. MUS Qui procède par succession naturelle des tons et demi-tons de la gamme (opposé à *chromatique*). – Gr. *dia,* «par», et *tonos,* «ton»; lat. *diatonicus.*

diatoniquement [djatɔnikmɑ̃] adv. MUS Suivant une succession diatonique. – De *diatonique.*

diatribe [djatʀib] n. f. Critique amère et virulente. *Prononcer une diatribe contre qqn.* – Gr. *diatribê,* «discussion d'école».

diaule [djol] n. f. ANTIQ GR Flûte double. – Du gr. *di(s),* «deux», et *aulos,* «flûte».

diazo-. CHIM Préfixe indiquant la présence du groupement -N=N- dans la molécule. – De *di-,* et *azo(te).*

diazoïque [diazɔik] adj. (et n. m.). CHIM Se dit des composés doublement azotés obtenus par action de l'acide nitreux sur une amine aromatique, qui servent notam. à préparer des colorants industriels. – De *diazo-,* et *-ique.*

dibranchiaux [dibʀɑ̃ʃjo] n. m. pl. ZOOL Sous-classe de céphalopodes possédant deux branchies, que l'on divise en *octopodes* (pieuvre, élédone, etc.) et en *décapodes* (calmar, seiche, etc.). – De *di-,* et *branchie.*

dicaryon [dikaʀjõ] n. m. BOT Chez les champignons supérieurs, couple de noyaux, l'un mâle, l'autre femelle, qui se divisent séparément et simultanément puis fusionnent. – De *di-,* et gr. *karuon,* «noyau».

dicastère [dikastɛʀ] n. f. **1.** ANTIQ Section d'un tribunal athénien. **2.** RELIG CATHOL Organisme de la curie romaine. *Les dicastères comprennent les congrégations, les tribunaux, les secrétariats, les conseils, les commissions et les offices.* – Gr. *dikastêrion,* «tribunal».

dichotome [dikɔtɔm] adj. BOT Qui se ramifie par dichotomie. *Tige dichotome.* – Gr. *dikhotomos,* «coupé en deux».

dichotomie [dikɔtɔmi] n. f. **1.** BOT Mode de ramification par bifurcations successives, donnant deux ramifications de même taille. **2.** LOG Division d'un genre en deux espèces qui en recouvrent l'extension. – Gr. *dikhotomia.*

dichotomique [dikɔtɔmik] adj. Qui se divise de deux en deux; bifurqué. *Division dichotomique.* – De *dichotomie.*

dichroïque [dikʀɔik] adj. Qui présente le phénomène de dichroïsme. *Une gemme dichroïque.* – Du gr. *dikhroos,* «de deux couleurs».

dichroïsme [dikʀɔism] n. m. PHYS Propriété que possèdent certains corps de présenter une coloration différente selon la direction de l'observation. – Du gr. *dikhroos,* «de deux couleurs».

dichromatique [dikʀomatik] adj. Qui présente deux couleurs. – De *di-,* et gr. *khrôma, khrômatos,* «couleur».

dicline [diklin] adj. BOT Se dit d'une fleur unisexuée, ou d'une plante portant de telles fleurs. – De *di-,* et gr. *klinê,* «lit».

dicotylédone [dikɔtiledɔn] n. f. et adj. BOT *Les dicotylédones:* sous-classe d'angiospermes comprenant toutes les plantes dont la graine renferme un embryon à deux cotylédons. (Les fleurs comportent 2 ou 5 – ou un multiple, parfois très élevé, de ces nombres – pièces florales de chaque type: sépales, pétales, etc., ce qui les différencie des monocotylédones. Les plus anciennes dicotylédones connues datent du Crétacé).

Au sing. *Une dicotylédone.* ▷ Adj. *Une plante dicotylédone.* – De *di-*, et *cotylédon.*

dicrote [dikʀɔt] adj. MED *Pouls dicrote:* pouls pathologique où le dicrotisme devient perceptible au palper, sous forme de deux pulsations pour chaque battement du cœur. – Gr. *dikrotos*, de *di- krotos*, «bruit».

dicrotisme [dikʀɔtism] n. m. PHYSIOL Réflexion de l'onde systolique à la périphérie du système artériel. – De *dicrot(e)*, et *-isme.*

dictame [diktam] n. m. **1.** Rutacée à grappes de fleurs blanches ou pourpres utilisée autrefois dans la préparation des vulnéraires. **2.** Fig., litt. Adoucissement, consolation. – Lat. *dictamnum*, du gr.

dictateur [diktatœʀ] n. m. **1.** HIST ROM Magistrat extraordinaire, investi pour une brève durée de pouvoirs illimités. **2.** Homme politique qui exerce un pouvoir absolu, sans contrôle. – Lat. *dictator.*

dictatorial, iale, iaux [diktatɔʀjal, jo] adj. **1.** D'un dictateur, d'une dictature. *Pouvoir dictatorial.* **2.** Impérieux, tranchant. *Parler sur un ton dictatorial.* – De *dictateur.*

dictature [diktatyʀ] n. f. **1.** HIST ROM Pouvoir, dignité du dictateur; temps pendant lequel s'exerce cette dictature. **2.** Pouvoir absolu, sans contrôle. ▷ POLIT *Dictature du prolétariat:* chez Marx, première étape de l'évolution vers le socialisme, destinée à l'élimination définitive de la bourgeoisie, et pendant laquelle le pouvoir est exclusivement exercé par le prolétariat. – Lat. *dictatura.*

dictée [dikte] n. f. **1.** Action de dicter. *Écrire sous la dictée.* – Fig. *Elle lui parlait sous la dictée de la passion.* **2.** Exercice scolaire consistant à dicter à des écoliers un texte qu'ils doivent orthographier correctement; le texte dicté lui-même. *Dictée sans fautes.* – Pp. de *dicter* subst. au fém.

dicter [dikte] v. tr. [1] **1.** Prononcer lentement, en articulant (des mots, des phrases, etc.) pour qu'une ou plusieurs personnes les écrivent, les prennent en note. *Dicter une lettre à son secrétaire.* **2.** Suggérer, inspirer à qqn ce qu'il doit dire ou faire. *C'est la raison qui doit nous dicter nos actes.* **3.** Imposer. *Le vainqueur dicte ses conditions.* – Lat. *dictare.*

diction [diksjõ] n. f. Manière d'articuler les mots d'un texte, d'un discours. *Cet orateur a une bonne diction.* Syn. élocution, prononciation. – Lat. *dictio.*

dictionnaire [diksjɔnɛʀ] n. m. Ouvrage qui recense et décrit, dans un certain ordre, un ensemble particulier d'éléments du lexique. *Dictionnaire de la langue,* ou *dictionnaire de langue,* qui décrit le sens, les valeurs, les emplois, etc., des mots d'une langue. *Dictionnaire bilingue,* qui donne les équivalents des mots et expressions d'une langue dans une autre langue. *Dictionnaire étymologique.* – *Dictionnaire encyclopédique:* dictionnaire qui, outre les descriptions de mots, fournit des développements encyclopédiques consacrés aux objets désignés par les mots. *Un dictionnaire français-anglais. Dictionnaire médical, étymologique.* – Lat. médiév. *dictionarium*, de *dictio*, «action de dire».

dicton [diktõ] n. m. Sentence passée en proverbe. *Un dicton populaire.* Syn. adage. – Lat. *dictum*, «sentence».

dictyosome [diktjozom] n. m. BIOL Organite cellulaire formé d'une pile d'écailles aplaties (saccules), au nombre de 4 ou 5, qui élabore des polyholosides (sucres) et des protéines. Syn. appareil de Golgi. – Gr. *diktuon*, «réseau», et *-some.*

didacticiel [didaktisjɛl] n. m. INFORM Logiciel spécialisé dans l'enseignement d'une discipline, d'une méthode ou de certaines connaissances. – De *didactique*, et *logiciel.*

didactique [didaktik] adj. **1.** Qui est propre à instruire; qui est destiné à l'enseignement. *Traité didactique.* ▷ N. f. Science des méthodes d'enseignement. **2.** Qui appartient au vocabulaire savant (par oppos. au vocabulaire de la langue courante). *Terme didactique. Langue didactique* (abrév.: *didac.* dans le présent ouvrage). – Gr. *didaktikos*, de *didaskein*, «enseigner».

didactyle [didaktil] adj. ZOOL Qui possède deux doigts. *L'autruche est didactyle.* – De *di-*, et *dactyle.*

didascalie [didaskali] n. f. Didac. Indications scéniques données par l'auteur, accompagnant le texte d'une œuvre théâtrale. – Gr. *didaskalia*, «enseignement».

didelphe [didɛlf] adj. ZOOL Qualifie un utérus à deux branches, dont chacune est abouchée à un vagin distinct. – De *di-*, et gr. *delphos*, «matrice».

didelphidés [didɛlfide] n. m. pl. Famille de marsupiaux à laquelle appartient l'opossum (genre *Didelphys*), dont la femelle a un utérus didelphe. – De *didelphe.*

dièdre [djɛdʀ] n. m. **1.** GEOM Figure formée par deux demi-plans issus de la même droite (arête). *Angle d'un dièdre:* intersection d'un dièdre et d'un plan perpendiculaire à l'arête. ▷ Adj. *Angle dièdre.* **2.** AVIAT Valeur qui caractérise l'angle formé par les deux ailes d'un avion, d'un planeur. (Cette valeur est celle du complément de la moitié de cet angle; elle est nulle si les ailes sont dans un même plan.) – De *di-*, et du gr. *hedra*, «plan».

diélectrique [dielɛktʀik] adj. et n. m. **1.** adj. ELECTR Qui conduit mal l'électricité. ▷ *Constante diélectrique :* syn. de *permittivité relative.* ▷ *Rigidité diélectrique:* valeur du champ électrique, au-delà de laquelle un isolant peut être perforé (exprimée en kV/cm). **2.** n. m. Corps isolant. – *Spécial.* Isolant placé entre les armatures d'un condensateur. – De *di(a)-*, et *électrique.*

diencéphale [diɑ̃sefal] n. m. ANAT Partie du cerveau située entre les deux hémisphères et en avant du cerveau moyen, creusée dans toute son étendue par le troisième ventricule. – De *di-*, et *encéphale.*

diène [djɛn] n. m. CHIM Hydrocarbure dont la molécule contient deux doubles liaisons entre atomes de carbone. *Les diènes permettent d'obtenir des caoutchoucs synthétiques.* – De *di-*, et *(éthyl)ène.*

diérèse [djeʀɛz] n. f. **1.** PHON Division d'une diphtongue en deux syllabes. **2.** CHIR Procédé utilisé pour diviser des tissus organiques dont la continuité pourrait être nuisible. – Gr. *diairesis*, «séparation».

diergol [diɛʀgɔl] n. m. Syn. de *biergol.*

dièse [djɛz] n. m. MUS Signe d'altération (#) qui indique que le son de la note devant laquelle il est placé est élevé d'un demi-ton. – Adj. *Un fa dièse.* – Lat. *diesis*, du gr., «intervalle».

diesel [djezɛl] n. m. Moteur à combustion interne fonctionnant avec des combustibles lourds (gazole en partic.). – Appos. *Moteur Diesel.* – Du n. de l'ingénieur all. R. *Diesel* (1858-1913).

diéser [djeze] v. tr. [16] MUS Marquer d'un dièse. – De *dièse.*

dies irae [djɛsiʀe] n. m. LITURG Hymne latin chanté (ou récité) à la messe des morts, qui commence par ces mots; air sur lequel cet hymne est chanté. – Mots lat., «jour de colère».

1. **diète** [djɛt] n. f. **1.** Régime alimentaire prescrit dans un but thérapeutique. **2.** Privation d'aliments imposée à un malade. *Se mettre à la diète.* – Gr. *diaita*, «genre de vie».

2. **diète** [djɛt] n. f. **1.** HIST Assemblée politique où l'on règle les affaires publiques. *Charles Quint fit compa-*

raître Luther devant la diète d'Augsbourg. **2.** Assemblée de certains ordres religieux. – Lat. médiév. *dieta*, «jour assigné», de *dies*, «jour».

diététicien, ienne [djetetisjɛ̃, jɛn] ou **diététiste** [djetetist] n. Spécialiste de la diététique. – De *diététique*.

diététique [djetetik] n. et adj. **1.** n. f. Branche de l'hygiène qui traite de l'alimentation. **2.** adj. Relatif à l'alimentation. – Lat. *diaeteticus*, gr. *diaitêtikos*, de *daitan*, «soumettre à un régime».

diéthylamine [dietilamin] n. f. CHIM Amine de formule C_2H_5-NH-C_2H_5. – De *di-*, *éthyl(e)*, et *amine*.

diéthylénique [dietilenik] adj. CHIM Se dit d'un composé possédant deux fois la fonction carbure éthylénique. – De *di-*, et *éthylénique*.

dieu [djø] n. m. **1.** L'Être suprême, créateur et conservateur de l'Univers, adoré dans les diverses religions monothéistes (en ce sens, s'écrit avec un D majuscule, et n'a pas de pluriel). *La crainte de Dieu. Le bon Dieu.* ▷ RELIG CATHOL Hostie consacrée, viatique. *Porter le bon Dieu à un malade.* – Loc. fam. *On lui donnerait le bon Dieu* (la communion) *sans confession:* se dit d'une personne d'apparence trompeusement innocente. ▷ Loc. *Dieu m'en garde! à Dieu ne plaise!:* puisse cela ne pas m'arriver, se produire. – (Appuyant une demande, une prière instante). *Faites-le, pour l'amour de Dieu, au nom de Dieu.* – (Appuyant ce qu'on affirme ou ce qu'on nie). *Dieu sait si nous avons souhaité ce moment! Dieu sait que j'y suis opposé!* – (Exprimant l'incertitude, le doute). *Il arrivera Dieu sait quand. Dieu seul sait maintenant où il est.* ▷ (Exclamatif). *Dieu! Mon Dieu! Grand Dieu!* – Jurons. *Nom de Dieu! Mais bon Dieu, faites donc attention!* **2.** Être surhumain adoré dans les religions polythéistes et supposé présider à certaines catégories de phénomènes (en ce sens, s'écrit avec un d minuscule, et possède un pluriel: *dieux*). *Les dieux de l'Olympe. Mars, dieu de la guerre.* ▷ Fig., fam. *Promettre, jurer ses grands dieux:* affirmer avec de grands serments. ▷ *Faire son dieu de qqn*, lui vouer une vénération profonde. ▷ *Être beau comme un dieu*, très beau. *Skier comme un dieu*, à la perfection. – Lat. *deus*.

diffa [difa] n. f. Réception, accompagnée d'un festin, offerte aux hôtes de marque en Afrique du Nord. – Mot ar.

diffamant, ante [difamɑ̃, ɑ̃t] adj. Dit ou fait pour diffamer. *Des propos diffamants.* – Ppr. de *diffamer*.

diffamateur, trice [difamatœʀ, tʀis] n. (et adj.) Personne qui diffame. – De *diffamer*.

diffamation [difamasjɔ̃] n. f. **1.** Action de diffamer. *La diffamation est un délit.* ▷ DR Délit qui consiste à porter atteinte à l'honneur, la réputation ou la considération d'une personne par la publication ou la prononciation en public de propos faux ou injurieux à son sujet. **2.** Acte diffamatoire. *Ce discours est une diffamation.* – Bas lat. *diffamatio*.

diffamatoire [difamatwaʀ] adj. Qui a pour but de diffamer. *Libelle, placard diffamatoire.* – De *diffamer*.

diffamer [difame] v. tr. [1] Attaquer l'honneur, la réputation de. *Diffamer ses adversaires.* – Lat. *diffamare*, de *fama*, «renommée».

différé, ée [difeʀe] adj. et n. **1.** adj. Ajourné. *Réunion différée pour des raisons de commodité.* **2.** n. m. AUDIOV Procédé consistant à enregistrer une émission et à la diffuser ultérieurement. *Le match de football sera retransmis en différé.* Ant. direct. – Pp. de *différer* 2.

différemment [difeʀamɑ̃] adv. D'une manière différente. – De *différent*.

différence [difeʀɑ̃s] n. f. **1.** Ce qui distingue une chose, une personne d'une autre. *Différence d'âge.* **2.** Excès d'une quantité sur une autre; résultat de la soustraction. *La différence entre 30 et 20 est 10.* – *Différence de deux ensembles A et B:* ensemble constitué par les éléments de A qui n'appartiennent pas à B. FIN Solde d'une opération de bourse dans un marché à terme. ▷ ELECTR *Différence de potentiel:* tension (abrév. d.d.p.). – Lat. *differentia*.

différenciateur, trice [difeʀɑ̃sjatœʀ, tʀis] adj. Qui différencie. *Élément différenciateur.* – De *différencier*.

différenciation [difeʀɑ̃sjasjɔ̃] n. f. **1.** Action de différencier; fait de se différencier. *L'activité professionnelle est un facteur important de différenciation sociale.* **2.** BIOL Acquisition par les cellules d'un être vivant de certains caractères selon leurs fonctions. – De *différencier*.

différencier [difeʀɑ̃sje] v. tr. [1] **1.** Distinguer, marquer la différence entre (deux). *Différencier ces deux nuances est difficile.* **2.** MATH V. différentier. **3.** v. pron. Se distinguer par des caractères dissemblables. *Ces deux fleurs se différencient par leur parfum.* – Lat. scolast. *differentiare*.

différend [difeʀɑ̃] n. m. Opposition, désaccord. *Un vif différend les sépare.* – Variante orthographique de *différent*.

différent, ente [difeʀɑ̃, ɑ̃t] adj. Dissemblable, distinct. *Ce mot a des sens différents.* ▷ Plur. (devant le nom). Divers, plusieurs. *Différentes personnes m'ont confirmé l'histoire.* – Lat. *differens*.

différentiation [difeʀɑ̃sjasjɔ̃] n. f. MATH Calcul d'une différentielle. – De *différentier*.

1. différentiel, ielle [difeʀɑ̃sjɛl] adj. **1.** Qui constitue une différence. *Caractères différentiels.* ▷ COMM *Tarif différentiel*, qui diminue à mesure que le poids ou la distance augmente. **2.** Se dit d'appareils servant à mesurer des différences. *Compteur différentiel.* **3.** MATH *Calcul différentiel*, dont l'objet est l'étude des variations infinitésimales des fonctions. V. infini. – De *différence*.

2. différentiel [difeʀɑ̃sjɛl] n. m. TECH Organe permettant la transmission d'un mouvement de rotation à deux arbres qui peuvent tourner à des vitesses différentes. – De *différence*.

différentielle [difeʀɑ̃sjɛl] n. f. MATH Fonction linéaire qui fait correspondre à un nombre p le nombre $q = df(p) = pf'(x)$. (Si la fonction dérivable $f(x)$ est égale à x, on peut écrire $dy = f'(x)dx$.) – De *différence*, d'après le bas lat. *differentiales*.

différentier [difeʀɑ̃sje] v. tr. [1] MATH Calculer la différentielle d'une fonction. (On écrit aussi *différencier*.) – Var. orthographique de *différencier*.

1. différer [difeʀe] v. intr. [16] Être différent. *Il diffère de son frère par le caractère. Couleurs qui diffèrent.* – Lat. *differre*.

2. différer [difeʀe] v. tr. [16] Retarder, remettre à plus tard. *Différer son voyage.* – Lat. *differre*.

difficile [difisil] adj. **1.** Qui donne de la peine, des efforts, cause des soucis. *Un chemin difficile. Une situation difficile.* **2.** Exigeant, délicat. *Être difficile sur la nourriture.* ▷ Subst. *Faire le (la) difficile:* se montrer exigeant. – Lat. *difficilis*.

difficilement [difisilmɑ̃] adv. Avec peine. *S'exprimer difficilement.* – De *difficile*.

difficulté [difikylte] n. f. **1.** Caractère de ce qui est difficile. *Mesurer la difficulté d'une entreprise.* Syn. facilité. ▷ *En difficulté:* dans une situation délicate. *Spécial.* EDUC *Élève en difficulté*, qui a besoin de mesures médicales, sociales, pédagogiques et éducatives particulières. **2.** Chose difficile; obstacle, empêchement. *Il a dû surmonter de grosses difficultés.* **3.** Objection, contestation. *Faire des difficultés.* – Lat. *difficultas.*

difficultueux, euse [difikyltɥø, øz] adj. **1.** Qui fait des difficultés. *Personne difficultueuse.* **2.** *Abusiv.* Qui présente de nombreuses difficultés. *Une entreprise difficultueuse.* – De *difficulté.*

diffluence [diflyɑ̃s] n. f. Action de diffluer; état de ce qui est diffluent. – De *diffluent.*

diffluent, ente [diflyɑ̃, ɑ̃t] adj. Qui se répand, se disperse de tous côtés. *Une rivière diffluente.* – Lat. *diffluens,* ppr. de *diffluere,* «s'écouler en divers sens».

diffluer [diflye] v. intr. [1] Se répandre, s'épancher. – Lat. *diffluere,* de *fluere,* «couler».

difforme [difɔʀm] adj. Qui n'a pas la forme qu'il devrait avoir; contrefait, disproportionné, mal bâti. *Un visage difforme.* – Lat. médiév. *difformis,* de *forma,* «forme».

difformité [difɔʀmite] n. f. Défaut dans la conformation, les proportions. *Souffrir d'une difformité.* – Lat. médiév. *difformitas.*

diffracter [difʀakte] v. tr. [1] Produire la diffraction de. – De *diffraction.*

diffraction [difʀaksjɔ̃] n. f. PHYS Modification de la direction de propagation d'une onde au voisinage d'un obstacle et notam. quand elle traverse une ouverture. *Diffraction lumineuse, acoustique.* – Du lat. *diffringere,* «mettre en morceaux».

ENCYCL Les phénomènes de diffraction (*franges* si l'objet présente une arête, *anneaux* si celui-ci est un écran percé d'une ouverture circulaire) limitent l'utilisation des instruments d'optique (en partic. dans leur pouvoir séparateur). Les halos formés autour de la Lune ou du Soleil sont dus à des phénomènes de diffraction.

diffus, use [dify, yz] adj. **1.** Répandu, renvoyé dans toutes les directions. *Lumière, chaleur diffuse.* **2.** Imprécis et prolixe. *Orateur diffus. Exposé diffus.* **3.** MED Qui n'est pas circonscrit. *Phlegmon diffus.* – Lat. *diffusus,* «répandu».

diffusément [difyzemɑ̃] adv. De manière diffuse, peu nette. – De *diffus.*

diffuser [difyze] v. tr. [1] **1.** Répandre dans toutes les directions. *Les corps mats diffusent la lumière.* **2.** Transmettre sur les ondes. *La radio diffuse un concert.* **3.** Répandre dans le public. *Les journaux ont diffusé la nouvelle.* – De *diffus.*

diffuseur [difyzœʀ] n. m. **1.** Personne ou entreprise qui assure la distribution et la promotion de certains produits. *Un diffuseur de livres d'art.* **2.** TECH Appareil permettant d'effectuer la diffusion, la dialyse, la macération, la dissolution d'une substance dans une autre. **3.** Appareil d'éclairage qui donne une lumière diffuse. – De *diffuser.*

diffusible [difyzibl] adj. Qui peut être diffusé. *Une substance diffusible.* – De *diffuser.*

diffusion [difyzjɔ̃] n. f. **1.** Action de diffuser; fait de se propager, de se répandre. *La diffusion de la lumière, des connaissances.* **2.** Radiodiffusion. *La diffusion d'un concert en stéréophonie.* **3.** CHIM Transfert de matière tendant à égaliser le potentiel chimique des différents éléments d'un système. (Il se produit rapidement dans les gaz, lentement dans les liquides, et très lentement dans les solides). **4.** PHYS NUCL *Séparation isotopique par diffusion gazeuse:* procédé permettant d'enrichir l'uranium naturel en isotope 238, fondé sur le fait que la vitesse de diffusion d'un gaz à travers un écran poreux est inversement proportionnelle à la racine carrée de sa masse molaire. – Lat. *diffusio.*

digamma [digama] n. m. Sixième lettre de l'alphabet grec archaïque, correspondant au V latin (son [w]). – Mot gr.

digérer [diʒeʀe] v. tr. [16] **1.** Faire l'assimilation des aliments. *Il ne digère pas les œufs.* **2.** Assimiler intellectuellement. *Digérer ses lectures.* **3.** Fam. Endurer, accepter sans rien dire. *Digérer un affront. Un reproche dur à digérer.* – Lat. *digerere,* «distribuer».

digest [diʒɛst] n. m. Résumé d'un livre, d'un article; revue spécialisée dans la publication de tels résumés. – Mot amér., «condensé».

1. digeste [diʒɛst] adj. Fam. Facile à digérer. *Un mets digeste.* – De *digérer,* d'après *indigeste.*

2. digeste [diʒɛst] n. m. DR ROM Recueil des décisions des jurisconsultes, établi sous Justinien. Syn. pandectes. – Lat. *digesta,* de *digerere,* «diviser, répartir».

digesteur [diʒɛstœʀ] n. m. **1.** TECH Appareil d'épuration des eaux usées. **2.** Syn. d'*autoclave.* – Du lat. *digestum.*

digestibilité [diʒɛstibilite] n. f. Aptitude à être digéré. – De *digestible.*

digestible [diʒɛstibl] adj. Apte à être digéré. – Bas lat. *digestibilis.*

digestif, ive [diʒɛstif, iv] adj. et n. **1.** adj. Qui concourt à la digestion. *Suc digestif.* ▷ ANAT *Appareil digestif:* ensemble des organes dont la fonction est la digestion. **2.** n. m. Liqueur, alcool que l'on boit à la fin du repas. – Du lat. *digestus.*

ENCYCL Chez l'être humain, l'appareil digestif comprend: 1° le tube digestif, parcouru par le bol alimentaire: pharynx, œsophage, estomac, intestin grêle et gros intestin; 2° les organes dont les actions métaboliques et les sécrétions jouent un rôle dans la digestion: foie, pancréas, voies biliaires.

digestion [diʒɛstjɔ̃] n. f. **1.** Ensemble des processus physiologiques concourant à la transformation des aliments, permettant leur assimilation par l'organisme. *Avoir une bonne digestion.* **2.** PHARM Macération à chaud d'une substance dans un dissolvant. – Lat. *digestio.*

digit [diʒit] n. m. INFORM Symbole graphique représentant un caractère numérique donné, et servant à représenter des données et à transmettre des ordres. *Digit binaire,* syn. de *bit.* – Mot anglais, «nombre».

1. digital, ale, aux [diʒital, o] adj. Des doigts. *Empreintes digitales.* – Lat. *digitalis,* de *digitus,* «doigt».

2. digital, ale, aux [diʒital, o] adj. INFORM *Calcul, code digital,* dans lequel est utilisée une numération à base de digits. (Syn., déconseillé de *numérique.*) – *Affichage digital,* à variation discontinue, par quantités entières (par oppos. à *affichage analogique*). *Une montre à affichage digital.* – De l'angl. *digit,* «nombre».

digitale [diʒital] n. f. Scrofulariacée dont les grappes de fleurs sont en forme de clochettes. *La digitale pourpre,* ou *doigtier, commune en France, est très toxique.* – De *digital* 1.

digitaline [diʒitalin] n. f. MED Produit extrait de la digitale pourprée et possédant une action tonicardiaque, très utilisée en thérapeutique. – De *digitale.*

1. digitalisation [diʒitalizasjɔ̃] n. f. MED Traitement par la digitaline. – De *digitale.*

2. digitalisation [diʒitalizasjɔ̃] n. f. Syn. de *numérisation.* – De *digitaliser.*

digitaliser [diʒitalize] v. tr. [1] Syn. de *numériser.* – Angl. *to digitalize,* de *digit.*

digitation [diʒitasjɔ̃] n. f. Structure évoquant la forme des doigts, concernant notam. certains faisceaux musculaires. – Dér. sav. du lat. *digitus,* «doigt».

digité, ée [diʒite] adj. BOT Qui est divisé en forme de doigts. *Une feuille digitée.* – Du lat. *digitus,* «doigt».

digitigrade [diʒitigʀad] adj. et n. m. ZOOL Se dit des vertébrés terrestres dont les doigts constituent la surface d'appui sur le sol. – N. m. *Les digitigrades.* (Opposé à *plantigrades*). – Du lat. *digitus,* «doigt», et *-grade.*

diglossie [diglɔsi] n. f. LING Coexistence sur une même aire géographique de deux langues différentes ou de deux états d'une même langue. – De *di-,* et gr. *glôssa,* «langue».

digne [diɲ] adj. **1.** Qui a de la dignité, qui inspire le respect. *Un homme très digne.* ▷ Vieilli (devant le subst.). Qui mérite de l'estime. *Une digne mère de famille.* **2.** *Digne de:* qui mérite (qqch). *Personne digne de louanges. Attitude digne de mépris.* **3.** *Digne de:* qui est conforme à, qui a les mêmes qualités que (qqch, qqn). *Réponse digne d'un sot. Fils digne de son père.* – Lat. *dignus.*

dignement [diɲmɑ̃] adv. **1.** Avec dignité. *Il s'en alla dignement.* **2.** Vieilli Comme il convient, justement. *Récompenser dignement qqn.* – De *digne.*

dignitaire [diɲitɛʀ] n. m. Celui qui est pourvu d'une dignité (au sens II). *Dignitaire de l'Église.* – De *dignité.*

dignité [diɲite] n. f. **I. 1.** Respect que mérite qqch ou qqn. *La dignité de sa conduite.* – PHILO *Dignité de la personne humaine:* valeur particulière que représente l'humanité de l'homme et qui mérite le respect. **2.** Respect de soi-même. *Il manque de dignité. Avoir sa dignité,* sa fierté. ▷ Allure grave et fière qui évoque ce respect de soi. *Des manières empreintes de dignité.* **II.** Fonction éminente, haute distinction. *Accéder à la plus haute dignité de l'État.* – Lat. *dignitas.*

digon [digɔ̃] n. m. MAR **1.** Morceau de fer barbelé ajusté à une perche, servant à harponner les poissons. **2.** Bâton portant un pavillon ou une flamme. – De l'anc. v. *diguer,* «piquer».

digression [digʀesjɔ̃] n. f. **1.** Développement qui s'écarte du sujet traité. *Assez de digressions, allons au fait !* **2.** ASTRO Éloignement apparent d'une planète par rapport au Soleil. – Lat. *digressio,* de *digredi,* «s'éloigner».

digue [dig] n. f. **1.** Construction servant à contenir les eaux marines ou fluviales. **2.** Fig. Ce qui retient. *La passion rompant les digues de la morale et du devoir.* – Du moyen néerl. *dijc.*

diktat [diktat] n. m. Péjor. Convention diplomatique, clause d'un traité imposée par la force. – Mot all., «chose dictée».

dilacération [dilaseʀasjɔ̃] n. f. Action de dilacérer; son résultat. – Lat. *dilaceratio.*

dilacérer [dilaseʀe] v. tr. [16] Déchirer, mettre en pièces. – Lat. *dilacerare.*

dilapidateur, trice [dilapidatœʀ, tʀis] adj. (et n.) Qui dilapide. *Dilapidateur des finances publiques.* – De *dilapider.*

dilapidation [dilapidasjɔ̃] n. f. Action de dilapider; son résultat. – Lat. *dilapidatio,* «dissipation».

dilapider [dilapide] v. tr. [1] Ruiner par des dépenses excessives et désordonnées. *Dilapider sa fortune.* ▷ Fig. Gâcher, gaspiller. *Dilapider ses heures de loisir.* – Lat. *dilapidare.*

dilatabilité [dilatabilite] n. f. Propriété qu'ont les corps de se dilater sous l'effet de la chaleur. – De *dilatable.*

dilatable [dilatabl] adj. Qui peut se dilater. – De *dilater.*

dilatateur, trice [dilatatœʀ, tʀis] adj. et n. m. **1.** adj. Qui sert à dilater. – ANAT *Muscles dilatateurs,* qui ont pour fonction de dilater certains organes. **2.** n. m. CHIR Instrument qui sert à agrandir une ouverture, à la tenir béante. – De *dilater.*

dilatation [dilatasjɔ̃] n. f. Action de dilater ou de se dilater; son résultat. ▷ MED Augmentation (thérapeutique ou pathologique) du calibre d'un canal ou d'une cavité. *Dilatation des bronches.* ▷ PHYS Augmentation du volume d'un corps sous l'effet de la chaleur, sans altération de la nature de ce corps. – Bas lat. *dilatatio,* «extension».

ENCYCL Les liquides se dilatent plus que les solides. On appelle *coefficient de dilatation linéaire* d'un corps, entre les températures t_0 et t_1, l'allongement de ce corps par unité de longueur et par degré d'élévation de température. Il est égal à $1{,}2.\ 10^{-5}$ pour l'acier, à $3{,}1.\ 10^{-5}$ pour le zinc et à $0{,}9.\ 10^{-5}$ pour le verre ordinaire, entre 0 et 100 °C. En première approximation, le *coefficient de dilatation volumique* (accroissement du volume par unité de volume) des gaz ne dépend pas de leur nature spécifique (loi de Gay-Lussac). Pour les gaz parfaits, il est égal à 1/273,15.

dilater [dilate] **1.** v. tr. [1] Augmenter le volume, la dimension de. *La chaleur dilate les corps.* ▷ Fig. *La joie dilate le cœur.* **2.** v. pron. *Se dilater:* s'élargir, augmenter de volume. – Lat. *dilatare,* «élargir», de *latus,* «large».

dilatoire [dilatwaʀ] adj. **1.** Qui procure un délai, vise à gagner du temps. *Moyen dilatoire. Réponse dilatoire.* **2.** DR Qui tend à retarder, à prolonger un procès. – Lat. jur. *dilatorius,* de *dilatus,* pp. de *differre,* «remettre (à plus tard)».

dilatomètre [dilatɔmɛtʀ] n. m. Appareil destiné à mesurer les variations de volume. – De *dilater,* et *-mètre.*

dilection [dilɛksjɔ̃] n. f. RELIG Amour et tendresse spirituels. *La dilection du prochain.* – Lat. *dilectio,* de *diligere,* «chérir».

dilemme [dilɛm] n. m. **1.** Cour. Situation qui donne à choisir impérativement entre deux partis, chacun entraînant des conséquences graves. *Se trouver confronté à un dilemme* (souvent pris abusiv. pour *alternative*). **2.** PHILO Raisonnement présentant en majeure une alternative dont les termes conduisent à la même conclusion. – Bas lat. *dilemma,* gr. *dilêmma.*

dilettante [dilɛtɑ̃t] n. Cour. Personne qui exerce une activité pour le plaisir et sans s'y appliquer vraiment. *Faire de la peinture en dilettante.* – Péjor. *C'est un dilettante, on ne peut pas lui confier un travail sérieux.* – Mot ital., «celui qui s'adonne à un art par plaisir».

dilettantisme [dilɛtɑ̃tism] n. m. Caractère, attitude du dilettante. – De *dilettante.*

diligemment [diliʒamɑ̃] adv. Avec diligence; rapidement et avec soin. – De *diligent.*

1. diligence [diliʒɑ̃s] n. f. **1.** Vx Soin, zèle. *Travailler avec diligence.* **2.** Vx ou litt. Rapidité, efficacité, dans l'exécution d'une tâche. ▷ Loc. *Faire diligence:* se hâter. – Lat. *diligentia.*

2. diligence [diliʒɑ̃s] n. f. Anc. Voiture à chevaux rapides servant au transport des voyageurs. – De *carrosse de diligence,* du préc.

diligent, ente [diliʒɑ̃, ɑ̃t] adj. **1.** Vieilli ou litt. Qui apporte du soin et de l'empressement à ce qu'il fait. *Être diligent dans son travail.* **2.** Vieilli Qui se hâte. *Aller d'un pas diligent.* – Lat. *diligens.*

diluant, ante [dilɥɑ̃, ɑ̃t] adj. et n. m. Qui dilue, qui sert à diluer. – Ppr. de *diluer.*

diluer [dilɥe] v. tr. [1] Délayer dans un liquide. *Diluer un peu de peinture dans de l'essence.* ▷ Ajouter du solvant à (une solution). ▷ Fig. Affaiblir, atténuer. – Lat. *diluere*, «délaver, tremper».

dilution [dilysjõ] n. f. Action de diluer; son résultat. – Lat. *dilutio*, «action de laver».

diluvial, ale, aux [dilyvjal, o] adj. GEOL Qui appartient au diluvium. *Terrain diluvial.* – Du lat. *diluvium*, «inondation».

diluvien, ienne [dilyvjɛ̃, jɛn] adj. Qui a rapport au déluge. *Les eaux diluviennes.* – Par exag. *Des pluies diluviennes*, très abondantes. – Du lat. *diluvium*, «inondation».

diluvium [dilyvjɔm] n. m. GEOL Terrain formé au Quaternaire par des alluvions fluviales. – Mot lat., «inondation».

dimanche [dimɑ̃ʃ] n. m. Jour traditionnellement consacré à Dieu et au repos, dans le monde chrétien. *Aller à l'église le dimanche. Nous rentrerons dimanche. Un dimanche de Pâques.* ▷ *Habits du dimanche*, les meilleurs. ▷ Fam., péj. *Du dimanche:* amateur ou inexpérimenté. *Un peintre du dimanche. – Un chauffeur du dimanche*, qui conduit avec maladresse. – Du lat. ecclés. *dies dominicus*, «jour du Seigneur».

dîme [dim] n. f. Anc. Fraction variable de la récolte, somme d'argent prélevée par l'Église (auj. *capitation*). *Payer sa dîme.* – Du lat. *decima*, de *decimus*, «dixième».

dimension [dimɑ̃sjõ] n. f. **1.** Étendue considérée comme susceptible de mesure. *Les trois dimensions:* longueur, largeur, hauteur. ▷ *La quatrième dimension*, le temps, dans la théorie de la relativité. **2.** Grandeur mesurée par rapport aux unités d'un système défini. *Prendre les dimensions d'une pièce.* **3.** Fig. Grandeur évaluée selon des critères variables d'importance. *Un homme de cette dimension ! – Voir la dimension internationale d'un événement.* – Lat. *dimensio*, de *metiri*, «mesurer».

dimensionnel, elle [dimɑ̃sjɔnɛl] adj. Relatif aux dimensions. – De *dimension.*

dimère [dimɛʀ] n. m. CHIM Composé résultant de la combinaison (dimérisation) de deux molécules semblables. *N_2O_4 est le dimère de NO_2.* – De *di-*, et *-mère.*

diminué, ée [diminɥe] adj. **1.** Qui a subi une diminution. *Prix diminué. Épaisseur diminuée.* ▷ *Bas, tricot diminué*, dont la forme, à certains endroits, est le résultat d'une diminution. **2.** MUS *Intervalle diminué*, qui comporte un demi-ton chromatique de moins que l'intervalle juste ou mineur correspondant. **3.** Affaibli au physique ou au moral. *Il est très diminué depuis son accident.* – Pp. de *diminuer.*

diminuendo [diminɥendo] adv. MUS En affaiblissant progressivement l'intensité du son. – Mot ital. «en diminuant».

diminuer [diminɥe] **I.** v. tr. [1] **1.** Rendre moindre (une grandeur, une quantité). *Diminuer la longueur d'une planche. Diminuer les impôts.* ▷ (S. comp.) Réduire le nombre de mailles (d'un tricot). **2.** Rendre moins fort, modérer. *Son observation diminua mon enthousiasme.* **3.** Déprécier, dénigrer (qqn). *Diminuer ses ennemis.* ▷ v. pron. *Se diminuer:* s'avilir. *Il s'est diminué par cette attitude.* **II.** v. intr. **1.** Devenir moindre. *Les provisions ont diminué. – Les jours diminuent*, raccourcissent. **2.** Faiblir. *Son ardeur diminue. – Spécial.* (en parlant d'une personne): s'affaiblir physiquement ou moralement. *Il a beaucoup diminué.* – Lat. *diminuere*, «mettre en morceaux, briser».

diminutif, ive [diminytif, iv] adj. et n. m. **1.** adj. LING Qui affaiblit le sens d'un mot ou lui ajoute l'idée de petitesse. *Les suffixes diminutifs dans «gentillet» et «fillette».* **2.** n. m. Cour. Transformation d'un nom ou d'un prénom, exprimant la familiarité. *Jeannot est le diminutif de Jean.* – Bas lat. gram. *diminutivus.*

diminution [diminysjõ] n. f. Action de diminuer; son résultat. *Une diminution de prix.* ▷ *Spécial.* Réduction, à chaque rang, du nombre de mailles d'un tricot par rapport au rang précédent. – Lat. *diminutio*, «retranchement».

dimorphe [dimɔʀf] adj. **1.** Didac. Qui peut prendre deux formes différentes. **2.** CHIM Qui peut cristalliser dans deux systèmes différents. *Le soufre est dimorphe.* – De *di-*, et *-morphe.*

dimorphisme [dimɔʀfism] n. m. Didac. Caractère de ce qui est dimorphe. ▷ SC NAT *Dimorphisme sexuel:* propriété, pour une espèce animale, de présenter d'un sexe à l'autre des caractères morphologiques différents non directement liés à la reproduction (pelage, plumage, etc.). – De *dimorphe.*

dinanderie [dinɑ̃dʀi] n. f. Ustensiles de cuivre jaune. – De *dinandier.*

dinar [dinaʀ] n. m. **1.** Anc. Monnaie d'or arabe. **2.** Auj., unité monétaire d'Algérie, de Tunisie, de Yougoslavie, etc. – Mot ar.

dinde [dɛ̃d] n. f. **1.** Femelle du dindon. **2.** Fig. Femme stupide, niaise. *C'est une petite dinde!* – De *poule d'Inde*, anc. nom de la pintade, originaire d'Abyssinie, donné au dindon par les Espagnols, quand ils le découvrirent en Amérique.

dindon [dɛ̃dõ] n. m. **1.** Gros oiseau de basse-cour (ordre des galliformes, fam. phasianidés), originaire d'Amérique du Nord, dont la tête est pourvue de caroncules érectiles rouges, et dont la queue peut se déployer en éventail. *Dindon qui fait la roue. – Spécial.* Le mâle, par oppos. à *dinde.* ▷ *Dindon sauvage:* gros oiseau des forêts d'Amérique du Nord, très prisé des chasseurs (*Meleagris gallopavo*). **2.** Fig. Homme balourd, peu intelligent. *Ce dindon!* ▷ Prov. *Être le dindon de la farce:* être la victime, la dupe, d'une plaisanterie. – De *dinde.*

dindonneau [dɛ̃dɔno] n. m. Petit de la dinde. – Jeune dindon. – Dimin. de *dindon.*

dindonner [dɛ̃dɔne] v. tr. [1] Vieilli, fam. Berner, duper. *Il s'est fait dindonner.* – De *dindon.*

1. dîner [dine] v. intr. [1] **1.** Prendre le repas du midi. *Sortir une heure pour dîner.* **2.** (France) Prendre le repas du soir. *Être invité à dîner.* V. souper. **3.** Prov. *Qui dort dîne:* le sommeil tient lieu de nourriture. – Du lat. pop. **disjunare*, «rompre le jeûne».

2. dîner [dine] n. m. **1.** Repas du midi; mets composant ce repas. *Un dîner d'affaires.* **2.** (France) Repas du soir; mets composant ce repas. V. souper. – Du v. *dîner.*

dînette [dinɛt] n. f. **1.** Simulacre de repas que font les enfants. *Jouer à la dînette.* ▷ *Par ext.* Petit repas intime. **2.** Service de table miniature dont les enfants se servent pour jouer. *Dînette de poupée.* – Dimin. de *dîner* 2.

dîneur, euse [dinœʀ, øz] n. Convive, à un dîner. – De *dîner* 1.

dinghy [diŋgi] n. m. Embarcation de sauvetage pneumatique. – Mot angl., du hindi.

1. dingo [dɛ̃go] n. m. Chien d'Australie (0,50 à 0,60 m au garrot), p.-ê. domestiqué, puis retourné à la vie sauvage, et qui, comme le loup, chasse en meute. – Mot angl., d'un parler australien.

2. dingo [dɛ̃go] adj. et n. m. Fam. Fou, cinglé. *Il est complètement dingo.* – De *dingue.*

dingue [dɛ̃g] adj. et n. Fam. **1.** Fou. *Il est dingue, ce type!* – Subst. *Un(e) dingue.* **2.** Marqué de quelque manière par la démesure, l'excès, l'extravagance, etc. *Il y avait une ambiance dingue!* – P.-ê. de la *dingue*, en arg. «paludisme», ou de *dinguer*.

dinguer [dɛ̃ge] v. intr. [1] Fam. Tomber. ▷ *Envoyer dinguer:* repousser vivement. – Fig. Éconduire brutalement. – D'un rad. onomat. *din-, ding-*, exprimant le balancement des cloches.

dinornis [dinɔʀnis] n. m. PALEONT Oiseau ratite fossile du Pléistocène, de Nouvelle-Zélande, éteint récemment. *Dinornis robustus* atteignait 3,50 m de haut; ses ailes étaient réduites à des moignons. – Du gr. *deinos*, «terrible», et *ornis*, «oiseau».

dinosauriens [dinɔzɔʀjɛ̃] ou **dinosaures** [dinɔzɔʀ] n. m. pl. PALEONT Ensemble de reptiles du Secondaire caractérisés par leur gigantisme. – Du gr. *deinos*, «terrible», et *saura*, «lézard».

ENCYCL On divise les dinosauriens en deux ordres: les *avipelviens*, au bassin comparable à celui des oiseaux, possédaient un bec corné; ex.: *Iguanodon, Triceratops*; les *sauripelviens* avaient un bassin de type reptilien; ex.: *Diplodocus, Tyrannosaurus*. Leur extinction brutale fait l'objet de diverses interprétations.

dinothérium [dinɔteʀjɔm] n. m. PALEONT Proboscidien du Miocène et du Pléistocène de l'Ancien Monde (5 m env. au garrot, mandibule munie de deux défenses dirigées vers le sol et courbées vers l'arrière). – Du gr. *deinos*, «terrible», et *thêrion*, «animal».

diocésain, aine [djɔsezɛ̃, ɛn] adj. (et n.) Qui a rapport au diocèse; qui en fait partie. ▷ Subst. Fidèle appartenant à un diocèse. *L'archevêque s'est adressé à ses diocésains.* – De *diocèse*.

diocèse [djɔsɛz] n. m. **1.** Circonscription ecclésiastique placée sous la juridiction d'un évêque. *Le diocèse de Saint-Jérôme.* **2.** ANTIQ Circonscription administrative de l'Empire romain. – Gr. *dioikêsis*, «administration».

diode [djɔd] n. f. ELECTRON Composant à deux électrodes et qui redresse le courant alternatif. – De *di-*, et *-ode*.

dioïque [djɔik] adj. BOT Se dit des plantes (chanvre, houblon, certains fucus, etc.) chez lesquelles les sexes sont séparés. (Il existe des pieds mâles et des pieds femelles.) Ant. monoïque. – De *di-*, et gr. *oikia*, «maison».

dionée [djɔne] n. f. BOT Plante carnivore d'Amérique du N. *Dionée attrape-mouche (Dionoea muscipula).* – Lat. bot. *dionœa*, «plante de Dioné», mère de Vénus.

dionysiaque [djɔnizjak] adj. et n. f. pl. **1.** Relatif à Dionysos (Bacchus dans la myth. lat.). *Le culte dionysiaque.* ▷ N. f. plur. ANTIQ GR *Dionysiaques:* fêtes en l'honneur de Dionysos (on dit aussi *dionysies*). **2.** PHILO Qui a rapport au caractère, à la signification prêtée à Dionysos par la mythologie. – Empl. par Nietzsche pour exprimer l'ivresse extatique, l'enthousiasme et l'inspiration que rien ne bride (opposé à *apollinien*). – Gr. *dionusiakos*, de *Dionysos*.

dioptre [djɔptʀ] n. m. PHYS Système optique formé de deux milieux inégalement réfringents, séparés par une surface plane, sphérique, etc. – Du gr. *dioptrion*, de *diorân*, «voir à travers».

dioptrie [djɔptʀi] n. f. Unité de vergence des systèmes optiques (symbole: δ) équivalant à la vergence d'une lentille ayant 1 m de distance focale dans un milieu dont l'indice de réfraction est 1. – De *dioptrique*.

dioptrique [djɔptʀik] adj. et n. f. Qui a rapport aux dioptries. ▷ N. f. PHYS Partie de la physique qui étudie la réfraction de la lumière. – Gr. *dioptrikê*, de *diorân*, «voir à travers».

diorama [djɔʀama] n. m. Tableau panoramique qui, par certains jeux de la lumière, donne l'illusion du réel en mouvement. – D'ap. *(pano)rama*, préf. gr. *dia*, «à travers».

diorite [djɔʀit] n. f. PETROG Roche éruptive grenue, généralement claire, surtout constituée de plagioclases. – Du gr. *diorizein*, «distinguer».

dioscoréacées [djɔskɔʀease] n. f. pl. BOT Famille de monocotylédones, très proche des amaryllidacées, fréquemment dioïques et à tiges volubiles. – De *Dioscorea*, nom de genre de l'igname.

dioxine [di(j)ɔksin] n. f. CHIM Appellation courante du tétrachloro-dibenzo-paradioxine, produit très toxique (lésions cutanées).

dioxyde [di(j)ɔksid] n. m. CHIM Oxyde contenant deux atomes d'oxygène. Syn. bioxyde. *Dioxyde de carbone:* gaz carbonique (CO_2). – De *di-*, et *oxyde*.

dipétale [dipetal] adj. Qui a deux pétales. – De *di-*, et *pétale*.

diphasé, ée [difɑze] adj. ELECTR Qui présente deux phases (courant). – De *di-*, et *phase*.

diphtérie [difteʀi] n. f. Maladie infectieuse et contagieuse, due au bacille de Klebs-Lœffler. – Du gr. *diphtera*, «membrane».

ENCYCL La diphtérie est caractérisée par la production de pseudo-membranes fibrineuses au niveau du pharynx et du larynx, parfois responsables d'une asphyxie (*croup*); elle se manifeste aussi par des signes toxiques: paralysies, myocardite, néphrite. L'évolution peut être mortelle.

diphtérique [difteʀik] adj. et n. Qui a rapport à la diphtérie; atteint de diphtérie. – De *diphtérie*.

diphtongaison [diftɔ̃gɛzɔ̃] n. f. Transformation d'un son en diphtongue. – De *diphtonguer*.

diphtongue [diftɔ̃g] n. f. PHON Voyelle unique dont le timbre se modifie en cours d'émission. *Les phonéticiens considèrent que, à part certaines prononciations régionales, le français ne possède pas de diphtongues.* ▷ *Fausse diphtongue:* en français, groupe de deux sons dont le premier est une semi-consonne ([j] dans *pied*, [ɥ] dans *lui*, [w] dans *toi*). – Lat. gram. *diphtongus*, du gr. *diphtongos*, «double son».

ENCYCL On appelle diphtongue une voyelle phonétiquement complexe, c'est-à-dire entre le début et la fin de laquelle on peut distinguer deux phases successives d'articulation sans qu'elles constituent pour autant deux voyelles distinctes sur le plan de la langue. En français québécois, par exemple, le type même en est la prononciation habituelle du *ê* de *tête*, qui s'entend le plus souvent [taᵋt].

Dans toutes les langues qui en contiennent, et peu importe à quelle époque, les diphtongues correspondent toujours à des voyelles longues. L'ancien français, par exemple, avait hérité du latin des voyelles longues dont certaines avaient effectivement produit des diphtongues à un moment donné; l'évolution ultérieure a cependant fait que le français actuel, dans ses variétés standard, n'en a conservé aucune même s'il contient par ailleurs des voyelles longues.

Ces voyelles longues du français ont plusieurs sources possibles. La première catégorie rassemble un certain nombre de mots qui ont pour dernière voyelle un [ɛ] ou un [ɑ], qui sont souvent notés dans l'orthographe avec un accent circonflexe. Ces mots forment un groupe très hétérogène, parce que leur voyelle est simplement une longue traditionnelle, qui ne correspond à aucune règle productive de la langue contemporaine (par ex. *tête, râle, passe*); en français québécois, il faut y ajouter quelques mots en [i:] et en [u:] empruntés de l'anglais à date récente avec leur voyelle longue d'origine (par ex. *cheap, cool*). De toute façon, la pratique des voyelles longues est en général plus répandue en français québécois que dans le français parlé en France.

La deuxième catégorie est constituée de l'ensemble des voyelles, sans distinction, quand l'une ou l'autre se trouve suivie à la fin d'un mot par [ʀ], [z], [v] ou [ʒ], y compris la combinaison [vʀ]. Ainsi, des mots comme *port, chaise, neuve, rouge* ou *vivre* voient leur voyelle automatiquement allongée par la seule présence d'une de ces consonnes, dites allongeantes en raison même de cette propriété.

La troisième et dernière catégorie regroupe au contraire un sous-ensemble particulier de voyelles, les mi-fermées [e, ø, o] et les nasales [ɑ̃, ɛ̃, ɔ̃, œ̃], pourvu qu'elles soient suivies à la fin du mot d'au moins une consonne quelconque, comme dans *neutre, rôle, blanche, mince, comble* ou *emprunte*.

Peu importe la cause de sa longueur, toute voyelle qui se fractionne en diphtongue le fait toujours de la même façon, de sorte que la correspondance entre la voyelle d'origine et la voyelle diphtonguée est rigoureusement constante et ne prête donc pas à interprétation. La première phase est un mouvement d'ouverture vers la voyelle la plus proche parente, alors que la deuxième est une refermeture vers la voyelle d'origine; ainsi, le [ɛ] de *mère* s'ouvre d'abord en [a] pour ensuite retourner à son point de départ, ce qui donne [ma$^{\varepsilon}$ʀ]. À cause de cela, la motivation de cette polarisation des voyelles longues réside probablement dans le besoin proprement rythmique d'aménager l'alternance des temps forts et des temps faibles de la parole. Il est possible que cet état de fait résulte en partie de la conservation de caractéristiques des variétés de français plus anciennes qui ont donné naissance au français québécois, et en partie d'un développement original; ce dernier, d'ailleurs, ne doit rien au contact historique avec l'anglais, puisqu'on peut démontrer que la diphtongaison trouve sa motivation dans les structures internes de la langue.

La diphtongaison n'est pas pour autant universelle, au Québec; par exemple, les parlers de Charlevoix, ceux qui sont apparentés au français acadien et la variété standard ne l'utilisent pas. Et même dans les parlers qui le font, elle varie en fonction d'un ensemble de facteurs géographiques, historiques et proprement sociaux aux interactions complexes. Par excellence, une voyelle se diphtongue quand elle est accentuée, c'est-à-dire quand elle se trouve la dernière d'une phrase ou d'un membre de phrase, par exemple le [ɛ] dans *c'est sa mère* ou dans *sa mère, c'est Jeanne*. Ainsi, la majorité des locuteurs québécois prononcent *tête* comme [ta$^{\varepsilon}$t] dans ces conditions, avec des différences de degré, mais ceux de la région de Montréal gardent habituellement le [ɛ] long dans [tɛt$_{s}$y], alors que ceux de la région de Québec le transforment facilement lui aussi en diphtongue et disent souvent [ta$^{\varepsilon}$t$_{s}$y]. Chez l'ensemble des locuteurs malgré tout, quelques petites classes de mots font cependant exception à la diphtongaison, entre autres ceux qui se terminent en *-euve* ou en *-oge* comme *fleuve* ou *horloge*, sans qu'on connaisse à l'heure actuelle d'explication fondée pour ce blocage.

diphtonguer [diftɔ̃ge] v. tr. [1] Transformer en diphtongue. ▷ v. pron. *Se diphtonguer:* se transformer en diphtongue. – De *diphtongue.*

dipl-, diplo-. Élément, du gr. *diploos,* «double».

diploblastique [diploblastik] adj. ZOOL Qualifie les animaux inférieurs dont l'embryon ne comporte que deux feuillets, à savoir les spongiaires, les cnidaires et les cténaires. – De *diplo-,* et gr. *blastos,* «germe».

diplocoque [diplɔkɔk] n. m. MICROB Genre de bactéries formées d'éléments groupés par paires. *Les pneumocoques sont des diplocoques.* – De *diplo-,* et gr. *kokkos,* «graine».

diplodocus [diplɔdɔkys] n. m. PALEONT Dinosaure herbivore des terrains marécageux du Jurassique des montagnes Rocheuses, qui atteignait parfois 25 m de long. – De *diplo-,* et gr. *dokos,* «poutre», à cause des os doubles de sa queue.

diploé [diplɔe] n. m. ANAT Couche spongieuse située entre les tables interne et externe des os de la voûte du crâne. – Gr. *diploê,* «chose double».

diploïde [diplɔid] adj. BIOL Se dit d'un être vivant dont les cellules contiennent une paire de chaque chromosome typique de l'espèce, soit un nombre total pair, noté 2n. (L'être humain est muni de 23 paires de chromosomes, soit 2n = 46.) Ant. haploïde. – De *dipl-,* et *-oïde.*

diplomate [diplɔmat] n. et adj. **1.** n. Personne chargée par un gouvernement d'une fonction de négociation avec un État étranger. *Les ambassadeurs sont des diplomates.* **2.** n. et adj. *Par anal.* Personne qui a du tact avec autrui, qui est habile à négocier. *Dans les affaires, c'est un diplomate habile. Elle est très diplomate.* **3.** n. m. Gâteau fait de biscuits à la cuiller, de crème et de fruits confits. – De *diplomatique,* d'ap. *aristocrate.*

diplomatie [diplɔmasi] n. f. **1.** Ce qui concerne les relations entre les États, l'art des négociations entre gouvernements. ▷ La politique diplomatique. *Critiquer la diplomatie d'un pays.* ▷ La carrière diplomatique. *Entrer dans la diplomatie.* ▷ Les diplomates. *Toute la diplomatie canadienne de Paris était invitée.* **2.** *Par anal.* Tact et habileté. *Faire preuve de diplomatie.* – De *diplomatique,* d'ap. *aristocratie.*

diplomatique [diplɔmatik] adj. et n. f. **I.** adj. **1.** Qui a rapport à la diplomatie. *Être chargé d'une mission diplomatique.* ▷ *Valise diplomatique:* bagage ou colis appartenant à certains diplomates et sur lesquels l'administration des douanes n'a pas le droit de visite. **2.** Fig. Qui a rapport au tact et à l'habileté dans les relations ou négociations privées. **II.** n. f. Didac. *La diplomatique:* science qui étudie les diplômes, les chartes, les documents anciens et examine leur authenticité. ▷ Adj. Qui a rapport à la diplomatique. – Du lat. scientif. moderne *diplomaticus,* «relatif aux documents officiels».

diplomatiquement [diplɔmatikmɑ̃] adv. De manière diplomatique. – De *diplomatique.*

diplôme [diplom] n. m. **1.** Titre ou grade, généralement délivré par un établissement d'enseignement à la fin d'un cycle d'études. *Diplôme de fin d'études collégiales. Diplôme de l'École des hautes études commerciales.* ▷ Examen nécessaire à l'obtention d'un diplôme. *Passer un diplôme.* **2.** Certificat écrit attestant l'obtention d'un diplôme. *Photocopie d'un diplôme.* **3.** Vx Acte officiel accordant à qqn un droit, un privilège. – Lat. *diploma,* mot gr. propr. «plié en deux».

diplômé, ée [diplome] adj. et n. Personne qui a obtenu un diplôme. *Infirmière diplômée.* ▷ N. *Un diplômé de l'École nationale d'administration publique.* – De *diplôme.*

diplômer [diplome] v. tr. [1] Délivrer un diplôme à. – De *diplôme.*

diplopie [diplɔpi] n. f. MED Trouble de la vue dans lequel les objets paraissent doubles. – De *dipl-,* et gr. *ops, opos,* «œil».

dipneustes [dipnøst] n. m. pl. ZOOL Ordre de poissons ostéichtyens d'eau douce possédant des branchies et des poumons. (Ils vivent dans des mares d'Afrique, d'Amérique du S. et d'Australie, et utilisent l'oxygène de l'air pour survivre. Ils sont apparus au Dévonien). – De *di-,* et gr. *pneuein,* «respirer».

dipolaire [dipɔlɛʀ] adj. PHYS, CHIM Relatif à un dipôle. *Moment dipolaire.* – De *di-,* et *polaire.*

dipôle [dipol] n. m. **1.** PHYS Ensemble de deux charges électriques ou magnétiques infiniment voisines et de signes opposés. **2.** TECH Dispositif électrique qui ne comporte que deux bornes. – De *di-*, et *pôle*.

dipsacacées [dipsakase] ou **dipsacées** [dipsase] n. f. pl. BOT Famille de dicotylédones gamopétales inférovariées, herbes vivaces ou annuelles des régions tempérées, dont les fleurs sont groupées en capitules (ex.: la cardère, la knautie). – Du lat. *dipsacus*, «cardère».

dipsomane [dipsɔman] ou **dipsomaniaque** [dipsɔmanjak] adj. et n. Qui souffre de dipsomanie. – De *dipsomanie*.

dipsomanie [dipsɔmani] n. f. MED Impulsion pathologique à boire de grandes quantités de liquides alcooliques. – Du gr. *dipsa*, «soif», et *mania*, «folie».

diptère [diptɛʀ] adj. ARCHI Se dit d'un édifice entouré d'un portique à double rangée de colonnes. *Temple diptère*. – Gr. *dipteros*, «à deux ailes», de *pteron*, «aile».

diptères [diptɛʀ] n. m. pl. ZOOL Ordre d'insectes comportant les mouches, les taons, les moustiques. – Lat. scientif. *diptera*, du gr.

diptérocarpacées [dipteʀokaʀpase] n. f. pl. BOT Famille de dicotylédones dialypétales superovariées, arbres d'Asie du S. aux fruits munis d'ailes, qui donnent des bois d'ébénisterie et du camphre. – Du gr. *dipteros*, «à deux ailes», et *-carpe*.

diptyque [diptik] n. m. **1.** ANTIQ Tablette double enduite de cire, sur laquelle on écrivait avec un stylet. **2.** BX-A Tableau formé de deux panneaux rabattables l'un sur l'autre. **3.** Fig. Œuvre littéraire ou artistique en deux parties. – Gr. *diptukha*, «tablettes pliées en deux».

1. dire [diʀ] v. tr. **[64] I. 1.** Faire entendre au moyen de la parole, énoncer. *Dites trente-trois!* – Prov. *Qui ne dit mot consent:* ne pas répondre équivaut à accepter ce qu'on propose. **2.** Exprimer par la parole. *Dire ce qu'on voit. Elle dit être pressée* ou *qu'elle est pressée.* ▷ Loc. *Cela va sans dire:* c'est tout à fait évident. – *À vrai dire, à dire vrai:* pour s'exprimer d'une manière conforme à la vérité. – *Pour ainsi dire:* en quelque sorte (formule d'atténuation). – *Cela dit* (ou, moins correct, *ceci dit*): sur ce, sur ces paroles. *Cela dit, venons-en au fait*, après cette introduction, ce préambule... – *Soit dit en passant* (pour inclure une remarque étrangère au propos). – *Entre nous soit dit:* en confidence. – *C'est vite dit:* c'est plus facile en paroles qu'en actes. *Il n'y a qu'à, il n'y a qu'à... c'est vite dit!* ▷ À l'impératif, pour appeler l'attention de l'interlocuteur. *Dites-moi, cher ami...* – Fam. (insistant sur une question). *Tu viendras, dis?* ▷ Loc. fam. (Marquant l'approbation). – *Tu l'as dit!* – *Comme dit l'autre:* formule d'accompagnement d'une locution proverbiale, d'une citation dont l'auteur est supposé connu. *Comme dit l'autre, l'argent ne fait pas le bonheur.* **3.** Exprimer (un avis, un jugement). *Dire du mal de qqn. Parler pour ne rien dire*, pour dire des choses sans intérêt ou futiles. *Dire son fait, ses (quatre) vérités à qqn*, lui dire sans ménagement ce que l'on pense de sa conduite. *Avoir beau dire:* donner son opinion, s'exprimer en vain. *Tu as beau dire, tu ne nous convaincras pas.* – *Je ne vous le fais pas dire:* vous en convenez vous-même. – *C'est vous qui le dites* (pour exprimer des réserves, son désaccord sur ce qui vient d'être dit). *Je n'ai rien fait pour l'éviter... c'est vous qui le dites!* – *Qu'en dites-vous?* Comment jugez-vous cela? l'approuvez-vous? *Que diriez-vous d'un bon dîner?* Cela vous serait-il agréable? ▷ *Dire que...* (introduisant une phrase exprimant le regret, la tristesse, l'étonnement). *Dire qu'il était si mignon quand il était petit!* ▷ (Avec l'idée de penser, de croire). *Qui l'eût dit?* Qui aurait pu l'imaginer, le prévoir? – *On dirait que:* on pourrait penser, imaginer que. *On dirait qu'il nous évite.* **4.** Raconter. *Je vais vous en dire une bien bonne. Je me suis laissé dire que...:* on, quelqu'un, m'a rapporté que... (sans que je sache encore s'il faut le croire). – *On dit que:* le bruit court que. *On dit que le gouvernement s'apprête à démissionner.* – (En incise). *Cet endroit, dit-on, est un des plus dangereux de la côte.* **5.** Réciter, lire, débiter. *Dire des vers. Dire sa leçon.* – Spécial. *Dire la messe.* **6.** Exprimer selon la règle ou l'usage de la langue. *Comment dit-on cela en anglais? Il est fautif de dire «pallier à».* **7.** Exprimer sa volonté, son intention, commander; recommander. *Qui vous a dit de partir? Ne pas se le faire dire deux fois:* ne pas hésiter à faire ce qui est demandé. *Tenez-vous-le pour dit:* considérez que c'est mon dernier mot, que c'est un ordre. **8.** En loc. Exprimer (une critique, une objection). *Il n'y a rien à dire, c'est parfait. Qu'avez-vous à dire à cela?* Que pouvez-vous répondre, quelles objections pouvez-vous opposer? Prov. *Bien faire et laisser dire:* il faut faire ce que l'on doit sans se soucier de l'opinion d'autrui. **II.** Exprimer, énoncer par écrit. *L'auteur le dit dans son ouvrage.* – (En parlant de l'écrit lui-même). *Que dit le Code civil sur ce point?* **III.** (Sujet nom de chose). **1.** Révéler, indiquer. *Son sourire disait toute sa joie. Que dit le baromètre? Quelque chose me dit que...:* j'ai l'impression, le sentiment que... – *En dire long:* laisser entendre plus qu'il n'est exprimé. *Un silence qui en disait long.* ▷ Prédire. *Dire l'avenir, la bonne aventure.* **2.** *Dire à...:* intéresser, tenter; plaire à. *Il me propose de partir avec lui, cela ne me dit rien. Cela ne me dit rien qui vaille:* cela ne me paraît pas très engageant, très rassurant. – *Si le cœur vous en dit:* si cela vous tente, vous fait plaisir. **3.** *Vouloir dire:* signifier. *Que veut dire cette expression? Que veulent dire ces cris?* **IV.** Constructions pronominales. **1.** (Réfléchi). Dire à soi-même, faire à part soi quelque réflexion. *Je me suis dit que j'avais eu tort.* **2.** (Réciproque). *Nous nous sommes dit des amabilités.* **3.** (Passif). *«Zazou» ne se dit plus guère.* **4.** (Avec attribut). Se prétendre, se faire passer pour. *Il se dit spirituel. Elle se dit infirmière.* – Lat. *dicere*.

2. dire [diʀ] n. m. Litt. Ce qu'on dit (surtout au plur.). *Nous nous assurerons de la véracité de ses dires.* – *Au dire des observateurs*, selon leur témoignage, leur avis. – *À dire d'experts:* à l'estimation des experts. *Les dédommagements seront soumis à dire d'experts.* – De *dire* 1.

direct, ecte [diʀɛkt] adj. et n. m. **I.** adj. **1.** Droit, sans détour. *Voie directe, mouvement direct.* – Fig. *Une accusation directe. Il a été très franc, très direct.* ▷ GENEAL *Ligne directe:* ligne des ascendants et descendants, par oppos. à *ligne collatérale*. **2.** Immédiat, sans intermédiaire. *Les conséquences directes d'un accident. Entretenir des rapports directs avec un supérieur. La connaissance directe*, par oppos. à la *connaissance discursive.* ▷ GRAM *Complément direct*, construit sans préposition. – *Style direct*, qui rapporte telles quelles les paroles prononcées. **3.** Formel, absolu. *Preuve directe. De deux affirmations en contradiction directe, l'une exclut nécessairement l'autre.* **4.** LOG *Proposition directe*, par oppos. à celle, dite *inverse*, qui résulte du renversement de ses termes. **5.** CH de F *Train direct*, qui ne s'arrête qu'aux stations principales. ▷ N. m. *Prendre le direct pour Toronto.* **II.** n. m. **1.** SPORT En boxe, coup droit. *Envoyer un direct.* **2.** AUDIOV *Émission en direct* (par oppos. à *en différé*), diffusée dans l'instant même de la prise de vues ou de sons. ▷ *Les impératifs du direct.* – Lat. *directus*, de *dirigere*, «diriger».

directement [diʀɛktəmɑ̃] adv. **1.** Tout droit, sans détour. *Je me rendrai directement chez vous.* **2.** D'une manière directe. *Aborder directement un sujet*, sans préambule. **3.** *Directement opposé, contraire* : en opposition totale, en contradiction absolue. *Des conceptions directement contraires.* **4.** Sans intermédiaire. *Communiquer directement avec qqn.* – De *direct*.

directeur, trice [diʀɛktœʀ, tʀis] n. et adj. **I.** n. **1.** Personne qui dirige, qui est à la tête d'une entreprise, d'un service, etc. *Directeur d'une usine. Directeur du personnel. Directrice d'un cégep.* **2.** *Directeur de conscience:* prêtre choisi par une personne pour la conduire en matière de morale et de religion. **3.** AVIAT *Directeur de vol:* dispositif qui enregistre les données du vol d'un avion et les transmet au système de pilotage automatique. **4.** HIST Chacun des cinq membres qui constituaient le Directoire. **II.** adj. **1.** Qui dirige. *Comité directeur.* **2.** Fig. *Principe directeur, ligne directrice,* servant à déterminer une ligne de conduite. **3.** MECA *Roues directrices,* qui permettent de diriger un véhicule. **4.** GEOM *Plan directeur:* plan auquel sont parallèles les génératrices d'une surface réglée. – *Vecteur directeur d'une droite:* vecteur porté par cette droite. – *Coefficient directeur d'une droite:* pente de cette droite. ▷ N. f. *Directrice:* ligne sur laquelle s'appuie la génératrice qui engendre une surface. – Lat. *director.*

directif, ive [diʀɛktif, iv] adj. **1.** Qui a ou peut avoir la propriété, la fonction de diriger. *Force directive, indication directive.* **2.** PHYS Qui rayonne ou fonctionne dans une direction privilégiée. *Antenne directive. Micro directif.* – Du lat. scientif. *directum,* supin de *dirigere.*

direction [diʀɛksjõ] n. f. **I. 1.** Action de diriger. *Assurer la direction des travaux, d'un groupe, d'une entreprise. Travailler sous la direction d'un spécialiste.* **2.** Fonction, poste de directeur. *Obtenir une direction, la direction d'un service.* ▷ Le ou les directeurs; les personnes ou les services qui les assistent. *Direction commerciale d'une société.* ▷ Siège, bureau du ou des directeurs, de leur personnel. *Votre dossier est à la direction.* **3.** Action de diriger, de conduire. *La direction d'un attelage, d'un bateau, d'un train,* etc. **II. 1.** Orientation ou sens du déplacement d'une personne, d'une chose. *Choisir une direction. Être dans la bonne direction. Changer de direction. En direction de, dans la direction de:* vers. – Fig. *Il faut orienter nos conjectures dans une autre direction.* ▷ Ligne de conduite. *Prendre une bonne, une mauvaise direction.* **2.** Ensemble des organes (volant, colonne, boîtier) qui servent à diriger un véhicule. ▷ *Direction assistée,* dans laquelle l'effort imprimé au volant est amplifié par un servo-moteur. – Lat. *directio.*

directionnel, elle [diʀɛksjɔnɛl] adj. PHYS Syn. de *directif. Antenne directionnelle.* – De *direction.*

directive [diʀɛktiv] n. f. **1.** MILIT Instruction générale, moins impérative qu'un ordre, donnée par le haut commandement militaire. **2.** *Par ext.* (Surtout au plur.) Instructions, indications générales données par une autorité. *Demander, recevoir des directives.* – De *directif.*

directivité [diʀɛktivite] n. f. **1.** PHYS Direction préférentielle dans l'émission ou la réception d'un rayonnement sonore ou électrique. **2.** Fait d'être directif (dans un enseignement), d'orienter, de guider dans une direction préétablie. – De *directif.*

directoire [diʀɛktwaʀ] n. m. **1.** Conseil chargé de diriger et d'administrer (une société, une banque, etc.). **2.** HIST *Le Directoire:* en France, le comité de cinq membres chargé du pouvoir exécutif de 1795 à 1799. – *Par ext.* Le régime politique sous lequel vécut la France pendant cette période. ▷ *Le style Directoire:* le style créé à cette époque. – Appos. *Un meuble Directoire.* – Lat. *directorium,* de *directus,* pp. de *dirigere,* «diriger».

directorial, iale, iaux [diʀɛktɔʀjal, jo] adj. **1.** HIST Relatif au Directoire. *Le régime directorial.* **2.** Relatif à la fonction de directeur. *Bureau directorial.* – De *directeur.*

dirham [diʀam] n. m. Unité monétaire du Maroc. – Mot ar. du gr. *drakhmê.*

dirigeable [diʀiʒabl] adj. et n. m. **I.** adj. Qui peut être dirigé. *Ballon dirigeable.* **II.** N. m. Aéronef propulsé par un ou plusieurs moteurs dont la sustentation est assurée par des ballonnets contenant un gaz plus léger que l'air (hydrogène ou hélium) enfermés dans une enveloppe. – De *diriger.*

dirigeant, ante [diʀiʒɑ̃, ɑ̃t] adj. et n. Qui dirige, qui détient l'autorité, le pouvoir. *Les classes dirigeantes.* ▷ N. *Les dirigeants d'une entreprise, d'un parti politique.* – Ppr. de *diriger.*

dirigé, ée [diʀiʒe] adj. Soumis à une direction, à une autorité. *Une entreprise bien dirigée.* – *Économie dirigée,* régie dans sa totalité ou sa quasi-totalité par la puissance publique (par oppos. à *économie libérale*). – Pp. de *diriger.*

diriger [diʀiʒe] v. tr. [15] **I. 1.** Conduire (en tant que chef, organisateur, responsable). *Diriger un ministère. Diriger des travaux.* ▷ (S. comp.). *«Mais, madame, un directeur... dirige»* (M. Pagnol). **2.** Exercer une autorité intellectuelle ou morale sur. *Diriger un élève, ses études.* **3.** (Sujet nom de chose). *L'intérêt public a dirigé toute sa vie.* **II. 1.** Guider le déplacement de. *Le guide vous dirigera dans la vieille ville. Diriger un véhicule.* ▷ v. pron. *Se diriger vers:* aller dans la direction de. **2.** Donner telle orientation, telle destination à. *Diriger un bateau vers le port. Diriger ses pas vers un lieu, ses regards sur un objet.* – Fig. *Diriger son attention sur, vers qqch.* – Lat. *dirigere,* «diriger, aligner, ordonner».

dirigisme [diʀiʒism] n. m. Système économique et politique qui prône ou qui pratique l'économie dirigée. – De *diriger.*

dirimant, ante [diʀimɑ̃, ɑ̃t] adj. DR Qui rend nul ou qui fait obstacle. *Empêchement dirimant au mariage.* – Du lat. *dirimere,* «annuler».

dis-. Élément, du lat. *dis,* indiquant la séparation, l'absence, l'opposition.

disamare [disamaʀ] n. f. BOT Fruit constitué de deux samares accolées. *La disamare de l'érable.* – De *di-,* et *samare.*

discal, ale, aux [diskal, o] adj. MED Relatif aux disques intervertébraux. *Hernie discale.* – Du lat. *discus,* «disque».

discale [diskal] n. f. COMM Perte de poids d'une marchandise en vrac, notam. par évaporation. – Ital. *discalo,* «déchet».

discernable [disɛʀnabl] adj. Qui peut être discerné. – De *discerner.*

discernement [disɛʀnəmɑ̃] n. m. **1.** Litt. Action de différencier par l'esprit. *Le discernement du vrai d'avec le faux.* **2.** Cour. Faculté d'apprécier avec justesse les situations, les choses. *Faire preuve de discernement. Agir sans discernement.* – De *discerner.*

discerner [disɛʀne] v. tr. [1] **1.** Distinguer, reconnaître par la vue. *Discerner des formes dans la nuit.* ▷ Par ext. *Discerner la rumeur des vagues.* – Fig. *Je discerne quelque réticence dans son accord.* **2.** Faire la distinction entre, différencier. *Discerner les diverses nuances du vert. Discerner le bien du mal.* – Lat. *discernere,* «séparer, distinguer».

disciple [disipl] n. **1.** n. m. Personne qui reçoit l'enseignement d'un maître. *Démosthène fut le disciple d'Isée.* – *Les disciples de Jésus-Christ:* les douze apôtres; ceux qu'il choisit pour aller annoncer la bonne nouvelle. **2.** n. Personne qui a adopté la doctrine d'un maître. *Les disciples de Freud.* – Lat. ecclés. *discipulus,* «disciple du Christ», en lat. class. «élève».

disciplinable [disiplinabl] adj. Qui peut être discipliné. – De *discipliner.*

disciplinaire [disiplinɛʀ] adj. Qui a rapport à la discipline (d'un corps, d'un établissement, etc.). *Mesure disciplinaire.* – De *discipline.*

disciplinairement [disiplinɛʀmɑ̃] adv. Conformément à la discipline. – De *disciplinaire.*

discipline [disiplin] n. f. **I. 1.** Domaine particulier de la connaissance; matière d'enseignement. *Disciplines scientifiques, littéraires.* **2.** Ensemble des règles de conduite imposées aux membres d'une collectivité pour assurer le bon fonctionnement de l'organisation sociale; obéissance à ces règles. *Sanctionner un manquement à la discipline.* ▷ *Discipline de parti:* position commune imposée aux membres d'un parti politique. **3.** Règle de conduite que l'on s'impose. *Sportif qui s'astreint à une discipline rigoureuse.* **II.** RELIG Vx Châtiment qu'imposait le maintien de la règle. – *Par ext.* Fouet dont on se servait comme instrument de pénitence ou de mortification. *Se donner la discipline.* – Lat. *disciplina.*

discipliné, ée [disipline] adj. Qui se soumet à la discipline. – Pp. de *discipliner.*

discipliner [disipline] v. tr. [1] **1.** Habituer (qqn) à se conformer à la discipline. *Discipliner un élève, une troupe.* – Fig. *Discipliner la force des eaux.* **2.** Régler en exerçant un contrôle sur, maîtriser. *Discipliner ses passions, sa force, son corps.* ▷ v. pron. *Vous devriez vous discipliner.* – De *discipline.*

disco [disko] n. m. Musique de variétés fortement rythmée et saccadée. – Appos. *Musique, boîte, style disco.* – Mot anglo-américain; de *discothèque.*

discobole [diskɔbɔl] n. m. ANTIQ Athlète qui lançait le disque, le palet. – Gr. *diskobolos.*

1. discographie [diskɔgʀafi] n. f. Répertoire méthodique de disques enregistrés. – De *disque,* sur *(biblio)graphie.*

2. discographie [diskɔgʀafi] n. f. MED Radiographie d'un disque intervertébral après injection d'un liquide opaque aux rayons X. – De *disque,* et *(radio)graphie.*

discoïde [diskɔid] adj. En forme de disque. – Du gr. *diskos,* «disque», et *-oïde.*

discomycètes [diskɔmisɛt] n. m. pl. BOT Groupe d'ascomycètes comprenant les pézizes et les morilles. – Du gr. *diskos,* «disque», et *-mycètes.*

discontinu, ue [diskɔ̃tiny] adj. (et n. m.) **1.** Qui n'est pas continu. *Mouvement discontinu.* – MATH *Fonction discontinue,* dont la représentation graphique ne peut être tracée sans lever le crayon du papier. – n. m. *La physique du discontinu.* **2.** Qui n'est pas continuel. *Un bruit discontinu.* – Lat. scolast. *discontinuus.*

discontinuation [diskɔ̃tinɥasjɔ̃] n. f. Rare Interruption, suspension. – Lat. scolast. *discontinuatio.*

discontinuer [diskɔ̃tinɥe] **1.** v. tr. [1] Vx ou litt. Interrompre, suspendre. *Discontinuer un ouvrage commencé.* **2.** v. intr. Mod., dans des phrases à valeur négative. *La pluie n'a pas discontinué.* – *Sans discontinuer:* sans s'arrêter. *Travailler sans discontinuer.* – Lat. médiév. *discontinuare.*

discontinuité [diskɔ̃tinɥite] n. f. Absence de continuité. *Discontinuité d'un phénomène.* – MATH Propriété des fonctions discontinues. – De *discontinu,* d'ap. *continuité.*

disconvenance [diskɔ̃vnɑ̃s] n. f. Litt. Défaut de convenance, inégalité, disproportion. *Disconvenance d'âge. Disconvenance de caractère.* – De *disconvenir,* d'ap. *convenance.*

disconvenir [diskɔ̃v(ə)niʀ] v. tr. indir. [39] (Avec la négation). *Disconvenir de:* ne pas convenir de. *Vous avez raison, je n'en disconviens pas:* j'en tombe d'accord. – Lat. *disconvenire.*

discophile [diskɔfil] n. et adj. Amateur ou collectionneur de disques enregistrés. – De *disque,* et *-phile.*

discordance [diskɔʀdɑ̃s] n. f. **1.** Absence ou défaut d'accord, d'harmonie. *Discordance de goûts, d'opinions.* **2.** GEOL État de deux couches dont les stratifications ne sont pas parallèles, une phase orogénique s'étant produite avant le dépôt de la nouvelle couche sur l'ancienne. – De *discorder.*

discordant, ante [diskɔʀdɑ̃, ɑ̃t] adj. Qui n'est pas en accord, en harmonie. *Caractères discordants. Sons discordants.* – Ppr. de *discorder.*

discorde [diskɔʀd] n. f. Dissentiment grave; dissension. *Semer la discorde.* – *Pomme de discorde,* sujet de dispute et de division (par allus. à la pomme que Pâris remit à Vénus, provoquant la haine de Junon et Minerve). – Lat. *discordia.*

discorder [diskɔʀde] v. intr. [1] **1.** Vx Être en désaccord. **2.** MUS Être discordant. – A. fr. *descorder,* d'ap. lat. *discordare.*

discothèque [diskɔtɛk] n. f. **1.** Collection de disques enregistrés. ▷ Endroit, meuble où on les conserve. ▷ Organisme d'archivage, de prêt de disques. **2.** Lieu public où l'on peut écouter des disques et danser. – De *disque,* et *-thèque.*

discoureur, euse [diskuʀœʀ, øz] n. Personne qui aime à discourir. – De *discourir.*

discourir [diskuʀiʀ] v. intr. [29] **1.** Vx Converser. **2.** Parler longuement sur un sujet. *Nous avons assez discouru de cette affaire.* – Du lat. *discurrere,* «courir çà et là».

discours [diskuʀ] n. m. **1.** Vieilli Ce que dit une personne, propos. *«C'est à vous, s'il vous plaît, que ce discours s'adresse»* (Molière). – Mod. Paroles (opposé à *fait,* à *action*). *Pas tant de discours, au travail!* **2.** Exposé oratoire à l'intention d'un public sur un sujet déterminé. *Prononcer, improviser, faire un discours. Discours inaugural, discours du Trône*.* **3.** Exposé écrit de caractère didactique; traité, essai. *«Discours sur les passions de l'amour»,* de Pascal. **4.** Expression verbale de la pensée. *Les parties du discours :* les catégories de mots distinguées par la grammaire traditionnelle (article, nom, pronom, verbe, adjectif, adverbe, préposition, conjonction, interjection). ▷ LING Ensemble des paroles, des énoncés (verbaux ou non). *Langue et discours.* **5.** PHILO Entendement (par oppos. à *intuition*). – Du lat. *discursus,* d'ap. *cours.*

discourtois, oise [diskuʀtwa, waz] adj. Qui n'est pas courtois. *Personnage discourtois. Procédé discourtois.* – Réfection de l'a. fr. *descourtois,* sous l'influence de l'ital. *discortese.*

discourtoisement [diskuʀtwazmɑ̃] adv. Rare D'une manière discourtoise. – De *discourtois.*

discourtoisie [diskuʀtwazi] n. f. Vx Manque de courtoisie. – Ital. *discortesia.*

discrédit [diskʀedi] n. m. Diminution, perte du crédit dont jouissait qqch, qqn. *Le discrédit des valeurs boursières. Jeter le discrédit sur qqn.* – Ital. *discredito.*

discréditer [diskʀedite] v. tr. [1] Faire tomber dans le discrédit. ▷ v. pron. *Se discréditer.* – De *dis-,* et *crédit.*

1. discret, ète [diskʀɛ, ɛt] adj. **1.** Qui parle ou agit avec retenue, tact, réserve. *Il est discret, il ne vous importunera pas de questions gênantes.* ▷ Par ext. *Des manières discrètes.* **2.** Qui n'attire pas l'attention, qui ne se remarque pas. *Faire un signe discret. Un costume discret.* ▷ *Un endroit discret,* à l'abri des regards, d'éventuels gêneurs. **3.** Qui sait garder un secret. *Un ami discret.* – Lat. médiév. *discretus.*

2. discret, ète [diskʀɛ, ɛt] adj. 1. MATH, PHYS *Grandeur, quantité discrète*, composée d'unités distinctes (nombres, objets, etc.), par oppos. à *grandeur* ou *quantité continue* (durée, vitesse, etc.). 2. MED Se dit d'une éruption dont les manifestations cutanées sont distinctes, séparées (par oppos. à *confluent*). – Lat. class. *discretus*, «séparé».

discrètement [diskʀɛtmɑ̃] adv. D'une manière discrète. – De *discret* 1.

discrétion [diskʀesjɔ̃] n. f. I. Vx Aptitude à discerner, à juger, à décider. – Mod. *À la discrétion de:* à la volonté, au jugement de. *Je laisse cela à votre discrétion.* ▷ Loc. adv. *À discrétion:* à volonté. *Boisson à discrétion.* II. 1. Réserve, retenue délicate; modération. *Parler, agir avec discrétion. S'habiller avec discrétion.* 2. Qualité d'une personne qui sait garder un secret. *Vous pouvez compter sur ma discrétion.* – Lat. *discretio*, «discernement».

discrétionnaire [diskʀesjɔnɛʀ] adj. Qui est laissé à la discrétion de qqn. – DR *Pouvoir discrétionnaire:* faculté laissée à une personne de prendre, dans son champ de compétence, des décisions basées sur son discernement, par opposition aux décisions imposées par une règle préétablie. *Pouvoir discrétionnaire du juge.* – De *discrétion.*

discrétionnairement [diskʀesjɔnɛʀmɑ̃] adv. D'une manière discrétionnaire. – De *discrétionnaire.*

discrétoire [diskʀetwaʀ] n. m. Conseil tenu, dans des couvents, par le supérieur, ou la supérieure, avec les religieux conseillers; lieu de ce conseil. – De *discret* 1.

discriminant, ante [diskʀiminɑ̃, ɑ̃t] adj. et n. m. 1. adj. Qui établit une séparation, une distinction. 2. n. m. MATH Expression qui permet de déterminer si une équation du second degré possède des racines réelles. *$ax^2 + bx + c = 0$ admet deux racines réelles si le discriminant $b^2 - 4ac$ est positif ou nul.* – Ppr. de *discriminer.*

discrimination [diskʀiminasjɔ̃] n. f. Séparation, distinction. *Les coupables seront jugés sans discrimination de rang ni de fortune.* 2. Cour. Le fait de distinguer des autres un groupe (social) et de restreindre ses droits. *Discrimination raciale.* – Bas lat. *discriminatio.*

discriminatoire [diskʀiminatwaʀ] adj. Qui établit une discrimination entre les personnes. *Mesures discriminatoires.* – De *discrimination.*

discriminer [diskʀimine] v. tr. [1] Distinguer, mettre à part. – Lat. *discriminare.*

disculpation [diskylpasjɔ̃] n. f. Rare Action de disculper ou de se disculper. – De *disculper.*

disculper [diskylpe] v. tr. [1] Mettre (qqn) hors de cause, montrer qu'il n'est pas coupable. *Disculper un prévenu. Ce témoignage l'a entièrement disculpé.* ▷ v. pron. *Se disculper:* se justifier. – De *coulpe*; refait d'ap. lat. *culpa.*

discursif, ive [diskyʀsif, iv] adj. 1. LOG Qui procède par le raisonnement ou repose sur lui. *La déduction est un procédé discursif. – Connaissance discursive*, par oppos. à *connaissance intuitive* ou *directe.* 2. Qui passe d'un sujet à un autre, qui n'est pas rigoureusement continu. *Un mémoire intéressant, encore qu'un peu discursif.* 3. Didac Du discours, relatif au discours. – Du lat. *discursus*, «discours».

discussion [diskysjɔ̃] n. f. 1. Action de discuter, d'examiner contradictoirement qqch. *Discussion d'un projet de loi.* ▷ MATH *Discussion d'une équation:* étude de la nature des solutions suivant les différents cas qui peuvent se présenter. 2. Le fait de contester, d'élever des objections. *Pas de discussion, je vous demande d'obéir.* 3. Conversation, débat, échange de vues. *J'ai eu avec lui une longue discussion.* ▷ *Par ext.* Dispute, altercation. *Leur discussion s'est achevée en pugilat.* – Lat. *discussio*, «secousse, examen attentif».

discutable [diskytabl] adj. 1. Qui prête à discussion, à contestation. *Un raisonnement discutable.* 2. Critiquable, douteux. *Procédé discutable.* – De *discuter.*

discutailler [diskytaje] v. intr. [1] Fam., péjor. Discuter longuement sur des détails sans importance. – De *discuter.*

discuté, ée [diskyte] adj. Qui soulève des objections, des critiques, des controverses. *Une décision discutée.* – Pp. de *discuter.*

discuter [diskyte] I. v. tr. [1] 1. Débattre d'une chose, l'examiner contradictoirement. *Discuter les clauses d'un contrat.* ▷ v. pron. *Cette conclusion n'est pas définitive, elle peut se discuter.* 2. Contester, trouver des objections à. *Discuter le bien-fondé d'une décision.* – (S. comp.) *Obéissez sans discuter.* II. v. intr. ou tr. ind. Échanger des opinions, des arguments sur un sujet. *Discuter sur un événement. – Discuter de* (qch). *Discuter de politique* (ou, ellipt.), *discuter politique.* – Fam. Converser, bavarder. *Passer la soirée à discuter.* – Lat. *discutere*, «agiter».

discuteur, euse [diskytœʀ, øz] adj. (et n.) Rare Qui aime à discuter. – De *discuter.*

disert, erte [dizɛʀ, ɛʀt] adj. Qui parle avec facilité et élégance. – Lat. *disertus.*

disette [dizɛt] n. f. Manque ou rareté de choses nécessaires, et partic. de vivres. – Orig. incert., p.-ê. gr. *disektos*, «année bissextile, malheureuse».

diseur, euse [dizœʀ, øz] n. 1. Personne qui dit habituellement (telle ou telle chose). *Diseuse de bonne aventure*, qui fait profession de révéler l'avenir. 2. *Un fin diseur, une fine diseuse:* une personne qui récite, qui raconte avec art. – De *dire.*

disgrâce [dizgʀɑs] n. f. 1. Perte, privation des bonnes grâces dont on jouissait. *Encourir la disgrâce royale.* 2. Vx Infortune, malheur. *Une cruelle disgrâce.* 3. Défaut de grâce. – Ital. *disgrazia.*

disgracié, ée [dizgʀasje] adj. 1. Tombé en disgrâce. 2. Qui manque de grâce, au physique ou au moral. *Disgracié de* (ou *par*) *la nature.* – Pp. de *disgracier.*

disgracier [dizgʀasje] v. tr. [1] Priver de sa faveur, de ses bonnes grâces. *Disgracier un favori.* – De *disgrâce.*

disgracieusement [disgʀasjøzmɑ̃] adv. D'une manière disgracieuse. – De *disgracieux.*

disgracieux, euse [dizgʀasjø, øz] adj. Dépourvu de grâce. *Une démarche disgracieuse.* – De *dis-*, et *gracieux.*

disjoindre [disʒwɛ̃dʀ] v. tr. [66] Séparer (ce qui était joint). *Disjoindre les lattes d'un plancher.* ▷ v. pron. *Les pierres du mur commencent à se disjoindre.* ▷ DR *Disjoindre deux causes*, les séparer pour les juger indépendamment l'une de l'autre. – *Disjoindre un article d'un projet de loi*, le séparer de la loi en discussion, pour l'examiner à part, l'ajourner ou l'écarter. – De *des-*, et *joindre*, d'ap. lat. *disjungere.*

disjoint, ointe [disʒwɛ̃, wɛ̃t] adj. 1. Séparé ou mal joint. *Une fenêtre aux carreaux disjoints.* 2. MATH *Ensembles disjoints*, dont l'intersection est l'ensemble vide. – Pp. de *disjoindre.*

disjoncteur [disʒɔ̃ktœʀ] n. m. ELECTR Interrupteur dont l'ouverture se produit automatiquement si l'intensité dépasse une valeur donnée. – Du lat. *disjunctum*, supin de *disjungere*, «disjoindre».

disjonctif, ive [disʒɔ̃ktif, iv] adj. 1. GRAM Qui sépare les idées tout en reliant les termes ou les propositions de la phrase. *Particules disjonctives* (ex.: *ou, ni*). ▷ N. f. *Une disjonctive.* **2.** LOG *Proposition disjonctive*, dont les termes sont séparés par un mot disjonctif. – *Syllogisme disjonctif*, dont la majeure est une alternative, ou proposition disjonctive. ▷ N. f. *Une disjonctive:* une alternative disjonctive. – Lat. *disjunctivus.*

disjonction [disʒɔ̃ksjɔ̃] n. f. **1.** Action de séparer ce qui est joint; son résultat. – DR *Disjonction de deux procédures. Disjonction d'un article d'un projet de loi* (V. disjoindre). **2.** RHET Suppression des particules conjonctives (par oppos. à *conjonction*). (Ex.: *«Dans un chemin montant, sablonneux, malaisé»* [La Fontaine].) – Lat. *disjunctio.*

dislocation [dislɔkasjɔ̃] n. f. **1.** Déboîtement, luxation d'un os, d'un membre. **2.** Fig. Séparation des parties d'un ensemble. *Dislocation d'un empire.* – Lat. méd. *dislocatio.*

disloquer [dislɔke] v. tr. [1] **1.** Démettre, déboîter (une articulation). *Un retour de manivelle lui a disloqué le poignet.* – Par ext. *Disloquer un bras.* – Par anal. *Disloquer les pièces d'un mécanisme.* ▷ v. pron. *Contorsionniste qui se disloque.* **2.** Fig. Désunir, diviser, démembrer. *Disloquer un parti, un cortège, un empire.* ▷ v. pron. *Association qui se disloque.* – Lat. médiév. *dislocare*, «déboîter».

dismutation [dismytasjɔ̃] n. f. CHIM Réaction au cours de laquelle un réactant donne deux produits différents, l'un résultant d'une oxydation, l'autre d'une réduction du réactant. – De *dis-*, et *(trans)mutation.*

disparaître [disparɛtʀ] v. intr. [59] **I.** Cesser d'être visible. **1.** (Choses). *Les nuages ont disparu* ou (vx ou litt., marquant l'état) *sont disparus. Le village disparaît sous la neige.* **2.** Quitter un lieu, partir (personnes). *Elle a disparu de son domicile.* – Fam. *Disparaissez! :* sortez, déguerpissez. ▷ (En parlant de choses égarées ou dérobées). *Mes papiers ont disparu.* **II.** Cesser d'être. **1.** Mourir, périr. *Passagers qui disparaissent dans un naufrage.* **2.** Ne plus exister, ne plus se manifester. *L'enflure a disparu.* – Fig. *Vos craintes finiront par disparaître.* – De *dis-*, et *paraître*; remplace a. f. *disparoir.*

1. disparate [disparat] adj. Qui ne forme pas un ensemble harmonieux. *Vêtements disparates.* – Lat. *disparatus*, «inégal».

2. disparate [disparat] n. f. Vx Défaut choquant de convenance, d'harmonie. *Ses déclarations et ses actes présentent une singulière disparate.* – Esp. *disparate.*

disparité [disparite] n. f. Différence, dissemblance entre des choses que l'on compare. *La disparité des salaires.* – Lat. *dispar, disparis*, de *dis-* et *par, paris*, d'après parité.

disparition [disparisjɔ̃] n. f. Action de disparaître; son résultat. – De *disparaître.*

disparu, ue [dispary] adj. et n. **1.** Qui a cessé d'être visible. ▷ Égaré ou dérobé. *Les bijoux disparus.* **2.** Qui a cessé d'exister. – Subst. *Un(e) disparu(e):* un(e) défunt(e). ▷ *Spécial.* Se dit d'une personne présumée décédée mais dont la mort n'a pu être établie avec certitude. *Un soldat porté disparu.* – Pp. de *disparaître.*

dispendieusement [dispɑ̃djøzmɑ̃] adv. D'une manière dispendieuse. – De *dispendieux.*

dispendieux, ieuse [dispɑ̃djø, jøz] adj. Coûteux, qui occasionne ou nécessite de grandes dépenses. *Un train de vie dispendieux.* – Bas lat. *dispendiosus*, de *dispendium*, «dépense».

dispensaire [dispɑ̃sɛʀ] n. m. MED Établissement, public ou privé, de diagnostic, de prophylaxie et de soins sans hospitalisation, et dont les services sont gratuits ou peu coûteux. – Angl. *dispensary.*

dispensateur, trice [dispɑ̃satœʀ, tʀis] adj. et n. Personne ou chose qui dispense, qui distribue. *Le soleil, dispensateur inépuisable d'énergie.* – Lat. *dispensator*, «administrateur».

dispense [dispɑ̃s] n. f. **1.** Exemption (de la règle commune, d'une obligation, d'une charge). *Dispense d'âge*, qui permet d'accéder à certains droits avant l'âge prescrit. – La pièce qui atteste cette exemption. *Présenter une dispense.* **2.** DR Autorisation spéciale donnée par la loi ou par une autorité compétente exemptant une personne d'une obligation ou d'une condition qui lui est normalement imposée. *Dispense de la publication des bans avant la célébration du mariage.* – Déverbal de *dispenser.*

dispenser [dispɑ̃se] v. tr. [1] **1.** Distribuer. *Dispenser des blâmes, des récompenses.* **2.** *Dispenser de:* exempter de (la règle commune, une obligation, une tâche); exempter de (faire qqch). *Dispenser un élève d'exercices physiques. Une bonne mémoire ne dispense pas de réfléchir.* – Par euph. *Je vous dispense de vos remarques:* je vous prie ou je vous somme de me les épargner. ▷ v. pron. *Se dispenser de venir.* – *Je me dispenserais bien de cette obligation*, je m'y soustrairais volontiers. – Lat. *dispensare.*

dispersement [dispɛʀsəmɑ̃] n. m. Rare Action de disperser; son résultat. *Le dispersement d'un cortège.* – De *disperser.*

disperser [dispɛʀse] v. tr. [1] **1.** Éparpiller, répandre de tous côtés. *Le vent disperse les feuilles mortes.* **2.** Placer dans des endroits divers; disséminer. *Disperser des policiers.* ▷ Fig. *Disperser ses forces, sa pensée, son attention*, les appliquer à des objets trop variés. ▷ v. pron. *Se disperser:* avoir des occupations trop diverses. **3.** Séparer en faisant aller dans des directions différentes. *Disperser un attroupement.* ▷ v. pron. *Les manifestants se sont dispersés dans le calme.* – Lat. *dispersus*, pp. de *dispergere*, «répandre çà et là».

dispersif, ive [dispɛʀsif, iv] adj. PHYS *Pouvoir dispersif:* propriété des surfaces réfringentes de séparer les radiations de longueurs d'onde différentes. – Du lat. *dispersum.*

dispersion [dispɛʀsjɔ̃] n. f. **1.** Action de disperser; fait de se disperser. *Dispersion des nuages.* – *Dispersion des manifestants.* ▷ Fig. *Dispersion de l'esprit, de l'attention.* **2.** CHIM Dissémination d'une substance au sein d'une autre. **3.** PHYS Séparation d'un rayonnement complexe en rayonnements de longueurs d'onde différentes. *Dispersion de la lumière blanche par un prisme.* **4.** MATH En calcul des probabilités, écart de la variable aléatoire de part et d'autre de la moyenne. *La dispersion de la variable aléatoire est définie par sa variance.* **5.** BALIST *Dispersion du tir:* répartition des points d'impact de projectiles tirés par une même arme. – Lat. *dispersio.*

disponibilité [disponibilite] n. f. État d'une chose ou d'une personne disponible. **1.** Plur. Fonds, capitaux dont on peut disposer immédiatement. *J'investirai selon mes disponibilités.* **2.** Situation d'un fonctionnaire temporairement déchargé de ses fonctions. ▷ Situation d'un militaire, toujours apte au service actif, mais renvoyé dans ses foyers. – De *disponible.*

disponible [disponibl] adj. **1.** Dont on peut disposer. *Logement disponible.* **2.** En disponibilité. *Fonctionnaire disponible.* **3.** Qui n'est soumis à aucune sorte d'obligation; qui est exempt de toute contrainte intellectuelle ou morale. *Se garder disponible.* – Lat. médiév. *disponibilis*, de *disponere*, «disposer».

dispos, ose [dispo, oz] adj. Qui est en bonne condition physique et mentale. *Être frais et dispos.* – De l'ital. *disposto.*

disposant, ante [dispozɑ̃, ɑ̃t] n. DR Personne qui dispose de tout ou partie de ses biens par donation ou testament. – Ppr. subst. de *disposer.*

disposé, ée [dispoze] adj. **1.** Arrangé, ordonné. *Des parterres mal disposés.* **2.** *Être disposé à:* être prêt à, se proposer de. *Il est disposé à nous aider.* ▷ *Être bien disposé pour, envers, à l'égard de qqn,* être dans des dispositions, des sentiments favorables à son égard. – Pp. de *disposer.*

disposer [dispoze] **I.** v. tr. [1] **1.** Arranger dans un certain ordre. *Disposer des troupes pour un combat.* **2.** *Disposer qqn à,* le préparer à (qqch), l'inciter à (faire qqch). *Les récents événements nous avaient disposés à cette éventualité.* ▷ v. pron. *Se disposer à:* se préparer à, être sur le point de. *Je me disposais à vous téléphoner quand j'ai reçu votre message.* **II.** v. tr. indir. *Disposer de:* avoir à sa disposition, pouvoir utiliser. *Il dispose de moyens considérables, d'un personnel compétent.* ▷ *Disposer de qqn:* user de ses services comme on l'entend. *Disposez de moi, je ne peux rien vous refuser.* – Absol. (en s'adressant à un subalterne). *Vous pouvez disposer* (de vous-même): je ne vous retiens pas. **III.** v. intr. Stipuler, prescrire. *Disposer par contrat.* – Lat. *disponere,* francisé d'après *poser.*

dispositif [dispozitif] n. m. **1.** TECH Agencement des divers organes d'un système mécanique; le système, l'appareil lui-même. *Dispositif d'alarme.* **2.** MILIT Ensemble des forces mises en place pour remplir une mission donnée. **3.** DR Partie finale d'un jugement dans laquelle s'exprime la décision du tribunal. Le dispositif est généralement précédé des motifs. – Du lat. *dispositus,* supin de *disponere,* «disposer».

disposition [dispozisjɔ̃] n. f. **1.** Arrangement, manière dont sont disposées des choses les unes par rapport aux autres. *La disposition des lieux.* **2.** Plur. Mesures que l'on prend avant de ou pour faire qqch. *Il faut prendre vos dispositions pour arriver à l'heure.* **3.** *Disposition à:* tendance, inclination à. *Disposition à la paresse.* **4.** Plur. Aptitudes. *Avoir des dispositions pour la musique.* **5.** Sentiment à l'égard de qqch, de qqn; attitude d'esprit. *Être dans telle disposition à l'égard d'un projet. Je suis dans les meilleures dispositions envers lui.* **6.** Dans les loc. *à ma (votre, leur,* etc.) *disposition, à la disposition de,* pouvoir d'utiliser, de se servir de qqch; faculté d'user des services de qqn. *Les documents sont à la disposition de la justice. Je reste à votre entière disposition.* **7.** DR Pouvoir, action de disposer de son bien. Acte par lequel on en dispose. **8.** *Les dispositions d'une loi, d'un règlement,* etc.: les points qu'elle (il) règle; ce qu'elle (il) ordonne. – Lat. *dispositio.*

disproportion [dispʀɔpɔʀsjɔ̃] n. f. Défaut de proportion, de convenance entre plusieurs choses. *Disproportion entre un délit et sa sanction. La disproportion des forces de deux adversaires,* l'inégalité. – De *dis-,* et *proportion.*

disproportionné, ée [dispʀɔpɔʀsjɔne] adj. Qui manque de proportion. *Une colère disproportionnée à* (ou *avec*) *sa cause. Des membres disproportionnés.* – De *disproportion.*

disputailler [dispytɑje] v. intr. [1] Fam., péjor. Disputer longtemps sur des futilités. – De *disputer.*

dispute [dispyt] n. f. **1.** Vx Échange plus ou moins vif d'opinions, d'idées, d'arguments sur une question importante ou délicate. *Dispute scientifique, théologique.* **2.** Altercation, querelle. *Une conversation qui dégénère en dispute.* – Déverbal de *disputer.*

disputé, ée [dispyte] adj. Que l'on dispute, qui est l'objet d'une lutte. *Une victoire disputée. Une épreuve très disputée.* – Pp. de *disputer.*

disputer [dispyte] **I.** v. tr. indir. [1] Vx ou litt. **1.** Avoir une dispute (au sens 1). *Disputer sur un point de droit. Disputer de la raison d'État.* **2.** Rivaliser de. *Les disciples disputent de savoir avec leur maître.* **II.** v. tr. **1.** Lutter pour obtenir ou conserver. *Disputer la possession d'un bien à qqn. Disputer la victoire, le terrain.* **2.** Vx ou litt. *Le disputer en:* rivaliser de. *Cet art le dispute en rigueur à celui des classiques.* **3.** SPORT *Disputer un combat, une course,* y participer comme concurrent. **4.** Fam. *Disputer qqn,* le réprimander. **III.** v. pron. **1.** (Récipr.) Se quereller. *Se disputer avec qqn. Cessez de vous disputer.* **2.** (Passif) SPORT *L'épreuve s'est disputée en deux manches.* – Lat. *disputare,* «discuter».

disquaire [diskɛʀ] n. Marchand, marchande de disques. – De *disque* (sens 4).

disqualification [diskalifikasjɔ̃] n. f. Action de disqualifier; son résultat. – Mot angl.

disqualifier [diskalifje] v. tr. [1] **1.** Interdire une course hippique, une compétition sportive, à (un concurrent qui n'est pas en règle); exclure (un concurrent), pour infraction aux règles, du droit de poursuivre une épreuve ou de bénéficier de la victoire, de l'avantage acquis. **2.** *Par anal.* Faire perdre à (qqn) la considération, le crédit dont il jouissait. *Ce mensonge l'a disqualifié aux yeux de tous.* ▷ v. pron. Démériter, se discréditer. *Se disqualifier par son ingratitude.* – Empr. à l'angl. *to disqualify,* du fr. *qualifier.*

disque [disk] n. m. **1.** ANTIQ Palet pesant, de pierre ou de fer, que les athlètes grecs s'exerçaient à lancer. – Mod. Palet de bois cerclé de fer que lancent les athlètes, de dimension et de poids réglementaires différents selon les catégories d'âge ou de sexe. ▷ Spécial. (au hockey) Syn. de *rondelle.* **2.** Surface visible circulaire d'un astre. *Le disque du soleil.* **3.** Objet de forme ronde et plate. – ANAT *Disque intervertébral:* lentille biconvexe de tissu fibreux, située entre deux vertèbres. (Le déplacement pathologique de son centre, le *nucleus pulposus,* constitue une hernie discale.) **4.** Plaque mince et circulaire en matière synthétique pour l'enregistrement et la reproduction des sons (disque phonographique). Par anal. *Disque vidéo – Disque compact:* V. audionumérique. – INFORM *Disque magnétique:* support circulaire d'informations. V. disquette. **5.** MATH Ensemble des points intérieurs à un cercle, comprenant *(disque fermé)* ou ne comprenant pas sa frontière *(disque ouvert).* – Lat. *discus,* «palet».

disquette [diskɛt] n. f. INFORM Disque souple constitué de pistes concentriques, utilisé comme mémoire de masse externe et permettant l'accès direct. – Dimin. de *disque.*

disruptif, ive [disʀyptif, iv] adj. ELECTR Qualifie une décharge brusque provoquant une étincelle. – Du lat *disruptum,* «rompu».

dissection [disɛksjɔ̃] n. f. Action de disséquer. *Instruments de dissection.* – Lat. *dissectio,* «taille, coupe».

dissemblable [disɑ̃blabl] adj. Qui n'est pas semblable. *Des caractères dissemblables.* – De *dis-,* et *semblable.*

dissemblance [disɑ̃blɑ̃s] n. f. Absence de ressemblance; différence. – De *dis-,* et *(res)semblance.*

dissémination [diseminasjɔ̃] n. f. Action de disséminer; son résultat. – Lat. *disseminatio.*

disséminer [disemine] v. tr. [1] Répandre çà et là, disperser. *Le vent dissémine certains pollens.* – Lat. *disseminare,* de *semen,* «semence».

dissension [disɑ̃sjɔ̃] n. f. Vif désaccord dû à la diversité des sentiments, des opinions, des intérêts. *Apaiser les dissensions.* – Lat. *dissensio,* de *dissentire,* «être en désaccord».

dissentiment [disɑ̃timɑ̃] n. m. Différence de vues, de jugement, qui cause des conflits. – Du lat. *dissentire,* «être en désaccord».

disséquer [diseke] v. tr. [16] **1.** Séparer en ses différentes parties un corps organisé (cadavre humain, animal, plante) pour l'étudier. **2.** Fig. Analyser minutieusement. *Disséquer une œuvre littéraire.* – Lat. *dissecare*, «couper en deux».

dissertation [disɛʀtasjõ] n. f. **1.** Exposé généralement écrit d'une réflexion méthodique sur un sujet. *Une dissertation savante.* **2.** Exercice scolaire consistant en une composition écrite sur un sujet littéraire ou philosophique. – Lat. *dissertatio.*

disserter [disɛʀte] v. intr. [1] Faire une dissertation; exposer méthodiquement ses idées (surtout oralement). – Péjor. Discourir longuement, d'une manière ennuyeuse ou pédante. – Lat. *dissertare.*

dissidence [disidɑ̃s] n. f. Action, état de l'individu, du groupe qui cesse d'obéir à l'autorité établie ou qui se sépare de la communauté à laquelle il appartenait; état qui en résulte. *Député qui entre en dissidence.* ▷ Par ext. *Rallier la dissidence:* rallier le groupe des dissidents. – Lat. *dissidentia.*

dissident, ente [disidɑ̃, ɑ̃t] adj. et n. Qui est en dissidence. *Faction dissidente.* – Subst. *Un(e) dissident(e).* – Lat. *dissidens*, ppr. de *dissidere*, «être en désaccord».

dissimilation [disimilasjõ] n. f. LING Modification apportée à un phonème pour le différencier d'un phonème identique ou très semblable, à l'intérieur du même mot. *Le latin «ululare» est devenu «hurler» par dissimilation des deux «l».* – De *dis-*, et *(as)similation.*

dissimilitude [disimilityd] n. f. Absence de similitude. – Lat. *dissimilitudo*, «différence».

dissimulateur, trice [disimylatœʀ, tʀis] n. et adj. Personne qui sait dissimuler ou qui en a l'habitude. – Lat. *dissimulator.*

dissimulation [disimylasjõ] n. f. **1.** Action de dissimuler; son résultat. **2.** Caractère d'une personne qui dissimule; duplicité, hypocrisie. – Lat. *dissimulatio.*

dissimulé, ée [disimyle] adj. **1.** Caché. **2.** Hypocrite, sournois. *Un caractère dissimulé.* – Pp. de *dissimuler.*

dissimuler [disimyle] v. tr. [1] **1.** Tenir caché, ne pas laisser paraître (des sentiments, des pensées, etc.). *Dissimuler sa colère, sa joie.* – (S. comp.) *Inutile de dissimuler.* ▷ v. pron. *Une émotion qui ne peut plus se dissimuler.* **2.** Taire, laisser ignorer à. *On lui dissimula l'incident. Je ne vous dissimulerai pas que je suis mécontent*, je tiens à vous le faire savoir. ▷ v. pron. *Je ne me dissimule pas les difficultés de l'entreprise.* **3.** Masquer, cacher, rendre moins visible. *Dissimuler son visage. Dissimuler les défauts d'un ouvrage.* ▷ v. pron. *Se dissimuler derrière une tenture.* – Lat. *dissimulare.*

dissipateur, trice [disipatœʀ, tʀis] n. et adj. Personne qui dissipe des biens. ▷ Adj. *Une administration dissipatrice.* – Bas lat. *dissipator*, «destructeur».

dissipation [disipasjõ] n. f. **1.** Action de dissiper; son résultat. Fait de se dissiper. *La dissipation du brouillard. La dissipation d'un malentendu.* **2.** Action de dissiper (des biens). *Dissipation d'un patrimoine.* **3.** Manque d'attention, de sérieux. *Dissipation d'un élève, d'une classe.* **4.** Litt. Conduite débauchée. *Vivre dans la dissipation.* – Lat. *dissipatio*, «dispersion, destruction, gaspillage».

dissipé, ée [disipe] adj. **1.** Inattentif, turbulent. *Un élève dissipé.* **2.** Litt. Livré aux plaisirs, à la licence. *Une existence dissipée.* – Pp. de *dissiper.*

dissiper [disipe] v. tr. [1] **1.** Faire disparaître en écartant, en dispersant; mettre fin à. *La lumière dissipe les ténèbres. Le vent dissipe les nuages.* – Fig. *Dissiper un malaise, des craintes, des soupçons.* ▷ v. pron. *Le brouillard s'est dissipé.* **2.** Perdre en dépenses, en prodigalités. *Dissiper sa fortune.* – Fig. *Dissiper son temps, sa jeunesse.* **3.** *Dissiper qqn*, le distraire, détourner son attention; l'inciter à des écarts de conduite. *Dissiper ses camarades de classe. Exemples qui dissipent la jeunesse.* ▷ v. pron. *Élèves qui se dissipent.* – Lat. *dissipare*, «disperser, détruire».

dissociable [disɔsjabl] adj. Qui peut être dissocié. *Ces causes ne sont pas dissociables.* – De *dissocier.*

dissociation [disɔsjasjõ] n. f. **1.** Action de dissocier; son résultat. *Dissociation des budgets de fonctionnement et de recherche.* **2.** CHIM Réaction équilibrée par laquelle un corps pur donne naissance à d'autres corps purs (dissociation thermique) ou à des ions (dissociation électrolytique). – De *dissocier.*

dissocier [disɔsje] v. tr. [1] **1.** Séparer (des personnes, des choses, qui étaient liées ou réunies). *Dissocier deux questions*, les distinguer, les disjoindre. **2.** PHYS, CHIM Séparer (les éléments constitutifs d'un corps). *Dissocier les molécules d'un gaz.* – Lat. *dissociare.*

dissolu, ue [disɔly] adj. Qui vit dans la licence. *Homme dissolu.* Ant. austère, vertueux. – Lat. *dissolutus*, pp. de *dissolvere*, «délier, rompre, relâcher».

dissolubilité [disɔlybilite] n. f. **1.** Rare Syn. de *solubilité.* **2.** POLIT *Dissolubilité d'une assemblée:* la particularité, pour une assemblée, de pouvoir être dissoute. – De *dissoluble.*

dissoluble [disɔlybl] adj. **1.** Rare Soluble. **2.** POLIT Qui peut être dissous. *L'Assemblée nationale est dissoluble.* – Lat. *dissolubilis*, «séparable, divisible».

dissolutif, ive [disɔlytif, iv] adj. CHIM Qui dissout. – Lat. *dissolutivus.*

dissolution [disɔlysjõ] n. f. **1.** Vx ou litt. Transformation ou anéantissement d'une substance par décomposition. – Fig. *Une économie menacée de dissolution.* **2.** PHYS et CHIM Dispersion des molécules d'un corps (le *soluté*) dans un liquide (le *solvant*); le mélange homogène *(solution)* qui en résulte. *Une dissolution de sulfate de cuivre.* **3.** DR Action de mettre légalement fin à (qqch). *Dissolution du mariage.* ▷ Acte par lequel il est mis fin, avant le terme légal, au mandat d'une assemblée élue. *Dissolution du Parlement.* – *Dissolution de société:* décision amiable ou judiciaire mettant fin à l'existence d'une société et entraînant sa liquidation. **4.** Litt. Dérèglement des mœurs, débauche. *On prête à la Rome décadente les pires dissolutions.* – Lat. *dissolutio.*

dissolvant, ante [disɔlvɑ̃, ɑ̃t] adj. et n. m. Qui a la propriété de dissoudre. ▷ N. m. Syn. de *solvant.* – *Spécial.* Produit employé pour dissoudre le vernis à ongles. – Ppr. de *dissoudre.*

dissonance [disɔnɑ̃s] n. f. **1.** Rencontre de sons qui ne s'accordent pas, effet désagréable dû à leur succession ou à leur simultanéité. *Dissonance de mots, de syllabes.* ▷ MUS Accord, intervalle qui donne une impression plus ou moins prononcée d'incohérence harmonique et qui appelle une consonance. **2.** Fig. Discordance, manque d'harmonie. – Bas lat. *dissonantia.*

dissonant, ante [disɔnɑ̃, ɑ̃t] adj. Désagréable à l'oreille. *Voix dissonante. Phrase dissonante.* ▷ MUS *Accord dissonant*, qui forme dissonance. – Ppr. de *dissoner.*

dissoner [disɔne] v. intr. [1] Former dissonance. – Lat. *dissonare.*

dissoudre [disudʀ] v. tr. [55] **1.** Opérer la dissolution d'un corps. *L'eau pure dissout le gypse.* – Fig. *«L'aube dissout les monstres»* (P. Éluard). ▷ v. pron. *Le sel se dissout dans l'eau.* **2.** DR Annuler. *Dissoudre un mariage.* – *Dissoudre une assemblée élue*, mettre fin à son mandat. ▷ v. pron. *Le mariage se dissout par le décès d'un des conjoints.* – Du lat. *dissolvere*, «désagréger»; d'ap. *absoudre.*

dissuader [disɥade] v. tr. [1] Détourner (qqn) d'un projet, d'une résolution. – Lat. *dissuadere*, de *suadere*, «conseiller».

dissuasif, ive [disɥazif, iv] adj. Qui dissuade; propre à dissuader. *Moyens dissuasifs.* – De *dissuader.*

dissuasion [disɥazjõ] n. f. Action de dissuader; son résultat. – MILIT *Force de dissuasion:* ensemble des moyens (armes nucléaires, notam.) destinés, par leur puissance de destruction, à dissuader un éventuel ennemi d'engager les hostilités. – Lat. *dissuasio.*

dissyllabe [disil(l)ab] ou **dissyllabique** [disil(l)abik] adj. et n. Qui a deux syllabes. *Vers dissyllabiques,* composés de deux syllabes ou de mots dissyllabes. – N. m. *Un dissyllabe :* un mot dissyllabe. – De *di-*, et *syllabe.*

dissymétrie [disimetʀi] n. f. Absence, défaut de symétrie. – De *dis-*, et *symétrie.*

dissymétrique [disimetʀik] adj. Qui manque de symétrie ou qui présente une dissymétrie. *Cristal dissymétrique.* – De *dissymétrie.*

distance [distɑ̃s] n. f. **1.** Espace qui sépare deux lieux, deux choses. *Distance d'une ville à une autre. Parcourir, franchir une distance.* – Loc. adv. *À distance,* de loin. *Dispositif qui se commande à distance.* ▷ GEOM *Distance d'un point à une droite, à un plan:* distance d'un point au pied de la perpendiculaire menée de ce point sur la droite, le plan. ▷ ASTRO *Distance angulaire:* angle formé par deux directions visées par un observateur. **2.** Espace qui sépare deux personnes. ▷ Loc. *Prendre ses distances:* se disposer en ligne à la distance du bras étendu, devant soi ou latéralement (militaires, gymnastes, etc.). – *Tenir à distance:* empêcher d'approcher. Fig. Empêcher, par une attitude réservée, toute manifestation d'empressement ou de familiarité. – *Garder, conserver ses distances:* se montrer distant. **3.** *Par anal.* Intervalle de temps. *Distance qui sépare deux époques, deux événements.* – Loc. adv. *À distance:* après un certain temps ou avec le recul du temps. *Reconstitution des faits à distance.* **4.** Différence de rang, de valeur, de nature, etc. *Supprimer les distances entre personnes de conditions différentes.* – Lat. *distantia.*

distancer [distɑ̃se] v. tr. [14] **1.** Dépasser. **2.** SPORT Mettre une certaine distance entre soi et les autres concurrents, dans une course. *Se laisser, se faire distancer.* – De *distance.*

distanciation [distɑ̃sjasjõ] n. f. Action de prendre du recul (fig.) par rapport à qqn, à qqch, ou de mettre une certaine distance entre deux choses, deux séries, deux faits, etc. ▷ THEAT *Effet de distanciation,* par lequel un acteur se détache volontairement, consciemment, de son personnage, et le joue comme à distance, afin de provoquer chez le spectateur une prise de conscience critique propre à favoriser la compréhension du message dont le spectacle est porteur. – De *distance;* pour traduire l'all. *Verfremdungs (effekt)* de Brecht.

distant, ante [distɑ̃, ɑ̃t] adj. **1.** Qui est à une certaine distance dans l'espace ou le temps. *Le village est peu distant, est distant de trois kilomètres.* **2.** Réservé ou froid dans son attitude, son comportement. *Être distant avec qqn. Un air distant.* – Lat. *distans, distantis.*

distendre [distɑ̃dʀ] **1.** v. tr. [5] Augmenter par tension, de manière considérable ou excessive, les dimensions normales d'une chose. *Distendre les muscles, un ressort.* **2.** v. pron. Devenir moins tendu, moins serré; se relâcher. *La peau se distend avec l'âge.* – Fig. *Liens d'amitié qui se distendent.* – Lat. *distendere.*

distension [distɑ̃sjõ] n. f. **1.** Augmentation considérable ou excessive, sous l'effet d'une tension, de la surface, du volume d'une chose. **2.** Relâchement à la suite d'une extension excessive. *Distension d'une courroie.* – Lat. *distensio,* «tension».

disthène [distɛn] n. m. MINER Silicate naturel d'aluminium, à deux clivages orthogonaux, de teinte bleu nacré, fréquent dans les roches éruptives. – De *di-*, et gr. *sthenos,* «force».

distillat [distila] n. m. Produit d'une distillation. – De *distiller.*

distillateur, trice [distilatœʀ, tʀis] n. Personne qui fabrique des produits obtenus par distillation. ▷ *Spécial.* Fabricant d'eau-de-vie. – De *distiller.*

distillation [distilasjõ] n. f. Opération qui consiste à faire passer un mélange liquide à l'état de vapeur, de façon à séparer ses divers constituants. *Distillation simple. Distillation des vins, des fruits, des moûts,* etc., qui donne les liqueurs alcooliques. – *Distillation fractionnée,* ou *rectification,* pour séparer des liquides inégalement volatils. – *Distillation du pétrole.* – Bas lat. *distillatio,* «écoulement».

ENCYCL Le principe de la distillation repose sur le fait que des substances mélangées ont, à une température donnée, des pressions de vapeur différentes. La distillation *simple,* utilisée pour produire des alcools à partir de cidre ou de vin, consiste à porter le liquide à ébullition et à recueillir les produits les plus volatils par condensation. La distillation *fractionnée,* utilisée dans l'industrie, s'effectue dans des colonnes à plateaux. La distillation *atmosphérique* consiste à séparer, à la pression atmosphérique, l'essence, le kérosène, le gazole et les produits les plus lourds réunis dans le pétrole brut.

distiller [distile] **I.** v. tr. [1] **1.** Opérer la distillation de. *Distiller du vin, des plantes aromatiques.* ▷ *Par ext.* Produire par élaboration (un liquide, un suc). *L'abeille distille le miel.* – Fig. *Distiller sa pensée.* **2.** Produire, répandre peu à peu (et comme goutte à goutte). Surtout fig. *L'aube distillait un jour blafard. Des propos qui distillent la haine.* **II.** v. intr. **1.** Couler goutte à goutte. *Le sang distillait de la blessure.* **2.** Passer à l'état de vapeur par distillation, en parlant d'un corps. *L'alcool ordinaire distille à 78,5 °C.* – Lat. *distillare,* «tomber goutte à goutte», rac. *stilla,* «goutte».

distillerie [distilʀi] n. f. **1.** Industrie des produits distillés; *spécial.,* des liqueurs alcoolisées. **2.** Lieu de distillation. – De *distiller.*

distinct, incte [distɛ̃, ɛ̃kt] adj. **1.** Qui est séparé, différent (d'une chose comparable). *Des pétales distincts. Des fonctions distinctes.* Ant. confondu. **2.** Qui se perçoit nettement. *Des formes, des paroles distinctes.* – Lat. *distinctus,* du supin de *distinguere,* «distinguer».

distinctement [distɛ̃ktəmɑ̃] adv. D'une manière distincte. *Prononcer distinctement.* – De *distinct.*

distinctif, ive [distɛ̃ktif, iv] adj. Qui permet de distinguer. *Signe distinctif.* – De *distinct.*

distinction [distɛ̃ksjõ] n. f. **1.** Action de distinguer, de faire la différence entre des choses ou des personnes. *Faire la distinction entre le bonheur et la félicité.* **2.** Division, séparation. *Distinction des pouvoirs exécutif et législatif.* **3.** Marque d'honneur décernée à qqn en reconnaissance de ses mérites. *Distinction officielle, honorifique. Recevoir une distinction.* **4.** Élégance du maintien, des manières, du langage. *Sa distinction ajoute à sa beauté.* – Lat. *distinctio.*

distinguable [distɛ̃gabl] adj. Qui peut être distingué. – De *distinguer.*

distingué, ée [distɛ̃ge] adj. **1.** Remarquable par ses mérites. *Un économiste distingué.* **2.** Qui a de la distinction. *Un monsieur très distingué.* **3.** (Dans une formule de politesse, à la fin d'une lettre). Tout particulier. *L'assurance de ma considération distinguée.* – Pp. de *distinguer.*

distinguer [distɛ̃ge] **I.** v. tr. [1] **1.** Rendre particulier, différent, reconnaissable. *Sa taille le distingue des autres.* **2.** Faire la différence entre (des personnes ou des choses). *Savoir distinguer le fer de l'acier.* ▷ v. intr. *Distinguer entre le possible et le probable.* **3.** Remarquer, porter un intérêt particulier à (qqn qui se signale par ses mérites). *Le professeur l'a tout de suite distingué.* **4.** Percevoir avec quelque netteté, par les sens ou par l'esprit. *Distinguer une odeur, un bruit. Je distingue assez bien vos intentions.* **II.** v. pron. **1.** Être reconnaissable (à cause de telle ou telle particularité). *Papier qui se distingue par son grain.* **2.** Se signaler par ses qualités, ses mérites, etc. *Se distinguer par ses talents, son audace.* **3.** Être perçu, reconnu. *Une voix se distinguait dans la rumeur.* – Lat. *distinguere.*

distinguo [distɛ̃go] n. m. Distinction que l'on fait dans une argumentation, entre deux idées, deux points. – Fam. Distinction d'une subtilité excessive. *Il s'empêtre dans des distinguos sans fin.* – Lat. scolast. *distinguo,* «je distingue».

1. distique [distik] n. m. Réunion de deux vers, formant parfois maxime. – Dans la versification grecque et latine, réunion d'un hexamètre et d'un pentamètre. – Gr. *distikhon,* de *dis-,* et *stikhos,* «rangée, ligne, vers».

2. distique [distik] adj. BOT *Feuilles distiques,* qui s'insèrent sur la tige en deux rangées opposées. – Gr. *distikos,* «à deux rangées».

distomatose [distɔmatoz] n. f. MED, MED VET Nom générique des maladies, fréquentes chez les ovidés, rares chez l'homme, dues à l'infestation de divers organes (foie, poumons, etc.) par les distomes ou douves. – De *di-, stomat-,* et *-ose.*

distordre [distɔʀdʀ] v. tr. [5] **1.** Faire subir une distorsion à. *Distordre un membre.* ▷ v. pron. Subir une torsion. **2.** TECH Déformer (une onde). – Lat. *distorquere.*

distorsion [distɔʀsjɔ̃] n. f. **1.** Torsion, déplacement d'une partie du corps. *Distorsion du tronc.* **2.** PHYS Aberration géométrique d'un système optique centré. **3.** TECH Déformation d'un signal, d'une onde électromagnétique ou acoustique. **4.** Fig. Déséquilibre générateur de tension. – *Par ext.* Déformation. *La distorsion des faits dans un récit.* – Bas lat. *distorsio.*

distraction [distʀaksjɔ̃] n. f. **1.** Manque d'attention, relâchement de l'attention. *Avoir des distractions. Par distraction, il a mis des chaussettes de couleurs différentes.* **2.** Délassement, amusement, dérivatif. *Sa distraction favorite est de jouer aux échecs.* **3.** DR Séparation d'une partie d'avec le tout. *Faire distraction d'une somme en faveur de qqn.* – Démembrement. *Demande en distraction. Distraction de dépens.* – Lat. *distractio,* «action de tirer en sens divers».

distraire [distʀɛʀ] v. tr. [78] **1.** Séparer (une partie) d'un tout. *Distraire une somme d'argent d'un héritage.* **2.** *Par ext.* Détourner à son profit (qqch). *Distraire une grosse somme d'argent.* **3.** Déranger (qqn) dans son occupation. *Distraire un élève en plein travail.* ▷ *Distraire l'attention de qqn,* l'éloigner de son objet. **4.** Divertir, amuser. *Il distrait la compagnie par ses plaisanteries.* **5.** v. pron. S'amuser, se détendre. *On va au cinéma pour se distraire.* – Lat. *distrahere,* «tirer en sens divers»; a. fr. *detraire.*

distrait, aite [distʀɛ, ɛt] adj. et n. **1.** Qui ne prête pas attention à ce qu'il dit, à ce qu'il fait. *Il est distrait au point d'oublier ses affaires partout où il va.* ▷ Subst. *«Le Distrait»,* comédie de Regnard (1697). **2.** Inattentif. *Il a l'air perpétuellement distrait. – Écouter d'une oreille distraite, regarder d'un œil distrait.* – Pp. de *distraire.*

distraitement [distʀɛtmɑ̃] adv. D'une manière distraite, sans prêter attention. – De *distrait.*

distrayant, ante [distʀɛjɑ̃, ɑ̃t] adj. Qui distrait. *Un spectacle distrayant.* – Ppr. de *distraire.*

distribuer [distʀibɥe] v. tr. [1] **1.** Donner à diverses personnes (les éléments partagés d'un ensemble); répartir, partager. *Le facteur distribue le courrier. Distribuer les rôles d'une pièce de théâtre,* et, absol., *distribuer une pièce:* attribuer son rôle à chacun des interprètes. **2.** Répartir dans plusieurs endroits. *Conduites qui distribuent l'eau dans un immeuble.* **3.** *Distribuer un appartement,* le partager en différentes pièces. *Un vieil appartement très mal distribué.* **4.** Donner au hasard, dispenser. *Distribuer des coups dans toutes les directions.* **5.** Classer, ordonner. *Distribuer harmonieusement les paragraphes dans un article.* **6.** TYPO *Distribuer les caractères,* les ranger après les avoir utilisés. – Lat. *distribuere.*

distributaire [distʀibytɛʀ] adj. et n. DR Personne qui reçoit une part dans une distribution. – De *distribuer,* d'apr. *donataire.*

distributeur, trice [distʀibytœʀ, tʀis] adj. et n. **I.** adj. Qui distribue. *Organe distributeur. Appareil distributeur de billets.* **II.** n. **1.** Personne qui distribue. *Un distributeur de tracts.* **2.** Personne ou organisme chargé de la diffusion d'un film dans les salles de cinéma. *Les distributeurs retardent la sortie de ce film.* **3.** Appareil servant à distribuer (des objets, un fluide, etc.). *Un distributeur automatique de billets.* **4.** ELECTR Appareil servant à relier des circuits. – Bas lat. *distributor.*

distributif, ive [distʀibytif, iv] adj. **1.** Qui distribue (en parlant d'une chose). – *Justice distributive,* qui répartit les peines et les récompenses selon les mérites, par oppos. à la *justice commutative.* **2.** GRAM, LOG Qui désigne séparément, par oppos. à *collectif. «Chaque» est un adjectif distributif.* **3.** MATH *Loi distributive par rapport à une autre loi,* telle que $a \times (b + c) = (a \times b) + (a \times c)$. *La multiplication est distributive par rapport à l'addition* $[8 \times (4 + 2) = (8 \times 4) + (8 \times 2)]$. – Lat. médiév. *distributivus.*

distribution [distʀibysjɔ̃] n. f. **1.** Répartition (de choses) entre plusieurs personnes. *Distribution de vivres. La distribution du courrier.* ▷ *Distribution des prix :* cérémonie au cours de laquelle les meilleurs élèves sont récompensés, à la fin de l'année scolaire. **2.** THEAT, CINE Recherche des interprètes et attribution des rôles. – *Par ext.* Ensemble des interprètes. *Ce film bénéficie d'une prestigieuse distribution.* **3.** ECON *Circuit de distribution,* par lequel un produit parvient au consommateur. **4.** Arrangement, ordonnance, disposition. *La distribution des paragraphes dans un texte.* **5.** LING Environnement d'un élément dans un énoncé. **6.** Division selon la destination. *La distribution des pièces d'un logement.* **7.** MATH En calcul des probabilités, répartition de la densité de probabilité suivant les valeurs de la variable aléatoire. **8.** TECH Répartition vers les utilisateurs. *Distribution de l'électricité, du gaz.* ▷ Ensemble des organes qui commandent la circulation, la répartition du fluide dans un moteur, une machine. – Lat. *distributio.*

distributionnel, elle [distʀibysjɔnɛl] adj. LING, LOG Qui a trait à la distribution des éléments dans un énoncé. *Grammaire distributionnelle.* – De *distribution.*

distributivement [distʀibytivmɑ̃] adv. MATH et LOG En un sens distributif. – De *distributif.*

distributivité [distʀibytivite] n. f. MATH et LOG Caractère des lois distributives. – De *distributif.*

district [distʀikt] n. m. **1.** HIST Étendue de juridiction administrative ou judiciaire. **2.** DR Territoire d'une juridiction administrative ou judiciaire. *District judiciaire.* **3.** *District fédéral:* nom donné dans divers États fédéraux (Suisse, États-Unis, notam.) au territoire englobant la capitale et ses environs. **4.** *Par ext.* Région. – Bas lat. *districtus,* «territoire».

distyle [distil] adj. ARCHI Se dit d'une construction présentant deux colonnes de front. *Un temple distyle.* – De *di-,* et gr. *stulos,* «colonne».

1. dit [di] n. m. Vieilli ou plaisant. Mot, sentence. *Les dits et les gestes de cet individu. Dits et redits,* propos nombreux, bavardages. – Du pp. de *dire.*

2. dit, dite [di, dit] adj. **1.** loc. *C'est (une) chose dite:* voilà une chose convenue, n'en parlons plus. **2.** Surnommé. *Charles V, dit le Sage.* **3.** DR (Accolé à l'article défini). *Ledit, ladite, lesdits, lesdites,* celui, celle, ceux, celles dont on vient de parler. – Pp. de *dire.*

dithyrambe [ditiʀɑ̃b] n. m. **1.** ANTIQ GR Poème lyrique en l'honneur de Dionysos. **2.** Louange enthousiaste, et le plus souvent excessive. – Lat., d'orig. gr., *dithyrambus.*

dithyrambique [ditiʀɑ̃bik] adj. **1.** ANTIQ GR De la nature du dithyrambe. **2.** Très élogieux; élogieux à l'excès. *Des louanges dithyrambiques.* – Lat. *dithyrambicus.*

dito [dito] mot inv. (S'emploie surtout dans les écritures commerciales pour éviter la répétition d'un mot. Abrév. *d°*). Déjà dit, de même (espèce). *Vingt balles de coton à tant, trente dito, à tant.* – Toscan *ditto,* ital. *detto,* «dit».

diurèse [djyʀɛz] n. f. MED Production d'urine; débit urinaire. – Lat. méd. d'orig. gr., *diuresis.*

diurétique [djyʀetik] adj. et n. **1.** adj. MED Qui augmente la sécrétion urinaire. **2.** n. m. *Les plantes fournissent de nombreux diurétiques.* – Bas lat. scientif. *diureticus.*

diurnal, aux [djyʀnal, o] n. m. LITURG Livre de prières contenant toutes les heures de l'office qui se récitent durant le jour. – Lat. ecclés. *diurnale.*

diurne [djyʀn] adj. **1.** Qui dure un jour (vingt-quatre heures). ▷ ASTRO *Mouvement diurne:* mouvement quotidien de rotation apparent d'un astre autour de l'axe de la Terre. *Le mouvement diurne de l'étoile polaire est pratiquement nul.* ▷ *Arc diurne:* durée, exprimée en degrés d'arc, entre le lever et le coucher d'un astre. **2.** Qui a lieu pendant le jour. Ant. nocturne ▷ BIOL *Plante diurne,* dont la fleur s'épanouit durant le jour. ▷ ZOOL *Animal diurne,* qui est actif (chasse, migration, etc.) pendant le jour. Ant. nocturne, crépusculaire. – *Rapaces diurnes:* les falconiformes (aigles, faucons). – Lat. *diurnus,* de *dies,* «jour».

diva [diva] n. f. inv. Vieilli Cantatrice célèbre. *Une diva capricieuse.* – Ital. *diva,* «déesse».

divagation [divagasjɔ̃] n. f. **1.** *Divagation d'un cours d'eau:* inondation qui se produit quand il sort de son lit. **2.** Fait de s'égarer, de s'écarter de son sujet. *Se perdre dans des divagations.* **3.** Propos incohérents. *Les divagations d'un mythomane.* – De *divaguer.*

divaguer [divage] v. intr. [1] **1.** Errer çà et là. *Laisser divaguer des bestiaux.* ▷ *Cours d'eau qui divague,* qui sort de son lit. **2.** S'écarter de son sujet sans raison, s'égarer dans ses propos. **3.** Perdre la tête, tenir des propos incohérents. *Il est ivre, il divague.* – Bas lat. *divagari,* «errer çà et là».

divan [divɑ̃] n. m. **1.** HIST Salle de conseil garnie de coussins chez les Orientaux; ceux qui siègent à ce conseil. – Anc. Conseil d'État de la Turquie; *par ext.,* l'Empire ottoman. **2.** Anc. Salle de réception entourée de coussins dans les maisons turques et musulmanes. **3.** Canapé sans dossier ni bras, garni de coussins et pouvant servir de lit. **4.** LITTER. V. diwan. – Turc *divan,* de l'ar. *dīwān,* «registre».

dive [div] adj. f. Vieilli ou plaisant. Divine. *La dive bouteille:* le vin. (Ne s'emploie plus que dans cette expression figée). – Lat. *diva,* «divine».

divergence [divɛʀʒɑ̃s] n. f. **1.** Fait de diverger. État de ce qui diverge. **2.** Fig. Différence, désaccord. *S'opposer par une divergence d'opinions.* **3.** MATH *Divergence d'un vecteur:* somme des dérivées partielles de chaque composante du vecteur par rapport à la coordonnée correspondante. **4.** PHYS NUCL Début du fonctionnement d'un réacteur nucléaire, lorsque la réaction commence à s'entretenir d'elle-même, sans apport d'énergie. – Lat. *divergentia.*

divergent, ente [divɛʀʒɑ̃, ɑ̃t] adj. **1.** Qui diverge ▷ MATH *Série divergente,* qui ne tend pas vers une limite. ▷ PHYS Qualifie des rayons qui s'écartent les uns des autres. – *Lentille divergente,* qui, plus épaisse sur ses bords que sur son centre, fait diverger les rayons qui la traversent. **2.** Fig. Qui est en désaccord, opposé. *Avis divergents.* – Lat. *divergens.*

diverger [divɛʀʒe] v. intr. [15] **1.** Aller en s'écartant de plus en plus (en parlant de deux ou de plusieurs choses rassemblées au départ). *Lignes, rayons qui divergent.* **2.** Fig. Ne pas se rejoindre, être en désaccord. *Leurs opinions à ce sujet divergent complètement.* – Lat. *divergere,* «incliner».

divers, erse [divɛʀ, ɛʀs] adj. **1.** Vx Qui présente plusieurs aspects différents. *Un esprit divers.* **2.** plur. Différent, distinct. *Les divers sens d'un mot.* **3.** plur. Plusieurs. *Nous parlerons de diverses choses successivement.* **4.** *Faits divers:* rubrique qui, dans un quotidien, regroupe les incidents du jour (accidents, suicides, crimes, etc.). – Sing. *Un sanglant fait divers.* – Lat. *diversus,* «opposé», et, par ext., «varié».

diversement [divɛʀsəmɑ̃] adv. De diverses manières. – De *divers.*

diversifiable [divɛʀsifjabl] adj. Qui peut être diversifié. – De *diversifier.*

diversification [divɛʀsifikasjɔ̃] n. f. Action de diversifier, fait de se diversifier. ▷ *Spécial.* Production et commercialisation de biens de consommation nouveaux et différents (par oppos. à *spécialisation*). – De *diversifier.*

diversifier [divɛʀsifje] v. tr. [1] Rendre divers; varier. *Diversifier le choix de ses expressions.* ▷ v. pron. *Se diversifier:* être différent. *Les coutumes se diversifient selon les pays.* – Lat. médiév. *diversificare.*

diversiforme [divɛʀsifɔʀm] adj. BIOL Qui a une forme variable. Syn. hétéromorphe, polymorphe. – Du lat. *diversus,* «divers», et *-forme.*

diversion [divɛʀsjɔ̃] n. f. **1.** MILIT Opération destinée à détourner l'attention de l'ennemi. *Tenter une diversion.* **2.** Fig. Action de détourner le cours des idées, des préoccupations de qqn. ▷ *Par ext.* Distraction, dérivatif. *Incident qui crée une diversion.* – Bas lat. *diversio,* de *divertere,* «détourner».

diversité [divɛʀsite] n. f. **1.** Variété, différence. *La diversité des opinions.* **2.** Opposition, divergence. *La diversité de leurs idées ne les empêche pas d'être amis.* – Lat. *diversitas.*

diverticule [divɛʀtikyl] n. m. **1.** MED Cavité pathologique terminée en cul-de-sac et communiquant avec un conduit naturel, le tube digestif notam. **2.** Lieu écarté; petit détour. *Le guide conseillait d'emprunter un diverticule. – Lat. diverticulum,* «endroit écarté».

divertir [divɛʀtiʀ] v. tr. [2] **1.** DR Soustraire d'un ensemble, s'approprier (illégitimement). *Divertir des fonds.* **2.** Vieilli Détourner (qqn) de (qqch). *Qu'est-ce qui le divertit de son projet?* **3.** Mod. Cour. Récréer, amuser. *Ce spectacle m'a diverti.* ▷ v. pron. S'amuser, se distraire. *Se divertir agréablement.* – Lat. *divertere*, «détourner».

divertissant, ante [divɛʀtisɑ̃, ɑ̃t] adj. Distrayant, amusant. *Spectacle divertissant.* – Ppr. de *divertir.*

divertissement [divɛʀtismɑ̃] n. m. **1.** Vieilli Ce qui divertit qqn, le détourne momentanément de ce qui l'occupe. *«Chercher le divertissement et l'occupation au dehors»* (Pascal). **2.** Mod. Récréation, distraction, passe-temps. *Jouer aux cartes est son divertissement préféré.* **3.** DR Détournement frauduleux par un héritier ou un conjoint des effets d'une succession ou de la communauté. **4.** MUS Composition instrumentale de la seconde moitié du XVIIIe s., écrite pour être jouée en plein air. Syn. divertimento. – Intermède libre, dans la fugue. ▷ Morceau composé d'airs chantés et de danses, inséré dans un opéra, dans une comédie-ballet, aux XVIIe et XVIIIe s. – De *divertir.*

divette [divɛt] n. f. Vieilli «Petite diva», chanteuse d'opérette, de café-concert. – De *diva.*

dividende [dividɑ̃d] n. m. **1.** MATH Le nombre divisé, par oppos. à *diviseur.* **2.** FIN Part de bénéfice distribuée à chaque actionnaire d'une société. *Donner, toucher des dividendes.* – Portion attribuée à chaque créancier sur la somme qui reste à partager après la liquidation d'une faillite. – Lat. *dividendus*, «qui doit être divisé», de *dividere.*

divin, ine [divɛ̃, in] adj. **1.** Qui appartient à un dieu, aux dieux, à Dieu. *La divine Providence.* **2.** Qui est dû à un dieu, aux dieux, à Dieu. *Célébrer le culte divin.* **3.** Divinisé (se dit des héros mythiques, des personnages historiques de l'Antiquité). *Le divin Auguste.* **4.** Excellent, parfait. *Une beauté divine.* **5.** *Par exag.* Extrêmement agréable. *Ce dîner a été tout simplement divin.* – Lat. *divinus.*

divinateur, trice [divinatœʀ, tʀis] n. et adj. Anc. Personne qui pratiquait la divination. ▷ Adj. Qui prévoit l'avenir. *Une intuition divinatrice.* – Bas lat. *divinator.*

divination [divinasjɔ̃] n. f. **1.** Art de deviner l'avenir par l'interprétation des présages. *Les Romains recouraient à la divination dans leurs affaires publiques et privées.* **2.** Faculté de deviner le futur, d'expliciter des pressentiments. *Elle semble posséder un réel pouvoir de divination.* – Lat. *divinatio.*

divinatoire [divinatwaʀ] adj. Qui procède de la divination (au sens 1). *Art divinatoire.* – *Baguette divinatoire*, qui permettrait aux sourciers de repérer des sources, des métaux enfouis, etc. – Du lat. *divinatum.*

divinement [divinmɑ̃] adv. **1.** Par la vertu divine. *Divinement inspiré.* **2.** À la perfection. *Elle chante divinement.* – De *divin.*

divinisation [divinizasjɔ̃] n. f. Action de diviniser; son résultat. – De *diviniser.*

diviniser [divinize] v. tr. [1] **1.** Mettre au rang des dieux. *Les empereurs romains étaient divinisés.* **2.** Donner un caractère divin à. **3.** Fig. Exalter, glorifier. *Diviniser la force.* – De *divin.*

divinité [divinite] n. f. **1.** Essence, nature divine. *La divinité du Verbe.* **2.** Dieu. *Adorer la Divinité.* ▷ *Les divinités des eaux.* **3.** Fig. Chose, personne que l'on adore comme un dieu. *L'argent est sa divinité.* – Lat. *divinitas.*

divis, ise [divi, iz] adj. et n. m. DR Partagé, par oppos. à *indivis. Propriétés divises.* – *Par divis:* par suite d'un partage. – Lat. *divisus.*

diviser [divize] v. tr. [1] **I. 1.** Partager en plusieurs parties. *Diviser une propriété entre plusieurs personnes. Une tragédie classique est divisée en cinq actes.* ▷ v. pron. *L'année se divise en douze mois dans le calendrier grégorien. 28 se divise par 2, par 4 et par 7.* **2.** MATH Effectuer la division de. *En divisant 16 par 4, on obtient 4.* **II.** Séparer. **1.** Vieilli Séparer (qqch, qqn) de qqch, de qqn d'autre. **2.** Désunir. *Diviser pour régner. Le projet gouvernemental divise l'opinion.* **3.** v. pron. S'opposer. *Se diviser sur l'opportunité d'un projet.* – Lat. *dividere*, d'ap. *devise.*

diviseur, euse [divizœʀ, øz] adj. et n. m. **I.** n. m. **1.** MATH Nombre qui divise un autre nombre. **2.** ELECTR *Diviseur de tension:* appareil qui fournit une tension de sortie inférieure à la tension d'entrée. *Diviseur de fréquence:* montage fournissant une fréquence de sortie qui est sous-multiple de la fréquence d'entrée. **3.** Rare Personne qui désunit. **II.** adj. *Des idées diviseuses.* – Lat. *divisor.*

divisibilité [divizibilite] n. f. MATH Propriété d'un nombre divisible. – De *divisible.*

divisible [divizibl] adj. **1.** Qui peut être divisé. **2.** MATH Se dit d'un nombre qui peut être divisé sans reste. *9 est divisible par 3.* – Bas lat. *divisibilis.*

division [divizjɔ̃] n. f. **1.** Action de diviser; état d'une chose divisée. *Division d'un corps en plusieurs parties. La division d'un livre en chapitres.* **2.** MATH Opération consistant à partager un nombre (le *dividende*) en un certain nombre (le *diviseur*) de parties égales, dont chacune est le quotient. *27* (dividende): *9* (diviseur) = *3* (quotient). **3.** GEOM *Division harmonique*, V. harmonique. **4.** Chaque partie d'un tout divisé. *Les divisions d'un territoire peuvent être géographiques, administratives, politiques.* **5.** ECON POLIT *Division du travail:* organisation de la production par répartition du travail en tâches spécialisées. **6.** MILIT Unité importante regroupant des troupes de différentes armes et des services, placée sous les ordres d'un général. *Une division aéroportée, blindée.* **7.** BIOL *Division cellulaire*, V. mitose et méiose. **8.** ADMIN Réunion de plusieurs bureaux sous la direction d'un chef. *Le chef de la division du personnel.* **9.** DR Partage. *Division d'un héritage.* **10.** Fig. Désunion, discorde, opposition. *Semer la division dans les esprits.* – Lat. *divisio.*

divisionnisme [divizjɔnism] n. m. PEINT Procédé qui consiste à juxtaposer sur la toile de petites touches de couleur pure. *Seurat fut le principal théoricien du divisionnisme, lui-même à l'origine du pointillisme.* – De *division.*

divisionniste [divizjɔnist] n. et adj. PEINT Artiste, théoricien adepte du divisionnisme. – De *divisionnisme.*

divorce [divɔʀs] n. m. **1.** Rupture légale du mariage. *Être en instance de divorce.* **2.** Séparation complète, opposition entre deux choses. *Divorce entre la raison et la passion.* – Lat. *divortium*, «séparation»; de *dis-*, et *vertere*, «tourner».

ENCYCL Au Canada, le divorce est de compétence fédérale; ce sont toutefois les tribunaux des provinces qui assurent la mise en œuvre de la loi.

La loi actuelle sur le divorce, qui est entrée en vigueur en 1986, prescrit que le tribunal compétent pour entendre une action en divorce et en décider est celui où l'un des époux a résidé au moins pendant l'année précédant l'introduction de la demande. Au Québec, c'est la Cour supérieure qui assume cette responsabilité.

On peut, à la demande de l'un des époux ou sur demande conjointe, obtenir le divorce pour cause d'échec du mariage. Les motifs permettant d'établir cet échec sont prévus expressément dans la loi: la séparation volontaire des époux pendant au moins un an avant que ne soit prononcé le jugement, ou l'impossibilité de cohabitation des époux pour cause de cruauté physique ou mentale de la part de l'un d'eux. Il ne s'agit pas alors pour le tribunal de sanctionner une faute mais plutôt de constater un échec. La législation actuelle ne permet toutefois pas que le divorce soit prononcé sur simple accord des conjoints; de plus, une demande sera rejetée s'il y a collusion ou

connivence de la part des époux, ou s'il y a pardon par celui qui l'a présentée.
Le divorce, qui entre en vigueur généralement le 31e jour après sa prononciation, dissout le mariage.

divorcé, ée [divɔʀse] adj. et n. Séparé par un divorce. ▷ Subst. *Un, une divorcé(e).* – Pp. de *divorcer.*

divorcer [divɔʀse] v. intr. [14] **1.** Rompre légalement, par divorce, son mariage. *Elle a divorcé l'an dernier. Il a divorcé de sa première femme.* **2.** Fig., Rare Rompre avec. – De *divorce.*

divulgateur, trice [divylgatœʀ, tʀis] n. Personne qui divulgue. – Bas lat. *divulgator.*

divulgation [divylgasjõ] n. f. Action de divulguer. *La divulgation d'un accord secret.* – Bas lat. *divulgatio.*

divulguer [divylge] v. tr. [1] Rendre public (ce qui n'était pas connu). *Divulguer un secret.* – Lat. *divulgare*; de *vulgus,* «foule».

divulsion [divylsjõ] n. f. **1.** Rare Action de séparer violemment. **2.** CHIR Dilatation forcée. *Divulsion du pilore.* – Arrachement. *Fracture par divulsion.* – Lat. divulsio, de *divellere,* «arracher».

diwan [diwan] n. m. Recueil de poèmes d'un écrivain arabe ou persan. Syn. (francisé) divan. – Mot ar., «recueil, registre».

dix [dis] adj. et n. – [dis] en fin de groupe de mots; [diz] devant une voyelle ou un h muet; [di] devant une consonne ou un h aspiré. **I.** adj. numéral cardinal inv. **1.** Nombre pair qui suit le nombre 9. *J'ai passé dix jours à Calgary.* **2.** loc. *Dix fois:* souvent. *Je vous l'ai répété dix fois.* **II.** adj. numéral ordinal inv. *Tome X. Charles X. Je reviendrai le dix janvier.* **III.** n. m. inv. **1.** Le nombre 10. *Dix fois dix font cent.* **2.** Numéro dans une adresse. *Il habite au dix de ta rue.* **3.** Le dixième jour du mois. *Je pars en vacances le dix.* **4.** JEU Élément du jeu signalé par dix marques. *Le dix de cœur.* **5.** Dix points. *La moyenne est fixée à dix sur vingt.* **6.** Chiffres utilisés pour écrire le nombre 10. *Le dix est mal formé.* – Lat. *decem.*

dix-huit [dizɥit] adj. et n. **I.** adj. **1.** adj. numéral cardinal. Dix plus huit. *La majorité légale est fixée à dix-huit ans.* **2.** adj. numéral ordinal. Dix-huitième. *Louis XVIII.* Ellipt. *Le dix-huit mars.* **II.** n. **1.** n. m. Le nombre 18. *Multiplier dix-huit par trois.* **2.** n. m. inv. Les chiffres représentant le nombre dix-huit. *Son dix-huit ressemble à un quinze.* **3.** Le dix-huitième jour du mois. *J'ai rendez-vous chez mon dentiste le dix-huit.* – De *dix,* et *huit.*

dix-huitième [dizɥitjɛm] adj. et n. **I.** adj. numéral ordinal. Qui vient après le dix-septième. *Le dix-huitième jour.* **II.** n. **1.** Chose, personne qui occupe la dix-huitième place, le dix-huitième rang. *Elle est la dix-huitième de sa promotion.* **2.** n. m. Partie d'un tout divisé en dix-huit parties égales. *Le dix-huitième de 54 est 3.* **3.** n. f. MUS Intervalle de quarte redoublé à deux octaves. – De *dix-huit.*

dix-huitièmement [dizɥitjɛmmɑ̃] adv. En dix-huitième lieu. – Du préc.

dixième [dizjɛm] n. et adj. **1.** n. m. Une des parties d'un tout divisé en dix parties égales. *Il met de côté le dixième de ce qu'il gagne. Les quatre dixièmes d'une somme.* ▷ adj. *La dixième partie.* **2.** n. Personne, chose qui occupe la dixième place, le dixième rang. *Elle est la dixième de la famille.* **3.** n. f. MUS Intervalle de dix degrés diatoniques ou d'une octave et d'une tierce. **4.** adj. numéral ordinal. Qui vient après le neuvième. *Nous étions placés au dixième rang.* – De *dix.*

dixièmement [dizjɛmmɑ̃] adv. En dixième lieu. – De *dixième.*

dix-neuf [diznœf] adj. et n. **I.** adj. **1.** adj. numéral cardinal. Dix plus neuf. *Elle s'est mariée à dix-neuf ans* [diznœvɑ̃]. **2.** adj. numéral ordinal. Dix-neuvième. *Chapitre dix-neuf.* Ellipt. *Le dix-neuf août.* **II.** n. **1.** n. m. Le nombre 19. *Dix-neuf moins trois fait seize.* **2.** n. m. inv. Les chiffres représentant le nombre dix-neuf. *Le dix-neuf est mal écrit.* **3.** Le dix-neuvième jour du mois. *Que faites-vous le dix-neuf?* – De *dix,* et *neuf.*

dix-neuvième [diznœvjɛm] adj. et n. **I.** adj. numéral ordinal. Qui vient après le dix-huitième. *Le dix-neuvième siècle.* **II.** n. **1.** Chose, personne qui occupe la dix-neuvième place, le dix-neuvième rang. **2.** n. m. Chaque partie d'un tout divisé en dix-neuf parties égales. **3.** n. f. MUS Intervalle de deux octaves et d'une quinte. – Du préc.

dix-sept [dissɛt] adj. et n. **I.** adj. **1.** adj. numéral cardinal. Dix plus sept. *Avoir dix-sept ans.* **2.** adj. numéral ordinal. Dix-septième. *Page dix-sept. La rangée dix-sept.* **II.** n. m. **1.** Le nombre 17. *Dix-sept plus trois égale vingt.* **2.** Les chiffres représentant le nombre 17. *Le dix-sept est illisible.* **3.** Le dix-septième jour du mois. *Nous sommes le dix-sept.* – De *dix,* et *sept.*

dix-septième [dissɛtjɛm] adj. et n. **I.** adj. numéral ordinal. Qui vient après le seizième. *Le dix-septième siècle.* **II.** n. **1.** Chose, personne qui occupe la dix-septième place, le dix-septième rang. **2.** n. m. Chaque partie d'un tout divisé en dix-sept parties égales. **3.** n. f. MUS Intervalle de deux octaves et une tierce. – De *dix-sept.*

dizain [dizɛ̃] n. m. Pièce de poésie, stance de dix vers. – De *dix*; var. *dixain.*

dizaine [dizɛn] n. f. **1.** Nombre de dix. *Unité, dizaine, centaine.* **2.** Réunion de dix unités. ▷ *Par ext.* Quantité proche de dix. *Une dizaine de personnes l'entouraient.* **3.** Groupe de dix grains successifs d'un chapelet. *Vous direz en pénitence trois dizaines de chapelet.* – De *dix.*

dizygote [dizigɔt] adj. ZOOL *Jumeaux dizygotes,* qui proviennent de deux œufs. Syn. faux jumeaux, jumeaux bivitellins. Ant. monozygote. – De *di-,* et *zygote.*

djaïn, djaïnisme. V. jaïn, jaïnisme.

djebel [dʒebɛl] n. m. Montagne, région montagneuse, en Afrique du N. – Mot ar., «montagne».

djellaba [dʒɛlaba] n. f. Robe longue à manches longues et à capuchon portée par les habitants de l'Afrique du N. – Mot ar. du Maroc.

djinn [dʒin] n. m. Génie, lutin, esprit de l'air, chez les Arabes. *Les Djinns,* poème de Victor Hugo, dans *les Orientales.* – Mot ar.

dl Abrév. de *décilitre.*

dm Abrév. de *décimètre.* ▷ *dm²:* abrév. de *décimètre carré.* ▷ *dm³ :* abrév. de *décimètre cube.*

do [do] n. m. inv. MUS Nom donné, à l'imitation des Italiens, à *ut,* première note de la gamme. – Ital. *do.*

doberman [dɔbɛʀman] n. m. Chien à poil ras, svelte et musclé. *Des dobermans.* – Mot all., du n. de *Dober,* créateur de la race.

docile [dɔsil] adj. **1.** Vieilli *Docile à :* qui obéit à. *Docile à qqn, qqch.* **2.** Mod. Obéissant. *Un chien docile.* ▷ *Une chevelure docile,* facile à arranger, à peigner. – Lat. *docilis,* de *docere,* «enseigner».

docilement [dɔsilmɑ̃] adv. Avec docilité. – De *docile.*

docilité [dɔsilite] n. f. **1.** Vieilli *Docilité à:* disposition à obéir (à). *Sa docilité aux injonctions du maître.* **2.** Mod. Soumission, disposition à obéir, à se laisser conduire. *Un élève qui fait preuve d'une parfaite docilité.* – Lat. *docilitas,* «aptitude à apprendre».

docimasie [dɔsimazi] n. f. **1.** ANTIQ GR À Athènes, enquête sur un magistrat avant son entrée en fonctions. **2.** CHIM Vx Analyse des mélanges métalliques. **3.** MED Épreuves auxquelles on soumet certains organes d'un cadavre pour déterminer les causes de la mort. – Gr. *dokimasia*, «épreuve».

docimologie [dɔsimɔlɔʒi] n. f. Étude des divers modes de sélection (tests, examens, concours, etc.), destinée à en corriger les imperfections et à en améliorer le fonctionnement. – Du gr. *dokimasia*, «épreuve», et *-logie*.

dock [dɔk] n. m. **1.** Bassin entouré de quais, servant au chargement et au déchargement des navires. **2.** Chantier de réparation de navires. *Dock flottant:* installation de radoub mobile, permettant de mettre au sec les navires dans un port. **3.** Plur. Grands hangars servant d'entrepôts dans les ports. *Des docks à coton.* – Mot angl.

docte [dɔkt] adj. (Souvent iron.) Savant, érudit. *Je vous laisse à ce docte entretien.* – Lat. *doctus*, «savant».

doctement [dɔktəmɑ̃] adv. (Souvent iron.) D'une manière savante, pédante. *Il parle doctement des sujets qu'il connaît le moins.* – De *docte.*

docteur [dɔktœʀ] n. m. **1.** Vieilli ou péjor. Savant, pédant. *Il use d'un langage de docteur.* **2.** Personne qui, après soutenance d'une thèse, est promue, dans une université, au plus haut grade. *Docteur ès lettres, ès sciences.* **3.** Personne qui a le titre de docteur en médecine. *Consulter le docteur.* ▷ Fam. Médecin **4.** RELIG CATHOL *Docteur de l'Église:* titre donné par le Saint-Siège aux plus éminents théologiens et apologistes du catholicisme. *Saint Jean Chrysostome, saint Augustin, saint Thomas d'Aquin, sainte Thérèse d'Avila comptent parmi les docteurs de l'Église.* ▷ RELIG *Docteur de la loi*, qui interprétait et enseignait la loi judaïque. (Rem.: Comme forme féminine, l'OLF recommande *une docteure* aux sens 1, 2 et 3.) – Lat. *doctor*, «maître».

doctoral, ale, aux [dɔktɔʀal, o] adj. **1.** Didac. Qui se rapporte aux docteurs. **2.** Péjor. Pédant. *Adopter un ton doctoral.* – De *docteur.*

doctoralement [dɔktɔʀalmɑ̃] adv. Péjor. D'une manière doctorale. – De *doctoral.*

doctorat [dɔktɔʀa] n. m. **1.** Études universitaires de troisième cycle; grade qui sanctionne ces études. *Diplôme, thèse de doctorat.* **2.** (France) Épreuve à passer pour obtenir le grade de docteur. *Il se présente au doctorat.* – Lat. médiév. *doctoratus.*

doctoresse [dɔktɔʀɛs] n. f. Vieilli Femme qui a passé son doctorat en médecine. – Fém. de *docteur.*

doctrinaire [dɔktʀinɛʀ] n. et adj. **1.** n. m. RELIG CATHOL Membre de l'une ou l'autre des deux congrégations de la Doctrine* chrétienne. **2.** n. Personne systématiquement attachée à une doctrine. *Cette journaliste était une doctrinaire du stalinisme.* **3.** adj. Péjor. Dogmatique. *Manifester un attachement doctrinaire à une cause.* – De *doctrine.*

doctrinal, ale, aux [dɔktʀinal, o] adj. Qui a trait à une doctrine, à un ensemble de doctrines. *Des débats doctrinaux.* – Bas lat. *doctrinalis.*

doctrine [dɔktʀin] n. f. **1.** Ensemble des opinions que l'on professe, des thèses que l'on adopte. *Cette doctrine nouvelle me paraît fausse. Quelle est votre doctrine en la matière?* **2.** Système intellectuel (religieux, philosophique, socio-économique, etc.), qui est lié à un penseur ou à un thème. *La doctrine de Platon, la doctrine de l'immortalité de l'âme.* **3.** DR Interprétation théorique des règles du droit (par oppos. à la jurisprudence, qui est l'application pratique des lois). *La doctrine estime que...* – Lat. *doctrina*, «enseignement, science, doctrine».

document [dɔkymɑ̃] n. m. **1.** Chose écrite qui peut servir à renseigner, à prouver. *Documents historiques. Documents de famille.* – *Par ext.* Ce qui peut servir à renseigner, à prouver. *Ce reportage est un document humain.* **2.** Certificat commercial servant à identifier une marchandise à transporter. – Lat. *documentum*, «ce qui sert à instruire», «enseignement».

documentaire [dɔkymɑ̃tɛʀ] adj. et n. **1.** adj. Qui repose sur des documents. Qui possède un caractère de document. *Ce film a une valeur documentaire. À titre documentaire:* à titre de renseignement. **2.** COMM *Traite documentaire:* traite accompagnée de documents tels que factures, récépissés, etc. **3.** n. m. Film à but didactique. *Un long documentaire sur la vie des lions.* ▷ Adj. *Séquences documentaires.* – De *document.*

documentaliste [dɔkymɑ̃talist] n. Personne spécialisée dans la recherche, la mise en ordre et la diffusion des documents. *La documentaliste de l'entreprise. Archiviste documentaliste.* – De *document*, d'ap. *journaliste.*

documentariste [dɔkymɑ̃taʀist] n. Cinéaste spécialiste des films documentaires. – De *documentaire.*

documentation [dɔkymɑ̃tasjɔ̃] n. f. Action de documenter, de se documenter. Ensemble de documents. *Une riche documentation. Centre de documentation:* endroit où sont réunis tous les ouvrages d'information sur un sujet. *Centre de documentation théâtrale.* – De *documenter.*

documenter [dɔkymɑ̃te] v. tr. [1] Fournir des documents à (qqn). *Documenter un chercheur.* ▷ V. pron. Rechercher, amasser des documents pour soi-même. *Se documenter sur un point d'histoire.* ▷ Pp. *Documenté:* qui se fonde sur une documentation. *Étude sérieusement documentée.* – Qui est informé, a de nombreux documents. *Chercheur mal documenté.* – De *document.*

dodéca-. Élément, du gr. *dôdeka*, «douze».

dodécaèdre [dɔdekaɛdʀ] n. m. GEOM Solide à douze faces. *Un dodécaèdre régulier a pour faces douze pentagones égaux.* – De *dodéca-*, et *-èdre.*

dodécagonal, ale, aux [dɔdekagɔnal, o] adj. Qui a douze angles. – De *dodécagone.*

dodécagone [dɔdekagon] n. m. GEOM Polygone qui a douze côtés. – De *dodéca-*, et *-gone.*

dodécaphonique [dɔdekafɔnik] adj. Qui utilise le dodécaphonisme. *Musique dodécaphonique. Un musicien dodécaphonique.* – De *dodéca-*, et gr. *-phônas*, «son».

dodécaphonisme [dɔdekafɔnism] n. m. MUS Méthode de composition atonale mise au point par Schönberg en 1923, dans laquelle est utilisée, sans répétitions, la série des douze sons de l'échelle chromatique. – De *dodécaphonique.*

dodelinement [dɔdlinmɑ̃] n. m. Action de dodeliner (de la tête, du corps). – De *dodeliner.*

dodeliner [dɔdline] v. intr. et tr. [1] (Se) balancer doucement. *Dodeliner (de) la tête.* – Du rad. onomatopéique *dod-.*

dodo [dodo] n. m. (Langage enfantin) **1.** loc. *Faire dodo:* dormir. *On va faire un gros dodo.* **2.** Lit. *Aller au dodo.* – Onomatopée, de *dormir.*

dodu, ue [dɔdy] adj. Gras, potelé. *Un poulet dodu. Elle est un peu trop dodue.* – Orig. incon., p.-ê. onomatopéique.

dogaresse [dɔgaʀɛs] n. f. Femme d'un doge. – Ital. de Venise *dogaressa.*

doge [dɔʒ] n. m. Premier magistrat de plusieurs rép. italiennes au Moyen Âge, notam. à Venise et Gênes. (À Venise, le pouvoir quasi absolu du doge fut limité par la création du Grand Conseil en 1143, puis du Conseil des Dix, en 1310. À Gênes, d'abord élus à vie, les doges le furent pour deux ans, de 1339 à 1797). – Mot ital. (de Venise), du lat. *dux, ducis*, «chef».

dogmatique [dɔgmatik] adj. **1.** Qui concerne le dogme. *Théologie dogmatique.* **2.** PHILO Qui affirme certaines vérités (opposé à *sceptique*). *La philosophie dogmatique.* ▷ Subst. *Les dogmatiques.* **3.** Décisif et tranchant; qui n'admet pas la contradiction. *User d'un ton dogmatique.* **4.** n. f. RELIG Ensemble des vérités de foi organisées en corps de doctrine. – Lat. d'orig. gr. *dogmaticus.*

dogmatiquement [dɔgmatikmɑ̃] adv. D'une manière dogmatique. – De *dogmatique.*

dogmatiser [dɔgmatize] v. intr. [1] **1.** RELIG Traiter du dogme. **2.** Fig. S'exprimer d'une manière sentencieuse. *Il dogmatise sur tout.* – Lat. ecclés. *dogmatizare.*

dogmatisme [dɔgmatism] n. m. **1.** Caractère des doctrines philosophiques ou religieuses dogmatiques. *Le dogmatisme s'oppose au scepticisme.* **2.** Attitude intellectuelle consistant à affirmer des idées sans les discuter. *Le dogmatisme étroit d'un théoricien.* – De *dogmatiser.*

dogme [dɔgm] n. m. **1.** Principe établi; enseignement reçu et servant de règle de croyance, de fondement à une doctrine. *Le dogme de la Trinité. Dogme philosophique, politique.* **2.** RELIG *Le dogme:* l'ensemble des articles de foi d'une religion, notam. du catholicisme. *Attaquer le dogme.* – Lat. *dogma*, gr. *dogma*, «opinion».

dogue [dɔg] n. m. **1.** Chien de garde à grosse tête, au museau écrasé, aux mâchoires très puissantes. *Les boxers et les danois sont des dogues.* **2.** Fig., fam. *Un dogue:* un homme coléreux, hargneux. *Être d'une humeur de dogue:* être de très mauvaise humeur, irascible. – Angl. *dog*, «chien».

doigt [dwa] n. m. **I. 1.** Chacune des cinq parties articulées, mobiles, qui terminent la main. *Les cinq doigts de la main sont: le pouce, l'index, le médius (ou majeur), l'annulaire et l'auriculaire. Chaque doigt comporte trois phalanges, sauf le pouce qui n'en a que deux.* ▷ *Les doigts de pied:* les orteils. ▷ *Les doigts d'un gant:* les parties du gant qui gainent les doigts. ▷ Loc. *Mettre le doigt sur:* découvrir, deviner. *Avoir des doigts de fée:* être d'une grande habileté manuelle. – *Avoir les doigts verts:* être bon jardinier. – *Se mordre les doigts:* éprouver des regrets très vifs. – *Donner, taper sur les doigts de qqn*, le réprimander, le rappeler à l'ordre. – *Obéir au doigt et à l'œil*, ponctuellement, au premier signe. – *Mon petit doigt me l'a dit*, s'emploie en parlant à un enfant pour lui faire croire que l'on connaît ce qu'il cache. – *Être comme les deux doigts de la main*, très liés. – *Savoir qqch sur le bout des doigts*, parfaitement. – *Avoir de l'esprit jusqu'au bout des doigts:* être très spirituel. – Fam. *Se mettre le doigt dans l'œil:* se tromper lourdement. – *Faire qqch les doigts dans le nez*, avec une grande facilité. **2.** *Un doigt:* un travers de doigt, pris comme mesure. *Un doigt de vin.* – Fig., fam. *Faire un doigt de cour à une femme.* ▷ *À deux doigts de:* très près de. **II.** Chacune des parties articulées attachées à la patte, au pied de certains vertébrés (et à la main du singe). *Les doigts des pattes antérieures des chauves-souris soutiennent la membrane alaire.* **III.** TECH Pièce servant de cran d'arrêt, de butoir. – Lat. pop. **ditus*, de *digitus.*

doigté [dwate] n. m. **1.** MUS Jeu des doigts sur les instruments à cordes, à clavier, etc. ▷ Indication chiffrée, sur la partition, du jeu des doigts. **2.** Habileté des doigts. *Cette dactylo a un excellent doigté.* **3.** Fig. Tact, finesse. *Il a beaucoup de doigté.* – Pp. subst. de *doigter.*

doigter [dwate] v. intr. [1] **1.** Placer les doigts de telle ou telle manière sur l'instrument dont on joue. ▷ V. tr. *Comment doigter ces trois mesures?* **2.** V. tr. *Doigter une partition*, y indiquer le doigté. – De *doigt.*

doigtier [dwatje] n. m. Fourreau servant à couvrir, à protéger un doigt. – De *doigt.*

doit [dwa] n. m. COMPTA Partie d'un compte contenant les dettes passives. *Le doit dépasse l'avoir.* – Du v. *devoir.*

dojo [dɔʒo] n. m. Salle d'entraînement et de compétition pour les arts martiaux. – Mot jap.

dol [dɔl] n. m. DR Artifice destiné à abuser autrui, tromperie. – Lat. *dolus*, «ruse».

dolby [dɔlbi] n. m. ELECTROACOUST Marque déposée d'un système de réduction du bruit de fond des bandes magnétiques, par compression puis expansion de bandes de fréquences déterminées du spectre audible. – De *Dolby*, n. de l'inventeur.

dolce [dɔltʃe] adv. MUS Indique qu'un passage doit être exécuté avec douceur. (Abrév. *dol.*). – Mot ital., «doucement».

dolcissimo [dɔltʃisimo] adv. MUS Très doucement. (Abrév. *dolciss.*) – Mot ital.

doléance [dɔleɑ̃s] n. f. (surtout au pl.). Plainte, récrimination. *Faire ses doléances.* – De l'a. fr. *douloir*, lat. *dolere*, «souffrir».

dolent, ente [dɔlɑ̃, ɑ̃t] adj. **1.** Litt. Qui éprouve une souffrance physique, qui est mal en point. *Se sentir dolent.* **2.** Triste et plaintif. *Voix dolente.* – Lat. pop. **dolentus*, class. *dolens*, de *dolere*, «souffrir».

doler [dɔle] v. tr. [1] TECH Aplanir ou réduire l'épaisseur de, avec un instrument tranchant. V. doloire. – Lat. *dolare*, «façonner».

dolic ou **dolique** [dɔlik] n. m. Papilionacée (genre *Dolichos*) voisine des haricots et consommée comme ceux-ci. – Gr. *dolikhos*, «haricot».

dolicho-. Élément, du gr. *dolikhos*, «long».

dolichocéphale [dɔlikosefal] adj. et n. ANTHROP Se dit des êtres humains dont le crâne a une longueur (distance front-occiput) supérieure à sa largeur (diam. pariétal). Ant. brachycéphale. – De *dolicho-*, et *-céphale.*

doline [dɔlin] n. f. GEOMORPH Petite cuvette, typique du relief karstique, dont le fond est tapissé d'argile et qui résulte de la dissolution du calcaire originel par l'eau. – Mot slave.

dolique. V. dolic.

dollar [dɔlaʀ] n. m. Unité monétaire du Canada, des États-Unis ainsi que de nombreux autres pays, divisée en 100 cents (symbole: $). *Changer ses dollars canadiens en dollars américains.* ▷ *Billet ou pièce d'un dollar. Un dollar tout neuf. Un (billet de) deux, dix, vingt, cinquante, cent dollars.* – Mot anglo-amér., du bas all. *daler.*

dolman [dɔlmɑ̃] n. m. Veste militaire à brandebourgs portée autref. par les hussards. – Empr. par l'all. et le hongr. d'un mot turc.

dolmen [dɔlmɛn] n. m. Monument mégalithique composé d'une grande dalle reposant sur deux ou plusieurs pierres verticales. – Du breton *dol*, «table», et *men*, «pierre».

doloire [dɔlwaʀ] n. f. TECH **1.** Instrument utilisé pour réduire l'épaisseur d'une pièce de bois. **2.** Instrument pour gâcher la chaux, le sable. – Lat. pop. **dolatoria*, de *dolare*, «façonner».

dolomie [dɔlɔmi] n. f. PETROG Roche sédimentaire formée essentiellement de dolomite. – De *Dolomieu*, nom du géologue qui a découvert et analysé cette roche.

dolomite [dɔlɔmit] n. f. PETROG Carbonate naturel double de calcium et de magnésium. – De *Dolomieu*.

dolomitique [dɔlɔmitik] adj. PETROG Qui renferme de la dolomite. *Calcaire dolomitique*. – De *dolomite*.

dolomitisation [dɔlɔmitizasjõ] n. f. PETROG Ensemble des phénomènes par lesquels un calcaire se transforme en dolomie. – De *dolomite*.

dolosif, ive [dɔlɔzif, iv] adj. DR Qui présente les caractères du dol. *Manœuvres dolosives*. – Lat. *dolosus*.

dom [dõ] n. m. **1.** Titre d'honneur donné aux religieux de plusieurs ordres (bénédictins, chartreux). **2.** Titre donné aux nobles, en Espagne et au Portugal. *Dom Miguel*. V. aussi don. – Lat. *dominus*, «seigneur».

domaine [dɔmɛn] n. m. **1.** Propriété foncière. *Un domaine de 50 hectares*. – Fig. *Cette pièce est son domaine, je n'y mets jamais les pieds*. **2.** Ensemble des biens. *Le domaine de l'État, le domaine national*. ▷ *Tomber dans le domaine public:* se dit des productions artistiques, littéraires, etc., qui, après un certain temps, cessent d'être la propriété de leurs auteurs et de leurs héritiers. **3.** Fig. Tout ce qu'embrasse un art, une activité intellectuelle donnée. *Avoir des connaissances dans tous les domaines. Agrandir le domaine de la science*. ▷ Ensemble des connaissances, des compétences de qqn. *Ceci n'est pas de mon domaine*. **4.** MATH *Domaine de définition d'une fonction:* ensemble des valeurs de la variable pour lesquelles la fonction est définie. – Lat. *dominium*, «propriété».

domanial, iale, iaux [dɔmanjal, jo] adj. Qui appartient à un domaine, en partic. au domaine de l'État. *Forêt domaniale*. – Lat. médiév. *domanialis*.

domanialiser [dɔmanjalize] v. tr. [1] ADMIN Annexer au domaine de l'État. *Domanialiser une forêt*. – De *domanial*.

domanialité [dɔmanjalite] n. f. DR Caractère de ce qui est domanial. – De *domanial*.

1. dôme [dom] n. m. Église cathédrale, en Italie. *Le dôme de Milan*. – Ital. *duomo*, lat. ecclés. *domus*, «maison de Dieu».

2. dôme [dom] n. m. **1.** ARCHI Comble hémisphérique qui recouvre un édifice. *Le dôme du Panthéon*. ▷ Par anal. *Un dôme de feuillage*. **2.** GEOL Surélévation arrondie et régulière. *Les dômes du Massif central en France*. **3.** TECH Objet de forme hémisphérique. *Le dôme d'une chaudière*. – Provenç. *doma*, du gr. *dôma*, «maison».

domestication [dɔmɛstikasjõ] n. f. Action de domestiquer, résultat de cette action. *Domestication d'animaux sauvages*. – Fig. *Domestication de l'énergie solaire*. – De *domestiquer*.

domesticité [dɔmɛstisite] n. f. **1.** Vx État de domestique. **2.** Ensemble des domestiques. *La domesticité d'un hôtel* (on dit plutôt auj. *le personnel*). – Bas lat. *domesticitas*.

domestique [dɔmɛstik] **I.** adj. **1.** Qui est de la maison, qui appartient à la maison. *Vie, travaux domestiques. Vertus domestiques*. ▷ N. m. Vx Intérieur, ménage. *Vivre dans son domestique*. **2.** Se dit d'animaux sauvages dont l'espèce a été apprivoisée (pour le trait, la garde, la chasse, l'alimentation, l'agrément). *Le cheval, le chien sont des animaux domestiques*. Ant. sauvage. **II.** n. m. **1.** Vx Personne attachée à la maison d'un prince, d'un grand seigneur. *La Bruyère fut domestique de la maison de Condé*. **2.** Serviteur, servante à gages. *Un domestique fidèle*. (N.B. *Domestique* pouvant avoir une coloration péjorative, on dit plutôt auj. *employé(e) de maison, gens de maison*). **3.** Vx Ensemble du personnel à gages. *Avoir un nombreux domestique*. Syn. personnel. – Lat. *domesticus*, de *domus*, «maison».

domestiquer [dɔmɛstike] v. tr. [1] **1.** Rendre domestique (un animal, une espèce animale sauvage). *Le chat fut domestiqué par les Égyptiens*. **2.** Fig., péjor. Amener (qqn) à une soumission complète. *Domestiquer un peuple*. **3.** *Par ext.* Tirer parti de (une source d'énergie naturelle). *Domestiquer l'énergie hydraulique*. – De *domestique*.

domicile [dɔmisil] n. m. **1.** Lieu où demeure une personne. *Vous pouvez m'écrire à mon domicile*. ▷ Loc. adv. *À domicile:* au lieu d'habitation. *Livrer des marchandises à domicile. Travailler à domicile*. – *Sans domicile fixe:* sans logement, en état de vagabondage. **2.** DR Lieu où une personne, une société est légalement et officiellement établie. *Domicile élu*. – Lat. *domicilium*, de *domus*, «maison».

domiciliaire [dɔmisiljɛʀ] adj. Relatif au domicile. *Visite domiciliaire:* visite d'un domicile par autorité de la justice. – De *domicile*.

domiciliation [dɔmisiljasjõ] n. f. DR Désignation du domicile où un effet est payable. – De *domicilier*.

domicilié, ée [dɔmisilje] adj. Qui a son domicile (en tel lieu). *Monsieur Untel, domicilié à Moncton*. – Pp. de *domicilier*.

domicilier [dɔmisilje] v. tr. [1] **1.** Fixer un domicile à. **2.** FIN Élire un domicile pour le paiement d'une traite. – De *domicile*.

dominance [dɔminɑ̃s] n. f. BIOL Caractère dominant d'un gène. – De *dominant*.

dominant, ante [dɔminɑ̃, ɑ̃t] adj. **1.** Qui domine, prévaut. *Couleur, idée dominante. Qualité dominante*. Syn. principal. Ant. accessoire, secondaire. ▷ BIOL Se dit d'un allèle, qui, se trouvant avec un allèle gouvernant un même caractère, s'exprime seul dans le phénotype de l'hybride. (En ce qui concerne la couleur des yeux, par ex., le gène «yeux noirs» domine son allèle «yeux bleus»). Ant. récessif. **2.** Qui domine, exerce une autorité sur. – DR *Fonds dominant:* fonds en faveur duquel une servitude est établie (par oppos. à *fonds servant*). **3.** Qui surplombe. *Cette forteresse occupe une position dominante*. – Ppr. de *dominer*.

dominante [dɔminɑ̃t] n. f. **1.** Ce qui domine, qui est prépondérant. *Une dominante verte sur une photo*. **2.** Matière principale, dans les universités. **3.** MUS Cinquième degré de la gamme diatonique. – Note principale, dans le plain-chant. **4.** ASTROL Signes et planètes prépondérants dans le ciel de naissance. – De *dominant*.

dominateur, trice [dɔminatœʀ, tʀis] adj. et n. Qui domine, aime à dominer. *Esprit dominateur*. Ant. humble, soumis. – Lat. *dominator*.

domination [dɔminasjõ] n. f. **I. 1.** Puissance, autorité souveraine. *César voulut étendre sa domination au-delà des mers*. **2.** Influence, ascendant. *Subir la domination morale de qqn*. **II.** Plur. THEOL Première catégorie du deuxième ordre des anges dans la classification de Denys l'Aréopagite. – Lat. *dominatio*.

dominer [dɔmine] v. tr. et intr. [1] **1.** Avoir une puissance absolue sur. *Ce conquérant cherchait à dominer le monde. Athènes dominait en Grèce*. – Fig. Être maître de. *Dominer sa colère. Dominer les événements*. ▷ V. pron. *Savoir se dominer en toutes circonstances*. **2.** Prévaloir, l'emporter en quantité, en intensité sur. *Il parlait d'une voix claire qui dominait le brouhaha*. Syn. prédominer, dépasser. **3.** Être plus haut que, s'élever au-dessus de. *La citadelle domine la ville*. Syn. surmonter, surplomber. Fig. *Dominer son sujet*, l'embrasser dans son ensemble, bien le connaître. – Lat. *dominari*, de *dominus*, «maître».

1. dominicain, aine [dɔminikɛ̃, ɛn] **1.** n. Religieux, religieuse de l'ordre de saint Dominique. **2.** adj. Relatif aux dominicains. – De *Dominique* de Guzmán, fondateur de l'ordre.

ENCYCL L'ordre mendiant des *Dominicains*, ou *Frères prêcheurs*, a été fondé, v. 1215 (prem. établissement à Toulouse), par le chanoine espagnol Dominique de Guzmán pour lutter contre les albigeois dans le Languedoc. Il fut soumis à la règle de saint Augustin. Les dominicains ajoutèrent à leur tâche de prédication (Savonarole) celle de l'enseignement universitaire (Albert le Grand, Thomas d'Aquin, etc.). Ils furent chargés de l'Inquisition à partir de 1229. Supprimé en France sous la Révolution, l'ordre y fut rétabli par Lacordaire (1839).

2. dominicain, aine [dɔminikɛ̃, ɛn] adj. et n. De Saint-Domingue (île des Grandes Antilles, auj. partagée entre Haïti et la Rép. Dominicaine). – De *Dominique*, trad. fr. de *Domingo*.

dominical, ale, aux [dɔminikal, o] adj. **1.** Qui appartient au Seigneur. *L'oraison dominicale:* le *Pater*. **2.** Du dimanche. *Repos dominical.* – Bas lat. *dominicalis*, dimin. de *dominicus*.

dominion [dɔminjɔn] n. m. Chacun des pays autrefois sous la tutelle du Royaume-Uni et actuellement membres du Commonwealth en pays libres et indépendants. – Mot angl.

domino [dɔmino] n. m. **I.** Vx **1.** Camail noir des ecclésiastiques. **2.** Déguisement de bal masqué, consistant en une longue robe munie d'un capuchon. **II.** Mod. (À cause du fond de bois noir). **1.** Petite plaque marquée d'un certain nombre de points combinés en double marque. ▷ Au pl. Jeu de société composé de vingt-huit de ces plaques. *Une partie de dominos.* **2.** ELECTR Pièce cubique ou parallélépipédique servant à raccorder des conducteurs. – Abrév. d'une expr. lat., p.-ê. *benedicamus domino*, «bénissons le Seigneur».

dominoterie [dɔminɔtʀi] n. f. Papier imprimé et colorié servant à la fabrication des jeux de société (loto, oie, etc.). – De *dominotier*.

dominotier [dɔminɔtje] n. m. **1.** Anc. Fabricant ou marchand de dominoterie. **2.** Ouvrier qui façonne les plaques d'os ou d'ivoire recouvrant les dominos. – De *domino*, «papier marbré», dont les figures étaient appelées *figures de domino*.

dommage [dɔmaʒ] n. m. **1.** Ce qui fait du tort. *Causer, subir un dommage.* Syn. préjudice. ▷ DR *Dommages et intérêts* ou *dommages-intérêts:* indemnité due en réparation d'un préjudice causé. **2.** Plur. Dégâts. *L'incendie a causé des dommages importants.* ▷ *Dommages de guerre:* dommages subis par des personnes dans leurs biens, du fait d'actes de guerre; indemnités et réparations allouées à ces personnes, à la charge de l'État ou de l'ennemi. **3.** Chose fâcheuse, regrettable. *Quel dommage! Dommage qu'il pleuve!* – Fam. *Bien sûr qu'il sait lire, à son âge, ce serait dommage!* – De *dam*.

dommageable [dɔmaʒabl] adj. Qui cause un dommage. *La grêle est dommageable pour les récoltes.* – De *dommage*.

domptable [dɔ̃(p)tabl] adj. Susceptible d'être dompté. *Animal domptable.* – De *dompter*.

domptage [dɔ̃(p)taʒ] n. m. Action de dompter; résultat de cette action. – De *dompter*.

dompter [dɔ̃(p)te] v. tr. [1] **1.** Forcer (un animal sauvage) à obéir. *Dompter un cheval.* Syn. dresser. **2.** Fig. Subjuguer, soumettre à son autorité. *Dompter des rebelles.* Syn. mater. **3.** Fig. Maîtriser, vaincre. *Dompter une passion. Dompter la force des eaux.* Syn. discipliner. – Lat. *domitare*.

dompteur, euse [dɔ̃(p)tœʀ, øz] n. Personne qui dompte les animaux sauvages. *Dompteur de fauves.* – De *dompter*.

dompte-venin [dɔ̃t(ə)vənɛ̃] n. m. Herbe *(Vincetoxicum officinale)* à petites fleurs blanches, qui doit son nom à ses propriétés émétiques (elle était autref. utilisée comme contre-poison). – De *dompter*, et *venin*.

1. don [dɔ̃] n. m. **1.** Action de donner. *Faire un don.* Fig. *Faire (le) don de soi, de sa vie:* se dévouer entièrement, se sacrifier. – *Don du sang, d'organe.* **2.** Chose donnée. *Don en nature, en espèces.* ▷ HIST *Don gratuit:* versement que le clergé et les États de province faisaient au roi pour subvenir aux besoins publics. **3.** Fig. Avantage naturel (considéré comme donné par la providence, par le sort, etc.). *La beauté est un don. Cet enfant a tous les dons.* ▷ *Par ext.* Aptitude innée à qqch. *Le don des mathématiques, des langues.* – En mauv. part. *Vous avez le don de me mettre en colère.* – Lat. *donum*.

2. don [dɔ̃] n. m., **doña** [dɔɲa] n. f. Titre d'honneur des nobles d'Espagne, placé devant le nom de baptême. *Don Quichotte. Doña Isabel.* V. dom. – Mot esp., du lat. *dominus*.

3. don [dɔ̃] n. m. Titre de courtoisie en Italie. – V. dom.

donacie [dɔnasi] n. f. Insecte coléoptère (genre *Donacia*, fam. chrysomélidés), long de 10 mm, dont les élytres ont des reflets métalliques, et qui vit sur les plantes aquatiques. – Lat. scientif. *donacia*, du gr. *donax, donakos*, «roseau».

donataire [dɔnatɛʀ] n. DR Personne en faveur de laquelle est faite une donation. – Lat. *donatarius*.

donateur, trice [dɔnatœʀ, tʀis] n. **1.** Personne qui fait un don. *Nous remercions les généreux donateurs.* ▷ *Spécial.* Personne qui donne à une église un tableau sur lequel elle se fait représenter. *Vierge au donateur.* **2.** DR Personne qui fait une donation – Lat. *donator*.

donation [dɔnasjɔ̃] n. f. **1.** DR Contrat par lequel une personne (donateur) se dépouille gratuitement et irrévocablement, de son vivant, d'une partie de ses biens, en faveur d'une autre personne (donataire), qui accepte. *Donation entre vifs.* **2.** Acte constatant ce contrat. – Lat. *donatio*.

donax [dɔnaks] n. m. ZOOL Lamellibranche comestible *(Donax vittatus)* abondant en Europe sur les côtes sablonneuses, long de 3 cm env., qui possède deux longs siphons. Syn. olive, pignon. – Gr. *donax*, «tuyau» (à cause des siphons).

donc [dɔ̃k]. Conj. **1.** (Introduisant la conclusion d'un raisonnement, marquant la conséquence.) *«Je pense, donc je suis»* (Descartes). *J'ignorais son adresse, je ne pouvais donc pas lui écrire.* **2.** (Pour reprendre la suite d'un discours interrompu.) *Nous disions donc que...* **3.** (Marquant l'étonnement, la surprise, l'impatience; appuyant une affirmation, un ordre.) *Qu'avez-vous donc? Allons donc, ce n'est pas possible! Taisez-vous donc! Mais comment donc!* – Lat. imp. *dunc*, croisement de *dumque*, de *dum*, «allons!», et *tunc*, «alors».

dondon [dɔ̃dɔ̃] n. f. Fam. Femme lourde, ayant beaucoup d'embonpoint. *Une grosse dondon.* – Onomat. exprimant le balancement (cf. *dodeliner*).

dong [dɔ̃g] n. m. Unité monétaire du Vietnam. – Mot vietnamien.

donjon [dɔ̃ʒɔ̃] n. m. **1.** Tour principale d'un château fort, constituant l'ultime refuge en cas d'assaut. **2.** MAR Tour cuirassée d'où était conduit le tir des bâtiments de ligne. – Lat. pop. **dominio*, «tour du seigneur», de *dominus*, «seigneur».

don Juan [dɔ̃ʒɥɑ̃] n. m. Grand séducteur. *Un don Juan.* – N. pr. d'un séducteur, héros d'une comédie de Molière.

don-juanesque ou **donjuanesque** [dõʒɥanɛsk] adj. Relatif au caractère, à la légende de don Juan. – De *don Juan*.

don-juanisme ou **donjuanisme** [dõʒɥanism] n. m. Manière d'être d'un don Juan. – De *don Juan*.

donnant, ante [dɔnɑ̃, ɑ̃t] adj. **1.** Vx Qui donne volontiers. *Il n'est pas donnant.* **2.** loc. adv. *Donnant donnant* (indiquant que l'on ne donne qu'en échange de qqch). – Ppr. de *donner*.

donne [dɔn] n. f. JEU Action de distribuer les cartes; les cartes distribuées. *Fausse, mauvaise donne.* – Déverbal de *donner*.

donné, ée [dɔne] adj. **1.** Accordé, octroyé, attribué. *Une récompense donnée par la ville.* – *Par exag.* Vendu à très bas prix. *À ce prix, c'est donné.* **2.** Représenté. *Tragédie donnée à la Place des Arts.* **3.** Déterminé, connu. *En un temps donné.* **4.** loc. prép. inv. *Étant donné:* considérant. *Étant donné deux triangles rectangles...* ▷ Loc. conj. *Étant donné que:* puisque, du fait que. *Étant donné qu'il pleut, cela m'étonnerait qu'il vienne.* **5.** n. m. PHILO Désigne ce qui est immédiatement présent à la conscience avant toute élaboration. – Pp. de *donner*.

donnée [dɔne] n. f. **1.** Supposition, notion, élément servant de base à un raisonnement, une recherche, etc. *S'appuyer sur des données fausses.* ▷ INFORM Information servant à effectuer des traitements. *Banque de données.* **2.** MATH Grandeur permettant de résoudre une équation, un problème. – Pp. subst. fém. de *donner*.

donner [dɔne] **A.** v. tr. [1] **I.** Remettre. **1.** Faire don de, abandonner gratuitement et définitivement. *Donner des étrennes. Donner de vieux vêtements.* ▷ (Abstrait). *Donner sa vie:* se sacrifier. *Donner son temps à une tâche, à qqn.* Syn. consacrer. ▷ Fig. et prov. DR *Donner et retenir ne vaut*, et, fam., *donner c'est donner, reprendre c'est voler:* le donateur doit se dessaisir irrévocablement. – *Qui donne aux pauvres, prête à Dieu:* Dieu nous rendra le bien que nous faisons aux malheureux. – *Qui donne tôt, donne deux fois :* accorder promptement une grâce en double la valeur. **2.** Céder en échange. *Donnez-moi pour trois dollars de biscuits.* **3.** Confier en dépôt. *Donner des chaussures à réparer, du linge à nettoyer.* **4.** Attribuer, assigner. *Donner des lois à un pays. Donner un nom à un enfant.* **II.** Mettre à la disposition de. **1.** Présenter, offrir. *Donner le bras, la main à qqn. Donner une soirée, une réception en l'honneur de qqn.* ▷ Distribuer. *Donner des cartes à des joueurs.* – Absol. *À qui le tour de donner?* **2.** *Donner qqn à qqn:* accorder. *Il a donné sa fille* (en mariage) *à son voisin.* **3.** Dénoncer, livrer. *Donner ses complices.* **4.** Communiquer, transmettre. *Donner de ses nouvelles. Donner l'heure.* – *Je vous le donne en mille :* je vous défie de le deviner. ▷ Exposer (qqch à qqn). *Donner un cours, une conférence. Le notaire donna lecture du testament. Donner (son) congé.* ▷ Transmettre par contagion. *Il a donné son rhume à toute la famille.* **5.** Fig. Concéder, octroyer, accorder. *Il a donné son accord pour le projet. Je vous donne trois jours pour réfléchir.* ▷ *Donner sa parole:* promettre, s'engager. ▷ *Donner à qqn de:* permettre, accorder (surtout en tournure passive). *Il m'a été donné de m'exprimer.* ▷ V. pron. *Se donner du bon temps, s'en donner à cœur joie*, mener une vie gaie, être gai. **III.** Causer. **1.** Produire. *Cette source donne de l'eau potable. Notre entrevue n'a rien donné.* – Absol. *Le blé n'a pas donné.* **2.** Causer, susciter. *Donner du souci. Donner du fil à retordre. Donner chaud, froid, soif, faim.* – *Donner à...:* fournir l'occasion de. *Donner à penser, à entendre.* **3.** En loc. Exercer une action. *Donner des soins. Donner des coups de pied. Donner le fouet.* – Fig. *Donner un coup de main:* aider. ▷ MAR *Donner du mou à:* détendre (un cordage). **4.** Fig. Attribuer. *Quel âge lui donnes-tu? Donner tort, raison à qqn.* ▷ V. pron. *Se donner l'air de:* affecter de, faire semblant de. **B.** v. intr. **1.** Heurter, toucher. *Donner de la tête contre le mur.* – Fig. *Ne plus savoir où donner de la tête:* être très occupé. **2.** Se jeter dans. *Le vent donne dans les voiles.* – Fig. *Donner dans le panneau*, s'y jeter, y tomber. *Donner dans (un travers)*, y être porté. *Donner dans la bigoterie.* **3.** MILIT Attaquer, charger. *Faites donner la garde!* **4.** Faire retentir, sonner. *Donner de la voix, donner du cor.* **5.** *Donner sur:* avoir accès, avoir vue sur. *Fenêtre qui donne sur la rue.* **C.** v. pron. **1.** Faire don de soi-même, se dévouer. *Se donner à la patrie, à une cause.* ▷ *Se donner à:* en parlant d'une femme, accorder ses faveurs à. ▷ *Se donner en spectacle:* se faire remarquer. ▷ *Se donner pour:* se faire passer pour. **2.** (Passif). Être donné. *Cela se donne pour rien.* – Se faire, être livré. *L'assaut s'est donné cette nuit.* **3.** (Récipr.). *Les deux galopins se donnaient des coups de pied.* – Lat. *donare*, «faire un don».

donneur, euse [dɔnœʀ, øz] n. et adj. **1.** *Donneur de*, personne qui donne. *Donneur de cartes.* **2.** Pop. Dénonciateur, mouchard. **3.** CHIM *Atome donneur*, celui qui fournit un doublet d'électrons dans une liaison covalente (par oppos. à *receveur*). **4.** MED Personne qui donne son sang pour une transfusion, un organe pour une greffe (rein, œil, etc.). *Donneur de sang. Donneur universel*, dont le sang est compatible avec tous les autres groupes sanguins. – De *donner*.

don Quichotte [dõkiʃɔt] n. m. Homme généreux et naïf qui prétend redresser tous les torts. *Qu'est-ce que c'est que ce petit don Quichotte?* – Du n. du héros d'un roman espagnol de Cervantès.

don-quichottisme ou **donquichottisme** [dõkiʃɔtism] n. m. Manières, attitude d'un don Quichotte. – De *don Quichotte*.

dont [dõ] pron. relatif inv. Sert à introduire une proposition correspondant à un complément introduit par la prép. *de*. *Dont* peut être: **I.** Complément du verbe. **1.** Comp. d'obj. indir. *«Le mal dont j'ai souffert s'est enfui comme un rêve»* (Musset). *L'homme dont je t'ai parlé.* **2.** Comp. circonst. *À la façon dont il s'y prenait, j'ai cru qu'il allait tout casser. La famille dont il sort est illustre.* (Mais au sens concret: *le bâtiment d'où il sort*). **II.** Comp. de n. et d'adj. *Un combat dont l'enjeu est l'honneur. Ce nom dont vous êtes fier.* **III.** (Introduisant une proposition sans verbe). Parmi lesquel(le)s. *Ils ont choisi dix personnes, dont moi.* – Du lat. pop. *de unde*, renforcement de *unde*, «d'où».

donzelle [dõzɛl] n. f. Fam. Jeune vaniteuse. – Anc. provenç. *donzela*, d'ap. ital.

dop [dɔp] n. m. TECH Calotte métallique supportant le diamant pendant la taille. – Mot holl.

dopa [dɔpa] n. f. BIOCHIM Dérivé de la tyrosine et précurseur de la dopamine; son isomère naturel, ou L-dopa est utilisé pour traiter la maladie de Parkinson. – Acronyme pour *DihydrOxyPhénylAlanine*.

dopadécarboxylase [dopadekaʀbɔksilɑz] n. f. BIOCHIM Enzyme de décarboxylation qui transforme la dopa en dopamine et l'histidine en histamine.

dopage [dɔpaʒ] n. m. **1.** Utilisation d'une substance qui a pour effet d'augmenter les performances physiques d'un individu. (Les produits utilisés sont dangereux, car ils suppriment la sensation de fatigue et conduisent à l'épuisement biologique. Aussi sont-ils prohibés dans les compétitions sportives.) **2.** CHIM Modification de certaines des propriétés (d'une substance) par addition d'un dope. – De *doper*.

dopamine [dɔpamin] n. f. BIOCHIM Dérivé de la dopa par décarboxylation, précurseur de la noradrénaline, utilisé en cardiothérapie. – De *dopa*, et *amine*.

dopant [dɔpɑ̃] n. m. Stimulant, excitant. – Ppr. subst. de *doper*.

dope [dɔp] n. 1. n. m. CHIM Produit que l'on ajoute en petites quantités à une substance pour en modifier les caractéristiques (lubrifiants, semiconducteurs, etc.). 2. n. f. Arg. Drogue (sens 3). – Mot anglais.

doper [dɔpe] v. tr. [1] 1. Administrer un stimulant à. *Doper un cheval.* – Fig. *Les encouragements l'ont dopé.* 2. CHIM Ajouter un dope à une substance. – Angl. *to dope,* «droguer».

dorade. V. daurade.

dorage [dɔʀaʒ] n. m. Action de dorer; son résultat. – De *dorer.*

doré, ée [dɔʀe] adj. I. 1. Recouvert d'or. *Livre doré sur tranche. Le vermeil est de l'argent doré.* 2. De la couleur de l'or. *Des cheveux dorés.* 3. Fig. Fortuné, brillant. *Mener une existence dorée.* ▷ *Jeunesse dorée.* Jeunes gens riches et oisifs. ▷ *Légende dorée:* histoire des saints de Jacques de Voragine (XIIIe s.). II. n. m. 1. Coloration dorée. *Le doré de ce cadre s'est terni.* 2. Poisson nord-américain d'eau douce (genre *Stizostedion,* fam. percidés), plus gros que la perchaude et au corps plus allongé. *Doré jaune,* ou spécial. *doré* (*Stizostedion vitreum*): poisson à chair estimée, aux yeux grands et saillants, aux flancs recouverts d'écailles à reflets dorés. *Doré noir (Stizostedion canadense).* – Pp. de *dorer.*

dorénavant [dɔʀenavɑ̃] adv. À partir de ce moment, à l'avenir. *Dorénavant, je serai exact.* – A. fr. *ore, or,* «maintenant», *en,* et *avant.*

dorer [dɔʀe] v. tr. [1] 1. Appliquer une mince couche d'or sur. *Dorer un cadre.* – Absol. *Dorer à l'or fin.* ▷ Fig. *Dorer la pilule à qqn :* adoucir une communication désagréable par des paroles aimables, flatteuses. 2. Donner une teinte d'or à. *Le soleil dore la peau.* – CUIS Enduire de jaune d'œuf avant la cuisson pour colorer. *Dorer un pâté.* ▷ V. pron. *Se dorer au soleil.* – Lat. imp. *deaurare,* de *aurare,* de *aurum,* «or».

doreur, euse [dɔʀœʀ, øz] n. Personne dont le métier est de dorer. *Doreur sur cuir.* – De *dorer.*

dorien, ienne [dɔʀjɛ̃, jɛn] adj. et n. 1. De Doride, contrée d'Asie Mineure. 2. n. m. Dialecte de la Grèce ancienne.

dorique [dɔʀik] adj. et n. m. Se dit du plus simple des trois ordres d'architecture grecque et de ce qui s'y rapporte. *Colonne dorique. Le dorique.* – Lat. *doricus,* du gr. *dôrikos.*

1. doris [dɔʀis] n. f. ZOOL Nom cour. de gastéropodes nudibranches, fréquents sur les côtes atlantiques, dont les branchies forment un bouquet autour de l'anus. – Lat. sav., de *Doris,* n., dans la mythol., de la mère des Néréides.

2. doris [dɔʀis] n. m. MAR Embarcation à rames, à fond plat, pointue et relevée aux deux extrémités. – Orig. incert.

dorisme [dɔʀism] n. m. Caractère propre à la littérature ou au dialecte doriens. – Du gr. *dôris.*

dorlotement [dɔʀlɔtmɑ̃] n. m. Action de dorloter. – De *dorloter.*

dorloter [dɔʀlɔte] v. tr. [1] Traiter délicatement, avec tendresse. *Dorloter un enfant. Se faire dorloter.* Syn. cajoler. ▷ V. pron. Être aux petits soins pour soi-même. – De l'a. fr. *dorelot,* «boucle de cheveux»; p.-ê. rad. *do-,* cf. dodeliner.

dormance [dɔʀmɑ̃s] n. f. BOT État de divers organes végétaux (bourgeons, graines, etc.) qu'une contrainte physiologique – interne ou liée à des facteurs externes (durée du jour, humidité, etc.) – empêche de se développer. – De *dormant.*

dormant, ante [dɔʀmɑ̃, ɑ̃t] adj. et n. m. 1. Rare Qui dort. *La Belle au bois dormant.* 2. Immobile, stagnant. *Eau dormante.* Ant. courant, vif. 3. BOT En état de dormance. 4. Qui ne bouge pas, fixe. *Châssis dormant.* – MAR *Manœuvres dormantes,* fixes (haubans), par oppos. à *manœuvres courantes* (écoutes, drisses). ▷ N. m. CONSTR Partie fixe d'un châssis, d'une porte, d'une fenêtre (par oppos. à *ouvrant*). – Ppr. de *dormir.*

dormeur, euse [dɔʀmœʀ, øz] 1. n. Personne qui dort, ou qui aime dormir. 2. n. m. Tourteau (crabe). 3. n. f. Boucle d'oreille formée d'une perle ou d'une pierre précieuse montée sur un pivot et serrée derrière l'oreille par un écrou (par oppos. à *pendeloque*). – De *dormir.*

dormir [dɔʀmiʀ] v. intr. [33] I. 1. Être dans le sommeil. *Dormir profondément, légèrement. Dormir du sommeil du juste. Dormir debout:* avoir une forte envie de dormir. – Fig. *Histoire à dormir debout,* extravagante. ▷ *Dormir sur ses deux oreilles,* sans être inquiet. ▷ *Ne dormir que d'un œil:* dormir légèrement. ▷ Loc. prov. *Il ne faut pas éveiller le chat qui dort:* ne pas rappeler un vieux sujet de querelle. – *Qui dort dîne:* quand on dort, on ne sent pas la faim. – Ant. veiller. 2. Poét. Être mort. *C'est dans ce cimetière qu'il dort à jamais. Qu'ils dorment en paix.* Syn. reposer. 3. v. tr. *Dormir son sommeil, sa nuit.* – Fam. *Il n'a pas dormi son compte.* II. Rester immobile, inactif. 1. Ne pas agir, être lent (personnes). *Nous avons à faire, ce n'est pas le moment de dormir. Dormir sur ses lauriers.* 2. Rester oublié, improductif (choses). *Des manuscrits qui dorment dans des classeurs. Laisser dormir des capitaux.* 3. Être immobile, stagner, en parlant de l'eau. – Prov. *Il n'est pire eau que l'eau qui dort:* il faut se méfier des gens calmes, d'apparence inoffensive. III. n. m. Litt. Sommeil. *Perdre le dormir.* – Lat. *dormire.*

dormitif, ive [dɔʀmitif, iv] adj. Vx ou plaisant. Qui provoque le sommeil. *Potion dormitive.* – Fig. *Un sermon dormitif.* Syn. soporifique. – Du lat. *dormitum,* pp. de *dormire.*

dormition [dɔʀmisjɔ̃] n. f. THEOL CATHOL La mort de la Vierge (qui fut comme un sommeil), avant l'assomption. – Lat. *dormitio,* de *dormire,* «dormir».

dorsal, ale, aux [dɔʀsal, o] adj. 1. ANAT. Qui appartient au dos. *Épine dorsale. Muscles dorsaux.* – Subst. *Les dorsaux.* – Par anal. *Face dorsale du pied, de la main.* 2. Qui se fixe sur le dos. *Parachute dorsal* (par oppos. à *ventral*). – Lat. médiév. *dorsalis,* class. *dorsualis.*

dorsale [dɔʀsal] n. f. 1. GEOL Ligne de hauts-fonds océaniques au niveau de laquelle règne une intense activité volcanique. *La dorsale médio-atlantique.* 2. METEO Axe de hautes pressions entre deux zones dépressionnaires. Ant. talweg. 3. PHON Phonème qui s'articule avec le dos de la langue. – Lat. médiév. *dorsalis,* class. *dorsualis.*

dorsalgie [dɔʀsalʒi] n. f. MED Douleur localisée au dos. – De *dorsal,* et *-algie.*

dortoir [dɔʀtwaʀ] n. m. 1. Grande salle commune où l'on couche. *Le dortoir d'un pensionnat.* ▷ Appos. *Ville, cité dortoir,* située à la périphérie d'une grande ville, et où logent des personnes dont le lieu de travail est ailleurs. 2. ECOL Endroit où une collectivité animale se rassemble pour dormir. – Lat. *dormitorium,* «chambre à coucher».

dorure [dɔʀyʀ] n. f. 1. Action, art de dorer. *Dorure sur cuir, sur bois.* 2. Couche d'or. *La dorure s'est écaillée.* 3. Ce qui est doré. *Les dorures du plafond.* 4. Poét. Couleur d'or. *La pâle dorure de ses cheveux.* 5. CUIS Action de dorer au jaune d'œuf. – De *dorer.*

doryphore [dɔʀifɔʀ] n. m. Coléoptère (*Leptinotarsa decemlineata,* fam. chrysomélidés), long de 10 mm, aux élytres jaunes rayés longitudinalement de noir. (L'adulte et la larve, très voraces, dévastent les champs de pommes de terre, d'où son nom fam. de *bête* ou *bibite à patates.)* – Gr. *doruphoros*, «porte-lance».

dos [do] n. m. **I. 1.** Partie arrière du corps de l'homme, comprise entre la nuque et les reins. *Avoir le dos plat, voûté.* – Euph. *Le bas du dos:* les fesses. ▷ Loc. fig. *Avoir bon dos :* se dit d'une chose ou d'une personne sur laquelle on se décharge des accusations, des responsabilités auxquelles on ne veut pas faire face. *Les absents ont bon dos.* – *Courber le dos:* se résigner, céder. – Fam. *En avoir plein le dos:* être excédé. – *Scier le dos à qqn,* l'importuner. – *Tendre le dos:* se préparer à qqch de fâcheux. – *Tourner le dos:* s'en aller. *Tourner le dos à qqn, à qqch:* présenter son dos à. *Il tournait le dos au nouvel arrivant. La plage n'est pas par là, vous lui tournez le dos.* – Fig. Abandonner (qqn). *Il est devenu si irascible que ses amis lui ont tourné le dos.* ▷ *À dos:* sur le dos. *Ces pierres ont été transportées à dos d'homme.* – Fig. *Se mettre qqn à dos,* s'en faire un ennemi. ▷ *Au dos:* sur le dos. *Sac au dos.* ▷ *Dans le dos:* le long du dos. *Les cheveux dans le dos.* – Fig. *Donner froid dans le dos:* effrayer, horrifier. – Fam. *Passer la main dans le dos de qqn,* le flatter. – Fig. *Agir dans le dos de qqn,* à son insu, sournoisement. ▷ *De dos:* du côté du dos (par oppos. à *de face*). *Apercevoir qqn de dos.* ▷ *Dos à dos:* dos contre dos. *On les plaça dos à dos pour savoir lequel était le plus grand.* – Fig. *Renvoyer dos à dos deux adversaires:* ne donner raison ni à l'un ni à l'autre. ▷ *Sur le dos. Dormir sur le dos.* – Fig. Sur soi, sur son corps. *N'avoir rien à se mettre sur le dos.* – *Se laisser manger la laine sur le dos:* se laisser exploiter. **2.** ZOOL Face supérieure du corps des animaux, comprise, chez les tétrapodes, entre le cou et la croupe. *Le dos d'un poisson. Faire une promenade à dos de mulet.* ▷ Loc. adj. *En dos d'âne:* qui présente deux pentes séparées par une arête. *Pont en dos d'âne.* **II.** *Par anal.* **1.** Partie d'un vêtement couvrant le dos. *Robe ornée d'un pli dans le dos.* – Dossier. *Le dos d'une chaise.* **2.** Partie supérieure et convexe de certains organes ou objets. *Le dos de la main* (par oppos. à *paume*). *Le dos du pied* (par oppos. à *plante*). *Le dos d'une cuiller.* **3.** Envers d'un objet. *Le dos d'un billet.* – *Voir au dos,* au verso. – Lat. pop. *dossum,* class. *dorsum,* appliqué surtout aux animaux.

dosable [dozabl] adj. Dont on peut faire le dosage. – De *doser.*

dosage [dozaʒ] n. m. **1.** Action de doser; son résultat. **2.** CHIM Détermination quantitative des composants d'une substance. **3.** PHARM Action de déterminer la dose d'un médicament. **4.** Fig. Répartition, proportion. *Trouver le bon dosage de souplesse et de rigueur.* – De *doser.*

dose [doz] n. f. **1.** Quantité (d'un médicament) à administrer en une seule fois. *Ne pas dépasser la dose prescrite.* **2.** Quantité et proportion des ingrédients composant un mélange. *Mettre une dose d'anisette pour cinq d'eau.* **3.** Quantité quelconque. *Dose léthale:* quantité mortelle d'une substance toxique. *Dose maximale admissible de rayonnements:* quantité totale de rayonnements qu'un individu peut absorber sans risque au cours de sa vie. ▷ Fig. *Une forte dose d'orgueil, de sottise.* ▷ Pop. *En avoir, en tenir une dose:* être très bête. – Lat. médiév. *dosis,* mot gr. «action de donner».

doser [doze] v. tr. [1] **1.** Déterminer la dose de. **2.** CHIM Procéder au dosage de. **3.** Fig. Combiner dans telles ou telles proportions. *Savoir doser ses distractions.* Syn. mesurer, proportionner. – De *dose.*

doseur [dozœʀ] n. m. TECH Appareil servant à effectuer un dosage. – De *doser.*

dosimètre [dozimɛtʀ] n. m. PHYS NUCL Appareil servant à mesurer les quantités de rayonnements auxquels une personne ou un matériel ont été soumis. (Le taux de rayonnement se mesure à l'aide d'un compteur de particules.) – De *dose,* et *-mètre.*

dossard [dosaʀ] n. m. SPORT Pièce d'étoffe marquée d'un numéro qui se porte sur le dos. – De *dos.*

dosse [dɔs] n. f. Première et dernière planche, encore garnie d'écorce, que l'on scie en débitant un arbre. Syn. (cour.) croûte. – Forme fém. de *dos.*

dosseret [do(ɔ)sʀɛ] n. m. **1.** ARCHI Petit pilastre servant de jambage à une ouverture. **2.** CONSTR Surface verticale à laquelle est adossé un appareil sanitaire, une paillasse de laboratoire, etc. **3.** TECH Pièce renforçant le dos d'une scie. – Dim. de *dossier.*

dossier [dosje] n. m. **1.** Partie d'un siège sur laquelle on appuie le dos. *Le dossier d'un fauteuil.* **2.** Ensemble de documents sur le même sujet; le carton où ceux-ci sont rangés. *Étudier un dossier. Le numérotage des dossiers.* – De *dos.*

dot [dɔt] n. f. Biens qu'une femme apporte à l'occasion de son mariage ou lorsqu'elle entre au couvent. *Avoir une grosse dot.* ▷ DR Biens donnés par un tiers dans le contrat de mariage à l'un des futurs époux ou aux deux. – Lat. jur. *dos, dotis,* «don».

dotal, ale, aux [dɔtal, o] adj. DR Relatif à la dot. ▷ Anc. *Régime dotal:* régime matrimonial dans lequel chacun des époux garde la propriété de tous ses biens, mais où l'administration et la jouissance d'une partie des biens de la femme reviennent au mari. – Lat. *dotalis.*

dotation [dɔtasjɔ̃] n. f. **1.** DR Ensemble des revenus, des dons attribués à un établissement d'utilité publique. **2.** Revenus ou biens assignés à un souverain, aux membres de sa famille, à certains hauts fonctionnaires. – De *doter.*

doter [dote] v. tr. [1] **1.** Donner des biens en dot à. **2.** Assigner une dotation à. *Doter un hôpital.* **3.** Fournir en matériel. *Une cuisine dotée d'un équipement moderne.* **4.** Fig. Gratifier. *La nature l'a doté de grands talents.* – Lat. *dotare.*

douaire [dwɛʀ] n. m. DR ANC Biens réservés par un mari à sa femme en cas de veuvage. – Lat. médiév. *dotarium.*

douairière [dwɛʀjɛʀ] n. f. **1.** DR ANC Veuve jouissant d'un douaire. *Une princesse douairière.* **2.** Vieille femme d'allure solennelle. – Fém. de l'a. fr. *douairier,* dér. de *douaire.*

douance [duɑ̃s] n. f. EDUC Qualité d'une personne très douée, qui possède des aptitudes supérieures à la moyenne. – De *douer.*

douane [dwan] n. f. **1.** Administration publique chargée de percevoir des droits sur les marchandises exportées ou importées. **2.** Le lieu où est établi le bureau de la douane. *S'arrêter à la douane.* **3.** La taxe perçue par la douane. *Le paiement de la douane.* – Anc. ital. *doana,* même orig. que *divan.*

douanier [dwanje] n. m. Personne qui visite les marchandises importées ou exportées et perçoit les droits sur celles-ci. – De *douane.*

douanier, ière [dwanje, jɛʀ] adj. Relatif à la douane. *Tarif douanier.* ▷ *Union douanière:* convention commerciale entre plusieurs États, concernant les importations et les exportations. – De *douane.*

douar [dwaʀ] n. m. **1.** Campement de nomades, en Afrique du N. **2.** HIST Circonscription administrative rurale en Afrique du N. du temps de la domination française. – Ar. maghrébin *dwār.*

doublage [dublaʒ] n. m. **1.** Action de garnir d'une doublure, d'un revêtement. *Doublage d'une jupe.* **2.** CONSTR Revêtement qui double une paroi. **3.** AUDIOV Enregistrement de la bande sonore d'un film dans une langue différente de celle de l'original. ▷ Fait de remplacer un acteur par sa doublure. – De *doubler.*

double [dubl] adj., n. m. et adv. **I.** adj. **1.** Égal à deux fois la chose simple. *Une double paye. Une double* *part de gâteau.* **2.** Composé de deux choses pareilles ou de même nature. *Une double porte.* ▷ Fig. *Un mot à double sens,* qui a deux significations possibles. **3.** Qui se fait deux fois. *Un double contrôle.* ▷ *Double emploi:* répétition inutile. ▷ *Coup double:* coup de fusil tuant deux pièces de gibier à la fois. – Fig. *Faire coup double:* obtenir deux résultats par une seule action. **4.** Fig. Qui a deux aspects dont un seul est connu, visible. *Une personnalité double.* **5.** ASTRO *Étoile double:* système de deux étoiles tournant l'une autour de l'autre. **6.** BOT *Fleur double,* dont les étamines se sont transformées en pétales. **7.** CHIM *Sel double:* cristal ionique dans la composition duquel on trouve plus de deux sortes d'ions (aluns, par ex.). **8.** FIN *Comptabilité en partie double,* dans laquelle on procède à une double écriture, l'une au débit, l'autre au crédit. **9.** GEOM *Point double:* point où se coupent deux branches d'une courbe. **II.** n. m. **1.** Quantité multipliée par deux. *Six est le double de trois.* ▷ *Jouer à quitte ou double:* jouer une partie dont l'enjeu consiste soit à perdre tout son gain soit à le doubler. ▷ Loc. adv. *En double. Avoir qqch en double,* en deux exemplaires. *Plier une couverture en double.* **2.** Copie, reproduction d'une chose. *Le double d'une lettre.* **3.** Fig. Être réel ou imaginaire qui ressemble à une personne donnée. ▷ ANTIQ Dans les croyances égyptiennes, l'ombre du mort. **4.** SPORT Partie de tennis opposant deux équipes de deux joueurs. **III.** adv. En double quantité. *Voir double:* voir deux objets là où il y en a un seul. – Lat. *duplus.*

doublé, ée [duble] adj. et n. m. **I.** adj. **1.** Multiplié par deux. *Un prix doublé.* **2.** Pourvu d'une doublure. *Une robe doublée. Des mitaines, des bottes doublées.* **3.** Fig. *Doublé de :* qui est également. *Un poète doublé d'un musicien.* **4.** AUDIOV Dont on a effectué le doublage. *C'est un film doublé.* **II.** n. m. **1.** Orfèvrerie recouverte d'une plaque de métal précieux. *Un bracelet en doublé or.* **2.** EQUIT Action de se rendre perpendiculairement d'une piste à l'autre, en faisant deux pas à droite ou à gauche. – De *doubler.*

doubleau [dublo] n. et adj. **1.** n. m. CONSTR Solive plus forte que les autres. **2.** adj. ARCHI *Arc doubleau :* arc en saillie qui renforce une voûte. – De *double.*

1. doublement [dubləmɑ̃] adv. Pour deux raisons; de deux manières. – De *double.*

2. doublement [dubləmɑ̃] n. m. Action de doubler, de multiplier par deux. *Le doublement d'une consonne.* – De *doubler.*

doubler [duble] v. tr. [1] **1.** Multiplier par deux. *Doubler la somme.* ▷ Fig. Augmenter. *L'attente doublait son anxiété.* **2.** Plier en deux. *Doubler une couverture.* **3.** Mettre une doublure, un revêtement à. *Doubler une veste. Doubler une cloison.* **4.** v. pron. Fig. *Se doubler de:* s'accompagner de. *Une observation qui se double d'un reproche.* **5.** Dépasser (une personne, un véhicule). *Doubler une voiture.* ▷ *Doubler un cap,* le franchir. ▷ Fam. *Doubler qqn,* le trahir. *Elle s'est fait doubler.* – Fig. *Doubler le cap de la trentaine.* **6.** AUDIOV *Doubler un film,* procéder à son doublage. ▷ *Doubler un acteur,* le remplacer par sa doublure. – Lat. imp. *duplare.*

doublet [dublɛ] n. m. **1.** Pierre fausse constituée d'un morceau de cristal dont le dessous a été coloré. **2.** LING Mot de même origine qu'un autre, mais de forme différente, l'un étant de formation populaire, l'autre de formation savante. *Pasteur est le doublet savant de pâtre.* **3.** PHYS *Doublet électronique:* ensemble formé par deux électrons occupant la même case quantique. – De *double.*

1. doublon [dublɔ̃] n. m. TYPO Répétition fautive d'un ou de plusieurs mots, d'un paragraphe. – De *double.*

2. doublon [dublɔ̃] n. m. Anc. monnaie d'or espagnole. – De l'esp. *doblón,* dér. de *doble,* «double».

doublure [dublyʀ] n. f. **1.** Étoffe qui garnit l'intérieur d'un objet, d'un vêtement (pour le soutenir, le rendre plus chaud). *La doublure d'un manteau, d'un coffret.* **2.** CINE Acteur qui joue à la place d'un autre (par ex., dans des scènes périlleuses). – De *doubler.*

douce-amère [dusamɛʀ] n. f. Solanacée grimpante, à fleurs violettes et à baies rouges appelée aussi *morelle douce-amère.* – De *douce,* et *amère.*

douceâtre [dusɑtʀ] adj. D'une douceur fade. *Une boisson douceâtre.* – De *doux,* et *-âtre.*

doucement [dusmɑ̃] adv. **1.** De façon modérée. *La pente descend doucement.* **2.** Sans rudesse, avec douceur. *Traiter qqn doucement.* **3.** Médiocrement. *Les affaires marchent doucement. Le malade se porte doucement, tout doucement.* ▷ Interj. (Pour inciter à la modération.) *Doucement! Vous allez tomber.* – De *doux.*

doucereusement [dusʀøzmɑ̃] adv. Rare D'une manière doucereuse. – De *doucereux.*

doucereux, euse [dusʀø, øz] adj. **1.** Vieilli D'une douceur peu agréable au goût. *Vin doucereux.* **2.** Fig. Doux avec affectation. *Une mine doucereuse.* – De *douceur.*

doucettement [dusɛtmɑ̃] adv. Fam. Très doucement. – De *doucet,* dim. de *doux.*

douceur [dusœʀ] n. f. **1.** Saveur douce, agréable au goût. *La douceur du miel.* ▷ *Des douceurs:* des pâtisseries, des sucreries. **2.** Qualité de ce qui flatte les sens. *La douceur d'un parfum, de l'air.* **3.** Sentiment agréable. *La douceur de vivre, d'aimer.* **4.** Qualité d'une personne qui est calme, bienveillante. *Un caractère plein de douceur.* ▷ Loc. adv. *En douceur:* sans brusquerie, avec précaution. *Allez-y en douceur.* – Bas lat. *dulcor,* d'ap. *doux.*

douche [duʃ] n. f. **1.** Jet d'eau qui arrose le corps et dont on use pour des raisons hygiéniques et parfois médicales. ▷ *Douche écossaise,* alternativement chaude et froide. – Fig. Situation dans laquelle un événement désagréable succède brutalement à un événement agréable. **2.** Appareil sanitaire composé d'une pomme d'arrosage et d'une canalisation d'alimentation en eau. **3.** Fam. Grosse averse; aspersion d'un liquide sur qqn. **4.** Fig. Désillusion brutale. *Cette nouvelle a été une douche pour lui.* **5.** Fam. Réprimande sévère. *Si son père l'apprenait, il recevrait une bonne douche.* – Ital. *doccia.*

doucher [duʃe] v. tr. [1] **1.** Faire prendre une douche à. *Doucher un enfant.* ▷ V. pron. *Se doucher:* prendre une douche. **2.** Fam. Arroser (de pluie, d'un liquide quelconque). *L'orage l'a surpris, il s'est fait doucher.* **3.** Fig., fam. Tempérer rudement (un mouvement d'excitation). *Doucher l'enthousiasme de qqn.* **4.** Fam. Infliger une réprimande sévère à. *Il s'est fait doucher par le patron.* – De *douche.*

doucine [dusin] n. f. **1.** ARCHI Moulure concave en haut et convexe en bas. **2.** TECH Rabot utilisé pour faire ces moulures. – De *doux.*

doucir [dusiʀ] v. tr. [2] TECH Polir (une glace, un métal). – De *doux.*

doucissage [dusisaʒ] n. m. TECH Action de doucir. – De *doucir.*

doudou [dudu] n. f. Fam., dial. Terme d'affection destiné à une femme, aux Antilles. – Redoublement de *doux.*

doué, ée [dwe] adj. **1.** *Doué de :* pourvu naturellement de. *Un être doué de conscience.* **2.** Qui a des aptitudes naturelles. *Un élève très doué. Il est doué en français.* – Pp. de *douer.*

douelle [dwɛl] n. f. **1.** ARCHI Surface intérieure (intrados) ou extérieure (extrados) d'un voussoir. **2.** TECH Petite douve d'un tonneau. – De l'a. fr. *doue* pour *douve.*

douer [dwe] v. tr. [1] Pourvoir de (un avantage). *La nature l'a doué d'un heureux caractère.* – Lat. *dotare,* «pourvoir»; doublet pop. de *doter.*

douille [duj] n. f. **1.** Partie évidée dans laquelle vient se fixer un manche, un outil. **2.** Pièce métallique évidée, que l'on fixe au bout d'une clé de mécanicien. *Clé à douille.* **3.** Partie de la cartouche qui contient la poudre. **4.** Pièce servant à recevoir le culot d'une ampoule électrique. – Frq. **dulja,* ou lat. **dolium,* «cuve pour le transport du moût».

douillet, ette [dujɛ, ɛt] adj. **1.** Doux, bien rembourré. *Un lit douillet.* **2.** Fig. Trop sensible à la douleur physique. *Une personne très douillette.* – Lat. *ductilis,* «malléable»; a. fr. *doille,* «mou».

douillette [dujɛt] n. f. Manteau ouaté. *Douillette d'ecclésiastique, d'enfant.* – De *douillet.*

douillettement [dujɛtmɑ̃] adv. D'une façon douillette. – De *douillet.*

douleur [dulœʀ] n. f. **1.** Sensation pénible ressentie dans une partie du corps, résultant d'une impression quelconque produite avec trop d'intensité. *Éprouver une vive douleur.* ▷ *Être dans les douleurs* (de l'accouchement). ▷ *Avoir des douleurs,* des rhumatismes. **2.** Impression morale pénible. *Avoir la douleur de perdre un être cher. Les grandes douleurs sont muettes.* – Lat. *dolor.*

douloureusement [duluʀøzmɑ̃] adv. D'une manière douloureuse. – De *douloureux.*

douloureux, euse [duluʀø, øz] adj. **1.** Qui provoque une douleur physique. *Une plaie douloureuse.* **2.** Où la douleur est ressentie, en parlant d'une partie du corps. *Des pieds douloureux.* **3.** Qui provoque une douleur morale. *Un souvenir douloureux.* **4.** Qui exprime la douleur. *Des plaintes douloureuses.* **5.** n. f. Fam. *La douloureuse:* la note à payer. – Bas lat. *dolorosus.*

doum [dum] n. m. Palmier d'Afrique *(Hyphaena thebaica).* – Ar. *dāwn* ou *dūm.*

douma [duma] n. f. Conseil, assemblée, dans la Russie des tsars. ▷ Nom donné aux assemblées législatives russes entre 1905 et 1917. – Mot russe, «assemblée».

dourine [duʀin] n. f. MED VET Trypanosomiase grave et contagieuse que les équidés contractent lors du coït. – P.-ê. de l'ar. *darin* «croûteux».

douro [duʀo] n. m. Ancienne monnaie d'argent espagnole. – Esp. *duro.*

doute [dut] n. m. **1.** Hésitation à croire à la réalité d'un fait, à la vérité d'une affirmation. *Dans le doute, abstiens-toi.* ▷ *Mettre en doute:* contester. **2.** *Spécial.* Attitude de celui qui n'est pas sûr de sa foi religieuse. **3.** PHILO *Doute méthodique:* principe de Descartes posé comme condition première pour trouver matière à asseoir les fondements d'une certitude. *Le doute méthodique ne s'applique ni aux règles morales, ni à la foi.* **4.** Soupçon, méfiance. *J'ai des doutes sur sa loyauté.* **5.** loc. adv. *Sans doute:* probablement. *J'irai sans doute le voir demain.* ▷ *Sans aucun doute, sans nul doute:* incontestablement. – Déverbal de *douter.*

douter [dute] v. tr. indir. et dir. [1] **1.** Hésiter à croire à. *Douter de la réussite d'une entreprise. Je doute qu'il vienne.* **2.** Mettre en question (des vérités établies). *Douter même de l'évidence.* **3.** *Ne douter de rien:* être trop sûr de soi. *Les sots ne doutent de rien.* **4.** Ne pas avoir confiance en, soupçonner. *Douter de qqn, de son amitié.* **5.** v. pron. Pressentir, avoir l'intuition de. *Se douter de qqch. Je me doutais qu'il n'y arriverait pas.* – Lat. *dubitare,* «craindre, hésiter».

douteux, euse [dutø, øz] adj. **1.** Qui n'est pas certain (quant à sa réalité ou à sa réalisation). *Un succès douteux.* **2.** Obscur, équivoque. *Une réponse douteuse.* **3.** Dont la qualité laisse à désirer. *Un travail douteux.* ▷ Malpropre. *Un col de chemise douteux.* **4.** Qui éveille la méfiance quant à sa probité, sa moralité. *Un homme d'affaires douteux. Des mœurs douteuses.* – De *doute.*

1. douve [duv] n. f. **I. 1.** FORTIF Fossé rempli d'eau entourant un château. **2.** AGRIC Petit fossé pour l'écoulement des eaux de pluie. **3.** EQUIT Fossé plein d'eau, précédé d'une claie. **II.** TECH Chacune des planches incurvées qui forment un tonneau. – Du bas lat. *doga,* «récipient».

2. douve [duv] n. f. Ver plathelminthe trématode, parasite interne des vertébrés. (Il s'infiltre dans les canaux biliaires des mammifères, de l'être humain, généralement par l'intermédiaire des plantes aquatiques.) – Bas lat. *dolva,* d'orig. gauloise.

douvelle [duvɛl] n. f. Petite douve de tonneau. – De *douve* 1.

doux, douce [du, dus] adj., adv. et n. **I.** adj. **1.** D'une saveur peu prononcée ou sucrée. *Doux comme le miel. Cidre doux,* non fermenté. *Eau douce,* qui n'est pas salée (par oppos. à *l'eau de mer*). **2.** Agréable aux sens. *Une lumière douce. Une fourrure douce. Une chaleur douce.* **3.** Modéré. *Une pente douce. Cuire qqch à feu doux.* **4.** Qui fait naître un sentiment, une émotion agréable. *De doux souvenirs.* **5.** Qui n'est pas agressif; clément, affable; qui dénote le calme, la bienveillance. *Une petite fille douce et gentille. Une physionomie douce.* **6.** TECH *Fer doux* : fer pur, employé dans les électro-aimants. **7.** *Taille-douce:* gravure au burin. **II.** adv. **1.** Loc. *Filer doux:* se soumettre sans résister. **2.** loc. adv. *Tout doux:* très doucement. **3.** Fam. *En douce:* à l'insu d'autrui. **III.** n. **1.** Ce qui est doux; ton doux. *Passer du grave au doux.* **2.** Personne douce. *Heureux les doux!* – Lat. *dulcis.*

douzain [duzɛ̃] n. m. **1.** Ancienne pièce de monnaie française du XVIe s., qui valait douze deniers. **2.** Poème de douze vers. – De *douze.*

douzaine [duzɛn] n. f. **1.** Ensemble de douze objets de même nature. *Une douzaine d'œufs.* **2.** Quantité voisine de douze. *Une douzaine de personnes.* – De *douze.*

douze [duz] **I.** adj. inv. **1.** adj. num. cardinal. Dix plus deux. *Les douze mois de l'année.* **2.** adj. num. ord. *Louis XII.* **II.** n. m. s. **1.** Le nombre 12. *Douze plus deux égale quatorze.* **2.** Les chiffres représentant le nombre 12. *Le douze est mal écrit.* **3.** Le douzième jour du mois. *Nous sommes le douze.* – Du lat. *duodecim,* gr. *dôdeka.*

douzième [duzjɛm] adj. et n. **1.** adj. num. ord. de douze. *Le douzième rang.* ▷ Subst. *Le, la douzième* (dans un classement). **2.** adj. num. Se dit d'une partie d'un tout divisé en douze parties égales. *La douzième partie d'une terre.* ▷ N. m. *Un douzième des terres.* **3.** n. f. MUS Intervalle de douze sons et de onze degrés conjoints. – De *douze.*

douzièmement [duzjɛmmɑ̃] adv. En douzième lieu. – De *douzième.*

doxologie [dɔksɔlɔʒi] n. f. LITURG Prière, formule pour glorifier Dieu. – Gr. ecclés. *doxologia,* «glorification».

doyen, yenne [dwajɛ̃, jɛn] n. **1.** Personne la plus ancienne dans un corps, une compagnie. *Le doyen de l'Assemblée nationale.* ▷ Personne la plus âgée d'un groupe. *Elle est notre doyenne.* **2.** Titre universitaire conféré à celui qui dirige une faculté. *Le doyen de la faculté de droit.* **3.** Titre ecclésiastique. *Un curé-doyen.* – Lat. ecclés. *decanus,* «chef de dix hommes, dizenier».

doyenné [dwaje(ɛ)ne] n. m. Dignité ecclésiastique du doyen. ▷ Territoire sous l'autorité d'un doyen. ▷ Demeure du doyen. – De *doyen.*

doyenneté [dwajɛnte] n. f. Qualité de doyen d'âge. – De *doyen*.

Dr Abrév. de *docteur*.

drachme [dʀakm] n. f. **1.** ANTIQ GR Poids valant env. 4 g. ▷ Principale unité de monnaie. **2.** Unité monétaire de la Grèce moderne. – Lat. *drachma*, bas lat. *dragma*, du gr.

draconien, ienne [dʀakɔnjɛ̃, jɛn] adj. D'une excessive sévérité. *Conditions draconiennes*. – De *Dracon*, n. d'un athénien (VIIe s. av. J.-C.), auteur d'un code pénal très rigoureux.

dragage [dʀagaʒ] n. m. Action de draguer. *Dragage d'un chenal.* ▷ *Dragage de mines:* opération consistant à rechercher et à détruire des mines immergées. – De *draguer*.

1. dragée [dʀaʒe] n. f. **1.** Confiserie constituée d'une amande recouverte de sucre. *Des dragées de baptême.* ▷ Fig. *Tenir la dragée haute à qqn:* faire payer cher un avantage, le prendre de haut. **2.** Menu plomb de chasse. – Altér. du lat. *tragemata*, gr. *tragêmata*, «friandises».

2. dragée [dʀaʒe] n. f. AGRIC Mélange de fourrages. – Du lat. pop. *dravocata*, de *dravoca*, «ivraie».

drageoir [dʀaʒwaʀ] n. m. Vx Sorte de coupe ou de boîte pour servir des dragées, des confiseries. – De *dragée* 1.

drageon [dʀaʒɔ̃] n. m. Rejet qui naît d'une racine. – Frq. **draibjo*, «pousse».

drageonnage [dʀaʒɔnaʒ] ou **drageonnement** [dʀaʒɔnmɑ̃] n. m. Action de drageonner. – De *drageonner*.

drageonner [dʀaʒɔne] v. intr. [1] Émettre des drageons. – De *drageon*.

dragon [dʀagɔ̃] n. m. **I. 1.** Animal fabuleux ayant des griffes, des ailes et une queue de serpent. *Le dragon du jardin des Hespérides.* ▷ *Spécial.* Dans l'iconographie chrétienne, symbole du démon. *Saint Michel terrassant le dragon.* **2.** Fig. Gardien intraitable. **3.** ZOOL *Dragon volant:* saurien de l'Asie du Sud-Est, pourvu d'un repli membraneux sur les flancs, dont il se sert pour planer d'arbre en arbre. ▷ *Dragon de Komodo:* grand varan de l'île de Komodo. **4.** ASTRO *Le Dragon:* constellation située entre la Grande et la Petite Ourse. **II.** Anc. Soldat de cavalerie pouvant, le cas échéant, combattre à pied. – Lat. *draco*.

dragonnade [dʀagɔnad] n. f. HIST Persécution exercée sous Louis XIV contre les protestants du S.-O. et du S. de la France. (On les obligeait à loger des dragons, qui avaient pour mission de se livrer à toutes sortes d'excès, supposés les inciter à la conversion au catholicisme qui mettrait automatiquement fin auxdits excès.) – De *dragon*.

dragonne [dʀagɔn] n. f. Lanière double ornant la poignée d'une épée ou d'un sabre, que l'on passe au poignet. ▷ Courroie d'un bâton de ski, d'un appareil photo, etc., que l'on passe au poignet. – Fém. de *dragon*.

dragonnier [dʀagɔnje] n. m. Amaryllidacée arborescente des pays chauds *(Dracæna draco)*, qui sécrète une résine rouge *(sang-de-dragon)*. – De *(sang-)dragon*.

drague [dʀag] n. f. **1.** Filet muni d'une armature et d'un manche, servant à la pêche aux huîtres, aux moules. **2.** Engin de terrassement flottant utilisé pour approfondir un chenal, extraire des matériaux. *Drague à godets.* **3.** Fam. *La drague* : le fait, l'action de draguer (sens 4). – Angl. *drag*, «crochet», de *to drag*, «tirer».

draguer [dʀage] v. tr. [1] **1.** Pêcher avec une drague. **2.** Approfondir un chenal ou extraire des matériaux à l'aide d'une drague. **3.** Rechercher et détruire les mines sous-marines. **4.** v. intr. Fig., fam. Flâner en quête d'aventures. ▷ V. tr. Aborder, racoler. *Draguer une fille, un garçon.* – De *drague*.

dragueur, euse [dʀagœʀ, øz] n. **1.** Personne qui pêche à la drague. **2.** n. m. Ouvrier qui drague des matériaux. **3.** n. m. Bateau qui drague. ▷ *Dragueur de mines:* bâtiment de guerre spécialement aménagé pour le dragage des mines sous-marines. **4.** Fig., fam. Personne qui drague, qui a l'habitude de draguer, de flâner en quête d'aventures. – De *draguer*.

draille [dʀɑj] n. f. MAR Cordage, généralement métallique, sur lequel on hisse une voile. *Draille de trinquette.* – Autre forme de *traille*.

drain [dʀɛ̃] n. m. **1.** Conduit souterrain qui sert à épuiser l'eau des sols trop humides. **2.** MED Tube percé de trous qui assure l'élimination d'un liquide (pus, ascite, etc.). – Mot angl., de *to drain*, «dessécher».

drainage [dʀɛnaʒ] n. m. **1.** Action d'assainir un terrain au moyen de drains ou de fossés. **2.** MED Traitement d'un liquide pathologique à l'aide d'un drain qui assure son écoulement continu. **3.** Fig. Action de drainer (sens 3). *Le drainage des bonnes volontés.* – De *drainer*.

drainer [dʀɛne] v. tr. [1] **1.** Assainir (un terrain) par drainage. **2.** MED Pratiquer le drainage (d'une plaie, d'une collection liquide). **3.** Fig. Attirer vers soi, rassembler. *Drainer les capitaux.* – De *drain*.

draisienne [dʀɛzjɛn] n. f. Anc. Vélocipède mû par le va-et-vient des pieds sur le sol, ancêtre de la bicyclette. – Du n. de l'inventeur, le baron *Drais* von Saverbronn.

draisine [dʀɛzin] n. f. CH de F Wagonnet à moteur utilisé pour la surveillance et l'entretien des voies. – Altér. de *draisienne*.

drakkar [dʀakaʀ] n. m. HIST Navire à étrave très relevée, utilisé par les Vikings. – Mot scandin., «dragon», à cause de l'emblème sculpté à la proue.

dramatique [dʀamatik] adj. et n. f. **1.** Du théâtre; écrit pour le théâtre. *L'art dramatique. Une œuvre dramatique.* ▷ N. f. Pièce de théâtre télévisée. **2.** Se dit de ce qui est particulièrement émouvant, poignant dans un texte, un récit. *Les passages dramatiques d'un roman.* – Par anal. *Un récit dramatique.* ▷ Grave, dangereux, tragique (dans la réalité). *Des événements dramatiques.* – Bas lat. *dramaticus*, «qui concerne le drame»; gr. *dramatikos*, «théâtral».

dramatiquement [dʀamatikmɑ̃] adv. D'une manière dramatique. – De *dramatique*.

dramatisation [dʀamatizasjɔ̃] n. f. Fait, action de dramatiser. – De *dramatiser*.

dramatiser [dʀamatize] v. tr. [1] **1.** Rendre dramatique. *Dramatiser une scène.* **2.** Exagérer la gravité, l'importance (d'un événement, d'une situation). – De *drame*.

dramaturge [dʀamatyʀʒ] n. Auteur de pièces de théâtre. – Gr. *dramatourgos*.

dramaturgie [dʀamatyʀʒi] n. f. Art de composer des œuvres dramatiques; traité sur ce sujet. – Gr. *dramatourgia*.

drame [dʀam] n. m. **1.** Vx Ouvrage composé pour le théâtre. V. pièce. ▷ *Spécial.* LITTER Genre dramatique moins noble que la tragédie, où le pathétique et le sublime côtoient le familier et le grotesque; œuvre théâtrale de ce genre. *Le drame romantique.* ▷ Mod. Pièce de théâtre dont le sujet est tragique. **2.** Événement tragique. *Un drame épouvantable s'est produit dans cette famille.* – Bas lat. *drama*, mot gr. «action».

drap [dʀa] n. m. **1.** Étoffe de laine dont les fibres sont feutrées par foulage. ▷ *Drap mortuaire:* pièce de drap ou de velours noir dont on couvre une bière. ▷ *Drap* *d'or, de soie:* tissu d'or, de soie. **2.** Chacune des deux grandes pièces de toile qui couvrent un lit et entre lesquelles on se couche. ▷ Fig. *Dans de beaux draps:* dans une situation embarrassante. *Il s'est mis dans de beaux draps.* – Bas lat. *drappus*, p.-ê. mot gaul.

drapeau [dʀapo] n. m. **1.** Pièce d'étoffe attachée par un de ses côtés à une hampe et servant d'emblème, de signe de ralliement, etc. *Le drapeau fleurdelisé.* ▷ *Drapeau blanc*, qui, en temps de guerre, indique que l'on désire parlementer ou se rendre. ▷ Fig. *Être sous les drapeaux:* être soldat. **2.** AVIAT *Hélice en drapeau:* dont le plan moyen des pales est orienté parallèlement à la direction du déplacement de l'avion, pour réduire la résistance à l'avancement lorsque le moteur s'arrête en vol. – Dim. de *drap.*

drapé, ée [dʀape] adj. et n. m. **1.** Préparé comme le drap. **2.** Garni d'un drap. **3.** Disposé en draperie – Fig. *Il est parti drapé dans sa dignité.* ▷ N. m. *Un drapé:* un arrangement de plis (d'un vêtement, d'une tenture). – Pp. de *draper.*

draper [dʀape] v. tr. [1] **I. 1.** Disposer harmonieusement les plis d'une étoffe, d'un vêtement sur (une personne, une statue). **2.** Former des plis harmonieux avec (une étoffe, un vêtement). *Draper une ceinture.* **II.** v. pron. S'envelopper dans un vêtement lâche et flottant. *Se draper dans son manteau.* ▷ Fig. *Se draper dans sa dignité:* prendre un air noble et digne. – De *drap.*

draperie [dʀapʀi] n. f. **I. 1.** Étoffe, tenture, disposée avec art, en grands plis. **2.** PEINT, SCULP Représentation des étoffes drapées. **II.** Manufacture, commerce du drap. *Travailler dans la draperie.* – Sens I, de *drap.* Sens II, de *drapier.*

drapier, ière [dʀapje, jɛʀ] n. Anc. Personne qui vend, fabrique des draps. – Appos. *Les marchands drapiers.* – De *drap.*

1. drastique [dʀastik] adj. et n. m. Se dit d'un purgatif énergique. – Gr. *drastikos*, «qui agit».

2. drastique [dʀastik] adj. Rigoureux, radical. *Utiliser des moyens drastiques.* (Rem.: Anglicisme à éviter. V. draconien.) – Angl. *drastic*, même orig. que *drastique* 1.

drave [dʀav] n. f. ANC Transport, flottage du bois par eau. *Faire la drave.* – De l'angl. *drive.*

draveur [dʀavœʀ] n. m. Ouvrier qui conduit les trains de bois flottés. – Du préc.

dravidien, ienne [dʀavidjɛ̃, jɛn] adj. et n. m. Qui concerne les Dravidiens, population du S. de l'Inde. *L'art dravidien.* ▷ *Langues dravidiennes:* ensemble de langues non indo-européennes parlées dans le S. de l'Inde et le N. de Ceylan. – Du sanscr. *Drâvida*, prov. du S. de l'Inde, par l'angl.

drayer [dʀɛje] v. tr. [24] TECH Égaliser l'épaisseur de (une peau). – Orig. incert.

drayoire [dʀɛ(e)jwaʀ] n. f. TECH Couteau servant à drayer. – De *drayer.*

drêche [dʀɛʃ] n. f. Résidu du brassage de la bière, déchets d'orge servant d'aliment pour le bétail. – Du gaul. *drasca;* a. fr. *drasche*, «cosse».

1. drège [dʀɛʒ] n. f. Grand filet pour pêcher sur le fond de la mer. – Orig. incert.

2. drège [dʀɛʒ] n. f. TECH Peigne de fer servant à séparer la graine de lin des tiges. – All. *Dresche*, de *dreschen*, «battre au fléau».

drelin [dʀəlɛ̃] interj. et n. m. Onomatopée évoquant le tintement d'une clochette. – Onomatopée.

dressage [dʀɛsaʒ] n. m. **1.** Action de faire tenir droit, d'élever. **2.** TECH Opération qui consiste à dresser (sens I, 4), à rendre plan; son résultat. **3.** Action d'habituer un animal à faire telle ou telle chose (tour d'adresse, tâche déterminée, etc.). *Le dressage des chiens de cirque.* – Péjor. Éducation trop stricte. *Le dressage d'un enfant.* – De *dresser.*

dresser [dʀe(ɛ)se] **I.** v. tr. [1] **1.** Lever, tenir droit (une partie du corps). *Dresser la tête.* – Fig. *Dresser l'oreille:* écouter attentivement; être particulièrement attentif. **2.** Faire tenir droit. *Dresser une échelle contre une façade.* **3.** Élever, construire, installer. *Dresser un échafaud, une tente.* **4.** TECH Rendre parfaitement plan. *Dresser au rabot les chants d'une planche.* **5.** Préparer (en disposant matériellement). *Dresser la table:* mettre le couvert. *Dresser un buffet*, le garnir. **6.** Préparer, établir. *Dresser un contrat, un plan.* **7.** Fig. *Dresser une personne contre une autre*, la mettre dans des dispositions défavorables à son égard. **8.** Effectuer le dressage de (un animal). *Dresser un chien.* – Par ext. *Je vais le dresser* (en parlant de qqn), l'obliger à obéir, à se soumettre. **II.** v. pron. **1.** Se tenir droit, levé. *Se dresser sur la pointe des pieds.* – Fig. *Se dresser sur ses ergots* (par allusion au coq): prendre une attitude provocante, menaçante. – Fig. *Avoir les cheveux qui se dressent sur la tête* (de peur). **2.** Fig. *Se dresser contre:* s'élever, protester contre. *Se dresser contre une injustice.* **3.** (Passif). Être susceptible de recevoir un dressage. *Les éléphants, les ours et même les chats se dressent.* – Du lat. pop. *directiare*, de *directus*, «droit».

dresseur, euse [dʀɛsœʀ, øz] n. Personne qui dresse des animaux. – De *dresser.*

dressoir [dʀɛswaʀ] n. m. Étagère, buffet à gradins où l'on expose la vaisselle. – De *dresser.*

drift [dʀift] n. m. GEOL Dépôt laissé par le recul d'un glacier. – Mot angl. «ce qui est poussé».

drill [dʀij] n. m. ZOOL Babouin d'Afrique occidentale, de grande taille, à face noire. – De *mandrill.*

1. drille [dʀij] n. f. TECH Outil de bijoutier constitué d'une tige porte-foret munie d'un volant, entraînée par le déroulement d'un double cordon. – De l'all. *drillen*, «percer en tournant».

2. drille [dʀij] n. m. **1.** Vx Soldat, soudard. **2.** *Un joyeux drille:* un gai luron, un joyeux camarade. – Orig. incert.

drisse [dʀis] n. f. MAR Cordage servant à hisser une corne, une voile, un pavillon. – Ital. *drizza.*

drive [dʀajv] n. m. **1.** TENNIS Coup puissant par lequel on renvoie la balle presque horizontalement au ras du filet. **2.** GOLF Coup donné à la balle au départ d'un trou, lorsqu'elle est posée sur le tee. – Mot angl.

driver [dʀive] **1.** v. intr. [1] Exécuter un drive, au golf, au tennis. ▷ V. tr. *Driver une balle.* **2.** v. tr. Conduire (un cheval) dans une course de trot attelé. – De l'angl. *to drive*, «conduire, pousser».

driver [dʀi(aj)vœʀ] n. m. **1.** EQUIT Conducteur de sulky. **2.** GOLF Club de bois servant à exécuter le drive. – Mot angl.

drogman [dʀɔgmɑ̃] n. m. Nom donné autrefois aux interprètes dans les pays du Levant. – Du gr. byzantin *dragoumanos*, «interprète».

drogue [dʀɔg] n. f. **1.** Vx Matière première employée pour les préparations pharmaceutiques, pour la teinture. **2.** Péjor. Substance médicamenteuse. *Il absorbe trop de drogues.* **3.** Stupéfiant. *Un trafiquant de drogue.* – P.-ê. néerl. *drog*, «chose sèche», ou ital. *droga*, du lat. *drogia.*

ENCYCL L'utilisation de drogues «douces» (haschisch, marijuana) et «dures» (héroïne, L.S.D.) avec toxicomanie s'est largement répandue dans les dernières années, surtout chez les jeunes. Les dangers que cette toxicomanie représente (accoutumance, assuétude, dépendance) ont conduit à une intensification de la lutte contre le trafic de drogue (à l'échelle internationale), à la surveillance plus étroite de la vente des médicaments psychotropes et à la mise en place de centres médicaux de désintoxication.

drogué, ée [dʀɔge] n. Personne qui s'adonne aux stupéfiants. – Pp. subst. de *droguer.*

droguer [dʀɔge] **I.** v. tr. **[1]** Péjor. Donner des remèdes inutiles, faire absorber beaucoup de médicaments à (qqn). *Droguer un malade.* **II.** v. pron. **1.** Prendre trop de médicaments. **2.** Prendre des stupéfiants. – De *drogue.*

droguerie [dʀɔgʀi] n. f. **1.** Vx Drogues, médicaments. **2.** En France, commerce des couleurs et des produits d'entretien; magasin où l'on vend de tels produits. – De *drogue.*

droguet [dʀɔgɛ] n. m. **1.** Vx Étoffe moitié laine moitié fil. **2.** Étoffe semée d'un motif broché. – De *drogue,* dans le sens anc. de «chose de mauvaise qualité».

droguiste [dʀɔgist] n. (France) Personne qui tient une droguerie. V. marchand de couleurs*. – De *drogue.*

1. droit [dʀwa] n. m. **I. 1.** Faculté d'accomplir une action, de jouir d'une chose, d'y prétendre, de l'exiger. *Les droits et les devoirs. La déclaration canadienne des droits de la personne. Être dans son droit.* ▷ *Avoir droit à:* pouvoir prétendre à, bénéficier de. *Il a eu droit à une gratification. – Être en droit de:* avoir le droit de. – *Avoir un droit sur. Le père de famille de l'ancienne Rome avait droit de vie et de mort sur ses enfants. – Droit divin,* qui vient de Dieu. *Monarque de droit divin. – Droit d'aînesse:* privilège qui, dans une succession, avantageait l'aîné. – (Au sens moral). *Les droits de l'amitié.* **2.** Taxe. *Droits de péage, de douane, d'enregistrement. Payer un droit d'entrée. – Droits d'auteur:* somme que l'auteur touche sur la vente ou la reproduction de ses œuvres. **II.** *Le droit.* **1.** Les règles qui régissent les rapports entre les hommes. *Opposer le droit à la force.* **2.** Loc. *Faire droit à:* rendre justice à. – *Faire droit à une demande,* lui donner une suite favorable. – *De droit, de plein droit:* sans contestation possible. *Cela lui revient de droit. – À qui de droit:* à qui est habilité, qualifié. *Adressez-vous à qui de droit. À bon droit:* avec raison, justement. *Il se plaint à bon droit.* **3.** Pouvoir d'agir selon sa volonté. *Le droit du plus fort.* **4.** Ensemble des dispositions juridiques qui règlent les rapports entre les hommes. *Droit romain. Droit canon. Droit civil, droit criminel. Droit international. Droit commercial.* **5.** Science du droit. *Apprendre le droit. La faculté de droit.* – Bas. lat. *directum,* du class. *directus* (adj.).

2. droit, droite [dʀwa, dʀwat] adj. et adv. **I.** adj. **1.** Qui n'est pas courbe, qui trace une ligne qui ne dévie pas. *Droit comme un I. Avoir le nez droit.* **2.** Qui va par le chemin le plus court d'un point à un autre. *Une ligne droite. En droite ligne:* directement. **3.** Vertical. *Ce mur n'est pas bien droit.* **4.** (Vêtements.) *Veste droite* (opposé à *croisée* ou *cintrée*); *jupe droite* (opposé à *ample*). **5.** ASTRO *Ascension droite:* angle formé par le méridien de l'astre et le méridien du point vernal. **6.** GEOM *Angle droit,* formé par deux droites perpendiculaires. ▷ N. m. *La somme des angles d'un triangle est égale à deux droits.* **7.** n. m. *Droit:* nom donné à certains muscles. **8.** Juste, équitable. *Un esprit droit.* **9.** (Personnes.) Honnête et loyal. *Un homme très droit.* **II.** adv. **1.** En ligne droite. *Aller droit devant soi. Tout droit.* **2.** Directement. *Aller droit au fait.* ▷ *Marcher droit* : en ligne droite, et, fig., bien se conduire. – Lat. *directus.*

3. droit, droite [dʀwa, dʀwat] adj. et n. **1.** adj. Qui est du côté opposé à celui du cœur. *La main droite. La rive droite,* celle qui est du côté de la main droite en descendant le cours. – Fig. *Le bras droit de qqn:* le collaborateur indispensable. Ant. gauche. **2.** n. m. En boxe, le poing droit. *Un direct du droit.* – De *droit* 2.

droite [dʀwat] n. f. **1.** GEOM Ligne droite. ▷ *Droite affine,* munie d'une origine et d'un point par rapport auquel ses autres points peuvent être repérés. **2.** Le côté droit, la partie droite. *Prendre sur la droite:* tourner à droite. *Garder sa droite:* se tenir sur le côté droit (d'une route). **3.** *La droite:* l'ensemble des conservateurs. – *Un ministre de droite. Une revue d'extrême droite.* **4.** loc. adv. *À droite:* du côté droit. *À droite et à gauche:* de tous côtés. – De *droit* 2.

droitement [dʀwatmɑ̃] adv. Honnêtement, équitablement, directement. – De *droit* 2.

droitier, ière [dʀwatje, jɛʀ] adj. et n. **1.** Qui se sert habituellement de sa main droite. *Êtes-vous droitier ou gaucher?* **2.** Fam. De droite, en politique. *Une déviation droitière.* – De *droit* 3.

droiture [dʀwatyʀ] n. f. **1.** État d'un esprit droit, honnête. *La droiture du jugement.* **2.** État d'une personne droite, sincère. *Un caractère plein de droiture.* – De *droit* 2.

drolatique [dʀolatik] adj. Comique (en parlant d'un texte, d'un spectacle). – De *drôle.*

drôle [dʀol] n. m. et adj. **I.** n. m. Vieilli Polisson, mauvais sujet. ▷ Enfant espiègle. *Un petit drôle.* **II.** adj. **1.** Plaisant, comique. *Cet acteur est drôle.* – Fam. *Ce n'est pas drôle:* c'est fâcheux. **2.** Singulier, curieux. *C'est drôle qu'il n'écrive pas comme prévu.* ▷ Fam. Étrange. *Un drôle de personnage, une drôle d'histoire.* **3.** Fam. (Intensif). *Une drôle de bagarre:* une bagarre acharnée. *Il a une drôle de veine,* beaucoup de chance. – Du néerl. *drol,* «petit bonhomme, lutin».

drôlement [dʀolmɑ̃] adv. **1.** D'une manière drôle. **2.** D'une manière étrange. *Il est toujours drôlement attifé.* **3.** Fam. Extrêmement. *C'est drôlement bien. Il est drôlement fatigué.* – De *drôle.*

drôlerie [dʀolʀi] n. f. **1.** Bouffonnerie, facétie. **2.** Comique. *Un livre plein de drôlerie.* – De *drôle.*

drôlesse [dʀolɛs] n. f. Vieilli Fille, femme méprisable. – De *drôle,* sens I, 1.

dromadaire [dʀɔmadɛʀ] n. m. Chameau à une seule bosse *(Camelus dromedarius),* parfaitement adapté au climat désertique chaud, que l'on utilise comme monture ou comme bête de somme de l'Inde à l'Afrique centrale (on appelle cour. *chameau* le dromadaire). – Bas lat. *dromedarius,* du gr. *dromas, dromados,* «coureur».

-drome, -dromie. Éléments, du gr. *dromos,* «course».

dronte [dʀɔ̃t] n. m. Oiseau columbiforme (genre *Raphus)* à bec énorme, de la taille d'un dindon, incapable de voler. (Il vécut aux Mascareignes et fut exterminé au XVIIIe s.) – Mot d'un parler de l'océan Indien, par le hollandais.

droséra [dʀozeʀa] n. m. Plante carnivore *(Drosera rotundifolia)* des tourbières, qui attrape les insectes à l'aide de poils glanduleux très visqueux. Syn. rossolis. – Lat. bot. *drosera,* gr. *droseros,* «humide de rosée».

drosophile [dʀɔzɔfil] n. f. ZOOL Mouche du vinaigre *(Drosophila melanogaster),* brun clair, longue de 2 mm, qui offre un matériel de choix aux généticiens (nombreuses mutations, chromosomes de grande taille, cycle de reproduction très court). – Lat. savant, du gr. *drosos,* «rosée», et *-phile.*

drosse [dʀɔs] n. f. MAR Cordage ou chaîne transmettant les mouvements de la barre au gouvernail. – Altér. de l'ital. *trozza* avec le *d* de *drisse;* du lat. *tradux,* «sarment de vigne».

drosser [dʀɔse] v. tr. **[1]** MAR Entraîner vers la côte, vers un danger (un navire). *Courant qui drosse un navire sur un haut-fond.* – Néerl. *drossen,* «emmener, entraîner».

dru, ue [dʀy] adj. **1.** Épais, touffu. *Blés drus.* **2.** Fig. Fort, vigoureux. *Des pages drues et colorées.* **3.** adv. En grande quantité, d'une manière serrée.

Ses cheveux poussent dru. La grêle tombe dru. – Gaul. *drûto.*

drugstore [dʀœgstɔʀ] n. m. En France, magasin de luxe composé d'un restaurant, ou d'un bar, et de stands divers (cadeaux, livres, journaux, épicerie, etc.). – Mot anglais, «magasin (*store*) de médicaments (*drug*)».

druide [dʀɥid] n. m. Nom des anciens prêtres gaulois et bretons. – Lat. d'orig. gaul. *druida.*

ENCYCL Les druides étaient les chefs religieux des populations celtiques qui, avant la conquête romaine, occupaient la Gaule et la Grande-Bretagne. Ils représentaient une classe sacerdotale chargée de la célébration du culte, de l'éducation de la jeunesse et des décisions de justice. Leur doctrine se fondait sur la transmigration des âmes. La récolte du gui de chêne, plante sacrée, est l'une des coutumes druidiques les mieux connues.

druidique [dʀɥidik] adj. Relatif aux druides. – De *druide.*

druidisme [dʀɥidism] n. m. Religion des druides. – Leur doctrine. – De *druide.*

drumlin [dʀœmlin] n. m. GEOMORPH Surface d'une moraine de fond, après la fonte du glacier, qui présente des collines ovales parallèles. – Mot irlandais, du gaélique *druim,* «bord d'une colline».

drupe [dʀyp] n. f. BOT Fruit charnu dont l'endocarpe lignifié forme un noyau contenant l'amande (la graine) des cerises, prunes, pêches, etc. – Lat. *drupa,* «pulpe».

dry [dʀaj] adj. et n. m. inv. **1.** Sec, non sucré, en parlant du champagne. *Extra-dry:* très sec. **2.** n. m. Cocktail à base de vermouth blanc sec et de gin. – Mot angl., «sec».

dryade [dʀijad] n. f. MYTH Nymphe qui protège les forêts. – Gr. *druas, druados,* de *drus,* «chêne».

du [dy] art. m. s. **1.** Article défini contracté. *Le fils du voisin.* **2.** Article partitif. *Prendre du bon temps.* – Contraction de la préposition *de* et de l'article défini *le.*

dû, due [dy] adj. et n. m. **1.** Que l'on doit. *Chose promise, chose due.* ▷ N. m. *Réclamer son dû.* **2.** Provoqué par. *Une grande fatigue, due au surmenage.* **3.** DR *Acte en bonne et due forme,* rédigé dans les formes légales. – Pp. de *devoir.*

dual [dyal] n. m. MATH *Dual de l'espace vectoriel E:* espace vectoriel, noté E*, constitué par les formes linéaires de E. – Du bas lat. *dualis,* «deux».

dualisme [dyalism] n. m. **1.** PHILO Système qui admet la coexistence de deux principes irréductibles (le corps et l'âme, par ex.). Ant. monisme. **2.** *Par ext.* Coexistence de deux principes différents. *Dualisme des partis.* – Lat. mod. *dualismus,* du lat. *dualis,* «composé de deux».

dualiste [dyalist] adj. et n. **1.** Qui a le caractère du dualisme. *Théorie dualiste.* **2.** Qui professe le dualisme. ▷ Subst. *Un(e) dualiste.* – De *dualisme.*

dualité [dyalite] n. f. Caractère de ce qui est double. – Coexistence de deux principes différents. – Du lat. *dualis.*

dubitatif, ive [dybitatif, iv] adj. Qui exprime le doute. *Air, geste dubitatif.* – Bas lat. *dubitativus*; de *dubitare,* «craindre, hésiter».

dubitativement [dybitativmɑ̃] adv. D'une manière dubitative. *Répondre dubitativement.* – De *dubitatif.*

1. duc [dyk] n. m. **1.** Anc. Souverain de certains États. *Les ducs de Bourgogne.* **2.** Titre de noblesse le plus élevé, sous l'Ancien Régime en France. – V. aussi *archiduc,* et *grand-duc.* – Lat. *dux, ducis,* «chef».

2. duc [dyk] n. m. Anc. Voiture de grand luxe à deux places, avec un siège devant pour le cocher et un derrière pour les domestiques. – De *duc* 1.

3. duc [dyk] n. m. Nom cour. de divers hiboux. (Le grand duc d'Amérique (*Bubo virginianus*), le plus gros et le plus répandu des hiboux, niche dans la plupart des régions boisées d'Amérique du Nord et d'Amérique centrale; le petit duc maculé (*Otus asio*) est commun dans les villes et les vergers.) – Lat. *dux, ducis,* «chef».

ducal, ale, aux [dykal, o] adj. Propre à un duc, à une duchesse. *Un palais ducal.* – Bas lat. *ducalis,* «de chef, d'empereur».

ducasse [dykas] n. f. Fête populaire, dans la Flandre, le Hainaut et l'Artois. *La ducasse de Douai.* – Var. dial. de l'a. fr. *dicasse,* de *Dédicace,* nom d'une fête cathol.

ducat [dyka] n. m. Anc. Pièce d'or fin, dont la valeur variait selon les pays. – Ital. *ducato,* «monnaie à l'effigie d'un duc», monnaie des ducs ou doges de Venise.

duce [dutʃe] n. m. *Le Duce:* titre qu'avait pris Benito Mussolini, chef du gouvernement fasciste italien de 1922 à 1945. – Mot ital., «chef», lat. *dux, ducis.*

duché [dyʃe] n. m. Étendue de territoire à laquelle le titre de duc est attaché. *Le duché de Parme.* – *Duché-pairie :* terre à laquelle était attaché le titre de duc et pair. – De *duc* 1.

duchesse [dyʃɛs] n. f. **1.** Femme qui possède un duché. *Anne, duchesse de Bretagne.* **2.** Épouse d'un duc. *La duchesse de Windsor.* ▷ Fam. *Elle prend des allures de duchesse, elle fait sa duchesse :* elle affecte un air de dignité, de supériorité. **3.** Fig. *Lit à la duchesse :* grand lit à colonnes et à baldaquin. ▷ *Duchesse:* lit de repos à dossier. **4.** inv. Variété de poire fondante très parfumée. *Des poires duchesse.* – De *duc* 1.

ducroire [dykʀwaʀ] n. m. FIN Prime que l'on paie à un commissionnaire de marchandises lorsqu'il s'en porte garant. – De *dû,* et *croire,* au sens archaïque de «vendre à crédit».

ductile [dyktil] adj. TECH Qui peut être étiré sans se rompre. – Lat. *ductilis,* de *ducere,* «conduire, tirer».

ductilité [dyktilite] n. f. TECH Propriété d'un corps de se laisser étirer en fils sans se rompre. *De tous les métaux, l'or est celui qui possède la plus grande ductilité.* – De *ductile.*

duègne [dɥɛɲ] n. f. Anc. Gouvernante, femme d'un âge respectable, chargée, en partic. en Espagne, de veiller sur la conduite d'une jeune fille. – THEAT Emploi de duègne. *Jouer les duègnes de Hugo.* – Esp. *dueña.*

1. duel [dɥɛl] n. m. **1.** Anc. Combat singulier entre deux personnes. **2.** Combat, devant témoins, entre deux personnes dont l'une estime avoir été offensée par l'autre. *Provoquer en duel. Duel à l'épée, au pistolet.* **3.** Fig. Combat entre deux armées. *Duel d'artillerie.* **4.** Fig. *Duel oratoire:* assaut d'éloquence entre deux personnes. – Lat. *duellum,* forme archaïque de *bellum,* «guerre».

2. duel [dɥɛl] n. m. GRAM Nombre qui s'emploie pour désigner deux personnes, deux choses, considérées comme formant un groupe indissociable. *Le duel existe en grec, en sanscrit.* – Lat. *dualis.*

duelliste [dɥe(ɛ)list] n. m. Celui qui se bat en duel. – De *duel* 1, p.-ê. de l'ital. *duellista.*

duettiste [dɥe(ɛ)tist] n. Personne qui chante ou joue en duo avec une autre. *Des duettistes de music-hall.* – De *duetto.*

duetto [dɥɛto] n. m. MUS Petit morceau à deux voix ou à deux instruments. – Mot italien.

duffle-coat [dœfœlkot] n. m. (France) Manteau trois-quarts chaud, en laine, avec un capuchon. V. canadienne, sens 1. – Mots angl., de *duffel*, «tissu de laine», de *Duffel*, v. des Flandres, et *coat*, «manteau».

dugon [dygõ] ou **dugong** [dygõg] n. m. Mammifère sirénien *(Halicore dugung)* atteignant 3 m de long, très massif, qui vit sur les côtes de l'océan Indien. – Du malais *duyung*.

duit [dɥi] n. m. **1.** Lit artificiel d'un cours d'eau, créé entre des digues, pour les besoins de la navigation. **2.** Digue artificielle barrant l'embouchure d'un cours d'eau maritime et retenant le poisson lors du reflux. – De l'a. fr. *duire*, lat. *ducere*, «conduire».

duite [dɥit] n. f. TECH Longueur du fil conduit par la navette d'une lisière d'une étoffe à l'autre. – De l'a. fr. *duire*, «conduire, mener».

dulçaquicole [dylsakɥikɔl] adj. BIOL Qui vit dans les eaux douces. – Du lat. *dulcis*, «doux», *aqua*, «eau», et *-cole*.

dulcification [dylsifikasjõ] n. f. PHARM Action de dulcifier; son résultat. – De *dulcifier*.

dulcifier [dylsifje] v. tr. [1] PHARM Tempérer l'âcreté ou l'amertume d'un liquide en le mêlant à un liquide plus doux. – Bas lat. *dulcificare*, «rendre doux», de *dulcis*, «doux».

dulcinée [dylsine] n. f. Plaisant. Femme dont on est épris. *Il ne quitte pas sa dulcinée.* – De *Dulcinée* de Toboso, aimée par Don Quichotte, dans le roman de Cervantès.

dulie [dyli] n. f. THEOL *Culte de dulie* : culte de vénération rendu aux anges et aux saints (par oppos. à *latrie*, culte d'adoration rendu à Dieu seul). – Lat. ecclés. *dulia*, gr. *douleia*, «servitude».

dum-dum [dumdum] n. f. inv. MILIT Balle de fusil dont l'enveloppe se déchire dans la blessure. *L'emploi des dum-dum a été interdit par la Convention internationale de La Haye de 1899.* – Appos. *Une balle dum-dum.* – De Dum-dum, n. d'une localité de l'Inde où cet engin fut fabriqué.

dûment [dymɑ̃] adv. Selon les formes prescrites. – De *dû*.

dumping [dœmpiŋ] n. m. ÉCON Pratique consistant à vendre des marchandises sur le marché extérieur à des prix beaucoup plus bas que ceux du marché national pour éliminer des concurrents. – *Par ext.* Vendre à un prix trop bas. – Mot angl., de *to dump*, «entasser, déblayer».

dundee [dœndi] n. m. Anc. Petit voilier à deux mâts à gréement aurique. – De l'angl. *dandy*, d'après *Dundee*, port d'Écosse.

dune [dyn] n. f. Colline de sable accumulé par les vents dominants, au bord de la mer ou dans les déserts. – Moy. néerl. *dunen*, d'orig. gaul.

dunette [dynɛt] n. f. MAR Superstructure élevée sur le pont supérieur, à l'arrière d'un navire et sur toute sa largeur. – De *dune*.

duo [dyo, dɥo] n. m. MUS Composition pour deux voix ou deux instruments. *Chanter un duo.* – Interprétation d'une telle composition. *Leur duo manquait d'harmonie.* ▷ Fam. *Ils se chamaillent encore, quel duo!* – Mot ital., «deux».

duodécimal, ale, aux [dɥodesimal, o] adj. MATH, INFORM Qualifie un système de numération à base 12. – Du lat. *duodecimus*, «douzième».

duodénal, ale, aux [dɥɔdenal, o] adj. ANAT Relatif au duodénum. – De *duodénum*.

duodénite [dɥɔdenit] n. f. MED Inflammation du duodénum. – De *duodénum*.

duodénum [dɥɔdenɔm] n. m. ANAT Première portion de l'intestin grêle, comprise entre l'estomac et le jéjunum, et dont la boucle *(cadre)* enserre la tête du pancréas. – Lat. méd. *duodenum*, de *duodenum (digitorum)*, «de douze doigts» (de longueur).

duopole [dɥɔpɔl] n. m. ECON Situation d'un marché partagé entre deux vendeurs concurrents. – De *duo*, «deux», d'ap. *monopole*.

dupe [dyp] **1.** n. f. Personne trompée ou facile à tromper. *Faire des dupes. Être la dupe de tout le monde.* ▷ *Un jeu de dupes, un marché de dupes:* une affaire où l'on a été trompé, où l'on risque de l'être. **2.** adj. *Être dupe, être dupe de (qqn, qqch).* – Emploi plaisant de *dupe*, «huppe», oiseau d'apparence stupide.

duper [dype] v. tr. [1] Prendre pour dupe, tromper. *Duper un concurrent.* – De *dupe*.

duperie [dypʀi] n. f. **1.** Action de duper qqn; son résultat. *Être victime d'une duperie.* **2.** État de celui qui est dupe. *Vivre dans la duperie.* – De *duper*.

dupeur, euse [dypœʀ, øz] n. Vx Personne qui dupe. – De *duper*.

duplex [dyplɛks] n. m. Système de télécommunication permettant la réception et l'envoi simultanés des messages. – Mot lat., «double».

duplicata [dyplikata] n. m. inv. DR Copie d'un document, d'un acte, qui comporte la mention «duplicata». *Le duplicata d'un diplôme.* – Lat. médiév. *duplicata (littera)*, «lettre redoublée».

duplicateur [dyplikatœʀ] n. m. TECH Appareil permettant de tirer des copies d'un original. – Bas lat. *duplicator*, «celui qui double».

duplication [dyplikasjõ] n. f. **1.** Action de doubler. ▷ BIOCHIM Phénomène par lequel une molécule ou un organite peut donner naissance à un nouvel élément semblable. **2.** Syn. de *duplex*. – Lat. *duplicatio*.

duplicité [dyplisite] n. f. Caractère d'une personne qui ne se montre pas sous son vrai jour, qui est hypocrite. – Bas lat. *duplicitas*.

dupliquer [dyplike] v. tr. **1.** TELECOM Établir en duplex (un équipement). **2.** Faire des duplicata. – Lat. *duplicare*, «doubler».

duquel. V. lequel.

dur, dure [dyʀ] adj., adv. et n. **I.** adj. **1.** Difficile à entamer, à pénétrer. *Bijou en pierre dure. Une matière dure comme le fer.* – Fig. *Croire qqch dur comme fer*, avec une conviction absolue. ▷ *Un œuf dur*, cuit, dont le blanc et le jaune se sont solidifiés. **2.** Dépourvu d'élasticité, de moelleux. *Un lit dur.* **3.** Qui oppose une résistance, qui ne cède pas sous l'effort. *Tirez fort sur la poignée, elle est un peu dure. Un fusil dur à la détente.* – Fig., fam. *Il est dur à la détente*, avare (aussi: il ne comprend pas vite). – MAR *Mer dure*, dont les lames, courtes et hachées, s'opposent à l'avancement du navire. ▷ Fig. *Avoir l'oreille dure, être dur d'oreille* : être un peu sourd. *Avoir la tête dure:* être obstiné, têtu, ou comprendre difficilement. ▷ Fam. Difficile à faire. *Un problème assez dur.* ▷ *Dur à* (+ subst.): qui résiste à. *Être dur à la fatigue, au mal.* ▷ *Dur à* (+ inf.): difficile à. *Un plat dur à digérer.* – Fig., fam. *Une personne dure à cuire*, déterminée et obstinée, ou qui a une grande résistance physique ou morale. – Subst. *Un dur à cuire.* **4.** Difficile à supporter, pénible. *Un hiver dur. Des reproches durs à entendre. Les temps sont durs:* la vie est difficile. *Mener la vie dure à qqn*, lui causer des difficultés, du tourment. **5.** Déplaisant, sans harmonie. *Un visage fermé et dur. Un dessin dur.* **6.** Sans indulgence, sans douceur. *Un père dur pour ses enfants. Un cœur dur.* **7.** *Eau dure*, qui a une forte teneur en calcium ou en magnésium. **II.** adv. Fam. Énergiquement, intensément. *Taper dur. Il gèle dur.* **III. 1.** n. m. Ce qui est dur. *Le dur et le moelleux.* **2.** n. f. *Coucher sur la dure,* à même le sol. **3.** n. Fam. Personne qui ne recule devant rien, que le risque n'effraie pas. «*Je voulais être un homme. Un dur*» (Sartre). *Une dure.* **4.** loc. adv. *À la dure:* rudement, sans ménagement. *Un enfant élevé à la dure.* – Lat. *durus.*

durabilité [dyʀabilite] n. f. **1.** Caractère de ce qui est durable. **2.** DR Durée d'utilisation d'un bien. – De *durable,* ou du bas lat. *durabilitas.*

durable [dyʀabl] adj. Qui peut durer, stable. *Une paix durable.* – De *durer.*

durablement [dyʀabləmɑ̃] adv. D'une manière durable. – De *durable.*

duralumin [dyʀalymɛ̃] n. m. METALL Alliage d'aluminium et de cuivre, dur et léger. Abrév. *dural.* – Nom déposé; de *Düren,* v. d'Allemagne où l'alliage fut créé, et *alumin(ium),* avec infl. de *dur.*

duramen [dyʀamɛn] n. m. BOT Bois de cœur, dont la lignification est achevée. – Mot lat., de *durus,* «dur».

durant [dyʀɑ̃] prép. **1.** (Avant le nom). Au cours de, pendant. *Durant la Renaissance.* **2.** (Après le nom, dans certaines loc.). Pendant la durée continue, complète de. *Il a souffert sa vie durant.* – Ppr. de *durer.*

durcir [dyʀsiʀ] **I.** v. tr. [2] **1.** Rendre plus dur. *La chaleur durcit la terre.* **2.** Fig. Rendre moins accommodant, moins conciliant. *Durcir son attitude.* **3.** Donner une apparence moins douce, moins harmonieuse à. *La maladie avait durci ses traits.* **II.** v. pron. ou intr. Devenir dur. *La colle se durcit* ou *durcit en séchant.* – De *dur.*

durcissement [dyʀsismɑ̃] n. m. Action de durcir, de se durcir. *Le durcissement d'une pâte à la cuisson.* ▷ Fig. *Le durcissement des positions des adversaires.* – De *durcir.*

durcisseur [dyʀsisœʀ] n. m. Produit qui sert à faire durcir une substance. *Mélanger le durcisseur et l'adhésif d'une colle.* – De *durcir.*

durée [dyʀe] n. f. **1.** Espace de temps que dure une chose. *La durée de la vie.* **2.** MUS Temps pendant lequel doit être maintenu un son, un silence. **3.** PHILO Temps vécu, forme que prend la succession des états de conscience d'un sujet, par oppos. au temps objectif, mesurable. – De *durer.*

durement [dyʀmɑ̃] adv. D'une manière dure. – De *dur.*

dure-mère [dyʀmɛʀ] n. f. ANAT La plus externe des trois enveloppes qui forment les méninges. – Trad. du lat. méd. *dura mater.*

durer [dyʀe] v. intr. [1] **1.** Continuer d'être (pendant un certain temps). *Leur entretien a duré une heure.* **2.** Se prolonger, persister. *C'est trop beau pour que cela dure. Faire durer le plaisir.* **3.** Se conserver avec ses qualités. *Ces chaussures ont duré un an.* **4.** Sembler long, en parlant du temps. *Cette heure dura une éternité. Le temps me dure.* **5.** Fam., rég. *Ne pas pouvoir durer en place:* ne pas pouvoir rester en place. – Lat. *durare,* «durcir; endurer, résister, durer».

dureté [dyʀte] n. f. **1.** Qualité de ce qui est dur, difficile à entamer. *La dureté du diamant, d'une viande.* **2.** Manque de douceur. *Dureté d'un visage, d'une voix.* **3.** Caractère de ce qui est difficile à supporter, pénible. *La dureté d'un climat. La dureté d'une séparation.* **4.** Raideur, défaut d'harmonie. *La dureté des contours, du style.* **5.** Insensibilité, sévérité. *Dureté d'un chef envers ses subordonnés.* **6.** *Dureté de l'eau:* teneur en calcium et en magnésium, mesurée par hydrotimétrie. – De *dur.*

durham [dyʀam] n. et adj. Race bovine, originaire du Durham, dont on importe des spécimens destinés à améliorer les races autochtones. – De *Durham,* n. d'un comté angl.

durillon [dyʀijɔ̃] n. m. Callosité provoquée par un frottement et une pression répétés, sur la paume des mains et la plante des pieds. – De *dur.*

durit ou **durite** [dyʀit] n. f. TECH Tube de caoutchouc armé, utilisé pour raccorder les canalisations des moteurs à explosion. – Marque déposée; probabl. de *dur.*

duse [dyz] n. f. TECH Orifice calibré limitant le débit dans un tuyau sous pression. – All. *Düse.*

duumvir [dyɔmviʀ] n. m. ANTIQ ROM Magistrat qui exerçait une charge conjointement avec un autre. – Mot lat., de *duo,* «deux», et *vir,* «homme».

duumvirat [dyɔmviʀa] n. m. ANTIQ ROM **1.** Charge, dignité de duumvir. **2.** Exercice des fonctions de duumvir. – Lat. *duumviratus,* de *duumvir.*

duvet [dyvɛ] n. m. **I. 1.** Plume très légère. – Ensemble des plumes couvrant tout le corps des oiseaux, sous les tectrices de l'adulte et chez certains oisillons. **2.** *Par ext.* Poil fin et tendre qui recouvre certains mammifères. *Le duvet de la chèvre du Cachemire.* **3.** Sac de couchage bourré de duvet (sens 1). **II.** *Par anal.* **1.** Peau cotonneuse de certains fruits. *Le duvet d'une pêche.* **2.** Première barbe d'un jeune homme; poil très fin. *Un fin duvet ombrait sa lèvre supérieure.* – Altér. de *dumet,* dimin. de l'a. fr. *dum* ou *dun,* refait sur *plume;* scand. *dunn.*

duveté, ée [dyvte] adj. Couvert de duvet. *Peau duvetée.* – De *duvet.*

duveteux, euse [dyvtø, øz] adj. **1.** Couvert de duvet. **2.** Qui a l'aspect du duvet. *Une étoffe duveteuse.* – De *duvet.*

Dy CHIM Symbole du dysprosium.

dyade [dijad] n. f. PHILO ANC Réunion de deux principes opposés et complémentaires. *La dyade pythagoricienne de l'unité et de l'infini.* – Du gr. *duas, duados,* «dualité».

dyke [dik] ou [dajk] n. m. GEOL Filon de roche volcanique injecté dans une crevasse verticale. – Mot angl., «digue».

dynam-, -dynamie, dynamo-. Éléments, du gr. *dunamis,* «force».

dynamique [dinamik] adj. et n. **I.** adj. **1.** Relatif aux forces et aux mouvements qu'elles engendrent. *Électricité dynamique:* courant électrique (par oppos. à *électricité statique*). **2.** Fig. Qui manifeste une force, une puissance engendrant un mouvement. *Art dynamique.* Ant. statique. **3.** Fig. Qui manifeste de l'énergie, de l'entrain, de la vitalité. *Un chef d'équipe dynamique.* **II.** n. f. **1.** MECA Partie de la mécanique qui traite des relations entre les forces et des systèmes sur lesquels ces forces agissent. **2.** PSYCHO *Dynamique des groupes:* étude expérimentale des lois qui régissent le comportement des petits groupes et des individus au sein de ces groupes. – Ensemble des techniques qui visent à améliorer, grâce à l'influence du groupe, le comportement d'un individu (ou celui du groupe lui-même). – Gr. *dunamikos,* de *dunamis,* «force».

dynamiquement [dinamikmɑ̃] adv. **1.** MECA Au point de vue de la dynamique. **2.** Avec entrain, dynamisme. – De *dynamique.*

dynamiser [dinamize] v. tr. [1] Donner du dynamisme à. *Dynamiser une équipe, un mouvement.* – De *dynamisme.*

dynamisme [dinamism] n. m. **1.** Puissance d'action, activité entraînante. *Mener une entreprise avec dynamisme.* **2.** PHILO Tout système qui, dans l'explication du monde, admet l'existence de forces irréductibles à la masse et au mouvement (par oppos. à *mécanisme*). – Du gr. *dunamis,* «force, puissance».

dynamiste [dinamist] adj. et n. PHILO Qui concerne, qui soutient le dynamisme. – De *dynamisme.*

dynamitage [dinamitaʒ] n. m. Action de dynamiter. – De *dynamiter.*

dynamite [dinamit] n. f. **1.** Explosif constitué de nitroglycérine mélangée à une substance solide qui la stabilise. *La dynamite fut inventée par Nobel en 1867. Dynamite-gomme :* mélange de nitroglycérine et de nitrocellulose. **2.** Fig., fam. *C'est de la dynamite:* se dit d'une chose, d'un événement capable de susciter une réaction violente, intense; d'une personne dynamique, remuante. – Du gr. *dunamis,* «force».

dynamiter [dinamite] v. tr. [1] Faire sauter à la dynamite. *Dynamiter une voie ferrée.* – De *dynamite.*

dynamiteur, euse [dinamitœʀ, øz] n. **1.** Vx Fabricant de dynamite. **2.** Personne qui exécute un dynamitage. – De *dynamite.*

dynamo [dinamo] n. f. Génératrice de courant continu. – Abrév. de *machine dynamo-électrique.*

dynamo-électrique [dinamoelɛktʀik] adj. ELECTR Qui transforme l'énergie cinétique en électricité (machines). – De *dynamo-,* et *électrique.*

dynamographe [dinamɔgʀaf] n. m. Instrument servant à enregistrer la force musculaire. – De *dynamo-,* et *-graphe.*

dynamométamorphisme [dinamometamɔʀfism] n. m. GEOL Métamorphisme dû à des forces mécaniques qui donnent des roches à minéraux broyés. – De *dynamo-,* et *métamorphisme.*

dynamomètre [dinamɔmɛtʀ] n. m. PHYS Appareil servant à la mesure des forces. *Dynamomètre à ressort, piézoélectrique.* – De *dynamo-,* et *-mètre.*

dynamométrique [dinamɔmetʀik] adj. Relatif à la mesure des forces. – De *dynamomètre.*

dynaste [dinast] n. m. HIST ANC Petit souverain régnant sous la dépendance d'un souverain plus puissant. – Gr. *dunastês,* «souverain».

dynastie [dinasti] n. f. **1.** Succession de souverains d'une même famille qui ont régné sur un pays. *Dynastie des Mérovingiens, des Carolingiens, des Capétiens.* **2.** *Par anal.* Succession d'hommes illustres d'une même famille. *La dynastie des Estienne.* – Gr. *dunasteia,* «domination».

dynastique [dinastik] adj. Qui concerne une dynastie. – De *dynastie.*

-dyne, dyn(o)-. Éléments, du gr. *dunamis,* «force».

dyne [din] n. f. PHYS Force qui communique à une masse de 1 gramme une accélération de 1 cm/s^2. (Cette unité du système C.G.S. est exclue du système SI, dans laquelle les forces se mesurent en newtons.) – Gr. *dunamis,* «force».

dynode [dinɔd] n. f. ELECTRON Électrode dont le rôle essentiel est de fournir une émission secondaire, dans un tube électronique. – De *dyn-,* et *-ode.*

dys-. Élément, du gr. *dus,* «difficulté, mauvais état».

dysarthrie [dizaʀtʀi] n. f. MED Difficulté de la parole due à une lésion des organes de la phonation. – De *dys-,* et *-arthrie.*

dyschondroplasie [diskõdʀoplazi] n. f. MED Affection génotypique caractérisée par un défaut de l'ossification de la métaphyse des os longs. – De *dys-,* gr. *chondros,* «cartilage», et *-plasie.*

dyschromatopsie [diskʀɔmatɔpsi] n. f. MED Trouble de la perception des couleurs. – De *dys-, chrom-,* et gr. *opsis,* «vue».

dyschromie [diskʀɔmi] n. f. MED Trouble de la pigmentation de la peau (vitiligo, albinisme, etc.). – De *dys-,* et gr. *khrôma,* «couleur».

dyscinésie [disinezi] ou **dyskinésie** [diskinezi] n. f. MED Difficulté à exécuter des mouvements. – De *dys-,* et *-kinésie.*

dyscrasie [diskʀazi] n. f. MED Mauvaise constitution. – De *dys-,* et gr. *krasis,* «humeur».

dyscrasique [diskʀazik] adj. Relatif à une dyscrasie. – De *dyscrasie.*

dysenterie [disɑ̃tʀi] n. f. Maladie infectieuse, contagieuse, caractérisée par l'émission de selles fréquentes, abondantes, glaireuses, sanglantes et douloureuses. *La dysenterie amibienne est due à «Entamoeba histolytica»; la dysenterie bacillaire à une shigelle (bacille de Shiga).* – De *dys-,* et gr. *entera,* «entrailles».

dysentérique [disɑ̃teʀik] adj. Relatif à la dysenterie; qui ressemble à la dysenterie. *Syndrome dysentérique.* – De *dysenterie.*

dysfonctionnement [disfõksjɔnmɑ̃] n. m. Didac. Trouble, anomalie dans le fonctionnement. – De *dys-,* et *fonctionnement.*

dysglobulinémie [disglɔbylinemi] n. f. MED Anomalie quantitative ou qualitative des immunoglobulines sériques. (Ex.: la maladie de Kahler). – De *dys-, globuline,* et *-émie.*

dysgraphie [disgʀafi] n. f. MED Trouble dans l'apprentissage de l'écriture. – De *dys-,* et *-graphie.*

dyshidrose ou **dysidrose** [diz(s)idʀoz] n. f. MED Variété d'eczéma, siégeant aux mains et aux pieds. – De *dys-,* et gr. *idros,* «sueur»; empr. angl.

dyskinésie. V. dyscinésie.

dyslexie [dislɛksi] n. f. MED Difficulté à identifier, comprendre et reproduire le langage écrit. – De *dys-,* et gr. *lexis,* «mot».

dyslexique [dislɛksik] adj. et n. Atteint de dyslexie. – De *dyslexie.*

dysménorrhée [dismenɔʀe] n. f. MED Menstruation difficile et douloureuse. – De *dys-,* gr. *mên,* «mois», et *-rrhée.*

dysorthographie [dizɔʀtɔgʀafi] n. f. MED Trouble de l'acquisition et de la pratique de l'orthographe. – De *dys-,* et *orthographe.*

dysorthographique [dizɔʀtɔgʀafik] adj. et n. MED Atteint de dysorthographie. – De *dys-,* et *orthographe.*

dyspareunie [dispaʀøni] n. f. MED Douleur pendant les rapports sexuels (chez la femme). – De *dys-,* et gr. *pareunazein,* «coucher auprès de, avec».

dyspepsie [dispɛpsi] n. f. MED Difficulté à digérer. – De *dys-,* et gr. *peptein,* «cuire, digérer».

dyspepsique [dispɛpsik] ou **dyspeptique** [dispɛptik] adj. (et n.) Relatif à la dyspepsie; atteint de dyspepsie. – De *dyspepsie.*

dyspnée [dispne] n. f. MED Trouble de la respiration accompagnant les affections respiratoires et cardiaques, et certains accidents neurologiques. – De *dys-,* et gr. *pnein,* «respirer».

dyspraxie [dispʀaksi] n. f. MED Terme servant à désigner les différentes formes d'apraxie. – De *dys-,* et *-praxie.*

dysprosium [dispʀozjɔm] n. m. CHIM Élément de numéro atomique Z = 66, de masse atomique 162,5, de densité 8,54; métal du groupe des terres rares, qui fond à 1 407 °C, et bout à 2 600 °C (symbole Dy). – Du gr. *dusprositos,* «difficile à atteindre».

dystonie [distɔni] n. f. MED Trouble de la tension, du tonus. – De *dys-,* et *-tonie.*

dystrophie [distʀɔfi] n. f. MED Anomalie du développement d'un organe, due à un trouble de la nutrition. – De *dys-,* et gr. *trôphê,* «nourriture».

dysurie [dizyʀi] n. f. MED Difficulté à uriner. – De *dys-,* et *-urie.*

dytique [ditik] n. m. Coléoptère carnivore, hôte des eaux stagnantes, long de 5 cm, vorace et très bon plongeur. – Gr. *dutikos,* «plongeur».

E e

e [ə] n. m. **I.** Cinquième lettre et deuxième voyelle de l'alphabet. *Un E majuscule. Un e minuscule.* (Le signe *e* sert à noter: **1.** Le son [ɛ] ou *è* ouvert. Ex.: *père, rêve, jouet.* **2.** Le son [e] ou *é* fermé. Ex.: *bonté.* **3.** Le *e* dit «muet», qui se prononce [ə], comme dans *petit*, ou qui ne se prononce pas. Ex.: *enjouement, flamme, rapidement.* Devant une voyelle ou un h muet, le *e* s'élide et est remplacé par une apostrophe. Ex.: *Je n'ai pas vu l'homme qu'il a invité.*) **II.** Abrév. **1.** E ou Exc., abrév. de *Excellence.* – E ou Ém., abrév. de *Éminence.* **2.** BIOL *Vitamine E:* vitamine liposoluble. **3.** GEOGR E, abrév. de *Est.* **4.** MATH *e*, symbole de la base des logarithmes népériens. **5.** MUS E, notation alphabétique de la note *mi.* **6.** PHYS E, symb. de *énergie.* – e, symb. de *électron.*

é-, ef-, es-, ou **ex-.** Préfixes, du lat. *e(x),* marquant une idée de sortie, d'extraction, d'éloignement ou d'achèvement.

eau [o] n. f. **I. 1.** Substance liquide, transparente, inodore et sans saveur à l'état pur. *Eau de source, de pluie, de mer. Eau claire, trouble. Eau douce:* eau non salée (par oppos. à *eau de mer*). Fam. *Marin d'eau douce*, inexpérimenté. *Eau gazeuse,* qui contient du dioxyde de carbone (par oppos. à *eau plate*). *Eaux usées:* eaux salies, impures, rejetées après usage. *Eau de vaisselle,* qui a servi à laver la vaisselle. Fig., fam. Soupe, sauce insipide, trop allongée. ▷ Loc. et prov. *C'est une goutte d'eau dans la mer,* peu de chose. *C'est une tempête dans un verre d'eau,* beaucoup de bruit pour rien. *Un coup d'épée dans l'eau:* une démarche inutile, sans résultats. *Il faut se méfier de l'eau qui dort,* des apparences doucereuses ou pacifiques. *Mettre de l'eau dans son vin:* devenir plus modéré, moins intransigeant. *Se noyer dans un verre d'eau:* être arrêté par la moindre difficulté. Fig., fam. *Tourner en eau de boudin:* tourner court, échouer. *Vert d'eau:* vert pâle. ▷ CONSTR *Mettre hors d'eau un bâtiment,* en terminer la couverture, l'étanchéité. ▷ LITURG *Eau baptismale, bénite, consacrée.* **2.** Toute masse plus ou moins considérable de ce liquide (mer, rivière, lac, etc.). *Le niveau des eaux. Hautes, basses eaux. Le bord de l'eau.* ▷ Loc. et prov. *À fleur d'eau,* à la surface de l'eau. *Au fil de l'eau,* en suivant le courant. *D'ici là, il passera de l'eau sous les ponts :* cela n'arrivera pas de sitôt. *Être comme un poisson dans l'eau:* être dans son élément. *Grandes eaux:* aménagements des bassins avec des jets d'eau; les eaux jaillissantes elles-mêmes. *L'eau va à la rivière:* les richesses, les honneurs vont à ceux qui en sont déjà bien pourvus. *Nager entre deux eaux,* en restant recouvert par l'eau; fig., louvoyer entre deux partis. *Pêcher en eau trouble:* se procurer un profit à la faveur du désordre. *Se jeter à l'eau :* se lancer avec courage dans une entreprise. *Tomber à l'eau:* échouer. *Son projet est tombé à l'eau.* **3.** Plur., en loc. Eaux qui possèdent des vertus curatives ou bienfaisantes et dont on fait usage soit en s'y baignant, soit en les absorbant comme boisson. *Ville d'eaux. Aller aux eaux. Prendre les eaux.* – Sing. *Eau minérale, thermale.* **4.** Préparation aqueuse usitée en médecine, en parfumerie, dans l'industrie. *Eau oxygénée. Eau de Cologne. Eau de toilette. Eau de Javel:* hypochlorite de sodium. **II.** Liquide produit par un organisme. **1.** En loc. Sueur, salive. *Suer sang et eau. Être en eau. L'eau en vient à la bouche.* **2.** Plur. Liquide amniotique. *Poche des eaux. Perdre les eaux.* **3.** Suc de certains fruits. *Cette poire a beaucoup d'eau.* **4.** Liquide nourricier de certains végétaux, sève. *Eau d'érable.* **III.** Transparence, éclat d'une pierre précieuse. *Des perles d'une belle eau.* ▷ Fig. *De la plus belle eau:* parfait dans son genre. – Iron. *Un paresseux de la plus belle eau.* – Du lat. *aqua.*

ENCYCL **Chim.** – L'eau est un corps pur de formule H_2O, extrêmement abondant sur la Terre et présent sur Mars. Le volume d'eau contenu dans les océans (1 milliard de km³) constitue 97 % de nos ressources en eau; les 3 % restants sont contenus dans les calottes glaciaires, les cours d'eau et les nappes souterraines. L'eau joue dans la vie de l'homme un rôle capital sur le plan biologique et sur le plan industriel (25 m³ d'eau par tonne d'acier, 200 m³ par tonne de papier). La composition de l'eau a été déterminée en 1783 par Lavoisier et Meusnier (deux parties d'hydrogène, une d'oxygène). L'eau naturelle est un mélange d'eau, d'eau lourde D_2O et d'eau mixte DHO, ces deux dernières étant en proportions très faibles. C'est un liquide incolore, inodore et sans saveur qui se solidifie à 0 °C et bout à 100 °C sous la pression atmosphérique normale, ces valeurs ayant été prises pour définir l'échelle centésimale. (V. température.) À partir de 1 200 °C, l'eau se dissocie en hydrogène et en oxygène. Elle intervient dans de très nombreuses réactions chimiques (oxydation, réduction, hydrolyse). Elle se fixe sur certains corps en donnant des hydrates. La purification de l'eau s'effectue dans des échangeurs d'ions ou en utilisant des produits qui détruisent les matières organiques et les bactéries (ozone, chlore, eau de Javel). Les besoins considérables en eau ont amené à mettre au point des techniques d'épuration et de recyclage des eaux usées. De l'eau douce peut également être obtenue par dessalement de l'eau de mer ou des eaux saumâtres. Les ressources en eau du globe sont toutefois mises en péril par la pollution des mers et des cours d'eau. L'eau oxygénée est le nom courant du peroxyde d'hydrogène H_2O_2, liquide, de densité 1,46, utilisé en pharmacie comme antiseptique et dans l'industrie aérospatiale comme comburant pour les moteurs-fusées.
Biol. – L'eau est un constituant essentiel des cellules animales et végétales (70 % en moyenne chez les animaux). Solvant de la plus grande partie des constituants de la matière vivante, l'eau libre sert de milieu réactionnel pour tout le métabolisme, d'où son extrême importance: toute déshydratation poussée entraîne la mort de l'individu, sa mise en dormance (graines) ou une inactivité totale (reviviscence, enkystement, etc.). *Dans un être vivant,* on distingue l'*eau libre,* qui constitue le moyen de transport de nombreuses substances (dans le sang, par ex.), l'*eau liée* (par adsorption, imbibition ou capillarité) et l'*eau de constitution* ou *intramoléculaire,* qui est intégrée dans des molécules.

eau-de-feu [odfø] n. f. HIST (Dans le commerce des fourrures) Eau-de-vie. – De *eau,* et *feu.*

eau-de-vie [odvi] n. f. Liqueur alcoolique extraite par distillation du jus fermenté de fruits, de plantes ou de grains. *L'armagnac, le cognac, le rhum, le whisky sont des eaux-de-vie.* – Lat. alchim. *aqua vitae.*

eau-forte [ofɔʀt] n. f. **1.** Acide nitrique dont se servent les graveurs. *Une gravure à l'eau-forte.* **2.** BX-A Gravure obtenue en faisant mordre par l'acide nitrique une plaque de cuivre ou de zinc recouverte d'un vernis protecteur, sur lequel on a dessiné à l'aide d'une pointe qui a mis le métal à nu. *Des eaux-fortes.* – Lat. alchim. *aqua fortis.*

eaux-vannes [ovan] n. f. pl. TECH Eaux qui proviennent des fosses d'aisances, des bassins de vidange. – De *eau,* et *vanne.*

ébahi, ie [ebai] adj. Très étonné, surpris, stupéfait. *En rester ébahi.* Syn. éberlué, interdit. – Pp. de *ébahir.*

ébahir [ebaiʀ] v. tr. [2] Frapper d'étonnement. *Sa performance nous a ébahis.* ▷ v. pron. S'étonner. – De *é-*, et a. fr. *baer*, var. de *bayer.*

ébahissement [ebaismɑ̃] n. m. Étonnement, très grande surprise. Syn. stupéfaction. – De *ébahir.*

ébarbage [ebaʀbaʒ] ou **ébarbement** [ebaʀbəmɑ̃] n. m. Action d'ébarber, son résultat. – De *ébarber.*

ébarber [ebaʀbe] v. tr. [1] Enlever les barbes, les irrégularités, les bavures de. *Ébarber des plumes, de l'orge, du papier. Ébarber une pièce de métal.* – De *é-*, et *barbe.*

ébarbeuse [ebaʀbøz] n. f. TECH Machine à ébarber le métal. – De *ébarber.*

ébarboir [ebaʀbwaʀ] n. m. TECH Outil servant à ébarber. – De *ébarber.*

ébarbure [ebaʀbyʀ] n. f. TECH Particule qui se détache à l'ébarbage. – De *ébarber.*

ébats [eba(ɑ)] n. m. pl. Mouvements, jeux de qqn qui s'ébat. – Spécial. *Ébats amoureux.* – Déverbal de *(s')ébattre.*

ébattre (s') [ebatʀ] v. pron. [81] S'amuser, se divertir en se donnant du mouvement. *Enfants qui s'ébattent.* Syn. folâtrer. – De *é-*, et *battre.*

ébaubi, ie [ebobi] adj. Fam. Très étonné, qui éprouve une surprise mêlée d'admiration. – Pp. de *ébaubir.*

ébaubir [ebobiʀ] v. tr. [2] Étonner grandement. – Var. de l'a. fr. *abaubir*, «rendre bègue», du lat. *balbus*, «bègue».

ébauchage [eboʃaʒ] n. m. TECH Action de donner une première forme. – De *ébaucher.*

ébauche [eboʃ] n. f. **1.** Première forme donnée à une œuvre, à un ouvrage. *La première ébauche d'un tableau, d'une sculpture, d'un roman.* – Fig. *L'ébauche d'une législation.* **2.** Commencement d'une chose, amorce. *L'ébauche d'un sourire.* Syn. esquisse. **3.** TECH Forme grossière d'une pièce. *Une ébauche de clé.* – Déverbal de *ébaucher.*

ébaucher [eboʃe] **I.** v. tr. [1] **1.** Donner une première forme à (un ouvrage). *Ébaucher une statue. Ébaucher un roman.* **2.** TECH Dégrossir. *Ébaucher du chanvre. Ébaucher un diamant.* **3.** Fig. Commencer et ne pas achever. *Ébaucher un geste, un sourire. Ébaucher une idylle.* Syn. esquisser. Ant. achever, parfaire. **II.** v. pron. Être ébauché, commencer à prendre tournure. – De *é-*, et a. fr. *balc, bauch*, «poutre».

ébaucheur, euse [eboʃœʀ, øz] n. TECH Ouvrier, ouvrière qui ébauche, qui donne une première forme à un ouvrage. – De *ébaucher.*

ébauchoir [eboʃwaʀ] n. m. TECH Outil (de sculpteur, notam.) servant à ébaucher. – De *ébaucher.*

ébaudir [ebodiʀ] v. tr. [2] Vx Rendre joyeux, amuser. ▷ v. pron. (Anc. s'esbaudir). Se réjouir et manifester sa joie. – De *é-*, et a. fr. *bald, baud*, «joyeux», d'orig. frq.

ébénacées [ebenase] n. f. pl. BOT Famille d'ébénales comprenant les ébéniers. – De *ébène.*

ébénales [ebenal] n. f. pl. BOT Ordre de dicotylédones gamopétales des régions tropicales comprenant les ébénacées, les styracacées, etc.

ébène [ebɛn] n. m. **1.** Bois de l'ébénier, dur, très dense, très sombre, veiné de brun ou de blanc, utilisé en ébénisterie de luxe. **2.** Fig. Couleur d'un noir éclatant. *Chevelure d'ébène.* – Lat. *ebenus*, gr. *ebenos.*

ébénier [ebenje] n. m. Arbre exotique (genre *Dyospiros*, fam. ébénacées) à fleurs unisexuées et à fruits juteux. (*Dyospiros ebenum*, de Ceylan et du S. de l'Inde, produit un ébène noir exempt de veines. *Dyospiros kaki* produit les kakis.) ▷ *Faux ébénier:* autre nom du cytise. – De *ébène.*

ébéniste [ebenist] n. **1.** Ouvrier, ouvrière qui fabrique des meubles de luxe en utilisant la technique du placage (placage d'ébène à l'origine). **2.** *Par ext.* Ouvrier, artisan, qui fabrique, qui vend des meubles. – De *ébène.*

ébénisterie [ebenistəʀi] n. f. Travail, art de l'ébéniste. – De *ébéniste.*

éberlué, ée [ebɛʀlɥe] adj. Très étonné, stupéfait. – Pp. de *éberluer.*

éberluer [ebɛʀlɥe] v. tr. [1] Vieilli Étonner grandement, ébahir. – De *é-*, et *berlue.*

éblouir [ebluiʀ] v. tr. [2] **1.** Troubler par une lumière trop vive la vue de. *Le soleil l'éblouissait.* **2.** Fig. Surprendre, séduire par une apparence brillante mais trompeuse. *Se laisser éblouir par l'éloquence de qqn.* ▷ Mod. Susciter l'admiration, l'émerveillement. *Sa virtuosité nous a éblouis.* – Du lat. pop. *exblaudire*, du frq. *blaudi*, «faible».

éblouissant, ante [ebluisɑ̃, ɑ̃t] adj. **1.** Qui éblouit. *Une neige éblouissante.* **2.** Fig. Qui émerveille. *Une grâce éblouissante.* – Ppr. de *éblouir.*

éblouissement [ebluismɑ̃] n. m. **1.** Gêne dans la perception visuelle, causée par une lumière trop vive. *L'éblouissement provoqué par les phares.* ▷ *Par ext.* Trouble de la vue dû à un malaise. *Des éblouissements causés par la fatigue.* **2.** Fig. Émerveillement. *Ce spectacle fut un éblouissement.* – De *éblouir.*

ébonite [ebɔnit] n. f. TECH Combinaison de caoutchouc et de soufre (au moins 25 %). (Cet excellent isolant électrique a perdu de son intérêt depuis l'apparition des résines synthétiques). – De l'angl. *ebony*, «ébène».

éborgnage [ebɔʀɲaʒ] n. m. HORTIC Action de supprimer les yeux (bourgeons) inutiles d'un arbre fruitier. – De *éborgner.*

éborgnement [ebɔʀɲəmɑ̃] n. m. Action d'éborgner (sens 1); son résultat. – De *éborgner.*

éborgner [ebɔʀɲe] v. tr. [1] **1.** Rendre borgne. **2.** HORTIC Pratiquer l'éborgnage de. **3.** v. pron. *Se crever un œil.* – De *é-*, et *borgne* (sens 1).

éboueur, euse [ebuœʀ, øz] n. Personne chargée de débarrasser la voie publique des ordures ménagères et des boues. Syn. boueur ou boueux. – De *é-*, et *boue.*

ébouillantage [ebujɑ̃taʒ] n. m. Action d'ébouillanter. – De *ébouillanter.*

ébouillanter [ebujɑ̃te] v. tr. [1] Tremper dans l'eau bouillante ou arroser d'eau bouillante. *Ébouillanter une volaille pour la plumer. Ébouillanter une théière.* ▷ v. pron. Se brûler avec un liquide bouillant. – De *é-*, et *bouillant.*

éboulement [ebulmɑ̃] n. m. **1.** Fait de s'ébouler. *L'éboulement d'une muraille.* **2.** Éboulis. – De *ébouler.*

ébouler [ebule] **1.** v. tr. [1] Provoquer la chute, l'effondrement de (qqch). **2.** v. pron. S'affaisser, s'effondrer en se désagrégeant. *Le tunnel s'est éboulé.* – De *é-*, et a. fr. *boel, boiel*, anc. forme de *boyau.*

éboulis [ebuli] n. m. **1.** Amas de matériaux éboulés. **2.** GEOMORPH Accumulation de matériaux grossiers au pied d'un relief, due à une érosion mécanique. – De *ébouler.*

ébourgeonnage [ebuʀʒɔnaʒ] ou **ébourgeonnement** [ebuʀʒɔnmɑ̃] n. m. Action d'ébourgeonner. – De *ébourgeonner.*

ébourgeonner [ebuʀʒɔne] v. tr. [1] HORTIC Ôter les bourgeons inutiles (des arbres fruitiers). – De *é-*, et *bourgeon.*

ébouriffant, ante [ebuʀifɑ̃, ɑ̃t] adj. Fam. Extraordinaire, renversant. *Un succès ébouriffant.* – Ppr. de *ébouriffer.*

ébouriffé, ée [ebuʀife] adj. Rebroussés et en désordre (cheveux). – Par ext. *Tu es tout ébouriffé.* – Probabl. provenç. mod. *esbourifat;* de *é-*, et *bourre.*

ébouriffer [ebuʀife] v. tr. [1] **1.** Rebrousser en désordre (les cheveux). **2.** Fig., fam. Stupéfier, ahurir. **3.** v. pron. *S'ébouriffer les cheveux.* – De *ébouriffé.*

ébourrer [ebuʀe] v. tr. [1] TECH Enlever la bourre (d'une peau d'animal). – De *é-*, et *bourre.*

ébouter [ebute] v. tr. [1] TECH Raccourcir en coupant le bout. – De *é-*, et *bout.*

ébranchage [ebʀɑ̃ʃaʒ] ou **ébranchement** [ebʀɑ̃ʃmɑ̃] n. m. Action d'ébrancher un arbre. – De *ébrancher.*

ébrancher [ebʀɑ̃ʃe] v. tr. [1] Dépouiller (un arbre) d'une partie ou de la totalité de ses branches. – De *é-*, et *branche.*

ébranchoir [ebʀɑ̃ʃwaʀ] n. m. Serpe à long manche qui sert à ébrancher les arbres. – De *ébrancher.*

ébranlement [ebʀɑ̃lmɑ̃] n. m. **1.** Mouvement provoqué par une secousse, par un choc. ▷ PHYS Déformation due à un choc. **2.** Fig. Menace de ruine, d'effondrement. *L'ébranlement d'un empire.* **3.** Commotion nerveuse. *L'ébranlement dû à un accident.* – De *ébranler.*

ébranler [ebʀɑ̃le] **I.** v. tr. [1] **1.** Provoquer des secousses, des vibrations dans. *Le passage du train ébranlait toute la maison.* **2.** Rendre moins stable, moins solide à la suite d'un ébranlement. *Le vent a ébranlé la cheminée.* ▷ Fig. *Une crise qui ébranle l'État. Ébranler sa santé.* **3.** Rendre (qqn) moins ferme dans ses convictions, ses sentiments. *Vos raisons l'ont ébranlé.* **II.** v. pron. Se mettre en branle, en mouvement. *Convoi qui s'ébranle.* – De *é-*, et *branler.*

ébrasement [ebʀazmɑ̃] n. m. ou **ébrasure** [ebʀazyʀ] n. f. **1.** CONSTR Espace compris entre les montants d'une porte ou d'une fenêtre et le parement du mur intérieur. **2.** ARCHI Proportion dans laquelle une ouverture est ébrasée. – De *ébraser.*

ébraser [ebʀaze] v. tr. [1] ARCHI Élargir (une baie) suivant un plan oblique. – Var. de *embraser.*

ébrèchement [ebʀɛʃmɑ̃] n. m. Action d'ébrécher. – De *ébrécher.*

ébrécher [ebʀeʃe] v. tr. [16] **1.** Abîmer en faisant une brèche. *Ébrécher une tasse.* ▷ v. pron. *Le couteau s'est ébréché.* **2.** Fig., fam. Diminuer, entamer. *Ébrécher ses économies.* – De *é-*, et *brèche.*

ébréchure [ebʀeʃyʀ] n. f. Éclat correspondant à une brèche faite sur un objet; point où un objet est ébréché. – De *ébrécher.*

ébriété [ebʀijete] n. f. Ivresse. – Lat. *ebrietas,* de *ebrius,* «ivre».

ébrouement [ebʀumɑ̃] n. m. Action, fait de s'ébrouer. – De *ébrouer.*

ébrouer (s') [ebʀue] v. pron. [1] **1.** En parlant de certains animaux (cheval, notam.), expirer très fortement en faisant vibrer («ronfler») ses naseaux. **2.** Se secouer pour se nettoyer, se sécher. *Il s'ébroue après sa douche. Chien qui s'ébroue au sortir de l'eau.* – Probabl. de *é-*, et *brouée,* dial. «écume», de même rad. que *brouet.*

ébruitement [ebʀɥitmɑ̃] n. m. Action d'ébruiter; son résultat. – De *ébruiter.*

ébruiter [ebʀɥite] v. tr. [1] Divulguer, rendre public. *Ébruiter une nouvelle.* ▷ v. pron. *L'affaire s'est ébruitée.* – De *é-*, et *bruit.*

ébulliomètre [ebyljɔmɛtʀ] ou **ébullioscope** [ebyljɔskɔp] n. m. PHYS Appareil servant à déterminer le point d'ébullition d'un liquide. – Du lat. *ebullio, ebullire,* «bouillir», et *-mètre* ou *-scope.*

ébulliométrie [ebyljɔmetʀi] ou **ébullioscopie** [ebyljɔskɔpi] n. f. PHYS Mesure de la température d'ébullition des solutions (pour déterminer le degré alcoolique, la masse molaire d'un corps, etc.). – Du préc.

ébullition [ebylisjɔ̃] n. f. **1.** État d'un liquide qui bout. ▷ PHYS État d'un liquide qui se vaporise dans sa masse même. **2.** Fig. *En ébullition :* surexcité, vivement agité. *Une ville en ébullition.* – Bas lat. *ebullitio.*

ENCYCL Un liquide entre en ébullition lorsque la pression de sa vapeur saturante est égale à la pression qu'il supporte. La température à laquelle se produit ce phénomène (point d'ébullition) reste constante et dépend donc de la pression; ainsi, à une altitude élevée, le point d'ébullition de l'eau est inférieur à 100 °C. L'ébullition des liquides et le traitement des objets par l'eau bouillante contribuent à les stériliser.

éburné, ée [ebyʀne] ou **éburnéen, éenne** [ebyʀneɛ̃, eɛn] adj. Qui a l'aspect de l'ivoire. – Lat. *eburneus,* «d'ivoire».

écaillage [ekajaʒ] n. m. **1.** Action d'enlever les écailles (d'un poisson) ou d'ouvrir un coquillage. **2.** TECH Défaut d'une peinture, d'une poterie qui s'écaille. – De *écailler.*

écaille [eka(ɑ)j] n. f. **1.** Chacune des plaques minces, imbriquées ou non, recouvrant tout ou partie du corps de certains animaux. **2.** Matière cornée tirée de la carapace de certaines tortues de mer (caret, notam.) et utilisée dans la marqueterie et la confection d'objets de luxe (peignes, par ex.). **3.** Vx Chacune des deux valves d'une coquille d'huître, de moule, etc. **4.** Petite plaque, fine lamelle qui se détache d'une surface qui s'effrite. *Des écailles de peinture.* – Fig. *Les écailles lui sont tombées des yeux:* la vérité lui est enfin apparue. **5.** BOT Nom de diverses formations de nature foliaire. *Les écailles d'un bourgeon. Écailles d'un lis:* feuilles gorgées de réserves qui constituent le bulbe. **6.** ANAT Partie de l'os temporal. **7.** TRAV PUBL Plaque utilisée comme parement des murs en terre armée. – Du germ. occid. *skalja,* «tuile».

écailler [ekaje] v. tr. [1] **1.** Enlever les écailles de. *Écailler un poisson.* **2.** Ouvrir (un coquillage). *Écailler des huîtres.* **3.** Détacher par plaques minces. ▷ v. pron. *Vernis qui s'écaille.* – De *écaille.*

écailler, ère [ekaje, ɛʀ] n. Personne qui vend, qui ouvre des huîtres. – De *écaille.*

écailleux, euse [ekajø, øz] adj. **1.** Qui a des écailles. *Un poisson, un bulbe écailleux.* **2.** Qui se détache par plaques minces. *Ardoise écailleuse.* – De *écaille.*

écaillure [ekajyʀ] n. f. TECH Pellicules se détachant d'une surface. *Les écaillures d'un vernis.* – Du v. *écailler.*

écale [ekal] n. f. Enveloppe recouvrant la coque dure des noix, des amandes, etc. – Du frq. *skala,* «écaille».

écaler [ekale] v. tr. [1] Enlever l'écale de. *Écaler des noix.* – Par ext. *Écaler des œufs.* – De *écale.*

écalure [ekalyʀ] n. f. Pellicule dure de certains fruits ou de certaines graines. *Écalure de café.* – De *écaler.*

écang [ekɑ̃] n. m. Outil qui sert à écanguer. – Déverbal de *écanguer.*

écanguer [ekɑ̃ge] v. tr. [1] TECH Broyer (les tiges de lin ou de chanvre) pour en retirer la filasse. – Orig. incert.

écarlate [ekaʀlat] n. f. et adj. **1.** n. f. Colorant rouge vif, obtenu à partir de la cochenille. – *Par ext.* Étoffe teinte de cette couleur. *Un manteau d'écarlate.* **2.** adj. De la couleur de l'écarlate. *Des rideaux écarlates. Devenir écarlate de fureur.* – Lat. médiév. *scarlata;* du persan *sagirlat.*

écarquiller [ekaʀkije] v. tr. [1] Ouvrir tout grands (les yeux). – Altér. de *écartiller,* de *quart.*

1. écart [ekaʀ] n. m. **1.** Intervalle entre deux choses qu'on écarte ou qui s'écartent. *L'écart des doigts.* ▷ *Faire le grand écart:* écarter les jambes tendues d'avant en arrière ou de gauche à droite, jusqu'à ce qu'elles touchent le sol sur toute leur longueur. **2.** Différence, variation, décalage (par rapport à un point de référence). *Des écarts de température, de prix. L'écart entre le rêve et la réalité. Écart entre le modèle et la copie.* ▷ STAT *Écart quadratique moyen* ou *variance:* moyenne des carrés de la différence entre chaque valeur de la variable aléatoire et la moyenne de ces valeurs. *Écart type:* racine carrée de la variance. ▷ PHYS *Écart angulaire:* différence entre deux angles. **3.** Action de s'écarter de sa direction, de sa position. *Le cheval a fait un écart.* ▷ Fig. Action de s'écarter des règles de bonne conduite. *Des écarts de jeunesse, de langage.* **4.** MED VET Entorse de l'épaule du cheval. **5.** Loc. adv. *À l'écart:* dans un lieu écarté, isolé. *Habiter à l'écart.* Fig. *Laisser, tenir qqn à l'écart:* le laisser, le maintenir dans l'isolement. **6.** Loc. prép. *À l'écart de:* en dehors de. *Une maison à l'écart de la ville.* Fig. *Rester à l'écart des discussions.* – Déverbal de *écarter* 1.

2. écart [ekaʀ] n. m. Action d'écarter les cartes; les cartes qui ont été écartées par un joueur. – Déverbal de *écarter* 2.

écarté [ekaʀte] n. m. Jeu dans lequel on peut écarter des cartes pour les remplacer par d'autres. – Pp. subst. de *écarter* 2.

écartelé [ekaʀtəle] adj. m. HERALD Partagé en quatre quartiers égaux. – Pp. de *écarteler.*

écartèlement [ekaʀtɛlmɑ̃] n. m. Supplice consistant à arracher les membres d'un condamné en les faisant tirer dans des sens opposés par quatre chevaux. – De *écarteler.*

écarteler [ekaʀtəle] v. tr. [20] **1.** Faire subir le supplice de l'écartèlement à. **2.** Fig. Partager, déchirer. *Être écartelé entre des sentiments contraires.* – Pour *équarterer,* de *quartier,* «partager en quatre».

écartement [ekaʀtəmɑ̃] n. m. **1.** Action d'écarter, de s'écarter. **2.** État de ce qui est écarté. **3.** Espace qui sépare une chose d'une autre. *Écartement des rails de chemin de fer. Écartement des yeux.* – De *écarter* 1.

1. écarter [ekaʀte] **I.** v. tr. [1] **1.** Séparer, éloigner l'une de l'autre (des choses jointes ou rapprochées). *Écarter les jambes. Écarter une chaise de la table.* **2.** Tenir à distance. *Écarter un enfant d'un endroit dangereux.* **3.** Déplacer (des choses qui gênent le passage, la vue). *Écarter les branches pour passer.* **4.** Repousser, chasser. *Écarter les importuns.* Fig. *Écarter un risque, un danger.* ▷ Rejeter, exclure. *Sa candidature a été écartée.* **5.** Détourner, changer la direction de. *Écarter qqn de sa route.* Fig. *Écarter qqn de ses devoirs.* **II.** v. pron. **1.** S'éloigner (de qqn, de qqch). *S'écarter d'un groupe, d'un endroit.* **2.** Se détourner de. *S'écarter de son chemin.* Fig. *S'écarter de son sujet.* – Lat. pop. *exquartare,* de *quartus,* «quart».

2. écarter [ekaʀte] v. tr. [1] Mettre de côté (certaines cartes de son jeu) pour en reprendre d'autres. – De *carte,* d'ap. l'ital. *scartare.*

écarteur [ekaʀtœʀ] n. m. CHIR Instrument utilisé pour écarter les lèvres d'une incision, pour dilater certains canaux. – De *écarter* 1.

ecballium [e(ɛ)kbaljɔm] n. m. Plante de la famille des cucurbitacées dont le fruit éclate en projetant ses graines. – Lat. bot., du gr. *ekballein,* «lancer audehors».

ecce homo [ɛkseɔmo] n. m. inv. BX-A Tableau ou statue représentant le Christ couronné d'épines. – Mots lat., «voici l'homme», prononcés par Ponce Pilate en présentant au peuple juif le Christ couronné d'épines.

ecchymose [ekimoz] n. f. MED Marque cutanée de couleur bleu-noir, puis violacée, verdâtre ou jaunâtre, souvent secondaire à un traumatisme, et due à une infiltration sanguine sous-jacente. Syn. bleu. – Gr. *egkhumôsis.*

ecclésial, ale, aux [eklezjal, o] adj. Qui a rapport à l'Église, à la communauté des chrétiens. – Du lat. *ecclesia.*

ecclésiastique [eklezjastik] adj. et n. m. Qui a rapport à l'Église, au clergé. *Fonctions ecclésiastiques.* ▷ N. m. Membre du clergé. *Un jeune ecclésiastique.* – Gr. *ekklêsiastikos,* lat. ecclés. *ecclesiasticus.*

ecclésiologie [eklezjɔlɔʒi] n. f. THEOL Partie de la théologie qui traite de l'Église; étude théorique de l'Église. – Du radical de *ecclésiastique,* et *-logie.*

ecdysone [ekdizɔn] n. f. BIOCHIM Hormone stéroïde, présente chez les arthropodes, qui, sécrétée par la glande prothoracique à partir du cholestérol, déclenche les phénomènes de mue (la néotémine a une action antagoniste).

écervelé, ée [esɛʀvəle] adj. et n. Qui est sans jugement, sans prudence; étourdi. – De *é-,* et *cervelle.*

échafaud [eʃafo] n. m. **1.** Plate-forme dressée sur la place publique pour l'exécution des condamnés à mort. *Monter à* (ou *sur*) *l'échafaud.* ▷ *Par ext.* La guillotine. La peine capitale. *Risquer l'échafaud.* **2.** Vx Échafaudage. – Estrade ou plate-forme sur tréteaux servant de tribune, de plancher de théâtre. – Forme renforcée de l'a. fr. *chafaud,* lat. pop. **catafalicum,* du préf. gr. *kata,* «en bas», et lat. *fala,* «tour de bois».

échafaudage [eʃafodaʒ] n. m. **1.** Construction provisoire faite de planches, de perches et de traverses en bois ou en métal, qui permet l'accès à tous les niveaux d'un bâtiment qu'on édifie ou qu'on rénove. **2.** *Par ext.* Amas de choses assemblées ou posées les unes sur les autres. *Un échafaudage de caisses.* – Fig. Assemblage sans consistance d'idées, d'arguments. *Ce bel échafaudage s'est écroulé devant les faits.* **3.** Action d'amasser, d'édifier peu à peu. *L'échafaudage d'une œuvre philosophique.* – De *échafauder.*

échafauder [eʃafode] **1.** v. intr. [1] Mettre en place un échafaudage. **2.** v. tr. Fig. Édifier en esprit; combiner. *Échafauder un plan, une théorie, des hypothèses.* – De *échafaud.*

échalas [eʃala] n. m. Piquet fiché en terre pour soutenir un cep de vigne, un jeune arbre. – Fig. Personne grande et maigre. – Altér. d'ap. *échelle* du rég. **charas,* lat. pop. **caracium,* gr. *kharax,* «pieu».

échalasser [eʃalase] v. tr. [1] Soutenir au moyen d'échalas. – De *échalas.*

échalier [eʃalje] ou **échalis** [eʃali] n. m. Petite échelle double pour franchir une haie. – Clôture mobile à l'entrée d'un pré, d'un champ. – Var. dial. de *escalier.*

échalote [eʃalɔt] n. f. **1.** Plante potagère voisine de l'oignon (fam. liliacées) que l'on consomme en entier (feuilles tubulaires et bulbe allongé) à l'état frais. ▷ Par compar. *Maigre comme une échalote,* très maigre. – Fig. *Une échalote,* une personne grande et maigre. **2.** Variété d'ail (*Allium ascalonium*) dont le bulbe séché est utilisé comme condiment. Rem. Souvent appelée *échalote française*. – Lat *ascalonia (cepa)*, «oignon d'Ascalon», v. de Palestine.

échancrer [eʃɑ̃kʀe] v. tr. [1] Creuser le bord de; tailler en arrondi ou en V. *Littoral que la mer échancre. Échancrer une robe*. – De *é-*, et *chancre*.

échancrure [eʃɑ̃kʀyʀ] n. f. Partie échancrée, découpure. *Échancrures d'un littoral. Échancrure d'un corsage*. – De *échancrer*.

échange [eʃɑ̃ʒ] n. m. **1.** Le fait d'échanger, de céder une chose contre une autre. *Faire, proposer un échange*. ▷ DR Opération contractuelle par laquelle les parties se donnent respectivement une chose pour une autre. *Échange avec soulte*, comportant la remise d'une somme d'argent qui compense la différence de valeur entre les choses échangées. ▷ ECON *Échange direct:* troc. *Échange indirect*, par l'intermédiaire de la monnaie. *Échanges internationaux:* opérations commerciales de pays à pays. ▷ (En parlant de personnes). *Échange de prisonniers. Échange de partenaires*. **2.** *Par anal.* Le fait de s'adresser réciproquement telles ou telles choses. *Échange de compliments, de coups, de bons procédés. Un échange de vues*. **3.** BIOL Transfert réciproque de substances entre l'organisme, la cellule, et le milieu extérieur. *Échanges gazeux*, dans la respiration, dans la photosynthèse des plantes. *Échanges cellulaires*, par lesquels la cellule emprunte les matériaux nécessaires à sa survie et restitue soit des déchets, soit des produits qu'elle a synthétisés. ▷ CHIM *Échange isotopique:* remplacement d'un élément par un de ses isotopes. ▷ PHYS *Échange de chaleur* : transfert de chaleur entre deux corps. **4.** Loc. adv. *En échange:* en contrepartie, par compensation. ▷ Loc. prép. *En échange de:* pour prix de, en contrepartie de. – Déverbal de *échanger*.

échangeable [eʃɑ̃ʒabl] adj. Qui peut être échangé; qui peut être l'objet d'un échange. *Des marchandises échangeables*. – De *échanger*.

échanger [eʃɑ̃ʒe] v. tr. [15] **1.** Donner une chose et en obtenir une autre à la place. *Échanger des livres. Échanger du minerai contre des produits manufacturés*. ▷ (En parlant de personnes). *Échanger des otages contre la promesse de l'impunité*. **2.** S'adresser, se remettre réciproquement. *Échanger une correspondance, des documents*. – Fig. *Échanger des compliments, des injures*. – Du lat. pop. **excambiare*, du bas lat. *cambiare*.

échangeur [eʃɑ̃ʒœʀ] n. m. (et adj.) **1.** TECH *Échangeur de chaleur:* récipient où s'opère un transfert de chaleur entre un fluide chaud et un fluide froid. **2.** Ouvrage de raccordement de routes ou d'autoroutes qui évite aux usagers toute intersection à niveau des voies. **3.** CHIM *Échangeur d'ions:* substance qui retient certains ions d'une solution en les échangeant avec ses propres ions. *Les échangeurs d'ions sont utilisés pour adoucir l'eau*. – Adj. *Résine échangeuse d'ions*. ▷ *Par ext.* Appareil qui utilise de telles substances. – De *échanger*.

échangisme [eʃɑ̃ʒism] n. m. Échange de partenaire sexuel pratiqué entre deux couples ou en groupe, avec le consentement des participants. – De *échange*.

échangiste [eʃɑ̃ʒist] n. **1.** DR Personne qui est partie contractante dans un échange de biens. **2.** Personne qui pratique l'échangisme. – De *échanger*.

échanson [eʃɑ̃sɔ̃] n. m. Officier dont les fonctions étaient de servir à boire à la table du roi, du prince auquel il était attaché. – Plaisant. Personne qui sert à boire. – Du lat. médiév. *scantio*, frq. *skankjo*.

échantillon [eʃɑ̃tijɔ̃] n. m. **1.** Petite quantité d'une marchandise, qui sert à faire apprécier la qualité de celle-ci, ou, comme moyen publicitaire, à faire connaître son existence. *Un échantillon de vin, de parfum, d'étoffe*. ▷ Personne, chose considérée dans ce qu'elle a de typique; spécimen. *Un échantillon de l'humour britannique*. ▷ Fig. Exemple, aperçu. *Donner un échantillon de ses talents, de sa bassesse*. **2.** STAT Ensemble d'individus choisis comme représentatifs d'une population. *Faire un sondage sur un échantillon de 2 000 personnes*. – Du lat. pop. *scandaculum*, «jauge», rad. *scandere*, «monter», comme dans *scala*, «échelle».

échantillonnage [eʃɑ̃tijɔnaʒ] n. m. **1.** Assortiment d'échantillons. **2.** Action d'échantillonner, de prélever des échantillons. *Échantillonnage d'étoffes, de marchandises*. **3.** STAT Choix d'un échantillon d'intérêt statistique. – De *échantillonner*.

échantillonner [eʃɑ̃tijɔne] v. tr. [1] **1.** Prélever des échantillons de. *Échantillonner des vins*. **2.** TECH *Échantillonner des peaux*, leur donner une forme régulière en enlevant les bords. **3.** STAT Choisir un échantillon dans une population. – De *échantillon*.

échantillonneur, euse [eʃɑ̃tijɔnœʀ, øz] n. Personne chargée d'échantillonner. – De *échantillonner*.

échappatoire [eʃapatwaʀ] n. f. Moyen habile et détourné pour se tirer d'une difficulté. – De *échapper*.

échappée [eʃape] n. f. **1.** SPORT Action menée par un ou plusieurs concurrents, partic. dans une course cycliste, pour se détacher du peloton et conserver une avance sur celui-ci. **2.** *Échappée de vue*, et plus cour. *échappée:* espace resserré mais par lequel la vue peut porter au loin. *Il y a, entre les collines, une échappée superbe sur la mer*. **3.** Fig. Ce qui permet d'entrevoir brièvement. *On trouve dans son ouvrage quelques échappées sur sa vie*. **4.** Espace de dégagement à l'entrée d'une cour, d'un bâtiment, pour faciliter le passage des véhicules. – *Échappée d'un escalier*, hauteur, espace libre au-dessus de celui-ci. – Pp. fém. subst. de *échapper*.

échappement [eʃapmɑ̃] n. m. TECH **1.** Mécanisme oscillant régulateur du mouvement des rouages d'une montre. **2.** Évacuation des gaz de combustion d'un moteur. – Système qui permet cette évacuation. ▷ *Pot d'échappement:* appareil, appelé aussi *silencieux*, qui diminue le bruit de l'échappement. *Échappement libre*, sans pot d'échappement ou dont le pot d'échappement n'atténue plus les bruits. – De *échapper*.

échapper [eʃape] **I.** v. intr. [1] **1.** S'enfuir, se soustraire à. *Échapper des mains de l'ennemi, à la surveillance d'un gardien*. ▷ Se détacher affectivement de. *Elle sent bien que son mari lui échappe*. ▷ *Laisser échapper:* ne pas retenir (par maladresse ou par mégarde). *Laisser échapper un objet. Laisser échapper un cri, un soupir, un secret*. – Fig. *Laisser échapper sa chance, une occasion*, la laisser passer, se perdre. **2.** N'être plus tenu, retenu. *Le vase m'a échappé, m'a échappé des mains. Cet héritage pourrait bien vous échapper*, ne pas vous revenir. ▷ *Son nom m'échappe*, je ne l'ai plus en mémoire. ▷ Être dit ou fait par mégarde. *Le geste, le mot lui a échappé*. **3.** *Échapper à:* se dérober à (qqn ou qqch qui menace de nous saisir, de nous atteindre). *Échapper à ses poursuivants. Échapper à des recherches, des sévices*. – Se sauver ou être sauvé de. *Échapper à un accident, à la mort*. ▷ Ne pas donner prise à. *Il échappe à toute critique*. ▷ *Échapper à une corvée*, l'éviter, s'y soustraire. **4.** Ne pas être perçu, compris. *Ce détail, ce sens, cette allusion m'a échappé. Rien ne lui échappe:* son attention n'est jamais en défaut. **5.** Être soustrait à, exempté de. *Ces revenus échappent à l'impôt*. **II.** v. tr. Vx Éviter, se soustraire à. *Il a échappé les pires dangers*. – Mod., dans la loc. *L'échapper belle:* éviter de peu un péril, un grave inconvénient. *Sa maison a brûlé, il l'a échappé belle*. **III.** v. pron. **1.** S'enfuir, s'évader. *Les détenus se sont échappés*. Fam. *J'essaierai de m'échapper un moment*, de m'esquiver, de prendre un moment sur mes occupations. **2.** SPORT Faire une échappée. *Un coureur s'est échappé*. **3.** Sortir, se répandre plus ou moins brusquement ou abondamment. *Fumée qui s'échappe d'un conduit. Sang qui s'échappe d'une blessure.* – Fig. *Il a vu s'échapper ses dernières illusions.* – Lat. pop. **excappare*, «sortir de la chape», bas lat. *cappa.*

écharde [eʃaʀd] n. f. Petit éclat d'un corps quelconque, et partic. du bois, entré dans la peau par accident. – Du frq. *skarda*, «éclat de bois».

échardonner [eʃaʀdɔne] v. tr. [1] **1.** Enlever les chardons d'un champ. **2.** TEXT Enlever les gratterons des laines, avant ou après le peignage. – De *é-*, et *chardon.*

écharnage [eʃaʀnaʒ] n. m. Action d'écharner. – De *écharner.*

écharner [eʃaʀne] v. tr. [1] TECH Enlever les tissus musculaires et adipeux d'une peau avant de la tanner. – De *é-*, et *charn*, anc. forme de *chair.*

écharpe [eʃaʀp] n. f. **1.** Bande d'étoffe qui se porte obliquement d'une épaule à la hanche opposée, ou qui se noue autour de la taille, et sert d'insigne de certaines dignités, de certaines fonctions. ▷ Bandage passé au cou et utilisé pour l'immobilisation temporaire, en flexion, du membre supérieur. *Avoir, porter le bras en écharpe.* ▷ Par ext. *En écharpe:* obliquement, de biais. *Prendre un véhicule en écharpe*, le heurter de flanc. – MILIT *Tir d'écharpe*, oblique par rapport à la ligne du front. **2.** Bande d'étoffe, de tricot, qui se porte sur les épaules ou autour du cou. **3.** TECH Pièce de bois placée en diagonale dans un bâti de menuiserie. – Du frq. **skirpja*, «sac».

écharper [eʃaʀpe] v. tr. [1] **1.** Faire avec un instrument tranchant une grande blessure à (qqn). **2.** Mettre en pièces, massacrer. *Le meurtrier fut écharpé par la foule.* – Fam. *Se faire écharper:* se faire maltraiter, en actes ou en paroles. – De l'a. fr. *charpir*, «déchirer».

échasse [eʃɑs] n. f. **1.** Chacun des deux longs bâtons munis d'un étrier où l'on pose le pied pour marcher à une certaine hauteur au-dessus du sol. ▷ Fam. *Marcher, être monté sur des échasses:* avoir de longues jambes. **2.** CONSTR Perche de bois utilisée verticalement dans les échafaudages. **3.** Oiseau blanc et noir aux pattes très longues dont une espèce, l'échasse d'Amérique (*Himantopus mexicanus*), niche dans les marais d'eau douce ou saumâtre. – Du frq. *skakkja.*

échassiers [eʃɑsje] n. m. pl. ZOOL Ancien ordre hétéroclite d'oiseaux à pattes longues, actuellement démantelé en ardéiformes, charadriiformes et ralliformes. – Sing. Oiseau de cet ordre (héron, cigogne, grue, etc.). – De *échasse.*

échauboulure [eʃobulyʀ] n. f. MED VET Maladie éruptive du cheval et du bœuf. – De *échauder*, et *bouillure.*

échaudage [eʃodaʒ] n. m. Action d'échauder. *Spécial.* Brûlure des vignes, des céréales, par une chaleur solaire excessive. – De *échauder.*

échaudé, ée [eʃode] adj. AGRIC Se dit des plantes atteintes d'échaudage. *Blé échaudé*, dont les grains sont flétris, noircis et pauvres en farine. – Pp. de *échauder.*

échauder [eʃode] v. tr. [1] **1.** Jeter de l'eau chaude sur; plonger dans l'eau chaude ou bouillante. *Échauder un cochon*, pour ôter plus facilement son poil. **2.** Causer une brûlure avec un liquide très chaud. – Fig. *Être échaudé:* essuyer un mécompte, une déception. ▷ Prov. *Chat échaudé craint l'eau froide:* on redoute même l'apparence de ce qui a nui. – Du lat. pop. **excaldare.*

échaudoir [eʃodwaʀ] n. m. TECH **1.** Lieu d'un abattoir où les bêtes abattues sont échaudées et préparées. **2.** Grand récipient pour échauder. – De *échauder.*

échauffement [eʃofmɑ̃] n. m. Action d'échauffer; son résultat. Fait de s'échauffer. **1.** TECH Élévation anormale de la température par frottement (d'organes mécaniques, de l'air, etc.). **2.** SPORT Les exercices que l'on fait pour s'échauffer. **3.** Début de fermentation sous l'action de la chaleur. *Échauffement des céréales, des farines.* **4.** Vieilli Légère inflammation. – De *échauffer.*

échauffer [eʃofe] **I.** v. tr. [1] **1.** Rendre chaud (*spécial.* de manière inhabituelle ou excessive). *Frottement qui échauffe un essieu.* – Loc. *Échauffer la bile, les oreilles à qqn*, l'impatienter, provoquer son irritation. **2.** Fig. Animer, exciter. *La nouvelle échauffa les esprits.* **3.** Produire la fermentation de. *Une trop longue exposition au soleil échauffe les grains.* **II.** v. pron. **1.** S'animer, s'exciter. *La conversation s'échauffe.* **2.** Commencer à fermenter. *Les foins s'échauffent.* **3.** SPORT Se préparer avant un entraînement, une épreuve, par des exercices d'assouplissement et de mise en condition physique. – Du lat. pop. *excalefare.*

échauffourée [eʃofuʀe] n. f. Affrontement inopiné qui met aux prises de façon plus ou moins violente et confuse deux groupes d'adversaires. ▷ MILIT Petit engagement de groupes isolés. – De *chaufourrer*, dial., «chauffer, poursuivre, frapper».

échauguette [eʃogɛt] n. f. Guérite de pierre placée en encorbellement sur une muraille fortifiée, au sommet d'une tour. – Du frq. **skarwahta*, «troupe de guet».

èche. V. esche.

échéance [eʃeɑ̃s] n. f. **1.** Date à laquelle un paiement, une obligation, un engagement quelconque vient à exécution; terme d'un délai. *Échéance d'une facture, d'un loyer.* ▷ *Payer de lourdes échéances. Faire face à ses échéances*, être en mesure de les régler. **2.** Temps qui sépare l'engagement de l'échéance; délai. *Un emprunt à courte échéance.* ▷ Fig. *À longue échéance:* sur un long temps ou dans un temps éloigné. *À brève échéance:* bientôt. *Je vous ferai part de mes conclusions à brève échéance.* – Du ppr. de *échoir.*

échéancier [eʃeɑ̃sje] n. m. **1.** Livre où sont inscrits par ordre d'échéance les effets à payer ou à recevoir. **2.** Calendrier de dates qui doivent être respectées. – De *échéance.*

échéant, ante [eʃeɑ̃, ɑ̃t] **1.** adj. Qui vient à échéance. *Effet échéant.* **2.** loc. adv. *Le cas échéant:* si le cas se présente, à l'occasion. – Ppr. de *échoir.*

échec [eʃɛk] n. m. **I.** Plur. **1.** Jeu qui se joue sur un tableau carré divisé en soixante-quatre cases égales alternativement claires et foncées, et qui oppose deux adversaires disposant chacun de seize figurines (pièces) respectivement noires et blanches. *Une partie d'échecs.* **2.** Les pièces de ce jeu (pions, tours, cavaliers, fous, dame, roi). *Des échecs en ivoire.* **II.** Sing. **1.** Aux échecs, position du roi qui se trouve sur une case battue par une pièce de l'adversaire. – Le coup même qui crée cette situation, et que son auteur doit signaler par le mot *échec. Échec au roi. Être en échec. Échec et mat**. ▷ Adj. *Être échec.* **2.** Par anal. *Faire échec à:* entraver, empêcher, contrecarrer. *Faire échec à des manœuvres politiques.* – *Tenir, mettre qqn en échec*, le mettre en difficulté, s'opposer avec succès à la réalisation de ses intentions, de son entreprise. **3.** Insuccès. *Tentative vouée à l'échec. Échec à un concours, un examen.* ▷ Revers, défaite. *Essuyer, subir un échec. Démarches qui se soldent par un échec.* **4.** PSYCHAN *Névrose d'échec:* névrose caractérisée par la recherche systématique mais inconsciente de l'échec. *Conduite d'échec*, qui résulte de cette névrose, ou d'autres analogues, et où domine un sentiment d'impuissance et de résignation. – Altér. de *es-*

chac, de l'arabo-persan *shâh*, dans l'expr. *shâh mat*, «le roi est mort».

échelette [eʃlɛt] n. f. Vx ou rég. **1.** Petite échelle. **2.** Ridelle légère et mobile utilisée pour les chargements sur bâts ou sur charrettes. **3.** *Compte par échelettes*, dans lequel les acomptes sont imputés sur les intérêts avant de l'être sur le capital. – Dimin. de *échelle*.

échelle [eʃɛl] n. f. **I.** Appareil composé de deux montants parallèles ou convergents réunis par des traverses régulièrement espacées qui permettent de monter ou de descendre. *Monter à, sur une échelle. Dresser une échelle contre un mur. Échelle double*, faite de deux échelles articulées à la partie supérieure. *Échelle de meunier:* escalier droit sans contremarches. *Échelle de coupée*, qui sert à monter à bord d'un navire. *Échelle de corde*, dont les montants sont en corde. ▷ Loc. *Faire la courte échelle à qqn*, lui servir de support avec ses mains, puis ses épaules, pour atteindre un point élevé; fig., favoriser sa réussite. – Fig., fam. *Il n'y a plus qu'à tirer l'échelle:* il est impossible de faire mieux (ou, iron., pire). – *Monter à l'échelle:* prendre au sérieux une mystification, une plaisanterie. **II.** Série d'êtres ou de choses qui s'organise selon un ordre, une hiérarchie, une progression. *Échelle des êtres*, des organismes les plus simples aux plus complexes. *Échelle sociale:* hiérarchie des positions sociales, des conditions des individus dans une société. *S'élever dans l'échelle sociale. Tout jugement moral implique une échelle des valeurs.* **1.** ECON *Échelle mobile:* système d'indexation de prix ou de revenus sur un élément économique variable. *Échelle mobile des salaires*, indexés sur le coût de la vie. **2.** MUS Succession des sons produits par des instruments ou des voix, du plus grave au plus aigu. *Échelle naturelle* ou *diatonique*. **3.** Ensemble de graduations d'un instrument ou d'un tableau de mesures; mode de graduation des phénomènes mesurés. *Échelle d'un baromètre. Échelle thermométrique Celsius, Kelvin, Fahrenheit.* V. degré, kelvin. *Échelle de Beaufort*, échelle pour la mesure de la vitesse du vent, associant un état de la mer et cotée de 0 (calme) à 12 (ouragan). *Échelle de Richter:* échelle utilisée pour mesurer l'énergie libérée par une secousse sismique. – MATH *Échelle logarithmique*, dans laquelle la distance entre un repère et l'origine de l'échelle est proportionnelle au logarithme du nombre attaché à ce repère. **III.** Rapport des dimensions, des distances figurées sur un plan, un croquis, une carte, etc., avec les dimensions, les distances dans la réalité. *Ce plan est à l'échelle de 1/50 000.* – Par anal. *Échelle d'une maquette. Échelle de réduction, d'agrandissement d'un modèle.* – Fig. *Faire qqch sur une grande, une vaste échelle:* travailler, opérer en grand. ▷ *À l'échelle de:* à la mesure de, aux dimensions de. *Un urbanisme à l'échelle de l'être humain.* – Lat. *scala*.

échelon [eʃlõ] n. m. **1.** Chacun des barreaux d'une échelle. **2.** Fig. Degré dans une série, une hiérarchie. *Il est remonté d'un échelon dans mon estime. Le dernier échelon*, le degré supérieur ou le degré inférieur. – *Spécial.* Degré d'avancement d'un fonctionnaire, d'un employé à l'intérieur d'un même grade, d'une même fonction. *Passer au septième échelon. Descendre un* ou *d'un échelon.* ▷ Chacun des différents niveaux de décision d'une administration, d'un corps, d'une entreprise, etc. *Initiatives prises à l'échelon municipal.* **3.** MILIT Chacun des éléments d'une troupe disposée en profondeur. *Échelon d'attaque.* – De *échelle*.

échelonnement [eʃlɔnmɑ̃] n. m. Action d'échelonner; son résultat. – De *échelonner*.

échelonner [eʃlɔne] v. tr. [1] **1.** Placer de distance en distance, ou à des dates successives. *Échelonner des postes de secours. Échelonner des paiements.* ▷ v. pron. *Livraisons qui s'échelonnent sur un an.* **2.** MILIT Disposer (des troupes) par échelons. – De *échelon*.

échenillage [eʃ(ə)nijaʒ] n. m. Action d'écheniller. – De *écheniller*.

écheniller [eʃ(ə)nije] v. tr. [1] **1.** Ôter les chenilles de. *Écheniller un arbre.* **2.** Fig. Supprimer ce qui est inutile, élaguer. *Écheniller un texte en ôtant les redites.* – De *é-*, et *chenille*.

échenilloir [eʃ(ə)nijwaʀ] n. m. Sécateur à écheniller. – De *écheniller*.

écheveau [eʃvo] n. m. **1.** Longueur de fil roulée en cercle ou repliée sur elle-même. *Écheveau de laine, de coton.* **2.** Fig. Ce qui est compliqué, embrouillé. *Un écheveau d'intrigues.* – Probabl. du lat. *scabellum*, «petit banc», et, par ext., «dévidoir», «écheveau».

échevelé, ée [eʃəvle] adj. **1.** Dont la chevelure est en désordre. **2.** Fig. Débridé, effréné. *Une course échevelée. Une improvisation échevelée.* – Pp. de *écheveler*.

écheveler [eʃəvle] v. tr. [22] Litt. Mettre en désordre la chevelure de. – De *é-*, et *chevel* (V. cheveu).

échevette [e(ɛ)ʃvɛt] n. f. Petit écheveau. – TECH Longueur fixe, et variable selon les textiles, de fil dévidé. – De *écheveau*.

échevin [eʃ(ə)vɛ̃] n. m. **1.** Membre élu du Conseil municipal. Rem. Plus fréquent: *conseiller municipal*. **2.** Magistrat municipal, en France avant 1789, en Belgique et aux Pays-Bas de nos jours. – Du frq. **skapin*.

échevinage [eʃ(ə)vinaʒ] n. m. Fonction d'échevin; temps d'exercice de cette fonction. ▷ Corps des échevins; ressort de leur juridiction. – De *échevin*.

échidné [ekidne] n. m. Mammifère monotrème (genres *Echidna* et *Zaglossus*) à bec corné, fouisseur insectivore d'Australie et de Nouvelle-Guinée, dont le corps, long de 25 à 30 cm, est couvert de piquants. – Lat. *echidna*, du gr., «vipère».

échiffe [eʃif] ou **échiffre** [eʃifʀ] n. f. ou m. CONSTR *Mur d'échiffre:* mur dont la partie supérieure supporte le limon d'un escalier. – Anc. fr. *eschif, escif*, «abrupt».

échin(o)-. Préfixe, du gr. *ekhinos*, «hérisson».

1. échine [eʃin] n. f. **1.** Colonne vertébrale, région du dos qui y correspond. *Se rompre l'échine.* ▷ Fig. *Courber l'échine:* se soumettre. – *Avoir l'échine souple:* être complaisant jusqu'à la servilité. **2.** BOUCH (Coupe française) Partie antérieure du dos du porc, avant le carré. – Du frq. **skina*, «baguette de bois», d'où «aiguille, os long».

2. échine [eʃin] n. f. ARCHI Pierre en forme de coussinet placée sous le tailloir du chapiteau dorique. – Lat. d'orig. gr. *echinus*.

échiner [eʃine] **1.** v. tr. [1] Vx Rompre l'échine à; tuer, assommer. **2.** v. pron. Fig. Se fatiguer, se donner de la peine. *Je m'échine à lui faire comprendre.* Syn. (fam.) s'esquinter. – De *échine* 1.

échinidés [ekinide] n. m. pl. ZOOL Classe d'échinodermes à test globuleux garni de piquants (oursins). – Gr. *ekhinos*, «hérisson».

échinococcose [ekinokɔkoz] n. f. MED Parasitose extrêmement grave due à l'échinocoque du chien. – De *échinocoque*, et *-ose* 2.

échinocoque [ekinokɔk] n. m. ZOOL Ténia de l'intestin des carnivores. (*Echinococcus granulosus* vit chez le chien; sa larve, nommée hydatide, peut envahir tous les organes de l'homme où elle développe un *kyste hydatique*, dans lequel elle grossit et se multiplie de façon asexuée: 2 millions de larves par kyste.) – Lat. sav. *echinococcus*, de *échino-*, et gr. *kokkos*, «grain».

échinodermes [ekinodɛʀm] n. m. pl. ZOOL Embranchement de métazoaires triblastiques marins dont la symétrie bilatérale, fondamentale, disparaît au cours du développement larvaire pour former une organisation rayonnée de type 5. – De *échino-*, et *derme*.

ENCYCL Les échinodermes possèdent un squelette calcaire interne fréquemment garni de piquants. On distingue les crinoïdes (comatules), les échinidés (oursins) et les stelléroïdes (astéries, nommées cour. *étoiles de mer*, et ophiures). Apparus à l'Antécambrien, ils semblent constituer la souche des cordés.

échinorynque [ekinoʀɛ̃k] n. m. ZOOL Ver, dont l'extrémité antérieure a la forme d'une trompe armée de crochets, dépourvu de tube digestif, qui parasite l'intestin du porc. *La classe des échinorynques est parfois rattachée à celle des plathelminthes.* – De *échino-*, et gr. *runkhos*, «bec».

échiquier [eʃikje] n. m. **I. 1.** Tableau divisé en 64 carrés alternativement blancs et noirs, et sur lequel on joue aux échecs. ▷ En échiquier. *Planter des arbres en échiquier*, en quinconce. **2.** Fig. Lieu, domaine où s'opposent les partis, les intérêts. *L'échiquier économique.* **II.** En Grande-Bretagne, administration financière centrale. *Le Chancelier de l'Échiquier:* le ministre des Finances britannique. – De *échec*.

échiuriens [ekjyʀjɛ̃] n. m. pl. ZOOL Classe de métazoaires invertébrés marins vermiformes, pourvus d'une trompe. V. bonellie. – Du gr. *ekhis*, «vipère», et *oura*, «queue».

écho [eko] n. m. **1.** Phénomène de répétition d'un son par réflexion sur une paroi; son ainsi répété. *Seul, l'écho lui répondait.* **2.** Lieu où ce phénomène se produit. – Loc. fig. *À tous les échos:* partout. *Répandre une nouvelle à tous les échos.* **3.** TECH Onde réfléchie ou diffusée par un obstacle et revenant vers sa source. *Sur le radar, on enregistre l'écho de l'impulsion émise.* **4.** Fig. Propos répétés. *J'ai eu quelques échos de votre conduite.* – Nouvelle, information locale donnée dans les journaux. – Titre de divers journaux. *«L'Écho du Nord».* **5.** Fig. Ce qui reproduit, répète qqch ou y répond. *Se faire l'écho de:* répéter ce que l'on a entendu, propager. *Ne pas trouver d'écho :* ne recueillir aucune approbation, aucune adhésion. **6.** LITTER, MUS Phrase ou portion de phrase, rime ou note reprenant la précédente et produisant un effet d'écho. *Thème, rime en écho.* – Lat. *echo*, gr. *êkhô*.

échographie [ekogʀafi] n. f. MED Méthode d'exploration médicale utilisant la réflexion des ultrasons par les organes. *L'échographie est très utilisée pour les examens prénatals.* – De *écho*, et *-graphie*.

échoir [eʃwaʀ] v. défect. **[54]** **1.** v. tr. indir. Être dévolu par le sort à. *Cela lui échoit en partage.* **2.** v. intr. Arriver à échéance. *Le premier règlement échoit au mois de juin. Terme échu.* – Du lat. pop. **excadere*, class. *excidere*.

écholalie [ekolali] n. f. MED Impulsion morbide à répéter, en écho, les derniers mots des phrases entendues. – De *écho*, et gr. *lalia*, «bavardage».

écholocation [ekolɔkasjõ] ou **écholocalisation** [ekolɔkalizasjõ] n. f. ZOOL Localisation des obstacles et des proies par émission d'ultrasons puis réception des ultrasons réfléchis, observée chez certains animaux (chauves-souris, dauphins). – De *écho*, et *localisation*.

1. échoppe [eʃɔp] n. f. Petite boutique, le plus souvent de planches et adossée à un mur. *Échoppe de cordonnier.* – Anc. néerl. *schoppe*, avec infl. de l'angl. *shop*, «magasin».

2. échoppe [eʃɔp] n. f. TECH Burin de graveur. – Du lat. *scalprum*.

échopper [eʃɔpe] v. tr. **[1]** TECH Graver avec l'échoppe. – De *échoppe* 2.

échosondeur [ekosõdœʀ] n. m. TECH Instrument utilisant la réflexion des ultrasons pour déterminer la profondeur des fonds marins. – De *écho*, et *sonde*.

échotier, ière [ekɔtje, jɛʀ] n. Rédacteur, rédactrice chargé(e) des échos dans un journal. – De *écho*.

échouage [eʃwaʒ] n. m. MAR Situation d'un navire que l'on échoue volontairement. – De *échouer*.

échouement [eʃumɑ̃] n. m. Arrêt accidentel d'un navire par contact avec le fond. – De *échouer*.

échouer [eʃwe] v. intr. **[1]** **I. 1.** Toucher le fond, accidentellement ou non, et cesser de flotter, en parlant d'un navire. *Le navire a échoué sur la plage.* – Par anal. *Baleine qui échoue.* ▷ v. tr. *Échouer un navire*, le faire échouer volontairement. Ant. renflouer. ▷ v. pron. Se mettre au sec accidentellement. *L'épave s'est échouée sur un banc de sable.* **2.** Fig. Aboutir en un lieu sans l'avoir vraiment voulu. *Renvoyé de partout, il échoua dans cette petite ville.* **II. 1.** Ne pas réussir (personnes). *Il a échoué à ses examens.* **2.** Ne pas aboutir (choses). *L'attaque échoua devant la résistance ennemie.* Syn. manquer, avorter, rater. – Orig. incert.

écidie [esidi] n. f. BOT Fructification particulière aux rouilles et que l'on observe sur la face inférieure des feuilles atteintes.

écidiospore [esidjɔspɔʀ] n. f. BOT Spore à double noyau produite par les écidies, se reproduisant par multiplication végétative.

écimage [esimaʒ] n. m. Action d'écimer. – De *écimer*.

écimer [esime] v. tr. **[1]** AGRIC Couper (la cime d'un végétal) pour favoriser la production de ramifications. *Écimer le maïs.* Syn. étêter. – De *é-*, et *cime*.

éclaboussement [eklabusmɑ̃] n. m. Action d'éclabousser. – De *éclabousser*.

éclabousser [eklabuse] v. tr. **[1]** **1.** Faire rejaillir un liquide, de la boue sur. **2.** Fig. Faire subir un dommage, un préjudice par contrecoup. *Toutes ces rumeurs ont éclaboussé sa réputation.* – Du rad. onomat. *klapp*.

éclaboussure [eklabusyʀ] n. f. **1.** Liquide salissant qui a rejailli. *Recevoir des éclaboussures de boue.* **2.** Fig. Dommage subi par contrecoup. – De *éclabousser*.

éclair [eklɛʀ] n. m. **I. 1.** Décharge électrique entre deux nuages ou entre un nuage et le sol. *Éclair en trait, en boule.* ▷ Loc. fig. *Vif, rapide comme l'éclair*, très vif, très rapide. – *En un éclair, en l'espace d'un éclair :* très rapidement, en un instant. ▷ CHIM *Point d'éclair :* température à laquelle une huile s'enflamme. **2.** *Par anal.* Vive lueur, rapide et passagère. *Les éclairs d'un phare. Ce diamant lance des éclairs.* – Fig. *Un éclair de malice brillait dans ses yeux.* **3.** Fig. Ce qui a la vivacité, la rapidité de l'éclair. *Avoir un éclair de génie, d'intelligence.* ▷ *Appos.* Très rapide. *Un voyage éclair. Guerre éclair.* **II.** Petite pâtisserie allongée fourrée de crème. *Éclair au chocolat, au café.* – De *éclairer*.

éclairage [eklɛʀaʒ] n. m. **1.** Action, manière d'éclairer à l'aide d'une lumière artificielle. *Éclairage au gaz, à l'électricité. Éclairage direct*, dans lequel le flux lumineux est dirigé sur l'objet à éclairer, par oppos. à *éclairage indirect.* ▷ Dispositif servant à éclairer. *Éclairage public:* ensemble des appareils et du réseau d'éclairage des espaces publics (routes, rues, etc.). **2.** Manière dont une chose est éclairée. *Éclairage naturel, artificiel.* Syn. lumière. **3.** PHYS Produit du flux lumineux par le temps (exprimé en lumen-seconde). **4.** Fig. Manière dont une chose est considérée. *Je ne vois pas la situation sous cet éclairage.* – De *éclairer*.

éclairagisme [eklɛʀaʒism] n. m. TECH Étude des procédés d'éclairage. – De *éclairage*.

éclairagiste [eklɛʀaʒist] n. TECH Spécialiste de l'éclairage artificiel. – De *éclairage*.

éclairant, ante [eklɛʀɑ̃, ɑ̃t] adj. Qui a la propriété d'éclairer. *Fusée éclairante.* ▷ Fig. *Une comparaison éclairante.* – Ppr. de *éclairer*.

éclaircie [eklɛʀsi] n. f. **1.** Espace clair dans un ciel chargé de brume ou de nuages. – Diminution importante de la nébulosité, interruption du temps pluvieux; période au cours de laquelle elle se produit. *Le temps sera généralement pluvieux avec quelques éclaircies.* **2.** Fig. Amélioration momentanée. *La situation diplomatique présente des éclaircies.* **3.** AGRIC et SYLVIC Opération consistant à éclaircir un plant, une futaie, etc. – Pp. fém. subst. de *éclaircir*.

éclaircir [eklɛʀsiʀ] v. tr. [2] **1.** Rendre clair, plus clair. *Le soleil a éclairci ses cheveux.* Ant. assombrir, foncer, obscurcir. ▷ V. pron. *L'orage passe, le ciel s'est rapidement éclairci.* **2.** Rendre plus net, plus pur. *Le citron éclaircit la voix.* ▷ *Il toussa pour s'éclaircir la gorge.* **3.** Rendre moins épais, moins dense. *Éclaircir une sauce.* Syn. allonger. Ant. épaissir. ▷ AGRIC et SYLVIC Enlever des végétaux (d'un plant, d'une futaie, etc.) pour favoriser la croissance des autres. *Éclaircir un semis.* **4.** Fig. Rendre clair, intelligible; élucider. *Il faudrait éclaircir votre pensée. Éclaircir une affaire, une énigme.* Syn. démêler, clarifier. Ant. embrouiller, compliquer. ▷ v. pron. *La situation s'est éclaircie.* – Lat. pop. **exclaricire*, de *clarus*, «clair».

éclaircissage [eklɛʀsisaʒ] n. m. AGRIC et SYLVIC Action d'éclaircir. – De *éclaircir*.

éclaircissement [eklɛʀsismɑ̃] n. m. **1.** Action d'éclaircir, de rendre moins sombre. *L'éclaircissement d'une teinte.* **2.** Explication d'une chose difficile à comprendre ou qui prête à équivoque. *Demander des éclaircissements.* Syn. explication, justification. – De *éclaircir*.

éclaire [eklɛʀ] n. f. *Éclaire* ou *grande éclaire:* nom cour. de la chélidoine. – De *éclairer*, parce qu'on tirait de cette plante un collyre.

éclairé, ée [ekle(ɛ)ʀe] adj. **1.** Qui reçoit de la lumière. *Une pièce bien éclairée.* **2.** Fig. Qui a des lumières, des connaissances, de l'expérience. *Un esprit éclairé. Un public éclairé.* – Par ext. *Un avis éclairé.* – Pp. de *éclairer*.

éclairement [eklɛʀmɑ̃] n. m. **1.** PHYS Quotient du flux lumineux par unité de surface (exprimé en lux, c.-à-d. en lumen/m^2). **2.** Manière dont une chose est éclairée. *L'éclairement d'une maison.* – De *éclairer*.

éclairer [ekle(ɛ)ʀe] v. tr. [1] **I. 1.** Répandre de la clarté, de la lumière sur, illuminer. *Le Soleil éclaire la Terre. Une lampe jaune éclairait faiblement la pièce.* ▷ (S. comp.) *Cette lampe éclaire mal.* **2.** Fournir, procurer de la lumière à. *Je passe devant vous pour vous éclairer.* ▷ V. pron. *S'éclairer au gaz, à l'électricité.* **3.** Rendre plus clair, plus lumineux. *Ces grandes baies éclairent la pièce.* – Fig. *Un sourire éclaira son visage.* Ant. assombrir. **4.** Vx Allumer. *Éclairer une lanterne.* **5.** JEU *Éclairer le jeu* ou absol. *éclairer:* jouer de manière à faire connaître les cartes que l'on a en main. **II. 1.** Expliquer à (qqn), mettre (qqn) en état de comprendre. *Il éclaira ses amis sur la situation. Je ne suis pas au courant, voulez-vous m'éclairer.* Syn. informer, instruire. ▷ v. pron. Acquérir des connaissances. *Les esprits commencent à s'éclairer.* **2.** Rendre (qqch) intelligible. *L'enquête a éclairé bien des points obscurs.* ▷ V. pron. *Tout s'éclaire.* **3.** MILIT *Éclairer la marche d'une unité*, reconnaître au préalable son itinéraire par l'envoi d'éclaireurs. – Lat. pop. **exclariare*, class. *exclarare*, de *clarus*, «clair».

éclaireur, euse [ekle(ɛ)ʀœʀ, øz] n. **1.** n. m. MILIT Soldat envoyé pour reconnaître un itinéraire, une position. **2.** n. Membre d'une organisation de scouts. – De *éclairer*.

éclampsie [eklɑ̃psi] n. f. MED Syndrome convulsif grave, parfois observé en fin de grossesse, dû à une toxémie gravidique. – Du gr. *eklampein*, «briller soudainement, éclater».

éclamptique [eklɑ̃ptik] adj. (et n. f.) **1.** Relatif à l'éclampsie. **2.** Qui souffre d'éclampsie. ▷ N. f. *Une éclamptique.* – De *éclampsie*.

éclat [ekla] n. m. **I. 1.** Fragment détaché d'un corps dur. *Le pare-brise a volé en éclats.* **2.** Son, bruit soudain, plus ou moins violent. *Un éclat de tonnerre. Des éclats de voix. Des éclats de rire. Rire aux éclats.* **3.** Fig. Bruit, réaction retentissante. *La nouvelle fit un grand éclat.* ▷ Manifestation violente, scandale. *On craint qu'il ne fasse un éclat.* **II. 1.** Vive lumière émanant d'une source lumineuse, d'un corps brillant; intensité de cette lumière. *L'éclat d'un diamant. Ses yeux brillaient d'un éclat fiévreux.* ▷ Lumière vive et brève. *Compter les éclats d'un phare.* **2.** Vivacité d'une couleur, qualité de ce qui frappe le regard par sa splendeur. *L'éclat d'une rose. L'éclat de la beauté.* **3.** Fig. Ce qui frappe par des qualités brillantes. *Un style qui a de l'éclat. Une action d'éclat*, remarquable, dont on parle. – Déverbal de *éclater*.

éclatage [eklataʒ] n. m. AGRIC Action d'éclater (sens I, 3). – De *éclater*.

éclatant, ante [eklatɑ̃, ɑ̃t] adj. **1.** Qui brille avec éclat, qui frappe le regard. *Lumière, blancheur éclatante. Une beauté éclatante.* Ant. sombre, terne, obscur. **2.** Sonore, retentissant. *Un son éclatant.* **3.** Qui se manifeste avec évidence, intensité, éclat. *Victoire éclatante. Bonne foi éclatante.* – Ppr. de *éclater*.

éclatement [eklatmɑ̃] n. m. **1.** Action d'éclater; résultat de cette action. *Éclatement d'un obus.* **2.** Répartition, division en plusieurs éléments. *Éclatement d'un fichier en sous-fichiers.* – De *éclater*.

éclater [eklate] v. intr. [1] **I. 1.** Se rompre, se briser avec violence et par éclats. *Ce bois a éclaté. La bombe a éclaté au-dessus de la ville.* – Par exag. *Taisez-vous, ma tête va éclater!* Syn. exploser. **2.** Se séparer en plusieurs éléments. *Autoroute qui éclate en deux tronçons.* **3.** v. tr. AGRIC Répartir (une touffe végétale) en plusieurs éléments. *Éclater un dahlia*, séparer ses tubercules pour que chacun donne un nouveau pied. **II. 1.** Faire entendre un bruit soudain et violent. *Des applaudissements éclatèrent. Le tonnerre éclata dans le silence de la nuit.* **2.** Manifester un sentiment brusquement et bruyamment. *Éclater de rire. Éclater en injures, en sanglots.* – *Absol.* Se mettre en colère. *Il s'était longtemps contenu et, brusquement, il éclata.* **3.** Se manifester d'une manière soudaine et violente. *L'incendie éclata pendant la nuit. Une révolte éclata.* **4.** Se manifester avec évidence, intensité, éclat. *Sa gloire éclata aux yeux du monde. Je ferai éclater la vérité.* **5.** v. pron. Mod., fam. S'amuser, se divertir sans retenue. *Ils se sont éclatés toute la soirée.* – Du frq. *slaitan*, «fendre».

éclateur [eklatœʀ] n. m. ELECTR Ensemble constitué par deux électrodes et un diélectrique, et qui assure la protection contre les surtensions. – De *éclater*.

éclectique [eklɛ(e)ktik] adj. (et n.) **1.** PHILO Qui appartient à l'éclectisme. *Doctrine éclectique.* ▷ Qui est partisan de l'éclectisme. – Subst. *Un, une éclectique.* **2.** Qui choisit dans divers genres ce qui lui plaît sans s'asservir à un seul. *Être éclectique dans ses lectures, ses goûts, ses fréquentations.* Ant. exclusif, sectaire. – Gr. *eklektikos*, de *eklegein*, «choisir».

éclectisme [eklɛ(e)ktism] n. m. **1.** PHILO Système composé d'idées ou d'éléments doctrinaux empruntés à des philosophes d'écoles différentes. **2.** Largeur d'esprit permettant d'accueillir toute idée avec compréhension. *Faire preuve d'éclectisme.* – De *éclectique.*

éclimètre [eklimɛtʀ] n. m. TECH Instrument servant à déterminer l'angle de la direction visée avec l'horizontale ou la verticale. – Du gr. *ekkli(nês),* «incliné», et *mètre.*

éclipse [eklips] n. f. **1.** Disparition momentanée d'un astre lorsqu'un autre astre s'interpose sur le trajet des rayons lumineux qui l'éclairent. **2.** Fig. Disparition ou défaillance momentanée. *Son succès a connu quelques éclipses. Éclipse de mémoire.* – Lat. *eclipsis,* gr. *ekleipsis.*

ENCYCL Il y a *éclipse de Lune* lorsque la Terre porte ombre sur la Lune et *éclipse de Soleil* lorsque la Lune, passant entre la Terre et le Soleil, intercepte les rayons lumineux de celui-ci; il s'agit en fait d'une *occultation* du Soleil par la Lune, et le terme d'éclipse, utilisé couramment, est impropre. Une éclipse peut être *partielle* (et *annulaire* dans le cas du Soleil) ou *totale.* La vitesse de la lumière a pu être mesurée pour la première fois en 1676 par Römer en observant les éclipses des satellites de Jupiter par cette planète. L'*écliptique* est incliné en moyenne de 23° 27' sur le plan de l'équateur. L'intersection de ces deux plans détermine la ligne des équinoxes, la ligne des solstices, située dans l'écliptique, étant perpendiculaire à celle des équinoxes. La plupart des planètes décrivent des orbites qui sont situées dans des plans voisins de l'écliptique.

éclipser [eklipse] **I.** v. tr. **[1] 1.** ASTRO Intercepter la lumière émise par un astre (en parlant d'un autre astre). *La Lune éclipse quelquefois le Soleil.* **2.** Fig. Empêcher (qqch ou qqn) de paraître, en attirant sur soi toute l'attention. *Éclipser ses partenaires.* Syn. surpasser, surclasser, effacer. **II.** v. pron. **1.** Fam. Disparaître, partir discrètement. *S'éclipser d'une réunion.* Syn. s'esquiver. **2.** ASTRO Subir une éclipse. – De *éclipse.*

écliptique [ekliptik] ASTRO adj. et n. m. **1.** adj. Relatif aux éclipses ou à l'écliptique. **2.** n. m. Plan de l'orbite de la Terre dans son mouvement autour du Soleil. – Lat. *eclipticus,* gr. *ekleiptikos,* «relatif aux éclipses».

éclissage [eklisaʒ] n. m. CH de F Jonction au moyen d'éclisses. – De *éclisser.*

éclisse [eklis] n. f. **1.** Éclat de bois. **2.** Bois de refend servant à confectionner les seaux, les tambours, etc. **3.** CHIR Syn. de *attelle.* **4.** CH de F Pièce servant à relier deux rails. – De *éclisser.*

éclisser [eklise] v. tr. **[1] 1.** CH de F Relier (des rails) par des éclisses. **2.** CHIR Maintenir (un membre fracturé) au moyen d'éclisses. – Du frq. **slitan,* «fendre en éclats».

éclopé, ée [eklɔpe] adj. et n. Qui marche avec peine, à cause d'une blessure à la jambe. *Un vieillard éclopé.* ▷ Se dit des militaires momentanément hors de combat à la suite de blessures ou de maladies légères. – Subst. *Des éclopés.* – De *é-,* et a. fr. *cloper,* «boiter».

éclore [eklɔʀ] v. intr. **[57] 1.** Naître d'un œuf. *Les poussins viennent d'éclore.* – *Par ext.* Se dit d'un œuf qui s'ouvre pour donner naissance à un animal. *Les œufs sont* (ou *ont*) *éclos ce matin.* **2.** *Par anal.* Commencer à s'ouvrir, en parlant des fleurs. *Le soleil a fait éclore les roses.* **3.** Fig. Naître, paraître, se manifester. *Les grands génies que ce siècle vit éclore.* – Du lat. pop. **exclaudere,* class. *excludere,* «faire sortir».

éclosion [eklozjɔ̃] n. f. **1.** Fait d'éclore (en parlant d'un œuf, d'un animal). **2.** Épanouissement des fleurs. **3.** Fig. Naissance, première manifestation. *L'éclosion d'un talent.* – De *éclore.*

éclusage [eklyzaʒ] n. m. **1.** Manœuvre par laquelle on fait franchir une écluse à un bateau. **2.** GEOL Dans un relief volcanique, reprise d'écoulement de la lave fluide contenue dans un tunnel sous-basaltique. – De *écluser.*

écluse [eklyz] n. f. Ouvrage étanche, délimité par deux portes, un radier et des parois latérales (les bajoyers), permettant à un bateau de passer d'un bief à un autre. – Bas lat. *exclusa,* «(eau) séparée du courant».

éclusée [eklyze] n. f. **1.** Volume d'eau nécessaire pour faire passer l'eau d'une écluse du niveau amont au niveau aval et inversement. **2.** Nombre de bateaux reçus simultanément dans une écluse. – Pp. fém. subst. de *écluser.*

écluser [eklyze] v. tr. **[1] 1.** Faire passer un bateau d'un bief à l'autre par une écluse. **2.** Pop. Boire. *Écluser un godet.* – De *écluse.*

éclusier, ière [eklyzje, jɛʀ] n. (et adj.) Personne préposée à la garde et à la manœuvre d'une écluse. ▷ Adj. *Maison éclusière,* de l'éclusier. – De *écluse.*

écobuage [ekɔbɥaʒ] n. m. Action d'écobuer. *L'écobuage est une technique archaïque de fertilisation.* – De *écobuer.*

écobuer [ekɔbɥe] v. tr. **[1]** AGRIC Arracher la végétation sauvage (d'une terre), la brûler et utiliser les cendres comme engrais. – De *é-,* et dial. *gobe,* «motte de terre», rad. gaul. **gobbo,* «morceau».

écœurant, ante [ekœʀɑ̃, ɑ̃t] adj. Qui écœure. *Un gâteau écœurant.* – Fig. Moralement repoussant, révoltant. *Il est d'une servilité écœurante. Elle a une chance écœurante au jeu.* – Ppr. de *écœurer.*

écœurement [ekœʀmɑ̃] n. m. Action d'écœurer; état d'une personne écœurée. *Ces scènes avaient suscité l'écœurement général.* – De *écœurer.*

écœurer [ekœʀe] v. tr. **[1] 1.** Soulever le cœur de dégoût. *Ces sucreries m'écœurent.* **2.** Fig., fam. Provoquer la répugnance de (qqn). *Sa conduite m'écœure.* **3.** Abattre le moral de (qqn). *Toutes ces difficultés l'ont écœuré.* Syn. décourager, démoraliser. – De *é-,* et *cœur.*

écoinçon [ekwɛ̃sɔ̃] n. m. ARCHI **1.** Portion de mur triangulaire délimitée par deux côtés curvilignes (extrados d'arc, etc.) et un bandeau droit. **2.** Pierre formant l'encoignure de deux murs. – De *é-,* et *coin.*

écolâtre [ekɔlɑtʀ] n. m. Au Moyen Âge, ecclésiastique qui dirigeait l'école attachée à l'église cathédrale. – Du lat. médiév. *scholaster.*

école [ekɔl] n. f. **1.** Établissement où l'on dispense un enseignement collectif de connaissances générales, ou de connaissances particulières nécessaires à l'exercice d'un métier, d'une profession, ou à la pratique d'un art. *École polyvalente. École secondaire. École de dessin, de musique. École polytechnique, navale. Grandes écoles.* ▷ *Spécial.* Établissement d'enseignement primaire ou secondaire (par oppos. à cégep, université). *Maître, maîtresse d'école.* ▷ *Collect.* Ensemble des élèves et des professeurs qui fréquentent un tel établissement. *Les écoles de la ville participaient à la fête.* – Absol. *L'École:* l'enseignement universitaire médiéval de la philosophie et de la théologie. **2.** Ce qui est propre à instruire, à former. *S'instruire à l'école de l'expérience, de la vie.* – Loc. *Être à bonne école:* être avec des gens capables de bien conseiller, de bien former. **3.** Ensemble des adeptes d'un même maître, d'une même doctrine; cette doctrine elle-même. *L'école de Platon, d'Hippocrate.* ▷ BX-A Groupe d'artistes présentant des points communs (origine, style, formation, etc.). *L'école flamande.* ▷ Loc. *Faire école:* servir de modèle à des imitateurs; gagner à ses principes, à son opinion. **4.** MILIT Chacun des degrés de l'instruction militaire. *École du soldat. École de bataillon.* ▷ *Haute école:* ensemble des exercices destinés à amener un cheval au plus haut degré de dressage; exécution de ces exercices. – Lat. *schola*, gr. *skholê*.

écolier, ière [ekɔlje, jɛʀ] n. **1.** Enfant qui fréquente une école primaire. – Loc. fig. *Le chemin des écoliers:* le chemin le plus long. ▷ Appos. *Papier écolier:* papier blanc réglé. **2.** Personne novice, inexpérimentée, malhabile. *Ce n'est qu'un écolier.* – Du bas lat. *scolaris*, «scolaire».

écologie [ekɔlɔʒi] n. f. **1.** BIOL Science qui étudie les conditions d'existence d'un être vivant et les rapports qui s'établissent entre cet être et son environnement. **2.** Cour. Protection de la nature, de l'environnement. – Du gr. *oikos*, «maison, habitat», et *-logie*, d'ap. *éco(nomie)*.

ENCYCL L'écologie est la science qui étudie les conditions d'existence des êtres vivants et les interactions entre ces êtres vivants et le milieu extérieur. Elle se subdivise en *autoécologie* (étude des rapports d'une seule espèce avec le milieu où elle vit), *synécologie* (étude des rapports des espèces appartenant à un même groupement avec le milieu où elles vivent) et *dynamique des populations* (modifications et causes de l'abondance des espèces dans un même milieu). Tous les problèmes relatifs au maintien des équilibres biologiques, à la conservation de la nature, à la protection des faunes et des flores, et à la survie du milieu naturel relèvent de l'écologie appliquée. L'écologie animale répond aux mêmes principes généraux. Elle étudie l'action des facteurs physiques, comme la lumière et la température, sur les animaux, mais aussi et surtout les innombrables interactions qui unissent ceux-ci entre eux ou aux végétaux. La notion de chaîne alimentaire, qui commence avec le plancton ou les algues et se termine avec les espèces carnivores, a incité les écologistes à étudier avec un intérêt particulier les milieux où les animaux ne peuvent survivre qu'au prix d'adaptations très perfectionnées (déserts, grottes, abysses, etc.). La notion moderne de protection de la nature (flore, faune, fleuves, océans) relève directement de l'écologie appliquée et des préoccupations relatives à l'environnement humain (villes, milieu rural, etc.).

écologique [ekɔlɔʒik] adj. Relatif à l'écologie. – De *écologie*.

écologiste [ekɔlɔʒist] n. **1.** Biologiste qui étudie l'écologie d'une espèce, les associations animales et végétales, l'environnement. **2.** Personne attachée à la protection de la nature et des équilibres biologiques. – De *écologie*.

écomusée [ekomyze] n. m. Musée de l'homme et de la nature où l'homme est interprété dans son milieu naturel, la nature dans sa sauvagerie, mais aussi telle que la société l'a adaptée à son usage (définition de G.-H. Rivière, créateur du mot). – De *éco(logie)*, et *musée*.

éconduire [ekõdɥiʀ] v. tr. **[71]** Mettre dehors, repousser avec plus ou moins de ménagements; ne pas agréer. *Éconduire un importun.* Syn. refuser. – Altér. d'ap. *conduire*, de l'a. fr. *escondire*, «refuser», du lat. médiév. *excondicere*, de *ex-*, négatif, et *condicere*, «convenir, conclure».

économat [ekɔnɔma] n. m. **1.** Emploi, bureau, charge d'économe. **2.** Magasin créé par une entreprise en vue de fournir à son personnel des denrées à meilleur compte que dans le commerce. – De *économe*.

économe [ekɔnɔm] n. et adj. **I.** n. Personne chargée de la recette, de la dépense et de toute l'administration matérielle d'un établissement, d'une communauté. **II.** adj. **1.** Qui dépense avec mesure. *Une femme économe. Économe jusqu'à l'avarice.* **2.** Fig. *Être économe de paroles, d'éloges*, les mesurer, ne pas les prodiguer. – Lat. ecclés. *oeconomus*, gr. *oikonomos*, de *oikos*, «maison», et *nomos*, «administration».

économètre [ekɔnɔmɛtʀ] n. Spécialiste de l'économétrie. – De *économétrie*.

économétrie [ekɔnɔmetʀi] n. f. Application des méthodes mathématiques aux sciences économiques. – De *écono(mie)*, et *-métrie*.

économie [ekɔnɔmi] n. f. **I. 1.** Soin à ne dépenser que ce qui convient; épargne dans la dépense. *Vivre avec la plus stricte économie.* – Fam. *Vivre à l'économie*, sans beaucoup dépenser. Ant. gaspillage, prodigalité. **2.** Ce qui est épargné. *Il n'y a pas de petites économies. Économie de temps, d'énergie.* – Fig., fam. *Économie de bouts de chandelles*, mesquines et peu rentables. ▷ Plur. Argent épargné. *Avoir des économies.* **II. 1.** Administration, gestion d'une maison, d'un ménage, d'un bien. *Économie domestique. Économie privée, publique. Économie politique:* science (mieux nommée auj. *science économique*) qui a pour objet l'étude des phénomènes de production, de circulation, de répartition et de consommation des richesses. *Économie rurale:* science des procédés tendant à obtenir le meilleur rendement d'un sol. **2.** Ensemble des faits relatifs à la production, la circulation, la répartition, la consommation des richesses dans une société. *Avoir une économie florissante. Économie fermée*, dans laquelle les échanges internationaux sont très réduits. *Économie dirigée:* système dans lequel l'État oriente, régularise et contrôle l'activité économique du pays. Syn. dirigisme. **3.** Harmonie existant entre les différentes fonctions d'un organisme vivant. *L'économie animale.* ▷ Fig. Distribution des parties d'un tout, coordination d'ensemble. *L'économie d'une pièce de théâtre.* – De *économe*, d'ap. le gr. *oikonomia*.

ENCYCL C'est à partir de la Renaissance que l'*économie politique* (l'expression apparaît en 1615) devint une discipline de pensée autonome, détachée de la philosophie et préoccupée exclusivement de la création et de la circulation des biens matériels à l'échelle nationale (d'où l'association des deux mots économie et politique). Cette conjonction demeurera jusqu'à la fin de la première moitié du XXe s. Le développement du socialisme redonnant au mot politique un sens philosophique, et l'accroissement des échanges internationaux détachant la pensée politique du seul cadre national, l'économie politique se transforma en *science économique*; cette mutation fut favorisée par le recours de plus en plus fréquent à l'outil statistique et par l'introduction des mathématiques dans la recherche économique. Pendant longtemps (en fait jusqu'à la parution en 1936 de la théorie générale de l'emploi, de l'intérêt et de la monnaie de Keynes), il avait semblé à la majorité des penseurs que, dans une économie de marché, le volume de la production s'établissait automatiquement sur une longue période, assurant ainsi le plein emploi de la main-d'œuvre. Keynes découvrit que les équilibres de sous-emploi pouvaient également être durables. Les économistes entreprirent alors de déterminer les conditions de l'équilibre général, à l'échelle macroéconomique. Ainsi la science économique s'est-elle fixé comme principal objectif de sa recherche les équilibres fondamentaux. Elle dispose d'un appareil statistique de plus en plus perfectionné et des techniques nouvelles de la comptabilité nationale.

économique [ekɔnɔmik] adj. **1.** Relatif à l'économie, à l'économie politique. *Doctrines économiques. Crise économique.* **2.** Qui réduit la dépense, qui coûte peu. *Les grosses quantités sont plus économiques que les petites.* – De *économie*.

économiquement [ekɔnɔmikmɑ̃] adv. **1.** À peu de frais. *Se distraire économiquement.* Ant. coûteusement. **2.** Du point de vue de la science économique. *Une politique économiquement défendable.* ▷ *Les économiquement faibles:* personnes dont les ressources sont très insuffisantes. – De *économique*.

économiser [ekɔnɔmize] v. tr. [1] **1.** Épargner. *Économiser le pain, l'énergie.* – Fig. *Économiser son temps, ses forces.* Syn. ménager. Ant. gaspiller. **2.** Faire des économies, mettre de côté (une somme d'argent). *Il économise la moitié de son salaire.* ▷ v. intr. *Il économise sur ses revenus.* Syn. épargner. Ant. dépenser. – De *économie.*

économiseur [ekɔnɔmizœʀ] n. m. TECH Dispositif permettant une économie d'essence, de combustible, d'électricité, etc. – De *économiser.*

économiste [ekɔnɔmist] n. Spécialiste de science économique. – De *économie.*

écope [ekɔp] n. f. MAR Pelle en forme de godet servant à épuiser l'eau embarquée. – Frq. **skôpa.*

écoper [ekɔpe] v. tr. [1] **1.** MAR Vider l'eau (d'une embarcation) à l'aide d'une écope. **2.** Fam. Subir, recevoir (une punition, un dommage). *Il a écopé (d')une amende.* ▷ (S. comp.) Subir des reproches, des coups, avoir des ennuis. *C'est lui qui a écopé.* Syn. (pop.) trinquer. – De *écope.*

écorçage [ekɔʀsaʒ] n. m. Action d'écorcer. – De *écorcer.*

écorce [ekɔʀs] n. f. **1.** Épaisse enveloppe des troncs et des branches des arbres. *Écorces de hêtre, de chêne.* ▷ Loc. prov. *Entre l'arbre et l'écorce il ne faut pas mettre le doigt* : il ne faut pas intervenir dans des querelles entre proches. **2.** *Par anal.* Peau épaisse de divers fruits. *Écorce d'orange.* **3.** GEOL *Écorce terrestre:* croûte *terrestre. **4.** Fig. Aspect extérieur, apparence. *L'écorce est rude mais le cœur est bon.* – Du lat. *scortea,* «manteau de peau, outre», de *scorteus,* «de peau».

écorcer [ekɔʀse] v. tr. [14] **1.** Retirer l'écorce de. *Écorcer un arbre.* ▷ V. pron. Perdre son écorce, en parlant d'un arbre. *Ce chêne s'écorce.* **2.** Peler, décortiquer. *Écorcer une mandarine. Écorcer du riz.* – De *écorce.*

écorché, ée [ekɔʀʃe] adj. et n. **1.** adj. Dont on a enlevé la peau. ▷ Fig. Qui est déformé. *Un nom écorché.* **2.** BX-A n. m. Figure, gravure, statue, etc., représentant un homme ou un animal dépouillé de sa peau. – Fig. n. Personne dont la sensibilité est à fleur de peau. *C'est un écorché vif.* – Pp. de *écorcher.*

écorchement [ekɔʀʃəmɑ̃] n. m. Action d'écorcher. *Écorchement d'un lapin.* – De *écorcher.*

écorcher [ekɔʀʃe] v. tr. [1] **1.** Dépouiller de sa peau. *Écorcher un lapin, une anguille.* **2.** Blesser superficiellement. *Mon soulier m'a écorché le talon. Un genou écorché.* – v. pron. *S'écorcher à la main.* ▷ *Par ext.* Déchirer, enlever superficiellement un morceau de. *Un obus a écorché la façade.* Syn. griffer, égratigner. – Par exag. *Écorcher les oreilles:* offenser l'ouïe, en parlant d'un son. **3.** Fig. Prononcer d'une manière incorrecte. *Écorcher une langue. Écorcher le nom de qqn.* Syn. estropier. **4.** Fig. Exiger un prix trop élevé de. *Écorcher le client.* Syn. voler, estamper (fam.). – Bas lat. *excorticare,* de *cortex,* «enveloppe, écorce».

écorcherie [ekɔʀʃəʀi] n. f. Dans un abattoir, lieu où l'on écorche les bêtes. – De *écorcher.*

écorcheur [ekɔʀʃœʀ] n. m. **1.** Personne dont le métier est d'écorcher les bêtes mortes. **2.** Fig. Personne qui fait payer trop cher ses marchandises, ses services. – De *écorcher.*

écorchure [ekɔʀʃyʀ] n. f. **1.** Plaie superficielle de la peau. Syn. égratignure. **2.** *Par ext.* Légère éraflure à la surface d'une chose. *Faire une écorchure à un mur.* **3.** Fig. Atteinte légère mais cuisante. *Écorchure d'amour-propre.* – De *écorcher.*

écorner [ekɔʀne] v. tr. [1] **1.** Rompre une corne ou les cornes à (un animal). **2.** Casser, déchirer, un angle, un coin d'un objet. *Écorner un livre.* **3.** Fig. Diminuer, réduire par une atteinte, un dommage. *Écorner son patrimoine.* Syn. entamer, ébrécher. – De *é-,* et *corne.*

écornifler [ekɔʀnifle] v. tr. [1] **1.** Fam. Chercher à surprendre un secret, à voir ce qui se passe chez les voisins. **2.** (France) Fam. Se procurer (qqch) aux dépens d'autrui. *Écornifler un repas.* – Croisement de *écorner* et a. fr. *nifler.* V. renifler.

écornifleux, euse [ekɔʀniflø, øz] n. Indiscret, curieux qui cherche à entendre ce que les gens disent, à voir ce qu'ils font chez eux. Rem. La forme *écornifleur* est rare. – De *écornifler.*

écornure [ekɔʀnyʀ] n. f. Éclat, morceau provenant d'un objet écorné; la brèche qui en résulte. – De *écorner.*

écossais, aise [ekɔsɛ, ɛz] adj. et n. **1.** D'Écosse. *Le costume écossais. Hospitalité écossaise,* gracieuse et désintéressée. **2.** *Étoffe écossaise,* ou *écossais* (n. m.): étoffe à carreaux de couleurs. – Par ext. *Une écharpe, une couverture écossaise.* **3.** n. f. Danse populaire d'Écosse. – De *Écosse,* région du nord de la Grande Bretagne, bas lat. *Scotia.*

écosser [ekɔse] v. tr. [1] Enlever la cosse de. *Écosser des pois.* – De *é-,* et *cosse.*

écosseuse [ekɔsøz] n. f. Machine à écosser les pois, les haricots, etc. – De *écosser.*

écosystème [ekosistɛm] n. m. BIOL Ensemble écologique constitué par un milieu (sol, eau, etc.) et des êtres vivants, entre lesquels existent des relations énergétiques, trophiques, etc. *Un lac, une forêt, un aquarium en équilibre biologique constituent autant d'écosystèmes.* – De *éco(logie),* et *système.*

1. écot [eko] n. m. Litt. Quote-part due par un convive pour un repas. *Chacun paie son écot.* – Frq. **skot,* au sens fig. «contribution».

2. écot [eko] n. m. SYLVIC Tronc d'arbre portant encore des bouts de branches coupées. – Frq. **skot,* «rejeton, pousse».

écotype [ekotip] n. m. BIOL Être vivant présentant des variations morphologiques ou physiologiques plus ou moins importantes, dues au biotope auquel il s'est adapté. *Les variations d'un écotype sont héréditaires, ce qui le différencie d'un accommodat.* – De *éco(logie),* et *-type.*

écoulement [ekulmɑ̃] n. m. **1.** Action de s'écouler; mouvement d'un fluide qui s'écoule. *Écoulement des eaux.* – Spécial. MED *Écoulement de sécrétions, de pus.* ▷ Par anal. *Écoulement de la foule, des véhicules.* **2.** Possibilité de vente; vente, débit. *Écoulement de marchandises.* – De *écouler.*

écouler [ekule] **I.** v. tr. [1] Vendre, débiter (une marchandise) jusqu'à épuisement. *Écouler tout son stock.* ▷ V. pron. Se vendre. *Un produit qui s'écoule facilement.* **II.** v. pron. **1.** Couler hors de quelque endroit (liquides). *L'eau s'écoule par cette fente.* Par anal. *La foule s'écoula lentement.* **2.** Fig. Passer, disparaître progressivement. *Le temps s'écoulait lentement.* – De *é-,* et *couler.*

écoumène ou **œcoumène** ou **œkoumène** [ekumɛn] n. m. **1.** Ensemble des terres peuplées d'hommes, chez les anc. Grecs. **2.** Mod. GEOGR Ensemble des terres habitées ou exploitées. – Gr. *oikoumenê,* «terre habitée».

écourgeon. V. escourgeon.

écourter [ekuʀte] v. tr. [1] **1.** Rendre plus court en longueur. *Écourter une jupe.* **2.** Rendre plus court en durée. *Écourter une conversation, ses vacances.* Syn. abréger. – De *é-,* et *court.*

1. écoute [ekut] n. f. **1.** Action d'écouter (une émission radiophonique, une conversation téléphonique, etc.). *Être à l'écoute. Heure, moment de grande écoute.* **2.** Vx Lieu propre à écouter ce qui se dit sans être vu.

▷ Mod. *Être aux écoutes:* épier ce qui se dit autour de soi; fig., être aux aguets. – Déverbal de *écouter*.

2. écoute [ekut] n. f. MAR Cordage assujetti au coin inférieur d'une voile et servant à la border. *Écoute de foc, de grand-voile.* ▷ *Point d'écoute:* coin inférieur d'une voile, où est assujettie l'écoute. – Frq. **skôta*, «cordage de voile»; *escote*.

écouter [ekute] I. v. tr. [1] 1. Prêter l'oreille pour entendre. *Allô, j'écoute. Parlez, je vous écoute.* – (S. comp.) *Elle écoute aux portes.* ▷ Fam. *N'écouter que d'une oreille*, distraitement. ▷ *Écoute! écoutez!* interj. employée pour réclamer l'attention. 2. Prêter attention à l'avis de (qqn), suivre (un avis). *Cet entêté ne veut écouter personne. Écouter les conseils de ses aînés.* ▷ *Par ext.* Suivre un sentiment, une impulsion, une inspiration. *N'écouter que son courage, que son cœur.* II. v. pron. Être trop attentif à soi-même, à sa santé. *Il s'écoute trop.* – Du bas lat. *ascultare*, class. *auscultare;* d'abord *escolter*.

écouteur, euse [ekutœʀ, øz] n. 1. Vieilli Curieux, indiscret qui écoute ce qui se dit autour de lui. 2. n. m. TECH Appareil transformant des signaux électriques en sons perceptibles par l'oreille. *Écouteur téléphonique.* ▷ Cour. Plur. Ensemble de deux écouteurs qui s'appliquent sur les oreilles au moyen d'un ressort cintré. Syn. Casque. – De *écouter*.

écoutille [ekutij] n. f. MAR Ouverture pratiquée sur le pont d'un navire pour donner accès aux entreponts et aux cales. – Esp. *escotilla*, de *escotar*, «échancrer», du frq. **skaut*, «bord, marge».

écouvillon [ekuvijɔ̃] n. m. Brosse fixée à une longue tige, et destinée à nettoyer l'intérieur des récipients étroits, des objets tubulaires, etc. – De l'a. fr. *escouve*, du bas lat. *scopa*, «balai».

écouvillonnage [ekuvijɔnaʒ] n. m. Nettoyage effectué à l'écouvillon. – De *écouvillonner*.

écouvillonner [ekuvijɔne] v. tr. [1] Nettoyer avec l'écouvillon. – De *écouvillon*.

écrabouillage [ekʀabujaʒ] ou **écrabouillement** [ekʀabujmɑ̃] n. m. Fam. Action d'écrabouiller. – De *écrabouiller*.

écrabouiller [ekʀabuje] v. tr. [1] Fam. Écraser complètement, réduire en bouillie. – Croisement de *écraser* avec a. fr. *esbouillier*, «éventrer», de *boiel*, «boyau».

écran [ekʀɑ̃] n. m. 1. Panneau servant à garantir contre l'ardeur du feu. *Écran de cheminée.* 2. *Par ext.* Objet interposé pour dissimuler ou protéger. ▷ ESP *Écran thermique :* revêtement des structures de missiles et d'engins spatiaux, destiné à atténuer les effets thermiques dus à la rentrée dans l'atmosphère. V. ablation. ▷ MILIT *Écran de fumée:* nuage émis par des appareils fumigènes. ▷ PHYS NUCL Blindage de protection. ▷ ELECTRON *Grille-écran:* grille d'un tube électronique, placée au voisinage de l'anode. 3. Surface sur laquelle sont projetées des images. *L'écran d'une salle de cinéma.* – *Par ext.* L'art cinématographique. *Les vedettes de l'écran.* ▷ Surface sur laquelle apparaissent les images. *L'écran d'un téléviseur. Le petit écran:* la télévision. ▷ INFORM Dispositif d'entrée-sortie d'ordinateur sur lequel s'affichent les données. – Moniteur. – Du néerl. *scherm*, «paravent».

écrasant, ante [ekʀazɑ̃, ɑ̃t] adj. 1. Très lourd, difficile à supporter. *Un fardeau écrasant. Besogne écrasante. Chaleur écrasante.* Syn. accablant. 2. Qui domine, qui est nettement supérieur. *Obtenir une majorité écrasante.* – Ppr. de *écraser*.

écrasement [ekʀazmɑ̃] n. m. Action d'écraser; résultat de cette action. *Blessé par écrasement.* ▷ Fig. Anéantissement. *L'écrasement des armées ennemies.* – De *écraser*.

écraser [ekʀaze] v. tr. [1] 1. Aplatir, déformer par une forte compression, un coup violent. *Écraser un insecte. Écraser sa cigarette.* 2. Broyer en pressant. *Écraser du grain. Écraser des légumes, des fruits.* – Par exag. *Sa poigne énergique vous écrasait la main.* ▷ v. pron. *L'avion s'est écrasé au sol.* – Par exag. *On s'écrasait:* la foule était très dense. 3. Vaincre, anéantir. *L'armée fut écrasée.* ▷ Opprimer. *Le fort écrase le faible.* 4. Fig. Faire supporter une charge excessive à. *Écraser le peuple d'impôts. Être écrasé de travail.* Syn. accabler. 5. Dominer de sa masse; faire paraître plus petit, plus bas, plus court. *Cette robe ne vous sied pas, elle écrase votre silhouette.* – Fig. Humilier, rabaisser. *Écraser qqn de son mépris.* 6. Pop. *En écraser:* dormir profondément. 7. v. intr. ou pron. Pop. Se soumettre, obtempérer sans mot dire, ne pas insister. *Oh! écrase! Écrase-toi!* – De *é-*, et empr. au moyen angl. *to crasen*, probabl. d'orig. scand.

écraseur, euse [ekʀazœʀ, øz] n. Fam. Mauvais conducteur (qui écrase les passants), chauffard. – De *écraser*.

écrémage [ekʀemaʒ] n. m. Action d'écrémer. – De *écrémer*.

écrémer [ekʀeme] v. tr. [16] 1. Enlever la crème (du lait). *Du lait écrémé* (par oppos. à *entier*). 2. Fig. Prendre ce qu'il y a de meilleur dans. *Écrémer une collection.* 3. TECH Enlever les scories qui surnagent sur un liquide en fusion. *Écrémer le verre.* – De *é-*, et *crème*.

écrémeuse [ekʀemøz] n. f. Machine servant à écrémer le lait par centrifugation. – De *écrémer*.

écrêtement [ekʀɛtmɑ̃] n. m. MILIT, TECH Action d'écrêter. – De *écrêter*.

écrêter [ekʀete] v. tr. [1] 1. MILIT Abattre le sommet (d'un ouvrage) à l'aide d'un tir d'artillerie. 2. TECH Diminuer la hauteur de. *Écrêter les pics et les creux d'une courbe.* 3. AGRIC Couper le haut des tiges (des céréales). *Écrêter du blé.* – De *é-*, et *crête*.

écrevisse [ekʀəvis] n. f. 1. Crustacé décapode macroure d'eau douce, à fortes pinces, d'Amérique et d'Eurasie. – *Être rouge comme une écrevisse*, très rouge (comme l'écrevisse cuite). 2. Cuirasse formée de lamelles se chevauchant. – Frq. **krebitja*, cf. all. *Krebs*.

écrier (s') [ekʀije] v. pron. [11] Prononcer, dire en criant, en s'exclamant. *Je m'écriai que c'était une injustice.* – De *é-*, et *crier*.

écrin [ekʀɛ̃] n. m. Petit coffret où l'on dispose des bijoux, des objets précieux. *Écrin capitonné.* – *Par ext.* Son contenu. – Du lat. *scrinium*.

écrire [ekʀiʀ] v. tr. [65] I. 1. Tracer, former (des lettres, des caractères). 2. Orthographier. *Comment écrivez-vous ce mot?* ▷ V. pron. *Ça s'écrit comme ça se prononce.* 3. Mettre, noter, consigner par écrit. *Écrire son adresse. Je vais l'écrire pour ne pas l'oublier.* Syn. inscrire, marquer. ▷ V. pron. *Tout ce qui se dit ne s'écrit pas.* 4. Rédiger (une correspondance). *Écrire une lettre.* – Absol. *Laissez votre adresse, on vous écrira.* – Dire, annoncer par lettre. *Il m'a écrit qu'il ne viendrait pas.* ▷ V. pron. Entretenir une correspondance. *Nous nous écrivons régulièrement.* II. 1. Composer une œuvre (littéraire, musicale), un article (journalistique, scientifique), etc. *Écrire des poèmes, un roman, une symphonie.* – Absol. *Il écrit dans des revues scientifiques.* – *Écrire au courant de la plume*, en composant aussi vite, à mesure qu'on écrit. – Faire le métier d'écrivain. *Il écrit depuis l'âge de 20 ans.* 2. Exprimer sa pensée par l'écriture de telle ou telle manière. *L'art d'écrire. Cet auteur écrit bien.* 3. Avancer une proposition, dire, exposer dans un ouvrage imprimé. *Voltaire a écrit : «Il faut cultiver notre jardin.»* – Du lat. *scribere*.

écrit, ite [ekʀi, it] adj. et n. m. I. adj. 1. Tracé. *Je ne peux pas lire, c'est trop mal écrit.* Couvert de signes d'écriture. *Papier écrit des deux côtés.* **2.** Consigné, noté, exposé par écrit. *Langue écrite et langue parlée. Un ouvrage mal écrit.* ▷ Fig. Évident, manifeste. *C'est écrit sur son visage.* **3.** Décidé par le sort, le destin, la Providence. *Il est écrit que je ne serai jamais tranquille. C'était écrit.* **II.** n. m. **1.** Papier, parchemin sur lequel est écrit qqch; ce qui est écrit. *Les paroles s'envolent, les écrits restent.* ▷ Loc. adv. *Par écrit,* sur le papier. *Il s'est engagé par écrit.* **2.** Ouvrage de l'esprit. *Les écrits de Lionel Groulx.* **3.** Épreuves écrites d'un examen (opposé à l'*oral*). *Être reçu à l'écrit.* – Pp. de *écrire.*

écriteau [ekʀito] n. m. Tableau portant une inscription destinée au public. Syn. pancarte. – De *écrit.*

écritoire [ekʀitwaʀ] n. f. Anc. Coffret renfermant tout ce qui est nécessaire pour écrire. – Du lat. médiév. *scriptorium,* de *scriptorius,* «qui sert à écrire».

écriture [ekʀityʀ] n. f. **1.** Représentation des mots, des idées, du langage au moyen de signes. *Écriture alphabétique, idéographique, phonétique.* **2.** Caractères écrits, forme des lettres tracées. *Écritures ronde, bâtarde, anglaise, gothique.* **3.** Manière particulière à chacun de former les lettres. *J'ai reconnu son écriture. Une belle écriture.* **4.** Fig. Manière de s'exprimer par écrit. *Une écriture simple.* **5.** ADMIN Ce que l'on inscrit, ce que l'on consigne pour garder trace d'une opération. *Employé aux écritures.* ▷ Plur. Comptabilité d'un commerçant, d'un industriel, d'une administration. *Tenir les écritures.* **6.** (Avec une majuscule). Texte saint, sacré. *L'Écriture sainte. Les Saintes Écritures* ou, absol., *Les Écritures:* l'Ancien et le Nouveau Testament, la Bible. – Lat. *scriptura.*

écrivailler [ekʀivɑje] ou **écrivasser** [ekʀivase] v. intr. [1] Fam., péjor. Écrire en mauvais style des choses sans valeur. – De *écrivailleur, écrivassier.*

écrivailleur, euse [ekʀivɑjœʀ, øz] n. ou **écrivaillon** [ekʀivɑjõ] n. m. Fam., péjor. Écrivain sans talent. Syn. plumitif. – De *écrivain.*

écrivain [ekʀivɛ̃] n. m. **1.** Personne dont la profession est d'écrire. ▷ *Écrivain public,* qui, moyennant rémunération, se charge d'écrire pour les illettrés. **2.** Personne qui compose des ouvrages littéraires. Syn. auteur. (Rem.: Comme forme féminine, l'OLF recommande *une écrivaine.*) – Lat. pop. **scribanem,* class. *scribam,* accus. de *scriba,* «greffier».

écrivassier, ière [ekʀivasje, jɛʀ] n. **1.** Syn. d'*écrivailleur.* **2.** Personne qui a la manie d'écrire. – De *écrivain.*

1. écrou [ekʀu] n. m. Procès-verbal inscrit sur le registre d'une prison lors d'une incarcération. *Levée d'écrou:* acte qui remet un prisonnier en liberté. – Du frq. **skrôda,* «morceau coupé, lambeau».

2. écrou [ekʀu] n. m. TECH Pièce dont l'intérieur est fileté de façon à recevoir une vis, un boulon. – Orig. incert.

écrouelles [ekʀuɛl] n. f. pl. Nom anc. de l'adénopathie cervicale tuberculeuse chronique. *On attribuait aux rois de France le pouvoir de guérir les écrouelles par simple attouchement.* – Lat. pop. **scrofellae,* var. de bas lat. *scrofulae.*

écrouer [ekʀue] v. tr. [1] Inscrire (qqn) sur le registre d'écrou. ▷ *Par ext.* Emprisonner. *Il a été écroué à Parthenais.* – De *écrou* 1.

écrouir [ekʀuiʀ] v. tr. [2] METALL Déformer (un métal) au-delà de sa limite élastique. *Un métal écroui est plus dur, mais sa résistance à la rupture est diminuée.* – Mot wallon, de *é-,* et *crou,* var. de *cru,* au sens de «brut».

écrouissage [ekʀuisaʒ] n. m. METALL Action d'écrouir; son résultat. – De *écrouir.*

écroulement [ekʀulmɑ̃] n. m. Fait de s'écrouler. **1.** Chute, éboulement. *Écroulement d'une maison, d'un mur.* Syn. effondrement. **2.** Fig. Ruine complète, soudaine. *L'écroulement d'une monarchie.* **3.** Défaillance physique. *Il lutta un moment puis ce fut l'écroulement.* – De *écrouler.*

écrouler (s') [ekʀule] v. pron. [11] **1.** Tomber en s'affaissant, de toute sa masse et avec fracas. *La tour s'est écroulée.* – Avec ellipse du pronom. *Vous allez faire écrouler la maison.* **2.** Fig. S'anéantir, tomber en décadence. *Cet empire s'écroulait de toutes parts.* **3.** Avoir une défaillance brutale après avoir fourni un effort. *Il s'écroula trois mètres avant le but.* – De *é-,* et *crouler.*

écroûter [ekʀute] v. tr. [1] **1.** Ôter la croûte de. *Écroûter le pain.* **2.** AGRIC Briser, ameublir la croûte superficielle du sol. – De *é-,* et *croûte.*

écroûteuse [ekʀutøz] n. f. AGRIC Herse servant à écroûter. – De *écroûter.*

écru, ue [ekʀy] adj. TECH Qui n'a pas encore été blanchi. *Toile écrue.* – *Par ext.* De la couleur beige jaunâtre de la toile non blanchie. *Une robe écrue.* – De *cru.*

ectasie [ɛktazi] n. f. MED Dilatation d'un organe creux ou d'un vaisseau. *Ectasie aortique.* – Gr. *ektasis,* «dilatation».

-ectasie. Élément, du gr. *ektasis,* «dilatation».

ecthyma [ɛktima] n. m. MED Affection cutanée microbienne, se traduisant par des pustules dont le centre est recouvert d'une croûte. – Gr. *ekthuma.*

ectinite [ɛktinit] n. f. PETROG Roche provenant de la métamorphisation d'une roche sédimentaire préexistante, sans apport de minéraux étrangers. – De *ecto-,* et suff. *-ite* 3.

ecto-. Élément, du gr. *ektos,* «au-dehors».

ectocardie [ɛktɔkaʀdi] n. f. MED Situation anormale du cœur. – De *ecto-,* et *-cardie.*

ectoderme [ɛktɔdɛʀm] ou **ectoblaste** [ɛktɔblast] n. m. EMBRYOL Feuillet embryonnaire externe appelé à former la peau et ses annexes, ainsi que le système nerveux et les organes sensoriels. V. endoderme et mésoderme. – De *ecto-,* et *-derme,* ou *-blaste.*

ectodermique [ɛktɔdɛʀmik] adj. Relatif à l'ectoderme; qui en dérive. – Du préc.

-ectomie CHIR Élément, du gr. *ektomê,* «ablation».

ectoparasite [ɛktopaʀazit] n. m. et adj. ZOOL Parasite externe. *La puce est un ectoparasite.* Ant. endoparasite. – De *ecto-,* et *parasite.*

ectopie [ɛktɔpi] n. f. MED Emplacement anormal d'un organe. *Ectopie congénitale.* – Du gr. *ek-,* marquant l'éloignement, et *topos,* «lieu, endroit».

ectopique [ɛktɔpik] adj. Anormalement situé. *Testicule ectopique.* – De *ectopie.*

ectoplasme [ɛktɔplasm] n. m. **1.** Forme visible qui serait produite par émanation psychique de certains médiums en état de transe. **2.** BIOL Zone périphérique hyaline du cytoplasme de certains protozoaires à locomotion amiboïde, où se produisent des courants et des changements de viscosité, responsables de l'émission des pseudopodes. – De *ecto-,* et *-plasme.*

ectoproctes [ɛktɔpʀɔkt] n. m. pl. ZOOL Classe de lophophoriens de très petite taille, vivant dans les mers en colonies, dont l'anus débouche à l'extérieur de la couronne de tentacules. V. bryozoaires. – De *ecto-,* et gr. *proktos,* «anus».

ectropion [ɛktʀɔpjõ] n. m. MED Renversement en dehors du bord libre des paupières. – De *ect(o)-,* et gr. *tropê,* «tour».

1. écu [eky] n. m. **1.** Anc. Bouclier porté par les hommes d'armes au Moyen Âge. ▷ HERALD Figure, généralement en forme de bouclier, portant les armoiries. **2.** Ancienne monnaie, généralement d'argent, portant au revers un écu aux armoiries du roi ou d'un seigneur. – Lat. *scutum*, «bouclier».

2. écu [eky] n. m. invar. Unité monétaire de la Communauté européenne. *L'écu a été créé en 1978.* – Acronyme formé sur l'angl. *European Currency Unit.*

écubier [ekybje] n. m. MAR Ouverture située de chaque côté de l'étrave, servant au passage des chaînes ou des câbles d'ancre. – Orig. incon.

écueil [ekœj] n. m. **1.** Rocher ou banc de sable à fleur d'eau présentant un danger pour la navigation. **2.** Fig. Obstacle, cause possible d'échec. *Il a su éviter les écueils d'une telle entreprise.* – Du lat. *scopulus*, du gr. *skopelos*, «rocher».

écuelle [ekɥɛl] n. f. **1.** Assiette épaisse et creuse, sans rebord; son contenu. *Écuelle en bois.* **2.** TECH Vide compris entre deux filets consécutifs d'une vis. – Du lat. pop. *scutella.*

écuisser [ekɥise] v. tr. [1] SYLVIC Faire éclater (le tronc d'un arbre) à l'abattage. – De *é-*, et *cuisse.*

éculé, ée [ekyle] adj. **1.** Rare Dont le talon est usé. *Des bottes éculées.* **2.** Usé à force d'avoir servi. – Fig. *Une plaisanterie éculée.* – Pp. de *éculer.*

éculer [ekyle] v. tr. [1] Rare User (le talon d'une chaussure). – De *é-*, et *cul.*

écumage [ekymaʒ] n. m. Action d'écumer. *Écumage des confitures.* – De *écume.*

écumant, ante [ekymɑ̃, ɑ̃t] adj. Couvert d'écume. *Une mer écumante. Cheval écumant.* – Fig. *Un homme écumant de colère.* – Ppr. de *écumer.*

écume [ekym] n. f. **1.** Mousse blanchâtre se formant à la surface d'un liquide agité, chauffé ou en fermentation. *L'écume des vagues. L'écume d'un pot-au-feu.* ▷ METALL Masse de scories qui surnagent sur un métal en fusion. **2.** Bave mousseuse de certains animaux. **3.** Mousse blanchâtre s'amassant sur le corps d'un cheval ou d'un taureau en sueur. *Cheval couvert d'écume.* **4.** MINER *Écume de mer:* silicate naturel hydraté de magnésium (sépiolite), d'un blanc pur, utilisé comme matériau pour la fabrication de pipes de luxe. – Frq. **skum.*

écumer [ekyme] **I.** v. intr. [1] **1.** Se couvrir d'écume. *La mer écume.* **2.** Baver (animaux). *Le taureau écumait.* – Fig. Être exaspéré. *Écumer de rage.* **II.** v. tr. **1.** Ôter l'écume de la surface (d'un liquide). *Écumer un bouillon.* **2.** Fig. *Écumer les mers*, y pratiquer la piraterie. – Par ext. *Des gangsters ont écumé le quartier.* – De *écume.*

écumeur, euse [ekymœʀ, øz] n. *Écumeur des mers:* pirate. – De *écumer.*

écumeux, euse [ekymø, øz] adj. Qui écume. *Mer écumeuse.* – De *écume.*

écumoire [ekymwaʀ] n. f. Ustensile de cuisine formé d'un disque mince légèrement incurvé, percé de trous et muni d'un long manche, servant à écumer. – De *écumer.*

écurer [ekyʀe] v. tr. [1] Vieilli Nettoyer. *Écurer un puits.* – Lat. pop. **excurare*, de *curare.*

écureuil [ekyʀœj] n. m. Petit rongeur arboricole de la famille des sciuridés, au pelage généralement brun-roux, à la queue en panache, se nourrissant de petits animaux, de fruits secs (glands, noisettes) ou de graines. *L'écureuil gris ou écureuil noir* (Sciurus carolinensis) *est l'hôte le plus remarqué des parcs et des pelouses en Amérique du Nord. L'écureuil roux* (Tamiasciurus hudsonicus) *est plus petit que l'écureuil gris; on le rencontre surtout dans les forêts de résineux. Écureuil volant:* polatouche. *Écureuil de Russie:* petit-gris. ▷ ELECTR *Moteur à cage d'écureuil*, dont le rotor est constitué de conducteurs disposés suivant les génératrices d'un cylindre. – Du lat. pop. **sciriolus*, pour **sciuriolus*, de *sciurus*; gr. *skiouros.*
ENCYCL Le nom d'écureuil s'applique de façon générale à tous les membres de la famille des Sciuridés, qui comprend le suisse et autres tamias, les marmottes, les spermophyles, les écureuils et les polatouches ou écureuils volants. Ces petits rongeurs sont adaptés à une multitude d'habitats, depuis les steppes nordiques jusqu'aux forêts tropicales. Certains vivent au sol (suisses, tamias, marmottes, spermophyles), d'autres dans les arbres (écureuils, polatouches) et quelques-uns sont des planeurs nocturnes (polatouches). L'écureuil gris ou écureuil noir (*Sciurus carolinensis*) est le plus gros des écureuils de l'est du Canada. Les adultes mesurent environ 50 cm, la queue touffue comptant pour la moitié de la longueur. Il est surtout noir dans le nord de son aire de distribution (sud du Québec et de l'Ontario), mais gris plus au sud. Il est diurne, surtout arboricole bien qu'il circule facilement au sol. Il passe l'hiver dans un arbre creux ou le trou d'un pic. En été, il se construit un nid de feuilles et de brindilles dans la fourche d'un arbre. Il habite les forêts de feuillus ou les forêts mixtes. L'écureuil fauve (*Sciurus niger*) est plus grand que le gris mais peut facilement se confondre avec lui. Diurne et arboricole, on ne le retrouve qu'à l'extrémité sud de l'Ontario. L'écureuil roux (*Tamiasciurus hudsonicus*) est plus petit (38 cm) et plus trapu que le gris; sa queue est plutôt mince; son pelage est brun olivâtre en été et roux orangé en hiver. Il est plus arboricole et plus territorial que l'écureuil gris. Il peut adopter divers types d'abris (trous de pic, nids de feuilles, tas de pierres, terrier) et possède un menu varié (noix, bourgeons, sève, œufs, souris, etc.). Il habite les forêts de conifères, de feuillus ou mixtes dans tout le Canada. L'écureuil de Douglas (*Tamiasciurus douglasii*) est très voisin de l'écureuil roux et ne se retrouve qu'à l'extrémité sud-ouest de la Colombie-Britannique.

écurie [ekyʀi] n. f. **1.** Bâtiment destiné à loger les chevaux, les ânes ou les mulets. ▷ MYTH *Les écuries d'Augias:* écuries malpropres dont le nettoiement constitua l'un des travaux d'Hercule. ▷ Fig. *Nettoyer les écuries d'Augias:* mettre fin à la corruption, au désordre. **2.** Ensemble des chevaux de course appartenant à un même propriétaire. **3.** Ensemble des coureurs représentant une même marque, en cyclisme ou en sport automobile. – De *écuyer.*

écusson [ekysɔ̃] n. m. **1.** HERALD Petit écu armorial, parfois employé comme meuble de l'écu. **2.** MILIT Petite pièce de drap, cousue au collet ou sur la manche d'un uniforme, indiquant l'arme et l'unité de celui qui la porte. ▷ Petite pièce de tissu ou de métal indiquant l'appartenance à un groupe. *Porter l'écusson d'un club sportif, d'une province.* **3.** BX A Cartouche sculpté ou peint portant des inscriptions ou des armoiries, et pouvant servir d'enseigne. **4.** TECH Plaque ornant l'entrée d'une serrure. **5.** ARBOR Fragment comportant un bourgeon, un peu d'écorce, de liber et de bois, que l'on détache d'un végétal lors de la montée de la sève et qui, glissé sous l'écorce d'un autre, constitue un greffon. *Greffe en écusson.* – De *écu.*

écussonnage [ekysɔnaʒ] n. m. ARBOR Action d'écussonner. – De *écusson.*

écussonner [ekysɔne] **1.** v. tr. [1] Mettre un écusson sur (qqch). **2.** ARBOR Greffer en écusson. *Écussonner un rosier.* – De *écusson.*

écuyer, ère [ekɥije, ɛʀ] n. **I.** n. m. **1.** HIST Jeune noble qui, avant l'adoubement, s'attachait au service d'un chevalier et portait son écu. **2.** Titre des officiers chargés de l'intendance des écuries royales. **3.** Anc. Officier royal chargé du service de bouche. *Écuyer tranchant*, qui découpait la viande. **II.** n. **1.** Personne qui monte à cheval. – *Bottes à l'écuyère:* bottes montant plus haut que le genou par-devant et échancrées par-derrière. **2.** Professeur d'équitation. **3.** Personne faisant des exercices équestres dans un cirque. – Bas lat. *scutarius*, de *scutum*, «bouclier».

eczéma [egzema] n. m. MED Affection cutanée caractérisée par des lésions érythémateuses, prurigineuses et vésiculeuses, évoluant par poussées. – Gr. *ekzema*, de *ekzein*, «bouillonner».

eczémateux, euse [egzematø, øz] adj. et n. MED Relatif à l'eczéma; atteint d'eczéma. – De *eczéma*.

edam [edam] n. m. Fromage de Hollande à pâte cuite, en forme de grosse boule recouverte d'une pellicule de paraffine rouge. – N. d'une localité des Pays-Bas.

édaphique [edafik] adj. Relatif au sol. *Les principaux facteurs édaphiques sont l'humidité, la composition chimique et la structure du sol.* – Du gr. *edaphos*, «sol».

edelweiss [edɛlvɛs] n. m. Composée montagnarde *(Leontopodium alpinum)* formée de petits capitules jaunes (0,5 cm de diamètre) groupés en bouquet, et de feuilles tomenteuses blanches disposées en couronne en dessous. – All. *edel*, «noble», et *weiss*, «blanc».

éden [edɛn] n. m. Nom du paradis terrestre dans la Bible (dans ce sens avec une majuscule). – *Un éden:* un lieu paradisiaque. – Mot hébr.

édenté, ée [edɑ̃te] adj. Qui a perdu ses dents. *Un vieillard édenté.* – Pp. de *édenter*.

édenter [edɑ̃te] v. tr. [1] Rompre, user les dents de (qqch). *Édenter un peigne, une scie.* – De *é-*, et *dent*.

édentés [edɑ̃te] n. m. pl. ZOOL Ancien ordre groupant les mammifères euthériens dépourvus de dents, actuellement disloqué en xénarthres (tatous, fourmiliers, paresseux), pholidotes (pangolins) et tubulidentés (oryctérope). – Pp. subst. de *édenter*, lat. sav. *edentata*.

édicter [edikte] v. tr. [1] Prescrire sous forme de loi, de règlement. – Du lat. *edictum*, de *edicere*, «déclarer».

édicule [edikyl] n. m. Petite construction utilitaire élevée sur la voie publique (kiosque, urinoir, etc.). – Lat. *aedicula*.

édifiant, ante [edifjɑ̃, ɑ̃t] adj. Qui édifie, porte à la vertu. *Une vie édifiante. Un spectacle édifiant.* – Ppr. de *édifier* 2.

1. édification [edifikasjɔ̃] n. f. **1.** Action de bâtir (un édifice). *L'édification des cathédrales.* **2.** Constitution, création. *L'édification du socialisme.* – De *édifier* 1.

2. édification [edifikasjɔ̃] n. f. Action d'édifier. *Il parlait pour l'édification des fidèles.* – De *édifier* 2.

édifice [edifis] n. m. **1.** Grand bâtiment. *Restauration des édifices publics.* ▷ *Apporter sa pierre à l'édifice:* contribuer modestement à une grande œuvre. ▷ Toute construction (bâtiment ou ouvrage d'art). **2.** Assemblage compliqué. *L'édifice d'une coiffure.* – Lat. *aedificium*, «bâtiment».

1. édifier [edifje] v. tr. [1] **1.** Bâtir (un édifice, un monument). **2.** Constituer, créer. *Édifier une fortune. Édifier une doctrine.* – Lat. *aedificare*, «construire».

2. édifier [edifje] v. tr. [1] **1.** Porter à la vertu par l'exemple. *Son comportement édifiait les foules.* **2.** Iron. Renseigner sur les mauvaises intentions de qqn, ou sur des faits répréhensibles. *Son discours cynique m'a édifié. Maintenant, te voilà édifié!* – Lat. ecclés. *aedificare*.

édile [edil] n. m. **1.** ANTIQ ROM Magistrat préposé aux édifices, aux jeux, à l'approvisionnement des villes. **2.** Mod., litt. Magistrat municipal. *Les édiles de notre cité.* – Lat. *aedilis*.

édilité [edilite] n. f. **1.** ANTIQ ROM Magistrature des édiles. – Temps pendant lequel s'exerçait cette magistrature. **2.** Mod., litt. Magistrature municipale. – Lat. *aedilitas*.

édit [edi] n. m. HIST Sous l'Ancien Régime en France, loi promulguée par un roi ou un gouverneur. *Édit de Nantes*, qu'Henri IV rendit le 13 avril 1598 pour donner un statut légal à l'Église réformée en France. – Lat. *edictum*, de *edicere*, «déclarer, ordonner».

éditer [edite] v. tr. [1] **1.** Publier (un ouvrage). *Éditer des romans, de la musique.* **2.** Faire paraître (une œuvre, le plus souvent relativement ancienne, dont on a établi et annoté le texte). *Éditer «les Relations des Jésuites».* – Formé sur le lat. *editus*, pp. de *edere*, «produire, faire paraître au jour».

éditeur, trice [editœʀ, tʀis] n. **1.** Personne qui prépare la publication de certains textes. *Notes de l'éditeur.* **2.** Personne ou société assurant la publication et, le plus souvent, la diffusion d'un ouvrage. *Un éditeur célèbre.* – Appos. *Maison éditrice.* ▷ *Éditeur responsable:* celui sous la responsabilité de qui paraît une publication périodique. – De *éditer*.

édition [edisjɔ̃] n. f. **1.** Publication et diffusion d'une œuvre littéraire, scientifique ou artistique. *Maison d'édition. Édition à compte d'auteur*, où l'auteur paie lui-même les frais d'impression. *Édition d'une gravure, d'un disque.* **2.** Ensemble des livres ou des journaux publiés en une seule fois. *Édition revue et corrigée. Édition originale. Acheter une édition originale:* en acheter un exemplaire. *Édition spéciale.* **3.** Action d'établir (un texte); texte ainsi édité. *Édition critique.* **4.** Industrie ou commerce du livre. *Travailler dans l'édition.* **5.** INFORM Mise en forme des résultats avant impression. – De *éditer*.

1. éditorial, aux [editɔʀjal, o] n. m. Article de fond reflétant les grandes orientations d'une publication (journal, revue) et émanant souvent de la direction. – Anglo-amér. *editorial*, de *editor*, «rédacteur en chef».

2. éditorial, ale, aux [editɔʀjal, o] adj. Qui concerne l'édition, le métier d'éditeur. *Une réunion éditoriale.* – Calque de l'anglais *editorial*, de *editor*, «directeur de collection, directeur littéraire».

éditorialiste [editɔʀjalist] n. Personne qui écrit l'éditorial d'une publication. – De *éditorial* 1.

edmonton(n)ien, ienne [ɛdmɔntɔnjɛ̃, jɛn] adj. et n. D'Edmonton (Alberta).

édredon [edʀədɔ̃] n. m. **1.** Vx Duvet de l'eider. **2.** Couvre-pied en duvet (d'eider, à l'orig.). – Empr. au danois *ederduun*, de l'anc. nordique et islandais *œdur, aedar*, «eidre», et *duun*, «duvet».

éducable [edykabl] adj. Qui peut être éduqué. – De *éduquer*.

éducateur, trice [edykatœʀ, tʀis] n. et adj. **1.** n. Personne qui éduque, qui s'occupe d'éducation. *Éducateur spécialisé.* **2.** adj. Qui concerne l'éducation, qui la donne. *Le rôle éducateur que joue la pratique du sport d'équipe.* – De *éducation*.

éducatif, ive [edykatif, iv] adj. **1.** Qui concerne l'éducation. *Théories éducatives.* **2.** Qui éduque. *Jeux éducatifs.* – De *éduquer*.

éducation [edykasjɔ̃] n. f. **1.** Action de développer les facultés morales, physiques et intellectuelles; son résultat. *L'éducation de cet enfant a été négligée. Avoir reçu une bonne éducation.* – *Éducation permanente*, qui a pour objet d'assurer, à toutes les étapes de la vie, la formation et le développement de la personne. – *Éducation physique*, par la pratique d'exercices physiques appropriés au développement harmonieux du corps humain. *Éducation civique. Éducation musicale.* **2.** Connaissance et pratique des usages (politesse, bonnes manières, etc.) de la société.

Avoir de l'éducation. Un homme sans éducation. **3.** Action de développer une faculté particulière de l'être humain. *L'éducation du goût.* – Lat. *educatio.*
ENCYCL Au Canada, la responsabilité de l'éducation est confiée à chacune des provinces; ces dernières organisent donc et gèrent leur propre système éducatif, lequel relève d'un ministre provincial de l'éducation. Bien que semblables sous plusieurs aspects, les systèmes scolaires des provinces canadiennes ont des caractéristiques différentes qui reflètent la diversité des besoins, des perspectives et de l'héritage culturel des populations. En vue d'assurer la concertation indispensable en matière d'éducation et d'harmoniser le plus possible les éléments les plus importants des différents systèmes scolaires, les ministres de l'éducation des provinces ont mis en place un organisme permanent: le Conseil des ministres de l'éducation (Canada). La création de cet organisme s'est imposée au moment où les provinces entreprenaient des réformes en profondeur, dans le secteur de l'éducation, qui allaient modifier considérablement les orientations de l'enseignement et les structures des systèmes scolaires; une coordination interprovinciale s'imposait en conséquence.

Au Québec, la réforme scolaire fut amorcée en 1961 par la promulgation de la *Grande charte de l'éducation*; cette dernière affirmait le droit absolu pour tout enfant de recevoir l'éducation de son choix; elle accordait, en particulier, la gratuité des études jusqu'à la 11e année inclusivement et faisait obligation aux commissions scolaires d'assurer l'enseignement de la première à la onzième année. C'est en 1961, également, que le gouvernement créait la Commission royale d'enquête sur l'enseignement (Commission Parent), laquelle allait remettre, dès 1963, après d'intenses consultations et de nombreuses études, le premier volume de son rapport qui portait sur les structures supérieures du système d'éducation. La Commission proposait la création d'un ministère de l'Éducation et d'un Conseil supérieur de l'éducation.

En 1964, le gouvernement donnait suite à cette importante recommandation et créait le ministère de l'Éducation qui prenait alors la relève du Département de l'instruction publique, créé en 1875, et du ministère de la Jeunesse. Il transformait, de plus, le Conseil de l'instruction publique, établi en 1856, en un Conseil supérieur de l'éducation. La confessionnalité du système scolaire était maintenue et les comités catholique et protestant du Conseil supérieur de l'éducation furent chargés d'en promouvoir le respect. De plus, deux sous-ministres associés furent désignés à titre de responsables de l'orientation et de la direction générale des écoles reconnues comme catholiques ou protestantes, selon le cas.

Le nouveau ministère de l'Éducation, respectant en cela les recommandations du *Rapport Parent*, allait définir de la manière suivante les orientations fondamentales qu'il entendait donner à la réforme de l'éducation: une éducation maximale pour chacun, jeune ou adulte; une préparation adéquate des jeunes à la vie. Ces orientations allaient rapidement se traduire en une politique d'accessibilité à l'éducation revêtant les trois aspects suivants: *accessibilité financière*, par la suppression des obstacles financiers pouvant empêcher les jeunes de poursuivre leurs études; *accessibilité géographique*, par l'organisation des services scolaires sur une base régionale; *accessibilité sociale*, par l'organisation de différents types d'enseignement pouvant accueillir toutes les catégories d'élèves.

De semblables politiques allaient également être adoptées par les gouvernements des autres provinces, de sorte qu'aujourd'hui, dans l'ensemble du Canada, l'éducation fondamentale est offerte à tous, sans égard au sexe, à la religion, à l'origine ethnique ou à la classe sociale. Elle est offerte gratuitement durant toutes les années de la fréquentation scolaire obligatoire, c'est-à-dire jusqu'à l'âge de 16 ans; dans les faits, elle est gratuite deux ou trois années de plus.

L'enseignement primaire reçoit généralement les enfants ayant atteint l'âge de six ans et, selon les provinces, sa durée varie de six à huit ans. Au terme de leurs études primaires, tous les enfants sont accueillis à l'école secondaire. Cette dernière offre une grande variété de programmes de formation générale et professionnelle en vue de préparer les élèves au marché du travail ou à la poursuite d'études postsecondaires. La durée de l'enseignement secondaire varie de quatre à six ans.

Ce sont les commissions (ou conseils) scolaires qui, sur le plan local, gèrent les écoles primaires et secondaires publiques; ces organismes sont constitués de représentants de la population élus par les citoyens. Les écoles privées sont partout reconnues; dans certaines provinces, elles reçoivent des subventions gouvernementales.

Dans la majorité des provinces, les élèves ont accès à l'enseignement postsecondaire après avoir complété douze années d'études; au Québec, la même possibilité est offerte après onze années d'études. L'enseignement postsecondaire est dispensé par les collèges et les universités. Contrairement à certains collèges d'autres provinces, les collèges québécois ne confèrent aucun crédit universitaire; les Collèges d'enseignement général et professionnel (cégeps), institutions spécifiques au Québec, offrent à la fois les programmes de formation professionnelle (trois années) conduisant au marché du travail et les programmes de formation générale (deux années) exigés pour l'admission à l'université. Au Québec, comme en Ontario, c'est donc après treize années d'études qu'un étudiant peut entreprendre des études universitaires.

Dans les universités canadiennes, il existe généralement trois cycles d'études conduisant à l'obtention de diplômes. Au premier cycle, le baccalauréat est habituellement obtenu après trois années d'études; certains baccalauréats spécialisés peuvent exiger quatre années d'études, parfois davantage. Au deuxième cycle, les études conduisant à l'obtention d'une maîtrise sont d'une année, au minimum, alors que les études du troisième cycle conduisant à l'obtention d'un doctorat ou d'un Ph.D. sont de deux années, au minimum.

Le réseau universitaire québécois comprend sept universités, dont trois sont anglophones. L'Université du Québec comprend elle-même six constituantes réparties sur l'ensemble du territoire.

Au Québec, l'enseignement postsecondaire est sous la responsabilité du ministre de l'Enseignement supérieur et de la Science. Deux organismes, le Conseil des collèges et le Conseil des universités, ont la responsabilité de conseiller le ministre en ce qui concerne les orientations et le fonctionnement de l'enseignement collégial et universitaire.

Près de vingt-cinq ans après le début des grandes réformes en éducation, on considère généralement que les grands objectifs visant l'adaptation de l'enseignement, l'accessibilité aux études et la démocratisation de l'éducation ont été largement atteints. Partout, cependant, on souhaite accroître la qualité de l'éducation et procéder, sur le plan pédagogique, à certains redressements jugés indispensables. Au Québec, par exemple, on compte resserrer les exigences de l'école primaire et secondaire à l'endroit des élèves, notamment en matière de discipline et de rigueur intellectuelle; on entend également accorder plus d'importance à l'enseignement de la langue maternelle et des autres matières de base, en particulier les mathématiques et les sciences. Dans l'ensemble du système éducatif, on entend revaloriser la formation fondamentale et concentrer de plus en plus les efforts en vue d'atteindre un niveau sans cesse plus élevé de rigueur et d'excellence.

édulcorant, ante [edylkɔʀɑ̃, ɑ̃t] adj. et n. m. Se dit d'une substance donnant une saveur douce. – N. m. PHARM Principe adoucissant d'un médicament, d'une potion, etc. – Produit chimique de remplacement adapté aux diverses contre-indications du sucre. *La saccharine est un édulcorant de synthèse.* – Ppr. subst. de *édulcorer.*

édulcorer [edylkɔʀe] v. tr. [1] **1.** PHARM Adoucir (un médicament, une potion) en ajoutant une substance sucrée. **2.** Fig. Adoucir; affadir. *Transmettre des reproches à qqn, en les édulcorant.* – Lat. scientif. *edulcorare,* bas lat. *dulcorare,* de *dulcis,* «doux».

éduquer [edyke] v. tr. [1] Donner l'éducation à, élever, former (qqn). *Éduquer ses enfants.* – Lat. *educare.*

éfaufiler [efofile] v. tr. [1] TECH Tirer les fils de la trame d'un tissu. – De *é-,* et *faufiler.*

effaçable [efasabl] adj. Qui peut être effacé. Ant. ineffaçable, indélébile. – De *effacer.*

efface [efas] n. f. Petit bloc de caoutchouc ou de matière synthétique servant à effacer. «[...] j'achetai des cordes neuves à ma guitare et cinq beaux crayons neufs avec efface au bout.» (Félix Leclerc, *Moi, mes souliers...,* 1955.) Syn. gomme à effacer. – Déverbal de *effacer.*

effacé, ée [efase] adj. **1.** (Choses). Dont l'image, les traits, les couleurs ont plus ou moins disparu. *Miniature effacée.* **2.** (Personnes). Qui se tient à l'écart, qui ne se fait pas remarquer. *Un garçon timide et effacé. Un caractère effacé.* – Pp. de *effacer.*

effacement [efasmɑ̃] n. m. **1.** Action d'effacer; son résultat. *Un effacement soigneux qui ne laisse aucune trace.* **2.** Action de s'effacer, attitude de celui qui est effacé. – De *effacer.*

effacer [efase] **I.** v. tr. [14] **1.** Enlever, faire disparaître toute trace de (ce qui est écrit, marqué). *Effacer une inscription sur un mur.* – *Effacer une bande magnétique:* faire disparaître ce qui y est enregistré. ▷ Supprimer (ce qui est écrit) en rayant, en raturant. **2.** Fig. Faire disparaître, faire oublier. *Le temps efface bien des souvenirs.* ▷ Éclipser, surpasser au point de faire oublier tous les autres. *Il a effacé tous ses contemporains.* **3.** *Effacer le corps,* le tenir de côté, en retrait. *Effacer la jambe.* **II.** v. pron. **1.** S'enlever, disparaître, en parlant d'une marque. *Une tache d'encre s'efface difficilement.* **2.** Se mettre de côté. *Il s'effaça pour la laisser passer.* ▷ Fig. *S'effacer devant qqn,* lui céder le pas. – De *é-,* et *face.*

effaceur [efasœʀ] n. m. TECH Dispositif servant à effacer. *Effaceur d'encre.* – Appos. *Crayon effaceur.* – De *effacer.*

effaçure [efasyʀ] n. f. Trace de ce qui est effacé; trace d'effacement. – De *effacer.*

effaner [efane] v. tr. [1] AGRIC Ôter les fanes (du blé, du maïs, etc.). – De *é-,* et *fane.*

effarant, ante [efaʀɑ̃, ɑ̃t] adj. Qui effare. – Cour., par exag. *Son ignorance est effarante.* – Ppr. de *effarer.*

effaré, ée [efaʀe] adj. Égaré, stupéfié par un trouble violent. – Pp. de *effarer.*

effarement [efaʀmɑ̃] n. m. État d'une personne effarée. – De *effarer.*

effarer [efaʀe] v. tr. [1] Troubler vivement, stupéfier. *Cette nouvelle l'a effaré.* – Du lat. *efferare,* «rendre sauvage, farouche».

effarouchement [efaʀuʃmɑ̃] n. m. Action d'effaroucher; état d'une personne effarouchée. – De *effaroucher.*

effaroucher [efaʀuʃe] v. tr. [1] **1.** Faire fuir (un animal) en l'effrayant. *Effaroucher le gibier.* **2.** Fig. Mettre (qqn) en défiance; choquer (qqn) en alarmant. *Vos plaisanteries trop familières l'ont effarouchée.* Ant. rassurer. ▷ V. pron. *Personne timide qui s'effarouche facilement.* – De *é-,* et *farouche.*

effecteur, trice [efɛktœʀ, tʀis] n. m. et adj. PHYSIOL Organe qui agit sous l'influence d'une commande nerveuse ou hormonale, en réponse aux stimulations reçues par les organes récepteurs. – Adj. *Organe effecteur.* – Angl. *effector,* de *to effect,* «effectuer».

1. effectif, ive [efɛktif, iv] adj. **1.** Qui produit des effets, qui est efficace. *Une collaboration effective.* **2.** Qui est de fait; qui est tangible, réel. *La valeur officielle d'une monnaie et sa valeur effective sur le marché du change.* – Lat. médiév. *effectivus,* de *effectus.* V. effet.

2. effectif [efɛktif] n. m. Le nombre des personnes qui composent un groupe, une collectivité. *L'effectif d'une entreprise.* – De *effectif* 1.

effectivement [efɛktivmɑ̃] adv. Réellement; en effet. *Ces paroles ont été effectivement prononcées.* – De *effectif* 1.

effectuer [efɛktɥe] v. tr. [1] Faire (une action complexe). *Effectuer une opération délicate. Effectuer un paiement.* – Lat. médiév. *effectuare,* de *effectus.* V. effet.

efféminé, ée [efemine] adj. Qui a des caractéristiques féminines. *Allure efféminée. Jeune homme efféminé.* Ant. masculin, viril. – Pp. de *efféminer.*

efféminer [efemine] v. tr. [1] Litt. Rendre efféminé. – Lat. *effeminare,* de *femina,* «femme».

effendi [efɛndi] n. m. Titre de courtoisie, dans l'empire ottoman. – Mot turc, «seigneur».

efférent, ente [efeʀɑ̃, ɑ̃t] adj. ANAT *Vaisseaux, conduits efférents,* qui sortent d'un organe. – *Nerfs efférents,* qui véhiculent l'influx nerveux du centre à la périphérie. Ant. afférent. – Lat. *efferens,* de *effere,* «porter hors».

effervescence [efɛʀvesɑ̃s] n. f. **1.** Bouillonnement de certaines substances au contact de certaines autres, dû à un dégagement de gaz. *Effervescence du calcaire mouillé d'acide.* **2.** Fig. Émotion vive, agitation. *La ville était en effervescence.* – De *effervescent.*

effervescent, ente [efɛʀvesɑ̃, ɑ̃t] adj. **1.** Qui est en effervescence; qui peut entrer en effervescence. *Comprimés effervescents.* **2.** Fig. Qui est comme en ébullition; agité. *Une foule effervescente.* – Lat. *effervescens,* de *effervescere,* «bouillonner».

1. effet [efɛ] n. m. **1.** Ce qui est produit par une cause. *Cette mesure a eu pour effet de mécontenter tout le monde. Ses promesses sont restées sans effet, n'ont pas été suivies d'effet,* il n'en est rien résulté. *Médicament qui commence à faire son effet,* à agir, à opérer. – DR Conséquences de l'application d'une loi, d'une décision administrative, etc. *Sauf stipulation contraire, les lois n'ont pas d'effet rétroactif.* **2.** *Spécial.* TECH Effort transmis par un mécanisme. *Un mécanisme à double effet.* **3.** PHYS Phénomène particulier obéissant à des lois précises. *Effet Joule. Effet photoélectrique.* **4.** Loc. adv. *En effet:* effectivement. *Vous n'y êtes pas allé, n'est-ce pas? – En effet, j'étais malade.* ▷ *À cet effet:* dans cette intention, pour obtenir ce résultat. *Prenez les dispositions à cet effet.* **5.** BX-A et LITTER Impression particulière produite par un procédé. *Un tableau tout en demi-teintes produisant un effet de grande douceur.* – Ce procédé. *Des effets de lumière.* ▷ Par anal. *Des effets de voix. Avocat qui fait des effets de manche.* – Souv. péjor. *Chercher l'effet:* chercher à impressionner (par des procédés qui traduisent souvent l'affectation). **6.** Cour. Impression que fait une chose ou une personne sur qqn. *Cela* *m'a fait un effet pénible. Faire son effet:* produire une vive impression. ▷ *Faire l'effet de:* avoir l'air de, donner l'impression de. *Il m'a fait l'effet d'un incapable.* **7.** *Donner de l'effet à un ballon, une balle de tennis, une boule de billard, etc.*, lui imprimer un mouvement de rotation qui lui donne une trajectoire non rectiligne ou un rebond anormal. – Lat. *effectus,* de *efficere,* «exécuter, réaliser».

2. effet [efɛ] n. m. **1.** FIN, COMM *Effet de commerce:* titre portant engagement de payer une somme (lettre de change, billet à ordre, chèque, warrant). **2.** Plur. Objets qui sont à l'usage d'une personne. – *Spécial.* Le linge et les vêtements. *Ranger ses effets dans une malle.* – De *effet* 1.

effeuillage [efœjaʒ] n. m. **1.** AGRIC et ARBOR Action d'effeuiller un végétal (pour favoriser la maturation des fruits). ▷ **2.** Fig. Mot français recommandé à la place de *strip-tease.* – De *effeuiller.*

effeuillaison [efœjɛzõ] n. f. BOT Chute naturelle des feuilles. – De *effeuiller.*

effeuillement [efœjmɑ̃] n. m. Chute des feuilles. ▷ BOT État d'un végétal effeuillé. – De *effeuiller.*

effeuiller [efœje] v. tr. [1] Dépouiller de ses feuilles. *Effeuiller un arbuste.* ▷ Par anal. *Effeuiller une fleur:* en arracher les pétales. – De *é-,* et *feuille.*

effeuilleuse [efœjøz] n. f. Fam. Strip-teaseuse. – De *effeuiller.*

1. efficace [efikas] n. f. Vx Efficacité. – Lat. *efficacia.*

2. efficace [efikas] adj. **1.** Qui produit l'effet attendu (choses). *Un traitement efficace.* – Dont l'action est efficace (personnes). *Il s'est montré très efficace dans son travail.* **2.** ELECTR *Intensité efficace d'un courant alternatif:* valeur de l'intensité du courant continu qui produirait le même dégagement de chaleur que le courant alternatif considéré dans les mêmes conditions. – Lat. *efficax, efficacis.*

efficacement [efikasmɑ̃] adv. D'une manière efficace. *Travailler efficacement.* – De *efficace.*

efficacité [efikasite] n. f. **1.** Qualité de ce qui est efficace. **2.** Productivité, rendement. *Technologie d'une très haute efficacité.* ▷ ELECTR *Efficacité lumineuse d'un projecteur, d'une ampoule, etc.:* flux lumineux, rapporté à la puissance consommée (elle s'exprime en lumens par watt). – De *efficace.*

efficience [efisjɑ̃s] n. f. Qualité de ce qui est efficient (sens 2). *L'efficience d'une entreprise sur le marché nord-américain* (emploi critiqué). – Angl. *efficiency,* lat. *efficientia.*

efficient, iente [efisjɑ̃, jɑ̃t] adj. **1.** *Cause efficiente,* qui produit un effet, une transformation. *En physique, l'énergie est la cause efficiente du travail.* **2.** Qui a de l'efficacité, du dynamisme. *Un jeune cadre efficient* (angl. *efficient;* emploi critiqué). – Lat. *efficiens,* de *efficere,* «réaliser».

effigie [efiʒi] n. f. **1.** Représentation d'un personnage sur une monnaie, une médaille. *Médaille frappée à l'effigie de la reine Élisabeth.* **2.** Représentation, image de qqn. *Brûler qqn en effigie.* – Lat. *effigies.*

effilage [efilaʒ] n. m. Action d'effiler; son résultat. – De *effiler.*

effilé, ée [efile] adj. et n. m. Mince, fin, allongé. *Une lame effilée.* ▷ N. m. Frange faite de simples fils. – Pp. de *effiler.*

effilement [efilmɑ̃] n. m. Effilage. – De *effiler.*

effiler [efile] v. tr. [1] **1.** Défaire (une étoffe) fil à fil. ▷ V. pron. *Tissu qui s'effile.* **2.** Rendre mince comme un fil; rendre effilé. *Effiler une lame.* ▷ V. pron. Aller en s'amincissant. *Ce cap s'effile à son extrémité.* – De *fil.*

effilochage [efilɔʃaʒ] n. m. Action d'effilocher (du tissu et, partic., du chiffon pour la fabrication du papier de luxe). – De *effilocher.*

effiloche [efilɔʃ] n. f. Soie de rebut trop légère. – Déverbal de *effilocher.*

effiloché [efilɔʃe] n. m. Charpie provenant de tissus effilochés. – Pp. subst. de *effilocher.*

effilocher [efilɔʃe] v. tr. [1] Séparer (un tissu) en brins pour le réduire en charpie. – Fig. *Le vent effilochait les nuages.* ▷ V. pron. S'effiler par l'usure. *Couverture qui s'effiloche.* – De *é-,* et *filoche,* dér. anc. et dial. de *fil.*

effilocheur, euse [efilɔʃœʀ, øz] n. **1.** Personne qui effiloche les chiffons pour la fabrication du papier. **2.** n. f. TECH Machine à effilocher. – De *effilocher.*

efflanqué, ée [eflɑ̃ke] adj. Qui a les flancs creux et décharnés. *Cheval efflanqué.* ▷ Maigre et sec (personnes). *Un jeune homme grand et efflanqué.* – De *é-,* et *flanc.*

effleurage [eflœʀaʒ] n. m. Massage léger. – De *effleurer.*

effleurement [eflœʀmɑ̃] n. m. Action d'effleurer; caresse légère. ▷ Légère atteinte. – De *effleurer.*

effleurer [eflœʀe] v. tr. [1] **1.** Entamer superficiellement; érafler. *La balle n'a fait que l'effleurer.* ▷ Fig. Atteindre légèrement. *Sa réputation n'a même pas été effleurée.* **2.** Ne pas approfondir, examiner superficiellement (une question). *Il n'a fait qu'effleurer le sujet.* **3.** *Par ext.* Toucher légèrement. *Elle a effleuré sa main.* – De *é-,* et *fleur.*

effleurir [eflœʀiʀ] v. intr. [2] CHIM Devenir efflorescent. – De *é-,* et *fleurir,* d'apr. *efflorescence.*

effloraison [eflɔʀɛzõ] n. f. BOT Fait de fleurir. *L'effloraison des arbres fruitiers.* – De *é-,* et *floraison.*

efflorescence [eflɔʀesɑ̃s] n. f. **1.** CHIM Dépôt qui se forme à la surface des hydrates salins. ▷ MED Éruption cutanée. **2.** Fig., litt. Épanouissement, floraison. *L'efflorescence d'un grand nombre de jeunes talents.* – Lat. *efflorescens,* ppr. de *efflorescere,* «fleurir».

efflorescent, ente [eflɔʀesɑ̃, ɑ̃t] adj. **1.** CHIM Qui forme ou qui est susceptible de former une efflorescence. **2.** Fig., litt. Qui fleurit, s'épanouit. *Un art efflorescent.* – Lat. *efflorescens,* ppr. de *efflorescere,* «fleurir».

effluent, ente [eflyɑ̃, ɑ̃t] adj. et n. m. **1.** adj. Qui s'écoule d'une source. **2.** n. m. Liquide qui s'écoule hors de qqch. *Effluents radioactifs d'un réacteur.* – Spécial. *Effluents urbains:* l'ensemble des eaux usées. – Lat. *effluens,* ppr. de *effluere,* «s'écouler».

effluve [eflyv] n. m. **1.** Émanation qui s'exhale d'un corps organisé. *Plantes odoriférantes qui exhalent des effluves parfumés.* **2.** PHYS *Effluve électrique:* décharge électrique dans un gaz, accompagnée d'une faible émission de lumière. – Lat. *effluvium,* «écoulement».

effondrement [efõdʀəmɑ̃] n. m. **1.** AGRIC Action d'effondrer les terres. **2.** Fait de s'effondrer. *L'effondrement d'un toit.* ▷ GEOL Affaissement du sol. *Cratère d'effondrement. La Limagne est un fossé d'effondrement.* **3.** Fig. Écroulement, ruine. *L'effondrement d'une fortune.* – De *effondrer.*

effondrer [efõdʀe] **I.** v. tr. [1] **1.** Briser, défoncer. *Effondrer un coffre.* **2.** AGRIC Labourer, remuer (le sol) très profondément. *Effondrer la terre pour y mêler l'engrais.* **II.** v. pron. S'écrouler. *Maison qui s'effondre.* – Fig. *L'Empire romain s'effondra sous les coups des Barbares.* – Du lat. pop. **exfunderare,* bas lat. *exfundare,* de *fundus,* «fond».

efforcer (s') [efɔʀse] v. pron. [14] Faire tous ses efforts pour, employer tous ses moyens à (faire qqch).

S'efforcer de courir. S'efforcer de comprendre les autres. – De *é-*, et *forcer.*

effort [efɔʀ] n. m. **1.** Action énergique des forces physiques, intellectuelles ou morales. *L'ennemi fit un effort désespéré pour nous déloger. Faire un effort de compréhension envers qqn. Allons, faites un effort!* – *Sans effort:* sans peine, facilement. *Triompher sans effort.* ▷ Dépense, aide financière. *Faire un effort en faveur des déshérités.* **2.** Vieilli Vive douleur intramusculaire due à une contraction violente d'un muscle. – Fam. *Se faire un effort,* une hernie. ▷ MED VET Entorse. *Effort du boulet.* **3.** La force avec laquelle un corps tend à exercer son action. *L'effort de l'eau a rompu la digue.* ▷ MECA Force tendant à déformer ou à rompre un corps. *Effort tranchant.* – Déverbal de *(s')efforcer.*

effraction [efʀaksjõ] n. f. Bris de clôture, fracture de serrure. *Vol avec effraction* (circonstance aggravante). – Du lat. jur. *effractura,* d'ap. *fraction.*

effraie [efʀɛ] n. f. Chouette longue d'env. 35 cm (genre *Tyto*), aux ailes rousses, au ventre très clair tacheté de gris et à la face en forme de cœur. *L'effraie loge dans les granges, les ruines et les arbres creux et pousse un long cri aigu.* – Altér. de *orfraie* avec attraction de *effrayer.*

effranger [efʀɑ̃ʒe] v. tr. [15] Effiler (une étoffe) sur le bord pour constituer une frange. ▷ V. pron. S'effilocher. – De *é-*, et *frange.*

effrayant, ante [efʀɛjɑ̃, ɑ̃t] adj. Qui effraie, qui inspire l'effroi. *Un spectacle effrayant.* ▷ *Par exag.,* fam. Excessif, très pénible. *Une chaleur effrayante.* – Ppr. de *effrayer.*

effrayer [efʀeje] v. tr. [24] Provoquer la frayeur de, épouvanter. ▷ V. pron. *Ne vous effrayez pas.* – Du lat. pop. **exfridare,* «faire sortir de la paix»; frq. **fridu,* «paix».

effréné, ée [efʀene] adj. Qui est sans frein, sans retenue. *Ambition effrénée. Passion effrénée.* Ant. modéré, mesuré. – Lat. *effrenatus,* de *frenum,* «frein».

effritement [efʀitmɑ̃] n. m. Le fait de s'effriter. – De *effriter.*

effriter [efʀite] v. tr. [1] Désagréger, mettre en morceaux. ▷ V. pron. Se désagréger, tomber en morceaux. *Le plâtre de ce plafond s'effrite.* – Fig. *Son crédit s'effrite.* – De *é,* et *fruit;* ext. de sens, p.-ê. sous l'infl. de *friable,* altér. de *effruiter,* «rendre stérile, épuiser (une terre)».

effroi [efʀwa] n. m. Frayeur intense, épouvante. *Inspirer l'effroi. Avoir les yeux pleins d'effroi.* – De *effrayer.*

effronté, ée [efʀõte] adj. et n. Impudent, trop hardi. *Un regard effronté.* – Qui témoigne de l'effronterie. *Une mimique effrontée.* ▷ Subst. *Un, une effronté(e).* – De *é-*, et *front.*

effrontément [efʀõtemɑ̃] adv. D'une manière effrontée. *Mentir effrontément.* – De *effronté.*

effronterie [efʀõtʀi] n. f. Hardiesse excessive, impudence. *Parler avec beaucoup d'effronterie.* – De *effronté.*

effroyable [efʀwajabl] adj. Qui cause de l'effroi, de l'horreur, de la répulsion. *Une scène effroyable.* ▷ Par exag., fam. Excessif, pénible. *Il fait un temps effroyable.* – De *effroi.*

effroyablement [efʀwajabləmɑ̃] adv. D'une manière effroyable. – Par exag., fam. *Il est effroyablement laid.* – De *effroyable.*

effusion [efyzjõ] n. f. **1.** Vx Épanchement d'un liquide. ▷ Mod. *Sans effusion de sang:* sans que le sang soit versé. **2.** Fig. Vive manifestation d'un sentiment. *Effusion de tendresse.* – (S. comp.) *Accueillir qqn avec effusion.* – Lat. *effusio,* de *effundere,* «répandre».

égaiement [egɛmɑ̃] ou **égayement** [egɛjmɑ̃] n. m. Action d'égayer; fait de s'égayer. – De *égayer.*

égailler (s') [egaje] v. pron. [11] Se disperser. – Probabl. du lat. pop. **aegualiare,* du lat. *aequalis,* «égal, uni»; mot dial. de l'Ouest.

égal, ale, aux [egal, o] adj. (et n.) **1.** Pareil, semblable en nature, en quantité, en qualité, en droit. *Deux poids égaux. Tous les Canadiens sont égaux devant la loi. L'équateur se trouve à égale distance des deux pôles.* – MATH *Ensembles égaux,* qui possèdent exactement les mêmes éléments. – GEOM *Figures égales,* superposables. *Triangles égaux.* ▷ Subst. Personne qui est au même rang qu'une autre. *Traiter d'égal à égal. Considérer qqn comme son égal.* – *N'avoir pas d'égal, être sans égal:* être le premier, l'unique en son genre. – (Choses). *Une joie sans égale.* ▷ Loc. prép. *À l'égal de* : autant que, de la même manière que. *Il est craint à l'égal du tonnerre.* **2.** Qui ne varie pas. *Un mouvement toujours égal,* uniforme. – (Personnes). *Être en tout égal à soi-même. Être d'humeur égale.* **3.** Qui est uni, de niveau, régulier. *Un chemin bien égal.* **4.** Indifférent. *Tout lui est égal. Ça m'est égal.* ▷ Loc. *C'est égal:* cela ne change rien, peu importe. *Vous le déclarez honnête, c'est égal, je m'en méfie.* – Réfection de l'a. fr. *evel, ivel* sur le lat. *aequalis.*

égalable [egalabl] adj. Qui peut être égalé. Ant. inégalable. – De *égaler.*

également [egalmɑ̃] adv. **1.** De manière égale. *Partager également.* Ant. inégalement. **2.** Pareillement, aussi, de même. *Vous y allez? J'y vais également.* – De *égal.*

égaler [egale] v. tr. [1] Être égal à. *Quatre multiplié par deux égale huit. Égaler un champion.* ▷ Atteindre le même degré que. *Égaler qqn en puissance.* – De *égal.*

égalisateur, trice [egalizatœʀ, tʀis] adj. Qui égalise. – SPORT *Marquer le but égalisateur.* – De *égaliser.*

égalisation [egalizasjõ] n. f. Action d'égaliser. – SPORT *But d'égalisation* (de la marque). – De *égaliser.*

égaliser [egalize] **I.** v. tr. [1] **1.** Rendre égal. *Égaliser les lots dans un partage.* **2.** Rendre uni, plan. *Égaliser un terrain.* **II.** v. intr. SPORT Obtenir, en cours de partie, le même nombre de points, marquer le même nombre de buts que l'adversaire. *Réussir à égaliser quelques minutes avant la fin du match.* – De *égal.*

égalitaire [egalitɛʀ] adj. Qui a pour but l'égalité. *Lois égalitaires.* ▷ Qui professe l'égalitarisme. *Théorie égalitaire.* – De *égalité.*

égalitarisme [egalitaʀism] n. m. Doctrine professant l'égalité absolue de tous les êtres humains, sous tous les aspects (civil, politique, économique). – Du rad. de *égalitaire.*

égalitariste [egalitaʀist] n. et adj. **1.** n. Partisan de l'égalitarisme. **2.** adj. Qui professe l'égalitarisme. *Théorie égalitariste.* – Du préc.

égalité [egalite] n. f. **1.** Rapport entre les choses égales; parité, conformité. *Égalité de deux figures. Égalité d'âge, de mérite. Rapport d'égalité.* – GEOM *Conditions d'égalité de deux triangles:* ensemble des règles qui permettent de déterminer si deux triangles sont égaux (par ex.: deux angles et un côté égaux, si le côté est compris entre les deux angles). ▷ Principe selon lequel tous les hommes, possédant une égale dignité, doivent être traités de manière égale. *Égalité civile* (mêmes droits, mêmes devoirs devant la loi), *égalité politique* (même droit de gouvernement de la cité). **2.** Uniformité (d'un mouvement); modération, mesure (du tempérament). *Égalité du pouls.* – *Égalité d'humeur.* **3.** État de ce qui est plan, uni. *L'égalité d'un terrain.* – De *égal.*

égard [egaʀ] n. m. **1.** Attention, considération particulière pour qqn ou qqch. *Il n'a eu aucun égard à ce* *que je lui ai dit.* ▷ Loc. prép. *Eu égard à:* en considération de. *Il a été acquitté eu égard à son jeune âge.* – *À l'égard de:* pour ce qui concerne, vis-à-vis de. *Il s'est mal conduit à mon égard.* – Par comparaison. *La Terre est bien petite à l'égard du Soleil.* ▷ Loc. adv. *À tous égards:* sous tous les rapports. *Il est parfait à tous égards.* – *À différents égards, à certains égards:* sous différents aspects, à certains points de vue. **2.** Déférence, estime. *Je ne le ferai pas, par égard pour vous.* – Plur. *Avoir des égards pour qqn.* – De *é-*, et *garder*; de l'a. fr. *esgarder*, «veiller sur».

égaré, ée [egaʀe] adj. **1.** Qui a perdu son chemin. *Voyageur égaré.* ▷ Fig. Trompé, abusé, jeté dans l'erreur. **2.** Qui dénote l'égarement, le trouble de l'esprit. *Des yeux égarés.* – Pp. de *égarer*.

égarement [egaʀmɑ̃] n. m. **1.** Le fait d'avoir l'esprit égaré. **2.** (Surtout au pl.) Dérèglement, erreur. *Les égarements du cœur.* – De *égarer*.

égarer [egaʀe] **I.** v. tr. [1] **1.** Détourner du bon chemin, fourvoyer. *Le plan était faux et m'a bel et bien égaré.* **2.** Ne plus savoir où l'on a mis, perdre momentanément (qqch). *Égarer ses lunettes.* **3.** Fig. Jeter dans l'erreur, détourner du droit chemin. *Ne vous laissez pas égarer par ces théories fallacieuses.* ▷ *Égarer l'esprit*, le troubler. *La suspicion égare l'esprit.* **II.** v. pron. Se fourvoyer, se perdre. *S'égarer dans une forêt.* ▷ Fig. *Débat qui s'égare.* – *Esprit qui s'égare.* – Formation hybride, de *é-*, et frq. **waron*, «avoir soin».

égayement. V. égaiement.

égayer [egeje] **I.** v. tr. [24] **1.** Réjouir, rendre gai. *Égayer des convives.* **2.** Donner quelque ornement agréable à (qqch). *Égayer un ouvrage par des broderies de couleur.* **3.** Rendre plus agréable, plus gai. *Le soleil égaie l'appartement.* **II.** v. pron. Devenir gai. *Ils commençaient à s'égayer.* – De *é-*, et *gai*.

égéen, éenne [eʒeɛ̃, eɛn] adj. Qui concerne, dans le monde antique, la mer Égée et ses îles. – De *(mer) Égée*.

égérie [eʒeʀi] n. f. Inspiratrice d'un artiste, d'un poète, d'un homme politique. *Juliette Drouet, l'égérie de Victor Hugo.* – Lat. *Egeria*, nom de la nymphe qui aurait été la conseillère du roi légendaire de Rome, Numa Pompilius.

égide [eʒid] n. f. **1.** MYTH Bouclier de Zeus et d'Athéna. **2.** Fig. Protection, sauvegarde. *Se placer sous l'égide de qqn. L'égide des lois.* – Lat. d'orig. gr. *aegis, aegidis*.

églantier [eglɑ̃tje] n. m. Nom vulg. de divers rosiers sauvages servant fréquemment de porte-greffe aux variétés cultivées. – Var. de l'a. fr. *aiglant*, du lat. pop. **aequilentum*, pour **aculentum*, du class. *aculeatus*, «qui a des piquants».

églantine [eglɑ̃tin] n. f. Fleur de l'églantier. *L'églantine, appelée aussi rose aciculaire* (Rosa acicularis), *est l'emblème floral de l'Alberta.* – Du préc.

églefin [egləfɛ̃] ou **aiglefin** [ɛgləfɛ̃] n. m. Poisson téléostéen *(Melanogrammus aeglefinus)* voisin de la morue, à la chair très estimée. – Du moy. néerl. *schelvisch*.

église [egliz] n. f. **1.** Communion de personnes unies par une même foi chrétienne. *L'Église de Corinthe. Les Églises d'Asie Mineure. L'Église d'Orient. Les Églises orthodoxes* (grecque, russe). *Les Églises réformées* ou *protestantes.* ▷ Absol. *L'Église:* l'Église catholique, apostolique et romaine. *Le pape est le chef visible de l'Église.* **2.** Édifice consacré, chez les chrétiens, au culte divin. *Église paroissiale. Aller à l'église.* **3.** L'état ecclésiastique; le clergé en général. *Un homme d'Église.* – Lat. *eclesia*, var. pop. du lat. ecclés. d'orig. gr. *ecclesia*.

églogue [eglɔg] n. f. LITTER Petit poème pastoral ou bucolique. *Les églogues de Virgile, de Ronsard, de Chénier.* – Lat. *ecloga*, gr. *eklogê*.

ego [ego] n. m. **1.** PHILO *L'ego:* le sujet transcendantal, le moi en tant que principe unificateur de l'expérience interne, depuis Kant. **2.** PSYCHAN *L'ego:* le moi. – Mot lat., «moi»; d'abord en all.

égocentrique [egosɑ̃tʀik] adj. et n. Qui manifeste de l'égocentrisme. *Comportement égocentrique. Personnage égocentrique.* ▷ Subst. *Un(e) égocentrique.* – Du lat. *ego*, «moi», et *centre*.

égocentrisme [egosɑ̃tʀism] n. m. Tendance à tout ramener à soi, à faire de soi le centre de tout. – Du préc.

égoïne [egɔin] n. f. TECH Scie à main sans monture, munie d'une poignée. – Appos. *Scie égoïne.* – Altér. de l'a. fr. *escohine*, du lat. *scobina*, «lime, râpe».

égoïsme [egɔism] n. m. Amour exclusif de soi; disposition à rechercher exclusivement son plaisir et son intérêt personnels. *«L'égoïsme est un poison de l'amitié»* (Balzac). Ant. altruisme, générosité. – Du lat. *ego*, «moi».

égoïste [egɔist] adj. et n. Qui manifeste de l'égoïsme. *Des enfants égoïstes. Des sentiments égoïstes.* ▷ Subst. *Un(e) égoïste.* – De *égoïsme*.

égoïstement [egɔistəmɑ̃] adv. D'une façon égoïste. – De *égoïste*.

égorgement [egɔʀʒəmɑ̃] n. m. Action d'égorger. – De *égorger*.

égorger [egɔʀʒe] v. tr. [15] **1.** Couper la gorge à (un animal). *Égorger un mouton, un poulet.* ▷ *Par ext.* Tuer (qqn) en lui coupant la gorge. **2.** Fig., fam. Exiger un prix exorbitant de (qqn). *Égorger le client.* – De *é-*, et *gorge*.

égorgeur, euse [egɔʀʒœʀ, øz] n. Meurtrier qui égorge ses victimes. – De *égorger*.

égosiller (s') [egozije] v. pron. [1] **1.** Crier, parler jusqu'à s'en faire mal à la gorge. **2.** Crier ou chanter très fort. – De *é-*, et rad. de *gosier*.

égotisme [egɔtism] n. m. **1.** Tendance marquée à s'analyser et à parler de soi. **2.** Attitude de celui qui ramène tout à soi-même, qui cultive à l'excès ce qu'il a de personnel, d'original. *«Souvenirs d'égotisme»*, écrit de Stendhal. – Angl. *egotism*, trad. du fr. *égoïsme*.

égotiste [egɔtist] n. et adj. Personne qui pratique l'égotisme. ▷ Adj. Qui manifeste l'égotisme. *Attitude égotiste.* – Du préc.

égout [egu] n. m. **1.** Vx ou TECH Eau qui s'écoule. *L'égout des toits.* **2.** Mod. Canalisation souterraine servant à l'évacuation des eaux pluviales et usées (système du *tout-à-l'égout*). *Bouche, regard, plaque d'égout.* ▷ Fig., litt. Lieu souillé, cloaque. – Déverbal de *égoutter*.

égoutier [egutje] n. m. Personne chargée de l'entretien des égouts. – Du préc.

égouttage [egutaʒ] ou **égouttement** [egutmɑ̃] n. m. Action d'égoutter; fait de s'égoutter. – De *égoutter*.

égoutter [egute] v. tr. [1] Faire écouler peu à peu l'eau ou l'humidité de. *Égoutter la vaisselle.* ▷ V. pron. *Laisser le linge s'égoutter.* – De *é-*, et *goutte*.

égouttoir [egutwaʀ] n. m. Ustensile qui sert à faire s'égoutter qqch. – *Spécial.* Casier, claire-voie pour l'égouttage de la vaisselle. – De *égoutter*.

égoutture [egutyʀ] n. f. Liquide qui tombe de ce qu'on égoutte; les dernières gouttes que contient un récipient. – De *égoutter*.

égrappage [egʀapaʒ] n. m. Action d'égrapper. – De *égrapper.*

égrapper [egʀape] v. tr. [1] Détacher (les grains) de la grappe. *Égrapper des raisins, des groseilles, etc.* – De *é-*, et *grappe.*

égrappoir [egʀapwaʀ] n. m. TECH Machine agricole qui sert à égrapper le raisin. – De *égrapper.*

égratigner [egʀatiɲe] v. tr. [1] **1.** Blesser superficiellement la peau, écorcher. – V. pron. *S'égratigner avec une aiguille.* ▷ Par anal. *Égratigner la terre,* la labourer superficiellement. – *Égratigner un meuble,* y faire une éraflure. **2.** Fig. *Égratigner qqn,* le dénigrer, médire à son propos. *Il ne peut parler sans égratigner les gens.* – De *é-*, et de l'a. fr. *gratiner,* de *gratter.*

égratignure [egʀatiɲyʀ] n. f. **1.** Légère blessure faite en égratignant. *Ce n'est qu'une égratignure.* ▷ *Par anal.* Dégradation légère, éraflure. **2.** Fig. Légère blessure d'amour-propre. – Du préc.

égrenage [egʀənaʒ] ou **égrènement** [egʀɛnmɑ̃] n. m. Action d'égrener; fait de s'égrener. – De *égrener.*

égrener [egʀəne] v. tr. [19] **1.** Détacher le grain, les graines de (une plante, une grappe, une cosse). *Égrener du blé d'Inde, du raisin. Égrener des petits pois.* **2.** Par anal. *Égrener un chapelet,* en faire passer un à un les grains entre ses doigts, à chaque prière. ▷ Fig. Faire entendre (des sons) l'un après l'autre en les détachant nettement. *La pendule Louis XV égrena les douze coups de minuit.* **3.** v. pron. *S'égrener:* se séparer, s'espacer, en parlant d'éléments disposés en rang, en file. *Colonne de soldats qui s'égrène le long d'une route.* – De *é-*, et *grain.*

égreneuse [egʀənøz] n. f. AGRIC Machine à égrener. *Égreneuse à maïs.* – De *égrener.*

égrillard, arde [egʀijaʀ, aʀd] adj. Licencieux, grivois. *Chanson égrillarde. Prendre un air égrillard.* – De l'a. fr. *escriller,* «glisser».

égrisage [egʀizaʒ] n. m. TECH Action d'égriser. – De *égriser.*

égrisée [egʀize] n. f. TECH Poudre de diamant servant à égriser les pierres précieuses. – Pp. fém. subst. de *égriser.*

égriser [egʀize] v. tr. [1] TECH Polir par frottement. *Égriser un diamant, une glace.* – Du néerl. *gruizen,* «broyer».

égrotant, ante [egʀɔtɑ̃, ɑ̃t] adj. Vx ou litt. Maladif, de santé fragile. *Vieillard égrotant.* – Lat. *ægrotans.*

égrugeage [egʀyʒaʒ] n. m. TECH Action d'égruger. – De *égruger.*

égruger [egʀyʒe] v. tr. [15] TECH Réduire en poudre à l'aide d'un pilon. *Égruger du sel.* – De *é-*, et *gruger.*

égueuler [egœle] v. tr. [1] Rare Casser l'ouverture, le goulot de (un vase, une bouteille, etc.). – Pp. GEOMORPH *Cratère (volcanique) égueulé,* dont une partie de la paroi a été détruite au cours d'une éruption. – De *é-*, et *gueule.*

égyptien, ienne [eʒipsjɛ̃, jɛn] adj. et n. **1.** Qui appartient à l'Égypte; qui concerne l'Égypte. ▷ Subst. Habitant ou personne originaire de ce pays. *Un Égyptien. Les Égyptiens.* **2.** n. m. *L'égyptien:* la langue de l'ancienne Égypte. **3.** n. f. TYPO Caractère d'allure trapue, à empattement rectiligne et de même épaisseur que les jambages des lettres. – De *Égypte,* lat. *Aegyptus.*

égyptologie [eʒiptɔlɔʒi] n. f. Étude de l'Antiquité égyptienne. – De *Égypte,* et *-logie.*

égyptologue [eʒiptɔlɔg] n. Spécialiste en égyptologie. – Du préc.

eh! [e] interj. de surprise, d'admiration, de douleur, etc. *Eh! nous voici! Eh! vous me faites mal.* – *Eh bien!:* marque la surprise ou renforce ce que l'on dit. *Eh bien! que faites-vous?* – *Eh quoi!:* marque la surprise ou l'indignation. *Eh quoi! vous, agir ainsi!* – Onomatopée.

éhonté, ée [eɔ̃te] adj. Sans vergogne; effronté, impudent. *Un menteur éhonté.* – Par ext. *Des affabulations éhontées,* incroyables, grossières. – De *é-*, et *honte.*

eider [edɛʀ] n. m. Gros canard marin (genre *Somateria,* fam. anatidés), abondant sur les côtes nordiques de l'Amérique et de l'Europe et dont on utilisait autrefois le duvet pour confectionner les édredons. *Eider à duvet (Somateria mollissima).* – Island. *æður.*

eidétique [ɛjdetik] adj. **1.** PHILO Qui se rapporte à l'essence des choses. *La «réduction eidétique» (Husserl, Sartre, Merleau-Ponty) est substitution de la considération des essences à l'expérience concrète.* **2.** PSYCHO *Image eidétique:* représentation imaginaire hallucinatoire d'une parfaite netteté. – Du gr. *eidos,* «forme, essence»; all. *eidetisch.*

einsteinium [ɛnstɛnjɔm] n. m. CHIM Élément artificiel de numéro atomique $Z = 99$ et de masse atomique 254 (symbole Es). – Du n. du physicien Albert *Einstein* (1879-1955).

éjaculation [eʒakylasjɔ̃] n. f. Fait d'éjaculer. – De *éjaculer.*

éjaculer [eʒakyle] v. tr. [1] PHYSIOL Émettre avec force (une sécrétion) hors de l'organisme. – (S. comp.) Émettre du sperme lors de l'orgasme. – Lat. *ejaculare* ou *ejaculari.*

éjectable [eʒɛktabl] adj. AVIAT *Siège éjectable, cabine éjectable,* qui peuvent être éjectés hors de l'avion avec le pilote, en cas de danger. – De *éjecter.*

éjecter [eʒɛkte] v. tr. [1] **1.** Rejeter au-dehors avec une certaine force. **2.** Fam. Chasser, renvoyer. – Lat. *ejectare.*

éjecteur [eʒɛktœʀ] n. m. et adj. TECH **1.** Dispositif permettant d'évacuer un fluide (notam. au moyen d'un jet d'air comprimé). **2.** Pièce servant à éjecter les douilles vides d'une arme à feu automatique. **3.** Ensemble formé par la tuyère et la chambre de combustion d'un moteur-fusée. – Adj. *Appareil éjecteur.* – De *éjecter.*

éjection [eʒɛksjɔ̃] n. f. **1.** Action d'éjecter (un pilote hors de son appareil, un fluide, une cartouche). **2.** PHYSIOL Syn. de *déjection.* **3.** Fam. Renvoi, expulsion. – Lat. *ejectio.*

éjointer [eʒwɛ̃te] v. tr. [1] Casser la jointure de l'aile (d'un oiseau) pour qu'il ne puisse plus voler. – De *é-*, et a. fr. *jointe,* «articulation».

élaboration [elabɔʀasjɔ̃] n. f. Action d'élaborer; son résultat. *L'élaboration d'une thèse.* – *L'élaboration de la bile par le foie.* – De *élaborer.*

élaborer [elabɔʀe] v. tr. [1] **1.** Préparer, produire par un long travail de réflexion. *Élaborer un modèle de voiture, une théorie.* **2.** En parlant d'organismes vivants, d'organes ou de glandes, faire subir diverses modifications et transformations aux substances soumises à leur action, ou produire certaines sécrétions. *Les abeilles élaborent le miel. Les glandes qui élaborent le venin des serpents.* – Lat. *elaborare,* de *labor,* «travail».

elæagnus. V. éléagnus.

elaeis ou **éléis** [eleis] n. m. Palmier à huile d'Afrique occidentale *(Elæis guineensis)* produisant des fruits dont la pulpe donne l'huile de palme, et la graine l'huile de palmiste. – Lat. bot., gr. *elaiêeis,* «plein d'huile».

élagage [elagaʒ] n. m. Action d'élaguer; son résultat. – De *élaguer.*

élaguer [elage] v. tr. [1] **1.** Débarrasser (un arbre) des branches nuisibles à son développement, à sa fructification, etc. **2.** Fig. Débarrasser (un texte) de ce qui l'allonge inutilement. *Il faudra élaguer cette scène.* – De *é-*, et anc. scand. *laga,* «arranger».

élagueur, euse [elagœʀ, øz] n. **1.** Personne qui élague les arbres. **2.** n. m. Émondoir. – De *élaguer.*

1. élan [elɑ̃] n. m. Cervidé de grande taille (*Alces alces*), à pelage brun, aux bois plats et palmés à l'arrière, aux épaules surmontées d'une bosse, commun dans les pays du Nord (Canada, U.R.S.S., Scandinavie). *Le panache de l'élan d'Amérique ou orignal peut atteindre 1,80 m d'envergure.* – Haut all. *elend,* du baltique *elnis.*

2. élan [elɑ̃] n. m. **1.** Mouvement d'un être qui s'élance, d'une chose qui est lancée vigoureusement. *Prendre son élan pour franchir un obstacle. Donner de l'élan à une balançoire.* **2.** Fig. Mouvement affectif provoqué par un sentiment passionné. *Les élans du cœur. Avoir un élan vers qqn.* – Déverbal de *élancer.*

élancé, ée [elɑ̃se] adj. Grand et mince, svelte. *Une jeune fille élancée. Une colonne élancée.* – De *élan* 2.

élancement [elɑ̃smɑ̃] n. m. **1.** Douleur vive et lancinante. *Un abcès qui provoque des élancements.* **2.** TECH Rapport entre la longueur et la plus petite dimension transversale d'une pièce, d'un matériau. **3.** Litt. Élan spirituel, mystique. – De *élancer.*

élancer [elɑ̃se] v. [14] **1.** v. tr. Vx. Pousser avec force. **2.** v. intr. Faire éprouver des élancements. *Une blessure qui élance douloureusement.* **3.** v. pron. Se porter en avant avec impétuosité. *S'élancer à l'assaut.* – Par anal. *Le pin s'élance vers le ciel.* ▷ Fig. *Son âme s'élançait vers Dieu.* – De *é-*, et *lancer.*

éland [elɑ̃] n. m. Très grande antilope africaine (genre *Taurotragus*, 1,75 m au garrot), dont les cornes droites sont ornées de côtes en hélice. *L'éland du Cap et l'éland de Derby sont les deux seules espèces d'élands.* – V. élan 1.

élapidés [elapide] n. m. pl. ZOOL Famille de serpents venimeux comprenant les cobras et les serpents corail. – Du lat. sc. *elaps.*

élaps [elaps] n. m. Genre de reptiles ophidiens venimeux *(Élapidés)* dont le plus remarquable est le serpent corail d'Amérique du Sud. – Lat. scientif. *elaps.*

élargir [elaʀʒiʀ] v. tr. [2] **1.** Rendre plus large, plus vaste. *Élargir un vêtement, une rue.* ▷ V. pron. *Le fleuve s'élargit à cet endroit.* **2.** Fig. Donner plus d'ampleur, plus de champ à. *Élargir le débat.* ▷ V. pron. *Le domaine de la science s'est considérablement élargi.* **3.** DR Tirer de prison. *Élargir un prisonnier.* – De *é-*, et *large.*

élargissement [elaʀʒismɑ̃] n. m. **1.** Action de rendre plus large; son résultat. *L'élargissement d'une voie.* **2.** Fig. Développement, extension. *L'élargissement des connaissances.* **3.** DR Libération d'un prisonnier. *Il a obtenu son élargissement.* – De *élargir.*

élasmobranches [elasmobʀɑ̃ʃ] n. m. pl. ZOOL Groupe de poissons cartilagineux (chondrichthyens) comprenant les sélaciens (ou requins) et les raies. – Du gr. *elasmos,* «feuillet», et *branchies.*

élasticimétrie [elastisimetʀi] n. f. PHYS Mesure des déformations élastiques des matériaux. – De *élastici(té),* et *-métrie.*

élasticité [elastisite] n. f. **1.** Propriété des corps qui tendent à reprendre leur forme première après avoir été déformés. *L'étude de l'élasticité des solides relève de la résistance des matériaux. Limite d'élasticité,* au-delà de laquelle le corps conserve la déformation qu'on lui a fait subir. ▷ *Par ext.* Qualité d'un objet fait de matière élastique. *L'élasticité d'un ressort. L'élasticité de la peau, des muscles.* **2.** Souplesse. *L'élasticité des membres.* **3.** Fig. Faculté d'adaptation. *L'élasticité d'un programme, d'un règlement.* ▷ Péjor. *L'élasticité d'une conscience.* – Lat. mod. scientif. *elasticitas,* de *élasticus,* «élastique».

élastique [elastik] adj. et n. **I.** adj. **1.** Qui possède de l'élasticité. *Le caoutchouc est élastique.* ▷ *Par ext.* Fait de tissu ou de matière élastique. *Des bretelles, des semelles élastiques.* – ANAT *Fibres élastiques:* fibres du tissu conjonctif caractérisées par leur élasticité (elles constituent le *tissu élastique*). – PHYS *Corps parfaitement élastique,* qui reprend exactement la même forme quand l'agent de sa déformation a cessé son action. – *Déformation élastique,* qui n'est pas permanente (par oppos. à *déformation plastique*). – *Choc élastique,* au cours duquel l'énergie cinétique totale du projectile se conserve. **2.** Fig. Souple, que l'on peut adapter facilement. *Un horaire élastique.* ▷ Péjor. *Une conscience élastique,* qui manque de rigueur, de droiture. **3.** MILIT *Défense élastique,* qui consiste à se replier devant toute pression trop forte de l'ennemi afin d'éviter la percée. **II.** n. m. Tissu contenant des fibres de caoutchouc. – *Spécial.* Ruban circulaire de caoutchouc servant de lien. *Entourer un paquet d'un élastique.* – Lat. scientif. *elasticus,* du gr. *elasis,* de *elaunein,* «action de pousser».

élastofibre [elastɔfibʀ] n. f. CHIM Fibre élastique à base de polyuréthane. – Du rad. de *élastique,* et *fibre.*

élastomère [elastɔmɛʀ] n. m. CHIM Polymère possédant des propriétés élastiques. – Du rad. de *élastique,* et *(poly)mère.*

élatéridés [elateʀide] n. m. pl. ZOOL Famille de coléoptères qui ont la faculté de sauter lorsqu'ils sont sur le dos (ex.: les taupins). – Du lat. zool. *elater,* insecte type de cette famille; gr. *elatêr,* «qui pousse».

élavé, ée [elave] adj. VEN Dont la couleur est pâle comme si elle avait déteint. *Une bête au poil élavé.* – De l'anc. v. *élaver,* «effacer».

eldorado [ɛldɔʀado] n. m. **1.** *L'Eldorado :* le pays imaginaire d'Amérique du Sud, où les conquistadores espagnols croyaient trouver en abondance or et pierres précieuses. **2.** Pays d'abondance, de délices. – Mot esp., «le doré, le pays de l'or».

éléagnacées [eleagnase] ou **élaeagnacées** [elɛagnase] n. f. pl. BOT Famille de plantes dicotylédones à fleurs, composée d'arbres et d'arbustes souvent épineux, dont le genre type est l'éléagnus. – Lat sc. *Elæagnacæ,* de *elæagnus* (V. éléagnus).

éléagnus ou **elaeagnus** [eleagnys] n. m. BOT Arbre ou arbuste des terrains pierreux et découverts de la zone tempérée de l'hémisphère N. *Eleagnus angustifolia est appelé cour. «chalef» ou «olivier de Bohême».* – Lat. sc. *elæagnus,* du gr. *elaia,* «olivier, olive», et *agnos,* «pur, chaste».

éléate [eleat] ou **éléatique** [eleatik] adj. et n. **1.** adj. Relatif à Élée ou à ses habitants. **2.** n. m. pl. *Les Éléates:* les philosophes de l'école d'Élée, fondée au VIe s. av. J.-C. par Xénophane de Colophon et dont les principaux représentants sont Parménide, Zénon d'Élée et Mélissos. – Lat. *eleaticus,* de *Elea,* nom de la ville anc. d'Élée, en Grande Grèce, auj. Castellamare della Bruca, en Italie du S.

électeur, trice [elɛ(e)ktœʀ, tʀis] n. **1.** Personne qui a le droit de participer à une élection. *Pour être électeur au Canada, il faut avoir 18 ans.* **2.** HIST Chacun des sept princes ou évêques du Saint-Empire romain germanique qui avaient le droit d'élire l'empereur. *Le Grand Électeur:* l'électeur de Brandebourg. – Bas lat. *elector,* «celui qui choisit».

électif, ive [elɛ(e)ktif, iv] adj. **1.** Choisi ou attribué par élection. *Président électif. Couronne élective.* **2.** Qui choisit de façon préférentielle. ▷ CHIM *Affinité* *élective:* propriété que possède un corps simple de décomposer un corps composé pour s'unir à l'un de ses éléments. – Fig. Accord spontané et profond entre des personnes. «*Les Affinités électives*», roman de Goethe. ▷ MED Se dit d'une affection dont le siège est toujours le même. – Bas lat. *electivus.*

élection [elɛ(e)ksjõ] n. f. **1.** Action d'élire une ou plusieurs personnes par un vote. *L'élection d'un député. Les élections municipales.* **2.** Vx Action de choisir. ▷ THEOL Choix fait par Dieu. *L'élection du peuple d'Israël.* ▷ DR *Élection de domicile:* choix d'un domicile légal, qui est le plus souvent distinct du domicile réel. ▷ Cour. *Terre, patrie d'élection,* que l'on a choisie, pays d'adoption. – Bas lat. *electis,* «choix».

électivité [elɛ(e)ktivite] n. f. **1.** Rare Caractère de ce qui est électif. **2.** BIOL Propriété des substances qui se fixent sur un élément cellulaire, un organe ou un tissu particulier et non sur d'autres. – De *électif.*

électoral, ale, aux [elɛ(e)ktɔʀal, o] adj. **1.** Relatif aux élections. *Une liste, une campagne électorale. – Système électoral.* V. encycl. **2.** HIST Relatif à un électeur du Saint-Empire romain germanique. – De *électeur.*

ENCYCL Le système électoral québécois s'est développé à partir du modèle britannique introduit au Bas-Canada en 1792, un scrutin majoritaire à un tour. À l'origine, le vote était public et se déroulait dans un lieu unique, ce qui permettait l'intimidation des électeurs à l'extérieur comme à l'intérieur des bureaux de scrutin. Les désordres qui se produisaient aux abords des lieux de scrutin expliquent en partie que les femmes n'exerçaient pas le droit de vote que la loi leur accordait, techniquement, et qu'elles ont perdu en 1849. Le scrutin secret et le bulletin de vote ont été introduits en 1875, tandis qu'on multipliait les bureaux de scrutin dans les circonscriptions. Au XIXe siècle, un cens électoral relativement bas permettait à la quasi-totalité des chefs de famille de voter. Ce cens électoral a été réduit progressivement au point de disparaître au début du XXe siècle. Les femmes ont reconquis le droit de vote en 1940 et les 18-21 ans participent au scrutin depuis 1966. Aujourd'hui, rares sont les personnes qui n'ont pas la qualité d'électeur et rares sont les électeurs inéligibles. Les fonctionnaires québécois et fédéraux forment la catégorie de personnes inéligibles la plus importante numériquement. À l'origine, la plupart des cinquante circonscriptions étaient plurinominales. Remodelée à quelques reprises pour augmenter le nombre de sièges (90 en 1838), ou pour le diminuer (42 sièges de 1841 à 1854), la carte électorale n'a pas été révisée fondamentalement pendant plus d'un siècle. La carte en vigueur à partir de 1854 était assez égalitaire mais l'évolution démographique et les refontes partielles souvent partisanes ont fait en sorte que les inégalités de représentation ont atteint un degré scandaleux en 1962. La refonte de 1965, la suppression du privilège des «comtés protégés» (qu'on avait concédés à la minorité anglophone en 1867) et les principes appliqués, à partir de 1972, pour la révision périodique de la carte (37 000 électeurs plus ou moins 25 pour cent) ont complètement renversé la vapeur. Enfin, Québec se situe à l'avant-garde en matière de financement des partis politiques depuis que la loi réserve aux individus le droit de contribuer au financement des partis politiques et limite ces contributions. En somme, seul le mode de scrutin est demeuré inchangé en dépit des débats, depuis plus de vingt ans, sur les mérites d'une éventuelle représentation proportionnelle.

électoralisme [elɛ(e)ktɔʀalism] n. m. Orientation dans un sens démagogique de la politique d'un parti ou d'un gouvernement à l'approche d'une élection. – De *électoral.*

électorat [elɛ(e)ktɔʀa] n. m. **1.** Droit d'électeur; usage de ce droit. *Les conditions d'électorat.* **2.** Ensemble d'électeurs, des électeurs. *Électorat urbain. L'électorat d'un pays.* **3.** HIST Dignité d'électeur, dans le Saint-Empire romain germanique; territoire administré par un électeur. *L'électorat de Trèves.* – De *électeur.*

electret [elɛ(e)ktʀɛ] n. m. ELECTR Substance au sein de laquelle l'orientation des molécules, obtenue à l'aide d'un champ électrique, ne varie pas dans le temps. – Du rad. de *électrique.*

électricien, ienne [elɛ(e)ktʀisjɛ̃, jɛn] n. Physicien, physicienne spécialiste de l'étude ou des applications de l'électricité. ▷ Ouvrier ou artisan spécialisé dans le montage d'installations électriques. – Appos. *Ouvrier électricien.* – De *électricité.*

électricité [elɛ(e)ktʀisite] n. f. Une des propriétés de la matière, une des formes de l'énergie, qui se manifeste par un mouvement (départ ou apport) d'électrons. – Branche de la physique qui étudie cette forme d'énergie, son comportement, ses utilisations. ▷ Courant électrique. *Faire poser l'électricité. Panne d'électricité.* – Fam. *Allumer, éteindre l'électricité,* la lumière électrique. – Fig., fam. *Il y a de l'électricité dans l'air,* une excitation, une animosité dans le comportement ou les paroles, qui laisse présager quelque éclat. – Lat. scientif. *electricitas.*

ENCYCL Dès le VIe s. av. J.-C., les Grecs constatèrent que l'ambre jaune frotté attirait de nombreux corps légers et ils attribuèrent une âme *électricité* à l'ambre. En 1600, l'Anglais W. Gilbert découvrit que le soufre, la cire à cacheter, etc., possédaient cette propriété; il les nomma des *électriques.* En 1733, Du Fay et Nollet imaginèrent l'existence de deux fluides électriques obtenus l'un par frottement de l'ambre, l'autre du verre. En 1746, Franklin pensa qu'il s'agissait de deux aspects d'un même phénomène: dans un cas le fluide électrique devant être en excès, dans l'autre en défaut. En 1785, Coulomb, mesurant les forces d'attraction de deux corps chargés d'«électricités» contraires, découvrit *la quantité d'électricité* ou *charge électrique.* À partir de 1800, la pile de Volta permit la production de courants électriques. Œrsted montra en 1820 que ceux-ci engendrent un champ magnétique. La même année, Ampère et Laplace énoncèrent les lois de l'électrodynamique, et Arago découvrit le principe de l'électroaimant. En 1826 Ohm définit la notion de résistance. En 1831, Faraday établit les lois de l'induction (dynamos, électromoteurs). Dès lors, la nature de l'électricité fut cherchée, et à la fin du XIXe s. la découverte de l'électron permit d'expliquer les résultats passés. Bientôt la réalisation, notam., du tube à rayons cathodiques établissait la liaison entre *électricité* et *électronique.* Branche de la physique, l'électricité comprend l'*électrostatique,* qui traite de l'ensemble des phénomènes dus à la présence de charges électriques immobiles, et l'*électrocinétique,* qui traite plus particulièrement des phénomènes que provoque le déplacement de ces charges. Les interactions entre champ magnétique et courant électrique sont exclues de l'électrocinétique; leur étude constitue l'*électrodynamique.* L'électrocinétique montre qu'un *courant électrique* se produit lorsqu'on réunit par un conducteur deux points qui se trouvent à des potentiels différents. Le passage de ce courant s'accompagne d'un dégagement de chaleur (effet Joule) et d'un effet électromagnétique. L'*intensité* d'un courant est la quantité d'électricité qui traverse un conducteur pendant un temps limité. Elle s'exprime en ampères, cette unité étant définie par l'interaction (produite par effet magnétique) de deux conducteurs parcourus par un courant. La *résistance* qu'oppose un conducteur au passage d'un courant électrique s'exprime en ohms; elle dépend de la longueur *l*, de la section *S* et de la résistivité *p* du conducteur: $R = p \times \frac{l}{S}$. La résistivité des métaux purs est très faible (de l'ordre de 10^{-8} ohms-mètres). Celle des isolants est, en revanche, très élevée (10^5 à 10^{16} ohms-mètres). La *différence de potentiel* (d.d.p.) que l'on constate entre deux points d'un conducteur parcouru par un courant électrique correspond au rapport de l'énergie abandonnée et de la quantité d'électricité mise en jeu. Elle s'exprime par la *loi d'Ohm:* $U = R \times I$ (U en volts, R en ohms et I en ampères). La puissance calorifique dissipée est donnée par la *loi de Joule:* $P = RI^2$ (P en watts). Dans le cas d'un circuit fermé comprenant des résistances, des générateurs montés en série, on utilise la *loi de Pouillet* généralisée: $\Sigma E - \Sigma E' = I \times \Sigma R$; ΣE étant la somme des forces électromotrices (f.é.m.) des générateurs, ΣE' celle des forces contre-électromotrices des récepteurs, ΣR celle des résistances internes des générateurs et des récepteurs, ainsi que des autres résistances. Sur le plan pratique, l'électricité joue un rôle considérable; l'énergie électrique, facile à transporter et à distribuer, a révolutionné les moyens de production et la vie de l'être humain. Représentant env. le tiers de l'énergie consommée, elle est produite, dans des centrales électriques, par transformation d'énergie thermique, hydraulique ou nucléaire. Cette opération se fait par l'intermédiaire de générateurs de courant continu ou d'alternateurs. Si l'énergie thermique est de plus en plus produite par le pétrole, bientôt la production d'énergie électrique au moyen de piles solaires, de piles à combustibles, de générateurs magnétohydrodynamiques, de générateurs à fusion nucléaire, etc., sera cause de progrès considérables en ce domaine. L'énergie électrique est transportée quelquefois par des courants continus, le plus souvent par des courants alternatifs. L'électricité a rendu possible la mise au point de moteurs électriques très variés, et les usages industriels de l'électricité sont extrêmement divers.

électrification [elɛ(e)ktʀifikasjõ] n. f. Action d'électrifier; son résultat. – De *électrifier*.

électrifier [elɛ(e)ktʀifje] v. tr. [1] **1.** Alimenter en énergie électrique, par l'installation d'une ligne, d'un réseau de distribution. *Électrifier une région.* **2.** Équiper pour la traction électrique (une voie ferrée). – De *électrique*.

électrique [elɛ(e)ktʀik] adj. **1.** Qui a rapport à l'électricité. *Phénomène électrique. Énergie électrique.* – Qui produit de l'électricité. *Générateur électrique.* – Qui est mû par l'énergie électrique. *Moulin à café électrique.* ▷ PHYS *Charge électrique:* quantité d'électricité (d'électrons) portée par un corps. *Les charges électriques se répartissent à la surface d'un conducteur et se localisent en un point d'un isolant.* ▷ *Courant électrique:* V. courant. ▷ *Poissons électriques:* poissons qui ont la propriété de produire des décharges électriques contre leurs proies ou leurs agresseurs. **2.** Fig. Qui évoque par la vivacité, le contact, l'apparence, etc., les effets d'un courant électrique. *Tempérament électrique. Bleu électrique.* – Lat. scientif. *electricus,* du lat. *electrum,* gr. *êlektron,* «ambre jaune» (V. encycl. électricité).

électriquement [elɛ(e)ktʀikmɑ̃] adv. Au moyen du courant électrique. – De *électrique*.

électrisable [elɛ(e)ktʀizabl] adj. Qui peut être électrisé. – De *électriser*.

électrisant, ante [elɛ(e)ktʀizɑ̃, ɑ̃t] adj. Surtout au fig. Qui électrise. *Une exhortation électrisante.* – Ppr. de *électriser*.

électrisation [elɛ(e)ktʀizasjõ] n. f. Action d'électriser; état d'un corps électrisé. *Électrisation d'un bâton de verre.* – De *électriser*.

électriser [elɛ(e)ktʀize] v. tr. [1] **1.** Communiquer une charge électrique à (un corps). *Électriser par frottement, par contact.* **2.** Fig. Causer une vive impression à, saisir, enthousiasmer. *Discours qui électrise un auditoire.* – De *électrique*.

électro-. Élément, du rad. de *électricité*.

électroacoustique ou **électro-acoustique** [elɛ(e)ktʀoakustik] n. f. et adj. Science et technique des applications de l'électricité à la production, à l'enregistrement et à la reproduction des sons. ▷ Adj. *Techniques électroacoustiques. Musique électroacoustique,* qui applique les méthodes de l'électroacoustique à la synthèse ou à la déformation des sons. – De *électro-,* et *acoustique*.

électroaimant ou **électro-aimant** [elɛ(e)ktʀoɛmɑ̃] n. m. Appareil constitué d'un noyau en fer doux ou en ferrosilicium (alliage de fer et de silicium) et d'un bobinage dans lequel on fait passer un courant électrique pour créer un champ magnétique. *Les électro-aimants sont utilisés dans les accélérateurs de particules, les commandes par relais, les haut-parleurs, les appareils de levage, etc.* – De *électro-,* et *aimant*.

électrobiogenèse [elɛ(e)ktʀobjɔʒənɛz] n. f. Production de phénomènes électriques par les tissus vivants. – De *électro-,* et *biogenèse*.

électrobiologie [elɛ(e)ktʀobjɔlɔʒi] n. f. **1.** Partie de la biologie qui étudie les relations entre les phénomènes électriques et les processus biologiques. **2.** Vx Production d'électricité chez les êtres vivants (on dit auj. *électrobiogenèse*). – De *électro-,* et *biologie*.

électrocardiogramme [elɛ(e)ktʀokaʀdjɔgʀam] n. m. PHYSIOL et MED Tracé obtenu par l'enregistrement de l'activité électrique du cœur au moyen d'un électrocardiographe, permettant de déceler d'éventuelles affections: insuffisance cardiaque, infarctus du myocarde, péricardite. (Abrév. É.C.G.). – De *électro-,* et *cardiogramme*.

électrocardiographe [elɛ(e)ktʀokaʀdjɔgʀaf] n. m. Appareil enregistrant les courants électriques qui accompagnent les contractions cardiaques. – De *électro-, cardio-,* et *-graphe*.

électrocardiographie [elɛ(e)ktʀokaʀdjɔgʀafi] n. f. Étude de l'activité électrique du cœur par l'électrocardiogramme. – Du préc.

électrocautère [elɛ(e)ktʀokotɛʀ] n. m. MED Cautère composé d'un conducteur porté au rouge par un courant électrique. – De *électro-,* et *cautère*.

électrochimie [elɛ(e)ktʀoʃimi] n. f. Science et technique des applications de l'énergie électrique à la chimie (conversion de l'énergie chimique en énergie électrique dans les piles et les accumulateurs; conversion inverse dans l'électrolyse). – De *électro-,* et *chimie*.

ENCYCL Lorsqu'on plonge deux électrodes dans un milieu liquide conducteur et qu'on établit une différence de potentiel entre elles, on crée dans ce liquide un champ électrique sous l'influence duquel les ions existant dans ce milieu tendent à migrer vers les électrodes: les ions négatifs ou anions vers l'anode; les ions positifs ou cations vers la cathode. D'autre part, on peut observer, dans le voisinage immédiat des électrodes, des réactions électrochimiques d'oxydoréduction: la cathode, source d'électrons, se comporte comme un réducteur; inversement, l'anode, avide d'électrons, se comporte comme un oxydant à l'égard du milieu conducteur. Les applications de l'électrochimie sont très importantes, aussi bien en laboratoire (méthodes d'analyse qualitative et quantitative extrêmement précises) que dans l'industrie. Dans ce dernier domaine, les deux phénomènes inverses sont très exploités: **1.** la conversion de l'énergie électrique en énergie chimique, ou électrolyse, reçoit de nombreuses applications; **2.** la conversion de l'énergie chimique en énergie électrique se fait grâce à des convertisseurs, qui sont le siège, ou bien de réactions chimiques réversibles (accumulateurs, que l'on peut recharger), ou bien de réactions chimiques irréversibles (piles électriques). On notera que des phénomènes électrochimiques se produisent naturellement dans les roches constitutives de la croûte terrestre, dans les ouvrages humains (facteurs d'érosion) et au sein des êtres vivants, où ils jouent un rôle déterminant (transmission de l'influx nerveux, par ex.).

électrochimique [elɛ(e)ktʀoʃimik] adj. Qui concerne l'électrochimie. – Du préc.

électrochoc [elɛ(e)ktʀoʃɔk] n. m. Procédé thérapeutique, utilisé parfois encore en psychiatrie (pour la schizophrénie, les états dépressifs, confusionnels, etc.), qui consiste à provoquer artificiellement une crise épileptique, par le passage d'un courant alternatif à travers la boîte crânienne. – De *électro-*, et *choc*.

électrocinétique [elɛ(e)ktʀosinetik] n. f. Étude des effets des courants électriques (opposé à *électrostatique*). – De *électro-*, et *cinétique*.

électrocoagulation [elɛ(e)ktʀokɔagylasjõ] n. f. MED Procédé électrothermique de destruction des tissus. – De *électro-*, et *coagulation*.

électrocuter [elɛ(e)ktʀɔkyte] v. tr. [1] Tuer par électrocution. – Anglo-amér. *to electrocute*, de *electro-*, et *(to exe)cute*, «exécuter».

électrocution [elɛ(e)ktʀɔkysjõ] n. f. **1.** Exécution des condamnés à mort par le courant électrique (aux États-Unis). **2.** Mort accidentelle causée par le courant électrique. – Du préc.

électrode [elɛ(e)ktʀɔd] n. f. **1.** Pièce conductrice permettant l'arrivée du courant électrique au point d'utilisation. (V. encycl. électrochimie.) **2.** Chacun des conducteurs fixés aux pôles positif *(anode)* et négatif *(cathode)* d'un générateur électrique. **3.** MED Conducteur utilisé soit en électrothérapie, soit pour recueillir les courants électriques produits par l'organisme. – De *électro-*, et *-ode*.

électrodiagnostic [elɛ(e)ktʀodjagnɔstik] n. m. MED Diagnostic de certaines affections des nerfs ou des muscles par l'étude de leur réponse à l'action d'un courant électrique. – De *électro-*, et *diagnostic*.

électrodialyse [elɛ(e)ktʀodjaliz] n. f. TECH Procédé de séparation des sels minéraux d'une solution par diffusion à travers une membrane semi-perméable de part et d'autre de laquelle la solution est portée à des potentiels électriques différents. *L'électrodialyse est utilisée pour le dessalement de l'eau de mer*. – De *électro-*, et *dialyse*.

électrodynamique [elɛ(e)ktʀodinamik] n. f. et adj. Partie de la physique qui a pour objet l'étude des actions mécaniques s'exerçant entre des circuits parcourus par des courants électriques. ▷ Adj. *Phénomènes électrodynamiques*. – De *électro-*, et *dynamique*.

électrodynamomètre [elɛ(e)ktʀodinamɔmɛtʀ] n. m. PHYS, TECH Appareil de mesure de l'intensité d'un courant utilisant les forces électrodynamiques. – De *électro-*, et *dynamomètre*.

électroencéphalogramme [elɛ(e)ktʀoɑ̃sefalɔgʀam] n. m. MED Tracé obtenu par électroencéphalographie. (Abrév. É.E.G.). – De *électro-*, *encéphale*, et *-gramme*.

électroencéphalographie [elɛ(e)ktʀoɑ̃sefalɔgʀafi] n. f. Enregistrement graphique, au moyen d'électrodes placées à la surface du crâne, des différences de potentiel électrique qui se produisent au niveau de l'écorce cérébrale. *L'électroencéphalographie permet de diagnostiquer certaines affections (épilepsie, tumeurs, hémorragies)*. – De *électro-*, *encéphale*, et *-graphie*.

électroérosion [elɛ(e)ktʀoeʀozjõ] n. f. TECH Procédé d'usinage utilisant les étincelles produites entre une cathode alimentée par un générateur à relaxation et la pièce à usiner qui, plongée dans un liquide diélectrique, forme anode. – De *électro-*, et *érosion*.

électroformage [elɛ(e)ktʀofɔʀmaʒ] n. m. TECH Méthode de production ou de reproduction de pièces métalliques par dépôt électrolytique. – De *électro-*, et *formage*.

électrogène [elɛ(e)ktʀɔʒɛn] adj. Qui produit de l'électricité. *Appareil électrogène d'un poisson électrique*. ▷ *Groupe électrogène:* ensemble formé d'un moteur et d'une génératrice électrique. – De *électro-*, et *-gène*.

électroluminescence [elɛ(e)ktʀolyminesɑ̃s] n. f. PHYS Propriété de certains corps de devenir luminescents sous l'action d'une décharge électrique ou d'un champ électrique variable. – De *électro-*, et *luminescence*.

électroluminescent, ente [elɛ(e)ktʀolyminesɑ̃, ɑ̃t] adj. Qui possède la propriété d'électroluminescence. *Le néon est électroluminescent*. – Du préc.

électrolysable [elɛ(e)ktʀɔlizabl] adj. Qui peut être électrolysé. – De *électrolyser*.

électrolyse [elɛ(e)ktʀɔliz] n. f. Décomposition chimique de certaines substances (électrolytes) sous l'effet d'un courant électrique. V. électrochimie. – De *électro-*, et *-lyse*.

électrolyser [elɛ(e)ktʀɔlize] v. tr. [1] Faire l'électrolyse de. – De *électrolyse*.

électrolyseur [elɛ(e)ktʀɔlizœʀ] n. m. Appareil destiné à faire une électrolyse. – Du préc.

électrolyte [elɛ(e)ktʀɔlit] n. m. Composé (acide, base, sel) qui, à l'état liquide ou en solution, peut être décomposé par électrolyse en ions positifs (cations) et négatifs (anions). – De *électro-*, et *-lyte*.

électrolytique [elɛ(e)ktʀɔlitik] adj. Qui a rapport à un électrolyte ou à l'électrolyse; qui se fait par électrolyse. – De *électrolyte*.

électrolytiquement [elɛ(e)ktʀɔlitikmɑ̃] adv. Au moyen de l'électrolyse. – De *électrolytique*.

électromagnétique [elɛ(e)ktʀomaɲetik] adj. Qui a rapport à l'électromagnétisme. – *Rayonnement électromagnétique :* onde, constituée de photons, qui se propage dans l'espace. – De *électro-*, et *magnétique*.

électromagnétisme [elɛ(e)ktʀomaɲetism] n. m. Partie de la physique dans laquelle interviennent toutes les notions liées à l'existence de charges électriques. – Du préc.

ENCYCL Les bases de l'électromagnétisme sont résumées par les trois propriétés suivantes: un courant traversant un conducteur produit un champ magnétique; un conducteur parcouru par un courant et placé dans un champ magnétique est soumis à une force (électromagnétique); un conducteur placé dans un champ magnétique variable est le siège d'une force électromotrice d'induction. Ces bases ont été posées par Ampère, Œrsted, Gauss et Lenz. Maxwell, au milieu du XIXe s., a repris les idées de ces savants et les a généralisées sous la forme des équations de Maxwell. Champ électrique et champ magnétique ne sont que deux volets d'un même phénomène: le champ électromagnétique, qui se propage dans le vide à une vitesse bien déterminée, la vitesse de propagation de la lumière (env. 300 000 km/s). L'utilisation de l'énergie électrique à des fins domestiques et industrielles (moteurs et générateurs électromécaniques) constitue la principale application de l'électromagnétisme.

électromécanicien, ienne [elɛ(e)ktʀomekanisjɛ̃, jɛn] n. Spécialiste des machines et des mécanismes électriques. – De *électro-*, et *mécanicien.*

électromécanique [elɛ(e)ktʀomekanik] n. et adj. **1.** n. f. Ensemble des applications de l'électricité à la mécanique. **2.** adj. Se dit des mécanismes à commande électrique. *Contacteur électromécanique.* – De *électro-*, et *mécanique.*

électroménager, ère [elɛ(e)ktʀomenaʒe, ɛʀ] adj. et n. m. *Appareils électroménagers :* appareils à usage domestique fonctionnant à l'électricité. ▷ N. m. *Le secteur économique de l'électroménager.* – De *électro-*, et *ménager.*

électrométallurgie [elɛ(e)ktʀometalyʀʒi] n. f. Ensemble des techniques de préparation ou d'affinage des métaux faisant appel à l'électricité (chauffage dans un four électrique ou électrolyse). – De *électro-*, et *métallurgie.*

électromètre [elɛktʀɔmɛtʀ] n. m. Appareil servant à mesurer, par un procédé électrostatique, une différence de potentiel ou à vérifier qu'un corps est chargé. – De *électro-*, et *-mètre.*

électrométrie [elɛktʀometʀi] n. f. Étude et emploi des électromètres. – Du préc.

électromoteur, trice [elɛ(e)ktʀomɔtœʀ, tʀis] adj. (et n. m.) Qui produit, mécaniquement ou chimiquement, de l'énergie électrique. *Les dynamos, les piles sont des appareils électromoteurs.* ▷ *Force électromotrice :* caractéristique d'un générateur traduisant son aptitude à maintenir une différence de potentiel entre deux points d'un circuit ouvert, ou à entretenir un courant électrique dans un circuit fermé. (Abrév. f.é.m.) – *Force contre-électromotrice:* force caractéristique des récepteurs transformant l'énergie électrique en énergie chimique ou mécanique. (Abrév. f.c.é.m.) ▷ N. m. Générateur électrique. – De *électro-*, et *moteur.*

électron [elɛ(e)ktʀɔ̃] n. m. Particule élémentaire qui porte une charge électrique négative (1,602 10^{-19} coulomb) et gravite autour du noyau de l'atome. V. atome, particule. *La masse d'un électron au repos est de 0,911.10^{-30} kg.* ▷ *Électron positif* ou *positon:* antiparticule de l'électron, chargée positivement. – Empr. à l'angl., du gr. *êlektron,* «ambre jaune».

électronégatif, ive [elɛ(e)ktʀonegatif, iv] adj. CHIM Se dit d'un élément qui a tendance à capter des électrons (particules négatives). Ant. électropositif. – De *électro-*, et *négatif.*

électronégativité [elɛ(e)ktʀonegativite] n. f. CHIM Propriété des éléments électronégatifs. – Du préc.

électronicien, ienne [elɛ(e)ktʀɔnisjɛ̃, jɛn] n. et adj. Spécialiste de l'électronique. – Adj. *Ingénieur électronicien.* – De *électronique.*

électronique [elɛ(e)ktʀɔnik] adj. et n. **I.** adj. **1.** Qui se rapporte ou qui est propre à l'électron. *Flux électronique.* **2.** Qui se rapporte à l'électronique; qui se fonde sur ses lois. *Microscope électronique. – Musique électronique,* qui utilise des sons musicaux créés à partir d'oscillations électriques amplifiées. **II.** n. f. Science ayant pour objet l'étude de la conduction électrique dans le vide, les gaz et les semiconducteurs. ▷ L'ensemble des techniques dérivées de cette science. – De *électron.*

ENCYCL La découverte des rayons cathodiques par Hittorf (1869) puis leur étude par Crookes, Perrin et Thompson sont à l'origine de l'électronique, car ces rayons sont constitués d'électrons accélérés grâce à la forte différence de potentiel qui existe entre la cathode et l'anode des tubes qui les émettent. Les découvertes se succèdent rapidement à la fin du XIXe et au XXe siècle: l'effet thermoélectronique par Edison en 1884, l'électron par Thompson en 1897, la lampe diode par Fleming en 1904, la diode à jonction par Shockley en 1948, découverte qui permettra la construction des transistors, puis des circuits intégrés (1966). Les électrons utilisés dans les tubes électroniques (diodes, triodes, etc.) sont extraits des atomes de certains corps (tungstène, oxydes alcalinoterreux). Selon la forme d'énergie utilisée pour rompre la liaison qui les unit au noyau atomique, on distingue divers types d'*émissions:* thermoélectronique ou thermoélectrique (énergie apportée sous forme de chaleur); photoélectrique ou photoélectronique (apport d'énergie par un rayonnement); par l'effet d'un champ électrique de haute intensité appliqué à la surface du corps émetteur; secondaire, lorsqu'on bombarde une surface par des électrons ou par des ions. Du fait de leur inertie à peu près nulle et de leur charge, ils peuvent être aisément accélérés et déviés sous l'action de champs magnétiques et électriques. Les applications de l'électronique sont innombrables: tubes et oscillographes cathodiques, lampes à vide ou à gaz diverses (diodes, triodes, etc.), tubes hyperfréquences (klystron, magnétron), dispositifs utilisant des *semiconducteurs* (diodes multiples, *transistors* PNP et NPN, thyristors), cellules photoélectriques, etc. L'utilisation conjointe de ces divers composants électroniques permet de fabriquer des appareils tels que télévisions, ordinateurs, etc. La miniaturisation extrême, la rapidité d'exécution et l'abaissement des coûts de ces appareillages sont en progrès constants.

électronvolt [elɛ(e)ktʀɔ̃vɔlt] n. m. PHYS NUCL Unité d'énergie égale à la variation d'énergie cinétique d'un électron qui subit une variation de potentiel de 1 volt. (Symbole eV.) – De *électron,* et *volt.*

électro-optique [elɛ(e)ktʀoɔptik] n. f. (et adj.) PHYS Étude des phénomènes lumineux liés aux phénomènes électriques. ▷ Adj. *Cristal électro-optique :* cristal liquide. – De *électro-*, et *optique.*

électro-osmose [elɛ(e)ktʀoɔsmoz] n. f. TECH Entraînement électrique des liquides à travers une matière poreuse. – De *électro-*, et *osmose.*

électrophone [elɛ(e)ktʀɔfɔn] n. m. Appareil électrique de reproduction des enregistrements sonores sur disques. – De *électro-*, et *-phone.*

électrophorèse [elɛ(e)ktʀofɔʀɛz] n. f. CHIM Séparation, sous l'action d'un champ électrique, de molécules protéiques ionisées dont les mobilités sont différentes. (L'électrophorèse est utilisée en biochimie pour certaines analyses – notam. l'analyse du sérum sanguin – ainsi que dans l'industrie, par ex. pour la peinture d'apprêt des pièces métalliques.) – De *électro-*, et gr. *phorêsis,* «transport».

électropositif, ive [elɛ(e)ktʀopozitif, iv] adj. CHIM Se dit d'un élément qui a tendance à perdre des électrons (particules négatives). Ant. électronégatif. – De *électro-*, et *positif.*

électropuncture ou **électroponcture** [elɛktʀopɔ̃ktyʀ] n. f. MED Méthode thérapeutique reposant sur les principes de l'acupuncture et l'utilisation d'aiguilles dans lesquelles passe un courant électrique. – De *électro-*, et *(acu)puncture.*

électroradiologie [elɛ(e)ktʀoʀadjolɔʒi] n. f. MED Ensemble des utilisations médicales (diagnostics et traitements) de l'électricité et de la radiologie. – De *électro-*, et *radiologie.*

électroscope [elɛ(e)ktʀɔskɔp] n. m. Instrument qui sert à détecter et à mesurer les charges électriques. – De *électro-*, et *-scope.*

électrostatique [elɛ(e)ktʀostatik] n. f. et adj. ELECTR Partie de la physique qui étudie les propriétés des corps porteurs de charges électriques immobiles. ▷ Adj. Relatif à l'électricité statique. *Phénomène électrostatique.* – De *électro-*, et *statique.*

électrostriction [elɛ(e)ktʀostʀiksjõ] n. f. ELECTR Variation des dimensions d'un diélectrique sous l'influence d'un champ électrique. – De *électro-*, et *striction.*

électrotechnicien, ienne [elɛ(e)ktʀotɛknisjɛ̃, jɛn] n. TECH Spécialiste de l'électrotechnique. – De *électronique.*

électrotechnique [elɛ(e)ktʀotɛknik] n. f. et adj. Ensemble des applications industrielles de l'électricité. ▷ Adj. Qui concerne ces applications. – De *électro-*, et *technique.*

électrothérapie [elɛ(e)ktʀoteʀapi] n. f. MED Utilisation thérapeutique de l'électricité. – De *électro-*, et *-thérapie.*

électrothermie [elɛ(e)ktʀotɛʀmi] n. f. TECH Ensemble des techniques reposant sur la transformation de l'énergie électrique en chaleur. – De *électro-*, et *-thermie.*

électrovalence [elɛ(e)ktʀovalɑ̃s] n. f. CHIM Valence d'un ion (égale à sa charge). ▷ *Liaison par électrovalence :* liaison forte entre deux atomes dont l'un cède à l'autre plusieurs électrons de sa couche externe. – De *électro-*, et *valence.*

électrovalve [elɛ(e)ktʀovalv] ou **électrovanne** [elɛ(e)ktʀovan] n. f. TECH Vanne dont l'ouverture et la fermeture sont commandées par un électroaimant. – De *électro-*, et *valve (vanne).*

électrum [elɛ(e)ktʀɔm] n. m. Alliage naturel d'or et d'argent. – Mot lat., gr. *êlektron.*

électuaire [elɛ(e)ktɥɛʀ] n. m. Anc. Médicament composé d'extraits de plantes, de poudres minérales et de miel. – Bas lat. *electuarium*, altér. d'ap. *electus*, «choisi», du gr. *ekleikton*, de *ekleikhein*, «lécher».

élédone [eledɔn] n. f. Mollusque céphalopode octopode des mers d'Europe, appelé aussi *poulpe musqué*, dont chaque tentacule n'a qu'une seule rangée de ventouses (contrairement à la vraie pieuvre qui en a deux). – Gr. *eledônê*, «polype».

élégamment [elegamɑ̃] adv. Avec élégance. *S'habiller, parler, marcher élégamment.* – De *élégant.*

élégance [elegɑ̃s] n. f. **1.** Qualité esthétique naturelle ou acquise alliant la grâce, la distinction et la simplicité. *L'élégance d'un mouvement. L'élégance de l'école florentine. Écrire avec élégance.* Ant. vulgarité, lourdeur. **2.** Raffinement de bon goût dans l'habillement, la parure, les manières. ▷ *Faire des élégances :* chercher à être élégant avec ostentation. **3.** Manières délicates et raffinées dans l'ordre moral. *Agir avec élégance.* – Lat. *elegantia.*

élégant, ante [elegɑ̃, ɑ̃t] adj. (et n.) Qui a de l'élégance. *Un style élégant. Trouver une solution élégante à un problème.* ▷ Subst. Personne élégante. *Des élégantes se promenaient dans le parc.* – Lat. *elegans*, «distingué, de bon goût».

élégiaque [eleʒjak] adj. LITTER **1.** Relatif à l'élégie. *Œuvre élégiaque.* ▷ *Poète élégiaque*, auteur d'élégies. **2.** *Distique élégiaque*, composé d'un hexamètre et d'un pentamètre (versification grecque ou latine). – De *élégie.*

élégie [eleʒi] n. f. Petit poème lyrique d'un ton mélancolique. *Les élégies de Ronsard.* – Lat. d'orig. gr. *elegia.*

éléis. V. elæis.

élément [elemɑ̃] n. m. Chacune des choses qui, en combinaison avec d'autres, forme un tout. *Connaître tous les éléments d'un problème.* **1.** TECH Partie d'un ensemble constitué de pièces identiques. *Accumulateur de cinq éléments. Éléments d'un meuble de rangement.* **2.** MATH Être mathématique qui appartient à un ensemble (ou à plusieurs). *+2, +3, +4 sont des éléments de l'ensemble N des entiers naturels. Élément commun à plusieurs ensembles. 0 est l'élément neutre pour l'addition.* **3.** LING Constituant d'une unité linguistique de niveau supérieur, isolable par l'analyse. *L'élément vocalique d'une syllabe. Mot composé de plusieurs éléments (radical, affixe, désinence).* **4.** Plur. Principes fondamentaux d'une discipline. *Connaître les éléments de la grammaire anglaise.* **5.** Personne appartenant à un groupe. *Les bons éléments d'une classe.* **6.** *Les quatre éléments:* l'eau, l'air, la terre, le feu considérés par les Anciens comme constitutifs de tous les corps dans l'Univers. ▷ *Les éléments :* les forces de la nature. *Lutter contre les éléments déchaînés.* **7.** Milieu dans lequel vit un animal. *L'eau est l'élément du poisson.* ▷ Fig. *Être dans son élément* (personnes): se sentir à l'aise en se trouvant dans un certain milieu, ou en évoquant des questions que l'on connaît bien. *En compagnie des artistes, il est dans son élément.* **8.** CHIM Configuration atomique caractérisée par son numéro atomique Z, qui représente le nombre de protons contenus dans le noyau. *La molécule d'oxygène O_2, et la molécule d'ozone O_3, comportent l'une deux atomes, l'autre trois atomes de l'élément oxygène O.* V. atome et tableau des éléments, en fin d'ouvrage. – Lat. *elementum.*

élémentaire [elemɑ̃tɛʀ] adj. **1.** Qui concerne les premiers éléments d'une discipline. *Cours d'anglais élémentaire. Notions élémentaires. Ce problème est élémentaire*, facile à comprendre. **2.** Réduit à l'essentiel. *La plus élémentaire des politesses. C'est élémentaire de faire cela.* **3.** CHIM *Analyse élémentaire:* recherche des éléments présents dans un corps. – Bas lat. *elementarius*, de *elementum*, dont le premier sens paraît avoir été «lettre de l'alphabet».

éléotrague [eleɔtʀag] n. m. Antilope africaine à longue queue, dite «antilope des marais». – Du gr. *heleios*, «de marais», et *tragos*, «bouc».

éléphant [elefɑ̃] n. m. **I.** Mammifère herbivore à peau rugueuse, muni d'une trompe et de défenses. *L'éléphant est le plus gros animal terrestre actuel. L'éléphant barète ou barrit.* V. mammouth, mastodonte. ▷ Loc. fam. *Être comme un éléphant dans un magasin de porcelaine:* se comporter avec une grande maladresse. – *Avoir une mémoire d'éléphant:* avoir beaucoup de mémoire. **II.** *Éléphant de mer:* mammifère marin, le plus grand des pinnipèdes, atteignant une masse de 4 tonnes et 5 m de long, muni d'une trompe. – Lat. *elephantus.*

ENCYCL Les éléphants appartiennent à l'ordre des proboscidiens, mammifères apparus au Miocène supérieur (mammouth, mastodonte). Actuellement il n'en subsiste que deux espèces, l'une africaine, l'autre asiatique. L'éléphant se caractérise par une trompe souple et préhensile, extension du nez et de la lèvre supérieure, et par des incisives supérieures allongées en défenses qui lui permettent de résister aux agressions et fournissent l'ivoire. Il se reproduit vers l'âge de 20 ans et la gestation dure 21 mois. Il peut atteindre l'âge de 80 ans. Il vit en troupeaux conduits par une femelle. La taille de l'éléphant d'Afrique *(Loxodonta africanus)* varie de 3,50 m au garrot, pour l'écotype de savane, à 2 m pour l'éléphant pygmée des marais forestiers. Cet animal est peu domestiqué. Il se distingue de l'éléphant d'Asie *(Elephas indicus)* par ses larges oreilles et ses longues défenses. L'éléphant d'Asie, reconnaissable à ses petites oreilles triangulaires, est plus petit que l'éléphant d'Afrique. De caractère doux, il est souvent domestiqué et sert aux gros travaux ou au transport des marchandises ou des personnes. Ces deux espèces ont fait l'objet d'une chasse incontrôlée, car l'ivoire est fort recherché. Leur protection constitue l'une des préoccupations des écologistes.

éléphante [elefɑ̃t] n. f. Rare Éléphant femelle. – Du préc.

éléphanteau [elefɑ̃to] n. m. Petit de l'éléphant. – Dimin. de *éléphant*.

éléphantesque [elefɑ̃tɛsk] adj. Qui rappelle l'éléphant par sa taille, son aspect. *Des proportions éléphantesques.* – Iron. *Une grâce éléphantesque.* – De *éléphant*, et *-esque*.

éléphantiasique [elefɑ̃tjazik] adj. et n. De l'éléphantiasis; qui en est atteint. – De *éléphantiasis*.

éléphantiasis [elefɑ̃tjazis] n. m. MED Augmentation considérable du volume d'un membre ou d'une partie du corps, dû à un œdème chronique des téguments, observé essentiellement dans certaines filarioses. – Mot gr. et lat.

éléphantin, ine [elefɑ̃tɛ̃, in] adj. Didac. **1.** Propre à l'éléphant. **2.** Fait d'ivoire. – De *éléphant*.

élevage [elvaʒ] n. m. Production et entretien (des animaux domestiques ou utiles). *Élevage des volailles, des abeilles.* – De *élever*.

élévateur [elevatœʀ] adj. et n. m. **1.** ANAT Se dit des muscles qui élèvent certaines parties du corps. ▷ N. m. *L'élévateur de la paupière.* **2.** TECH Qualifie les appareils de manutention capables de lever des charges. *Chariot élévateur.* ▷ N. m. *Un élévateur.* – De *élever*.

élévation [elevasjɔ̃] n. f. **1.** Action de lever, d'élever. *L'élévation de la main.* ▷ LITURG CATHOL Moment de la messe où le prêtre élève l'hostie et le vin consacrés. **2.** Construction ou rehaussement. *L'élévation d'un monument.* **3.** Hauteur. ▷ ASTRO Hauteur d'un astre au-dessus de l'horizon. ▷ TECH *Vue en élévation* ou *élévation:* dessin représentant la projection d'un objet sur un plan vertical. ▷ *Une élévation de terrain* ou *une élévation:* terrain plus haut que ceux du voisinage. *Se cacher derrière une élévation.* **4.** Fait de s'élever (par rapport à une échelle de grandeur). *Élévation du niveau des eaux. Élévation de la température.* **5.** Action d'élever, de s'élever à un rang supérieur. *Élévation à une dignité.* **6.** Caractère élevé (de l'âme, de l'esprit). *L'élévation des sentiments.* – De *élever*.

élévatoire [elevatwaʀ] adj. TECH Qui sert à lever, à élever. *Pompe élévatoire.* – De *élever*.

élève [elɛv] n. **1.** Personne qui reçoit les leçons d'un maître, qui fréquente un établissement scolaire. *Les élèves d'une école secondaire. Un élève d'une grande école.* ▷ MILIT *Élève officier :* militaire qui suit des cours pour devenir officier. **2.** Personne qui, instruite dans un art ou dans une science par un maître, s'inspire de ses travaux. *Raphaël fut l'élève du Pérugin.* – Déverbal de *élever*.

élevé, ée [elve] adj. **1.** Haut. *Une montagne élevée. Des prix élevés.* **2.** D'un haut niveau intellectuel ou moral. *Des conversations élevées. Une âme élevée.* **3.** *Bien, mal élevé:* qui a reçu une bonne, une mauvaise éducation. – Pp. de *élever*.

élever [elve] **I.** v. tr. [19] **1.** Mettre, porter plus haut. *Élever un fardeau. Élever les bras.* – *Élever une maison d'un étage,* la surélever d'un étage. ▷ *Élever la voix, le ton:* parler plus fort pour être mieux entendu ou obéi. *Élever la voix en faveur de qqn, de qqch.* ▷ *Élever une critique, une protestation:* formuler une critique, etc. **2.** Construire (en hauteur). *Élever une statue, un monument.* **3.** Placer à un rang supérieur. *Élever qqn à la dignité d'officier de l'Ordre du Canada.* ▷ Fig. *Lecture qui élève l'âme.* **4.** Porter à un degré supérieur. *Élever la température d'un local. Élever le taux de l'escompte.* Syn. relever. ▷ MATH *Élever un nombre à la puissance deux, trois, etc.:* calculer son carré, son cube, etc. **5.** *Élever des enfants:* subvenir à leurs besoins et assurer leur développement physique et moral. – *C'est sa grand-mère qui l'a élevé.* ▷ *Spécial.* Éduquer. *Élever des enfants chrétiennement. Ne pas savoir élever ses enfants.* **6.** *Élever des animaux,* en faire l'élevage. *Elle élève des poules et des lapins.* **II.** v. pron. **1.** Monter. *Des oiseaux s'élevaient dans le ciel.* **2.** Se dresser. *Une statue s'élève au milieu de la place.* **3.** Surgir, naître. *Un cri s'élève. Des discussions, des doutes s'élèvent.* **4.** Atteindre un degré supérieur (choses). *La température s'élève.* ▷ *S'élever à... :* atteindre, se monter à... *La facture s'élève à cinquante dollars.* **5.** Parvenir à un rang supérieur (personnes). *S'élever dans la hiérarchie. S'élever au-dessus des préjugés,* les dépasser par la hauteur de son jugement. **6.** *S'élever contre:* s'opposer violemment à. *Il s'élevait contre l'injustice.* – De *é-*, et *lever*.

éleveur, euse [elvœʀ, øz] n. **1.** Personne qui élève des animaux. *Un éleveur de cailles.* **2.** n. f. TECH Appareil protecteur, chauffé artificiellement, utilisé dans l'élevage des poussins. **3.** Personne qui surveille le vieillissement du vin. *Vin mis en bouteilles chez le propriétaire éleveur, le négociant éleveur.* – De *élever*.

élevure [elvyʀ] n. f. Léger gonflement de la peau à la suite d'une irritation. – De *élever*.

elfe [ɛlf] n. m. Génie qui, dans la mythologie scandinave, symbolisait les forces de la nature. – Angl. *elf*.

élider [elide] v. tr. [1] Effectuer l'élision de (une voyelle). ▷ V. pron. *L'article défini s'élide devant les mots commençant par une voyelle ou un h muet* (ex.: *l'ami, l'habit*). – Pp. *Article élidé.* – Lat. *elidere*.

éligibilité [eliʒibilite] n. f. Qualité d'une personne éligible. – De *éligible*.

éligible [eliʒibl] adj. Qui remplit les conditions nécessaires pour pouvoir être élu. – Bas lat. *eligibilis*.

élimer [elime] v. tr. [1] User (un tissu) par frottement. – Pp. *Veste élimée,* usée à force d'être portée. Syn. râper. – De *é-*, et *limer*.

éliminable [eliminabl] adj. Qui peut être éliminé. – De *éliminer*.

éliminateur, trice [eliminatœʀ, tʀis] adj. Qui élimine. – De *éliminer*.

élimination [eliminasjɔ̃] n. f. Action d'éliminer; son résultat. *Élimination d'un candidat, d'une équipe sportive.* ▷ *Procéder par élimination:* aboutir à la vérité en montrant la fausseté de toutes les hypothèses possibles, moins une. ▷ Fait d'éliminer une substance de l'organisme. *Élimination urinaire. Élimination de toxines.* – De *éliminer*.

éliminatoire [eliminatwaʀ] adj. et n. f. **1.** adj. Qui a pour but ou pour résultat d'éliminer. *Épreuve éliminatoire. Note éliminatoire,* au-dessous de laquelle on est éliminé, dans un examen. **2.** n. f. SPORT Épreuve préliminaire permettant de sélectionner les concurrents les plus qualifiés. *Les éliminatoires d'un championnat.* – De *éliminer*.

éliminer [elimine] v. tr. [1] **1.** Écarter après sélection. *Éliminer un candidat. Cette équipe de hockey a été éliminée de la Coupe Stanley.* Ant. admettre. **2.** Chasser hors de l'organisme. *Éliminer un calcul.* **3.** MATH *Éliminer une inconnue dans un système d'équations,* en formant un système qui compte une équation de moins et dans lequel cette inconnue n'apparaît plus. – Lat. *eliminare,* «chasser hors du seuil», de *limen,* «seuil».

élingue [elɛ̃g] n. f. MAR Cordage dont on entoure un objet et qui, accroché à une grue ou à un palan, sert à le soulever. – Frq. **slinga*.

élinguer [elɛ̃ge] v. tr. [1] MAR Entourer d'une élingue. *Élinguer un tonneau.* – De *élingue*.

élinvar [elɛ̃vaʀ] n. m. METALL Alliage de fer, de nickel et de chrome peu sensible aux variations de température, utilisé en horlogerie et en métrologie. – Nom déposé; de *él(asticité),* et *invar(iable)*.

élire [eliʀ] v. tr. [67] 1. Vx Choisir. ▷ DR Mod. *Élire domicile quelque part:* V. élection (élection de domicile). ▷ *Par ext.* S'installer quelque part. 2. Nommer à une fonction par voie de suffrages. *Élire le maire d'une ville.* – Du lat. pop. **exlegere,* class. *eligere,* «choisir».

élisabéthain. V. élizabéthain.

élision [elizjõ] n. f. Suppression d'une voyelle à la fin d'un mot, quand le mot suivant commence par une voyelle ou un h muet. *L'apostrophe est le signe de l'élision en français* (ex.: *l'amie, l'habit*). – Lat. *elisio.*

1. élite [elit] n. f. 1. Ensemble formé par les meilleurs éléments d'une communauté. *Œuvre qui ne peut être comprise que par une élite. Un tireur d'élite,* particulièrement habile. 2. Plur. *Les élites:* les membres des catégories sociales jouissant d'une position particulièrement élevée. – De *élit,* anc. pp. de *élire.*

2. élite [elit] adj. Caractère de machine à écrire qui vaut dix points. – Du préc.

élitisme [elitism] n. m. Système favorisant l'élite au détriment des autres membres d'une communauté. – De *élite.*

élitiste [elitist] adj. Inspiré par l'élitisme. – De *élitisme.*

élixir [eliksiʀ] n. m. 1. Vx Substance la plus pure extraite d'un corps. ▷ Philtre magique. 2. PHARM Préparation pharmaceutique qui résulte du mélange d'un sirop avec un alcoolat. – Ar. *al-iksīr,* n. de la pierre philosophale, du gr. *xêrion,* «médicament sec».

élizabéthain, aine ou **élisabéthain, aine** [elizabetɛ̃, ɛn] adj. Relatif à Elizabeth Ire d'Angleterre, à son règne. *Le théâtre élizabéthain.* – Angl. *elizabethan.*

elle [ɛl] pron. pers. f. de la troisième pers. sujet ou comp. *Elle viendra demain. Que font-elles?* – V. il. *On les condamna, elle et son complice. Il faut le lui dire, à elle.* V. lui. ▷ Fam. L'histoire que l'on raconte, l'incident que l'on relate. *Écoute, elle est fameuse celle-là! Oui, elle est bien bonne.* – Du lat. *illa.*

ellébore ou **hellébore** [e(l)lebɔʀ] n. m. Renonculacée herbacée vivace dont les feuilles composées forment un éventail et dont la fleur a cinq sépales faiblement colorés et dix pétales presque invisibles. *L'ellébore passait autrefois pour guérir la folie. L'ellébore contient un poison violent qui intoxique les bestiaux.* – Lat. d'orig. gr. *helleborus.*

1. ellipse [elips] n. f. GRAM Procédé syntaxique ou stylistique consistant à omettre un ou plusieurs mots à l'intérieur d'une phrase, et dont l'absence ne nuit pas à la compréhension de celle-ci ou à la syntaxe. *Il y a ellipse du verbe dans la deuxième partie de la phrase «Valérie mange des cerises, Paul des fraises».* – Lat. *ellipsis,* gr. *elleipsis,* «manque».

2. ellipse [elips] n. f. GEOM Lieu des points dont la somme des distances à deux points fixes (foyers) est constante. *Une ellipse est une conique. Un cercle est une ellipse dont les foyers sont confondus. Un astre qui gravite autour d'un autre astre décrit une ellipse.* – *Grand axe d'une ellipse:* la droite qui passe par ses foyers. – *Petit axe d'une ellipse:* droite perpendiculaire au grand axe qui passe par le milieu du segment reliant les foyers. ▷ Cour. Courbe fermée de forme ovale. *La fumée de sa cigarette dessinait des ellipses.* – Lat. scientif. *ellipsis,* gr. *elleipsis,* par métaph.

ellipsoïdal, ale, aux [elipsɔidal, o] adj. GEOM Qui a la forme d'un ellipsoïde. – De *ellipsoïde.*

ellipsoïde [elipsɔid] n. et adj. 1. n. m. GEOM Surface fermée de second ordre dont le cône directeur est imaginaire et dont toute section est une ellipse. *Ellipsoïde de révolution :* solide engendré par la révolution d'une ellipse autour de l'un de ses axes. 2. adj. Qui a la forme d'une ellipse. – De *ellipse* 2, et *-oïde.*

1. elliptique [eliptik] adj. Qui contient une, des ellipses. *Un énoncé, un tour elliptique.* ▷ *Par ext.* Qui utilise l'ellipse, s'exprime par allusions, sous-entendus. *Un écrivain, une pensée elliptique.* – De *ellipse* 1.

2. elliptique [eliptik] adj. GEOM Qui a la forme d'une ellipse. *Orbite elliptique d'un astre.* – Lat. scientif. *ellipticus.*

elliptiquement [eliptikmɑ̃] adv. Par ellipse, d'une façon elliptique. – De *elliptique* 1.

élocution [elɔkysjõ] n. f. Manière de s'exprimer oralement, d'organiser et d'articuler les mots, les phrases. *Élocution élégante, facile. Avoir des problèmes d'élocution.* – Lat. *elocutio.*

élodée ou **hélodée** [elɔde] n. f. Plante d'eau douce (*Elodea canadensis,* fam. hydrocharidacées) à petites fleurs blanches unisexuées, se reproduisant très facilement, souvent utilisée dans les aquariums. – Du gr. *helôdês,* «des marais».

éloge [elɔʒ] n. m. 1. Discours à la louange de qqn, de qqch. *Éloge funèbre.* – *«L'Éloge de la folie»,* ouvrage d'Érasme. 2. Cour. Louange. *Faire l'éloge de qqn. Être couvert d'éloges.* – Bas lat. *elogium,* du gr. *eulogia,* «louange».

élogieusement [elɔʒjøzmɑ̃] adv. D'une manière élogieuse. – De *élogieux.*

élogieux, ieuse [elɔʒjø, jøz] adj. Qui contient un éloge, des louanges. *Parler d'une œuvre en termes élogieux.* – De *éloge.*

éloigné, ée [elwaɲe] adj. 1. Qui est loin dans l'espace, dans le temps. *Pays éloigné. En des temps fort éloignés.* Ant. proche. 2. Fig. Différent. *Un récit bien éloigné de la vérité.* ▷ *Cousin, parent éloigné,* avec qui l'on a des liens de parenté indirects. – Pp. de *éloigner.*

éloignement [elwaɲmɑ̃] n. m. Action d'éloigner, fait de s'éloigner; son résultat. ▷ Distance (dans le temps ou dans l'espace). *L'éloignement entre le domicile et le lieu de travail. L'éloignement rend le passé confus.* ▷ Fig. Distance, écart. *L'éloignement entre la théorie et la pratique.* – De *éloigner.*

éloigner [elwaɲe] I. v. tr. [1] 1. Mettre, envoyer loin; écarter. *Éloigner sa chaise du feu. Ce détour nous éloigne de la maison.* 2. Séparer dans le temps. *Chaque jour nous éloigne de ces événements.* ▷ Retarder, remettre à plus tard. *Ces incidents éloignent l'heure de la réalisation du projet.* 3. Fig. Écarter. *Éloigner qqn de ses devoirs. Son intolérance a éloigné de lui tous ses amis.* II. v. pron. 1. Aller loin, augmenter progressivement la distance qui sépare (d'un point fixe). *Il s'éloigna à grands pas. Le bateau s'éloigne de la rive.* ▷ Devenir de plus en plus lointain (dans le temps). *Le temps où il vécut s'éloigne de nous. L'espoir d'une paix prochaine s'éloigne chaque jour davantage.* 2. Fig. Se détourner, se détacher (personnes). *Il s'éloigne de sa femme.* ▷ S'écarter (choses). *Cette doctrine s'éloigne de la nôtre.* – De *é-,* et *loin.*

1. élongation [elõgasjõ] n. f. 1. MED Entorse ligamentaire. ▷ *Élongation des nerfs* : traction exercée sur un nerf mis à nu afin de faire cesser les douleurs dont il est le siège. – De *élonger.*

2. élongation [elõgasjõ] n. f. 1. ASTRO Angle maximal formé par la direction du Soleil et celle d'une planète inférieure, et dont le sommet est la Terre. 2. PHYS Distance d'un point en vibration, par rapport à sa position au repos. – Bas lat. *elongatio,* «éloignement».

élonger [elõʒe] v. tr. [15] 1. Vx Allonger, étirer dans le sens de la longueur. 2. MAR *Élonger un cordage, un câble,* le déployer pour en défaire les coques et le mettre en état de servir. 3. MED Distendre, étirer (un nerf, un ligament). – De *é-,* et *long.*

éloquemment [elɔkamɑ̃] adv. Avec éloquence. *Défendre éloquemment une cause.* – De *éloquent.*

éloquence [elɔkɑ̃s] n. f. **1.** Aptitude à s'exprimer avec aisance; capacité d'émouvoir, de persuader par la parole. *Son éloquence a séduit l'auditoire.* **2.** *Par ext.* Qualité de ce qui est expressif, significatif. *L'éloquence d'un geste, d'un regard.* – Lat. *eloquentia.*

éloquent, ente [elɔkɑ̃, ɑ̃t] adj. **1.** Qui a de l'éloquence. *Orateur éloquent.* **2.** Qui est exprimé avec éloquence. *Plaidoirie, discours éloquent.* **3.** Qui touche, convainc, suscite l'émotion ou l'intérêt. *Des larmes éloquentes.* ▷ Qui est significatif, expressif. *Un silence éloquent.* – Lat. *eloquens.*

élu, ue [ely] n. et adj. **1.** THEOL *Les élus:* ceux que Dieu a admis à la béatitude. – Par ext. *Les élus de la gloire, de la fortune.* ▷ Adj. *Le peuple élu:* les Hébreux. **2.** Personne choisie par élection. *Les élus du peuple.* ▷ Adj. *Un délégué élu à l'unanimité.* **3.** Personne choisie par inclination, par amour. *Il va épouser l'élue de son cœur.* – Pp. de *élire.*

élucidation [elysidasjɔ̃] n. f. Action d'élucider; éclaircissement. – De *élucider.*

élucider [elyside] v. tr. [1] Rendre clair (ce qui est confus, embrouillé pour l'esprit). *Élucider un texte. Élucider une affaire criminelle.* – Bas lat. *elucidare.*

élucubration [elykybʀasjɔ̃] n. f. Vx Ouvrage composé à force de veilles et de travail. ▷ Mod., péjor. Œuvre de l'esprit, réflexion laborieusement construite, absurde ou sans intérêt. *D'interminables élucubrations.* – Du bas lat. *elucubratio.*

élucubrer [elykybʀe] v. tr. [1] Vx Composer à force de veilles et avec peine. ▷ Mod., péjor. *Il passe son temps à élucubrer des théories sans intérêt.* – Lat. *elucubrare,* «travailler, exécuter en veillant».

éluder [elyde] v. tr. [1] Éviter avec adresse, esquiver; se soustraire à. *Éluder une difficulté, une question embarrassante.* – Lat. *eludere,* «éviter en se jouant».

élusif, ive [elyzif, iv] adj. Rare Qui élude. *Propos élusifs.* – Du lat. *elusus,* supin de *eludere,* «se jouer de».

élution [elysjɔ̃] n. f. CHIM En chromatographie, entraînement par un solvant d'un des constituants d'un mélange, adsorbé sur un support. – Du bas lat. *elutio,* «action de laver».

éluvial, ale, aux [elyvjal, o] adj. GEOL Se dit d'une roche ou d'un terrain constitué, sur place, par la désagrégation d'une roche préexistante. Ant. alluvial. – De *eluvium.* V. éluvion.

éluviation [elyvjasjɔ̃] n. f. GEOL Entraînement vers les horizons inférieurs de substances en solution par l'eau d'infiltration. – Du préc.

éluvion [elyvjɔ̃] n. f. Roche éluviale. Ant. alluvion. – Francisation du lat. *eluvium,* formé d'ap. *diluvium.*

élyséen, éenne [elizeɛ̃, eɛn] adj. **1.** MYTH Qui appartient à l'Élysée, au séjour des âmes vertueuses aux Enfers. **2.** Mod. Relatif au palais de l'Élysée, siège de la présidence de la République française. *Les milieux élyséens.* – Lat. *Elysius,* de *Elysium,* «l'Élysée», séjour des héros de la mythologie après leur mort.

élytre [elitʀ] n. m. ZOOL Aile antérieure coriace, très rigide, inapte au vol, des coléoptères et des orthoptères. *La paire d'élytres protège les ailes postérieures membraneuses, seules aptes au vol.* – Du gr. *elutron,* «étui».

élytrocèle [elitʀɔsɛl] n. f. MED Hernie de l'intestin, qui refoule la paroi postérieure du vagin. – Du gr. *elutron,* «vagin», et *-cèle* de *kêlê,* «hernie».

elzévir [ɛlzeviʀ] n. m. **1.** Volume imprimé par l'un des Elzévir. **2.** *Par ext.* Caractère d'imprimerie, fin, net, à empattement triangulaire, du type employé par les Elzévir. – De *Elzévir* ou *Elzevier,* n. d'une famille d'imprimeurs des Pays-Bas aux XVIe et XVIIe s.

em-. V. en-.

émaciation [emasjasjɔ̃] n. f. Amaigrissement extrême, souvent d'origine pathologique. – De *émacier.*

émacié, ée [emasje] adj. Qui est devenu extrêmement maigre. *Visage émacié.* – Du lat. *emaciatus,* de *macies,* «maigreur».

émacier [emasje] v. tr. [1] Rare Rendre très maigre. *La faim a émacié ses joues.* ▷ V. pron. *Ses mains se sont émaciées.* – Lat. impérial *emaciare.*

émail, aux [emaj, o] n. m. **1.** Mélange composé de matières fusibles (silice, carbonate de potassium et fondant) qu'on applique sur les céramiques et les métaux, et qui, après passage au four, forme un enduit dur et brillant d'aspect vitreux. *Pièce d'orfèvrerie en émail cloisonné* (obtenu par coulage de l'enduit vitreux dans des alvéoles formés par de fines bandes d'or ou d'argent soudées sur une surface métallique), *en émail champlevé* (obtenu en logeant l'enduit vitreux dans des alvéoles creusés dans l'épaisseur même d'une plaque de métal). ▷ Cour. *Une cuisinière, un poêle en émail,* en tôle, en fonte émaillée. **2.** Surtout au pl. Objet d'art émaillé. *Des émaux peints.* **3.** Substance transparente et dure qui recouvre la couronne des dents. **4.** Fig., poét. Éclat et diversité des couleurs (partic., des fleurs). V. émailler, sens 2. **5.** Pl. HERALD Couleurs, métaux et fourrures de l'écu. – Du frq. **smalt.*

émaillage [emajaʒ] n. m. Action d'émailler; travail ainsi obtenu. – De *émailler.*

émailler [emaje] v. tr. [1] **1.** Recouvrir d'émail. *Émailler de la porcelaine. Casserole en fonte émaillée.* **2.** Fig., poét. Orner, embellir (en parsemant de points colorés, lumineux). *Le printemps a émaillé les prairies de fleurs.* ▷ Cour. Parsemer pour embellir. *Émailler un discours de citations.* – Iron. *Un devoir émaillé de fautes.* – De *émail.*

émaillerie [emajʀi] n. f. Art de l'émailleur. – De *émailler.*

émailleur, euse [emajœʀ, øz] n. Personne qui travaille l'émail. – De *émailler.*

émaillure [emajyʀ] n. f. TECH **1.** Art, travail de l'émailleur. **2.** Ouvrage en émail. – De *émailler.*

émanation [emanasjɔ̃] n. f. Fait d'émaner. – Ce qui émane. **1.** Émission, production de particules, d'effluves, d'odeurs qui se dégagent de certains corps. *Émanations pestilentielles.* ▷ GEOL Dégagement de gaz ou jaillissement de liquides à la surface de la Terre. *Les fumerolles, les geysers sont des émanations du sol.* ▷ PHYS NUCL Corps simple provenant de la désintégration du radium. de l'actinium ou du thorium. **2.** Fig. Ce qui émane, provient de qqch, de qqn; manifestation. *Cette décision est une émanation de la volonté populaire.* **3.** THEOL Manière dont le Fils procède du Père, et le Saint-Esprit du Père et du Fils. ▷ PHILO Doctrine selon laquelle tous les êtres de l'Univers, esprits et corps, ne sont qu'une extension de la substance divine. – Lat. ecclés. *emanatio.*

émancipateur, trice [emɑ̃sipatœʀ, tʀis] adj. (et n.) Qui émancipe, incite à l'émancipation. *Doctrine émancipatrice.* – De *émanciper.*

émancipation [emɑ̃sipasjɔ̃] n. f. **1.** DR Acte juridique par lequel un mineur acquiert la capacité d'exercer les droits et obligations d'un majeur avant l'âge légal de la majorité. *L'émancipation résulte du mariage ou d'une décision judiciaire.* **2.** Action d'émanciper, de s'émanciper. – De *émanciper.*

émanciper [emɑ̃sipe] **I.** v. tr. [1] **1.** DR Mettre hors de la puissance paternelle par l'acte juridique de l'émancipation. **2.** Cour. Affranchir d'une autorité, d'une domination. *Émanciper un serf, un esclave. Émanciper un peuple, une colonie.* **II.** v. pron. **1.** Devenir indépendant, se libérer (d'une autorité, d'une servitude, d'une contrainte intellectuelle ou morale). *Jeunes pays qui s'émancipent.* **2.** Péjor. Se donner trop de licence, abandonner les convenances. – Lat. *emancipare,* de *ex-,* et *mancipium,* «prise en main, propriété».

émaner [emane] v. intr. [1] **1.** S'exhaler, se dégager (d'un corps). *La chaleur qui émane d'un poêle. Marais d'où émanent des odeurs malsaines.* ▷ Fig. *La douceur qui émanait de son visage.* **2.** Fig. Provenir, découler de. *En démocratie, le pouvoir émane du peuple. Une dépêche émanant du Premier ministre.* **3.** THEOL et PHILO Être produit, provenir par émanation. V. émanation. – Lat. *emanare.*

émargement [emaʀʒəmɑ̃] n. m. Action d'émarger. *Émargement d'un état de paiement.* ▷ *Feuille d'émargement :* feuille comportant une liste nominative qui doit être signée par chaque personne concernée (pour attester qu'elle est présente, qu'elle a perçu un traitement, etc.). – De *émarger.*

émarger [emaʀʒe] v. tr. [15] **1.** Mettre sa signature en marge (d'un compte, d'un état, etc.). *Émarger une circulaire.* ▷ (S. comp.) Toucher des appointements, un traitement. **2.** Rogner, diminuer la marge de. *Émarger une estampe.* – De *é-,* et *marge.*

émasculation [emaskylasjɔ̃] n. f. **1.** Ablation des organes sexuels mâles. *Émasculation partielle,* par ablation des testicules. V. aussi castration. *Émasculation totale,* par ablation des testicules et du pénis. **2.** Fig., litt. Affaiblissement, abâtardissement. – De *émasculer.*

émasculer [emaskyle] v. tr. [1] **1.** Pratiquer l'émasculation de, châtrer. **2.** Fig. Affaiblir, diminuer la force, la vigueur de. *Texte émasculé par la censure.* – Lat. *emasculare,* de *masculus,* «mâle».

embâcle [ɑ̃bɑkl] n. f. Amoncellement de glaçons sur un cours d'eau, gênant ou empêchant la navigation. Ant. débâcle. ▷ *Par ext.* Amoncellement de billes de bois dans un cours d'eau. – A. fr. *embâcler,* «embarrasser», d'ap. *débâcle.*

emballage [ɑ̃balaʒ] n. m. **1.** Action d'emballer. *Expédier un paquet franco de port et d'emballage.* **2.** Ce dans quoi on emballe un objet. *Emballage perdu,* non remboursé par le vendeur ou l'expéditeur. *Emballage consigné.* **3.** SPORT Ultime effort fourni par un coureur à l'approche du but. – De *emballer.*

emballement [ɑ̃balmɑ̃] n. m. **1.** Le fait de s'emballer; enthousiasme, élan non contrôlé. *Montrer un grand emballement pour qqch, qqn.* **2.** Fonctionnement d'un moteur à un régime trop élevé. – De *emballer.*

emballer [ɑ̃bale] **I.** v. tr. [1] **1.** Empaqueter, mettre dans un emballage (un objet, une marchandise destinée à être rangée, transportée, vendue). *Emballer des œufs.* **2.** Fam. Emmener (qqn) en voiture. ▷ Arg. Arrêter, emprisonner. *Les flics l'ont emballé.* **3.** Fam. Réprimander vertement. *Il s'est drôlement fait emballer.* **4.** *Emballer un moteur,* le faire tourner à un régime anormalement élevé. **5.** Fam. Enthousiasmer. *Le film nous a emballés. – Ça ne m'emballe pas:* cela ne me plaît guère. **II.** v. pron. **1.** *Cheval qui s'emballe,* qui prend le mors aux dents, qui échappe au contrôle de son cavalier. ▷ Par anal. *Moteur qui s'emballe,* qui tourne à un régime anormalement élevé. **2.** Fig., fam. Se laisser emporter par un mouvement de colère, d'impatience ou d'enthousiasme. *Il ne peut pas aborder ce sujet sans s'emballer.* – De *en-,* et *balle* 2.

emballeur, euse [ɑ̃balœʀ, øz] n. Personne dont la profession est d'emballer des marchandises. – De *emballer.*

embarbouiller [ɑ̃baʀbuje] v. tr. [1] **1.** Vx Barbouiller complètement. **2.** Fig., fam. Faire perdre à (qqn) le fil de ses idées. ▷ V. pron. S'embarrasser, s'empêtrer (dans ce qu'on dit, ce qu'on fait). *S'embarbouiller dans des explications confuses.* – De *en-,* et *barbouiller.*

embarcadère [ɑ̃baʀkadɛʀ] n. m. Môle, jetée, appontement aménagé pour l'embarquement ou le débarquement des passagers ou des marchandises. Syn. débarcadère. – Esp. *embarcadero,* de *barca,* «barque».

embarcation [ɑ̃baʀkasjɔ̃] n. f. Petit bateau non ponté; tout petit bateau. – Esp. *embarcación.*

embardée [ɑ̃baʀde] n. f. **1.** MAR Brusque changement de cap d'un bateau, involontaire et momentané. **2.** Cour. Écart brusque que fait un véhicule. – De *embarder* (vx), provenç. *embarda,* «embourber», de *bard,* «boue», lat. pop. *barrum.*

embargo [ɑ̃baʀgo] n. m. **1.** DR MAR Défense faite aux navires marchands qui se trouvent dans un port d'en sortir. **2.** *Par ext.* Mesure visant à empêcher la libre circulation d'une marchandise, d'un objet. *Embargo sur les armes.* – M. esp., de *embargar,* «embarrasser», lat. pop. **imbarricare,* de *barra,* «barre».

embarquement [ɑ̃baʀkəmɑ̃] n. m. Action d'embarquer, de s'embarquer. *Embarquement des passagers et des véhicules.* – De *embarquer.*

embarquer [ɑ̃baʀke] **I.** v. tr. [1] **1.** Charger, faire monter dans un bateau. *Embarquer des passagers, des marchandises.* **2.** Recevoir par-dessus bord (de l'eau de mer). *Embarquer une déferlante.* **3.** *Par ext.* Charger dans un véhicule. *Embarquer des caisses dans un camion.* **4.** Fam. Emmener (qqn). *On a embarqué tous les enfants dans la voiture.* ▷ Fam. Arrêter, s'assurer de la personne de (qqn) en l'emmenant. *La police a embarqué quelques manifestants.* **5.** Pop. Emporter. *Vous embarquez la marchandise?* **6.** Fig., fam. Engager (qqn) dans une affaire difficile, compliquée, ou malhonnête. *Il vous a embarqué dans une sale histoire.* **7.** Fam. (Surtout au pp.) Engager, mettre en train (qqch). *Cette affaire est plutôt mal embarquée.* **II.** v. intr. **1.** Monter à bord d'un bateau pour voyager. *Il embarque demain pour la Grèce.* ▷ *Par ext.* Monter à bord d'un avion (ou, fam., d'un véhicule) pour voyager. **2.** MAR *Vagues qui embarquent,* qui passent par-dessus bord et se répandent dans le bateau. **III.** v. pron. **1.** Embarquer (sens II, 1). *S'embarquer pour la France.* **2.** Fig., fam. S'engager (dans une entreprise difficile, hasardeuse ou malhonnête). *Il s'est embarqué dans une drôle d'affaire.* – De *en-,* et *barque.*

embarras [ɑ̃baʀa] n. m. **1.** Vx Obstacle au passage, encombrement. *Un embarras de voitures.* **2.** Gêne, difficulté rencontrée dans la réalisation de qqch. *Causer de l'embarras, créer des embarras à qqn. Affronter les embarras et les complications.* **3.** MED *Embarras gastrique :* trouble gastro-intestinal, avec ou sans fièvre, d'origine toxique ou infectieuse. **4.** Position difficile, gênante. *Être dans l'embarras. Tirer qqn d'embarras.* ▷ *Spécial.* Pénurie d'argent. *Aider qqn dans l'embarras.* **5.** Perplexité, doute. *Éprouver, manifester de l'embarras devant un problème difficile.* **6.** Trouble, malaise, gêne (de qqn qui ne sait que dire, que faire). *Ma question l'avait mis dans l'embarras. Dissimuler son embarras.* ▷ Loc. *Faire de l'embarras, des embarras:* se donner de grands airs, faire des manières. ▷ *Avoir l'embarras du choix:* avoir un large choix, un choix plus que suffisant. – Déverbal de *embarrasser.*

embarrassant, ante [ɑ̃baʀasɑ̃, ɑ̃t] adj. Qui cause de l'embarras. *Bagages embarrassants. Question embarrassante. Cas embarrassant.* – Ppr. de *embarrasser.*

embarrassé, ée [ɑ̃baʀase] adj. **1.** Encombré. *Rue embarrassée.* **2.** Compliqué, embrouillé. *Affaire embarrassée.* **3.** Gêné, contraint, perplexe. *Je suis bien embarrassé pour vous répondre. Un air embarrassé.* – Pp. de *embarrasser.*

embarrasser [ɑ̃baʀase] **I.** v. tr. [1] **1.** Obstruer, encombrer. *Voiture qui embarrasse le chemin.* **2.** Gêner, entraver la liberté de mouvement de (qqn). *Votre parapluie vous embarrasse.* **3.** Fig. Mettre (qqn) dans une situation difficile, gênante. *Ces complications m'embarrassent.* ▷ Troubler, rendre perplexe. *Cette question, visiblement, l'embarrassait.* **II.** v. pron. **1.** Entraver la liberté de ses gestes en se chargeant de. *S'embarrasser de colis.* **2.** Se préoccuper, se soucier à l'excès de. *S'embarrasser de tout et des autres. Ne pas s'embarrasser de scrupules.* **3.** S'empêtrer, s'emmêler dans. *S'embarrasser dans les plis de sa robe.* ▷ Fig. *S'embarrasser dans ses discours.* – De l'esp. *embarazar* ou ital. *imbarazzare,* du lat. *barra,* «barre».

embarrer [ɑ̃baʀe] v. [1] **1.** v. tr. Enfermer dans un endroit d'où il est impossible de sortir. «Elle avait oublié d'embarrer son unique cochon dans l'enclos.» (Réal-Gabriel Bujold, *La-Brèche-à-Ninon,* 1983.) – v. pron. *S'embarrer:* s'enfermer (dans une pièce, une maison, etc.), de sorte que les autres ne puissent y pénétrer. *S'embarrer dans sa chambre.* **2.** v. intr. TECH Placer un levier sous un fardeau afin de le soulever. **3.** v. pron. *Cheval qui s'embarre,* qui s'empêtre en passant une jambe de l'autre côté du bat-flanc ou de la barre, à l'écurie. – De *en-,* et *barre.*

embase [ɑ̃baz] n. f. TECH Pièce servant de support à une autre pièce. – Renfort à la base d'une pièce. – De l'a. fr. *embaser,* de *base.*

embasement [ɑ̃bazmɑ̃] n. m. ARCHI Base continue qui fait saillie au pied d'un bâtiment, et sur laquelle il repose. – Du préc.

embastiller [ɑ̃bastije] v. tr. [1] **1.** Vx Fortifier en entourant de bastilles. *Embastiller une ville.* **2.** HIST (France) Mettre à la Bastille. ▷ Mod., plaisant. Mettre en prison. – De *en-,* et *bastille.*

embattage [ɑ̃bataʒ] n. m. Action d'embattre; son résultat. – De *embattre.*

embattre ou **embatre** [ɑ̃batʀ] v. tr. [81] TECH *Embattre une roue,* la cercler à chaud d'un bandage métallique. – De *en-,* et *battre.*

embauchage [ɑ̃boʃaʒ] n. m. Action d'embaucher; résultat de cette action. – De *embaucher.*

embauche [ɑ̃boʃ] n. f. Possibilité d'embauchage. – Déverbal de *embaucher.*

embaucher [ɑ̃boʃe] v. tr. [1] Engager (un salarié). *Il a embauché un nouveau caissier.* ▷ Fam. *Embaucher tous ses amis pour déménager.* – De *en-,* et du rad. de *débaucher.*

embaucheur, euse [ɑ̃boʃœʀ, øz] n. Personne qui embauche. – De *embaucher.*

embauchoir [ɑ̃boʃwaʀ] n. m. Instrument qui sert à élargir les chaussures ou à éviter qu'elles se déforment. – De *emboucher,* pour *embouchoir.*

embaumement [ɑ̃bommɑ̃] n. m. Action d'embaumer un cadavre; son résultat. *L'embaumement de Ramsès II.* – De *embaumer.*

embaumer [ɑ̃bome] v. tr. [1] **1.** Remplir (un cadavre) de substances balsamiques pour empêcher qu'il se corrompe. *Les Égyptiens embaumaient les corps des pharaons.* **2.** Remplir d'une odeur agréable, parfumer. *Ce bouquet embaume la chambre.* ▷ (S. comp.) *Ces roses embaument.* – De *en-,* et *baume.*

embaumeur, euse [ɑ̃bomœʀ, øz] n. Spécialiste de l'embaumement. – De *embaumer.*

embecquer [ɑ̃beke] v. tr. [1] **1.** Vx Donner la becquée à (un oiseau). **2.** Gaver (une volaille). – De *en-,* et *bec.*

embéguiner [ɑ̃begine] **1.** v. tr. [1] Vx Coiffer d'un béguin. **2.** v. pron. Fig. et vx *S'embéguiner de :* s'engouer, s'enticher de. – De *en-,* et *béguin.*

embellie [ɑ̃bɛ(e)li] n. f. MAR Calme passager du temps, de la mer. ▷ Éclaircie. – Fig. *Un jour d'embellie pendant une semaine difficile.* – De *embellir.*

embellir [ɑ̃bɛ(e)liʀ] **I.** v. tr. [2] **1.** Rendre beau ou plus beau. *Embellir un appartement.* **2.** Fig. Orner aux dépens de l'exactitude; enjoliver. *Embellir un personnage, une situation dans un récit.* **II.** v. intr. Devenir beau, ou plus beau. *Un enfant qui embellit chaque jour.* ▷ Loc. *Ne faire que croître et embellir :* augmenter en bien ou, iron., en mal. *Sa méchanceté ne fait que croître et embellir.* – De *en-,* et *beau.*

embellissement [ɑ̃bɛ(e)lismɑ̃] n. m. Action d'embellir; ce qui contribue à embellir qqch. *Les embellissements d'une ville.* – De *embellir.*

embérizidés [ɑ̃beʀizide] n. m. pl. ZOOL Famille vaste et complexe d'oiseaux passériformes qui se rattachent surtout au Nouveau Monde (paruline, tangara, cardinal, bruant, carouge, oriole). – Lat. scientif. *emberiza,* de l'all. *emberitze,* «bruant».

emberlificoter [ɑ̃bɛʀlifikɔte] **I.** v. tr. [1] Fam. **1.** Embrouiller, emmêler, entortiller. *Emberlificoter une ficelle.* **2.** Fig. Enjôler, séduire (qqn) pour le tromper. *Il vous a emberlificoté avec de belles promesses.* **II.** v. pron. Fam. **1.** S'emmêler. *Ma ligne s'est emberlificotée.* **2.** S'empêtrer. *La bête s'était emberlificotée dans le filet.* – Fig. *S'emberlificoter dans ses explications.* – Formation pop. expressive.

emberlificoteur, euse [ɑ̃bɛʀlifikɔtœʀ, øz] n. Fam. Personne qui cherche à emberlificoter, à brouiller les choses ou à tromper. – De *emberlificoter.*

embêtant, ante [ɑ̃bɛtɑ̃, ɑ̃t] adj. Fam. Qui embête. *Vous ne pourrez pas venir? Comme c'est embêtant !* – Ppr. de *embêter.*

embêtement [ɑ̃bɛtmɑ̃] n. m. Fam. Ennui, souci, contrariété. *Une vie pleine d'embêtements.* – De *embêter.*

embêter [ɑ̃bete] **1.** v. tr. [1] Fam. Contrarier, ennuyer. *Ça m'embête, toutes ces histoires.* ▷ Déranger, importuner. *Cesse donc de m'embêter!* **2.** v. pron. Fam. S'ennuyer fortement. *Un citadin qui s'embête à la campagne.* – De *en-,* et *bête.*

embiellage [ɑ̃bjelaʒ] n. m. TECH Ensemble des bielles d'un moteur et de leurs liaisons avec le vilebrequin. – De *en-,* et *bielle.*

emblavage [ɑ̃blavaʒ] n. m. AGRIC Action d'emblaver; son résultat. – De *emblaver.*

emblave [ɑ̃blav] n. f. Terre fraîchement emblavée. – Déverbal de *emblaver.*

emblaver [ɑ̃blave] v. tr. [1] AGRIC Ensemencer (une terre) de blé et, par ext., de toute autre céréale. – De *en-,* et *blef,* anc. forme de *blé.*

emblavure [ɑ̃blavyʀ] n. f. Terre emblavée. – De *emblaver.*

emblée (d') [dɑ̃ble] Loc. adv. Du premier coup, sans difficulté. *Être reçu d'emblée. D'emblée, il avait dominé ses adversaires.* – De l'a. fr. *embler,* du lat. *involare,* «se précipiter sur».

emblématique [ɑ̃blematik] adj. Qui sert d'emblème; relatif à un emblème. *Le croissant, figure emblématique de l'islam.* – Bas lat. *emblematicus,* «plaqué».

emblème [ɑ̃blɛm] n. m. **1.** Figure symbolique, conventionnelle, le plus souvent accompagnée d'une devise. *La feuille d'érable, emblème du Canada.* **2.** *Par ext.* Attribut, marque extérieure représentant une autorité, une corporation, une association, une ligue, un parti, etc. *La faucille et le marteau, emblème des partis communistes.* **3.** Être ou objet devenu, par tradition, la représentation d'une chose abstraite. *Le coq, emblème de la vigilance.* – Lat. *emblema*, gr. *emblêma*, «ornement rapporté, mosaïque».

embobeliner [ɑ̃bɔb(ə)line] v. tr. [1] **1.** Vx Envelopper (qqn, qqch.) dans qqch., emmitoufler. ▷ V. pron. *S'embobeliner dans des châles.* **2.** Fig., fam. Enjôler par des paroles flatteuses. – De *en-*, et a. fr. *bobelin*, «brodequin».

embobiner [ɑ̃bɔbine] v. tr. [1] **1.** Enrouler sur une bobine. *Embobiner du fil.* **2.** Fam. Enjôler, séduire, embobeliner. – Sens 1, de *bobine*; sens 2, altér. d'*embobeliner.*

emboîtage [ɑ̃bwataʒ] n. m. **1.** TECH Action d'emboîter, de mettre en boîte. **2.** Cartonnage, étui qui protège un livre de luxe. – De *emboîter.*

emboîtement [ɑ̃bwatmɑ̃] n. m. Assemblage constitué par deux pièces qui s'emboîtent. ▷ ANAT Articulation dans laquelle la convexité d'un os est engagée dans la concavité de l'autre. – De *emboîter.*

emboîter [ɑ̃bwate] v. tr. [1] **1.** Faire pénétrer (une pièce dans une autre), assembler (plusieurs pièces) en les ajustant. *Emboîter des tuyaux.* ▷ V. pron. *Poupées gigognes qui s'emboîtent les unes dans les autres.* **2.** Envelopper très exactement. *Chaussure qui emboîte bien le pied.* **3.** Loc. *Emboîter le pas à qqn*, le suivre de près. ▷ Fig. Imiter. *Ils ont protesté, et nous leur avons emboîté le pas.* – De *en-*, et *boîte.*

emboîture [ɑ̃bwatyʀ] n. f. TECH Endroit où deux pièces s'emboîtent; manière dont elles s'emboîtent. – De *emboîter.*

embolie [ɑ̃bɔli] n. f. MED Oblitération d'un vaisseau par un corps étranger (caillot, graisses, cellules malignes, bulle de gaz) qui provoque une thrombose du territoire vasculaire touché. *Embolie pulmonaire, cérébrale.* – Gr. *embolê*, «invasion, choc»; d'abord en all.

embolisme [ɑ̃bɔlism] n. m. Intercalation d'un mois lunaire destiné à rétablir la concordance de l'année lunaire avec l'année solaire, dans le calendrier athénien; ce mois. – Bas lat. d'orig. gr. *embolismus.*

embolismique [ɑ̃bɔlismik] adj. *Mois embolismique*, ajouté par embolisme. *Année embolismique*, où avait lieu l'embolisme. – Du préc.

embonpoint [ɑ̃bɔ̃pwɛ̃] n. m. **1.** Vx État d'une personne en bonne santé. **2.** Mod. État d'une personne un peu grasse. *Prendre de l'embonpoint.* – De *en bon point*, «en bon état».

embossage [ɑ̃bɔsaʒ] n. m. MAR Action d'embosser un navire; position d'un navire embossé. – De *embosser.*

embosser [ɑ̃bɔse] v. tr. [1] MAR Maintenir l'axe longitudinal d'un navire dans une direction fixe en amarrant le navire entre deux coffres ou en mouillant deux ancres, l'une par l'avant, l'autre par l'arrière. ▷ V. pron. *S'embosser dans un estuaire.* – De *en-*, et *bosse*, «sorte de cordage».

embouche [ɑ̃buʃ] n. f. Prairie très fertile où l'on pratique l'engraissement des bestiaux; engraissement des bestiaux en prairie. – Déverbal de *emboucher.*

embouché, ée [ɑ̃buʃe] adj. Fig., fam. *Être mal embouché :* se conduire avec grossièreté, n'avoir à la bouche que des paroles grossières. – Pp. de *emboucher.*

emboucher [ɑ̃buʃe] v. tr. [1] **1.** Mettre à la bouche (un instrument à vent). *Emboucher un clairon.* ▷ Fig. *Emboucher la trompette :* discourir avec des airs solennels; faire savoir à grand bruit. **2.** *Emboucher un cheval*, lui mettre le mors dans la bouche. – De *en-*, et *bouche.*

embouchoir [ɑ̃buʃwaʀ] n. m. **1.** MUS Rare Embouchure. **2.** Anneau fixant le canon d'un fusil sur le fût. – De *emboucher.*

embouchure [ɑ̃buʃyʀ] n. f. **1.** Ouverture resserrée, étroite. *«Un vase à long col et d'étroite embouchure»* (La Fontaine). **2.** Endroit où un cours d'eau se jette dans la mer, dans un lac. *Tadoussac se trouve à l'embouchure de la rivière Saguenay.* **3.** MUS Partie d'un instrument à vent qu'on place contre les lèvres ou dans la bouche. **4.** Partie du mors qui entre dans la bouche du cheval. – De *emboucher.*

embouquer [ɑ̃buke] v. tr. [1] MAR Pénétrer dans (une passe étroite). *Embouquer un chenal.* – De *en-*, et *bouque*, du provenç. *bouca*, «bouche».

embourber [ɑ̃buʀbe] v. tr. [1] Engager, enfoncer dans un bourbier. *Embourber un camion.* V. pron. *La remorque s'est embourbée.* ▷ Fig. *Il s'embourbe dans des explications maladroites.* – De *en-*, et *bourbe.*

embourgeoisement [ɑ̃buʀʒwazmɑ̃] n. m. Fait de s'embourgeoiser. – De *embourgeoiser.*

embourgeoiser [ɑ̃buʀʒwaze] v. [1] **1.** v. tr. Donner un caractère bourgeois à. **2.** v. pron. Prendre le caractère, les habitudes, les modes de vie et de pensée bourgeois. *Un anticonformiste qui s'est embourgeoisé avec l'âge.* – De *en-*, et *bourgeois.*

embourrer [ɑ̃buʀe] v. tr. [1] TECH Rembourrer. – De *en-*, et *bourrer.*

embourrure [ɑ̃buʀyʀ] n. f. TECH Toile grossière qui sert à maintenir le rembourrage des sièges. – De *embourrer.*

embout [ɑ̃bu] n. m. Garniture fixée à l'extrémité d'un objet allongé (pour en éviter l'usure, notam.). *Un embout de parapluie. Embout isolant*, adapté au bout d'un conducteur électrique. *Embout d'une seringue*, où se fixe l'aiguille. – De *en-*, et *bout.*

embouteillage [ɑ̃butɛjaʒ] n. m. **1.** Action de mettre en bouteilles. **2.** Encombrement qui arrête la circulation. *Être pris dans les embouteillages.* – De *embouteiller.*

embouteiller [ɑ̃buteje] v. tr. [1] **1.** Mettre en bouteilles. *Embouteiller du vin.* **2.** Barrer (une voie) en y provoquant un encombrement. *Camion à l'arrêt qui embouteille une rue.* – De *en-*, et *bouteille.*

emboutir [ɑ̃butiʀ] v. tr. [2] **1.** TECH Donner une forme à (une tôle plane, ou *flan*), par emboutissage. **2.** Heurter violemment, défoncer (partic. avec une automobile). *Il a embouti un mur.* **3.** ARCHI (Pour *embouter.*) Garnir (un ornement) d'un revêtement de protection. – De *en-*, et *bout*, «coup» (cf. bouter).

emboutissage [ɑ̃butisaʒ] n. m. TECH Action de donner, par compression, une forme à une pièce métallique initialement plane. *L'emboutissage s'effectue au moyen de presses, la pièce à emboutir étant placée sur une matrice où elle subit l'action d'un poinçon.* – De *emboutir.*

emboutisseur, euse [ɑ̃butisœʀ, øz] n. **1.** Ouvrier, ouvrière spécialisé(e) dans l'emboutissage. **2.** n. f. TECH Machine-outil servant à l'emboutissage. – De *emboutir.*

embouveter [ɑ̃buvte] v. tr. [23] TECH Préparer des pièces de bois à languette et à rainure à l'aide d'un bouvet ou d'une machine-outil. ▷ Assembler des pièces de bois ainsi préparées. *Embouveter une planche.* – De *en-*, et *bouveter.*

embranchement [ɑ̃bʀɑ̃ʃmɑ̃] n. m. **1.** Division en branches, en rameaux, d'un tronc d'arbre, d'une branche et, par ext., d'une voie, d'une canalisation, etc. *Se trouver à un embranchement et ne pas savoir quelle voie suivre.* **2.** SC NAT Grande unité systématique de division (des animaux, des végétaux), entre le règne et le sous-embranchement. *Dans le règne ani-*

mal, l'embranchement des cordés comprend essentiellement le sous-embranchement des vertébrés. – De *en-*, et *branche.*

embrancher [ɑ̃bʀɑ̃ʃe] v. tr. [1] Opérer la jonction d'une conduite, d'une canalisation, d'une voie, etc., avec une autre. *Embrancher un tuyau à une canalisation plus importante.* ▷ V. pron. *Chemins forestiers qui s'embranchent sur une route rurale.* – De *embranchement.*

embrasement [ɑ̃bʀazmɑ̃] n. m. **1.** Litt. Incendie vaste et violent. **2.** Litt. Illumination. *L'embrasement d'une cathédrale par le soleil qui passe à travers les vitraux.* – De *embraser.*

embraser [ɑ̃bʀaze] v. tr. [1] Litt. **1.** Mettre en feu, mettre le feu à. ▷ V. pron. *La paille s'embrasa en quelques instants.* **2.** *Par ext.* Échauffer extrêmement. *L'air embrasé par un soleil de plomb.* **3.** Fig. Illuminer, donner l'aspect d'un grand incendie à. *Le soleil embrasait le couchant.* **4.** Fig. Répandre sa violence destructrice, meurtrière sur (une région, une population). *La guerre a embrasé l'Europe.* **5.** Exalter, remplir de ferveur. *L'amour embrasait son cœur.* – De *en-*, et *braise.*

embrassade [ɑ̃bʀasad] n. f. Action de deux personnes qui s'embrassent. *Leurs retrouvailles donnèrent lieu à des embrassades chaleureuses.* – De *embrasser.*

embrasse [ɑ̃bʀas] n. f. Bande d'étoffe, passementerie, cordon servant à retenir un rideau. – Déverbal de *embrasser.*

embrassé, ée [ɑ̃bʀase] adj. **1.** HERALD Se dit d'un écu partagé en trois triangles, celui du milieu étant de couleur, les autres de métal, ou réciproquement. **2.** En versif. *Rimes embrassées,* groupées par quatre (deux masculines, deux féminines), la première rimant avec la quatrième, la deuxième avec la troisième. – Pp. de *embrasser.*

embrassement [ɑ̃bʀasmɑ̃] n. m. Litt. Action d'embrasser, de s'embrasser. – De *embrasser.*

embrasser [ɑ̃bʀase] v. tr. [1] **1.** Serrer, étreindre entre ses bras. ▷ Prov. *Qui trop embrasse mal étreint:* qui entreprend trop de choses à la fois s'expose à n'en réussir aucune. **2.** *Par ext.* Donner un baiser, des baisers à. *Embrasser un enfant.* ▷ V. pron. (récipr.) *Ils s'embrassèrent tendrement.* **3.** Fig. Saisir par la vue (une vaste étendue). *Un point de vue élevé d'où l'on embrasse toute la vallée.* ▷ Saisir par l'intelligence (des choses nombreuses et variées). *Vouloir embrasser tous les problèmes à la fois.* **4.** Fig. Contenir, englober. *Cette science embrasse bien des matières.* **5.** Fig. Choisir, prendre (un parti), adopter (une idée, une carrière). *Embrasser la cause des déshérités. Embrasser la carrière diplomatique.* – De *en-*, et *bras.*

embrasure [ɑ̃bʀazyʀ] n. f. Ouverture pratiquée dans l'épaisseur d'un mur pour y placer une porte ou une fenêtre. ▷ *Spécial.* Ouverture pratiquée dans le mur d'un ouvrage fortifié pour permettre le tir. – P.-ê. de *embraser.*

embrayage [ɑ̃bʀɛjaʒ] n. m. Action d'embrayer. ▷ Dispositif permettant d'embrayer. *Embrayage à disque, à plateau, hydraulique. Panne d'embrayage.* – De *embrayer.*

embrayer [ɑ̃bʀɛje] v. tr. [24] **1.** Mettre en contact deux pièces dont l'une entraîne l'autre. ▷ *Absol.* Établir la communication entre un moteur et ce qu'il doit mettre en mouvement (partic. un véhicule automobile). Ant. débrayer. **2.** Fig., pop. Se mettre au travail. ▷ Fig., fam. *Embrayer sur:* commencer, attaquer. *Embrayer sur un numéro dès la fin du précédent, dans un spectacle.* – De *em-*, et *braie,* «traverse de bois mobile d'un moulin à vent».

embrèvement [ɑ̃bʀɛvmɑ̃] n. m. TECH Assemblage oblique de deux pièces de bois. – De *embrever.*

embrever [ɑ̃bʀəve] v. tr. [19] TECH Joindre (deux pièces) par embrèvement. – Lat. pop. *imbiberare.*

embrigadement [ɑ̃bʀigadmɑ̃] n. m. **1.** Vx Action d'embrigader (des régiments, des hommes). **2.** Mod. Action d'embrigader des gens; son résultat. *Travailler à l'embrigadement de tous les partisans disponibles.* ▷ Spécial. Péjor. *L'embrigadement des jeunes dans des mouvements subversifs.* – De *embrigader.*

embrigader [ɑ̃bʀigade] v. tr. [1] **1.** Vx Grouper (des régiments) en brigade; incorporer (des hommes) dans les cadres d'une brigade. **2.** Mod. Enrôler (des gens) sous une direction commune pour réaliser les mêmes desseins. ▷ *Spécial.* Péjor. Faire entrer (des gens) dans un mouvement dont la discipline réduit ou annihile la liberté individuelle. *Refuser de se laisser embrigader.* – De *en-*, et *brigade.*

embringuer [ɑ̃bʀɛ̃ge] v. tr. [1] Fam. Engager fâcheusement. ▷ V. pron. *Pourquoi est-il allé s'embringuer dans une affaire aussi douteuse?* – Pp. *Une affaire mal embringuée,* mal engagée. – Mot dial., de *en-*, et *bringue* ou *brique,* «morceau».

embrocation [ɑ̃bʀɔkasjɔ̃] n. f. Application d'un liquide gras sur une partie du corps malade ou fatiguée; ce liquide. – Lat. médiév. *embrocatio,* bas lat. *embrocha,* du gr. *embrokhê.*

embrochement [ɑ̃bʀɔʃmɑ̃] n. m. Action d'embrocher. – De *embrocher.*

embrocher [ɑ̃bʀɔʃe] v. tr. [1] **1.** Mettre à la broche (un morceau de viande, une volaille). **2.** *Par ext.* Fam. Blesser (qqn) avec une arme pointue. **3.** v. pron. Se blesser profondément, s'empaler, en heurtant violemment un objet pointu. *S'embrocher sur un piquet.* – De *en-*, et *broche.*

embronchement [ɑ̃bʀɔ̃ʃmɑ̃] n. m. TECH Assemblage de pièces embronchées. – De *embroncher.*

embroncher [ɑ̃bʀɔ̃ʃe] v. tr. [1] TECH Disposer (des bardeaux, des tuiles) de manière qu'ils se chevauchent régulièrement. – De *en-*, et a. fr. *bronc,* «saillie, nœud», lat. pop. **bruncus,* «souche».

embrouillage [ɑ̃bʀujaʒ] n. m. Rare et fam. Action d'embrouiller; confusion, état de ce qui est embrouillé. – De *embrouiller.*

embrouillamini [ɑ̃bʀujamini] n. m. Fam. Confusion, désordre. – Forme renforcée de *brouillamini.*

embrouille [ɑ̃bʀuj] n. f. Fam. Affaire confuse et emmêlée; embrouillement destiné à tromper. *J'en ai assez de vos embrouilles!* – Déverbal de *embrouiller.*

embrouillé, ée [ɑ̃bʀuje] adj. **1.** Emmêlé. *Écheveau embrouillé.* **2.** Extrêmement confus. *Un discours très embrouillé.* – Pp. de *embrouiller.*

embrouillement [ɑ̃bʀujmɑ̃] n. m. Action, fait d'embrouiller. ▷ Fig. État de ce qui est embrouillé. – De *embrouiller.*

embrouiller [ɑ̃bʀuje] v. tr. [1] **1.** Mettre en désordre, emmêler (du fil). *Embrouiller un écheveau.* **2.** Fig. Rendre obscur, compliqué, confus. *Embrouiller une affaire.* ▷ Faire perdre le fil de ses idées à, troubler (qqn). *À force d'entrer dans les détails, il a fini par m'embrouiller.* ▷ V. pron. *S'embrouiller dans ses explications, dans ses comptes.* – De *en-*, et *brouiller.*

embroussaillé, ée [ɑ̃bʀusaje] adj. Encombré de broussailles. *Un chemin tout embroussaillé.* ▷ Fig. Emmêlé comme des broussailles. *Cheveux embroussaillés.* – De *en-*, et *broussaille.*

embruiné, ée [ɑ̃bʀɥine] adj. Couvert de bruine. – De *en-*, et *bruine.*

embrumer [ɑ̃bʀyme] v. tr. [1] **1.** Couvrir, charger de brume. *La fumée des usines embrume le village.* – Pp. *Paysage embrumé.* ▷ V. pron. *Le ciel s'embrume.*

2. Fig., litt. Assombrir, attrister. *Les chagrins qui embrument la vie.* – De *en-*, et *brume.*

embrun [ɑ̃bʀœ̃] n. m. (le plus souvent au plur.) Gouttelette d'eau arrachée par le vent à la surface d'une grande étendue d'eau (océan, lac), à la crête des vagues. – Mot provenç., de *embruma*, «embrumer».

embryo-. Élément, du gr. *embruon*, «embryon».

embryogenèse [ɑ̃bʀijoʒənɛz] ou **embryogénie** [ɑ̃bʀijoʒeni] n. f. BIOL Développement de l'embryon animal ou végétal. – De *embryo-*, et *genèse, -génie.*

ENCYCL L'embryogenèse animale peut se poursuivre jusqu'à un état larvaire (ex.: le têtard) ou aboutir à un jeune qui possède tous les organes de l'adulte, mais dont certains ne sont pas encore fonctionnels (ex.: l'appareil génital). Les divers stades de l'embryogenèse d'un vertébré sont: la *morula*, résultat de la segmentation initiale, la *blastula*, la *gastrula* et, enfin, la *neurula*, le dernier stade avant l'état de larve (lorsqu'il existe). Tous les animaux sont formés à partir de deux feuillets cellulaires: ectoderme et mésoderme (animaux dits pour cette raison *diploblastiques*) ou de trois feuillets cellulaires: ectoderme, mésoderme et endoderme (animaux supérieurs, dits *triploblastiques*).

embryogénique [ɑ̃bʀijoʒenik] adj. BIOL Relatif à l'embryogénie. – MED *Tumeur, anomalie embryogénique*, liée à des vices du développement intra-utérin. – Du préc.

embryologie [ɑ̃bʀijɔlɔʒi] n. f. BIOL Partie de la biologie qui étudie l'embryogenèse. – De *embryo-*, et *-logie.*

embryologique [ɑ̃bʀijɔlɔʒik] adj. Qui a rapport à l'embryologie. – Du préc.

embryologiste [ɑ̃bʀijɔlɔʒist] n. Spécialiste de l'embryologie. – De *embryologie.*

embryon [ɑ̃bʀijɔ̃] n. m. 1. BIOL Vertébré aux premiers stades de son développement, qui suivent la fécondation. (Pour l'espèce humaine, on parle d'*embryon* pour les trois premiers mois, puis de *fœtus*.) ▷ BOT Germe qui donne naissance à une plantule. 2. Fig. Chose inachevée, à peine commencée; germe. *Un embryon de projet.* – Gr. *embruon*, de *bruein*, «croître».

embryonnaire [ɑ̃bʀijɔnɛʀ] adj. 1. BIOL Relatif à l'embryon, à l'état de développement d'un embryon par rapport à celui d'un sujet adulte. *Stade embryonnaire.* 2. Fig. Qui est au premier stade de son développement, en germe. *Projet embryonnaire.* – De *embryon.*

embryopathie [ɑ̃bʀijopati] n. f. MED Malformation congénitale due à une atteinte de l'embryon humain au cours de son développement dans l'utérus, d'origine infectieuse (rubéole, par ex.), toxique (médicamenteuse: thalidomide, par ex.) ou métabolique. – De *embryo-*, et *-pathie.*

embryotomie [ɑ̃bʀijɔtɔmi] n. f. CHIR Écrasement ou résection d'un fœtus mort, pour faciliter son extraction par les voies naturelles. – De *embryo-*, et *-tomie.*

embu, ue [ɑ̃by] n. m. et adj. PEINT Ton terne et mat que prend en séchant une peinture dont le médium a été absorbé, à l'application, par le support. ▷ Adj. Qui présente des embus. *Couleurs embues.* – Pp. de l'anc. v. *emboire*, du lat. *imbibere*, «s'imprégner de».

embûche [ɑ̃byʃ] n. f. 1. Ruse, machination destinée à nuire à qqn. *Dresser des embûches.* 2. Difficulté, obstacle. *Parcours plein d'embûches.* – Déverbal de l'a. fr. *embuschier*, «se mettre en embuscade», de *en-*, et *bûche.*

embuer [ɑ̃bɥe] v. tr. [1] Couvrir de buée. *Vitres embuées.* ▷ V. pron. Fig. *Avoir les yeux qui s'embuent*, se remplissent de larmes. – De *en-*, et *buée.*

embuscade [ɑ̃byskad] n. f. Manœuvre qui consiste à se cacher pour surprendre l'ennemi. *Se mettre en embuscade. Tendre une embuscade. Tomber dans une embuscade.* – Ital. *imboscata*, de *imboscare*, de *bosco*, «bois», avec infl. de *embusquer.*

embusqué, ée [ɑ̃byske] adj. et n. m. 1. adj. En embuscade. 2. n. m. Civil qui obtient par faveur un poste privilégié en temps de guerre. ▷ Militaire affecté à un poste facile en temps de paix. – De *embusquer.*

embusquer [ɑ̃byske] v. tr. [1] Mettre en embuscade. *Embusquer quelques hommes derrière des taillis.* ▷ V. pron. *Le malfaiteur s'était embusqué dans un recoin.* – Réfection de l'a. fr. *embûcher*, de *bûche*, d'ap. l'ital. *imboscare*, de *bosco*, «bois».

éméché, ée [emeʃe] adj. Légèrement ivre. – De l'anc. v. *émécher*, «moucher (une chandelle)», probabl. de *mèche.*

émeraude [emʀod] n. f. Pierre précieuse translucide, de couleur vert bleuté, variété de béryl (silicate double d'aluminium et de bérylium). – Appos. *Vert émeraude:* vert clair un peu bleuté. *Des tissus vert émeraude*, ou, adj. inv. *émeraude.* ▷ Par ext. *Émeraude orientale:* corindon vert. – Du lat. d'orig. gr. *smaragdus.*

émergé, ée [emɛʀʒe] adj. Qui n'est pas plongé dans un liquide. *Les terres émergées ne couvrent pas la moitié du globe.* – Pp. de *émerger.*

émergence [emɛʀʒɑ̃s] n. f. Action d'émerger; état de ce qui émerge. – *Point d'émergence d'une source:* l'endroit par où elle sort. ▷ PHYS *Point d'émergence* (d'un rayon lumineux). ▷ ASTRO Émersion. – De *émergent.*

émergent, ente [emɛʀʒɑ̃, ɑ̃t] adj. 1. Qui émerge. ▷ PHYS *Rayons émergents:* rayons lumineux qui sortent d'un milieu après l'avoir traversé. 2. *Année émergente*, par laquelle on commence à compter une ère ou une période. – Lat. *emergens, emergentis.*

émerger [emɛʀʒe] v. intr. [15] 1. Se dégager, sortir d'un milieu après y avoir été plongé; apparaître au-dessus du niveau de l'eau. *Émerger de la brume. Ce n'est qu'une petite partie des icebergs que l'on voit émerger.* 2. ASTRO Réapparaître après avoir été occulté, en parlant d'un astre. 3. Fig. Sortir de l'ombre, apparaître plus clairement. *Un espoir de solution commençait à émerger au fil des discussions.* – Lat. *emergere*, de *mergere*, «plonger».

émeri [emʀi] n. m. Variété de corindon qui, réduit en poudre, est utilisé comme abrasif, antidérapant, etc. *Toile, papier (d') émeri*, sur lequel est collée de la poudre d'émeri, et qui sert à poncer. ▷ *Bouchage à l'émeri:* bouchage hermétique obtenu en dépolissant à l'émeri les parties en contact (bouchon de verre et goulot, par ex.). – Fig., fam. *Il est bouché à l'émeri:* il est complètement borné, il ne comprend rien. – Du bas lat. *smyris*, gr. *smuris.*

émerillon [emʀijɔ̃] n. m. 1. Petit faucon sombre, appelé aussi *faucon émerillon (Falco colombarius)*, long d'env. 30 cm, qui se reconnaît à sa queue nettement barrée et à ses ailes longues et pointues. 2. Système de jonction de deux pièces, de deux chaînes, etc., permettant à chacune de tourner sur elle-même indépendamment de l'autre. – A. fr. *esmeril*, frq. **smiril.*

émerillonné, ée [emʀijɔne] adj. Rare Vif, éveillé (comme un émerillon, sens 1). *Avoir l'œil émerillonné.* – De *émerillon.*

émeriser [emʀize] v. tr. [1] TECH Garnir d'émeri pulvérisé. – De *émeri.*

émérite [emeʀit] adj. Vieilli Qui a une longue pratique de qqch. *Un artisan émérite.* ▷ Mod. Qui a acquis une connaissance remarquable d'une science, d'un art, d'un métier. *Technicien émérite.* – Lat. *emeritus*, «(soldat) qui a fini de servir, vétéran».

émersion [emɛʀsjõ] n. f. **1.** Action, fait d'émerger. *Émersion d'un sous-marin.* **2.** ASTRO Réapparition d'un astre après une éclipse ou une occultation. – Lat. scientif. *emersio*, class. *emersus*, de *emergere*, «émerger».

émerveillement [emɛʀvɛjmɑ̃] n. m. Fait de s'émerveiller; état de celui qui s'émerveille. – De *émerveiller.*

émerveiller [emɛʀveje] v. tr. [1] Frapper d'admiration. *Émerveiller l'auditoire par son savoir.* ▷ V. pron. Être frappé d'admiration, d'étonnement devant qqch que l'on trouve merveilleux. *S'émerveiller de peu de chose.* – De *é-*, et *merveille.*

émétique [emetik] adj. MED Qui provoque le vomissement. *Substance émétique.* ▷ N. m. *Un émétique.* – Lat. *emeticus*, d'orig. gr.

émetteur, trice [emetœʀ, tʀis] adj. et n. **1.** Qui émet. *La banque émettrice.* ▷ Subst. *L'émetteur d'un chèque sans provision.* **2.** *Poste émetteur* ou, n. m., *émetteur:* appareil qui émet des ondes radioélectriques. ▷ Station émettrice de radiodiffusion ou de télévision. – De *émettre.*

émettre [emɛtʀ] v. tr. [68] **1.** Mettre en circulation. *Émettre des billets de banque. Chèque émis à telle date.* **2.** Produire, envoyer vers l'extérieur. *Émettre un son.* ▷ *Émettre des ondes hertziennes.* – (S. comp.) *Cette station cesse d'émettre à 21 heures.* ▷ PHYS *Émettre un rayonnement.* **3.** Fig. Exprimer. *Émettre une opinion, un avis favorable. Émettre des vœux.* – Lat. *emittere*, d'ap. *mettre.*

émeu [emø] n. m. Grand oiseau (ordre des struthioniformes, sous-classe des ratites, genre *Dromiceius*), à plumage gris et brun, aux ailes réduites, vivant en bandes dans les plaines d'Australie. *L'émeu, qui peut atteindre 2 m, est incapable de voler.* – Mot des îles Moluques.

émeute [emøt] n. f. **1.** Vieilli Tumulte séditieux dans la rue. **2.** Mod. Soulèvement populaire, le plus souvent spontané. *Manifestation qui tourne à l'émeute.* – De *émouvoir.*

émeutier, ière [emøtje, jɛʀ] n. Personne qui fomente une émeute ou y prend part. – De *émeute.*

-émie. Élément, du gr. *haima*, «sang».

émiettement [emjɛtmɑ̃] n. m. Action d'émietter, fait de s'émietter; état de ce qui est émietté. – Fig. *L'émiettement de l'autorité, du pouvoir.* – De *émietter.*

émietter [emjete] v. tr. [1] Réduire en miettes, en petits morceaux. *Émietter du pain.* ▷ *Par anal.* Réduire en petites parcelles. *Émietter une terre en petites propriétés.* ▷ Fig. *Émietter ses forces, ses efforts*, les disperser. ▷ v. pron. Tomber en miettes. Fig. Se disperser. *Le pouvoir s'émiette.* – De *é-*, et *miette.*

émigrant, ante [emigʀɑ̃, ɑ̃t] n. Personne qui émigre. *Bateau d'émigrants.* – Ppr. subst. d'*émigrer.*

émigration [emigʀasjõ] n. f. **1.** Action d'émigrer. *Lois sur l'émigration.* ▷ L'ensemble des personnes qui émigrent ou qui ont émigré. – *Spécial.* HIST Ensemble des nobles émigrés, pendant la Révolution française. *On voulait, dans les rangs de l'Émigration, lever une armée contre la jeune république.* **2.** ZOOL Migration. – Bas lat. *emigratio.*

émigré, ée [emigʀe] adj. et n. Qui a émigré. *Travailleurs émigrés.* ▷ Subst. *Un émigré politique.* – *Spécial.* HIST *Les Émigrés:* les nobles français qui allèrent se fixer à l'étranger, pendant la Révolution. – Pp. de *émigrer.*

émigrer [emigʀe] v. intr. [1] **1.** Quitter son pays pour aller s'établir dans un autre. *Beaucoup d'Italiens émigrèrent en Amérique, au début du XXe s.* **2.** Changer de contrée, en parlant des animaux. – Lat. *emigrare.*

émincé [emɛ̃se] n. m. **1.** Mince tranche de viande. **2.** Ragoût fait de viandes finement tranchées. *Un émincé de veau.* – Pp. subst. de *émincer.*

émincer [emɛ̃se] v. tr. [14] Couper en tranches minces. – De *é-*, et *mince.*

éminemment [eminamɑ̃] adv. Excellemment, au plus haut degré. – De *éminent.*

éminence [eminɑ̃s] n. f. **1.** Élévation de terrain, hauteur, monticule. *Une éminence d'où l'on embrasse tout le paysage.* ▷ ANAT Saillie, protubérance. **2.** Titre d'honneur donné aux cardinaux. *Son Éminence le cardinal Untel.* ▷ HIST *Éminence grise:* surnom donné au père Joseph, conseiller de Richelieu. – Cour. Personne dont l'influence secrète inspire les actes et les décisions d'une autorité. – Lat. *eminentia.*

éminent, ente [eminɑ̃, ɑ̃t] adj. **1.** Supérieur en mérite, en condition. *Personnage éminent. Occuper une position éminente.* **2.** Remarquable, considérable. *L'éminente connaissance qu'a de tel problème tel spécialiste.* – Lat. *eminens, eminentis.*

éminentissime [eminɑ̃tisim] adj. Très éminent (titre honorifique superl. réservé aux cardinaux en certaines occasions). – Ital. *eminentissimo*, de *eminente*, «éminent».

émir [emiʀ] n. m. Titre attribué autref. au calife de l'Islam, puis aux descendants du Prophète. ▷ Nom donné à certains chefs, souverains ou princes, dans les pays musulmans. *L'émir du Koweit.* – Mot ar., «prince».

émirat [emiʀa] n. m. **1.** Dignité d'émir. **2.** État gouverné par un émir. – De *émir.*

1. émissaire [emisɛʀ] n. m. Personne envoyée pour accomplir une mission, une mission secrète. – Lat. *emissarius.*

2. émissaire [emisɛʀ] n. et adj. **1.** n. m. TRAV PUBL Collecteur principal d'un réseau d'assainissement. **2.** n. f. ANAT *Les émissaires* ou, adj., *les veines émissaires:* petites veines qui traversent le crâne. – Lat. *emissarium*, «déversoir».

émissif, ive [emisif, iv] adj. PHYS Qui a le pouvoir d'émettre (des radiations, et spécial. des radiations lumineuses). *Pouvoir émissif. Cathode émissive.* – Du lat. *emissum*, supin de *emittere.*

émission [emisjõ] n. f. **1.** PHYSIOL Action de lancer, de pousser (un liquide) hors du corps. *Émission d'urine.* **2.** Action de produire (un son articulé). *Émission de voix.* **3.** PHYS Production (d'électrons, de lumière). *Émission photoélectronique, thermoélectronique.* ▷ TELECOM Action de diffuser (un message, de la musique, etc.) au moyen d'ondes électromagnétiques. – *Par ext.* Programme (radiophonique, télévisé) ainsi diffusé. *Émission en direct, en différé. Une émission de télévision appréciée du public.* **4.** FIN Mise en circulation (de valeurs: monnaies, obligations, actions, etc.). *L'émission d'un emprunt par Hydro-Québec.* – Lat. *emissio.*

émissole [emisɔl] n. f. Poisson sélacien comestible (*Mustelus mustelus*, fam. carcharhinidés), appelé aussi *chien de mer*, long de 1 à 2 m, à petites dents, qui vit en Méditerranée. – Ital. *mussolo*, du lat. *mustela.*

émittance [emitɑ̃s] n. f. PHYS Quotient (exprimé en watts par m^2) de la puissance de rayonnement d'une surface émettrice, par l'aire de celle-ci. – De *émettre.*

emmagasinage [ɑ̃magazinaʒ] n. m. Action d'emmagasiner; son résultat. – De *emmagasiner.*

emmagasiner [ɑ̃magazine] v. tr. [1] **1.** Mettre en magasin, stocker. *Emmagasiner des céréales.* **2.** Fig. Acquérir, accumuler. *Emmagasiner des connaissances.* ▷ Amasser, mettre en réserve. *Emmagasiner de la chaleur.* – De *en-*, et *magasin.*

emmaillotement [ɑ̃majɔtmɑ̃] n. m. Action, manière d'emmailloter. – De *emmailloter.*

emmailloter [ɑ̃majɔte] v. tr. [1] Mettre (un bébé) dans un maillot, dans des langes. ▷ *Par ext.* Envelopper. *Emmailloter un doigt blessé.* – V. pron. *S'emmailloter dans une couverture.* – De *en-*, et *maillot.*

emmancher [ɑ̃mɑ̃ʃe] v. tr. [1] **1.** Mettre un manche à (un outil). *Emmancher une faux.* **2.** Fig., fam. Commencer, mettre en train. *Emmancher une affaire.* ▷ V. pron. *L'affaire s'emmanche mal.* – De *en-*, et *manche* (sens 1).

emmanchure [ɑ̃mɑ̃ʃyʀ] n. f. Chacune des ouvertures d'un vêtement à laquelle est cousue une manche. – De *en-*, et *manche* (sens 2).

emmêlement [ɑ̃mɛlmɑ̃] n. m. Action d'emmêler; fait de s'emmêler. – De *emmêler.*

emmêler [ɑ̃mɛle] v. tr. [1] **1.** Mêler, enchevêtrer. *Emmêler des fils.* ▷ V. pron. *Écheveau qui s'est emmêlé.* **2.** Fig. Embrouiller. *Emmêler une affaire.* ▷ V. pron. *S'emmêler dans ses explications.* – De *en-*, et *mêler.*

emménagement [ɑ̃menaʒmɑ̃] n. m. Action d'emménager. – De *emménager.*

emménager [ɑ̃menaʒe] v. intr. [15] S'installer dans un nouveau logement. *Nous emménageons demain.* ▷ V. tr. *Emménager des meubles.* – De *en-*, et *ménage.*

emménagogue [ɑ̃(ɛm)menagɔg] adj. MED Se dit des substances qui provoquent ou favorisent l'écoulement menstruel. ▷ N. m. *Un emménagogue.* – Du gr. *emmêna*, «menstrues», et *agôgos*, «qui attire».

emmener [ɑ̃mne] v. tr. [19] Mener avec soi (qqn) d'un lieu dans un autre. *Emmener ses enfants à la campagne.* – De *en-*, et *mener.*

emmenthal [emɛ̃tal] n. m. Fromage de vache cuit, fabriqué à l'origine dans la vallée de l'Emme (ou *Emmenthal*), en Suisse.

emmerdant, ante [ɑ̃mɛʀdɑ̃, ɑ̃t] adj. Fam. Ennuyeux, embêtant, gênant. – Ppr. de *emmerder.*

emmerdement [ɑ̃mɛʀdəmɑ̃] n. m. Fam. Ennui, contrariété. *Avoir des emmerdements.* (On dit aussi, par abrév.: *emmerde.*) – De *emmerder.*

emmerder [ɑ̃mɛʀde] v. tr. [1] Fam. Agacer, contrarier, gêner à l'excès. *Il commence à m'emmerder, celui-là!* – Tenir pour méprisable. *De toute façon, je l'emmerde!* ▷ V. pron. S'ennuyer à l'excès. *Qu'est-ce qu'on s'emmerde, dans ce patelin!* – De *en-*, et *merde.*

emmerdeur, euse [ɑ̃mɛʀdœʀ, øz] n. Fam. Personne qui ennuie ou qui gêne les autres. ▷ Personne pointilleuse ou chicanière à l'excès. – De *emmerder.*

emmétrope [ɑ̃metʀɔp] adj. et n. MED Se dit d'un œil dont la vision est normale. – Gr. *emmetros*, «proportionné», et *ops, opos*, «œil».

emmétropie [ɑ̃metʀɔpi] n. f. Qualité de l'œil emmétrope. – Du préc.

emmieller [ɑ̃mjele] v. tr. [1] **1.** Vx Enduire de miel, sucrer avec du miel. **2.** Fam. Euph. pour *emmerder.* – De *en-*, et *miel.*

emmitoufler [ɑ̃mitufle] v. tr. [1] Envelopper chaudement, douillettement. ▷ V. pron. *Bien s'emmitoufler.* – De *en-*, et *mitoufle*, altér. de *mitaine*, d'ap. *moufle*, et a. fr. *emmoufler.*

emmurement [ɑ̃myʀmɑ̃] n. m. **1.** HIST Emprisonnement à perpétuité que prononçait le tribunal d'Inquisition. **2.** Action d'emmurer; son résultat. – De *emmurer.*

emmurer [ɑ̃myʀe] v. tr. [1] **1.** HIST Faire subir l'emmurement à. **2.** Enfermer en murant. *Emmurer un trésor.* – Par ext. *Spéléologue qu'un éboulement a emmuré.* ▷ V. pron. Fig. *S'emmurer dans sa douleur.* – De *en-*, et *mur.*

émoi [emwa(ɑ)] n. m. **1.** Trouble, agitation suscitée par l'émotion ou l'inquiétude. *La population était en émoi.* **2.** Trouble intime, de nature affective ou sensuelle. *Émoi esthétique, amoureux.* – De l'a. fr. *esmayer*, «troubler», du lat. pop. **exmagare*, «priver de sa force».

émollient, ente [emɔljɑ̃, ɑ̃t] adj. et n. m. MED Qui relâche, qui ramollit les tissus. *Décoction émolliente.* ▷ N. m. *Un émollient.* – Lat. *emolliens*, ppr. de *emollire*, «amollir».

émolument [emɔlymɑ̃] n. m. **1.** DR Part d'actif qui revient à qqn par succession ou dans un partage de biens communs. **2.** n. m. pl. Honoraires d'un officier ministériel. ▷ *Par ext.* Appointements fixes ou variables attachés à une place, un emploi. – Lat. *emolumentum*, «profit».

émonction [emɔ̃ksjɔ̃] n. f. PHYSIOL Évacuation des déchets de l'organisme. – Lat. *emunctum*, de *emungere*, «moucher».

émonctoire [emɔ̃ktwaʀ] n. m. PHYSIOL Organe (pores cutanés, reins, poumons, foie, anus, etc.) qui permet l'évacuation des déchets organiques. – Du préc.

émondage [emɔ̃daʒ] n. m. Action d'émonder. – De *émonder.*

émonder [emɔ̃de] v. tr. [1] Retrancher (d'un arbre) les branches nuisibles ou inutiles. Syn. élaguer. – Fig. *Émonder un texte.* – Lat. *emundare*, «nettoyer».

émondes [emɔ̃d] n. f. pl. ARBOR Branches coupées par émondage. – Déverbal de *émonder.*

émondeur, euse [emɔ̃dœʀ, øz] n. Personne qui émonde. – De *émonder.*

émondoir [emɔ̃dwaʀ] n. m. ARBOR Outil qui sert à l'émondage. – De *émonder.*

émorfilage [emɔʀfilaʒ] n. m. TECH Action d'émorfiler; son résultat. – De *émorfiler.*

émorfiler [emɔʀfile] v. tr. [1] TECH Débarrasser du morfil (un outil affûté). – De *é-*, et *morfil.*

émotif, ive [emɔtif, iv] adj. et n. **1.** Relatif à l'émotion; qui est dû à l'émotion. *Un choc émotif.* **2.** Qui est sujet à des émotions intenses. *Une nature émotive.* ▷ Subst. *Un émotif, une émotive.* – De *émotion.*

émotion [emosjɔ̃] n. f. **1.** Trouble intense de l'affectivité, réaction immédiate, incontrôlée ou inadaptée à certaines impressions ou à certaines représentations. *L'émotion se traduit organiquement par des réactions neuro-végétatives ou motrices* (rougeur, transpiration, tremblement, etc.). *Être paralysé par l'émotion.* – Fam. *Donner des émotions à qqn.* ▷ Réaction affective (agréable ou désagréable) éprouvée comme un trouble. *Réciter un poème avec émotion.* **2.** Agitation, trouble collectif. *L'émotion populaire était à son comble.* – De *émouvoir*, d'ap. *motion*, «mouvement».

émotionnel, elle [emɔsjɔnɛl] adj. Qui appartient à l'émotion; qui en est le produit. *Tension, réaction émotionnelle.* – De *émotion.*

émotionner [emɔsjɔne] v. tr. [1] Fam. Causer de l'émotion, des émotions. ▷ V. pron. *Il ne s'émotionne pas facilement.* – De *émotion.*

émotivité [emɔtivite] n. f. Caractère d'une personne émotive. ▷ PSYCHO Un des éléments de l'affectivité, qui traduit l'aptitude plus ou moins prononcée de l'individu à réagir aux impressions perçues. – De *émotif*.

émottage [emɔtaʒ] ou **émottement** [emɔtmɑ̃] n. m. AGRI Action d'émotter; son résultat. – De *émotter*.

émotter [emɔte] v. tr. [1] AGRI Briser les mottes de terre (d'un champ) après un labour afin d'ameublir la terre. – De *é-*, et *motte*.

émotteur [emɔtœʀ] n. m. ou **émotteuse** [emɔtøz] n. f. AGRI Rouleau, herse qui sert à émotter. – De *émotter*.

émouchet [emuʃɛ] n. m. Nom cour. de certains petits rapaces, notam. de la crécerelle. – A. fr. *moschet, mouchet*, dimin. de *mouche*.

émoudre [emudʀ] v. tr. [69] TECH Vx Aiguiser sur la meule. *Émoudre des ciseaux*. – Lat. *emolere*.

émoulage [emulaʒ] n. m. TECH Action d'émoudre; son résultat. – De *émoudre*.

émouleur, euse [emulœʀ, øz] n. TECH Personne qui aiguise les instruments tranchants. Syn. rémouleur. – De *émoudre*.

émoulu, ue [emuly] adj. **1.** Aiguisé sur la meule. **2.** Fig. *Frais émoulu, fraîche émoulue:* récemment sorti(e) (d'une école). *Un jeune cadre frais émoulu d'H.E.C.* – Pp. de *émoudre*.

émoussement [emusmɑ̃] n. m. Action d'émousser; état de ce qui est émoussé. – De *émousser*.

émousser [emuse] v. tr. [1] **1.** Rendre mousse, moins tranchant, moins aigu. *Émousser un rasoir*. ▷ V. pron. *Lame qui s'émousse vite*. **2.** Fig. Rendre moins vif, atténuer, affaiblir. *L'habitude émousse le plaisir*. ▷ V. pron. *Il y a des rancunes qui ne s'émoussent pas*. – De *é-*, et *mousse*.

émoustillant, ante [emustijɑ̃, ɑ̃t] adj. Qui émoustille. – Ppr. de *émoustiller*.

émoustiller [emustije] v. tr. [1] Mettre en gaieté. ▷ Exciter, disposer aux plaisirs sensuels. – Probabl. de *mousse*, «écume».

émouvant, ante [emuvɑ̃, ɑ̃t] adj. Qui émeut, qui suscite une émotion plus ou moins vive. – Ppr. de *émouvoir*.

émouvoir [emuvwaʀ] v. tr. [46] **1.** Susciter l'émotion de. *Émouvoir qqn aux larmes*. ▷ V. pron. *Une personne lente à s'émouvoir*. **2.** Susciter l'intérêt ou la sympathie de; troubler, inquiéter. *Sa détresse nous a émus*. ▷ V. pron. *Les pouvoirs publics se sont émus de cette situation*. – Lat. *e(x)movere*.

empaillage [ɑ̃pajaʒ] n. m. Action d'empailler. – De *empailler*.

empaillement [ɑ̃pajmɑ̃] n. m. **1.** Empaillage. **2.** AGRIC Ensemble des pailles d'une récolte de céréales. ▷ Approvisionnement en paille. ▷ Action de nourrir le fumier avec des pailles usées. – De *empailler*.

empailler [ɑ̃paje] v. tr. [1] **1.** Emplir avec de la paille la peau d'un animal mort de manière à en conserver les formes naturelles. Syn. naturaliser. ▷ Fig., fam. *Avoir l'air empaillé*, peu énergique, emprunté. **2.** *Empailler un siège*, le garnir de paille. V. rempailler. **3.** Envelopper, protéger avec de la paille. *Empailler un arbre, des semis*. – De *en-*, et *paille*.

empailleur, euse [ɑ̃pajœʀ, øz] n. **1.** Personne qui empaille des animaux. V. taxidermiste. **2.** Rare Personne qui empaille des sièges. V. rempailleur. – De *empailler*.

empalement [ɑ̃palmɑ̃] n. m. **1.** Supplice du pal. **2.** Le fait d'empaler, d'être empalé ou de s'empaler. – De *empaler*.

empaler [ɑ̃pale] v. tr. [1] **1.** Infliger le supplice du pal à (qqn), en le transperçant d'un pieu introduit par l'anus. **2.** *Par ext.* Percer de part en part, embrocher. *Volailles empalées*. **3.** v. pron. Être transpercé par un objet pointu que l'on a heurté. *S'empaler sur un pieu en tombant*. – De *en-*, et *pal*.

empan [ɑ̃pɑ̃] n. m. Anc. Mesure de longueur à peu près égale à l'intervalle entre l'extrémité du pouce et celle du petit doigt d'une main étendue. – Du frq. **spanna*.

empanacher [ɑ̃panaʃe] v. tr. [1] Orner d'un panache. ▷ Fig. Orner à l'excès. *Empanacher son langage*. – V. pron. *S'empanacher de rubans*. – De *en-*, et *panache*.

empanner [ɑ̃pane] MAR **1.** v. tr. [1] Vx Mettre en panne (un voilier). ▷ V. intr. Être mis en panne. **2.** v. intr. Mod. En parlant d'un voilier aux allures portantes, recevoir le vent du côté de la grand-voile opposé à celui qui le recevait jusqu'alors, à la suite d'une manœuvre volontaire, d'une faute de barre ou d'une saute de vent. – De *en-*, et *panne*, «pièce latérale d'une vergue».

empaquetage [ɑ̃paktaʒ] n. m. Action d'empaqueter. – De *empaqueter*.

empaqueter [ɑ̃pakte] v. tr. [23] Mettre en paquet. *Empaqueter des livres*. – De *en-*, et *paquet*.

emparer (s') [ɑ̃paʀe] v. pron. [11] **1.** Se saisir (d'une chose), s'en rendre maître par des moyens violents ou irréguliers. *S'emparer du pouvoir, d'un héritage, d'une ville*. **2.** Se saisir vivement (de qqch) pour tel ou tel usage. *Il s'est emparé de l'outil dont j'avais besoin*. **3.** Envahir, dominer (qqn) en parlant d'une sensation, d'un sentiment, etc. *Torpeur qui s'empare des sens. La colère s'empara de lui*. – Anc. provenç. *amparar*, lat. pop. **anteparare*, «disposer par-devant».

empâtement [ɑ̃pɑtmɑ̃] n. m. **1.** État de ce qui est empâté ou pâteux. *L'empâtement de la langue, de la voix*. ▷ PEINT Superposition de couches de peinture ou étalement d'une couche épaisse sur un tableau. **2.** Engraissement d'une volaille. **3.** État d'un visage ou d'un corps empâté, bouffi. – De *empâter*.

empâter [ɑ̃pɑte] v. tr. [1] **1.** TECH Remplir, enduire de pâte, ou d'une matière pâteuse. ▷ Enduire (de plâtre par ex.) des éléments pour les unir. – Mêler à de l'eau (un produit solide) pour obtenir une pâte. **2.** Rendre pâteux. *Les boissons alcooliques empâtent la bouche*. **3.** *Empâter une volaille*, l'engraisser. **4.** Gonfler, épaissir, alourdir. *Visage que l'éthylisme a empâté*. ▷ V. pron. *Il s'est empâté avec l'âge*. – De *pâte*.

empathie [ɑ̃pati] n. f. Identification affective à une personne ou à une chose. *La reconstitution de faits lointains demande souvent à l'historien de procéder par empathie*. – De *en-*, et *-pathie*; d'ap. *sympathie*.

empattement [ɑ̃patmɑ̃] n. m. **1.** CONSTR Massif de maçonnerie qui sert de pied, de base à un mur. **2.** BOT Base d'un tronc ou d'une branche d'arbre. **3.** TYPO Trait horizontal ou motif triangulaire qui souligne le haut et le bas du jambage d'une lettre. **4.** TECH Distance entre les essieux extrêmes d'un véhicule. – De *empatter*.

empatter [ɑ̃pate] v. tr. [1] TECH Fixer avec des pattes. – De *en-*, et *patte*.

empaumer [ɑ̃pome] v. tr. [1] **1.** Recevoir (la balle) dans la paume, à certains jeux. **2.** Fig., fam. *Empaumer qqn*, se jouer de lui, le duper ou le circonvenir. *Se laisser, se faire empaumer*. – De *en-*, et *paume*.

empaumure [ɑ̃pomyʀ] n. f. **1.** VEN Partie du merrain qui porte les andouillers du cerf. **2.** Partie du gant qui couvre la paume. – Du préc.

empêché, ée [ɑ̃peʃe] adj. Embarrassé, gêné. *Il se trouva fort empêché pour lui répondre*. ▷ Retenu par un empêchement. *Le ministre, empêché, n'a pu venir.* – Pp. de *empêcher.*

empêchement [ɑ̃pɛʃmɑ̃] n. m. Ce qui empêche d'agir, embarrasse, fait obstacle. *Je ne vois pas d'empêchement à ce projet. Un empêchement de dernière minute.* – De *empêcher.*

empêcher [ɑ̃peʃe] v. tr. [1] **1.** Entraver (qqn) dans son action, ses projets; mettre dans l'impossibilité de (faire telle chose). *Il a voulu m'empêcher de parler. Il faudrait empêcher qu'ils s'associent.* ▷ V. pron. (Le plus souvent en tournure négative.) S'abstenir, se défendre de. *Il ne peut s'empêcher de médire. On ne peut s'empêcher de le trouver sympathique.* **2.** S'opposer, mettre un obstacle à. *Empêcher une mauvaise action.* ▷ Loc. impers. *Il n'empêche que, n'empêche que:* malgré cela, néanmoins, et pourtant. *Ces produits sont mauvais, n'empêche qu'ils se vendent.* – Fam. *Il est tard, n'empêche, il aurait pu venir.* – Du bas lat. *impedicare,* de *pedica,* «lien, lacet, piège».

empêcheur, euse [ɑ̃pɛʃœʀ, øz] n. Vieilli Personne qui empêche. – Loc. *Empêcheur de danser (ou de tourner) en rond:* trouble-fête. – De *empêcher.*

empeigne [ɑ̃pɛɲ] n. f. Dessus d'un soulier, depuis le cou-de-pied jusqu'à la pointe. ▷ Loc. fig. inj. *Gueule d'empeigne:* visage antipathique ou disgracieux. – De *en-,* et *peigne,* a. fr. *piegne,* «métacarpe», par anal. de forme.

empennage [ɑ̃pɛn(n)aʒ] n. m. **1.** Action d'empenner. **2.** AVIAT Ensemble des plans fixes placés à l'arrière d'un aéronef, d'un avion, pour assurer sa stabilité en vol. – De *empenner.*

empenne [ɑ̃pɛn] n. f. Ensemble des plumes qui garnissent le talon d'une flèche. – Déverbal de *empenner.*

empenneler [ɑ̃pɛnle] v. intr. [22] MAR Mouiller avant l'ancre principale une ancre plus petite reliée à la première par une chaîne, pour assurer une meilleure tenue du mouillage. – De *empenelle,* «petite ancre servant à empenneler», de *empenne.*

empenner [ɑ̃pe(ɛ)n(n)e] v. tr. [1] Garnir (une flèche) d'une empenne, de plumes. – De *en-,* et *penne.*

empereur [ɑ̃pʀœʀ] n. m. **1.** Titre porté, à partir d'Auguste, par le chef souverain de l'Empire romain, puis de l'Empire byzantin. **2.** Titre porté par Charlemagne, puis par les souverains du Saint-Empire romain germanique. **3.** Souverain de certains États. *L'empereur de toutes les Russies. L'empereur du Japon.* ▷ Absol. (en France). *L'Empereur:* Napoléon Ier. – Lat. *imperator.*

emperler [ɑ̃pɛʀle] v. tr. [1] **1.** Garnir de perles. **2.** Fig. Couvrir de gouttelettes. *La sueur emperlait son visage.* ▷ V. pron. *L'herbe s'emperle de rosée.* – De *en-,* et *perle.*

empesage [ɑ̃pəzaʒ] n. m. Action d'empeser; son résultat. – De *empeser.*

empesé, ée [ɑ̃pəze] adj. **1.** Apprêté avec de l'empois. **2.** Fig. Guindé, compassé. *Personnage empesé. Air, style empesé.* Ant. aisé, naturel. – Pp. de *empeser.*

empeser [ɑ̃pəze] v. tr. [19] Apprêter (du linge) avec de l'empois. – De *empois.*

empester [ɑ̃pɛste] v. tr. [1] **1.** Vx Infecter de la peste ou de tout autre mal contagieux. ▷ Fig. Corrompre, vicier. *La délation organisée empestait le climat social.* **2.** *Par ext.* Empuantir. *La fumée de l'usine empeste le voisinage.* ▷ Dégager (une odeur désagréable). *Son haleine empeste le vin.* – (S. comp.) *Va te laver, tu empestes.* – De *en-,* et *peste.*

empêtrer [ɑ̃petʀe] v. tr. [1] **1.** Vx Entraver (un animal). **2.** Mod. Embarrasser par des liens, par qqch qui gêne, qui empêche les mouvements. *Empêtrer ses pieds dans un filet, dans des herbes.* ▷ V. pron. *S'empêtrer dans son vêtement.* **3.** Fig. Mettre dans des difficultés, dans une situation compliquée ou fâcheuse. *On l'a empêtré dans une affaire véreuse.* ▷ V. pron. *S'empêtrer dans ses contradictions.* – Du lat. pop. **impastoriare,* lat. médiév. *pastoria,* «entrave à bestiaux», de *pastorius,* «de berger».

emphase [ɑ̃fɑz] n. f. **1.** Vx Force expressive. **2.** Mod., péjor. Exagération prétentieuse dans le ton, le geste, l'expression, le style. *Parler avec emphase. Une solennité pleine d'emphase.* Syn. enflure, grandiloquence. Ant. naturel, simplicité. **3.** LING Forme d'expression qui consiste à marquer d'une insistance particulière l'un des éléments de la phrase (ex.: *Nous, nous voulons bien).* – Lat. *emphasis,* rhét. gr.

emphatique [ɑ̃fatik] adj. **1.** Qui s'exprime avec emphase. *Orateur emphatique.* ▷ Boursouflé, guindé, ampoulé. *Un discours emphatique.* **2.** LING Relatif à l'emphase, employé par emphase. *Pluriel emphatique.* – De *emphase.*

emphatiquement [ɑ̃fatikmɑ̃] adv. De manière emphatique. – De *emphatique.*

emphysémateux, euse [ɑ̃fizematø, øz] adj. et n. MED Atteint d'emphysème. – De *emphysème.*

emphysème [ɑ̃fizɛm] n. m. MED Infiltration gazeuse diffuse du tissu cellulaire. *Emphysème pulmonaire:* affection pulmonaire caractérisée par la dilatation et la destruction des bronchioles respiratoires et du tissu conjonctif de la paroi alvéolaire. (Il peut être diffus ou localisé et se traduit par une insuffisance respiratoire, puis par une insuffisance cardiaque.) – Gr. *emphusêma.*

emphytéose [ɑ̃fiteoz] n. f. DR Contrat de longue durée (9 à 99 ans) par lequel un propriétaire concède la jouissance d'un immeuble moyennant une redevance annuelle, le preneur ayant un droit d'hypothèque et la charge d'exécuter les travaux destinés à améliorer le fonds. – Lat. jur. d'orig. gr. *emphyteusis.*

emphytéote [ɑ̃fiteɔt] n. DR Personne qui jouit d'un bail emphytéotique. – Lat. médiév. *emphyteota.*

emphytéotique [ɑ̃fiteɔtik] adj. DR Qui appartient à l'emphytéose. – Lat. médiév. *emphyteoticus.*

empiècement [ɑ̃pjɛsmɑ̃] n. m. COUT Pièce rapportée à la partie supérieure d'un vêtement. – De *en-,* et *pièce.*

empierrement [ɑ̃pjɛʀmɑ̃] n. m. **1.** Action d'empierrer; son résultat. **2.** Matériaux qui servent à empierrer. – De *empierrer.*

empierrer [ɑ̃pjɛ(e)ʀe] v. tr. [1] Garnir de pierres. *Empierrer une chaussée.* – De *en-,* et *pierre.*

empiétement ou **empiètement** [ɑ̃pjɛtmɑ̃] n. m. **1.** Action d'empiéter; son résultat. **2.** Fig. Usurpation. – De *empiéter.*

empiéter [ɑ̃pjete] v. intr. [16] **1.** Gagner pied à pied, s'étendre partiellement (sur la terre d'autrui). *Empiéter sur le champ du voisin.* ▷ Par anal. *La mer empiète sur les côtes.* **2.** Fig. Usurper en partie (les droits, le pouvoir de qqn). *Vous empiétez sur ses attributions.* – De *en-,* et *pied.*

empiffrer (s') [ɑ̃pifʀe] v. pron. [11] Fam. Manger avec excès, gloutonnement. *S'empiffrer de gâteaux.* – De *en-,* et *piffre,* vx ou dial., «gros, goulu».

empilage [ɑ̃pilaʒ] ou **empilement** [ɑ̃pilmɑ̃] n. m. **1.** Action de mettre en piles. **2.** Action de serrer, d'entasser. – De *empiler.*

empile [ɑ̃pil] n. f. PECHE Fil ou crin auquel on attache l'hameçon. – De *en-,* et *pile,* «petites cordes en pile sur la ligne».

empiler [ɑ̃pile] v. tr. [1] **1.** Mettre en pile. *Empiler des caisses, des pièces de monnaie.* ▷ *Par anal.* Serrer, entasser. – V. pron. *S'empiler dans une voiture.*

2. Fam. Duper sur le prix ou la qualité d'une marchandise. *Se faire empiler.* – De *en-*, et *pile.*

empileur, euse [ɑ̃pilœʀ, øz] n. 1. Personne qui empile des marchandises. 2. Fam. Personne qui dupe ou cherche à duper. – De *empiler.*

empire [ɑ̃piʀ] n. m. 1. Domination souveraine. *Conquérir l'empire des mers.* ▷ Fig. Domination morale, ascendant. *Avoir de l'empire sur qqn, sur soi-même.* 2. Régime où l'autorité politique est détenue par un empereur. *À Rome, l'empire succéda à la république.* ▷ Le règne d'un empereur. *L'Empire, le Premier Empire:* en France, le règne de Napoléon Ier. *Le Second Empire:* le règne de Napoléon III. ▷ BX-A *Style Empire,* celui des œuvres d'art, du mobilier du Premier Empire. 3. État gouverné par un empereur; son territoire. *L'empire d'Orient. Les frontières de l'Empire romain.* ▷ Loc. *Pour un empire:* d'aucune manière, pour rien au monde. *Je ne le ferais pas pour un empire!* 4. HIST Ensemble de territoires placés sous l'autorité d'un gouvernement central. *L'Empire britannique.* – Lat. *imperium.*

empirer [ɑ̃piʀe] 1. v. intr. [1] Devenir pire. *Sa situation a empiré.* 2. v. tr. Rendre pire. *Les remèdes ont empiré son état.* Syn. aggraver. Ant. améliorer. – Du lat pop. *impejorare,* du bas lat. *pejorare,* «aggraver».

empiriocriticisme [ɑ̃piʀjokʀitisism] n. m. Courant philosophique du XIXe s. qui dénie toute valeur absolue à la science, et que Lénine a combattu dans *Matérialisme et Empiriocriticisme* (1909). – De *empir(isme),* et *criticisme.*

empirique [ɑ̃piʀik] adj. (et n. m.) 1. Qui se fonde sur l'expérience et non sur un savoir théorique. *Des connaissances empiriques.* 2. PHILO Relatif à l'empirisme. 3. n. m. Vx Guérisseur. – Lat. d'orig. gr. *empiricus,* «médecin empirique».

empiriquement [ɑ̃piʀikmɑ̃] adv. D'une manière empirique. – De *empirique.*

empirisme [ɑ̃piʀism] n. m. 1. Système, méthode qui se fonde sur la seule expérience sans recourir au raisonnement, à la théorie. 2. PHILO Doctrine selon laquelle toute connaissance dérive de l'expérience (opposée au rationalisme et à la théorie des idées innées). – De *empirique.*

empiriste [ɑ̃piʀist] n. Partisan de l'empirisme. *Empiristes matérialistes* (Bacon, Hobbes, Locke, etc.), *idéalistes* (Berkeley, Hume, etc.). – Du préc.

emplacement [ɑ̃plasmɑ̃] n. m. Lieu qu'occupe, qu'occupait qqch ou qui convient pour placer ou édifier qqch. *L'emplacement d'un édifice, d'une cité disparue. Étudier l'emplacement d'un barrage. Louer un emplacement de stationnement.* – De l'anc. v. *emplacer,* «placer», de *en-,* et *placer.*

emplafonner [ɑ̃plafɔne] v. tr. [1] Heurter avec violence. *Le camion a emplafonné le mur de la ferme.* – De *en-, plafond* et suffixe verbal.

emplanture [ɑ̃plɑ̃tyʀ] n. f. 1. MAR Ensemble des pièces supportant le pied d'un mât. 2. AVIAT Jonction des ailes sur le fuselage. – De *en-,* et *planter;* de *emplanter,* «planter».

emplâtre [ɑ̃plɑtʀ] n. m. 1. MED Médicament externe qui, en se ramollissant à la chaleur, acquiert une bonne adhérence. 2. Fig., fam. Personne sans énergie, incapable. – Lat. d'orig. gr. *emplastrum.*

emplette [ɑ̃plɛt] n. f. 1. Achat (d'une marchandise quelconque). *Faire l'emplette d'un vase.* 2. Chose achetée. *Montrez-moi vos emplettes.* – Lat. pop. **implicta,* de *implicare,* «plier dans, engager».

emplir [ɑ̃pliʀ] v. tr. [2] 1. Vieilli ou litt. (on emploie plutôt *remplir*). Rendre plein. *Emplir une bouteille.* – Par ext. *La pièce est emplie de gens.* 2. Fig. Combler. *Une pensée qui emplit de joie.* – v. pron. *La chambre s'emplissait de parfum.* – Lat. pop. **implire,* class. *implere.*

emplissage [ɑ̃plisaʒ] n. m. Rare Action d'emplir. – De *emplir.*

emploi [ɑ̃plwɑ] n. m. 1. Usage que l'on fait d'une chose; manière d'en faire usage. *L'emploi d'un outil, d'un mot. Faire mauvais emploi de sa fortune. Une chose qui fait double emploi,* qui est superflue parce qu'elle a le même usage qu'une autre. 2. Vx Activité, occupation quelconque. ▷ Mod. Travail rémunéré. *Une offre, une demande d'emploi.* 3. THEAT Rôle que l'on confie habituellement à un acteur. *Emploi de valet.* – Déverbal de *employer.*

employable [ɑ̃plwajabl] adj. Qui peut être employé. – De *employer.*

employé, ée [ɑ̃plwaje] n. Salarié ayant un emploi non manuel (opposé à *ouvrier*). – Pp. subst. de *employer.*

employer [ɑ̃plwaje] I. v. tr. [26] 1. Faire usage de. *Employer un produit. Bien employer son temps. Employer la douceur.* 2. Faire travailler en échange d'un salaire. *Cette entreprise emploie deux mille personnes.* II. v. pron. 1. Être utilisé (pour un usage quelconque). *Cette substance s'emploie en pharmacie.* ▷ Être usité, en parlant d'un mot, d'une tournure. *Ce terme ne s'emploie plus.* 2. *S'employer à:* s'occuper activement de, s'appliquer à. *S'employer à soulager les misères d'autrui.* – Lat. *implicare,* «plier dans, engager».

employeur, euse [ɑ̃plwajœʀ, øz] n. Personne qui emploie un (des) salarié(s). – De *employer.*

emplumé, ée [ɑ̃plyme] adj. Garni de plumes. – De *en-,* et *plume.*

empocher [ɑ̃pɔʃe] v. tr. [1] Toucher (de l'argent). *Empocher une grosse somme.* Ant. débourser. – De *en-,* et *poche.*

empoignade [ɑ̃pwaɲad] n. f. Fam. Discussion violente. – De *empoigner.*

empoigne [ɑ̃pwaɲ] n. f. 1. Vx Action d'empoigner. 2. Mod., fam. *Foire d'empoigne:* conflit tumultueux entre des personnes se disputant des biens ou des avantages. – Déverbal de *empoigner.*

empoigner [ɑ̃pwaɲe] v. tr. [1] 1. Saisir avec les mains en serrant fortement. *Empoigner qqn au collet.* 2. Fig. Émouvoir vivement. *Ce drame m'a empoigné.* 3. v. pron. (récipr.) Se colleter. ▷ Fig. S'injurier, se quereller. – De *en-,* et *poing.*

empois [ɑ̃pwa] n. m. Colle légère d'amidon utilisée pour empeser le linge. – Du lat. *impensa,* «dépensé», d'où «matériaux, ingrédients».

empoisonnant, ante [ɑ̃pwazɔnɑ̃, ɑ̃t] adj. Fam. Embêtant, très ennuyeux. – Ppr. de *empoisonner.*

empoisonnement [ɑ̃pwazɔnmɑ̃] n. m. 1. Fait d'être empoisonné, intoxication. *Un empoisonnement dû à des denrées avariées.* 2. Action d'empoisonner volontairement (qqn). *L'empoisonnement est un crime.* 3. Fam. Ennui, contrariété. *Il n'a que des empoisonnements.* – De *empoisonner.*

empoisonner [ɑ̃pwazɔne] v. tr. [1] 1. Faire absorber du poison à (qqn) dans le dessein de le tuer. *On dit qu'il a empoisonné sa femme.* 2. Intoxiquer. *Être empoisonné par des champignons.* ▷ Fig. Pp. *Des louanges empoisonnées,* perfides. 3. Infecter de poison. *Empoisonner une rivière.* – *Par ext.* Infecter (d'une odeur incommodante). *Puanteur qui empoisonne l'air.* 4. Fig. Troubler, gâter. *Ce souvenir empoisonnait son existence.* 5. Vx Corrompre moralement. *Des influences qui empoisonnent la jeunesse.* 6. Fam. Importuner, ennuyer. *Cet individu m'empoisonne.* – De *en-,* et *poison.*

empoisonneur, euse [ɑ̃pwazɔnœʀ, øz] n. **1.** Personne coupable d'empoisonnement. **2.** Fig. Personne qui corrompt moralement. **3.** Fam. Importun. – De *empoisonner.*

empoisser [ɑ̃pwase] v. tr. [1] Enduire de poix. – De *en-,* et *poix.*

empoissonner [ɑ̃pwasɔne] v. tr. [1] Peupler de poissons. *Empoissonner un cours d'eau.* – De *en-,* et *poisson.*

emporium [ɑ̃pɔʀjɔm] n. m. ANTIQ ROM Comptoir commercial créé à l'étranger. – Mot lat., du gr.

emportement [ɑ̃pɔʀtəmɑ̃] n. m. Mouvement violent inspiré par une passion. – *Spécial.* Accès de colère. *Parler avec emportement.* – De *emporter.*

emporte-pièce [ɑ̃pɔʀtəpjɛs] n. m. inv. **1.** TECH Instrument à tranchant servant à découper des pièces d'une forme déterminée dans le carton, le papier, le cuir, etc. **2.** Loc. fig. *Parler à l'emporte-pièce,* avec une franchise brutale. *Un mot à l'emporte-pièce,* mordant, acerbe. – De *emporter,* et *pièce.*

emporter [ɑ̃pɔʀte] v. tr. [1] **1.** Prendre avec soi et porter ailleurs. *Emportez vos livres.* – Fig. *Emporter un agréable souvenir.* ▷ Loc. *Il ne l'emportera pas en paradis:* je me vengerai tôt ou tard. **2.** Pousser, entraîner. *Un nageur emporté par le courant.* – Fig. *L'ardeur qui nous emporte.* **3.** Enlever avec violence, arracher. *Un obus lui a emporté la jambe.* – Par ext. *La maladie l'a emporté très vite,* l'a fait mourir en peu de temps. **4.** Obtenir par un effort. *Emporter une position, une affaire. Emporter le morceau:* gagner, réussir. **5.** *L'emporter sur:* avoir la supériorité, prévaloir sur. *L'amour l'emporte souvent sur la raison.* **6.** v. pron. S'abandonner à la colère. *S'emporter contre qqn.* – De *en-,* et *porter.*

empoté, ée [ɑ̃pɔte] adj. (et n.) Fam. Peu dégourdi. – De *en-,* et a. fr. ou dial. *pot,* «engourdi, gros».

empoter [ɑ̃pɔte] v. tr. [1] Planter (un végétal) dans un pot. Ant. dépoter. – De *en-,* et *pot.*

empourprer [ɑ̃puʀpʀe] v. tr. [1] Colorer de pourpre, de rouge. *Le soleil couchant empourpre l'horizon.* ▷ V. pron. *Son visage s'empourpra.* – De *en-,* et *pourpre.*

empoussiérer [ɑ̃pusjeʀe] v. tr. [1] Couvrir de poussière. – De *en-,* et *poussière.*

empreindre [ɑ̃pʀɛ̃dʀ] v. tr. [73] (Rare à l'actif.) **1.** Imprimer en creux ou en relief par pression sur une surface. *Un sceau empreint sur de la cire.* **2.** Fig. Marquer de certains traits de caractère. *Son visage est empreint de douceur. Un ton empreint d'autorité.* – Lat. pop. **impremere,* class. *imprimere.*

empreinte [ɑ̃pʀɛ̃t] n. f. **1.** Marque de ce qui est empreint. *Empreinte de pas.* ▷ Pl. *Empreintes digitales :* traces laissées sur un objet par les sillons de la peau des doigts. ▷ PALEONT Figures de plantes, d'animaux empreintes sur certaines pierres. **2.** Fig. Marque, trace caractéristique. *L'empreinte de l'éducation.* – Pp. fém. subst. de *empreindre.*

empressé, ée [ɑ̃pʀese] adj. Zélé, ardent. *Un soupirant empressé.* – Pp. de *empresser.*

empressement [ɑ̃pʀɛsmɑ̃] n. m. **1.** Sollicitude, prévenance. *Accueillir qqn avec empressement.* **2.** Hâte, diligence. *Faire un travail avec empressement.* – De *empresser.*

empresser (s') [ɑ̃pʀese] v. pron. [11] **1.** *S'empresser de:* se hâter de. *S'empresser de partir.* **2.** Montrer du zèle, de la prévenance. *S'empresser auprès de ses invités.* – De *en-,* et *presser.*

emprésurer [ɑ̃pʀezyʀe] v. tr. [1] Additionner de présure. *Emprésurer le lait pour qu'il caille.* – De *en-,* et *présure.*

emprise [ɑ̃pʀiz] n. f. Domination morale, intellectuelle, influence. *L'emprise de la presse sur l'opinion.* – Pp. subst. de l'anc. v. *emprendre,* «entreprendre», du lat. pop. **imprehendere,* class. *prehendere,* «prendre».

emprisonnement [ɑ̃pʀizɔnmɑ̃] n. m. **1.** Action de mettre en prison; état d'une personne emprisonnée. **2.** Peine de prison. – De *emprisonner.*

emprisonner [ɑ̃pʀizɔne] v. tr. [1] **1.** Mettre en prison. *Emprisonner un criminel.* **2.** *Par ext.* Tenir comme enfermé. *La tempête nous emprisonne dans l'île.* ▷ Fig. *Il est emprisonné dans son mensonge.* – De *en-,* et *prison.*

emprunt [ɑ̃pʀœ̃(ɛ̃)] n. m. **1.** Action d'emprunter (*spécial.* de l'argent); chose ou somme empruntée. ▷ FIN Somme d'argent prêtée à une personne morale ou physique par une autre personne pour lui permettre de procéder à une dépense sans avoir à en régler immédiatement le montant. **2.** Action de prendre à un auteur, à un artiste, un élément de son œuvre, pour l'inclure dans la sienne; cet élément. ▷ LING Intégration dans une langue d'un mot étranger; ce mot. **3.** TRAV PUBL Excavation faite pour se procurer des matériaux destinés à faire un remblai. **4.** loc. adj. *D'emprunt:* que l'on ne possède pas en propre. *Un nom d'emprunt:* un faux nom. – Déverbal de *emprunter.*

emprunté, ée [ɑ̃pʀœ̃(ɛ̃)te] adj. **1.** Qui manque de naturel, d'aisance. *Un air emprunté.* **2.** Qui n'appartient pas en propre à qqn. *Un nom emprunté.* – Pp. de *emprunter.*

emprunter [ɑ̃pʀœ̃(ɛ̃)te] v. tr. [1] **1.** Se faire prêter. *Emprunter des livres, de l'argent.* **2.** Fig. Prendre, s'approprier. *Corneille a emprunté le sujet d'«Horace» à Tite-Live. Emprunter un mot au grec.* **3.** Imiter. *Emprunter la voix de qqn.* – Fig. *Emprunter les apparences de la vérité.* **4.** Prendre (un chemin). *Emprunter un nouvel itinéraire.* **5.** Utiliser (un moyen de locomotion). *Emprunter sa voiture pour se déplacer.* – D'une forme pop. du bas lat. *impromutuare,* lat. jur. *promutuum,* «avance d'argent», class. *mutuum.*

emprunteur, euse [ɑ̃pʀœ̃(ɛ̃)tœʀ, øz] n. Personne qui emprunte. – De *emprunter.*

empuantir [ɑ̃pyɑ̃tiʀ] v. tr. [2] Infecter d'une mauvaise odeur. *Cet égout empuantit le quartier.* – De *en-,* et *puant.*

empuse [ɑ̃pyz] n. f. **1.** ZOOL Mante verdâtre (*Empusa egena*) qui peut atteindre 60 mm de long et dont la larve est nommée *diablotin.* **2.** BOT Moisissure parasite de divers insectes (notam. des mouches). – Lat. zool. *empusa,* du gr. *empousa,* «espèce de monstre femelle».

empyème [ɑ̃pjɛm] n. m. MED Collection purulente située dans une cavité naturelle. ▷ *Spécial.* Pleurésie purulente. – Gr. *empuêma,* de *puon,* «pus».

empyrée [ɑ̃piʀe] n. m. MYTH Sphère céleste la plus éloignée de la Terre, séjour des divinités supérieures. – *Par ext.,* litt. Séjour des bienheureux. ▷ Fig. Ciel, paradis. – Lat. ecclés. *empyrius,* gr. *empur(i)os,* «en feu».

empyreumatique [ɑ̃piʀømatik] adj. Qui tient de l'empyreume. *Goût empyreumatique.* – De *empyreume.*

empyreume [ɑ̃piʀøm] n. m. CHIM ANC Odeur ou saveur désagréable se dégageant de certaines substances végétales ou animales soumises à la distillation ou à l'action du feu. – Gr. *empureuma,* de *pûr,* «feu».

ému, ue [emy] adj. **1.** Qui est sous l'emprise d'une émotion. *Il fut ému à ce spectacle.* **2.** Qui s'accompagne d'émotion, qui marque l'émotion. *Un souvenir ému.* – Pp. de *émouvoir.*

émulation [emylasjɔ̃] n. f. Sentiment qui pousse à égaler ou à surpasser qqn en mérite, en travail, en savoir. *Une saine émulation régnait au sein de cette équipe.* – Lat. *aemulatio.*

émule [emyl] n. Litt. Personne qui cherche à en égaler ou à en surpasser une autre sur le plan de certaines qualités. *Être l'émule d'un grand maître.* – Lat. *æmulus,* «rival».

émulseur [emylsœʀ] n. m. TECH Appareil servant à préparer les émulsions. – De *émulsion.*

émulsif, ive [emylsif, iv] adj. PHARM Qui peut fournir de l'huile. – De *émulsion.*

émulsifiant, iante [emylsifjɑ̃, jɑ̃t] adj. et n. m. **1.** adj. TECH Qui stabilise une émulsion. **2.** n. m. CHIM Produit tensio-actif qui stabilise une émulsion en enrobant d'un film les gouttelettes en suspension. – De *émulsion.*

émulsion [emylsjɔ̃] n. f. Dispersion d'un liquide au sein d'un autre avec lequel il n'est pas miscible. *Une émulsion stable, instable. Une émulsion naturelle* (lait), *artificielle* (pommade). *L'émulsion de bitume dans de l'eau est utilisée pour les revêtements routiers.* ▷ Préparation, à base de gélatine et, généralement, d'un sel d'argent photosensible, utilisée en photographie. – Lat. *emulsum,* supin de *emulgere,* «traire».

émulsionner [emylsjɔne] v. tr. [1] **1.** PHARM Mêler une émulsion à (une boisson). **2.** Mettre en émulsion. – De *émulsion.*

1. en [ɑ̃] prép. **I.** Marquant: **1.** Le lieu. *Vivre en Gaspésie. Aller en Allemagne.* **2.** Le temps. *En hiver, en plein jour.* ▷ La durée. *Il a fait ce travail en dix jours.* **3.** Le cheminement, la progression, la répétition, l'intervalle *(de... en...). De temps en temps. De kilomètre en kilomètre.* **4.** L'état, la manière d'être. *Un arbre en fleur. Un terrain en jachère. Un pays en guerre.* ▷ La matière. *Une montre en or.* ▷ La forme. *Un escalier en colimaçon.* **5.** Le domaine, la spécialité, le point de vue. *Docteur en médecine. Idée fondamentale en droit canadien.* **6.** Le changement d'état, la mutation, la transformation. *Transmuer en or les métaux vils.* ▷ Le mode de division. *Ils se séparèrent en plusieurs groupes.* **7.** La manière dont se fait l'action. *S'épuiser en vains efforts.* ▷ (Introduisant un nom attribut.) *Se conduire en potentat. Offrir un cadeau en prime.* **II.** Fam. ou vulg. (selon le subst. qu'il introduit) Servant à exprimer un superlatif après un adj. ou un verbe. *Fatigué en étoile. Il travaille en maudit.* ▷ Servant à exprimer l'irritation ou la colère (dans la tournure *être, se mettre,* etc., *en* + subst.). *Être en diable. Être en maudit. Venir en beau fusil.* (V. encycl.) **III.** Dans la construction *en* + part. prés. (gérondif), exprimant la cause, la simultanéité, la manière. *En tombant, il s'est démis le pied. Elle travaille en chantant. Partir en courant.* **IV.** En loc. **1.** Loc. prép. *En cas de. En dépit de. En face de. En vue de. En qualité de. En comparaison de.* **2.** Loc. conj. *En sorte que. En tant que.* **3.** Loc. adv. *En arrière. En avant. En hâte. En vain.* – Lat. *in.*

ENCYCL La genèse de l'emploi de la prép. *en* + subst. pour exprimer un superlatif est à chercher dans la valeur comparative que cette préposition peut prendre depuis l'ancien français. Le grammairien Oudin, observateur de la langue de la cour au XVIIe siècle, atteste les tournures comparatives *en lion, en renard* au sens de «comme un lion», «comme un renard». Cette valeur comparative est encore sensible dans de nombreuses expressions où *en* pourrait être remplacé par *comme* ou par *à la manière de* (par ex. dans *agir en camarade, mourir en lâche*), notamment dans des expressions propres au français du Québec (par ex. dans *s'asseoir en sauvage, commencer en lion, finir en mouton,* etc.).

C'est dans des tournures du type adj. (ou verbe) + *en* + subst. que le français du Québec fait réellement preuve d'originalité, par ex. dans *être fort en démon, courir en bonjour;* dans ces cas, en effet, la valeur comparative du procédé a fait place à une valeur purement superlative. Celle-ci s'est dégagée naturellement à partir d'énoncés dans lesquels la comparaison était encore réelle mais avait déjà une fonction superlative, par ex. dans *sale en verrat, fort en cheval.* La valeur comparative du procédé s'étant estompée, il devenait possible de remplacer le mot introduit par *en* par un autre mot pouvant présenter un sens très différent puisque le tour équivalait désormais à *extrêmement, énormément,* etc.; d'où des énoncés du type: *être gentil en maudit, être fort en bibite, se lamenter en vlimeux,* etc.

La recherche d'une plus grande expression de l'intensité peut conduire le tour *en* + subst. jusqu'à la frontière de l'indicible. On exploite alors les insultes et les grossièretés (*il est laid en enfant de chienne*), les interdits ou sacres (*elle mange en ciboire*). Dans le cas de ces derniers, la valeur expressive est d'autant plus forte que le sacre est moins atténué dans sa formulation (cp. *en baptême* et *en batince, en câlice* et *en câline, en christ* et *en crime, en maudit* et *en saudit*) et que la situation où l'on énonce ce type de superlatif exige un respect plus strict de l'étiquette.

Pour ce qui est de l'expression *être en maudit* (ou variantes plus ou moins fortes) au sens de «être en colère», il faut noter que, dans ce cas, le tour *en* + subst. rend, en plus de sa valeur superlative, un contenu sémantique. Cette expression résulte de la rencontre de *être en colère,* qui fournit le moule syntaxique et le contenu sémantique, et du tour *en* + subst., qui ajoute une dimension émotive et superlative.

2. en [ɑ̃] pron. adverbial. **I.** Marquant la provenance, l'origine, l'extraction. *J'en viens. Il s'en sortira.* **II.** **1.** Représentant une chose ou un animal, une idée ou un énoncé. *Cette affaire est délicate, le succès en est douteux. Cette idée lui plaît, il en parle sans cesse. Soyez-en convaincu. N'en doutez pas.* **2.** Représentant une personne (avec des adj. numéraux ou des adv. de quantité). *Vous parlez de mes fils, mais je n'en ai qu'un.* **III.** Dans certains gallicismes. *Ne pas s'en faire. Savoir où l'on en est. C'en est fait. Quoi qu'il en soit. En être pour ses frais.* – Lat. *inde.*

en- ou **em-** (devant p, b, m). Éléments, du lat. *in-* et *im-,* de *in,* «dans», servant à la formation de verbes composés, avec le radical substantif qu'ils précèdent (ex.: *enterrer, emprisonner, encadrer).*

enamourer (s') [ɑ̃namuʀe] ou **énamourer (s')** [enamuʀe] v. pr. [11] Litt. Tomber amoureux. *Elle s'est enamourée de lui.* – Pp. *Un air enamouré,* amoureux. – De *en-,* et *amour.*

énanthème [enɑ̃tɛm] n. m. MED Éruption siégeant sur les muqueuses. – De *exanthème,* par substitution du préf. gr. *en,* «dans».

énantiomère [enɑ̃tjɔmɛʀ] n. m. CHIM Syn. de *énantiomorphe.* – Du gr. *enantios,* «opposé», et *-mère.*

énantiomorphe [enɑ̃tjɔmɔʀf] adj. CHIM Qualifie deux composés dont les molécules sont identiques mais non superposables, les unes étant comme les images des autres dans un miroir. – Du gr. *enantios,* «opposé», et *-morphe.*

énantiose [enɑ̃tjoz] n. f. PHILO Chacune des dix oppositions fondamentales, chez les pythagoriciens (le bien et le mal, l'un et le multiple, etc.). – Gr. *enantiôsis,* «opposition».

E.N.A.P. [enap] n. f. Acronyme pour *École nationale d'administration publique* (Québec).

énarque [enaʀk] n. En France, élève, ancien élève de l'École nationale d'administration. – De *ENA,* acronyme de l'école, et *-arque.*

énarthrose [enaʀtʀoz] n. f. ANAT Articulation dont les deux surfaces sont des segments de sphère, l'un convexe, l'autre concave. – Gr. *enarthrôsis.*

encabaner [ɑ̃kabane] v. tr. [1] TECH Placer (les vers à soie) sur des claies garnies de branches de mûrier et de bruyère pour favoriser la formation des cocons. – Provenç. *encabana*, de *cabano*, «cabane».

encablure [ɑ̃kablyʀ] n. f. MAR Ancienne mesure de longueur valant environ 180 m, utilisée pour estimer les petites distances. – De *en-*, et *câble*.

encadrement [ɑ̃kadʀəmɑ̃] n. m. **1.** Action d'entourer d'un cadre; son résultat. *L'encadrement convient bien à ce sujet.* **2.** ARCHI Ornement en saillie qui entoure certains éléments (baie, panneaux). *Apparaître dans l'encadrement d'une porte.* **3.** MILIT *Tir d'encadrement*, de réglage. **4.** FIN *Encadrement du crédit :* sa limitation (par les pouvoirs publics). **5.** Ensemble des cadres (dans l'armée, dans une entreprise, une collectivité). – De *encadrer.*

encadrer [ɑ̃kadʀe] v. tr. [1] **1.** Placer dans un cadre. *Faire encadrer un pastel. Encadrer ses diplômes.* ▷ Iron., fam. *À encadrer:* grotesque, ridicule. *C'est une déclaration à encadrer.* ▷ Pop. *Ne pas pouvoir encadrer une personne,* ne pas pouvoir la supporter. Syn. encaisser. **2.** Entourer à la manière d'un cadre. *Ses tresses encadraient son visage.* ▷ MATH Placer entre deux valeurs limites. ▷ MILIT *Encadrer un objectif,* régler sur lui un tir d'artillerie. **3.** Mettre sous la responsabilité de cadres. *Encadrer les nouveaux employés.* ▷ Par ext. *Une formation politique bien encadrée.* – De *en-*, et *cadre.*

encadreur, euse [ɑ̃kadʀœʀ, øz] n. Spécialiste de l'encadrement des tableaux, gravures, etc. – De *encadrer.*

encagement [ɑ̃kaʒmɑ̃] n. m. **1.** Rare **2.** MILIT Tir d'encagement, qui isole l'objectif. Action d'encager. – De *encager.*

encager [ɑ̃kaʒe] v. tr. [15] Mettre en cage (un animal). ▷ Fig., fam. Emprisonner. – De *en-*, et *cage.*

encaissable [ɑ̃kɛsabl] adj. Qui peut être encaissé. *Une somme immédiatement encaissable.* – De *encaisser.*

encaissage [ɑ̃kɛsaʒ] n. m. Rare Mise en caisse. *Encaissage d'une plante.* – De *encaisser.*

encaisse [ɑ̃kɛs] n. f. FIN Somme disponible qui se trouve dans la caisse d'un établissement financier ou commercial. *Encaisse métallique:* valeurs disponibles en métaux précieux. – Déverbal de *encaisser.*

encaissé, ée [ɑ̃kese] adj. Resserré entre des bords élevés et escarpés. *Fleuve encaissé. Route encaissée.* – Pp. de *encaisser.*

encaissement [ɑ̃kɛsmɑ̃] n. m. **1.** Rare Mise en caisse, emballage. **2.** État de ce qui est encaissé. *L'encaissement d'une vallée.* ▷ TRAV PUBL Tranchée. **3.** FIN Action de recevoir de l'argent et de le mettre en caisse. – *Par ext.* Paiement effectif du montant d'un chèque, d'une traite. *Mettre un chèque à l'encaissement.* Syn. recouvrement. – De *encaisser.*

encaisser [ɑ̃kese] v. tr. [1] **1.** Rare Mettre dans une caisse. *Encaisser une plante.* **2.** Toucher (de l'argent) en paiement. *Encaisser le montant d'une facture.* **3.** Fig., fam. Recevoir (un, des coups). *Il a encaissé un direct du droit.* ▷ (S. comp.) *Boxeur qui encaisse bien.* ▷ *Par ext.* Supporter sans protester. *Il a mal encaissé cette humiliation.* ▷ *Ne pas pouvoir encaisser qqn,* ne pas pouvoir le supporter. **4.** Resserrer entre deux versants abrupts. – Pron. *La vallée s'encaisse entre deux parois rocheuses.* – De *en-*, et *caisse.*

encaisseur [ɑ̃kɛsœʀ] n. m. Personne qui encaisse de l'argent. ▷ Employé qui effectue des recouvrements à domicile. – De *encaisser.*

encalminé, ée [ɑ̃kalmine] adj. MAR Se dit d'un voilier immobilisé par manque de vent. – De *en-*, et *calme.*

encan (à l') [alɑ̃kɑ̃] loc. adv. Aux enchères publiques. *Mettre, vendre des meubles à l'encan.* ▷ Fig., péjor. *Mettre à l'encan:* livrer de façon honteuse au plus offrant. *Mettre sa conscience à l'encan.* – Du lat. médiév. *inquantum,* du lat. *in quantum,* «pour combien».

encanaillement [ɑ̃kanajmɑ̃] n. m. Fait de s'encanailler. – De *encanailler.*

encanailler (s') [ɑ̃kanaje] v. pron. [11] Fréquenter ou imiter des gens vulgaires aux mœurs relâchées. *Bourgeois qui cherche à s'encanailler.* – De *en-*, et *canaille.*

encapuchonner [ɑ̃kapyʃɔne] **1.** v. tr. [1] Couvrir d'un capuchon. **2.** v. pron. Se couvrir la tête d'un capuchon. – De *en-*, et *capuchon.*

encaquer [ɑ̃kake] v. tr. [1] **1.** TECH Mettre dans une caque. *Encaquer des harengs.* **2.** Fam., vx Entasser (des personnes) dans un local, une voiture, etc. ▷ V. pron. S'entasser. – De *en-*, et *caque.*

encart [ɑ̃kaʀ] n. m. Feuillet mobile ou cahier tiré à part que l'on insère dans un ouvrage imprimé. *Un encart publicitaire.* – Déverbal de *encarter.*

encartage [ɑ̃kaʀtaʒ] n. m. Action d'encarter; résultat de cette action. – De *encarter.*

encarter [ɑ̃kaʀte] v. tr. [1] **1.** Insérer (un encart) entre les feuillets d'un ouvrage imprimé. **2.** TECH Fixer sur un carton des articles pour la vente. *Encarter des agrafes, des boutons.* – Ital. *incartere,* de *carta,* «feuillet d'un livre»; de *en-*, et *carte.*

encarteuse [ɑ̃kaʀtøz] n. f. TECH Machine servant à fixer des objets sur des cartons. *Une encarteuse d'agrafes.* – De *encarter.*

en-cas ou **encas** [ɑ̃ka] n. m. inv. **1.** Vx Ce qui est tenu prêt à servir en cas de besoin. **2.** Repas sommaire tenu prêt en cas de besoin. – Substantivation de *en cas (de besoin, d'imprévu).*

encaserner [ɑ̃kazɛʀne] v. tr. [1] Mettre dans une caserne. – Fig. Soumettre à une discipline très stricte. – De *en-*, et *caserne.*

encasteler (s') [ɑ̃kastəle] v. pron. [22] MED VET Être atteint d'encastelure, en parlant d'un cheval. – De l'ital. *incastellare,* «fortifier», du lat. *castellum,* «château».

encastelure [ɑ̃kastəlyʀ] n. f. MED VET Rétrécissement pathologique de l'arrière des sabots, accompagné d'un resserrement de la fourchette, chez le cheval. – De *encasteler.*

encastrable [ɑ̃kastʀabl] adj. (et n. m.) Qui peut être encastré. *Un lave-vaisselle encastrable.* – N. m. *Un encastrable:* meuble, appareil qui peut être encastré. – De *encastrer.*

encastrement [ɑ̃kastʀəmɑ̃] n. m. Action d'encastrer; son résultat. ▷ TECH Cavité, creux destiné à recevoir une pièce encastrée. – De *encastrer.*

encastrer [ɑ̃kastʀe] v. tr. [1] Insérer, ajuster dans un espace spécialement ménagé, creusé. *Encastrer un coffre-fort.* ▷ V. pron. *Un lit qui se replie et s'encastre dans un placard.* – Ital. *incastrare.*

encaustique [ɑ̃kɔstik] n. f. **1.** ANTIQ Peinture composée de couleurs délayées dans de la cire fondue. **2.** Produit à base de cire et d'essence, utilisé pour entretenir et faire briller les parquets, les meubles. – Lat. *encaustica,* du gr. *enkaiein,* «faire brûler dans; peindre à la cire fondue».

encaustiquer [ɑ̃kɔstike] v. tr. [1] Étendre de l'encaustique sur. – De *encaustique.*

encavement [ɑ̃kavmɑ̃] n. m. Action d'encaver. – De *encaver.*

encaver [ɑ̃kave] v. tr. [1] Mettre en cave (des vins, des alcools). – De *en-*, et *cave*.

enceindre [ɑ̃sɛ̃dʀ] v. tr. [73] Rare Entourer d'une enceinte. *Enceindre une ville de murailles.* – Lat. *incingere.*

1. enceinte [ɑ̃sɛ̃t] n. f. **1.** Ce qui entoure, enclôt un espace et le protège. *Une enceinte de murailles. Mur d'enceinte d'une ville fortifiée.* **2.** Espace clos, dont l'accès est protégé. *L'enceinte d'un tribunal.* ▷ PHYS NUCL *Enceinte de confinement:* bâtiment fermé entourant un réacteur nucléaire pour empêcher la dispersion des matières radioactives en cas d'accident. **3.** *Enceinte acoustique:* ensemble composé d'une boîte rigide et de haut-parleurs disposés sur une ou plusieurs faces. *Les enceintes asservies améliorent la restitution des sons.* – De *enceindre.*

2. enceinte [ɑ̃sɛ̃t] adj. f. *Femme enceinte,* en état de grossesse. *Être enceinte de six mois.* – Du bas lat. *incincta,* de *incingere,* «ceinturer».

encens [ɑ̃sɑ̃] n. m. **1.** Substance résineuse qui dégage un parfum pénétrant quand on la fait brûler. *Encens indien, encens d'Arabie ou d'Afrique. L'encens est utilisé dans les cérémonies religieuses. Faire brûler des bâtons d'encens.* **2.** Fig. Louanges excessives, flatteries, marques d'admiration. – Lat. ecclés. *incensum,* propr. «ce qui est brûlé».

encensement [ɑ̃sɑ̃smɑ̃] n. m. Action d'encenser. – De *encenser.*

encenser [ɑ̃sɑ̃se] v. tr. [1] **1.** Honorer en balançant l'encensoir, en faisant brûler de l'encens. *Encenser l'autel. Encenser l'évêque.* **2.** (S. comp.) *Cheval qui encense,* qui bouge sa tête de haut en bas. **3.** Fig. Flatter, rendre des hommages excessifs à. *Encenser qqn, les qualités de qqn.* – De *encens.*

encenseur, euse [ɑ̃sɑ̃sœʀ, øz] n. **1.** Rare Personne qui encense (sens 1). **2.** Vx Flatteur. – De *encenser.*

encensoir [ɑ̃sɑ̃swaʀ] n. m. Cassolette suspendue à de petites chaînes dans laquelle on brûle l'encens, et dont on se sert pour encenser. ▷ Fig., fam. *Donner des coups d'encensoir:* flatter de manière excessive. – De *encenser.*

encépagement [ɑ̃sepaʒmɑ̃] n. m. VITIC Ensemble des cépages formant un vignoble. – De *en-*, et *cépage.*

encéphalalgie [ɑ̃sefalalʒi] n. f. MED Migraine, céphalée. – De *encéphale,* et *-algie.*

encéphale [ɑ̃sefal] n. m. ANAT Masse nerveuse contenue dans la boîte crânienne, ensemble du cerveau et de ses annexes. – Gr. *egkephalos,* «(ce) qui est dans la tête».

encéphalique [ɑ̃sefalik] adj. ANAT De l'encéphale. – De *encéphale.*

encéphalite [ɑ̃sefalit] n. f. MED Inflammation plus ou moins étendue de l'encéphale, qui se manifeste par des symptômes multiples (troubles de la conscience, paralysies, crises convulsives, etc.), d'origine infectieuse, toxique, dégénérative, etc. *Maladie de von Economo, ou encéphalite léthargique. Encéphalite traumatique.* – De *encéphale,* et *-ite* 1.

encéphalocèle [ɑ̃sefalɔsɛl] n. f. MED Ectopie, à la face externe du crâne, d'une partie du cerveau ou de ses annexes, généralement congénitale. – De *encéphale,* et *-cèle.*

encéphalographie [ɑ̃sefalɔgʀafi] n. f. MED Examen de l'encéphale par radiographie. ▷ *Encéphalographie gazeuse :* encéphalographie des ventricules et des espaces périventriculaires après injection d'air après ponction lombaire ou sous-occipitale. – De *encéphale,* et *-graphie.*

encéphaloïde [ɑ̃sefalɔid] adj. MED *Tumeur encéphaloïde,* qui a l'aspect et la consistance de l'encéphale. – De *encéphale,* et *-oïde.*

encéphalomyélite [ɑ̃sefalomjelit] n. f. MED Inflammation généralisée du système nerveux central, le plus souvent d'origine virale. – De *encéphale,* et *myélite.*

encéphalopathie [ɑ̃sefalɔpati] n. f. MED Terme générique recouvrant les affections encéphaliques diffuses généralement d'origine toxique ou métabolique et qui se manifestent par la confusion mentale, le coma ou des crises comitiales. *Encéphalopathie infantile. Encéphalopathie alcoolique.* – Du préc.

encerclement [ɑ̃sɛʀkləmɑ̃] n. m. Action d'encercler; fait d'être encerclé. – De *encercler.*

encercler [ɑ̃sɛʀkle] v. tr. [1] **1.** Entourer d'une ligne en forme de cercle. *Au tableau, le professeur avait encerclé, à la craie, chaque mot nouveau.* **2.** Entourer de toutes parts, cerner. *Un cordon de policiers encerclait la maison.* – De *en-*, et *cercler.*

enchaînement [ɑ̃ʃɛnmɑ̃] n. m. Suite, ensemble de choses qui s'enchaînent, qui dépendent les unes des autres. *Un enchaînement de circonstances.* ▷ MUS Succession de deux accords selon les règles de l'harmonie. ▷ CHOREGR Suite de pas formant un tout complet. – De *enchaîner.*

enchaîner [ɑ̃ʃene] **I.** v. tr. [1] **1.** Attacher avec une chaîne. *Enchaîner un animal dangereux.* **2.** Fig. Asservir, soumettre. *Enchaîner un peuple.* **3.** Fig., litt. Lier, retenir (par une obligation morale, par des sentiments, etc.). *Ses souvenirs l'enchaînent à cette maison. Être enchaîné par une promesse.* **II. 1.** v. tr. Lier, coordonner, mettre en mutuelle dépendance. *Enchaîner des preuves.* ▷ V. pron. *Propositions de géométrie qui s'enchaînent.* **2.** v. intr. THEAT Reprendre, après s'être arrêté, la suite des répliques. ▷ CINE Lier la dernière image d'une séquence à la première de la suivante. – Pp. *Fondu enchaîné.* V. fondu. ▷ Cour. Dans la conversation, passer d'un sujet à un autre sans interruption. *Il a parlé des conditions de travail puis il a enchaîné sur les salaires.* – De *en-*, et *chaîne.*

enchanté, ée [ɑ̃ʃɑ̃te] adj. **1.** Soumis à un enchantement. *Forêt enchantée.* **2.** Ravi, heureux. *Il est enchanté de son voyage.* ▷ *Enchanté de vous connaître* (formule de politesse). – Pp. de *enchanter.*

enchantement [ɑ̃ʃɑ̃tmɑ̃] n. m. **1.** Action d'enchanter par un procédé magique; effet ainsi produit. *Rompre, briser un enchantement.* ▷ Loc. *Comme par enchantement :* avec une rapidité, une facilité qui semblent tenir de la magie. ▷ Fig. *Les enchantements de l'amour.* **2.** *Par ext.* État d'une personne qui est enchantée, ravissement profond. *Elle est dans l'enchantement.* **3.** Chose qui ravit, procure un vif plaisir. *Cette fête était un enchantement.* – De *enchanter.*

enchanter [ɑ̃ʃɑ̃te] v. tr. [1] **1.** Ensorceler par des opérations magiques. **2.** Fig. Séduire comme par un charme magique. *Une voix qui enchantait tous ceux qui l'entendaient.* **3.** *Par ext.* Causer un vif plaisir à, ravir. *Cette nouvelle m'enchante.* – Lat. *incantere.*

enchanteur, teresse [ɑ̃ʃɑ̃tœʀ, tʀɛs] n. et adj. **1.** n. Personne qui enchante, magicien. *L'enchanteur Merlin.* ▷ Fig. Personne qui sait charmer, captiver. *Ce poète est un enchanteur.* **2.** adj. Qui enchante, ravit. *La beauté enchanteresse d'un paysage. Regard enchanteur.* – De *enchanter.*

enchâssement [ɑ̃ʃasmɑ̃] n. m. Action d'enchâsser, état de ce qui est enchâssé. – De *enchâsser.*

enchâsser [ɑ̃ʃase] v. tr. [1] **1.** Mettre dans une châsse. *Enchâsser des reliques.* **2.** Fixer sur un support, dans un logement ménagé à cet effet. *Enchâsser une pierre précieuse.* **3.** Fig. Insérer, intercaler. *Enchâsser une citation dans un discours.* – De *en-*, et *châsse.*

enchâssure [ɑ̃ʃasyʀ] n. f. Monture, objet dans lequel une chose est enchâssée. – De *enchâsser.*

enchausser [ɑ̃ʃose] v. tr. [1] HORTIC Couvrir (des légumes) de paille ou de fumier pour les faire blanchir ou les préserver de la gelée. – De *en-*, et *chausser.*

enchemisage [ɑ̃ʃmizaʒ] n. m. Action d'enchemiser. – Enveloppe d'un objet enchemisé. – De *enchemiser.*

enchemiser [ɑ̃ʃmize] v. tr. [1] Revêtir, envelopper d'une chemise protectrice. *Enchemiser un livre.* – De *en-*, et *chemise.*

enchère [ɑ̃ʃɛʀ] n. f. **1.** Offre d'un prix supérieur à la mise à prix ou aux offres déjà faites lors d'une adjudication. *Faire une enchère. Mettre aux enchères. Vente aux enchères volontaire* (consentie par le vendeur), *judiciaire* (par décision de justice). *Folle enchère:* enchère faite témérairement et aux conditions de laquelle l'enchérisseur ne peut satisfaire. **2.** Dans certains jeux de cartes, annonce supérieure à la précédente. *Bridge aux enchères.* – Déverbal de *enchérir.*

enchérir [ɑ̃ʃeʀiʀ] v. intr. [2] **1.** Vx Devenir plus cher. *La viande enchérit.* **2.** *Enchérir sur qqn, sur un prix:* faire une offre supérieure à celle qui vient d'être faite par qqn, au prix proposé. **3.** Fig., litt. *Enchérir sur (qqch) :* surpasser, aller au-delà de (ce qui a déjà été fait, proposé). *Théorie qui enchérit sur les hypothèses les plus audacieuses.* – De *en-*, et *cher.*

enchérissement [ɑ̃ʃeʀismɑ̃] n. m. Vx, rare Hausse de prix. – De *enchérir.*

enchérisseur, euse [ɑ̃ʃeʀisœʀ, øz] n. Personne qui fait une enchère. – De *enchérir.*

enchevaucher [ɑ̃ʃ(ə)voʃe] v. tr. [1] CONSTR Joindre (des bardeaux, des ardoises, etc.) par recouvrement. – De *en-*, et *chevaucher.*

enchevêtrement [ɑ̃ʃ(ə)vɛtʀəmɑ̃] n. m. **1.** Action d'enchevêtrer; état de ce qui est enchevêtré. **2.** Ensemble, amas de choses enchevêtrées. **3.** Fig. Confusion, complication. *L'enchevêtrement d'un raisonnement sans rigueur.* – De *enchevêtrer.*

enchevêtrer [ɑ̃ʃ(ə)vetʀe] **I.** v. tr. [1] **1.** Vx Mettre un licou à (un cheval). **2.** CONSTR Unir (des solives) par un chevêtre. **3.** Cour. Embrouiller, emmêler (une chose avec une autre, les différentes parties d'une chose). *Enchevêtrer des fils de plusieurs couleurs.* ▷ Fig. *Des affaires étroitement enchevêtrées.* **II.** v. pron. **1.** *Cheval qui s'enchevêtre,* qui se prend le paturon dans la longe de son licou. **2.** S'emmêler, s'embrouiller (choses). ▷ Fig. *Idées, phrases qui s'enchevêtrent.* **3.** S'embrouiller, s'empêtrer (personnes). – De *en-*, et *chevêtre.*

enchevêtrure [ɑ̃ʃ(ə)vetʀyʀ] n. f. **1.** CONSTR Assemblage de solives ménageant un vide à travers un plancher. **2.** MED VET Blessure au pli du paturon que se fait un cheval en s'enchevêtrant. – De *enchevêtrer.*

enchifrené, ée [ɑ̃ʃifʀəne] adj. Qui a les fosses nasales embarrassées par un rhume de cerveau. – De *en-*, et de l'a. fr. *chief,* «tête».

enclave [ɑ̃klav] n. f. **1.** Terrain entouré par une autre propriété, qui n'a aucune issue sur la voie publique, ou seulement une issue insuffisante pour permettre son exploitation. **2.** *Par ext.* Territoire enfermé dans un autre. *La Cité du Vatican est une enclave dans la ville de Rome.* **3.** GEOL Roche contenue à l'intérieur d'une autre roche et ayant une composition différente. – Déverbal de *enclaver.*

enclavement [ɑ̃klavmɑ̃] n. m. Action d'enclaver; état d'une terre, d'un territoire enclavé. – De *enclaver.*

enclaver [ɑ̃klave] v. tr. [1] **1.** Enclore, entourer comme enclave. **2.** Engager, insérer (une chose, un élément dans un autre, entre deux autres). – Lat. pop. **inclavere,* «fermer avec une clef».

enclenche [ɑ̃klɑ̃ʃ] n. f. TECH Évidement pratiqué dans une pièce mobile, servant à entraîner une autre pièce munie d'un ergot. – Déverbal de *enclencher.*

enclenchement [ɑ̃klɑ̃ʃmɑ̃] n. m. **1.** Action d'enclencher; état d'une pièce enclenchée. **2.** TECH Organe mobile rendant deux pièces solidaires. – De *enclencher.*

enclencher [ɑ̃klɑ̃ʃe] v. tr. [1] TECH Mettre en marche (un mécanisme) en rendant solidaires deux pièces par enclenchement. ▷ Fig. *L'affaire est enclenchée,* engagée, mise en train. – De *en-*, et *clenche.*

enclin, ine [ɑ̃klɛ̃, in] adj. *Enclin à:* qui a un penchant prononcé pour. *Être enclin à la paresse.* – Déverbal de l'anc. v. *encliner,* «saluer qqn en s'inclinant», du lat. *inclinare.*

encliquetage [ɑ̃kliktaʒ] n. m. TECH Mécanisme destiné à empêcher une pièce de tourner dans le sens inverse de la rotation normale. – De *encliqueter.*

encliqueter [ɑ̃klikte] v. tr. [23] TECH Faire fonctionner un encliquetage. – De *en-*, et *cliquet.*

enclitique [ɑ̃klitik] n. m. LING Mot atone qui a la propriété de prendre appui sur un mot précédent, porteur de ton, et qui s'unit avec lui dans la prononciation. (Ex.: *ce* dans *est-ce, je* dans *puis-je*). – Bas lat. d'orig. gr. *encliticus.*

enclore [ɑ̃klɔʀ] v. tr. [57] **1.** Entourer de murs, de fossés, de haies, etc. *Enclore un champ.* **2.** Former une clôture autour de. *Petites haies qui enclosent le jardin.* – Du lat. pop. **inclaudere,* class. *includere.*

enclos [ɑ̃klo] n. m. **1.** Terrain entouré d'une clôture. ▷ Petit domaine entouré de murs. **2.** *Par ext.* Ce qui clôt un terrain. – Pp. subst. de *enclore.*

enclosure [ɑ̃klozyʀ] n. f. HIST Pratique qui se répandit au XVIIIe s. en Angleterre, et qui consistait à clôturer les champs et pâturages jadis ouverts. (Cet usage entraîna la disparition des vieilles pratiques communautaires et appauvrit les paysans au profit des éleveurs de moutons.) – Mot angl., «clôture».

enclouage [ɑ̃kluaʒ] n. m. **1.** Action d'enclouer. **2.** CHIR Procédé consistant en l'emploi de clous ou de prothèses en forme de clous pour maintenir en bonne position les fragments d'un os fracturé. – De *enclouer.*

enclouer [ɑ̃klue] v. tr. [1] **1.** Blesser avec un clou (une bête, en la ferrant). **2.** TECH ANC Démilitariser (une arme) en plaçant une tige dans la lumière du canon. **3.** CHIR Maintenir par enclouage les fragments d'un os fracturé. – De *en-*, et *clou.*

enclouure [ɑ̃kluyʀ] n. f. MED VET Blessure d'une bête enclouée. – De *enclouer.*

enclume [ɑ̃klym] n. f. **1.** Masse métallique sur laquelle on forge les métaux. ▷ *Par anal.* Pièce de l'outillage (d'un cordonnier, d'un couvreur) qui reçoit le choc lorsqu'on travaille les matériaux au marteau. ▷ Loc. fig. *Remettre un ouvrage sur l'enclume,* y travailler de nouveau pour l'améliorer. *Se trouver entre l'enclume et le marteau:* se trouver pris entre deux personnes, deux partis dont les intérêts sont contraires. **2.** ANAT L'un des osselets de l'oreille moyenne. – Du lat. pop. **includo,* altér. p.-ê. par attract. de *includere,* «enfermer»; bas lat. *incudo, incudinis,* class. *incus, incudis.*

encoche [ɑ̃kɔʃ] n. f. Petite entaille; logement pratiqué dans une pièce pour en recevoir une autre. – Déverbal de *encocher.*

encochement [ɑ̃kɔʃmɑ̃] ou **encochage** [ɑ̃kɔʃaʒ] n. m. Action d'encocher; résultat de cette action. – De *encocher.*

encocher [ɑ̃kɔʃe] v. tr. [1] **1.** Entailler, faire une encoche à. **2.** Par ext. *Encocher une flèche:* ajuster la coche de la flèche sur la corde de l'arc. – De *en-*, et *coche* 3.

encoignure [ɑ̃kwa(ɔ)ɲyʀ] n. f. **1.** Angle rentrant formé par la jonction de deux pans de mur. **2.** Petit meuble destiné à être placé dans un coin, un angle. – De l'anc. v. *encoigner*, «mettre dans un coin»; de *en-*, et *coin*.

encollage [ɑ̃kɔlaʒ] n. m. **1.** Action d'encoller; résultat de cette action. **2.** *Par ext.* Apprêt ou enduit pour encoller. – De *encoller*.

encoller [ɑ̃kɔle] v. tr. [1] Enduire (des tissus, du papier, etc.) de colle, d'apprêt, ou de gomme. *Encoller le dos d'un livre que l'on broche.* – De *en-*, et *coller*.

encolleur, euse [ɑ̃kɔlœʀ, øz] n. **1.** Personne qui effectue des encollages. **2.** n. f. Machine servant à encoller. – De *encoller*.

encolure [ɑ̃kɔlyʀ] n. f. **1.** Cou du cheval et de certains animaux. – *Par ext.* Longueur du cou du cheval. *Cheval qui a deux encolures d'avance sur les autres.* **2.** Cou d'une personne. *Un gaillard à forte encolure.* **3.** Dimension du tour de cou, du col d'un vêtement (partic. d'une chemise). **4.** Partie du vêtement entourant le cou. *Une robe à l'encolure très dégagée.* – De *en-*, et *col, cou*.

encombrant, ante [ɑ̃kɔ̃bʀɑ̃, ɑ̃t] adj. Qui tient beaucoup de place. *Un meuble encombrant.* ▷ Fig. Gênant, importun. *Un personnage encombrant.* – Ppr. de *encombrer*.

encombre (sans) [sɑ̃zɑ̃kɔ̃bʀ] loc. adv. Sans incident, sans rencontrer d'obstacle. – De *encombrer*.

encombré, ée [ɑ̃kɔ̃bʀe] adj. Que des choses, des personnes encombrent. *Une rue encombrée.* ▷ Fig. *Carrière encombrée*, qui présente peu de débouchés du fait du nombre élevé de candidats. – Pp. de *encombrer*.

encombrement [ɑ̃kɔ̃bʀəmɑ̃] n. m. **1.** Action d'encombrer; état qui en résulte. **2.** Accumulation d'un grand nombre de choses qui encombrent. ▷ *Spécial.* Embouteillage. **3.** Dimensions d'un objet, volume qu'il occupe. *Un meuble d'un faible encombrement.* – De *encombrer*.

encombrer [ɑ̃kɔ̃bʀe] **I.** v. tr. [1] **1.** Embarrasser, obstruer. *Voiture en stationnement qui encombre le trottoir.* **2.** Fig. Gêner, embarrasser en occupant de manière excessive. *Les multiples obligations qui encombrent l'existence.* **II.** v. pron. S'embarrasser. *S'encombrer de bagages.* ▷ Fig. *Ne pas s'encombrer de scrupules.* – De *en-*, et a. fr. et dial. *combre*, bas lat. d'orig. gaul. *combrus*, «abattis d'arbres».

encontre (à l') [alɑ̃kɔ̃tʀ] loc. prép. *À l'encontre de:* dans le sens contraire de, à l'opposé de. *Aller à l'encontre de:* s'opposer à, être contraire à. *Théorie qui va à l'encontre des idées reçues.* – Du lat. pop. *incontra*.

encorbellement [ɑ̃kɔʀbɛlmɑ̃] n. m. ARCHI Construction en saillie du plan vertical d'un mur, soutenue par des consoles, des corbeaux ou un segment de voûte. – De *en-*, et *corbeau* (terme d'archi.).

encorder (s') [ɑ̃kɔʀde] v. pron. [11] SPORT Se relier par une même corde par mesure de sécurité (alpinistes). – De *en-*, et *corde*.

encore ou (poét.) **encor** [ɑ̃kɔʀ] adv. **1.** adv. de temps. Jusqu'à cette heure, jusqu'à ce moment. *Il est encore ici. Il était encore étudiant l'an dernier.* ▷ (Avec une nég.) Pas jusqu'à maintenant, pas jusqu'au moment dont on parle. *Elle n'est pas encore rentrée. Il n'était pas encore marié. Tu ne le connais pas encore.* **2.** (Marquant la répétition). De nouveau, une fois de plus. *C'est encore vous? Il a encore gagné.* **3.** (Marquant l'idée d'une plus grande quantité). *Donne-lui encore à boire! J'en veux encore*, une fois de plus, davantage. *Qu'est-ce qu'il te faut encore?* de plus, en outre. *Non seulement il pleut, mais encore il fait froid.* ▷ (Renforçant un comparatif, un verbe marquant un changement de quantité, d'état). *Elle est encore plus intelligente que belle. On peut raccourcir encore les manches.* **4.** Marquant le doute, la restriction. *Il a demandé un prêt; encore faut-il qu'on le lui accorde! Cette viande est tout au plus mangeable, et encore!* ▷ Loc. conj. *Encore si...! Si encore...!* si seulement... *Encore s'il voulait travailler... Si encore il était généreux, mais il n'en est même pas capable!* **5.** Loc. conj. Litt. *Encore que:* bien que, quoique. *Encore qu'il soit jeune, il ne laisse pas d'être sage. Encore qu'il guérirait difficilement.* – Du lat. pop. *hinc ad horam* ou *hanc ad horam*, «d'ici jusqu'à l'heure».

encorné, ée [ɑ̃kɔʀne] adj. **1.** Qui a des cornes. *Taureau bien encorné*, qui porte de belles cornes. **2.** VETER *Atteinte encornée:* blessure du cheval au boulet, sous la corne. – Pp. de *encorner*.

encorner [ɑ̃kɔʀne] v. tr. [1] Frapper, percer à coups de cornes. *Le taureau a encorné le matador.* – De *en-*, et *corne*.

encornet [ɑ̃kɔʀnɛ] n. m. Petit calmar comestible *(Loligo vulgaris)* très abondant le long des côtes. – De *en-*, et *cornet*.

encornure [ɑ̃kɔʀnyʀ] n. f. Façon dont les cornes (d'un animal) sont implantées. – De *encorner*.

encourageant, ante [ɑ̃kuʀaʒɑ̃, ɑ̃t] adj. Qui encourage. *Paroles encourageantes.* ▷ Qui donne de l'espoir. *Les premiers résultats sont encourageants.* – Ppr. de *encourager*.

encouragement [ɑ̃kuʀaʒmɑ̃] n. m. **1.** Action d'encourager. **2.** Propos, acte par lequel on encourage (qqn, qqch). *Recevoir des encouragements de toute part.* – De *encourager*.

encourager [ɑ̃kuʀaʒe] v. tr. [15] **1.** Donner, inspirer du courage, de la volonté à (qqn). *Ce premier succès l'a encouragé. Encourager un enfant d'un sourire.* ▷ Inciter. *Encourager un débutant à persévérer.* **2.** Soutenir, favoriser l'essor, le développement de (qqch). *Encourager les arts.* – De *en-*, et *courage*.

encourir [ɑ̃kuʀiʀ] v. tr. [29] Litt. S'exposer à, tomber sous le coup de (une sanction, un désagrément). *Encourir les rigueurs de la loi.* – Du lat. *incurrere*, «courir contre».

encrage [ɑ̃kʀaʒ] n. m. Action d'enduire d'encre; son résultat. – De *encrer*.

encrassement [ɑ̃kʀasmɑ̃] n. m. Le fait de s'encrasser; son résultat. – De *encrasser*.

encrasser [ɑ̃kʀase] v. tr. [1] **1.** Recouvrir de crasse. **2.** Obstruer, recouvrir d'un dépôt nuisible au bon fonctionnement. ▷ V. pron. *Bougies d'allumage qui s'encrassent.* – Fig. *Il s'encrasse dans la médiocrité.* – De *en-*, et *crasse*.

encratisme [ɑ̃kʀatism] n. m. Doctrine des encratites, disciples de Tatien (v. 170 ap. J.-C.), qui tenaient la matière pour abominable et s'abstenaient de tout plaisir charnel. – Du gr. *egkratês*, «continent».

encre [ɑ̃kʀ] n. f. **1.** Substance liquide, noire ou colorée, servant à écrire, à dessiner, à imprimer. *Une bouteille d'encre. Une tache d'encre. Encre d'imprimerie.* ▷ Loc. *Noir comme de l'encre.* – *C'est la bouteille à l'encre:* c'est une affaire, une situation obscure, embrouillée, confuse. ▷ Fig. Manière dont on écrit, style. *Trois lettres de sa plus belle encre.* **2.** Liquide chargé de pigments noirs émis par les céphalopodes dibranchiaux lorsqu'ils sont menacés par un prédateur. – Bas lat. *encau(s)tum*, gr. *egkauston*. V. encaustique.

encrer [ɑ̃kʀe] v. tr. [1] Charger, enduire d'encre (un rouleau de presse, une pierre lithographique, etc.). – De *encre*.

encreur, euse [ɑ̃kʀœʀ, øz] adj. Qui sert à encrer. *Rouleau encreur.* – De *encrer.*

encrier [ɑ̃kʀije] n. m. **1.** Petit récipient pour mettre l'encre. *Il trempa sa plume dans son encrier.* **2.** IMPRIM Réservoir qui alimente en encre les rouleaux encreurs d'une presse. – De *encre.*

encrine [ɑ̃kʀin] n. m. ZOOL Lis de mer (genre *Encrinus*) qui fut très abondant au Trias et que l'on rencontre princ. à l'état de fossile. – Lat. zool. *encrinus,* gr. *krinon,* «lis».

encroué, ée [ɑ̃kʀue] adj. SYLVIC Se dit d'un arbre qui, en tombant, a enchevêtré ses branches à celles d'un autre. – De l'anc. v. *encrouer,* «accrocher».

encroûtement [ɑ̃kʀutmɑ̃] n. m. **1.** Action d'encroûter, fait de s'encroûter. **2.** Fig. Le fait de s'encroûter (personnes). *Se résigner à l'encroûtement d'une vie trop rangée.* – De *encroûter.*

encroûter [ɑ̃kʀute] v. tr. [1] **I.** Recouvrir d'une croûte. *Gratter la terre qui encroûte des chaussures.* ▷ TECH Enduire (un mur) de mortier. **II.** v. pron. **1.** Se couvrir d'une croûte. **2.** Fig. S'abêtir, se cantonner dans des habitudes, des opinions figées. *S'encroûter dans un travail routinier.* – De *en-,* et *croûte.*

enculage [ɑ̃kylaʒ] n. m. Grossier Action d'enculer. – Loc. Fam. *Enculage de mouches:* attachement excessif à des vétilles, à des points de détail. – De *enculer.*

enculé, ée [ɑ̃kyle] n. Grossier Injure de mépris. – Pp. subst. de *enculer.*

enculer [ɑ̃kyle] v. tr. [1] Grossier Pratiquer le coït anal, la sodomisation. – De *en-,* et *cul.*

enculeur [ɑ̃kylœʀ] n. Grossier Celui qui encule. – Loc. Fam. *Enculeur de mouches,* qui a tendance à s'attarder sur des vétilles. – De *enculer.*

encuvage [ɑ̃kyvaʒ] ou **encuvement** [ɑ̃kyvmɑ̃] n. m. Action d'encuver. – De *encuver.*

encuver [ɑ̃kyve] v. tr. [1] Mettre dans une cuve. – De *en-,* et *cuve.*

encyclique [ɑ̃siklik] n. f. Lettre adressée par un pape aux évêques, au clergé et aux fidèles de tous les pays ou d'un pays déterminé, à propos d'un problème de doctrine ou d'actualité. *Pie XI condamna le nazisme dans l'encyclique «Mit brennender Sorge»* (1937). – Lat. ecclés. *(litteræ) encyclicæ,* du gr. *egkuklios,* «circulaire, qui embrasse tout».

encyclopédie [ɑ̃siklɔpedi] n. f. **1.** Vx Ensemble de toutes les connaissances humaines. **2.** Ouvrage où l'on traite de toute la connaissance humaine. *Encyclopédie thématique,* dont les articles sont rangés par ordre alphabétique, par thème. ▷ Spécial. *L'Encyclopédie ou le Dictionnaire raisonné des sciences, des arts et des métiers,* ou cour. *L'Encyclopédie,* vaste ouvrage composé au XVIIIe s., essai de synthèse des connaissances de l'époque. *Diderot, aidé par D'Alembert, dirigea l'Encyclopédie, qui fut rédigée, notamment, par Voltaire, Montesquieu, Rousseau, Turgot, Condillac.* **3.** *Par ext.* Ouvrage traitant d'une science, d'une technique ou d'un art de manière exhaustive. *Encyclopédie de la musique.* **4.** Fig. *Encyclopédie vivante:* personne qui possède des connaissances étendues et variées. – Du gr. *egkuklios paideia,* «instruction embrassant tout le cycle du savoir».

encyclopédique [ɑ̃siklɔpedik] adj. **1.** Qui concerne l'ensemble des connaissances. *Dictionnaire encyclopédique.* ▷ (par oppos. à *lexicographique)* Relatif aux objets, aux notions, considérés en tant que tels. *Développement encyclopédique complétant une description lexicographique, dans un dictionnaire encyclopédique.* V. dictionnaire. **3.** Fig. *Avoir un esprit, un savoir, un cerveau encyclopédique:* posséder des connaissances en tout genre. – De *encyclopédie.*

encyclopédiste [ɑ̃siklɔpedist] n. **1.** n. m. HIST Collaborateur de l'*Encyclopédie* de Diderot et D'Alembert. *Madame de Pompadour et d'Argenson protégèrent les encyclopédistes.* **2.** Mod. n. Rédacteur, rédactrice d'articles d'encyclopédie. – De *encyclopédie.*

endémie [ɑ̃demi] n. f. Persistance dans une région d'une maladie qui frappe une partie importante de la population. – Du gr. *endêm(i)on nosêma,* propr. «maladie indigène», d'ap. *épidémie.*

endémique [ɑ̃demik] adj. **1.** Qui a le caractère de l'endémie. *La peste fut longtemps endémique en Europe.* ▷ Cour. *Chômage endémique.* **2.** BIOL Se dit d'une espèce (animale ou végétale) dont l'aire de répartition est peu étendue et bien limitée. – Du préc.

endémisme [ɑ̃demism] n. m. Caractère d'une maladie endémique. – BIOL Fait, pour une espèce vivante, d'avoir une répartition limitée à une région bien déterminée. – De *endémie.*

endenté, ée [ɑ̃dɑ̃te] adj. **1.** HERALD Se dit d'une pièce composée de triangles alternés de divers émaux. **2.** Rare Pourvu de dents. *Bouche bien endentée.* – Pp. de *endenter.*

endenter [ɑ̃dɑ̃te] v. tr. [1] TECH **1.** Garnir (une roue) de dents. **2.** Unir (deux pièces) au moyen de dents. – De *en-,* et *dent.*

endettement [ɑ̃dɛtmɑ̃] n. m. Fait de s'endetter, d'être endetté. – De *endetter.*

endetter [ɑ̃dɛte] **1.** v. tr. [1] Engager dans des dettes. *Cet achat m'endettera pour plusieurs années.* **2.** v. pron. Faire des dettes. *S'endetter auprès de ses amis.* – De *en-,* et *dette.*

endeuiller [ɑ̃dœje] v. tr. [1] **1.** Plonger dans le deuil, dans la tristesse. *Sa mort a endeuillé toute la ville.* **2.** Fig. Donner un aspect de tristesse à. *Un paysage qu'endeuillent les cheminées d'usines.* – De *en-,* et *deuil.*

endêver [ɑ̃dɛve] v. intr. [1] **1.** Vx, fam. Avoir un vif dépit. **2.** Vieilli *Faire endêver:* faire enrager. – De l'a. fr. *desver,* «être fou», même rad. que *rêver.*

endiablé, ée [ɑ̃djɑble] adj. **1.** Vx Que le diable possède. **2.** Vieilli Qui a le diable au corps. *Un enfant endiablé.* **3.** Plein de fougue. *Une verve endiablée. Un film au rythme endiablé.* – De *en-,* et *diable.*

endiamanté, ée [ɑ̃djamɑ̃te] adj. Recouvert de diamants (ou de choses qui scintillent comme le diamant). – De *en-,* et *diamant.*

endiguement [ɑ̃digmɑ̃] n. m. Action d'endiguer; son résultat. – De *endiguer.*

endiguer [ɑ̃dige] v. tr. [1] **1.** Contenir par des digues. *Endiguer un cours d'eau.* **2.** Fig. Contenir, réfréner. *Endiguer des passions.* – De *en-,* et *digue.*

endimancher (s') [ɑ̃dimɑ̃ʃe] v. pron. [11] Mettre ses plus beaux habits, ses habits du dimanche. *S'endimancher pour un mariage.* – Pp. *Avoir l'air endimanché:* paraître mal à l'aise dans de beaux habits rarement portés. – De *en-,* et *dimanche.*

endive [ɑ̃div] n. f. Bourgeon hypertrophié de la chicorée de Bruxelles *(Witloof),* obtenu par forçage dans l'obscurité et consommé cru ou cuit. – Gr. *entub(i)on.*

endo-. Élément, du gr. *endon,* «au-dedans».

endocarde [ɑ̃dɔkaʀd] n. m. ANAT Tunique interne du cœur, qui tapisse les cavités et les valvules. – De *endo-,* et *-carde.*

endocardite [ɑ̃dɔkaʀdit] n. f. MED Inflammation de l'endocarde, en général d'origine infectieuse. – De *endocarde,* et *-ite* 1.

endocarpe [ɑ̃dɔkaʀp] n. m. BOT Partie la plus interne du fruit, au contact de la graine, qui, dans les drupes, constitue la coque du noyau. – De *endo-*, et *-carpe*.

endocrine [ɑ̃dɔkʀin] adj. f. *Glandes endocrines:* glandes à sécrétion interne, dont le produit est déversé dans le sang. *Les glandes endocrines sous le contrôle de l'hypothalamus et de l'hypophyse sont la thyroïde, les surrénales, et les gonades (testicules ou ovaires).* – De *endo-*, et gr. *krinein*, «sécréter».

endocrinien, ienne [ɑ̃dɔkʀinjɛ̃, jɛn] adj. Qui concerne les glandes endocrines. – De *endocrine*.

endocrinologie [ɑ̃dɔkʀinɔlɔʒi] n. f. Discipline médicale étudiant la pathologie, la régulation et le mode d'action des glandes endocrines. V. hormone. – De *endocrine*, et *-logie*.

endocrinologue [ɑ̃dɔkʀinɔlɔg] ou **endocrinologiste** [ɑ̃dɔkʀinɔlɔʒist] n. Médecin spécialiste des glandes endocrines. – De *endocrinologie*.

endoctrinement [ɑ̃dɔktʀinmɑ̃] n. m. Action d'endoctriner; son résultat. – De *endoctriner*.

endoctriner [ɑ̃dɔktʀine] v. tr. [1] Faire la leçon à (qqn) pour qu'il adhère à une doctrine, une idéologie. *Le sectarisme d'un néophyte endoctriné.* – De *en-*, et *doctrine*.

endoderme [ɑ̃dɔdɛʀm] n. m. **1.** BOT Assise interne de l'écorce dans la racine et la tige. **2.** ZOOL Feuillet embryonnaire interne appelé à constituer la paroi du tube digestif, les glandes annexes (foie, par ex.) et, chez les mammifères, les poumons. – De *endo-*, et *-derme*.

endogamie [ɑ̃dɔgami] n. f. SOCIOL Obligation qu'ont les membres de certaines tribus de contracter mariage à l'intérieur de leur tribu. Ant. exogamie. – Angl. *endogamy*; de *endo-*, et *-game*.

endogène [ɑ̃dɔʒɛn] adj. **1.** BOT Se dit d'un élément qui se forme à l'intérieur de l'organe qui l'engendre. **2.** MED Qui est produit dans l'organisme. *Intoxication endogène.* **3.** GEOL *Roches endogènes:* roches éruptives. – De *endo-*, et *-gène*.

endolorir [ɑ̃dɔlɔʀiʀ] v. tr. [2] Rendre douloureux. *Un membre endolori.* – De l'anc. v. *endoulourir*, d'ap. le lat. *dolor*.

endolorissement [ɑ̃dɔlɔʀismɑ̃] n. m. État d'une partie du corps endolorie. – De *endolorir*.

endomètre [ɑ̃dɔmɛtʀ] n. m. ANAT Muqueuse utérine. – De *endo-*, et, du gr. *métra*, «matrice».

endométrite [ɑ̃dometʀit] n. f. MED Inflammation de la muqueuse utérine. – De *endomètre*, et *-ite* 1.

endommagement [ɑ̃dɔmaʒmɑ̃] n. m. Action d'endommager; son résultat. – De *endommager*.

endommager [ɑ̃dɔmaʒe] v. tr. [15] Causer du dommage à (qqch). *La grêle a endommagé les récoltes.* – De *en-*, et *dommage*.

endomorphisme [ɑ̃dɔmɔʀfism] n. m. MATH Isomorphisme tel que l'ensemble d'arrivée et l'ensemble de départ soient confondus. – De *endo-*, et *morphisme*.

endoparasite [ɑ̃dɔpaʀazit] n. m. BIOL Parasite qui vit à l'intérieur du corps de son hôte. *Les douves, les trypanosomes sont des endoparasites.* Ant. ectoparasite. – De *endo-*, et *parasite*.

endoproctes [ɑ̃dɔpʀɔkt] n. m. pl. ZOOL Classe de lophophoriens dont l'anus est situé en dedans de la couronne de tentacules. *Les endoproctes constituaient auparavant, avec les ectoproctes, la classe des bryozoaires.* Syn. kamptozoaires. – De *endo-*, et gr. *prôktos*, «anus».

endoréique [ɑ̃dɔʀeik] adj. GEOMORPH Se dit d'un cours d'eau qui se déverse dans un plan d'eau ou une dépression intérieure, sans rapport avec la mer. *Le Jourdain est un fleuve endoréique.* ▷ Par ext. *Région endoréique*, dont les cours d'eau sont endoréiques (phénomène d'*endoréisme*). – De *endo-*, et gr. *rhein*, «couler».

endormeur, euse [ɑ̃dɔʀmœʀ, øz] n. (et adj.) Rare Personne qui entretient les gens dans une sécurité trompeuse. ▷ Adj. *Des propos endormeurs.* – De *endormir*.

endormi, ie [ɑ̃dɔʀmi] adj. (et n.) **1.** Qui dort. **2.** Fig. Lent, nonchalant, peu vif; qui a une activité réduite. *Un enfant endormi et paresseux. Une petite ville endormie.* ▷ Subst. *Bande d'endormis!* – Pp. de *endormir*.

endormir [ɑ̃dɔʀmiʀ] **I.** v. tr. [33] **1.** Faire dormir. *Endormir un enfant en le berçant. L'anesthésiste endort le patient qui va être opéré.* **2.** Provoquer le sommeil en ennuyant, lasser. *Ce conférencier endort son auditoire.* **3.** Tromper (qqn) pour l'empêcher d'agir. *Il l'endort par de belles paroles.* **4.** Atténuer (une sensation), rendre moins vif (un sentiment, une impression). *Endormir la douleur. Endormir la vigilance de ses gardiens.* **5.** Engourdir, enlever toute activité à. *Le froid endort la végétation.* **II.** v. pron. **1.** Commencer à dormir. **2.** Fig. *S'endormir du sommeil de la tombe, s'endormir dans le Seigneur:* mourir. **3.** Perdre de son activité, de sa vigilance, de sa vivacité. *Le succès le pousse à s'endormir dans l'autosatisfaction.* – Lat. *indormire*.

endormissement [ɑ̃dɔʀmismɑ̃] n. m. Moment où l'on passe de l'état de veille au sommeil. – De *endormir*.

endorphine [ɑ̃dɔʀfin] n. f. BIOCHIM Peptide qui se forme naturellement dans le cerveau et dont l'action est analogue à celle de la morphine. – De *end(o)-*, et *(m)orphine*.

endos [ɑ̃do] n. m. FIN Endossement. – Déverbal de *endosser*.

endoscope [ɑ̃dɔskɔp] n. m. MED Instrument muni d'un système lumineux, destiné à explorer certains conduits, certaines cavités du corps (estomac, vessie, etc.). – De *endo-*, et *-scope*.

endoscopie [ɑ̃dɔskɔpi] n. f. MED Examen au moyen d'un endoscope. – Du préc.

endosmomètre [ɑ̃dɔsmɔmɛtʀ] n. m. PHYS Appareil servant à mesurer la pression osmotique. – De *endosmo(se)*, et *-mètre*.

endosmose [ɑ̃dɔsmoz] n. f. PHYS Passage, à travers une membrane semi-perméable séparant deux solutions, du solvant de la solution la moins concentrée vers la plus concentrée. – De *endo-*, et gr. *ôsmos*, «poussée».

endossataire [ɑ̃dosatɛʀ] n. FIN Personne pour laquelle un effet est endossé. – De *endosser*.

endossement [ɑ̃dosmɑ̃] n. m. FIN Action de transférer la propriété d'un effet de commerce en l'endossant. – De *endosser*.

endosser [ɑ̃dose] v. tr. [1] **1.** Mettre sur son dos (un vêtement), revêtir (un habit). *Endosser son manteau avant de sortir.* **2.** Assumer, prendre sur soi, prendre la responsabilité de. *Endosser les conséquences d'une décision.* **3.** FIN Inscrire au dos d'un chèque, d'une traite, l'ordre de les payer. *Endosser une lettre de change.* **4.** Exécuter une endossure. – De *en-*, et *dos*.

endosseur [ɑ̃dosœʀ] n. m. FIN Personne qui endosse un effet. – De *endosser*.

endossure [ɑ̃dosyʀ] n. f. TECH Préparation du dos d'un livre pour le relier. – De *endosser*.

endothélial, ale, aux [ɑ̃dɔteljal, o] adj. HISTOL Qui appartient à l'endothélium. *Cellules endothéliales.* – De *endothélium*.

endothélium [ɑ̃dɔteljɔm] n. m. HISTOL Tissu qui tapisse la paroi interne de l'appareil circulatoire. – De *endo-*, et rad. de *épithélium.*

endothermique [ɑ̃dɔtɛʀmik] adj. CHIM Qualifie une réaction qui absorbe de la chaleur. Ant. exothermique. – De *endo-*, et *thermique.*

endotoxine [ɑ̃dɔtɔksin] n. f. MICROB Toxine qui n'est libérée que lors de la destruction de la bactérie qui la sécrète. – De *endo-*, et *toxine.*

endroit [ɑ̃dʀwa] n. m. **I. 1.** Lieu, place, partie déterminée d'un espace. *Voici l'endroit où il veut bâtir sa maison. Habiter un endroit isolé.* – Euphém. fam. *Le petit endroit:* les cabinets. **2.** Place, partie déterminée d'une chose. *À quel endroit du corps a-t-il été blessé?* **3.** Fig. Aspect de la personnalité. *Prendre qqn par son endroit faible, son endroit sensible.* **4.** Partie déterminée d'un ouvrage de l'esprit. *À cet endroit de son discours, il s'arrêta. Applaudir à l'endroit qu'il faut.* **5.** Côté sous lequel se présente habituellement un objet, par opposition à *envers. Remettre son chandail à l'endroit. L'endroit d'une étoffe.* **II.** Loc. **1.** loc. prép. *À l'endroit de:* à l'égard de, envers (qqn). *Il a mal agi à votre endroit.* **2.** loc. adv. *Par endroits:* çà et là, de place en place, à certains endroits. *Ce film est vulgaire par endroits.* – De *en-*, et *droit.*

enduction [ɑ̃dyksjɔ̃] n. f. TECH Opération qui consiste à enduire un support textile d'un produit destiné à le protéger ou à améliorer ses caractéristiques. – Formation savante et hybride, de *enduire,* et de *induction.*

enduire [ɑ̃dɥiʀ] v. tr. [71] Couvrir d'un enduit. *Enduire un mur de plâtre.* ▷ V. pron. *Elle s'est enduite de crème pour bronzer.* – Lat. *inducere.*

enduit [ɑ̃dɥi] n. m. Matière molle dont on couvre la surface de certains objets. ▷ *Spécial.* Mélange utilisé pour la préparation, le lissage d'une surface avant l'application de la peinture. – Pp. subst. de *enduire.*

endurable [ɑ̃dyʀabl] adj. Qui peut être enduré. – De *endurer.*

endurance [ɑ̃dyʀɑ̃s] n. f. **1.** Capacité de résister à la fatigue, aux souffrances. **2.** TECH *Épreuve d'endurance:* essai de fonctionnement de longue durée auquel sont soumis certains matériels pour vérifier leurs qualités mécaniques et leur résistance. – De *endurer.*

endurant, ante [ɑ̃dyʀɑ̃, ɑ̃t] adj. Dur au mal, à la fatigue, aux souffrances. – Ppr. de *endurer.*

endurci, ie [ɑ̃dyʀsi] adj. **1.** Devenu insensible. *Un cœur endurci.* **2.** Qui s'est fortifié dans son état, ses habitudes. *Un célibataire endurci. Un pécheur endurci.* – Pp. de *endurcir.*

endurcir [ɑ̃dyʀsiʀ] **I.** v. tr. [2] **1.** Rendre plus fort, plus robuste; accoutumer à la fatigue, à la souffrance, etc. *Le sport endurcit le corps.* **2.** Rendre insensible, impitoyable. *Les déceptions répétées lui ont endurci le cœur.* **II.** v. pron. **1.** Devenir plus fort, plus résistant. **2.** Devenir insensible, impitoyable. *S'endurcir dans le vice, le crime.* – De *en-*, et *durcir.*

endurcissement [ɑ̃dyʀsismɑ̃] n. m. État d'une personne devenue insensible. *L'endurcissement d'un criminel.* – De *endurcir.*

endurer [ɑ̃dyʀe] v. tr. [1] **1.** Souffrir, supporter (une épreuve pénible). *Les souffrances qu'elle endura pendant sa maladie.* **2.** Fam. Tolérer, supporter. *Je ne peux pas endurer ça!* – Lat. médiév. *indurare,* ext. de sens du lat. class. «(se) durcir».

endymion [ɑ̃dimjɔ̃] n. m. Plante à bulbe, à petites fleurs bleues odorantes. *«Endymion nutans» est la jacinthe des bois.* – Du nom mythol. *Endymion,* personnage aimé de Diane (selon certains mythes) ou de Séléné (selon d'autres mythes).

-ène. CHIM. Suffixe désignant un hydrocarbure (benzène, toluène).

énéolithique [eneɔlitik] n. m. et adj. Dernière période de la préhistoire. Syn. chalcolithique – Du lat. *æneus,* «en cuivre», et *lithique.*

énergétique [enɛʀʒetik] adj. et n. **I.** adj. **1.** Qui se rapporte à l'énergie. *Les besoins énergétiques d'une nation.* ▷ PHYSIOL *Aliments énergétiques,* qui apportent beaucoup d'énergie à l'organisme. **2.** TECH *Bilan énergétique d'une réaction:* comparaison des apports et des pertes d'énergie dans cette réaction. **II.** n. f. PHYS Étude des manifestations de l'énergie sous ses diverses formes. – Anglais *energetic,* gr. *energêtikos.*

énergie [enɛʀʒi] n. f. **1.** Force, puissance d'action. *Il manque d'énergie pour persévérer.* **2.** Force, puissance physique. *Ce sportif a déployé toute son énergie pour gagner.* **3.** Fermeté, résolution (que l'on fait apparaître dans ses actes). *L'énergie des mesures prises sauva le pays.* **4.** En art, vigueur de l'expression. *L'énergie d'une sculpture de Michel-Ange.* **5.** PHYS Grandeur qui représente la capacité d'un corps ou d'un système à produire un travail, à élever une température, etc. *L'énergie électrique, nucléaire. Économies d'énergie.* – Bas lat. *energia,* gr. *energeia,* «force en action».

ENCYCL L'énergie se manifeste sous des formes très diverses: énergie calorifique, électromagnétique, électrique, nucléaire, mécanique, chimique, etc. L'équivalence des formes d'énergie implique que *l'énergie totale* (mise en jeu lors de la transformation d'une énergie en une autre) reste constante (premier principe de la thermodynamique). Il y a *irréversibilité* des échanges d'énergie; ainsi, l'énergie mécanique peut se transformer entièrement en énergie calorifique. En revanche, la transformation inverse ne peut être totale, elle est toujours accompagnée de pertes de chaleur (second principe de la thermodynamique). Le *joule* (symbole J) est l'unité d'énergie du système SI. Elle correspond au travail d'une force d'un newton dont le point d'application se déplace de 1 mètre dans sa propre direction. D'autres unités, hors système SI, sont également utilisées: le wattheure (1 Wh = 3 600 J), l'électron-volt (1 eV = $1{,}6.10^{-19}$ J) employé en physique nucléaire, la calorie. Sur la Terre, le Soleil est la source fondamentale d'énergie, car toutes les autres sources (charbon, gaz, pétrole, vent, etc.) en découlent. L'utilisation directe de l'énergie solaire semble donc être l'un des moyens de remédier à l'épuisement progressif des ressources actuelles en énergie et de répondre à l'augmentation des besoins énergétiques des sociétés industrielles et des pays en voie de développement.

énergique [enɛʀʒik] adj. **1.** (Personnes). Qui a de la force, de l'énergie, de la détermination. *Une femme énergique et courageuse.* **2.** (Choses). Strict, rigoureux. *Prendre des mesures énergiques contre l'inflation.* – De *énergie.*

énergiquement [enɛʀʒikmɑ̃] adv. D'une manière énergique. – De *énergique.*

énergisant, ante [enɛʀʒizɑ̃, ɑ̃t] adj. et n. m. **1.** adj. Qui donne de l'énergie. **2.** n. m. MED Substance destinée à stimuler le tonus psychique. – De *énergie.*

énergumène [enɛʀgymɛn] n. **1.** Vx Possédé du démon. *Exorciser un énergumène.* **2.** Mod. Personne exaltée qui s'agite, qui crie. – Lat. ecclés. *energumenus,* du gr. *energein,* «influencer».

énervant, ante [enɛʀvɑ̃, ɑ̃t] adj. **1.** Vieilli Qui affaiblit. *Une température énervante.* **2.** Qui agace, qui porte sur les nerfs. – Ppr. de *énerver.*

énervation [enɛʀvasjɔ̃] n. f. **1.** MED Ablation ou section d'un nerf. **2.** HIST Supplice qui consistait à brûler les tendons (nommés *nerfs*) des jarrets et des genoux.

3. Vieilli Abattement physique ou moral. – Bas lat. *enervatio*, «épuisement, fatigue».

énervé, ée [enɛʀve] adj. (et n.) **1.** Agacé, irrité. *Un enfant énervé par la chaleur.* ▷ Subst. *Quels énervés!* **2.** Qui trahit l'énervement. *Un haussement d'épaules énervé.* – Pp. de *énerver.*

énervement [enɛʀvəmɑ̃] n. m. **1.** Vieilli Affaiblissement. **2.** État d'une personne énervée. *Elle s'est mise à sangloter d'énervement.* – De *énerver.*

énerver [enɛʀve] v. tr. [1] **1.** Vieilli Faire perdre sa force, sa vigueur à; affaiblir. *Les voluptés énervent l'âme.* **2.** Agacer, irriter. *Tout ce bruit l'énerve.* **3.** v. pron. Perdre son calme, le contrôle de ses nerfs. *Du calme, ne nous énervons pas!* – Lat. *enervare.*

enfaîteau [ɑ̃fɛto] n. m. CONSTR Tuile faîtière demi-cylindrique. – De *enfaîter.*

enfaîtement [ɑ̃fɛtmɑ̃] n. m. CONSTR Ce qui couvre le faîte d'un toit. – De *enfaîter.*

enfaîter [ɑ̃fɛte] v. tr. [1] CONSTR Couvrir le faîte (d'un toit). – De *en-*, et *faîte.*

enfance [ɑ̃fɑ̃s] n. f. **1.** Période de la vie de l'être humain qui va de la naissance jusqu'à l'âge de la puberté. *Dès sa plus tendre enfance. Une enfance très malheureuse.* **2.** Les enfants. *La cruauté de l'enfance.* **3.** Fig. Début, commencement, premier temps. *L'enfance du monde.* – Fam. *C'est l'enfance de l'art,* se dit d'une chose très facile à faire. – Lat. *infantia.*

enfant [ɑ̃fɑ̃] n. (et adj.) **1.** Être humain, de la naissance jusqu'à l'âge de la puberté. *Un enfant sage, bruyant. Aménager une chambre d'enfant. Un spectacle pour enfants.* ▷ Fig. Adulte qui se comporte de façon puérile. *Ce sont de grands enfants. Elle fait l'enfant.* ▷ Adj. *Vous êtes bien enfant de croire à ces balivernes. Rester très enfant.* **2.** *Enfant de chœur:* petit garçon qui sert la messe. – Fig. Naïf. *Un malin qui veut se faire passer pour un enfant de chœur.* **3.** Fils ou fille, quel que soit son âge; personne, par rapport à ses parents. *Être l'aîné de six enfants. Attendre un enfant:* être enceinte. *Enfant naturel, enfant de l'amour,* né hors mariage. **4.** Descendant. *D'après la Bible, nous sommes tous enfants d'Adam et Ève.* ▷ Personne originaire d'un pays, d'une région, d'un milieu. *Un enfant de la Beauce. Lui aussi est un enfant de la bourgeoisie.* ▷ *Enfant prodigue,* qui, ayant quitté la maison paternelle, revient au foyer où il est bien accueilli, selon l'Évangile. ▷ *Enfant de Marie:* jeune fille appartenant à une congrégation catholique vouée à la Vierge. – (Fig., le plus souvent iron.). Jeune fille vertueuse et naïve; oie blanche. **5.** Terme de familiarité, d'affection. *Mon (cher) enfant,* en parlant à qqn de plus jeune que soi. *Il ne faut pas vous décourager, mon enfant.* **6.** Fig. Production, effet, résultat. *«Ressentiments jaloux, noirs enfants du dépit»* (Corneille). – Lat. *infans,* «qui ne parle pas».

enfantement [ɑ̃fɑ̃tmɑ̃] n. m. **1.** Vieilli Accouchement. *Les douleurs de l'enfantement.* **2.** Fig. Création laborieuse (d'une œuvre). – De *enfanter.*

enfanter [ɑ̃fɑ̃te] v. tr. [1] **1.** Litt et RELIG. Mettre un enfant au monde, accoucher. **2.** Fig. Produire, créer, faire naître. *Enfanter des projets, un ouvrage.* – De *enfant.*

enfantillage [ɑ̃fɑ̃tijaʒ] n. m. Manières, discours puérils. – De l'anc. adj. *enfantil,* du bas lat. *infantilis,* «d'enfant».

enfantin, ine [ɑ̃fɑ̃tɛ̃, in] adj. **1.** Qui a le caractère de l'enfance. *Les découvertes enfantines.* **2.** Qui est à la portée des enfants; très facile. *Ce problème est d'une simplicité enfantine.* **3.** Péjor. Qui relève de l'enfantillage. *Cessez ce babillage enfantin!* – De *enfant.*

enfarge [ɑ̃faʀʒ] n. f. **1.** Rural Ce qu'on met aux pattes ou au cou de certains animaux (cheval, vache, mouton) pour les retenir, les immobiliser. *Enfarge de fer, de bois. Mettre des enfarges.* **2.** *Par anal.* Ce qui entrave le pas de qqn. – Fig. Ce qui empêche qqn d'agir à sa guise. – Déverbal de *enfarger.*

enfargé, ée [ɑ̃faʀʒe] adj. **1.** Qui s'est pris dans qqch qui entrave le pas, qui fait trébucher. «[...] un homme courbé en deux enfargé dans un imperméable jaune, déchiré de l'épaule jusqu'en bas.» (Félix Leclerc, *Pieds nus dans l'aube,* 1946.) – Par méton. *Avoir les pieds enfargés dans qqch.* **2.** Fig. Arrêté par des difficultés et, par ext., empêtré. **3.** *Jupe enfargée,* très resserrée dans le bas. «Le vin et le soleil la soulèvent dans un tourbillon de joie. Puis, dans un enfantin éclat de rire, elle fléchit sur ses genoux et s'étale dans sa juge enfargée.» (Suzanne Paradis, *Il ne faut pas sauver les hommes,* 1961.) – Pp. de *enfarger.*

enfargeant, ante [ɑ̃faʀʒɑ̃, ɑ̃t] adj. Qui entrave le pas, gêne le mouvement des jambes. «Un matin, il sortit une culotte du coffre. – Tu ne te promèneras pas éternellement en jupe, lui dit-il. C'est enfargeant et trop froid dans le canot.» (Bertrand Vac, *Louise Genest,* 1950.) – Ppr. de *enfarger.*

enfarger [ɑ̃faʀʒe] v. [1] **I.** v. tr. **1.** Rural Retenir, attacher au moyen d'une enfarge. *Enfarger un cheval, une vache.* **2.** Faire trébucher qqn en lui mettant qqch dans les jambes, en lui heurtant les pieds. *Enfarger qqn. Enfarger les jambes, les pieds de qqn.* – Par ext. *La corde l'a enfargé.* **II.** v. pron. **1.** Se prendre dans qqch qui entrave le pas, qui fait trébucher. *S'enfarger dans sa robe. S'enfarger les pieds sur un fil.* – Par méton. *Mon pied s'est enfargé dans le tapis.* **2.** Fig. Se heurter à des difficultés, buter, et, par ext., s'empêtrer. *S'enfarger sur un mot, dans ses mots. S'enfarger dans son histoire, dans ses mensonges.* «Je ne m'*enfargerai* pas dans une analyse à la «Time Magazine».» (Andrée Maillet, *Nouvelles montréalaises,* 1966.) **3.** Iron. Buter contre un faux obstacle, là où il n'y a pas d'obstacle, et, au fig., se heurter à une fausse difficulté, s'arrêter à de faux problèmes. *S'enfarger dans un grain de sable, dans son ombrage, dans les fleurs du tapis.* – Mot de l'ouest et du centre de la France; var. de l'a. fr. *enfergier,* de *fierges,* «chaînes, entraves», du lat. *ferrea.*

enfariner [ɑ̃faʀine] v. tr. [1] **1.** Saupoudrer de farine. **2.** v. pron. Fam. Se couvrir le visage de poudre. *Une vieille coquette qui s'enfarine.* **3.** Loc. fam. *Venir la bouche, la gueule, le bec enfariné,* avec la sotte confiance du quémandeur naïf (allus. aux personnages de niais des comédies bouffonnes, qui avaient le visage couvert de farine). – De *en-*, et *farine.*

enfer [ɑ̃fɛʀ] n. m. **I.** Plur. **1.** Lieu souterrain, séjour des âmes des morts, dans la mythologie gréco-latine. *La descente aux enfers. Le Styx et l'Achéron, fleuves des enfers.* **2.** (Bible). Séjour des morts. *Entre sa mort et sa résurrection le Christ est descendu aux enfers.* **II.** Sing. **1.** Dans le christianisme, lieu de supplice des damnés. *Le paradis, l'enfer et le purgatoire.* **2.** Fig. *Une vie d'enfer,* pleine de tourments. ▷ *Un feu, un bruit d'enfer,* extrêmement violents. **3.** Fig. Souffrance permanente. *Sa vie est devenue un enfer.* – Du lat. ecclés. *infernum,* «lieu d'en bas».

enfermer [ɑ̃fɛʀme] v. tr. [1] **1.** Mettre dans un lieu clos, d'où l'on ne peut sortir. *Enfermer un enfant dans sa chambre.* ▷ V. pron. *S'enfermer pour travailler.* – Fig. *S'enfermer dans son chagrin.* **2.** Mettre (qqch) dans un lieu fermé, dans un meuble clos. *Enfermer des habits dans une armoire.* **3.** Vieilli Contenir, comprendre. *Cet ouvrage enferme bien des erreurs.* Syn. (mod.) renfermer. – De *en-*, et *fermer.*

enferrer [ɑ̃feʀe] v. tr. [1] **1.** Rare Percer avec une épée, une pique. *Enferrer son ennemi.* **2.** v. pron. Se jeter sur l'arme de son adversaire. – Fig., cour. Se nuire à soi-même; tomber dans son propre piège. *Il s'est enferré dans ses mensonges.* – De *en-*, et *fer.*

enfeu [ɑ̃fø] n. m. ARCHEOL Niche funéraire en arcade, à fond plat, ménagée dans les murs d'une église. – De *enfouir*.

enfieller [ɑ̃fjele] v. tr. [1] Litt. Rendre fielleux, amer. *L'envie enfielle l'âme.* – De *en-*, et *fiel*.

enfièvrement [ɑ̃fjɛvʀəmɑ̃] n. m. Action d'enfiévrer; état de ce qui est enfiévré. – De *enfiévrer*.

enfiévrer [ɑ̃fjevʀe] v. tr. [16] **1.** Donner la fièvre à. **2.** Fig. Exciter, susciter l'ardeur de. *Une agitation qui enfiévrait les esprits.* Syn. passionner, exalter. – De *en-*, et *fièvre*.

enfilade [ɑ̃filad] n. f. Série de choses se suivant sur une même ligne, en file. *Pièces disposées en enfilade.* – Fig. *Une enfilade de phrases.* ▷ MILIT *Tir d'enfilade*, dirigé dans le sens de la longueur de l'objectif. – De *enfiler*.

enfilage [ɑ̃filaʒ] ou **enfilement** [ɑ̃filmɑ̃] n. m. Action d'enfiler. *Enfilage de perles.* – De *enfiler*.

enfiler [ɑ̃file] v. tr. [1] **1.** Passer un fil à travers, par le trou de. *Enfiler une aiguille. Enfiler des perles.* – Fig., fam. *Enfiler des perles:* perdre son temps à des futilités. – Fig., fam. Débiter, mettre à la suite. *Enfiler des phrases.* **2.** Fam. Passer, mettre (un vêtement). *Enfiler une robe.* **3.** S'engager dans. *Enfiler une rue.* ▷ V. pron. *S'enfiler dans un passage étroit.* **4.** Percer de part en part. *Enfiler son adversaire.* **5.** Vulg. Posséder sexuellement. **6.** Vieilli Duper. *Se laisser enfiler.* **7.** v. pron. Pop. Manger, avaler. *Il s'est enfilé tout le plat de légumes.* – Exécuter (une corvée). *J'ai dû m'enfiler toute la vaisselle.* Syn. s'envoyer, se taper. – De *en-*, et *fil*.

enfileur, euse [ɑ̃filœʀ, øz] n. Personne qui enfile. *Enfileur de perles.* ▷ Fig., *Enfileur de mots:* grand discoureur. – De *enfiler*.

enfin [ɑ̃fɛ̃] adv. **1.** À la fin, en dernier lieu, après avoir longtemps attendu. *«Enfin, Malherbe vint»* (Boileau). *Enfin, cette affaire est terminée.* **2.** (Marquant l'impatience, le désir d'être compris ou obéi). *Vous tairez-vous enfin! Mais enfin, laissez-moi donc!* **3.** (Pour résumer, conclure ou couper court quand on ne peut exprimer une idée plus complètement). *«C'est un homme qui... Ah!... un homme... un homme enfin»* (Molière). **4.** (Introduisant une précision, un correctif à une affirmation). *Il a plu tous les jours, enfin, presque.* **5.** (Marquant l'acceptation résignée). *Enfin, puisque vous y tenez tellement.* – Pour *en fin*.

enflammer [ɑ̃fla(ɑ)me] v. tr. [1] **1.** Mettre le feu à. *Enflammer une bûche.* ▷ V. pron. Prendre feu. *Ce bois humide s'enflamme mal.* **2.** Fig. Échauffer. *L'alcool enflamme le sang.* **3.** Colorer vivement, faire briller. *Des joues enflammées par la fièvre.* **4.** Litt. Emplir d'ardeur, de passion. *Ce discours enflamma leur courage. Des lettres enflammées.* ▷ V. pron. *S'enflammer pour une cause.* Syn. animer, exciter, exalter. **5.** Irriter, provoquer l'inflammation de. – Lat. *inflammare*.

enfléchure [ɑ̃fleʃyʀ] n. f. MAR Cordage ou barreau de bois placé horizontalement entre les haubans et permettant de grimper dans la mâture. – De *en-*, et *flèche*.

enflé, ée [ɑ̃fle] adj. et n. **I.** adj. **1.** Gonflé. *Des jambes enflées.* **2.** Fig. Vain, fier. *Enflé de son succès.* – *Style enflé*, ampoulé. **II.** n. Pop. Imbécile. *Espèce d'enflé!* – Pp. de *enfler*.

enfler [ɑ̃fle] **I.** v. tr. [1] **1.** Vieilli. Gonfler d'air. *Enfler les joues.* – Fig. *Son succès l'a enflé de vanité.* **2.** Augmenter le volume de. *Les pluies ont enflé la rivière.* Syn. grossir. – Fig. *Enfler la voix*, parler plus fort. **3.** Fig., fam. Exagérer, amplifier, grossir. *Enfler une dépense, un incident.* Syn. gonfler. **II.** v. intr. Augmenter de volume par suite d'un gonflement morbide. *Son œil meurtri commençait à enfler.* – Lat. *inflare*.

enfleurage [ɑ̃flœʀaʒ] n. m. TECH Action d'enfleurer. – De *enfleurer*.

enfleurer [ɑ̃flœʀe] v. tr. [1] TECH Imprégner d'essence odorante. – De *en-*, et *fleur*, «orner de fleurs».

enflure [ɑ̃flyʀ] n. f. **1.** Gonflement d'une partie du corps; œdème. **2.** Fig. Exagération, emphase. *Enflure du style.* – De *enfler*.

enfoiré, ée [ɑ̃fwaʀe] adj. et n. **1.** adj. Vulg. Souillé d'excréments. **2.** Pop. Idiot, abruti. – Pp. de l'anc. v. *enfoirer* «salir d'excréments»; de *en-*, et *foire* 2.

enfoncé, ée [ɑ̃fɔ̃se] adj. Logé au fond, reculé. *Des yeux enfoncés dans leurs orbites.* Ant. saillant. – Pp. de *enfoncer*.

enfoncement [ɑ̃fɔ̃smɑ̃] n. m. **1.** Action d'enfoncer; son résultat. *Enfoncement d'une ligne de bataille.* **2.** Partie enfoncée ou reculée. *Enfoncement de terrain.* – ARCHI Partie en retrait d'une façade. Syn. renfoncement. Ant. saillie. – De *enfoncer*.

enfoncer [ɑ̃fɔ̃se] **I.** v. tr. [14] **1.** Pousser vers le fond, faire pénétrer dans qqch. *Enfoncer un clou.* – Fig., fam. *Il a essayé de lui enfoncer quelques principes dans la tête.* ▷ *Enfoncer qqn*, l'accabler. *Loin de le défendre, ses complices l'ont enfoncé.* **2.** Rompre en poussant, en pesant sur. *Enfoncer une porte.* Syn. défoncer, forcer. ▷ Fig., fam. *Enfoncer une porte ouverte*, découvrir une vérité évidente, triompher facilement. **3.** *Par anal.* Faire plier, rompre les rangs d'une troupe en les forçant. *Enfoncer un bataillon ennemi.* – *Par ext.* Vaincre, surpasser. *Enfoncer l'adversaire par des arguments de poids.* **II.** v. intr. Aller vers le fond. *On enfonçait dans la boue jusqu'aux chevilles.* **III.** v. pron. **1.** Aller vers le fond, s'affaisser. *Le navire commençait à s'enfoncer dans l'eau. Plancher qui s'enfonce.* – Fig. *Plus elle mentait et plus elle s'enfonçait.* **2.** Pénétrer bien avant (dans qqch). *S'enfoncer dans la forêt.* **3.** Fig. S'adonner tout entier à. *S'enfoncer dans l'étude.* Syn. s'absorber, se plonger. – De *en-*, et *fond*.

enfonceur, euse [ɑ̃fɔ̃sœʀ, øz] n. Fam. *Enfonceur de portes ouvertes:* qui découvre des évidences. – De *enfoncer*.

enfonçure [ɑ̃fɔ̃syʀ] n. f. Creux, cavité. – De *enfoncer*.

enfouir [ɑ̃fwiʀ] v. tr. [2] **1.** Mettre ou cacher en terre. *Enfouir du fumier. Enfouir un trésor.* Syn. enterrer. ▷ V. pron. *Poisson qui s'enfouit dans la vase.* **2.** Cacher sous d'autres objets. *Enfouir des documents au fond d'une malle.* – Lat. pop. **infodire*, class. *infodere*.

enfouissement [ɑ̃fwismɑ̃] n. m. Action d'enfouir; son résultat. *L'enfouissement des déchets toxiques.* – De *enfouir*.

enfouisseur [ɑ̃fwisœʀ] n. m. AGRIC Appareil adapté à la charrue, servant à enfouir du fumier dans le sillon tracé. – De *enfouir*.

enfourchement [ɑ̃fuʀʃəmɑ̃] n. m. **1.** TECH Assemblage par tenon et mortaise, sans épaulement. **2.** ARCHI Première retombée des angles des voûtes d'arêtes. – De *en-*, et *fourche*.

enfourcher [ɑ̃fuʀʃe] v. tr. [1] **1.** Rare Percer d'une fourche. **2.** Monter à califourchon sur. *Enfourcher un cheval, une bicyclette.* – De *en-*, et *fourche*.

enfourchure [ɑ̃fuʀʃyʀ] n. f. **1.** Point où une branche forme une fourche. **2.** COUT Entrejambe. – De *en-*, et *fourche*.

enfournage [ɑ̃fuʀnaʒ], **enfournement** [ɑ̃fuʀnəmɑ̃] n. m. ou **enfournée** [ɑ̃fuʀne] n. f. Action d'enfourner. – De *enfourner*.

enfourner [ɑ̃fuʀne] v. tr. [1] **1.** Mettre dans un four. *Enfourner le pain.* **2.** Fig., fam. Mettre dans la bouche largement ouverte. *Il a enfourné le gâteau tout en-*

tier. – *Par ext.* Introduire, mettre à la hâte (dans qqch). *Enfourner des vêtements dans une valise.* **3.** TECH Mettre dans un creuset (les matières à fondre). – De *en-*, et *four.*

enfourneur, euse [ɑ̃fuʀnœʀ, øz] n. Ouvrier, ouvrière chargé(e) de l'enfournage. – De *enfourner.*

enfreindre [ɑ̃fʀɛ̃dʀ] v. tr. [73] Ne pas respecter (un règlement, une convention). *Enfreindre une loi, des ordres.* Syn. contrevenir (à), transgresser. – Du lat. pop. **infrangere,* du class. *infringere,* «briser».

enfuir (s') [ɑ̃fɥiʀ] v. pron. [32] Prendre la fuite. *S'enfuir de prison.* Syn. fuir, s'échapper, se sauver. Ant. rester. ▷ Fig. *Les années qui se sont enfuies.* – De *en,* et de *fuir.*

enfumage [ɑ̃fymaʒ] n. m. Action d'enfumer les abeilles. – De *enfumer.*

enfumer [ɑ̃fyme] v. tr. [1] **1.** Remplir, envelopper de fumée. *Enfumer un terrier.* – *Enfumer des abeilles,* les engourdir avec de la fumée (pour visiter la ruche). **2.** Noircir de fumée. *Les lampes ont enfumé le plafond.* – De *en-*, et *fumée.*

enfumoir [ɑ̃fymwaʀ] n. m. Appareil qui sert à enfumer les abeilles. – De *enfumer.*

enfûtage [ɑ̃fytaʒ] n. m. Action d'enfûter; son résultat. – De *enfûter.*

enfûter [ɑ̃fyte] ou **enfutailler** [ɑ̃fytaje] v. tr. [1] Mettre en fût, en futaille. *Enfutailler du vin.* – De *en-*, et *fût, futaille.*

engageant, ante [ɑ̃gaʒɑ̃, ɑ̃t] adj. Attirant, qui séduit. *Une offre assez engageante.* – Ppr. de *engager.*

engagé, ée [ɑ̃gaʒe] adj. **1.** Entrepris, commencé. *La partie est engagée.* **2.** Qui s'est enrôlé dans l'armée. ▷ N. m. *Un engagé volontaire.* **3.** Qui prend ouvertement parti pour une cause. *Littérature, écrivain engagés.* – Pp. de *engager.*

engagement [ɑ̃gaʒmɑ̃] n. m. **1.** Action de mettre en gage. *Engagement d'un bijou en garantie d'un prêt.* **2.** Promesse, obligation. *Manquer à ses engagements.* **3.** Obligation que l'on contracte de servir, de faire qqch; acte qui en fait foi. *Acteur qui signe un engagement.* – Enrôlement volontaire d'un soldat. **4.** Attitude d'un intellectuel, d'un artiste, qui prend parti pour une cause en mettant son œuvre au service de celle-ci. **5.** MILIT Combat de courte durée. *Engagement d'avant-gardes.* **6.** MED Descente de la tête du fœtus dans l'excavation pelvienne, au début de l'accouchement. **7.** SPORT Coup d'envoi d'une partie. **8.** FIN *Engagement de dépenses:* décision d'engager des dépenses. – De *engager.*

engager [ɑ̃gaʒe] v. tr. [15] **I. 1.** Mettre, donner en gage. *Elle a engagé ses bijoux pour nourrir sa famille.* **2.** Donner pour caution. *Engager sa foi, son honneur.* ▷ V. pron. *S'engager pour qqn,* le cautionner. **3.** Lier par une promesse, une convention. *Cela n'engage à rien.* Syn. obliger, astreindre. ▷ V. pron. *Je m'engage à vous rembourser.* **4.** Faire supporter une responsabilité à. *Ces paroles n'engagent que moi.* ▷ V. pron. Manifester son engagement. *Auteur, philosophe qui s'engage.* **5.** Prendre à gages, prendre à son service. *Engager un employé de maison.* Syn. embaucher. ▷ V. pron. *S'engager comme femme de ménage.* – *S'engager dans la marine.* Absol. *S'engager:* s'enrôler dans l'armée. **II.** Introduire. **1.** Faire pénétrer (une chose dans une autre). *Engager une balle dans le canon d'une arme.* ▷ V. pron. *Le pied s'engage dans l'étrier.* **2.** Diriger dans une voie. *Engager un bateau dans un chenal.* ▷ V. pron. *La voiture s'est engagée dans l'avenue.* ▷ Fig. *C'est lui qui m'a engagé dans cette mauvaise affaire.* ▷ V. pron. *Elle s'est engagée dans une entreprise hasardeuse.* **3.** Faire entrer, mettre en jeu. *Engager des capitaux dans une affaire.* **4.** Commencer, provoquer. *Engager un procès. Engager la conversation.* ▷ V. pron. *Le combat s'engagea à l'aube.* **5.** Amener (qqn) à faire qqch. *C'est ce qui m'a engagé à vous parler.* Syn. inciter, exhorter, encourager. – De *en-*, et *gage.*

engainant, ante [ɑ̃genɑ̃, ɑ̃t] adj. BOT Se dit d'une feuille dont le pétiole constitue une gaine autour de la tige. – Ppr. de *engainer.*

engainer [ɑ̃gene] v. tr. [1] **1.** Rare Mettre dans une gaine. *Engainer un sabre.* Syn. (cour.) rengainer. **2.** BOT Envelopper comme dans une gaine. *Tige engainée.* – De *en-*, et *gaine.*

engamer [ɑ̃game] v. intr. [1] PECHE Avaler complètement l'hameçon, en parlant d'un poisson. – D'un mot rég. *gâmo,* «goitre».

engazonnement [ɑ̃gazɔnmɑ̃] n. m. Action d'engazonner. – De *engazonner.*

engazonner [ɑ̃gazɔne] v. tr. [1] Couvrir de gazon. – De *en-*, et *gazon.*

engeance [ɑ̃ʒɑ̃s] n. f. Péjor. Catégorie de personnes méprisables. *Quelle sotte engeance!* – De l'a. fr. *(a)eng(i)er* (XIIe s.), «accroître, faire pulluler», probabl. du lat. *indicare.*

engelure [ɑ̃ʒlyʀ] n. f. Lésion due au froid, siégeant habituellement aux extrémités et caractérisée par un œdème rouge, douloureux, dur, compliqué parfois d'ampoules et de crevasses. – De l'a. fr. *engeler, de en-*, et *gel.*

engendrement [ɑ̃ʒɑ̃dʀəmɑ̃] n. m. Action d'engendrer. Syn. génération. – De *engendrer.*

engendrer [ɑ̃ʒɑ̃dʀe] v. tr. [1] **1.** Procréer, en parlant des mâles. *Abraham engendra Isaac.* ▷ THEOL Produire, faire naître. *Le Père, dans la Trinité, engendre le Fils.* **2.** Fig. Être la cause de, faire naître. *L'insalubrité engendre des maladies.* – Fam. *Ne pas engendrer la mélancolie :* être fort gai. Syn. causer, créer, provoquer. **3.** GEOM Décrire, former une ligne, une surface. *La rotation d'un triangle autour d'une de ses hauteurs engendre un cône.* – Du lat. *ingenerare.*

engerbage [ɑ̃ʒɛʀbaʒ] n. m. Action d'engerber. – De *engerber.*

engerber [ɑ̃ʒɛʀbe] v. tr. [1] Mettre en gerbes. *Engerber du blé.* – De *en-*, et *gerbe.*

engin [ɑ̃ʒɛ̃] n. m. **1.** Appareil conçu pour remplir une fonction déterminée sans l'intervention ou avec une intervention réduite de la force musculaire de l'homme. *Engins de levage, de terrassement.* **2.** MILIT et ESP Appareil équipé d'un système autonome de propulsion et de guidage, conçu pour évoluer dans l'atmosphère (engins-sondes, lanceurs spatiaux et missiles). **3.** Instrument, outil quelconque. *Engins de guerre. Engins de pêche, de chasse.* – *Par ext.,* fam. Objet que l'on ne peut nommer précisément. *Je ne sais pas me servir de cet engin-là.* – Du lat. *ingenium,* «talent, intelligence».

englober [ɑ̃glɔbe] v. tr. [1] Réunir, comprendre en un tout. *La même accusation englobe X, Y et Z.* – De *en-*, et *globe.*

engloutir [ɑ̃glutiʀ] v. tr. [2] **1.** Avaler gloutonnement. *Il a englouti un poulet entier.* Syn. dévorer, engouffrer. **2.** Faire disparaître dans un gouffre. *La mer a englouti le navire et son équipage.* – Fig. Absorber, consumer. *Ces dépenses ont englouti toutes mes économies.* – Bas lat. *ingluttire.* V. glouton.

engloutissement [ɑ̃glutismɑ̃] n. m. Action d'engloutir; son résultat. – De *engloutir.*

engluage [ɑ̃glyaʒ] ou **engluement** [ɑ̃glymɑ̃] n. m. Action d'engluer; résultat de cette action. – De *engluer.*

engluer [ɑ̃glye] v. tr. [1] **1.** Enduire de glu ou d'une matière gluante. *Engluer un piège. Des doigts en-*

glués de confiture. **2.** Prendre à la glu. *Engluer des oiseaux.* ▷ Fig. *Se laisser engluer par de belles paroles.* – De *en-*, et *glu.*

engobage [ɑ̃gɔbaʒ] n. m. TECH Action d'engober. – De *engober.*

engobe [ɑ̃gɔb] n. m. TECH Matière terreuse dont on recouvre une céramique pour masquer sa couleur naturelle. – Déverbal de *engober.*

engober [ɑ̃gɔbe] v. tr. [1] TECH Appliquer un engobe. – De *en-*, et *gobe*, dial. «motte de terre».

engommage [ɑ̃gɔmaʒ] n. m. Action d'engommer. – De *engommer.*

engommer [ɑ̃gɔme] v. tr. [1] Enduire de gomme. *Engommer une toile.* – De *en-*, et *gomme.*

engoncement [ɑ̃gɔ̃smɑ̃] n. m. Fait d'être engoncé. – De *engoncer.*

engoncer [ɑ̃gɔ̃se] v. tr. [14] En parlant de vêtements, faire paraître le cou enfoncé dans les épaules. *Ce manteau vous engonce.* – De *en-*, et *gond.*

engorgement [ɑ̃gɔʀʒəmɑ̃] n. m. **1.** Obstruction formée dans un tuyau, un canal, etc. **2.** MED Accumulation de sang, de sérosité ou de liquide dans un organe. *L'engorgement mammaire est très douloureux.* – De *engorger.*

engorger [ɑ̃gɔʀʒe] v. tr. [15] **1.** Obstruer, boucher un conduit. *Saletés qui engorgent un tuyau.* ▷ V. pron. *Ce canal s'est engorgé.* **2.** MED Provoquer l'engorgement de. – De *en-*, et *gorge.*

engouement [ɑ̃gumɑ̃] n. m. **1.** Fig. Fait de s'engouer. *Elle est coutumière de ces engouements.* Syn. emballement, toquade (fam.). **2.** MED Arrêt des matières fécales dans l'anse intestinale herniée. – De *engouer.*

engouer (s') [ɑ̃gwe] v. pron. [11] **1.** Vx S'étrangler, s'étouffer. **2.** Mod. *S'engouer de :* se prendre d'une passion excessive et passagère pour. *Il s'engoua subitement de peinture.* Syn. s'enticher. – De *en-*, et *goue* (cf. joue).

engouffrement [ɑ̃gufʀəmɑ̃] n. m. Action d'engouffrer, de s'engouffrer. – De *engouffrer.*

engouffrer [ɑ̃gufʀe] **I.** v. tr. [1] **1.** Litt. Faire disparaître dans un gouffre. *La mer engouffra le vaisseau.* **2.** Fig., fam. Dévorer, engloutir. *Il a engouffré tout un plateau de petits fours.* **II.** v. pron. **1.** Litt. Se perdre, tomber dans un gouffre. *Le navire s'engouffra.* – Fig. *Des fortunes s'engouffrent dans les spéculations.* **2.** Entrer avec violence dans un lieu resserré. *Le vent s'engouffre dans la cheminée.* **3.** Pénétrer précipitamment dans. *Ils se sont engouffrés dans le couloir.* – De *en-*, et *gouffre.*

engoulevent [ɑ̃gulvɑ̃] n. m. Oiseau au plumage roussâtre qui ressemble à un grand martinet (genre *Caprimulgus*, ordre des caprimulgiformes). *L'engoulevent bois-pourri* (Caprimulgus vociferus) *et l'engoulevent d'Amérique* (Chordeiles minor) *sont les espèces les plus communes en Amérique du Nord.* – De l'a. fr. *engouler*, «avaler», de *goule*, var. de *gueule*, et *vent*, cet oiseau chassant le bec grand ouvert.

engourdir [ɑ̃guʀdiʀ] v. tr. [2] **1.** Causer l'engourdissement de. *Le froid lui engourdissait les mains.* **2.** Fig. Diminuer, ralentir l'activité, l'énergie de. *L'oisiveté engourdit.* Ant. dégourdir. – De *en-*, et *gourd.*

engourdissement [ɑ̃guʀdismɑ̃] n. m. **1.** Privation momentanée de la sensibilité ou de la mobilité. *Changer souvent de position pour lutter contre l'engourdissement.* **2.** Fig. État de torpeur, absence de vivacité. – De *engourdir.*

engrain [ɑ̃gʀɛ̃] n. m. Blé d'Asie Mineure (*Triticum monococcum*, le petit épeautre). – De *en-*, et *grain.*

engrais [ɑ̃gʀɛ] n. m. **1.** Action d'engraisser. *Mettre un bœuf, un porc à l'engrais.* **2.** AGRIC Toute matière qui augmente la fertilité du sol, en constituant un aliment supplémentaire pour les plantes (par oppos. à *amendement*). – Déverbal de *engraisser.*

ENCYCL On distingue les engrais *naturels:* fumier, eaux usées, guano, et les engrais *chimiques:* nitrates, phosphates, sels de potassium, calcium, etc. En ce qui concerne leur action, les engrais *plastiques*, qui fournissent des apports en grande quantité (azote, phosphore, etc.), s'opposent aux engrais *catalytiques*, qui fournissent des oligo-éléments (fer, manganèse, chrome, etc.). Enfin, les engrais *verts*, plantes (légumineuses notam.) semées puis enfouies sur place par un labour, enrichissent le sol en matières organiques.

engraissage [ɑ̃gʀɛsaʒ] ou **engraissement** [ɑ̃gʀɛsmɑ̃] n. m. Action d'engraisser du bétail; son résultat. – De *engraisser.*

engraisser [ɑ̃gʀese] **I.** v. tr. [1] **1.** Faire devenir gras. *Engraisser de la volaille.* ▷ V. pron. Devenir gras. *Laisser du bétail s'engraisser.* **2.** Améliorer par des engrais. *Engraisser les terres.* **3.** Fig., fam. Rendre riche, florissant. *Les procès engraissent les gens de justice.* ▷ V. pron. *S'engraisser aux dépens de qqn.* **II.** v. intr. Devenir gras. *Elle a engraissé.* Syn. grossir, épaissir. Ant. maigrir. – Lat. pop. **ingrassiare*, pour **incrassiare*, bas lat. *incrassare*, du class. *crassus*, «gras».

engraisseur [ɑ̃gʀɛsœʀ] n. m. Personne qui engraisse les bestiaux. – De *engraisser.*

engramme [ɑ̃gʀam] n. m. PSYCHO Trace laissée dans les centres nerveux par toute activité antérieure. – Gr. *en*, «dans», et *gramma*, «caractère, trait».

engrangement [ɑ̃gʀɑ̃ʒmɑ̃] n. m. Action d'engranger. – De *engranger.*

engranger [ɑ̃gʀɑ̃ʒe] v. tr. [15] **1.** Mettre, déposer dans une grange. *Engranger du blé.* **2.** Fig. Faire provision de. *Engranger des connaissances.* – De *en-*, et *grange.*

1. engraver [ɑ̃gʀave] v. tr. [1] **1.** Engager dans la vase, le sable. *Engraver un bateau.* ▷ V. intr. ou pron. *Être engravé. Le bateau (s')engrava.* **2.** Recouvrir de gravier. *La rivière a engravé la plaine.* – De *en-*, et rad. de *grève* 1, *gravier.*

2. engraver [ɑ̃gʀave] v. tr. [1] CONSTR Sceller (une feuille de plomb ou de zinc) dans une maçonnerie. – De *en-*, et *graver.*

engravure [ɑ̃gʀavyʀ] n. f. CONSTR Feuille de plomb, de zinc, que l'on engrave. – De *engraver.*

engrenage [ɑ̃gʀənaʒ] n. m. **1.** TECH Dispositif composé de deux pièces munies de dents, permettant d'assurer une liaison mécanique entre deux arbres qui ne tournent généralement pas à la même vitesse. *Engrenages cylindriques, hélicoïdaux, coniques, hypoïdes. Engrenages à vis sans fin.* **2.** Fig. Enchaînement de circonstances auquel il est difficile d'échapper. *Être pris dans un engrenage de difficultés. Mettre le doigt dans l'engrenage.* – De *engrener* 2.

1. engrènement [ɑ̃gʀɛnmɑ̃] n. m. Action d'engrener. – De *engrener* 1.

2. engrènement [ɑ̃gʀɛnmɑ̃] n. m. **1.** TECH Action d'engrener une roue. **2.** CHIR Pénétration réciproque des deux fragments d'un os fracturé. – De *engrener* 2.

1. engrener [ɑ̃gʀəne] v. tr. [19] **1.** Mettre (du grain) dans la trémie d'un moulin pour le moudre. ▷ *Engrener une batteuse*, l'alimenter en épis. **2.** Engraisser avec du grain. *Engrener des volailles, des chevaux.* – De *en-*, et *grain.*

2. engrener [ɑ̃gʀəne] v. tr. [19] TECH Faire entrer les dents d'une roue dans celles d'un pignon pour lui communiquer un mouvement. – De *-en*, et *grain*, p.-ê. sous l'influence de *encrené*, «entaillé de crans».

engreneur [ɑ̃gʀənœʀ] n. m. Ouvrier qui engrène la batteuse. – De *engrener* 1.

engreneuse [ɑ̃gʀənøz] n. f. Appareil servant à engrener mécaniquement une batteuse. – De *engrener* 1.

engrenure [ɑ̃gʀənyʀ] n. f. **1.** TECH Position de deux roues qui s'engrènent. **2.** ANAT Position de deux os dentelés qui s'engrènent. – De *engrener* 2.

engrosser [ɑ̃gʀose] v. tr. [1] Vulg. Rendre grosse, enceinte. – De *en-*, et a. fr. *groisse*, «grosseur».

engrumeler [ɑ̃gʀymle] v. tr. [16] Rendre grumeleux. ▷ V. pron. Se mettre en grumeaux. – De *en-*, et *grumeau*.

engueulade [ɑ̃gœlad] n. f. Fam. Action d'engueuler, de s'engueuler; violents reproches. *Prendre une engueulade.* – De *engueuler*.

engueuler [ɑ̃gœle] v. tr. [1] Fam. Faire des reproches véhéments à, invectiver. *Je l'ai drôlement engueulé.* ▷ V. pron. *Ils n'arrêtent pas de s'engueuler.* – De *en-*, et *gueule*.

enguichure [ɑ̃giʃyʀ] n. f. Courroie servant à porter un cor de chasse ou un bouclier. – De l'a. fr. *enguiché*, «garni d'une *guiche* ou *guige* (courroie)».

enguirlander [ɑ̃giʀlɑ̃de] v. tr. [1] **1.** Garnir de guirlandes. **2.** Fam. Euph. pour *engueuler*. – De *en-*, et *guirlande*.

enhardir [ɑ̃aʀdiʀ] v. tr. [2] Donner de la hardiesse à. *Le succès l'a enhardi.* Ant. intimider, décourager. ▷ V. pron. Prendre de la hardiesse, de l'assurance. – De *en-*, et *hardi*.

enharmonie [ɑ̃naʀmɔni] n. f. MUS **1.** Rapport entre deux notes qui ne diffèrent que d'un comma (ex.: *do* dièse et *ré* bémol, *fa* et *mi* dièse). **2.** Troisième genre de la musique antique. – De *enharmonique*, d'ap. *harmonie*.

enharmonique [ɑ̃naʀmɔnik] adj. MUS **1.** Relatif à l'enharmonie. **2.** *Genre enharmonique*, qui procédait par quarts de tons. – Bas lat. d'orig. gr. *enharmonicus*.

enharnacher [ɑ̃aʀnaʃe] v. tr. [1] Rare **1.** Mettre un harnais à. *Enharnacher un cheval.* **2.** Fig. Revêtir d'un costume ridicule. Syn. accoutrer, harnacher. – De *en-*, et *harnais*.

enherber [ɑ̃nɛʀbe] v. tr. [1] Mettre (un terrain) en pré, en herbe. – De *en-*, et *herbe*.

énième [enjɛm] adj. num. ord. Qui est à un rang indéterminé. *Je te le dis pour la énième fois.* – De *n*, lettre désignant un nombre indéterminé, et suff. *-ième*.

énigmatique [enigmatik] adj. Qui renferme une énigme, qui tient de l'énigme. *Paroles énigmatiques. Personnage énigmatique.* Syn. mystérieux. Ant. clair. – Bas lat. *ænigmatice*, «d'une manière énigmatique».

énigmatiquement [enigmatikmɑ̃] adv. D'une manière énigmatique. – De *énigmatique*.

énigme [enigm] n. f. **1.** Chose à deviner d'après une description en termes obscurs et ambigus. *Trouver le mot de l'énigme*, le mot proposé par l'énigme; fig., l'explication de ce que l'on ne comprenait pas. **2.** Fig. Ce qui est difficile à comprendre. *Une énigme policière. Cette personne est une énigme pour moi.* Syn. mystère, problème. – Discours obscur, phrase ambiguë. *Parler par énigmes.* – Lat. *ænigma*, du gr. *ainigma;* a. fr., *ainigme*.

enivrant, ante [ɑ̃nivʀɑ̃, ɑ̃t] adj. **1.** Qui enivre. *Boisson enivrante. Parfums enivrants.* **2.** Fig. Qui trouble au plus haut point, qui transporte. *Une beauté enivrante.* Syn. grisant, troublant. – Ppr. de *enivrer*.

enivrement [ɑ̃nivʀəmɑ̃] n. m. **1.** Vx Ivresse. **2.** Fig. Exaltation de l'âme, des passions. *L'enivrement de l'amour.* Syn. griserie, transport. – De *enivrer*.

enivrer [ɑ̃nivʀe] v. tr. [1] **1.** Rendre ivre. *Le vin enivre.* ▷ V. pron. *Il s'est enivré pour oublier.* Syn. griser, saouler. **2.** Fig. Étourdir, exalter. *Enivrer de louanges.* ▷ V. pron. *Il s'enivrait des senteurs printanières.* – De *en-*, et *ivre*.

enjambée [ɑ̃ʒɑ̃be] n. f. **1.** Grand pas. *Marcher à grandes enjambées. D'une enjambée*, d'un seul pas; fig., d'un seul coup. *L'auteur décrit la naissance du héros, puis, d'une enjambée, passe à son adolescence.* **2.** Espace parcouru en faisant un tel pas. *C'est à trois enjambées d'ici.* – De *en-*, et *jambe*.

enjambement [ɑ̃ʒɑ̃bmɑ̃] n. m. **1.** Vx Action d'enjamber. **2.** BIOL *Enjambement des chromosomes:* entrecroisement des chromosomes homologues qui, au cours de la phase précédant la méiose, échangent certains fragments de chromatides après s'être appariés, opérant ainsi un mélange des gènes qu'ils portent. **3.** VERSIF Rejet au vers suivant d'un ou de plusieurs mots qui complètent le sens du premier. Ex.: *«Du palais d'un jeune lapin,/Dame belette, un beau matin,/S'empara...»* (La Fontaine). – De *enjamber*.

enjamber [ɑ̃ʒɑ̃be] **I.** v. tr. [1] Franchir en étendant la jambe par-dessus. *Enjamber un ruisseau. Enjamber un parapet.* ▷ Par ext. *Viaduc qui enjambe la vallée.* **II.** v. intr. **1.** Se prolonger, avancer. *Cette poutre enjambe sur le mur.* **2.** Fig. Usurper, empiéter. *Enjamber sur le domaine de son voisin.* – De *en-*, et *jambe*.

enjaveler [ɑ̃ʒavle] v. tr. [22] AGRIC Mettre en javelles. *Enjaveler du blé.* – De *en-*, et *javelle*.

enjeu [ɑ̃ʒø] n. m. **1.** Somme que l'on mise au jeu et qui revient au gagnant. *Garder les enjeux.* **2.** Fig. Ce que l'on risque de gagner ou de perdre dans une entreprise, une compétition. *Il engagea une bataille acharnée dont l'enjeu était la suprématie en Europe.* – Pour *en jeu*.

enjoindre [ɑ̃ʒwɛ̃dʀ] v. tr. [66] Ordonner, prescrire. *La loi enjoint de respecter le bien d'autrui.* – Du lat. *injugere*, d'ap. *joindre*.

enjôler [ɑ̃ʒole] v. tr. [1] Séduire par des manières, des paroles flatteuses. – De *en-*, et *geôle*.

enjôleur, euse [ɑ̃ʒolœʀ, øz] n. et adj. **1** n. Personne qui enjôle. **2.** adj. Charmeur, séducteur – De *enjôler*.

enjolivement [ɑ̃ʒɔlivmɑ̃] n. m. ou **enjolivure** [ɑ̃ʒɔlivyʀ] n. f. Ornement, ajout qui enjolive. *Apporter des enjolivements à un jardin.* – De *enjoliver*.

enjoliver [ɑ̃ʒɔlive] v. tr. [1] Rendre plus joli, orner. *Enjoliver sa maison.* – Fig. *Enjoliver un récit*, y ajouter des détails plus ou moins exacts pour l'embellir, l'agrémenter. – De *en-*, et *joli*.

enjoliveur, euse [ɑ̃ʒɔlivœʀ, øz] **1.** n. Rare Personne qui a tendance à enjoliver ses récits. **2.** n. m. Cour. AUTO Garniture qui recouvre la partie centrale d'une roue. – De *enjoliver*.

enjoué, ée [ɑ̃ʒwe] adj. Qui a ou qui dénote de la gaieté, de l'enjouement. *Un caractère enjoué. Conversation enjouée.* Syn. gai. Ant. grave, maussade, triste. – De *en-*, et *jeu*.

enjouement [ɑ̃ʒumɑ̃] n. m. Gaieté aimable, bonne humeur. *Elle répondit avec enjouement.* Syn. entrain. Ant. gravité, austérité. – De *enjoué*.

enképhaline [ɑ̃kefalin] n. f. BIOCHIM Peptide élaborée dans le cerveau, à l'action antalgique sur les voies et centres de la douleur (thalamus notam.). *Enképhalines et endorphines sont des morphines endogènes.* – Angl. *enkephalin*, du grec *egkephalos*, «qui est dans la tête».

enkysté, ée [ɑ̃kiste] adj. BIOL et MED Qui est enfermé dans un kyste. – De *en-*, et *kyste*.

enkystement [ãkistəmã] n. m. BIOL et MED Formation d'un kyste. – De *enkyster.*

enkyster (s') [ãkiste] v. pron. [11] BIOL et MED S'entourer d'une couche de tissu conjonctif dense qui isole du tissu environnant. *Les cellules amibiennes s'enkystent parfois dans le côlon.* – De *enkysté.*

enlacement [ãlasmã] n. m. Action d'enlacer; son résultat. – De *enlacer.*

enlacer [ãlase] v. tr. [14] **1.** Passer des festons, des cordons, des lacets, etc., les uns dans les autres. *Enlacer des rubans, des branches.* – Par anal. *Enlacer des initiales.* ▷ V. pron. *Des rubans multicolores s'enlaçaient dans sa chevelure.* Syn. entremêler, entrelacer. **2.** (Choses). Entourer en serrant. *Des guirlandes de serpentins enlaçaient les tables et les chaises.* – (Personnes). Étreindre, serrer dans ses bras. *Des couples enlacés.* ▷ V. pron. *Ils s'enlacèrent une dernière fois.* – De *en-*, et *lacer.*

enlaçure [ãlasyʀ] n. f. TECH Assemblage d'un tenon et d'une mortaise à l'aide de chevilles. – De *enlacer.*

enlaidir [ãlɛdiʀ] v. tr. [2] Rendre laid. *Ce chapeau vous enlaidit.* ▷ V. intr. Devenir laid. *Il enlaidit de jour en jour.* ▷ V. pron. Se rendre laid. *S'enlaidir à plaisir.* Ant. embellir. – De *en-*, et *laid.*

enlaidissement [ãlɛdismã] n. m. Action, fait d'enlaidir. Ant. embellissement. – De *enlaidir.*

enlevage [ãlvaʒ] n. m. **1.** TECH Opération de teinturerie consistant à détruire la teinture ou le mordant. **2.** SPORT Action d'accélérer le mouvement des avirons en fin de course. – De *enlever.*

enlèvement [ãlɛvmã] n. m. **1.** Action d'emporter qqch d'un lieu. *Enlèvement des ordures ménagères.* **2.** Action d'enlever une personne. *Enlèvement d'enfant.* Syn. rapt. **3.** MILIT Action de s'emparer d'une position. – De *enlever.*

enlever [ãlve] v. tr. [19] **I. 1.** Soulever en l'air. *Enlever des pierres avec une grue.* **2.** Fig. Ravir, transporter d'admiration. *Enlever son auditoire.* **3.** Exécuter avec vivacité et brio. *Enlever un morceau de musique. Un portrait enlevé.* **II. 1.** Déplacer, mettre plus loin. *Enlevez cette horreur de ma vue!* ▷ Retirer, ôter. *Enlève tes chaussures avant d'entrer.* **2.** Faire disparaître. *Enlever une tache.* – V. pron. *Cette tache s'enlève à l'eau chaude.* ▷ Fig. Soulager de, priver de. *Cette nouvelle m'enlève un grand souci. Cela n'enlève rien à ses qualités.* **III.** Prendre. **1.** Emporter avec soi. *Enlever des marchandises.* **2.** S'emparer de. *Enlever une place, une ville.* – Fig. *Enlever la première place. Son concurrent a enlevé le marché.* **3.** Ravir, emmener (qqn) de gré ou de force. *Enlever un enfant pour obtenir une rançon. Enlever une femme.* ▷ Faire mourir. *Le choléra l'a enlevé. Être enlevé à l'affection des siens.* – Pour *en lever.*

enlevure [ãlvyʀ] n. f. BX-A Partie d'un haut-relief ou d'un demi-relief qui se détache du fond. – De *enlever.*

enliasser [ãljase] v. tr. [1] Mettre en liasse. – De *en-*, et *liasse.*

enlier [ãlje] v. tr. [1] CONSTR Alterner les joints d'une maçonnerie en plaçant les briques, les pierres, etc., tantôt dans le sens de la longeur, tantôt dans le sens de la largeur. – De *en-*, et *lier.*

enlisement [ãlizmã] n. m. Fait de s'enliser. – De *enliser.*

enliser [ãlize] **1.** v. tr. [1] Enfoncer dans un sol mouvant. *Il a enlisé sa voiture en voulant passer sur un terrain marécageux.* **2.** v. pron. Disparaître peu à peu dans un sol mouvant, s'enfoncer. *S'enliser dans la vase.* ▷ Fig. *S'enliser dans des difficultés, dans la routine.* – Mot dial., de *en-*, et a. fr. et dial. *lise*, «sable mouvant».

enluminer [ãlymine] v. tr. [1] **1.** Orner d'enluminures. *Enluminer des estampes.* ▷ Fig. *Enluminer son style.* **2.** Colorer vivement (la peau, le teint). *La fièvre enlumine ses joues.* – Du lat. *illuminare*, avec changement de préf., «éclairer, embellir».

enlumineur, euse [ãlyminœʀ, øz] n. Artiste qui fait des enluminures. – De *enluminer.*

enluminure [ãlyminyʀ] n. f. **1.** Art d'enluminer. **2.** Miniature en couleur des anciens manuscrits. **3.** *Par ext.* Coloration très vive (du visage). – De *enluminer.*

ennéa-. Élément, gr. *ennea*, «neuf».

ennéade [enead] n. f. Assemblage de neuf choses semblables, ou assemblée de neuf personnes. – Du bas lat. *enneas, enneadis* «neuvaine, neuf jours», gr. *enneas, enneados*, «ensemble de neuf».

ennéagonal, ale, aux [eneagɔnal, o] adj. GEOM Qui a neuf angles. – De *ennéagone.*

ennéagone [eneagɔn] n. m. GEOM Polygone à neuf côtés. ▷ Adj. *Pyramide ennéagone.* – De *ennéa-*, et *-gone.*

ennéasyllabe [eneasil(l)ab] n. m. (et adj.). Vers de neuf syllabes. – De *ennéa-*, et *syllabe.*

enneigé, ée [ãneʒe] adj. Couvert de neige. *Route enneigée.* – De *en-*, et *neige.*

enneigement [ãnɛʒmã] n. m. État d'un sol enneigé. ▷ Épaisseur de la couche de neige en un lieu donné. – De *enneigé.*

ennemi, ie [ɛnmi] n. et adj. **1.** Personne qui hait qqn, qui cherche à lui nuire. *Un ennemi juré. Se faire un ennemi de plus.* Ant. ami. ▷ Adj. *Des frères ennemis.* ▷ *Ennemi public :* homme considéré comme dangereux pour la société. ▷ Chose opposée, nuisible à une autre. *Le mieux est l'ennemi du bien.* **2.** Personne qui éprouve de l'aversion pour (qqch). *Un ennemi de la contrainte.* **3.** (Sing. collect. ou plur.) Ceux contre qui on se bat, en période de guerre, leur État, leur armée. *L'ennemi a violé nos frontières. Être fait prisonnier par l'ennemi.* ▷ Loc. *Passer à l'ennemi :* se ranger aux côtés de ceux que l'on combattait jusqu'ici. – Fig. Trahir son parti, ses engagements. ▷ Adj. *Nation, armée ennemie. Mission en territoire ennemi.* Ant. allié. – Du lat. *inimicus.*

ennoblir [ãnɔbliʀ] v. tr. [2] Rendre noble, conférer de la noblesse, de la dignité à. *La vertu ennoblit l'homme.* – De *en-*, et *noble.*

ennoblissement [ãnɔblismã] n. m. Rare Action d'ennoblir; état de ce qui est rendu noble. – De *ennoblir.*

ennoiement [ãnwamã] n. m. Invasion d'un littoral par les eaux marines, à la suite d'une transgression, ou de mouvements tectoniques. – De *en-*, et *noyer.*

ennoyage [ãnwajaʒ] n. m. Disparition d'accidents tectoniques (reliefs, failles) sous une couverture sédimentaire. – De *en-*, et *noyer.*

ennuagement [ãnyaʒmã] n. m. METEO État du ciel couvert de nuages. – De *ennuager.*

ennuager [ãnyaʒe] v. tr. [15] Couvrir de nuages. – Fig. *Elle est apparue ennuagée de dentelles.* ▷ v. pron. *Ciel qui s'ennuage.* – De *en-*, et *nuage.*

ennui [ãnɥi] n. m. **1.** Vx Vif chagrin, grande tristesse. **2.** Lassitude morale, absence d'intérêt pour toute chose. *L'ennui naît de l'uniformité. Être rongé par l'ennui. Mourir d'ennui.* ▷ Absence de tout intérêt, sentiment de vide que produit qqch. *Il ne ressent que de l'ennui pour ce travail monotone.* **3.** Sentiment désagréable que provoque un souci, une contrariété; ce souci, cette contrariété. *Causer des ennuis à qqn. Avoir des ennuis d'argent.* – Déverbal de *ennuyer.*

ennuyant, ante [ɑ̃nɥijɑ̃, ɑ̃t] adj. Qui ennuie passagèrement. – Ppr. de *ennuyer.*

ennuyé, ée [ɑ̃nɥije] adj. Contrarié, soucieux. *Avoir l'air très ennuyé.* – Pp. de *ennuyer.*

ennuyer [ɑ̃nɥije] v. tr. [25] **1.** Causer de l'ennui à, contrarier (qqn). *Cet échec l'ennuie beaucoup.* **2.** Importuner, lasser. *Il ennuie tout le monde avec ses exigences.* ▷ Rebuter, susciter un ennui profond chez. *Un conférencier qui ennuie son auditoire.* **3.** v. pron. Éprouver un ennui profond, se morfondre. *Il est seul, il s'ennuie toute la journée.* ▷ *S'ennuyer de:* regretter ou être affecté par l'absence, l'éloignement de. *S'ennuyer de ses proches, de son pays.* – Du bas lat. *inodiare,* de *odium,* «haine».

ennuyeusement [ɑ̃nɥijøzmɑ̃] adv. De manière ennuyeuse. – De *ennuyeux.*

ennuyeux, euse [ɑ̃nɥijø, øz] adj. **1.** Qui est propre à ennuyer, à contrarier. *Ces événements sont ennuyeux pour l'avenir.* **2.** Qui ennuie, lasse l'intérêt. *Un livre ennuyeux. Un bavard ennuyeux.* – De *ennui.*

énoncé [enɔ̃se] n. m. **1.** Action d'énoncer; ce qui est énoncé. *L'énoncé des faits.* ▷ *L'énoncé d'un jugement, d'une loi.* ▷ MATH Ensemble de données à résoudre, de propositions à démontrer. **2.** LING Ensemble d'éléments de communication ayant une signification qui se suffit à elle-même. – Pp. subst. de *énoncer.*

énoncer [enɔ̃se] v. tr. [14] Exprimer sa pensée, la rendre par des mots. *Énoncer une vérité.* ▷ V. pron. *«Ce que l'on conçoit bien s'énonce clairement»* (Boileau). – Lat. *enuntiare.*

énonciatif, ive [enɔ̃sjatif, iv] adj. Qui énonce. – Lat. *enuntiativus.*

énonciation [enɔ̃sjasjɔ̃] n. f. **1.** Action, manière d'énoncer; fait d'être énoncé. **2.** LING Production d'un énoncé. – Lat. *enuntiatio.*

enorgueillir [ɑ̃nɔʀgœjiʀ] v. tr. [2] Rendre orgueilleux. *Tous ces succès l'enorgueillissent.* ▷ V. pron. *S'enorgueillir de :* tirer orgueil de. *S'enorgueillir de son savoir.* – De *en-,* et *orgueil.*

énorme [enɔʀm] adj. Démesuré, extraordinairement grand ou gros. *Un énorme bloc.* – Fig. *Une dette énorme.* ▷ Fam. Remarquable, éminent. *Quelqu'un criait: «Qu'est-ce qu'un piston?» et ils rugissaient tous ensemble: «C'est un type énorme»* (Sartre). – Du lat. *enormis,* «qui sort de la règle».

énormément [enɔʀmemɑ̃] adv. D'une manière excessive, démesurément. *Il boit énormément.* – De *énorme.*

énormité [enɔʀmite] n. f. **1.** Caractère de ce qui est énorme. *L'énormité d'un bâtiment, d'un paquebot.* ▷ Fig. *L'énormité de son crime.* **2.** Parole ou action d'une extravagance ou d'une stupidité énorme. *Dire des énormités.* – Lat. *enormitas,* «grandeur ou grosseur démesurée».

énouer [enwe] v. tr. [1] TECH Débarrasser (une étoffe) de ses nœuds. – De *é-,* et *nouer.*

enquérir (s') [ɑ̃keʀiʀ] v. pron. [38] *S'enquérir de:* se renseigner, s'informer, demander des renseignements sur. *S'enquérir du prix de qqch.* – Lat. *inquirere.*

enquerre (à) [aɑ̃kɛʀ] loc. adj. HERALD *Armes à enquerre,* qui présentent une bizarrerie contraire aux lois de l'héraldique, qu'il faut élucider. – Anc. forme de *enquérir.*

enquête [ɑ̃kɛt] n. f. **1.** Étude d'une question, s'appuyant sur des témoignages, des informations. *Enquête journalistique, sociologique.* **2.** Recherche faite par une autorité judiciaire, administrative ou religieuse. *Ouvrir une enquête. Enquête parlementaire.* – Du lat. pop. **inquaesita,* de *inquirere,* «rechercher».

enquêter [ɑ̃kete] v. intr. [1] Ouvrir, poursuivre une enquête. *Enquêter sur un crime.* – De *enquête.*

enquêteur, euse [ɑ̃ketœʀ, øz] n. et adj. Personne qui mène une enquête, y participe. (On dit aussi *enquêtrice,* au féminin.) – De *enquête.*

enquiquinant, ante [ɑ̃kikinɑ̃, ɑ̃t] adj. Fam. Qui enquiquine. – Ppr. de *enquiquiner.*

enquiquiner [ɑ̃kikine] v. tr. [1] Fam. Ennuyer, agacer. *Il nous enquiquine.* – De *en-,* et rad. onomat. *kik-.*

enquiquineur, euse [ɑ̃kikinœʀ, øz] n. (et adj.) Fam. Personne qui enquiquine, importun. ▷ Adj. *Que tu es enquiquineur!* – De *enquiquiner.*

enracinement [ɑ̃ʀasinmɑ̃] n. m. Action d'enraciner, fait de s'enraciner. – De *enraciner.*

enraciner [ɑ̃ʀasine] **I.** v. tr. [1] **1.** Faire prendre racine à. *Enraciner un arbre.* **2.** Fig. Implanter profondément (dans l'esprit, les mœurs, etc.). *Enraciner un préjugé.* **II.** v. pron. **1.** Prendre racine. *Plante qui s'enracine dans un mur.* **2.** Fig. *S'enraciner dans un pays.* – De *en-,* et *racine.*

enrageant, ante [ɑ̃ʀaʒɑ̃, ɑ̃t] adj. Rare. Qui met en rage, en colère. – Ppr. de *enrager.*

enragé, ée [ɑ̃ʀaʒe] adj. et n. **1.** Furieux. *La jalousie le rend enragé.* **2.** Passionné, acharné. *Un joueur enragé.* ▷ Subst. *Un enragé de la marche à pied.* **3.** Atteint de la rage. *Un chien enragé.* ▷ Fam. *Manger de la vache enragée:* mener une vie de privations. – Pp. de *enrager.*

enrager [ɑ̃ʀaʒe] v. intr. [15] Éprouver un vif déplaisir, être en colère, en rage. *J'enrage de voir qu'il a gagné.* ▷ *Faire enrager:* irriter, taquiner. – De *en-,* et *rage.*

enraiement [ɑ̃ʀɛmɑ̃] ou **enrayement** [ɑ̃ʀɛjmɑ̃] n. m. Action d'arrêter une extension fâcheuse. *L'enraiement d'une maladie.* – De *enrayer* 1.

enrayage [ɑ̃ʀɛjaʒ] n. m. Blocage du mécanisme d'une arme à feu. – De *enrayer* 1.

1. enrayer [ɑ̃ʀɛje] v. tr. [24] **I. 1.** Arrêter l'extension de (une chose fâcheuse). *Enrayer une épidémie.* **2.** v. pron. Se bloquer, en parlant du mécanisme d'une arme à feu. **II.** Garnir (une roue) de ses rayons. – De *en-,* et *rai,* «rayon».

2. enrayer [ɑ̃ʀeje] v. intr. [24] AGRIC Tracer le premier sillon avec la charrue. *Enrayer un champ.* – De *en-,* et *raie,* «sillon».

enrégimenter [ɑ̃ʀeʒimɑ̃te] v. tr. [1] **1.** Incorporer dans un régiment. **2.** Faire entrer dans un groupe, un parti qui exige une stricte discipline. *Être enrégimenté par une secte.* Syn. embrigader. – De *en-,* et *régiment.*

enregistrable [ɑ̃ʀəʒistʀabl] adj. Qui peut être enregistré. – De *enregistrer.*

enregistrement [ɑ̃ʀəʒistʀəmɑ̃] n. m. **1.** Action d'enregistrer; son résultat. *L'enregistrement des bagages.* ▷ DR Inscription sur un registre public de certains actes, moyennant le paiement de droits. *L'enregistrement rend les actes enregistrés légalement connus des tiers et leur donne effet et rang selon les dispositions de la loi.* **2.** Opération consistant à recueillir sur un support matériel des informations (sons, images) qui peuvent être restituées par une lecture; informations ainsi recueillies. *Un enregistrement sur disque. Écouter un enregistrement.* – De *enregistrer.*

enregistrer [ɑ̃ʀəʒistʀe] v. tr. [1] **1.** Inscrire sur un registre. *Enregistrer une plainte.* – Spécial. *Faire enregistrer des bagages.* ▷ DR Mentionner un acte sur un registre public. *Enregistrer une hypothèque.* **2.** Consigner par écrit. *Enregistrer ses dépenses sur un cahier.* ▷ *Par ext.* Noter dans sa mémoire. *Enregistrer la phy-*

sionomie de qqn. **3.** Constater, observer. *Enregistrer une amélioration du temps.* **4.** Transférer des informations (sonores, visuelles, codées) sur un support matériel (disque, bande magnétique, etc.). *Enregistrer la voix de qqn, des images.* ▷ Par ext. *Un artiste qui a enregistré des chansons à succès.* **5.** PHYS Recueillir les variations d'une grandeur (température, pression, etc.). – De *en-*, et *registre.*

enregistreur, euse [ɑ̃ʀəʒistʀœʀ, øz] adj. et n. TECH Qualifie un appareil capable d'enregistrer les variations d'une grandeur (vitesse, température, etc.). ▷ N. m. Appareil enregistreur. – De *enregistrer.*

enrêner [ɑ̃ʀɛne] v. tr. [1] Mettre les rênes à (un cheval). – De *en-*, et *rêne.*

enrhumé, ée [ɑ̃ʀyme] adj. Qui a un rhume. – Pp. de *enrhumer.*

enrhumer [ɑ̃ʀyme] **1.** v. tr. [1] Causer un rhume à. *Ce temps m'a enrhumé.* **2.** v. pron. Contracter un rhume. – De *en-*, et *rhume.*

enrichi, ie [ɑ̃ʀiʃi] adj. **1.** (péjor.) Dont la fortune est récente. *Un négociant enrichi.* **2.** Se dit d'un corps dont la teneur en l'un de ses constituants a été augmentée. *Un minerai enrichi.* ▷ PHYS NUCL Qualifie un combustible nucléaire dont la teneur en matière fissile est plus élevée qu'à l'état naturel. *Uranium enrichi.* – Pp. de *enrichir.*

enrichir [ɑ̃ʀiʃiʀ] **I.** v. tr. [2] **1.** Rendre riche. *Le commerce l'a enrichi.* Ant. appauvrir. **2.** Apporter qqch de précieux ou de nouveau à. *Enrichir un musée d'une œuvre célèbre. – Enrichir son esprit.* ▷ METALL Augmenter la teneur en métal d'un minerai par élimination des éléments stériles. ▷ PHYS NUCL Augmenter la teneur isotopique d'un corps radioactif en éliminant les isotopes indésirables. **II.** v. pron. Devenir riche. *Enrichissez-vous.* – Fig. *Son vocabulaire s'est enrichi.* – De *en-*, et *riche.*

enrichissement [ɑ̃ʀiʃismɑ̃] n. m. Action d'enrichir, de s'enrichir; son résultat. *L'enrichissement d'un pays. L'enrichissement d'une pensée.* ▷ METALL Procédé qui consiste à enrichir un minerai (lavage, flottation). – De *enrichir.*

enrobage [ɑ̃ʀɔbaʒ] ou **enrobement** [ɑ̃ʀɔbmɑ̃] n. m. **1.** Action d'enrober. **2.** TECH Revêtement des électrodes de soudure servant à éviter l'oxydation du métal. – De *enrober.*

enrober [ɑ̃ʀɔbe] v. tr. [1] **1.** Recouvrir (un produit, une denrée) d'une couche qui le protège ou en améliore le goût. *Une amande enrobée dans du sucre. Enrober un médicament.* **2.** Fig. Envelopper pour atténuer ou déguiser. *Enrober un reproche dans une phrase aimable.* – De *en-*, et *robe.*

enrochement [ɑ̃ʀɔʃmɑ̃] n. m. TECH Amoncellement de blocs de roches qui protègent la base d'une digue, d'une jetée, etc., contre l'action des lames. – De *en-*, et *roche.*

enrocher [ɑ̃ʀɔʃe] v. tr. [1] TECH Mettre en place un enrochement. – De *en-*, et *roche.*

enrôlement [ɑ̃ʀolmɑ̃] n. m. Action d'enrôler, de s'enrôler. ▷ Document officiel attestant que l'on est enrôlé. – De *enrôler.*

enrôler [ɑ̃ʀole] **1.** v. tr. [1] Inscrire sur les rôles de l'armée. *Enrôler des soldats. – Par ext.* Faire entrer dans un groupe. *Enrôler qqn dans un parti.* **2.** v. pron. *S'enrôler dans la marine.* – De *en-*, et *rôle.*

enrouement [ɑ̃ʀumɑ̃] n. m. Altération de la voix qui devient sourde et voilée. – De *enrouer.*

enrouer [ɑ̃ʀwe] v. tr. [1] Rendre rauque, sourde (la voix). *L'abus du rhum avait enroué sa voix.* – Pp. *Une voix enrouée.* ▷ V. pron. *S'enrouer à force de crier.* – De *en-*, et a. fr. *ro(i)e*, «rauque», du lat. *raucus.*

enroulement [ɑ̃ʀulmɑ̃] n. m. **1.** Action d'enrouler; fait de s'enrouler. *L'enroulement d'un fil.* **2.** Ce qui forme une crosse, une spirale. *L'enroulement d'une volute.* **3.** ELECTR Bobinage obtenu en enroulant un fil conducteur. – De *enrouler.*

enrouler [ɑ̃ʀule] v. tr. [1] Rouler plusieurs fois (une chose) sur elle-même ou autour d'une autre. *Enrouler une corde. Enrouler un câble sur un treuil.* Ant. dérouler. ▷ v. pron. *Câble qui s'enroule automatiquement. – Par ext.* S'envelopper dans. *S'enrouler dans une couverture.* – De *en-*, et *rôle.*

enrouleur, euse [ɑ̃ʀulœʀ, øz] adj. et n. m. Qui sert à rouler. ▷ N. m. TECH Tambour sur lequel s'enroule un câble. – De *enrouler.*

enrubanner [ɑ̃ʀybane] v. tr. [1] Garnir de rubans. – De *en-*, et *ruban.*

ensablement [ɑ̃sabləmɑ̃] n. m. Action de remplir de sable; obstruction par le sable. ▷ Fait de s'ensabler. – De *ensabler.*

ensabler [ɑ̃sable] **I.** v. tr. [1] Couvrir, remplir de sable. *Le vent a ensablé la route côtière.* **II.** v. pron. **1.** Se recouvrir, se remplir de sable. *Le chenal s'ensable.* **2.** S'enfoncer dans le sable. *Véhicule qui s'est ensablé.* – De *en-*, et *sable.*

ensachage [ɑ̃saʃaʒ] n. m. Action d'ensacher. – De *ensacher.*

ensacher [ɑ̃saʃe] v. tr. [1] Mettre dans un sac, un sachet. *Ensacher des chocolats.* – Spécial. *Ensacher un fruit*, le mettre dans un sachet pour le protéger, quand il est sur l'arbre. – De *en-*, et *sac.*

ensacheur, euse [ɑ̃saʃœʀ, øz] n. **1.** Personne qui ensache des marchandises. **2.** n. f. TECH Machine servant à ensacher. – De *ensacher.*

ensanglanter [ɑ̃sɑ̃glɑ̃te] v. tr. [1] **1.** Tacher, couvrir de sang. *Une blessure qui ensanglante le visage.* **2.** Fig., litt. Souiller par un acte meurtrier. *Les exactions qui ont ensanglanté le pays.* – De *en-*, et *sanglant.*

enseignant, ante [ɑ̃sɛɲɑ̃, ɑ̃t] adj. et n. Qui enseigne. – *Le corps enseignant:* l'ensemble des personnes chargées d'enseigner. ▷ Subst. Membre du corps enseignant. – Ppr. de *enseigner.*

1. enseigne [ɑ̃sɛɲ] n. f. **1.** Inscription, emblème placé sur la façade d'un établissement commercial. *L'enseigne d'un parfumeur.* ▷ Fig. *Être logés à la même enseigne:* se trouver dans la même situation. **2.** Signe de ralliement militaire, drapeau. *Les enseignes romaines.* **3.** Vx Marque, indice. ▷ Loc. conj. Mod. *À telle enseigne que :* la preuve en est que. – Lat. *insignia.*

2. enseigne [ɑ̃sɛɲ] n. m. Anc. Officier chargé de porter le drapeau. – Pour *porte-enseigne.*

enseignement [ɑ̃sɛɲmɑ̃] n. m. **1.** Action, manière d'enseigner. *L'enseignement de l'histoire. Un enseignement méthodique.* ▷ Organisation de l'instruction. *L'enseignement public ou privé. – Enseignement général*, opposé à *enseignement technique* ou *professionnel.* **2.** Profession des enseignants. *Faire carrière dans l'enseignement.* **3.** Leçon donnée par l'exemple, l'expérience. *Les malheurs d'autrui doivent servir d'enseignement.* – De *enseigner.*

enseigner [ɑ̃seɲe] v. tr. [1] Transmettre (un savoir théorique ou pratique). *Enseigner la chimie, la danse.* – Par anal. *L'expérience nous enseigne que...* ▷ (S. comp.) Exercer la profession d'enseignant. – Lat. pop. **insignare*, du lat. class. *insignire*, «signaler».

ensellé, ée [ɑ̃se(ɛ)le] adj. Se dit d'un cheval dont le dos forme un creux exagéré. – De *en-*, et *selle.*

ensellement [ɑ̃sɛlmɑ̃] n. m. Col peu marqué entre deux collines. – De *ensellé.*

ensellure [ɑ̃selyʀ] n. f. ANAT Concavité postérieure de la portion lombaire de la colonne vertébrale. – De *ensellé.*

ensemble [ɑ̃sɑ̃bl] **I.** adv. **1.** L'un avec l'autre, les uns avec les autres. *Ils vivent ensemble.* **2.** Simultanément. *Partir ensemble.* **II.** n. m. **1.** Groupe d'éléments considérés globalement. *L'ensemble des habitants d'un pays. Une vue d'ensemble.* ▷ MATH Collection d'objets ou d'identités (les éléments) désignés par le même mot ou la même expression. *Ensemble des entiers naturels* (0, + 1, + 2...). *Théorie des ensembles* (V. encycl.). ▷ Loc. adv. *Dans l'ensemble:* d'une façon générale, en gros. **2.** Groupe d'éléments unis par des traits communs. *Un ensemble de chefs-d'œuvre. Un ensemble de musiciens.* ▷ Costume composé de plusieurs pièces assorties. *Acheter un ensemble habillé.* ▷ *Grand ensemble:* vaste groupe de hauts immeubles, conçu comme une unité architecturale et destiné à abriter une population nombreuse. ▷ TECH Objet complexe constitué d'un grand nombre de composants. **3.** Accord, harmonie entre des éléments, concourant à un effet unique. *Des mouvements de gymnastique exécutés avec un ensemble irréprochable.* – Du lat. *insimil.*

ENCYCL **Math.** Un ensemble peut être défini soit par la connaissance individuelle de ses éléments (ensemble des élèves d'une classe), soit par l'énoncé de propriétés restrictives caractérisant l'élément générique au sein d'un ensemble plus vaste (ensemble des Canadiens nés entre le 1er janv. 1959 et le 31 déc. 1962). La *théorie des ensembles* est due au mathématicien Cantor (1880). La première axiomatisation de cette théorie est due à Zermelo (1908); elle a été approfondie par de nombreux mathématiciens, notam. par ceux de l'école Bourbaki. Elle est devenue l'un des fondements des mathématiques modernes. Au niveau scolaire, on considère surtout les opérations portant sur les ensembles de nombres: ensemble N des entiers naturels, ensemble Z des entiers relatifs, Q des nombres rationnels, R des nombres réels. La *théorie des catégories*, introduite en 1945, est une généralisation de la théorie des ensembles. Une catégorie est formée d'une classe, notée *Ob* ($\mathfrak{C}$), dont les éléments sont appelés *objets* de , et d'une classe, notée *Mor* ($\mathfrak{C}$), dont les éléments sont appelés *morphismes.* Par exemple, la catégorie des ensembles est la catégorie dont les objets sont les ensembles et dont les morphismes sont les applications.

ensemblier, ière [ɑ̃sɑ̃blije, jɛʀ] n. Artiste qui combine des ensembles décoratifs. – De *ensemble.*

ensemencement [ɑ̃smɑ̃smɑ̃] n. m. Action d'ensemencer. – De *ensemencer.*

ensemencer [ɑ̃smɑ̃se] v. tr. **[14]** **1.** Mettre de la semence dans (la terre). **2.** Introduire des spores (bactéries, champignons, etc.) dans (un milieu de culture). ▷ *Ensemencer une rivière, un lac en le peuplant d'alevins.* – De *en-*, et *semence.*

enserrer [ɑ̃seʀe] v. tr. **[1]** Entourer en serrant. *Une large ceinture lui enserrait la taille.* – Par anal. *Un petit champ enserré par les bois.* – De *en-*, et *serrer.*

enseuillement [ɑ̃sœjmɑ̃] n. m. ARCHI Hauteur entre l'appui d'une fenêtre et le plancher. – De *en-*, et *seuil.*

ensevelir [ɑ̃səvliʀ] **I.** v. tr. **[2]** **1.** Inhumer, enterrer. *Ensevelir un mort.* **2.** Recouvrir d'un amoncellement de matériaux. *La lave du volcan a enseveli le village tout entier.* ▷ Fig. *Un souvenir enseveli au fond de la mémoire.* **II.** v. pron. Fig. S'enfoncer dans. *S'ensevelir dans la douleur, la solitude.* – De *en-*, et a. fr. *sepelir, sevelir,* lat. *sepelire,* «mettre un mort dans un tombeau».

ensevelissement [ɑ̃səvlismɑ̃] n. m. Action d'ensevelir. – De *ensevelir.*

ensilage [ɑ̃silaʒ] n. m. Action d'ensiler. – De *en-*, et *silo* ou de *ensiler.*

ensiler [ɑ̃sile] v. tr. **[1]** AGRIC Mettre en silo. *Ensiler du fourrage.* – De *en-*, et *silo.*

en-soi [ɑ̃swa] n. m. PHILO Nature propre de la chose, au-delà de ce que nous en percevons ou connaissons. *Les existentialistes opposent l'en-soi au pour-soi.* – De *en*, et *soi.*

ensoleillement [ɑ̃sɔlɛjmɑ̃] n. m. État de ce qui est ensoleillé. *L'ensoleillement des collines.* ▷ *Durée d'ensoleillement d'un lieu:* temps pendant lequel il demeure ensoleillé. – De *ensoleiller.*

ensoleiller [ɑ̃sɔleje] v. tr. **[1]** (Surtout au passif.) Éclairer, échauffer par la lumière du soleil. *Pièce ensoleillée.* ▷ Fig. Rendre radieux (par l'éclat de la beauté, de la grâce, du bonheur, etc.). *Ce souvenir ensoleille ma vie.* – De *en-*, et *soleil.*

ensommeillé, ée [ɑ̃sɔmeje] adj. Gagné ou engourdi par le sommeil. *Voix ensommeillée.* – De *en-*, et *sommeil.*

ensorcelant, ante [ɑ̃sɔʀsəlɑ̃, ɑ̃t] adj. Fig. Qui ensorcelle. *Un sourire, des yeux ensorcelants.* – Ppr. de *ensorceler.*

ensorceler [ɑ̃sɔʀsəle] v. tr. **[22]** **1.** Mettre sous le pouvoir d'un sortilège. **2.** Fig. Exercer sur (qqn) un charme, une influence irrésistible. – De *en-*, et *sorcier.*

ensorceleur, euse [ɑ̃sɔʀsəlœʀ, øz] n. et adj. **1.** n. Vx Personne qui ensorcelle; jeteur de sort. **2.** adj. Rare Qui ensorcelle. – De *ensorceler.*

ensorcellement [ɑ̃sɔʀsɛlmɑ̃] n. m. Le fait d'ensorceler ou d'être ensorcelé. – De *ensorceler.*

ensoufrer [ɑ̃sufʀe] v. tr. **[1]** Vx Soufrer; imprégner de soufre. – De *en-*, et *soufre.*

ensouple [ɑ̃supl] n. f. TECH Rouleau du métier à tisser, sur lequel on monte la chaîne. – Du bas lat. *insubulum.*

ensoutaner [ɑ̃sutane] v. tr. **[1]** Fam., péjor. Faire prendre la soutane à. – V. pron. *Il s'est ensoutané.* – De *en-*, et *soutane.*

ensuite [ɑ̃sɥit] adv. **1.** Après (dans le temps). *Réfléchissez d'abord, vous répondrez ensuite.* **2.** Après (dans l'espace). *Au premier plan se trouvaient les parterres, ensuite les bassins.* **3.** Loc. prép. Vx ou litt. *Ensuite de :* à la suite de. *Ensuite de son exposé, il s'offrit à répondre aux questions.* – Après quoi. *Faisons un bilan, ensuite de quoi nous aviserons.* – De *en*, prép., et *suite.*

ensuivre (s') [ɑ̃sɥivʀ] v. pron. **[77]** (Usité seulement à l'inf. et aux 3e pers. du sing. et du plur.) Survenir, se produire par voie de conséquence; découler logiquement. *Frapper (qqn) jusqu'à ce que mort s'ensuive.* – Impers. *Il s'ensuit que...* ▷ Loc. *Et tout ce qui s'ensuit:* et tout ce qui vient après cela, se rattache à cela. *Nous avons connu la guerre, les privations, et tout ce qui s'ensuit.* – Du lat. *insequi,* d'ap. *suivre.*

entablement [ɑ̃tabləmɑ̃] n. m. **1.** ARCHI Partie supérieure d'un édifice au-dessus d'une colonnade, qui comprend l'architrave, la frise et la corniche. ▷ Partie (en saillie ou non) du sommet des murs d'un édifice, sur laquelle repose la charpente de la toiture. **2.** TECH Corniche ou saillie couronnant certains objets. *Entablement d'un meuble, d'une porte. Entablement d'un quai,* sa partie supérieure. – De *en-*, et *table.*

entabler [ɑ̃table] v. tr. **[1]** TECH Ajuster à demi-épaisseur (deux pièces de bois, de métal). – De *en-*, et *table.*

entablure [ɑ̃tablyʀ] n. f. Endroit où s'ajustent deux pièces entablées (branches d'une paire de ciseaux, par ex.). – De *entabler.*

entacher [ɑ̃taʃe] v. tr. [1] **1.** Souiller, flétrir moralement. *Faute qui entache l'honneur.* **2.** Diminuer le mérite, la valeur de. *Lourdeurs de style qui entachent un ouvrage.* ▷ DR *Acte entaché de nullité,* contenant un vice de forme ou passé par un incapable*. – De *en-,* et *tache.*

entaillage [ɑ̃tajaʒ] n. m. Action d'entailler. – De *entailler.*

entaille [ɑ̃taj] n. f. **1.** Coupure dans une pièce de bois, une pierre, etc., dont on enlève une partie. *Entailles à mi-bois, en sifflet,* pour ajuster deux pièces. *Entailles de gemmages.* **2.** *Par anal.* Coupure profonde faite dans les chairs. – Déverbal de *entailler.*

entailler [ɑ̃taje] v. tr. [1] Faire une entaille à. ▷ Par anal. *Un tesson lui a entaillé le pied.* ▷ V. pron. *Il s'est entaillé le visage.* – De *en-,* et *tailler.*

entame [ɑ̃tam] n. f. Premier morceau coupé d'un pain, d'un rôti, etc. *L'entame d'un jambon.* – Déverbal de *entamer.*

entamer [ɑ̃tame] v. tr. [1] **I. 1.** Faire une incision, une coupure à. *Entamer la peau.* **2.** Couper un premier morceau dans. *Entamer un rôti.* ▷ Commencer d'employer ou de consommer. *Entamer son capital.* **3.** Commencer à détruire ou à désorganiser; ébranler. *Entamer la résistance d'un ennemi.* ▷ Fig. *Entamer la résolution, l'assurance, les convictions de qqn.* **4.** Couper, attaquer, pénétrer dans (choses). *Métal entamé par l'acide, la lime, la rouille.* ▷ Fig. Porter atteinte à. *Ces rumeurs finiront par entamer son crédit.* **II.** Commencer, entreprendre. *Entamer un débat, un procès.* – Du bas lat. *intaminare,* «souiller»; rad. *tangere,* «toucher».

entartrage [ɑ̃taʀtʀaʒ] ou **entartrement** [ɑ̃taʀtʀəmɑ̃] n. m. TECH Formation d'un tartre, d'un dépôt calcaire (sur les parois d'un récipient, d'une chaudière, etc.). – De *entartrer.*

entartrer [ɑ̃taʀtʀe] v. tr. [1] Produire l'entartrage de. ▷ V. pron. *Les canalisations, les radiateurs s'entartrent.* – De *en-,* et *tartre.*

entassement [ɑ̃tasmɑ̃] n. m. **1.** Action d'entasser. *L'entassement de gerbes en meules.* ▷ Ensemble de choses mises en tas, amassées ou accumulées. *Un entassement de livres.* **2.** Le fait de s'entasser, d'être entassé. – De *entasser.*

entasser [ɑ̃tase] v. tr. [1] **1.** Mettre en tas. *Entasser des fagots.* ▷ Amasser, accumuler. *Entasser de la paille dans une grange.* – Fig. *Entasser une fortune, des connaissances.* ▷ V. pron. *La neige s'entassait au bord de la route.* **2.** Réunir, serrer dans un lieu étroit (des personnes). *Entasser des passagers dans une voiture.* ▷ V. pron. *Spectateurs qui s'entassent sur des gradins.* – De *en-,* et *tas.*

ente [ɑ̃t] n. f. **I. 1.** Greffe sur un arbre d'un scion pris à un autre arbre. ▷ Le scion lui-même. **2.** L'arbre sur lequel on a fait une ente. **3.** *Prune d'ente,* dont on fait les pruneaux. **II.** TECH Manche d'un pinceau. – Déverbal de *enter.*

enté, ée [ɑ̃te] adj. BLAS *Écu enté,* dont les partitions entrent les unes dans les autres à angles arrondis. – Pp. de *enter.*

entéléchie [ɑ̃teleʃi] n. f. PHILO Chez Aristote, accomplissement suprême d'une chose, totalement réalisée dans son essence. – Gr. *entele-kheia,* «énergie agissante et efficace», par le latin.

entelle [ɑ̃tɛl] n. m. Grand singe gris *(Semnopithecus entellus)* de l'Inde du N. Syn. langur.

entendement [ɑ̃tɑ̃dmɑ̃] n. m. PHILO Faculté de concevoir et de comprendre. *Les philosophes ont opposé l'entendement tantôt à la volonté tantôt à la sensibilité et à la raison (cartésiens et kantiens).* – La forme logique et discursive de la pensée. ▷ Cour. Intelligence, compréhension. *Voilà qui dépasse mon entendement.* – De *entendre.*

entendeur [ɑ̃tɑ̃dœʀ] n. m. **1.** Vx Celui qui entend, comprend. **2.** Mod. Loc. *À bon entendeur, salut!:* que celui qui a compris ce que l'on vient de dire en fasse son profit (formule d'avertissement). – De *entendre.*

entendre [ɑ̃tɑ̃dʀ] v. tr. [5] **I. 1.** Litt. Percevoir le sens de, saisir par l'intelligence, comprendre. *Il n'entendra pas ces subtilités. – Ne pas entendre malice, moquerie à qqch:* ne pas y mettre (ou ne pas y voir) de malice, de moquerie. ▷ Cour. *Que faut-il entendre par...? – Faire, laisser, donner à entendre que:* insinuer que. **2.** Vouloir dire (personnes). *J'ai parlé de vertu, j'entendais le courage. Qu'entendez-vous par là?* **3.** Vx Être compétent ou habile dans (une chose). *Entendre l'économie ne dispose pas nécessairement à la politique.* **4.** Avoir l'intention, la volonté de. *J'entends qu'on me respecte,* ou *être respecté. – Que chacun fasse comme il l'entend,* selon sa manière ou sa convenance. **II. 1.** Percevoir (un, des sons), saisir par l'ouïe. *Entendre un bruit.* – (S. comp.) *Il n'entend pas de l'oreille droite.* ▷ *Entendre dire une chose, en entendre parler,* l'apprendre, en être informé par qqn ou par la rumeur publique. – *Ne pas vouloir entendre parler d'une chose:* se refuser à la connaître. – *On n'entend plus parler de lui:* on n'a plus de ses nouvelles. *Vous entendrez parler de moi:* je vous réserve un traitement de ma façon. ▷ *Faire entendre:* produire, émettre (un bruit, un son). *Une voix se fit entendre.* ▷ Loc. fig. *Ne pas l'entendre de cette oreille (-là):* être d'un avis différent ou contraire. **2.** Prêter l'oreille, prêter attention à. *Entendez-moi, ensuite vous jugerez.* ▷ Écouter. *Aller entendre un conférencier.* – Par ext. *(Que) le Ciel vous entende!,* vous exauce! (ou: puissiez-vous dire vrai!). ▷ *À l'entendre:* à le croire. **III.** v. pron. **1.** (Pass.) Être compris. *Cette phrase ne peut s'entendre que dans un sens. – (Cela) s'entend:* bien entendu, cela va de soi. **2.** (Récipr.) Se comprendre l'un l'autre. *S'entendre à demi-mot.* ▷ Être en bonne intelligence. *Nous nous entendons parfaitement. S'entendre avec qqn.* – Se mettre d'accord. *Ils se sont entendus sur la marche à suivre.* **3.** (Réfl.) *S'entendre à:* être compétent dans, habile à. *Il s'entend à la peinture, à peindre des paysages.* – Litt. *S'entendre en:* être versé dans. *Il s'entend bien en meubles anciens.* – Cour. *Il s'y entend.* **4.** Être entendu, perçu par l'ouïe. (Pass.) *Sa voix s'entendait parmi toutes les autres.* – (Récipr.) *On ne s'entend plus dans ce vacarme.* – (Réfl.) *Vous ne vous entendez donc pas?* – Lat. *intendere,* «tendre vers», d'où «porter son attention vers».

entendu, ue [ɑ̃tɑ̃dy] adj. **1.** Compris, et, par ext., convenu, conclu. *L'affaire est entendue. C'est (bien) entendu.* Ellipt. *Entendu!* ▷ (Par concession.) *J'ai manqué d'à-propos, c'est entendu, mais vous-même n'avez pas été plus prompt.* ▷ Loc. adv. *Bien entendu:* assurément, cela va de soi. – Fam. *Comme de bien entendu.* **2.** *Bien (mal) entendu:* (vx) avec (sans) art, intelligence, goût; (mod.) bien (mal) compris, conçu. *Un civisme bien entendu se conçoit-il sans justice sociale?* **3.** Vieilli Compétent ou habile dans (une chose). *On le dit entendu aux opérations boursières.* – Cour. *Air, sourire entendu,* de qqn qui sait, ou qui veut marquer sa complicité, ou sa supériorité. – Pp. de *entendre.*

enténébrer [ɑ̃tenebʀe] v. tr. [1] Plonger dans les ténèbres, envelopper de ténèbres. – Fig. Assombrir, affliger. *Une existence enténébrée d'incessants malheurs.* – De *en-,* et *ténèbre.*

entente [ɑ̃tɑ̃t] n. f. **1.** Vx Fait de comprendre. – Mod. *Mot, phrase à double entente,* que l'on peut comprendre, interpréter de deux façons. **2.** Fait d'être ou de se mettre d'accord; bonne intelligence. *Entente qui règne dans une famille.* ▷ Accord entre des groupes, des sociétés, des pays. *Entente commerciale.* **3.** HIST *Entente cordiale:* convention de bons rapports entre la France et l'Angleterre (une première fois sous Louis-Philippe, ensuite par l'accord de 1904). – *Triple-Entente*, ou *l'Entente:* alliance d'abord diplomatique, puis militaire, de la France, de l'Angleterre et de la Russie, conclue, en 1907, contre l'Allemagne. – Du lat. pop. *intenditus*, «compris».

enter [ɑ̃te] v. tr. [1] **1.** Greffer par ente. *Enter un prunier.* **2.** TECH Ajuster ou abouter deux pièces de bois. – Du lat. pop. **imputare*, de *putare*, «tailler, émonder».

entér(o)-, -entère. Éléments, du gr. *enteron*, «intestin».

entéralgie [ɑ̃teʀalʒi] n. f. MED Douleur intestinale. – De *entér(o)-*, et *-algie*.

entérinement [ɑ̃teʀinmɑ̃] n. m. Action d'entériner; son résultat. – De *entériner*.

entériner [ɑ̃teʀine] v. tr. [1] **1.** DR Rendre valable en ratifiant juridiquement. *Entériner un jugement.* **2.** Fig. Établir ou admettre comme valable, assuré, définitif. *Entériner un projet, un usage.* – A. fr. *enterin*, «complet, achevé», dér. de *entier*.

entérique [ɑ̃teʀik] adj. MED Qui a rapport aux intestins. – De *entérite*.

entérite [ɑ̃teʀit] n. f. MED Inflammation de la muqueuse intestinale, qui s'accompagne de diarrhée et parfois d'hémorragie. – De *entér(o)-*, et *-ite* 1.

entérocolite [ɑ̃teʀokɔlit] n. f. MED Inflammation simultanée des muqueuses de l'intestin grêle et du côlon. – De *entéro-*, et *colite*.

entérocoque [ɑ̃teʀokɔk] n. m. MICROB Microcoque dont la présence, normale dans l'intestin, peut devenir pathogène pour d'autres organes. – De *entéro-*, et *-coque*.

entérokinase [ɑ̃teʀokinaz] n. f. BIOCHIM Enzyme sécrétée par la muqueuse duodénale et qui contribue, par activation de la trypsine, au mécanisme de la digestion. – De *entéro-*, gr. *kinêsis*, «mouvement», et *-ase*.

entéropathie [ɑ̃teʀopati] n. f. MED Affection de l'intestin. – De *entéro-*, et *-pathie*.

entéropneustes [ɑ̃teʀopnøst] n. m. pl. ZOOL Classe d'hémicordés marins longs de 3 cm à 2,50 m, vermiformes, vivant enfouis dans le sable ou la vase, dont le type est le *balanoglosse*. – De *entéro-*, et gr. *pneustikos*, «respiratoire».

entérorénal, ale, aux [ɑ̃teʀoʀenal, o] adj. MED Qui se rapporte à la fois à l'intestin et à l'appareil urinaire. *Syndrome entérorénal.* – De *entéro-*, et *rénal*.

entérostomie [ɑ̃teʀostɔmi] n. f. CHIR Abouchement d'une anse intestinale à la paroi de l'abdomen, afin de réaliser un anus artificiel, temporaire ou permanent. – De *entéro-*, et gr. *stoma*, «bouche, embouchure».

entérovaccin [ɑ̃teʀovaksɛ̃] n. m. MED Vaccin administré par voie buccale et absorbé par l'intestin. – De *entéro-*, et *vaccin*.

enterrement [ɑ̃tɛʀmɑ̃] n. m. **1.** Action de mettre un mort en terre. *Procéder à l'enterrement des cadavres.* Syn. inhumation. **2.** Ensemble des cérémonies funéraires qui accompagnent un enterrement. *Un enterrement civil, religieux.* ▷ Fig., fam. *Faire, avoir une tête d'enterrement:* avoir l'air triste. **3.** Convoi funèbre. *Regarder passer un enterrement.* **4.** Fig. Fait de laisser tomber dans l'oubli. *L'enterrement d'une affaire.* – De *enterrer*.

enterrer [ɑ̃teʀe] v. tr. [1] **1.** Inhumer, mettre (un corps) en terre. *Après la bataille, il fallut enterrer les morts.* **2.** Assister aux obsèques de. *Je suis allé enterrer un ami.* ▷ Loc. fig. *Il nous enterrera tous:* il nous survivra. ▷ *Enterrer sa vie de garçon:* pour un jeune homme, passer une dernière soirée avant de se marier, en faisant la fête avec ses amis. **3.** Enfouir dans la terre. *Enterrer une canalisation.* ▷ *Par ext.* Recouvrir par amoncellement. *Les locataires ont été enterrés sous les décombres de l'immeuble.* **4.** Fig. Laisser tomber dans l'oubli. *Enterrer un projet.* **5.** v. pron. Se retirer. *Il est allé s'enterrer à la campagne.* – De *en-*, et *terre*.

entêtant, ante [ɑ̃tetɑ̃, ɑ̃t] adj. Qui entête. *Odeur entêtante.* – Ppr. de *entêter*.

en-tête [ɑ̃tɛt] n. m. Inscription imprimée ou gravée, à la partie supérieure de papiers utilisés pour la correspondance. *Utiliser le papier à en-tête d'une administration. Des en-têtes.* – De *en*, et *tête*.

entêté, ée [ɑ̃tete] adj. et n. Qui a l'habitude de s'entêter, obstiné. *Un enfant entêté.* Syn. têtu. ▷ Subst. *C'est un entêté.* – Pp. de *entêter*.

entêtement [ɑ̃tɛtmɑ̃] n. m. Fait de s'entêter. *Faire preuve d'entêtement. Agir avec entêtement.* ▷ Caractère d'une personne entêtée. – De *entêter*.

entêter [ɑ̃tete] **1.** v. tr. [1] Étourdir par des émanations qui montent à la tête. *Le parfum entête.* **2.** v. pron. Persister dans ses résolutions sans tenir compte des circonstances. *Malgré les conseils, il s'entête à le faire.* Syn. s'obstiner. – De *en-*, et *tête*.

enthalpie [ɑ̃talpi] n. f. PHYS Grandeur thermodynamique (H), fonction d'état définie par la relation $H = U + PV$ (U: énergie interne, P: pression, V: volume). *La quantité de chaleur reçue par un système qui évolue à pression constante est égale à sa variation d'enthalpie.* – De *en-*, et gr. *thalpein*, «chauffer».

enthousiasme [ɑ̃tuzjasm] n. m. **1.** ANTIQ Exaltation extraordinaire que l'on croyait d'inspiration divine. *L'enthousiasme prophétique.* **2.** Litt. Exaltation des facultés de l'âme et de l'esprit, chez l'artiste, l'écrivain, le créateur, sous l'effet de l'inspiration. *Enthousiasme poétique.* ▷ Cour. *Travailler sans enthousiasme*, sans entrain. **3.** Émotion intense se traduisant par de grandes démonstrations de joie. *Mouvements, débordements d'enthousiasme.* **4.** Admiration manifestée avec ardeur. *Parler d'un auteur avec enthousiasme.* – Gr. *enthousiasmos*, «transport divin», de *entheos, enthous*, «de dieu».

enthousiasmer [ɑ̃tuzjasme] **1.** v. tr. [1] Provoquer l'enthousiasme de. *Cette œuvre m'a enthousiasmé.* **2.** v. pron. Devenir enthousiaste. *S'enthousiasmer pour un projet.* – De *enthousiasme*.

enthousiaste [ɑ̃tuzjast] adj. et n. Qui ressent ou manifeste de l'enthousiasme. *Un accueil enthousiaste.* – De *enthousiasme*.

enthymème [ɑ̃timɛm] n. m. Syllogisme réduit à deux propositions. *«Je suis homme; je suis donc sujet à l'erreur» est un enthymème dans lequel la proposition «or, tout homme est sujet à l'erreur» est sous-entendue.* – Lat. d'orig. gr. *enthymema*.

entichement [ɑ̃tiʃmɑ̃] n. m. Rare Fait de s'enticher. Syn. engouement. – De *enticher*.

enticher [ɑ̃tiʃe] **1.** v. tr. [1] Litt. *Enticher qqn de*, lui inspirer un attachement déraisonnable pour. *Qui l'a entiché de cette opinion?* ▷ Cour. Pp. *Entiché de:* immodérément attaché à. *Un jeune homme entiché de sport.* **2.** v. pron. *S'enticher de:* se prendre d'un grand attachement, d'un attachement excessif pour. *Elle s'est entichée de cet inconnu.* – De l'anc. v. *entechier*, de *teche*, var. de *tache*.

entier, ière [ɑ̃tje, jɛʀ] adj. et n. m. **1.** adj. (Après le nom.) À quoi rien ne manque. *Une boîte de bonbons entière.* Syn. complet. Ant. entamé. – *Cheval entier*, qui n'a pas été castré. Ant. cheval hongre. ▷ MATH *Nombre entier:* nombre formé d'une somme d'unités (par oppos. à *nombre fractionnaire, décimal, etc.*). – *Partie entière d'un nombre*, celle qui se trouve à gauche de la virgule (par oppos. à la *partie décimale*).

▷ N. m. *Un entier:* un nombre entier. *L'ensemble des entiers naturels,* noté N {0, 1, 2, 3...}. *L'ensemble des entiers relatifs,* noté Z {..., −2, −1, 0, + 1, + 2...}. **2.** adj. (Après le nom.) Dans toute son étendue. *Connaître l'œuvre entière d'un auteur.* – Temps. *Attendre une heure entière, une année entière.* – *Payer place entière,* sans réduction de prix. ▷ *Tout entier:* absolument entier. *La ville tout entière s'est déplacée pour voir la course. Se donner tout entier à qqch,* y consacrer tout son temps, toute son ardeur. ▷ Loc. *Dans son (leur, etc.) entier* ou *en entier:* en totalité. *Traiter un problème en entier.* **3.** (Avant ou après le nom.) Absolu, sans réserve. *Laisser à qqn une entière liberté. Avoir en qqn une confiance pleine et entière.* **4.** (Après le nom.) D'un caractère tranché, peu enclin aux nuances. *C'est un homme entier.* – Du lat. *integer,* «non touché».

entièrement [ɑ̃tjɛʀmɑ̃] adv. Tout à fait, complètement. *Une maison entièrement détruite.* Syn. totalement. – De *entier.*

entité [ɑ̃tite] n. f. PHILO **1.** Ce qui constitue l'essence d'un être, d'une chose. **2.** «Objet de pensée que l'on conçoit comme un être dépourvu de toute détermination particulière» (Lalande). – Lat. scolast. *entitas,* de *ens, entis,* ppr. de *esse,* «être».

entoilage [ɑ̃twalaʒ] n. m. **1.** Action d'entoiler. **2.** Toile ayant servi à entoiler. – De *entoiler.*

entoiler [ɑ̃twale] v. tr. [1] **1.** Fixer sur une toile. *Entoiler une carte de géographie.* **2.** Garnir de toile. *Entoiler une brochure, pour la relier.* – De *en-,* et *toile.*

entôlage [ɑ̃tolaʒ] n. m. Arg. ou pop. Action, fait d'entôler qqn. – De *entôler.*

entôler [ɑ̃tole] v. tr. [1] Arg. En parlant d'une prostituée, voler (un client). ▷ Pop. Voler, rouler. – De *en-,* et *tôle,* en arg. «chambre».

entolome [ɑ̃tɔlɔm] n. m. Champignon basidiomycète forestier (genre *Entoloma,* fam. agaricacées) à lamelles et spores roses, sans volve ni anneau, dont presque toutes les espèces sont toxiques. *L'entolome livide est vénéneux.* – Du gr. *entos,* «à l'intérieur», et *lôma,* «bordure».

entomo-. Élément, du gr. *entomon,* «insecte».

entomologie [ɑ̃tɔmɔlɔʒi] n. f. Partie de la zoologie qui traite des insectes. – De *entomo-,* et *-logie.*

entomologique [ɑ̃tɔmɔlɔʒik] adj. Qui a rapport à l'entomologie. – Du préc.

entomologiste [ɑ̃tɔmɔlɔʒist] n. Spécialiste de l'entomologie. – De *entomologie.*

entomophage [ɑ̃tɔmɔfaʒ] adj. Qui se nourrit d'insectes. *Oiseau entomophage.* Syn. insectivore. *Les plantes entomophages,* ou *plantes carnivores.* – De *entomo-,* et *-phage.*

entomophile [ɑ̃tɔmɔfil] adj. BOT Qualifie les plantes (orchidées, sauges, etc.) dont la pollinisation est assurée par les insectes. – De *entomo-,* et *-phile.*

entomostracés [ɑ̃tɔmɔstʀase] n. m. pl. ZOOL Sous-classe de crustacés, planctoniques pour la plupart, dépourvus d'appendices abdominaux, qu'on divise en branchiopodes, cirripèdes, copépodes et ostracodes. – Du gr. *entomos,* «coupé», et *ostrakhon,* «coquille».

entonnage [ɑ̃tɔnaʒ], **entonnement** [ɑ̃tɔnmɑ̃] n. m., ou **entonnaison** [ɑ̃tɔnɛzɔ̃] n. f. TECH Mise en tonneau d'un liquide. – De *entonner* 1.

1. entonner [ɑ̃tɔne] v. tr. [1] Mettre en tonneau. ▷ Fam. *Entonner de la nourriture à qqn,* la lui mettre de force dans la bouche. – De *en-,* et *tonne.*

2. entonner [ɑ̃tɔne] v. tr. [1] Commencer à chanter. *Entonner «Ô Canada».* – Fig. *Entonner les louanges de qqn.* – De *en-,* et *ton.*

entonnoir [ɑ̃tɔnwaʀ] n. m. **1.** Instrument de forme conique servant à verser un liquide dans un récipient à goulot étroit. ▷ *En entonnoir:* en forme d'entonnoir. **2.** Excavation produite dans le sol par l'explosion d'une mine, d'un obus. – De *entonner* 1.

entorse [ɑ̃tɔʀs] n. f. **1.** Lésion douloureuse par élongation ou déchirure d'un ou des ligaments d'une articulation, due à un traumatisme et accompagnée d'un œdème. *Une entorse à la cheville.* **2.** Fig. *Faire une entorse à:* contrevenir exceptionnellement à. *Faire une entorse au règlement.* – De l'a. fr. *entordre,* «tordre».

entortillage [ɑ̃tɔʀtijaʒ] ou **entortillement** [ɑ̃tɔʀtijmɑ̃] n. m. Action de s'entortiller; état de ce qui est entortillé. – De *entortiller.*

entortiller [ɑ̃tɔʀtije] **I.** v. tr. [1] **1.** Envelopper dans qqch que l'on tortille. *Entortiller des bonbons dans du papier.* **2.** Enrouler (qqch) autour d'un objet. *Entortiller une ficelle autour d'un paquet.* **3.** Fig. *Entortiller qqn,* l'amener insidieusement à faire ce que l'on désire. **4.** Rendre obscur par l'emploi de circonlocutions, de périphrases. *Entortiller une réponse. Des phrases entortillées.* **II.** v. pron. **1.** S'envelopper; s'enrouler. *S'entortiller dans son manteau. Serpent qui s'entortille autour d'une branche.* **2.** Fig. S'embrouiller. *S'entortiller dans ses explications.* – De *entort,* pp. de l'a. fr. *entordre,* «tordre».

entour [ɑ̃tuʀ] n. m. Plur. Litt. *Les entours:* les environs. *Les entours d'une place.* ▷ Loc. adv. *À l'entour:* alentour. ▷ Loc. prép. *À l'entour de:* dans les environs de. – De *en-,* et *tour.*

entourage [ɑ̃tuʀaʒ] n. m. **1.** Ce qui entoure pour protéger, orner, etc. *L'entourage d'un massif.* **2.** Ensemble des personnes qui vivent habituellement auprès de qqn. *Avoir de bons rapports avec son entourage.* – De *entourer.*

entouré, ée [ɑ̃tuʀe] adj. Recherché, admiré ou aidé par de nombreuses personnes. – Pp. de *entourer.*

entourer [ɑ̃tuʀe] v. tr. [1] **1.** Être autour de, enceindre. *Les haies qui entourent le jardin.* – *L'ennemi entoure la ville,* la cerne. **2.** Mettre, disposer autour de. *Entourer son cou d'une écharpe.* **3.** Former l'environnement, l'entourage de (qqn). *Les gens qui nous entourent.* **4.** Aider (qqn), être prévenant, attentionné envers lui. **5.** v. pron. *S'entourer de:* réunir autour de soi. *S'entourer d'amis.* – Fig. *S'entourer de précautions.* – De *entour.*

entourloupette [ɑ̃tuʀlupɛt] n. f. Fam. Mauvais tour; tromperie. *Faire une entourloupette à qqn.* – De l'arg. *ent(o)urer,* «duper», p.-ê. d'ap. *envelopper,* «circonvenir» .

entournure [ɑ̃tuʀnyʀ] n. f. Emmanchure. *Veste qui gêne aux entournures.* ▷ *Être gêné aux entournures:* ne pouvoir agir à sa guise; avoir des difficultés financières. – De l'a. fr. *entourner,* «se tenir autour».

entr(e)-. Préf., du lat. *inter.* **1.** Exprimant l'espace, l'intervalle qui sépare deux choses. Ex.: *entracte.* **2.** Exprimant la réciprocité. Ex.: *s'entraider, s'entrechoquer.* **3.** Exprimant une action qui ne se fait qu'incomplètement. Ex.: *entre-bâiller, entr'apercevoir.*

entracte [ɑ̃tʀakt] n. m. Intervalle qui sépare un acte d'un autre dans la représentation d'une pièce de théâtre, une partie d'une autre dans un spectacle. ▷ Fig. Temps de repos, d'interruption. *Se ménager un entracte dans une journée de travail.* – De *entr(e)-,* et *acte.*

entraide [ɑ̃tʀɛd] n. f. Action de s'entraider; son résultat. *Comité d'entraide.* – Déverbal de *entraider.*

entraider (s') [ɑ̃tʀede] v. pron. [11] S'aider mutuellement. – De *entr(e)-,* et *aider.*

entrailles [ɑ̃tʀɑj] n. f. pl. **1.** Les viscères renfermés dans l'abdomen et dans la poitrine de l'être humain et de l'animal; intestins, boyaux. *Les Anciens cher-*

chaient des présages dans les entrailles de certains animaux. **2.** Litt. Le sein de la mère. *Le fruit de vos entrailles:* votre enfant. **3.** Litt. Les lieux les plus profonds. *Les entrailles de la Terre.* **4.** Fig., litt. Le cœur, siège de la sensibilité, de l'affection. *La nouvelle lui avait profondément remué les entrailles. Être sans entrailles:* sans cœur, incapable d'affection, de tendresse. – Bas lat. *intralia,* «ce qui est à l'intérieur», class. *interanea.*

entrain [ɑ̃tʀɛ̃] n. m. **1.** Gaieté franche et communicative. *Avoir de l'entrain. Être plein d'entrain.* **2.** Zèle, ardeur. *Travailler avec entrain.* **3.** Vivacité, mouvement. *Comédie pleine d'entrain.* – De la loc. *être en train.*

entraînant, ante [ɑ̃tʀɛnɑ̃, ɑ̃t] adj. Qui entraîne par sa vivacité communicative. *Musique entraînante.* – Ppr. de *entraîner.*

entraînement [ɑ̃tʀɛnmɑ̃] n. m. **1.** Action d'entraîner. *Céder à l'entraînement des passions.* **2.** MECA Communication du mouvement d'un mécanisme moteur. *Courroie d'entraînement du ventilateur d'une voiture.* **3.** Préparation d'une personne, d'un animal, à une épreuve sportive. *L'entraînement d'un boxeur.* ▷ *Par ext.* Préparation à un exercice quelconque. *Manquer d'entraînement pour un travail.* – De *entraîner.*

entraîner [ɑ̃tʀɛne] v. tr. [1] **I. 1.** Traîner avec soi (qqch). *Avalanche qui entraîne tout sur son passage.* **2.** Emmener, conduire (qqn) par la force. *Les policiers l'entraînèrent au poste.* ▷ Conduire (qqn) avec soi. *Il l'avait entraîné un peu à l'écart et lui parlait à l'oreille.* – Fig. *Ce sont des escrocs qui l'ont entraîné dans cette affaire.* **3.** Pousser (qqn) à faire (qqch) en exerçant une pression sur son esprit, sur sa volonté. *Entraîner qqn au mal. Il s'est laissé entraîner par la colère.* **4.** Avoir pour résultat, pour conséquence nécessaire. *Les maux que la guerre entraîne. La proposition A entraîne la proposition B.* **II.** MECA Mettre en mouvement (qqch). *Moteur électrique qui entraîne un mécanisme.* – *Spécial.* Communiquer le mouvement d'un mécanisme moteur à. *Un galet entraîne le plateau de l'électrophone.* **III.** SPORT **1.** Préparer (une personne, un animal) à une compétition. *Entraîner un cheval.* – *Par ext.* Préparer (qqn) à un exercice quelconque. **2.** v. pron. Pratiquer un entraînement sportif. *Il s'est entraîné sérieusement avant le championnat.* ▷ *S'entraîner à:* s'exercer à. *S'entraîner au tir. S'entraîner à taper à la machine.* – Sens I et II, de *en-,* et *traîner.* Sens III, d'ap. l'angl. *to train,* «dresser».

entraîneur [ɑ̃tʀɛnœʀ] n. m. **1.** Celui qui entraîne des chevaux de course. ▷ Personne qui entraîne des sportifs. *L'entraîneur d'une équipe de football.* **2.** *Entraîneur d'hommes:* celui qui est apte à entraîner beaucoup de gens, à emporter leur adhésion. *Un orateur brillant, un remarquable entraîneur d'hommes.* (Rem.: Comme forme féminine, l'OLF recommande *une entraîneuse.*) – De *entraîner.*

entraîneuse [ɑ̃tʀɛnøz] n. f. Femme qui, dans un cabaret, une boîte de nuit, entraîne les clients à consommer, à danser. – Du préc.

entrait [ɑ̃tʀɛ] n. m. CONSTR Pièce de charpente horizontale à la base d'une ferme*, qui soutient les arbalétriers. – Pp. subst. de l'anc. v. *entraire,* «attirer», de *traire,* «tirer».

entrant, ante [ɑ̃tʀɑ̃, ɑ̃t] adj. et n. Qui entre (dans un corps, un groupe). *Les députés entrants :* ceux qui viennent d'être élus. ▷ Subst. (Surtout au pl.) *Les entrants et les sortants.* – Ppr. de *entrer.*

entr'apercevoir [ɑ̃tʀapɛʀsəvwaʀ] v. tr. [47] Apercevoir à peine, fugitivement. *Je l'ai entr'aperçu, il avait l'air pressé.* – De *entr(e)-,* et *apercevoir.*

entrave [ɑ̃tʀav] n. f. **1.** Lien que l'on attache aux jambes de certains animaux pour les empêcher de s'éloigner, de ruer. *Mettre des entraves à un cheval.* V. enfarge. – Par ext. *Prisonnier chargé d'entraves.* **2.** Fig. Ce qui gêne, ce qui asservit. *Se libérer des entraves de la dictature.* – Déverbal de *entraver.*

entravé, ée [ɑ̃tʀave] adj. **1.** À qui l'on a mis des entraves. *Cheval entravé.* – Fig. *Libertés entravées.* **2.** *Jupe entravée.* V. jupe enfargée*. **3.** PHON *Voyelle entravée,* suivie de deux consonnes dont la première forme syllabe avec elle. – Pp. de *entraver.*

entraver [ɑ̃tʀave] v. tr. [1] **1.** Mettre des entraves à (un animal). *Entraver un cheval.* V. enfarger. **2.** Fig. Gêner, retarder. *Entraver le cours de la justice.* – De *en-,* et a. fr. *tref,* «poutre», du lat. *trabs.*

entraxe [ɑ̃tʀaks] n. f. TECH Distance entre les axes de deux voies ferrées voisines ou entre deux essieux. – De *entr-,* et *axe.*

entre [ɑ̃tʀ] prép. **1.** Dans l'espace qui s'étend d'un lieu à un autre. *Distance entre deux villes.* ▷ Dans l'espace qui sépare deux personnes, deux choses. *Le jardin s'étendait entre la maison et le chemin. Entre parenthèses.* **2.** Dans l'intervalle qui sépare deux états, deux situations. *Entre la vie et la mort. Flotter entre l'impatience et la crainte.* – Loc. *Entre deux âges:* à l'âge mûr. – *Entre chien et loup:* à la tombée de la nuit. **3.** Dans un intervalle de temps. *Venez entre midi et deux heures.* **4.** Parmi (les éléments d'un ensemble). *Quel est le meilleur d'entre eux?* – Loc. *Entre autres, entre autres choses:* particulièrement, parmi d'autres choses, d'autres personnes que l'on évoque. *Il y a plusieurs responsables, vous, entre autres.* ▷ Au milieu de. *S'étendre entre les fleurs.* – Loc. *Entre nous :* de manière confidentielle; en tête à tête. *Entre nous, qu'en avez-vous fait? Venez ce soir, nous en parlerons entre nous.* **5.** (Exprimant la réciprocité.) *Ils se livraient entre eux à des guerres sans merci.* **6.** (Exprimant une relation, un rapport de comparaison, d'opposition, etc.) *Comparer deux objets entre eux.* – Lat. *inter.*

entre-. V. entr(e).

entrebâillement [ɑ̃tʀəbajmɑ̃] n. m. Espace laissé par ce qui est entrebâillé. *Apercevoir qqn dans l'entrebâillement d'une porte.* – De *entrebâiller.*

entrebâiller [ɑ̃tʀəbaje] v. tr. [1] Ouvrir à demi. *Entrebâiller une porte.* – De *entre-,* et *bâiller.*

entre-bande [ɑ̃tʀəbɑ̃d] n. f. TECH Chaque extrémité d'une pièce d'étoffe. *Des entre-bandes.* – De *entre-,* et *bande.*

entrechat [ɑ̃tʀəʃa] n. m. CHOREGR Saut léger pendant lequel le danseur croise ou entrechoque les pieds rapidement et à plusieurs reprises. ▷ Cour. Saut. *Un enfant qui gambade et fait des entrechats.* – De l'ital. *capriola intrecciata,* «saut entrelacé», d'ap. *chasser* (cf. chassé-croisé).

entrechoquement [ɑ̃tʀəʃɔkmɑ̃] n. m. Choc réciproque. – De *entrechoquer.*

entrechoquer [ɑ̃tʀəʃɔke] v. tr. [1] Choquer, heurter l'un contre l'autre. ▷ V. pron. *Emballer soigneusement des assiettes pour éviter qu'elles ne s'entrechoquent.* – Fig. *Les souvenirs qui s'entrechoquaient dans sa tête.* – De *entre-,* et *choquer.*

entrecolonne [ɑ̃tʀəkɔlɔn] ou **entrecolonnement** [ɑ̃tʀəkɔlɔnmɑ̃] n. m. ARCHI Intervalle entre deux colonnes. – De *entre-,* et *colonne.*

entrecôte [ɑ̃tʀəkot] n. f. Morceau de viande de bœuf coupé dans le train de côtes après désossage. *Une entrecôte grillée.* – De *entre-,* et *côte.*

entrecouper [ɑ̃tʀəkupe] **1.** v. tr. [1] Couper, interrompre en divers endroits. *Entrecouper un discours d'éclats de rire.* **2.** v. pron. Se couper mutuellement. *Lignes qui s'entrecoupent.* – De *entre-,* et *couper.*

entrecroisement [ɑ̃tʀəkʀwazmɑ̃] n. m. Disposition de choses qui s'entrecroisent. – De *entrecroiser.*

entrecroiser [ɑ̃tʀəkʀwaze] v. tr. [1] Croiser ensemble en divers sens. ▷ V. pron. *Lignes qui s'entrecroisent.* – De *entre-,* et *croiser.*

entrecuisse [ɑ̃tʀəkɥis] n. m. Espace entre les cuisses. – De *entre-,* et *cuisse.*

entre-déchirer (s') [ɑ̃tʀədeʃiʀe] v. pron. [11] Litt. Se déchirer l'un l'autre. – De *entre-,* et *déchirer.*

entre-deux [ɑ̃tʀədø] n. m. inv. **1.** Vieilli Partie, espace entre deux choses. *Dans l'entre-deux des fenêtres.* ▷ Fig. Solution intermédiaire, terme entre deux extrêmes. *Ils ont réussi à négocier un entre-deux qui permet à chacun de sauver la face.* **2.** Console placée entre deux fenêtres. **3.** Bande de dentelle ou de broderie ornant la lingerie. – De *entre-,* et *deux.*

entre-deux-guerres [ɑ̃tʀədøgɛʀ] n. m. inv. Période entre les deux guerres mondiales (1918-1939). – De *entre, deux,* et *guerre.*

entre-dévorer (s') [ɑ̃tʀədevɔʀe] v. pron. [11] Se dévorer mutuellement. – De *entre-,* et *dévorer.*

1. entrée [ɑ̃tʀe] n. f. **1.** Action d'entrer. **2.** Lieu par où l'on entre. *Porte d'entrée. Entrée des artistes,* dans un théâtre. – *Par ext.* Vestibule. *Voulez-vous attendre dans l'entrée?* – Partie d'une propriété qui fait le lien entre la rue et la maison, où l'on peut stationner sa voiture. *Faire asphalter son entrée.* ▷ Fig. MATH *Tableau à double entrée,* donnant la valeur de chacun des éléments situés à l'intersection d'une ligne et d'une colonne. – Par anal. *Entrées d'un dictionnaire, d'une encyclopédie:* mots distingués typographiquement (caractère gras le plus souvent), qui, placés en tête des articles, leur servent d'adresse. *La liste des entrées d'un dictionnaire constitue sa nomenclature.* **3.** Accession d'une personne au sein d'une communauté, d'un corps, d'une collectivité, etc. *L'entrée d'un écrivain à la Société royale du Canada.* ▷ Accession à un titre, un rang, une charge. *Entrée en fonction.* **4.** Faculté, possibilité d'entrer. *Entrée interdite au public.* – *Par ext.* Faculté d'être admis. *Avoir ses entrées, ses petites et ses grandes entrées, quelque part* (ou *chez qqn*). **5.** Action de faire entrer, introduction. *L'entrée des marchandises étrangères sur le territoire national.* **6.** Droit d'accès à un spectacle. *Avoir des entrées gratuites pour un cinéma.* **7.** Commencement d'une chose. *L'entrée de l'hiver.* ▷ Loc. adv. Vieilli *D'entrée.* Mod. *D'entrée de jeu:* dès le début, d'emblée. – Pp. fém. subst. de *entrer.*

2. entrée [ɑ̃tʀe] n. f. CUIS Mets servi entre les hors-d'œuvre et les rôtis. – Cour. Ce que l'on sert au début du repas. *Prendre des crudités en entrée.* – Du préc.

entrefaites [ɑ̃tʀəfɛt] n. f. pl. loc. *Sur ces entrefaites :* à ce moment-là. – Pp. de l'anc. v. *entrefaire,* «faire dans l'intervalle».

entrefer [ɑ̃tʀəfɛʀ] n. m. ELECTR Coupure dans un circuit magnétique. – De *entre-,* et *fer.*

entrefilet [ɑ̃tʀəfilɛ] n. m. Court article de journal. – De *entre-,* et *filet.*

entregent [ɑ̃tʀəʒɑ̃] n. m. Manière habile de se conduire, de nouer des relations utiles. – De *entre-,* et *gent.*

entr'égorger (s') [ɑ̃tʀegɔʀʒe] v. pron. [15] S'égorger mutuellement. – De *entr(e)-,* et *égorger.*

entre-jambe ou **entrejambe** [ɑ̃tʀəʒɑ̃b] n. m. **1.** Partie de la culotte ou du pantalon qui se trouve entre les jambes. **2.** TECH Espace compris entre les deux pieds d'un meuble. – De *entre-,* et *jambe.*

entrelacement [ɑ̃tʀəlasmɑ̃] n. m. État de choses entrelacées. – De *entrelacer.*

entrelacer [ɑ̃tʀəlase] v. tr. [14] Enlacer l'un dans l'autre. ▷ V. pron. *Des branches qui s'entrelacent.* – *De entre-,* et *lacer.*

entrelacs [ɑ̃tʀəla] n. m. Ornement constitué de motifs entrelacés. – Déverbal de *entrelacer.*

entrelarder [ɑ̃tʀəlaʀde] v. tr. [1] **1.** CUIS Piquer (une viande) de lard. *Entrelarder un filet de bœuf.* **2.** Fig. *Entrelarder un discours de citations.* – De *entre-,* et *larder.*

entremêlement [ɑ̃tʀəmɛlmɑ̃] n. m. Action d'entremêler; état de choses entremêlées. – De *entremêler.*

entremêler [ɑ̃tʀəmele] v. tr. [1] Mêler plusieurs choses. *Entremêler des fils de laine et de coton.* ▷ V. pron. *Motifs géométriques qui s'entremêlent.* – De *entre-,* et *mêler.*

entremets [ɑ̃tʀəmɛ] n. m. Plat sucré que l'on sert avant le dessert ou qui, le plus souvent, en tient lieu. – De *entre-,* et *mets.*

entremetteur, euse [ɑ̃tʀəmɛtœʀ, øz] n. (Surtout us. au f.) Péjor. Personne qui sert d'intermédiaire dans une intrigue galante; proxénète. – De *entremettre.*

entremettre (s') [ɑ̃tʀəmɛtʀ] v. pron. [68] Intervenir dans une affaire intéressant d'autres personnes que soi afin de faciliter leur rapprochement. *S'entremettre dans une affaire délicate.* – De *entre-,* et *mettre.*

entremise [ɑ̃tʀəmiz] n. f. Action de s'entremettre. – Loc. prép. *Par l'entremise de :* par l'intervention, l'intermédiaire de. *Obtenir qqch par l'entremise de qqn.* – De *entremettre.*

entre-nœud [ɑ̃tʀənø] n. m. BOT. Portion de la tige d'une plante comprise entre deux nœuds. *Des entre-nœuds.* – De *entre-,* et *nœud.*

entrepont [ɑ̃tʀəpɔ̃] n. m. MAR Intervalle, étage compris entre deux ponts, dans un navire. – De *entre-,* et *pont.*

entreposage [ɑ̃tʀəpozaʒ] n. m. Action d'entreposer. – De *entreposer.*

entreposer [ɑ̃tʀəpoze] v. tr. [1] Déposer dans un entrepôt. *Entreposer des balles de coton.* – *Par ext.* Mettre en dépôt, déposer. *Entreposer du bois dans la cave d'un voisin.* – De *entre-,* et *poser.*

entreposeur [ɑ̃tʀəpozœʀ] n. m. Celui qui tient ou garde un entrepôt. – De *entreposer.*

entrepositaire [ɑ̃tʀəpozitɛʀ] n. m. Celui qui entrepose des marchandises ou les reçoit en dépôt. – De *entreposer,* d'ap. *dépositaire.*

entrepôt [ɑ̃tʀəpo] n. m. Lieu, bâtiment où l'on dépose des marchandises. – Déverbal de *entreposer.*

entreprenant, ante [ɑ̃tʀəpʀənɑ̃, ɑ̃t] adj. Hardi, audacieux dans ses projets. *Un commerçant entreprenant.* – *Spécial.* Hardi auprès des femmes. *Un garçon bien entreprenant.* – Ppr. de *entreprendre.*

entreprendre [ɑ̃tʀəpʀɑ̃dʀ] v. tr. [74] **1.** Se décider à faire une chose et s'engager dans son exécution. *Entreprendre des travaux. Entreprendre de faire qqch.* **2.** Fam. Chercher à gagner, à séduire qqn. ▷ *Entreprendre qqn sur une question, un problème, un sujet,* l'en entretenir. – De *entre-,* et *prendre.*

entrepreneur, euse [ɑ̃tʀəpʀənœʀ, øz] n. **1.** Personne qui se charge d'effectuer certains travaux pour autrui, et partic. des travaux de construction. *Un entrepreneur de plomberie, de travaux publics.* **2.** Chef d'entreprise. *Responsabilité dont la charge incombe à l'entrepreneur.* **3.** Personne qui mobilise et qui gère des ressources humaines et matérielles pour créer, développer et implanter des entreprises. – De *entreprendre.*

entrepreneuriat [ɑ̃tʀəpʀənəʀja] n. m. Fonction d'une personne qui mobilise et gère des ressources humaines et matérielles pour créer, développer et implanter des entreprises. – De *entrepreneur.*

entrepreneurial, iale [ɑ̃tʀəpʀənœʀjal] adj. **1.** Marqué du dynamisme caractéristique de l'entrepreneur. **2.** Relatif à l'entrepreneur et à l'entreprise. – De *entrepreneur.*

entreprise [ɑ̃tʀəpʀiz] n. f. **1.** Ce que l'on veut entreprendre; mise à exécution d'un projet. *Il faudra du temps pour mener à bien une telle entreprise.* ▷ *Esprit d'entreprise:* volonté ou goût de mettre en œuvre et de réaliser des entreprises sociales ou commerciales. **2.** ECON Cour. Unité économique de production (biens et services). *Entreprise de transports. Entreprise privée, publique. Entreprise individuelle.* **3.** Attaque, action (contre qqn ou qqch). *Une entreprise inadmissible contre la liberté d'association.* – Pp. fém. subst. de *entreprendre.*

entrer [ɑ̃tʀe] **I.** v. intr. [1] **1.** Passer du dehors au-dedans (d'un lieu). *Entrer dans une ville. Bateau qui entre dans le port.* ▷ Fam. (Se dit d'un véhicule) *Entrer dans un arbre, dans le décor,* le percuter. **2.** Pénétrer (choses). *Clef qui n'entre pas dans la serrure.* **3.** Commencer à être dans (tel état, telle situation). *Entrer en convalescence. Entrer en concurrence avec qqn.* **4.** Commencer à faire partie (d'un groupe, d'une collectivité). *Entrer dans une entreprise, une administration. Entrer dans les ordres :* embrasser la vie religieuse, le sacerdoce. **5.** Être au commencement de. *Entrer dans l'hiver. Il entre dans sa cinquième année.* **6.** Être employé dans la composition de. *Les produits qui entrent dans la composition de ce médicament.* – Fig. Être un élément de. *Cela n'entre en rien dans ma détermination.* **7.** Pénétrer par l'esprit; comprendre, partager. *Entrer dans les vues de qqn,* les partager, y adhérer. **II.** v. tr. Faire entrer (qqch). *Entrer du tabac en contrebande.* – Lat. *intrare.*

entresol [ɑ̃tʀəsɔl] n. m. Étage situé entre le rez-de-chaussée et le premier étage. – Esp. *entresuelo,* de *suelo,* «sol, plancher».

entre-temps [ɑ̃tʀətɑ̃] loc. adv. Pendant ce temps, dans cet intervalle de temps. – Altér. de l'a. fr. *entretant,* par attract. de *temps.*

entretenir [ɑ̃tʀətniʀ] v. tr. [39] **I. 1.** Maintenir en bon état. *Entretenir un jardin.* ▷ Faire durer. *Petites attentions qui entretiennent l'amitié. – Entretenir une correspondance avec qqn.* ▷ V. pron. Prendre soin de soi. *Elle s'entretient en bonne santé.* **2.** Fournir de quoi subsister à, subvenir aux dépenses de. *Entretenir ses enfants.* – Spécial. *Entretenir une femme* (dont on est l'amant). **II.** *Entretenir qqn de,* avoir avec lui une conversation sur. *Je voulais vous entretenir de cette affaire.* ▷ V. pron. *Elle s'est entretenue de cette question avec moi.* – De *entre-,* et *tenir.*

entretenu, ue [ɑ̃tʀətny] adj. **1.** Maintenu dans tel état. *Maison bien, mal entretenue.* **2.** Maintenu dans le même état. – PHYS *Ondes entretenues,* que l'on soumet à des impulsions de même fréquence pour qu'elles conservent leur amplitude. **3.** Aux dépenses de qui qqn subvient. *Il est entretenu par sa famille. Femme entretenue* (par un amant). – Pp. de *entretenir.*

entretien [ɑ̃tʀətjɛ̃] n. m. **I. 1.** Action de maintenir en bon état; dépense qu'exige cette conservation. *L'entretien d'un bâtiment.* **2.** Ce qui est nécessaire à la subsistance, à l'habillement. *Dépenses d'entretien.* **II.** Conversation, entrevue. *J'ai eu un entretien avec le directeur.* – Déverbal de *entretenir.*

entretoise [ɑ̃tʀətwaz] n. f. TECH Pièce d'un châssis, d'une charpente, d'un meuble, etc., qui relie deux autres pièces en les maintenant écartées l'une de l'autre. – De *entre-,* et a. fr. *toise,* «pièce de bois».

entretoisement [ɑ̃tʀətwazmɑ̃] n. m. TECH Action d'entretoiser. – De *entretoiser.*

entretoiser [ɑ̃tʀətwaze] v. tr. [1] TECH Raidir au moyen d'entretoises. – De *entretoise.*

entre-tuer (s') [ɑ̃tʀətɥe] v. pron. [11] Se tuer l'un l'autre, les uns les autres. – De *entre-,* et *tuer.*

entrevoie [ɑ̃tʀəvwa] n. f. Espace qui sépare deux voies de chemin de fer. – De *entre-,* et *voie.*

entrevoir [ɑ̃tʀəvwaʀ] v. tr. [49] **1.** Voir imparfaitement, en passant. **2.** Fig. Concevoir, prévoir de manière imprécise. *Entrevoir des difficultés.* – De *entre-,* et *voir.*

entrevous [ɑ̃tʀəvu] n. m. CONSTR Intervalle entre deux solives. ▷ Espace entre deux poteaux d'une cloison, garni de briques, de plâtre. – De *entre-,* et a. fr. *vous,* «voûté».

entrevoûter [ɑ̃tʀəvute] v. tr. [1] CONSTR Garnir (les entrevous) avec un matériau de remplissage. – De *entrevous,* d'ap. *voûter.*

entrevue [ɑ̃tʀəvy] n. f. Rencontre concertée entre personnes qui doivent se parler, s'entretenir. *Entrevue diplomatique.* Syn. entretien. – Pp. fém. subst. de *(s')entrevoir.*

entrisme [ɑ̃tʀism] n. m. Pratique politique consistant à entrer dans un parti, individuellement ou en groupe, en vue d'en modifier la ligne d'action. – De *entrer.*

entriste [ɑ̃tʀist] adj. et n. De l'entrisme, qui pratique l'entrisme. – Du préc.

entropie [ɑ̃tʀɔpi] n. f. PHYS Grandeur thermodynamique S, fonction d'état qui caractérise la tendance qu'a un système à évoluer vers un état final différent de l'état initial dans lequel il se trouve. – Mot all., du gr. *entropia,* «retour en arrière».

entropion [ɑ̃tʀɔpjɔ̃] n. m. MED Renversement du bord de la paupière vers le globe oculaire. – Du gr. *en-,* «dans», et *tropê,* «tour».

entroque [ɑ̃tʀɔk] n. m. PALEONT Élément constitutif du squelette des crinoïdes (classe d'échinodermes) fixés. *À l'état fossile, les entroques constituent des bancs de calcaire* (Dévonien et Bajocien). – Du gr. *en,* «dans», et *trokhos,* «disque».

entrouvrir [ɑ̃tʀuvʀiʀ] v. tr. [35] Ouvrir à demi, un peu. *Entrouvrir la porte. Fenêtre entrouverte.* ▷ V. pron. *Ses yeux se sont entrouverts.* – De *entr(e)-,* et *ouvrir.*

entuber [ɑ̃tybe] v. tr. [1] Pop. Voler, tromper, duper. – De *en-,* et *tube.*

enturbanné, ée [ɑ̃tyʀbane] adj. Qui est coiffé d'un turban. – De *en-,* et *turban.*

enture [ɑ̃tyʀ] n. f. **1.** ARBOR Fente où l'on place une ente, une greffe. **2.** TECH Assemblage de deux pièces de bois bout à bout. – De *enter.*

énucléation [enykleasjɔ̃] n. f. CHIR Extirpation d'une tumeur, d'un organe. *Énucléation de l'œil.* – Du lat. *nucleus,* «noyau».

énucléer [enyklee] v. tr. [1] Pratiquer l'énucléation de. – Lat. *enucleare,* «ôter le noyau».

énumératif, ive [enymeʀatif, iv] adj. Qui énumère. – De *énumérer.*

énumération [enymeʀasjɔ̃] n. f. Action d'énumérer. – Liste de ce qu'on énumère. – Lat. *enumeratio.*

énumérer [enymeʀe] v. tr. [16] Énoncer un à un les éléments d'un ensemble. *Énumérer les affluents du Saint-Laurent.* Syn. dénombrer, détailler. – Lat. *enumerare,* «dénombrer».

énurésie [enyʀezi] n. f. MED Incontinence d'urine, le plus souvent nocturne. – Du gr. *en,* «dans», et *ourein,* «uriner».

énurétique [enyʀetik] adj. et n. Qui souffre d'énurésie. – De *énurésie*.

envahir [ɑ̃vaiʀ] v. tr. [2] **1.** Entrer de force dans (un territoire). *Envahir une province.* **2.** *Par ext.* Occuper entièrement, remplir. *Les eaux ont envahi les champs.* ▷ Fig. *La crainte envahit son esprit.* – Du lat. *invadere*, «pénétrer dans».

envahissant, ante [ɑ̃vaisɑ̃, ɑ̃t] adj. Qui envahit; indiscret, importun. *Une personne envahissante.* – Ppr. de *envahir.*

envahissement [ɑ̃vaismɑ̃] n. m. Action, fait d'envahir; état d'une région envahie. – Fig. *L'envahissement de nos villes par l'automobile.* – De *envahir.*

envahisseur, euse [ɑ̃vaisœʀ, øz] n. et adj. Personne qui envahit. – Adj. *Les troupes envahisseuses.* – De *envahir.*

envasement [ɑ̃vazmɑ̃] n. m. Fait de s'envaser. ▷ État de ce qui est envasé. – De *envaser.*

envaser [ɑ̃vaze] v. tr. [11] Remplir de vase. ▷ v. pron. *La baie s'envase.* – De *en-*, et *vase.*

enveloppant, ante [ɑ̃vlɔpɑ̃, ɑ̃t] adj. **1.** Qui enveloppe. *Surface enveloppante.* **2.** Fig. Qui cherche à séduire, à captiver. *Des manières enveloppantes.* – Ppr. de *envelopper.*

enveloppe [ɑ̃vlɔp] n. f. **1.** Ce qui sert à envelopper. ▷ ANAT Membrane qui engaine certains organes. ▷ MATH Courbe ou surface fixe à laquelle une courbe ou une surface mobile reste toujours tangente. ▷ TECH Pièce qui contient et protège une autre pièce. *Enveloppe de pneumatique.* **2.** Fig. Forme extérieure, apparence. *De la bonté sous une enveloppe rude.* **3.** Pochette de papier dans laquelle on place une lettre, un document, pour l'expédier. *Enveloppe timbrée.* **4.** FIN *Enveloppe budgétaire :* montant global maximal affecté à un poste budgétaire. – Déverbal de *envelopper.*

enveloppé [ɑ̃vlɔpe] n. m. CHOREGR Rotation du corps vers le dedans sur l'une des jambes servant de pivot, l'autre jambe dessinant un mouvement enveloppant autour de la première. – Pp. subst. de *envelopper.*

enveloppement [ɑ̃vlɔpmɑ̃] n. m. Action d'envelopper; état de ce qui est enveloppé. *On fait parfois baisser la fièvre par des enveloppements humides.* – De *envelopper.*

envelopper [ɑ̃vlɔpe] v. tr. [1] **1.** Entourer, emballer au moyen d'un objet souple et mince. *Envelopper un objet dans du papier.* **2.** Environner, entourer, encercler. *Les blindés ennemis enveloppèrent notre aile gauche.* **3.** Comprendre, inclure. *Envelopper qqn dans une accusation.* **4.** Déguiser, dissimuler. *Envelopper sa pensée.* – De l'a. fr. *voloper*, «envelopper».

envenimement [ɑ̃vnimmɑ̃] n. m. Action d'envenimer; fait de s'envenimer. – De *envenimer.*

envenimer [ɑ̃vnime] v. tr. [1] **1.** Infecter (une blessure, une plaie). **2.** Fig. Aviver, rendre virulent. *Envenimer un conflit.* ▷ V. pron. *La discussion s'est envenimée.* – De *en-*, et *venim*, anc. forme de *venin.*

enverguer [ɑ̃vɛʀge] v. tr. [1] MAR Gréer (une voile) sur un espar (vergue, bôme ou mât). – De *en-*, et *vergue.*

envergure [ɑ̃vɛʀgyʀ] n. f. **1.** MAR Largeur d'une voile fixée sur la vergue. **2.** Mod. Distance entre les deux extrémités des ailes déployées d'un oiseau. *Le condor atteint 4 m d'envergure.* ▷ Par ext. *Envergure d'un avion, d'un planeur.* **3.** Fig. Valeur, capacité. *Un homme sans envergure.* – *D'envergure :* de grande ampleur. *Un projet d'envergure.* – De *enverguer.*

1. envers [ɑ̃vɛʀ] prép. **1.** Vx En face de. ▷ Mod. *Envers et contre tous,* malgré l'opposition de tous. **2.** Mod. À l'égard de. *Il a été très honnête envers moi.* – De *en-*, et *vers.*

2. envers [ɑ̃vɛʀ] n. m. **1.** Côté opposé à l'endroit. *L'envers d'une feuille de papier.* ▷ Fig. *L'envers du décor :* ce que cachent des apparences flatteuses. **2.** loc. adv. *À l'envers :* dans le sens contraire, inverse du sens normal. *Passer un vêtement à l'envers.* ▷ En désordre, de travers. *Il fait tout à l'envers.* – Lat. *inversum*, de *invertere*, «retourner».

envi (à l') [alɑ̃vi] loc. adv. À qui mieux mieux. *Ils s'appliquent à l'envi.* – De l'a fr. *envier*, «défier», lat. *invitare*, «inviter».

enviable [ɑ̃vjabl] adj. Digne d'être convoité. – De *envier.*

envie [ɑ̃vi] n. f. **1.** Sentiment de frustration, d'irritation jalouse que suscite la possession par autrui d'un bien, d'un avantage dont on est soi-même dépourvu. *Succès qui déchaîne l'envie.* **2.** Désir. *Avoir envie de voyager.* ▷ *Faire envie à:* être l'objet du désir de (qqn). *Ce bijou me fait envie.* **3.** Besoin organique. *Envie de dormir, de boire.* **4.** Cour. Tache sur la peau de certains nouveau-nés. Syn. nævus. **5.** Cour. Pellicule qui se détache de l'épiderme autour de l'ongle. – Du lat. *invidia*, «jalousie, désir».

envié, ée [ɑ̃vje] adj. Recherché, convoité. *Une place enviée.* – Pp. de *envier.*

envier [ɑ̃vje] v. tr. [1] **1.** *Envier qqn*, regretter de n'être pas à sa place, ou de ne pas posséder un bien, un avantage dont il jouit. **2.** *Envier qqch à qqn :* désirer qqch qu'il possède. *On vous envie votre réussite.* ▷ *N'avoir rien à envier à :* n'être en rien inférieur à. – De *envie.*

envieusement [ɑ̃vjøzmɑ̃] adv. D'une manière envieuse. – De *envieux.*

envieux, euse [ɑ̃vjø, øz] adj. Qui éprouve un sentiment d'envie (au sens 1). ▷ Subst. *Les envieux.* – Du lat. *invidiosus.*

environ [ɑ̃viʀɔ̃] **1.** adv. À peu près, approximativement. *Il y a environ deux heures.* **2.** n. m. pl. Lieux d'alentour. *Toronto et ses environs.* **3.** loc. prép. *Aux environs de:* non loin de. – De *en-*, et a. fr. *viron*, «tour», de *virer.*

environnant, ante [ɑ̃viʀɔnɑ̃, ɑ̃t] adj. Qui est dans les environs. – Ppr. de *environner.*

environnement [ɑ̃viʀɔnmɑ̃] n. m. Ensemble des éléments constitutifs du milieu d'un être vivant. Syn. milieu. ▷ *Spécial.* Ensemble des éléments constitutifs du paysage naturel ou du paysage artificiellement créé par l'homme. – De *environner.*

environner [ɑ̃viʀɔne] v. tr. [1] Entourer, être aux environs de. *Les forêts qui environnent le chalet.* ▷ Fig. *Les courtisans qui environnaient le roi.* – De *environ.*

envisager [ɑ̃vizaʒe] v. tr. [15] **1.** Examiner, prendre en considération. *Envisager les avantages d'une situation.* **2.** *Envisager de :* avoir l'intention de, projeter de. *Il envisage de se marier.* – De *en-*, et *visage.*

envoi [ɑ̃vwa] n. m. **1.** Action d'envoyer. *Envoi d'un paquet par la poste.* **2.** *Par ext.* Ce qui est envoyé. *Réception d'un envoi.* **3.** LITTER Dernière strophe d'une ballade. **4.** SPORT *Coup d'envoi :* premier coup de pied dans le ballon, marquant le début de la partie. **5.** DR *Envoi en possession :* autorisation d'entrer en possession des biens d'un absent. – Déverbal de *envoyer.*

envoiler (s') [ɑ̃vwale] v. pron. [11] TECH Se courber, se gauchir au cours de la trempe, en parlant d'une pièce d'acier. – De *en-*, et *voile.*

envol [ɑ̃vɔl] n. m. Action de s'envoler. *Piste d'envol d'un aéroport.* – Déverbal de *envoler.*

envolée [ɑ̃vɔle] n. f. **1.** Envol. **2.** Fig. Mouvement lyrique ou oratoire plein d'élan. *Les envolées lyriques de Lamartine.* – Pp. fém. subst. de *envoler.*

envoler (s') [ɑ̃vɔle] v. pron. [11] **1.** Quitter le sol en s'élevant dans les airs par le vol. *L'oiseau, l'avion s'envolent.* **2.** Par ext. *Être soulevé par le vent. Les papiers s'envolent.* **3.** Fig., fam. S'enfuir. *Le prisonnier s'est envolé.* ▷ Fam. Disparaître. *Son argent s'est envolé.* – De *en-*, et *voler*.

envoûtant, ante [ɑ̃vutɑ̃, ɑ̃t] adj. Qui charme, séduit, subjugue. – Ppr. de *envoûter*.

envoûtement [ɑ̃vutmɑ̃] n. m. **1.** Pratique de magie par laquelle on cherche à exercer une action maléfique sur une personne en agissant sur une figurine qui la représente. **2.** Fig. Charme puissant et mystérieux. *L'envoûtement qu'exerce cette musique.* Syn. enchantement, fascination, séduction. – De *envoûter*.

envoûter [ɑ̃vute] v. tr. [1] **1.** Pratiquer un envoûtement sur (qqn). **2.** Fig. Charmer comme par un effet magique, subjuguer. *Ce musicien l'a envoûté.* – De *en-*, et a. fr. *volt, vout*, «visage, image», du lat. *vultus*.

envoûteur, euse [ɑ̃vutœʀ, øz] n. Personne qui pratique des envoûtements (au sens 1). – De *envoûter*.

envoyé, ée [ɑ̃vwaje] adj. et n. **1.** adj. Qui a été envoyé. **2.** n. Personne envoyée avec une mission, et partic. une mission diplomatique; messager. ▷ *Envoyé spécial:* journaliste que l'on envoie spécialement sur le lieu d'un événement pour en rendre compte. – Pp. subst. de *envoyer*.

envoyer [ɑ̃vwaje] **I.** v. tr. [27] **1.** Faire partir (qqn) pour une destination. *Envoyer un coursier porter un pli. Envoyer qqn en prison.* ▷ Fam. *Envoyer promener (qqn)*, repousser, renvoyer (qqn) sans ménagements. **2.** Adresser, expédier. *Envoyer une carte postale à un ami.* **3.** Lancer, jeter. *Envoyer des pierres.* **II.** v. pron. Fam. S'offrir, ingérer. *S'envoyer un apéritif.* – Du lat. *inviare*, «parcourir, faire parcourir», de *via*, «voie».

envoyeur, euse [ɑ̃vwajœʀ, øz] n. Personne qui fait un envoi. *Retour à l'envoyeur.* – De *envoyer*.

enzootie [ɑ̃zɔɔti] n. f. Épizootie limitée à une région. – Du gr. *en-*, «dans», et *(épi)zootie*.

enzymatique [ɑ̃zimatik] adj. BIOCHIM D'une enzyme. – De *enzyme*.

enzyme [ɑ̃zim] n. f. BIOCHIM Biocatalyseur protéique qui active une réaction biochimique spécifique. – De *en-*, et gr. *zumê*, «levain».

ENCYCL Molécule protéique complexe, une enzyme est un biocatalyseur qui permet à la plupart des réactions biochimiques (synthèses, dégradations, oxydations, réductions, transfert d'énergie, etc.) de se dérouler avec des vitesses suffisantes (mesurées par la constante de Michaelis) malgré les faibles concentrations des réactifs en présence et la faible température du milieu vivant. Les phénomènes enzymatiques sont utilisés et connus depuis l'Antiquité sous le nom de *fermentation*, bien que les agents responsables n'aient été soupçonnés qu'au cours du XVIIIe s. (Spallanzani, Réaumur). Ce n'est qu'au XIXe s. qu'on isola les premières enzymes, qu'on appela d'abord ferments puis diastases. Toutes les enzymes sont des protéines et toutes les protéines cellulaires doivent posséder une activité enzymatique: ainsi, la principale protéine du muscle, la myosine, est une enzyme active, l'A.T.P.ase (adénosine-triphosphatase). La molécule d'enzyme comprend souvent, outre la partie protéique, ou *apoenzyme*, une petite molécule de constitution variée, la *coenzyme:* nucléotide, porphyrine, etc., l'association formant une *holoenzyme*. La partie protéique confère aux enzymes leurs propriétés particulières: spécificité de réaction, sensibilité à la chaleur ou au pH, dénaturation, etc. Les enzymes se caractérisent par leur très haute activité: une molécule de catalase, par ex., est capable de décomposer 100 000 molécules d'eau oxygénée en une seconde. Chaque enzyme est spécifique d'un substrat. L'activité des enzymes est liée à leur structure protéique complexe: chaque molécule comporte un «site actif», qui fixe le substrat et induit sa transformation. Certains corps peuvent inhiber l'action d'une enzyme sur son substrat. Les réactions enzymatiques peuvent être classées en 2 groupes. **1.** Les réactions de dissociation de liaisons décomposent les grosses molécules organiques non assimilables par l'organisme en leurs molécules constitutives élémentaires. **2.** Les réactions de synthèse, intracellulaires, reconstituent, à partir des molécules élémentaires, les macromolécules (protéines, par ex.) dont la cellule a besoin. La biosynthèse des enzymes est identique à celle des autres protéines. Elle est génétiquement contrôlée. Certaines enzymes, dites *constitutives*, existent dans les cellules à un taux constant; d'autres, les enzymes *adaptatives*, font l'objet d'une synthèse induite par leur substrat. Les anomalies enzymatiques *(enzymopathies)*, quantitatives ou qualitatives, sont déterminées par des mutations génétiques. On distingue six principales classes d'enzymes: oxydoréductases, transférases, hydrolases, isomérases, lyases, ligases. Chaque classe comprend des milliers d'enzymes.

enzymologie [ɑ̃zimɔlɔʒi] n. f. Étude des enzymes. – De *enzyme*, et *-logie*.

éocène [eɔsɛn] n. m. et adj. GEOL *Éocène.* Période la plus ancienne (moins 65 à moins 37 millions d'années) du Tertiaire, pendant laquelle apparurent les divers types de mammifères. ▷ Adj. *Fossile éocène.* – Angl. *eocene*, du gr. *êôs*, «aurore».

éohippus [eɔipys] n. m. PALEONT Équidé fossile (Éocène d'Amérique du N.) de la taille d'un renard, le premier représentant de la série qui mène au cheval. – Du gr. *êôs*, «aurore», et *hippos*, «cheval».

éolien, ienne [eɔljɛ̃, jɛn] adj. et n. f. **1.** adj. Du vent, relatif au vent. *Érosion éolienne.* – Actionné par le vent. *Moteur éolien.* **2.** n. f. Machine qui utilise la force motrice du vent. – De *Éole*, dieu des Vents dans la myth. gr.

éolipile ou **éolipyle** [eɔlipil] n. m. PHYS Sphère remplie d'eau chauffée à ébullition qui servit (au IIe s. av. J.-C.) à mettre en évidence l'effet moteur de la vapeur d'eau. – De *Éole* (V. éolien), et lat. *pila*, «boule».

éolithe [eɔlit] n. m. Petit fragment de roche naturellement érodé, et qui peut être confondu avec une pierre façonnée par l'homme. – Du gr. *êôs*, «aurore», et *-lithe*.

éon [eɔ̃] n. m. PHILO Chacun des esprits émanés de Dieu et servant d'intermédiaire entre celui-ci et le monde, chez les gnostiques. – Gr. *aiôn*, «temps, éternité».

éosine [eɔzin] n. f. TECH Matière colorante rouge tirée de la fluorescéine, utilisée en histologie. – Du gr. *êôs*, «aurore», et *-ine* 3.

éosinophile [eɔzinɔfil] adj. et n. m. PHYSIOL Qui a une grande affinité pour l'éosine. *Les leucocytes polynucléaires éosinophiles sont des leucocytes particuliers, facilement colorés par l'éosine.* ▷ N. m. *Les éosinophiles:* ces leucocytes. – De *éosine*, et *-phile*.

épacte [epakt] n. f. Âge de la Lune à la veille du premier janvier, variant entre 0 (si la lune est pleine) et 29. *L'épacte sert à déterminer la date des fêtes mobiles dans le comput ecclésiastique.* – Du gr. *epaktai (hêmerai)*, «(jours) intercalaires».

épagneul, eule [epaɲœl] n. (et adj.) Chien d'arrêt au poil long et ondulé, aux oreilles pendantes, d'origine espagnole. *Les cockers, les setters sont des épagneuls.* ▷ Adj. *Un chien épagneul.* – De *espagnol*.

épair [epɛʀ] n. m. Aspect du papier. *L'épair du papier se juge par transparence.* – Orig. incert.

épais, aisse [epɛ, ɛs] adj. **1.** Qui a telle épaisseur. *Rempart épais de deux mètres.* ▷ *Absol.* Dont l'épaisseur est grande. *Du drap épais.* **2.** Gros, massif. *Avoir la taille épaisse.* **3.** Consistant, pâteux. *Sirop épais.* **4.** Serré, dense. *Herbe épaisse. Chevelure épaisse.* ▷ Opaque. *Brume, obscurité épaisse.* **5.** Obtus, lourd. *Intelligence épaisse.* **6.** adv. De manière serrée, dense. *Il a neigé épais.* – Du lat. pop. **spissia*, class. *spissus*, «épais».

épaisseur [epɛsœʀ] n. f. **1.** L'une des trois dimensions d'un corps (opposé à *longueur* et *largeur*, à *hauteur* et *profondeur*). *L'épaisseur d'un mur.* **2.** Caractère de ce qui est épais. *L'épaisseur des ténèbres.* – De *épais.*

épaissir [epesiʀ] **1.** v. tr. [2] Rendre plus épais. *Épaissir un sirop.* **2.** v. intr. et pron. Devenir plus épais. *Sa taille a épaissi. L'ombre s'est épaissie.* – De *épais.*

épaississement [epesismɑ̃] n. m. Fait de s'épaissir. – De *épaissir.*

épaississeur [epesisœʀ] n. m. TECH Appareil qui sert à concentrer une solution. – De *épaissir.*

épamprer [epɑ̃pʀe] v. tr. [1] Ôter les pampres et les feuilles inutiles de (la vigne). – De *é-*, et *pampre.*

épanchement [epɑ̃ʃmɑ̃] n. m. **1.** Vx Écoulement. ▷ Mod. MED Présence anormale de gaz ou de liquide dans une région du corps. *Épanchement de synovie.* **2.** Fig. Effusion de sentiments. *Les épanchements de l'amitié.* – De *épancher.*

épancher [epɑ̃ʃe] **I.** v. tr. [1] **1.** Vx Verser. ▷ Fig., mod. *Épancher sa bile:* exhaler sa colère. **2.** Exprimer librement. *Épancher ses sentiments.* **II.** v. pron. **1.** Vx Se déverser. ▷ Mod. MED Former un épanchement. **2.** Fig. Parler librement en confiant ses sentiments. – Du lat. pop. **expandicare*, class. *expandere*, «répandre».

épandage [epɑ̃daʒ] n. m. AGRIC Action d'épandre les engrais, le fumier, etc. ▷ *Champs d'épandage:* terrains sur lesquels les eaux d'égout s'épurent tout en fertilisant le sol. ▷ GEOL *Nappe* ou *zone d'épandage:* zone où se déposent et s'étalent des sédiments. – De *épandre.*

épandeur [epɑ̃dœʀ] n. m. AGRIC Machine servant à épandre les engrais, le fumier, etc. – De *épandre.*

épandeuse [epɑ̃døz] n. f. TRAV PUBL Engin servant à répartir sur le sol des matériaux liquides ou pâteux. – De *épandre.*

épandre [epɑ̃dʀ] v. tr. [5] Jeter çà et là, éparpiller. *Épandre du fumier.* – Lat. *expandere.*

épanneler [epanle] v. tr. [22] TECH Dégrossir (une pierre) par une taille en plans préparant le façonnage. – De *é-*, et *panneau.*

épanouir [epanwiʀ] **I.** v. tr. [2] **1.** Faire ouvrir (une fleur). *Le soleil a épanoui les tulipes.* **2.** Fig. Rendre heureux, joyeux. *Le bonheur épanouit son visage.* **II.** v. pron. **1.** S'ouvrir, déployer ses pétales (fleurs). **2.** Atteindre à sa plénitude. *Les arts s'épanouirent sous Louis XIV en France.* – Altér., sous l'infl. d'*évanouir*, de *espanir*, du frq. **spannjan*, «étendre».

épanouissement [epanwismɑ̃] n. m. Action de s'épanouir, état de ce qui est épanoui. *L'épanouissement des fleurs, de la beauté.* – De *épanouir.*

épar ou **épart** [epaʀ] n. m. **1.** TECH Traverse servant à maintenir l'écartement entre deux pièces. **2.** Barre servant à consolider, à fermer une porte. – Du germ. *sparro*, «poutre».

éparchie [epaʀʃi] n. f. HIST Division territoriale de l'Empire byzantin. – Dignité d'éparque. – Gr. *eparkhia*, «province».

épargnant, ante [epaʀɲɑ̃, ɑ̃t] n. Personne qui s'est constitué un capital par l'épargne. *Les petits épargnants.* – Ppr. subst. de *épargner.*

épargne [epaʀɲ] n. f. **1.** Action d'épargner (de l'argent). *Encourager l'épargne.* ▷ *Caisses d'épargne:* établissements publics qui reçoivent les dépôts des épargnants, à qui sont versés des intérêts. **2.** FIN Fraction d'un revenu qui n'est pas affectée à une utilisation immédiate. **3.** TECH *Taille d'épargne:* taille, manière de graver dans laquelle les parties de la planche destinées à prendre l'encre sont *épargnées*, c.-à-d. laissées en relief. – Déverbal de *épargner.*

épargner [epaʀɲe] v. tr. [1] **I. 1.** Faire grâce à. *Épargner les vaincus.* ▷ Fig. *Ses critiques n'épargnent personne.* **2.** Ne pas endommager, ne pas détruire. *La guerre a épargné ce village.* **3.** Éviter de heurter. *Épargner la susceptibilité de qqn.* **II. 1.** Mettre de côté. *Il a épargné dix mille dollars.* ▷ Absol. *Épargner sur la nourriture.* **2.** (En gén. à la forme négative) Employer avec modération. *L'architecte n'a pas épargné le marbre.* ▷ Fig. *Épargner sa peine, son temps.* **III.** *Épargner une chose à qqn:* lui permettre de l'éviter, de ne pas la subir. *Je veux vous épargner ce dérangement.* – Du germ. **sparanjan*, de *sparôn*, «épargner».

éparpillement [epaʀpijmɑ̃] n. m. Action d'éparpiller; état de ce qui est éparpillé. – De *éparpiller.*

éparpiller [epaʀpije] v. tr. [1] Disperser, disséminer. *Éparpiller de la cendre.* ▷ Fig. *Éparpiller ses idées.* ▷ v. pron. Avoir trop d'occupations différentes, passer sans cesse de l'une à l'autre. – Lat. pop. **sparpiliare*, crois. de *spargere*, «répandre», et *papilio*, «papillon».

éparque [epaʀk] n. m. HIST Gouverneur d'une éparchie. – Gr. *eparkhos*, «commandant».

épars, arse [epaʀ, aʀs] adj. Dispersé. *Maisons éparses dans la campagne.* ▷ *Cheveux épars*, flottants, en désordre. – Pp. de l'anc. v. *espardre*, «répandre», du lat. *spargere.*

épart. V. épar.

éparvin [epaʀvɛ̃] ou **épervin** [epɛʀvɛ̃] n. m. Ostéoarthrose du tarse, qui frappe surtout le cheval. – P.-ê. du frq. **sparwun*, de **sparo*, «passereau».

épatamment [epatamɑ̃] adv. Fam. D'une façon épatante, très bien. – De *épater.*

épatant, ante [epatɑ̃, ɑ̃t] adj. Fam. Remarquable, excellent. – Ppr. de *épater.*

épate [epat] n. f. Fam. *Faire de l'épate:* chercher à étonner. – Déverbal de *épater.*

épaté, ée [epate] adj. **1.** *Nez épaté:* large et court. **2.** Fam. Étonné. – Pp. de *épater.*

épatement [epatmɑ̃] n. m. **1.** Forme d'un nez large et court. **2.** Fam. Étonnement. – De *épater.*

épater [epate] v. tr. [1] **1.** Vieilli Élargir à la base. **2.** Fam. Étonner, impressionner. *Épater les bourgeois.* ▷ V. pron. S'étonner. – De *é-*, et *patte.*

épaufrer [epofʀe] v. tr. [1] TECH *Épaufrer une pierre*, casser accidentellement l'une de ses arêtes. ▷ V. pron. *La pierre s'est épaufrée.* – Du frq. **spalturôjan*, «briser».

épaufrure [epofʀyʀ] n. f. TECH Éclat d'une pierre épaufrée. – De *épaufrer.*

épaulard [epolaʀ] n. m. Orque (mammifère marin). – De *épaule.*

épaule [epol] n. f. **1.** Masse musculaire assurant la liaison du membre antérieur avec le corps. *Articulation de l'épaule*, qui joint l'humérus à la ceinture scapulaire. **2.** *Les épaules:* la partie supérieure du tronc, constituée principalement par les deux *épaules* (au sens 1). *Avoir les épaules tombantes.* ▷ *Hausser, lever* *les épaules*, en signe de dédain. ▷ *Par-dessus l'épaule:* avec dédain, avec négligence. ▷ *Donner un coup d'épaule à qqn*, l'aider. ▷ *Avoir la tête sur les épaules*: être bien équilibré. – Du lat. *spathula*, «spatule», d'où «omoplate», de *spatha*, «épée large».

épaulé [epole] n. m. SPORT Mouvement dans lequel l'haltère est amené du sol en un seul temps à la hauteur des épaules. (Dans l'*épaulé-jeté*, il est amené, dans un deuxième temps, au-dessus de la tête.) – Pp. subst. de *épauler*.

épaulement [epolmɑ̃] n. m. **1.** CONSTR Mur de soutènement. **2.** MILIT Rempart de protection fait de terre, de sacs de sable, etc. **3.** Relief formé par une pente raide qui aboutit à un replat, lui-même dominé par une pente. *Épaulement au flanc d'une vallée glaciaire.* **4.** TECH Saillie servant d'arrêt, de butée. ▷ Côté le plus large d'un tenon. – De *épauler*.

épauler [epole] v. tr. [1] **1.** Aider, soutenir. *Il a été épaulé efficacement par ses relations.* ▷ V. pron. *Entre amis, ils se sont épaulés.* **2.** Appuyer (une arme) contre son épaule pour viser, tirer. *Épauler un fusil.* ▷ Absol. *Épauler et tirer.* **3.** CONSTR Soutenir par un épaulement. – De *épaule*.

épaulette [epolɛt] n. f. **1.** Bande rigide, garnie parfois de franges, qui orne les épaules de certains uniformes militaires (autref. insigne du grade d'officier). **2.** Bande étroite qui passe sur l'épaule pour soutenir certains vêtements féminins. *Épaulettes d'une robe d'été.* **3.** Rembourrage qui donne leur forme aux épaules d'un vêtement (veste, manteau, etc.). **4.** SPORT n. f. pl. Accessoire destiné à protéger les épaules lors de la pratique de certains sports (hockey, football, etc.). – Dimin. de *épaule*.

épave [epav] n. f. **1.** DR Objet ou animal perdu sur la voie publique. **2.** Objet, débris provenant d'un navire naufragé. ▷ Navire désemparé, abandonné par l'équipage mais qui flotte encore. ▷ Navire coulé. *Le cargo a heurté une épave.* **3.** n. f. pl. Débris, restes. *Les épaves de sa fortune.* **4.** Fig. Personne déchue et misérable. *L'alcool a fait de lui une épave.* – Du lat. *expavidus*, «épouvanté».

épeautre [epotʀ] n. m. Blé peu cultivé de nos jours *(Triticum spelta)*, à petit grain et à balle fortement adhérente. ▷ *Petit épeautre (Triticum monococcum)*. – Du lat. imp. *spelta*.

épée [epe] n. f. **1.** Arme blanche constituée par une lame longue et droite, pointue, généralement tranchante, munie d'une poignée et d'une garde. ▷ Loc. fig. *Mettre (à qqn) l'épée dans les reins*, le faire agir sous la menace ou en le harcelant. ▷ *Épée de Damoclès:* menace imminente qui pèse sur qqn. ▷ *Passer au fil de l'épée:* tuer, massacrer. ▷ *Un coup d'épée dans l'eau:* un effort inutile. **2.** Anc. Le métier des armes. *Gens d'épée et gens d'Église.* **3.** Arme à lame triangulaire utilisée en escrime. *Tirer à l'épée.* – Sport pratiqué avec cette arme. – Du lat. *spatha*, «épée longue».

épeiche [epɛʃ] n. f. Pic d'Eurasie *(Dendrocopos major)*, noir et blanc, long de 22 cm. – All. *Specht*, «pic».

épeichette [epɛʃɛt] n. m. ou f. Le plus petit (14 cm) pic vivant en Europe *(Dendrocopos minor)*, noir et blanc, à calotte rouge. – Dimin. de *épeiche*.

épeire [epɛʀ] n. f. Araignée (genre *Epeira*, nombr. espèces, fam. argiopidés), dont la toile est constituée de rayons et de spirales anguleuses. *Épeire diadème*, au dos marqué d'une croix blanche, longue de 10 à 15 mm. – Lat. sav. *epeira*.

épeirogénique. V. épirogénique.

épéiste [epeist] n. Escrimeur, escrimeuse à l'épée. – De *épée*.

épeler [eple] v. tr. [22] *Épeler un mot, un nom:* énoncer une à une, dans l'ordre, les lettres qui le composent. – Du frq. **spellôn*, «raconter».

épellation [epelasjɔ̃] n. f. Action d'épeler. – De *épeler*.

épendyme [epɑ̃dim] n. m. ANAT Membrane qui tapisse les parois des ventricules cérébraux et celles du canal de la moelle épinière. – Du gr. *epi*, «sur», et *enduma*, «vêtement».

épenthèse [epɑ̃tɛz] n. f. GRAM Intercalation d'un phonème supplémentaire à l'intérieur d'un mot. *Épenthèse du «d» dans «cendre», qui vient de l'accusatif latin «cinerem».* – Gr. *epenthesis*, «intercalation», par le lat.

épenthétique [epɑ̃tetik] adj. GRAM Ajouté par épenthèse. – Du préc.

épépiner [epepine] v. tr. [1] *Épépiner un fruit*, en ôter les pépins. – De *é-*, et *pépin*.

éperdu, ue [epɛʀdy] adj. **1.** En proie à une émotion profonde. *Éperdu de douleur.* **2.** Vif, intense, violent. *Un désir éperdu de liberté.* – Pp. de l'anc. v. *esperdre*, «perdre complètement».

éperdument [epɛʀdymɑ̃] adv. D'une manière éperdue. – De *éperdu*.

éperlan [epɛʀlɑ̃] n. m. Petit poisson marin argenté (genre *Osmerus*, fam. salmonidés), à chair estimée, qui vient pondre en eau douce, à l'embouchure des fleuves et des rivières. – Du moyen néerl. *spierlinc*.

éperon [epʀɔ̃] n. m. **1.** Pièce de métal fixée au talon du cavalier et qui sert à piquer les flancs du cheval pour l'exciter. **2.** MAR ANC Élément saillant de la proue de certains navires de guerre, avec lequel on heurtait la coque d'un navire ennemi pour la défoncer. **3.** Relief abrupt en pointe. *Éperon rocheux.* **4.** TRAV PUBL, ARCHI Ouvrage en saillie (en partic. à la base d'une pile de pont, pour briser le courant). ▷ MILIT Redan saillant (dans une fortification). **5.** BOT Prolongement, en cornet très fin, des pétales de certaines fleurs (ancolie, impatiente, par ex.). **6.** Ergot du coq et du chien. – Du frq. **sporo*.

éperonner [epʀɔne] v. tr. [1] **1.** Piquer (un cheval) avec les éperons pour l'exciter. *Éperonner sa monture.* ▷ Fig. Inciter vivement à agir. *Le désir de vengeance l'éperonnait.* Syn. aiguillonner, exciter, stimuler. **2.** Anc. Aborder (un navire ennemi) en défonçant sa coque avec un éperon. – *Par ext.*, mod. Aborder (un autre navire) en défonçant sa coque avec sa propre étrave. *Cargo qui éperonne un pétrolier.* – De *éperon*.

épervier [epɛʀvje] n. m. **1.** Oiseau falconiforme dont on trouve deux espèces en Amérique du Nord: l'épervier de Cooper (*Accipiter Cooperii*) et l'épervier brun (*Accipiter striatus*). **2.** Filet de pêche conique, lesté de plombs, qu'on lance à la main. – Du frq. **sparwâri*.

épervière [epɛʀvjɛʀ] n. f. Plante herbacée (genre *Hieracium*, nombr. espèces, fam. composées). *L'épervière des prés (Hieracium pratence) est une plante à fleurs jaunes extrêmement envahissante.* – De *épervier*, car cette plante passait pour améliorer la vue des éperviers.

épervin. V. éparvin.

épeurer [epœʀe] v. tr. [1] Apeurer, effaroucher. *«Celle-là, ce n'est pas un baiser qui l'épeure»* (Rimbaud). – De *é-*, et *peur*.

éphèbe [efɛb] n. m. **1.** ANTIQ GR Jeune garçon qui a atteint l'âge de la puberté. **2.** Iron. ou péjor. Jeune homme d'une grande beauté. – Lat. *ephebus*, du gr. *ephêbos*, de *hêbê*, «jeunesse».

éphébie [efebi] n. f. ANT GR Stage d'instruction, civique et militaire, institué à Athènes pour les éphèbes. – De *éphèbe*.

éphédra [efedʀa] n. m. BOT Arbuste (genre *Ephedra*) fréquent sur les plages et les terrains secs méditerranéens, dont les rameaux sont chlorophylliens, mais dépourvus de feuilles. – Gr. *ephedra*.

éphélide [efelid] n. f. MED Petite tache brune due à l'action du soleil sur la peau, appelée cour. *tache de son* ou *tache de rousseur*. – Gr. *ephêlis, ephêlidos*, de *epi*, «à cause de», et *hêlios*, «soleil».

éphémère [efemɛʀ] adj. et n. m. **I.** adj. **1.** Qui ne dure qu'un jour. *Insecte éphémère.* **2.** *Par ext.* Qui dure peu. *Amour, succès éphémère.* Syn. bref, passager. **II.** n. m. Insecte aux deux paires d'ailes membraneuses très délicates, et dont l'abdomen est prolongé par des appendices filiformes. (Les adultes vivent de un à deux jours; ils sont très fréquents au bord des eaux douces calmes, dans lesquelles les larves se développent très lentement: trois ans pour certaines espèces.) – Gr. méd. *ephêmeros*, de *epi*, «pendant», et *hêmera*, «jour».

éphéméride [efemeʀid] n. f. **1.** Recueil d'événements remarquables arrivés le même jour de l'année à différentes époques. **2.** Calendrier dont on enlève chaque jour une feuille. **3.** Plur. Tables donnant la position des astres à une heure et en un lieu déterminés. – Lat. *ephemeris*, du gr. *ephêmeris*. (V. éphémère.)

éphéméroptères [efemeʀɔptɛʀ] n. m. pl. ZOOL Ordre d'insectes regroupant tous les éphémères (manne, mouche de mai, etc.). – De *éphemère*, et *-ptère*.

éphésien, ienne [efezjɛ̃, jɛn] adj. et n. D'Éphèse. *Lettres éphésiennes*, inscriptions sur la statue d'Artémis, à Éphèse. ▷ *Par ext.* Lettres magiques. – Subst. Habitant ou personne originaire d'Éphèse. *L'Épître de Paul aux Éphésiens est l'un des textes majeurs du Nouveau Testament.* – Du nom de la v. anc. d'*Éphèse*, en Lydie (Asie Mineure).

éphippigère [efipiʒɛʀ] n. m. ZOOL Insecte orthoptère (sauterelle) aux ailes atrophiées dont le corselet a la forme d'une selle de cheval. – Du lat. *ephippium*, «selle», et *gerere*, «porter».

éphod [efɔd] n. m. Ornement du culte (pagne, écharpe, tunique suivant les époques) porté par les prêtres hébreux. – Hébr. *efod*.

éphorat [efɔʀa] n. m. ou **éphorie** [efɔʀi] n. f. Charge d'éphore. – De *éphore*.

éphore [efɔʀ] n. m. ANTIQ GR Chacun des cinq magistrats de Sparte élus annuellement pour exercer un contrôle absolu sur le roi et le sénat. – Gr. *ephoros*, de *ephorân*, «surveiller».

épi-. Préf., du gr. *epi*, «sur, à cause de».

épi [epi] n. m. **1.** Inflorescence compacte dans laquelle les fleurs sont insérées directement sur l'axe. *Les graminées (blé, notam.) ont un épi d'épillets. Épi de blé d'Inde, de maïs.* **2.** *Par anal.* Mèche rebelle de cheveux formant une touffe. **3.** ARCHI Assemblage de chevrons autour d'un comble pyramidal. **4.** Ouvrage, généralement en pieux, disposé presque perpendiculairement à un courant pour retenir les matériaux et stabiliser une berge ou une côte. **5.** *En épi:* selon une diagonale, ou une perpendiculaire. *Disposer une table en épi.* – Du lat. *spica*, «pointe».

épiage [epjaʒ] n. m. ou **épiaison** [epjɛzɔ̃] n. f. BOT Formation de l'épi; époque à laquelle l'épi se forme. – De *épi*.

épiaire [epjɛʀ] n. m. BOT Genre de labiées *(Stachys)* croissant dans les lieux humides. – De *épi*.

épicanthis [epikɑ̃tis] ou **épicanthus** [epikɑ̃tys] n. f. ANAT Repli de la peau au-devant de l'angle interne de l'œil. – De *épi-*, et gr. *kanthos*, «coin de l'œil».

épicarde [epikaʀd] n. m. ANAT Feuillet viscéral du péricarde. – De *épi-*, et gr. *cardia*, «cœur».

épicarpe [epikaʀp] n. m. BOT Feuillet le plus externe du péricarpe. *La «peau» de la pomme, de la prune, de la tomate est un épicarpe.* – De *épi-*, et *-carpe*.

épice [epis] n. f. Substance aromatique ou piquante d'origine végétale utilisée pour assaisonner les mets. *La cannelle, le clou de girofle sont des épices. Mélange des quatre épices:* mélange de poivre noir, de muscade, de cannelle et de clou de girofle. (V. aussi nigelle, quatre-épices.) ▷ *Pain d'épice(s) :* gâteau sucré au miel et parfumé de diverses épices. – Du lat. *species*, «espèce, substance», et par ext. «denrée».

épicéa [episea] n. m. Conifère du genre *Picea*. *Les espèces nord-américaines d'épicéas sont connues sous le nom d'épinettes.* – Lat. *picea*, «sapin», de *pix*, «poix».

épicène [episɛn] adj. GRAM Se dit d'un nom qui désigne indifféremment l'un ou l'autre sexe (ex.: enfant, élève). – Lat. *epicoenus*, gr. *epikoinos*, «commun».

épicentre [episɑ̃tʀ] n. m. GEOPH Point de la surface terrestre, situé à l'aplomb de l'hypocentre (à l'intérieur de la Terre), où un séisme atteint son intensité maximale. – De *épi-*, et *centre*.

épicer [epise] v. tr. [14] **1.** Assaisonner, relever avec des épices. *Épicer un plat.* **2.** Fig., fam. Relever d'expressions plus ou moins libres, de détails licencieux. *Épicer un récit.* – Pp. *Une histoire épicée*, salée, grivoise. – De *épice*.

épicerie [episʀi] n. f. **1.** Vx *Les épiceries:* les épices. **2.** Mod. Produits d'alimentation générale, et en partic. ceux qui se conservent. *Faire un stock d'épicerie.* **3.** Commerce de ces produits. *Épicerie en gros.* – Magasin où on les vend. *L'épicerie du coin.* – De *épicier*.

épicier, ière [episje, jɛʀ] n. **1.** Personne tenant un commerce d'épicerie. **2.** Fam., péjor. Personne aux idées étroites et vulgaires; personne intéressée, préoccupée uniquement par le gain. *Cet écrivain n'est qu'un épicier.* – De *épice*.

épicondyle [epikɔ̃dil] n. m. ANAT Tubérosité externe de l'extrémité inférieure de l'humérus, au milieu du coude. – De *épi-*, et *condyle*.

épicrâne [epikʀɑn] n. m. ANAT Membrane qui recouvre le crâne. – De *épi-*, et *crâne*.

épicrânien, ienne [epikʀɑnjɛ̃, jɛn] adj. Situé sur le crâne. – Du préc.

épicurien, ienne [epikyʀjɛ̃, jɛn] adj. et n. **I.** adj. Relatif à la philosophie d'Épicure. *Morale épicurienne.* **II.** n. **1.** Adepte de l'épicurisme. **2.** *Par ext.* Personne adonnée aux plaisirs. – Bas lat. *epicurianus*, de *epicurius*, «disciple d'Épicure».

épicurisme [epikyʀism] n. m. **1.** Système philosophique d'Épicure et de ses disciples. *L'épicurisme de Lucrèce.* **2.** *Par ext.* Attitude de ceux qui s'adonnent aux plaisirs. – De *Épicure*, philosophe grec (331-270 av. J.-C.).

épicycle [episikl] n. m. ASTRO ANC Petit cercle dont le centre parcourt un cercle de plus grand diamètre. *L'épicycle permit aux Grecs d'expliquer le mouvement des planètes.* – Mot lat. sav., de *épi-*, et gr. *kuklos*, «cercle».

épicycloïdal, ale, aux [episiklɔidal, o] adj. Relatif à une épicycloïde. ▷ *Train épicycloïdal:* ensemble d'engrenages qui comprend une couronne dentée intérieurement, un pignon central (planétaire) et un porte-satellite dont les pignons engrènent à la fois sur la couronne et sur le planétaire. – De *épicycloïde*.

épicycloïde [episiklɔid] n. f. GEOM Courbe décrite par un point d'un cercle qui roule sans glisser sur un

fois orné d'une pierre précieuse. – Fig. *Monter en épingle:* mettre en valeur. ▷ *Épingle double, de nourrice, de sûreté:* épingle recourbée dont l'extrémité pointue se referme sur un crochet. **3.** CONSTR Armature en forme d'épingle double. – Du lat. *spinula,* «petite épine».

épinglé, ée [epɛ̃gle] adj. **1.** Attaché avec une épingle. **2.** Se dit d'un tissu à petites côtes. *Velours épinglé.* **3.** Fam. Pris, pincé, attrapé. *Il a été épinglé au premier vol.* – Pp. de *épingler.*

épingler [epɛ̃gle] v. tr. [1] **1.** Fixer avec une ou plusieurs épingles. *Épingler une décoration. Épingler un vêtement.* **2.** Pop. Arrêter, prendre. *Il s'est fait épingler à la sortie.* – De *épingle.*

épinglerie [epɛ̃gləʀi] n. f. Manufacture, commerce d'épingles. – De *épingle.*

épinglette [epɛ̃glɛt] n. f. Tige qui servait autref. à déboucher le canon d'une arme à feu. – De *épingle.*

épinglier, ière [epɛ̃glije, jɛʀ] n.TECH Personne qui fabrique, qui vend des épingles. – De *épingle.*

épinier [epinje] n. m. Fourré d'épines servant de refuge au gibier. – De *épine.*

épinière [epinjɛʀ] adj. f. *Moelle épinière* : V. moelle. – De *épine (dorsale).*

épinoche [epinɔʃ] n. f. Petit poisson téléostéen d'eau douce dont la nageoire dorsale est munie d'épines. (Au moment du frai, le mâle se pare de vives couleurs rouges et bleues et construit un nid où la femelle pond.) – De *épine.*

épinochette [epinɔʃɛt] n. f. Poisson voisin de l'épinoche commune, mais de couleurs moins vives. – Dimin. de *épinoche.*

épipaléolithique [epipaleolitik] n. m. PREHIST Période postglaciaire dont les industries lithiques sont encore proches de celles du Paléolithique supérieur. – De *épi-,* et *paléolithique.*

épiphanie [epifani] n. f. (Avec une majuscule.) Fête chrétienne célébrant la visite des Rois mages à Jésus nouveau-né (le 6 janvier); elle est également nommée *jour des Rois.* – Gr. *epiphaneia,* «apparition».

épiphénomène [epifenɔmɛn] n. m. **1.** MED Symptôme accessoire. **2.** *Par ext.* Phénomène secondaire, lié à un autre dont il découle. – De *épi-,* et gr. *phainomenon,* «phénomène».

épiphénoménisme [epifenɔmenism] n. m. PHILO Théorie due aux Anglais Maudsley et J. Huxley, selon laquelle la conscience n'est qu'un épiphénomène. – Du préc.

épiphénoméniste [epifenɔmenist] adj. et n. **1.** adj. Lié à l'épiphénoménisme. *Théories épiphénoménistes.* **2.** n. Partisan de l'épiphénoménisme. – Du préc.

épiphyse [epifiz] n. f. ANAT **1.** Extrémité des os longs. **2.** Glande située dans le cerveau à la partie postérieure du 3e ventricule, dont le rôle est mal connu, et qui se calcifie chez l'adulte. Syn. (anc.) glande pinéale. – Gr. *epiphusis.* V. épi-, et -physe.

épiphyte [epifit] adj. et n. m. BOT Se dit des végétaux poussant sur d'autres végétaux sans en être les parasites. *Les lianes sont des épiphytes.* – De *épi-,* et *-phyte.*

épiphytie [epifiti] n. f. BOT Maladie qui atteint rapidement un grand nombre de végétaux de la même espèce. *L'oïdium, la rouille, le mildiou sont des épiphyties.* – De *épi-,* et *-phyte.* V. épizootie.

épiploon [epiplɔɔ̃] n. m. ANAT Large expansion du péritoine, composée d'un double feuillet qui maintient les organes abdominaux en place. – Gr. méd. *epiploon,* «flottant».

épique [epik] adj. **1.** LITTER Se dit d'une grande composition en vers qui décrit des actions héroïques. *La poésie épique est un des genres littéraires les plus anciens.* **2.** Propre à l'épopée. *Ton épique.* **3.** Digne d'une épopée. *Mener un combat épique.* ▷ Plaisant. *Il lui arrive toujours des aventures épiques!* – Lat. *epicus,* gr. *epikos,* de *epos,* «épopée».

épirogénique [epiʀɔʒenik] ou **épeirogénique** [epɛʀɔʒenik] adj. GEOL Se dit des mouvements de surélévation ou d'affaissement affectant dans son ensemble un continent, un socle, etc. – Du gr. *epeiros,* «continent», et *-génique.*

épirote [epiʀɔt] adj. De l'Épire (région de la péninsule des Balkans). ▷ Subst. Habitant ou personne originaire de l'Épire.

épiscopal, ale, aux [episkɔpal, o] adj. **1.** De l'évêque. *Dignité épiscopale. Palais épiscopal.* **2.** *Église épiscopale* ou *épiscopalienne:* l'Église anglicane des États-Unis. – Lat. ecclés. *episcopalis,* de *episcopus,* gr. *episkopos.*

épiscopat [episkɔpa] n. m. **1.** Dignité d'évêque. **2.** Durée des fonctions d'évêque. **3.** Corps des évêques. *L'épiscopat canadien.* – Lat. ecclés. *episcopatus.*

épisiotomie [epizjotɔmi] n. f. CHIR Incision du périnée, pratiquée pour éviter une rupture traumatique lors de l'accouchement. – Du gr. *epeision,* «pubis», et *-tomie.*

épisode [epizɔd] n. m. **1.** Action incidente, liée à l'action principale, dans une œuvre littéraire, artistique. *Ce personnage n'apparaît que dans un épisode du roman.* **2.** Chacune des parties d'un film projeté en plusieurs séances. *Les épisodes d'un feuilleton télévisé.* **3.** Événement particulier lié à des faits d'ordre plus général. *Un épisode de la dernière guerre.* – Gr. *epeisodion,* «partie du drame entre *(epi)* deux entrées *(eisodoi)*».

épisodique [epizɔdik] adj. **1.** Qui appartient à un épisode. *Personnage épisodique d'un roman.* **2.** Secondaire. *Elle n'a joué qu'un rôle épisodique dans sa vie.* – Du préc.

épisodiquement [epizɔdikmɑ̃] adv. D'une manière épisodique. – Du préc.

épisome [epizom] n. m. MICROB Morceau d'A.D.N. intracellulaire, capable de se répliquer de façon autonome et de s'incorporer au matériel génétique de la cellule hôte sans perdre son individualité. – De *épi-,* et gr. *soma,* «corps».

épisser [epise] v. tr. [1] MAR Faire une épissure à (un cordage). – Du néerl. *splissen.*

épissoir [episwaʀ] n. m. MAR Instrument servant à ouvrir les torons d'un cordage à épisser. – Du préc.

épissure [episyʀ] n. f. **1.** MAR Jonction des bouts de deux cordages par l'entrelacement des torons. *Épissure longue, carrée.* **2.** ELECTR Jonction de deux conducteurs par soudure ou entrelacement. – De *épisser.*

épistasie [epistazi] n. f. BIOL Dominance d'un gène sur tous ses allèles. – De *épi-,* et gr. *stasis,* «arrêt».

épistaxis [epistaksis] n. f. MED Saignement de nez. – De *épi-,* et gr. *staxis,* «écoulement».

épistémologie [epistemɔlɔʒi] n. f. PHILO Étude critique des sciences, de la formation et des conditions de la connaissance scientifique. – Du gr. *epistêmê,* «science», et *-logie.*

épistémologique [epistemɔlɔʒik] adj. PHILO Relatif à l'épistémologie. – Du préc.

épistolaire [epistɔlɛʀ] adj. Qui concerne le fait d'écrire des lettres, la manière de les écrire. *Style épistolaire. Nous avons des relations purement épistolaires.* – Lat. *epistolaris,* de *epistola,* «épître».

épistolier, ière [epistɔlje, jɛʀ] n. **1.** LITTER Écrivain connu par ses lettres. *Guez de Balzac fut surnommé «le grand épistolier de France».* **2.** Plaisant. Personne qui écrit beaucoup de lettres. *C'est un épistolier intarissable.* – Lat. *epistola,* «lettre».

épistyle [epistil] n. m. ARCHI Architrave. – Lat. d'orig. gr. *epistylium.*

épitaphe [epitaf] n. f. **1.** Inscription sur une sépulture. **2.** Tablette portant cette inscription. – Gr. *epitaphion,* de *epi-,* et *taphos,* «tombe».

épitaxie [epitaksi] n. f. ELECTRON Technique de fabrication de dispositifs semiconducteurs, permettant notam. la réalisation de circuits intégrés. – De *épi-,* et *-taxie.*

épite [epit] n. f. MAR Coin ou cheville de bois. – Néerl. *spit.*

épithalame [epitalam] n. m. LITTER Chant, poème nuptial. – Gr. *epithalamion.*

épithélial, ale, aux [epiteljal, o] adj. BIOL Relatif à l'épithélium. – De *épithélium.*

épithélioma [epiteljɔma] ou **épithéliome** [epiteljɔm] n. m. MED Tumeur maligne de nature épithéliale. – De *épithélium.*

épithélium [epiteljɔm] n. m. ANAT Membrane ou tissu formé de cellules juxtaposées. *Épithélium cylindrique, simple, stratifié.* – De *épi-,* et gr. *thêlê,* «mamelon».

épithète [epitɛt] n. f. et adj. **1.** GRAM Mot ou groupe de mots que l'on ajoute à un nom, à un pronom, pour le qualifier. *Dans «le chat noir», «un homme intelligent» et «la dame qui porte un chapeau», «noir», «intelligent» et «qui porte un chapeau» sont des épithètes.* ▷ Adj. et n. f. GRAM Se dit d'un adjectif qualificatif qui n'est pas relié au nom par un verbe. **2.** *Par ext.* Qualification attribuée à qqn. *Elle le gratifia de l'aimable épithète de «malappris».* – Lat. gram., du gr. *epitheton,* «qui est ajouté».

épitoge [epitɔʒ] n. f. **1.** ANTIQ Manteau que les Romains portaient par-dessus la toge. **2.** Anc. Chaperon de fourrure que portaient les présidents à mortier lors des cérémonies au Parlement. – Lat. *epitogium.*

épitomé [epitome] n. m. LITTER Abrégé d'un livre d'histoire antique. *Épitomé de l'histoire romaine.* – Gr. *epitomê,* «abrégé».

épître [epitʀ] n. f. **1.** Lettre missive, chez les Anciens. *Les épîtres de Cicéron. L'épître de saint Paul aux Corinthiens.* **2.** Par ext., plaisant. *J'ai reçu une longue épître de mes parents.* **3.** LITTER Pièce de vers adressée à qqn en personne, comme une lettre. *Horace, Ovide, Marot, La Fontaine et Voltaire ont écrit des épîtres.* ▷ *Épître dédicatoire,* pour dédier une œuvre à qqn. **4.** LITURG Texte du Nouveau Testament, souvent tiré des épîtres de saint Paul ou des autres apôtres, lu (parfois chanté) à la messe, un peu avant l'Évangile. *Chanter l'épître.* – Lat. *épistola,* gr. *epistolê.*

épizootie [epizɔɔti] n. f. ZOOL Épidémie frappant, dans une région plus ou moins vaste, une espèce animale (notam. domestique) dans son ensemble. – Du gr. *zôotês,* «nature animale», d'ap. *épidémie.*

épizootique [epizɔɔtik] adj. Qui tient de l'épizootie. – Du préc.

éploré, ée [eplɔʀe] adj. (et n.) Qui est tout en pleurs. *Consoler une mère éplorée.* – Subst. Litt. Un éploré. – De *es-,* et *pleur.*

éployé, ée [eplwaje] adj. **1.** HERALD Qui a les ailes déployées. **2.** Rare Déployé. – Pp. de *éployer.*

éployer [eplwaje] v. tr. **[26]** Rare Étendre. *Éployer ses ailes.* – De *é-,* et *ployer.*

épluchage [eplyʃaʒ] n. m. **1.** Action d'éplucher. *Épluchage des légumes.* **2.** Nettoyage (des étoffes). *Épluchage de la laine.* **3.** Fig. Examen minutieux. *Se livrer à l'épluchage d'une traduction.* – De *éplucher.*

épluche-légumes [eplyʃlegym] n. m. Petit couteau, dont la lame comporte deux fentes, pour l'épluchage des légumes. *Des épluche-légumes.* – De *éplucher,* et *légume.*

éplucher [eplyʃe] v. tr. **[1]** **1.** Nettoyer, enlever les corps étrangers (ou ce qui n'est pas bon) de. *Éplucher des pommes de terre, des oranges,* les peler. *Éplucher la laine.* **2.** Rechercher minutieusement les défauts, les erreurs dans. *Éplucher un compte.* – De *es-,* et de l'anc. v. *peluchier,* «éplucher», du lat. *piluccare,* de *pilus,* «poil».

épluchette [eplyʃɛt] n. f. Fête de groupe au cours de laquelle on décortique des épis de blé d'Inde qu'on déguste par la suite après les avoir fait bouillir. *Une épluchette de blé d'Inde.* «Les *épluchettes* sont synonymes de «réjouissances». Ce sont des veillées où, tout en s'amusant le mieux possible, on fait surgir, tout autour de soi, des monceaux de feuilles de blé d'Inde et des pyramides de blancs épis.» (Ch. M. Ducharme, *Ris et croquis,* 1889.) – De *éplucher.*

éplucheur, euse [eplyʃœʀ, øz] n. **1.** Personne qui épluche. *Éplucheur de coton.* **2.** *Éplucheur* ou *couteau-éplucheur.* Syn. épluche-légumes. *Éplucheur électrique.* **3.** Fig., rare Personne qui recherche minutieusement les défauts, les erreurs dans qqch. *Un éplucheur de mots.* – De *éplucher.*

épluchure [eplyʃyʀ] n. f. Déchet qu'on enlève à une chose en l'épluchant. *Épluchures de pommes de terre.* – De *éplucher.*

épode [epɔd] n. f. **1.** Dans la poésie grecque, la troisième partie de l'ode, après la strophe et l'antistrophe. **2.** Dans la poésie latine, distique composé de vers inégaux. – *Par ext.* Pièce de vers écrite en épodes. *Les Épodes d'Horace.* **3.** Pièce lyrique où se succèdent alternativement un vers long et un vers court. – Gr. *epôdos.*

épointage [epwɛ̃taʒ] n. m. Action d'épointer. – De *épointer.*

épointement [epwɛ̃tmɑ̃] n. m. État de ce qui est épointé. – De *épointer.*

épointer [epwɛ̃te] **1.** v. tr. **[1]** Émousser la pointe de. *Épointer un couteau.* **2.** v. pron. S'émousser, perdre sa pointe. – De *é-,* et *pointe.*

1. éponge [epɔ̃ʒ] n. f. **1.** Nom courant de tous les spongiaires. **2.** Squelette corné, fibreux et souple de divers spongiaires, utilisé pour son aptitude à retenir l'eau. *Pêcheur d'éponges. Presser une éponge.* ▷ Objet fabriqué industriellement pour le même usage. *Une éponge en caoutchouc.* **3.** loc. fig. *Passer l'éponge:* pardonner, oublier. *Passons l'éponge sur cette erreur de jeunesse. – Boire comme une éponge:* boire beaucoup trop. **4.** *Tissu éponge,* qui absorbe l'eau. V. ratine. – Lat. pop. **sponga.*

2. éponge [epɔ̃ʒ] n. f. **1.** Chacune des extrémités du fer à cheval. **2.** Tumeur molle du coude du cheval. Syn. hygroma. – Altér., par attract. de *éponge* 1, de l'a. fr. *esponde,* du lat. *sponda,* «bord, rive».

épongeage [epɔ̃ʒaʒ] n. m. Action d'éponger; son résultat. – De *éponger.*

éponger [epɔ̃ʒe] v. tr. **[15]** **1.** Essuyer, enlever (un liquide) avec une éponge. *Éponger de l'encre.* **2.** Fig. Résorber (un excédent, une inflation). **3.** v. pron. S'essuyer. *S'éponger le front. – De éponge* 1.

éponte [epɔ̃t] n. f. MINES Paroi rocheuse entourant un filon. – De l'a. fr. *esponde.* V. éponge 2.

épontille [epɔ̃tij] n. f. MAR Colonne qui soutient ou consolide un pont. – De *é-,* et ital. *pontile,* «ponton».

épontiller [epɔ̃tije] v. tr. [1] MAR Soutenir avec des épontilles. – De *épontille*.

éponyme [epɔnim] adj. ANTIQ GR Qui donne son nom à. *Séleucos, ancêtre éponyme des Séleucides.* – *Magistrat éponyme:* magistrat qui, dans une cité grecque, donnait son nom à l'année. *L'archonte éponyme d'Athènes.* – Gr. *epônumos*, de *epi*, «sur», et *onoma*, «nom».

éponymie [epɔnimi] n. f. ANTIQ GR **1.** Fonction du magistrat éponyme. ▷ Temps pendant lequel il occupait ses fonctions. **2.** Liste des magistrats éponymes. – Du préc.

épopée [epɔpe] n. f. **1.** Long poème empreint de merveilleux et racontant des aventures héroïques. *«La Légende des siècles», épopée écrite par Victor Hugo.* **2.** Suite d'actions réellement accomplies et pleines d'héroïsme. *L'épopée napoléonienne.* – Gr. *epopoiia*, de *epopoios*, «qui fait des récits en vers».

époque [epɔk] n. f. **1.** Période déterminée dans l'histoire, marquée par des événements importants. *L'époque de la Révolution française. La Belle Époque:* les années proches de 1900, jugées rétrospectivement agréables et sans soucis. **2.** *Par ext.* Le temps où l'on vit, l'ensemble de ceux qui vivent dans la même période. *Les grands philosophes de l'époque, de notre époque. Quelle drôle d'époque !* **3.** loc. *Faire époque:* faire date. *L'œuvre de James Joyce a fait époque dans la littérature du XXᵉ s.* **4.** Moment où se passe un événement déterminé. *À l'époque de notre rencontre. À pareille époque, à la même époque l'an prochain, je serai en vacances.* **5.** Période que caractérise un style artistique défini (notam. un style de mobilier). *Une bergère d'époque Louis XV.* – Loc. *D'époque:* authentiquement ancien, exécuté à une époque déterminée. *Un meuble d'époque se distingue d'une copie, d'un meuble de style. Une bergère d'époque.* – Du gr. *epokhê*, «point d'arrêt».

épouillage [epujaʒ] n. m. Action d'épouiller. – De *épouiller*.

épouiller [epuje] v. tr. [1] Ôter ses poux à. *Épouiller un chien, un enfant.* ▷ V. pron. *Singes qui s'épouillent.* – De *é-*, et *poueil, pouil*, anc. forme de *pou*.

époumoner (s') [epumɔne] v. pron. [11] Crier à tue-tête jusqu'à s'essouffler. *Cela ne sert à rien de s'époumoner au milieu d'un tel vacarme.* – De *é-*, et *poumon*.

épousailles [epuzɑj] n. f. pl. Vieilli ou plaisant. Célébration du mariage. – Du lat. *sponsalia*, «fiançailles», de *sponsus*, «époux».

épouse. V. époux.

épousée [epuze] n. f. Vieilli Femme qui se marie. *Parée comme une épousée de village.* – Pp. fém. subst. de *épouser*.

épouser [epuze] v. tr. [1] **1.** Prendre en mariage. *Elle a épousé son cousin. Épouser une Anglaise.* ▷ *Par ext. Épouser une grosse fortune*, qqn qui possède une grosse fortune. **2.** Fig. S'attacher à (qqch), embrasser (une cause). *Épouser le parti, les intérêts, les idées d'un camarade. Épouser la querelle de qqn*, prendre parti pour lui dans une querelle. **3.** Se modeler sur. *Ce masque épouse parfaitement la forme du visage.* – Du lat. pop. *sposare*, du class. *sponsare*, de *sponsus* (V. époux).

épouseur [epuzœʀ] n. m. Homme disposé à se marier et qui le fait savoir. – De *épouser*.

époussetage [epustaʒ] n. m. Action d'épousseter. – De *épousseter*.

épousseter [epuste] v. tr. [23] Nettoyer en chassant la poussière. *Épousseter une bibliothèque.* – De *é-*, et rad. de *poussière*.

époustouflant, ante [epustuflɑ̃, ɑ̃t] adj. Fam. Très étonnant. *Une révélation époustouflante.* – Ppr. de *époustoufler*.

époustoufler [epustufle] v. tr. [1] Fam. Jeter (qqn) dans l'étonnement. – De l'a. fr. *s'esposser*, «s'essouffler», du lat. *pulsare*..

épouvantable [epuvɑ̃tabl] adj. **1.** Qui épouvante, effrayant, terrifiant. *Pousser des cris épouvantables. Un épouvantable forfait.* **2.** *Par exag.* Très mauvais. *Ce film est épouvantable.* **3.** Qui choque par son excès. *Une bêtise épouvantable.* – De *épouvanter*.

épouvantablement [epuvɑ̃tabləmɑ̃] adv. **1.** De manière effroyable. *Sa maladie l'a épouvantablement amaigri.* **2.** *Par exag.* À l'extrême. *Il est épouvantablement bavard.* – De *épouvantable*.

épouvantail [epuvɑ̃taj] n. m. **1.** Objet destiné à effrayer les oiseaux dans un champ, un verger, un jardin. *Placer un épouvantail dans un cerisier. Un mannequin grossier, des haillons sur une perche peuvent servir d'épouvantail.* **2.** Fig. Personne très laide, très mal habillée. **3.** Fig. Objet, personne qui effraie sans cause réelle. – De *épouvanter*.

épouvante [epuvɑ̃t] n. f. **1.** Effroi violent, peur soudaine, panique. *Être glacé d'épouvante. Film d'épouvante.* **2.** Vive inquiétude, appréhension. *Elle voit avec épouvante les dettes s'accumuler.* – Déverbal de *épouvanter*.

épouvanter [epuvɑ̃te] v. tr. [1] Effrayer vivement, remplir d'épouvante (qqn). *Attila épouvantait ses ennemis. Épouvanté par une vision d'horreur.* ▷ v. pron. *Il s'épouvante pour un rien.* – Lat. pop. **expaventare*, de *pavere*, «avoir peur».

époux, épouse [epu, epuz] n. **1.** Personne unie à une autre par le mariage. *Prendre pour époux, pour épouse. Les époux:* le mari et la femme. *Une épouse fidèle.* ▷ Pop. Avec le possessif. *Il vient de perdre son épouse. Bien le bonjour à votre époux.* **2.** RELIG CATHOL *L'époux:* le Christ. *L'épouse:* l'Église. – Lat. *sponsus*, pp. subst. de *spondere*, «promettre».

époxy [epɔksi] **1.** adj. inv. CHIM Qui contient un groupement époxyde. *La résine époxy est une matière plastique thermodurcissable utilisée comme vernis ou comme colle.* **2.** n. f. *Coller à l'époxy*, à la résine époxy. – De *époxyde*.

époxyde [epɔksid] n. m. CHIM Groupement constitué par deux atomes de carbone que relie un atome d'oxygène [$= C -_O C =$]. – De *ép(i)-*, et *oxyde*.

épreindre [epʀɛ̃dʀ] v. tr. [73] Vx Presser (qqch) pour en exprimer le suc. – Lat. *exprimere*. V. exprimer (sens II, 2).

épreintes [epʀɛ̃t] n. f. pl. MED Coliques violentes. – Pp. fém. subst. de *épreindre*.

éprendre (s') [epʀɑ̃dʀ] v. pron. [74] S'éprendre de. **1.** Se passionner pour (qqch). *S'éprendre d'un idéal.* **2.** Tomber amoureux de (qqn). *Alceste s'est épris de Célimène.* **3.** Se mettre à aimer (qqch). – De *é-*, et *prendre*.

épreuve [epʀœv] n. f. **1.** Événement pénible, malheur, souffrance, qui éprouve le courage, qui fait apparaître les qualités morales. *Passer par de rudes épreuves.* **2.** Action d'éprouver qqch ou qqn, action, opération permettant de le juger. *Faire l'épreuve d'une arme. Mettre qqn à l'épreuve.* ▷ *À l'épreuve de:* qui résiste à. *Cloison à l'épreuve du feu.* ▷ *À toute épreuve*, très solide, résistant. **3.** HIST *Épreuves judiciaires:* épreuves destinées, au Moyen Âge, à faire apparaître l'innocence ou la culpabilité d'un accusé. V. ordalie. **4.** Partie d'un examen. *Épreuves écrites. Une épreuve d'anglais.* **5.** SPORT Compétition. *Suivre les épreuves de ski à la télévision.* **6.** ARTS GRAPH Chacun des exemplaires tirés sur une planche gravée. *Épreuve avant la lettre*, tirée avant que le graveur ait ajouté un titre, une dédicace, etc. **7.** TECH Feuille imprimée utilisée pour la correction d'un texte. ▷ Image (le plus souvent positive) tirée d'un cliché photographique (le plus souvent négatif). **8.** AUDIOV Film brut après développement et avant montage. **9.** MATH En théorie des probabilités, essai, tirage. **10.** MED *Épreuve d'effort:* travail musculaire imposé pour juger de la valeur fonctionnelle des poumons et du cœur. – Déverbal de *éprouver.*

épris, ise [epʀi, iz] adj. Animé d'une grande passion (pour qqch, qqn). *Être épris de justice. Être épris d'une femme.* ▷ (S. comp.) *Des amants fort épris.* – Pp. de *éprendre.*

éprouvant, ante [epʀuvɑ̃, ɑ̃t] adj. Dur à supporter. *Cette chaleur est éprouvante.* – Ppr. de *éprouver.*

éprouvé, ée [epʀuve] adj. **1.** Qui a résisté aux épreuves, sûr. *Valeur éprouvée.* **2.** Qui a subi des épreuves, des malheurs. *Elle est très éprouvée.* – Pp. de *éprouver.*

éprouver [epʀuve] v. tr. [1] **1.** Essayer (qqch) pour s'assurer de ses qualités. *Éprouver un remède. Éprouver la fidélité d'un ami.* **2.** Mettre (qqn) à l'épreuve. ▷ Soumettre à une épreuve pénible. *La guerre a éprouvé ces régions.* **3.** Ressentir, connaître par expérience. *Éprouver une sensation agréable. Éprouver de la joie. Éprouver de l'amour pour qqn.* **4.** *Éprouver que :* découvrir que. *Il éprouva vite qu'on essayait de le tromper.* – De *é-*, et *prouver.*

éprouvette [epʀuvɛt] n. f. **1.** CHIM Vase ou tube de verre qui sert à manipuler des liquides ou des gaz au cours d'expériences. **2.** METALL Échantillon de métal que l'on soumet à des essais mécaniques destinés à mesurer ses qualités. – De *épreuve,* au sens anc. «sonde».

epsilon [e(ɛ)psilɔn] n. m. **1.** Cinquième lettre [ɛ] de l'alphabet grec. **2.** MATH Symbole d'une quantité infinitésimale. – Mot gr., *e psilon,* «*e* petit».

epsomite [ɛpsɔmit] n. f. MINER Sel d'Epsom, sulfate naturel hydraté de magnésium. – De *Epsom,* ville de G.-B.

épucer [epyse] v. tr. [14] Ôter ses puces à. ▷ V. pron. *S'épucer.* – De *é-*, et *puce.*

épuisable [epɥizabl] adj. Rare Qui peut être épuisé. – De *épuiser.*

épuisant, ante [epɥizɑ̃, ɑ̃t] adj. Très fatigant. *Travail épuisant.* – Ppr. de *épuiser.*

épuisé, ée [epɥize] adj. **1.** Devenu improductif. *Des terres épuisées.* **2.** *Par ext.* (En parlant d'un livre, d'une publication.) Dont toute l'édition a été vendue. *Une première édition épuisée en quelques jours.* **3.** À bout de forces. *Un sportif épuisé par l'effort.* – Pp. de *épuiser.*

épuisement [epɥizmɑ̃] n. m. **1.** Action de mettre à sec. *L'épuisement des eaux d'une mine.* **2.** État de qqch qu'on a épuisé. *Épuisement d'un sol.* **3.** Perte des forces, faiblesse physique ou morale. *Épuisement dû à la malnutrition.* – De *épuiser.*

épuiser [epɥize] v. tr. [1] **1.** Tarir, mettre à sec. *Épuiser une source.* ▷ *Épuiser un sol,* par la culture répétée d'un même végétal, qui en absorbe les éléments nutritifs et le rend improductif. **2.** Utiliser complètement (qqch), consommer entièrement. *Épuiser ses provisions.* **3.** User complètement. *Épuiser la patience de qqn. Il a épuisé tous les plaisirs.* ▷ *Épuiser un sujet,* le traiter complètement, à fond. **4.** Affaiblir à l'extrême. *La maladie l'épuise.* – *Par exag.* Fatiguer. *Ses jérémiades m'épuisent.* **5.** v. pron. Tarir (choses); s'affaiblir à l'extrême (personnes). *Nos ressources s'épuisent. Il s'épuise en efforts exténuants.* – De *é-*, et *puits.*

épuisette [epɥizɛt] n. f. **1.** Petit filet de pêche monté sur un cerceau, attaché à un long manche. *L'épuisette sert à tirer de l'eau le poisson pris à l'hameçon.* **2.** MAR Syn. d'*écope.* – De *épuiser.*

épulon [epylɔ̃] n. m. ANTIQ ROM Prêtre spécialement chargé de préparer les banquets organisés en l'honneur des dieux. – Lat. *epulœ,* «repas».

épulpeur [epylpœʀ] n. m. TECH Appareil servant à débarrasser le jus de betterave des pulpes. – De *é-*, et *pulpe.*

épurateur [epyʀatœʀ] n. m. TECH Appareil servant à épurer les liquides ou les gaz. – De *épurer.*

épuratif, ive [epyʀatif, iv] ou **épuratoire** [epyʀatwaʀ] adj. Qui sert à épurer. – De *épurer.*

épuration [epyʀasjɔ̃] n. f. **1.** Action de rendre pur. ▷ TECH *Station d'épuration:* installation destinée à traiter les eaux usées avant de les rejeter dans un cours d'eau ou dans la mer. ▷ MED *Épuration extra-rénale:* procédé d'extraction des substances toxiques contenues dans le sang dans les cas d'insuffisance rénale. *Épuration par dialyse péritonéale ou par rein artificiel.* **2.** Élimination des membres jugés indésirables (d'un corps social). – De *épurer.*

épure [epyʀ] n. f. Représentation d'un objet par sa projection sur trois plans perpendiculaires. – Déverbal de *épurer.*

épurement [epyʀmɑ̃] n. m. Litt. Action d'épurer. *L'épurement d'un texte.* – De *épurer.*

épurer [epyʀe] v. tr. [1] **1.** Rendre pur, plus pur. *Épurer l'eau,* afin de la rendre potable. **2.** Fig. Débarrasser de ses impuretés, de ses défauts. *Épurer le goût. Épurer un auteur:* retrancher de son œuvre les passages jugés trop libres. **3.** Éliminer les éléments jugés indésirables de (un corps social). *Épurer une administration.* **4.** v. pron. Devenir plus pur, meilleur. – De *é-*, et *pur.*

épurge [epyʀʒe] n. f. Euphorbe *(Euphorbia lathyris)* aux propriétés purgatives violentes. – Déverbal de l'anc. v. *espurgier,* «nettoyer, purifier».

équanimité [ekwanimite] n. f. Litt. Égalité d'humeur, sérénité. – Lat. *œquanimitas,* de *œquus,* «égal», et *animus,* «esprit, âme».

équarrir [ekaʀiʀ] v. tr. [2] **1.** TECH Tailler à angle droit, rendre carré. *Equarrir une glace,* la découper avec un diamant et des pinces. *Équarrir une poutre. Équarrir un tronc d'arbre,* afin d'en tirer des planches pour la construction. *Équarrir un massif,* le tailler avec un sécateur. ▷ Fig. *Mal équarri:* mal dégrossi. **2.** Écorcher, dépecer (un animal mort). – Lat. pop. **exquadrare,* «rendre carré».

équarrissage [ekaʀisaʒ] n. m. **1.** TECH Action d'équarrir. *Équarrissage du bois.* **2.** Action d'abattre et de dépecer des animaux pour en tirer des produits utilisés dans l'industrie (peau, os, graisses). – De *équarrir.*

équarrisseur [ekaʀisœʀ] n. m. Celui qui équarrit les animaux. – De *équarrir.*

équarrissoir [ekaʀiswaʀ] n. m. **1.** TECH Instrument servant à équarrir. **2.** Couteau d'équarrisseur. – De *équarrir.*

équateur [ekwatœʀ] n. m. Grand cercle du globe terrestre, perpendiculaire à l'axe des pôles. ▷ *Équateur céleste:* grand cercle de la sphère céleste déterminé par l'équateur terrestre. – Lat. médiév. *aequator,* du v. *aequare,* «rendre égal».

équation [ekwasjɔ̃] n. f. **1.** MATH Égalité qui n'est vérifiée que pour certaines valeurs attribuées aux inconnues. *Résoudre une équation, un système d'équations. Une équation différentielle:* V. différentielle. (n. f.) **2.** PSYCHO Fig. *Équation personnelle:* manière particulière, propre à chaque individu, de concevoir certaines choses. *L'équation personnelle du juge.* – Lat.

aequatio, «égalité».
ENCYCL Une relation de la forme f(x) = b est appelée équation si f est une application d'un ensemble E dans un ensemble F, b étant un élément de F; x est appelé l'*inconnue*. Résoudre une équation, c'est trouver les éléments x_0 de E, appelés *solutions* ou *racines* de l'équation, qui satisfont à cette relation. Les équations algébriques sont de la forme P(x) = 0 dans laquelle P(x) est un polynôme. On distingue les équations du premier degré (ax + b = 0), du second degré ($ax^2 + bx + c = 0$), du troisième degré ($ax^3 + bx^2 + cx + d = 0$), etc.

équatorial, ale, aux [ekwatɔʀjal, o] adj. et n. m. **I.** adj. **1.** Relatif à l'équateur. *Climat équatorial:* climat extrêmement chaud qui règne entre les deux zones tropicales et où la pluviosité, fort élevée, atteint son maximum lors des équinoxes. **2.** ASTRO *Coordonnées équatoriales:* ascension droite et déclinaison. **II.** n. m. ASTRO Lunette qui se déplace dans un plan tournant autour de l'axe du monde et qui permet de suivre facilement un astre dans son mouvement diurne. – De *équateur.*

équatorien, ienne [ekwatɔʀjɛ̃, jɛn] adj. et n. De la République de l'Équateur, État de l'Amérique du Sud.

équerrage [ekɛʀaʒ] n. m. TECH Angle dièdre formé par deux faces d'une pièce. – De *équerrer.*

équerre [ekɛʀ] n. f. **1.** Instrument qui sert à tracer des angles plans droits, des perpendiculaires. ▷ *Équerre d'arpenteur:* prisme à base octogonale muni de fentes et monté sur pied, servant à repérer des perpendiculaires sur le terrain. ▷ *Fausse équerre,* à branches mobiles servant à tracer ou à mesurer un angle quelconque. ▷ Loc. *D'équerre:* à angle droit. **2.** TECH Pièce métallique en T ou en L utilisée pour renforcer des assemblages. – Lat. pop. **exquadra*, de *exquadrare.*

équerrer [ekɛʀe] v. tr. [1] TECH Donner l'angle voulu entre deux parties d'une pièce de bois, de métal. – De *équerre.*

équestre [ekɛstʀ] adj. **1.** Relatif à l'équitation. *Exercices équestres.* **2.** Qui représente un personnage à cheval. *Statue équestre.* **3.** ANTIQ *Ordre équestre:* ordre des chevaliers chez les Romains. – Lat. *equestris*, de *equus*, «cheval».

équeuter [ekøte] v. tr. [1] Ôter la queue de (un fruit). *Cerises équeutées.* – De *é-*, et *queue.*

équi-. Élément, du lat. *æqui-*, préf., de *æquus*, «égal».

équiangle [ekɥiɑ̃gl] adj. GEOM Dont les angles sont égaux. *Figures équiangles.* – Lat. *æquiangulus.*

équidés [ekide] n. m. pl. ZOOL Famille de mammifères ongulés périssodactyles apparue à l'Éocène (ex.: éohippus), dont l'évolution s'est caractérisée par une augmentation de la taille des doigts et par une réduction de leur nombre. *Les chevaux, les zèbres, les ânes et les onagres sont des équidés.* – Du lat. *equus*, «cheval».

équidistance [ekɥidistɑ̃s] n. f. GEOM Qualité de ce qui est équidistant. – De *équidistant.*

équidistant, ante [ekɥidistɑ̃, ɑ̃t] adj. GEOM Situé à une distance égale de deux points ou de deux droites ou d'un point et d'une droite, etc. – Lat. *æquidistans*, «parallèle».

équilatéral, ale, aux [ekɥilateʀal, o] adj. GEOM Dont tous les côtés sont égaux. *Triangle équilatéral.* – Bas lat. *æquilateralis*, de *æquus*, et *latus, lateris*, «côté».

équilatère [ekɥilatɛʀ] adj. GEOM *Hyperbole équilatère*, dont les asymptotes sont perpendiculaires. – Bas lat. *æquilaterus.*

équilibrage [ekilibʀaʒ] n. m. Action d'équilibrer; son résultat. ▷ TECH Répartition des masses sur la zone périphérique d'un organe tournant, pour régulariser sa rotation. *Équilibrage d'un rotor.* – De *équilibrer.*

équilibrant, ante [ekilibʀɑ̃, ɑ̃t] adj. Qui établit, rétablit l'équilibre. – Ppr. de *équilibrer.*

équilibration [ekilibʀasjɔ̃] n. m. Maintien ou mise en équilibre. *Équilibration du corps humain par le cervelet.* – De *équilibrer.*

équilibre [ekilibʀ] n. m. **1.** État d'un corps en repos, sollicité par des forces qui se contrebalancent. ▷ CHIM Mélange de plusieurs corps dont la composition ne varie pas, par absence de réaction ou du fait de la présence de deux réactions inverses de même vitesse. ▷ GEOMORPH *Profil d'équilibre:* courbe de descente définitivement décrite, de la source à l'embouchure, par un fleuve qui n'alluvionne pas. *Tous les fleuves tendent vers leur profil d'équilibre.* ▷ ECON, FIN *Équilibre entre la production et la consommation. Équilibre des échanges extérieurs. Équilibre budgétaire.* **2.** Position d'une personne qui se maintient sans tomber. *Se tenir en équilibre sur les mains. Perdre l'équilibre.* **3.** Fig. Disposition, arrangement de choses différentes ou opposées, harmonieusement combinées. *L'équilibre d'une composition artistique.* **4.** Harmonie psychique, santé mentale. – Lat. *æquilibrium*, de *æquus*, et *libra*, «balance».
ENCYCL Un système est en équilibre par rapport à un repère donné si les coordonnées de ses points dans ce repère restent constantes. L'équilibre est *stable* si le système revient à sa position initiale à partir d'une position voisine. Il est *indifférent* si toute position est une position d'équilibre. Il est *instable* si le système a tendance à s'écarter de sa position d'équilibre.

équilibré, ée [ekilibʀe] adj. **1.** En bon équilibre, stable. *Budget équilibré.* **2.** Dont les facultés s'associent harmonieusement, sans trouble. *Une femme équilibrée.* – Pp. de *équilibrer.*

équilibrer [ekilibʀe] v. tr. [1] Mettre en équilibre. ▷ V. pron. Être d'importance égale. *Les avantages et les inconvénients s'équilibrent.* – De *équilibre.*

équilibreur, euse [ekilibʀœʀ, øz] adj. et n. m. **1.** adj. Qui équilibre. **2.** n. m. MILIT Appareil qui facilite le pointage en hauteur. – De *équilibrer.*

équilibriste [ekilibʀist] n. Artiste qui fait des tours d'équilibre. – De *équilibre.*

équille [ekij] n. f. Poisson téléostéen marin (genre *Ammodytes*), à tête pointue, long de 15 à 30 cm. – P.-ê. var. de *esquille.*

équimoléculaire [ekɥimɔlekylɛʀ] adj. CHIM Se dit d'un mélange qui contient un nombre égal de molécules pour chacun de ses constituants. – De *équi-*, et *moléculaire.*

équimultiple [ekɥimyltipl] adj. et n. m. MATH Se dit des nombres qui résultent du produit d'autres nombres par le même facteur. *15 et 6 sont équimultiples de 5 et 2, car* $3 \times 5 = 15$, *et* $3 \times 2 = 6$. – N. m. *Des équimultiples.* – De *équi-*, et *multiple.*

équin, ine [ekɛ̃, in] adj. **1.** Du cheval. *Variole équine.* **2.** MED *Pied équin :* variété de pied-bot. – Lat. *equinus*, de *equus*, «cheval».

équinoxe [ekinɔks] n. m. Époque de l'année marquant le début du printemps ou celui de l'automne, où la durée du jour est égale à celle de la nuit. *Marée d'équinoxe.* – Lat. *æquinoctium*, de *æquus*, «égal», et *nox, noctis*, «nuit».
ENCYCL La durée du jour est égale à celle de la nuit vers le 21 mars (équinoxe de printemps) et le 23 septembre (équinoxe d'automne). À ces époques le Soleil passe par les points équinoxiaux c et c', situés à l'intersection du cercle écliptique et de l'équateur cé-

leste. Ces points se déplacent lentement dans le sens des aiguilles d'une montre le long de l'écliptique (précession des équinoxes), ce qui a pour effet de modifier légèrement la durée des saisons.

équinoxial, ale, aux [ekinɔksjal, o] adj. Relatif à l'équinoxe. ▷ ASTRO *Points équinoxiaux:* points d'intersection de l'équateur et de l'écliptique. – De *équinoxe.*

équipage [ekipaʒ] n. m. **1.** MAR Ensemble du personnel à bord d'un navire. – Par ext. *L'équipage d'un avion.* **2.** MILIT Vx Ensemble du matériel d'une armée en campagne. **3.** Anc. Ensemble des voitures, des chevaux et du personnel qui s'en occupe. *Équipage du roi. Équipage de chasse.* **4.** Vx Habillement. **5.** PHYS Organe mobile d'un appareil de mesure. – De *équiper.*

équipe [ekip] n. f. **1.** Vx Petite flottille appartenant à un batelier. **2.** Groupe de personnes collaborant à un même travail. *Homme, femme d'équipe. Travailler en équipe.* **3.** SPORT Ensemble de joueurs associés pour disputer un match, une compétition. *Équipe de soccer.* – Déverbal de *équiper.*

équipée [ekipe] n. f. **1.** Plaisant Promenade, sortie. **2.** Fig. Entreprise irréfléchie, escapade aux suites fâcheuses. – Pp. fém. subst. de *équiper.*

équipement [ekipmɑ̃] n. m. Action d'équiper; ce qui sert à équiper qqn ou qqch. *Équipement d'un navire. L'équipement du fantassin. Équipement de ski.* ▷ TECH Ensemble des outillages et des installations (d'une usine, d'une région). ▷ URBAN *Équipements collectifs:* ensemble des installations mises à la disposition des collectivités. *Équipements scolaires, sportifs, sanitaires, sociaux, culturels.* – De *équiper.*

équiper [ekipe] **I.** v. tr. [1] **1.** Pourvoir de ce qui est nécessaire au fonctionnement. *Équiper une machine. Équiper un hôpital. – Équiper industriellement un pays.* **2.** Munir de ce qui est nécessaire à une activité. *Équiper une troupe.* **II.** v. pron. Se pourvoir d'un équipement; revêtir un équipement. – Anc. norm. *skipa,* de *skip,* «navire».

équipier, ière [ekipje, jɛʀ] n. Membre d'une équipe sportive. – De *équipe.*

équipollence [ekɥipɔlɑ̃s] n. f. MATH État de deux vecteurs équipollents. – Lat. *æquipollentia,* «équivalence».

équipollent, ente [ekɥipɔlɑ̃, ɑ̃t] adj. MATH *Vecteurs équipollents,* qui ont même grandeur, même sens et qui sont portés par des axes parallèles (ces vecteurs sont auj. dits *égaux*). – Lat. *æquipollens, æquipollentis.*

équipotent [ekɥipɔtɑ̃] adj. m. MATH *Ensembles équipotents,* qui ont la même puissance, c.-à-d. entre lesquels existe une bijection. – De *équi-,* et lat. *potens,* «puissance».

équipotentiel, elle [ekɥipɔtɑ̃sjɛl] adj. PHYS De même potentiel. – De *équi-,* et *potentiel.*

équisétales [ekɥisetal] n. f. pl. BOT Ordre de cryptogames vasculaires, comprenant les prêles, dont la tige, constituée de segments rigides chlorophylliens, porte des ramifications de même structure, disposées en verticilles aux nœuds. – Du lat. *equisetum,* «prêle».

équitable [ekitabl] adj. **1.** Qui a de l'équité. *Un juge équitable.* **2.** Conforme à l'équité, à la justice naturelle. *Jugement équitable.* – De *équité.*

équitablement [ekitabləmɑ̃] adv. De manière équitable. *Répartir équitablement les tâches.* – De *équitable.*

équitation [ekitasjɔ̃] n. f. Art, action de monter à cheval. *Faire de l'équitation.* – Lat. *equitatio,* de *equitare,* «aller à cheval».

équité [ekite] n. f. Justice naturelle fondée sur la reconnaissance des droits de chacun; vertu qui consiste à régler sa conduite sur elle. *Juger avec équité et non selon les règles du droit positif.* ▷ Caractère de ce qui est équitable. – Lat. *æquitas,* «égalité».

équivalence [ekivalɑ̃s] n. f. Qualité de ce qui est équivalent. ▷ Correspondance admise officiellement entre certains diplômes. ▷ *Cours admis en équivalence,* reconnus comme équivalents. ▷ MATH *Relation d'équivalence,* à la fois réflexive, symétrique et transitive. ▷ PHYS *Principe d'équivalence,* selon lequel, lorsqu'un système, qui subit une transformation cyclique, n'échange avec le milieu extérieur que du travail et de la chaleur, le travail fourni (ou reçu) est égal à la quantité de chaleur reçue (ou fournie). – Bas lat. *æquivalentia.*

1. équivalent, ente [ekivalɑ̃, ɑ̃t] adj. Qui a la même valeur. ▷ MATH *Équations équivalentes,* qui ont les mêmes racines. – *Éléments équivalents* (modulo R), qui vérifient la relation d'équivalence R. – GEOM *Figures équivalentes,* de même surface bien que de formes différentes. – Lat. médiév. *æquivalens.*

2. équivalent [ekivalɑ̃] n. m. Ce qui est équivalent. ▷ *L'équivalent d'un mot, d'une expression,* son synonyme approché. ▷ PHYS *Équivalent mécanique de la calorie:* travail (égal à 4,185 J) produit par une quantité de chaleur de 1 calorie. ▷ CHIM *Équivalent-gramme:* valence gramme. – Subst. du préc.

équivaloir [ekivalwaʀ] v. tr. indir. [48] Équivaloir à. **1.** Valoir autant en quantité que. *Le mille marin équivaut à 1 852 m.* **2.** Avoir la même valeur que. *Cette réponse équivaut à un refus.* – Bas lat. *æquivalere.*

équivoque [ekivɔk] adj. et n. f. **I.** adj. **1.** Susceptible de plusieurs interprétations. *Termes équivoques. Comportement équivoque.* **2.** Péjor. Qui n'inspire pas confiance. *Réputation, allure équivoque.* Syn. louche, suspect. **II.** n. f. Expression, situation laissant dans l'incertitude. *Parler, agir sans équivoque.* Syn. ambiguïté. – Lat. *æquivocus,* «à double sens», de *æquus,* «égal», et *vox,* «parole».

Er CHIM Symbole de l'erbium.

érable [eʀabl] n. m. Arbre à feuilles opposées et palmées (fam. acéracées), dont le fruit est une samare double; bois de cet arbre. – *Érable à sucre,* ou, spécial., *érable:* grand arbre (*Acer saccharum*) au bois blanc et très dur, commun dans le sud du Québec où l'on récolte sa sève sucrée (l'eau d'érable) pour en tirer divers produits très estimés (sirop, tire, sucre d'érable). *La feuille de l'érable à sucre a été choisie comme emblème du Canada; on la retrouve, stylisée, sur le drapeau canadien. – Érable négundo,* ou cour. *érable à Giguère (Acer negundo),* dont les feuilles rappellent celles du frêne. – *Érable de Pennsylvanie,* ou cour. *bois barré (Acer pensylvanicum):* petit érable à feuilles trilobées, à écorce verte, rayée – *Érable argenté,* ou cour. *plaine (Acer saccharinum),* aux feuilles profondément lobées, dont l'envers est légèrement argenté. – *Érable rouge,* ou cour. *plaine (rouge) (Acer rubrum),* dont les fleurs, très printanières, sont d'un rouge vif. – *Érable de Norvège (Acer platanoides):* arbre ornemental originaire d'Europe. Rem. Mot souvent employé au fém. dans la langue parlée. – Bas lat. *acerabulus,* du latin *acer,* «érable», et p.-ê. gaul. *abolo,* «sorbier».

ENCYCL Grand arbre, petit arbre touffu ou arbuste feuillu du genre *Acer,* famille des Acéracées (classe des Dicotyles, sous-division des Angiospermes), à sève souvent sucrée. On compte environ 150 espèces d'érables à travers le monde, dont la plupart se trouvent en Asie orientale. Treize espèces sont indigènes en Amérique du Nord, dont 10 au Canada (6 se développent en grands arbres de 15 à 30 m de hauteur). Les érables indigènes au Canada ont tous des feuilles simples et lobées, à l'exception de l'érable à giguère (*Acer negundo*) qui a des feuilles composées. Les grands érables fournissent un bois dur à valeur commerciale. Parmi eux, l'érable à sucre (*Acer saccharum*) et l'érable noir (*Acer nigrum*) sont les feuillus les plus estimés au Canada. Leur bois sert en ébénisterie et en menuiserie. L'érable à sucre est un arbre caractéristique de la région forestière des feuillus (Acadie, Grands Lacs, vallée du Saint-Laurent). Il peut former des peuplements purs ou pousser en association avec d'autres essences. Sa sève est des plus recherchées pour la fabrication du sirop et du sucre d'érable à grande valeur commerciale. Depuis quelques années, cependant, l'industrie des produits de l'érable se sent menacée par un mal répandu qui provoque le dépérissement des arbres (en 1985, 81,8 % des érables à sucre sont affectés). Sans avoir identifié avec certitude la cause de ce désastre, on soupçonne la pollution atmosphérique d'en être la principale responsable. La feuille de l'érable à sucre sert d'emblème national au Canada. L'érable argenté (*Acer saccharinum*) qui pousse naturellement sur les terrains inondés au printemps, est abondamment planté en bordure des rues et apprécié pour sa croissance rapide. Sa sève est deux fois moins sucrée que celle de l'érable à sucre. L'érable rouge (*Acer rubrum*) porte son nom du fait qu'il est rouge deux fois par année: lors de la floraison, avant la sortie des feuilles, et à l'automne lorsque les feuilles deviennent rouges. Sa sève donne un sucre moins abondant et moins savoureux que celle de l'érable à sucre. Le bois barré ou bois d'orignal (*Acer pensylvanicum*) est un petit arbre ou arbuste connu pour son tronc barré de noir et ses jeunes pousses appréciées de l'orignal qui s'en nourrit en hiver.

érablière [eʀablijɛʀ] n. f. Bois où abonde l'érable. *L'ail des bois pousse dans les érablières les plus riches.* «Il avait le soin de conserver une *érablière* sur le haut de chaque terre et il ne détruisait qu'à regret cet arbre prodigieux qui abondait partout dans la petite colonie.» (P.-J.-O. Chauveau, *Charles Guérin*, 1853.) ▷ *Spécial.* Peuplement d'érables à sucre aménagé pour l'acériculture. – De *érable*.

éradication [eʀadikasjõ] n. f. MED Action de déraciner, d'extirper. *Éradication des amygdales.* ▷ Fig. Suppression totale. *Éradication du paludisme.* – Lat. *eradicatio*, «action de déraciner».

éradiquer [eʀadike] v. tr. [1] Supprimer totalement, faire disparaître (une maladie, un foyer endémique). – De *éradication*.

éraflement [eʀafləmɑ̃] n. m. Rare Action d'érafler. – De *érafler*.

érafler [eʀafle] v. tr. [1] Écorcher légèrement. *Cette ronce m'a éraflé.* – Par ext. *Érafler la peinture d'un mur.* – De *é-*, et *rafler*.

éraflure [eʀaflyʀ] n. f. Écorchure légère. – De *érafler*.

éraillement [eʀɑjmɑ̃] n. m. **1.** Fait d'être éraillé. **2.** Ectropion. – De *érailler*.

érailler [eʀɑje] v. tr. [1] **1.** Érafler, entamer la surface de. *Les frottements ont éraillé la peinture.* – V. pron. *Le fauteuil de cuir commence à s'érailler.* **2.** Rendre rauque (la voix). *Voix éraillée.* **3.** Au pp. *Yeux éraillés*, dont la paupière est retournée; injectés de sang. – De l'anc. v. *esraailler*, «rouler des yeux», du lat. pop. **roticulare* (rac. *rota*, «roue») avec infl. de *rayer*.

éraillure [eʀɑjyʀ] n. f. Légère écorchure; rayure. – De *érailler*.

erbium [ɛʀbjɔm] n. m. CHIM Élément de numéro atomique Z = 68 et de masse atomique 167,26 (symbole: Er), métal appartenant au groupe des terres rares. – Du lat. mod. *erbia*, de *Ytterby*, ville de Suède, où cet élément fut découvert.

ère [ɛʀ] n. f. **1.** Époque fixe à partir de laquelle on commence à compter les années; la suite des années comptées à partir de cette période. *L'ère de la fondation de Rome* (traditionnellement, le 21 avril 753 av. J.-C.). *L'ère chrétienne.* **2.** Fig. Époque où commence un nouvel ordre de choses. *Pays qui entre dans l'ère de la prospérité.* **3.** GEOL Chacune des grandes périodes géologiques (comprises entre – 570 millions d'années et l'époque actuelle). *L'ère primaire, secondaire*, etc. V. encycl. géologie. – Lat. *æra*, «nombre, chiffre».

érecteur, trice [eʀɛktœʀ, tʀis] adj. et n. m. PHYSIOL Qui provoque l'érection. *Muscle érecteur*, ou subst. un *érecteur*. – Bas lat. *erector*.

érectile [eʀɛktil] adj. **1.** Qui peut se gonfler et durcir par afflux de sang. *Tissus érectiles.* **2.** Qui peut se dresser. *Poils érectiles.* – Du lat. *erectus*, de *erigere*, «dresser».

érection [eʀɛksjõ] n. f. **1.** Action d'élever, de construire. *L'érection d'un monument.* **2.** PHYSIOL État d'un organe, d'un tissu mou, qui devient raide par suite de l'afflux de sang. – (S. comp.) *L'érection:* celle du pénis. *Être en érection:* avoir la verge en érection. – Lat. *erectio*, «action de dresser».

éreintage [eʀɛ̃taʒ] n. m. Critique sévère et malveillante. – De *éreinter*.

éreintant, ante [eʀɛ̃tɑ̃, ɑ̃t] adj. Épuisant, harassant. *Un travail éreintant.* – Ppr. de *éreinter*.

éreintement [eʀɛ̃tmɑ̃] n. m. **1.** État d'une personne éreintée. **2.** Critique sévère et malveillante. – De *éreinter*.

éreinter [eʀɛ̃te] v. tr. [1] **1.** Excéder de fatigue. *Ce travail l'éreinte.* ▷ V. pron. *S'éreinter.* – Par exag., cour. *S'éreinter à faire une chose:* se donner beaucoup de peine pour l'accomplir. **2.** Critiquer violemment et méchamment. *Il a éreinté son contradicteur.* – Pp. *Un livre éreinté par la critique.* – De *é-*, et *rein*; de l'a. fr. *esrener, érener*, «casser les reins».

éreinteur, euse [eʀɛ̃tœʀ, øz] n. et adj. Celui, celle qui critique avec violence et sévérité. – De *éreinter*.

érémitique [eʀemitik] adj. Litt. Propre aux ermites. *Vie érémitique.* – Lat. *eremiticus*.

érésipélateux. V. érysipélateux.

érésipèle. V. érysipèle.

éréthisme [eʀetism] n. m. **1.** MED État d'excitation d'un organe. *Éréthisme cardiaque.* **2.** Fig., litt. État d'excitation extrême d'une passion; extrême tension de l'esprit. – Gr. *erethismos*, «irritation».

erg [ɛʀg] n. m. PHYS Unité de travail du système C.G.S. (remplacé auj. par le joule, unité SI). *1 erg équivaut à 10^{-7} joules.* – Gr. *ergon*, «travail».

ergastoplasme [ɛʀgastɔplasm] n. m. BIOL Variété de réticulum endoplasmique lié à des ribosomes au niveau desquels s'effectue une intense synthèse protéique. – Du gr. *ergon*, «travail», et *-plasme*.

ergastule [ɛʀgastyl] n. m. ANTIQ ROM Prison où les esclaves punis exécutaient des travaux pénibles. – Lat. *ergastulum*, adapté du gr. *ergastêrion*, «atelier».

-ergie, ergo-. Éléments, du gr. *ergon*, «force, travail».

ergographe [ɛʀgɔgʀaf] n. m. Appareil servant à la mesure, à l'étude du travail musculaire. – De *ergo-*, et *-graphe*.

ergol [ɛʀgɔl] n. m. CHIM Constituant (oxydant ou réducteur) d'un progergol. – Du gr. *ergon*, «travail, force».

ergonomie [ɛʀgɔnɔmi] n. f. TECH Science de l'adaptation du travail à l'homme. (Elle porte sur l'amélioration des postes et de l'ambiance de travail, sur la diminution de la fatigue physique et nerveuse, sur l'enrichissement des tâches, etc.) – De *ergo-*, et *-nomie*.

ergonomiste [ɛʀgɔnɔmist] n. TECH Spécialiste d'ergonomie. – Du préc.

ergostérol [ɛʀgosteʀɔl] n. m. BIOCHIM Stérol très répandu dans le règne végétal et qui peut, sous l'effet des rayons ultraviolets, acquérir les propriétés de la vitamine D. – De *ergot*, et *stérol*.

ergot [ɛʀgo] n. m. **1.** Éperon osseux placé sur la face postérieure de la patte des galliformes mâles. *Les ergots du coq.* – Loc. fig. *Se dresser sur ses ergots* (comme fait le coq): prendre un ton fier et menaçant. ▷ Saillie cornée en arrière du boulet de certains mammifères (cheval, chien). **2.** BOT Maladie de certaines céréales (partic. du seigle) provoquée par un champignon ascomycète *(Claviceps purpurea)* qui produit sur les épis des fructifications ayant grossièrement la forme d'un ergot de coq. – Cette fructification. **3.** TECH Saillie sur une pièce de bois ou de fer. – Orig. incon.

ergotage [ɛʀgɔtaʒ] n. m. Action d'ergoter; chicane. – De *ergoter*.

ergotamine [ɛʀgotamin] n. f. BIOCHIM Dérivé de l'acide lysergique, extrait de l'ergot de seigle, dont l'action est antagoniste de celle du système nerveux sympathique. – De *ergot* (de seigle).

ergot-de-coq [ɛʀgodkɔk] n. m. Aubépine indigène du Canada (*Cratægus crus-galli*, fam. rosacées) aux branches horizontales très étendues, munies d'épines longues et fortes.

ergoté, ée [ɛʀgɔte] adj. **1.** Qui a des ergots. *Mammifère ergoté.* **2.** BOT Atteint par l'ergot. *Seigle ergoté.* – De *ergot*.

ergoter [ɛʀgɔte] v. intr. [1] Chicaner, contester, trouver à redire sur tout. *Ergoter sur des vétilles.* – Du lat. *ergo*, «donc», par croisement avec *argot*.

ergoteur, euse [ɛʀgɔtœʀ, øz] n. et adj. Personne qui a la manie d'ergoter. – De *ergoter*.

ergothérapeute [ɛʀgoteʀapøt] n. Spécialiste de l'ergothérapie. – De *ergo-*, et *thérapeute*.

ergothérapie [ɛʀgoteʀapi] n. f. PSYCHIAT Utilisation du travail manuel dans les traitements de certaines affections mentales. – De *ergo-*, et *-thérapie*.

ergotine [ɛʀgɔtin] n. f. BIOCHIM Extrait de l'ergot de seigle. – De *ergot*, et *-ine*.

ergotisme [ɛʀgɔtism] n. m. MED Ensemble des accidents (convulsifs ou gangréneux) provoqués par la consommation répétée de seigle ergoté. – De *ergot*.

éricacées [eʀikase] n. f. pl. BOT Famille de dicotylédones gamopétales superovariées comprenant des arbustes et des arbrisseaux tels que le monotrope, le rhododendron, l'airelle, etc. – Du lat. *erica*, «bruyère».

ériger [eʀiʒe] v. tr. [15] **1.** Dresser, élever (un monument). *Ériger une statue, un autel.* **2.** Établir, instituer. *Ériger un tribunal.* **3.** Élever à la qualité de. *Ériger une paroisse en municipalité, une église en cathédrale.* Fig. *Ériger en principe que...* ▷ V. pron. *S'ériger en :* s'attribuer le rôle de, se poser en. *S'ériger en défenseur des bonnes causes. S'ériger en censeur.* – Lat. *erigere*, «dresser».

érigéron [eʀiʒeʀõ] n. m. BOT Composée (genre *Erigeron*) voisine des *Asters* dont on cultive certaines espèces ornementales. *L'érigéron du Canada (Erigeron canadensis), originaire de l'ouest de l'Amérique du Nord, est aujourd'hui présent dans le monde entier.* Syn. vergerette. – Lat. *erigeron*, gr. *erigerôn*, «séneçon».

érigne [eʀiɲ] ou **érine** [eʀin] n. f. CHIR Petit instrument terminé par des crochets et qui sert, pendant une opération, à maintenir certaines parties écartées. – Du lat. *aranea*, «araignée».

éristale [eʀistal] n. m. ZOOL Diptère brachycère (genre *Eristalis*) long de 6 à 15 mm, grosse mouche à abdomen rayé de jaune et de noir, fréquente sur les fleurs en été. – Lat. zool. *eristalis*.

éristique [eʀistik] adj. et n. PHILO Qui appartient à la controverse. ▷ N. f. Art de la controverse. ▷ N. m. Philosophe de l'école philosophique grecque créée par Euclide à la fin du Ve s. av. J.-C. à Mégare. – Gr. *eristikos*, «relatif à la controverse».

erlenmeyer [ɛʀlanmejɛʀ] n. m. CHIM *Vase d'Erlenmeyer* ou *un erlenmeyer:* fiole conique en verre, utilisée dans les laboratoires. – Nom d'un chimiste.

erminette. V. herminette.

ermitage [ɛʀmitaʒ] n. m. **1.** Vx Lieu où vit un ermite. **2.** Litt. Lieu écarté et solitaire. – De *ermite*.

ermite [ɛʀmit] n. m. **1.** Religieux qui vit retiré dans un lieu désert. **2.** Fig. Personne qui vit seule et retirée. *Vivre en ermite.* – Lat. chrét. *eremita*, gr. *erêmitês*, «qui vit dans la solitude», de *erêmos*, «désert».

éroder [eʀɔde] v. tr. [1] Ronger. *L'eau érode les montagnes.* – Lat. *erodere*.

érogène [eʀɔʒɛn] adj. PSYCHAN Qui est la source d'une excitation sexuelle. *Zone érogène.* – De *éros*, et *-gène*.

éros [eʀos] n. m. PSYCHAN Terme utilisé par Freud, dans sa dernière théorie des pulsions, pour désigner l'ensemble des pulsions de vie par oppos. aux pulsions de mort. ▷ Terme utilisé par certains auteurs (en partic. Bachelard et l'école de la psychocritique littéraire) pour symboliser le désir et ses manifestations sublimées. – De *Erôs*, n. du dieu grec de l'Amour.

érosif, ive [eʀozif, iv] adj. Qui produit l'érosion; qui s'érode. – De *érosion*.

érosion [eʀozjõ] n. f. **1.** Action, effet d'une substance qui érode; son résultat. ▷ GEOL Ensemble des phénomènes physiques et chimiques d'altération ou de dégradation des reliefs. **2.** Fig. Altération. – FIN *Érosion monétaire:* diminution du pouvoir d'achat d'une monnaie (due en partic. à l'inflation). – Lat. *erosio*.
ENCYCL L'érosion tend à aplanir les reliefs. Les écarts de température font éclater les roches *(cryoclastie)*; les eaux de pluies dissolvent les calcaires, notam.; les particules solides transportées par le vent érodent les roches *(érosion éolienne)*. On distingue généralement les effets physiques (érosions proprement dites) des effets chimiques, que l'on nomme *altérations*.

érotique [eʀɔtik] adj. **1.** Qui a rapport à l'amour, et partic. à l'amour sensuel, à la sexualité. ▷ Vieilli Licencieux. **2.** Qui excite la sensualité, l'appétit sexuel. *Film érotique.* – Lat. *eroticus*, gr. *erôtikos*, de *Érôs*, dieu grec de l'amour.

érotiquement [eʀɔtikmɑ̃] adv. D'une manière érotique. – De *érotique*.

érotisme [eʀɔtism] n. m. **1.** Caractère de ce qui est érotique. *L'érotisme d'un roman.* **2.** Ce qui concerne l'amour et la sexualité. – De *érotique*.

érotomane [eʀɔtɔman] adj. et n. Atteint d'érotomanie. ▷ Adj. Qui a rapport à l'érotomanie. *Délire érotomane.* (On dit aussi *érotomaniaque*.) – De *érotomanie*.

érotomanie [eʀɔtɔmani] n. f. PSYCHOPATHOL **1.** Illusion délirante d'être aimé. **2.** Affection mentale caractérisée par des préoccupations sexuelles obsessionnelles. – Gr. *erôtomania*, de *eros*, «amour», et *mainesthai*, «être fou».

erpétologie [ɛʀpetɔlɔʒi] n. f. ZOOL Partie de la zoologie qui étudie les reptiles. (Anc. orthographe: *herpétologie.*) – Du gr. *herpeton,* «reptile», et *-logie.*

erpétologique [ɛʀpetɔlɔʒik] adj. Qui a rapport aux reptiles, à l'erpétologie. – De *erpétologie.*

erpétologiste [ɛʀpetɔlɔʒist] n. Spécialiste d'erpétologie. – De *erpétologie.*

errance [ɛʀɑ̃s] n. f. Action d'errer, de marcher longuement sans destination préétablie. – De *errer.*

1. errant, ante [ɛʀɑ̃, ɑ̃t] adj. Qui voyage sans cesse. – *Le chevalier errant,* traditionnellement défenseur des pauvres et des opprimés. – Ppr. de l'anc. v. *errer,* du bas lat. *iterare,* «voyager».

2. errant, ante [ɛʀɑ̃, ɑ̃t] adj. Qui erre, qui ne se fixe nulle part. *Peuplades errantes,* nomades. *Mener une vie errante.* ▷ Fig. *Une imagination errante et vagabonde,* qui se laisse aller librement. – Ppr. de *errer.*

errata [ɛʀata] n. m. inv. et **erratum** [ɛʀatɔm] n. m. sing. **1.** *Errata:* liste des erreurs d'impression. *Un errata est joint à cet ouvrage.* **2.** *Erratum:* faute d'impression que l'on signale. – Mot lat., de *errare,* «se tromper».

erratique [ɛʀatik] adj. Qui n'est pas fixe. – MED *Fièvre erratique,* irrégulière. – GEOL *Bloc erratique:* bloc rocheux qu'un glacier a arraché à son site d'origine et qu'il a transporté dans des régions parfois très éloignées. – Lat. *erraticus,* «errant, vagabond».

erre [ɛʀ] n. f. **1.** Vx Manière de marcher, allure. *Aller grand'erre.* **2.** MAR Vitesse d'un navire. *Prendre de l'erre.* – *Spécial.* Vitesse due à l'inertie, lorsque le système de propulsion n'agit plus. *Courir sur son erre.* – De l'a. fr. *errer,* du lat. *iterare,* «voyager».

errements [ɛʀmɑ̃] n. m. pl. Manière habituelle et néfaste d'agir, de se conduire. *Ne pas suivre ses anciens errements.* – De l'anc. v. *errer,* du bas lat. *iterare,* «voyager».

errer [ɛʀe] v. intr. [1] **1.** Marcher longuement, au hasard, sans but précis. *Errer dans une forêt.* ▷ Fig. *Laisser errer ses pensées.* **2.** Litt. Se tromper, être dans l'erreur. *L'homme est sujet à errer.* – Lat. *errare,* «aller çà et là, marcher à l'aventure, s'égarer, se tromper».

erreur [ɛʀœʀ] n. f. **1.** Action de se tromper; faute, méprise. *Faire une erreur de calcul, une erreur de date. Sauf erreur.* – Loc. *Faire erreur:* se tromper. **2.** État de celui qui se trompe. *Être dans l'erreur. Tirer qqn de l'erreur.* ▷ Fausseté, partic. en matière de dogme religieux. **3.** Ce qui est inexact (par rapport au réel ou à une norme définie). ▷ PHILO *Erreur des sens:* illusion produite par les sens. – *Erreur de raisonnement,* causée par l'équivoque, la généralisation hâtive. ▷ PHYS *Erreur de mesure d'une grandeur. Erreur absolue:* différence entre la mesure d'une grandeur et sa valeur réelle. *Erreur relative:* rapport entre l'erreur absolue et la valeur réelle. *Calcul d'erreurs:* estimation de la limite supérieure des erreurs de mesure. ▷ DR *Erreur de droit,* qui porte sur ce que la loi permet ou défend. *Erreur de fait. Erreur judiciaire:* condamnation d'un innocent à la suite d'une erreur de fait. **4.** Action inconsidérée, regrettable, maladroite. *Il a commis une grossière erreur en me parlant sur ce ton.* – Lat. *error,* de *errare* (V. errer).

erroné, ée [ɛʀɔne] adj. Entaché d'erreur, inexact, contraire à la vérité. *Une interprétation erronée des faits.* – Lat. *erroneus,* de *errare,* «se tromper».

ers [ɛʀ] n. m. Nom d'une vesce *(Vicia ervilia)* appelée aussi *lentille bâtarde.* – Mot provenç.; bas lat. *ervus.*

ersatz [ɛʀzats] n. m. Produit de remplacement, succédané. *La saccharine est un ersatz du sucre.* ▷ *Spécial.* Produit de remplacement de qualité inférieure, de mauvaise qualité. *Ersatz de café.* – Mot all., «remplacement».

1. erse [ɛʀs] n. f. MAR Anneau de cordage. – Altér. de *herse.*

2. erse [ɛʀs] adj. Relatif aux habitants de la haute Écosse. ▷ N. m. Dialecte celtique de la haute Écosse. – Du gaélique.

érubescence [eʀybesɑ̃s] n. f. Didac. Fait de rougir; son résultat. – Bas lat. *erubescentia.*

érubescent, ente [eʀybesɑ̃, ɑ̃t] adj. Didac. Qui devient rouge. – Lat. *erubescens,* «rougissant».

éruciforme [eʀysifɔʀm] adj. ZOOL *Larves éruciformes:* larves d'insectes qui ont l'aspect d'une chenille de papillon. (Elles sont munies de 3 paires de pattes thoraciques et de 5 paires de fausses pattes abdominales.) – Lat. sav. *eruca,* «chenille», et *-forme.*

éructation [eʀyktasjɔ̃] n. f. Émission sonore, par la bouche, de gaz provenant de l'estomac. – Lat. *eructatio,* «vomissement», d'ap. *ructa,* «rot».

éructer [eʀykte] **1.** v. intr. [1] Rejeter avec bruit par la bouche les gaz venant de l'estomac. Syn. roter. **2.** v. tr. Fig. *Éructer des injures.* – Lat. *eructare,* «vomir».

érudit, ite [eʀydi, it] adj. et n. Qui possède un savoir particulièrement approfondi dans une science, un domaine quelconque. *Un auteur érudit. Un ouvrage érudit,* qui dénote une grande érudition. ▷ Subst. *Les érudits de la Renaissance.* – Lat. *eruditus,* «instruit, formé, dressé», de *erudire,* «dégrossir».

érudition [eʀydisjɔ̃] n. f. Savoir de l'érudit. *Une grande érudition.* – Lat. *eruditio,* «enseignement», de *erudire* (V. érudit).

érugineux, euse [eʀyʒinø, øz] adj. Qui a la couleur du vert-de-gris. – Lat. *æruginosus,* de *ærugo, æruginis,* «rouille».

éruptif, ive [eʀyptif, iv] adj. **1.** Qui a rapport aux éruptions volcaniques. *Roches éruptives.* **2.** MED Qui caractérise ou accompagne une éruption. *Fièvre éruptive.* – Du lat. *eruptus,* de *erumpere,* «sortir impétueusement».

ENCYCL On distingue parmi les roches éruptives: *les roches plutoniques,* qui n'ont jamais atteint la surface à l'état liquide (certains granites et gabbros), et sont des roches grenues; *les roches effusives,* émises à l'état liquide en surface (rhyolites, basaltes, diverses laves) et qui ont toutes une structure microlithique.

éruption [eʀypsjɔ̃] n. f. **1.** Projection plus ou moins violente, par un volcan, de divers matériaux: scories, cendres, blocs rocheux, gaz, etc.; état d'un volcan qui projette ces matériaux. *Éruption volcanique. Volcan en éruption.* **2.** MED Évacuation subite et abondante d'un liquide contenu dans un organe ou un abcès. ▷ Apparition sur la peau de taches, de boutons, etc. ▷ *Éruption des dents :* apparition des dents chez l'enfant. **3.** *Éruption solaire :* bref dégagement d'énergie dans l'atmosphère solaire, qui se manifeste par une augmentation brutale de la brillance. **4.** Fig. Production soudaine et abondante. *Une éruption de chefs-d'œuvre.* – Lat. *eruptio,* de *erumpere,* «sortir impétueusement».

érysipélateux, euse [eʀizipelatø, øz] ou **érésipélateux, euse** [eʀezipelatø, øz] adj. MED Relatif à l'érysipèle. ▷ Subst. Personne atteinte d'érysipèle. – De *érysipèle.*

érysipèle [eʀizipɛl] ou **érésipèle** [eʀezipɛl] n. m. MED Dermite due à un streptocoque, qui se manifeste notam. par des plaques éruptives sur la face. – Lat. méd. *erysipelas,* mot gr.

érythémateux, euse [eʀitematø, øz] adj. MED Qui a les caractères de l'érythème. – De *érythème.*

érythème [eʀitɛm] n. m. MED Affection cutanée donnant lieu à des rougeurs disparaissant à la pression. *Erythème fessier du bébé. Érythème noueux :* nodosité érythémateuse qui témoigne souvent d'une primo-infection tuberculeuse. – Gr. méd. *eruthêma*, «rougeur».

érythrine [eritrin] n. f. **1.** Arbre des régions chaudes (genre *Erythrina*, fam. papilionacées) aux belles fleurs rouges, souvent utilisé pour ombrager des plantations, dont les graines servent à la confection de colliers. **2.** MINER Arséniate hydraté de cobalt. – Du gr. *eruthros*, «rouge».

érythro-. Élément, du gr. *eruthros*, «rouge».

érythroblaste [eritroblast] n. m. BIOL Cellule nucléée de la moelle osseuse, précurseur des hématies. – De *érythro-*, et *-blaste*.

érythroblastose [eritroblastoz] n. f. MED Quantité supérieure à la normale d'érythroblastes dans le sang et/ou la moelle osseuse. – De *érythroblaste*, et *-ose* 2.

érythrocyte [eritrosit] n. m. BIOL Globule rouge (ou *hématie*). – De *érythro-*, et *-cyte*.

ès [ɛs] prép. En, dans les, en matière de. *Docteur ès sciences.* (N.B. Toujours suivi d'un pl.; emploi essentiellement limité à la dénomination de certains diplômes.) – Contract. de *en*, et de l'art. pl. *les*.

Es CHIM Symbole de l'einsteinium.

Ésaïe. V. Isaïe.

esbaudir. V. ébaudir.

esbigner (s') [ɛzbiɲe] v. pron. [11] Pop., vieilli S'enfuir, s'en aller subrepticement. – Arg. ital. *sbignare*, de *svignare*, «s'enfuir de la vigne».

esbroufe [ɛzbruf] n. f. Fam. Air important, comportement fanfaron par lequel on cherche à impressionner qqn. *Faire de l'esbroufe.* – Déverbal de *esbroufer*.

esbroufer [ɛzbrufe] v. tr. [1] Fam. Chercher à en imposer à (qqn) par des manières ostentatoires et tapageuses. – Provenç. *esbroufa*, «s'ébrouer», ital. *sbruffare*, «asperger par la bouche, le nez».

esbroufeur, euse [ɛzbrufœr, øz] n. et adj. Fam. Personne qui fait de l'esbroufe. – De *esbroufer*.

escabeau [ɛskabo] n. m. **1.** Siège de bois à une place, sans bras ni dossier. **2.** Petit meuble d'intérieur muni de marches, utilisé comme échelle. – Lat. *scabellum*. V. écheveau.

escadre [ɛskadr] n. f. **1.** MAR Flotte de guerre. **2.** AVIAT Formation constituée de trente à soixante-quinze avions identiques. *Escadre de chasse.* – Esp. *escuadra*, ital. *squadra*, «équerre», et au fig. «bataillon», à cause de la formation en carré des troupes.

escadrille [ɛskadrij] n. f. **1.** MAR Ensemble de bâtiments légers, sous-marins, torpilleurs ou dragueurs. **2.** Anc. AVIAT Unité constituée d'avions de même type. – Esp. *escuadrilla*, «petite troupe».

escadron [ɛskadrõ] n. m. **I.** MILIT **1.** Anc. Troupe de cavaliers en armes. **2.** Mod. Unité d'un régiment de cavalerie, de blindés. *Escadron de reconnaissance motorisé.* ▷ Formation du train des équipages. ▷ AVIAT Subdivision d'une escadre. *Chef d'escadron.* **II.** Fig. Bande, troupe, groupe nombreux. *Des escadrons de sauterelles.* – Ital. *squadrone*, de *squadra*.

escalade [ɛskalad] n. f. **1.** Vx Assaut d'une place à l'aide d'échelles. *Emporter une place par escalade.* **2.** Mod. Action de franchir (un mur, une clôture) en grimpant. **3.** Cour. Ascension. *Tenter l'escalade d'un pic.* **4.** Augmentation rapide comme par surenchère. *Escalade de la violence. Escalade des prix.* ▷ Accroissement rapide des offensives, des opérations militaires dans un conflit. ▷ Processus par lequel les nations, cherchant à s'assurer la suprématie en matière d'armement, sont conduites à mettre au point un matériel de guerre de plus en plus puissant et perfectionné. – Ital. *scalata*, «assaut à l'aide d'échelles».

escalader [ɛskalade] v. tr. [1] **1.** Vx Prendre (une fortification) par escalade. **2.** Franchir par escalade. *Escalader un mur.* **3.** Faire l'ascension de. *Escalader une paroi rocheuse.* – De *escalade*.

escale [ɛskal] n. f. **1.** Action de relâcher pour embarquer ou débarquer des passagers, se ravitailler, etc. *Port, quai d'escale. Escale technique.* **2.** Lieu de relâche. *Singapour est une escale importante.* – Ital. *scala*, lat. *scala*.

escalier [ɛskalje] n. m. Suite de degrés pour monter et descendre. *Marches, cage d'escalier. Escalier de service*, réservé aux employés et aux fournisseurs. *Escalier dérobé*, secret. *Escalier roulant, mécanique*, dont les marches articulées sont entraînées mécaniquement. ▷ Fig. *Avoir l'esprit de l'escalier* : comprendre toujours trop tard, manquer de repartie. – Du lat. *scalaria*.

escalope [ɛskalɔp] n. f. CUIS Mince tranche de viande ou de poisson. *Escalope de dinde.* ▷ *Spécial.* Escalope de veau. – De l'a. fr. *escale*, «écale», et suff. de *envelopper*.

escamotable [ɛskamɔtabl] adj. Qui peut être escamoté (sens 3). – De *escamoter*.

escamotage [ɛskamɔtaʒ] n. m. Action d'escamoter. – De *escamoter*.

escamoter [ɛskamɔte] v. tr. [1] **1.** Faire disparaître adroitement sans que l'on s'en aperçoive. *Prestidigitateur qui escamote des cartes.* **2.** Faire disparaître frauduleusement. *Escamoter un portefeuille.* **3.** TECH Faire rentrer automatiquement l'organe saillant d'une machine, d'un appareil, dans un logement ménagé à cet effet. *Escamoter le train d'atterrissage d'un avion en vol.* **4.** Fig. Esquiver (ce qui embarrasse). *Escamoter une difficulté, une question gênante.* – Probabl. d'un type occitan **escamotar*, du lat. *squama*, «écaille».

escamoteur, euse [ɛskamɔtœr, øz] n. **1.** Illusionniste. **2.** *Escamoteur de* : personne qui subtilise, escamote (qqch). *Escamoteur de porte-monnaie.* – De *escamoter*.

escampette [ɛskɑ̃pɛt] n. f. Seulement dans la loc. fam. *prendre la poudre d'escampette*: s'enfuir, déguerpir. – De l'anc. v. *escamper*; ital. *scampare*, «s'enfuir (du champ)», de *campo*, «champ».

escapade [ɛskapad] n. f. Action de s'échapper d'un lieu pour se dérober à ses obligations, pour se divertir. *Homme marié qui se livre à de nombreuses escapades.* – Ital. *scappata*, esp. *escapada*, «échappée».

escape [ɛskap] n. f. ARCHI Partie inférieure du fût d'une colonne; le fût lui-même. – Lat. *scapus*, «fût».

escarbille [ɛskarbij] n. f. Morceau de charbon incomplètement brûlé, mêlé avec les cendres, ou qui s'échappe avec la fumée par la cheminée d'une machine à vapeur. – Mot wallon, de *escrabiller*, néerl. *schrabben*.

escarbot [ɛskarbo] n. m. Vx ou rég. Nom de nombreux coléoptères. – Du lat. *scarabeus*, «scarabée», a. fr. *écharbot*, d'ap. *escargot*.

escarboucle [ɛskarbukl] n. f. Vx Grenat rouge foncé et d'un éclat très vif, utilisé en joaillerie. ▷ Loc. mod. *Briller comme une escarboucle.* – Du lat. *carbunculus*, dimin. de *carbo*, «charbon», d'ap. *boucle*.

escarcelle [ɛskarsɛl] n. f. Anc. Grande bourse que l'on portait suspendue à la ceinture. ▷ Mod., plaisant. Bourse. *Avoir l'escarcelle bien garnie.* – Ital. *scarsella*, «petite avare», de *scarso*, «avare».

escargot [ɛskargo] n. m. **1.** Mollusque gastéropode pulmoné (ordre de stylommatophores, fam. hélicidés) herbivore, à coquille hélicoïdale globuleuse, et aux cornes rétractiles munies d'yeux. *Les escargots sont hermaphrodites, mais doivent s'accoupler car ils ne peuvent s'autoféconder. L'escargot de Bourgogne (Helix pomatia) et le petit gris (Helix aspersa).* ▷ Fig. *Marcher, conduire comme un escargot,* très lentement. **2.** Nom donné dans certaines régions du Québec à l'esturgeon commun. – Du provenç. *escaragol,* anc. provenç. *caragou,* avec infl. des dér. de *scarabaeus.* V. escarbot.

escargotière [ɛskaʀgɔtjɛʀ] n. f. **1.** Lieu où l'on élève des escargots. **2.** Plat creusé de petites cavités pour mettre les escargots au four et les servir. – De *escargot.*

escarmouche [ɛskaʀmuʃ] n. f. Combat entre tirailleurs isolés, entre petits détachements de deux armées. *Guerre d'escarmouches.* ▷ Fig. Petite lutte, engagement préliminaire. *Escarmouches d'avocats.* – P.-ê. croisement du rad. frq. **skirmjan* (cf. escrime) et a. fr. *muchier,* «cacher».

escarole. V. scarole.

1. escarpe [ɛskaʀp] n. f. FORTIF Anc. Talus intérieur du fossé d'un ouvrage fortifié, opposé à la contrescarpe. – Ital. *scarpa,* germ. **skrapa.*

2. escarpe [ɛskaʀp] n. m. Vx Voleur, assassin endurci. – De l'anc. arg. *escarper,* mérid. *escarpi,* «écharper».

escarpé, ée [ɛskaʀpe] adj. Qui a une pente raide. *Chemin escarpé.* ▷ Fig., litt. Ardu, difficile d'accès. – De *escarpe* 1.

escarpement [ɛskaʀpəmɑ̃] n. m. **1.** Rare État de ce qui est escarpé, abrupt. **2.** Pente raide, abrupte. *Côte terminée par un escarpement.* – De *escarper.*

escarpin [ɛskaʀpɛ̃] n. m. Chaussure découverte et légère, à semelle fine, avec talon de hauteur variable. – Ital. *scarpino,* de *scarpa,* «chaussure».

escarpolette [ɛskaʀpɔlɛt] n. f. Siège suspendu par des cordes, servant de balançoire. – Orig. incon., p.-ê. dimin. d'*escarpe* 1.

escarre ou **esquarre** [ɛskaʀ] n. f. MED Névrose cutanée dans laquelle les tissus mortifiés forment une croûte noirâtre qui se détache spontanément. *Les malades longtemps alités souffrent souvent d'escarres.* – Lat. méd. *eschara,* gr. *eskhara,* «croûte».

escarrifier [ɛskaʀifje] v. tr. [1] Former une escarre sur. – De *escarre,* et *-fier.*

eschatologie [ɛskatɔlɔʒi] n. f. THEOL Doctrine relative aux fins dernières de l'être humain *(eschatologie individuelle)* et à la transformation ultime du monde *(eschatologie collective).* – Gr. *eskhatos,* «dernier», et *-logie.*

eschatologique [ɛskatɔlɔʒik] adj. THEOL Relatif à l'eschatologie. – De *eschatologie.*

esche, èche ou **aiche** [ɛʃ] n. f. PECHE Appât accroché à l'hameçon. – Lat. *esca.*

escient [ɛsjɑ̃] n. m. Vx *À mon, à ton,* etc., *escient:* en connaissance de cause, sciemment. ▷ Mod. *À bon escient :* avec discernement, avec raison. – Du lat. médiév. *meo, tuo... sciente,* «moi, toi... le sachant»; ppr. de *scire,* «savoir».

esclaffer (s') [ɛsklafe] v. pron. [1] Éclater d'un rire bruyant. – Provenç. *esclafa,* «éclater», de *clafa,* «frapper bruyamment».

esclandre [ɛsklɑ̃dʀ] n. m. Incident fâcheux, bruyant qui cause du scandale. *Faire, causer un esclandre.* – Var. *escande, escandle,* forme pop. du lat. *scandalum.*

esclavage [ɛsklavaʒ] n. m. **1.** Condition, état d'esclave. **2.** *Par ext.* État de dépendance, de soumission (à un pouvoir autoritaire). ▷ Fig. État d'une personne entièrement dominée (par une passion, un besoin). **3.** Ce qui rend esclave (sens 2). *La toxicomanie est un véritable esclavage.* – De *esclave.*

esclavagisme [ɛsklavaʒism] n. m. **1.** Théorie, doctrine, méthode des esclavagistes. **2.** Organisation sociale fondée sur l'esclavage. – De *esclavagiste.*

esclavagiste [ɛsklavaʒist] adj. et n. Partisan de l'esclavage. *Les États esclavagistes du Sud des États-Unis, avant la guerre de Sécession.* – De *esclavage.*

esclave [ɛsklav] n. et adj. **1.** Personne qui est sous la dépendance absolue d'un maître qui peut en disposer comme de tout autre bien. ▷ Adj. *Un peuple esclave.* **2.** *Par ext.* Personne qui subit la domination, l'emprise de (qqn, de qqch). *Devenir l'esclave de l'habitude.* ▷ Adj. *Être esclave de son devoir.* – Lat. médiév. *sclavus,* de *slavus,* «slave», les Germains ayant réduit de nombreux Slaves en esclavage.

esclavon, onne [ɛsklavɔ̃, ɔn] n. et adj. **1.** Habitant de l'Esclavonie (anc. nom de la Slavonie, rég. hist. des Balkans, auj. en Yougoslavie). *Le quai des Esclavons, à Venise.* **2.** n. m. Nom donné autref. aux dialectes slaves auj. englobés dans le groupe serbo-croate. – Du bas lat. *sclavonus,* «d'Esclavonie».

escogriffe [ɛskɔgʀif] n. m. Fam. *Un grand escogriffe:* un homme grand et dégingandé. – Mot dial. «voleur», se rattache p.-ê. à *escroc,* et au rad. de *griffer.*

escomptable [ɛskɔ̃tabl] adj. Qui peut être escompté. – De *escompter.*

escompte [ɛskɔ̃t] n. f. FIN **1.** Forme d'avance à court terme consistant dans le paiement, par l'escompteur, d'une traite avant l'échéance, moyennant la retenue d'une somme donnée (calculée suivant le taux d'escompte, qui varie en fonction des directives de la Banque du Canada). ▷ La somme retenue par l'escompteur. **2.** Prime accordée au débiteur qui paie avant l'échéance, ou à l'acheteur au comptant. – Ital. *sconto.*

escompter [ɛskɔ̃te] v. tr. [1] **1.** FIN Prélever l'escompte sur (une traite payée avant l'échéance). *Escompter un billet à ordre.* **2.** Fig., vx Jouir par avance de. ▷ Mod. Compter sur, s'attendre à (qqch). *Escompter la réussite à un examen.* – Ital. *scontare,* «décompter», de *contare,* «compter».

escompteur, euse [ɛskɔ̃tœʀ, øz] n. m. (et adj.) Celui qui fait l'escompte. ▷ Adj. *Un banquier escompteur.* – De *escompte.*

escopette [əskɔpɛt] n. f. Anc. Petite arme à feu portative, à bouche évasée. – Ital. *schioppetto,* de *schioppo,* «arme à feu».

escorte [ɛskɔʀt] n. f. **1.** Troupe armée qui accompagne (qqn, un convoi, etc.) pour assurer sa protection, exercer une surveillance. *Marcher sous bonne escorte.* **2.** Ensemble de bâtiments de guerre, d'avions de chasse accompagnant des navires, des avions pour assurer leur protection. **3.** Cortège, suite. *Escorte d'honneur. Faire escorte à qqn.* ▷ Fig. Série, suite de choses, d'événements qui accompagnent qqch. *La guerre et son escorte de deuils.* – Ital. *scorta,* «action de guider», de *scorgere,* «guider», lat. pop. **excorrigere,* de *corrigere,* «corriger».

escorter [ɛskɔʀte] v. tr. [1] Accompagner (qqn) pour le protéger, le surveiller ou lui faire honneur. *Escorter un prince, un prisonnier.* – De *escorte.*

escorteur [ɛskɔʀtœʀ] n. m. MAR Bâtiment de guerre spécialisé dans la protection des forces navales ou des convois, contre les attaques sous-marines ou aériennes. – De *escorter.*

escouade [ɛskwad] n. f. Anc. Fraction d'une compagnie ou d'un peloton. ▷ *Par ext.* Groupe (de quelques personnes). – De *escadre.*

escrime [ɛskʀim] n. f. Art du maniement du fleuret, de l'épée, du sabre. – Anc. ital. *scrima*, du provenç., a éliminé l'a. fr. *escremie*, du frq. **skirmjan*, «protéger».

escrimer (s') [ɛskʀime] v. pron. [11] S'évertuer, faire de grands efforts. *S'escrimer à faire qqch, sur qqch.* – De *escrime.*

escrimeur, euse [ɛskʀimœʀ, øz] n. Personne qui pratique l'escrime. – De *escrime.*

escroc [ɛskʀo] n. m. Filou, personne qui commet des escroqueries. – De l'ital. *scrocco.*

escroquer [ɛskʀɔke] v. tr. [1] Voler, soutirer (qqch à qqn) en usant de manœuvres frauduleuses, de fourberies. *Escroquer de l'argent à qqn.* ▷ Par ext. *Escroquer qqn.* – De l'ital. *scroccare*, «décrocher».

escroquerie [ɛskʀɔkʀi] n. f. Action d'escroquer; son résultat. ▷ DR Délit consistant à faire usage d'un faux nom, d'une fausse qualité ou à employer toute manœuvre frauduleuse pour se faire remettre indûment des valeurs, de l'argent, des objets mobiliers. – Par ext. *Escroquerie morale:* abus de confiance. – De *escroquer.*

escudo [ɛskydo] n. m. Unité monétaire du Portugal et du Chili. – Mot portug.

ésotérique [ezɔteʀik] adj. **1.** PHILO Se dit d'une doctrine, d'un enseignement réservé aux seuls initiés. – Ant. exotérique. **2.** Cour. Difficile à comprendre, obscur pour qui n'est pas initié. *Un poète, une poésie ésotérique.* – Gr. *esôterikos*, «de l'intérieur», de *esô*, «au-dedans».

ésotérisme [ezɔteʀism] n. m. Ensemble des principes rigoureux qui régissent la transmission d'une doctrine ésotérique ou de la partie ésotérique d'une doctrine. ▷ Cour. Caractère ésotérique, hermétique (d'une œuvre, d'une science, etc.). – De *ésotérique.*

1. espace [ɛspas] n. m. **I. 1.** Étendue indéfinie contenant, englobant tous les objets, toutes les étendues finies. *Le temps et l'espace.* **2.** Étendue dans laquelle se meuvent les astres. ▷ *Spécial.* Milieu extraterrestre. *Les cosmonautes sont restés plusieurs semaines dans l'espace. Science de l'espace, techniques de l'espace. Conquête de l'espace.* – *Espace lointain*, au-delà de la distance de la Terre à la Lune. **3.** MATH *Géométrie dans l'espace*, qui étudie les figures dans un espace à trois dimensions. ▷ *Espace à n dimensions*, dans lequel les coordonnées d'un point sont définies par n valeurs. *Espace vectoriel :* V. vectoriel et vecteur (encycl.). *Espace topologique:* V. topologie. **4.** PHYS *Espace-temps :* espace non euclidien à quatre dimensions, utilisé dans la théorie de la relativité générale d'Einstein pour tenir compte de la déformation de l'espace par les champs de gravitation. **II.** Surface, étendue limitée. **1.** Surface, volume, place déterminée. *Manquer d'espace. Occuper trop d'espace.* ▷ *Espace vital* (trad. de l'all. *Lebensraum*): territoire dont un État veut faire la conquête parce qu'il le juge nécessaire au développement économique et démographique de son peuple. ▷ *Espace aérien:* volume situé au-dessus d'un territoire, dans lequel la circulation des avions est réglementée. ▷ *Espace vert:* surface réservée aux parcs, aux jardins, dans une agglomération. **2.** Intervalle, distance entre deux points. **3.** TECH Distance parcourue par un point mobile. **III.** Intervalle de temps. *En l'espace d'une journée.* – Du lat. *spatium*, «champ de courses, arène, étendue, distance, temps, délai».

ENCYCL La conquête de l'espace a débuté par le lancement et la mise en orbite terrestre de satellites artificiels (*Spoutnik 1* le 4 octobre 1957) puis par l'envoi d'hommes dans des satellites capables de revenir sur Terre (Youri Gagarine dans *Vostok 1* le 12 avril 1961, John Glenn dans la capsule *Mercury* le 20 février 1962). La conquête de la Lune a commencé en 1968 par l'envoi de l'engin soviétique *Zond 5*, qui réalisa la première boucle Terre-Lune-Terre, et s'est poursuivie par le programme américain *Apollo*. (Le 21 juillet 1969 Neil Armstrong, suivi d'Edwin Aldrin, posait le pied sur la Lune.) Les programmes *Saliout* (soviétique) et *Skylab* (américain) permirent à partir de 1971 et de 1973 de mettre au point les techniques de travail dans l'espace et d'accouplement de vaisseaux spatiaux. La conquête de l'espace s'orienta alors dans deux directions: l'envoi, vers les planètes du système solaire, d'engins automatiques capables de prélever et d'analyser des échantillons du sol (mission *Viking* sur Mars, notam.); l'exploitation systématique de l'espace extra-atmosphérique grâce à des laboratoires spatiaux de grandes dimensions mis en orbite par des engins d'une nouvelle génération, les navettes spatiales, capables d'atterrir comme un avion et récupérables pour d'autres missions (programme *Spacelab*, qui permet à des spécialistes de diverses disciplines de procéder à des expériences: météorologie, métallurgie en apesanteur, études biologiques, détection des ressources terrestres, etc.). V. aussi satellite.

2. espace [ɛspas] n. f. TYPO Lamelle de métal servant à séparer deux mots (ou, plus rarement, deux caractères). *Une espace fine.* – De *espace* 1.

espacement [ɛspasmɑ̃] n. m. **1.** Action d'espacer. **2.** Intervalle entre deux points, deux moments. – De *espacer.*

espacer [ɛspase] v. tr. [14] **1.** Mettre, ménager une distance entre (des choses). *Espacer des arbres.* ▷ TYPO *Lettres espacées*, séparées par une (des) espace(s). **2.** Mettre un intervalle de temps entre (des actions). *Espacer ses visites.* ▷ V. pron. *Ses malaises s'espacent peu à peu.* – De *espace.*

espadon [ɛ(e)spadɔ̃] n. m. **1.** Vx Grande épée à large lame que l'on maniait à deux mains. **2.** Mod. Poisson téléostéen *(Xiphias gladius)* des mers tempérées et chaudes, atteignant 4 m, dont la mâchoire supérieure est pourvue d'un rostre en forme d'épée. – De l'ital. *spadone*, augmentatif de *spada*, «épée».

espadrille [ɛ(e)spadʀij] n. f. Chaussure à empeigne de grosse toile et à semelle de corde tressée. – Roussillonnais *espardillo*, de *spart*, «espèce de jonc».

espagnol, ole [ɛ(e)spaɲɔl] adj. et n. **1.** adj. De l'Espagne, d'Espagne. *Les vins espagnols. Guitare espagnole.* ▷ Subst. Citoyen, personne originaire de l'Espagne. **2.** n. m. Langue romane parlée en Espagne et dans de nombreux pays d'Amérique latine. – Lat. pop. *hispaniolus*, de *Hispanus*, «d'Hispanie», anc. nom de l'Espagne.

espagnolette [ɛ(e)spaɲɔlɛt] n. f. Ferrure à poignée tournante servant à fermer ou à ouvrir les châssis de fenêtre. – De *espagnol*, d'ap. l'orig. du dispositif.

espalier [ɛ(e)spalje] n. m. **1.** Mur, palissade le long desquels on plante des arbres fruitiers. ▷ *Par méton.* Rangée d'arbres fruitiers dont les branches sont palissées contre un mur ou un treillage. *La culture en espalier permet d'abriter les arbres contre les intempéries et d'obtenir des fruits plus beaux et plus savoureux.* **2.** SPORT Échelle fixée à un mur, dont les barreaux servent à exécuter des exercices. – De l'ital. *spalliera*, de *spalla*, «épaule», fig. «appui».

espar [ɛ(e)spaʀ] n. m. MAR Longue pièce de bois ou de métal du gréement d'un bateau (mât, bôme, tangon, etc.). – V. épar.

espèce [ɛ(e)spɛs] n. f. **I. 1.** BIOL Ensemble des individus offrant des caractères communs qui les différencient d'individus voisins classés dans le même genre, la même famille, etc. *Espèces d'oiseaux en voie de disparition. L'espèce humaine.* **2.** Cour. Sorte, qualité, catégorie. *Marchandises de toute espèce.* – *Il ne connaît que des gens de son espèce*, comme lui. *De même espèce*, proche, comparable. ▷ *Une espèce de... :* une personne, une chose difficile à décrire et que l'on assimile à une autre qui lui est comparable. *Ce n'est pas de la prose, mais une espèce de poème libre.* – Péjor., fam. (Précédant un terme d'injure ou marquant le mépris.) *Espèce d'imbécile! Elle a épousé une espèce d'artiste méconnu.* **3.** DR Cas particulier sur lequel il s'agit de statuer. ▷ *Cas d'espèce,* qui rend nécessaire une interprétation de la loi. – Cour. Cas spécial, à examiner à part. ▷ *En l'espèce :* en la circonstance, dans ce cas particulier. **II.** Plur. **1.** PHILO Dans les philosophies scolastiques, représentations intelligibles abstraites des images reçues par les sens. **2.** RELIG CATHOL Apparences du pain et du vin après la transsubstantiation. *Les saintes espèces.* **3.** Anc. Monnaies d'or et d'argent. *Payer en espèces sonnantes et trébuchantes,* avec de la monnaie métallique ayant le poids légal. ▷ Mod. *Payer en espèces,* en argent liquide (par oppos. à *par chèque, carte de crédit,* etc.). – Lat. *species,* «aspect, apparence», et au fig. «nature, catégorie».

ENCYCL **Biol.** – Pour définir l'espèce, on considère généralement comme critère la fécondité des hybrides: des individus de la même espèce mais appartenant à des variétés différentes donnent des hybrides qui sont féconds entre eux, alors qu'un croisement entre individus d'espèces différentes donne des hybrides stériles; par ex., le mulet, hybride issu d'un âne et d'une jument, est stérile. On désigne l'espèce par 2 noms (nomenclature binominale); par ex., *Panthera leo,* le lion, appartient au genre *Panthera* à l'intérieur duquel *leo* désigne l'espèce par rapport à *Panthera tigris,* le tigre. En botanique, *Solanum tuberosum* désigne la pomme de terre, *Solanum lycopersicum,* la tomate, etc. Au niveau cellulaire, une espèce est caractérisée par la possession d'un nombre rigoureusement constant de chromosomes, aux formes également constantes, qui constituent le *matériel génétique* de l'espèce, ou *génome.* On notera que: 1° diverses espèces très proches sont souvent confondues; 2° des variétés adaptées à des milieux différents sont tellement dissemblables qu'on a pu voir en elles des espèces distinctes. Bien souvent, seule la connaissance du génome permet de trancher les cas litigieux.

espérance [ɛ(e)speʀɑ̃s] n. f. **1.** Attente confiante d'un bien que l'on désire. *Dans le christianisme, l'espérance est l'une des trois vertus théologales.* ▷Loc. *Contre toute espérance:* alors qu'il n'y avait plus rien à espérer. ▷ *Par ext.* Personne, chose sur laquelle on fonde cette attente, cette confiance. *Ce garçon est l'espérance de sa famille.* ▷ *Avoir des espérances:* compter sur un héritage; fam., être enceinte. **2.** Probabilité établie par une statistique. *Au jeu de pile ou face, si je joue pile, mon espérance mathématique est de 0,5. Espérance de vie:* durée de vie moyenne des individus d'une population donnée. – De *espérer.*

espérantiste [ɛ(e)speʀɑ̃tist] adj. Qui concerne l'espéranto. ▷ Subst. Adepte de l'espéranto. – De *espéranto.*

espéranto [ɛ(e)speʀɑ̃to] n. m. Langue internationale conventionnelle, créée vers 1887 par le Polonais Zamenhof, au vocabulaire simplifié (formé à partir des racines communes aux langues les plus parlées en Europe) et à la grammaire réduite. – Du mot qui, dans cette langue, signifie «celui qui espère».

espérer [ɛ(e)speʀe] **I.** v. tr. [16] **1.** Vx ou dial. Attendre. *Venez, on vous espère.* ▷ Loc. Mod. *On ne vous espérait plus:* on ne vous attendait plus. 2. Compter sur, s'attendre à. *Espérer la victoire. J'espérais plus d'enthousiasme de sa part.* **3.** Aimer à penser, souhaiter. *J'espère que tu n'as rien de cassé.* **II.** v. intr. ou tr. indir. Avoir confiance en. *Espérer en Dieu.* – Lat. *sperare.*

espiègle [ɛ(e)spjɛgl] adj. et n. Malicieux sans méchanceté, vif et éveillé. *Un enfant espiègle.* ▷ Subst. *Une bande d'espiègles.* – De l'all. *Eulenspiegel,* personnage bouffon d'un roman. Traduit en fr. en 1559 sous le titre: «Histoire joyeuse et récréative de Till Ulespiègle, lequel par aucunes fallaces ne se laissa surprendre ni tromper».

espièglerie [ɛ(e)spjɛgləʀi] n. f. **1.** Caractère espiègle; malice. **2.** Action espiègle. – De *espiègle.*

espingole [ɛ(e)spɛ̃gɔl] n. f. Gros fusil court à bouche évasée, en usage au XVIe s. – De l'a. fr. *espringale,* «arbalète».

espion, ionne [ɛ(e)spjɔ̃, jɔn] n. **1.** Personne chargée de recueillir des renseignements sur une puissance étrangère. **2.** *Par anal.* n. m. Miroir incliné placé au-dehors d'une fenêtre, et permettant de surveiller la rue. – Ital. *spione,* de *spiare,* «épier».

espionnage [ɛ(e)spjɔnaʒ] n. m. Action d'espionner; métier d'espion. *Espionnage industriel,* exercé par une firme qui cherche à acquérir les secrets technologiques d'autres firmes. – De *espionner.*

espionner [ɛ(e)spjɔne] v. tr. [1] Épier autrui par intérêt ou par curiosité malveillante. *Espionner les ennemis. Espionner ses camarades.* – De *espion.*

espionnite [ɛ(e)spjɔnit] n. f. Obsession de l'espionnage, peur maladive des espions. – De *espion,* et *-ite* 1 (au fig.).

esplanade [ɛ(e)splanad] n. f. Espace uni et découvert devant un édifice important. *L'esplanade des Invalides à Paris.* – De l'ital. *spianata,* de *spianare,* «aplanir».

espoir [ɛ(e)spwaʀ] n. m. **1.** Fait d'espérer. *L'espoir fait vivre. Il part sans espoir de retour.* (En parlant d'un malade) *Il n'y a plus d'espoir:* il va mourir. **2.** Chose, personne en qui on espère. *Il est notre seul espoir.* – *Spécial.* Personne sur qui on fonde des espérances dans une discipline quelconque. *Un espoir du hockey.* – De *espérer.*

espressivo [ɛspʀɛsivo] adj. inv. et adv. MUS **1.** adj. Expressif. **2.** adv. Avec sentiment. – Mot ital..

esprit [ɛ(e)spʀi] n. m. **I. 1.** Substance incorporelle consciente d'elle-même. *Dieu est un pur esprit. Le Saint-Esprit.* ▷ *Esprit malin, esprit des ténèbres:* Satan. **2.** Litt. Âme. *Rendre l'esprit:* mourir. **3.** Être désincarné (lutin, revenant, etc.). *Croire aux esprits. Esprits frappeurs.* **4.** Souffle, inspiration divine. *Dieu répandit sur eux son esprit.* **II. 1.** Ensemble des facultés intellectuelles et psychiques. *Cultiver son esprit. Présence d'esprit. Simple d'esprit.* – Loc. *Perdre l'esprit:* devenir fou. ▷ *En esprit :* mentalement. ▷ Imagination, pensée. *Vue de l'esprit.* ▷ Attention. *Cela m'est sorti de l'esprit.* ▷ Personne, considérée en tant qu'être pensant. *Un bel esprit. Un esprit fort.* **2.** Manière de penser, de se comporter. *Avoir l'esprit large, étroit.* ▷ Disposition, aptitude intellectuelle. *Avoir l'esprit de suite, l'esprit d'à-propos.* **3.** Sens profond, intention. *La lettre et l'esprit:* la forme et le fond. *«L'Esprit des lois», de Montesquieu.* **4.** Finesse intellectuelle; humour. *Avoir de l'esprit. Faire de l'esprit.* ▷ *D'esprit:* spirituel, brillant. *Homme, femme d'esprit.* **III.** GRAM GR Signe graphique. *Esprit rude* (ʽ), placé sur une voyelle initiale pour marquer l'aspiration. *Esprit doux* (ʼ), marquant l'absence d'aspiration. **IV.** CHIM ANC Produit liquide volatil, et partic. alcool chargé de principes aromatiques ou médicamenteux. ▷ *Esprit-de-bois :* alcool méthylique dilué. ▷ *Esprit-de-sel :* acide chlorhydrique. ▷ *Esprit-de-vin :* alcool éthylique. – Du lat. *spiritus,* «souffle».

esquarre. V. escarre.

-esque. Suffixe, de l'ital. *-esco,* «à la manière de» (ex.: gigantesque, dantesque).

esquiche [ɛ(e)skiʃ] n. f. TECH Injection forcée de liquides ou de laitiers de ciment dans un sondage pétrolier. – De *esquicher.*

esquicher [ɛ(e)skiʃe] v. tr. [1] **1.** Dial. Presser, écraser (qqn). **2.** TECH Procéder à une esquiche. – Du provenc. mod. *esquicha*, «comprimer».

esquif [ɛ(e)skif] n. m. Litt. Embarcation légère. *Frêle esquif.* – Ital. *schifo.*

esquille [ɛ(e)skij] n. f. Petit fragment d'un os fracturé ou carié. – Lat. *schidia*, «copeau».

esquimau, aude [ɛskimo, od] **I.** adj. et n. **1.** Des autochtones habitant le Nord canadien et les autres terres arctiques (Alaska, Grœnland, Sibérie). *Villages esquimaux. Sculptures esquimaudes.* ▷ Subst. *Les Esquimaux.* V. inuit. – *La langue esquimaude* ou, subst., *l'esquimau.* V. inuktitut. «Quand des institutions de France enseignent le finlandais, le hongrois et le tamoul, qui ont une valeur culturelle indiscutable, il ne serait pas anormal que des universités québécoises aient des chaires d'esquimau, d'iroquois et de langues algiques, les héritiers de valeurs culturelles également indiscutables.» (Jacques Rousseau, «*L'avenir des Amérindiens*», 1968.) Rem. Var. anc.: *eskimau, eskimo.* **2.** *Chien esquimau:* chien de forte taille et à pelage fourni, originaire de l'Arctique où on l'utilise comme bête de trait. **II.** n. m. **1.** Ensemble d'hiver pour enfants, en forme de combinaison ou fait d'une veste à capuchon et d'un pantalon fuseau. Syn. (cour.) habit de neige. **2.** (France) Crème glacée enrobée de chocolat qu'on tient par un bâton, comme un suçon. – Mot algonquien.

esquimautage [ɛ(e)skimotaʒ] n. m. SPORT Mouvement par lequel on retourne un kayak sens dessus dessous et le redresse, lui faisant effectuer un tour complet. – De *esquimau.*

esquinter [ɛ(e)skɛ̃te] **I.** v. tr. [1] Fam. **1.** Abîmer, détériorer. *Esquinter du matériel.* – (Personnes) *Il est sorti très esquinté de la bagarre.* Syn. (pop.) amocher. **2.** Fig. Critiquer durement. *Esquinter un roman.* **II.** v. pron. S'éreinter, se surmener. *S'esquinter à travailler.* – Provenç. mod. *esquinta*, «déchirer»; lat. pop. *exquintare*, «couper en cinq».

esquire [ɛskwajəʀ] n. m. Mot employé par courtoisie, en Grande-Bretagne, dans la suscription des lettres à des hommes non titrés, après leur nom (équivalent de *monsieur;* abrév. *esq.*). – Mot angl., «écuyer».

esquisse [ɛ(e)skis] n. f. **1.** Ébauche d'un dessin et, par ext., d'une sculpture. *Tracer une esquisse.* Syn. Croquis, schéma. **2.** Fig. Plan sommaire, indication générale. *Esquisse d'un roman, d'un projet de loi.* Syn. canevas, projet. **3.** Fig. Amorce. *L'esquisse d'un geste.* – De l'ital. *schizzo*, probabl. du lat. *schedium*, «poème improvisé».

esquisser [ɛ(e)skise] v. tr. [1] **1.** Faire l'esquisse de. **2.** Fig. Commencer à faire. *Esquisser un geste.* – De l'ital. *schizzare.*

esquive [ɛ(e)skiv] n. f. SPORT Mouvement du corps pour esquiver un coup, dans les sports de combat. – Déverbal de *esquiver.*

esquiver [ɛ(e)skive] **I.** v. tr. [1] Éviter adroitement. *Esquiver un coup.* – Fig. *Esquiver une corvée.* **II.** v. pron. S'échapper discrètement. *Le coup fait, il s'esquiva.* – De l'ital. *schivare*, de *schivo*, «dédaigneux»; germ. *skiuh*, «farouche»; par l'a. fr. *eschiver.*

essai [esɛ] n. m. **1.** Série d'épreuves auxquelles on soumet qqch ou qqn. *Les essais mécaniques sur les matériaux servent à tester leur résistance à diverses contraintes. Banc d'essai. Pilote d'essai. Prendre, engager qqn à l'essai.* CINÉ Bout d'essai: essai filmé pour juger un acteur. **2.** Tentative. *Dans cette épreuve, les athlètes ont droit à trois essais.* **3.** Première production d'un auteur, d'un artiste. ▷ LITTÉR Ouvrage où un auteur traite un sujet sans prétendre l'épuiser. *Essai de morale. Les «Essais» de Montaigne.* **4.** CHIM Analyse sommaire d'un minéral pour déterminer ses composants. *Tube à essai.* **5.** SPORT Au football, action de porter le ballon derrière la ligne de but adverse. – Du lat. *exagium*, «pesée, essai».

essaim [esɛ̃] n. m. **1.** Colonie d'abeilles composée d'une reine, de mâles et de milliers d'ouvrières qui quittent la ruche mère surpeuplée pour fonder une nouvelle ruche. **2.** Fig. Troupe nombreuse. *Un essaim de jeunes gens et de jeunes filles.* – Du lat. *examen*, de *exigere*, «emmener hors de».

essaimage [esɛmaʒ] n. m. **1.** Action d'essaimer. **2.** Période où les abeilles essaiment. – De *essaimer.*

essaimer [eseme] v. intr. [1] **1.** Former un essaim. *Ruche qui va essaimer.* **2.** Fig. Émigrer en se dispersant. *Famille qui essaime.* – Multiplier les succursales, les filiales. *Entreprise qui essaime.* – De *essaim.*

essanger [esɑ̃ʒe] v. tr. [15] TECH *Essanger du linge*, le décrasser avant de le mettre à la lessive. – Du lat. pop. **exsaniare*, de *sanies*, «sanie».

essart [esaʀ] n. m. AGRIC Terre que l'on a défrichée pour la cultiver. – Du bas lat. *exsartum*, pp. de *exsarire*, «défricher».

essartage [esaʀtaʒ] ou **essartement** [esaʀtəmɑ̃] n. m. AGRIC Action d'essarter. – De *essarter.*

essarter [esaʀte] v. tr. [1] AGRIC Défricher en arrachant les arbres, les broussailles, etc. – De *essart.*

essayage [esɛjaʒ] n. m. Action d'essayer un vêtement. *Cabine d'essayage.* – De *essayer.*

essayer [eseje] **I.** v. tr. [24] **1.** Faire l'essai (d'une chose) pour vérifier si elle convient. *Essayer une voiture.* Syn. tester, expérimenter. *Essayer un vêtement*, le revêtir pour voir s'il va bien. – TECH *Essayer de l'or*, en examiner, en déterminer le titre. ▷ V. pron. *S'essayer à :* voir si l'on est capable de, s'exercer à. *S'essayer à faire des vers.* **2.** Tenter. *J'ai tout essayé pour le convaincre.* **II.** v. intr. *Essayer de :* s'efforcer de, tâcher de. *Essaie d'être aimable avec lui.* – Du lat. pop. **exagiare*, «peser».

essayeur, euse [esɛjœʀ, øz] n. **1.** Personne préposée aux essais des métaux précieux. **2.** Technicien chargé des essais industriels. **3.** Personne qui fait essayer un vêtement. – De *essayer.*

essayiste [ese(ɛ)jist] n. Auteur d'essais littéraires. – Angl. *essayist*, de *essay*, du fr. *essai.*

1. esse [ɛs] n. f. TECH Cheville de fer qui maintient la roue sur l'essieu. – Du frq. **hiltia*, «poignée d'épée».

2. esse [ɛs] n. f. **1.** TECH Crochet en forme de S. **2.** Ouverture en S de la table du violon, du violoncelle, etc. – De la lettre S.

essence [esɑ̃s] n. f. **I.** PHILO **1.** Ce qui constitue le fond d'une substance, sans tenir compte des modifications superficielles (accidents) pouvant l'affecter. **2.** La nature d'un être (par oppos. à l'*existence*, le fait d'être). ▷ *Par essence :* par nature. **II.** Espèce, pour les arbres. *Une forêt aux essences variées.* **III.** **1.** Composé liquide volatil et odorant extrait d'une plante. *Essence de rose.* **2.** *Essence minérale* ou *essence de pétrole* ou par abrév. *essence :* mélange d'hydrocarbures provenant de la distillation et du raffinage du pétrole, employé comme carburant, comme solvant ou pour divers usages industriels. *Pompe à essence.* – Lat. *essentia.*

essénien, ienne [esenjɛ̃, jɛn] adj. et n. Relatif à une secte juive du temps du Christ, dont les membres, au nombre de quelques milliers, menaient une vie ascétique de type monacal. *Textes esséniens.* ▷ Subst. Membre de cette secte. *C'est aux esséniens que l'on attribue aujourd'hui avec certitude les manuscrits de la mer Morte. Les esséniens, les pharisiens et les saducéens.* – Du lat. impérial *Esseni*, du gr. *Essenoi*, probabl. de l'araméen *hase, hasen*, «pieux».

essentialisme [esɑ̃sjalism] n. m. Doctrine philosophique qui privilégie l'essence (et non l'existence, comme le fait l'existentialisme). – Du lat. *essentialis.*

essentiel, ielle [esɑ̃sjɛl] adj. et n. m. **1.** PHILO Qui appartient à l'essence d'un être, d'une chose. *La raison est essentielle à l'être humain.* Syn. intrinsèque. **2.** Nécessaire, très important. *Il est essentiel que vous me compreniez.* Syn. capital, fondamental, primordial. ▷ N. m. La chose principale, le point capital. *L'essentiel est que nous nous entendions.* **3.** MED Syn. de *idiopathique.* **4.** CHIM *Huile essentielle :* essence. – Bas lat. *essentialis.*

essentiellement [esɑ̃sjɛlmɑ̃] adv. **1.** Par essence. **2.** Principalement, absolument. *Une culture essentiellement livresque.* – De *essentiel.*

esseulé, ée [esœle] adj. Délaissé, abandonné. – De *é-*, et *seul.*

essieu [esjø] n. m. Pièce transversale d'un véhicule, axe portant une roue à chaque extrémité. – Du lat. pop. *axilis,* class. *axis;* a. fr. *aissil.*

essor [esɔʀ] n. m. **1.** Action de s'envoler. *L'oiseau prend son essor.* – Fig. *Jeune homme qui prend son essor. Libre essor.* Syn. envol, élan. **2.** Fig. Développement, progrès, extension. *Une entreprise en plein essor.* – Déverbal de *essorer* (sens 2).

essorage [esɔʀaʒ] n. m. Action d'essorer. – De *essorer.*

essorer [esɔʀe] **1.** v. tr. [1] Débarrasser de son eau par torsion, compression, centrifugation, etc. *Essorer du linge.* **2.** Rare v. pron. Prendre son essor, en parlant d'un oiseau. – Du lat. pop. **exaurare,* de *aura,* «vent, air».

essoreuse [esɔʀøz] n. f. Machine à essorer. *Essoreuse centrifuge.* – De *essorer.*

essorillement [esɔʀijmɑ̃] n. m. Action d'essoriller. – De *essoriller.*

essoriller [esɔʀije] v. tr. [1] Couper les oreilles de. *Essoriller un chien.* – De *es-*, et *oreille.*

essouchement [esuʃmɑ̃] n. m. Action d'essoucher. – De *essoucher.*

essoucher [esuʃe] v. tr. [1] Arracher les souches d'arbres abattus (d'un terrain). – De *é-*, et *souche.*

essoufflement [esufləmɑ̃] n. m. État de celui qui est essoufflé. – De *essouffler.*

essouffler [esufle] v. tr. [1] **1.** Mettre hors d'haleine, à bout de souffle. *Cette course m'a essoufflé.* ▷ V. pron. *S'essouffler à courir.* **2.** v. pron. Fig. Peiner, avoir du mal à suivre un certain rythme. *Après avoir eu quelque succès, cet humoriste s'essouffle.* – De *é-*, et *souffle.*

essuie-glace [esɥiglas] n. m. Appareil servant à balayer mécaniquement les gouttes de pluie ou la neige sur le pare-brise d'un véhicule. *Des essuie-glaces* ou *des essuie-glace.* – De *essuyer,* et *glace.*

essuie-main ou **essuie-mains** [esɥimɛ̃] n. m. Linge servant à s'essuyer les mains. *Des essuie-main* ou *des essuie-mains.* – De *essuyer,* et *main.*

essuie-pied ou **essuie-pieds** [esɥipje] n. m. Paillasson servant à essuyer la semelle de ses souliers. *Des essuie-pied* ou *des essuie-pieds.* – De *essuyer,* et *pied.*

essuie-tout [esyitu] n. m. inv. Papier résistant et absorbant, à usage domestique, présenté en rouleaux le plus souvent. – Appos. *Papier essuie-tout.* – De *essuyer,* et *tout.*

essuyage [esɥijaʒ] n. m. Action d'essuyer. – De *essuyer.*

essuyer [esɥije] v. tr. [25] **1.** Sécher ou nettoyer en frottant avec un linge sec. *Essuyer la vaisselle, les meubles.* **2.** Fig. Supporter, subir. *Essuyer un échec, un affront.* ▷ Loc. fig. fam. *Essuyer les plâtres:* être le premier à supporter les conséquences fâcheuses d'une situation. – Du bas lat. *exsucare,* «exprimer le suc».

est [ɛst] n. m. **1.** Un des quatre points cardinaux, situé au soleil levant. **2.** Région située vers l'orient, par rapport à un lieu donné. *À l'est de Québec.* ▷ *L'Est:* la région de l'est de l'Europe. *Les pays de l'Est.* – Angl. *east.*

establishment [establiʃmənt] n. m. Anglicisme Ensemble de ceux qui détiennent le pouvoir, l'autorité dans la société et qui ont intérêt au maintien de l'ordre établi. – Mot. angl.

estacade [ɛ(e)stakad] n. f. **1.** Ouvrage constitué d'un tablier supporté par des pilotis, servant de brise-lames ou d'appontement. **2.** MINES Engin servant à charger les berlines. – De l'ital. *steccata,* de *stecca,* «pieu».

estafette [ɛ(e)stafɛt] n. f. Militaire porteur de dépêches. *Estafette motocycliste.* – Ital. *staffetta,* dimin. de *staffa,* «étrier».

estafier [ɛ(e)stafje] n. m. Litt., péjor. Garde du corps, spadassin. – De l'ital. *staffiere,* «valet d'armes», de *staffa,* «étrier».

estafilade [ɛ(e)stafilad] n. f. Grande coupure faite avec un instrument tranchant. *Estafilade au visage.* – De l'ital. *staffilata,* «coup de fouet, d'étrivière», de *staffa,* «étrier».

est-allemand, ande [ɛstalmɑ̃, ɑ̃d] adj. et n. De l'Allemagne de l'Est. – Calque de l'angl. *East-German.*

estaminet [ɛ(e)staminɛ] n. m. Petit café populaire. – Wallon *staminê,* «salle à poteaux», probabl. de *stamon,* «poteau».

estampage [ɛ(e)stɑ̃paʒ] n. m. Action d'estamper; résultat de cette action. – De *estamper.*

1. estampe [ɛ(e)stɑ̃p] n. f. **1.** Pièce servant à produire une empreinte. **2.** Machine, outil servant à estamper. – De *estamper.*

2. estampe [ɛ(e)stɑ̃p] n. f. **1.** Image imprimée au moyen d'une planche gravée de bois, de cuivre ou de pierre calcaire. *Collection d'estampes. Cabinet des Estampes de la Bibliothèque nationale de Paris.* – Ital. *stampa.*

estamper [ɛ(e)stɑ̃pe] v. tr. [1] **1.** TECH Façonner (une matière, une surface) à l'aide de presses, de matrices et de moules. **2.** Fig., pop. Soutirer de l'argent, faire payer trop cher à (qqn). *Commerçant qui estampe ses clients.* – Ital. *stampare,* frq. **stampôn,* «piler, broyer».

estampeur, euse [ɛ(e)stɑ̃pœʀ, øz] n. **1.** TECH Spécialiste de l'estampage. **2.** Fig., fam. Personne qui estampe, commerçant malhonnête. – De *estamper.*

estampillage [ɛ(e)stɑ̃pijaʒ] n. m. Action d'estampiller. – De *estampiller.*

estampille [ɛ(e)stɑ̃pij] n. f. **1.** Marque attestant l'authenticité d'une marchandise, d'une œuvre d'art, d'un brevet, etc., ou constatant l'acquittement d'un droit fiscal. *Estampille à la production.* **2.** Instrument servant à faire cette marque. – Esp. *estampilla,* de *estampa,* «empreinte».

estampiller [ɛ(e)stɑ̃pije] v. tr. [1] TECH Marquer d'une estampille. – De *estampille.*

este [ɛst] adj. et n. Syn. de *estonien.* – Mot estonien.

1. ester [ɛ(e)ste] v. intr. [1] DR *Ester en justice:* poursuivre une action en justice comme demandeur ou comme défenseur. – Du lat. jur. *stare,* du lat. class., «se tenir debout».

2. ester [ɛ(e)stɛʀ] n. m. CHIM Composé résultant de l'action d'un acide carboxylique sur un alcool ou un phénol avec élimination d'eau. *Les esters sont utilisés comme solvants ou comme matières premières dans l'industrie des parfums et des produits pharmaceutiques.* – Mot all. créé par le médecin et chimiste allemand Gmelin, de *éther.*

estérase [ɛ(e)steʀɑz] n. f. BIOCHIM Enzyme qui hydrolyse les fonctions ester. – De *ester* 2, et *-ase.*

estérification [ɛ(e)steʀifikasjɔ̃] n. f. CHIM Conversion d'un alcool ou d'un phénol en ester par l'action d'un acide carboxylique. – De *estérifier.*

estérifier [ɛ(e)steʀifje] v. tr. [1] CHIM Transformer en ester. – De *ester* 2, et *-fier.*

esterlin [ɛ(e)stɛʀlɛ̃] n. m. Ancienne monnaie d'origine anglaise employée en France aux XIIe et XIIIe s. – De l'angl. *sterling.*

esthési-, -esthésie. Éléments, du gr. *aisthêsis,* «sensibilité, sensation».

esthète [ɛstɛt] n. et adj. **1.** Personne qui sent et goûte la beauté, l'art. *Juger d'une œuvre en esthète.* **2.** Péjor. Personne qui, affichant des prétentions esthétiques, place la beauté formelle au-dessus de toutes les autres valeurs. **3.** Adj. *Il est très esthète.* – De *esthétique,* d'ap. le gr. *aisthêtês,* «celui qui sent».

esthéticien, ienne [ɛ(e)stetisjɛ̃, jɛn] n. **1.** Personne qui s'occupe d'esthétique. **2.** Personne spécialiste des soins de beauté. – De *esthétique.*

esthétique [ɛ(e)stetik] adj. et n. **I.** adj. **1.** Relatif au sentiment du beau. **2.** Conforme au sens du beau. *Ce monument n'est guère esthétique.* ▷ *Chirurgie esthétique,* qui vise à embellir, à remodeler les formes du corps, les traits du visage. **II.** n. f. **1.** Science, théorie du beau. *L'esthétique de Hegel.* **2.** Caractère esthétique d'un être, d'une chose. *L'esthétique d'un monument.* Syn. beauté, harmonie. – *Esthétique industrielle:* design. – Lat. mod. *æsthetica,* gr. *aisthêtikos,* de *aisthanesthai,* «sentir».

esthétiquement [ɛ(e)stetikmɑ̃] adv. D'une manière esthétique. – De *esthétique.*

esthétisme [ɛ(e)stetism] n. m. Attitude, doctrine des esthètes. – De *esthète.*

estimable [ɛ(e)stimabl] adj. Digne d'estime. – De *estimer.*

estimatif, ive [ɛ(e)stimatif, iv] adj. Qui a pour objet une estimation. *Devis estimatif.* – De *estimer.*

estimation [ɛ(e)stimasjɔ̃] n. f. **1.** Évaluation exacte. *Estimation d'expert.* **2.** Ordre de grandeur, approximation. *Ne vous fiez pas à ce chiffre, ce n'est qu'une estimation.* – Lat. *æstimatio,* «évaluation».

estimatoire [ɛ(e)stimatwaʀ] adj. Relatif à l'estimation. – Bas lat. jurid. *æstimatorius.*

estime [ɛ(e)stim] n. f. **1.** Vx Évaluation. – Mod. *À l'estime,* au jugé. ▷ *Navigation à l'estime,* prenant en compte, pour déterminer la position d'un navire ou d'un avion, l'heure, la route suivie et la vitesse. **2.** Opinion favorable, cas que l'on fait de qqn ou de qqch. *Digne d'estime. Tenir qqn en grande estime.* Syn. considération, respect. ▷ Loc. *Succès d'estime,* bien accueilli par la critique, dont la qualité est reconnue, mais qui n'a pas les faveurs du public. – Déverbal de *estimer.*

estimer [ɛ(e)stime] v. tr. [1] **I. 1.** Déterminer la valeur exacte de. *Estimer un bijou.* Syn. apprécier, évaluer. **2.** Calculer approximativement. *Les dégâts sont estimés à plusieurs millions de dollars.* **3.** Juger, considérer. *Estimer une place imprenable. J'estime que tu devais le savoir.* ▷ V. pron. *Estimez-vous heureux de n'être que blessé.* **II.** Tenir en considération, faire cas de. *Son patron l'estime beaucoup.* Syn. apprécier. – Lat. *æstimare;* remplace l'a. fr. *esmer,* pour éviter l'homonymie avec *aimer.*

estivage [ɛ(e)stivaʒ] n. m. Action, fait d'estiver. – De *estiver.*

estival, ale, aux [ɛ(e)stival, o] adj. D'été. *Station estivale. Des tenues estivales.* Ant. hivernal. – Bas lat. *æstivalis,* de *æstivus.*

estivant, ante [ɛ(e)stivɑ̃, ɑ̃t] n. Personne qui passe l'été en villégiature. – Ppr. subst. de *estiver.*

estivation [ɛ(e)stivasjɔ̃] n. f. **1.** BOT Syn. de *préfloraison.* **2.** ZOOL Engourdissement de certains poïkilothermes (serpents, sauriens, etc.) durant les journées très chaudes. – De *estiver.*

1. estive [ɛ(e)stiv] n. f. MAR Compression de certaines marchandises en vrac, qui permet de réduire le volume occupé par la cargaison. ▷ *Mise en estive:* répartition du poids de la cargaison de part et d'autre de l'axe longitudinal d'un navire. – Du lat. *stipare,* «comprimer».

2. estive [ɛ(e)stiv] n. f. Pâturage d'été; période de l'estivage. – De *estiver.*

estiver [ɛ(e)stive] **1.** v. tr. [1] Mettre (des animaux) dans les pâturages pendant l'été. **2.** Rare v. intr. Séjourner en été dans un endroit. – Provenç. *estivar,* lat. *æstivare,* «passer l'été».

estoc [ɛ(e)stɔk] n. m. Anc. Épée longue, étroite et très pointue. ▷ Mod. *Frapper d'estoc et de taille,* de la pointe et du tranchant. – De l'anc. v. *estochier.* V. estoquer.

estocade [ɛ(e)stɔkad] n. f. Coup donné avec la pointe de l'épée. ▷ *Spécial.* Coup de pointe par lequel le matador tue le taureau. *Donner, porter l'estocade.* – Fig. Attaque imprévue et décisive. – De l'ital. *stoccata.*

estomac [ɛ(e)stɔma] n. m. **1.** Segment dilaté du tube digestif reliant l'œsophage au duodénum. ▷ Loc. fam. *Avoir l'estomac creux, dans les talons:* avoir très faim. **2.** Partie extérieure du corps correspondant à l'emplacement de l'estomac. *Recevoir un coup à l'estomac.* **3.** Fig., fam. Courage, cran, hardiesse. *Avoir de l'estomac.* – Lat. *stomachus,* gr. *stomachos.*
ENCYCL Chez l'homme, l'estomac occupe, dans la région cœliaque, un espace compris entre le diaphragme en haut, le côlon en bas. Le foie vient s'appliquer sur sa face antérieure. Ses deux faces, antérieure et postérieure, sont séparées par les courbures: en dedans la petite, en dehors la grande. Il se remplit en haut par le cardia, qui communique avec l'œsophage, et en bas il s'évacue dans le duodénum par le pylore. Il possède plusieurs fonctions: réservoir, digestion, absorption (minime). Les principales maladies qui touchent l'estomac sont: l'ulcère, la gastrite, le cancer. Chez les invertébrés, l'estomac peut être un simple élargissement du tube digestif ou, au contraire, une poche comportant un système compliqué de pièces sclérifiées qui broient les aliments (moulinet gastrique des crabes). Chez les oiseaux, l'absence de dents est compensée par l'existence d'un jabot où se ramollissent les aliments; ensuite, un ventricule succenturié, qui sécrète des enzymes digestives, est lui-même accolé au gésier, très musculeux et empli de graviers, avalés par l'animal, qui aident au broyage des aliments. L'estomac des herbivores est toujours très volumineux; en effet, la digestion difficile de la cellulose est un phénomène lent et peu «rentable»; chez les ruminants (la vache, par ex.), il est divisé en 4 poches: la panse, où l'herbe fermente sous des actions bactériennes avant d'être remastiquée; le bonnet; le feuillet; la caillette qui, sécrétant des enzymes, correspond à l'estomac de l'homme.

estomaquer [ɛ(e)stɔmake] v. tr. [1] Fam. Frapper, saisir d'étonnement. – Du lat. *stomachari,* «s'irriter».

estompe [ɛ(e)stɔ̃p] n. f. **1.** Petit rouleau pointu de peau, de papier, etc., servant à étendre le pastel ou le crayon sur un dessin. *Passer un dessin à l'estompe.*

2. *Par ext.* Dessin fait à l'estompe. – Néerl. *stomp*, «bout».

estomper [ɛ(e)stɔ̃pe] v. tr. [1] **1.** Passer à l'estompe, ombrer. **2.** *Par anal.* Voiler, rendre flou. *L'ombre estompait les cimes.* – Fig. Atténuer, adoucir. *Estomper un récit.* ▷ V. pron. *Ses souvenirs s'estompaient.* – De *estompe.*

estonien, ienne [ɛstɔnjɛ̃, jɛn] adj. et n. De l'Estonie. ▷ *L'estonien:* langue finno-ougrienne parlée en Estonie. – Du n. de l'*Estonie,* rép. fédérée de l'U.R.S.S., sur la Baltique.

estoquer [ɛ(e)stɔke] v. tr. [1] **1.** Porter à (qqn) un coup avec la pointe de l'épée. **2.** Porter l'estocade (au taureau). – Du moyen néerl. *stoken,* «piquer»; a. fr. *estochier.*

estouffade [ɛ(e)stufad] ou **étouffade** [etufad] n. f. Mets cuit en récipient clos, à feu doux, sans adjonction de liquide. – De l'ital. *stufata,* «étuvée».

estourbir [ɛ(e)stuʀbiʀ] v. tr. [2] Fam. Étourdir, assommer. – Probabl. de l'all. dial. *storb,* «mort».

estrade [ɛ(e)stʀad] n. f. Plancher légèrement surélevé par rapport au niveau du sol. *Trône placé sur une estrade.* – Esp. *estrado,* du lat. *stratum,* de *sternere,* «étendre».

estradiot [ɛ(e)stʀadjo], **stradiot** [stʀadjo] ou **stradiote** [stʀadjɔt] n. m. HIST Soldat de cavalerie légère, originaire d'Albanie ou de Grèce. – Ital. *stradiotto,* du gr. *stratiôtês,* «soldat».

estragon [ɛ(e)stʀagɔ̃] n. m. Armoise *(Artemisia dracunculus)* dont on utilise les feuilles comme condiment. *Sauce à l'estragon.* – Du lat. des botanistes *tarchon,* de l'ar. *tarkhoun,* gr. *dracontion,* «serpentaire».

estramaçon [ɛ(e)stʀamasɔ̃] n. m. Anc. Épée large à deux tranchants. – Ital. *stramazzone,* du v. *stramazzare,* «renverser violemment».

estran [ɛ(e)stʀɑ̃] n. m. Espace littoral compris entre le niveau de la haute mer et celui de la basse mer. – Mot normand.

estrapade [ɛ(e)stʀapad] n. f. HIST Supplice qui consistait à hisser le patient à l'aide d'une corde à une certaine hauteur, puis à le laisser retomber. *Donner l'estrapade.* – Lieu et instrument de ce supplice. – De l'ital. *strappata,* de *strappare,* «arracher», du gotique *strappan,* «atteler».

estropier [ɛ(e)stʀɔpje] v. tr. [1] **1.** Faire perdre l'usage d'un membre à. ▷ V. pron. *Elle s'est estropiée.* **2.** Fig. Altérer, déformer. *Estropier un mot.* – Ital. *stroppiare.*

estuaire [ɛ(e)stɥɛʀ] n. m. Embouchure d'un fleuve, formant un golfe profond et étroit. – Lat *æstuarium.*

estudiantin, ine [ɛ(e)stydjɑ̃tɛ̃, in] adj. Des étudiants. – Esp. *estudiantino,* de *estudiante,* «étudiant».

esturgeon [ɛ(e)styʀʒɔ̃] n. m. Poisson chondrostéen (genre *Acipenser*), parfois long de 8 m, qui vit quelque temps en mer et va pondre dans les grands fleuves. *Les œufs d'esturgeon (trois à quatre millions par femelle), conservés dans de la saumure, constituent le caviar.* – Frq. *sturjo.*

et [e] conj. **1.** Conjonction de coordination liant des parties du discours de même nature. *Bon et beau. Soixante et un. Vous avez tort et vous le regretterez.* ▷ Marque l'opposition. *«Je plie et ne romps pas»* (La Fontaine). **2.** Conjonction de coordination liant des parties du discours de nature différente. *Un garçon courageux et qui ne se vante pas de l'être.* **3.** Dans une énumération, pour insister. *Et le riche et le pauvre, et le fort et le faible.* **4.** Conjonction à valeur emphatique, en début de phrase. *Et tous de rire! Et le voici qui dit...* – Lat. *et.*

êta [ɛta] n. m. Septième lettre (η ; H) de l'alphabet grec.

étable [etabl] n. f. Lieu couvert où l'on abrite les bœufs, les vaches. – Du lat. pop. **stabula,* n. f. pl., de *stabulum,* «lieu où l'on habite».

1. établi [etabli] n. m. Table robuste, en général sur quatre pieds, qui sert de plan de travail dans divers métiers manuels. *Établi d'ébéniste, de mécanicien.* – Pp. subst. de *établir.*

2. établi, ie [etabli] adj. Fixé, instauré. *Des usages établis.* ▷ *Par ext.* En place. *L'ordre établi. Le gouvernement établi.* – Pp. de *établir.*

établir [etabliʀ] **I.** v. tr. [2] **1.** Placer de manière stable en un endroit choisi. *Établir les fondements d'un édifice. Établir sa résidence à Paris.* **2.** Instituer. *Établir un gouvernement. Établir des règlements.* **3.** Donner une condition stable, un emploi à (qqn). *Établir ses enfants.* – Vieilli *Établir une fille,* la marier. **4.** Prouver, démontrer. *Établir la réalité d'un fait. Il est établi que...* **II.** v. pron. **1.** S'installer. *Il va s'établir en province.* **2.** Commencer à exercer (tel métier). *S'établir antiquaire.* **3.** (Avec un sujet de personne et un attribut.) Se donner la fonction de. *Il s'est établi censeur de la vertu d'autrui.* **4.** (Avec un sujet de chose.) Être fondé, s'instaurer. *Des relations s'établissent entre ces deux pays.* – Lat. *stabilire,* de *stabilis,* «stable».

établissement [etablismɑ̃] n. m. **1.** Action d'établir, de fonder. *Établissement d'une voie ferrée. Établissement de la monarchie.* **2.** Vieilli Action de procurer une position à (qqn). *L'établissement d'une fille,* son mariage. – Mod. *Droit d'établissement :* droit de fonder une entreprise, un commerce, ou de commencer à exercer une profession libérale. *Le droit d'établissement est progressivement accordé, au sein de la Communauté économique européenne, à tous les ressortissants des pays membres de la Communauté.* **3.** Le fait d'établir, d'instaurer, de mettre en place (qqch d'abstrait). *Travailler à l'établissement de relations entre deux pays.* **4.** Installation établie pour l'exercice d'un commerce, d'une industrie, pour l'enseignement, etc. *Établissement de bains. Établissement scolaire.* **5.** Plur. HIST Comptoir colonial. *Les établissements français de l'Inde.* **6.** DR *Établissement public :* organisme institué pour assurer certains services. – De *établir.*

étage [etaʒ] n. m. **1.** Division formée par les planchers dans la hauteur d'un édifice. *Maison de six étages. Habiter au premier étage.* **2.** Chacun des niveaux successifs, dans une disposition selon des plans superposés. *Jardin en étages. Coiffure à étages.* ▷ Loc. *De bas étage:* peu recommandable, médiocre. **3.** BOT Zone de végétation définie par une association d'espèces dont les aires de répartition sont comprises entre deux altitudes caractéristiques. *Étage du chêne vert, du mélèze.* **4.** GEOL Subdivision d'une période géologique correspondant à des terrains contenant divers fossiles caractéristiques. **5.** ELECTRON Ensemble de composants ayant une fonction déterminée ou fonctionnant dans un domaine de fréquences donné. *Étage amplificateur. Étage basse fréquence.* **6.** TECH Partie d'un moteur correspondant à un niveau d'énergie donné. *Étage basse pression d'une turbine.* **7.** MINES Niveau à l'intérieur duquel s'effectue l'extraction. – D'abord *estage,* «demeure, résidence», du lat. *statio,* «station».

étagement [etaʒmɑ̃] n. m. Disposition par étages. – De *étager.*

étager [etaʒe] **1.** v. tr. [15] Disposer par étages. *Étager des maisons sur une pente. Étager des objets dans une vitrine.* **2.** v. pron. Être disposé en étages. – De *étage.*

étagère [etaʒɛʀ] n. f. **1.** Planche, tablette. **2.** Meuble à tablettes superposées. *Disposer des livres et des bibelots sur une étagère.* – De *étage.*

1. étai [etɛ] n. m. **1.** CONSTR Pièce servant à soutenir un mur, un plancher. **2.** Fig. Soutien. – Du frq. **staka,* «soutien».

2. étai [etɛ] n. m. MAR Hauban ridé entre la tête de mât et l'avant du bateau. – De l'anc. angl. *staeg,* angl. *stay,* avec infl. d'*étai* 1.

étaiement. V. étayage.

étain [etɛ̃] n. m. **1.** Élément de numéro atomique Z = 50 et de masse atomique 118,69 (symbole Sn), métal fusible, composant du bronze. **2.** Objet en étain. *Collectionner les étains anciens.* – Du lat. *stagnum,* altér. de *stannum,* p.-ê. orig. gaul.

ENCYCL L'étain est un métal blanc très malléable, de densité 7,28. Il fond à 232 °C et bout vers 2 250 °C. On l'obtient par grillage de la cassitérite. Sa bonne résistance aux agents atmosphériques le fait utiliser comme revêtement de l'acier et du cuivre (étamage des boîtes de conserve). Sa grande malléabilité permet de réaliser des feuilles d'emballage. Les alliages de l'étain (bronzes, alliages antifriction, alliages pour soudures et pour la fabrication des ustensiles de cuisine et de caractères d'imprimerie) sont très utilisés.

étal, als ou **aux** [etal, o] n. m. **1.** Table servant à débiter, de la viande de boucherie. *Étal de boucherie.* **2.** Table servant à exposer des marchandises dans un marché. *Fromages disposés sur des étals* (ce pluriel est plus souvent usité que *étaux*). – Frq. **stal,* «position, demeure, écurie».

étalage [etalaʒ] n. m. **1.** Exposition de marchandises à vendre. **2.** Lieu où sont exposées ces marchandises; ensemble de marchandises exposées. **3.** *Faire étalage de:* montrer avec ostentation. *Faire étalage de son esprit, de sa vertu, de richesses.* **4.** METALL Au pl. Partie du haut fourneau, située entre le ventre et le creuset, en forme de tronc de cône évasé vers le haut. – De *étaler* 1.

étalagiste [etalaʒist] n. Personne qui dispose les marchandises dans les vitrines. – De *étalage.*

étale [etal] adj. et n. m. **1.** adj. Dont le niveau est stationnaire. *Mer étale. Vent étale,* modéré et continu. *Navire étale,* immobile. **2.** n. m. Moment où la mer est stationnaire, entre le flot et le jusant ou entre le jusant et le flot. – De *étaler* 1.

étalement [etalmɑ̃] n. m. **1.** Action d'étaler qqch sur une surface. **2.** Action d'étaler qqch dans le temps; son résultat. *L'étalement des vacances.* – De *étaler* 1.

1. étaler [etale] **I.** v. tr. [1] **1.** Exposer des marchandises, des denrées à vendre. *Étaler des soieries.* **2.** Étendre, déployer. *Étaler une carte routière. Étaler son jeu :* montrer toutes ses cartes, et, fig., ne rien cacher de ses projets. **3.** Étendre. *Étaler de la peinture sur une toile.* **4.** Fam. Projeter à terre. *Il l'a étalé d'une bourrade.* **5.** Péjor. Montrer avec ostentation. *Étaler ses charmes.* **6.** Répartir (dans le temps). *Étaler les vacances annuelles.* **II.** v. pron. **1.** S'étendre. *Le village s'étale sur la colline.* ▷ Fam. En parlant de qqn, s'avachir. *Il s'étalait sur le sofa.* **2.** Se montrer avec ostentation. *Sa vanité s'étale.* **3.** Fam. Tomber de tout son long. *S'étaler dans la boue.* **4.** Se répartir (dans le temps). *Ses vacances s'étalent sur plusieurs semaines.* – De l'a. fr. *estal,* «position»; d'abord *estaler,* «donner une place à».

2. étaler [etale] v. tr. [1] MAR *Étaler le vent, le courant :* parvenir à faire route malgré le vent, le courant. – De *étale,* adj.

étaleuse [etaløz] n. f. TECH Machine qui dispose en nappes la laine, le coton. – De *étaler* 1.

étalier [etalje] n. m. Vieilli Celui qui tient un étal de boucherie. – De *étal.*

étalinguer [etalɛ̃ge] v. tr. [1] MAR Amarrer au moyen d'une étalingure. – Du néerl. *stag-lijn,* «ligne d'étai».

étalingure [etalɛ̃gyʀ] n. f. MAR Amarrage fait au moyen d'une ligne légère, de manière à pouvoir être rapidement coupé, qui sert généralement à assurer la chaîne d'ancre au fond du puits. – De *étalinguer.*

1. étalon [etalɔ̃] n. m. Cheval entier destiné à la reproduction. – Du frq. **stallo,* «cheval entier», de **stal,* «demeure, écurie».

2. étalon [etalɔ̃] n. m. **1.** Objet, appareil qui matérialise une unité de mesure légale, ou qui permet de la définir. – Appos. *Mètre-étalon.* **2.** ECON Métal qui fonde la valeur d'une unité monétaire. *Étalon-or.* – Du frq. **stalo,* «modèle, échantillon».

étalonnage [etalɔnaʒ] n. m. **1.** Vérification de la conformité des indications d'un appareil de mesure à celle de l'étalon. **2.** Opération qui consiste à graduer un instrument conformément à l'étalon. – De *étalonner.*

étalonner [etalɔne] v. tr. [1] Procéder à l'étalonnage de (un instrument). – De *étalon* 2.

étamage [etamaʒ] n. m. TECH Action d'étamer; son résultat. – De *étamer.*

étambot [etɑ̃bo] n. m. MAR Forte pièce de la charpente du navire reliée à la quille, et qui supporte le gouvernail. – Du scand. **stafnbord,* «planche de l'étrave».

étambrai [etɑ̃bʀɛ] n. m. MAR Ouverture dans le pont d'un navire, servant de passage à un mât. – P.-ê. de l'angl. *timber,* «bois de charpente».

étamer [etame] v. tr. [1] TECH Revêtir d'étain (un métal). ▷ Revêtir de tain la face arrière d'une glace. – De l'a. fr. *estamer,* de *estaim* «étain».

étameur [etamœʀ] n. m. TECH Ouvrier qui étame. – De *étamer.*

1. étamine [etamin] n. f. **1.** Étoffe mince non croisée. *Étamine de soie.* **2.** Tissu peu serré, qui sert à filtrer, à tamiser. *Passer une décoction à l'étamine.* – Lat. pop. *staminea,* n. f., de *stamineus,* «fait de fil», de *stamen,* «fil».

2. étamine [etamin] n. f. BOT Organe mâle des phanérogames, constitué d'une partie grêle, le filet, qui porte à son extrémité l'anthère, où s'élabore le pollen. *Les étamines sont insérées entre les pétales et les carpelles, le tout constituant l'androcée.* – Lat. *stamina,* pl. de *stamen,* «fil», d'ap. le préc..

étampe [etɑ̃p] n. f. TECH **1.** Matrice qui sert à produire une empreinte sur le métal. ▷ *Par méton.* La marque produite par cette matrice. **2.** Outil pour étamper. – Var. d'*estampe.*

étamper [etɑ̃pe] v. tr. [1] **1.** TECH *Étamper un fer à cheval,* y faire les trous. **2.** Produire une empreinte avec une étampe. – Var. d'*estamper.*

étampure [etɑ̃pyʀ] n. f. TECH **1.** Évasement que présente l'entrée d'un trou dans une plaque de métal. **2.** Chacun des trous du fer à cheval. – De *étamper.*

étamure [etamyʀ] n. f. TECH Alliage qui sert à étamer. ▷ Couche de cet alliage étendue sur un objet. – De *étamer.*

étanche [etɑ̃ʃ] adj. **1.** Imperméable aux liquides, aux gaz. **2.** Fig. *Cloison étanche:* séparation complète. *Cloisons étanches entre les services d'une administration.* – De *étancher.*

étanchéité [etɑ̃ʃeite] n. f. Nature de ce qui est étanche. *Étanchéité d'une citerne.* – De *étanche.*

étanchement [etɑ̃ʃmɑ̃] n. m. Rare Action d'étancher. – De *étancher.*

étancher [etɑ̃ʃe] v. tr. [1] **1.** Arrêter l'écoulement (d'un liquide). *Étancher le sang d'une blessure.* – *Étancher les larmes*, les faire cesser. – *Étancher la soif*, l'apaiser. – MAR *Étancher une voie d'eau*, la boucher. **2.** TECH Rendre étanche. – P.-ê. du bas lat. *stanticare* «arrêter, retenir», de *stans*, ppr. de *stare*; a. fr. *estanchier*.

étançon [etɑ̃sɔ̃] n. m. Pilier, poteau de soutènement d'un mur, d'un toit de galerie de mine, etc. – De *estant*, ppr. de l'a. fr. *ester*, «se tenir debout».

étançonnement [etɑ̃sɔnmɑ̃] n. m. TECH Action d'étançonner. – De *étançonner*.

étançonner [etɑ̃sɔne] v. tr. [1] TECH Renforcer, soutenir au moyen d'étançons. – De *étançon*.

étang [etɑ̃] n. m. Étendue d'eau profonde et stagnante, généralement de dimensions inférieures à celles d'un lac. *Étang artificiel. Étang de pêche.* – Déverbal de l'a. fr. *estanchier*, «arrêter l'eau». V. étancher.

étape [etap] n. f. **1.** Endroit où s'arrête un voyageur. *Faire étape à Timmins.* **2.** Endroit où s'arrête une troupe en marche pour passer la nuit. *Gîte d'étape.* **3.** Distance à parcourir pour atteindre l'étape. *Une longue étape à parcourir avant la nuit.* ▷ SPORT *Le tour de France est une course par étapes. Établir le classement par étapes. Étape contre la montre.* **4.** loc. *Brûler une, l'étape:* ne pas s'arrêter au moment prévu pour l'étape. – Fig. *Brûler les étapes :* progresser très rapidement. *Brûler les étapes vers le succès.* **5.** Fig. Période envisagée dans une succession. *Se rappeler les étapes de sa vie. Procéder par étapes.* – Du moyen néerl. *stapel*, «entrepôt»; d'abord *estape*.

étarquer [etaʀke] v. tr. [1] MAR Raidir le guindant ou la bordure de (une voile). – Du moyen néerl. *sterken*.

état [eta] n. m. **I. 1.** Situation, disposition dans laquelle se trouve une personne. *Son état général, son état de santé reste excellent. État d'esprit, de conscience, d'âme.* **2.** Situation, disposition dans laquelle se trouve une chose, un ensemble de choses. *Cette voiture est en bon, en mauvais état, en état de marche. Laisser qqch en l'état*, tel quel. ▷ Loc. *Être en état (de)*, capable (de), en état de fonctionnement; *être hors d'état (de)*, incapable (de), hors d'usage. ▷ METEO *État du ciel:* ensemble des phénomènes météorologiques visibles en un lieu et à un moment donnés. **3.** PHYS Condition particulière dans laquelle se trouve un corps. *État solide, liquide, gazeux. État ionisé. Eau à l'état de vapeur. Équation d'état d'un fluide*, relation entre sa pression P, son volume V et sa température absolue T. (Pour n moles d'un gaz parfait, on a $PV = nRT$.) *Fonction d'état:* fonction dont la variation ne dépend que des états initial et final d'un système (ex.: enthalpie, entropie, etc.). **4.** INFORM Situation dans laquelle se trouve un organe, un système caractérisé par un certain nombre de variables. **5.** MED *État de mal:* série de crises successives sans intervalles normaux. *État de mal asthmatique, épileptique. Période d'état:* durée pendant laquelle les symptômes ont une intensité maximale, la maladie restant stationnaire. **6.** BX-A Chacun des stades successifs de la confection d'une planche, en gravure. **7.** Écrit descriptif (liste, tableau, registre, inventaire, etc.). *État de frais.* – *État des lieux:* description d'un local à l'entrée ou au départ d'un occupant. **8.** *État civil:* ensemble des éléments permettant d'individualiser une personne dans l'organisation sociale, administrative. *Les actes de l'état civil sont l'acte de naissance, de mariage et de décès. Officier d'état civil.* **9.** loc. ▷ Fam. *Être dans tous ses états:* être bouleversé, affolé. ▷ *En tout état de cause:* quoi qu'il en soit. ▷ *Faire état de:* mettre en avant, faire valoir. ▷ *De son état:* de son métier. *Il est menuisier de son état.* **II.** HIST Sous l'Ancien Régime en France, chacune des trois grandes catégories sociales (noblesse, clergé, tiers état) à laquelle tout sujet du royaume appartenait. Syn. ordre. **III. 1.** (Toujours avec la majuscule.) Personne morale de droit public qui personnifie la nation à l'intérieur et à l'extérieur du pays dont elle assure l'administration. *État monarchique. Passer un contrat avec l'État.* ▷ *Par ext.* L'ensemble des organismes et des services qui assurent l'administration d'un pays. ▷ *Homme d'État:* celui qui a une charge, un rôle dans le gouvernement de l'État. ▷ *Chef d'État:* personne exerçant l'autorité souveraine dans un État. ▷ *Coup d'État:* conquête, ou tentative de conquête du pouvoir d'État par des moyens illégaux, souvent violents. ▷ *Raison d'État:* motif d'intérêt public invoqué pour justifier une action illégale, injuste, en matière politique. **2.** (Toujours avec la majuscule.) Étendue de territoire sur laquelle s'exerce l'autorité de l'État (au sens 1). *Reconnaître les frontières d'un nouvel État.* ▷ Aux États-Unis, chacun des territoires qui constituent la fédération. *Les États-Unis réunissent 50 États.* – Du lat. *status*, de *stare*, «se tenir debout».

étatique [etatik] adj. D'État. *Organisme étatique.* – De *État*.

étatisation [etatizasjɔ̃] n. f. Action d'étatiser. *Étatisation progressive.* – De *étatiser*.

étatiser [etatize] v. tr. [1]. Placer sous l'administration de l'État. *Étatiser certains secteurs industriels.* – De *État*.

étatisme [etatism] n. m. Système politique caractérisé par l'intervention directe de l'État sur le plan économique et social. – De *État*.

état-major [etamaʒɔʀ] n. m. **1.** MILIT Corps d'officiers attachés à un chef militaire; lieu où ces officiers se réunissent. *L'état-major du général.* **2.** MAR Ensemble des officiers d'un navire. **3.** Ensemble des dirigeants d'un groupement. *État-major d'un parti politique.* – *Des états-majors.* – De *état*, et *major*.

étau [eto] n. m. Instrument composé de deux mâchoires pouvant être rapprochées au moyen d'une vis, généralement fixé au bord d'un établi, et qui sert à maintenir un objet que l'on façonne. *Serrer des étaux.* ▷ Fig. *Être pris dans un étau:* être soumis à la pression de deux forces antagonistes sans pouvoir s'y soustraire; être entouré, cerné de toute part. *L'aile gauche de l'armée était prise dans un étau.* – Plur. de l'a. fr. *étoc, estoc*, avec infl. de *étaux*, plur. de *étal*.

étau-limeur [etolimœʀ] n. m. Machine-outil qui rabote les surfaces métalliques. *Des étaux-limeurs.* – De *étau*, et *limeur*.

étayage [etɛjaʒ], **étayement** [etɛjmɑ̃] ou **étaiement** [etɛmɑ̃] n. m. Action d'étayer; son résultat. – De *étayer*.

étayer [eteje] v. tr. [24] **1.** Soutenir avec des étais. *Étayer une maison.* **2.** Fig. Soutenir. *Étayer une théorie de preuves.* – De *étai* 1.

et cætera ou **et cetera** [ɛtsetəʀa] loc. adv. Et le reste. (Abrév.: etc.) – Mots lat. «et les autres choses».

été [ete] n. m. Saison la plus chaude de l'année, qui va du 21 ou 22 juin (solstice) au 22 ou 23 septembre (équinoxe), dans l'hémisphère Nord. *Prendre des vacances en été. Un bel été. «Adieu, vive clarté de nos étés trop courts»* (Baudelaire). *Été des Indiens, été des sauvages:* période de chaleur qui, en automne, vient rappeler les beaux jours de l'été (appelée *été de la Saint-Martin* en France). – Du lat. *æstas, æstatis*.

éteignoir [etɛɲwaʀ] n. m. **1.** Anc. Petit cône creux pour éteindre une chandelle, un flambeau. **2.** Fig., fam. Rabat-joie. – De *éteindre*.

éteindre [etɛ̃dʀ] **I.** v. tr. [73] **1.** Faire cesser de brûler ou d'éclairer. *Éteindre un feu. Éteindre la lumière.* **2.** Fig. Tempérer, amortir. *Éteindre l'ardeur de la fièvre. Éteindre sa soif.* **3.** Fig. Adoucir. *Éteindre* *les couleurs.* **II.** v. pron. **1.** Cesser de brûler ou d'éclairer. *Le feu s'éteint peu à peu.* **2.** Fig. Diminuer. *Son ardeur s'éteint.* **3.** Disparaître. *Sans descendance, cette famille va s'éteindre.* **4.** Mourir doucement. *Elle s'éteint peu à peu.* – Du lat. pop. **extingere,* class. *extinguere.*

éteint, einte [etɛ̃, ɛ̃t] adj. **1.** Qui a cessé de brûler, d'éclairer. *Feu éteint.* **2.** Qui a perdu son éclat, sa force. *Voix éteinte. Un regard éteint.* **3.** Disparu. *Famille éteinte.* – Pp. de *éteindre.*

étendage [etɑ̃daʒ] n. m. **1.** Action d'étendre. *Étendage du linge.* **2.** Cordes et perches sur lesquelles on étend des objets à sécher. – De *étendre.*

étendard [etɑ̃daʀ] n. m. **1.** Anc. Enseigne de guerre. *Déployer un étendard.* ▷ Mod. Loc. fig. *Se ranger sous l'étendard de...*: embrasser le parti de... *L'étendard de la révolte.* **2.** BOT Pétale supérieur de la corolle des papilionacées (pois, par ex.). – Frq. **standhard.*

étendoir [etɑ̃dwaʀ] n. m. **1.** Endroit où l'on étend ce qui doit sécher. **2.** Étendage (sens 2). – De *étendre.*

étendre [etɑ̃dʀ] **I.** v. tr. [5] **1.** Allonger (un membre). *Étendre le bras.* – Allonger (qqn). *Étendre un blessé sur le sol.* ▷ *Étendre un homme sur le carreau,* le blesser gravement, l'assommer, le tuer. – Fig., fam. *Étendre qqn, se faire étendre à un examen :* refuser qqn, se faire refuser à un examen. **2.** Déployer (qqch) en surface. *Étendre du linge pour le faire sécher.* **3.** Additionner d'eau, diluer. *Étendre du vin.* **4.** Agrandir, accroître. *Étendre sa domination sur un pays.* **II.** v. pron. **1.** Occuper un certain espace. *Le Canada s'étend au nord jusqu'à l'océan Arctique.* **2.** Augmenter, se développer. *Le royaume s'étendit peu à peu.* **3.** Fig. Aller jusqu'à. *Son crédit ne s'étend pas jusque-là.* **4.** S'allonger. *S'étendre sur l'herbe.* **5.** loc. fig. *S'étendre sur un sujet,* en parler longuement. – Lat. *extendere.*

étendu, ue [etɑ̃dy] adj. **1.** Vaste. *Une province étendue.* **2.** Déployé. *Oiseau aux ailes étendues.* **3.** Qui possède une grande extension, un grand développement. *Une voie étendue. Avoir une culture étendue.* – Pp. de *étendre.*

étendue [etɑ̃dy] n. f. **1.** PHILO Propriété des corps d'être situés dans l'espace, d'en occuper une partie. **2.** *Par ext.* Espace, superficie, durée. *Dans toute l'étendue du pays.* **3.** Fig. Développement, importance. **4.** MUS Écart entre les deux sons extrêmes que peut émettre une voix, un instrument. Syn. registre. – Pp. subst. de *étendre.*

éternel, elle [etɛʀnɛl] adj. et n. m. **I.** adj. **1.** Sans commencement ni fin. ▷ N. m. *L'Éternel:* Dieu. **2.** Immuable. *Vérité éternelle.* **3.** Sans fin. *La béatitude éternelle.* **4.** Dont on ne prévoit pas la fin. *Une reconnaissance éternelle.* – *La Ville éternelle:* Rome. **5.** Continuel. *Il fatigue tout le monde par son éternel bavardage.* **II.** n. m. Ce qui a valeur d'éternité. – Bas lat. *æternalis.*

éternellement [etɛʀnɛlmɑ̃] adv. **1.** Dans l'éternité, pour toujours. *Dieu existe éternellement.* **2.** Toujours, continuellement. *Être éternellement malade. Il répète éternellement la même histoire.* – De *éternel.*

éterniser [etɛʀnize] **I.** v. tr. [1] **1.** Litt. Rendre éternel. *Éterniser le nom d'un poète.* **2.** Prolonger indéfiniment. *Éterniser une discussion oiseuse.* **II.** v. pron. Se prolonger indéfiniment. *La polémique s'éternise.* – Fam. *S'éterniser quelque part,* y rester trop longtemps. – Dér. du lat. *æternus,* «éternel».

éternité [etɛʀnite] n. f. **1.** Durée sans commencement ni fin. *Le temps se perd dans l'éternité.* **2.** Durée sans fin, ayant eu un commencement. *Songer à l'éternité,* à la vie éternelle, à l'au-delà. **3.** Fig. Temps très long. *De toute éternité:* depuis toujours. – Fam. *Il y a une éternité que...*: il y a longtemps que... **4.** Caractère de ce qui est éternel, immuable. *L'éternité de ces vérités.* – Lat. *æternitas.*

éternuement [etɛʀnymɑ̃] n. m. Expiration brusque et bruyante par le nez et la bouche due à un effort convulsif des muscles expirateurs et provoquée par une irritation des muqueuses nasales. – De *éternuer.*

éternuer [etɛʀnɥe] v. intr. [1] Avoir un éternuement. – Lat. *sternutare.*

étésien [etezjɛ̃] adj. m. *Vents étésiens:* vents du nord qui soufflent en été en Méditerranée orientale. – Lat. *etesiae,* gr. *etêsioi (anemoi),* «(vents) périodiques, annuels», de *etos,* «année».

étêtage [etɛtaʒ] ou **étêtement** [etɛtmɑ̃] n. m. Action d'étêter (un arbre). – De *étêter.*

étêter [etete] v. tr. [1] SYLVIC Couper la cime (d'un arbre). ▷ Par ext. *Étêter des poissons.* – *Étêter un clou.* – De *é-,* et *tête.*

éteule [etøl] n. f. AGRIC Partie du chaume qui reste en place après la moisson. – Du lat. *stipula,* «tige des céréales».

éthane [etan] n. m. CHIM Hydrocarbure saturé, de formule C_2–H_6, gaz appartenant à la famille des paraffines, qui se transforme à haute température en éthylène ou en acétylène. – De *éther.*

éthanol [etanɔl] n. m. CHIM Alcool* éthylique. – De *éthane,* et *-ol* (de *alcool*).

éther [etɛʀ] n. m. **1.** PHYS Fluide hypothétique grâce auquel on expliquait, aux XVIIIe et XIXe s., la propagation de la lumière. **2.** Poét. L'air le plus pur. *Par ext.* Le ciel, les espaces célestes. **3.** CHIM Composé résultant de la déshydratation de deux molécules d'alcool ou de phénol. (Le plus important est l'éther ordinaire ou éther sulfurique, de formule $(C_2H_5)_2O$, liquide très volatil utilisé comme solvant et comme anesthésique.) – Lat. *æther,* gr. *aithêr.*

éthéré, ée [eteʀe] adj. **1.** Fluide et subtil comme l'éther. **2.** Fig. Très noble, très élevé, très pur. *Les préraphaélites ont peint des personnages éthérés.* ▷ Délicat, vaporeux. *Une créature éthérée.* – Lat. *ætherius,* gr. *aitherios.*

éthérifier [eteʀifje] v. tr. [1] CHIM Transformer en éther. – De *éther,* et *-fier.*

éthérisation [eteʀizasjɔ̃] n. f. MED Procédé d'anesthésie générale par inhalation d'un mélange d'air et de vapeur d'éther. – De *éthériser.*

éthériser [eteʀize] v. tr. [1] MED Anesthésier à l'éther. – De *éther.*

éthéromane [eteʀɔman] n. (et adj.). Personne atteinte d'éthéromanie. – De *éthéromanie.*

éthéromanie [eteʀɔmani] n. f. MED Toxicomanie à l'éther. – De *éther,* et *-manie.*

éthiopien, ienne [etjɔpjɛ̃, jɛn] adj. et n. D'Éthiopie. ▷ *Langues éthiopiennes.* V. amharique. – De *Éthiopie;* gr. *Aithiops,* «éthiopien», propr. «visage brûlé», de *aithein,* «brûler», et *ops,* «vue».

éthique [etik] n. f. et adj. PHILO **1.** n. f. Science des mœurs et de la morale. **2.** adj. Qui concerne la morale. – Gr. *éthikos,* de *éthos,* «mœurs».

ethmoïdal, ale, aux [ɛtmɔidal, o] adj. ANAT Relatif à l'ethmoïde. – De *ethmoïde.*

ethmoïde [ɛtmɔid] n. m. ANAT Os de la base du crâne qui forme la voûte des fosses nasales. – Gr. *êthmoeidês,* de *êthmos,* «crible», et *eidos,* «forme».

ethnarchie [ɛtnaʀʃi] n. f. ANTIQ Province romaine gouvernée par un ethnarque. – Dignité d'ethnarque. – Gr. *ethnarkhia.* V. ethnarque.

ethnarque [ɛtnaʀk] n. m. ANTIQ Gouverneur d'une province vassale, dans l'Empire romain. – Gr. *eth-*

narkhês, de *ethnos*, «peuple», et *arkhein*, «commander».

ethnie [ɛ(e)tni] n. f. Groupement humain caractérisé principalement par une même culture, une même langue. – Gr. *ethnos*, «peuple, nation».

ethnique [ɛ(e)tnik] adj. **1.** Qui sert à désigner un peuple. *Nom ethnique.* **2.** Relatif à l'ethnie. *Caractères ethniques.* – Bas lat. ecclés. *ethnicus*, «des païens», gr. *ethnikos*, «national».

ethno-. Élément, du gr. *ethnos*, «peuple».

ethnobiologie [etnobjɔlɔʒi] n. f. Science qui étudie l'interaction des faits biologiques et des faits culturels à l'intérieur d'une ethnie. – De *ethno-*, et *biologie*.

ethnocentrisme [etnosɑ̃tʀism] n. m. Tendance à prendre comme base de référence systématique les critères de jugement et les normes de sa propre société pour juger d'autres sociétés. – Angl. *ethnocentrism*, sur *egocentrism* (fr. *égocentrisme*).

ethnocide [ɛtnɔsid] n. m. Destruction de la culture d'un peuple par un autre. – De *ethno-*, et *-cide*.

ethnographe [ɛtnɔgʀaf] n. Spécialiste d'ethnographie. – De *ethnographie*.

ethnographie [ɛtnɔgʀafi] n. f. Science descriptive des origines, des mœurs, des coutumes des peuples, de leur développement matériel et social. – De *ethno-*, et *-graphie*.

ethnographique [ɛtnɔgʀafik] adj. Relatif à l'ethnographie. *Mission ethnographique.* – De *ethnographie*.

ethnolinguistique [ɛtnolɛ̃gɥistik] n. f. (et adj.). Étude des langues et du langage des civilisations sans écriture. ▷ Adj. Relatif à l'ethnolinguistique. – De *ethno-*, et *linguistique*.

ethnologie [ɛtnɔlɔʒi] n. f. Branche de l'anthropologie qui se propose d'analyser et d'interpréter les similitudes et les différences entre les sociétés et les cultures. – De *ethno-*, et *-logie*.

ethnologique [ɛtnɔlɔʒik] adj. Relatif à l'ethnologie. – De *ethnologie*.

ethnologue [ɛtnɔlɔg] n. Spécialiste d'ethnologie. – De *ethnologie*.

ethnomusicologie [ɛtnomyzikɔlɔʒi] n. f. Étude de la musique des sociétés, des faits musicaux de caractère traditionnel. – De *ethno-*, et *musicologie*.

ethnomusicologue [ɛtnomyzikɔlɔg] n. Spécialiste d'ethnomusicologie. – De *ethnomusicologie*.

éthologie [etɔlɔʒi] n. f. BIOL Science des mœurs et du comportement des animaux. – Du gr. *ethos*, «mœurs, caractère», et *-logie*.

éthologique [etɔlɔʒik] adj. Qui a rapport à l'éthologie. – De *éthologie*.

éthyle [etil] n. m. CHIM Radical monovalent de formule CH_2CH_3. – De *éther*, et gr. *ulê*, «bois».

éthylène [etilɛn] n. m. CHIM Gaz incolore, très réactif, de formule C_2H_4, premier terme de la série des carbures éthyléniques (ou oléfines), utilisé en pétroléochimie pour fabriquer le polyéthylène, le polystyrène, les polyesters, le chlorure de vinyle et le polychlorure de vinyle. – De *éthyl(e)*, et *-ène*.

éthylénique [etilenik] adj. CHIM Qualifie la double liaison carbone-carbone existant dans l'éthylène et dans de nombreux hydrocarbures. – De *éthylène*.

éthylique [etilik] adj. (et n.) **1.** CHIM Qui contient le radical éthyle. *Alcool éthylique* ou *éthanol:* alcool de formule CH_3–CH_2OH. (V. encycl. alcool.) **2.** MED Relatif à l'éthylisme. ▷ Subst. *Un(e) éthylique:* un(e) alcoolique. – De *éthyle*.

éthylisme [etilism] n. m. MED Syn. d'*alcoolisme*. – De *éthylique*.

étiage [etjaʒ] n. m. Niveau le plus bas atteint par un cours d'eau. – De *étier*.

étier [etje] n. m. TECH Canal alimentant en eau de mer les marais salants. – Du lat. *æstuarium*, «lagune maritime».

étincelant, ante [etɛ̃slɑ̃, ɑ̃t] adj. Qui étincelle. *Glaive étincelant.* ▷ Fig. Éclatant, qui jette des éclats, brillant. *Une conversation étincelante de drôlerie.* – Ppr. de *étinceler*.

étinceler [etɛ̃sle] v. intr. [22] Briller, jeter des éclats de lumière. *Armes qui étincellent au soleil.* ▷ Fig. *Son génie étincelle à toutes les pages.* – De *étincelle*.

étincelle [etɛ̃sɛl] n. f. **1.** Petite parcelle de substance incandescente qui se détache d'un corps qui brûle ou d'un corps qui subit un choc. *Faire jaillir des étincelles.* ▷ Fig. *Faire des étincelles:* briller, éblouir par ses aptitudes, se faire remarquer. **2.** ELECTR *Étincelle électrique:* phénomène lumineux de courte durée qui évacue l'énergie lors d'une décharge. **3.** Fig. Petite lueur, petite quantité. *Il retrouve une étincelle de courage.* – Lat. *scintilla*.

étincellement [etɛ̃sɛlmɑ̃] n. m. Éclat de ce qui étincelle. – De *étinceler*.

étiolement [etjɔlmɑ̃] n. m. **1.** BOT Désordre physiologique généralisé provoqué chez une plante verte par l'absence de lumière (décoloration par perte de chlorophylle, croissance en longueur exagérée). **2.** Affaiblissement (d'une personne). **3.** Fig. Appauvrissement. *Étiolement d'une intelligence inactive.* – De *étioler*.

étioler [etjɔle] v. tr. [1] **1.** Provoquer l'étiolement de. *Étioler une plante.* ▷ V. pron. *Des jeunes pousses qui s'étiolent.* **2.** *Par ext.* Affaiblir, rendre pâle et malingre (une personne). ▷ v. pron. *Cet enfant s'étiole.* – Fig. *L'esprit s'étiole à ces occupations vaines.* – D'une var. de *éteule*.

étiologie [etjɔlɔʒi] n. f. MED Étude des causes d'une maladie; ensemble de ces causes. *Les symptômes de cette maladie sont connus, mais non son étiologie.* – Gr. *aitiologia*, de *aitia*, «cause».

étique [etik] adj. Très maigre, décharné. *Poulet étique.* – A. fr. *etike*, «fièvre hectique» (qui amaigrit).

étiquetage [etiktaʒ] n. m. Action d'étiqueter. *Étiquetage des colis.* – De *étiqueter*.

étiqueter [etikte] v. tr. [23] **1.** Mettre une, des étiquettes sur. *Étiqueter des paquets.* **2.** Fig. Ranger (qqn) sous une étiquette, le considérer comme. *On l'a étiqueté comme fantaisiste.* – De *étiquette*.

étiqueteur, euse [etiktœʀ, øz] n. **1.** Personne qui met des étiquettes. **2.** n. f. TECH Appareil servant à poser des étiquettes. – De *étiqueter*.

étiquette [etikɛt] n. f. **1.** Petit morceau de bois, de papier, que l'on attache ou que l'on colle à un objet pour en indiquer le contenu, le prix, le possesseur, etc. *Des étiquettes à bagages.* ▷ Fig. *Homme politique qui porte l'étiquette de libéral.* **2.** Cérémonial en usage dans une cour, chez un chef d'État. *Saint-Simon décrit l'étiquette en vigueur à la cour de Louis XIV.* ▷ Formes cérémonieuses. *Bannir toute étiquette.* – De l'a. v. *estiquier*, «attacher, ficher»; *estiquette*, «poteau de but», mot picard.

étirable [etiʀabl] adj. Qui peut être étiré. – De *étirer*.

étirage [etiʀaʒ] n. m. **1.** Action d'étirer. **2.** METALL Opération qui consiste à réduire la section d'un fil, d'une barre, en les faisant passer à froid à travers une filière ou à chaud dans un laminoir. – De *étirer*.

étirement [etiʀmɑ̃] n. m. L'action, le fait de s'étirer. – De *étirer*.

étirer [etiʀe] **I.** v. tr. [1] **1.** Étendre, allonger. *Étirer une étoffe.* **2.** METALL Procéder à l'étirage de (une barre, un fil). **II.** v. pron. **1.** S'allonger (en parlant de qqch). *Ce chandail va s'étirer à l'usage.* **2.** Se détendre en allongeant les membres. *S'étirer en bâillant.* – De *é-*, et *tirer.*

étireur, euse [etiʀœʀ, øz] n. **1.** Personne qui pratique l'étirage. **2.** n. f. METALL Machine servant à étirer. – De *étirer.*

étisie V. hectisie.

étoffe [etɔf] n. f. **1.** Tissu servant pour l'habillement, l'ameublement. *Étoffe de laine, de soie. Mesurer de l'étoffe.* **2.** loc. fig. *Avoir de l'étoffe:* être doué d'une personnalité forte, prometteuse. – *Avoir l'étoffe de...:* posséder les dispositions pour devenir... *Elle a l'étoffe d'une musicienne.* **3.** TECH Réunion de plaques de fer et d'acier, forgées ensemble pour fabriquer des instruments tranchants. **4.** IMPRIM *Les étoffes:* matériel qui sert à l'impression. – *Par ext.* L'amortissement de ce matériel. – Déverbal de *étoffer.*

étoffé, ée [etɔfe] adj. **1.** Qui a un corps gros et fort (personnes). **2.** *Voix étoffée*, puissante. – Pp. de *étoffer.*

étoffer [etɔfe] **1.** v. tr. [1] Développer, donner de l'ampleur à. *Ce mince roman demande à être étoffé.* **2.** v. pron. *S'étoffer:* devenir plus fort, plus robuste (personnes). *Adolescent qui s'est étoffé.* – Du frq. **stopfôn;* d'abord *estoffer*, «rembourrer».

étoile [etwal] n. f. **1.** ASTRO Astre qui brille d'une lumière propre et dont le mouvement apparent est imperceptible sur une courte durée d'observation. ▷ Cour. Tout astre autre que le Soleil et la Lune. *L'étoile du berger, du soir, du matin:* la planète Vénus. ▷ Fig., fam. *Coucher, loger à la belle étoile*, dehors. **2.** *Étoile filante:* météorite. **3.** ASTROL et fig. Astre considéré du point de vue de son influence supposée sur la destinée de quelqu'un. *Croire à son étoile. Être né sous une bonne étoile.* **4.** Figure géométrique rayonnante représentant une étoile. *Étoile à cinq, à six branches. Les étoiles du drapeau des États-Unis.* ▷ HIST *L'étoile jaune*, insigne que les Juifs d'Allemagne et des territoires occupés étaient obligés de porter sous le régime nazi. **5.** Rond-point où aboutissent des allées, des avenues. *Place de l'Étoile, à Paris.* **6.** Artiste célèbre. *Une étoile du cinéma suédois.* – En appos. *Danseur, danseuse étoile*, échelon suprême dans la hiérarchie des solistes de corps de ballet. **7.** Nom cour. de divers animaux et de diverses fleurs dont la forme est celle d'une étoile. *Étoile de mer:* nom cour. des astéries, vaste sous-classe d'échinodermes nommés aussi stelléroïdes. *Étoile d'argent* : edelweiss. **8.** TECH Astérisque. **9.** Distinction qualitative donnée à certains établissements hôteliers. *Un restaurant, un hôtel trois étoiles.* – Lat. class. *stella.*
ENCYCL **Astro.** Les étoiles produisent elles-mêmes leur énergie et s'opposent donc aux planètes et aux astéroïdes, qui réfléchissent seulement le rayonnement solaire. Elles sont très éloignées de nous; aussi utilise-t-on pour mesurer les distances qui nous en séparent l'*année de lumière* ou le *parsec* (1 parsec = 3,26 années de lumière = 30 857 milliards de km). La plus proche de la Terre, *Proxima Centauri*, se trouve à 1,3 parsec. Une étoile comprend un *noyau* central et une *atmosphère.* Dans le noyau s'effectuent, à des températures comprises entre quelques millions de kelvins et plusieurs centaines de millions de kelvins, des réactions thermonucléaires: fusion de noyaux d'hydrogène (protons) en noyaux d'hélium (cycle proton-proton, dit aussi cycle du carbone ou cycle de Bethe, du nom du physicien ayant découvert que le carbone joue le rôle d'une sorte de catalyseur), puis fusion de l'hélium en carbone et oxygène. Dans l'enveloppe externe, nommée *atmosphère*, la densité est faible et la température est comprise entre 3 000 et 40 000 kelvins. L'éclat d'une étoile est caractérisé par un nombre, la *magnitude*, d'autant plus grand que l'éclat est faible; la magnitude d'une étoile est donnée par une relation logarithmique entre l'intensité de son rayonnement et celle d'une autre étoile prise comme référence. Une différence de 5 magnitudes entre deux étoiles correspond à un rapport d'intensités de 100. Un observateur peut distinguer les étoiles à l'œil nu jusqu'à 6 magnitudes et jusqu'à 22 magnitudes avec les radiotélescopes. Certaines étoiles, appelées étoiles *variables*, présentent des fluctuations d'éclat, périodiques ou irrégulières. Dans le cas des étoiles *doubles*, cette variation est due à l'occultation d'une étoile par l'autre. Les *novæ* et les *supernovæ* sont des étoiles variables explosives. Leur éclat augmente rapidement par suite d'une explosion de l'étoile puis diminue lentement jusqu'à l'éclat initial. L'étude du spectre des étoiles (diagramme de Hertzsprung-Russel) a permis de classer les étoiles suivant leur luminosité, donc leur importance, en étoiles *naines, géantes* et *supergéantes.* La première phase de la vie d'une étoile (qui dure environ un million d'années) est une phase de contraction de la matière stellaire dont elle est née. Pendant une deuxième phase (un million à plusieurs milliards d'années), l'étoile consomme l'hydrogène de son noyau central. L'étoile devient alors une géante, puis une supergéante. Dans sa phase finale, l'étoile se transforme en une naine blanche ou, dans le cas d'étoiles massives, en une étoile à neutrons, dans laquelle la densité pourrait atteindre, du fait du phénomène d'effondrement gravitationnel, plusieurs milliers de tonnes par cm^3. (V. aussi pulsar.) L'étude des mouvements stellaires a permis: 1° de montrer que le système solaire a un mouvement d'ensemble de 20 km/s vers un point de la constellation d'Hercule, nommé l'apex; 2° de déterminer le mouvement de rotation qui anime notre Galaxie.

étoilé, ée [etwale] adj. **1.** Parsemé d'étoiles. *La voûte étoilée:* le ciel nocturne. **2.** Qui porte des étoiles, décoré d'étoiles. *La bannière étoilée:* le drapeau des États-Unis. – De *étoile.*

étoilement [etwalmɑ̃] n. m. **1.** Action d'étoiler, de s'étoiler. **2.** Etat de ce qui rayonne en étoile. – De *étoiler.*

étoiler [etwale] v. tr. [1] **1.** Semer d'étoiles. **2.** Marquer, fêler en étoile. – De *étoile.*

étole [etɔl] n. f. **1.** Ornement sacerdotal, large bande ornée de croix, que le prêtre officiant porte autour du cou. **2.** Large écharpe en fourrure. *Étole de vison.* – Lat. *stola*, gr. *stolê*, «longue robe».

étonnamment [etɔnamɑ̃] adv. D'une manière étonnante. *Cet enfant est étonnamment sage.* – De *étonnant.*

étonnant, ante [etɔnɑ̃, ɑ̃t] adj. **1.** Vx Qui frappe d'une commotion violente. **2.** Qui étonne, surprend, déconcerte. *Voilà une nouvelle bien étonnante !* **3.** Remarquable. *C'est un homme étonnant.* – Ppr. de *étonner.*

étonné, ée [etɔne] adj. **1.** Vx Frappé d'une violente commotion. **2.** Saisi d'étonnement. *Il est étonné de ce changement brusque.* – Pp. de *étonner.*

étonnement [etɔnmɑ̃] n. m. **1.** Vx Violente commotion. **2.** Stupéfaction, surprise devant qqch d'extraordinaire, d'inhabituel. *L'étonnement des premiers spectateurs du cinématographe.* – *À mon grand étonnement...* – De *étonner.*

étonner [etɔne] v. tr. [1] **1.** Vx Frapper d'une commotion violente. **2.** Causer de l'étonnement, de la surprise à (qqn). *Son silence m'étonne un peu. Je n'en suis pas étonné.* **3.** v. pron. Trouver étrange, singulier. *Elle ne s'étonne de rien.* – *S'étonner de* (+ inf.). *Il* *s'étonne de vous voir.* – *S'étonner que* (+ subj.) *Il s'étonne qu'elle ne vienne pas.* – *S'étonner de ce que* (+ indic. ou subj.). *Il s'étonne de ce qu'elle ne vient pas,* ou *ne vienne pas.* – Du lat. *attonare,* «frapper du tonnerre».

étouffade. V. estouffade.

étouffage [etufaʒ] n. m. Action d'asphyxier les abeilles, les cocons de vers à soie. – De *étouffer.*

étouffant, ante [etufɑ̃, ɑ̃t] adj. **1.** Qui gêne la respiration. *Une chaleur étouffante.* **2.** Fig. Qui crée un malaise, pesant. *Une ambiance étouffante.* – Ppr. de *étouffer.*

étouffé, ée [etufe] adj. **1.** Asphyxié. **2.** Assourdi. *Rire, cris, sanglots étouffés.* **3.** loc. adv. CUIS *Cuire à l'étouffée,* à la vapeur, dans un récipient clos. Syn. À l'étuvée. – Pp. de *étouffer.*

étouffe-chrétien [etufkʀetjɛ̃] n. m. inv. Fam. Mets difficile à avaler à cause de sa consistance. – De *étouffer,* et *chrétien.*

étouffement [etufmɑ̃] n. m. **1.** Action d'étouffer; le fait d'être étouffé. ▷ Fig. Action d'empêcher d'éclater, de se développer. *L'étouffement d'un son, d'un complot.* **2.** Difficulté à respirer, suffocation. *Il a été pris d'un étouffement.* – De *étouffer.*

étouffer [etufe] **I.** v. tr. [1] **1.** Faire mourir en privant d'air. **2.** *Par ext.* Gêner la respiration de (qqn). *La chaleur m'étouffe.* ▷ Fig., fam. Gêner. *La politesse ne l'étouffe pas.* **3.** Priver (une plante) de l'air nécessaire à la vie. *Les mauvaises herbes étouffent le blé.* **4.** Éteindre en privant d'air. *Étouffer un incendie.* **5.** Fig. Amortir (les sons). *Tapis qui étouffe les bruits des pas.* **6.** Réprimer, retenir. *Étouffer des cris.* **7.** Arrêter dans son développement. *Étouffer un complot.* **II.** v. intr. **1.** Avoir du mal à respirer. *Étouffer à force de tousser.* **2.** *Étouffer de rire, de colère:* perdre la respiration en riant, en se mettant en colère. **3.** Fig. Se sentir oppressé, être mal à l'aise; s'ennuyer. *Il étouffe en province.* **III.** v. pron. **1.** Perdre la respiration. **2.** Se presser les uns contre les autres dans une foule trop dense. *Une soirée où toute la ville s'est étouffée.* – Altér. de l'a. fr. *estoffer,* «rembourrer», et de *estoper,* «garnir d'étoupe, boucher».

étouffeur, euse [etufœʀ, øz] n. m. **1.** Rare Personne qui étouffe. **2.** TECH Appareil qui réduit, sur les lignes télégraphiques, un courant parasite. – De *étouffer.*

étouffoir [etufwaʀ] n. m. MUS Mécanisme servant à faire cesser les vibrations des cordes d'un piano, d'un clavecin. – De *étouffer.*

étoupe [etup] n. f. Partie la plus grossière de la filasse de chanvre ou de lin. – Du lat. *stuppa.*

étouper [etupe] v. tr. [1] Boucher avec de l'étoupe. *Étouper une fente.* – De *étoupe.*

étoupille [etupij] n. f. **1.** Vx. Mèche destinée à enflammer la poudre d'une charge explosive, utilisée autref. sur les armes à feu. **2.** Mod. Dispositif permettant de faire exploser les charges, dans les mines. – De *étoupe.*

étoupiller [etupije] v. tr. [1] TECH Garnir d'une étoupille. – De *étoupille.*

étourderie [etuʀdəʀi] n. f. **1.** Habitude d'agir sans réflexion. *L'étourderie d'un savant absorbé par ses recherches.* **2.** Oubli, erreur dus à l'inadvertance. *Ce travail est rempli d'étourderies.* – De *étourdi.*

étourdi, ie [etuʀdi] adj. (et n.) **1.** adj. Qui agit sans réflexion, sans attention. *Un élève étourdi.* ▷ Subst. *Un(e) étourdi(e).* **2.** loc. adv. *À l'étourdie:* inconsidérément. – Du lat. pop. **exturditus,* de *turdus,* «grive».

étourdiment [etuʀdimɑ̃] adv. Sans réfléchir. *Répondre étourdiment.* – De *étourdi.*

étourdir [etuʀdiʀ] v. tr. [2] **1.** Assommer, amener au bord de l'évanouissement. *Ce coup l'a étourdi.* **2.** Fatiguer, importuner. *Étourdir qqn par son bavardage.* **3.** v. pron. Se distraire, perdre la pleine conscience de soi-même. *Chercher à s'étourdir pour oublier un chagrin.* – Lat. pop. *exturdire* (V. étourdi).

étourdissant, ante [etuʀdisɑ̃, ɑ̃t] adj. **1.** Qui étourdit. *Bruit étourdissant.* **2.** Fam. Très surprenant, étonnant. *Elle a un talent étourdissant.* – Ppr. de *étourdir.*

étourdissement [etuʀdismɑ̃] n. m. **1.** Vertige, perte de conscience momentanée avec une sensation d'évanouissement. *Être pris d'un étourdissement.* **2.** Griserie. *L'étourdissement que lui procure sa gloire subite.* **3.** Action de se distraire, de perdre la pleine conscience de soi-même. *Rechercher les étourdissements des mondanités.* – De *étourdir.*

étourneau [etuʀno] n. m. **1.** Oiseau passériforme d'Europe (fam. sturnidés), au plumage noirâtre, essentiellement insectivore, dont le type commun, l'étourneau sansonnet (*Sturnus vulgaris*), a été introduit en Amérique du Nord où il est maintenant répandu. **2.** Nom cour. donné à des oiseaux nord-américains possédant certains traits caractéristiques de l'étourneau européen (bec pointu, plumage noir ou noirâtre), comme le mainate (ou quiscale), le carouge, le vacher. Syn. oiseau noir. **3.** Fig. Personne étourdie, écervelée. – Du lat. pop. **sturnellus,* class. *sturnus;* d'abord *estornel.*

étrange [etʀɑ̃ʒ] adj. et n. m. Qui étonne, intrigue comme différent de ce qui est habituel ou ordinaire. *Objet, animal étrange. D'étranges coïncidences.* – Singulier, bizarre (personnes). *C'est qqn d'étrange.* ▷ Subst. Ce qui est ou paraît étrange. *Le plus étrange de l'histoire est que...* – Du lat. *extraneus,* «étranger».

étrangement [etʀɑ̃ʒmɑ̃] adv. D'une manière étrange. – De *étrange.*

étranger, ère [etʀɑ̃ʒe, ɛʀ] adj. et n. **I.** adj. **1.** Qui est d'une autre nation; qui a rapport à un autre pays. *Touristes étrangers. Coutumes étrangères.* ▷ Qui concerne les relations avec les autres États. *Les Affaires étrangères sont appelées au Canada Affaires extérieures.* **2.** Qui ne fait pas partie d'un groupe ou d'une famille. **3.** *Étranger à* (qqch, avec sujet n. de pers.). *Être étranger à une affaire* (n'y être pas mêlé), *à une science* (n'en avoir aucune notion). – *Il est étranger aux malheurs d'autrui,* il y est insensible. ▷ *Étranger à* (qqn, avec sujet n. de choses). *Ces idées me sont étrangères,* inconnues, indifférentes ou inaccessibles. *Un comportement étranger à qqn,* qui n'est point propre ou naturel à qqn. – Qui n'est pas connu ou familier. *Cette voix ne m'est pas étrangère.* **4.** Sans rapport ou sans conformité avec la chose dont il s'agit. *Des raisons étrangères au vrai mobile.* **5.** MED *Corps étranger,* qui se trouve de façon anormale (projectile, écharde, etc.) dans l'organisme. **II.** n. **1.** Personne d'un autre pays que celui où elle se trouve, ou que celui auquel on se réfère. *Pays hospitalier aux étrangers.* ▷ Personne d'un autre groupe social ou familial. *Elle est devenue une étrangère pour les siens.* **2.** n. m. *L'étranger:* toute communauté, toute puissance étrangère, et, partic., l'ennemi. *Chasser l'étranger.* ▷ Tout pays étranger. *Partir pour l'étranger.* – De *étrange.*

étrangeté [etʀɑ̃ʒte] n. f. **1.** Caractère de ce qui est ou paraît étrange. *L'étrangeté d'une situation, d'un comportement.* **2.** Chose étrange. *Relever des étrangetés dans un témoignage.* – De *étrange.*

étranglement [etʀɑ̃gləmɑ̃] n. m. **1.** Action d'étrangler. ▷ SPORT Au judo, à la lutte, prise qui, effectuée au cou de l'adversaire, l'étranglerait s'il tentait de bouger. **2.** Le fait d'être étranglé, de s'étrangler. *Étranglement de la voix, du rire.* **3.** Resserrement, rétrécissement. – MED Constriction d'un organe avec arrêt de la circulation. *Étranglement herniaire.* – TECH Endroit où la section d'un conduit a été rétrécie. – ECON *Goulet* (ou, moins corr., *goulot*) *d'étranglement:* secteur d'activité dont l'insuffisance, relativement aux autres secteurs, constitue pour l'ensemble économique considéré un facteur d'entrave ou de désorganisation. – *Par ext.* Ce qui fait entrave à un écoulement, un débit. – De *étrangler.*

étrangler [etʀɑ̃gle] v. tr. [1] **1.** Serrer jusqu'à l'étouffement le cou de. ▷ Par exag. *Ce col m'étrangle.* **2.** Prendre à la gorge, étouffer, faire perdre la respiration à. *La colère l'étranglait.* – V. pron. *S'étrangler de rire.* ▷ Fig. *Usurier qui étrangle ses débiteurs.* **3.** Comprimer, resserrer. *Vêtement qui étrangle la taille.* – Lat. *strangulare.*

étrangleur, euse [etʀɑ̃glœʀ, øz] n. **1.** Celui, celle qui étrangle. **2.** n. m. AUTO Dispositif réglant le mélange gazeux dans un carburateur. – De *étrangler.*

étrave [etʀav] n. f. Forte pièce qui termine à l'avant la charpente d'un navire. – Extrême avant d'un navire. – De l'anc. scand. *stafn,* «proue».

1. être [ɛtʀ] v. intr. **[6] I.** Verbe marquant la relation de l'attribut au sujet (V. copule). *Le ciel est bleu. «J'étais père et sujet, je suis amant et roi»* (Racine). **II.** *Absol.* **1.** Exprime ou postule l'existence, la réalité. (Personnes.) *«Je pense donc je suis»* (Descartes). (Choses.) *«Les choses extrêmes sont pour nous comme si elles n'étaient point»* (Pascal). *«Cet heureux temps n'est plus»* (Racine). – (Au subj.) *Ainsi soit-il:* vœu conclusif d'une prière. *Soit!* interj. marquant l'assentiment. ▷ SC *Soient* (ou *soit*) *deux droites parallèles:* considérons, posons... (comme hypothèse, point de départ, etc.). **2.** Litt. *Il est:* il y a. *Il est des heureux à qui tout sourit.* – *«Il n'est bon bec que de Paris»* (Villon). – *Il n'est que de:* il suffit de. – *Toujours est-il que :* en tout cas. – *S'il en est, s'il en fut* (pour insister sur le qualificatif). *Un homme juste s'il en est.* – (Dans div. loc. impers.) *Il est vrai que, il serait bon de.* ▷ *Quelle heure est-il? Il était temps de réagir.* **III. 1.** Suivi d'un adverbe indiquant un état. *Être bien, mal:* se sentir bien, mal. **2.** Suivi d'une préposition régissant un complément de lieu ou de temps. *Le train est en gare.* – Fig. *Être ailleurs:* être distrait. *Être au-dessus de tout soupçon.* – *Y être:* être là, être présent; fig., être dans le vrai. *Vous prévoyez deux heures de route? Vous n'y êtes pas!* – *J'y suis:* je comprends, je devine. ▷ *On était à la fin de l'hiver. Nous sommes le 10 juin.* **3.** Aller (sans demeurer). *J'ai été au concert.* – Litt. *«Elle fut ensuite trouver Madame»* (J. Green). **4.** Suivi d'une préposition introduisant une idée de possession, d'obligation, de provenance, etc. ▷ *Être à. Ce livre est à moi.* – *Il est tout à son ouvrage,* il y est entièrement occupé. – *Être à plaindre, à blâmer:* être digne de compassion, de blâme. – Fig. *Nous sommes à vous,* à votre disposition. ▷ *Être de. Cette arme est de Tolède,* elle en provient. – Faire partie de. *Être de la Société royale du Canada.* – *Être d'avis que:* penser que. *Être de l'avis de:* partager l'opinion de. – Conforme à. *Cela est de bon goût. Cela est bien de lui.* – *Comme si de rien n'était:* avec une apparente indifférence pour ce qui s'est passé, ce qu'on a fait ou dit. *Après son éclat, il a repris la conversation comme si de rien n'était.* ▷ *En être à :* être arrivé à. – Fig. *Où en sommes-nous? :* À quel point de la discussion, du travail, etc.? – *Il en est à mendier:* il est réduit à mendier. – *Il ne sait pas* (ou *plus*) *où il en est* : il est troublé, il perd la tête. – *En être pour son argent, sa peine,* etc.: dépenser son argent, sa peine, etc., sans en retirer d'avantages. – *Il n'en est rien:* cela est faux. – *Être du nombre,* faire partie de. *Il y a eu complot, mais il n'en était pas.* ▷ *Être en* (telle tenue vestimentaire). *Être en habit.* ▷ *Être sans:* être privé de. *Être sans argent.* – *Vous n'êtes pas sans savoir que:* vous n'ignorez pas que. ▷ *Être pour:* préférer, adopter le parti de. *Être pour les faibles. N'être pour rien dans une affaire,* n'y avoir aucune part. ▷ *Être sur. Être sur une affaire,* y être occupé, ou en escompter quelque profit. *Être sur le point de* (marquant un futur très proche). **IV.** *C'est* (*ce sont, c'était, c'étaient,* etc.). **1.** (En parlant d'une personne, d'une chose, d'une action déterminée.) *Qui est-ce? C'est faux.* **2.** (En parlant d'une personne, d'une chose, d'une action indiquée dans la suite de la phrase.) *C'est à lui de répondre. Ce sera une joie de vous accueillir.* ▷ *C'est à qui* (marquant l'émulation de plusieurs). *C'est à qui sautera le plus loin.* ▷ *Si ce n'était* ou, ellipt., *n'était:* sans cela, s'il n'y avait cela. *N'étaient ces arbres dénudés, on se croirait au printemps.* ▷ Loc. interrog. directe. *Est-ce que? Est-ce que vous viendrez ce soir?* ▷ Loc. adv. interrog. (Marquant une affirmation, ou pour prendre qqn à témoin.) *N'est-ce pas? Vous me croyez, n'est-ce pas?* **V.** Verbe auxiliaire. **1.** De la voix passive. *Je suis compris.* **2.** De certains intransitifs. *Elle est sortie.* **3.** De la conjugaison pronominale. *Il s'est repenti.* **4.** De certains verbes impersonnels. *Il en est résulté.* – Du lat. pop. **essere,* class. *esse*; certaines formes de *être* sont empruntées à l'a. fr. *ester,* «se tenir debout», du lat. *stare.*

2. être [ɛtʀ] n. m. **1.** PHILO État, qualité de ce qui est; essence. *L'être et le non-être.* **2.** Tout ce qui est par l'existence, par la vie. *Les êtres animés. L'être humain.* ▷ RELIG *L'Être éternel, l'Être suprême,* etc., ou absol. *l'Être:* Dieu, ou toute transcendance. **3.** Personne humaine, individu. *Un être cher.* **4.** PHILO *Être de raison :* ce qui n'a de réalité, d'existence que dans la pensée. – Péjor. *Qu'est-ce que c'est que cet être?* ▷ Nature intime d'une personne. *Atteindre qqn dans son être.* – Du v. *être.*

étreindre [etʀɛ̃dʀ] v. tr. [73] **1.** Presser dans ses bras; serrer, saisir fortement. *Étreindre un ami.* ▷ V. pron. *Adversaires qui s'étreignent dans la lutte.* **2.** Fig. Oppresser. *L'émotion l'étreignait.* – Du lat. *stringere,* «serrer».

étreinte [etʀɛ̃t] n. f. **1.** Action d'étreindre; la pression qui en résulte. *Assiégeants qui resserrent leur étreinte.* ▷ Fig. *L'étreinte du remords.* **2.** Action de presser (qqn) dans ses bras. *Étreinte amoureuse.* – Pp. fém. subst. de *étreindre.*

étrenne [etʀɛn] n. f. **1.** (Surtout au plur.) Présent à l'occasion du Jour de l'An. *Recevoir des étrennes.* ▷ Gratification d'usage, en fin d'année, pour certains services. **2.** *Avoir, faire l'étrenne d'une chose,* en avoir, en faire le premier usage. – Du lat. *strena,* «cadeau à titre d'heureux présage».

étrenner [etʀene] v. tr. [1] Faire usage le premier ou pour la première fois de. *Étrenner un habit.* ▷ V. intr. Fam. Subir le premier (qqch de fâcheux). *Il fallait sévir, il a étrenné.* – De *étrenne.*

êtres [ɛtʀ] n. m. pl. Vx Les différentes parties d'une habitation, leur disposition. *Connaître, savoir les êtres d'une maison.* – Lat. *extera,* plur. neutre de *exterus,* «ce qui est à l'extérieur»; d'abord *estras.*

étrésillon [etʀezijɔ̃] n. m. TECH Étai transversal équilibrant l'une par l'autre les poussées de deux parois se faisant face (parois d'une tranchée, d'une galerie de mine, murs en vis-à-vis, etc.). – Altér. (d'ap. *esteser,* «tendre») de l'a. fr. *tesillon,* de *teser,* «ouvrir la bouche»; du lat. pop. **tensare,* «tendre».

étrésillonnement [etʀezijɔnmɑ̃] n. m. TECH Action d'étrésillonner. – De *étrésillonner.*

étrésillonner [etʀezijɔne] v. tr. [1] TECH Étayer à l'aide d'étrésillons. – De *étrésillon.*

étrier [etʀije] n. m. **1.** Anneau suspendu de chaque côté de la selle, et qui sert d'appui au pied du cavalier. *Vider les étriers:* tomber de cheval. *Avoir le pied à l'étrier:* être prêt à partir; fig., être bien introduit dans une carrière. *Mettre* (à qqn) *le pied à l'étrier.* – *Le coup de l'étrier:* le dernier verre, que l'on boit au moment du départ. **2.** *Par anal.* Nom de divers appareils servant à soutenir ou à maintenir le pied. *Étrier de ski.* **3.** TECH Armature transversale d'une poutre en béton armé. ▷ Pièce coudée servant à supporter un élément de charpente, à renforcer ou à réunir certaines pièces. **4.** ANAT Osselet de l'oreille moyenne. – Du frq. **streup*, «courroie qui servait d'étrier»; d'abord *estrif*, puis *estrier*.

étrille [etʀij] n. f. **1.** Brosse en fer à lames dentelées servant à nettoyer le poil de quelques gros animaux (notam. des chevaux). **2.** ZOOL Variété de crabe comestible *(Portunus puber)* aux pattes postérieures en forme de palettes, qui lui permettent de nager. – Du lat. pop. **strigila*, class. *strigilis*, «racloir».

étriller [etʀije] v. tr. [1] **1.** Nettoyer avec l'étrille. **2.** Fig. Malmener. ▷ En sport, à certains jeux, infliger une sévère défaite à. ▷ Critiquer vertement (qqn). **3.** Faire payer trop cher. *Le patron du restaurant nous a étrillés.* – Du lat. pop. *strigilare*, de *strigila*. V. étrille.

étripage [etʀipaʒ] n. m. Action d'étriper. – De *étriper.*

étriper [etʀipe] v. tr. [1] Ôter les tripes à. *Étriper un porc.* ▷ V. pron. (récipr.) Fig., fam. Se battre avec une grande violence, se tuer. – De *é-*, et *tripe.*

étriqué, ée [etʀike] adj. **1.** Qui manque d'ampleur. *Veste étriquée.* ▷ Fig. *Une prose étriquée.* **2.** Fig. Sans ouverture, sans largeur de vues; mesquin. *Un esprit étriqué.* – Pp. de *étriquer.*

étriquer [etʀike] v. tr. [1] Rendre ou faire paraître étriqué. *Cet habit vous étrique.* – Du frq. **strikan*; moyen néerl. *striken*, «étirer».

étrive [etʀiv] n. f. MAR Rare Angle que fait une manœuvre avec un objet qu'elle rencontre. ▷ Cour. *Amarrage en étrive:* amarrage fait sur deux cordages à l'endroit où ils se croisent. – Fém. de l'a. fr. *estrif*, «étrier».

étrivière [etʀivjɛʀ] n. f. Courroie qui porte l'étrier. – Vx, fig. *Donner les étrivières à qqn*, le battre, le fouetter. – De *étrive.*

étroit, oite [etʀwa, wat] adj. **1.** Qui a peu de largeur. *Chemin étroit. Torse étroit.* ▷ Fig. Limité, restreint. *Un cercle étroit d'amis.* – *Le sens étroit d'un mot*, son sens littéral. **2.** Péjor. Borné, intolérant, mesquin. *Une morale, des idées étroites.* **3.** Intime. *Entretenir des rapports étroits avec qqn.* ▷ Rigoureux, strict. *L'observation étroite d'une règle.* **4.** loc. adv. *À l'étroit:* dans un espace trop resserré, exigu. *Être logé à l'étroit. Être à l'étroit dans ses chaussures.* – Fig. Dans la gêne, mal à l'aise. *Existence où l'on se sent à l'étroit.* – Du lat. *strictus*, «étroit»; d'abord *estreit.*

étroitement [etʀwatmɑ̃] adv. **1.** D'une manière étroite; intimement. *Ces questions sont étroitement liées.* – Par ext. *Surveiller étroitement* (une personne, son comportement), de très près. **2.** D'une manière rigoureuse, stricte. *Consigne étroitement suivie.* **3.** À l'étroit. *Être logé étroitement.* – De *étroit.*

étroitesse [etʀwatɛs] n. f. **1.** Caractère de ce qui est étroit. *L'étroitesse d'un sentier.* – Exiguïté. *L'étroitesse d'un cachot.* **2.** Caractère de ce qui est borné, mesquin. *Étroitesse d'esprit, du cœur.* – De *étroit.*

étron [etʀɔ̃] n. m. Matière fécale moulée de l'homme et de certains animaux. – Du frq. **strunt.*

étronçonner [etʀɔ̃sɔne] v. tr. [1] SYLVIC Tailler (un arbre), en ne lui laissant que ses branches hautes. – De *é-*, et *tronçon.*

étrusque [etʀysk] adj. et n. De l'Étrurie, pays de l'Italie ancienne (actuelle Toscane). ▷ N. m. Langue parlée par les Étrusques – Lat. *Etruscus.*

étude [etyd] n. f. **I.** Activité intellectuelle par laquelle on s'applique à apprendre, à connaître. *Une vie consacrée à l'étude.* **1.** Cette activité en tant qu'effort particulier d'observation, d'analyse, de compréhension. *Étude des mœurs.* – *Voyage d'études.* ▷ Ensemble des tâches de conception et de préparation préalables à la réalisation d'un ouvrage, d'une installation, etc. *Étude préliminaire. Bureau d'études.* – *Le projet est à l'étude*, est examiné. **2.** Effort intellectuel appliqué à l'acquisition ou à l'approfondissement de telles ou telles connaissances. *L'étude du solfège, des mathématiques.* ▷ Plur. *Les études:* les degrés successifs de l'enseignement scolaire, universitaire. *Faire ses études.* **II. 1.** Ouvrage littéraire ou scientifique sur un sujet que l'on a étudié. *Publier une étude sur tel sujet.* **2.** Dessin, peinture, sculpture préparatoires, ou exécutés en manière d'exercice. *Études de visage.* **3.** MUS Exercice de difficulté graduée, pour la formation des élèves. – Composition appropriée aux particularités techniques d'un instrument. *Les études pour piano de Chopin.* **III. 1.** *Salle d'étude*, ou ellipt. *étude*, où les élèves travaillent en dehors des heures de cours. – Le temps réservé au travail en salle d'étude. *Avoir deux heures d'étude.* **2.** Lieu de travail d'un officier ministériel ou public. *Étude de notaire, d'huissier.* – La charge de cet officier, à quoi s'attachent les dossiers, la clientèle. *Vendre son étude.* – Du lat. *studium*, «ardeur, étude»; a. fr. *estuide.*

étudiant, ante [etydjɑ̃, ɑ̃t] n. et adj. Celui, celle qui suit les cours d'une université, d'une grande école. ▷ Adj. Relatif aux étudiants. *La vie étudiante.* – Ppr. de *étudier.*

étudié, ée [etydje] adj. **1.** Préparé, médité, conçu avec soin. *Un dispositif bien étudié. Des prix étudiés*, calculés au plus juste. **2.** Sans naturel, affecté. *Geste, sourire étudié.* – Pp. de *étudier.*

étudier [etydje] **I.** v. tr. dir. [1] **1.** (S. comp.) S'appliquer à l'étude, prendre pour objet d'étude (sens I). *Étudier jour et nuit.* – Faire des études. **2.** Faire par l'observation, l'analyse, l'étude de. *Étudier un phénomène.* ▷ Soumettre à examen. *Étudier un projet.* – Préparer, méditer. *Il a bien étudié son affaire.* **3.** S'appliquer à acquérir (telle connaissance). *Étudier le droit.* **II.** v. pron. **1.** Réfl. S'observer, s'examiner soi-même. *Connaître les autres, c'est d'abord s'étudier.* – Péjor. *Il s'étudie:* il porte une attention trop complaisante à sa personne. **2.** Récipr. S'observer mutuellement. *Ils s'étudient l'un l'autre.* – De l'a. fr. *estudie*, «étude».

étui [etɥi] n. m. Boîte ou enveloppe dont la forme est adaptée à l'objet qu'elle doit contenir. *Étui à cigarettes, à lunettes, à violon.* – De l'a. fr. *estuier*, «enfermer, garder», p.-ê. du lat. *studium*, «soin».

étuvage [etyvaʒ] ou **étuvement** [etyvmɑ̃] n. m. Action d'étuver. – De *étuver.*

étuve [etyv] n. f. **1.** Chambre close où l'on élève la température pour provoquer la sudation. – *Par exag.* Lieu où règne une température élevée. *Cette pièce est une étuve.* **2.** Appareil destiné à obtenir une température déterminée. *Étuve à désinfection, à stérilisation*, produisant une chaleur supérieure à 100 °C. (V. autoclave.) *Étuve à incubation*, où la température constante et voisine de 37 °C, permet le développement de certaines bactéries. ▷ TECH Petit four servant à sécher ou nettoyer certaines matières. *Étuve de chapelier.* – Du lat. **extupare*, du gr. *tuphein*, «fumer».

étuvée [etyve] n. f. *Cuire à l'étuvée*, à la vapeur dans un récipient clos. Syn. à l'étouffée. – *Par ext.* Mets cuit de cette façon. *Une étuvée de légumes.* – Pp. fém. subst. de *étuver.*

étuvement. V. étuvage.

étuver [etyve] v. tr. [1] Mettre à l'étuve (sens 2); chauffer ou sécher dans une étuve. *Étuver des fruits.* ▷ Faire cuire les aliments en vase clos, dans leur vapeur. – De *étuve.*

étuveur [etyvœʀ] n. m. ou **étuveuse** [etyvøz] n. f. Appareil à étuver. – De *étuver.*

étymologie [etimɔlɔʒi] n. f. **1.** Science de la filiation sémantique et phonétique des mots. **2.** Origine ou évolution d'un mot. *Étymologie grecque d'un mot.* – Lat. *etymologia,* du gr. *etumos,* «vrai».

étymologique [etimɔlɔʒik] adj. Qui concerne l'étymologie ou les étymologies. *Sens étymologique d'un mot. Dictionnaire étymologique.* – Lat. *etymologicus,* gr. *etumologikos.*

étymologiquement [etimɔlɔʒikmɑ̃] adv. Selon l'étymologie, selon ses règles. – De *étymologique.*

étymologiste [etimɔlɔʒist] n. Spécialiste de l'étymologie. – De *étymologie.*

étymon [etimɔ̃] n. m. LING Mot considéré comme étant à l'origine d'un autre mot. *Le mot latin* filia *est l'étymon de* fille. – Gr. *etumon,* «sens véritable», d'ap. *étymologie.*

eu-. Élément, du gr. *eu,* «bien».

eu, eue [y] Pp. du v. avoir.

Eu CHIM Symbole de l'europium.

eucalyptus [økaliptys] n. m. Grand arbre originaire d'Australie (fam. myrtacées), aux feuilles odorantes dont on extrait une huile médicinale, l'eucalyptol. – De *eu-,* et gr. *kaluptos,* «couvert»; lat. bot. *eucalyptus.*

eucarides [økaʀid] n. m. pl. ZOOL Ordre de crustacés malacostracés comprenant essentiellement les décapodes. – De *eu-,* et gr. *karis, karidos,* «squille, crustacé».

eucaryote [økaʀjɔt] adj. et n. m. BIOL Qualifie les êtres vivants dont les cellules possèdent un noyau limité par une enveloppe, qui contient le matériel génétique (A.D.N.). ▷ N. m. *Les eucaryotes.* Ant. procaryote. – De *eu-,* et gr. *karuon,* «noyau».

eucharistie [økaʀisti] n. f. Sacrement par lequel, selon la foi catholique, se continuent le sacrifice du Christ et sa présence substantielle sous les espèces du pain et du vin; ces espèces elles-mêmes. V. transsubstantiation et consubstantiation. – Gr. ecclés. *eukharistia,* «action de grâce»; lat. ecclés. *eucharistia.*

eucharistique [økaʀistik] adj. Relatif à l'eucharistie. – Du préc.

euclidien, ienne [øklidjɛ̃, jɛn] adj. GEOM Relatif à la géométrie d'Euclide, qui admet le postulat des parallèles (par oppos. aux géométries non euclidiennes). ▷ Qui traite des problèmes d'angles et de distance (par oppos. à la géométrie affine). – De *Euclide,* nom d'un mathématicien grec (IIIe s. av. J.-C.).

eudémis [ødemis] n. m. Papillon *(Polychrosis botrana)* dont la chenille *(ver de la grappe)* parasite la vigne. – Mot lat.

eudémonisme [ødemɔnism] n. m. PHILO Nom donné aux doctrines morales fondées sur le bonheur, en tant qu'il détermine toute conduite humaine ou en constitue la fin. – Du gr. *eudaimôn,* «heureux».

eudiomètre [ødjɔmɛtʀ] n. m. Appareil servant à l'analyse et à la synthèse des mélanges gazeux. (Il est constitué d'un tube gradué reposant sur une cuve à mercure, dont la partie supérieure est fermée et munie de deux électrodes entre lesquelles on peut faire jaillir une étincelle.) – Gr. *eudia,* «beau temps», et *-mètre.*

eudiométrie [ødjɔmetʀi] n. f. CHIM Analyse des mélanges gazeux à l'aide de l'eudiomètre. – De *eudiomètre.*

eudiste [ødist] n. m. et adj. Membre de la congrégation religieuse fondée par saint Jean Eudes. ▷ Adj. *Un père eudiste.* – Du n. du religieux prédicateur Jean *Eudes* (1601-1680).

eufraise. V. euphraise.

eugénisme [øʒenism] n. m. ou **eugénique** [øʒenik] n. f. **1.** Partie de la génétique appliquée qui vise à l'amélioration de l'espèce humaine. **2.** Attitude philosophique qui accorde une valeur essentielle à l'amélioration génétique de l'espèce humaine et entend s'en donner les moyens quels qu'ils soient. *L'eugénisme se heurte à des obstacles d'ordre moral, religieux et social.* – Angl. *eugenism;* de *eu-,* et gr. *genos,* «race».

eugéniste [øʒenist] n. **1.** Spécialiste de l'eugénisme. **2.** Partisan de l'eugénisme (sens 2). – De *eugénisme.*

euglène [øglɛn] n. f. BIOL Protiste chlorophyllien flagellé (genre *Euglena*), très abondant dans les mares riches en matière organique. – Du gr. *euglênos,* «aux beaux yeux».

euh! [ø] interj. (Marquant l'hésitation, le doute, l'embarras.) *Euh! Voyons... voyons...* – Onomat.

eumycètes [ømisɛt] n. m. pl. Nom scientif. des champignons «parfaits» (dont on connaît la reproduction sexuée). Ant. adélomycètes, champignons imparfaits. – De *eu-,* et *-mycète.*

eunecte [ønɛkt] n. m. Anaconda (boa d'Amazonie). – De *eu-,* et gr. *nêktos,* «nageur».

eunuque [ønyk] n. m. **1.** HIST Homme castré auquel était confiée la garde des femmes dans les harems. **2.** MED Homme castré. Fig. Homme mou, sans virilité. – Gr. *eunoukhos,* «qui garde le lit des femmes».

eupatoire [øpatwaʀ] n. f. BOT Plante aquatique (genre *Eupatorium*) à longue tige, dont les feuilles rappellent celles du chanvre. – Lat. *eupatoria (herba),* du gr. *eupatorion;* d'après Pline, du n. du roi *Eupatôr* qui fit connaître l'usage médical de cette plante.

euphémique [øfemik] adj. Qui comporte un euphémisme. – De *euphémisme.*

euphémisme [øfemism] n. m. Façon de présenter une réalité brutale ou blessante en atténuant son expression pour éviter de choquer. *C'est par euphémisme que l'on dit «s'en aller» pour «mourir».* – Gr. *euphêmismos;* de *eu-,* et *phêmê,* «parole».

euphonie [øfɔni] n. f. LING Succession harmonieuse de sons dans un mot, une phrase. *Dans «m'aime-t-il», le «t» est ajouté pour l'euphonie.* – Gr. *euphonia,* de *eu-,* et *phônê,* «son».

euphonique [øfɔnik] adj. Employé pour l'euphonie. *Voyelle euphonique.* – De *euphonie.*

euphorbe [øfɔʀb] n. f. Plante contenant un latex âcre et caustique, dont il existe de nombreuses espèces. (*Euphorbia helioscopa,* l'euphorbe réveille-matin, au feuillage vert jaunâtre, est très commune dans les terrains vagues et les lieux cultivés.) – Lat. *euphorbia (herba);* de *Euphorbus,* médecin du roi Juba de Mauritanie.

euphorbiacées [øfɔʀbjase] n. f. pl. BOT Famille de dicotylédones dont l'euphorbe est le type, et qui comprend notam. l'hévéa, la mercuriale, le ricin. – De *euphorbe.*

euphorie [øfɔʀi] n. f. Sentiment de profond bien-être, de joie. *Ils étaient en pleine euphorie.* – Gr. *euphoria;* de *eu-,* et *pherein,* «porter».

euphorique [øfɔʀik] adj. Relatif à l'euphorie. *Un état euphorique.* – De *euphorie.*

euphorisant, ante [øfɔʀizɑ̃, ɑ̃t] adj. et n. m. Qui provoque l'euphorie. *Une boisson euphorisante.* ▷ N. m. *Un euphorisant:* un médicament euphorisant. – De *euphorie.*

euphraise ou **eufraise** [øfʀɛz] n. f. Plante herbacée (fam. scrofulariacées) dont une espèce canadienne, *Euphrasia canadensis*, parasite les racines de divers végétaux, particulièrement des graminées. – Lat. médiév. *euphrasia.*

euphuisme [øfɥism] n. m. LITTER, HIST Style précieux, langage affecté, à la mode en Angleterre sous le règne d'Elizabeth Ire. – Angl. *euphuism*, de *«Euphues»*, nom d'un ouvrage écrit par J. Lily en 1579.

euploïde [øplɔid] adj. BIOL Se dit d'une cellule dont le nombre des chromosomes est normal (c.-à-d. diploïde). – Du gr. *euploos*, et *-oïde.*

euploïdie [øplɔidi] n. f. BIOL État d'une cellule euploïde. – De *euploïde.*

eurasiatique [øʀazjatik] adj. De l'Eurasie, continent formé par l'Europe et l'Asie. – De *Eur(ope)*, et *Asie.*

eurasien, ienne [øʀazjɛ̃, jɛn] n. (et adj.). Métis dont l'un des parents est européen et l'autre asiatique. – Angl. *eurasian*, de *Eur(ope)*, et *Asian*, «asiatique».

eurêka [øʀeka] interj. (Exprimant que l'on vient de trouver subitement une solution, que l'on a une inspiration soudaine.) *Eurêka, voilà l'astuce!* – Mot gr., «j'ai trouvé», attribué au plus célèbre physicien de l'Antiquité, Archimède (287-212 av. J.-C.), lorsqu'il découvrit brusquement au bain la loi de la pesanteur spécifique des corps.

euristique. V. heuristique.

eurodevises. V. euromonnaie.

euro-. Préfixe, de Europe.

eurodollar [øʀodɔlaʀ] n. m. FIN Titre en dollars déposé dans une banque européenne. – De *euro-*, et *dollar.*

euromissile [øʀomisil] n. m. Missile nucléaire basé sur le territoire européen. – De *euro-*, et *missile.*

euromonnaie [øʀomɔnɛ] n. f. ou **eurodevises** [øʀod(ə)viz] n. f. pl. FIN Monnaie ou devises européennes prêtées à des emprunteurs étrangers. – De *euro-*, et *monnaie* ou *devise.*

européanisation [øʀopeanizasjõ] n. f. Action d'européaniser; état de ce qui est européanisé. *Européanisation de la défense militaire.* – De *européaniser.*

européaniser [øʀɔpeanize] v. tr. [1] **1.** Soumettre à l'influence de la civilisation européenne. **2.** Élargir à l'Europe une notion, une caractéristique, un problème, considérés jusque-là du seul point de vue local. – De *européen.*

européen, éenne [øʀɔpeɛ̃, eɛn] adj. et n. **1.** De l'Europe. *Le continent européen.* ▷ Subst. Personne qui habite l'Europe ou en est originaire. **2.** Relatif au projet d'unification économique et politique de l'Europe occidentale. ▷ Subst. Personne favorable à ce projet. *Un Européen convaincu.* – De *Europe.*

europium [øʀɔpjɔm] n. m. CHIM Élément de numéro atomique $Z = 63$ et de masse atomique 151,96 (symbole Eu), métal appartenant à la famille des terres rares. – De *Europe.*

euryhalin, ine [øʀialɛ̃, in] adj. BIOL Se dit d'un organisme capable de supporter de grandes variations de la concentration saline de son milieu. *Le saumon qui passe de la mer dans les fleuves est typiquement euryhalin.* Ant. sténohalin. – Du gr. *eurus*, «large», et *hals*, «sel».

eurythmie [øʀitmi] n. f. Harmonie dans la composition d'une œuvre artistique. ▷ MUS Ensemble harmonieux de sons. ▷ MED Régularité du pouls. – De *eu-*, et gr. *ruthmos*, «rythme».

eurythmique [øʀitmik] adj. Harmonieux. – De *eurythmie.*

euscarien ou **euskarien, ienne** [øskaʀjɛ̃, jɛn] adj. et n. Basque. – Du basque *escuara.*

eustache [østaʃ] n. m. Vx, fam. Couteau à virole et à manche en bois. – De *Eustache* Dubois, coutelier à Saint-Étienne (France), au XVIIIe s.

eustatique [østatik] adj. GEOL *Mouvements eustatiques:* variations du niveau des mers, dues notam. à une glaciation ou à la fonte des glaciers. – All. *eustatische Bewegungen*; du gr.

eustatisme [østatism] n. m. Variation du niveau général des mers. – De *eustatique.*

eutectique [øtɛktik] adj. (et n. m.) PHYS *Mélange, alliage eutectique*, dont le point de fusion est inférieur à chacun des points de fusion de ses constituants. ▷ N. m. *Un eutectique:* un mélange, un alliage eutectique. – Gr. *eutektos*, «qui fond facilement».

eutectoïde [øtɛktɔid] n. m. PHYS Alliage hétérogène présentant certaines des propriétés des eutectiques. – Du rad. de *eutectique*, et *-oïde.*

eutexie [øtɛksi] n. f. Propriété des eutectiques. *Point d'eutexie:* la plus basse température de fusion possible d'un mélange correspondant à des proportions déterminées de ses constituants (composition eutectique) pour une pression donnée. – Gr. *eutêxia*, «propriété de se fondre aisément».

euthanasie [øtanazi] n. f. **1.** MED Vx Mort sans souffrance. **2.** Mort provoquée dans le dessein d'abréger les souffrances d'un malade incurable. *La loi condamne l'euthanasie.* – Gr. *euthanasia*, de *eu-*, et gr. *thanatos*, «mort».

euthanasique [øtanazik] adj. Qui se rapporte à l'euthanasie. – De *euthanasie.*

euthériens [øteʀjɛ̃] n. m. pl. ZOOL Sous-classe de mammifères caractérisés par l'existence d'un placenta (tous les mammifères actuels à l'exception des protothériens – monotrèmes – et des métathériens – marsupiaux). Syn. placentaires. – De *eu-*, et gr. *thêrion*, «bête sauvage».

eutocique [øtɔsik] adj. Qui facilite l'accouchement. – Du gr. *eutokia*, «enfantement heureux».

eutrophe [øtʀɔf] adj. Syn. de *eutrophique* (sens 2).

eutrophie [øtʀɔfi] n. f. BIOL, PHYSIOL État normal de développement, de vitalité, de nutrition d'un organisme ou d'une partie d'un organisme. – De *eu-*, et gr. *trephein*, «nourrir».

eutrophique [øtʀɔfik] adj. **1.** BIOL, PHYSIOL En état d'eutrophie. Relatif à l'eutrophie. – Qui aide à l'eutrophie. **2.** BIOL, ECOL Se dit d'un lac où, par suite d'un apport excessif de matières organiques, la pullulation des êtres vivants crée une carence en oxygène, une production de vase et une opacification de l'eau. Syn. eutrophe. – De *eu-*, et gr. *trophê*, «nourriture».

eutrophisation [øtʀɔfizasjõ] n. f. BIOL, ECOL Accroissement anarchique de la quantité de sels nutritifs d'un milieu, partic. d'une eau stagnante polluée par les résidus d'engrais ou par les rejets d'eau chaude (centrales électriques, etc.), et qui permet la pullulation maximale d'êtres vivants. (Au-delà de certaines limites, l'équilibre entre les espèces, végétales ou animales, peut être rompu au profit de certaines d'entre elles.) – De *eutrophiser.*

eutrophiser (s') [øtʀɔfize] v. pron. [11] BIOL Pour un lac, devenir eutrophique. – De *eutrophe.*

eux [ø] pron. pers. 3e pers. masc. pl. Forme tonique du pronom complément prépositionnel. *Je pense à eux. L'un d'eux.* ▷ (Dans les comparaisons.) *Elles sont plus sages qu'eux.* ▷ (Forme d'insistance.) *Je les aime,* *eux. Si vous partez, vous, eux resteront. Ils l'ont réalisé eux-mêmes.* – Du lat. *illos.*

eV. Symbole de l'électronvolt.

évacuateur, trice [evakɥatœʀ, tʀis] adj. et n. m. **1.** adj. Qui sert à l'évacuation. **2.** N. m. TECH Dispositif à vannes servant à évacuer les eaux. – De *évacuer.*

évacuation [evakɥasjõ] n. f. **1.** MED Élimination des déchets organiques du corps. *Évacuation de la sueur.* **2.** Dispositif d'écoulement par gravité. *Évacuation des eaux pluviales, des eaux usées.* **3.** MILIT Action d'évacuer un lieu. *Évacuation d'une place forte.* ▷ Par ext. *Évacuation d'une salle de spectacle.* **4.** Action d'évacuer des personnes. *Évacuation des blessés.* – Bas lat. *evacuatio,* rac. *vacuus,* «vide».

évacuer [evakɥe] v. tr. [1] **1.** MED cour. Expulser de l'organisme. **2.** Déverser (un liquide) hors d'un lieu. *Évacuer les eaux usées.* **3.** Cesser d'occuper militairement (un lieu). Au pp. *Zone évacuée.* ▷ *Par ext.* Quitter en masse (un lieu). *Faites évacuer le navire.* **4.** Transporter hors de la zone des combats. *Évacuer la population civile.* ▷ *Par ext.* Transporter hors d'une zone dangereuse ou sinistrée. *Évacuer la population d'une région inondée.* – Lat. *evacuare,* «vider».

évader (s') [evade] v. pron. [11] **1.** S'échapper d'un lieu où l'on était prisonnier. *S'évader de prison.* – (Sans le pronom.) *Faire évader un prisonnier.* **2.** Fig. Se libérer de ce qui contraint, embarrasse. *S'évader de la réalité.* – Lat. *evadere,* «sortir de».

évagination [evaʒinasjõ] n. f. BIOL Sortie d'un organe hors de sa gaine. – De *é-,* et *(in)vagination.*

évaluable [evalɥabl] adj. Qui peut être évalué. – De *évaluer.*

évaluation [evalɥasjõ] n. f. Action d'évaluer; son résultat. – De *évaluer.*

évaluer [evalɥe] v. tr. [1] Déterminer la valeur marchande de (qqch). *Faire évaluer un terrain. Évaluer un tableau dix mille dollars.* ▷ Déterminer approximativement (une quantité). *Une foule évaluée à 20 000 personnes.* – De l'a. fr. *value.*

évanescence [evane(ɛ)sɑ̃s] n. f. Litt. Caractère de ce qui est évanescent. – De *évanescent.*

évanescent, ente [evane(ɛ)sɑ̃, ɑ̃t] adj. **1.** Litt. Qui disparaît, s'efface. *Impression évanescente.* **2.** Qui apparaît fugitivement; dont l'apparence est floue. **3.** (Personnes) Qui semble indéfinissable. – Lat. *evanescens,* de *evanescere,* «s'évanouir».

évangéliaire [evɑ̃ʒeljɛʀ] n. m. Livre contenant les parties des Évangiles lues ou chantées à chacune des messes de l'année. – Lat. ecclés. *evangeliarium.*

évangélique [evɑ̃ʒelik] adj. **1.** Relatif, conforme à l'Évangile. *Vie évangélique.* **2.** Qui est de religion réformée. – Lat. ecclés. *evangelicus,* gr. ecclés. *euaggelikos.*

évangéliquement [evɑ̃ʒelikmɑ̃] adv. De façon évangélique. – De *évangélique.*

évangélisateur, trice [evɑ̃ʒelizatœʀ, tʀis] adj. et n. Qui évangélise. *Une mission évangélisatrice.* ▷ Subst. Personne qui évangélise. – De *évangéliser.*

évangélisation [evɑ̃ʒelizasjõ] n. f. Action d'évangéliser; son résultat. – De *évangéliser.*

évangéliser [evɑ̃ʒelize] v. tr. [1] Diffuser la doctrine de l'Évangile auprès de. *Évangéliser de nouveaux peuples.* – Bas lat. ecclés. *evangelizare,* gr. *euaggelizein,* «annoncer une bonne nouvelle».

évangélisme [evɑ̃ʒelism] n. m. Caractère des enseignements évangéliques. – De *évangéliste.*

évangéliste [evɑ̃ʒelist] n. m. **1.** Chacun des quatre apôtres auteurs des Évangiles. **2.** Évangélisateur. – Bas lat. ecclés. *evangelista,* gr. *euaggelistês,* «qui annonce de bonnes nouvellles».

évangile [evɑ̃ʒil] n. m. **1.** Message de Jésus-Christ. *Prêcher l'évangile.* ▷ Chacun des livres qui exposent le message du Christ. *L'Évangile selon saint Jean. Les Évangiles* (avec un E majuscule). ▷ Partie des Évangiles lue à la messe. *Se lever à l'Évangile.* **2.** Fig. Ouvrage servant de base à un message philosophique, une doctrine. **3.** loc. *Parole d'évangile,* qu'il faut croire sans discuter. *Tout ce qu'il dit n'est pas parole d'évangile.* – Lat. ecclés. *evangelium,* gr. *euaggelion,* «bonne nouvelle».

ENCYCL Les Évangiles (au plur.), livres de saint Matthieu, saint Marc, saint Luc et saint Jean, racontent la vie et, donc, exposent la doctrine de Jésus-Christ. Ils ont tous les quatre été rédigés en grec, sauf, probablement, une version primitive de l'Évangile de saint Matthieu, écrite en araméen. L'Église n'a reconnu que ces quatre Évangiles comme *canoniques* et les trois premiers sont dits *synoptiques**. D'autres textes, dont l'authenticité n'a pas été suffisamment établie, ont été qualifiés d'*Évangiles apocryphes.* Les Évangiles synoptiques furent mis en circulation peu ap. le milieu du Ier s., celui de saint Jean v. la fin du Ier s.

évanouir (s') [evanwiʀ] v. pron. [2] **1.** Perdre connaissance. *S'évanouir de peur.* **2.** Disparaître entièrement. *Le brouillard s'est évanoui.* Syn. se dissiper. – Lat. pop. **exvanire,* altér. de *evanescere.*

évanouissement [evanwismɑ̃] n. m. **1.** Perte de connaissance. *Revenir de son évanouissement.* **2.** Disparition totale. *L'évanouissement d'un espoir.* ▷ TELECOM Diminution momentanée de la puissance d'une onde radioélectrique lors de la réception. – De *évanouir.*

évaporable [evapɔʀabl] adj. Susceptible d'évaporation. – De *évaporer.*

évaporateur [evapɔʀatœʀ] n. m. TECH Appareil servant à la dessiccation des fruits, des légumes, etc. ▷ Partie d'une installation frigorifique à compression où se vaporise le fluide frigorigène. ▷ Appareil dans lequel on vaporise une eau à dessaler. – De *évaporer.*

évaporation [evapɔʀasjõ] n. f. Vaporisation d'un liquide au niveau de sa surface libre, qui se produit à toute température. *Séchage par évaporation.* – Lat. *evaporatio.*

ENCYCL L'évaporation (qui s'effectue à la surface d'un liquide) se distingue de l'ébullition (qui se produit à l'intérieur d'un liquide) et de la sublimation (passage direct de l'état solide à l'état gazeux). La vitesse d'évaporation (masse de liquide qui se vaporise par unité de temps) augmente avec la température; elle est proportionnelle à la surface d'évaporation, à la différence (p–f) de la pression p de vapeur maximale (à la température considérée) et de la pression f de sa vapeur dans le gaz extérieur, et inversement proportionnelle à la pression totale au-dessus du liquide. Les phénomènes d'évaporation jouent un rôle primordial dans le cycle de l'eau.

évaporatoire [evapɔʀatwaʀ] adj. TECH Qui favorise l'évaporation. – De *évaporer.*

évaporé, ée [evapɔʀe] adj. (et n.) **1.** Qui est transformé en vapeur. **2.** Fig. Qui se dissipe en futilités; qui a un caractère vain et léger. *Un esprit évaporé.* ▷ Subst. *Un(e) jeune évaporé(e).* – Pp. de *évaporer.*

évaporer [evapɔʀe] **1.** v. tr. [1] TECH Soumettre (un liquide) à l'évaporation. **2.** v. pron. Se transformer en vapeur. *L'éther s'évapore facilement.* ▷ Fig., fam. Disparaître, s'éclipser. *Il s'est évaporé au début de la soirée.* – Lat. *evaporare.*

évapotranspiration [evapotʀɑ̃spiʀasjõ] n. f. Didac. Quantité de vapeur d'eau qu'évapore un sol et que transpire la végétation qu'il porte. – De *évapo(ration)*, et *transpiration*.

évasement [evazmɑ̃] n. m. Action d'évaser; état de ce qui est évasé. *L'évasement d'un trou.* – De *évaser*.

évaser [evaze] v. tr. [1] **1.** Élargir l'ouverture de. *Évaser un tuyau. Évaser une manche au poignet.* **2.** v. pron. Aller en s'élargissant. *Un chapeau qui s'évase.* – De *é-*, et *vase*.

évasif, ive [evazif, iv] adj. Qui reste dans le vague, qui élude. *Il a été très évasif. Un geste évasif.* – De *évasion*.

évasion [eva(ɑ)zjɔ̃] n. f. **1.** Action de s'évader, de s'échapper d'un lieu où l'on était retenu prisonnier. *Une tentative d'évasion. Une évasion manquée.* **2.** Fig. Fait d'échapper aux contraintes de la vie quotidienne. *L'évasion des vacances. Besoin d'évasion.* – *Evasion fiscale:* dissimulation des revenus imposables. – Bas lat. *evasio*, de *evadere*, «sortir de».

évasivement [evazivmɑ̃] adv. D'une manière évasive. – De *évasif*.

évasure [evazyʀ] n. f. Rare Ouverture plus ou moins grande d'un orifice. *L'évasure d'un entonnoir.* – De *évaser*.

évêché [eveʃe] n. m. **1.** Territoire soumis à l'autorité d'un évêque. **2.** Demeure, siège de l'évêque. *Se rendre à l'évêché.* – Du lat. ecclés. *episcopatus*, «épiscopat».

évection [evɛksjɔ̃] n. f. ASTRO Irrégularité du mouvement de la Lune, due à l'attraction du Soleil. – Lat. *evectio*, «action de s'élever».

éveil [evɛj] n. m. **1.** Action de sortir de l'état de repos, de latence; fait d'apparaître, de se manifester (sentiment, idée). *L'éveil de la passion. Les disciplines d'éveil suscitent chez l'élève la curiosité intellectuelle.* **2.** *Donner l'éveil :* porter à se mettre en garde en alertant. *Des bruits suspects ont donné l'éveil.* ▷ *En éveil :* attentif. **3.** Réveil; fait d'être éveillé. – Déverbal de *éveiller*.

éveillé, ée [evɛ(e)je] adj. Plein de vivacité. *Enfant éveillé. Esprit éveillé.* – Pp. de *éveiller*.

éveiller [evɛ(e)je] **I.** v. tr. [1] **1.** Litt. Tirer du sommeil. *Le bruit l'éveilla.* Syn. réveiller. ▷ Fig. Faire se manifester ce qui était à l'état latent, virtuel. *Activités qui éveillent l'intelligence d'un enfant.* **2.** Faire naître, provoquer (un sentiment, une attitude). *Éveiller l'attention, la sympathie, la méfiance.* Syn. susciter. **II.** v. pron. **1.** Sortir du sommeil (personne). – *Par ext.*, litt. *La nature s'éveille.* ▷ *S'éveiller à un sentiment:* commencer à l'éprouver. **2.** Apparaître, se développer (sentiments, idées). *Son attention s'éveille.* – Du lat. pop. **exvigilare*, «veiller sur».

éveilleur, euse [evɛ(e)jœʀ, øz] n. m. Fig. Celui, celle qui éveille. *Un éveilleur de talents.* – De *éveiller*.

éveinage [evɛnaʒ] n. m. CHIR Mode de traitement chirurgical des varices. – De *é-*, et *veine*.

événement [evenmɑ̃] ou **évènement** [evənmɑ̃] n. m. **1.** Ce qui arrive. *Événement inattendu, heureux, malheureux. Les événements du jour.* ▷ MATH En théorie des probabilités, résultat espéré ou effectif (parmi tous les résultats possibles) lors d'un tirage au sort. *Tirer le 4, lors d'un jet de dé, est un événement.* **2.** Fait important. *L'événement littéraire de l'année.* – Plaisant. *Il travaille, c'est un événement!* – Du lat. *evenire*, «arriver, se produire», d'ap. *avènement*.

événementiel, ielle [evenmɑ̃sjɛl] adj. Qui s'en tient à la description des événements, des faits. *Histoire événementielle.* – De *événement*.

évent [evɑ̃] n. m. **1.** Narine située sur la face supérieure de la tête de certains cétacés. *La baleine rejette de l'eau finement pulvérisée par ses évents.* **2.** TECH Organe mettant en communication un circuit, un réservoir, avec l'atmosphère libre. – Déverbal de *éventer*.

éventail [evɑ̃taj] n. m. **1.** Petit écran portatif que l'on agite pour s'éventer, fait le plus souvent de papier ou de tissu fixé sur des baguettes réunies par une rivure, et pouvant se déployer et se fermer. *Des éventails.* ▷ Loc. adv. *En éventail:* en forme d'éventail déployé. *Disposer des marchandises en éventail.* **2.** Fig. Ensemble de choses d'une même catégorie, diversifiées à l'intérieur de certaines limites. *Proposer un large éventail d'articles. L'éventail des salaires.* – De *éventer*.

éventaire [evɑ̃tɛʀ] n. m. **1.** Plateau que certains marchands ambulants portent à l'aide d'une sangle passée derrière le cou et où ils placent leur marchandise. *Éventaire d'un fleuriste.* **2.** Étalage de marchandises à l'extérieur d'une boutique. – Orig. incon.

éventer [evɑ̃te] v. tr. [1] **1.** Agiter l'air pour rafraîchir (qqn). ▷ V. pron. *S'éventer avec un journal.* **2.** Exposer à l'air. *Éventer des vêtements. Balcon éventé. Éventer le grain*, le remuer pour empêcher la fermentation. ▷ V. pron. S'altérer au contact de l'air. *Ce parfum s'est éventé. Un vin éventé.* **3.** Loc. Fig. *Éventer un piège*, le découvrir, en empêcher l'effet. *Éventer un complot. Un truc éventé.* – De *é-*, et *vent*.

éventration [evɑ̃tʀasjɔ̃] n. f. **1.** MED Hernie qui se forme dans la région antérieure de l'abdomen, spontanément ou à la suite d'un traumatisme. **2.** Fait d'être éventré. – De *éventrer*.

éventrer [evɑ̃tʀe] v. tr. [1] **1.** Blesser en ouvrant le ventre. **2.** *Par ext.* Fendre, déchirer (un objet). *Éventrer une valise, un matelas.* – De *é-*, et *ventre;* d'abord *esventrer*, «défaire, vaincre».

éventreur [evɑ̃tʀœʀ] n. m. Celui qui éventre. *Jack l'Éventreur*, célèbre criminel anglais de la fin du XIXe s. – De *éventrer*.

éventualité [evɑ̃tɥalite] n. f. **1.** Caractère de ce qui est éventuel. *L'éventualité d'une rupture. Dans l'éventualité de:* en cas de. **2.** Fait, événement qui peut ou non se produire. Loc. *Parer à toute éventualité.* – De *éventuel*.

éventuel, elle [evɑ̃tɥɛl] adj. (et n. m.) Qui peut survenir ou non, selon les circonstances. *Profits éventuels.* – (Personnes.) *Successeur éventuel.* ▷ N. m. *Conditionnel exprimant l'éventuel, l'irréel du présent.* – Du lat. *eventus*, «événement».

éventuellement [evɑ̃tɥɛlmɑ̃] adv. D'une manière éventuelle, le cas échéant. – De *éventuel*.

évêque [evɛk] n. m. Dignitaire de l'Église qui a reçu la plénitude du sacerdoce et qui dirige un diocèse. *L'évêque des évêques* ou *l'évêque de Rome :* le pape. – Loc. prov. Fam. *Un chien regarde bien un évêque*, se dit à qqn qui s'étonne qu'on le regarde. – Du lat. ecclés. *episcopus*, gr. *episkopos*, «surveillant».

ENCYCL Dans l'Église catholique, les évêques, successeurs des apôtres, ont le pouvoir d'ordre (qui leur permet de conférer les deux sacrements de l'ordre et de la confirmation) et le pouvoir de juridiction (qui fait d'eux les pasteurs d'un diocèse). Les Églises réformées (Église anglicane exceptée) n'ont pas toutes la même conception; les diocèses luthériens ont à leur tête des dignitaires qui ne sont pas toujours nommés évêques et qui ont peu de pouvoirs; d'autres Églises protestantes n'ont qu'un épiscopat administratif. Dans les Églises orthodoxes (et les Églises non chalcédoniennes), le rôle des évêques, obligatoirement célibataires (le clergé paroissial peut être marié), est identique à celui des évêques catholiques et reconnu comme tel par Rome.

évertuer (s') [evɛʀtɥe] v. pron. [11] Faire beaucoup d'efforts. *S'évertuer à expliquer qqch.* – De *é-*, et *vertu*, «courage, activité».

éviction [eviksjõ] n. f. Action d'évincer. ▷ DR Dépossession d'une chose acquise au bénéfice d'un tiers qui avait des droits antérieurs sur celle-ci. – Lat. jur. *evictio.*

évidage [evidaʒ] ou **évidement** [evidmɑ̃] n. m. Action d'évider; état de ce qui est évidé. – De *évider.*

évidemment [evidamɑ̃] adv. **1.** De façon évidente, certaine. **2.** (Pour acquiescer en affirmant.) *Viendrez-vous? – Évidemment!* – De *évident.*

évidence [evidɑ̃s] n. f. **1.** Caractère de ce qui s'impose à l'esprit et que l'on ne peut mettre en doute. *Se rendre à l'évidence.* **2.** Chose évidente. *C'est une évidence.* **3.** *Mettre une chose en évidence,* la disposer de façon qu'elle attire le regard, l'attention. – Lat. *evidentia,* de *videre,* «voir».

évident, ente [evidɑ̃, ɑ̃t] adj. Clair, manifeste. *Une erreur évidente.* – Lat. *evidens, evidentis.*

évider [evide] v. tr. [1] **1.** Creuser intérieurement. *Évider un fruit.* **2.** Pratiquer des vides dans (qqch); échancrer. – De *é-,* et *vider.*

évier [evje] n. m. Bac fermé par une bonde et alimenté en eau par un robinet, dans une cuisine. – Lat. pop. *aquarium,* de *aquarius,* «pour l'eau»; a. fr. *euwier.*

évincer [evɛ̃se] v. tr. [14] **1.** Écarter (qqn) par intrigue d'une position avantageuse. *Évincer ses concurrents.* **2.** DR Déposséder d'un droit. *Évincer un locataire.* – Lat. jur. *evincere,* rac. *vincere,* «vaincre».

évitable [evitabl] adj. Qui peut être évité. – De *éviter.*

évitage [evitaʒ] n. m. MAR Mouvement du navire qui évite; espace nécessaire pour ce mouvement. – De *éviter.*

évitement [evitmɑ̃] n. m. CH de F *Voie d'évitement,* servant à garer un train pour laisser la voie libre à un autre. – De *éviter.*

éviter [evite] **I.** v. tr. [1] **1.** Faire en sorte de ne pas heurter (qqn, qqch) ou d'échapper à (une chose fâcheuse). *Éviter un écueil. Éviter un malheur.* ▷ *Éviter un importun,* le fuir. **2.** S'abstenir de. *Éviter de regarder qqn.* **3.** Épargner (qqch à qqn). *Éviter une démarche à qqn.* **II.** v. intr. MAR Tourner autour de son ancre sous l'action du vent ou du courant, en parlant d'un navire. – Lat. *evitare.*

évocable [evɔkabl] adj. DR Qui peut être évoqué devant un tribunal. – De *évoquer.*

évocateur, trice [evɔkatœʀ, tʀis] adj. Qui est propre à évoquer. *Des mots évocateurs.* – De *évoquer,* d'après le lat. *evocator.*

évocation [evɔkasjõ] n. f. **1.** Action d'évoquer, de rendre présent à la mémoire ou à l'esprit. *Évocation d'un souvenir. Évocation d'un problème social.* **2.** Action de faire apparaître par des procédés magiques. *Évocation de démons.* **3.** DR Fait pour un tribunal supérieur d'appeler à lui, en vertu de son pouvoir de surveillance et de contrôle, une affaire portée devant un tribunal inférieur ou déjà jugée par ce dernier afin de se prononcer sur la légalité des décisions rendues. – Lat. jur. *evocatio.*

évocatoire [evɔkatwaʀ] adj. Qui donne lieu à une évocation. – Bas lat. *evocatorius,* «qui appelle».

évoé! ou **évohé!** [evɔe] interj. Cri poussé par les bacchantes en l'honneur de Dionysos. – Gr. *euoï;* lat. *euhoe.*

évolué, ée [evɔlɥe] adj. **1.** Parvenu à un haut degré de culture, de civilisation. **2.** BIOL Qui a atteint un certain stade d'évolution (sens 2). – Pp. de *évoluer.*

évoluer [evɔlɥe] v. intr. [1] **1.** Se transformer progressivement (personnes ou choses). *Situation, homme politique qui évolue.* **2.** Exécuter des évolutions, des manœuvres. *Troupes, avions qui évoluent.* ▷ Fig. *Les patineurs évoluaient sur la glace.* – De *évolution.*

évolutif, ive [evɔlytif, iv] adj. Qui peut évoluer ou produire l'évolution. ▷ MED Se dit d'une affection ou d'une lésion qui s'aggrave. – De *évolution.*

évolution [evɔlysjõ] n. f. **I. 1.** Transformation graduelle, développement progressif. *Évolution des mœurs, d'une personne. Évolution d'une maladie, d'une affection.* **2.** BIOL *Évolution des êtres vivants,* ensemble de leurs transformations élémentaires dues aux mutations génétiques, en liaison avec la sélection qu'opère le milieu de vie. **II.** Mouvement d'ensemble. *Évolution d'une armée, d'une formation aérienne.* – Plur. Série de mouvements divers. *Évolutions d'un cheval de cirque.* – Lat. *evolutio,* «action de dérouler».

ENCYCL **Biol.** La théorie de l'évolution s'appuie sur trois grandes disciplines biologiques. 1° La *paléontologie:* elle fournit des séries d'animaux d'époques géologiques différentes dont les transformations, faibles d'un spécimen à un autre, montrent avec netteté que la forme la plus récente dérive de la plus ancienne. 2° L'*embryologie* et l'*anatomie comparée :* au cours de l'embryogenèse, un animal passe par des stades comportant des organes et formations transitoires que l'on retrouve chez des animaux beaucoup plus primitifs; ainsi, le cœur embryonnaire des mammifères passe par les stades «cœur de poisson» puis «cœur de reptile». 3° La *génétique:* en étudiant les mutations elle a prouvé que les mécanismes fondamentaux des diverses transformations des espèces sont aléatoires; la modification, la création ou la perte de gènes donnent le jour à des individus nouveaux qui sont ensuite sélectionnés par le milieu, les formes non viables étant rejetées. L'évolution est irrégulière; certaines espèces du Primaire (tortues, par ex.) demeurent auj. presque telles quelles, alors que coexistent, issus d'une même souche lointaine, des «cousins» encore primitifs et des «cousins» fortement évolués (ex.: le cœlacanthe et l'homme).

évolutionnisme [evɔlysjɔnism] n. m. **1.** BIOL Théorie suivant laquelle les espèces actuelles dérivent de formes anciennes, selon des modalités que les lamarckiens et les darwiniens apprécient différemment. **2.** PHILO Théorie, doctrine fondée sur la notion d'évolution (sens I, 2). – De *évolution.*

évolutionniste [evɔlysjɔnist] adj. Relatif à l'évolutionnisme. ▷ Subst. Partisan de l'évolutionnisme. – De *évolution.*

évoquer [evɔke] v. tr. [1] **1.** Rendre (une chose) présente à la mémoire, à l'esprit en en parlant, en y faisant allusion (personnes). *Évoquer son enfance. Évoquer une question.* **2.** Faire songer à (choses). *Une odeur qui évoque la mer.* **3.** Faire apparaître par des procédés magiques. *Évoquer les esprits.* **4.** DR *Évoquer une cause :* appeler à soi une affaire de la compétence d'un tribunal inférieur (en parlant d'un tribunal supérieur). – Lat. *evocare,* de *vocare,* «appeler».

evzone [e(ɛ)vzo(ɔ)n] n. m. Soldat de l'infanterie grecque portant une jupe courte (la fustanelle). – Gr. *euzônos,* «qui a une belle ceinture».

ex-. Élément, du lat. *ex,* «hors de».

ex [ɛks] Particule qui, placée devant un nom (et jointe à lui par un trait d'union, dans la langue écrite), implique l'antériorité de la qualité ou de l'état exprimé par le nom. *Mon ex-mari.* – Mot lat., «hors de».

ex abrupto [ɛksabʀypto] loc. adv. Brusquement, sans préambule. *Aborder une question ex abrupto.* – Mots lat., de *ex,* «hors de», et *abruptus,* «abrupt».

exacerbation [egzasɛʀbasjõ] n. f. MED Exagération transitoire des symptômes d'une maladie. ▷ Fig. Litt.

Exaspération, paroxysme, apogée (d'une sensation, d'un sentiment). – Lat. *exacerbatio*, «irritation».

exacerber [egzasɛʀbe] v. tr. [1] Rendre plus aigu, plus intolérable (une douleur, un sentiment). – Lat. *exacerbare*.

exact, acte [egza(kt), egzakt] adj. **1.** Qui arrive à l'heure fixée (personnes). *Il était exact au rendez-vous.* **2.** Rigoureusement conforme à la réalité, à la logique. *Récit exact des événements. Calcul exact.* ▷ *Les sciences exactes :* les sciences mathématiques et physiques. – Lat. *exactus*, «accompli».

exactement [egzaktəmɑ̃] adv. **1.** D'une manière exacte, précise, conforme à la réalité. **2.** Tout à fait. – De *exact*.

exaction [egzaksjɔ̃] n. f. Action d'exiger plus qu'il n'est dû. *Les exactions d'un usurier.* – Lat. *exactio*.

exactitude [egzaktityd] n. f. **1.** Qualité d'une personne exacte. *Exactitude militaire.* **2.** Conformité rigoureuse, précision. *Exactitude d'un raisonnement.* – De *exact*.

ex æquo [egzeko] loc. adv. À égalité (en parlant de concurrents). *Un premier prix ex æquo.* ▷ N. inv. *Plusieurs ex æquo.* – Loc. lat.

exagération [egzaʒeʀasjɔ̃] n. f. Action d'exagérer; son résultat. – Lat. *exaggeratio*, «accumulation».

exagéré, ée [egzaʒeʀe] adj. Outré, excessif. *Des louanges exagérées.* – Pp. de *exagérer*.

exagérément [egzaʒeʀemɑ̃] adv. D'une façon exagérée. – De *exagéré*.

exagérer [egzaʒeʀe] v. tr. [16] **1.** Présenter (qqch) comme plus grand, plus important qu'il n'est en réalité. *Exagérer l'importance d'un événement. Exagérer les proportions dans un dessin.* **2.** (S. comp.) Aller au-delà de ce qui est convenable. *Il exagère!* – Lat. *exaggerare*, «entasser».

exaltant, ante [egzaltɑ̃, ɑ̃t] adj. Qui exalte, qui suscite l'enthousiasme. *Aventure exaltante.* – Ppr. de *exalter*.

exaltation [egzaltasjɔ̃] n. f. **1.** Litt. Action d'exalter, de glorifier. *Exaltation des mérites de qqn.* **2.** Vive excitation de l'esprit. *Parler avec exaltation.* – Bas lat. ecclés. *exaltatio*, «action d'élever, orgueil».

exalter [egzalte] v. tr. [1] **1.** Litt. Louer hautement (une qualité, une personne). *Exalter les vertus d'un saint. Exalter un homme illustre.* **2.** Élever (l'esprit) par la passion, l'enthousiasme. *Exalter l'imagination.* – Par ext. *Exalter son auditoire.* ▷ V. pron. *S'exalter.* – Lat. *exaltare*.

examen [egzamɛ̃] n. m. **1.** Considération attentive; observation minutieuse. *L'examen d'un dossier. Un examen médical.* ▷ RELIG CATHOL *Examen de conscience :* recherche des fautes que l'on a commises et que l'on doit confesser. *Par ext.* Action de considérer ses actes sous l'angle de la morale. ▷ *Libre examen :* fait de ne croire que ce qui est contrôlé par la raison. **2.** Épreuve ou ensemble d'épreuves que subit un candidat afin que l'on puisse juger de ses connaissances, de ses compétences. *Être reçu à un examen.* – Mot lat., «aiguille de balance», de *exigere*, «peser».

examinateur, trice [egzaminatœʀ, tʀis] n. Personne qui fait passer un examen à des candidats. – Bas lat. *examinator*.

examiner [egzamine] v. tr. [1] **1.** Considérer, observer attentivement. *Examiner un tableau, un compte.* **2.** Faire passer un examen à (un candidat). – Lat. *examinare*, «peser, mettre en équilibre».

exanthémateux, euse [egzɑ̃tematø, øz] adj. Qui a la nature d'un exanthème; relatif aux exanthèmes. – De *exanthème*.

exanthème [egzɑ̃tɛm] n. m. MED Rougeur cutanée sans papules ni vésicules, observée dans des maladies infectieuses, telles la scarlatine, la rougeole, la rubéole, etc. – Lat. méd. *exanthema*, mot gr. «efflorescence».

exarchat [egzaʀka] n. m. **1.** HIST. Région commandée par un exarque. **2.** Dignité d'exarque. **3.** Circonscription ecclésiastique d'une église orthodoxe ou d'une église catholique de rite oriental. – De *exarque*.

exarque [egzaʀk] n. m. **1.** HIST Chef civil ou ecclésiastique, dans l'ancien empire d'Orient. **2.** Chef religieux d'un exarchat (sens 3). – Lat. *exarchus*, du gr. *exarkhos*, de *arkhein*, «commander».

exaspérant, ante [egzaspeʀɑ̃, ɑ̃t] adj. Qui exaspère. – Ppr. de *exaspérer*.

exaspération [egzaspeʀasjɔ̃] n. f. **1.** Vive irritation. **2.** Augmentation d'une souffrance physique ou morale à un degré extrême. – Bas lat. *exasperatio*.

exaspérer [egzaspeʀe] v. tr. [16] **1.** Irriter violemment (qqn). *Son attitude m'exaspère.* **2.** Augmenter l'intensité de (une douleur physique, un sentiment pénible). *Exaspérer la haine de qqn.* – Lat. *exasperare*, «rendre rude, raboteux».

exaucement [egzosmɑ̃] n. m. Litt. Action d'exaucer; son résultat. – De *exaucer*.

exaucer [egzose] v. tr. [14] **1.** Accueillir favorablement (un vœu, une prière). **2.** Satisfaire (qqn) dans sa demande. *Le ciel nous a exaucés.* – Var. d'**exhausser*, au sens fig. de «écouter une prière», avec infl. du lat. *exaudire*.

ex cathedra [ɛkskatedʀa] loc. adv. Du haut de la chaire, avec l'autorité de son titre. *Quand le pape parle ex cathedra, il parle en qualité de chef de l'Église.* – Lat. ecclés. mod.

excavateur [ɛkskavatœʀ] n. m. ou **excavatrice** [ɛkskavatʀis] n. f. TRAV PUBL Engin de terrassement sur chenilles, équipé de godets à bords tranchants montés sur une chaîne sans fin, permettant l'extraction de terres ou matériaux. – De *excaver*, d'après l'angl. *excavator*.

excavation [ɛkskavasjɔ̃] n. f. **1.** Cavité dans le sol. *Une excavation produite par l'eau.* **2.** Rare Action d'excaver. – Lat. *excavatio*.

excaver [ɛkskave] v. tr. [1] Creuser (le sol). – Lat. *excavare*.

excédent [eksedɑ̃] n. m. Ce qui dépasse le nombre, la quantité prévus. *Un excédent de bagages.* – *En excédent:* en surnombre. – Lat. *excedens*, ppr. de *excedere*.

excédentaire [eksedɑ̃tɛʀ] adj. Qui est en excédent. – De *excédent*.

excéder [eksede] v. tr. [16] **I.** *Excéder qqch.* **1.** Dépasser en quantité, en valeur. *Les frais excèdent les bénéfices.* **2.** Outrepasser (certaines limites). *Excéder son autorité.* **II.** *Excéder qqn*, le lasser, l'importuner à l'excès. *Son bavardage m'excède.* ▷ Vx Épuiser. *Ce travail m'a excédé.* – Lat. *excedere*, «sortir de».

excellemment [ɛksɛlamɑ̃] adv. D'une manière excellente. – De *excellent*.

excellence [ɛksɛlɑ̃s] n. f. **1.** Haut degré de perfection. *L'excellence d'un repas.* ▷ Loc. adv. *Par excellence:* au plus haut degré dans son genre. **2.** Titre honorifique donné à un ministre, un archevêque, un évêque, un ambassadeur. *Son Excellence.* (Abrév. *S.E.*) – Lat. *excellentia*.

excellent, ente [ɛksɛlɑ̃, ɑ̃t] adj. Qui excelle dans son genre. *Un vin excellent. Un homme excellent*, très bon. – Lat. *excellens*.

exceller [ɛksele] v. intr. [1] Montrer des qualités supérieures, se montrer excellent (personnes). *Exceller à faire un travail.* – Lat. *excellere.*

excentration [eksɑ̃tʀasjɔ̃] n. f. TECH Action d'excentrer. ▷ Non-coïncidence du centre d'une pièce par rapport à un axe de rotation. – De *excentrer.*

excentrer [eksɑ̃tʀe] v. tr. [1] **1.** TECH Déplacer le centre, l'axe de rotation de. **2.** Cour. Centrer en un point qui n'est pas le centre géométrique. – De *ex-*, et *centrer.*

excentricité [eksɑ̃tʀisite] n. f. **I. 1.** TECH Éloignement du centre. ▷ GEOM Rapport entre la distance des deux foyers d'une ellipse et la longueur du grand axe. – ASTRO *Excentricité de l'orbite d'une planète.* **2.** *Excentricité d'une zone d'habitation,* son éloignement du centre de la ville. **II. 1.** Manière d'être, d'agir qui s'éloigne des manières usuelles. *Se conduire avec excentricité.* **2.** Action excentrique. *Se livrer à des excentricités.* – Lat. médiév. *excentricitas.*

excentrique [eksɑ̃tʀik] adj. et n. **I.** adj. **1.** Qui a ou dénote de l'excentricité, de la bizarrerie. *Personne, robe excentrique.* ▷ Subst. *Un, une excentrique.* **2.** GEOM Dont les centres ne coïncident pas. **3.** *Quartier excentrique,* éloigné du centre de la ville. **II.** n. m. MECA Pièce dont l'axe de rotation ne passe pas par le centre, qui permet de transformer un mouvement circulaire continu en un mouvement linéaire alternatif. – Lat. médiév. *excentricus.*

excentriquement [eksɑ̃tʀikmɑ̃] adv. D'une façon excentrique. – De *excentrique.*

excepté, ée [ɛksɛpte] prép. et adj. **1.** prép. invar. (placé devant le nom). Sauf, en excluant. *Ouvert tous les jours excepté le dimanche.* **2.** adj. (placé après le nom). Non compris, mis à part. *L'aînée exceptée, ses enfants sont roux.* – Pp. de *excepter.*

excepter [ɛksɛpte] v. tr. [1] Ne pas comprendre dans (un ensemble). *Énumérez tous les noms sans en excepter un seul.* – Lat. *exceptare,* «recevoir».

exception [ɛksɛpsjɔ̃] n. f. **1.** Action d'excepter. *Sans exception.* ▷ DR Moyen de défense consistant à établir qu'une demande ne peut être accueillie pour des raisons de forme, sans que le bien-fondé en soit contesté. ▷ *D'exception:* exceptionnel. – DR Qui est hors du droit commun. *Juridiction d'exception.* **2.** Ce qui n'est pas soumis à la règle. *Une exception grammaticale.* ▷ *Faire exception:* sortir de la règle générale. **3.** loc. prép. *À l'exception de:* hormis. *À l'exception d'un seul.* – Lat. *exceptio.*

exceptionnel, elle [ɛksɛpsjɔnɛl] adj. **1.** Qui fait exception. *Des mesures exceptionnelles.* **2.** Extraordinaire, remarquable. *Un cas exceptionnel.* – De *exception.*

exceptionnellement [ɛksɛpsjɔnɛlmɑ̃] adv. D'une manière exceptionnelle, par extraordinaire. – De *exceptionnel.*

excès [ɛksɛ] n. m. **1.** Ce qui dépasse la mesure. *Un excès de zèle.* Ant. manque, défaut. **2.** Acte dénotant la démesure, l'outrance, le dérèglement. *Faire des excès.* **3.** loc. adv. *À l'excès, jusqu'à l'excès:* excessivement, à l'extrême. *Être économe à l'excès.* – Bas lat. *excessus.*

excessif, ive [eksesif, iv] adj. **1.** Qui excède la juste mesure. *Un prix excessif. Être excessif dans ses sentiments.* **2.** (Emploi critiqué) Très grand, extrême. *Une excessive gentillesse.* – De *excès.*

excessivement [eksesivmɑ̃] adv. **1.** Beaucoup trop. *Boire excessivement.* **2.** (Emploi critiqué) Très, extrêmement. *Elle est excessivement jolie.* – De *excessif.*

exciper [eksipe] v. intr. [1] LITT *Exciper de:* étayer sa défense sur; faire état de. *Exciper de sa bonne foi.* ▷ DR Alléguer une exception en justice. *Exciper de l'autorité de la chose jugée.* – Lat. jur. *excipere,* «excepter».

excipient [eksipjɑ̃] n. m. PHARM Substance à laquelle on incorpore un médicament pour en faciliter l'absorption. – Lat. *excipiens,* de *excipere,* «recevoir».

exciser [ɛ(e)ksize] v. tr. [1] Ôter en coupant (une partie d'organe, une tuméfaction de petit volume). ▷ ANTHROP Pratiquer l'ablation rituelle du clitoris. – Du rad. de *excision.*

excision [ɛ(e)ksizjɔ̃] n. f. Action d'exciser. – Lat. *excisio,* de *excidere,* «couper».

excitabilité [eksitabilite] n. f. PHYSIOL Propriété d'un organisme de répondre ou de réagir à l'action de stimulants. – De *excitable.*

excitable [eksitabl] adj. Qui peut être excité; facile à exciter. – De *exciter.*

excitance [eksitɑ̃s] n. f. PHYS Grandeur photométrique caractérisant le rayonnement électromagnétique émis dans toutes les directions de l'espace par une portion de source.

excitant, ante [eksitɑ̃, ɑ̃t] adj. Qui excite, stimule. *Une histoire excitante.* ▷ N. m. *Le café est un excitant.* – Ppr. de *exciter.*

excitateur, trice [eksitatœʀ, tʀis] n. **1.** Litt. Personne qui excite. **2.** n. m. PHYS Appareil servant à décharger un condensateur. – Bas lat. *excitator,* «celui qui réveille».

excitation [eksitasjɔ̃] n. f. **1.** Action d'exciter (l'esprit, une personne); son résultat. *Excitation à la violence. Son excitation est extrême.* **2.** PHYSIOL État d'activité d'un élément nerveux ou musculaire, s'accompagnant de phénomènes électriques et physico-chimiques. **3.** ELECTR Production d'un champ magnétique dans un moteur ou un générateur au moyen des électroaimants du circuit inducteur. **4.** PHYS NUCL *Excitation d'un atome, d'une molécule:* passage du niveau d'énergie de cet atome, de cette molécule à un autre, plus élevé. – Bas lat. *excitatio.*

excité, ée [eksite] adj. **1.** Qui est dans un état de grande excitation; agité, énervé. ▷ Subst. *Une poignée d'excités.* **2.** PHYS *Atome excité,* devenu plus réactif sous l'effet d'une action extérieure (rayonnement, etc.). – Pp. de *exciter.*

exciter [eksite] v. tr. [1] **1.** Stimuler l'activité (du système nerveux, de l'esprit, etc.). *Exciter l'imagination.* – Par ext. *Être excité par une drogue, une idée.* ▷ *Spécial.* Irriter. *Exciter un animal.* – Provoquer le désir sensuel chez (qqn). ▷ V. pron. *S'exciter.* **2.** *Exciter à :* entraîner, pousser à. *Exciter le peuple à la révolte.* **3.** Faire naître ou rendre plus vif (une sensation, un sentiment). *Exciter l'appétit. Exciter la rage de qqn.* **4.** ELECTR Envoyer un courant continu dans le circuit inducteur d'un moteur ou d'un générateur. – Lat. *excitare,* «mettre en mouvement».

exclamatif, ive [ɛksklamatif, iv] adj. Qui marque l'exclamation. – De *exclamer.*

exclamation [ɛksklamasjɔ̃] n. f. **1.** Cri, expression traduisant l'émotion, la surprise. *Pousser une exclamation.* **2.** *Point d'exclamation :* signe de ponctuation (!) utilisé après une exclamation. – Lat. *exclamatio,* de *exclamare,* rac. *clamare,* «crier».

exclamer (s') [ɛksklame] v. pron. [11] Pousser des exclamations. *S'exclamer d'admiration.* – Lat. *exclamare* (V. exclamation).

exclure [ɛksklyʀ] v. tr. [58] **1.** Mettre dehors, renvoyer (qqn). *Exclure qqn d'un groupe.* **2.** Ne pas admettre (qqn, qqch). *Exclure qqn d'un partage. Exclure une hypothèse.* **3.** Être incompatible avec. *La pauvreté n'exclut pas la fierté.* – Lat. *excludere,* de *ex-,* et *claudere,* «fermer».

exclusif, ive [ɛksklyzif, iv] adj. **1.** Qui est le privilège de qqn à l'exclusion des autres. *Pouvoir exclusif.* ▷ COMM *Un produit exclusif.* **2.** Qui ne s'intéresse qu'à son objet en excluant le reste. *Amour exclusif.* – Lat. scolast. médiév. *exclusivus,* de *excludere.*

exclusion [ɛksklyzjõ] n. f. **1.** Action d'exclure. ▷ Loc. prép. *À l'exclusion de... :* en excluant. **2.** PHYS NUCL *Principe d'exclusion de Pauli-Fermi,* selon lequel deux particules ne peuvent être dans le même état (de position, de spin, d'énergie). – Lat. *exclusio.*

exclusive [ɛksklyziv] n. f. Mesure d'exclusion. *Prononcer, jeter l'exclusive contre qqn.* – Fém. subst. de *exclusif.*

exclusivement [ɛksklyzivmɑ̃] adv. **1.** Uniquement. *Étudier exclusivement la chimie.* **2.** En n'incluant pas. *De janvier à juillet exclusivement.* – De *exclusif.*

exclusivisme [ɛksklyzivism] n. m. Rare Manière d'être d'une personne exclusive. – De *exclusif.*

exclusivité [ɛksklyzivite] n. f. Droit exclusif de vendre un produit. – Spécial. *Journal qui a l'exclusivité d'un reportage, d'une photo. Film qui passe en exclusivité.* ▷ *Par ext.* Produit vendu, exploité par une seule firme. *C'est une exclusivité de notre maison.* – *Spécial.* Information importante donnée par un journal. – De *exclusif.*

excommunication [ɛkskɔmynikasjõ] n. f. **1.** Sanction par laquelle l'autorité ecclésiastique sépare un chrétien de la communauté des fidèles. **2.** *Par ext.* Exclusion d'une société, d'un groupe. – Bas lat. ecclés. *excommunicatio.*

excommunier [ɛkskɔmynje] v. tr. [1] Prononcer l'excommunication de. – Lat. ecclés. *excommunicare,* «mettre hors de la communauté».

excoriation [ɛkskɔʀjasjõ] n. f. Écorchure superficielle de la peau. – De *excorier.*

excorier [ɛkskɔʀje] v. tr. [1] Écorcher légèrement (la peau). – Bas lat. *excoriare,* de *ex,* et *corium,* «cuir, peau».

excrément [ekskʀemɑ̃] n. m. Toute matière évacuée du corps de l'homme ou des animaux par les voies naturelles (urine, sueur, matières fécales). – Spécial. *Les excréments :* les matières fécales. ▷ Fig., vx Chose ou personne vile, déchet. *«Excrément de la terre»* (La Fontaine). – Lat. méd. *excrementum,* «sécrétion».

excrémentiel, ielle [ekskʀemɑ̃sjɛl] adj. Relatif aux excréments; de la nature des excréments. – De *excrément.*

excréter [ekskʀete] v. tr. [16] PHYSIOL Évacuer, éliminer par excrétion. – Pp. *Matières excrétées.* – De *excrétion.*

excréteur, trice [ekskʀetœʀ, tʀis] ou **excrétoire** [ekskʀetwaʀ] adj. PHYSIOL Qui excrète. *Canaux excréteurs.* – De *excrétion.*

excrétion [ekskʀesjõ] n. f. **1.** PHYSIOL Processus par lequel le produit de la sécrétion d'une glande est rejeté hors de celle-ci (par un ou des canaux). – *Spécial.* Rejet des déchets de l'organisme (partic. des déchets de la nutrition). **2.** Au pl. Les substances excrétées elles-mêmes. – Bas lat. *excretio,* «action de séparer».

excroissance [ekskʀwasɑ̃s] n. f. Tumeur de la peau ou des muqueuses, formant une proéminence superficielle (verrue, polype, etc.). ▷ BOT Boursouflure produite par un parasite, une cicatrisation, etc., sur un végétal. – Du bas lat. *excrescentia,* de *excrescere,* «croître».

excursion [ekskyʀsjõ] n. f. Parcours et visite d'une région dans un but touristique. *Faire une excursion dans les Laurentides.* – Lat. *excursio,* «voyage, incursion, digression».

excursionner [ekskyʀsjɔne] v. intr. [1] Faire une excursion. – De *excursion.*

excursionniste [ekskyʀsjɔnist] n. Vieilli Personne qui fait une excursion. – De *excursion.*

excusable [e(ɛ)kskyzabl] adj. Qui peut être excusé. – De *excuser.*

excuse [e(ɛ)kskyz] n. f. **1.** Raison que l'on apporte pour se disculper ou disculper qqn. ▷ DR *Excuses légales:* faits déterminés par la loi, qui entraînent une diminution *(excuses atténuantes)* ou une exemption *(excuses absolutoires)* de la peine. **2.** Raison alléguée pour se soustraire à une obligation ou pour justifier le fait de s'y être soustrait. *Il a toujours de bonnes excuses pour ne pas faire son travail.* ▷ DR Motif légal allégué pour être dispensé de siéger comme juré, d'être tuteur, etc. **3.** Témoignage des regrets que l'on a d'avoir offensé qqn, de lui avoir causé du tort. *Faire des excuses à qqn.* – Déverbal de *excuser.*

excuser [e(ɛ)kskyze] **I.** v. tr. [1] **1.** Pardonner (une personne, une action); ne pas tenir rigueur à qqn de (qqch). *Nous ne pouvons excuser une telle erreur. Excusez-moi de vous avoir dérangé.* **2.** Servir d'excuse à. *Sa jeunesse excuse son impertinence.* ▷ *Excusez-moi* (formule de politesse). *Excusez-moi, monsieur, vous avez l'heure? Excusez-moi de vous contredire.* **3.** Dispenser (qqn) d'une obligation. *À l'assemblée générale, étaient excusés les représentants suivants...* **II.** v. pron. **1.** Présenter ses excuses. *Il s'excuse de ne pas venir.* **2.** (Passif.) Être tolérable, pardonnable. *C'est une erreur qui ne peut s'excuser.* – Lat. *excusare,* «mettre hors de cause».

exeat [egzeat] n. m. inv. **1.** Vx Permission de sortir; billet qui l'atteste. **2.** RELIG CATHOL Permission de quitter son diocèse donnée par un évêque à un ecclésiastique. – Mot lat., «qu'il sorte».

exécrable [egzekʀabl] adj. **1.** Vx Dont on doit avoir horreur. *Un crime exécrable.* **2.** Mod. Très mauvais. *Un vin exécrable.* – Lat. *execrabilis.*

exécrablement [egzekʀabləmɑ̃] adv. D'une façon exécrable. – De *exécrable.*

exécration [egzekʀasjõ] n. f. **1.** Litt. Horreur extrême, dégoût, aversion. *Être voué à l'exécration des siens.* **2.** Personne, chose que l'on exècre. – Lat. *execratio.*

exécrer [egzekʀe] v. tr. [16] Abhorrer, haïr; avoir une vive répugnance pour. – Lat. *execrari,* «maudire».

exécutable [egzekytabl] adj. Qui peut être exécuté (choses). *Projet facilement exécutable.* – De *exécuter.*

exécutant, ante [egzekytɑ̃, ɑ̃t] n. **1.** Personne qui exécute une chose (par oppos. à celle qui la commande ou la conçoit). *Ce ne sont que des exécutants, c'est leur chef qu'il faut punir.* **2.** MUS Musicien qui joue sa partie dans un orchestre. *Un orchestre de cinquante exécutants.* – Ppr. subst. de *exécuter.*

exécuter [egzekyte] **A.** v. tr. [1] **I.** *Exécuter qqch.* **1.** Mettre à effet, accomplir. *Exécuter un projet, une mission, des ordres.* ▷ Rendre effectif (un acte). *Exécuter un traité, un contrat.* **2.** Faire, réaliser (un ouvrage). *Exécuter un tableau, une fresque.* **3.** MUS Jouer, chanter, représenter (une œuvre musicale). *Exécuter une sonate, un opéra.* **4.** Faire (un mouvement réglé d'avance). *Exécuter un pas de danse.* **II.** *Exécuter qqn.* Mettre à mort par autorité de justice (dans les pays où la peine de mort n'a pas été abolie). *Le condamné à mort a été exécuté ce matin à l'aube.* ▷ *Par ext.* Tuer, abattre (avec préméditation, de sang-froid). *Les gangsters ont exécuté tous leurs otages.* **B.** v. pron. *S'exécuter:* se déterminer à faire une chose (partic. une chose pénible). *On le menaçait de saisie s'il ne payait pas, il s'est exécuté sur-le-champ.* – Du rad. de **exécuteur, *exécution.*

exécuteur, trice [egzekytœʀ, tʀis] n. Personne qui exécute. **1.** DR *Exécuteur testamentaire,* chargé par le testateur de l'exécution du testament. **2.** *L'exécuteur des hautes œuvres:* le bourreau. – Lat. *executor,* de *exsequi,* «accomplir, poursuivre».

exécutif, ive [egzekytif, iv] adj. Chargé de faire exécuter les lois; relatif à leur exécution. *Le pouvoir exécutif,* ou, n. m., *l'exécutif.* – De *exécuter.*

exécution [egzekysjõ] n. f. **1.** Action d'exécuter, d'accomplir une chose. *L'exécution d'une promesse.* ▷ DR Action de mettre à effet; son résultat. *Exécution d'une sentence, d'une peine.* **2.** Action de réaliser (ce qui a été conçu). *L'exécution des travaux a été confiée à cette entreprise.* **3.** MUS Réalisation vocale ou instrumentale d'une œuvre. *Une symphonie grandiose gâchée par une exécution déplorable.* **4.** Action d'exécuter qqn. *L'exécution d'un condamné à mort,* ou *exécution capitale.* – Lat. *executio,* de *exsequi,* «accomplir, poursuivre».

exécutoire [egzekytwaʀ] adj. DR Qui doit être mis à exécution; qui permet de mettre à exécution. *Les lois sont exécutoires à partir de leur promulgation. Formule exécutoire:* formule figurant sur les décisions de justice et les actes notariés, par laquelle il est ordonné aux agents de la force publique de prêter main-forte à leur exécution (ces actes et décisions ont ainsi *force exécutoire*). – Bas lat. *executorius.*

exèdre [egzɛdʀ] n. f. **1.** ANTIQ Salle de réunion munie de sièges. **2.** ARCHEOL La partie du fond d'une basilique chrétienne munie d'un banc en demi-cercle; ce banc lui-même. – Gr. *exedra.*

exégèse [egzeʒɛz] n. f. Critique et interprétation philologique, historique, etc., des textes, en partic. de la Bible. *L'exégèse biblique moderne s'attache à l'étude des textes les plus anciens.* – Gr. *exêgêsis,* «explication».

exégète [egzeʒɛt] n. m. **1.** ANTIQ GR Interprète officiel des rites, des oracles. **2.** Personne qui se consacre à l'exégèse. – Gr. *exêgêtês,* «qui dirige, interprète».

exégétique [egzeʒetik] adj. Qui concerne l'exégèse, qui sert à interpréter. – Gr. *exêgêtikos,* «propre à expliquer».

1. exemplaire [egzɑ̃plɛʀ] n. m. Chacun des objets (livre, gravure, médaille, etc.) tirés en série d'après un type commun. *Roman tiré à dix mille exemplaires. – Contrat en trois exemplaires.* – Lat. *exemplarium.*

2. exemplaire [egzɑ̃plɛʀ] adj. **1.** Qui peut servir d'exemple, de modèle. *Une conduite exemplaire.* **2.** Dont la rigueur doit servir de leçon. *Une sanction exemplaire.* – Lat. *exemplaris.*

exemplairement [egzɑ̃plɛʀmɑ̃] adv. D'une manière exemplaire. – De *exemplaire.*

exemplarité [egzɑ̃plaʀite] n. f. Caractère de ce qui est exemplaire. *L'exemplarité de la peine.* – De *exemplaire.*

exemple [egzɑ̃pl] n. m. **1.** Action que l'on considère comme pouvant ou devant être imitée. *Donner l'exemple, le bon exemple. Suivre l'exemple de ses aînés.* ▷ Loc. prép. *À l'exemple de:* en se conformant à l'exemple donné par, en imitant. *À l'exemple des Anciens.* ▷ Personne servant de modèle, digne d'en servir. *Un exemple pour les jeunes gens.* **2.** Peine, châtiment qui peut servir de leçon. *Punir qqn pour l'exemple. Faire un exemple.* **3.** Acte, événement, personnage analogue à celui dont on parle et auquel on se réfère pour appuyer son propos. *L'Histoire est pleine de pareils exemples.* ▷ *Spécial.* Texte, phrase, expérience cités comme cas particulier illustrant une règle générale, une théorie, etc. *Un exemple vous aidera à comprendre.* **4.** loc. adv. *Par exemple* (pour introduire un exemple). *Prenez, par exemple, le produit de 2 par 3. Dans une opération quelconque, une multiplication, par exemple...* **5.** loc. exclam. *Par exemple!* (marquant la surprise, l'incrédulité). *Ah çà, par exemple!* – Lat. *exemplum.*

exemplification [egzɑ̃plifikasjõ] n. f. Action d'exemplifier; son résultat. – De *exemplifier.*

exemplifier [egzɑ̃plifje] v. tr. [1] Expliquer, illustrer par un exemple. – De *exemple,* et *-fier.*

exempt, empte [e(ɛ)gzɑ̃, ɑ̃t] adj. **1.** Dispensé de, non assujetti à. *Exempt d'impôt.* **2.** Garanti, préservé. *Exempt d'infirmité.* **3.** Dépourvu, sans. *Un compte exempt d'erreurs.* – Lat. *exemptus,* pp. de *eximere,* «tirer hors de, affranchir».

exempter [e(ɛ)gzɑ̃te] v. tr. [1] Dispenser de, affranchir de (une charge, une obligation). *Exempter d'impôts.* – De *exempt* 1.

exemption [e(ɛ)gzɑ̃psjõ] n. f. Dispense, affranchissement. *Demander une exemption d'éducation physique.* – Lat. *exemptio.*

exequatur [egzekwatyʀ] n. m. inv. Autorisation donnée par le chef de l'État à un consul étranger d'exercer ses fonctions dans le pays où il réside. – Mot lat., «qu'il exécute».

exercer [egzɛʀse] **I.** v. tr. [14] **1.** Dresser, former par une pratique fréquente. *Exercer des soldats. Exercer un cheval.* **2.** Mettre fréquemment en activité (une faculté) pour la développer. *Exercer sa mémoire, son intelligence.* ▷ Par ext. *Exercer la patience de qqn,* la mettre à l'épreuve. **3.** Pratiquer (une profession). *Exercer un métier. Exercer la médecine.* ▷ (S. comp.) *Il exerce déjà.* **4.** Faire usage de. *Exercer un droit. Exercer ses talents.* **5.** Produire, faire (un effet). *Exercer de l'influence sur qqn.* **II.** v. pron. **1.** S'entraîner par la pratique. *S'exercer à chanter.* **2.** (Passif.) Se faire sentir. *Force qui s'exerce sur un corps.* – Lat. *exercere,* «mettre ou tenir en mouvement».

exercice [egzɛʀsis] n. m. **1.** Action d'exercer, de s'exercer. *Apprendre qqch par un long exercice.* **2.** Action d'user de qqch. *L'exercice d'un droit.* **3.** Action de remplir des fonctions. *Dans l'exercice de ses fonctions.* **4.** Travail propre à exercer (un organe, une faculté). *Exercices pour la voix. Exercices de rééducation d'un membre malade.* ▷ Devoir donné aux élèves pour qu'ils s'exercent à faire ce qu'ils ont appris. *Exercice grammatical.* **5.** Mouvement pour exercer le corps. *Vous ne faites pas assez d'exercice.* ▷ MILIT Action de s'exercer au maniement des armes, à la pratique militaire. *Faire faire l'exercice aux jeunes recrues.* **6.** FIN Période (généralement de 12 mois) comprise entre deux inventaires, entre deux budgets consécutifs. *Bilan de fin d'exercice.* – Lat. *exercitium,* de *exercere.* (V. exercer.)

exerciseur [egzɛʀsizœʀ] n. m. SPORT Appareil servant à développer les muscles. – Angl. *exerciser.*

exérèse [egzeʀɛz] n. f. CHIR Ablation chirurgicale d'un organe, d'un tissu, ou extraction d'un corps étranger. – Gr. *exairêsis,* de *exairein,* «retirer».

exergue [egzɛʀg] n. m. **1.** Espace réservé sur une médaille pour y graver une date, une devise; cette inscription. **2.** Fig. Avertissement, citation, placés avant le début d'un texte et nettement séparés de lui, destinés à en éclairer le sens ou à l'appuyer. *Mettre un proverbe en exergue.* – Lat. mod. *exergum,* «espace hors d'œuvre», gr. *ergon,* «œuvre».

exfoliation [ɛksfɔljasjõ] n. f. **1.** Chute de l'écorce d'un arbre. ▷ Fait, pour une roche, de se détacher naturellement en plaques (ex.: les lauzes) ou en bancs (ex.: les schistes). **2.** MED Séparation par lamelles des parties mortes d'un os, d'un tendon, etc. **3.** MED Traitement de la peau qui consiste à faire desquamer la couche superficielle de l'épiderme, lorsque celui-ci est marqué par des cicatrices ou des défauts, afin de provoquer la repousse d'une nouvelle couche épidermique. – De *exfolier.*

exfolier [ɛksfɔlje] v. tr. [1] Séparer en lames fines, en plaques. *Exfolier de l'ardoise, du schiste. Exfolier un tronc d'arbre,* le débarrasser de son écorce. – V. pron. *Tronc d'un bouleau qui s'exfolie.* – Lat. imp. *exfoliare,* de *folium,* «feuille».

exhalaison [egzalɛzõ] n. f. Gaz, odeur, vapeur qui s'exhale d'un corps. *Des exhalaisons pestilentielles.* – De *exhaler.*

exhalation [egzalasjõ] n. f. Action d'exhaler. ▷ PHYSIOL Évaporation qui se produit continuellement à la surface de la peau du fait de la transpiration. – Lat. *exhalatio.*

exhaler [egzale] v. tr. [1] **1.** Répandre (une odeur, un gaz, des vapeurs, etc.). *Bouquet qui exhale un parfum lourd.* ▷ V. pron. *Odeur qui s'exhale.* ▷ Par anal. *Exhaler un soupir.* **2.** Fig. Exprimer avec force. *Exhaler sa rage, sa colère.* – Lat. *exhalare.*

exhaure [e(ɛ)gzɔʀ] n. f. TECH Action d'épuiser les eaux d'infiltration. Dispositif permettant cet épuisement. – Déverbal du lat. *exhaurire,* «épuiser».

exhaussement [egzosmɑ̃] n. m. Élévation. *Exhaussement d'un sol, d'une construction.* – De *exhausser.*

exhausser [egzose] v. tr. [1] Rendre plus haut. *Exhausser le sol. Exhausser un mur.* – De *ex-,* et a. fr. *haucier,* «hausser».

exhausteur [egzostœʀ] n. m. TECH Appareil servant à amener un liquide d'un réservoir à un autre placé plus haut. – Du lat. *exhaustum,* de *exhaurire,* «épuiser».

exhaustif, ive [egzostif, iv] adj. Qui épuise une matière, un sujet. *Cette liste n'est pas exhaustive.* – Angl. *exhaustive,* du v. *to exhaust,* «épuiser», du lat. *exhaustum.*

exhaustivement [egzostivmɑ̃] adv. D'une manière exhaustive. – De *exhaustif.*

exhérédation [egzeʀedasjõ] n. f. DR Action de déshériter; son résultat. – Lat. *exheredatio.*

exhéréder [egzeʀede] v. tr. [16] DR Déshériter. – Lat. *exheredare,* de *ex-,* et *heres, heredis,* «héritier».

exhiber [egzibe] v. tr. [1] **1.** DR Produire en justice. *Exhiber un titre de propriété.* **2.** Montrer, faire étalage de. *Exhiber ses décorations.* ▷ Fig. *Exhiber son adresse.* ▷ V. pron. *S'exhiber:* se produire, s'afficher en public. **3.** Cour. Montrer, mettre en évidence. – Lat. *exhibere.*

exhibition [egzibisjõ] n. f. **1.** DR Action d'exhiber en justice. *L'exhibition d'un contrat.* **2.** Action de faire étalage de qqch avec ostentation. *Exhibition pédante de savoir.* **3.** Exposition en public. *Exhibition de fauves.* – Lat. *exhibitio.*

exhibitionnisme [egzibisjɔnism] n. m. **1.** Comportement morbide des sujets pathologiquement poussés à exhiber leurs organes génitaux. **2.** Fig. Goût de faire état de sentiments ou de faits personnels et intimes que la pudeur devrait pousser à taire. – De *exhibition.*

exhibitionniste [egzibisjɔnist] n. et adj. **1.** Personne atteinte d'exhibitionnisme. **2.** Fig. Personne qui aime à faire état de choses personnelles et intimes. – Du préc.

exhortation [egzɔʀtasjõ] n. f. Discours par lequel on exhorte. – Lat. *exhortatio.*

exhorter [egzɔʀte] v. tr. [1] Encourager, exciter (qqn) par un discours. *Exhorter les troupes.* ▷ Engager vivement (qqn à faire une chose) par un discours persuasif. *L'avocat exhorta les jurés à la clémence.* – Lat. *exhortari.*

exhumation [egzymasjõ] n. f. Action d'exhumer un cadavre; son résultat. ▷ Fig. *L'exhumation du passé.* – De *exhumer.*

exhumer [egzyme] v. tr. [1] **1.** Tirer (un cadavre) de sa sépulture, de la terre. Ant. inhumer. ▷ *Par ext.* Retirer de la terre (ce qui y était enfoui). *Les fouilles ont permis d'exhumer les ruines d'un rempart.* **2.** Fig. Tirer de l'oubli, retrouver. *Exhumer de vieux parchemins.* – Lat. médiév. *exhumare,* de *ex-,* «hors de», et *humus,* «terre».

exigeant, ante [egziʒɑ̃, ɑ̃t] adj. Qui a l'habitude d'exiger beaucoup. *Un chef exigeant.* ▷ (Choses.) *Un sport exigeant,* qui demande beaucoup de qualités, de persévérance. – Ppr. de *exiger.*

exigence [egziʒɑ̃s] n. f. **1.** Caractère d'une personne exigeante. *Il est d'une grande exigence.* **2.** Ce qui est exigé (par qqn, par les circonstances, etc.). *Des exigences intolérables.* ▷ *Spécial.,* au pl. Somme d'argent que l'on demande pour salaire. *Vos exigences sont trop élevées.* – Bas lat. *exigentia.*

exiger [egziʒe] v. tr. [15] **1.** Réclamer, en vertu d'un droit réel ou que l'on s'arroge. *Exiger le paiement de réparations. – Exiger que* (suivi du subj.) *Il exige qu'on vienne.* **2.** (Sujet nom de chose.) Imposer comme obligation. *Allez-y, le devoir l'exige. Les circonstances exigent que vous refusiez.* ▷ Nécessiter. *Construction qui exige beaucoup de main-d'œuvre.* – Lat. *exigere,* «pousser dehors», d'où «faire payer, exiger».

exigibilité [egziʒibilite] n. f. **1.** Caractère de ce qui est exigible. *L'exigibilité d'une dette.* **2.** n. f. pl. FIN *Les exigibilités:* les sommes dont les créanciers peuvent demander le remboursement immédiat. – De *exigible.*

exigible [egziʒibl] adj. Qui peut être exigé. DR *Dette exigible,* dont on peut exiger sur-le-champ le remboursement. – De *exiger.*

exigu, uë [egzigy] adj. Restreint, insuffisant, très petit. *Logement exigu.* – Lat. *exiguus,* «exactement pesé».

exiguïté [egzigɥite] n. f. Caractère de ce qui est exigu. – De *exigu.*

exil [egzil] n. m. **1.** Action d'expulser qqn hors de sa patrie; condition de celui qui est ainsi banni. *Il a été condamné à l'exil. Vivre en exil.* ▷ Lieu où vit l'exilé. *L'Angleterre fut, sous la Révolution, l'exil privilégié des émigrés.* **2.** Fig. Séjour obligé et pénible loin de ses proches, de ce à quoi l'on est attaché. *La vie si loin de vous m'est un dur exil.* – Lat. *exsilium.*

exilé, ée [egzile] adj. et n. Condamné à l'exil; qui vit en exil. *Un opposant exilé.* ▷ Subst. *Les exilés politiques.* – Pp. de *exiler.*

exiler [egzile] **1.** v. tr. [1] Condamner (qqn) à l'exil. *Exiler un opposant.* – Fig. Éloigner. *Exiler dans une petite ville un fonctionnaire.* **2.** v. pron. (réfl.) S'expatrier, partir loin de son pays. *Il a décidé de s'exiler aux États-Unis.* – De *exil.*

exinscrit, ite [egzɛ̃skʀi, it] adj. GEOM *Cercle exinscrit,* tangent à l'un des côtés d'un polygone et aux prolongements des autres côtés. *Le triangle possède un cercle inscrit et trois cercles exinscrits.* – De *ex-,* et *inscrit.*

existence [egzistɑ̃s] n. f. **1.** Le fait d'être, d'exister. *L'existence d'un peuple, d'un fait.* **2.** PHILO La réalité de l'être (par oppos. à son *essence*). **3.** État de ce qui existe. *Existence d'une institution.* ▷ Durée de ce qui existe. *Notre association a deux ans d'existence.* **4.** Vie et manière de vivre de l'homme. *Arriver au bout de son existence. Existence heureuse, pénible.* – Bas lat. *exsistentia.*

existentialisme [egzistɑ̃sjalism] n. m. PHILO Mouvement philosophique moderne, ensemble de doctrines qui ont en commun le fait de placer, au point de départ de leur réflexion, l'existence vécue de l'individu, de l'homme dans le monde, et la primauté de l'existence sur l'essence. – De *existentiel.*

ENCYCL On a attribué à l'existentialisme des précurseurs comme saint Augustin, Pascal, Rousseau, mais son ancêtre direct est Kierkegaard, pour qui l'homme ne doit pas penser son existence de façon impersonnelle, mais avec la totalité concrète de sa subjectivité. Chez Jaspers, l'existence est détresse, tension, risque et audace, foi. Heidegger, qui a refusé l'étiquette d'existentialiste, considère, entre autres thèses, que l'angoisse est la conscience de l'existence, la saisie du néant qui enveloppe l'être. Sartre a repris ce thème de Heidegger en le développant: si l'homme (défini comme le seul «projet» pour qui «l'existence précède l'essence») aspire à être, il a nécessairement la «nausée» de l'être, car son regard transforme l'autre en en-soi, en objet. La philosophie de G. Marcel a été qualifiée d'existentialisme chrétien. Merleau-Ponty a marié son existentialisme à la phénoménologie et au personnalisme.

existentialiste [egzistɑ̃sjalist] adj. et n. Qui a rapport à l'existentialisme, qui y adhère. *Philosophe existentialiste.* ▷ Subst. *Un, une existentialiste.* – Du préc.

existentiel, ielle [egzistɑ̃sjɛl] adj. **1.** Qui ressortit à l'existence en tant que réalité vécue. **2.** MATH *Quantificateur existentiel:* symbole, noté ∃, qui signifie «il existe au moins un objet tel que». – De *existence.*

exister [egziste] v. tr. [1] **1.** PHILO Être en réalité, effectivement. *«Celui qui n'est pas ne peut pas se tromper; et j'existe par le fait même que je me trompe»* (saint Augustin). – Cour. *«Si Dieu n'existait pas, il faudrait l'inventer»* (Voltaire). *Une chose pareille ne saurait exister.* ▷ V. impers. *Il existe :* il y a (insistant sur la réalité du fait). *Il existe un maire par municipalité.* **2.** Être actuellement, subsister. *Ce monument n'existe plus.* ▷ Vivre. *Il a cessé d'exister:* il est mort. **3.** Avoir de l'importance, compter. *Elle avait l'impression de ne plus exister à ses yeux.* – Lat. *existere,* de *sistere,* «être placé», de *stare,* «se tenir debout».

exit [egzit] mot lat. inv. SPECT Au théâtre, «Il sort», indication scénique. – Mot lat., de *exire,* «sortir».

ex-libris [ɛkslibʀis] n. m. inv. Vignette que l'on colle à l'intérieur d'un livre, sur laquelle est inscrit le nom du propriétaire; cette inscription (à la main, au tampon). – Mots lat., «(pris) parmi les livres de».

ex nihilo [ɛksniilo] Expr., du lat. «à partir de rien».

exo-. Élément, du gr. *exô,* «hors de».

exobiologie [egzobjɔlɔʒi] n. f. ASTRO Branche de l'astronomie qui étudie la possibilité d'une vie hors de la planète Terre. – De *exo-,* et *biologie.*

exocet [egzɔsɛ] n. m. Poisson téléostéen des mers chaudes, long de 20 à 30 cm, qui accomplit des vols de plusieurs mètres hors de l'eau grâce à des nageoires pectorales extrêmement développées. *L'exocet est couramment appelé «poisson volant».* – Du lat. *exocoetus,* gr. *exôkoitos,* propr. «qui sort de sa demeure».

exocrine [egzɔkʀin] adj. *Glandes exocrines,* à sécrétion externe, soit directement en milieu extérieur (par la peau, par un canal excréteur), soit au niveau d'une muqueuse. – De *exo-,* et gr. *krinein,* «sécréter», d'après *endocrine.*

exode [egzɔd] n. m. **1.** Émigration de tout un peuple. *L'exode des Hébreux hors d'Égypte,* ou, sans comp. et avec une majuscule, *l'Exode.* ▷ *Par anal.* HIST (France) *L'exode:* la fuite des populations hors des villes devant l'arrivée des armées allemandes, en mai-juin 1940. **2.** *Par ext.* Départ en masse d'une population, d'un lieu vers un autre. *L'exode des vacanciers. L'exode rural* (vers les villes). ▷ Par anal. *L'exode des capitaux,* leur fuite en masse vers l'étranger. – Gr. *exodos,* de *hodos,* «route».

exogamie [egzɔgami] n. f. ETHNOL Coutume, règle qui contraint les membres d'un clan à se marier hors de la famille ou de la tribu. Ant. endogamie. – De *exo-,* et *-gamie.*

exogène [egzɔʒɛn] adj. **1.** Dont la cause est extérieure. *Intoxication exogène.* **2.** GEOL Produit à la surface du globe terrestre, ou affectant cette surface. *Un phénomène exogène.* Ant. Endogène. – De *exo-,* et *-gène.*

exonération [egzɔneʀasjɔ̃] n. f. Action d'exonérer; son résultat. – Bas lat. jurid. *exoneratio.*

exonérer [egzɔneʀe] v. tr. [16] Décharger, libérer (qqn) d'une obligation de paiement. *Exonérer un contribuable,* le dispenser du paiement de tout ou partie de l'impôt. ▷ Par ext. *Marchandise exonérée des droits de douane.* – Lat. jur. *exonerare,* rac. *onus, oneris,* «charge».

exophtalmie [ɛgzɔftalmi] n. f. MED Saillie du globe oculaire hors de l'orbite. – Gr. *exophtalmos,* de *exo-,* et *ophtalmos,* «œil».

exophtalmique [ɛgzɔftalmik] adj. Qui se rapporte à l'exophtalmie; qui s'en accompagne. *Goitre exophtalmique.* – Du préc.

exorbitant, ante [ɛgzɔʀbitɑ̃, ɑ̃t] adj. **1.** Excessif, démesuré. *Prix exorbitant. Exigences exorbitantes.* **2.** DR *Disposition, clause exorbitante du droit commun,* qui fait exception au droit commun. – Lat. *exorbitans,* du bas lat. *exorbitare,* «s'écarter de», rac. *orbita,* «voie tracée».

exorbité, ée [ɛgzɔʀbite] adj. *Yeux exorbités,* qui semblent sortir de leurs orbites (sous l'effet de la peur, de la surprise, etc.). – De *ex-,* et *orbite.*

exorcisation [egzɔʀsizasjɔ̃] n. f. Action d'exorciser. – De *exorciser.*

exorciser [egzɔʀsize] v. tr. [1] Chasser (les démons) par des prières, par des cérémonies. – Délivrer (un possédé) des démons qui l'habitent. – Gr. *exorkizein,* rac. *horkos,* «conjuration»; bas lat. ecclés. *exorcisare.*

exorcisme [egzɔʀsism] n. m. Cérémonie par laquelle on exorcise. – Bas lat. ecclés. *exorcismus.*

exorciste [egzɔʀsist] n. m. **1.** Celui qui exorcise. **2.** RELIG CATHOL Clerc qui a reçu de l'évêque le troisième ordre mineur (conférant le droit d'exorciser). – Bas lat. ecclés. *exorcista.*

exorde [egzɔʀd] n. m. RHET La première partie d'un discours. – *Par ext.,* cour. Entrée en matière. – Lat. *exordium,* de *exordiri,* «commencer».

exoréique [egzɔʀeik] adj. GEOMORPH Se dit d'un réseau hydrographique, d'un cours d'eau en relation directe avec une mer ou un océan. Ant. endoréique. – De *exo-,* et gr. *rhein,* «couler».

exoréisme [egzɔʀeism] n. m. GEOMORPH État d'une région dont les cours d'eau débouchent dans la mer. Ant. endoréisme. – Du préc.

exosmose [egzɔsmoz] n. f. PHYS Diffusion qui s'établit de l'intérieur vers l'extérieur, dans un phénomène d'osmose. – De *exo-,* et gr. *osmos,* «poussée».

exosphère [egzosfɛʀ] n. f. ASTRO Couche extrême de l'atmosphère terrestre, au-delà de la thermosphère (au-dessus de 1 000 km env.). – De *exo-,* et *(atmo)sphère.*

exosquelette [egzoskəlɛt] n. m. ZOOL Squelette chitineux externe des arthropodes. Syn. cuticule. – De *exo-,* et *squelette.*

exostose [egzɔstoz] n. f. MED Tumeur osseuse bénigne se développant à la surface d'un os. – Gr. *exostôsis,* de *ostoûn,* «os».

exotérique [egzoteʀik] adj. Se dit d'une doctrine enseignée ouvertement et sous une forme accessible à tous. Ant. ésotérique, secret 1. – Lat. *exotericus*, gr. *exoterikos*.

exothermique [egzotɛʀmik] adj. CHIM Qualifie les réactions qui se produisent avec un dégagement de chaleur. Ant. endothermique. – De *exo-*, et *thermique*.

exotique [egzɔtik] adj. **1.** Qui n'est pas originaire du pays dont il est question; étranger. *Coutumes exotiques.* **2.** Qui provient de contrées lointaines, et notam. des régions équatoriales et tropicales. *Plantes exotiques.* – Lat. *exoticus*, gr. *exôtikos*, «étranger».

exotisme [egzɔtism] n. m. **1.** Caractère de ce qui est exotique. **2.** Goût pour les choses exotiques. – Du préc.

exotoxine [egzotɔksin] n. f. MICROB Toxine libérée dans le milieu extérieur par une bactérie sans qu'il y ait eu lyse bactérienne. Ant. endotoxine. – De *exo-*, et *toxine*.

expansé, ée [ekspɑ̃se] adj. TECH Se dit de certains matériaux cellulaires à base de matières plastiques ayant subi une expansion. *Polystyrène expansé.* – De *expansion*.

expansibilité [ekspɑ̃sibilite] n. f. Tendance d'un corps à occuper un plus grand espace. – De *expansible*.

expansible [ekspɑ̃sibl] adj. Capable, susceptible d'expansion. – De *expansion*.

expansif, ive [ekspɑ̃sif, iv] adj. **1.** TECH Qui tend à se dilater. **2.** Fig. Ouvert de caractère, qui aime à communiquer ses sentiments. *Personne expansive.* – Par ext. *Caractère expansif.* – De *expansion*.

expansion [ekspɑ̃sjõ] n. f. **I. 1.** Augmentation de volume ou de surface. **2.** PHYS Dilatation d'un fluide. *Expansion d'un gaz.* **3.** BOT, ZOOL Développement d'un organe. *Expansion membraneuse.* **4.** ECON Phase, souvent accompagnée d'inflation, dans laquelle l'activité économique et le pouvoir d'achat augmentent. *Politique d'expansion économique.* **5.** GEOGR *Expansion démographique:* accroissement de la population. **6.** ASTRO *Théorie de l'expansion de l'Univers*, suggérée par W. De Sitter dès 1919, vérifiée par Hubble (1929), selon laquelle l'Univers serait dans une phase de dilatation qui s'exprime par la fuite des galaxies. **II. 1.** Action de s'étendre au-dehors. *L'expansion d'une doctrine*, sa propagation. **2.** Épanchement de l'âme, des sentiments. *De sincères expansions.* – Bas lat. *expansio*, de *expandere*, «déployer».

expansionnisme [ekspɑ̃sjɔnism] n. m. Politique d'un État qui préconise pour lui-même l'expansion (territoriale, économique). – De *expansion*.

expansionniste [ekspɑ̃sjɔnist] n. et adj. **1.** Partisan de l'expansionnisme. ▷ Adj. *La politique expansionniste de tel pays.* **2.** ECON Partisan de l'expansion économique. ▷ Adj. Qui a rapport à l'expansion économique. – Du préc.

expansivité [ekspɑ̃sivite] n. f. Caractère expansif. – De *expansif*.

expatriation [ekspatʀijasjõ] n. f. Action d'expatrier; son résultat. Fait de s'expatrier. – De *expatrier*.

expatrier [ekspatʀije] **1.** v. tr. [1] Rare Obliger (qqn) à quitter sa patrie. **2.** v. pron. Quitter sa patrie. *Être obligé de s'expatrier pour trouver du travail.* – De *ex-*, et *patrie*.

expectant, ante [ɛkspɛktɑ̃, ɑ̃t] adj. Rare Qui est dans l'expectative, dans l'attente. *Attitude expectante.* – Lat. *expectans*, ppr. de *expectare*, «attendre».

expectative [ɛkspɛktativ] n. f. **1.** Espérance, attente fondée sur des probabilités, des promesses. **2.** Attitude qui consiste à attendre prudemment qu'une solution se dessine avant d'agir. *Être, rester dans l'expectative.* – Fém. subst. de *expectatif*, «que l'on peut attendre».

expectorant, ante [ɛkspɛktɔʀɑ̃, ɑ̃t] adj. et n. m. Qui facilite l'expectoration. *Médicament expectorant.* ▷ Subst. *Un expectorant.* – Ppr. de *expectorer*.

expectoration [ɛkspɛktɔʀasjõ] n. f. MED Action d'expectorer; substances expectorées. – De *expectorer*.

expectorer [ɛkspɛktɔʀe] v. tr. [1] MED Expulser par la bouche (les substances qui encombrent les voies respiratoires, les bronches). – Lat. *expectorare*, rac. *pectus*, «poitrine».

1. expédient [ekspedjɑ̃] adj. m. *Il est expédient de* (faire une chose): il est utile, à propos de... – Lat. *expediens*, ppr. de *expedire*, «débarrasser le pied, dégager, être utile».

2. expédient [ekspedjɑ̃] n. m. (Souvent péjor.) Moyen de résoudre momentanément une difficulté, de se tirer d'embarras par quelque artifice. *Chercher à tout prix un expédient. Vivre d'expédients:* recourir, pour assurer sa subsistance, à toutes sortes de moyens, y compris les plus indélicats. – Subst. du préc.

expédier [ekspedje] v. tr. [1] **I. 1.** ADMIN Mener, terminer avec diligence. *Le président par intérim expédiera toutes les affaires courantes.* **2.** Mod., cour. Faire rapidement, bâcler (qqch) pour s'en débarrasser. *Expédier son travail. Expédier qqn*, se débarrasser promptement de lui. *Expédier un importun.* **II.** Envoyer, faire partir. *Expédier une lettre, un colis.* – De *expédient* 1.

expéditeur, trice [ekspeditœʀ, tʀis] adj. Qui expédie. *Gare expéditrice.* ▷ Subst. *Retour à l'expéditeur.* – De *expédier*.

expéditif, ive [ekspeditif, iv] adj. Qui mène les choses rondement ou qui les bâcle. *Il est très expéditif en affaires. Jugement expéditif.* – De *expédier*.

expédition [ekspedisjõ] n. f. **1.** ADMIN Action d'exécuter avec diligence. *Expédition des affaires courantes.* **2.** Action d'envoyer, de faire partir. *Expédition d'un colis.* **3.** Entreprise de guerre hors des frontières. *L'expédition de Bonaparte en Égypte.* ▷ Par ext. *Expédition scientifique au pôle Nord.* – Lat. *expeditio*.

expéditionnaire [ekspedisjɔnɛʀ] adj. et n. **I.** adj. Chargé d'une expédition militaire. *Le corps expéditionnaire.* **II.** n. Personne employée à l'expédition de marchandises. – De *expédition*.

expéditivement [ekspeditivmɑ̃] adv. D'une manière expéditive. – De *expéditif*.

expérience [ekspeʀjɑ̃s] n. f. **1.** Fait d'éprouver personnellement la réalité d'une chose. *Savoir par expérience que...* ▷ Spécial. *La philosophie classique oppose l'expérience et l'entendement.* **2.** Connaissance acquise par une longue pratique. *Avoir une grande expérience des affaires.* – (S. comp.) *Il a de l'expérience.* **3.** Fait de provoquer un phénomène pour l'étudier. *Chercher dans l'expérience la confirmation d'une hypothèse.* ▷ *Par ext.*, cour. *Faire une chose à titre d'expérience. Tenter l'expérience.* – Lat. *experientia*, de *experiri*, «faire l'essai de».

expérimental, ale, aux [ekspeʀimɑ̃tal, o] adj. **1.** Fondé sur l'expérience scientifique. *Claude Bernard a posé les fondements de la méthode expérimentale. Sciences expérimentales*, fondées sur l'expérimentation (par oppos. à *sciences exactes*): physique, chimie, sciences naturelles. **2.** Qui sert d'expérience pour vérifier, améliorer (une technique, un appareil). *Vol expérimental d'un avion prototype.* – De *expérimenter*.

expérimentalement [eksperimɑ̃talmɑ̃] adv. De manière expérimentale. – De *expérimental.*

expérimentateur, trice [eksperimɑ̃tatœr, tris] n. Personne qui fait des expériences scientifiques. – De *expérimenter.*

expérimentation [eksperimɑ̃tasjɔ̃] n. f. Action d'expérimenter; usage méthodique de l'expérience scientifique. – De *expérimenter.*

expérimenté, ée [eksperimɑ̃te] adj. Instruit par l'expérience. – Pp. de *expérimenter.*

expérimenter [eksperimɑ̃te] v. tr. [1] Soumettre à des expériences pour vérifier, contrôler, juger, etc. *Expérimenter une nouvelle technique.* ▷ (S. comp.) Faire des expériences (dans les sciences expérimentales). – Bas lat. *experimentare,* de *experimentum,* «essai».

expert, erte [ekspɛr, ɛrt] adj. et n. m. **I.** adj. **1.** Qui a acquis une grande habileté par la pratique. *Un chirurgien expert. Il est expert en la matière.* ▷ N. m. *C'est un expert dans son domaine.* **2.** *Par ext.* Exercé. *Une oreille experte.* **II.** n. m. **1.** DR Spécialiste requis par une juridiction pour l'éclairer de ses avis, effectuer des vérifications ou appréciations techniques. *L'expert peut agir à la demande d'une partie ou être désigné par le tribunal.* **2.** Spécialiste chargé d'apprécier la valeur et l'authenticité de certains objets. *Expert en tableaux.* **3.** *Expert-comptable:* comptable agréé. (Rem.: Comme forme féminine, l'OLF recommande *une experte.*) – Lat. *expertus,* «qui a fait ses preuves».

expertement [ekspɛrtəmɑ̃] adv. D'une manière experte. – De *expert.*

expertise [ekspɛrtiz] n. f. **1.** Opération par laquelle les experts agissent. *Procéder à une expertise.* **2.** Qualité de l'expert. – De *expert.*

expertiser [ekspɛrtize] v. tr. [1] Soumettre à une expertise. *Expertiser un tableau.* – De *expertise.*

expiable [ɛkspjabl] adj. Qui peut être expié. – De *expier.*

expiateur, trice [ɛkspjatœr, tris] adj. Propre à expier. *Peine expiatrice.* – Bas lat. *expiator,* «celui qui purifie».

expiation [ɛkspjasjɔ̃] n. f. **1.** HIST, SOCIOL Cérémonie religieuse, rite destinés à apaiser la colère céleste. **2.** Peine, souffrance par laquelle on expie une faute, un crime. ▷ RELIG CATHOL Rachat du péché par la pénitence. – Lat. *expiatio,* de *expiare.* (V. expier.)

expiatoire [ɛkspjatwar] adj. Qui sert à expier. *Victime expiatoire.* – Bas lat. ecclés. *expiatorius.*

expier [ɛkspje] v. tr. [1] Réparer (un crime, une faute) par la peine qu'on subit. *Expier ses crimes par la prison.* ▷ Spécial. *Expier ses péchés par la pénitence.* – Lat. *expiare,* rac. *pius,* «pieux».

expirateur [ɛkspiratœr] n. m. et adj. ANAT *Muscles expirateurs,* qui contribuent à l'expiration. – De *expirer.*

expiration [ɛkspirasjɔ̃] n. f. **1.** Action par laquelle les poumons expulsent l'air qu'ils ont inspiré. **2.** Fig. Échéance d'un terme convenu. *Expiration d'un contrat.* – Lat. *exspiratio.*

expirer [ɛkspire] **I.** v. tr. [1] Rejeter (l'air inspiré dans les poumons). **II.** v. intr. **1.** Rendre le dernier soupir, mourir. *Il a expiré dans la nuit.* ▷ *Par ext.* S'évanouir, disparaître. *La lueur expira peu à peu.* **2.** Arriver à son terme. *Votre bail expire à la fin du mois.* – Lat. *exspirare.*

explant [ɛksplɑ̃] n. m. Partie d'un organisme vivant replacé dans un milieu où il reprend croissance. – De *ex-,* et *(im)plant.*

explétif, ive [ɛkspletif, iv] adj. et n. m. GRAM Se dit des mots qui entrent dans une phrase sans être nécessaires pour le sens. *Dans «il a peur que je ne parte», «ne» est explétif.* ▷ Subst. *Un explétif.* – Bas lat. grammatical *expletivus,* «qui remplit», de *explere,* «remplir, compléter».

explicable [ɛksplikabl] adj. Qui peut être expliqué. – Lat. *explicabilis.*

explicatif, ive [ɛksplikatif, iv] adj. Qui sert à expliquer qqch. *Notice explicative.* – De *expliquer.*

explication [ɛksplikasjɔ̃] n. f. **1.** Développement destiné à faire comprendre qqch, à en éclaircir le sens. *L'explication d'un point difficile.* **2.** Motif, raison d'une chose. *On ne trouve pas d'explication à cette panne subite.* **3.** Justification, éclaircissement sur la conduite de qqn. *Demander des explications à qqn.* ▷ Discussion pour justifier, éclaircir. *Avoir une explication avec qqn.* – Lat. *explicatio,* «action de déplier».

explicitation [ɛksplisitasjɔ̃] n. f. Action de rendre explicite. – De *expliciter.*

explicite [ɛksplisit] adj. Énoncé clairement et complètement, sans ambiguïté. *S'exprimer en termes explicites.* – Par ext. *Il a été tout à fait explicite.* – Du lat. *explicitus,* pp. de *explicare.* (V. expliquer.)

explicitement [ɛksplisitmɑ̃] adv. De façon explicite. – De *explicite.*

expliciter [ɛksplisite] v. tr. [1] Énoncer clairement, formellement. Pp. *Clause explicitée dans les conditions particulières au contrat.* – De *explicite.*

expliquer [ɛksplike] **I.** v. tr. [1] **1.** Éclaircir, faire comprendre (ce qui est obscur). *Expliquer un phénomène, un point difficile.* **2.** Faire connaître, développer en détail. *Expliquer ses projets.* Donner les raisons de, justifier. *Comment expliquerez-vous votre retard?* **II.** v. pron. *S'expliquer.* **1.** Faire connaître sa pensée. *S'expliquer clairement.* **2.** Avoir une explication (sens 3). *Nous nous sommes expliqués, et maintenant tout est clair.* ▷ Pop. Se battre (pour vider une querelle). *On va aller s'expliquer dehors!* **3.** (Choses.) Devenir clair; être aisément compréhensible. *Tout s'explique! Une attitude qui s'explique difficilement.* **4.** (Personnes.) Comprendre les raisons de. *Je m'explique mal votre hésitation à nous suivre.* – Lat. *explicare,* «déployer, dérouler, étendre, mettre au clair».

exploit [ɛksplwa] n. m. Action d'éclat, prouesse. *De brillants exploits sportifs.* ▷ Vx ou litt. Action d'éclat à la guerre. – De l'a fr. *espleit,* du lat. *explicitum,* de *explicare,* au sens de «accomplir».

exploitable [ɛksplwatabl] adj. **1.** Qui peut être cultivé, façonné, mis en valeur, etc. *Terres exploitables. Matériau exploitable.* **2.** Que l'on peut exploiter (sens II). *Un naïf facilement exploitable.* – De *exploiter* 1.

exploitant, ante [ɛksplwatɑ̃, ɑ̃t] adj. et. n. Qui se livre à une exploitation. *L'industriel exploitant.* ▷ Subst. *Un exploitant agricole.* – *Spécial.* Propriétaire ou directeur d'une salle de cinéma. – Ppr. de *exploiter* 1.

exploitation [ɛksplwatasjɔ̃] n. f. **1.** Action d'exploiter, de tirer profit d'une chose que l'on fait produire. *L'exploitation d'un domaine.* ▷ Action de faire fonctionner un réseau, une ligne aérienne, routière, ferroviaire, etc. *Service, agent d'exploitation.* **2.** Ce que l'on met en valeur, ce que l'on fait produire pour en tirer profit. *Une vaste exploitation agricole.* **3.** (Abstrait.) Action de tirer parti de qqch. *L'exploitation des résultats d'une enquête.* **4.** Péjor. Action d'utiliser les autres à son seul profit. *L'exploitation des classes laborieuses.* – De *exploiter* 1.

exploiter [ɛksplwate] v. tr. [1] **I. 1.** Faire valoir, tirer parti de (qqch). *Exploiter une terre; exploiter une usine, une mine.* **2.** Tirer tout le bénéfice de (une situation). *Exploiter un succès, une victoire.* **II.** Utiliser abusivement (qqn) pour son profit. *Exploiter les travailleurs.* ▷ Par ext. *Exploiter la sensibilité de qqn.* – A. fr. *espleitier*, du lat. *explicitum.* (V. exploit.)

exploiteur, euse [ɛksplwatœʀ, øz] n. Péjor. Personne qui abuse de l'ignorance, de la position des autres, pour en tirer profit. *Un vil exploiteur de la crédulité publique.* – De *exploiter.*

explorateur, trice [ɛksplɔʀatœʀ, tʀis] n. et adj. **1.** Personne qui explore une région inconnue ou difficile d'accès. *Les grands explorateurs du XIX*e *s.* **2.** MED Instrument qui sert à explorer l'organisme. ▷ Adj. *Sonde exploratrice.* – Lat. *explorator.*

exploration [ɛksplɔʀasjõ] n. f. **1.** Action d'explorer une région. *Exploration polaire.* **2.** MED Action d'explorer un organe, une plaie, etc. – Lat. *exploratio.*

exploratoire [ɛksplɔʀatwaʀ] adj. Qui sert à préparer (une négociation, une recherche). *Réunion exploratoire. Phase exploratoire d'une enquête.* – De *explorer.*

explorer [ɛksplɔʀe] v. tr. [1] **1.** Visiter (une région inconnue ou difficile d'accès). *Explorer l'Amazonie. Explorer les environs.* ▷ Fig. Visiter en détail. *Explorer une bibliothèque.* **2.** MED Examiner (un organe, une région de l'organisme) par des méthodes spéciales: radiologie, sondage, cathétérisme, etc. – Lat. *explorare*, «observer, vérifier».

exploser [ɛksploze] v. intr. [1] **1.** Faire explosion. *Obus qui explose.* **2.** Fig. Se manifester soudainement avec violence. *Sa colère explosa.* – De *explosion.*

exploseur [ɛksplozœʀ] n. m. TECH Appareil qui sert à mettre à feu une charge explosive. – De *explosion.*

explosible [ɛksplozibl] adj. Susceptible de faire explosion. – De *explosion.*

explosif, ive [ɛksplozif, iv] adj. et n. m. **I. 1.** D'une explosion, relatif à une explosion. *Onde explosive.* **2.** Qui peut faire explosion. *Mélange explosif.* ▷ Fig. *Une situation explosive.* **3.** PHON *Consonne explosive*, ou, n. f., *une explosive:* consonne que l'on prononce en arrêtant l'air chassé du larynx et en lui donnant brusquement passage. [p] *et* [b] *sont des explosives.* **II.** n. m. Substance susceptible de faire explosion. – De *explosion.*

explosion [ɛksplozjõ] n. f. **1.** Action d'éclater avec violence. *L'explosion d'une mine, d'une chaudière.* ▷ CHIM Réaction violente accompagnée d'un dégagement d'énergie très élevé. *L'explosion est l'une des trois formes de la combustion. Explosion nucléaire,* due à la fission ou à la fusion nucléaire. ▷ *Moteur à explosion,* dans lequel l'énergie motrice est fournie par la combustion d'un mélange d'air et de combustible. **2.** Fig. Manifestation soudaine et violente. *L'explosion d'une révolte.* – Lat. *explosio,* «action de huer», de *explodere,* «rejeter en frappant des mains». ENCYCL Une explosion est une réaction fortement exothermique qui se propage de proche en proche à une vitesse très élevée. Dans les explosifs proprement dits – les explosifs brisants (à la différence des poudres) – la vitesse de propagation est très élevée. La déflagration peut être provoquée par un choc, par une étincelle ou par l'intermédiaire d'un détonateur. L'expansion brutale des gaz dégagés donne lieu à une onde de choc dont les effets peuvent être considérables. Citons parmi les explosifs: l'acide nitrique et les nitrates, les chlorates et perchlorates (cheddites, par ex.), l'oxygène liquide, la nitroglycérine (matière première des dynamites) et les dérivés nitrés (trinitrotoluène, par ex.). Les corps susceptibles de fission ou de fusion nucléaire sont également appelés explosifs (nucléaires ou thermonucléaires). En temps de paix, les explosifs sont surtout utilisés dans les travaux publics (terrassements, exploitation minière, etc.). On utilise auj. les explosifs en vrac (bouillies, mélanges nitrates-fuel), de préférence aux explosifs à base de dynamite, du fait de leurs plus grandes sécurité et facilité de mise en œuvre.

exponentiation [ɛkspɔnɑ̃sjasjõ] n. f. Élévation à une puissance. – De *exponentiel.*

exponentiel, ielle [ɛkspɔnɑ̃sjɛl] adj. **1.** MATH Où la variable, l'inconnue figure en exposant. *Fonction exponentielle,* inverse de la fonction logarithme. *L'équation exponentielle* $e^x = a$ *correspond à* $x = Log.\ a$. **2.** Didac. Qui varie comme une fonction exponentielle, qui croît ou décroît selon un taux de plus en plus fort. *Croissance démographique exponentielle.* – Du lat. *exponens, exponentis,* «exposant», ppr. de *exponere,* «étaler, mettre en vue».

exportable [ɛkspɔʀtabl] adj. Que l'on peut exporter. – De *exporter.*

exportateur, trice [ɛkspɔʀtatœʀ, tʀis] adj. et n. Qui exporte. – De *exporter.*

exportation [ɛkspɔʀtasjõ] n. f. **1.** Action d'exporter. **2.** Ensemble des marchandises exportées. Ant. importation. – Lat. *exportatio.*

exporter [ɛkspɔʀte] v. tr. [1] Vendre et transporter à l'étranger (les produits nationaux). *Le Canada exporte du blé.* Ant. importer. – D'ap. l'angl. *to export,* du lat. *exportare.*

exposant, ante [ekspozɑ̃, ɑ̃t] n. **1.** Personne qui fait une exposition de ses œuvres, de ses produits. **2.** n. m. MATH Indice que l'on porte en haut et à droite d'un nombre (ou d'une expression) pour exprimer la puissance à laquelle il est porté. *Ex. : 3 dans l'expression* $6^3 = 6 \times 6 \times 6 = 216$. – Ppr. de *exposer.*

exposé [ekspoze] n. m. **1.** Développement dans lequel on présente des faits, des idées. *Exposé d'une théorie.* **2.** Bref discours didactique. – Pp. subst. de *exposer.*

exposer [ekspoze] v. tr. [1] **I. 1.** Mettre (qqch) en vue. *Exposer un tableau.* **2.** Fig. Présenter, faire connaître (des faits, des idées). *Exposer une thèse.* **II. 1.** Placer (qqn, qqch) de manière à le soumettre à l'action de. *Exposer des plantes à la lumière. Maison bien exposée,* bien orientée par rapport au soleil et aux vents dominants. – PHOTO Soumettre (une surface sensible) à l'action de rayons lumineux. ▷ V. pron. *S'exposer au soleil.* **2.** Fig. Faire courir un risque à (qqn, qqch). *Exposer qqn à un danger. Exposer sa vie.* ▷ DR *Exposer un enfant,* l'abandonner. ▷ V. pron. *S'exposer à la mort.* – Du lat. *exponere,* d'ap. *poser.* (V. exponentiel.)

exposition [ekspozisjõ] n. f. **I. 1.** Action de mettre en vue. *Exposition de marchandises.* ▷ DR ANC Peine qui consistait à exposer un condamné sur la place publique. **2.** Présentation au public de produits commerciaux, d'œuvres d'art; le lieu où on les expose. *Exposition des arts ménagers. Exposition de peinture.* **3.** Fig. Action d'exposer (des faits, des idées). *Exposition d'une doctrine.* ▷ LITTER Première partie d'une œuvre dans laquelle l'auteur expose le sujet, les caractères des personnages, etc. ▷ MUS Première partie d'une œuvre instrumentale (fugue, sonate), où les thèmes à développer sont présentés. **II. 1.** Orientation (d'une maison, d'un terrain). *Exposition au nord.* **2.** Action de soumettre à l'effet de. *Exposition au soleil.* ▷ PHOTO Fait d'exposer une surface sensible à la lumière. – Lat. *expositio.*

1. exprès, esse [e(ɛ)kspʀɛs] adj. **1.** Énoncé de manière précise et formelle. *Défense expresse.* **2.** adj. inv. *Lettre, colis exprès,* confié, à son arrivée au bureau distributeur, à un préposé qui se déplace exprès pour le remettre au destinataire. – Lat. *expressus,* «exprimé», de *exprimere.*

2. exprès [e(ɛ)kspʀɛ] adv. **1.** Avec intention formelle. *Il l'a fait exprès.* **2.** Loc. *Un fait exprès:* une coïncidence, généralement fâcheuse, qui semble produite spécialement pour contrarier. – Du préc.

1. express [ɛ(e)kspʀɛs] adj. et n. m. inv. Se dit d'un train rapide qui ne s'arrête qu'à un petit nombre de stations. ▷ Subst. *Un express. L'Orient-Express.* – Mot angl., du fr. *exprès.*

2. express [e(ɛ)kspʀes] adj. et n. m. inv. *Café express,* fait dans un percolateur. ▷ Subst. *Un express bien serré.* – De l'ital. *(caffé) espresso.*

expressément [e(ɛ)kspʀesemɑ̃] adv. D'une manière expresse. *Je l'ai dit expressément.* – De *exprès* 1.

expressif, ive [ɛkspʀɛsif, iv] adj. **1.** Qui exprime bien ce qu'on veut dire. *Terme expressif.* **2.** Qui a de l'expression. *Visage expressif.* – De *expression.*

expression [ɛkspʀɛsjɔ̃] n. f. **1.** Manifestation d'une pensée, d'un sentiment, par le langage, le corps, le visage, l'art. *Expression par le dessin. Regard sans expression.* **2.** Mot, groupe de mots employés pour rendre la pensée. *Expression impropre.* ▷ *Au-delà de toute expression:* plus qu'on ne saurait dire. **3.** MATH *Expression algébrique:* ensemble de nombres et de lettres que relient des signes représentant les opérations à effectuer. ▷ *Réduire une fraction à sa plus simple expression,* la remplacer par une fraction égale dont les termes sont les plus petits possibles.– Fig. *Réduire (qqch) à sa plus simple expression,* à son état le plus rudimentaire. – Lat. *expressio, expressionis,* de *exprimere.* (V. exprimer.)

expressionnisme [ɛkspʀɛsjɔnism] n. m. Forme d'art qui s'efforce de donner à une œuvre le maximum d'intensité expressive. – De *expression.*

expressionniste [ɛkspʀɛsjɔnist] adj. Relatif à l'expressionnisme. *Peinture expressionniste.* ▷ Subst. *Les expressionnistes allemands.* – Du préc.

expressivement [ɛkspʀɛsivmɑ̃] adv. D'une manière expressive. – De *expressif.*

expressivité [ɛkspʀɛsivite] n. f. Caractère de ce qui est expressif. – De *expressif.*

exprimable [ɛkspʀimabl] adj. Qui peut être exprimé. – De *exprimer.*

exprimer [ɛkspʀime] **I.** v. tr. [1] **1.** Manifester (une pensée, un sentiment) par le langage, par la mimique ou l'attitude, par des moyens artistiques. *Exprimer le fond de sa pensée. Exprimer son dédain par une moue. Musique qui exprime la joie.* **2.** Rare Extraire par pression. *Exprimer le jus d'un fruit.* **II.** v. pron. *Il s'exprime mal en anglais. S'exprimer par gestes.* – Lat. *exprimere,* de *ex,* «hors de» et *premere,* «presser»; a remplacé la forme anc. *épreindre.*

ex professo [ɛkspʀɔfɛso] loc. adv. Avec compétence. – Loc. lat. «ouvertement»; sens influencé par *professeur.*

expromission [ɛkspʀɔmisjɔ̃] n. f. DR ROM Novation par changement de débiteur, sans entente préalable entre le nouveau débiteur et l'ancien. – Lat. *expromissio,* de *ex-,* « hors de », et *promissio,* «promesse».

expropriation [ɛkspʀɔpʀijasjɔ̃] n. f. DR Action d'exproprier. *Expropriation pour cause d'utilité publique, moyennant une indemnité. Expropriation forcée par suite de saisie.* – De *exproprier.*

exproprier [ɛkspʀɔpʀije] v. tr. [1] DR Dépouiller (qqn) de la propriété d'un bien par voie légale. – De *ex-,* et lat. *proprius,* «qui appartient en propre», d'ap. *approprier.*

expugnable [ɛkspyɲabl] adj. Qui peut être vaincu; surmontable. – Lat. *expugnabilis,* «qu'on peut prendre d'assaut».

expuition [ekspyisjɔ̃] n. f. MED Action d'expulser hors de la bouche les substances qui s'y sont accumulées. (V. crachement.) – Lat. *expuitio.*

expulser [ekspylse] v. tr. [1] **1.** Chasser (qqn) du lieu où il était établi. *Expulser un locataire.* ▷ Par ext. *Expulser qqn d'une assemblée.* **2.** Évacuer (qqch) de l'organisme. *Expulser un calcul.* – Lat. *expulsare,* rac. *pellere,* «pousser».

expulsion [ɛkspylsjɔ̃] n. f. **1.** Action d'expulser. *Expulsion d'un indésirable.* **2.** Action d'expulser de l'organisme. *L'expulsion des selles. L'expulsion d'un fœtus viable.* (S.comp) *L'expulsion:* stade de l'accouchement où l'enfant est expulsé du corps maternel. – Lat. *expulsio.*

expurgation [ɛkspyʀgasjɔ̃] n. f. Action d'expurger. – Lat. *expurgatio,* de *expurgare* (V. expurger).

expurgatoire [ɛkspyʀgatwaʀ] adj. *Index expurgatoire :* catalogue des livres mis à l'index jusqu'à ce qu'ils soient expurgés. – Lat. ecclés. *expurgatorius.*

expurger [ɛkspyʀʒe] v. tr. [15] Débarrasser (un texte) des passages jugés choquants, répréhensibles. – Lat. *expurgare,* de *ex,* «hors de», et *purgare,* «nettoyer, purifier».

exquis, ise [ɛkski, iz] adj. **1.** Qui est très agréable aux sens, spécial. au goût ou à l'odorat, par sa délicatesse. *Un mets exquis. Un parfum exquis.* **2.** Qui a ou dénote du raffinement, de la délicatesse morale ou intellectuelle. *Courtoisie exquise. Personne exquise.* – Lat. *exquisitus,* «recherché».

exquisément [ɛkskizemɑ̃] adv. D'une manière exquise. – De *exquis.*

exsangue [ɛgzɑ̃g] adj. **1.** D'une pâleur extrême (personne, visage). *Un malade exsangue.* **2.** MED Privé de sang. *Tissus exsangues.* – Lat. *exsanguis.*

exsanguino-transfusion [ɛksɑ̃ginotʀɑ̃sfyzjɔ̃] n. f. MED Remplacement total du sang d'un malade, d'un nouveau-né, par transfusion sanguine massive et soustraction d'une quantité de sang équivalente. – Du lat. *exsanguis,* et *transfusion.*

exsudat [ɛ(e)ksyda] n. m. MED Liquide organique qui suinte au niveau d'une surface enflammée. – De *exsuder.*

exsudation [ɛ(e)ksydasjɔ̃] n. f. Suintement d'un liquide organique. – Bas lat. méd. *exsudatio.*

exsuder [ɛ(e)ksyde] **1.** v. intr. [1] Suinter. **2.** v. tr. Émettre par exsudation. – Lat. *exsudare,* de *sudare,* «suer».

extase [ekstaz] n. f. **1.** Ravissement de l'esprit absorbé dans la contemplation au point d'être détaché du monde sensible. *Extase mystique.* **2.** *Par ext.* État d'une personne transportée par un sentiment de joie ou d'admiration extrême. *Tomber en extase devant qqch.* **3.** MED État d'exaltation pathologique accompagné d'une perte de la sensibilité. – Lat. ecclés. *extasis* ou *ectasis*; gr. *ekstasis,* «action d'être hors de soi».

extasier (s') [ekstazje] v. pron. [11] Manifester une admiration, un plaisir extrême. – De *extasie,* var. anc. de *extase.*

extatique [ekstatik] adj. **1.** Qui tient de l'extase. *Contemplation extatique.* **2.** adj. Qui est en extase. – Gr. *ekstatikos,* «qui fait sortir de soi».

extemporané, ée [ɛkstɑ̃pɔʀane] adj. **1.** PHARM *Médicament extemporané,* fait sur ordonnance et destiné à être administré immédiatement. **2.** MED *Examen histologique extemporané,* pratiqué pendant une intervention chirurgicale. – Lat. *extemporaneus,* du lat. class., *extemporalis,* «improvisé».

extenseur [ɛkstɑ̃sœʀ] adj. et n. **1.** adj. m. ANAT Qui assure l'extension. *Les muscles extenseurs.* ▷ N. m. *L'extenseur de l'avant-bras. L'extenseur des doigts.* **2.** n. m. Appareil de gymnastique utilisé pour développer les muscles. – De *extension.*

extensibilité [ɛkstɑ̃sibilite] n. f. Caractère de ce qui est extensible. – De *extensible.*

extensible [ɛkstɑ̃sibl] adj. Susceptible de s'étendre. – De *extension.*

extensif, ive [ɛkstɑ̃sif, iv] adj. **1.** Qui détermine l'extension. *Force extensive.* **2.** LING *Signification extensive d'un mot,* celle qu'il a prise par extension. **3.** AGRIC *Culture extensive,* effectuée sur une grande surface, sans apport d'engrais, et dont le rendement est assez faible. **4.** PHYS *Propriétés extensives,* qui dépendent de la quantité de matière. – De *extension,* sur *intensif.*

extension [ɛkstɑ̃sjɔ̃] n. f. **1.** Action d'étendre, de s'étendre; son résultat. ▷ PHYSIOL Mouvement déterminant l'ouverture de l'angle formé par deux os articulés. ▷ MED *Mise en extension:* méthode d'immobilisation des fractures. **2.** Augmentation de dimension. *Extension en largeur.* **3.** Fig. Développement, accroissement. *Extension d'une industrie.* ▷ LING Acception plus générale donnée au sens d'un mot. *C'est par extension que l'on dit d'un son qu'il est éclatant.* **4.** LOG *Extension d'un concept,* ensemble des objets auxquels il s'applique (par oppos. à *compréhension*). *L'extension de «vertébré» est plus grande que celle de «mammifère» et plus petite que celle de «animal».* – Bas lat. *extensio,* de *extendere,* «étendre».

extenso (in) [inekstɛ̃so] loc. adv. En entier. *Citer un texte in extenso.* – Loc. lat., de *extensus,* «étendu».

extensomètre [ɛkstɑ̃sɔmɛtʀ] n. m. TECH Appareil permettant de mesurer les déformations d'une pièce par la variation des caractéristiques électriques d'une jauge. – Du rad. de *extension,* et *-mètre.*

exténuation [ɛkstenɥasjɔ̃] n. f. Action d'exténuer, de s'exténuer; son résultat. – Lat. *extenuatio* (V. exténuer).

exténuer [ɛkstenɥe] v. tr. [1] Causer un grand affaiblissement à (qqn); épuiser. *Le voyage l'a exténué.* ▷ V. pron. *S'exténuer à travailler.* – Lat. *extenuare,* «rendre mince, affaiblir».

extérieur, eure [ɛksteʀjœʀ] adj. et n. **I.** adj. **1.** Qui est au-dehors. *Côté extérieur.* – *Politique extérieure,* qui concerne les pays étrangers. – *Ministère des Affaires extérieures,* qui s'occupe, au Canada, des relations avec les autres États. ▷ GEOM *Angle extérieur d'un polygone,* formé par l'un de ses côtés et le prolongement du côté voisin. **2.** Apparent, visible. *Signes extérieurs de richesse.* **3.** Qui existe en dehors de l'individu. *Le monde extérieur.* **II.** n. m. **1.** La partie d'une chose visible du dehors. *L'extérieur d'une maison.* **2.** Les pays étrangers. *Nouvelles de l'extérieur.* **3.** Vieilli Apparence d'une personne. *Extérieur modeste.* **4.** Plur. CINE Scènes filmées en dehors des studios. **III.** loc. adv. *À l'extérieur :* dans l'espace situé audehors. *Il y a du bruit à l'extérieur.* – Lat. *exterior.*

extérieurement [ɛksteʀjœʀmɑ̃] adv. **1.** À l'extérieur. **2.** Fig. En apparence. – De *extérieur.*

extériorisation [ɛksteʀjɔʀizasjɔ̃] n. f. Action d'extérioriser. – De *extérioriser.*

extérioriser [ɛksteʀjɔʀize] v. tr. [1] **1.** Manifester (un sentiment, une émotion). *Extérioriser son chagrin.* **2.** PSYCHO Situer à l'extérieur de soi (ce qui n'existe que dans la conscience). – De *extérieur,* d'après le lat. *exterior.*

extériorité [ɛksteʀjɔʀite] n. f. Caractère de ce qui est extérieur. – De *extérieur.*

exterminateur, trice [ɛkstɛʀminatœʀ, tʀis] adj. et n. Qui extermine. ▷ *L'ange exterminateur,* qui, dans la Bible, reçut la mission de faire périr les premiers-nés des Égyptiens (Exode). – Bas lat. ecclés. *exterminator,* «qui chasse, qui bannit».

extermination [ɛkstɛʀminasjɔ̃] n. f. Action d'exterminer; son résultat. *Guerre d'extermination.* – Lat. ecclés. *exterminatio.*

exterminer [ɛkstɛʀmine] v. tr. [1] Détruire en totalité (des êtres vivants), massacrer. *Exterminer un peuple.* – Lat. *exterminare,* «chasser, bannir, éliminer».

externat [ɛkstɛʀna] n. m. **1.** École où l'on ne reçoit que des élèves externes; régime de ces élèves. **2.** Fonction d'externe dans les hôpitaux. – De *externe* (n.).

externe [ɛkstɛʀn] adj. et n. **I.** adj. Situé au-dehors, tourné vers l'extérieur. *Face externe.* – *Médicament pour l'usage externe,* à ne pas absorber. ▷ GEOM *Angle externe :* angle supplémentaire de l'un des angles du triangle formé par trois droites qui se coupent. ▷ MATH *Loi de composition externe sur un ensemble E :* application du produit d'un ensemble E par un autre ensemble F à l'intérieur du premier ensemble E. **II.** n. **1.** Élève qui n'est ni logé ni nourri dans l'établissement scolaire qu'il fréquente. **2.** *Externe des hôpitaux :* étudiant en médecine assistant les internes, dans un service hospitalier. – Lat. *externus,* «du dehors, étranger».

exterritorialité [ɛkstɛʀitɔʀjalite] n. f. Immunité exemptant les agents diplomatiques de la juridiction de l'État où ils se trouvent, les laissant soumis aux lois de l'État dont ils dépendent. – De *ex-,* et *territorial.*

extincteur, trice [e(ɛ)kstɛ̃ktœʀ, tʀis] adj. Destiné à éteindre. ▷ N. m. Appareil servant à éteindre un foyer d'incendie par projection de mousse, d'eau pulvérisée, de dioxyde de carbone, etc. – De *extinction.*

extinction [e(ɛ)kstɛ̃ksjɔ̃] n. f. **1.** Action d'éteindre; état de ce qui est éteint. *Extinction du feu.* – MILIT *Extinction des feux :* moment où toutes les lumières doivent être éteintes. *Sonner l'extinction des feux dans une caserne.* ▷ TECH Arrêt de la combustion dans un propulseur. **2.** Fig. Cessation de l'activité, de l'existence. *Extinction de voix.* – *Extinction d'une dynastie.* – Lat. *exstinctio,* de *exstinguere,* «éteindre».

extinguible [e(ɛ)kstɛ̃gibl] adj. Rare Qui peut être éteint, calmé. – Bas lat. *extinguibilis.*

extirpable [ɛkstiʀpabl] adj. Que l'on peut extirper. – De *extirper.*

extirpateur [ɛkstiʀpatœʀ] n. m. AGRIC Herse à lames horizontales en fer de lance servant à extirper les herbes, les chaumes, ainsi qu'à des labours superficiels légers. – Bas lat. *extirpator.*

extirpation [ɛkstiʀpasjɔ̃] n. f. Action d'extirper (une plante, une tumeur). ▷ Fig. *Extirpation des vices.* – Lat. *extirpatio.*

extirper [ɛkstiʀpe] v. tr. [1] **1.** Arracher (un végétal) avec sa racine. *Extirper des mauvaises herbes.* ▷ CHIR Enlever totalement. *Extirper une tumeur.* **2.** Fig. *Extirper les abus.* – Lat. *extirpare;* de *ex,* et *stirps, stirpis,* «racine».

extorquer [ɛ(e)kstɔʀke] v. tr. [1] Obtenir (qqch) par la violence, la menace, la duplicité. *Extorquer de l'argent.* – Lat. *extorquere,* «déboîter, disloquer», de *torquere,* «tordre, tourmenter».

extorqueur, euse [ɛ(e)kstɔʀkœʀ, øz] n. Personne qui extorque. – De *extorquer.*

extorsion [ɛ(e)kstɔʀsjɔ̃] n. f. Action d'extorquer. *Extorsion de fonds.* – Bas lat. *extorsio.*

1. extra- [ɛkstʀa] Préfixe (attaché au radical ou joint à lui par un trait d'union). **1.** Exprime l'extériorité. *Extrajudiciaire.* **2.** Marque une valeur superlative de l'adjectif. *Extra-fin.* – Mot lat., «en dehors».

2. extra [ɛkstʀa] n. et adj. **I.** n. m. inv. **1.** Ce que l'on fait en plus de l'ordinaire, spécial. en parlant des repas. *Faire un extra, des extra.* **2.** Service exceptionnel en dehors des horaires de travail habituel; personne qui fait ce service. **II.** adj. inv. Fam. Supérieur par la qualité. *Vin extra.* – Abrév. de *extraordinaire.*

extracorporel, elle [ɛkstʀakɔʀpɔʀɛl] adj. CHIR *Circulation extra-corporelle,* réalisée par le cœur-poumon artificiel, en chirurgie cardiaque, et permettant l'arrêt et l'assèchement du cœur. – De *extra-,* et *corporel.*

extra-courant [ɛkstʀakuʀɑ̃] n. m. ELECTR Courant d'induction qui se produit lors de la mise en fonctionnement ou de la coupure d'un circuit. – De *extra-,* et *courant.*

extracteur [ɛkstʀaktœʀ] n. m. TECH Organe qui extrait d'une arme à feu les douilles percutées. – De *extraction.*

extractible [ɛkstʀaktibl] adj. Qui peut être extrait. – De *extraction.*

extractif, ive [ɛkstʀaktif, iv] adj. Qui se rapporte à l'extraction. – De *extraction.*

extraction [ɛkstʀaksjɔ̃] n. f. **I. 1.** Action d'extraire. ▷ CHIR Opération qui consiste à retirer qqch d'une partie du corps. *Extraction d'un corps étranger, d'une dent.* **2.** MATH Action d'extraire la racine d'un nombre. **3.** CHIM Transfert de constituants d'une phase solide ou liquide dans une autre phase liquide appelée *solvant.* **4.** TECH *Extraction électrolytique :* récupération, par électrolyse, des métaux contenus dans une solution. **II.** Fig., litt. Ascendance, origine. *Être de noble extraction.* – De *extractum,* pp. de *extrahere.* (V. extraire.)

extrader [ɛkstʀade] v. tr. [1] Soumettre à l'extradition. – De *extradition,* d'ap. le lat. *tradere,* «transmettre, livrer».

extradition [ɛkstʀadisjɔ̃] n. f. Acte par lequel un gouvernement livre un individu prévenu d'un crime ou d'un délit au gouvernement sur le territoire duquel ce crime ou ce délit a été commis. – Du lat. *ex,* «en dehors», et *traditio,* «action de remettre, de livrer».

extrados [ɛkstʀado(s)] n. m. **1.** Surface extérieure d'une voûte ou d'un arc. **2.** TECH Face supérieure d'un plan d'avion. – De *extra-,* et *dos.*

extra-dry [ɛkstʀadʀaj] adj. Anglicisme Très sec, en parlant d'une boisson alcoolisée, d'un alcool. *Champagne extra-dry. Vermouth extra-dry.* – Mot angl.

extra-fin, fine [ɛkstʀafɛ̃, fin] adj. **1.** Très fin. *Petits pois extra-fins.* **2.** De qualité supérieure (denrées). *Café extra-fin.* – De *extra-,* et *fin.*

extra-fort [ɛkstʀafɔʀ] n. m. Ganse pour border les ourlets, les coutures. *Des extra-forts* – De *extra-,* et *fort.*

extragalactique [ɛkstʀagalaktik] adj. ASTRO Situé en dehors de notre galaxie. *Nébuleuse extragalactique.* – De *extra-,* et *galactique.*

extraire [ɛkstʀɛʀ] v. tr. [78] **1.** Tirer avec une certaine difficulté (une chose) de ce qui la contient. *Extraire une balle d'une plaie.* **2.** Séparer (une substance) d'une autre. *Extraire l'aluminium de la bauxite.* **3.** Tirer (un passage) d'une œuvre. *Extraire une citation.* **4.** MATH *Extraire la racine carrée, la racine $n^{ième}$ d'un nombre,* la calculer. ▷ *Extraire les entiers dans un nombre fractionnaire:* chercher combien de fois ce nombre contient l'unité. – Lat. pop. **extragere,* de *ex,* «en dehors», et *trahere,* «tirer».

extrait [ɛ(e)kstʀɛ] n. m. **1.** Substance extraite d'un corps par une opération physique ou chimique et concentrée. *Extrait de café.* **2.** Passage tiré d'un texte. *Un extrait de la Bible.* ▷ *Spécial.* Copie conforme d'une partie d'un registre officiel. *Extrait de naissance.* – Pp. subst. de *extraire.*

extrajudiciaire [ɛkstʀaʒydisjɛʀ] adj. Qui est hors de la procédure d'une instance judiciaire. – De *extra-,* et *judiciaire.*

extralégal, ale, aux [ɛkstʀalegal, o] adj. En dehors de la légalité. – De *extra-,* et *légal.*

extra(-)lucide [ɛkstʀalysid] adj. Qui perçoit ce qui échappe à la conscience normale (l'avenir, les pensées d'autrui, etc.). *Voyante extra-lucide.* – De *extra-,* et *lucide.*

extra-muros [ɛkstʀamyʀos] adv. et adj. inv. En dehors de la ville. *Quartier extra-muros.* – Mots lat., «hors des murs».

extranéité [ɛkstʀaneite] n. f. DR Qualité, statut d'étranger. – Du lat. *extraneus,* «étranger».

extraordinaire [ɛkstʀaɔʀdinɛʀ] adj. et n. m. **I. 1.** Qui étonne par sa singularité, sa bizarrerie. *Une aventure extraordinaire.* ▷ N. m. *Il est toujours attiré par l'extraordinaire.* **2.** Bien au-dessus de la moyenne. *Mémoire extraordinaire.* **II.** Qui fait exception. *Moyens extraordinaires.* – *Ambassadeur extraordinaire,* envoyé pour une circonstance particulière. ▷ FIN *Budget extraordinaire.* – Lat. *extraordinarius,* «qui sort de l'ordre».

extraordinairement [ɛkstʀaɔʀdinɛʀmɑ̃] adv. **1.** D'une façon extraordinaire. **2.** Extrêmement. – De *extraordinaire.*

extraparlementaire [ɛkstʀapaʀləmɑ̃tɛʀ] adj. Qui se fait, qui existe en dehors du Parlement. *Commission extraparlementaire.* – De *extra-,* et *parlementaire.*

extrapolation [ɛkstʀapɔlasjɔ̃] n. f. **1.** Action de tirer une conclusion générale à partir de données partielles. **2.** MATH Action de calculer les valeurs d'une fonction en dehors de l'intervalle à l'intérieur duquel ces valeurs sont connues. – De *extra-,* et *(inter)polation.*

extrapoler [ɛkstʀapɔle] v. tr. [1] **1.** Faire une extrapolation. **2.** MATH Calculer (des valeurs) par extrapolation. ▷ *Par ext.* Déduire des valeurs prévisibles d'une série de valeurs connues. – De *extrapolation.*

extrapyramidal, ale, aux [ɛkstʀapiʀamidal, o] adj. ANAT *Système extrapyramidal:* ensemble formé par les noyaux gris moteurs et par les fibres afférentes et efférentes situées dans les régions sous-corticales et sous-thalamiques, à l'exclusion de la voie pyramidale et du cervelet. – De *extra-,* et *pyramidal.*

extrasensible [ɛkstʀasɑ̃sibl] adj. Qui ne peut être perçu par les sens. – De *extra-,* et *sensible.*

extrasystole [ɛkstʀasistɔl] n. f. MED Contraction supplémentaire du cœur, suivie d'une pause, qui s'intercale entre les contractions normales. – De *extra-,* et *systole.*

extra(-)terrestre [ɛkstʀatɛʀɛstʀ] adj. et n. D'une autre planète, d'un autre monde que la Terre. – De *extra-,* et *terrestre.*

extraterritorialité [ɛkstʀatɛʀitɔʀjalite] n. f. DR Fiction juridique selon laquelle les ambassades en pays étrangers sont considérées comme faisant partie du territoire du pays qu'elles représentent. – De *extra-,* et *territorial.*

extra-utérin, ine [ɛkstʀayteʀɛ̃, in] adj. MED *Grossesse extra-utérine,* résultant de la fixation et du développement de l'œuf fécondé en dehors de la cavité utérine (trompe, péritoine). – De *extra-,* et *utérin.*

extravagance [ɛkstʀavagɑ̃s] n. f. **1.** Caractère d'une personne, d'une chose extravagante. *L'extravagance de son costume.* **2.** Acte, parole extravagante, bizarre. *Faire des extravagances.* – De *extravagant.*

extravagant, ante [ɛkstʀavagɑ̃, ɑ̃t] adj. Qui s'écarte du sens commun, de la norme; bizarre, grotesque. *Un discours extravagant.* – Du lat. *extra,* «en dehors», et *vagans,* ppr. de *vagari,* «errer».

extravaguer [ɛkstʀavage] v. intr. [1] Rare Dire ou faire des choses dépourvues de bon sens. – V. extravagant.

extravasation [ɛkstʀavazasjɔ̃] n. f. Action de s'extravaser. – De *extravaser.*

extravaser (s') [ɛkstʀavaze] v. pron. [11] S'épancher hors de ses vaisseaux (sang, sève, etc.). – Du lat. *extra,* et *vas,* «vase».

extraversion [ɛkstʀavɛʀsjɔ̃] n. f. PSYCHO Comportement d'un individu ouvert au monde extérieur. Ant. introversion. – Du lat. *extra,* et *vertere,* «tourner».

extraverti, ie [ɛkstʀavɛʀti] adj. Qui présente de l'extraversion. – De *extraversion.*

extrémal, ale, aux [ɛkstʀemal, o] adj. MATH, PHYS D'un extremum, qui correspond à un extremum. *Valeur extrémale.* – De *extrême.*

extrême [ɛkstʀɛm] adj. et n. **I.** adj. **1.** Qui est tout à fait au bout, à la fin. *L'extrême limite.* **2.** Au plus haut degré. *Extrême plaisir.* **3.** (Après le nom.) Qui s'écarte considérablement de ce qui est modéré, mesuré. *Climat extrême. Caractère extrême.* **II. 1.** n. m. *Les extrêmes:* choses, personnes totalement opposées. *Aller d'un extrême à l'autre.* ▷ MATH Le premier et le dernier terme d'une proportion (par oppos. aux *moyens*). ▷ PHYS La plus petite et la plus grande des valeurs observées. **2.** loc. adv. *À l'extrême:* au dernier point. – Lat. *extremus.*

extrêmement [ɛkstʀɛmmɑ̃] adv. D'une manière extrême, très. – De *extrême.*

extrême-onction. V. onction.

extrême-oriental, ale, aux [ɛkstʀɛmɔʀjɑ̃tal, o] adj. et n. De l'Extrême-Orient.

extrémisme [ɛkstʀemism] n. m. Tendance à adopter des idées, partic. des idées politiques, extrêmes. – De *extrême.*

extrémiste [ɛkstʀemist] adj. et n. Favorable à l'extrémisme. – Du préc.

extrémité [ɛkstʀemite] n. f. **1.** Partie qui termine une chose. *Les deux extrémités d'une corde.* ▷ *Les extrémités :* les pieds et les mains. **2.** État, situation critique. *Être réduit à une pénible extrémité.* ▷ *Être à la dernière extrémité :* être près de mourir. **3.** Idée, acte extrême, violent. *Se porter à des extrémités.* – Lat. *extremitas.*

extremum [ɛkstʀemɔm] n. m. MATH Point qui correspond à la valeur minimale ou maximale d'une fonction. – Mot lat.

extrinsèque [ɛkstʀɛ̃sɛk] adj. **1.** Qui vient du dehors, dépend de circonstances extérieures. *Valeur extrinsèque d'une monnaie.* Ant. intrinsèque. **2.** ELECTRON Se dit d'un semiconducteur dans lequel on a introduit des impuretés en petite quantité. – Lat. *extrinsecus,* «du dehors».

extrorse [ɛkstʀɔʀs] adj. BOT *Étamine extrorse:* dont l'anthère s'ouvre vers l'extérieur de la fleur. – Lat. *extrorsus.*

extruder [ekstʀyde] v. tr. [1]. **1.** TECH Opérer l'extrusion d'une matière plastique en vue d'en faire des boudins qui deviendront par la suite des tuyaux, des gaines, des revêtements de câbles, etc. **2.** v. intr. GEOMORPH Pour un volcan, expulser de la lave. – Lat. *extrudere,* «expulser violemment».

extrudeuse [ekstʀydøz] n. f. TECH Machine servant à façonner les matières plastiques en divers produits. – Du lat. *extrudere,* «expulser violemment».

extrusion [ɛkstʀyzjɔ̃] n. f. **1.** TECH Transformation des matières plastiques par passage dans une extrudeuse. **2.** GEOMORPH Éruption de roches volcaniques; configuration rocheuse résultant de cette éruption. – Du lat. *extrudere* (V. *extrudere*), d'après *intrusion.*

exubérance [egzybeʀɑ̃s] n. f. **1.** Caractère d'une personne, d'un sentiment exubérant. *Parler avec exubérance.* **2.** Surabondance. *Exubérance de certaines plantes.* ▷ Fig. *Exubérance d'idées.* – Lat. *exuberantia,* «abondance».

exubérant, ante [egzybeʀɑ̃, ɑ̃t] adj. **1.** Qui exprime un débordement de vie par ses actes, ses paroles. *Une fille exubérante.* ▷ Par ext. *Une joie exubérante.* **2.** Surabondant. *Végétation exubérante.* – Lat. *exuberans,* ppr. de *exuberare,* «regorger».

exulcérer [egzylseʀe] v. tr. [16] MED Provoquer une ulcération légère et superficielle sur. – Lat. *exulcerare,* rac. *ulcus, ulcéris,* « plaie».

exultation [egzyltasjɔ̃] n. f. Transport de joie. – Lat. *exsultatio.*

exulter [egzylte] v. intr. [1] Être transporté de joie. – Lat. *exsultare,* de *saltare,* «sauter».

exutoire [egzytwaʀ] n. m. **1.** Moyen de se débarrasser d'une chose; dérivatif à un sentiment violent. *Trouver un exutoire à sa colère.* **2.** Anc. MED Ulcère produit et entretenu artificiellement pour déterminer la suppuration. **3.** TRAV PUBL Endroit où s'évacuent les eaux d'un réseau d'assainissement. – Du lat. *exutus,* pp. de *exuere,* «dépouiller».

exuviation [ɛgzyvjasjɔ̃] n. f. Fait de rejeter les vieilles peaux lors de la mue. – De *exuvie.*

exuvie [ɛgzyvi] n. f. Peau rejetée lors de la mue. – Lat. *exuviae* (n. f. pl.), «dépouilles; ce qu'on a ôté du corps».

ex-voto [ɛksvoto] n. m. inv. Tableau, plaque avec inscription, placés dans une église en mémoire d'un vœu. – De la formule lat. *ex voto suscepto,* «suivant le vœu fait».

eye-liner [ajlajnœʀ] n. m. Anglicisme Cosmétique fluide destiné à souligner d'un trait le bord de la paupière. – Mot amér. de *eye,* «œil», et *liner,* «traceur de filets».

eyra [ɛʀa] n. m. Petit puma d'Amérique du Sud. – Orig. incert.

F f

f [ɛf] n. m. et f. **1.** Sixième lettre de l'alphabet et quatrième consonne, notant une fricative labiodentale sourde. **2.** F: symbole du franc. ▷ CHIM F: symbole du fluor. ▷ PHYS F: symbole de *force*. – F: symbole de *farad*. – : symbole de *faraday*. – °F, désignation du degré Fahrenheit. – f: symbole de *fréquence*. ▷ MUS Sixième degré de l'échelle *(fa)* dans la notation alphabétique. – *f:* forte (dans l'écriture musicale); *ff:* fortissimo.

fa [fa] n. m. inv. Quatrième note de la gamme d'*ut*. ▷ *Clé de fa*, représentée par un C retourné suivi de deux points, et indiquant que la note placée sur la ligne passant entre les deux points est un *fa*. – Prem. syll. du mot *famuli*, au 2ᵉ vers de l'hymne à saint Jean-Baptiste.

fable [fabl] n. f. **1.** Récit imaginaire didactique; mythe, légende. *La fable de Psyché.* – *La Fable:* la mythologie. ▷ *Spécial.* Court récit, apologue, généralement en vers, dont on tire une moralité. *Fables de La Fontaine.* **2.** Récit mensonger. *C'est une fable que l'on fait courir.* **3.** Sujet de risée. *Il est la fable du village.* – Lat. *fabula*, «propos, récit».

fabliau [fablijo] n. m. Conte en vers divertissant ou édifiant, à la mode au Moyen Âge. – Déform. de l'a. fr. *fablel, fableau.*

fablier [fablije] n. m. Recueil de fables. – De *fable.*

fabricant, ante [fabʀikɑ̃, ɑ̃t] n. **1.** Personne qui possède ou dirige une fabrique. **2.** Personne qui fabrique elle-même des objets de consommation. – Lat. *fabricans,* ppr. de *fabricare,* «fabriquer».

fabricateur, trice [fabʀikatœʀ, tʀis] n. Péjor. Personne qui fabrique qqch. *Fabricateur de faux passeports.* – Lat. *fabricator.*

fabrication [fabʀikasjɔ̃] n. f. **1.** Art, action, manière de fabriquer des produits de consommation. *La fabrication des tapis.* – *C'est un gâteau de ma fabrication.* **2.** Action de fabriquer des choses trompeuses. *Fabrication de faux documents.* ▷ Fig. *Fabrication d'une excuse.* – Lat. *fabricatio.*

fabricien [fabʀisjɛ̃] n. m. Anc. Membre du conseil de fabrique d'une paroisse. Syn. marguillier. – De l'a. fr. *fabrice, fabrisse,* «revenus affectés à l'entretien d'une église».

fabrique [fabʀik] n. f. **1.** Établissement de moyenne importance ou peu mécanisé dans lequel des matières premières ou des produits semi-finis sont transformés en produit de consommation. *Une fabrique de porcelaine.* – *Marque de fabrique*, placée sur un objet pour en indiquer la provenance. **2.** BX-A Anc. Construction (château, pont, ruine, etc.) entrant dans la composition d'un tableau. **3.** (Dans une paroisse) Ensemble des biens et revenus relevant d'un conseil administratif chargé de l'entretien de l'église, du presbytère, du cimetière, etc. *Les terrains de la fabrique.* ▷ *Conseil de fabrique* ou, ellipt., *fabrique:* ce conseil administratif, composé de marguilliers. – Lat. *fabrica,* de *faber, fabri,* «artisan ouvrier».

fabriquer [fabʀike] v. tr. [1] **1.** Faire (un objet) en transformant une matière. *Entreprise qui fabrique du papier.* **2.** Confectionner (une chose destinée à tromper). *Fabriquer une fausse pièce d'identité.* ▷ Fig. *Fabriquer un mensonge.* – Lat. *fabricare.*

fabulateur, trice [fabylatœʀ, tʀis] adj. et n. PSYCHO Qui a tendance à la fabulation. – Lat. *fabulator,* «conteur, narrateur, fabuliste».

fabulation [fabylasjɔ̃] n. f. PSYCHO Fait de présenter comme une réalité vécue ce qui est purement imaginaire. *La fabulation, fréquente et normale chez les enfants, est caractéristique de certaines maladies mentales des adultes.* – Lat. *fabulatio,* «discours, conversation».

fabuler [fabyle] v. tr. [1] PSYCHO Se livrer à la fabulation. – De *fabulation.*

fabuleusement [fabyløzmɑ̃] adv. Prodigieusement. *Être fabuleusement riche.* – De *fabuleux.*

fabuleux, euse [fabylø, øz] adj. **1.** Litt. Qui appartient à la fable, à la légende. *Les temps fabuleux.* **2.** Invraisemblable quoique vrai. *Un prix fabuleux.* – Lat. *fabulosus,* «qui est matière à beaucoup de fables».

fabuliste [fabylist] n. Auteur de fables. – Esp. *fabulista.*

façade [fasad] n. f. **1.** Côté où est située l'entrée principale d'un bâtiment. *La façade d'un palais.* **2.** Fig. Apparence masquant une piètre réalité. *Une façade d'honnêteté.* – Ital. *facciata.*

face [fas] **A.** n. f. **1.** Partie antérieure de la tête de l'être humain. *Une face blême.* – *Sainte Face:* visage du Christ souffrant tel que, selon la tradition, il se serait imprimé sur le voile de sainte Véronique. ▷ Fig. *Perdre la face:* perdre sa dignité. – *Sauver la face:* sauver les apparences. **2.** Par anal. *La face d'une monnaie, d'une médaille:* le côté qui porte la figure. Syn. avers. Ant. pile, revers. ▷ *Une étoffe à double face*, dont l'envers est travaillé comme l'endroit. **3.** Chacune des surfaces présentées par une chose. *Les faces d'un cristal.* ▷ GEOM Chacun des plans qui délimitent un polyèdre. **4.** Aspect d'une chose. *La face des lieux a bien changé.* ▷ Fig. *Une affaire qui présente plusieurs faces.* **5.** *Faire face à:* être tourné du côté de. *Maison qui fait face à l'église.* ▷ *Faire face à l'ennemi*, lui présenter le front. – Fig. *Faire face à ses obligations*, être en mesure de les remplir. **B. I.** loc. adv. **1.** *En face:* par-devant. *Regarder qqn en face.* ▷ Fig. *Regarder la mort en face:* courir sans crainte le risque de mourir, envisager sans s'en effrayer sa propre mort. **2.** *De face:* du côté où l'on voit toute la face. *Portrait de face.* Ant. de dos. **3.** *Face à face:* chacun ayant le visage tourné vers l'autre. *Ils se sont retrouvés face à face.* **II.** loc. prép. **1.** *En face de :* vis-à-vis de. *S'asseoir en face de qqn.* – Fig. En présence de. *Rester insensible en face de la misère.* **2.** *À la face de :* en présence de, à la vue de. *À la face de l'Univers.* – Lat. pop. **facia.*

ENCYCL **Anat.** La structure osseuse de la face, ou massif facial, est divisée en deux parties: la mâchoire supérieure, formée de 13 os, dont un seul est impair et médian; la mâchoire inférieure, constituée par un seul os, le maxillaire inférieur. La face est creusée de sept cavités principales: buccale, fosses nasales, orbites, fosses ptérygomaxillaires. Les muscles peauciers de la face sont groupés autour des orifices, pour lesquels ils jouent un rôle constricteur ou dilatateur; ils sont innervés par le nerf facial.

face à face ou **face-à-face** [fasafas] n. m. inv. Confrontation de deux personnalités, le plus souvent devant un vaste public. – Substantivation de la loc. adv. (V. face).

face-à-main [fasamɛ̃] n. m. Binocle à manche. *Des faces-à-main.* – De *face, à* , et *main.*

facétie [fasesi] n. f. Plaisanterie, farce. *Faire des facéties.* – Lat. *facetia,* de *facetus,* «bien fait, plaisant».

facétieux, ieuse [fasesjø, jøz] adj. **1.** Enclin à la facétie. *Personnage facétieux.* **2.** Qui se présente comme une facétie. *Fabliau facétieux.* – De *facétie.*

facette [fasɛt] n. f. **1.** Petite face. *Diamant taillé à facettes.* ▷ ZOOL *Yeux à facettes:* yeux composés de petites lentilles chez les insectes et les crustacés. **2.** Fig. *Style à facettes,* plein de traits brillants. – *Homme à facettes,* qui présente des aspects divers. – De *face.*

facetter [fasɛtte] v. tr. [1] TECH Tailler à facettes. – De *facette.*

fâché, ée [fɑʃe] adj. **1.** Mécontent, irrité. *Un air fâché.* **2.** Brouillé. *Il est fâché avec moi.* – Pp. de *fâcher.*

fâcher [fɑʃe] **I.** v. tr. [1] Mettre en colère, irriter. **II.** v. pron. **1.** Se mettre en colère. *Se fâcher contre des enfants insupportables.* **2.** *Se fâcher avec qqn,* se brouiller avec lui. – Lat. pop. **fasticare,* altér. de *fastidiare,* class. *fastidire,* «éprouver du dégoût».

fâcherie [fɑʃʀi] n. f. Brouille, mésentente. – De *fâcher.*

fâcheusement [fɑʃøzmɑ̃] adv. D'une manière fâcheuse. – De *fâcheux.*

fâcheux, euse [fɑʃø, øz] adj. **1.** Qui amène des désagréments. *Un contretemps fâcheux.* **2.** n. (et adj.) Litt. Qui importune, dérange. *«Les Fâcheux», comédie-ballet de Molière (1661).* – De *fâcher.*

facial, ale, als ou **aux** [fasjal, o] **1.** adj. Qui appartient, qui a rapport à la face. *Névralgie faciale.* – *Angle facial,* formé par la droite joignant le front à la mâchoire inférieure avec la droite passant par les oreilles et la base du nez. **2.** Fig. *Valeur faciale d'un timbre,* sa valeur d'affranchissement (par oppos. à sa *valeur marchande*). – Du lat. *facies,* «face».

facies ou mod. **faciès** [fasjɛs] n. m. **1.** Aspect du visage. ▷ Type de physionomie caractéristique de telle ou telle population. ▷ MED Expression, aspect du visage, caractéristique d'une maladie particulière. **2.** Aspect général. ▷ BOT Faciès d'une plante. ▷ GEOL Ensemble des caractères lithologiques et paléontologiques d'une roche, qui renseignent sur ses conditions de dépôt et de formation. – Mot lat.

facile [fasil] adj. **1.** Qui se fait sans peine. *Un exercice facile.* **2.** Qui paraît avoir été fait, obtenu, sans difficulté. *Un style facile. Avoir la parole facile.* ▷ Péjor. *Une plaisanterie facile.* **3.** Qui se laisse mener aisément (personnes). *Un enfant facile.* – Par ext. *Un caractère facile.* ▷ Spécial. *Une femme facile,* dont on obtient sans peine les faveurs. – Lat. *facilis.*

facilement [fasilmɑ̃] adv. Avec facilité, aisément. *Vous en viendrez facilement à bout.* – De *facile.*

facilité [fasilite] n. f. **1.** Qualité d'une chose facile à faire. *La facilité d'une tâche.* **2.** (Souvent plur.) Moyen de faire, de se procurer une chose sans difficulté. *Avoir la facilité de se voir.* ▷ FIN *Facilités de paiement:* délais, ou conditions avantageuses de règlement. **3.** Aptitude à faire une chose sans effort. *Écrire avec facilité.* ▷ *Absol.* Avoir des dons pour l'étude, pour la création. *Cet enfant a de la facilité.* ▷ Péjor. *Écrivain qui tombe dans la facilité.* **4.** Disposition de l'esprit à s'accommoder de tout. *Facilité d'humeur.* – Lat. *facilitas.*

faciliter [fasilite] v. tr. [1] Rendre facile. *Faciliter l'exécution d'un travail.* – Ital. *facilitare,* de *facilità,* «facilité», du lat. *facilitas.*

façon [fasɔ̃] n. f. **I. 1.** Manière d'être, d'agir. *Une bonne façon d'écrire, de parler.* – Spécial. *C'est une façon de parler:* cela ne doit pas être pris à la lettre. **2.** loc. adv. *De toute façon:* quelles que soient les circonstances. **3.** loc. prép. *De façon à* (marquant la conséquence, le but). *Se conduire de façon à se faire remarquer.* **4.** loc. conj. *De (telle) façon que:* de telle sorte que. *S'arranger de façon que tout soit prêt.* **II.** n. f. plur. **1.** Manières propres à une personne. *Avoir des façons engageantes.* **2.** Péjor. Démonstrations de politesse affectée. ▷ Loc. adv. *Sans façon(s):* en toute simplicité, sans vaines cérémonies. **III. 1.** Action de façonner qqch; son résultat. *Payer la façon d'un costume.* ▷ *Travailler à façon,* sur une matière qui a été fournie. **2.** AGRIC Travail, labour d'un sol. *Donner une seconde façon à un champ.* – Lat. *factio, factionis,* «action de faire».

faconde [fakɔ̃d] n. f. Litt., souv. péjor. Trop grande abondance de paroles. *Quelle ennuyeuse faconde!* Syn. volubilité. – Lat. *facundia,* «éloquence».

façonnage [fasɔnaʒ] ou **façonnement** [fasɔnmɑ̃] n. m. Action, art de façonner qqch. – De *façonner.*

façonner [fasɔne] v. tr. [1] **1.** Travailler (une matière) pour lui donner une forme. *Façonner de l'argile.* **2.** Faire (un objet). *Façonner une clef.* **3.** Fig. Former (qqn) par l'instruction, par l'usage. *Être façonné par l'expérience.* **4.** Vx ou litt. Accoutumer. *Façonner qqn à une vie rude.* ▷ v. pron. *Se façonner à un travail,* en faire l'apprentissage. – De *façon.*

façonnier, ière [fasɔnje, jɛʀ] n. et adj. **1.** Personne qui travaille à façon. **2.** Personne qui fait des façons, qui se montre affectée, prétentieuse. – De *façonner.*

fac-similé [faksimile] n. m. Reproduction exacte d'un écrit, d'un dessin, etc. *Des fac-similés de documents.* – Lat. *fac simile,* «fais une chose semblable».

factage [faktaʒ] n. m. Transport de marchandises à domicile ou au dépôt de consignation. *Entreprise de factage.* – *Par ext.* Le prix de ce transport. ▷ Distribution par le préposé des lettres, dépêches, etc. à domicile. – De *facteur.*

facteur [faktœʀ] n. m. **I. 1.** Fabricant d'instruments de musique (instruments à clavier, à vent et harpes). *Facteur d'orgues.* **2.** Personne chargée de remettre à leurs destinataires les lettres, les paquets, etc., confiés au service des postes. (Rem.: Comme forme féminine, l'OLF recommande *factrice.*) **II. 1.** Élément qui conditionne un résultat. *Les facteurs de l'hérédité. Compter avec le facteur chance.* ▷ BIOL *Facteur rhésus.* V. rhésus. **2.** MATH Chacun des termes d'un produit. ▷ *Facteur commun:* terme divisant exactement plusieurs expressions. ▷ *Facteur premier:* chacun des termes résultant de la décomposition d'un nombre entier en un produit de nombres premiers. **3.** PHYS Rapport entre deux grandeurs de même nature. *Facteur d'absorption.* – ELECTR *Facteur de puissance:* rapport entre la puissance active (fournie ou consommée) et la puissance apparente. – Lat. *factor,* «celui qui fait, créateur», de *factum,* de *facere,* «faire».

factice [faktis] adj. **1.** Artificiel. *Grotte factice.* **2.** Imité. *Bouteille factice.* **3.** Fig. Qui manque de naturel. *Enthousiasme, beauté factice.* Syn. artificiel, affecté. Ant. sincère, vrai. ▷ N. m. Ce qui est factice. *Cet artiste tombe dans le factice.* – Lat. *facticius,* «artificiel», de *facere,* «faire».

facticité [faktisite] n. f. **1.** Caractère de ce qui est factice. **2.** PHILO Caractère de ce qui constitue un fait contingent. – De *factice.*

factieux, euse [faksjø, øz] adj. et n. Qui fomente des troubles politiques dans un État. – Lat. *factiosus,* de *factio* (V. faction).

faction [faksjɔ̃] n. f. **1.** Parti, cabale exerçant une activité factieuse dans un État. *Un État déchiré par les factions.* **2.** MILIT Mission dont est chargée une sentinelle. *Par ext.* Position de guet, d'attente. *Je me suis mis en faction devant chez lui.* **3.** TECH Dans une entreprise travaillant en continu, chacune des trois périodes de huit heures. – Lat. *factio,* «action de faire, parti, ligue, troupe».

factionnaire [faksjɔnɛʀ] n. m. MILIT Soldat en faction. – De *faction.*

factitif, ive [faktitif, iv] adj. GRAM Qui indique que le sujet du verbe fait faire l'action. – Dér. du lat. *factitare,* «faire souvent» fréquentatif de *facere,* «faire».

factorerie [faktɔʀʀi] n. f. Vieilli Comptoir, bureau d'une agence commerciale à l'étranger ou dans une colonie. – De *facteur.*

factoriel, ielle [faktɔʀjɛl] adj. et n. f. **1.** adj. Relatif à un facteur. *Psychologie factorielle.* ▷ MATH *Analyse factorielle:* méthode permettant de déterminer les relations de corrélation existant entre plusieurs variables. **2.** n. f. MATH Produit des n premiers nombres entiers, noté *n!* (Ex.: $4! = 1 \times 2 \times 3 \times 4 = 24$.) – De *facteur.*

factorisation [faktɔʀizasjõ] n. f. MATH Mise en facteurs. – De *factoriser.*

factoriser [faktɔʀize] v. tr. [1] Mettre en facteurs. – De *facteur.*

factotum [faktotɔm] n. m. Celui qui s'occupe de tout dans une maison, homme à tout faire. *Des factotums.* – Lat. *fac totum,* «fais tout».

factuel, elle [faktyɛl] adj. Relevant d'un fait, de faits. *Données factuelles.* – De *fait,* sur l'angl. *factual.*

factum [faktum] n. m. **1.** DR Mémoire contenant les prétentions et les arguments d'une partie devant une cour d'appel. **2.** Péjor. Écrit, pamphlet. – Lat. *factum,* «fait».

facturation [faktuʀasjõ] n. f. Action d'établir des factures. ▷ Service où l'on établit les factures. – De *facture* 2.

1. facture [faktyʀ] n. f. **1.** Manière dont est traitée, réalisée une œuvre de création. *Ce portrait est d'une facture énergique.* **2.** TECH Fabrication des instruments de musique. – A. fr. *faiture,* du lat. *factura,* de *facere,* «faire».

2. facture [faktyʀ] n. f. Pièce comptable détaillant la quantité, la nature et le prix de marchandises ou de services livrés, afin d'en demander ou d'en attester le règlement. ▷ *Facture pro forma,* établie à titre indicatif avant la livraison. ▷ *Prix de facture:* prix d'achat en fabrique. – De *facteur,* «agent commercial».

facturer [faktyʀe] v. tr. [1] Établir la facture de. *Facturer une marchandise.* – De *facture* 2.

facturier, ière [faktyʀje, jɛʀ] **1.** n. Personne chargée de la facturation. **2.** n. m. Livre dans lequel les factures sont enregistrées. **3.** n. f. TECH Machine comptable servant aux travaux de facturation. – De *facture* 2.

facule [fakyl] n. f. ASTRO Zone brillante du disque solaire. – Lat. *facula,* «petite torche».

facultatif, ive [fakyltatif, iv] adj. Qu'on peut faire ou non, utiliser ou non. *Devoir facultatif. Arrêt facultatif.* – De *faculté.*

facultativement [fakyltativmɑ̃] adv. D'une manière facultative. – De *facultatif.*

faculté [fakylte] n. f. **I. 1.** PHILO ANC Fonction psychique. *Les facultés de l'âme.* **2.** Aptitude, disposition naturelle d'un individu. *Il possède une faculté de concentration étonnante. Ne pas jouir de toutes ses facultés:* n'avoir pas toute sa raison. **3.** Propriété que possède une chose. *Les facultés productives de la terre.* **4.** DR Pouvoir, autorisation, droit de faire une chose. *Vendre avec faculté de rachat.* **II. 1.** Unité d'enseignement et de recherche dans une université, regroupant des professeurs de disciplines voisines. *La Faculté des lettres. Le doyen de la Faculté de droit.* – *Par ext.* Corps des professeurs formant cette unité. **2.** (France) *Absol.* (avec une majuscule). La faculté de médecine, les médecins. *L'avis de la Faculté.* – Lat. *facultas,* «capacité, aptitude», de *facere,* «faire».

fada [fada] adj. et n. m. Rég. (midi de la France). Cinglé, un peu fou. *Espèce de fada!* – Provenç. mod. *fadas,* de *fat,* «sot».

fadaise [fadɛz] n. f. Niaiserie, chose inutile et frivole. *Débiter des fadaises.* – Provenç. *fadeza,* «sottise», de *fat,* «sot».

fadasse [fadas] adj. Péjor. D'une fadeur déplaisante. *Des cheveux blond fadasse.* – De *fade,* et suff. péjor. *-asse.*

fade [fad] adj. **1.** Qui manque de saveur. *Un mets fade.* Syn. insipide. **2.** Fig. Qui manque de caractère, de piquant. *Beauté, style fade.* Syn. plat. – Du lat. pop. *fastidus,* croisement du lat. *factus,* «fade», et *sapidus,* «qui a du goût».

fadeur [fadœʀ] n. f. **1.** Caractère de ce qui est fade. **2.** Plur. Compliments, propos fades. – De *fade.*

fado [fado] n. m. Chant populaire portugais évoquant le destin de celui qui vit les tourments de l'amour. – Mot portug., «destin», du lat. *fatum.*

fagacées [fagase] n. f. pl. BOT Fam. d'amentiflores dont le hêtre est le type. Syn. cupulifères. – Du lat. *fagus,* «hêtre».

fagales [fagal] n. f. pl. BOT Ordre d'amentiflores dont le fruit entier est un achaine, et qui comprend les *fagacées* et les *bétulacées* (bouleaux). – Du lat. *fagus,* «hêtre».

fagot [fago] n. m. Faisceau de menues branches. *Un fagot de sarments.* ▷ *Sentir le fagot:* être suspect d'hérésie (parce que l'on condamnait les hérétiques au supplice du feu). ▷ *Vin de derrière les fagots,* excellent, vieilli en cave. – *Par ext.,* fam. Se dit d'une chose excellente ou remarquable en son genre. *Il nous a sorti un projet de derrière les fagots.* – P.-ê. du gr. *phakos,* de *phakelos,* par le provenç. *fagot.*

fagotage [fagɔtaʒ] n. m. **1.** Bois à faire des fagots. **2.** Fig., fam. Action de fagoter; accoutrement. – De *fagoter.*

fagoter [fagɔte] v. tr. [1] **1.** Vx ou rég. Mettre en fagots. **2.** Fig., fam. Mal arranger; habiller sans goût. *Être mal fagoté.* ▷ V. pron. *Elle se fagote bizarrement.* Syn. accoutrer. – De *fagot.*

Fahrenheit [faʀɛnajt] adj. inv. Désigne l'échelle de température cour. employée en G.-B. et aux États-Unis. (Au 0 °C correspond le 32 °F et au 100 °C le 212 °F; les correspondances sont les suivantes: $°C = \frac{10\,°F - 320}{18}$ et $°F = 1{,}8\,°C + 32$.) – Du n. du phys. prussien Daniel Gabriel *Fahrenheit* (1686-1736), inventeur d'une graduation de thermomètre.

faiblard, arde [fɛblaʀ, aʀd] adj. Fam. Assez faible. – De *faible,* et *-ard.*

faible [fɛbl] adj. **1.** Qui manque de force, de vigueur physique. *Le malade est encore faible. Avoir le cœur faible.* Syn. fragile. **2.** Qui manque de résistance, de solidité. *Cette poutre est trop faible.* **3.** Qui n'a pas la puissance, les moyens nécessaires pour se défendre. *Nous étions trop faibles pour résister à l'ennemi.* Syn. impuissant, désarmé. ▷ N. m. *Défendre le faible contre le fort.* **4.** Insuffisant en valeur, en intensité. *Une voix faible. Une faible consolation. Une monnaie faible.* **5.** Peu important. *Une faible quantité suffira.* **6.** Dont la valeur, les capacités intellectuelles sont insuffisantes. *Avoir le jugement faible. Un raisonnement faible.* ▷ Subst. *Un faible d'esprit.* **7.** Qui manque de fermeté, d'énergie. *Être trop faible avec ses enfants.* Syn. indulgent, veule. ▷ Subst. *On ne peut se fier aux faibles.* **8.** *Point faible,* ou n. m., *le faible.* Ce qu'il y a de moins fort, de moins solide, de moins résistant.

Le faible d'une place. – *Par ext.* Ce qu'il y a de défectueux en qqch, faille. *Le faible d'une argumentation.* Le principal défaut de qqn, sa passion dominante. *Prendre qqn par son faible.* ▷ *Avoir un faible pour,* une préférence marquée pour. **9.** CHIM Qualifie un acide ou une base partiellement dissociés. **10.** PHYS NUCL Qualifie l'une des forces d'interaction, celle qui assure la cohésion des leptons. – Lat. *flebilis,* «pitoyable».

faiblement [fɛbləmɑ̃] adv. Avec faiblesse, à peine. – De *faible.*

faiblesse [fɛblɛs] n. f. **1.** Caractère de ce qui est faible, insuffisant. **2.** Défaut qui dénote cette insuffisance. *Votre raisonnement présente des faiblesses.* ▷ *Avoir une faiblesse pour,* une préférence, un goût particulier pour. **3.** Défaillance, syncope. *Il fut subitement pris d'une faiblesse.* – De *faible.*

faiblir [fe(ɛ)bliʀ] v. intr. [2] Perdre de sa force, de son courage, de son intensité, de sa fermeté, etc. *Ce vieillard faiblit. Devant ses pleurs, elle faiblit.* Syn. fléchir. – De *faible.*

faïence [fajɑ̃s] n. f. Poterie à pâte poreuse, opaque, vernissée ou émaillée. – De *Faenza,* v. d'Italie.

faïencé, ée [fajɑ̃se] adj. Qui imite la faïence. – De *faïence.*

faïencerie [fajɑ̃sʀi] n. f. **1.** Fabrique de faïence. **2.** Poteries de faïence. – De *faïence.*

faïencier, ière [fajɑ̃sje, jɛʀ] n. Personne qui fait ou vend de la faïence. – De *faïence.*

faignant, ante. V. feignant, ante.

1. faille [faj] n. f. **1.** GEOL Cassure plus ou moins plane affectant des couches géologiques, avec rejet ou non de deux blocs situés de part et d'autre de la cassure. (Les failles sont fréquemment associées en champs de fractures, avec constitution de *horsts* et de *grabens.*) **2.** Fig. Fissure, lacune. *Il y a une faille dans son raisonnement.* – A. fr. «manque», de *faillir.*

2. faille [faj] n. f. Étoffe de soie à gros grain. – Mot du nord de la France, orig. incert.; «voile de femme».

faillé, ée [faje] adj. Qui présente des failles. *Relief faillé.* – De *faille* 1.

failli, ie [faji] adj. et n. Personne qui a fait faillite. – Ital. *fallito,* sur *faillir.*

faillible [fajibl] adj. Qui peut commettre une erreur ou une faute. *Tout être humain est faillible.* – Lat. médiév. *faillibilis.*

faillir [fajiʀ] v. intr. [31] (Le présent: *je faux, tu faux, il faut, nous faillons, vous faillez, ils faillent* et l'imparfait: *je faillais,* etc., sont pratiquement inusités.) **I.** Litt. **1.** Manquer à (un devoir). *Faillir à une promesse.* **2.** Rare Céder, faire défaut. *Cet édifice a failli par la base. La mémoire lui faillit tout à coup.* **II.** Faillir (+ inf.): manquer de, risquer de, être sur le point de. *J'ai failli mourir. Cela a failli arriver.* – Lat. pop. **faillire,* dédoublé en *faillir* et *falloir.*

faillite [fajit] n. f. **1.** DR Anc. Situation, constatée par un tribunal, d'un commerçant qui a cessé ses paiements. *Faire faillite. Faillite frauduleuse.* – Règlement judiciaire d'une telle situation. ▷ Mod. *Faillite (personnelle):* moyen par lequel un débiteur insolvable se libère de ses dettes en faisant cession de ses biens au profit de ses créanciers. **2.** Fig. Échec complet, insuccès. *La faillite d'une politique, d'un système.* – De l'ital. *fallito,* de *fallire,* «manquer» (de l'argent nécessaire), adapté d'ap. *faillir.*

faim [fɛ̃] n. f. **1.** Besoin, désir de manger. *Avoir faim. Mourir, crever de faim. Ne pas manger à sa faim.* ▷ *Rester sur sa faim:* ne pas être rassasié; fig. être insatisfait. ▷ *Un meurt-de-faim, un crève-la-faim:* personne qui ne mange pas à sa faim, miséreuse. **2.** *Par ext.* Malnutrition, sous-alimentation. *Problèmes de la faim dans le monde.* **3.** Fig. Besoin, désir. *Avoir faim de richesses.* Syn. soif. – Lat. *fames, famis.*

faîne ou **faine** [fɛn] n. f. Fruit du hêtre. – Du lat. pop **fagina (glans),* «gland de hêtre», de *fagus,* «hêtre».

fainéant, ante [feneɑ̃, ɑ̃t] adj. et n. Qui ne veut rien faire, qui ne veut pas travailler. – N. *Un fainéant, une fainéante.* Syn. paresseux. ▷ HIST (France) *Les rois fainéants:* les derniers rois mérovingiens, qui laissèrent gouverner les maires du palais. – De *fais,* et *néant,* altér. de *faignant,* ppr. de *feindre,* au sens anc. «paresser».

fainéanter [feneɑ̃te] v. intr. [1] Ne rien faire par paresse. – Du préc.

fainéantise [feneɑ̃tiz] n. f. Caractère, attitude du fainéant. – De *fainéant.*

faire [fɛʀ] v. tr. [9] **I.** Créer, produire. **1.** Créer, fabriquer. *Dieu a fait le ciel et la terre. Faire une maison.* – (Abstrait.) *Faire des vers, un discours.* **2.** Produire (de soi). *Le bébé fait ses dents. La chatte a fait ses petits.* – Évacuer. *Faire du sang. Absol.* Déféquer. – Avoir, présenter (un trouble). *Faire de la fièvre.* **3.** Former, façonner, produire. *Ce professeur a fait de bons élèves. Faire des heureux.* – Nommer, proclamer. *Faire un sénateur.* **4.** Constituer. *L'union fait la force. Deux et deux font quatre.* ▷ GRAM Prendre telle terminaison. *«Cheval» fait «chevaux» au pluriel.* **5.** Prendre, s'approvisionner en. *Faire de l'eau. Faire du bois dans la forêt.* **6.** Vendre, produire. *Faites-vous cet article? Ce cultivateur fait des céréales.* – Fam. Vendre à un certain prix (une marchandise). *À combien faites-vous le kilo?* **7.** *Faire à:* accoutumer à. *Il l'a faite à cette idée. Je suis fait à la fatigue.* **8.** *Faire (qqch) de:* utiliser, tirer parti de. *Il ne sait que faire de son argent.* ▷ *N'avoir que faire de :* n'avoir aucun besoin de, ne faire aucun cas de. *Je n'ai que faire de vos conseils.* **II.** Exécuter physiquement ou moralement. **1.** Effectuer (un mouvement). *Faire un geste.* – Prendre (une attitude). *Faire la mauvaise tête. Faire grise mine. Faire bonne contenance.* **2.** Exécuter (une action). *Faire des bêtises. Faire un achat. Ne rien faire. Volcan qui fait éruption.* ▷ *Absol.* Agir. *Il a fait de son mieux.* **3.** Exécuter (une opération). *Faire la moisson.* ▷ *Absol.* Travailler. *Avoir à faire.* – S'occuper de. *Faire de la musique, de la politique.* – Tenir un emploi. *Que fait-il dans la vie?* – Jouer le rôle de. *Faire tel personnage dans une pièce.* – Chercher à paraître (tel). *Faire le grand seigneur. Faire l'idiot.* **4.** Causer, être l'occasion de. *Ces pilules m'ont fait du bien. Faire plaisir. Faire du tort à qqn.* **5.** Avoir de l'importance. *Cela ne fait rien.* **6.** Parcourir (une distance, une région). *Il a fait le chemin sans s'arrêter.* – Fam. *Touristes qui font l'Espagne.* **7.** Dire, répliquer. *Je croyais, fit-elle...* **III.** Faire suivi d'un adj., d'un adv. ou d'un n. exprimant une mesure, un prix, une vitesse, etc. **1.** Avoir l'air, produire un certain effet. *Il fait vieux avant l'âge. Ce chapeau fait bien avec cette robe.* **2.** Donner pour. *On le fait plus riche qu'il n'est.* **3.** Avoir pour (taille, poids, vitesse, etc.). *Cette voiture fait (du) 100 à l'heure. Il fait du 9 de pointure. Ce modèle fait plus cher que l'autre.* **4.** V. impers. (dans certaines loc.). *Il fait beau. Il fait de l'orage. Il fait bon vivre chez vous.* **IV.** v. pron. **1.** Se créer. *C'est ainsi que se font les réputations.* – Prov. *Paris ne s'est pas fait en un jour.* – Se produire, se réaliser. *Si cela peut se faire, j'en serais heureux.* ▷ V. impers. Arriver. *Comment se fait-il que vous soyez ici?* **2.** (Suivi d'un adj.) Devenir. *Mon père se fait vieux.* ▷ V. impers. *Il se fait tard.* **3.** S'améliorer. *Ce vin se fera.* **4.** Être d'actualité. *Ce modèle ne se fait plus.* – Être conforme aux bons usages. *Cela ne se fait pas.* **5.** Fam. *Se faire du mauvais sang,* et, ellipt., *s'en faire :* s'inquiéter. **6.** Pop., fam. *Se faire qqch, qqn.* Cf. se taper (sens III, 3 et 4). **V.** Auxil. de mode. **1.** Suivi d'un inf. (marquant que l'action est ordonnée par le sujet, mais non exécutée par lui). *Faire construire un pont.* – Être la cause de l'action indiquée par le verbe. *L'opium fait dormir.* – Permettre de. *Cela nous a fait patienter.* – Obliger à. *Je ne vous le fais pas dire.* **2.** (Employé comme substitut du verbe qui précède.) *Il s'exprime mieux que vous ne le faites.* **3.** loc. *Ne faire que* (indiquant une action très brève). *Je n'ai fait que l'apercevoir.* ▷ *Ne faire que:* ne pas cesser de, ne pas faire autre chose que. *Il ne fait que chanter.* **VI.** n. m. **1.** Action de faire. *Il y a loin du vouloir au faire.* **2.** BX-A Manière d'exécuter une œuvre artistique. *Le faire d'un peintre.* – Lat. *facere.*

faire-part [fɛʀpaʀ] n. m. inv. Lettre, billet, par lequel on annonce une nouvelle. *Faire-part de mariage, de décès.* – De *faire,* et *part.*

faire-valoir [fɛʀvalwaʀ] n. m. inv. **1.** Action de faire produire des revenus à une terre. *Le faire-valoir direct s'oppose au fermage et au métayage.* **2.** Personne qui fait valoir qqn, qui en met en valeur les actions ou le jeu (acteurs). *Ce personnage est dans la pièce le faire-valoir du jeune premier.* – De *faire,* et *valoir.*

fair-play [fɛʀple] n. m. inv. et adj. inv. Anglicisme V. franc-jeu. – Mot angl., «jeu *(play)* loyal *(fair)*».

faisabilité [fəzabilite] n. f. Caractère de ce qui est faisable. *Étude de faisabilité technique et financière d'un projet.* – D'abord en anglo-américain, *feasibility,* puis en français, sur *faisable.*

faisable [fəzabl] adj. Qui peut se faire, qui n'est pas impossible. – De *faire.*

faisan, ane [fəzɑ̃, an] n. **1.** Oiseau galliforme originaire d'Asie, aux longues plumes rectrices. (*Phasianus colchicus* a été acclimaté en Amérique du Nord; le dimorphisme sexuel est très accentué; le mâle, très coloré, mesure plus de 80 cm de long; la *faisane* ou *poule faisane* a le plumage brun terne.) **2.** n. m. Fam. Homme d'une probité douteuse, aigrefin. – Anc. provenç., du lat. *phasianus,* gr. *phasianos,* «(oiseau) du Phase» (fleuve de Colchide, région de l'anc. Asie antérieure) où les Argonautes l'auraient découvert.

faisandage [fəzɑ̃daʒ] n. m. Action de faisander; fait de se faisander. – De *faisander.*

faisandé, ée [fəzɑ̃de] adj. **1.** Qui s'est faisandé. *Gibier faisandé.* **2.** Fig. Corrompu. *Système faisandé.* – Pp. de *faisander.*

faisandeau [fəzɑ̃do] n. m. ZOOL Jeune faisan. – De *faisan.*

faisander [fəzɑ̃de] v. tr. [11] En parlant du gibier, le laisser se mortifier un certain temps pour qu'il prenne un fumet spécial. – V. pron. *Laisser se faisander un lièvre.* – De *faisan.*

faisanderie [fəzɑ̃dʀi] n. f. ZOOL Lieu où l'on élève les faisans. – De *faisan.*

faisceau [fɛso] n. m. **I.** Assemblage d'objets oblongs liés ensemble. *Un faisceau de roseaux.* **1.** ANTIQ ROM *Faisceaux de verges:* paquets de verges liées autour d'une hache, que les licteurs portaient comme symbole de l'autorité des magistrats. ▷ Emblème du fascisme italien. **2.** Assemblage de fusils disposés crosse au sol et se soutenant mutuellement par les quillons de leurs baïonnettes. *Former les faisceaux.* **3.** ARCHI *Colonne en faisceau,* composée d'un ensemble de colonnettes. **II.** *Par compar.* Ensemble dont les parties sont groupées ou liées, ou forment un tout homogène. **1.** ANAT Ensemble des fibres formant un muscle ou un nerf. **2.** BOT Ensemble des vaisseaux du xylène. *Faisceau ligneux.* **3.** GEOM *Faisceau harmonique:* ensemble de quatre droites issues d'un même point, divisant harmoniquement toute sécante. **4.** PHYS *Faisceau lumineux:* ensemble de rayons lumineux issus d'une même source. **5.** TELECOM *Faisceau hertzien:* liaison hertzienne entre deux stations. **6.** Fig. *Un faisceau d'amitiés. Un faisceau de preuves.* – Lat. pop. **fascellus,* de *fascis.*

faiseur, euse [fəzœʀ, øz] n. **1.** *Faiseur de:* personne qui fait (telle chose). *Faiseur de malles.* – Par dénigr. *Faiseur de phrases, d'embarras.* ▷ *Bon faiseur:* personne qui ne fabrique que des choses parfaites. *Un habit de chez le bon faiseur.* ▷ Vieilli *Faiseuse d'anges:* avorteuse. **2.** n. m. *Absol.* péjor. Homme qui fait l'important; habile intrigant. – De *faire.*

faisselle [fɛsɛl] n. f. Ustensile pour faire égoutter les fromages. – Lat. *fiscella,* dimin. de *fiscus,* «corbeille».

1. fait [fɛ] n. m. **I. 1.** Action de faire. *Le fait de pleurer n'y changera rien. L'intention vaut le fait. Prendre qqn sur le fait.* **2.** Ce que l'on fait, ce que l'on a fait. *C'est le fait d'Un tel. Surveiller les faits et gestes de qqn.* – Exploit. *Faits d'armes. Faits de guerre.* **II. 1.** Ce qui existe réellement. *S'appuyer sur des faits et non sur des suppositions. C'est un fait. Le fait est que vous avez raison. Mettre, poser en fait.* – Loc. adv. *De fait, en fait, par le fait:* véritablement, effectivement. *Il n'était roi que de nom, le maire du palais l'était de fait. Je vous avais prédit un échec, et, de fait, vous n'avez pas réussi.* ▷ *Si fait:* oui, assurément. ▷ *Tout à fait:* entièrement, complètement. *L'ouvrage est tout à fait terminé.* **2.** Ce qui arrive, est arrivé. *C'est un fait unique dans l'histoire. Rapporter des faits.* Syn. événement. ▷ *Faits divers:* événements d'importance secondaire (crimes, vols, accidents, etc.) qui font l'objet d'une rubrique particulière dans un journal. *La page des faits divers.* – Sing. *Un étrange, un sanglant fait divers.* **3.** L'essentiel d'un sujet. *En venir au fait. Mettre au fait*: mettre au courant, instruire (qqn). ▷ Loc. adv. *Au fait:* à propos. *Au fait, que vouliez-vous?* **4.** Ce qui revient à qqn, ce qui le concerne. *Dans cette succession, chacun a eu son fait. Dire son fait à qqn:* lui dire ses vérités. *Être sûr de son fait,* de ce que l'on avance. ▷ Loc. adv. *En fait de:* en matière de. *En fait de métaphysique...* **5.** PHILO Donnée de l'expérience. *Fait brut,* qui s'impose comme un immédiat dû à la perception sensible. *Fait scientifique,* résultat de l'élaboration critique du fait brut. – Du lat. *factum,* de *facere,* «faire».

2. fait, faite [fɛ, fɛt] adj. **1.** Fabriqué. *Des vêtements faits sur mesure.* ▷ *Phrase toute faite:* locution banale, aphorisme. – *Être fait pour :* être propre, destiné à. *Les lois sont faites pour protéger les citoyens.* **2.** Constitué. *Cette femme est faite à ravir.* – Fig. *Une tête bien faite.* **3.** Réalisé, exécuté. *Aussitôt dit, aussitôt fait.* ▷ Fam. *C'est bien fait:* c'est mérité. **4.** Accompli. *Ce qui est fait est fait. C'en est fait:* c'est irrévocable. **5.** *Fait à:* habitué, endurci à. *Fait à la fatigue.* **6.** Qui est à maturité. *Un homme fait.* – (Choses.) *Ce fromage est fait,* à point pour être consommé. **7.** Fam. Sur le point d'être découvert, arrêté. *Il m'a vu, je suis fait (comme un rat).* – Pp. de *faire.*

faîtage [fɛtaʒ] n. m. CONSTR Partie la plus élevée d'une charpente. – Arête supérieure d'une couverture. – De *faîte.*

faîte [fɛt] n. m. **1.** Partie la plus élevée d'un bâtiment. *Le faîte d'une maison.* **2.** *Par ext.* Sommet, cime. *Le faîte d'une montagne, d'un arbre.* ▷ GEOMORPH *Ligne de faîte,* ou *de crête,* joignant les points les plus élevés d'un relief. **3.** Fig. Le plus haut degré (de la gloire, des honneurs, etc.). *«Et, monté sur le faîte, il aspire à descendre»* (Corneille). – Du frq. **first,* d'ap. le lat. *fastigium,* proprement «toit à deux pentes»; d'abord *fest, feste.*

faîteau [fɛto] n. m. ARCHI Ornement placé aux extrémités d'un faîtage. – De *faîte.*

faîtière [fɛtjɛʀ] adj. et n. f. CONSTR **1.** *Tuile faîtière:* tuile courbe recouvrant un faîtage. **2.** Lucarne en haut d'un comble. – De *faîte.*

fait-tout ou **faitout** [fɛtu] n. m. Récipient profond muni de deux anses et d'un couvercle, dans lequel on peut faire cuire toutes sortes d'aliments. *Des fait-tout* ou *faitouts*. – De *faire*, et *tout*.

faix [fɛ] n. m. **1.** Vx ou litt. Charge, fardeau pesant. *Plier sous le faix*. – Fig. *Le faix des impôts, des ans*. **2.** TECH Tassement dans une maison récemment construite. **3.** MED Le fœtus et ce qui l'accompagne. – Lat. *fascis*, «faisceau, fardeau».

fakir [fakiʀ] n. m. **1.** Ascète musulman ou hindou se livrant à des mortifications publiques et vivant d'aumônes. **2.** Homme qui se livre publiquement à des exercices et des tours de magie. – *Par ext*. Thaumaturge. – Prestidigitateur. – Ar. *faqīr*, «pauvre».

falaise [falɛz] n. f. Côte abrupte et très élevée, dont la formation est due au travail de sape de la mer à la base d'une couche cohérente horizontale ou peu inclinée. *Les falaises des îles de la Madeleine*. – *Par ext*. Tout abrupt, spécial. dans un relief de côte. – Mot normanno-picard, du frq. **falisa*, «rocher».

falarique [falaʀik] n. f. HIST Arme de jet garnie de matières enflammées, utilisée de l'époque romaine au XVIe s. – Lat. *falarica*.

falbala [falbala] n. m. **1.** Anc. Bande d'étoffe plissée au bas d'un rideau, d'une jupe. **2.** Plur. Ornements prétentieux et de mauvais goût. *Une toilette à falbalas*. – Probabl. provenç. *farbella*.

falciforme [falsifɔʀm] adj. ANAT Qui a la forme d'une faux. *Ligament falciforme*. – Du lat. *falx, falcis*, «faux», et *-forme*.

falconidés [falkɔnide] n. m. pl. ZOOL Famille de falconiformes comprenant les faucons, aigles, buses, etc. – Lat. *falco, falconis*, «faucon».

falconiformes [falkɔnifɔʀm] n. m. pl. ZOOL Ordre d'oiseaux réunissant tous les rapaces diurnes. Syn. accipitriformes. – Du lat. *falco, falconis*, «faucon», et *-forme*.

falerne [falɛʀn] n. m. Vin italien de Campanie. – Du n. de la v. de Campanie *Falerne*.

fallacieusement [falasjøzmɑ̃] adv. D'une façon fallacieuse. – De *fallacieux*.

fallacieux, ieuse [falasjø, jøz] adj. **1.** Trompeur, perfide. *Serments fallacieux*. **2.** Spécieux. *Arguments, raisonnement fallacieux*. – Lat. *fallaciosus*.

falloir [falwaʀ] v. impers. [53] **I.** *S'en falloir*, manquer. *Il s'en faut de 50 dollars que la somme y soit*. *Tant, peu s'en faut que:* il s'en faut de beaucoup, de peu que. – (Au passé). *Il s'en est fallu de peu que*, ou *peu s'en est fallu que:* il a failli arriver que. **II. 1.** Être nécessaire. *Il faut 100 cl pour faire un litre. Il vous faut partir. Il faut que vous y alliez*. ▷ Fam. *Il faut voir:* il serait curieux ou intéressant de voir, de réfléchir. *Il faut voir ce que cela donnera. Il lui parle il faut voir comme!* **2.** Être bienséant. *Il ne faut pas montrer du doigt*. ▷ Fam. *Comme il faut*, convenablement. *Tiens-toi comme il faut*. Par ext. *Des gens comme il faut*, très convenables. **III. 1.** (Marquant une probabilité.) *Il faut qu'il soit fou pour refuser*. Fam. *Faut-il être borné pour ne pas comprendre!* **2.** (Exprimant la répétition.) *Il faut toujours qu'il ergote*. (Exprimant l'idée d'une fatalité.) *Il a fallu qu'il pleuve ce jour-là*. **3.** (Au passé, exprimant une condition non réalisée.) *Il fallait vous dépêcher, vous l'auriez vu*. – Lat. pop. **faillire*, class. *fallere*, «tromper, manquer à».

1. falot [falo] n. m. Lanterne, fanal. – Toscan *falò*, altér. du gr. *pharos*, «phare», croisé avec *phanos*, de *phainein*, «briller».

2. falot, ote [falo, ɔt] adj. **1.** Vx Plaisant, drôle. *Aventure falote*. **2.** Terne, effacé. *Un être falot*. – P.-ê. de l'angl. *fellow*, «compagnon».

falsificateur, trice [falsifikatœʀ, tʀis] n. Personne qui falsifie. – De *falsifier*.

falsification [falsifikasjɔ̃] n. f. Action de falsifier; état de la chose falsifiée. – De *falsifier*.

falsifier [falsifje] v. tr. [1] Altérer volontairement (qqch) dans l'intention de tromper, de frauder. *Falsifier du vin. Falsifier de la monnaie. Falsifier un contrat*. Syn. dénaturer, contrefaire. – Bas lat. *falsificare*.

faluche [falyʃ] n. f. Béret de velours noir que portaient autrefois les étudiants. – Mot lillois, «galette».

falun [falɛ̃(œ̃)] n. m. Sable très riche en coquilles fossiles du Tertiaire (lamellibranches, gastéropodes, etc.), utilisé comme amendement calcique. – Mot provenç.

famé, ée [fame] adj. *Mal famé*, se dit d'un lieu qui a mauvaise réputation. *Maison, quartier mal famé*. – A. fr. *fame*, du lat. *fama*, «renommée».

famélique [famelik] adj. Tourmenté par la faim. *Des animaux faméliques*. ▷ Par ext. *Visage famélique*, maigre, émacié. – Lat. *famelicus*, de *fames*, «faim».

fameusement [famøzmɑ̃] adv. Fam. Extrêmement. *C'est fameusement bon*. Syn. rudement, très. – De *fameux*.

fameux, euse [famø, øz] adj. **1.** Renommé, célèbre. *Des héros fameux*. ▷ Dont on a beaucoup parlé. *C'est le fameux chemin où nous sommes tombés en panne*. **2.** Fam. Excellent, parfait. *Ce vin est fameux. Pas fameux:* médiocre. **3.** Fam. Très grand, remarquable. *C'est un fameux imbécile*. – Lat. *famosus*, de *fama*, «renommée».

familial, ale, aux [familjal, o] adj. Relatif à la famille. *Patrimoine familial. Allocations familiales*. ▷ MED *Maladie familiale:* affection héréditaire qui frappe plusieurs membres d'une même famille sans changement de forme. – De *famille*, d'après l'ital. *familia*.

familiariser [familjaʀize] **1.** v. tr. [1] Rendre familier à (qqn), accoutumer, habituer. *Familiariser qqn avec le travail*. **2.** v. pron. Se rendre familier. *Il se familiarise avec tout le monde. Se familiariser avec une langue étrangère*. – Du lat. *familiaris*, «familier».

familiarité [familjaʀite] n. f. **1.** Manière simple, familière, de se comporter. *Traiter qqn avec familiarité*. Syn. intimité. **2.** Manière de s'exprimer qui a le ton simple de la conversation ordinaire. *Familiarité du style*. **3.** (Au pl.) Façon très ou trop familière. *Se permettre des familiarités déplacées*. – Lat. *familiaritas*.

familier, ière [familje, jɛʀ] adj. **1.** Qui fait partie de la famille. *Animal familier*. ▷ Subst. Personne qui vit dans l'intimité d'une autre, la fréquente assidûment. *C'est un familier du Premier ministre*. **2.** Qui se comporte librement, sans façons (avec qqn). *Être familier avec qqn*. Qui se dit, se fait sans façons, sans gêne. *Discours, langage familier. Expression familière*. ▷ *Par ext*. péjor. Qui manque de déférence. *Manières un peu familières*. Syn. irrespectueux, désinvolte. **3.** Que l'on connaît bien, que l'on utilise couramment. *Ce terme lui est familier*. Syn. ordinaire, habituel. **4.** Qui rappelle qqch ou qqn que l'on connaît. *Ce visage m'est familier*. – Lat. *familiaris*.

familièrement [familjɛʀmɑ̃] adv. D'une manière familière. *S'entretenir familièrement avec des amis*. – De *familier*.

familistère [familistɛʀ] n. m. **1.** Dans le système de Fourier, communauté réunissant plusieurs familles. **2.** Entreprise organisée en coopérative ouvrière de production dans plusieurs régions françaises. **3.** Dans certaines régions de France, magasin populaire non spécialisé où l'on trouve des produits bon marché. – De *famille*, d'ap. *phalanstère*, «coopérative de production».

famille [famij] n. f. **I. 1.** Ensemble de personnes formé par le père, la mère et les enfants et vivant dans une même maison. *Chef de famille.* ▷ Ensemble des enfants issus d'un mariage. *Famille nombreuse. Mère de famille. Soutien de famille:* fils, fille, frère, sœur subvenant aux besoins des siens. ▷ *Famille d'accueil:* famille qui prend charge des personnes, enfants ou adultes, qui lui sont confiées par un centre de services sociaux. **2.** (Sens large.) Ensemble de toutes les personnes ayant un lien de parenté. *Réunir toute la famille. Avoir un air de famille.* – Par ext. *La famille humaine:* l'humanité tout entière. **3.** Race, lignée, descendance. *Famille royale. La famille des Bourbons. Jeune fille de bonne famille,* d'une famille honorable et aisée. Ellipt. *Fille, fils de famille.* **II. 1.** *Par anal.* Ensemble formé de choses ou d'êtres présentant des points communs. *Famille de mots. Famille d'esprit.* ▷ CHIM Ensemble d'éléments ayant des propriétés voisines. *Famille des halogènes.* ▷ MATH *Famille d'éléments indexée:* application faisant correspondre un ensemble d'éléments x à un ensemble d'indices i. *Famille de courbes,* qui se déduisent les unes des autres par modification d'un paramètre. ▷ PHYS NUCL *Famille radioactive:* ensemble des éléments dérivant d'un même élément par désintégration radioactive. **2.** BIOL Unité systématique, moins importante que l'ordre et plus importante que le genre, dont le nom dérive généralement du genre type. *Genre Felis* (*felis:* «chat», en latin), *famille des félidés. Genre Rosa, famille des rosacées.* – Lat. *familia*, de *famulus*, «serviteur, esclave».

famine [famin] n. f. Disette de vivres dans un pays, une ville. *Prendre une ville par la famine.* ▷ *Crier famine:* se plaindre de manquer du nécessaire. ▷ *Salaire de famine*, très bas. – Du lat. *fames*, «faim».

fan [fan] n. Admirateur enthousiaste d'une vedette. – Mot angl., abrév. de *fanatic*.

fana [fana] adj. et n. Fam. Fanatique. *Être (un) fana de soccer.* – Abrév. de *fanatique*.

fanage [fanaʒ] n. m. Action de faner; résultat de cette action. – De *faner*.

fanal, aux [fanal, o] n. m. Grosse lanterne portative ou fixe, servant à baliser, à signaler la présence d'un véhicule, d'un navire, d'un individu, ou à éclairer sa marche. – Ital. *fanale*, gr. *phanos*, «lanterne».

fanatique [fanatik] adj. **1.** Animé d'une exaltation outrée pour qqch ou qqn. *Les sectateurs fanatiques de telle religion.* ▷ Subst. *C'est un(e) fanatique de cinéma.* **2.** Qualifie une passion, un sentiment excessif. *Amour fanatique.* – Lat. *fanaticus*, «inspiré, en délire», et propr. «qui appartient au temple», de *fanum*, «temple».

fanatiquement [fanatikmɑ̃] adv. D'une manière fanatique. – De *fanatique*.

fanatiser [fanatize] v. tr. [1] Rendre fanatique. *Ses discours fanatisent les foules.* – De *fanatique*.

fanatisme [fanatism] n. m. Zèle, enthousiasme excessif, exalté. *Fanatisme religieux.* – De *fanatique*.

fanchon [fɑ̃ʃɔ̃] n. f. Coiffure féminine faite d'un fichu noué sous le menton. – Anc. dimin. affectueux de *Françoise*.

fandango [fɑ̃dɑ̃go] n. m. Danse populaire espagnole, d'origine andalouse, généralement exécutée au son de la guitare et des castagnettes; air sur lequel on la danse. *Des fandangos.* – Mot esp.

fané, ée [fane] adj. Flétri. *Jeter des fleurs fanées.* Fig. *Visage fané. Couleur fanée*, passée. – Pp. de *faner*.

fane [fan] n. f. Feuille ou tige feuillue de certaines plantes herbacées dont une autre partie est consommée. *Fanes de carottes.* – De *faner*.

faner [fane] v. tr. [1] **I.** AGRIC Épandre et retourner (l'herbe coupée) pour qu'elle sèche. *Faner de la luzerne.* **II. 1.** Détruire la fraîcheur (d'une plante). *La sécheresse a fané la végétation.* Syn. flétrir. ▷ V. pron. *Les roses se fanent vite.* **2.** Fig. Altérer l'éclat de. *La fatigue a fané son beau visage.* ▷ V. pron. *Sa beauté se fane.* – Lat. pop. *fenare*, de *fenum*, «foin»; d'abord *fener*.

faneur, euse [fanœʀ, øz] n. **1.** Personne qui fane. **2.** n. f. AGRIC Machine servant à faner. – De *faner*.

fanfare [fɑ̃faʀ] n. f. **1.** Air généralement vif et entraînant exécuté par des instruments de cuivre. ▷ Fig., fam. *Un réveil en fanfare*, brutal. **2.** Orchestre de cuivres et de percussions exécutant de tels airs. *La fanfare municipale.* – Formation expr. onomat.

fanfaron, onne [fɑ̃faʀɔ̃, ɔn] adj. et n. Qui exalte exagérément sa valeur, sa bravoure, ses mérites. – Qui fait le brave, veut passer pour plus brave qu'il n'est. – Esp. *fanfarrón*, de l'ar. *farfār*, «bavard, léger».

fanfaronnade [fɑ̃faʀɔnad] n. f. Propos, action, attitude du fanfaron. – De *fanfaron*.

fanfaronner [fɑ̃faʀɔne] v. intr. [1] Faire le fanfaron. – De *fanfaron*.

fanfreluche [fɑ̃fʀəlyʃ] n. f. (Souv. péjor.) Ornement frivole et de peu de valeur. – A. fr. *fanfeluce*, «bagatelle», du bas lat. *famfaluca*, altér. du gr. *pompholux*, «bulle d'air».

fange [fɑ̃ʒ] n. f. **1.** Boue, bourbe sale. **2.** Fig. Ce qui salit, souille, avilit. *Son nom fut traîné dans la fange. Couvrir qqn de fange*, l'injurier bassement. – Corse *fangu, fanga*; rac. gothique *fani*.

fangeux, euse [fɑ̃ʒø, øz] adj. **1.** Plein de fange. **2.** Fig. Abject. – De *fange*.

fanion [fanjɔ̃] n. m. Petit drapeau. *Fanion de signalisation.* – De *fanon*, avec changement de suff.

fanon [fanɔ̃] n. m. **1.** LITURG CATHOL Chacune des deux bandes de soie au bas de la mitre épiscopale. **2.** Peau pendant sous le cou de certains animaux (bœuf, chien, etc.). **3.** Chacune des lames cornées du palais des mysticètes servant à filtrer le plancton. *Les baleines ont plusieurs centaines de fanons.* – Frq. *fano*, «morceau d'étoffe».

fantaisie [fɑ̃tɛzi] n. f. **1.** Vx Imagination créatrice. **2.** Originalité dans le comportement, qui dénote un caractère imaginatif. *Une personne pleine de fantaisie.* – Par ext. *Cette vie manque de fantaisie.* Ant. banalité, monotonie. **3.** Pensée, idée, goût capricieux. *Il faut satisfaire toutes ses fantaisies.* Syn. extravagance, lubie. **4.** Humeur, goût propre à qqn. *Vivre, juger selon sa fantaisie.* **5.** Objet généralement dépourvu d'utilité et de valeur mais qui plaît par son originalité. *Égayer une robe en y épinglant une fantaisie.* **6.** Œuvre d'imagination. ▷ MUS Composition de forme libre. *Fantaisie pour violon.* – Lat. *fantasia*, mot gr., «apparition», d'où «image, imagination».

fantaisiste [fɑ̃tɛzist] adj. et n. **I.** adj. **1.** Qui vit à sa guise, de façon originale. ▷ Subst. *C'est un(e) fantaisiste.* Syn. original, farfelu. **2.** Qui n'est pas sérieux. *Information, interprétation fantaisiste.* Syn. faux. **II.** n. Artiste de music-hall qui présente un numéro comique. – De *fantaisie*.

fantasia [fɑ̃tazja] n. f. Chez les Arabes, sorte de carrousel au cours duquel les cavaliers s'élancent au galop en tirant des coups de fusil. – Probablement mot esp. «imagination», et «vanité, arrogance», ar. *fantaziya*, «ostentation»; titre d'un tableau de Delacroix.

fantasmagorie [fɑ̃tasmagɔʀi] n. f. **1.** Anc. Spectacle qui consistait à faire apparaître des fantômes par illusion d'optique, à la mode au siècle dernier. ▷ Mod. Spectacle étrange, fantastique. **2.** Abus d'effets fantastiques ou surnaturels. – Du gr. *phantasma*, «être imaginaire, fantôme», et *agoreuein*, «parler en public».

fantasmagorique [fɑ̃tasmagɔʀik] adj. Qui tient de la fantasmagorie. – Du préc.

fantasmatique [fɑ̃tasmatik] adj. De la nature du fantasme. – De *fantasme*.

fantasme ou **phantasme** [fɑ̃tasm] n. m. PSYCHAN Ensemble de représentations imagées mettant en scène le sujet et traduisant, à travers les déformations de la censure imposée par le sur-moi, les désirs inconscients de celui qui l'élabore. – Gr. *phantasma*, «vision».

fantasmer [fɑ̃tasme] v. intr. [1] Élaborer des fantasmes. – De *fantasme*.

fantasque [fɑ̃task] adj. **1.** Sujet à des sautes d'humeur, à des fantaisies bizarres. *Caractère fantasque.* **2.** Bizarre, extraordinaire dans son genre. *Opinion fantasque.* – De *fantastique*, d'ap. l'anc. adj. *fantaste*.

fantassin [fɑ̃tasɛ̃] n. m. Soldat d'infanterie. – Ital. *fantaccino*.

fantastique [fɑ̃tastik] adj. et n. m. sing. **1.** Chimérique, né de l'imagination, irréel. *Une vision fantastique.* **2.** Bizarre, surnaturel. *Une histoire fantastique.* ▷ N. m. sing. Ce qui est fantastique. – Le genre fantastique en art, en littérature. **3.** Qui sort de l'ordinaire, étonnant, incroyable. *Le spectacle fantastique d'un volcan en éruption. Ce qui m'arrive est fantastique.* – Gr. *phantastikos*, «qui concerne l'imagination».

fantastiquement [fɑ̃tastikmɑ̃] adv. De façon fantastique. – Du préc.

fantoche [fɑ̃tɔʃ] n. m. **1.** Marionnette. **2.** Fig. Personne sans personnalité qui se laisse manœuvrer et qu'on ne prend pas au sérieux. – Appos. *Un gouvernement fantoche.* – Ital. *fantoccio*, «marionnette».

fantomatique [fɑ̃tɔmatik] adj. Qui a l'apparence d'un fantôme. – De *fantôme*.

fantôme [fɑ̃tom] n. m. **1.** Apparition surnaturelle d'un défunt, spectre. **2.** Fig. Apparence vaine, sans réalité. *C'est un fantôme de roi. Jouir d'un fantôme de liberté.* Syn. simulacre. ▷ Appos. *Gouvernement fantôme*, dépourvu d'autorité, ou d'existence juridique. **3.** *Appos.* MED *Douleurs fantômes:* douleurs réelles attribuées par un amputé au membre absent *(membre fantôme)*. – Du gr. *phantasma* , «vision».

faon [fɑ̃] n. m. Petit du cerf, du chevreuil ou du daim. – Lat. pop. **feto*, «petit d'animal», de *fetus*, «enfantement».

faquin [fakɛ̃] n. m. Vx Individu méprisable. *Vil faquin.* Syn. coquin, maraud. – De l'a. fr. *facque*, néerl. *fak*, «poche».

farad [faʀad] n. m. PHYS Unité de capacité électrique du système SI (Symbole: F). *Le farad est la capacité d'un condensateur qui possède une charge de 1 coulomb pour une différence de potentiel de 1 volt entre ses armatures.* – Du n. de M. *Faraday*, physicien anglais (1791-1867).

faraday [faʀadɛ] n. m. PHYS Charge électrique, d'une valeur de 96 486 coulombs, transportée par chaque ion monovalent dans l'électrolyse. – Du n. de M. *Faraday* (1791-1867).

faradisation [faʀadizasjɔ̃] n. f. MED Application thérapeutique des courants induits. – Du n. de M. *Faraday;* d'abord en angl.

faramineux, euse [faʀaminø, øz] adj. Fam. Extraordinaire, fantastique. *Des sommes faramineuses.* – De *(bête) faramine*, «animal fantastique» (XIVe s.), du bas lat. *faramen*, «bête sauvage».

farandole [faʀɑ̃dɔl] n. f. Danse provençale sur un rythme à 6/8, dans laquelle danseurs et danseuses forment une chaîne en se tenant par la main. – Air de cette danse. – Provenç. *farandoulo*.

faraud, aude [faʀo, od] adj. et n. Fat et fanfaron. *Être tout faraud. Faire le faraud.* – Provenç. *faraut*, altér. de *héraut*.

1. farce [faʀs] n. f. Hachis de viandes, d'épices, etc., servant à farcir. – Lat. pop. **farsa*, pp. fém. de *farcire*, «farcir».

2. farce [faʀs] n. et adj. **I.** n. f. **1.** LITTER Pièce de théâtre bouffonne. *«La Farce de maître Pathelin.»* **2.** Comique bas et grossier. *Cet auteur tombe souvent dans la farce.* **3.** Tromperie amusante faite par plaisanterie. *Faire une farce à qqn.* Syn. tour, niche (fam.). **II.** adj. Vieilli Comique. *C'est farce!* – De *farce* 1, fig. «intermède comique dans une pièce sérieuse».

farceur, euse [faʀsœʀ, øz] n. **1.** Vx Acteur comique burlesque. **2.** Personne qui aime plaisanter, faire des farces, jouer des tours. Syn. plaisantin. ▷ Adj. *Un enfant farceur.* **3.** Personne peu sérieuse sur laquelle on ne peut compter. *Votre homme d'affaires me semble un sinistre farceur.* – De l'a. fr. *farcer*, «railler».

farci, ie [faʀsi] adj. **1.** Rempli de farce. *Dinde farcie.* **2.** *Par ext.* Fig., péjor. Rempli de. *Un texte farci d'erreurs.* – Pp. de *farcir*.

farcin [faʀsɛ̃] n. m. MED VET Manifestation cutanée de la morve. – Lat. *farcimen*, «farce», confondu en lat. pop. avec *farciminum*, propr. «farcin».

farcir [faʀsiʀ] **I.** v. tr. [2] **1.** Remplir de farce. *Farcir une volaille, des aubergines.* **2.** Fig., péjor. Bourrer, remplir avec excès. *Farcir un discours de citations.* **II.** v. pron. Pop., fam. Supporter, endurer. *J'ai dû me farcir cet énergumène. Ils se sont farci deux heures d'attente.* – Lat. *farcire*.

fard [faʀ] n. m. Composition destinée à embellir le teint. ▷ Loc. fam. *Piquer un fard:* rougir subitement. ▷ Fig. *Parler sans fard*, sans feinte, sans dissimulation. – Déverbal de *farder*.

fardage [faʀdaʒ] n. m. COMM Action de farder (une marchandise). – De *farder*.

fardeau [faʀdo] n. m. Lourde charge. *Soulever un fardeau.* Fig. *Le fardeau des ans.* ▷ *Fardeau de la preuve.* V. preuve. – De l'ar. *farda*, «une seule de la paire (de charges portées par un animal)».

farder [faʀde] v. tr. [1] **1.** Mettre du fard à. *Farder son visage.* ▷ V. pron. *Se farder outrageusement.* **2.** Fig. Déguiser, dissimuler pour embellir. *Farder la vérité.* ▷ COMM Dissimuler des produits défectueux sous des produits de bonne qualité pour tromper l'acheteur. – Du frq. **farwidhon*, «teindre».

fardier [faʀdje] n. m. Anc. Chariot à petites roues servant au transport de lourdes charges. – De *fardeau*.

farfadet [faʀfadɛ] n. m. Esprit follet, lutin. – Mot provenç., forme renforcée de *fadet*, de *fado*, «fée».

farfelu, ue [faʀfəly] adj. Fam. D'une fantaisie un peu extravagante et folle. – Pour *fafelu*, «dodu», rad. expr. *faf-*, ou a. fr. *fanfeluce*. V. fanfreluche.

farfouiller [faʀfuje] v. intr. [1] Fam. Fouiller en bouleversant tout. *Farfouiller dans un tiroir.* – Forme pop. renforcée de *fouiller*.

fargues [faʀg] n. m. plur. MAR Petits bordages s'élevant au-dessus des plats-bords d'une embarcation et dans lesquels sont fixées les dames (supports des avirons). – Forme altérée de *falque*, même sens, du lat. médiév. *falca*, mot d'origine hispano-arabe.

faribole [faʀibɔl] n. f. Propos, chose frivole. *Dire des fariboles.* Syn. baliverne. – P.-ê. du lat. *frivolus*, «frivole».

farinacé, ée [faʀinase] adj. Qui a l'apparence ou la nature de la farine. – De *farine*.

farine [faʀin] n. f. **1.** Poudre résultant du broyage de graines de céréales ou de divers autres végétaux. *Farine de blé, de maïs. Farine de lin, de moutarde.* **2.** *Spécial.* Farine de froment. *Un sac de farine.* – Fig., péjor. *Gens, chose de la même farine,* du même acabit. – Loc. Fam. Fig. *Se faire rouler dans la farine:* se faire avoir. – Lat. *farina,* rac. *far,* «blé».

fariner [faʀine] **1.** v. tr. [1] Poudrer de farine. **2.** v. intr. Prendre un aspect farineux. *Dartre qui farine.* – De *farine.*

farineux, euse [faʀinø, øz] adj. **1.** Qui contient de la fécule. *Les fèves, le riz sont des aliments farineux.* ▷ N. m. *N'abusez pas des farineux.* **2.** Qui a l'aspect, le goût de la farine. *Une pomme farineuse.* **3.** Qui est ou qui semble couvert de farine. *Peau farineuse.* – Lat. *farinosus.*

farlouche [faʀluʃ] n. f. Garniture de tarte à base de mélasse, ou de cassonade, de sirop d'érable. *Une tarte à la farlouche.* Rem. Pfs *ferlouche* dans la litt. – Orig. incon.

farlouse [faʀluz] n. f. Pipit *(Anthus pratensis)* à plumage gris olive, appelé aussi *pipit des prés* et *pipit farlouse.* – Orig. incon.

farniente [faʀnjɛnte, faʀnjɑ̃t] n. m. Douce oisiveté. – Mot ital. de *far(e),* «faire», et *niente,* «rien».

faro [faʀo] n. m. Bière fabriquée en Belgique avec du malt d'orge et du froment. – Mot wallon.

farouche [faʀuʃ] adj. **1.** Qui s'enfuit quand on l'approche. *Animal farouche.* ▷ (Personnes.) Peu sociable, méfiant. *Un enfant farouche.* Syn. sauvage. – *Une femme peu farouche,* qui se laisse volontiers courtiser et séduire. **2.** Fier et ardent. *Caractère, cœur farouche.* **3.** Cruel, violent, implacable. *Une haine farouche. Un tyran farouche.* ▷ (Choses.) *Un regard farouche.* – Du bas lat. *forasticus,* «étranger, sauvage».

farouchement [faʀuʃmɑ̃] adv. D'une manière farouche. *Se défendre farouchement.* – De *farouche.*

fart [faʀt] n. m. Cire dont on enduit la semelle des skis pour les rendre plus glissants, en les empêchant d'adhérer à la neige. – Mot norvég.

fartage [faʀtaʒ] n. m. Action de farter; son résultat. – De *farter.*

farter [faʀte] v. tr. [1] Enduire de fart. – De *fart.*

fascia [fasja] n. f. ANAT Mince lame d'aponévrose qui recouvre des muscles ou des régions anatomiques. – Mot lat., «bande».

fasciation [fasjasjɔ̃] n. f. BOT Aplatissement pathologique des rameaux d'une plante, s'accompagnant d'une diminution de la croissance en longueur, symptôme de diverses maladies. – Du lat. *fascia,* «bande».

fascicule [fasikyl] n. m. **1.** Petite brochure. **2.** Partie d'un ouvrage publié par livraisons. *Encyclopédie qui paraît par fascicules.* – Lat. *fasciculus,* «petit paquet».

fasciculé, ée [fasikyle] adj. **1.** Disposé en faisceaux. **2.** BOT *Racines fasciculées,* qui sont formées de nombreuses racines fines. **3.** ARCHI *Colonne fasciculée,* composée d'un faisceau de petites colonnes. – Lat. *fasciculus,* «petit faisceau».

fascié, ée [fasje] adj. **1.** BOT Atteint de fasciation. **2.** ZOOL Syn. de *rayé.* – Du lat. *fascia* , «bande».

fascinant, ante [fasinɑ̃, ɑ̃t] ou **fascinateur, trice** [fasinatœʀ, tʀis] adj. Qui fascine. *Beauté fascinante. Regard fascinateur.* – De *fasciner.*

fascination [fasinasjɔ̃] n. f. **1.** Action de fasciner; fait d'être fasciné. **2.** Fig. Enchantement, attrait irrésistible. *La fascination de la gloire.* – Lat. *fascinatio.*

fascine [fasin] n. f. Fagot de branchages fortement liés, utilisé pour des travaux de fortification ou de terrassement. – Du lat. *fascina,* de *fascis,* «fagot».

fasciner [fasine] v. tr. [1] **1.** Immobiliser par la seule force du regard. *La vipère passait pour fasciner les oiseaux.* **2.** Fig. Attirer irrésistiblement le regard de; charmer, éblouir. *Cette grande poupée fascinait tous les enfants.* – Lat. *fascinare,* de *fascinum,* «charme, maléfice».

fascisant, ante [faʃ(s)izɑ̃, ɑ̃t] adj. Qui manifeste des tendances au fascisme. *Groupuscule fascisant.* – De *fasciste.*

fascisme [faʃ(s)ism] n. m. **1.** Doctrine du parti fondé par B. Mussolini (nationalisme, culte du chef, corporatisme, anticommunisme); régime politique totalitaire que ce parti instaura en Italie de 1922 à 1943-1945. **2.** Doctrine ou système politique qui se réclame du modèle mussolinien. **3.** (Employé péjorativement, avec une intention polémique.) Idéologie conservatrice, réactionnaire. – Ital. *fascismo,* de *fascio,* «faisceau (des licteurs romains)», l'emblème du parti.

ENCYCL Le premier «Faisceau de combat» fut créé par Mussolini, le 23 mars 1919, pour lutter notam. contre la montée du communisme en Italie. Les Faisceaux se rendirent impopulaires par leurs violences; Mussolini les regroupa alors (1921) en un parti fasciste, qui connut un puissant essor. Paralysées par la terreur que faisaient régner les «Chemises noires», les masses populaires, et en partic. de nombr. membres de l'armée et de la police, furent attirées par le nationalisme outrancier qu'affichait le fascisme et par son souci de faire régner l'ordre face à un gouvernement passif; le patronat partagea très vite cette position. À partir d'août 1922, Mussolini obtint du roi Victor-Emmanuel III quelques ministères et les pleins pouvoirs, notam. grâce au succès de la *Marche sur Rome* (oct.). Le régime fasciste ainsi établi reposait sur quatre principes: culte du chef («le *Duce* – c.-à-d. Mussolini, le *Guide* – a toujours raison»); primauté du parti fasciste, qui s'identifie à l'État; consensus de la nation, embrigadée grâce à une intense propagande; primauté de l'Italie, à l'intérieur par une politique favorisant la natalité et les «batailles économiques», à l'extérieur par les conquêtes en Éthiopie (1935) et en Albanie (1939). Mussolini suit Hitler dans la guerre mondiale en 1940; il subit de graves défaites, notam. en Afrique. Il fut évincé du pouvoir en juil. 1943; incarcéré puis libéré par les All., il installa dans le N. de l'Italie une République sociale italienne fantoche, dite «de Salo» (1943-1944). Sa défaite, sa mort brutale marquèrent la fin du fascisme en Italie, mais la violence fasciste (faible en regard de celle du nazisme) avait inauguré dans l'histoire un «modèle de droite populaire» que certains pays reprirent après 1922 (Portugal, Espagne, etc.) et après 1945 (dans le Tiers Monde, surtout).

fasciste [faʃ(s)ist] n. et adj. **1.** Partisan du fascisme. **2.** adj. Relatif au fascisme. **3.** Péjor. (correspondant à l'emploi de *fascisme* sens 3) Réactionnaire. – De *fascisme.*

faseiller [fasɛje] [1] ou **faseyer** [faseje] **[25]** v. intr. MAR Battre, en parlant d'une voile qui reçoit mal le vent. Syn. ralinguer. – Du néerl. *vaselen,* «agiter».

1. faste [fast] n. m. (en général, au sing. seulement) Pompe, magnificence, déploiement de luxe. *Le faste de la cour de Louis XIV.* – Lat. *fastus,* «orgueil, dédain».

2. faste [fast] adj. **1.** ANTIQ ROM *Jour faste,* où il était permis de s'occuper des affaires publiques, les auspices étant favorables. Ant. néfaste. **2.** Par ext. *Jour faste,* où il s'est produit un événement heureux. – Du lat. *favere,* «être favorable».

fastes [fast] n. m. pl. **1.** ANTIQ ROM Tables du calendrier. Liste chronologique des magistrats. *Les fastes consulaires.* **2.** Chronique, histoire des faits glorieux. *Les fastes de l'Empire en France.* – Lat. *fasti (dies),* «(liste des jours) fastes».

fastidieusement [fastidjøzmɑ̃] adv. D'une manière fastidieuse. – De *fastidieux.*

fastidieux, euse [fastidjø, øz] adj. Qui ennuie, qui lasse. *Quel travail fastidieux!* Syn. ennuyeux. Ant. intéressant. – Lat. *fastidiosus,* de *fastidium,* «dégoût».

fastigié, ée [fastiʒje] adj. BOT Se dit des rameaux dirigés vers le haut (peuplier d'Italie, verge d'or des marais, par ex.). – Bas lat. *fastigiatus,* de *fastigium,* «faîte».

fastueusement [fastɥøzmɑ̃] adv. Avec faste. – De *fastueux.*

fastueux, euse [fastɥø, øz] adj. Plein de faste. *Une cérémonie fastueuse.* Syn. somptueux. Ant. pauvre, simple. – Bas lat. *fastuosus,* de *fastosus,* «superbe, magnifique».

fat [fa(t)] adj. m. Prétentieux et vain. *Jeune homme fat. Un air fat.* ▷ N. m. *Ce n'est qu'un fat.* – Mot provenç., du lat. *fatuus,* «extravagant».

fatal, ale, als [fatal] adj. **1.** Litt. Fixé par le destin. **2.** Litt. Voué inexorablement à un destin tragique. *Le héros fatal des romantiques.* ▷ *Femme fatale,* à la beauté envoûtante, et qui semble désignée par le destin pour entraîner les hommes à leur perte. **3.** Qui entraîne la perte, la ruine, la mort. *Ce coup lui fut fatal.* **4.** Inévitable. *Il a fini par se faire prendre, c'était fatal.* – Lat. *fatalis,* de *fatum,* «destin».

fatalement [fatalmɑ̃] adv. Inévitablement. – De *fatal.*

fatalisme [fatalism] n. m. Attitude de ceux qui pensent qu'il est vain de chercher à modifier le cours des événements fixés par le destin. – De *fatal.*

fataliste [fatalist] adj. et n. Enclin au fatalisme. *Un caractère fataliste.* – De *fatal.*

fatalité [fatalite] n. f. **1.** Destin, destinée. *La soumission à la fatalité.* **2.** Détermination toute-puissante. *La fatalité de l'hérédité.* **3.** Enchaînement fâcheux des événements, coïncidence malencontreuse. *Accident dû à la fatalité.* – Bas lat. *fatalitas.*

fatidique [fatidik] adj. Qui semble désigné par le destin, qui semble indiquer un arrêt du destin. *Moment fatidique.* – Lat. *fatidicus,* «qui prédit le destin».

fatigabilité [fatigabilite] n. f. MED Disposition d'un organisme à se fatiguer. – De *fatigable.*

fatigant, ante [fatigɑ̃, ɑ̃t] adj. **1.** Qui cause de la fatigue. *Une course fatigante.* **2.** Qui importune, qui lasse (personnes). *Ce qu'il peut être fatigant!* – Ppr. de *fatiguer.*

fatigue [fatig] n. f. **1.** Impression de lassitude causée par un travail, un effort. *J'ai trop marché, je tombe de fatigue. La fatigue de:* la fatigue causée par. *Je veux vous épargner la fatigue de ces démarches.* **2.** TECH Déformation, changement d'état, diminution de résistance d'une pièce au bout d'un certain temps de fonctionnement. – Déverbal de *fatiguer.*

fatigué, ée [fatige] adj. **1.** Qui manifeste la fatigue. *Visage fatigué.* **2.** Défraîchi, déformé par l'usage. *Costume fatigué.* – Pp. de *fatiguer.*

fatiguer [fatige] **I.** v. tr. [1] **1.** Causer de la fatigue à (qqn). *Cette course m'a fatigué.* ▷ *Par ext.* Affecter de manière fâcheuse (le corps, un organe). *Les épices fatiguent l'estomac.* **2.** Importuner; lasser. *Il me fatigue par ses récriminations.* **3.** AGRIC. *Fatiguer la terre,* l'épuiser par la répétition d'une même culture. **4.** Fam. *Fatiguer la salade,* la remuer pour l'imprégner de son assaisonnement. **II.** v. intr. Supporter un trop grand effort (choses). *Charpente, moteur qui fatigue.* **III.** v. pron. **1.** Se donner de la fatigue. **2.** Se donner du mal. *Je me suis fatigué à lui expliquer cela!* – Lat. *fatigare.*

fatras [fatʀa] n. m. Péjor. Amas hétéroclite et désordonné. *Un fatras de vieux papiers. Un fatras de formules creuses.* – P.-ê. du lat. *farsura,* «remplissage».

fatrasie [fatʀazi] n. f. Composition littéraire du Moyen Âge, formée de proverbes, de phrases sans suite, etc., qui avait souvent un caractère satirique. – De *fatras.*

fatuité [fatɥite] n. f. Caractère, manière de se conduire du fat. Syn. infatuation, prétention, suffisance, vanité. Ant. modestie, simplicité. – Lat. *fatuitas,* de *fatuus,* «sot».

fatum [fatɔm] n. m. Litt. Destin. – Mot lat.

fauber ou **faubert** [fobɛʀ] n. m. MAR Balai fait de vieux cordages. – Du néer. *zwabler,* par une évolution phonétique mal expliquée.

faubourg [fobuʀ] n. m. **1.** Vx Quartier situé hors de l'enceinte fortifiée d'une ville. ▷ Mod. Quartier excentrique. **2.** *Par ext.* Population d'un tel quartier. – Du lat. *foris,* «dehors», et *burgus,* «bourg».

faubourien, ienne [fobuʀjɛ̃, jɛn] adj. Des faubourgs. – De *faubourg.*

faucard [fokaʀ] n. m. AGRIC Faux à long manche qui sert à faucher les herbes aquatiques. – Du picard *fauquer,* «faucher».

faucardage [fokaʀdaʒ] n. m. AGRIC Action de faucarder; son résultat. – De *faucarder.*

faucarder [fokaʀde] v. tr. [1] AGRIC Couper (les herbes aquatiques) à l'aide du faucard. – De *faucard.*

fauchage [foʃaʒ] n. m. Action de faucher. – De *faucher.*

fauchaison [foʃɛzɔ̃] n. f. Action de faucher. ▷ Époque de l'année où l'on fauche le foin. – De *faucher.*

fauchard [foʃaʀ] ou **faussart** [fosaʀ] n. m. **1.** Anc. Hallebarde à deux tranchants en usage du XIIIe au XVe s. **2.** AGRIC Serpe à deux tranchants et à long manche qui sert à élaguer. – De *faucher.*

fauche [foʃ] n. f. **1.** Vx Action de faucher (le foin). **2.** Pop. Action de voler. **3.** Pop. Manque d'argent. – Déverbal de *faucher.*

fauché, ée [foʃe] adj. (et n.). Pop. Qui est sans argent. – Pp. de *faucher.*

faucher [foʃe] v. tr. [1] **1.** Couper à la faux. *Faucher les foins.* **2.** Abattre, renverser, tuer d'un seul coup. *Le tir de la mitrailleuse faucha les assaillants.* **3.** Pop. Voler. *On lui a fauché son vélo.* – Lat. pop. **falcare,* de *falx, falcis,* «faux».

faucheur, euse [foʃœʀ, øz] n. **1.** Personne qui fauche (le foin, les blés, etc.). ▷ Litt. *La Faucheuse:* la mort. **2.** n. m. *Faucheur:* syn. de *faucheux.* – De *faucher.*

faucheuse [foʃøz] n. f. Machine qui sert à faucher le foin. – De *faucher.*

faucheux [foʃø] ou **faucheur** [foʃœʀ] n. m. Opilion, arachnide carnassier aux longues pattes grêles fréquent dans les prés et les bois. – De *faucher.*

faucille [fosij] n. f. Instrument pour couper les céréales, l'herbe, etc., lame emmanchée recourbée en demi-cercle. ▷ *La faucille et le marteau:* emblème communiste (symbole de l'alliance de la classe ouvrière et de la classe paysanne). – Du bas lat. *falcicula,* dimin. de *falx, falcis,* «faux».

faucillon [fosijɔ̃] n. m. AGRIC Serpette. – Dimin. de *faucille.*

faucon [fokõ] n. m. **1.** Oiseau falconidé du genre *Falco*, rapace aux ailes pointues, au vol rapide, excellent chasseur. (*Falco peregrinus*, le faucon pèlerin, le gerfaut, l'émerillon, la crécerelle sont des faucons, autrefois utilisés pour la chasse.) **2.** Anc. Petit canon (XVIe-XVIIe s.). – Bas lat. *falco, falconis*, probabl. de *falx*, «faux», en raison de la courbure des ailes ou du bec.

fauconneau [fokɔno] n. m. **1.** Jeune faucon. **2.** Anc. Très petit canon (XVIe-XVIIe s.). – Dimin. de *faucon*.

fauconnerie [fokɔnʀi] n. f. **1.** Art de dresser pour la chasse les faucons, les rapaces. **2.** Lieu où on les élève. – De *faucon*.

fauconnier [fokɔnje] n. m. Celui qui dresse des faucons pour la chasse. – De *faucon*.

faucre [fokʀ] ou **faulcre** [folkʀ] ou **fautre** [fotʀ] n. m. ARCHEOL Support placé au côté droit de la cuirasse de l'armure pour soutenir la lance en arrêt. – Même rac. germ. que *feutre*.

faufil [fofil] n. m. COUT **1.** Fil utilisé pour faufiler. **2.** Bâti à longs points. – Déverbal de *faufiler*.

faufiler [fofile] **1.** v. tr. [1] COUT Coudre provisoirement à grands points. *Faufiler une manche avant le premier essayage.* **2.** v. pron. *Se faufiler* : se glisser adroitement ou en tentant de passer inaperçu. *Il s'était faufilé parmi les invités.* – De *fors*, «hors de», et *fil*.

faulcre. V. faucre.

1. faune [fon] n. m. Divinité champêtre, chez les Latins. *Les faunes, protecteurs des troupeaux, étaient représentés avec un corps velu, des cornes et des pieds de chèvre.* – Lat. *Faunus*, «dieu champêtre».

2. faune [fon] n. f. **1.** Ensemble des animaux habitant une région, un milieu de vie particulier. *La faune canadienne. La faune des lacs, du sol.* **2.** Fig., péjor. Groupe de gens aux habitudes particulières, qui fréquentent un même lieu. – Lat. *faunus*, d'ap. *flore*.

faunesque [fonɛsk] adj. Qui tient du faune. *Visage faunesque.* – De *faune* 1.

faunesse [fonɛs] n. f. Litt. Faune femelle. – De *faune* 1.

faunique [fonik] adj. ZOOL Qui concerne la faune. – De *faune* 2.

faunistique [fonistik] n. f. et adj. ZOOL Science étudiant la faune d'une région donnée et les facteurs de ses variations. *Faunistique africaine.* ▷ Adj. Qui a rapport à la faune. – De *faune* 2.

faussaire [fosɛʀ] n. Personne qui commet un faux ou qui altère la vérité. – Lat. *falsarius*.

faussart. V. fauchard.

fausse-couche. V. couche.

faussement [fosmɑ̃] adv. **1.** De manière fausse, à tort. *On l'accuse faussement.* **2.** De manière simulée. *Un ton faussement soumis.* – De *faux* 1.

fausser [fose] v. tr. [1] **1.** Rendre faux, altérer la vérité, l'exactitude de. *Préjugés qui faussent un raisonnement.* **2.** Altérer, falsifier. *Fausser un bilan. Fausser le sens d'un texte.* **3.** Déformer (un corps) par flexion, pression ou torsion. *Fausser un axe, une clé.* ▷ *Par ext.* Détériorer (un objet). *Fausser une serrure.* **4.** loc. *Fausser compagnie à qqn*, le quitter sans le prévenir. – Bas lat. *falsere*. V. faux 1.

1. fausset [fosɛ] n. m. *Voix de fausset:* voix aiguë, dite *voix de tête*. – Absol. *Fausset:* cette voix. – De *faux*.

2. fausset [fosɛ] n. m. TECH Cheville de bois pour boucher le trou percé dans un tonneau. – De *fausser*, au sens anc. de «percer».

fausseté [foste] n. f. **1.** Caractère de ce qui est faux, contraire à la vérité ou à l'exactitude. *Fausseté d'un argument.* **2.** Duplicité, hypocrisie. *Soupçonner qqn de fausseté.* – Bas lat. *falsitas*.

faute [fot] n. f. **I. 1.** Manquement au devoir, à la morale ou à la loi. *Commettre une faute. Prendre qqn en faute.* DR *Faute pénale:* contravention, délit ou crime. *Faute civile*, qui engage la responsabilité civile. **2.** Action maladroite ou préjudiciable; erreur. *Dans votre position, on ne vous passera aucune faute.* **3.** Manquement à certaines règles. *Faute de calcul, d'orthographe, de jeu.* **II.** Absence, manque, défaut. Vx *Le courage nous a fait faute.* Mod., en loc. *On ne s'est pas fait faute de le contredire*, on n'y a pas manqué, on ne s'en est pas privé. ▷ Loc. prép. *Faute de:* par manque de, à défaut de. *Relâcher un inculpé faute de preuves.* ▷ Loc. adv. *Sans faute:* sans faillir (à l'engagement, à l'obligation). *Vous serez reçu demain sans faute.* – Du lat. pop. **fallita*, «action de faillir, de manquer».

fauter [fote] v. intr. [1] Fam., vieilli Se laisser séduire, en parlant d'une jeune fille, d'une femme. – De *faute*.

fauteuil [fotœj] n. m. **1.** Siège à bras et à dossier. – Fig. Place de membre dans une assemblée. *Briguer un fauteuil vacant.* **2.** loc. fam. *Arriver dans un fauteuil:* remporter sans peine la victoire, dans une compétition. – Du frq. **faldistôl*, «siège pliant».

fauteur, trice [fotœʀ, tʀis] n. **1.** Vx Celui, celle qui favorise, protège. **2.** Mod., péjor. *Fauteur de troubles, de désordre, etc.:* personne qui fait naître les troubles, le désordre, etc., ou y incite. – Lat. *fautor*, «qui favorise».

fautif, ive [fotif, iv] adj. **1.** Qui a commis une faute, qui est en faute. *Se sentir fautif.* ▷ Subst. *Un fautif, une fautive.* **2.** Qui contient des fautes; erroné, incorrect. *Édition fautive. Référence fautive.* – De *faute*.

fautivement [fotivmɑ̃] adv. D'une manière fautive. – De *fautif*.

fautre. V. faucre.

fauve [fov] adj. et n. **I.** adj. **1.** De couleur rousse ou tirant sur le roux. ▷ N. m. *Un fauve presque rouge.* **2.** Vx *Bête fauve*, au pelage fauve (tigre, cerf, daim, etc.). ▷ Mod. *Bête fauve:* animal féroce; *spécial.:* grand félin. ▷ N. m. *Un fauve.* **3.** *Odeur fauve:* odeur très forte rappelant celle des fauves. **II.** n. m. BX-A *Les fauves :* nom donné, d'abord par dénigrement, aux peintres (Vlaminck, Derain, Matisse, etc.) qui, entre 1901 et 1907, tentèrent de créer un expressionnisme de la couleur pure. – Frq. **falw*.

fauverie [fovɛt] n. f. **1.** Petit oiseau passériforme américain (fam. embérizidés), insectivore, pouvant appartenir à une quinzaine de genres différents (*Vermivora, Dendroica*, etc.), au bec effilé et pointu, dont le plumage est souvent coloré de jaune. *Fauvette jaune. Fauvette couronnée, masquée, rayée. Fauvette du Canada. Fauvette à calotte noire. L'identification des fauvettes demande beaucoup d'observation.* Rem. Nom scientif. récemment proposé: *paruline*. **2.** Petit oiseau passériforme. (genre *Sylvia*) commun en Europe, long de 12 à 15 cm, au plumage le plus souvent terne. – De *fauve*.

fauvette [fovɛt] n. f. **1.** Petit oiseau passériforme américain (fam. embérizidés), insectivore, pouvant appartenir à une quinzaine de genres différents (*Vermivora, Dendroica*, etc.), au bec effilé et pointu, dont le plumage est souvent coloré de jaune. *Fauvette jaune. Fauvette couronnée, masquée, rayée. Fauvette du Canada. Fauvette à calotte noire. L'identification des fauvettes demande beaucoup d'observation.* Rem. Nom scientif. récemment proposé: *paruline*. **2.** Petit oiseau passériforme. (genre *Sylvia*) commun en Europe, long de 12 à 15 cm, au plumage le plus souvent terne. – De *fauve*.

fauvisme [fovism] n. m. Art des peintres dits «fauves». – De *fauve* (sens II).

1. faux, fausse [fo, fos] adj. **1.** Qui n'est pas conforme à la vérité, à la réalité. *Ce que vous dites est faux.* ▷ DR *Fausses représentations.* V. représentation. **2.** Mal fondé, vain. *Fausse joie. Fausse alerte. Faux problème*, qu'il n'y a pas lieu de poser. **3.** Inexact. *Calcul faux.* **4.** Qui manque de justesse. *Un esprit faux.* ▷ Adv. *Raisonner faux.* **5.** Qui s'écarte du naturel, du vrai. *Fausse éloquence.* **6.** MUS Discordant, qui n'est pas dans le ton. *Voix fausse. Fausse note.* ▷ Adv. *Chanter faux.* **7.** Altéré volontairement ou par erreur. *Fausse monnaie. Fausse nouvelle.* **8.** Fait à l'imitation d'une chose vraie; postiche. *Faux bijoux, faux cheveux. Fausse fenêtre*, peinte en trompe-l'œil. **9.** (Personnes.) Qui n'est pas ce qu'il semble, ce qu'il prétend être. *Faux dévot. Faux ami. C'est qqn de faux*, d'hypocrite, de fourbe. – Par ext. *Avoir l'air faux.* **10.** Qui n'est pas tel qu'il doit être. *Faire un faux mouvement, une fausse manœuvre. Faire fausse route.* **11.** (Devant un nom.) Qui n'est pas en réalité ce dont il porte le nom (= faussement nommé). Ex.: *faux acacia:* robinier; *faux platane:* sycomore; *faux bourdon:* mâle de l'abeille mellifère; etc. **12.** loc. adv. *À faux:* à tort, injustement. *Accuser à faux.* ▷ *Porter à faux:* ne pas reposer d'aplomb ou de façon stable sur un point d'appui. *Cette poutre porte à faux.* (V. porte-à-faux.) – Fig. *Raisonnement qui porte à faux.* – Lat. *falsus*, pp. adj. de *fallere*, «tromper».

2. faux [fo] n. m. **1.** Ce qui est faux. *Séparer le vrai du faux. Plaider le faux pour savoir le vrai.* **2.** DR Altération, contrefaçon frauduleuse d'actes, d'écriture authentique ou privée. *Commettre un faux. S'inscrire en faux:* soutenir qu'une pièce produite en justice est fausse et s'engager à le prouver. – Fig. *S'inscrire en faux contre une assertion*, lui opposer un démenti. **3.** Imitation frauduleuse d'une œuvre d'art. *Ce Borduas est un faux.* ▷ Imitation donnée pour telle d'un matériau précieux, d'un objet de style, etc. *L'industrie du faux.* – V. faux 1.

3. faux [fo] n. f. **1.** Forte lame d'acier légèrement courbée, fixée à un long manche, qui sert à couper l'herbe, les céréales, etc. **2.** Attribut allégorique de la mort et du temps. **3.** ANAT Nom donné, par similitude de forme, à divers replis membraneux. *Faux du cerveau.* – Lat. *falx*.

faux-bourdon [fobuʀdɔ̃] n. m. MUS Harmonisation du plain-chant dans laquelle, le chant étant exécuté par le ténor, le soprano chante une fausse basse transposée à la partie supérieure. *Des faux-bourdons.* – De *faux*, et *bourdon*.

faux-filet [fofilɛ] n. m. Morceau de viande de bœuf, qui se lève le long de l'échine. *Des faux-filets.* – De *faux*, et *filet*.

faux-fuyant [fofɥijɑ̃] n. m. **1.** Vx Chemin, sentier détourné, par lequel on peut s'en aller sans être vu. **2.** Mod., fig. Subterfuge pour éviter de s'expliquer, de s'engager. *User de faux-fuyants.* – De *fors*, «en dehors», et ppr. de *fuir*.

faux-monnayeur [fomɔnɛjœʀ] n. m. Personne qui fabrique de la fausse monnaie. *Des faux-monnayeurs.* – De *faux*, et *monnayeur*.

faux-semblant [fosɑ̃blɑ̃] n. m. Apparence trompeuse. *Il a agi sous des faux-semblants d'humanité.* – De *faux*, et *semblant*.

favela [favela] n. f. Bidonville, au Brésil. *«Au cœur même de Rio, sur les mornes abrupts, les* favelas *pullulent»* (S. de Beauvoir). – Mot portug.

faverole. V. féverole.

faveur [favœʀ] n. f. **I. 1.** Bienveillance, protection, appui d'une personne influente. *«La faveur du prince n'exclut pas le mérite»* (La Bruyère). **2.** Considération, préférence dont on jouit auprès de qqn, d'un public. *Être en faveur. Ce candidat a la faveur des pronostics.* **3.** Avantage procuré par bienveillance, par préférence. *Demander, faire une faveur. Bénéficier d'un régime, d'un traitement de faveur.* ▷ Plur. Litt. *Accorder ses faveurs:* se dit d'une femme qui se donne. ▷ Bienfait. *Combler qqn de faveurs.* **4.** loc. prép. *En faveur de:* en considération de. *Ses torts sont oubliés en faveur de sa compétence.* Au profit de, dans l'intérêt de. *Intervenir en faveur de qqn.* ▷ *À la faveur de:* grâce à, en profitant de. *S'échapper à la faveur de la nuit.* **II.** Petit ruban. *Un paquet noué d'une faveur bleue.* – Lat. *favor*.

favorable [favɔʀabl] adj. **1.** Bien disposé à l'égard de qqn, de qqch; approbateur. *Il vous est favorable. Être favorable à une réforme.* **2.** Qui est à l'avantage de qqn, de qqch. *Se montrer sous un jour favorable. Bénéficier d'un préjugé favorable.* – Lat. *favorabilis*, «qui attire la faveur».

favorablement [favɔʀabləmɑ̃] adv. De façon favorable. – De *favorable*.

favori, ite [favɔʀi, it] adj. et n. **I.** adj. **1.** Qui est l'objet d'une préférence habituelle. *C'est l'un de mes auteurs favoris.* **2.** SPORT Donné comme gagnant. *Cheval favori. Partir favori dans une course.* **II.** n. **1.** Personne pour laquelle on marque une prédilection. *Être la favorite d'un public.* **2.** HIST Celui, celle qui tenait le premier rang dans la faveur d'un roi, d'un prince. ▷ *Spécial.* N. f. Maîtresse attitrée d'un souverain. *Agnès Sorel fut la favorite de Charles VII.* **3.** SPORT Le concurrent donné comme gagnant. *Miser sur le favori.* **III.** n. m. pl. Partie de la barbe qu'on laisse pousser de chaque côté du visage. *Porter des favoris.* Syn. pattes, rouflaquettes. – Pp. de l'anc. v. *favorir*, «favoriser»; fém. *-ite*, d'ap. l'ital. *favorita*.

favoriser [favɔʀize] v. tr. [1] **1.** Traiter (qqn) avec faveur, pour le soutenir ou l'avantager. *Favoriser un ami.* ▷ (Sujet n. de chose.) *Les circonstances l'ont favorisé*, lui ont été favorables. **2.** Apporter son appui, sa contribution, son encouragement à (qqn). *Favoriser une entreprise.* ▷ (Sujet n. de chose.) *Le progrès des communications favorise les échanges.* – De *faveur*, d'après le lat. *favor*.

favoritisme [favɔʀitism] n. m. Tendance à accorder des avantages par faveur, au mépris de la règle ou du mérite. – De *favori*.

favus [favys] n. m. MED Dermatose parasitaire contagieuse due à un champignon et caractérisée par la formation de croûtes jaunâtres (surtout au cuir chevelu). – Mot lat., «gâteau de miel».

fayot [fajo] n. m. (Acadie) Plante légumineuse du genre *Phaseolus;* au plur. cosses ou graines de cette plante. V. fève (sens 1). – Provenç. *faiol*, du lat. class. *fasiolus*, «sorte de fève».

fazenda [fazɛnda] n. f. Grand domaine agricole, au Brésil. – Mot portug. du Brésil, du lat. *facienda*, «choses à faire»; cf. esp. *hacienda*.

f.c.é.m. Abrév. de *force contre-électromotrice*.

Fe CHIM Symbole du fer.

féal, ale, aux [feal, o] adj. et n. **1.** adj. Vx Fidèle, loyal. *Un féal serviteur du roi.* **2.** n. m. Litt. Ami fidèle. – De *fei*, anc. forme de *foi*.

fébrifuge [febʀifyʒ] adj. Qui fait baisser la fièvre. ▷ N. m. *Un fébrifuge.* – Lat. *febrifugia*, de *febris*, «fièvre», et *fugare*, «mettre en fuite».

fébrile [febʀil] adj. **1.** MED Qui marque la fièvre. *Pouls, chaleur fébrile.* ▷ Qui a de la fièvre. *Être fébrile.* **2.** Qui manifeste une excitation, une agitation excessive. *Une hâte fébrile.* ▷ FIN *Capitaux fébriles:* capitaux spéculatifs qui passent d'une place à l'autre. – Bas lat. *febrilis*.

fébrilement [febʀilmɑ̃] adv. D'une manière fébrile. – De *fébrile.*

fébrilité [febʀilite] n. f. État d'agitation extrême. – De *fébrile.*

fécal, ale, aux [fekal, o] adj. Qui a rapport aux fèces. – Du lat. *fæx, fæcis,* «lie, excrément».

fèces [fɛs] n. f. pl. Résidus solides de la digestion évacués par les intestins, excréments. – Lat. *fæces,* de *fæx,* «lie, excrément».

fécond, onde [fekɔ̃, ɔ̃d] adj. **1.** Qui peut se reproduire, en parlant des êtres animés, des plantes. *Le mulet n'est jamais fécond.* Ant. stérile. **2.** Qui peut avoir beaucoup d'enfants, de petits. *Femme très féconde. Race animale féconde.* ▷ Qui peut produire beaucoup (terre). *Sol fécond.* Syn. fertile. ▷ Fig. *Année féconde en événements. Écrivain fécond.* – Lat. *fecundus.*

fécondable [fekɔ̃dabl] adj. Qui peut être fécondé. – De *féconder.*

fécondant, ante [fekɔ̃dɑ̃, ɑ̃t] adj. Qui féconde. *Pluie fécondante.* – Ppr. de *féconder.*

fécondateur, trice [fekɔ̃datœʀ, tʀis] adj. et n. Qui a la capacité de féconder. – De *féconder.*

fécondation [fekɔ̃dasjɔ̃] n. f. Action de féconder; son résultat. ▷ BIOL Fusion de deux gamètes (cellules sexuelles) qui forment un œuf (ou *zygote*), point de départ d'un ou de plusieurs individus nouveaux. *Fécondation in vitro,* obtenue en laboratoire, hors de l'organisme maternel. – De *féconder.*

féconder [fekɔ̃de] v. tr. [1] **1.** Produire la fécondation de. *Le spermatozoïde féconde l'ovule.* **2.** Rendre enceinte (une femme), gravide (une femelle). **3.** Rendre fécond. *Un cours d'eau féconde le sol.* ▷ Fig. *Lectures qui fécondent l'esprit.* – Lat. *fecundare.*

fécondité [fekɔ̃dite] n. f. Qualité de ce qui est fécond. *La fécondité d'un sol,* sa fertilité. ▷ *Une femme d'une grande fécondité,* qui a beaucoup d'enfants. – Fig. *La fécondité d'un esprit, d'une idée.* – Lat. *fecunditas.*

fécule [fekyl] n. f. Matière amylacée pulvérulente, extraite de divers organes végétaux (tubercules, rhizomes, etc.). *Fécule de pomme de terre, de céréale.* – Lat. *fæcula,* dimin. de *fæx,* «lie».

féculence [fekylɑ̃s] n. f. **1.** Vx État d'un liquide qui dépose des sédiments. Syn. turbidité. **2.** État d'une substance féculente. – Bas lat. *fæculentia* de *fæculentus.* V. féculent.

féculent, ente [fekylɑ̃, ɑ̃t] adj. **1.** Vx *Liquide féculent,* qui dépose. **2.** Qui contient de la fécule. ▷ N. m. *Les haricots, les pois, les pommes de terre sont des féculents.* – Lat. *fæculentus,* «rempli de lie, bourbeux».

féculer [fekyle] v. tr. [1] TECH Réduire en fécule. – De *fécule.*

féculerie [fekylʀi] n. f. Usine où l'on extrait la fécule des végétaux. – De *fécule.*

fedayin ou **feddayin** [fedajin] n. m. Combattant arabe en lutte pour la récupération des territoires dont il estime qu'ils appartiennent de droit au peuple arabe (ou, spécial., palestinien). ▷ Pl. *Des fedayin* ou *fedayins.* – Mot ar. *feda'i* (pl. *fedai'yin*), propr. «rédempteur».

fédéral, ale, aux [fedeʀal, o] adj. **1.** (D'un État, d'un pays) qui constitue une fédération. *Le Canada est un État fédéral. La République fédérale allemande.* **2.** Propre ou relatif à une fédération d'États. *Une politique fédérale.* **3.** Qui appartient, est relatif au gouvernement central d'un État fédéral, qui en émane. *Loi, juridiction fédérale. Élections fédérales. Relations fédérales-provinciales. Députés fédéraux.* Subst. *Le fédéral:* le gouvernement central d'un État fédéral. *Les pouvoirs du fédéral. Se faire élire député au fédéral.* – Du lat. *fœdus, fœderis,* «pacte, alliance».

fédéraliser [fedeʀalize] v. tr. [1] Faire adopter le système ou le gouvernement fédéral à. ▷ V. pron. *Se fédéraliser.* – De *fédéral.*

fédéralisme [fedeʀalism] n. m. Système politique fondé sur le partage des compétences législatives, juridiques et administratives entre le gouvernement central de l'État et les gouvernements des États fédérés (appelés au Canada *provinces*). *Le fédéralisme canadien.* – De *fédéral.*

fédéraliste [fedeʀalist] adj. Relatif au fédéralisme. ▷ Subst. Partisan d'un fédéralisme. *C'est une fédéraliste convaincue.* – De *fédéral.*

fédératif, ive [fedeʀatif, iv] adj. Constitué en fédération. – Du lat. *fœderatus,* «allié».

fédération [fedeʀasjɔ̃] n. f. **1.** Association de plusieurs États en un État unique. **2.** Regroupement, sous une autorité commune, de plusieurs sociétés, syndicats, clubs sportifs, etc. *Fédération des travailleurs du Québec. Fédération de voile du Québec.* – Lat. *fœderatio,* «alliance, union».

fédéré, ée [fedeʀe] adj. Qui fait partie d'une fédération. *États fédérés.* – Du lat. *fœderatus,* «allié».

fédérer [fedeʀe] v. tr. [16] Grouper en fédération. ▷ V. pron. S'unir en fédération. – Du bas lat. *fœderare,* de *fœdus* (V. fédéral).

fée [fe] n. f. **1.** Être féminin imaginaire, le plus souvent bienveillant, doué d'un pouvoir magique. *La baguette d'une fée.* ▷ *Conte de fées,* dans lequel les fées, le merveilleux tiennent une grande place. ▷ *Avoir des doigts de fée:* être d'une grande adresse. **2.** Fig. Femme qui charme par ses qualités. *C'est une fée.* – Du bas lat. *Fata,* n. de la déesse des destinées, de *fatum,* «destin».

féerie [fe(e)ʀi] n. f. **1.** Vieilli Pouvoir des fées. **2.** Genre littéraire, théâtral, etc., qui fait appel au merveilleux, à l'intervention des fées. **3.** Pièce de théâtre à grand spectacle fondée sur le merveilleux, en vogue au XIXᵉ s. **4.** Fig. Spectacle merveilleusement beau. *Ces jeux d'eau sont une vraie féerie.* – De *fée.*

féerique [fe(e)ʀik] adj. **1.** Qui appartient au monde des fées. **2.** D'une beauté merveilleuse. *Un paysage féerique.* – De *féerie.*

feignant, ante [fe(ɛ)ɲɑ̃, ɑ̃t] ou **faignant, ante** [fe(ɛ)ɲɑ̃, ɑ̃t] adj. et n. Pop. Fainéant (V. ce mot). – Ppr. de *feindre,* «rester inactif, paresser», altéré dès 1321 en *fainéant* d'apr. *néant.*

feindre [fɛ̃dʀ] v. tr. [73] Faire semblant d'éprouver (un sentiment). *Feindre la joie. – Feindre de* (+ inf.): faire semblant de. *Feindre de sortir.* ▷ (S. comp.) Tromper en dissimulant ses sentiments. *Savoir feindre.* – Du lat. *fingere,* «modeler».

feinte [fɛ̃t] n. f. **1.** Vieilli Fait de déguiser ses véritables sentiments. *S'exprimer sans feinte.* **2.** Action destinée à tromper, à donner le change. ▷ SPORT Mouvement simulé destiné à provoquer chez l'adversaire une réaction dont on espère tirer profit. *Faire une feinte.* – De *feindre.*

feinter [fɛ̃te] v. intr. [1] SPORT Faire une feinte. ▷ V. tr. Fam. *Feinter qqn,* le tromper. – De *feinte.*

feld-maréchal, aux [fɛldmaʀeʃal, o] n. m. Anc. Grade le plus élevé dans la hiérarchie militaire, en Allemagne et en Autriche. – All. *Feldmarschall*; de *Marschall,* «maréchal», et *Feld,* «champ»; angl. *field marshal.*

feldspath [fɛldspat] n. m. MINER Silicate double d'aluminium et de potassium, sodium ou calcium. – Mot all., «spath des champs» de *Feld,* «champ», et *Spath* , «minéral lamelleux».

fêlé, ée [fele] adj. *Voix fêlée,* qui a le son mat d'un objet fêlé. ▷ Fam. *Avoir la tête fêlée:* être un peu fou. – Pp. de *fêler.*

fêler [fɛle] v. tr. [1] Fendre (une matière, un objet cassant) sans que les morceaux se disjoignent. *Fêler un vase.* ▷ V. pron. *Se fêler:* devenir fêlé. – Du lat. *flagellare,* «frapper».

félibre [felibʀ] n. m. Poète, prosateur de langue d'oc. – Probabl. du bas lat. *fellebris,* «nourrisson (des Muses)».

félicitations [felisitasjõ] **1.** n. f. pl. Compliments adressés à qqn pour un événement heureux. *Lettre de félicitations.* **2.** Éloges, louanges adressées à qqn. *Reçu avec les félicitations du jury.* – De *féliciter.*

félicité [felisite] n. f. **1.** Litt. Bonheur suprême. *Être au comble de la félicité.* Syn. béatitude. **2.** Plur. Litt. Les choses qui contribuent au bonheur. *Les félicités de ce monde sont éphémères.* – Lat. *felicitas, felicitatis,* de *felix,* «heureux».

féliciter [felisite] v. tr. [1] **1.** Faire compliment à (qqn) au sujet d'un événement agréable. *Féliciter qqn de son mariage.* **2.** Témoigner sa satisfaction à (qqn), complimenter. *Il l'a félicité pour son travail.* **3.** v. pron. S'estimer heureux. *Je me félicite d'avoir fait ce choix.* – Bas lat. *felicitare,* «rendre heureux».

félidés [felide] n. m. pl. ZOOL Famille de mammifères carnivores fissipèdes dont le chat *(Felis domesticus)* est le type, et qui comprend le lion, la panthère, le tigre, le jaguar, etc. (Les félidés sont des digitigrades à griffes rétractiles dont les mâchoires portent de courtes incisives, des molaires peu nombreuses et tranchantes, dites *carnassières,* et des canines *(crocs)* très développées.) – Du lat. *feles, felis,* «chat».

félin, ine [felɛ̃, in] adj. **1.** Qui appartient au type chat. *La race féline.* ▷ N. m. Carnassier de la famille des félidés. **2.** Fig. Qui rappelle le chat. *Une grâce féline.* – Lat. *felinus,* de *feles, felis,* «chat».

fellag(h)a [fɛl(l)aga] n. m. Partisan armé qui, au temps de la présence française en Tunisie et en Algérie, luttait pour l'indépendance de son pays. – Mot ar., plur. de *fellag,* «coupeur de route».

fellah [fɛlla] n. m. Paysan, au Maghreb et en Égypte. – Ar. *fallāh,* «cultivateur».

fellation [felasjõ] n. f. Pratique sexuelle consistant à exciter avec la bouche le sexe de l'homme. – Lat *fellatio,* de *fellare,* «sucer».

félon, onne [felõ, ɔn] adj. et n. FEOD Qui manque à la foi due à son seigneur. *Un chevalier félon.* – Bas lat. *fello,* p.-ê. frq. **fillo,* «celui qui fouette, maltraite (les esclaves)».

félonie [felɔni] n. f. FEOD Déloyauté envers son seigneur. ▷ *Par ext.* Litt. Acte déloyal. – De *félon.*

felouque [fəluk] n. f. Petit navire à voiles, long et étroit, de la Méditerranée et du Nil. – Esp. *faluca,* de l'ar. *felouka,* «petit navire de charge».

felquiste [fɛlkist] n. et adj. HIST Membre du mouvement indépendantiste appelé Front de libération du Québec (abrév. F.L.Q.). ▷ adj. Propre ou relatif à ce mouvement, à ses membres. «Les policiers demeurent aux aguets, et l'on se demande encore [...] s'il y a vraiment des éléments felquistes dans la région qui sont sur le point d'entrer en action.» (*Le Nouvelliste,* oct. 1970) – De l'abrév. *F.L.Q.*

fêlure [fɛlyʀ] n. f. Fente d'une chose fêlée. ▷ Fig. *Il y a une fêlure dans leur union.* Syn. faille. – De *fêler.*

f.é.m. PHYS Abrév. de *force électromotrice.*

femelle [fəmɛl] **I.** n. f. Animal du sexe qui reproduit l'espèce après fécondation. *La biche est la femelle du cerf.* **II.** adj. **1.** Propre à être fécondé en parlant des animaux, des plantes. *Un serin femelle. L'organe femelle d'une plante.* ▷ BOT *Fleur femelle,* pourvue uniquement de carpelles et d'un pistil. **2.** TECH Qualifie une pièce présentant un évidement dans lequel vient s'insérer la saillie, le relief de la pièce mâle. *Fiche femelle.* – Lat. *femella,* «petite femme».

féminin, ine [feminɛ̃, in] adj. et n. m. **1.** Qui est propre à la femme ou considéré comme tel. *Intuition féminine.* Ant. masculin. ▷ N. m. Loc. *L'éternel féminin:* ce qui est traditionnellement considéré comme permanent dans la psychologie de la femme. **2.** Qui a rapport aux femmes. *Revendications féminines.* **3.** Qui est caractéristique de la femme. *Une allure très féminine.* **4.** GRAM *Genre féminin:* celui des deux genres grammaticaux qui est le genre marqué (présence d'un *e* final dans l'écriture, d'une consonne finale dans la prononciation, par ex.), par oppos. au genre masculin. *Article, pronom, adjectif, nom féminin,* du genre féminin. – N. m. *Belle est le féminin de beau.* ▷ *Rime féminine,* terminée par une syllabe comportant un *e* muet. – Lat. *femininus,* de *femina,* «femme».

féminisant, ante [feminizɑ̃, ɑ̃t] adj. MED Qui détermine la féminisation. *Tumeur féminisante.* – Ppr. de *féminiser.*

féminisation [feminizasjõ] n. f. **1.** Action de féminiser; son résultat. ▷ MED Apparition chez l'homme de caractères sexuels secondaires de la femme, due à l'arrêt de la sécrétion hormonale mâle ou à un traitement par les œstrogènes. – Par ext. *Féminisation d'un animal.* **2.** Afflux de femmes dans une branche d'activité. *La féminisation de l'enseignement.* – De *féminiser.*

féminiser [feminize] v. tr. [1] **1.** Donner le type, le caractère féminin à. Ant. masculiniser, viriliser. ▷ V. pron. Prendre des caractères féminins. **2.** Faire accéder un plus grand nombre de femmes à (une catégorie sociale). *Féminiser une profession.* ▷ V. pron. *La profession médicale s'est féminisée.* **3.** GRAM Attribuer le genre féminin à. *L'usage a féminisé les mots épitaphe, idylle, etc.* – Du lat. *femina,* «femme».

féminisme [feminism] n. m. Doctrine, attitude favorable à la défense des intérêts propres aux femmes et à l'extension de leurs droits. – Du lat. *femina,* «femme».

féministe [feminist] adj. Qui a rapport au féminisme. *Littérature féministe.* ▷ Subst. Partisan du féminisme. – De *féminisme.*

féminité [feminite] n. f. Ensemble des qualités propres à la femme ou considérées traditionnellement comme telles. – De *féminin.*

femme [fam] n. f. **I.** Être humain du sexe féminin, du sexe qui met au monde des enfants. **1.** *La femme,* dans ce qu'elle a de spécifique, qui l'oppose à l'homme. *Psychologie de la femme. Aliénation, émancipation de la femme.* ▷ (Attribut.) *Être femme,* féminine (au sens 3.) **2.** Personne adulte de sexe féminin. **3.** Vieilli *Bonne femme:* femme simple, assez âgée. ▷ Loc. mod. *Conte, remède de bonne femme,* transmis par une tradition populaire naïve. ▷ Mod., fam. *Bonne femme* : femme (avec une intention péjorative ou affective). *Une sale bonne femme. Une bonne femme courageuse.* **4.** (Avec un comp. de nom.) – (Pour indiquer certaines aptitudes.) *Femme de tête. Femme d'esprit. Femme d'intérieur,* qui aime et sait diriger son ménage. – (Pour indiquer la condition sociale, la profession, etc.) *Femme du peuple, du monde. Femme au foyer. Femme de lettres.* ▷ *Femme de ménage:* personne rétribuée pour faire le ménage dans une maison. – *Femme de chambre:* employée attachée au service particulier d'une dame ou chargée du service des chambres dans un hôtel. **II.** Épouse. *La femme de Jean. Il y est allé avec sa femme.* ▷ Vieilli *Prendre femme:* se marier. – Lat. *femina.*

femmelette [famlɛt] n. f. Péjor. **1.** Femme sans énergie ni caractère. **2.** Homme faible et sans courage. – Dimin. péjor. de *femme*.

fémoral, ale, aux [femɔʀal, o] adj. ANAT De la cuisse. *Artère fémorale*. – Du fémur. – Bas lat. *femoralis*.

fémur [femyʀ] n. m. **1.** Unique os de la cuisse, qui s'articule en haut avec l'os iliaque (hanche), en bas avec l'extrémité supérieure du tibia et avec la rotule (genou). *Fracture du col du fémur*. **2.** ENTOM Partie de la patte des insectes entre la hanche et le trochanter. – Lat. *femur*, «cuisse».

fenaison [fənɛzɔ̃] n. f. AGRIC Action de couper et de faner les foins. – Époque où ce travail est effectué. – De *fener*, anc. forme de *faner*, du lat. *fenum*, «foin».

fendage [fɑ̃daʒ] n. m. TECH Action de fendre. – De *fendre*.

fendant [fɑ̃dɑ̃] n. m. **1.** Pop., vieilli *Faire le fendant:* faire le fanfaron. **2.** Vin blanc réputé de Suisse romande, fait avec un raisin dont la peau se fend. – Ppr. subst. de *fendre*.

fendeur, euse [fɑ̃dœʀ, øz] n. Personne qui fend (le bois, l'ardoise, le fer); personne qui dégrossit les pierres précieuses. – De *fendre*.

fendillement [fɑ̃dijmɑ̃] n. m. Action de fendiller, de se fendiller; résultat de cette action. – De *fendiller*.

fendiller [fɑ̃dije] v. tr. [1] Produire de petites fentes à. *La sécheresse a fendillé la terre*. ▷ V. pron. *Émail qui se fendille*. – De *fendre*.

fendre [fɑ̃dʀ] **I.** v. tr. [5] **1.** Couper, diviser (un corps solide), généralement dans le sens longitudinal. *Fendre du bois*. **2.** Ouvrir un sillon, un chemin dans (le sol, un fluide). *La charrue fend la terre. Frégate qui fend l'air et les eaux*. – Par anal. *Fendre la foule*. **3.** Fig. *Fendre le cœur, l'âme:* faire ressentir un grand chagrin. *Cela me fend le cœur de l'abandonner*. **II.** v. pron. **1.** Se diviser, se couvrir de fentes. *Le sol se fend sous l'action de la sécheresse*. **2.** SPORT En escrime, se porter en avant par déplacement du pied avant et extension de la jambe opposée. **3.** Pop. *Se fendre de* : accepter de faire (telle dépense). *Il s'est fendu de vingt dollars, d'une invitation*. – Lat. *findere*.

fendu, ue [fɑ̃dy] adj. **1.** Qui présente une fente. *Jupe fendue*. **2.** En forme de fente allongée. *Bouche bien fendue. Yeux fendus*. – Pp. de *fendre*.

fenestration [fənɛstʀasjɔ̃] n. f. ARCHI Ouverture réelle ou simulée dans une cloison. – Du lat. *fenestra*, «fenêtre».

fenêtrage [fənɛtʀaʒ] ou **fenestrage** [fənɛstʀaʒ] n. m. **1.** ARCHI Action de percer des fenêtres. **2.** ARCHI Ensemble des fenêtres d'un édifice; leur disposition. – De *fenêtre*.

fenêtre [f(ə)nɛtʀ] n. f. **1.** Ouverture ménagée dans le mur d'une construction pour donner du jour et de l'air à l'intérieur. – *Par ext*. Châssis vitré servant à clore une telle ouverture. *L'appui, les montants, le linteau d'une fenêtre. L'embrasure, le chambranle d'une fenêtre. Une fenêtre à deux battants*. ▷ Loc. fig. *Jeter son argent par les fenêtres*, le dépenser inconsidérément. **2.** Ouverture. *Pratiquer une fenêtre dans un carton. Enveloppe à fenêtre*. ▷ ANAT *Fenêtre ronde* et *fenêtre ovale:* ouvertures séparant l'oreille interne de l'oreille moyenne. ▷ CHIR Ouverture pratiquée pour surveiller une plaie. **3.** Fig. *Ouvrir une fenêtre sur:* rendre possibles de nouveaux points de vue sur. – Lat. *fenestra*.

fenêtré, ée [fənɛtʀe] ou **fenestré, ée** [fənɛstʀe] adj. Percé de jours. ▷ BOT *Feuille fenestrée*, ajourée. – Pp. de *fenêtrer*.

fenêtrer [fənɛtʀe] v. tr. [1] CONSTR Munir de fenêtres. *Fenêtrer un édifice*. – Lat. *fenestrare*.

fenian [fenjan] n. m. Membre d'une société secrète fondée vers 1860, parmi les Irlandais émigrés au Canada et aux É.-U., pour libérer l'Irlande de la domination britannique. – Du gaélique *fiann*, guerriers légendaires irlandais.

fenil [fənil] n. m. Bâtiment où l'on entrepose les foins. – Lat. *fenile*, de *fenum*, «foin».

fennec [fenɛk] n. m. Petit renard du Sahara (genre *Fennecus*), à longues oreilles, appelé aussi *renard des sables*. – Mot arabe.

fenouil [fənuj] n. m. Plante ombellifère vivace des pays méditerranéens (genre *Fœniculum*), potagère (pétioles charnus, au parfum anisé) et aromatique (tiges et graines). – Lat. *feniculum*, «petit foin».

fenouillet [fənujɛ] n. m. ou **fenouillette** [fənujɛt] n. f. Petite pomme grise dont le goût rappelle celui du fenouil. – De *fenouil*.

fente [fɑ̃t] n. f. **1.** Ouverture étroite et longue. **2.** SPORT En escrime, action de se fendre. – Lat. pop. **findita*, de *findere*, «fendre».

fenugrec [f(ə)nygʀɛk] n. m. Plante aromatique (*Trigonella fœnum-græcum*, fam. papilionacées), utilisée comme fourrage dans les pays méditerranéens et dont la graine fournit des mucilages. – Lat. *fenugræcum*, «foin grec».

féodal, ale, aux [feɔdal, o] adj. Qui a rapport à un fief, aux fiefs. *Droits féodaux*. ▷ Relatif à la féodalité. *Régime féodal*. – N. m. *Les grands féodaux:* les grands seigneurs. – Lat. médiév. *feodalis*.

féodalisme [feɔdalism] n. m. Système féodal. – De *féodal*.

féodalité [feɔdalite] n. f. **1.** Forme d'organisation politique et sociale répandue en Europe au Moyen Âge, dans laquelle des fiefs étaient concédés par des seigneurs à des vassaux contre certaines obligations. – Par ext. *Féodalité musulmane, japonaise*. **2.** Fig., péjor. Système social, politique, qui rappelle la féodalité (au sens 1). *La féodalité financière, industrielle*. – De *féodal*.

fer [fɛʀ] n. m. **I. 1.** Corps simple, métal gris-blanc d'une importance industrielle considérable; élément de numéro atomique Z = 26 et de masse atomique 55,85 (symbole Fe). *Fer électrolytique:* fer pur obtenu par électrolyse. *Fer doux:* fer pur servant à fabriquer les noyaux d'électroaimants. *Fer forgé*, mis en forme par forgeage. *Une grille en fer forgé. Âge du fer:* période, succédant à l'âge du bronze, où se répandit l'usage du fer (v. 1000 av. J.-C.). **2.** Fig. *De fer:* qui a la résistance ou la dureté du fer. *Il a une santé de fer:* il est robuste, il n'est jamais malade. *Une volonté de fer*, inébranlable. *Une discipline de fer*, extrêmement rigoureuse. – Loc. *Une main de fer dans un gant de velours:* une autorité rigoureuse sous une apparente douceur. ▷ *Bois de fer:* bois extrêmement dur provenant de divers arbres. **II.** Objet en fer, en métal. **1.** Partie métallique, acérée ou coupante, d'un outil, d'une arme. *Fer d'un rabot, d'un harpon*. **2.** Lame d'un fleuret, d'une épée, d'un sabre. *Croiser le fer*. **3.** *Fer à cheval:* bande de métal recourbée en U, qui sert à protéger le dessous des sabots des chevaux, des mulets, etc. *Tomber les quatre fers en l'air:* tomber sur le dos, en parlant d'un cheval, et, fam., d'une personne. ▷ Loc. adj. *En fer à cheval:* en U, en demi-cercle. *Table en fer à cheval*. **4.** Profilé métallique utilisé en construction. *Fer en U*. **5.** Instrument, outil en fer, en métal. *Fer à friser, à repasser, à souder*. ▷ (S. comp.) *Fer:* fer à repasser. *Donner un coup de fer à une jupe*. **6.** n. m. pl. *Les fers:* les entraves qui enchaînent un prisonnier. *Mettre un forçat aux fers*. – Fig., litt. *Être dans les fers*, en esclavage. **7.** n. m. pl. *Les* *fers:* le forceps. – Lat. *ferrum.*

ENCYCL Le fer est un métal ductile, de densité 7,86, qui fond à 1 535 °C et bout à 2 750 °C. Il constitue près de 5 % de la croûte terrestre (hématite, magnétite, pyrite) et se trouve en abondance, avec le nickel, dans le noyau terrestre (nommé pour cette raison nife*). Le fer est un métal ferromagnétique. Il se combine avec tous les éléments non métalliques (sauf l'hydrogène). Sa combinaison avec le carbone donne la cémentite Fe_3C, qui joue un rôle important dans la qualité des aciers. Avec l'azote, il forme des nitrures qui permettent de durcir la surface des pièces. Les acides dilués attaquent facilement le fer. L'humidité favorise la combinaison du fer et de l'oxygène sous la forme d'une pellicule de *rouille* qui, perméable à l'air, n'empêche pas l'attaque du métal sous-jacent. On peut éviter la *corrosion* du fer en le protégeant par un composé moins oxydable que lui. La métallurgie du fer, ou *sidérurgie,* a pour objet la fabrication du fer et de ses alliages, l'acier notam., qui a une importance industrielle et économique considérable. La fabrication de l'acier passe par l'élaboration de la *fonte* (carbure de fer contenant entre 3 et 6 % de carbone) au haut fourneau. La fonte est décarburée par oxydation du carbone au *convertisseur* (le plus souvent avec soufflage à l'oxygène) ou au *four Martin,* ce qui permet d'élaborer les aciers courants. Les aciers de qualité sont produits au *four électrique.* L'activité économique des nations industrielles dépend en grande partie de la taille et de la qualité de leur équipement sidérurgique.

féra [feʀa] n. f., **férat** ou **ferrat** [feʀa] n. m. Poisson salmonidé *(Coregonus fera),* atteignant 50 cm, que l'on trouve dans les lacs suisses et en Europe centrale. – Orig. incon.

fer-blanc [fɛʀblɑ̃] n. m. Tôle d'acier doux recouverte d'une mince couche d'étain. *Une boîte en fer-blanc. Des fers-blancs.* – De *fer,* et *blanc.*

ferblanterie [fɛʀblɑ̃tʀi] n. f. **1.** Industrie, commerce du ferblantier. **2.** Objets en fer-blanc. – De *ferblantier.*

ferblantier [fɛʀblɑ̃tje] n. m. Celui qui fabrique ou qui vend des objets en fer-blanc. – De *fer-blanc.*

-fère. Élément, du v. lat. *ferre,* «porter».

férie [feʀi] n. f. **1.** ANTIQ ROM Jour consacré aux dieux, pendant lequel le travail était interdit. **2.** LITURG Chacun des jours de la semaine, du lundi au vendredi. – Lat. *feria,* «jour de repos».

férié, ée [feʀje] adj. *Jour férié :* jour où l'on ne travaille pas à l'occasion d'une fête civile ou religieuse. *Magasin fermé les dimanches et jours fériés.* – Lat. *feriatus.*

férir [feʀiʀ] v. tr. Seulement dans la loc. *sans coup férir:* vx sans combattre; mod., litt.: sans difficulté, sans rencontrer de résistance. – Lat. *ferire,* «frapper».

ferlage [fɛʀlaʒ] n. m. MAR Action de ferler une voile, un pavillon; son résultat. – De *ferler.*

ferler [fɛʀle] v. tr. [1] MAR Plier (une voile ou un pavillon) et la (le) serrer avec des rabans, l'écoute, etc. – Orig. incert., p.-ê. de l'angl. *to furl.*

ferlouche. V. farlouche.

fermail, aux [fɛʀmaj, o] n. m. ARCHEOL Agrafe de manteau; boucle de ceinture. ▷ Fermoir de livre. *Des fermaux ouvragés.* – De *fermer.*

1. ferme [fɛʀm] adj. **1.** Qui offre une certaine résistance. *Un fromage à pâte ferme. La terre ferme,* opposée à la mer. **2.** Qui se tient de façon stable. *Être ferme sur ses pieds.* – Loc. *De pied ferme:* sans reculer, résolument. *Attendre un adversaire de pied ferme.* ▷ FIN Dont les cours en Bourse ne baissent pas. *Valeur ferme.* **3.** Qui n'hésite pas. *Marcher d'un pas ferme. Une voix ferme.* **4.** Fig. Qui ne se laisse pas ébranler. *Être ferme dans ses résolutions.* – Par ext. *Avoir la ferme intention de faire qqch.* ▷ Qui fait preuve d'autorité. *Être ferme avec les enfants.* **5.** Sans sursis, en parlant d'une condamnation. *Prison ferme.* **6.** adv. Avec ardeur. *Discuter ferme. Travailler ferme,* beaucoup. *Tenir ferme:* résister vigoureusement. – Lat. *firmus.*

2. ferme [fɛʀm] n. f. **I.** HIST Système où le droit de percevoir certains impôts était délégué par l'État à des particuliers moyennant une redevance forfaitaire. – *Par ext.* Administration chargée de cette perception. *La ferme générale des gabelles.* **II. 1.** Exploitation agricole louée à ferme moyennant un prix fixé. *Par ext.* Toute exploitation agricole. *Des produits de ferme.* **2.** Ensemble constitué par l'habitation du fermier et les bâtiments y attenant. *Une cour de ferme.* – *Rente à ferme,* d'abord «convention moyennant un arrérage ferme, fixe», de *ferme* 1 (sens 2).

3. ferme [fɛʀm] n. f. **1.** CONSTR Assemblage d'éléments de charpente triangulés disposé verticalement pour servir de support à une couverture. *L'ossature d'un comble est formée de fermes reliées par des pannes.* **2.** SPECT Décor monté sur des chassis, qui s'élève des dessous de la scène, en avant de la toile de fond. – De *fermer,* au sens anc. de «fixer».

fermé, ée [fɛʀme] adj. **1.** Qui ne présente pas d'ouverture; qui n'est pas ouvert, clos. *Une caisse fermée. Une pièce fermée à clé.* ▷ Fig. *Société fermée,* où il est difficile de pénétrer. – *Visage fermé,* impénétrable. **2.** ELECTR *Circuit fermé:* circuit électrique ou magnétique ne présentant pas d'interruption. ▷ PHYS *Transformation fermée:* transformation thermodynamique dans laquelle l'état final est identique à l'état initial. Syn. cycle. ▷ MATH *Disque fermé, boule fermée:* ensemble des points dont la distance au centre est inférieure ou égale au rayon. (Cet ensemble comprend les points du cercle ou de la sphère qui limitent le disque ou la boule.) **3.** *Esprit fermé,* qui est volontairement incompréhensif ou borné. ▷ *Fermé à:* inaccessible, insensible à. *Être fermé à toute pitié.* **4.** LING *Voyelle fermée,* prononcée avec resserrement du canal vocal. *Les é fermés de été.* – *Syllabe fermée,* terminée par une consonne. – Pp. de *fermer.*

fermement [fɛʀməmɑ̃] adv. **1.** D'une manière ferme. *Tenir très fermement qqch.* **2.** Avec assurance, constance. *Croire fermement qqch.* – De *ferme* 1.

ferment [fɛʀmɑ̃] n. m. **1.** Agent (microorganisme ou enzyme) d'une fermentation. **2.** Fig. Ce qui détermine ou entretient les idées ou les passions. *Un ferment de discorde, de haine, d'indiscipline.* – Lat. *fermentum.*

fermentable [fɛʀmɑ̃tabl] adj. Syn. rare de *fermentescible.* – De *fermenter.*

fermentation [fɛʀmɑ̃tasjɔ̃] n. f. **1.** Dégradation enzymatique (anaérobie) d'une substance par un microorganisme (levure, bactérie, etc.). V. enzyme. *L'être humain utilise les produits finaux de nombreuses fermentations. Fermentations alcoolique, lactique, butyrique,* produisant de l'alcool éthylique, de l'acide lactique, de l'acide butyrique. **2.** Fig. Effervescence des esprits. – Bas lat. *fermentatio.*

fermenter [fɛʀmɑ̃te] v. intr. [1] **1.** Être en fermentation. **2.** Fig. Être dans un état d'agitation morale contenue. *Les esprits fermentent.* – Lat. *fermentare.*

fermentescible [fɛʀmɑ̃tɛsibl] adj. Qui peut fermenter. – De *fermenter.*

fermer [fɛʀme] **I.** v. tr. [1] **1.** Appliquer (un objet) sur une ouverture pour la boucher. *Fermer une porte, une persienne.* **2.** Isoler de l'extérieur. *Fermer une chambre, un placard.* **3.** Rapprocher l'une contre l'autre les parties de (qqch). *Fermer les yeux, la main. Fermer la bouche.* Pop. *La fermer:* se taire. ▷ ELECTR *Fermer un circuit :* établir les connexions permettant le passage du courant. **4.** Interdire l'accès de. *Fermer un port, un établissement.* ▷ Fig. *Fermer son cœur à la pitié.* ▷ CH de F *Fermer la voie,* faire fonctionner le signal indiquant qu'elle ne doit pas être utilisée. ▷ SPORT *Fermer le jeu* : ne pas laisser l'offensive se développer. **5.** Arrêter la circulation de (un fluide). *Fermer l'eau, l'électricité.* – Par ext. *Fermer le robinet, la radio.* **6.** *Fermer la marche:* être le dernier d'un groupe en marche. **II.** v. pron. Être, devenir fermé; pouvoir être fermé. *Ses yeux se ferment. La porte se ferme de l'intérieur.* **III.** v. intr. **1.** Être fermé. *Les guichets ferment à midi.* **2.** Pouvoir être fermé. *Cette boîte ne ferme pas.* – Lat. *firmare,* «rendre ferme», de *firmus,* «ferme».

fermeté [fɛʀməte] n. f. **1.** État de ce qui est ferme, compact, résistant. *La glace a pris de la fermeté.* **2.** État de ce qui a de la sûreté, de la vigueur. *La fermeté du style. La fermeté d'une touche en peinture.* **3.** Énergie morale. *Fermeté d'âme, de caractère.* **4.** Autorité, assurance. *Parler avec fermeté.* **5.** FIN *Fermeté des cours :* maintien des cours de la Bourse à un taux élevé. – Lat. *firmitas.*

1. fermette [fɛʀmɛt] n. f. Petite ferme aménagée pour servir de résidence secondaire. – De *ferme* 2.

2. fermette [fɛʀmɛt] n. f. CONSTR Petite ferme (V. ferme 3). – De *ferme* 3.

fermeture [fɛʀmətyʀ] n. f. **1.** Dispositif servant à fermer. *La fermeture s'est coincée.* ▷ *Fermeture éclair* (marque déposée): fermeture souple à glissière dont les dents entrent les unes dans les autres à l'aide d'un curseur. **2.** Action de fermer. *Dispositif qui assure la fermeture automatique des portes.* **3.** État d'un établissement fermé. *Fermeture annuelle.* – De *fermer.*

fermier, ière [fɛʀmje, jɛʀ] n. et adj. **1.** Personne qui prend à ferme un droit. **2.** Personne qui tient une exploitation agricole avec un bail à ferme, ou, par ext., en en étant propriétaire. **3.** adj. De ferme. *Poule fermière. Beurre fermier.* – De *ferme* 2.

fermion [fɛʀmjɔ̃] n. m. PHYS NUCL Particule obéissant à la statistique de Fermi-Dirac et soumise au principe de Pauli (ex.: électron, proton, neutron, neutrino, par oppos. aux bosons). – Du n. du physicien italien E. *Fermi* (1901-1954).

fermium [fɛʀmjɔm] n. m. CHIM Élément de numéro atomique $Z = 100$ (symbole Fm), dont l'isotope de plus grande période a pour masse atomique 255, appartenant à la famille des transuraniens. – De *Fermi* (V. fermion).

fermoir [fɛʀmwaʀ] n. m. Agrafe ou attache qui sert à tenir fermé un livre, un sac, un collier, etc. – De *fermer.*

féroce [feʀɔs] adj. **1.** Cruel (animaux). *Le tigre est un animal féroce.* **2.** Qui est cruel, sans pitié, en parlant d'une personne. *Un tyran féroce.* ▷ Par ext. *Un regard féroce.* – Par exag. *Un appétit féroce.* – Lat. *ferox,* de *ferus,* «bête sauvage».

férocement [feʀɔsmɑ̃] adv. D'une manière féroce. – De *féroce.*

férocité [feʀɔsite] n. f. Caractère féroce. *La férocité du lion.* – Lat. *ferocitas,* «fougue, fierté, vaillance».

ferrage [feʀaʒ] n. m. Action de ferrer. *Ferrage d'un cheval, d'une roue.* – De *ferrer.*

ferraillage [feʀɑjaʒ] n. m. CONSTR Ensemble des armatures qui entrent dans un ouvrage en béton armé. – De *ferrailler.*

ferraille [feʀɑj] n. f. **1.** Déchets de métaux ferreux; pièces hors d'usage en fer, en acier, en fonte. *Un tas de ferraille.* **2.** Fam. Petite monnaie. – De *fer.*

ferraillement [feʀajmɑ̃] n. m. **1.** Action de ferrailler. **2.** Bruit de ferraille. – De *ferrailler.*

ferrailler [feʀɑje] **1.** v. intr. [1] Péjor. Se battre au sabre ou à l'épée. **2.** v. tr. CONSTR Munir d'un ferraillage. – De *ferraille.*

ferrailleur [feʀɑjœʀ] n. m. **1.** Péjor., vieilli Homme qui aime à se battre à l'épée. **2.** Marchand de ferraille. **3.** CONSTR Ouvrier spécialisé dans le ferraillage. – De *ferraille.*

ferrat. V. féra.

ferrate [feʀat] n. m. CHIM Sel dérivant d'un acide ferrique H_2FeO_4 non isolé. *Ferrate de potassium,* de formule K_2FeO_4. – De *fer* et *-ate.*

ferré, ée [feʀe] adj. **1.** Garni de fer. *Bâton ferré. Souliers ferrés.* ▷ Fig., fam. *Être ferré en, sur une matière,* la connaître parfaitement. **2.** *Voie ferrée:* voie constituée par deux rails reliés par des traverses. – Pp de *ferrer.*

1. ferrement [fɛʀmɑ̃] n. m. Action de ferrer un cheval. Syn. ferrage. – De *ferrer.*

2. ferrement [fɛʀmɑ̃] n. m. TECH Pièces métalliques servant à équiper un ouvrage en bois. Syn. ferrures. – Lat. *ferramentum,* de *ferrum,* «fer».

ferrer [fe(ɛ)ʀe] v. tr. [1] **1.** Garnir d'un fer, de ferrures. *Ferrer un bâton, une porte.* ▷ Garnir les sabots d'une bête de fers destinés à en éviter l'usure. *Ferrer un cheval.* **2.** *Ferrer le poisson,* bien l'accrocher à l'hameçon en tirant d'un coup sec, après qu'il a mordu. – Lat. *ferrare,* de *ferrum,* «fer».

ferret [fe(ɛ)ʀɛ] n. m. **1.** Extrémité en métal d'un lacet, d'une aiguillette. **2.** TECH Noyau dur dans une pierre de taille. **3.** MINER *Ferret d'Espagne:* hématite rouge. – De *fer.*

ferreur [fe(ɛ)ʀœʀ] n. m. **1.** Celui qui ferre les chevaux. **2.** Ouvrier qui pose les ferrures. – De *ferrer.*

ferreux [fe(ɛ)ʀø] adj. m. **1.** Qui contient du fer. *Métaux ferreux.* **2.** CHIM *Composé, sel ferreux,* qui contient du fer au degré d'oxydation + 2 (oxyde de fer FeO, par ex.). ▷ *Ion ferreux:* ion Fe^{2+}. – De *fer.*

ferri-. CHIM Préfixe indiquant la présence du fer au degré d'oxydation + 3. – De *fer.*

ferricyanure [feʀisjanyʀ] n. m. CHIM Ion complexe de fer à l'état d'oxydation + 3: $[Fe(CN)_6]^{3-}$. – De *ferri-,* et *cyanure.*

ferrimagnétique [feʀimaɲetik] adj. PHYS Qui a les propriétés du ferrimagnétisme. – De *ferrimagnétisme.*

ferrimagnétisme [feʀimaɲetism] n. m. PHYS Propriété des corps qui ont un comportement magnétique analogue à celui des corps ferromagnétiques tout en étant le plus souvent des isolants. – De *ferri-,* et *magnétisme.*

ferrique [feʀik] adj. CHIM *Composé, sel ferrique,* qui contient du fer au degré d'oxydation + 3 (oxyde ferrique Fe_2O_3, par ex.). ▷ *Ion ferrique,* ion Fe^{3+}. – De *fer.*

ferrite [feʀit] **I.** n. m. CHIM Céramique ferrimagnétique, composée de mélanges d'oxydes, dont l'oxyde ferrique Fe_2O_3. *Les tores de ferrites sont utilisés notam. dans la fabrication des mémoires d'ordinateurs et des antennes des récepteurs radio.* **II.** n. f. METALL Solution solide de carbone dans le fer α (l'un des constituants de l'acier). – De *fer.*

ferritine [feʀitin] n. f. BIOCHIM Protéine riche en fer qui assure le stockage de cet oligo-élément dans le foie, la rate et la moelle osseuse. – De *fer.*

1. ferro-. **1.** METALL Préfixe indiquant la présence de fer dans un alliage. **2.** CHIM Préfixe indiquant la présence du fer au degré d'oxydation + 2. – De *fer.*

2. ferro [feʀo] n. m. TECH Épreuve photographique sur papier imprégné de ferrocyanure. *Des ferros.* – De *ferro(cyanure).*

ferrocérium [feʀoseʀjɔm] n. m. TECH Alliage de fer et de cérium, utilisé comme pierre à briquet. – De *ferro-*, et *cérium.*

ferrocyanure [feʀosjanyʀ] n. m. CHIM Ion complexe du fer à l'état d'oxydation + 2: $[Fe(CN)_6]^{4-}$. – De *ferro-*, et *cyanure.*

ferromagnésien, ienne [feʀomaɲezjɛ̃, jɛn] adj. Riche en fer et en magnésium. – De *ferro-*, et *magnésium.*

ferromagnétique [feʀomaɲetik] adj. PHYS Qui possède la propriété de s'aimanter sous l'action d'un champ magnétique. – De *ferro-*, et *magnétique.*

ferromagnétisme [feʀomaɲetism] n. m. PHYS Propriété de certaines substances (fer, cobalt, nickel) d'acquérir une forte aimantation lorsqu'on les place dans un champ magnétique extérieur. (On les utilise pour constituer des aimants, des électroaimants et des circuits magnétiques.) – De *ferro-*, et *magnétisme.*

ferronnerie [feʀɔnʀi] n. f. **1.** TECH Fabrique où l'on façonne de grosses pièces de fer. **2.** TECH Ensemble des éléments métalliques d'un édifice. **3.** Art du fer forgé. ▷ *Par ext.* Objets en fer forgé (grilles, rampes, lustres, etc.). – De l'anc. n. *ferron,* «marchand de fer», de *fer.*

ferronnier, ière [feʀɔnje, jɛʀ] n. Celui, celle qui fabrique ou vend de la ferronnerie d'art. – De *ferron.* V. ferronnerie.

ferronnière [feʀɔnjɛʀ] n. f. Bijou formé d'une pierre précieuse maintenue sur le front par un bandeau de métal ou un ruban. – P.-ê. du préc., à cause du nom du portrait attribué à Léonard de Vinci, dit *la Belle Ferronnière.*

ferroporphyrine [feʀopɔʀfiʀin] n. f. BIOCHIM Substance complexe formée par quatre noyaux pyrroliques associés à un atome de fer, constituant de l'hématine du sang et des cytochromes. – De *ferro-*, et *porphyrine.*

ferroutage [fɛʀutaʒ] n. m. TRANSP Transport combiné par remorques routières acheminées sur des wagons de chemin de fer. – De *fer,* et *routage.*

ferrouter [fɛʀute] v. tr. [1] TRANSP Acheminer par ferroutage. – De *fer,* et *router.*

ferroutier, ière [fɛʀutje, jɛʀ] adj. TRANSP Qualifie un engin servant à ferrouter. – De *fer,* et *routier.*

ferroviaire [feʀɔvjɛʀ] adj. Relatif aux chemins de fer. *Trafic ferroviaire.* – Ital. *ferroviario,* de *ferrovia,* «voie ferrée, chemin de fer».

ferrugineux, euse [feʀyʒinø, øz] adj. Qui contient un oxyde ou un sel de fer. *Eaux ferrugineuses.* – Du lat. *ferrugo, ferruginis,* «rouille».

ferrure [feʀyʀ] n. f. **1.** Garniture de fer, de métal. *Ferrures d'une porte, d'un gouvernail.* **2.** Action de ferrer un cheval, un âne, etc. – De *ferrer.*

ferry-boat [feʀibot] n. m. Anglicisme (France) Navire spécialement construit pour le transport des rames de wagons et des automobiles. *Des ferry-boats.* V. traversier. – Mot angl., de *ferry,* «bac», et *boat,* «bateau».

ferté [fɛʀte] n. f. Vx Endroit fortifié. (Ce mot est resté en France dans certains noms de villes: *La Ferté-Alais. La Ferté-Bernard.*) – Doublet pop. de *fermeté* au sens vx de «forteresse».

fertile [fɛʀtil] adj. **1.** Qui fournit des récoltes abondantes. *Terre, sol, champ, pays fertile.* Syn. fécond. Ant. stérile. **2.** Fig. *Fertile en :* riche en. *Voyage fertile en incidents.* **3.** Fig. Qui produit beaucoup (d'idées, d'œuvres, etc.). *Imagination fertile. Écrivain fertile.* – Lat. *fertilis.*

fertilisable [fɛʀtilizabl] adj. Qui peut être fertilisé. – De *fertiliser.*

fertilisant, ante [fɛʀtilizɑ̃, ɑ̃t] adj. Qui fertilise. – N. m. Produit fertilisant. – Ppr. de *fertiliser.*

fertilisation [fɛʀtilizasjɔ̃] n. f. Action de fertiliser. – De *fertiliser.*

fertiliser [fɛʀtilize] v. tr. [1] Rendre fertile. – De *fertile.*

fertilité [fɛʀtilite] n. f. Qualité de ce qui est fertile. *La fertilité d'un terrain.* ▷ Fig. *La fertilité d'un romancier.* – Lat. *fertilitas.*

féru, ue [feʀy] adj. Litt. *Féru de :* passionné de. *Il est féru d'archéologie.* – Pp. de *férir.*

férule [feʀyl] n. f. **1.** Ombellifère méditerranéenne (genre *Ferula*) à hampe florale très élevée, dont diverses espèces fournissent des gommes *(assa-fœtida, galbanum).* **2.** Palette de bois ou de cuir dont on se servait pour frapper les écoliers afin de les punir. ▷ Fig. *Être sous la férule de qqn,* sous son autorité. – Lat. *ferula,* «plante dont la tige servait à fouetter».

fervent, ente [fɛʀvɑ̃, ɑ̃t] adj. **1.** Qui éprouve ou manifeste de la ferveur. ▷ Subst. Personne qui aime (qqn, qqch) avec ferveur. *Les fervents de Mozart, de la musique.* **2.** Qui comporte de la ferveur. *Oraison fervente. Amour fervent.* – Lat. *fervens,* «bouillonnant de chaleur».

ferveur [fɛʀvœʀ] n. f. Ardeur des sentiments religieux. *Prier avec ferveur.* ▷ Enthousiasme et amour venant du fond du cœur. *Que de ferveur dans les travaux de cet érudit sur Nelligan!* – Lat. *fervor,* «chaleur».

fesse [fɛs] n. f. **1.** Chacune des deux parties charnues qui forment le derrière de l'être humain et de certains animaux. **2.** Partie arrondie de l'arrière des anciens voiliers. – Lat. pop. *fissa,* «fente».

fessée [fese] n. f. Correction donnée sur les fesses. ▷ Fig., fam. Défaite humiliante. – Pp. fém. subst. de *fesser.*

fesse-mathieu [fɛsmatjø] n. m. Vx ou litt. Usurier, avare. *Des fesse-mathieux.* – De *fesser,* et (saint) *Matthieu;* celui qui *fesse* saint *Matthieu,* patron des changeurs, pour en tirer de l'argent.

fesser [fese] v. tr. [1] Corriger (qqn) en le frappant sur les fesses. – De *fesse.*

fessier, ière [fesje, jɛʀ] adj. et n. m. **1.** adj. et n. m. ANAT Des fesses. *Les muscles fessiers forment la saillie de la fesse et assurent l'extension de la cuisse sur le tronc.* – n. m. *Le grand, le moyen, le petit fessier.* **2.** n. m. Fam. Les deux fesses, le derrière. – De *fesse.*

fessu, ue [fesy] adj. Fam. Qui a de grosses fesses. – De *fesse.*

festin [fɛstɛ̃] n. m. Repas de fête, repas somptueux, excellent. – Ital. *festino,* «petite fête».

festival [fɛstival] n. m. **1.** Manifestation musicale organisée à époque fixe. *Festival Wagner à Bayreuth. Festival international du jazz à Montréal.* ▷ Série de rencontres internationales au cours desquelles différents pays présentent leurs meilleures productions cinématographiques. *Festival de Venise, de Cannes.* ▷ Réunion internationale consacrée au théâtre. *Festival d'Avignon.* – Pl. *Des festivals.* **2.** Fig Manifestation éclatante. *Cette comédie, quel festival d'esprit!* – Mot angl., «fête», repris de l'a. fr., du lat. *festivus,* «de fête».

festivalier, ière [fɛstivalje, jɛʀ] n. et adj. Celui, celle qui fréquente un festival. – Adj. *La saison festivalière.* – De *festival.*

festivité [fɛstivite] n. f. **1.** Vx Allégresse générale. **2.** n. f. pl. Mod. Fêtes, cérémonies. – Lat. *festivitas,* «gaieté».

festoiement [fɛstwamɑ̃] n. m. Action de festoyer. – De *festoyer.*

feston [fɛstɔ̃] n. m. **1.** Ornement fait de guirlandes de feuilles et de fleurs suspendues. ▷ ARCHI Ornement sculpté imitant ces guirlandes. **2.** COUT Bordure brodée formée de dents arrondies. – Ital. *festone,* «ornement de fête», de *festa,* «fête».

festonner [fɛstɔne] v. tr. [1] Orner de festons (au sens 1 ou 2). *Nappe festonnée.* – De *feston.*

festoyer [fɛstwaje] **1.** v. tr. [26] Vx *Festoyer qqn,* bien le recevoir. **2.** v. intr. Faire la fête, faire bonne chère. – De *feste,* forme anc. de *fête.*

fêtard, arde [fɛtaʀ, aʀd] n. Fam. Personne qui aime à faire la fête. – De *fête.*

fête [fɛt] n. f. **I. 1.** Jour consacré à commémorer un événement religieux, historique, etc. *La fête de Pâques. Le 24 juin est reconnu comme étant la fête nationale des Québécois. On célèbre la fête du Canada le 1er juillet.* **2.** *Les fêtes* (ou *Fêtes*): les fêtes de Noël et du jour de l'an et, par ext., la période de réjouissances qui leur est associée. *Joyeuses fêtes! Le temps, la période des fêtes. Les cadeaux, les repas des fêtes. Les vacances, les congés des fêtes.* **3.** Jour consacré à un saint. *La fête de Saint-Joseph.* – Par ext. *C'est la fête de toutes les personnes dont le prénom est Joseph.* ▷ Jour fixé pour honorer une catégorie de personnes. *Fête des Mères, des Pères.* **4.** Cour. Anniversaire de naissance. *C'est la fête de ma fille, elle a 4 ans aujourd'hui. Souhaiter bonne fête à qqn.* **5.** Réjouissances en l'honneur de qqn ou de qqch. *Une fête de famille. Organiser une fête à l'école. Les fêtes entourant le 350e anniversaire de la fondation de Montréal.* **6.** Fig. Joie, plaisir. *Ces couleurs, quelle fête pour les yeux! Se faire une fête de revoir qqn.* **II.** Loc. *En fête:* gai, joyeux. *Avoir le coeur en fête.* ▷ *Faire fête à qqn,* lui réserver un accueil très chaleureux. ▷ *Faire la fête:* mener joyeuse vie. ▷ *N'être pas à la fête:* être dans une situation très désagréable. – Lat. pop. *festa,* de *festa dies,* «jour de fête».

Fête-Dieu [fɛtdjø] n. f. Fête instituée par le pape Urbain IV, en 1264, pour glorifier la présence de Jésus dans l'hostie; elle est célébrée le dimanche qui suit la Trinité. (Elle est parfois nommée *Corpus Christi.*) – De *fête,* et *Dieu.*

fêter [fete] v. tr. [1] **1.** Célébrer (une fête). *Fêter Pâques.* **2.** Célébrer par une fête. *Fêter un succès.* **3.** Accueillir (qqn) chaleureusement. – De *fête.*

fétiche [fetiʃ] n. m. **1.** ETHNOL Objet magique, substitut visible d'un esprit auquel s'adresse un culte, dans les civilisations archaïques. **2.** Cour. Objet porte-bonheur. **3.** PSYCHOPATHOL Objet érotisé par certains pervers* sexuels. – PSYCHO *Objet-fétiche,* qui représente pour l'enfant un substitut du corps maternel. – Portug. *feitiço,* «artificiel» puis «sortilège», du lat. *facticius,* «artificiel».

féticheur [fetiʃœʀ] n. m. ETHNOL Celui qui dispose d'un pouvoir magique, dans les religions à fétiches. – Du néerl. *feticheer,* d'un dér. du portug. *feitiço.*

fétichisme [fetiʃism] n. m. **1.** ETHNOL Culte des fétiches. **2.** Attachement, admiration excessifs à l'égard de qqch ou qqn. *Avoir le fétichisme des titres universitaires.* **3.** PSYCHOPATHOL Perversion sexuelle qui confère à un objet particulier (vêtement, etc.) ou à une partie du corps du partenaire le pouvoir exclusif de susciter l'excitation érotique. – De *fétiche.*

fétichiste [fetiʃist] adj. et n. **1.** Qui pratique le fétichisme (sens 1). **2.** PSYCHOPATHOL Atteint de fétichisme (sens 3). – De *fétichisme.*

fétide [fetid] adj. Qui sent très mauvais. – Lat. *fœtidus,* de *fœtere,* «puer».

fétidité [fetidite] n. f. Caractère de ce qui est fétide. – De *fétide.*

fétu [fety] n. m. Brin de paille. – Du lat. pop. **festucum,* class. *festuca,* «brin de paille».

fétuque [fetyk] n. f. Graminée (genre *Festuca*) qui forme la base des prairies naturelles. – Lat. *festuca,* «brin de paille».

1. feu, feue [fø] adj. Litt. Défunt. (Ne s'emploie qu'au singulier. Ne s'accorde que placé entre le déterminant et le nom.) *La feue reine. Feu la reine.* – Du lat. pop. *fatutus,* «qui a accompli sa destinée».

2. feu [fø] n. m. **I.** Flamme. **1.** Flamme qui accompagne une combustion. ▷ *Le feu sacré,* objet d'un culte dans certaines religions. – Fig. *Avoir le feu sacré:* éprouver un grand enthousiasme pour qqch (notam. pour ce que l'on fait, pour son métier). ▷ Fig. *Jouer avec le feu:* prendre de grands risques. **2.** Fig. Chaleur intense. *Les feux de la canicule.* ▷ Brûlure. *Le feu du rasoir.* ▷ *En feu:* irrité. *Avoir la gorge en feu.* **3.** Fig. Ardeur. *Dans le feu de l'action.* ▷ Passion. *Un discours plein de feu.* ▷ *De feu:* ardent. *Une âme de feu.* ▷ Fam. *Être tout feu tout flamme,* plein d'enthousiasme. **4.** adj. inv. Rouge orangé. *Des rubans feu.* **5.** Corps en combustion, allumés pour chauffer, pour cuire. *Un feu de bois. – S'asseoir au coin du feu,* au coin de la cheminée. ▷ *Feu de joie,* allumé en plein air en signe de réjouissance. *Les feux de joie de la Saint-Jean.* ▷ Chaleur dégagée par la combustion. *Cuire à feu doux. Plat qui va au feu,* qui supporte une température élevée. *Céramique de grand feu,* cuite à haute température. ▷ *Coup de feu:* action brutale du feu. – Fig. Moment d'activité intense. *Le coup de feu de midi, dans un restaurant.* – TECH *Coup de feu:* défaut d'une pièce cuite au four, dû à une température trop élevée. **6.** Fig., vieilli Foyer, famille. *Un village de vingt feux.* ▷ Loc. Mod. *Sans feu ni lieu:* sans foyer, sans domicile. **7.** Brûleur ou plaque chauffante d'une cuisinière. *Cuisinière à quatre feux.* ▷ *Les feux:* la source de chaleur d'une chaudière industrielle. *Pousser les feux.* **8.** Supplice ancien consistant à brûler vif un condamné. *Hérétique condamné au feu.* ▷ Fig. *Faire mourir qqn à petit feu,* lentement et cruellement. **9.** Ce qui sert à allumer une cigarette, une pipe, etc. *Avez-vous du feu?* **II.** Incendie. *Feu de forêt. Feu de cheminée. Au feu!* ▷ *Mettre à feu et à sang:* ravager par l'incendie et le massacre. ▷ Fig. *Faire la part du feu:* sacrifier ce qui, de toute manière, est perdu, afin de sauver l'essentiel. **III.** Explosion qui, dans le tube d'une arme, propulse le projectile. **1.** *Armes à feu:* fusils, mitrailleuses, mitraillettes, pistolets, revolvers, etc. – *Bouches à feu:* canons, obusiers, mortiers, etc. ▷ *Coup de feu:* décharge d'une arme à feu, détonation. ▷ *L'arme a fait long feu:* l'amorce a brûlé trop lentement et le coup n'est pas parti. – Fig. *Faire long feu:* ne pas réussir. *Sa tentative a fait long feu.* ▷ *Ne pas faire long feu:* ne pas durer bien longtemps. **2.** Tir. *Ouvrir le feu. Faire feu:* tirer. *Feu!* **3.** *Le feu:* le combat. *Aller au feu pour la première fois. Baptême du feu.* **IV.** Lumière. **1.** Lumière d'éclairage. *Sous les feux des projecteurs.* **2.** Signal lumineux. *Phare à feu tournant. Feux de position d'un navire, d'un avion* (vert à droite, rouge à gauche). ▷ Chacun des dispositifs lumineux d'un véhicule. *Feux de position, clignotants, de gabarit. Feux de route, de croisement. Feux rouges arrière,* commandés par le frein. ▷ Signal lumineux réglant la circulation des voitures, des trains. *Feu rouge, vert, jaune.* – Fig. *Donner le feu vert à qqn,* lui donner l'autorisation de faire telle ou telle chose. **3.** *Feu follet.* V. follet. ▷ *Feu Saint-Elme:* aigrette lumineuse d'origine électrique qui apparaît quelquefois pendant un orage au sommet d'un corps élevé et terminé en pointe. ▷ *Feu d'artifice:* V. artifice. – *Feu de Bengale:* artifice qui brûle avec une flamme colorée. **4.** Éclat très vif. *Les feux d'une pierre précieuse.* ▷ Fig., fam. *N'y voir que du feu:* ne rien voir, ne rien comprendre (comme une personne éblouie). – Du lat. *focus,* «foyer».

feudataire [fødatɛʀ] n. HIST FEOD Personne qui possédait un fief et devait foi et hommage à son suzerain. – Lat. médiév. *feudatarius*, de *feudum*, «fief».

feudiste [fødist] n. m. Spécialiste du droit féodal. – Lat. médiév. *feudista*.

feuillage [fœjaʒ] n. m. **1.** Ensemble des feuilles d'un arbre, d'un arbuste ou d'une grande plante. **2.** Plur. Branches coupées garnies de feuilles. *Disposer des feuillages dans un vase.* **3.** Ornement représentant des feuilles. – De *feuille*.

feuillaison [fœjɛzõ] n. f. Développement des jeunes feuilles; époque où elles apparaissent. – De *feuiller*, «se couvrir de feuilles».

feuillant [fœjã] n. m. Religieux membre d'un ancien ordre détaché des cisterciens, réformé par Jean de La Barrière en 1577 et dissous en 1791. – De Notre-Dame-de-*Feuillans*, près de Toulouse en France, dont l'abbé fut fondateur de l'ordre.

feuillantine [fœjãtin] n. f. Religieuse membre d'un ancien ordre féminin qui suivait la règle des feuillants. – De *feuillant*.

feuillard [fœjaʀ] n. m. **1.** TECH Branche souple fendue en deux, servant à cercler un tonneau. **2.** TECH Bande de fer plate. – De *feuille*.

feuille [fœj] n. f. **I.** (Plantes.) **1.** Partie d'un végétal, généralement verte, plate et mince, qui naît des tiges et des rameaux. ▷ *Feuilles mortes:* feuilles, jaunies et desséchées, qui tombent chaque année. **2.** *Par ext.* Pétale. *Feuilles de rose.* **3.** Bractée de l'artichaut, portant à sa base une partie comestible. **II.** (Papier.) **1.** Morceau de papier quadrangulaire. *Une feuille de papier à lettre.* ▷ *Bonnes feuilles:* feuilles d'un livre tirées définitivement (avant la reliure et la publication). **2.** Document portant des indications manuscrites ou imprimées. *Feuille de paie. Feuille de route.* **3.** Journal. *Une feuille de quartier.* ▷ Fam. *Feuille de chou:* petit journal médiocre. **III.** Plaque très mince: *Feuille de tôle.* – Du lat. *folia*, plur. neutre devenu fém. de *folium*, «feuille d'arbre, feuille de papier».
ENCYCL La feuille est présente chez tous les végétaux supérieurs (gymnospermes et angiospermes). Celle des angiospermes dicotylédones comprend 4 parties: la *base foliaire*, partie intégrante de la tige; le *limbe*, vaste et mince surface exposée à la lumière; le *pétiole*, étroit support du limbe; les *nervures*, faisceaux conducteurs de la sève, qui parcourent l'ensemble du limbe. La feuille des monocotylédones a rarement un pétiole et toujours des nervures parallèles. La forme, les découpures et la nervation du limbe permettent d'identifier l'espèce végétale considérée. Persistantes ou caduques, les feuilles ont une importance physiologique considérable. Elles sont le siège: 1° de la *photosynthèse chlorophyllienne* des glucides (amidon, notam.); 2° de la *réduction des nitrates* absorbés par la racine et qui entreront dans la composition des protéines; 3° de la synthèse de très nombr. substances nécessaires aux autres organes de la plante; 4° d'une évaporation intense (par les stomates) qui crée dans la plante une dépression responsable en partie de l'ascension de la sève brute (aspiration foliaire).

feuillée [fœje] n. f. **1.** Vx ou litt. Feuillage des arbres formant abri. **2.** Plur. MILIT Tranchée servant de latrines. – De *feuille*.

feuille-morte [fœjmɔʀt] adj. inv. Qui a la couleur brun-roux des feuilles mortes. – De *feuille*, et *morte*.

feuiller [fœje] **1.** v. intr. [1] Rare *L'arbre feuille*, se couvre de feuilles. **2.** v. tr. TECH *Feuiller une planche*, y pratiquer une feuillure. – De *feuille*.

feuillet [fœjɛ] n. m. **1.** Chacune des feuilles d'un livre, d'un cahier, etc. *Un feuillet comporte deux pages, le recto et le verso.* **2.** Troisième poche de l'estomac des ruminants. **3.** ANAT Une des membranes constituantes des séreuses. *Feuillet pariétal, viscéral.* **4.** BIOL Couche cellulaire, unie ou pluristratifiée. *Ectoderme, mésoderme et endoderme sont les trois feuillets constitutifs des cœlomates.* **5.** TECH Planche mince utilisée en menuiserie. **6.** ELECTR *Feuillet magnétique:* tranche mince, aimantée perpendiculairement à sa surface. – De *feuille*.

feuilletage [fœjtaʒ] n. m. CUIS Action de feuilleter la pâte. ▷ Pâte feuilletée. – De *feuilleter*.

feuilleté, ée [fœjte] adj. Formé de minces couches superposées. Spécial. *Pâte feuilletée:* pâte à gâteaux travaillée pour se diviser à la cuisson en fines feuilles superposées. ▷ N. m. *Un feuilleté.* – Pp. de *feuilleter*.

feuilleter [fœjte] v. tr. [23] **1.** Tourner les feuilles de (un livre, un cahier) que l'on parcourt. ▷ *Par ext.* Parcourir, lire hâtivement. **2.** TECH Diviser en feuilles minces. **3.** CUIS *Feuilleter la pâte*, la travailler pour obtenir de la *pâte feuilletée*. – De *feuillet*.

feuilletis [fœjti] n. m. **1.** TECH Point d'une carrière où l'ardoise est facile à trancher. **2.** Angle tranchant d'un diamant, d'une pierre précieuse. – De *feuilleter*.

feuilleton [fœjtõ] n. m. **1.** Chronique régulière dans un journal. *Feuilleton littéraire.* **2.** Chacun des fragments d'un roman publié dans un périodique. ▷ *Par ext.* Roman ainsi publié. ▷ Par anal. *Feuilleton radiophonique, feuilleton télévisé.* V. téléroman. **3.** Publication parlementaire quotidienne (en session) énumérant les affaires que l'Assemblée est susceptible d'aborder au cours d'une séance. – De *feuillet*.

feuilletoniste [fœjtɔnist] n. Personne qui écrit des feuilletons. – De *feuilleton*.

feuillette [fœjɛt] n. f. Tonneau de 110 à 140 litres. – Orig. incert.

feuillu, ue [fœjy] adj. et n. **1.** adj. Qui a une grande quantité de feuilles. *Buisson feuillu.* **2.** n. m. Arbre à feuilles typiques, généralement caduques, par oppos. aux arbres à feuilles aciculaires (conifères, par ex.). – De *feuille*.

feuillure [fœjyʀ] n. f. TECH Entaille pratiquée dans un panneau pour recevoir une autre pièce. *Feuillure d'une glace. Feuillure dans le montant d'une baie ou dans une huisserie destinée à recevoir un bâti fixe, une porte.* – De *feuille*.

feulement [følmã] n. m. Cri du tigre. – De *feuler*.

feuler [føle] v. intr. [1] Pousser un cri, en parlant de certains félins (tigre, notam.). – Du lat. *feles, felis*, «chat».

feutrage [føtʀaʒ] n. m. Action de feutrer. ▷ État de ce qui s'est feutré accidentellement. – De *feutrer*.

feutre [føtʀ] n. m. **1.** Étoffe non tissée faite de poils ou de laines agglutinés et foulés. **2.** Par ext. *Un feutre:* un chapeau de feutre. **3.** TECH Étoupe servant à boucher. ▷ Bourre (pour rembourrer les selles). **4.** Stylo, crayon dont la pointe est faite de feutre ou de fibres synthétiques. (On dit aussi stylo-feutre, crayon-feutre.) – Du frq. **filtir*.

feutré, ée [føtʀe] adj. **1.** Garni de feutre (pour insonoriser). ▷ Fig. Silencieux, discret. *Atmosphère feutrée.* **2.** *Étoffe feutrée*, à laquelle on a donné l'aspect du feutre ou qui a pris accidentellement cet aspect. *Lainage feutré.* – Pp. de *feutrer*.

feutrer [føtʀe] v. tr. [1] **1.** Garnir de feutre. **2.** Transformer du poil ou de la laine en feutre. ▷ TECH Agglomérer les fibres (du papier). **3.** *Feutrer une étoffe*, lui donner accidentellement l'aspect du feutre. *Un lavage fait sans précaution peut feutrer les lainages.* ▷ V. pron. et intr. *Ce lainage se feutre* (ou *feutre*) *au lavage.* **4.** Amortir (les sons). *Tapis qui feutre le bruit des pas.* – Au pp. *Marcher à pas feutrés*, sans faire de bruit. – De *feutre*.

feutrine [føtʀin] n. f. Tissu de laine feutré, léger mais de bonne tenue. – De *feutre.*

fève [ʃɛv] n. f. **1.** Plante légumineuse (genre *Phaseolus,* fam. papilionacées), à tige herbacée, volubile ou non, dont on consomme les cosses fraîches et les graines. – Plur. cour. Cosses ou graines de cette plante. *Semer des fèves jaunes, des fèves vertes. Casser les petites fèves. Faire tremper des fèves.* Rem. Souvent commercialisé sous le nom de haricot. ▷ *Fèves au lard:* plat traditionnel composé de fèves sèches cuites au four à feu modéré avec du lard salé, de la mélasse, des épices. Syn. (fam.) bine. V. haricot, fayot. **2.** (France) Plante légumineuse (genre *Faba,* fam. papilionacées) cultivée pour ses grosses graines. – Plur. Graines de cette plante. *La fève des marais est connue au Québec sous le nom de gourgane.* **3.** *Fève des Rois,* qu'on cache dans la galette ou le gâteau des Rois le jour de l'Épiphanie. – Lat *faba.*

féverole [fevʀɔl] ou **faverole** [favʀɔl] n. f. Plante fourragère du genre *Faba* (fam. papilionacées), dont la tige est plus longue que celle de la fève. – De *fève.*

févier [fevje] n. m. Arbre ornemental à graines comestibles du genre *Gleditschia* (fam. césalpiniacées), originaire d'Amérique orientale et d'Asie. – De *fève.*

février [fevʀije] n. m. Deuxième mois de l'année, qui compte 28 jours les années ordinaires et 29 jours les années bissextiles. – Du bas lat. *febrarius,* class. *februarius,* «mois de purification».

fez [fɛz] n. m. Coiffure de forme tronconique portée par les hommes dans certains pays musulmans. – Du nom de la ville de *Fez* (Maroc).

fg PHYS Symbole de la frigorie.

fi! [fi] interj. Vx Exprime le dégoût, le mépris. ▷ Mod., litt. *Faire fi de:* mépriser, dédaigner. – Onomat., p.-ê. rad. du lat. *fimus,* «fumier».

fiabilité [fi(j)abilite] n. f. TECH Probabilité de bon fonctionnement d'un composant ou d'un appareil pendant un temps donné. ▷ *Par ext.* Degré de confiance que l'on peut accorder à une chose, une personne. – De *fiable.*

fiable [fjabl] adj. TECH Qualifie un appareil possédant une fiabilité élevée. ▷ *Par ext.* Chose, personne auxquelles on peut se fier. – De *(se) fier.*

fiacre [fjakʀ] n. m. Anc. Voiture hippomobile de place (l'équivalent des taxis actuels). – De saint *Fiacre,* à cause de l'image de ce saint qui se trouvait sur une maison de la rue Saint-Antoine, où se trouvaient ces sortes de voitures.

fiançailles [f(i)jɑ̃sɑj] n. f. pl. **1.** Petite fête, cérémonie familiale qui accompagne une promesse mutuelle de mariage. **2.** Temps qui s'écoule entre cette cérémonie et le mariage. – De *fiancer.*

fiancé, ée [f(i)jɑ̃se] n. Personne qui s'est engagée au mariage par les fiançailles. – Pp. subst. de *fiancer.*

fiancer [f(i)jɑ̃se] **1.** v. tr. **[14]** Promettre (son fils, sa fille) en mariage par la cérémonie des fiançailles. *Il a fiancé son fils hier.* **2.** v. pron. S'engager au mariage par la cérémonie des fiançailles. *Il s'est fiancé avec la fille de M. X.* ▷ (Récipr.) *Marc et Monique se sont fiancés il y a un mois.* – De l'a. fr. *fiance,* «engagement».

fiasco [fjasko] n. m. **1.** Défaillance sexuelle. **2.** Cour. Échec complet. ▷ *Faire fiasco:* échouer. – De la loc. ital. *far fiasco,* «échouer».

fiasque [fjask] n. f. Bouteille à long col et à large panse, entourée de paille tressée, en usage en Italie. – Ital. *fiasco.*

fibranne [fibʀan] n. f. TECH Tissu artificiel formé de fibres courtes (rayonne, par ex.). – De *fibre.*

fibre [fibʀ] n. f. **1.** Expansion cellulaire allongée et fine, isolée ou groupée avec d'autres en faisceau. *Fibres musculaires, nerveuses et conjonctives.* ▷ Fig., litt. (Par allus. à la fibre nerveuse.) Disposition à éprouver certains sentiments. *Faire vibrer la fibre poétique.* **2.** BOT Cellule très longue dont la paroi cellulosique épaissie, imprégnée ou non de lignine, constitue un élément de soutien de la plante. ▷ Cour. Filament constitué par les parois cellulosiques des cellules de certaines plantes, que l'on utilise dans l'industrie textile. *Fibre du chanvre, du lin, du coton, etc.* ▷ Par anal. *Fibre synthétique,* fabriquée à partir de produits chimiques (nylon, par ex.). ▷ *Fibre artificielle,* fabriquée à partir de matières naturelles (fibranne, rayonne). ▷ *Fibre minérale,* provenant des roches (amiante, par ex.). ▷ *Fibre de bore, fibre de carbone:* fibres à résistance très élevée utilisées, notam. dans l'industrie aérospatiale, pour la réalisation de matériaux composites. **3.** PHYS *Fibre optique* : fibre de verre ou de matière plastique utilisée pour la transmission d'informations lumineuses. (Composée d'une âme et d'un revêtement dont les indices de réfraction sont différents, elle permet le transport de signaux lumineux sur des trajets non rectilignes.) – Lat. *fibra.*

fibreux, euse [fibʀø, øz] adj. Qui contient des fibres, qui est formé de fibres. ▷ ANAT *Tissu fibreux* : tissu conjonctif, ni élastique ni contractile, qui forme les tendons, les ligaments et les aponévroses. – De *fibre.*

fibrillation [fibʀijasjɔ̃] n. f. MED *Fibrillation cardiaque:* trémulation désordonnée des fibres musculaires cardiaques, avec paralysie des cavités intéressées. (La *fibrillation auriculaire,* la plus fréquente, est curable. La *fibrillation ventriculaire,* si elle n'est pas réduite, provoque la mort en quelques minutes.) – De *fibrille.*

fibrille [fibʀij] n. f. **1.** Petite fibre. ▷ANAT Petite fibre, composante d'une fibre musculaire. **2.** ASTRO Chacun des filaments sombres que l'on observe dans la chromosphère autour d'une tache solaire. – De *fibre.*

fibrine [fibʀin] n. f. BIOCHIM Protéine insoluble qui forme la majeure partie du caillot sanguin. (Elle provient de la scission du fibrinogène sous l'action de la thrombine, au cours de la coagulation. L'absence de fibrine est responsable de syndromes hémorragiques graves.) – De *fibre.*

fibrineux, euse [fibʀinø, øz] adj. BIOCHIM Composé de fibrine ou qui en présente les caractères. – De *fibrine.*

fibrinogène [fibʀinɔʒɛn] n. m. BIOCHIM Précurseur protéique de la fibrine, synthétisé par le foie. – De *fibrine,* et *-gène.*

fibrinolyse [fibʀinɔliz] n. f. BIOCHIM Dissolution du caillot de fibrine. – De *fibrine,* et *-lyse.*

fibroblaste [fibʀoblast] n. m. HISTOL Cellule fusiforme provenant de cellules conjonctives en voie de prolifération. – De *fibre,* et *blaste.*

fibrociment [fibʀosimɑ̃] n. m. CONSTR Matériau constitué de ciment et d'amiante. – Nom déposé, de *fibre,* et *ciment.*

fibrokystique [fibʀokistik] adj. MED Qui contient des kystes. *Tumeur fibrokystique.* – De *fibre,* et *kyste.*

fibromatose [fibʀomatoz] n. f. MED Développement de tumeurs fibreuses, de fibromes en certains points de l'organisme. *Fibromatose cutanée. Fibromatose diffuse de l'utérus.* – De *fibrome.*

fibrome [fibʀom] n. m. Tumeur bénigne formée de tissu fibreux. – *Spécial.* Fibrome de l'utérus. *Elle a un fibrome.* – De *fibre.*

fibrose [fibʀoz] n. f. MED Transformation fibreuse de certaines formations pathologiques (caverne pulmonaire, par ex.). – De *fibre.*

fibule [fibyl] n. f. ANTIQ Agrafe, boucle ou broche servant à fixer un vêtement. – Lat. *fibula.*

fic [fik] n. m. VETER Grosse verrue des animaux domestiques (cheval, bœuf, etc.). – Lat. *ficus*.

ficaire [fikɛʀ] n. f. Renonculacée tubéreuse vivace. (*Ficaria ranunculoides*, la ficaire fausse renoncule, dont les fleurs jaune d'or apparaissent au printemps, est répandue dans les sous-bois.) – Lat. bot. *ficaria*, de *ficus*, «verrue».

ficelage [fislaʒ] n. m. Action de ficeler; son résultat. – De *ficeler*.

ficelé, ée [fisle] adj. Fig., fam. **1.** Habillé. *Être mal ficelé.* **2.** Fabriqué, conçu, écrit. *Un roman mal ficelé.* – Pp. de *ficeler*.

ficeler [fisle] v. tr. **[22]** Lier avec de la ficelle. *Ficeler un paquet.* – De *ficelle*.

ficelle [fisɛl] n. et adj. **I. 1.** n. f. Corde très mince. **2.** *Tirer les ficelles:* faire mouvoir les marionnettes par des fils invisibles. – Fig. Faire agir les autres sans être connu. ▷ Par ext. *Les ficelles du métier*, ses astuces, ses trucs. **3.** adj. inv. Fam. Rusé, astucieux. *Il est ficelle.* **II. 1.** Arg. (milit.). Galon d'officier. **2.** Baguette de pain très mince. – Du lat. pop. **funicella*, de *funis*, «corde», avec infl. de *fil*.

fichant, ante [fiʃɑ̃, ɑ̃t] adj. MILIT *Tir fichant:* tir tendu, perpendiculaire à la cible. – Ppr. de *ficher*.

1. fiche [fiʃ] n. f. **1.** Feuille de papier ou de carton sur laquelle on inscrit des renseignements destinés à être classés. *Remplir une fiche.* **2.** TECH Cheville. ▷ ELECTR Broche ou paire de broches protégée par un isolant et servant à raccorder deux conducteurs. ▷ TRAV PUBL Partie d'un pieu ou d'une palplanche, enfoncée dans le sol. **3.** Jeton servant de monnaie conventionnelle dans un jeu. – De *ficher*.

2. fiche. V. ficher 1.

1. ficher [fiʃe] ou **fiche** [fiʃ] v. tr. [1] **I.** Enfoncer par la pointe. *Ficher un pieu.* **II.** Infinitif cour. *fiche*; pp. cour. *fichu*. Fam. (employé par euph. pour *foutre*). **1.** Mettre, donner (avec force). *Ficher qqn dehors. – Ficher une claque.* ▷ *Fichez le camp:* déguerpissez. ▷ *Ficher (qqn) dedans*, le tromper. **2.** Faire. *Il n'a rien fichu.* **III.** V. pron. Se moquer. *Se ficher de qqn. – Je m'en fiche!* – Du lat. pop. **figicare*, puis *ficcare*, de *figere*, «attacher, fixer».

2. ficher [fiʃe] v. tr. [1] Noter (un renseignement) sur une fiche. ▷ *Spécial.* Inscrire (un suspect) sur une liste de police. – De *fiche* 1.

fichier [fiʃje] n. m. Ensemble de fiches. – Meuble où elles sont classées. ▷ INFORM Ensemble d'informations de même nature destinées à être traitées par l'ordinateur. – Support sur lequel ces informations sont enregistrées. – De *fiche* 1.

fichiste [fiʃist] n. Documentaliste qui établit des fiches.. – De *fiche* 1.

fichtre! [fiʃtʀ] interj. Fam. Marque l'admiration, l'étonnement, le mécontentement. *Fichtre! Quel beau cadeau!* Syn. (vulg.) foutre. – Croisement entre *ficher* et *foutre*.

fichtrement [fiʃtʀəmɑ̃] adv. Fam. Extrêmement. – De *fichtre*.

1. fichu, ue [fiʃy] adj. Fam. **1.** (Épithète). Mauvais, détestable, désagréable. *Un fichu caractère. Quel fichu métier!* **2.** Mis dans un certain état ▷ *Être mal fichu:* être mal habillé, mal conformé ou un peu souffrant. **3.** (Attribut). *Être fichu:* être dans un état désespéré (personnes); être manqué, raté, inutilisable (choses). ▷ *Être fichu de :* être capable de. – De *ficher*, d'ap. *foutu*.

2. fichu [fiʃy] n. m. Petite pièce d'étoffe que les femmes se mettent sur les épaules ou sur la tête. – Probabl. de *fichu* 1, «mis à la hâte».

fictif, ive [fiktif, iv] adj. **1.** Imaginaire, inventé. *Personnage fictif.* **2.** ECON Qui n'existe qu'en vertu d'une convention (valeurs). – De *fiction*.

fiction [fiksjɔ̃] n. f. Tout ce qui relève de l'imaginaire. *La réalité dépasse la fiction.* ▷ Œuvre, genre littéraire dans lesquels l'imagination a une place prépondérante. – Lat. *fictio*.

fictivement [fiktivmɑ̃] adv. D'une manière fictive. – De *fictif*.

ficus [fikys] n. m. BOT V. figuier. – Mot lat.

fidéen, enne [fideɛ̃, ɛn] adj. et n. De Sainte-Foy (Québec). *Les conseillers fidéens. Un(e) Fidéen(ne).* – De *Foy*, orth. anc. de *foi*, du lat. *fides*.

fidéicommis [fideikɔmi] n. m. DR Disposition testamentaire selon laquelle une personne reçoit une chose qu'elle doit transmettre à une autre. – Lat. jur. *fideicommissum*, «ce qui est confié à la bonne foi».

fidéicommissaire [fideikɔmisɛʀ] n. m. Bénéficiaire réel d'un fidéicommis. – Lat. *fideicommissarium*.

fidéisme [fideism] n. m. Doctrine selon laquelle la connaissance des vérités premières ne peut être fondée que sur la foi ou la révélation divine. – Du lat. *fides*, «foi».

fidéiste [fideist] adj. et n. Qui a rapport au fidéisme ou en est partisan. – De *fidéisme*.

fidéjusseur [fideʒysœʀ] n. m. DR Personne qui se porte caution pour une autre. – Lat. *fidejussor*.

fidèle [fidɛl] **I.** adj. **1.** Qui remplit ses engagements. *Fidèle à sa parole. – Serviteur fidèle.* **2.** Constant dans son attachement (pour qqn, qqch). *Chien fidèle. Être fidèle à ses principes.* ▷ Qui n'a de relations amoureuses qu'avec une seule personne. *Mari fidèle.* **3.** Qui respecte la vérité. *Historien fidèle.* – Par ext. *Portrait fidèle.* ▷ *Mémoire fidèle*, sûre. **4.** PHYS Se dit d'un appareil qui donne de la même grandeur la même valeur, quel que soit l'instant de la mesure. **II.** n. **1.** Personne qui professe une religion. *Église pleine de fidèles.* **2.** Personne qui montre de la fidélité pour qqch. *C'est un fidèle de nos réunions.* – Lat. *fidelis*, de *fides*, «foi».

fidèlement [fidɛlmɑ̃] adv. D'une manière fidèle. – De *fidèle*.

fidélité [fidelite] n. f. **1.** Qualité d'une personne fidèle à ses engagements. *Douter de la fidélité de qqn.* **2.** Attachement constant à qqn, qqch. *Fidélité d'un ami. Fidélité conjugale. – Fidélité à ses idées.* **3.** Respect de la vérité. *Fidélité d'un narrateur.* – Par ext. *Fidélité d'un récit.* **4.** PHYS Qualité d'un appareil de mesure fidèle. ▷ ELECTROACOUST *Haute fidélité* (abrév. *hi-fi**): dénomination d'un matériel qui restitue très fidèlement les sons. – Appos. *Chaîne haute fidélité.* – Lat. *fidelitas*.

fiduciaire [fidysjɛʀ] adj. **1.** Se dit de valeurs fondées sur la confiance que le public accorde à l'organisme émetteur. *Le billet de banque est une monnaie fiduciaire.* **2.** Personne physique ou morale désignée pour administrer les biens d'un fidéicommis ou d'une fiducie. *Compagnie fiduciaire* (ou compagnie de fiducie). **3.** DR Chargé d'un fidéicommis. *Héritier fiduciaire.* ▷ Subst. *Un(e) fiduciaire.* – Lat. jur. *fiduciarius*, de *fiducia*, «confiance».

fiducie [fidysi] n. f. **1.** DR En matière civile, disposition par donation ou par testament par laquelle une personne, le disposant, cède à une autre, le fiduciaire, un bien que celui-ci doit transmettre à un tiers, le bénéficiaire, à une époque déterminée par le disposant. **2.** DR En matière commerciale, garantie obtenue d'une société sur tous ses biens actuels et futurs pour assurer le paiement d'une dette. **3.** *Compte en fiducie:* compte ouvert dans une banque par un avocat, un notaire ou un expert-comptable et où sont déposées les valeurs confiées par les clients ou les sommes qu'un syndic a reçues en cas de faillite ou de règlement judiciaire. – Du lat. *fiducia*, «confiance».

fief [fjɛf] n. m. FEOD Domaine possédé par un seigneur (vassal) qui devait reconnaître la suzeraineté d'un autre. ▷ Fig. Domaine exclusif de qqn. *Fief électoral.* – Du frq. **fëlu*, «bétail».

fieffé, ée [fje(ɛ)fe] adj. Péjor. Qui a tel vice, tel défaut au suprême degré. *Un fieffé coquin.* – De *fief.*

fiel [fjɛl] n. m. **1.** Vx Bile. – Mod. Bile de certains animaux. **2.** Fig. Animosité engendrée par l'amertume. *Des propos pleins de fiel.* – Lat. *fel.*

fielleux, euse [fjɛlø, øz] adj. Rempli de fiel (sens 2). *Langage fielleux.* – De *fiel.*

fiente [fjɑ̃t] n. f. Excrément d'oiseau et de certains animaux. – Du lat. pop. **femita.*

fienter [fjɑ̃te] v. intr. [1] Expulser de la fiente. – De *fiente.*

1. fier, fière [fjɛʀ] adj. **1.** Hautain, méprisant. *Fier comme un paon.* – Loc. *Fier comme Artaban:* très fier. ▷ Subst. *Faire le fier, la fière.* **2.** Qui tire un certain orgueil (de qqn, qqch). *Être fier de son fils, de son œuvre.* **3.** Qui a ou dénote des sentiments nobles, élevés. *Âme fière. Réponse fière.* **4.** Fam. Grand, considérable dans son genre. *Un fier imbécile.* – Du lat. *ferus*, «sauvage».

2. fier (se) [fje] v. pron. [11] *Se fier à:* mettre sa confiance en. *Se fier à un ami.* – Du lat. pop. **fidare*, «confier».

-fier. Suffixe verbal, du lat. *ficare*, de *facere*, «faire».

fier-à-bras [fjɛʀabʀa] n. m. Fanfaron. ▷ Homme costaud et batailleur. – Nom pr. d'un héros sarrasin d'une chanson de geste du cycle carolingien (XIIe, XIIIe s.), p.-ê. de *fera bracchia*, «bras redoutables».

fièrement [fjɛʀmɑ̃] adv. D'une manière fière (sens 1 et 3). – De *fier.*

fiérot, ote [fjeʀo, ɔt] adj. et n. Qui montre une fatuité puérile. – De *fier.*

fierté [fjɛʀte] n. f. **1.** Caractère d'une personne fière. *Une noble fierté.* **2.** *Tirer fierté de (qqch)*, en tirer une satisfaction teintée d'orgueil. – De *fier*, d'ap. le lat. *feritas, feritatis.*

fiesta [fjɛsta] n. f. Fam. Fête. *Faire la fiesta. Une fiesta entre amis.* – Mot esp.

fièvre [fjɛvʀ] n. f. **1.** Élévation de la température centrale du corps, symptôme de nombreuses maladies (infectieuses, allergiques, inflammatoires, tumorales) s'accompagnant en général d'une accélération du pouls et de la respiration, d'une sécheresse de la bouche et d'une diminution des urines. (L'évolution spontanée de la fièvre est spécifique de diverses maladies auxquelles elle a donné son nom: fièvre typhoïde, fièvre de Malte, fièvre jaune.) Syn. hyperthermie. **2.** Fig. Agitation provoquée par la passion. *La fièvre du combat. La fièvre politique.* – Lat. *febris.*

fiévreusement [fjevʀøzmɑ̃] adv. Fig. D'une manière fiévreuse. – De *fiévreux.*

fiévreux, euse [fjevʀø, øz] adj. **1.** Qui présente de la fièvre. *Malade fiévreux. – Pouls fiévreux.* **2.** Fig. Qui dénote une agitation intense et désordonnée. *Activité fiévreuse.* – De *fièvre.*

fifre [fifʀ] n. m. **1.** Petite flûte en bois au son aigu. **2.** Celui qui joue du fifre. – Suisse all. *pfifer.*

fifrelin [fifʀəlɛ̃] n. m. Vieilli Loc. *Ne pas valoir un fifrelin :* ne rien valoir. – De l'all. *Pfifferling*, «petit champignon».

figaro [figaʀo] n. m. Fam., vx. Coiffeur. – De *Figaro*, nom du héros du *Barbier de Séville*, de Beaumarchais.

figement [fiʒmɑ̃] n. m. Rare État de ce qui est figé. – De *figer.*

figer [fiʒe] v. tr. [15] **1.** Rendre compact, solide (un liquide gras) par le froid. *Le froid fige l'huile.* ▷ V. pron. *La sauce s'est figée.* **2.** Immobiliser (qqn, une expression du visage). *Rester figé sur place.* ▷ V. pron. *Sourire qui se fige.* ▷ Fig. Pp. Qui n'évolue pas. *Personne figée dans ses principes.* – Du lat. pop. **feticare*, «prendre l'aspect du foie».

fignolage [fiɲɔlaʒ] n. m. Action de fignoler. – De *fignoler.*

fignoler [fiɲɔle] v. tr. [1] Fam. Apporter un soin très minutieux à. *Fignoler un travail.* – De *fin*, et suff. obscur.

figue [fig] n. f. **1.** Réceptacle charnu, comestible, de l'inflorescence du figuier, contenant des petits «grains» (achaines) qui sont les fruits proprement dits de cet arbre. (Le développement des variétés cultivées est rigoureusement lié à la présence de figuiers sauvages et à un insecte pollinisateur qui effectue la *caprification**.) ▷ *Figue de Barbarie :* fruit comestible de l'opuntia. **2.** ZOOL *Figue de mer :* ascidie méditerranéenne (genre *Microcosmus*), comestible. **3.** loc. adj. *Mi-figue, mi-raisin :* plaisant d'un côté et désagréable de l'autre, ambigu. *Un compliment mi-figue, mi-raisin.* – Anc. provenç. *figa.*

figuier [figje] n. m. Arbre (*Ficus carica*, figuier de Carie, fam. moracées) à grandes feuilles lobées, qui produit les figues et que l'on cultive dans les régions méditerranéennes. (*Ficus elastica*, le «caoutchouc» des fleuristes, contient un latex exploité pour faire du caoutchouc. – *Ficus benghalensis* est le banian.) ▷ *Figuier de Barbarie :* nom cour. de l'*opuntia* ou *nopal* (fam. cactacées). – De *figue.*

figurant, ante [figyʀɑ̃, ɑ̃t] n. **1.** Acteur de complément tenant un rôle muet, au théâtre, au cinéma. **2.** Personne qui joue un rôle secondaire dans une affaire. – Ppr. subst. de *figurer.*

figuratif, ive [figyʀatif, iv] adj. **1.** Qui est la représentation, la figure de qqch. *Plan figuratif.* **2.** *Art figuratif*, qui représente les formes des objets (par oppos. à l'*art non figuratif* ou *abstrait*). – Bas lat. *figurativus*, du supin de *figurare*, «figurer».

figuration [figyʀasjɔ̃] n. f. **1.** Action de représenter qqch sous une forme visible. **2.** Ensemble des figurants (au théâtre, au cinéma). ▷ Métier de figurant. – Lat. *figuratio.*

figure [figyʀ] n. f. **I. 1.** Vx Forme extérieure d'un corps. – Mod. *Figure humaine.* ▷ *Spécial.* Le visage. *Se laver la figure.* **2.** Mine, contenance. *Faire bonne figure.* ▷ *Faire triste figure:* avoir l'air triste. – Fig. Se montrer au-dessous de sa tâche. ▷ *Faire figure de:* présenter les apparences de. *Faire figure de vainqueur.* **3.** Personnalité marquante. *Les grandes figures de l'Histoire.* **II.** Représentation visuelle. **1.** BX-A Gravure, image. *Livre illustré de figures.* ▷ *Spécial.* Représentation d'un être humain, d'un animal par le dessin, la sculpture. *Une figure en cire.* – JEU Le roi, la dame et le valet des cartes. – *Figure de proue:* sculpture qui ornait la proue, l'étrave des navires. **2.** GEOM Ensemble de lignes ou de surfaces. **3.** Combinaison de déplacements, de pas ou de gestes d'un danseur, d'un patineur, d'un plongeur, etc. **4.** MUS *Figure de note:* forme graphique exprimant sa durée sonore (ronde, blanche, noire, croche, etc.). **III. 1.** Forme d'expression dans le discours. ▷ *Figure de rhétorique:* procédé de langage destiné à rendre la pensée plus frappante. (On distingue traditionnellement les figures entraînant un changement de sens, ou *tropes* – métaphore, ironie, litote, etc. – de celles qui jouent sur la forme ou l'ordre des mots – allitération, répétition, etc.) **2.** LOG *Figure du syllogisme:* chacune des trois formes que peut prendre un syllogisme suivant que le moyen terme est soit sujet, soit prédicat, dans la majeure et dans la mineure. – Lat. *figura*, «forme».

figuré, ée [figyʀe] adj. **1.** Représenté par une figure, un dessin. *Plan figuré d'une maison.* ▷ ARCHI *Pierre figurée*, qui porte une figure d'animal, de plante, etc. **2.** *Sens figuré*, attribué à un mot, une expression, détournés de leur sens littéral. ▷ N. m. *Un mot au figuré.* – Pp. de *figurer*.

figurer [figyʀe] **I.** v. tr. [1] **1.** Représenter (qqn, qqch) de façon conforme à la réalité ou schématique. *Figurer des fenêtres sur un mur. Figurer une tête par un rond.* **2.** Avoir la figure, l'aspect de. *Le décor figure une place publique.* **3.** Représenter (une chose abstraite) par un symbole. *On figure la justice par un glaive et une balance.* **II.** v. intr. **1.** Apparaître, se trouver. *Son nom figure sur la liste.* **2.** Tenir un rôle de figurant. **III.** v. pron. Se représenter par l'imagination. *Figurez-vous son chagrin!* – Lat. *figurare*.

figurine [figyʀin] n. f. Statuette. *Figurines de Tanagra.* – Ital. *figurina*, du lat. *figura*, «figure».

fil [fil] n. m. **I. 1.** Brin mince et long de matière végétale, animale ou synthétique, tordu sur lui-même et servant principalement à fabriquer les tissus ou à coudre. *Fil de coton.* – COUT *Couper en droit fil*, en suivant un fil. ▷ Fig. *De fil en aiguille:* de proche en proche. – *Malice cousue de fil blanc*, trop apparente pour qu'on puisse s'y tromper. – *Ne tenir qu'à un fil:* être précaire, instable. – *Fil d'Ariane, fil conducteur*, qui permet de se guider dans des recherches difficiles. **2.** *Fil à plomb:* fil tendu par un poids et donnant la verticale. **3.** Métal étiré, de section circulaire et de faible diamètre. *Fil de fer.* – Fig., fam. *Ne pas avoir inventé le fil à couper le beurre:* n'être pas très intelligent. ▷ ELECTR Conducteur du courant électrique. *Fil électrique. Fil téléphonique.* – Fam. *Passer un coup de fil à qqn*, lui téléphoner. **4.** *Fils de la vierge:* fils tendus entre herbes et buissons par certaines araignées. **II. 1.** Direction des fibres (de la viande, du bois). **2.** Défaut de continuité dans le marbre, la pierre. **3.** Courant (d'un cours d'eau). *Suivre le fil de l'eau.* **4.** Fig. Liaison, enchaînement. *Perdre le fil de ses idées.* **III.** Tranchant d'une arme, d'un outil. *Le fil d'un rasoir.* – Lat. *filum*.

filable [filabl] adj. Qui peut être filé. – De *filer*.

fil-à-fil [filafil] n. m. inv. Tissu de coton ou de laine, mêlant un fil clair et un autre plus foncé. – De *fil*.

filage [filaʒ] n. m. **1.** Action de filer des fibres textiles; son résultat. **2.** TECH *Filage par choc:* procédé permettant d'obtenir des pièces creuses de forme cylindrique (pompes à bicyclette, capuchons de stylo, etc.) ou des étuis d'emballage (bombes aérosols, tubes de dentifrice, etc.) à l'aide d'une presse. – De *filer*.

filaire [filɛʀ] n. f. Ver nématode filiforme (genre *Filaria*), parasite de divers vertébrés dont l'être humain. (Les diverses espèces des pays chauds, dont la filaire du sang, se logent sous la peau, dans le cristallin ou dans les vaisseaux lymphatiques provoquant des troubles et accidents variés.) – Lat. zool. *filaria*, de *filum*, «fil».

filament [filamɑ̃] n. m. **1.** Brin long et fin, généralement de matière organique (animale ou végétale). *Filaments nerveux.* **2.** ELECTR Fil très fin que le passage du courant porte à incandescence dans une ampoule électrique. – Bas lat. *filamentum*.

filamenteux, euse [filamɑ̃tø, øz] adj. Qui a des filaments; qui est formé de filaments. – De *filament*.

filandière [filɑ̃djɛʀ] n. f. Vx Femme dont le métier est de filer. – De *filer*.

filandre [filɑ̃dʀ] n. f. **1.** TECH Veine du marbre. **2.** Rare Fibre longue de certaines viandes ou de certains légumes coriaces. – De *filer*.

filandreux, euse [filɑ̃dʀø, øz] adj. **1.** Rempli de filandres. *Viande filandreuse.* **2.** Fig. *Discours, style filandreux*, long, embrouillé, confus. – De *filandre*.

filant, ante [filɑ̃, ɑ̃t] adj. **1.** Qui file, coule doucement, sans se diviser. *Liquide filant.* **2.** MED *Pouls filant:* pouls très faible. **3.** *Étoile filante :* météorite que les forces de frottement portent à incandescence lors de sa pénétration dans l'atmosphère terrestre. – Ppr. de *filer*.

filanzane [filɑ̃zan] n. m. Chaise à porteurs (Madagascar). – D'un parler malgache.

filariose [filaʀjoz] n. f. MED Maladie due à la filaire du sang (inoculée par un moustique). – Lat. zool. *filaria*, et *-ose* 2.

filasse [filas] n. f. **1.** Amas de filaments tirés de l'écorce du chanvre, du lin, etc., que l'on utilise notam. pour assurer l'étanchéité des tuyauteries raccordées par filetage. **2.** Fig. *Blond filasse:* blond pâle et terne. – Adj. inv. *Des cheveux filasse.* – Lat. pop. **filacea*, de *filum*, «fil».

filateur, trice [filatœʀ, tʀis] n. m. Personne qui dirige ou exploite une filature. – De *filer*.

filature [filatyʀ] n. f. **I. 1.** Ensemble des opérations de transformation des matières textiles en fil. **2.** Usine, atelier où se font ces opérations. **II.** Action de filer qqn (pour le surveiller). *Prendre en filature.* – De *filer*.

file [fil] n. f. **1.** Suite de personnes ou de choses placées sur une même ligne, l'une derrière l'autre. *Une file de voitures. File d'attente.* **2.** MILIT Colonne de soldats. *Chef de file:* le premier d'une colonne de soldats. – Fig. Personne qui dirige, qui entraîne, qui est à la tête d'un groupe, d'une entreprise, etc. **3.** loc. adv. *À la file, en file*, l'un derrière l'autre. *Marcher en file indienne.* – De *filer*.

filé [file] n. m. **1.** TECH Fil destiné à être tissé. **2.** *Filé d'or, d'argent*, fil d'or ou d'argent dont on entoure un fil ordinaire. – Pp. subst. de *filer*.

filer [file] **I.** v. tr. [1] **1.** Amener une matière textile à l'état de fil. *Filer de la laine.* ▷ (En parlant de certains animaux qui sécrètent des fils.) *L'araignée file sa toile.* ▷ *Filer du verre*, en étirer la pâte. *Filer un métal*, le tirer à la filière. **2.** MUS *Filer une note*, la tenir et en varier l'intensité sans à-coups. ▷ LITTER Poursuivre, développer de manière progressive, soutenue. *Filer une métaphore. Filer une intrigue.* ▷ Fam. *Filer le parfait amour:* vivre la période parfaitement heureuse d'un amour partagé. – *Filer des jours heureux.* **3.** MAR Larguer, mollir. *Filer un cordage, une chaîne.* ▷ *Filer tant de nœuds*, se dit d'un navire dont la vitesse est de tant de milles à l'heure. **4.** Suivre qqn discrètement, pour le surveiller. **5.** Pop. Donner. *File-moi vingt piastres.* **II.** v. intr. **1.** Se dit des liquides que leur viscosité fait couler en filet. *Le miel file.* **2.** Se dérouler. *Cordage qui file.* ▷ Se dit d'une maille qui se défait, se dénoue. – Par ext. *Bas qui file.* **3.** Aller rapidement. *Filer à toute allure.* ▷ Fam. Se retirer sur-le-champ ou en toute hâte. *Ils ont filé comme des voleurs.* – *Filer à l'anglaise:* s'esquiver, partir sans être vu. **4.** *Filer doux:* se soumettre, devenir docile. *J'ai fini par me fâcher, il a filé doux.* – Bas lat. *filare*.

1. filet [filɛ] n. m. **I. 1.** ANAT Frein membraneux de certains organes. *Filet de la langue, du prépuce.* **2.** BOT Partie de l'étamine qui supporte l'anthère. **3.** TYPO Réglet mince de métal qui sert à séparer les chapitres, les colonnes, etc.; le trait qu'il imprime. **4.** Trait fin, moulure mince qui sert d'ornement. **5.** TECH Rainure en saillie hélicoïdale à l'intérieur d'un écrou ou à l'extérieur d'un boulon, d'une vis. **6.** Écoulement ténu. *Un filet d'eau.* – Fig. *Un filet de voix:* une voix très faible. ▷ *Filet d'air:* composante élémentaire d'un écoulement d'air, en aérodynamique. **II.** BOUCH Morceau de viande très tendre qu'on lève le long de l'épine dorsale de certains animaux. *Filet de bœuf, de porc, de chevreuil. – Filet mignon:* pointe du filet de bœuf. ▷ Par ext. *Filets de volaille, de poisson.* – De *fil.*

2. filet [filɛ] n. m. **1.** Réseau à mailles nouées qui sert à la capture de certains animaux. *Filet de pêche, de chasse. Filet à papillons.* ▷ Fig. (surtout au plur.) Piège pour capturer, circonvenir, séduire. *Attirer, prendre qqn dans ses filets.* **2.** Ouvrage à mailles servant à différents usages. *Filet à cheveux. Filet à provisions. Filet à bagages.* ▷ SPORT *Filet de tennis, de volley-ball, etc.,* au-dessus duquel doit passer la balle que se renvoient les joueurs. – Au hockey, but constitué d'un réseau de mailles retenu par une structure rigide. ▷ *Filet de protection,* disposé au-dessous d'ouvriers du bâtiment, d'acrobates, etc., dans l'éventualité d'une chute. – Fig. *Travailler sans filet:* agir en prenant de grands risques. **3.** Le réseau, la texture même dont sont faits les filets. *Hamac en filet.* ▷ Réseau à mailles de fil, général. destiné à être brodé. *Bourse en filet.* – Altér. de *filé,* «ouvrage de fil», pp. substantivé de *filer.*

filetage [filtaʒ] n. m. TECH Opération qui consiste à exécuter les filets d'une vis, d'une tige. ▷ Ensemble des filets d'une pièce mâle ou femelle. – De *fileter.*

fileté [filte] n. m. Tissu dans lequel ressortent des rayures formées de fils de chaîne plus gros que les autres. – De *filet* 2 (sens 3).

fileter [filte] v. tr. [23] TECH Exécuter le filetage (d'une pièce mâle). *Tour à fileter.* V. tarauder. – De *filet* 1.

fileur, euse [filœʀ, øz] n. Personne qui file une matière textile. ▷ Personne qui file l'or, l'argent. – De *filer.*

filial, ale, aux [filjal, o] adj. et n. **1.** adj. Propre au fils, à la fille (relativement aux parents). *Amour filial.* **2.** n. f. Société contrôlée et dirigée par une société mère, mais jouissant de la capacité juridique, à la différence de la succursale. – Lat. *filialis.*

filialement [filjalmɑ̃] adv. D'une manière filiale. – De *filial.*

filiation [filjasjɔ̃] n. f. **1.** Lien de parenté qui unit l'enfant à ses parents. **2.** Descendance directe de générations successives. *Filiation matrilinéaire.* **3.** Liaison, enchaînement de choses qui naissent ou dérivent de certaines autres. *La filiation des mots.* – Lat. *filiatio.*

filibuster [filibœsteʀ] n. m. Anglicisme Au parlement, obstruction systématique pour empêcher ou retarder la prise d'une décision. – Mot angl.

filicinées [filisine] n. f. pl. BOT Classe de cryptogames vasculaires qui renferme notam. les fougères actuelles ou fossiles. – Lat. bot., de *filix, filicis,* «fougère».

filière [filjɛʀ] n. f. **1.** TECH Pièce percée d'un trou ou de plusieurs trous de dimensions différentes, à travers lesquels on fait passer un matériau (métal, plastique, etc.) pour l'étirer en fil. ▷ Outil, machine servant au filetage. **2.** Fig. Suite obligée (de formalités, d'épreuves, etc.) pour obtenir un résultat, accomplir une carrière, etc. *Passer par la filière administrative.* ▷ Suite d'intermédiaires. *Remonter la filière d'un trafic de drogue.* **3.** PHYS NUCL Ensemble de réacteurs fonctionnant selon le même principe. *Filière uranium-graphite-gaz.* V. encycl. uranium. **4.** ZOOL Orifice par lequel certains insectes (araignée, chenille, etc.) sécrètent leur fil. – De *fil.*

filiforme [filifɔʀm] adj. Délié comme un fil, mince, grêle. – Du lat. *filum,* «fil», et *-forme.*

filigrane [filigʀan] n. m. **1.** Ouvrage d'orfèvrerie en fils de métal précieux travaillés à jour. ▷ Ornement de verrerie en fils d'émail ou de verre pris dans la masse ou appliqués en relief sur l'ouvrage. **2.** Lettres ou figures introduites dans la forme à fabriquer le papier; leur empreinte dans le corps du papier. *Filigrane d'un billet de banque.* **3.** Fig. Loc. adv. *En filigrane:* par transparence, à l'arrière-plan. *Apparaître en filigrane.* – Ital. *filigrana,* «fil à grains».

filigraner [filigʀane] v. tr. [1] (Surtout au pp.) **1.** Travailler en filigrane (sens 1.) *Vase en cristal filigrané.* **2.** Marquer d'un filigrane (sens 2). *Papier filigrané.* – De *filigrane.*

filin [filɛ̃] n. m. MAR Cordage. – De *fil.*

filipendule [filipɑ̃dyl] adj. et n. f. **1.** adj. SC NAT Suspendu à un fil. *Graine filipendule.* **2.** n. f. BOT Rosacée dont une espèce est appelée *reine des prés.* – Du lat. *filum,* «fil», et *pendulus,* «suspendu».

fille [fij] n. f. **I.** (Lien de parenté.) **1.** Personne de sexe féminin, par rapport à ceux qui l'ont procréée. *Fille légitime, naturelle.* – Par ext. *Fille adoptive.* ▷ Fam. *Ma fille:* terme d'affection ou de bienveillance (à l'adresse d'une pers. quelconque du sexe féminin). **2.** Litt. Celle qui est issue, originaire de. *Les filles de Sion.* – Plaisant. *Fille d'Ève:* femme. ▷ Fig. *La superstition, fille de l'ignorance.* **II.** (Opposé à *garçon.*) **1.** Enfant de sexe féminin. *Il naît plus de filles que de garçons.* **2.** Jeune personne du sexe féminin. *Une grande fille,* qui a passé l'enfance. *Un beau brin de fille.* ▷ *Jeune fille* (moins fam. que *fille*): adolescente, ou femme jeune qui n'est pas mariée. **3.** Femme qui n'est pas mariée. *Rester fille.* ▷ Cour. *Vieille fille,* qui s'est installée, avec l'âge, dans son célibat (souvent péjor.). – Vx *Fille mère:* mère célibataire. **4.** *Fille perdue, soumise, publique, de joie,* etc., ou, absol., *fille:* prostituée. **5.** Nom pris par les religieuses de certaines communautés. *Filles de la Charité. Filles du Calvaire.* **6.** *Fille de...* : jeune fille, jeune femme employée (à tel travail). *Fille de ferme. Fille de salle,* dans un restaurant. – Lat. *filia.*

1. fillette [fijɛt] n. f. Petite fille, jusqu'à l'adolescence. – De *fille.*

2. fillette [fijɛt] n. f. Demi-bouteille à long col et à grosse panse. – Altér. de *feuillette.*

filleul, eule [fijœl] n. Personne tenue sur les fonts baptismaux, par rapport à ses parrain et marraine. – Lat. *filiolus,* dimin. de *filius,* «fils».

film [film] n. m. **1.** TECH Pellicule, couche très mince d'une substance. *Film d'huile.* **2.** Bande mince d'une matière souple (acétate de cellulose ou polyester) recouverte d'une couche sensible (émulsion), servant à fixer des vues photographiques ou cinématographiques. **3.** *Par ext.* L'œuvre cinématographique que l'on enregistre sur film. *Film de court, moyen, long métrage. Tourner un film.* ▷ Fig. *Le film des événements:* l'enchaînement des événements, des faits. – Mot angl., «pellicule».

filmage [filmaʒ] n. m. Action de filmer, de tourner un film. – De *filmer.*

filmer [filme] v. tr. [1] Enregistrer sur film cinématographique. *Filmer une scène, une manifestation.* – De *film.*

filmographie [filmɔgʀafi] n. f. Ensemble des films réalisés par un cinéaste, rattachés à un genre, interprétés par un acteur, etc. – De *film,* et *-graphie.*

filocher [filɔʃe] v. intr. [1] Fam. Filer, aller en se hâtant. – De *filer.*

filon [filɔ̃] n. m. **1.** Masse longue et étroite de roches éruptives, de dépôts minéraux, différente par sa nature des roches qui l'entourent. *Filon de roches aurifères, de quartz.* ▷ Fig. *Les ridicules sont le filon des comédies.* **2.** Fam. Source facile d'avantages divers; aubaine. *Trouver un filon.* – Ital. *filone,* augmentatif de *filo,* «fil».

filoselle [filo(ɔ)zɛl] n. f. Bourre de soie; fil que l'on en tire, mélangé à du coton. *Gants de filoselle.* – Ital. dial. *filosello*, «cocon».

filou [filu] n. m. Voleur adroit, rusé. – *Par ext.* Personne malhonnête, qui use de supercheries. ▷ (Attribut.) *Il est un peu filou.* – Forme dial. de *fileur*, de *filer*.

filouter [filute] v. tr. [1] Vieilli Voler avec adresse. ▷ v. intr. Tricher au jeu. – De *filou*.

filouterie [filutʀi] n. f. Vieilli Action de filouter; tour de filou. – De *filouter*.

fils [fis] n. m. **1.** Personne du sexe masculin, par rapport à ceux qui l'ont procréé. *Fils légitime, naturel.* – *Fils de famille*, d'une famille fortunée. – Péjor. *Fils à papa*, privilégié par l'influence ou la richesse de son père. ▷ Par ext. *Fils adoptif.* **2.** (Surtout au plur.) Litt. Celui qui est issu, originaire de. *Être fils du peuple. Les fils d'Apollon:* les poètes. **3.** RELIG *Le fils de Dieu, de l'homme :* le Christ. – Absol. *Le Père, le Fils et le Saint-Esprit.* **4.** Fig. *Fils spirituel:* disciple ou continuateur d'un maître, d'une pensée, d'une œuvre, etc. **5.** *Être (le) fils de ses œuvres:* ne devoir qu'à soi-même la position où l'on est arrivé. – Lat. *filius*.

filtrage [filtʀaʒ] n. m. **1.** Action de filtrer (un liquide, un courant électrique, etc.); son résultat. **2.** Fig. *Le filtrage de l'information.* – De *filtrer*.

filtrant, ante [filtʀɑ̃, ɑ̃t] adj. **1.** Qui sert à filtrer. *Verres filtrants.* **2.** MICROB *Virus filtrants*, qui traversent les filtres les plus fins. – Ppr. de *filtrer*.

filtrat [filtʀa] n. m. CHIM Produit résultant de la filtration (liquide épuré ou matières retenues, suivant l'objet de la filtration). – De *filtrer*.

filtration [filtʀasjɔ̃] n. f. Opération qui consiste à filtrer. ▷ Passage à travers un corps poreux ou perméable. *Eaux de filtration.* – De *filtrer*.

filtre [filtʀ] n. m. **1.** Corps poreux (papier, toile, charbon, etc.) ou appareil servant à purifier un liquide ou un gaz, à retenir les matières auxquelles il se trouve mélangé ou à travers lesquelles on veut le faire passer. *Filtre Pasteur. Filtre à café. Filtre à air, à huile.* **2.** Corps ou appareil qui absorbe une partie du rayonnement qui le traverse. ▷ ELECTR Montage permettant d'éliminer certaines composantes d'une tension ou d'un courant. *Filtre passe-bas.* – Lat. médiév. *filtrum*, du frq. **filtir*.

filtre-presse [filtʀəpʀɛs] n. m. TECH Appareil permettant de filtrer les liquides sous pression. *Des filtres-presses* . – De *filtre*, et *presse*.

filtrer [filtʀe] **I.** v. tr. [1] **1.** Faire passer par un filtre (un liquide, un gaz, un rayonnement, un courant électrique, etc.). ▷ Par anal. *Filtrer les sons. Rideau qui filtre la lumière.* **2.** Fig. Soumettre à un contrôle, un tri, une censure, etc. (des personnes, des informations, etc.). *Un public filtré par le service d'ordre.* **II.** v. intr. **1.** (En parlant d'un liquide, d'un gaz.) Passer par un filtre. *Ce café met longtemps à filtrer.* ▷ Traverser un corps poreux ou perméable. *L'eau a filtré à travers le mur.* **2.** (En parlant de la lumière, des sons.) *Le soleil filtre à travers le feuillage.* ▷ Apparaître, se manifester, etc., en dépit d'empêchements. *La vérité commence à filtrer.* – De *filtre*.

1. fin [fɛ̃] n. f. **I.** (Par oppos. à *commencement.*) **1.** Point ultime d'une durée; moment où une chose cesse ou a cessé. *Fin d'un délai. La fin du jour.* ▷ Période où une chose se termine. *Une belle fin de saison. Être en fin de carrière.* ▷ (D'ap. l'angl. *week-end*) Cour. *Fin de semaine:* période de congé entre deux semaines de travail, comprenant général. le samedi et le dimanche. *En fin de semaine. Des fins de semaine. Avoir une belle fin de semaine. La fin de semaine de la fête du Travail. Une longue fin de semaine*, à laquelle s'ajoute une journée de plus (le vendredi ou le lundi). «[...] c'était vendredi, un jour faste entre tous, car le lendemain nos parents venaient passer la fin de semaine et on allait les chercher à la gare.» (Lorraine Nacké, *Le passé oublié*, 1979.) **2.** Cessation provisoire ou définitive (d'une action, d'un phénomène, de l'existence d'une chose, etc.). *La fin du travail, des hostilités.* ▷ *Prendre fin:* cesser, s'achever. – *Mettre fin à:* faire cesser. *Mettre fin aux abus.* ▷ Loc. adv. et adj. *Sans fin:* sans arrêt. *Palabrer sans fin.* – TECH *Vis, courroie sans fin*, qui permet un mouvement continu. **3.** Partie, stade, point, etc., sur quoi s'achève une chose, un processus, etc. *La fin d'un roman, d'un film.* ▷ *Mener un projet à bonne fin:* le réaliser. ▷ Fam. *Faire une fin:* s'établir, et partic., se marier. ▷ Loc. *En fin de compte:* en dernier lieu, en définitive. – *À la fin:* enfin. *Il hésitait, à la fin il a donné son accord.* – (Marquant l'impatience.) *Vous m'embêtez, à la fin!* ▷ *Tirer, toucher à sa fin:* s'épuiser, être près de se terminer. **4.** Mort. *Pressentir sa fin. Une fin tragique.* **5.** Extrémité, bout. *La fin d'un chemin.* **II.** (Ce qui est à atteindre). **1.** (Sing. ou plur.) But, résultat que l'on poursuit. *Parvenir à ses fins.* – Loc. prov. *La fin justifie les moyens:* tous les moyens sont bons pour atteindre un but. ▷ Loc. *À toutes fins utiles:* pour tout usage éventuel. **2.** Le but, le terme auquel un être ou une chose sont conduits, auquel ils tendent par nature. *«Tout étant fait pour une fin»* (Voltaire). **3.** *Fin de non-recevoir*, tendant à établir que la partie adverse n'est pas recevable dans sa demande. ▷ Refus. *Opposer à qqn, à une demande, une fin de non-recevoir.* – Lat. *finis*, «borne, limite, fin».

2. fin, fine [fɛ̃, fin] adj. **I. 1.** D'une qualité extrême par le degré de pureté, de perfection, etc. *Or fin.* – *Fines herbes* (ciboulette, marjolaine, etc.), utilisées en cuisine pour leur odeur ou leur saveur subtile. ▷ N. m. *Le fin:* la proportion de métal précieux qui se trouve dans un alliage. *Une bague d'or à 90 % de fin.* **2.** D'une qualité supérieure. *Linge fin. Épicerie fine.* ▷ Recherché. *Souper fin.* – *Partie fine:* partie de plaisir. ▷ Subst. *Le fin du fin:* ce qu'il y a de mieux dans le genre. **II. 1.** D'une grande sensibilité (en parlant des sens). *Avoir l'ouïe fine.* – Fig. *Avoir le nez fin:* être sagace, intuitif. **2.** Doué ou marqué de perspicacité, de subtilité, de délicatesse. *Une intelligence fine. Une remarque fine. Des gestes fins.* ▷ Subst. *Jouer au plus fin avec qqn:* rivaliser d'adresse, de ruse avec lui. **III. 1.** Constitué d'éléments très petits. *Terre fine. Sel fin.* – *Une pluie fine.* **2.** Qui est menu, ténu. *Fil fin. Trait fin.* – Adv. *Écrire fin.* ▷ Effilé. *Pointe fine.* **3.** Dont la forme élancée, le dessin délié donnent une impression d'élégance, de délicatesse. *Visage aux traits fins. Carrosserie fine.* ▷ Délicatement formé, ouvragé. *Dentelle fine.* **4.** De très faible épaisseur. *Fine pellicule. Verre fin.* **IV. 1.** Qui est à l'extrême, au plus secret. *Habiter le fin fond du pays.* – *Le fin mot d'une chose*, son motif véritable ou caché; ce qui en donne enfin toute l'explication. **2.** adv. Tout à fait. *Nous voici fin prêts.* – Du préc.

finage [finaʒ] n. m. GEOGR Limite d'un territoire. Cf. terroir. – Dial. Étendue d'un territoire communal. – De *fin*.

1. final, ale, als, ales [final] adj. et n. **I.** adj. **1.** Qui finit, qui est à la fin. *Consonne finale.* – *Point final*, qui marque la fin d'une phrase. Fig. *Mettre le point final à une discussion*, la terminer, la conclure. ▷ HIST *Solution finale* : politique d'extermination nazie concernant les Juifs et certaines populations (Tziganes, Slaves). PHILO Qui tend vers un but. *Cause finale:* destination dernière des choses, fin qui est leur raison d'être. **3.** GRAM Qui marque l'idée de but, d'intention. *Conjonction finale* (*pour que, afin que*, etc.). *Proposition finale*, introduite par une conjonction finale. **4.** PHYS *État final:* état d'équilibre à la fin d'une transformation thermodynamique. **II.** n. f. **1.** LING Syllabe ou lettre finale d'un mot. *Finale brève, accentuée.* **2.** SPORT Dernière épreuve d'une compétition, à l'issue de laquelle est désigné le vainqueur. – Bas lat. *finalis*, «qui concerne les limites».

2. final ou **finale** [final] n. m. MUS Dernière partie d'une symphonie, d'une sonate, d'un opéra. – Ital. *finale.*

finalement [finalmɑ̃] adv. À la fin, pour en terminer. *Nous nous sommes finalement décidés.* – En définitive, tout compte fait. *Finalement, c'est lui qui avait raison.* – De *final.*

finalisé, ée [finalize] adj. (Dans le jargon des métiers de la communication) À quoi on a donné son aspect définitif; que l'on considère comme achevé. *Une maquette finalisée pour l'imprimeur. Une étude finalisée.* – Calque de l'angl. *finalized.*

finaliser [finalize] v. tr. [1] Mettre au point une entente, un contrat; en régler tous les détails. – De *final.*

finalisme [finalism] n. m. PHILO Doctrine qui explique les phénomènes et le système de l'Univers par la finalité. – De *finaliste.*

finaliste [finalist] n. et adj. **1.** PHILO Partisan du finalisme. **2.** SPORT Concurrent ou équipe qualifiés pour une finale. – De *final.*

finalité [finalite] n. f. Caractère de ce qui tend à une fin, un but. – De *final.*

finance [finɑ̃s] n. f. **1.** Vx Ressources pécuniaires. – Loc. mod. *Moyennant finance:* contre paiement d'une certaine somme d'argent. **2.** Plur. Mod. Argent de l'État; ensemble des activités propres au mouvement de cet argent. *Loi de finances:* loi d'autorisation des dépenses et de recouvrement des recettes. ▷ *Par ext. Les Finances:* administration des Finances. **3.** Ressources pécuniaires d'une société, d'un groupe de sociétés ou (fam.) d'une personne. **4.** Sing. Ensemble des grandes affaires d'argent; activité, profession qui leur est liée. *Un homme, une femme de finance.* ▷ Ensemble des financiers, de ceux qui ont ou manient de grandes affaires d'argent. *La haute finance.* – De l'a. fr. *finer*, «payer».

financement [finɑ̃smɑ̃] n. m. Action de fournir à une affaire, une entreprise, etc., les fonds nécessaires à sa mise en route, son fonctionnement, etc. – De *financer.*

financer [finɑ̃se] v. tr. [14] Fournir l'argent nécessaire à. *Financer une expédition.* ▷ v. intr. Vx ou fam. Payer. *Servez-vous, c'est moi qui finance.* – De *finance.*

financier, ière [finɑ̃sje, jɛʀ] adj. (et n.) **I. 1.** Relatif à l'argent dont dispose une personne, un groupe. *Embarras financiers.* **2.** Relatif à l'argent public. *Équilibre financier.* **3.** Relatif aux affaires ou aux gens de la finance. *Opération financière. Aristocratie financière.* ▷ Subst. Personne qui dirige ou fait des opérations de banque, de grandes affaires d'argent; spécialiste en matière de finance. **II.** CUIS **1.** n. m. Petit gâteau sec. **2.** *Sauce financière,* à base de roux blond, quenelles, ris de veau, champignons, crête de coq et madère, utilisée pour les garnitures de vol-au-vent, notam. – De *finance.*

financièrement [finɑ̃sjɛʀmɑ̃] adv. En ce qui concerne les finances. – De *financier.*

finasser [finase] v. intr. [1] Péjor. User de mauvaises finesses, de subterfuges. – De *finesse*; var. *finesser.*

finasserie [finasʀi] n. f. Péjor. Acte ou parole d'une personne qui finasse. – De *finasser.*

finasseur, euse [finasœʀ, øz] ou **finassier, ière** [finasje, jɛʀ] adj. et n. Vieilli Qui finasse. – De *finasser.*

finaud, aude [fino, od] adj. (et n.) Rusé sous des dehors simples. ▷ Subst. *Un(e) petit(e) finaud(e).* – De *fin* 2.

finauderie [finodʀi] n. f. Caractère du finaud; procédé finaud. – De *finaud.*

fine [fin] n. f. Eau-de-vie naturelle supérieure. *Fine champagne,* d'une région proche de Cognac. – De *fin* 2.

finement [finmɑ̃] adv. **1.** D'une manière fine. *Un mouchoir finement brodé.* **2.** Avec finesse. *Une allusion finement amenée.* – De *fin* 2.

fines [fin] n. f. pl. Charbon en très petits morceaux. ▷ TECH Éléments de très petite taille qui servent à augmenter la compacité d'un sol ou d'un béton. – De *fin* 2.

finesse [finɛs] n. f. **I. 1.** Qualité de ce qui est délicat, fin, par la forme ou la matière. *Finesse d'un tissu.* **2.** Qualité de ce qui est exécuté avec délicatesse. *Finesse d'un ouvrage.* **3.** Aptitude à discerner les moindres nuances dans la pensée, les sensations, les sentiments. *La finesse de l'ouïe. Finesse d'esprit.* **4.** Plur. Subtilités. *Les finesses d'un art, d'un métier.* **II. 1.** AVIAT Rapport entre le coefficient de portance et le coefficient de traînée. **2.** PHYS Propriété qui caractérise le degré de monochromatisme d'une radiation. – De *fin* 2.

finette [finɛt] n. f. Étoffe de coton à envers pelucheux. – De *fin* 2.

fini, ie [fini] **I.** adj. **1.** Terminé. ▷ Porté à son point de perfection. *Vêtement bien fini.* **2.** Péjor. Parfait en son genre. *Une canaille finie.* **3.** *Un homme fini,* usé physiquement, moralement, intellectuellement, ou qui a perdu tout son crédit. **4.** PHILO Qui a des bornes. *Être fini.* Ant. infini. ▷ MATH Qualifie une grandeur qui n'est ni infiniment grande, ni infiniment petite. **II.** n. m. **1.** Qualité d'un ouvrage porté à la perfection jusque dans les détails. *Manquer de fini.* **2.** PHILO Ce qui a des bornes. *Le fini,* par oppos. à *l'infini.* – Pp. de *finir.*

finir [finiʀ] **I.** v. tr. [2] (Personnes.) **1.** Mener à son terme. *Finir un ouvrage, ses études.* – (Suivi d'un inf.) *Ils ont fini de déjeuner.* **2.** Mener à épuisement (une quantité). *Finir son pain. Finir une bouteille.* **3.** Mettre un terme à (qqch). *Finissez vos querelles.* **II.** v. intr. **1.** Arriver à son terme dans le temps ou dans l'espace. *Le spectacle finit tard. Cette rue finit à une place.* **2.** Avoir telle issue, telle fin. *Un film qui finit bien.* ▷ (Personnes.) *Je crois qu'il finira mal.* **3.** Mourir. *Finir dans la misère.* **4.** *Finir par* (+ inf.) (marquant le terme, le résultat). *Il a fini par céder. Tout finit par s'arranger.* **5.** *En finir:* mettre un terme à ce qui a trop duré, arriver à une solution. *Il faut en finir.* – Lat. *finire*, «borner, finir».

finish [finiʃ] n. m. Anglicisme SPORT Lutte en fin d'épreuve. *L'emporter au finish.* – Mot angl., «fin».

finissage [finisaʒ] n. m. Parachèvement d'un ouvrage. – De *finir.*

finisseur, euse [finisœʀ, øz] n. **1.** Personne chargée de la finition d'un ouvrage. **2.** SPORT Concurrent, concurrente qui a une bonne pointe de vitesse pour terminer les courses. **3.** n. m. TECH Appareil destiné à terminer une séquence d'opérations. – De *finir.*

finition [finisjɔ̃] n. f. Achèvement des derniers détails d'un ouvrage. – Plur. Ensemble de ces détails. *Les finitions d'une construction.* – Lat. *finitio*, «délimitation, définition».

finlandais, aise [fɛ̃lɑ̃dɛ, ɛz] adj. et n. De Finlande. V. aussi finnois. ▷ Subst. *Un(e) Finlandais(e):* un(e) habitant(e) de la Finlande, sans distinction de langue ni d'origine. – De *Finlande.*

finnois, oise [finwa, waz] n. et adj. **1.** n. m. Langue finno-ougrienne apparentée à l'estonien, parlée en Finlande par la plus grande partie de la population, ainsi qu'en Russie septentrionale. **2.** adj. Relatif au peuple parlant le finnois ou à cette langue. – Lat. médiév. *finnicus.*

finno-ougrien, ienne [finougʀijɛ̃, jɛn] adj. LING Qualifie le groupe linguistique qui comprend le finnois, le hongrois, la famille samoyède, etc., et que l'on rattache aux langues ouralo-altaïques. – De *finno-* (finnois), et *ougrien.*

fiole [fjɔl] n. f. **1.** Petite bouteille de verre à col étroit. **2.** Pop. Tête. *Faire une drôle de fiole.* – Gr. *phialê,* «vase».

fion [fjõ] n. m. Pop. *Coup de fion:* dernière touche donnée à un ouvrage. – P.-ê-. altér. de *fignoler.*

fiord. V. fjord.

fioriture [fjɔʀityʀ] n. f. **1.** MUS Ornement ajouté à la composition écrite pour varier la mélodie (appogiature, gruppetto, trille, mordant). **2.** Ornement. *Les fioritures d'un dessin.* – Péjor. *Des fioritures de style.* – Ital. *fioritura,* rac. *fiore,* «fleur».

firmament [fiʀmamɑ̃] n. m. Litt. Voûte céleste. – Bas lat. ecclés. *firmamentum,* en lat. class. «appui, soutien», de *firmare,* «rendre ferme».

firman [fiʀmɑ̃] n. m. **1.** Rescrit du shāh d'Iran. **2.** Pièce officielle (diplomatique ou administrative), en Turquie. – Mot angl., du turc *fermān,* «ordre», par le persan.

firme [fiʀm] n. f. Entreprise commerciale ou industrielle désignée sous un nom, une raison sociale, un sigle. *Une grosse firme.* – Angl. *firm.*

firth [fœʀs] n. m. Fjord, en Écosse. – Mot écossais.

fisc [fisk] n. m. FIN Trésor public. ▷ Cour. Administration chargée du recouvrement des taxes et des impôts publics. – Du lat. *fiscus,* «panier (pour recevoir l'argent)».

fiscal, ale, aux [fiskal, o] adj. **1.** Du fisc. *Agent fiscal.* **2.** Relatif au fisc, à l'impôt. *Fraude fiscale.* – Lat. *fiscalis.*

fiscalement [fiskalmɑ̃] adv. Du point de vue du fisc. – De *fiscal.*

fiscaliser [fiskalize] v. tr. [1] FIN Soumettre à l'impôt. – De *fiscal.*

fiscaliste [fiskalist] n. Spécialiste des problèmes fiscaux. – De *fiscal.*

fiscalité [fiskalite] n. f. FIN Ensemble des lois et des mesures destinées à financer, par l'impôt, le Trésor d'un État. *Réforme de la fiscalité.* ▷ *Par ext.* Les impôts eux-mêmes. *Fiscalité trop lourde.* – De *fiscal.*

fissibilité [fisibilite] n. f. PHYS NUCL Aptitude à subir une fission. – De *fissible.*

fissible [fisibl] adj. PHYS NUCL Susceptible de subir une fission. – De *fission.*

fissile [fisil] adj. **1.** Rare Qui a tendance à se diviser en feuillets. *L'ardoise est fissile.* **2.** PHYS NUCL Fissible. – Lat. *fissilis.*

fission [fisjõ] n. f. PHYS NUCL Division d'un noyau atomique lourd en noyaux plus légers. – Mot angl.; du lat. *fissus,* «fendu».

ENCYCL Le processus de fission a été découvert en 1938 par Hahn et Strassmann. Un noyau lourd est divisé en noyaux plus légers sous l'influence d'un bombardement corpusculaire (neutrons lents, par ex.). La masse des noyaux obtenus étant inférieure à celle du noyau initial, la fission s'accompagne d'une libération énorme d'énergie, due à cet écart de masses *(défaut de masse),* suivant la loi d'Einstein $\Delta E = c^2 \Delta m$ (c = vitesse de la lumière). Cette libération d'énergie (chaleur et rayonnement) est brutale dans le cas des explosifs nucléaires, contrôlée et progressive dans le cas des centrales nucléaires.

fissipèdes [fisipɛd] n. m. pl. ZOOL Sous-ordre de mammifères aux doigts libres, qui comprend tous les carnivores terrestres. Ant. pinnipèdes. – Du lat. *fissus,* «fendu», et *-pède.*

fissuration [fisyʀasjõ] n. f. État de ce qui est fissuré. – De *fissurer.*

fissure [fisyʀ] n. f. **1.** Petite fente. *Les fissures d'un mur.* ▷ Fig. *Les fissures d'un raisonnement :* ses faiblesses, ce qu'il a de spécieux. **2.** ANAT Sillon séparant les parties d'un organe. **3.** MED *Fissure anale:* ulcération allongée et superficielle, très douloureuse, siégeant dans les plis radiés de l'anus. – Lat. *fissura.*

fissurer [fisyʀe] v. tr. [1] Diviser par fissures. *Les trépidations ont fissuré le sol.* ▷ V. pron. *Plafond qui se fissure.* – De *fissure.*

fiston [fistõ] n. m. Fam. Fils. – Pour appeler un jeune garçon. *Dis donc, fiston!* – De *fils.*

fistulaire [fistylɛʀ] adj. **1.** Rare Qui comporte un canal sur toute sa longueur. *Stalactite fistulaire.* **2.** MED Relatif à une fistule. – De *fistule.*

fistule [fistyl] n. f. MED Voie anormale, congénitale ou accidentelle, suivie par un liquide physiologique ou pathologique et entretenue par l'écoulement de ce liquide. *Fistule artério-veineuse. Fistule anale.* – Lat. méd. *fistula,* «tuyau, tube».

fistuleux, euse [fistylø, øz] adj. MED Qui a la nature de la fistule. – Lat. *fistulosus,* «qui forme un tuyau».

fistuline [fistylin] n. f. Champignon du groupe des polypores, dont une variété comestible *(Fistulina hepatica)* est appelée cour. *foie* ou *langue-de-bœuf,* en raison de la couleur rouge de son chapeau. – De *fistule.*

fivete [fivɛt] n. f. Syn. de *fécondation* in vitro.* – Acronyme pour *f*é*condation in vitro et transplanta*tion d'*e*mbryon.

fixage [fiksaʒ] n. m. **1.** Action de rendre fixe. **2.** TECH Opération qui consiste à fixer un cliché photographique. – De *fixer.*

fixateur, trice [fiksatœʀ, tʀis] adj. et n. m. **1.** adj. Qui a la propriété de fixer. **2.** n. m. TECH Produit servant à rendre un cliché photographique inaltérable à la lumière. ▷ Vaporisateur servant à fixer un dessin au moyen d'un vernis spécial (fixatif). – De *fixer.*

fixatif [fiksatif] n. m. **1.** TECH Produit servant à fixer un dessin. **2.** Produit qui permet de fixer une coiffure. – De *fixer.*

fixation [fiksasjõ] n. f. **1.** Action d'établir dans une position ou un état fixe. **2.** Action de déterminer. *Fixation d'une date, d'un prix.* **3.** Ce qui sert à fixer. *Les fixations de skis.* ▷ MED *Abcès de fixation.* V. abcès. **4.** Fait de se fixer. ▷ PSYCHAN Attachement exagéré à des personnes, à des images, à des modes de satisfaction caractéristiques d'un des stades évolutifs de la libido, qui freine ou empêche le développement affectif adulte. *Le fétichisme est une fixation.* – De *fixer.*

fixe [fiks] adj. et n. m. **I.** adj. **1.** Qui ne se meut pas, qui garde toujours la même position. **2.** Qui est certain, déterminé, qui ne varie pas. *Venir à heure fixe. Restaurant à prix fixe. Beau fixe:* beau temps stable. – *Idée fixe,* qui obsède l'esprit. **II.** n. m. Traitement régulier assuré. *Il n'a pas de fixe, il travaille au pourcentage.* – Lat. *fixus,* pp. de *figere,* «fixer».

fixe-chaussette [fiksʃosɛt] n. m. Bande élastique qui maintient la chaussette. – *Des fixe-chaussettes.* – De *fixer,* et *chaussette.*

fixement [fiksəmɑ̃] adv. D'une manière fixe. *Regarder fixement.* – De *fixe.*

fixer [fikse] v. tr. [1] **1.** Rendre fixe; assujettir. *Fixer un cadre au mur.* **2.** Établir de façon durable. *Fixer sa résidence dans telle ville.* ▷ *Fixer qqch sur le papier,* le noter pour ne pas l'oublier. ▷ V. pron. (Personnes.) *Se fixer quelque part,* s'y établir. **3.** Appliquer de façon constante, arrêter longuement. *Fixer son attention, ses regards sur qqch.* ▷ *Fixer qqn*, le regarder fixement. **4.** Rendre stable. ▷ TECH *Fixer un cliché photographique*, le traiter pour le rendre inaltérable à la lumière. – *Fixer un dessin au fusain, au pastel:* vaporiser un fixatif protecteur qui l'empêche de s'effacer et de s'altérer à la lumière. **5.** Régler, arrêter, déterminer. *Fixer un prix, un rendez-vous.* **6.** Faire qu'une personne ne soit plus incertaine, indécise. *Fixer qqn sur*, le renseigner exactement sur. – Pp. *Maintenant, je suis fixé.* – De *fixe*.

fixisme [fiksism] n. m. Théorie biologique, auj. périmée, selon laquelle les espèces vivantes ne subissent aucune évolution à dater de leur création. Ant. transformisme, évolutionnisme. – De *fixe*, et *-isme*.

fixité [fiksite] n. f. Caractère de ce qui est fixe. *La fixité du regard. Théorie de la fixité des espèces:* fixisme. – De *fixe*.

fjeld [fjɛld] n. m. GEOGR Plateau rocheux érodé par un glacier continental. – Mot norv.

fjord [fjɔʀ] n. m. Vallée glaciaire envahie par la mer, formant un golfe étroit, sinueux, aux rives abruptes, pénétrant très loin dans les terres. *Le fjord du Saguenay. Les fjords norvégiens, écossais* (V. firth). – Mot norv.

fla [fla] n. m. inv. MUS Double coup frappé sur une percussion avec accent sur le deuxième. – Onomat.

flabellum [flabɛlɔm] n. m. inv. **1.** ANTIQ Grand éventail destiné à être agité par un esclave. **2.** LITURG Éventail porté, au Moyen Âge, au-dessus de la tête de certains prélats et, auj. parfois, du pape. – Mot lat.

flac! [flak] interj. Onomatopée imitant le bruit d'un choc à plat ou sur une surface liquide.

flaccidité [flaksidite] n. f. État de ce qui est flasque. *La flaccidité des chairs.* – Du lat. *flaccidus*, «flasque».

flache [flaʃ] n. f. TECH **1.** Défaut, dépression dans un bois à équarrir. **2.** Creux où s'accumule de l'eau de pluie, dans un revêtement de sol. – Lat. *flaccus*, «flasque».

flacherie [flaʃʀi] n. f. Maladie mortelle des vers à soie, due à un virus. – De l'a. fr. *flache*, «mou».

flacon [flakõ] n. m. Petite bouteille fermée par un bouchon de verre ou de métal. ▷ Le contenu d'un flacon. *Vider un flacon de vin.* – Bas lat. *flasco, flasconis*, du germ. *flaska*.

flaconnage [flakɔnaʒ] n. m. Présentation d'un produit en flacon. *Flaconnage de luxe.* – De *flacon*.

flaconnier [flakɔnje] n. m. Coffret, étui à flacons. – De *flacon*.

fla-fla [flafla] n. m. Fam., Vieilli *Faire du fla-fla:* chercher à faire de l'effet; faire des façons, des chichis. – De *fla*.

flagada [flagada] adj. inv. Fam. Sans vigueur, sans force; flageolant. *Être complètement flagada.* – Probabl. dérivé arg. d'un radical *flac*, du lat. *flaccus*, «flasque».

flagellant [flaʒɛllɑ̃] n. m. HIST Membre d'une secte de fanatiques religieux des XIIIe et XIVe s., qui, par pénitence, se flagellaient en public. – Ppr. subst. de *flageller*.

flagellation [flaʒɛllasjõ] n. f. Action de flageller. *Le supplice de la flagellation.* – Action de se flageller (pour se mortifier, faire pénitence). – Bas lat. ecclés. *flagellatio*.

flagelle [flaʒɛl] n. m. BIOL Organe filiforme contractile qui assure la locomotion (traction ou propulsion) de divers organismes unicellulaires (flagellés, gamètes mâles, etc.). – Lat. *flagellum*, «fouet».

flageller [flaʒɛlle] v. tr. [1] Donner le fouet à (qqn). *Ponce Pilate fit flageller Jésus.* ▷ Fig., litt. Fustiger. – Lat. *flagellare*, de *flagellum*, «fouet».

flagellés [flaʒɛlle] n. m. pl. BIOL Superclasse de protistes pourvus de flagelles, comprenant les *phytoflagellés*, végétaux chlorophylliens (*euglènes*, par ex.), et les *zooflagellés*, animaux dont certains sont de dangereux parasites (trypanosome de la maladie du sommeil, par ex.). – De *flagelle*.

flageoler [flaʒɔle] v. intr. [1] Fam. En parlant des jambes, trembler de fatigue, d'émotion, d'ivresse, etc. *Avoir les jambes qui flageolent.* – (Personnes.) *Il flageole sur ses jambes.* – De *flageolet* 1 (sens 3).

1. flageolet [flaʒɔlɛ] n. m. **1.** Flûte à bec. **2.** Le plus aigu des jeux d'orgue. **3.** Fam. Vx Jambe fluette. – Du lat. pop. **flabeolum*, «souffle»; dimin. de l'a. fr. *flageol*, «flûte de pâtre».

2. flageolet [flaʒɔlɛ] n. m. Variété très estimée de petits haricots, qu'on sert en grains. – Du lat. pop. **fabeolus*, de *faba*, «fève», et *phaseolus*, «haricot».

flagorner [flagɔʀne] v. tr. [1] Flatter bassement, servilement. *Flagorner les notables.* – Orig. incert.

flagornerie [flagɔʀnəʀi] n. f. Flatterie basse et servile. – De *flagorner*.

flagorneur, euse [flagɔʀnœʀ, øz] n. (et adj.) Personne qui flagorne. – De *flagorner*.

flagrant, ante [flagʀɑ̃, ɑ̃t] adj. **1.** DR *Flagrant délit:* délit commis sous les yeux même de celui qui le constate. *Arrêter un malfaiteur en flagrant délit de vol.* **2.** Évident, indéniable, patent. *C'est un mensonge flagrant.* – Lat. *flagrans*, de *flagrare*, «flamber».

flair [flɛʀ] n. m. **1.** Faculté de discerner par l'odeur; finesse de l'odorat. *Ce chien a du flair.* **2.** Fig. Sagacité, perspicacité. *Le flair d'un policier.* – Déverbal de *flairer*.

flairer [fleʀe] v. tr. [1] **1.** Discerner par l'odorat. *Le chien a flairé une piste.* ▷ S'appliquer avec insistance à sentir (une odeur, un objet). *Flairer un melon pour s'assurer qu'il est bien mûr.* **2.** Fig. Pressentir. *Flairer un piège.* – Du lat. *fragrare*, «exhaler une odeur».

flamand, ande [flamɑ̃, ɑ̃d] adj. et n. **1.** adj. De Flandre. *Les peintres flamands, l'école flamande.* ▷ Subst. Habitant ou personne originaire de Flandre. – Spécial *Les Flamands:* les peintres de l'école flamande. **2.** n. m. Parler sud-néerlandais, l'une des deux langues officielles de la Belgique (avec le français). – Du germ. *flaming*.

flamant [flamɑ̃] n. m. Grand oiseau (fam. phœnicoptéridés, ordre des ansériformes) aux pattes et au cou très longs, pourvu d'un bec lamelleux recourbé qui filtre les eaux vaseuses, douces et saumâtres. (Le flamant rose, *Phoenicopterus ruber*, haut d'env. 1,50 m, vit principalement en Camargue; d'autres espèces, de couleur noire ou écarlate, nichent en Afrique, et en Amérique du S., autour des lacs andins, notam.) – Provenç. *flamenc*, du lat. *flamma*, «flamme».

flambage [flɑ̃baʒ] n. m. **1.** Action de flamber, de passer au feu. *Le flambage d'un poulet, Le flambage est un moyen d'aseptie.* **2.** TECH Déformation affectant une pièce longue soumise dans le sens de la longueur à un effort de compression trop important. (On dit aussi *flambement*.) – De *flamber*.

flambant, ante [flɑ̃bɑ̃, ɑ̃t] adj. **1.** Qui flambe. *Charbon flambant* ou, n. m., *flambant:* charbon produisant surtout des flammes en brûlant. **2.** Fig. *Des yeux flambants de colère, de haine.* ▷ Loc. *Flambant neuf:* tout neuf. *Une voiture flambant neuve* ou *flambant neuf.* – Ppr. de *flamber*.

flambard ou **flambart** [flɑ̃baʀ] n. m. Fam. Fanfaron. – De *flamber*, au sens anc. de «briller (en public)».

flambeau [flɑ̃bo] n. m. **1.** Torche, chandelle, bougie qu'on porte à la main et qui sert à s'éclairer. *Retraite aux flambeaux.* ▷ ANTIQ *Course au flambeau :* course de relais où les coureurs se transmettaient de main en main un flambeau allumé. – Fig. *Se passer, se transmettre le flambeau,* continuer une œuvre, une tradition. **2.** *Par ext.* Chandelier, candélabre. *Un flambeau en argent.* **3.** *Par métaph.* Ce qui éclaire, ce qui sert de guide à l'esprit. *Le flambeau de la raison, de la vérité, de la science.* – De l'a. fr. *flamble,* «grande flamme».

flambé, ée [flɑ̃be] adj. **1.** Passé au feu, à la flamme. *Crêpe flambée.* **2.** Fig., fam. Ruiné, perdu, que l'on ne peut plus sauver. *Il est flambé. L'affaire est flambée.* – Pp. de *flamber.*

flambée [flɑ̃be] n. f. **1.** Feu vif de petit bois sec, de paille, etc. *Faire une flambée.* **2.** Fig. Forte poussée subite mais brève. *Une flambée de violence. Une flambée de fièvre.* – Pp. fém. subst. de *flamber.*

flambement. V. flambage.

flamber [flɑ̃be] **I.** v. intr. [1] Brûler d'un feu vif, en émettant beaucoup de lumière. *Le bois très sec flambe bien.* **II.** v. tr. **1.** Passer au feu, à la flamme. *Flamber un instrument chirurgical pour le stériliser.* **2.** Arg. Dilapider, dépenser follement. *Flamber sa fortune au jeu.* **3.** CONSTR Se déformer par flambage. – Du lat. *flammare;* a remplacé *flammer.*

flamberge [flɑ̃bɛʀʒ] n. f. *Mettre flamberge au vent:* sortir l'épée, se préparer à combattre, et, fig., prendre un air de bravade. – Nom de l'épée de Renaud de Montauban, d'abord *Froberge, Floberge,* n. pr. germ., puis *Flamberge,* par attract. de *flamme.*

flambeur, euse [flɑ̃bœʀ, øz] n. Fam. Personne qui dilapide son argent au jeu. – De *flamber* II (sens 2).

flamboiement [flɑ̃bwamɑ̃] n. m. Éclat de ce qui flamboie. – De *flamboyer.*

flamboyant, ante [flɑ̃bwajɑ̃, ɑ̃t] adj. et n. m. **I.** adj. **1.** Qui flamboie; qui brille comme une flamme. *Astre flamboyant. Regard flamboyant.* **2.** ARCHI *Style gothique flamboyant:* style gothique de la dernière période (XVe s.), aux ornements contournés en forme de flamme. – Par ext. *Cathédrale flamboyante,* de style flamboyant. **II.** n. m. BOT Arbre tropical à floraison rouge (fam. césalpiniacées). – Ppr. de *flamboyer.*

flamboyer [flɑ̃bwaje] v. intr. [26] Jeter, par intervalles, des flammes vives. ▷ *Par ext.* Briller comme une flamme. *On voyait flamboyer les épées.* – De l'a. fr. *flamble,* «grande flamme».

flamenco [flamɛnko] n. m. et adj. Genre musical originaire d'Andalousie, qui combine généralement le chant et la danse sur un accompagnement de guitare. ▷ Adj. *Guitare flamenco* ou *flamenca.* – Mot esp., «flamand», utilisé pour désigner les Gitans.

flamine [flamin] n. m. ANTIQ Prêtre de certaines divinités, à Rome. – Lat. *flamen, flaminis.*

flamingant, ante [flamɛ̃gɑ̃, ɑ̃t] adj. et n. Relatif à la langue flamande; qui parle, où l'on parle flamand. – De *flameng,* anc. forme de *flamand.*

1. flamme [flam] n. f. **I. 1.** Produit gazeux et incandescent d'une combustion, plus ou moins lumineux et de couleur variable selon la nature du combustible. ▷ *Les flammes :* le feu destructeur, l'incendie. *La maison fut rapidement la proie des flammes.* – Le supplice du feu, le bûcher. *Jeanne d'Arc périt par les flammes.* **2.** Fig. Passion ardente, enthousiasme. *Un discours plein de flamme.* ▷ Litt. Passion amoureuse. *Brûler d'une flamme secrète pour qqn.* **II.** Ce qui a la forme d'une flamme, telle qu'on la représente. **1.** Autref., petite banderole qui ornait la lance des cavaliers. ▷ Mod. Pavillon long et étroit, de forme triangulaire. **2.** Marque postale en forme de traits ondulés parallèles, apposée à côté du cachet d'oblitération. – *Par ext.* Toute inscription ou image tamponnée à cette place. – Lat. *flamma.*

2. flamme [flam] n. f. MED VET Lancette pour saigner les chevaux. – Du bas lat. *flebotomus,* «lancette», du gr. *phlebotomos,* par attract. du préc.

flammé, ée [flame] adj. TECH *Grès flammé,* coloré irrégulièrement par le feu. – De *flamme* 1.

flammèche [flamɛʃ] n. f. Parcelle de matière enflammée qui s'envole, qui s'échappe d'un foyer. – Crois. de *flamme* 1 et du germ. **falawiska,* «étincelle».

1. flan [flɑ̃] n. m. **1.** Crème prise au four, à base de lait sucré, d'œufs et de farine. **2.** TECH Disque destiné à recevoir une empreinte par pression. *Les flans d'une pièce de monnaie.* ▷ IMPRIM Pièce en carton ou en plastique avec laquelle on prend l'empreinte d'une page de composition typographique. **3.** Pop. *En être, en rester comme deux ronds de flan:* être stupéfait, rester muet d'étonnement, de surprise. – Frq. **flado.*

2. flan [flɑ̃] n. m. Pop. **1.** *C'est du flan! :* du bluff, du vent. *Je l'ai eu au flan.* **2.** loc. *À la flan :* sans soin. *Travail fait à la flan.* – Orig. incert., p.-ê. de *flan* 1, ou var. de *vlan.*

flanc [flɑ̃] n. m. **1.** Région latérale du corps de l'être humain et de certains animaux, comprenant les côtes et la hanche. *Cheval qui se couche sur le flanc.* ▷ Fig. *Être sur le flanc:* être très fatigué, exténué. – *Mettre qqn sur le flanc.* – Fam. *Tirer au flanc:* chercher à échapper à un travail, à une corvée. ▷ *Des tire-au-flanc.* V. flanc-mou. **2.** *Par ext.* Vx ou litt. Les entrailles, le sein. *Porter un enfant dans ses flancs.* **3.** BOUCH (Coupe nord-amér.) Morceau de bœuf correspondant au ventre. **4.** Côté de diverses choses. *Le flanc d'une montagne. Le flanc d'un navire.* ▷ Loc. *À flanc de:* sur la pente de. *À flanc de coteau.* **5.** MILIT (Par oppos. à *front.*) Côté droit ou gauche d'une formation. *Prêter le flanc:* découvrir un de ses flancs. – Fig. *Prêter le flanc à la critique,* s'y exposer. – Du frq. **hlanka,* «hanche».

flanc-garde [flɑ̃gaʀd] n. f. MILIT Élément détaché d'une colonne en marche, servant à protéger ses flancs. *Des flancs-gardes.* – De *flanc,* et *garde.*

flancher [flɑ̃ʃe] v. intr. [1] Fam. **1.** Céder, faiblir; cesser de résister. *Son cœur a flanché au cours de l'opération.* **2.** Abandonner un projet, une entreprise; cesser de persévérer. *Il n'y est pas arrivé, il a flanché au dernier moment.* – Altér. de l'a. fr. *flenchir,* «détourner»; frq. **blankjan,* «ployer».

flanchet [flɑ̃ʃɛ] n. m. BOUCH (Coupe française) Morceau du bœuf situé entre la tranche et la poitrine. ▷ PECHE Partie de la morue voisine des filets. – Dimin. de *flanc.*

flanc(-)mou [flɑ̃mu] n. Fam. Personne qui manque d'énergie, qui est paresseuse. *Un grand flanc-mou. Une flanc-mou.* «[...] au moment où il pourrait toucher un traitement cent fois mérité, et que d'autres flancs mous, qui n'ont rien fait, reçoivent à sa place [...]» (*Les Pamphlets de Valdombre,* 1936).

flandrien, ienne [flɑ̃dʀijɛ̃, jɛn] adj. et n. m. GEOL *Transgression flandrienne :* la dernière transgression marine du Quaternaire européen, qui se termina v. 6000 av. J.-C. ▷ N. m. Période pendant laquelle se produisit cette transgression. – De *Flandre.*

flandrin [flɑ̃dʀɛ̃] n. m. Fam. Homme grand et mince, de contenance molle et gauche. – De *Flandre.*

flanelle [flanɛl] n. f. Étoffe légère, douce et chaude, en laine peignée ou cardée. *Pantalon de flanelle.* – Fig., fam. *Avoir les jambes en flanelle:* molles, flageolantes. – Angl. *flannel,* gallois *gwlanen,* de *gwlân,* «laine».

flâner [flane] v. intr. [1] Se promener sans but. *Flâner dans les rues.* – *Par ext.* Perdre du temps en lambinant. *Travaillez, au lieu de flâner.* – Du v. dial.

flanner (Normandie); anc. scand. *flana*, «courir çà et là».

flânerie [flɑnʀi] n. f. Action de flâner. – De *flâner*.

flâneur, euse [flɑnœʀ, øz] n. et adj. Qui aime à flâner; qui flâne. – De *flâner*.

flanquement [flɑ̃kmɑ̃] n. m. **1.** Action de flanquer. – Ouvrage défensif qui en flanque un autre. **2.** *Tir de flanquement :* tir parallèle à la ligne de défense. – De *flanquer* 1.

1. flanquer [flɑ̃ke] v. tr. [1] **1.** MILIT Protéger, défendre (le flanc d'une troupe) en plaçant des troupes, des armes, etc. *Flanquer son aile droite d'un rideau de cavalerie, d'un nid de mitrailleuses.* **2.** Être disposé de part et d'autre pour protéger. *Mitrailleuses qui flanquent la compagnie.* **3.** ARCHI Être construit de part et d'autre. *Deux tourelles flanquaient un bâtiment central.* – Péjor. Accompagné. *Il est toujours flanqué de ses acolytes.* – De *flanc*.

2. flanquer [flɑ̃ke] v. tr. [1] Fam. **1.** Lancer, jeter, appliquer brutalement. *Flanquer un coup de poing à qqn. – Flanquer qqn dehors,* le congédier rudement, ou le faire sortir par force. **2.** Donner. *Il m'a flanqué une peur bleue.* **3.** v. pron. *Se flanquer par terre:* tomber rudement. – Du préc., ou altér. de l'anc. v. *flaquer*, «jeter brutalement du liquide», de flac!

flapi, ie [flapi] adj. Fam. Abattu, épuisé, éreinté. – Du vx mot lyonnais *flapir*, «amollir, abattre».

flaque [flak] n. f. Petite mare de liquide stagnant. *Flaque d'eau.* – De l'a. fr. *flache*, «creux, mou».

flash [flaʃ] n. m. Anglicisme **1.** Projecteur pour la photographie, qui émet un bref éclat de lumière intense lorsque l'on prend un instantané; cet éclat de lumière. **2.** CINE Plan très court. **3.** Annonce brève sur les télétypes, à la radio ou à la télévision. *Un flash publicitaire. Des flashes d'information.* – Mot angl., «éclair».

1. flasque [flask] adj. Mou, dépourvu de fermeté, d'élasticité. *Des chairs flasques.* – Du lat. *flaccidus*.

2. flasque [flask] n. f. Petit flacon plat. – Ital. *fiasca*, «bonbonne» ou *fiasco*, «bouteille». V. fiasque.

3. flasque [flask] n. m. **1.** Chacune des deux pièces latérales de l'affût d'un canon. **2.** TECH Chacune des deux plaques, généralement parallèles, constitutives de certaines pièces mécaniques. *Flasques de roue d'automobile.* – Orig. incert.

flatter [flate] **I.** v. tr. [1] **1.** Louer exagérément ou mensongèrement (qqn) pour lui plaire, le séduire. ▷ Présenter (qqn) avantageusement dans un portrait, une peinture. *La photographie, prise sous cet angle, la flattait.* **2.** Caresser (un animal) de la main. *Flatter un cheval.* **3.** (Sujet nom de choses.) Causer de la fierté à. *Cette préférence me flatte.* **4.** Être agréable (aux sens). *Un vin qui flatte le palais.* **5.** Encourager, favoriser (qqch de nuisible ou de répréhensible). *Flatter le vice, les manies de qqn.* **II.** v. pron. **1.** *Se flatter de* (+ inf.) ou, litt., *que* (+ ind. futur ou subj.). Se faire fort de, être persuadé (parfois présomptueusement) que. *Il se flatte de réussir. Elle se flatte qu'il vienne* (ou *qu'il viendra*). **2.** Avoir, ou vouloir donner une trop haute opinion de soi. *Je crois que vous vous flattez, quand vous dites cela.* – Du frq. **flat*, «plat».

flatterie [flatʀi] n. f. Action de flatter; louange fausse ou exagérée dans l'intention d'être agréable, de séduire, de corrompre. – De *flatter*.

flatteur, euse [flatœʀ, øz] n. et adj. **I.** n. Personne qui flatte, qui cherche à séduire par des flatteries. *«Tout flatteur vit aux dépens de celui qui l'écoute»* (La Fontaine). **II.** adj. **1.** Qui loue avec exagération et par calcul. *Des amis flatteurs.* – Par ext. *Des manières flatteuses.* **2.** Favorable, élogieux; qui marque l'approbation. *Un murmure flatteur accueillit son discours.* **3.** Qui avantage, qui embellit. *Un portrait flatteur.* – De *flatter*.

flatteusement [flatøzmɑ̃] adv. D'une manière flatteuse. – De *flatteur*.

flatulence [flatylɑ̃s] n. f. Production de gaz gastro-intestinaux provoquant un ballonnement abdominal et l'émission de gaz. – De *flatulent*.

flatulent, ente [flatylɑ̃, ɑ̃t] adj. Qui s'accompagne de gaz. *Colique flatulente.* – Du lat. *flatus*, «vent».

flavescent, ente [flavɛsɑ̃, ɑ̃t] adj. Litt. Qui tire sur le jaune ou le blond. – Lat. *flavescens*, de *flavescere*, «jaunir».

flavine [flavin] n. f. BIOCHIM Coenzyme de plusieurs déshydrogénases se présentant sous la forme de riboflavine (vitamine B2), de flavine-adénine-dinucléotide (F.A.D.) ou de flavine-mononucléotide (F.M.N.), ces deux dernières intervenant dans le transport d'hydrogène qui accompagne les phénomènes respiratoires de la cellule. – Du lat. *flavus*, «jaune».

flavoprotéine [flavopʀotein] n. f. BIOCHIM Déshydrogénase dont la coenzyme est une flavine. – De *flavine*, et *protéine*.

fléau [fleo] n. m. **I. 1.** Instrument pour battre les céréales, constitué d'un manche et d'un battoir en bois reliés par une courroie. ▷ *Fléau d'armes:* arme en usage au Moyen Âge, formée d'une masse hérissée de pointes reliée par une chaîne à un manche. **2.** Barre horizontale qui supporte les plateaux d'une balance. **II.** Fig. **1.** Grande calamité. *La peste et le choléra, fléaux de l'Europe médiévale.* – Par ext. (à propos d'une personne). *Néron, fléau des chrétiens.* **2.** Ce qui est redoutablement nuisible, dangereux. *Les criquets, fléau des récoltes.* – Du lat. *flagellum*, «fouet».

fléchage [fleʃaʒ] n. m. Action de flécher un itinéraire; son résultat. – De *flécher*.

1. flèche [flɛʃ] n. f. **I. 1.** Trait qu'on lance avec un arc ou une arbalète et dont l'extrémité est ordinairement en forme de fer de lance. *Tirer, décocher une flèche.* ▷ Loc. *Partir comme une flèche*, très rapidement. – *Monter en flèche*, à toute vitesse et presque à la verticale. Fig. *Les prix grimpent en flèche depuis un mois.* – *Faire flèche de tout bois :* recourir à tous les moyens pour arriver à ses fins. **2.** Fig. Trait piquant, ironique. – Loc. litt. *La flèche du Parthe :* trait d'esprit amer ou sarcastique qu'on lance à qqn en se retirant (comme les Parthes décochaient leurs flèches en fuyant). **3.** *Par anal.* Signe en forme de flèche pour indiquer une direction. *Suivez la flèche.* **II.** *Par anal.* **1.** Partie de forme effilée, pyramidale ou conique, qui surmonte un clocher. **2.** BOT Pousse terminale d'un arbre, spécial. d'un conifère. **3.** Timon unique d'une voiture à chevaux. ▷ ARTILL Partie arrière de l'affût d'un canon. **4.** *Flèche d'une grue :* partie en porte à faux, mobile autour du mât et qui supporte les organes de levage. **5.** GEOM Perpendiculaire abaissée du milieu d'un arc de cercle sur la corde qui sous-tend cet arc. ▷ ARCHI Hauteur verticale de la clef de voûte à partir du plan de la base de cette voûte. ▷ CONSTR Déplacement vertical maximal de la fibre neutre d'une pièce horizontale (dalle, tablier de pont, poutre) sous l'effet des charges et de son poids propre. **6.** AVIAT Angle formé par le bord d'attaque de l'aile d'un avion par rapport au fuselage. – Du frq. **fliugika*, «celle qui fuit».

2. flèche [flɛʃ] n. f. Partie du lard d'un porc, de l'épaule à la cuisse. – Anc. fr. *fliche*, du scand. *flikki*.

flécher [fleʃe] v. tr. [16] Jalonner avec des flèches. *Flécher un itinéraire.* – De *flèche* 1.

fléchette [fleʃɛt] n. f. Projectile en forme de petite flèche empennée, qu'on lance à la main sur une cible. *Jouer aux fléchettes.* – De *flèche* 1.

fléchir [fleʃiʀ] **I.** v. tr. [2] **1.** Ployer, courber. *Fléchir les genoux.* **2.** Fig. Faire céder; émouvoir, attendrir. *Fléchir qqn à force de prières.* – Litt. *Fléchir la colère de qqn.* **II.** v. intr. **1.** Se courber, ployer sous une charge. *Cette poutre fléchit.* **2.** Céder, faiblir. *L'ennemi fléchissait et perdait peu à peu du terrain.* **3.** Perdre de son intensité, diminuer, baisser. *Sa voix fléchissait à cause de la fatigue.* – De l'a. fr. *flechier*, bas lat. *flecticare*, fréquentatif de *flectere*, «ployer, fléchir».

fléchissement [fleʃismɑ̃] n. m. **1.** Action de fléchir; état d'un corps qui fléchit. *Le fléchissement du bras.* – *Le fléchissement d'une poutre.* **2.** Le fait de céder, de faiblir. *Le fléchissement des lignes ennemies.* **3.** Le fait de baisser, de diminuer. *Le fléchissement des prix.* – De *fléchir*.

fléchisseur [fleʃisœʀ] n. m. et adj. m. ANAT Muscle qui détermine la flexion d'un membre (par oppos. à *extenseur*). – De *fléchir*.

flegmatique [flɛ(e)gmatik] adj. Qui maîtrise ses sentiments, qui ne se départ pas facilement de son calme. *Une personne flegmatique.* – Par ext. *Un caractère flegmatique.* – Lat. *phlegmaticus*, gr. *phlegmatikos*, «qui concerne l'humeur».

flegmatiquement [flɛ(e)gmatikmɑ̃] adv. Avec flegme. – De *flegmatique*.

flegme [flɛgm] n. m. **1.** Cour. Caractère d'un individu maître de ses sentiments, qui ne se départ pas de son calme. **2.** CHIM Alcool brut résultant d'une première distillation. – Bas lat. *phlegma*, «humeur», mot gr.

flein [flɛ̃] n. m. Vannerie servant à emballer les primeurs. – Orig. incert..

flemmard, arde [flemaʀ, aʀd] adj. et n. Fam. Qui aime à rester sans rien faire, paresseux. *Elle est assez flemmarde.* ▷ Subst. *Quel flemmard!* – De *flemme*.

flemmarder [flemaʀde] v. intr. [1] Fam. Paresser. *Flemmarder au lit jusqu'à midi.* – De *flemmard*.

flemme [flɛm] n. f. Fam. Paresse, tendance à rester sans rien faire. *J'ai la flemme d'aller les rejoindre.* – *Tirer sa flemme :* paresser. – Ital. *flemma*, de *phlegma*. V. flegme.

fléole ou **phléole** [fleɔl] n. f. Graminée fourragère vivace qui pousse dans les champs et au bord des chemins. *La phléole des prés (Phleum pratense), appelée aussi mil, est cultivée au Canada pour le foin.* – Du gr. *phleôs*, «roseau».

flet [flɛt] n. m. Poisson pleuronectidé *(Flesus flesus)*, long d'une cinquantaine de cm, très courant dans les estuaires et sur les côtes atlantiques. – Moyen néerl. *vlete*.

flétan [fletɑ̃] n. m. Poisson pleuronectidé *(Hippoglossus hippoglossus)* de grande taille (il peut atteindre 4 m de long et 300 kg), fréquent dans les mers froides, dont le foie fournit une huile riche en vitamines A et D. *Flétan du Groenland (Reinhardtius hippoglossoides).* – De *flet*.

flétri, ie [fletʀi] adj. Qui a perdu son éclat, sa fraîcheur. *Fleur flétrie.* ▷ Fig. *Teint flétri.* – Pp. de *flétrir*.

1. flétrir [fletʀiʀ] v. tr. [2] **1.** Faire perdre sa couleur, sa forme, sa fraîcheur à (une plante, une fleur). *La sécheresse a flétri toutes les fleurs.* ▷ V. pron. *Plantes qui se flétrissent.* **2.** *Par anal.* Ternir, altérer. *Le soleil a flétri les couleurs de cette étoffe.* ▷ Fig. *Le temps a flétri son visage.* – De l'a. fr. *flestre*, du lat. *flaccus*, «flasque».

2. flétrir [fletʀiʀ] v. tr. [2] **1.** Anc. Marquer (un criminel) d'une empreinte infamante au fer rouge. **2.** Mod. Stigmatiser, vouer au déshonneur. *Flétrir les traîtres. Flétrir la mémoire de qqn.* – Altér., p.-ê. de *flétrir* 1, de l'a. fr. *flatrir*, «marquer», du frq. **flat*, «plat».

flétrissement [fletʀismɑ̃] n. m. Fait de se flétrir, état d'une plante flétrie. – De *flétrir* 1.

1. flétrissure [fletʀisyʀ] n. f. Altération de l'éclat, de la fraîcheur d'une plante qui se flétrit. ▷ Fig. *Son visage marqué des flétrissures de l'âge.* – De *flétrir* 1.

2. flétrissure [fletʀisyʀ] n. f. **1.** Anc. Marque au fer rouge imprimée sur l'épaule d'un criminel. **2.** Mod. Atteinte grave à l'honneur, à la réputation. – De *flétrir* 2.

fleur [flœʀ] n. f. **I. 1.** Partie des végétaux phanérogames qui porte les organes de la reproduction. *Les fleurs du pêcher. Un pommier en fleur(s),* dont les fleurs sont écloses. **2.** Cour. Plante qui produit des fleurs. *Arroser des fleurs.* **3.** Figure ou représentation d'une fleur. *Papier, tissu à fleurs.* – *Fleurs artificielles* (en tissu, en papier, en matière plastique, etc.). ▷ Fig. Au pl. Ornements de style. *Les fleurs de la rhétorique.* **4.** Fig. Ce qui embellit, rend agréable et plaisant. *Une vie semée de fleurs.* ▷ Loc. *Couvrir qqn de fleurs,* lui faire toutes sortes de compliments. **5.** Le plus beau moment, l'apogée d'une chose périssable. *La fleur de l'âge:* la jeunesse. *Mourir à la fleur de l'âge.* **6.** Ce qu'il y a de meilleur en son genre; l'élite. *La fine fleur de l'aristocratie.* ▷ *Fleur de farine:* la partie la plus fine, la meilleure, de la farine. **7.** Fig., fam. *Faire une fleur à qqn,* lui accorder une faveur, un avantage. ▷ *Être fleur bleue:* être d'une sentimentalité naïve et un peu mièvre. ▷ Fam. *Comme une fleur:* sans aucune difficulté, très facilement. *Il est arrivé premier comme une fleur.* **II.** loc. prép. *À fleur de:* presque au niveau de. *Rochers à fleur d'eau. Avoir les yeux à fleur de tête.* ▷ Fig. *Avoir les nerfs à fleur de peau:* être très nerveux, facilement irritable. – *Sensibilité à fleur de peau.* **III.** *Par anal.* **1.** TECH *La fleur du cuir:* le côté de la peau où se trouvent les poils (par oppos. au côté *croûte*). **2.** Au pl. *Fleurs de vin, de vinaigre, de bière:* moisissures qui se développent à la surface du vin, du vinaigre, de la bière. **3.** CHIM Substance provenant d'une sublimation. *Fleur de soufre.* – Lat. *flos, floris*.

ENCYCL **Bot.** Une fleur complète est hermaphrodite et comprend un pédoncule floral (portant ou non une bractée), dont l'extrémité, renflée, est le réceptacle floral. Sur le réceptacle floral s'insèrent, en allant de l'extérieur vers l'intérieur de la fleur: le périanthe, constitué du calice, formé de sépales généralement verts, et de la corolle, formée de pétales souvent de couleur vive; la partie sexuée, qui comprend l'androcée, ensemble des étamines productrices de pollen, et le gynécée, formé de carpelles libres ou d'un pistil contenant les ovules, lesquels seront fécondés par le pollen et donneront les graines. D'une espèce végétale à l'autre, toutes les variations sont possibles; les sépales peuvent acquérir de vives couleurs, ressemblant ainsi aux pétales et vice versa; les pièces florales peuvent avoir une disposition spiralée ou en verticilles, être séparées les unes des autres (fleurs dialysépales et dialypétales), être soudées entre elles (fleurs gamosépales, gamopétales, étamines soudées aux pétales, etc.); l'ovaire peut être situé au-dessus du plan d'insertion du périanthe sur le réceptacle (ovaire supère) ou en dessous (ovaire infère); certaines pièces du périanthe peuvent être très réduites ou absentes : fleurs apétales ou asépales; en ce qui concerne la partie sexuée, les fleurs ne possèdent parfois que des étamines (fleurs mâles) ou qu'un pistil (fleurs femelles). Pédonculées ou sessiles, les fleurs poussent sur de jeunes rameaux ou à même le tronc et les grosses branches.

fleuraison [flœʀɛzɔ̃] n. f. V. floraison.

fleur de lis ou **fleur de lys** [flœʀdəlis] n. f. **1.** HIST Figure héraldique représentant trois fleurs de lis stylisées et unies, propre aux armoiries de la monarchie française; symbole de cette monarchie. **2.** Figure héraldique rappelant l'origine française d'une communauté nord-américaine. *Le fleur de lis est le symbole du fait français en Amérique. Les fleurs de lis du drapeau québécois, des armoiries du Canada, des provinces du Nouveau-Brunswick et du Québec.* – De *fleur*, et *lis*.

fleurdelisé, ée [flœʀdəlize] adj. Orné de fleurs de lis. *Le drapeau fleurdelisé du Québec*, ou subst., *le fleurdelisé. Le fleuredelisé est, depuis le 21 janvier 1948, le drapeau officiel de la province de Québec.* – De *fleur de lis*.

fleurer [flœ(ø)ʀe] v. tr. et intr. [1] Litt. Sentir, exhaler une odeur. *Cela fleure bon. Un plat qui fleure les épices.* – Du lat. pop. **flator*, «odeur» du bas lat. *flatare*, «souffler», avec infl. de *fleur*.

fleuret [flœʀɛ] n. m. **1.** Arme d'escrime composée d'une lame à section quadrangulaire et d'une poignée que protège une coquille. **2.** TECH Outil équipant les perforatrices et les marteaux pneumatiques. – De l'ital. *fioretto*, «petite fleur», à cause du *bouton* du fleuret d'exercice.

fleurette [flœʀɛt] n. f. Petite fleur. ▷ Loc. fig. *Conter fleurette à une femme*, la courtiser. – De *fleur*.

fleurettiste [flœʀɛtist] n. Escrimeur, escrimeuse spécialiste du fleuret. – De *fleuret*.

fleuri, ie [flœ(ø)ʀi] adj. **1.** En fleurs; couvert de fleurs. *Arbre fleuri. Jardin fleuri. Pâques fleuries:* le dimanche des Rameaux. **2.** Fig. *Teint fleuri*, qui a de l'éclat, de la fraîcheur. ▷ Vx et litt. *Barbe fleurie*, blanche (au sens de l'a. fr. *flori*, «blanc de poil»). *Charlemagne, l'empereur à la barbe fleurie.* **3.** Fig. Orné. *Discours, style fleuri.* **4.** Fig. Moisi. *Fromage à croûte fleurie*, à moisissures extérieures. – Pp. de *fleurir*.

fleurir [flœ(ø)ʀiʀ] **I.** v. intr. [2] **1.** Produire des fleurs; être en fleurs. *Les rosiers commencent à fleurir.* **2.** Fig. Être en état de prospérité, de splendeur; être en crédit, en honneur (en ce sens, *florissait* ou *fleurissait* à l'imparfait). *La Renaissance fut une époque où fleurissaient (florissaient) tous les arts.* **3.** *Par anal.* Se couvrir de poils, de boutons, etc. *Menton, visage qui fleurit.* **II.** v. tr. Orner (qqch) de fleurs, d'une fleur. *Fleurir une tombe. Fleurir sa boutonnière.* – Lat. *florere*, de *flos*, «fleur».

fleuriste [flœ(ø)ʀist] n. et adj. **1.** Personne qui cultive les fleurs pour les vendre; personne qui fait le commerce des fleurs. **2.** Personne qui confectionne des fleurs artificielles ou en fait le commerce. ▷ Adj. *Un ouvrier fleuriste.* – De *fleur*.

fleuron [flœ(ø)ʀõ] n. m. **1.** Ornement figurant une feuille ou une fleur. *Les fleurons d'une couronne.* ▷ Fig. *Le plus beau fleuron de...*, ce qu'il y a de mieux, de plus remarquable dans... *«L'Énéide» est le plus beau fleuron de la littérature latine.* **2.** BOT Chacune des fleurs régulières qui occupent le centre du capitule, chez les composées. – De *fleur*, d'ap. l'ital. *fiorone*.

fleuronné, ée [flœ(ø)ʀɔne] adj. Orné de fleurons. – De *fleuron*.

fleuve [flœv] n. m. **1.** Cour. Grand cours d'eau aux multiples affluents, qui se jette dans la mer. ▷ GEOGR Tout cours d'eau qui se jette dans une mer. *Fleuve côtier.* ▷ Par anal. *Fleuve de boue, de glace, de lave*, etc. **2.** Fig. Ce qui s'écoule, semble s'écouler de manière continue. *Le fleuve de la vie.* ▷ (Avec une idée d'abondance). *Roman fleuve*, très long, dont les multiples péripéties couvrent en général plusieurs générations. – Par ext. *Discours fleuve*, très long. – Lat. *fluvius*.

flexibilité [flɛksibilite] n. f. Caractère de ce qui est flexible. *La flexibilité du roseau.* – Fig. *La flexibilité de son esprit.* – De *flexible*.

flexible [flɛksibl] adj. et n. m. **1.** Souple, qui plie aisément sans se rompre. *L'osier est flexible.* ▷ N. m. TECH Dispositif souple de transmission d'un mouvement de rotation. *Flexible de compte-tour.* **2.** Fig. Qui se laisse fléchir facilement; qui s'adapte aisément aux circonstances. *Caractère flexible.* – Lat. *flexibilis*.

flexion [flɛksjõ] n. f. **1.** Le fait de fléchir; état de ce qui fléchit. – MECA Déformation que subit une pièce longue (poutre, barre) soumise à une force appliquée perpendiculairement à son axe longitudinal, en des points où elle n'est pas soutenue. **2.** Mouvement par lequel l'angle que forment deux segments osseux articulés se ferme (par oppos. à l'*extension*). *Flexion du genou, de l'avant-bras.* **3.** LING Phénomène morphologique caractéristique des langues dites *flexionnelles*, dans lesquelles le mot se décompose en un radical et en des marques morphologiques (indices de genre, nombre, personne, cas), variables selon ses rapports avec les autres unités de la phrase. *Les flexions de l'adjectif sont déterminées par le substantif dont il est l'attribut ou l'épithète.* – Lat. *flexio, flexionis*, de *flexus*, pp. de *flectere*, «ployer, fléchir».

flexionnel, elle [flɛksjɔnɛl] adj. LING Qui a rapport aux flexions; qui présente des flexions. *Langues flexionnelles.* – De *flexion*.

flexographie [flɛksogʀafi] n. f. TECH Procédé d'impression avec des supports souples et en relief. – De *flexible*, et *graphie*.

flexueux, euse [flɛksɥø, øz] adj. Rare Fléchi, courbé en plusieurs sens; qui ondule. *Tige flexueuse.* – Lat. *flexuosus*, «tortueux».

flexuosité [flɛksɥɔzite] n. f. Rare Caractère de ce qui est flexueux. – Bas lat. *flexuositas*, «sinuosité».

flexure [flɛksyʀ] n. f. GEOL Brusque changement de pendage d'un terrain sans rupture des couches. *Une flexure correspond généralement à la zone d'enracinement latéral d'une faille.* – Lat. *flexura*, «action de courber».

flibuste [flibyst] n. f. Piraterie des flibustiers; ensemble des flibustiers. – De *flibustier*.

flibustier [flibystje] n. m. **1.** Pirate des mers américaines, aux XVIIe et XVIIIe s. *Les flibustiers étaient principalement établis dans l'île de la Tortue, au N.-O. d'Haïti, et dévastaient les possessions espagnoles.* **2.** *Par ext.* Voleur, filou audacieux. – Angl. *flibutor*; altér. du néerl. *vrijbuiter*, «qui fait du butin librement».

flic [flik] n. m. Pop. Policier. – Orig. incert.

flic flac! [flikflak] interj. Fam. Onomatopée évoquant un claquement, le bruit d'un liquide qui s'égoutte.

flingue [flɛ̃g] ou **flingot** [flɛ̃go] n. m. Pop. Fusil ou pistolet. – All. dial. *flinke, flingge*.

flinguer [flɛ̃ge] v. tr. [1] Pop. *Flinguer qqn*, tirer sur lui avec une arme à feu. ▷ V. pron. Se suicider avec une arme à feu. *Quelle vie! Il y a de quoi se flinguer.* – De *flingue*.

flint-glass [flintglas] ou **flint** [flint] n. m. TECH Verre d'optique à base de plomb et d'indice de réfraction élevé, à faible dispersion. – Mot angl, de *flint*, «silex», et *glass*, «verre».

flipot [flipo] n. m. TECH Petit morceau de bois servant à cacher une fente dans un ouvrage d'ébénisterie. – Probabl. du n. pr. *Phelipot*, de *Philippe*.

flirt [flœʀt] n. m. **1.** Vieilli Échange de galanteries, jeu de séduction entre un homme et une femme. ▷ Fig., mod. *Avoir un flirt avec le pouvoir.* **2.** Mod. Jeu amoureux, échange de baisers, de caresses plus ou moins libres. **3.** Personne avec qui l'on flirte. *Elle nous a présenté son dernier flirt.* – Mot angl.

flirter [flœʀte] v. intr. [1] Avoir un flirt (avec qqn). ▷ Fig. *Flirter avec la politique.* – De l'angl. *to flirt*, «faire la cour à».

floc! [flɔk] interj. Onomatopée évoquant le bruit d'une chute dans l'eau.

flocage ou **flockage** [flɔkaʒ] n. m. TECH Application de fibres textiles, synthétiques, etc., sur une surface enduite d'adhésif. – De l'angl. *flock*, «flocon».

floche [flɔʃ] adj. TECH *Soie floche*, qui n'est que légèrement torse. – Probabl. gascon *floche*, «flasque».

flockage. V. flocage.

flocon [flɔkõ] n. m. **1.** Petite touffe de laine, de soie, etc. **2.** Petite masse de cristaux de neige agglomérés. **3.** n. m. pl. Lamelles de graines de céréales. *Flocons d'avoine.* – De l'a. fr. *floc*, lat. *floccus*.

floconner [flɔkɔne] v. intr. [1] S'agglomérer en flocons. – De *flocon*.

floconneux, euse [flɔkɔnø, øz] adj. Qui affecte l'aspect de flocons. *Nuages floconneux. Précipité floconneux.* – De *flocon*.

floculation [flɔkylasjõ] n. f. **1.** TECH Précipitation de substances en solution sous forme colloïdale. *On épure les eaux usées par floculation.* **2.** MED *Réaction de floculation:* réaction de précipitation qui permet le diagnostic de certaines maladies. – De *floculer*.

floculer [flɔkyle] v. intr. [1] TECH Précipiter par floculation. – Du bas lat. *flocculus*, «petit flocon».

flonflons [flõflõ] n. m. plur. Accents bruyants d'un air de musique populaire. *Les flonflons d'un bal populaire.* – Onomat.

flopée [flɔpe] n. f. Fam. Grande quantité. – D'un anc. v. *floper*, «battre».

floraison [flɔʀɛzõ] n. f. **1.** Épanouissement des fleurs; époque où les fleurs s'épanouissent (on dit aussi *fleuraison*). **2.** Fig. Développement, épanouissement. – Réfection de l'a. fr. *fleurson*, d'ap. le lat. *flos, floris*, «fleur».

floral, ale, aux [flɔʀal, o] adj. Qui a rapport, qui appartient à la fleur, aux fleurs. *Les verticilles floraux. Exposition florale.* – Lat. *floralis*, rac. *flos, floris*, «fleur».

floralies [flɔʀali] n. f. pl. Grande exposition florale. – Du lat. *floralia (loca)*, «parterre de fleurs».

flore [flɔʀ] n. f. **I. 1.** Ensemble des espèces végétales d'une région, d'un pays. *La flore laurentienne.* **2.** Ouvrage qui en fait l'étude. **II.** BIOL *Flore intestinale:* ensemble des bactéries qui vivent normalement dans l'intestin. – De *Flora*, déesse italique des fleurs et des jardins.

floréal [flɔʀeal] n. m. HIST (France) Huitième mois du calendrier républicain (21 avril-21 mai). – Du lat. *floreus*, «fleuri».

florentin, ine [flɔʀɑ̃tɛ̃, in] adj. et n. De Florence, v. d'Italie.

florès [flɔʀɛs] en loc. Vieilli ou litt. *Faire florès :* avoir de grands succès, réussir brillamment. – P.-ê. du provenç. *faire flori.*

floricole [flɔʀikɔl] adj. ZOOL Qui vit sur les fleurs. – Du lat. *flos, floris*, «fleur», et *-cole.*

floriculture [flɔʀikyltyʀ] n. f. AGRIC Culture des plantes pour leurs fleurs (ornement, essences). – De *flori-*, du lat. *flos, floris*, «fleur», et *culture.*

floridées [flɔʀide] n. f. pl. BOT Sous-classe d'algues rhodophycées (algues rouges), presque exclusivement marines. – Du lat. *floridus*, «fleuri».

florifère [flɔʀifɛʀ] adj. BOT Qui porte des fleurs. *Rameau florifère.* – Lat. *florifer.*

florilège [flɔʀilɛʒ] n. m. **1.** Recueil de pièces choisies. **2.** Fig. Choix de choses remarquables. – Du lat. *flos, floris*, «fleur», et *legere*, «recueillir».

florin [flɔʀɛ̃] n. m. Unité monétaire des Pays-Bas. – Ital. *fiorino*, de *fiore*, «fleur».

florissant, ante [flɔʀisɑ̃, ɑ̃t] adj. **1.** Qui est dans un état brillant, prospère. *Commerce florissant.* **2.** Qui dénote la santé, le bon état physique. *Un visage florissant.* – Ppr. de l'a. fr. *florir*, «fleurir».

floristique [flɔʀistik] adj. et n. f. BOT Science des flores (sens I, 1). Syn. phytogéographie. – De *flore.*

flot [flo] n. m. **I.** Sing. **1.** Ondulation formée par l'eau agitée. **2.** Eau en mouvement. *Le flot du Saint-Laurent.* ▷ Par anal. (sing. ou plur.) *Flot (flots) de cheveux, de larmes, de rubans.* **3.** Marée montante. Ant. jusant. **4.** Fig. *Un flot de:* une grande quantité de. *Un flot de paroles.* **II.** Plur. **1.** Litt. *Les flots:* la mer. *Navire voguant sur les flots.* **2.** loc. adv. *À flots:* en grande quantité, abondamment. *Le vin coulait à flots.* **III.** *À flot:* qui flotte. *Navire à flot.* ▷ Fig. *Être à flot:* avoir suffisamment d'argent, ne pas être gêné matériellement. *Remettre qqn à flot*, le renflouer. – Anc. scand. *flod*, «marée montante».

flottabilité [flɔtabilite] n. f. Qualité de ce qui peut flotter, insubmersibilité. – De *flottable.*

flottable [flɔtabl] adj. **1.** TECH Qui permet le flottage du bois. *Rivière flottable.* **2.** Qui peut flotter. – De *flotter* 1.

flottage [flɔtaʒ] n. m. TECH Transport par eau du bois que l'on fait flotter. *Flottage à bûches perdues, en trains.* – De *flotter* 1.

flottaison [flɔtɛzõ] n. f. MAR Intersection de la surface extérieure d'un navire droit et immobile avec la surface d'une eau tranquille dans laquelle il flotte. *Ligne de flottaison*, séparant les œuvres vives des œuvres mortes. – De *flotter* 1.

flottant, ante [flɔtɑ̃, ɑ̃t] adj. **1.** Qui flotte. *Glaces flottantes.* **2.** Qui flotte dans l'air; ample et ondoyant. *Une robe flottante.* **3.** Fig. Incertain, irrésolu. *Esprit flottant.* **4.** FIN *Dette flottante:* partie de la dette publique qui n'est pas consolidée et dont les titres (bons du Trésor, par ex.) peuvent être remboursés à court terme ou à vue. *Capitaux flottants:* capitaux non investis et donnant lieu à la spéculation. *Monnaie flottante*, dont la parité n'est pas déterminée par un taux de change fixe. **5.** INFORM *Virgule flottante*, dont la position dans le nombre n'est pas précisée, le nombre étant représenté par sa mantisse et sa caractéristique. **6.** TECH *Moteur flottant*, monté sur supports élastiques. – Ppr. de *flotter* 1.

flottation [flɔtasjõ] n. f. TECH Procédé de triage des matières pulvérulentes fondé sur les différences de mouillabilité des corps. *Séparation par flottation du minerai et de la gangue.* – De *flotter* 1.

1. flotte [flɔt] n. f. **1.** Groupe de navires naviguant ensemble. *La flotte espagnole fut dispersée par la tempête.* **2.** Ensemble des bâtiments de guerre d'une nation. **3.** Ensemble des bâtiments de commerce d'une nation, d'une compagnie, d'un port, etc. *La flotte des Grands Lacs.* **4.** Par anal. *Flotte aérienne.* – Anc. scand. *flotti.*

2. flotte [flɔt] n. f. Fam. Eau. – Pluie. – Déverbal de *flotter* 2 .

3. flotte [flɔt] n. f. TECH Flotteur. – Même orig. que *flotte* 1.

flottement [flɔtmɑ̃] n. m. **1.** Mouvement d'ondulation qui vient déranger l'alignement d'une troupe en marche. **2.** Manque de stabilité d'un véhicule. **3.** Fig. Hésitation, irrésolution. – De *flotter* 1.

1. flotter [flɔte] **I.** v. intr. [1] **1.** Être porté par un liquide. *Des épaves flottaient encore à la surface.* Ant. couler, sombrer. **2.** Onduler, voltiger en ondoyant. *Des drapeaux flottaient au vent.* **3.** Fig. Être hésitant, irrésolu, incertain. **II.** v. tr. *Flotter du bois*, assurer son transport par flottage. – Probabl. du lat. *fluctuare*, avec infl. de *flot* et de *flotte* 2.

2. flotter [flɔte] v. impers. [1] Pop. Pleuvoir. – Orig. incert.

flotteur [flɔtœʀ] n. m. Objet flottant destiné à soutenir un corps à la surface d'un liquide, à marquer un niveau, à régler un écoulement, etc. *Robinet à flotteur. Flotteur d'un hydravion.* – De *flotter* 1.

flottille [flɔtij] n. f. Réunion de petits bateaux. – Esp. *flotilla*.

flou, floue [flu] adj. et n. m. **1.** BX-A Dont les contours sont adoucis, peu nets. *Nu flou.* Par ext. ▷ N. m. *Le flou artistique.* **2.** Dont les détails sont peu nets et comme brouillés. *Une photo floue.* ▷ Par ext. *Vêtement flou*, en étoffe légère, aux contours vagues et vaporeux. **3.** Fig. Qui manque de précision, de netteté. *Une pensée qui reste floue.* – Probabl. de l'anc. fr. *flo*, «fatigué, épuisée», du lat. *flavus*, «jauni».

flouer [flue] v. tr. [1] Voler, duper. – Du lat. *fraudare*, «frauder».

flouse ou **flouze** [fluz] n. m. Pop. Argent. – Ar. *flouss*, «argent».

flouve [fluv] n. f. Graminée fourragère. *Flouve odorante (Anthoxantum odoratum).* – Orig. incert.

flouze. V. flouse.

fluage [flyaʒ] n. m. PHYS Déformation plastique lente d'un matériau sous l'effet d'une charge. – De *fluer*.

fluatation [flyatasjõ] n. f. TECH Durcissement au moyen de fluosilicates. – De *fluate*.

fluate [flyat] n. m. CHIM Fluosilicate. – De *fluor*.

fluctuant, ante [flyktɥɑ̃, ɑ̃t] adj. Sujet à des fluctuations, des changements fréquents. – Ppr. de *fluctuer*.

fluctuation [flyktɥasjõ] n. f. **1.** Mouvement alternatif d'un liquide. **2.** (Surtout au pl.) Variations fréquentes, défaut de fixité. *Prix soumis à des fluctuations.* – Lat. *fluctuatio*, de *fluctuare*, «flotter».

fluctuer [flyktɥe] v. intr. [1] Être sujet à des fluctuations, varier. *Les prix fluctuent. Son esprit fluctue.* – Lat. *fluctuare*.

fluent, ente [flyɑ̃, ɑ̃t] adj. Qui coule. **1.** Qui peut couler comme un liquide. *Le sable est fluent.* **2.** MED Qui donne lieu à un écoulement. *Hémorroïdes fluentes.* **3.** PHILO Qui s'écoule, qui passe (temps). – Lat. *fluens*.

fluer [flye] v. intr. [1] Litt. Couler. *La lumière fluait entre les persiennes entrouvertes.* ▷ MED S'écouler, en parlant d'une humeur. – Par ext. *Plaie qui flue.* – Lat. *fluere*, «couler».

fluet, ette [flyɛ, ɛt] adj. Mince, d'apparence grêle et délicate. *Des bras fluets.* – Par ext. *Une voix fluette.* – De l'a. fr. *flo*, «fatigué, épuisé».

fluide [flyid] adj. et n. m. **I.** adj. **1.** Qui coule facilement. *Un liquide fluide.* ▷ Fig. *Une circulation fluide.* **2.** Fig. Coulant et limpide. *Un style très fluide.* **II.** n. m. **1.** Corps qui n'a pas de forme propre. *Les gaz et les liquides sont des fluides.* Ant. solide. **2.** PHYS ANC Agent physique hypothétique responsable des phénomènes calorifiques, électriques, etc. **3.** Émanation d'une force indéfinie qu'on prête aux médiums, aux magnétiseurs, etc. – Lat. *fluidus*.

ENCYCL Les molécules d'un fluide sont relativement libres: de ce fait il n'a pas de forme propre et est élastique. Un fluide est d'autant plus visqueux que les forces de frottement qui s'opposent au mouvement des molécules sont plus grandes. La *mécanique des fluides* est une science qui a reçu de nombreuses applications, notamment lors des études sur maquettes préalables à la réalisation de navires *(hydrodynamique)*, d'avions, d'automobiles ou d'aéroglisseurs *(aérodynamique)*. La *statique* des fluides étudie les phénomènes qui se produisent lorsque le fluide est en état d'équilibre. La *dynamique* des fluides permet de prévoir les efforts exercés sur un corps en mouvement par le fluide qui l'entoure suivant la nature de l'écoulement (laminaire, turbulent, transsonique, supersonique ou hypersonique). La mécanique des fluides a progressé grâce à l'application des lois de la similitude, qui permettent les études sur maquettes, et grâce aux ordinateurs, qui permettent d'effectuer des simulations à partir de modèles mathématiques représentatifs des phénomènes étudiés.

fluidifier [flyidifje] v. tr. [1] Transformer en fluide; rendre plus liquide. – De *fluide*, et *-fier*.

fluidique [flyidik] adj. et n. f. **1.** adj. Qui est de la nature du fluide, qui concerne le fluide (II sens 3). *Effluve fluidique. Déperdition fluidique.* **2.** n. f. Technique de la commande et du contrôle des automatismes au moyen de fluides. – De *fluide*.

fluidisation [flyidizasjõ] n. f. TECH Procédé de mise en suspension d'une matière pulvérulente dans un courant gazeux. – De *fluide*.

fluidité [flyidite] n. f. Caractère de ce qui est fluide. *Fluidité d'une pâte.* ▷ Fig. *La fluidité du style.* – De *fluide*.

fluo-, fluor-, fluori-, fluoro-. Éléments de préfixation tirés de *fluor*.

fluor [flyɔʀ] n. m. CHIM Élément de numéro atomique Z = 9 et de masse atomique 19 (symbole F). – Mot lat., «écoulement».

ENCYCL Le fluor est un gaz qui se liquéfie à −188 °C et se solidifie à −219 °C. C'est le plus électronégatif et le plus réactif de tous les éléments; oxydant très énergique, il se combine avec presque tous les éléments, donnant notam. des fluorures (composés dans lesquels le fluor possède le degré d'oxydation −1); l'hexafluorure d'uranium UF_6 est utilisé dans la séparation isotopique de l'uranium par diffusion gazeuse. Les *fréons* sont des composés du fluor utilisés comme fluides frigorigènes; certains constituent les gaz propulseurs des bombes d'aérosol et pourraient, en remontant dans la haute atmosphère, détruire la couche protectrice d'ozone. Le *téflon* est une matière plastique fluorée que l'on obtient par polymérisation et qui supporte l'attaque de nombreux agents physiques et chimiques. Enfin, le fluor est un oligo-élément de l'organisme dont les propriétés sont encore mal connues. L'intoxication aiguë par le fluor ou ses dérivés détermine des troubles respiratoires ou digestifs et parfois la mort; l'intoxication chronique (fluorose) est caractérisée par une perte de poids, une asthénie, une anémie et des troubles ostéo-articulaires.

fluoration [flyɔʀasjõ] n. f. **1.** TECH *Fluoration de l'eau:* adjonction de fluor à l'eau. **2.** MED Application protectrice de fluor sur les dents. – De *fluor*.

fluorescéine [flyɔʀesein] n. f. CHIM Matière colorante qui communique à l'eau, même à très faible dose, une couleur verte intense. – Du rad. de *fluorescent*, et *-ine*.

fluorescence [flyɔʀes(s)ɑ̃s] n. f. PHYS Émission de lumière par une substance soumise à l'action d'un rayonnement. – Mot angl., de *fluor*, d'ap. l'angl. *phosphorescence*.

fluorescent, ente [flyɔʀes(s)ɑ̃, ɑ̃t] adj. PHYS Qui produit une fluorescence. ▷ Cour. *Tube fluorescent. Lampe fluorescente.* – Mot angl., de *fluorescence*.

fluorhydrique [flyɔʀidʀik] adj. CHIM *Acide fluorhydrique:* fluorure d'hydrogène (HF), le seul acide qui attaque le verre et la silice. – De *fluor*, et *hydrique*.

fluorine [flyɔʀin] n. f. MINER Fluorure naturel de calcium (CaF_2). – De *fluor*, et *-ine*.

fluorisation [flyɔʀizasjõ] n. f. Syn. anc. de *fluoration*. – De *fluor*.

fluoruration [flyɔʀyʀasjõ] n. f. OPT Opération qui consiste à déposer à la surface d'une lentille une mince couche de fluorure qui atténue les réflexions nuisibles. – De *fluor*.

fluorure [flyɔʀyʀ] n. m. CHIM Sel ou ester de l'acide fluorhydrique. – De *fluor*.

fluotournage [flyɔtuʀnaʒ] n. m. TECH Fabrication, par fluage, de pièces métalliques creuses (cônes, cylindres, etc.). – Du lat. *fluere*, «tourner», et de *tournage*.

flush [flœʃ] n. m. JEU Au poker, réunion de cinq cartes de même couleur. – Mot angl.

1. flûte [flyt] n. f. (et interj.) **I. 1.** Instrument à vent, en bois ou en métal, composé d'un tube creux percé de trous. *Flûte traversière*, à embouchure latérale. *Flûte à bec.* ▷ *Jeu de flûte:* l'un des registres de l'orgue. **2.** *Flûte de Pan*, faite de tuyaux d'inégale longueur juxtaposés par rang de taille. **3.** *Par ext.* Petit pain long. **4.** Verre à pied long et étroit. *Flûte à champagne.* **5.** Plur. Fam. Longues jambes grêles. – *Se tirer des flûtes:* se sauver. **II.** Fam. (Interjection marquant le mécontentement, l'agacement, etc.) *Flûte alors!* – Orig. incert.

2. flûte [flyt] n. f. MAR Ancien navire de charge. – Néerl. *fluit*.

flûté, ée [flyte] adj. Dont le son rappelle la flûte. *Une voix flûtée.* – De *flûte* 1.

flûteau [flyto] ou **flutiau** [flytio] n. m. Jouet d'enfant en forme de flûte; mirliton. – De *flûte* 1.

flûtiste [flytist] n. Joueur, joueuse de flûte. – De *flûte* 1.

flutter [flytɛʀ] ou [flødœʀ] n. m. **1.** AERON Résonance entre les déformations des structures d'un appareil et les efforts aérodynamiques exercés sur celles-ci, se traduisant par des vibrations. **2.** MED Trouble du rythme cardiaque, succession régulière et rapide, sans pause, des contractions. – Mot angl., «mouvement rapide».

fluvial, ale, aux [flyvjal, o] adj. Des fleuves, des cours d'eau. *Législation fluviale. Navigation fluviale.* – Lat. *fluvialis*.

fluviatile [flyvjatil] adj. **1.** Se dit des organismes vivant dans les eaux douces ou près d'elles. **2.** GEOL *Dépôts fluviatiles*, dus à un cours d'eau. – Lat. *fluviatilis*.

fluvio-glaciaire [flyvjoglasjɛʀ] adj. GEOMORPH Se dit d'un terrain d'origine glaciaire remanié par un cours d'eau. – Du lat. *fluvius*, «fleuve», et de *glaciaire*.

fluviographe [flyvjogʀaf] ou **fluviomètre** [flyvjomɛtʀ] n. m. TECH Appareil mesurant le niveau d'un cours d'eau. – Du lat. *fluvius*, «fleuve», et *-graphe* ou *mètre*.

flux [fly] n. m. **1.** Action de couler, écoulement. **2.** MED Écoulement d'un liquide organique. *Flux menstruel.* **3.** Affluence, grande abondance, débordement. *Un flux de paroles.* **4.** Marée montante. *Le flux et le reflux.* **5.** PHYS Courant, intensité, énergie traversant une surface. ▷ *Flux d'un champ à travers un élément de surface:* produit de la composante normale du champ par l'aire de l'élément. ▷ *Flux magnétique:* flux (exprimé en webers) du champ magnétique. ▷ *Flux énergétique d'un faisceau lumineux*, puissance qui est transportée par ce faisceau. ▷ *Flux lumineux:* grandeur photométrique traduisant l'impression produite sur l'œil par le faisceau (exprimé en lumens). – Lat. *fluxus*, «écoulement».

fluxion [flyksjõ] n. f. **I. 1.** Vieilli *Fluxion de poitrine:* congestion pulmonaire. **2.** *Fluxion dentaire* : tuméfaction inflammatoire des joues et des gencives. **II.** MATH *Méthode des fluxions:* méthode de calcul due à Newton, très proche du *calcul différentiel*. – Bas lat. *fluxio*, «écoulement».

fluxmètre [flymɛtʀ] n. m. ELECTR Galvanomètre à cadre mobile servant à mesurer un flux magnétique. – De *flux*, et *mètre*.

flysch [fliʃ] n. m. GEOL Sédiment à prédominance d'argile et de sable, du Secondaire et du Tertiaire, fréquent dans les Alpes centrales et orientales. – Mot suisse alémanique.

Fm CHIM Symbole du fermium.

FM Abrév. de l'angl. *Frequency Modulation*, «modulation de fréquence».

F.O.B. [ɛfobe] ou **fob** [fɔb] adj. inv. DR MAR *Vente fob*, dans laquelle le prix de la marchandise inclut tous les frais jusqu'à la livraison à bord. – Abrév. de l'angl. *free on board*, «franco à bord».

foc [fɔk] n. m. Voile triangulaire à l'avant d'un navire. – Néerl. *fok*.

focal, ale, aux [fɔkal, o] **I.** adj. et n. f. **1.** adj. GEOM Qui se rapporte à un ou plusieurs foyers. ▷ *Distance focale*, qui sépare les deux foyers d'une ellipse ou d'une hyperbole. **2.** OPT Qui se rapporte au foyer d'un système optique. – *Distance focale*, qui sépare le foyer d'un système optique et le plan principal de celui-ci. **II.** n. f. **1.** GEOM Courbe ou surface jouant par rapport à un lieu géométrique de l'espace un rôle analogue à celui des foyers par rapport aux courbes planes. **2.** OPT Distance focale. *Focale variable.* ▷ *Focale de Sturm:* segment de droite sur lequel convergent des rayons lumineux. – Du lat. *focus*, «foyer».

focaliser [fɔkalize] v. tr. [1] PHYS Concentrer (un rayonnement) sur une très petite surface. ▷ Fig., cour. *Les récents événements ont focalisé l'attention du public sur ce problème.* – De *focal*.

foehn ou **föhn** [føn] n. m. Vent chaud et sec soufflant au printemps et en automne des sommets des Alpes suisses et autrichiennes. – Du lat. *favonius*, «vent du S.-O.», par l'all.

foëne, foène [fɔɛn], **fouëne** [fwɛn] ou **foine** [fwan] n. f. Harpon à plusieurs dents. – Du lat. *fuscina*, «trident».

fœtal, ale, aux [fetal, o] adj. Qui a rapport au fœtus. ▷ *Membranes fœtales*, qui enveloppent le fœtus dans l'utérus. – De *fœtus*.

fœtus [fetys] n. m. Embryon d'animal vivipare qui commence à présenter les caractères distinctifs de l'espèce. ▷ *Spécial.* Embryon humain de plus de trois mois. – Mot lat., var. de *fetus*, «enfantement».

fofolle. V. foufou.

foggara [fɔgaʀa] n. m. Souterrain capteur d'eau, dans les palmeraies du Sahara. – Mot ar.

foi [fwa(ɑ)] n. f. **I. 1.** Vx Fidélité à tenir sa parole, ses engagements. **2.** Litt. Assurance de tenir ce qu'on a promis. *Engager sa foi.* ▷ Loc. *Sur ma foi, par ma foi, ma foi:* assurément, certainement. **3.** Cour. *Bonne foi:* sincérité, droiture dans la manière d'agir, fondée sur la certitude d'être dans son bon droit (opposé à *mauvaise foi*). **II.** Croyance, confiance. *Avoir foi en qqn.* ▷ *Sous la foi de:* sous la garantie morale de. *Sous la foi du serment.* ▷ *Faire foi:* administrer la preuve, témoigner. *Cet acte fait foi de nos conventions. Le cachet de la poste faisant foi.* **III. 1.** THEOL Adhésion ferme de l'esprit à une vérité révélée. *La foi est la première des trois vertus théologales.* **2.** L'objet de la foi, la religion. *Mourir pour sa foi.* ▷ *Par ext.* Ensemble des principes, des idées auxquelles on adhère. *La foi démocratique.* **IV.** TECH *Ligne de foi:* axe d'une lunette, passant par le centre optique de l'objectif et le point de croisée des fils du réticule; trait tracé dans la cuvette d'un compas et parallèle à l'axe longitudinal du navire ou de l'aéronef. – Du lat. *fides*, «confiance, croyance».

foie [fwɑ(a)] n. m. **1.** Volumineux viscère de la partie droite de l'abdomen, de couleur brun-rouge, à la fois glande digestive et organe de réserve et d'excrétion. ▷ (Foie des animaux). *Foie de veau, de bœuf.* **2.** *Foie gras:* foie d'oie ou de canard engraissé par gavage. – Du lat. *ficatum*, «foie d'oie engraissée avec des figues», de *ficus*, «figue».

ENCYCL Le foie humain, de consistance assez ferme, mais friable et fragile, pèse de 1,5 à 2 kg, chez l'adulte. Sa surface, lisse, divisée en 3 faces (supérieure, postérieure, inférieure), est parcourue par deux sillons antéro-postérieurs et par un sillon transversal: le hile, qu'occupent les organes afférents et efférents au foie: artère hépatique, veine porte, voies biliaires. Le foie se compose d'une multitude de petits segments appelés *lobules hépatiques*. Cet organe vital a de multiples fonctions: synthèse et sécrétion de la bile, synthèse des protéines (albumine, fibrinogène, facteurs de coagulation, etc.), métabolisme des sucres et synthèse du glycogène, stockage de la vitamine B_{12} et du fer, neutralisation des toxines des produits ammoniaqués, métabolisme des lipides, etc. Les principales affections du foie (ou de ses annexes) sont la cirrhose, les hépatites, le cancer (primitif et, surtout, secondaire), la lithiase biliaire, la cholécystite.

foie-de-boeuf [fwɑdbœf] n. m. Gros champignon comestible *(Fistulina hepatica)* qui pousse sur les troncs des arbres. *Des foies-de-boeuf.* Syn. fistuline. – De *foie, de*, et *bœuf.*

1. foin [fwɛ̃] n. m. **1.** Herbe fauchée, séchée pour nourrir le bétail. **2.** Cette herbe avant qu'elle soit fauchée. – *Par ext. Faire les foins, la fenaison.* ▷ Loc. *Avoir du foin dans ses bottes:* être riche. – *Être bête à manger du foin,* très bête. ▷ MED *Rhume des foins:* catarrhe aigu des muqueuses nasales survenant chez certains sujets allergiques lors de la floraison des graminées. **3.** *Par anal.* Poils qui tapissent les fonds d'artichauts. **4.** Fam. *Faire du foin:* faire du bruit, du tapage; protester bruyamment. – Lat. *fenum.*

2. foin! [fwɛ̃] interj. Litt. (Marquant le dépit, la colère, le mépris.) *Foin de tous ces gens-là!* – De *foin* 1 ou altér. de *fi!*

foine. V. foëne.

foirade [fwaʀad] n. f. Fam. Fait de foirer. – De *foirer.*

1. foire [fwaʀ] n. f. **1.** Grand marché public qui se tient régulièrement en certains lieux, une ou plusieurs fois dans l'année. *Foire aux bestiaux, à la ferraille.* **2.** Fête foraine. **3.** Exposition publique publicitaire. *La foire du livre de Montréal.* **4.** Fam., péjor. Lieu très bruyant, où règnent le désordre et la confusion. *Qu'est-ce que c'est que cette foire?* ▷ *Faire la foire:* se débaucher, faire la noce. – Bas lat. *feria.*

2. foire [fwaʀ] n. f. Vulg., vieilli Évacuation d'excréments liquides, diarrhée. – Lat. *foria.*

foirer [fwaʀe] v. intr. [1] **1.** Vulg. Évacuer des selles liquides. **2.** Fam. Faire long feu: ne pas fonctionner. *Fusée qui foire.* ▷ *Vis qui foire,* qui tourne sans s'enfoncer. **3.** Fam. Échouer. *Sa combinaison a foiré.* – De *foire* 2.

foireux, euse [fwaʀø, øz] adj. **1.** Vulg. Qui a la foire, la diarrhée. **2.** Fam. Poltron, couard. **3.** Fam. Qui a toutes les chances d'échouer. *Une affaire foireuse.* – De *foire* 2.

fois [fwa] n. f. **1.** Moment où un fait, un événement se produit ou se reproduit. *Une fois par mois. C'est la deuxième fois que je le vois.* ▷ *Ne pas se le faire dire deux fois:* se le tenir pour dit. ▷ *Y regarder à deux fois:* mûrement réfléchir avant d'entreprendre qqch. **2.** (Marquant la multiplication ou la division.) *Trois fois deux six. Je vais quatre fois moins vite que vous.* **3.** en loc. *Une bonne fois, une fois pour toutes:* définitivement, sans qu'il y ait à y revenir. – *Pour une fois,* marque l'exception. *Vous êtes à l'heure, pour une fois!* – *Une fois:* à une certaine époque, jadis. *Il était une fois...* – *Cette fois:* dans cette circonstance-ci, désormais. *Cette fois c'est bien fini.* – *Une autre fois:* quand l'occasion s'en représentera. *Une autre fois, vous réfléchirez avant d'agir.* – *À la fois:* en même temps. *Il en arrive trois à la fois.* – Pop. *Des fois:* parfois, éventuellement. *Si, des fois, vous le rencontrez...* – Pop. Absol. *Non, mais des fois!*, formule de mise en garde. – *Une fois que:* dès que, dès l'instant que, quand. – Lat. plur. *vices*, «tour, succession».

foison [fwazõ] n. f. Vx Très grande quantité. ▷ Loc. mod. *À foison:* en abondance. – Du lat. *fusio*, «écoulement».

foisonnant, ante [fwazɔnɑ̃, ɑ̃t] adj. Qui foisonne. – Ppr. de *foisonner.*

foisonnement [fwazɔnmɑ̃] n. m. **1.** Fait de foisonner. **2.** Augmentation de volume. *Le foisonnement apparent des terres extraites d'un sol.* – De *foisonner.*

foisonner [fwazɔne] v. intr. [1] **1.** Abonder, pulluler. *Bois où foisonne le gibier.* **2.** Augmenter de volume (en parlant de certains corps). *Chaux vive qui foisonne sous l'action de l'eau.* – De *foison.*

fol, folle. V. fou.

folâtre [fɔlɑtʀ] adj. Qui aime à badiner, à jouer. *Caractère folâtre.* Syn. gai, enjoué. – De *fol*, «fou».

folâtrer [fɔlɑtʀe] v. intr. [1] Badiner avec gaieté, d'une manière folâtre. – De *folâtre.*

folâtrerie [fɔlɑtʀəʀi] n. f. Litt. Humeur folâtre. ▷ Parole, acte folâtre. – De *folâtre.*

foliacé, ée [fɔljase] adj. BOT Qui a l'aspect d'une feuille. – Lat. *foliaceus.*

foliaire [fɔljɛʀ] adj. BOT **1.** Qui appartient à une feuille. **2.** Qui dérive d'une feuille. *Vrille foliaire:* formée par une feuille. – Du lat. *folium*, «feuille».

foliation [fɔljasjõ] n. f. **1.** BOT Syn. de *feuillaison.* **2.** PETROG Syn. de *litage.* – Du lat. *folium*, «feuille».

folichon, onne [fɔliʃõ, ɔn] adj. Fam. Gai, badin (le plus souvent en tournure négative). *Ce n'est pas très folichon, votre histoire.* – De *fol.*

folie [fɔli] n. f. **1.** Cour. Dérangement de l'esprit associé à un comportement étrange. (Ce mot n'appartient plus au vocabulaire médical.) **2.** Extravagance, manque de jugement. *Vous n'allez pas faire cela, ce serait de la folie.* ▷ Acte, propos peu raisonnable. *Faire, dire des folies.* – *Vous avez fait une folie*, une dépense exagérée. ▷ Écart de conduite. *Folies de jeunesse.* **3.** loc. adv. *À la folie:* extrêmement, éperdument. *Il l'aime à la folie.* – De *fol.*

folié, ée [fɔlje] adj. **1.** BOT Garni de feuilles. **2.** Qui présente l'aspect de petits feuillets. – Du lat. *foliatus.*

folio [fɔ(o)ljo] n. m. Feuillet numéroté de registres, de manuscrits. ▷ Chiffre numérotant les pages d'un livre. – Du lat. *folium*, «feuille».

foliole [fɔljɔl] n. f. BOT Chaque partie du limbe d'une feuille composée. – Du bas lat. *foliolum*, «petite feuille».

foliotage [fɔ(o)ljɔtaʒ] n. m. Action de folioter; son résultat. – De *folioter.*

folioter [fɔ(o)ljɔte] v. tr. [1] Numéroter les pages d'un ouvrage. – De *folio.*

folique [fɔlik] adj. BIOCHIM *Acide folique:* vitamine contenue dans le foie, les épinards et divers autres aliments. *Cette vitamine* (*de formule* $C_{19}H_{19}N_7O_6$) *est obtenue aujourd'hui par synthèse. La carence en* *acide folique se traduit par une anémie.* – Du lat. *folium*, «feuille».

folklore [fɔlklɔʀ] n. m. **1.** Ensemble des arts, usages et traditions populaires. ▷ Science qui les étudie. **2.** Fam., péjor. Ensemble de choses, de faits, de comportements que l'on juge amusants ou pittoresques mais que l'on ne saurait prendre au sérieux. *C'est du folklore, votre organisation!* – Mot angl. *folklore*, «science *(lore)* du peuple *(folk)*».

folklorique [fɔlklɔʀik] adj. **1.** Du folklore (sens 1). *Chanson folklorique.* **2.** Fam., péjor. Qui participe du folklore (sens 2); pittoresque et peu sérieux. *Une théorie folklorique.* – De *folklore.*

folkloriste [fɔlklɔʀist] n. Personne qui s'adonne à l'étude du folklore. – De *folklore.*

folksong [fɔlksɔ̃g] ou **folk** [fɔlk] n. m. MUS Genre de musique chantée s'inspirant du folklore nord-américain. – Mot angl., de *folk*, «peuple», et *song*, «chant».

1. folle. V. fou.

2. folle [fɔl] n. f. Filet de pêche fixe à larges mailles. – Du lat. *follis*, «enveloppe».

folle-avoine [fɔlavwan] n. f. Plante sauvage *(Avena fatua)*, nuisible aux cultures. – De *folle*, et *avoine.*

follement [fɔlmɑ̃] adv. **1.** D'une manière folle, excessive. *Aimer follement.* **2.** Extrêmement. *C'est follement drôle.* – De *fol.*

follet, ette [fɔlɛ, ɛt] adj. **1.** Vx Qui n'est pas très raisonnable, écervelé. – *Esprit follet:* lutin. ▷ Mod., fig. *Poils follets:* duvet qui paraît avant la barbe. **2.** *Feu follet:* petite lueur apparaissant au-dessus de certains terrains d'où se dégage de l'hydrure de phosphore ou du méthane. – Dimin. de *fol.*

1. folliculaire [fɔlikylɛʀ] n. m. Litt., péjor. Mauvais journaliste. – Journaliste véreux. – Du lat. *folliculum*, dimin. de *follis*, «enveloppe, sac», pris par Voltaire pour un dérivé de *folium*, «feuille de papier».

2. folliculaire [fɔlikylɛʀ] adj. Relatif aux follicules. ▷ PHYSIOL *Liquide folliculaire*, contenu dans les follicules ovariens et baignant l'ovule. – De *follicule.*

follicule [fɔlikyl] n. m. **I.** BOT Fruit sec de l'ellébore, de l'ancolie, etc., constitué d'un seul carpelle qui, à maturité, s'ouvre suivant une seule fente. **II.** ANAT **1.** Prolongement en cul-de-sac d'une muqueuse. *Follicule dentaire, pileux.* **2.** *Follicule ovarien* ou *de De Graaf:* cavité liquidienne située à l'intérieur de l'ovaire, dans laquelle se développe l'ovule et dont la rupture correspond à la ponte ovulaire. **3.** MED *Follicule tuberculeux:* lésion tuberculeuse élémentaire. – Lat. *folliculus*, «petit sac».

folliculine [fɔlikylin] n. f. BIOCHIM Syn. de *hormone œstrogène.* – De *follicule*, et *-ine.*

folliculite [fɔlikylit] n. f. Inflammation des follicules, spécial. des follicules pileux. – De *follicule*, et *-ite* 1.

folliculostimuline [fɔlikylɔstimylin] n. f. BIOCHIM Hormone antéhypophysaire qui, chez l'homme, stimule la spermatogenèse et, chez la femme, stimule la croissance du follicule de De Graaf. Abrév. angl. F.S.H. – De *follicule*, et *stimuline.*

fomentateur, trice [fɔmɑ̃tatœʀ, tʀis] n. Personne qui fomente des troubles. – De *fomenter.*

fomentation [fɔmɑ̃tasjɔ̃] n. f. **1.** Action de fomenter. *La fomentation d'une discorde.* **2.** MED Vieilli Thérapeutique par la chaleur (compresses, cataplasmes, etc.). – Du bas lat. *fomentatio*, de *fomentum* , «calmant».

fomenter [fɔmɑ̃te] v. tr. [1] Provoquer ou entretenir, en secret (des actes d'hostilité). *Fomenter une sédition.* – Du lat. méd. *fomentare*, «appliquer un topique, un calmant».

fonçage [fɔ̃saʒ] n. m. Action de foncer, de creuser ou de garnir d'un fond. – De *foncer.*

foncé, ée [fɔ̃se] adj. Sombre (couleur). *Bleu foncé.* Ant. clair. – Pp. de *foncer.*

foncer [fɔ̃se] **I.** v. intr. [14] **1.** Se précipiter (sur qqn, qqch). *Foncer sur l'obstacle.* **2.** Fam. Se déplacer à grande vitesse. *Voiture qui fonce.* **II. 1.** v. tr. Rendre plus sombre (une couleur). **2.** v. intr. Devenir plus sombre. *Son teint a foncé.* **III.** v. tr. **1.** TECH Mettre un fond à. *Foncer un tonneau.* **2.** Creuser. *Foncer un puits.* **3.** CUIS Garnir le fond de (un récipient) avec de la pâte, du lard. *Foncer une cocotte.* – De *fond.*

fonceur, euse [fɔ̃sœʀ, øz] adj. et n. Fam. Énergique et entreprenant, qui fonce. – Subst. *C'est un fonceur.* – De *foncer.*

foncier, ière [fɔ̃sje, jɛʀ] adj. et n. m. **I. 1.** Se dit d'un bien constitué par un fonds de terre, de la personne à qui il appartient et du revenu qui en est tiré. *Propriété foncière. Propriétaire foncier. Rentes foncières.* **2.** Relatif aux biens-fonds en général. *Évaluation foncière. Impôt foncier.* ▷ *Crédit foncier*, destiné à faciliter l'acquisition ou la mise en valeur de biens immeubles. **3.** n. m. La propriété foncière et tout ce qui s'y rapporte. **II.** Fig. Qui est au fond de la nature de qqn. *Qualité foncière.* – De *fons*, anc. forme de *fonds.*

foncièrement [fɔ̃sjɛʀmɑ̃] adv. Dans le fond, profondément. *Foncièrement bon.* – De *foncier.*

foncteur [fɔ̃ktœʀ] n. m. MATH Dans la théorie des catégories, opérateur qui fait correspondre à tout objet d'une catégorie un objet d'une autre catégorie. – De *fonction.*

fonction [fɔ̃ksjɔ̃] n. f. **I. 1.** Activité imposée par un emploi, une charge. *S'acquitter de ses fonctions.* **2.** L'emploi, la charge elle-même. *Être dans l'exercice de ses fonctions.* ▷ *Fonction publique:* ensemble des charges exercées par les agents de la puissance publique; ensemble des fonctionnaires. **3.** *Faire fonction de:* jouer le rôle de, servir de (personnes ou choses). **II. 1.** Ce à quoi sert une chose dans l'ensemble dont elle fait partie. *Une fenêtre a pour fonctions principales d'éclairer et d'aérer un local.* **2.** PHYSIOL Rôle d'un organe, d'une cellule, dans une opération nécessaire au maintien de la vie d'un être. *Les fonctions digestives.* **3.** CHIM Mode de réaction commun à plusieurs corps. – Ensemble des propriétés caractéristiques de ce mode de réaction, dues à un radical (groupement fonctionnel) donné; ce radical. **4.** GRAM *Fonction syntaxique d'un mot*, sa relation avec les autres mots d'une phrase, d'une proposition, d'un groupe de mots. *Fonction sujet.* – LING *Fonctions dénotative, expressive, poétique*, etc.: V. encycl. communication. **5.** MATH Syn. d'*application.* Le terme de fonction est réservé aux applications où l'ensemble d'arrivée est le corps des nombres réels ou des nombres complexes. (Cette application, dite aussi *fonction algébrique*, se note f (x), «fonction x» ou «f de x», x étant la variable.) *Fonctions numériques:* fonctions qui assignent aux variables des valeurs numériques (c.-à-d. exprimées par des nombres réels ou complexes). *Fonction (y) linéaire* ou *du premier degré*, de la forme $y = ax + b$. *Fonction du deuxième degré*, de la forme $y = ax^2 + bx + c$. *Fonction logarithmique.* V. logarithme. *Fonction périodique*, qui reprend la même valeur lorsque la variable augmente d'une période. – *Fonction transcendante*, qui n'est pas algébrique. **III.** *Être fonction de:* dépendre de. *La vitesse d'une voiture est fonction de la puissance du moteur.* ▷ Loc. prép. *En fonction de:* en corrélation, en rapport avec. – Lat. *functio*, «accomplissement».

fonctionnaire [fɔ̃ksjɔnɛʀ] n. Personne qui exerce une fonction permanente dans une administration publique. – De *fonction.*

fonctionnalisme [fõksjɔnalism] n. m. **1.** Principe esthétique selon lequel la forme d'un édifice, d'un meuble ou d'un objet doit résulter d'une adaptation parfaitement rationnelle à son usage. **2.** ETHNOL Théorie selon laquelle une société représente un tout organique dont les différentes composantes, culturelles, économiques, etc., s'expliquent par la fonction qu'elles remplissent les unes par rapport aux autres (Malinowski, Radcliffe-Brown). – De *fonctionnel.*

fonctionnariat [fõksjɔnaʀja] n. m. État, qualité de fonctionnaire. – De *fonctionnaire.*

fonctionnarisation [fõksjɔnaʀizasjõ] n. f. Action d'assimiler qqn aux fonctionnaires, de transformer une entreprise en service public. – De *fonctionnariser.*

fonctionnariser [fõksjɔnaʀize] v. tr. [1] Opérer la fonctionnarisation (d'une personne, d'une entreprise). – De *fonctionnaire.*

fonctionnel, elle [fõksjɔnɛl] adj. **1.** Qui a rapport à une fonction (organique, mathématique, chimique, etc.). *Groupement, calcul fonctionnel.* ▷ MED *Maladie fonctionnelle :* manifestation morbide, bénigne et réversible que l'on ne peut imputer à une lésion d'un organe. **2.** Rationnellement adapté à la fonction à remplir. *Architecture fonctionnelle. Mobilier de cuisine fonctionnel.* – De *fonction.*

fonctionnellement [fõksjɔnɛlmɑ̃] adv. Par rapport à une fonction. – De *fonctionnel.*

fonctionnement [fõksjɔnmɑ̃] n. m. Fait, manière de fonctionner. – De *fonctionner.*

fonctionner [fõksjɔne] v. intr. [1] Remplir sa fonction (machine, organe). *Estomac qui fonctionne bien.* ▷ Fig. *Système qui fonctionne mal.* – De *fonction.*

fond [fõ] n. m. **I. 1.** Partie la plus basse d'une chose creuse. *Le fond d'une casserole. Le fond d'une vallée.* ▷ Par ext. *Laisser un fond de bouteille:* laisser une petite quantité de liquide au fond d'une bouteille. **2.** Partie solide située à l'opposé de la surface des eaux. *Le fond d'une rivière. – Envoyer par le fond:* couler. ▷ MAR *Haut-fond:* élévation du fond de la mer à une hauteur telle qu'un navire ne peut pas passer. – *Bas-fond:* élévation du fond de la mer, mais sans danger pour la navigation. ▷ *Par ext.* Hauteur de l'eau. *Il y a vingt mètres de fond.* – Eaux profondes – *Les grands fonds.* **3.** Partie la plus éloignée de l'entrée, de l'ouverture. *Le fond d'un placard.* ▷ Par anal. *Le fond de l'oreille, de la gorge, de l'œil.* – MED *Fond d'œil:* examen de la rétine et de ses vaisseaux, pratiqué au moyen d'un ophtalmoscope. **4.** Surface sur laquelle se détachent des dessins, des objets, des personnages. *Une étoffe imprimée à fond clair. Le fond d'un tableau. – Toile de fond:* toile qui est à l'arrière d'une scène de théâtre et qui fait partie du décor. ▷ Par ext. *Fond de teint:* crème colorée que l'on applique sur le visage comme maquillage. ▷ *Fond de robe:* doublure indépendante que l'on porte sous une robe transparente. ▷ *Fond sonore:* musique, bruitages, qui accompagnent un spectacle. **5.** Ce qui est essentiel, fondamental. *Le fond du problème.* – (Personnes). Ce qui constitue l'essentiel du caractère, de la personnalité de qqn. *Enfant qui a bon fond.* ▷ Spécial. *Le fond d'une œuvre littéraire,* son contenu, sa matière (par oppos. à *forme*). – *Article de fond,* qui traite d'un sujet important. ▷ DR Matière d'un procès (par oppos. à ce qui est exception ou pure forme). ▷ *Faire fond sur une personne, une chose,* compter sur elle. **6.** SPORT *Course de fond,* qui se dispute sur une grande distance. **II.** loc. adv. **1.** *À fond:* entièrement. *Étudier une question à fond.* ▷ Fam. *À fond de train:* à toute vitesse. **2.** *Au fond, dans le fond:* en réalité, à juger des choses en elles-mêmes. *Au fond il a raison.* **3.** *De fond en comble:* complètement. – Lat. *fundus.*

fondamental, ale, aux [fõdamɑ̃tal, o] adj. **I. 1.** Qui sert de fondement, essentiel. *Loi fondamentale. – Insatisfaction fondamentale.* ▷ *Recherche fondamentale,* qui traite de notions théoriques, par oppos. à *recherche appliquée.* **2.** PHYS *Terme fondamental,* premier terme d'une série de Fourier. – *Fréquence fondamentale d'une vibration,* correspondant au terme fondamental. **3.** MUS *Son fondamental :* son qui sert de base à un accord. **II.** Qui sert de fondement à une construction. *Pierre fondamentale.* – Bas lat. *fundamentalis.*

fondamentalement [fõdamɑ̃talmɑ̃] adv. D'une manière fondamentale. – De *fondamental.*

fondamentalisme [fõdamɑ̃talism] n. m. RELIG Tendance conservatrice de certains milieux religieux, attachés à une interprétation littérale des dogmes. V. intégriste. – De *fondamental.*

fondamentaliste [fõdamɑ̃talist] n. et adj. **1.** MED Spécialiste en recherche fondamentale. (V. fondamental.) **2.** Qui adhère au fondamentalisme. – De *fondamental.*

fondant, ante [fõdɑ̃, ɑ̃t] adj. et n. m. **I.** adj. **1.** Qui fond. *Neige fondante.* **2.** Qui fond dans la bouche. *Poire fondante.* ▷ N. m. Bonbon en pâte de sucre. **II.** n. m. METALL Produit que l'on ajoute à un autre pour le faire fondre plus facilement. *La castine sert de fondant lors de l'élaboration de la fonte.* – Ppr. de *fondre.*

fondateur, trice [fõdatœʀ, tʀis] n. **1.** Personne qui a fondé qqch d'important et de durable. *Alphonse Desjardins, fondateur des Caisses populaires.* **2.** Personne qui a subventionné une œuvre philanthropique, religieuse. *Le fondateur d'un prix.* – Lat. *fundator.*

fondation [fõdasjõ] n. f. **1.** Plur. Ensemble des travaux destinés à répartir sur le sol et le sous-sol les charges d'une construction; ouvrage ainsi réalisé. *Fondations sur pieux.* **2.** Fig. Action de créer qqch. *Fondation d'une cité, d'une institution.* **3.** Don ou legs d'un capital pour un usage déterminé. – Établissement créé à la suite d'un tel don, d'un tel legs. – Lat. *fundatio.*

fondé, ée [fõde] adj. **1.** Qui repose sur des bases rationnelles. *Une crainte fondée, bien fondée.* **2.** *Être fondé à :* avoir des motifs légitimes pour. *Être fondé à croire...* – Pp. de *fonder.*

fondé de pouvoir(s), fondée de pouvoir(s) [fõdedpuvwaʀ] n. Personne qui a reçu de qqn (ou d'une société) le pouvoir d'agir en son nom. – De *fonder, de,* et *pouvoir.*

fondement [fõdmɑ̃] n. m. **I. 1.** CONSTR Vx Ouvrage destiné à répartir sur le sol et le sous-sol les charges d'une construction. ▷ Fig. *Jeter les fondements d'un empire.* **2.** Motif, raison. *Rumeur sans fondement.* **3.** PHILO Principe général servant de base à un système, à une théorie. *Kant, dans* le Fondement de la métaphysique des mœurs, *a voulu «rechercher et établir exactement le principe suprême de la moralité».* **II.** Fam. et *par euphémisme.* Fesses; anus. – Lat. *fundamentum.*

fonder [fõde] v. tr. [1] **1.** Vx Établir les fondements de. *Fonder un bâtiment.* ▷ Mod. Créer (une chose durable) en posant ses bases. *Fonder une ville. Fonder une dynastie.* ▷ *Fonder une famille:* se marier et avoir des enfants. **2.** Donner les fonds nécessaires pour (une fondation d'intérêt public). *Fonder une bourse.* **3.** *Fonder (qqch) sur,* le faire reposer sur. *Fonder son opinion sur des faits.* ▷ v. pron. *Se fonder sur le Code.* – Lat. *fundare.*

fonderie [fõdʀi] n. f. TECH Art de fabriquer des objets métalliques par moulage du métal en fusion. ▷ Usine dans laquelle on fabrique ces objets. – De *fondre.*

1. fondeur [fõdœʀ] n. m. Ouvrier spécialisé dans les opérations de coulée du métal dans les moules. ▷ Exploitant d'une fonderie. (Rem.: Comme forme féminine, l'OLF recommande *fondeuse.*) – De *fondre.*

2. fondeur, euse [fõdœʀ, øz] n. En ski, spécialiste de la course de fond. – De *fond.*

fondeuse [fõdøz] n. f. TECH Appareil servant à fondre les métaux. – De *fondre.*

fondis. V. fontis.

fondoir [fõdwaʀ] n. m. Endroit où les bouchers, les charcutiers fondent les graisses et les suifs. – De *fondre.*

fondouk [fõduk] n. m. Entrepôt et gîte d'étape pour les marchands, dans les pays arabes. – Mot ar. *funduq,* du gr. *pandokheion.*

fondre [fõdʀ] **I.** v. tr. [5] **1.** Rendre liquide (une matière solide) par l'action de la chaleur. *Fondre du métal.* **2.** Fabriquer (un objet) avec du métal fondu et moulé. *Fondre un canon.* **3.** Fig. Combiner (des éléments) en un tout. *Fondre deux ouvrages en un seul. Fondre des couleurs.* **II.** v. intr. **1.** Entrer en fusion, devenir liquide, sous l'effet de la chaleur (corps solide). *La neige fond.* **2.** Se dissoudre. *Le sucre fond dans l'eau.* ▷ Fig. *Fondre en larmes:* se mettre à pleurer très fort. **3.** Disparaître rapidement (biens). *Sa fortune a fondu en quelques années.* – Par ext. *Sa colère a fondu bien vite.* **4.** Fam. Maigrir (personnes). *Son régime l'a fait fondre.* **5.** *Fondre sur (une proie),* se précipiter sur elle. ▷ Fig. *Le malheur a fondu sur nous.* – Lat. *fundere,* «verser, répandre, faire couler, produire en abondance».

fondrière [fõdʀijɛʀ] n. f. Grande flaque boueuse, nid-de-poule plein d'eau sur un chemin. – De l'anc. v. *fondrer,* «effondrer», du lat. *fundus,* «fond».

fonds [fõ] n. m. **I. 1.** Terre considérée comme un bien immeuble. *Cultiver son fonds.* **2.** *Biens-fonds:* biens immeubles (terres, bâtiments). **3.** *Fonds de commerce:* ensemble du matériel, des marchandises et des éléments incorporels (clientèle, notoriété, etc.) qui font la valeur d'un établissement commercial. **4.** Capital placé (par oppos. aux revenus). – Capital nécessaire au financement d'une entreprise. *Bailleur de fonds.* – *Fonds de roulement:* ensemble des valeurs d'une entreprise autre que les valeurs immobilisées. ▷ *Fonds publics:* capital des sommes empruntées par un État. **5.** FIN Prélèvement opéré sur certaines recettes fiscales en vue d'une action précise des pouvoirs publics. *Fonds routier. Fonds national de solidarité.* **6.** Fig. Richesse particulière à qqch. *Le fonds d'une bibliothèque.* **7.** Vieilli Ensemble des qualités physiques ou morales de qqn, considéré comme un capital. *Un fonds d'érudition.* **II.** Plur. Somme d'argent. *Fonds secrets.* – Fam. *Être en fonds:* avoir de l'argent. – Réfect. de l'a. fr. *fonz, fons.*

fondu, ue [fõdy] adj. et n. **I.** adj. Devenu liquide. *Plomb fondu.* **II. 1.** adj. PEINT *Couleurs fondues,* qui sont mêlées les unes aux autres par des nuances graduées. ▷ N. m. *Le fondu d'un tableau.* **2.** n. m. CINE Apparition ou disparition progressive d'une image. ▷ *Fondu enchaîné:* passage progressif d'une image à une autre. **III.** n. f. *Fondue suisse, au fromage:* mets préparé avec du fromage fondu (gruyère, emmenthal) et du vin blanc, dans lequel chaque convive trempe des morceaux de pain. – *Fondue parmesan:* petit carré à base de sauce béchamel et de parmesan qu'on a recouvert de chapelure et frit dans l'huile. ▷ *Fondue bourguignonne, chinoise:* plats constitués de petites portions de viande que chaque convive plonge dans un liquide bouillant et accompagne de diverses sauces. *Pour la fondue bourguignonne, la viande est coupée en petits cubes et cuite dans de l'huile bouillante; pour la fondue chinoise, la viande est coupée en lamelles et cuite dans un bouillon.* – Pp. de *fondre.*

fongible [fõʒibl] adj. DR Se dit des choses qui se consomment par l'usage et peuvent être remplacées par d'autres identiques. – Du lat. *fungi,* «consommer».

fongicide [fõʒisid] n. m. et adj. Pesticide propre à détruire les champignons et les moisissures. – Du lat. *fungus,* «champignon», et *-cide.*

fongiforme [fõʒifɔʀm] adj. BIOL Qui a la forme d'un champignon. – Du lat. *fungus,* «champignon», et *-forme.*

fongique [fõʒik] adj. Relatif aux champignons; provoqué par un champignon. *Parasite fongique. Dégradation fongique. Médication fongique.* – Du lat. *fungus,* «champignon».

fongosité [fõgɔsite] n. f. MED Végétation molle et très vascularisée, à la surface d'une plaie, d'une muqueuse ou dans une cavité. – Du lat. *fungosus,* «poreux, spongieux».

fongueux, euse [fõgø, øz] adj. **1.** Qui est de la nature du fongus. **2.** D'aspect spongieux. – Lat *fungosus,* «poreux, spongieux».

fongus [fõgys] n. m. MED Tumeur qui a l'aspect d'une éponge ou d'un champignon. – Lat. *fungus,* «champignon».

fontaine [fõtɛn] n. f. **1.** Eau vive sortant de terre. *Fontaine jaillissante, intermittente.* **2.** Construction comportant une alimentation en eau et, généralement, un bassin. *Fontaine publique.* **3.** Récipient pour garder l'eau. *Une fontaine de grès.* – Lat. pop. *fontana.*

fontainier [fõtɛnje] n. m. **1.** Anc. Celui qui fabriquait et vendait des fontaines domestiques. **2.** Mod. Technicien spécialisé dans la pose et l'entretien des canalisations de distribution d'eau. – De *fontaine.*

fontanelle [fõtanɛl] n. f. Espace membraneux compris entre les os du crâne du nouveau-né et du nourrisson, qui s'ossifie progressivement. – Lat. méd. *fontanella.*

1. fonte [fõt] n. f. **I. 1.** Fait de fondre. *Fonte des neiges.* **2.** TECH Opération consistant à fondre une matière (verre, métal, etc.). **3.** Fabrication d'un objet avec du métal en fusion. *Fonte d'une statue.* **II.** Alliage de fer et de carbone. ▷ Par ext. *Fonte d'aluminium.* **III.** TYPO Ensemble des caractères d'un même type. – Du lat. pop. **fundita;* pp. de *fundere,* «fondre».
ENCYCL **Métall.** Les fontes sont des alliages de fer et de carbone, dont la teneur en carbone est comprise entre 2,5 et 6 %. L'affinage de la fonte conduit à l'acier. Les fontes *blanches* (2,5 à 3,5 % de carbone, surtout présent sous forme de cémentite) sont dures et cassantes. Les fontes *grises* (3,5 à 6 % de carbone) contiennent surtout du graphite; on les utilise en fonderie. Les fontes *spéciales* contiennent des éléments d'addition et sont utilisées lors de la préparation des aciers spéciaux.

2. fonte [fõt] n. f. Anc. Chacun des deux fourreaux de pistolet attachés à l'arçon d'une selle. – Altér. de l'ital. *fonda,* «bourse».

fontis [fõti] ou **fondis** [fõdi] n. m. Éboulement, affaissement du sol dans une carrière, sous un édifice. – De *fondre.*

fonts [fõ] n. m. pl. *Fonts baptismaux,* ou *fonts:* cuve qui contient l'eau du baptême. – Lat. *fontes,* pl. de *fons,* «fontaine».

football [futbol] n. m. **1.** Sport qui oppose deux équipes de douze joueurs (onze aux États-Unis) et qui consiste à porter un ballon ovale derrière la ligne de but adverse ou à le botter au-dessus des poteaux de but. *Équipe, joueur de football. Terrain, ballon de football. Saison de football. Le football dérive du rugby.* **2.** (Prononcé [futbol]) En Europe, sport opposant deux équipes de onze joueurs et consistant à envoyer le ballon dans les buts adverses sans se servir des mains. *Dans le football en salle, l'équipe peut se composer de sept joueurs.* V. soccer. – Mot angl., «balle au pied».

footballeur, euse [futbolœʀ, øz] n. (France) Joueur, joueuse de football (sens 2). – De *football*.

for [fɔʀ] n. m. *Le for intérieur:* le jugement de la conscience morale; la conscience elle-même. ▷ Cour. *Dans* (ou *en*) *mon* (*ton, son,* etc.) *for intérieur:* au plus profond de moi (toi, soi)-même. *Il le pensa dans son for intérieur, mais n'en souffla mot.* – Du lat. *forum*, «place publique, tribunal».

for-. Préfixe d'origine germ., modifié par *fors* (v. ce mot), du lat. *foris* (ex. *forfait, forjeter*).

forage [fɔʀaʒ] n. m. Action de forer, de creuser. *Plate-forme de forage.* – De *forer*.

forain, aine [fɔʀɛ̃, ɛn] adj. et n. **I. 1.** Vx Étranger. **2.** MAR Se dit d'un mouillage, d'une rade, ouvert au vent et à la mer du large. **II. 1.** *Marchand forain*, qui parcourt les foires, les marchés. ▷ Subst. *Les forains.* **2.** Relatif aux foires, aux forains. *Fête foraine.* – Du bas lat. *foranus*, «étranger», de *foris*, «dehors».

foraminifères [fɔʀaminifɛʀ] n. m. pl. ZOOL Ordre de protistes rhizopodes, actuels et fossiles, des eaux marines et saumâtres, dont le test calcaire comprend plusieurs loges plus ou moins perforées. V. globigérine, nummulite. – Du lat. *foramen, foraminis*, «trou», et *-fère*.

forban [fɔʀbɑ̃] n. m. **1.** MAR Corsaire qui, naviguant sans lettre de marque, était assimilé à un pirate. **2.** *Par ext.* Individu sans scrupules, bandit. – De l'a. fr. *forbannir*, «bannir», du frq. **firbannjan*.

forçage [fɔʀsaʒ] n. m. **1.** VEN Action de forcer une bête. **2.** HORTIC Ensemble des opérations visant à accélérer le développement d'une plante. **3.** Fig. Fait de soumettre (qqn) à une contrainte. – De *forcer*.

forçat [fɔʀsa] n. m. **1.** Condamné aux galères ou aux travaux forcés. Fig. *Un travail de forçat*, très pénible. **2.** Fig. Homme misérable, qui ne peut échapper à sa condition. – De l'ital. *forzato*, de *forzare*, «forcer».

force [fɔʀs] n. f. et adv. **I. 1.** Cause capable de modifier le mouvement d'un corps ou de provoquer sa déformation. *Force d'attraction. Forces centrifuge, centripète.* **2.** Fig. Toute cause provoquant un mouvement, un effet. *Forces occultes.* **II.** Puissance d'action. **1.** Puissance physique. *Un homme d'une force herculéenne.* ▷ *La force de l'âge:* l'âge où un adulte est en pleine possession de ses moyens. ▷ *Travailleur de force*, qui doit fournir de gros efforts physiques. *Tour de force.* **2.** Puissance des facultés intellectuelles ou morales. *Une grande force de travail. Force d'âme. Force de caractère.* ▷ *Par ext.* Habileté, talent. *Ces deux joueurs sont de force égale. Être de force, n'être pas de force à:* être, n'être pas capable de. **3.** Pouvoir, intensité d'action d'une chose. *Force d'un poison.* ▷ CHIM *Force d'un acide, d'une base, d'un sel:* leur aptitude à se dissocier en solution. ▷ (Abstrait). *La force d'un sentiment. Style qui manque de force.* Fig. Pouvoir sur l'esprit. *La force d'un argument.* **4.** Autorité. *La force de la chose jugée. Usage qui fait force de loi*, qui a le même pouvoir de contraindre qu'une loi. **5.** Solidité, résistance. *Force d'une digue.* ▷ TECH *Jambes de force:* poutres, perches, etc. inclinées servant à soutenir un appareil, une construction. **III.** Puissance d'un groupe, d'un État, etc.; ce qui contribue à cette puissance. *La force publique.* ▷ *Force de frappe* ou *de dissuasion:* ensemble des moyens (arme nucléaire, notam.) permettant de porter une attaque rapide et puissante contre un adversaire éventuel. ▷ Plur. Ensemble des troupes d'un État. *Forces aériennes, navales, terrestres.* ▷ *La force armée:* la troupe, en tant qu'on la requiert pour faire exécuter la loi. – *En force:* en nombre. **IV.** Contrainte et pouvoir de contraindre. *Cas de force majeure:* contrainte à laquelle on ne peut résister, due à un événement indépendant de la volonté. ▷ *Force m'est de:* je suis obligé de. ▷ *À toute force:* à tout prix. *Vouloir à toute force faire qqch.* ▷ *De gré ou de force:* volontairement ou par contrainte. **V.** adv. **1.** Vx Beaucoup. *Manger force moutons.* **2.** loc. prép. *À force de:* grâce à, à cause de beaucoup de. *Il réussit à force de travail.* – Bas lat. *fortia*, pl. neutre subst. de *fortis*.

ENCYCL **Phys.** – En mécanique newtonienne, comme en mécanique relativiste (V. mécanique), on considère les forces comme des grandeurs vectorielles. Lorsque plusieurs forces se composent, ayant un même *point d'application* (sur un corps), la force qui en résulte, nommée *résultante*, est donnée par le calcul vectoriel. Lorsque le point d'application d'une force se déplace, il en résulte un *travail*. Dans le système international (SI), une force s'exprime en *newtons* (symbole N); il est déconseillé d'utiliser la *dyne*, unité C.G.S., et l'anc. unité *kilogramme-force* est auj. prohibée; le newton est la force qui communique à un corps dont la masse est de 1 kilogramme une accélération de 1 mètre par seconde par seconde. On peut classer les forces en trois groupes: les *forces de distance*, ou *forces de champ* (forces de gravitation et forces électromagnétiques, partic. forces électrostatiques et forces magnétiques); les *forces de contact*, qui n'apparaissent que lorsque deux corps se touchent (frottement, par ex.); les *forces de cohésion*, ou *forces de liaison*, qui s'exercent entre les constituants d'un corps (atomes, molécules, ions).

forcé, ée [fɔʀse] adj. **1.** À quoi l'on est contraint. *«Le Mariage forcé», comédie de Molière.* ▷ MILIT *Marche forcée.* V. marche. **2.** Fam. Obligatoire, inévitable. *C'est forcé qu'il le voie.* **3.** Détérioré sous l'action d'une force trop importante. *Serrure forcée.* **4.** Qui manque de naturel, affecté. *Sourire forcé.* **5.** *Culture forcée*, dans laquelle on utilise le forçage (sens 2). – Pp. de *forcer*.

forcement [fɔʀsəmɑ̃] n. m. Action de forcer. *Forcement d'une serrure.* – De *forcer*.

forcément [fɔʀsemɑ̃] adv. Nécessairement, inévitablement. – De *forcé*.

forcené, ée [fɔʀsəne] adj. et n. **1.** Emporté par la rage, hors de soi. ▷ Subst. *Se débattre comme un forcené.* **2.** Qui marque une ardeur furieuse, obstinée. *Une lutte forcenée.* Syn. acharné, enragé. – Pp. de l'anc. v. *forsener*, «être hors de sens», de *fors*, et *sen*, «sens».

forceps [fɔʀsɛps] n. m. OBSTETR Instrument formé de deux branches séparables (cuillers) servant à saisir la tête du fœtus, en cas d'expulsion difficile. – Mot lat., «pinces».

forcer [fɔʀse] **I.** v. tr. **[14] 1.** Prendre, faire céder par force. *Forcer des obstacles. Forcer une porte.* Fig. *Forcer la porte de qqn*, entrer chez lui malgré lui. **2.** Contraindre, obliger. *Forcer un enfant à manger.* Par anal. *Forcer la main à qqn*, l'obliger à agir contre son gré. *Forcer le respect, l'admiration:* obliger au respect, à l'admiration. **3.** Pousser au-delà de ses limites, de ses forces naturelles. *Forcer un cheval*, le faire galoper trop vite. *Forcer une plante*, en hâter la végétation. ▷ VEN *Forcer une bête*, la poursuivre jusqu'à l'épuisement. **4.** Outrepasser (ce qui est normal, permis). *Forcer la dose.* **5.** Dénaturer, altérer. *Forcer le sens d'un mot.* **II.** v. intr. **1.** Supporter, fournir un effort excessif (choses). *Charnière qui force.* **2.** SPORT Fournir un gros effort physique. *Ne force pas pendant l'échauffement.* ▷ Cour., fam. Fournir un effort, se fatiguer. *Ça va, vous ne forcez pas trop?* **3.** Fam. *Forcer sur:* abuser de. *Il a tendance à forcer sur l'alcool.* **III.** v. pron. Faire effort sur soi-même, se contraindre. *Je me suis forcé à l'avaler.* – Du lat. pop. **fortiare*, de *fortia*. V. force.

forcerie [fɔʀsəʀi] n. f. HORTIC Serre conçue pour le forçage. – De *forcer.*

forces [fɔʀs] n. f. pl. TECH Grands ciseaux. – Du lat. *forfices,* pl. de *forfex,* «ciseaux».

forcir [fɔʀsiʀ] v. intr. [2] **1.** Augmenter de force, d'intensité (choses). *Vent qui forcit.* **2.** Devenir plus fort, grossir. – De *fort.*

forclore [fɔʀklɔʀ] v. tr. (Seulement à l'inf. et au pp.) **1.** Vx Exclure. **2.** DR Débouter, exclure d'un acte, d'un droit en raison de l'expiration du délai imparti. *Se laisser forclore. Être forclos.* – De *for-* (V. fors), et *clore.*

forclusion [fɔʀklyzjõ] n. f. **1.** DR Péremption d'un droit non exercé dans le délai imparti. **2.** PSYCHAN Mécanisme de défense propre à la psychose, consistant en un rejet primordial d'une représentation insupportable qui n'est pas intégrée à l'inconscient et fait retour au réel en particulier sous forme d'hallucination. – De *forclore,* d'après *exclusion.*

forer [fɔʀe] v. tr. [1] **1.** Percer à l'aide d'un outil animé d'un mouvement de rotation. *Forer un canon.* ▷ *Clé forée,* dont la tige est percée. **2.** Creuser. *Forer un puits de pétrole.* – Lat. *forare,* «percer», p.-ê. par l'ital. ou le provenç.

foresterie [fɔʀɛstəʀi] n. f. Ensemble des activités concernant les forêts (exploitation, aménagement, conservation, etc.). – De *forestier.*

forestier, ière [fɔʀɛstje, jɛʀ] adj. et n. **1.** adj. Relatif aux forêts. *Chemin forestier.* **2.** n. Personne qui a une fonction dans l'administration forestière; garde forestier. ▷ *Ingénieur forestier:* ingénieur spécialiste de la forêt et de son exploitation. – Bas lat. *forestarius.*

foret [fɔʀɛ] n. m. Outil servant à forer. – De *forer.*

forêt [fɔʀɛ] n. f. **1.** Grande étendue plantée d'arbres; l'ensemble des arbres qui croissent sur cette étendue. *Forêt de pins, de bouleaux. – Forêt domaniale:* forêt appartenant à l'État et réservée pour les besoins de l'industrie forestière. *Forêt galerie:* forêt des pays chauds et arides constituée d'arbres très rapprochés qui forment une sorte de galerie le long des cours d'eau. *Forêt dense:* forêt équatoriale superposant plusieurs étages de végétation. *Forêt vierge,* qui n'a pas été modifiée par l'homme. *Forêt sempervirente,* aux arbres toujours verts. *Forêt caducifoliée,* dont les arbres perdent leurs feuilles. **2.** Fig. Grande quantité de longs objets disposés verticalement. *Une forêt de lances.* – Du bas lat. *forestis,* probabl. de **silva forestis,* «forêt du tribunal royal», de *foris,* «audehors», ou de *forum.*

ENCYCL Les forêts du monde entier jouent un rôle prépondérant dans le maintien de l'équilibre écologique. Par l'évaporation intense dont elles sont le siège, les forêts régularisent efficacement l'humidité de l'air et du sol; elles retiennent les sols et en préviennent l'érosion; elles fournissent de l'oxygène; elles régularisent la température en captant les rayons du soleil; elles fournissent abris et nourriture à de nombreux animaux; etc. Les forêts canadiennes sont considérées comme étant jeunes, vu leur implantation post-glaciaire il y a 8 000 à 6 000 ans. La distribution actuelle des arbres reflète, dans une certaine mesure, la vitesse de migration des différentes essences, par suite du retrait des glaciers. La localisation des domaines forestiers est également liée au succès de compétition des espèces et, par le fait même, aux conditions du milieu auxquelles elles répondent (température, précipitations, nature des sols). Dans l'ensemble du Canada, on reconnaît deux principaux biomes forestiers: la forêt tempérée (décidue et à feuilles persistantes) et la forêt boréale qui occupe à elle seule la plus grande partie du Canada et 60 % du Québec. Les biomes se subdivisent en zones de végétation, qui s'étalent généralement selon un gradient nord-sud (sauf en montagnes où l'étalement se fait selon l'altitude). On distingue dans la forêt tempérée décidue (présente dans le sud-est du pays seulement) l'érablière à caryer, l'érablière laurentienne et l'érablière à bouleau jaune, où l'érable à sucre est l'essence prédominante. La forêt tempérée à feuilles persistantes est représentée au Québec par la forêt de pins blancs qui occupe les sols sablonneux et pauvres. La forêt boréale comprend, du sud au nord, la sapinière à bouleau jaune, la sapinière à bouleau blanc, la pessière à mousses et la pessière à lichens, le sapin baumier et l'épinette noire étant les espèces dominantes de ces zones. Au Canada, l'exploitation des arbres pour l'industrie du sciage a débuté au XIXe s. et au XXe s. l'industrie des pâtes et papiers s'est installée. Les retombées économiques de ces deux industries sont aujourd'hui fort importantes et le Canada se qualifie comme un pays forestier, bien que la superficie forestière productive ne constitue que 22 % de son territoire. En 1984, on évaluait le volume brut de bois marchand à 19 644 000 000 m^3 (80 % en conifères). Au Québec, on craint des ruptures de stock pour certaines régions d'ici une dizaine d'années. En 1986, on évaluait la récolte forestière à 26 000 000 m^3 pour une possibilité biophysique du milieu de 22 000 000 m^3. On déboise actuellement 240 000 ha/année au Québec et seulement 40 % des terres se régénèrent par elles-mêmes. Les méthodes de coupes sont remises en cause et les gouvernements allouent de grosses sommes dans le reboisement (1985 à 1990). Les forêts sont non seulement touchées par l'exploitation, mais également par les ravages d'insectes (dont la tordeuse des bourgeons de l'épinette), les maladies, les feux et les polluants. Les forêts, non seulement du Québec et de l'ensemble du Canada, mais également de nombreux pays d'Europe, sont actuellement touchées par le dépérissement des arbres qu'on relie principalement aux pluies acides et aux polluants atmosphériques (SO_2, NO_2, acides, poussières de métaux lourds, etc.). On estime que plus de 300 substances polluantes pourraient avoir des effets nocifs sur la santé des arbres. En 1985, environ 60 % des sapins de la Forêt-Noire d'Allemagne sont malades ou morts; au nord de la Tchécoslovaquie, des milliers d'hectares de forêts sont détruits; en Suisse, 15 à 20 % de tous les arbres sont affectés; au Québec, 80 % des érables exploités pour le sucre sont touchés. Toutes les espèces arborescentes sont sujettes au dépérissement, conifères comme feuillus. Les arbres meurent, la pousse des arbres vivants est ralentie et la régénération des sous-bois diminue. On prévoit que le désastre va s'accentuer, à moins que des mesures importantes soient prises tant par les pays affectés que par les pays pollueurs.

foreur [fɔʀœʀ] n. m. Ouvrier qui fore. – De *forer.*

foreuse [fɔʀøz] n. f. MINES Machine qui sert à forer. – De *forer.*

forfaire [fɔʀfɛʀ] **I.** v. tr. indir. [9] Litt. Agir contrairement à son devoir. *Forfaire à l'honneur.* **II.** v. tr. DR FEOD *Forfaire un fief,* le rendre confiscable par suite d'outrage. – De *for-,* et *faire.*

1. forfait [fɔʀfɛ] n. m. Crime très grave. *Commettre un forfait.* – Pp. subst. de *forfaire.*

2. forfait [fɔʀfɛ] n. m. Convention par laquelle on s'engage à fournir une marchandise, un service pour un prix invariable fixé à l'avance. *Traiter, vendre à forfait.* – De l'a. fr. *fur,* «taux», et *fait,* pp. de *faire.*

3. forfait [fɔʀfɛ] n. m. TURF Somme que le propriétaire d'un cheval engagé dans une course doit payer s'il ne le fait pas courir. ▷ SPORT *Déclarer forfait :* se retirer avant l'épreuve. – Fig. Renoncer à poursuivre une entreprise. – Angl. *forfeit,* de l'a. fr. *forfait,* de *forfaire.*

forfaitaire [fɔʀfɛtɛʀ] adj. Qui se conclut à forfait. *Prix forfaitaire.* – De *forfait* 2.

forfaiture [fɔʀfɛtyʀ] n. f. **1.** DR FEOD Injure grave commise par un vassal envers son seigneur. **2.** DR Crime commis par un fonctionnaire public dans l'exercice de ses fonctions. – De *forfaire.*

forfanterie [fɔʀfɑ̃tʀi] n. f. Vantardise, hâblerie. – Ital. *furfanteria,* de *furfante,* «coquin».

forficule [fɔʀfikyl] n. f. ZOOL Perce-oreille. – Lat. *forficula,* «petite pince».

forge [fɔʀʒ] n. f. **1.** Atelier ou établissement industriel où l'on produit, où l'on travaille le métal, *spécial.* le fer. *Les Forges de Saint-Maurice.* **2.** Fourneau où l'on chauffe le métal à travailler. *Soufflet de forge.* – Du lat. *fabrica,* «atelier», par le provenç. *faurga.*

forgeage [fɔʀʒaʒ] n. m. Action de forger. – De *forger.*

forger [fɔʀʒe] v. tr. [15] **1.** Mettre en forme une pièce métallique, généralement à chaud, par martelage (au marteau, à la presse, au marteau-pilon). *Fer forgé.* ▷ Prov. *C'est en forgeant qu'on devient forgeron:* on n'apprend bien qu'en s'exerçant. **2.** Fig. Inventer, fabriquer. *Forger un mot.* ▷ *Forger un caractère,* le fortifier par des épreuves. – Du lat. *fabricare* ou *fabricari* par l'a. fr. *favrechier, favagier.*

forgeron [fɔʀʒəʀɔ̃] n. m. Ouvrier qui chauffe le fer à la forge et le travaille au marteau. (Rem.: Comme forme féminine, l'OLF recommande *forgeronne.*) – De *forger,* d'après *forgeur.*

forgeur [fɔʀʒœʀ] n. m. Celui qui forge. *Forgeur d'épées.* – De *forger.*

forint [føʀint] n. m. Unité monétaire de Hongrie. – Mot hongrois, «florin».

forjeter [fɔʀʒəte] v. [23] **1.** v. intr. ARCHI Sortir de l'alignement ou de l'aplomb. **2.** v. tr. Construire en saillie. – De *for-,* et *jeter.*

formage [fɔʀmaʒ] n. m. TECH Mise en forme d'un objet (par martelage, emboutissage, forgeage, estampage, etc.). – De *former.*

formaldéhyde [fɔʀmaldeid] n. m. CHIM Aldéhyde formique ou méthanal. – De *form(ique),* et *aldéhyde.*

formalisation [fɔʀmalizasjɔ̃] n. f. Opération qui consiste à formaliser, à mettre sous forme de signes logiques ou mathématiques rigoureusement définis (une axiomatique, un énoncé, etc.). – De *formaliser* (sens 1.).

formaliser [fɔʀmalize] **1.** v. tr. [1] LOG Donner un caractère formel à (un énoncé, un système). *Langage formalisé.* **2.** v. pron. S'offusquer d'un manque de respect des formes, des convenances. – De *formel.*

formalisme [fɔʀmalism] n. m. **1.** Attachement excessif aux formes, aux formalités. **2.** PHILO Système métaphysique selon lequel l'expérience est soumise à des conditions universelles a priori. *Formalisme kantien.* **3.** MATH, LOG Développement de systèmes formels. – De *formel,* d'ap. lat. *formalis.*

formaliste [fɔʀmalist] adj. (et n.) **1.** Qui s'attache scrupuleusement aux formes. *Justice formaliste. Par ext.* Cérémonieux, protocolaire. **2.** PHILO Relatif au formalisme, qui est partisan du formalisme. ▷ Subst. *Un(e) formaliste.* – Du lat. *formalis,* «relatif à la forme».

formalité [fɔʀmalite] n. f. **1.** Formule prescrite ou consacrée; procédure obligatoire. *Remplir les formalités requises.* **2.** Règle de l'étiquette; acte de civilité. *Les formalités d'usage.* – Du lat. *formalis,* «relatif à la forme».

formant [fɔʀmɑ̃] n. m. PHON Fréquence ou groupe de fréquences qui caractérisent le timbre d'un son du langage. – Ppr. subst. de *former.*

1. format [fɔʀma] n. m. **1.** Dimension d'un imprimé, déterminée par la manière dont la feuille est pliée. *Format in-octavo.* **2.** Dimension de cette feuille. **3.** *Par ext.* Dimension, taille. *Grand, petit format.* – Probabl. de l'ital. *formato,* de *formare,* «former».

2. format [fɔʀma] n. m. INFORM Modèle qui définit la présentation des informations au sein d'un ordinateur; disposition de ces informations. – Mot angl., même orig. que *format* 1.

formatage [fɔʀmataʒ] n. m. INFORM Opération consistant à préparer un support physique (disquette, bande, disque) pour lui permettre de recevoir des informations selon un format spécifique. – De *format* 2, d'après l'angl. *formating.*

formater [fɔʀmate] v. tr. [1] INFORM Soumettre des informations à un format (v. format 2). – Calque de l'angl. *to formate.*

formateur, trice [fɔʀmatœʀ, tʀis] adj. et n. **1.** Rare Qui donne une forme. **2.** Qui forme. *Des expériences formatrices.* – Subst. Personne chargée d'assurer une formation (au sens 2). *C'est un excellent formateur.* – Lat. *formator,* de *forma.*

formatif, ive [fɔʀmatif, iv] adj. Qui sert à former. *Élément formatif.* – Du lat. *formatum.*

formation [fɔʀmasjɔ̃] n. f. **1.** Action de former, de se former; résultat de cette action. *Formation d'un abcès.* **2.** Action d'instruire, d'éduquer; son résultat. *Formation professionnelle.* **3.** BOT *Formation végétale:* groupement de végétaux dont la physionomie caractéristique est due à des conditions spécifiques de végétation (sol, climat, etc.). **4.** GEOL Nature, origine d'une couche de terrain. *Formation quaternaire.* Cette couche. *Formation fluviale.* **5.** MILIT Ensemble des éléments constituant une troupe, une escadre. – Mouvement exécuté par un corps de troupe qui se dispose d'une manière particulière. *Formation en carré.* **6.** Groupe, parti. *Les formations politiques de la majorité, de l'opposition.* **7.** Puberté. – Lat. *formatio,* de *forma,* «forme».

-forme, Elément du lat. *formis,* de *forma,* «forme».

forme [fɔʀm] n. f. **I.** État sous lequel nous percevons une chose. **1.** Figure extérieure, configuration des choses. *La Terre a une forme sphérique.* ▷ GEOM Configuration extérieure d'une surface. **2.** Contour d'un objet ou du corps d'une personne. *La forme d'une table.* ▷ *Absol.* (au plur.) *Les formes:* contour du corps humain (surtout en parlant des femmes). *Cette robe dessine les formes.* **3.** Chacun des différents aspects qu'une chose peut présenter. *Aimer la musique sous toutes ses formes.* – *En forme de,* avec les apparences, l'aspect de. – *Prendre forme:* commencer à avoir une apparence reconnaissable. **4.** Constitution d'une chose, manière dont elle est organisée. *Poème à forme fixe.* **5.** Manière d'exprimer, de présenter qqch. *La forme et le fond. Vice de forme.* ▷ DR *Formes judiciaires,* par oppos. au *fond* d'un procès. ▷ *En forme, en bonne forme, en bonne et due forme,* toutes les règles de présentation étant observées. *Mettre un texte en forme.* ▷ *Pour la forme:* pour se conformer aux usages. **6.** Plur. Manières de s'exprimer, d'agir. *Avoir des formes un peu rudes.* ▷ *Absol.* Manières polies, conformes aux usages. *Faire une demande en y mettant les formes.* **7.** *Être en forme, en pleine forme,* en bonne condition physique. **II. 1.** TECH Gabarit, moule qui sert à former certains objets. *Forme de chapelier, de cordonnier.* **2.** CONSTR Couche préparatoire destinée à recevoir un revêtement, une chape. **3.** TYPO Châssis où l'on fixe une composition typographique. **4.** MAR Bassin de construction ou de réparation. *Forme de radoub.* **5.** VETER Tumeur osseuse qui se développe sur la phalange du cheval. **III.** PHILO et PSYCHO V. Encycl. – Lat. *forma.*

ENCYCL **Philo.** – Dans la tradition issue de l'Antiquité, la forme, distincte de la matière, est idée, essence, modèle et principe d'action. Chez Descartes, qui identifie la matière à l'étendue (*res extensa:*

«chose étendue»), la forme devient *figure* (portion d'espace limitée par les contours de l'objet). Pour Kant, le temps et l'espace sont des *formes a priori* de la sensibilité, c.-à-d. les cadres de notre sensibilité qui rendent possible l'intuition sensible (la sensation donnant la matière qui «remplira» ces formes). **Psycho.** – La *théorie* ou *psychologie de la forme* (en all. *Gestalttheorie*), ou *gestaltisme*, définit la forme comme une structure organique (notes d'une mélodie, figure géométrique, etc.) s'individualisant dans un champ perceptif. Soutenant (depuis le début du XXe s. en Allemagne) que le tout est autre chose que la somme de ses parties, elle a révolutionné la psychologie traditionnelle.

formé, ée [fɔʀme] adj. Qui a pris sa forme; qui a atteint sa maturité. – Pp. de *former*.

formel, elle [fɔʀmɛl] adj. **1.** Clairement déterminé, qui ne peut être discuté. *Ordre, démenti formel.* Syn. exprès. Ant. ambigu, équivoque. **2.** Relatif à la forme. *Beauté formelle.* ▷ PHILO Qui concerne la forme, qui a une réalité actuelle (opposé à *virtuel*, à *matériel*). *Cause formelle.* ▷ *Logique formelle*, qui opère sur des formes de raisonnements, indépendamment du contenu de ceux-ci. *Langages formels.* – Du lat. *formalis*, de *forma*, «forme».

formellement [fɔʀmɛlmɑ̃] adv. En termes exprès. *C'est formellement interdit.* – De *formel*.

former [fɔʀme] **I.** v. tr. [1] **1.** Donner l'être et la forme à. *Dieu forma l'homme à son image.* **2.** Tracer, façonner. *Former des lettres.* **3.** Arranger les éléments de (un ensemble). *Le Premier ministre forme le gouvernement.* **4.** Fig. Concevoir. *Former l'idée de...* **5.** Constituer, faire partie de. *Nous formons une famille très unie.* **6.** Instruire, éduquer. *Former des soldats. Former le caractère.* **II.** v. pron. **1.** Se constituer, se créer. *Orage en train de se former.* **2.** S'instruire, acquérir un certain savoir, une certaine expérience. *Il s'est formé à l'école de la vie.* **3.** MILIT Prendre telle ou telle formation (troupes). *Se former en carré.* – Lat. *formare*.

formeret [fɔʀməʀɛ] n. m. ARCHI Arc latéral, parallèle à l'axe de la voûte dont il reçoit la retombée. – De *forme*.

formiate [fɔʀmjat] n. m. CHIM Sel ou ester de l'acide formique. – Du rad. de *formique*, et *-ate*.

formica [fɔʀmika] n. m. Matériau stratifié recouvert de résine artificielle. – Nom déposé, d'après *formique*.

formidable [fɔʀmidabl] adj. **1.** Vx ou litt. Qui inspire la crainte, l'effroi. *L'aspect formidable d'une armée en marche.* **2.** Important, considérable. *Un déploiement formidable de moyens.* **3.** Fam. (sens atténué). Qui inspire l'admiration, l'étonnement, la sympathie, etc. *Un type formidable.* – Lat. *formidabilis*, de *formidare*, «craindre».

formidablement [fɔʀmidabləmɑ̃] adv. Fam. D'une manière formidable (sens 3). *Il est formidablement gentil.* – De *formidable*.

formique [fɔʀmik] adj. CHIM *Acide formique:* acide gras, de formule H-COOH, sécrété notam. par les fourmis. *Aldéhyde formique*, H-CHO, nom courant du méthanal. – Du lat. *formica*, «fourmi».

formol [fɔʀmɔl] n. m. Solution aqueuse de l'aldéhyde formique, utilisée en partic. pour ses propriétés désinfectantes et dans la fabrication des colles. – De *formaldéhyde*.

formoler [fɔʀmɔle] v. tr. [1] Soumettre à l'action du formol. – Du préc.

formulable [fɔʀmylabl] adj. Qui peut être formulé. – De *formuler*.

formulaire [fɔʀmylɛʀ] n. m. **1.** Recueil de formules. *Formulaire de notaires.* **2.** Imprimé comportant des questions auxquelles les intéressés doivent répondre. – De *formule*.

formulation [fɔʀmylasjɔ̃] n. f. Action de formuler; manière dont qqch est exprimé. *Une formulation maladroite.* – De *formuler*.

formule [fɔʀmyl] n. f. **I. 1.** DR Modèle contenant les termes exprès et formels dans lesquels un acte doit être rédigé. **2.** Façon de s'exprimer, parole, consacrée par l'usage social. *Formule de politesse.* **3.** Suite de mots qui, dans certaines pratiques magico-religieuses, est censée être chargée de tel pouvoir, de telle vertu propitiatoire, etc. *Formule rituelle.* **4.** Phrase précise, concise, qui dit beaucoup en peu de mots. *Une heureuse formule.* **II.** Écriture symbolique représentant des relations, des opérations sur des grandeurs, etc. *Formule chimique*, indiquant la composition élémentaire d'un corps composé. *Formule algébrique:* expression qui permet de calculer la solution d'un problème. *Formule florale*, indiquant le nombre et la disposition des pièces d'une fleur. *Formule sanguine* (V. sang). *En physique, en astronomie, en mécanique, une formule peut exprimer une loi.* **III.** Façon d'agir, mode d'action. *Curieuse formule pour réussir.* **IV.** Document imprimé comportant des espaces laissés en blanc que l'on doit compléter. **V.** SPORT Catégorie de voitures de course. *Courir en formule 1.* – Ellipt. *Une formule 1.* – Lat. *formula*.

formuler [fɔʀmyle] v. tr. [1] **1.** Rédiger dans la forme requise. *Formuler un jugement.* **2.** MATH Exprimer au moyen de formules. *Formuler un problème.* **3.** Exprimer. *Formuler une réclamation. Formuler un vœu.* – De *formule*.

fornicateur, trice [fɔʀnikatœʀ, tʀis] n. Personne qui se livre à la fornication. – Lat. ecclésiastique, *fornicator, fornicatrix*.

fornication [fɔʀnikasjɔ̃] n. f. RELIG ou plaisant. Péché de la chair. – Lat. ecclés. *fornicatio*; de *fornix, fornicis*, «voûte», les prostituées se tenant, à Rome, dans des chambres voûtées.

forniquer [fɔʀnike] v. intr. [1] Commettre le péché de fornication. – Lat. ecclés. *fornicari*, de *fornix*. V. fornication.

fors [fɔʀ] prép. Vx Excepté, hormis, hors de. *«Tout est perdu, fors l'honneur», aurait dit François Ier après le désastre de Pavie.* – Lat. *foris*, «dehors».

forsythia [fɔʀsitja] n. m. Arbrisseau ornemental (genre *Forsythia*, fam. oléacées), dont les fleurs jaune d'or s'épanouissent avant la feuillaison. – Lat. des botanistes; de *Forsyth*, horticulteur écossais (1737-1804).

1. fort, forte [fɔʀ, fɔʀt] adj. **I.** (Personnes). **1.** Qui a de la force physique. *Homme grand et fort.* – Loc. *Fort comme un Turc:* très fort. **2.** *Par euphémisme.* Qui a de l'embonpoint. *Une dame un peu forte.* **3.** Qui a des capacités intellectuelles, des connaissances. *Être fort en maths.* **4.** Qui a de la résistance morale. *Être fort devant l'adversité.* Syn. ferme. **5.** en loc. *Se faire fort de:* s'estimer capable de. – *Forte tête:* personne qui résiste obstinément à toute influence. – *Esprit fort:* personne qui refuse toute croyance religieuse. **II.** (Choses). **1.** Solide, résistant. *Carton fort. Colle forte.* **2.** Capable de résister aux attaques. *Ville forte. Château fort.* **3.** Plus important que la moyenne en intensité, en quantité. *Un fort vent. Une forte somme. Payer le prix fort*, maximal. ▷ MUS *Temps fort:* temps d'une mesure sur lequel porte l'accent d'intensité. ▷ (Abstrait). *Une forte envie. À plus forte raison:* avec d'autant plus de raisons. **4.** Fam. Exagéré, difficile à admettre. *Ça, c'est un peu fort!* **5.** Qui impressionne vivement le goût, l'odorat, par la concentration du mélange. *Moutarde forte. Café fort.* – Par le degré d'alcool. *Des boissons, des liqueurs fortes.* **6.** Qui agit efficacement. *Un remède fort.* ▷ CHIM *Acide fort, base forte*, capable de se dissocier complètement en solution. ▷ PHYS NUCL *Liaison forte:* liaison due aux forces nucléaires, caractéristique des mésons et des baryons. – Lat. *fortis.*

2. fort [fɔʀ] adv. **1.** Avec énergie, intensité. *Frappez fort. Parler fort.* **2.** Litt. Très. *Vous êtes fort aimable.* – Beaucoup. *Elle lui plaît fort.* – De *fort* 1.

3. fort [fɔʀ] n. m. **I. 1.** Celui qui a la force, la puissance. *Le fort et le faible.* Prov. *La raison du plus fort est toujours la meilleure:* le plus fort impose toujours sa façon de voir. **2.** Vx Partie la plus solide, la plus épaisse d'une chose. ▷ Mod. Moment de plus grande intensité. *Au fort de la lutte.* **3.** Fam. Alcool, boisson très alcoolisée. *Aimer le fort.* **4.** (Après un possessif). Domaine où qqn excelle. *Le français n'est pas son fort.* **II.** Ouvrage militaire puissamment armé et défendu. – De *fort* 1.

forte [fɔʀte] adv. (et n. m. inv.). MUS Fort, en renforçant l'intensité du son. – Mot ital., «fort».

fortement [fɔʀtəmɑ̃] adv. **1.** Avec force. *Tenir fortement.* **2.** Fig. Avec intensité. *Désirer fortement qqch.* **3.** *Par ext.* Beaucoup. *Une histoire qui ressemble fortement à une escroquerie.* – De *fort.*

forte-piano [fɔʀtepjano] adv. (et n. m. inv.) MUS Indication de passage du *forte* au *piano.* – Mot ital.

forteresse [fɔʀtəʀɛs] n. f. **1.** Ouvrage fortifié protégeant une étendue de territoire. *La forteresse de Louisbourg.* ▷ *Forteresse volante:* bombardier lourd américain (1943-1945). **2.** Fig. Ce qui est inaccessible aux influences extérieures. *La forteresse des traditions.* – Lat. pop. *fortaricia,* de *fortis,* «fort».

fortiche [fɔʀtiʃ] adj. Pop., fam. Fort, vigoureux. – Fig. Calé, astucieux. – De *fort.*

fortifiant, ante [fɔʀtifjɑ̃, ɑ̃t] adj. et n. m. **1.** Qui donne des forces. *Sirop, aliment fortifiant.* ▷ N. m. Médicament, aliment fortifiant. *Prendre un fortifiant.* **2.** Fig., vieilli Qui fortifie l'âme, l'esprit. *Lecture fortifiante.* – Ppr. de *fortifier.*

fortification [fɔʀtifikasjɔ̃] n. f. Action de fortifier un lieu. ▷ (Souv. au pl.) Ensemble d'ouvrages destinés à défendre une ville, un point stratégique. – Bas lat. *fortificatio.*

fortifier [fɔʀtifje] **I.** v. tr. [1] **1.** Donner plus de force à. *Fortifier le corps et l'âme.* **2.** Rendre plus fort, plus assuré. *Son attitude fortifie mes soupçons.* Syn. renforcer. **3.** Entourer d'ouvrages défensifs. *Ville fortifiée.* **II.** v. pron. **1.** Devenir plus fort. **2.** Se protéger par des fortifications. *Se fortifier dans un village.* – Du bas lat. *fortificare,* de *fortis,* «fort», et *facere,* «faire».

fortin [fɔʀtɛ̃] n. m. Petit ouvrage fortifié. – Ital. *fortino.*

fortiori (a). V. a fortiori.

fortissimo [fɔʀtisimo] adv. et n. m. MUS Très fort. *Des fortissimo* ou *des fortissimos.* – Mot ital., de *forte,* «fort».

fortran [fɔʀtʀɑ̃] n. m. INFORM Langage de programmation surtout destiné à la formulation scientifique ou technique. – Abrév. de l'angl. *For(mula) Tran(slation),* «traduction formulaire».

fortuit, uite [fɔʀtɥi, ɥit] adj. Qui arrive par hasard, de manière imprévue. *Rencontre fortuite.* – Lat. *fortuitus,* de *fors,* «hasard».

fortuitement [fɔʀtɥitmɑ̃] adv. De façon fortuite, par hasard. – De *fortuit.*

fortune [fɔʀtyn] n. f. **I. 1.** Litt. Puissance qui est censée décider du bonheur ou du malheur des humains. *Les caprices de la fortune.* – MYTH (Avec une capitale) Divinité des Anciens (la Tyché grecque) souvent représentée sous les traits d'une femme aux yeux bandés tenant une corne d'abondance. **2.** Événement heureux ou malheureux dépendant du hasard. *Une bonne fortune:* une aventure galante. *Faire contre mauvaise fortune bon cœur:* accepter sans se plaindre un événement désagréable. ▷ *Tenter, chercher fortune :* chercher les occasions qui peuvent procurer ce que l'on désire. ▷ *Inviter à la fortune du pot :* inviter à un repas sans apprêts. ▷ *De fortune:* improvisé. *Utiliser des moyens de fortune.* **3.** Chance favorable. *J'ai eu la fortune de le rencontrer.* **4.** Litt. Destinée. *Il connut une fortune brillante.* **5.** Litt. Position sociale élevée. *Parvenir à une haute fortune.* – Cour. *Revers de fortune:* changement accidentel et malheureux dans la situation d'une personne, souvent lié à une perte d'argent. **II. 1.** Ensemble des biens que possède une personne, une collectivité. **2.** Grande richesse. *Avoir de la fortune. Faire fortune :* devenir très riche. – Lat. *fortuna,* «bonne ou mauvaise fortune».

fortuné, ée [fɔʀtyne] adj. **1.** Litt. Favorisé par la chance. **2.** Qui a de la fortune, riche. *Personne fortunée.* – De *fortune.*

forum [fɔʀɔm] n. m. **1.** n. m. inv. ANTIQ ROM Place où pouvait se tenir un marché, une assemblée du peuple, un tribunal. *Des forum.* – *Le Forum romain, le Forum :* place de Rome au pied du Capitole et du Palatin, centre de la vie politique romaine sous la République. **2.** Mod. Place réservée aux piétons, entourée d'équipements, de commerces. *Le Forum des Halles, à Paris.* **3.** Réunion avec débat autour d'un thème. *Un forum sur la condition féminine. Des forums.* Syn. colloque. – Mot lat., «place publique».

forure [fɔʀyʀ] n. f. TECH Trou percé avec un foret. ▷ Trou dans la tige d'une clef. – De *forer,* et *-ure.*

fosse [fos] n. f. **1.** Excavation généralement profonde, creusée par l'homme. *Creuser une fosse.* **2.** Trou creusé pour enterrer un mort. **3.** GEOL Dépression importante du fond de la mer, d'un fleuve, d'une rivière, d'un lac. *Fosse océanique.* ▷ *Fosse à saumon:* partie la plus profonde et la moins rapide d'un cours d'eau, servant d'aire de repos au saumon dans sa montaison vers les frayères. **4.** ANAT Cavité ou dépression de certaines parties de l'organisme. *Fosses nasales.* – Lat. *fossa,* de *fodere,* «creuser, fouir».

fossé [fose] n. m. **1.** Cavité creusée en long pour limiter un terrain, pour faire écouler les eaux, pour défendre une citadelle, etc. **2.** Fig. Ce qui sépare profondément des personnes. *Il y a un fossé entre nous.* **3.** GEOL *Fossé d'effondrement:* dépression tectonique longue et étroite correspondant au compartiment affaissé d'un champ de failles. Syn. limagne, graben. – Bas lat. *fossatum,* de *fossare,* fréquent. de *fodere,* «creuser».

fossette [fosɛt] n. f. Petit creux du menton, des joues de certaines personnes. *Sourire à fossettes.* – Dimin. de *fosse.*

fossile [fɔsil] adj. et n. m. **1.** adj. Se dit des substances tirées du sous-sol. *Charbon et pétrole sont des combustibles fossiles.* **2.** n. m. PALEONT Restes, ou empreinte, d'un être vivant actuellement disparu, dans une roche sédimentaire ou très peu métamorphisée. *Fossile vivant :* être vivant dont l'organisation est proche de celle des fossiles appartenant au même groupe systématique. ▷ Adj. *Des animaux, des végétaux fossiles.* **3.** Fig. Suranné, désuet. *Il a des idées fossiles.* ▷ N. m. *Quel vieux fossile!* (en parlant d'une personne). – Lat. *fossilis,* «tiré de la terre».

fossilifère [fɔsilifɛʀ] adj. PALEONT Qui contient des fossiles. – De *fossile,* et *-fère.*

fossilisation [fɔsilizasjɔ̃] n. f. PALEONT Passage d'un corps organisé à l'état de fossile avec désagrégation des matières organiques et conservation des parties dures. – De *fossiliser.*

fossiliser [fɔsilize] v. tr. [1] Amener à l'état de fossile. *La nature s'est plu à fossiliser certains animaux.*

▷ v. pron. [11] Devenir fossile. Au pp. *Fougères fossilisées.* ▷ Fig. *Un bureaucrate fossilisé.* – De *fossile.*

fossoyeur, euse [fɔswajœʀ, øz] n. **1.** n. m. Celui qui creuse les fosses pour enterrer les morts. ▷ Fig. Celui qui travaille à la ruine de qqch. *Les fossoyeurs du capitalisme.* **2.** n. f. *Par métaph.* et litt. *La fossoyeuse:* la mort. – D'un anc. v. *fossoyer,* de *fosse.*

1. fou [fu] ou **fol** (devant voyelle ou h non aspiré), **folle** [fɔl] adj. et n. **I.** adj. **1.** (Ce mot n'appartient plus au vocabulaire médical). Qui présente des troubles mentaux. *Fou à lier. Fou furieux.* **2.** Dont le comportement semble tout à fait déraisonnable. *Il est fou d'agir ainsi.* **3.** Qui est hors de son état normal. *Fou de joie, de colère.* ▷ Fig. *Être fou de:* aimer passionnément. *Elle est folle de sport. Il est fou d'elle.* **4.** (Choses). Qui est l'indice de la folie. *Un regard fou.* ▷ Contraire à la raison, à la prudence. *Un fol amour. Une tentative folle.* ▷ Peu raisonnable, immodéré. *Une folle gaieté. Une course folle. Un fou rire,* qu'on ne peut maîtriser. **5.** Dont on ne peut prévoir le mouvement. *Herbes folles,* qui croissent en tous sens. ▷ TECH Se dit d'une poulie, d'une roue qui tourne autour d'un axe, sans en être solidaire. **6.** Fam. Considérable. *Un monde fou. Un succès fou.* **II.** n. **1.** Personne atteinte de démence. – *Maison de fous:* Anc. hôpital psychiatrique; Mod., fam. Lieu où les gens ont une conduite étrange. *C'est une vraie maison de fous, cette boîte!* – *Histoire de fous:* aventure absurde. **2.** Personne qui fait des extravagances, pour s'amuser, pour faire rire. *Ne faites pas les fous.* Prov. *Plus on est de fous, plus on rit.* **3.** Bouffon, amuseur, autref. attaché à la personne des rois. ▷ JEU Pièce du jeu d'échecs se déplaçant selon les diagonales. – Du lat. *follis,* «sac, ballon plein d'air», par métaph.

2. fou [fu] n. m. Nom cour. des oiseaux sulidés (ordre des pélécaniformes). – *Fou de Bassan (Sula bassana):* gros oiseau blanc pélécaniforme de l'Atlantique, qui niche en grandes colonies près des îles. *Les fous de Bassan de l'île Bonaventure.* – De *fou* 1, à cause de son comportement.

fouage [fwaʒ] n. m. DR FEOD Redevance perçue par le seigneur pour chaque foyer. – De l'a. fr. *fou,* «feu».

foucade [fukad] n. f. Vx ou litt. Élan subit et passager, caprice. – Du rad. de *fougue.*

1. foudre [fudʀ] n. **I.** n. f. **1.** Décharge électrique intense qui se produit par temps d'orage, accompagnée d'un éclair et d'une violente détonation (tonnerre). ▷ Fig. *Coup de foudre:* amour subit et immédiat pour qqn. – Par ext. *Acheter un meuble ancien sur un coup de foudre.* **2.** Plur. *Les foudres de :* le courroux de. *Encourir les foudres du pouvoir.* **II.** n. m. **1.** Faisceau de traits en zigzag, attribut de Jupiter. **2.** Iron. *Un foudre de guerre :* un grand homme de guerre. – Du lat. *fulgur, fulguris,* «éclair».

2. foudre [fudʀ] n. m. Grand tonneau. – All. *Fuder.*

foudroiement [fudʀwamɑ̃] n. m. Action de foudroyer; fait d'être foudroyé. – De *foudroyer.*

foudroyant, ante [fudʀwajɑ̃, ɑ̃t] adj. **1.** Qui frappe avec la brutalité et la violence de la foudre. *Apoplexie foudroyante.* **2.** Qui a la soudaineté et la rapidité de la foudre. *Succès foudroyant.* **3.** Métaph. *Regards foudroyants.* – Ppr. de *foudroyer.*

foudroyer [fudʀwaje] v. tr. **[26]** **1.** Frapper de la foudre. *Zeus foudroya les Titans.* ▷ Fig. *Foudroyer qqn du regard.* **2.** Tuer soudainement, terrasser. *Une crise cardiaque l'a foudroyé.* – De *foudre.*

fouëne. V. foëne.

fouet [fwɛ] n. m. **1.** Instrument formé d'une corde de chanvre (ou de lanières de cuir tressées), attachée au bout d'un manche. *Le cocher fit claquer son fouet pour exciter les chevaux. Cingler qqn d'un coup de fouet.* **2.** Châtiment donné avec le fouet ou avec des verges. **3.** Fig. *Coup de fouet:* stimulation vigoureuse et instantanée. *Cette potion leur a donné un coup de fouet.* ▷ MED Douleur vive et subite due à une déchirure musculaire. **4.** *De plein fouet:* directement sur l'obstacle ou l'objectif et perpendiculairement à lui. *Tir de plein fouet.* **5.** CUIS Ustensile qui sert à battre les œufs et les sauces. **6.** ZOOL Segment terminal de l'aile des oiseaux. ▷ Queue d'un chien. – Dimin. de l'a. fr. *fou,* «hêtre», avec évolution probable à «baguette de hêtre».

fouettard [fwɛtaʀ] adj. m. *Père fouettard:* personnage imaginaire, armé d'un fouet, dont on menaçait les enfants. – De *fouetter.*

1. fouetté, ée [fwɛte] adj. CUIS Battu avec un fouet. *Crème fouettée.* – Pp. de *fouetter.*

2. fouetté [fwɛte] n. m. **1.** CHOREGR Rotation du corps sur une pointe ou une demi-pointe, entretenue par le mouvement des bras et de la jambe opposée à la jambe d'appui. **2.** JEU Au billard, coup très vif donné en retirant immédiatement la queue. – Pp. subst. de *fouetter.*

fouettement [fwɛtmɑ̃] n. m. Action de fouetter. – De *fouetter.*

fouetter [fwɛte] **I.** v. tr. [1] **1.** Donner le fouet, des coups de fouet à. ▷ Loc. fam. *Il n'y a pas de quoi fouetter un chat :* ce n'est qu'une faute légère. – *Il a d'autres chats à fouetter :* il a bien d'autres choses à faire. **2.** Cingler. *La pluie nous fouettait le visage.* ▷ V. intr. *La pluie qui fouette contre les vitres.* **3.** CUIS Battre vivement (avec un fouet). *Fouetter de la crème.* **II.** v. intr. Pop. Sentir mauvais, puer. *Ça fouette, ici!* – De *fouet.*

foufou [fufu], **fofolle** [fɔfɔl] adj. et n. Fam. Un peu fou, écervelé, farfelu. – Redoublement de *fou, folle.*

fougasse. V. fouace.

fougère [fuʒɛʀ] n. f. Plante à grandes feuilles (frondes) très découpées, dont les très nombreuses espèces constituent la classe des filicinées, la plus importante classe de cryptogames vasculaires. – Du lat. pop. **filicaria.*

ENCYCL Les fougères ont le plus souvent de grandes feuilles, généralement pennées. À la face inférieure se développent des amas fructifères, les *sores,* contenant de nombreux *sporanges,* où se développent des spores; à maturité, les spores se disséminent, germent et donnent naissance à des *prothalles hermaphrodites,* où se développent *archégones* (organes femelles) et *anthéridies* (mâles); après la fécondation, l'œuf donne naissance à une jeune fougère, qui restera longtemps un parasite du prothalle. Les fougères sont apparues au Dévonien et ont constitué une partie importante de la végétation du Permo-Carbonifère. Les 9 000 espèces actuelles ne constituent plus qu'une infime partie de ce puissant groupe végétal qui «colonisa» notre planète; elles vivent dans les endroits ombragés et humides; leur taille varie de quelques centimètres à quelques mètres pour certaines fougères tropicales arborescentes. Les plus connues au Canada sont le lycopode (genre *Lycopodium*), l'adiante pédalé (*Adiantum pedatum*), la dryoptéride (genre *Dryopteris*) et l'asplénie chevelue (*Asplenium Trichomanes*). Les jeunes pousses enroulées de la fougère à l'autruche (*Matteuccia struthiopteris*), communément appelées *têtes de violon* ou *queues de violon,* sont comestibles; on en fait la cueillette commerciale au Nouveau-Brunswick.

fougue [fug] n. f. Impétuosité, ardeur naturelle. – Lat. *fuga,* «fuite»; ital. *foga,* «fuite précipitée».

fougueusement [fugøzmɑ̃] adv. Avec fougue. – De *fougueux.*

fougueux, euse [fugø, øz] adj. Plein de fougue, ardent, impétueux. – De *fougue.*

1. fouille [fuj] n. f. **1.** Action de fouiller la terre, spécial. (plur.) pour retrouver des vestiges archéologiques. *Les fouilles de Delphes, d'Herculanum.* **2.** Fig. Action d'explorer minutieusement. *La fouille d'un tiroir.* ▷ Action de fouiller qqn. *La fouille d'un détenu.* **3.** CONSTR Excavation pratiquée dans le sol, avant de procéder à la construction des fondations d'un ouvrage. *Fouilles en rigole, en déblai, en puits.* – Déverbal de *fouiller.*

fouiller [fuje] **I.** v. tr. [1] **1.** Creuser. *Fouiller le sol, la terre.* **2.** Explorer soigneusement (un lieu) pour trouver qqch que l'on cherche. *Fouiller qqn:* chercher dans ses poches, ses habits, etc. **3.** SCULP Travailler avec le ciseau pour pratiquer des enfoncements. *Fouiller le marbre.* ▷ Fig. *Fouiller son style,* le travailler. **II.** v. intr. **1.** Creuser. *Fouiller dans la terre.* **2.** Chercher une chose en remuant tout ce qui pourrait la cacher. *Fouiller dans une armoire, dans sa poche.* ▷ Fig. *Fouiller dans sa mémoire.* **III.** v. pron. Loc. fam. *Tu peux te fouiller :* il n'y a rien pour toi; il n'en est pas question. – Du lat. pop. **fodiculare*, de *fodicare,* «percer».

fouilleur, euse [fujœʀ, øz] n. **1.** Personne qui fouille. **2.** n. f. AGRIC Charrue spéciale à griffes multiples, qui permet de labourer le sous-sol sans le faire remonter (opération du *fouillage*). – De *fouiller.*

fouillis [fuji] n. m. Fam. Confusion de choses mêlées. *Un fouillis de paperasses.* – De *fouiller.*

fouine [fwin] n. f. Martre d'Europe et d'Asie centrale (*Martes foina,* fam. mustélidés), petit carnivore bas sur pattes, au corps très allongé, au pelage brun et blanc. – Du lat. pop. **fagina (mustela),* «martre (des hêtres)».

fouiner [fwine] v. intr. [1] Fam. Fureter, épier indiscrètement. – De *fouine.*

fouineur, euse [fwinœʀ, øz] ou **fouinard, arde** [fwinaʀ, aʀd] adj. et n. Fam. Qui furète partout; indiscret. – De *fouiner.*

fouir [fwiʀ] v. tr. [2] Creuser (le sol). *Une taupe qui fouit la terre.* – ETHNOL *Bâton à fouir,* qui ameublit superficiellement le sol avant les semailles. – Du lat. pop. **fodire,* class. *fodere,* «creuser, fouir».

fouisseur, euse [fwisœʀ, øz] adj. et n. **1.** Qui fouit la terre. *Animal fouisseur.* **2.** Qui sert à fouir. *Des pattes fouisseuses.* – De *fouir.*

foulage [fulaʒ] n. m. Action de fouler. *Le foulage du raisin. Le foulage de la pâte à papier.* – De *fouler.*

foulant, ante [fulɑ̃, ɑ̃t] adj. **1.** TECH *Pompe foulante,* qui élève un liquide par la pression qu'elle exerce. **2.** Fig. et fam. Fatigant. *Un boulot pas foulant.* – Ppr. de *fouler.*

foulard [fulaʀ] n. m. **1.** Étoffe légère servant à faire des mouchoirs, des cravates, des robes, etc. **2.** Écharpe en tissu léger pour protéger le cou, pour servir de coiffure. *Mettre un foulard.* – P.-ê. provenç. *foulat,* «foulé», drap léger d'été.

foule [ful] n. f. **1.** Multitude de gens réunis. ▷ *Une foule de :* une grande quantité (de gens ou de choses). *Avoir une foule d'idées.* **2.** Le commun des hommes, le vulgaire. *Ne plaire qu'à la foule, être méprisé de l'élite.* **3.** *En foule :* en grand nombre, en grande quantité; en se pressant. – Déverbal de *fouler* (sens 1).

foulée [fule] n. f. **1.** EQUIT Temps pendant lequel le pied du cheval pose sur le sol. – *Par ext.* Espace parcouru par un cheval à chaque temps de trot, au galop. **2.** Longueur de l'enjambée d'un coureur. – Pp. fém. subst. de *fouler.*

fouler [fule] v. tr. [1] **1.** Presser (un corps, une substance) avec les pieds, les mains ou des rouleaux. *Fouler du raisin, des cuirs, du drap.* **2.** Litt. Marcher sur (le sol). *Fouler le sol natal.* ▷ *Fouler aux pieds :* piétiner, et *par ext.,* fig., traiter avec mépris. *Fouler aux pieds la Constitution.* **3.** v. pron. Se blesser par foulure. *Se fouler le pied.* ▷ Fig., fam. *Se fouler:* se donner de la peine. *Il ne s'est pas foulé.* – Lat. pop. **fullare,* «fouler une étoffe».

fouloir [fulwaʀ] n. m. TECH Appareil servant à presser, à écraser. – De *fouler* (sens 1).

foulon [fulɔ̃] n. m. Vx Artisan qui foulait les draps. ▷ *Moulin à foulon,* ou *foulon :* autref., moulin servant à fouler. ▷ *Terre à foulon :* argile servant à dégraisser les étoffes. – Lat. *fullo.*

foulque [fulk] n. f. Gros oiseau ralliforme (genre *fulica*), au plumage sombre, habitant des eaux douces calmes. *Foulque d'Amérique* (Fulica americana). – Anc. provenç. *folca,* lat. *fulica.*

foulure [fulyʀ] n. f. MED Légère entorse. – De *fouler* (sens 3).

four [fuʀ] n. m. **1.** Ouvrage de maçonnerie, souvent en forme de voûte, ouvert par-devant, pour faire cuire le pain, la pâtisserie. ▷ *Petit four:* petite pâtisserie pour le dessert ou le thé. ▷ Partie d'une cuisinière où l'on fait rôtir les aliments. *Poulet cuit au four.* ▷ *Four à micro-ondes:* four qui utilise des ondes électromagnétiques de haute fréquence qui cuisent les aliments rapidement par friction des molécules. **2.** THEAT *Faire un four:* échouer, en parlant d'une pièce de théâtre, d'un spectacle. **3.** TECH Appareil dans lequel on chauffe une matière pour lui faire subir une transformation physique ou chimique. *Four à réverbère,* dans lequel la chaleur des flammes échauffe la voûte qui rayonne sur le métal à fondre. – *Four Martin,* servant à élaborer l'acier. *Four électrique.* ▷ *Four solaire,* concentrant, au moyen de miroirs paraboliques, l'énergie du rayonnement solaire sur la zone à chauffer. – Du lat. *furnus.*

fourbe [fuʀb] adj. et n. Qui trompe avec une adresse maligne, une ruse perfide. – De *fourbir,* au sens anc. de «voler».

fourberie [fuʀbəʀi] n. f. **1.** Caractère du fourbe. **2.** Tromperie basse, ruse perfide. – De *fourbe.*

fourbi [fuʀbi] n. m. **1.** Pop. Tâche compliquée; affaire douteuse. *Un sacré fourbi, votre histoire.* **2.** Fam. Tout l'équipement du soldat. *Astiquer son fourbi.* – *Par ext.* Les affaires de qqn. *Il a débarqué chez eux avec tout son fourbi.* **3.** Ensemble de choses hétéroclites. – De *fourbir,* au sens anc. de «voler»; sens 2, d'ap. *fourniment.*

fourbir [fuʀbiʀ] v. tr. [2] Polir (un objet de métal). *Fourbir une lame.* – Frq. **furbian,* «nettoyer», et aussi «voler».

fourbissage [fuʀbisaʒ] n. m. Action de fourbir. – De *fourbir.*

fourbu, ue [fuʀby] adj. **1.** MED VET Atteint de fourbure. **2.** Très fatigué, harassé. – Pp. de l'a. fr. *forboire,* «boire à l'excès».

fourbure [fuʀbyʀ] n. f. MED VET Congestion des extrémités des pattes des ongulés (cheval, notam.) qui les fait boiter. – De *fourbu.*

fourche [fuʀʃ] n. f. **1.** Instrument à long manche terminé par plusieurs dents. *Remuer du foin avec une fourche.* **2.** Objet en forme de fourche. TECH Organe reliant à l'axe de la roue avant le guidon d'un engin à deux roues. *Fourche de bicyclette. Fourche télescopique.* **3.** Disposition en deux ou plusieurs branches. *Prenez ce chemin jusqu'à la fourche,* jusqu'à la bifurcation. ▷ Fig. *Passer sous les fourches caudines:* subir des conditions humiliantes (par allus. à l'humiliation qu'endurèrent les Romains lors de leur passage à *Caudium*). – Lat. *furca.*

fourcher [fuʀʃe] **I.** v. intr. [1] **1.** Se diviser en deux ou plusieurs branches. *Avoir les cheveux qui fourchent.* **2.** Fig., fam. *Sa langue a fourché :* il a prononcé un mot pour un autre. **II.** v. tr. Remuer ou enlever à la fourche. *Fourcher de la terre, du fumier.* – De *fourche.*

fourchet [fuʀʃɛ] n. m. MED VET Inflammation de l'espace interdigité des ruminants (avec formation d'une excroissance parfois très volumineuse). ▷ Abcès siégeant entre les doigts de la patte du chien. – De *fourche.*

fourchette [fuʀʃɛt] n. f. **1.** Ustensile de table terminé par plusieurs pointes ou dents. **2.** TECH Organe en forme de petite fourche. *Fourchette d'embrayage,* qui sert à désaccoupler les plateaux d'un embrayage. **3.** ZOOL Partie cornée située à la face inférieure du sabot du cheval et qui a l'aspect d'une fourchette à deux branches. ▷ Os formé par les clavicules soudées de l'oiseau. **4.** MILIT Intervalle probable de dispersion d'un projectile. *Fourchette de tir.* ▷ STATIS Intervalle entre deux valeurs extrêmes. – Cour. *Produit qui se situe dans une fourchette de prix raisonnable.* **5.** Dans les jeux de cartes, combinaison de deux cartes formée par la plus haute et la plus basse d'une séquence de trois et dont l'intermédiaire est détenue par l'adversaire. – Dimin. de *fourche.*

fourchu, ue [fuʀʃy] adj. **1.** Qui a l'aspect d'une fourche. *Pied fourchu* (des ruminants), à sabot divisé en deux. **2.** Qui fourche. *Arbre fourchu.* – De *fourche.*

1. fourgon [fuʀgɔ̃] n. m. Instrument servant à remuer le bois, le charbon, dans un four. – Du lat. pop. **furicare,* class. *furari,* «voler».

2. fourgon [fuʀgɔ̃] n. m. Véhicule, wagon, servant au transport des bagages, du courrier, des munitions, des marchandises. ▷ *Fourgon mortuaire:* corbillard automobile. – Orig. incert.

fourgonner [fuʀgɔne] v. intr. [1] **1.** Remuer la braise, le feu, avec un fourgon. **2.** Fig. Fouiller (dans qqch) en mettant du désordre. *Fourgonner dans un coffre.* – De *fourgon* 1.

fourgonnette [fuʀgɔnɛt] n. f. Petite camionnette. – Dimin. de *fourgon* 2.

fouriérisme [fuʀjeʀism] n. m. Système philosophique et social de Charles Fourier (1772 - 1837) et de ses disciples, reposant sur une critique de la répartition des richesses et préconisant, de façon utopique, le plan d'une cité harmonieuse (le phalanstère) où l'homme s'épanouirait dans le travail devenu l'expression profonde de chacun. – Du n. du philosophe et économiste français Charles *Fourier.*

fouriériste [fuʀjeʀist] adj. Qui appartient au fouriérisme. ▷ Subst. Partisan du fouriérisme. – Du n. de Charles *Fourier* (V. fouriérisme).

fourme [fuʀm] n. f. Fromage de lait de vache, à pâte ferme, fabriqué dans les régions du centre de la France (Cantal, Puy-de-Dôme, notam.). *La fourme d'Ambert est un bleu.* – Var. de *forme,* «forme à fromage».

fourmi [fuʀmi] n. f. **1.** Petit insecte vivant en sociétés, ou *fourmilières,* et dont il existe de très nombreuses espèces. *Les fourmis sont des hyménoptères aculéates.* **2.** Fig. Personne travailleuse et économe (par allus. à *La cigale et la fourmi,* fable de La Fontaine). *C'est une vraie fourmi!* **3.** *Avoir des fourmis dans les jambes, dans les bras:* éprouver une sensation de grouillement et de picotements multiples. – Lat. *formica.*

ENCYCL Toutes les fourmis (plus de 10 000 espèces) sont organisées en sociétés, lesquelles comportent donc des individus spécialisés. Une fourmilière comprend: une reine, qui est seule à pondre; des mâles à vie très courte qui, comme la reine, possèdent des ailes et un aiguillon (fourmis ailées); les ouvrières stériles, aptères et à abdomen pédonculé produisant des sécrétions riches en acide formique. Certaines fourmilières comptent jusqu'à 1 million d'ouvrières. Celles-ci assurent les corvées ménagères et recherchent la nourriture, qu'elles se procurent parfois en récupérant le miellat de certains pucerons ou en consommant les champignons qui poussent à l'intérieur de la fourmilière. Certaines espèces tropicales dévorent tout sur leur passage ou pillent d'autres fourmilières, emportant œufs et larves (qu'elles élèvent pour en faire leurs esclaves). Les fourmis sont apparues au Crétacé et d'emblée se sont organisées en sociétés. Elles communiquent en émettant des signaux chimiques.

fourmilier [fuʀmilje] n. m. Nom général des mammifères xénarthres (tamanoir, tamandua, etc.) qui se nourrissent de fourmis (leur langue filiforme et visqueuse les attrape en s'enfonçant dans les galeries des fourmilières). – De *fourmi.*

fourmilière [fuʀmiljɛʀ] n. f. **1.** Lieu où vit une colonie de fourmis. L'ensemble des fourmis d'une colonie. **2.** Fig. Lieu où se tient, où s'agite une grande foule. *La Bourse, à l'heure des cotations, est une fourmilière.* – De *fourmi.*

fourmi-lion ou **fourmilion** [fuʀmiljɔ̃] n. m. Insecte (*Myrmeleon formicarius,* ordre des planipennes) dont la larve creuse dans le sable un entonnoir au fond duquel elle vit, et qui lui sert à capturer les insectes dont elle se nourrit. – De *fourmi,* et *lion;* lat. zool. *formica-leo.*

fourmillement [fuʀmijmɑ̃] n. m. **1.** Agitation en tous sens d'une multitude d'êtres. **2.** Picotement accompagnant l'engourdissement d'un membre. – De *fourmiller.*

fourmiller [fuʀmije] v. intr. [1] **1.** S'agiter vivement et en grand nombre. *La multitude fourmillait autour du quai.* **2.** *Par ext.* Être en grand nombre, abonder. *Les fautes fourmillaient dans cet ouvrage.* ▷ *Fourmiller de:* être rempli de. *La cour de l'école fourmille d'enfants.* **3.** Être le siège de picotements. *La main me fourmille.* – De *fourmi.*

fournaise [fuʀnɛz] n. f. **1.** Grand four embrasé; feu très vif. **2.** Cour. (Emploi critiqué, d'ap. l'angl. *furnace*) Appareil à combustion qui produit la chaleur nécessaire au chauffage des maisons. «Elle ira se coucher après avoir bourré la fournaise de charbon, fait le tour des portes et rentré le chat.» (Félix Leclerc, *Carcajou ou le Diable des bois,* 1973.) – *Fournaise à huile,* alimentée au mazout. **3.** Fig. Lieu très chaud. *La ville, à midi, était une fournaise.* – Fém. de l'a. fr. *fornaiz,* lat. *fornax, fornacis,* «grand four».

fourneau [fuʀno] n. m. **1.** Appareil pour cuire les aliments. *Le foyer, la grille d'un fourneau. Fourneau électrique, à gaz.* **2.** TECH Appareil servant à soumettre une substance à l'action du feu. *Haut fourneau.* V. haut fourneau. **3.** *Fourneau de pipe:* partie d'une pipe où brûle le tabac. ▷ *Fourneau de mine:* excavation dans laquelle on place une charge explosive. – Dimin. de l'a. fr. *forn,* «four».

fournée [fuʀne] n. f. **1.** Quantité que l'on fait cuire en même temps dans un four. *Fournée de pain, de briques.* **2.** Fig., fam. Groupe de gens entrant en même temps dans un lieu, nommés aux mêmes fonctions, promis à un même sort, etc. *Entrer par fournées.* – De l'a. fr. *forn,* «four».

fourni, ie [fuʀni] adj. **1.** Garni, pourvu, approvisionné. *Table bien fournie.* **2.** *Barbe, chevelure fournie,* abondante. – Pp. de *fournir.*

fournil [fuʀni] n. m. Pièce où se trouve le four du boulanger, où l'on pétrit la pâte. – De l'a. fr. *forn,* «four».

fourniment [fuʀnimɑ̃] n. m. Ensemble des objets qui composent l'équipement du soldat. ▷ *Par ext.,* fam. Attirail, ensemble d'objets, de bagages, etc. *Il arrive avec tout son fourniment.* – De *fournir,* par l'ital. *fornimento.*

fournir [furnir] **I.** v. tr. [2] **1.** Pourvoir, approvisionner habituellement. *Fournir l'armée en vivres.* ▷ v. pron. *Se fournir en charcuterie chez tel épicier.* **2.** Livrer, donner. *Fournir du blé aux moulins.* **3.** Apporter, procurer. *Fournir des preuves, des idées.* **4.** v. intr. JEU Jouer de la couleur demandée. *Fournir à cœur.* **5.** Accomplir. *Fournir un effort.* **II.** v. tr. indir. Vieilli. Subvenir, contribuer. *Fournir aux frais. Fournir à tout.* – Frq. **frumjan*, «exécuter».

fournisseur, euse [furnisœr, øz] n. Personne, entreprise qui fournit habituellement une marchandise. – Par ext. *Ce pays est notre principal fournisseur de pétrole.* – De *fournir.*

fourniture [furnityr] n. f. **1.** Action de fournir; provision fournie ou à fournir. *L'usine a pris en charge la fourniture des pièces de rechange.* **2.** (Surtout au pl.) Ce qui est fourni pour l'exercice d'une activité particulière. *Fournitures de bureau.* ▷ Matériel, accessoires nécessaires à l'exécution d'un travail à façon, fournis par un artisan. *Fournitures et main-d'œuvre.* – De *fournir.*

fourrage [furaʒ] n. m. Substance végétale fraîche, séchée ou fermentée, que l'on destine à l'alimentation du bétail. – De l'a. fr. *fuerre*, frq. **fodr*, **fodar*, «paille».

1. fourrager, ère [furaʒe, ɛr] adj. et n. f. **1.** adj. Propre à être employé comme fourrage. *Plantes fourragères.* **2.** n. f. AGRIC Pièce de terre où l'on cultive des plantes fourragères. ▷ Charrette servant au transport du fourrage. – De *fourrage.*

2. fourrager [furaʒe] v. intr. [15] **1.** Vx Couper et amasser du fourrage. **2.** Fouiller sans méthode, en mettant du désordre. *Fourrager dans une armoire.* ▷ v. tr. *Fourrager des papiers.* – De *fourrage.*

fourragère [furaʒɛr] n. f. Ornement militaire formé d'une tresse que l'on porte autour de l'épaule, conféré aux corps qui se sont particulièrement distingués devant l'ennemi. – P.-ê. d'un sens «corde à fourrage».

1. fourré [fure] n. m. Endroit épais, touffu, d'un bois. *Se frayer un chemin dans un fourré.* – Pp. substantivé de *fourrer* (taillis *fourré*).

2. fourré, ée [fure] adj. **1.** Doublé de fourrure. *Gants fourrés.* V. doublé. **2.** Garni à l'intérieur. *Bonbons fourrés au chocolat.* **3.** *Coup fourré:* en escr., coup par lequel chacun des adversaires touche l'autre; *par ext.*, fig. coup bas, piège tendu à qqn. – Pp. de *fourrer.*

fourreau [furo] n. m. **1.** Gaine, étui. ▷ *Spécial.* Étui d'une épée. **2.** Robe droite moulant le corps. – Dér. de l'a. fr. *fuerre*, frq. **fôdr*, «fourreau», homonyme de **fôdr*, «fourrage».

fourrer [fure] v. tr. [1] **I. 1.** Doubler de fourrure. *Fourrer un manteau.* **2.** Garnir à l'intérieur. *Fourrer des bonbons.* **II.** Fam. **1.** Mettre comme dans un fourreau. *Fourrer ses mains dans ses poches.* **2.** Placer, mettre. *Où ai-je pu fourrer cela?* **3.** v. pron. Se mettre, se placer, se cacher. *Où est-il encore allé se fourrer?* – De l'a. fr. *fuerre.*

fourre-tout [furtu] n. m. inv. Fam. Lieu, meuble, sac où l'on entasse les objets qui encombrent. – De *fourrer*, et *tout.*

fourreur [furœr] n. m. Personne qui façonne ou vend des peaux, des vêtements de fourrure. – De *fourrure.*

fourrier [furje] n. m. Fig., litt. Celui (ou ce) qui prépare, qui annonce qqch. *La corneille, fourrier du printemps.* – De *fuerre.* V. fourrage.

fourrière [furjɛr] n. f. **1.** Dépôt municipal où sont placés les animaux trouvés sur la voie publique. **2.** Lieu où sont consignées les voitures enlevées de la voie publique par la police. – De *fuerre.* V. fourrage.

fourrure [furyr] n. f. **I. 1.** Peau garnie de son poil et préparée pour la confection de vêtements, de parures, etc. ▷ Vêtement de fourrure. **2.** Peau d'un animal vivant, à poils touffus. *La fourrure d'un chat.* **II.** TECH Pièce rapportée servant à remplir un vide, à masquer un joint. – De *fourrer.*

fourvoiement [furvwamɑ̃] n. m. Le fait de se fourvoyer, de s'égarer, de se tromper. – De *fourvoyer.*

fourvoyer [furvwaje] **I.** v. tr. [26] Rare Égarer (qqn). *Un guide incompétent les avait fourvoyés.* ▷ Fig. *Les mauvais exemples l'ont fourvoyé.* **II.** v. pron. **1.** Se perdre, s'égarer. *Se fourvoyer dans des ruelles.* ▷ Fig. *Se fourvoyer dans une affaire douteuse.* **2.** Se tromper grossièrement, complètement. – De *fors*, et *voie.*

foutaise [futɛz] n. f. Fam. Chose sans valeur, sans intérêt. *Sa proposition, c'est de la foutaise!* – De *foutre* 1.

foutoir [futwar] n. m. Vx. Lit de repos ou fauteuil permettant une étreinte rapide. ▷ Maison de tolérance plutôt sordide. ▷ Mod. Lieu où règne un grand désordre. – De *foutre* 3.

1. foutre [futr] **I.** v. tr. Fig., pop. **1.** Faire. *Qu'est-ce que vous foutez là? Je n'ai rien à foutre en ce moment.* **2.** Flanquer (un coup). *Foutre une gifle à qqn.* **3.** Mettre. *Foutre qqch à la poubelle.* **4.** loc. *Foutre le camp:* s'en aller. *Foutez-moi la paix:* laissez-moi tranquille. Fig. *Va te faire foutre!:* va-t-en! **II.** v. pron. *Se foutre de:* se moquer de, être indifférent à. *Il se fout du monde; il se fout de tout.* ▷ CONJUG *Je fous, tu fous, il fout, nous foutons, vous foutez, ils foutent. – Je foutais...* – Passé simple inusité. – *Je foutrai...* – *Je foutrais...* – *Fous, foutons, foutez.* – *Que je foute...* – Imparfait du subjonctif inusité. – *Foutant.* – *Foutu, ue.* – Du lat. *futuere*, «avoir des rapports avec une femme».

2. foutre! [futr] interj. Vulg. Pour exprimer la surprise, la colère, etc. – Du préc.

3. foutre [futr] n. m. Vulg. Sperme. – De *foutre* 1.

foutrement [futrəmɑ̃] adv. Pop. Extrêmement; bigrement. – De *foutre* 2.

foutriquet [futrikɛ] n. m. Pop., péjor. Individu prétentieux et incapable. – De *foutre* 1.

foutu, ue [futy] adj. Pop. **1.** Fait, exécuté. *Ouvrage mal foutu.* **2.** Perdu, ruiné; cassé. *Un homme foutu. Il est foutu, votre instrument.* **3.** (Avant le nom.) Sacré, sale. *Quel foutu temps!* – Pp. de *foutre* 1.

fovéa [fɔvea] n. f. ANAT Point de la rétine marqué par une dépression au milieu de la tache jaune. – Lat. *fovea*, «excavation».

fox. V. fox-terrier.

fox-hound [fɔksawnd] n. m. Chien courant qui ressemble au beagle, utilisé en Grande-Bretagne pour la chasse à courre du renard. *Des fox-hounds.* – Mot angl., «chien (*hound*) pour chasser le renard (*fox*)».

fox-terrier [fɔkstɛrje] ou **fox** [fɔks] n. m. Chien de petite taille (une trentaine de cm au garrot), à poil ras, raide ou frisé, que l'on utilise pour la chasse au renard en terrier. *Des fox. Des fox-terriers.* – Mot angl, «chien pour débusquer le renard (*fox*)», et *terrier*, mot empr. au fr.

fox-trot [fɔkstrɔt] n. m. inv. Danse à quatre temps, caractérisée par une marche saccadée en avant, en arrière, ou sur le côté. – Mot angl., «trot (*trot*) du renard (*fox*)».

foyer [fwaje] n. m. **I. 1.** Partie de l'âtre d'une cheminée où se fait le feu. – Dalle de pierre ou de marbre devant une cheminée pour séparer le plancher du feu. **2.** *Par ext.* Le feu qui brûle dans une cheminée. *Les cendres du foyer.* ▷ Endroit où le feu a pris, où il est le plus ardent. *Foyer d'un incendie.* **3.** TECH Partie d'un appareil, d'une machine où a lieu la combustion. *Le foyer d'une chaudière.* **II.** *Par ext.* **1.** Domicile familial; la famille elle-même. *Le foyer conjugal. Rester au foyer. Mère, femme au foyer,* qui ne travaille pas à l'extérieur. ▷ *Fonder un foyer,* une famille. **2.** Lieu où l'on se réunit pour se distraire, discuter, etc., dans certains établissements. *Le foyer d'une caserne.* ▷ *Foyer socio-culturel:* équipement collectif mis à la disposition des habitants d'un secteur géographique, animé par des éducateurs et des psychologues. ▷ THEAT Endroit, dans un théâtre, où le public peut boire et fumer pendant les entractes. *Le foyer du théâtre Wilfrid-Pelletier.* **3.** Établissement destiné à l'accueil et au logement de certaines catégories de personnes. *Foyer de jeunes travailleurs.* **III.** *Par anal.* Centre de rayonnement. **1.** Point central d'où qqch provient. *Foyer de résistance, d'intrigues.* ▷ MED Siège principal d'une maladie. *Foyer infectieux, cancéreux.* **2.** PHYS Point de convergence des rayons lumineux après réflexion sur un miroir ou après passage à travers une lentille (le faisceau initial étant formé de rayons parallèles). – Point de convergence d'ondes sonores ou thermiques après réflexion sur une surface concave. **3.** GEOM *Foyer d'une conique:* point tel que le rapport (nommé excentricité) des distances d'un point de la conique à ce foyer, d'une part, et à une droite fixe (appelée directrice), d'autre part, soit constant. – Du lat. pop. **focarium*, de *focus,* «foyer».

Fr CHIM Symbole du francium.

frac [fʀak] n. m. Habit de cérémonie pour les hommes, noir, à basques. – Probabl. de l'angl. *frock,* lui-même du fr. *froc.*

fracas [fʀaka] n. m. Bruit très violent. *Le fracas d'une chute d'eau.* Syn. tumulte, vacarme. ▷ Loc. *Avec perte et fracas:* brutalement. *Renvoyer qqn avec perte et fracas.* – It. *fracasso,* déverbal de *fracassare,* «fracasser».

fracassant, ante [fʀakasɑ̃, ɑ̃t] adj. **1.** Qui fait du fracas. *Un bruit fracassant.* **2.** Fig. Qui fait un grand bruit, qui a un grand éclat. *Une déclaration fracassante.* – Ppr. de *fracasser.*

fracasser [fʀakase] v. tr. [1] Briser, rompre en plusieurs pièces. ▷ V. pron. *Se fracasser:* se briser. *La voiture alla se fracasser contre l'arbre.* – Ital. *fracassare.*

fraction [fʀaksjɔ̃] n. f. **I. 1.** MATH Expression indiquant quel nombre de parties égales de l'unité l'on considère. *Dans la fraction* $\frac{2}{3}$ (deux tiers), *2 est le numérateur, 3 le dénominateur; ils sont séparés par une barre de fraction.* (La notation $\frac{a}{b}$ est équivalente à $a \times \frac{1}{b}$.) **2.** Partie d'un tout. *Une petite fraction de l'assemblée.* **II.** Vx Action de rompre, de diviser. – LITURG *La fraction du pain eucharistique.* – Bas lat. *fractio,* de *frangere,* «briser».

fractionnaire [fʀaksjɔnɛʀ] adj. MATH Qui est sous forme de fraction. *Nombre fractionnaire.* – *Expression fractionnaire:* fraction plus grande que l'unité. – De *fraction.*

fractionnel, elle [fʀaksjɔnɛl] adj. Qui tend à désunir, à diviser (un groupe, un parti). – De *fraction.*

fractionnement [fʀaksjɔnmɑ̃] n. m. **1.** Action de fractionner; son résultat. **2.** CHIM Opération qui consiste à séparer les constituants d'un mélange (par flottaison, dissolution, décantation, filtration, centrifugation, distillation, etc.). – De *fractionner.*

fractionner [fʀaksjɔne] v. tr. [1] Diviser (un tout) en plusieurs parties. – De *fraction.*

fractionnisme [fʀaksjɔnism] n. m. POLIT Activité, attitude qui tend à rompre l'unité d'un parti. – De *fraction,* et *-isme.*

fractionniste [fʀaksjɔnist] adj. et n. POLIT Qui tend à rompre l'unité d'un parti. – Du préc.

fracture [fʀaktyʀ] n. f. **1.** Vx. Rupture brutale; état de ce qui est ainsi rompu. *La fracture d'une porte.* – GEOL Cassure (du sol). *Les fractures de l'écorce terrestre.* **2.** Rupture (d'un os). *Fracture du tibia. Fracture du crâne.* – Lat. *fractura,* de *frangere,* «briser».

ENCYCL **Méd.** – Cassure d'un os, avec ou sans déplacement des fragments, une fracture est directe ou indirecte, spontanée ou traumatique. Le foyer de la fracture est le plus souvent fermé; l'ouverture est une complication grave. Le traitement consiste dans la réduction (orthopédique ou chirurgicale) et dans la contention (plâtre, plaque vissée, broche). La consolidation du foyer de fracture varie en fonction de l'os et du type de fracture; l'absence de consolidation est la pseudarthrose.

fracturer [fʀaktyʀe] v. tr. [1] **1.** Rompre en forçant. *Fracturer un coffre-fort.* **2.** Briser (un os). *Se fracturer la jambe.* – De *fracture.*

fragile [fʀaʒil] adj. **1.** Aisé à rompre; sujet à se briser. *Porcelaines fragiles.* **2.** Mal assuré, instable. *Le fragile équilibre des forces politiques dans telle région.* **3.** (Personnes.) Dont la santé (physique ou mentale) est précaire. *Une personne fragile,* très émotive. *Un enfant fragile et chétif.* ▷ Par ext. *Avoir le cœur fragile.* – Lat. *fragilis,* de *frangere,* «briser».

fragilement [fʀaʒilmɑ̃] adv. D'une manière fragile. – De *fragile.*

fragiliser [fʀaʒilize] v. tr. [1] Rendre fragile. *L'âge a fragilisé son organisme.* ▷ v. pron. Devenir fragile. *Les cheveux se fragilisent si les décolorations sont trop fréquentes.* – De *fragile.*

fragilité [fʀaʒilite] n. f. **1.** Aptitude à se briser facilement. *La fragilité du verre.* **2.** Aptitude à s'altérer facilement. *La fragilité de sa santé.* **3.** Instabilité, précarité. *La fragilité des choses humaines.* – Lat. *fragilitas.*

fragment [fʀagmɑ̃] n. m. **1.** Morceau d'une chose brisée. *Fragment d'os.* **2.** Fig. Extrait ou partie d'une œuvre littéraire, artistique, d'un discours, etc. – Lat. *fragmentum.*

fragmentaire [fʀagmɑ̃tɛʀ] adj. Qui est par fragments; partiel, incomplet. *Des informations fragmentaires.* – De *fragment.*

fragmentairement [fʀagmɑ̃tɛʀmɑ̃] adv. D'une manière fragmentaire; partiellement. – De *fragmentaire.*

fragmentation [fʀagmɑ̃tasjɔ̃] n. f. Action de fragmenter, de se fragmenter. – De *fragmenter.*

fragmenter [fʀagmɑ̃te] v. tr. [1] Séparer, diviser en fragments. – De *fragment.*

fragon [fʀagɔ̃] n. m. Arbrisseau épineux à baies rouges (genre *Ruscus,* fam. liliacées), appelé cour. petit houx. – Du bas lat. *frisgo,* «houx», p.-ê. d'orig. gauloise.

fragrance [fʀagʀɑ̃s] n. f. Litt. Odeur agréable. – Lat. *fragrantia,* de *fragrare,* «répandre une odeur».

fragrant, ante [fʀagʀɑ̃, ɑ̃t] adj. Litt. Qui dégage une odeur agréable. – Lat. *fragans, fragantis.*

1. frai [fʀɛ] n. m. TECH Diminution, par usure, du poids d'une monnaie. – Déverbal de *frayer* I, sens 1.

2. frai [fʀɛ] n. m. **1.** La ponte des œufs, chez les poissons; leur fécondation par le mâle. *Le temps du frai.* ▷ Œufs fécondés des poissons et des amphibiens. *Du frai de carpe.* **2.** Très jeune poisson; alevin. – Déverbal de *frayer* II, sens 1.

fraîche. V. frais, fraîche.

fraîchement [fʀɛʃmɑ̃] adv. **1.** De façon à être au frais. *Vêtu fraîchement.* **2.** Fig. Sans empressement. *Fraîchement reçu.* **3.** Récemment. *Fraîchement débarqué.* – De *frais* 1.

fraîcheur [fʀɛʃœʀ] n. f. **1.** Froid modéré et agréable. *La fraîcheur de la forêt, de l'eau.* **2.** Qualité d'un produit frais, non altéré. *La fraîcheur d'un œuf.* **3.** Fig. Qualité caractéristique de la jeunesse, de la nouveauté. *Fraîcheur du teint,* des couleurs. – (Abstrait.) *Fraîcheur d'une pensée.* – De *frais* 1.

fraîchir [fʀɛʃiʀ] v. intr. [2] **1.** Devenir plus frais. ▷ v. impers. *Il fraîchit:* l'air est plus frais. **2.** MAR Souffler plus fort (vent). – De *frais* 1.

1. frais, fraîche [fʀɛ, fʀɛʃ] adj. **1.** Modérément froid. *Eau fraîche. Les nuits sont fraîches. – Air frais,* et n. m., *prendre le frais. Mettre au frais,* dans un endroit frais (Fig., fam.: en prison). ▷ METEO Vent de force 6 dans l'échelle de Beaufort. *Grand frais:* vent de force 7. ▷ Loc. adv. *À la fraîche:* à l'heure où il fait frais. **2.** Fig. Peu chaleureux. *Accueil frais.* **3.** Nouvellement produit, à propos de denrées périssables. *Du pain, des œufs frais.* ▷ Qui n'a pas été traité pour la conservation (par oppos. à fumé, en conserve, séché, etc.). *Petits pois frais. Sardines fraîches.* **4.** Récent. *Nouvelles fraîches.* ▷ *Peinture fraîche,* qui n'a pas encore séché. ▷ Loc. adv. *De frais:* depuis peu de temps. *Rasé de frais.* ▷ Emploi adverbial (devant pp.). Litt. Nouvellement. *Fleurs fraîches écloses. Frais émoulu.* **5.** Qui a l'éclat de la jeunesse. *Un teint frais.* ▷ Qui n'est pas fatigué. *Frais et dispos. Troupes fraîches.* **6.** Fam., iron. *Le voilà frais,* dans une situation fâcheuse. – Du frq. **frisk.*

2. frais [fʀɛ] n. m. pl. **1.** Dépenses liées à certaines circonstances. *Frais de voyage.* ▷ *À grands frais, à peu de frais:* en dépensant beaucoup, peu d'argent. Fig. En se donnant beaucoup, peu de peine. ▷ *En être pour ses frais* : faire des dépenses sans rien obtenir en contrepartie. Fig. Ne pas être récompensé de ses peines. ▷ *Faire les frais de qqch:* assumer la dépense que nécessite qqch. Fig. Subir les conséquences fâcheuses de. *Faire les frais de la conversation,* en être le principal sujet ou le principal participant. ▷ *Se mettre en frais:* dépenser plus que de coutume. Fig. Faire un effort inhabituel. **2.** DR *Frais de justice:* dépenses occasionnées par l'accomplissement d'un acte juridique, par le déroulement d'un procès. **3.** *Faux frais:* frais justifiés mais occasionnels qui s'ajoutent aux frais ordinaires. ▷ Cour. *Frais accessoires.* **4.** FIN Charges et dépenses de toutes sortes nécessaires à la bonne marche d'une entreprise. *Frais fixes, frais généraux.* **5.** Somme allouée pour certaines dépenses. *Frais de déplacement, de représentation.* **6.** *Communication à frais virés:* communication téléphonique payée par le destinataire. *Téléphoner à frais virés.* – Du lat. pop. *fractum,* de *frangere,* «rompre»; a. fr. *fret,* «dommage causé par violence (bris, casse)», au sing. *frait.*

fraisage [fʀɛzaʒ] n. m. Travail à la fraise (4) du dentiste. TECH Usinage au moyen de fraises (4). – De *fraiser.*

1. fraise [fʀɛz] n. f. Faux fruit du fraisier, formé d'un réceptacle floral charnu, rouge à maturité et comestible, portant les akènes (petits grains qui sont les vrais fruits). ▷ Loc. fig. Fam. *Sucrer les fraises:* avoir les mains qui tremblent. – Du lat. pop. **fraga;* de l'a. fr. *fraie,* d'ap. *frambeise,* «framboise».

2. fraise [fʀɛz] n. f. **1.** Membrane qui enveloppe les intestins du veau et de l'agneau. **2.** Masse charnue plissée qui pend sous le cou du dindon. – Probabl. dér. de l'a. fr. *freser, fraiser,* «peler» .

3. fraise [fʀɛz] n. f. Collerette plissée ou godronnée, portée au XVIe s. – Probabl. emploi fig. de *fraise* 2.

4. fraise [fʀɛz] n. f. TECH Outil rotatif muni d'arêtes tranchantes, servant à usiner des pièces. ▷ *Fraise de dentiste,* servant à enlever les parties cariées des dents. – De *fraise* 3, à cause des découpures faites par l'outil.

fraiser [fʀɛze] v. tr. [1] TECH Usiner (une pièce) avec une fraise. – De *fraise* 4.

fraiseur, euse [fʀɛzœʀ, øz] n. TECH Ouvrier, ouvrière spécialiste du fraisage. – De *fraiser.*

fraiseuse [fʀɛzøz] n. f. TECH Machine-outil servant à fraiser. – De *fraiser.*

fraisier [fʀɛzje] n. m. Petite plante basse (genre *Fragaria,* fam. rosacées) qui produit les fraises. ▷ *Spécial.* Fraisier commun des jardins *(Fragaria vexa).* – De *fraise* 1.

fraisure [fʀɛzyʀ] n. f. TECH Évidement effectué par une fraise (4). – De *fraiser.*

framboise [fʀɑ̃bwaz] n. f. Fruit comestible du framboisier, composé d'une grappe de petites drupes le plus généralement rouges. ▷ *Liqueur, alcool de framboise.* – Frq. **brambasia,* «mûre», devenu *frambeise,* d'ap. l'initiale de *fraise.*

framboiser [fʀɑ̃bwaze] v. tr. [1] Parfumer à la framboise. – De *framboise.*

framboisier [fʀɑ̃bwazje] n. m. Ronce *(Rubus idæus)* dont le fruit est la framboise. – De *framboise.*

framée [fʀame] n. f. HIST Long javelot des Francs. – Lat. *framea.*

1. franc, franche [fʀɑ̃, fʀɑ̃ʃ] adj. **I.** Vx Libre (opposé à esclave, serf, etc.). **1.** Mod. (Dans certaines loc.) Libre de ses mouvements, de son action. *Avoir les coudées franches,* la liberté d'agir à sa guise. ▷ MILIT *Corps francs,* qui ne font pas partie des unités combattantes régulières. **2.** Exempt d'imposition, de charges. *Marchandise franche de taxes.* HIST *Villes franches.* **II. 1.** Sincère, loyal. *Être franc comme l'or.* ▷ Qui indique la sincérité. *Un regard franc. – Jouer franc jeu:* agir en toute loyauté. ▷ Adv. *Parlons franc.* **2.** Net. *Une situation franche. Nourrir pour qqn une franche aversion.* ▷ PHYS *Fusion franche:* passage brusque de l'état solide à l'état liquide (par oppos. à *fusion pâteuse).* ▷ Plein, entier. *Huit jours francs:* huit jours complets. **3.** Naturel, sans mélange. *Vin franc. Couleur franche.* ▷ AGRIC *Arbre franc,* né de la graine d'un arbre venu déjà par culture (V. sauvageon). **4.** (Devant le nom.) *Un franc...:* un vrai... *Un franc imbécile. Une franche sottise.* – Du nom ethnique *Franc,* frq. *Frank.*

2. franc, franque [fʀɑ̃, fʀɑ̃k] n. et adj. **1.** Membre d'un peuple germanique dont les tribus s'établirent définitivement en Gaule à partir du Ve s. *Francs Ripuaires. Francs Saliens.* V. Francs. ▷ Adj. *Période franque. – La langue franque:* le francique. **2.** Nom donné autrefois aux Européens du Levant. ▷ Adj. *L'ancien quartier franc de Constantinople.* – Vx *Langue franque:* sabir à usage commercial, dans les ports du Levant. – Lat. *Francus,* frq. *Frank.*

franc [fʀɑ̃] n. m. **1.** HIST Nom de plusieurs monnaies françaises réelles ou de compte, qui, depuis 1360, équivalaient à la livre (20 sols). **2.** Unité monétaire légale de la France. **3.** Unité monétaire de la Belgique, de la Suisse et du Luxembourg. – *Franc C.F.A. :* franc de la Communauté financière africaine. – Probabl. de la devise *Francorum rex,* «roi des Francs», sur les premières pièces de ce nom.

français, aise [fʀɑ̃sɛ, ɛz] adj. et n. **1.** adj. Qui est relatif ou propre à la France, à ses nationaux. ▷ D'origine ou d'inspiration française. *Pâtisserie* française. Pain* français. –* Anc. *Piastre française:* V. encycl. piastre. ▷ Relatif à la langue française. *La grammaire française.* – De langue française. *La minorité française du Canada. Les écoles françaises de Mont-*

réal. **2.** Subst. Personne de nationalité française. **3.** n. m. La langue française. *Parler le français. Le français de France* (par oppos. à *français du Québec, du Canada*). ▷ Adv. *Parler français.* – De *France*, bas lat. *Francia*, propr. «pays des Francs».

ENCYCL **I.** *Histoire de la langue.* Le français est une langue *romane.* Il est issu du latin populaire, qui, sur le territoire de la Gaule, avait peu à peu éliminé le *gaulois* (langue celtique). Celui-ci disparut vers le Ve ou le VIe s. ap. J.-C. À partir de cette époque, l'influence du substrat gaulois et du germanique et le déclin de la vie culturelle provoquèrent une altération profonde et rapide de ce latin populaire de Gaule. Cette transformation s'effectua de manière autonome dans chaque région du pays, d'où, au Moyen Âge, un grand nombre de dialectes: dans la moitié nord, les dialectes *d'oïl* (constituant l'*ancien français* au sens large); dans la moitié sud, les dialectes *d'oc*. Beaucoup de ces dialectes furent des langues littéraires brillantes. Le dialecte de l'Île-de-France, le *francien* (ou *ancien français* au sens strict), devint, aux XIVe et XVe s., le *moyen français.* C'est de lui que dérive directement la langue du XVIe s., qui, épurée, fixée et codifiée, devint le *français classique* (XVIIe s.), qui, déjà, est presque du *français moderne.* Depuis le Moyen Âge, une double évolution a caractérisé l'histoire du français, langue d'un État de plus en plus centralisé et puissant: **1°** enrichissement, épurement et codification de la langue par une élite sociale et culturelle, le français, d'abord langue officielle de l'administration royale, devenant une langue littéraire prestigieuse (XVIIe s.), puis une langue internationale de haute culture (XVIIIe s.); **2°** refoulement des dialectes et des langues régionales, que les progrès du français confinèrent dans les milieux populaires des provinces, puis dans les milieux strictement ruraux. **II.** *Expansion du français hors de France.* V. en fin de volume document annexé.

franc-bord [fʀɑ̃bɔʀ] n. m. **1.** Terrain laissé libre en bordure d'une rivière ou d'un canal. **2.** MAR *Hauteur de franc-bord:* hauteur du pont au-dessus de la flottaison. – De *franc*, «libre», et *bord.*

franc-comtois, oise [fʀɑ̃kɔ̃twa, waz] adj. et n. De la Franche-Comté, rég. de France.

franchement [fʀɑ̃ʃmɑ̃] adv. **1.** D'une manière résolue, sans réticence. *Opter franchement pour un parti.* **2.** Ouvertement, sincèrement. *Agir, parler franchement.* – De *franc* 1.

franchir [fʀɑ̃ʃiʀ] v. tr. [2] **1.** Passer (un obstacle). *Franchir un mur, un fossé.* – Fig. *Il a franchi toutes les difficultés.* **2.** Traverser de bout en bout (un passage, un espace). *Franchir un pont. Franchir l'océan.* ▷ (Temps.) *Franchir les siècles.* **3.** Passer en allant au-delà. *Franchir le seuil d'une maison.* Fig. *Franchir les limites, les bornes de la décence.* – De *franc* 1.

franchisage [fʀɑ̃ʃizaʒ] n. m. COMM Contrat par lequel une entreprise concède à des entreprises indépendantes, en contrepartie d'une redevance, le droit de se présenter sous sa raison sociale et sa marque pour vendre des produits ou services. – Pour traduire l'angl. *franchising.*

franchise [fʀɑ̃ʃiz] n. f. **1.** DR anc. Immunité, privilège, exemption accordés autrefois à certaines personnes, à certaines collectivités. *Franchises d'une ville.* ▷ Mod. Exemption légale ou réglementaire de taxes, d'impositions. *Franchise douanière, postale.* **2.** En matière d'assurance, partie du dommage qui n'est pas couvert par la police et qui est à la charge de l'assuré. **3.** Qualité d'une personne qui parle ou agit ouvertement, sincèrement. **4.** (Choses). Qualité de rigueur, de netteté ou de hardiesse (surtout en art). *Franchise du trait, de la couleur.* – De *franc, franche.*

franchisé [fʀɑ̃ʃize] n. m. COMM Commerçant indépendant qui revend la marque d'une société et lui verse pour cela un pourcentage. – De *franchisage.*

franchiser [fʀɑ̃ʃize] v. tr. [1] COMM Contracter un contrat de franchisage avec une société. – De *franchisage.*

franchiseur [fʀɑ̃ʃizœʀ] n. m. COMM Société mettant à la disposition du franchisé sa marque en échange d'une rémunération. – De *franchiser.*

franchissable [fʀɑ̃ʃisabl] adj. Qui peut être franchi. – De *franchir.*

franchissement [fʀɑ̃ʃismɑ̃] n. m. Action de franchir. *Le franchissement d'un fleuve.* – De *franchir.*

francien [fʀɑ̃sjɛ̃] n. m. LING Dialecte de l'Île-de-France, distinct des autres parlers d'oïl, et qui est à l'origine du français. – De *France.*

francique [fʀɑ̃sik] n. m. LING **1.** Langue des Francs. ▷ Adj. *Étymologie francique.* **2.** Ensemble des dialectes d'Allemagne rattachés au haut allemand. – Bas lat. *francicus.*

francisation [fʀɑ̃sizasjɔ̃] n. f. Action de franciser. *La francisation du vocabulaire de l'informatique.* – De *franciser.*

franciscain, aine [fʀɑ̃siskɛ̃, ɛn] n. et adj. Religieux, religieuse de l'ordre de saint François d'Assise. ▷ Adj. Relatif aux franciscains ou à leur ordre. – Du lat. médiév. *Franciscus*, «François»; lat. ecclés. *franciscanus.*

franciser [fʀɑ̃size] v. tr. [1] **1.** Donner une forme française à un mot d'une langue étrangère. *Le mot anglais shilling a été francisé en chelin.* **2.** Introduire ou répandre la langue française là où elle n'est que peu ou pas parlée. – Introduire ou répandre (dans une industrie, une entreprise, etc.) des termes techniques français destinés à remplacer des termes d'une langue étrangère. *Franciser les petites et moyennes entreprises.* **3.** Donner un caractère français à (qqn ou qqch). *Les dix années qu'il a passées à Paris ont francisé son mode de vie.* – De *français;* anc. var.: *françaiser.*

francisme [fʀɑ̃sism] n. m. LING Fait de langue (prononc., mot, tournure, etc.) caractéristique du français de France. *Marchand de couleurs* est un francisme, et même un parisianisme.* V. encycl. québécisme. – De *France.*

francisque [fʀɑ̃sisk] n. f. Hache de guerre des Germains et des Francs. ▷ Emblème du gouvernement de Vichy (1941 - 1944). – Du bas lat. *(securis) francisca*, «(hache) franque».

francium [fʀɑ̃sjɔm] n. m. CHIM Élément radioactif de numéro atomique Z = 87 et de masse atomique 223 (symbole Fr), appartenant à la famille des métaux alcalins. – De *France*, pays du savant (Marguerite Perey) qui découvrit cet élément en 1939.

franc-jeu [fʀɑ̃ʒø] n. m. et adj. Respect loyal des règles (d'un jeu, d'un sport, des affaires). *Le franc-jeu veut qu'elle s'incline.* – Adj. *Il s'est montré très franc-jeu.* – De *franc*, et *jeu* (au sens sportif).

franc-maçon, onne [fʀɑ̃masɔ̃, ɔn] n. Membre de la franc-maçonnerie. ▷ Adj. *Éthique franc-maçonne.* – Angl. *free mason*, proprem. «maçon libre».

franc-maçonnerie [fʀɑ̃masɔnʀi] n. f. Association, autref. secrète, de personnes qu'unit un idéal de fraternité et de solidarité, et qui pratiquent un certain nombre de rites symboliques. ▷ Fig. (souvent péjor.) Entente ou alliance tacite entre des personnes qui ont les mêmes origines, les mêmes intérêts, etc. *La franc-maçonnerie des anciens élèves d'une grande école.* – De *franc-maçon.*

franc-maçonnique [fʀɑ̃masɔnik] adj. Relatif à la franc-maçonnerie. (Plus cour.: *maçonnique*). – De *franc-maçon.*

franco [fʀɑ̃ko] adv. **1.** Sans frais. *Marchandise franco de port* (ou, ellipt., *franco*), dont le destinataire n'a pas à payer le port. **2.** Pop. Sans détours, carrément. – De l'ital. *franco (porto),* proprem. «port franc».

franco-. Élément de composition, du rad. de *français.* **1.** (Dans des mots composés exprimant un rapport entre la France et un autre pays) *Les accords franco-québécois. Une coproduction franco-italienne.* **2.** (Dans des mots composés désignant les membres de communautés d'ascendance ou d'expression française) *Franco-Terre-Neuviens. Franco-Québécois. Franco-Ontariens. Franco-Manitobains. Franco-Albertains. Franco-Colombiens. Franco-Américains.* Adj. *Un chansonnier franco-ontarien.* V. aussi franco-canadien. **3.** (Dans des mots composés désignant des variétés géographiques de français) *Franco-canadien*. Franco-acadien*. Franco-québécois.* V. québécois. – *Franco-provençal:* ensemble des dialectes français de la Suisse romande, de la Savoie, du Dauphiné, du Lyonnais et de la Bresse.

franco-albertain, aine [fʀɑ̃koalbɛʀtɛ̃, ɛn] Subst. Francophone de la province canadienne de l'Alberta. – De *franco-,* et *albertain.*

franco-américain, aine [fʀɑ̃koameʀikɛ̃, ɛn] Subst. Francophone des États-Unis. – De *franco-,* et *américain.*

ENCYCL Jusque tout récemment, *Franco-Américain* faisait référence à la population d'origine québécoise habitant les six États de la Nouvelle-Angleterre. Venus par vagues et par milliers entre 1840 et 1930, ces Québécois se sont surtout installés dans les quartiers ouvriers des villes moyennes à caractère industriel (usines de filature et de cuir) qui se trouvaient le long des principaux cours d'eau de la région. Dans ces «Petits Canadas», ils réussirent à maintenir jusqu'au milieu du vingtième siècle une société similaire à celle qui existait au Québec. Nombreux aussi furent les Canadiens d'origine acadienne à traverser la frontière pour s'installer aux États-Unis, mais ceux-ci ont le plus souvent rejeté la nouvelle étiquette «Franco-Américain», lui préférant «Acadien», et cela surtout dans la vallée de la rivière Saint-Jean, zone rurale du nord de l'État du Maine. Depuis la création en 1980 de l'Assemblée des Franco-Américains, ses organisateurs cherchent à regrouper à des fins politiques et culturelles les diverses populations d'expression ou d'origine française de tous les États-Unis. Ce faisant, ils donnent un nouveau sens au terme *Franco-Américain,* qui désigne désormais toute personne aux États-Unis dont les origines ethniques sont françaises, qu'elle soit Française, Canadienne, Belge, Suissesse, Africaine ou Antillaise.

franco-canadien, ienne [fʀɑ̃kokanadjɛ̃, jɛn] adj. et n. **1.** Relatif ou propre aux Canadiens de descendance française, spécialement de ceux de la province de Québec. V. canadiens-français. Subst. *Les Franco-Canadiens,* les Canadiens français. **2.** n. m. Variété de français parlée par ce groupe. Rem. De nos jours, on emploie plutôt les appellations spécifiques *(français) québécois* (aussi *franco-québécois*), *(français) acadien, français ontarien,* etc., ou encore *français canadien* quand on veut parler de l'ensemble des variétés de français en usage au Canada. – De *franco-,* et *canadien.*

franco-colombien, ienne [fʀɑ̃kokɔlɔ̃bjɛ̃, jɛn] Subst. Francophone de la Colombie-Britannique. – De *franco-,* et *colombien.*

franco-manitobain, aine [fʀɑ̃komanitobɛ̃, ɛn] Subst. Francophone de la province canadienne du Manitoba. – De *franco-,* et *manitobain.*

franco-ontarien, ienne [fʀɑ̃koɔ̃taʀjɛ̃, jɛn] Adj. Relatif à la francophonie de l'Ontario. ▷ Subst. Francophone de l'Ontario. – De *franco-,* et *ontarien.*

ENCYCL Vers 1980, un groupe de Franco-Ontariens davantage politisés ont avancé le terme *Ontarois* en remplacement de *Franco-Ontarien,* senti comme un anglicisme, afin de se définir en fonction de leur réalité propre et non en regard de la majorité anglophone que coiffe l'appellation *Ontarien.*

franco-outaouais, aise [fʀɑ̃koutawɛ, ɛz] Subst. Francophone de la ville d'Ottawa. – De *franco-,* et *Outaouais,* transposition française d'*Ottawa.*

francophile [fʀɑ̃kofil] adj. et n. Qui éprouve ou marque de l'amitié pour des individus ou des communautés francophones. ▷ Subst. *Un(e) francophile.* – De *franco-,* et *-phile.*

francophilie [fʀɑ̃kofili] n. f. État d'esprit, attitude du francophile. – Du préc.

francophobe [fʀɑ̃kofɔb] adj. et n. Qui éprouve ou marque de l'hostilité à l'égard d'individus ou de communautés francophones. ▷ Subst. *Un(e) francophobe.* – De *franco-,* et *-phobe.*

francophobie [fʀɑ̃kofɔbi] n. f. État d'esprit, attitude du francophobe. – Du préc.

francophone [fʀɑ̃kofɔn] adj. et n. Dont le français est la langue maternelle ou officielle. – Subst. *Les francophones hors Québec. Les francophones et les anglophones.* ▷ Où la langue française est en usage. *Pays francophone.* – De *franco-,* et *-phone.*

francophonie [fʀɑ̃kofɔni] n. f. Ensemble politico-culturel des peuples qui parlent le français. – Du préc.

franco-ténois, oise [fʀɑ̃kotenwa, waz] Adj. Relatif aux francophones des Territoires du Nord-Ouest canadiens. ▷ Subst. Francophone des Territoires du Nord-Ouest. – De *franco-,* et *T*(erritoires) du *N*(ord-Ouest).

franco-terre-neuvien, ienne [fʀɑ̃kotɛʀnœvjɛ̃, jɛn] Subst. Francophone de la province canadienne de Terre-Neuve. – De *franco-,* et *terre-neuvien.*

franco-yukonais, aise [fʀɑ̃kojukɔnɛ, ɛz] Subst. Francophone du Territoire du Yukon, au Canada. – De *franco-,* et *yukonais.*

franc-parler [fʀɑ̃paʀle] n. m. Franchise de langage (de celui qui dit tout haut et sans ménagement ce qu'il pense). *Avoir son franc-parler.* – De *franc,* «libre», et *parler,* n. m.

franc-tireur [fʀɑ̃tiʀœʀ] n. m. Combattant qui n'appartient pas à une unité régulière. Fig. Personne agissant de façon indépendante, sans observer les règles ou les lois d'un groupe. *Des francs-tireurs.* – De *franc,* «libre», et *tireur.*

frange [fʀɑ̃ʒ] n. f. **1.** Bande d'étoffe à filets retombants qui sert d'ornement. *Frange de soie.* ▷ Fig. *Frange d'écume des vagues.* **2.** Cheveux retombant sur le front et coupés en ligne droite. **3.** PHYS *Franges d'interférences :* bandes alternativement brillantes et sombres qui résultent de l'interférence de rayons lumineux provenant de sources distinctes. **4.** Fig. Ce qui est au bord ou marginal, et, par ext., indistinct, vague. *Frange du souvenir.* **5.** Petite minorité, petit groupe marginal. *Une frange de séditieux.* – Du lat. pop. **frimbia,* «bord d'un vêtement, frange».

frangeant [fʀɑ̃ʒɑ̃] adj. m. GEOGR Qui borde la côte à peu de distance, en parlant d'une chaîne de récifs coralliens. *Récifs frangeants.* – De l'angl. *fringing (reef),* «(récif) frangeant».

franger [fʀɑ̃ʒe] v. tr. [15] **1.** Garnir d'une frange. *Franger une robe.* **2.** Border. *Récifs qui frangent une côte,* qui la bordent. – De *frange.*

frangin, ine [fʀɑ̃ʒɛ̃, in] n. Fam. **1.** Frère, sœur. **2.** Par ext. *Une frangine:* une fille, une femme. – Déform. argot. de *frère*, probabl. d'orig. ital.

frangipane [fʀɑ̃ʒipan] n. f. **1.** Parfum tiré du jasmin rouge, surtout utilisé, autrefois, pour les peaux. *Gants à la frangipane.* **2.** Cour. Crème aux amandes; pâtisserie garnie de cette crème. **3.** BOT Fruit du frangipanier. – De *Frangipani*, nom du seigneur romain inventeur du parfum (ou plus probablement responsable de sa vogue).

frangipanier [fʀɑ̃ʒipanje] n. m. Arbuste tropical (fam. apocynacées) dont les belles fleurs ont une odeur de frangipane. – De *frangipane*.

franglais [fʀɑ̃glɛ] n. m. Français mêlé d'anglicismes. *«Parlez-vous franglais?», ouvrage de René Étiemble* (1964). – De *fran(çais)*, et *(an)glais*.

franquette [fʀɑ̃kɛt] loc. adv. Fam. *À la bonne franquette:* sans faire de façons, simplement. – D'un dimin. pop. de *franc*.

franquisme [fʀɑ̃kism] n. m. Doctrine politique du général Franco et des partisans du régime politique qu'il fonda en 1939 en Espagne. – Du n. du général *Franco* (1892-1975).

franquiste [fʀɑ̃kist] n. et adj. Partisan du général Franco, pendant la guerre civile espagnole (1936-1939) et depuis lors. – Du n. du général *Franco*.

fransaskois, oise [fʀɑ̃saskwa, waz] adj. Relatif au français de la Saskatchewan. ▷ Subst. Francophone de la Saskatchewan. – De *fran-*, forme tronquée de *franco-*, et *Sask(atchewan)*.

frappage [fʀapaʒ] n. m. TECH Action de frapper; son résultat. ▷ Rare Action de frapper des monnaies. – De *frapper*.

frappant, ante [fʀapɑ̃, ɑ̃t] adj. Qui fait une vive impression. *Une ressemblance frappante.* – Ppr. de *frapper*.

frappe [fʀap] n. f. **1.** TECH Action de frapper les monnaies. ▷ Empreinte effectuée sur les monnaies. ▷ Assortiment de matrices pour fondre les caractères d'imprimerie. ▷ Action de dactylographier. *Faute de frappe.* ▷ INFORM *Frappe en lacet:* méthode d'impression utilisée par certaines imprimantes, qui consiste à frapper de gauche à droite, puis de droite à gauche afin de gagner du temps. **2.** SPORT Manière de frapper. *La frappe d'un boxeur.* **3.** MILIT *Force de frappe:* V. force. – Déverbal de *frapper*.

frappement [fʀapmɑ̃] n. m. Action de frapper. – De *frapper*.

frapper [fʀape] v. tr. [1] **1.** Donner un ou plusieurs coups. *Son père l'a frappé. Le marteau frappe l'enclume.* ▷ v. intr. *Frapper dans ses mains. Frapper à la porte*, pour se faire ouvrir. **2.** Blesser. *Frapper qqn à mort*, le blesser mortellement. **3.** Tomber sur. *Lumière qui frappe un objet.* **4.** TECH Marquer d'une empreinte. *Frapper des médailles. Frapper la monnaie.* ▷ Au pp. *Frappé:* rafraîchi. *Café frappé.* **5.** Atteindre d'un mal. *Malheur qui frappe une famille. Être frappé d'apoplexie.* ▷ Soumettre à une taxe, etc. *Frapper une marchandise de droits d'entrée.* **6.** Atteindre d'une impression vive. *Frapper la vue, l'esprit.* – Étonner, saisir. *J'ai été frappé de leur ressemblance.* **7.** v. pron. Fam. S'inquiéter exagérément. – Probabl. du frq. **hrappan*.

frappeur, euse [fʀapœʀ, øz] adj. et n. **1.** adj. Qui frappe. ▷ *Esprit frappeur*, qui, selon les spirites, se manifeste en frappant des coups. **2.** n. TECH Personne qui frappe (des médailles, de la monnaie). – De *frapper*.

frasil [fʀɑ(a)zi] n. m. Cristaux, petits corps de glace qui se forment en une masse plus ou moins compacte dans les cours d'eau et les étendues d'eau douce par suite d'une baisse subite de la température; fine couche de glace qui commence à prendre. *Le frasil obstrue l'embouchure du canal. Observer la formation du frasil.* «Je suis [...] entré à l'hôtel, c'était janvier, le froid bas comme un jusant, humide à virer la moelle des os en frasil.» (Yves Thériault, *Le dernier havre*, 1970.) – Var. de *fraisil*, du lat. pop. **facilis*, «qui provient du tison», lat. class. *fax*, «torche, tison.».

frasque [fʀask] n. f. Écart de conduite. *Frasques de jeunesse.* – Ital. *frasca*.

fraternel, elle [fʀatɛʀnɛl] adj. **1.** Qui a rapport aux liens unissant des frères, des sœurs. *Amour fraternel.* **2.** Qui rappelle les sentiments unissant des frères. *Amitié fraternelle.* ▷ (Personnes.) *Il a été très fraternel avec moi.* – Lat. *fraternus*.

fraternellement [fʀatɛʀnɛlmɑ̃] adv. De façon fraternelle. – De *fraternel*.

fraternisation [fʀatɛʀnizasjɔ̃] n. f. Action de fraterniser. – De *fraterniser*.

fraterniser [fʀatɛʀnize] v. intr. [1] **1.** Adopter un comportement fraternel. *Ils ont tout de suite fraternisé.* **2.** Faire acte de fraternité, de solidarité, en cessant toute hostilité. *Fraterniser avec l'ennemi.* – De *fraternel*.

fraternité [fʀatɛʀnite] n. f. **1.** Rare Lien de parenté entre frères et sœurs. **2.** Union fraternelle entre les êtres humains, sentiment de solidarité qui les unit. *Liberté, égalité, fraternité:* devise de la République française. – Lat. *fraternitas*.

1. fratricide [fʀatʀisid] n. m. Meurtre du frère ou de la sœur. – Bas lat. *fratricidium*.

2. fratricide [fʀatʀisid] n. et adj. **1.** n. Personne qui tue son frère ou sa sœur. **2.** adj. *Lutte, guerre fratricide*, entre membres d'une communauté que devrait unir une fraternité (concitoyens, etc.). – Lat. *fratricida*.

fratrie [fʀatʀi] n. f. Didac. Groupe formé par les frères et les sœurs d'une même famille. (À distinguer de *phratrie*.) – Du lat. *frater*, «frère».

fraude [fʀod] n. f. **1.** DR Acte accompli de mauvaise foi dans l'intention de tromper quelqu'un et de porter atteinte à ses droits ou de contourner les prescriptions de la loi. **2.** Falsification punie par la loi. *Fraude en œuvres d'art, dans la vente de marchandises. Service de répression des fraudes.* – Par ext. *Fraude fiscale, électorale.* **3.** Action de soustraire des marchandises aux droits de douane. *Passer des cigarettes en fraude.* – Lat. *fraus, fraudis*.

frauder [fʀode] **1.** v. tr. [1] Frustrer par la fraude. *Frauder la douane, le fisc.* **2.** v. intr. Commettre une fraude. *Frauder sur une marchandise.* – De *fraude*.

fraudeur, euse [fʀodœʀ, øz] n. Personne qui fraude. – De *frauder*.

frauduleusement [fʀodyløzmɑ̃] adv. De façon frauduleuse; avec fraude. – De *frauduleux*.

frauduleux, euse [fʀodylø, øz] adj. Entaché de fraude. *Contrat frauduleux.* – *Banqueroutier frauduleux*, qui a fait une banqueroute frauduleuse. – Bas lat. jurid. *fraudulosus*.

frayement [fʀɛmɑ̃] n. m. MED VET Érythème local des animaux, notam. des bêtes de trait, causé par des frottements répétés. – De *frayer* I, sens 1.

frayer [fʀɛje] **I.** v. tr. [24] **1.** VEN Frotter. *Le cerf fraie ses bois aux branches.* ▷ MED VET *Cheval frayé aux ars*, blessé aux ars par le frottement. **2.** Ouvrir, tracer (un chemin). *Se frayer un passage dans la foule.* **II.** v. intr. **1.** En parlant des poissons, pondre les œufs ou les féconder. **2.** Fréquenter, avoir des relations suivies. *Il ne fraie avec personne.* – Du lat. *fricare*, «frotter».

frayère [fʀɛjɛʀ] n. f. ZOOL Lieu de ponte des poissons. – *Par ext.* Lieu de reproduction de diverses espèces animales. – De *frayer* II, sens 1.

frayeur [fʀɛjœʀ] n. f. Crainte vive et passagère, en général sans fondement. – Du lat. *fragor*, «fracas», par attract. de *effrayer*.

fredaine [fʀədɛn] n. f. Écart de conduite sans gravité. – De l'a. fr. *fredain*, «mauvais», de *fradin*, «scélérat», probabl. d'orig. germ.

frédérictonnais, aise [fʀedeʀiktɔnɛ, ɛz] Subst. Habitant de Fredericton (Nouveau-Brunswick).

fredonnement [fʀədɔnmɑ̃] n. m. Action de fredonner un air. – De *fredonner*.

fredonner [fʀədɔne] v. tr. et intr. [1] Chanter à mi-voix, sans ouvrir la bouche. – Du lat. *fritinnire*, «gazouiller, bredouiller».

free-jazz [fʀidʒaz] n. m. inv. Courant de la musique de jazz qui s'est développé aux É.-U. depuis 1958 contre les tendances du jazz traditionnel, et qui rejette la trame harmonique et le tempo au profit de l'improvisation. – Mot angl. des États-Unis, de *free*, «libre», et *jazz*.

frégate [fʀegat] n. f. **1.** Anc. Bâtiment de guerre à trois mâts, léger et rapide, portant de 40 à 60 canons. ▷ Mod. Bâtiment de guerre rapide, armé d'engins antiaériens et anti-sous-marins, doté de moyens de détection très perfectionnés, et destiné à l'escorte des porte-avions. **2.** ZOOL Oiseau pélécaniforme des mers tropicales (genre *Fregata*), au plumage sombre, possédant un sac gonflable rouge vif sous un bec long et crochu. – Ital. *fregata*.

frein [fʀɛ̃] n. m. **1.** Vx Mors. ▷ Loc. fig. *Ronger son frein:* contenir difficilement son ressentiment, son impatience. **2.** Fig., litt. Ce qui retient un élan excessif. *Mettre un frein à ses passions.* **3.** ANAT Membrane qui bride ou retient certains organes. *Frein de la langue.* **4.** Organe servant à réduire ou à annuler l'énergie cinétique d'un véhicule, d'un corps en mouvement. *La pédale de frein, le frein à main d'une automobile.* ▷ *Frein moteur* : action du moteur ralenti qui diminue la vitesse de rotation des roues. ▷ *Le frein d'une arme à feu*, limitant son recul. – Lat. *frenum*.

freinage [fʀɛnaʒ] n. m. **1.** Action des freins sur un véhicule, une machine. *Freinage puissant.* **2.** Ralentissement. *Le freinage de l'expansion économique.* – De *freiner*.

ENCYCL Pour freiner un véhicule, il faut transformer son énergie cinétique (proportionnelle à la masse du véhicule et au carré de sa vitesse) en une autre forme d'énergie (chaleur ou électricité, par ex.). Les systèmes de freinage les plus courants réduisent la vitesse par frottement d'un solide sur un autre solide (freins à disque et à tambour) ou sur l'air (aérofreins et parachutes). Sur les locomotives électriques, on fait fonctionner le moteur en génératrice; le courant ainsi produit est renvoyé au secteur, ce qui procure une économie d'énergie. Les avions équipés de turboréacteurs utilisent l'inversion du jet de leurs moteurs; ce mode de freinage (par une poussée qui s'oppose au mouvement) est employé pour modifier l'orbite des satellites artificiels et pour ralentir les véhicules spatiaux au moment de leur atterrissage sur une planète.

freiner [fʀɛne] **1.** v. intr. [1] Se servir des freins pour ralentir ou arrêter un véhicule. **2.** v. tr. Ralentir (une progression, une évolution); modérer (un élan). *Freiner la hausse des prix. Rien ne peut freiner leur enthousiasme.* – De *frein*.

freinte [fʀɛ̃t] n. f. COMM Déchet subi par une marchandise lors de sa fabrication ou de son transport. – Mot dial., a. fr. *frainte*, «chose brisée».

frelatage [fʀəlataʒ] n. m. Action de frelater; son résultat. – De *frelater*.

frelater [fʀəlate] v. tr. [1] **1.** Altérer (un produit) en y mêlant des substances étrangères. *Frelater du vin. Alcool frelaté.* **2.** Au pp., Fig. Qui a perdu son naturel, corrompu. *Vie, société frelatée.* – Du moy. néerl. *verlaten*.

frêle [fʀɛl] adj. Qui semble manquer de force, de résistance ou de vitalité. *Une frêle jeune fille.* ▷ Faible. *Parler d'une voix frêle.* – Du lat. *fragilis*.

frelon [fʀəlɔ̃] n. m. Grosse guêpe *(Vespa crabro)* dont les piqûres, très douloureuses, peuvent être dangereuses. – Du frq. **hurslo*.

freluquet [fʀəlykɛ] n. m. Petit jeune homme vaniteux. – Homme petit et mal bâti. – De l'a. fr. *freluque*, «mèche».

frémir [fʀemiʀ] v. intr. [2] **1.** (Choses.) Être agité par des vibrations accompagnées d'un bruissement léger. *Feuillage qui frémit au vent. L'eau frémit avant de bouillir.* **2.** (Personnes.) Trembler; avoir une réaction physique trahissant l'émotion. *Frémir d'horreur.* – Lat. pop. **fremire*, class. *fremere*.

frémissant, ante [fʀemisɑ̃, ɑ̃t] adj. Qui frémit. ▷ Qui s'émeut facilement. *Une sensibilité frémissante.* – Ppr. de *frémir*.

frémissement [fʀemismɑ̃] n. m. **1.** Léger mouvement accompagné de bruissement. *Frémissement de l'eau qui va bouillir.* **2.** Tremblement léger dû à l'émotion. *Un frémissement d'indignation.* – De *frémir*.

frênaie [fʀɛnɛ] n. f. Lieu planté de frênes. – De *frêne*.

frêne [fʀɛn] n. m. Grand arbre (*Fraxinus excelsior*, fam. oléacées) reconnaissable à son écorce gris-vert, à ses gros bourgeons noirs et à ses feuilles composées, et dont le bois, blanc et dur, est utilisé notam. pour la fabrication de manches d'outils; le bois de cet arbre. – Du lat. *fraxinus*.

frénésie [fʀenezi] n. f. État d'exaltation violente; ardeur extrême. *Aimer avec frénésie.* – Lat. d'orig. gr. *phrenesis*.

frénétique [fʀenetik] adj. Qui manifeste de la frénésie. *Applaudissements frénétiques.* – Lat. *phreneticus*.

frénétiquement [fʀenetikmɑ̃] adv. D'une façon frénétique. – De *frénétique*.

fréon [fʀeɔ̃] n. m. Dérivé fluoré et chloré du méthane ou de l'éthane, à bas point d'ébullition, utilisé en partic. comme fluide frigorifique. – Nom déposé, du rad. de *froid* sur le modèle des noms de gaz rares (néon, argon, etc.).

fréquemment [fʀekamɑ̃] adv. De manière fréquente, souvent. – De *fréquent*.

fréquence [fʀekɑ̃s] n. f. **1.** Caractère de ce qui se répète souvent, se reproduit périodiquement. *La fréquence du passage des autobus de nuit.* **2.** TECH Nombre d'observations statistiques correspondant à un événement donné. ▷ Nombre d'observations statistiques pour une classe donnée. **3.** PHYS Nombre de répétitions d'un phénomène périodique dans l'unité de temps. *La fréquence s'exprime en hertz, de symbole Hz; 1 Hz = 1 cycle/seconde.* **4.** TELECOM *Modulation de fréquence:* V. encycl. modulation. – Lat. *frequentia*.

ENCYCL **Phys.** – La fréquence d'un mouvement vibratoire est égale à l'inverse de sa période. Elle est reliée à la longueur d'onde λ par la relation $V = \lambda f$, V étant la vitesse de l'onde. Les fréquences *acoustiques* s'étendent de 20 à 20 000 Hz. Les fréquences *radio-électriques* (ou *radiofréquences*) s'étendent de 3 kHz (très basses fréquences, très grandes longueurs d'onde) à 3 000 GHz (très hautes fréquences, très courtes longueurs d'onde).

Les fréquences des *rayonnements lumineux* sont encore plus élevées (de 10^{12} Hz pour l'infrarouge à 1,5 . 10^{16} Hz pour l'ultraviolet). La mesure des fréquences s'effectue par comparaison avec une fréquence étalon suffisamment stable (oscillateur à quartz ou horloge atomique, par ex.).

fréquencemètre [fʀekɑ̃smɛtʀ] n. m. TECH Appareil servant à la mesure des fréquences acoustiques. – De *fréquence,* et *mètre.*

fréquent, ente [fʀekɑ̃, ɑ̃t] adj. Qui arrive souvent, se répète. *Un usage fréquent.* – Lat. *frequens, frequentis.*

fréquentable [fʀekɑ̃tabl] adj. Que l'on peut fréquenter. – De *fréquenter.*

fréquentatif, ive [fʀekɑ̃tatif, iv] adj. LING Qui exprime une idée de répétition. *Verbe fréquentatif.* ▷ N. m. *Criailler est le fréquentatif de crier.* – De *fréquenter.*

fréquentation [fʀekɑ̃tasjɔ̃] n. f. **1.** Action de fréquenter un lieu. *La fréquentation d'un club.* **2.** Relation sociale habituelle; personne fréquentée. *De mauvaises fréquentations.* – Lat. *frequentatio.*

fréquenté, ée [fʀekɑ̃te] adj. Où il y a habituellement beaucoup de monde. *Un restaurant très fréquenté.* ▷ *Un endroit bien, mal fréquenté,* que fréquentent des gens convenables, peu recommandables. – Pp. de *fréquenter.*

fréquenter [fʀekɑ̃te] v. tr. [1] **1.** Aller souvent dans (un lieu). *Fréquenter les discothèques.* **2.** Avoir de fréquentes relations avec (qqn). *Fréquenter des artistes.* ▷ Avoir pour flirt, pour ami de cœur (une personne). *Elle fréquente un garçon qu'elle a connu au cégep.* – Absol. *Elle commence à fréquenter.* – Lat. *frequentare.*

frère [fʀɛʀ] n. m. **1.** Celui qui est né du même père et de la même mère *(frère germain)* ou seulement du même père *(frère consanguin)* ou de la même mère *(frère utérin).* ▷ *Frères jumeaux,* nés d'un même accouchement. ▷ *Frères de lait:* l'enfant de la nourrice et celui qu'elle nourrit du même lait. **2.** Fig. Tout être humain, considéré comme créé par le même Dieu, comme ayant la même origine. *Tous les hommes sont frères.* **3.** Personne unie à une autre par des liens étroits. *Frères d'armes,* compagnons de combat. – *Faux frère,* celui qui trahit ses compagnons, ses amis. ▷ Membre de certains ordres religieux. *Frère prêcheur:* dominicain. – *Spécial.* Religieux non prêtre. *Frère lai, frère convers.* ▷ *Les frères maçons, les frères trois points:* les francs-maçons. **4.** Fig. Chose considérée comme naturellement unie à une autre. *Des pays frères.* – Lat. *frater.*

frérot [fʀeʀo] n. m. Fam. Petit frère. – De *frère.*

fresque [fʀɛsk] n. f. **1.** Manière de peindre sur des murs enduits de mortier frais, à l'aide de couleurs délayées à l'eau. *Peindre à fresque.* ▷ Peinture murale exécutée de cette manière. **2.** Fig. Œuvre littéraire de grande envergure présentant le tableau d'une époque, d'une société. – Ital. *(dipingere a) fresco,* «(peindre sur un enduit) frais».

fresquiste [fʀɛskist] n. Peintre de fresques. – De *fresque.*

fressure [fʀɛsyʀ] n. f. Ensemble des viscères de certains animaux (mouton, bœuf, etc.). – Bas lat. *frixura,* «poêle à frire».

1. fret [fʀɛt] n. m. **1.** Coût de location d'un navire. ▷ *Par ext.* Coût du transport de marchandises par mer, par air ou par route. **2.** Cargaison transportée par un navire, un avion. *Fret aérien.* – Néerl. *vrecht.*

2. fret, frette [fʀɛt] adj. et n. m. Fam. Froid. *Il fait trop fret pour mettre le nez dehors.* – Subst. *Un fret noir,* très vif. *Les gros frets.* Rem. Pfs employé délibérément pour sa valeur expressive, de préférence à *froid. C'est pas froid, c'est fret.* ▷ Fig. *Rester fret:* être surpris, décontenancé. – Var. anc. de *froid.*

fréter [fʀete] v. tr. [16] **1.** Donner (un navire, un avion, une voiture) en location. **2.** Prendre en location. – De *fret.*

fréteur [fʀetœʀ] n. m. Celui qui donne en location (à l'*affréteur*). – De *fréter.*

frétillement [fʀetijmɑ̃] n. m. Mouvement de ce qui frétille. – De *frétiller.*

frétiller [fʀetije] v. intr. [1] S'agiter par de petits mouvements vifs (être vivant). *Ces poissons frétillent encore.* – De l'a. fr. *freter,* «frotter».

fretin [fʀətɛ̃] n. m. **1.** Menu poisson négligé du pêcheur. **2.** Fig. Personnes ou choses de peu d'intérêt, négligeables. *C'est du menu fretin.* – De *fret, frait,* pp. de l'a. fr. *fraindre,* «briser».

frettage [fʀɛtaʒ] n. m. TECH Action de fretter. ▷ Ensemble de frettes. – De *fretter.*

1. frette [fʀɛt] n. f. TECH Cercle métallique servant à renforcer une pièce cylindrique de bois, de béton, etc. – Probabl. frq. **fetur,* «chaîne».

2. frette [fʀɛt] n. f. **1.** ARCHI Ornement en forme de ligne brisée. **2.** HERALD Pièce de l'écu formée de bandes diagonales entrecroisées. – Fém. subst. du pp. *frait, fret,* de l'a. fr. *fraindre,* «briser».

fretter [fʀɛte] v. tr. [1] Munir de frettes. – De *frette.*

freudien, ienne [fʀødjɛ̃, jɛn] adj. Relatif à S. Freud, à ses théories, à la psychanalyse. ▷ Subst. Adepte du freudisme. – Du n. du psychiatre autrichien, créateur de la psychanalyse, Sigmund *Freud* (1856-1939).

freudisme [fʀødism] n. m. Ensemble des conceptions et des méthodes psychanalytiques de S. Freud et de son école. – Du n. de *Freud.*

freux [fʀø] n. m. et adj. *Corbeau freux* ou *freux (Corvus frugilegus):* corbeau commun en Europe, long de 45 cm. – Du frq. **hrôk.*

friabilité [fʀijabilite] n. f. Propriété de ce qui est friable. – De *friable.*

friable [fʀijabl] adj. Qui se réduit aisément en poudre, en menus fragments. *Terre friable.* – Lat. *friabilis,* de *friare,* «broyer».

friand, ande [fʀijɑ̃, ɑ̃d] adj. et n. m. **I.** adj. **1.** *Friand de,* qui a un goût particulier pour. *Les enfants sont friands de sucreries.* ▷ Fig. *Il est friand de louanges.* **2.** Vx Qui aime la chère fine. **3.** Vx D'une saveur délicate (mets). **II.** n. m. Petit pâté fait avec de la chair à saucisse entourée de pâte feuilletée. ▷ Petit gâteau frais en pâte d'amandes. – Anc. ppr. de *frire,* au fig. «brûler d'envie», en a. fr.

friandise [fʀijɑ̃diz] n. f. Sucrerie ou pâtisserie délicate. – De *friand.*

fric [fʀik] n. m. Pop. Argent. – Probabl. abrév. de *fricot.*

fricandeau [fʀikɑ̃do] n. m. Morceau de veau lardé. ▷ *Par ext.* Darne ou filet de poisson lardé. – Probabl. rad. de *fricassée, fricot.*

fricassée [fʀikase] n. f. **1.** Viande fricassée, légumes fricassés. **2.** V. patates fricassées. **3.** (France) Fig., pop. *Fricassée de museaux:* embrassade. – Pp. subst. de *fricasser.*

fricasser [fʀikase] v. tr. [1] Couper (de la viande, des légumes) en morceaux et les faire cuire avec du beurre ou en sauce. *Fricasser un poulet.* – Croisement probabl. entre *frire* et *casser.*

fricatif, ive [fʀikatif, iv] adj. et n. f. PHON *Consonne fricative,* articulée en resserrant le chenal expiratoire et caractérisée par un bruit de frottement.

▷ N. f. [f] *est une fricative.* – Lat. *fricatum*, de *fricare*, «frotter».

fric-frac [fRikfRak] n. m. Fam. Cambriolage. – Onomat.

friche [fRiʃ] n. f. Terrain non cultivé. ▷ Loc. adv. ou adj. *En friche :* inculte (terre). – Fig. *Esprit en friche.* – Du moy. néerl. *versch*, «frais».

frichti [fRiʃti] n. m. Fam. Fricot, repas. – De la prononc. alsac. de l'all. *Frühstück*, «déjeuner».

fricot [fRiko] n. m. Fam. Plat grossièrement cuisiné. – De *fricasser.*

fricotage [fRikɔtaʒ] n. m. Fam. Trafic, combinaison malhonnête. – De *fricoter.*

fricoter [fRikɔte] v. tr. [1] Fam. **1.** Cuisiner (un fricot). **2.** Manigancer, tramer (qqch). ▷ v. intr. Avoir des activités suspectes. *Il fricote dans l'immobilier.* – De *fricot.*

fricoteur, euse [fRikɔtœR, øz] n. Fam. Personne qui fricote (des affaires louches). – De *fricoter.*

friction [fRiksjõ] n. f. **1.** Action de frotter vigoureusement une partie du corps. *Une friction avec un gant de crin.* ▷ *Spécial.* Massage du cuir chevelu avec une lotion. **2.** TECH Frottement dur dans un mécanisme. **3.** Fig. Heurt, désaccord. *Il y a des points de friction entre le père et le fils.* – Lat. *frictio.*

frictionnel, elle [fRiksjɔnɛl] adj. Relatif à la friction. – De *friction.*

frictionner [fRiksjɔne] v. tr. [1] Faire une friction à (qqn, une partie du corps). – De *friction.*

frigide [fRiʒid] adj. **1.** Vx Froid (choses). **2.** Se dit d'une femme incapable d'éprouver du désir sexuel ou de parvenir à l'orgasme lors du coït. – Lat. *frigidus*, «froid».

frigidité [fRiʒidite] n. f. **1.** Vx État de ce qui est froid. **2.** État d'une femme frigide. – Bas lat. *frigiditas*, de *frigidus*, «froid».

frigo [fRigo] n. m. Fam. Appareil frigorifique. – Abrév. pop. de *frigorifique.*

frigorie [fRigɔRi] n. f. PHYS Anc. unité thermique (remplacée auj. par l'équivalent en joules) utilisée dans l'industrie du froid: quantité de froid nécessaire pour abaisser de 1 °C la température de 1 kg d'eau (symbole fg). – Du lat. *frigus, frigoris*, «froid».

frigorifier [fRigɔRifje] v. tr. [1] **1.** Soumettre au froid pour conserver (les denrées alimentaires périssables). **2.** Fam. *Être frigorifié*, transi de froid. – De *frigorifique.*

frigorifique [fRigɔRifik] adj. et n. m. **1.** adj. Qui produit du froid. *Installation frigorifique.* ▷ Réfrigéré par une installation qui produit du froid. **2.** n. m. Installation servant à conserver par le froid. – Lat. *frigorificus.*

frigoriste [fRigɔRist] n. TECH Technicien spécialisé dans les installations frigorifiques. Appos. *Ingénieur frigoriste.* – De *frigorifique.*

frileusement [fRiløzmɑ̃] adv. D'une manière frileuse (sens 2). – De *frileux.*

frileux, euse [fRilø, øz] adj. **1.** Qui craint le froid. *Un vieillard frileux.* **2.** Qui dénote la sensibilité au froid. *Une attitude frileuse.* – Du bas lat. *frigorosus.*

frimaire [fRimɛR] n. m. HIST (France) Troisième mois du calendrier républicain (21 novembre - 20 décembre). – De *frimas.*

frimas [fRimɑ(a)] n. m. Givre. *Vitres couvertes de frimas. Le frimas sur les arbres, sur les toits.* ▷ Litt. Brouillard épais qui se transforme en glace en tombant (appelé aussi *brouillard givrant*). – De l'a. fr. *frime*; frq. **hrim.*

frimassé, ée [fRimase] adj. Couvert de frimas. *Vitres frimassées. Chevaux frimassés. Barbe, moustache frimassées.* – Pp. de *frimasser*, d'orig. dial.

frime [fRim] n. f. Fam. Simulation, faux-semblant. *C'est de la frime.* – Du bas lat. *frumen*, «gosier».

frimer [fRime] v. intr. [1] Fam. Chercher à épater; faire l'avantageux. – De *frime.*

frimeur, euse [fRimœR, øz] n. Fam. Personne qui frime. – De *frimer.*

frimousse [fRimus] n. f. Fam. Visage d'un enfant ou d'une personne jeune. – Probabl. de *frime.*

fringale [fRɛ̃gal] n. f. Fam. Faim subite et irrésistible. ▷ Fig. *Une fringale de voyages.* – Altér. de *faim-valle* (dial.), «grande faim subite».

fringant, ante [fRɛ̃gɑ̃, ɑ̃t] adj. **1.** Se dit d'une personne alerte, de belle humeur et de mise élégante. *Jeune homme fringant.* **2.** *Cheval fringant*, très vif. – De *fringuer*, dans l'anc. sens de «gambader».

fringillidés [fRɛ̃ʒilide] n. m. pl. ZOOL Famille d'oiseaux passériformes à bec conique et à plumage coloré (pinson, chardonneret, gros-bec, bruant). – Du lat. *fringilla*, «pinson».

fringuer [fRɛge] v. tr. [1] Pop. Habiller. – Orig. incert.

fringues [fRɛ̃g] n. f. pl. Pop. Vêtements. – Déverbal de *fringuer.*

fripe [fRip] n. f. Vieilli Vêtement usagé. – Var. de l'a. fr. *ferpe, frepe*, «vieux chiffon, vieux habits»; du bas lat. *faluppa*, «chose sans valeur, fibre».

friper [fRipe] v. tr. [1] Chiffonner, froisser. *Friper sa robe en s'asseyant.* ▷ Fig. *Un visage fripé par l'âge.* – De *fripe.*

friperie [fRipRi] n. f. Vieux habits, chiffons. ▷ Commerce, boutique de fripier. – De *fripe.*

fripier, ière [fRipje, jɛR] n. Personne qui fait commerce de vêtements d'occasion. – De *fripe.*

fripon, onne [fRipõ, ɔn] n. **1.** Fam. Enfant malicieux, polisson. *Un petit fripon.* ▷ Adj. Qui dénote la malice, l'espièglerie. *Un air fripon.* **2.** Vx Escroc, voleur. – De l'anc. v. *friponner*, «faire bonne chère» puis «voler».

friponnerie [fRipɔnRi] n. f. Vx Action de fripon. – De *fripon.*

fripouille [fRipuj] n. f. Pop. Individu malhonnête, canaille. – De *fripon*, avec chang. de suff.

friquet [fRikɛ] n. m. Moineau des haies et des bosquets *(Passer montanus).* – De l'a. fr. *frique, friche*, «vif, éveillé», probabl. d'orig. germ.

frire [fRiR] **1.** v. tr. défect. **[83]** Faire cuire dans un corps gras bouillant. *Frire du poisson.* **2.** v. intr. Cuire dans un corps gras. *Mettre des beignets à frire.* – Lat. *frigere.*

frisant, ante [fRizɑ̃, ɑ̃t] adj. *Lumière frisante*, rasante, qui effleure une surface avec un angle d'incidence très faible. Syn. rasant. – Ppr. de *friser.*

frisbee [fRizbi] n. m. Jeu pratiqué avec un disque en matière plastique que les joueurs se lancent en le faisant tourner sur lui-même. – Marque déposée américaine.

1. frise [fRiz] n. f. **1.** ARCHI Partie de l'entablement entre l'architrave et la corniche. **2.** Surface plane formant un bandeau continu, qui comporte le plus souvent des motifs décoratifs. ▷ THEAT Bande de décor fixée au cintre, figurant le ciel ou le plafond. – Lat. médiév. *frisium*, var. *phrygium*, «ouvrage phrygien» et «bandeau brodé d'or».

2. frise [fRiz] n. f. **1.** Toile de Hollande. **2.** MILIT *Cheval de frise.* V. cheval. – Du nom de la *Frise*, rég. côtière de la mer du Nord.

frisé, ée [fʀize] adj. **1.** Qui forme des boucles fines et serrées. *Cheveux frisés.* **2.** *Par ext.* Dont le bord des feuilles est ondulé et découpé. *Chicorée frisée.* – Pp. de *friser.*

friselis [fʀizli] n. m. Litt. Très léger frémissement. *Friselis de l'eau.* – De *friser.*

friser [fʀize] **I.** v. tr. [1] **1.** Donner la forme de boucles fines et serrées à. *Friser des cheveux, une moustache.* Syn. boucler. ▷ Par ext. *Friser qqn.* **2.** Passer au ras de (sans toucher ou en effleurant à peine). *Fauvette qui frise le sol.* Syn. frôler, raser. ▷ Fig. Être très près de, s'approcher de. *Friser la quarantaine. Procédés qui frisent l'indélicatesse.* **II.** v. intr. Se mettre en boucles. *Cheveux qui frisent.* – Orig. incert.

frisette [fʀizɛt] n. f. **1.** Petite boucle de cheveux. **2.** Matériau constitué de petites lames de bois rainées et bouvetées, utilisé en parement. – Dimin. de *frise.*

frisolée [fʀizɔle] ou **friselée** [fʀizle] n. f. Maladie virale dégénérative de la pomme de terre, caractérisée par l'aspect frisé que prennent les feuilles. – D'un dimin. dial. de *friser.*

frison [fʀizõ] n. m. Frisette qui touche le visage ou la nuque. – De *friser.*

frison, onne [fʀizõ, ɔn] adj. et n. De la Frise, région bordant la mer du Nord entre les Pays-Bas et l'Allemagne fédérale. ▷ N. *Un(e) Frison(ne).* ▷ *Race frisonne:* race bovine qui donne de bonnes laitières. – Du n. de la *Frise;* du lat. *Frisius,* nom de peuple.

frisotter [fʀizɔte] v. tr. et intr. [1] Friser par menues boucles. – De *friser.*

frisquet, ette [fʀiskɛ, ɛt] adj. Fam. Vif et piquant, en parlant du vent, du temps. ▷ Adv. *Il fait frisquet.* – De *frisque,* dial. du Nord.

frisson [fʀisõ] n. m. **1.** Tremblement convulsif et passager provoqué par une sensation plus ou moins intense de froid ou par la fièvre. *Être pris de frissons.* **2.** *Par ext.* Contraction involontaire, crispation provoquée par une émotion, une sensation vive, désagréable ou non. *Frisson de dégoût.* – Du bas lat. *frictio,* du class. *frigere,* «avoir froid».

frissonnement [fʀisɔnmɑ̃] n. m. Litt. **1.** Léger frisson. **2.** Tremblement léger accompagné d'un faible bruit. *Frissonnement des feuilles des arbres.* – De *frissonner.*

frissonner [fʀisɔne] v. intr. [1] **1.** Avoir des frissons. *Frissonner de froid, de fièvre.* **2.** *Par ext.* Trembler légèrement sous l'effet d'une émotion intense. *Frissonner d'horreur.* ▷ *Par anal.* (choses) *Eau, arbre qui frissonne sous le vent.* – De *frisson.*

frisure [fʀizyʀ] n. f. Façon de friser; état d'une chevelure frisée. – De *friser.*

frit, frite [fʀi, fʀit] adj. **1.** Cuit dans un corps gras bouillant. **2.** Fam. Qui est dans une situation désespérée et sans issue. *Il est frit.* Syn. cuit, fichu. – Pp. de *frire.*

frite [fʀit] n. f. (généralement au plur.) Morceau de pomme de terre, fin et allongé, que l'on a fait frire. *Un cassot de frites.* ▷ Au sing. Ellipt. (Au restaurant) Portion de frites. *Commander une frite.* – Pp. fém. subst. de *frire.*

friterie [fʀitʀi] n. f. Boutique, baraque où l'on fait, où l'on vend des frites. – De *frite.*

friteuse [fʀitøz] n. f. Ustensile creux pourvu d'un couvercle et d'un panier égouttoir qui sert à frire les aliments. *Friteuse électrique.* – De *frire.*

fritillaire [fʀitil(l)ɛʀ] n. f. Plante liliacée dont une espèce, la fritillaire pintade *(Fritillaria meleagris),* présente une fleur en forme de cloche à tavelures violet sombre et blanches. *La couronne impériale est une fritillaire.* – Du lat. *fritillus,* «cornet à dés».

frittage [fʀitaʒ] n. m. Procédé qui consiste à chauffer des poudres mélangées à un liant, à une température élevée mais inférieure au point de fusion, et qui permet notam. de mettre en forme des matériaux réfractaires. – De *fritter.*

fritte [fʀit] n. f. TECH Produit à base de silicate d'aluminium, utilisé dans la fabrication des céramiques. – De *frire.*

fritter [fʀite] v. tr. [1] TECH Procéder au frittage de. – De *fritte.*

friture [fʀityʀ] n. f. **1.** Action, manière de frire un aliment. *Friture au beurre, à l'huile.* ▷ Par anal. *Bruit de friture* ou *friture:* grésillement qui se produit parfois dans un appareil téléphonique ou un récepteur de radio. **2.** Matière grasse (huile, graisse animale ou végétale) qui sert à frire. *Changer souvent sa friture.* **3.** Aliments frits. *Friture de grands-pères.* ▷ (S. comp.) *Une friture:* des petits poissons frits. – Du lat. pop. *frictura,* de *frigere,* «frire».

fritz [fʀitz] n. m. inv. Fam. Allemand. – De *Fritz,* prénom all. courant.

frivole [fʀivɔl] adj. Vain et léger, qui s'occupe de choses sans importance; futile. *Discours, esprit frivole.* – Lat. *frivolus.*

frivolement [fʀivɔlmɑ̃] adv. D'une manière frivole. – De *frivole.*

frivolité [fʀivɔlite] n. f. **1.** Caractère de ce qui est frivole. *Frivolité de l'esprit.* **2.** Chose, occupation, propos sans importance. *S'occuper de frivolités.* **3.** Plur. Article de mode, parure féminine. *Magasin de frivolités.* – De *frivole.*

froc [fʀɔk] n. m. **1.** Vx Partie de l'habit des moines qui couvre la tête et tombe sur les épaules et sur la poitrine. ▷ Fig. *Jeter le froc aux orties:* abandonner la vie monacale après avoir prononcé ses vœux, se défroquer. **2.** Pop. Pantalon. – Frq. **hrok.*

froid, froide [fʀwa, fʀwad] adj. et n. m. **I.** adj. **1.** Qui est à une température plus basse que celle du corps humain. *Un climat, un temps froid.* **2.** Refroidi. *Le dîner sera froid.* **3.** *Animaux à sang froid,* dont la température varie en fonction du milieu ambiant (poïkilothermes). **4.** Fig. Qui semble indifférent, insensible; qui garde toujours la maîtrise de soi et s'extériorise peu. *Rester froid devant le malheur des autres.* ▷ Spécial. *Femme froide,* qui manque de sensualité. ▷ *Garder la tête froide:* rester calme, maître de soi. ▷ (En art.) *Peinture froide, style froid,* qui n'éveille aucune émotion, qui manque de sensibilité. **5.** Fig. Qui ne se manifeste pas par les signes extérieurs habituels d'agitation, de violence. *Colère froide.* **6.** Fig. Qui est le signe d'une certaine réserve, d'une certaine hostilité. *Accueil, ton froid.* ▷ *Battre froid qqn,* lui manifester de l'hostilité, de la rancune par une attitude pleine de réserve. **7.** *Coloris, tons froids,* qui évoquent l'eau (bleu, vert, etc.). **8.** loc. adv. *À froid:* sans chauffe préalable. *Laminer à froid.* ▷ MED *Opérer à froid,* en dehors d'une crise aiguë. ▷ Fig. Sans que les passions interviennent. *Prendre une décision à froid.* **II.** n. m. **1.** État de ce qui est à une température inférieure à celle du corps humain; de ce qui donne une sensation de privation de chaleur; de l'atmosphère lorsqu'elle a subi un abaissement de température. *Le froid de la glace, du marbre. Une vague de froid.* **2.** *Avoir froid:* éprouver une sensation de froid, souffrir du froid. ▷ Fig. *N'avoir pas froid aux yeux:* être courageux, hardi. ▷ *Prendre, attraper froid:* être malade après un brusque refroidissement. **3.** *Froid industriel, artificiel:* produit par divers procédés frigorifiques. *La technique du froid.* **4.** *Par ext.,* fig. Sensation morale pénible (comparée à celle que procure le froid au plan physique). *Le froid* *de l'âge, de la solitude.* ▷ *Jeter un froid:* provoquer un sentiment de malaise, de gêne. **5.** Fig. Absence d'amitié, de sympathie dans les relations humaines. *Il y a un certain froid entre eux.* ▷ *Être en froid avec qqn* : être plus ou moins brouillé avec lui. – Du lat. *frigidus.*

ENCYCL **Tech.** Refroidir un corps consiste à lui enlever de la chaleur. Si les fluides naturels dont on dispose (air ou eau, par ex.) sont à une température inférieure à celle qu'on veut atteindre, un simple échange de chaleur (par convection naturelle ou forcée) suffit. Dans le cas contraire, il est nécessaire de mettre en jeu un phénomène d'absorption de chaleur pour réduire le niveau de température en consommant de l'énergie. On procède ainsi dans les machines frigorifiques à absorption ou à compression, qui permettent d'atteindre env. – 150 °C. Les *machines à absorption* utilisent l'ammoniac comme fluide frigorigène; les vapeurs se dissolvent dans de l'eau en dégageant de la chaleur que l'on évacue à l'extérieur. Les *machines à compression* utilisent comme fluide frigorigène le fréon 12, ou le fréon 22, qui se vaporise à l'intérieur d'un évaporateur en empruntant de la chaleur à l'enceinte qu'on veut refroidir. Les vapeurs sont alors comprimées dans un compresseur, puis se condensent dans un condensateur en dégageant de la chaleur que l'on évacue à l'extérieur. Des températures plus proches du zéro absolu (c.-à-d. -273,15 °C) sont obtenues par *détente d'un gaz* préalablement comprimé. Le *refroidissement thermoélectrique* est fondé sur les propriétés des semiconducteurs (V. ce mot; partie encycl.); les zones de contact traversées par le courant de P vers N absorbent de l'énergie électrique et s'échauffent, tandis que celles traversées de N vers P fournissent de l'énergie électrique et se refroidissent. Des températures extrêmement basses sont obtenues par *désaimantation adiabatique*; on aimante la substance, et de la chaleur est cédée, puis l'on fait alors le vide et l'on désaimante la substance, dont la température s'abaisse; un tel procédé a permis d'atteindre des températures proches du zéro absolu à un millionième de Kelvin près. Les applications du froid sont très nombreuses: conservation des denrées alimentaires, dessiccation par lyophilisation, conditionnement de l'air et climatisation, transport par mer du gaz naturel liquéfié, utilisations en médecine et en biologie, liquéfaction de l'hydrogène pour la propulsion des fusées, supraconductivité (augmentation de la conductivité de certains corps au voisinage du zéro absolu). L'ensemble des procédés de production du froid à basse température est appelé *cryogénie.* Les *cryogènes* les plus couramment utilisés sont l'azote liquide (– 196 °C), l'hydrogène liquide (– 253 °C) et l'hélium liquide (– 269 °C).

froidement [fʀwadmɑ̃] adv. **1.** Fam. *Ça va froidement aujourd'hui:* il fait froid. **2.** Fig. Sans passion, en gardant la tête froide. *Envisager froidement une situation.* ▷ Sans émotion, sans scrupule. *Assassiner qqn froidement.* **3.** Fig. Sans chaleur, avec réserve. *Recevoir qqn froidement.* Syn. fraîchement. – De *froid.*

froideur [fʀwadœʀ] n. f. **1.** Rare État de ce qui est froid. **2.** Insensibilité, sécheresse des sentiments; indifférence marquée. *Recevoir qqn avec froideur.* – De *froid.*

froidure [fʀwadyʀ] n. f. **1.** Litt. Froid du temps, de l'air. **2.** MED Forme atténuée de la gelure. – De *froid.*

froissable [fʀwasabl] adj. Qui se froisse facilement. *Étoffe froissable.* – De *froisser.*

froissement [fʀwasmɑ̃] n. m. **1.** Action de froisser; fait d'être froissé. **2.** *Par ext.* Bruit léger que font certaines étoffes, le papier en se froissant. **3.** Fig. Blessure d'amour-propre. – De *froisser.*

froisser [fʀwase] v. tr. [1] **1.** Faire prendre des plis irréguliers, nombreux et plus ou moins marqués. *Froisser une robe, un manteau.* Syn. friper. *Froisser du papier.* Syn. chiffonner. **2.** Blesser par un choc ou une pression violente. *Froisser un muscle, une articulation.* **3.** Fig. Choquer, blesser (qqn) par manque de délicatesse. *Froisser qqn dans son amour-propre.* ▷ V. pron. *Personne qui se froisse d'un rien.* – Du lat. pop. **frustiare*, de *frustum*, «morceau».

froissure [fʀwasyʀ] n. f. Trace laissée sur ce qui a été froissé. *Froissure d'une étoffe.* – De *froisser.*

frôlement [fʀolmɑ̃] n. m. Contact léger et rapide d'un objet passant le long d'un autre. *Frôlement d'une robe, d'une main.* ▷ Léger bruit qui en résulte. – De *frôler.*

frôler [fʀole] v. tr. [1] **1.** Toucher légèrement en passant. *La balle a frôlé le filet.* Syn. effleurer. **2.** *Par ext.* Passer très près de. *Frôler les murs.* – V. pron. (Récipr.) *Les voitures se sont frôlées.* ▷ Fig. *Frôler la faillite.* Syn. friser. – Orig. incert.

frôleur, euse [fʀolœʀ, øz] adj. et n. **1.** adj. Qui frôle. **2.** n. Personne qui a tendance à toucher, à frôler d'autres personnes dans la recherche d'un plaisir érotique. – De *frôler.*

fromage [fʀɔmaʒ] n. m. **1.** Pâte comestible au goût caractéristique faite de lait caillé, fermenté ou non; masse mise en forme de cette pâte. *Fromage frais. Fromage à pâte molle, à pâte dure. Fromage de vache, de brebis, de chèvre.* – *Fromage en grains* (fam. *en crottes*): fromage frais de type cheddar qui se présente sous forme de petits morceaux détachés. – *Fromage cottage:* fromage frais, blanc et grumeleux, fait de lait de vache écrémé (d'après l'angl. *cottage cheese*). ▷ Loc. *Entre la poire et le fromage,* à la fin du repas, quand les propos sont plus familiers, plus libres. **2.** Fig., fam. Situation, place qui procure sans fatigue de multiples avantages. **3.** Par anal. de forme. *Fromage de tête* (aussi *tête en fromage*): charcuterie à base de tête de porc. V. tête fromagée. – Du lat. pop. *formaticum,* «ce qui est fait dans une forme».

1. fromager, ère [fʀɔmaʒe, ɛʀ] n. et adj. **1.** n. Fabricant(e), marchand(e) de fromage. **2.** adj. Qui a trait au fromage. *Industrie fromagère.* – De *fromage.*

2. fromager [fʀɔmaʒe] n. m. Grand arbre des régions chaudes (genre *Ceiba*, fam. bombacacées). (Les fruits de *Ceiba pentandra,* arbre d'Afrique, produisent le kapok, et ses graines une huile industrielle.) – De *fromage,* p.-ê. à cause du bois blanc et tendre de cet arbre.

fromagère [fʀɔmaʒɛʀ] n. f. BOT Nom populaire de la mauve négligée (*Malva neglecta*), plante aux propriétés émollientes.

fromagerie [fʀɔmaʒʀi] n. f. Lieu où l'on fait, où l'on vend des fromages. – De *fromage.*

froment [fʀɔmɑ̃] n. et adj. **1.** n. m. Blé cultivé (diverses variétés de *Triticum vulgare*). – Grain de blé séparé de la tige par le battage. *Farine de froment.* **2.** adj. De la couleur du froment, en parlant de la robe de certains bovidés. *Robe froment clair, foncé.* – Du lat. *frumentum.*

fromental [fʀɔmɑ̃tal] n. m. Avoine fourragère, appelée aussi *avoine élevée.* – Bas lat. *frumentalis.*

fronce [fʀɔ̃s] n. f. Chacun des petits plis serrés obtenus par le resserrement d'un fil coulissé, destinés à diminuer la largeur d'un tissu tout en conservant son ampleur. *Jupe à fronces.* – Du frq. **hrunkja*, «ride».

froncement [fʀɔ̃smɑ̃] n. m. Action de froncer (le front, les sourcils). – De *froncer.*

froncer [fʀɔ̃se] v. tr. [14] **1.** Rider en contractant, en resserrant, plisser. *Froncer les sourcils, le front, le nez.* **2.** *Par anal.* Resserrer (une étoffe) par des fronces. – De *fronce.*

froncis [fʀɔ̃si] n. m. Ensemble des fronces faites à une étoffe. – De *froncer*.

frondaison [fʀɔ̃dɛzɔ̃] n. f. **1.** BOT Apparition du feuillage aux arbres. *Époque de la frondaison.* **2.** Litt. Feuillage. *Se promener sous les frondaisons.* – De *fronde* 1.

1. fronde [fʀɔ̃d] n. f. BOT Feuille fertile (portant les spores) des fougères. ▷ *Par ext.* Partie foliacée, de grande taille, du thalle de certaines algues. *Une fronde de laminaire.* – Lat. *frons, frondis,* «feuillage».

2. fronde [fʀɔ̃d] n. f. **1.** Arme de jet utilisant la force centrifuge, constituée de deux liens réunis par un gousset contenant le projectile (pierre, balle d'argile, etc.). **2.** *Par anal.* Jouet d'enfant utilisant la détente d'un élastique, destiné au même usage; lance-pierres. – Du lat. *funda.*

fronder [fʀɔ̃de] **1.** v. intr. [1] Vx Lancer des projectiles avec une fronde. **2.** v. tr. Critiquer, railler (ce qui est habituellement respecté). *Fronder le gouvernement.* – De *fronde* 2.

frondeur, euse [fʀɔ̃dœʀ, øz] n. **1.** ANTIQ Soldat armé d'une fronde. **2.** Personne qui a tendance à critiquer l'autorité, quelle qu'elle soit. ▷ Adj. *Humeur frondeuse.* – De *fronde* 2 (sens 1), de *fronde* 3 et *fronder* (sens 2).

front [fʀɔ̃] n. m. **1.** Partie supérieure du visage comprise entre la racine des cheveux et les sourcils. **2.** Litt. La tête, le visage. *Le rouge au front.* ▷ Fig. *Courber le front:* se soumettre. **3.** *Front de mer:* bande de terrain, avenue en bordure de la mer. *Par ext.* Ensemble de bâtiments construits le long d'une voie longeant la mer ou un fleuve. **4.** Étendue que présente, devant l'ennemi, une armée déployée. ▷ *Le front:* la zone des combats (opposé à l'*arrière*). *Monter au front, mourir au front.* ▷ Fig. *Faire front:* résister. **5.** Alliance entre des mouvements armés, des partis, des syndicats, etc. *Front commun de centrales syndicales.* **6.** TECH *Front de taille:* face verticale selon laquelle progresse un chantier dans les mines. ▷ METEO Surface séparant deux masses d'air d'origines et de caractéristiques différentes. *Front froid, chaud.* ▷ GEOM *De front:* parallèle au plan vertical de projection. **7.** Loc. *Avoir le front de,* l'audace de, l'insolence de. ▷ *De front:* par-devant. *Les voitures se sont heurtées de plein front.* – Fig. Sans détour, sans biaiser. *Attaquer de front un problème.* – Sur un même rang. *Marcher de front.* – Fig. En même temps. *Mener de front plusieurs affaires.* – Lat. *frons, frontis.*

frontal, ale, aux [fʀɔ̃tal, o] n. et adj. **I.** n. m. Bandeau, ornement qui se porte sur le front. **II.** adj. **1.** ANAT *Os frontal,* ou, n. m., *le frontal:* os impair et médian situé à la partie antérieure du crâne et soudé en arrière avec les deux pariétaux. (Il forme une partie des cavités orbitaires.) *Lobe, muscles, sinus frontal.* **2.** GEOM Qui est parallèle au plan vertical de projection. *Plan frontal.* **3.** Qui se produit de front. *Choc frontal.* – Lat. *frontalis.*

frontalier, ière [fʀɔ̃talje, jɛʀ] adj. Qui est proche d'une frontière. *Ville, région frontalière.* ▷ Subst. Habitant d'une région frontalière. – Du lat. *frons, frontis.*

frontalité [fʀɔ̃talite] n. f. BX-A *Loi de frontalité:* règle de la statuaire archaïque (Égypte, Grèce préclassique) qui exigeait une symétrie absolue du corps humain, l'impression de mouvement ne pouvant provenir que d'une flexion avant ou arrière, jamais latérale. – De *frontal.*

frontière [fʀɔ̃tjɛʀ] n. f. **1.** Limite séparant deux États. *Frontière naturelle,* tracée par un obstacle géographique (fleuve, montagne, etc.). ▷ Appos. *Poste, ville frontière.* **2.** Fig. Limite, borne. *Faire reculer les frontières du savoir.* – De *front.*

frontispice [fʀɔ̃tispis] n. m. **1.** Vx. Façade principale d'un édifice. **2.** IMPRIM Titre d'un ouvrage imprimé, souvent entouré de vignettes. **3.** Planche illustrée en regard du titre. – Bas lat. *frontispicium.*

fronton [fʀɔ̃tɔ̃] n. m. **1.** Ornement généralement triangulaire couronnant la partie supérieure d'un édifice. *Fronton à jour, à pans, circulaire, brisé.* **2.** Mur contre lequel on joue à la pelote basque ou contre lequel on s'entraîne au tennis. *Faire quelques balles au fronton.* – Ital. *fron-tone.*

frottement [fʀɔtmɑ̃] n. m. **1.** Action de frotter. **2.** Contact entre deux surfaces dont l'une au moins se déplace, friction; le bruit qui en résulte. ▷ *Forces de frottement,* qui s'opposent au glissement de deux corps en contact. ▷ MED Bruit qui donne à l'auscultation l'impression que deux surfaces glissent rudement l'une sur l'autre et qui se produit en cas d'inflammation des séreuses pleurales ou péricardiques. *Frottement pleural, péricardique.* **3.** Fig., fam. Heurt entre des personnes, désaccord. – De *frotter.*

frotter [fʀɔte] **I.** v. tr. [1] Presser, appuyer sur (un corps) tout en faisant un mouvement (*spécial.* pour nettoyer, pour faire briller). *Frotter un meuble avec un chiffon.* ▷ Fam. *Frotter les oreilles à qqn,* le battre, le corriger. **II.** v. intr. Produire une friction, une résistance (en parlant d'un corps en mouvement). *La roue frotte contre le garde-boue.* Ant. glisser. **III.** v. pron. **1.** Frotter son corps. *Se frotter vigoureusement au gant de crin.* **2.** *Se frotter à :* avoir commerce avec. *Se frotter à la bonne société.* **3.** *Se frotter à qqn,* l'attaquer. ▷ Prov. *Qui s'y frotte s'y pique.* – Du lat. pop. *frictare,* fréquent. de *fricare.*

frotteur, euse [fʀɔtœʀ, øz] n. **1.** Personne qui frotte les parquets. **2.** n. m. TECH Pièce destinée à produire un frottement. **3.** n. Pop. Frôleur. – De *frotter.*

frottis [fʀɔti] n. m. **1.** Légère couche de couleur transparente appliquée sur une toile. **2.** MED Étalement sur une lame, pour examen au microscope, d'une sécrétion, d'un liquide. *Frottis de sang. Frottis vaginal.* – De *frotter.*

frottoir [fʀɔtwaʀ] n. m. Plaque sur laquelle on frotte les allumettes pour les enflammer. – De *frotter.*

frou-frou ou **froufrou** [fʀufʀu] n. m. Bruit produit par un froissement léger. – Onomat.

froufrouter [fʀufʀute] v. intr. [1] Produire des froufrous. *Jupon froufroutant.* – De *froufrou.*

froussard, arde [fʀusaʀ, ɑʀd] adj. Fam. Qui a la frousse. ▷ Subst. *Un(e) froussard(e).* – De *frousse.*

frousse [fʀus] n. f. Fam. Peur. *Avoir la frousse.* – Provenç. *frous,* «bruit strident».

fructidor [fʀyktidɔʀ] n. m. HIST (France) Douzième et dernier mois du calendrier républicain (18, 19 août – 17, 18 septembre). – Du lat. *fructus,* «fruit», et du gr. *dôron,* «don, présent».

fructifère [fʀyktifɛʀ] adj. BOT Qui donnera ou qui porte des fruits. *Rameau fructifère.* – Du lat. *fructus,* «fruit», et *-fère.*

fructification [fʀyktifikasjɔ̃] n. f. **1.** BOT Chez les phanérogames, ensemble des phénomènes qui, après la floraison et la fécondation, conduisent à la formation des fruits. **2.** BOT Chez toutes les autres plantes (algues, champignons, fougères), ensemble des organes impliqués dans la reproduction sexuée. **3.** Ensemble des fruits portés par un phanérogame. – Période où les fruits se forment. – Bas lat. *fructificatio.*

fructifier [fʀyktifje] v. intr. [1] **1.** Produire des fruits, des récoltes. **2.** Avoir des résultats avantageux; produire des bénéfices. *Faire fructifier une idée. Capital qui fructifie.* – Bas lat. *fructificare,* de *fructus,* «fruit».

fructose [fʀyktoz] n. m. BIOCHIM Sucre (hexose, de formule $C_6H_{12}O_6$, possédant une fonction cétone) qui existe dans l'organisme sous forme libre et dans divers holosides (saccharose, inuline). – Du lat. *fructus,* «fruit», et *-ose* 2.

fructueusement [fʀyktɥøzmɑ̃] adv. De manière fructueuse. – De *fructueux.*

fructueux, euse [fʀyktɥø, øz] adj. Qui produit des résultats avantageux. *Recherches fructueuses.* – Lat. *fructuosus.*

frugal, ale, aux [fʀygal, o] adj. **1.** Qui se satisfait d'une nourriture simple et peu abondante; qui vit simplement. *Homme frugal. Vie, habitudes frugales.* **2.** Qui est composé d'aliments simples, peu abondants. *Table frugale.* – Bas lat. *frugalis,* «qui rapporte, rangé, sage, tempérant, sobre».

frugalement [fʀygalmɑ̃] adv. Avec frugalité. – De *frugal.*

frugalité [fʀygalite] n. f. Sobriété, simplicité. *Frugalité d'un repas. Vivre avec frugalité.* – Lat. *frugalitas,* de *frugalis.* (V. frugal.)

frugivore [fʀyʒivɔʀ] adj. ZOOL Qui se nourrit de fruits. *Oiseau frugivore.* – Du lat. *frux, frugis,* «fruit de la terre», et *-vore.*

1. fruit [fʀɥi] n. m. **I. 1.** Production des plantes phanérogames qui succède à la fleur après fécondation et qui renferme les graines. *Fruit charnu, à pépins, à noyau.* ▷ *Fruit comestible. Spécial.* Produit de l'arbre fruitier. *Fruit mûr, juteux. Coupe de fruits.* ▷ RELIG *Fruit défendu,* celui de l'arbre de la science du bien et du mal, auquel Adam et Ève ne devaient pas toucher. – Fig. Chose dont il est interdit de jouir et qui en est d'autant plus désirée. *L'attrait du fruit défendu.* **2.** Plur. Produits de la nature, en tant qu'ils servent aux hommes; les produits de la chasse, de la pêche. *Les fruits de la terre. Vivre des fruits de sa chasse.* ▷ *Fruits de mer:* nom donné à divers crustacés et mollusques comestibles. *Une assiette de fruits de mer.* **II.** Fig. **1.** Litt. *Le fruit d'une union, d'un mariage,* etc.: l'enfant né de cette union, de ce mariage. **2.** Avantage, bénéfice tiré d'un travail, d'une activité. *Recueillir le fruit de son travail.* ▷ *Avec fruit :* avec profit, utilement. *Lire avec fruit.* – Lat. *fructus,* «fruit, produit de la terre, rapport, revenu».

ENCYCL **Botan.** – Le fruit, résultat de l'évolution d'un carpelle ou du pistil, est spécifique des «plantes à fleurs» (phanérogames); il contient les graines, qui elles-mêmes résultent de l'évolution des ovules. On classe les fruits en 3 catégories: *fruits secs indéhiscents* (soit des achaines, ou akènes, soit le caryopse des graminées); *fruits secs déhiscents* (follicule, gousse, silique, etc.); *fruits charnus* (baies et drupes). Les *faux fruits,* tels l'ananas, la fraise, etc., sont des fruits auxquels se sont incorporées des parties de la fleur ou de l'inflorescence autres qu'un carpelle ou le pistil. Les *fruits composés* résultent de la soudure de plusieurs fruits; ainsi, une framboise résulte de la soudure de petites baies.

2. fruit [fʀɥi] n. m. CONSTR Inclinaison de la face extérieure d'un mur, destinée à lui permettre de résister à la pression des terres ou des eaux. – De l'a. fr. *effruiter,* «épuiser, amoindrir».

fruité, ée [fʀɥite] adj. Qui a un goût de fruit. *Vin fruité.* – De *fruit* 1.

fruiterie [fʀɥitʀi] n. f. Boutique où l'on vend au détail des fruits et parfois aussi des légumes et des laitages. – De *fruit* 1.

fruitier, ière [fʀɥitje, jɛʀ] adj. et n. **I.** adj. Qui produit des fruits comestibles. *Arbre fruitier.* ▷ Par ext. *Jardin fruitier.* **II.** n. **1.** Marchand, marchande de fruits au détail. **2.** n. m. Local où l'on conserve les fruits frais. ▷ Étagère à claire-voie où l'on étale les fruits. – De *fruit* 1.

frumentaire [fʀymɑ̃tɛʀ] adj. ANTIQ ROM *Lois frumentaires,* qui réglementaient les distributions de blé à la plèbe. – Lat. *frumentarius,* de *frumentum,* «blé».

frusques [fʀysk] n. f. pl. Pop. Habits en plus ou moins bon état. *Vieilles frusques.* Syn. fringues, nippes. – De *saint-frusquin.*

fruste [fʀyst] adj. **1.** Grossier, sans raffinement (personne, comportement, art). *Homme fruste. Style fruste.* **2.** Non poli, rugueux au toucher. *Pierre encore fruste.* **3.** TECH Effacé, au relief usé (sculpture, médaille). – Ital. *frusto,* «usé».

frustration [fʀystʀasjɔ̃] n. f. **1.** Action de frustrer. **2.** PSYCHAN Situation d'un sujet qui est dans l'impossibilité de satisfaire une pulsion. (Le lien entre la frustration et l'agressivité a été souvent souligné). – Lat. *frustratio,* «action de mettre dans l'erreur, duperie, déception».

frustratoire [fʀystʀatwaʀ] adj. Fait pour frustrer, pour tromper. *Exception, frais frustratoires.* – Bas lat. *frustratorius,* «trompeur, dilatoire».

frustrer [fʀystʀe] v. tr. [1] **1.** Priver (qqn) de ce qui lui est dû. **2.** Décevoir (qqn) dans son attente. *Frustrer qqn dans son espoir. Se sentir frustré.* – Lat. *frustrare.*

frustule [fʀystyl] n. m. BOT Test siliceux des diatomées, constitué de deux valves s'emboîtant parfaitement. – Du lat. *frustulum,* «petit fragment».

frutescent, ente [fʀytɛsɑ̃, ɑ̃t] adj. BOT Qui tient de l'arbrisseau, ayant notam. une tige ligneuse ramifiée dès la base. – Du lat. *frut(ic)escere,* de *frutex, -ticis,* «arbrisseau», d'ap. *arborescent.*

fruticuleux, euse [fʀytikylø, øz] adj. BOT Qui a la forme d'un petit arbre. *Lichen fruticuleux:* lichen à thalle ramifié. – Du lat. *frutex, fruticis,* «arbrisseau».

F.T.Q. Sigle de *Fédération des travailleurs du Québec.*

fucacées [fykase] n. f. pl. Famille type des fucales. – V. fucales.

fucales [fykal] n. f. pl. BOT Ordre de phéophycées (algues brunes) dont le genre *Fucus* est le type. (Les thalles donnent directement des gamètes mâles et femelles, sans que des sporophytes se soient individualisés.) – Du gr. *phûkos,* «algue».

fuchsia [fyʃja] n. m. Arbrisseau ornemental (genre *Fuchsia,* fam. œnothéracées) originaire d'Amérique centrale, cultivé pour ses fleurs roses ou pourpres, en forme de clochettes retombantes. – Du n. de *Fuchs,* botaniste bavarois du XVIe s.

fuchsine [fyksin] n. f. CHIM Colorant rouge qui a donné naissance, à la fin du XIXe s., à l'industrie des colorants organiques. – Tiré, par le chimiste Verquin, de *Fuchs,* trad. all. de Renard, n. de l'industriel pour lequel il travaillait; ou de *fuchsia.*

fucus [fykys] n. m. Algue brune au thalle rubanné et ramifié. (*Fucus vesiculosus,* l'«algue» par excellence des plages atlantiques, comporte des flotteurs vésiculeux; c'est un des constituants du goémon.) – Lat. *fucus,* gr. *phûkos,* «algue».

fudge [fɔdʒ] n. m. Confiserie fondante aromatisée au chocolat, qu'on présente découpée en carrés. *Donner du fudge aux enfants.* – Mot amér.

fuégien, ienne [fɥeʒjɛ̃, jɛn] adj. et n. De la Terre de Feu. – Esp. *fuegino,* de *fuego,* «feu».

fuero [fueʀo] n. m. HIST Charte qui garantissait les libertés municipales ou provinciales, en Espagne. – Mot espagnol.

fugace [fygas] adj. Qui disparaît rapidement, ne dure pas. *Ombre, souvenir fugace.* – Lat. *fugax, fugacis,* de *fugere,* «fuir».

fugacité [fygasite] n. f. Nature de ce qui est fugace. *La fugacité d'une vision.* – De *fugace.*

1. -fuge. Élément du lat. *fugere,* «fuir».

2. -fuge. Élément du lat. *fugare,* «faire fuir».

fugitif, ive [fyʒitif, iv] adj. et n. **1.** Qui s'est échappé, qui a pris la fuite. *Un prisonnier fugitif.* ▷ Subst. *Poursuivre des fugitifs.* **2.** Qui dure peu, fugace (choses). *Plaisirs fugitifs.* – Lat. *fugitivus.*

fugitivement [fyʒitivmɑ̃] adv. D'une manière fugitive. – De *fugitif.*

fugue [fyg] n. f. **1.** Forme musicale, basée sur l'écriture contrapuntique et dont les parties semblent se fuir dans les reprises du motif. (Elle est généralement construite en trois parties: exposition qui présente l'élément thématique principal; développement; strette.) *«L'Art de la fugue», recueil de J.-S. Bach.* **2.** Abandon subit du domicile habituel (familial, conjugal) pendant une courte période. *Faire une fugue.* – Ital. *fuga,* propr. «fuite».

fugué, ée [fyge] adj. MUS Qui est dans le style de la fugue. *Partie fuguée.* – De *fugue.*

fuguer [fyge] v. intr. [1] Faire une fugue (sens 2). – De *fugue.*

fugueur, euse [fygœʀ, øz] adj. et n. Qui fait des fugues. *Adolescent fugueur.* ▷ Subst. *Un fugueur, une fugueuse.* – De *fugue* (sens 2).

führer [fyʀœʀ] n. m. Titre que pris Hitler en 1934. – Mot all., propr. «conducteur».

fuir [fɥiʀ] **I.** v. intr. [32] **1.** S'éloigner rapidement pour échapper à un danger. *Fuir de son pays. Fuir devant l'ennemi.* ▷ Fig. Se dérober, s'esquiver. *Fuir devant ses responsabilités.* **2.** Litt. S'éloigner très vite (choses). *Les nuages fuient.* ▷ *Par anal.* S'écouler avec rapidité (temps). *L'hiver a fui.* **3.** S'échapper par un trou, une fente (liquide, gaz). *Vin qui fuit d'un tonneau.* ▷ *Par ext.* Laisser passer un fluide. *Tuyau, toit qui fuit.* **II.** v. tr. Chercher à éviter (qqn, qqch de menaçant, de désagréable). *Fuir un danger, un importun. Fuir les questions.* ▷ v. pron. *Se fuir :* refuser d'affronter ses problèmes, ses peines intérieures. – Du lat. pop. *fugire,* class. *fugere.*

fuite [fɥit] n. f. **1.** Action de fuir (êtres vivants). *La fuite d'une armée. Prendre la fuite. – Mettre en fuite:* faire fuir. ▷ DR *Délit de fuite,* dont se rend coupable le conducteur d'un véhicule qui, se sachant responsable d'un accident, continue sa route. **2.** Fig. Action de se dérober, de se soustraire à (qqch). *Fuite devant ses obligations.* **3.** Éloignement rapide (choses). *La fuite des nuages.* ▷ *Par anal.* Écoulement (temps). *La fuite des années.* **4.** GEOM *Point de fuite:* dans un dessin en perspective, point situé sur la ligne d'horizon, vers lequel convergent les projections des droites horizontales. **5.** AVIAT *Bord de fuite:* arête arrière d'une aile d'avion (par oppos. à *bord d'attaque*). **6.** Action de s'échapper par une fissure (fluides); la fissure elle-même. *Fuite de gaz. Boucher une fuite. – Fuite électrique, magnétique:* perte d'énergie électrique, de flux magnétique. ▷ Fig. Indiscrétion, communication illicite de documents. *Fuites relatives à des mesures budgétaires.* – Du lat. pop. **fugita* (fém. subst.), du class. *fugere,* «fuir».

fulgurant, ante [fylgyʀɑ̃, ɑ̃t] adj. **1.** Rapide comme l'éclair. *Démarrage fulgurant.* **2.** Qui brille comme l'éclair. *Regard fulgurant.* **3.** Fig. Qui illumine soudainement l'esprit. *Intuition fulgurante.* **4.** MED *Douleur fulgurante,* aiguë et fugace. – Ppr. de *fulgurer;* lat. *fulgurans.*

fulguration [fylgyʀasjɔ̃] n. f. **1.** PHYS Lueur électrique, non accompagnée de tonnerre, qui se produit dans la haute atmosphère, appelée cour. *éclair de chaleur.* **2.** MED Action destructrice de la foudre (ou de l'électricité: courant électrique, électricité statique) sur l'organisme. – Lat. *fulguratio,* «lueur de l'éclair».

fulgurer [fylgyʀe] v. intr. [1] Briller comme l'éclair, avec éclat. – Lat. *fulgurare.*

fuligineux, euse [fyliʒinø, øz] adj. **1.** Qui produit de la suie. *Flamme fuligineuse.* **2.** Qui évoque la suie. *Couleur fuligineuse.* **3.** Fig. Obscur et monotone. *Style fuligineux.* – Lat. imp. *fuliginosus,* de *fuligo, fuliginis,* «suie».

fuligule [fyligyl] n. m. Canard plongeur. *Le milouin et le morillon sont des fuligules.* – Du lat. *fuligo,* «suie», à cause de leur plumage terne.

full [ful] n. m. Au poker, réunion dans une même main d'un brelan et d'une paire. – Mot angl. «plein».

fulmar [fylmaʀ] n. m. ZOOL Grand puffin (fam. procellaridés) qui ressemble au goéland. *Fulmar boréal* (*Fulmarus glacialis*). – Du lat. *fulica,* «foulque», et *mare,* «mer».

fulmicoton [fylmikɔtɔ̃] n. m. Nitrocellulose employée dans la fabrication des poudres. Syn. coton-poudre. – Du lat. *fulmen, fulminis,* «foudre», et de *coton.*

fulminant, ante [fylminɑ̃, ɑ̃t] adj. **1.** Vx Qui lance la foudre. *Jupiter fulminant.* ▷ Mod. Qui est dans une colère menaçante; qui dénote cette colère. *Regard fulminant.* **2.** CHIM Détonant. *Composé fulminant.* – Ppr. de *fulminer.*

fulminate [fylminat] n. m. CHIM Sel de l'acide fulminique. *Les fulminates détonent par percussion ou par friction.* – Du rad. de *fulminique,* et *-ate.*

fulmination [fylminasjɔ̃] n. f. DR CANON Action de fulminer. ▷ *Par ext.* Imprécation. – De *fulminer.*

fulminer [fylmine] **I.** v. intr. [1] **1.** S'emporter violemment en proférant des menaces. *Fulminer contre les mœurs du siècle.* **2.** CHIM Détoner. **II.** v. tr. **1.** DR CANON Publier dans les formes (un acte comminatoire, une condamnation). *Fulminer une excommunication.* **2.** Formuler avec emportement. *Fulminer des accusations.* – Lat. *fulminare,* «lancer la foudre».

fulminique [fylminik] adj. CHIM *Acide fulminique:* isomère de l'acide cyanique, de formule brute CNOH. – Du lat. *fulmen,* et *-ique.*

1. fumage [fymaʒ] n. m. Action d'amender la terre par le fumier. – De *fumer* 1.

2. fumage [fymaʒ] n. m. Action de fumer de la viande, du poisson, pour les conserver. – De *fumer* 2.

fumagine [fymaʒin] n. f. ARBOR Maladie des arbres fruitiers due à divers champignons de couleur sombre qui poussent sur les exsudats sucrés émis par différents insectes parasites. – Du lat. *fumus,* «fumée».

fumant, ante [fymɑ̃, ɑ̃t] adj. **1.** Qui dégage de la fumée, de la vapeur. *Cendres fumantes. Potage fumant.* ▷ CHIM *Acide fumant,* dont les vapeurs forment un brouillard au contact de la vapeur d'eau de l'atmosphère. **2.** Fig., fam. Dans une violente colère. *Fumant de rage.* **3.** Fam. Sensationnel, formidable. *Un coup fumant.* – Ppr. de *fumer* 1.

fumariacées [fymaʀjase] n. f. pl. BOT Famille de dialypétales, très proches des papavéracées (pavots), à fleur très zygomorphe. – Du lat. scientif. *fumaria,* «fumeterre»..

fumarique [fymaʀik] adj. CHIM *Acide fumarique:* isomère de l'acide maléique, qui intervient dans le métabolisme de la cellule vivante. – De *fumaria,* n. scientif. de la fumeterre.

fume-cigare [fymsigaʀ], **fume-cigarette** [fymsigaʀɛt] n. m. inv. Petit tube de bois, d'ambre, etc., pour fumer un cigare, une cigarette. – De *fumer,* et *cigare, cigarette.*

fumé, ée [fyme] adj. et n. m. **I.** adj. **1.** Qu'on a fumé (produit comestible). *Jambon fumé. Truite fumée.* **2.** *Verre fumé,* de couleur foncée. ▷ *Des verres fumés:* des lunettes à verres foncés. **II.** n. m. Épreuve d'essai tirée d'une gravure. – Pp. de *fumer* 2.

fumée [fyme] n. f. **1.** Produit gazeux se dégageant de corps qui brûlent ou qui sont chauffés. *La fumée d'un volcan. La fumée de cigarette.* ▷ *Noir de fumée:* produit obtenu par combustion incomplète de corps riches en carbone. ▷ CONSTR *Conduit de fumée:* canalisation ou ouvrage maçonné par lequel on évacue les fumées d'une chaudière ou d'un foyer. **2.** Fig. *S'en aller en fumée,* ne pas aboutir, ne rien produire. ▷ Prov. *Il n'y a pas de fumée sans feu:* il ne court pas de bruit qui n'ait quelque fondement. **3.** Vapeur. *Fumée qui monte d'une soupière.* **4.** Fig. *Fumées du vin, de l'ivresse:* troubles de l'esprit provoqués par l'alcool. **5.** Plur. VEN Excréments des caribous, chevreuils, orignaux, etc. – Pp. fém. subst. de *fumer* 2.

1. fumer [fyme] v. tr. [1] Épandre du fumier sur (un sol) pour l'amender. – Lat. pop. *femare,* de *femus,* «fumier»; p.-ê. aussi attract. de *fumer* 2.

2. fumer [fyme] **I.** v. intr. [1] **1.** Répandre de la fumée (choses). *Bois qui fume en brûlant. Cette cheminée fume.* **2.** Dégager de la vapeur d'eau. *Soupe qui fume.* **3.** Fig., fam. Être dans une violente colère. **II.** v. tr. **1.** Faire brûler (du tabac ou une autre substance) pour en aspirer la fumée. *Fumer un cigare. Fumer du haschich.* ▷ Absol. *Défense de fumer.* **2.** Exposer (de la viande, du poisson) à la fumée pour les conserver. *Fumer un jambon.* – Lat. *fumare.*

fumerie [fymʀi] n. f. Lieu où l'on fume (l'opium). – De *fumer* 2.

fumerolle [fymʀɔl] n. f. Émanation gazeuse sortant à haute température de crevasses du sol, dans les régions à forte activité volcanique. – De l'ital. *fumaruolo,* «orifice de cheminée».

fumeron [fymʀõ] n. m. **1.** Morceau de charbon de bois mal carbonisé qui dégage beaucoup de fumée. **2.** Plur. Pop., vieilli Jambes; jambes longues et maigres. – De *fumer* 2.

fumet [fymɛ] n. m. **1.** Arôme qui s'exhale des viandes à la cuisson. **2.** Bouquet d'un vin. **3.** Odeur que dégagent certains animaux. *Le fumet du gibier.* – De *fumer* 2.

fumeterre [fymtɛʀ] n. f. Plante herbacée basse aux petites fleurs pourpres (genre *Fumaria,* fam. fumariacées). – Lat. médiév. *fumus terrae,* «fumée de la terre», parce que, selon O. de Serres, «son jus fait pleurer les yeux comme la fumée».

fumeur, euse [fymœʀ, øz] n. Personne qui a l'habitude de fumer, spécial. du tabac. – De *fumer* 2.

fumeux, euse [fymø, øz] adj. **1.** Qui répand de la fumée; qui baigne dans la fumée. **2.** Fig. Obscur, confus. *Des explications fumeuses.* – De *fumer* 2.

fumier [fymje] n. m. **1.** Mélange de la litière et des déjections des bestiaux qu'on laisse fermenter et qu'on utilise comme engrais. **2.** Fig., fam., injur. Homme vil, abject. – Lat. pop. *femarium.*

fumigateur [fymigatœʀ] MED, AGRIC Appareil utilisé pour les fumigations; préparation combustible qui les produit. – De *fumiger.*

fumigation [fymigasjõ] n. f. **1.** MED Inhalation de vapeurs médicamenteuses à des fins thérapeutiques (par ex., dans les cas de sinusites). ▷ Production de vapeurs désinfectantes pour assainir un local. **2.** AGRIC Utilisation de fumées ou de vapeurs insecticides pour débarrasser certains végétaux de leurs parasites. – Bas lat. *fumigatio,* de *fumigare,* «faire de la fumée».

fumigatoire [fymigatwaʀ] adj. MED, AGRIC Qui sert à faire des fumigations. – Du préc.

fumigène [fymiʒɛn] adj. TECH Qui produit de la fumée. ▷ N. m. *Dans les opérations militaires, les fumigènes créent un écran de fumée qui dérobe les troupes à la vue de l'ennemi.* – Du lat. *fumus,* «fumée», et *-gène.*

fumiger [fymiʒe] v. tr. [15] Rare Exposer à la fumée, à des vapeurs. – Lat. *fumigare,* «faire de la fumée».

fumiste [fymist] n. et adj. **1.** n. m. Celui qui entretient les appareils de chauffage et ramone les conduits de fumée. **2.** n. et adj. Fam. Personne peu sérieuse, qui se moque du monde. – Sens 1, de *fumer* 2; sens 2, d'ap. un vaudeville de 1840, *la Famille du fumiste,* dont le héros était un farceur impénitent.

fumisterie [fymistəʀi] n. f. **1.** Profession du fumiste. ▷ Ensemble des appareils servant à l'évacuation des fumées. **2.** Fam. Action, chose qui manque totalement de sérieux. *Une vaste fumisterie.* – Du préc.

fumivore [fymivɔʀ] adj. TECH Qui absorbe la fumée. *Appareil fumivore.* – Lat. *fumus,* «fumée», et *-vore.*

fumoir [fymwaʀ] n. m. **1.** Lieu où l'on fume les viandes, les poissons. **2.** Pièce, salon où l'on se tient pour fumer; local destiné aux fumeurs. – De *fumer* 2.

fumure [fymyʀ] n. f. **1.** Action de fumer une terre; son résultat. **2.** Quantité de fumier ou d'engrais nécessaire pour obtenir un bon rendement d'une terre. – De *fumer* 1.

funambule [fynɑ̃byl] n. Acrobate qui marche, danse sur une corde au-dessus du sol. – Lat. *funambulus,* de *funis,* «corde», et *ambulare,* «marcher».

funambulesque [fynɑ̃bylɛsk] adj. **1.** Relatif aux funambules. **2.** Fig. Excentrique. – Du préc., et de *-esque.*

fundus [fɔ̃dys] n. m. ANAT *Le fundus gastrique:* la portion gauche de l'estomac, comprenant la grosse tubérosité et la zone de sécrétion acide. – Mot lat., «fond».

funèbre [fynɛbʀ] adj. **1.** Qui a rapport aux funérailles. *Oraison funèbre.* ▷ *Service des pompes funèbres,* qui règle tout ce qui concerne les funérailles. **2.** Fig. Qui fait penser à la mort, suscite la tristesse. *Une voix, une image funèbre.* – Lat. *funebris.*

funérailles [fyneʀɑj] n. f. pl. Ensemble des cérémonies accompagnant les enterrements. *Funérailles nationales.* – Lat. ecclés. *funeralia,* plur. neutre de *funeralis,* «relatif aux funérailles».

funéraire [fyneʀɛʀ] adj. Qui concerne les funérailles. *Salon* funéraire. Frais funéraires.* ▷ *Urne funéraire,* qui contient les cendres d'un mort. – Bas lat. *funerarius.*

funeste [fynɛst] adj. **1.** Qui apporte la mort. *Coup, maladie funeste.* **2.** *Par ext.* Qui est source de malheur, a des conséquences désastreuses. *Conseil, erreur funeste.* – Lat. *funestus.*

funiculaire [fynikylɛʀ] n. et adj. **I.** n. m. Chemin de fer à câbles ou à crémaillère. *Le funiculaire du Vieux-Québec.* ▷ Téléphérique. **II.** adj. **1.** MECA *Courbe funiculaire* ou n. f. *funiculaire:* courbe utilisée en statistique graphique. (Sa forme est celle d'une corde flexible et inextensible, suspendue à ses deux extrémités.) **2.** ANAT Qui se rapporte au cordon spermatique ou au cordon ombilical. – Du lat. *funiculus,* «petite corde».

funicule [fynikyl] n. m. BOT Cordon contenant le faisceau libéro-ligneux nourricier de l'ovule et reliant celui-ci au placenta. – Lat. *funiculus,* «petite corde», dimin. de *funis,* «câble».

funky [fønki] n. m. et adj. inv. MUS Style de musique noire américaine, mélange de rock et de jazz très rythmique. – Arg. amér., propr. «malodorant».

fur [fyʀ] n. m. Empl. seulement dans la locution *au fur et à mesure.* ▷ Loc. adv. *Au fur et à mesure:* simultanément et proportionnellement ou successivement. *Apportez-moi les outils, je les rangerai au fur et à mesure.* ▷ Loc. conj. *Au fur et à mesure que. Il s'agit au fur et à mesure que les années passent.* ▷ Loc. prép. *Au fur et à mesure de. Au fur et à mesure de ses échecs, il perdait confiance en lui.* – Du lat. **forum*, «marché».

furane ou **furanne** [fyʀan] n. m. CHIM Composé organique hétérocyclique (C_4H_4O) dont la structure est analogue à celle du benzène et les réactions similaires à celles des composés aromatiques. ▷ Adj. *Forme furane:* forme d'une molécule (de sucre) dont le cycle comprend quatre atomes de carbone. – Du lat. *furfur*, «son (de céréales)».

furax [fyʀaks] adj. inv. Fam. Furieux, très en colère. – D'abord en argot scolaire; déformation plaisante de *furieux*, avec influence du lat. *furax*, «voleur».

furet [fyʀɛ] n. m. **1.** Mammifère carnivore mustélidé *(Mustela putorius furo)*, variété de putois albinos ou semi-albinos, originaire d'Afrique du N., souvent dressé autref. pour la chasse au lapin. **2.** Jeu de société dans lequel des joueurs se passent un objet de main en main tandis qu'un autre joueur s'efforce de deviner dans quelle main il se trouve. **3.** PHYS NUCL Petit conteneur que l'on propulse dans un tube traversant le cœur d'un réacteur pour soumettre un échantillon à une irradiation de courte durée. – Du lat. pop. **furittus*, du class. *fur*, «voleur».

furetage [fyʀtaʒ] n. m. Action de fureter. – De *fureter*.

fureter [fyʀte] v. intr. [21] **1.** Fouiller, chercher avec soin pour découvrir qqch. *Fureter partout.* **2.** CHASSE Chasser au furet. – De *furet*.

fureteur, euse [fuʀtœʀ, øz] **1.** adj. et n. Qui furète pour trouver qqch. **2.** n. Vx Personne qui chasse au furet. – De *fureter*.

fureur [fyʀœʀ] n. f. **1.** Colère très violente. *Entrer en fureur.* ▷ Fig. *La fureur des flots.* **2.** Passion excessive. *Aimer avec fureur.* ▷ *Faire fureur:* être fort en vogue. *Disque qui fait fureur.* ▷ Loc. adv. *À la fureur:* à la folie. **3.** Litt. Délire inspiré. *Fureur poétique.* – Lat. *furor*, «folie, égarement».

furfuracé, ée [fyʀfyʀase] adj. Didac. Qui ressemble à du son. – Lat. *furfur*, «son (de céréales)».

furfural [fyʀfyʀal] n. m. CHIM Aldéhyde hétérocyclique existant dans les alcools de grain et utilisé comme solvant et entrant dans de nombreuses synthèses (notam. dans celle du nylon). – Du lat. *furfur*, «son (de céréales)».

furibard, arde [fyʀibaʀ, aʀd] adj. Fam. Furibond. – De *furibond*.

furibond, onde [fyʀibõ, õd] adj. En proie à une fureur généralement outrée et un peu ridicule. ▷ *Par ext.* Qui exprime cette fureur. *Regards furibonds.* – Lat. *furibundus*, de *furor*, «folie, égarement».

furie [fyʀi] n. f. **1.** Colère démesurée. *Être en furie.* **2.** Ardeur impétueuse. *Combattre avec furie.* ▷ Fig. *La furie de la tempête.* **3.** MYTH *Les Furies*, divinités infernales. ▷ Fig. Femme très méchante et violente. *C'est une vraie furie!* – Lat. *Furia*, n. de chacune des déesses de la vengeance.

furieusement [fyʀjøzmɑ̃] adv. Avec furie. – De *furieux*.

furieux, ieuse [fyʀjø, jøz] adj. **1.** Qui ressent une violente colère. **2.** Qui dénote une profonde colère. *Air furieux.* **3.** Extrêmement véhément, impétueux. *Assaut furieux.* ▷ Fig. *Mer furieuse.* – De *fureur*.

furioso [fyʀjozo] adj. MUS Plein d'impétuosité. *Allegro furioso.* ▷ Adv. *Exécuter un morceau furioso.* – Mot ital., «furieux, fou».

furoncle [fyʀõkl] n. m. Inflammation, au niveau de la peau, d'un appareil pilo-sébacé, due au staphylocoque doré, et caractérisée par une inflammation ayant en son centre un bourbillon. *La réunion en un même point de plusieurs furoncles forme un anthrax.* – Lat. *furunculus*.

furonculeux, euse [fyʀõkylø, øz] adj. MED Qui tient du furoncle; atteint de furonculose. – De *furoncle*.

furonculose [fyʀõkyloz] n. f. Éruption d'une série de furoncles. – De *furoncle*, et *-ose* 2.

furtif, ive [fyʀtif, iv] adj. Qui se fait à la dérobée, de façon à n'être pas remarqué. *Signe, regard furtif.* – *Main furtive*, qu'on glisse subrepticement. – Lat. *furtivus*, de *furtum*, «vol», rac. *fur, furis*, «voleur».

furtivement [fyʀtivmɑ̃] adv. De façon furtive. – De *furtif*.

fusain [fyzɛ̃] n. m. **1.** Arbrisseau dicotylédone (fam. célastracées) à fleurs dialypétales. **2.** Crayon fait avec le charbon de fusain. ▷ *Par ext.* Dessin exécuté avec ce crayon. – Du lat. pop. **fusago*, de *fusus*, «fuseau».

fusant, ante [fyzɑ̃, ɑ̃t] adj. TECH Qui fuse. *Poudre fusante.* ▷ Qui explose en l'air (par oppos. à *percutant*). – Ppr. de *fuser*.

fuseau [fyzo] n. m. **1.** Anc. Petit instrument de bois, renflé en son milieu et terminé en pointe, utilisé pour tordre et enrouler le fil lorsqu'on file à la quenouille. – Instrument de forme analogue servant à faire de la dentelle. ▷ *En fuseau:* en forme de fuseau. *Arbre en fuseau.* ▷ Appos. *Pantalon fuseau* ou *fuseau*, dont les jambes se rétrécissent vers le bas et se terminent par un sous-pied. **2.** GEOM Portion de la surface d'une sphère comprise entre deux méridiens. ▷ *Fuseau horaire :* chacune des 24 zones de la surface terrestre (délimitées par deux méridiens) à l'intérieur desquelles le temps civil est égal au temps civil local du méridien central. (Le méridien de Greenwich est au centre du fuseau nº 0, dont la France dépend.) **3.** ZOOL Mollusque gastéropode (genre *Fusus*) à coquille très longue en forme de fuseau. **4.** BIOL *Fuseau achromatique:* ensemble des fibres protéiques qui, au cours d'une mitose ou d'une méiose, joignent les deux asters et sur certaines desquelles s'accrochent les chromosomes. – De l'a. fr. *fus*; lat. *fusus*, «fuseau».

fusée [fyze] n. f. **I. 1.** Engin propulsé par la force d'expansion de gaz résultant d'une combustion. ▷ Engin spatial muni d'un moteur à réaction. **2.** Pièce d'artifice composée de poudre mélangée à des matières colorantes. *Fusées de feu d'artifice. Fusées-signaux.* **3.** MILIT Mécanisme fixé à l'ogive d'un projectile pour le faire éclater. **4.** MED Trajet long et sinueux parcouru par le pus entre le foyer de l'abcès et le point d'émergence. **II. 1.** Quantité de fil qui peut être enroulée sur un fuseau. **2.** AUTO Pièce conique qui reçoit la roue d'un véhicule. – De l'a. fr. *fus*, du lat. *fusus*, «fuseau».

ENCYCL Les fusées sont utilisées: pour l'étude de l'atmosphère; pour la mise en orbite de satellites et pour le lancement de véhicules spatiaux. Une fusée est constituée de plusieurs étages, dont chacun est équipé d'un système de propulsion indépendant (moteur-fusée), de façon à réaliser une économie optimale de propergol. Le lancement d'une fusée s'effectue à partir d'une rampe de silo, d'une table ou d'une tour de lancement. Il est précédé d'un compte à rebours et suivi d'un compte positif lors de la poursuite de l'engin. La *navette spatiale* est une combinaison d'un avion et d'une fusée; elle est capable de décoller, de se placer en orbite et de revenir sur Terre en atterrissant par ses propres moyens. On donne également le nom de fusée aux *missiles* intercontinentaux; la *fusée globale* est satellisée sur une portion d'orbite avant d'être dirigée sur sa cible.

fuselage [fyzlaʒ] n. m. Corps principal d'un avion, sur lequel est fixée la voilure. – De *fuselé.*

fuselé, ée [fyzle] adj. En forme de fuseau. *Doigts fuselés.* ▷ ARCHI *Colonne fuselée,* renflée vers le tiers de sa hauteur. – De *fusel,* forme anc. de *fuseau.*

fuseler [fyzle] v. tr. [22] TECH Donner la forme d'un fuseau à. – De *fuselé.*

fuser [fyze] v. tr. [1] **1.** Jaillir. *Liquide qui fuse.* – Fig. *Acclamations qui fusent.* **2.** Se répandre en fondant. *La cire fuse.* **3.** Brûler sans détoner (poudre). – Du lat. *fusus,* pp. de *fundere,* «fondre».

fusette [fyzɛt] n. f. Petit tube sur lequel est enroulé du fil à coudre. – Dimin. de *fusée* (II, sens 1).

fusibilité [fyzibilite] n. f. Propriété de ce qui est fusible. – De *fusible.*

fusible [fyzibl] adj. et n. **1.** adj. Qui peut être fondu, liquéfié. **2.** n. m. ELECTR Élément qui a la propriété de fondre à une température relativement basse (env. 250 °C), et servant à protéger un circuit contre les intensités trop élevées. – Bas lat. *fusibilis,* du lat. *fusilis.*

fusiforme [fyzifɔʀm] adj. Didac. En forme de fuseau. – Du lat. *fusus,* «fuseau», et de *-forme.*

fusil [fyzi] n. m. **I. 1.** Arme à feu portative, constituée d'un canon (généralement pourvu de rayures donnant au projectile un mouvement de rotation qui le stabilise par effet gyroscopique), d'une culasse (munie d'un percuteur) et d'un fût. ▷ Pièce d'acier contre laquelle venait frapper le silex de la batterie des anc. armes à feu. ▷ Fig. *Coup de fusil:* note d'un montant excessif (à l'hôtel, au restaurant, notam.) – *Changer son fusil d'épaule:* changer d'opinion, de manière d'agir, etc. – *Être couché en chien de fusil,* avec les genoux ramenés contre la poitrine. **2.** Tireur au fusil. *Être un bon fusil.* **II.** Instrument en acier servant à aiguiser les couteaux. ▷ Pierre pour affûter les faux. – Du lat. pop. **focilis (petra),* «(pierre) à feu», de *focus,* «feu».

fusilier [fyzi(l)je] n. m. Soldat armé d'un fusil. – *Fusilier marin :* marin spécialement entraîné pour les opérations de débarquement et chargé à bord du maintien de l'ordre et de la discipline. – De *fusil.*

fusillade [fyzijad] n. f. **1.** Décharge de plusieurs fusils. *Un bruit de fusillade.* **2.** Combat à coups de fusil, d'armes à feu. **3.** Action de passer qqn par les armes. – De *fusiller.*

fusiller [fyzije] v. tr. [1] Tuer à coups de fusil. – (Plus cour.) Passer par les armes. *Fusiller un espion.* – De *fusil.*

fusil-mitrailleur [fyzimitʀajœʀ] n. m. Arme légère à tir automatique, fusil pouvant tirer par rafales. *Des fusils-mitrailleurs.* – De *fusil,* et *mitrailleur.*

fusion [fyzjɔ̃] n. f. **1.** Passage d'un corps de l'état solide à l'état liquide sous l'action de la chaleur. ▷ *En fusion :* liquéfié, en parlant d'une matière habituellement solide. *Métal en fusion.* **2.** Dissolution dans un liquide. *Fusion du sucre dans l'eau.* **3.** Union d'éléments distincts en un tout homogène. *La fusion des divers peuples qui ont formé la nation française. Fusion de sociétés commerciales.* ▷ PHYS NUCL Réunion de plusieurs atomes légers en un atome lourd d'une masse inférieure à la masse totale des atomes de départ. *Le défaut de masse résultant de la fusion libère une très grande quantité d'énergie.* – Lat. *fusio.*

ENCYCL **Phys. nucl.** – La fusion nucléaire part de noyaux légers (deutérium, tritium et lithium) pour aboutir à des noyaux plus lourds (hélium). L'énergie de fusion caractérise les étoiles (V. encycl. étoile). La fusion nucléaire a été obtenue artificiellement en octobre 1952 aux États-Unis (explosion de la première bombe à hydrogène). La *fusion contrôlée* est beaucoup plus difficile à obtenir; un certain nombre de conditions sont indispensables: température très élevée (plusieurs centaines de millions de kelvins), densité du plasma (mélange d'atomes et d'électrons) suffisante et temps de confinement du plasma (durée des premières réactions) assez long. Aucune substance ne résistant à de telles températures, le plasma doit être *confiné* au moyen d'un champ magnétique («bouteille magnétique»). Les machines utilisées pour ce confinement (machines à miroirs, tokamaks) permettent d'atteindre des températures de 20 millions de kelvins pendant un dixième de seconde. (La fusion peut s'entretenir d'elle-même à partir de 100 millions de kelvins, pour une densité de 10^{15} noyaux par cm^3.) L'utilisation de faisceaux laser a été envisagée; elle permet d'augmenter la densité du plasma, donc de réduire la durée nécessaire pour le confinement. V. encycl. fission et noyau.

fusionnement [fyzjɔnmɑ̃] n. m. Action de fusionner. – De *fusionner.*

fusionner [fyzjɔne] **1.** v. tr. [1] Regrouper par fusion (des partis, des sociétés, etc.). **2.** v. intr. Se regrouper par fusion. *Ces sociétés ont fusionné.* – De *fusion.*

fustanelle [fystanɛl] n. f. Court jupon évasé, vêtement masculin grec traditionnel. – Lat. médiév. *fustanella.*

fustet [fystɛ] n. m. Arbuste ornemental (*Cotinus coccygia,* fam. anacardiacées), appelé aussi *arbre à perruques* en raison de l'abondant duvet qui couvre les pédoncules de ses fruits. – Ar. *fustuq,* «pistachier».

fustibale [fystibal] n. m. HIST Arme de jet, fronde emmanchée en usage jusqu'au XVIe s. – Bas lat. *fustibalus,* de *fustis,* «bâton».

fustigation [fystigasjɔ̃] n. f. Action de fustiger. – De *fustiger.*

fustiger [fystiʒe] v. tr. [15] **1.** Battre à coups de bâton, de fouet, flageller. **2.** Fig. Blâmer, stigmatiser par la parole. *Fustiger les abus.* ▷ v. pron. Se battre soi-même. – Bas lat. *fustigare,* de *fustis,* «bâton».

fût [fy] n. m. **1.** Partie droite et dépourvue de branches du tronc d'un arbre. *Le fût d'un hêtre.* **2.** ARCHI Partie d'une colonne, située entre la base et le chapiteau. **3.** TECH Élément cylindrique d'un appareil, d'un instrument, etc. *Fût d'un candélabre. Fût d'un tambour.* **4.** Monture de certains outils. *Fût de rabot, de varlope.* ▷ Monture du canon d'une arme à feu. **5.** Tonneau. *Bière* en fût.* – Du lat. *fustis,* «bâton».

futaie [fytɛ] n. f. Partie d'une forêt où on laisse les arbres atteindre une grande taille avant de les exploiter. – De *fût.*

futaille [fytɑ(a)j] n. f. **1.** Tonneau. **2.** Ensemble de tonneaux. *Rouler toute la futaille dans une cave.* – De *fût.*

futaine [fytɛn] n. f. Anc. Tissu croisé à chaîne de fil et trame de coton. – Du lat. médiév. *fustaneum* (de *fustis,* «tronc, fût»), traduct. du bas gr. *xulina lina,* «tissu d'arbre (c.-à-d. coton)».

futé, ée [fyte] adj. Fin, rusé, malin. ▷ Subst. *C'est un(e) petit(e) futé(e).* – Pp. d'un anc. verbe *se futer,* «échapper au chasseur».

futile [fytil] adj. **1.** Insignifiant, sans importance. **2.** Léger, vain. *Une personne futile.* – Lat. *futilis.*

futilement [fytilmɑ̃] adv. D'une manière futile. – De *futile.*

futilité [fytilite] n. f. **1.** Caractère de ce qui est futile. *Futilité d'esprit.* **2.** Chose futile. *S'attacher à des futilités.* – Lat. *futilitas.*

futur, ure [fytyʀ] adj. et n. **I.** adj. **1.** Qui est à venir. *Les jours futurs. La vie future,* celle qui doit suivre la vie terrestre. **2.** (Le plus souvent avant l'adj.) Qui sera ultérieurement tel. *Les futurs époux.* ▷ Subst. Vieilli ou plaisant. *Le futur, la future:* le futur conjoint. **II.** n. m. **1.** Temps à venir, par oppos. au passé et au présent. **2.** GRAM Ensemble de formes verbales indiquant que l'action ou l'état se situe dans l'avenir. *Le futur est un temps de l'indicatif. Futur simple* (ex.: *je chanterai*). *Futur antérieur,* exprimant l'antériorité d'une action future par rapport à une autre (ex.: *je serai partie quand il viendra*). ▷ Par ext. *Futur proche,* construit avec le verbe aller (ex.: *il va partir*). – Lat. *futurus,* part. futur de *esse,* «être».

futurisme [fytyʀism] n. m. **1.** Doctrine esthétique due (1909) à l'écrivain italien Marinetti, exaltant la beauté de la machine en mouvement, la virilité, la violence (œuvres de Balla, Boccioni, Carra, Severini). **2.** Qualité de ce qui est futuriste (sens 2). – Ital *futurismo.*

futuriste [fytyʀist] adj. **1.** Relatif au futurisme. ▷ Subst. Adepte du futurisme. **2.** Qui semble préfigurer l'état futur de la civilisation (notam. sous ses aspects techniques). *Une esthétique futuriste.* – Ital. *futurista.*

futurologie [fytyʀɔlɔʒi] n. f. Discipline visant à prévoir l'avenir dans une perspective globale. Syn. prospective. – De *futur,* et *-logie.*

futurologue [fytyʀɔlɔg] n. Spécialiste de futurologie. – Du préc.

fuyant, ante [fɥijɑ̃, ɑ̃t] adj. Qui fuit. **1.** Litt. Qui s'enfuit, s'échappe. *La fuyante proie.* **2.** Qui n'agit pas de manière franche, directe; insaisissable. *Caractère fuyant. Regard fuyant.* **3.** Qui semble s'enfoncer vers l'arrière-plan. *Ligne fuyante.* ▷ *Front, menton fuyant,* en retrait de la face, effacé vers l'arrière. – Ppr. de *fuir.*

fuyard, arde [fɥijaʀ, aʀd] adj. et n. Qui s'enfuit. *Soldat fuyard.* ▷ Subst. *Rallier les fuyards. Une fuyarde.* – De *fuir.*

G g

g [ʒe] n. m. **1.** Lettre de l'alphabet qui représente la consonne occlusive vélaire sonore [g] devant a, o, u (ex.: *gare*) et la consonne fricative prépalatale sonore [ʒ] devant i, y, e (ex.: *gelée*); *gn* sert à noter une consonne médiopalatale nasale [ɲ] (ex.: *vigne*). **2.** PHYS g: abrév. de gramme. – g: accélération de la pesanteur (à l'équateur, g = 9,78 m/s²). – G: symbole de giga (un milliard de fois). – PHYS Symbole du gauss. ▷ MUS Sol (dans la notation alphabétique).

Ga CHIM Symbole du gallium.

gabardine [gabaʀdin] n. f. **1.** Tissu de laine sergé, très serré. **2.** Vêtement imperméable fait de cette étoffe. – Esp. *gabardina.*

gabare [gabaʀ] n. f. **1.** MAR Ancienne embarcation de servitude utilisée pour décharger les navires. **2.** Grand filet de pêche semblable à la senne. – Gascon *gabarra.*

gabariage [gabaʀjaʒ] n. m. Action de gabarier. – De *gabarier.*

gabarier [gabaʀje] v. tr. [1] TECH **1.** Fabriquer d'après un gabarit. **2.** Vérifier au moyen d'un gabarit les dimensions de. *Gabarier un véhicule.* – De *gabarit.*

gabarit [gabaʀi] n. m. **1.** TECH Modèle servant à reproduire des pièces aux mêmes dimensions. **2.** TECH Dispositif, outil utilisé pour contrôler une mesure. ▷ CH de F *Gabarit de voie,* qui sert à contrôler l'écartement des rails. ▷ TRANSP Portique destiné à vérifier que les dimensions extérieures d'un véhicule ne dépassent pas certaines valeurs. **3.** Dimension réglementée d'un objet. *Dépasser le gabarit.* **4.** *Par ext.* Taille, stature d'une personne, dimension physique ou morale. – Du gothique **garwi,* «préparation, modèle».

gabbro [gabʀo] n. m. PETROG Roche plutonique grenue, sombre, très dense. *Le gabbro et le basalte sont le support des continents.* – Mot florentin.

gabegie [gab(ə)ʒi] n. f. Gaspillage, gâchis qui peuvent être dus à une mauvaise gestion. – Mot de l'est de la France, de l'anc. scand. *gabba,* «railler».

gabelle [gabɛl] n. f. Anc. **1.** Impôt sur le sel. **2.** Administration chargée de recouvrer cet impôt. – Ital. *gabella,* ar. *al-qabāla,* «l'impôt».

gabelou [gablu] n. m. **1.** Anc. Commis de la gabelle. **2.** Mod., péjor. (France) Douanier, employé de l'octroi. – De *gabelle.*

gabier [gabje] n. m. Anc. Marin chargé de l'entretien et de la manœuvre des voiles et du gréement. – De l'a. fr. *gabie,* «caillebotis de hune», provenç. *gabia,* «cage».

gabion [gabjõ] n. m. **1.** Vx. Panier à anses pour le transport de cailloux ou de terre. **2.** Récipient en grillage, rempli de cailloux, utilisé pour les fondations d'ouvrages ou comme protection. **3.** Hutte pour la chasse à l'affût. – Ital. *gabbione,* de *gabbia,* «cage».

gabionnage [gabjɔnaʒ] n. m. TECH Pose de gabions. – De *gabion.*

gable ou **gâble** [gɑbl] n. m. ARCHI Fronton triangulaire généralement ajouré et sculpté, qui couronne un portail ou une fenêtre. *Gâble gothique.* – De l'anc. scand. *gafl,* «plafond».

gabonais, aise [gabɔnɛ, ɛz] adj. et n. Relatif au Gabon; du Gabon. – Du n. du *Gabon,* État d'Afrique équat.

gâchage [gɑʃaʒ] n. m. **1.** CONSTR Action de gâcher. **2.** Fig. Fait de gâcher, de gaspiller. – De *gâcher.*

1. gâche [gɑʃ] n. f. TECH Boîtier métallique dans lequel s'engage le pêne d'une serrure. – Du frq. **gaspia,* «crampon».

2. gâche [gɑʃ] n. f. CONSTR Outil servant à gâcher (le mortier, le plâtre). – Déverbal de *gâcher.*

gâcher [gɑʃe] v. tr. [1] **1.** CONSTR Délayer (du mortier, du plâtre). **2.** Fig. Faire (un travail) sans soin. *Gâcher l'ouvrage.* **3.** Abîmer, gâter par maladresse. *Elle a gâché pas mal de tissu pour faire cette robe.* ▷ Dissiper, gaspiller. *Gâcher de l'argent. – Gâcher le métier:* travailler pour un prix trop bas. **4.** Gâter, attrister, assombrir. *Sa maladie a gâché nos vacances.* – Du frq. **waskan,* «laver».

gâchette [gɑʃɛt] n. f. **1.** TECH Arrêt de pêne d'une serrure. **2.** Pièce du mécanisme d'une arme à feu, maintenant le percuteur ou le chien par l'intermédiaire d'un ressort, et actionnée par la détente. – Cour. *Abusiv.* Détente. *Appuyer sur la gâchette.* – De *gâche* 1.

gâcheur, euse [gɑʃœʀ, øz] n. **1.** n. m. CONSTR Ouvrier qui gâche le plâtre. **2.** Fig. Personne qui travaille mal. – Personne qui gâte, qui gaspille. – De *gâcher.*

gâchis [gɑʃi] n. m. **1.** CONSTR Mortier bâtard. **2.** Boue, saleté liquide. **3.** Accumulation de choses gâchées, détériorées. ▷ Gaspillage. **4.** Fig. Situation embrouillée; désordre, gabegie. – De *gâcher.*

gâchoir [gɑʃwaʀ] n. m. TECH Outil servant à mélanger le plâtre et l'eau pour le gâchage. – De *gâcher.*

gade [gad] n. m. ZOOL Nom usuel des gadidés. – Gr. *gados,* «morue».

gadelle [gadɛl] n. f. (Général. au plur.) Petite baie comestible (rouge, blanche ou noire) que le gadelier produit par grappes. *De la gelée de gadelle. Ramasser des gadelles.* «Elle réclame du blé d'Inde, des gadelles, du pimbina et de la gelée d'atoca; toutes sortes de nourritures qu'on ne trouve pas au couvent.» (Anne Hébert, *Les enfants du sabbat,* 1975.) ▷ *Gadelles noires,* fruits du *Ribes nigrum* également appelé cassis. – Mot des parlers du nord-ouest et de l'ouest de la France; de l'anc. nordique *gaddr,* «épine, piquant».

gadellier ou **gadelier** [gadəlje] n. m. Petit arbuste fruitier (genre *Ribes,* fam. saxifragacées) produisant des grappes de fruits rouges, blancs ou noirs. ▷ *Gadellier noir (Ribes nigrum),* aussi appelé cassis. V. groseillier. – Mot des parlers du nord-ouest de la France; de *gadelle.*

gadget [gadʒɛt] n. m. Anglicisme Objet ingénieux, utile ou non, amusant par sa nouveauté. ▷ Péjor. Objet sans réelle utilité pratique. – Fig. *Prétendues réformes qui sont autant de gadgets.* – Mot anglo-amér.

gadgétiser [gadʒetize] v. tr. [1] Équiper de gadgets, donner à un objet la fonction de gadget. *Gadgétiser un micro-ordinateur.* – De *gadget.*

gadidés [gadide] n. m. pl. ZOOL Famille de poissons téléostéens (morue, tacaud, etc.), tous marins, à l'exception de la lotte de rivière. – De *gade.*

gadiformes [gadifɔʀm] n. m. pl. ZOOL Sous-ordre de poissons téléostéens malacoptérygiens comprenant notam. les gadidés. – De *gade,* et *forme.*

gadin [gadɛ̃] n. m. Fam. *Prendre, ramasser un gadin:* tomber (en parlant d'une personne). – Orig. incert.

gadolinium [gadɔlinjɔm] n. m. CHIM Élément métallique de numéro atomique Z = 64 et de masse atomique 157,25, qui appartient au groupe des terres rares (symbole Gd). *Le gadolinium est utilisé comme modérateur dans les réacteurs nucléaires.* – Du nom du minéralogiste finlandais Johan *Gadolin* (1760-1852).

gadoue [gadu] n. f. **1.** Mélange de déchets organiques utilisé comme engrais. **2.** Fam. Boue. – Orig. incon.

gaélique [gaelik] adj. et n. m. Qui se rapporte aux Gaëls. ▷ N. m. Groupe de parlers celtiques d'Écosse et d'Irlande. – Angl. *gaelic.*

1. gaffe [gaf] n. f. **1.** MAR Perche munie d'un croc à une extrémité, utilisée pour accrocher, attirer à soi, repousser, etc. – Loc. Fig. *Tenir à longueur de gaffe,* à distance. **2.** Fam. Lourde maladresse, faute d'à-propos ou de tact. *Faire une gaffe.* – Provenç. *gaf,* de *gaffar,* «saisir» ou «passer à gué».

2. gaffe [gaf] n. f. Pop. *Faire gaffe:* faire attention. – De l'anc. v. *gafer,* «surveiller, attendre en surveillant».

gaffer [gafe] **1.** v. tr. [1] Accrocher avec une gaffe (sens 1). **2.** v. intr. Fam. Commettre une gaffe (sens 2). – De *gaffe* 1.

gaffeur, euse [gafœʀ, øz] n. Fam. Personne qui a tendance à commettre des gaffes. – De *gaffer* (sens 2).

gag [gag] n. m. Anglicisme Effet comique, dans un film. – *Par ext.* Incident amusant (dans la vie). – Mot angl.

gaga [gaga] adj. et n. Fam. Gâteux. – Onomat., de *gâteux.*

gage [gaʒ] n. m. **I. 1.** Objet, bien mobilier que l'on dépose en garantie entre les mains d'un créancier. *Prêteur sur gages.* **2.** DR et cour. Bien mobilier qui constitue la garantie d'une dette. **3.** Ce que l'on consigne auprès d'un tiers jusqu'à ce qu'une contestation soit définitivement réglée. **4.** À certains jeux, objet que les joueurs déposent à chaque faute et qu'ils ne peuvent retirer qu'après avoir subi une pénitence; cette pénitence. **5.** Garantie, preuve, témoignage. *Gage d'amitié.* **II.** n. m. pl. **1.** Rétribution d'un employé de maison. **2.** loc. adj. (après le nom). Péjor. *À gages:* rétribué en tant que tel. *Tueur à gages.* – Du frq. **waddi.*

gager [gaʒe] v. tr. [15] **1.** Parier. *Je gage que vous avez tort.* **2.** Garantir par un gage. *Gager un emprunt.* – De *gage.*

gageure [gaʒyʀ] n. f. **1.** Pari. **2.** Action si étrange, si difficile qu'elle semble relever d'un défi, d'un pari. – De *gager.*

gagiste [gaʒist] n. m. DR Personne dont la créance est garantie par un gage. – Appos. *Créancier gagiste.* – De *gage.*

gagnant, ante [gaɲɑ̃, ɑ̃t] adj. et n. **1.** adj. Qui gagne. *Numéro, cheval gagnant.* **2.** n. Celui, celle qui gagne. *L'heureux gagnant.* – Ppr. de *gagner.*

gagne-pain [gaɲpɛ̃] n. m. inv. Ce qui permet de gagner sa vie (instrument de travail ou métier). – De *gagner,* et *pain.*

gagne-petit [gaɲpəti] n. inv. Personne qui a des revenus modestes, qui fait de petits bénéfices. – De *gagner,* et *petit,* «peu».

gagner [gaɲe] **A.** v. tr. [1] **I.** *Gagner qqch.* **1.** Acquérir par son travail ou ses activités (un bien matériel, un avantage quelconque). *Gagner de l'argent. Gagner sa vie, son pain,* (fam.) *sa croûte. Gagner le gros lot à la loterie. Candidat qui cherche à gagner des voix.* – *Gagner l'amitié, la confiance de qqn.* – Iron. *Il n'y a que des ennuis à gagner dans cette affaire.* ▷ *Bien gagner:* mériter d'obtenir. *J'ai bien gagné un peu de repos.* – Iron. *Il l'a bien gagné:* il n'a que ce qu'il mérite (déconvenue) (cf. *Il ne l'a pas volé, il l'a bien cherché*). **2.** Voir se terminer à son avantage, faire tourner en sa faveur (une compétition, un conflit, une lutte). *Gagner une partie de cartes, un procès, la guerre.* **3.** Se diriger vers, rejoindre (un lieu). *Gagner la frontière.* ▷ *Gagner du terrain:* prendre de l'avance ou diminuer son retard, dans une poursuite. ▷ *Gagner les devants:* partir avant qqn, ou le dépasser. **4.** *Gagner du temps:* passer moins de temps à accomplir telle ou telle tâche, économiser du temps. *Procédé de montage qui permet de gagner du temps.* – Atermoyer, temporiser, différer l'accomplissement de qqch. *En ne répondant pas immédiatement, je gagne du temps.* **5.** Occuper progressivement; se propager dans, s'étendre à. *L'incendie avait gagné la maison voisine.* – Par anal. *Le sommeil commençait à me gagner.* **II.** *Gagner qqn.* **1.** Se rendre favorable, séduire. *Il avait gagné son geôlier.* ▷ *Gagner qqn à,* le rendre favorable à. *Gagner qqn à une idée, à sa cause.* **2.** *Gagner qqn de vitesse,* le devancer. **B.** v. intr. **I. 1.** *Gagner à être* (+ adj.): apparaître sous un jour plus favorable en étant... *Il gagne à être connu.* **2.** *Gagner en:* s'améliorer du point de vue de. *Ce vin a gagné en bouquet.* **II.** MAR *Gagner au vent:* remonter dans le vent, avancer contre le vent. V. louvoyer. – Du frq. **waidanjan,* «se procurer de la nourriture, prendre du butin».

gagneur, euse [gaɲœʀ, øz] n. **1.** Personne qui est animée par la volonté de gagner. *Un tempérament de gagneur.* **2.** n. f. Arg. Prostituée. – De *gagner.*

1. gai, gaie [gɛ(e)] adj. **1.** Qui a de la gaieté, qui est enclin à la bonne humeur. *Avoir un caractère gai. Être gai comme un pinson.* ▷ Mis en gaieté par la boisson. *Nous n'étions pas ivres, simplement un peu gais.* **2.** Qui marque, qui exprime, qui inspire la gaieté. *Un visage gai. Une chanson gaie. Une couleur gaie,* claire et fraîche, vive. ▷ Iron., dans une situation contrariante, désagréable. *C'est gai!* – Du gothique **gâheis,* «rapide, vif».

2. gai, gaie [gɛ(e)] n. m. et adj. Homosexuel mâle. ▷ Adj. Relatif à l'homosexualité masculine. *Une boîte de nuit gaie.* – De l'angl. *gay.*

gaïac ou **gayac** [gajak] n. m. Arbuste du genre *Guaïacum* (fam. zygophyllacées), dont une espèce, *Guaïacum officinale,* d'Amérique du S., fournit un bois très dur et très dense, ainsi qu'une résine dont on tire le gaïacol. – Esp. *guayaco,* mot d'Haïti.

gaïacol ou **gayacol** [gajakɔl] n. m. CHIM, MED Ester méthylique utilisé comme antiseptique dans le traitement des voies respiratoires. – De *gaïac.*

gaiement ou **gaîment** [gɛmɑ̃] adv. **1.** Avec gaieté, joyeusement. *Chanter, siffler gaiement.* **2.** De bon cœur, avec entrain. *Allons-y gaiement.* – De *gai.*

gaieté ou **gaîté** [gete] n. f. **1.** État d'esprit qui ne fait prendre en considération que le bon côté de la vie, qui porte à la joie et à la bonne humeur. *Être plein de gaieté.* ▷ *De gaieté de cœur:* sans contrainte et avec un certain plaisir (le plus souvent en tournure négative). *Je ne l'ai pas fait de gaieté de cœur.* **2.** Caractère de ce qui porte à la bonne humeur, à la joie. *Gaieté d'une pièce, d'un tableau, d'un livre.* – De *gai.*

1. gaillard, arde [gajaʀ, aʀd] adj. et n. **I.** adj. **1.** Qui est plein de force, de santé et de vivacité, qui est en bonne condition physique. Syn. alerte, solide, vigoureux. **2.** Un peu libre, leste, grivois. *Chanson gaillarde.* **II.** n. **1.** Personne vigoureuse et pleine d'allant, décidée. *Un grand gaillard. Une solide gaillarde.* ▷ *Spécial.,* n. f. Femme pleine d'entrain et de conduite assez libre. *Une gaillarde, une sacrée gaillarde.* **2.** n. f. Ancienne danse à trois temps (XVIe s.). – Du gallo-roman *galia,* «force».

2. gaillard [gajaʀ] n. m. MAR ANC Château, superstructure élevée à l'une ou l'autre extrémité du pont supérieur d'un navire. *Gaillard d'avant, d'arrière.* ▷ Mod. *Gaillard d'avant* (le gaillard d'arrière a nom *dunette*). – Ellipt. pour *château gaillard,* château fort.

gaillardement [gajaʀdəmɑ̃] adv. D'une manière gaillarde, avec entrain. *Attaquer gaillardement.* – De *gaillard* 1.

gaillardise [gajaʀdiz] n. f. **1.** Vieilli Gaieté un peu vive et assez libre. **2.** Propos, geste, comportement gaillard (sens I, 2), grivois. *Dire des gaillardises.* – De *gaillard* 1.

gaillet [gajɛ] n. m. Plante herbacée, annuelle ou vivace, des régions tempérées, à fleurs généralement blanches ou jaunes (fam. rubiacées). *Les sommités du gaillet jaune, ou caille-lait (Galium verum), renferment une sorte de présure.* – Du lat. scientif. *galium*, gr. *galion*, par croisement avec *caille-lait*.

gaillette [gajɛt] n. f. Houille en morceaux de moyenne grosseur. – Mot wallon, dimin. de *gaille*, «grosse noix».

gaîment. V. gaiement.

gain [gɛ̃] n. m. **1.** Fait de gagner. *Gain d'un procès, d'une bataille.* ▷ *Obtenir, avoir gain de cause,* l'emporter dans un litige. **2.** Ce que l'on gagne; salaire, profit, bénéfice. *L'appât du gain.* – *Gain de place, de temps.* ▷ RADIOELECTR *Gain d'un amplificateur :* rapport entre la grandeur caractéristique du signal de sortie et celle du signal d'entrée. – Déverbal de *gagner*.

gainage [gɛnaʒ] n. f. Action de gainer. *Le gainage d'une tuyauterie.* – De *gainer*.

gaine [gɛn] n. f. **1.** Étui épousant étroitement la forme de l'objet qu'il contient et protège. *Gaine d'un couteau, d'un fusil.* – TECH *Gaine d'un câble conducteur.* **2.** Sous-vêtement féminin en tissu élastique enserrant les hanches et la taille. **3.** ANAT Enveloppe souple d'un nerf, d'un muscle. *Gaine tendineuse.* **4.** Piédestal en forme de pyramide tronquée renversée qui semble envelopper la base du buste sculpté qu'il soutient. **5.** BOT Base élargie du pétiole de certaines feuilles, qui entoure la tige. **6.** CONSTR *Gaine de ventilation:* conduit destiné à assurer la circulation de l'air. – *Gaine d'ascenseur:* espace dans lequel se déplace la cabine, cage. – Du lat. *vagina*, «fourreau».

gaine-culotte [gɛnkylɔt] n. f. Sous-vêtement féminin ayant la forme d'une culotte, faite avec un tissu extensible. – *Des gaines-culottes.* V. gaine, sens 2. – De *gaine*, et *culotte*.

gainer [gene] v. tr. [1] **1.** Mettre une gaine à. **2.** Mouler étroitement. *Robe qui gaine un corps. Jambes gainées de soie.* **3.** Recouvrir (un objet) d'un matériau souple (cuir, plastique...). – De *gaine*.

gainerie [genʀi] n. f. Artisanat, commerce du gainier. – De *gainer*.

1. gainier [genje] n. m. Arbre de Judée (*Cercis siliquastrum*, fam. césalpiniacées), des régions méditerranéennes, aux belles fleurs roses. – De *gaine*.

2. gainier, ère [genje, ɛʀ] n. Celui, celle qui confectionne ou vend des gaines ou étuis. – De *gaine*.

gaîté. V. gaieté.

gaize [gɛz] n. f. PETROG Grès, à ciment d'opale, riche en spicules d'éponges. – Mot des Ardennes.

gal [gal] n. m. PHYS Anc. unité d'accélération (système C.G.S.) valant 1 cm/sec^2. (On utilise auj. le m/sec^2 du système SI.) – De *Galilée* (1564-1642), mathématicien, physicien et astronome italien.

1. gala [gala] n. m. Réception, ensemble de réjouissances, généralement de caractère officiel. – *Spécial.* Représentation artistique de grande qualité, à laquelle sont conviées des personnalités. *Gala de l'Union des artistes.* ▷ *De gala,* qui a lieu, qui sert lors des cérémonies, lors d'événements officiels. *Repas, habit de gala.* – Mot esp. ou ital., de l'a. fr. *gale*, «réjouissance», de *galer*, «s'amuser».

2. gala-, galact-, galacto-. Éléments, du gr. *gala, galaktos*, «lait».

galactique [galaktik] adj. ASTRO De la Galaxie. *Plan galactique.* ▷ D'une galaxie. *Amas galactique.* – De *galaxie*.

galactogène [galaktɔʒɛn] adj. PHYSIOL Qui détermine la sécrétion lactée. *L'hormone galactogène est la prolactine.* – De *galacto-*, et *-gène*.

galactomètre [galaktɔmɛtʀ] n. m. TECH Appareil qui sert à mesurer la densité du lait. – De *galacto-*, et *-mètre*.

galactophore [galaktɔfɔʀ] adj. ANAT *Canaux galactophores:* canaux de la glande mammaire qui amènent le lait au mamelon. – De *galacto-*, et *-phore*.

galactopoïèse [galaktɔpɔjɛz] n. f. PHYSIOL Sécrétion de lait par les glandes mammaires commandée par un contrôle nerveux réflexe et par l'action de deux hormones, la prolactine et la progestérone. – De *galacto-*, et gr. *poiein*, «faire».

galactose [galaktoz] n. m. BIOCHIM Sucre (hexose cyclique) isomère du glucose, avec lequel il se combine pour former le lactose. *Le galactose est transformé en glucose par le foie.* – De *galact-*, et *-ose* 1.

galalithe [galalit] n. f. La première matière plastique, obtenue (1897) à partir de la caséine traitée par le formol. – Marque déposée; de *gala-*, et *-lithe*.

galamment [galamɑ̃] adv. Avec galanterie, courtoisie, délicatesse. – De *galant*.

galandage [galɑ̃daʒ] n. m. TECH Cloison de briques posées de chant. – *Par ext.* Remplissage en matériaux légers d'une cloison en pan de bois. – Altér. de *garlandage*, probabl. de *garlander* «pourvoir de créneaux, de murs, de cloisons».

galant, ante [galɑ̃, ɑ̃t] adj. et n. **I.** adj. **1.** Qui fait preuve de galanterie (sens 1). *Un homme galant.* – Qui dénote la galanterie. *Geste galant.* **2.** Vieilli Civil, obligeant, délicat. *Agir en galant homme.* **3.** Litt. Qui a trait à la vie amoureuse. *Rendez-vous galant, intrigue galante.* – Péjor. Fille, femme galante, qui fait commerce de ses charmes. **II.** n. m. **1.** Vx *Vert galant:* voleur qui se tenait dans les bois. ▷ Homme auprès de qui la vertu des femmes était en péril. *Le Vert-Galant,* surnom donné à Henri IV. **2.** Vieilli ou plaisant. Amoureux, bon ami. *Son galant lui a envoyé des fleurs.* – Ppr. de l'anc. v. *galer*, «s'amuser», frq. **wa-lare*, de l'adv. **wala*, «bien».

galanterie [galɑ̃tʀi] n. f. **1.** Délicatesse, prévenance envers les femmes. ▷ Empressement dicté par la volonté de séduire. **2.** Parole flatteuse, compliment adressé à une femme. *Dire des galanteries.* **3.** Vieilli Intrigue amoureuse. – De *galant*.

galantine [galɑ̃tin] n. f. Charcuterie composée de viandes désossées et coupées (porc, veau, volaille, gibier, etc.), servies froides dans de la gelée. *Galantine de volaille.* – Lat. médiév. *galatina*, de **galare*, altér. de *gelare*, «geler».

galapiat [galapja] n. m. Fam. Vaurien, malappris. – Altér. probabl. de *galapian*, var. dial. de *galopin*.

galathée ou **galatée** [galate] n. f. Crustacé décapode dont l'abdomen atrophié se replie sous le thorax. – Lat. scientif. *galathea*.

galaxie [galaksi] n. f. *La Galaxie:* l'immense agglomération d'étoiles dont fait partie le Soleil et dont la trace sur le ciel constitue la Voie lactée. *Une galaxie:* un système stellaire analogue à la Galaxie. – Gr. *galaxias*, de *gala*, «lait».

ENCYCL Les galaxies, constituées d'étoiles, de gaz et de poussière, tournent autour de leur centre. Leurs dimensions varient entre quelques centaines et quelques dizaines de milliers de parsecs (1 parsec = 3,263 années-lumière = $3,087.10^{16}$ m). Leurs masses sont comprises entre quelques milliards et quelques centaines de milliards de masses solaires. On distingue les galaxies elliptiques (qui ont la forme d'un ellipsoïde), les galaxies spirales (constituées d'un noyau central et de bras en spirales) et les galaxies dont la forme ne présente pas de symétrie apparente. Les galaxies sont formées de matière interstellaire et d'étoiles jeunes et chaudes (galaxies spirales), ou d'étoiles âgées (galaxies elliptiques). Le disque de la Galaxie (c.-à-d. notre galaxie) s'étend sur 100 000 années de lumière. Le Soleil est situé à 27 000 années de lumière du centre de la Galaxie. La forme en disque de notre Galaxie résulte d'un équilibre entre la force centrifuge (le système solaire tourne autour du centre à une vitesse de 220 km/s) et les forces de gravitation. La Voie lactée, qui par nuit claire semble fourmiller d'étoiles, n'est autre que ce disque vu par la tranche.

galbe [galb] n. m. Profil, contour arrondi d'un objet d'art, d'une partie du corps humain. *Le galbe d'un vase. Une jambe d'un galbe très pur.* ▷ TECH Profil chantourné d'une pièce de menuiserie. – De l'ital. *garbo,* «belle forme».

galbé, ée [galbe] adj. Qui présente un galbe, un contour arrondi. – ARCHI *Colonne galbée,* dont le fût est renflé au tiers de sa hauteur. – De *galbe.*

galber [galbe] v. tr. [1] Donner du galbe à (qqch). – De *galbe.*

gale [gal] n. f. **1.** Maladie cutanée due à un acarien *(Acarus scabici),* caractérisée par une lésion spécifique (sillon) et une vive démangeaison. ▷ *Gale du ciment:* dermatose professionnelle prurigineuse et papuleuse des ouvriers cimentiers. ▷ *Gale filarienne:* dermatose parasitaire, observée en Afrique, due à une filaire *(Onchocerca volvulus).* **2.** Plaque qui se forme sur la peau lors de la cicatrisation d'une blessure, de certaines affections cutanées. «Mais qu'est-ce qu'elle a donc, femme? Elle a la tête plein de bobos, plein de gales! On dirait des brûlures.» (Léon Petitjean et Henri Rollin, *Aurore, l'enfant martyre,* éd. de 1982.) V. croûte. **3.** Fig., fam. *Il est mauvais comme la gale, comme une gale, c'est une gale:* il est méchant. – Var. de *galle,* «excroissance».

galéasse ou **galéace** [galeas] n. f. Anc. Lourde galère dont les bancs de nage étaient surmontés d'un pont destiné à faciliter la manœuvre des voiles. – Ital. *galeazza,* augmentatif de *galea,* «galère».

galéjade [galeʒad] n. f. Plaisanterie destinée à mystifier qqn. – Provenç. *galejada,* de *galeja,* «plaisanter».

galéjer [galeʒe] v. intr. [16] Rég. (midi de la France) Dire des galéjades. – Provenç. *galeja,* «plaisanter».

galène [galɛn] n. f. MINER Sulfure naturel de plomb (PbS), le principal minerai de ce métal. – Cour. *Poste à galène* : récepteur radiophonique rudimentaire comportant un détecteur en galène. – Gr. *galênê,* «plomb».

galénique [galenik] adj. Relatif à Galien, à sa doctrine. – De *Galenus* (V. galénisme).

galénisme [galenism] n. m. Doctrine médicale de Galien. – De *Galenus,* nom lat. de *Galien* (v. 131 – v. 201), médecin grec.

galéopithèque [galeɔpitɛk] n. m. ZOOL Mammifère (genre *Galeopithecus,* fam. galéopithécidés) d'Asie du S.-E. appelé aussi écureuil volant, caractérisé par une membrane tendue entre les pattes et la queue, qui lui permet de planer. – Du gr. *galeos,* «belette», et *pithêkos,* «singe».

galère [galɛʀ] n. f. **1.** Anc. Navire long et bas sur l'eau, allant ordinairement à rames et quelquefois à voiles, dont l'origine remonte à l'Antiquité et qui fut utilisé jusqu'au XVIIIe s. comme bâtiment de guerre, princ. en Méditerranée. ▷ Fig. *Vogue la galère!:* Advienne que pourra! *C'est une vraie galère:* c'est une situation, une condition excessivement pénible. **2.** Plur. *Les galères,* la peine de ceux qui étaient condamnés à ramer sur les galères. – Catalan *galera,* anc. ital. *galea.*

galerie [galʀi] n. f. **1.** Passage couvert situé à l'intérieur d'un bâtiment ou, à l'extérieur, le long de la façade, et servant à la communication, à la promenade, etc. ▷ *Spécial.* Les balcons les plus élevés, dans un théâtre. *Premières, secondes galeries.* **2.** Lieu où est exposée une collection artistique ou scientifique; la collection elle-même. *Les galeries d'un musée.* – *Par ext.* Magasin spécialisé dans la vente d'objets d'art. *Galerie de peinture.* **3.** Le monde, les hommes considérés comme spectateurs, critiques. *Poser pour la galerie.* **4.** Passage, couloir souterrain. ▷ MINES Ouvrage souterrain servant à la circulation du matériel. ▷ MILIT Chemin souterrain creusé sous les lignes ennemies. ▷ Petit chemin que creusent sous terre divers animaux. *Une galerie de taupe.* **5.** Porte-bagages fixé au toit d'une automobile. – Ital. *galleria,* lat. médiév. *galeria.*

galérien [galeʀjɛ̃] n. m. Celui qui était condamné à ramer sur une galère. ▷ Fig. *Mener une vie de galérien:* mener une vie très dure. – De *galère.*

galet [galɛ] n. m. **1.** Caillou arrondi et poli par le frottement dû à l'action des eaux (mer, rivière, etc.). **2.** TECH Cylindre, disque de roulement de métal, bois, etc. **3.** PREHIST *Galet aménagé:* galet rendu acéré ou tranchant par enlèvement de matière. *Avant l'Acheuléen, les galets aménagés constituent les outils principaux.* – Dimin. de l'a. fr. *gal,* «caillou».

galetas [galta] n. m. **1.** Vx Logement pratiqué sous les combles. **2.** Logement exigu et misérable. – De *Galata,* tour de Constantinople.

galette [galɛt] n. f. **1.** Petite pâtisserie ronde et plate dont la pâte est moins sèche que celle du biscuit. *Des galettes à la mélasse.* ▷ Gâteau rond et plat, fait le plus souvent de pâte feuilletée. *La galette des Rois**. ▷ *Galette de sarrasin:* crêpe à base de farine de sarrasin. **2.** Objet quelconque plat et circulaire en forme de galette. *La galette d'un siège.* **3.** Fam. Argent. – De *galet,* à cause de sa forme.

galeux, euse [galø, øz] adj. et n. **1.** Qui a la gale. *Chien galeux.* – Subst. *Un galeux.* – De la gale. *Croûtes galeuses.* ▷ Fig. *Brebis galeuse:* personne dont la mauvaise réputation ou la mauvaise conduite risque de discréditer ou de corrompre le groupe auquel elle appartient. **2.** Sordide, misérable. *Rue galeuse.* – De *gale.*

galgal [galgal] n. m. ARCHEOL Monticule de pierres sèches recouvrant souvent une crypte de l'époque mégalithique. V. cairn. – Du gaélique *gal,* «caillou».

galhauban [galobɑ̃] n. m. MAR Chacun des haubans capelés en tête de mât ou à la partie supérieure du mât (par oppos. aux *bas-haubans,* capelés sous les plus basses des barres de flèche). – Altér. de *calehauban,* de *caler,* et *hauban.*

galibot [galibo] n. m. MINES Jeune manœuvre employé au service des voies dans les houillères. – Mot picard, de *galibier,* «polisson».

galicien, ienne [galisjɛ̃, jɛn] adj. et n. **1.** De la Galice, en Espagne. ▷ N. m. Parler d'origine latine employé dans le N.-O. de l'Espagne, proche du portugais. **2.** De Galicie, en Pologne. – (Sens 1) de *Galice* (Espagne); (sens 2) de *Galicie* (Pologne).

1. galiléen, éenne [galileɛ̃, eɛn] adj. et n. De la Galilée. ▷ *Le Galiléen:* Jésus-Christ, élevé à Nazareth, en Galilée. – De *Galilée,* région du N. de l'anc. Palestine, auj. dans l'État d'Israël.

2. galiléen, éenne [galileɛ̃, eɛn] adj. Qui se rapporte à Galilée. ▷ *Repères galiléens:* systèmes de points animés les uns par rapport aux autres d'un mouvement de translation rectiligne et uniforme. – De *Galilée* (1564-1642), mathématicien, physicien et astron. italien.

galimatias [galimatja] n. m. Discours, écrit confus et embrouillé, peu intelligible. – Orig. incert.

galion [galjõ] n. m. MAR ANC. Grand bâtiment de charge armé en guerre, que les Espagnols utilisaient autrefois pour le transport de l'or et de l'argent provenant de leurs colonies d'Amérique. – De l'a. fr. *galie, galée,* «galère».

galiote [galjɔt] n. f. MAR ANC Caboteur à voiles, de forme arrondie à l'avant et à l'arrière, à fond plat et dérives latérales, utilisé autrefois par les Hollandais. – De l'a. fr. *galie, galée,* «galère».

galipette [galipɛt] n. f. Fam. Culbute, cabriole. *Faire des galipettes.* – Orig. incert.

galipot [galipo] n. m. TECH Colophane. – Orig. incon.

gall(i)-, gall(o)-. Éléments, du lat. *gallus,* «coq».

galle [gal] n. f. BOT Hypertrophie, excroissance d'un tissu végétal provoquée par la présence d'un parasite (champignon, bactérie, larve d'insecte, etc.). Syn. cécidie. ▷ *Noix de galle:* galle des feuilles de chêne produite par la larve d'un cynips et dont on extrait du tanin. – Lat. *galla.*

gallérie [galeʀi] n. f. Papillon *(Galleria mellonella)* appelé aussi *fausse teigne,* dont la chenille se nourrit de cire et provoque des dégâts dans les ruches. – Lat. zool. *galleria.*

gallican, ane [gal(l)ikɑ̃, an] adj. et n. Relatif à l'Église catholique de France considérée dans sa spécificité vis-à-vis du Saint-Siège. *Les rites gallicans.* ▷ Subst. Partisan de l'indépendance et des libertés de l'Église de France. – Lat. médiév. *gallicanus,* «gaulois».

gallicanisme [gal(l)ikanism] n. m. Doctrine politico-religieuse, exprimée d'abord en France sous Louis XIV et fortement appuyée par lui, qui, tout en reconnaissant au pape la primauté d'honneur et de juridiction, conteste sa toute-puissance au bénéfice des conciles généraux dans l'Église et des souverains dans leurs États. – De *gallican.*

gallicisme [gal(l)isism] n. m. Idiotisme, forme de construction particulière à la langue française (ex.: *en être de sa poche*). – Du lat. *gallicus,* «gaulois».

gallicole [galikɔl] adj. ZOOL Se dit d'un insecte qui vit dans une galle, qui provoque la formation d'une galle. – De *galle,* et *-cole.*

galliformes [galifɔʀm] n. m. pl. ZOOL Ordre d'oiseaux aux ailes courtes, aux pattes et au bec puissants, de mœurs terrestres, le plus souvent granivores, et, pour la plupart, sédentaires (tétras, faisan, dindon, poulet, pintade, etc.). – Du lat. *gallus,* «coq», et *forme.*

gallinacé, ée [galinase] adj. et n. **1.** adj. Qui ressemble à la poule. **2.** n. m. plur. Syn. anc. de *galliformes.* – Du lat. *gallina,* «poule».

gallique [galik] adj. m. CHIM *Acide gallique:* acide triphénol extrait principalement de la noix de galle, utilisé dans l'industrie des colorants. – De *(noix de) galle.*

gallium [galjɔm] n. m. CHIM Élément de numéro atomique Z = 31 et de masse atomique 69,72 (symbole Ga), métal gris clair dont l'un des alliages, l'arséniure de gallium, est utilisé comme semiconducteur. – Du lat. *gallus,* «coq», du nom de *Lecoq* de Boisbaudran (1838-1912) qui le découvrit.

1. gallo [galo] n. m. Parler de langue d'oïl de l'E. de la Bretagne. ▷ Adj. *Pays gallo.* – Du breton *gall,* lat. *gallus.*

2. gallo-. Élément, du lat. *gallus,* «gaulois».

gallois, oise [galwa(ɑ), wa(ɑ)z] adj. et n. Du pays de Galles. *Langue galloise.* ▷ Subst. *Un Gallois, une Galloise.* ▷ N. m. Langue celtique du pays de Galles. – De *Galles,* région de l'O. de la Grande-Bretagne; angl. *Wales.*

gallon [galɔ̃] n. m. Mesure de capacité utilisée surtout pour les liquides, valant quatre pintes, huit chopines ou seize demiards, soit 4,546 litres ou 277,419 pouces cubes. *Le gallon n'est plus une mesure officielle depuis l'adoption du système métrique. Le gallon américain (3,785 l) contient moins que le gallon canadien ou impérial. Un gallon de sirop d'érable. Un gallon de peinture.* – Mot angl., anc. normand *galon.*

gallo-romain, aine [gal(l)oʀɔmɛ̃, ɛn] adj. et n. Qui appartient à la fois aux Gaulois et aux Romains. ▷ Subst. *Les Gallo-Romains:* les habitants de la Gaule romaine. – De *gallo-,* et *romain.*

ENCYCL La période gallo-romaine s'étend de la conquête de la Gaule par César (58-52 av. J.-C.) à l'avènement de Clovis (481). Rome, conformément à une politique déjà éprouvée et mise en application en Gaule transalpine (Provence et Languedoc) depuis 121 av. J.-C., s'efforça d'intégrer le pays dans son système politique et dans sa civilisation. Elle y parvint, dans la mesure où la distinction vainqueur-vaincu s'estompa rapidement sans que le second renonce à sa personnalité propre; toutefois, l'action brutale de César avait largement éliminé ce qui appartenait en propre à la Gaule.

galoche [galɔʃ] n. f. Chaussure à semelle de bois. ▷ Fig. *Menton en galoche,* fortement accusé et relevé vers l'avant. – P.-ê. du gaul. **gallos,* «pierre plate».

galon [galõ] n. m. **1.** Ruban tissé serré, pour border ou orner. ▷ Ruban à mesurer, divisé en centimètres. *Un galon en plastique, en métal.* **2.** Marque qui, dans l'armée, sert à distinguer les différents grades. *Les galons de sergent, de commandant.* ▷ Fam. *Prendre du galon:* monter en grade. – Déverbal de *galonner.*

galonner [galɔne] v. tr. [1] Border, orner d'un galon. – Orig. incert.

galop [galo] n. m. **1.** La plus enlevée et la plus rapide des allures des mammifères quadrupèdes (du cheval, notam.), comportant un temps de suspension pendant lequel l'animal perd tout contact avec le sol. *Galop de chasse, de manège, de course.* **2.** MED *Bruit de galop:* troisième bruit cardiaque (surajouté aux deux bruits normaux) donnant un rythme à trois temps et témoignant d'une insuffisance ventriculaire. **3.** Ancienne danse à deux temps, d'un mouvement très vif; air qui accompagnait cette danse. **4.** loc. *Au galop:* en courant; très vite. – De *galoper.*

galopade [galɔpad] n. f. **1.** Action de galoper. **2.** Course précipitée (d'une personne). – De *galoper.*

galopant, ante [galɔpɑ̃, ɑ̃t] adj. **1.** Qui s'accroît très rapidement, en parlant de certains phénomènes. *Inflation galopante.* **2.** MED Vx *Phtisie galopante:* tuberculose pulmonaire à évolution très rapide. – Ppr. de *galoper.*

galoper [galɔpe] v. intr. [1] **1.** Aller au galop (animaux, chevaux). **2.** Courir, se précipiter (personnes). – Du frq. **wala hlaupan.*

galopeur, euse [galɔpœʀ, øz] n. Cheval qui a des aptitudes pour le galop, ou spécialisé dans les courses de galop (opposé à *trotteur*). – De *galoper.*

galopin [galɔpɛ̃] n. m. Fam. Garnement, jeune garçon turbulent et effronté. – De *galoper.*

galoubet [galubɛ] n. m. Flûte provençale à trois trous. *Danser la farandole au son du galoubet et du tambourin.* – Provenç. *galaubia.*

galuchat [galyʃa] n. m. Peau de raie ou de requin, tannée et préparée pour la reliure, la maroquinerie, etc. – Du nom de l'inventeur.

galurin [galyʀɛ̃] ou **galure** [galyʀ] n. m. Pop. Chapeau. – Du lat. *galerus,* «chapeau, bonnet».

galvanique [galvanik] adj. Relatif au galvanisme, aux effets électriques découverts par Galvani. – Du nom du médecin et physicien italien Luigi *Galvani* (1737-1798).

galvanisation [galvanizasjɔ̃] n. f. **1.** Action de galvaniser. **2.** MED Utilisation thérapeutique de courants électriques continus de faible intensité. – De *galvaniser.*

galvaniser [galvanize] v. tr. [1] **1.** Vx Soumettre à l'action du courant électrique. ▷ Mod., fig. Enthousiasmer, remplir d'ardeur. *Son discours galvanisa la foule.* Syn. électriser. **2.** Recouvrir (une pièce métallique) d'une couche protectrice de zinc (à l'origine par dépôt électrolytique). *Galvaniser une chaîne à chaud.* – Du n. de *Galvani.*

galvanisme [galvanism] n. m. BIOL Ensemble des effets produits par le courant électrique continu sur les organes (muscles, nerfs). – De *galvaniser.*

galvano-. Élément, tiré du nom de L. *Galvani,* impliquant l'idée d'une action du courant électrique.

galvanocautère [galvanokotɛʀ] n. m. MED Cautère électrique. – De *galvano-,* et *cautère.*

galvanomagnétique [galvanomaɲetik] adj. PHYS Qui concerne les interactions entre courant électrique et champ magnétique. – De *galvano-,* et *magnétique.*

galvanomètre [galvanomɛtʀ] n. m. ELECTR Appareil servant à mesurer l'intensité des courants faibles. *Le galvanomètre à cadre mobile comprend une bobine mobile dans l'entrefer d'un aimant.* – De *galvano-,* et *-mètre.*

galvanoplastie [galvanoplasti] n. f. TECH Opération qui consiste à déposer par électrolyse une couche de métal sur un support conducteur (protection contre l'oxydation, fabrication des disques, etc.). – De *galvano-,* et *-plastie.*

galvanoplastique [galvanoplastik] adj. TECH Qui concerne la galvanoplastie. – De *galvanoplastie.*

galvanotype [galvanotip] n. m. IMPRIM Cliché typographique en relief obtenu par galvanotypie. Abrév. *galvano.* – De *galvano-,* et *-type.*

galvanotypie [galvanotipi] n. f. IMPRIM Procédé de galvanoplastie appliqué à la production de clichés typographiques. – De *galvanotype.*

galvauder [galvode] **1.** v. tr. [1] Gâcher, avilir par un mauvais usage. *Galvauder son génie, sa réputation.* **2.** v. intr. Vx Traîner, vagabonder. – Probabl. de l'a. fr. *galer,* «s'amuser», et *vauder,* «aller».

galvaudeur, euse [galvodœʀ, øz] ou **galvaudeux, euse** [galvodø, øz] n. Vieilli Fainéant, propre à rien. – De *galvauder.*

gamay ou **gamet** [gamɛ] n. m. Cépage noir de Bourgogne, du Beaujolais et de Lorraine. – De *Gamay,* hameau de la Côte-d'Or (France).

gamba [gɑ̃ba] n. f. Grosse crevette. – Mot catalan.

gambade [gɑ̃bad] n. f. Mouvement vif et désordonné des jambes ou des pattes, cabriole d'un enfant ou d'un jeune animal qui s'ébat. – Provenç. *cambado,* de *cambo,* «jambe».

gambader [gɑ̃bade] v. tr. [1] Faire des gambades. – De *gambade.*

gambe [gɑ̃b] n. f. MUS *Viole de gambe:* instrument à cordes frottées, ancêtre du violoncelle. – L'un des jeux de l'orgue, qui sonne comme cet instrument. – De l'ital. *gamba,* «jambe».

gamberge [gɑ̃bɛʀʒ] n. f. Arg., fam. Rêverie, imagination. ▷ Réflexion. – Déverbal de *gamberger.*

gamberger [gɑ̃bɛʀʒe] v. tr. [15] Arg., fam. Avoir l'esprit qui bat la campagne. ▷ Réfléchir. – Orig. incert.

1. gambette [gɑ̃bɛt] n. f. Fam. Jambe. *Tricoter des gambettes.* – De l'a. fr. *gambe,* «jambe».

2. gambette [gɑ̃bɛt] n. m. *Gambette* ou *chevalier gambette (Tringa totanus):* chevalier (ordre des charadriiformes), oiseau migrateur, commun sur les rivages marins ou lacustres, aux pattes et au bec rouges, long de 30 cm. – De *gambette* 1.

gambiller [gɑ̃bije] v. intr. [1] Vx, fam. Danser. – De l'a. fr. *gambe,* «jambe», *gambayer,* «gigoter».

gambit [gɑ̃bi] n. m. Aux échecs, sacrifice volontaire d'un pion ou d'une pièce, fait en vue de s'assurer un avantage. – De l'ital. *gambetto,* «croc-en-jambe».

gambusie [gɑ̃byzi] n. f. Poisson téléostéen originaire d'Amérique, dont une espèce a été acclimatée dans les eaux douces de nombreux pays chauds pour détruire les larves d'anophèle (moustique vecteur du paludisme). – Orig. incert.

-game, -gamie. Éléments, du gr. *gamos,* «union, mariage».

gamelan [gamәlɑ̃] n. m. Orchestre traditionnel indonésien. – Mot indonésien.

gamelle [gamɛl] n. f. **1.** Vx Grande écuelle dans laquelle plusieurs soldats mangeaient ensemble. – Mod., fam. *Manger à la gamelle:* prendre ses repas à l'ordinaire des hommes de troupe. **2.** Récipient individuel dans lequel les soldats en campagne reçoivent leur ration. **3.** Récipient métallique à couvercle dans lequel on peut transporter, et éventuellement réchauffer, un repas tout préparé. **4.** Fam. *Ramasser une gamelle:* faire une chute ou subir un échec. – Ital. *gamella,* lat. *camella,* «coupe».

gamet. V. gamay.

gamète [gamɛt] n. m. BIOL Cellule reproductrice mâle ou femelle. – Gr. *gametê, gametês,* «épouse, époux», de *gamos,* «mariage».

ENCYCL Chez les animaux, les gamètes sont le spermatozoïde et l'ovule; chez les végétaux, l'anthérozoïde et l'oosphère qui portent des noms plus spécifiques suivant le groupe systématique. Les gamètes sont toujours haploïdes; ou bien ils proviennent de la méiose subie par certaines cellules d'un individu diploïde (chez les animaux, chez les phanérogames, chez certaines algues), ou bien ils sont produits par un individu spécial haploïde, nommé *gamétophyte* (dans divers groupes végétaux primitifs et chez les protistes).

gamétocyte [gametosit] n. m. BOT Cellule à l'intérieur de laquelle s'élaborent des gamètes qui ne sont enveloppés que par la paroi de la cellule initiale. – De *gamète,* et *-cyte.*

gamétophyte [gametofit] n. m. BOT Individu haploïde, sexué ou hermaphrodite, se développant à partir de spores provenant d'une méiose et spécialisé dans la production de gamètes. *Certaines algues primitives, les mousses, les prothalles des fougères sont des gamétophytes; tous les autres végétaux sont des sporophytes.* – De *gamète,* et *-phyte.*

gamin, ine [gamɛ̃, in] n. et adj. Fam. Enfant, adolescent(e). ▷ Fam., péjor. Homme, femme très jeune. ▷ Adj. Qui a l'espièglerie de l'enfance. *Un minois gamin.* – Orig. incert.

gaminer [gamine] v. intr. [1] Fam., rare. Faire le gamin. – De *gamin.*

gaminerie [gaminʀi] n. f. Fam. Action de gamin, digne d'un gamin; enfantillage. – De *gamin*.

gamma [gam(m)a] n. m. **1.** Troisième lettre de l'alphabet grec (γ, Γ) correspondant au *g*. *En physique, γ est le symbole de l'accélération.* **2.** PHYS NUCL *Rayons gamma :* rayons très pénétrants émis lors de la désintégration des corps radioactifs. **3.** ASTRO *Points gamma:* les deux points d'intersection des plans de l'écliptique et de l'équateur. – Mot grec.

gammaglobuline [gam(m)aglɔbylin] n. f. BIOCHIM Nom donné aux protéines sériques qui migrent le plus lentement lors d'une électrophorèse. (Le groupe a pour uniques représentants les *immunoglobulines*, c.-à-d. les anticorps.) – De *gamma*, et *globuline*.

gammagraphie [gam(m)agʀafi] n. f. MED Radiographie effectuée au moyen des rayons gamma émis par un isotope radioactif. *Gammagraphie cérébrale.* Syn. scintigraphie, scintillographie. – De *gamma*, et *-graphie*.

gammare [gammaʀ] n. m. Crustacé très commun dans les ruisseaux, appelé aussi *crevette d'eau douce.* – Lat. *gammarus, cammarus*, «écrevisse».

gammathérapie [gamateʀapi] n. f. MED Traitement par rayons gamma. – De *gamma*, et *thérapie*.

gamme [gam] n. f. **1.** Suite ascendante ou descendante de notes conjointes, disposées selon les lois de la tonalité sur l'étendue d'une octave. (La musique occidentale connaît les gammes *diatoniques* et *chromatiques*. Les gammes diatoniques se divisent en deux séries: *majeures* et *mineures*, dont le septième degré est augmenté d'un demi-ton.) ▷ Fig., fam. *Changer de gamme:* changer de ton, de manière d'agir. **2.** Fig. Ensemble de couleurs, d'états, d'objets, etc., qui s'ordonnent comme une gradation. *La gamme des bleus. La gamme complète des voitures produites par une firme.* – *Voitures de haut de gamme*, de luxe, de prestige. **3.** *Toute la gamme des:* l'ensemble complet des. *Utiliser toute la gamme des antibiotiques. Passer par toute la gamme des sentiments.* – De *gamma*, lettre grecque qui désignait la première note de la gamme.

gammée [game] adj. f. *Croix gammée:* croix symbolique dont chaque branche a la forme d'un gamma majuscule (Γ). *La croix gammée, emblème de l'Allemagne hitlérienne.* V. svastika. – De *gamma*.

gamo-. Élément, du gr. *gamos*, «union, mariage».

gamone [gamɔn] n. f. BIOL Nom générique des substances dites *hormones de fécondation.* (Les *androgamones* sont sécrétées par les gamètes mâles; les *gynogamones*, par les gamètes femelles. Leur rôle est d'accroître les chances de rencontre des gamètes mâles et femelles par chimiotactisme et par diverses actions enzymatiques, ou de type immunitaire, telles que la dissolution de l'enveloppe ovulaire.) – De *gam(o)-*, et *(horm)one*.

gamopétale [gamopetal] adj. et n. f. BOT Se dit d'une fleur dont les pétales sont soudés entre eux. Ant. dialypétale. ▷ N. f. pl. Classe de plantes dicotylédones réunissant les familles à fleurs gamopétales (notam. les primulacées, les labiées, les solanacées). – De *gamo-*, et *pétale*.

gamosépale [gamosepal] adj. BOT Se dit d'une fleur dont les sépales sont soudés. Ant. dialysépale. – De *gamo-*, et *sépale*.

ganache [ganaʃ] n. f. **1.** Région postérieure de la mâchoire inférieure du cheval. **2.** Fig., fam. Personne incapable, peu intelligente. *Nous ne voulons pas être commandés par une vieille ganache!* – Ital. *ganascia*, «mâchoire».

ganaderia [ganadeʀja] n. f. Élevage, troupeau de taureaux de combat. – M. esp., de *ganado*, «troupeau».

gandin [gɑ̃dɛ̃] n. m. Fam. Jeune homme d'une élégance affectée et quelque peu ridicule. – P.-ê. «habitué du boulevard de *Gand*» (auj. boulevard des Italiens), à Paris, anc. rendez-vous des élégants.

gandoura [gɑ̃duʀa] n. f. Longue tunique sans manches des pays d'Afrique du Nord et du Proche-Orient. – Mot ar.

1. gang [gaɲ] n. f. Fam. **1.** Groupe de personnes qui vont en troupe, qui sont réunies en un même endroit. *Une gang d'enfants joue dans la rue. Des gangs de touristes.* Syn. bande 2. ▷ *Spécial.* Groupe de personnes réunies pour une tâche commune. *Dans le temps de le dire, une première gang de pompiers est arrivée. Gang de nuit, gang de jour.* Syn. équipe. **2.** *Par ext.* Groupe de personnes ayant la même appartenance, partageant la même condition, les mêmes opinions. *La gang des jeunes, des vieux. Une gang de bandits, de voleurs.* – (Comme t. d'insulte ou de mépris collectif) *Une gang de fous, de paresseux. Une gang de parvenus.* ▷ *Spécial.* (Souvent avec un adj. poss.) Groupe de personnes avec qui l'on a l'habitude de se tenir, que l'on fréquente régulièrement. *Avoir une gang. Aller rejoindre sa gang. Sortir avec sa gang.* «Amène pas ta gang si t'es v'nu pour me voir, Laisse ta gang dehors pour une fois pour un soir.» (Chanson de Beau Dommage, 1975.) – Groupe de personnes semblables. «Vous avez l'air d'aimer la musique classique?...» «À peu près toute à part Bartók et sa gang que je ne peux pas sentir, ça me repose...» (Jean-Paul Filion, *À mes ordres, mon colonel!*, 1982.) – Famille. *Partir en vacances avec toute sa gang. La gang de mon mari, de ma femme.* ▷ Loc. *Être tout seul de sa gang:* avoir une appartenance, une condition, des opinions différentes de celles partagées par les autres membres d'un groupe; être tout fin seul. **3.** Grand nombre de personnes. *C'est une nouvelle qui va en surprendre une gang. Une gang de monde.* Rem. Sous l'infl. de *gang* 2, pfs masc. Aussi orthogr. *gagne*. – Mot angl.

2. gang [gɑ̃g] n. m. (France) Association de malfaiteurs. – Même orig. que le préc.

ganga [gɑ̃ga] n. m. Oiseau galliforme proche des pigeons (fam. ptéroclididés), qui vit dans les régions désertiques de l'Ancien Monde. – Mot catalan.

gangétique [gɑ̃ʒetik] adj. Du Gange, fleuve de l'Inde.

ganglion [gɑ̃glijɔ̃] n. m. Petit corps arrondi situé sur le trajet d'un vaisseau lymphatique ou d'un nerf. (C'est dans les *ganglions lymphatiques*, gonflés, que se forment les lymphocytes et les plasmocytes en cas d'infection. Un *ganglion nerveux* est formé par la réunion de nombreuses synapses.) – Gr. *gagglion*.

ganglionnaire [gɑ̃glijɔnɛʀ] adj. Qui concerne les ganglions. *Tuméfaction ganglionnaire.* – De *ganglion*.

gangrène [gɑ̃gʀɛn] n. f. **1.** Nécrose et putréfaction des tissus. *Gangrène sèche*, due à une insuffisance circulatoire. *Gangrène humide*, où les phénomènes de putréfaction dominent. *Gangrène gazeuse*, due au développement de bactéries anaérobies dans une plaie profonde et caractérisée par une mortification des tissus, s'accompagnant d'une production de gaz. **2.** Fig. Ce qui corrompt, désorganise, détruit. *La gangrène du vice.* – Gr. *gaggraina*, «pourriture».

gangrener [gɑ̃gʀəne] v. tr. **[19]** **1.** Atteindre de gangrène. ▷ v. pron. *Membre qui se gangrène.* **2.** Fig. Corrompre, pourrir. *Le vice a gangrené son âme.* ▷ v. pron. *Société qui se gangrène.* – De *gangrène*.

gangreneux, euse [gɑ̃gʀənø, øz] adj. MED Qui a les caractères de la gangrène. – De *gangrène*.

gangster [gɑ̃gstɛʀ] n. m. Membre d'un gang, malfaiteur. ▷ Fig. Individu malhonnête, escroc. – Mot anglo-amér., de *gang* 2.

gangstérisme [gɑ̃gsteʀism(ə)] n. m. Banditisme. – De *gangster.*

gangue [gɑ̃g] n. f. **1.** Enveloppe rocheuse des pierres précieuses, des minerais. **2.** Fig. Ce qui est de peu de valeur et qui enveloppe, cache qqch de précieux. – All. *Gang,* «chemin; filon».

ganoïde [ganɔid] adj. (et n. m. pl.) ZOOL *Écaille ganoïde:* écaille en losange, de grande taille, couverte d'émail chez les formes fossiles, que l'on rencontre notam. chez l'esturgeon. ▷ N. m. pl. Syn. anc. de *chondrostéens* (poissons cartilagineux). – Du gr. *ganos,* «éclat», et *-oïde.*

ganse [gɑ̃s] n. f. Cordonnet ou ruban qui sert d'ornement, de bordure dans le costume, l'ameublement. – Provenç. *ganso,* «boucle», du gr. *gampsos,* «courbé».

ganser [gɑ̃se] v. tr. [1] Orner, border d'une ganse. – De *ganse.*

gant [gɑ̃] n. m. **1.** Pièce d'habillement qui couvre la main et chaque doigt séparément. *Gants de fil, de laine, de cuir. Gants de caoutchouc. Gants de chirurgien.* ▷ Fig. *Être souple comme un gant,* très souple, très accommodant. – *Cela me va comme un gant,* me convient parfaitement. – *Une main de fer dans un gant de velours:* V. main. – *Prendre des gants:* prendre des précautions. – *Se donner les gants de:* s'attribuer le mérite de. – *Jeter le gant:* lancer un défi. *Relever le gant:* relever le défi. **2.** *Par ext.* Objet qui couvre la main et qui sert à divers usages. *Gants de boxe:* moufles en cuir rembourré des boxeurs. *Gant de baseball, gant de hockey.* – *Gant de toilette,* en tissu-éponge. – *Gant de crin,* en crin tricoté, pour les frictions. – Du frq. **want.*

ganté, ée [gɑ̃te] adj. Qui porte des gants. *Motocycliste ganté de cuir.* – Pp. de *ganter.*

gantelet [gɑ̃tlɛ] n. m. **1.** Pièce de l'armure qui protégeait la main. **2.** Pièce de cuir qui protège la main, dans certains métiers. *Gantelet de cordonnier.* – De *gant.*

ganter [gɑ̃te] **I.** v. tr. [1] **1.** Mettre des gants à (qqn). ▷ v. pron. *Se ganter.* **2.** S'adapter à la main de (qqn). *Ces mitaines vous gantent parfaitement.* **II.** v. intr. Avoir comme pointure de gants. *Je gante du 7.* – De *gant.*

ganterie [gɑ̃tʀi] n. f. Fabrication ou commerce des gants. – De *gantier.*

gantier, ière [gɑ̃tje, jɛʀ] n. Personne qui fabrique ou qui vend des gants. – De *gant.*

garage [gaʀaʒ] n. m. **1.** Action de garer un véhicule. ▷ *Voie de garage:* voie où l'on gare les trains, les wagons, à l'écart de la voie principale. – Fig., fam. Situation, fonction sans avenir dans laquelle qqn est relégué. *Diplomate mis sur une voie de garage.* **2.** Construction, local destiné au remisage des véhicules. *Maison avec garage. Garage à bateaux.* ▷ Établissement commercial où l'on peut remiser les automobiles, les faire entretenir et réparer. – De *garer.*

garagiste [gaʀaʒist] n. Personne qui tient un garage. – De *garage.*

garamond [gaʀamɔ̃] n. m. TYPO Caractère à fins jambages et empattements triangulaires, créé par Claude *Garamond* (1499-1561), fondeur et graveur français.

garance [gaʀɑ̃s] n. et adj. inv. **1.** n. f. Plante de la famille des rubiacées dont une espèce, la garance des teinturiers *(Rubia tinctorum),* était autrefois cultivée pour l'alizarine, colorant rouge tiré de ses racines. – *Par ext.* Ce colorant rouge. **2.** adj. inv. De la couleur rouge vif de la garance. *Des pantalons garance.* – Du lat. médiév. *warantia,* frq. **wratja.*

garant, ante [gaʀɑ̃, ɑ̃t] n. et adj. **1.** DR Personne qui cautionne une dette, une obligation. *Prendre un ami pour garant d'une dette.* ▷ Fig. *Être, se porter garant de:* répondre de. *Je me porte garant de son innocence.* **2.** n. m. Indice sûr, preuve. *Sa conduite passée vous est un sûr garant de sa fidélité.* **3.** n. m. MAR Cordage d'un palan. – Du frq. **warjan,* «garantir pour vrai».

garantie [gaʀɑ̃ti] n. f. **1.** DR Obligation légale en vertu de laquelle une personne doit en défendre une autre d'un dommage éventuel, ou l'indemniser d'un dommage éprouvé. *Passer un acte de garantie.* ▷ Cour. Engagement pris par le fabricant ou le vendeur de prendre à sa charge les frais de réparation résultant d'un vice de fabrication. *Montre vendue avec une garantie de deux ans.* **2.** Ce qui donne une assurance pour le présent ou l'avenir, ce qui protège contre l'imprévu. *Les bons antécédents de ce garçon sont la meilleure des garanties.* – Pp. fém. subst. de *garantir.*

garantir [gaʀɑ̃tiʀ] v. tr. [2] **1.** S'engager à payer à la place du débiteur, dans le cas où celui-ci serait défaillant. *Garantir une dette. Emprunt garanti par l'État.* Syn. cautionner. **2.** Assurer (un droit, un avantage) à. *Cette législation garantit à tous les travailleurs le droit à la retraite.* **3.** Donner pour vrai, pour certain. *Je vous garantis que je l'ai.* Syn. affirmer, certifier. **4.** S'engager à prendre à sa charge les frais de réparation résultant d'un vice de fabrication. *Le constructeur garantit tous ces appareils pour un an.* **5.** Protéger (qqn, qqch). *La digue garantit la ville de* (ou *contre*) *l'inondation.* Syn. défendre, préserver. – *Garantir un risque:* s'engager par un contrat d'assurance à couvrir le client en cas d'accident (dont la nature est préalablement définie). ▷ v. pron. *Se garantir du soleil.* – De *garant.*

garbure [gaʀbyʀ] n. f. Dans le sud-ouest de la France, potage épais, fait avec du pain de seigle, du chou, du lard, du confit d'oie, etc. – Gascon *garburo.*

garce [gaʀs] n. f. **1.** Vx Jeune fille. **2.** Fam., péjor. Fille ou femme sans moralité ou méchante (équivalent masculin: salaud). ▷ Fam. *Cette garce de,* cette maudite. Par anal. *Cette garce de pluie.* – De *gars.*

garcette [gaʀsɛt] n. f. MAR Petit cordage tressé servant à réduire la surface d'une voile. *Garcette de ris.* – De *garce.*

garçon [gaʀsɔ̃] n. m. **1.** Enfant mâle. *Accoucher d'un garçon.* ▷ *Petit garçon,* âgé de deux à douze ans environ. **2.** Adolescent, jeune homme. *Un garçon de vingt-deux ans.* **3.** Homme jeune. *Son mari est un brave garçon.* ▷ *Mauvais garçon:* mauvais sujet, voyou. **4.** Homme célibataire. *Rester garçon. Enterrer sa vie de garçon.* ▷ *Vieux garçon:* célibataire d'un certain âge. **5.** Employé d'un artisan, d'un commerçant, etc. *Garçon coiffeur. Garçon de café.* ▷ *Absol.* Serveur dans un café, un restaurant. *Garçon, l'addition!* – P.-ê., du frq. **wrakjo,* «valet; enfant mâle».

garçonne [gaʀsɔn] n. f. Vx Jeune fille à la vie très libre. – De *garçon;* répandu depuis *la Garçonne* (1922), roman de V. Margueritte.

garçonnet [gaʀsɔnɛ] n. m. Petit garçon. – Dimin. de *garçon.*

garçonnier, ière [gaʀsɔnje, jɛʀ] adj. Qui conviendrait plutôt à un garçon en parlant du langage, des manières, de l'allure d'une fille. – De *garçon.*

garçonnière [gaʀsɔnjɛʀ] n. f. **1.** Logement de garçon célibataire. **2.** *Par ext.* Petit appartement (pour une personne seule). – De *garçon.*

1. garde [gaʀd] n. f. **I. 1.** Action de surveiller, de protéger, d'interdire l'accès à un lieu, ou la sortie d'un lieu. *Laisser qqch à la garde de qqn. La garde des frontières. Chien de garde.* ▷ *Garde à vue,* mesure qui permet à un officier de police judiciaire de retenir un temps réglementé, dans les locaux de la police, tout individu pour les nécessités d'une enquête. **2.** Guet, surveillance en vue de prévenir un danger. *Monter la garde.* **3.** Permanence, service de surveillance ou de sécurité. *La garde de nuit est assurée par un interne.* – *De garde:* affecté, à son tour, à un tel service. – *Garde côtière,* chargée de la surveillance du littoral du Canada. **4.** SPORT Position d'attente qui permet aussi bien l'attaque que la défense ou la riposte (boxe, escrime, etc.). *Se mettre en garde.* **II. 1.** Groupe de personnes qui gardent. **2.** Groupe de soldats en faction. *Relever la garde. Corps de garde:* troupe chargée d'une garde. – *Par ext.* Local où se tient cette troupe. *Chanson, plaisanterie, histoire de corps de garde,* très grossière. **3.** Corps de troupe chargé de la protection d'un souverain ou du maintien de l'ordre. *Garde royale, impériale. Garde républicaine. Garde nationale.* **III.** TECH **1.** Partie d'une arme blanche qui forme saillie entre la poignée et la lame et qui protège la main. **2.** *Pages de garde:* pages, qui ne comportent pas de texte, au début et à la fin d'un livre. **3.** *Garde au sol:* distance entre le plancher d'un véhicule et le sol. **4.** Plur. Pièces d'une serrure qui empêchent qu'on fasse jouer le mécanisme avec une autre clé que celle prévue à cet effet. **IV.** en loc. **1.** *Prendre garde à:* faire attention à. *Prenez garde à la peinture.* ▷ Litt. *Prendre garde de:* prendre les précautions pour ne pas... *Prenez garde de tomber!* – Litt. *Prendre garde que:* s'assurer que. *Prenez garde que la porte soit bien fermée.* **2.** Plur. *Être, se mettre, se tenir sur ses gardes:* faire attention, se méfier. – De *garder.*

2. garde [gaʀd] n. m. Celui qui garde. **1.** Gardien, surveillant. ▷ (France) *Garde champêtre:* agent municipal chargé de faire respecter les règlements de police rurale. ▷ *Garde forestier,* chargé de surveiller les bois et les forêts. ▷ *Garde du corps.* Anc. Soldat appartenant à une garde (sens II, 2) chargée de la sécurité d'un souverain. – Mod. Personne qui en escorte une autre et veille à sa sécurité. **2.** *Garde des Sceaux,* en France, ministre de la Justice (à qui sont confiés les sceaux de l'État). **3.** Soldat d'une garde (sens II, 2) chargée de la sécurité publique, du maintien de l'ordre, etc. – De *garder.*

3. garde [gaʀd] n. (surtout n. f.) Personne dont le métier est de garder les malades, les enfants. – Abrév. de *garde-malade.*

4. garde-. Élément, de *garde* ou de *garder.*

garde-à-vous [gaʀdavu] loc. et n. m. inv. **1.** loc. *Garde à vous!:* commandement militaire enjoignant de prendre une position réglementaire (debout, immobile, tête droite, bras le long du corps, talons joints). **2.** n. m. Cette position. *Se mettre au garde-à-vous.* – Abrév. de *prenez garde à vous.*

garde-barrière [gaʀdbaʀjɛʀ] n. Personne chargée de la manœuvre d'un passage à niveau non automatisé. *Des gardes-barrière(s).* – De *garde-,* et *barrière.*

garde-bœuf [gaʀdəbœf] n. m. Petit héron blanc (*Ardeola ibis,* 50 cm), d'Afrique et d'Asie, qui se pose sur le dos des bœufs, des hippopotames, des éléphants, etc., dont il mange les parasites. *Des gardes-bœufs.* – De *garde-,* et *bœuf.*

garde-boue [gaʀdəbu] n. m. inv. Pièce incurvée qui couvre partiellement la roue d'une bicyclette, d'une motocyclette, etc., et qui protège des éclaboussures. – De *garde-,* et *boue.*

garde champêtre. V. garde 2.

garde-chasse [gaʀdəʃas] n. m. Gardien d'une chasse privée. *Des gardes-chasse(s).* – De *garde-,* et *chasse.*

garde-chiourme [gaʀdəʃjuʀm] n. m. Anc. Gardien des galériens, puis des forçats. ▷ Fig. Personne autoritaire, brutale. *Des gardes-chiourme(s).* – De *garde-,* et *chiourme.*

garde-corps [gaʀdəkɔʀ] n. m. inv. **1.** Parapet, balustrade empêchant de tomber dans le vide. Syn. garde-fou. **2.** MAR Corde tendue sur le pont d'un navire servant d'appui aux matelots. – De *garde-,* et *corps.*

garde-côte [gaʀdəkot] n. m. **1.** Anc. Soldat qui était chargé de surveiller le littoral. *Des gardes-côtes.* **2.** Petit navire de guerre affecté à la surveillance des côtes. *Des garde-côtes.* – De *garde-,* et *côte.*

garde-feu [gaʀdəfø] n. m. inv. Écran que l'on place devant une cheminée pour arrêter les étincelles, les escarbilles. Syn. pare-étincelles. – De *garde-,* et *feu.*

garde-fou [gaʀdəfu] n. m. Balustrade, parapet destiné à empêcher de tomber dans le vide. ▷ Fig. Ce qui sert de guide, ce qui empêche les erreurs. *Des garde-fous.* – De *garde-,* et *fou.*

garde-frein [gaʀdəfʀɛ̃] n. m. Anc. CH de F Employé chargé de la manœuvre des freins d'un convoi autres que ceux commandés de la locomotive. *Des gardes-frein(s).* – De *garde-,* et *frein.*

garde-frontière [gaʀdəfʀɔ̃tjɛʀ] n. m. Militaire installé dans un poste frontalier pour contrôler ou interdire le franchissement de la frontière. *Des gardes-frontière(s).* – De *garde-,* et *frontière.*

garde-magasin [gaʀdmagazɛ̃] n. m. Magasinier militaire. *Des gardes-magasin(s).* Syn. fam. garde-mites. – De *garde-,* et *magasin.*

garde-malade [gaʀdmalad] n. Personne qui garde et soigne les malades. *Des gardes-malades.* V. garde 3. – De *garde-,* et *malade.*

garde-manger [gaʀdmɑ̃ʒe] n. m. inv. Petite armoire mobile ou petit placard aéré où l'on conserve les aliments. – De *garde-,* et *manger.*

garde-meuble [gaʀd(ə)mœbl] n. m. Lieu où l'on peut laisser des meubles en garde. *Des garde-meuble(s).* – De *garde-,* et *meuble.*

garde-mites [gaʀdəmit] n. m. Arg. des militaires. Garde-magasin. *Des gardes-mites.* – De *garde-,* et *mite,* d'apr. *garde-magasin.*

gardénal [gaʀdenal] n. m. Médicament utilisé comme anticonvulsif (épilepsie), somnifère et sédatif, toxique à fortes doses. Syn. phénobarbital. – Nom déposé.

gardénia [gaʀdenja] n. m. Arbrisseau à grandes fleurs blanches ornementales (genre *Gardenia,* fam. rubiacées), originaire de Chine. – De *Garden,* botaniste écossais du XVIIIe s.

garden-party [gaʀdɛnpaʀti] n. f. Anglicisme Réception élégante donnée dans un jardin. *Des garden-parties.* – Mot angl., de *garden,* «jardin», et *party,* «partie de plaisir».

garde-pêche [gaʀdəpɛʃ] n. m. **1.** Agent qui surveille les cours d'eau et les lacs et assure la protection contre le braconnage. *Des gardes-pêches.* **2.** Petit navire de guerre qui assure la protection des zones de pêche côtières, dans certaines mers. *Des garde-pêche.* ▷ Adj. inv. *Des vedettes garde-pêche.* – De *garde-,* et *pêche.*

garde-port [gaʀdəpɔʀ] n. m. ADMIN Agent chargé de la surveillance des ports fluviaux ainsi que de la réception et du placement des marchandises déchargées. *Des gardes-port(s).* – De *garde-* et *port.*

garder [gaʀde] v. tr. [1] **I.** Surveiller, protéger. **1.** Rester près d'un être pour en prendre soin. *Garder un malade.* – Absol. Surveiller des enfants en l'absence de leurs parents. *Aller garder chez les voisins.* **2.** Surveiller pour empêcher de s'enfuir. *Garder à vue un suspect.* V. garde (I, sens 1). Syn. détenir. **3.** Surveiller, veiller à la protection, à la sécurité de. *Des policiers gardent l'arsenal.* **4.** Préserver. *Dieu vous garde d'un tel malheur!* Syn. protéger, sauver. **II.** Conserver. **1.** Ne pas se dessaisir de. *Gardez bien ces papiers.* Syn. conserver. ▷ Continuer de posséder. *Garder sa fortune.* Ant. perdre. ▷ Continuer d'avoir (une attitude). *Garder son sérieux.* ▷ Continuer d'avoir à son service. *Garder un domestique.* Ant. licencier, renvoyer. ▷ (Avec un attribut.) Conserver (dans tel état). *Garder intact son patrimoine.* ▷ Continuer de porter, d'avoir sur soi. *Garder son chapeau.* **2.** *Garder la chambre, garder le lit:* rester chez soi, rester au lit, quand on est malade. **3.** Réserver, mettre de côté. *Je vous ai gardé cette chambre.* **4.** Ne pas divulguer. *Savoir garder un secret.* Ant. dévoiler, répéter. **III.** Se soumettre à (une obligation), observer avec rigueur. *Garder le jeûne.* **IV.** v. pron. **1.** *Se garder de:* se prémunir contre. *Gardez-vous du froid.* Syn. se défendre, se protéger. **2.** *Se garder de* (+ inf.): s'abstenir de. *Gardez-vous de parler.* – Du germ. **wardôn*.

garde-rats [gaʀdəʀɑ] n. m. inv. Disque métallique enfilé sur les amarres d'un navire à quai pour empêcher les rats de monter à bord. – De *garde-*, et *rat*.

garderie [gaʀdəʀi] n. f. Établissement équipé pour la garde des enfants en bas âge durant le jour. – De *garder*.

garde-robe [gaʀdəʀɔb] n. f. **1.** Armoire, placard où l'on garde les vêtements. Syn. penderie. **2.** *Par ext.* Ensemble des vêtements que possède une personne. *Renouveler sa garde-robe.* **3.** Vx Cabinets d'aisances; chaise percée. *Aller à la garde-robe. Des garde-robes.* – De *garde-*, et *robe*.

garde-temps [gaʀdətɑ̃] n. m. inv. TECH Chronomètre de précision servant à la détermination des mesures de temps et de référence unique pour les calculs astronomiques. – De *garde-*, et *temps*.

gardeur, euse [gaʀdœʀ, øz] n. *Gardeur, gardeuse de:* celui, celle qui garde (tels animaux). *Gardeuse de dindons.* – De *garder*.

garde-voie [gaʀdəvwa] n. m. CH de F Agent chargé de la surveillance d'un secteur de voie ferrée. *Des gardes-voie(s).* – De *garde-*, et *voie*.

gardian [gaʀdjɑ̃] n. m. Gardien de taureaux ou de chevaux, en Camargue. – Mot provenç., «gardien».

gardien, ienne [gaʀdjɛ̃, jɛn] n. **1.** Celui, celle qui garde, qui surveille. *Gardien de prison, de musée. Gardien de nuit.* Syn. garde, surveillant. ▷ *Gardien d'immeuble:* concierge. ▷ SPORT *Gardien de but* ou *gardien*, celui qui garde le but au soccer, au hockey, au water-polo, etc. ▷ Personne rémunérée pour garder des enfants en l'absence de leurs parents. **2.** Fig. Celui, celle qui défend, qui maintient. *Les gardiens de la tradition.* Syn. défenseur, protecteur. ▷ *Gardien de la paix:* agent de police (officiel). – De *garder*.

gardiennage [gaʀdjenaʒ] n. m. Service de garde et de surveillance assuré par des gardiens professionnels. *Des frais de gardiennage élevés.* – De *gardien*.

gardon [gaʀdɔ̃] n. m. Petit poisson d'eau douce (genre *Gardonus*, fam. cyprinidés), commun en Europe, à la chair appréciée. – Orig. incert.

1. gare [gaʀ] n. f. **1.** Sur une ligne de chemin de fer, ensemble des installations et des bâtiments destinés au trafic des voyageurs et des marchandises, ainsi qu'au triage des wagons, à la régulation du trafic. *Gare des marchandises. Gare de triage. Gare régulatrice. Chef de gare.* – *Gare maritime*, située dans un port, sur le quai où accostent les navires. **2.** Par anal. *Gare routière*, pour le trafic des autobus interurbains et des camions. – *Gare aérienne:* aéroport. **3.** Sur une voie navigable, endroit élargi où les bateaux peuvent se garer, se croiser. – Déverbal de *garer*.

2. gare! [gaʀ] interj. S'emploie pour avertir d'avoir à se ranger et, par ext., d'avoir à faire attention. *Gare à la pluie! Gare à toi si tu désobéis.* ▷ *Sans crier gare:* sans prévenir. – Impér. de *garer*.

garenne [gaʀɛn] n. f. **1.** Rare Réserve de chasse ou de pêche. **2.** Zone plus ou moins boisée où les lapins sauvages sont abondants. ▷ *Lapin de garenne*, ou, n. m., *un garenne:* lapin sauvage. – Du germ. **wardôn*, «garder», ou **warôn*, «protéger».

garer [gaʀe] v. tr. [1] **1.** Ranger (un véhicule) à l'abri, ou à l'écart de la circulation. *Garer sa voiture le long du trottoir.* ▷ v. pron. *L'autobus s'est garé devant l'école.* – Fam. *Je me suis garé sur l'accotement.* **2.** Mettre à l'abri, hors d'atteinte (surtout pron.). *Se garer des voitures.* – Du germ. **warôn*, «avoir soin, protéger».

gargantuesque [gaʀgɑ̃tɥɛsk] adj. Digne du gigantesque appétit de Gargantua. *Un repas gargantuesque.* – De *Gargantua*, n. d'un personnage de Rabelais (1494-1553).

gargariser (se) [gaʀgaʀize] v. pron. [11] **1.** Se rincer l'arrière-bouche et la gorge avec un gargarisme. **2.** Fig., fam. *Se gargariser de:* se délecter de. *Se gargariser de louanges.* – Se complaire à (ses propres paroles). *Se gargariser de phrases ronflantes.* – Lat. méd. *gargarizare*, du gr. *gargarizein*.

gargarisme [gaʀgaʀism] n. m. Action de se rincer l'arrière-bouche et la gorge avec un liquide médicamenteux; ce liquide lui-même. – Lat. méd. *gargarisma*, du gr. *gargarismos*.

gargote [gaʀgɔt] n. f. Fam. Restaurant médiocre où l'on mange à bas prix. – De l'anc. v. *gargoter*, «manger salement».

gargotier, ière [gaʀgɔtje, jɛʀ] n. Fam. Personne qui tient une gargote. – De *gargote*.

gargouille [gaʀguj] n. f. Conduite horizontale, autref. ornée d'un motif architectural, servant à rejeter les eaux pluviales en avant d'un mur. *Formes grotesques et fantastiques des gargouilles gothiques.* – Du radic. *garg-*, «gorge», et de l'a. fr. *goule*, «gueule».

gargouillement [gaʀgujmɑ̃] n. m. Bruit analogue à celui d'un liquide qui s'écoule irrégulièrement. – Borborygme. – De *gargouiller*.

gargouiller [gaʀguje] v. intr. [1] Faire entendre un gargouillement. – De *gargouille*.

gargouillis [gaʀguji] n. m. Fam. Syn. de *gargouillement*. – De *gargouiller*.

gargoulette [gaʀgulɛt] n. f. Récipient poreux dans lequel le liquide se rafraîchit par évaporation. ▷ Loc. adv. Rég. *À la gargoulette:* à la régalade. – De *gargoule*, anc. forme de *gargouille*.

gargousse [gaʀgus] n. f. Anc. Charge de poudre à canon, dans son enveloppe. – Provenç. *cargousse*, de *carga*, «charger».

garibaldien, ienne [gaʀibaldjɛ̃, jɛn] adj. et n. **I.** adj. Relatif à Garibaldi et à son épopée révolutionnaire. **II.** n. m. **1.** Partisan de Garibaldi; soldat de Garibaldi. **2.** Soldat qui combattit en France sous les ordres de Garibaldi ou de son fils. – De *Garibaldi*, révolutionnaire ital. (1807-1882).

garnement [gaʀnəmɑ̃] n. m. **1.** Mauvais sujet. **2.** Enfant turbulent, galopin, polisson. – De l'a. fr. *guarnement*, «équipement d'un soldat», d'où par méton. «soldat»; de *garnir*, «protéger».

garni, ie [gaʀni] adj. et n. m. **1.** Rempli. *Une bourse bien garnie.* **2.** (Se dit d'un plat.) Accompagné de divers éléments (condiments, épices, légumes, etc.). *Pizza toute garnie. Escalope garnie.* **3.** Vieilli. Loué avec des meubles. *Chambre garnie.* ▷ N. m. *Un garni:* un logement garni, un meublé. – Pp. de *garnir*.

garniérite [gaʀnjeʀit] n. f. MINER Hydrosilicate de magnésium et de nickel. – Du nom de Jules *Garnier* (1839-1904), ingénieur et géologue.

garnir [gaʀniʀ] v. tr. [2] **1.** Munir de ce qui protège ou de ce qui orne. *Garnir de cuir les coudes d'une veste.* – Rembourrer. *Garnir un fauteuil.* ▷ Couvrir en servant d'ornement, décorer. *Des tapisseries gar-*

nissent les murs. **2.** Pourvoir de choses nécessaires. *Garnir une bibliothèque de livres.* Syn. munir. ▷ Remplir, occuper (un espace). *Les spectateurs qui garnissent les tribunes du stade.* – Du frq. **warnjan,* «prendre garde», d'où «protéger».

garnison [gaʀnizõ] n. f. Troupe casernée dans une ville, une place forte. ▷ *Par ext.* Ville où sont casernées des troupes. *Une garnison agréable. – Québec est une ville de garnison.* – De *garnir.*

garnissage [gaʀnisaʒ] n. m. Action de garnir; son résultat. ▷ Ce qui garnit. *Garnissage réfractaire d'un four.* – De *garnir.*

garniture [gaʀnityʀ] n. f. **1.** Ce qui garnit (pour protéger, renforcer ou orner). ▷ *Garniture de cheminée,* composée d'une pendule, de chandeliers, etc., assortis. **2.** CUIS Ce qui remplit une pâte (vol-au-vent, tarte, etc.), ou ce qui accompagne un mets. *Garniture d'une pizza. Plat de viande servi avec une garniture de légumes.* **3.** MECA Élément à fort coefficient de frottement qui garnit une pièce transmettant des forces par friction. *Garniture de frein, d'embrayage.* ▷ Pièce assurant l'étanchéité autour d'un organe mobile. *Garniture de presse-étoupe.* – De *garnir.*

1. garou. V. loup-garou.

2. garou [gaʀu] n. m. Arbrisseau *(Daphne guidium)* à fleurs blanches odorantes d'Europe et d'Asie, dont les graines et l'écorce sont utilisées respectivement comme purgatif et comme révulsif. Syn. sainbois. – Provenç. *garoup.*

garrigue [gaʀig] n. f. Formation végétale discontinue et buissonneuse (chênes verts, cistes, romarins, notam.) des régions méditerranéennes, forme dégradée de la forêt. *À la différence du maquis*, la garrigue apparaît sur des sols calcaires.* ▷ Terrain couvert par la garrigue. *Chasser dans les garrigues.* – Provenç. *garriga.*

1. garrot [gaʀo] n. m. Saillie des vertèbres dorsales à l'aplomb des membres antérieurs, chez les grands quadrupèdes (cheval, bœuf, tigre, etc.). – Provenç.* *garrot,* même rac. que *jarret.*

2. garrot [gaʀo] n. m. **1.** TECH Morceau de bois que l'on passe dans une corde pour la serrer en tordant. *Garrot d'une scie.* **2.** Lien dont on entoure un membre blessé pour comprimer l'artère et arrêter l'hémorragie. *Poser un garrot.* **3.** Instrument de supplice composé d'un collier de fer se serrant au moyen d'une vis, avec lequel on étranglait les condamnés à mort, en Espagne. – D'un anc. v. *garokier,* «tordre», du frq.

3. garrot [gaʀo] n. m. Canard plongeur à cou trapu et à tête un peu bossue. *Les espèces nord-américaines de garrots sont le garrot commun (Bucephala clangula), aussi appelé garrot à œil d'or, et le garrot de Barrow (Bucephala islandica).*

garrottage [gaʀɔtaʒ] n. m. Action de garrotter; son résultat. – De *garotter.*

garrotter [gaʀɔte] v. tr. [1] Attacher, lier fortement et étroitement. *On garrotta le prisonnier.* – De *garrot* 2.

gars [ga] n. m. Fam. Garçon, jeune homme. *Un beau gars.* – *Par ext.* Homme. *Qu'est-ce que c'est que ce gars-là?* ▷ Gaillard, homme vigoureux et résolu. – Anc. cas sujet de *garçon.*

gascon, onne [gaskõ, ɔn] adj. et n. **I.** adj. De la Gascogne (France). *La campagne gasconne.* ▷ Subst. Personne originaire de la Gascogne. *Un Gascon. Une Gasconne. Les Gascons.* **II.** n. **1.** Vx Fanfaron, hâbleur. ▷ Mod. *Promesse de Gascon,* qu'on ne peut pas tenir. **2.** n. m. Ensemble des parlers d'oc de Gascogne. – Lat. *Vasco,* devenu *Wasco.*

gasconnade [gaskɔnad] n. f. Vanterie, hâblerie, fanfaronnade. – De *gascon.*

gasconner [gaskɔne] **1.** v. intr. [1] Litt. Dire des gasconnades, se vanter. **2.** Rég. Parler avec l'accent gascon. – De *gascon.*

gas-oil, gasoil. V. gazole.

gaspacho [gaspatʃo] n. m. Potage d'origine espagnole fait avec des concombres, des tomates, des piments et de l'ail, et servi froid. – Mot esp.

gaspillage [gaspijaʒ] n. m. Action de gaspiller. – De *gaspiller.*

gaspiller [gaspije] v. tr. [1] Consommer, dépenser sans utilité et avec excès, dilapider. *Gaspiller sa fortune.* – Fig. *Gaspiller son temps, son talent.* Ant. conserver, économiser, épargner. – Du provenç. *gaspilha,* «grappiller», et p.-ê. de *piller,* ou du rég. *gapailler,* «rejeter les balles de blé».

gaspilleur, euse [gaspijœʀ, øz] adj. et n. Qui gaspille. – De *gaspiller.*

gastéro-, gastr(o)-, -gastre. Éléments, du gr. *gastêr, gast(e)ros,* «ventre, estomac».

gastéromycètes. V. gastromycètes.

gastéropodes [gasteʀopɔd] n. m. pl. ZOOL Classe de mollusques qui se déplacent par reptation au moyen de leur *pied,* organe musculeux qui sécrète un mucus abondant. – De *gastéro-,* et gr. *pous, podos,* «pied», parce que le *pied* de ces mollusques contient une grande partie des viscères.

ENCYCL Les gastéropodes comprennent des espèces terrestres (escargots, limaces, etc.), des formes d'eau douce (planorbes, limnées, etc.), des formes marines, rampantes (bigorneaux, patelles, etc.) ou nageuses, grâce à des expansions du manteau utilisées comme nageoires (aplysie, par ex.). La coquille des gastéropodes est constituée d'une valve unique, spiralée, dont la taille et la forme varient beaucoup selon les espèces. Les gastéropodes sont ovipares. Chez certaines espèces, les sexes sont séparés. Certaines autres sont hermaphrodites (escargot, notam.). Les gastéropodes furent très nombreux au Tertiaire. Les spécimens actuels sont divisés en deux sous-classes: les prosobranches, dont les branchies sont situées en avant du cœur; les euthyneures, dont le système nerveux ne présente ni torsion ni croisements. Parmi ces derniers, on distingue les opisthobranches (aplysie, clio) et les pulmonés, divisés en deux ordres: les stylommatophores (escargots, limaces), terrestres; les basommatophores (limnées, planorbes), aquatiques.

gastr(o)-, -gastre. V. gastéro-.

gastralgie [gastʀalʒi] n. f. MED Douleur localisée à l'estomac. – De *gastr-,* et *-algie.*

gastralgique [gastʀalʒik] adj. MED De la gastralgie. *Symptôme gastralgique.* – De *gastralgie.*

-gastre. V. gastéro.

gastréales [gastʀeal] n. f. pl. BOT Ordre de champignons basidiomycètes gastromycètes dont la glèbe est entourée d'une enveloppe qui persiste à maturité. (Ex.: les vesses-de-loup.) – Du gr. *gastêr, gastros,* «ventre».

gastrectomie [gastʀɛktɔmi] n. f. CHIR Ablation totale ou partielle de l'estomac. – De *gastr-,* et *-ectomie.*

gastrique [gastʀik] adj. De l'estomac. *Artère gastrique. Embarras gastrique.* – *Suc gastrique:* substance liquide sécrétée par l'estomac. *Le suc gastrique, qui contient de l'acide chlorhydrique, joue un rôle important dans la digestion.* – Du gr. *gastêr, gast(e)ros,* «ventre, estomac».

gastrite [gastʀit] n. f. MED Inflammation aiguë ou chronique de la muqueuse de l'estomac, aux causes variées (ulcère, alcoolisme, carences alimentaires). – De *gastr-* et *-ite* 1.

gastro-entérite [gastʀoɑ̃teʀit] n. f. MED Inflammation aiguë des muqueuses gastrique et intestinale, caractérisée par des vomissements et une diarrhée, d'origine essentiellement infectieuse («grippe intestinale»). *Des gastro-entérites.* – De *gastro-*, et *entérite.*

gastro-entérologie [gastʀoɑ̃teʀolɔʒi] n. f. Médecine du tube digestif. – De *gastro-*, *entéro-*, et *-logie.*

gastro-entérologue [gastʀoɑ̃teʀolɔg] n. Médecin spécialiste de gastro-entérologie. *Des gastro-entérologues.* – Du préc.

gastro-intestinal, ale, aux [gastʀoɛ̃tɛstinal, o] adj. MED De l'estomac et de l'intestin. *Les maladies gastro-intestinales.* – De *gastro-*, et *intestinal.*

gastromycètes [gastʀomisɛt] n. m. pl. BOT Sous-classe de champignons basidiomycètes dont l'hyménium se transforme en glèbe*. – De *gastro-*, et *-mycète.*

gastronome [gastʀɔnɔm] n. Amateur de bonne chère. – De *gastronomie.*

gastronomie [gastʀɔnɔmi] n. f. Art du bien manger, de la bonne chère. – Gr. *gastronomia.*

gastronomique [gastʀɔnɔmik] adj. Qui a trait à la gastronomie. – De *gastronomie.*

gastroscope [gastʀoskɔp] n. m. Sonde œsophagienne munie d'une source lumineuse et d'un appareil optique, qui sert à examiner la paroi interne de l'estomac. – De *gastro-*, et *-scope.*

gastroscopie [gastʀoskɔpi] n. f. MED Examen de l'estomac au moyen du gastroscope. – De *gastroscope.*

gastrula [gastʀyla] n. f. EMBRYOL Embryon animal chez lequel les feuillets fondamentaux, ectoblaste et endoblaste, sont en train de se mettre en place (processus de la *gastrulation*). V. encycl. embryogenèse. – Lat. sav. mod., dimin. de *gastra*, «vase».

1. gâteau [gɑto] n. m. **1.** Pâtisserie à base de farine, de sucre, d'œufs et de beurre, dont la pâte est spongieuse. *Gâteau blanc, au chocolat, aux épices, aux carottes. Couper un morceau, une pointe de gâteau.* – *Gâteau aux fruits*, contenant des raisins secs, des noix, des fruits confits et souvent aromatisé à l'alcool, qu'on sert surtout à l'époque des fêtes. – *Gâteau(-)éponge:* gâteau léger ne contenant aucun corps gras. – *Gâteau des anges:* gâteau éponge dont la pâte, très blanche, est à base de blancs d'œufs. – *Par ext. Gâteau de riz.* – (France) Biscuit. *Des gâteaux secs.* ▷ Fig., fam. *Partager le gâteau, avoir sa part du gâteau:* partager le profit, l'aubaine. ▷ Fam. *C'est du gâteau:* c'est facile. **2.** *Par anal.* Masse aplatie d'une matière compacte. *Gâteau de plomb.* ▷ Masse constituée par les alvéoles d'une ruche. *Gâteau de cire, de miel.* – Probabl. du frq. **wastil*, «nourriture»; d'abord *gastel, wastel.*

2. gâteau [gɑto] adj. inv. Fam. *Papa, grand-mère,* etc., *gâteau*, qui gâte beaucoup les enfants. – De *gâter*, avec jeu de mots sur *gâteau.*

gâte-bois [gɑtbwɑ] n. m. inv. Nom usuel du *cossus*, papillon dont la chenille creuse des galeries dans le bois des arbres. – De *gâter*, et *bois.*

gâter [gɑte] **A.** v. tr. **[1] I.** Mettre en mauvais état. **1.** Vieilli ou litt. Endommager. *La grêle a gâté les laitues.* ▷ Salir, tacher. *Gâter ses vêtements.* **2.** Corrompre, pourrir. *Un fruit pourri gâte tous les autres.* **3.** Altérer, troubler. *Cet incident a gâté notre plaisir.* **4.** Priver de ses vertus, de ses qualités. *Ses échecs lui ont gâté le caractère.* **II. 1.** Traiter avec trop de complaisance, d'indulgence (un enfant). **2.** Combler de cadeaux, d'attentions; choyer. *Il gâte beaucoup sa femme.* **B.** v. pron. **1.** S'altérer, se corrompre. *Ces fruits se gâtent.* **2.** Se modifier en mal. *Le temps se gâte. Ça se gâte:* les choses tournent mal. – Du lat. *vastare*, «ravager»; a. fr. *guaster*, «dévaster».

gâterie [gɑtʀi] n. f. **1.** Menu cadeau; attention gentille. **2.** Friandise. – De *gâter.*

gâte-sauce [gɑtsos] n. m. inv. **1.** Vx Mauvais cuisinier. **2.** Mod. Marmiton. – De *gâter*, et *sauce.*

gâteux, euse [gɑtø, øz] adj. et n. **1.** Dont les facultés, et notam. les facultés mentales, sont amoindries par l'âge ou la maladie. *Vieillard gâteux.* **2.** Qui est comme gâteux (en partic., sous l'empire d'une idée fixe, d'un sentiment excessif). *Il ne pense plus qu'à ça, il en devient gâteux.* – Var. péjor. de anc. *gâteur*, «celui qui gâte (souille) ses draps, ses vêtements».

gatinois, oise [gatinwa, waz] adj. et n. De Gatineau, dans l'outaouais québécois.

gâtisme [gɑtism] n. m. État d'une personne gâteuse. – De *gâteux.*

GATT (Sigle de *General Agreement on Tariffs and Trade*) Accord signé à Genève en 1947 afin d'harmoniser les politiques douanières des pays signataires. Le GATT arbitre les différends d'ordre commercial entre ces pays.

gatte [gat] n. f. MAR Chacun des compartiments qui reçoivent les chaînes des ancres, à bord d'un navire. – Du frq. *wahta*, «guet».

gattilier [gatilje] n. m. Arbrisseau méditerranéen (genre *Vitex*, fam. verbénacées), aux fleurs en grappes violettes ou blanches. – De l'esp. *gatillo.*

gauche [goʃ] adj. et n. **I. 1.** Qui n'est pas plan; déformé. *Cadre, poutre gauche.* – N. m. *Pièce qui a du gauche.* ▷ GEOM Dont tous les points ne sont pas contenus dans le même plan. *L'hélice est une courbe gauche.* – *Surface gauche*, engendrée par une droite, non développable sur un plan. **2.** Fig. Qui manque d'aisance, d'adresse. *Un garçon timide et gauche. Des manières gauches. Un style gauche.* Syn. embarrassé, maladroit, malhabile. Ant. adroit, aisé, gracieux, habile. **II.** adj. **1.** Qui est situé du côté du corps où se trouve le cœur. *La main gauche. Le pied, l'œil gauche.* – *Mariage de la main gauche:* concubinage. – *Se lever du pied gauche:* s'éveiller de mauvaise humeur. ▷ Se dit du côté correspondant d'un être ou d'une chose conçue comme ayant face et dos, avant et arrière. *L'aile gauche d'un bâtiment*, celle qui est à main gauche pour une personne adossée à la façade. *L'aile gauche d'une armée. Le côté gauche d'un bateau:* bâbord. ▷ Qui est situé du côté de la main gauche, pour un observateur tourné dans une direction déterminée. *La rive gauche d'un fleuve*, celle qui est à main gauche en descendant le courant. Ant. droit. **2.** CHIM Lévogyre. *Acide tartrique gauche.* **III.** n. f. **1.** Le côté gauche. *Sur la gauche, à votre gauche, vous voyez la mairie. La gauche d'une armée*, son aile gauche. – *Jusqu'à la gauche:* jusqu'à l'extrême limite, complètement. ▷ Loc. adv. *À gauche:* du côté gauche, à main gauche. *Tournez à gauche.* – Fam. *Mettre de l'argent à gauche*, en épargner secrètement. **2.** Les députés et les sénateurs qui représentent les partis désireux de changements politiques et sociaux en faveur des classes sociales les plus modestes; l'ensemble des partis et des citoyens qui veulent ces changements. *L'extrême gauche révolutionnaire.* – P.-ê. de *gauchir.*

gauchement [goʃmɑ̃] adv. De façon gauche, maladroite. – De *gauche* 1.

gaucher, ère [goʃe, ɛʀ] adj. et n. Qui se sert habituellement de sa main gauche. *Un boxeur gaucher est dit «fausse garde».* – De *gauche* II, 1.

gaucherie [goʃʀi] n. f. **1.** Manque d'aisance ou d'adresse. **2.** Action, parole maladroite. – De *gauche* I, 2.

gauchir [goʃiʀ] **1.** v. intr. **[2]** Se déformer, se voiler. *Panneau qui gauchit.* **2.** v. tr. Déformer (une surface plane). *L'humidité a gauchi cette planche.* ▷ Fig. Altérer, fausser. *Gauchir le sens d'un texte.* – A. fr. *guenchir,* «faire des détours», de *gauchier,* «fouler», et frq. **wenkjan,* «vaciller».

gauchisant, ante [goʃizɑ̃, ɑ̃t] adj. Qui a des opinions politiques proches de celles de la gauche. – De *gauche,* sens III, 2.

gauchisme [goʃism] n. m. Attitude des partisans des solutions extrêmes, révolutionnaires, dans un parti de gauche. – De *gauche,* sens III, 2.

gauchissement [goʃismɑ̃] n. m. Action, fait de gauchir. ▷ Fig. *Un gauchissement tendancieux de l'information.* – De *gauchir.*

gauchiste [goʃist] n. et adj. **1.** Partisan du gauchisme. **2.** Relatif au gauchisme. – De *gauche,* sens III, 2.

gaucho [goʃo] n. m. Gardien de troupeau des pampas sud-américaines. – Mot esp., de l'araucan ou du quichua *cachu,* «camarade».

gaude [god] n. f. Réséda *(Reseda luteola)* européen des sols sablonneux qui fournit une teinture jaune et des essences utilisées en parfumerie. – Du germ. **walda.*

gaudriole [godʀijɔl] n. f. **1.** Fam. Propos gai et frivole. Plaisanterie un peu leste. **2.** Fam. *La gaudriole:* le libertinage, la noce. – De l'anc. v. *gaudir,* «se réjouir», sur le modèle de *cabriole.*

gaufrage [gofʀaʒ] n. m. Action de gaufrer. – De *gaufrer.*

gaufre [gofʀ] n. f. **1.** Pâtisserie mince et légère, cuite entre deux fers qui lui impriment un relief alvéolé. **2.** Gâteau de cire fabriqué par les abeilles. – De l'a. frq. **wafel,* «rayon de miel»; puis *walfre.*

gaufrer [gofʀe] v. tr. [1] Imprimer des dessins en relief ou en creux sur (du cuir, des étoffes, etc.). – De *gaufre.*

gaufrerie [gofʀəʀi] n. f. Établissement de restauration où l'on fabrique et vend des gaufres. – De *gaufre.*

gaufrette [gofʀɛt] n. f. Petite gaufre. ▷ Petit biscuit, souvent fourré. – Dimin. de *gaufre.*

gaufrier [gofʀije] n. m. Moule composé de deux plaques quadrillées entre lesquelles on fait cuire les gaufres. – De *gaufre.*

gaufrure [gofʀyʀ] n. f. Empreinte laissée par le gaufrage. – De *gaufrer.*

gaulage [golaʒ] n. m. Action de gauler. *Gaulage des pommes.* – De *gauler.*

gaule [gol] n. f. **1.** Grande perche. **2.** Canne à pêche. – Du frq. **walu,* «bâton».

gauleiter [gawlajtəʀ] n. m. Administrateur d'un district, dans l'Allemagne nazie. – Mot all., de *Gau,* «district», et *Leiter,* «chef».

gauler [gole] v. tr. [1] Battre (un arbre, ses branches) avec une gaule pour en faire tomber les fruits. ▷ *Gauler un pommier.* – De *gaule.*

gaulis [goli] n. m. SYLVIC Taillis dont les jets sont devenus des gaules (tiges très hautes mais de faible diamètre). ▷ Chacun de ces jets. – De *gaule.*

gaullien, ienne [goljɛ̃, jɛn] adj. Marqué par la doctrine du général de Gaulle, par l'esprit du gaullisme. *Une vue gaullienne de la politique étrangère de la France.* – Du n. de Charles de *Gaulle* (1890-1970).

gaullisme [golism] n. m. Ensemble des conceptions et des attitudes politiques des gaullistes. – Du n. de Charles de *Gaulle.*

gaulliste [golist] n. et adj. **1.** Partisan du général de Gaulle au temps de l'occupation de la France par les Allemands au cours de la Deuxième Guerre mondiale. *Les gaullistes.* ▷ adj. *Les réseaux gaullistes.* **2.** Celui, celle qui adopte les idées politiques du général de Gaulle, exprimées et mises en œuvre soit au gouvernement (1945-1947, puis 1958-1969), soit pendant les années (1947-1958) où le général de Gaulle, tenu hors des affaires publiques, a fondé et animé le R.P.F. (Rassemblement du Peuple Français). ▷ adj. Du gaullisme. *Les idéaux gaullistes.* – Du n. de Charles de *Gaulle.*

gaulois, oise [golwɑ(a), wɑ(a)z] adj. et n. **I.** adj. **1.** De la Gaule, des Gaulois. **2.** Caractéristique de la France, de ses traditions (dans la continuité des Gaulois). ▷ *Coq gaulois,* symbole de la fierté nationale française. ▷ Qui a la gaieté un peu libre du bon vieux temps. *Plaisanterie gauloise.* **II.** n. **1.** Habitant de la Gaule. **2.** n. m. Langue celtique parlée par les Gaulois. **3.** n. f. Cigarette brune très courante de la Régie française des tabacs. – De *Gaule,* frq. **walha,* «pays des Walh».

gauloisement [golwazmɑ̃] adv. D'une manière gauloise, libre et gaillarde. – De *gaulois.*

gauloiserie [golwazʀi] n. f. Parole un peu leste, gaillarde. – De *gaulois.*

gaultheria [golteʀja] ou **gaulthérie** [golteʀi] n. f. Arbrisseau (fam. éricacées) d'Amérique du Nord, aux feuilles odorantes. *La gaulthérie couchée (Gaultheria procumbens), aussi appelée thé des bois, est parfois employée comme succédané du thé.* – Du n. du botaniste canadien *Gaulther.*

gaupe [gop] n. f. Vx, pop. Femme malpropre, de mauvaise vie. ▷ Prostituée. – De l'all. du S. *Walpe,* «femme sotte».

gaur [gɔʀ] n. m. Bœuf sauvage d'Asie du S.-E. à la robe sombre et aux cornes arquées. – Hindi *gore* ou *gour,* par l'angl.

gauss [gos] n. m. PHYS Unité C.G.S. de champ magnétique (symbole G, préférable à Gs), remplacée auj. par le tesla (symbole T), unité SI ($1\ G = 10^{-4}\ T$). – Du n. de du physicien et astronome all. *Gauss* (1777-1855).

gausser (se) [gose] v. pron. [11] Litt. Se moquer de (qqn), le railler. *On se gaussait de lui.* – Orig. incert.

gavage [gavaʒ] n. m. **1.** Action de gaver; son résultat. **2.** MED Introduction d'aliments dans l'estomac à l'aide d'une sonde. – De *gaver.*

gave [gav] n. m. Torrent, cours d'eau, dans les Pyrénées. – Béarnais *gabe.*

gaver [gave] **1.** v. tr. [1] **1.** Faire manger qqn de façon excessive. Faire manger beaucoup et de force (des animaux) pour les engraisser. *Gaver des oies, des poulets.* ▷ Fig. Combler, rassasier, emplir à l'excès. *Gaver de connaissances.* **2.** v. pron. Se gorger de nourriture. – De *gave,* mot picard, du prélatin *gaba,* «gorge».

gavial [gavjal] n. m. Reptile crocodilien d'Inde et d'Asie du Sud-Est, aux mâchoires longues et étroites. – Hindi *gharriyal.*

gavotte [gavɔt] n. f. Ancienne danse française; morceau à deux temps sur lequel on la dansait. – Provenç. *gavoto,* danse des *gavots,* ou montagnards; rad. *gave,* «gorge».

gavroche [gavʀɔʃ] n. m. Gamin de Paris frondeur et moqueur. ▷ Adj. *Une allure gavroche.* – Nom d'un personnage des *Misérables* de V. Hugo.

gayac. V. gaïac.

gayacol. V. gaïacol.

gayal [gajal] n. m. Bœuf sauvage d'Inde et d'Asie du S.-E. *(Bibos frontalis)* à robe noire et à cornes puissantes, facile à domestiquer. – Mot hindi.

gaz [gɑz] n. m. inv. **1.** Substance impalpable qui tend à occuper la totalité de l'enceinte qui la contient; fluide expansible et compressible dont les molécules, n'exerçant entre elles que des forces très faibles, peuvent se déplacer librement les unes par rapport aux autres. *L'oxygène est un gaz dans les conditions habituelles de température et de pression.* ▷ *Gaz parfait :* gaz idéal dans lequel on suppose nulles les interactions moléculaires. ▷ *Gaz rare,* chacun des gaz de la dernière colonne de la classification périodique des éléments: hélium, néon, argon, krypton, xénon et radon. (Ils possèdent une structure électronique externe d'une très grande stabilité, ce qui leur confère une remarquable inertie chimique.) **2.** Gaz à usage industriel ou domestique. *Gaz de ville,* distribué aux usagers par canalisations (naguère obtenu par distillation de la houille, appelé aussi *gaz d'éclairage,* progressivement remplacé auj. par le *gaz naturel,* extrait de gisements et constitué essentiellement de méthane). ▷ *Gaz pauvre* ou *gaz à l'air,* mélange combustible d'azote et d'oxyde de carbone. ▷ *Gaz à l'eau,* mélange combustible d'hydrogène et d'oxyde de carbone obtenu en décomposant la vapeur d'eau par le coke porté à température élevée. ▷ Absol. *Le gaz :* le gaz à usage domestique. *Cuisinière à gaz. Allumer, fermer, couper le gaz.* ▷ Loc. fig., fam. *Il y a de l'eau dans le gaz,* l'atmosphère est tendue, la discorde s'installe. **3.** Plur. *Les gaz:* le mélange détonant d'air et de vapeurs de combustible brûlé dans les cylindres d'un moteur à explosion. *Mettre, donner les gaz. À pleins gaz:* à pleine puissance (fam. au fig.). **4.** MILIT Toute substance toxique, gazeuse, liquide ou solide utilisée comme arme chimique. *Gaz de combat.* **5.** Plur. Substances gazeuses se formant dans l'intestin ou l'estomac et provoquant une douleur parfois aiguë. – Mot de Van Helmont, d'ap. le lat. *chaos,* pour désigner une substance subtile mêlée aux corps.

ENCYCL Les gaz suivent à peu près la *loi de Mariotte* (à température constante, le produit de la pression par le volume reste constant), la *loi de Gay-Lussac* (à pression constante, les variations de volume sont proportionnelles aux variations de température) et la *loi de Chasles* (à volume constant, les variations de pression sont proportionnelles aux variations de température); ces lois sont valables pour une masse constante de gaz. La relation entre la pression (p), le volume (V) et la température absolue (T) s'appelle l'*équation d'état* pour un gaz parfait; elle s'exprime par la relation $pV = nRT$ où n est le nombre de moles et R la constante molaire des gaz parfaits. Dans le système international, R = 8,314 joules par kelvin et par mole. La relation $d = \frac{M}{29}$ permet par ailleurs de calculer la densité d'un gaz (de masse molaire M) par rapport à l'air. L'ensemble de ces relations n'est vérifié exactement que pour les gaz parfaits, état limite des gaz réels lorsque les pressions tendent vers zéro. La *loi d'Avogadro* énonce que deux volumes égaux de gaz parfaits (à pression et température égales) contiennent le même nombre de moles; une mole de gaz parfait occupe un volume de 22,414 dm^3 dans les conditions normales de température et de pression (T = 273 K; p = 101 300 Pa). Les utilisations des gaz sont très nombreuses et variées, notam. dans le domaine de l'énergie, du fait de la facilité avec laquelle on les stocke et on les transporte.

gazage [gɑzaʒ] n. m. **1.** TECH Action de passer les fils de certains tissus à la flamme pour les débarrasser de leur duvet. **2.** Action d'intoxiquer, d'exterminer par un gaz. – De *gazer* 1.

gaze [gɑz] n. f. Étoffe légère et transparente de laine, de soie ou de coton. ▷ Cette étoffe (de coton), stérilisée, utilisée pour nettoyer ou panser une plaie. – P.-ê. de *Gaza,* n. d'une v. de Palestine.

gazé, ée [gaze] adj. et n. Qui a été soumis à l'action d'un gaz nocif (notam. gaz de combat). – Pp. de *gazer.*

gazéification [gazeifikasjɔ̃] n. f. Action de gazéifier. – De *gazéifier.*

gazéifier [gazeifje] v. tr. [1] **1.** TECH Transformer en gaz. **2.** *Gazéifier un liquide,* y dissoudre du dioxyde de carbone. – De *gaz,* et *-fier.*

gazelle [gazɛl] n. f. Petite antilope au pelage beige des zones désertiques d'Afrique et d'Asie (nombr. espèces). – Ar. *ghazāl.*

1. gazer [gaze] **I.** v. tr. [1] **1.** TECH Procéder au gazage de (fils, tissus). **2.** Intoxiquer par un gaz nocif. **II.** v. intr. Fam. Aller vite, à pleins gaz. ▷ Fig. *Ça gaze :* ça marche bien. – De *gaz.*

2. gazer [gaze] v. tr. [1] **1.** Vx Mettre une gaze sur. **2.** Fig., vx Voiler, adoucir (un propos, une opinion, etc.). – De *gaze.*

gazette [gazɛt] n. f. **1.** Vx (sauf dans un titre) Publication périodique, journal contenant diverses nouvelles. **2.** Personne qui se plaît à répandre les nouvelles. *Cette femme est la gazette du quartier.* – Ital. *gazzetta,* «petite monnaie», prix d'une gazette.

gazeux, euse [gazø, øz] adj. **1.** De la nature des gaz, à l'état de gaz. **2.** Qui contient du gaz. *Eau gazeuse.* ▷ ZOOL *Vessie gazeuse* ou *natatoire* (des poissons): V. vessie. – De *gaz.*

gazier, ière [gazje, jɛʀ] n. et adj. **I.** n. m. **1.** Personne qui travaille dans une usine à gaz, une compagnie du gaz. **2.** Pop. Individu, gars, loustic. *Qu'est-ce que c'est que ce gazier-là?* **II.** adj. Relatif au gaz. *Industrie gazière.* – De *gaz.*

gazoduc [gazodyk] n. m. TECH Canalisation servant au transport du gaz naturel. – De *gaz,* d'ap. *oléoduc.*

gazogène [gazɔʒɛn] n. m. Appareil servant à fabriquer un gaz combustible à partir du bois ou du charbon. – De *gaz,* et *-gène.*

gazole [gaʒɔl] n. m. Produit de la distillation du pétrole, utilisé comme carburant (moteurs Diesel) ou comme combustible. – De l'angl. *gas,* «gaz», et *oil,* «huile, pétrole».

gazoline [gaʒɔlin] n. f. TECH Produit le plus volatil tiré du pétrole brut. – De *gazole,* et *-ine.*

gazomètre [gazomɛtʀ] n. m. Réservoir destiné à emmagasiner le gaz de ville et à le fournir aux consommateurs sous une pression régulière. – De *gaz,* et *-mètre.*

gazométrie [gazometʀi] n. f. CHIM Procédé d'analyse quantitative d'un mélange (gazeux, liquide ou solide) reposant sur le dosage des gaz qui se dégagent au cours d'une réaction. – De *gaz,* et *-métrie.*

gazon [gazɔ̃] n. m. Herbe courte et menue. *Semer du gazon.* ▷ Terre plantée, couverte de cette herbe. – Du frq. **waso,* «motte herbue».

gazonnage [gazɔnaʒ] ou **gazonnement** [gazɔnmɑ̃] n. m. TECH Action de revêtir un terrain de gazon. – De *gazonner.*

gazonnant, ante [gazɔnɑ̃, ɑ̃t] adj. Qui pousse en formant un gazon (plantes). – Ppr. de *gazonner.*

gazonner [gaʒɔne] **1.** v. tr. [1] Revêtir de gazon. **2.** v. intr. Pousser en gazon, se couvrir de gazon. – De *gazon.*

gazouillement [gazujmɑ̃] n. m. Action de gazouiller; bruit ainsi produit. – De *gazouiller.*

gazouiller [gazuje] v. intr. [1] **1.** Faire entendre un petit bruit doux et agréable, en parlant des oiseaux qui chantent. – Par anal. *Le ruisseau gazouillait.* **2.** Babiller (en parlant des petits enfants). – Onomat.

gazouillis [gazuji] n. m. Petit gazouillement; suite de légers gazouillements. – De *gazouiller.*

Gb PHYS Symbole du gilbert.

Gd CHIM Symbole du gadolinium.

Ge CHIM Symbole du germanium.

geai [ʒɛ] n. m. Oiseau passériforme (fam. corvidés) de taille moyenne, au bec robuste et effilé, parfois huppé. *Geai bleu (Cyanocitta cristata):* oiseau bleu au ventre gris blanchâtre, portant une huppe et un collier noir. *Les geais bleus sont friands de graines de tournesol. Geai gris ou geai du Canada (Perisoreus canadensis).* – Du bas lat. *gaius,* onomat., ou du n. propre *Gaius.*

géant, ante [ʒeɑ̃, ɑ̃t] n. et adj. **1.** MYTH Être fabuleux, de taille colossale, fils de la Terre et du Ciel. *Les Géants tentèrent de détrôner Jupiter.* ▷ Être colossal des contes et des légendes. **2.** Personne de stature anormalement élevée. – *Par ext.* Personne très grande. ▷ Loc. *Aller à pas de géant,* à grandes enjambées, très vite. – Fig. Faire des progrès rapides. **3.** Fig. Personne qui se distingue par des dons exceptionnels, par une destinée hors du commun. *Les géants de l'art, de la politique.* **4.** adj. Dont la taille surpasse de beaucoup celle des êtres ou des choses comparables. *Raie géante. Étoile géante,* de très grand rayon et de forte luminosité. Ant. nain. – Du lat. pop. **gagantem,* accusatif de *gagas,* altér. de *Gigas,* personnage mythologique.

géaster [ʒeastɛʀ] n. m. Champignon basidiomycète gastréale, qui prend à maturité la forme d'une étoile surmontée d'une sphère. – Du gr. *gê,* «terre», et *aster,* «étoile».

gecko [ʒeko] n. m. Reptile saurien des régions chaudes, aux doigts munis de lamelles adhésives. – Mot malais.

géhenne [ʒeɛn] n. f. **1.** Enfer, dans la Bible. **2.** Vx Torture, question. **3.** Mod., litt. Souffrance intense. – Lat. *gehenna,* hébreu *ge Hinnom,* «vallée de Hinnom», lieu situé près de Jérusalem, où se pratiquait le culte du feu et qui était devenu une sorte de cloaque.

geignard, arde [ʒɛɲaʀ, aʀd] adj. (et n.). Fam. Qui se plaint sans cesse et sans raison. *Ton geignard, voix geignarde.* – De *geindre.*

geignement [ʒɛɲmɑ̃] n. m. Plainte, gémissement d'une personne qui geint. – De *geindre.*

geindre [ʒɛ̃dʀ] v. intr. **[73] 1.** Se plaindre en émettant des sons faibles et inarticulés. *Geindre de douleur.* Syn. gémir. **2.** Fam. Se plaindre à tout propos et sans raison. Syn. pleurnicher. – Du lat. *gemere,* «gémir, se plaindre».

geisha [geʃa] n. f. Au Japon, danseuse, musicienne et chanteuse traditionnelle, qui joue le rôle d'hôtesse, de dame de compagnie, dans certaines occasions de la vie sociale. – Mot jap.

gel [ʒɛl] n. m. **1.** Abaissement de la température atmosphérique entraînant la congélation de l'eau. *Le gel a fait éclater les tuyaux.* ▷ Eau gelée; verglas, givre. *Une couche de gel.* **2.** CHIM Substance colloïdale qui apparaît lors d'une floculation. *Les gels se distinguent des sols par une certaine rigidité.* **3.** Fig. Blocage, arrêt. *Gel des crédits, des négociations.* – Lat. *gelu,* «gelée, glace».

gélatine [ʒelatin] n. f. Matière albuminoïde à l'aspect de gelée, obtenue en faisant bouillir dans de l'eau certaines substances animales (os) ou végétales (algues). *On utilise la gélatine dans l'industrie alimentaire, dans la préparation des colles, en photographie, etc.* – Ital. *gelatina.*

gélatiné, ée [ʒelatine] adj. Enduit de gélatine. – De *gélatine.*

gélatineux, euse [ʒelatinø, øz] adj. **1.** Qui a la consistance, l'aspect de la gélatine. **2.** Qui contient de la gélatine. *Os gélatineux.* – De *gélatine.*

gélatinobromure [ʒelatinobʀɔmyʀ] n. m. TECH Préparation utilisée en photographie, contenant du bromure d'argent en suspension dans de la gélatine. – De *gélatine,* et *bromure.*

gelée [ʒəle] n. f. **1.** Gel. *Gelées de printemps, d'automne.* ▷ *Gelée blanche :* couche de cristaux de glace provenant de la congélation de la rosée, qui recouvre le sol et la végétation avant le lever du soleil, au printemps et en automne. **2.** Bouillon de viande qui se solidifie en refroidissant et qui sert à chemiser un moule, à glacer ou à napper une viande, une volaille, etc. *Poulet, jambon en gelée.* ▷ *Par anal.* Jus de fruits cuits avec du sucre, qui se solidifie en refroidissant. *Gelée de groseille.* **3.** *Par ext.* Substance d'aspect gélatineux. *Gelée royale,* avec laquelle les abeilles nourrissent les larves de reines. – Lat. *gelatus,* pp. de *gelare,* «geler».

geler [ʒəle] **I.** v. tr. **[20] 1.** Transformer en glace, faire passer à l'état solide par l'abaissement de la température. *Le froid a gelé le lac.* ▷ Durcir par le froid. *L'hiver a gelé la terre.* **2.** Faire mourir ou nécroser par un froid excessif (un être vivant, un organe, un tissu). *Un froid trop vif gèle les bourgeons. Geler les pieds, les mains.* **3.** *Par ext.* Causer une impression de froid à (qqn). *Ce petit vent me gèle.* ▷ v. pron. *Je me suis gelé à l'attendre.* **4.** Fig. Bloquer. *Geler les négociations, les prix, les salaires.* ▷ GEST Geler des capitaux, les engager dans des investissements qui les rendent indisponibles. **II.** v. intr. **1.** Se transformer en glace, devenir dur sous l'action du froid. *Le mercure gèle à –39 °C.* **2.** Être perturbé dans ses fonctions vitales, mourir, se nécroser sous l'action du froid. *Les pommiers ont gelé.* ▷ *Par ext.* Avoir très froid. *On gèle, ici!* **III.** Impers. *Il gèle.* – Lat. *gelare.*

gélif, ive [ʒelif, iv] adj. Qui est susceptible de se fendre sous l'effet de la gelée. *Arbre gélif. Roche gélive.* – De *geler.*

gélifier [ʒelifje] v. tr. **[11]** CHIM Transformer en gel. ▷ v. pron. *Substance qui se gélifie.* – De *gel,* et *-fier.*

gélinotte [ʒelinɔt] n. f. Oiseau galliforme (fam. phasianidés), voisin de la perdrix, commun dans les boisés. *Gélinotte huppée (Bonasa umbellus),* mieux connue sous le nom de *perdrix.* – De l'a. fr. *géline,* «poule».

gélivure [ʒelivyʀ] n. f. Fente dans une pierre ou dans un arbre, causée par le gel. – De *gélif.*

gélose [ʒeloz] n. f. TECH Gélatine extraite de certaines algues, utilisée dans l'industrie alimentaire, en médecine et en bactériologie (milieu de culture). Syn. agar-agar – De *gé(latine),* et *-ose* 1.

gélule [ʒelyl] n. f. Petite capsule gélatineuse contenant une substance médicamenteuse. – De *gél(atine),* et *(caps)ule.*

gelure [ʒəlyʀ] n. f. Lésion des tissus due au froid. – De *geler.*

gémeaux [ʒemo] n. m. pl. Signe du zodiaque, zone de l'écliptique parcourue du 21 mai au 22 juin par le Soleil. – Réfection de *jumeau,* d'ap. lat. *gemellus.*

gémellaire [ʒemɛllɛʀ] adj. Qui a trait aux jumeaux. *Grossesse gémellaire.* – Du lat. *gemellus.*

gémellipare [ʒemɛllipaʀ] adj. Qui donne naissance à des jumeaux. – Lat. *gemellipara,* «mère de deux jumeaux».

gémellité [ʒemelite] n. f. **1.** État, situation de jumeaux. **2.** Caractère de deux choses semblables. – Du lat. *gemellus.*

gémination [ʒeminasjɔ̃] n. f. État de ce qui est disposé par paires. *Gémination des pistils.* ▷ RHET Répétition d'un mot. – Lat. *geminatio.*

géminé, ée [ʒemine] adj. Double, groupé par paire. *Feuilles géminées.* ▷ ARCHI *Arcades, baies géminées.* – Pp. de l'anc. v. *géminer,* «grouper par deux»; lat. *geminare.*

gémir [ʒemiʀ] v. intr. [2] **1.** Exprimer la douleur par des plaintes faibles et inarticulées. *Blessé qui gémit.* ▷ Fig. *Gémir sous le poids des malheurs.* **2.** Donner de la voix, en parlant de certains oiseaux au cri plaintif. *La colombe gémit.* **3.** Produire un son comparable à un gémissement. *Le vent gémit dans la cheminée.* – Lat. *gemere.*

gémissement [ʒemismɑ̃] n. m. **1.** Cri, plainte faible et inarticulée. **2.** Cri plaintif de certains oiseaux. *Le gémissement du ramier.* **3.** Bruit comparable à une plainte. *Les gémissements de la tempête.* – De *gémir.*

gemmail, aux [ʒemaj, o] n. m. Assemblage artistique de fragments de verre de couleurs différentes noyés dans un liant incolore vitrifié. *Les gemmaux font penser à la fois aux vitraux et aux mosaïques.* – De *gemme,* et *(vitr)ail.*

gemmation [ʒɛmmasjɔ̃] n. f. **1.** BOT Développement des gemmes, des bourgeons. Époque où se produit ce développement. ▷ Ensemble des bourgeons. **2.** ZOOL, BOT Gemmiparité. – Du lat. *gemmare,* «être couvert de pierres précieuses, bourgeonner».

gemme [ʒɛm] n. f. (et adj.) **1.** Pierre précieuse ou semi-précieuse. ▷ Adj. *Sel gemme:* sel de terre, chlorure de sodium cristallisé qui se trouve dans le sous-sol. **2.** Suc résineux qui s'écoule des entailles faites aux pins. **3.** BOT Partie d'un végétal qui, séparée de la plante mère, est susceptible de redonner un végétal complet par multiplication végétative (bourgeon, caïeu, bulbille, etc.). ▷ ZOOL Chez certains animaux inférieurs, partie de l'organisme qui est à l'origine d'un phénomène de multiplication végétative (par bourgeonnement, notam.). – Lat. *gemma,* «pierre précieuse» et «bourgeon».

gemmer [ʒemme] v. tr. [1] Entailler (un pin) pour en recueillir la résine (opération de *gemmage,* effectuée par le *gemmeur*). – De *gemme.*

gemmifère [ʒɛm(m)ifɛʀ] adj. **1.** MINER Contenant des pierres précieuses. **2.** BOT Qui produit des bourgeons. ▷ Qui produit de la gemme. – Lat. *gemmifer.*

gemmiparité [ʒɛmmipaʀite] n. f. BOT, ZOOL Multiplication végétative par gemmes. – De *gemme,* et du lat. *parere,* «produire».

gemmologie [ʒɛm(m)ɔlɔʒi] n. f. TECH Science qui a pour objet de déterminer la nature des gemmes. – De *gemmo-,* élément tiré de *gemme,* et *-logie.*

gemmologiste [ʒɛm(m)ɔlɔʒist] n. Spécialiste de la gemmologie. – De *gemmologie.*

gemmule [ʒɛmmyl] n. f. BOT **1.** Bourgeon de la plantule. **2.** Embryon d'une graine. – Lat. *gemmula,* «petit bourgeon».

gémonies [ʒemɔni] n. f. pl. Loc. *Vouer qqn aux gémonies,* l'accabler de mépris. – Du lat. *gemoniæ (scalæ),* «escalier des gémissements», à Rome, où l'on exposait les cadavres des condamnés.

gênant, ante [ʒɛnɑ̃, ɑ̃t] adj. Qui gêne, importune, encombre. – Ppr. de *gêner.*

gencive [ʒɑ̃siv] n. f. Muqueuse buccale qui recouvre les mâchoires et enserre chaque dent au collet. – Adaptation du lat. *gingiva.*

gendarme [ʒɑ̃daʀm] n. m. **1.** En France, militaire appartenant au corps de la gendarmerie. ▷ Fig. Personne autoritaire. *C'est un vrai gendarme.* – *Spécial.* Femme autoritaire et de forte stature. ▷ Loc. *La peur du gendarme:* la crainte du châtiment. **2.** (France) Fig., pop. Hareng saur. ▷ Saucisse de section rectangulaire. **3.** TECH Défaut dans un diamant. **4.** TECH Fil cassé et détoronné qui dépasse d'un cordage métallique. **5.** Nom cour. de *Purrhocoris apterus,* punaise rouge et noire commune. **6.** ALPIN Pointe rocheuse difficile à escalader. – De *gens, de,* et *arme.*

gendarmer (se) [ʒɑ̃daʀme] v. pron. [11] S'emporter avec excès pour une cause légère. ▷ Se fâcher. *J'ai dû me gendarmer pour le faire obéir.* – De *gendarme.*

gendarmerie [ʒɑ̃daʀməʀi] n. f. En France, corps militaire spécialement chargé de veiller au maintien de l'ordre et de la sécurité publique, à la recherche et à la constatation de certaines infractions à la loi et à l'exécution des arrêts judiciaires. ▷ *Par ext.* Caserne et bureaux de chacune des différentes unités de ce corps. – De *gendarme.*

gendre [ʒɑ̃dʀ] n. m. Mari de la fille, par rapport au père et à la mère de celle-ci. – Du lat. *gener.*

gêne [ʒɛn] n. f. **1.** Vx Torture (V. géhenne). ▷ Souffrance extrême. **2.** Mod. Souffrance légère, malaise ressenti dans l'accomplissement d'un mouvement, d'une fonction. *Sentir de la gêne dans la respiration.* **3.** Embarras, contrainte désagréable. *Nous vous prions d'excuser la gêne occasionnée par les travaux.* ▷ Loc. pop. *Où (il) y a de la gêne, (il n')y a pas de plaisir.* **4.** Confusion, trouble. *Allusion qui cause de la gêne.* **5.** Manque d'argent. *Une famille dans la gêne.* – Altér., d'ap. *géhenne,* de l'a. fr. *gehine,* «torture», de *gehir,* «avouer».

gène [ʒɛn] n. m. BIOL Unité constituée d'A.D.N., qui, portée par les chromosomes, conserve et transmet les propriétés héréditaires des êtres vivants. *Gène opérateur, gène régulateur.* – Angl. *gene,* gr. *genos,* «naissance, origine».

ENCYCL Au cours des divisions cellulaires (mitose ou méiose) les molécules d'A.D.N. sont reproduites, semblables à elles-mêmes; chaque molécule d'A.D.N. gagne l'une des nouvelles cellules, ce qui confère aux gènes leur caractère héréditaire et leur constance; une *mutation* correspond donc à une anomalie dans la reproduction de l'A.D.N. initial. Les organismes diploïdes comprennent deux exemplaires de chaque gène; chaque exemplaire est porté par un des deux chromosomes homologues; ces deux gènes sont des *allèles.* Lorsque les deux allèles sont semblables, l'individu est dit homozygote (pour ce gène); s'ils sont dissemblables (l'un des deux étant «muté»), il est dit *hétérozygote;* dans ce cas, ou bien les deux allèles sont *équivalents,* et le caractère gouverné prend alors une forme hybride, ou bien l'un des deux allèles est *récessif,* l'autre étant *dominant* et s'exprimant seul dans le *phénotype.*

-gène. Élément, du gr. *genês,* de *genos,* «naissance, origine».

généalogie [ʒenealɔʒi] n. f. Suite d'ancêtres qui établit une filiation. *Dresser la généalogie d'une famille.* ▷ *Par ext.* Science qui a pour objet l'étude, la recherche des filiations. *Généalogie scientifique.* – Bas lat. *genealogia.*

généalogique [ʒenealɔʒik] adj. Qui concerne la généalogie. *Arbre généalogique :* tableau de filiation en forme d'arbre, dont le tronc figure la ligne directe, et les branches et les rameaux les lignes collatérales. – De *généalogie.*

généalogiste [ʒenealɔʒist] n. Personne qui s'occupe de généalogie, qui dresse des généalogies. – De *généalogie.*

genépi [ʒənepi] ou **génépi** [ʒenepi] n. m. Armoise montagnarde aromatique, utilisée pour parfumer des eaux-de-vie. – Boisson faite avec ces plantes. – Mot savoyard.

gêner [ʒɛne] v. tr. [1] **1.** Vx Torturer. Tourmenter. **2.** Mod. Causer une gêne (sens 2), un malaise à. *Mes souliers me gênent. Bruit, odeur qui gêne.* ▷ Entraver, faire obstacle au mouvement, à l'action de. *Gêner la* *circulation.* **3.** Créer de la difficulté, causer de l'embarras à. *Gêner qqn dans ses projets.* **4.** Troubler, mettre mal à l'aise. *Son regard me gêne.* **5.** Réduire à une certaine pénurie d'argent. *Cette dépense risque de nous gêner.* **6.** v. pron. Se contraindre par discrétion ou par timidité. *Entre amis, on ne va pas se gêner!* – Iron. *Ne vous gênez pas!*, se dit à une personne qui prend des libertés excessives. – De *gêne*; a. fr. *géhiner.*

1. général, ale, aux [ʒeneʀal, o] adj. (et n.) **1.** Qui est commun, qui s'applique, convient à un grand nombre de cas ou d'individus. *Caractères, traits généraux. Idée générale.* Ant. individuel, particulier, singulier, spécial. – *D'une manière générale,* sans application à un cas particulier. ▷ N. m. *L'induction va de l'individuel au général.* **2.** Qui concerne la totalité ou la plus grande part des éléments d'un ensemble, des personnes d'un groupe. *Agir, œuvrer dans l'intérêt général.* **3.** Qui concerne sans aucune exception chacun des éléments d'un ensemble, des personnes d'un groupe, etc. *Mobilisation générale.* ▷ THEAT *Répétition générale,* ou, n. f., *la générale:* dernière répétition avant la première séance publique, réservée à la presse et à des spectateurs admis sur invitation. *Assister à la générale d'une pièce.* ▷ Qui intéresse l'organisme entier. *État général. Médecine générale.* **4.** Qui embrasse l'ensemble d'une administration, d'un service public, d'un commandement. *Direction générale. État-major général.* ▷ (Avec un nom de charge, de dignité, indique un rang supérieur.) *Officier général* (V. général 2). **5.** loc. adv. *En général:* en ne considérant que les caractères généraux, en négligeant les cas particuliers. *Étudier l'homme en général. Parler en général.* ▷ Le plus souvent, dans la plupart des cas. Syn. généralement. – Lat. *generalis,* «qui appartient à un genre».

2. général, ale, aux [ʒeneʀal, o] n. **I.** n. m. **1.** Chef militaire. *Alexandre fut un grand général.* **2.** Officier des plus hauts grades dans les armées de terre et de l'air. **3.** Supérieur de certaines congrégations religieuses. *Le général des jésuites.* **II.** n. f. **1.** Supérieure de certains ordres religieux féminins. **2.** Femme d'un général. *Madame la générale.* – De *capitaine général,* par ellipse.

généralat [ʒeneʀala] n. m. Rare **1.** MILIT Grade de général. ▷ Dignité de supérieur d'un ordre religieux. **2.** Temps pendant lequel un général exerce ses fonctions. – De *général* 2.

généralement [ʒeneʀalmɑ̃] adv. D'une manière générale. – Ordinairement, communément. – De *général* 1.

généralisateur, trice [ʒeneʀalizatœʀ, tʀis] adj. Qui a tendance à généraliser. *Esprit généralisateur.* – De *généraliser.*

généralisation [ʒeneʀalizasjɔ̃] n. f. **1.** Action de généraliser, fait de se généraliser. *Généralisation d'une opinion.* **2.** Opération par laquelle on étend à toute une classe ou à une autre classe ce qui a été observé sur un nombre limité d'individus ou de cas. – De *généraliser.*

généraliser [ʒeneʀalize] v. tr. **[1]** **1.** Étendre à l'ensemble ou à la majorité des individus, des cas; rendre général. *Généraliser une méthode, des pratiques, des usages.* Syn. universaliser. – v. pron. Devenir commun, se répandre. *Opinion qui se généralise.* ▷ S'étendre par étapes, d'une partie à l'ensemble d'un organisme. *Infection, cancer qui se généralise.* **2.** Étendre à toute une classe ce qui a été observé sur un nombre limité d'éléments appartenant à cette classe. *Généraliser des idées.* ▷ (S. comp.) Raisonner en allant du particulier au général. *C'est un cas d'espèce, ne généralisons pas.* – De *général* 1.

généralissime [ʒeneʀalisim] n. m. Général commandant en chef toutes les troupes d'un pays en temps de guerre. – Ital *generalissimo.*

généraliste [ʒeneʀalist] n. Médecin qui soigne toutes les maladies et sollicite, si besoin est, l'intervention d'un spécialiste. Syn. omnipraticien. – De *(médecine) générale.*

1. généralité [ʒeneʀalite] n. f. **1.** Caractère de ce qui est général (aux différents sens du terme). *Donner trop de généralité à un principe, une affirmation.* **2.** (Surtout plur.) Péjor. Propos, discours qui apparaissent banals, sans originalité par leur caractère général et trop vague. *Se perdre dans des généralités.* – De *général* 1.

2. généralité [ʒeneʀalite] n. f. **1.** HIST Circonscription financière placée sous l'autorité d'un intendant, sous l'Ancien Régime en France. **2.** Circonscription administrative, en Espagne. *La Généralité de Catalogne.* – De *général* 2.

générateur, trice [ʒeneʀatœʀ, tʀis] adj. et n. **I.** adj. **1.** Qui engendre, qui sert à engendrer. *Organe générateur. Fonction génératrice.* **2.** Qui produit certains effets. *Principes générateurs.* **3.** GEOM Qui engendre par son mouvement une ligne, une surface, un volume. *Ligne génératrice d'une surface.* **II.** n. TECH **1.** n. f. (Machine génératrice.) Machine servant à produire du courant continu. **2.** n. m. (Appareil générateur.) Appareil qui transforme une énergie quelconque en énergie électrique. – Lat. *generator.*

génératif, ive [ʒeneʀatif, iv] adj. Qui a rapport à la génération. ▷ LING *Grammaire générative:* ensemble fini de règles permettant d'engendrer toutes (et rien que) les phrases grammaticales d'une langue et de leur associer une description structurale. – Trad. de l'angl. *generative grammar.*

génération [ʒeneʀasjɔ̃] n. f. **1.** Fonction par laquelle les êtres vivants se reproduisent (de manière sexuée ou asexuée). *Organes de la génération.* ▷ *Théorie de la génération spontanée:* théorie antérieure aux travaux de Pasteur, selon laquelle des êtres vivants peuvent naître à partir de matières organiques ou minérales en l'absence de tout germe bactérien ou d'embryon. ▷ GEOM Formation (d'une ligne, d'une surface, d'un volume) par le mouvement (respectivement: d'un point, d'une ligne, d'une surface). ▷ LING Production de phrases par un locuteur. **2.** Chacun des degrés de filiation successifs dans une même famille. *La suite des générations.* ▷ *Par ext.* Espace de temps qui sépare, en moyenne, chaque degré de filiation (environ 30 ans). **3.** Ensemble d'individus ayant approximativement le même âge en même temps. *La jeune, la nouvelle génération.* – Lat. *generatio.*

générer [ʒeneʀe] v. tr. **[16]** Faire naître, produire. ▷ LING Engendrer (des énoncés, des phrases). *Système de lois qui permettent de générer des phrases dans une langue donnée.* – Lat. *generare.*

généreusement [ʒeneʀøzmɑ̃] adv. **1.** D'une manière noble et généreuse. *Pardonner généreusement.* **2.** Libéralement. *Récompenser généreusement un service.* – De *généreux.*

généreux, euse [ʒeneʀø, øz] adj. **1.** Vx Qui est de race noble. *Un sang généreux.* **2.** Vieilli Qui a un caractère noble et magnanime. *Un cœur généreux.* – Qui dénote un tel caractère. *Parole généreuse.* Ant. mesquin. **3.** Cour. Qui donne volontiers et largement. *Avoir la main généreuse.* Syn. charitable, libéral. ▷ Subst. *Faire le généreux:* être généreux, libéral, par ostentation. ▷ Fig. (Surtout pour une femme.) *Avoir des formes généreuses:* être bien en chair, avoir des formes arrondies. **4.** *Terre généreuse,* qui produit beaucoup. ▷ *Vin généreux,* capiteux et ayant du corps. – Lat. *generosus,* «de bonne race», de *genus,* «genre».

1. générique [ʒeneʀik] adj. **1.** Qui appartient au genre. *Appellation générique. Caractère générique.* Ant. individuel, spécifique. **2.** PHARM *Médicament générique,* dont la formule est tombée dans le domaine public, et qui est vendu sous sa dénomination commune à un prix plus bas que le médicament de référence. – Du lat. *genus, generis,* «origine».

2. générique [ʒeneʀik] n. m. Séquence d'un film (le plus souvent au début), dans laquelle en sont énumérés, avec leurs fonctions, les producteurs, auteurs, acteurs et collaborateurs divers. – Par ext. *Générique d'une émission de télévision, de radio.* – De *générique* 1.

générosité [ʒeneʀɔzite] n. f. **1.** Noblesse de caractère. *Agir avec générosité.* **2.** Libéralité. *Il abuse de ma générosité.* **3.** Au plur. Dons, bienfaits. *Il vit de mes générosités.* – Lat. *generositas.*

-génèse, -genèse, -génésie. Éléments, du lat. *genesis,* «naissance, formation, production».

genèse [ʒənɛz] n. f. **1.** (Avec une majuscule) Premier livre de l'Ancien Testament. **2.** Rare Cosmogonie. **3.** Ensemble des processus donnant naissance à qqch. *La genèse d'un livre, d'un crime.* ▷ BIOL Formation, développement d'un organe, d'un être vivant. – Lat. *genesis,* «naissance, génération», mot gr.

ENCYCL Dans toutes les éditions de la Bible, la Genèse est le premier livre de l'Ancien Testament, bien qu'il ait été écrit relativement tard (Xe-VIe s.), à partir de traditions orales. Il comprend deux parties: l'histoire primitive du monde depuis la Création jusqu'à Abraham (chapitres I, écrit au VIe s., à XI) et l'histoire des ancêtres du peuple d'Israël depuis Abraham jusqu'à Joseph (chapitres XII à L).

génésiaque [ʒenezjak] adj. Relatif à la Genèse. *Récit génésiaque de la Bible.* ▷ Relatif à une genèse, à une création. – Bas lat. *genesiacus.*

génésique [ʒenezik] adj. Relatif à la génération, à la procréation. – De *genèse.*

genet [ʒ(ə)nɛ] n. m. Cheval d'une race espagnole petite et robuste. – De l'esp. *jinete,* «cavalier armé à la légère», d'orig. ar.

genêt [ʒənɛ] n. m. Arbrisseau à fleurs jaunes (genres *Genista* et voisins, fam. papilionacées). – Du lat. *genesta,* var. de *genista.*

généthliaque [ʒenetlijak] adj. **1.** Vx Qui a rapport à une naissance. **2.** ASTROL Relatif à l'horoscope. – Lat. *genethliacus;* gr. *genethliakos.*

généticien, ienne [ʒenetisjɛ̃, jɛn] n. BIOL Spécialiste de génétique. – De *génétique.*

génétique [ʒenetik] adj. et n. **1.** adj. Qui concerne la genèse (de qqch.). *Psychologie génétique,* qui étudie le développement mental de l'enfant. **2.** adj. Relatif aux gènes et à l'hérédité. *Code génétique.* V. code. **3.** n. f. BIOL Science qui étudie les lois de l'hérédité. *Génétique moléculaire.* – Gr. *genêtikos,* «propre à la génération».

ENCYCL En 1865, à la suite d'une expérimentation rigoureuse, Mendel énonça les trois lois fondamentales de la génétique, mais c'est seulement au début du XXe s. que de Vries publia les travaux du génial précurseur: la génétique était née. Morgan, travaillant sur la drosophile, dégagea la notion de *gène* (entité responsable d'un caractère héréditaire) mais de façon purement théorique. Les cytologistes mirent en évidence la constance morphologique et numérique des chromosomes d'une génération à l'autre et émirent l'hypothèse qu'ils étaient responsables de la transmission des caractères. Cela fut confirmé par Griffith, qui montra que le matériel porteur des gènes était l'acide désoxyribonucléique (A.D.N.); l'analyse des chromosomes prouva qu'ils étaient bien constitués d'A.D.N. En 1952, Watson et Crick assimilèrent le gène à un segment d'A.D.N. renfermant les indications nécessaires à la synthèse d'une enzyme (V. code génétique), toute mutation étant alors due à une modification de l'A.D.N. La *génétique mendélienne* étudie la transmission des gènes portés par l'A.D.N. des chromosomes, mais les organites cellulaires (mitochondries, plastes, etc.), qui, lors des divisions cellulaires, se répartissent au hasard, comportent leur propre A.D.N.; l'étude de la transmission de ces caractères cytoplasmiques constitue la *génétique non mendélienne.* La fréquence des mutations est extrêmement faible, presque nulle; cependant, à l'échelle des populations d'êtres vivants et sur des périodes très longues, elle peut expliquer l'évolution des êtres vivants, laquelle est incontestable. V. désoxyribonucléique, évolution, génotype, mutation, phénotype, etc.

genette [ʒ(ə)nɛt] n. f. Mammifère carnivore d'Europe et d'Afrique du N. (genre *Genetta,* fam. viverridés), long de 50 cm environ, au pelage clair taché de noir. – Esp. *jineta,* d'orig. ar.

gêneur, euse [ʒɛnœʀ, øz] n. Personne qui gêne, importun. – De *gêner.*

genevois, oise [ʒənvwa, waz] adj. et n. De Genève, en Suisse. ▷ Subst. Habitant de Genève. *Un(e) Genevois(e).*

genévrier [ʒənɛvʀije] n. m. Petit conifère (genre *Juniperus*) à feuilles persistantes épineuses, dont les cônes femelles se développent en fausses baies de couleur sombre utilisées pour parfumer diverses eaux-de-vie (le gin et le genièvre, notam.). *Le genévrier des Rocheuses (Juniperus scopulorum) est le plus gros des genévriers canadiens.* – De *genièvre.*

génial, ale, aux [ʒenjal, o] adj. **1.** Inspiré par le génie. *Idée, découverte géniale.* **2.** Qui a du génie. *Artiste génial.* – De *génie.*

génialement [ʒenjalmɑ̃] adv. D'une manière géniale. – De *génial.*

géniculé, ée [ʒenikyle] ou **genouillé, ée** [ʒənuje] adj. ANAT En forme de genou coudé. *Ganglion géniculé:* ganglion situé sur la racine sensitive du nerf facial. – De *genou.*

1. génie [ʒeni] n. m. **I. 1.** ANTIQ Esprit bon ou mauvais qui présidait à la destinée de chaque homme, ou protégeait certains lieux. *Le génie familier de Socrate. Génie tutélaire.* ▷ Fig. *Être le bon, le mauvais génie de qqn,* exercer une bonne, une mauvaise influence sur lui. **2.** Être imaginaire, féerique. *Les génies des eaux.* Syn. lutin, gnome, sylphe. **3.** Figure allégorique, personnification d'une idée abstraite. *Le génie de la liberté.* **II 1.** Vx Disposition naturelle. – Mod. Talent, aptitude particulière pour une chose. *Avoir le génie des affaires.* – En mauv. part. *Avoir le génie du mal.* **2.** Caractère propre et distinctif. *Le génie d'une langue. Le génie d'un peuple.* **3.** Aptitude créatrice extraordinaire, surpassant l'intelligence humaine normale. *Trait, idée de génie. Le génie d'Archimède, de Newton.* **4.** Personne géniale. – Fam. *Ce n'est pas un génie:* il est d'une intelligence médiocre. – Lat. *genius,* «divinité tutélaire», puis, au fig., «talent, don», de *genere,* «engendrer, produire».

2. génie [ʒeni] n. m. **1.** Dans l'armée, arme et service dont le rôle est de faciliter la progression des troupes amies, d'entraver celle de l'ennemi, de créer et de fournir des installations et des équipements. **2.** Ensemble des connaissances et des techniques de l'ingénieur. *Génie civil:* ensemble des techniques et des procédés de construction d'infrastructures, de superstructures et d'ouvrages d'art. ▷ *Génie rural:* service responsable de l'aménagement des voies d'eau non navigables et de l'espace rural. ▷ *Génie maritime,* ancien nom du corps des ingénieurs militaires chargés de la construction des navires de la marine nationale. ▷ *Génie génétique,* ensemble des méthodes d'expérimentation et d'investigation relatives aux gènes. – De *génie* 1, d'ap. *ingénieur.*

-génie. Élément, du gr. *geneia,* «formation».

genièvre [ʒənjɛvʀ] n. m. **1.** Genévrier commun *(Juniperus communis).* ▷ Fausse baie de cet arbrisseau. **2.** Eau-de-vie de grain aromatisée avec les fausses baies du genévrier. – Du lat. *juniperus.*

génique [ʒenik] adj. BIOL Relatif aux gènes. – De *gène.*

génisse [ʒenis] n. f. Jeune vache qui n'a pas encore vêlé. – Lat. *junix, junicis.*

génital, ale, aux [ʒenital, o] adj. ANAT, PHYSIOL Qui sert à la génération ou qui s'y rapporte. *Organes génitaux.* ▷ PSYCHAN *Stade génital:* stade du développement psychosexuel caractérisé par le primat des organes génitaux en tant que zone érogène. – Lat. *genitalis,* «qui engendre».

ENCYCL *L'appareil génital* est constitué, chez l'homme, par les testicules, le pénis, les vésicules séminales, la prostate; chez la femme, par les ovaires, les trompes, l'utérus, le vagin. Il a pour fonction l'élaboration des gamètes: spermatozoïdes ou ovules. Son développement est sous la dépendance des hormones mâles ou femelles.

géniteur, trice [ʒenitœʀ, tʀis] n. Celui, celle qui a engendré. ▷ n. m. ZOOL Mâle destiné à la reproduction. – Lat. *genitor.*

génitif [ʒenitif] n. m. LING Cas exprimant l'appartenance ou la dépendance, dans les langues à flexion. – Du lat. *genitivus (casus),* «(cas) qui engendre».

génito-. Élément, de *génital.*

génito-urinaire [ʒenitoyʀinɛʀ] adj. ANAT Relatif aux fonctions génitales et à l'excrétion de l'urine. *Appareil génito-urinaire.* – De *génito-,* et *urinaire.*

génocide [ʒenɔsid] n. m. Extermination systématique d'un groupe ethnique. – *Par ext.* Extermination d'un groupe important de personnes. – Du gr. *genos,* «race», et *-cide.*

génois, oise [ʒenwa, waz] adj. et n. **1.** adj. De Gênes. **2.** n. m. MAR Grand foc à bordure basse. **3.** n. f. Gâteau aux amandes. **4.** n. f. ARCHI Double ou triple rangée de tuiles rondes formant corniche, sous le toit, sur la façade des maisons de certaines provinces en France. – De *Gênes,* v. d'Italie.

génome [ʒenom] n. m. BIOL Ensemble des chromosomes. – De *gène,* et *-ome.*

génotype [ʒenɔtip] n. m. BIOL Ensemble des gènes portés par l'A.D.N. chromosomique d'une cellule vivante. *Le génotype constitue le patrimoine génétique, héréditaire, de tout individu.* V. phénotype. – De *gène,* et *type.*

genou [ʒ(ə)nu] n. m. **1.** Articulation unissant la jambe et la cuisse. ▷ Loc. adv. *À genoux:* les genoux posés à terre. *Être, se mettre, tomber à genoux.* Fig., fam. *Être à genoux devant une personne,* avoir pour elle une admiration immodérée. – *Demander qqch à genoux,* avec instance et en suppliant. ▷ *Être sur les genoux,* très fatigué. ▷ Par ext. *Sur les genoux,* sur les cuisses d'une personne assise. *Tenir un enfant sur ses genoux.* **2.** ZOOL Chez le cheval, articulation du membre antérieur reliant le radius aux os carpiens et métacarpiens. **3.** *Par anal.* TECH Articulation constituée d'une sphère se déplaçant dans une cavité hémisphérique. – Du lat. pop. **genuculum,* class. *geniculum,* dimin. de *genu,* «genou».

genouillé. V. géniculé.

genouillère [ʒ(ə)nujɛʀ] n. f. **1.** Partie de l'armure qui servait à protéger le genou. – *Par ext.* Morceau de cuir, d'étoffe servant à protéger ou à maintenir le genou. **2.** TECH Joint articulé. – De *genou.*

génovéfain [ʒenɔvefɛ̃] n. m. Chanoine régulier de Saint-Augustin, appartenant à la congrégation de Sainte-Geneviève. – Du lat. *Genovefa,* «Geneviève».

génovéfine [ʒenɔvefin] n. f. Religieuse appartenant à l'ordre des Filles de Sainte-Geneviève. – Du préc.

genre [ʒɑ̃ʀ] n. m. **I. 1.** Ensemble d'éléments présentant des caractères communs; espèce, sorte. *Personne unique en son genre. Travaux en tout (tous) genre(s).* ▷ *Le genre humain:* l'ensemble des êtres humains, l'espèce humaine. **2.** SC NAT Unité taxinomique inférieure à la famille et supérieure à l'espèce. *Le chat domestique, famille des félidés, genre* Felis, *espèce* domesticus. *Le nom courant* genévrier *désigne plusieurs espèces du genre* Juniperus. **3.** LITTER, BX-A Sorte d'œuvres caractérisées par leur sujet, leur style, etc. *Genre épique, épistolaire, dramatique.* ▷ *Tableaux de genre,* représentant une scène de la vie familière, une nature morte, un animal. **4.** *Genre de vie:* ensemble des comportements d'une personne ou d'un groupe social. **5.** Façon de se tenir, de se comporter, de s'habiller; manières. *Avoir bon genre, mauvais genre.* ▷ *Faire du genre:* avoir des manières affectées. **II.** LING Classification morphologique de certaines catégories grammaticales (nom, pronom, etc.) réparties, en français, en masculin et en féminin. *Accord en genre et en nombre.* – Lat. *genus, generis,* «origine, naissance».

1. gens [ʒɑ̃] n. m. pl. **1.** Personnes, individus en nombre indéterminé. *Peu de gens. Beaucoup de gens. Une foule de gens. Les gens du village.* (Rem.: l'adj. qui précède immédiatement *gens* prend la forme du féminin, sauf lorsque gens est suivi de *de* et d'un nom exprimant l'état, la qualité, etc. *Ces gens sont bien vieux. De vieilles gens. De durs gens de mer.*) ▷ *Les gens:* les personnes qui nous entourent, les hommes en général. ▷ (À propos de personnes déterminées; d'une seule personne.) *On ne se moque pas des gens comme ça!* **2.** *Jeunes gens:* personnes jeunes et célibataires (garçons et filles). ▷ Plur. de *jeune homme. Jeunes filles et jeunes gens.* **3.** *Gens de* (suivi d'un nom indiquant une profession, un état). *Gens d'affaires. Gens d'Église. Gens de lettres:* écrivains. **4.** Vieilli (Avec un possessif.) Domestique. *Appelez vos gens.* **5.** *Droit des gens:* V. gent. – Plur. de *gent* 1.

2. gens [ʒɛ̃s] n. f. ANTIQ ROM Groupe de familles dont les chefs étaient issus d'un ancêtre commun de condition libre. – Mot lat.

1. gent, gens [ʒɑ̃] n. f. **1.** Vx Peuple, nation. ▷ Mod. *Droit des gens:* droit qui règle les rapports des nations entre elles. **2.** Vieilli ou plaisant. Race, espèce. *«La gent trotte-menu» :* les souris (La Fontaine). – Lat. *gens, gentis,* «nation, race, peuple».

2. gent, gente [ʒɑ̃, ʒɑ̃t] adj. Vx ou plaisant. Gentil, joli. *Gentes dames et beaux messieurs.* – Du lat. *genitus,* «né de»; a d'abord signifié «de naissance noble».

gentiane [ʒɑ̃sjan] n. f. **1.** Plante de montagne recherchée pour ses racines, qui servent à préparer des liqueurs et des remèdes. *Grande gentiane jaune (Gentiana lutea).* **2.** Liqueur amère à base de gentiane. – Lat. *gentiana.*

1. gentil [ʒɑ̃ti] n. m. Non juif, chez les anciens Hébreux, païen, chez les premiers chrétiens. *L'apôtre des gentils :* saint Paul. – Plur. lat. *gentiles,* correspondant à l'hébreu *gôim,* «peuples non juifs».

2. gentil, ille [ʒɑ̃ti, ij] adj. Vx. **1.** Noble de naissance. **2.** Joli, gracieux, d'une fraîcheur plaisante. *Elle n'est pas vraiment belle, mais elle est gentille.* – (Choses.) Charmant, coquet. *Un gentil petit studio.* ▷ Agréable, mais sans grande portée, sans grande profondeur. *Peintre qui a un gentil coup de pinceau.* **3.** Qui a des dispositions à être agréable à autrui, sociable, obligeant, attentionné. *Un homme très gentil.* – (Choses.) *Dire un mot gentil.* **4.** Sage, tranquille, docile, en parlant d'un enfant. **5.** De quelque importance. *C'est une somme encore assez gentille.* – Du lat. *gentilis*, «de famille, de race».

gentilé [ʒɑ̃tile] n. m. Dénomination des habitants par rapport au lieu où ils résident (continent, pays, région, municipalité, quartier, etc.). *Jeannois* et *Trifluviens* sont les gentilés respectifs des habitants du Lac-Saint-Jean et de Trois-Rivières. – Du lat. *gentile (nomen)*, «nom des gens».

ENCYCL Devenu usuel au Québec depuis quelques années, tant dans la prose journalistique que dans le vocabulaire courant, le terme *gentilé* a fait l'objet d'un avis de recommandation de la part de l'Office de la langue française (1982). Ce mot a été jugé commode parce qu'il évite une périphrase du type *nom des habitants*. On trouve, dans le langage populaire, une variante *gentillé* [ʒɑ̃tije] qui est sans doute tributaire d'un rapprochement avec le féminin de l'adjectif *gentil*.

Le phénomène des gentilés, quoique relativement ancien au Québec puisque l'on relève dès les XVIIe et XVIIIe s. les dénominations *Montréaliste, Lorettain* (L'Ancienne-Lorette), *Québécois* (ville), a connu au cours des vingt dernières années un regain de popularité spectaculaire. La forte prise de conscience de l'identité québécoise vécue depuis le début des années 1960 a suscité un large phénomène de macro-identification dont les appellations *Québécois* et *Canadien français* rendent compte dans une optique historique, la dénomination *Québécois* cristallisant les aspirations nationalistes des gens de la Belle Province et rendant surannée l'expression *Canadien français*, par trop identifiée à une attitude fédéralisante. Divers événements politiques importants, comme la prise du pouvoir par le Parti Québécois en 1976, la sanction de la Charte de la langue française en 1977, laquelle consacrait le français comme langue officielle du Québec, la prise de position du gouvernement fédéral dans le cadre du rapatriement de la Constitution canadienne en 1981 ont joué un rôle non négligeable dans cette prise de conscience. Les Québécois ont vu leur conscience culturelle, politique et même ethnographique se forger au coin d'une fusion intime avec le pays, laquelle s'est traduite par une série de micro-identifications dénominatives à sa région, à sa municipalité, à son quartier. Ainsi, le gentilé a reconquis son statut de bien patrimonial et culturel précieux, reflet d'une société en transformation.

De manière générale, le gentilé est formé par l'ajout d'une terminaison appropriée au nom de lieu concerné (*Bromptonville → Bromptonvillois; Chapais → Chapaisien; Joliette → Joliettain*). Toutefois, dans certains cas, pour pallier des difficultés de dérivation ou pour des motifs d'ordre historique, on opte pour l'un des constituants du nom de lieu (*Saint-Théodore-d'Acton → Théodorien*), pour la dérivation latine (*Saint-Jean → Johannais*), pour le nom primitif amérindien (*Saint-Cœur-de-Marie* (anc. Mistouk) *→ Mistoukois*), ou encore on se réfère au lieu d'origine des pionniers (*Havre-Saint-Pierre → Cayen*, les premiers habitants de ce lieu étant des Acadiens; *Saint-Alphonse-de-Caplan → Belgiquois*, des Belges ayant fondé la localité). Quatre qualités essentielles assurent, par ailleurs, l'intégration du gentilé à l'usage courant: la clarté, la brièveté, la consonance harmonieuse et l'absence de marque péjorative.

La Commission de toponymie assume, au Québec, le relevé, le traitement et la diffusion des gentilés en usage, car ceux-ci sont formés à partir d'un nom de lieu et s'inscrivent en quelque sorte dans le prolongement de la toponymie. La Commission prête également son concours aux intéressés pour la création de gentilés afin d'assurer au phénomène le développement le plus harmonieux et le plus adéquat possible. Pour adopter un gentilé, une municipalité procède à une consultation populaire ou sanctionne officiellement par voie de résolution municipale les formes en usage ou récemment créées. À cet égard, les citoyens de plus de 75 % des municipalités du Québec disposent d'un gentilé; près de 85 % des gentilés en usage ont un caractère officiel.

gentilhomme [ʒɑ̃tijɔm] n. m. Homme de naissance noble. *Des gentilshommes.* – De *gentil* 2 (sens 1), et *homme.*

gentilhommière [ʒɑ̃tijɔmjɛʀ] n. f. (France) Petit château à la campagne. – Du préc.

gentilité [ʒɑ̃tilite] n. f. Litt. L'ensemble des gentils. – De *gentil* 1; lat. *gentilitas.*

gentillesse [ʒɑ̃tijɛs] n. f. **1.** Qualité d'une personne gentille, obligeante. **2.** Action, parole gentille. *Faire, dire des gentillesses.* – De *gentil* 2.

gentillet, ette [ʒɑ̃tijɛ, ɛt] adj. **1.** Assez gentil. – Coquet, mignon. **2.** Agréable mais sans portée, sans profondeur. *Un livre gentillet.* – Dimin. de *gentil* 2.

gentiment [ʒɑ̃timɑ̃] adv. De manière gentille. – *Recevoir gentiment qqn.* Syn. aimablement. – De *gentil* 2.

gentleman [(d)ʒɛntləman] n. m. Homme parfaitement bien élevé, qui se conduit en toutes circonstances avec tact et élégance. *Des gentlemen.* – Mot angl., calque du fr. *gentilhomme.*

gentleman's agreement [(d)ʒɛntləmanzagʀimənt] n. m. Accord diplomatique entre deux peuples, ayant la valeur d'un engagement de principe conclu entre gens d'honneur. ▷ *Par ext.* Accord verbal, ne reposant que sur la bonne foi des parties. – Plur. *gentlemen's agreements.* – Loc. angl., de *gentleman*, et *agreement*, «accord».

gentry [dʒɛntʀi] n. f. **1.** Petite noblesse anglaise. **2.** *Par ext.* En France, la société élégante, le monde. – Mot angl.

génuflexion [ʒenyfle(ɛ)ksjɔ̃] n. f. Flexion d'un genou, des genoux en signe d'adoration ou de respect. ▷ Fig. Marque de déférence obséquieuse, servile. – Lat. médiév. *genuflexio.*

géo-. Élément, du gr. *gê*, «terre».

géobotanique [ʒeobɔtanik] n. f. (et adj.) Partie de la biogéographie consacrée plus particulièrement aux végétaux. – De *géo*, et *botanique.*

géocentrique [ʒeosɑ̃tʀik] adj. ASTRO Qui a la Terre pour centre. *Mouvement géocentrique d'une planète*, son mouvement apparent, vu de la Terre. ▷ *Conception géocentrique de l'Univers:* géocentrisme. – De *géo-*, et *centrique.*

géocentrisme [ʒeosɑ̃tʀism] n. m. Anc. conception cosmologique (progressivement abandonnée à partir du XVIe s.) qui plaçait la Terre au centre de l'Univers. – Du préc.

géochimie [ʒeoʃimi] n. f. Étude des éléments chimiques constitutifs de l'écorce terrestre. – De *géo-*, et *chimie.*

géode [ʒeɔd] n. f. **1.** PETROG Masse minérale sphérique ou ovoïde, creuse, dont l'intérieur est tapissé de cristaux. **2.** MED Cavité pathologique dans un tissu (osseux, pulmonaire, etc.). – Gr. *geôdes*, «terreux».

géodésie [ʒeodezi] n. f. TECH Science qui a pour objet de déterminer la forme et les dimensions de la Terre *(géodésie géométrique)*, ainsi que les caractéristiques de son champ de gravité *(géodésie dynamique).* – Gr. *geôdaisia*, «partage de la Terre».

ENCYCL La géodésie a pour objet de déterminer, aussi précisément que possible, la forme de la Terre. Les méthodes les plus anciennes de la géodésie, qualifiées de *géométriques*, s'appuient sur des mesures d'angles et de distances. La *triangulation* permet de calculer les deux côtés d'un triangle lorsqu'on connaît la longueur de la base et les angles que ces deux côtés forment avec cette base. La triangulation spatiale s'affranchit de la distance. Elle est fondée sur l'observation du passage d'un satellite artificiel (satellite géodésique) à deux instants, à partir de points terrestres différents. Les distances entre les stations d'observation et le satellite peuvent être mesurées avec une grande précision au moyen d'un faisceau laser. La géodésie *dynamique* s'appuie sur la mesure de l'intensité de la pesanteur (gravimétrie), qui varie légèrement suivant la latitude du lieu considéré. Les irrégularités du mouvement orbital des satellites artificiels sont dues en partie aux variations du potentiel terrestre. L'observation des perturbations qui affectent plusieurs satellites d'orbites différentes permet d'éliminer l'influence du Soleil et de la Lune.

géodésique [ʒeodezik] adj. et n. f. **1.** adj. Relatif à la géodésie. *Satellite géodésique,* mis en orbite pour effectuer des mesures géodésiques. **2.** n. f. Ligne la plus courte entre deux points d'une surface. – Du préc.

géodynamique [ʒeodinamik] n. f. et adj. Géologie dynamique, étude des modifications du globe terrestre dues aux agents externes (érosion) ou internes (volcanisme, séismes, etc.). ▷ Adj. Relatif à la géodynamique. – De *géo-,* et *dynamique.*

géographe [ʒeogʀaf] n. Personne qui étudie ou qui enseigne la géographie. ▷ Appos. *Ingénieur géographe.* – Lat. *geographus.*

géographie [ʒeogʀafi] n. f. **1.** Science qui a pour objet l'observation, la description et l'explication des phénomènes physiques, biologiques et humains à la surface du globe, et l'étude de leur répartition. *Géographie générale, humaine, économique, régionale.* **2.** Ensemble des réalités complexes (physiques et humaines) qui font l'objet de l'étude du géographe. *La géographie de Terre-Neuve.* **3.** *Par ext.* Livre, manuel de géographie. – Lat. *geographia.*

ENCYCL La géographie est à la fois une science naturelle et une science humaine. Discipline de synthèse, elle utilise les méthodes et l'acquis de très nombreuses sciences: mathématiques, géologie, chimie, biologie, botanique, économie, politologie, démographie. Cette situation de carrefour rend souvent difficile la délimitation de ses attributions. Les géographes s'accordent auj. à distinguer une géographie générale et une géographie régionale. La *géographie générale* étudie les combinaisons des divers facteurs physiques et humains à la surface du globe. Elle se subdivise elle aussi: la géographie physique étudie notam. la géomorphologie (structure et modelé de la surface terrestre), la biogéographie (répartition de la faune et des paysages végétaux), la climatologie, l'hydrologie; la géographie humaine étudie la répartition et la composition de la pop. mondiale, ses mouvements internes (natalité, mortalité) et externes (migrations), sa structure (composition par âges), ses activités (habitat, économie). La *géographie régionale* étudie la combinaison des faits de géographie générale dans le cadre restreint de la région, espace délimité par des caractères particuliers (physiques, historiques ou économiques). Le géographe utilise deux sortes de documents: les documents d'observation (expérience directe, photographies, cartographies) et ceux qui sont le résultat d'une évaluation quantitative. Pour ces derniers, l'abondance de la documentation a rendu nécessaire l'usage de l'ordinateur, du langage mathématique et statistique, de façon à établir des corrélations rigoureuses. La géographie n'est donc pas, comme on le croit souvent, l'énumération d'une somme de chiffres et de noms, mais un travail de réflexion et de synthèse qui détermine les rapports de l'homme et du milieu, leurs conditions et leurs incidences. Quant à la *géographie appliquée,* elle recouvre deux branches bien distinctes: établissement des cartes; aménagement du territoire, tant au point de vue de la nature (reboisement, par ex.) qu'au point de vue de l'urbanisme et de l'industrie.

géographique [ʒeogʀafik] adj. Relatif à la géographie. *Carte géographique d'un pays.* – Bas lat. *geographicus.*

géographiquement [ʒeogʀafikmɑ̃] adv. Au point de vue géographique. – De *géographique.*

géoïde [ʒeɔid] n. m. Volume théorique (très proche d'un ellipsoïde de révolution) dont la surface, perpendiculaire à la verticale en chaque point du globe terrestre, passe par le niveau moyen des mers. – De *géo-,* et *-oïde.*

geôle [ʒol] n. f. Litt. Prison. ▷ Fig. Lieu dans lequel on se sent comme en prison. – Du bas lat. *caveola,* dimin. de *cavea,* «cage».

geôlier, ière [ʒolje, jɛʀ] n. Litt. Personne qui garde un prisonnier; gardien de prison. – De *geôle.*

géologie [ʒeolɔʒi] n. f. **1.** Science qui étudie l'écorce terrestre, ses constituants, son histoire et sa genèse. **2.** Ensemble des terrains étudiés par la géologie. *La géologie de Terre-Neuve.* – Lat. médiév. *geologia.*

ENCYCL La géologie est l'ensemble des *sciences de la Terre.* Considérant la Terre en tant que réalité minérale, elle utilise et comprend: la *pétrographie,* la *minéralogie,* la *géochimie,* etc., et, à l'échelle des continents et de la planète entière, la *tectonique,* la *géodynamique,* la *géophysique,* etc. Considérant la Terre comme le milieu où vivent et ont vécu des êtres vivants, dont elle contient certains restes *(fossiles),* la géologie est en rapport, de façon générale, avec la *biologie,* de façon étroite, avec la *paléontologie animale et végétale,* dont les acquis ont conduit à la théorie de l'évolution (que confirma la génétique). Pour situer dans le temps les grands événements de l'histoire du globe, le géologue recourt aux méthodes de *datation absolue* (par le carbone 14, notam.) et de *chronologie relative* (par la stratigraphie). Les *temps géologiques* sont divisés en ères (Primaire, Secondaire, etc.), elles-mêmes divisées en périodes, puis en étages. Ainsi, l'ère secondaire comprend le Trias, le Jurassique inférieur, le Jurassique moyen, le Jurassique supérieur et le Crétacé; chacune de ces périodes comprend divers étages (Bathonien, par ex.). Sur le terrain, la géologie fait largement appel à la *cartographie,* ainsi qu'aux disciplines physico-chimiques; à son tour, elle sert l'archéologie (paléontologique, préhistorique, historique). Science appliquée, elle joue un rôle économique considérable, car elle détermine le mode de formation des divers types de gisements (minerais métalliques, pétrole, etc.) et oriente la recherche de nouveaux gisements; en outre, elle permet l'établissement d'ouvrages d'art (barrages, tunnels, etc.).

géologique [ʒeolɔʒik] adj. Qui a rapport à la géologie. – Du préc.

géologiquement [ʒeolɔʒikmɑ̃] adv. Du point de vue géologique. – Du préc.

géologue [ʒeolɔg] n. Personne qui étudie la géologie. – De *géologie.*

géomagnétique [ʒeomaɲetik] adj. Relatif au géomagnétisme. – De *géomagnétisme.*

géomagnétisme [ʒeomaɲetism] n. m. Magnétisme terrestre. – De *géo-,* et *magnétisme.*

géomancie [ʒeomɑ̃si] n. f. Divination au moyen de figures formées par de la terre jetée au hasard sur une surface plane (on utilise aussi des cailloux). – Bas lat. *geomantia,* mot gr.

géométral, ale, aux [ʒeometʀal, o] adj. (et n. m.) Qui représente un objet par sa projection sur un plan horizontal ou vertical. *Un dessin géométral.* ▷ N. m. *Un géométral.* – De *géométrie.*

géomètre [ʒeomɛtʀ] n. Personne qui étudie et pratique la géométrie. ▷ Spécialiste qui exécute des levers de plans, établit des nivellements, détermine des surfaces foncières. ▷ ENTOM V. géométridés. – Lat. *geometres.*

géométridés [ʒeometʀide] n. m. pl. ENTOM Famille de lépidoptères nocturnes dont les chenilles sont dites *arpenteuses,* ou *géomètres,* parce qu'elles semblent mesurer le chemin qu'elles parcourent. – De *géomètre.*

géométrie [ʒeometʀi] n. f. **1.** Branche des mathématiques qui étudie les propriétés de l'espace. **2.** TECH ▷ AUTO *Géométrie de direction:* disposition des roues directrices d'un véhicule par rapport au sol. ▷ AVIAT *Avion à géométrie variable,* dont la flèche de voilure peut être modifiée. – Lat. *geometria.*

ENCYCL La géométrie *algébrique,* qui utilise les axes de coordonnées, s'est séparée au XVIIe s. de la géométrie *différentielle,* qui utilise la notion de limite (calcul infinitésimal). On distingue: les géométries *euclidiennes,* qui acceptent les postulats d'Euclide et qui sont celles de notre vie courante; les géométries *non euclidiennes* (dont les plus connues historiquement sont celles, au XIXe s., de Lobatchevski et de Riemann), qui remplacent tel postulat euclidien par un autre axiome, notam. (cas historiquement bien connu) le 5e postulat d'Euclide: «Par tout point on peut mener une parallèle et une seule à une droite donnée»; en transformant ce postulat (auquel notre esprit pratique demeure attaché), Riemann a bâti une géométrie non euclidienne qu'on peut dire «systémique». La géométrie a été rattachée à la théorie des groupes par Felix Klein (programme d'Erlangen) en 1872; elle se définit comme l'étude d'un groupe opérant sur des ensembles et conduit à dissocier les propriétés affines (parallélisme, par ex.) des propriétés métriques (angles et distances).

géométrique [ʒeometʀik] adj. **1.** Qui appartient à la géométrie. ▷ MATH *Progression géométrique:* suite de nombres dont chacun s'obtient en multipliant le précédent par un nombre constant, appelé *raison.* (Ex. de progression de raison 3: 2, 6, 18, 54, etc.) **2.** Qui a l'aspect des figures simples étudiées par la géométrie (cercle, carré, triangle, etc.). *Motifs géométriques d'un tissu, d'une tenture murale.* **3.** Qui procède avec méthode et rigueur. *Esprit géométrique. Précision géométrique.* – Lat. *geometricus.*

géométriquement [ʒeometʀikmɑ̃] adv. D'une manière géométrique. – Du préc.

géomorphologie [ʒeomɔʀfɔlɔʒi] n. f. GEOL **1.** Science qui étudie les reliefs terrestres actuels et leur évolution. **2.** Ce relief lui-même. *La géomorphologie des Laurentides.* – De *géo-,* et *morphologie.*

géomorphologue [ʒeomɔʀfɔlɔg] n. Spécialiste de la géomorphologie. – De *géomorphologie.*

géophagie [ʒeofaʒi] n. f. MED Perversion du goût qui pousse à manger de la terre. – De *géo-,* et *-phagie.*

géophile [ʒeofil] n. m. Myriapode chilopode (genre *Geophilus*), grêle, long de 3 à 5 cm, fréquent dans les mousses et l'humus. – De *géo-,* et *-phile.*

géophysicien, ienne [ʒeofizisjɛ̃, jɛn] n. Spécialiste de géophysique. – De *géo-,* et *physicien.*

géophysique [ʒeofizik] n. f. et adj. GEOL Étude des phénomènes physiques naturels qui affectent le globe terrestre et son atmosphère. ▷ Adj. *Phénomènes géophysiques.* – De *géo-,* et *physique.*

ENCYCL La géophysique, ou *physique du globe,* utilise la *géodésie,* la *météorologie,* l'*hydrologie,* l'*océanographie,* la *géothermie,* etc.; la *sismologie* lui permet d'émettre des hypothèses sur la structure profonde de la Terre; en effet, sous la croûte terrestre, ou *lithosphère,* se trouvent: le *manteau,* entre 40 et 2 900 km; le *noyau,* fluide, constitué de fer et de nickel, jusqu'à 5 000 km; au centre de la Terre, la *graine,* plus solide que le noyau. La *gravimétrie* est à la base de la *théorie de l'isostasie.* L'étude du magnétisme terrestre et du paléomagnétisme des roches a confirmé, avec la tectonique, la *dérive des continents* (V. dérive) et a conduit à la théorie de la *tectonique des plaques.* V. plaque et terre.

géophyte [ʒeofit] n. m. BOT Plante dont les bourgeons passent la mauvaise saison dans le sol. – De *géo-,* et *-phyte.*

géopolitique [ʒeopɔlitik] n. f. et adj. Étude de l'influence des facteurs géographiques sur la politique internationale. – Adj. *Facteurs géopolitiques.* – De *géo-,* et *politique.*

1. géorgien, ienne [ʒeɔʀʒjɛ̃, jɛn] adj. et n. **1.** De Géorgie, rép. fédérée d'U.R.S.S. ▷ N. m. *Le géorgien est une langue caucasienne, qui s'écrit avec un alphabet particulier.* **2.** De Géorgie, État des États-Unis d'Amérique. – De *Géorgie.*

2. géorgien, ienne [ʒeɔʀʒjɛ̃, jɛn] adj. et n. m. GEOL Se dit de l'étage inférieur du Cambrien. – N. m. *Le Géorgien est caractérisé notam. par la présence de trilobites.* – Angl. *georgian,* de *Georgia,* v. des États-Unis.

géorgique [ʒeɔʀʒik] adj. Litt. Relatif aux travaux champêtres. *Poème géorgique.* ▷ Les *Géorgiques,* œuvre de Virgile (30 av. J.-C.). – Lat. *georgicus,* rad. gr. *ergon,* «travail».

géosismique [ʒeosismik] ou **géoséismique** [ʒeoseismik] adj. TECH Se dit des procédés de prospection qui utilisent des explosifs pour étudier la structure des terrains. – De *géo-,* et *sismique.*

géostationnaire [ʒeostasjɔnɛʀ] adj. ESP Se dit d'un satellite artificiel dont la position par rapport à la Terre ne varie pas. – De *géo-,* et *stationnaire.*

géosynchrone [ʒeosɛ̃kʀon] adj. ESP Se dit d'un satellite artificiel dont la période de révolution est égale à celle de la Terre. – De *géo-,* et *synchrone.*

géosynclinal, aux [ʒeosɛ̃klinal, o] n. m. GEOL Vaste dépression de l'écorce terrestre remplie d'eau, dont le fond s'enfonce sous le poids des sédiments et sous l'action des forces tectoniques latérales. – De *géo-,* et *synclinal.*

géotechnique [ʒeotɛknik] n. f. et adj. Géologie appliquée. *La géotechnique trouve son principal champ d'application dans le domaine de la construction* (étude du terrain, prévision du comportement des sols bâtis, etc.). ▷ Adj. *Étude géotechnique.* – De *géo-,* et *technique.*

géothermie [ʒeotɛʀmi] n. f. **1.** Chaleur interne de la Terre; chaleur de l'écorce terrestre. **2.** Étude de la chaleur de l'écorce terrestre et de son utilisation comme source d'énergie. – De *géo-,* et *-thermie.*

géothermique [ʒeotɛʀmik] adj. Relatif à la géothermie. – *Degré* ou *gradient géothermique:* profondeur (env. 30 m) dont on doit s'enfoncer dans le sol pour constater une élévation de température de 1 °C. – Du préc.

géotropisme [ʒeotʀɔpism] n. m. BOT Orientation de la croissance des organes végétaux sous l'action de la pesanteur. V. tropisme. – De *géo-,* et *tropisme.*

géotrupe [ʒeotʀyp] n. m. Coléoptère scarabéidé noirâtre (genre *Geotrupes,* groupe des bousiers), long de 10 à 16 mm. – De *géo-,* et du gr. *trûpan,* «percer».

gérance [ʒeʀɑ̃s] n. f. Fonction de gérant; temps que dure cette fonction. – De *gérant.*

géraniacées [ʒeʀanjase] ou **géraniées** [ʒeʀanje] n. f. pl. BOT Famille de plantes comprenant notam. les genres *Geranium* et *Pelargonium,* type de l'ordre des géraniales. – De *géranium.*

géraniales [ʒeʀanjal] n. f. pl. BOT Ordre de plantes dicotylédones à pétales séparés qui comprend notam. le géranium et la capucine. – De *géranium*.

géranium [ʒeʀanjɔm] n. m. Plante sauvage (genre *Geranium*), aux feuilles très découpées et aux fleurs roses régulières. (Le géranium ornemental à fleurs roses, blanches ou rouges, appartient au genre *Pelargonium*.) – Du gr. *geranos*, «grue», à cause de la ressemblance du fruit avec le bec arqué de l'oiseau.

gérant, ante [ʒeʀɑ̃, ɑ̃t] n. Personne qui gère, qui administre pour le compte d'autrui. *Gérant d'un immeuble, d'un magasin, d'une société. Gérant d'un portefeuille.* – Ppr. subst. de *gérer*.

gerbage [ʒɛʀbaʒ] n. m. Action de gerber (mettre en gerbes ou empiler). – De *gerber*.

gerbe [ʒɛʀb] n. f. **1.** Faisceau de tiges de céréales coupées et liées. *Lier une gerbe.* – Par ext. *Gerbe de fleurs.* **2.** *Par anal.* Assemblage en faisceau de choses, de formes allongées. *Gerbe d'eau. Les gerbes d'un feu d'artifice.* ▷ MILIT Trajectoires parcourues par des projectiles. ▷ PHYS NUCL Faisceau de particules électrisées. – Du frq. **garba*.

gerbée [ʒɛʀbe] n. f. Botte de paille où il reste encore quelques épis. – De *gerbe*.

gerber [ʒɛʀbe] **I.** v. tr. [1] **1.** Mettre en gerbe. **2.** TECH Disposer en tas, empiler. *Gerber des tôles.* **II.** v. intr. Vulg. Vomir. – De *gerbe*.

gerbeur, euse [ʒɛʀbœʀ, øz] adj. et n. **1.** adj. Qui sert à gerber. *Un chariot gerbeur.* **2.** n. f. TECH Engin de manutention servant au gerbage des marchandises. **3.** n. m. (ou appos.) *Gerbeur, ouvrier gerbeur*, qui empile les charges. – De *gerber*.

gerbier [ʒɛʀbje] n. m. Meule de gerbes. – De *gerbe*.

gerbière [ʒɛʀbjɛʀ] n. f. AGRIC Charrette servant au transport des gerbes. – De *gerbe*.

gerbille [ʒɛʀbij] n. f. Petit rongeur muridé (genre *Gerbillus*, 8 cm) des régions arides d'Afrique et d'Asie. – Lat. zool. *gerbillus*. V. gerboise.

gerboise [ʒɛʀbwaz] n. f. Petit rongeur d'Afrique et d'Asie (genre *Dipus*), au pelage brun, qui progresse par bonds sur ses pattes postérieures très allongées. – Lat. zool. *gerboa*, de l'ar. maghrébin *djerboû*.

gerce [ʒɛʀs] n. f. **1.** Teigne qui ronge les papiers et les étoffes. **2.** CONSTR Fente dans une pièce de bois, due à la dessiccation. – Déverbal de *gercer*.

gercer [ʒɛʀse] v. tr. [14] Faire de petites fentes ou crevasses à. *Le froid gerce les lèvres.* ▷ V. intr. et pron. Se fendiller, se crevasser. *Les mains (se) gercent en hiver.* – Du lat. pop. **charissare*, gr. *kharassein*, «entailler, écorcher, graver».

gerçure [ʒɛʀsyʀ] n. f. **1.** Crevasse douloureuse sur la peau ou les muqueuses. **2.** Fente dans le bois d'un arbre, dans la terre. – De *gercer*.

gérer [ʒeʀe] v. tr. [16] Administrer, diriger pour son propre compte ou pour le compte d'autrui. *Gérer ses affaires, un domaine.* – Lat. *gerere*, «porter, faire, administrer».

gerfaut [ʒɛʀfo] n. m. Grand faucon des régions septentrionales *(Falco rusticolus)*, long d'environ 50 cm, au plumage clair, quelquefois blanc. – Du germ. *girfalko*, «vautour-faucon».

gériatre [ʒeʀjatʀ] n. Médecin spécialisé en gériatrie. – De *gériatrie*.

gériatrie [ʒeʀjatʀi] n. f. MED Branche de la médecine qui s'occupe des maladies des personnes âgées. – Du gr. *gerôn*, «vieillard».

gériatrique [ʒeʀjatʀik] adj. MED Qui se rapporte à la gériatrie. – De *gériatrie*.

1. germain, aine [ʒɛʀmɛ̃, ɛn] adj. (et n.) **1.** DR Né du même père et de la même mère. *Frère germain. Sœur germaine.* ▷ Subst. *Les germains:* les frères germains, les sœurs germaines. **2.** *Cousins germains*, dont le père ou la mère de l'un a pour frère ou sœur le père ou la mère de l'autre. – *Cousins issus de germains*, dont les parents sont cousins germains. – Lat. *germanus*, «qui est du même sang».

2. germain, aine [ʒɛʀmɛ̃, ɛn] adj. et n. De la Germanie, contrée géographique située entre la mer du Nord et les Alpes, entre le Rhin et l'Elbe. – Repris du lat. *Germanus*, p.-ê. du celtique *gair*, «voisin», et *maon, man*, «peuple», nom donné par les Gaulois à leurs voisins de l'Est.

germandrée [ʒɛʀmɑ̃dʀe] n. f. Plante (genre *Teucrium*) à fleurs roses, violettes ou blanchâtres, fréquente dans les endroits arides, appelée cour. *sauge des bois. La germandrée du Canada (Teucrium canadense) pousse dans les lieux humides et les taillis; elle est commune dans l'ouest du Québec.* – Du gr. *khamaidrus*, «chêne nain».

germanique [ʒɛʀmanik] adj. **1.** Relatif aux Germains. *Saint-Empire romain germanique. Langues germaniques.* **2.** Relatif à l'Allemagne et aux Allemands. – Lat. *germanicus*.

germanisant, ante [ʒɛʀmanizɑ̃, ɑ̃t] adj. et n. Qui étudie les langues, la littérature, la civilisation germaniques. – Ppr. de *germaniser*.

germaniser [ʒɛʀmanize] v. tr. [1] Rendre germanique. – Imposer le caractère germanique à. – De *germain 2*.

germanisme [ʒɛʀmanism] n. m. **1.** Mot, tour ou expression propre à la langue allemande. ▷ Mot ou tour emprunté à l'allemand ou introduit dans une autre langue. **2.** Esprit germanique, allemand; culture, civilisation ou influence allemande. – De *germanique*.

germaniste [ʒɛʀmanist] n. Spécialiste des langues, de la civilisation germaniques. – De *germanique*.

germanium [ʒɛʀmanjɔm] n. m. CHIM Élément de numéro atomique $Z = 32$ et de masse atomique 72,59 (symbole Ge), métal utilisé en électronique pour ses propriétés de semiconducteur. – De *Germania*, «Allemagne», où il fut découvert en 1880.

germano-. Élément, du lat. *Germanus*, «Germain».

germanophile [ʒɛʀmanofil] adj. et n. Qui aime, admire l'Allemagne, les Allemands. – De *germano-*, et *-phile*.

germanophobe [ʒɛʀmanofɔb] adj. et n. Qui n'aime pas l'Allemagne, les Allemands. – De *germano-*, et *-phobe*.

germanophone [ʒɛʀmanofɔn] adj. et n. Qui est de langue allemande. *Les pays germanophones.* – De *germano-*, et *-phone*.

germe [ʒɛʀm] n. m. **1.** Rudiment d'un être vivant (œuf, embryon, plantule, etc.). *Le germe d'un œuf*, l'embryon. *Un germe dentaire*, l'ébauche d'une dent. ▷ *Spécial.* Première pousse issue de la graine, du tubercule, etc. *Germes de soja.* **2.** (Le plus souv. au plur.) Bactérie, virus, spore, etc. *Germes pathogènes.* **3.** PHYS Substance qui provoque la cristallisation d'un liquide sursaturé, ou la solidification d'un liquide surfondu. *Les germes sont à l'origine de la formation du verglas.* **4.** Fig. Principe, élément à l'origine de qqch. *Les germes d'une révolution.* Syn. cause, source. – Lat. *germen*.

germen [ʒɛʀmɛn] n. m. BIOL Ensemble des cellules reproductrices d'un être vivant (opposé à *soma*). *Le germen transmet les caractères héréditaires.* – Mot lat.

germer [ʒɛʀme] v. intr. [1] **1.** En parlant des semences, des bulbes, etc., commencer à se développer pour produire un nouvel individu. *Le blé commence à germer. Des pommes de terre germées,* dont les germes commencent à pousser. **2.** Fig. Se former, commencer à se développer. *Un projet a germé dans son esprit.* – Lat. *germinare.*

germicide [ʒɛʀmisid] adj. MICROB Qui tue les germes microbiens. *Les ultraviolets sont germicides.* Syn. bactéricide. – De *germe,* et *-cide.*

1. germinal, ale, aux [ʒɛʀminal, o] adj. BIOL Relatif au germe. – Du lat. *germen, germinis,* «germe».

2. germinal [ʒɛʀminal] n. m. HIST (France) Le septième mois (21 mars – 19 avril) du calendrier républicain. – Du lat. *germen, germinis,* «germe».

germinatif, ive [ʒɛʀminatif, iv] adj. BOT **1.** Qui a le pouvoir de faire germiner. **2.** Relatif à la germination. *Pouvoir germinatif d'un lot de graines.* – Dérivé savant du lat. *germinare,* «germer».

germination [ʒɛʀminasjõ] n. f. BOT Ensemble des phénomènes qui se produisent quand la plantule passe de la vie ralentie à la vie active, et qui aboutissent à la formation de la jeune plante. ▷ Période pendant laquelle ont lieu ces phénomènes. – Lat. *germinatio, germinationis.*

germoir [ʒɛʀmwaʀ] n. m. TECH **1.** Local dans lequel on fait germer des semences. **2.** Caisse où l'on fait germer des graines avant de les semer. – De *germer.*

germon [ʒɛʀmõ] n. m. Thon blanc *(Germo alalunga)* de l'Atlantique (entre Madère et l'Irlande). – Dial., de *germe.*

gérondif [ʒeʀõdif] n. m. GRAM **1.** Mode latin, déclinaison de l'infinitif. **2.** En français, forme verbale en *ant,* précédée le plus souvent de la prép. *en,* et qui sert à exprimer des compléments de circonstance (ex.: *Il parle en dormant*). – Du lat. gram. *gerundium,* de *gerere.* (V. gérer.)

géronto-. Élément, du gr. *gerôn, gerontos,* «vieillard».

gérontocratie [ʒeʀõtɔkʀasi] n. f. Didac. Gouvernement, prépondérance politique des vieillards. – De *géronto-,* et *-cratie.*

gérontologie [ʒeʀõtɔlɔʒi] n. f. MED Étude du vieillard, de ses conditions de vie normale et pathologique. – De *géronto-,* et *-logie.*

gérontologue [ʒeʀõtɔlɔg] n. MED Spécialiste de gérontologie. – Du préc.

gérontoxon [ʒeʀõtɔksõ] n. m. Didac. Cercle blanc autour de la cornée, apparaissant chez les personnes très âgées. – De *géronto-,* et gr. *toxon,* «arc».

gerris [ʒeʀis] n. m. ZOOL Insecte aquatique carnivore, appelé aussi *puce* ou *araignée d'eau* (genre *Gerris*), très commun à la surface des eaux douces, sur lesquelles il glisse rapidement. – Lat. *gerres, gerris.*

gésier [ʒezje] n. m. Seconde poche de l'estomac des oiseaux, aux parois musculeuses très dures, qui broient les aliments. – Du lat. *gigerium,* plur. *gigeria,* «entrailles des volailles».

gésine [ʒezin] n. f. Vx *En gésine,* qui est sur le point d'accoucher, en train d'accoucher. – Du lat. pop. * *jacina,* du lat. class. *jacere,* «être étendu».

gésir [ʒeziʀ] v. intr. défect. [40] (usité seulement au présent, à l'imparfait de l'indicatif et au participe présent). **1.** Être étendu (malade, blessé, mort). *Il gisait dans la poussière.* ▷ Spécial. *Ci-gît:* formule d'épitaphe. **2.** Être tombé, abandonné sur le sol (choses). *Des débris gisaient çà et là.* **3.** Fig. Se trouver. *C'est là que gît la difficulté.* – Du lat. *jacere,* «être étendu».

gesse [ʒɛs] n. f. Plante fourragère (genre *Lathyrus,* fam. papilionacées) dont les stipules se sont transformées en vrilles. *Gesse odorante:* pois de senteur. – Anc. provençal *geissa.*

gestalt [geʃtalt] n. f. PSYCHO Ensemble structuré dans lequel les parties, les processus partiels, dépendent du tout. (V. encycl. forme) – Mot all., «forme».

gestaltisme [gɛʃ(s)taltism] n. m. PSYCHO Psychologie de la forme*. – De l'all. *Gestalt,* «forme», pour traduire *Gestalt-theorie.*

gestaltiste [gɛʃ(s)taltist] adj. et n. Du gestaltisme. *La théorie gestaltiste.* ▷ Adepte du gestaltisme. *Un psychologue gestaltiste. Les gestaltistes.* – De *gestalt.*

Gestapo [gɛstapo] n. f. Police politique du IIIe Reich, créée en 1933 et réorganisée en 1936. – Abrév. de l'all. *Geheime Staatspolizei.*

gestation [ʒɛstasjõ] n. f. **1.** État des femelles des mammifères qui portent leurs petits. *Être en gestation.* ▷ Durée de cet état, variable selon les espèces. **2.** Fig. Élaboration, genèse d'un ouvrage de l'esprit. *Roman en gestation.* – Lat. *gestatio,* «action de porter».

1. geste [ʒɛst] n. m. **1.** Mouvement volontaire ou instinctif d'une partie du corps, notam. des bras et des mains, pour faire ou exprimer qqch. *Faire des grands gestes.* **2.** Action (au sens symbolique et moral). *Avoir, faire un beau geste.* – Lat. *gestus.*

2. geste [ʒɛst] n. f. **1.** LITTER Groupe de poèmes épiques du Moyen Âge, consacré aux exploits d'un héros. La *Geste de Charlemagne.* ▷ *Chanson de geste:* l'un des poèmes appartenant à cet ensemble. **2.** Cour. Plur. *Les faits et gestes d'une personne,* ses actions, sa conduite. – Lat. *gesta.*

gesticulation [ʒɛstikylasjõ] n. f. Action de gesticuler. – Lat. *gesticulatio.*

gesticuler [ʒɛstikyle] v. intr. [1] Faire de grands gestes dans tous les sens. – Lat. *gesticulari.*

gestion [ʒɛstjõ] n. f. FIN Action d'administrer une entreprise, d'en assurer la rentabilité. *Cette société a une bonne gestion financière.* – Lat. *gestio,* de *gerere.* (V. gérer.)

ENCYCL La gestion a pour but de conduire une entreprise vers les objectifs qu'elle s'est fixés. Son champ d'action englobe le long terme, c.-à-d. les objectifs de développement de l'entreprise sur une période d'une dizaine d'années, le moyen terme (élaboration des stratégies qui guideront l'activité sur une période de quelques années) et le court terme (préparation et poursuite des actions décidées). Les méthodes de gestion s'attachent à créer un cadre permettant une meilleure maîtrise du système que constituent l'entreprise et son environnement, et l'orientation de celle-ci vers ses buts. Ces méthodes reposent sur l'établissement d'objectifs, la saisie des réalisations et la comparaison des résultats et des prévisions, de façon à en tirer les conséquences et à prendre les meilleures décisions. La gestion financière a pour objet de rassembler les fonds nécessaires à l'entreprise. Elle repose sur les techniques comptables: comptabilité générale, analytique et budgétaire.

gestionnaire [ʒɛstjɔnɛʀ] adj. et n. **1.** adj. Qui concerne la gestion. **2.** Subst. FIN Spécialiste de la gestion. *Tout chef d'entreprise doit être un bon gestionnaire.* – De *gestion.*

gestuel, elle [ʒɛstɥɛl] adj. et n. f. **I.** Adj. Qui a rapport aux gestes, au mouvement du corps. **II.** n. f. Ensemble des gestes. – De *geste.*

getter [gətœʀ] n. m. ELECTRON Substance permettant de parfaire le vide à l'intérieur d'un tube électronique. – Mot angl., de *to get,* «obtenir».

geyser [ʒezɛʀ] n. m. Source chaude caractérisée par une projection d'eau intermittente et turbulente, accompagnée de dégagement de vapeur. *L'eau des geysers contient des silicates dissous qui se déposent et forment des tables de geysérite* (variété d'opale). – Mot angl., d'après un nom islandais, *Geysir.*

ghanéen, éenne [ganeɛ̃, eɛn] adj. et n. Du Ghana, État d'Afrique occident. sur le golfe de Guinée.

ghetto [geto] n. m. **1.** Quartier où les Juifs étaient contraints de résider. ▷ *Par ext.* Lieu où une minorité se trouve regroupée et isolée du reste de la population. **2.** Fig. Groupe social replié sur lui-même. *Ghetto intellectuel.* – Mot ital., quartier de résidence forcée des Juifs à Venise.

ghilde. V. guilde.

G.I. [dʒi'aj] n. m. Sobriquet donné depuis la guerre de 1939-1945 aux soldats américains. – Sigle de l'expr. angl. *Government Issue,* «fourniture du gouvernement».

giardia. V. lamblia.

gibberella [ʒibɛʀɛl(l)a] n. f. BOT Champignon ascomycète parasite (genre *Gibberella)* dont une espèce, *Gibberella fujikuroi,* provoque le gigantisme du riz.

gibbérellines [ʒibɛʀɛl(l)in] n. f. pl. BOT Substances, sécrétées notam. par les *gibberella,* qui, appliquées sur une plante, provoquent sa croissance démesurée.

gibbeux, euse [ʒibø, øz] adj. Rare Qui a une bosse (êtres vivants). ▷ En forme de bosse. *Échine gibbeuse.* – Du lat. *gibbosus,* de *gibbus,* «bosse».

gibbon [ʒibɔ̃] n. m. Singe anthropoïde dépourvu de queue, dont les diverses espèces habitent l'Indochine et la Malaisie. *Les gibbons utilisent leurs grands bras pour se déplacer dans les arbres.* – M. angl., d'après un dial. de l'Inde.

gibbosité [ʒibɔzite] n. f. Didac. Bosse produite par une convexité anormale de la colonne vertébrale. ▷ *Par ext.* Saillie en forme de bosse. – Du lat. *gibbosus,* de *gibbus,* «bosse».

gibecière [ʒibsjɛʀ] n. f. **1.** Sac que les chasseurs portent généralement en bandoulière et où ils placent le menu gibier. Syn. carnier, carnassière. **2.** Vieilli Cartable que les écoliers portent sur le dos. – De l'a. fr. *gibecier,* «aller à la chasse».

gibelin, ine [ʒiblɛ̃, in] n. (et adj.) HIST Dans l'Italie du XIIe au XIVe s., partisan de l'empereur germanique, en opposition aux guelfes (V. ce nom), partisans du pape et de l'indépendance des cités ital. ▷ adj. *Le parti gibelin.* – De *Waiblingen,* v. d'Allemagne, fief de Frédéric de Hohenstaufen, frère de Conrad qui fut élu en 1138 empereur d'Allemagne.

gibelotte [ʒiblɔt] n. f. **1.** Fricassée de lapin au vin blanc. **2.** Rég. Mets composé de morceaux de poisson et de légumes bouillis. **3.** Péjor. Nourriture, mélange sans consistance; mets peu appétissant. – De l'a. fr. *gibelet,* «plat d'oiseaux».

giberne [ʒibɛʀn] n. f. Anc. Boîte de cuir dans laquelle les soldats mettaient leurs cartouches. – Orig. incert.

gibet [ʒibɛ] n. m. Potence servant à la pendaison. ▷ Vx Fourches patibulaires auxquelles on suspendait les cadavres des suppliciés. – Du frq. **gibb,* «bâton fourchu».

gibier [ʒibje] n. m. **1.** Ensemble des animaux susceptibles d'être chassés. *Région où le gibier abonde. Gibier à plume, à poil.* ▷ *Gros gibier:* orignaux, caribous, etc. **2.** Viande d'animal tué à la chasse. *Il y a du gibier au menu.* **3.** Fig. *Gibier de potence:* individu malhonnête, digne de la potence. – Du frq. **gabaiti,* «chasse au faucon».

giboulée [ʒibule] n. f. Pluie soudaine et brève, souvent mêlée de grêle ou de neige. – P.-ê. de l'anc. v. *gibeler, gibler,* «s'agiter, s'ébattre».

giboyeux, euse [ʒibwajø, øz] adj. Qui abonde en gibier. *Forêts giboyeuses.* – De *giboyer,* «chasser».

gibus [ʒibys] n. m. Chapeau haut de forme à ressorts, que l'on peut aplatir. – Du nom de l'inventeur qui déposa un brevet en 1834.

giclée [ʒikle] n. f. Jet de liquide qui gicle. *Une giclée de sang.* – Pp. fém. subst. de *gicler.*

giclement [ʒikləmɑ̃] n. m. Action de gicler. – De *gicler.*

gicler [ʒikle] v. intr. [1] Jaillir soudainement ou avec force. *Eau qui gicle d'une canalisation crevée.* – Provenç. *gisclar.*

gicleur [ʒiklœʀ] n. m. TECH Organe muni d'un ajutage calibré, destiné à régler le débit d'un combustible liquide. ▷ Système de projection automatique de liquide au-dessus d'un certain seuil de température, pour prévenir les incendies. – De *gicler.*

gifle [ʒifl] n. f. **1.** Coup donné sur la joue avec le plat ou le revers de la main. *Donner une gifle.* Syn. claque 2, soufflet. **2.** Fig. Affront. *Ce refus a été pour lui une gifle.* – Du frq. **kifel,* «mâchoire».

gifler [ʒifle] v. tr. [1] Donner une gifle à (qqn). – De *gifle.*

giga-, gigan-. Éléments, du gr. *gigas, gigantos,* «géant». Placé devant une unité, il indique sa multiplication par un milliard (symb. G). Ex.: 1 GHz = 1 gigahertz = 1 milliard de hertz.

gigantesque [ʒigɑ̃tɛsk] adj. **1.** Qui tient du géant. *Taille gigantesque.* ▷ Par ext. *Paquebot gigantesque.* Ant. minuscule. **2.** Fig. Qui dépasse de beaucoup la moyenne. *Entreprise gigantesque.* – Ital. *gigantesco,* de *gigante,* «géant».

gigantesquement [ʒigɑ̃tɛskəmɑ̃] adv. Dans des proportions gigantesques. – De *gigantesque.*

gigantisme [ʒigɑ̃tism] n. m. **1.** MED Affection caractérisée par un accroissement exagéré du squelette. *Le gigantisme est dû à une hypersécrétion du lobe antérieur de l'hypophyse.* **2.** Caractère de ce qui est gigantesque, démesuré. *Le gigantisme des villes américaines.* – Du lat. *gigas, gigantis,* «géant».

gigantomachie [ʒigɑ̃tomaʃi] n. f. MYTH Combat fabuleux des Géants contre les dieux de l'Olympe. – Lat. *gigantomachia,* mot gr., de *gigas, gigantis,* «géant», et *makkê,* «combat».

gigantostracés [ʒigɑ̃tɔstʀase] n. m. pl. PALEONT Sous-classe d'arthropodes mérostomes fossiles (de l'Ordovicien au Permien), d'abord marins, puis d'eau douce, ressemblant à de gros scorpions (jusqu'à 3 m de long). – De *gigan-,* et gr. *ostrakon,* «carapace».

gigogne [ʒigɔɲ] adj. **1.** Se dit de meubles, d'objets qui s'emboîtent les uns dans les autres. *Table, poupée gigogne.* **2.** Vieilli *Une mère Gigogne:* une femme qui a beaucoup d'enfants. – Altér. probabl. de *cigogne; mère Gigogne* ou *dame Gigogne,* personnage de théâtre créé en 1602, femme géante des jupes de laquelle sortaient une foule d'enfants.

gigolo [ʒigɔlo] n. m. Fam. Jeune amant d'une femme plus âgée qui l'entretient. – De *gigue* 1, «jambe»; d'abord «jeune danseur».

gigot [ʒigo] n. m. **1.** Cuisse de mouton, d'agneau, de chevreuil, coupée pour la table. ▷ *Le manche du gigot:* la partie de l'os par laquelle on peut prendre le gigot. ▷ *Manche à gigot:* instrument que l'on adapte au manche du gigot pour pouvoir découper plus facilement la viande. **2.** *Manches gigot:* manches longues de robe, de corsage, qui bouffent sur l'épaule. **3.** Fam. Cuisse d'une personne. *Quels beaux gigots il a,* *ce petit!* – De l'a. fr. *gigue* «instrument à cordes», par anal. de forme.

gigoter [ʒigɔte] v. intr. [1] Fam. Remuer en tous sens les jambes, le corps. – De *gigot* ou de l'anc. v. *giguer,* «gambader».

1. gigue [ʒig] n. f. **1.** VEN, CUIS Cuisse de chevreuil. ▷ Fam. Jambe. *Des grandes gigues.* **2.** Pop. *Une grande gigue:* une grande fille dégingandée. – De *gigot.*

2. gigue [ʒig] n. f. Danse de rythme vif, binaire ou ternaire, probabl. d'orig. anglaise (XVIe s.), caractérisée par un mouvement rapide des jambes et des pieds. – Air sur lequel on exécute cette danse. ▷ Par ext. *Danser la gigue:* danser en sautant de façon désordonnée. – Angl. *jig;* empr. probabl. à *giguer.*

gilbert [ʒilbɛʀ] n. m. PHYS Unité de force magnétomotrice du système C.G.S. (symbole Gb) à laquelle il faut préférer l'ampère (A), unité SI (1 Gb = $\frac{10}{4\pi}$ A). – Du n. de du phys. et méd. angl. W. *Gilbert* (1544-1603).

gilde. V. guilde.

gilet [ʒilɛ] n. m. **1.** Veste courte et sans manches que les hommes portent quelquefois sous un veston. **2.** Veste à manches longues, en tricot. **3.** Sous-vêtement couvrant le torse. *Gilet de flanelle.* **4.** *Gilet de sauvetage:* brassière de sécurité permettant de maintenir hors de l'eau la tête d'une personne immergée. ▷ *Gilet pare-balles:* gilet de protection à l'épreuve des balles. **5.** Fig., fam. *Pleurer dans le gilet de qqn,* se lamenter auprès de lui. – Esp. *jileco,* du turc *yelek.*

giletier, ière [ʒiltje, jɛʀ] n. Vieilli Personne qui confectionne des gilets. – De *gilet.*

gimblette [ʒɛ̃blɛt] n. f. Vx Petit gâteau dur et sec en forme d'anneau. – Provenç. mod. *gimbleto.*

gin [dʒin] n. m. Eau-de-vie de grains aromatisée avec du genièvre, de la coriandre, du fenouil, etc. *Le gin canadien, à saveur prononcée, est apparenté au genièvre hollandais; on l'appelle gros gin pour l'opposer au dry gin, fabriqué selon une recette anglaise. Commander un gin. Ponce* au gin.* – Mot angl. *gin,* adapt. du néerl. *jenever,* «genièvre».

gin-fizz [dʒinfiz] n. m. Cocktail au gin et au jus de citron, plus ou moins sucré et additionné d'eau gazeuse. – Mot angl., de *gin,* et de *(to) fizz,* «pétiller».

gingembre [ʒɛ̃ʒɑ̃bʀ] n. m. Plante herbacée originaire d'Asie tropicale, dont le rhizome globuleux donne un condiment à la saveur piquante. ▷ *Par ext.* Ce condiment lui-même. – Du lat. *zingiberi,* gr. *ziggiberis,* d'un mot indien.

ginger ale [dʒindʒœʀel] n. m. Boisson gazeuse aromatisée au gingembre. – Mot angl.

gingival, ale, aux [ʒɛ̃ʒival, o] adj. ANAT Relatif aux gencives. – Du lat. *gingiva,* «gencive».

gingivite [ʒɛ̃ʒivit] n. f. MED Inflammation des gencives. – Du lat. *gingiva,* et *-ite* 1.

ginkgo [ʒɛ̃ko] n. m. Arbre originaire de Chine, appelé aussi *arbre aux quarante écus,* dont les feuilles en éventail deviennent jaune d'or en automne. – Mot chinois.

ginseng [ʒinsɑ̃g] n. m. **1.** Plante originaire de Chine (genre *Panax*). **2.** *Par ext.* Racine de cette plante. – Médicament, drogue que l'on tire de cette racine. *Les propriétés toniques du ginseng.* – Chinois *gen-chen,* «plante-homme».

giorno (a) [dʒjɔʀno] loc. adv. et adj. *Parc, salle éclairée a giorno* (ou *à giorno*), comme en plein jour. – Loc. ital.

gir(o)-. V. gyr(o)-.

girafe [ʒiʀaf] n. f. **1.** Mammifère ongulé artiodactyle ruminant (genre *Giraffa,* fam. giraffidés) des savanes africaines. ▷ Fig., fam. *Peigner la girafe:* faire un travail long et absurde; ne rien faire, être inutile. **2.** Arg. Perche munie d'un microphone, servant aux prises de son. – Ital. *giraffa,* ar. *zarāfa.*

ENCYCL La girafe est l'animal actuel le plus haut (jusqu'à 5,5 m), par son cou, lequel, bien que démesurément long, ne comporte pas plus de vertèbres (7) que celui des autres mammifères. Son pelage roux est réticulé ou tacheté de jaune; le ventre est blanc; la tête porte deux petites cornes recouvertes de peau. Elle se nourrit de feuilles d'arbres et ne broute ou boit au sol qu'en écartant les pattes de devant. *Giraffa camelopardalis* est l'espèce la plus répandue (du Tchad à l'Afrique du S.).

girafeau [ʒiʀafo] ou **girafon** [ʒiʀafɔ̃] n. m. Petit de la girafe. – Dimin. de *girafe.*

girandole [ʒiʀɑ̃dɔl] n. f. **1.** Faisceau de jets d'eau, de fusées d'artifice. **2.** Chandelier à plusieurs branches. **3.** Assemblage de diamants porté en pendant d'oreille. **4.** Guirlande de lanternes, d'ampoules électriques, utilisée comme décoration. – Ital. *girandola,* dimin. de *giranda,* «gerbe de feu», du bas lat. *gyrare,* «tourner».

girasol [ʒiʀasɔl] n. m. MINER Variété d'opale aux reflets rouges et bleus. – Ital. *girasole,* de *girare,* «tourner», et *sole,* «soleil».

giration [ʒiʀasjɔ̃] n. f. Didac. Mouvement giratoire. – Du bas lat. *gyratum,* de *gyrare,* «tourner».

giratoire [ʒiʀatwaʀ] adj. *Mouvement giratoire,* circulaire. ▷ *Sens giratoire,* selon lequel la circulation doit s'effectuer à un rond-point. – Du bas lat. *gyratum,* de *gyrare,* «tourner».

giravion [ʒiʀavjɔ̃] n. m. AVIAT Aéronef à voilure tournante (autogyre, hélicoptère, etc.). – De *gyro-,* et *avion.*

girelle [ʒiʀɛl] n. f. Poisson téléostéen *(Coris julis)* de la Méditerranée, long d'env. 25 cm. (Le mâle est très coloré.) – Du provenç. *gir,* «tournoiement», lat. *gyrus,* «cercle, tour».

girie [ʒiʀi] n. f. Fam., vieilli Plainte sans objet, jérémiade. ▷ Plur. Manières affectées. – De l'a. fr. *girer,* «tourner», du lat. *gyrare.*

girl [gœʀl] n. f. Anglicisme Danseuse d'un ballet, d'une troupe, au music-hall. – Mot angl., «fille, jeune fille».

girofle [ʒiʀɔfl] n. m. Bouton floral du giroflier, appelé plus souvent *clou de girofle* et employé comme épice. *Essence de girofle.* – Du lat. *caryophyllon,* gr. *karuophullon.*

giroflée [ʒiʀɔfle] n. f. Plante vivace (genre *Cheiranthus,* fam. crucifères), à grappes de fleurs très odorantes, cultivée pour l'ornement. ▷ Fig., fam. *Giroflée à cinq feuilles* ou *giroflée:* soufflet laissant la marque des cinq doigts sur la joue. – De *girofle,* parce qu'elle a l'odeur des clous de girofle.

giroflier [ʒiʀɔflije] n. m. Arbre toujours vert (*Eugenia aromatica,* fam. myrtacées), originaire des îles Moluques, qui produit le girofle. – De *girofle.*

girolle [ʒiʀɔl] n. f. Champignon comestible *(Cantharellus cibarius)* jaune orangé. Syn. chanterelle. – Probabl. de l'a. fr. *girer,* «tourner».

giron [ʒiʀɔ̃] n. m. **1.** Partie du corps allant de la ceinture aux genoux, quand on est assis. ▷ Fig. *Se réfugier dans le giron maternel.* ▷ *Le giron de l'Église:* la communion des fidèles. **2.** CONSTR Profondeur d'une marche d'escalier, mesurée au milieu de la marche. – Du frq. *gêro, «pièce d'étoffe en pointe», parce que giron désignait autrefois un vêtement taillé en pointe, allant de la ceinture aux genoux.

girond, onde [ʒiʀɔ̃, ɔ̃d] adj. Pop. Joli, bien fait, en parlant d'une personne (le plus souvent d'une femme). ▷ (Par attraction de *rond*) Bien en chair. – Orig. incert., p.-ê. du lat. *gyrare.*

girondin, ine [ʒiʀɔ̃dɛ̃, in] adj. et n. Du département de la Gironde, en France.

gironné, ée [ʒiʀɔne] adj. CONSTR En forme de trapèze. *Marches gironnées d'un escalier tournant.* – De *giron* (sens 2).

girouette [ʒiʀwɛt] n. f. **1.** Plaque mobile autour d'un axe vertical servant à indiquer la direction du vent. **2.** Fig., fam. Personne versatile. – De l'anc. normand *wirewite,* croisé avec *girer.*

gisant, ante [ʒizɑ̃, ɑ̃t] adj. et n. m. **1.** adj. Qui gît. *Un blessé gisant sur la route.* **2.** n. m. BX-A Effigie couchée, sculptée sur un tombeau. – Ppr. de *gésir.*

giselle [ʒizɛl] n. f. Mousseline imitant la guipure. – Orig. incert.

gisement [ʒizmɑ̃] n. m. **1.** Disposition d'un amas minéral, d'un filon dans le sol. ▷ Filon, amas minéral. *Gisement de phosphate.* – Par ext. *Gisement préhistorique.* **2.** MAR, AVIAT Angle formé par une direction avec la direction du nord. – De *gésir,* «action de se coucher».

gitan, ane [ʒitɑ̃, an] n. et adj. Bohémien, bohémienne d'Espagne. – *Par ext.* Tout bohémien. ▷ Adj. *La musique gitane.* – Esp. *gitano,* de *Egiptano,* du lat. *gyptanus,* «Égyptien».

gîte [ʒit] n. **I.** n. m. **1.** Lieu où l'on demeure, où l'on couche. *Être de retour au gîte. Gîte familial. Gîte rural.* ▷ Refuge aménagé pour que l'on puisse s'y reposer, manger ou dormir lors d'une randonnée ou d'une excursion de longue durée. ▷ MILIT *Gîte d'étape:* lieu aménagé pour le stationnement des troupes en déplacement. **2.** Lieu où se retirent certains animaux. *Surprendre un lièvre au gîte.* **3.** BOUCH (Coupe française) Morceau de bœuf correspondant à la partie inférieure de la cuisse. **4.** GEOL Syn. de *gisement.* **II.** n. f. MAR Inclinaison d'un navire sur le côté. *Prendre de la gîte.* – Anc. pp. subst. du v. *gésir.*

gîter [ʒite] v. intr. [1] **1.** Vieilli ou litt. Demeurer, trouver refuge. *En hiver, la gélinotte huppée gîte dans les conifères.* **2.** MAR En parlant d'un navire, s'incliner sur un bord. – De *gîte.*

giton [ʒitɔ̃] n. m. Litt. Jeune homosexuel. – De *Giton,* personnage du «Satiricon» de Pétrone.

givrage [ʒivʀaʒ] n. m. Formation du givre sur les ailes d'un avion, sur le pare-brise d'un véhicule, etc. – De *givrer.*

givrant, ante [ʒivʀɑ̃, ɑ̃t] adj. METEO *Brouillard givrant,* qui conduit à la formation du givre. – Ppr. de *givrer.*

givre [ʒivʀ] n. m. **1.** Couche constituée de minces lamelles de glace qui se forme par condensation des gouttelettes de brouillard sur les objets exposés à l'air par temps froid. *Arbres couverts de givre.* **2.** Couche de glace qui se produit à la surface des récipients à la suite d'un refroidissement dû à l'évaporation d'un liquide ou à la détente d'un gaz. – Mot p.-ê. d'orig. prélatine, *givro,* ou du lat. *vibrare,* «étinceler, scintiller».

givré, ée [ʒivʀe] adj. **1.** Couvert de givre. *Buissons givrés.* **2.** Couvert d'une substance ayant l'aspect du givre. *Verres givrés avec du sucre glace.* **3.** Fam. Fou. – Pp. de *givrer.*

givrer [ʒivʀe] **I.** v. tr. [1] **1.** Couvrir de givre. **2.** Couvrir d'une substance ayant l'aspect du givre. **II.** v. intr. Se couvrir de givre. *Le carburateur a givré.* – De *givre.*

givreux, euse [ʒivʀø, øz] adj. TECH Se dit d'une pierre précieuse qui porte une givrure. – De *givre.*

givrure [ʒivʀyʀ] n. f. TECH Glace (sens II, 3), défaut d'une pierre précieuse. – De *givre.*

glabelle [glabɛl] n. f. ANAT Espace situé entre les deux arcades sourcilières. – Lat. *glabella,* dimin. de *glaber,* «glabre».

glabre [glabʀ] adj. Dépourvu de poils, de duvet. *Visage, feuille glabre.* – Lat. *glaber.*

glaçage [glasaʒ] n. m. **1.** CUIS En pâtisserie, opération qui consiste à recouvrir d'une couche brillante et lisse (glace, gelée, etc.), d'un mélange crémeux et sucré. *Le glaçage du gâteau.* ▷ Mélange crémeux, sucré et aromatisé dont on recouvre les gâteaux. *Un glaçage au beurre.* Rem. Surtout dans le voc. publicitaire. Syn. (cour.) crémage. **2.** TECH Opération consistant à donner du poli, du lustre (aux tissus, aux épreuves photographiques, etc.). – De *glacer.*

glace [glas] n. f. **I. 1.** Eau solidifiée par l'action du froid. *Couche de glace, plaque de glace. Casser, faire fondre de la glace. Glace naturelle, artificielle. Glace bleue* ou *glace vive,* dont la surface est unie, polie comme un miroir. ▷ Cour. Glace en morceaux; morceau de glace. *Rajouter de la glace dans la glacière. Servir de l'eau avec de la glace. Appliquer de la glace sur une foulure.* – Au plur. *Le traversier est prisonnier des glaces. Glaces flottantes.* – *Pont* de glace.* ▷ *Glace sèche* ou *glace carbonique:* anhydride carbonique solide. **2.** Surface qu'on a recouverte de glace pour y pratiquer certains sports, notamment le hockey. *Glisser, patiner sur la glace. La glace de la patinoire,* ou ellipt. *la glace. Tous les joueurs sont sur la glace.* **3.** Fig. *De glace:* très froid, très réservé. *Rester de glace. Un accueil de glace.* ▷ *Rompre* (fam. *casser*) *la glace:* faire cesser la réserve, la gêne. **4.** (France) Crème aromatisée et congelée. *Glace à la vanille.* V. crème glacée. **5.** CUIS En pâtisserie, couche brillante et lisse à base de sucre et de blanc d'œuf dont on recouvre certains gâteaux. ▷ (France) En appos. *Sucre glace,* en poudre très fine. ▷ Jus de viande réduit que l'on étend sur une pièce cuite. **II. 1.** Plaque de verre épaisse. *Laver les glaces d'une voiture.* Syn. (cour.) vitre. *Glace de sécurité,* qui se brise sans donner d'éclats. **2.** Miroir. *Se regarder dans une glace.* **3.** En joaillerie, tache mate dans une pierre. – Lat. pop. **glacia,* class. *glacies.*

glacé, ée [glase] adj. **1.** Congelé. *Rivière glacée.* **2.** Très froid. *Avoir les mains glacées.* **3.** Fig. Qui dénote une grande froideur de sentiments. *Politesse glacée.* Ant. chaleureux. **4.** TECH Lustré, poli. *Papier glacé.* **5.** CUIS Recouvert d'une couche brillante et lisse. *Marrons glacés.* – Pp. de *glacer.*

glacer [glase] v. tr. [14] **1.** Convertir en glace, congeler. **2.** Causer une vive sensation de froid à. *La bise nous glaçait le visage.* **3.** Fig. Paralyser, décourager par sa froideur. *Son abord vous glace.* – Frapper de stupeur. *Glacer d'horreur, d'effroi.* Syn. pétrifier. **4.** TECH Lustrer (du papier, une étoffe). **5.** CUIS Recouvrir d'une couche brillante et lisse (glace, gelée, etc.), d'un mélange crémeux et sucré. *Glacer un gâteau.* – Lat. *glaciare.*

glacerie [glasʀi] n. f. Syn. de *miroiterie.* – De *glace.*

glaceuse [glasøz] n. f. TECH Appareil servant à glacer les épreuves photographiques. – De *glacer.*

glaceux, euse [glasø, øz] adj. En joaillerie, se dit d'une pierre qui a des taches. Syn. givreux. – De *glace.*

glaciaire [glasjɛʀ] adj. Relatif à un glacier, à une glaciation. *Période glaciaire.* V. encycl. glaciation. – De *glace.*

glacial, ale, als ou **aux** [glasjal, o] adj. Extrêmement froid, glacé. *Vent glacial.* – Fig. *Accueil glacial.* Syn. distant, hostile, réservé. Ant. chaleureux, enthousiaste. – Lat. *glacialis.*

global, ale, aux [glɔbal, o] adj. Pris dans son ensemble, en bloc; considéré dans sa totalité. *Chiffre global.* Ant. détaillé. ▷ PEDAG *Méthode globale* (d'apprentissage de la lecture), qui consiste à apprendre aux enfants à reconnaître d'abord l'ensemble du mot avant de le décomposer en syllabes et en lettres. – De *globe.*

globalement [glɔbalmɑ̃] adv. D'une façon globale, en bloc. – De *global.*

globe [glɔb] n. m. **1.** Corps sphérique ou à peu près sphérique. *Le globe de l'œil.* **2.** *Le globe terrestre*, ou, absol., *le globe* : la Terre. *Faire le tour du globe.* – *Globe terrestre, céleste* : sphère sur laquelle figure la représentation de la Terre, du Ciel. **3.** Sphère creuse, ou calotte sphérique en verre. *Le globe d'une lampe. Une pendule sous globe.* ▷ Fig. *Mettre sous globe* : conserver précieusement. – Lat. *globus*, «boule, sphère, masse, amas compact».

globe-trotter [glɔbtʀɔtɛ(œ)ʀ] n. m. Voyageur qui parcourt le monde. *Des globe-trotters.* – Mot angl., de *globe*, et *trotter*, «coureur».

globicéphale [glɔbisefal] n. m. Cétacé odontocète (genre *Globicephala*, fam. delphinidés) long de 4 à 8 m, presque entièrement noir, à la tête très bombée, qui vit en troupeaux groupant parfois plusieurs milliers d'individus. *Le globicéphale noir de l'Atlantique (Globicephala melæna) est l'une des ressources marines les plus importantes de Terre-Neuve.* – De *globe*, et *-céphale.*

globigérine [glɔbiʒeʀin] n. f. ZOOL Foraminifère perforé, caractérisé par une coquille calcaire composée de loges sphériques disposées en spirale, constituant de nombreux calcaires et boues abyssales. – De *globe*, et du lat. *gerere*, «porter».

globine [glɔbin] n. f. BIOCHIM Un des deux constituants de l'hémoglobine. V. encycl. hémoglobine. – De *(hémo)globine.*

globulaire [glɔbylɛʀ] adj. et n. **I.** adj. **1.** Qui a la forme d'un globe. ▷ ASTRO *Amas globulaire:* amas d'étoiles d'aspect sphérique. **2.** BIOL Relatif aux globules. MED *Numération globulaire:* compte des éléments figurés du sang par mm^3. **II.** n. f. BOT Dicotylédone gamopétale à inflorescence bleue très serrée. – Lat. scientif. *globularia.*

globule [glɔbyl] n. m. **1.** Vx Petit globe. **2.** BIOL *Globule rouge :* V. hématie. *Globule blanc :* V. leucocyte. **3.** PHARM Petite pilule ronde. – Lat. *globulus*, dimin. de *globus*, «globe».

globuleux, euse [glɔbylø, øz] adj. En forme de globule, sphérique. *Yeux globuleux*, saillants. – De *globule.*

globulin [glɔbylɛ̃] n. m. BIOL Syn. de *thrombocyte* ou de *plaquette sanguine.* – De *globule.*

globuline [glɔbylin] n. f. BIOCHIM Protéine globulaire du sérum, de poids moléculaire élevé. – De *globule*, et *-ine.*

globulinémie [glɔbylinemi] n. f. MED Concentration du sérum en globulines. – De *globuline*, et *-émie.*

glockenspiel [glɔkənʃpil] n. m. MUS Instrument à percussion composé d'un clavier actionnant des marteaux qui frappent des lames d'acier (autref. des clochettes). – Mot all. de *Glocke*, «cloche», et *Spiel*, «jeu».

gloire [glwaʀ] n. f. **1.** Grande renommée, réputation illustre acquise par des actes remarquables. *Se couvrir de gloire. La gloire militaire, littéraire.* ▷ Loc. *Dire, publier qqch à la gloire de qqn*, qqch qui exalte sa valeur, ses mérites. – *Se faire gloire de, tirer gloire de :* tirer vanité, fierté de. – *Travailler pour la gloire*, sans profit, pour le seul prestige. **2.** Personne célèbre, illustre. *Il est l'une des gloires de son pays.* **3.** Éclat, splendeur. *La gloire de Dieu. La cour royale dans toute sa gloire.* **4.** Honneur, hommage de respect. *Rendre gloire à Dieu.* **5.** BX-A Auréole lumineuse enveloppant le corps du Christ dans sa totalité (à la différence du nimbe, autour de la tête seulement). ▷ Couronne de rayons émanant du triangle symbolisant la Trinité, de la colombe symbolisant le Saint-Esprit. **6.** THEOL La béatitude des élus. *La gloire éternelle.* – Lat. *gloria.*

glome [glom] n. m. MED VET Plaque cornée du sabot des équidés. – Lat. *glomus*, «peloton, boule».

glomérule [glɔmeʀyl] n. m. **1.** ANAT Peloton glandulaire ou vasculaire. *Glomérule de Malpighi:* peloton des capillaires du rein, qui assure la filtration du sang. **2.** BOT Type d'inflorescence, cyme contractée où les pédoncules floraux sont très courts et insérés très près les uns des autres. – Lat. mod. *glomerulus*, de *glomus*, «boule».

gloria [glɔʀja] n. m. **1.** Hymne récité ou chanté de la messe en latin, qui commence par les mots *Gloria in excelsis Deo* («gloire à Dieu dans les cieux»). **2.** Vx Mélange de café et d'eau-de-vie. – Mot lat. «gloire».

gloriette [glɔʀjɛt] n. f. Pavillon, cabinet de verdure dans un parc. – Cage à oiseaux en forme de pavillon. – De *glorie*, forme anc. de *gloire.*

glorieusement [glɔʀjøzmɑ̃] adv. De manière glorieuse. – De *glorieux.*

glorieux, euse [glɔʀjø, øz] adj. **1.** Qui donne, procure de la gloire. *Combat glorieux, succès glorieux.* **2.** Qui est empreint de gloire, de splendeur. *Nom glorieux. Période glorieuse de l'histoire.* **3.** Qui s'est acquis de la gloire. *Combattants glorieux.* **4.** Vieilli Qui est plein de vanité, de gloriole. – *Être glorieux de (qqch) :* tirer vanité (de qqch) de manière injustifiée, excessive. ▷ Subst. Vx Vaniteux, individu imbu de lui-même. *Les glorieux se font haïr.* **5.** RELIG Qui participe de la gloire divine. *Mystères glorieux.* – Lat. *gloriosus*, de *gloria.*

glorificateur, trice [glɔʀifikatœʀ, tʀis] adj. et n. Rare, litt. Qui glorifie. – De *glorification.*

glorification [glɔʀifikasjɔ̃] n. f. Action de glorifier; son résultat. ▷ RELIG Élévation à la gloire éternelle. *Glorification des élus.* – Bas lat. ecclés. *glorificatio.*

glorifier [glɔʀifje] **I.** v. tr. [1] **1.** Rendre gloire à, honorer, célébrer. *Glorifier les grands hommes, les belles actions.* Ant. flétrir. **2.** RELIG Appeler à partager la béatitude céleste. *Dieu glorifie les saints.* **II.** v. pron. Se faire gloire de, tirer vanité de. *Se glorifier de ses richesses.* – Bas lat. ecclés. *glorificare.*

gloriole [glɔʀjɔl] n. f. Vanité qui a pour objet de petites choses; gloire vaine. *Lancer un défi par gloriole.* – Lat. *gloriola*, dimin. de *gloria*, «gloire».

glose [gloz] n. f. **1.** Note explicative destinée à éclaircir le sens d'un mot, d'un passage dans un texte (en partic. dans un manuscrit ancien). *Glose interlinéaire, marginale.* ▷ Explication d'un terme rare ou spécialisé d'une langue par des termes appartenant à l'usage courant. **2.** Commentaire critique ou malveillant. – Bas lat. *glosa*, «mot qui a besoin d'être expliqué», du gr. *glôssa* «langue, idiotisme».

gloser [gloze] **1.** v. tr. [1] Éclaircir par une glose. *Gloser un texte.* **2.** v. intr. (ou tr. indir.). Faire de longs commentaires stériles. *Gloser interminablement sur des détails.* ▷ Fig., vieilli *Gloser sur qqn*, le critiquer, médire de lui. – De *glose.*

gloss(e)-, -gloss(o). Éléments, du gr. *glôssa*, «langue».

glossaire [glɔsɛʀ] n. m. Dictionnaire des termes anciens, rares ou spécialisés d'une langue, d'un texte. ▷ Ensemble des mots d'une langue, d'un dialecte. – Bas lat. *glossarium.*

glossateur [glɔsatœʀ] n. m. Didac. Auteur d'une glose. *Les glossateurs de la Bible.* – De *glose.*

glossématique [glɔsematik] n. f. LING Théorie linguistique élaborée par L. Hjelmslev dans laquelle les unités linguistiques sont étudiées et classées de façon strictement fonctionnelle. – De *glossème.*

glossème [glɔsɛm] n. m. LING La plus petite des unités linguistiques signifiantes. – Du gr. *glôssa,* «langue», d'ap. *phonème.*

glossine [glɔsin] n. f. ZOOL Mouche africaine (genre *Glossina,* fam. muscidés) appelée cour. *mouche tsé-tsé.* – De *gloss-,* et *-ine.*
ENCYCL Il existe plusieurs espèces de glossines en Afrique tropicale; elles sont légèrement plus grandes que la mouche commune, et leur abdomen est gris ou noir. Leur longue trompe perfore la peau de l'homme et des grands mammifères pour en aspirer le sang et injecte avec la salive, anticoagulante, le *trypanosome* de la *maladie du sommeil.*

glossite [glɔsit] n. f. MED Inflammation de la langue. – De *gloss-,* et *-ite* 1.

glossolalie [glɔsolali] n. f. **1.** PSYCHIAT Trouble du langage chez certains malades mentaux qui croient inventer un nouveau langage. **2.** THEOL Émission, dans un état extatique, de sons inintelligibles pour tous ceux qui n'ont pas le charisme de l'interprétation. ▷ Cour. Faculté, accordée, à la Pentecôte, aux Apôtres par le Saint-Esprit, de parler dans toutes les langues. – De *gloss(o)-,* et *-lalie,* du gr. *lalein,* «parler».

glosso-pharyngien, ienne [glɔsofaʀɛ̃ʒjɛ̃, jɛn] adj. (et n. m.) ANAT Qui concerne la langue et le pharynx. ▷ N. m. *Le glosso-pharyngien:* le nerf crânien issu de la neuvième paire, qui innerve la langue et le pharynx. – De *glosso-,* et *pharyngien.*

glossotomie [glɔsotɔmi] n. f. CHIR Ablation d'une partie de la langue. – De *glosso-,* et *-tomie.*

glottal, ale, aux [glɔtal, o] adj. PHON Qui met en jeu la glotte en tant qu'organe de la phonation. *Vibrations glottales. Consonne glottale.* – De *glotte.*

glotte [glɔt] n. f. Orifice du larynx, compris entre les bords libres des cordes vocales, qui joue un rôle essentiel dans l'émission de la voix. *Œdème, spasmes de la glotte. Coup de glotte.* – Gr. *glôtta,* «langue».

glottique [glɔtik] adj. Relatif à la glotte. – De *glotte.*

glouglou [gluglu] n. m. **1.** Fam. Bruit intermittent fait par un liquide qui s'écoule d'un orifice étroit, en partic., du goulot d'une bouteille. **2.** Cri du dindon, de la dinde. – Onomat.

glouglouter [gluglute] v. intr. [1] **1.** Fam. Produire un glouglou. *Bouteille qui glougloute.* **2.** Pousser son cri, en parlant de la dinde, du dindon. – Du préc.

gloussement [glusmɑ̃] n. m. Cri de la poule. ▷ *Par anal.* Petit cri humain. *Gloussement de plaisir.* – De *glousser.*

glousser [gluse] v. intr. [1] Pousser des gloussements. *La poule glousse pour appeler ses petits.* ▷ *Par anal.* Pousser de petits cris, rire en émettant des petits cris (personnes). *Glousser d'aise.* – Du lat. pop. **cloclare,* de *glocire.*

glouton, onne [glutɔ̃, ɔn] adj. et n. **I.** adj. Qui mange avec excès et avidité. ▷ Subst. *C'est un glouton.* **II.** n. m. Mammifère carnivore (*Gulo gulo,* fam. mustélidés) des régions arctiques, massif, à queue courte et à pelage brun. *Le glouton, qu'on appelle aussi «carcajou», s'attaque à de gros animaux comme l'orignal.* – Bas lat. *glutto,* de *gluttire,* «avaler», de *gluttus,* «gosier».

gloutonnement [glutɔnmɑ̃] adv. De manière gloutonne. *Manger gloutonnement.* ▷ Fig. Avec avidité. *Lire gloutonnement toutes sortes d'ouvrages.* – De *glouton.*

gloutonnerie [glutɔnʀi] n. f. Avidité qui caractérise une personne gloutonne. – De *glouton.*

glu [gly] n. f. Matière visqueuse, molle et tenace, extraite de l'écorce du houx épineux, du gui. *Prendre des oiseaux à la glu.* ▷ Fig., fam. Personne dont il est difficile de se débarrasser. – Bas lat. *glus,* class. *gluten.*

gluant, ante [glɥɑ̃, ɑ̃t] adj. **1.** Qui a l'aspect, la consistance de la glu. ▷ Qui est recouvert d'une matière visqueuse et collante comme de la glu. **2.** Fig., fam. Qui importune et dont on n'arrive pas à se débarrasser (personnes). – Ppr. de *gluer.*

gluau [glɥo] n. m. Petite branche enduite de glu pour prendre les oiseaux. – De *glu.*

glucide [glysid] n. m. BIOCHIM Nom générique de composés organiques ternaires qui constituent une partie importante de l'alimentation. – De *gluc(o)-,* et *-ide.*
ENCYCL Les glucides, nommés plus cour. *sucres,* se divisent en deux groupes. 1° Les *oses,* composés non ramifiés dont tous les carbones sauf un portent une fonction alcool, le dernier carbone portant une fonction aldéhyde (aldoses) ou cétone (cétoses), comprennent notam. le glucose, le fructose, le galactose, etc. 2° Les *osides* comprennent les *holosides,* formés par la réunion d'un petit nombre d'oses (lactose, saccharose, etc.), et les *polyholosides,* formés par la réunion de nombr. oses (glycogène, amidon, etc.). Les glucides, qui constituent un facteur énergétique important, sont utilisés immédiatement, ou bien stockés dans le foie sous forme de glycogène. Le sucre ordinaire est le saccharose (extrait de la canne à sucre et de la betterave).

gluco-, glycé-, glyci-, glyco-. Éléments, du gr. *glukus,* «doux».

glucomètre [glykɔmɛtʀ] n. m. Instrument destiné à mesurer la quantité de sucre contenue dans un moût. – De *gluco-,* et *-mètre.*

glucose [glykoz] n. m. BIOCHIM Sucre simple *(ose)* de formule $C_6H_{12}O_6$ *(hexose)* possédant un radical aldéhyde dont la forme stable est représentée par une structure cyclique de six atomes de carbone. – De *gluc(o)-,* et *ose.*
ENCYCL Le glucose, présent dans le sang (1 g par litre) et, sous forme de glycogène, dans le foie et dans les muscles, représente une source d'énergie fondamentale. Le taux sérique du glucose, ses mouvements dans l'organisme sont sous la dépendance d'hormones: insuline, corticoïdes, adrénaline, A.C.T.H., hormone somatotrope, thyroxine, etc. Le *diabète sucré* résulte d'un métabolisme défectueux du glucose, qui s'accumule dans le sang et ne peut pénétrer dans les cellules. V. aussi glucide.

glucosé, ée [glykoze] adj. Additionné de glucose. *Sérum glucosé.* – De *glucose.*

glucoside [glykɔsid] n. m. BIOCHIM Nom générique des hétérosides qui peuvent, par hydrolyse, donner naissance à du glucose. – De *glucose,* et *-ide.*

gluer [glɥe] v. tr. [1] Enduire de glu ou d'une matière gluante. – De *glu.*

glume [glym] n. f. BOT Bractée stérile située à la base de chaque épillet d'un épi de graminée ou de cypéracée. *Les glumes sont les enveloppes des grains des céréales et constituent la balle.* – Lat. *gluma,* «balle des céréales».

glumelle [glymɛl] n. f. BOT Chacune des deux bractées qui enveloppent la fleur des graminées. – De *glume.*

glutamate [glytamat] n. m. BIOCHIM Sel de l'acide glutamique utilisé comme condiment, notam. dans la cuisine du Sud-Est asiatique. – Du rad. de *glutamique,* et *-ate.*

glutamique [glytamik] adj. BIOCHIM *Acide glutamique :* diacide aminé, stimulant de la cellule nerveuse. – De *gluten, amide,* et *-ique.*

gluten [glytɛn] n. m. Protéine végétale constituant, avec l'amidon, l'essentiel des graines de céréales. *Le gluten forme avec l'eau une masse épaisse, caoutchouteuse, qui permet de le séparer de l'amidon.* – Mot lat. «glu, colle».

glutineux, euse [glytinø, øz] adj. **1.** Gluant, visqueux. **2.** Qui contient du gluten. – Lat. *glutinosus*, «visqueux».

glycé-. V. gluco-.

glycémie [glisemi] n. f. PHYSIOL Concentration en glucose du sérum sanguin (normalement entre 0,8 et 1 g par litre, à jeun). – De *glyc(o)-*, et *-émie*.

glycéride [gliseʀid] n. m. CHIM Ester résultant de la réaction du glycérol avec un ou plusieurs acides gras. *Les glycérides constituent la majeure partie des lipides simples contenus dans les tissus animaux.* – De *glycérine*, et *-ide*.

glycérie [gliseʀi] n. f. BOT Graminée aquatique à longues feuilles. *La glycérie du Canada (Glyceria canadensis) est la plus belle espèce de glycérie de la flore laurentienne.* – Du gr. *glukeros*, de *glukus*, «doux».

glycérine [gliseʀin] n. f. ou **glycérol** [gliseʀɔl] n. m. CHIM Liquide sirupeux de saveur sucrée, trialcool de formule $CH_2OH–CHOH–CH_2OH$. *La glycérine, qui entre dans la composition des corps gras, est utilisée dans l'industrie pharmaceutique, la chimie des matières plastiques et la fabrication des explosifs* (V. nitroglycérine). – Du gr. *glukeros*, de *glukus*, «doux», et *-ine* ou *-ol*.

glycériner [gliseʀine] v. tr. [1] Enduire de glycérine. – De *glycérine*.

glycérique [gliseʀik] adj. CHIM Qui est dérivé de la glycérine. *Acide aldéhyde glycérique.* – De *glycérine*.

glycérol. V. glycérine.

glycérophosphate [gliseʀofɔsfat] n. m. CHIM, PHARM Sel de l'acide glycérophosphorique, largement utilisé en thérapeutique comme tonique du système nerveux. – De *glycérine*, et *phosphate*.

glycérophosphorique [gliseʀofɔsfɔʀik] adj. CHIM *Acide glycérophosphorique*, obtenu par combinaison de l'acide phosphorique et du glycérol. – De *glycérine*, et *phosphorique*.

glycérophtalique [gliseʀoftalik] adj. Se dit des résines artificielles à base de glycérol et d'anhydride phtalique, utilisées notam. dans la fabrication des objets moulés et comme constituants des peintures laques. – De *glycérine*, et *phtalique*.

glyci-. V. gluco-.

glycine [glisin] n. f. Plante originaire de Chine, sarmenteuse et grimpante (genre *Wistaria*, fam. papilionacées), qui produit de longues grappes de fleurs odorantes blanches ou mauves. – Lat. savant *glycina*.

glyco-. V. gluco-.

glycocolle [glikokɔl] n. m. BIOCHIM Le plus simple des acides aminés, indispensable au métabolisme cellulaire (constituant des acides nucléiques), très répandu dans les scléroprotéines. – De *glyco-*, et *colle*.

glycogène [glikoʒɛn] n. m. BIOCHIM Polyholoside (V. glucide) de très grand poids moléculaire, formé de chaînes ramifiées de glucose. (Il constitue dans le foie une réserve générale de glucose et dans le muscle une réserve locale. Son hydrolyse par l'acide chlorhydrique ou par des enzymes spécifiques libère uniquement des molécules de glucose.) – De *glyco-*, et *-gène*.

glycogenèse [glikoʒənɛz] ou **glycogénie** [glikoʒeni] n. f. PHYSIOL Production de glucose dans le foie à partir du glycogène. – De *glyco-*, et *-genèse* ou *-génie*.

glycogénique [glikoʒenik] adj. PHYSIOL Relatif à la formation du glucose à partir du glycogène. *Découverte de la fonction glycogénique du foie par Claude Bernard.* – De *glycogène*.

glycol [glikɔl] n. m. CHIM Nom générique des dialcools. ▷ *Glycol ordinaire* (ou *glycol*): dialcool de formule $CH_2OH–CH_2OH$, employé comme solvant et antigel, et dans la fabrication du tergal. – De *glyco-*, et *(alco)-ol*.

glycolyse [glikoliz] n. f. BIOCHIM Dégradation métabolique du glucose. (En présence d'oxygène, elle aboutit à l'acide pyruvique qui peut subir ensuite les réactions du cycle de Krebs. En l'absence d'oxygène, elle conduit à la formation d'acide lactique et d'éthanol.) – De *glycol*, et *-lyse*.

glycoprotéines [glikopʀɔtein] n. f. pl. BIOCHIM Groupe d'hétéroprotéines comprenant un groupement glucidique (lié à la protéine par covalence). – De *glyco-*, et *protéine*.

glycosurie [glikozyʀi] n. f. MED Présence anormale de sucre dans les urines, l'un des signes du diabète sucré. – De *glyco-*, et *-urie*.

glyphe [glif] n. m. ARCHI Trait gravé en creux dans une moulure. – Gr. *gluphê*, «ciselure».

glyptique [gliptik] n. f. Art de la gravure sur pierres fines. – Du gr. *gluptikos*, «relatif à la gravure».

glypto-. Élément, du gr. *gluptos*, «gravé».

glyptodon [gliptodɔ̃] ou **glyptodonte** [gliptodɔ̃t] n. m. PALEONT Mammifère xénarthre (genre *Glyptodon*) du Pléistocène d'Amérique du S., long d'environ 2 m, qui portait une carapace bombée et dont la queue se terminait par un renflement épineux. – De *glypto-*, et *-donte*.

glyptographie [gliptogʀafi] n. f. Didac. Étude des pierres gravées de l'Antiquité. – De *glypto-*, et *-graphie*.

glyptothèque [gliptotɛk] n. f. Lieu, musée où l'on conserve des collections de pierres gravées ou de sculptures. – De *glypto-*, et *-thèque*.

G.M.T. [geɛmte] Abréviation de l'anglais *Greenwich mean time* («temps moyen de Greenwich»), mesure astronomique prise à partir du méridien de Greenwich et calculée sur midi (V. temps).

gnan-gnan ou **gnangnan** [ɲɑ̃ɲɑ̃] adj. inv. et n. Fam. Mou et geignard. – Onomat.

-gnathe, gnatho-. Éléments, du gr. *gnathos*, «mâchoire».

gnaule. V. gnôle.

gneiss [gnɛs] n. m. Roche métamorphique de même composition minéralogique que le granite, constituée de lits parallèles de quartz, de feldspath et de mica. – Mot all.

gniole. V. gnôle.

gnocchi [ɲɔki] n. m. Petite quenelle à base de purée de pommes de terre, de pâte à choux ou de semoule, pochée puis gratinée au four. – Mot ital.

gnognote ou **gnognotte** [ɲɔɲɔt] n. f. Fam. *De la gnognote:* une chose de peu de valeur, de peu d'intérêt ou de mauvaise qualité. (Fréquemment en tournure négative.) *C'est pas de la gnognote!* – Onomat. ou forme rég. de *niais*.

gnôle, gniole, gnaule ou **niole** [ɲol] n. f. Fam. Eau-de-vie. – Mot lyonnais.

gnome [gnom] n. m. Nom d'esprits souterrains que la tradition talmudique et cabalistique représente sous la forme de nains contrefaits. ▷ *Par ext.* Homme petit et difforme. – Lat. des alchimistes *gnomus*; p.-ê. du gr. *genomos*, «habitant de la Terre», avec influence de *gnômê*, «intelligence».

gnomique [gnɔmik] adj. Didac. Qui est, s'exprime sous forme de sentences. ▷ *Poètes gnomiques:* poètes grecs dont les œuvres se composent de sentences, préceptes et réflexions morales. – Gr. *gnômikos*, «sentencieux».

gnomon [gnɔmõ] n. m. ASTRO Cadran solaire horizontal, utilisé depuis l'Antiquité. – Mot lat., du gr.

gnomonique [gnɔmɔnik] adj. et n. f. Didac. Relatif aux gnomons. ▷ N. f. Art de calculer et de construire les cadrans solaires. – Lat. *gnomonicus*.

gnon [ɲõ] n. m. Fam. Coup; marque laissée par un coup. *Donner un gnon à qqn. Il a fait un gnon à sa voiture.* – Aphérèse d'*oignon*.

gnose [gnoz] n. f. **1.** HIST Syncrétisme religieux qui se répandit dans les derniers siècles de l'Antiquité et qui prétendait donner accès, par l'initiation, à la connaissance suprême transmise par la tradition. V. gnosticisme. **2.** Didac. Tout savoir qui se pose comme connaissance suprême. – Gr. *gnôsis*, «connaissance».

-gnose, -gnosie, -gnostique. Éléments, du gr. *gnôsis*, «connaissance».

gnoséologie [gnozeɔlɔʒi] n. f. PHILO Théorie de la connaissance. – Gr. *gnôsis*, «connaissance», et *-logie*.

-gnosie. V. gnose.

gnosticisme [gnɔstisism] n. m. Didac. **1.** Ensemble des différentes doctrines gnostiques. **2.** Type de religiosité spécifique des gnostiques. – De *gnostique*, gr. *gnôstikos*, «qui sait».

ENCYCL Les origines du gnosticisme, ou plutôt des gnosticismes (car on trouve, à côté des différentes gnoses chrétiennes, des gnoses juives et islamiques), sont mal connues. Il semble qu'on puisse parler d'une lointaine gnose iranobabylonienne, mais le foyer le plus important du gnosticisme fut Alexandrie au déb. du IIe s. ap. J.-C. Princ. gnostiques: Clément d'Alexandrie, Origène (gnose chrétienne dite «orthodoxe»), Simon le Magicien, Basilide, Carpocrate, Valentin, Marcion, Bardesane (gnose chrétienne hérétique).

gnostique [gnɔstik] n. et adj. Didac. **1.** n. Adepte de la gnose. **2.** adj. Relatif à la gnose, au gnosticisme. – Gr. *gnôstikos*, «qui sait».

-gnostique. V. -gnose.

gnou [gnu] n. m. Bovidé africain *(Connochœtes gnu)* bossu, aux cornes très recourbées, mesurant 1,20 m au garrot. *Le gnou tient du buffle, des équidés et des antilopes.* – Mot hottentot.

go [go] n. m. Jeu japonais très ancien, d'origine chinoise, qui se joue à deux, avec des pions noirs et blancs que l'on pose sur les intersections d'un quadrillage tracé sur un plateau, dans le but de former des territoires aussi vastes que possible. – Mot japonais.

go (tout de) [tudəgo] loc. adv. Fam. Sans façon, d'une manière abrupte. *Il lui a dit tout de go sa façon de penser.* – De *gober*.

gobelet [gɔblɛ] n. m. **1.** Récipient pour boire, de forme cylindrique, plus haut que large, sans anse et sans pied. **2.** Ustensile de même forme utilisé pour les tours de prestidigitation. **3.** Cornet à dés. – De l'a. fr. *gobel*.

gobeleterie [gɔblɛtʀi] n. f. Fabrication des récipients en verre creux (gobelets, verres, carafes, etc.), par oppos. en particulier à la vitrerie. – De *gobelet*.

gobeletier, ère [gɔblətje, ɛʀ] n. Fabricant(e), marchand(e) de gobeleterie. – De *gobelet*.

gobe-mouche(s) [gɔbmuʃ] n. m. Oiseau passériforme (genre *Muscicapa*) migrateur, à bec fin, qui chasse les insectes au vol. – De *gober*, et *mouche*.

gober [gɔbe] v. tr. [1] **1.** Avaler rapidement en aspirant et sans mâcher. *Gober un œuf, une huître.* **2.** Fig., fam. Croire sans discernement. *On lui fait gober tout ce qu'on veut.* **3.** Fam. *Ne pas gober qqn, qqch*, ne pas le supporter, le détester. *Il ne peut pas me gober.* **4.** v. pron. Fam. *Se gober:* être infatué de soi-même. – D'un rad. gaul. *gobbo-*, «bouche».

goberge [gɔbɛʀʒ] n. f. Poisson marin (*Pollachius virens*, fam. gadidés) des côtes de l'Atlantique, à la chair estimée.

goberger (se) [gɔbɛʀʒe] v. pron. [15] Fam. Faire bonne chère, se donner ses aises. – De l'a. fr. *gobert*, «facétieux».

gobeur, euse [gɔbœʀ, øz] n. **1.** Personne qui gobe. **2.** Fig., fam. Personne naïve, crédule. – De *gober*.

gobie [gɔbi] n. m. Poisson téléostéen (genre *Gobius*) dont les diverses espèces, longues de 10 à 30 cm, vivent près des côtes, fixées sur les rochers par leurs nageoires pectorales en forme de ventouse. – Lat. *gobio*, «goujon».

godailler [gɔdɑje] v. intr. [1] Fam. Syn. cour. de *goder*. – De *goder*, et *-ailler*.

godasse [gɔdas] n. f. Fam. Chaussure. – De *godillot*.

godelureau [gɔdlyʀo] n. m. Fam. Jeune homme qui fait le galant. – D'un rad. *god-*, et *galureau*, crois. de *gal(ant)* et *lureau*, «luron».

godemiché [gɔdmiʃe] n. m. Instrument de forme phallique destiné au plaisir sexuel. – Orig. incert., traditionnellement rattaché au lat. *gaude mihi*, de *gaudere*, «jouir», et *mihi*, de *ego*, «moi».

godendart [gɔdɑ̃daʀ] n. m. Scie passe-partout munie d'un manche court à chaque extrémité, qui se manie à deux et dont on se sert pour débiter les troncs d'arbres en billes. – De l'a. fr. *godendard*.

goder [gɔde] v. intr. [1] Faire des faux plis, en parlant d'un vêtement. – Du rad. de *godron*.

godet [gɔdɛ] n. m. **1.** Petit verre à boire sans pied ni anse. ▷ *Par ext.* Pop. *Boire un godet:* un verre (cf. *boire un pot*). **2.** Petit récipient de forme analogue servant à divers usages (délayer les couleurs, recueillir la résine, etc.). ▷ TECH Auget (d'une roue hydraulique, d'une noria, etc.). **3.** COUT *Jupe à godets*, formée de lés taillés dans le biais et très évasée dans le bas. **4.** MED Empreinte que laisse la pression du doigt sur un tégument cutané qu'infiltre un œdème cardiaque ou rénal. – Moy. néerl. *codde*, «morceau de bois cylindrique».

godiche [gɔdiʃ] adj. et n. f. Fam. Empoté, maladroit. *Avoir l'air godiche.* Subst. *Une grande godiche.* – Orig. incert.

godille [gɔdij] n. f. **1.** Aviron placé à l'arrière d'une embarcation, auquel on imprime un mouvement hélicoïdal qui permet la propulsion. **2.** SPORT En ski, enchaînement de petits virages dans la ligne de plus grande pente. **3.** loc. adj. Fig., fam. *À la godille:* mal agencé, inefficace. *Un système à la godille.* – Orig. obscure.

godiller [gɔdije] v. intr. [1] **1.** Faire avancer une embarcation à l'aide de la godille. **2.** SPORT En ski, pratiquer la godille. – De *godille*.

godillot [gɔdijo] n. m. **1.** Soulier de soldat à tige courte. ▷ *Par ext.* Fam. Grosse chaussure. **2.** Personne qui suit un chef sans discuter. – Du nom d'Alexis *Godillot*, fournisseur de l'armée fr., v. 1870.

godiveau [gɔdivo] n. m. CUIS Farce à base de viande de veau, servant à faire des quenelles. – Altér., d'après *veau*, de l'anc. *godebillaux*, «tripes de bœuf».

godron [gɔdʀõ] n. m. **1.** Chacun des ornements, de forme allongée, aux extrémités arrondies, qui, disposés en rangée, décorent le pourtour d'un plat, une moulure, etc. **2.** Anc. Pli cylindrique d'une fraise, d'un jabot. – Dimin. de *godet*.

godronner [gɔdʀɔne] v. tr. [1] TECH Orner de godrons. – De *godron*.

goéland [gɔelɑ̃] n. m. Grand oiseau (genre *Larus*, ordre des lariformes) au cri rauque caractéristique, piscivore vivant sur les côtes, dont le plumage varie, selon les espèces, du gris très clair au noir. *Le goéland argenté (Larus argentatus) est l'espèce la plus répandue sur le continent nord-américain. Dans les agglomérations urbaines, il vit surtout de détritus.* – Bas breton *gwelan*, «mouette».

goélette [gɔelɛt] n. f. Navire à deux mâts (mât de misaine et grand mât). – De *goéland*.

goémon [gɔemɔ̃] n. m. Nom cour. des algues marines telles que les *Fucus* et les laminaires. Syn. varech. – Bas breton *gwemon*.

goglu [gɔgly] n. m. Oiseau passériforme américain (*Dolichonyx oryzivorus*, fam. embérizidés) de la taille d'un moineau, au plumage noir orné de blanc sur les ailes et de beige sur la nuque, au chant mélodieux, commun dans les champs. – Orig. incon.

gogo (à) [agogo] loc. adv. Fam. En abondance. – De l'a. fr. *gogue*, «liesse, réjouissance».

gogo [gogo] n. m. Fam. Naïf, jobard. *Un gogo qui se fait rouler.* – Nom d'un personnage de *Robert Macaire* (comédie de F. Lemaître), bourgeois particulièrement crédule.

goguenard, arde [gɔgnaʀ, aʀd] adj. Qui a une expression moqueuse, narquoise; qui dénote la moquerie. *Un air goguenard.* – De l'a. fr. *gogue*, «liesse, réjouissance».

goguenardise [gɔgnaʀdiz] n. f. Attitude d'une personne goguenarde. – Du préc.

goguette (en) [ɑ̃gɔgɛt] loc. adj. Fam. *En goguette:* mis de belle humeur par la boisson; bien décidé à faire la fête. – De l'a. fr. *gogue* (V. goguenard).

goï, goïm. V. goy.

goinfre [gwɛ̃fʀ] n. et adj. Personne qui mange voracement et avec excès. – Orig. incert.

goinfrer [gwɛ̃fʀe] v. intr. [1] Manger comme un goinfre. ▷ V. pron. *Se goinfrer:* se gaver. – Du préc.

goinfrerie [gwɛ̃fʀəʀi] n. f. Caractère du goinfre; fait de goinfrer. – De *goinfre*.

goitre [gwɑtʀ] n. m. Grosseur siégeant à la face antérieure de la base du cou, tuméfaction localisée ou diffuse du corps thyroïde, due à des causes diverses. *Le goitre exophtalmique porte aussi le nom de maladie de Basedow.* – Du lat. *guttur, gutturis*, «gorge, gosier».

goitreux, euse [gwɑtʀø, øz] adj. et n. **1.** De la nature du goitre. **2.** Qui est atteint d'un goitre. ▷ Subst. *Un goitreux. Une goitreuse.* – De *goitre*.

golden [gɔldœn] n. f. Variété de pomme à peau jaune. – De l'angl. *golden (delicious)*, «(délicieuse) dorée».

gold point [gɔldpɔjnt] n. m. Anglicisme ECON Cours extrême du change au-delà duquel on a intérêt à exporter ou à importer de l'or. – Mot angl., de *gold*, «or».

golem [gɔlɛm] n. m. Créature artificielle à forme humaine de la tradition magique juive et des légendes d'Europe orientale. – Mot hébreu.

golf [gɔlf] n. m. Sport qui consiste à faire pénétrer successivement, au moyen d'un bâton à bout recourbé, une balle dans une série de trous répartis le long d'un parcours plus ou moins accidenté. *Balle de golf. Bâton de golf* (ou *club*). – Mot angl., du néerl. *kolf*, «gourdin».

golfe [gɔlf] n. m. Vaste échancrure d'une côte. *Le golfe du Mexique.* V. baie 2. – Ital. *golfo*, gr. *kolpos*.

golfeur, euse [gɔlfœʀ, øz] n. Personne qui joue au golf. – De *golf*.

golmote ou **golmotte** [gɔlmɔt] n. f. Nom cour. de la *lépiote élevée* et de l'*amanite vineuse*, toutes deux comestibles. ▷ *Fausse golmote:* l'amanite panthère, vénéneuse. – Orig. incon.

gombo [gɔ̃bo] n. m. Plante des régions chaudes (*Hibiscus esculentus*, fam. malvacées) dont on consomme le fruit comme légume. – Mot anglo-amér., de l'angolais *nganbo*.

goménol [gɔmenɔl] n. m. Huile végétale tirée d'une myrtacée exotique, antiseptique des voies respiratoires. – Marque déposée, de *Gomen*, localité de Nouvelle-Calédonie où le goménol fut d'abord produit.

goménolé, ée [gɔmenɔle] adj. Qui contient du goménol. *Huile goménolée.* – De *goménol*.

gommage [gɔmaʒ] n. m. **1.** Action de gommer; son résultat. **2.** TECH Altération d'une huile lubrifiante qui prend la consistance d'une gomme, notam. sous l'action du froid. – De *gommer*.

gomme [gɔm] n. f. **1.** Substance visqueuse qui s'écoule de certains arbres (acacia, mimosa, eucalyptus, etc.). *Les gommes diffèrent des résines et des latex par leur solubilité dans l'eau.* ▷ *Gomme arabique*, provenant de divers *Acacia* d'Arabie. ▷ *Gomme adragante*, tirée de certains *Astragalus*. ▷ *Gomme de sapin, d'épinette, de pin:* résine de ces conifères. *La gomme du sapin baumier est connue en Europe sous le nom de baume du Canada.* V. baume. **2.** *Gomme à mâcher*, ou, spécial., *gomme:* gomme aromatisée, fabriquée à partir du chiclé pour être mâchée. *Boule de gomme. Mâcher de la gomme.* **3.** *Gomme à effacer:* petit bloc de caoutchouc ou de matière synthétique servant à effacer. **4.** MED Nodosité siégeant dans l'hypoderme, aux causes diverses (syphilis, tuberculose), à l'évolution subaiguë, et dont l'ouverture donne lieu à un ulcère profond. **5.** loc. adj. Fam. *À la gomme:* sans intérêt, sans valeur (personne ou chose). *Une invention à la gomme.* **6.** Pop. *Mettre la gomme, toute la gomme:* augmenter au maximum la vitesse d'un véhicule, la puissance d'un moteur. – Bas lat. *gumma*, class. *cummi*, gr. *kommi*, d'orig. orient.

gomme-gutte [gɔmgyt] n. f. Résine de couleur jaune, produite par diverses *Garcinia* et utilisée dans la fabrication des vernis et des peintures. *Des gommes-guttes.* – Lat. mod. *gummi-gutta*, de *gutta*, «goutte». V. gutta-percha.

gomme-laque [gɔmlak] n. f. Résine exsudée par divers arbres, employée dans la fabrication des vernis à l'alcool. *Des gommes-laques.* – De *gomme*, et *laque*.

gommer [gɔme] v. tr. [1] **1.** Enduire de gomme (du papier, du tissu). – Vx ou litt. Spécial. *Gommer ses cheveux*, les enduire d'une pommade spéciale qui les fixe et les rend brillants. **2.** *Effacer avec une gomme.* **3.** Fig. Atténuer, faire disparaître. *Gommer un détail gênant.* – De *gomme*.

gomme-résine [gɔmʀezin] n. f. Mélange de gomme et de résine, insoluble dans l'eau mais soluble dans l'alcool. *Des gommes-résines.* – De *gomme*, et *résine*.

gommeux, euse [gɔmø, øz] adj. et n. **1.** adj. Qui produit de la gomme; qui est de la nature de la gomme. **2.** n. m. Fam., vieilli Jeune homme poseur, d'une élégance outrée. – De *gomme*.

gommier [gɔmje] n. m. Nom cour. des arbres qui produisent de la gomme. – De *gomme*.

gonade [gɔnad] n. f. ANAT Glande génitale (testicule ou ovaire). – Du gr. *gonê*, «semence».

gonadostimuline [gɔnadostimylin] n. f. PHYSIOL Hormone qui stimule l'activité fonctionnelle des glandes sexuelles mâles et femelles. *Les gonadostimulines sont sécrétées soit par le lobe antérieur de l'hypophyse, soit par le placenta de la femme enceinte.* – De *gonade,* et *stimuline.*

gond [gõ] n. m. **1.** Pièce métallique autour de laquelle tournent les pentures d'une porte ou d'une fenêtre. **2.** Fig., fam. *Sortir de ses gonds:* s'emporter. – Du lat. *gomphus,* «cheville, clou», gr. *gomphos.*

gondolage [gõdɔlaʒ] ou **gondolement** [gõdɔlmɑ̃] n. m. Action de gondoler, de se courber. – De *gondoler.*

gondolant, ante [gõdɔlɑ̃, ɑ̃t] adj. Pop. Très drôle. – Ppr. de *gondoler.*

gondole [gõdɔl] n. f. **1.** Barque vénitienne longue et plate à un seul aviron, dont les extrémités sont relevées et recourbées. **2.** *Siège en gondole,* au dossier incurvé et enveloppant, descendant sur les côtés jusqu'à l'avant du siège. – Appos. *Chaise gondole.* **3.** Long meuble à rayons superposés, utilisé dans les magasins en libre-service pour présenter les marchandises. – Vénitien *gondola;* probabl. du gr. *kondu,* «vase».

gondolement. V. gondolage.

gondoler [gõdɔle] **1.** v. intr. [1] Se gonfler, se déjeter, se gauchir. *Bois, carton qui gondole.* ▷ V. pron. *Papier qui se gondole.* **2.** v. pron. Fig., fam. Se tordre de rire. – De *gondole.*

gondolier, ière [gõdɔlje, jɛʀ] n. Batelier, batelière qui conduit une gondole. – De *gondole.*

-gone. V. gonio-.

gonelle ou **gonnelle** [gɔnɛl] n. f. Poisson téléostéen (genre *Pholis*) des côtes rocheuses de la Manche, appelé aussi *papillon de mer,* long d'environ 20 cm, aux flancs tachés de noir. – P.-ê. a. fr. *gonnelle,* «robe».

gonfanon [gõfanõ] ou **gonfalon** [gõfalõ] n. m. HIST Étendard de guerre à deux ou trois pointes, au Moyen Âge. – Frq. **gunfano,* «étendard de combat».

gonfanonier [gõfanɔnje] ou **gonfalonier** [gõfalɔnje] n. m. HIST Celui qui portait le gonfalon. ▷ *Gonfalonier de justice:* chef de certaines républiques italiennes, au Moyen Âge. – Du préc.

gonflage [gõflaʒ] n. m. Action de gonfler. – De *gonfler.*

gonflé, ée [gõfle] adj. **1.** Enflé. *Ventre gonflé.* **2.** Fig. Empli. *Cœur gonflé de peine.* **3.** Loc. fam. *Gonflé à bloc,* rempli d'ardeur. – Pop. *Être gonflé:* montrer une assurance exagérée, avoir du culot. – Pp. de *gonfler.*

gonflement [gõfləmɑ̃] n. m. **1.** Action de gonfler. **2.** Enflure (d'une partie du corps). **3.** Fig. Exagération. Augmentation trop importante. *Le gonflement des effectifs.* – De *gonfler.*

gonfler [gõfle] **I.** v. tr. [1] **1.** Distendre, augmenter le volume d'un corps en l'emplissant d'air, de gaz. *Gonfler un ballon. Le vent gonfle les voiles du navire.* **2.** Enfler. *Avoir les yeux gonflés de sommeil.* **3.** Fig. Remplir, combler. *Son cœur est gonflé de joie.* **4.** Fig. Exagérer. *La presse a gonflé cette histoire insignifiante. Gonfler une facture.* **II.** v. intr. Augmenter de volume. *La pâte gonfle à la cuisson.* **III.** v. pron. Devenir enflé. *Veines qui se gonflent sous l'effort.* ▷ Fig. Être empli. *Il se gonfle d'orgueil.* – Lat. *conflare,* de *flare,* «souffler».

gonfleur [gõflœʀ] n. m. TECH Appareil servant à gonfler (les pneus, les matelas pneumatiques, etc.). – De *gonfler.*

gong [gõg] n. m. **1.** Instrument de percussion formé d'un plateau de métal sonore sur lequel on frappe avec une baguette à tampon. **2.** Timbre utilisé pour donner un signal. *Coup de gong annonçant la fin d'une reprise, dans un match de boxe.* – Mot malais.

gongorisme [gõgɔʀism] n. m. Didac. Préciosité, maniérisme de l'écriture; affectation de style. – Du nom du poète espagnol Luis de *Gongora* y Argote (1561-1672) dont le style donna naissance à un genre précieux.

gonio-, -gone. Élément, du gr. *gônia,* «angle».

goniomètre [gɔnjomɛtʀ] n. m. **1.** TECH Appareil servant à la mesure des angles (topographie, optique, etc.). **2.** RADIO Appareil récepteur servant à déterminer la direction d'une émission radioélectrique. (On dit aussi *radiogoniomètre* ou, par abrév., *gonio.*) – De *gonio-,* et *-mètre.*

goniométrie [gɔnjometʀi] n. f. TECH **1.** Ensemble des procédés de mesure des angles. **2.** Syn. de *radiogoniométrie.* – Du préc.

gonnelle. V. gonelle.

gonochorisme [gɔnokɔʀism] n. m. BIOL État d'une espèce animale dans laquelle il existe des individus exclusivement mâles et des individus exclusivement femelles. Ant. hermaphroditisme. – Du gr. *gonos,* «procréation, semence», et *khôrismos,* «séparation».

gonococcie [gɔnɔkɔksi] n. f. MED Infection due au gonocoque. – De *gonocoque.*

gonocoque [gɔnɔkɔk] n. m. MED Diplocoque agent de la blennorragie. – Du gr. *gonos,* «semence», et *kokkos,* «grain».

gonocyte [gɔnɔsit] n. m. BIOL Cellule sexuelle primitive donnant naissance aux gamètes. – Du gr. *gonos,* «procréation, semence», et *-cyte.*

gonorrhée [gɔnɔʀe] n. f. MED Blennorragie. – Du gr. *gonos,* «semence», et *rheîn,* «couler».

gonze [gõz] n. m., **gonzesse** [gõzɛs] n. f. **1.** n. m. Arg., vieilli Homme, individu. **2.** n. f. Pop. Femme, jeune femme. – Arg. ital. *gonzo,* «lourdaud».

gordien [gɔʀdjɛ̃] adj. m. MYTH *Nœud gordien:* lien qui fixait le joug au timon du char de *Gordius* (roi légendaire de Phrygie); un oracle ayant promis l'empire d'Asie à qui le dénouerait, ce fut Alexandre le Grand qui le trancha d'un coup d'épée. – Fig. Difficulté presque impossible à résoudre. *Trancher le nœud gordien:* mettre fin, par une décision brutale, à une situation de crise apparemment insoluble. – Du bas lat. *(nodus) gordius,* du n. pr. lat. *Gordius,* du gr. *Gordios,* n. d'homme, ou *Gordion,* n. de v.

goret [gɔʀɛ] n. m. **1.** Jeune porc. **2.** Fig., fam. Enfant malpropre. – De l'a. fr. *gore,* «truie», du rad. onomat. *gorr-.*

gorfou [gɔʀfu] n. m. ZOOL Manchot des mers australes (genre *Eudypes*) qui possède des touffes de plumes jaunes au-dessus des yeux. – Du danois *goir-fugl,* nom d'un pingouin.

gorge [gɔʀʒ] n. f. **1.** Partie antérieure du cou. *Serrer la gorge de qqn. Couper la gorge à qqn.* – Loc. fig. *Tenir, mettre le couteau sur la gorge à qqn,* chercher à obtenir de lui qqch par la menace. *Avoir le couteau sur (sous) la gorge.* **2.** Gosier, cavité située en arrière de la bouche. *Avoir mal à la gorge. Avoir la gorge sèche:* avoir soif, être altéré. *Rire à gorge déployée,* très fort. *Prendre à la gorge:* produire une sensation d'étouffement. *Fumée qui prend à la gorge.* – Fig. *Faire rentrer à qqn les paroles (ses mots) dans la gorge,* l'obliger à se taire ou à se rétracter. **3.** loc. fig. *Rendre gorge:* restituer sous la contrainte ce qui avait été pris injustement. – *Faire des gorges chaudes de qqch,* s'en moquer ostensiblement. **4.** *Euph.* Partie supérieure de la poitrine, seins d'une femme. *Découvrir sa gorge.* **5.** Vallée étroite et très profonde. *Les gorges du Colorado.* **6.** ARCHI Moulure concave. **7.** MILIT Entrée d'une fortification, du côté des défenseurs. **8.** TECH Orifice ou cannelure. – Bas lat. *gurga, class. gurges, «gouffre».

gorge-de-pigeon [gɔʀʒdəpiʒɔ̃] adj. inv. D'une couleur à reflets changeants. *Des étoffes gorge-de-pigeon.* – De *gorge, de,* et *pigeon.*

gorgée [gɔʀʒe] n. f. Quantité de liquide avalée en une seule fois. *Boire à petites gorgées.* – De *gorge.*

gorger [gɔʀʒe] v. tr. [15] **1.** Faire manger avec excès. *On le gorgea de mets variés.* ▷ *Gorger des volailles,* les gaver. **2.** Imprégner. *Un terrain gorgé d'eau.* ▷ Fig. *Être gorgé de richesses.* **3.** v. pron. Absorber en quantité. *Se gorger de café.* – De *gorge.*

gorgerette [gɔʀʒəʀɛt] n. f. Anc. Collerette. – De l'a. fr. *gorgiere,* de *gorge.*

gorgerin [gɔʀʒəʀɛ̃] n. m. **1.** Anc. Partie du heaume couvrant la gorge. **2.** ARCHI Étranglement d'une colonne ionique, au-dessous du chapiteau. – A. fr. *gorgiere,* de *gorge.*

gorget [gɔʀʒɛ] n. m. TECH Rabot servant à faire des gorges (moulures). – De *gorge.*

gorgone [gɔʀgɔn] n. f. **1.** ARCHI Sculpture représentant la tête d'une Gorgone. (Les trois Gorgones, Sthéno, Euryale et Méduse, filles de Phorcys et de Céto, étaient des monstres de la mythologie grecque à la tête entourée de serpents.) **2.** *Par ext.* et vieilli. Femme très méchante ou très laide. **3.** ZOOL Cnidaire octocoralliaire (genre *Gorgonia*) des mers chaudes, à squelette calcaire, arborescent ou en éventail, d'un blanc très pur. – Gr. *gorgôn,* de *gorgos,* «terrible».

gorgonzola [gɔʀgɔ̃zɔla] n. m. Fromage de vache italien, sorte de bleu moelleux et crémeux fabriqué en Lombardie, spécialement à Gorgonzola et à Novare. – Du n. de la ville italienne *Gorgonzola.*

gorille [gɔʀij] n. m. **1.** Le plus grand des singes pongidés *(Gorilla gorilla),* au pelage noir, très puissant. (Certains gorilles du Zaïre atteignent 2 m de haut, 2,70 m d'envergure et 250 kg; frugivores, assez peu belliqueux, polygames, les gorilles vivent en troupes dans les forêts.) **2.** Fig., fam. Garde du corps. – Lat. zool. *gorilla,* d'ap. un mot grec.

gosier [gozje] n. m. **1.** Arrière-gorge et pharynx. – Fam. *Avoir le gosier (à) sec :* avoir soif. **2.** Organe vocal. *À plein gosier,* à pleine voix. – Du bas lat., d'orig. gauloise, *geusiæ* (n. f. pl.), «joues».

gospel [gɔspɛl] n. m. MUS Chant religieux des Noirs d'Amérique du Nord. – Mot amér., abrév. de *gospel song,* «chant d'évangile».

gosse [gɔs] n. Fam. **1.** Enfant. *Sa femme et ses gosses.* **2.** Pop. *Un beau gosse, une belle gosse:* un beau garçon, une belle fille. – Orig. incert., p.-ê. altér. de *gonze.*

gothique [gɔtik] adj. et n. **1.** Des Goths, qui a rapport aux Goths une des peuplades de la Germanie ancienne. ▷ N. m. LING Vx *Gothique* ou *gotique:* langue parlée par les Goths. **2.** *Écriture gothique,* ou, n. f., *la gothique:* écriture à caractères droits, à angles et à crochets qui remplaça l'écriture romaine vers le XIIe s. **3.** BX-A. *Style gothique,* ou, n. m., *le gothique:* style architectural qui s'est répandu en Europe du XIIe au XVIe s. – Bas lat. *gothicus,* «relatif aux Goths».

ENCYCL **Bx-A.** Le nom de gothique a été d'abord donné, de manière péjorative, à l'art *ogival.* L'architecture gothique, née en France et en Angleterre au début du XIIe s., s'impose dans presque toute l'Europe jusqu'au XVIe s. Son essor est dû à l'emploi, pour les voûtes des édifices religieux, de la croisée d'ogives. Le style gothique se substitue progressivement au style roman: l'arc brisé se généralise, les supports gagnent en hauteur, les vides (ouvertures garnies de vitraux) l'emportent sur les pleins. Le *gothique primitif* va de 1140 à 1200: cath. de Noyon, de Sens, basilique de Saint-Denis; le *gothique à lancettes* va de 1200 à 1250: cath. de Paris, Reims, Chartres, Bourges, et Sainte-Chapelle. Le *gothique rayonnant* (XIVe s.) éclaire l'édifice d'immenses «roses»: cath. de Strasbourg, Metz, Cologne. Dans le *gothique flamboyant* (XVe-XVIe s.), la décoration l'emporte: cath. de Beauvais, égl. St-Maclou à Rouen, St-Gervais, St-Merri à Paris, St-Pierre à Avignon. L'architecture civile adopte le style ogival: maison de Jacques Cœur à Bourges, hôtel de Cluny à Paris. Les châteaux forts de Falaise, d'Angers, de Combourg, le palais des papes à Avignon, les enceintes fortifiées de Carcassonne, Saint-Malo, Aigues-Mortes sont de beaux spécimens d'architecture gothique militaire. Pendant les premières périodes, la *sculpture gothique* est surtout monumentale: portails des cathédrales, avec le *Christ en majesté* à Chartres, le *Jugement dernier* à Notre-Dame de Paris, le *Beau Dieu* d'Amiens, les groupes de la *Visitation* et de l'*Annonciation* de Reims. Au XIVe s., se développe une sculpture ornementale, avec des madones hanchées, des monuments funéraires: tombeau de Philippe le Hardi, sépulcre de Solesmes, etc. À l'époque gothique, connurent un grand essor: l'art du vitrail: Notre-Dame de Paris, Sainte-Chapelle, Chartres, Bourges; l'orfèvrerie: châsse de saint Taurin d'Évreux, reliquaire de Jaucourt; la tapisserie: tentures de l'*Apocalypse* d'Angers, *la Dame à la licorne* (au musée de Cluny); l'enluminure: les *Très Riches Heures du duc de Berry.*

gotique [gɔtik] n. m. LING Langue germanique ancienne, appartenant au groupe oriental. – Var. de *gothique.*

goton [gɔtɔ̃] n. f. Vx Femme de mauvaise vie. – De *Margoton,* tiré de *Margot,* hypocoristique de *Marguerite,* prénom féminin.

gouache [gwaʃ] n. f. Peinture préparée à l'aide de couleurs délayées dans de l'eau avec de la gomme et rendues pâteuses par du miel ou une autre substance. ▷ *Une gouache:* un tableau peint à la gouache. – De l'ital. dial. *guazzo,* «détrempe», lat. *aquatio,* «action de mouiller».

gouacher [gwaʃe] v. tr. [1] Peindre ou retoucher à la gouache. *Miniature gouachée.* – De *gouache.*

gouaille [gwa(ɑ)j] n. f. Verve moqueuse. – Déverbal de *gouailler.*

gouailler [gwɑ(a)je] v. tr. et intr. [1] Vieilli Manifester de la gouaille. – Même rad. *gab-, gav-* que dans gaver, engouer, et désignant la gorge.

gouaillerie [gwajʀi] n. f. Action de gouailler; attitude d'une personne qui manifeste de la gouaille. – De *gouailler.*

gouailleur, euse [gwajœʀ, øz] adj. Qui manifeste de la gouaille. *Une voix gouailleuse.* – De *gouailler.*

gouape [gwap] n. f. Fam. Voyou. *Une bande de gouapes.* – Provenç. mod. *gouapo,* «gueux», arg. esp. *guapo,* «brigand».

gouda [guda] n. m. Fromage de Hollande au lait de vache, à pâte plus ou moins étuvée. – Du n. de *Gouda,* localité des Pays-Bas.

goudron [gudʀɔ̃] n. m. Émulsion épaisse et noirâtre qui provient de la pyrogénation de la houille ou du bois, de la distillation du pétrole brut, etc. *Les goudrons servent à fabriquer les huiles et le brai utilisés dans le revêtement des chaussées, et entrent dans la préparation de colorants, de parfums et de carburants.* – De l'ar. *qatrān.*

goudronnage [gudʀɔnaʒ] n. m. Action de goudronner. *Goudronnage des routes.* – De *goudronner.*

goudronner [gudʀɔne] v. tr. [1] Enduire de goudron. – De *goudron.*

goudronneur [gudʀɔnœʀ] n. m. Ouvrier qui goudronne. – De *goudronner.*

goudronneux, euse [gudʀɔnø, øz] adj. De la nature du goudron. ▷ n. f. Véhicule servant au goudronnage des routes. – De *goudronner*.

gouet [gwɛ] n. m. **1.** Vx Grosse serpe. **2.** Mod. Nom cour. de l'arum tacheté *(Arum maculata)*. – Du lat. pop. **gubius*. (V. gouge.)

gouffre [gufʀ] n. m. **1.** Dépression naturelle très profonde aux parois abruptes. – *Spécial.* GEOMORPH Vaste puits naturel, typique du relief karstique. Syn. abîme, aven. **2.** Fig. Catastrophe. *Le pays est au bord du gouffre.* **3.** Fig. Ce dans quoi l'on engloutit beaucoup d'argent. *Cette maison est un gouffre!* – Du bas lat. *colpus*, gr. *kolpos*, «golfe», par l'a. fr. *gloufe*.

gouge [guʒ] n. f. TECH Ciseau à tranchant curviligne. – Du bas lat. *gubia, gulbia* «burin».

gouine [gwin] adj. et n. f. Vulg., péjor. Femme homosexuelle. – Fém. de l'a. fr. *goin*, «lourdeau», même rac. que *goujat*.

goujat, ate [guʒa, at] n. **1.** n. m. Vx Apprenti maçon. **2.** Personne grossière, sans éducation. – Mot languedocien, «garçon»; hébreu *goya*, «servante chrétienne», fém. de *goy*.

goujaterie [guʒatʀi] n. f. Grossièreté. – De *goujat*.

1. goujon [guʒõ] n. m. Poisson cyprinidé *(Gobio gobio)* des eaux courantes d'Europe, qui atteint 15 cm de long et porte deux barbillons à la mâchoire supérieure. – Du lat. *gobio, gobionis*.

2. goujon [guʒõ] n. m. TECH Pièce cylindrique servant à assembler deux éléments. – De *gouge*.

goujonner [guʒɔne] v. tr. [1] TECH Assembler au moyen de goujons. – De *goujon* 2.

goujonnière [guʒɔnjɛʀ] adj. f. *Perche goujonnière:* grémille commune. – De *goujon* 1.

goulag [gulag] n. m. Camp de travail forcé, en U.R.S.S. – Abrév. de l'expr. russe *g(lavnoje) ou(pravlenie) lag(erej)*, «direction principale des camps de travail»; répandu après la publication en français (1973-1974) du récit de Soljenitsyne *l'Archipel du Goulag*.

goulasch ou **goulache** [gulaʃ] n. m. ou f. CUIS Bœuf à la hongroise, garni d'oignons et d'épices (paprika, notam.) et cuit à petit feu. – Mot hongrois.

1. goule [gul] n. f. Vx Gueule. – Lat. *gula*, «gosier».

2. goule [gul] n. f. Vampire féminin des légendes orientales. – Ar. *ghoûl*, «démon».

goulée [gule] n. f. Fam. Bouchée, gorgée. – De *goule* 1.

goulet [gulɛ] n. m. **1.** Vx Goulot. **2.** GEOGR Défilé. **3.** Chenal. **4.** *Goulet (goulot) d'étranglement:* ce qui limite un écoulement, un débit (rue trop étroite dans un réseau routier, machine au débit insuffisant dans un circuit de fabrication, etc.). – De *goule* 1.

gouleyant, ante [guleјã, ãt] adj. Fam. Se dit d'un vin frais et léger. – De *goule* 1, «gueule».

goulot [gulo] n. m. **1.** Col d'un vase, d'une bouteille à orifice étroit. *Goulot de bouteille.* **2.** *Goulot (goulet) d'étranglement.* V. goulet. – De *goule* 1.

goulotte [gulɔt] n. f. **1.** CONSTR Rigole pour l'évacuation des eaux. **2.** TECH Conduit incliné pour la manutention des marchandises ou des matériaux. – De *goule* 1.

goulu, ue [guly] adj. **1.** Vorace, glouton. *Un enfant goulu.* **2.** HORTIC *Pois goulus* ou *gourmands*, que l'on mange avec les cosses. – De *goule* 1.

goulûment [gulymã] adv. Avec avidité. *Manger goulûment.* – De *goulu*.

goum [gum] n. m. HIST Formation auxiliaire recrutée parmi les tribus indigènes d'Afrique du N. et encadrée par des gradés français. – Ar. maghrébin *gaum*, «troupe».

goumier [gumje] n. m. HIST Cavalier appartenant à un goum. – De *goum*.

goupil [gupi(l)] n. m. Vx Renard. – Du bas lat. *vulpiculus*, de *vulpes*; influence germanique à l'initiale.

goupille [gupij] n. f. Tige métallique conique, ou constituée par deux branches que l'on rabat *(goupille fendue)*, servant à immobiliser une pièce. – De *goupil*.

goupiller [gupije] v. tr. [1] **1.** TECH Fixer avec une goupille. **2.** Fam. Arranger. *C'est lui qui a goupillé tout ça.* – De *goupille*.

goupillon [gupijõ] n. m. **1.** Tige garnie de poils pour nettoyer un corps cylindrique (bouteille, par ex.). **2.** Tige garnie de poils ou surmontée d'une boule creuse à trous, qui sert à asperger d'eau bénite. – De l'a. fr. *guipon*, du néerl. **wisp*, «bouchon de paille».

gour [guʀ] n. m. GEOL Butte rocheuse isolée par l'érosion, typique de certains reliefs désertiques (Sahara). – Mot ar.

goura [guʀa] n. m. ZOOL Gros pigeon (genre *Goura*) à huppe, de Nouvelle-Guinée. – Nom indigène.

gourami [guʀami] n. m. ZOOL Poisson téléostéen comestible des lagunes asiatiques (genre *Osphromenus*) dont les petites espèces sont élevées dans les aquariums. – Mot des îles de la Sonde.

gourance [guʀãs] n. f. Pop. Fait de se gourer, erreur. – De *gourer (se)*.

gourbi [guʀbi] n. m. **1.** Tente, hutte, en Afrique du Nord. **2.** Vx Abri de tranchée. **3.** Fam. Logement sale et en désordre, exigu. – Mot ar. algérien.

gourd, gourde [guʀ, guʀd] adj. Engourdi, paralysé par le froid. *Avoir les doigts gourds.* – Du bas lat. *gurdus*, «lourdaud, grossier».

1. gourde [guʀd] n. f. **1.** Plante grimpante (*Lagenaria vulgaris*, fam. cucurbitacées) originaire de l'Inde, dont le fruit comestible est la calebasse. **2.** *Par ext.* Récipient fait d'une calebasse séchée. **3.** Bouteille conçue pour résister au choc (en verre, clissée; en métal, en matière plastique, etc.), fermant hermétiquement, que l'on porte avec soi en excursion, en voyage, etc. – Altér. de l'a. fr. *coorde*, lat. *cucurbita*, «courge».

2. gourde [guʀd] n. f. et adj. Fam. Fille, femme stupide. *Une grande gourde.* ▷ Adj. *Ce qu'elle peut être gourde!* – Au masc. *Il est un peu gourde.* – De *gourd*, «engourdi», avec infl. de *gourde* 1.

3. gourde [guʀd] n. f. Monnaie de la rép. de Haïti. – De *piastre gourde*, de l'esp. *gordo*, «gros».

gourdin [guʀdɛ̃] n. m. Gros bâton noueux. – De l'ital. *cordino*, dimin. de *corda*.

gourer (se) [guʀe] v. pron. [11] Pop. Se tromper. – P.-ê. même rad. *gorr-* que *goret*.

gourgandine [guʀgãdin] n. f. **1.** Fam., vieilli Femme facile et dévergondée. **2.** Corsage souple lacé sur le devant, en usage au XVIIe s. – Dial., p.-ê. même rad. que *goret* et rad. de l'a. fr. *gandir*, «s'esquiver, courir dans tous les sens».

gourgane [guʀgan] n. f. Plante de la famille des légumineuses (*Vicia faba*, papilionacées), cultivée pour ses grosses graines comestibles. *La gourgane se cultive surtout dans Charlevoix et au Saguenay–Lac-Saint-Jean.* – Plur. Graines de cette plante. *Ramasser des gourganes. Faire de la soupe aux gourganes.* – Mot du nord-ouest et du centre de la France, d'orig. incert.

ENCYCL La gourgane (*Vicia faba*), appelée aussi *fève des marais* par les botanistes, a été apportée d'Europe par les marins français de l'époque coloniale, chez qui le mot *gourgane* désignait du reste toute espèce de fèves sèches servant au rationnement des équipages. La culture de cette plante exige des sols riches et humides. La gourgane peut servir à nourrir le bétail, mais le plus souvent elle est consommée par l'homme; elle occupe d'ailleurs une place importante dans la cuisine traditionnelle des régions de Charlevoix (parfois appelée Pays des Gourganes) et du Saguenay – Lac-Saint-Jean dont un des plats typiques est la fameuse soupe aux gourganes. Elle pouvait autrefois être utilisée comme succédané du café.

gourmand, ande [gurmɑ̃, ɑ̃d] adj. et n. **I.** adj. **1.** Qui aime la bonne chère. *Il est très gourmand. Être gourmand de fruits.* ▷ Subst. *Un(e) gourmand(e).* **2.** Fig. Avide, exigeant. *Il réclame tant par mois, il est trop gourmand.* **II.** n. m. **1.** Stolon du fraisier. **2.** Branche inutile qui, poussant au-dessous d'une greffe ou d'une branche à fruits, tire la sève à elle. – Orig. incert. (V. gourmet.)

gourmander [gurmɑ̃de] v. tr. [1] Réprimander sévèrement. *Gourmander un enfant.* – De *gourmand*; sous l'infl. de l'anc. v. *gourmer*, «brider un cheval».

gourmandise [gurmɑ̃diz] n. f. **1.** Caractère, défaut d'une personne gourmande. **2.** Plur. Friandise. – De *gourmand.*

gourme [gurm] n. f. **1.** Nom cour. donné à l'impétigo et à l'eczéma du visage et du cuir chevelu qui atteignent les enfants mal soignés. ▷ Fig., vieilli *Jeter sa gourme:* se dit d'un jeune homme qui fait ses premières frasques. **2.** MED VET Maladie infectieuse des équidés, due à *Streptococcus equi* et se traduisant par une inflammation des voies respiratoires. – Du frq. **worm*, «pus».

gourmé, ée [gurme] adj. Guindé, affectant la gravité. *Un air gourmé.* – Pp. de l'anc. v. *gourmer*, «brider un cheval».

gourmet [gurmɛ] n. m. Connaisseur en vins, en bonne chère. *Un fin gourmet.* – De l'a. fr. *gromet* (d'orig. incon.), «valet (de marchand de vins)»; un rapport s'est établi avec *gourmand.*

gourmette [gurmɛt] n. f. **1.** Chaîne réunissant les deux branches du mors de la bride d'un cheval. **2.** Bijou, chaîne à mailles aplaties que l'on porte au poignet. – De *gourme* (sens 2), cette affection atteignant souvent la bouche du cheval.

gourou ou **guru** [guru] n. m. **1.** Guide spirituel, en Inde. **2.** Fig., iron. Maître à penser. – Mot hindi, *georū*, «vénérable», du sanscrit *gurúh*, «lourd».

gousse [gus] n. f. Fruit sec, typique des légumineuses, dérivant d'un seul carpelle, contenant de nombreuses graines, et s'ouvrant à maturité par deux fentes de déhiscence. *Une gousse de pois.* – Abus. *Gousse d'ail :* chacune des parties d'une tête d'ail. – Orig. incon.

gousset [gusɛ] n. m. **1.** Petite poche de pantalon ou de gilet. *Tirer une montre de son gousset.* **2.** TECH Pièce triangulaire plane servant à renforcer un assemblage de profilés, à supporter une tablette, etc. – De *gousse.*

goût [gu] n. m. **1.** Sens par lequel on perçoit les saveurs. **2.** Saveur. *Un dessert au goût sucré.* **3.** Appétit. *Il n'a de goût pour rien.* – Fig. *Faire passer à qqn le goût du pain*, le tuer, le faire disparaître. **4.** Fig. Faculté de discerner et d'apprécier les qualités et les défauts d'une œuvre. *Se fier à son propre goût. Avoir le goût sûr. Il n'a aucun goût.* **5.** *Absol.* Le bon goût. *Un intérieur décoré avec goût.* **6.** Inclination pour qqch, plaisir éprouvé à faire qqch. *Avoir le goût de la lecture.* – *Prendre goût à qqch*, commencer à l'aimer. ▷ Plur. *Chacun ses goûts. Tous les goûts sont dans la nature.* **7.** (Avec un qualificatif.) Manière dont on juge qqch. *Une plaisanterie de mauvais goût. Une œuvre d'un goût raffiné.* **8.** loc. *Dans le goût (de):* à la manière (de). *Un tableau dans le goût de Raphaël.* ▷ *Au goût du jour :* conforme à la mode du moment. – Lat. *gustus.*

1. goûter [gute] **I.** v. tr. [1] **1.** Apprécier par le sens du goût. *Goûter une sauce, un vin.* **2.** Fig. Apprécier. *Ne pas goûter une plaisanterie.* **3.** Fig. Savourer, jouir de. *Goûter les charmes de la campagne.* **II.** v. tr. (D'un aliment) Présenter un goût de. *La sauce goûte un peu trop l'ail. Ça goûte le brûlé.* ▷ v. intr. Fam. *Goûter bon, goûter mauvais:* avoir bon, mauvais goût. **III.** v. tr. indir. Boire ou manger un peu d'une chose. *Goûter à un plat.* – Fig. Tâter de. *Il a goûté d'un peu tous les métiers.* **IV.** v. intr. Prendre une collation au milieu de l'après-midi. *Inviter des enfants à goûter.* – Lat. *gustare.*

2. goûter [gute] n. m. Collation prise au milieu de l'après-midi. *Tartines pour le goûter.* – De *goûter* 1.

1. goutte [gut] n. f. **1.** Toute petite quantité de liquide, de forme arrondie. *Des gouttes de pluie.* – Loc. pop. *Avoir la goutte au nez*, des mucosités qui coulent du nez. **2.** loc. adv. *Goutte à goutte:* goutte après goutte. **3.** Très petite quantité de liquide. *Une goutte de liqueur.* – Pop. *Boire la goutte:* prendre un petit verre d'alcool. **4.** loc. prov. *C'est la goutte d'eau qui a fait déborder le vase*, le petit incident qui, ajouté à d'autres, a déclenché la colère. – *Une goutte (d'eau) dans l'océan, la mer:* une quantité infime par rapport au reste. **5.** Plur. Médicaments qui s'administrent par gouttes. *Prendre ses gouttes à heure fixe.* **6.** ARCHI Ornement en forme de tronc de cône. **7.** loc. adv. *Ne... goutte:* ne... rien, ne... pas. *On n'y voit goutte ici.* – Lat. *gutta.*

2. goutte [gut] n. f. Maladie métabolique caractérisée par l'accumulation d'acide urique dans l'organisme, qui se traduit par des atteintes articulaires, partic. du gros orteil, et parfois par une lithiase rénale. *Avoir une attaque de goutte.* – De *goutte* 1.

goutte-à-goutte [gutagut] n. m. inv. MED Appareil qui sert à la perfusion du sérum ou de liquides médicamenteux. – Perfusion avec cet appareil. – De la loc. *goutte à goutte* (V. goutte 1.).

gouttelette [gutlɛt] n. f. Petite goutte. – Dimin. de *goutte* 1.

goutter [gute] v. intr. [1] Laisser tomber des gouttes. *Robinet mal fermé qui goutte.* – De *goutte* 1; bas lat. *guttare.*

gouttereau [gutro] adj. m. ARCHI *Mur gouttereau:* dans une église romane ou gothique, mur latéral (couronné par une gouttière). – De *gouttière.*

goutteux, euse [gutø, øz] adj. et n. **1.** Qui est atteint de la goutte. ▷ Subst. *Un goutteux. Une goutteuse.* **2.** Qui est dû à la goutte. – De *goutte* 2.

gouttière [gutjɛr] n. f. **1.** Conduit de section semicirculaire, qui sert à recueillir les eaux de pluie le long d'une toiture. Syn. chéneau. ▷ *Chat de gouttière:* chat de race indéfinie. **2.** CHIR Appareil qui sert à immobiliser un membre fracturé. – De *goutte* 1.

gouvernable [guvɛrnabl] adj. Qui peut être gouverné. – De *gouverner.*

gouvernail [guvɛrnaj] n. m. **1.** Dispositif à l'arrière d'un navire, d'un avion, etc., permettant de les diriger. **2.** Fig. Direction, conduite. *Tenir le gouvernail de l'État.* – Du lat. *gubernaculum.*

gouvernant, ante [guvɛrnɑ̃, ɑ̃t] adj. et n. Qui gouverne. – Ppr. de *gouverner.*

gouvernante [guvɛrnɑ̃t] n. f. **1.** Femme chargée de garder, d'éduquer des enfants. *Elle a eu une gouvernante anglaise.* **2.** Femme qui tient la maison d'une personne seule. *Madame Denis, nièce de Voltaire, fut sa gouvernante.* – Femme responsable d'une domesticité nombreuse, dans une grande maison. – Ppr. fém. subst. de *gouverner.*

gouverne [guvɛʀn] n. f. **1.** Vx Ce qui sert de règle de conduite. – Loc. Mod. *Pour votre gouverne...* **2.** n. f. pl. AVIAT Plans mobiles situés sur la voilure d'un avion et servant à modifier sa position par rapport à ses axes de tangage, de lacet et de roulis. *Gouvernes de profondeur, de direction, de gauchissement.* – Déverbal de *gouverner.*

gouvernement [guvɛʀnəmɑ̃] n. m. **1.** Action de gouverner, d'administrer. *Le gouvernement d'une province.* **2.** Régime politique d'un État. *Gouvernement monarchique, démocratique.* **3.** Pouvoir qui dirige un État. ▷ Ensemble des ministres. *La formation du nouveau gouvernement. Renverser le gouvernement. Le gouvernement fédéral, provincial.* **4.** En France, territoire, ville placés sous l'autorité d'un gouverneur. *Gouvernement militaire de Paris.* **5.** Vx Charge, direction, conduite. *Gouvernement des âmes.* – De *gouverner.*

gouvernemental, ale, aux [guvɛʀnəmɑ̃tal, o] adj. **1.** Du gouvernement. *Projet gouvernemental.* **2.** Partisan du gouvernement. *Le parti gouvernemental.* – De *gouvernement.*

gouverner [guvɛʀne] v. tr. [1] **1.** MAR Conduire (un navire) à l'aide du gouvernail. **2.** Diriger, régir. *Gouverner un pays, un peuple.* **3.** *Absol.* Diriger l'État. *Régner sans gouverner.* **4.** Dominer, exercer un pouvoir sur. *Gouverner les esprits. Gouverner ses passions.* **5.** GRAM Vx Régir. *Ce verbe gouverne l'accusatif.* **6.** v. pron. Gérer ses affaires politiques. *Le droit des peuples à se gouverner eux-mêmes.* – Lat. *gubernare,* gr. *kubernân.*

gouverneur [guvɛʀnœʀ] n. m. **1.** Anc. Chef d'une province, d'une place forte, etc. **2.** FIN Chef d'une grande institution financière. *Le gouverneur de la Banque* du Canada,* responsable de l'administration de la politique monétaire du pays. **3.** *Gouverneur (général):* représentant de la monarchie dans les anc. colonies françaises et anglaises. *Le marquis de Vaudreuil fut le dernier gouverneur de la Nouvelle-France.* ▷ Mod. *Gouverneur général (du Canada):* chef officiel de l'État canadien (le premier ministre en étant le chef politique), représentant de la reine (ou du roi) qui le nomme pour cinq ans, sur la recommandation du premier ministre du Canada. *Le gouverneur général doit accorder sa sanction aux projets adoptés par les Chambres pour que ces projets deviennent lois. Madame le Gouverneur général.* V. lieutenant-gouverneur. **4.** Aux États-Unis, chef du pouvoir exécutif d'un état américain, élu général. pour un mandat de quatre ans. *Rencontre entre le Premier ministre québécois et les Gouverneurs des États de la Nouvelle-Angleterre.* **5.** HIST Précepteur. *Gouverneur du Dauphin.* – De *gouverner.*

ENCYCL **Gouverneur général.** Autrefois détenteur de larges pouvoirs exercés à titre de représentant de la Couronne britannique au Canada, le gouverneur général demeure le chef de l'État canadien mais il n'agit plus aujourd'hui, sauf circonstances exceptionnelles, que sur l'avis du cabinet fédéral. Avant l'établissement du gouvernement responsable (1848), il présidait aux réunions de son Conseil exécutif dont il pouvait accepter ou rejeter les avis. Aujourd'hui, il ne fait que ratifier le choix du peuple lorsqu'il charge le chef du parti politique que le scrutin a favorisé de former un cabinet qui se réunira ensuite sans sa présence, et dont il devra légitimer les décisions par sa signature.

Le gouverneur général convoque et proroge le Parlement. À l'ouverture, il lit le discours du trône qui contient le programme législatif du gouvernement. Il sanctionne les projets de loi adoptés pendant la session. Depuis 1926, il ne peut plus exercer de droit de veto au nom du gouvernement britannique.

Les pouvoirs discrétionnaires du gouverneur général et ses prérogatives de chef d'État se sont progressivement effrités bien qu'on puisse imaginer des situations où il pourrait exercer une certaine influence. Le chef d'un gouvernement minoritaire, ou faiblement majoritaire, pourrait chercher à éviter un vote de censure ordonnant la dissolution du Parlement et la tenue d'élections. Le chef d'un gouvernement minoritaire issu d'un scrutin général pourrait aussi chercher à déclencher de nouvelles élections sans même avoir convoqué les Chambres. Dans de telles situations, le gouverneur général représenterait une garantie contre les abus de pouvoir.

Il existe enfin un champ d'activité propre au gouverneur général. Il s'agit des fonctions protocolaires et des cérémonies officielles (accueil de dignitaires étrangers, remise de décorations, inaugurations) où le gouverneur général incarne l'État et permet de situer ces actes officiels au-delà des clivages partisans. Depuis 1931 (*Statut de Westminster*), le gouverneur général est nommé par la reine (ou le roi) sur recommandation du gouvernement fédéral, qui assume sa rémunération et son logement (Rideau Hall).

À l'époque où la nomination du gouverneur général était une prérogative royale, on nommait à cette fonction des personnes d'origine britannique. Le marquis de Lorne, par exemple, était le gendre de la reine Victoria. Vincent Massey (1952) fut le premier gouverneur général de souche canadienne, Jules Léger (1972), le premier Canadien français et Jeanne Sauvé (1984), la première femme.

gouvernorat [guvɛʀnɔʀa] n. m. Circonscription administrative d'un gouverneur; fonction, dignité de gouverneur. – De *gouverneur.*

goy ou **goï** [gɔj] n. m. Pour les Israélites: non-juif, et, par ext., chrétien. Fém. *goya* ou *goïa.* Plur. *goyim, goïm* ou *goiim.* – Mot hébreu (Cf. goujat).

goyave [gɔjav] n. f. Fruit comestible du goyavier, baie jaune piriforme à chair blanche ou rose parfumée. – Du caraïbe, *guava.*

goyavier [gɔjavje] n. m. Arbre (genre *Psidium,* fam. myrtacées) originaire d'Amérique centrale, dont une espèce produit les goyaves. – De *goyave.*

gr GEOM Symbole de grade (unité d'angle).

grabat [gʀaba] n. m. Très mauvais lit. – Lat. *grabatus,* gr. *krabbatos.*

grabataire [gʀabatɛʀ] adj. et n. Malade qui ne peut quitter son lit. – De *grabat.*

graben [gʀabɛn] n. m. GEOMORPH Fossé d'effondrement, limagne. – Mot all., «fossé».

grabuge [gʀabyʒ] n. m. Pop. Dispute, bagarre; chahut très bruyant. – Orig. incert.

grâce [gʀɑs] n. f. **1.** Faveur accordée volontairement. *Solliciter, accorder, obtenir une grâce.* – Loc. (Termes de politesse.) *Faites-moi la grâce de venir.* – *De grâce:* s'il vous plaît. – *Trouver grâce auprès de qqn,* lui plaire, gagner sa bienveillance. – *Être dans les bonnes grâces de qqn,* jouir de sa faveur. – Plur. Prière faite après un repas. *Dire les grâces.* – *Rendre grâce:* reconnaître une faveur accordée. ▷ *Action de grâce(s):* remerciements à Dieu. – (D'ap. l'angl. *Thanksgiving Day) Action de grâce(s)* ou *jour de l'Action de grâce(s):* jour férié (le deuxième lundi d'octobre). V. encycl. **2.** loc. prép. *Grâce à:* avec l'aide de. *Grâce à vous; grâce à Dieu.* – Par le moyen de. *Le projet a réussi grâce à son intervention.* **3.** Remise de peine, pardon accordé volontairement. *Faire grâce à qqn.* – *Droit de grâce:* droit, que détient le chef de l'État, de réduire ou de commuer une peine. – Loc. *Faire grâce à qqn d'une obligation,* l'en dispenser. – Iron. *Faites-moi grâce de vos conseils.* – *Grâce ! :* Pitié ! dans une imploration. ▷ *Coup de grâce:* coup qui abrège les souffrances d'un supplicié. – Fig. Coup ultime qui cause la perte définitive de qqn, qui ruine qqch. **4.** THEOL Don surnaturel que Dieu accorde aux créatures pour les conduire au salut. *État de grâce.* – Fig. *Avoir la grâce, être en état de grâce:* être inspiré d'une manière particulièrement heureuse (se dit en partic. de la création artistique). **5.** Attrait, agrément, charme. *Cette danseuse a de la grâce. Grâce naturelle.* – Plur. Attraits. *Les grâces de l'esprit. Faire des grâces:* avoir des manières aimables ou (iron.) affectées. ▷ *De bonne grâce:* de bon gré. – *De mauvaise grâce:* à contrecœur. – *Avoir mauvaise grâce à, de:* être mal placé pour. *Il aurait mauvaise grâce à me refuser ce service après ce que j'ai fait pour lui.* **6.** Titre d'honneur donné en Angleterre aux ducs et aux évêques anglicans. *Sa Grâce le duc de... Votre Grâce.* **7.** MYTH Déesses qui symbolisaient le charme. *Les trois Grâces.* (Souvent employé iron. ou par plaisant. auj.) – Lat. *gratia.*

ENCYCL Après avoir été célébrée en diverses régions du Canada, notamment en Nouvelle-Écosse, depuis le milieu du XVIIIe s., l'Action de grâce est devenue une fête officielle depuis le 6 novembre 1879. La date de ce jour férié a été modifiée à plusieurs reprises avant que le Parlement canadien ne la fixe, en 1957, au deuxième lundi d'octobre. De nos jours, l'Action de grâce est perçue comme un congé permettant d'allonger une fin de semaine et d'admirer à loisir les derniers éclats de la splendeur automnale. À l'origine, cependant, se trouve une importante célébration qui, dans toutes les civilisations agricoles, se tenait à la fin de la moisson et au cours de laquelle on offrait aux dieux les prémices des récoltes. Cette coutume s'est perpétuée dans le christianisme par une cérémonie religieuse où l'on remercie Dieu de la prospérité accordée. Une autre coutume liée aux récoltes est encore observée dans certains villages du Québec le dimanche précédant le jour de l'Action de grâce; c'est la *criée des âmes.* Chaque paroissien apporte des légumes et des fruits de saison qui sont mis aux enchères; la somme récoltée servira à payer des messes pour le repos des âmes du purgatoire, qui sont spécialement honorées le 2 novembre (jour des Morts).

L'institution d'une date officielle pour l'Action de grâce au Canada est due à l'influence des Américains pour qui cette fête est aussi importante, sinon plus, que celle de Noël. Aux États-Unis, l'Action de grâce (*Thanksgiving Day*) est célébrée officiellement depuis 1789 et, depuis 1941, la date en est fixée au quatrième jeudi de novembre. Elle commémore la cérémonie organisée par les Pères pèlerins (*Pilgrim Fathers*) de la colonie de Plymouth, au Massachusetts, qui remercièrent Dieu pour la première moisson qu'ils récoltèrent en automne 1621, une année après leur arrivée sur le Mayflower. Les festivités durèrent trois jours au cours desquels les Pères pèlerins invitèrent les Indiens à manger avec eux du gibier et de la dinde sauvage. La dinde figure toujours au menu des repas de famille organisés traditionnellement ce jour-là dans tous les foyers américains, de même que la tarte à la citrouille (*pumpkin pie*). Si le souvenir des premiers colons du Massachusetts est resté aussi vivant, c'est parce qu'il est intimement lié à l'histoire de la démocratie américaine. Les Pères pèlerins étaient des puritains qui avaient traversé l'océan dans le but d'établir en Amérique du Nord une communauté religieuse conforme à leurs théories. Avant de débarquer, ils signèrent un acte exposant les principes de base d'après lesquels ils établiraient leurs lois (*Mayflower Compact*). Leurs idées sur l'égalité politique entre les hommes, le droit à la liberté et la responsabilité civique de chaque individu jouèrent un grand rôle dans la préparation des esprits à la révolution américaine. Elles ont aussi fortement inspiré la Déclaration d'indépendance adoptée par le Congrès le 4 juillet 1776 ainsi que la constitution des États-Unis.

gracier [gʀasje] v. tr. [1] Remettre ou commuer la peine (d'un condamné). *Le condamné a été gracié.* – De *grâce.*

gracieusement [gʀasjøzmɑ̃] adv. **1.** Aimablement. *Remercier gracieusement qqn.* **2.** Avec de la grâce, du charme. *Danser gracieusement.* **3.** Gratuitement. *Cet échantillon vous est fourni gracieusement.* – De *gracieux.*

gracieuseté [gʀasjøzte] n. f. Souvent iron. Action, parole aimable. – De *gracieux.*

gracieux, euse [gʀasjø, øz] adj. **1.** Qui a de la grâce, du charme. *Une gracieuse comédienne.* **2.** Aimable. *Avoir des manières gracieuses.* **3.** Accordé bénévolement. *Offre gracieuse. À titre gracieux:* gratuitement. **4.** DR *Recours gracieux:* recours non contentieux auprès d'une autorité administrative. *La demande en rectification des registres de l'état civil est un recours gracieux.* **5.** (Dans des termes de respect.) *Fournisseur de Sa Gracieuse Majesté.* – Lat. *gratiosus.*

gracile [gʀasil] adj. De forme élancée et délicate. *Une adolescente gracile.* – Lat. *gracilis,* «mince, maigre, chétif, misérable».

gracilité [gʀasilite] n. f. Caractère de ce qui est gracile. – Lat. *gracilitas, gracilitatis.*

gracioso [gʀasjozo] adv. MUS Avec grâce. – Ital. *grazioso.*

gradation [gʀadasjɔ̃] n. f. **1.** Augmentation ou diminution progressive et par degrés. *Procéder par gradations.* **2.** MUS Changement de ton progressif et ascendant. **3.** RHET Figure de style consistant en une succession d'expressions qui enchérissent les unes sur les autres. **4.** PEINT Passage insensible d'une couleur à une autre. **5.** TECH Caractéristique de sensibilité d'une émulsion photographique. – Lat. *gradatio.*

grade [gʀad] n. m. **1.** Degré dans la hiérarchie. *Monter en grade.* ▷ *Spécial.* Degré dans la hiérarchie militaire. *Le grade de sergent.* – Loc. fam. *En prendre pour son grade:* se faire réprimander. **2.** *Grade universitaire:* titre, diplôme obtenu à l'Université. **3.** GEOM Unité d'arc et d'angle (symbole: gr). *La circonférence est divisée en 400 grades. 1 grade = 0,9 degré.* **4.** TECH Degré de viscosité d'une huile de graissage. – Ital. *grado* ou lat. *gradus.*

-grade. Élément, du lat. *gradi,* «marcher».

gradé, ée [gʀade] adj. (et n.) Qui a un grade dans l'armée. – De *grade.*

gradient [gʀadjɑ̃] n. m. **1.** PHYS Taux de variation d'une grandeur en fonction d'un paramètre (par ex.: température par unité de longueur, *gradient géothermique*). **2.** BIOL Variation biochimique ou physiologique le long d'un axe de l'organisme. **3.** MATH *Gradient d'une fonction,* vecteur ayant pour composantes les dérivées partielles de la fonction par rapport à chacune des coordonnées. – Lat. *gradiens, gradientis,* de *gradus,* «grade».

gradin [gʀadɛ̃] n. m. **1.** Banc étagé avec d'autres. *Les gradins d'un amphithéâtre.* **2.** Petit degré formant étagère sur un meuble. – Ital. *gradino,* dimin. de *grado,* «degré d'escalier».

graduation [gʀadɥasjɔ̃] n. f. TECH Division en degrés, en repères. ▷ Action de graduer. – De *graduer.*

gradué, ée [gʀadɥe] adj. **1.** Progressif. *Exercices gradués.* **2.** TECH Muni d'une graduation. – Pp. de *graduer.*

1. graduel [gʀadɥɛl] n. m. LITURG Chant exécuté avant l'évangile pendant la messe. – Livre qui renferme les parties chantées de la messe. – Lat. médiév. *gradualis.*

2. graduel, elle [gʀadɥɛl] adj. Qui va par degrés, progressif. *Une augmentation graduelle.* – Du lat. médiév. *gradualis.*

graduellement [gʀadɥɛlmɑ̃] adv. Par degrés, progressivement. *Diminuer graduellement les doses d'un médicament.* – De *graduel.*

graduer [gʀadɥe] v. tr. [1] **1.** Augmenter par degrés, par étapes successives. *Graduer les exercices.* **2.** TECH Diviser au moyen de repères, de degrés, l'échelle d'un instrument de mesure. *Graduer un thermomètre.* – Lat. médiév. *graduare,* «conférer un grade».

graffiti [gʀafiti] n. m. pl. **1.** ARCHEOL Dessins, inscriptions, etc., tracés notam. sur les murs des édifices des villes antiques. *Les graffiti de Pompéi.* **2.** Dessins, inscriptions, slogans, etc., tracés sur les murs. *Graffiti du métro.* ▷ (Souvent au sing.) *Un graffiti.* – Mot ital.

graille [gʀɑj] n. f. Pop. Nourriture. *À la graille!:* à la soupe! – De *graillon* 2.

graillement [gʀɑjmɑ̃] n. m. Son enroué de la voix. – De *grailler* 1.

1. grailler [gʀɑje] v. intr. [1] Émettre un son rauque (comme le cri des corneilles). – De *graille* (dial.), «corneille»; lat. *gracula.*

2. grailler [gʀɑje] v. intr. [1] VEN Sonner du cor pour rappeler les chiens. – Var. de *grailer,* a. fr. *graile,* «trompette».

3. grailler [gʀɑje] v. tr. [1] Pop. Manger. ▷ (S. comp.) *Quand est-ce qu'on graille?* – De *graille.*

1. graillon [gʀɑjɔ̃] n. m. Pop. Crachat. – Var. de *craillon,* de *crailler,* «cracher», rad. germ. *krakk.*

2. graillon [gʀɑjɔ̃] n. m. Péjor. *Odeur de graillon,* de graisse ou de viande brûlée. – Du rég. *grailler,* «griller».

1. graillonner [gʀɑjɔne] v. intr. [1] Pop. Tousser en crachant. – De *graillon* 1.

2. graillonner [gʀɑjɔne] v. intr. [1] Péjor. Prendre un goût, une odeur de graillon. – De *graillon* 2.

grain [gʀɛ̃] n. m. **1.** Toute graine ou fruit de petite taille, plus ou moins globuleux. *Un grain de riz, de raisin,* etc. – *Poulet de grain,* nourri avec du grain (blé, maïs, etc.). ▷ *Le grain, les grains:* les grains de céréales. *Commerce des grains.* **2.** Corps très petit en forme de grain. *Grain de chapelet. Grain de sel.* **3.** loc. fam. *Mettre son grain de sel:* intervenir sans en avoir été prié. – *Un grain de bon sens, de folie:* un peu de bon sens, de folie. – *Avoir un grain:* être un peu fou, excentrique. **4.** Aspect d'une surface qui présente de petites aspérités. *Le grain d'un cuir.* **5.** Ancienne unité de poids, de 54 mg. **6.** TECH Dimension des particules d'une émulsion photographique. **7.** Bref coup de vent accompagné d'averses, qui se produit souvent au passage d'un cumulonimbus. – Fig. *Veiller au grain:* se tenir sur ses gardes. **8.** *Grain de beauté:* petite tache ou saillie foncée sur la peau. – Lat. *granum.*

grainage [gʀɛnaʒ] ou **grenage** [gʀənaʒ] n. m. TECH **1.** Opération par laquelle on donne au cuir un grain régulier. **2.** Opération qui consiste à réduire une substance en grains. *Grainage du sucre, de la poudre à canon.* – De *grainer* ou de *grener.*

graine [gʀɛn] n. f. **1.** Organe de dissémination et de pérennité des plantes phanérogames, résultant de la reproduction sexuée. **2.** loc. fig. *Mauvaise graine:* mauvais sujet, en parlant d'un enfant, d'un jeune homme. *Graine de chenapan!* – *Fille montée en graine,* qui tarde à se marier. – *En prendre de la graine:* prendre en exemple (ce qui est digne d'admiration). **3.** Œufs de *Bombyx mori,* dont la chenille est le ver à soie, destinés à la reproduction. **4.** GEOPH Partie interne du noyau de la Terre, de même composition que celui-ci mais plus condensé en raison de la pression élevée. V. encycl. terre et géophysique. – Lat. *grana,* pl. neutre pris comme fém. de *granum,* «grain».

ENCYCL La graine provient de l'évolution de l'ovule après sa fécondation par le pollen; dans le fruit (résultat de l'évolution du carpelle ou de l'ovaire), elle vit, au ralenti, sous forme d'amande. À maturité, une graine se compose d'un *embryon,* ou *plantule,* plus ou moins noyé dans un tissu de réserve, l'*albumen,* qui sera utilisé pendant la germination; le tout est protégé par un ou deux téguments marqués du *hile,* trace du point d'attache de l'ovule sur le *placenta,* et que perfore le *micropyle,* par où sortira la jeune racine. Les graines sont classées selon leurs tissus de réserve; on distingue: **1°** les *graines à périsperme,* dans lesquelles subsiste une partie du *nucelle* embryonnaire (graines de canna); **2°** les *graines albuminées,* dans lesquelles l'albumen est le tissu de réserve (graines de ricin, céréales); **3°** les graines *exalbuminées,* où l'albumen a été digéré par les *cotylédons* (haricot, pois). Un autre classement repose sur la nature chimique des composés de réserve prédominants: *graines amylacées,* contenant surtout de l'amidon (céréales, haricot); *graines oléagineuses* contenant surtout des lipides (colza, cacahuète, tournesol); *graines à albumen riche en protéines* (lupin). Les graines *vraies,* c.-à-d. typiques des phanérogames, ne germent pas immédiatement après leur formation: à la *maturité morphologique* doit s'ajouter une *maturité physiologique,* qui, correspondant à la levée de diverses *dormances,* s'effectue en quelques jours (céréales) ou en quelques mois, voire 2 ans (laitue, radis). La durée *(longévité)* pendant laquelle une graine peut germer varie (sauf cas exceptionnels) de quelques années (5 à 10 ans pour les céréales) à 150 ans (diverses légumineuses, les nymphéacées).

grainer [gʀɛne] [1] ou **grener** [gʀəne] [19] **1.** v. intr. Produire des graines. **2.** v. tr. TECH Soumettre (un cuir) à l'opération du grainage (ou grenage). – De *grain* ou de *graine.*

graineterie [gʀɛntʀi] n. f. Magasin où l'on vend des graines. – De *graine.*

grainetier, ière [gʀɛntje, jɛʀ] n. Personne qui vend des graines pour la consommation. – Du lat. médiév. *granatarius,* de *grana,* «graine».

grainier, ière [gʀɛnje, jɛʀ] n. **1.** Personne qui vend des graines de semences. **2.** n. m. Local où l'on conserve les graines. – De *graine.*

graissage [gʀɛsaʒ] n. m. TECH Action de graisser, de lubrifier. *Graissage d'un moteur.* – De *graisser.*

graisse [gʀɛs] n. f. **1.** Substance onctueuse d'origine animale, végétale ou minérale, fondant entre 25 et 50 °C. *La vaseline est une graisse minérale.* **2.** PHYSIOL Tissu adipeux. – Cour. Embonpoint. *Il prend de la graisse.* **3.** Altération de certaines boissons alcoolisées, qui deviennent huileuses et filantes. *Graisse du cidre.* **4.** IMPRIM Épaisseur des pleins de la lettre d'un caractère d'imprimerie. – Du lat. pop. **crassia,* de *crassus.* (V. gras.)

graisser [gʀɛse] **I.** v. tr. [1] **1.** Frotter de graisse, d'une substance grasse. *Graisser ses bottes.* **2.** loc. fig. et fam. *Graisser la patte à qqn,* le soudoyer avec de l'argent. **3.** Souiller de graisse. *Cette poêle graisse les mains.* **II.** v. intr. Devenir huileux. *Ce vin graisse.* – De *graisse.*

graisseur, euse [gʀɛsœʀ, øz] adj. (et n. m.) Qui graisse. ▷ N. m. Ouvrier préposé au graissage. – Appareil servant à répartir un lubrifiant à l'intérieur d'un mécanisme. – De *graisser.*

graisseux, euse [gʀɛsø, øz] adj. **1.** De la nature de la graisse. *Corps graisseux.* **2.** Taché de graisse. *Vêtement graisseux.* – De *graisse.*

gram [gʀam] n. m. inv. *Méthode de Gram:* méthode d'analyse bactérienne qui consiste à colorer les microbes par l'iode et le violet de gentiane, puis à laver la préparation à l'alcool, de manière à pouvoir faire une distinction entre les microbes qui restent colorés, dits *Gram positifs* (Gram +), et ceux qui se décolorent, dits *Gram négatifs* (Gram –), et qui sont ensuite teintés en rouge par une solution de fuchsine. – Du n. du médecin danois H.C.J. *Gram* (1853-1938), inventeur du procédé.

graminacées [gʀaminase] ou **graminées** [gʀamine] n. f. pl. BOT Très vaste famille de plantes monocotylédones (plusieurs centaines de genres réunissant des milliers d'espèces), comprenant des herbes, annuelles ou vivaces, dont la tige, aérienne et cylindrique, est creuse (chaume), emplie de pulpe (maïs, canne à sucre) ou ligneuse et haute (bambou). – Du lat. *gramen*, «herbe».

ENCYCL Les feuilles des graminées, souvent engainantes, ont des nervures parallèles. Les fleurs, unisexuées ou hermaphrodites, et dont la pollinisation s'effectue par le vent, sont dépourvues de sépales et de pétales. Elles sont groupées en épillets constituant un épi, et chaque épillet comporte à sa base une ou deux *glumes* et un certain nombre de *glumelles* qui entourent les fleurs. Les fruits, ou *caryopses*, sont bourrés d'un albumen amylacé; celui des céréales donne de la farine. Comprenant de nombr. plantes de grande culture (céréales, canne à sucre, alfa, fourrages divers, etc.), les graminées ont une importance économique considérable.

grammaire [gʀam(m)ɛʀ] n. f. **1.** Cour. Ensemble des règles d'usage qu'il faut suivre pour parler et écrire correctement une langue. *Respecter la grammaire.* **2.** Cour. Étude descriptive de la morphologie d'une langue et de sa syntaxe. *Grammaire de l'ancien français. Grammaire historique, comparée.* **3.** LING Ensemble des règles et des structures qui permettent de générer, de produire tous les énoncés dotés de grammaticalité (et seulement ceux-là) dans une langue donnée. *Grammaire générative.* **4.** Livre qui traite de la grammaire. – Dérivé irrégulier du lat. *grammatica*, gr. *grammatikê*, proprement «art de lire et d'écrire». (V. grimoire.)

grammairien, ienne [gʀam(m)ɛʀjɛ̃, jɛn] n. Personne spécialiste de la grammaire. – De *grammaire.*

grammatical, ale, aux [gʀam(m)atikal, o] adj. **1.** Qui appartient à la grammaire. *Analyse grammaticale.* **2.** Qui suit les règles de la grammaire. *Cette phrase n'est pas grammaticale.* – Bas lat. *grammaticalis.*

grammaticalement [gʀam(m)atikalmɑ̃] adv. Selon les règles de la grammaire. *Une phrase grammaticalement correcte.* – De *grammatical.*

grammaticalisation [gʀam(m)atikalizasjɔ̃] n. f. LING Transformation d'une unité lexicale en unité grammaticale. – De *grammaticaliser.*

grammaticaliser [gʀam(m)atikalize] v. tr. [1] LING Transformer une unité lexicale en unité grammaticale. ▷ V. pron. *Le nom «goutte» s'est grammaticalisé dans l'expression* «ne... goutte» *(il n'y voit goutte).* – De *grammatical.*

grammaticalité [gʀam(m)atikalite] n. f. LING Caractère d'une phrase qui est conforme aux règles syntaxiques de formation des énoncés dans une langue, que cette phrase soit pourvue d'un sens ou non. – De *grammatical.*

-gramme. Élément, du gr. *gramma*, «lettre, écriture». Suffixe de mots: a) dans le sens de *lettre* (ex.: *télégramme, aérogramme*); b) dans le sens de *graphie, graphique* (ex.: *encéphalogramme, cardiogramme*).

gramme [gʀam] n. m. **1.** PHYS Unité de masse du système C.G.S. (abrév. g), millième partie de la masse du kilogramme étalon. **2.** Fig., fam. Quantité minime. *Pas un gramme d'imagination.* – Du lat. class. *scrupulum*, «vingt-quatrième partie d'une once», ce mot ayant été interprété comme dér. de *scribere*, «écrire», d'où, en bas lat. *gramma*, du gr., «caractère, lettre».

gramophone [gʀamofɔn] n. m. Vx. Syn. de *phonographe.* – N. d'une marque angl.

grand, grande [gʀɑ̃, gʀɑ̃d] adj. et n. **1.** De taille élevée. *Un grand arbre. Un homme grand. Cet enfant est grand pour son âge.* – Qui a atteint la taille adulte. – *Les grandes personnes:* les adultes, opposés aux enfants. ▷ N. m. *Les grands et les petits.* **2.** Qui occupe beaucoup d'espace. *Une grande ville.* **3.** D'une longueur au-dessus de la moyenne. *Marcher à grands pas.* – Loc. *Une grande heure:* un peu plus d'une heure. **4.** Abondant, intense, qui dépasse la mesure. *Un grand bruit. Un grand froid.* – Loc. *Les grandes eaux:* la crue d'un fleuve. – *Grand jour:* plein jour. *Grand air:* air libre. **5.** Important. *Un grand jour. Les grandes dates de l'histoire du Canada.* – Loc. *Le grand soir*, celui de la révolution à venir. **6.** Qui surpasse d'autres choses, d'autres personnes comparables. *Un grand amour. Les grands écrivains contemporains.* **7.** Important par le rang social, le pouvoir politique, la force économique (en parlant de personnes). *Un grand seigneur. La grande bourgeoisie.* ▷ N. m. pl. *Les grands:* les États du monde les plus puissants (États-Unis, U.R.S.S., Chine, etc.). **8.** (Dans les surnoms de personnages illustres, les titres attribués à des dignitaires.) *Alexandre le Grand. Grand officier de l'Ordre du Canada.* **9.** adv. Avec grandeur. *Voir grand.* – *En grand*, sur une grande échelle, en grande quantité. *Il veut faire de l'apiculture, mais en grand.* **10.** En loc., au masculin se rapportant à un mot féminin. *Grand-route. Grand-messe. Avoir grand-peur. Je n'y comprends pas grand-chose.* – Lat. *grandis*, qui a éliminé *magnus.*

grand-angle [gʀɑ̃tɑ̃gl] ou **grand-angulaire** [gʀɑ̃tɑ̃gylɛʀ] n. m. Objectif à courte distance focale, qui couvre un angle très important. *Des grands-angles, des grands-angulaires.* – De *grand*, et *angle*; de *grand*, et *angulaire.*

grand-chose [gʀɑ̃ʃoz] n. inv. Vx Beaucoup. ▷ Mod. *Pas grand-chose:* peu de chose, presque rien. ▷ *Un, une pas grand-chose:* une personne qui n'est guère recommandable, un(e) propre-à-rien. – De *grand*, et *chose.*

grand-croix [gʀɑ̃kʀwa] n. f. inv. En France, grade le plus élevé dans les principaux ordres de chevalerie. *La grand-croix de la Légion d'honneur.* ▷ N. m. Dignitaire qui est arrivé à ce grade. – De *grand*, et *croix.*

1. grand-duc [gʀɑ̃dyk] n. m. **1.** Prince souverain d'un grand-duché. **2.** Anc. Prince du sang, en Russie. ▷ Fam. *Faire la tournée des grands-ducs:* aller de restaurants en cabarets. – De *grand*, et *duc.*

2. grand duc. V. duc 3.

grand-ducal, ale, aux [gʀɑ̃dykal, o] adj. Qui appartient à un grand-duc, à un grand-duché. – De *grand-duc*, d'après *ducal.*

grand-duché [gʀɑ̃dyʃe] n. m. Pays dont le souverain est un grand-duc, une grande-duchesse. *Grand-duché de Luxembourg.* – De *grand-duc*, d'après *duché.*

grande-duchesse [gʀɑ̃ddyʃɛs] n. f. **1.** Femme, fille d'un grand-duc. **2.** Souveraine d'un grand-duché. – Fém. de *grand-duc.*

grandelet, ette [gʀɑ̃dlɛ, ɛt] adj. Fam. Assez grand. *Fille déjà grandelette.* – Dimin. de *grand.*

grandement [gʀɑ̃dmɑ̃] adv. **1.** Beaucoup, tout à fait. *Avoir grandement raison.* **2.** Avec grandeur, générosité. *Agir grandement.* – De *grand.*

grandeur [gʀɑ̃dœʀ] n. f. **1.** Caractère de ce qui est grand dans les diverses dimensions. *La grandeur d'un palais.* – Loc. fig. *Regarder du haut de sa grandeur*, avec dédain. **2.** Importance. *Grandeur d'un for-*

fait. **3.** Importance dans la société, puissance. ▷ *Folie des grandeurs:* ambition démesurée. **4.** Titre honorifique donné autrefois aux grands seigneurs, aux évêques. *Votre Grandeur.* **5.** Dignité, noblesse morale, élévation. *Grandeur d'âme.* **6.** loc. *Grandeur nature:* aux dimensions réelles. *Un portrait grandeur nature.* **7.** MATH Tout ce à quoi on peut affecter une valeur, dans un système d'unités de mesure. ▷ *Grandeur scalaire,* caractérisée par une seule valeur numérique. ▷ *Grandeur vectorielle,* qui possède une valeur numérique et une orientation. **8.** PHYS *Grandeur périodique,* dont la valeur ne change pas si l'on ajoute à la valeur de la variable celle de la période. **9.** ASTRO *Étoile de première grandeur,* très brillante (de faible magnitude). – De *grand.*

grand-guignolesque [gʀɑ̃giɲɔlɛsk] adj. Digne du Grand-Guignol, théâtre parisien (1895-1962) où dominaient les pièces d'épouvante. – *Par ext.* Outrancier. *Ces propos sont grand-guignolesques, on a peine à y croire.* – De *Grand-Guignol,* n. du théâtre.

grandiloquence [gʀɑ̃dilɔkɑ̃s] n. f. Éloquence pompeuse, emphase. – Du lat. *grandiloquus,* de *grandis,* «sublime», et *loqui,* «parler», d'ap. *éloquence.*

grandiloquent, ente [gʀɑ̃dilɔkɑ̃, ɑ̃t] adj. Pompeux, emphatique. *Orateur, style grandiloquent.* – De *grandiloquence.*

grandiose [gʀɑ̃djoz] adj. Imposant, majestueux, sublime. *Paysage grandiose.* – Ital. *grandioso.*

grandir [gʀɑ̃diʀ] **I.** v. intr. [2] **1.** Devenir plus grand, croître en hauteur. *Cet enfant a bien grandi. Arbre qui grandit vite.* **2.** Augmenter. *La foule grandit à vue d'œil.* **3.** Fig. Croître. *Grandir en sagesse:* devenir plus sage. **II.** v. tr. **1.** Rendre plus grand. *Dans l'Antiquité, les acteurs étaient chaussés de cothurnes qui les grandissaient.* **2.** Faire paraître plus grand. *Cette coiffure la grandit.* **3.** Fig. Élever, ennoblir moralement. *Les épreuves l'ont grandi.* **III.** v. pron. *Se grandir :* se hausser. *Se grandir en portant des talons hauts.* – Fig. *Abaisser autrui pour se grandir.* – De *grand.*

grandissime [gʀɑ̃disim] adj. Fam. Très grand. – Ital. *grandissimo.*

grand-livre [gʀɑ̃livʀ] n. m. COMPTA Registre groupant tous les comptes d'une comptabilité, sur lequel on reporte toutes les opérations du *journal. Des grands-livres.* – De *grand,* et *livre.*

grand-maman [gʀɑ̃mamɑ̃] n. f. Fam. Grand-mère. *Des grand(s)-mamans.* – De *grand,* et *maman.*

grand-mère [gʀɑ̃mɛʀ] n. f. **1.** Mère du père, de la mère de qqn. *Grand-mère paternelle, maternelle. Des grand-mères* ou *des grands-mères.* **2.** Fam. Vieille femme. – De *grand,* «qui a atteint la taille adulte», par ext. «âgé», et *mère.*

grand-messe [gʀɑ̃mɛs] n. f. Messe chantée solennelle. *Des grand-messes* ou *des grands-messes.* – De *grand,* et *messe.*

grand-oncle [gʀɑ̃tɔ̃kl] n. m. Frère du grand-père, de la grand-mère de qqn. *Des grands-oncles.* – De *grand,* et *oncle.*

grand-papa [gʀɑ̃papa] n. m. Fam. Grand-père. *Des grands-papas.* – De *grand,* et *papa.*

grand-peine (à) [agʀɑ̃pɛn] loc. adv. Avec beaucoup de peine, très difficilement. – De *à, grand,* et *peine.*

grand-père [gʀɑ̃pɛʀ] n. m. **1.** Père du père, de la mère de qqn. *Des grands-pères.* **2.** Fam. Vieillard. *Un bon grand-père.* **3.** CUIS Boule de pâte qui a cuit dans un liquide bouillant (eau, sirop d'érable, confitures, etc.). – De *grand,* et *père.*

grands-parents [gʀɑ̃paʀɑ̃] n. m. pl. Le grand-père et la grand-mère paternels et maternels. – De *grand,* et *parent.*

grand-tante [gʀɑ̃tɑ̃t] n. f. Sœur du grand-père, de la grand-mère de qqn. *Des grand-tantes* ou *des grands-tantes.* – De *grand,* et *tante.*

grand-voile [gʀɑ̃vwal] n. f. Voile principale du grand mât. – *Des grand-voiles.* – De *grand,* et *voile.*

grange [gʀɑ̃ʒ] n. f. Bâtiment où l'on abrite les gerbes de blé, le grain, la paille, le foin. *Mettre le foin dans la grange.* – Du lat. pop. **granica,* de *granum,* «grain, graine».

granit ou **granite** [gʀanit] n. m. Roche cristalline, métamorphique, composée de quartz, de feldspaths et de micas, répartis uniformément (à la différence du gneiss). *De densité élevée, le granite constitue le soubassement de tous les continents.* – De l'ital. *granito,* «grenu».

granité, ée [gʀanite] adj. et n. **I.** adj. Qui présente un aspect grenu. **II.** n. m. **1.** Tissu à gros grains. **2.** Sorte de sorbet granuleux. – Pp. de *graniter.*

graniter [gʀanite] v. tr. [1] TECH Peindre en imitant le granit. – De *granit.*

granitique [gʀanitik] adj. **1.** De la nature du granit; formé de granit. **2.** Fig. Dur, massif. *Une fermeté granitique.* – De *granit.*

granitoïde [gʀanitɔid] adj. MINER Qui a l'aspect du granit. – De *granit,* et *-oïde.*

granivore [gʀanivɔʀ] adj. et n. m. Se dit des oiseaux qui se nourrissent de graines, notam. de graminées. ▷ N. m. *Les granivores.* – Du lat. *granum,* «grain», et *-vore.*

granny-smith [gʀanismis] n. f. inv. Variété de pommes vertes à la chair ferme. – Mots amér., de *granny,* «grand-mère», et *Smith,* nom du producteur.

granulaire [gʀanylɛʀ] adj. Composé de petits grains. *Roche granulaire.* – De *granule.*

granulat [gʀanyla] n. m. CONSTR Ensemble des matériaux inertes (sable, gravier, etc.) d'un mortier, d'un béton. Syn. agrégat. – De *granule.*

granulation [gʀanylasjɔ̃] n. f. **1.** TECH Fragmentation ou agglomération d'une substance en petits grains. **2.** Cour. Petit grain, petite nodosité, sur une surface, dans une masse. *Les granulations d'un crépi.* **3.** MED Nodosité de petite taille, habituellement d'origine tuberculeuse. – De *granuler.*

granule [gʀanyl] n. m. Corps ressemblant à un petit grain. *Médicament administré en granules.* – Bas lat. *granulum,* dim. de *granum,* «grain».

granulé, ée [gʀanyle] adj. et n. m. **1.** adj. Qui présente une granulation. **2.** n. m. Médicament présenté en petits grains. – Pp. de *granuler.*

granuler [gʀanyle] v. tr. [1] Réduire en petits grains. – De *granule.*

granuleux, euse [gʀanylø, øz] adj. **1.** Formé de petits grains. *Terre granuleuse.* **2.** MED *Lignée granuleuse* ou *granulocytaire,* regroupant les globules blancs qui possèdent des granulations. – De *granule.*

granulite [gʀanylit] n. f. PETROG **1.** Variété de granit à très petits cristaux et dont la couleur très claire est due à un mica blanc. (Vx et non conforme à la nomenclature internationale.) **2.** Variété de leptynite grise ou blanche, constituée de cristaux microscopiques et qui contient souvent des grenats. – Du lat. *granulum,* et de *-ite* 2.

granulocytaire [gʀanylɔsitɛʀ] adj. *Lignée granulocytaire:* V. granuleuse. – De *granulocyte.*

granulocyte [gʀanylɔsit] n. m. BIOL, HISTOL Leucocyte polynucléaire. – De *granuleux,* et *-cyte.*

granulome [gʀanylom] n. m. MED Formation tumorale d'origine inflammatoire aux causes variées (tuberculose, syphilis, etc.). – De *granule,* et *-ome.*

granulométrie [granylɔmetri] n. f. Mesure de la taille et étude de la répartition statistique, selon leur grosseur, des éléments d'une substance pulvérulente. – De *granule*, et *-métrie*.

graph(o), -graphe, -graphie, -graphique. Éléments, du gr. *graphein*, «écrire».

graphe [graf] n. m. MATH **1.** Partie du produit cartésien de deux ensembles, dans la théorie des ensembles. **2.** Représentation graphique d'un réseau de relations. *La théorie des graphes est indispensable à la recherche opérationnelle.* ▷ Figure constituée d'arcs reliés entre eux et représentant un parcours, un ensemble de tâches à accomplir (successives ou simultanées), etc. – De *graphique*.

graphème [grafɛm] n. m. LING Unité distinctive du code écrit. – De *graphie*, d'après *phonème*.

graphie [grafi] n. f. LING Manière d'écrire un mot, en ce qui concerne l'emploi des caractères. – Du gr. *graphein*, «écrire».

graphique [grafik] adj. et n. m. **I.** adj. **1.** Qui décrit, représente par des figures. *Arts graphiques*, le dessin, et, par ext., tous les arts où il intervient (arts du livre et de l'impression, affiches, bandes dessinées, etc.). **2.** MATH *Procédé graphique:* résolution d'équations par intersection de courbes représentatives. **II.** n. m. TECH Tracé d'un diagramme, d'un plan, d'une coupe, etc. – Gr. *graphikos*.

graphiquement [grafikmɑ̃] adv. À l'aide de figures (du dessin, de l'écriture). – De *graphique*.

graphisme [grafism] n. m. **1.** Façon d'écrire de qqn, considérée du point de vue de la graphologie. **2.** BX-A Manière de dessiner particulière à un artiste. *Le graphisme de Picasso.* – De *graphique*.

graphiste [grafist] n. Dessinateur spécialisé dans les arts graphiques. – Du préc.

graphite [grafit] n. m. Carbone naturel, presque pur, cristallisant dans le système hexagonal. – Du gr. *graphein*, et de *-ite* 2.

ENCYCL Bon conducteur du courant électrique et difficilement fusible; pour sa résistance à la chaleur il est ajouté à certains lubrifiants; il entre aussi dans la fabrication des fours électriques. L'industrie en consomme de grandes quantités dans la fabrication des crayons. On l'utilise comme ralentisseur de neutrons dans les réacteurs nucléaires (filière uranium-gaz-graphite).

graphiter [grafite] v. tr. [1] TECH Incorporer du graphite dans. *Huiles et graisses graphitées.* – De *graphite*.

graphiteux, euse [grafitø, øz] ou **graphitique** [grafitik] adj. TECH Qui contient du graphite. – De *graphite*.

graphologie [grafɔlɔʒi] n. f. Technique de l'examen scientifique de l'écriture manuscrite, qui a pour but soit d'identifier l'auteur d'un texte, soit d'analyser sa personnalité. – De *grapho-*, et *-logie*.

graphologique [grafɔlɔʒik] adj. Relatif à la graphologie. *Une analyse graphologique.* – Du préc.

graphologue [grafɔlɔg] n. Personne spécialiste de la graphologie. *Les experts-graphologues étudient les faux et interviennent dans les affaires de justice.* – De *graphologie*.

graphomètre [grafɔmɛtr] n. m. TECH Appareil rudimentaire, constitué d'un plateau fixe (limbe) et d'une règle graduée (alidade) mobile, que les arpenteurs utilisaient pour mesurer des angles horizontaux. – De *grapho-*, et *-mètre*.

grappa [grapa] n. f. Eau-de-vie italienne fabriquée avec du marc de raisin. – Mot ital., «grappe».

grappe [grap] n. f. **1.** Inflorescence dans laquelle chaque fleur (et, après développement, chaque fruit) est portée par un pédoncule distinct, inséré le long d'un axe principal. (Ex.: le lilas, la vigne, le cytise.) – Absol. *Une grappe:* une grappe de raisin. *Récolter les grappes.* **2.** Se dit de choses ou de personnes serrées en forme de grappe. *Grappes d'oignons. Des grappes de petits mendiants.* – Du frq. **krappo*, «crochet».

grappillage [grapijaʒ] n. m. Action de grappiller. – De *grappiller*.

grappiller [grapije] **I.** v. intr. [1] Cueillir les grappes de raisin qui restent après la vendange. **II.** v. tr. **1.** Cueillir de-ci, de-là, par petites quantités. **2.** Fig. Récolter au hasard. *Grappiller quelques informations.* **3.** Fig. Réaliser de petits profits, licites ou non. *Grappiller quelques dollars.* – De *grappe*.

grappillon [grapijɔ̃] n. m. Petite grappe de raisin; partie de grappe. – De *grappe*.

grappin [grapɛ̃] n. m. **1.** MAR Petite ancre d'embarcation à branches recourbées. **2.** Fig., fam. *Jeter, mettre le grappin sur qqch*, s'en emparer. *Mettre le grappin sur qqn*, l'empoigner; l'accaparer. **3.** TECH Benne preneuse pour la manutention des matériaux. – Provenç. *grapin*, frq. **krappo*, «crochet».

graptolit(h)es [graptɔlit] n. m. pl. ZOOL Groupe d'animaux fossiles classés dans les hémicordés. (Marins, ils vécurent en colonies flottantes du Cambrien au Carbonifère.) – Du gr. *graptos*, «gravé», et de *-lithe*.

gras, grasse [gra, gras] adj. et n. m. **1.** Qui est constitué de graisse, en contient ou en est imprégné. *Viande grasse.* – *Corps gras*, qui tachent le papier en le rendant translucide (huiles, beurres, graisses, suifs, cires). V. lipide. ▷ N. m. Partie grasse de la viande. *Le gras et le maigre.* **2.** Préparé avec de la viande ou de la graisse (aliments). *Bouillon gras.* – Par ext. *Jour gras*, où les catholiques étaient autorisés à manger de la viande (par oppos. à *maigre*). *Mardi gras.* **3.** Qui a beaucoup de graisse (êtres vivants). *Porc gras. Personne grosse et grasse.* ▷ Par anal. *Plantes grasses*, à tige ou à feuilles succulentes*. ▷ N. m. *Le gras de la jambe, du bras*, la partie charnue, musculeuse. **4.** Souillé, maculé de graisse. *Eaux grasses. Papiers gras.* **5.** Dont l'aspect, la consistance fait penser à la graisse. *Terre grasse. Encre grasse.* – *Crayon gras*, à mine grasse (tendre et très noire). ▷ *Par ext.* Épais. *Trait, caractère (typographique) gras.* **6.** (Placé le plus souvent avant le n.) Fig. Abondant, riche. *Gras pâturages. Grasse récompense.* ▷ *Faire la grasse matinée:* se lever tard. **7.** *Toux grasse*, accompagnée d'expectorations abondantes et épaisses. ▷ *Voix grasse*, grasseyante, pâteuse, peu nette. ▷ *Parler gras*, grasseyer. **8.** Graveleux, obscène. *Plaisanterie grasse.* – Du lat. *crassus*, «épais», avec infl. probable de *grossus*, «gros».

ENCYCL Les corps gras sont des esters du glycérol et des *acides gras*, acides non ramifiés, comportant un nombre pair d'atomes de carbone et qui se forment, chez les végétaux et les animaux, à partir d'un dérivé de l'acide acétique (acides stéarique, oléique, palmitique, butyrique). Portés à haute température, les corps gras s'oxydent et dégagent une odeur âcre. Aliments de valeur énergétique élevée, ils constituent des substances de réserve. La pharmacie utilise les corps gras pour préparer les pommades, les onguents et les liniments. La saponification des corps gras permet la préparation des savons.

gras-double [gradubl] n. m. Membrane comestible de l'estomac du bœuf. *Gras-double à la lyonnaise. Des gras-doubles.* – De *gras*, et *double*.

grassement [grasmɑ̃] adv. Largement, généreusement. *Payer grassement.* – *Vivre grassement*, confortablement, sans souci matériel. – De *gras*.

grasset [gʀasɛ] n. m. Articulation du membre postérieur des mammifères, correspondant au genou de l'être humain. – De *gras.*

grasseyement [gʀasɛjmɑ̃] n. m. Fait de grasseyer. – De *grasseyer.*

grasseyer [gʀasɛje] v. intr. [1] Prononcer la lettre «r» de la gorge, comme à Paris (par oppos. à *rouler les «r»*). – De *(parler) gras.*

grassouillet, ette [gʀasujɛ, ɛt] adj. Un peu gras, dodu. *Bébé grassouillet.* – De *gras.*

grateron. V. gratteron.

graticuler [gʀatikyle] v. tr. [1] TECH Diviser (un dessin) en carrés égaux pour le reproduire. V. carroyer. (Opération de la *graticulation.*) – Ital. *graticolare,* du lat. *craticula,* «petite grille».

gratification [gʀatifikasjɔ̃] n. f. **1.** Somme d'argent accordée à qqn en plus de son salaire. *Gratification annuelle.* **2.** PSYCHO Sentiment de satisfaction, de valorisation du sujet à ses propres yeux. – Lat. *gratificatio,* «bienveillance, faveur».

gratifier [gʀatifje] v. tr. [1] **1.** *Gratifier de:* faire don, nantir de. *Gratifier qqn d'une pension.* ▷ Iron. *On l'a gratifié d'une punition.* **2.** Donner psychologiquement satisfaction. *Un travail gratifiant.* – Lat. *gratificari,* «faire plaisir».

gratin [gʀatɛ̃] n. m. **1.** Croûte grillée faite de chapelure ou de fromage râpé, qui recouvre certains plats passés au four. *Macaroni au gratin.* ▷ *Par ext.* Mets ainsi préparé. *Gratin de pommes de terre.* **2.** Fig., fam. *Le gratin:* la haute société, l'élite (cf. *le dessus du panier*). – De *gratter.*

gratiné, ée [gʀatine] adj. et n. f. **1.** Couvert de gratin. ▷ N. f. *Gratinée:* soupe à l'oignon gratinée. **2.** Fig., fam. Qui sort de la norme, surprend par son côté singulier ou excessif; osé, licencieux, graveleux. *C'est gratiné, cette affaire! Une histoire gratinée.* – Pp. de *gratiner.*

gratiner [gʀatine] **1.** v. intr. [1] Se former en gratin. *Plat qui gratine au four.* **2.** v. tr. Accommoder au gratin. *Gratiner des macaronis.* – De *gratin.*

gratiole [gʀasjɔl] n. f. Petite plante (genre *Gratiola,* fam. scrofulariacées) des lieux humides, aux fleurs blanches ou jaunes. – Bas lat. *gratiola,* dimin. de *gratia,* «grâce», à cause de ses vertus médicinales.

gratis [gʀatis] adv. et adj. Gratuitement. *Entrer gratis.* ▷ Adj. inv. *Des places gratis.* – Adv. lat.

gratitude [gʀatityd] n. f. Reconnaissance pour une aide, un service rendu. *Témoigner sa gratitude.* – Plutôt de *ingratitude* que du lat. médiév. *gratitudo* (très rare), de *gratus,* «reconnaissant».

grattage [gʀataʒ] n. m. Action de gratter; son résultat. – De *gratter.*

gratte [gʀat] n. f. **1.** AGRIC Sarcloir. **2.** Fam. Petit profit illicite. **3.** Fam. Guitare. – Déverbal de *gratter.*

gratte-ciel [gʀatsjɛl] n. m. inv. Immeuble d'une très grande hauteur, tour. – Trad. de l'angl. *skyscraper.*

gratte-cul [gʀatky] n. m. Nom cour. du *cynorhodon,* fruit de l'églantier. *Des gratte-culs.* – De *gratter,* et *cul.*

gratte-dos [gʀatdo] n. m. inv. Baguette à l'une des extrémités de laquelle est fixée une petite main sculptée dans de l'os, dans de l'ivoire, etc., et qui sert à se gratter le dos. – De *gratter,* et *dos.*

grattement [gʀatmɑ̃] n. m. **1.** Action de gratter. **2.** Bruit produit par ce qui gratte. – De *gratter.*

gratte-papier [gʀatpapje] n. m. inv. Péjor. Petit employé de bureau. – De *gratter,* et *papier.*

gratter [gʀate] **I.** v. tr. [1] **1.** Racler de manière à entamer la surface de. *Gratter un meuble.* **2.** Faire disparaître en raclant. *Gratter un mot, une inscription.* **3.** Frotter (une partie du corps) avec les ongles pour calmer une démangeaison. *Gratter le dos de qqn. Se gratter le bras.* ▷ *Par ext.,* fam. Causer des démangeaisons. *Un vêtement qui gratte. Ça me gratte.* **4.** Fam. Distancer à la course, dépasser. **5.** Faire de menus profits, souvent illicites. *Gratter quelques sous.* **II.** v. intr. **1.** *Gratter à une porte,* pour qu'on l'ouvre. **2.** *Gratter de la guitare,* en jouer de temps en temps, en amateur, ou en jouer mal. **3.** Pop. Travailler. – Du frq. *krattôn.*

gratteron ou **grateron** [gʀatʀɔ̃] n. m. Gaillet *(Galium aparine)* très répandu, dont la tige et les fruits sont couverts de poils en forme de crochet. – Altér. d'ap. *gratter,* de *gleteron,* de l'a. fr. *cleton,* «bardane».

grattoir [gʀatwaʀ] n. m. Outil servant à gratter, à effacer. – De *gratter.*

grattons [gʀatɔ̃] n. m. pl. Petits morceaux de porc cuits dans la graisse, restant après l'extraction du saindoux. – De *gratter.*

gratture [gʀatyʀ] n. f. TECH Débris provenant du grattage d'un métal. – De *gratter.*

gratuit, uite [gʀatɥi, ɥit] adj. **1.** Qu'on donne sans faire payer; qu'on reçoit sans payer. *Billet gratuit.* ▷ Loc. adv. *À titre gratuit:* sans contrepartie. **2.** Fig. Qui n'a pas de fondement, de motif. *Supposition, méchanceté gratuite. Acte gratuit,* qui semble échapper à tout mobile logique. – Lat. *gratuitus.*

gratuité [gʀatɥite] n. f. Caractère de ce qui est gratuit. *La gratuité de l'enseignement.* – De *gratuit.*

gratuitement [gʀatɥitmɑ̃] adv. **1.** Sans payer. **2.** Sans motif. – De *gratuit.*

gravats [gʀava] n. m. pl. **1.** Débris provenant de démolitions. **2.** Résidu du plâtre après criblage. – De *grève* 1, par substitution de suffixe.

grave [gʀav] adj. et n. m. **I. 1.** Qui peut avoir des conséquences funestes. *Grave maladie. Situation grave.* ▷ Par ext. *Un blessé grave.* **2.** Qui a de l'importance, qui ne peut être négligé. *Question, motif grave.* **3.** Sérieux, digne; qui dénote le sérieux, la dignité. *De graves magistrats. Une figure grave.* **II. 1.** D'une fréquence peu élevée, bas dans l'échelle tonale (sons). *Un son grave, une voix grave.* Ant. aigu. ▷ N. m. MUS *Le grave:* le registre grave. *Passer du grave à l'aigu.* **2.** *Accent grave.* V. accent. – Lat. *gravis,* «lourd, pesant, imposant, dur, pénible».

graveleux, euse [gʀavlø, øz] adj. **1.** Licencieux et vulgaire. *Chanson graveleuse.* **2.** BOT Se dit d'un fruit dont la pulpe contient des cellules pierreuses formant des petits grains très durs. *Poire graveleuse.* ▷ GEOL Mêlé de gravier. *Terre graveleuse.* – De *gravelle.*

gravelle [gʀavɛl] n. f. Mélange de sable et de cailloux. *Chemin, route de gravelle.* – De *grève* 1.

gravelure [gʀavlyʀ] n. f. Rare Propos graveleux. – De *graveleux.*

gravement [gʀavmɑ̃] adv. **1.** Avec dignité. **2.** D'une manière sérieuse, dangereuse. *Il est gravement malade.* – De *grave.*

graver [gʀave] v. tr. [1] **1.** Tracer en creux sur une surface dure. *Graver une épitaphe dans le marbre.* **2.** Tracer des traits, des caractères, des figures sur une surface dure pour les reproduire. *Graver sur bois* (V. xylographie), *sur métal* (V. chalcographie), *sur pierre* (V. lithographie). *Graver au burin, à l'eau-forte, à la pointe sèche. Graver en creux, en relief.* ▷ *Graver une médaille:* graver le poinçon destiné à sa frappe. ▷ *Graver un disque:* graver la matrice qui servira à la reproduction de l'enregistrement sur un disque (V. pressage). **3.** Fig. Rendre durable. *Ses paroles sont gravées dans ma mémoire.* – Frq. **graban*.

graves [gʀɑv] n. **1.** n. f. pl. Terrain formé de sable, de gravier alluvionnaire et d'argile, dans la région de Bordeaux, en France. **2.** n. m. Vin provenant des vignes qui poussent sur les graves. – V. grève 1.

gravettien, ienne [gʀavɛtjɛ̃, jɛn] adj. et n. m. PALEONT Se dit de l'industrie du paléolithique supérieur (entre l'aurignacien et le solutréen, de 27 000 à 20 000 ans avant notre ère). – De la *Gravette*, site préhistorique de Dordogne (France).

graveur, euse [gʀavœʀ, øz] n. Personne dont la profession est de graver. – De *graver*.

gravide [gʀavid] adj. En état de gestation. *Femelle gravide. Utérus gravide.* – Lat. *gravida*, «enceinte», de *gravis*, «lourd».

gravidéviation [gʀavidevjasjõ] n. f. ESP Modification de la vitesse ou de la trajectoire d'un engin spatial par le champ de gravitation d'un astre. – Du lat. *gravis*, et de *déviation*.

gravidique [gʀavidik] adj. MED Qui se rapporte à la grossesse. – De *gravide*.

gravier [gʀavje] n. m. Ensemble de très petits cailloux; mélange de cailloux et de sable. *Le gravier d'une cour. Des graviers.* ▷ GEOL Roche détritique constituée de petits galets et de sable grossier. – Dér. anc. de *grève* 1.

gravière [gʀavjɛʀ] n. f. Lieu d'extraction du gravier. – De *gravier*.

gravillon [gʀavijõ] n. m. Gravier fin et anguleux obtenu par concassage. *Recouvrir une route de gravillon. Des gravillons.* – De *grave*, dériv. anc. de *grève* 1.

gravillonnage [gʀavijɔnaʒ] n. m. TRAV PUBL Action de recouvrir de gravillon un liant épandu sur une chaussée. – De *gravillonner*.

gravillonner [gʀavijɔne] v. tr. [1] Couvrir de gravillon. – De *gravillon*.

gravimètre [gʀavimɛtʀ] n. m. PHYS Appareil de précision utilisé en gravimétrie. – De *gravi(té)*, et *-mètre*.

gravimétrie [gʀavimetʀi] n. f. **1.** PHYS Mesure de l'intensité du champ de la pesanteur. **2.** CHIM Méthode d'analyse par pesée d'un précipité. – Du préc.

gravir [gʀaviʀ] v. tr. [2] Parcourir en montant avec effort. *Gravir un escalier.* – Monter sur, escalader. *Gravir une montagne.* ▷ Fig. *Gravir les échelons*, les degrés de la hiérarchie. – Probabl. du frq. **krawjan*, «griffer, grimper en s'aidant des griffes».

gravitation [gʀavitasjõ] n. f. Attraction universelle, qui s'exerce entre tous les corps. – Lat. scientif. *gravitatio*, du class. *gravitas*, «pesanteur».

ENCYCL La gravitation est l'une des forces fondamentales qui régissent l'Univers. Elle s'exerce à l'intérieur des noyaux des atomes et en assure la cohésion au même titre, mais à un degré toutefois beaucoup plus faible, que les trois autres *interactions* (forte, électromagnétique et faible). C'est en étudiant les effets de la gravitation (chute des corps, mouvement des planètes) que Galilée, Kepler et Newton ont fondé la mécanique classique. La loi de Newton, vérifiée expérimentalement en 1798 par Cavendish, s'énonce ainsi: *deux corps de masse M et M', placés à une distance d, s'attirent avec une force f proportionnelle aux masses et inversement proportionnelle au carré de la distance:* $f = k\frac{MM'}{d^2}$; la constante k de gravitation est d'environ $6{,}67.10^{-11}$ (dans le système SI). Dans la théorie de la *relativité générale*, énoncée par Einstein en 1916, la gravitation est une propriété de l'espace-temps, qui se déforme sous l'action des masses matérielles. La relativité générale permet de prévoir que des masses en mouvement perdent une partie de leur énergie sous forme d'*ondes de gravitation* (qui correspondraient aux ondes électromagnétiques grâce auxquelles le champ électromagnétique se propage). Ces ondes, que l'on a tenté de détecter au moyen d'appareils très sensibles, se produiraient lors de la formation des *trous noirs*, qui résultent de l'effondrement des étoiles (lorsque leur masse initiale est suffisante). Les photons émis par l'étoile effondrée ne peuvent plus s'en échapper; nous ne saurions donc les capter, mais nous supposons l'existence des trous noirs en constatant des modifications du champ de gravitation.

gravitationnel, elle [gʀavitasjɔnɛl] adj. Relatif à la gravitation; dû à la gravitation. *Force gravitationnelle.* – De *gravitation*.

gravité [gʀavite] n. f. **1.** Pesanteur. ▷ *Centre de gravité d'un corps:* point d'application de la résultante des forces de pesanteur s'exerçant en chaque point de ce corps. Syn. barycentre. **2.** Caractère d'une personne grave, sérieuse; attitude grave, réservée. *La gravité des fidèles pendant l'office.* ▷ Importance, sérieux. *La gravité de la conversation.* **3.** Caractère de ce qui peut avoir des conséquences graves, fâcheuses ou dangereuses. *La gravité de la situation. Gravité d'une blessure, d'une maladie.* – Lat. *gravitas*.

graviter [gʀavite] v. intr. [1] Être soumis à la force de gravitation. *Graviter autour de:* décrire une orbite autour de. *Les planètes qui gravitent autour du Soleil.* ▷ Par anal. *Les électrons gravitent autour du noyau de l'atome.* ▷ Fig. *Les courtisans gravitaient autour du roi.* – Lat. scientif. *gravitare*, du class. *gravitas*, «pesanteur».

graviton [gʀavitõ] n. m. PHYS NUCL Particule hypothétique de masse nulle, associée aux ondes de gravitation. – De *gravi(tation)*, et *élec(tron)*.

gravois [gʀavwa] n. m. pl. TECH Gravats. – De *grève* 1, par substitution de suffixe.

gravure [gʀavyʀ] n. f. **1.** Action de graver. *La gravure d'une initiale.* **2.** Art de graver; procédé employé pour graver. *La gravure au burin.* **3.** Ouvrage, travail du graveur; estampe. **4.** *Par ext.* Image, illustration. *Livre orné de gravures.* **5.** Action de graver un disque; son résultat. – De *graver*.

gray [gʀɛ] n. m. Unité d'absorption des rayonnements ionisants, communication d'une énergie de 1 joule à une masse de 1 kg (symbole Gy). – Du n. du phys. angl. S. *Gray* (mort en 1736).

G.R.C. Sigle de *Gendarmerie royale du Canada*.

gré [gʀe] n. m. (En loc.) **I.** (Au sens de *goût*.) **1.** *Au gré de qqn, à son goût. Trouver qqch à son gré.* ▷ *Faire qqch à son gré*, selon son bon plaisir. – *Par ext.* Suivant l'avis, l'opinion de. *Au gré de tous.* **2.** Fig. *Au gré des événements, des circonstances:* sans pouvoir modifier le cours des choses ou sans chercher à le faire. **II.** (Au sens de *volonté*.) **1.** *De son plein gré, de bon gré:* sans être contraint, de sa propre volonté. *Il est venu de son plein gré.* ▷ *De gré à gré:* à l'amiable, par entente mutuelle. *Affaire conclue de gré à gré.* **2.** *Contre le gré de:* en s'opposant à, contre la volonté de. *Il a fait cela contre mon gré.* ▷ *De gré ou de force:* volontairement ou sous la contrainte. – *Bon gré, mal gré:* qu'on le veuille ou non, malgré soi. **III.** (Au sens de *gratitude, reconnaissance*.) *Savoir gré, savoir bon gré à qqn de qqch*, lui en être reconnaissant. *Savoir mauvais gré à qqn de qqch*, lui en tenir rigueur. – Du lat. *gratum*, neutre subst. de *gratus*, «agréable».

grèbe [gʀɛb] n. m. Oiseau aquatique piscivore (genre *Podiceps*, fam. podicipitidés), très bon nageur, dont les pattes sont garnies de lobes festonnés formant une palmure incomplète. *Les grèbes construisent des nids flottants. Les plus communs en Amérique du Nord sont le grèbe à bec bigarré (Podilymbus* *podiceps), le grèbe cornu (Podiceps auritus) et le grèbe à cou noir (Podiceps migrocollis).* – Mot savoyard.

grébiche [gʀebiʃ], **grébige** [gʀebiʒ] ou **gribiche** [gʀibiʃ] n. f. **1.** TECH Reliure munie de fils tendus le long du dos, où l'on passe des cahiers à volonté. **2.** Petit rectangle métallique qui sert à garnir le bord d'un objet de maroquinerie, d'un vêtement. – Orig. incon.

grec, grecque [gʀɛk] adj. et n. De Grèce. **I.** adj. Qui a trait à la Grèce, à sa civilisation, à sa langue. *Lettres grecques. Tragédie grecque.* ▷ Vx (et abusiv.) *Église grecque,* orthodoxe*. ▷ *Profil grec,* dans lequel l'arête du nez prolonge la ligne du front. **II.** n. **1.** Habitant ou personne originaire de Grèce. **2.** n. m. Langue parlée en Grèce. *Grec ancien, moderne.* **3.** n. f. CUIS *À la grecque:* cuit dans une sauce à base d'huile, de vin blanc, de tomates et d'aromates (coriandre, notam.). *Artichauts, champignons à la grecque.* – Lat. *græcus.*

gréciser [gʀesize] v. tr. [1] Donner une forme grecque à (un mot, un nom). – De *grec.*

grécité [gʀesite] n. f. Caractère de ce qui est grec. – De *grec.*

gréco-. Élément, de *grec.*

gréco-bouddhique [gʀekobudik] adj. Se dit d'un art de l'Inde (art du Gandhâra, milieu du Ier s. av. J.-C.) fortement influencé par l'art grec. – De *gréco-,* et *bouddhique.*

gréco-latin, ine [gʀekolatɛ̃, in] adj. **1.** Qui tire son origine du grec et du latin. *Mot hybride, d'origine gréco-latine.* **2.** Qui tient des peuples grec et latin. *La culture gréco-latine.* – De *gréco-,* et *latin.*

gréco-romain, aine [gʀekoʀɔmɛ̃, ɛn] adj. **1.** Qui est commun aux Grecs et aux Romains. *Architecture gréco-romaine.* **2.** SPORT *Lutte gréco-romaine,* qui n'admet que les prises portées au-dessus de la ceinture et exclut les clés et les coups. – De *gréco-,* et *romain.*

grecque [gʀɛk] n. f. **1.** Ornement formé d'une suite de lignes brisées à angle droit, rentrant sur elles-mêmes et décrivant des portions de carrés ou de rectangles. **2.** TECH En reliure, scie servant à grecquer, à faire des encoches au dos des volumes à coudre; chacune des encoches ainsi pratiquées. – De *grec.*

grecquer [gʀɛke] v. tr. [1] TECH En reliure, pratiquer avec une petite scie des encoches au dos d'un volume pour y insérer les ficelles des coutures et les dissimuler (opération du *grecquage*). – De *grecque* (n. f.).

gredin, ine [gʀədɛ̃, in] n. **1.** Personne malhonnête, crapule. **2.** (Sens atténué.) Vaurien, fripon. *Petit gredin!* – Moy. néerl. *gredich,* «avide».

gredinerie [gʀədinʀi] n. f. Vieilli Conduite, action de gredin. – De *gredin.*

gréement [gʀemɑ̃] n. m. **1.** Ensemble de ce qui est nécessaire pour mettre un navire en état de naviguer. ▷ *Spécial.* Ensemble des voiles, de la mâture et du haubanage d'un voilier. **2.** Disposition des mâts et des voiles. *Gréement de goélette, de yawl. Gréement marconi.* – De *gréer.*

gréer [gʀee] v. tr. [1] **1.** Munir (un bateau) de son gréement. ▷ Disposer, mettre en place (un élément du gréement). *Gréer le spinnaker.* – Par ext. *Gréer une ligne de pêche.* **2.** Avoir pour gréement, pour élément de gréement, en parlant d'un bateau. *Un ketch-cotre est un ketch qui grée une trinquette.* – De l'anc. scand. *greida,* «équiper».

greffage [gʀɛfaʒ] n. m. Action de greffer; ensemble des opérations effectuées au cours d'une greffe. – De *greffer.*

1. greffe [gʀɛf] n. m. Lieu où sont conservés les registres d'état civil et les archives des tribunaux. – Du lat. *graphium,* «stylet», gr. *grapheion.*

2. greffe [gʀɛf] n. f. **1.** Opération qui consiste à insérer une partie vivante d'une plante (œil, branche, bourgeon), appelée *greffon,* dans une autre plante (le *porte-greffe* ou *sujet*). *Greffe en fente, par bourgeons.* ▷ La partie insérée, le greffon. **2.** CHIR Transplantation (d'un tissu, d'un organe). ▷ Tissu, organe transplanté. – De *greffe* 1, par métaph.

ENCYCL **Hortic.** – Le greffage consiste à transporter un rameau, un bourgeon, etc., vivant sur une autre plante dans des conditions telles que la cicatrisation des tissus conducteurs de la sève produira leur soudure intime et que le greffon pourra se développer normalement. Le greffage sert à propager des variétés végétales économiquement importantes, car il maintient intactes toutes les caractéristiques génétiques du greffon. Le porte-greffe, ou sujet, est soit un sauvageon, généralement plus vigoureux que les *pieds francs* des variétés améliorées, soit une variété dont les racines résistent à diverses maladies: ainsi, les vignes françaises ont été greffées sur des pieds américains qui résistaient au phylloxéra.

Méd. – Le greffon (transplanté) peut provenir: du même individu *(autogreffe),* d'un autre individu de même espèce *(allogreffe),* d'un individu d'une espèce différente *(hétérogreffe).* La tolérance d'une allogreffe par le receveur dépend: 1° de la situation et de la vascularisation du greffon; les greffons peu vascularisés (par ex., les greffes de cornée ou de cartilage) sont tolérés quelles que soient les différences génotypiques entre le receveur et le donneur; 2° du degré de différence génétique existant entre le donneur et le receveur, autrement dit entre les *antigènes d'histocompatibilité* (HL-A) portés par les cellules du greffon et par celles de l'hôte. Le *rejet* d'un greffon dépend du système lymphocytaire du receveur et de son aptitude à reconnaître les structures antigéniques étrangères à celles de son propre organisme. Chez l'homme, on pratique couramment des greffes de cornée ou de cartilage et, de plus en plus souvent, des greffes d'organes antigéniquement «forts» (rein, par ex.). Les greffes du rein entre individus génétiquement très proches (HL-A compatibles) sont actuellement réalisées avec succès: l'espérance de survie du greffon pendant 5 ans est de 80 %.

greffer [gʀefe] **1.** v. tr. [1] Insérer (un greffon) sur (un porte-greffe). *Greffer un amandier sur un prunier.* ▷ MED *Greffer un rein, un cœur.* **2.** v. pron. Fig. *Nouvelles lois qui se greffent sur les anciennes.* – De *greffe* 2.

greffier, ière [gʀefje, jɛʀ] n. Officier public responsable de l'administration du greffe d'un tribunal. Il peut, selon le cas, exercer certains pouvoirs judiciaires à la place ou en l'absence du juge. – De *greffe* 1.

greffoir [gʀefwaʀ] n. m. AGRIC Couteau à greffer. – De *greffer.*

greffon [gʀefɔ̃] n. m. **1.** Partie d'une plante destinée à être greffée sur une autre. **2.** CHIR Tissu, organe transplanté. *Les greffons sont conservés au froid.* – De *greffe* 2.

grégaire [gʀegɛʀ] adj. Qui vit ou se développe en groupes. *Animaux, plantes grégaires.* ▷ *Instinct grégaire:* instinct qui pousse les animaux à former des groupes. – Fig. Instinct qui pousse les individus à adopter les conduites, les opinions du groupe auquel ils appartiennent. – Lat. *gregarius,* de *grex, gregis,* «troupeau».

grégarisme [gʀegaʀism] n. m. Tendance à vivre en groupes. ▷ Instinct grégaire. – De *grégaire.*

grège [gʀɛʒ] adj. *Soie grège,* brute, telle qu'elle sort du cocon. ▷ *Par ext.* De la couleur de cette soie (beige clair). *Lainage grège.* – Ital. *(seta) greggia,* «(soie) brute».

grégeois [gʀeʒwa] adj. HIST *Feu grégeois:* mélange incendiaire composé de soufre, de substances grasses ou résineuses mêlées à du salpêtre, utilisé d'abord par les Byzantins, puis dans tout l'Occident dans les sièges et les combats navals. – A. fr. *grégois*, «grec».

grégorien, ienne [gʀegɔʀjɛ̃, jɛn] adj. et n. m. Se dit des réformes liturgiques introduites au VIe s. par Grégoire Ier. *Rite grégorien.* ▷ *Chant grégorien*, ou (n. m.) *le grégorien:* musique liturgique de l'Église romaine, strictement monodique, et utilisant une échelle tonale à six degrés. *Traditionnellement attribuée à Grégoire Ier le Grand, la codification du chant grégorien fut, en fait, beaucoup plus tardive* (entre 680 et 730 env.). ▷ *Calendrier grégorien:* calendrier julien réformé par le pape Grégoire XIII. – De *Gregorius*, «Grégoire» en lat., nom de plusieurs papes.

1. grêle [gʀɛl] adj. (et n. m.) **1.** Long et menu. *Jambes grêles.* Ant. trapu. **2.** *Par ext.* Aigu et faible (sons). *Voix grêle.* **3.** ANAT *Intestin grêle*, ou (n. m.) *le grêle:* partie longue et mince de l'intestin, comprise entre le duodénum et le cæcum. – Du lat. *gracilis* (V. gracile).

2. grêle [gʀɛl] n. f. Pluie de petits glaçons (grêlons) de forme arrondie; ces glaçons eux-mêmes. *Récoltes dévastées par la grêle.* ▷ Fig. *Grêle de pierres, de coups, d'injures.* – Déverbal de *grêler.*

grêlé, ée [gʀɛle] adj. Marqué par la variole. *Visage tout grêlé.* – Pp. de *grêler.*

grêler [gʀɛle] v. impers. [1] *Il grêle:* il tombe de la grêle. – Du frq. **grisilôn.*

grelin [gʀəlɛ̃] n. m. MAR Gros cordage, formé par le commettage de droite à gauche de trois ou quatre aussières autour d'une mèche. – Néerl. *greling.*

grêlon [gʀɛlɔ̃] n. m. Glaçon constitutif de la grêle, formé de couches de glace concentriques. – De *grêler.*

grelot [gʀəlo] n. m. **1.** Petite boule métallique creuse et percée contenant un morceau de métal libre qui la fait tinter à chaque mouvement. *Collier de chien à grelots.* **2.** loc. *Attacher le grelot:* prendre l'initiative dans une affaire délicate. ▷ Fam. *Avoir les grelots:* avoir peur, trembler de peur. – Du moyen haut all. *grillen*, «crier», de *grell*, «aigu».

grelottement [gʀəlɔtmɑ̃] n. m. **1.** Tremblement. **2.** Tintement de ce qui grelotte (sens 2). – De *grelotter.*

grelotter [gʀəlɔte] v. intr. [1] **1.** Trembler. *Grelotter de froid, de fièvre, de peur.* **2.** Tinter comme un grelot. – D'ap. la loc. anc. *trembler le grelot.*

greluche [gʀəlyʃ] n. f. **1.** Vieilli Jeune femme de mœurs légères. **2.** Mod., fam., péjor. Jeune femme sans intérêt, sotte. – De *greluchon.*

greluchon [gʀəlyʃɔ̃] n. m. **1.** Vieilli Amant de cœur d'une femme entretenue. **2.** Mod., fam. Petit jeune homme fade, freluquet. – Orig. incert.

grémil [gʀemil] n. m. BOT Plante (genre *Lithospermum*, fam. borraginacées) dont une espèce, appelée *herbe aux perles*, est utilisée en pharmacie. – De *grès*, et a. fr. *mil*, «millet».

grémille [gʀemij] n. f. Poisson européen voisin de la perche, appelé aussi *perche goujonnière*, qui habite les rivières à fond de gravier. – Du lat. pop. **grumellus*, lat. *grumulus*, «petit tas».

grenache [gʀənaʃ] n. m. Cépage noir à gros grains des Pyrénées-Orientales. ▷ Vin doux fait avec ce cépage. – Altér. de l'ital. *vernaccia*, de la v. de *Vernazza.*

1. grenade [gʀənad] n. f. Fruit du grenadier, comestible, globuleux et coriace, renfermant de nombreux grains à pulpe rouge, aigrelets et sucrés. – Du lat. *granatum.*

2. grenade [gʀənad] n. f. Projectile explosif, incendiaire, fumigène ou lacrymogène, lancé à la main ou avec un fusil muni d'un tube lance-grenade. *Grenade offensive*, ne projetant pas d'éclats et efficace par effet d'explosion dans un rayon de 8 à 10 m, utilisée dans les opérations de maintien de l'ordre. *Grenade défensive*, quadrillée, projetant des éclats meurtriers à plus de 100 m. ▷ *Grenade sous-marine:* engin explosif utilisé contre les submersibles en plongée. – De *grenade* 1, par similitude de forme.

grenadeur [gʀənadœʀ] n. m. MAR Dispositif permettant de larguer des grenades sous-marines. – De *grenade* 2.

1. grenadier [gʀənadje] n. m. Arbre (*Punica granatum*, fam. punicacées) des pays méditerranéens, à fleurs rouge vif et dont le fruit est la grenade. – De *grenade* 1.

2. grenadier [gʀənadje] n. m. **1.** Soldat spécial. entraîné au lancement des grenades. ▷ *Par ext.* Soldat de corps d'élite de l'infanterie. **2.** Fig., fam. Homme de grande taille; grande femme d'allure masculine. – De *grenade* 2.

grenadière [gʀənadjɛʀ] n. f. **1.** Vx Giberne à grenades. **2.** Bague qui réunit le canon d'un fusil au fût. – De *grenade* 2.

grenadille [gʀənadij] n. f. Plante tropicale *(Passiflora edulis)*, cultivée pour ses fruits dont le goût rappelle celui de la grenade. – De *grenade.*

grenadin [gʀənadɛ̃] n. m. **1.** BOT Variété d'œillet. **2.** CUIS Petit fricandeau de veau ou de volaille. **3.** Petit pinson d'Afrique. – De *grenade* 1.

grenadine [gʀənadin] n. f. Sirop à base de jus de grenade. – De *grenade* 1.

grenage. V. grainage.

grenaillage [gʀənajaʒ] n. m. TECH Écrouissage par projection de petites billes de métal ou de verre. – De *grenailler.*

grenaille [gʀənaj] n. f. **1.** TECH Métal réduit en menus grains. **2.** Rebut de grain donné aux volailles. – De *grain.*

grenailler [gʀənaje] v. tr. [1] TECH **1.** Réduire en grenaille. **2.** Procéder au grenaillage de. – De *grenaille.*

grenaison [gʀənɛzɔ̃] n. f. AGRIC Formation des graines. *Grenaison du blé.* – De *grener.*

grenat [gʀəna] n. m. et adj. **1.** n. m. MINER Silicate métallique double naturel cristallisant dans le système cubique, d'une grande dureté. ▷ Cour. Andradite, le plus précieux des grenats, recherché en joaillerie pour sa belle couleur pourpre. **2.** adj. inv. Qui a la couleur rouge sombre du grenat. *Soie grenat.* – De l'anc. adj. *grenate*, «de la couleur de la grenade». V. grenade.

grené, ée [gʀəne] adj. (et n. m.) **1.** Réduit en grains. *Tabac grené.* **2.** TECH Qui présente des petits points rapprochés. *Gravure grenée.* ▷ N. m. *Le grené d'un cuir.* – Pp. de *grener.*

greneler [gʀɛnle] v. tr. [22] TECH Préparer (un cuir, un papier) de manière qu'il paraisse couvert de grains. – De *grener.*

grener. V. grainer.

grènetis [gʀɛnti] n. m. TECH Succession de petits grains ornant le bord d'une pièce de monnaie, d'une médaille. – De l'a. fr. *greneter*, «grener».

grenier [gʀənje] n. m. **1.** Lieu où l'on conserve le grain, et, par ext., le fourrage, le sel. *Les greniers sur pilotis des villages africains.* – Fig. Région fertile en céréales. *Les Prairies sont le grenier du Canada.* **2.** L'étage le plus élevé d'une maison, sous les combles. ▷ *De la cave au grenier:* dans toute la maison. – Lat. *granarium*, de *granum*, «grain».

grenouillage [gʀənujaʒ] n. m. Fam., péjor. Lutte d'influence, manœuvres douteuses, combines. – De *grenouiller.*

grenouille [gʀənuj] n. f. **1.** Nom courant de nombreux amphibiens anoures du genre *Rana* (fam. ranidés), donné également à d'autres anoures. *La grenouille coasse.* **2.** Fig., fam. Tirelire; fonds communs. ▷ *Manger la grenouille :* s'approprier les fonds qui vous ont été confiés. – De l'a. fr. *reinoille,* lat. pop. **ranucula,* dimin. de *rana,* «grenouille».
ENCYCL Animaux sauteurs, à la peau lisse, les grenouilles vivent dans un milieu lié plus ou moins étroitement à la présence d'eau douce. Les principales espèces, toutes insectivores, sont: la grenouille verte, très aquatique (fleuves, étangs), la grenouille rousse des bois et la grenouille agile des buissons. Les grenouilles et leurs têtards ont joué un grand rôle dans l'histoire de la biologie: étude de la fécondation, de l'embryologie, des réflexes et des propriétés des nerfs, tests de grossesse, action de la thyroïde, de l'hypophyse dans la croissance et les métamorphoses, etc.

grenouiller [gʀənuje] v. intr. [1] Fam., péjor. Se livrer à des grenouillages. – De *grenouille.*

grenouillère [gʀənujɛʀ] n. f. **1.** Marécage peuplé de grenouilles. **2.** Combinaison pour bébé, dont les jambes sont solidaires des chaussons. – De *grenouille.*

grenouillette [gʀənujɛt] n. f. **1.** Petite grenouille. **2.** Renoncule aquatique à fleurs blanches. **3.** MED Petit kyste liquidien d'origine salivaire situé sur la face inférieure de la langue. – De *grenouille.*

grenu, ue [gʀəny] adj. (et n. m.) **1.** BOT Qui porte beaucoup de graines. *Épi grenu.* **2.** PETROG *Roches grenues,* à cristaux visibles (granite, diorite). **3.** Marqué de grains, d'aspérités. *Cuir grenu.* – N. m. *Le grenu d'un cuir.* – De *grain.*

grenure [gʀənyʀ] n. f. TECH État d'un cuir ou d'un tissu grenu. – De *grener.*

grès [gʀɛ] n. m. **1.** PETROG Roche détritique formée de grains de nature variable (quartz, feldspaths, calcaire, etc.) agglomérés par un ciment siliceux, calcaire, ferrugineux, etc. (Friables ou très durs comme le quartzite, les grès sont utilisés comme meules, pavés, matériau de construction.) **2.** Céramique dure à base d'argile et d'un élément siliceux. *Grès flammé,* coloré au feu par des oxydes métalliques. *Grès cérame,* matériau de revêtement de sols. – Frq. **greot,* «gravier».

gréseux, euse [gʀezø, øz] adj. De la nature du grès. *Terrain gréseux.* – De *grès.*

grésil [gʀezil] n. m. Chute de petits granules de glace. – Déverbal de *grésiller* 1.

grésillement [gʀezijmɑ̃] n. m. Léger crépitement. – De *grésiller* 2.

1. grésiller [gʀezije] v. impers. [1] *Il grésille:* il tombe du grésil. – Du frq. **grisilôn,* «grêler».

2. grésiller [gʀezije] **1.** v. tr. [1] Rare Faire se racornir, se rétrécir. *Le feu grésille le parchemin.* **2.** v. intr. Crépiter légèrement. *La friture grésille.* – Altér. de *grédiller,* var. rég. de *griller,* sous l'infl. de *grésiller* 1, de *grésil.*

gressin [gʀesɛ̃] n. m. Petit pain allongé et croquant. – Ital. *grissino.*

1. grève [gʀɛv] n. f. **1.** Plage de gravier, de sable, le long de la mer ou d'un cours d'eau. **2.** Banc de sable qui se déplace. – Lat. pop. d'orig. gaul. **grava.*

2. grève [gʀɛv] n. f. **1.** Cessation de travail concertée pour la défense d'intérêts communs à un groupe professionnel, à des salariés. *Faire grève. Grève générale. Grève surprise,* sans préavis. *Grève sauvage,* décidée directement par la base. *Grève tournante,* qui affecte successivement les divers ateliers d'une usine, les divers départements d'une grande entreprise. *Grève sur le tas,* qui s'accompagne de l'occupation des lieux de travail par les grévistes. *Grève du zèle,* qui consiste à faire son travail en appliquant tous les règlements à la lettre, pour en ralentir le plus possible l'exécution. *Grève perlée:* succession concertée d'interruptions ou de ralentissements de l'activité d'une entreprise à un stade de la production. ▷ *Piquet de grève:* groupe de grévistes placé à l'entrée d'un lieu de travail pour en interdire l'accès aux salariés qui voudraient continuer à travailler. **2.** Par ext. *Grève de la faim:* refus prolongé de se nourrir, destiné à attirer l'attention des autorités et de l'opinion sur une situation dramatique, sur des revendications, etc. – Du n. de la place de *Grève,* anc. place de Paris, où avaient lieu les exécutions capitales et où les ouvriers attendaient l'embauche.

grever [gʀəve] v. tr. [19] Soumettre à des servitudes financières. *Frais de fonctionnement qui grèvent un budget. Maison grevée d'hypothèques.* – Du lat. *gravare,* «charger, accabler, affliger».

gréviste [gʀevist] n. et adj. Personne qui fait grève. – De *grève.*

gribiche. V. grébiche.

gribouillage [gʀibujaʒ] ou **gribouillis** [gʀibuji] n. m. **1.** Dessin informe fait de lignes tracées au hasard. **2.** Écriture mal formée; dessin grossier, maladroit. – De *gribouiller.*

gribouiller [gʀibuje] **1.** v. intr. [1] Faire des gribouillages (sens 1). **2.** v. tr. Dessiner ou écrire grossièrement, hâtivement. *Gribouiller une caricature.* Syn. griffonner. – P.-ê. du néerl. *kriebelen.*

gribouilleur, euse [gʀibujœʀ, øz] n. Personne qui gribouille. – Mauvais écrivain; mauvais peintre. – De *gribouiller.*

gribouillis. V. gribouillage.

grièche. V. pie-grièche.

grief [gʀijɛf] n. m. **1.** Vx Dommage, préjudice. **2.** Motif de plainte. *Exposer ses griefs.* ▷ *Faire grief de qqch à qqn,* le lui reprocher. **3.** DR TR Toute mésentente relative à l'interprétation ou à l'application d'une convention collective. – Déverbal de *grever;* ou subst. de l'anc adj. *grief,* «douloureux».

grièvement [gʀijɛvmɑ̃] adv. Gravement. *Être grièvement blessé.* – De l'anc. adj. *grief,* «grave».

griffe [gʀif] n. f. **1.** Ongle acéré et crochu de certains animaux (reptiles, oiseaux, mammifères). *Les griffes rétractiles du chat.* ▷ Fig. *Tomber dans les griffes de qqn. Coup de griffe. – Rogner les griffes de qqn,* l'empêcher de nuire. ▷ MED *Maladie des griffes du chat:* lymphoréticulose. (V. ce mot) **2.** BOT Rhizome court, fasciculé de diverses plantes. *Griffes d'asperges, de renoncules.* **3.** TECH Outil, ustensile en forme de griffe. *Griffe de tapissier, de doreur.* **4.** ARCHI Ornement reliant la base d'une colonne à son socle. **5.** Empreinte imitant une signature; instrument pour exécuter cette empreinte. – Marque commerciale apposée sur un objet, un vêtement. *La griffe d'un grand couturier.* – Fig. Marque caractéristique de qqn. *Ce tableau porte la griffe du maître.* – Déverbal de *griffer.*

griffer [gʀife] v. tr. [1] Égratigner avec les griffes ou les ongles. *Le chat l'a griffé.* – Anc. haut all. *grîfan,* du frq. **grîpan.*

griffon [gʀifɔ̃] n. m. **1.** Animal fabuleux, lion ailé à bec et à serres d'aigle. **2.** Endroit où jaillit une source d'eau minérale (par allus. aux robinets des sources, ornés de griffons). **3.** Chien de chasse à poils longs. **4.** Vautour fauve. – Bas lat. ecclés. *gryp(h)us,* «vautour», gr. *grups, grupos.*

griffonnage [gʀifɔnaʒ] n. m. **1.** Écriture difficile à lire. **2.** Écrit hâtif et maladroit. – De *griffonner.*

griffonnement [gʀifɔnmɑ̃] n. m. BX-A Ébauche; petit modèle de cire ou de terre. – De *griffonner.*

griffonner [gʀifɔne] v. tr. [1] **1.** Écrire mal, peu lisiblement. – Dessiner grossièrement. *Griffonner un schéma.* Syn. gribouiller. **2.** Rédiger à la hâte. *Griffonner quelques lignes.* – De *griffer.*

griffu, ue [gʀify] adj. Armé de griffes. *Doigts griffus.* – De *griffe.*

griffure [gʀifyʀ] n. f. **1.** Coup de griffe. **2.** Égratignure. – De *griffer.*

grigne [gʀiɲ] n. f. TECH **1.** Inégalité du feutre. **2.** Fente en long faite sur le pain par le boulanger. ▷ *Par ext.* Couleur dorée du pain, quand il est bien cuit. – Déverbal de *grigner.*

grigner [gʀiɲe] v. intr. [1] TECH Goder, faire des faux plis (étoffes). – Frq. **grinan.*

grignotement [gʀiɲɔtmɑ̃] n. m. Action de grignoter; bruit produit par cette action. – De *grignoter.*

grignoter [gʀiɲɔte] v. tr. [1] **1.** Manger en rongeant. ▷ Manger par très petites quantités, lentement. *Grignoter un sandwich.* **2.** Fig. Diminuer, détruire peu à peu. *Grignoter son héritage.* **3.** Fig., fam. Rattraper, gagner peu à peu. *Ce coureur a réussi à grignoter quelques secondes à son adversaire.* – De *grigner.*

grignoteur, euse [gʀiɲɔtœʀ, øz] adj. et n. f. **1.** adj. Qui grignote. **2.** n. f. TECH Machine-outil qui découpe en feuille le bois ou le métal. – De *grignoter.*

grigou [gʀigu] n. m. Avare. *Vieux grigou.* – Languedocien, «gredin, filou».

gri-gri ou **gris-gris** [gʀigʀi] n. m. Amulette, talisman, en Afrique noire. *Des gris-gris.* – *Par ext.* Porte-bonheur quelconque. – Orig. incon.

gril [gʀil, gʀi] n. m. **1.** Ustensile de cuisine composé de tiges de métal parallèles sur lesquelles on fait rôtir la viande, le poisson. *Côtelettes sur le gril.* **2.** Anc. Grille de fer sur laquelle on étendait un condamné pour le brûler. – Fig., fam. *Être sur le gril:* être angoissé, anxieux. **3.** TECH Claire-voie en amont d'une vanne d'écluse. **4.** Plafond de théâtre à claire-voie pour le passage des décors. **5.** MAR Plate-forme de carénage à claire-voie. – Forme masc. de *grille.*

grillade [gʀijad] n. f. **1.** Manière d'apprêter la viande ou le poisson en les grillant. **2.** Viande grillée. – *Des grillades de lard salé:* lard salé coupé en tranches minces qu'on a fait frire. – De *griller* 2.

grilladerie [gʀijadʀi] n. f. Restaurant où l'on sert principalement des grillades. – De *grillade.*

1. grillage [gʀijaʒ] n. m. Treillis métallique. *Clôturer un jardin avec du grillage.* – De *grille.*

2. grillage [gʀijaʒ] n. m. **1.** Action de griller. *Grillage du café.* **2.** METALL Opération consistant à chauffer un minerai en présence d'air sans le fondre. **3.** TECH Action de passer une étoffe à la flamme pour en éliminer le duvet. – De *griller* 2.

grillager [gʀijaʒe] v. tr. [15] Garnir d'un grillage. – De *grillage* 1.

grille [gʀij] n. f. **1.** Assemblage à claire-voie de barreaux servant de clôture, de séparation à l'intérieur d'un édifice, etc. *La grille du parloir, d'un couvent, d'une prison. Ouvrir la grille.* ▷ *Être derrière les grilles:* être en prison. **2.** Châssis métallique à claire-voie sur lequel on dispose le combustible d'un foyer de fourneau, de chaudière, etc. **3.** ELECTRON Électrode d'un tube électronique qui, placée entre l'anode et la cathode, permet de régler le flux d'électrons. **4.** Carton ajouré et, par ext., document de référence (tableau, etc.) servant à coder ou à décoder un message, à exploiter les résultats d'un test. **5.** Support, tableau quadrillé. *Grille de mots croisés.* ▷ *Grille des programmes de radio, de télévision:* tableau représentant le détail, heure par heure, des programmes. ▷ *Grille de salaires:* tableau des salaires des différentes catégories de personnel d'une entreprise. – Du lat. *craticula,* «petit gril», dimin. de *cratis,* «treillis».

grille-pain [gʀijpɛ̃] n. m. inv. Appareil servant à faire griller des tranches de pain. – De *griller* 2, et *pain.*

1. griller [gʀije] v. tr. [1] CONSTR Protéger, fermer au moyen d'une grille. *Griller des fenêtres.* – De *grille.*

2. griller [gʀije] **I.** v. tr. [1] **1.** Rôtir sur le gril. *Griller du poisson.* – Cuire dans la braise. *Des marrons grillés.* – Torréfier. *Griller du café.* – TECH Soumettre au grillage. *Griller du minerai.* **2.** Chauffer vivement. *Le soleil lui grillait la peau.* – Dessécher. *Les vents grillaient la végétation.* Syn. brûler. **3.** Fam. *Griller une cigarette,* la fumer. **4.** Fam. Mettre hors d'usage (un appareil électrique) en l'utilisant sous une tension trop forte, en l'utilisant trop longtemps, etc. *Griller une lampe, un moteur.* **5.** Fam. Dépasser sans s'arrêter. *Griller un feu rouge. Griller les étapes.* – Supplanter. *Griller un adversaire.* **6.** Démasquer. Syn. brûler (sens I, 5). **II.** v. intr. **1.** Cuire, rôtir sur un gril. *Faire griller des côtelettes.* ▷ Fig. Avoir très chaud. *On grille ici.* **2.** Fam. Être mis hors d'usage après avoir été utilisé sous tension trop forte (appareil électrique) ou trop longtemps. *Le fer électrique a grillé.* **3.** Fig. *Griller de:* être très désireux, impatient de. *Il grillait de tout lui raconter. Griller d'impatience.* Syn. brûler. – De *grille,* au sens de «gril».

grillon [gʀijɔ̃] n. m. Insecte orthoptère *(genre Gryllus),* carnivore, sauteur, long de 3 cm, à grosse tête. *Le grillon mâle stridule en frottant ses élytres l'un contre l'autre.* – A. fr. *grillet, grille,* lat. *grillus,* avec infl. probabl. de l'a. fr. *grésillon.*

grimace [gʀimas] n. f. **1.** Contorsion du visage. – Fig., fam. *Faire la grimace :* marquer du déplaisir. **2.** Faux pli d'une étoffe, d'un habit. **3.** Au plur. Fig. Manières feintes, affectées. *Les grimaces de la politesse.* – A. fr. *grimuche* , probabl. du frq. **grima,* «masque».

grimacer [gʀimase] **I.** v. intr. [14] **1.** Faire des grimaces. *Figures grimaçantes.* **2.** Faire des faux plis. *Corsage qui grimace.* **II.** v. tr. *Grimacer un sourire:* sourire de mauvaise grâce. – De *grimace.*

grimacier, ière [gʀimasje, jɛʀ] adj. et n. **1.** Qui fait des grimaces. **2.** Fig., vieilli. Qui minaude. – De *grimace.*

grimage [gʀimaʒ] n. m. Action de grimer; son résultat. – De *grimer.*

grimaud [gʀimo] n. m. Vieilli, péjor. Mauvais écrivain. – Orig. incert.

grimer [gʀime] v. tr. [1] Maquiller, farder (un acteur). – Du mot anc. *grime,* «personnage de vieillard ridicule» (au théâtre).

grimoire [gʀimwaʀ] n. m. **1.** Livre de sorcellerie. *Consulter les antiques grimoires.* **2.** Ouvrage confus et illisible. *Comment déchiffrer ce grimoire?* – Altér. de *grammaire,* désignant la grammaire latine, inintelligible pour le vulgaire.

grimpant, ante [gʀɛ̃pɑ̃, ɑ̃t] adj. (et n. m.) **1.** adj. *Plante grimpante,* dont la tige grêle, très longue, s'appuie sur divers supports auxquels elle s'accroche par des vrilles, des crampons, des racines, etc. *Le lierre, la vigne, les liserons sont des plantes grimpantes.* **2.** n. m. Arg. Pantalon. – Ppr. de *grimper.*

grimpée [gʀɛ̃pe] n. f. **1.** Montée d'une côte. **2.** Route, chemin, rue très en pente. – Pp. subst. de *grimper.*

1. grimper [gʀɛ̃pe] **I.** v. intr. [1] **1.** Monter en s'aidant des pieds et des mains. *Grimper dans un arbre.* **2.** Monter (jusqu'en un lieu élevé). *Il grimpa au sommet de la colline.* ▷ Se jucher, monter. *Il grimpa sur une chaise pour atteindre le placard.* **3.** (En parlant de certaines plantes.) *Lierre qui grimpe le long d'un mur.* **4.** Présenter une pente raide (choses). *Rues qui grimpent.* **5.** Fig. Augmenter rapidement et fortement. *Les cours ont grimpé au maximum en une journée.* **II.** v. tr. Gravir. *Il grimpa les étages en courant.* – Forme nasalisée de *gripper.*

2. grimper [gʀɛ̃pe] n. m. SPORT Exercice par lequel on grimpe à la corde ou aux agrès. – Du préc.

grimpereau [gʀɛ̃pʀo] n. m. ZOOL Oiseau passériforme (genre *Certhia*) au bec fin et arqué, qui grimpe le long des arbres. *Le grimpereau brun (Certhia familiaris), aussi appelé grimpereau des bois, grimpe au tronc des arbres dans un mouvement en spirale à la recherche d'insectes.* – De *grimper.*

grimpette [gʀɛ̃pɛt] n. f. **1.** Chemin court qui grimpe fort. **2.** Fam. Action de grimper. – De *grimper.*

grimpeur, euse [gʀɛ̃pœʀ, øz] adj. et n. **1.** adj. Qui grimpe. **2.** n. m. pl. ZOOL Vx *Les grimpeurs:* ordre d'oiseaux ayant à chaque patte deux doigts vers l'avant et deux vers l'arrière, leur permettant de grimper aux arbres. **3.** n. SPORT Alpiniste. – Coureur cycliste qui monte bien les côtes dures et longues, en montagne. – De *grimper.*

grincement [gʀɛ̃smɑ̃] n. m. Fait de grincer; bruit ainsi produit. *«Il y aura des pleurs et grincements de dents»* (Bible). – De *grincer.*

grincer [gʀɛ̃se] v. intr. [14] Produire par frottement un bruit strident et désagréable. *La porte grince. Grincer des dents:* produire un grincement en frottant ses dents les unes sur les autres, de rage, de douleur ou par nervosité. – Forme nasalisée de l'anc. v. *grisser* , «crisser», du frq. **krîskjan.*

grincher [gʀɛ̃ʃe] v. intr. [1] Fam. Se plaindre avec mauvaise humeur. – Var. rég. de *grincer.*

grincheux, euse [gʀɛ̃ʃø, øz] adj. Fam. Grognon, revêche. *Enfant grincheux.* – De *grincher.*

gringalet [gʀɛ̃galɛ] n. m. Péjor. Homme petit et fluet. – Adj. d'aspect chétif. – Suisse all. *gränggeli*, ou a. fr. *guingalet*, «cheval», d'orig. galloise.

gringue [gʀɛ̃g] n. m. Arg. *Faire du gringue à:* faire la cour à, tenter de séduire par des galanteries, des boniments. – De l'arg. *gringue*, «pain»; transposition de l'expr. *faire des petits pains*, «faire l'aimable».

griot [gʀijo] n. m. Membre de la caste des poètes musiciens, dépositaires des traditions orales, en Afrique de l'Ouest. – P.-ê. portug. *criado.*

griotte [gʀijɔt] n. f. **1.** Petite cerise noire aigre. **2.** PETROG Marbre rouge cerise tacheté de brun. – Anc. provenç. *agriota*, de *agre*, «aigre».

griottier [gʀijɔtje] n. m. Cerisier *(Prunus cerasus)* qui produit la griotte. – De *griotte.*

grippage [gʀipaʒ] n. m. **1.** TECH Adhérence anormale de surfaces métalliques. **2.** Fig. Défectuosité d'un mécanisme, d'un fonctionnement. – De *gripper.*

grippal, ale, aux [gʀipal, o] adj. MED Relatif à la grippe. *Virus grippal.* – De *grippe.*

grippe [gʀip] n. f. **1.** *Prendre en grippe:* avoir de l'aversion, de l'antipathie pour. **2.** Maladie infectieuse, épidémique, contagieuse, caractérisée par de la fatigue, de la fièvre, des douleurs musculaires, des troubles pulmonaires et parfois digestifs. – Déverbal de *gripper.*

ENCYCL L'agent de la grippe est le virus *influenza*, dont on connaît trois types, eux-mêmes divisés en de nombr. sous-groupes. L'évolution de la maladie est habituellement bénigne; cependant, certaines épidémies peuvent être graves: la «grippe espagnole», épidémie mondiale, fit plus de 20 millions de morts en 1918-1919. Le vaccin anti-grippal, recommandé pour les vieillards et les insuffisants respiratoires, est auj. largement administré.

grippé, ée [gʀipe] adj. et n. Atteint de la grippe. – Pp. de *gripper.*

gripper [gʀipe] **1.** v. tr. [1] Vx Saisir avec les griffes. *Le chat a grippé une souris.* **2.** v. intr. TECH Adhérer, se bloquer, en parlant des pièces d'une machine. *Le moteur grippe* (ou, v. pron., *se grippe*). – Du frq. **grîpan*, «saisir», puis «saisir brusquement», en parlant d'une maladie.

grippe-sou [gʀipsu] n. m. Fam. Avare qui fait de petits gains sordides; ladre. *Des grippe-sou(s).* – De *gripper*, et *sou.*

gris, grise [gʀi, gʀiz] adj. et n. m. **I.** adj. **1.** D'une couleur résultant d'un mélange de blanc et de noir. *Cheveux gris.* ▷ *Temps gris*, brumeux, couvert. *Il fait gris.* ▷ ANAT *Substance grise*, constituant notam. l'écorce cérébrale et la partie centrale de la moelle épinière. *Par ext.*, fam. *Matière grise:* intelligence, réflexion. *Faire travailler sa matière grise.* **2.** Fig. Terne, triste, maussade. *Faire grise mine. Voir tout en gris.* **3.** Fig. *Être gris:* être à moitié ivre. **II.** n. m. La couleur grise. *Le gris clair est salissant. Gris fer. Gris perle. Gris souris.* – Frq. **gris.*

grisaille [gʀizaj] n. f. **1.** BX-A Peinture ne comprenant que des tons gris. **2.** Fig. Caractère de ce qui est gris, terne, morne. *La grisaille quotidienne.* – De *gris*, et *-aille.*

grisailler [gʀizaje] **I.** v. tr. [1] Peindre en gris, en grisaille. *Grisailler un lambris.* **II.** v. intr. Devenir gris. – De *grisaille.*

grisant, ante [gʀizɑ̃, ɑ̃t] adj. Qui grise. *Parfum, succès grisant.* – Ppr. de *griser.*

grisard [gʀizaʀ] n. m. **1.** Nom cour. du peuplier gris. **2.** Nom cour. du jeune goéland qui a gardé son plumage gris-brun. – De *gris.*

grisâtre [gʀizɑtʀ] adj. Qui tire sur le gris. – De *gris*, et *-âtre.*

grisbi [gʀizbi] n. m. Arg. Argent. – De *gris* (monnaie grise).

grisé [gʀize] n. m. TECH Teinte grise donnée à un dessin, une gravure, etc. – Pp. subst. de *griser.*

griser [gʀize] v. tr. [1] **1.** Rendre gris, colorer de gris. **2.** Enivrer. *Ce vin m'a grisé.* ▷ v. pron. *Se griser au champagne.* **3.** Fig. Étourdir ou exciter. *Le succès l'a grisé.* ▷ v. pron. S'exalter. *Se griser de paroles.* – De *gris* (sens I, 3).

griserie [gʀizʀi] n. f. **1.** État de légère ivresse. **2.** Fig. Enivrement. *La griserie de la gloire.* – De *griser.*

griset [gʀizɛ] n. m. Requin de couleur grise *(Hexanchus griseus)*, long d'environ 5 m, commun dans l'Atlantique et en Méditerranée. – De *gris.*

grisette [gʀizɛt] n. f. **1.** Vx. Étoffe ordinaire de couleur grise. **2.** Vieilli Fille de petite condition. – Jeune ouvrière coquette et galante, mais non vénale. – De *gris.*

gris-gris. V. gri-gri.

grisoller [gʀizɔle] v. intr. [1] Chanter, en parlant de l'alouette. – D'un rad. onomat.

1. grison, onne [gʀizɔ̃, ɔn] adj. et n. **1.** adj. Vx Qui grisonne. *Barbe grisonne.* ▷ N. Vx Qui a les cheveux gris. **2.** n. m. Litt. Âne. *Monté sur un grison.* – De *gris.*

2. grison, onne [gʀizɔ̃, ɔn] adj. et n. **1.** adj. Du canton suisse des Grisons. ▷ Subst. Habitant ou personne originaire des Grisons. **2.** n. m. Langue romanche parlée dans les Grisons. – Du romanche *grischun*, d'après le nom de la *Ligue grise* (1395), association de populations romanches opposée aux Habsbourg.

grisonner [gʀizɔne] v. intr. [1] Devenir gris, en parlant de la barbe, des cheveux; avoir la barbe, les cheveux qui deviennent gris. *Commencer à grisonner.* – De *grison* 1.

grisou [gʀizu] n. m. Méthane libéré par la houille. *Coup de grisou:* explosion du grisou. – Forme wallonne de *grégeois*.

grisoumètre [gʀizumɛtʀ] n. m. TECH Appareil servant à mesurer la teneur de l'air en grisou. – De *grisou*, et *mètre*.

grisouteux, euse [gʀizutø, øz] adj. TECH Qui renferme du grisou. *Mine, galerie grisouteuse. Veine grisouteuse.* – De *grisou*.

grive [gʀiv] n. f. Oiseau passériforme (genres *Catharus* et voisins) apparenté au merle, aux ailes foncées (brun-roux ou olivâtre), à la poitrine blanche tachetée, commun dans les boisés feuillus. *Grive des bois. Grive fauve, solitaire. Grive à dos olive, à joues grises. La grive solitaire (Catharus guttatus) est souvent considérée comme le meilleur oiseau chanteur d'Amérique du Nord.* – Fém. de l'a. fr. *griu*, «grec», par allus. aux migrations de l'oiseau.

grivelé, ée [gʀivle] adj. Tacheté de noir et de blanc, comme le poitrail de la grive. – De *grive*.

grivèlerie [gʀivɛlʀi] n. f. Délit consistant à se faire servir par un restaurateur, un cafetier que l'on ne pourra pas payer. – De l'anc. v. *griveler*, «faire des profits illicites»; de *grive*, par allus. aux pillages des grives dans les vignes.

grivois, oise [gʀivwa, waz] n. m. et adj. **1.** n. m. Vx Soldat. **2.** adj. Jovial et licencieux. *Humeur grivoise. Conte grivois.* Syn. égrillard. – De *grive*, au sens anc. de «guerre».

grivoiserie [gʀivwazʀi] n. f. Caractère de ce qui est grivois; propos, acte grivois. – De *grivois*.

grizzly ou **grizzli** [gʀizli] n. m. Grand ours brun (*Ursus arctos*) des montagnes Rocheuses. *Le grizzly a inspiré de nombreuses légendes amérindiennes.* – Amér. *grizzly (bear)*, «(ours) grisâtre».

groenendael [gʀoenɛndal] n. m. Chien de berger belge de grande taille. – Mot flamand, n. d'un village de Belgique.

groenlandais, aise [gʀɔɛnlɑ̃dɛ, ɛz] adj. et n. Du Groenland. *Esquimaux groenlandais.* – N. *Un Groenlandais, une Groenlandaise.* ▷ N. m. Langue esquimaude parlée au Groenland. – Du nom du *Groenland*, territoire danois, au N.-E. de l'Amérique.

grog [gʀɔg] n. m. Boisson composée de rhum ou d'eau-de-vie et d'eau chaude sucrée. V. ponce 2. – Mot angl., du surnom de l'amiral Vernon, *Old Grog* (il était habillé de gros-grain, *grogram*), qui obligea ses marins à étendre d'eau leur ration de rhum.

groggy [gʀɔgi] adj. inv. Anglicisme Se dit d'un boxeur qui a perdu en partie conscience. – *Par ext.*, fam. Ébranlé par un choc physique ou moral; très fatigué. – Mot angl., «chancelant, titubant».

grognard, arde [gʀɔɲaʀ, aʀd] adj. et n. m. **1.** Vieilli Bougon. **2.** n. m. HIST Soldat de la vieille garde sous le Premier Empire en France. – De *grogner*.

grognasse [gʀɔɲas] n. f. Pop., péjor. Femme vulgaire, laide et acariâtre. – De *grogner*, et *-asse*.

grogne [gʀɔɲ] n. f. Fam. Mauvaise humeur, mécontentement. – Déverbal de *grogner*.

grognement [gʀɔɲmɑ̃] n. m. **1.** Cri du porc. **2.** Grondement indistinct que fait entendre une personne qui grogne. *Des grognements de colère.* – Protestation, paroles désagréables exprimant le mécontentement. – De *grogner*.

grogner [gʀɔɲe] v. intr. [1] **1.** Pousser son cri, en parlant du porc. ▷ Par ext. *Chien qui grogne*, qui fait entendre un grondement sourd. **2.** Exprimer son mécontentement par des paroles plus ou moins désagréables. *Il grogne, mais il obéit.* – Du lat. *grunnire*, var. de *grundire*.

grognerie [gʀɔɲʀi] n. f. Rare Action de grogner. – De *grogner*.

grogneur, euse [gʀɔɲœʀ, øz] adj. et n. Rare Qui grogne, par mauvaise humeur, par mécontentement. – De *grogner*.

grognon, onne [gʀɔɲɔ̃, ɔn] adj. et n. Qui a l'habitude de grogner, maussade. *Enfant grognon. Elle a l'air grognon.* – De *grogner*.

grognonner [gʀɔɲɔne] v. intr. [1] Rare Grogner comme un pourceau; être maussade. – De *grogner*.

groin [gʀwɛ̃] n. m. Museau du porc, du sanglier. – Du bas lat. *grunium*.

grommeler [gʀɔmle] v. intr. [22] Se plaindre, murmurer entre ses dents. ▷ v. tr. *Grommeler des injures.* – Moyen néerl. *grommen*.

grommellement [gʀɔmɛlmɑ̃] n. m. Action de grommeler; bruit que fait entendre une personne qui grommelle. – De *grommeler*.

gronder [gʀɔ̃de] **I.** v. intr. [1] **1.** Faire entendre un son sourd et menaçant. *Le chien gronde.* **2.** Faire entendre un son prolongé sourd et grave. *La mer grondait.* **3.** Fig. Menacer. *La révolte gronde.* **II.** v. tr. Réprimander (un enfant). *Gronder un enfant dissipé.* – Lat. *grundire*, var. de *grunnire*.

gronderie [gʀɔ̃dʀi] n. f. Vieilli Réprimande. – De *gronder*.

grondeur, euse [gʀɔ̃dœʀ, øz] adj. Qui a l'habitude de gronder, de réprimander. – Par ext. *Humeur grondeuse*, bougonne. – De *gronder*.

grondin [gʀɔ̃dɛ̃] n. m. Poisson téléostéen (genre *Trigla*) gris ou rose *(rouget)*, à tête volumineuse, vivant près des côtes. – De *gronder*, à cause du grondement que ce poisson émet quand on le sort de l'eau.

gros, grosse [gʀo, gʀos] adj., adv. et n. **I.** adj. **1.** Dont la surface ou le volume est supérieur à la moyenne. *Un gros chat. Faire de grosses taches. Imprimé en gros caractères.* **2.** (Personnes.) Corpulent. *Un gros garçon.* – N. *Un gros, une grosse.* ▷ (Parties du corps.) *Avoir de grosses mains.* **3.** loc. fig. *Avoir le cœur gros*, de la peine. – Vieilli *Être grosse:* être enceinte. *Grosse voix:* voix forte. *Faire les gros yeux:* froncer les sourcils (pour intimider un enfant). – Fam. *Avoir la grosse tête:* être imbu de soi-même, vaniteux. **4.** MAR *Mer grosse*, dont les vagues atteignent en moyenne 6 à 9 m (*très grosse*, 9 à 14 m). *Gros temps:* mauvais temps. **5.** Important. *Jouer gros jeu. Un gros entrepreneur. Décrocher, gagner le gros lot.* Fam. *Un gros bonnet, une grosse légume:* un personnage important. **6.** *Gros œuvre:* V. œuvre. **7.** Grossier, sans finesse. *Du gros vin,* (fam.) *du gros rouge. Gros rire*, vulgaire. *Grosses vérités:* évidences. *Cet argument est un peu gros. Cette histoire est un peu grosse*, peu crédible. ▷ *Gros mot:* mot grossier. **II.** adv. **1.** Beaucoup. *Gagner gros. Il y a gros à parier que...* **2.** En grand. *Écrire gros.* **3.** loc. adv. *En gros:* par grandes quantités (par oppos. à *au détail*). *Vendre en gros et au détail.* – Sans donner de détails. *Racontez l'histoire en gros.* **III.** n. m. **1.** La partie la plus importante de qqch. *Le gros des troupes. Le gros de l'affaire.* **2.** (Par oppos. à *détail.*) *Commerce de gros. Faire un prix de gros.* **3.** *Gros de Naples, de Tours :* étoffe à gros grain. – Lat. imp. *grossus*.

gros-bec [gʀobɛk] n. m. Oiseau passériforme (fam. fringillidés), doté d'un gros bec conique. *Des gros-becs. Gros-bec des pins (Pinicola enucleator)*, de la taille du merle, au plumage gris rougeâtre. *Gros-bec errant (Coccothraustes vespertinus)*, plus petit que le précédent, au plumage jaune, blanc et noir. – De *gros*, et *bec*.

groseille [gʀozɛj] n. f. Baie comestible du groseillier. Rem. En France, désigne également le fruit du gadellier. – Moyen néerl. *croesel*, frq. **krusil*.

groseillier [gʀozeje] n. m. Petit arbuste fruitier épineux (genre *Ribes*, fam. saxifragacées) produisant de grosses baies rouge foncé ou verdâtres (par oppos. au gadellier qui produit des grappes de fruits). Rem. En France, se dit des arbustes du genre *Ribes*, qu'ils portent des grappes de fruits ou des fruits solitaires (groseillier à maquereau). – Du préc.

gros-grain [gʀogʀɛ̃] n. m. **1.** Tissu soyeux à grosses côtes. **2.** Ruban de ce tissu. *Des gros-grains.* – De *gros*, et *grain*.

Gros-Jean ou **gros-Jean** [gʀoʒɑ̃] n. m. Surtout usité dans la loc. *être Gros-Jean comme devant:* ne pas être plus avancé qu'auparavant. – De *gros*, et *Jean*, type d'homme du peuple, de rustre auquel arrivent des mésaventures.

gros-plant [gʀoplɑ̃] n. m. Vin blanc léger et parfumé de la région de Nantes en France. – De *gros*, et *plant*.

grosse [gʀos] n. f. COMM Douze douzaines. *Une grosse de boutons.* – De *gros*.

grossesse [gʀosɛs] n. f. État de la femme enceinte, qui dure neuf mois, de la conception à l'accouchement. ▷ *Grossesse gémellaire:* présence de deux fœtus dans l'utérus. *Grossesse extra-utérine:* développement anormal de l'ovule hors de la cavité utérine. *Grossesse nerveuse:* état morbide présentant des signes de grossesse en l'absence de fécondation. ▷ *Interruption volontaire de grossesse:* V. avortement. – De *gros*.

ENCYCL Une grossesse normale dure 9 mois. Les premiers signes de grossesse sont: la cessation des règles et le gonflement des seins. Le diagnostic de grossesse peut être affirmé dès le 2e jour de retard des règles par des tests hormonaux (vendus en pharmacie). À partir de la 4e semaine, l'examen clinique constate avec certitude l'état gravide de l'utérus. Les bruits du cœur fœtal sont entendus au 4e mois, les mouvements fœtaux apparaissent vers 4-5 mois.

grosseur [gʀosœʀ] n. f. **1.** Corpulence. **2.** Circonférence, volume. *Des ballons de grosseurs différentes.* **3.** Enflure sous la peau. *Une grosseur dans le cou.* – De *gros*.

grossier, ière [gʀosje, jɛʀ] adj. **1.** Sans raffinement, de mauvaise qualité, de fabrication rudimentaire. *Des vêtements grossiers.* **2.** Sommaire, imparfait. *Nettoyage grossier. Imitation grossière.* **3.** Rude, inculte. *Peuplade grossière.* **4.** Qui relève d'une certaine ignorance; flagrant. *Des fautes grossières.* **5.** Qui choque en contrevenant aux bienséances. *Avoir un vocabulaire grossier. Quel grossier personnage!* – De *gros*.

grossièrement [gʀosjɛʀmɑ̃] adv. **1.** Imparfaitement. *Pierre grossièrement travaillée.* **2.** Avec rudesse, impolitesse. *Répondre grossièrement.* **3.** *Se tromper grossièrement*, lourdement. – De *grossier*.

grossièreté [gʀosjɛʀte] n. f. **1.** Caractère de ce qui est grossier, rudimentaire. *Grossièreté d'une étoffe.* **2.** Indélicatesse, impolitesse. *Répondre avec grossièreté.* **3.** Parole grossière. *Dire des grossièretés.* – De *grossier*.

grossir [gʀosiʀ] **I.** v. intr. **[2]** **1.** Devenir plus gros, prendre de l'embonpoint. *Elle a peur de grossir.* **2.** Devenir plus gros, plus important; augmenter. *Le troupeau grossit.* ▷ Fig. *Rumeur qui grossit.* **II.** v. tr. **1.** Rendre plus gros. *Les pluies grossissent le torrent.* **2.** Faire paraître plus gros. *Ce manteau de fourrure la grossit. Le microscope grossit.* **3.** Accroître le nombre, l'importance de. *Les agneaux vont grossir le troupeau.* Fig. *Grossir les faits*, exagérer leur importance. – De *gros*.

grossissant, ante [gʀosisɑ̃, ɑ̃t] adj. **1.** Qui devient plus gros. **2.** Qui fait paraître plus gros. *Verre grossissant.* – Ppr. de *grossir*.

grossissement [gʀosismɑ̃] n. m. **1.** Action de grossir. **2.** Fig. Exagération. *Un grossissement des faits qui permet d'obtenir un effet comique.* **3.** *Grossissement d'un instrument d'optique:* rapport entre le diamètre apparent de l'image vue à travers l'instrument et le diamètre apparent de l'objet vu sans instrument. *Le grossissement des microscopes électroniques a permis de photographier les atomes.* – De *grossir*.

grossiste [gʀosist] n. Commerçant, commerçante en gros. – P.-ê. de l'all. *Grossist*, ou de *gros*.

grosso modo [gʀosomodo] loc. adv. Approximativement, sans faire le détail. *Examiner grosso modo une question.* – Lat. scolast. «d'une manière grossière».

grotesque [gʀɔtɛsk] n. et adj. **1.** n. f. pl. Motifs ornementaux comprenant des figures bizarres, découverts aux XVe et XVIe s. dans les ruines romaines, appelées *grottes*. **2.** adj. Ridicule, bizarre, extravagant. *Costume grotesque.* ▷ N. m. Le genre grotesque, le burlesque. *Mêler le grotesque au sublime.* – Ital. *grottesco*, de *grotta*, «grotte».

grotesquement [gʀɔtɛskəmɑ̃] adv. De manière extravagante, ridicule. *Grotesquement accoutré.* – De *grotesque*.

grotte [gʀɔt] n. f. Excavation profonde, naturelle ou creusée par l'homme, dans la roche. – Ital. *grotta*, du lat. *crypta*, «crypte».

grouillement [gʀujmɑ̃] n. m. Mouvement, bruissement de ce qui grouille. – De *grouiller*.

grouiller [gʀuje] **I.** v. intr. **[1]** **1.** S'agiter en tous sens de façon confuse, et en grand nombre. *Abeilles qui grouillent dans la ruche.* **2.** Fourmiller, être plein de. *Ce fromage grouille de vers.* Fam. *Ça grouille de gens ici.* **II.** v. pron. Fam. Se hâter. *Grouille-toi!* – P.-ê. de *grouler*, forme rég. de *crouler*.

groupage [gʀupaʒ] n. m. TRANSP Action de réunir des colis envoyés par un expéditeur à un même destinataire. – De *grouper*.

groupe [gʀup] n. m. Réunion d'objets ou d'êtres formant un ensemble. **1.** Ensemble de personnes réunies au même endroit. *Un groupe de curieux. Marcher en groupe.* ▷ SOCIOL Ensemble d'individus ayant un certain nombre de caractères communs et dont les rapports (sociaux, psychologiques, etc.) obéissent à une dynamique spécifique. *Dynamique de groupe.* ▷ MED *Groupe sanguin:* catégorie où l'on range tous les individus selon la variété d'antigènes ou d'anticorps que portent leurs hématies et leur sérum. ▷ *Groupe parlementaire:* organisation qui rassemble les membres d'une assemblée parlementaire en fonction de leurs affinités politiques. **2.** Réunion de choses qui forment un ensemble. *Un groupe de sapins.* ▷ BX-A Ensemble d'êtres ou d'objets considérés comme le sujet d'une œuvre d'art. *Groupe de Laocoon.* **3.** MATH Ensemble muni d'une loi de composition interne associative, admettant un élément neutre et dont tout élément possède son symétrique. *Les entiers relatifs (..., – 1, 0, + 1, ...) munis de l'addition forment un groupe.* **4.** TECH Ensemble monobloc formé de machines accouplées mécaniquement. *Groupe électrogène, groupe motopompe.* – Ital. *gruppo*, «nœud, assemblage», d'orig. germ. **kruppa*, «masse arrondie».

groupement [gʀupmɑ̃] n. m. **1.** Action de grouper (des choses, des personnes). **2.** Réunion de personnes ayant un but, un intérêt commun. *Groupement politique.* **3.** MILIT *Groupement tactique*, constitué en vue d'une opération. ▷ *Tir de groupement*, servant à régler une arme. – De *grouper*.

grouper [gʀupe] **I.** v. tr. [1] **1.** Disposer en groupe. **2.** Réunir, assembler. *Grouper les mots pour les analyser.* **II.** v. pron. S'assembler. *Se grouper en association.* – De *groupe.*

groupie [gʀupi] n. f. Personne qui admire fanatiquement un musicien, un chanteur ou un groupe de pop music et qui le (ou les) suit partout. – Mot angl., de *group,* «group».

groupuscule [gʀupyskyl] n. m. Péjor. Groupement politique qui ne compte qu'un très petit nombre d'adhérents. *Des groupuscules extrémistes.* – Dimin. de *groupe.*

grouse [gʀuz] n. f. Tétras lyre. ▷ Lagopède d'Écosse. – Mot écossais.

gruau [gʀyo] n. m. **1.** Grain de céréale, spécial. grain d'avoine, débarrassé du son par une mouture grossière. **2.** *Farine de gruau:* fine fleur de farine. **3.** Épaisse bouillie de flocons d'avoine que l'on prend ordinairement le matin. – Du frq. **grût;* a. fr. *gru.*

grue [gʀy] n. f. **1.** Oiseau migrateur de grande taille (1,20 m de haut), à longues pattes, au long cou et au bec pointu, vivant dans les marais (genres *Grus* et voisins, fam. gruidés, ordre des ralliformes). *La grue du Canada (Grus canadensis) se reconnaît à sa calotte rouge; elle se nourrit de racines, de grenouilles et de petits rongeurs. La grue blanche d'Amérique (Grus americana), de plus grande taille que sa cousine canadienne, est menacée de disparaître.* **2.** Fig., fam. *Faire le pied de grue:* attendre longtemps debout. ▷ *Grue:* prostituée; fille légère. **3.** TECH Engin de levage de grande dimension comportant un bâti et une flèche. **4.** AUDIOV Appareil assurant le déplacement (notam. vertical) d'une caméra. – Lat. pop.**grua,* class. *grus.*

gruger [gʀyʒe] v. tr. [15] **1.** Vx Briser avec les dents, croquer. *Gruger du sucre.* **2.** Débiter (des tôles, des profilés). **3.** Fig. Tromper (qqn) pour le dépouiller; duper. – Du néerl. *gruizen,* «écraser», rad. frq. **grût,* «gruau».

grume [gʀym] n. f. **1.** Tronc d'arbre abattu et ébranché mais non écorcé. *Bois en grume.* **2.** Rég. Grain de raisin. – Bas lat. *gruma,* class. *gluma,* «cosse, écorce».

grumeau [gʀymo] n. m. Petite masse solide coagulée. *Grumeaux d'une crème.* – Lat. pop. **grumellus,* class. *grumulus,* dimin. de *grumus,* «motte (de terre)».

grumeler (se) [gʀymle] v. pron. [22] Se former en grumeaux. – De *grumeau.*

grumeleux, euse [gʀymlø, øz] adj. **1.** Plein de grumeaux. *Sauce, crème grumeleuse.* **2.** Présentant des granulations dures. *Bois grumeleux.* – De *grumeau.*

gruppetto [gʀupɛtto] n. m. MUS Ornement de trois ou quatre notes brèves, précédant ou suivant la note principale. *Des gruppetti.* – Mot ital., «petit groupe».

grutier, ière [gʀytje, jɛʀ] n. Conducteur, conductrice de grue. – De *grue.*

gruyère [gʀyjɛʀ] n. m. Fromage cuit à pâte ferme, percé de trous, fabriqué dans la Gruyère (Suisse, canton de Fribourg) ainsi que dans les Vosges et le Jura (France). – Du n. de la région de *Gruyère* (Suisse).

gryphée [gʀife] n. f. ZOOL Huître aux valves inégales. *L'huître portugaise est une gryphée.* – Bas lat. *gryphus,* «recourbé», gr. *grupos.*

Gs. V. gauss.

guanaco [gwanako] n. m. Lama sauvage des Andes, au pelage roux. – Péruvien *huanaco.*

guanine [gwanin] n. f. BIOCHIM Base purique constitutive des acides nucléiques. – De *guano.*

guano [gwano] n. m. Engrais constitué par les excréments d'oiseaux marins très riches en phosphates et en azote. – *Par ext.* Engrais d'origine animale. *Guano de poisson, de viande.* – Mot esp., du péruvien *huano.*

guanosine [gwanɔzin] n. f. BIOCHIM Dérivé oxydé de la guanine, précurseur des *guanosines phosphates* (coenzymes du cycle de Krebs). – De *guano.*

guarani [gwaʀani] adj. et n. **1.** Relatif à une population indienne du Paraguay, à sa langue. ▷ N. m. Langue de cette population. **2.** N. m. Unité monétaire du Paraguay. – Mot guarani.

guatemaltèque [gwatemaltɛk] adj. et n. Du Guatemala, État d'Amérique centrale. – Esp. *guatemalteco.*

1. gué [ge] n. m. Endroit d'une rivière où l'eau est assez basse pour qu'on puisse passer à pied. *Traverser à gué.* – Du frq. **wad,* forme germanique du lat. *vadum.*

2. gué! [ge] interj. Expression de gaieté dans des refrains de chansons. *J'aime mieux ma mie, ô gué!* – Var. de *gai,* anc. *gay.*

guéable [geabl] adj. Qu'on peut passer à gué. *Rivière guéable.* – De *gué.*

guède [gɛd] n. f. Plante *(Isatis tinctoria),* appelée aussi *pastel des teinturiers,* qui donne une couleur bleue. – Du germ. **waizda,* all. *Waid.*

guédille [gedij] n. f. Pain à hot-dog fourré d'une salade (au poulet, aux œufs, etc.) et de mayonnaise. *Une guédille aux œufs.* – Orig. incert.

guéer [gee] v. tr. [1] Rare Traverser à gué. – De *gué.*

guelfe [gɛlf] n. m. HIST Partisan des papes dans l'Italie du XIIIe au XVe s. – De *Welfe,* nom d'une fam. all. rivale des Hohenstaufen qui, parvenus à l'Empire, luttèrent sans merci contre la papauté.

guelte [gɛlt] n. f. Prime accordée à un vendeur en fonction du montant de ses ventes. – All. *Geld,* «argent».

guenille [gənij] n. f. **1.** Pl. Haillons, vieilles hardes. **2.** Fig., vieilli Chose de peu de valeur. *«Le corps, cette guenille»* (Molière). – Orig. incert.

guenon [gənõ] n. f. **1.** ZOOL Vx Cercopithèque d'Afrique. **2.** Femelle du singe. – Fam., péjor. Femme très laide. – Orig. incert.

guépard [gepaʀ] n. m. Félidé d'Afrique tropicale *(Acinonyx jubatus),* long de 80 cm sans la queue, svelte et rapide (il atteint 95 km/h), au pelage tacheté et aux longues pattes, ayant divers caractères (griffes non rétractiles, notam.) des canidés. – De l'ital. *gattopardo,* «chat-léopard».

guêpe [gɛp] n. f. **1.** Insecte hyménoptère porte-aiguillon (genres *Vespa* et voisins, fam. vespidés), à l'abdomen jaune rayé de noir, mesurant 1 à 2 cm. *La plupart des guêpes vivent en société sous terre ou dans des nids faits de fibres de bois mâchées. Quelques espèces de guêpes sont solitaires.* **2.** Fig. *Taille de guêpe:* taille très fine. – Du lat. *vespa, wespa,* par l'anc. haut all. *wefsa.*

Guépéou [gepeu] n. f. Police politique soviétique, créée en 1922 (pour succéder à la Tchéka) et absorbée en 1934 par le N.K.V.D. – Francisation du sigle G.P.U. de *Glavnoïe Polititcheskoïe OUpravlenie* (Direction politique principale).

guêpier [gepje] n. m. **1.** ZOOL Oiseau du genre *Merops,* au bec arqué, long d'environ 25 cm, au plumage de couleurs vives, qui se nourrit d'hyménoptères (guêpes, abeilles, bourdons). **2.** Nid de guêpes. ▷ Fig. *Se fourrer, tomber dans un guêpier:* s'engager dans une mauvaise affaire. – De *guêpe.*

guêpière [gepjɛʀ] n. f. Corset très étroit qui étrangle la taille. – De (*taille de*) *guêpe.*

guère [gɛʀ] adv. **1.** *Ne... guère:* peu, pas beaucoup. *Il n'a guère d'argent. Je n'ai guère dormi.* **2.** *Ne... plus guère:* presque plus. *Je ne le vois plus guère ces temps-ci.* **3.** *Ne... guère que:* presque. *Il n'y a guère que toi à le savoir.* – Du frq. **waigaro*, «beaucoup».

guéret [geʀɛ] n. m. Terre labourée et non ensemencée. – Du lat. *vervactum*, «jachère», infl. germ. sur l'initiale.

guéridon [geʀidõ] n. m. Petite table ronde à un seul pied. – Nom d'un personnage de farce *Guéridon* ou *Guélidon* (dans des chansons).

guérilla [geʀija] n. f. **1.** Vx Petite troupe de partisans. **2.** Guerre de partisans. – Mot esp., «ligne de tirailleurs».

guérillero ou **guerillero** [geʀijeʀo] n. m. Partisan, franc-tireur. *Les guerilleros cubains.* – Du préc.

guérir [geʀiʀ] **I.** v. tr. **[2]** **1.** Redonner la santé à (qqn), délivrer (qqn) d'une maladie. *Guérir un malade.* **2.** Fig. Délivrer d'un mal moral. *Guérir qqn de ses préjugés, de sa passion.* **II.** v. intr. **1.** Recouvrer la santé. *Il guérira.* **2.** Disparaître, en parlant d'un mal physique. *Sa blessure guérit.* **III.** v. pron. **1.** Recouvrer la santé par ses efforts. *Se guérir en se soignant énergiquement.* **2.** Disparaître, en parlant d'un mal physique. *Cette plaie se guérit vite.* **3.** Fig. Se délivrer de. *Se guérir de ses préjugés.* – Du germ. **warjan*; var. de *guarir, garir*, «protéger».

guérison [geʀizõ] n. f. Recouvrement de la santé. *Il doit garder la chambre jusqu'à complète guérison.* ▷ Disparition. *La guérison d'une peine.* – De *guérir.*

guérissable [geʀisabl] adj. Qui peut être guéri. – De *guérir.*

guérisseur, euse [geʀisœʀ, øz] n. Personne qui traite, sans avoir le titre de médecin, par des méthodes extramédicales. *Les guérisseurs peuvent tomber sous le coup de la loi punissant l'exercice illégal de la médecine.* – De *guérir.*

guérite [geʀit] n. f. **1.** Abri d'une sentinelle. **2.** Petite loge qui sert d'abri. *La guérite de la vendeuse de billets de loterie.* – Adapt. probabl. du provenç. *garida*, de *garir*, «protéger».

guerre [gɛʀ] n. f. **1.** Conflit armé entre des nations, des États, des groupes humains. *Déclarer, faire la guerre. Être en guerre avec tel pays. Guerre d'invasion. Guerre offensive, défensive, de tranchées, aérienne, maritime.* – Loc. *Guerre civile, intestine*, entre citoyens d'un même pays. *Guerre de religion*, causée par des dissensions religieuses. *Guerres puniques.* V. punique. *Guerre d'extermination. Conseil de guerre. Ministre de la Guerre. – Première Guerre mondiale:* guerre de 1914 à 1918. *Seconde Guerre mondiale:* guerre de 1939 à 1945. *L'entre-deux-guerres*, entre 1918 et 1939. *La drôle de guerre:* la période qui précéda l'invasion allemande, de septembre 1939 à mai 1940. *Guerre N.B.C.*, qui utilise les armes nucléaires, bactériologiques et chimiques. **2.** Par ext. *Petite guerre:* manœuvres simulant un combat, une guerre; jeu d'enfants qui simule la guerre, les combats. – *Guerre économique. Guerre des nerfs*, psychologique. *Guerre froide:* crise, tension entre États (spécial., dans les années 1950, entre les É.-U. et l'U.R.S.S.). ▷ *Nom de guerre:* pseudonyme. **3.** Hostilité, lutte. *C'est entre eux une guerre permanente. Faire la guerre à qqn sur qqch, à propos de qqch*, s'opposer à lui à propos de qqch. *Faire la guerre à une chose*, la combattre. – *De guerre lasse*, après une longue résistance. *Il y a consenti de guerre lasse. – De bonne guerre:* conformément aux usages du combat; fig. conformément aux usages de la compétition, de la polémique. – Prov. *Qui terre a, guerre a:* toute possession expose à des inimitiés. – *À la guerre comme à la guerre:* il faut s'adapter aux circonstances. – Frq. **werra.*

guerrier, ière [geʀje, jɛʀ] n. et adj. **I.** n. Personne qui fait la guerre. *Vaillant guerrier.* **II.** adj. **1.** De la guerre. *«Les travaux guerriers»* (Corneille). **2.** Belliqueux, martial. *Humeur, mine guerrière.* – De *guerre.*

guerroyer [geʀwaje] v. intr. **[26]** Faire la guerre (contre qqn) sporadiquement. – Fig. Se battre contre (qqch). *Guerroyer contre les injustices.* – De *guerre.*

guet [gɛ] n. m. **1.** Action de guetter, d'épier. *Faire le guet.* **2.** Anc. Surveillance exercée la nuit dans une ville. *Chevalier du guet:* chef des archers qui exerçaient cette surveillance. – *Mot du guet:* mot de passe. – Déverbal de *guetter.*

guet-apens [gɛtapɑ̃] n. m. Embûche préméditée pour voler, tuer qqn. *Tomber dans un guet-apens.* – Fig. Machination. – De *guet, aguet*, et a. fr. *apenser*, «réfléchir, préméditer».

guêtre [gɛtʀ] n. f. Jambière d'étoffe ou de cuir, à boutons ou crochets. *Mettre des guêtres. Un bouton de guêtre.* – Fig., fam. *Traîner ses guêtres*, flâner. *Tirer ses guêtres*, s'en aller. – P.-ê. du frq. **wrist*, «cou-de-pied».

guetter [gete] v. tr. **[1]** **1.** Épier. *Le chat guette sa proie.* **2.** Attendre avec impatience. *Guetter un signal.* ▷ Attendre (qqn) dans une intention malveillante ou hostile. *Guetter l'ennemi.* – Fig. *Être guetté par la maladie.* **3.** Être à l'affût de (qqch). *Guetter l'occasion, le moment d'agir.* – Du frq. **wahtôn*, «veiller».

guetteur, euse [gɛtœʀ, øz] n. m. Personne qui guette. – Anc. Celui qui sonnait l'alarme, dans un beffroi, en cas d'attaque, d'incendie, etc. – De *guetter.*

gueulante [gœlɑ̃t] n. f. Pop. Cri de colère, de protestation. – Loc. *Pousser une gueulante:* protester bruyamment. – De *gueuler.*

1. gueulard [gœlaʀ] n. m. METALL Orifice par où s'effectue le chargement d'un haut fourneau. – De *gueule.*

2. gueulard, arde [gœlaʀ, aʀd] adj. et n. Pop. Braillard. – De *gueuler.*

gueule [gœl] n. f. **1.** Bouche des animaux carnivores, des poissons. *Gueule d'un chien, d'un crocodile, d'un requin.* ▷ Loc. fig. *Se jeter dans la gueule du loup:* se mettre dans une situation dangereuse, par imprudence. **2.** Fam. Bouche, et, par ext., visage humain. *Une belle gueule. Une sale, une vilaine gueule.* ▷ Loc. *Faire la gueule:* bouder. *Casser la gueule à qqn*, le battre. *Se casser la gueule:* tomber. *Gueule cassée:* nom donné aux anciens combattants blessés de la face. *Fermer la (sa) gueule:* se taire. *Ta gueule! vos gueules!:* silence! *Grande gueule:* personne qui a l'habitude de parler très fort, de crier, ou qui parle avec assurance mais sans agir efficacement. *Fine gueule:* gourmet. *Avoir la gueule de bois*, la gorge sèche et la bouche pâteuse après s'être enivré. *Avoir de la gueule* (en parlant des choses): avoir de l'allure. **3.** Ouverture. *Canon chargé jusqu'à la gueule.* – Lat. *gula*, «gosier, bouche».

gueule-de-loup [gœldəlu] n. f. Muflier des jardins *(Antirrhinum majus).* – *Des gueules-de-loup.* – De *gueule, de*, et *loup.*

gueulement [gœlmɑ̃] n. m. Fam. Cri. – De *gueuler.*

gueuler [gœle] v. tr. **[1]** Fam. Crier très fort. *Gueuler des injures. Gueuler comme un âne.* – De *gueule.*

gueules [gœl] n. m. HERALD Couleur rouge de l'écu. – Même mot que *gueule**, au plur. *gueules*; d'abord petits morceaux de fourrure découpés dans la peau du gosier de l'animal, souvent teints en rouge et servant d'ornement.

gueuleton [gœltõ] n. m. Fam. Festin. – De *gueule.*

gueuletonner [gœltɔne] v. intr. **[1]** Fam. Faire un gueuleton. – De *gueuleton.*

1. gueuse [gøz] n. f. METALL Lingot de fonte brute. – De l'all. *Göse*, «morceaux informes de fer fondu», plur. bas all. de *Gans*, proprem. «oie».

2. gueuse ou **gueuze** [gøz] n. f. Bière belge. V. lambic. – De *gueux*.

gueuserie [gøzʀi] n. f. **1.** Vx Mendicité. **2.** Vieilli Action malhonnête. – De *gueux*.

gueux, gueuse [gø, gøz] n. **1.** Vx Mendiant, pauvre. **2.** Coquin, fripon. **3.** n. f. Vx Prostituée. ▷ Loc. mod. *Courir la gueuse:* mener une vie de débauche. – Du moyen néerl. *guit*, «fripon, fourbe».

gueuze. V. gueuse.

guèze [gɛz] n. m. LING Langue chamito-sémitique de l'Éthiopie (très précisément du royaume d'Aksoum, IVe-Xe s.) que supplanta l'amharique, mais qui demeure la langue liturgique des chrétiens éthiopiens. – Mot éthiopien *geez*.

gugusse [gygys] n. m. Fam. Clown qui joue les naïfs. – De *guss*, abrév. fam. du prénom *Auguste*.

gui [gi] n. m. Arbrisseau (*Viscum album*, fam. loranthacées) à feuilles longues et arrondies, à fleurs jaunes donnant des baies blanchâtres translucides, plante semi-parasite poussant sur les branches des peupliers, des pommiers et des ormes, plus rarement des chênes. *Le gui de chêne était sacré chez les Gaulois.* – Du lat. *viscum*, avec infl. de *guigne* 1.

guibre [gibʀ] n. f. MAR ANC Charpente en saillie sur l'avant de l'étrave d'un navire en bois, soutenant le beaupré. – Altér. de l'anc. mot *guivre*, «serpent».

guiche [giʃ] n. f. **1.** ARCHEOL Courroie de bouclier, de cor. **2.** n. f. pl. Mèches de cheveux frisés sur le front en accroche-cœur. – Var. *guige*, en a. fr.; probabl. du frq. **whitig*, «lien d'osier».

guichet [giʃɛ] n. m. **1.** Petite ouverture pratiquée dans une porte, un mur. *Parler au guichet*, dans une prison. ▷ *Scie à guichet*, à lame très étroite. **2.** Petite ouverture derrière laquelle se tiennent les employés, dans une poste, une banque, etc. – De l'anc. scand. *vik*, «cachette».

guichetier, ière [giʃtje, jɛʀ] n. Personne préposée à un guichet. – De *guichet*.

guidage [gidaʒ] n. m. **1.** Action de guider. **2.** TECH Ensemble des pièces qui, dans un puits de mine, guident le mouvement de la cage d'extraction. **3.** TECH Ensemble des pièces qui guident le mouvement d'un organe de machine. **4.** Action de guider (un avion, un sous-marin, une fusée, etc.) par radio ou par un autre procédé. – De *guider*.

guide [gid] n. **I.** n. m. **1.** Personne qui montre le chemin. *Guide de haute montagne. Guide de musée.* ▷ MILIT Soldat sur lequel les autres doivent régler leurs mouvements. **2.** Fig. Personne qui en dirige, en conseille d'autres. *Un guide spirituel. – Par ext.* Ce qui dirige un être humain dans ses actions. *Sa conscience est son seul guide.* **3.** Ouvrage didactique. ▷ *Spécial.* Ouvrage décrivant une ville, une région, etc. *Guide des rues de Paris.* **4.** TECH Organe qui permet d'imposer une trajectoire à un organe mobile. **5.** TELECOM *Guide d'ondes:* tuyau métallique servant à transporter des ondes radioélectriques de très hautes fréquences. **II.** n. f. pl. Longue rêne servant à diriger les chevaux attelés. *Conduire à grandes guides*, très vite. ▷ Fig. *Mener la vie à grandes guides:* vivre sur un grand pied, se montrer prodigue. **III.** n. f. Jeune fille faisant partie d'un groupe de scoutisme. *Cheftaine de guides.* – Anc. provenç. ou ital. *guida*.

guide-âne [gidɑn] n. m. Petit guide, aide-mémoire. *Des guide-âne* ou *guide-ânes.* – De *guider*, et *âne*.

guider [gide] **I.** v. tr. [1] **1.** Conduire, montrer le chemin à. *Le chien guide l'aveugle.* – Fig. *Guider un élève dans ses études.* **2.** Mettre sur la bonne voie. *Les traces guident les chasseurs.* **3.** Fig. Diriger, mener, faire agir. *C'est son ambition qui le guide.* **II.** v. pron. *Se guider sur :* se diriger d'après. *Se guider sur l'étoile polaire.* – Fig. *Se guider sur l'exemple de ses prédécesseurs.* – De l'a. fr. *guier*, d'après *guide*.

guiderope [gidʀɔp] n. m. AERON Cordage assez lourd, qu'on laisse traîner sur le sol pour maintenir un aérostat à hauteur constante. – Mot anglais, du fr. *guide*, et *rope*, «corde».

guidon [gidɔ̃] n. m. **1.** Vx Étendard. **2.** MAR Pavillon à deux pointes ou triangulaire. **3.** Organe (tube métallique cintré) servant à orienter la roue avant d'un deux-roues. *Lâcher le guidon de sa bicyclette.* **4.** TECH Pièce saillante située à l'extrémité du canon d'une arme et servant à prendre la ligne de mire. – Ital. *guidone*.

guignard [giɲaʀ] n. m. Petit échassier. *Pluvier guignard (Eudromias morinellus):* pluvier du nord et de l'ouest de l'Alaska qui hiverne en Asie. – A. fr., «qui cligne de l'œil».

1. guigne [giɲ] n. f. Cerise noirâtre très sucrée, à chair ferme. ▷ Fam. *Se soucier de qqch, de qqn comme d'une guigne*, ne pas s'en soucier, n'y prêter aucune attention. – Lat. médiév. *guina*, p.-ê. du haut all. *wîhsila*, all. mod. *Weichsel*, «griotte».

2. guigne [giɲ] n. f. Fam. Malchance. *J'ai la guigne!* – Var. pop. de *guignon*.

guigner [giɲe] v. tr. [1] **1.** Regarder du coin de l'œil. *Guigner le jeu du voisin.* **2.** Fig. Convoiter. *Guigner un emploi.* – Du frq. **wingjan*, «faire signe».

guignier [giɲje] n. m. Cerisier *(Prunus cerasus juliana)* dont le fruit est la guigne. – De *guigne* 1.

guignol [giɲɔl] n. m. **1.** Marionnette à gaine. **2.** Théâtre de marionnettes. *Mener les enfants au guignol.* **3.** Fig., fam. Individu grotesque, fantoche. *Faire le guignol :* faire l'idiot. – Du nom du canut lyonnais *Guignol*, devenu le héros des marionnettes de Mourguet en 1795.

guignolée [giɲɔle] n. f. Collecte de nourriture, d'argent, etc., au profit des malheureux, faite de maison en maison pendant la période des fêtes. *Courir la guignolée:* aller de maison en maison pour faire cette quête. – Mot d'orig. incert., hérité des parlers de France.

ENCYCL La guignolée canadienne tire ses origines de diverses régions de France où des coutumes semblables, par leur appellation et par leur nature, se pratiquent depuis des siècles. Cette coutume est sans doute ancienne au Canada, mais elle n'y est attestée de façon claire que depuis 1800 environ. La guignolée a beaucoup évolué depuis cette époque. Au XIXe s. par ex., la quête se faisait toujours le 31 décembre, veille du jour de l'An, et elle revêtait presque des airs de carnaval. En effet, pour courir la guignolée, on portait toutes sortes de déguisements, on s'annonçait de façon bruyante, par ex. en faisant sonner des clochettes, et plus spécialement on entonnait en chœur le chant de la guignolée en tapant la mesure avec de longs bâtons:

> Bonjour le maître et la maîtresse
> Et tout le monde de la maison.
> Pour le dernier jour de l'année
> La Guignolée vous nous devez.

Dans les foyers, la visite des guignoleux était attendue avec impatience autant par les enfants que par les adultes. Ceux-ci, outre les dons destinés à la quête, offraient à manger et à boire aux visiteurs, histoire de célébrer l'arrivée de la nouvelle année.

Peu à peu, notamment en raison des abus qui en résultaient, l'aspect carnavalesque de la guignolée s'est estompé pour laisser place à une quête utilitaire. Ce sont d'abord les voyageurs de commerce qui, au début du XXe s., organisèrent ces guignolées davantage structurées; par la suite, des organismes humanitaires comme la Société Saint-Vincent-de-Paul ont pris la relève. Les éléments traditionnels de la quête se sont conservés à des degrés divers selon la mémoire des guignoleux et le mode d'organisation locale. Encore aujourd'hui dans certaines régions, durant les jours qui précèdent Noël, la guignolée se présente à notre porte.

guignolet [giɲɔlɛ] n. m. Liqueur de guigne. *Guignolet d'Anjou.* – De *guignole,* dérivé normand de *guigne* 1.

guignoleux [giɲɔlø] n. m. Autrefois, chacune des personnes d'un groupe qui faisait la guignolée. – De *guignolée.*

guignon [giɲõ] n. m. Fam., vieilli Malchance. – De *guigner,* «regarder de côté».

guilde, ghilde ou **gilde** [gild] n. f. **1.** HIST Au Moyen Âge, association entre corporations d'artisans, de commerçants, etc. **2.** Mod. Association commerciale offrant à ses adhérents des avantages particuliers. – Lat. médiév. *gilda,* du moyen néerl. *gilde,* «troupe, corporation».

guillaume [gijom] n. m. TECH Rabot de menuisier dont le fer, très étroit, a la largeur du fût. – Rabot de plâtrier à fer large. – N. propre.

guilledou [gijdu] n. m. Loc. fam. *Courir le guilledou:* aller à la recherche d'aventures amoureuses. – Orig. incert., p.-ê. de l'a. fr. *guiller,* «tromper, séduire», et *doux,* adv.

guillemet [gijmɛ] n. m. (Le plus souv. au pl.) Signe typographique («») qu'on utilise pour mettre en valeur un mot ou un groupe de mots en citation. *Passage entre guillemets. Ouvrir les guillemets.* – De *Guillaume,* imprimeur qui inventa ce signe (apparu pour la première fois en 1527).

guillemeter [gijmete] v. tr. [23] Mettre entre guillemets. *Guillemeter une citation.* – De *guillemet.*

guillemot [gijmo] n. m. Oiseau alciforme (genre *Uria)* voisin du pingouin. *Certains guillemots sont appelés marmettes au Canada.* – Dimin. de *Guillaume,* surnom de cet oiseau.

guilleret, ette [gijʀɛ, ɛt] adj. Plein de vivacité, de gaieté. *L'air guilleret.* – Libre, leste. *Conte guilleret.* – Probabl. même rad. que *guilleri,* «chant du moineau», de *guiller* (V. guilledou).

guillochage [gijɔʃaʒ] n. m. TECH Action de guillocher; le résultat de cette action. – De *guillocher.*

guilloche [gijɔʃ] n. f. TECH Outil servant à guillocher. – Déverbal de *guillocher.*

guillocher [gijɔʃe] v. tr. [1] TECH Orner de guillochis. – Probabl. ital. *ghiocciare,* var. de *gocciare,* de *goccia,* «goutte», ornement d'architecture.

guillocheur [gijɔʃœʀ] n. m. TECH Ouvrier qui guilloche. – De *guillocher.*

guillochis [gijɔʃi] n. m. TECH Ornement formé par des traits gravés entrecroisés de manière régulière. – De *guillocher.*

guillochure [gijɔʃyʀ] n. f. Chacun des traits qui composent un guillochis. – De *guillocher.*

guillotine [gijɔtin] n. f. **1.** Instrument de supplice destiné à trancher la tête des condamnés à mort au moyen d'un couperet glissant le long de deux montants verticaux. **2.** *Fenêtre à guillotine,* dont le châssis glisse verticalement entre deux rainures. – De *Guillotin* (1738-1814), n. d'un médecin qui avait réclamé pour tous les condamnés à mort le droit à la décapitation sans avoir à endurer de souffrances.

guillotiner [gijɔtine] v. tr. [1] Décapiter au moyen de la guillotine. – De *guillotine.*

guimauve [gimov] n. f. **1.** Plante herbacée (genre *Althaea,* fam. malvacées) dont les racines, les tiges et les feuilles ont des propriétés émollientes et sédatives. – *Pâte, sirop de guimauve,* faits avec la racine d'*Althaea officinale,* la guimauve officinale. ▷ Confiserie spongieuse à base de sirop de maïs, de gélatine et de sucre. Faire griller des guimauves sur un feu de camp. Syn. marshmallow. **2.** Fig., péjor. *À la guimauve:* d'une sentimentalité outrée, d'une grande mièvrerie. *Romans à la guimauve.* – D'un élément *gui-,* du lat. *hibiscus,* altéré par crois. avec *gui,* et de *mauve,* ajouté pour éviter une confusion de sens.

guimbarde [gɛ̃baʀd] n. f. **1.** Instrument de musique composé d'une branche de fer recourbée et d'une languette d'acier. **2.** TECH Petit rabot de menuisier, d'ébéniste, de sculpteur, servant à égaliser le fond des creux. **3.** Péjor., fam. Vieille voiture; mauvaise voiture. – Provenç. *guimbardo,* «danse», de *guimba,* «sauter»; d'abord «danse», puis «instrument de musique».

guimpe [gɛ̃p] n. f. **1.** Anc. Pièce d'étoffe encadrant le visage des religieuses. **2.** Plastron qui masque en partie le décolleté d'une robe. **3.** Chemisette sans manche à col haut. – Du frq. **wimpil,* all. *Wimpel,* «banderole».

guincher [gɛ̃ʃe] v. intr. [1] Fam. Danser. – P.-ê. de l'a. fr. *guenchir* «esquiver», du frq. *wenkjan,* «chanceler».

guindage [gɛ̃daʒ] n. m. TECH Action de guinder. – De *guinder.*

guindant [gɛ̃dɑ̃] n. m. MAR *Guindant d'un pavillon,* sa dimension verticale (par oppos. au *battant,* sa dimension horizontale). – *Guindant d'une voile,* longueur de sa ralingue d'envergure (voiles auriques et triangulaires). – Ppr. subst. de *guinder.*

guindé, ée [gɛ̃de] adj. Qui manque de naturel, gêné. *Avoir l'air guindé dans des vêtements neufs.* – Fig. Affecté et solennel. *Style guindé.* – Pp. de *guinder.*

guindeau [gɛ̃do] n. m. MAR Treuil à axe horizontal qui sert notam. à la manœuvre des chaînes d'ancre. *Vire au guindeau!:* ordre de relever la chaîne d'ancre à l'aide du guindeau. – De *guinder.*

guinder [gɛ̃de] v. tr. [1] **1.** TECH Élever au moyen d'un engin de levage. **2.** Fig. Donner une rigueur affectée à. *Guinder son style.* ▷ v. pron. *Se guinder:* adopter une rigueur affectée, se raidir. – Scand. *winda,* «hausser».

guinée [gine] n. f. Ancienne monnaie anglaise, dont les premières pièces furent frappées avec de l'or de Guinée. *La guinée valait 21 shillings.* – Angl. *guinea.*

guinéen, éenne [gineɛ̃, eɛn] adj. et n. De la Guinée, État d'Afrique occid.

guingois (de) [gɛ̃gwa] loc. adv. Fam. De travers. *Une vieille maison toute de guingois.* – Du rad. germ. *gîga,* «violon».

guinguette [gɛ̃gɛt] n. f. (France) Petit café populaire, généralement en plein air, où l'on boit et où l'on danse. *Les guinguettes des bords de Marne.* – Fém. de *guinguet,* «étroit» (maison guinguette), de l'a. fr. *giguer, ginguer,* «sauter», rad. germ. *gîga,* «violon».

guipage [gipaʒ] n. m. **1.** TECH Action de guiper. **2.** ELECTR Gaine isolante formée de fils juxtaposés, destinée à assurer la protection mécanique ou l'isolement d'un conducteur électrique. – De *guiper.*

guiper [gipe] v. tr. [1] **1.** TECH Torsader. *Guiper des cordons.* **2.** ELECTR Entourer (un conducteur électrique) d'un isolant. – Du frq. **wipan,* «entourer de soie».

guipoir [gipwaʀ] n. m. TECH Outil pour faire des torsades. – De *guiper.*

guipure [gipyʀ] n. f. Dentelle sans fond représentant des fleurs, des arabesques, etc. – De *guiper.*

guirlande [giʀlɑ̃d] n. f. **1.** Couronne, feston de fleurs et de feuilles naturelles ou artificielles servant à décorer. ▷ Dessin, sculpture représentant une guirlande. *Papier peint à guirlandes.* **2.** Ce qui présente l'aspect d'une guirlande. *Disposer des guirlandes de lampes colorées.* – Ital. *ghirlanda.*

guisarme [gɥizaʀm] n. f. Anc. Arme d'hast à un ou deux crochets aigus. *Franc-archer armé de la guisarme* (guisarmier). – Orig. incon.

guise [giz] n. f. (Seulement en loc.) **1.** *À sa guise:* à son gré. *Ici, chacun vit à sa guise.* – *N'en faire qu'à sa guise:* suivre son bon plaisir. – *À ta guise!* comme tu voudras. **2.** *En guise de:* au lieu de, comme, pour. *Il a reçu de l'argent en guise de récompense.* – Du germ. **wisa*, «manière».

guitare [gitaʀ] n. f. Instrument de musique à cordes pincées, à manche et à corps aplati des deux côtés. *D'origine orientale, la guitare fut introduite par les Maures en Espagne.* – *Guitare électrique*, munie de micros magnétiques reliés à un amplificateur. – Esp. *guitarra*, ar. *gîtâra*, gr. *kithara.*

guitariste [gitaʀist] n. Personne qui joue de la guitare. – De *guitare.*

guitoune [gitun] n. f. Fam. Abri de fortune, cabane, tente. – Ar. maghrébin *gitūn*, «tente».

gummifère [gymifɛʀ] adj. BOT Qui produit de la gomme. *Arbre gummifère.* – Du bas lat. *gumma*, «gomme», et de *-fère.*

gunite [gynit] n. f. CONSTR Mélange de sable et de ciment réalisé à sec et destiné à être projeté pour constituer un revêtement. – Mot angl., de *gun*, «canon».

günz [gynz] n. m. GEOL La première des quatre glaciations d'Europe durant le Quaternaire. *Le Günz est notam. caractérisé par des épandages de graviers sur des plateaux.* – Nom d'une rivière all., l'un des quatre affluents du Danube.

guppy [gypi] n. m. Poisson d'aquarium (genre *Lebistes*) de petite taille (3 cm pour le mâle, 6 cm pour la femelle), aux couleurs vives, originaire d'Amérique du S. – Du n. de R.J.L. *Guppy*, qui en fit parvenir au British Museum le premier spécimen.

guru. V. gourou.

gus [gys] n. m. Fam. Type, gars. – De *gugusse.*

gustatif, ive [gystatif, iv] adj. Qui concerne le goût. *Sensation gustative.* – *Papilles gustatives*, situées sur la langue et sur le palais, innervées par les nerfs glosso-pharyngien et lingual. – Lat. *gustatum*, de *gustare*, «goûter».

gustation [gystasjɔ̃] n. f. Perception des saveurs par le goût. – Bas lat. *gustatio.*

gutta-percha [gytapɛʀka] n. f. Substance chimiquement proche du caoutchouc qu'on extrait du latex de *Palaguium gutta*, arbre d'Asie tropicale. *Excellent isolant électrique, la gutta-percha protège les câbles téléphoniques sous-marins. Des guttas-perchas.* – Mot angl. tiré du malais.

guttural, ale, aux [gytyʀal, o] adj. **1.** Du gosier. *Fosse, artère gutturale.* **2.** Qui part du gosier. *Voix gutturale.* **3.** PHON Prononcé du gosier. *Consonnes gutturales.* – Du lat. *guttur*, «gosier».

guyanais, aise [gɥijanɛ, ɛz] adj. et n. De la Guyane, région du N.-E. de l'Amérique du Sud.

guyot [gɥijo] n. f. Variété de poire. – Du nom du premier producteur, le docteur Jules *Guyot.*

guzla [gyzla] n. f. Violon monocorde des Balkans. – Mot croate.

gy Symbole du gray.

gymkhana [ʒimkana] n. m. Fête en plein air comportant des épreuves d'adresse, et notam. des courses d'obstacles. *Gymkhana automobile.* – Mot hindi, par l'anglais.

gymnase [ʒimnɑz] n. m. **1.** ANTIQ GR Lieu où les athlètes s'entraînaient. **2.** Vaste salle aménagée et équipée pour la pratique de la gymnastique, de l'escrime, du basket-ball, etc. **3.** École secondaire, en Suisse et en Allemagne. – Lat. d'orig. gr. *gymnasium.*

gymnaste [ʒimnast] n. **1.** ANTIQ GR Instructeur des athlètes. **2.** Mod. Athlète pratiquant la gymnastique. *Une jeune gymnaste.* – Gr. *gymnastês.*

gymnastique [ʒimnastik] adj. et n. f. **1.** adj. *Pas gymnastique:* pas de course cadencé. **2.** n. f. Discipline de compétition qui comprend, pour les hommes, des exercices au sol, aux barres parallèles, à la barre fixe, aux anneaux, au cheval d'arçon et, pour les femmes, des exercices au sol, aux barres inégales, à la barre fixe, à la poutre d'équilibre. ▷ Éducation physique. *Moniteur de gymnastique.* – Abrév. fam. *gym. Le prof de gym.* – *Gymnastique corrective*, exercée sous contrôle médical et destinée à corriger un maintien défectueux. ▷ Fig. *Gymnastique intellectuelle.* – Lat. d'orig. gr. *gymnasticus.*

gymnique [ʒimnik] adj. et n. **1.** adj. ANTIQ GR *Jeux gymniques*, où les athlètes combattaient nus. **2.** n. f. Didac. Art des exercices athlétiques. – Lat. d'orig. gr. *gymnicus.*

gymn(o)-. Élément, du gr. *gumnos*, «nu».

gymnosophiste [ʒimnɔsɔfist] n. m. Ascète hindou qui vivait nu. – Lat. d'orig. gr. *gymnosophista.*

gymnospermes [ʒimnɔspɛʀm] n. f. pl. et adj. BOT Sous-embranchement de phanérogames dont les ovules, non enfermés dans des carpelles clos (V. angiospermes), sont à nu et dont les graines ne sont donc pas enfermées dans un fruit. *Le sapin est un gymnosperme.* – De *gymno-*, et *-sperme.*

gymnote [ʒimnɔt] n. m. Poisson téléostéen (genre *Electrophorus*) allongé comme une anguille et dépourvu de nageoire dorsale. (L'espèce la plus connue est l'«anguille électrique» des rivières d'Amérique du S., le plus puissant des poissons électriques). – Lat. scientif. *gymnotus*, pour *gymnonotus*, de *gymno-*, et du gr. *nôtos*, propr. «dos nu».

gynandrie [ʒinɑ̃dʀi] n. f. **1.** BOT Disposition de la fleur dont les étamines sont soudées au pistil. **2.** PHYSIOL Traits morphologiques masculins chez certaines femmes. – Du gr. *gunê*, «femme», et *andros*, «homme».

gynécée [ʒinese] n. m. **1.** ANTIQ GR Appartement des femmes. **2.** BOT Ensemble des carpelles d'une fleur, organisés en pistil ou libres. – Lat. d'orig. gr. *gynaeceum.*

gynéco-, gyn(é)- ou **-gyne.** Éléments, du gr. *gunê*, *gunaïkos*, «femme».

gynécologie [ʒinekɔlɔʒi] n. f. MED Etude de l'anatomie, de la physiologie, de la pathologie des organes génitaux féminins. – De *gynéco-*, et *-logie.*

gynécologique [ʒinekɔlɔʒik] adj. De la gynécologie. – Du préc.

gynécologue [ʒinekɔlɔg] ou (vx) **gynécologiste** [ʒinekɔlɔʒist] n. Médecin spécialiste de gynécologie. – De *gynécologie.*

gynérium [ʒineʀjɔm] n. m. BOT Graminée ornementale (genre *Gynerium*) dont les épis très velus, en panache, sont nommés cour. *plumes des pampas.* – De *gyn(é)-*, et gr. *erion*, «laine».

gynogamone [ʒinogamɔn] n. f. BIOL Groupe de substances chimiques sécrétées par les ovules pour favoriser la fécondation. (Les gynogamones G1 stimulent et orientent les mouvements des spermatozoïdes; les gynogamones G2 provoquent, par une réaction de type immunitaire, l'agglutination des spermatozoïdes sur la surface de l'ovule.) V. gamone. – De *gyn(é)-*, *-game*, et *(horm)one*.

gypaète [ʒipaɛt] n. m. ZOOL Très grand vautour (*Gypætus barbatus*, 3 m d'envergure), dit aussi *vautour des agneaux*, dont la tête est garnie d'un plumage beige et noir. *Le gypaète, qui se nourrit de charognes, vit dans les montagnes d'Eurasie et d'Afrique*. – Du gr. *gups*, «vautour», et *æetos*, «aigle».

gypse [ʒips] n. m. Roche saline constituée de sulfate naturel hydraté de calcium ($CaSO_4$, $2H_2O$). *Chauffé vers 200 °C, le gypse perd de l'eau et donne du plâtre*. – Lat. d'orig. gr. *gypsum*, «plâtre».

gypseux, euse [ʒipsø, øz] adj. MINER De la nature du gypse. – De *gypse*.

gypsophile [ʒipsɔfil] n. f. BOT Plante herbacée (genre *Gypsophila*, fam. caryophyllacées) dont les tiges très fines portent des fleurs blanches, ornementales. – De *gypse*, et *-phile*.

gyrin [ʒiʀɛ̃] n. m. Insecte coléoptère (genre *Gyrinus*) long de 5 mm environ, qui tournoie à la surface des eaux douces et calmes. – Lat. d'orig. gr. *gyrinus*.

gyr(o)-, gir(o)-, -gyre. Éléments, du gr. *guros*, «cercle».

gyrocompas [ʒiʀokɔ̃pɑ] n. m. TECH Compas qui indique la direction du nord géographique au moyen d'un gyroscope électrique. – De *gyro-(scope)*, et *compas*.

gyromagnétique [ʒiʀomaɲetik] adj. PHYS NUCL Se dit du rayonnement électromagnétique produit par le mouvement des électrons à l'intérieur d'un accélérateur de particules. – De *gyro-*, et *magnétique*.

gyromètre [ʒiʀomɛtʀ] n. m. AVIAT Instrument mesurant les changements de direction d'un avion. – De *gyro-*, et *mètre*.

gyrophare [ʒiʀofaʀ] n. m. TECH Phare rotatif à éclats équipant le toit de certains véhicules (ambulances, voitures de dépannage, de pompiers, de police, etc.). – De *gyro-*, et *phare*.

gyroscope [ʒiʀɔskɔp] n. m. TECH Appareil constitué essentiellement d'un volant monté dans une armature, dont l'axe de rotation, placé dans une direction quelconque, s'y maintient indéfiniment si aucune force supplémentaire ne lui est appliquée. *Le gyroscope, qui permet de conserver une direction invariable par rapport à un repère absolu, est notamment utilisé en navigation aérienne et spatiale*. ▷ *Gyroscope à laser:* appareil utilisant les phénomènes de résonance de faisceaux laser pour mesurer des angles et des vitesses de rotation. – De *gyro-*, et *-scope*.

gyroscopique [ʒiʀɔskɔpik] adj. TECH Relatif aux propriétés du gyroscope et à ses applications. – Du préc.

gyrostat [ʒiʀɔsta] n. m. Didac Tout solide animé d'un mouvement de rotation lui conférant les propriétés de stabilité directionnelle du gyroscope. – De *gyro-*, et *-stat*.

gyrovague [ʒiʀovag] n. m. HIST Moine errant des premiers siècles de la chrétienté, qui n'appartenait à aucune communauté. *L'Occident a durement traité les gyrovagues, qui ont été plus facilement tolérés en Orient*. ▷ Adj. *Un moine gyrovague*. – Lat. ecclés. *gyrovagus*.

H h

h [aʃ] n. m. ou f. **1.** Huitième lettre, sixième consonne de l'alphabet. *L'h aspiré* (noté ['] en phonétique) *empêche de lier la lettre finale du mot qui le précède avec la voyelle qui le suit.* (*Ex.*: *des haines* [de 'ɛn].) *L'h muet ne se prononce pas.* (Ex.: *des heures* [dezœʀ].) **2.** PHYS h: symbole de hecto. ▷ h: symbole de l'heure. ▷ h ou ħ: constante de Planck. **3.** MILIT *Heure H:* heure prévue pour le déclenchement d'une opération. *L'heure H sert de repère dans le temps pour la prévision détaillée des différentes tâches.* – De la lettre lat. *h*, devenue muette dès l'Empire, ou du *h* aspiré initial germanique.

H 1. CHIM Symbole de l'hydrogène. **2.** PHYS Symbole du champ magnétique. **3.** ELECTR Symbole du henry (unité d'inductance).

ha Symbole de l'hectare.

ha! ['ɑ, ha] interj. Var. de ah! **1.** Vieilli (Marquant la surprise.) *Ha! vous voilà!* **2.** Vieilli (Marquant le soulagement, la lassitude, la douleur.) *Ha! me voilà débarrassé!* ▷ N. m. inv. *Pousser un grand ha!* **3.** (Répété, figurant le rire.) *Ha, ha, ha!* – Onomat.

habanera ['abaneʀa] n. f. Danse d'origine espagnole ou cubaine. ▷ Musique qui accompagne cette danse, exécutée assez lentement sur un rythme à 2/4. *La habanera de «Carmen».* – Mot esp., «havanaise».

habeas corpus [abeas kɔʀpys] n. m. Ordre adressé à celui qui détient une personne emprisonnée ou autrement privée de sa liberté de se présenter devant le tribunal pour qu'il soit décidé si la détention est justifiée. *«Toute personne privée de sa liberté a droit de recourir à l'habeas corpus.»* (Art. 32 de la Charte des droits et libertés de la personne.) – Mots lat. signif. «que tu aies le corps», c'est-à-dire «tu auras à présenter l'individu» (sous-entendu *ad subjiciendum*, «devant la cour»).

ENCYCL Ce recours extraordinaire, issu du droit public anglais, a été introduit au Québec par l'ordonnance d'Haldimand, en 1784; il a ensuite été adopté par la législature québécoise en 1812. Il a pour fondement le droit pour tout individu de ne pas être privé arbitrairement de sa liberté.

Lorsqu'une personne prétend qu'elle est privée de sa liberté sans motif juridique valable, elle peut s'adresser à un juge de la Cour supérieure pour obtenir l'émission d'un bref d'*habeas corpus* ordonnant à celui sous la garde de qui elle est détenue de la conduire sans délai devant la cour pour qu'il expose à un juge les motifs de la détention et la justifie. Ce type de demande est le plus souvent formulé par des personnes qui sont emprisonnées ou qui sont détenues dans des hôpitaux pour malades mentaux. La demande peut être présentée par un tiers agissant en leur nom.

Dès son émission, le bref est signifié à la personne à qui il est adressé et celle-ci doit se conformer à l'ordre qui lui est donné, sinon elle se rend coupable d'outrage au tribunal. Le juge devant qui l'audition a lieu a pour seule mission de vérifier la légalité de la détention et il ne peut s'interroger sur le bien-fondé de la décision qui a conduit à la détention. S'il en vient à la conclusion que la personne est arbitrairement privée de sa liberté, il ordonnera alors sa libération.

habile [abil] adj. **1.** Qui sait bien exécuter qqch; adroit, expert. *Un mécanicien habile. Il est habile dans cet art, habile à manier le pinceau. Être habile en affaires.* **2.** Qui témoigne d'une certaine adresse, d'une certaine ingéniosité. *Une décision habile. Un film habile et sans prétentions.* **3.** DR Qui remplit les conditions juridiques requises pour l'exercice d'un acte. *Habile à hériter.* – Lat. *habilis*, «commode, bien adapté».

habilement [abilmɑ̃] adv. Avec adresse, habileté, finesse. *Se tirer habilement d'une affaire délicate.* – De *habile.*

habileté [abilte] n. f. **1.** Qualité d'une personne habile. *Une broderie exécutée avec habileté. L'ambassadeur possède une habileté diabolique.* **2.** Manière d'agir, procédé habile. *Ce metteur en scène connaît à fond toutes les habiletés du métier.* – Du lat. *habilitas*, «aptitude», ou de *habile.*

habilitation [abilitasjɔ̃] n. f. DR Action d'habiliter qqn. – Lat. médiév. *habilitatio.*

habilité [abilite] n. f. DR Aptitude légale à faire qqch. – Lat. *habilitas*, «aptitude».

habiliter [abilite] v. tr. [1] DR Rendre (qqn) légalement habile, apte à accomplir un acte juridique. *Habiliter un mineur.* – Lat. médiév. *habilitare.*

habillable [abijabl] adj. Qu'on peut habiller. – De *habiller.*

habillage [abijaʒ] n. m. **1.** Action d'habiller (qqn). *S'occuper de l'habillage d'un enfant.* ▷ TECH Action d'habiller une montre (on dit aussi rhabillage). ▷ Disposition d'un texte typographique autour des illustrations. **2.** CONSTR Revêtement décoratif destiné à masquer un radiateur, des tuyauteries, des poutres, etc. – De *habiller.*

habillé, ée [abije] adj. **1.** Vêtu. *Il a dormi tout habillé. Un homme habillé de noir.* **2.** Qui porte des habits de cérémonie, de soirée. *Être très habillé.* – Par ext. *Une tenue habillée, trop habillée. Une soirée habillée*, pour laquelle les vêtements de cérémonie sont de rigueur. – Pp. de *habiller.*

habillement [abijmɑ̃] n. m. **1.** Action d'habiller (qqn). *Habillement des recrues.* **2.** Ensemble des vêtements que l'on porte. *Un habillement somptueux, ridicule.* – De *habiller.*

habiller [abije] **I.** v. tr. [1] **1.** Mettre des vêtements à (qqn). *Habiller une mariée. Habiller un enfant en costume marin. Quel est le grand couturier qui habille cette comédienne? Être habillé de neuf. Être bien, mal habillé.* **2.** Aller (des vêtements que l'on porte). *Cette robe l'habille à ravir. Un rien l'habille:* même un vêtement très simple lui sied. **3.** Couvrir, envelopper (qqch). *Habiller un meuble d'une housse.* ▷ *Habiller des bouteilles de champagne*, les revêtir d'une coiffe de papier métallique. **4.** Raccourcir les racines et la partie aérienne d'une plante que l'on transplante pour éliminer les blessures dues à l'arrachage. **5.** TECH Ajouter des accessoires à (une pièce). ▷ TYPO Disposer le texte autour des illustrations. ▷ *Habiller une montre:* disposer dans le boîtier les pièces du mécanisme. **6.** Préparer (telle ou telle marchandise) pour la vendre. *Habiller une volaille.* **II.** v. pron. **1.** Se vêtir. *Un enfant trop petit pour s'habiller tout seul. Il s'habille n'importe comment. S'habiller chaudement, légèrement. Savoir s'habiller*, avec goût. **2.** Absol. *S'habiller:* revêtir des vêtements de cérémonie. *S'habiller pour une soirée de gala.* – De *a-*, et *bille*, «pièce de bois», propr. «préparer une bille de bois», avec infl. de *habit.*

habilleur, euse [abijœʀ, øz] n. **1.** n. m. PECHE Ouvrier qui prépare les morues avant de les saler.

2. (Surtout au f.) Femme qui aide les acteurs à s'habiller et qui s'occupe de leurs costumes. *Cette vedette a son habilleuse personnelle.* – De *habiller.*

habit [abi] n. m. **1.** Vêtement propre à un usage déterminé, costume caractéristique d'une époque. *Habit de chasse, de voyage, de gala. Habit de noces. Habit de neige,* que les enfants mettent pour jouer dehors l'hiver. *Habit(s) de travail. Habit(s) du dimanche.* – Anc. *Habit à la française:* sous Louis XIV, tunique à collet droit et à manches garnies de parements. ▷ Autref., vêtement principal des militaires. *Les habits rouges* (ou *Habits Rouges*), les soldats anglais. «Le colonel Gore [...] attaqua les Patriotes qui s'étaient retranchés dans le petit village de Saint-Denis sur Richelieu. Les Canadiens tiraient par les fenêtres des maisons. Les Habits Rouges furent obligés de retraiter, laissant des morts dans les rues du village et abandonnant leur canon.» (Robert De Roquebrune, *Testament de mon enfance,* 1951.) ▷ Loc. *Prendre l'habit:* se faire religieux, religieuse. *Prise d'habit:* entrée en religion. – Prov. *L'habit ne fait pas le moine:* il ne faut pas juger les gens sur l'apparence. **2.** Cour. Complet, costume masculin. *S'acheter un habit. Faire nettoyer son habit. Habit d'été,* plus léger. Rem. Souvent au fém. dans l'usage fam. «Papa a l'air parfaitement à jeun et a mis "sa belle habit grise".» (Jean-Paul Filion, *Les murs de Montréal,* 1977.) **3.** *Spécial.* Vêtement de cérémonie masculin, noir, à basques et revers de soie. – *Habit à queue.* **4.** Plur. Ensemble de vêtements. *Ôter ses habits. Des habits de deuil.* – Lat. *habitus,* «manière d'être, costume».

habitabilité [abitabilite] n. f. **1.** Qualité de ce qui est habitable. **2.** Place qu'offre à ses occupants un logement, un véhicule, etc. – De *habitable.*

habitable [abitabl] adj. **1.** Qui peut être habité. *Logement habitable immédiatement.* **2.** Où l'on peut vivre. *La région n'est pas habitable.* – Lat. *habitabilis.*

habitacle [abitakl] n. m. **1.** Poét. Demeure. **2.** Partie d'un avion ou d'un vaisseau spatial réservée au pilote et à l'équipage. **3.** MAR *Habitacle du compas:* logement qui abrite le compas de route à bord d'un navire. – Lat. imp. *habitaculum.*

habitant, ante [abitɑ̃, ɑ̃t] n. **I. 1.** Personne qui a sa demeure en un endroit. *Cette ville a cent mille habitants.* **2.** Poét. *Les habitants de l'air, des forêts, des eaux:* les oiseaux, les bêtes sauvages, les poissons. – *Les habitants de l'Olympe:* les dieux mythologiques de la Grèce ancienne. **II. 1.** HIST Particulier établi à demeure sur une terre qui lui a été léguée par le roi pour qu'il en assure le défrichement et la culture. *À partir de 1686, les soldats venus en Nouvelle-France qui se mariaient et «se faisaient habitants» étaient libérés du service et continuaient de recevoir leur solde pendant un an.* **2.** *Par ext.* vieilli Personne qui cultive, exploite une terre. *Du beurre, de la laine, du savon d'habitant.* – *Un gros habitant:* un cultivateur à l'aise. ▷ Fig. et péjor. Individu ignorant, peu dégourdi. *Avoir l'air habitant. Faire l'habitant.* – Ppr. de *habiter.*

ENCYCL On s'est beaucoup demandé, depuis le milieu du XIXe s., pourquoi on appelait *habitants* les paysans canadiens-français. On n'avait alors plus présent à la mémoire le sens que ce mot avait au XVIIe s. au Canada ainsi que dans les autres colonies françaises de l'époque (Antilles, Mascareignes, Louisiane). Le mot *habitant* désignait en effet au départ les hommes libres qui étaient propriétaires fonciers dans la colonie; il s'opposait à *hivernant,* mot qui s'appliquait aux domestiques (ou *engagés*), aux soldats, aux fonctionnaires, aux employés des compagnies de traite, aux missionnaires, etc. Ces derniers, après quelques années, retournaient en France; ils restaient donc des Français. Les habitants, eux, se fixèrent à demeure au Canada et y firent souche: ce furent les premiers Canadiens. Selon l'historien Benjamin Sulte, qui a beaucoup écrit sur le sujet, les mots *habitant* et *Canadien* furent longtemps synonymes; ils s'opposaient à *Français* sous l'Ancien Régime, puis à *Anglais* après la Conquête. Dans la première moitié du XVIIe s., les compagnies de traite des fourrures avaient, en échange de leurs privilèges, le devoir de faire venir des colons en Nouvelle-France, mais elles ont failli à leur mission. Pour hâter le peuplement de la colonie, la Compagnie des Habitants s'est constituée en 1645; elle avait le bénéfice de la traite et devait faire passer chaque année vingt colons au Canada. Dès lors, il fallait être habitant pour pouvoir bénéficier de la traite et aussi pour pouvoir acheter des marchandises: «[...] ceux qui ne se sont déclarés habitans, quels qu'ils soient, ne pourront faire venir de France, acheter ou recevoir des Matelots ou officiers des navires ny d'aucun autre que des habitans de ce païs aucunes vivres ou marchandises de quelque nature qu'elles soient» (ordonnance du 15 mars 1649). Les marchands, les charpentiers, les maçons, les tonneliers, etc., qui exerçaient leur métier dans la colonie étaient tous aussi des habitants, au même titre que ceux dont le métier était de cultiver la terre. À la suite des désordres causés par les coureurs de bois qui continuaient à faire illégalement la traite des fourrures, il devint obligatoire, pour ceux qui souhaitaient rester dans la colonie, de se mettre sous les ordres d'un maître, comme engagés, ou d'exploiter une terre, comme habitants (ordonnance du 12 mai 1675). Cependant, ces ordonnances cesseront d'être observées à la fin du siècle et le sens du mot *habitant* se restreindra petit à petit pour finir par désigner uniquement les cultivateurs propriétaires de leur terre (le mot *laboureur* désignait les fermiers, qui n'étaient pas des propriétaires). L'habitant canadien était beaucoup plus prospère que le paysan français qui n'avait aucun privilège et qui était assujetti à un système beaucoup plus lourd de redevances et de corvées envers le seigneur. Cette situation a suscité l'admiration des voyageurs européens: «Les Païsans y vivent sans mentir plus commodément qu'une infinité de Gentils-hommes en France. Quand je dis Païsans je me trompe, il faut dire habitans, car ce tître de Païsan n'est non plus receu ici qu'en *Espagne,* soit parce qu'ils ne payent ni sel ni taille, qu'ils ont la liberté de la chasse & de la pêche, ou qu'enfin leur vie aisée les met en parallele avec les Nobles.» (1684, La Hontan.) Même si certains habitants se sont enrichis, notamment grâce à la traite, l'habitant moyen ne réussit pas à faire des économies, ce qui le met à la merci des fléaux naturels. L'exode rural vers les villes s'amorce déjà au milieu du XVIIIe s. Parmi ceux qui restent sur leurs terres, beaucoup doivent travailler l'hiver dans les chantiers forestiers pour subvenir aux besoins de leur famille. La situation se détériorera au point de provoquer un exode massif de cultivateurs vers la Nouvelle-Angleterre à la fin du XIXe s. Pour ces raisons, auxquelles s'ajoutent les progrès de l'industrialisation, l'image prestigieuse de l'habitant se déprécie et le mot prend une valeur péjorative dans la bouche d'un citadin. La même évolution s'est produite à l'île de la Réunion (océan Indien). Le mot *habitant* a dépassé le cadre du français et figure dans des récits en anglais sur le Canada français, dans les différents sens mentionnés, et aussi au sens de «Canadien-français» (*habitant French* qualifiait la langue franco-canadienne rurale). L'équipe de hockey *Les Canadiens* de Montréal s'appelait aussi *Les Habitants* dans la première moitié du XXe s.

habitat [abita] n. m. **1.** SC NAT Lieu où l'on rencontre une espèce animale ou végétale. **2.** Mode de peuplement d'une région par l'homme. *Habitat urbain.* **3.** Façon dont sont logés les habitants d'une ville, d'une région, etc. *Habitat collectif, individuel.* – De *habiter.*

habitation [abitasjõ] n. f. **1.** Action d'habiter en un lieu; séjour qu'on y fait habituellement. *L'humidité de cette maison s'oppose à son habitation.* **2.** Lieu où l'on habite; maison, logis, demeure. *Une habitation bien située. Habitations à loyer modique (H.L.M.).* – Lat. *habitatio.*

habiter [abite] **I.** v. tr. [1] **1.** Être installé en (un endroit). *Il habite Hull, le Nouveau-Brunswick.* **2.** Avoir son logement habituel dans. *Habiter une maison au bord de la mer.* **3.** Fig. Résider dans. *La paix habite son âme.* **II.** v. intr. Demeurer, séjourner, vivre en (un endroit). *Elle habite chez ses parents.* ▷ Fig. *L'esprit de vengeance habite en lui.* – Lat. *habitare.*

habituation [abitɥasjõ] n. f. BIOL Affaiblissement d'une réponse à un stimulus donné, résultant d'une accoutumance à ce dernier. *L'habituation s'observe aussi bien dans un comportement biologique qu'en ce qui concerne une réaction sensorielle ou psychologique.* – Mot angl., «accoutumance».

habitude [abityd] n. f. **1.** Vx Disposition générale du corps. **2.** Manière d'agir, état d'esprit acquis par la répétition fréquente des mêmes actes. *Avoir l'habitude de fumer, de faire du sport, de se coucher tôt. – Il n'a pas l'habitude d'être contredit.* – Prov. *L'habitude est une seconde nature.* **3.** Coutume. *Les habitudes de la maison. Les habitudes d'une région.* **4.** loc. adv. *D'habitude:* ordinairement, le plus souvent. *D'habitude, je le vois tous les jeudis.* – Lat. *habitudo,* «manière d'être, état».

habitué, ée [abitɥe] n. Personne qui va habituellement, souvent, en un endroit. *Un habitué de la maison. Les habitués d'un restaurant.* – Pp. subst. de *habituer.*

habituel, elle [abitɥɛl] adj. **1.** Passé à l'état d'habitude. *C'est son défaut habituel.* **2.** Fréquent, ordinaire, normal. *Cette réaction n'est pas habituelle chez lui.* – Lat. médiév. *habitualis,* de *habitus,* «manière d'être».

habituellement [abitɥɛlmɑ̃] adv. **1.** Ordinairement. *Il sort habituellement à cinq heures.* **2.** Fréquemment, le plus souvent. *Je le rencontre habituellement au supermarché.* – De *habituel.*

habituer [abitɥe] v. tr. [1] **1.** Entraîner, endurcir. *Habituer le corps à la fatigue.* **2.** Accoutumer. *Habituer un enfant à dire la vérité.* **3.** v. pron. S'accoutumer à. *Il s'habitue à son nouvel appartement. S'habituer à travailler méthodiquement.* – Lat. médiév. *habituari,* de *habitus,* «manière d'être».

habitus [abitys] n. m. MED Aspect général du corps, tel qu'il manifeste l'état de santé d'un individu. – Mot lat., «manière d'être».

hâbler ['ɑble] v. intr. [1] Vieilli et litt. Parler avec exagération et vantardise. – De l'esp. *hablar,* «parler».

hâblerie ['ɑbləʀi] n. f. Vieilli. Propos plein de faconde, de vantardise, d'exagération. – De *hâbler.*

hâbleur, euse ['ɑblœʀ, øz] n. et adj. Personne qui a l'habitude de parler beaucoup, avec exagération et vantardise. – Adj. *Un homme hâbleur.* – De *hâbler.*

hachage ['aʃaʒ] n. m. Action de hacher; résultat de cette action. – De *hacher.*

hache ['aʃ] n. f. Instrument pour couper et fendre, composé d'une lame épaisse et lourde, et d'un manche. *Hache de bûcheron. Hache d'abordage,* employée jusqu'au XIXe s. dans les attaques de navires. *Hache de guerre,* que les Amérindiens enterraient en période de paix. *Enterrer la hache de guerre:* faire la paix. *Condamné à mort décapité à la hache.* ▷ Loc. fig. *Fait, taillé à la hache, à coups de hache,* grossièrement. – *Porter la hache dans qqch,* y faire de profondes réformes. – Du frq. **hâppia.*

haché, ée ['aʃe] adj. **1.** Coupé en menus morceaux. *Un steak haché.* ▷ N. m. *Du haché:* de la viande hachée. **2.** Fig. Entrecoupé. *Style haché. Un discours haché d'applaudissements.* – Pp. de *hacher.*

hache-légumes ['aʃlegym] n. m. inv. Instrument servant à hacher les légumes. – De *hacher,* et *légume.*

hache-paille ['aʃpaj] n. m. inv. AGRIC Machine servant à hacher la paille, et, par ext., tout fourrage destiné à l'alimentation du bétail. – De *hacher,* et *paille.*

hacher ['aʃe] v. tr. [1] **1.** Couper en petits morceaux. *Hacher de la viande.* **2.** Découper maladroitement et grossièrement. *Vous hachez ce gigot.* **3.** Endommager, détruire en déchiquetant. *La grêle a haché les blés. – Le régiment s'est fait hacher par la mitraille.* **4.** Fig. Couper, interrompre sans cesse. *Hacher un discours d'interruptions.* **5.** ARTS GRAPH Faire des hachures sur. **6.** TECH Entailler à la hache. *Hacher une planche.* – De *hache.*

hachereau ['aʃʀo] n. m. TECH Petite hache dont un côté sert de marteau. – De *hache.*

hachette ['aʃɛt] n. f. Petite hache. – Dimin. de *hache.*

hache-viande ['aʃvjɑ̃d] n. m. inv. Appareil servant à hacher la viande. – De *hacher,* et *viande.*

hachich ou **hachisch**. V. haschisch.

hachichin ou **hachischin.** V. haschischin.

hachis ['aʃi] n. m. **1.** Mets préparé avec de la viande ou du poisson haché. **2.** *Spécial.* Mets composé de restes de viande bouillis avec des morceaux de pommes de terre et d'oignons. **3.** Persil, oignon, etc., haché menu. – De *hacher.*

hachoir ['aʃwaʀ] n. m. **1.** Grand couteau à lame très large, servant à hacher la viande, les légumes, les fines herbes, etc. ▷ Appareil pour hacher la viande. *Hachoir électrique.* **2.** *Par métonymie.* Table ou planche épaisse sur lesquelles on hache la viande. – De *hacher.*

hachure ['aʃyʀ] n. f. Chacun des traits parallèles ou croisés servant à ombrer une partie d'un dessin, à faire ressortir un relief sur une carte géographique, etc. *Dans le dessin industriel, les hachures permettent de distinguer la nature des pièces dessinées.* – De *hacher.*

hachurer ['aʃyʀe] v. tr. [1] TECH Tracer des hachures sur. – De *hachure.*

hacienda ['asjɛnda] n. f. Grande exploitation agricole, en Amérique du Sud. – Mot esp.

hacquebute. V. haquebute.

hadith ['adit] n. m. Récit relatif à la vie de Mahomet, à ses paroles, à ses actes. *L'ensemble des hadiths constitue la Tradition, qui, dans l'islam, fait autorité immédiatement après le Coran.* – Mot ar.

hadj ['adʒ] n. m. Musulman qui a accompli le *hadj,* le pèlerinage à La Mecque. – Mot ar.

hadron ['adʀõ] n. m. PHYS NUCL Particule caractérisée par des interactions fortes. (Les hadrons comprennent les mésons et les baryons.) – Du gr. *hadros,* «fort», et de *(electr)on.*

hafnium [afnjɔm] n. m. CHIM Élément de numéro atomique Z = 72 et de masse atomique 178,49 (symbole Hf), utilisé dans des alliages spéciaux (barres de contrôle des réacteurs nucléaires, en partic.). – Du danois *Kjoebenhavn,* «Copenhague», lieu de la découverte (1923) du métal.

hagard, arde ['agaʀ, aʀd] adj. **1.** Vx *Faucon hagard,* pris trop vieux pour être apprivoisé, et resté trop farouche. **2.** Qui a une expression farouche, effarée, égarée. *Un air, des yeux hagards.* – Sans doute d'orig. germ.

haggadah ['ag(g)ada] n. f. Partie de la littérature didactique rabbinique qui développe les textes narratifs, historiques et prophétiques de la Bible. – Mot hébreu.

haggis [agis] n. m. CUIS Estomac de mouton farci, plat national écossais. – Mot écossais.

hagiographe [aʒjogʀaf] adj. et n. **I.** adj. Vx *Livres hagiographes:* les livres de l'Ancien Testament autres que le Pentateuque et les Prophètes. **II.** n. **1.** Vx Auteur d'un livre hagiographe. **2.** Mod. Auteur d'une hagiographie. – Bas lat. *hagiographa,* du gr. *hagios,* «sacré», et *graphein,* «écrire».

hagiographie [aʒjogʀafi] n. f. **1.** Branche du savoir qui a pour objet la biographie des saints. **2.** Biographie d'un saint, des saints. **3.** *Par ext.* Récit biographique qui embellit la réalité. – De *hagiographe.*

hagiographique [aʒjogʀafik] adj. Qui concerne l'hagiographie. – De *hagiographie.*

hahnium ['anjɔm] n. m. PHYS Un des noms proposés pour l'élément artificiel de numéro atomique Z = 105, obtenu en 1970. – Du n. de Otto *Hahn,* (1879-1968), médecin allemand.

haïdouk ['ajduk] n. m. **1.** HIST Boyard hongrois qui faisait partie d'une milice. **2.** HIST Hors-la-loi chrétien qui, en Bulgarie et en Yougoslavie, faisait partie des bandes qui luttèrent contre les Turcs du XVIIe au XIXe s. – Hongrois *hajduk.*

haie ['ɛ] n. f. **1.** Clôture faite d'arbustes, d'épines ou de branchages entrelacés. ▷ SPORT *Course de haies,* où les concurrents (chevaux ou athlètes) doivent franchir un certain nombre de haies artificielles. *Un coureur vainqueur au 110 m haies.* **2.** Suite d'obstacles disposés en ligne. *Haie de pieux, de rochers.* **3.** Série de personnes disposées selon une ligne droite. *Une double haie de soldats. Faire la haie, une haie d'honneur.* – Frq. **hagja.*

haïk ['aik] n. m. Grande pièce de tissu rectangulaire que portent les femmes musulmanes d'Afrique du Nord par-dessus leurs vêtements. – Mot ar. d'Algérie *hāyk.*

haïku ['aiku] ou **haïkaï** ['aikai] n. m. Court poème japonais de trois vers, le premier et le dernier de 5 syllabes, le deuxième de 7. *Matsuo Bashô est le maître du haïku.* – Mot jap.

haillon ['ɑjõ] n. m. Vêtement usé, déchiré; vieux lambeau d'étoffe. – Du moyen haut all. *hadel,* «lambeau».

haillonneux, euse ['ɑjɔnø, øz] adj. **1.** Vieilli Qui tombe en haillons. *Pardessus haillonneux.* **2.** Vêtu de haillons. – De *haillon.*

haine ['ɛn] n. f. **1.** Sentiment violent qui pousse à désirer le malheur de qqn ou à lui faire du mal. *Éprouver, avoir, nourrir de la haine pour qqn. Prendre qqn en haine.* **2.** Aversion violente, dégoût profond que l'on éprouve à l'égard de qqch. *Avoir de la haine pour, avoir la haine de l'hypocrisie.* **3.** loc. prép. *En haine de, par haine de :* à cause de la haine ressentie à l'endroit de (qqch, qqn). – De *haïr.*

haineusement ['ɛnøzmɑ̃] adv. D'une manière haineuse, par haine. – De *haineux.*

haineux, euse ['ɛnø, øz] adj. **1.** Qui est naturellement porté à la haine. *Caractère haineux.* **2.** Inspiré par la haine; rempli de haine. *Paroles haineuses.* – De *haine.*

haïr ['aiʀ] v. tr. **[28]** **1.** Éprouver de la haine pour (qqn). *Haïr ses ennemis.* **2.** Éprouver de l'aversion, du dégoût pour (qqch). *Haïr le vice.* ▷ Litt. *Haïr de* (+ inf.), *haïr que* (+ subj.): détester, détester que. – Du frq. **hatjan.*

haire ['ɛʀ] n. f. Anc. Vêtement de crin ou de poil de chèvre que l'on portait à même la peau par esprit de mortification et de pénitence. – Frq. **hârja,* «vêtement grossier fait de poil».

haïssable ['aisabl] adj. Qui mérite d'être haï; odieux, détestable. *«Le moi est haïssable»* (Pascal). – De *haïr.*

haïtien, ienne [aisjɛ̃, jɛn] adj. et n. De Haïti. *La communauté haïtienne du Québec.* Subst. *Un Haïtien, une Haïtienne.* – De *Haïti* (Antilles).

halage ['alaʒ] n. m. Action de haler un bateau. *Chemin de halage. Entreprise de barrage et de halage.* – De *haler.*

halbran ['albʀɑ̃] n. m. Jeune canard sauvage. – Moyen haut all. *halber-ant,* «demi-canard».

hâle ['ɑl] n. m. **1.** Vx Action combinée du soleil et du grand air qui brunit la peau, flétrit les végétaux. **2.** Cour. Teinte brune que prend la peau sous l'effet du soleil et du grand air. – Déverbal de *hâler.*

halecret ['alkʀɛ] n. m. HIST Cuirasse articulée en usage de la fin du Moyen Âge au XVIe s. – Moyen néerl. *halskleedt.*

haleine [alɛn] n. f. **1.** Air qui sort des poumons pendant l'expiration. *Avoir l'haleine forte:* avoir une haleine d'odeur désagréable. ▷ Fig., poét. *L'haleine des fleurs, du zéphir.* **2.** Faculté de respirer, souffle. *Être hors d'haleine,* très essoufflé. ▷ Loc. adv. *À perdre haleine. Courir à perdre haleine. Discourir à perdre haleine.* **3.** Temps écoulé entre deux inspirations. *Avoir l'haleine courte:* avoir la respiration difficile et fréquente. ▷ Fig. *Ouvrage de longue haleine,* qui demande beaucoup de temps et d'efforts. ▷ Litt. *D'une haleine, tout d'une haleine:* sans interruption, sans reprendre haleine. ▷ Cour., fig. *Tenir qqn en haleine,* le laisser dans un état d'incertitude mêlé d'espérance et de crainte; l'intéresser si bien qu'il ne relâche pas son attention. – Déverbal de *halener.*

halener [alne] v. tr. **[20]** CHASSE Flairer (l'odeur du gibier) en parlant des chiens. – Lat. pop. *alenare,* du class. *anhelare,* «être hors d'haleine».

haler ['ale] v. tr. dir. **[1]** **1.** MAR Tirer à soi avec force (sur). *Haler un cordage, sur un cordage.* **2.** Faire avancer (un bateau) en le tirant. *Haler une barque sur la plage. Remorqueur qui hale un chaland.* – Anc. néerl. *halen,* ou bas all. **halon.*

hâler ['ɑle] v. tr. **[1]** **1.** Vx Dessécher (les végétaux), en parlant du soleil, de l'air. **2.** Mod. Rendre (le teint) plus foncé, brun-rouge ou doré, en parlant du soleil et du grand air. Syn. bronzer. – P.-ê. du lat. pop. **assulare,* class. *assare,* «rôtir», et néerl. *hael,* «desséché».

haletant, ante ['altɑ̃, ɑ̃t] adj. Qui respire vite et avec peine; essoufflé. ▷ Précipité et saccadé. *Respiration haletante. Voix haletante.* – Ppr. de *haleter.*

halètement ['alɛtmɑ̃] n. m. Action de haleter; état de qqn qui est haletant. ▷ *Par anal.* Bruit saccadé de souffle. *Le halètement d'une locomotive.* – De *haleter.*

haleter ['alte] v. intr. **[21]** Respirer bruyamment et à un rythme précipité, être hors d'haleine. *Haleter après un effort prolongé, une émotion violente.* ▷ *Par anal.* Produire des bruits de souffle saccadés. – A. fr. *haler,* «souffler», du lat. *halare.*

haleur, euse ['alœʀ, øz] n. Personne qui hale un bateau. – De *haler.*

halicte [alikt] n. m. ZOOL Insecte hyménoptère (genres *Halictes* et voisins, fam. apidés) très proche des abeilles, qui construit des nids souterrains. *On observe parmi les diverses espèces d'halictes toutes les étapes de l'organisation sociale animale, de la vie solitaire à la colonie constituée.* – Lat. zool. *halictus,* orig. incert.

halieutique [aljøtik] adj. et n. **1.** adj. Didac. Qui concerne la pêche. *Géographie halieutique.* **2.** n. f. Art de la pêche. – Lat. *halieuticus,* «de pêcheur», gr. *halieutikos.*

haligonien, ienne [aligɔnjɛ̃, jɛn] Subst. Habitant d'Halifax (Nouvelle-Écosse). – De l'angl. *Haligonian,* du moy. lat. *Haligonia,* «Halifax».

haliotide [aljɔtid] n. f. ZOOL Ormeau (mollusque, gastéropode). – Du gr. *halios,* «marin», et *ous, ôtos,* «oreille».

haliple [alipl] n. m. ZOOL Insecte coléoptère carnassier qui vit au bord des mares et des étangs. – Gr. *haliplous,* «qui nage en mer».

hall ['ɑl] n. m. **1.** Vaste salle située à l'entrée d'une maison privée, d'un bâtiment public. *Le hall d'un hôtel, d'une gare.* **2.** Vaste atelier. *Hall d'assemblage d'une usine de construction aéronautique.* – Mot angl., «vestibule».

hallali ['alali] n. m. VEN Cri de chasse ou sonnerie du cor annonçant que la bête poursuivie est près de succomber. – *Hale* (pour *hare*) *à lui,* a. fr. *hare,* du frq. **hara,* «par ici!».

halle ['al] n. f. **1.** Lieu public, le plus souvent fermé et couvert, où se tient un marché, un commerce en gros de marchandises. **2.** Plur. Bâtiment, endroit réservé au marché principal des produits alimentaires d'une ville ou d'un quartier. – Absol. autref. *Les Halles,* celles de Paris. – Frq. **halla.*

hallebarde ['aləbaʀd] n. f. Anc. Arme d'hast dont la pointe porte d'un côté un fer en forme de hache, de l'autre un fer en forme de crochet. ▷ Fig., fam. *Il tombe des hallebardes:* il pleut à verse. – Ital. *alabarda;* moy. haut all. *helmbarte,* «hache *(barte)* à poignée *(helme)*».

hallebardier ['albaʀdje] n. m. Soldat portant une hallebarde. – De *hallebarde.*

hallier ['alje] n. m. Ensemble de buissons très épais. – Du frq. **hasal.*

halloween ou **hallowe'en** [alɔwin] n. f. Fête annuelle célébrée le soir du 31 octobre, à l'occasion de laquelle les enfants, déguisés et masqués, font la tournée des maisons de leur quartier pour quêter des friandises. *Passer l'Halloween,* faire cette tournée. «Petits quêteurs de six ans, de dix ans. Carnaval burlesque pour marquer le jour de l'Hallowe'en. Dans les fenêtres, clignotent les lueurs des chandelles enfouies dans les citrouilles évidées. Ailleurs, on a accroché aux portes, des squelettes de papier. Et c'est le branle-bas excitant des enfants de tous les quartiers de la ville.» (Claude Jasmin, *La petite patrie,* 1972.) – Mot angl., abrév. de *All Hallow(s) E(v)en,* «veille de la Toussaint».

ENCYCL La fête de l'Halloween est une coutume récente au Québec; elle remonte tout au plus aux années 1920-1930 et a probablement débuté dans la région de Montréal, à l'initiative des Québécois anglophones. Au Canada anglais et aux États-Unis, elle était peu célébrée avant le milieu du XIXe s., période qui correspond à une forte poussée d'immigrants irlandais et écossais. Si l'on ne connaît pas l'origine de cette coutume et son évolution au cours des siècles, on voit mal quel lien il peut y avoir entre les joyeuses bandes d'enfants courant de porte en porte et les symboles sinistres placés aux fenêtres ou à l'entrée des maisons: silhouettes de chats noirs, de sorcières et de fantômes, visages grimaçants sculptés dans des citrouilles évidées qu'une chandelle éclaire de l'intérieur.

Le mot de *Halloween* date du Moyen Âge chrétien, mais la célébration même remonte à une tradition très ancienne chez les Celtes. Le festival de Samain (ou Samhain) était le plus important des quatre festivals saisonniers de l'année celtique: il marquait le début de celle-ci, qui était en même temps le début de l'hiver. Dans la pensée de ces peuples, les ténèbres précédaient la lumière et la vie naissait de la mort; c'est pourquoi l'année commençait avec l'hiver, le temps noir, où la nature, morte en apparence, prépare sous terre la renaissance du printemps. Et comme, dans une journée, c'est la nuit qui précède le jour, le festival de Samain commençait dans la nuit du 31 octobre au 1er novembre. Pendant cette nuit hors du temps, puisqu'elle était la charnière entre l'ancienne et la nouvelle année, les barrières séparant le monde des hommes et le monde parallèle des esprits étaient abolies et les deux mondes s'interpénétraient. Des événements surnaturels se produisaient; les esprits des morts revenaient dans leurs anciennes demeures; les druides se livraient à des pratiques de divination afin de connaître les événements importants de l'année nouvelle. Pour assurer la prospérité de la tribu lors des prochaines récoltes, ils offraient à tous les dieux des sacrifices (probablement humains à l'origine), qui se consumaient dans un feu sacré. Chaque membre de la tribu renouvelait ensuite le feu de son foyer à ce grand feu central.

La fête chrétienne de la Toussaint, d'abord fixée au 13 mai (au début du VIIe s.) puis au 1er novembre (au IXe s.), pas plus que le jour des Morts (célébré le 2 novembre à partir du XIe s.) n'ont réussi à faire oublier Samain en Irlande, en Écosse et au Pays de Galles. Encore au XXe s., c'est pendant cette nuit-là que les Irlandais évitaient de sortir de chez eux pour ne pas être enlevés par les esprits. Ils laissaient aussi leurs portes entrouvertes, le feu allumé et la nourriture sur la table pour aider les âmes des morts qui pouvaient alors sortir du purgatoire – interprétation chrétienne du monde des esprits celtique. En Écosse autrefois, les jeunes gens personnifiaient les esprits des morts en se dissimulant le visage sous un masque, un voile ou une couche de suie et en revêtant de longues robes blanches ou des déguisements faits en paille; à cette confusion entre le monde des vivants et celui des morts s'ajoutait le désordre général engendré par les mauvais tours qu'ils jouaient aux villageois: barrières arrachées, charrues renversées dans le fossé, chevaux emmenés dans le champ des voisins, etc. Ces pratiques correspondent au rituel du passage d'une année à l'autre, connu dans beaucoup de pays: retour du chaos après le rejet de l'ordre ancien pour qu'un ordre nouveau puisse s'établir. Elles se sont perpétuées aux États-Unis, au XIXe s., et aussi en Acadie (Nouvelle-Écosse) où Halloween s'appelait le «soir des tours». Peu à peu, les enfants prirent la relève et la fête devint inoffensive: en tenant à la main une lanterne creusée dans un navet ou une betterave et qui symbolise aussi bien le feu nouveau que l'âme des morts, ils quêtent des friandises, qui représentent des offrandes symboliques aux esprits. En Amérique du Nord, la citrouille a remplacé le navet; on l'appelle *jack-o'-lantern* parce que, selon la légende, elle représente l'âme d'un Irlandais refusé en enfer comme au paradis et condamné à errer éternellement. Ce n'est pas un hasard si l'on a coutume de donner des pommes à l'Halloween; en Grande-Bretagne, les pommes et les noisettes, deux fruits qui sont des symboles très anciens de la connaissance, figurent au repas de la fête et jouent un rôle central dans les pronostics d'avenir encore pratiqués au XXe s. La conception chrétienne du mal a transformé en diables et en sorcières les anciens dieux celtiques et les habitants du monde parallèle des esprits. Même si elle est aujourd'hui consacrée aux enfants et à des divertissements de type carnavalesque, la fête de l'Halloween n'en symbolise pas moins toutes les peurs de l'humanité: la peur ancestrale des ténèbres, la peur de l'hiver et la peur de l'au-delà.

hallstattien, ienne ['alstatjɛ̃, jɛn] adj. Qui se rapporte à la période préhistorique de Hallstatt (1000 à 500 av. J.-C.). – De *Hallsatt,* bourg d'Autriche.

hallucinant, ante [al(l)ysinɑ̃, ɑ̃t] adj. Qui produit des hallucinations. ▷ Fig. *Un récit hallucinant,* d'une grande puissance évocatrice. – Ppr. de *halluciner.*

hallucination [al(l)ysinasjõ] n. f. Perception dont le sujet a l'intime conviction qu'elle correspond à un objet réel alors que nul objet extérieur n'est propre à déclencher cette sensation. *Hallucination visuelle, auditive.* – Lat. *hallucinatio.*

hallucinatoire [al(l)ysinatwaʀ] adj. Relatif à l'hallucination. – De *hallucination.*

halluciné, ée [al(l)ysine] adj. et n. Qui a des hallucinations ou y est sujet. *Un malade mental halluciné.* – Par ext. *Un regard halluciné.* – Lat. *hallucinatus,* pp. de *hallucinari,* «divaguer».

halluciner [al(l)ysine] v. tr. [1] Provoquer des hallucinations chez (qqn). – De *halluciné.*

hallucinogène [al(l)ysinɔʒɛn] n. m. Toute substance qui perturbe le psychisme et provoque des manifestations hallucinatoires et oniriques. *Le L.S.D., la mescaline sont des hallucinogènes.* ▷ Adj. *Substance hallucinogène.* – Du rad. de *halluciné,* et *-gène.*

halo-. Élément, du gr. *hals, halos,* «sel».

halo [ˈalo] n. m. **1.** Cercle lumineux que l'on observe autour du Soleil et de la Lune lorsque ceux-ci sont voilés par des nuages constitués de cristaux de glace (cirrus ou cirrostratus). – Par ext. *Le halo des phares dans le brouillard.* ▷ Fig. Ce qui semble émaner de qqn, de qqch. *Un halo de mystère.* **2.** PHOTO Auréole qui entoure l'image photographique d'un point lumineux, due à un phénomène de diffusion de la lumière. **3.** ASTRO *Halo galactique:* amas globulaires riches en étoiles vieilles, constitués à la périphérie d'une galaxie sous l'effet de sa rotation. – Mot gr., lat. *halos,* «cercle autour du Soleil ou de la Lune».

halobios [alɔbjos] n. m. BIOL Ensemble des organismes vivant dans les mers. – De *halo-,* et du gr. *bios,* «vie».

halogénation [alɔʒenasjõ] n. f. CHIM Introduction d'un halogène dans une molécule. – De *halogène.*

halogène [alɔʒɛn] n. m. (et adj.) CHIM *Famille des halogènes,* constituée par le fluor, le chlore, le brome, l'iode et l'astate, éléments possédant des propriétés communes. ▷ Chacun des éléments de cette famille. ▷ Adj. *Un corps halogène.* – De *halo-,* et *-gène.*

ENCYCL Les propriétés des halogènes sont dues à leur couche électronique périphérique, qui contient 7 électrons. Ils sont très actifs du point de vue chimique; le plus oxydant, le fluor, parvient à dissocier l'ozone atmosphérique. Ils réagissent sur l'hydrogène en formant des halogénures d'hydrogène et sur l'oxygène en donnant des oxydes (et des fluorures d'oxygène, dans le cas du fluor).

halogéné, ée [alɔʒene] adj. CHIM Qualifie un composé qui contient un ou plusieurs halogènes. – De *halogène.*

halographie [alɔgʀafi] n. f. Étude, description des sels. – De *halo-,* et *-graphie.*

hâloir [ˈɑlwaʀ] n. m. Local où s'effectue le séchage du lin et du chanvre avant le broyage, de certains fromages à pâte molle avant l'affinage. – De *hâler.*

halon [alõ] n. m. CHIM Dérivé halogéné d'un hydrocarbure. *Le chlorure de méthyle, les fréons, le bromoforme sont des halons.* – De *halogène,* et suff. *-on,* sur le modèle des noms de gaz rares (néon, argon, etc.).

halophile [alɔfil] adj. BIOL Se dit des organismes qui vivent dans des sols riches en sels (chlorure de sodium, notam.). – De *halo-,* et *-phile.*

halophyte [alɔfit] n. f. BOT Plante halophile. – De *halo-,* et *-phyte.*

halte [ˈalt] n. et interj. **I.** n. f. **1.** Moment d'arrêt au cours d'une marche, d'un voyage, etc. *Faire halte:* s'arrêter. ▷ *Halte routière:* espace aménagé en bordure d'une route afin de permettre aux automobilistes de prendre du repos sans gêner l'écoulement de la circulation. Syn. aire de repos. **2.** Lieu fixé pour la halte. *Arriver en retard à la halte.* ▷ CH DE F Point d'arrêt entre deux gares, réservé aux seuls trains de voyageurs. **II.** Interj. *Halte!, halte-là!:* arrêtez!, n'avancez plus! ▷ Fig. *Halte-là! Taisez-vous! – Halte aux scandales!* – Frq. **halt.*

haltère [altɛʀ] n. m. Instrument de gymnastique et de culture physique constitué de deux sphères ou disques métalliques réunis par une barre. – Lat. *halteres,* gr. *haltêres,* «balancier pour le saut, la danse».

haltérophile [alteʀofil] n. Athlète pratiquant l'haltérophilie. – De *haltère,* et *-phile.*

haltérophilie [alteʀofili] n. f. Sport des poids et haltères. *Les épreuves olympiques d'haltérophilie comprennent l'arraché et l'épaulé-jeté.* – Du préc.

halva [ˈalva] n. m. Confiserie turque à base de graines de sésame broyées et de sucre (ou de miel). – Mot turc.

hamac [ˈamak] n. m. Toile ou filet suspendu par ses deux extrémités, qui sert de lit. – Esp. *hamaca,* du caraïbe *hamacu.*

hamadryade [amadʀiad] n. f. MYTH Nymphe des bois, identifiée à un arbre, vivant en lui, naissant et mourant avec lui. – Lat. *hamadryas,* du gr. *hamadruas,* de *hama,* «avec», et *drus,* «arbre», littéralement «qui fait corps avec un arbre».

hamadryas [amadʀijas] n. m. ZOOL Babouin *(Papio hamadryas)* d'Éthiopie et d'Arabie à l'épaisse crinière, long de 70 cm sans la queue. – V. hamadryade.

hamamélis [amamelis] n. m. BOT Plante dicotylédone arborescente d'Asie orient. et d'Amérique du N., type de la famille des hamamélidacées, dont de nombreuses espèces sont ornementales. *L'écorce et les feuilles d'«Hamamelis virginiana»* (communément appelé *café du diable) ont des propriétés vasoconstrictrices.* – Mot grec.

hambourgeois [ɑ̃buʀʒwa] n. m. Mot recommandé par l'Office de la langue française en remplacement de *hamburger.* – Néol., par adapt. de l'angl. *hamburger.*

hamburger [ˈambœʀgœʀ] n. m. Steak haché frit, servi dans un petit pain rond garni à l'intérieur de condiments, de laitue, etc. ▷ *Pain (à) hamburger:* petit pain rond de forme aplatie, fendu horizontalement. Rem. En France, *hamburger* désigne un steak haché qui n'est pas nécessairement servi dans un pain et qui peut être recouvert d'un œuf au plat. – Mot amér., abrév. de *hamburger steak,* «steak à la façon de Hambourg».

hameau [ˈamo] n. m. Petit groupe isolé d'habitations rurales, ne formant pas un village. – De l'a. fr. *ham,* frq. **haim,* «petit village».

hameçon [amsõ] n. m. Petit crochet se terminant par des pointes acérées, qu'on fixe au bout d'une ligne et qu'on garnit d'un appât pour prendre du poisson. ▷ Fig. *Mordre à l'hameçon :* se laisser séduire. – De l'a. fr. *ain, hain;* lat. *hamus.*

hameçonner [amsɔne] v. tr. [1] PECHE **1.** Garnir d'hameçons. **2.** Prendre avec un hameçon. – De *hameçon.*

hamiltonien, ienne [amiltɔnjɛ̃, jɛn] adj. et n. m. **1.** adj. MATH Qualifie un chemin d'un graphe contenant une fois et une seule chaque sommet d'un graphe (contour d'un polygone, par ex.). **2.** N. m. PHYS Opérateur, noté H, associé à l'énergie totale d'un système et qui intervient, en mécanique quantique, dans l'expression de l'équation de Schrödinger. – De *Hamil-*

ton, mathématicien et astronome irlandais (1805-1865).

hammam [ˈamam] n. m. Établissement où l'on prend des bains de chaleur ou de vapeur à la façon turque. – Mot arabe.

hammerless [ˈamɛʀlɛs] n. m. Fusil de chasse muni d'un percuteur central. – Mot angl., «sans marteau».

1. hampe [ˈɑ̃p] n. f. **1.** Longue tige par laquelle on saisit certaines armes, certains outils, ou qui sert de support à un drapeau. *Hampe d'une hallebarde, d'un écouvillon, d'un pinceau, d'un drapeau.* **2.** BOT Tige dépourvue de feuilles et qui porte des fleurs à son sommet. **3.** Partie de certaines lettres (p, b, h, etc.) qui dépasse la ligne vers le haut ou le bas. – De l'a. fr. *hanste* ou *hante*, du lat. *hasta*, «lance, tige», altéré par un croisement avec le frq. **hant*, «main».

2. hampe [ˈɑ̃p] n. f. **1.** VEN Poitrine du chevreuil. **2.** En boucherie, partie latérale supérieure du ventre du bœuf, vers la cuisse. – P.-ê. de l'anc. haut all. *wampa*, «panse».

hamster [ˈamstɛʀ] n. m. Rongeur (genres *Cricetus* et voisins, fam. cricétidés) pourvu de vastes abajoues, à queue courte et velue, qui creuse à l'état sauvage un terrier compliqué et dont une espèce, le hamster doré *(Mesocricetus auratus)*, au pelage fauve et blanc, connaît une grande vogue comme animal familier. – Mot all.

han! [ˈɑ̃] interj. Onomatopée, cri sourd et guttural d'une personne qui fait un effort. ▷ N. m. inv. *Pousser des han de bûcheron.*

hanap [ˈanap] n. m. Anc. Grand vase à boire, en usage au Moyen Âge. – Lat pop. *hanappus*, frq. **hnap*, «écuelle».

hanche [ˈɑ̃ʃ] n. f. **I. 1.** Partie latérale du corps, entre la taille et le haut de la cuisse. ▷ *Articulation de la hanche:* articulation unissant la tête du fémur à la cavité cotyloïde de l'os iliaque. ▷ *Mettre les poings sur les hanches:* attitude exprimant la résolution ou le défi. **2.** EQUIT Partie de l'arrière-train du cheval allant des reins au jarret. **3.** ZOOL Chez les insectes, segment des pattes s'articulant avec le corselet. **II.** MAR Partie supérieure de la coque d'un navire, à proximité de l'arrière. – Germ. *hanka*.

hanché, ée [ˈɑ̃ʃe] adj. *Position hanchée*, dans laquelle, le poids du corps étant supporté par une seule jambe, la hanche correspondante est en saillie et l'autre effacée. – Pp. de *hancher*.

hanchement [ˈɑ̃ʃmɑ̃] n. m. Attitude hanchée. – De *hancher*.

hancher [ˈɑ̃ʃe] **1.** v. intr. **[1]** Prendre une position hanchée. **2.** v. tr. BX-A Représenter (un personnage) dans une position hanchée. – De *hanche*.

handball [ˈɛndbal] n. m. Sport opposant deux équipes de 7 ou de 11 joueurs qui doivent, en se servant uniquement de leurs mains, faire pénétrer un ballon rond dans les buts adverses. – Mot all., «balle à la main».

handballeur, euse [ˈɛndbalœʀ, øz] n. Joueur, joueuse de handball. – De *handball*.

handicap [ˈɑ̃dikap] n. m. **1.** TURF Épreuve dans laquelle on équilibre les chances de victoire de chevaux de valeurs inégales, soit en obligeant les meilleurs à porter un poids supplémentaire (courses de galop), soit en faisant bénéficier les moins bons d'une certaine avance au départ (courses de trot). ▷ SPORT Compétition dans laquelle les chances de concurrents de valeurs différentes sont rendues égales par le jeu d'avantages ou de désavantages portant sur le point de départ, le temps de parcours, les points attribués, etc. **2.** Désavantage imposé à un concurrent, à un cheval, pour équilibrer les chances de victoire. **3.** Ce qui défavorise, met en position d'infériorité. *Son infirmité est un handicap sérieux.* – Mot angl., probabl. de *hand in cap*, «main dans le chapeau», terme de jeu.

handicapé, ée [ˈɑ̃dikape] adj. et n. **1.** SPORT, TURF Désavantagé par un handicap (sens 2). **2.** Qui est atteint d'un handicap physique ou mental. ▷ Subst. *L'insertion professionnelle des handicapés.* – Pp. de *handicaper*.

handicaper [ˈɑ̃dikape] v. tr. **[1]** **1.** SPORT, TURF Imposer un handicap (sens 2) à (un concurrent, un cheval). **2.** Fig. Mettre en état d'infériorité, désavantager. *Sa timidité l'a handicapé.* – De *handicap*.

hangar [ˈɑ̃gaʀ] n. m. Construction ouverte formée d'un toit élevé sur des piliers; entrepôt. ▷ Vaste abri fermé destiné à recevoir des avions, des hélicoptères, etc. – Frq. **haimgard*, de *haim*, «hameau», et *gard*, «enclos».

hanneton [ˈantɔ̃] n. m. Insecte coléoptère *(Melolontha melolontha)*, aux élytres bruns, au vol lourd, aux antennes se terminant en massue. *La larve du hanneton, ou ver blanc, vit trois ans dans le sol et cause de grands dégâts aux cultures.* – Dimin. du frq. **hano*, «coq».

hannetonnage [ˈantɔnaʒ] n. m. AGRIC Recherche et destruction des hannetons. – De *hannetonner*.

hannetonner [ˈantɔne] v. intr. **[1]** AGRIC Pratiquer le hannetonnage. ▷ v. tr. *Hannetonner un verger.* – De *hanneton*.

hanovrien, ienne [ˈanɔvʀijɛ̃, jɛn] adj. et n. Du Hanovre, anc. royaume de l'Allemagne du Nord, auj. inclus dans la Basse-Saxe, ou de la ville de Hanovre, sa capitale.

hanse [ˈɑ̃s] n. f. HIST Ligue des marchands, au Moyen Âge. *La hanse parisienne avait le monopole des transports entre Paris et Mantes.* ▷ *Hanse teutonique* ou, absol., *la Hanse* (V. ci-après). – Anc. haut all. *hansa*, «troupe».

ENCYCL La plus célèbre des hanses fut la *Hanse teutonique*, formée à partir de 1241 par Lübeck, Hambourg, Minden et d'autres villes (villes de l'intérieur ou ports de la Baltique et de la mer du Nord). Elle se donnait deux objectifs principaux: défendre les villes associées contre toute entreprise extérieure, étendre les relations commerciales avec l'étranger. Forte de 85 villes, la Hanse acquit une importance considérable aux XIVe et XVe s., mais elle ne fut jamais reconnue par l'Empire germanique. Elle déclina et disparut dans la seconde moitié du XVIIe s.

hanséatique [ˈɑ̃seatik] adj. Didac De la Hanse teutonique. *Hambourg, ville hanséatique.* – De *hanse*.

hanter [ˈɑ̃te] v. tr. **[1]** **1.** Vx ou litt. Fréquenter de manière habituelle (une personne, un lieu). – Prov. *Dis-moi qui tu hantes, je te dirai qui tu es.* ▷ Mod. (En parlant des spectres, des fantômes.) *Des esprits hantent ce vieux château.* **2.** Fig. Obséder. *La crainte de la maladie le hante.* – De l'anc. scand. *heimta*, rad. *haim*, «petit village».

hantise [ˈɑ̃tiz] n. f. **1.** Vx Action de fréquenter. **2.** Fig. Obsession. *Il a la hantise d'échouer.* – De *hanter*.

hapax [apaks] n. m. LING Mot, forme, expression dont on ne possède qu'un exemple à une époque donnée. – Du gr. *hapax (legomenon)*, «(chose dite) une seule fois».

haplo-. Élément, du gr. *haploûs*, «simple».

haploïde [aplɔid] adj. (et n. m.) BIOL Qui ne possède que la moitié du nombre de chromosomes propre à l'espèce. *Les gamètes sont haploïdes* (elles possèdent *n* chromosomes) *et leur union donne naissance à un zygote diploïde* (à 2 *n* chromosomes). – Subst. *Un haploïde.* Syn. haplonte. – De *hapl(o)-*, et *-oïde*.

haplologie [aplolɔʒi] n. f. PHON Omission de l'une de deux articulations semblables qui se suivent. (Ex.: *philogie* au lieu de *philologie.*) – De *haplo-*, et *-logie.*

haplomes [aplom] n. m. pl. ZOOL Sous-ordre de poissons téléostéens malacoptérygiens à caractères primitifs, comprenant notam. le brochet. – De *haplo-*.

haplonte [aplɔ̃t] n. m. BIOL Individu haploïde. – De *haplo-*, et du gr. *ôn, ontos,* «être».

haplophase [aplofɑz] n. f. BIOL Se dit de la période du cycle de reproduction d'un être vivant pendant laquelle les cellules sont haploïdes. – De *haplo-*, et *phase.*

happe ['ap] n. f. TECH Crampon métallique servant à assembler deux pièces. – Déverbal de *happer.*

happement ['apmɑ̃] n. m. Action de happer. – De *happer.*

happer ['ape] v. tr. [1] **1.** Saisir avidement d'un coup de gueule ou de bec. *Les hirondelles happent les insectes.* **2.** Fig. Attraper, saisir soudainement, avec violence. *La machine a happé son bras.* – Du rad. onomat. germ. *happ-*.

haquebute ou **hacquebute** ['akbyt] n. f. MILIT Anc. Arquebuse. – Moy. néerl. *hakebusse.*

haquenée ['ak(ə)ne] n. f. Vx Cheval ou jument facile à monter et allant l'amble. – Moy. angl. *haquenei*, de *Hackney*, village dont les chevaux étaient renommés.

haquet ['akɛ] n. m. TECH Charrette à plate-forme basculante utilisée autref. pour le transport des tonneaux. – Orig. incert.

hara-kiri ['aʀakiʀi] n. m. Mode de suicide rituel, particulier aux Japonais, consistant à s'ouvrir le ventre. (En japonais, *hara-kiri* est un mot vulgaire; le terme correct est *seppuku.*) ▷ Par ext. *Faire hara-kiri:* se suicider. – Abandonner qqch; se sacrifier. – Mot jap., «ouverture du ventre».

harangue ['aʀɑ̃g] n. f. **1.** Discours solennel prononcé à l'intention d'un personnage officiel ou d'une assemblée. **2.** Péjor. Discours ennuyeux, admonestation interminable. – Ital. *aringa*, ou bas lat. *harenga*, frq. **hring* (V. rang).

haranguer ['aʀɑ̃ge] v. tr. [1] Adresser une harangue à (qqn). *Haranguer les troupes, la foule.* – De *harangue.*

haranguet. V. harenguet.

haras ['aʀa(ɑ)] n. m. Lieu, établissement où l'on élève des juments et des étalons sélectionnés, destinés à la reproduction et à l'amélioration de l'espèce. – P.-ê. de l'anc. scand. *hârr,* «qui a le poil gris».

harassant, ante ['ɑʀɑsɑ̃, ɑ̃t] adj. Qui harasse, fatigue avec excès. – Ppr. de *harasser.*

harasse ['aʀas] n. f. TECH Caisse à claire-voie, servant à emballer la porcelaine, le verre, etc. – Orig. obscure.

harassement ['aʀasmɑ̃] n. m. Fait de harasser, d'être harassé, lassitude extrême. – De *harasser.*

harasser ['aʀase] v. tr. [1] Fatiguer à l'excès. *Cette longue route m'a harassé.* Syn. épuiser. – De l'a. fr. *harace,* «poursuite», de *hare,* «cri pour exciter les chiens», d'orig. frq.

harcèlement ['aʀsɛlmɑ̃] n. m. Action de harceler. *Tir de harcèlement.* – De *harceler.*

harceler ['aʀsəle] v. tr. [22] ou [20] Poursuivre de petites attaques renouvelées. *Harceler l'ennemi.* ▷ Fig. *Harceler qqn de questions,* lui poser sans arrêt des questions. – *Les remords le harcèlent.* – Altér. de *herceler*, dér. de *herser*, au fig., «tourmenter».

1. harde ['aʀd] n. f. VEN Troupeau de bêtes sauvages. *Harde de caribous.* – Frq. **herda*; all. *Herde*, «troupeau».

2. harde ['aʀd] n. f. VEN Lien attachant les chiens quatre à quatre ou six à six. ▷ *Harde de chiens:* réunion de plusieurs couples de chiens attachés ainsi. – Var. fém. de *hart.*

hardes ['aʀd] n. f. pl. **1.** Vx Effets personnels. **2.** Litt. Vieux vêtements. – A. fr. *fardes,* prononcé *hardes* en gascon.

hardi, ie ['aʀdi] adj. et interj. **I.** adj. **1.** Audacieux, entreprenant, intrépide. Ant. craintif, timide, timoré. ▷ Qui dénote de l'assurance, de l'audace. *Une entreprise hardie. Une mine hardie.* **2.** Vieilli Qui heurte par sa trop grande liberté d'allures; insolent, effronté. Ant. réservé, modeste. **3.** Qui est d'une originalité audacieuse. *Proposition hardie.* **4.** Libre, franc, aisé. *Coup de pinceau hardi.* **5.** HERALD *Coq hardi,* représenté une patte levée. **II.** interj. (employée pour encourager.) *Hardi, les gars!* – Pp. d'un anc. v. *hardir*, «rendre, devenir dur», frq. **hardjan*, «durcir».

hardiesse ['aʀdjɛs] n. f. Litt. **1.** Caractère d'une personne hardie, de ce qui est hardi. **2.** Vieilli Insolence, impudence, effronterie. *Il a eu la hardiesse de me répondre.* **3.** Franchise, originalité (se dit surtout à propos d'une œuvre d'art). *Tableau d'une grande hardiesse de coloris.* **4.** Parole, action hardie. – De *hardi.*

hardiment ['aʀdimɑ̃] adv. **1.** Avec hardiesse, courage. *Marcher hardiment au combat.* **2.** Nettement, sans détours. *Énoncer hardiment son opinion.* – De *hardi.*

hardware ['aʀdwɛʀ] n. m. Anglicisme INFORM Ensemble des composants et des dispositifs qui constituent un ordinateur (opposé à *software*, dont l'équivalent français recommandé est «logiciel»). Rem.: L'équivalent français recommandé de *hardware* est «matériel». – Mot amér., de *hard,* «dur», et *-ware,* suff. servant à former des noms d'articles fabriqués.

harem ['aʀɛm] n. m. **1.** Appartement propre aux femmes, chez les peuples musulmans. **2.** *Par ext.* Ensemble des femmes qui y habitent. *Un nombreux harem.* – Ar. *harām,* «ce qui est défendu, sacré».

hareng ['aʀɑ̃] n. m. Poisson téléostéen (*Clupea harengus,* fam. clupéidés), long de 20 à 30 cm, au dos bleu-vert et au ventre argenté, que l'on pêche sur toutes les côtes de l'Atlantique Nord. – *Hareng saur:* hareng salé, séché et fumé. ▷ Loc. fam. *Sec comme un hareng,* maigre et dégingandé. *Serrés comme des harengs,* très serrés. – Prov. *La caque sent toujours le hareng.* – Frq. **hâring.*

harengaison ['aʀɑ̃gɛzɔ̃] n. f. PECHE Pêche au hareng; époque où elle a lieu. – De *hareng.*

harenguet ou **haranguet** ['aʀɑ̃gɛ] n. m. Poisson commun sur les côtes européennes (genre *Sprattus*, fam. elupéidés), proche parent du hareng, mais dont la longueur ne dépasse pas 15 cm. – Dimin. de *hareng.*

haret ['aʀɛ] adj. m. et n. m. *Chat haret,* chat domestique qui est retourné à l'état sauvage. ▷ N. m. *Un haret.* – De l'a. fr. *harer,* «crier hare, traquer».

harfang ['aʀfɑ̃] n. m. *Harfang des neiges:* grande chouette *(Nyctea scandiaca)* des régions arctiques, au plumage presque entièrement blanc. *En décembre 1987, l'Assemblée nationale du Québec a fait du harfang des neiges l'emblème aviaire du Québec.* – Mot suéd.

hargne ['aʀɲ] n. f. Mauvaise humeur qui se manifeste par un comportement agressif. *Répondre avec hargne.* – De l'anc. v. *harguer,* «quereller ».

hargneux, euse ['aʀɲø, øz] adj. **1.** Qui manifeste de la hargne, qui est d'humeur querelleuse, acariâtre.

▷ (Animaux.) *Chien hargneux.* **2.** Qui dénote de la hargne. *Propos hargneux.* – De *hargne.*

1. haricot ['aʀiko] n. m. *Haricot de mouton:* ragoût de mouton accompagné de divers légumes. – De l'a. fr. *harigoter,* «couper en morceaux», du frq. **hariôn,* «gâter, abîmer».

2. haricot ['aʀiko] n. m. **1.** Plante légumineuse (genre *Phaseolus,* fam. papilionacées), à tige herbacée, en général volubile, dont on consomme les cosses fraîches et les graines. – Plur. Les cosses jaunes ou vertes (haricots jaunes, verts) ou les graines (haricots blancs, rouges), comestibles, de cette plante. Rem. Plus couramment appelé *fève.* **2.** Loc. fam. *Être maigre comme un haricot, comme un haricot vert,* très maigre. – (France) Pop. *Des haricots!:* Rien du tout! *C'est la fin des haricots,* la fin du tout. – De *haricot* 1.

haridelle ['aʀidɛl] n. f. Cheval maigre et sans force. V. piton 1. – Orig. incert., p.-ê. du rad. de *haras.*

harissa ['aʀisa] n. f. Condiment fait de piment rouge broyé dans l'huile d'olive, employé dans la cuisine d'Afrique du Nord. – Mot ar.

harki ['aʀki] n. m. Militaire algérien qui combattait comme supplétif dans l'armée française pendant la guerre d'Algérie. – Mot ar. d'Algérie, de *hārākā,* «mouvement».

harle ['aʀl] n. m. Canard plongeur à bec dentelé. V. bec-scie. – Mot dial. du Nivernais, orig. incon.

harmattan ['aʀmatɑ̃] n. m. Vent chaud et sec de l'E. ou du N.-E. qui souffle en hiver sur l'Afrique occidentale. – Mot africain.

harmonica [aʀmɔnika] n. m. Instrument de musique populaire composé d'un petit boîtier métallique renfermant une série d'anches libres mises en résonance par le souffle. – All. *Harmonika,* du lat. *harmonicus,* «harmonieux».

harmoniciste [aʀmɔnisist] n. Joueur d'harmonica. – De *harmonica.*

harmonie [aʀmɔni] n. f. **I. 1.** Vx, litt. Ensemble de sons sonnant agréablement à l'oreille. **2.** En parlant du langage et du style, concours heureux de sons, de mots, de rythmes, etc. *L'harmonie des vers de Racine.* **3.** MUS Science de la formation et de l'enchaînement des accords. *Lois de l'harmonie.* **4.** MUS Orchestre composé d'instruments à vent (bois ou cuivre), à anche et à embouchure. *L'harmonie municipale donne un concert.* **II. 1.** Effet produit par un ensemble dont les parties s'accordent, s'équilibrent bien entre elles. *Harmonie du corps humain. Harmonie de couleurs.* **2.** Concordance, correspondance entre différentes choses. *Harmonie de points de vue. Vivre en harmonie avec ses principes.* Syn. conformité. **3.** Bonnes relations entre des personnes. *Une parfaite harmonie règne dans cette famille.* Syn. entente. – Lat. *harmonia,* mot gr. «assemblage, accord, accord de sons».

harmonieusement [aʀmɔnjøzmɑ̃] adv. Avec harmonie. *Jardin harmonieusement agencé.* – De *harmonieux.*

harmonieux, euse [aʀmɔnjø, øz] adj. **1.** Qui sonne agréablement, qui flatte l'ouïe. *Musique harmonieuse.* **2.** Qui a de l'harmonie. *Ensemble harmonieux.* – De *harmonie.*

harmonique [aʀmɔnik] adj. et n. m. **1.** Relatif à l'harmonie. **2.** MUS GEOM *Division harmonique:* position, sur une même droite, de quatre points A, B, M et N telle que $\frac{MA}{MB} = -\frac{NA}{NB}$. (Les points M et N sont des *conjugués harmoniques* par rapport à A et B, et réciproquement.) **3.** MATH *Moyenne harmonique de deux nombres a et b:* nombre m tel que $\frac{1}{m} = \frac{1}{2}\left(\frac{1}{a} + \frac{1}{b}\right)$. ▷ *Série harmonique:* chacune des deux séries: $\frac{1}{1} + \frac{1}{2} + \frac{1}{3} + \frac{1}{4} + \ldots$ et $\frac{1}{1} - \frac{1}{2} + \frac{1}{3} - \frac{1}{4} + \ldots$ Son musical dont la fréquence est un multiple d'une fréquence de base, appelée *fondamentale.* – Lat. *harmonicus,* gr. *harmonikos,* de *harmonia,* «assemblage».

harmoniquement [aʀmɔnikmɑ̃] adv. **1.** MUS Selon les lois de l'harmonie. **2.** MATH Selon les rapports harmoniques. – De *harmonique.*

harmonisation [aʀmɔnizasjɔ̃] n. f. Action d'harmoniser. – De *harmoniser.*

harmoniser [aʀmɔnize] v. tr. [1] **1.** Mettre en harmonie. *Harmoniser des tons.* ▷ v. pron. Se mettre, se trouver en harmonie. *Leurs caractères s'harmonisent fort bien.* **2.** MUS Composer, sur l'air d'une mélodie, une ou plusieurs parties vocales ou instrumentales. – De *harmonie.*

harmoniste [aʀmɔnist] n. MUS Personne qui connaît et applique les lois de l'harmonie. – De *harmonie.*

harmonium [aʀmɔnjɔm] n. m. Instrument de musique à soufflerie, sans tuyaux, à anches libres et à clavier, d'une étendue de cinq octaves pleines. – De *harmonie.*

harnachement ['aʀnaʃmɑ̃] n. m. **1.** Action de harnacher. **2.** Ensemble des harnais d'un cheval. **3.** Fig., fam. Accoutrement lourd et ridicule. – De *harnacher.*

harnacher ['aʀnaʃe] v. tr. [1] **1.** Mettre un harnais à (un cheval). **2.** Fig., fam. Accoutrer ridiculement, comme d'un harnais. ▷ v. pron. *Il s'était harnaché comme pour aller chasser le fauve.* – De *harnais.*

harnais ['aʀnɛ] ou (vx) **harnois** ['aʀnwa] n. m. **1.** Vx Armure complète d'un homme d'armes. ▷ Fig. *Blanchir sous le harnois:* vieillir dans un métier, et partic. dans le métier des armes. **2.** Équipement d'un cheval de selle ou d'attelage, et, par ext., de tout animal de trait. **3.** *Par anal.* Dispositif formé de sangles entourant le corps, qui répartit en plusieurs points le choc occasionné par une chute ou par une projection violente vers l'avant. *Harnais de parachutiste, d'alpiniste. Harnais de sécurité* (sur une automobile). **4.** Ensemble des organes d'un métier à tisser. – Anc. scand. **her-nest,* «provision de voyage».

haro ['aʀo] n. m. **1.** DR FEOD Cri que le témoin d'une atteinte à la personne ou aux biens pouvait pousser, au Moyen Âge, pour requérir l'assistance de ceux qui étaient présents et arrêter le coupable. **2.** Fig. *Crier haro sur (qqn.):* se dresser avec indignation contre. ▷ *Crier haro sur le baudet:* rendre responsable de qqch celui qui en est innocent et qui ne peut se défendre. – De *hare.* V. harasser.

harpagon [aʀpagɔ̃] n. m. Individu extrêmement avare. *Vieil harpagon.* Syn. séraphin. – Du nom de *Harpagon,* principal personnage de «l'Avare» de Molière.

1. harpe ['aʀp] n. f. **1.** Instrument à cordes pincées, de forme triangulaire. *La harpe classique possède 47 cordes et 7 pédales, qui permettent de jouer dans tous les tons.* **2.** ZOOL Genre de mollusque gastéropode. – Germ. **harpa,* bas lat. *harpa.*

2. harpe ['aʀp] n. f. **1.** CONSTR Pierre, en saillie sur un mur, destinée à faciliter le raccordement ultérieur avec un autre mur. ▷ Pierre qui, dans une chaîne*, est plus large que celle de dessus et celle de dessous. **2.** VEN Griffe de chien. – De l'a. fr. *harper,* «empoigner», d'orig. germ. avec infl. du lat. *harpe*, mot gr. «faucille, crochet».

harpie ['aʀpi] n. f. **1.** MYTH Monstre ailé à visage de femme, au corps d'oiseau de proie. **2.** *Par ext.* Personne avide et rapace. – Femme acariâtre et criarde. **3.** Grand aigle (*Harpia harpiya*, fam. falconidés) d'Amérique du S., à tête huppée, aux serres puissantes. – Lat. *harpya*, mot gr.

harpiste ['aʀpist] n. Personne qui joue de la harpe. – De *harpe* 1.

harpon ['aʀpɔ̃] n. m. **1.** TECH Crochet, instrument muni d'un dard pour accrocher, piquer. ▷ Large fer de flèche barbelé fixé à une hampe, servant à prendre les gros poissons ou les cétacés. *Pêcher la baleine au harpon.* **2.** MAR Grappin tranchant utilisé autref. pour couper les cordages d'un navire ennemi. – Probabl. de l'anc. scand. *harpa*, et de l'anc. v. *harper* (cf. *harpe* 2).

harponnage ['aʀpɔnaʒ] n. m. Action de harponner. – De *harponner.*

harponner ['aʀpɔne] v. tr. [1] **1.** Accrocher avec le harpon. **2.** Fig., fam. Saisir, arrêter par surprise. *Il s'est fait harponner à la sortie.* – De *harpon.*

harponneur, euse ['aʀpɔnœʀ, øz] n. Personne qui lance le harpon, qui harponne. – De *harponner.*

hart ['aʀ(t)] n. f. **1.** Vx Lien de bois souple pour lier les fagots. **2.** Vx Corde avec laquelle on pendait les condamnés à mort. ▷ *Par ext.* Peine de mort par pendaison. **3.** *Hart rouge:* nom commun du cornouiller stolonifère (*Cornus stolonifera*). – Frq. **hard*, «filasse».

hasard ['azaʀ] n. m. **I. 1.** Vx Ancien jeu de dés. ▷ Coup gagnant à ce jeu. ▷ Par anal. *Jeu de hasard*, où l'intelligence, le calcul n'ont aucune part. **2.** Vx Risque, péril. *Courir le hasard de...* ▷ Mod. *Les hasards de la guerre.* **3.** Concours de circonstances imprévu et inexplicable; événement fortuit. *Quel heureux hasard! Un hasard malheureux. Coup de hasard:* événement inattendu. **4.** Ce qui échappe à l'homme et qu'il ne peut ni prévoir, ni expliquer rationnellement. *Le hasard a fait que... Le hasard et le déterminisme.* ▷ Cause personnifiée d'événements apparemment fortuits. *Le hasard a voulu qu'une tuile se détache du toit au moment où elle passait.* **II.** loc. adv. **1.** *Par hasard:* fortuitement, accidentellement. *Si, par hasard, tu le rencontres... – Comme par hasard.* **2.** *Au hasard:* à l'aventure, sans but. *Marcher au hasard.* ▷ *Parler, agir au hasard*, inconsidérément, sans méthode. ▷ *À tout hasard:* en prévision de tout ce qui pourrait arriver. **III.** loc. prép. *Au hasard de:* selon les hasards, les aléas de. *Au hasard des jours.* – De l'ar. *āz-āhr*, «les dés», par l'esp. *azar.*

hasardé, ée ['azaʀde] adj. **1.** À la merci du hasard, risqué. *Entreprise hasardée.* **2.** Sans fondement, difficile à justifier. *Proposition hasardée.* – Pp. de *hasarder.*

hasarder ['azaʀde] **I.** v. tr. [1] **1.** Litt. Exposer, livrer au hasard, et aux risques qu'il implique. *Hasarder sa fortune.* **2.** Se risquer à dire, à exprimer. *Hasarder une plaisanterie, une hypothèse.* **II.** v. intr. Vieilli *Hasarder de* (+ inf.): prendre le risque de. **III.** v. pron. **1.** Vieilli S'exposer à un risque, à un péril. **2.** Se risquer (dans une entreprise, un lieu dangereux). *Se hasarder dans une contrée déserte.* ▷ Fig. *Se hasarder à dire, à faire qqch.* – De *hasard.*

hasardeux, euse ['azaʀdø, øz] adj. **1.** Vx. Qui s'expose au hasard. **2.** Qui comporte des risques. *Entreprise hasardeuse.* – De *hasard.*

haschisch, hachisch ou **hachich** ['aʃiʃ] ou (fam.) **hasch** ['aʃ] n. m. Stupéfiant tiré du chanvre indien. (L'intoxication au haschich induit un sentiment de griserie bienheureuse et des troubles de la perception.) – Ar. *hashish*, «herbe».

haschischin, hachischin ou **hachichin** ['aʃiʃɛ̃] n. m. Rare Personne qui se drogue au haschich. – Ar. *hashashin.*

hase ['az] n. f. Femelle du lièvre, du lapin de garenne. – Mot all., «lièvre».

hashi [aʃi] n. m. Baguette dont se servent les Japonais pour manger. – Mot japonais.

hassid, hassidim ['asid, 'asidim] n. m. Adepte du hassidisme. *Les hassidim.* – Hébreu *hasid*, «pieux, dévot».

hassidique ['asidik] adj. Du hassidisme. – De *hassid*, et *-ique.*

hassidisme ['asidism] n. m. Courant mystique et ascétique du judaïsme traditionnel qui se développa principalement aux XIIe et XIIIe s. et eut pour restaurateur le Ba'al Shem Tov (1700 - env. 1760). – De *hassid.*

hast, n. m. ou **haste** [ast] n. f. **1.** ANTIQ ROM Javelot, longue pique des soldats. **2.** *Arme d'hast:* toute arme offensive montée sur une hampe. – Lat. *hasta*, «lance, hampe de lance».

hasté, ée [aste] adj. BOT *Feuille hastée*, dont les deux lobes de la base, à peu près perpendiculaires au pétiole, figurent une hallebarde. – De *hast.*

1. hâte ['ɑt] ou **haste** ['ast] n. f. Vx Broche à rôtir. ▷ Viande rôtie. – Crois. entre le lat. *hasta* (V. hast) et le frq. *harst*, «gril».

2. hâte ['ɑt] n. f. **1.** Promptitude, diligence dans l'action. *Mettre trop de hâte à se préparer.* ▷ *Avoir hâte (de, que):* être pressé, impatient (de, que). **2.** loc. adv. *En hâte:* avec une grande promptitude. *Accourir en hâte, en grande hâte, en toute hâte.* ▷ *À la hâte:* avec précipitation et sans soin. *Travail fait à la hâte.* – Du frq. **haist*, «violence, vivacité».

hâter ['ɑte] **I.** v. tr. [1] **1.** Accélérer, rendre plus rapide. *Hâter le pas.* ▷ *Hâter des fruits*, les faire mûrir vite. **2.** Litt. Presser, faire arriver plus vite. *Hâter son départ.* **3.** Vx Faire dépêcher (qqn). *Hâter qqn de* (+ inf.), le presser de. **II.** v. pron. Aller vite, faire diligence. *Hâte-toi, tu es en retard.* ▷ Maxime. *Hâte-toi lentement.* ▷ *Se hâter de* (suivi de l'inf.): se dépêcher de. – De *hâte* 2.

hâtier ['ɑtje] n. m. Grand chenêt de cuisine muni de crochets pour appuyer les broches. – De *hâte* 1.

hâtif, ive ['ɑtif, iv] adj. **1.** Qui vient avant la date normale. *Saison hâtive.* **2.** Qui est en avance par rapport au développement normal. *Fruit hâtif. Croissance hâtive.* **3.** Fait trop vite, à la hâte. *Un devoir hâtif.* – De *hâte* 2.

hâtivement ['ɑtivmɑ̃] adv. **1.** D'une manière hâtive, prématurément. **2.** À la hâte. – De *hâtif.*

hatteria. V. sphénodon.

hauban ['obɑ̃] n. m. **1.** MAR Chacun des câbles métalliques (autref., textiles) qui assujettissent le mât d'un navire. *Hauban reliant le capelage de mât à l'arrière* (pataras), *à l'avant* (étai). *Hauban mobile* (bastaque). ▷ *Spécial.* Chacun des câbles métalliques assujettissant le mât par le travers. **2.** TECH Barre ou câble servant à assurer la rigidité d'une construction, d'un appareil. – De l'anc. scand. *höfudbendur*, «lien du sommet» (du mât).

haubanage ['obanaʒ] n. m. **1.** MAR et AVIAT Ensemble des haubans d'un navire, d'un avion. **2.** TECH Action de haubaner. – De *hauban.*

haubaner ['obane] v. tr. [1] **1.** MAR et AVIAT Consolider à l'aide de haubans. **2.** TECH Assujettir à l'aide de haubans. *Haubaner une cheminée.* – De *hauban.*

haubert ['obɛʀ] n. m. Anc. Longue tunique de mailles portée au Moyen Âge par les hommes d'armes. – Du frq. **halsberg*, «ce qui protège le cou».

hausse [ˈos] n. f. **1.** Ce qui sert à hausser. *Mettre une hausse aux pieds d'une table.* ▷ TECH Appareil servant à prendre la ligne de mire et à régler le tir d'une arme à feu. ▷ CONSTR Montant servant à soutenir un remblai. **2.** Action de hausser; son résultat. ▷ Augmentation de prix, de valeur. *Hausse des matières premières.* – *Spécial.* Augmentation du cours des valeurs boursières. *Jouer à la hausse.* – Déverbal de *hausser.*

haussement [ˈosmɑ̃] n. m. Action de hausser. *Haussement d'épaules:* mouvement marquant le mépris, le dédain, l'indifférence. – De *hausser.*

hausser [ˈose] **I.** v. tr. [1] **1.** Élever, augmenter la hauteur de. *Hausser un mur.* **2.** Mettre en position plus élevée, soulever. *Hausser une charge. Hausser les épaules.* ▷ v. pron. *Se hausser sur la pointe des pieds.* **3.** Augmenter l'intensité de. *Hausser la voix.* ▷ Fig. *Hausser le ton:* parler plus fort, pour manifester sa colère, son impatience. **4.** Augmenter. *Hausser le prix du pain.* – *Hausser les exigences.* **5.** Fig. Élever, rendre plus grand (qqn). *Un acte qui l'a haussé dans l'opinion de ses concitoyens.* ▷ v. pron. Parvenir, arriver à. *Se hausser jusqu'aux plus hautes dignités.* **II.** v. intr. **1.** Aller en augmentant (de hauteur, d'intensité). *Les eaux ont haussé d'un mètre. Hausser d'un ton.* **2.** Vieilli Augmenter de prix. *Le blé a haussé.* – Du lat. pop. **altiare*, de *altus*, «haut».

haussier [ˈosje] n. m. FIN Spéculateur qui joue à la hausse sur les valeurs boursières. – De *hausse.*

haussière. V. aussière.

haussmannite ou **haussmanite** [osmanit] CHIM n. f. Oxyde naturel de manganèse, Mn_3O_4, à caractère salin. – Du n. du chimiste franç. Jean Michel *Haussmann* (1749-1824).

haut, haute [ˈo, ˈot] adj., n. et adv. **A.** adj. **I. 1.** D'une certaine dimension dans le sens vertical. *Un arbre haut de six mètres.* **2.** De dimension verticale élevée. *Une haute montagne.* **3.** Situé, placé à un niveau supérieur à celui qui est habituel. *Les eaux du fleuve sont hautes.* ▷ Fig. *Aller la tête haute*, sans avoir à craindre aucun reproche. – *Avoir la haute main sur une chose*, exercer sur elle une autorité absolue. ▷ MAR *Pavillon haut*, hissé au sommet du mât. **4.** Situé au-dessus de choses semblables. *Les hauts plateaux et la plaine. La ville haute et la ville basse.* **5.** Se dit de la région d'un pays la plus éloignée de la mer et de la partie d'un cours d'eau la plus voisine de sa source. *La haute Égypte. La haute Loire. La haute Normandie.* ▷ *La haute mer:* la pleine mer, le grand large. **6.** Très éloigné dans le temps. *La haute antiquité.* **7.** Plus élevé, plus important (en intensité, en valeur). *Notes hautes, ton haut*, élevés dans la gamme. *Parler à voix haute.* ▷ Fig. *Avoir le verbe haut*, un ton arrogant. ▷ *Haut en couleur*, qui a des couleurs vives et soutenues. – Fig. *Un récit haut en couleur*, plein de notations pittoresques. ▷ JEU *Les hautes cartes*, celles qui ont le plus de valeur. ▷ PHYS NUCL *Hautes énergies:* énergies supérieures à 1 MeV. **8.** (En loc., avec une valeur adverbiale.) *Haut les mains!* : ordre de lever les mains en l'air, donné à qqn que l'on veut mettre hors d'état d'agir. – *Haut la main:* avec autorité, sans difficulté. – Vieilli *Haut le pied:* se disait d'une bête de somme non chargée, non montée. ▷ CH de F *Locomotive haut le pied*, qui circule sans être attelée à un train. **II.** Fig. **1.** Qui possède la prééminence, la supériorité (dans la hiérarchie, dans l'échelle des valeurs sociales). *La haute finance. Un haut fonctionnaire.* – *La haute société* (ou, n. f., pop., *la Haute*). ▷ Loc. adv. *En haut lieu:* chez ceux qui détiennent l'autorité, le pouvoir. **2.** D'une grande valeur, d'une valeur supérieure à la moyenne. *Des recherches de la plus haute importance. Les hauts faits d'un général.* **3.** Excellent. *Avoir une haute opinion de qqn. Ouvrage de haute qualité. Haute couture.* ▷ N. m. *Le Très-Haut :* Dieu. **4.** Vieilli Hautain, orgueilleux. *Un homme haut.* **B.** n. m. **1.** Dimension verticale, hauteur, altitude. *Le mont Jacques-Cartier a 1 268 mètres de haut. Monter à 2 000 mètres de haut.* ▷ *Tomber de son haut*, de toute sa hauteur. Fig. Éprouver une surprise désagréable. **2.** Partie élevée de qqch. *Le haut du mur.* **3.** Sommet, partie la plus élevée d'une chose. *Le haut d'une tour.* ▷ Fig. *Tenir le haut du pavé:* jouir d'une situation de premier plan. **4.** Fig., fam. *Connaître des hauts et des bas*, des périodes favorables et des périodes difficiles qui alternent. **C.** adv. **I. 1.** À une très grande hauteur. *L'aigle s'élève très haut.* **2.** Précédemment, plus loin en reculant dans le temps. *Revenir plus haut.* ▷ *Voir plus haut:* voir ci-dessus, dans ce qui précède. **3.** Fort, à haute voix. *Parlez moins haut!* ▷ Fig. *Parler haut*, avec assurance, autorité. – *Dire bien haut ce que l'on pense*, le dire clairement, de manière que cela se sache. **4.** Fig. À un degré très élevé sur l'échelle des valeurs sociales, morales, etc. *Un monsieur très haut placé. Estimer très haut ses collaborateurs.* **5.** D'une manière importante (en matière de prix, de valeurs). *L'or est monté très haut.* **II.** loc. adv. **1.** *En haut:* dans la partie la plus haute, au-dessus. *Mur repeint jusqu'en haut. Il y a deux pièces en haut et trois au rez-de-chaussée. Le bruit vient d'en haut.* ▷ Fig. Du ciel. *C'est une inspiration d'en haut.* **2.** *Là-haut:* au-dessus, dans cette partie élevée. *Il habite là-haut.* ▷ Fig. Au ciel. **3.** *De haut:* d'un point, d'une partie élevée. *Un torrent qui tombe de haut.* ▷ Fig. *Le prendre de haut:* répondre avec arrogance. – *Voir les choses de haut*, dans leur ensemble et sans s'arrêter aux détails. – *Regarder qqn de haut en bas*, avec mépris et arrogance. **III.** loc. prép. *En haut de:* dans la partie la plus haute de. *Assis en haut d'un mur.* – Lat. *altus*, *h* dû à une infl. germ.

1. hautain, aine [ˈotɛ̃, ɛn] adj. **1.** Vx Qui va haut. *Faucon hautain.* **2.** Arrogant, dédaigneux. *Un homme hautain.* – *Paroles hautaines.* – De *haut.*

2. hautain. V. hautin.

hautbois [ˈobwɑ] n. m. **1.** Instrument de musique à vent, en bois, à tuyau conique et à anche double. **2.** Hautboïste. – De *haut*, et *bois.*

hautboïste [ˈobɔist] n. Instrumentiste qui joue du hautbois. – De *hautbois.*

haut-de-chausse(s) [ˈodʃos] n. m. Anc. Partie du vêtement masculin qui allait de la ceinture aux genoux. *Des hauts-de-chausses.* – De *haut, de*, et *chausse.*

haut-de-forme [ˈodfɔʀm] n. m. Haut chapeau d'homme, cylindrique, qui se porte avec l'habit, la redingote. *Des hauts-de-forme.* – De *haut, de*, et *forme;* de *(chapeau) haut de forme.*

haute-contre [ˈotkɔ̃tʀ] n. MUS **1.** n. f. Voix masculine, la plus aiguë des voix de ténor. **2.** n. m. Celui qui a cette voix. *Des hautes-contre.* – De *haut*, et *contre.*

haute-fidélité [ˈotfidelite] n. f. (Employé généralement en appos.) Qualité des appareils électroacoustiques qui assure une restitution très fidèle des sons. *Une chaîne haute-fidélité.* – Trad. de l'angl. *high fidelity.*

hautement [ˈotmɑ̃] adv. **1.** Vx À haute voix. **2.** Fig. Ouvertement, de manière que cela se sache. *Proclamer hautement son innocence.* **3.** Fortement, supérieurement. *Une ouvrière hautement qualifiée.* – De *haut.*

hautesse [ˈotɛs] n. f. Titre honorifique que l'on donnait autrefois au sultan de Turquie. – De *haut.*

haute-tige [ˈottiʒ] n. f. ARBOR Jeune arbre haut de 1 m au moins. *Des hautes-tiges.* – De *haute*, et *tige.*

hauteur [ˈotœʀ] n. f. **I. 1.** Dimension verticale (d'un corps), de bas en haut. *La hauteur d'un arbre. La tour du CN à Toronto a 553 m de hauteur.* ▷ Vieilli Taille (personnes). *Tomber de sa hauteur* (personnes), de tout son long. – Fig. Être très surpris. **2.** GEOM Distance d'un point à une droite ou à un plan. ▷ Segment de droite perpendiculaire au côté d'un triangle et passant par le sommet opposé. **3.** Profondeur. *Hauteur de l'eau d'une rivière.* ▷ METEO *Hauteur des précipitations:* épaisseur de la couche d'eau, exprimée en mm, recueillie dans un pluviomètre. **II. 1.** Caractère de ce qui est très haut. *Une tour aisément repérable par sa hauteur.* **2.** Distance qui sépare un corps de la surface de la terre. *Nuages situés à une grande hauteur.* ▷ ASTRO Angle que fait la direction d'un astre avec le plan horizontal en un lieu et à un moment donnés. **3.** Lieu élevé, éminence. *Habiter sur les hauteurs.* **4.** PHYS *Hauteur d'un son,* sa fréquence moyenne. **III.** loc. prép. *À la hauteur de.* **1.** Au niveau de. *Accrocher un tableau à la hauteur des autres.* ▷ Par ext. *Sa maison se trouve à la hauteur du prochain carrefour.* **2.** Fig. *Être à la hauteur de qqn:* avoir les mêmes capacités, la même valeur que lui. *Un fils qui est à la hauteur de son père.* ▷ *Être à la hauteur de sa tâche, de ses fonctions:* être capable de les remplir. – *Être à la hauteur de la situation:* être à même d'y faire face. – Fam. *Ne pas être à la hauteur:* être incapable, médiocre. **IV. 1.** Caractère supérieur, élevé (d'une personne, d'un acte considérés sous l'angle des qualités morales). *Une grande hauteur de vues.* **2.** Péjor. Arrogance, dédain, attitude orgueilleuse. *Traiter ses subordonnés avec hauteur.* – De *haut.*

haut-fond ['ofõ] n. m. Éminence rocheuse ou sableuse du fond marin, recouverte de très peu d'eau, et qui rend dangereuse la navigation. *Des hauts-fonds.* – De *haut,* et *fond.*

haut fourneau ['ofuʀno] n. m. Four à cuve de très grandes dimensions (plusieurs dizaines de mètres de hauteur) destiné à l'élaboration de la fonte par fusion et réduction du minerai de fer. *Des hauts fourneaux.* – De *haut,* et *fourneau.*

ENCYCL Un *haut fourneau* se compose de deux troncs de cône accolés par leur base: la *cuve* en partie haute, les *étalages* en partie basse. On introduit dans la partie supérieure de la cuve, appelée le *gueulard,* du minerai de fer, du coke métallurgique et un fondant (castine ou carbonate de calcium) destiné à rendre la gangue fusible et à l'éliminer dans le *laitier.* De l'air chaud, le «vent», est soufflé à la partie inférieure des étalages, à une température de 600 à 900 °C, par des *tuyères* qu'alimente une boîte à vent. Dans la cuve s'effectuent successivement la dessiccation de la charge, la décomposition des carbonates et la réduction des oxydes de fer. Dans le *ventre,* partie centrale située entre les étalages et la cuve, s'effectue la fusion. Les laitiers sont élaborés dans l'*ouvrage* et se rassemblent dans le *creuset.* La chaleur des gaz est récupérée dans des *cowpers,* qui réchauffent le vent avant son introduction dans le haut fourneau.

hautin ou **hautain** ['otɛ̃] n. m. VITIC Vigne dont les branches, très hautes au-dessus du sol, sont supportées par des arbres ou de grands échalas. ▷ *Par ext.* Échalas, arbre supportant le hautin. – De *haut.*

haut-le-coeur ['olkœʀ] n. m. inv. Nausée. ▷ Fig. Dégoût. – De *haut, le,* et *cœur.*

haut-le-corps ['olkɔʀ] n. m. inv. Brusque mouvement, réflexe du haut du corps marquant l'indignation, la surprise, la répulsion. – De *haut, le,* et *corps.*

haut-parleur ['opaʀlœʀ] n. m. Appareil qui transforme en ondes sonores les signaux électriques modulés que lui envoie un amplificateur. *Des haut-parleurs.* – Trad. de l'angl. *loud speaker.*

haut-relief ['oʀəljɛf] n. m. BX-A Sculpture où les figures, presque entièrement détachées du fond, sont vues dans la quasi-totalité de leur épaisseur (par oppos. à *bas-relief*). *Des hauts-reliefs.* – De *haut,* et *relief.*

hauturier, ière ['otyʀje, jɛʀ] adj. MAR Qui se pratique en haute mer. *Pêche hauturière.* ▷ Qui navigue au large. *Navire hauturier.* – De l'a. fr. *hauture,* dér. de *haut.*

havage ['avaʒ] n. m. TECH Abattage du minerai effectué en pratiquant une saignée le long de la taille. ▷ La saignée elle-même. – De *haver.*

havanais, aise ['avanɛ, ɛz] adj. et n. **1.** De La Havane. **2.** n. m. Chien de petite taille au poil long et soyeux. – Du n. de La *Havane,* cap. de Cuba.

havane ['avan] n. et adj. **1.** n. m. Tabac de La Havane. *Fumer du havane.* ▷ Cigare fait avec ce tabac. *Fumer un havane.* **2.** adj. inv. De la couleur brun-roux du tabac cubain. *Robe havane.* – Du n. de La *Havane,* cap. de Cuba.

hâve ['ɑv] adj. Pâli, émacié par la faim, la souffrance. – Du frq. **haswa,* «gris comme le lièvre».

haveneau ['avno] ou **havenet** ['avnɛ] n. m. Filet à crevettes. – Anc. scand. *hâfr,* «engin de pêche», et *net,* «filet».

haver ['ave] v. tr. [1] TECH Abattre (le minerai) par havage. ▷ S. comp. Exécuter le havage. – Var. de l'a. fr. *caver,* «creuser».

haveur ['avœʀ] n. m. Mineur qui pratique le havage. – De *haver.*

haveuse ['avøz] n. f. Machine servant à haver. – De *haver.*

havre ['ɑvʀ] n. m. **1.** Vx ou rég. Petit port naturel ou artificiel bien abrité. **2.** Fig., litt. Lieu calme et protégé, refuge. *Un havre de paix, de bonheur.* – Du moyen néerl. *havene.*

havresac ['avʀəsak] n. m. Sac à bretelles, porté sur le dos, pour transporter des outils, des effets, des provisions, etc. – All. *Habersack,* «sac à avoine».

hawaïen, enne [awajɛ̃, ɛn] adj. et n. Des îles Hawaï. *Guitare hawaïenne.* – N. *Les Hawaïens.* ▷ GEOL *Volcan de type hawaïen,* dont les éruptions se font sans projections, par débordement d'une lave basaltique très fluide qui s'étale largement et constitue un cône très aplati. – De *Hawaï,* nom polynésien de la plus grande des îles Sandwich.

hayon ['ɛjõ] n. m. **1.** Claie amovible disposée à chacune des extrémités d'une charrette. **2.** Porte pivotant autour d'un axe horizontal et fermant l'arrière de certains véhicules automobiles (camionnettes, familiales, etc.). – De *haie.*

hazan ['azɑ̃] n. m. Didac. Chantre officiant dans une synagogue. – Mot hébreu.

He CHIM Symbole de l'hélium.

hé! ['e, he] interj. Fam. (pour appeler, interpeller). *Hé! toi, viens ici!* ▷ (Marquant, selon le ton, la surprise, l'approbation, le doute, l'ironie.) *Hé! vous voilà bien pressé.* – Onomat.

heaume ['om] n. m. Casque cylindrique ou pointu, couvrant la tête et le visage, muni d'une ouverture pour les yeux, porté au Moyen Âge par les hommes d'armes. – Frq. **helm,* «casque».

heaumier, ière ['omje, jɛʀ] n. Vx Fabricant, marchand de heaumes. ▷ *Les Regrets de la Belle Heaumière* (femme du heaumier), ballade célèbre de Villon. – De *heaume.*

hebdomadaire [ɛbdɔmadɛʀ] adj. et n. m. **1.** adj. Relatif à la semaine; qui se renouvelle chaque semaine. *Repos hebdomadaire.* ▷ *Spécial.* Qui paraît chaque semaine. *Magazine hebdomadaire.* **2.** n. m. Publication qui paraît chaque semaine. – Lat. ecclés. *hebdomadarius,* du gr. *hebdomas, hebdomadis,* «semaine».

hebdomadairement [ɛbdomadɛʀmɑ̃] adv. Par semaine, chaque semaine. – De *hebdomadaire.*

hébéphrénie [ebefʀeni] n. f. PSYCHOPATHOL Trouble mental schizophrénique caractérisé par une tendance mélancolique et des accès de colère et de violence. – All. *Hebephrenie,* du gr. *hêbê,* «jeunesse», et *phrên,* «esprit».

hébéphrénique [ebefʀenik] adj. De l'hébéphrénie. *Symptômes hébéphréniques.* ▷ Atteint d'hébéphrénie. *Jeune fille hébéphrénique.* ▷ Subst. *Un, une hébéphrénique.* – De *hébéphrénie.*

héberge [ebɛʀʒ] n. f. Vx Logis. – Déverbal de *héberger.*

hébergement [ebɛʀʒəmɑ̃] n. m. Action d'héberger, logement. – De *héberger.*

héberger [ebɛʀʒe] v. tr. [15] Recevoir, loger chez soi. *Héberger des amis.* ▷ Par ext. *Pays qui héberge des réfugiés.* – Du frq. **heribergôn,* «loger, camper (pour une armée)».

hébétement [ebɛtmɑ̃] n. m. État d'une personne hébétée, stupide. – De *hébéter.*

hébéter [ebete] v. tr. [16] **1.** Engourdir les facultés intellectuelles, la vivacité d'esprit. *La fièvre hébète le malade.* **2.** Rendre stupide, ahuri. *Il a été hébété par la douleur.* – Lat. *hebetare,* «émousser».

hébétude [ebetyd] n. f. **1.** MED Engourdissement des facultés intellectuelles, sans modification des perceptions sensorielles. **2.** Hébétement. – De *hébéter.*

hébraïque [ebʀaik] adj. Qui appartient aux Hébreux, partic. à leur langue. *Caractères hébraïques.* – *La langue hébraïque:* l'hébreu. – Lat. *hebraicus.*

hébraïsant, ante [ebʀaizɑ̃, ɑ̃t] ou **hébraïste** [ebʀaist] n. Didac. Spécialiste de l'hébreu. – Ppr. de *hébraïser.*

hébraïser [ebʀaize] **I.** v. intr. [1] **1.** Se servir d'hébraïsmes. **2.** Adopter l'idéologie, le mode de vie, les coutumes hébraïques. **3.** Connaître, étudier l'hébreu. **II.** v. tr. Marquer, revêtir des caractères de la culture hébraïque. – Gr. *hebraizein.*

hébraïsme [ebʀaism] n. m. Didac. Expression, tournure propre à l'hébreu. – De *hébraïque.*

hébreu [ebʀø] n. et adj. **I.** n. m. **1.** Pl. Nom donné dans la Bible aux Araméens de Harran qui traversèrent l'Euphrate et s'installèrent en Canaan. *Le judaïsme, religion des Hébreux.* **2.** La langue des Hébreux. *L'hébreu est une langue sémitique.* ▷ Fam. *C'est de l'hébreu:* c'est incompréhensible. **II.** adj. m. (Au f., on emploie *hébraïque*) **1.** Relatif aux Hébreux. *Le peuple hébreu.* **2.** Relatif à la langue des Hébreux. *L'alphabet hébreu comporte 22 lettres.* – Lat. *Hebrœus,* gr. *Hebraîos.*

ENCYCL Au IIe mill. av. J.-C., des tribus araméennes sédentarisées en Syrie depuis le XIXe ou le XVIIIe s. traversèrent l'Euphrate (XVIIe ou XVIe s. av. J.-C.); certaines d'entre elles, que l'on appelle Hébreux, parvinrent en terre de Canaan (la Palestine). Cet épisode fait l'objet du chapitre XII de la Genèse, dans lequel apparaît, à la tête de ce mouvement, le patriarche Abraham. Les vicissitudes que connut, à partir de ce moment, le peuple hébreu (peuple de Dieu, selon la tradition biblique) sont relatées dans la Bible.

hécatombe [ekatɔ̃b] n. f. **1.** ANTIQ Sacrifice de cent bœufs. ▷ *Par ext.* Immolation d'un grand nombre d'animaux. **2.** Cour. Massacre, tuerie d'êtres humains. ▷ Fig., fam. *Seulement dix pour cent de reçus au concours, quelle hécatombe!* – Gr. *hekatombê* (sacrifice) «de cent *(hekaton)* bœufs *(bous)*».

hect(o)-. Élément, du gr. *hekaton,* «cent».

hectare [ɛktaʀ] n. m. Unité de superficie (abrév. ha) valant 100 ares (10 000 m²). – De *hect(o)-,* et *are.*

hectique [ɛktik] adj. MED *Fièvre hectique,* caractérisée par de larges oscillations de températures et un amaigrissement prononcé. ▷ Vx Qui accompagne l'hectisie, la consomption. *Taches hectiques rouges sur les pommettes.* – Bas lat. *hecticus;* gr. *hektikos,* «habituel».

hectisie [ɛktizi] ou **étisie** [etizi] n. f. MED **1.** Fièvre hectique. **2.** Amaigrissement extrême. – De *hectique,* d'après *phtisie.*

hecto [ɛkto] n. m. Abrév. de *hectolitre.*

hectogramme [ɛktogʀam] n. m. Masse de 100 grammes (symbole hg). – De *hect(o)-,* et *gramme.*

hectolitre [ɛktolitʀ] n. m. Mesure de capacité valant 100 litres (symbole hl). – De *hect(o)-,* et *litre.*

hectomètre [ɛktomɛtʀ] n. m. Mesure de longueur valant 100 mètres (symbole hm). – De *hect(o)-,* et *mètre.*

hectométrique [ɛktometʀik] adj. Relatif à l'hectomètre; qui délimite une distance d'un hectomètre. *Bornes hectométriques d'une route.* – Du préc.

hectopascal [ɛktopaskal] n. m. PHYS Unité de pression du système international (abrév. hPa) valant 100 newtons. – De *hecto,* et *pascal.*

hectowatt [ɛktowat] n. m. Mesure de puissance équivalant à 100 watts (symbole hW). – De *hect(o)-,* et *watt.*

héder [ˈedɛʀ] n. m. École juive traditionnelle dispensant une éducation religieuse aux jeunes enfants. – Mot hébreu.

hédonisme [edɔnism] n. m. **1.** PHILO Doctrine qui fait de la recherche du plaisir le fondement de la morale. *L'hédonisme d'Aristippe de Cyrène.* **2.** PSYCHAN Recherche du plaisir orientée vers une partie du corps, au cours du développement de la sexualité. *Hédonisme oral, anal, génital.* **3.** ECON Doctrine qui fait de la recherche du maximum de satisfactions le moteur de l'activité économique. – Du gr. *hêdonê,* «plaisir».

hédoniste [edɔnist] n. et adj. **1.** n. Adepte de l'hédonisme. ▷ Adj. *Moraliste hédoniste.* **2.** adj. De l'hédonisme. *Principes hédonistes.* – De *hédonisme.*

hédonistique [edɔnistik] adj. Syn. de *hédoniste* (sens 2). – De *hédonisme.*

hégélianisme [egeljanism] n. m. PHILO Doctrine de Hegel. – Mouvement de pensée issu de la philosophie de Hegel. – Du n. du philosophe all. F. *Hegel* (1770-1831).

ENCYCL S'opposant au dualisme de Kant, pour qui l'esprit et la nature sont extérieurs l'un à l'autre, Hegel cherche à montrer que l'esprit est intérieur, immanent à la nature et à l'histoire, laquelle est l'histoire de la réalisation de l'esprit: *«Tout ce qui est rationnel est réel et, réciproquement, tout ce qui est réel est rationnel.»* L'esprit, principe moteur du monde, se manifeste historiquement, selon un processus dialectique: tour à tour, il se nie dans ce qui est autre que lui (la matière, par ex.) et s'affirme; il se dépasse en se conservant *(aufheben).* La dialectique hégélienne est souvent représentée comme la réalisation par l'esprit de la triade: *thèse* (toute réalité se pose d'abord en soi), *antithèse* (elle se développe ensuite hors de soi), *synthèse* (elle retourne en soi comme négation de la négation, réconciliant les contraires au sein d'une réalité plus haute); mais elle ne se limite pas à ce processus triadique, elle se veut une saisie progressive de la totalité des choses: une réalité quelconque ne se comprend que dans sa liaison avec toutes les autres (on ne peut séparer la logique de la science, la forme du contenu, etc.); en outre, elle doit rentrer dans *«le cercle du savoir absolu»,* qui est à la fois le recensement de tout le savoir humain et la représentation de l'ultime vérité: *«La philoso-*

phie a le même contenu et la même fin que l'art et la religion; mais elle est la façon la plus haute d'appréhender l'idée absolue, parce que son mode de saisie: le concept, est le plus élevé» (Science de la logique). Princ. œuvres: *Phénoménologie de l'esprit* (1807), *Science de la logique* (1812-1816), *Principes de la philosophie du droit* (1821). Ses cours ont été publiés après sa mort: *Philosophie de l'histoire, Esthétique, Philosophie de la religion, Histoire de la philosophie.* Parmi les diverses interprétations qui ont été données du système de Hegel, on distingue celle des hégéliens dits *orthodoxes* (Rosenkranz, Biedermann, Fischer, Zeller, etc.), celle des hégéliens «de gauche», ou *jeunes hégéliens* (Feuerbach, Strauss, Bauer), celle des *néo-hégéliens,* «de droite» (Spaventa, Croce, Gentile, Stirling, etc.). La pensée de Marx et, après lui, tout le matérialisme dialectique, dans leur opposition même à l'idéalisme hégélien, peuvent néanmoins être considérés comme les héritiers directs de Hegel.

hégélien, ienne [egeljɛ̃, jɛn] adj. Qui appartient à la doctrine hégélienne. *L'idéalisme hégélien.* ▷ Subst. Partisan de Hegel. *Un hégélien.* – Du n. du philosophe all. F. *Hegel.*

hégémonie [eʒemɔni] n. f. **1.** ANTIQ GR Suprématie exercée par une cité sur un groupe d'autres cités. *Athènes, Sparte, puis Thèbes luttèrent pour conquérir l'hégémonie de la Grèce.* **2.** Mod. Suprématie, domination. *L'hégémonie des grandes puissances.* – Gr. *hêgemonia,* de *hêgemôn,* «qui conduit», «guide, chef».

hégire [eʒiʀ] n. f. Ère des musulmans, qui commence en 622 de l'ère chrétienne, date du départ de Mahomet de La Mecque pour Médine. – Ar. *hedjra,* «exode», par l'ital.

heimatlos [ˈaj(ɛ)matlos] adj. et n. inv. Vx Qui a perdu sa nationalité et n'en a pas acquis une nouvelle. Syn. mod. apatride. – Mot all., «sans patrie».

hein [ˈɛ̃, hɛ̃] interj. Fam. **1.** (Pour signifier à un interlocuteur que l'on n'a pas, que l'on a mal compris ses propos, ou pour manifester une certaine impatience.) *Hein? qu'est-ce que tu dis?* **2.** (Renforçant une interrogation.) *Qu'est-ce que tu veux, hein?* **3.** (Accompagnant un énoncé exclamatif ou interrogatif et renforçant un ordre, une menace ou l'expression d'un sentiment tel que l'étonnement, la colère, la joie, le désir d'être approuvé, etc.) *Et ne recommence pas, hein!* – Lat. *hem,* onomat.

hélas [elas] interj. Interjection de plainte, exprimant la tristesse, le désespoir, la commisération, le regret ou le déplaisir. *Il a, hélas! perdu toute sa famille. – Hélas! il ne lui reste plus rien!* – De *hé!,* et a. fr. *las,* «malheureux».

hélépole [elepɔl] n. f. ANTIQ Grande tour mobile, machine de guerre utilisée pour s'élever à la hauteur des remparts ennemis. – Gr. *helepolis,* de *helein,* «prendre», et *polis,* «ville».

héler [ˈele] v. tr. **[16] 1.** MAR Vx Appeler à l'aide d'un porte-voix. **2.** *Par ext.* Appeler de loin. *Héler un taxi.* – Angl. *to hail.*

hélianthe [eljɑ̃t] n. m. Plante originaire d'Amérique (genre *Helianthus,* fam. composées) à grands capitules jaunes. *Le tournesol et le topinambour sont des hélianthes.* – Lat. *helianthes,* mot gr.

hélianthème [eljɑ̃tɛm] n. m. Plante ornementale (genre *Helianthemum)* à tige grêle et à grandes fleurs blanches ou jaunes. – Lat. bot. *helianthemum.*

hélianthine [eljɑ̃tin] n. f. CHIM Colorant synthétique utilisé comme indicateur en acidimétrie. (L'hélianthine vire au rose pour des valeurs de pH inférieures à 3,7, au jaune orangé pour des valeurs supérieures.) Syn. méthylorange. – De *hélianthe.*

héliaque [eljak] adj. ASTRO *Lever, coucher héliaque d'un astre,* qui se produit un peu avant le lever ou un peu après le coucher du Soleil. – Gr. *hêliakos,* de *hêlios,* «soleil».

héliaste [eljast] n. m. ANTIQ GR À Athènes, juge du tribunal populaire de l'héliée. – Gr. *hêliastês.*

hélice [elis] n. f. **1.** GEOM Courbe engendrée par une droite s'enroulant régulièrement sur un cylindre. *Pas, spires d'une hélice.* **2.** ARCHI Petite volute d'un chapiteau corinthien. **3.** Organe de propulsion ou de traction constitué par deux, trois ou quatre pales en forme d'hélicoïde, fixées sur un élément moteur. *Hélice de navire, d'avion. Hélice à pas variable.* ▷ Cour. Élément constitué de pales reliées à un axe. *Hélice d'un ventilateur. Hélice et grille d'un presse-purée.* ▷ *Escalier en hélice,* en spirale. – Lat. *helix,* mot gr. «spirale».

héliciculture [elisikyltyʀ] n. f. Didac. Élevage des escargots. – De *hélix* (sens 2), et *culture.*

hélicidés [eliside] n. m. pl. ZOOL Famille de mollusques gastéropodes pulmonés, à coquille univalve en hélice, comprenant notam. les escargots (genre *Helix)* et les limaces. – Du lat. scientif. mod. *helix,* mot gr. «spirale».

hélicoïdal, ale, aux [elikɔidal, o] adj. **1.** Didac. En forme d'hélice ou d'hélicoïde. **2.** MECA *Mouvement hélicoïdal:* mouvement d'un solide qui tourne autour d'un axe avec une vitesse angulaire constante, tout en étant animé d'un mouvement de translation uniforme parallèlement à cet axe. – De *hélicoïde.*

hélicoïde [elikɔid] adj. et n. **1.** adj. Didac. En forme d'hélice. **2.** n. m. Surface engendrée par une ligne animée d'un mouvement hélicoïdal. – Gr. *helikoeidês.*

hélicon [elikɔ̃] n. m. MUS Volumineuse contrebasse à vent de la famille des cuivres, à embouchure et à pistons, constituée d'un tube conique enroulé en spirale que l'on peut passer autour du tronc et appuyer sur l'épaule. – Du gr. *helikos,* «qui s'enroule».

hélicoptère [elikɔptɛʀ] n. m. Appareil plus lourd que l'air dont la sustentation et la propulsion sont assurées par une ou plusieurs voilures tournantes (ou *rotors*). – Du gr. *helix, helicos,* «spirale», et *pteron,* «aile».

ENCYCL La voilure d'un hélicoptère est mise en mouvement par un moteur (à explosion ou à turbine). L'effet de réaction de la voilure sur le fuselage est compensé par un rotor de queue, par un gouvernail de direction ou par la présence de deux voilures *contrarotatives* («qui tournent en sens inverse»). Le pilotage s'effectue grâce à trois commandes: la commande cyclique de variation de pas, pour le vol en translation; la commande collective de variation de pas, pour le vol vertical; le palonnier, qui agit sur le rotor de queue ou le gouvernail. La fabrication des hélicoptères fait de plus en plus appel aux matériaux composites.

-hélie, hélio-. Éléments, du gr. *hêlios,* «soleil».

héliée [elje] n. f. ANTIQ GR Tribunal des *héliastes* qui, dans l'anc. Athènes, était ouvert à tous, en plein air, et jugeait la plupart des procès, excepté les affaires relevant de l'Aréopage. – Gr. *hêliaia,* de *hêlios,* soleil.

héligare [eligaʀ] n. f. Rare Aérogare pour hélicoptères. – De *héli(coptère),* et *gare.*

hélio [eljo] n. f. Abrév. de *héliogravure.*

héliocentrique [eljosɑ̃tʀik] adj. ASTRO Qui prend le Soleil comme centre de référence (par oppos. à *géocentrique*). – De *hélio-,* et *centre.*

héliocentrisme [eljosɑ̃tʀism] n. m. ASTRO Système cosmologique qui prend le Soleil, et non la Terre, comme centre de référence (opposé à *géocentrisme*). *Copernic fut l'initiateur de l'héliocentrisme.* – De *hélio-*, et *centre.*

héliodore [eljodɔʀ] n. m. MINER Pierre fine, variété de béryl jaune. – De *hélio-*, et gr. *dôron*, «don, présent».

héliographe [eljogʀaf] n. m. **1.** Anc. Appareil utilisant la lumière du Soleil pour émettre des signaux optiques. **2.** METEO Appareil servant à mesurer la durée de l'insolation. **3.** ASTRO Télescope servant à photographier la chromosphère solaire. – De *hélio-*, et *-graphe.*

héliographie [eljogʀafi] n. f. **1.** ASTRO Description scientifique du Soleil. **2.** IMPRIM Procédé photographique de gravure. – De *hélio-*, et *-graphie.*

héliograveur, euse [eljogʀavœʀ, øz] n. TECH. Personne qui pratique l'héliogravure. – De *héliogravure.*

héliogravure [eljogʀavyʀ] n. f. TECH **1.** Procédé d'impression utilisant des plaques ou des cylindres gravés en creux. – Gravure photomécanique en creux. **2.** Illustration, image obtenue par ce procédé. (Abrév. *hélio.*) – De *hélio-*, et *gravure.*

héliomarin, ine [eljomaʀɛ̃, in] adj. MED Qui utilise simultanément l'action thérapeutique des rayons du soleil et de l'air marin. – De *hélio-*, et *marin.*

héliomètre [eljomɛtʀ] n. m. ASTRO Appareil destiné à mesurer le diamètre apparent des corps célestes. – De *hélio-*, et *-mètre.*

hélion [eljõ] n. m. PHYS NUCL Noyau de l'atome d'hélium, appelé aussi *particule alpha.* – De *hélium.*

héliopause [eljopoz] n. f. ASTRO Limite supposée de l'héliosphère, au niveau de laquelle le champ magnétique solaire a une intensité égale à celle du champ interstellaire. – De *hélio-*, et *pause.*

héliophysique [eljofizik] n. f. Étude des phénomènes physiques liés à l'énergie solaire. – De *hélio-*, et *physique.*

héliophyte [eljofit] n. f. BOT Plante qui ne se développe qu'au soleil. – De *hélio-*, et *-phyte.*

héliosphère [eljosfəʀ] n. f. ASTRO Domaine magnétique du soleil, dont le champ s'excerce sur le système solaire avec une intensité supérieure à celle du champ interstellaire et dont la limite est l'héliopause. – De *hélio-*, et *sphère.*

héliostat [eljosta] n. m. **1.** ASTRO Appareil, servant à l'observation du Soleil, formé d'un miroir mobile mû par un mécanisme d'horlogerie et qui maintient invariable la direction des rayons solaires qu'il réfléchit sur une lunette fixe. *Héliostat de Silbermann, de Foucault.* **2.** TECH Miroir mobile qui capte l'énergie solaire. *Héliostats plans, focalisants.* – De *hélio-*, et gr. *statos*, «arrêté».

héliosynchrone [eljosɛ̃kʀon] adj. ESP Se dit d'un satellite de la Terre qui décrit une orbite à ensoleillement constant (le plan de l'orbite fait un angle constant avec la droite Terre-Soleil). – De *hélio-*, et *synchrone.*

héliothérapie [eljoteʀapi] n. f. MED Traitement de certaines maladies par exposition aux rayons ultraviolets solaires ou artificiels. – De *hélio-*, et *-thérapie.*

héliothermie [eljotɛʀmi] n. f. Utilisation de la chaleur produite par l'énergie solaire. – De *hélio-*, et *-thermie.*

héliothermique [eljotɛʀmik] adj. Qui capte, utilise l'énergie solaire. *Centrale, usine héliothermique.* – Du préc.

héliotrope [eljɔtʀɔp] n. m. et adj. **1.** Plante vivace (genre *Heliotropium*, fam. borraginacées) à fleurs odorantes, commune dans les régions chaudes et tempérées. *Héliotrope d'Europe:* tournesol. ▷ Adj. *Plante héliotrope*, dont la fleur se tourne vers le Soleil. **2.** MINER Calcédoine verte veinée de rouge. – Lat. d'orig. gr. *heliotropium*, «qui se tourne vers le soleil».

héliotropine [eljotʀɔpin] n. f. CHIM Composé obtenu à partir de l'essence de sassafras, utilisé en parfumerie pour son odeur d'héliotrope. Syn. pipéronal. – De *héliotrope*, et *-ine.*

héliotropique [eljotʀɔpik] adj. Relatif à l'héliotropisme. – De *héliotropisme.*

héliotropisme [eljotʀɔpism] n. m. Syn. de *phototropisme.* V. ce mot et tropisme. – De *hélio-*, et *tropisme.*

héliport [elipɔʀ] n. m. Aéroport ou partie d'aéroport qui reçoit des hélicoptères effectuant des vols commerciaux. – De *héli(coptère)*, et *port.*

héliportage [elipɔʀtaʒ] n. m. Transport par hélicoptère. – De *héliporté.*

héliporté, ée [elipɔʀte] adj. Qui est transporté par hélicoptère, qui est réalisé grâce au concours d'un hélicoptère. *Troupes héliportées. Secours héliportés.* – De *héli(coptère)*, et *porté.*

hélium [eljɔm] n. m. CHIM Élément de numéro atomique $Z = 2$ et de masse atomique 4,0026 (symbole He), qui appartient au groupe des gaz rares de l'air. – Du gr. *hêlios*, «soleil».

ENCYCL L'existence de l'hélium a été découverte en 1868, lors d'une éclipse, par Lockyer qui étudiait les raies du spectre solaire. Il possède deux isotopes: ^3He et ^4He. Le gaz se liquéfie à – 268,9 °C sous la pression normale et se solidifie sous forte pression (– 272,1 °C pour 26 bars). Il est ininflammable et sa masse volumique est très faible. À l'état liquide, il présente deux variétés allotropiques: l'hélium I et l'hélium II; cette dernière a des propriétés extraordinaires: supraconductivité, superfluidité. Auj., l'hélium est principalement utilisé, comme fluide cryogénique, dans la fabrication de mélanges respiratoires à la place de l'azote, comme agent de transfert de chaleur, dans les réacteurs nucléaires et, en tant que gaz inerte, dans la métallurgie. Les rayons α obtenus dans les transmutations radioactives sont des noyaux d'hélium, ou *hélions.*

hélix [eliks] n. m. **1.** ANAT Repli bordant le pavillon de l'oreille externe. **2.** ZOOL Nom scientif. de l'escargot. – Gr. *helix*, «spirale».

hellébore. V. ellébore.

hellène [e(ɛl)lɛn] n. et adj. **1.** Habitant ou originaire de la Grèce ancienne *(Hellade* ou *Hellas)* ou moderne. ▷ Adj. *Tribu, peuple hellène.* **2.** Vx Païen, pour les Pères de l'Église. – Gr. *Hellên, Hellênos*, nom que se donnaient les Grecs.

hellénique [e(ɛl)lenik] adj. Qui appartient, qui a rapport à la Grèce, à sa civilisation, à sa langue. *Cité hellénique. Études helléniques.* – Gr. *hellênikos.*

hellénisant, ante [e(ɛl)lenizɑ̃, ɑ̃t] n. et adj. **1.** Personne qui s'occupe d'études grecques, qui étudie la langue grecque. ▷ Adj. *Érudit hellénisant.* **2.** HIST Juif qui avait adopté la culture grecque. – Ppr. de *helléniser.*

hellénisation [e(ɛl)lenizasjõ] n. f. Action d'helléniser. – De *helléniser.*

helléniser [e(ɛl)lenize] **1.** v. tr. [1] Donner le caractère grec à. *Helléniser une contrée.* **2.** v. intr. Rare Se livrer à l'étude du grec. – Gr. *hellênizein.*

hellénisme [e(ɛl)lenism] n. m. **1.** Civilisation de la Grèce ancienne. – Influence que cette civilisation a exercée sur les peuples non grecs. **2.** LING Forme particulière à la langue grecque. – Gr. *hellênismos.*

helléniste [e(ɛl)lenist] n. Érudit qui étudie la langue, la culture et la civilisation de la Grèce ancienne. – Gr. *hellênistês.*

hellénistique [e(ɛl)lenistik] adj. **1.** Relatif aux Juifs hellénisants, à leur langue. *Dialecte hellénistique:* grec mêlé d'hébraïsmes. **2.** Se dit de tout ce qui concerne l'histoire grecque (langue, art, civilisation), depuis la mort d'Alexandre jusqu'à la conquête romaine. – Du préc.

ENCYCL À partir de 338 av. J.-C. (victoire de Philippe de Macédoine à Chéronée), sous l'impulsion des rois de Macédoine, la Grèce acquiert une indéniable unité territoriale. Grâce aux victoires d'Alexandre (336-323), la civilisation grecque se diffuse du golfe de Ligurie à l'Inde, de l'Ister (Danube) à l'Égypte. Par la fusion des éléments grecs et indigènes, l'hellénisme se transforme et donne naissance à une forme de civilisation complexe que les historiens modernes appellent hellénistique. Athènes demeure la capitale spirituelle de la Grèce, mais la Grèce a été dévastée par les guerres internes, et l'axe économique du monde grec se déplace vers l'Orient: Rhodes, Byzance, Éphèse, Antioche, Séleucie du Tigre, Pergame et singulièrement l'Égypte des Ptolémées deviennent les foyers de la vie écon. et intel. La culture et l'art connaissent des dimensions nouvelles et complexes, expression de la fusion de deux mondes. La doctrine d'Épicure de Samos et celle de Zénon de Citium, fondateur du stoïcisme, s'imposent aux esprits cultivés. Les progrès des sciences exactes, en mathématiques avec Euclide et Archimède de Syracuse (le plus grand physicien de l'Antiquité), en astronomie avec Aristarque de Samos et Hipparque de Nicée, en médecine avec Hérophile et Érasistrate, sont considérables. L'architecture, l'urbanisme et l'art de la nouvelle Grèce connaissent également un grand épanouissement.

helminthe [ɛlmɛ̃t] n. m. ZOOL, MED Ver parasite de l'intestin de l'homme et des animaux. *Les helminthes se divisent en némathelminthes ou «vers ronds», et plathelminthes ou «vers plats».* – Gr. *helmins, helminthos,* «ver».

helminthiase [ɛlmɛ̃tjɑz] n. f. MED Maladie causée par la présence d'helminthes dans l'intestin. – Du gr. *helminthiân,* «avoir des vers».

helminthique [ɛlmɛ̃tik] adj. Se dit des médicaments employés pour combattre les helminthes. – De *helminthe.*

helminthologie [ɛlmɛ̃tɔlɔʒi] n. f. Partie de la zool. qui étudie les vers parasites. – De *helminthe,* et *-logie.*

hélobiales [elobjal] ou **hélobiées** [elobje] n. f. pl. BOT Ordre de plantes monocotylédones aquatiques proches des polycarpiques (renoncules). *L'ordre des hélobiales constitue la charnière entre les dicotylédones et les monocotylédones.* – Du gr. *helos,* «marécage».

hélodée. V. élodée.

héloderme [elodɛʀm] n. m. ZOOL Saurien d'Amérique tropicale (genre *Heloderma*), long de 70 cm, aux marbrures jaunes et noires, le seul lézard venimeux. Syn. monstre de Gila. – Du gr. *hêlos,* «excroissance», et de *-derme.*

hélophyte [elofit] n. f. BOT Nom générique des plantes des marécages dont les bourgeons restent enfouis dans la vase pendant la mauvaise saison. – Du gr. *helos,* «marécage», et *-phyte.*

helvelle [ɛlvɛl] n. f. Champignon des bois dont le chapeau membraneux, très ondulé, a des lobes irrégulièrement rabattus sur le pied. *Les helvelles ne sont comestibles que cuites.* – Lat. *helvella,* «petit chou».

helvétique [ɛlvetik] adj. De la Suisse. *Confédération helvétique.* – Lat. *helveticus,* «de l'Helvétie» (prov. de l'anc. Gaule, correspondant à la Suisse actuelle).

helvétisme [ɛlvetism] n. m. LING Fait de langue (prononc., mot, tournure, etc.) caractéristique des Suisses de langue française. V. encycl. québécisme. – De *helvétique.*

hem! ['ɛm, hɛm] Interj. servant à attirer l'attention ou à exprimer le doute, l'embarras, la défiance. – Onomat.

héma-, hémat(o)-, hémo-. Éléments, du gr. *haima, haimatos,* «sang».

hémagglutinine [emaglytinin] n. f. BIOL Substance capable d'agglutiner les hématies. – De *héma-,* et *(a)gglutinine.*

hémarthrose [emaʀtʀoz] n. f. MED Épanchement de sang dans une cavité articulaire. – De *hém(a)-,* et *arthrose.*

hématémèse [ematemɛz] n. f. MED Vomissement de sang provenant des voies digestives, d'origine diverse (ulcère gastro-duodénal, cirrhose, gastrite hémorragique). – De *hémat(o)-,* et gr. *emesis,* «vomissement».

hématie [emat(s)i] n. f. PHYSIOL Globule rouge du sang, cellule dépourvue de noyau dérivant de l'érythroblaste médullaire, et dont la fonction essentielle est d'assurer le transport de l'oxygène. *La durée de vie de l'hématie est de 120 jours.* Cf. encycl. sang. – Du gr. *haimatos,* «sang».

hématine [ematin] n. f. BIOCHIM Groupement prosthétique de l'hémoglobine, analogue à l'hème*, qui renferme du fer à l'état de fer III. Cf. hème et porphyrine. – Du gr. *haimatos,* «sang», et *-ine.*

hématique [ematik] adj. PHYSIOL Qui a rapport au sang. – Gr *haimatikos.*

hématite [ematit] n. f. MINER Oxyde de fer III naturel brun-rouge. (L'hématite anhydre Fe_2O_3, ou *oligiste,* et l'hématite hydratée $2Fe_2O_3$, $3H_2O$, ou *limonite,* sont exploitées comme minerais de fer.) – Lat. *haematites,* gr. *haimatitês,* de *haima,* «sang».

hémat(o)-. V. héma-.

hématoblaste [ematoblast] n. m. PHYSIOL Cellule jeune, médullaire, de la lignée sanguine (érythroblaste, mégacaryoblaste, myéloblaste, lymphoblaste). – De *hémat(o)-,* et gr. *blastos,* «germe».

hématocrite [ematokʀit] n. m. MED Pourcentage des volumes globulaires par rapport au volume sanguin total, qui s'abaisse en cas d'anémie. – De *hémat(o)-,* et gr. *kritos,* «séparé».

hématogène [ematoʒɛn] adj. PHYSIOL Qui est d'origine sanguine. – De *hémat(o)-,* et *-gène.*

hématologie [ematolɔʒi] n. f. MED Branche de la médecine qui étudie le sang sur le plan histologique, fonctionnel et pathologique. – De *hémat(o)-,* et *-logie.*

hématologique [ematolɔʒik] adj. MED Relatif à l'hématologie. – De *hématologie.*

hématologiste [ematolɔʒist] ou **hématologue** [ematolɔg] n. Médecin spécialiste d'hématologie. – De *hématologie.*

hématome [ematom] n. m. MED Collection sanguine bien délimitée, consécutive à la rupture d'un vaisseau. *Hématome cutané, intra-cérébral.* – De *hémat(o)-,* et *-ome.*

hématopoïèse [ematopɔjɛz] n. f. PHYSIOL Formation des cellules sanguines (hématies, leucocytes, plaquettes), qui s'opère dans la moelle osseuse (et dans les ganglions, pour certains lymphocytes). – Du gr. *haimatopoiein,* de *haima,* «sang», et *poiein,* «faire».

hématopoïétique [ematopɔjetik] adj. PHYSIOL Relatif à la production des cellules sanguines. *Organes hématopoïétiques.* – De *hématopoïèse.*

hématose [ematoz] n. f. PHYSIOL Conversion du sang veineux en sang artériel oxygéné, par échange gazeux au niveau des alvéoles pulmonaires. – Gr. *haimatôsis,* de *haimatoun,* «ensanglanter, transformer en sang».

hématozoaire [ematozɔɛʀ] n. m. ZOOL Parasite animal vivant dans le sang. – Spécial. *Plasmodium* du paludisme. – De *hémat(o)-,* et *-zoaire.*

hématurie [ematyʀi] n. f. MED Présence de sang dans les urines en quantité macroscopique ou microscopique, pouvant témoigner d'une affection du bas appareil urinaire (vessie, urètre) ou des reins (lithiase, tumeur, glomérulo-néphrite). – De *hémat(o)-,* et *-urie.*

hème [ɛm] n. m. BIOCHIM Groupement prosthétique de l'hémoglobine, formé par la porphyrine cyclique et par du fer II, au niveau duquel se fixe l'oxygène. – Du gr. *haima,* «sang».

héméralopie [emeʀalɔpi] n. f. MED Baisse anormalement forte de la vision lorsque la lumière diminue. – Du gr. *hêmera,* «jour», et *ops, opos,* «œil»; d'ap. *nyctalopie.*

hémérocalle [emeʀokal] n. f. BOT Plante ornementale (genre *Hemerocallis,* fam. liliacées) dont les fleurs, jaunes ou rouge-orangé, ne durent qu'un jour. – Lat. *hemerocalles,* mot gr., *hêmozokalles,* «belle d'un jour».

hémi-. Élément, du gr. *hêmi,* «à moitié».

hémianopie [emjanɔpi] ou **hémianopsie** [emjanɔpsi] ou **hémiopie** [emjɔpi] n. f. MED Diminution ou perte totale de la vue localisée à une moitié du champ visuel. – De *hémi-, an-,* et gr. *ôps,* «œil».

hémiascomycètes [emjaskomisɛt] n. m. pl. BOT Groupe de champignons ascomycètes très régressés, comprenant notam. les levures et divers parasites de végétaux. – De *hémi-,* et *ascomycète.*

hémicordés [emikɔʀde] n. m. pl. ZOOL Embranchement d'animaux proches des procordés, au corps divisé en trois segments, qui présentent des ouvertures branchiales et un rudiment de corde dorsale. *L'embranchement des hémicordés comprend les entéropneustes, les ptérobranches et les graptolites.* – De *hémi-,* et *-cordé.*

hémicryptophyte [emikʀiptɔfit] n. f. Plante dont les bourgeons sont au ras du sol pendant la mauvaise saison. – De *hémi-, crypto-* et *-phyte.*

hémicycle [emisikl] n. m. Salle, espace demi-circulaire généralement entouré de gradins. – Lat. *hemicyclium,* mot gr.

hémicylindrique [emisilɛ̃dʀik] adj. Qui a la forme d'un demi-cylindre. – De *hémi-,* et *cylindrique.*

hémièdre [emiɛdʀ] ou **hémiédrique** [emiedʀik] adj. Qui présente les caractères de l'hémiédrie. – De *hémiédrie.*

hémiédrie [emiedʀi] n. f. MINER Caractère de certains cristaux qui ne présentent de modifications que sur la moitié des arêtes ou des angles semblables, et non sur tous, par exception à la loi de symétrie cristalline. – De *hémi-,* et gr. *edra,* «face».

hémine [emin] n. f. ANTIQ Mesure de capacité d'un demi-setier (0,271 l). – Gr. *hêmina,* «moitié» (d'un setier).

hémione [emjɔn] n. f. ZOOL Équidé asiatique sauvage *(Equus hemionus)* qui ressemble à la fois au cheval et à l'âne. *Les hémiones ont une robe isabelle et atteignent 1,25 m au garrot.* – Lat. zool. *hemionus,* gr. *hêmionos,* «demi-âne».

hémiopie. V. hémianopie.

hémiparasite [emipaʀazit] n. m. et adj. BOT Plante parasite qui effectue sa propre photosynthèse. *Le gui est un hémiparasite.* – De *hémi-,* et *parasite.*

hémiplégie [emipleʒi] n. f. MED Paralysie, complète ou incomplète, frappant une moitié du corps à la suite d'une lésion des centres moteurs ou du faisceau pyramidal, et dont les causes peuvent être fort diverses (vasculaires, tumorales, infectieuses, etc.). – Du gr. *hêmiplêgês,* «à moitié frappé».

hémiplégique [emipleʒik] adj. et n. **1.** adj. Qui se rapporte à l'hémiplégie. **2.** n. Personne atteinte d'hémiplégie. – Du préc.

hémiptères [emiptɛʀ] n. m. pl. ZOOL Anc. nom des hétéroptères. – De *hémi-,* et *-ptère.*

hémiptéroïdes [emipteʀɔid] n. m. pl. ZOOL Superordre d'insectes comprenant les *hétéroptères* et les *homoptères,* qui possèdent tous un appareil buccal piqueur et suceur. (Ex.: punaises, cigales, pucerons, etc.) – Du préc.

hémisphère [emisfɛʀ] n. m. **1.** Moitié d'une sphère. ▷ ASTRO Moitié du globe d'une planète, en partic. de la Terre. *Hémisphère Nord* (ou *boréal*). *Hémisphère Sud* (ou *austral*). ▷ PHYS *Hémisphères de Magdebourg :* hémisphères creux à l'intérieur desquels on fait le vide avant de mesurer la force d'arrachement (expérience réalisée à Magdebourg en 1654 par Otto von Guericke pour prouver l'existence de la pression atmosphérique). **2.** ANAT *Hémisphères cérébraux:* les deux moitiés symétriques, droite et gauche, du cerveau. – Lat. *hemisphærium,* du gr.

hémisphérique [emisfeʀik] adj. Qui a la forme d'une moitié de sphère. – Du préc.

hémistiche [emistiʃ] n. m. Chacune des deux moitiés d'un vers (spécial. d'un alexandrin) coupé par une césure. ▷ *Par ext.* Césure du milieu du vers, entre deux mots. *Césure à l'hémistiche.* – Lat. *hemistichium,* mot gr., rad. *stikhos,* «rangée, ligne d'écriture, vers».

hémitropie [emitʀɔpi] n. f. MINER Caractère d'un cristal constitué par deux moitiés réunies ensemble régulièrement, mais en sens inverse de leur position normale, comme si l'une avait tourné de 180° par rapport à l'autre (gypse, calcite). – De *hémi-,* et *-tropie.*

hémo-. V. héma-.

hémoculture [emokyltyʀ] n. f. MED Culture bactériologique d'une certaine quantité de sang prélevée chez un sujet, en vue de déterminer les microbes susceptibles de s'y trouver. – De *hémo-,* et *culture.*

hémocyanine [emosjanin] n. f. BIOCHIM Protéide riche en cuivre qui, dans le sang des mollusques et des crustacés, joue le rôle de pigment respiratoire. – De *hémo-,* et du gr. *kuanos* «bleu».

hémocytoblaste [emositɔblast] n. m. BIOL Grande cellule de la moelle osseuse aux fonctions hématopoïétiques. *Les érythroblastes, les leucoblastes,* etc., sont des hémocytoblastes. – De *hémo-, cyto-,* et *-blaste.*

hémodialyse [emodjaliz] n. f. MED Méthode thérapeutique de purification du sang permettant d'éliminer les déchets toxiques (urée) qu'il renferme en le filtrant à travers une membrane sélective. – De *hémo-,* et *dialyse.*

hémodilution [emodilysjɔ̃] n. f. MED Dilution du sang circulant, qui se produit en cas d'afflux des liquides interstitiels vers le sang ou de perfusion d'une quantité importante de plasma. – De *hémo-,* et *dilution.*

hémoglobine [emɔglɔbin] n. f. BIOCHIM Pigment rouge des hématies des vertébrés qui, par une liaison réversible, transporte l'oxygène des alvéoles pulmonaires vers les tissus. – De *hémo-*, et rad. de *globuline*.

ENCYCL L'hémoglobine est une hétéroprotéine synthétisée par les érythroblastes et constituée d'une partie protéique, la *globine*, et d'un groupement prosthétique, l'*hème*. La globine est formée de quatre chaînes polypeptidiques identiques deux à deux; chaque chaîne est combinée à une molécule d'hème. La structure spatiale de l'hémoglobine, globuleuse, présente des régions hélicoïdales séparées par des plicatures. Les hèmes sont dans des poches situées à la surface de la molécule où se fixe l'oxygène. L'hémoglobine chargée d'oxygène, ou oxyhémoglobine, délivre l'oxygène dans les tissus lorsque la pression partielle d'oxygène est faible.

hémogramme [emɔgʀam] n. m. MED Étude qualitative et quantitative des éléments figurés du sang (globules rouges, globules blancs, plaquettes). – De *hémo-*, et *-gramme*.

hémolyse [emɔliz] n. f. MED Destruction normale ou pathologique des globules rouges. – De *hémo-*, et *-lyse*.

ENCYCL L'hémolyse physiologique se produit après env. 120 jours de circulation de l'hématie. L'hémolyse pathologique est caractérisée par une augmentation et une accélération de la destruction des globules rouges. Les causes sont variées: anomalie du globule rouge (anomalie héréditaire de l'hémoglobine, thalassémie, sclérose congénitale, anomalies enzymatiques du globule rouge) ou présence de facteurs plasmatiques favorisant l'hémolyse (autoanticorps, infection, venin, plomb).

hémolysine [emolizin] n. f. MED Substance qui a la propriété de provoquer la destruction des hématies (hémolysine du streptocoque, par ex.). – De *hémolyse*, et *-ine*.

hémolytique [emɔlitik] adj. MED **1.** En rapport avec l'hémolyse. *Anémie hémolytique.* **2.** Qui provoque l'hémolyse. – De *hémolyse*.

hémopathie [emɔpati] n. f. MED Terme générique désignant toutes les maladies du sang. *Les anémies, les leucémies sont des hémopathies.* – De *hémo-*, et *-pathie*.

hémophile [emɔfil] adj. et n. MED Atteint d'hémophilie. – De *hémophilie*.

hémophilie [emɔfili] n. f. MED **1.** Maladie héréditaire, transmise par les femmes mais n'atteignant que les hommes, due à l'absence de certains facteurs plasmatiques de la coagulation et caractérisée par une tendance aux hémorragies répétées et abondantes. **2.** *Par ext.* Maladie ressemblant à l'hémophilie vraie, mais non héréditaire, frappant aussi bien les femmes que les hommes, sans cause apparente ou au cours d'infections ou d'intoxications. – De *hémo-*, et *-philie*.

hémoptysie [emɔptizi] n. f. MED Expectoration de sang rouge, aéré, venant des voies respiratoires, causée par une tuberculose pulmonaire, une pneumonie, une tumeur, etc. – Du gr. *haimoptuikos*, «qui crache le sang», de *haima*, «sang», et *ptuein*, «cracher».

hémoptysique [emɔptizik] adj. et n. **1.** adj. Qui concerne l'hémoptysie. **2.** n. Malade qui a des hémoptysies. – De *hémoptysie*.

hémorragie [emɔʀaʒi] n. f. **1.** Écoulement d'une quantité plus ou moins importante de sang hors d'un vaisseau sanguin. *Hémorragie externe* (hémoptysie, épistaxis), *interne*. **2.** Fig. Déperdition importante. *Hémorragie de capitaux.* – Lat. *haemorrhagia*, mot d'orig. gr.

hémorragique [emɔʀaʒik] adj. MED Relatif à l'hémorragie. – Du préc.

hémorroïdaire [emoʀɔidɛʀ] adj. et n. **1.** Affecté d'hémorroïdes. – Subst. *Un, une hémorroïdaire.* **2.** Qui concerne les hémorroïdes. – De *hémorroïdes*.

hémorroïdal, ale, aux [emɔʀɔidal, o] adj. **1.** Relatif aux hémorroïdes. **2.** ANAT Se dit des vaisseaux de l'anus ou du rectum. – De *hémorroïdes*.

hémorroïdes [emɔʀɔid] n. f. pl. MED Varices formées par la dilatation des veines de l'anus ou du rectum. – Lat. *hemorrhois, hemorrhoidis*, mot gr. «afflux de sang».

hémostase [emɔstɑz] n. f. MED, CHIR Arrêt spontané ou provoqué d'une hémorragie. – Gr. *haimostasis*.

hémostatique [emɔstatik] adj. et n. m. Qui arrête l'hémorragie. *Un médicament hémostatique.* – N. m. *Un hémostatique.* – Gr. *haimostatikos*.

hémothorax [emɔtɔʀaks] n. m. Épanchement de sang dans la plèvre, membrane qui enveloppe les poumons. – De *hémo-*, et *thorax*.

hendéca-. Élément du gr. *hendeka*, «onze».

hendécagone [ɛndekagon] n. m. GEOM Polygone qui a onze angles et onze côtés. – De *hendéca-*, et *-gone*.

hendécasyllabe [ɛndekasil(l)ab] n. m. VERSIF Vers de onze syllabes. – Du gr. *hendeka*, «onze», et *syllabe*.

hendiadyin [ɛndjadin] ou **hendiadys** [ɛndjadis] n. m. GRAM Figure de rhétorique consistant à exprimer une idée par deux noms reliés par *et*, au lieu de l'exprimer au moyen d'un nom accompagné d'un adjectif ou d'un complément déterminatif. (Ex.: *Par la haine et par la jalousie*, au lieu de: *par une haine jalouse.*) – Du gr. *hen dia duoîn*, «une chose au moyen de deux mots».

henné ['ene] n. m. **1.** Arbuste exotique (genre *Lawsonia*, fam. lythracées) dont les feuilles fournissent une teinture jaune ou rouge. **2.** Cette teinture, utilisée notam. pour les cheveux. – Ar. *hinna*.

hennin ['ɛnɛ̃] n. m. Coiffure de femme des XIVe et XVe s., formée d'un haut cône tendu d'étoffe. – Probabl. du néerl. *henninck*, «coq».

hennir ['eniʀ] v. intr. **[2]** Pousser son cri en parlant du cheval. – Lat. *hinnire*.

hennissement ['enismɑ̃] n. m. Cri du cheval. – De *hennir*.

hennuyer. V. hainuyer.

henry ['ɑ̃ʀi] n. m. ELECTR Unité d'inductance du système SI, inductance d'un circuit fermé dans lequel une force électromotrice de 1 volt est produite lorsque l'intensité du courant électrique varie de 1 ampère par seconde (symbole H). – De J. *Henry* (1797-1878), physicien américain.

hep ['ɛp, hɛp] Interjection servant à appeler, à héler. *Hep! taxi!* – Onomat.

héparine [epaʀin] n. f. BIOCHIM Substance anticoagulante d'origine hépatique qui peut être obtenue par synthèse. *L'héparine est utilisée pour le traitement des phlébites et des embolies pulmonaires.* – Du gr. *hêpar*, «foie», et *-ine*.

1. hépatique [epatik] adj. et n. **1.** ANAT, MED Relatif au foie. *Artère, canal hépatique. Colique hépatique.* **2.** Qui souffre d'une maladie du foie. ▷ Subst. *Un, une hépatique.* – Lat. *hepaticus*, du gr.

2. hépatique [epatik] n. f. BOT Renonculacée employée comme remède contre les affections du foie. ▷ N. f. pl. Groupe de bryophytes à structure très simple. *Les hépatiques à feuilles et à thalle constituent des peuplements denses dans les lieux humides.* – Du préc.

hépatisation [epatizasjɔ̃] n. f. MED Transformation pathologique d'un tissu qui prend l'aspect du tissu hépatique. – Du gr. *hêpatizein*, «ressembler au foie».

hépatisme [epatism] n. m. MED Ensemble des symptômes qui relèvent des affections chroniques du foie. – De *hépatique.*

hépatite [epatit] n. f. MED Affection inflammatoire du foie. *Hépatite virale.* – De *hépato-,* et *-ite* 1.

hépato-. Élément du gr. *hêpar, hêpatos,* «foie».

hépatologie [epatolɔʒi] n. f. MED Étude de la physiologie et des maladies du foie. – De *hépato-,* et *-logie.*

hépatomégalie [epatomegali] n. f. MED Augmentation du volume du foie. – De *hépato-,* et *-mégalie.*

hepta-. Élément, du gr. *hepta,* «sept».

heptacorde [ɛptakɔʀd] adj. et n. m. MUS **1.** adj. Qui a sept cordes. *Lyre heptacorde.* **2.** n. m. Échelle musicale à sept tons. – De *hepta-,* et *corde.*

heptaèdre [ɛptaɛdʀ] n. m. GEOM Polyèdre à sept faces. – De *hepta-,* et gr. *hedra,* «siège, base».

heptagone [ɛptagon] n. m. GEOM Polygone qui a sept angles et sept côtés. – Gr. *heptagonos.*

heptamètre [ɛptamɛtʀ] n. m. et adj. LITTER Vers, grec ou latin, de sept pieds. ▷ Adj. *Des vers heptamètres.* – Lat. *heptametrum, de hepta-,* et *mètre.*

heptane [ɛptan] n. m. CHIM Hydrocarbure saturé de formule C_7H_{16}. – De *hepta.*

heptathlon [ɛptatlõ] n. m. SPORT Discipline et épreuve féminine qui a remplacé le pentathlon* en 1980, et qui combine trois courses (100 m haies, 200 m et 800 m) et quatre lancers (poids, hauteur, longueur, javelot). – De *hepta-,* et du gr. *athlon,* «lutte».

héraldique [eʀaldik] adj. et n. f. **1.** adj. Qui a rapport au blason. *Art héraldique.* **2.** n. f. Science du blason, des armoiries. – Lat. médiév. *heraldicus,* de *heraldus,* «héraut».

héraldiste [eʀaldist] n. Spécialiste de l'héraldique. – De *héraldique.*

héraut ['eʀo] n. m. **1.** HIST *Héraut d'armes* ou *héraut:* au Moyen Âge, officier qui était chargé de faire des proclamations solennelles, de signifier les déclarations de guerre, etc. **2.** Fig. Messager, annonciateur. – Du frq. **hariwald,* de **heriwald,* «chef d'armée».

herbacé, ée [ɛʀbase] adj. BOT Qui a l'apparence ou la structure de l'herbe. *Plantes herbacées* (par oppos. à *ligneuses*). – Lat. *herbaceus.*

herbage [ɛʀbaʒ] n. m. **1.** Sing. collect. Herbe des pâturages. **2.** Prairie destinée au pâturage des troupeaux. *De beaux herbages.* – De *herbe.*

herbagement [ɛʀbaʒmɑ̃] n. m. Action d'herbager les bestiaux. – De *herbager* 2.

1. herbager, ère [ɛʀbaʒe, ɛʀ] n. et adj. AGRIC **1.** n. Éleveur, éleveuse qui engraisse les bestiaux sur des herbages. **2.** adj. Qui est caractérisé par des herbages. *Région herbagère.* – De *herbage.*

2. herbager [ɛʀbaʒe] v. tr. **[15]** AGRIC Mettre à l'herbage (des bestiaux). – De *herbage.*

herbe [ɛʀb] n. f. **1.** Plante fine, verte, non ligneuse, à tige molle, qui s'élève relativement peu au-dessus du sol et dont les parties aériennes meurent chaque année. *Une herbe; des, les herbes. Herbes médicinales, officinales,* utilisées pour leurs propriétés thérapeutiques. *Fines herbes:* herbes aromatiques employées comme assaisonnement (ciboulette, estragon, etc.). *Herbes salées:* assaisonnement (pour les soupes, les ragoûts, etc.) à base de fines herbes, de légumes hachés et de gros sel. ▷ *Mauvaises herbes:* plantes herbacées nuisibles aux cultures. Syn. adventice. ▷ *Herbe à (la) puce:* plante vénéneuse vivace (*Rhus radicans*), dressée ou rampante, aux feuilles composées de trois folioles, dont le seul contact peut provoquer une inflammation de la peau. *Herbe à poux:* plante herbacée américaine (genre *Ambrosia*), commune dans les lieux habités, dont le pollen provoque des allergies respiratoires. *Herbe à dinde(s):* achillée millefeuille. **2.** Au sing., collect. Végétation peu élevée formée par la réunion de plantes herbacées. *Se coucher dans l'herbe. Faucher l'herbe d'un pré. Un brin d'herbe.* ▷ Loc. fig. *Couper l'herbe sous le pied de qqn,* agir avant lui, le supplanter pour obtenir à sa place un bénéfice, un avantage. ▷ *De la mauvaise herbe:* des vauriens, des voyous. **3.** loc. adj. *En herbe:* qui est encore vert, qui n'est pas arrivé à maturité, en parlant d'une céréale. *Blé en herbe.* – Fig. *Manger son blé en herbe:* dépenser son capital sans attendre qu'il ait rapporté. ▷ Qui montre des dispositions pour une activité, qui s'y destine (spécial. en parlant des enfants). *Un musicien en herbe.* – Lat. *herba.*

herberie [ɛʀbəʀi] n. f. Vieilli Lieu où l'on «herbait», où l'on exposait sur l'herbe, pour les faire blanchir, la toile, le drap. – De *herbe.*

herbette [ɛʀbɛt] n. f. Vx, poét. Herbe courte et menue. – Dimin. de *herbe.*

herbeux, euse [ɛʀbø, øz] adj. Où il pousse de l'herbe. *Plateau herbeux.* – Lat. *herbosus.*

herbicide [ɛʀbisid] adj. et n. m. Qui détruit les mauvaises herbes. *Un produit herbicide.* ▷ N. m. *Le chlorate de sodium est un herbicide.* – De *herbe,* et *-cide.*

herbier [ɛʀbje] n. m. **1.** Collection de plantes séchées, constituée pour l'étude et où chaque spécimen est conservé entre des feuillets de papier. ▷ Collection de planches représentant des plantes. **2.** Banc d'herbes aquatiques dans un cours d'eau, un lac, etc. ▷ Prairie sous-marine. *Herbier à posidonies.* – Du bas lat. *herbarium,* «ouvrage de botanique».

herbivore [ɛʀbivɔʀ] adj. et n. m. pl. Qui se nourrit d'herbes, de végétaux verts. *Les animaux herbivores.* ▷ N. m. pl. *Les ruminants sont des herbivores.* – De *herbe,* et *-vore.*

herborisation [ɛʀbɔʀizasjõ] n. f. Action d'herboriser; promenade faite dans l'intention d'herboriser. – De *herboriser.*

herboriser [ɛʀbɔʀize] v. intr. **[1]** Cueillir des plantes pour les étudier, constituer un herbier ou les employer en herboristerie. – De *herboriste.*

herboriste [ɛʀbɔʀist] n. Personne qui vend des plantes médicinales. – Dér. méridional du lat. *herbula,* dimin. de *herba.*

herboristerie [ɛʀbɔʀistəʀi] n. f. Commerce, boutique de l'herboriste. – De *herboriste.*

herbu, ue [ɛʀby] adj. Où l'herbe est épaisse, où elle foisonne. – De *herbe.*

herbue ou **erbue** [ɛʀby] n. f. **1.** AGRIC Terre légère dont on se sert pour le pâturage. **2.** METALL Fondant argileux qu'on ajoute à un minerai de fer trop calcaire. – De *herbe.*

herchage ou **herschage** ['ɛʀʃaʒ] n. m. MINES Action de hercher. – De *hercher.*

hercher ou **herscher** ['ɛʀʃe] v. intr. **[1]** MINES Pousser à bras des wagonnets chargés de houille ou de minerai. – Mot wallon, lat. pop. **hirpicare,* de *hirpex,* «herse».

hercheur, euse ou **herscheur, euse** ['ɛʀʃœʀ, øz] n. Personne chargée de hercher. – De *hercher.*

hercule [ɛʀkyl] n. m. Homme d'une force exceptionnelle. *Être bâti en hercule:* avoir une stature particulièrement imposante. ▷ *Hercule de foire, hercule forain,* qui montre des exercices de force (lever de poids, bris de chaînes, etc.). – Du n. de *Hercule,* gr. *Hêraklês,* héros mythol.

herculéen, éenne [ɛʀkyleɛ̃, eɛn] adj. Digne d'Hercule. *Force herculéenne.* – Du n. de *Hercule.*

hercynien, ienne [ɛʀsinjɛ̃, jɛn] adj. GEOL Se dit des plissements géologiques de la fin de l'ère primaire (Carbonifère), qui constituent la *chaîne hercynienne,* aujourd'hui érodée et dont les vestiges forment les «massifs anciens». – De *Hercynia Silva,* n. lat. de la Forêt-Noire.

1. hère [ˈɛʀ] n. m. Vx Homme misérable. Mod. *Un pauvre hère.* – P.-ê. de l'all. *Herr,* «seigneur», par iron., ou de *haire,* par méton.

2. hère [ˈɛʀ] n. m. Jeune cerf âgé de 6 mois à un an, qui ne porte pas de bois. – Néerl. *hert,* «cerf».

héréditaire [eʀeditɛʀ] adj. **1.** Qui se transmet par droit de succession. *Titre héréditaire.* ▷ *Prince héréditaire,* qui doit hériter de la couronne. **2.** BIOL Transmis par hérédité. *Maladie héréditaire.* **3.** Qui se transmet de génération en génération. *Une haine héréditaire de la dictature.* – Lat. *hereditarius.*

héréditairement [eʀeditɛʀmɑ̃] adv. **1.** Par droit d'hérédité. **2.** BIOL Par transmission héréditaire. – De *héréditaire.*

hérédité [eʀedite] n. f. **I. 1.** Caractère de ce qui se transmet par droit de succession (possession, charge). *L'hérédité des charges, sous l'Ancien Régime en France. Le principe de l'hérédité du trône.* **2.** Vx Qualité d'héritier. *Refuser l'hérédité de qqn.* **II.** Transmission de certains caractères dans la reproduction des êtres vivants. **1.** BIOL Transmission, sans modification, de certains caractères (physiques, physiologiques, etc.) non acquis, normaux (couleur des yeux) ou pathologiques (malformations squelettiques, hémophilie, etc.), des ascendants aux descendants par la voie de la reproduction sexuée. *Les lois de l'hérédité. Le problème de l'hérédité de l'acquis.* **2.** *Par ext.* Chez l'être humain, transmission de certaines dispositions (partic. morales et psychologiques) des parents aux enfants. Ensemble des prédispositions (physiques, morales, mentales) héritées des parents. *Une hérédité chargée:* des parents présentant des tares évidentes. **3.** Caractère particulier qui se transmet d'une génération à l'autre dans un milieu, une région, etc. *Le bon sens qui lui vient, sans doute, de son hérédité paysanne.* – Lat. *hereditas,* de *heres, heredis,* «héritier».

hérédosyphilis [eʀedosifilis] ou **hérédo** [eʀedo] n. f. Vx Syphilis congénitale transmise au fœtus par la mère pendant la grossesse, que l'on tenait autref. pour héréditaire. – Du lat. *heres, heredis,* «héritier», et de *syphilis.*

hérésiarque [eʀezjaʀk] n. m. Rare Auteur d'une hérésie; chef d'une secte hérétique. – Lat. ecclés. *hæresiarcha.*

hérésie [eʀezi] n. f. **1.** RELIG CATHOL Doctrine contraire à la foi, condamnée par l'Église catholique. *L'hérésie arienne.* ▷ Toute doctrine contraire aux dogmes établis, au sein d'une religion quelconque. **2.** Opinion, doctrine, pratique en opposition avec les idées communément admises. *Cette théorie fut d'abord considérée comme une hérésie scientifique.* ▷ Par plaisant. *Ce mélange de couleurs est une hérésie.* – Lat. *hæresis,* «doctrine», du gr. *hairesis,* «choix, opinion particulière».

ENCYCL Dès les temps apostoliques, le christianisme connaît des hérésies «judaïsantes» ou «hellénisantes», qui portent sur la nature de Jésus, homme pour les uns, dieu pour les autres. Aux IVe et Ve s., apparaissent les hérésies trinitaires, dont la plus connue est l'*arianisme,* monothéisme simple qui insiste sur la seule nature divine du Père. Suivent les hérésies *christologiques* des Ve et VIe s.: *nestorianisme* et *monophysisme,* qui, contrairement à l'arianisme, demeurent exclusivement orientales. À partir du XIe s., les hérésies ne portent plus sur la doctrine, désormais fixée, mais sur la pratique religieuse et sur l'organisation de l'Église. Elles sont populaires, évangéliques et antisacerdotales. Certaines, évangéliques et ecclésiastiques, voulurent réformer l'Église de l'intérieur, sans détruire sa continuité ni son unité, notam. avec Wycliff (Angleterre) et Hus (Bohême) aux XIVe et XVe s. Le courant des hérésies manichéennes ou dualistes est représenté en Orient par les *bogomiles,* en Occident par les *cathares* (V. albigeois). Les religions réformées du XVIe s. («protestantisme»), considérées par Rome comme hérétiques, ont consommé un schisme qu'elles ne souhaitaient pas; quant au jansénisme des XVIIe et XVIIIe s., il ne peut davantage être assimilé à une hérésie. Auj., si les définitions théoriques concernant l'hérésie demeurent encore les mêmes, l'attitude de l'Église (autref. violemment répressive), sauf cas d'espèce, est bien différente. La tolérance l'emporte; l'heure est au dialogue, à l'œcuménisme.

hérétique [eʀetik] adj. et n. **1.** Entaché d'hérésie. *Doctrine hérétique.* **2.** Qui professe, qui soutient une hérésie. *Secte hérétique.* – Subst. *Les hérétiques luthériens.* ▷ *Par ext.* Qui soutient une opinion qui va contre les idées communément admises. *Cet auteur, hérétique aux yeux des autorités, fut contraint à s'exiler.* – Bas lat. ecclés. *hæreticus.*

hérissement [ˈeʀismɑ̃] n. m. Le fait de se hérisser; état de ce qui est hérissé. – De *hérisser.*

hérisser [ˈeʀise] **I.** v. tr. [1] **1.** Dresser (ses poils, ses plumes) en parlant d'un animal. **2.** Se dresser sur, en parlant de choses saillantes. *Des rochers hérissent la côte.* **3.** Garnir de choses pointues, saillantes. *Hérisser de tessons de bouteilles le haut d'un mur.* **4.** Fig. Horripiler, faire réagir (qqn) vivement sous le coup de l'irritation. *Ces propos le hérissaient.* **II.** v. pron. **1.** Se dresser (en parlant des poils ou des plumes). *Ses cheveux se hérissèrent d'horreur.* ▷ Dresser ses poils ou ses plumes (en parlant d'un animal). *Le chat s'est hérissé devant le chien.* **2.** Fig. Réagir vivement, avoir une réaction de défiance ou de défense. *Il se hérisse quand on lui parle de cela.* – Lat. pop. **ericiare,* de *ericius,* «hérisson».

hérisson [ˈeʀisɔ̃] n. m. **1.** Mammifère insectivore au corps couvert de piquants. (*Erinaceus europæus,* le hérisson d'Europe, aux mœurs crépusculaires, mesure env. 25 cm de long; il se nourrit de petits animaux et de serpents.) ▷ *Par anal.* Nom donné à divers animaux couverts de piquants. *Hérisson de mer:* oursin. **2.** TECH Brosse métallique circulaire pour le ramonage des conduits de cheminées. ▷ Rouleau garni de pointes pour écraser les mottes de terre dans un champ labouré. **3.** TRAV PUBL Fondation de chaussée réalisée avec des moellons posés de chant. **4.** MILIT Point d'appui isolé susceptible de se défendre de tous côtés. – Du lat. *(h)ericius.*

hérissonne [ˈeʀisɔn] n. f. **1.** Nom cour. de la chenille velue de nombreux papillons (notam. de l'*écaille martre*). **2.** Rare Femelle du hérisson. – De *hérisson.*

héritage [eʀitaʒ] n. m. **1.** Action d'hériter; biens transmis par succession. *Faire un héritage.* – *L'héritage se montait à plusieurs millions de dollars.* **2.** Fig. Ce qui est transmis de génération en génération. *Un lourd héritage de croyances et de superstitions.* – De *hériter.*

hériter [eʀite] **1.** v. intr. [1] Recueillir par héritage. *Je suis riche, j'ai hérité.* ▷ V. tr. (Seulement lorsqu'il y a deux compléments.) *Il a hérité cinq mille dollars de sa tante.* ▷ V. tr. indir. *Hériter d'une maison.* – (Suivi d'un comp. de personne.) *Hériter de son père.* **2.** v. tr. indir. Fig. Recevoir de ses parents, de ses ancêtres. *Il a hérité du bon sens de ses parents.* – Bas lat. *hereditare.*

héritier, ière [eʀitje, jɛʀ] n. 1. DR Personne qui est appelée de droit à recueillir une succession. 2. Cour. Personne qui hérite des biens d'une personne décédée. *Ses héritiers sont en désaccord sur l'évaluation de sa fortune.* ▷ Fig. *Les héritiers d'une longue tradition.* – Lat. *hereditarius.*

hermaphrodisme [ɛʀmafʀɔdism] n. m. BIOL Réunion chez le même individu des caractères des deux sexes. *Hermaphrodisme vrai des espèces peu évoluées. Pseudo-hermaphrodisme des vertébrés, des humains.* – De *hermaphrodite.*

ENCYCL L'hermaphrodisme est très répandu dans le monde vivant, notam. chez les espèces les moins évoluées; cependant, les cas d'autofécondation (entre les gamètes mâles et femelles provenant d'un même individu) sont extrêmement rares, et il existe de nombreux dispositifs anatomiques et physiologiques, aussi bien chez les végétaux que chez les animaux, qui favorisent la fécondation des ovules par des gamètes mâles d'un autre individu. On distingue *l'hermaphrodisme simultané,* où il y a production synchrone de gamètes mâles et femelles (escargot), et *l'hermaphrodisme alterné,* où l'individu est alternativement mâle et femelle (huître).

hermaphrodite [ɛʀmafʀɔdit] n. m. (et adj.) 1. ZOOL Animal qui possède normalement des glandes génitales mâles et femelles fonctionnelles. ▷ BOT Plante dont les fleurs possèdent simultanément étamines et pistil. 2. Sujet anormal (animal, humain) qui présente des caractères apparents des deux sexes. Cf. androgyne, intersexué. Syn. bisexué. Ant. unisexué. – Lat. *Hermaphroditus,* gr. *Hermaphroditos,* n. du fils bisexué d'*Hermès* et d'*Aphrodite.*

herméneutique [ɛʀmenøtik] adj. et n. Didac. 1. adj. Qui interprète les livres sacrés et, en général, tous les textes anciens. *L'art herméneutique,* ou, n. f., *l'herméneutique.* 2. n. f. Théorie de l'interprétation des symboles en action dans l'inconscient, dans le rêve, dans tout discours humain, écrit ou non. – Gr. *hermeneutikos.*

hermès [ɛʀmɛs] n. m. 1. SCULPT Statue, tête d'Hermès ou de Mercure. 2. *Buste en hermès,* coupé par des plans verticaux aux épaules et à la poitrine. – Lat. *Hermes,* nom de la divinité gr.

herméticité [ɛʀmetisite] n. f. Didac. Qualité de ce qui est hermétiquement clos. – De *hermétique.*

hermétique [ɛʀmetik] adj. et n. I. Vx 1. adj. Relatif à l'alchimie. *Philosophie hermétique.* ▷ *Livres hermétiques,* attribués à Hermès Trismégiste. 2. n. f. Science et doctrine ésotériques de l'alchimie. II. adj. 1. Qui ferme parfaitement; qui assure une fermeture parfaitement étanche. *Récipient hermétique. Joint hermétique.* 2. Fig. Obscur, difficile à comprendre. *Poésie hermétique.* – De *Hermès* Trismégiste, dieu égyptien (Thot) auquel on attribue l'invention, pour les besoins de l'alchimie, de la fermeture hermétique d'un vase obtenue en faisant fondre les bords de son orifice.

hermétiquement [ɛʀmetikmɑ̃] adv. De façon hermétique. *Volets hermétiquement clos.* – De *hermétique.*

hermétisme [ɛʀmetism] n. m. 1. Vx Ensemble des doctrines occultes des alchimistes. 2. Caractère de ce qui est obscur, impénétrable. *L'hermétisme des écrits d'un philosophe.* – De *hermétique.*

hermine [ɛʀmin] n. f. 1. Carnivore mustélidé *(Mustella erminea)* long d'env. 25 cm, dont la fourrure, fauve en été, devient blanche en hiver, à l'exception de l'extrémité de la queue, toujours noire. *La blanche hermine, symbole de pureté.* 2. La fourrure blanche de l'hermine. *Manteau d'hermine.* ▷ Bande de fourrure que portent certains magistrats et professeurs. 3. HERALD Fourrure du blason, blanche à mouchetures noires en forme de petites croix. – Fém. de l'anc. adj. *(h)ermin,* du lat. *armenius (mus),* «(rat) d'Arménie».

herminette ou **erminette** [ɛʀminɛt] n. f. TECH Hachette à tranchant recourbé (comme le museau de l'hermine) et perpendiculaire à l'axe du manche. – De *hermine.*

hermitage. V. ermitage.

hermitien, ienne [ɛʀmitjɛ̃, jɛn] adj. MATH *Forme hermitienne:* application Q d'un espace vectoriel dans le corps des nombres réels telle que Q (y, x) = Q *(x, y), le second membre étant le conjugué de Q (x, y). ▷ *Matrice hermitienne:* matrice dont les éléments symétriques par rapport à la diagonale principale sont des complexes conjugués. – Du n. de Ch. *Hermite,* mathématicien fr. (1822-1901).

herniaire [ˈɛʀnjɛʀ] adj. Qui a rapport à une hernie, aux hernies. *Sac herniaire. Bandage herniaire.* – De *hernie.*

hernie [ˈɛʀni] n. f. 1. Masse circonscrite formée par un organe ou une partie d'organe, le plus souvent l'intestin, sorti de la cavité qui le contient normalement par un orifice naturel ou accidentel. *Une hernie peut être congénitale ou acquise* (défaut de la paroi abdominale). *Hernie inguinale, discale, hiatale.* (Les hernies sont le plus souvent bien tolérées; toutefois, les hernies intestinales risquent de s'étrangler et les hernies discales peuvent comprimer douloureusement le nerf sciatique; le traitement est chirurgical.) 2. *Par anal.* TECH Excroissance à la surface d'une chambre à air, due à l'usure ou à un défaut dans l'épaisseur du caoutchouc. – Lat. *hernia.*

hernié, ée [ˈɛʀnje] adj. MED Qui forme une hernie. – De *hernie.*

hernieux, euse [ˈɛʀnjø, øz] adj. et n. Atteint de hernie. – De *hernie.*

héroï-comique [eʀɔikɔmik] adj. LITTER Qui tient à la fois du genre héroïque et du genre comique. *«Le Lutrin», poème héroï-comique de Boileau.* – De *héroïque,* et *comique.*

1. héroïne [eʀɔin] n. f. Stupéfiant dérivé de la morphine *(diacétyl-morphine),* qui se présente sous forme de poudre blanche. *Puissant analgésique, l'héroïne est une drogue plus active mais surtout plus toxique que la morphine.* – All. *Heroin,* du gr. *hêrôs,* «demi-dieu», par allus. aux effets de ce produit.

2. héroïne [eʀɔin] n. f. 1. Femme douée d'un courage hors du commun, de vertus exceptionnelles. *Jeanne d'Arc, héroïne nationale française.* 2. Femme qui tient le rôle principal dans l'action d'une œuvre littéraire, dramatique ou cinématographique. *L'héroïne d'un roman.* 3. Femme qui joue le principal rôle dans une aventure réelle. *L'héroïne de cette affaire.* – Fém. de *héros.*

héroïnomane [eʀɔinɔman] n. Toxicomane qui utilise l'héroïne. – De *héroïne* 1, et *-mane.*

héroïnomanie [eʀɔinɔmani] n. f. MED Toxicomanie à l'héroïne. – Du préc.

héroïque [eʀɔik] adj. 1. Relatif aux héros mythologiques. *Les temps héroïques.* – Par plaisant. *Remonter aux temps héroïques,* à une époque très reculée. 2. LITTER Qui chante les hauts faits des héros. *Poésie héroïque.* 3. Qui montre de l'héroïsme, valeureux. *Femme héroïque.* – Qui dénote l'héroïsme. *Une décision héroïque.* – Lat. *heroicus.*

héroïquement [eʀɔikmɑ̃] adv. D'une manière héroïque. *Se battre, souffrir héroïquement.* – De *héroïque.*

héroïsme [eʀɔism] n. m. 1. Vertu, courage exceptionnels, qui sont propres au héros. *Pousser le dévouement jusqu'à l'héroïsme.* 2. Caractère de ce qui est héroïque. *L'héroïsme de son geste.* – De *héros.*

héron [ˈeʀõ] n. m. Grand oiseau ardéiforme vivant au bord des eaux et se nourrissant de petits animaux aquatiques (poissons, escargots, grenouilles, etc.). *Grand héron (Ardea herodias):* le plus connu et le plus répandu des hérons d'Amérique du Nord. Il mesure 1 m de hauteur et son envergure peut atteindre 2 m. On l'identifie aisément à son plumage gris et à sa tête blanche barrée d'un bandeau et d'une aigrette noirs. ▷ n. m. pl. ZOOL Nom générique des oiseaux ardéiformes (appelés autref. «échassiers») du genre *Ardea* et des genres voisins (butor, garde-bœuf, aigrette, etc.). – Du frq. **haigro*.

héronneau [ˈeʀɔno] n. m. Rare Jeune héron. – Dimin. de *héron*.

héronnière [ˈeʀɔnjɛʀ] n. f. Lieu où nichent des hérons; lieu destiné à l'élevage des hérons. – De *héron*.

héros [ˈeʀo] n. m. **1.** MYTH Demi-dieu. *Achille, Hercule, sont des héros.* **2.** Celui qui s'est rendu célèbre par son courage et son succès dans les faits d'armes. *Un héros de la guerre de 39.* **3.** Celui qui se distingue par sa grandeur d'âme exceptionnelle, son dévouement total, etc. *Les héros de la science.* **4.** Le personnage principal d'une œuvre littéraire, dramatique ou cinématographique. *Le héros d'un film.* – Par ext. *Le héros d'une aventure:* celui à qui elle est arrivée. – *Le héros de la fête:* la personne en l'honneur de laquelle elle est donnée. – Lat. *heros,* du gr., d'abord «maître, chef», puis «demi-dieu»

herpès [ɛʀpɛs] n. m. Éruption cutanée due à un virus et formée de vésicules groupées qui siègent le plus souvent au pourtour des orifices et sur les organes génitaux. – Mot lat. et gr., «dartre».

herpétique [ɛʀpetik] adj. MED De la nature de l'herpès. – De *herpès*.

herpétologie. V. erpétologie.

hersage [ˈɛʀsaʒ] n. m. Opération qui consiste à herser la terre. – De *herser*.

herschage, herscher, herscheur. V. herchage, hercher, hercheur.

herse [ˈɛʀs] n. f. **1.** AGRIC Instrument aratoire formé d'un châssis muni de fortes dents et qui sert, après le labour, à briser les mottes. *Herse à dents. Herse à disques* (sur lesquels sont fixées les dents). **2.** Anc. Grille mobile armée de pointes, à l'entrée d'un château ou d'une forteresse, qui pouvait être abaissée pour en défendre l'accès. **3.** TECH Grille servant à arrêter les corps flottants sur un cours d'eau. **4.** LITURG Chandelier triangulaire hérissé de pointes sur lesquelles on pique des cierges. **5.** THEAT Appareil d'éclairage dissimulé dans les cintres. – Lat. *hirpex, hirpicis*.

herser [ˈɛʀse] v. tr. [1] AGRIC Passer la herse sur (un sol). *Herser un champ.* – De *herse*.

hertz [ˈɛʀts] n. m. PHYS Unité de fréquence (symb. Hz). *1 Hz est la fréquence d'un phénomène dont la période est de 1 seconde.* – Du nom du physicien all. Heinrich Rudolf *Hertz* (1857-1894).

hertzien, ienne [ɛʀtzjɛ̃, jɛn] adj. TELECOM *Ondes hertziennes:* ondes électromagnétiques utilisées dans les télécommunications. – *Relais hertzien:* installation permettant la réception et la réémission d'ondes hertziennes. *Les relais hertziens permettent d'assurer la couverture du territoire en émissions de télévision.* Syn. réémetteur. – *Câble hertzien:* faisceau d'ondes hertziennes. – De *hertz*.

hésitant, ante [ezitɑ̃, ɑ̃t] adj. **1.** Qui hésite, qui montre de l'indécision. *Un caractère hésitant.* ▷ Subst. *Persuader les hésitants.* **2.** Mal assuré. *Un pas hésitant.* – Ppr. de *hésiter*.

hésitation [ezitasjõ] n. f. **1.** Le fait d'hésiter. *Se décider après bien des hésitations.* **2.** Temps d'arrêt dans l'action, qui manifeste l'indécision. *Parler sans hésitations.* – De *hésiter*.

hésiter [ezite] v. intr. [1] **1.** Être dans un état d'irrésolution quant au parti que l'on doit prendre. *Il a longtemps hésité avant de partir. Hésiter sur le choix d'une couleur, entre deux couleurs.* – *Hésiter à* (+ inf.). *Hésiter à venir.* **2.** Marquer son irrésolution, son indécision par un temps d'arrêt dans l'action. *Hésiter dans ses réponses.* – Lat. *hæsitare*.

hésychasme [ezikasm] n. m. RELIG Méthode de contemplation mystique, en faveur dans le monachisme oriental du XIVe s., utilisant l'invocation continuelle du nom du Christ au rythme de la respiration pour aboutir au détachement de soi et à l'union à Dieu. – Du gr. *hêsukhia,* «paix, silence (de l'union à Dieu)».

hétaïre [etaiʀ] n. f. Courtisane, chez les anc. Grecs. ▷ Litt. ou plaisant., *par euph.* Prostituée. – Gr. *hetaira*.

hétairie ou **hétérie** [eteʀi] n. f. **1.** ANTIQ GR Société politique à caractère plus ou moins occulte. ▷ Au XIXe s., en Grèce, société culturelle aux tendances nationalistes (lutte contre les Turcs). **2.** Mod. Société politique ou littéraire, en Grèce. – Gr. *hetaireia,* «société d'amis».

hétér(o)-. Préfixe, du gr. *heteros,* «autre».

hétérocerque [eteʀosɛʀk] adj. ZOOL Se dit de la nageoire caudale de divers poissons (requin, esturgeon, etc.) dont le lobe dorsal, contenant la terminaison de la colonne vertébrale, est beaucoup plus développé que le lobe ventral. Ant. homocerque. – De *hétér(o)-,* et gr. *kerkos,* «queue».

hétérochromosome [eteʀokʀɔmozom] n. m. BIOL Chromosome sexuel, ou allosome. Cf. encycl. chromosome. – De *hétéro-,* et *chromosome*.

hétéroclite [eteʀɔklit] adj. **1.** Rare Qui s'écarte des règles de l'art. *Une construction hétéroclite.* **2.** Cour. Fait d'un assemblage bizarre de pièces et de morceaux disparates. *Un fatras d'objets hétéroclites.* – Bas lat. *heteroclitus,* «irrégulier».

hétérocyclique [eteʀosiklik] adj. CHIM Se dit d'un composé organique à chaîne fermée dont le cycle comporte, dans son enchaînement principal, un ou plusieurs atomes autres que du carbone. – De *hétéro-,* et *cyclique*.

hétérodontie [eteʀodõti] n. f. ZOOL Caractère d'un vertébré évolué dont les dents sont différenciées en incisives, canines et molaires. Ant. homodontie. – De *hétéro-,* et gr. *odous, odontos,* «dent».

hétérodoxe [eteʀɔdɔks] adj. Qui s'écarte de la doctrine, des idées reçues, spécial. en matière de religion. *Exégèse, opinion hétérodoxe.* Ant. orthodoxe. – Gr. *heterodoxos*.

hétérodoxie [eteʀɔdɔksi] n. f. Doctrine, opinion hétérodoxe; caractère de ce qui est hétérodoxe. Ant. orthodoxie. – Du préc.

hétérodyne [eteʀodin] n. f. et adj. TELECOM Oscillateur local utilisé dans un récepteur superhétérodyne (V. ce mot) pour améliorer la sélectivité. (On mélange les signaux fournis par l'amplificateur H.F. et ceux que fournit l'hétérodyne pour réduire la fréquence de l'onde porteuse, modulée en amplitude.) ▷ Adj. *Générateur hétérodyne.* – De *hétéro-,* et gr. *dunamis,* «force».

hétérogamétique [eteʀogametik] adj. BIOL Se dit des individus appartenant au sexe porteur des hétérochromosomes et qui produisent deux types de gamètes, les uns porteurs du sexe mâle, les autres du sexe femelle. *Dans l'espèce humaine, c'est le mâle qui est hétérogamétique.* – De *hétéro-,* et *gamète*.

hétérogamie [eteʀogami] n. f. BIOL Fécondation dans laquelle le gamète mâle est très différent, morphologiquement et physiologiquement, du gamète femelle. Syn. (plus cour.) anisogamie. Ant. isogamie. – De *hétéro-,* et *-gamie*.

hétérogène [eteʀɔʒɛn] adj. **1.** Qui est formé d'éléments ou de parties de nature différente. *Corps composé de parties hétérogènes. Roche hétérogène.* **2.** Fig. Qui n'a pas d'unité, qui est composé d'éléments fort dissemblables. *Une nation, un groupe hétérogène. Œuvre hétérogène.* Ant. homogène. – Lat. scol. *heterogeneus,* du gr.

hétérogénéité [eteʀɔʒeneite] n. f. Caractère de ce qui est hétérogène. – Lat. scol. *heterogeneitas.*

hétérogenèse [eteʀɔʒənɛz] ou **hétérogénie** [eteʀɔʒeni] n. f. **1.** HIST Production d'êtres vivants due à la décomposition de matières organiques, sans le concours d'individus préexistants de même espèce (théorie de la génération spontanée, qui prévalut jusque vers 1850 et que les travaux de Pasteur firent abandonner). **2.** BIOL Apparition brutale, par mutation, de types nouveaux et stables. – De *hétéro-,* et *genèse,* ou *-génie.*

hétérogreffe [eteʀogʀɛf] n. f. BIOL Greffe pratiquée entre sujets d'espèces différentes. Ant. homogreffe. – De *hétéro-,* et *greffe.*

hétérologue [eteʀolɔg] adj. MED Se dit des tissus, des sérums, des cellules provenant d'un individu appartenant à une espèce différente. – De *hétéro-,* et *-logue,* d'ap. *homologue.*

hétérométabole [eteʀometabɔl] adj. Qualifie les insectes dont les métamorphoses sont incomplètes. – De *hétéro-,* et gr. *metabolê,* «changement».

hétéromorphe [eteʀomɔʀf] adj. **1.** BOT Se dit d'une espèce à l'intérieur de laquelle sporophyte et gamétophyte sont très différents morphologiquement. **2.** ZOOL Syn. polymorphe. **3.** MINER Se dit des minéraux de même nature chimique mais de structures différentes. *La calcédoine, l'opale, le quartz sont hétéromorphes.* – De *hétéro-,* et *-morphe.*

hétéromorphie [eteʀomɔʀfi] n. f. ou **hétéromorphisme** [eteʀomɔʀfism] n. m. Caractère de ce qui est hétéromorphe. – Du préc.

hétéronome [eteʀonom] adj. Didac. Dont la conduite est régie par des lois reçues de l'extérieur. Ant. autonome. – De *hétéro-,* et *-nome.*

hétéronomie [eteʀonɔmi] n. f. Didac. État d'un individu, d'un groupe, qui se soumet à des lois venues de l'extérieur. ▷ PHILO *Hétéronomie de la volonté:* chez Kant, caractère de la volonté qui se détermine selon des principes extérieurs à elle-même. – Du préc.

hétéroprotéine [eteʀopʀɔtein] n. f. BIOCHIM Protéine complexe dont l'hydrolyse produit des peptides et des substances non protéiques assemblées en un groupement prosthétique. – De *hétéro-,* et *protéine.*

hétéroptères [eteʀɔptɛʀ] n. m. pl. ZOOL Sous-ordre d'insectes hémiptéroïdes pourvus de deux paires d'ailes (dont l'antérieure est en partie cornée), et de pièces buccales adaptées à la piqûre. *La punaise appartient au sous-ordre des hétéroptères.* – De *hétéro-,* et *-ptère.*

hétérosexualité [eteʀosɛksɥalite] n. f. Sexualité des hétérosexuels. Ant. homosexualité. – De *hétéro-,* et *sexualité.*

hétérosexuel, elle [eteʀosɛksɥɛl] adj. et n. Qui trouve la satisfaction de ses désirs sexuels avec des sujets du sexe opposé. Ant. homosexuel. – De *hétéro-,* et *sexuel.*

hétéroside [eteʀozid] n. m. BIOCHIM Variété d'osides dont l'hydrolyse donne des oses (sucres simples) et des substances non glucidiques. – De *hétéro-,* et *oside.*

hétérothallisme [eteʀotalism] n. m. ou **hétérothallie** [eteʀotali] n. f. BOT Condition des végétaux inférieurs chez lesquels la fécondation ne peut s'effectuer qu'entre un gamète mâle et un gamète femelle provenant de deux gamétophytes différents. Ant. homothallisme. – De *hétéro-,* et *thalle.*

hétérotrophe [eteʀotʀɔf] adj. BIOL Qui ne peut se nourrir qu'à partir d'aliments organiques déjà synthétisés par d'autres organismes et non directement à partir des composés minéraux. *Tous les animaux et tous les végétaux non chlorophylliens sont hétérotrophes.* Ant. autotrophe. – De *hétéro-,* et gr. *trophê,* «nourriture».

hétéroxène [eteʀoksɛn] n. m. BIOL Parasite dont le cycle requiert plusieurs hôtes. – De *hétéro-,* et gr. *xenos,* «hôte».

hétérozygote [eteʀozigɔt] adj. et n. m. BIOL Se dit d'un être vivant diploïde dont au moins un des couples de gènes allèles est constitué par deux gènes non identiques, l'un des deux allèles ayant muté. – De *hétéro-,* et *zygote.*

hetman [ɛtmɑ̃(an)] n. m. HIST **1.** Chef militaire en Pologne et en Lituanie du XVIe s. jusqu'aux partages du XVIIIe s. **2.** Chef de clan élu des Cosaques du Caucase (on dit aussi *ataman*). – Mot polonais.

hêtraie [ˈɛtʀɛ] n. f. Lieu planté de hêtres. – De *hêtre.*

hêtre [ˈɛtʀ] n. m. Grand arbre cupulifère (genre *Fagus,* type des fagales et des fagacées), à écorce lisse, à tronc droit, à bois blanc, dur et cassant des zones tempérées humides. *Les fruits du hêtre, ou faines, contiennent une huile comestible.* ▷ Bois de cet arbre. *Établi en hêtre.* – Frq. **haistr,* rad. **haisi,* «fourré».

heu! [ˈø] interj. marquant le doute, l'hésitation, la gêne, ou une difficulté d'élocution. *«Je vous cède la place, mon cher duc. – Heu!... heu!... c'est que je n'y tiens plus tant que ça»* (Maupassant). – Onomat.

heur [œʀ] n. m. Vx Chance favorable. ▷ Mod., litt. *Avoir, ne pas avoir l'heur de plaire à qqn.* – Du lat. imp. *agurium,* class. *augurium,* «présage».

heure [œʀ] n. f. **I. 1.** Division du temps d'une durée égale à la vingt-quatrième partie du jour (soixante minutes). *Revenez dans quarante-huit heures:* dans deux jours. – *La semaine de trente-cinq heures* (de travail). *Heures supplémentaires:* heures de travail effectuées en plus de la durée de travail hebdomadaire légale. – *Être payé dix dollars l'heure* (ou, fam., *de l'heure*). – *Une grande, une petite heure:* un peu plus, un peu moins d'une heure. – *Un quart d'heure.* – Par exag. *Il y a une, deux heures que je vous attends!* **2.** ASTRO Unité de mesure d'angle, égale au 1/24 de la circonférence, soit 15°. **3.** Poét. *La fuite des heures,* du temps. **II. 1.** Moment déterminé du jour exprimé par un chiffre de 0 à 12 ou de 0 à 23 (abrév. *h*). *0 heure:* minuit. *12 heures:* midi. – *Quelle heure est-il? Il est une heure moins cinq. Deux heures quinze, deux heures et quart ou deux heures un quart. Vingt heures trente, huit heures et demie du soir.* – *À six heures juste, à six heures tapantes, sonnantes.* ▷ *Heure locale,* différente d'un méridien à l'autre. *Au Canada, on distingue différentes heures locales: l'heure de Terre-Neuve, l'heure de l'Atlantique, l'heure de l'Est, l'heure du Centre, l'heure des Montagnes, l'heure du Pacifique et l'heure du Yukon.* – *Heure avancée* ou *heure d'été:* heure avancée de 60 minutes par rapport au temps universel, en vigueur du début du printemps jusqu'en automne (par oppos. à *heure normale*). ▷ *L'heure:* l'heure fixée, convenue. *Soyez à l'heure. Partir avant l'heure. Ne pas avoir d'heure:* ne pas respecter un horaire, un emploi du temps régulier. – Ellipt. *De sept à huit* (heures). – *L'heure H,* celle prévue pour le déclenchement d'opérations militaires. – *Par ext.,* cour. L'heure fixée pour entreprendre qqch, l'heure décisive. **2.** Moment déterminé de la journée (dont on évoque certaines caractéristiques). *L'heure du dîner, du souper. C'est une mauvaise heure pour circuler en ville.* ▷ *À la première heure:* très tôt le matin, le plus tôt possible. – Loc. adj. *De la première heure:* qui a été tel depuis le commencement. *Féministes de la première heure.* ▷ LITURG *Heures canoniales* ou *heures*, celles où l'on récite les diverses parties de l'office divin. – *Livre d'heures*, ou *heures:* livre qui renferme les prières de l'office divin. ▷ Avec un poss. Moment habituellement consacré à une activité précise. *Il doit être sur le chemin du retour, c'est son heure.* **3.** Moment, période de la vie (d'une personne, d'une société donnée). *Il a traversé des heures difficiles.* – *Les problèmes de l'heure:* les problèmes actuels, du présent. ▷ Avec un poss. Moment de faire une chose, moment décisif. *Son heure, sa dernière heure est venue:* il va mourir. – *Son heure viendra:* il sera enfin récompensé de ses efforts. – *Écrivain qui a eu son heure de gloire.* **III.** loc. adv. **1.** *À l'heure qu'il est:* au moment où nous parlons; dans la situation actuelle. **2.** Vieilli *À cette heure:* présentement, en ce moment-ci. **3.** *À la bonne heure:* au moment propice. ▷ (Exclam.) *À la bonne heure!:* c'est parfait, voilà qui est très bien. **4.** *Sur l'heure:* aussitôt, immédiatement. *Les condamnés furent exécutés sur l'heure.* **5.** *Tout à l'heure:* dans un moment, un peu plus tard. *Je vous répondrai tout à l'heure.* ▷ Il y a quelques instants. *Il est passé vous voir tout à l'heure.* **6.** *De bonne heure:* tôt. *Se lever de bonne heure, de très bonne heure.* ▷ Avant l'heure, avant le moment prévu. *Enfant qui marche de bonne heure.* **7.** *À toute heure:* à n'importe quel moment de la journée, sans interruption. *Repas servis à toute heure.* – Lat. *hora.*

ENCYCL *L'heure, unité de temps.* On distingue l'heure *sidérale* et l'heure *solaire*, respectivement égales à la vingt-quatrième partie du jour sidéral et du jour solaire. L'heure sidérale est un peu plus brève que l'heure solaire. Dans la vie courante, lorsqu'on exprime une durée en heures, il s'agit d'heures solaires moyennes. Le jour solaire moyen est le temps qui s'écoulerait entre deux passages du Soleil au méridien, s'il parcourait l'écliptique d'un mouvement uniforme. *L'heure, mesure du temps écoulé.* Le jour solaire utilisé en astronomie commence à midi. Dans la vie pratique, on calcule l'heure à partir de minuit (heure *civile*). L'heure civile *locale* changeant avec la longitude du lieu (à cause de la rotation de la Terre), on a été amené à définir une heure *légale*, qui reste la même à un instant donné sur toute l'étendue d'un pays ou partie de cette étendue (comme au Canada).

heureusement [øʀøzmɑ̃] adv. **1.** Vx D'une manière heureuse, dans le bonheur. *Vivre heureusement.* **2.** D'une manière avantageuse; avec succès. **3.** D'une manière heureuse (sens II). **4.** Par bonheur. *Heureusement il avait pris ses précautions.* – De *heureux.*

heureux, euse [øʀø, øz] adj. **I. 1.** Favorisé par le sort. *Être heureux au jeu. Estimez-vous heureux d'être encore en vie!* **2.** Opportun, favorable, propice. *Un heureux hasard.* ▷ Qui réussit, qui trouve une issue favorable. *Une heureuse décision. Avoir la main heureuse:* avoir de la chance dans les choix que l'on fait, réussir ce que l'on entreprend. ▷ Qui laisse prévoir une issue favorable. *Heureux présage.* **3.** Impers. *Il est heureux pour lui que...:* c'est une chance pour lui que... – Ellipt. *Encore heureux qu'il ne soit pas blessé!* **II.** Ingénieux, justement choisi. *Une heureuse combinaison de couleurs.* **III. 1.** Qui jouit du bonheur. *Rendre qqn heureux.* – *Être heureux comme un roi.* ▷ *Heureux de, que. «Elle s'attendrissait sur elle-même, heureuse de devenir une sorte d'héroïne de livre...»* (Maupassant). ▷ Subst. *Faire un heureux.* **2.** Qui marque, exprime le bonheur. *Air, visage heureux.* **3.** Rempli de bonheur. *Une existence heureuse.* ▷ Qui apporte le bonheur. *Souhaiter une heureuse année à qqn.* – De *heur.*

heuristique ou **euristique** [øʀistik] adj. et n. Didac. **I.** adj. **1.** Qui favorise la découverte (de faits, de théories). **2.** HIST Relatif à la collecte des documents. **II.** n. f. **1.** Partie du savoir scientifique qui étudie les procédures de découverte. **2.** HIST Collecte des documents. – Du gr. *heuriskein*, «trouver, découvrir».

heurt [ˈœʀ] n. m. **1.** Coup, choc brutal (de corps qui se rencontrent). *Heurt des volets qui battaient au vent.* **2.** Fig. Friction entre des personnes, désaccord. *Leur voisinage ne va pas sans heurts.* **3.** Fig. Contraste violent (entre des sons, des couleurs, etc.). – Déverbal de *heurter.*

heurté, ée [ˈœʀte] adj. PEINT Dont les teintes ne sont pas fondues. *Tons heurtés.* ▷ Fig. *Exécution heurtée d'un morceau de musique*, brutale dans le rythme et l'opposition des nuances. *Style heurté.* – Pp. de *heurter.*

heurter [ˈœʀte] **I.** v. tr. [1] **1.** Cogner contre, rencontrer rudement. *Son front a heurté le pare-brise.* **2.** Fig. Contrarier, blesser, offenser. *Vos refus successifs l'ont heurté. Heurter de front l'opinion publique.* **II.** v. intr. **1.** Vieilli *Heurter contre. Le bateau heurta contre un écueil.* **2.** *Heurter à:* donner intentionnellement des coups contre, sur. *Heurter au carreau, à la porte.* **III.** v. pron. **1.** Réfl. *Se heurter à un meuble.* ▷ Fig. *Se heurter aux préjugés.* **2.** Récipr. *Les deux véhicules se sont heurtés en haut d'une côte.* ▷ Fig. Être en violente opposition. *Leurs caractères se heurtent.* – *Des tons qui se heurtent.* – Du frq. **hurt*, «bélier».

heurtoir [ˈœʀtwaʀ] n. m. **1.** Marteau fixé au vantail de la porte d'entrée d'une maison, et qui sert à frapper pour s'annoncer. **2.** CH de F Butoir. – De *heurter.*

hévéa [evea] n. m. Arbre de grande taille (genre *Hevea*, fam. euphorbiacées) originaire d'Amérique du Sud, cultivé (surtout en Asie du S.-E.) pour son latex, dont on tire le caoutchouc. – Mot quichua (Pérou) latinisé en *hevea.*

hex(a)-. Élément, du gr. *heks*, «six».

hexachlorophène [ɛgzaklɔʀɔfɛn] n. m. PHARM Di(hydroxy-2 trichloro-3,5,6 phényl)-méthane, antiseptique à usage externe. – De *hexa-*, *chlore*, et gr. *phainien*, «briller».

hexacoralliaires [ɛgzakɔʀaljɛʀ] n. m. pl. ZOOL Cnidaires anthozoaires caractérisés par un grand nombre (six ou multiple de six) de tentacules. *Les hexacoralliaires solitaires sont les actinies, ou anémones de mer; les autres, coloniaux, sont les madréporaires, qui constituent les récifs coralliens.* – De *hexa-*, et *coralliaire.*

hexacorde [ɛgzakɔʀd] n. m. MUS Gamme du plain-chant, composée de six notes, utilisée jusqu'au XVIIe s. – De *hexa-*, et *corde.*

hexadécimal, ale, aux [ɛgzadesimal, o] adj. INFORM Se dit d'un système de numération à base 16 qui utilise 10 chiffres (de 0 à 9) et 6 lettres (de A à F). – De *hexa-*, et *décimal.*

hexaèdre [ɛgzaɛdʀ] adj. et n. m. GEOM Qui a six faces planes. ▷ N. m. Polyèdre à six faces. *L'hexaèdre régulier est le cube.* – De *hexa-*, et du gr. *hedra*, «siège, base».

hexaédrique [ɛgzaedʀik] adj. GEOM Qui a la forme d'un hexaèdre. – Du préc.

hexafluorure [ɛgzaflyɔʀyʀ] n. m. CHIM Fluorure dont la molécule contient 6 atomes de fluor. *L'hexafluorure d'uranium UF_6 est utilisé dans la séparation des isotopes de l'uranium par diffusion gazeuse.* – De *hexa-*, et *fluorure.*

hexagonal, ale, aux [ɛgzagɔnal, o] adj. GEOM Qui a la forme d'un hexagone. ▷ Qui a pour base un hexagone. *Solide hexagonal.* – De *hexagone.*

hexagone [ɛgzagɔn] n. m. et adj. **1.** GEOM Polygone à six angles et à six côtés. ▷ Adj. Vx Hexagonal. **2.** *L'Hexagone:* la France métropolitaine (dont le territoire est approximativement de forme hexagonale). – Lat. d'orig. gr. *hexagonus.*

hexamètre [ɛgzamɛtʀ] n. m. LITTER Vers de six pieds, ou de six mesures. *Hexamètre dactylique.* – Lat. d'orig. gr. *hexametrus.*

hexapode [ɛgzapɔd] adj. ZOOL Qui a six pattes. ▷ N. m. pl. Anc. nom de la classe des insectes. – De *hexa-*, et suff. *-pode.*

hexose [ɛgzoz] n. m. CHIM Sucre simple (ose) à six atomes de carbone. *Le glucose et le fructose sont des hexoses.* – De *hex(a)-*, et *-ose* 1.

H.F. ELECTR Sigle de haute fréquence*.

Hf CHIM Symbole du hafnium.

Hg CHIM Symbole du mercure (abrév. du lat. *Hydrargyrum*, «eau d'argent»).

hg Abrév. de *hectogramme.*

hi [ʼi, hi] Interj. dont la répétition note le rire ou les pleurs. – Onomat.

hiatal, ale, aux [(ʼ)jatal, o] adj. MED *Hernie hiatale:* hernie de l'estomac à travers l'hiatus œsophagien du diaphragme. – De *hiatus* (sens 3).

hiatus [(ʼ)jatys] n. m. **1.** Suite de deux voyelles contiguës appartenant à des syllabes différentes, soit à l'intérieur d'un mot (aréopage), soit entre deux mots (il *a été*). **2.** Fig. Discontinuité, coupure (dans une suite de choses, dans une chose). **3.** ANAT Orifice anatomique. *Hiatus œsophagien du diaphragme.* – Mot lat. «ouverture, fente».

hibernal, ale, aux [ibɛʀnal, o] adj. Didac. De l'hibernation. *Sommeil hibernal.* ▷ Qui a lieu pendant l'hiver. *Plante à floraison hibernale.* – Bas lat. *hibernalis*, «d'hiver».

hibernation [ibɛʀnasjõ] n. f. État de torpeur et d'insensibilité dans lequel demeurent certains animaux, soit en hiver, soit au cours de périodes défavorables (sécheresse, excès de chaleur, etc.). ▷ MED *Hibernation artificielle:* état de vie ralentie de l'organisme, obtenu par l'emploi conjugué de médicaments paralysant le système nerveux végétatif et une réfrigération totale du corps, qui facilite certaines interventions chirurgicales prolongées et difficiles. – Bas lat. *hibernatio.*

hiberner [ibɛʀne] v. intr. [1] Passer la saison froide en hibernation. *La marmotte hiberne.* – Lat. *hibernare.*

hibiscus ou **ibiscus** [ibiskys] n. m. Plante des régions tropicales (fam. malvacées) utilisée comme plante ornementale, dont une espèce donne l'huile d'ambrette et une autre une fibre textile. – Mot lat., gr. *hibiskos.*

hibou [ʼibu] n. m. **1.** Oiseau rapace nocturne (ordre des strigiformes), dont la tête est pourvue de deux aigrettes (contrairement aux chouettes, qui en sont dépourvues). *La plupart des hiboux sont également nommés ducs. Les hiboux huent, ululent.* **2.** Fig., fam. Homme mélancolique qui fuit la société. – Probabl. onomat.

hic [ʼik] n. m. inv. Point délicat, difficile d'une question, d'une affaire. *Voilà le hic.* – Du lat. *hic (est questio)*, «Ici (est la question)».

hic et nunc [ʼikɛtnunk] loc. adv. Ici et maintenant. – Mots lat.

hidalgo [idalgo] n. m. Noble espagnol. – Mot esp., contract. de *hijo de algo*, «fils de quelque chose».

hideur [ʼidœʀ] n. f. Qualité, aspect de ce qui est hideux; grande laideur. – De l'a. fr. *hisde*, «horreur, peur», probabl. d'orig. germ.

hideusement [ʼidøzmɑ̃] adv. D'une manière hideuse. *Être hideusement défiguré.* – De *hideux.*

hideux, euse [ʼidø, øz] adj. Dont la laideur est horrible, repoussante. *Visage, spectacle hideux.* ▷ (Abstrait.) *Vices hideux.* – V. hideur.

hidro(s)-. Élément, du gr. *hidrôs*, «sueur».

hidrosadénite [idʀosadenit] n. f. MED Abcès d'une glande sudoripare, souvent localisé à l'aisselle. – De *hidros-*, gr. *adên*, «glande», et *-ite* 1.

hie [ʼi] n. f. TECH Masse qui sert à enfoncer les pavés. Syn. dame, demoiselle. – Moyen néerl. *heie.*

hièble ou **yèble** [jɛbl] n. f. Herbe voisine du sureau (*Sambacus ebulus*, fam. caprifoliacées) atteignant 2 à 3 m de haut, aux propriétés médicinales. – Du lat. *ebulum.*

hiémal, ale, aux [ʼjemal, o] adj. Didac. Qui se produit en hiver. *Sommeil hiémal de la marmotte.* ▷ Qui croît en hiver. *Plante hiémale.* – Lat. *hiemalis*, de *hiems, hiemis*, «hiver».

hier [(i)jɛʀ] adv. et n. m. **1.** Le jour qui précède immédiatement celui où l'on est, où l'on parle. *Il est parti hier, hier matin, hier soir, hier au soir.* ▷ N. m. *Je l'ai cherché tout hier.* **2.** Dans un passé récent, à une date récente. ▷ *N'être pas né d'hier:* avoir déjà beaucoup d'expérience. – Lat. *heri.*

hiér(o)-. Élément, du gr. *hieros*, «sacré, saint».

hiérarchie [ʼjeʀaʀʃi] n. f. **1.** RELIG Ordre et subordination des divers degrés de l'état ecclésiastique. ▷ Ordre et subordination des neuf chœurs des anges. **2.** Organisation d'un groupe, d'un corps social telle que chacun de ses éléments se trouve subordonné à celui qu'il suit. *La hiérarchie militaire. – Être en haut, en bas de la hiérarchie.* **3.** Répartition des éléments d'une série selon une gradation établie en fonction de normes déterminées. *Hiérarchie des valeurs sociales, morales.* – Lat. médiév. *hierarchia*, du gr. *hieros*, «sacré», et *arkhein*, «commander».

hiérarchique [ʼjeʀaʀʃik] adj. Qui appartient à la hiérarchie; de la hiérarchie. *Passer par la voie hiérarchique.* – De *hiérarchie.*

hiérarchiquement [ʼjeʀaʀʃikmɑ̃] adv. Selon une, la hiérarchie. *Il vous est hiérarchiquement supérieur.* – De *hiérarchique.*

hiérarchisation [ʼjeʀaʀʃizasjõ] n. f. Action de hiérarchiser; son résultat. – De *hiérarchiser.*

hiérarchiser [ʼjeʀaʀʃize] v. tr. [1] Organiser en établissant une hiérarchie. – De *hiérarchie.*

hiérarque [ʼjeʀaʀk] n. m. Haut dignitaire de l'Église orthodoxe. – Bas gr. ecclés. *hierarkhês.*

hiératique [jeʀatik] adj. (et n. f.) **1.** Didac. Qui concerne les choses sacrées; qui a le caractère formel des traditions liturgiques. ▷ LING *Écriture hiératique* ou n. f., *la hiératique:* la plus ancienne des deux écritures cursives des anciens Égyptiens. **2.** Cour. Majestueux, d'une raideur figée, comme réglé par une tradition sacrée. *Pose hiératique.* – Lat. *hieraticus*, gr. *hieratikos.*

hiératiquement [jeʀatikmɑ̃] adv. Dans une forme, d'une manière hiératique. – Du préc.

hiératisme [jeʀatism] n. m. Didac. Caractère hiératique. – De *hiératique.*

hiéro-. V. hiér(o)-.

hiérogamie [ʼjeʀogami] n. f. Union de deux divinités; union d'un dieu ou d'un humain divinisé avec une déesse. – De *hiéro-*, et *-gamie.*

hiéroglyphe [ʼjeʀoglif] n. m. **1.** Signe, caractère fondamental de l'écriture des anciens Égyptiens. **2.** Plur. Écriture illisible, signes très difficiles à déchiffrer. – De *hiéroglyphique.*

ENCYCL Utilisant non pas des lettres mais des dessins d'hommes, d'oiseaux, de mammifères, de végétaux et d'objets quotidiens, les hiéroglyphes (sept cents environ) peuvent avoir deux fonctions dans l'écriture: l'*idéogramme*, représentation d'objets matériels et d'actions physiques dont la seule figuration évoque l'idée signifiée mais ne permet d'exprimer aucune idée abstraite; le *phonogramme*, hiéroglyphe évoquant un son. C'est le principe du phonogramme qui permet de transcrire phonétiquement tous les sons et donc d'écrire tous les mots du langage. Champollion (1790-1832), le premier, déchiffra les hiéroglyphes.

hiéroglyphique ['jeʀoglifik] adj. **1.** Qui se compose d'hiéroglyphes. *«Précis du système hiéroglyphique des anciens Égyptiens», ouvrage de Champollion.* ▷ Qui est un hiéroglyphe. *Signe hiéroglyphique.* **2.** Énigmatique, très difficile à déchiffrer. – Lat. *hieroglyphicus*, mot gr., de *hieros*, «sacré», et *gluphein*, «graver».

hiéronymite ['jeʀonimit] n. m. Religieux d'un des ordres qui ont pris pour patron saint Jérôme (désigné aussi sous le nom d'*ermite de saint Jérôme*). – Du lat. *Hieronymus*, «(saint) Jérôme».

hiérophante ['jeʀofɑ̃t] n. m. ANTIQ GR Prêtre de Déméter qui présidait aux mystères d'Éleusis. – Lat. *hierophantes*, mot gr., de *hieros*, «sacré», et *phainein*, «révéler».

higoumène [igumɛn] n. m. Didac. Supérieur d'un monastère d'hommes orthodoxe. – Du gr. *hêgemonios*, «guide».

hi-han ['iɑ̃] n. m. *Les hi-hans du baudet.* – Onomatopée figurant le cri de l'âne.

hilaire ['ilɛʀ] adj. BOT, ANAT Relatif au hile. – De *hile*.

hilarant, ante [ilaʀɑ̃, ɑ̃t] adj. Qui excite la gaieté, provoque le rire. ▷ Vieilli *Gaz hilarant:* oxyde azoteux N_2O. – Du lat. *hilarare*, «rendre gai».

hilare [ilaʀ] adj. Qui a, qui exprime un état de parfait contentement, de gaieté douce. *Homme, visage hilare.* – Lat. *hilaris*.

hilarité [ilaʀite] n. f. **1.** Vieilli Joie douce et calme. **2.** Mod. Accès brusque de gaieté qui se manifeste par le rire. *Ses mimiques provoquèrent l'hilarité générale.* – Lat. *hilaritas*.

hilbertien, ienne. V. préhilbertien.

hile ['il] n. m. **1.** BOT Zone où le funicule se soude aux téguments de l'ovule. ▷ Cicatrice laissée sur la graine par cette soudure. **2.** ANAT Zone, généralement déprimée, de pénétration des vaisseaux et des nerfs dans un viscère. *Hile du poumon, du foie.* – Lat. *hilum*.

hiloire ['ilwaʀ] n. f. MAR **1.** Bordure verticale, faisant office de brise-lames, autour d'un panneau de pont, d'un cockpit de bateau à voiles, etc. **2.** Membrure longitudinale qui soutient le pont. – Du néerl. *sloerie*, «plat-bord».

himalayen, yenne [imalajɛ̃, jɛn] adj. De l'Himalaya, chaîne de montagnes d'Asie, la plus haute du monde.

hindi ['indi] n. m. Langue de l'Inde du Nord, devenue en 1949 la langue officielle de l'Inde. – Mot hindi.

hindou, oue [ɛ̃du] adj. et n. **1.** adj. Qui concerne l'hindouisme. **2.** n. Personne qui pratique l'hindouisme. – De *Inde*.

hindouisme [ɛ̃duism] n. m. Ensemble des croyances et des institutions traditionnelles de l'Inde brahmanique. – La religion brahmanique. – De *hindou*.

hindouiste [ɛ̃duist] adj. et n. **1.** adj. Relatif à l'hindouisme. *Rites hindouistes.* **2.** n. Personne qui professe (ou étudie) l'hindouisme. – Du préc.

hinterland ['intɛʀlɑ̃d] n. m. GEOGR Arrière-pays. – Mot all., de *hinter*, «derrière», et *Land*, «pays».

hipp(o)-. Élément, du gr. *hippos*, «cheval».

hipparchie [ipaʀʃi] n. f. ANTIQ GR **1.** Corps de cavalerie d'env. 500 cavaliers, commandé par un *hipparque*. **2.** Commandement de cette unité. – Gr. *hipparkhia*.

hipparion [ipaʀjɔ̃] n. m. PALEONT Équidé fossile dont les pattes étaient munies de trois doigts et qui vécut en Eurasie au Pliocène et au Pléistocène. – Gr. *hipparion*, «petit cheval».

hipparque [ipaʀk] n. m. ANTIQ GR Commandant de la cavalerie. – Gr. *hipparkhos*.

hippiatre [ipjatʀ] n. Didac. Vétérinaire spécialiste des chevaux. – Gr. *hippiatros*.

hippiatrie [ipjatʀi] ou **hippiatrique** [ipjatʀik] n. f. Didac. Art de soigner les chevaux. – De *hippiatre*.

hippie ou **hippy**, plur. **hippies** ['ipi, iz] n. **1.** À l'origine, membre d'un mouvement informel non violent né aux États-Unis sur la côte californienne, dont les adeptes tentaient de remettre en question par leur conduite, leurs vêtements, leur mode de vie (retour à la nature, vie communautaire, liberté des mœurs), la «société de consommation» américaine et son conformisme. **2.** *Par ext.* Jeune homme, jeune fille imitant les hippies californiens dans sa façon de vivre ou dans sa mise. – Mot amér., p.-ê. de *hip*, mot d'argot.

hippique [ipik] adj. Qui a rapport aux chevaux. *Concours hippique.* – Gr. *hippikos*.

hippisme [ipism] n. m. Ensemble des activités relatives aux courses de chevaux. ▷ Sport équestre. – De *hippique*.

hippocampe [ipɔkɑ̃p] n. m. **1.** MYTH Animal fabuleux qui avait un corps de cheval et une queue recourbée de poisson. **2.** Poisson marin (genre *Hippocampus*), long d'env. 15 cm, dont la tête est perpendiculaire à l'axe du corps, et qui est doté d'une queue préhensile lui permettant de s'accrocher verticalement dans les algues. *L'hippocampe femelle dépose ses œufs dans une poche ventrale du mâle, où ils se développent.* – Lat. d'orig. gr. *hippocampus*.

hippocastanacées [ipokastanase] n. f. pl. BOT Famille de plantes dicotylédones dialypétales qui comprend notam. le marronnier d'Inde. – De *hippo-*, et lat. *castanea*, «châtaigne».

hippocratique [ipokʀatik] adj. MED Qui concerne Hippocrate et sa doctrine. – Du n. d'*Hipprocrate*, médecin grec de l'Antiquité.

hippodrome [ipodʀom] n. m. **1.** ANTIQ Lieu aménagé pour les courses de chevaux et de chars. **2.** Champ de courses. *L'hippodrome Blue Bonnets à Montréal.* – Lat. d'orig. gr. *hippodromus*.

hippogriffe [ipogʀif] n. m. Animal fantastique, cheval ailé à tête de griffon. – Ital. *ippogrifo*, du gr. *hippos*, «cheval», et ital. *grifo*, «griffon».

hippologie [ipɔlɔʒi] n. f. Didac. Étude du cheval. – De *hippo-*, et *-logie*.

hippomobile [ipomɔbil] adj. Vieilli Qui est mû par un cheval, par oppos. à *automobile*. *Véhicule hippomobile.* – De *hippo-*, et *mobile*.

hippophaé [ipɔfae] n. m. BOT Arbrisseau épineux (genre *Hippophae*), utilisé pour fixer les dunes. – Syn. argousier. – Lat. *hippophæs*, mot gr.

hippophagique [ipofaʒik] adj. *Boucherie hippophagique*, où l'on vend de la viande de cheval. – De *hippo-*, et *-phagie*.

hippopotame [ipopɔtam] n. m. Mammifère herbivore d'Afrique tropicale *(Hippopotamus amphibius)*, long de 3 à 4 m, pesant de 2,5 à 3 tonnes, qui passe la plus grande partie de sa vie dans les fleuves. – *Hippopotame nain du Libéria (Choeropsis liberiensis)*, mesurant 0,90 m au garrot et 1,60 m de long, très peu amphibie. – Lat. d'orig. gr. *hippopotamus*, «cheval de fleuve», de *hippos*, «cheval», et *potamos*, «rivière, fleuve».

hippurique [ipyʀik] adj. BIOCHIM *Acide hippurique:* acide présent dans l'urine des herbivores. – De *hipp(o)-*, et *-urie*.

hippy. V. hippie.

hircin, ine [iʀsɛ̃, in] adj. Rare De bouc. *Odeur hircine.* – Lat. *hircinus*.

hirondeau [iʀɔ̃do] n. m. Petit de l'hirondelle. – Dimin. de *hirondelle*.

hirondelle [iʀɔ̃dɛl] n. f. Oiseau passériforme insectivore aux ailes fines et longues, au vol léger et rapide, à la queue fendue en V («queue-d'aronde*») caractéristique. *Hirondelle des granges (Hirundo rustica),* qui niche souvent dans les bâtiments de ferme. *Hirondelle bicolore (Tachycineta bicolor),* qui arrive tôt au printemps. *Hirondelle pourprée (Progne subis),* plus grosse, de plumage bleu foncé à reflets violets. ▷ *Hirondelle de mer:* sterne. ▷ CUIS *Nid d'hirondelle:* mets chinois. Cf. salangane. – Prov. *Une hirondelle ne fait pas le printemps:* un fait isolé ne suffit pas à établir une règle générale. – A. fr. *aronde, arondelle*, refait d'ap. lat. *hirundo*.

hirsute ['iʀsyt] adj. **1.** Garni de poils longs et fournis. **2.** Cour. Ébouriffé, échevelé, hérissé. *Une barbe hirsute.* – Lat. *hirsutus*.

hirsutisme ['iʀsytism] n. m. MED Développement exubérant du système pileux de la femme, associé à des troubles génitaux et lié à un mauvais fonctionnement des surrénales. – De *hirsute*.

hirudinées [iʀydine] n. f. pl. ZOOL Classe de vers annélides au corps dépourvu de soies dont le type est la sangsue (genre *Hirudo*). Syn. achètes. – Lat. *hirudo, hirudinis*, «sangsue».

hispan(o)-. Préfixe, du latin *hispanus*, «espagnol».

hispanique [ispanik] adj. et n. **1.** adj. De l'Espagne, des Espagnols. **2.** n. Citoyen des États-Unis originaire des pays hispanophones d'Amérique latine. – Lat. impérial *hispanicus*.

hispanisant, ante [ispanizɑ̃, ɑ̃t] ou **hispaniste** [ispanist] n. Personne qui étudie la langue espagnole, la culture espagnole. – De *hispanique*.

hispanisme [ispanism] n. m. Locution, tournure propre à la langue espagnole. – Du lat. *hispanus*, «hispanique», et - *isme*.

hispano-américain, aine [ispanoameʀikɛ̃, ɛn] adj. et n. **1.** adj. Qui concerne l'Espagne et l'Amérique, ou l'Amérique espagnole. *Guerre hispano-américaine*, entre l'Espagne et les É.-U., provoquée par la révolte des Cubains en 1898. **2.** adj. et n. Relatif aux citoyens des États-Unis originaires d'Espagne ou des pays hispanophones d'Amérique. – De *hispano-*, et *américain*.

hispano-arabe [ispanoaʀab] ou **hispano-moresque** [ispanomɔʀɛsk] adj. Du temps de la domination arabe sur l'Espagne. *Art hispano-moresque.* – De *hispano-*, et *arabe*.

hispanophone [ispanɔfɔn] adj. Qui parle la langue espagnole. – De *hispano-*, et *-phone*.

hispide [ispid] adj. BOT Couvert de poils rudes, longs et épais. *Tige hispide.* – Lat. *hispidus*.

hisse! (oh!) ['ois] interj. Cri que poussent des personnes en train de hisser, de tirer qqch, pour rythmer et coordonner leurs efforts. – Impér. de *hisser*.

hisser ['ise] **I.** v. tr. [1] **1.** Élever au moyen d'un cordage, d'un filin. *Hisser une voile.* **2.** Faire monter, en tirant ou en poussant. *Hisser un enfant sur ses épaules.* **II.** v. pron. S'élever avec effort, grimper. *Se hisser au faîte du mur.* ▷ Fig. *Il se hissa au faîte du pouvoir.* – Bas all. *hissen*.

hista-, histio-, histo-. Éléments, du gr. *histos*, «tissu».

histamine [istamin] n. f. BIOCHIM Amine dérivée de l'histidine qui, présente dans les divers tissus animaux, provoque la sécrétion du suc gastrique, contracte les artères, dilate les capillaires et joue aussi un rôle de médiateur chimique dans les réactions allergiques. – De *hist(o)-*, et *amine*.

histaminique [istaminik] adj. BIOCHIM Qui se rapporte à l'histamine. – De *histamine*.

histidine [istidin] n. f. BIOCHIM Acide aminé cyclique rencontré en petite quantité dans toutes les protéines et relativement abondant dans l'hémoglobine. – Mot all., de *hist(o)-*, *-ide*, et *-ine*.

histocompatibilité [istokɔ̃patibilite] n. f. Didac. Compatibilité entre les tissus d'un greffon et ceux d'un hôte, étroitement liée à leur appartenance à des groupes tissulaires caractérisés par des antigènes génétiquement définis. *La similitude des antigènes d'histocompatibilité chez deux individus est la condition requise pour qu'une greffe pratiquée de l'un à l'autre réussisse.* – De *histo-*, et *compatibilité*.

histogenèse [istoʒənɛz] n. f. BIOL **1.** Formation de tissus divers à partir de cellules indifférenciées, au cours du développement embryonnaire. **2.** Partie de l'embryologie qui étudie le développement des tissus. **3.** Étude de la formation des tissus malades (néoplasmes, notam.). – De *histo-*, et *-genèse*.

histogramme [istɔgʀam] n. m. STATIS Représentation graphique, par des bandes rectangulaires juxtaposées, d'une série statistique. – Angl. *histogram*.

histoire [istwaʀ] n. f. **1.** Récit d'actions, d'événements relatifs à une époque, à une nation, à une branche de l'esprit humain, qui sont jugés dignes de mémoire. *Histoire moderne. Histoire du Canada. Histoire événementielle. Histoire sociale, économique, politique, diplomatique, littéraire, philosophique, religieuse, des idées. Histoire de l'Antiquité*, ou *histoire ancienne*, jusqu'à la fin du Ve s. ap. J.-C.; *histoire du Moyen Âge*, jusqu'à la fin du XVe siècle; *histoire des Temps modernes*, des XVIe, XVIIe et XVIIIe s. jusqu'à la Révolution française; *histoire contemporaine*, commençant à la Révolution et englobant notre époque. **2.** Science de la connaissance du passé. *L'histoire s'appuie sur des documents: fossiles, monuments, monnaies, œuvres d'art, chroniques, mémoires. Cours, professeur d'histoire.* **3.** *Par ext.* Suite des événements (vus rétrospectivement). *Les enseignements de l'histoire. L'histoire jugera. Le sens de l'histoire*, jugé inéluctable. *L'accélération de l'histoire.* **4.** BX-A *Peinture d'histoire*, représentant des sujets empruntés à l'histoire. **5.** Vieilli *Histoire naturelle:* sciences naturelles. **6.** Relation d'actions, d'événements, d'aventures réelles ou inventées. *Raconter une histoire à un enfant. L'histoire d'un voyage.* – Loc. fam. *Le plus beau de l'histoire:* le fait le plus remarquable. *C'est toute une histoire:* ce serait long à raconter, ou à obtenir, à réaliser. *C'est une autre histoire:* il s'agit d'autre chose. *En voilà une histoire*, en parlant d'une nouvelle fâcheuse. *C'est de l'histoire ancienne*, se dit de qqch qu'on veut oublier. **7.** Récit inventé pour tromper, mensonge. *Ce sont des histoires. Une histoire à dormir debout*, invraisemblable. – Par ext. *Faire des histoires:* faire des embarras. – *S'attirer des histoires*, des désagréments, des querelles. **8.** loc. fam. *Histoire de* (+ inf.), pour. *«Histoire de rire»* (A. Salacrou). *J'ai dit ça, c'était histoire de plaisanter.* – Lat. *historia*, mot gr., de *histôr*, «qui sait».

histologie [istɔlɔʒi] n. f. BIOL Étude des tissus de l'organisme par la microscopie optique et électronique, et par des méthodes de coloration qui permettent d'identifier leur structure, leur morphologie, leur mode de formation et leur rôle. – De *histo-*, et *-logie*.

histologique [istɔlɔʒik] adj. MED Qui a rapport à l'histologie. – Du préc.

histolyse [istoliz] n. f. BIOL Destruction des tissus. – De *histo-*, et *-lyse*.

histone [iston] n. f. BIOCHIM Protéine qui, liée à l'acide désoxyribonucléique des noyaux cellulaires, joue un rôle important dans la synthèse des protéines. – Du gr. *histos*, «tissu».

historicité [istɔʀisite] n. f. Caractère de ce qui est historique. *L'historicité d'un fait.* – De *historique*.

historié, ée [istɔʀje] adj. Orné d'enjolivures, de figurines. *Bible historiée.* – Pp. de *historier*.

historien, ienne [istɔʀjɛ̃, jɛn] n. Personne qui écrit des ouvrages d'histoire, qui enseigne ou étudie l'histoire. *Le premier historien fut Hérodote. Un historien spécialiste du XVIIIe siècle. Les historiens et les géographes.* – Du lat. *historia*, «histoire».

historier [istɔʀje] v. tr. [1] Enjoliver de divers petits ornements. *Historier un manuscrit.* – Lat. médiév. *historiare*, «raconter».

historiette [istɔʀjɛt] n. f. Courte histoire, anecdote. *Récit parsemé d'historiettes piquantes.* – Dimin. de *histoire*.

historiographe [istɔʀjɔgʀaf] n. Écrivain nommé officiellement pour écrire l'histoire de son temps. *Les historiographes de Louis XIV. Les institutions (académies, ministères) et les grandes entreprises ont parfois leurs historiographes.* – Bas lat. *historiographus*, d'orig. gr.

historiographie [istɔʀjɔgʀafi] n. f. **1.** Art, travail de l'historiographe. **2.** Ensemble des ouvrages des historiographes d'une période donnée. – Du préc.

historique [istɔʀik] adj. et n. **I.** adj. **1.** Qui concerne l'histoire. *Recherches historiques. – Pièce, roman, film historique*, dont le sujet est tiré de l'histoire. *Monument historique*, classé par l'État, qui en garantit la conservation en raison de son intérêt. **2.** Qui appartient à l'histoire (et non à la légende). *Des faits historiques. Homère n'est pas un personnage historique.* **II.** n. m. Exposé chronologique de faits, d'événements. *Faire l'historique des débats. L'historique d'un mot*, rappel de ses formes et de ses sens successifs. – Lat. *historicus*.

historiquement [istɔʀikmɑ̃] adv. Du point de vue de l'histoire. *Des faits historiquement vérifiables.* – De *historique*.

histrion [istʀijɔ̃] n. m. **1.** ANTIQ Acteur comique. **2.** Péjor., litt. Mauvais comédien, cabotin. – Lat. *histrio*.

hitlérien, ienne [itleʀjɛ̃, jɛn] adj. et n. Relatif à Hitler, à l'hitlérisme, à ses partisans. – Subst. *Les hitlériens.* – Du n. de Adolf *Hitler* (1889-1945).

hitlérisme [itleʀism] n. m. Doctrine et action d'Hitler. Syn. nazisme (ou national-socialisme). – Du n. de *Hitler*.

hit-parade ['itpaʀad] n. m. Anglicisme V. palmarès. – Mot angl. des États-Unis, de *hit*, «succès», et *parade*, «défilé», empr. au fr.

hittite ['itit] adj. et n. ANTIQ Des Hittites. *La civilisation hittite prédomina en Asie Mineure entre le XVIe et le XIIIe s. av. J.-C.* ▷ N. m. Langue indo-européenne qui était parlée par les Hittites. – Mot angl., du lat. biblique *Hethaci*, hébr. *Hittim*, qui désigne des peuples d'Anatolie centrale, auj. globalement nommés *Hittites*.

hiver [ivɛʀ] n. m. Saison la plus froide de l'année dans l'hémisphère boréal, du 22 décembre (solstice d'hiver) au 20 mars (équinoxe de printemps). *Les rigueurs de l'hiver. L'hiver a été doux cette année.* ▷ Poét. Vieillesse. *L'hiver des ans.* – Bas lat. *hibernum*.

hivernage [ivɛʀnaʒ] n. m. **1.** MAR Temps de relâche pendant la mauvaise saison. *Un hivernage au pôle.* **2.** Saison des orages et des pluies dans les régions tropicales. **3.** AGRIC Labour effectué avant ou pendant l'hiver. ▷ Séjour du bétail à l'étable, des abeilles dans la ruche, pendant l'hiver. – De *hiverner*.

hivernal, ale, aux [ivɛʀnal, o] adj. et n. f. **1.** adj. D'hiver. *Station hivernale.* **2.** n. f. ALPIN Ascension en haute montagne pendant l'hiver. – Bas lat. *hibernalis*.

hivernant, ante [ivɛʀnɑ̃, ɑ̃t] adj. et n. **1.** adj. Qui hiverne. **2.** n. Personne qui passe l'hiver dans un endroit dont le climat est doux. *Il y a beaucoup d'hivernants en Floride.* – Ppr. de *hiverner*.

hiverner [ivɛʀne] **1.** v. intr. [1] Passer la mauvaise saison à l'abri ou dans des régions tempérées. – (Animaux.) *La bernache du Canada hiverne dans les États du sud des États-Unis et au Mexique.* **2.** v. tr. Rentrer (le bétail) à l'étable, protéger (les ruches) avant l'hiver. – Lat. *hibernare*, d'ap. *hiver*.

hl Abrév. d'*hectolitre*.

HL-A. MED Sigle de *Human Leucocyte* (groupe) *A:* (groupe) leucocytaire humain A, principal système d'histocompatibilité connu chez l'homme.

H.L.M. [aʃɛlɛm] n. m. ou f. Grand immeuble d'habitation aux loyers peu coûteux. *Habiter un* (ou *une*) *H.L.M.* – Sigle de *Habitation à Loyer Modique*.

hm Abrév. d'*hectomètre*.

Ho CHIM Symbole de l'holmium.

ho! ['o; ho] Interjection qui sert à appeler, à témoigner de l'étonnement, de l'indignation, de la douleur, etc. *Ho! venez par ici!* – Onomat.

hoazin [ɔazɛ̃] n. m. ZOOL Oiseau d'Amazonie (*Opisthocomus hoazin*, ordre des galliformes), qui évoque un faisan et dont le jeune a des ailes comportant des crochets (comme l'archéoptéryx). – D'une langue indienne onomatopéique.

hobby ['ɔbi] n. m. Anglicisme Violon d'Ingres, passe-temps. *Des hobbies.* – Mot angl.

hobereau [ɔbʀo] n. m. **1.** Petit faucon *(Falco subbuteo)* d'Europe, long de 35 cm. **2.** Gentilhomme campagnard. – De l'a. fr. *hobeler*, du moy. néerl. *hoblelen*, «bouger, se démener».

hocco [ɔko] n. m. Oiseau galliforme (genre *Crax*) d'Amérique du Sud, de forte taille, huppé, au plumage sombre. – Mot de la Guyane.

hochement ['ɔʃmɑ̃] n. m. Action de hocher (la tête). – De *hocher*.

hochepot ['ɔʃpo] n. m. Ragoût, longuement mijoté, de viande et de légumes. *Queue de bœuf en hochepot.* – De *hocher*, et *pot*.

hoche-queue ou **hochequeue** ['ɔʃkø] n. m. Bergeronnette (oiseau). *Des hoche-queues ou des hochequeues.* – De *hocher*, et *queue*.

hocher ['ɔʃe] v. tr. [1] **1.** Vx Secouer. **2.** *Hocher la tête*, la remuer, en signe d'assentiment, de dénégation, de doute. *Hocher la tête de haut en bas pour dire «oui», de gauche à droite pour dire «non».* – Du frq. **hottisôn*, «secouer».

hochet ['ɔʃɛ] n. m. **1.** Jouet que les enfants en bas âge peuvent secouer ou saisir dans leur bouche. **2.** Fig. Chose futile qui flatte ou qui distrait. *Les hochets de la vanité.* – De *hocher*.

hockey ['ɔke] n. m. Sport pratiqué sur une patinoire par deux équipes de 6 joueurs chaussés de patins, qui consiste à s'emparer d'une rondelle de caoutchouc à l'aide d'un bâton terminé par une palette et à la faire pénétrer dans le but adverse. *Joueur de hockey. Équipe, club de hockey. Partie, joute, match de hockey. Bâton, équipement de hockey. La Ligue nationale de hockey (L.N.H.).* – Bâton de hockey. *Casser son hockey. S'acheter un hockey.* ▷ *Hockey sur gazon,* pratiqué sur gazon par deux équipes de 11 joueurs et dont les règles dérivent en grande partie du soccer. – Mot angl., p.-ê. de l'a. fr. *hoquet,* «croquet, bâton crochu», frq. **hôk.*

hockeyeur, euse [ˈɔkɛjœʀ, øz] n. Joueur, joueuse de hockey. – De *hockey.*

hodographe, hodomètre. V. odographe, odomètre.

holà! [ˈɔla; hɔla] interj. et n. m. **I.** interj. **1.** Servant à appeler. *Holà! quelqu'un!* **2.** Servant à arrêter qqn, à le modérer. *Holà! pas tant de bruit!* **II.** n. m. *Mettre le holà à:* mettre fin à (qqch de fâcheux). *Mettre le holà à une entreprise trop risquée.* – De *ho!, et là.*

holding [ˈɔldiŋ] n. m. Anglicisme FIN Société de portefeuille dont l'activité consiste à gérer un avoir constitué par des actions, des valeurs mobilières. – Mot angl., ppr. de *to hold,* «posséder, détenir».

hold-up [ˈɔldɔp] n. m. inv. Anglicisme Agression à main armée pour dévaliser une banque, un magasin, un convoi, etc. – Mot amér., de *to hold up one's hands,* «tenir les mains en l'air».

hollandais, aise [ˈɔlɑ̃dɛ, ɛz] adj. et n. **1.** De Hollande. *Vermeer est un des grands peintres hollandais.* ▷ Subst. *Un Hollandais. Une Hollandaise.* **2.** *Race hollandaise* ou *frisonne:* race de vaches pie-noire ou pie-rouge d'origine hollandaise, excellentes laitières. – De *Hollande,* n. cour. des Pays-Bas.

hollande [ˈɔlɑ̃d] n. **I.** n. f. **1.** Toile très fine fabriquée en Hollande. **2.** Porcelaine de Hollande. **3.** Variété de pomme de terre à chair jaune très farineuse. **II.** n. m. **1.** Fromage de vache à pâte cuite dure recouvert d'une croûte cireuse rouge. **2.** Papier de luxe. – V. hollandais.

hollywoodien, ienne [ˈɔliwudjɛ̃, jɛn] adj. **1.** De Hollywood. *Une star hollywoodienne.* **2.** *Par ext.* Qui évoque le faste de la vie à Hollywood. *Un bungalow au décor hollywoodien.* – Du n. de *Hollywood,* localité de l'agglomération de Los Angeles, cap. de l'industr. cinématographique.

holmium [ˈɔlmjɔm] n. m. CHIM Élément métallique de numéro atomique Z = 67 et de masse atomique 164,93 (symbole Ho), appartenant à la famille des terres rares. – De la dernière syll. de *Stockholm,* ville de Suède.

holo-. Élément, du gr. *holos,* «entier».

holocauste [ɔlokost] n. m. **1.** HIST RELIG Sacrifice en usage chez les Juifs, où la victime était entièrement consumée par le feu. *Offrir un holocauste.* ▷ *Par ext.* Victime ainsi sacrifiée. **2.** Sacrifice religieux sanglant. **3.** Spécial. *L'Holocauste* ou *l'holocauste:* le massacre des juifs par les nazis. **4.** Fig. Sacrifice. *Offrir son cœur en holocauste.* – Lat. ecclés. d'orig. gr. *holocaustum,* «brûlé tout entier».

holocène [ɔlɔsɛn] n. m. GEOL Période la plus récente du Quaternaire qui succède au Paléolithique supérieur (de 7 ou 8000 av. J.-C. à nos jours). – De *holo-,* et *-cène.*

holocéphales [ɔlosefal] n. m. pl. ZOOL Sous-classe de poissons cartilagineux des grandes profondeurs, aux nageoires très développées, comprenant notam. les chimères. – De *holo-,* et *-céphale.*

holocrine [ɔlokʀin] adj. BIOL Qualifie les glandes (sébacées, mammaires, etc.) dont la sécrétion résulte d'une fonte cellulaire. – De *holo-,* et gr. *krinein,* «excréter».

holocristallin, ine [ɔlokʀistalɛ̃, in] adj. GEOL Se dit d'une roche dont tous les minéraux sont cristallisés. – De *holo-,* et *cristallin.*

holoenzyme [ɔloɑ̃zim] n. f. BIOCHIM Ensemble enzymatique formé par la protéine (apoenzyme) et les groupes prosthétiques (coenzymes). – De *holo-,* et *enzyme.*

hologramme [ɔlogʀam] n. m. TECH Cliché photographique qui donne l'illusion du relief lorsqu'il est illuminé par le faisceau d'un laser. – De *holo-,* et *-gramme.*

ENCYCL Un hologramme est l'enregistrement sur une surface photosensible de deux ondes issues d'une même source: une onde directe et une onde diffractée par l'objet photographié, ces deux ondes produisant un système d'interférences. En éclairant avec une source laser (holographie optique) la photographie obtenue, on a une image à trois dimensions. Si l'on utilise une source ultrasonore (holographie acoustique), l'hologramme se forme sur un cristal piézoélectrique qui transforme les ondes sonores en signaux électriques, et l'image est visualisée sur un écran cathodique.

holographie [ɔlogʀafi] n. f. TECH Ensemble des techniques de réalisation et d'utilisation des hologrammes. – De *holo-,* et *-graphie.*

holométabole [ɔlometabɔl] adj. et n. m. ZOOL Se dit des insectes supérieurs à métamorphose complète, dont les larves sont très différentes de l'adulte et chez lesquels l'imago se forme en une seule mue, la nymphose. – De *holo-,* et *métabole.*

holomorphe [ɔlɔmɔʀf] adj. MATH *Fonction holomorphe:* fonction d'une variable complexe, dérivable en tout point de son domaine de définition. – De *holo-,* et *-morphe.*

holoparasite [ɔlopaʀazit] adj. **1.** BIOL Se dit d'un être vivant qui ne peut vivre qu'en parasite. **2.** BOT Se dit d'une plante parasite devenue inapte à la photosynthèse. – De *holo-,* et *parasite.*

holophrastique [ɔlofʀastik] adj. LING Se dit des langues (inuktitut, par ex.) où la phrase entière ne consiste qu'en un seul mot. – De *holo-,* et gr. *phrasis,* «énoncé».

holoprotéine [ɔlopʀotein] n. f. BIOCHIM Protéine constituée uniquement d'acides aminés. – De *holo-,* et *protéine.*

holoside [ɔlɔzid] n. m. BIOCHIM Glucide dont l'hydrolyse complète fournit exclusivement des oses. (S'oppose à *hétérosides.*) – De *holo-,* et *oside.*

holothurie [ɔlotyʀi] n. f. ZOOL Échinoderme au corps mou, plus ou moins cylindrique, recouvert de spicules calcaires rugueuses et appelé aussi *concombre de mer.* – Lat. d'orig. gr. *holothuria.*

holotriches [ɔlotʀiʃ] n. m. pl. ZOOL Ordre d'infusoires ciliés, au corps uniformément couvert de cils, dont le type est la paramécie. – De *holo-,* et gr. *trikhos,* «poil».

homard [ˈɔmaʀ] n. m. Crustacé marin aux énormes pinces (genre *Homarus,* fam. homaridés), dont le corps bleu veiné de jaune peut atteindre 50 cm, et dont la chair est très estimée. *Pinces de homard. Déguster un homard thermidor.* – Anc. nord. *humarr.*

homarderie [ˈɔmaʀdəʀi] n. f. Vivier où l'on élève des homards. – De *homard.*

hombre [ɔ̃bʀ] n. m. Anc. jeu de cartes espagnol. – Mot esp. «homme».

homélie [ɔmeli] n. f. **1.** Leçon simple sur un point de doctrine religieuse. – Sermon fait sur un ton familier. **2.** Péjor. Discours moralisant et ennuyeux. *Une homélie sur la noblesse du travail.* – Lat. ecclés. *homilia,* mot gr.

homéo- ou **homoeo-.** Élément, du gr. *homoios*, «semblable».

homéomorphisme [ɔmeomɔʀfism] n. m. MATH Application bijective et continue d'un espace topologique sur un autre. (Espaces dits *homéomorphes.*) – De *homéo-*, et *-morphisme.*

homéopathe [ɔmeopat] n. et adj. Médecin pratiquant l'homéopathie. – Adj. *Médecin homéopathe.* – De *homéopathie.*

homéopathie [ɔmeopati] n. f. Méthode thérapeutique qui consiste à traiter les maladies par des doses infinitésimales de produits capables (à plus fortes doses) de déterminer des symptômes identiques aux troubles que l'on veut supprimer. Ant. allopathie. – D'abord en all.; du gr. *homoios*, «semblable», et *pathos*, «ce qu'on éprouve».

ENCYCL Le nom d'Hahnemann est attaché à la naissance de l'homéopathie, mais Hippocrate (Ve-IVes. av. J.-C.) écrivait déjà: «La maladie est causée par les semblables et c'est par les semblables, administrés au malade, que le malade retrouve la santé.» En 1790, Hahnemann, expérimentant le quinquina sur lui-même, alors qu'il n'était pas malade, constate bientôt ceci: «Le quinquina, qui détruit la fièvre, provoque chez le sujet sain les apparences de la fièvre»; il avait découvert la première des trois lois de l'homéopathie: la *loi de similitude*, que complète une deuxième loi, celle des *doses infinitésimales:* «Les médicaments administrés, à des doses infinitésimales, à un malade sont les mêmes substances qui, à doses pondérables, détermineraient chez un sujet sain des troubles identiques à ceux qui frappent le malade». La deuxième loi a une origine empirique: Hahnemann observa la puissance croissante du remède (et la disparition des «maladies médicamenteuses») dès lors qu'on le dilue: on prépare des dilutions successives au 1/100 (centésimales hahnemanniennes, par abrév. CH) ou au 1/10 (décimales notées X); en outre, l'agitation du flacon *(dynamisation)* qui donnera le soluté suivant est capitale. La troisième loi concerne le «terrain morbide»: il n'y a pas des maladies (à caractère universel) ni des malades (tous identiques s'ils sont frappés d'un même mal), mais un malade, global et fortement individualisé; s'il souffre, c'est que son système de défense est globalement défaillant; il convient de le stimuler.

homéopathique [ɔmeopatik] adj. Qui a rapport à l'homéopathie. *Dose homéopathique*, dose infinitésimale. – De *homéopathie.*

homéostasie [ɔmeostazi] n. f. BIOL Faculté qu'ont les êtres vivants de maintenir ou de rétablir certaines constantes physiologiques (concentration du sang et de la lymphe, pression artérielle, etc.) quelles que soient les variations du milieu extérieur. – De *homéo-*, et gr. *stasis*, «situation».

homéostat [ɔmeosta] n. m. TECH Ensemble cybernétique constitué par deux éléments (que relie une boucle d'action et de rétroaction), un élément actif et un élément extérieur, le premier agissant sur le second en dépensant de l'énergie et en réglant son action sur les informations qu'il reçoit de celui-ci. – De *homéo-*, et *-stat.*

homéostatique [ɔmeostatik] adj. Relatif à l'homéostasie. – De *homéostasie.*

homéotherme [ɔmeotɛʀm] adj. et n. m. ZOOL Qualifie les animaux, dits aussi «à sang chaud», qui maintiennent la température de leur corps constante, quelle que soit la température ambiante. Ant. poïkilotherme. – De *homéo-*, et *-therme.*

homérique [ɔmeʀik] adj. **1.** Qui a rapport à Homère. *Rechercher les lieux homériques.* **2.** Qui rappelle Homère, les héros et les temps anciens qu'il a célébrés. *Une bataille homérique.* ▷ *Rire homérique*, énorme, déchaîné. – Lat. *homericus*, gr. *homerikos*, de *Homeros*, «Homère», le célèbre poète grec de l'Antiquité.

homespun ['omspœn] n. m. Tissu de grosse laine, d'orig. écossaise. – Mot angl., «filé *(spun)* à la maison *(home)*».

1. homicide [ɔmisid] n. et adj. **1.** n. Personne qui tue un être humain. **2.** adj. Qui cause la mort d'un ou de plusieurs êtres humains. *Ces haines homicides.* – Lat. *homicida*, de *homo*, «homme», et *cædere*, «tuer».

2. homicide [ɔmisid] n. m. Meurtre, action de tuer un être humain. *Homicide volontaire. Homicide par imprudence.* – Lat. *homicidium.*

hominidés [ɔminide] n. m. pl. PALEONT, ANTHROP Famille d'hominiens comprenant une seule espèce: l'*Homo sapiens.* – Du lat. *homo, hominis*, «homme».

hominiens [ɔminjɛ̃] n. m. pl. PALEONT, ANTHROP Lignée de primates menant des hommes fossiles aux hommes actuels. – Du lat. *homo, hominis*, «homme».

ENCYCL Le groupe des hominiens, auquel est rattaché celui des *préhominiens*, ne comporte que le genre *Homo*, lequel renferme: tous les pithécanthropes *(Homo erectus)*, de Java, de Chine (homme de Pékin), de Mauritanie; les néanderthaliens *(Homo sapiens neanderthalensis)*, qui subsistèrent un certain temps avec *Homo sapiens sapiens*, l'homme actuel. La première forme d'*Homo sapiens*, qui apparut brusquement il y a moins de 50 000 ans, est *Homo sapiens fossilis*, l'homme de Cro Magnon, dont le degré de civilisation était beaucoup plus élevé que celui des néanderthaliens. La découverte à Swanscombe (G.-B.) et à Steinheim (Wurtemberg), de fossiles vieux de plus de 250 000 ans et dont les caractères sont intermédiaires entre ceux de l'homme de Cro Magnon et ceux de l'australopithèque (genre *Australopithecus*, type A, groupe des préhominiens), étaye l'hypothèse selon laquelle l'homme actuel, *Homo sapiens sapiens*, descendrait, par les hominiens de Swanscombe ou de Steinheim, dit *présapiens* (avant *Homo sapiens*), de l'australopithèque A; l'australopithèque de type P, les néanderthaliens et les pithécanthropes ne constituent que des rameaux parallèles. La structure générale des hominiens, c.-à-d. celle de l'homme actuel, était en place dès les premiers primates; le stade principal de l'hominisation fut l'acquisition de la station verticale (bipédie), qui libéra les mains de la fonction locomotrice et favorisa l'augmentation constante du volume du cerveau, donc le développement du psychisme. L'industrie lithique n'est pas l'apanage d'*Homo sapiens*; ainsi, de nombreux néanderthaliens la pratiquaient. Précisons que la préhistoire, c.-à-d. l'«histoire» des premières activités industrielles et artistiques d'*Homo sapiens*, ne couvre que la partie la plus récente de la paléontologie humaine.

hominisation [ɔminizasjɔ̃] n. f. Ensemble des processus par lesquels l'espèce humaine s'est constituée à partir de primates. – Du lat. *homo, hominis*, «homme».

hommage [ɔmaʒ] n. m. **1.** HIST Acte par lequel le vassal se reconnaissait *l'homme* du suzerain dont il allait recevoir un fief. **2.** Acte, marque de soumission, de vénération, de respect. *Je rends hommage à votre loyauté.* – Pl. *Présenter ses hommages à une dame*, lui présenter respectueusement ses civilités. **3.** Offrande faite à qqn en signe de respect, de considération. *Hommage de l'auteur, de l'éditeur*, se dit d'un livre offert par l'auteur, l'éditeur. – De *homme.*

hommasse [ɔmas] adj. Péjor. Se dit d'une femme qui a l'allure d'un homme. *Elle est un peu hommasse.* – De *homme*, et *-asse.*

homme [ɔm] n. m. **1.** Être humain. *L'homme, le plus évolué des êtres vivants, appartient à la classe des mammifères, à l'ordre des primates, à la famille des hominidés et à l'espèce «Homo sapiens».* **2.** Être humain de sexe masculin. *Les caractéristiques qui différencient l'homme de la femme. Un homme âgé.* ▷ (En tant que dépositaire des valeurs traditionnellement considérées comme spécifiquement masculines.) *Être, se montrer un homme,* énergique, courageux. ▷ Pop. (Avec le possessif.) Amant, mari. *C'est mon homme.* **3.** Être humain de sexe masculin et adulte. *Ce n'est plus un enfant, c'est un homme. Un homme bien bâti, musclé, malingre. Un bel homme. Un homme grand. Homme à femmes,* qui a des succès féminins. **4.** *Homme de,* suivi d'un nom, pour indiquer l'état, la profession, les qualités, les défauts d'un individu. *Homme de lettres:* écrivain. *Homme d'État:* membre d'un gouvernement. *Homme de loi:* magistrat, avocat. *Homme d'affaires,* qui s'occupe d'entreprises commerciales. *Homme de mer:* marin. *Homme de troupe:* militaire qui n'est ni officier ni sous-officier. *Homme de cœur,* généreux. *Homme de confiance,* à qui l'on confie des missions délicates. *Homme de parole,* qui respecte ses engagements. *Homme d'intérieur,* qui aime rester chez lui. *Homme de peu,* digne de mépris. *Homme de paille:* prête-nom. ▷ HIST *Homme lige,* vassal. **5.** loc. *Être (un) homme à* (+ inf.), capable de ou digne de. *Il est homme à se venger. C'est un homme à encourager. D'homme à homme:* directement, franchement. *Je voudrais vous parler d'homme à homme. Comme un seul homme:* tous ensemble. *Ils répondirent comme un seul homme.* – Lat. *homo, hominis.*

homme-grenouille [ɔmgʀənuj] n. m. Plongeur muni d'un scaphandre autonome, qui travaille sous l'eau. *Des hommes-grenouilles.* – De *homme,* et *grenouille.*

homme-orchestre [ɔmɔʀkɛstʀ] n. m. Musicien qui joue de plusieurs instruments en même temps. – Fig. Homme qui cumule plusieurs fonctions, ou qui a des talents variés. *Des hommes-orchestres.* – De *homme,* et *orchestre.*

homme-sandwich [ɔmsɑ̃dwitʃ] n. m. Homme qui se promène dans les rues en portant un panneau publicitaire à double face. *Des hommes-sandwiches.* – De *homme,* et *sandwich.*

homo-. Élément, du gr. *homos,* «semblable, le même».

homocentre [omosɑ̃tʀ] n. m. GEOM Centre commun à plusieurs cercles (concentriques). – De *homocentrique.*

homocentrique [omosɑ̃tʀik] adj. **1.** GEOM Concentrique. **2.** PHYS Qualifie un faisceau lumineux dont les rayons passent par un même point. – Du gr. *homokentros,* de *homos,* «le même», et *kentron,* «centre».

homocerque [omosɛʀk] adj. ZOOL Se dit de la nageoire caudale des poissons quand elle comporte deux lobes égaux. Ant. hétérocerque. – De *homo-,* et gr. *kerkos,* «queue».

homochromie [omokʀɔmi] n. f. BIOL Caractère des espèces vivantes dont la couleur, analogue à celle du milieu, leur permet de se camoufler. V. encycl. mimétisme. – De *homo-,* et *-chromie.*

homocinétique [omosinetik] adj. **1.** MECA Se dit d'un joint (à la Cardan, par ex.) placé entre deux arbres tournant à la même vitesse. **2.** PHYS Animé de la même vitesse. *Particules élémentaires homocinétiques.* – De *homo-,* et *cinétique.*

homogène [ɔmɔʒɛn] adj. **1.** De la même nature, formé d'une même substance. *Des corps homogènes. Une pâte homogène.* **2.** MATH *Polynôme homogène:* somme de monômes du même degré. ▷ *Équation linéaire homogène,* dont le second membre est nul. **3.** PHYS *Formule homogène,* dont les deux membres représentent la même grandeur. ▷ *Substance homogène,* dont on ne distingue pas à l'œil nu les différents constituants. **4.** Fig. Cohérent, qui n'est pas formé d'éléments disparates. *Une documentation solide et homogène.* – Lat. scolast. *homogeneus,* gr. *homogenês.*

homogénéisation [ɔmoʒeneizasjɔ̃] n. f. Action d'homogénéiser. – TECH Traitement que l'on fait subir à certains liquides (lait, partic.) pour empêcher la séparation des éléments qui les constituent. – De *homogénéiser.*

homogénéiser [ɔmoʒeneize] ou **homogénéifier** [ɔmoʒeneifje] v. tr. [1] TECH Rendre homogène. *Lait homogénéisé,* dont on a réduit la grosseur des globules gras, pour augmenter la durée de la conservation. – De *homogène.*

homogénéité [ɔmoʒeneite] n. f. **1.** Qualité de ce qui est homogène. **2.** Fig. Cohérence, unité. *L'homogénéité d'un gouvernement.* – Lat. scolast. *homogeneitas.*

homographe [ɔmogʀaf] adj. GRAM Se dit de mots ayant la même orthographe et la même prononciation, ou une prononciation différente. *Dans «les poules du couvent* [kuvɑ̃] *couvent* [kuv]», *les mots «couvent» et «couvent» sont homographes.* – De *homo-,* et *-graphe.*

homographie [omogʀafi] n. f. MATH Application qui transforme une droite d'un premier espace vectoriel en une droite d'un second. – De *homo-,* et *-graphie.*

homographique [omogʀafik] adj. MATH Qui se rapporte à l'homographie. *Fonction homographique,* du type $y = \frac{ax + b}{a'x + b'}$. – De *homographie.*

homogreffe [omogʀɛf] n. f. MED Greffe dans laquelle le greffon est emprunté à un donneur de même espèce. – De *homo-,* et *greffe.*

homologation [ɔmɔlɔgasjɔ̃] n. f. **1.** DR Approbation ou confirmation d'un acte par le tribunal en vue de lui conférer une force exécutoire. *Homologation d'une sentence arbitrale.* **2.** SPORT Constatation et enregistrement officiels d'une performance. *Homologation d'un record.* **3.** TECH Action d'homologuer (un produit, une pièce). – De *homologuer.*

homologie [ɔmɔlɔʒi] n. f. **1.** Didac. Relation qui existe entre deux éléments homologues. **2.** GEOM Mode de transformation de deux figures. **3.** CHIM Caractéristique de composés homologues. – Gr. *homologia.*

homologique [ɔmɔlɔʒik] adj. GEOM Relatif à l'homologie. ▷ MATH *Algèbre homologique,* qui a pour objet l'étude des facteurs et la mesure de l'écart entre les propriétés des modules et celles des espaces vectoriels. – De *homologie.*

homologue [ɔmɔlɔg] adj. et n. **1.** GEOM Qualifie les côtés ou les faces parallèles de figures homothétiques. **2.** CHIM *Composés homologues,* dont les formules brutes ne diffèrent que par le nombre des groupes CH_2. **3.** BIOL Se dit des organes d'espèces et de groupes différents qui ont la même origine embryologique. *Chez les vertébrés, les bras, les pattes antérieures, les ailes et les nageoires pectorales sont homologues.* **4.** Équivalent, analogue. ▷ Subst. (Personnes.) *Le ministre canadien des Affaires extérieures a rencontré son homologue français.* – Gr. *homologos.*

homologuer [ɔmɔlɔge] v. tr. [1] **1.** DR Donner l'homologation à (un acte). *Homologuer une sentence arbitrale.* **2.** SPORT Reconnaître officiellement, enregistrer. *Homologuer un record.* **3.** TECH Reconnaître officiellement la conformité à certaines normes (d'un objet). – Lat. médiév. *homologare,* d'orig. gr.

homomorphie [omomɔʀfi] n. f. BIOL Type de mimétisme par lequel les animaux et les végétaux adoptent une forme semblable à celle d'un élément (parfois prédominant) de leur milieu. V. encycl. mimétisme. – De *homo-,* et gr. *morphê,* «forme».

homoncule ou **homuncule** [ɔmɔ̃kyl] n. m. Petite créature à l'image de l'homme, que les alchimistes prétendaient pouvoir fabriquer. ▷ Homme petit et malingre. – Lat. *homunculus,* «petit homme».

homonyme [ɔmɔnim] adj. et n. **1.** adj. Se dit de mots qui présentent un caractère d'homonymie. **2.** n. Personne, chose portant le même nom qu'une autre. – Lat. d'orig. gr. *homonymus,* de *homos,* «le même», et *onoma,* «nom».

homonymie [ɔmɔnimi] n. f. Phénomène par lequel à une même prononciation d'un mot correspondent plusieurs significations: à [pɛʀ] correspondent les unités lexicales *pair, père, paire.* – Lat. *homonymia.*

homophone [ɔmɔfɔn] adj. *Mots homophones,* de même prononciation mais d'orthographe et de signification différentes. *«Comte» (titre de noblesse), «compte» (calcul) et «conte» (fable) sont des homonymes homophones.* – Gr. *homophônes,* de *homos,* «le même», et *phonê,* «son».

homophonie [ɔmɔfɔni] n. f. **1.** Répétition des mêmes sons représentés par des signes différents. *La rime est une homophonie.* **2.** MUS Concert de plusieurs voix chantant à l'unisson. Ant. polyphonie. – Gr. *homophônia.*

homoptères [ɔmɔptɛʀ] n. m. pl. ZOOL Ordre d'insectes hémiptéroïdes aux quatre ailes membraneuses (cigales, cicadelles, pucerons, cochenilles). – De *homo-,* et *-ptère.*

homosexualité [ɔmosɛksɥalite] n. f. Sexualité des homosexuels. – De *homo-,* et *sexualité.*

homosexuel, elle [ɔmosɛksɥɛl] adj. et n. Qui trouve la satisfaction de ses désirs sexuels avec des sujets du même sexe. Ant. hétérosexuel. – De *homo-,* et *sexuel.*

homosphère [ɔmosfɛʀ] n. f. METEO Région de l'atmosphère située à une altitude inférieure à 100 km, où la composition de l'air reste sensiblement constante. – De *homo-,* et *-sphère.*

homothétie [omotesi] n. f. GEOM Propriété de deux figures telles que leurs points se correspondent deux à deux sur des droites menées par un point fixe, appelé *centre d'homothétie,* et que le rapport des distances de ce point à deux points correspondants quelconques (points homologues) soit constant. – De *homo-,* et gr. *thesis,* «position».

homothétique [ɔmotetik] adj. GEOM Qui a le caractère de l'homothétie. – De *homothétie.*

homozygote [omozigɔt] adj. BIOL **1.** Chez les organismes diploïdes, se dit d'un caractère commandé par deux gènes allèles ayant la même forme (c.-à-d. non mutés l'un par rapport à l'autre). V. encycl. hybride. **2.** Se dit de jumeaux provenant du même œuf et ayant donc rigoureusement les mêmes gènes. Ant. hétérozygote. – De *homo-,* et *zygote.*

homuncule. V. homoncule.

hongre ['ɔ̃gʀ] adj. et n. m. Châtré (en parlant du cheval). *Cheval hongre. Un hongre.* – En anc. fr. *hongrois,* l'usage de châtrer les chevaux étant venu de Hongrie. (V. hongrois.)

hongrer ['ɔ̃gʀe] v. tr. [1] Rare Châtrer (un cheval). – De *hongre.*

hongrois, oise ['ɔ̃gʀwa, waz] adj. et n. De Hongrie. ▷ Subst. Habitant de la Hongrie. ▷ N. m. *Le hongrois:* langue finno-ougrienne parlée par les Hongrois. – Du lat. d'Allemagne *hungarus,* turc *ogur,* «flèche», mot par lequel les Turcs désignaient les Magyars (n. autochtone).

hongroyage ['ɔ̃gʀwajaʒ] n. m. TECH Anc. procédé de préparation des peaux permettant d'obtenir des cuirs très résistants. *Le hongroyage est remplacé aujourd'hui par le tannage au chrome.* – De *Hongrie,* dans *cuir de Hongrie.*

honnête [ɔnɛt] adj. **1.** Qui ne cherche pas à s'approprier le bien d'autrui ou à faire des profits illicites. *Commerçant honnête.* Ant. voleur. **2.** Qui se conforme à la loi morale, fait preuve de droiture. *Des honnêtes gens. Un arbitre honnête. Être honnête avec soi-même,* impartial vis-à-vis de soi-même. ▷ Spécial. *Une honnête femme:* une femme vertueuse, chaste. ▷ *Par ext.* (Choses abstraites.) *Conduite honnête.* **3.** Qu'on estime suffisant, satisfaisant. *Obtenir des notes honnêtes à un examen. Un salaire honnête.* **4.** Litt. *Un honnête homme:* un homme qui a une culture générale étendue et les qualités sociales propres à le rendre agréable, conformément à l'idéal du XVIIe s. **5.** Vieilli Civil, poli. *Des manières honnêtes.* – Lat. *honestus.*

honnêtement [ɔnɛtmɑ̃] adv. **1.** D'une façon honnête (sens 1 et 2). *Se comporter honnêtement en affaires.* **2.** Sincèrement, franchement. *Honnêtement, tu as tort.* **3.** De façon acceptable, suffisante. *Travail honnêtement payé.* – De *honnête.*

honnêteté [ɔnɛtte] n. f. **1.** Qualité de celui, de ce qui est honnête (sens 1 et 2). *Son honnêteté est indiscutable. Honnêteté intellectuelle.* **2.** Vieilli Décence, pudeur. *Des paroles contre l'honnêteté.* – De *honnête.*

honneur [ɔnœʀ] n. m. **1.** Disposition morale incitant à agir de manière à obtenir l'estime des autres en conservant le respect de soi-même. *Un homme d'honneur.* **2.** Considération dont jouit qqn qui agit selon ce principe. *Sauver l'honneur.* ▷ *Donner sa parole d'honneur, jurer sur l'honneur.* ▷ *Se faire un point d'honneur de* (+ inf.): apporter tous ses soins à (faire qqch) comme si son honneur était en jeu. **3.** Gloire retirée d'une action, d'un mérite remarquable. *Avoir tout l'honneur d'une affaire.* ▷ *Être l'honneur de sa famille, de son siècle,* être pour eux un sujet d'orgueil. ▷ *Être en honneur* (choses): être apprécié. ▷ *Champ d'honneur:* champ de bataille. **4.** Marque extérieure de considération, témoignage d'estime. *Préparer un repas soigné en l'honneur de ses invités.* – Par politesse. *Faites-moi l'honneur d'accepter cette invitation. J'ai l'honneur de vous annoncer, de vous informer que...* ▷ *Place d'honneur,* réservée à un personnage éminent dans une réunion. *Demoiselle, garçon d'honneur,* qui, dans un mariage, assistent les mariés. ▷ Plur. *Rendre de grands honneurs aux vainqueurs. Honneurs militaires:* saluts, sonneries, salves d'artillerie pour honorer un chef, le drapeau. *Honneurs de la guerre:* conditions de reddition permettant à une garnison de se retirer librement, avec armes et bagages. *Honneurs funèbres:* cérémonies des funérailles. *Faire les honneurs d'une maison,* y recevoir avec courtoisie. **5.** *Faire honneur à qqn,* lui valoir de l'honneur, de l'estime. *Faire honneur à ses engagements, à sa signature:* remplir ses engagements. Fam. *Faire honneur à un repas,* y manger copieusement. **6.** Plur. Dignités, titres qui permettent de se distinguer socialement. *Rechercher les honneurs.* **7.** JEU Nom donné aux figures à certains jeux de cartes. – Lat. *honor* (ou *honos*), *honoris.*

honnir ['ɔniʀ] v. tr. [2] (empl. surtout au passif). Couvrir publiquement de honte, flétrir. Vieilli ou litt. *Être honni de, par qqn,* lui inspirer de la haine et du mépris. ▷ *Honni soit qui mal y pense* (devise de l'ordre de la Jarretière, en Angleterre): honte à celui qui y voit du mal. – Du frq. **haunjan,* même fam. que *haunita,* «honte».

honorabilité [ɔnɔʀabilite] n. f. Caractère d'une personne honorable. – De *honorable.*

honorable [ɔnɔʀabl] adj. **1.** Qui mérite d'être honoré, considéré. *Un honorable commerçant.* ▷ Par politesse, dans le langage parlementaire. *Mon honorable collègue.* **2.** Qui attire de l'honneur, du respect. *Un métier honorable.* ▷ *Faire amende honorable:* reconnaître ses torts. **3.** Suffisant, satisfaisant. *Élève qui a des notes honorables.* – Lat. *honorabilis.*

honorablement [ɔnɔʀabləmɑ̃] adv. **1.** D'une façon qui attire de l'honneur. **2.** D'une manière suffisante. – De *honorable.*

honoraire [ɔnɔʀɛʀ] adj. **1.** Qui, après avoir exercé certaines charges, en conserve le titre et les prérogatives honorifiques. **2.** Qui porte un titre honorifique sans exercer la fonction correspondante. *Président honoraire.* – Lat. *honorarius.*

honoraires [ɔnɔʀɛʀ] n. m. pl. Rétribution donnée aux personnes qui exercent des professions libérales. *Les honoraires d'un médecin.* ▷ *Honoraires judiciaires:* sommes auxquelles le procureur d'une partie a droit, en vertu d'un tarif, pour les services qu'il a rendus à l'occasion d'un procès. Lorsqu'une partie est condamnée à payer les dépens d'un procès, elle est tenue d'acquitter non seulement les honoraires judiciaires et les débours de son propre procureur, mais également ceux du procureur de la partie adverse. ▷ *Honoraires extra-judiciaires:* sommes non prévues à un tarif officiel qu'un procureur peut réclamer de la partie qu'il représente pour les services qu'il lui a rendus à l'occasion d'un procès. Elles s'ajoutent aux honoraires judiciaires. – Lat. *honorarium.*

honorariat [ɔnɔʀaʀja] n. m. Condition d'une personne qui garde le titre d'une fonction qu'elle n'exerce plus. – De *honoraire.*

honoré, ée [ɔnɔʀe] adj. et n. **1.** adj. (Dans le style épistolaire, par politesse ou en signe de déférence.) *Mon honoré confrère. Mon cher et honoré maître.* **2.** n. f. COMM *Votre honorée du...:* votre lettre du... – Pp. de *honorer.*

honorer [ɔnɔʀe] **I.** v. tr. [1] **1.** Manifester du respect pour (qqn, qqch); traiter avec honneur. *Tes père et mère honoreras. Honorer le mérite.* **2.** *Honorer qqn de qqch,* le gratifier d'un honneur, d'une distinction. *Honorer qqn de sa confiance.* **3.** Valoir de l'honneur, de l'estime à. *Votre courage vous honore.* **4.** *Honorer ses engagements,* les remplir entièrement. ▷ *Honorer un chèque.,* le payer. **II.** v. pron. *S'honorer de qqch,* en tirer honneur et fierté. *Je m'honore de son amitié.* – Lat. *honorare.*

honorifique [ɔnɔʀifik] adj. Qui confère un honneur mais aucun autre avantage. *Titre honorifique.* – Lat. *honorificus.*

honoris causa [ɔnɔʀiskoza] Loc. adj. et adv. Se dit des titres, grades conférés à des personnalités qui méritent d'en être honorées bien qu'elles ne remplissent pas les conditions habituellement exigées. *Docteur honoris causa.* – Loc. lat. signifiant «pour l'honneur».

honte [ˈɔ̃t] n. f. **1.** Sentiment pénible causé par la conscience d'avoir commis une faute, par le fait de se sentir déshonoré, inférieur ou ridicule. *Avoir honte d'une mauvaise action, d'une infirmité.* ▷ *Faire honte à qqn,* lui faire des reproches pour qu'il ait honte. *Faire honte à un enfant de ses mensonges.* – Être un motif de honte pour qqn. *La mauvaise conduite de son fils lui fait honte.* ▷ Loc. *Avoir perdu toute honte, avoir toute honte bue:* être insensible au déshonneur. ▷ *Fausse honte:* honte que rien ne justifie. **2.** Timidité, embarras. *Élève qui a honte devant ses professeurs. N'avoir pas honte de dire telle chose.* **3.** Ce qui déshonore, humilie. *Couvrir qqn de honte.* ▷ Fait honteux, acte scandaleux. *C'est une honte!* – Frq. **haunita,* même rac. que *honnir.*

honteusement [ˈɔ̃tøzmɑ̃] adv. D'une manière honteuse. – De *honteux.*

honteux, euse [ˈɔ̃tø, øz] adj. **1.** Qui cause de la honte. *Il est honteux de mentir.* ▷ Spécial. Vieilli *Maladie honteuse:* maladie vénérienne. ANAT Qui a rapport aux organes génitaux. *Artères honteuses, nerfs honteux.* – Vieilli *Les parties honteuses:* les organes génitaux. **2.** Qui éprouve de la honte. *Être honteux de ses échecs.* **3.** Qui, par timidité, n'ose pas révéler son état, ses convictions. *Pauvre, croyant honteux.* – De *honte.*

hop! [ˈɔp; hɔp] interj. qui incite à faire un mouvement vif et rapide ou qui accompagne celui-ci. – Onomat.

hôpital, aux [ɔpital, o] n. m. Établissement public ou privé aménagé de manière à pouvoir dispenser tous les soins médicaux et chirurgicaux. *Une chambre d'hôpital. Un hôpital militaire.* – Du lat. *hospitalis* («d'hôte, hospitalier») *domus* («maison»).

hoplite [ɔplit] n. m. ANTIQ GR Fantassin de l'infanterie lourde. – Lat. *hoplites,* mot gr., de *hoplon,* «arme».

hoquet [ˈɔkɛ] n. m. Contraction spasmodique du diaphragme qui détermine une brusque inspiration d'air et s'accompagne d'un bruit caractéristique lors de la fermeture de la glotte. ▷ *Avoir le hoquet,* une suite de hoquets. – Onomat.

hoqueter [ˈɔkte] v. intr. **[23]** Avoir le hoquet, émettre des sons ressemblant au hoquet. – De *hoquet.*

hoqueton [ˈɔktɔ̃] n. m. Anc. Casaque brodée portée par certains hommes d'armes aux XIVe et XVe s. – De l'ar. *al-qot(o)n,* «le coton».

horaire [ɔʀɛʀ] adj. et n. **I.** adj. **1.** Qui correspond à une durée d'une heure. *Salaire horaire.* **2.** Qui a lieu toutes les heures. *Halte horaire.* **3.** Qui a rapport aux heures. ▷ ASTRO *Angle horaire:* angle que fait le méridien d'un astre avec le méridien d'origine passant par le zénith du lieu. *Fuseau* horaire.* ▷ PHYS *Sens horaire,* celui des aiguilles d'une montre. **II.** n. m. **1.** Tableau donnant les heures de départ et d'arrivée des trains, des avions, etc. – *Par ext.* Ces heures elles-mêmes. *L'horaire du dernier train est incommode.* **2.** Emploi du temps. ▷ *Horaire mobile, flottant, flexible ou à la carte* : système dans lequel le salarié peut, à l'intérieur de certaines limites, choisir librement ses heures d'arrivée et de départ. – Lat. médiév. *horarius,* «propre aux heures liturgiques», de *hora,* «heure».

horde [ˈɔʀd] n. f. **1.** Anc. Nom donné aux tribus nomades d'Asie centrale. **2.** Peuplade, groupement d'hommes errants. ▷ SOCIOL Chez Durkheim, groupement humain temporaire et instable. **3.** Péjor. Groupe d'individus turbulents, destructeurs. *Une horde de voyous.* – Tartare *orda, horda,* «garde militaire».

hordéacé, ée [ɔʀdease] adj. Qui concerne l'orge, qui ressemble à l'orge. – Lat. *hordeaceus,* de *hordeum,* «orge».

horion [ˈɔʀjɔ̃] n. m. (Rare au sing.). Coup assené rudement à qqn. – P.-ê. d'*oreille*; de l'a. fr. *oreillon,* «coup sur l'oreille».

horizon [ɔʀizɔ̃] n. m. **1.** Ligne circulaire constituant la limite du champ de vision d'un observateur et qui semble séparer le ciel et la terre. ▷ ASTRO Plan perpendiculaire à la verticale et tangent à la surface de la Terre. ▷ AVIAT *Horizon artificiel:* appareil donnant la position de l'horizontale. **2.** Parties du ciel et de la terre voisines de l'horizon. *Bateaux à l'horizon.* **3.** Étendue visible autour de soi. *Horizon limité par un mur.* **4.** Fig. Domaine où s'exerce l'action, la pensée de qqn. *Son horizon intellectuel est borné.* ▷ *Faire un tour d'horizon:* examiner sommairement une situation (politique, économique, etc.) dans son ensemble. **5.** Perspectives d'avenir. *L'horizon est sombre.* **6.** PEDOL Chacune des couches superposées, constitutives d'un sol. *Tous les points d'un horizon ont sensiblement la même composition chimique et des propriétés physiques semblables.* – Lat. *horizon,* mot gr., du v. *horizein,* «borner».

horizontal, ale, aux [ɔʀizɔ̃tal, o] adj. et n. **1.** adj. Parallèle à l'horizon; perpendiculaire à la verticale. *Ligne horizontale.* – Fam. *La position horizontale:* la position couchée. ▷ GEOM *Plan horizontal,* dont tous les points ont la même cote (en géométrie descriptive). **2.** n. f. Ligne, position horizontale. – De *horizon.*

horizontalement [ɔʀizɔ̃talmɑ̃] adv. Dans une position horizontale ou selon une ligne horizontale. – De *horizontal.*

horizontalité [ɔʀizɔ̃talite] n. f. Caractère de ce qui est horizontal. – De *horizontal.*

horloge [ɔʀlɔʒ] n. f. Instrument servant à mesurer le temps. *Regarder l'heure à l'horloge.* ▷ Fig. *Il est réglé comme une horloge:* il a des habitudes très régulières. – Lat. *horologium,* gr. *hôrologion,* «qui dit l'heure».

horloger, ère [ɔʀlɔʒe, ɛʀ] n. et adj. **1.** n. Personne qui fabrique, qui vend ou qui répare des horloges, des montres, etc. **2.** adj. Qui concerne l'horlogerie. *Industrie horlogère.* – De *horloge.*

horlogerie [ɔʀlɔʒʀi] n. f. **1.** Fabrication, industrie des horloges, des montres. **2.** Commerce, magasin d'un horloger. – De *horloger.*

hormis ['ɔʀmi] prép. Litt. Excepté. *Tous, hormis l'aîné.* – De *hors,* et *mis* (pp. de *mettre*).

hormonal, ale, aux [ɔʀmɔnal, o] adj. Relatif aux hormones et aux glandes qui les sécrètent. *Dérèglements hormonaux.* – De *hormone.*

hormone [ɔʀmon] n. f. **1.** BIOL Substance produite par une glande endocrine et transportée dans le sang vers l'organe cible où elle agit. **2.** BOT *Hormones végétales* (ou *phythormones*): nom donné abusivement aux facteurs de croissance des végétaux. – Mot angl., du gr. *hormân,* «exciter».

ENCYCL La notion de sécrétion interne a été établie par Claude Bernard lors de sa découverte de la fonction glycogénique du foie. Starling, en 1905, définit l'hormone comme «un messager chimique, un régulateur chimique, un excitant fonctionnel spécifique». Les hormones sont des substances relativement simples, de poids moléculaire peu élevé. Elles ont des structures chimiques très variées et dérivent du cholestérol, des protides, des acides aminés, etc. Projetées dans le torrent circulatoire qui baigne l'ensemble des tissus d'un organisme, elles y agissent à des concentrations infimes. En effet, toute hormone se conduit comme un messager transmetteur d'une information à laquelle sont seules sensibles les cellules pourvues de récepteurs membranaires spécifiques ou de protéines cytoplasmiques capables de véhiculer la molécule hormonale informative. Selon la nature chimique de l'hormone, la transmission de l'information à la cellule cible peut être schématisée par 3 mécanismes différents. **1°** Les acides aminés, leurs dérivés et les petites molécules organiques diverses (thyroxine, adrénaline, par ex.) se fixent sur la face externe de la membrane cellulaire au niveau de récepteurs membranaires spécifiques, où leur simple présence détermine sur la face interne de la membrane la synthèse d'A.M.P. cyclique responsable d'une stimulation métabolique générale de la cellule. L'action de l'hormone est par conséquent indirecte. **2°** Les hormones polypeptidiques ont un intermédiaire enzymatique à l'intérieur de la membrane: l'*adénylcyclase,* qui induit la formation d'A.M.P. cyclique sur la face interne de la membrane. **3°** Les hormones stéroïdes (hormones sexuelles) traversent directement la membrane cellulaire des cellules cibles. La molécule d'hormone se lie à l'intérieur du cytoplasme à une protéine spécifique et devient, après cette liaison, directement active pour modifier la transcription des gènes sur l'A.R.N. messager.

hormonothérapie [ɔʀmɔnoteʀapi] n. f. MED Thérapeutique consistant à administrer des hormones à titre substitutif ou supplétif. – De *hormone,* et *thérapie.*

hornblende ['ɔʀnblɛ̃d] n. f. MINER Amphibole ferromagnésienne, alumineuse et calcique, constitutive des roches éruptives et métamorphiques, qui se présente en prismes sombres, verdâtres, aux clivages très nets. – Mot all., de *Horn,* «corne», parce que ces blendes ont l'apparence de la corne.

horo-. Élément, du gr. *hôra,* «heure».

horodateur, trice [ɔʀodatœʀ, tʀis] adj. et n. Qui imprime l'heure et la date sur des documents, des colis, etc. *Horloge horodatrice.* ▷ N. m. Appareil servant à imprimer automatiquement la date et l'heure. ▷ N. f. Appareil servant à enregistrer le passage des automobiles dans une course. – De *horo-,* et *dateur.*

horokilométrique [ɔʀokilometʀik] adj. TECH Qualifie un appareil qui mesure ou enregistre la distance parcourue et le temps écoulé. – De *horo-,* et *kilomètre.*

horoptère [ɔʀɔptɛʀ] n. m. OPT Droite passant par le point d'intersection des axes optiques d'un appareil et parallèle à la ligne des yeux. – De *horo-,* et du gr. *optêr,* «observateur».

horoscope [ɔʀɔskɔp] n. m. ASTROL **1.** Document astrologique représentant les signes du zodiaque (décomposition de l'espace en douze parties égales dans le plan de l'écliptique) sur lequel on reporte la position des planètes à un moment et en un lieu donnés, ceux de la naissance d'un sujet en particulier. *Dresser un horoscope.* **2.** Prédiction de l'avenir que certains prétendent tirer de ce document. *Horoscope favorable.* – Lat. *horoscopus,* gr. *hôroskopos,* de *horos,* «heure», et *skopein,* «considérer», «qui considère l'heure (de la naissance)».

horreur [ɔʀœʀ] n. f. **1.** Réaction d'effroi, de répulsion provoquée par qqch d'affreux. *Être saisi d'horreur. Des atrocités qui font horreur.* ▷ *Par exag.* Sentiment d'aversion, de répugnance. *Avoir horreur de perdre. Avoir horreur de la cigarette.* **2.** Caractère de ce qui inspire une telle réaction. *Envisager la situation dans toute son horreur.* **3.** Souvent plur. Ce qui inspire l'épouvante, le dégoût. *Les horreurs de la guerre.* – *Dire, écrire des horreurs,* des choses infâmes, obscènes, etc. ▷ Fam. Personne, chose très laide. *C'est une horreur !* – Lat. *horror, horroris.*

horrible [ɔʀibl] adj. **1.** Qui inspire de l'horreur. *Supplice horrible.* **2.** *Par exag.* Qui est difficile à supporter, qui déplaît vivement. *Temps horrible. Robe horrible.* – Lat. *horribilis.*

horriblement [ɔʀibləmɑ̃] adv. **1.** De façon horrible. *Horriblement défiguré.* **2.** Extrêmement. *Horriblement contrarié.* – De *horrible.*

horrifiant, ante [ɔʀifjɑ̃, ɑ̃t] adj. Qui horrifie. – Pp. de *horrifier.*

horrifier [ɔʀifje] v. tr. [1] (Empl. surtout au passif.) Provoquer l'horreur. – Lat. *horrificare.*

horrifique [ɔʀifik] adj. Rare, syn. horrifiant. – Lat. *horrificus.*

horripilant, ante [ɔʀipilɑ̃, ɑ̃t] adj. Qui agace. – Ppr. de *horripiler.*

horripilateur [ɔʀipilatœʀ] adj. m. ANAT Se dit du muscle qui permet à chaque poil de se redresser. – De *horripiler.*

horripilation [ɔʀipilasjɔ̃] n. f. **1.** Agacement très vif. **2.** PHYSIOL État des poils qui sont horripilés. Syn. fam. chair de poule. – Bas lat. *horripilatio.*

horripiler [ɔʀipile] v. tr. [1] **1.** Agacer vivement, exaspérer. *Sa façon de parler m'horripile.* **2.** PHYSIOL Provoquer l'érection des poils dans le frisson. – Lat. imp. *horripilare,* «avoir le poil hérissé».

hors ['ɔʀ] **I.** prép. **1.** (Dans des expressions.) En dehors de. *Longueur hors tout d'un édifice, d'un wagon,* sa longueur maximale, tout compris. *Surface hors œuvre,* délimitée par les faces extérieures de l'édifice. *Gravure hors texte. Hockeyeur hors jeu. Exemplaire hors commerce. Objet hors série. Compagnie hors rang d'un régiment. Fonctionnaire hors cadre. Être hors concours. Mettre qqn hors la loi.* ▷ Fig. *Personne, qualité hors ligne, hors pair,* au-dessus du commun. **2.** Vieilli, litt. À l'exception de. *Tous, hors lui et moi.* **II.** loc. prép. *Hors de:* à l'extérieur de, en dehors de. *Hors de la ville. Hors d'ici!:* sortez d'ici! ▷ Fig. *Mettre qqn hors de combat. Hors d'atteinte, de portée, de danger. Hors de cause. Cela est hors de doute. Hors de saison. Hors de prix:* d'un prix excessif. *Être hors de soi,* violemment agité (partic. par la colère). – De *dehors.*

hors-bord ['ɔʀbɔʀ] n. m. SPORT Canot rapide dont le moteur est placé à l'arrière, en dehors de la coque. *Des hors-bords* ou *des hors-bord.* – De *hors,* et *bord,* d'ap. l'angl. *out board,* «à l'extérieur de la coque».

hors-champ ['ɔʀʃɑ̃] adj. inv. AUDIOV Qui se trouve en dehors du champ de la caméra. – De *hors,* et *champ* III.

hors-concours ['ɔʀkõkuʀ] n. m. inv. Personne qui ne peut concourir parce qu'elle fait partie du jury ou parce qu'elle est manifestement très supérieure à ses concurrents. ▷ Loc. adj. ou adv. *Être hors concours.* – De *hors,* et *concours.*

hors-d'œuvre ['ɔʀdœvʀ] n. m. inv. **1.** ARCHI Pièce qui fait saillie, dans un édifice. ▷ Fig. Partie d'un ouvrage littéraire ou artistique qui n'est pas essentielle, que l'on peut supprimer. **2.** Cour. Mets servi au début du repas. *Hors-d'œuvre variés comprenant charcuterie, crudités, etc.* – De *hors, de,* et *œuvre.*

hors-jeu ['ɔʀʒø] n. m. inv. SPORT Dans certains sports (soccer, hockey), position irrégulière d'un joueur par rapport au but adverse et aux adversaires. – La faute elle-même (sanctionnée par l'arbitre). ▷ Adj. *Être hors jeu.* – De *hors,* et *jeu.*

hors-la-loi ['ɔʀlalwa] n. m. inv. Individu que ses actions ont mis en dehors de la loi, qui enfreint la loi. – De *hors, la,* et *loi;* trad. de l'angl. *outlaw.*

horst ['ɔʀst] n. m. GEOL Zone élevée entre deux failles (opposé à *graben*). – Mot all., «butoir».

hors-texte ['ɔʀtɛkst] n. m. inv. Gravure intercalée dans un livre et qui ne porte pas de numéro de folio. – De *hors,* et *texte.*

hortensia [ɔʀtɑ̃sja] n. m. En France, nom de l'hydrangée. – Lat. bot., du prénom *Hortense.*

horticole [ɔʀtikɔl] adj. Relatif à l'horticulture. – De *horticulture,* d'ap. *agricole.*

horticulteur, trice [ɔʀtikyltœʀ, tʀis] n. Personne qui pratique l'horticulture. – De *horticulture.*

horticulture [ɔʀtikyltyʀ] n. f. Art de cultiver les jardins. – Du lat. *hortus,* «jardin», d'ap. *agriculture.*

hosanna ['ozan(n)a] n. m. **1.** LITURG Couplet invocatif que les juifs chantent à la fête des Tabernacles. ▷ Hymne chantée par les catholiques le jour des Rameaux. **2.** Litt. Cri, chant de triomphe, de joie. – De l'hébreu *Hosha'na,* «sauve (moi) s'il te plaît», également supplique dans les prières juives.

hosannière ['ozanjɛʀ] adj. f. ARCHEOL *Croix hosannière,* qui surmontait le monument face auquel on chantait *le hosanna* le jour des Rameaux. – Du préc.

hospice [ɔspis] n. m. Vx **1.** Établissement public ou privé accueillant les vieillards, les orphelins, les handicapés, etc. *Finir ses jours à l'hospice.* **2.** Maison où les religieux donnent l'hospitalité aux voyageurs. – Du lat. *hospitium,* «hospitalité».

hospitalier, ière [ɔspitalje, jɛʀ] adj. **I. 1.** Relatif aux hospices, aux hôpitaux. *Centre hospitalier.* **2.** Anc. *Ordres hospitaliers:* ordres religieux qui soignaient les malades, hébergeaient les pèlerins. **II.** Qui exerce volontiers l'hospitalité. *Famille, peuplade hospitalière.* ▷ Par ext. *Terre hospitalière.* Syn. accueillant. – Lat. *hospitalis* (V. hôpital).

hospitalisation [ɔspitalizasjõ] n. f. Action d'hospitaliser; son résultat. – De *hospitaliser.*

hospitaliser [ɔspitalize] v. tr. [1] Faire entrer (qqn) dans un établissement hospitalier. *Hospitaliser un blessé.* – De *hôpital.*

hospitalisme [ɔspitalism] n. m. MED Ensemble des effets nocifs dus à un séjour prolongé en milieu hospitalier, partic. chez les enfants. – De *hôpital.*

hospitalité [ɔspitalite] n. f. **1.** Libéralité qu'on exerce en logeant gratuitement un étranger. *Demander l'hospitalité.* **2.** Fait d'accueillir chez soi généreusement, aimablement. *Avoir le sens de l'hospitalité.* – Lat. *hospitalitas.*

hospitalo-universitaire [ɔspitaloyniveʀsitɛʀ] adj. *Centre hospitalo-universitaire* (C.H.U.): hôpital auquel est attaché un centre d'enseignement de la médecine. – Pour *hospitalier et universitaire.*

hospodar ['ɔspɔdaʀ] n. m. HIST Titre donné par le sultan de Turquie aux princes régnants de Valachie et de Moldavie. – Mot slave, «maître, seigneur».

hostellerie [ɔstɛlʀi] n. f. Syn. de *hôtellerie* (sens 1). – Forme archaïque de *hôtellerie.*

hostie [ɔsti] n. f. **1.** Pain de froment sans levain destiné à la communion sacramentelle. (Sous la forme d'une petite rondelle blanche, de nos jours.) **2.** Vx Victime, dans un sacrifice religieux. – Lat. *hostia,* «victime».

hostile [ɔstil] adj. **1.** Qui a ou dénote une attitude inamicale. *Peuple hostile. Des paroles hostiles.* ▷ Fig. *Nature hostile aux hommes.* **2.** *Hostile à:* opposé à. *Hostile aux réformes.* – Lat. *hostilis,* de *hostis,* «ennemi».

hostilement [ɔstilmɑ̃] adv. En ennemi. – De *hostile.*

hostilité [ɔstilite] n. f. **1.** Disposition hostile. *L'hostilité du communisme contre le capitalisme.* **2.** Plur. Actes, opérations de guerre. *Cessation des hostilités.* – Lat. *hostilitas.*

hot ['ɔt] adj. et n. m. Se dit d'une manière expressionniste de jouer le jazz. – Mot angl., «chaud».

hot-dog ['ɔtdɔg] n. m. Saucisse fumée bouillie ou grillée que l'on sert dans un petit pain, accompagnée de condiments. *Hot-dog au ketchup. Hot-dog relish-moutarde. Des hot-dogs.* ▷ *Pain (à) hot-dog:* petit pain de forme allongée, fendu sur le côté. – Mot d'orig. amér., littéralement «chien chaud».

hôte, hôtesse [ot, otɛs] n. **I. 1.** Personne qui donne l'hospitalité. *Un hôte accueillant.* ▷ *Table d'hôte:* (Au restaurant) Menu à prix fixe. – (France) (Dans un hôtel, une pension de famille) Table où les clients mangent à prix fixe. **2.** n. f. *Spécial.* Jeune femme chargée de l'accueil des visiteurs dans une entreprise. ▷ *Hôtesse de l'air:* membre féminin du personnel commercial navigant, qui veille au bien-être et à la sécurité des passagers. V. agent de bord. **II.** n. m. **1.** Personne qui reçoit l'hospitalité. *Bien traiter ses hôtes.* **2.** Personne, animal qui occupe un lieu. *Un jeune artiste et des souris étaient les hôtes de la mansarde.* – Lat. *hospes, hospitis.*

hôtel [otɛl] n. m. **1.** Établissement où l'on peut louer une chambre meublée pour une nuit ou plus. *Une chambre d'hôtel. Descendre à l'hôtel.* **2.** Demeure somptueuse, dans une ville. ▷ *Hôtel particulier,* occupé dans sa totalité par un riche particulier. **3.** Nom donné à certains édifices publics. *Hôtel du*

Parlement. ▷ *Hôtel de ville:* mairie d'une grande ville. **4.** *Hôtel-Dieu:* hôpital principal de certaines villes. **5.** *Maître d'hôtel,* celui qui préside au service de la table dans un grand restaurant, dans la haute société. – Bas lat. *hospitale,* «chambre pour les hôtes».

hôtelier, ière [otəlje, jɛʀ] adj. et n. **1.** adj. Relatif à l'hôtellerie. *Industrie hôtelière.* **2.** n. Personne qui tient un hôtel. – De *hôtel.*

hôtellerie [otɛlʀi] n. f. **1.** Anc. Hôtel pour voyageurs. ▷ Mod. Hôtel ou restaurant élégant, au cadre campagnard. Syn. hostellerie. **2.** Profession de l'hôtelier. ▷ Industrie hôtelière. – De *hôtel.*

hotte [ˈɔt] n. f. **1.** Panier muni de bretelles, qu'on porte sur le dos. *Hotte de vendangeur.* **2.** CONSTR Ouvrage en forme de tronc de pyramide situé au-dessus du manteau d'une cheminée, à l'intérieur duquel se trouve le conduit de fumée. ▷ Caisson collectant et évacuant les fumées, odeurs et buées, partic. dans une usine. – Frq. **hotta.*

hottée [ˈɔte] n. f. Contenu d'une hotte. – De *hotte.*

hottentot, ote [ˈɔtɑ̃to, ɔt] adj. et n. **1.** adj. Qui concerne une population nomade de l'Afrique du Sud-Ouest. ▷ *Vénus hottentote:* moulage d'une femme (en réalité boschimane) fortement stéatopyge, au musée de l'Homme. ▷ Subst. *Un Hottentot, une Hottentote.* **2.** n. m. Langue des Hottentots (langue agglutinante, à consonnes claquantes). – Mot néerl., propr. «bégayeur» à cause des sons (clicks) du hottentot inconnus des Européens.

hotu [ɔty] n. m. Poisson cyprinidé *(Chondrostoma nasus),* d'eau douce, long d'env. 50 cm, dont les lèvres cornées tranchantes bordent une bouche très ventrale. – Du wallon *hôtike,* du moyen néerl. *houtic.*

hou! [ˈu; hu] interj. pour faire peur ou pour huer. – Onomat.

houblon [ˈublɔ̃] n. m. Plante grimpante (*Humulus lupulus,* fam. moracées ou urticacées), vivace, dioïque, cultivée pour ses inflorescences femelles ou cônes qui sécrètent de la *lupuline,* utilisée pour parfumer la bière. – Du néerl. *hoppe,* avec infl. de l'a. fr. *homlon;* frq. **humilo.*

houblonnage [ˈublɔnaʒ] n. m. Action de houblonner. – De *houblonner.*

houblonner [ˈublɔne] v. tr. [1] Mettre du houblon dans (la bière). – De *houblon.*

houblonnier, ière [ˈublɔnje, jɛʀ] adj. et n. **1.** adj. Qui concerne le houblon; qui produit du houblon. **2.** n. Personne qui cultive le houblon. **3.** n. f. Champ planté de houblon. – De *houblon.*

houe [ˈu] n. f. Pioche à large fer courbé servant à remuer la terre. – Frq. **hauwa.*

houille [ˈuj] n. f. **1.** Charbon de terre, roche sédimentaire de couleur noirâtre, à cassure brillante, que l'on utilise comme combustible. **2.** *La houille blanche:* l'énergie des cours d'eau, l'hydroélectricité. – Wallon *hoye,* du frq. **hukila,* «bosse, tas».

ENCYCL La densité de la houille varie entre 1,2 et 1,5, et sa teneur en eau entre 2 et 7 %. Elle contient au moins 75 % de carbone. Les anthracites (qu'on peut considérer comme des houilles arrivées à un stade d'évolution plus avancé) possèdent une densité plus élevée, une teneur en carbone plus forte (98 %) et une faible teneur en matières volatiles. Généralement mélangées à de la terre, à du schiste, etc., elles proviennent de la déshydrogénation à l'abri de l'air, par des micro-organismes, de débris végétaux, de sorte qu'il se produit un enrichissement progressif du sédiment en carbone. L'examen au microscope permet d'identifier quatre constituants: *les débris ligneux,* fins morceaux de bois; *les spores végétales,* dont seule l'enveloppe cutinisée, très souvent écrasée, est conservée; *les feuilles,* dont la seule cuticule est conservée; *une substance fondamentale,* très fine, provenant de la pulvérisation des trois éléments précédents. La combinaison de ces quatre éléments donne: *le fusain,* mat, pulvérulent (débris ligneux); *le vitrain,* homogène, à éclat vitreux, à débit en petits cubes (substance fondamentale); *le durain,* dur, mat, qui va du gris au brunâtre, à cassure grenue (débris végétaux encore identifiables au microscope); *le clarain,* dur, brillant, à cassure conchoïdale (mélange, en proportions variables, de feuilles et spores emballées dans un ciment amorphe). La classification des houilles se fait soit d'après les proportions de ces quatre constituants, en signalant parfois l'abondance particulière des spores *(cannel-coal)* ou de colonies d'algues unicellulaires *(boghead),* soit d'après la teneur en matières volatiles. Les houilles brûlent en dégageant de la chaleur (pouvoir calorifique inférieur compris entre 32 600 et 36 000 kJ/kg) et sont utilisées comme source d'énergie (chauffage industriel et domestique). La pyrogénation de la houille donne des hydrocarbures, du goudron, de l'ammoniac, etc., et un résidu: le coke. À partir de la houille, on fabrique des matières plastiques, des engrais, des carburants, etc. (carbochimie). La houille est extraite des gisements houillers par exploitation souterraine ou découverte (mine à ciel ouvert). Les réserves mondiales de houille se situeraient entre 1 000 et 3 000 milliards de tonnes. L'épuisement progressif du pétrole a conduit la plupart des pays, en partic. les É.-U., à relancer la production de houille.

houiller, ère [ˈuje, ɛʀ] adj. et n. **I.** adj. **1.** Qui renferme de la houille. *Terrain houiller.* **2.** Relatif à la houille. **II.** n. m. GEOL Époque du Carbonifère comprenant le Westphalien et le Stéphanien. **III.** n. f. Mine de houille. – De *houille.*

houle [ˈul] n. f. **1.** Mouvement ondulatoire de la mer formant des lames longues et élevées qui ne déferlent pas. – Ces lames elles-mêmes. **2.** Fig. Ondulation, mouvement rappelant la surface d'une mer agitée. *La houle d'un champ de blé.* – Germ. *hol,* «creux».

houlette [ˈulɛt] n. f. **1.** Vx Bâton de berger muni à son extrémité d'une plaque de fer servant à jeter de la terre aux moutons qui s'écartent du troupeau. ▷ Fig. *Sous la houlette de qqn,* sous sa direction. **2.** Fig. Crosse épiscopale. **3.** Ustensile de jardinier servant à lever de terre les oignons de fleurs, les racines. – De l'a. fr. *houler,* «jeter», moyen néerl. *hollen.*

houleux, euse [ˈulø, øz] adj. Animé par la houle. *Mer houleuse.* – Fig. *Assemblée houleuse,* agitée. – De *houle.*

houligan [ˈuligan] n. m. Jeune, inadapté à la vie sociale, qui se livre à des actes de violence et de vandalisme dans les lieux publics. – Angl. *hooligan,* par le russe.

houlque [ˈulk] ou **houque** [ˈuk] n. f. Graminée voisine de l'avoine. *La houlque laineuse («Holcus lanata») est utilisée comme fourrage.* – Lat. *holcus,* «orge sauvage».

houppe [ˈup] n. f. **1.** Touffe de fils de laine, de soie, etc. *Houppe à poudre.* **2.** Touffe de cheveux. *Riquet à la houppe,* personnage d'un conte de Perrault. Syn. toupet. **3.** Syn. de *huppe.* **4.** ANAT Papilles nerveuses terminant certains petits nerfs. – Frq. **huppo,* «touffe».

houppelande [ˈuplɑ̃d] n. f. Vêtement de dessus, long et ample, vaste manteau. – Probabl. anc. angl. *hop-pâda,* «pardessus».

houppette [ˈupɛt] n. f. Petite houppe. – Dimin. de *houppe.*

houppier [ˈupje] n. m. **1.** Arbre élagué dont seules demeurent les branches de la cime. **2.** Sommet d'un arbre, ensemble des branches et des feuilles au-dessus du fût. – De *houppe.*

houque. V. houlque.

hourd ['uʀ] n. m. ANC. Construction en bois des fortifications médiévales, élevée en encorbellement au sommet d'une tour, d'un mur, pour surplomber l'assaillant et protéger les défenseurs. – Frq. **hura.*

hourdage ['uʀdaʒ] n. m. CONSTR **1.** Maçonnage grossier de moellons ou de plâtras. **2.** Première couche de gros plâtre étendue ou jetée sur un lattis. – De *hourder.*

hourder ['uʀde] v. tr. [1] CONSTR **1.** Maçonner grossièrement. **2.** Procéder au hourdage de. *Hourder une cloison.* **3.** Garnir de hourdis. *Hourder un plancher.* – De *hourd.*

hourdis ['uʀdi] n. m. CONSTR Maçonnerie légère ou élément de remplissage qui garnit les vides d'un colombage ou les intervalles entre les solives d'un plancher. – De *hourder.*

houri ['uʀi] n. f. **1.** Femme très belle promise par le Coran aux musulmans qui iront au paradis. **2.** Beauté aux formes un peu lourdes. – Mot persan, ar. *hawrae,* «femme qui a le blanc et le noir des yeux très tranchés».

hourra ou **hurrah** ['uʀa; huʀa] n. m. **1.** Cri d'acclamation traditionnel dans la marine, dans certaines armées. **2.** Cri enthousiaste. *Pousser des hourras.* ▷ Interj. *Hip, hip, hip, hourra!* – Angl. *hussa, huzza,* var. *hurrah,* d'orig. onomat.

hourvari ['uʀvaʀi] n. m. **1.** VEN Cri du chasseur pour faire revenir sur leurs premières voies les chiens en défaut. – Ruse de la bête qui met le chien en défaut en revenant à son point de départ. **2.** Fig. Grand bruit, tumulte. – Probabl. crois. entre *hou, hari,* «cris pour exciter les chiens», et *charivari.*

housard. V. hussard.

houseau ['uzo] n. m. Guêtre enveloppant seulement le mollet. *Des houseaux de chasseur.* – De l'a. fr. *huese,* «botte», frq. **hosa.*

houspiller ['uspije] v. tr. [1] **1.** Maltraiter, malmener. **2.** Réprimander, harceler de reproches. – De *pigner,* «peigner», et *housser,* «frapper», avec infl. de *piller.*

houssard. V. hussard.

housse ['us] n. f. **1.** Couverture couvrant la croupe d'un cheval. **2.** Enveloppe souple dont on recouvre des meubles, des vêtements, etc., pour les protéger. *Housse de fauteuil, de sièges d'automobile. Housse de toile, de plastique.* – Frq. **hulftia,* «couverture».

housser ['use] v. tr. [1] Couvrir d'une housse. – De *housse.*

houx ['u] n. m. Arbre ou arbuste (*Ilex aquifolium,* fam. aquifoliacées) aux feuilles coriaces, luisantes, persistantes et épineuses, dont les fleurs blanches produisent des baies rouges et dont l'écorce sert à fabriquer la glu. *Le bois de houx, très dur, à grain très fin, est utilisé en ébénisterie.* – Frq. **hulis.*

hoyau ['ɔjo] n. m. AGRIC Houe à lame aplatie en biseau. – De *houe.*

huard ou **huart** ['ɥaʀ] n. m. Oiseau aquatique (genre *Gavia*), dont la taille dépasse légèrement celle du canard, au bec droit et très pointu, aux pattes palmées, excellent nageur et plongeur qui ne vient à terre que pour nicher. *Le huard à collier (Gavia immer) a un cri puissant, très caractéristique. Huard à gorge rousse. Huart arctique.* Syn. (rare) plongeon. – De *huer.*

hubertin, ine [ybɛʀtɛ̃, in] adj. De Saint-Hubert en Montérégie. *La foulée hubertine.* ▷ Subst. Habitant de Saint-Hubert. *Un(e) hubertin(e).*

hublot ['yblo] n. m. Ouverture généralement circulaire, munie d'un verre épais, qui sert à donner de l'air et de la lumière à l'intérieur d'un navire. ▷ *Par ext.* Fenêtre étanche d'un avion, d'une capsule spatiale, etc. – De l'a. fr. *huve,* «bonnet, couvercle», d'orig. frq.; d'abord *huvelot.*

huche ['yʃ] n. f. Grand coffre de bois à couvercle plat dans lequel on rangeait le pain, les provisions, les vêtements, etc. ▷ *Huche à pétrir.* – Du lat. médiév. *hutica,* probabl. d'orig. germ.

huchier ['yʃje] n. m. Vx Menuisier spécialisé dans la fabrication des huches. – De *huche.*

hue! ['y, hy] interj. Cri des charretiers pour faire avancer leurs chevaux ou pour les faire aller à droite. ▷ Loc. fig. *À hue et à dia:* V. dia. – Onomat.

huée ['ɥe] n. f. **1.** Cri des chasseurs pendant une battue, ou des pêcheurs pour diriger le poisson vers les filets. **2.** Clameur de dérision ou d'hostilité. *Accueillir par des huées.* – Pp. fém. subst. de *huer.*

huer ['ɥe] **I.** v. tr. [1] **1.** VEN Poursuivre (un animal) en poussant des huées. **2.** Pousser des clameurs d'hostilité ou de dérision contre (qqn), le conspuer. *Huer un orateur.* **II.** v. intr. Pousser son cri, en parlant d'un oiseau de nuit. – Du rad. onomat. de *hue.*

huerta ['ɥɛʀta] n. f. GEOGR Plaine irriguée où l'on pratique une culture intensive, en Espagne. – Mot esp., du lat. *hortus,* «jardin».

huguenot, ote ['ygno, ɔt] n. (et adj.). Péjor. Surnom donné par les catholiques aux calvinistes, en France, aux XVIe et XVIIe s. ▷ Adj. Relatif aux huguenots. *Faction huguenote.* – Altér. de l'all. *Eidgenossen,* «confédérés» (nom des Genevois partisans de la Confédération contre le duc de Savoie).

huilage [ɥilaʒ] n. m. Action d'huiler. – De *huiler.*

huile [ɥil] n. f. **1.** Liquide gras, onctueux et inflammable, d'origine végétale, animale ou minérale. *Les huiles végétale et animale sont des mélanges d'esters de la glycérine; l'huile minérale est un mélange d'hydrocarbures. Huile de table, de graissage. Huile de schiste,* tirée du schiste bitumineux. ▷ Loc. fig. Fam. *L'huile de coude, de bras:* la dépense physique, l'effort musculaire. *Frotte, n'aie pas peur d'employer l'huile de coude. – Faire tache d'huile:* s'accroître, se répandre à la manière d'une goutte d'huile qui s'étale à la surface de l'eau. *Épidémie qui fait tache d'huile. – Jeter de l'huile sur le feu:* exciter des passions déjà vives. – *Mer d'huile,* parfaitement calme. – *Mettre de l'huile dans les rouages, dans les engrenages:* user de diplomatie pour éviter les heurts entre les personnes. Fam. *Ça baigne dans l'huile:* tout va bien, tout se déroule normalement, sans anicroche. **2.** Peinture dont le liant est l'huile. *Peindre à l'huile.* ▷ *Par ext.* Tableau exécuté à l'huile. **3.** RELIG CATHOL *Saintes huiles:* huiles consacrées pour l'usage sacramentel. **4.** Fig., fam. Personnage influent. *Recevoir des huiles.* – Lat. *oleum,* «huile d'olive», de *olea,* «olive, olivier».

ENCYCL Une huile diffère d'une graisse en ce qu'elle est liquide à la température ordinaire. Les principaux acides qui concourent à la formation des huiles sont les acides oléique, palmitique, linoléique et stéarique. On distingue trois catégories d'huiles: les huiles *végétales* (arachide, olive, colza, tournesol, lin, ricin, etc.), dont certaines sont comestibles, et d'autres utilisées en peinture, savonnerie, pharmacie, etc.; les huiles *animales* (baleine, cachalot, foie de morue, etc.), utilisées en savonnerie, en pharmacie, dans l'industrie, etc.; les huiles *minérales,* obtenues par distillation de la houille et du pétrole ou extraites des schistes et des sables bitumineux, et qui servent surtout à lubrifier les organes mécaniques.

huiler [ɥile] v. tr. [1] Enduire, frotter d'huile; lubrifier avec de l'huile. *Huiler une machine. Papier* *huilé*, rendu imperméable par imprégnation d'huile. – De *huile*.

huilerie [ɥilʀi] n. f. Fabrique, magasin, commerce d'huile. – De *huile*.

huileux, euse [ɥilø, øz] adj. **1.** De la nature de l'huile. *Liquides huileux*. **2.** Qui semble imbibé d'huile. *Cheveux huileux*. Syn. gras. – De *huile*.

1. huilier [ɥilje] n. m. **1.** Rare Fabricant, marchand d'huile. **2.** Ustensile portant des burettes contenant de l'huile et du vinaigre. *Huilier d'argent*. – De *huile*.

2. huilier, ière [ɥilje, jɛʀ] adj. Relatif à l'huile et à sa fabrication. – De *huile*.

huis [ɥi] n. m. **1.** Vx Porte. **2.** loc. adv. Mod. *À huis clos*, les portes étant fermées. ▷ DR Sans que le public soit admis. *Le procès aura lieu à huis clos*. – N. m. *Demander le huis clos* [lə'ɥiklo]. – Bas lat. *ustium*, class. *ostium*, «porte».

huisserie [ɥisʀi] n. f. CONSTR Bâti formant l'encadrement d'une porte, d'une fenêtre. – De *huis*.

huissier [ɥisje] n. m. **1.** Celui qui est chargé d'accueillir et d'annoncer les visiteurs dans les ambassades, les ministères, etc. **2.** Fonctionnaire subalterne préposé au service des séances d'une assemblée. **3.** Officier de justice chargé de signifier des actes de procédure, de procéder à l'exécution des jugements et d'exercer toute autre fonction prescrite par la loi. ▷ *Huissier-audiencier:* personne chargée de maintenir l'ordre, d'appeler les témoins et d'être au service du juge lors des audiences du tribunal. – De *huis*.

huit ['ɥit] adj. et n. **I.** adj. num. card. **1.** Nombre pair contenant deux fois quatre. *Huit ans*. ▷ *Huit jours:* une semaine. *Aujourd'hui, jeudi en huit:* dans une semaine à compter d'aujourd'hui, de jeudi prochain. **2.** adj. num. ord. Huitième. *Charles VIII (huit). Le huit septembre*. **II.** n. m. **1.** Le chiffre représentant ce nombre (8). **2.** JEU Carte qui porte huit marques. *Le huit de cœur*. **3.** SPORT En aviron, embarcation manœuvrée par huit rameurs. – Du lat. *octo*.

huitain ['ɥitɛ̃] n. m. **1.** Pièce de poésie de huit vers. **2.** Stance de huit vers. – De *huit*.

huitaine ['ɥitɛn] n. f. Quantité de huit. *Une huitaine de personnes*. – *Absol*. Huit jours. *Remettre une cause à huitaine*. – De *huit*.

huitante ['ɥitɑ̃t] adj. num. Dial. (Suisse.) Quatre-vingts. – Du lat. *octoginta*.

huitième ['ɥitjɛm] adj. et n. **1.** adj. num. ord. Dont le rang est marqué par le nombre huit. *La huitième fois*. ▷ Subst. *Être le huitième de la liste*. **2.** n. m. Chaque partie d'un tout divisé en huit parties égales. – De *huit*.

huitièmement ['ɥitjɛmmɑ̃] adv. En huitième lieu. – De *huitième*.

huître [ɥitʀ] n. f. **1.** Mollusque lamellibranche (fam. ostréidés), à deux valves inégales de forme irrégulière, qui selon les espèces est élevé (ou, plus rarement, pêché) pour sa chair, fort savoureuse, ou pour ses concrétions précieuses (nacre, perle). *Huîtres perlières:* V. méléagrine. **2.** Fig., fam. Personne molle et sotte. – Lat. *ostrea*, du gr.

huit-reflets ['ɥiʀəflɛ] n. m. inv. Haut-de-forme en soie brillante. – De *huit*, et *reflet*.

huîtrier, ière [ɥitʀije, jɛʀ] adj. et n. **1.** adj. Relatif à l'huître. *Industrie huîtrière*. **2.** n. f. Banc d'huîtres. – De *huître*.

huîtrier [ɥitʀije] n. m. Oiseau charadriiforme (genre *Hoematopus*) qui se nourrit de coquillages. – *Huîtrier d'Amérique*, noir et blanc, au bec rouge, long d'env. 40 cm, commun sur les plages vaseuses et sablonneuses. – De *huître*.

hulotte ['ylɔt] n. f. Grande chouette d'Europe *(Stryx aluco)*, au hululement sonore, commune dans les bois et les parcs, et appelée également *chat-huant*. – De l'a. fr. *huler*, «hurler», du lat. *ululare*.

hululement ['ylylmɑ̃] ou **ululement** [ylylmɑ̃] n. m. Cri des rapaces nocturnes. – De *hululer*.

hululer ['ylyle] ou **ululer** [ylyle] v. intr. [1] Pousser son cri, en parlant des rapaces nocturnes. – Lat. *ululare*.

hum! ['œm, hœm] interj. Exclamation exprimant le doute, l'hésitation, la défiance, le mécontentement. – Onomat.

humage ['ymaʒ] n. m. Action de humer. ▷ *Spécial*. Action de humer, d'inhaler des vapeurs médicinales. – De *humer*.

humain, aine [ymɛ̃, ɛn] adj. et n. **I.** adj. **1.** De l'homme, relatif à l'homme. *Corps humain. Esprit humain. Nature humaine*. – Par oppos. à *animal, végétal*, etc. *Race, espèce humaine. Le genre humain:* l'ensemble des hommes. – Par oppos. à *divin*. *Justice humaine. Les voies humaines*. ▷ Propre à l'homme, à sa nature. *L'erreur est humaine*. **2.** Qui concerne l'homme, s'applique à l'homme. *Sciences humaines. Géographie humaine*. **3.** Qui a tous les caractères de l'homme, avec ses forces et ses faiblesses. *Personnage profondément humain*. **4.** Bon, généreux, compatissant à l'égard d'autrui. *Se montrer humain*. **II.** n. m. **1.** Homme, personne humaine. *Détester les humains*. **2.** Ce qui appartient en propre à l'homme. *Cela dépasse l'humain*. – Lat. *humanus*.

ENCYCL Les sciences qui étudient l'homme et son activité peuvent être regroupées schématiquement de la façon suivante: d'une part, les sciences qui étudient l'espèce humaine: anthropologie physique, paléontologie, biologie, physiologie, médecine, médecine sociale; d'autre part, celles qui étudient la société humaine et ses produits: histoire, archéologie, sociologie, ethnologie, sciences politiques, psychologie, démographie, linguistique, philosophie. Ces dernières constituent les sciences humaines proprement dites, que recouvre le terme général anglais d'*anthropology*; le mot français *anthropologie* tend plutôt à désigner la seule *anthropologie physique*. Certains auteurs regroupent la linguistique et la philosophie sous le terme de «lettres» et les considèrent comme un groupe à part, bien que les méthodes scientifiques utilisées par les linguistes (notam. le structuralisme) aient été et soient encore d'un grand apport dans de nombreuses autres disciplines. De nos jours, la méthodologie dans les sc. humaines se caractérise par la multiplicité des points de vue, des théories; les princ. sont le marxisme, le structuralisme et la psychanalyse. Tout au long de l'histoire, les théoriciens, au lieu d'admettre la coexistence des méthodologies, ont cherché à imposer la prépondérance de celle qui avait leur préférence. Chaque théorie permet un déchiffrement plus poussé du réel, mais le résultat ainsi obtenu ne doit absolument pas exclure les autres. Du reste, de plus en plus, les chercheurs combinent les méthodes d'approche (freudo-marxisme, par ex.).

humainement [ymɛnmɑ̃] adv. **1.** Du point de vue de l'homme; selon les possibilités, les pouvoirs de l'homme. *La chose est humainement impossible*. **2.** Avec humanité. *Traiter humainement des prisonniers*. – De *humain*.

humanisation [ymanizasjɔ̃] n. f. Action d'humaniser; son résultat. – De *humaniser*.

humaniser [ymanize] v. tr. [1] **1.** Rendre plus civilisé, plus sociable. *Sa profession l'a humanisé*. ▷ V. pron. *Son caractère s'humanise*. **2.** Rendre moins dur, plus supportable. *Humaniser un régime pénitentiaire*. – De *humain*, d'ap. le lat. *humanus*.

humanisme [ymanism] n. m. **1.** Doctrine, savoir et éthique des humanistes de la Renaissance. **2.** PHILO Doctrine, système qui affirme la valeur de la personne humaine et vise à l'épanouissement de celle-ci. – De *humaniste.*

humaniste [ymanist] adj. et n. **I.** adj. **1.** Relatif aux humanistes de la Renaissance. **2.** Relatif à l'humanisme philosophique. **II.** n. m. **1.** À l'époque de la Renaissance, érudit versé dans la connaissance des langues et des littératures anciennes, considérées comme le fondement de la connaissance de l'homme. **2.** PHILO Personne qui professe un humanisme (sens 2). – Lat. médiév. *humanista,* de *humanus,* «humain».

humanitaire [ymanitɛʀ] adj. Qui vise au bien-être, au bonheur de l'humanité. *Théorie humanitaire. Écrivain humanitaire.* – De *humanité.*

humanitarisme [ymanitaʀism] n. m. Péjor. Doctrine humanitaire. – De *humanitaire.*

humanité [ymanite] n. f. **I. 1.** Nature humaine. *La faible humanité. Humanité et divinité du Christ.* **2.** Le genre humain. *Rendre service à l'humanité.* **3.** Altruisme, bienveillance à l'égard des autres. *Traiter qqn avec humanité.* **4.** Sentiment profond de la grandeur et de la misère de l'homme. *Une œuvre pleine d'humanité.* **II.** n. f. pl. Vieilli Études classiques supérieures jusqu'à la philosophie. *Faire ses humanités.* – Lat. *humanitas, humanutatis.*

humanoïde [ymanɔid] adj. et n. Se dit de ce qui présente des caractères ou des formes humaines. ▷ Subst. En science-fiction, être «non-humain» ressemblant à l'homme. – De *humain,* et *-oïde.*

humble [œ̃bl] adj. **1.** Qui fait preuve d'humilité par modestie, respect ou soumission. Syn. effacé, modeste, soumis. **2.** Qui marque le respect, la déférence. *Humbles excuses.* **3.** De condition sociale modeste. *Des personnes très humbles.* ▷ N. m. *Les humbles.* **4.** Médiocre, modeste, sans éclat. *Un humble chalet. Humbles emplois.* – Du lat. *humilis,* «bas, près de la terre».

humblement [œ̃bləmɑ̃] adv. **1.** Avec humilité ou modestie. *S'incliner, répondre humblement.* **2.** Sans beaucoup de moyens, de ressources. *Vivre humblement.* – De *humble.*

humectage [ymɛktaʒ] n. m. Action d'humecter; son résultat. – De *humecter.*

humecter [ymɛkte] v. tr. [1] Rendre humide, mouiller légèrement. *Humecter du linge.* – Pron. *Ses yeux s'humectent de larmes.* ▷ Pop. *S'humecter le gosier:* boire. – Lat. *humectare.*

humecteur [ymɛktœʀ] n. m. TECH Appareil servant à humecter. – De *humecter.*

humer ['yme] v. tr. [1] **1.** Vx Avaler en aspirant. **2.** Aspirer profondément pour sentir. *Humer le parfum d'un rôti.* – D'un rad. onomat.

huméral, ale, aux [ymeʀal, o] adj. ANAT Relatif à l'humérus ou au bras. *Artère humérale.* – De *humérus.*

humérus [ymeʀys] n. m. ANAT Os unique du bras qui s'articule en haut avec l'omoplate et en bas avec le cubitus et le radius. – Mot lat., «épaule».

humeur [ymœʀ] n. f. **I.** MED Liquide situé dans un organe, une articulation, un abcès. *Humeurs du corps.* – ANAT *Humeur aqueuse:* liquide situé entre la cornée et le cristallin. *Humeur vitrée,* liquide situé entre le cristallin et la rétine. ▷ Vx *Humeurs cardinales* ou absol. *humeurs:* le sang, le flegme (ou pituite), la bile jaune et la bile noire, dont l'altération était considérée par la médecine ancienne comme la cause de toutes les maladies. *Humeurs froides:* écrouelles. **II. 1.** Disposition affective due au tempérament ou à un état passager. *Être de bonne, de mauvaise humeur.* ▷ *Être d'humeur à:* être disposé à **2.** *Absol.* Disposition chagrine, se traduisant par un comportement agressif. *Répondre avec humeur. Geste d'humeur.* – Lat. *humor, humoris,* «liquide».

humide [ymid] adj. et n. **I.** adj. **1.** Vx ou poét. De la nature de l'eau, liquide, aqueux. *L'humide élément:* l'eau. **2.** Imprégné d'un liquide, d'une vapeur. *Linge humide. Saison, climat humides. Avoir les yeux humides.* Ant. sec. **II.** n. m. Ce qui est humide. *L'humide et le sec.* – Lat. *humidus.*

humidificateur [ymidifikatœʀ] n. m. TECH Appareil servant à humidifier l'air. – De *humidifier.*

humidification [ymidifikasjɔ̃] n. f. Action d'humidifier. – De *humidifier.*

humidifier [ymidifje] v. tr. [1] Rendre humide. ▷ Augmenter la teneur en eau (de l'air). – De *humide.*

humidifuge [ymidifyʒ] adj. Qui repousse l'humidité. *Tissu humidifuge.* – De *humide,* et *-fuge.*

humidité [ymidite] n. f. État de ce qui est humide. *L'humidité du sol.* ▷ *Humidité absolue:* masse d'eau contenue dans l'air, exprimée en g/m^3. – *Humidité relative* ou *degré hygrométrique:* rapport, exprimé en pourcentage, entre la masse d'eau contenue dans l'air et celle que contiendrait le même volume s'il était saturé. *L'humidité atmosphérique est mesurée à l'aide d'hygromètres.* – Bas lat. *humiditas.*

humifère [ymifɛʀ] adj. Riche en humus. – De *humus,* et *-fère.*

humification [ymifikasjɔ̃] n. f. PEDOL Ensemble des transformations chimiques (notam. hydrolyse des lignines et des celluloses) conduisant de la matière végétale à *l'humus vrai.* – De *humus.*

humiliant, ante [ymiljɑ̃, ɑ̃t] adj. Qui cause de la honte. *Situation humiliante.* – Ppr. de *humilier.*

humiliation [ymiljasjɔ̃] n. f. **1.** Action d'humilier ou de s'humilier; état d'une personne humiliée. **2.** Ce qui humilie, vexe. *Infliger une humiliation à qqn.* Syn. affront. – Bas lat. ecclés. *humiliatio.*

humilier [ymilje] v. tr. [1] **1.** Rendre humble, abaisser. *Humilier la fierté de qqn.* ▷ V. pron. *S'humilier devant Dieu.* **2.** *Humilier qqn,* le blesser dans son amour-propre en le couvrant de honte ou de confusion. Syn. mortifier, vexer. – Bas lat. ecclés. *humiliare.*

humilité [ymilite] n. f. **1.** Sentiment de notre petitesse, de notre faiblesse, qui nous pousse à ravaler toute espèce de hauteur ou d'orgueil. *Manquer d'humilité.* Syn. modestie. ▷ Abaissement volontaire. *L'humilité chrétienne.* **2.** Soumission, déférence. *Parler avec humilité.* Ant. hauteur, arrogance. **3.** Caractère de ce qui est humble, modeste, sans éclat. *L'humilité de sa condition sociale.* – Lat. *humilitas, humilitatis.*

humique [ymik] adj. PEDOL *Acides humiques,* acides organiques constituant l'humus. (On distingue les *acides humiques gris,* très polymérisés et fortement liés aux minéraux du sol, et les *acides humiques bruns,* peu polymérisés et assez libres dans le sol.) – De *humus.*

humoral, ale, aux [ymɔʀal, o] adj. MED Relatif aux humeurs. – Lat. médiév. *humoralis.*

humoriste [ymɔʀist] adj. et n. **1.** adj. Qui a de l'humour. **2.** n. Écrivain, dessinateur, auteur pratiquant le genre humoristique. *L'humoriste Stephen Leacock.* – Ital. *umorista,* du lat. sav. *humorista,* «partisan de la théorie médicale des humeurs»; sens mod. repris de l'angl.

humoristique [ymɔʀistik] adj. Relatif à l'humour; où il entre de l'humour. *Dessin humoristique.* – Angl. *humoristic.*

humour [ymuʀ] n. m. Forme d'ironie plaisante, souvent satirique, consistant à souligner avec esprit les aspects drôles ou insolites de la réalité. *Humour anglais. Humour noir*, qui tire sa force comique de rencontres cruelles, macabres et en même temps plaisantes. – Mot angl. empr. à l'a. fr. *humor*, «humeur».

humus [ymys] n. m. Cour. Matière brun-noir d'aspect terreux formée de débris végétaux plus ou moins décomposés. *L'humus des sous-bois.* ▷ PEDOL Mélange d'acides organiques provenant de la décomposition des végétaux *(humus vrai).* – Mot lat., «sol».

ENCYCL *L'humus brut* (humus au sens cour.), résultat de la décomposition des débris végétaux par des agents atmosphériques ou microbiens, est la matière organique totale que contient le sol, alors que *l'humus vrai* est constitué d'un mélange, en proportions variables (suivant les végétaux qui lui ont donné naissance), d'acides fulviques et humiques en solution colloïdale dans le sol; ces acides représentent les réserves du sol en matière organique utilisable à long terme pour la croissance des végétaux. Les princ. types d'humus (définis à partir des proportions d'humus brut et d'humus vrai) sont: le *mull*, le *moder*, le *mor* et la *tourbe*. Une bonne terre arable contient de 2 % à 6 % d'humus brut, proportion nettement dépassée dans les terres à jardin qu'on fume puissamment.

hune ['yn] n. f. MAR Plate-forme semi-circulaire fixée à la partie supérieure de chacun des bas-mâts, dans les anciens navires. ▷ *Mât de hune:* mât surmontant immédiatement le bas-mât. – Anc. scand. *hûnn.*

hunier ['ynje] n. m. MAR ANC. Voile carrée située au-dessus des basses voiles. – De *hune.*

huppe ['yp] n. f. **1.** Oiseau coraciadiforme (genre *Upupa*), au long bec arqué et à la tête garnie d'une touffe de plumes. *La huppe est insectivore; elle niche dans les arbres creux.* **2.** Touffe de plumes ornant la tête de certains oiseaux. *Huppe d'un cacatoès.* – Lat. *upupa*; altér. de *houppe.*

huppé, ée ['ype] adj. **1.** Qui porte une huppe. *Gélinotte huppée.* **2.** Fig., fam. Riche et distingué. *Des gens huppés.* – De *huppe.*

hure ['yʀ] n. f. **1.** Tête de quelques animaux; partic. tête coupée. *Hure de sanglier, de brochet.* **2.** Galantine farcie de morceaux de hure de porc. **3.** Fig., fam. Visage truculent, trogne. – Orig. incert.

hurlement ['yʀləmɑ̃] n. m. **1.** Cri du loup, du chien. **2.** Cri aigu et prolongé. *Hurlement de douleur, de rage.* – Fig. *Les hurlements du vent.* – De *hurler;* d'abord *uslement.*

hurler ['yʀle] v. intr. [1] **1.** Pousser des hurlements. *Les loups hurlent. Hurler de douleur.* ▷ Fig. *Hurler avec les loups:* imiter ceux avec qui on vit. **2.** Crier, parler, chanter très fort. *Ne hurle pas, je ne suis pas sourd!* ▷ V. tr. *Hurler des injures.* **3.** Produire un son semblable à un hurlement (choses). *Sirène qui hurle.* **4.** Fig. Former un contraste violent, jurer. *Couleurs qui hurlent ensemble.* – Lat. *ululare*; d'abord *uller, usler.*

hurleur, euse ['yʀlœʀ, øz] adj. et n. Qui hurle. ▷ N. m. ZOOL Singe du Brésil (*Alouate guariba*, sous-ordre des platyrhiniens) dont le sac vocal osseux peut émettre des cris très puissants, audibles à plusieurs kilomètres. – De *hurler.*

hurluberlu ['yʀlybɛʀly] n. m. Personne étourdie, au comportement fantasque et quelque peu extravagant. – P.-ê. de *hurelu*, «ébouriffé», rad. *hure*, et *berlu*, «qui a la berlue».

huron, onne ['yʀɔ̃, ɔn] adj. et n. **1.** adj. Propre au groupe amérindien des Hurons. *Mission huronne.* ▷ Subst. Membre d'une tribu amérindienne d'Amérique du Nord installée dans la région comprise entre les lacs Huron et Ontario et à Loretteville (Québec). *Les Hurons étaient les alliés des Français.* **2.** n. m. Langue de la famille linguistique iroquoienne parlée par les Hurons. *Le huron et le cherokee possèdent des racines communes.* – De l'a. fr. *hure*, «poil raide de la tête», et suff. *-on.*

ENCYCL Historiquement, les Hurons ont été mentionnés pour la première fois par Jacques Cartier. Ils se nommaient eux-mêmes *Wendat*, «insulaires» ou «habitants d'une péninsule».

huronien, ienne ['yʀɔnjɛ̃, jɛn] adj. GEOL *Orogenèse huronienne, plissement huronien*, qui ont affecté surtout l'Amérique du N. et la Scandinavie à l'Antécambrien (– 4 600 millions d'années). – Du n. du lac *Huron*, un des cinq Grands Lacs.

hurrah. V. hourra.

hussard ['ysaʀ] ou vx **houssard** ['usaʀ] ou **housard** ['uzɑʀ] n. m. **1.** HIST Cavalier appartenant à un corps levé au XVe s. par les Hongrois pour combattre les Turcs. ▷ Militaire appartenant à l'un des régiments de cavalerie légère qui tenaient leur origine des compagnies d'auxiliaires hongrois recrutés par la France au XVIIe s. **2.** Mod. (France) Militaire appartenant à l'une des unités blindées qui ont succédé aux anciennes unités montées de hussards. **3.** loc. *À la hussarde:* d'une manière cavalière et brutale. – All. *Husar*, du hongrois *huszar.*

hussite ['ysit] n. m. Chrétien partisan des doctrines de Jan Hus. – Du n. de J. *Hus* (1369-1415), réformateur religieux et écrivain de Bohême, accusé d'hérésie et brûlé vif.

hutte ['yt] n. f. Petite cabane rudimentaire faite avec de la terre, des branches, etc. – Moyen haut all. *hütte*, d'orig. frq.

hyacinthe [jasɛ̃t] n. f. **1.** BOT Anc. nom de la jacinthe. **2.** MINER Variété de zircon transparent, rouge ou orangé. – Lat. *hyacinthus*, gr. *huakinthos.*

hyalin, ine [jalɛ̃, in] adj. Didac. Qui a l'aspect, la transparence du verre. ▷ MINER *Quartz hyalin:* cristal de roche. ▷ MED *Substance hyaline*, présente dans les tissus conjonctifs et de soutien. – Bas lat. *hyalinus*, gr. *hualinos*, de *hualos*, «verre».

hyalite [jalit] n. f. **1.** MINER Variété transparente d'opale. **2.** TECH Verre noir de Bohême. – Du rad. de *hyalin*, et *-ite* 3.

hyaloïde [jalɔid] adj. ANAT Qui a la transparence du verre. *Humeur, membrane hyaloïde de l'œil.* – Du rad. de *hyalin*, et *-oïde.*

hyaloplasme [jalɔplasm] n. m. BIOL Solution colloïdale hyaline, plus ou moins visqueuse, dans laquelle baignent les organites et diverses inclusions cellulaires. – Du gr. *hualos*, «verre», et *plasme.*

hyaluronique [jalyʀɔnik] adj. BIOCHIM *Acide hyaluronique:* polysaccharide constitutif des mucus et sérosités, ainsi que du tissu conjonctif. – Du gr. *hualos*, «verre», et *(gluco)ronique.*

hybridation [ibʀidasjɔ̃] n. f. BIOL Production d'hybrides, croisement d'espèces différentes. – De *hybride.*

hybride [ibʀid] n. et adj. **I.** n. m. BIOL Animal ou végétal qui résulte du croisement de deux sujets d'espèces différentes. *Le bardot est un hybride de cheval et d'ânesse.* ▷ Adj. GENET *Caractère hybride:* chez les êtres vivants diploïdes, caractère que gouverne une paire de gènes allèles mutés l'un par rapport à l'autre. **II.** adj. **1.** Fig. Qui participe de genres, de styles différents; fait d'éléments mal assortis. *Un style hybride. Une solution hybride.* **2.** LING *Mots hybrides*, formés de radicaux empruntés à des langues différentes. *«Bigame», formé du latin «bis» et du grec «gamos», est un mot hybride.* **3.** INFORM Qui utilise à la fois le calcul numérique et le calcul analogique en parlant d'un matériel informatique. – Lat. *hybrida.*

ENCYCL Les hybrides proviennent de croisements entre des êtres vivants très proches des points de vue systématique et morphologique. Généralement stériles par suite de différences de structure entre les chromosomes des parents, les hybrides d'espèces différentes, dits interspécifiques, présentent par juxtaposition de caryotypes différents une grande vigueur et une forte résistance aux maladies, agressions du milieu de vie, etc. Ce phénomène de *vigueur hybride* (ou *hétérosis*), bien connu, est utilisé sur les espèces vivantes utiles à l'homme (mule, mulet, etc.). Les hybrides de même espèce mais de races différentes, dits *interraciaux* ou *intraspécifiques*, sont fertiles; ce sont des hybrides au sens génétique, c.-à-d. qu'ils sont hétérozygotes pour un ou plusieurs caractères; ils présentent, comme les vrais hybrides (c.-à-d. interspécifiques), la *vigueur hybride*, mais, lors de la reproduction, la descendance contient des individus purs (homozygotes), c.-à-d. non hybrides, en proportion croissante jusqu'à une certaine limite.

hybrider [ibʀide] v. tr. [1] BIOL Réaliser l'hybridation entre. – De *hybride*.

hybridisme [ibʀidism(ə)] n. m. ou **hybridité** [ibʀidite] n. f. Caractère, état d'un hybride. – De *hybride*.

hydarthrose [idaʀtʀoz] n. f. MED Épanchement d'un liquide séreux dans la cavité synoviale d'une articulation. – Du gr. *hudôr*, «eau», et *arthron*, «articulation».

hydatide [idatid] n. f. MED Forme larvaire ou vésiculaire du tænia échinocoque qui se développe dans les tissus (notam. foie et poumons) en formant un kyste (hydatidose). – Gr. *hudatis, hudatidos*, de *hudôr*, «eau».

hydatique [idatik] adj. MED Qui a rapport aux hydatides, qui en renferme. *Kyste hydatique du foie*. – Du préc.

hydne [idn(ə)] n. m. BOT Champignon basidiomycète (genre *Hydnum*) dont le chapeau est tapissé sur sa face inférieure de petits tubercules cylindriques. *L'hydne le plus connu est le pied-de-mouton*. – Gr. *hudnon*, «tubercule, truffe».

hydr-. V. hydro-.

hydracide [idʀasid] n. m. CHIM Acide non oxygéné résultant de la combinaison de l'hydrogène avec un ou plusieurs éléments non métalliques. *Le nom des hydracides est suffixé en «-hydrique», celui de leur sel en «-ure»* (ex.: le *chlorure* est le sel de l'*acide chlorhydrique*). – De *hydr-*, et *acide*.

hydraires [idʀɛʀ] n. m. pl. ZOOL Classe d'hydrozoaires dépourvus de squelette. – Du gr. *hûdor*, «eau».

hydrangée [idʀɑ̃ʒe] n. f. Petit arbuste (fam. saxifragacées) qui donne des fleurs en grappes bleues, roses ou blanches, non odorantes. *En France, l'hydrangée est communément appelée hortensia*. – Lat. *hydrangella, hydrangea;* gr. *hudôr*, «eau», et *aggos*, «coupe».

hydrargyre [idʀaʀʒiʀ] n. m. Vx Anc. nom du mercure (symbole Hg). – Gr. *hudrarguros*, «argent liquide».

hydrargyrisme [idʀaʀʒiʀism] n. m. Intoxication par le mercure. – Du préc.

hydratable [idʀatabl] adj. Susceptible d'être hydraté. – De *hydrater*.

hydratant, ante [idʀatɑ̃, ɑ̃t] adj. et n. m. Qui provoque, qui permet l'hydratation. ▷ Spécial. *Crème, lotion hydratante*, destinée à hydrater l'épiderme. – N. m. *Un hydratant*. – Ppr. de *hydrater*.

hydratation [idʀatasjɔ̃] n. f. **1.** CHIM Fixation d'eau sur une molécule. ▷ Formation d'un hydrate. **2.** MED Apport d'eau à l'organisme, aux tissus. – De *hydrater*.

hydrate [idʀat] n. m. CHIM Composé qui résulte de la fixation de molécules d'eau sur une molécule d'un corps. ▷ *Hydrates de carbone:* syn. anc. de *glucides**. – De *hydr-*, et *-ate*.

hydrater [idʀate] v. tr. [1] **1.** CHIM Combiner (un corps) avec l'eau. ▷ V. pron. *S'hydrater:* passer à l'état d'hydrate. **2.** MED Apporter de l'eau à (un organisme, un tissu). – De *hydrate*.

hydraulicien, ienne [idʀolisjɛ̃, jɛn] n. Spécialiste de l'hydraulique. – Appos. *Ingénieur hydraulicien*. – De *hydraulique*.

hydraulicité [idʀolisite] n. f. **1.** TECH Rapport entre le débit moyen annuel et le débit moyen calculé sur une longue période des eaux courantes. *Une hydraulicité trop faible ne permet pas un remplissage suffisant des réservoirs des barrages*. **2.** Qualité des liants hydrauliques. – De *hydraulique*.

hydraulique [idʀolik] adj. et n. **I.** adj. **1.** Qui est mû par l'eau; qui utilise l'eau (ou un liquide quelconque) pour son fonctionnement. *Frein hydraulique. Vérin hydraulique*. **2.** Qui a pour objet de conduire, d'élever, etc., l'eau ou un liquide quelconque. *Ouvrages hydrauliques*. **3.** *Énergie hydraulique*, fournie par les chutes d'eau, les marées, etc. V. hydroélectricité. **4.** TECH *Mortier hydraulique*, durcissant sous l'action de l'eau. **II.** n. f. **1.** Science des lois de l'écoulement des liquides. **2.** Ensemble des techniques de captation, de distribution et d'utilisation des eaux (irrigation, chutes motrices, etc.). **3.** Ensemble des techniques utilisant les liquides pour la transmission des forces. – Lat. *hydraulicus*, gr. *hudraulikos;* de *hydr-*, et du gr. *aulos*, «flûte, tuyau».

hydravion [idʀavjɔ̃] n. m. Avion conçu pour décoller sur l'eau et s'y poser (grâce à des flotteurs ou à une coque-fuselage). – De *hydr-*, et *avion*.

hydrazine [idʀazin] n. f. CHIM Composé basique H_2N-NH_2. – Composé basique dérivé de l'hydrazine proprement dite. *On utilise les hydrazines dans la préparation des colorants*. – De *hydr-*, *az(ote)*, et suff. *-ine*.

hydre [idʀ] n. f. **1.** MYTH Serpent fabuleux des marais de Lerne, en Argolide, dont les sept têtes repoussaient multipliées au fur et à mesure qu'on les coupait, et dont seul Hercule put venir à bout. **2.** Fig. Mal qui semble se développer en proportion des efforts qu'on fait pour le détruire; mal monstrueux. *L'hydre du fascisme, de l'anarchie*. **3.** ZOOL Cnidaire hydraire de petite taille (env. 15 mm), polype vivant en eau douce, pourvu de 8 à 10 tentacules armés de cellules urticantes et qui régénère rapidement les parties qui lui sont enlevées. – Lat. d'orig. gr. *hydra*.

-hydre. V. hydro-.

hydrémie [idʀemi] n. f. MED Taux de l'eau dans le sang. ▷ *Par ext*. Excès d'eau dans le sang. – De *hydr-*, et *-émie*.

-hydrique. CHIM Élément, du gr. *hûdor*, «eau», servant à former les noms des hydracides.

hydrique [idʀik] adj. Relatif à l'eau, de l'eau. ▷ MED *Diète hydrique:* régime ne comportant que des apports d'eau. – De *hydr-*, et *-ique*.

hydro-, hydr-, -hydre. Éléments, du gr. *hudôr*, «eau». ▷ CHIM *Hydro-:* élément indiquant une combinaison de l'hydrogène avec un autre corps.

hydrobase [idʀobaz] n. f. AVIAT Base d'hydravions; plan d'eau aménagé pour recevoir des hydravions. – De *hydro-*, et *base*.

hydrocarbonate [idʀokaʀbɔnat] n. m. CHIM Carbonate hydraté. – De *hydro-*, et *carbonate*.

hydrocarbure [idʀokaʀbyʀ] n. m. CHIM Corps composé exclusivement de carbone et d'hydrogène. (On distingue: les *hydrocarbures saturés*, ou paraffine [méthane, par ex.]; les *hydrocarbures éthyléniques*, ou oléfines; les *hydrocarbures acétyléniques*; les *hydrocarbures aromatiques* [benzène]. Fort abondants dans la nature [notam. dans les pétroles], ils servent à fabriquer de nombreux produits chimiques.) – De *hydro-*, et *carbure*.

hydrocèle [idʀosɛl] n. f. MED Épanchement de sérosité dans la tunique qui entoure les testicules et le cordon spermatique. – Lat. *hydrocele*, gr. *hudrokêlê*.

hydrocéphale [idʀosefal] adj. et n. Atteint d'hydrocéphalie. – Gr. *hydrokephalon*, de *hudôr*, «eau», et *kephalê*, «tête».

hydrocéphalie [idʀosefali] n. f. MED Augmentation de volume du liquide céphalo-rachidien provoquant une dilatation des ventricules cérébraux et parfois une augmentation du volume du crâne. – Du préc.

hydrocharis [idʀokaʀis] n. m. BOT Plante (genre *Hydrocharis*) monocotylédone aquatique à feuilles flottantes rappelant le nénuphar, dont les fleurs ont trois sépales et trois pétales. Syn. morène, petit nénuphar. – De *hydro-*, et gr. *kharis*, «beauté».

hydroclasseur [idʀoklasœʀ] n. m. MINES Appareil utilisant l'eau pour le triage des minerais. – De *hydro-*, et *classeur*.

hydrocoralliaires [idʀokɔʀaljɛʀ] n. m. pl. ZOOL Classe d'hydrozoaires à squelette calcaire. – De *hydro-*, et *coralliaire*.

hydrocortisone [idʀokɔʀtizɔn] n. f. BIOCHIM Hormone cortico-surrénale que l'on peut obtenir par synthèse, proche de la cortisone, mais plus active. – De *hydro-*, et *cortisone*.

hydrocraquage [idʀokʀakaʒ] n. m. TECH Craquage en présence d'hydrogène (procédé de raffinage du pétrole). – De *hydro-*, et *craquage*.

hydrocution [idʀokysjɔ̃] n. f. MED Syncope brutale pouvant entraîner la mort, analogue à la syncope provoquée par l'électrocution, et déclenchée, lors d'une immersion brusque dans l'eau froide, par un trouble vaso-moteur réflexe. – De *hydro-*, et *(électro)cution*.

hydrodynamique [idʀodinamik] n. et adj. **1.** n. f. Partie de la physique qui traite des liquides en mouvement et des formes qui réduisent la résistance à l'avancement dans les liquides. **2.** adj. Relatif à l'hydrodynamique. – TECH *Forme hydrodynamique*. – De *hydro-*, et *dynamique*.

ENCYCL L'hydrodynamique trouve des applications dans le calcul des turbines de pompes, des déversoirs de barrages, des carènes de navires, des profils de sous-marins, etc. Elle nécessite des études sur maquettes auxquelles on applique les lois de similitude. Le calcul des écoulements dans les conduites, utilisé par ex. pour déterminer les dimensions des oléoducs et définir la puissance des groupes de pompage, compte tenu des pertes de charge, fait aussi appel à l'hydrodynamique.

hydroélectricité [idʀoelɛktʀisite] n. f. TECH Électricité d'origine hydraulique. – De *hydro-*, et *électricité*.

ENCYCL Le Canada est le deuxième producteur d'hydroélectricité au monde et le Québec, où 39 % de la production canadienne est localisée, se situe au deuxième rang mondial des consommateurs d'électricité, après la Norvège. Hydro-Québec, société d'État créée en 1944, assure la gestion des ressources hydroélectriques du Québec. C'est la deuxième entreprise non financière au Canada, avec un actif de plus de 31 milliards de dollars. Ses 80 centrales ont une puissance installée de 24 533 mégawatts. Le potentiel hydroélectrique dont l'entreprise dispose est considérable. En fait, les ressources qui restent à aménager, 40 000 mégawatts, sont encore plus importantes que celles qui ont déjà été aménagées. Hydro-Québec est considérée comme un chef de file dans les domaines de la technologie inhérents ou connexes à sa mission.

hydroélectrique [idʀoelɛktʀik] adj. TECH Relatif à la production d'électricité par des moyens hydrauliques. *Centrale hydroélectrique*. – De *hydro-*, et *électrique*.

hydrofoil [idʀofɔjl] n. m. Anglicisme V. hydroptère.

hydrofuge [idʀofyʒ] adj. et n. m. TECH Qui préserve de l'humidité, de l'eau. – De *hydro-*, et *-fuge*.

hydrofuger [idʀofyʒe] v. tr. [15] TECH Rendre hydrofuge. – Du préc.

hydrogel [idʀoʒɛl] n. m. CHIM Colloïde à l'état de gel en milieu aqueux. – De *hydro-*, et *gel*.

hydrogénation [idʀoʒenasjɔ̃] n. f. Action d'hydrogéner; son résultat. – De *hydrogéner*.

hydrogène [idʀoʒɛn] n. m. CHIM Élément de numéro atomique Z = 1 et de masse atomique 1,008 (symbole H); corps simple gazeux diatomique (H_2). – De *hydro-*, et *-gène*; «qui produit de l'eau».

ENCYCL On connaît trois isotopes de l'hydrogène: l'hydrogène léger (98,98 % de l'hydrogène naturel), l'hydrogène lourd (ou deutérium) et le tritium. Le noyau de l'atome d'hydrogène léger *(protium)* est formé uniquement d'un proton. L'hydrogène est de loin l'élément le plus abondant de l'Univers. Il entre dans de nombreuses combinaisons, l'eau (H_2O) notam., et représente la quasi-totalité de la matière interstellaire. Le corps simple hydrogène est, après l'hélium, le gaz le plus difficile à liquéfier (ébullition à – 252,7 °C et solidification à – 259,2 °C sous la pression atmosphérique normale). Il est très peu dense (0,09 kg/m³) et diffuse rapidement à travers les parois poreuses. L'hydrogène se combine avec presque tous les éléments, en donnant des hydrures; c'est un excellent réducteur. Il permet la synthèse de l'ammoniac et du chlorure d'hydrogène. Les carburants synthétiques sont obtenus par hydrogénation. L'hydrogène est utilisé dans les chalumeaux oxhydrique et à hydrogène atomique. L'hydrogène liquide sert de carburant dans les moteurs-fusées. La fusion de noyaux d'hydrogène (donc de protons) libérant une énergie considérable, la maîtrise de cette fusion permettra à l'homme de disposer d'une source d'énergie pratiquement inépuisable. Par ailleurs, la production d'hydrogène par la décomposition de l'eau à haute température fournira dans un proche avenir un combustible de choix, facile à transporter, qui pourra être utilisé pour la fabrication directe d'électricité dans des piles à combustible.

hydrogéné, ée [idʀoʒene] adj. CHIM Combiné avec de l'hydrogène. ▷ Qui contient de l'hydrogène. – De *hydrogène*.

hydrogéner [idʀoʒene] v. tr. [16] Combiner avec l'hydrogène. – De *hydrogène*.

hydrogéologie [idʀoʒeɔlɔʒi] n. f. Partie de la géologie qui étudie les eaux souterraines et leurs résurgences. – De *hydro-*, et *géologie*.

hydroglisseur [idʀoglisœʀ] n. m. Bateau à fond plat propulsé par une hélice aérienne. *L'hydroglisseur est aujourd'hui supplanté par les aéroglisseurs et les hydroptères*. – De *hydro-*, et *glisseur*.

hydrographe [idʀogʀaf] n. Spécialiste d'hydrographie. – De *hydro-*, et *-graphe*.

hydrographie [idʀogʀafi] n. f. **1.** Partie de la géographie qui étudie les divers milieux occupés par les eaux à la surface du globe (hydrosphère). **2.** Ensemble des cours d'eau et des lacs d'une région. *L'hydrographie d'un pays*. – De *hydro-*, et *-graphie*.

hydrographique [idʀogʀafik] adj. Relatif à l'hydrographie. – De *hydrographie*.

hydrolase [idʀolaz] n. f. BIOCHIM Enzyme qui détache des molécules les ions OH^-, les ions H^+ et les molécules d'eau. – De *hydro-*, et *(diast)ase.*

hydrolithe [idʀolit] n. f. CHIM Hydrure de calcium qui réagit avec l'eau en donnant de l'hydrogène. – De *hydro-*, et *-lithe.*

hydrologie [idʀolɔʒi] n. f. Science qui traite des eaux, de leurs propriétés et de leur utilisation alimentaire, agricole, industrielle ou médicale. – De *hydro-*, et *-logie.*

hydrologique [idʀolɔʒik] adj. Qui concerne l'hydrologie, son étude. *Société hydrologique.* – Du préc.

hydrologiste [idʀolɔʒist] ou **hydrologue** [idʀolɔg] n. Spécialiste d'hydrologie. – De *hydrologie.*

hydrolysable [idʀolizabl] adj. CHIM Qui peut être décomposé par hydrolyse. – De *hydrolyse.*

hydrolyse [idʀoliz] n. f. CHIM Décomposition d'un corps par fixation des ions H^+ et OH^- provenant de la dissociation de l'eau. *Les réactions d'hydrolyse jouent un rôle important en biochimie et dans les synthèses organiques.* – De *hydro-*, et *-lyse.*

hydrolyser [idʀolize] v. tr. [1] CHIM Décomposer par l'hydrolyse. – De *hydrolyse.*

hydromécanique [idʀomekanik] adj. TECH Mû par l'eau. – De *hydro-*, et *mécanique.*

hydromel [idʀomɛl] n. m. Boisson faite d'eau et de miel, fermentée ou non, goûtée des Anciens. – Lat. *hydromeli*, du gr. *hûdor*, «eau», et *meli*, «miel».

1. hydromètre [idʀomɛtʀ] n. m. TECH Appareil qui sert à contrôler la pression statique de l'eau d'une installation. – De *hydro-*, et *-mètre.*

2. hydromètre [idʀomɛtʀ] n. f. ZOOL Insecte (genre *Hydrometra*), aux pattes et au corps minces et longs, qui marche sur l'eau et qui est aussi appelé *araignée d'eau.* – De *hydro-*, et *-mètre* (à cause de sa démarche, car elle semble arpenter).

hydrométrie [idʀometʀi] n. f. Science qui étudie les liquides, et notam. les eaux naturelles. – De *hydromètre* 1.

hydrométrique [idʀometʀik] adj. TECH Relatif à l'hydrométrie. – De *hydrométrie.*

hydrominéral, ale, aux [idʀomineʀal, o] adj. Des eaux minérales, qui concerne les eaux minérales. *Sources hydrominérales.* – De *hydro-*, et *minéral.*

hydronéphrose [idʀonefʀoz] n. f. MED Distension des cavités excrétrices du rein et du parenchyme rénal, due à une obstruction des voies urinaires ou à un écoulement insuffisant de l'urine. – De *hydro-*, et *néphrose.*

hydronium [idʀonjɔm] n. m. CHIM *Ion hydronium*, proton hydraté noté H_3O^+.

1. hydrophile [idʀofil] adj. **1.** Qui absorbe l'eau, un liquide. *Coton hydrophile*, utilisé en chirurgie et pour les soins d'hygiène corporelle. **2.** CHIM *Groupement hydrophile:* qui a tendance à rendre soluble dans l'eau la molécule à laquelle il appartient. – De *hydro-*, et *-phile.*

2. hydrophile [idʀofil] n. m. ZOOL Insecte coléoptère (genre *Hydrophila*) de couleur noire, long d'env. 4,5 cm, qui vit dans les eaux stagnantes. – De *hydro-*, et *-phile.*

hydrophobe [idʀofɔb] adj. **1.** MED Qui a une crainte morbide de l'eau. **2.** CHIM Qui n'absorbe pas l'eau. *Colloïdes hydrophobes.* – De *hydro-*, et *-phobe.*

hydrophobie [idʀofɔbi] n. f. MED Peur, crainte morbide de l'eau. – Lat. d'orig. gr. *hydrophobia.*

hydrophone [idʀofɔn] n. m. PHYS Transducteur électroacoustique destiné à transformer, dans les liquides, des oscillations acoustiques en oscillations électriques. – De *hydro-*, et *-phone.*

hydrophyte [idʀofit] n. f. BOT Toute plante dont les bourgeons passent la mauvaise saison sous l'eau, dans la vase. – De *hydro-*, et *-phyte.*

hydropique [idʀopik] adj. MED Atteint d'hydropisie. ▷ Subst. *Des hydropiques.* – Lat. *hydropicus*, gr. *hudrôpikos.*

hydropisie [idʀopizi] n. f. MED Nom anc. de l'œdème et de l'anasarque (œdème généralisé). – Lat. *hydropisis*, gr. *hudrôps.*

hydropneumatique [idʀopnømatik] adj. MECA Qui fonctionne à l'aide d'un liquide et d'un gaz comprimé. *Automobile à suspension hydropneumatique. Frein hydropneumatique.* – De *hydro-*, et *pneumatique.*

hydroponique [idʀopɔnik] adj. AGRIC *Culture hydroponique*, dans laquelle les plantes, disposées dans des bacs, ont pour sol nourricier une substance inerte (laine de verre, gravier, etc.), irriguée continuellement d'un liquide chargé de sels nutritifs soigneusement dosés. – De *hydro-*, et gr. *ponos*, «fruit du travail», donc «artificiel».

hydroptère [idʀɔptɛʀ] n. m. MAR Navire à ailes portantes, très rapide (jusqu'à 80 nœuds). – De *hydro-*, et *-ptère.*

hydroquinone [idʀokinɔn] n. f. CHIM Diphénol de formule HO-C_6H_4-OH utilisé en photographie comme révélateur. – De *hydro-*, et *quinone.*

hydroraffinage [idʀoʀafinaʒ] n. m. TECH Procédé de raffinage du pétrole par hydrogénation catalytique. – De *hydro-*, et *raffinage.*

hydrosilicate [idʀosilikat] n. m. CHIM Silicate hydraté. – De *hydro-*, et *silicate.*

hydrosol [idʀosɔl] n. m. CHIM Solution colloïdale formée avec l'eau. – De *hydro-*, et *sol.*

hydrosoluble [idʀosɔlybl] adj. Soluble dans l'eau. – De *hydro-*, et *soluble.*

hydrosphère [idʀosfɛʀ] n. f. GEOGR Ensemble de l'élément liquide du globe terrestre (océans, mers, fleuves, etc.), par oppos. à l'atmosphère et à la lithosphère. – De *hydro-*, et *sphère.*

hydrostatique [idʀostatik] n. f. et adj. PHYS Partie de la physique qui étudie les conditions d'équilibre des liquides. *Principe fondamental de l'hydrostatique*, selon lequel la différence de pression entre deux points d'un liquide en équilibre est égale au poids d'une colonne de liquide ayant pour section l'unité de surface et pour hauteur la distance verticale des deux points. ▷ Adj. *Balance hydrostatique.* – De *hydro-*, et *statique.*

hydrosulfite [idʀosylfit] n. m. CHIM Sel de l'acide hydrosulfureux $H_2S_2O_4$. – De *hydro-*, et *sulfite.*

hydrothérapeute [idʀoteʀapøt] n. MED Médecin qui soigne par l'hydrothérapie. – De *hydro-*, et *thérapeute.*

hydrothérapie [idʀoteʀapi] n. f. MED Thérapeutique utilisant les vertus curatives de l'eau sous toutes ses formes. – De *hydro-*, et *thérapie.*

hydrothérapique [idʀoteʀapik] adj. MED Qui concerne l'hydrothérapie. *Cure hydrothérapique.* – Du préc.

hydrotimètre [idʀotimɛtʀ] n. m. CHIM Appareil servant à mesurer la dureté d'une eau. – Gr. *hydrotês*, «liquidité», et *-mètre.*

hydrotimétrie [idʀotimetʀi] n. f. CHIM Mesure de la dureté d'une eau. – Du préc.

hydrotimétrique [idʀotimetʀik] adj. CHIM Relatif à l'hydrotimétrie. ▷ *Degré* (ou *titre*) *hydrotimétrique* (abrév. T.H.): teneur d'une eau en sels de calcium ou de magnésium. – Du préc.

hydroxy-. CHIM Préfixe indiquant la présence du radical hydroxyle OH.

hydroxyde [idʀɔksid] n. m. CHIM Composé métallique de formule générale $M(OH)_n$, où M est un métal. *L'hydroxyde de sodium NaOH est la soude.* – De *hydr(o)-*, et *oxyde.*

hydroxylamine [idʀɔksilamin] n. f. CHIM Composé basique de formule NH_2OH. – De *hydroxyle,* «ion OH chargé négativement», et *-amine.*

hydroxylase [idʀɔksilaz] n. f. BIOCHIM Enzyme qui favorise la fixation d'un groupement OH sur une molécule. – De *hydroxyle,* et *-ase.*

hydroxylation [idʀɔksilasjɔ̃] n. f. CHIM Formation de radicaux hydroxyles sur une molécule. – De *hydroxyle.*

hydroxyle [idʀɔksil] n. m. CHIM Radical OH; ion OH^-.

hydrozoaires [idʀozɔɛʀ] n. m. pl. ZOOL Super-classe de cnidaires coloniaux ou solitaires, sans cloisons internes. – De *hydro-*, et *-zoaires.*

hydrure [idʀyʀ] n. m. CHIM Composé binaire hydrogéné dans lequel l'hydrogène possède le nombre d'oxydation – 1. *Hydrure de calcium* CaH_2. – De *hydro-*, et *-ure.*

hyène [jɛn] n. f. Mammifère carnivore, de la taille d'un gros chien (1 m à 1,40 m de long), au garrot plus haut que la croupe, à pelage gris ou fauve, qui se nourrit des restes des animaux tués par les grands fauves. *L'hyène rayée («Hyœna hyœna») d'Afrique et d'Asie du Sud. L'hyène tachetée («Crocuta crocuta») d'Afrique. L'hyène hurle.* – Lat. *hyœna,* gr. *huaina.*

hygiène [iʒjɛn] n. f. Branche du savoir qui traite des règles et des pratiques nécessaires pour conserver et améliorer la santé; ensemble de ces règles et de ces pratiques. *Instruments d'hygiène. Hygiène du corps. Hygiène dentaire. Hygiène publique. Service d'hygiène de la municipalité. Hygiène mentale.* – Gr. *hugieinon,* «santé».

hygiénique [iʒjenik] adj. **1.** Qui concerne l'hygiène, les soins du corps; qui est conforme à l'hygiène. *Mesures hygiéniques.* ▷ *Par euph.* Qui a rapport aux soins corporels intimes. *Papier, serviette hygiénique.* **2.** Qui favorise l'hygiène. *Activité, boisson hygiénique.* – De *hygiène.*

hygiéniquement [iʒjenikmɑ̃] adv. De manière hygiénique. – De *hygiénique.*

hygiéniste [iʒjenist] n. Spécialiste des problèmes d'hygiène. – De *hygiène.*

hygro-. Élément, du gr. *hugros,* «humide».

hygroma [igʀoma] n. m. MED Atteinte inflammatoire des bourses séreuses. *Hygroma du genou, du coude.* – De *hygro-*, et *-ome.*

hygromètre [igʀomɛtʀ] n. m. PHYS Appareil servant à mesurer le degré d'humidité de l'air. V. hygroscope. – De *hygro-*, et *mètre.*

hygrométricité [igʀometʀisite] n. f. METEO Teneur en eau de l'atmosphère. – De *hygrométrique.*

hygrométrie [igʀometʀi] n. f. PHYS Étude et mesure du degré d'humidité de l'air. – De *hygromètre.*

hygrométrique [igʀometʀik] adj. PHYS Relatif à l'hygrométrie. ▷ *Degré hygrométrique de l'air,* rapport entre la pression de la vapeur d'eau dans l'air et la pression de vapeur saturante. Syn. humidité* relative. ▷ *Corps hygrométriques,* particulièrement sensibles aux variations de l'hygrométricité de l'air. – Du préc.

hygrophile [igʀofil] BOT Qui aime, recherche l'humidité. – De *hygro-*, et *-phile.*

hygrophobe [igʀofob] adj. BOT Qui craint l'humidité, les lieux humides. – De *hygro-*, et *-phobe.*

hygroscope [igʀoskɔp] n. m. PHYS Hygromètre utilisant le changement de couleur d'une substance (chlorure de cobalt, par ex.) sous l'action de l'humidité. – De *hygro-*, et *-scope.*

hygroscopie [igʀoskɔpi] n. f. PHYS Vx Syn. de *hygrométrie.* – De *hygroscope.*

hygroscopique [igʀoskɔpik] adj. PHYS Relatif à l'hygroscope, à l'hygroscopie. ▷ Qui absorbe la vapeur d'eau contenue dans l'air. *Substance hygroscopique.* – De *hygroscope.*

hygrostat [igʀosta] n. m. TECH Appareil de climatisation servant à maintenir constante l'humidité relative d'une atmosphère. – De *hygro-*, et *-stat.*

hymén(o)-. Élément, du gr. *humên,* «membrane».

1. hymen [imɛn] n. m. ANAT Membrane qui obture en partie l'entrée du vagin et qui est déchirée lors du premier rapport sexuel. – Bas lat. *hymen,* gr. *humên,* «membrane».

2. hymen [imɛn] ou **hyménée** [imene] n. m. Litt., vx Mariage. *Les doux nœuds de l'hyménée.* – Lat., du gr. *Humên,* nom du dieu du mariage.

hyménium [imenjɔm] n. m. BOT Assise cellulaire fertile de certains champignons (ascomycètes et basidiomycètes), constituée essentiellement par les cellules productrices de spores (asques et basides). – Gr. *humenion,* «petite membrane».

hyménomycètes [imenomisɛt] n. m. pl. BOT Groupe de champignons chez lesquels l'hyménium est à nu. Ant. gastromycètes. – De *hyméno-*, et *-mycète.*

hyménoptères [imenɔptɛʀ] n. m. pl. ZOOL Ordre d'insectes pourvus de deux paires d'ailes membraneuses de grandeur inégale, et dont l'abdomen est pédonculé (ex.: les abeilles, les guêpes, les fourmis). ▷ Sing. *Un hyménoptère.* – De *hyméno-*, et *-ptère.*

hymne [imn] n. m. **1.** ANTIQ Poème chanté en l'honneur d'un dieu, d'un héros. *Hymne à Apollon.* ▷ N. m. et f. LITURG Chant religieux. *Un, une hymne à la gloire de Dieu.* **2.** Chant national. *«Ô Canada» est l'hymne du Canada.* ▷ Poème lyrique, œuvre musicale exprimant des sentiments nobles ou enthousiastes. *Hymne à la paix.* – Lat. *hymnus,* gr. *humnos.*

hyoïde [jɔid] adj. et n. m. ANAT *Os hyoïde:* os de la partie supérieure du cou, au-dessus du larynx. ▷ N. m. *L'hyoïde.* – Gr. *huoeides (ostoûn),* «(os) en forme d'u».

hyoïdien, ienne [jɔidjɛ̃, jɛn] adj. ANAT Qui a rapport à l'hyoïde. – De *hyoïde.*

hypallage [ipalaʒ] n. f. GRAM Figure par laquelle on attribue à un mot d'une phrase ce qui convient à un autre. (Ex: *descendant noble d'une famille* pour *descendant d'une famille noble.*) – Lat. *hypallage,* mot gr. «échange, interversion».

hyper-. Élément, du gr. *huper,* «au-dessus, au-delà», indiquant l'augmentation, l'excès.

hyperacidité [ipɛʀasidite] n. f. MED Acidité surabondante. Syn. hyperchlorhydrie. – De *hyper-*, et *acidité.*

hyperacousie [ipɛʀakuzi] n. f. MED Sensibilité exagérée au bruit. – De *hyper-*, et gr. *akousis,* «action d'entendre».

hyperalgie [ipɛʀalʒi] n. f. MED Exagération de la sensibilité à la douleur. – De *hyper-*, et du gr. *algos,* «douleur».

hyperbare [ipɛʀbaʀ] adj. TECH Dont la pression est supérieure à la pression atmosphérique (mesurée au niveau de la mer). ▷ *Caisson hyperbare:* caisson de décompression utilisé en plongée sous-marine. – De *hyper-*, et de *bar* 2.

hyperbate [ipɛʀbat] n. f. GRAM Figure consistant à intervertir l'ordre habituel des mots. – Lat. *hyperbaton,* mot gr.

hyperbole [ipɛʀbɔl] n. f. **1.** RHET Figure de style consistant à employer des expressions exagérées pour frapper l'esprit. (Ex.: *Verser des torrents de larmes.*) **2.** GEOM Courbe à deux branches et deux asymptotes, lieu des points dont la différence des distances à deux points fixes, appelés *foyers,* est constante. (L'équation de l'hyperbole s'écrit $\frac{x^2}{a^2} - \frac{y^2}{b^2} = 1$; si $a = b$, les asymptotes se coupent à angle droit: l'hyperbole est dite *équilatère.*) – Lat. *hyperbole,* mot gr., de *huper,* «au-dessus», et *ballein,* «lancer».

hyperbolique [ipɛʀbɔlik] adj. **1.** RHET Très exagéré dans son expression. **2.** GEOM En forme d'hyperbole. **3.** MATH Qualifie certaines fonctions déduites de fonctions exponentielles. – Bas lat. *hyperbolicus.*

hyperboliquement [ipɛʀbɔlikmɑ̃] adv. RHET D'une manière hyperbolique. – De *hyperbolique.*

hyperboloïde [ipɛʀbɔlɔid] n. m. GEOM Surface d'équation $\frac{x^2}{a^2} + \frac{y^2}{b^2} - \frac{z^2}{c^2} = \pm 1$ dont les asymptotes forment un cône. – Solide engendré par cette surface. ▷ *Hyperboloïde de révolution,* engendré par une demi-hyperbole tournant autour de l'un de ses axes. – De *hyperbole,* et *-oïde.*

hyperboréen, éenne [ipɛʀbɔʀeɛ̃, eɛn] adj. Litt. Qui est à l'extrême Nord. *Régions hyperboréennes.* – Lat. *hyperboreus,* mot gr., de *huper,* «au-dessus», et *boreas,* «vent du nord».

hypercapnie [ipɛʀkapni] n. f. MED Augmentation pathologique du taux de dioxyde de carbone (CO_2) dans le sang. – De *hyper-*, et gr. *kapnos,* «vapeur».

hyperchlorhydrie [ipɛʀklɔʀidʀi] n. f. MED Excès d'acide chlorhydrique dans le suc gastrique, se traduisant par de la dyspepsie. – De *hyper-*, et *chlorhydr(ique).*

hypercritique [ipɛʀkʀitik] n. et adj. **1.** n. f. Critique extrêmement minutieuse. ▷ Subst. Personne qui exerce ce genre de critique. **2.** adj. Critique à l'excès. – De *hyper-*, et *critique.*

hyperdulie [ipɛʀdyli] n. f. RELIG CATHOL Culte de la Sainte Vierge (par oppos. au culte de *dulie,* rendu aux autres saints, et au culte de *latrie,* rendu à Dieu). – Lat. ecclés médiév.; de *hyper-*, et *dulie.*

hyperémotivité [ipɛʀemɔtivite] n. f. PSYCHO Exagération de l'émotivité. – De *hyper-*, et *émotivité.*

hyperespace [ipɛʀɛspas] n. m. MATH Espace fictif à plus de trois dimensions. – De *hyper-*, et *espace.*

hyperesthésie [ipɛʀestezi] n. f. MED Exaspération pathologique, souvent douloureuse, de la sensibilité. – Lat. méd. *hyperœstheses,* de *hyper-*, et gr. *aisthêsis,* «sensibilité».

hyperfocal, ale, aux [ipɛʀfɔkal, o] adj. PHOTO *Distance hyperfocale* (ou, n. f., *l'hyperfocale*): distance à partir de laquelle tous les objets sont nets jusqu'à l'infini. – De *hyper-*, et *focal.*

hyperfréquence [ipɛʀfʀekɑ̃s] n. f. TELECOM Fréquence comprise dans la gamme de 300 mégahertz à 300 gigahertz. – De *hyper-*, et *fréquence.*

hyperglycémiant, iante [ipɛʀglisemjɑ̃, jɑ̃t] adj. Qui produit l'hyperglycémie. – De *hyperglycémie.*

hyperglycémie [ipɛʀglisemi] n. f. Élévation du taux de glucose dans le sang. *Hyperglycémie provoquée, pour dépister le diabète.* – De *hyper-*, et *glycémie.*

hypergol [ipɛʀgɔl] n. m. TECH Ensemble formé par un combustible et un carburant liquides dont la combustion se produit spontanément lorsqu'ils sont mis en présence, utilisé pour la propulsion des fusées. – De *hyper-*, et *ergol.*

hypergonar [ipɛʀgɔnaʀ] n. m. TECH Objectif photographique, inventé par Henri Chrétien, permettant l'anamorphose des images et qui est à l'origine du cinémascope. – Nom déposé; de *hyper-*, et gr. *gônia,* «angle».

hyperhémie ou **hyperémie** [ipɛʀemi] n. f. MED Congestion locale des vaisseaux sanguins, pathologique ou provoquée. – De *hyper-*, et *-émie.*

hypéricacées [ipeʀikase] n. f. pl. BOT Famille de plantes dicotylédones dialypétales dont certains organes contiennent des poches ou canaux sécréteurs, et dont le millepertuis est le type. – Du gr. *huperikon,* «millepertuis».

hyperleucocytose [ipɛʀløkositoz] n. f. MED Augmentation pathologique du nombre des globules blancs dans le sang à la suite d'une infection ou d'un processus pathologique. – De *hyper-*, et *leucocytose.*

hypermarché [ipɛʀmaʀʃe] n. m. Magasin vendant en libre-service des denrées alimentaires et non alimentaires, et à très grande surface de vente. – De *hyper-*, et *marché.*

hypermètre [ipɛʀmɛtʀ] adj. et n. m. En métr. anc., se dit d'un vers qui a une syllabe de trop mais dont la dernière s'élide sur l'initiale du vers suivant. – N. m. *Un hypermètre.* . – Gr. *hupermetros,* de *hûper,* «au-dessus» et *metron,* «mesure».

hypermétrope [ipɛʀmetʀɔp] adj. et n. Atteint d'hypermétropie. – Du gr. *hupermetros,* «qui est au-delà de la mesure», et *ôps, ôpos,* «œil».

hypermétropie [ipɛʀmetʀɔpi] n. f. Trouble de la vision consistant en une mauvaise perception des objets rapprochés, due à un indice de réfraction anormal du cristallin. (L'image des objets se forme en arrière de la rétine.) – De *hypermétrope.*

hypermnésie [ipɛʀmnezi] n. f. PSYCHO Activité anormalement intense de la mémoire. – De *hyper-*, et suff. *-mnésie.*

hypernerveux, euse [ipɛʀnɛʀvø, øz] adj. et n. D'une nervosité extrême. – De *hyper-*, et *nerveux.*

hypéron [ipeʀɔ̃] n. m. PHYS NUCL Particule lourde, appartenant à la famille des baryons et dont la masse est supérieure à celle du proton. – De *hyper-*, et *(électr)on.*

hyperostose [ipɛʀostoz] n. f. MED Épaississement d'un ou de plusieurs os. – De *hyper-*, *-oste* (de *ostéo-*), et *-ose.*

hyperplan [ipɛʀplɑ̃] n. m. MATH Sous-espace vectoriel à n–1 dimensions d'un espace vectoriel à n dimensions (par ex., un espace à 3 dimensions pour un hyperespace à 4 dimensions, un plan pour un espace à 3 dimensions, etc.). – De *hyper-*, et *plan.*

hyperplasie [ipɛʀplazi] n. f. MED Prolifération anormale des cellules d'un tissu. – De *hyper-*, et *-plasie.*

hyperréalisme [ipɛʀʀealism] n. m. Didac. Mouvement artistique né aux États-Unis dans les années 1967-1968 et qui, visant à une reconstitution objective de tel ou tel aspect de la vie contemporaine, se fonde sur l'imitation littérale, minutieuse (technique du report photographique de l'image sur la toile) et volontairement «froide» de la réalité. (Princ. représentants: R. Estes, J. Kacere, J. Salt, D. Eddy, R. Goings, J.-O. Hucleux.). – De *hyper-*, et *réalisme.*

hypersécrétion [ipɛʀsekʀesjɔ̃] n. f. MED Sécrétion trop importante d'une glande ou d'une cellule. – De *hyper-*, et *sécrétion.*

hypersensibilité [ipɛʀsɑ̃sibilite] n. f. Sensibilité excessive. ▷ MED Exagération de la sensibilité à une sensation ou à un produit. – De *hyper-*, et *sensibilité*.

hypersensible [ipɛʀsɑ̃sibl] adj. et n. Qui manifeste de l'hypersensibilité. – De *hyper-*, et *sensible*.

hypersomnie [ipɛʀsɔmni] n. f. MED Augmentation pathologique du temps de sommeil. – De *hyper-*, et lat. *somnus*, «sommeil», sur le modèle d'*insomnie*.

hypersonique [ipɛʀsɔnik] adj. AVIAT Se dit des vitesses supérieures à Mach 5. – De *hyper-* et *sonique*, d'ap. *supersonique*.

hyperstatique [ipɛʀstatik] adj. TECH En résistance des matériaux, se dit des systèmes dont les réactions d'appui doivent être déterminées en faisant intervenir les déformations élastiques. – De *hyper-*, et *statique*.

hypersustentateur [ipɛʀsystɑ̃tatœʀ] adj. et n. m. AVIAT Qualifie les dispositifs utilisés, notam. sur les avions à décollage et atterrissage courts, pour augmenter la portance de la voilure aux faibles vitesses de vol. – De *hyper-*, et *sustentateur*.

hypersustentation [ipɛʀsystɑ̃tasjɔ̃] n. f. AVIAT Augmentation de la portance. – De *hyper-*, et *sustentation*.

hypertélie [ipɛʀteli] n. f. PALEONT Évolution exagérée aboutissant à l'élaboration d'organes démesurés ou nuisibles (ex.: les canines du machairodus). – Du gr. *hupertelês*, de *huper*, «au-dessus, au-delà», et *telos*, «fin, terme».

hypertendu, ue [ipɛʀtɑ̃dy] adj. et n. Qui souffre d'hypertension. – De *hyper-*, et *tendu* (pp. de tendre).

hypertension [ipɛʀtɑ̃sjɔ̃] n. f. MED Élévation anormale de la pression artérielle. – De *hyper-*, et *tension*.

hyperthermie [ipɛʀtɛʀmi] n. f. MED Élévation de la température du corps, fièvre. – De *hyper-*, et *thermie*.

hyperthyroïdie [ipɛʀtiʀɔidi] n. f. MED Hypersécrétion hormonale de la glande thyroïde. – De *hyper-*, et *thyroïde*.

hypertonie [ipɛʀtɔni] n. f. **1.** MED Augmentation anormale du tonus d'un ou de plusieurs muscles. **2.** PHYS État d'une solution (dite *hypertonique*) dont la concentration est supérieure à celle du milieu dont elle est séparée par une paroi semi-perméable. – Du gr. *hupertonos*, «tendu à l'excès».

hypertrophie [ipɛʀtʀɔfi] n. f. **1.** Développement excessif d'un organe ou d'une partie du corps. **2.** Fig. Accroissement trop important. *Hypertrophie de certaines industries.* – De *hyper-*, et *-trophie*.

hypertrophier [ipɛʀtʀɔfje] **1.** v. tr. **[1]** Produire l'hypertrophie de. *L'alcoolisme hypertrophie souvent le foie.* **2.** v. pron. **[11]** Augmenter de volume (organes, tissus). *Le cœur des sportifs s'hypertrophie.* ▷ Fig. *Sentiment qui s'hypertrophie.* – De *hypertrophie*.

hypertrophique [ipɛʀtʀɔfik] adj. Relatif à l'hypertrophie; accompagné d'hypertrophie. – De *hypertrophie*.

hypervitaminose [ipɛʀvitaminoz] n. f. MED Trouble dû à l'apport excessif de vitamines. – De *hyper-*, *vitamine*, et *-ose* 2.

hyphe [if] n. m. ou f. BOT Filament formé de cellules placées bout à bout, constitutif du mycélium des champignons supérieurs. – Gr. *huphos*, «tissu».

hypholome [ifɔlom] n. m. BOT Champignon non comestible, à spores et lamelles brunes, poussant sur les souches (fam. agaricacées). – De *hyphe*, et gr. *lôma*, «frange».

hypn(o)-. Élément, du gr. *hupnos*, «sommeil».

hypnagogique [ipnagɔʒik] adj. Didac. Qui conduit au sommeil; qui concerne les états de conscience qui précèdent immédiatement le sommeil. *Hallucination hypnagogique.* – De *hypn-*, et gr. *agôgê*, «action de transporter, conduire».

hypnose [ipnoz] n. f. État psychique proche du sommeil, provoqué artificiellement par suggestion ou par des moyens chimiques. (Dans ce dernier cas, on parle plutôt de *narcose* ou *subnarcose*.) – Du gr. *hupnoûn*, «endormir».

hypnotique [ipnɔtik] adj. **1.** MED Qui provoque le sommeil. *Médicament hypnotique.* ▷ N. m. *Un hypnotique.* **2.** Relatif à l'hypnose, à l'hypnotisme. – Gr. *hupnôtikos*.

hypnotiser [ipnɔtize] v. tr. **[1]** **1.** Plonger (qqn) dans un sommeil hypnotique. **2.** Fig. Fasciner, éblouir. *Il était littéralement hypnotisé par ce spectacle.* ▷ V. pron. Fig. Concentrer son attention exclusivement sur, être obnubilé par. *S'hypnotiser sur une idée.* – De *hypnotique*.

hypnotiseur, euse [ipnɔtizœʀ, øz] n. Personne qui hypnotise. – De *hypnotiser*.

hypnotisme [ipnɔtism] n. m. **1.** Ensemble des phénomènes qui constituent le sommeil artificiel provoqué, l'état d'hypnose. **2.** Ensemble des moyens, des techniques mis en œuvre pour provoquer le sommeil hypnotique. **3.** Branche du savoir qui traite des phénomènes d'hypnose. – D'abord en angl., *hypnotism*, de *hypnotic*, empr. au fr. *hypnotique*.

hyp(o)-. Élément, du gr. *hupo*, «au-dessous, en deçà», qui exprime un état inférieur, une insuffisance, un manque, une très petite quantité.

hypoacousie [ipoakuzi] n. f. MED Diminution de l'acuité auditive. – De *hypo-*, et gr. *akousis*, «action d'entendre».

hypocalorique [ipokalɔʀik] adj. Qui fournit peu de calories. *Régime hypocalorique.* – De *hypo-*, et *calorique*.

hypocapnie [ipokapni] n. f. MED Diminution du taux de dioxyde de carbone (CO_2) dans le sang. – De *hypo-*, et gr. *kapnos*, «vapeur, fumée».

hypocauste [ipokost] n. m. ARCHEOL **1.** Fourneau souterrain qui chauffait les bains ou les chambres de bains. **2.** Chambre voûtée qui renfermait un fourneau. – Gr. *hupokauston*, de *hupo*, «au-dessous», et *kaiein*, «brûler».

hypocentre [iposɑ̃tʀ] n. m. GEOL Lieu d'origine, en profondeur, des ondes sismiques lors d'un séisme. *L'hypocentre d'un séisme se trouve à la verticale de son épicentre.* – De *hypo-*, et *centre*.

hypochloreux [ipoklɔʀø] adj. m. CHIM Qualifie l'anhydride Cl_2O et le monoacide $HClO$. – De *hypo-*, et *chloreux*.

hypochlorhydrie [ipoklɔʀidʀi] n. f. MED Diminution de la teneur du suc gastrique en acide chlorhydrique. – De *hypo-*, et *chlorhydr(ique)*.

hypochlorite [ipoklɔʀit] n. m. CHIM Sel de l'acide hypochloreux. *Les hypochlorites de sodium (eau de Javel) et de calcium (chlorure de chaux) sont utilisés comme désinfectants et pour le blanchiment.* – De *hypo-*, et *chlorite*.

hypocondre [ipokɔ̃dʀ] n. m. et adj. **1.** n. m. ANAT Chacune des parties latérales de l'abdomen, située au-dessous des fausses côtes. **2.** adj. Vx Hypocondriaque. – Bas lat. *hypochondria*, du gr. *khondros*, «cartilage des côtes».

hypocondriaque [ipokɔ̃dʀijak] adj. et n. **1.** PSYCHOPATHOL Qui est atteint d'hypocondrie. **2.** D'humeur mélancolique et inégale. – Gr. *hupokhondriakos*.

hypocondrie [ipokɔ̃dʀi] n. f. PSYCHOPATHOL Préoccupation obsessionnelle d'un sujet pour son état de santé (affection autrefois supposée d'origine abdominale). – De *hypocondre* ou du bas lat. *hypocondria.*

hypocoristique [ipokɔʀistik] adj. et n. m. LING Qui exprime une affection tendre ou amicale. *Redoublement hypocoristique* (Popaul, fifille). *Diminutif hypocoristique* (Jacquot). – Gr. *hupokoristikos,* «caressant».

hypocotyle [ipokɔtil] n. m. BOT Partie de la tige située au-dessous des cotylédons, lors de la germination. – De *hypo-,* et *cotyl(édon).*

hypocras [ipokʀɑs] n. m. Boisson faite de vin sucré, de cannelle et d'aromates, très goûtée au Moyen Âge. – Du nom d'*Hippocrate* (460-v. 377 av. J.-C.), médecin grec qui l'aurait inventé.

hypocrisie [ipokʀizi] n. f. **1.** Vice qui consiste à affecter une vertu, un sentiment noble qu'on n'a pas. **2.** Caractère de ce qui est hypocrite. *L'hypocrisie de Tartuffe.* **3.** Acte hypocrite. *J'en ai assez de vos hypocrisies.* – Bas lat. *hypocrisis,* mot gr., «action de jouer un rôle».

hypocrite [ipokʀit] adj. **1.** Qui a de l'hypocrisie. *Un personnage hypocrite.* ▷ Subst. *Un(e) hypocrite.* – *Spécial.* Faux dévot. **2.** Qui dénote l'hypocrisie. *Douceur hypocrite.* – Lat. *hypocrita,* «mime».

hypocritement [ipokʀitmɑ̃] adv. D'une manière hypocrite; avec hypocrisie. – De *hypocrite.*

hypocycloïde [iposiklɔid] n. f. GEOM Courbe engendrée par un point d'un cercle roulant sans glisser à l'intérieur d'un cercle fixe. – De *hypo-,* et *cycloïde.*

hypoderme [ipodɛʀm] n. m. **1.** Tissu cellulaire sous le derme. **2.** ZOOL Insecte diptère (varron, notam.) dont les larves vivent dans l'hypoderme des ruminants, rendant leur cuir inutilisable. – De *hypo-,* et *derme.*

hypodermique [ipodɛʀmik] adj. Qui concerne l'hypoderme. *Injection hypodermique,* sous-cutanée. – De *hypoderme.*

hypodermose [ipodɛʀmoz] n. f. MED VET Affection (petites tumeurs) des ruminants (notam. bovins) due aux larves d'hypodermes (sens 2). – De *hypoderme,* et *-ose* 2.

hypogastre [ipogastʀ] n. m. ANAT Partie inférieure de l'abdomen, située au-dessus du pubis. – Gr. *hupogastrion.*

hypogastrique [ipogastʀik] adj. Relatif à l'hypogastre. – De *hypogastre.*

hypogé, ée [ipoʒe] adj. BOT Qui se développe sous la terre, spécial. en parlant de la germination de certains cotylédons ou de ces cotylédons eux-mêmes. Ant. épigé. – V. hypogée.

hypogée [ipoʒe] n. m. ARCHEOL Chambre souterraine. – ANTIQ Construction souterraine où les Anciens déposaient les morts. *Les hypogées de la vallée des Rois en Haute-Égypte.* – Gr. *hupogeion,* de *gê,* «terre»; lat. *hypogeum.*

hypoglosse [ipoglɔs] adj. ANAT *Nerf grand hypoglosse,* ou, n. m., *l'hypoglosse:* nerf moteur de la langue. – Gr. *hupoglôssios,* de *glôssa,* «langue».

hypoglycémiant, ante [ipoglisemjɑ̃, ɑ̃t] adj. et n. m. Qui provoque l'hypoglycémie. *L'insuline est le principal hypoglycémiant administré dans le traitement du diabète.* – De *hypoglycémie.*

hypoglycémie [ipoglisemi] n. f. MED Diminution ou insuffisance du taux de glucose dans le sang. – De *hypo-,* et *glycémie.*

hypogyne [ipoʒin] adj. BOT Qui est inséré sous l'ovaire d'une plante. *Corolle, étamines hypogynes.* Ant. épigyne. – De *hypo-,* et *-gyne.*

hypoïde [ipɔid] adj. Se dit d'un couple d'engrenages coniques à denture spirale et à axes orthogonaux. – De *hypo-,* et *-oïde.*

hypophosphate [ipofɔsfat] n. m. CHIM Sel de l'acide hypophosphorique. – De *hypo-,* et *phosphate.*

hypophosphite [ipofɔsfit] n. m. CHIM Sel de l'acide hypophosphoreux. – De *hypo-,* et *phosphite.*

hypophosphoreux [ipofɔsfɔʀø] adj. m. CHIM Se dit de l'acide le moins oxygéné du phosphore, le monoacide H_3PO_2. – De *hypo-,* et *phosphoreux.*

hypophosphorique [ipofɔsfɔʀik] adj. m. Se dit de l'acide $H_4P_2O_6$ qui se forme par action de l'air humide sur le phosphore. – De *hypo-,* et *phosphorique.*

hypophysaire [ipofizɛʀ] adj. Qui a rapport à l'hypophyse. – De *hypophyse.*

hypophyse [ipofiz] n. f. ANAT, PHYSIOL Glande endocrine logée dans la selle turcique (sous le cerveau) audessous de l'hypothalamus et qui, sécrétant les stimulines qui agissent sur les autres glandes endocrines, joue un rôle majeur dans la régulation des sécrétions hormonales. (L'hypophyse sécrète aussi un certain nombre d'autres hormones qui agissent en particulier sur la croissance *[hormone somatotrope,* ou *hormone de croissance],* sur la teneur du corps en eau et la teneur du sang en glucose.) – Du gr. *hupophusis,* «croissance en dessous».

hyposécrétion [iposekʀesjɔ̃] n. f. MED Sécrétion insuffisante ou inférieure à la normale. – De *hypo-,* et *sécrétion.*

hyposodé, ée [iposɔde] adj. CHIM Qui contient peu de sodium (et notam. peu de chlorure de sodium). – De *hypo-,* et *sodium.*

hypospadias [ipospadjas] n. m. MED Malformation congénitale de l'urètre, dont l'orifice est situé sur la face inférieure de la verge. – Gr. *hupospadias,* de *hupo,* «au-dessous», et *span,* «déchirer».

hypostase [ipostɑz] n. f. **1.** PHILO Sujet réellement existant, substance. – THEOL Le Père, le Fils, l'Esprit-Saint, en tant que personnes substantiellement distinctes des deux autres. **2.** MED Dépôt d'un liquide organique (sang, urine, etc.). – Lat. *hypostasis,* mot gr., «action de supporter, base, substance».

hypostatique [ipostatik] adj. THEOL Substantiel; qui forme une substance, une personne. *L'union hypostatique de la nature humaine et de la nature divine, dans le Christ.* – De *hypostasie.*

hypostyle [ipostil] adj. ARCHI Dont le plafond est soutenu par des colonnes. *Salle hypostyle.* – Gr. *hupostulos,* de *hupo,* «au-dessous», et *stulos,* «colonne».

hyposulfate [iposylfat] n. m. CHIM Sel de l'acide hyposulfurique. – De *hypo-,* et *sulfate.*

hyposulfite [iposylfit] n. m. CHIM Sel de l'acide hyposulfureux. *L'hyposulfite de sodium sert de fixateur en photographie* (développement, tirage). – De *hypo-,* et *sulfite.*

hyposulfureux [iposylfyʀø] adj. m. CHIM Se dit de l'acide $H_2S_2O_3$ (thiosulfurique). – De *hypo-,* et *sulfureux.*

hyposulfurique [iposylfyʀik] adj. *Acide hyposulfurique* appelé aussi *acide dithionique,* de formule $H_2S_2O_6$. – De *hypo-,* et *sulfurique.*

hypotendu, ue [ipotɑ̃dy] adj. et n. MED Qui a une tension artérielle insuffisante. – Subst. *Les hypotendus.* – De *hypo-,* et *tendu* (pp. de tendre).

hypotenseur [ipotɑ̃sœʀ] adj. et n. m. MED Qui diminue la tension artérielle. *Médicament hypotenseur.* ▷ N. m. *Un hypotenseur.* – De *hypotension.*

hypotension [ipotɑ̃sjɔ̃] n. f. MED Tension artérielle inférieure à la normale. – De *hypo-,* et *tension.*

hypoténuse [ipotenyz] n. f. GEOM Côté opposé à l'angle droit d'un triangle rectangle. *Le carré de l'hypoténuse est égal à la somme des carrés des deux autres côtés* (théorème de Pythagore). – Lat. *hypotenusa*, gr. *hupoteinousa*, «se tendant sous» (les angles).

hypothalamique [ipotalamik] adj. ANAT Relatif à l'hypothalamus. – De *hypothalamus*.

hypothalamus [ipotalamys] n. m. ANAT Région du diencéphale située sous le thalamus et au-dessus de l'hypophyse. *L'hypothalamus joue un rôle fondamental dans les mécanismes du sommeil, l'activité sympathique (métabolisme de l'eau, des glucides et des lipides) et la thermorégulation.* – De *hypo-*, et *thalamus*.

hypothécable [ipotekabl] adj. DR Qui peut être hypothéqué. *Biens hypothécables:* meubles (avion, navire) et immeubles (maison, terrain, etc.). – De *hypothéquer*.

hypothécaire [ipotekɛʀ] adj. DR Relatif à l'hypothèque; assuré, garanti par hypothèque. *Inscription hypothécaire. Dette hypothécaire due au créancier hypothécaire.* – Lat. imp. *hypothecarius*.

hypothécairement [ipotekɛʀmɑ̃] adv. DR Par hypothèque. – Du préc.

hypothénar [ipotenaʀ] adj. inv. ANAT *Éminence hypothénar:* saillie de la partie interne de la paume de la main, formée par les muscles moteurs du petit doigt. – Gr. *hupothenar*, «creux de la main».

hypothèque [ipotɛk] n. f. **1.** DR et Cour. Droit réel consenti à un créancier sur les biens d'un débiteur pour garantir l'exécution d'une obligation (prêt, créance, etc.), sans que le propriétaire soit dépossédé des biens grevés. *L'hypothèque confère au créancier un droit de préférence sur les autres créanciers à concurrence du prix des biens hypothéqués.* **2.** Cour., fig. Entrave au développement de qqch. *Situation de crise qui fait peser une lourde hypothèque sur l'expansion économique.* – Lat. *hypotheca*, gr. *hupothêkê*, littéralement «ce qu'on met en dessous», d'où «gage».

hypothéquer [ipoteke] v. tr. [16] **1.** DR Soumettre (qqch) à hypothèque. *Hypothéquer une maison.* ▷ Garantir par hypothèque. *Hypothéquer une créance.* **2.** Fig., cour. Engager (en faisant peser une menace sur). *Hypothéquer l'avenir.* – De *hypothèque*.

hypothermie [ipotɛʀmi] n. f. MED Abaissement de la température du corps au-dessous de la normale. – De *hypo-*, et *-thermie*.

hypothèse [ipotɛz] n. f. **1.** MATH Point de départ d'une démonstration logique, posé dans l'énoncé et à partir duquel on se propose d'aboutir à la conclusion (proposition nouvelle logiquement déduite) de la démonstration. **2.** (Dans les sciences expérimentales.) Explication plausible d'un phénomène naturel, provisoirement admise et destinée à être soumise au contrôle méthodique de l'expérience. *Hypothèse confirmée, infirmée par l'expérience.* **3.** Cour. Supposition, conjecture que l'on fait sur l'explication ou la possibilité d'un événement. *Une hypothèse fragile, dénuée de tout fondement. Émettre une hypothèse.* – Lat. *hypothesis*, gr. *hupothesis*, de *thesis*, «thèse».

hypothético-déductif, ive [ipotetikodedyktif, iv] adj. LOG Qui part des propositions posées comme hypothèses et en déduit logiquement les conséquences. *La mathématique est un système hypothético-déductif.* – De *hypothétique*, et *déductif*.

hypothétique [ipotetik] adj. **1.** LOG Qui exprime ou qui contient une hypothèse, qui affirme sous condition. *Proposition hypothétique. Jugement hypothétique.* **2.** Cour. Douteux, incertain. *Rester dans l'attente d'une réponse hypothétique.* – Bas lat. *hypotheticus*, gr. *hupothetikos*, «relatif à une supposition».

hypothétiquement [ipotetikmɑ̃] adv. Par hypothèse; d'une manière hypothétique. – De *hypothétique*.

hypothyroïdie [ipotiʀɔidi] n. f. MED Insuffisance de fonctionnement de la thyroïde. (L'hyposécrétion d'hormones thyroïdiennes provoque le myxœdème.) – De *hypo-*, et *thyroïde*.

hypotonie [ipotɔni] n. f. **1.** MED Diminution du tonus musculaire. **2.** PHYS État d'une solution hypotonique. – De *hypo-*, et rad. de *tonique*.

hypotonique [ipotɔnik] adj. PHYS, MED *Solution hypotonique*, dont la pression osmotique est inférieure à celle de référence, spécial. à celle du sang. – Du préc.

hypotrophie [ipotʀɔfi] n. f. MED Développement insuffisant du corps ou d'un organe. – De *hypo-*, et gr. *trophê*, «nourriture».

hypovitaminose [ipovitaminoz] n. f. MED Carence en vitamines. – De *hypo-*, *vitamine*, et *-ose* 2.

hypsomètre [ipsɔmɛtʀ] n. m. PHYS Appareil permettant de déterminer l'altitude d'un lieu, d'après la température à laquelle l'eau entre en ébullition. – Du gr. *hupsos*, «hauteur», et *-mètre*.

hypsométrie [ipsometʀi] n. f. PHYS Mesure de l'altitude d'un lieu. – Du préc.

hypsométrique [ipsometʀik] adj. PHYS Relatif à l'hypsométrie. ▷ *Courbes hypsométriques:* courbes de niveau. ▷ *Cartes hypsométriques* ou *cartes hypsographiques :* cartes qui représentent les différences d'altitude, le plus souvent par l'emploi de teintes variées. – Du préc.

hyracoïdes [iʀakɔid] n. m. pl. ZOOL Ordre de mammifères ongulés comprenant les damans. – Du gr. *hurax, hurakos*, «souris», et *-oïde*.

hysope [izɔp] n. f. BOT Arbrisseau vivace (*Hysopus officinalis*, l'hysope officinale, fam. labiées) des régions médit., aux fleurs bleues, rouges ou blanches. – Lat. d'orig. gr. *hys(s)opus*.

hystér(o)-. Élément, du gr. *hustera*, «utérus».

hystérectomie [isteʀɛktɔmi] n. f. CHIR Ablation, totale ou partielle, de l'utérus. – De *hystér-*, et *-ectomie*.

hystérèse [isteʀɛz] ou **hystérésis** [isteʀezis] n. f. PHYS et CHIM Retard dans l'évolution d'un phénomène. ▷ *Hystérésis magnétique*, affectant les corps ferromagnétiques, qui prennent une aimantation lorsqu'on les place dans un champ magnétique et conservent une aimantation, dite *rémanente*, lorsque ce champ cesse. ▷ *Hystérésis diélectrique*, qui affecte les corps diélectriques, dont la polarisation varie lorsqu'on les place dans un champ électrique. (Dans le cas d'un champ alternatif, il en résulte un dégagement de chaleur appelé *pertes diélectriques*.) ▷ *Cycle d'hystérésis:* courbe représentative du phénomène d'hystérésis. – Du gr. *husterein*, «être en retard».

hystérie [isteʀi] n. f. **1.** PSYCHIAT Catégorie de névroses se présentant sous des formes cliniques diverses, et reposant sur un mode de représentation, certains mécanismes (notam. le refoulement) concernant le conflit œdipien, et des caractéristiques libidinales particulières. – PSYCHAN *Hystérie de conversion*, où les symptômes sont d'apparence organique. – *Hystérie d'angoisse*, se manifestant par des phobies. **2.** Cour. Grande excitation, agitation bruyante. *Chanteur qui déchaîne l'hystérie de la foule.* – De *hystérique*.

hystériforme [isteʀifɔʀm] adj. MED Qui évoque l'hystérie, ressemble à l'hystérie. – De *hystérie*, et *-forme*.

hystérique [isteʀik] adj. **1.** MED Qui a rapport à l'hystérie. *Crise hystérique.* **2.** Qui est atteint d'hystérie. *Une femme hystérique.* ▷ Subst. *Un, une hystérique.* **3.** Cour. Énervé, surexcité; qui dénote la surexcitation. *Rire hystérique.* – Lat. *hystericus*, gr. *husterikos*, de *hustera*, «utérus», l'attitude des malades étant autrefois considérée comme un accès d'érotisme morbide féminin.

hystérographie [isteʀɔgʀafi] n. f. MED Examen radiographique de l'utérus. – De *hystéro-*, et *(radio)graphie*.

hystérotomie [isteʀɔtɔmi] n. f. MED Incision de l'utérus, pour en extraire le fœtus (césarienne) ou en retirer une tumeur. – De *hystéro-*, et *-tomie*.

hystricoïdes [istʀikɔid] n. m. pl. Superfamille de rongeurs comprenant les porcs-épics, les chinchillas, etc. – Du gr. *hustrix, hustrikhos*, «porc-épic».

Hz PHYS Symbole du hertz.

I i

i [i] n. m. **1.** Neuvième lettre et troisième voyelle de l'alphabet, notant la voyelle palatale non arrondie [i] (ami) ou la semi-voyelle [j] (pied). ▷ Loc. fig. *Mettre les points sur les i:* faire connaître sans équivoque sa manière de voir. *Droit comme un i,* très droit. **2.** I, chiffre romain qui vaut 1. *Chapitre I.* **3.** MATH i, symbole représentant le nombre complexe $\sqrt{-1}$ (dit autref. *imaginaire*). **4.** PHYS I, symbole de l'intensité d'un courant électrique, du moment d'inertie, de l'impulsion. **5.** I CHIM Symbole de l'iode.

iambe [jɑ̃b] n. m. **1.** En versif. antique, pied composé de deux syllabes, la première brève et la seconde longue. *L'iambe fut employé au théâtre.* **2.** Pièce de vers satirique. – Lat. *iambus,* gr. *iambos.*

iambique [jɑ̃bik] adj. Composé d'iambes. *Un vers iambique.* – Lat. *iambicus,* gr. *iambikos.*

iatr-, -iatro, -iatre, -iatrie. Éléments, du gr. *iatros,* «médecin».

iatrogène [jatʀɔʒɛn] adj. MED Se dit d'une maladie provoquée par le traitement du médecin. – De *iatro-,* et *-gène.*

ibéride [ibeʀid] ou **ibéris** [ibeʀis] n. f. BOT Genre de crucifères auquel appartient le *thlaspi* ou *téraspic* (plante ornementale). – Lat. *iberis, iberidis,* du gr. *ibêris,* «cresson».

ibérique [ibeʀik] adj. **1.** HIST Relatif aux Ibères, peuple d'origine incert. installé en Europe occid. au Néolithique, avec pour centre la ville espagnole d'Alméria. **2.** Relatif à l'Espagne et au Portugal. ▷ *Péninsule ibérique:* partie S.-O. de l'Europe comprenant l'Espagne et le Portugal. ▷ *Cordillère ibérique:* chaîne montagneuse de l'Espagne du N.-E. séparant le bassin de l'Èbre de la Castille. **3.** Espagnol. – Lat. *(H)ibericus,* gr. *Ibêrikos.*

ibérisme [ibeʀism] n. m. Caractère, particularité ibérique. – De *ibérique.*

ibidem [ibidɛm] adv. Au même endroit; dans le même texte. (Abrév. *ibid., ib.*) – Adv. lat., «ici même».

-ibilité. Suffixe, du lat. *-ibilis,* qui exprime la possibilité d'être et sert à former des noms.

ibis [ibis] n. m. Oiseau ciconiiforme (nombr. genres), long d'env. 60 cm, à long bec courbé vers le bas. *L'ibis sacré d'Afrique («Threskiornis æthiopica»), blanc avec la tête et les extrémités des ailes noires, était vénéré par les Égyptiens, car son arrivée annonçait les crues du Nil.* – Mot lat. et gr.

ibiscus. V. hibiscus.

-ible. Suffixe, du lat. *-ibilis,* qui exprime la possibilité d'être (*lisible,* qui peut être lu) et qui sert à former des adjectifs.

ibn [ibn] Mot arabe signifiant «fils», qui entre dans la composition de nombreux noms propres.

iceberg [isbɛʀg] n. m. Bloc de glace non salée qui s'est détaché des glaciers polaires et flotte dans la mer, ne laissant apparaître que le dixième environ de sa masse. – Mot angl., du norv. *ijsberg,* «montagne de glace».

icelui, icelle [iselɥi, isɛl] plur. **iceux, icelles** [isø, isɛl] pron. démonstratif VX ou DR Celui-ci, celle-ci, ceux-ci, celles-ci. – Forme renforcée de *celui.*

ichneumon [iknømɔ̃] n. m. **1.** Mangouste. *L'ichneumon était honoré par les Égyptiens parce qu'il tuait les serpents.* **2.** Insecte hyménoptère aculéate («porteur d'aiguillon») au corps long et grêle, dont la larve parasite les chenilles. – Mot lat., du gr. *ikhneumôn,* propr. «qui suit la piste».

ichthy-, ichthyo-, ichty-, ichtyo-. Éléments, du gr. *ikhthus,* «poisson».

ichtyocolle [iktjokɔl] n. f. TECH Colle de poisson tirée de la vessie gazeuse de divers poissons (esturgeon notam.). *L'ichtyocolle sert à clarifier les vins.* – De *ichtyo-,* et *colle.*

ichtyologie [iktjolɔʒi] n. f. Partie de la zoologie qui traite des poissons. – De *ichtyo-,* et *-logie.*

ichtyologique [iktjolɔʒik] adj. Qui a rapport aux poissons, à l'ichtyologie. – De *ichtyologie.*

ichtyologiste [iktjolɔʒist] n. Spécialiste d'ichtyologie. – De *ichtyologie.*

ichtyornis [iktjɔʀnis] n. m. PALEONT Oiseau fossile du Crétacé, de l'Amérique du N., de la taille d'un pigeon. – Lat. sav. de *ichtyo-,* et gr. *ornis,* «oiseau».

ichtyosaure [iktjozɔʀ] n. m. PALEONT Reptile marin fossile à allure de poisson. *Atteignant dix mètres de long, piscivores, les ichtyosaures vécurent du Trias au Crétacé.* – Lat. sav. *ichtyosaurus,* de *ichtyo-,* et *-saure.*

ichtyose [iktjoz] n. f. MED Maladie héréditaire de la peau, caractérisée par une sécheresse des téguments et une desquamation entraînant la formation d'écailles. – De *ichtyo-,* et *-ose* 2.

ici [isi] adv. **I.** (Lieu.) **1.** Dans le lieu défini par la personne qui parle. *Venez ici. Je suis ici pour mes vacances. Passez par ici,* par cet endroit. ▷ *D'ici,* de cette région, de ce pays. *Les gens d'ici.* ▷ *Par ici:* dans les environs. *Il y a par ici plusieurs bons restaurants.* **2.** (Dans un texte.) À l'endroit indiqué. *Ici l'acteur marque un silence.* **3.** loc. adv. *Ici-bas:* sur Terre. *Les choses d'ici-bas.* **II.** (Temps.) **1.** *Jusqu'ici,* jusqu'au moment présent. *Jusqu'ici cet enfant est resté sage.* **2.** *D'ici:* à partir de maintenant jusqu'à... *D'ici huit jours, d'ici à huit jours. D'ici peu. D'ici longtemps. D'ici là:* du moment présent à une date ultérieure. *D'ici là, nous pourrons aviser.* – Du lat. pop. *ecce hic,* forme renforcée de *hic,* «ici».

icon-, icono-. Éléments, du gr. *eikôn,* «image».

icône ou **icone** [ikon] n. f. Image sacrée des religions orthodoxes, peinte sur bois, sur métal, sur ivoire, etc. *Les icônes byzantines, russes.* – Russe *ikona,* gr. byz. *eikona.*

ENCYCL Les écoles byzantine et russe sont les plus représentatives d'un art (né aux Ve et VIe s., probabl. en Palestine) qui a connu un assez grand développement dans les Balkans, en Serbie, en Bulgarie et en Roumanie. On groupait les icônes à l'intérieur de l'égl. orthodoxe sur l'iconostase, mais on en plaçait aussi dans les habitations privées. La production des villes de Souzdal, Vladimir (XIIe-XVe s.), Iaroslavl' (XIIIe-XVIIe s.), Novgorod (XIe-XVe s.) et Moscou (XVe-XVIe s.) domine l'école russe.

iconique [ikɔnik] adj. *Statue iconique,* dans la statuaire grecque, statue faite à la ressemblance de ceux qui avaient été trois fois vainqueurs aux jeux sacrés. – De *iconicus,* gr. *eikonikos,* «qui représente».

iconoclasme [ikɔnɔklasm] n. m. ou **iconoclastie** [ikɔnɔklasti] n. f. HIST Doctrine, mouvement religieux et politique des iconoclastes. – De *iconoclaste.*

iconoclaste [ikɔnɔklast] n. et adj. **1.** HIST Sectaire chrétien de Constantinople (VIIIe-IXe s.) qui condamnait comme idolâtre le culte des images. ▷ adj. *Les* *empereurs iconoclastes déclenchèrent la querelle des images.* **2.** Briseur d'images; vandale destructeur d'œuvres d'art. **3.** Fig. Personne qui cherche à détruire les opinions reçues, les idées établies. – Gr. byz. *eikonoklastês,* «briseur d'images».

iconographe [ikɔnɔgʀaf] n. Spécialiste de l'iconographie. – De *iconographie.*

iconographie [ikɔnɔgʀafi] n. f. **1.** Étude, description explicative des représentations figurées d'un sujet (peintures, sculptures, etc.); l'ensemble de ces représentations. *L'iconographie napoléonienne.* **2.** Ensemble des illustrations d'un ouvrage imprimé. – De *icono-,* et *-graphie.*

iconographique [ikɔnɔgʀafik] adj. Relatif à l'iconographie. – De *iconographie.*

iconolâtre [ikɔnɔlɑtʀ] n. HIST Adorateur d'images sacrées. – Gr. *eikonolatrês,* de *eikôn,* «image», et *latreuein,* «adorer».

iconolâtrie [ikɔnɔlɑtʀi] n. f. HIST Adoration d'images sacrées. – De *iconolâtre.*

iconologie [ikɔnɔlɔʒi] n. f. Art de la représentation allégorique. – Connaissance des symboles, des emblèmes qu'elle utilise. – Étude des attributs des divinités et des personnages mythologiques. – Ital. *iconologia,* du gr. *eikonologia.*

iconologiste [ikɔnɔlɔʒist] ou **iconologue** [ikɔnɔlɔg] n. Spécialiste d'iconologie. – De *iconologie.*

iconoscope [ikɔnɔskop] n. m. AUDIOV En télévision, système qui analyse l'image. – De *icono-,* et *-scope.*

iconostase [ikɔnɔstɑz] n. f. Dans les églises orientales, cloison ornée d'images sacrées, d'icônes, derrière laquelle l'officiant s'isole pour la consécration. – Russe *ikonostas,* du gr. *eikôn,* «image», et *stasis,* «action de poser, fixer».

iconothèque [ikɔnɔtɛk] n. f. Lieu où sont conservées les collections d'images (gravures, dessins, estampes, photographies, etc.) d'un musée, d'une bibliothèque. – De *icono-,* et *-thèque.*

icosaèdre [ikɔzaɛdʀ] n. m. GEOM Polyèdre régulier à 20 faces constituées par des triangles équilatéraux égaux. – Lat. *icosahedrum,* gr. *eikosaedros,* de *eikosi,* «vingt» et *edra,* «face».

ictère [iktɛʀ] n. m. MED Coloration jaune de la peau et des muqueuses, appelée cour. *jaunisse,* symptomatique d'une accumulation anormale de pigments biliaires dans ces tissus. *L'hépatite virale est la cause la plus fréquente des ictères.* – Lat. *icterus,* du gr. *ikteros,* «jaunisse».

ictérique [ikteʀik] adj. et n. MED Relatif à l'ictère; affecté d'un ictère. – Lat. *ictericus,* «atteint de la jaunisse», du gr.

ictus [iktys] n. m. **1.** En versif. antique, battement de la mesure dans le vers. **2.** MED Manifestation pathologique brutale s'accompagnant très souvent d'une perte de connaissance. *Ictus apoplectique.* – Mot lat., «coup».

id. Abrév. de *idem.*

-ide. Élément, du gr. *eidos,* «aspect, forme», indiquant la ressemblance, la formation (ex.: *glucide, protide, lipide.*). V. -oïde.

ide [id] n. m. Poisson cyprinidé d'eau douce, rouge doré, élevé dans les étangs. Syn. orfe. – Lat. zool. *idus;* du suédois *id.*

idéal, ale, als ou **aux** [ideal, o] adj. et n. **I.** adj. **1.** Qui n'existe que dans l'entendement; créé par l'imagination, la pensée. *Figure idéale. Monde idéal.* **2.** Qui atteint le plus haut degré de perfection imaginable, concevable. *Pureté idéale.* Syn. absolu. ▷ Fam. Parfait, rêvé. *C'est le compagnon de voyage idéal.* **II.** n. m. **1.** Modèle absolu de la perfection dans un domaine. *Idéal de beauté.* – But élevé que l'on se propose d'atteindre. *Homme sans idéal.* **2.** Ensemble abstrait de toutes les perfections; conception de la perfection. *Recherche de l'idéal.* – Fam. Ce qu'il y a de mieux, de plus satisfaisant. *L'idéal serait de pouvoir emmener tout le monde.* **3.** MATH *Idéal à gauche* (ou *à droite*) *d'un anneau A:* sous-groupe additif J de cet anneau tel que, pour tout élément a de A et pour tout élément j de J, l'élément aj (ou ja) appartient à J. ▷ *Idéal bilatère,* qui est à la fois un idéal à gauche et un idéal à droite. – Bas lat. *idealis,* du class. *idea,* «idée».

idéalement [idealmɑ̃] adv. De façon idéale. – De *idéal.*

idéalisateur, trice [idealizatœʀ, tʀis] adj. et n. Qui idéalise. – De *idéaliser.*

idéalisation [idealizasjɔ̃] n. f. Action d'idéaliser. – De *idéaliser.*

idéaliser [idealize] v. tr. [1] Élever à l'idéal, représenter sous une forme idéale. Syn. embellir. – De *idéal.*

idéalisme [idealism] n. m. **1.** PHILO Doctrine qui tend à ramener la réalité des choses aux idées ou à la conscience du sujet qui les pense. *L'idéalisme transcendantal de Kant.* **2.** Attitude consistant à subordonner son action, sa conduite à un idéal. **3.** Conception de l'art comme traduction d'un idéal, et non comme une simple représentation du réel. – De *idéal.*

idéaliste [idealist] adj. et n. **1.** PHILO Relatif à l'idéalisme philosophique. *La dialectique idéaliste de Hegel.* ▷ Subst. Partisan de l'idéalisme. **2.** Cour. Qui subordonne son action, sa conduite, à un idéal. ▷ Subst. *Un, une idéaliste.* – De *idéal.*

idéalité [idealite] n. f. Caractère de ce qui est idéal. – De *idéal.*

idéation [ideasjɔ̃] n. f. Processus de la formation des idées. – De *idée,* d'après l'angl.

idée [ide] n. f. **1.** Représentation d'une chose dans l'esprit; notion. *L'idée d'arbre. Le mot et l'idée.* **2.** Conception de l'esprit, pensée; manière de concevoir une action ou de se représenter la réalité. *Idée fondamentale d'un livre. Idées neuves, hardies.* ▷ *Idée fixe:* pensée qui obsède l'esprit. ▷ *Idée force:* pensée, conception susceptible de pousser à l'action, de guider la conduite. **3.** Inspiration. *L'idée première d'une œuvre.* ▷ Plur. Produit de l'inspiration, pensée originale. *Ce scénario est plein d'idées.* **4.** Plur. Opinions. *Ce n'est pas dans ses idées.* **5.** Représentation fausse, illusion, crainte non fondée. *Se faire des idées.* **6.** Intention, projet. *J'ai changé d'idée. Jeter sur le papier l'idée d'un ouvrage.* **7.** Rapide aperçu, notion sommaire. *Donnez-moi une idée de votre livre.* **8.** Esprit, conscience. *J'ai dans l'idée que... Cela m'était sorti de l'idée.* – Lat. philo. *idea,* mot gr. «forme visible», d'où «forme distinctive», puis «idée»; du rad. gr. *ideîn,* «voir».

idéel, elle [ideɛl] adj. PHILO Relatif aux idées et à l'idéation. – De *idée.*

idem [idɛm] adv. Le même, la même chose. (S'emploie pour éviter les répétitions.) Abrév. *id.* – Mot lat., «la même chose».

idempotent, ente [idɛmpɔtɑ̃, ɑ̃t] adj. MATH Qualifie un élément e d'un ensemble E muni d'une loi de composition interne, tel que $e + e = e$. *L'entier 1 est idempotent pour la multiplication* ($1 \times 1 = 1$) *et 0 est idempotent pour l'addition* ($0 + 0 = 0$). – De *idem,* et lat. *potens,* «puissant».

identifiable [idɑ̃tifjabl] adj. Qu'on peut identifier, qui peut être identifié. – De *identifier.*

identificateur [idɑ̃tifikatœʀ] n. m. INFORM Symbole qui précise la nature d'une donnée, d'une variable. – De *identification.*

identification [idɑ̃tifikasjɔ̃] n. f. **1.** Action d'identifier, de s'identifier; résultat de cette action. – PSYCHAN Processus psychique par lequel un sujet prend pour modèle une autre personne et s'identifie à elle. **2.** TECH Mesure, par des capteurs, des différents paramètres définissant l'état d'un système cybernétique. – De *identifier.*

identifier [idɑ̃tifje] v. tr. [1] **1.** Considérer comme identique, comprendre sous une même idée. *Identifier Dieu et le monde.* ▷ v. pron. *La définition doit s'identifier avec le défini.* **2.** Reconnaître, trouver l'identité de. *Il n'a pas pu identifier son agresseur.* **3.** Établir la nature, l'origine de. *Identifier un bruit.* **4.** v. pron. *S'identifier à, avec qqn:* se considérer comme semblable à lui, s'assimiler mentalement à lui. *Romancier qui s'identifie à ses personnages.* – Lat. scolast. *identificare,* du class. *idem,* «le même», et *facere,* «faire».

identique [idɑ̃tik] adj. **1.** Se dit d'objets ou d'êtres distincts qui, en tous points, sont semblables. *Objets identiques.* – MATH *Application identique,* qui associe à tout élément ce même élément. – *Identique à* (≡). **2.** Qui ne change pas. *Est-il vrai que notre caractère reste identique au fil du temps?* Syn. constant. – Lat. scolast. *identicus,* de *idem,* «le même».

identiquement [idɑ̃tikmɑ̃] adv. De façon identique. – De *identique.*

identité [idɑ̃tite] n. f. **I. 1.** Caractère de ce qui est identique ou confondu. ▷ MATH Égalité vérifiée quelles que soient les valeurs des paramètres, notée par le signe ≡. *Identités remarquables:* V. encycl. **2.** État d'une chose qui reste toujours la même. *Principe d'identité:* «ce qui est, est; ce qui n'est pas, n'est pas». – PHILO Conscience de la persistance du moi. **II.** Ensemble des éléments permettant d'établir, sans confusion possible, qu'un individu est bien celui qu'il dit être ou qu'on présume qu'il est. *Carte d'identité.* – Bas lat. *identitas,* rac. *idem,* «le même».

ENCYCL **Math.** – *Identités remarquables.*

$(a+b)^2 \equiv a^2 + 2ab + b^2$
$(a-b)^2 \equiv a^2 - 2ab + b^2$
$a^2 - b^2 \equiv (a+b)(a-b)$
$(a+b)^3 \equiv a^3 + 3a^2b + 3ab^2 + b^3$
$(a-b)^3 \equiv a^3 - 3a^2b + 3ab^2 - b^3$
$a^3 + b^3 \equiv (a+b)(a^2 - ab + b^2)$
$a^3 - b^3 \equiv (a-b)(a^2 + ab + b^2)$

idéo-. Élément, du gr. *idea,* «idée».

idéogramme [ideogʀam] n. m. Signe notant globalement une idée et non un son (comme le font les lettres de notre alphabet). *Les caractères chinois sont des idéogrammes.* – De *idéo-,* et *-gramme.*

idéographie [ideogʀafi] n. f. Système d'écriture par idéogrammes. – De *idéo-,* et *-graphie.*

idéographique [ideogʀafik] adj. Relatif à l'idéographie. *Signes idéographiques.* – Du préc.

idéologie [ideɔlɔʒi] n. f. **1.** Vieilli Étude des idées. **2.** PHILO Doctrine élaborée par Destutt de Tracy pour remplacer la métaphysique traditionnelle par l'étude scientifique des idées (entendues au sens large de *faits de conscience*). **3.** Ensemble des idées philosophiques, sociales, politiques, morales, religieuses, etc., propres à une époque ou à un groupe social. *L'idéologie marxiste. L'idéologie bourgeoise.* **4.** Péjor. Philosophie vague spéculant sur des idées creuses. – De *idéo-,* et *-logie.*

idéologique [ideɔlɔʒik] adj. Relatif à l'idéologie. – Du préc.

idéologue [ideɔlɔg] n. **1.** PHILO Adepte de l'idéologie. **2.** Péjor. Rêveur qui se laisse aller à de vaines abstractions. – De *idéologie.*

idéo-moteur, trice [ideomɔtœʀ, tʀis] adj. MED Relatif au lien qui unit l'intention et la réalisation d'un mouvement corporel. – De *idéo-,* et *moteur,* d'ap. l'angl. *ideo-motor.*

ides [id] n. f. pl. ANTIQ Dans le calendrier romain, quinzième jour des mois de mars, mai, juillet et octobre, et treizième jour des autres mois. *César fut assassiné aux ides de mars 44 av. J.-C.* – Lat. *idus.*

-idés. Élément de suffixation, du gr. *idai,* «forme», servant à désigner des familles zoologiques.

idio-. Élément, du gr. *idios,* «qui appartient en propre à qqn ou à qqch».

idiolecte [idjɔlɛkt] n. m. LING Utilisation d'une langue propre à un individu. – De *idio-,* d'ap. *dialecte.*

idiomatique [idjɔmatik] adj. Relatif aux idiomes. ▷ Propre à une langue, à un idiome. *Expression idiomatique:* idiotisme. – De *idiome,* d'après le gr. *idiômatikos,* «particulier, spécial».

idiome [idjom] n. m. LING Langue propre à une nation, une province. *Idiome germanique, picard.* – Lat. *idioma,* gr. *idiôma,* «particularité propre à une langue, idiotisme».

idiopathie [idjopati] n. f. MED Vieilli Maladie qui existe par elle-même, hors de tout autre état morbide défini. – Du gr. *idiopatheia,* «affection qu'on a pour soi».

idiopathique [idjopatik] adj. Qui a les caractères de l'idiopathie. *Maladie idiopathique.* Ant. symptomatique. – Du préc.

idiosyncrasie [idjosɛ̃kʀazi] n. f. **1.** MED Mode de réaction particulier de chaque individu à l'égard d'un agent étranger (médicament notam.). **2.** Tempérament propre à chaque individu. – Gr. *idiosugkrasia,* «tempérament particulier», de *idios,* «propre», et *sugkrasis,* «mélange».

idiot, idiote [idjo, idjɔt] adj. et n. **1.** Qui est dépourvu d'intelligence, de finesse, de bon sens. *Elle est idiote d'accepter tout cela.* Syn. stupide, bête. ▷ Subst. *Bande d'idiots.* Syn. imbécile. – Qui marque de la stupidité. *Donner une réponse idiote.* **2.** MED Atteint d'idiotie. ▷ Subst. *Idiot(e) congénital(e).* – Lat. *idiotes,* «sot», gr. *idiôtês,* «simple particulier», d'où «étranger à un métier, ignorant».

idiotement [idjɔtmɑ̃] adv. D'une manière idiote. – De *idiot.*

idiotie [idjɔsi] n. f. **1.** Caractère d'une personne ou d'une chose stupide, absurde. **2.** Parole, action, idiote. *Dire, faire des idioties.* **3.** MED Dernier degré de l'arriération mentale. – De *idiot.*

idiotisme [idjɔtism] n. m. LING Expression ou construction particulière à une langue intraduisible dans une autre langue. *Idiotisme latin, français.* – Lat. *idiotismus,* gr. *idiôtismos,* «langage particulier».

idoine [idwan] adj. Vx ou plaisant. Approprié. *Trouver le mot idoine.* – Lat. *idoneus,* «propre à».

idolâtre [idɔlatʀ] adj. et n. **1.** Qui adore les idoles. *Peuples idolâtres.* Subst. *Les idolâtres.* **2.** Fig., litt. et vieilli Qui aime avec excès, qui voue un culte à (qqn ou qqch). *Parents idolâtres de leurs enfants.* – Lat. ecclés. *idololatres,* gr. *eidôlolatrês,* de *eidôlon,* «image», et *latreuein,* «servir».

idolâtrer [idɔlatʀe] v. [1] **1.** v. tr. Aimer avec excès, adorer. *«J'idolâtre Junie»* (Racine). **2.** v. intr. Vx Adorer les idoles. – De *idolâtre.*

idolâtrie [idɔlatʀi] n. f. **1.** Adoration, culte des idoles. **2.** Fig. Amour excessif. *Aimer jusqu'à l'idolâtrie.* – Lat. ecclés. *idololatria,* gr. *eidôlolatreia.*

idolâtrique [idɔlatʀik] adj. Relatif à l'idolâtrie. – De *idolâtrie.*

idole [idɔl] n. f. **1.** Figure, statue représentant une divinité et exposée à l'adoration. *Renverser les idoles.* **2.** Fig. Personne ou chose à laquelle est rendue une manière de culte. *La gloire est son idole.* ▷ *Spécial.* Vedette (notam. de la chanson) adulée du jeune public. – Lat. ecclés. *idolum*, gr. *eidôlon*, «image».

idylle [idil] n. f. **1.** LITTER Petit poème d'amour du genre bucolique. *Idylles de Théocrite.* **2.** Fig. Aventure amoureuse naïve et tendre. – Lat. *idyllium*, gr. *eidullion*, «petit poème lyrique», de *eidos*, «forme, genre».

idyllique [idilik] adj. **1.** LITTER Relatif à l'idylle. **2.** Fig. Qui évoque l'idylle par son calme bucolique, son caractère tendre et merveilleux. *Des moments idylliques.* – De *idylle.*

if [if] n. m. Conifère aux feuilles vert sombre longues et étroites, aux fruits rouge vif, dont certaines espèces sont cultivées comme arbres d'ornement. *If commun (Taxus baccata). L'if du Canada (Taxus canadensis) est cour. appelé buis, pfs sapin traînard.* – Du gaul. **ivos.*

igloo ou **iglou** [iglu] n. m. Hutte hémisphérique en neige gelée des Inuit. – Angl. *igloo*, de l'inuktitut *iglo*, «maison».

igname [iɲam] n. f. Plante tropicale (diverses *Dioscorea*, fam. dioscoréacées) cultivée pour ses énormes tubercules à chair farineuse, comestibles seulement après cuisson ou torréfaction; chacun de ces tubercules. – Port. *inhame*, probabl. d'une langue bantoue.

ignare [iɲaʀ] adj. et n. Très ignorant, inculte. – Lat. *ignarus*, «qui ne sait pas».

igné, ée [iɲe] adj. Qui est de feu, produit par le feu. *Matière, roche ignée.* – Lat. *igneus*, de *ignis*, «feu, éclat».

ign(i)-. Élément, du lat. *ignis*, «feu».

ignifugation [iɲifygasjõ] n. f. TECH Action d'ignifuger; son résultat. – De *ignifuger.*

ignifuge [iɲifyʒ] adj. et n. m. TECH Qui rend incombustible ou peu combustible. *Incorporer un produit ignifuge à une matière plastique.* ▷ Subst. *Employer un ignifuge.* – De *igni-*, et *-fuge.*

ignifuger [iɲifyʒe] v. tr. [15] TECH Rendre incombustible ou très peu combustible au moyen de produits ignifuges. *Des tissus ignifugés.* – De *ignifuge.*

ignition [iɲisjõ] n. f. PHYS État des corps qui dégagent de la chaleur et de la lumière en brûlant. – Du bas lat. *ignitum*, supin de *ignire*, «brûler».

ignitron [iɲitʀõ] n. m. ELECTRON Tube électronique servant à produire à partir d'un courant alternatif un courant continu d'intensité réglable. – De *igni-*, et *(élec)tron.*

ignoble [iɲɔbl] adj. **1.** Très vil, bas. *Ignoble individu.* Syn. infâme. **2.** D'une saleté répugnante. *Bouge ignoble.* Syn. immonde. – Lat. *ignobilis*, «non noble».

ignoblement [iɲɔbləmɑ̃] adv. D'une manière ignoble. – De *ignoble.*

ignominie [iɲɔmini] n. f. **1.** Grand déshonneur, infamie. *Être couvert d'ignominie.* Syn. opprobre. **2.** Caractère de ce qui est déshonorant. *L'ignominie d'une accusation.* **3.** Procédé, action infamants. *Souffrir de grandes ignominies.* – De *in-* 1 et de l'a. fr. *gnomen*, «nom»; lat. *ignominia.*

ignominieusement [iɲɔminjøzmɑ̃] adv. D'une façon ignominieuse. – De *ignominieux.*

ignominieux, euse [iɲɔminjø, øz] adj. Qui porte ignominie, qui couvre d'opprobre. *Traitement ignominieux.* – Lat. *ignominiosus.*

ignorance [iɲɔʀɑ̃s] n. f. **1.** Fait de ne pas savoir; état de celui qui ne sait pas, ne connaît pas qqch. *Nous étions dans l'ignorance des événements.* **2.** Défaut, absence de connaissances intellectuelles, de savoir. *Il est d'une ignorance crasse.* – Lat. *ignorantia.*

ignorant, ante [iɲɔʀɑ̃, ɑ̃t] adj. et n. **1.** Qui ne sait pas, qui n'est pas informé. *Il restait ignorant de leurs agissements.* ▷ Subst. *Faire l'ignorant(e):* feindre de ne pas savoir. **2.** Qui est sans connaissance, sans savoir; inculte. *Homme ignorant.* ▷ Subst. *Ce sont des ignorants et des sots.* – Lat. *ignorans*, ppr. de *ignorare*, «ne pas connaître».

ignorantin [iɲɔʀɑ̃tɛ̃] n. m. Surnom mi-familier, mimoqueur, donné aux frères des Écoles chrétiennes aux XVIIIe et XIXe s. ▷ Adj. *Frère ignorantin.* – Ital. *(fratelli) ignoranti.*

ignoré, ée [iɲɔʀe] adj. Inconnu ou méconnu. *Talent ignoré.* – Pp. de *ignorer.*

ignorer [iɲɔʀe] v. tr. [1] **1.** Ne pas savoir, ne pas connaître. *Nul n'est censé ignorer la loi. J'ignorais que tu étais là.* ▷ v. pron. Ne pas se connaître, n'avoir pas une juste idée de soi-même. *«Les gens bien portants sont des malades qui s'ignorent»* (J. Romains). **2.** *Ignorer qqn*, ne lui témoigner aucune considération, feindre de ne pas le connaître. **3.** N'avoir pas l'expérience ou la pratique de. *Ignorer la flatterie. Ces guerriers ignoraient la peur.* – Lat. *ignorare.*

iguane [igwan] n. m. Reptile saurien (genres *Iguana* et voisins) d'Amérique tropicale, long de 1 à 2 m, au dos muni d'une crête épineuse. – Esp. *iguano*, mot des Caraïbes.

iguanodon [igwanɔdõ] n. m. PALEONT Reptile dinosaurien ornithopode («aux pattes d'oiseau»), herbivore, long d'une dizaine de mètres, à l'allure de kangourou, qui vécut au Crétacé. – De *iguane*, et du gr. *odous*, «dent».

I.H.S., initiales pour *Iesus, Hominum Salvator* («Jésus, sauveur des hommes»).

ikebana [ikebana] n. m. Art floral japonais. *Dans l'ikebana, la composition florale obéit à une codification symbolique très précise.* – Mot jap., «arrangement de fleurs».

1. il, ils [il] pron. pers. de la 3e pers. **I.** pron. pers. m. **1.** Employé comme sujet de la 3e pers. *Il me fuit, le perfide. Où sont-ils?* **2.** Plur. Pop. et souvent péjor. (Désignant ceux que le locuteur tient pour responsables de l'action qu'indique le verbe.) *Ils ont encore augmenté les impôts. Qu'est-ce qu'ils ne vont pas chercher maintenant!* **II.** pron. pers. neutre. Employé comme sujet des verbes impers. *Il pleut. Il neige. Il est évident que...* ▷ Avec le sens de *ce, cela. Il est vrai.* – Lat. *ille*, «celui-là».

2. il, iller [il, ilɛʀ] n. m. Grande division administrative, en Turquie. – Mot turc.

il-. V. in-1.

ilang-ilang. V. ylang-ylang.

île [il] n. f. **1.** Espace de terre entouré d'eau de tous côtés. *Montréal est une île. L'île d'Anticosti.* **2.** *Île flottante:* entremets ou dessert composé de blancs d'œufs battus en neige ferme et pochés, flottant sur une crème. – Du lat. *insula.*

iléo-cæcal, ale, aux [ileosekal, o] adj. ANAT Relatif à l'iléon et au cæcum. *Valvule iléo-cæcale* ou *valvule de Bauhin*, située entre l'iléon et le cæcal. – De *iléon*, et *cæcal.*

iléon ou **ileum** [ileõ] n. m. ANAT Troisième partie de l'intestin, qui s'abouche au caecum. – Lat. médiév. *ileum*, du gr. *eileîn*, «enrouler».

îlet [ilɛ] n. m. Vx **1.** Petite île. **2.** Groupement de maisons. – Dimin. de *île.*

îlette [ilɛt] n. f. Petite île. Syn. îlot. – Dimin. de *île.*

iléus [ileys] n. m. MED Occlusion intestinale aiguë ou chronique. – Du gr. *ileos*, *eileos*, de *eilein*, «enrouler».

iliaque [iljak] adj. ANAT Des flancs. *Os iliaque:* chacun des deux os (ischion en bas, pubis en avant) qui forment le pelvis (bassin osseux). V. ilion. *Artères, veines iliaques.* ▷ *Fosse iliaque,* l'une des deux régions de la cavité abdominale contenant les uretères, le cæcum et l'appendice, le côlon pelvien, et, chez la femme, les ovaires et les trompes utérines. – Lat. *iliacus,* de *ilia,* «flancs, ventre».

ilicacées [ilikase] n. f. pl. BOT Famille de plantes dicotylédones dialypétales ayant pour type le *houx* (genre *Ilex*). – Du lat. *ilex, ilicis,* «houx».

îlien, ienne [iljɛ̃, jɛn] n. et adj. Habitant d'une île. Syn. insulaire. – De *île.*

ilion [iljɔ̃] ou **ilium** [iljɔm] n. m. ANAT Partie supérieure de l'os iliaque, appelée aussi *aile iliaque.* – Lat. méd. *ilium,* sing. rare de *ilia,* «flancs, ventre».

illégal, ale, aux [illegal, o] adj. Qui est contraire à la loi. *Trafic illégal.* – Lat. médiév. *illegalis.*

illégalement [illegalmɑ̃] adv. D'une manière illégale. – Du préc.

illégalité [illegalite] n. f. **1.** Caractère de ce qui est illégal. **2.** Acte illégal. – De *illégal.*

illégitime [illeʒitim] adj. **1.** Qui ne remplit pas les conditions requises par la loi. *Mariage illégitime.* ▷ *Un enfant illégitime,* né hors du mariage. **2.** Contraire au droit naturel, au sens moral, à l'équité. *Décision illégitime.* **3.** Dépourvu de fondement, injustifié. *Requête illégitime.* – Lat. jur. de *il-,* et *legitimus.* V. légitime.

illégitimement [illeʒitimmɑ̃] adv. De façon illégitime, injustement, indûment. – Du préc.

illégitimité [illeʒitimite] n. f. Défaut de légitimité. – De *illégitime.*

iller. V. il 2.

illettré, ée [illetʀe] adj. **1.** Vx Qui n'a pas de lettres, qui n'est pas lettré. **2.** Mod. Qui ne sait ni lire ni écrire. Syn. analphabète. ▷ Subst. *Alphabétiser les illettrés.* – De *il-,* et *lettré,* d'après le lat. *illitteratus.*

illicite [illisit] adj. Défendu par la loi ou par la morale. *Plaisir, gain illicite.* Syn. défendu, prohibé. – Lat. *illicitus,* de *il-,* et *licitus.*

illicitement [illisitmɑ̃] adv. De façon illicite. – Du préc.

illico [illiko] adv. Fam. Immédiatement, sans délai. – Mot lat., de *in loco,* «en cet endroit, sur-le-champ».

illimité, ée [illimite] adj. Sans limites, sans bornes. *Espace illimité. Congé illimité.* – Bas lat. *illimitatus.*

illisibilité [illizibilite] n. f. État de ce qui est illisible. – De *illisible.*

illisible [illizibl] adj. **1.** Qu'on ne peut pas déchiffrer. *Écriture illisible.* **2.** Dont on ne supporte pas la lecture. *Roman illisible.* – De *il-,* et *lisible.*

illisiblement [illiziblǝmɑ̃] adv. De façon illisible. – De *illisible.*

illite [ilit] n. f. MINER Minéral argileux potassique à trois feuillets, avec une structure de mica. – Mot angl., de *Illinois* (État des É.-U.).

illogique [illɔʒik] adj. Non conforme aux règles de la logique; qui manque de logique. *Raisonnement, esprit illogique.* – De *il-,* et *logique.*

illogiquement [illɔʒikmɑ̃] adv. D'une manière illogique. – Du préc.

illogisme [illɔʒism] n. m. **1.** Caractère de ce qui est illogique. **2.** Chose, acte illogique. – De *illogique.*

illumination [illyminasjɔ̃] n. f. **I. 1.** THEOL Grâce spéciale que Dieu donne à l'âme d'un homme et qui procure connaissance et amour surnaturels. **2.** Inspiration soudaine, lumière subite et extraordinaire qui se répand dans l'esprit. **II. 1.** Action d'illuminer; son résultat. *Illumination des monuments.* **2.** Pl. Ensemble des lumières disposées sur les monuments, dans les rues, etc., à l'occasion d'une fête. *Les illuminations de Noël.* – Lat. *illuminatio.*

illuminé, ée [illymine] adj. et n. **1.** Éclairé par une vive lumière, par des illuminations. *Rue illuminée.* **2.** RELIG Fig. Qui a une vision; inspiré. ▷ Subst. Mystique qui prétend bénéficier d'une inspiration spéciale venant de Dieu. ▷ Péjor. Esprit chimérique. – Pp. de *illuminer.*

illuminer [illymine] v. tr. [1] **1.** Éclairer, répandre de la lumière sur. *Le soleil illumine la lune.* ▷ Fig. *Cet espoir avait illuminé toute son existence.* **2.** Orner de multiples lumières. *Illuminer un monument.* **3.** Fig. Donner un éclat particulier à. *La joie illuminait son visage.* ▷ v. pron. *Ses yeux s'illuminèrent de plaisir.* **4.** RELIG Éclairer (qqn) de la lumière divine. – Lat. *illuminare.*

illuminisme [illyminism] n. m. HIST Courant philosophique et religieux qui eut son apogée au XVIIIe s. ▷ Doctrine des illuminés. – De *illuminé* 2.

illusion [illyzjɔ̃] n. f. **1.** Perception erronée due à une apparence trompeuse. **2.** Interprétation erronée d'une sensation réellement perçue. ▷ *Illusion d'optique:* perception erronée de certaines qualités des objets (forme, dimensions, couleur, etc.). **3.** Apparence trompeuse dénuée de réalité. *Théâtre d'illusions. «L'Illusion comique», comédie de P. Corneille.* **4.** Jugement erroné, croyance fausse, mais séduisants pour l'esprit. *Se faire des illusions. Dissiper les illusions de qqn. «Les Illusions perdues», roman de Balzac.* ▷ *Faire illusion:* tromper en présentant une apparence flatteuse. – Lat. *illusio,* de *illudere,* «se jouer, se moquer de».

illusionnel, elle [illyzjɔnɛl] adj. Qui tient de l'illusion, fait illusion. – De *illusion.*

illusionner [illyzjɔne] **1.** v. tr. [1] Faire illusion à (qqn), séduire par des apparences trompeuses. **2.** v. pron. Se faire des illusions. – De *illusion.*

illusionnisme [illyzjɔnism] n. m. Art de créer l'illusion par des tours de prestidigitation. – Du préc.

illusionniste [illyzjɔnist] n. Artiste qui pratique l'illusionnisme. – De *illusionner.*

illusoire [illyzwaʀ] adj. **1.** Vx Qui cherche à tromper par une fausse apparence. *Contrat illusoire.* **2.** Vain, chimérique; qui ne se réalise pas. *Promesse illusoire.* – Bas lat. *illusorius,* de *illusio,* «illusion».

illustrateur, trice [illystʀatœʀ, tʀis] n. Artiste qui illustre des textes. – Bas lat. *illustrator,* de *illustrare,* «éclairer».

illustration [illystʀasjɔ̃] n. f. **1.** Vx État de ce qui est illustre; action de rendre illustre. *De grands écrivains contribuèrent à l'illustration du règne de Louis XIV.* ▷ Litt. Enrichissement, embellissement. *«Défense et illustration de la langue française», de J. du Bellay (1549).* **2.** Didac. Action d'illustrer, de rendre plus explicite. **3.** Action d'illustrer, d'orner de gravures, de photographies. ▷ Image (dessin, gravure, photographie, etc.) ornant un texte. *Illustrations hors texte.* ▷ AUDIOV *Illustration sonore:* musique qui accompagne un film, une émission télévisée. – Lat. *illustratio,* «action d'éclairer, de rendre brillant».

illustre [illystʀ] adj. Célèbre par l'éclat de ses œuvres, de son mérite, de son savoir. *Artiste illustre.* ▷ Iron. *Un illustre inconnu.* – Lat. *illustris,* «clair, brillant».

illustré, ée [illystʀe] adj. et n. **1.** adj. Orné d'illustrations. *Livre illustré.* **2.** n. m. Périodique comportant de courts textes et de nombreuses illustrations. ▷ *Spécial.* Journal de bandes dessinées. – Pp. de *illustrer.*

illustrer [illystʀe] v. tr. [1] **1.** Litt. Rendre célèbre, illustre. *Illustrer son nom.* ▷ v. pron. *S'illustrer dans* *une bataille par son courage.* **2.** Rendre plus clair, plus explicite. *Illustrer un texte d'exemples et de commentaires.* **3.** Orner (un ouvrage) d'images (gravures, dessins, photographies, etc.). – Lat. *illustrare,* «mettre en lumière».

illustrissime [illystʀisim] adj. Vx ou iron. Très illustre. – De *illustre,* d'après l'ital. *illustrissimo.*

illuvial, ale, aux [illyvjal, o] adj. PEDOL Relatif à l'illuviation, résultant de l'illuviation. – Du lat. *illuvio,* «débordement», sur *alluvial.*

illuviation [illyvjasjõ] n. f. PEDOL Processus d'accumulation de certaines substances dans un horizon* particulier du sol, après dissolution et transport par l'eau. Ant. éluviation. – Dérivé sav. du lat. *illuvio,* «débordement».

illuvium [illyvjɔm] ou **illuvion** [illyvjõ] n. m. PEDOL Ensemble des substances accumulées par illuviation et des formations particulières (croûtes, concrétions, etc.) auxquelles elles donnent naissance. – Lat. mod., «débordement».

ilménite [ilmenit] n. f. MINER Titanate de fer, fréquent dans les roches éruptives. – De *Ilmen,* n. d'un lac en U.R.S.S.

îlot [ilo] n. m. **I.** Très petite île. ▷ Fig. *Un îlot de calme et de verdure.* **II.** *Par anal.* **1.** Groupe de maisons entouré de rues. *Îlots insalubres.* **2.** ANAT Groupement de cellules différenciées au sein d'un tissu ou d'un organe. *Îlots de Langerhans du pancréas,* qui sécrètent l'insuline. – De *île.*

ilote [ilɔt] n. **1.** HIST À Sparte, esclave appartenant à l'État. **2.** Fig., litt. Personne méprisée et repoussée, réduite au dernier degré de la dégradation et de l'ignorance. – Lat. *ilota*; gr. *heilôs, heilôtos.*

îlotier [ilɔtje] n. m. (France) Agent de police chargé de la surveillance d'un îlot de maisons. – De *îlot* (sens II, 1).

ilotisme [ilɔtism] n. m. **1.** HIST Condition d'ilote. **2.** Fig., didac. État d'ignorance et de dégradation de l'ilote (sens 2). – De *ilote.*

im-. V. in- 2 et 3.

image [imaʒ] n. f. **I. 1.** Représentation d'une personne, d'une chose par la sculpture, le dessin, la photographie, etc. ▷ Figure faisant l'objet d'un culte religieux. *Images des saints.* **2.** Estampe, gravure coloriée. ▷ Fig., loc. fam. *Un enfant sage comme une image,* tranquille, calme. **II. 1.** Représentation visuelle d'un objet donnée par une surface refléchissante. *Regarder son image dans un miroir.* **2.** PHYS Représentation d'un objet donnée par un système optique. ▷ *Image réelle,* formée par la convergence de rayons lumineux et qui peut être reçue par un écran. ▷ *Image virtuelle,* visible par l'œil, mais qui ne peut être reçue par un écran. ▷ *Image d'un point lumineux,* qui correspond à un point objet. **3.** MATH Dans une application, élément de l'ensemble d'arrivée correspondant à un élément de l'ensemble de départ. **III.** Représentation d'une réalité matérielle ou abstraite en termes d'analogie, de similitude. **1.** Ce qui évoque, reproduit qqch; ressemblance. *Ce sommeil qui est l'image de la mort.* **2.** Représentation sensible d'une abstraction, d'un objet invisible. *Elle est la vivante image du bonheur.* **3.** Métaphore. *Un style aux images audacieuses.* ▷ Description, représentation. *Son récit est l'image parfaite de ce que nous avons vécu.* **4.** *Image de marque:* ensemble des signes par lesquels une institution, une entreprise, une personne manifeste avantageusement sa spécificité, ses qualités auprès du public, dans un souci de notoriété. *Soigner son image de marque.* **IV. 1.** Représentation mentale d'une perception antérieure en l'absence de l'objet perçu. **2.** Représentation qu'on se fait d'une chose. *L'image du péril.* – Lat. *imago,* «portrait».

imagé, ée [imaʒe] adj. Riche en images, en métaphores. *Style imagé.* – Du préc.

image-orthicon [imaʒɔʀtikõ] n. m. ELECTR *Tube image-orthicon:* tube électronique analyseur d'images d'une caméra de télévision, dont la sensibilité est env. 500 fois plus élevée que celle de l'iconoscope. – N. déposé; de *image,* et *orthicon,* abrév. de *orthiconoscope.*

imager [imaʒe] v. tr. [1.] Fig., litt. Représenter, illustrer au moyen d'images, de métaphores. *Imager une représentation abstraite.* ▷ Pp. *Langage, style imagé.* – De *image.*

imagerie [imaʒʀi] n. f. **1.** Industrie, commerce des images. **2.** Ensemble d'images dont le sujet, le style et l'inspiration sont communs. **3.** MED *Imagerie médicale:* ensemble des procédés de diagnostic reposant sur l'image (radiographie, tomographie, scintigraphie, échographie, R.M.N.); ensemble des images ainsi produites. – De *image.*

imagier, ière [imaʒje, jɛʀ] n. et adj. **I.** n. **1.** Sculpteur, peintre du Moyen Âge. *Les imagiers des cathédrales.* **2.** Personne qui fabrique, vend des images. **II.** adj. Relatif aux images. – De *image.*

imaginable [imaʒinabl] adj. Qui peut être imaginé, conçu. – Bas lat. *imaginabilis.*

imaginaire [imaʒinɛʀ] adj. et n. m. **I.** adj. **1.** Qui n'existe que dans l'imagination, fictif. *Mal imaginaire. Pays imaginaire.* **2.** MATH *Nombre imaginaire:* nombre complexe. ▷ *Partie imaginaire d'un nombre complexe* $z = x + iy$, *:* le nombre iy dans lequel i est une quantité imaginaire telle que $i^2 = -1$ (par oppos. au nombre x qui en est la partie réelle). **3.** Qui n'est tel qu'en imagination. *Malade imaginaire.* **II.** n. m. Domaine, activité de l'imagination. – Lat. *imaginarius.*

imaginatif, ive [imaʒinatif, iv] adj. Qui imagine aisément. *Esprit imaginatif.* ▷ Subst. *Cet enfant est un imaginatif.* – Du lat. class. *imaginatum.*

imagination [imaʒinasjõ] n. f. **I. 1.** Vx Faculté de penser par images; connaissance sensible. **2.** PSYCHO Faculté qu'a l'esprit de reproduire les images d'objets déjà perçus (imagination reproductrice). **3.** Cour. Faculté de créer des images ou de faire des combinaisons nouvelles d'images (imagination créatrice). Avoir de l'imagination, une imagination débordante. **4.** Pouvoir d'invention, faculté d'inventer, de concevoir en combinant des idées. **II. 1.** Chose créée par l'imagination. **2.** Litt. n. f. pl. Chimères, idée sans fondement. *Ce sont de pures imaginations!* – Lat. *imaginatio,* «image, vision».

imaginer [imaʒine] **I.** v. tr. [1] **1.** Se représenter à l'esprit. *J'imagine votre joie à l'annonce de cette nouvelle.* ▷ Supposer, croire. *J'imagine qu'il a dû prendre la fuite.* **2.** Inventer, créer. *Imaginer de nouvelles machines.* **II.** v. pron. **1.** Se figurer, se représenter. *Imagine-toi un ciel toujours bleu.* **2.** Se figurer sans fondement, à tort. *S'imaginer être un poète.* – Lat. *imaginari,* «s'imaginer».

1. imago [imago] n. f. BIOL Forme adulte de l'insecte sexué devenu apte à la reproduction. – Mot lat., «image».

2. imago [imago] n. f. PSYCHAN Selon Jung, prototype inconscient élaboré dans l'enfance à partir des premières relations avec l'entourage familial («image» paternelle, maternelle, etc.), qui détermine à l'âge adulte le mode d'appréhension d'autrui par le sujet. – Mot lat., «image».

imâm [imam] n. m. **1.** Anc. Chef religieux, chez les musulmans. **2.** Chef de la communauté religieuse chiite. **3.** Ancien titre des docteurs de l'islam. **4.** Mod. Fonctionnaire qui, dans une mosquée, conduit la prière en commun. – Mot arabe.

imamat [imama] n. m. Dignité d'imām; territoire sur lequel son autorité s'exerce. – De *imām*.

imbattable [ɛ̃batabl] adj. Qui ne peut être battu, invincible. – De *im-*, et *battre*.

imbécile [ɛ̃besil] adj. et n. **1.** adj. Vx Faible, fragile, débile. **2.** Vx n. PSYCHO Arriéré mental ▷ Adj. *Un adolescent imbécile.* **3.** adj. Sot, dépourvu d'intelligence, d'esprit, de jugement. – *Par ext.* Qui marque l'imbécillité. *Rire imbécile.* ▷ Subst. *Un, une imbécile.* – Lat. *imbecillus*, «faible de corps et d'esprit».

imbécilement [ɛ̃besilmɑ̃] adv. Avec imbécillité. – Du préc.

imbécillité [ɛ̃besilite] n. f. **1.** Vx État de l'imbécile (sens 1). **2.** PSYCHO Arriération mentale de l'imbécile. **3.** Bêtise, absence d'intelligence. **4.** Action, parole, comportement imbécile. *Faire, raconter des imbécillités.* – Lat. *imbecillitas*, «faiblesse physique et mentale».

imberbe [ɛ̃bɛʀb] adj. Sans barbe, dont la barbe n'a pas encore poussé. – Lat. *imberbis*.

imbiber [ɛ̃bibe] **1.** v. tr. **[1]** Imprégner d'un liquide. *Imbiber d'eau une éponge, un linge.* **2.** v. pron. S'imprégner d'un liquide. ▷ Fam. Boire avec excès. – Lat. *imbibere*, «boire, se pénétrer de, absorber».

imbibition [ɛ̃bibisjɔ̃] n. f. Action d'imbiber; fait de s'imbiber, d'être imbibé. – Du lat. *imbibitum*, supin de *imbibere*, «absorber».

imbrication [ɛ̃bʀikasjɔ̃] n. f. Manière dont sont disposées des choses imbriquées. ▷ Fig. *Imbrication des idées, des situations.* – De *imbriqué*.

imbriqué, ée [ɛ̃bʀike] adj. **1.** Qualifie des choses qui se recouvrent en partie, comme les bardeaux d'un toit. *Écailles imbriquées.* **2.** Fig. Se dit de choses indissociablement liées, mêlées. – Lat. *imbricatus*, de *imbrex, imbricis*, «tuile».

imbriquer [ɛ̃bʀike] **1.** v. tr. **[1]** Disposer en faisant se chevaucher comme les bardeaux d'un toit. ▷ v. pron. Se recouvrir par imbrication. **2.** Fig. S'entremêler de manière indissociable, en parlant de sentiments, de pensées, de situations, etc. – De *imbriqué*.

imbroglio [ɛ̃bʀɔglijo] ou [ɛ̃bʀɔljo] n. m. **1.** Embrouillement, situation confuse. **2.** Pièce de théâtre dont l'intrigue est exagérément compliquée. *Imbroglio à l'espagnole.* – Mot ital., déverbal de *imbrogliare*, «embrouiller», lui-même empr. au franç.

imbrûlés [ɛ̃bʀyle] n. m. pl. TECH Parties non brûlées d'un combustible. – De *im-*, et *brûlé*.

imbu, ue [ɛ̃by] adj. Pénétré, imprégné (d'idées, de sentiments, etc.). *Être imbu de préjugés. Être imbu de soi-même*, pénétré de son importance, vaniteux. – Réfection d'*embu*, d'ap. le lat. *imbutus*, de *imbuere*, «imbiber».

imbuvable [ɛ̃byvabl] adj. Qui n'est pas buvable; mauvais au goût. *Café imbuvable.* ▷ Fig., fam. *Une personne imbuvable*, insupportable. – De *im-*, et *buvable*.

imide [imid] n. m. CHIM Composé dérivant d'un diacide carboxylique par substitution d'un groupement = NH aux deux groupements hydroxyles – OH. – Modification de *amide*.

imine [imin] n. f. CHIM Composé basique dérivant d'un aldéhyde ou d'une cétone par substitution d'un groupement = NH à l'atome d'oxygène. – Modification de *amine*.

imitable [imitabl] adj. Qui peut être imité. – Lat. *imitabilis*, ou de *imiter*.

imitateur, trice [imitatœʀ, tʀis] adj. et n. **I.** adj. Qui imite, sait imiter. *Le singe est imitateur.* **II.** n. **1.** Personne qui plagie, copie. *Un imitateur de Riopelle.* **2.** Personne qui imite, consciemment ou non. ▷ *Spécial.* Artiste de music-hall qui imite la voix et les gestes de personnalités du monde politique, de vedettes de la chanson, etc. – Lat. *imitator, imitatoris*, fém. *imitatrix, imitatricis*.

imitatif, ive [imitatif, iv] adj. Qui imite. – Spécial. *Harmonie imitative*, qui imite les sons de la nature. – Bas lat. *imitativus*.

imitation [imitasjɔ̃] n. f. **1.** Action d'imiter; son résultat. **2.** Contrefaçon. *Une imitation de Picasso. Imitation d'une signature.* **3.** Action de prendre pour modèle (une personne, son comportement, son œuvre). **4.** Matière, objet artificiel qui imite une matière, un objet plus précieux. *Imitation de diamant.* ▷ Appos. *Un sac imitation cuir.* **5.** MUS Répétition d'un thème musical déjà utilisé dans une autre partie de l'œuvre. *L'imitation est la base du canon, de la fugue et du contrepoint.* **6.** loc. prép. *À l'imitation de:* sur le modèle de, à l'exemple de. – Lat. *imitatio*.

imiter [imite] v. tr. **[1]** **1.** Reproduire ou s'efforcer de reproduire (ce qu'on voit faire). *Imiter les manières de qqn.* **2.** Prendre pour modèle. *Imiter les Anciens.* **3.** Copier, contrefaire. *Imiter la signature de qqn.* **4.** Ressembler à, faire le même effet que (choses). *Bijou qui imite l'or.* – Lat. *imitari*.

immaculé, ée [immakyle] adj. **1.** THEOL Sans tache de péché. *L'Immaculée Conception de la Vierge.* ▷ Très pur, sans souillure. **2.** Sans tache. *Blancheur immaculée.* – Lat. *immaculatus*, de *macula*, «tache».

immanence [immanɑ̃s] n. f. PHILO Caractère de ce qui est immanent; inhérence. Ant. transcendance. – De *immanent*.

immanent, ente [immanɑ̃, ɑ̃t] adj. PHILO Qui existe, agit à l'intérieur d'un être et ne résulte pas d'une action extérieure. *« Dieu est la cause immanente de toutes choses»* (Spinoza). ▷ *Par ext.* Qui est inhérent à la nature même de (qqn, qqch). *Justice immanente*, qui est inscrite dans l'ordre naturel des choses, et qui fait que le coupable est puni par les conséquences mêmes de sa faute. – Lat. scolast. *immanens*, de *immanere*, «résider dans».

immanentisme [immanɑ̃tism] n. m. PHILO Doctrine selon laquelle Dieu ou tout autre absolu est immanent à l'homme, à la nature. Ant. transcendantalisme. – De *immanent*.

immangeable [ɛ̃mɑ̃ʒabl] adj. Qui ne peut être mangé; mauvais à manger. – De *im-*, et *mangeable*.

immanquable [ɛ̃mɑ̃kabl] adj. **1.** Qui ne peut pas ne pas être atteint. *Cible immanquable.* **2.** Qui ne peut manquer de se produire. *Succès immanquable.* – De *im-*, et *manquer*.

immanquablement [ɛ̃mɑ̃kabləmɑ̃] adv. Sans aucun doute, infailliblement. – Du préc.

immarcescible [imaʀsesibl] adj. Litt. Qui ne peut se flétrir. *La couronne immarcescible des élus.* – Bas lat. *immarcescibilis*, de *marcescere*, «se flétrir».

immariable [ɛ̃maʀjabl] adj. Qui ne peut être marié; difficile à marier. – De *im-*, et *mariable*.

immatérialisme [immateʀjalism] n. m. PHILO Système métaphysique qui nie radicalement l'existence de la matière. *L'immatérialisme de Berkeley.* – De *im-*, et de *matérialisme*.

immatérialiste [immateʀjalist] n. Partisan de l'immatérialisme. ▷ Adj. *Doctrines immatérialistes.* – De l'angl. *immaterialist*.

immatérialité [immateʀjalite] n. f. Qualité de ce qui est immatériel. – De *immatériel*.

immatériel, elle [immateʀjɛl] adj. **1.** PHILO Qui ne comporte pas de matière. **2.** Qui ne concerne pas le corps, les sens. *Plaisir immatériel.* – Lat. ecclés. *immaterialis*, de *im (in)* qui indique la négation, et *materia*, «matière».

immatriculation [im(m)atʀikylasjɔ̃] n. f. Action d'immatriculer; son résultat. *Numéro d'immatriculation d'une voiture.* – De *immatriculer.*

immatriculer [im(m)atʀikyle] v. tr. [1] Inscrire sur un registre officiel et public en vue d'identifier. *Immatriculer un détenu.* – Lat. médiév. *immatricularе,* de *im (in),* «dans», et *matricula,* «registre».

immature [immatyʀ] adj. **I.** BIOL **1.** Inapte à la reproduction sexuée. **2.** Qui n'est pas mûr. **II.** Qui manque de la maturité que donne l'expérience. *Un adolescent immature.* – Angl. *immature,* du lat. *immaturus,* «qui n'est pas mûr».

immaturité [immatyʀite] n. f. Défaut, absence de maturité. – Lat. *immaturitas.*

immédiat, ate [immedja, at] adj. et n. **I.** adj. **1.** PHILO Qui agit, est atteint ou se produit sans intermédiaire. *Cause immédiate.* **2.** CHIM *Analyse immédiate:* séparation des corps purs présents dans un échantillon. *Analyse immédiate par triage, filtration, distillation,* etc. **3.** Cour. Qui précède ou suit sans intermédiaire. *Prédécesseur immédiat.* ▷ Qui suit instantanément. *Effet immédiat.* **II.** n. m. *L'immédiat:* le moment présent ou qui suit sans délai. *Ce n'est pas prévu dans l'immédiat.* – Bas lat. *immediatus,* de *im (in),* élément négatif, et *medius,* «central, intermédiaire».

immédiatement [immedjatmɑ̃] adv. **1.** PHILO De manière immédiate. **2.** Sans délai, à l'instant même; de manière immédiate (dans le temps ou dans l'espace). – Du préc.

immédiateté [immedjatte] n. f. Qualité de ce qui est immédiat. – De *immédiat.*

immémorial, ale, aux [immemɔʀjal, o] adj. Si ancien qu'il ne reste aucun souvenir de l'origine. *Usage immémorial.* – Lat. médiév. *immemorialis.*

immense [immɑ̃s] adj. **1.** Didac. Que l'on ne peut mesurer, illimité. *L'immense sagesse de la divinité.* **2.** Très étendu, dont les dimensions sont considérables. – Lat. *immensus,* de *im (in),* élément négatif, et *mensum,* supin de *metiri,* «mesurer».

immensément [immɑ̃semɑ̃] adv. D'une manière immense. *Être immensément riche.* – Du préc.

immensité [immɑ̃site] n. f. **1.** Didac. Caractère de ce qui est immense. **2.** Très vaste étendue. **3.** Très grande quantité. – Lat. *immensitas.*

immensurable [immɑ̃syʀabl] adj. Didac. Qui ne peut être mesuré. – Lat. imp. *immensurabilis.*

immergé, ée [immɛʀʒe] adj. Plongé dans un liquide; recouvert d'eau. – Pp. de *immerger.*

immerger [immɛʀʒe] v. tr. [15] Plonger dans un liquide. ▷ *Spécial.* Faire tomber dans la mer (un cadavre). *Immerger le cadavre d'un marin péri en mer.* – Lat. *immergere.*

immérité, ée [immeʀite] adj. Qui n'est pas mérité. – De *im-,* et *mérité.*

immersion [immɛʀsjɔ̃] n. f. **1.** Action d'immerger; son résultat. Fait d'être immergé. **2.** ASTRO Entrée d'un astre derrière un autre astre (lors d'une occultation) ou dans l'ombre portée par un autre astre (lors d'une éclipse). – Lat. *immersio.*

immettable [ɛ̃metabl] adj. Que l'on ne peut pas mettre (en parlant d'un vêtement démodé, usé, etc.). – De *im-,* et *mettable.*

immeuble [immœbl] adj. et n. **1.** adj. DR Qui ne peut être déplacé. *Les biens sont immeubles, ou par leur nature, ou par leur destination, ou par l'objet auquel ils s'appliquent.* ▷ N. m. Bien immeuble. **2.** n. m. Cour. Édifice, grande maison à plusieurs étages. – Du lat. *immobilis,* «qui ne se meut pas».

immigrant, ante [imigʀɑ̃, ɑ̃t] adj. et n. Qui immigre ou vient d'immigrer. ▷ Subst. *Accueil des immigrants.* V. migrant. – Ppr. de *immigrer.*

immigration [imigʀasjɔ̃] n. f. Entrée, établissement temporaire ou définitif dans un pays, de personnes non autochtones. – De *immigrer.*

immigré, ée [imigʀe] adj. et n. Établi dans un pays par immigration. *Les travailleurs immigrés.* ▷ Subst. *Un, une immigrée.* – Pp. de *immigrer.*

immigrer [imigʀe] v. intr. [1] Entrer dans un pays autre que le sien pour s'y établir. – Lat. *immigrare.*

imminence [im(m)inɑ̃s] n. f. Caractère de ce qui est imminent. – Lat. *imminentia,* de *imminere.*

imminent, ente [im(m)inɑ̃, ɑ̃t] adj. Qui menace de se produire, d'arriver à bref délai. *Péril, orage imminent.* ▷ Qui va avoir lieu très bientôt. *Nomination imminente.* – Lat. *imminens,* ppr. de *imminere,* «être suspendu dessus, menacer».

immiscer (s') [imise] v. pron. [14] S'ingérer dans, se mêler mal à propos de. *Vous vous immiscez dans une affaire qui ne vous regarde pas.* ▷ v. tr. *Il l'a immiscé dans cette sombre histoire.* – Lat. *immiscere,* de *in (im),* «dans», et *miscere,* «mêler».

immixtion [imiksjɔ̃] n. f. Action de s'immiscer, ingérence. – Bas lat. *immixtio,* de *immiscere* (V. immiscer).

immobile [immɔbil] adj. Qui ne se meut pas, ne se déplace pas, fixe. *Immobile comme une statue. Rester immobile.* – Lat. *immobilis.*

immobilier, ière [immɔbilje, jɛʀ] adj. et n. **1.** DR Composé d'immeubles; qui est immeuble ou considéré comme tel. *Biens immobiliers.* **2.** Cour. Relatif à un immeuble, aux immeubles. *Saisie, vente immobilière.* **3.** Qui a pour objet la vente ou la location de logements. *Agence immobilière.* ▷ N. m. *Travailler dans l'immobilier.* – De *im-,* et *mobilier.*

immobilisation [immɔbilizasjɔ̃] n. f. **1.** Cour. Action de rendre immobile; son résultat. *Immobilisation d'un membre fracturé.* ▷ (abstrait) FIN *Immobilisation de capitaux.* **2.** n. f. pl. FIN *Immobilisations d'une entreprise :* biens acquis ou créés par elle pour être utilisés de manière permanente (outillage, terrains, brevets, bâtiments, etc.), et qui figurent à l'actif de son bilan. **3.** DR Procédé permettant de traiter les biens meubles comme immeubles. – De *immobiliser.*

immobiliser [immɔbilize] v. tr. [1] **1.** Rendre immobile; empêcher de se mouvoir. *Immobiliser un membre blessé.* ▷ v. pron. S'arrêter. **2.** FIN *Immobiliser des capitaux,* les rendre indisponibles en les investissant. **3.** DR Conférer fictivement à un bien mobilier la qualité d'immeuble. – Du lat. *immobilis,* «immobile, immeuble».

immobilisme [immɔbilism] n. m. Attitude de celui qui refuse systématiquement toute transformation de l'état présent, toute innovation, tout progrès. – De *immobile.*

immobiliste [immɔbilist] adj. et n. Partisan de l'immobilisme. – Du préc.

immobilité [immɔbilite] n. f. État de ce qui est immobile. *Malade contraint à l'immobilité.* – Lat. imp. *immobilitas,* du class. *immobilis.*

immodération [immɔdeʀasjɔ̃] n. f. Rare Manque de modération, outrance. – Lat. *immoderatio.*

immodéré, ée [immɔdeʀe] adj. Qui n'est pas modéré, qui dépasse la mesure; excessif. *Dépenses immodérées.* – Lat. *immoderatus.*

immodérément [immɔdeʀemɑ̃] adv. D'une manière immodérée. *Boire immodérément.* – De *immodéré.*

immodeste [immɔdɛst] adj. Vieilli Qui manque à la pudeur. – Contraire à la modestie. *Tenue immodeste.* – Lat. *immodestus.*

immodestement [immɔdɛstəmɑ̃] adv. Vieilli D'une manière immodeste. – Du préc.

immodestie [immɔdɛsti] n. f. Vieilli Manque de pudeur, de décence. – Lat. *immodestia.*

immolateur [im(m)ɔlatœʀ] n. m. Sacrificateur. – Lat. *immolator.*

immolation [im(m)ɔlasjɔ̃] n. f. **1.** Action d'immoler; son résultat. **2.** Action de s'immoler, de sacrifier ses intérêts. – Lat. *immolatio.*

immoler [im(m)ɔle] v. tr. [1] **1.** Tuer en sacrifice à un dieu. *Immoler un animal, un être humain.* **2.** Litt. Faire périr, massacrer. ▷ v. pron. Offrir sa vie en sacrifice. *S'immoler par le feu.* **3.** Sacrifier. *Immoler sa vie personnelle à la vie publique.* ▷ v. pron. Sacrifier sa vie, ses intérêts à. *S'immoler pour la patrie.* – Lat. *immolare,* de *im (in),* «dans», et *mola,* «meule», d'où «farine», désignant la farine qu'on répandait sur la tête des victimes.

immonde [immɔ̃d] adj. **1.** RELIG Impur. *Animaux immondes.* **2.** Cour. D'une extrême saleté, ignoble, dégoûtant. – D'une hideur morale ignoble, révoltante. *Un être immonde.* – Lat. *immundus,* de *im (in),* élément négatif, et *mundus,* «propre».

immondices [immɔ̃dis] n. f. pl. Ordures. – Lat. *immunditia.*

immoral, ale, aux [immɔʀal, o] adj. Qui viole les règles de la morale; contraire à la morale. *Un homme, un livre immoral.* – De *im-,* et *moral.*

immoralement [immɔʀalmɑ̃] adv. D'une manière immorale. – Du préc.

immoralisme [immɔʀalism] n. m. Doctrine qui critique radicalement les morales traditionnelles et préconise un «renversement des valeurs» impliquant de nouvelles attitudes morales. *L'immoralisme de Nietzsche, de Gide.* ▷ Tendance à rejeter les valeurs de la morale établie. – De *immoral.*

immoraliste [immɔʀalist] adj. et n. Qui professe l'immoralisme, qui en est partisan. *Doctrine, écrivain immoraliste.* ▷ Subst. *«L'Immoraliste», roman d'André Gide (1902).* – De *immoral.*

immoralité [immɔʀalite] n. f. Caractère d'une personne ou d'une chose immorale. *L'immoralité d'un homme, d'un ouvrage, d'une doctrine.* – De *immoral.*

immortaliser [immɔʀtalize] v. tr. [1] Rendre immortel dans la mémoire des hommes. ▷ v. pron. *Démosthène s'immortalisa par son éloquence.* – Du lat. *immortalis,* «immortel».

immortalité [immɔʀtalite] n. f. **1.** Qualité, état de ce qui est immortel. *L'immortalité de l'âme.* **2.** Qualité de ce qui survit éternellement dans la mémoire des hommes. – Lat. *immortalitas.*

immortel, elle [immɔʀtɛl] adj. et n. **I.** adj. **1.** Qui n'est pas sujet à la mort. *Les spiritualistes considèrent que l'âme est immortelle.* **2.** Impérissable, qu'on suppose devoir durer éternellement. *Monument immortel. Dévouement immortel.* **3.** Dont le souvenir survivra toujours, devra toujours survivre dans la mémoire des hommes. *Exemples immortels de courage.* **II.** n. **1.** (France) Académicien(ne). **2.** n. m. pl. Divinités du paganisme. *L'Olympe, séjour des immortels.* – Lat. *immortalis.*

immortelle [immɔʀtɛl] n. f. Nom cour. de diverses plantes dont les fleurs, une fois desséchées, conservent leur aspect (*hélichrysums, xéranthèmes, statices,* etc.). – De *immortel.*

immotivé, ée [immɔtive] adj. Qui n'est pas motivé. *Réclamation immotivée.* – De *im-,* et *motivé.*

immuabilité [immɥabilite] ou **immutabilité** [immytabilite] n. f. Caractère de ce qui est immuable. – De *immuable,* ou du lat. *immutabilitas.*

immuable [immɥabl] adj. **1.** Qui n'est pas sujet à changement, à transformation. *La loi immuable de la pesanteur.* **2.** Fig. Ferme, constant. *Volonté, conviction immuable.* – De *im-,* et de l'anc. adj. *muable,* «qui peut changer», d'ap. le lat. *immutabilis.*

immuablement [immɥabləmɑ̃] adv. D'une manière immuable. – Du préc.

immun, une [imœ̃, yn] adj. et n. m. Didac. Personne, organisme immunisé. – Subst. *Un immun.* – Angl. *immune,* du lat. *immunis,* «exempt de».

immunisant, ante [im(m)ynizɑ̃, ɑ̃t] adj. et n. m. Qui immunise. *Sérum immunisant.* ▷ Subst. *Un immunisant.* – Ppr. de *immuniser.*

immunisation [im(m)ynizasjɔ̃] n. f. Action d'immuniser; son résultat. – De *immuniser.*

immuniser [im(m)ynize] v. tr. [1] Rendre réfractaire à une maladie infectieuse, à l'action d'un agent pathogène extérieur. – Appos. *Personne immunisée contre la variole.* ▷ Fig. Rendre insensible à. – Du lat. *immunis,* «exempt de».

immunitaire [im(m)ynitɛʀ] adj. MED, BIOL Relatif à l'immunité. *Réaction immunitaire.* – De *immunité.*

immunité [im(m)ynite] n. f. **I. 1.** HIST FEOD Privilège d'un domaine soustrait à l'impôt et à l'autorité directe du roi. **2.** Privilège, prérogative accordée à certaines personnes. – Spécial. *Immunité parlementaire:* inviolabilité judiciaire accordée à un parlementaire pendant la durée des sessions. – *Immunité diplomatique,* qui soustrait les membres du corps diplomatique à la juridiction du pays où ils sont en poste. **II.** BIOL Propriété que possède un organisme vivant de développer des moyens spécifiques de défense (naturels ou acquis) contre un agent pathogène extérieur (infectieux, toxique, tumoral) ou contre un corps étranger (greffe, cellules d'un autre individu). – État d'un organisme immunisé. Ant. anaphylaxie. – Lat. *immunitas,* «exemption».

ENCYCL L'immunité dépend de deux types de systèmes: humoral (anticorps et complément); cellulaire (lymphocytes, macrophages). Chaque type d'immunité, antibactérienne par ex., peut être acquis naturellement (transmission par la mère, acquisition lors d'une infection atténuée ou d'une grossesse) ou artificiellement (vaccination, transfusion). Elle provoque l'éviction des corps étrangers de l'organisme par la mise en jeu de différents systèmes: phagocytose, neutralisation, élaboration d'anticorps. L'immunité est déprimée en cas d'hémopathie maligne, de cancer ou lors de certains traitements; une telle dépression favorise les infections. Dans l'immunité de greffe, le rejet du greffon incompatible peut s'expliquer par la réponse spécifique de l'organisme hôte au greffon qui se comporte en antigène.

immuno- Préfixe, du lat. *immunis,* «exempt de, libre de», et au sens méd., «rendu réfractaire à une maladie infectieuse».

immunodépresseur [im(m)ynodepʀesœʀ] adj. et n. m. MED, BIOL Se dit de substances capables de provoquer une diminution ou une abolition des réactions immunitaires. – Subst. *Les immunodépresseurs.* – De *immuno-,* et du rad. du lat. *depressus,* «abaissé».

immunodépressif, ive [im(m)ynodepʀesif, iv] adj. MED, BIOL Relatif à l'immunodépression. *Un phénomène immunodépressif.* – Relatif à l'action des immunodépresseurs*. – De *immuno-,* et *dépressif.*

immunodépression [im(m)ynodepʀesjɔ̃] n. f. MED, BIOL Réduction ou disparition des réactions immunologiques de l'organisme contre un antigène. – De *immuno-,* et *dépression.*

immunoélectrophorèse [im(m)ynoelɛktʀofɔʀɛz] n. f. BIOCHIM Électrophorèse permettant d'étudier la migration des différentes immunoglobulines. – De *immuno-*, et *électrophorèse.*

immunoglobuline [im(m)ynoglɔbylin] n. f. MED BIOL Anticorps (abrév. I.G.). V. anticorps et globuline. – De *immuno-*, et *globuline.*

immunologie [im(m)ynolɔʒi] n. f. Partie de la médecine et de la biologie qui étudie l'immunité, sa pathologie et les moyens artificiels (vaccination, sérothérapie, etc.) de provoquer ou de renforcer les réactions immunitaires. – De *immuno-*, et *-logie.*

immunothérapie [im(m)ynoteʀapi] n. f. MED Traitement visant à assurer l'immunité de l'organisme, à la provoquer ou à la renforcer, et qui utilise les techniques d'immunisation répétée (B.C.G., par ex.). – De *immuno-*, et *-thérapie.*

immutabilité. V. immuabilité.

impact [ɛ̃pakt] n. m. **1.** Action de venir heurter. – *Point d'impact :* endroit où un projectile vient frapper. **2.** Fig. Effet produit sur l'opinion par un événement, une campagne publicitaire, etc. *Son discours a eu un impact considérable.* – Du lat. *impactus,* pp. de *impingere,* «heurter».

impaction [ɛ̃paksjɔ̃] n. f. CHIR Action de remettre l'une dans l'autre les parties d'un os fracturé. – Lat. *impactio,* de *impactus,* «impact».

1. impair, aire [ɛ̃pɛʀ] adj. MATH Qui ne peut être divisé en deux nombres entiers égaux. *Nombres impairs.* – *Fonction, application impaire,* telle que f(–x) = –f(x). *La fonction sin x est impaire.* ▷ Qui porte un numéro, les numéros impairs. *Le côté impair d'une rue.* – Du lat. *impar,* refait en *impair,* d'après *pair.*

2. impair [ɛ̃pɛʀ] n. m. Bévue, maladresse. *Faire, commettre un impair.* – De *faire un double impair* (au jeu de pair ou impair).

impala [impala] n. m. ZOOL Sorte d'antilope de l'Afrique centrale et australe dont le mâle porte des cornes ayant la forme d'une lyre. – Mot africain.

impalpable [ɛ̃palpabl] adj. Qu'on ne peut palper, toucher; si ténu qu'il ne fait pas d'impression au toucher. *Poudre impalpable.* – Bas lat. *impalpabilis.*

impaludation [ɛ̃palydasjɔ̃] n. f. MED Contamination par l'agent du paludisme*. – D'après *paludisme.*

impanation [ɛ̃panasjɔ̃] n. f. THEOL Coexistence du pain et du corps de Jésus-Christ dans l'Eucharistie (doctrine luthérienne). – Lat. ecclés. *impanatio,* de *in,* «dans», et *panis,* «pain».

imparable [ɛ̃paʀabl] adj. Auquel on ne peut parer. *Coup imparable.* – De *im-, parer,* et *-able.*

impardonnable [ɛ̃paʀdɔnabl] adj. Qui ne peut, qui ne saurait être pardonné. *Faute impardonnable.* – (Personnes.) *Il est impardonnable.* – De *im-*, et *pardonnable.*

imparfait, aite [ɛ̃paʀfɛ, ɛt] adj. et n. **1.** adj. Qui n'est pas parfait; défectueux, inachevé. *Ouvrage imparfait. Guérison imparfaite.* **2.** n. m. GRAM Temps passé du verbe, indiquant qu'une action n'était pas achevée quand une autre s'est produite (*imparfait de concommitance,* ex.: *j'écrivais quand vous êtes entré*) ou marquant d'une façon absolue une action prolongée, habituelle ou répétée dans le passé (*imparfait d'habitude,* ex.: *les Romains portaient la toge*) ou forme affirmative de politesse (ex: *je voulais vous demander*). – Du lat. *imperfectus,* «inachevé».

imparfaitement [ɛ̃paʀfɛtmɑ̃] adv. De manière imparfaite. – Du préc.

imparipenné, ée [ɛ̃paʀipene] adj. BOT Se dit des feuilles composées pennées dont la nervure axiale est terminée par une foliole impaire. Ant. paripenné. – Du lat. *impar, imparis,* «inégal», et de *penné.*

imparisyllabique [ɛ̃paʀisillabik] adj. GRAM Se dit des mots latins qui n'ont pas le même nombre de syllabes au nominatif et au génitif singuliers. ▷ N. m. *Les imparisyllabiques.* – Par ext. *Déclinaison imparisyllabique.* – Du lat. *impar, imparis,* «inégal», et de *syllabe.*

imparité [ɛ̃paʀite] n. f. Didac. Caractère de ce qui est impair. – Bas lat. *imparitas,* «inégalité».

impartageable [ɛ̃paʀtaʒabl] adj. Qui ne peut être partagé. – De *im-*, et *partageable.*

impartial, ale, aux [ɛ̃paʀsjal, o] adj. Qui n'est pas partial, qui n'est pas troublé par des considérations partisanes; équitable. *Enquête impartiale. Juge impartial.* – De *im-*, et *partial.*

impartialement [ɛ̃paʀsjalmɑ̃] adv. D'une manière impartiale. – Du préc.

impartialité [ɛ̃paʀsjalite] n. f. Caractère de ce qui est impartial. – De *impartial.*

impartir [ɛ̃paʀtiʀ] v. tr. [2] Accorder, attribuer. *Ils ont imparti un délai très court.* – Bas lat. *impartire,* «donner une part».

impasse [ɛ̃pas] n. f. **1.** Petite rue sans issue, cul-de-sac. ▷ Fig. Situation sans issue favorable. *Les négociations sont dans une impasse.* **2.** Fig. Dans certains jeux de cartes, technique de jeu qui consiste à jouer une carte inférieure à la carte maîtresse d'une fourchette, en supposant que le joueur précédent détient la carte intermédiaire. *Tenter l'impasse.* ▷ Fig. *Faire l'impasse sur (une éventualité):* agir en prenant un risque et en comptant que cette éventualité, défavorable, ne se réalisera pas. – De *im-*, et *passer.*

impassibilité [ɛ̃pasibilite] n. f. Qualité de celui qui est impassible. – De *impassible.*

impassible [ɛ̃pasibl] adj. Qui ne s'émeut, ne se trouble pas; qui ne laisse paraître aucune émotion, aucun trouble. *Impassible devant le danger, dans la souffrance.* – Bas lat. ecclés. *impassibilis;* rad. *pati,* «souffrir».

impassiblement [ɛ̃pasibləmɑ̃] adv. Avec impassibilité. – De *impassible.*

impatiemment [ɛ̃pasjamɑ̃] adv. Avec impatience. – De *impatience.*

impatience [ɛ̃pasjɑ̃s] n. f. **1.** Manque de patience; difficulté ou incapacité d'attendre, de patienter. *L'impatience naturelle des enfants.* **2.** Incapacité de se contraindre à supporter qqn ou qqch ou à l'attendre. *Avoir un geste d'impatience.* **3.** Plur. Légers mouvements nerveux. *Avoir des impatiences dans les jambes.* – Lat. *impatientia.*

impatient, iente [ɛ̃pasjɑ̃, jɑ̃t] adj. et n. **1.** Qui manque de patience. ▷ Subst. *Un, une impatiente.* **2.** *Impatient de* (+ inf.): qui attend et a hâte de... *Il est impatient de vous rencontrer.* – Lat. *impatiens, impatientis.*

impatiente ou **impatiens** [ɛ̃pasjɑ̃t] n. f. BOT Autre nom de la balsamine, dont le fruit s'ouvre en projetant ses graines au moindre contact. Syn. noli-me-tangere. – Lat. mod. *impatiens,* nom de genre des balsaminacées.

impatienter [ɛ̃pasjɑ̃te] **1.** v. tr. [1] Faire perdre patience, énerver, irriter. *Sa lenteur m'impatiente.* **2.** v. pron. Perdre patience. – De *impatient.*

impatronisation [ɛ̃patʀɔnizasjɔ̃] n. f. Action de s'impatroniser. – De *impatroniser.*

impatroniser (s') [ɛ̃patʀɔnize] v. pron. [11] Se poser, s'établir en maître quelque part. – Du lat. *im,* «dans», et *patronus,* «patron».

impavide [ɛ̃pavid] adj. Litt. Qui ne se laisse pas ébranler par la peur. – Lat. *impavidus.*

impayable [ɛ̃pɛjabl] adj. Fam. Extraordinaire; comique ou ridicule. *Une histoire impayable. Il est impayable.* – De *im-,* et *payable.*

impayé, ée [ɛ̃pɛje] adj. et n. Qui n'a pas été payé. *Effets de commerce, coupons impayés.* ▷ N. m. *Le recouvrement des impayés.* – De *im-,* et *payé.*

impeachment [impitʃment] n. m. POLIT Aux États-Unis, mise en accusation du président ou du vice-président par la Chambre des représentants, pour crime ou violation de la Constitution. – Mot angloamér.

impeccabilité [ɛ̃pɛkabilite] n. f. Vx ou RELIG État de celui qui est impeccable. – De *impeccable.*

impeccable [ɛ̃pɛkabl] adj. **1.** RELIG Incapable de pécher. **2.** Cour. Irréprochable, parfait, sans défaut. *Une tenue impeccable. C'est impeccable!* (Pop. *Impec*) – (Personnes.) *Il a été impeccable avec nous.* – Lat. imp. *impeccabilis,* de *im* (*in*) qui indique la négation, et *peccare,* «commettre une faute».

impeccablement [ɛ̃pɛkabləmɑ̃] adv. D'une manière impeccable, irréprochable. – De *impeccable.*

impécunieux, ieuse [ɛ̃pekynjø, jøz] adj. Litt. Qui manque d'argent. – De *im-,* et anc. adj. *pécunieux,* du lat. *pécuniosus,* «riche», de *pecunia,* «argent».

impécuniosité [ɛ̃pekynjɔzite] n. f. Vieilli Manque d'argent. – De *impécunieux.*

impédance [ɛ̃pedɑ̃s] n. f. ELECTR Rapport entre la valeur efficace de la tension appliquée aux bornes d'un circuit et la valeur efficace du courant alternatif qui le traverse. (Elle est égale au rapport des valeurs maximales de ces deux grandeurs.) ▷ *Impédance Z d'un circuit RLC série:* relation entre la résistance R, l'inductance L, la capacité C et la pulsation de ce circuit. (On a $Z = \sqrt{R^2 + \left(L\omega - \frac{1}{C\omega}\right)^2}$ et $\operatorname{tg} \varphi = \frac{L\omega - \frac{1}{C\omega}}{R}$, où φ est le déphasage de la tension par rapport à l'intensité.) – Angl. *impedance,* du lat. *impedire,* «empêcher».

impedimenta [ɛ̃pedimɛnta] n. m. pl. **1.** Vieilli Matériel, bagages encombrants qui retardent la marche d'une armée. **2.** Mod. Ce qui retarde le mouvement, l'activité. – Mot lat., de *impedire,* «entraver».

impénétrabilité [ɛ̃penetʀabilite] n. f. **1.** Propriété en vertu de laquelle deux corps ne peuvent occuper en même temps le même lieu dans l'espace. **2.** Caractère de ce qui est impénétrable. – De *impénétrable.*

impénétrable [ɛ̃penetʀabl] adj. **1.** Qui ne peut être pénétré, traversé. *Blindage impénétrable.* – Où l'on ne peut pénétrer. *Forêt impénétrable.* **2.** Fig. Qu'on ne peut expliquer, connaître; insondable, obscur. *Mystère, desseins impénétrables.* **3.** Dont on ne peut deviner les sentiments. *Il est impénétrable.* – *Air impénétrable.* – Lat. *impenetrabilis.*

impénitence [ɛ̃penitɑ̃s] n. f. THEOL Endurcissement dans le péché. État d'un pécheur impénitent. *Impénitence finale,* celle dans laquelle on meurt. – Bas lat. ecclés. *impœnitentia.*

impénitent, ente [ɛ̃penitɑ̃, ɑ̃t] adj. **1.** RELIG Qui ne se repent pas; endurci dans le péché. *Pécheur impénitent. Mourir impénitent.* **2.** Cour. Qui persiste dans ses habitudes, dans son vice. *Bavard, ivrogne impénitent.* – Bas lat. ecclés. *impœnitens.*

impensable [ɛ̃pɑ̃sabl] adj. Inconcevable. – De *im-,* et *pensable.*

impenses [ɛ̃pɑ̃s] n. f. pl. DR Dépenses faites pour l'entretien ou l'amélioration d'un immeuble par la personne qui en a la jouissance sans en être propriétaire. – Lat. *impensa,* «dépense».

imper [ɛ̃pɛʀ] n. m. Abrév. fam. de *imperméable.*

impératif, ive [ɛ̃peʀatif, iv] n. et adj. **I.** n. m. **1.** GRAM Mode du verbe qui exprime le commandement, l'exhortation, la défense. (Ex.: *Sortez!*) ▷ Adj. *Le mode impératif.* **2.** Commandement de la morale. *Impératif catégorique* (Kant), qui n'est subordonné à aucune condition. **3.** Cour. Prescription impérieuse. **II.** adj. **1.** Qui a le caractère d'un ordre absolu. *Donner des consignes impératives.* **2.** Qui marque le commandement. *Ton impératif.* **3.** Impérieux. *Besoins impératifs.* – Lat. imp. *imperativus,* de *imperare,* «commander».

impérativement [ɛ̃peʀativmɑ̃] adv. D'une manière impérative. – De *impératif.*

impératrice [ɛ̃peʀatʀis] n. f. **1.** Femme d'un empereur. *L'impératrice Joséphine.* **2.** Femme qui gouverne un empire. *L'impératrice Catherine de Russie.* – Lat. *imperatrix.*

imperceptibilité [ɛ̃pɛʀsɛptibilite] n. f. Rare Caractère de ce qui est imperceptible. – De *imperceptible.*

imperceptible [ɛ̃pɛʀsɛptibl] adj. **1.** Qui ne peut être perçu par les sens. *Animalcules imperceptibles.* ▷ *Par ext.* À peine perceptible. *Odeur imperceptible.* **2.** Fig. Qui échappe à l'attention. *Progrès imperceptibles.* – Lat. médiév. *imperceptibilis.*

imperceptiblement [ɛ̃pɛʀsɛptibləmɑ̃] adv. De manière imperceptible. – De *imperceptible.*

imperdable [ɛ̃pɛʀdabl] adj. Qu'on ne peut perdre. *Procès imperdable.* – De *im-, perdre,* et *-able.*

imperfectible [ɛ̃pɛʀfɛktibl] adj. Qu'on ne peut perfectionner. – De *im-,* et *perfectible.*

imperfectif, ive [ɛ̃pɛʀfɛktif, iv] adj. et n. LING Se dit des formes verbales, propres à certaines langues (le russe, par ex.), exprimant une action considérée dans sa durée. Ant. perfectif. – De *im-,* et *perfectif.*

imperfection [ɛ̃pɛʀfɛksjɔ̃] n. f. **1.** État de ce qui est imparfait. *L'imperfection de l'intelligence humaine.* **2.** Partie, détail défectueux. *Les imperfections d'un poème.* – De *im-,* et *perfection.*

imperforation [ɛ̃pɛʀfɔʀasjɔ̃] n. f. MED Malformation congénitale consistant en l'occlusion d'un canal ou d'un orifice normalement libre. *Imperforation anale.* – De *im-,* et *perforation.*

imperforé, ée [ɛ̃pɛʀfɔʀe] adj. MED Qui présente une imperforation. – De *im-,* et pp. de *perforer.*

impérial, ale, aux [ɛ̃peʀjal, o] adj. et n. **I.** adj. Qui appartient à un empereur, à un empire. *La garde impériale.* **II.** n. f. **1.** Étage supérieur de certains véhicules transportant des voyageurs. *Diligence, autobus à impériale.* **2.** Barbiche étroite telle que la portait Napoléon III. – Lat. imp. *imperialis,* de *imperium,* «pouvoir, empire».

impérialement [ɛ̃peʀjalmɑ̃] adv. D'une façon impériale. – De *impérial.*

impérialisme [ɛ̃peʀjalism] n. m. Mod. Politique d'un État qui cherche à étendre sa domination politique ou économique au détriment d'autres États. – De l'angl. *imperialism.*

impérialiste [ɛ̃peʀjalist] n. et adj. Mod. Partisan de l'impérialisme. ▷ Adj. *Menées impérialistes.* – De l'angl. *imperialist.*

impérieusement [ɛ̃peʀjøzmɑ̃] adv. D'une manière impérieuse. – De *impérieux.*

impérieux, ieuse [ɛ̃peʀjø, jøz] adj. **1.** Qui commande de façon absolue. *Personne impérieuse.* –

Geste, ton impérieux. **2.** (Choses.) Qui oblige à céder; pressant, irrésistible. *Besoins impérieux.* – Lat. *imperiosus*, de *imperium* (Cf. impérial).

impérissable [ɛ̃peʀisabl] adj. Qui ne saurait périr. *Il n'y a rien d'impérissable.* ▷ *Par ext.* Qui dure longtemps. *Souvenir impérissable.* – De *im-*, et *périssable.*

impéritie [ɛ̃peʀisi] n. f. Litt. Incapacité, inaptitude. *L'impéritie d'un général.* – Lat. *imperitia*, de *im (in)*, élément négatif, et *peritus*, «expérimenté».

imperméabilisant, ante [ɛ̃pɛʀmeabilizɑ̃, ɑ̃t] adj. et n. m. Qui a la propriété de rendre un corps imperméable. *Un procédé, un produit imperméabilisant.* ▷ N. m. *Un imperméabilisant.* – Ppr. de *imperméabiliser.*

imperméabilisation [ɛ̃pɛʀmeabilizasjɔ̃] n. f. Traitement destiné à rendre certaines matières (spécial. le tissu) imperméables à l'eau. – De *imperméabiliser.*

imperméabiliser [ɛ̃pɛʀmeabilize] v. tr. **[1]** Rendre imperméable. – De *imperméable.*

imperméabilité [ɛ̃pɛʀmeabilite] n. f. Qualité de ce qui est imperméable. – De *imperméable.*

imperméable [ɛ̃pɛʀmeabl] adj. et n. m. **1.** Qui ne se laisse pas traverser par un liquide, par l'eau. ▷ N. m. Vêtement fait de matière imperméable à l'eau. (Abrév. fam. *imper.*) **2.** Fig. Insensible, indifférent. *Imperméable aux reproches.* – De *im-*, et *perméable.*

impersonnalité [ɛ̃pɛʀsɔnalite] n. f. Caractère de ce qui est impersonnel (sens 1 et 2). – De *impersonnel*, lat. *impersonalis.*

impersonnel, elle [ɛ̃pɛʀsɔnɛl] adj. **1.** Dépourvu de marque personnelle, d'originalité. *Une œuvre impersonnelle.* **2.** Qui n'appartient pas à une personne en particulier. *La science est impersonnelle.* **3.** GRAM *Verbes impersonnels*, qui ne s'emploient qu'à la troisième personne du singulier et à l'infinitif, et dont le sujet grammatical (le pronom neutre *il*) ne réfère pas à un sujet réel ou déterminable de l'action exprimée par le verbe. (Ex.: *Il faut, il neige, il convient que.*) ▷ *Modes impersonnels*, qui ne reçoivent pas d'indication de personnes (infinitif, participe). – Bas lat. *impersonalis.*

impersonnellement [ɛ̃pɛʀsɔnɛlmɑ̃] adv. D'une manière impersonnelle. – De *impersonnel.*

impertinemment [ɛ̃pɛʀtinamɑ̃] adv. Avec impertinence. – De *impertinent.*

impertinence [ɛ̃pɛʀtinɑ̃s] n. f. Comportement impertinent. ▷ Parole, action impertinente. – De *impertinent.*

impertinent, ente [ɛ̃pɛʀtinɑ̃, ɑ̃t] adj. et n. Qui manque de respect, de politesse. *Enfant impertinent. Réponse impertinente.* Syn. irrévérencieux, insolent. – Subst. *Quel impertinent!* – Bas lat. *impertinens*, «qui ne convient pas».

imperturbabilité [ɛ̃pɛʀtyʀbabilite] n. f. Caractère de celui, de ce qui est imperturbable. – De *imperturbable.*

imperturbable [ɛ̃pɛʀtyʀbabl] adj. Que rien ne peut troubler (personne, attitude). *Un calme imperturbable.* – Bas lat. ecclés. *imperturbabilis*, de *im (in)*, élément négatif, et de *perturbare*, «troubler».

imperturbablement [ɛ̃pɛʀtyʀbabləmɑ̃] adv. D'une manière imperturbable. – De *imperturbable.*

impétigo [ɛ̃petigo] n. m. Dermatose de l'enfant siégeant surtout à la face et aux mains, due au streptocoque ou au staphylocoque et caractérisée par des vésicules prurigineuses qui forment des croûtes suintantes. – Lat. méd. *impetigo*, du lat. class. *impetere*, «attaquer».

impétrant, ante [ɛ̃petʀɑ̃, ɑ̃t] n. Personne qui a obtenu un titre, un diplôme, etc. *Signature de l'impétrant.* – Ppr. subst. de *impétrer.*

impétrer [ɛ̃petʀe] v. tr. **[16]** Obtenir (qqch) à la suite d'une requête. – Lat. *impetrare*, «obtenir».

impétueusement [ɛ̃petɥøzmɑ̃] adv. Avec impétuosité. – De *impétueux.*

impétueux, euse [ɛ̃petɥø, øz] adj. **1.** Litt. Dont le mouvement est à la fois violent et rapide (choses). *Torrent impétueux.* **2.** Qui est plein de fougue, ne sait pas se contenir. *Il est jeune et impétueux.* – Par ext. *Désirs impétueux.* – Bas lat. *impetuosus*, de *impetus*, «élan, attaque».

impétuosité [ɛ̃petɥɔsite] n. f. Caractère d'une personne impétueuse, de ce qui est impétueux. – De *impétueux.*

impie [ɛ̃pi] adj. Qui manifeste de l'indifférence ou du mépris à l'égard de la religion. *Paroles impies.* ▷ Subst. *Un, une impie.* – Lat. *impius*, «impie» de *pius*, «pieux».

impiété [ɛ̃pjete] n. f. État d'esprit de l'impie. ▷ Action, parole impie. – Lat. *impietas.*

impitoyable [ɛ̃pitwajabl] adj. Qui est sans pitié. *Adversaire impitoyable.* – De *im-*, et *pitoyable.*

impitoyablement [ɛ̃pitwajabləmɑ̃] adv. D'une manière impitoyable. – De *impitoyable.*

implacabilité [ɛ̃plakabilite] n. f. Rare Caractère de ce qui est implacable. – De *implacable.*

implacable [ɛ̃plakabl] adj. **1.** Dont on ne peut apaiser la violence, adoucir la cruauté. *Ennemi implacable.* **2.** À quoi l'on ne peut échapper. *Mal implacable.* – Lat. *implacabilis*, de *im (in)*, élément négatif, et *placare*, «fléchir, apaiser».

implacablement [ɛ̃plakabləmɑ̃] adv. D'une manière implacable. – De *implacable.*

implant [ɛ̃plɑ̃] n. m. MED **1.** Fragment de tissu, comprimé médicamenteux ou substance radioactive que l'on place dans le tissu sous-cutané ou un autre tissu dans un but thérapeutique. **2.** *Implant dentaire:* dispositif enraciné dans la mâchoire et sur lequel on fixe une prothèse. – *Implant de cheveux*, destiné à remédier à la calvitie. – Déverbal de *implanter.*

implantation [ɛ̃plɑ̃tasjɔ̃] n. f. **1.** Action d'implanter, de s'implanter. ▷ CONSTR, TRAV PUBL Opération destinée à définir, puis à matérialiser sur le terrain les contours d'un ouvrage. **2.** MED Mise en place d'un implant. – De *implanter.*

implanter [ɛ̃plɑ̃te] v. tr. **[1]** **1.** Rare Planter, insérer dans. ▷ CHIR Pratiquer un implant. **2.** Introduire, établir quelque part. *Implanter une usine dans une zone privée d'activité industrielle.* ▷ v. pron. *Doctrine qui s'implante.* – Ital. *impiantare*, bas lat. *implantare.*

implémentation [ɛ̃plemɑ̃tasjɔ̃] n. f. INFORM Adaptation et mise en service d'un logiciel donné sur un système informatique donné. – Angl. *implementation.*

implémenter [ɛ̃plemɑ̃te] v. tr. **[1]** INFORM Adapter un logiciel particulier à de nouveaux besoins (ordinateur différent ou utilisations différentes). – De l'angl. *to implement*, «exécuter, réaliser».

implication [ɛ̃plikasjɔ̃] n. f. **I.** Situation d'une personne impliquée dans une affaire criminelle. ▷ Fait (pour une personne) d'être engagée, entraînée dans une action, un processus. **II. 1.** Conséquence inévitable. *Les implications économiques du développement industriel.* **2.** MATH Relation qui établit qu'une proposition, appelée *hypothèse*, en entraîne une autre, appelée *conclusion.* (Si la proposition P s'énonce: «x se termine par zéro» et si la proposition Q s'énonce «x est multiple de 5», l'implication $P \supset Q$ est vraie, car tout nombre se terminant par 0 est divisible par 5, alors que l'implication Q ⊃ P est fausse; en effet, cette dernière est vérifiée pour x = 10, mais non pour x = 15.) – De *impliquer*.

implicite [ɛ̃plisit] adj. **1.** Qui, sans être exprimé formellement, peut être déduit de ce qui est exprimé. *Condition implicite d'un marché.* Ant. explicite. **2.** MATH *Fonction implicite par rapport à une variable*, dont on ne peut directement calculer les valeurs correspondant aux valeurs de la variable. – Lat. *implicitus*, de *implicare* (V. impliquer.).

implicitement [ɛ̃plisitmɑ̃] adv. D'une manière implicite. – De *implicite*.

impliquer [ɛ̃plike] v. tr. [1] **I.** Mêler (qqn) à une affaire fâcheuse. *Impliquer (qqn) dans un complot.* **II. 1.** Comporter implicitement, avoir pour conséquence. *La politesse implique l'exactitude.* **2.** MATH *P implique Q :* la proposition P entraîne la proposition Q. (On note P ⊃ Q.) **III.** v. pron. S'engager à fond dans une action. *S'impliquer dans la lutte contre l'alcoolisme.* – Lat. *implicare*, «plier dans, envelopper».

implorant, ante [ɛ̃plɔʀɑ̃, ɑ̃t] adj. Qui implore. – Ppr. de *implorer*.

imploration [ɛ̃plɔʀasjɔ̃] n. f. Action d'implorer. – De *implorer*.

implorer [ɛ̃plɔʀe] v. tr. [1] **1.** *Implorer qqn*, le supplier humblement. **2.** *Implorer une grâce, une aide*, la demander avec humilité et insistance. – Lat. *implorare*, de *im (in)*, «en, dans, sur», et *plorare*, «pleurer».

imploser [ɛ̃ploze] v. intr. [1] TECH Faire implosion. – De *implosion*.

implosif, ive [ɛ̃plozif, iv] adj. et n. f. LING Se dit d'une consonne articulée moins distinctement, à la fin d'une syllabe. – De *implosion*.

implosion [ɛ̃plozjɔ̃] n. f. TECH Éclatement d'un corps creux sous l'action d'une pression plus forte à l'extérieur qu'à l'intérieur. *Implosion du tube cathodique d'un téléviseur.* – De *im-* («dans»), et *(ex)plosion*.

impluvium [ɛ̃plyvjɔm] n. m. Dans les maisons romaines, bassin aménagé au centre de l'atrium pour recevoir les eaux de pluie. – Mot lat., de *impluere*, «pleuvoir dans».

impoli, ie [ɛ̃pɔli] adj. et n. Qui manque de politesse. *Personnes, manières impolies.* – De *im-*, et *poli*.

impoliment [ɛ̃pɔlimɑ̃] adv. Avec impolitesse. – De *impoli*.

impolitesse [ɛ̃pɔlitɛs] n. f. Manque de politesse. ▷ Procédé impoli. – De *impoli*.

impondérabilité [ɛ̃pɔ̃deʀabilite] n. f. Qualité de ce qui est impondérable. – De *impondérable*.

impondérable [ɛ̃pɔ̃deʀabl] adj. et n. m. **1.** Qui est difficile à prévoir, à imaginer, mais qui peut avoir des conséquences importantes (circonstance, événement). *Des impondérables économiques.* Subst. *Un impondérable.* **2.** PHYS Qui semble ne pas avoir de poids. ▷ *Fluides impondérables :* nom donné autref. à la lumière, à la chaleur et à l'électricité. – De *im-*, et *pondérable*.

impopulaire [ɛ̃pɔpylɛʀ] adj. Qui n'est pas aimé, apprécié du peuple. *Ministre, loi impopulaires.* – *Par anal.* Qui n'est guère apprécié, que l'on considère sans bienveillance. *Professeur très impopulaire.* – De *im-*, et *populaire*.

impopularité [ɛ̃pɔpylaʀite] n. f. **1.** Caractère de ce qui est impopulaire. **2.** Situation d'une personne impopulaire. – De *im-*, et *popularité*.

1. importable [ɛ̃pɔʀtabl] adj. **1.** Dont on ne peut supporter le poids, la charge. **2.** Qualifie un vêtement que l'on ne peut porter. – De *im-*, et *portable*.

2. importable [ɛ̃pɔʀtabl] adj. Qu'on a la possibilité, le droit d'importer. – De *importer* 2.

importance [ɛ̃pɔʀtɑ̃s] n. f. **1.** Caractère de celui, de ce qui est important. *L'importance d'un auteur, d'un livre.* **2.** Autorité, influence, prestige. **3.** loc. adv. *D'importance*, très fort. *Je l'ai tancé d'importance.* – Ital. *importanza*, du lat. *importare* (V. importer 1.).

important, ante [ɛ̃pɔʀtɑ̃, ɑ̃t] adj. **1.** Qui n'est pas négligeable qualitativement, quantitativement ou en raison de ses conséquences (choses). *Œuvre, somme, découverte, révélation importante.* ▷ N. m. Ce qui est important, essentiel. *C'est cela l'important.* **2.** Qui a de l'influence, du pouvoir. *Visiteur important.* ▷ Subst. *Faire l'important(e).* – Lat. *importans*, de *importare* (V. importer 1.).

importateur, trice [ɛ̃pɔʀtatœʀ, tʀis] n. et adj. Qui fait le commerce d'importation. *Un importateur de céréales.* – Adj. *Région importatrice.* – De *importer* 2.

importation [ɛ̃pɔʀtasjɔ̃] n. f. **1.** Action d'importer. **2.** Plur. Ce qui est importé. – Mot angl.

1. importer [ɛ̃pɔʀte] v. tr. [1] indir. et intr. (Empl. seulement à l'inf. et aux 3e pers.) **1.** Être important, digne d'intérêt (choses). *Cela m'importe peu.* ▷ v. impers. *Il importe de savoir manœuvrer.* **2.** loc. *Qu'importe! Peu importe!* Cela est indifférent. **3.** loc. pron. indéf. *N'importe qui, n'importe quoi:* une personne, une chose quelconque. ▷ Loc. adv. *N'importe comment, où, quand.* – Ital. *importare*; lat. *importare*, «porter dans», et, par ext., «causer, entraîner».

2. importer [ɛ̃pɔʀte] v. tr. [1] Introduire dans un pays (des biens, des services étrangers). ▷ Fig. *Importer des mots.* Ant. exporter. – Angl. *to import*, du lat. *importare*, «porter dans».

import-export [ɛ̃pɔʀɛkspɔʀ] n. m. inv. Commerce avec l'étranger (importations et exportations). *Société spécialisée dans l'import-export.* – De *import(ation)*, et *export(ation)*.

importun, une [ɛ̃pɔʀtœ̃, yn] adj. et n. Qui ennuie, dérange (personnes). – Subst. *Fuir les importuns.* ▷ Par ext. *Souvenirs importuns.* Ant. opportun. – Lat. *importunus*, «inabordable», et au fig., «incommode, désagréable».

importunément [ɛ̃pɔʀtynemɑ̃] adv. D'une manière importune. – De *importun*.

importuner [ɛ̃pɔʀtyne] v. tr. [1] Déranger, gêner (personnes ou choses). *Voisin, bruit qui importune.* – De *importun*.

importunité [ɛ̃pɔʀtynite] n. f. Caractère de ce qui est importun. ▷ Action importune. – Du lat. *importunitas*, «difficulté d'accès», d'où, au fig., «caractère désagréable, rigueur».

imposable [ɛ̃pozabl] adj. Sujet aux impôts. – De *imposer*.

imposant, ante [ɛ̃pozɑ̃, ɑ̃t] adj. **1.** Qui inspire le respect, l'admiration. *Une allure imposante.* **2.** Qui frappe par ses vastes proportions. *Architecture imposante.* – Ppr. de *imposer*.

imposé, ée [ɛ̃poze] adj. **1.** Fixé par voie d'autorité. *Prix imposé.* ▷ SPORT *Figures imposées*, que tous les concurrents d'une compétition de gymnastique ou de patinage doivent exécuter, par oppos. aux *figures libres*. **2.** Soumis à l'impôt. – Pp. de *imposer*.

imposer [ɛ̃poze] **I.** v. tr. [1] **1.** Faire accepter en contraignant. *Imposer une tâche. Imposer un mari à sa fille.* ▷ v. intr. *En imposer:* susciter le respect, l'admiration. **2.** Soumettre à l'impôt. *Imposer les contribuables. Imposer telle catégorie de revenus.* **3.** LITURG *Imposer les mains*, les mettre sur la tête de qqn selon un rite sacramentel. **4.** TYPO *Imposer une feuille*, placer les formes de la feuille de façon que, après pliage, les pages se trouvent dans l'ordre voulu. **II.** v. pron. **1.** Se contraindre à. *S'imposer des sacrifices.* **2.** Être indispensable (choses). *Cette démarche s'impose.* **3.** Se faire accepter par ses qualités personnelles ou par des manifestations d'autorité. *Un chef qui s'impose.* – De *im-*, «sur», et *poser*, d'ap. le lat. *imponere*, «placer, poser sur».

imposeur [ɛ̃pozœʀ] n. m. TYPO Typographe chargé de l'imposition. – De *imposer.*

imposition [ɛ̃pozisjɔ̃] n. f. **1.** Syn. de *taxe, impôt* ou *contribution.* **2.** LITURG *Imposition des mains:* action d'imposer les mains. **3.** TYPO Action d'imposer une feuille. ▷ Manière dont les pages sont imposées. – De *imposer.*

impossibilité [ɛ̃pɔsibilite] n. f. Défaut de possibilité. ▷ Chose impossible. – Lat. imp. *impossibilitas.*

impossible [ɛ̃pɔsibl] adj. et n. m. **I.** adj. **1.** Qui ne peut exister, qui ne peut se faire. *Changement impossible.* ▷ Très difficile à faire. *Accomplir une mission impossible.* **2.** Fam. Insupportable. *Un caractère impossible.* **3.** Fam. Bizarre, extravagant. *Des goûts impossibles.* **II.** n. m. **1.** Ce qui est à la limite du possible. *Tenter l'impossible.* **2.** loc. adv. *Par impossible:* en supposant réalisée une chose très improbable. – Lat. *impossibilis.*

imposte [ɛ̃pɔst] n. f. **1.** ARCHI Pierre en saillie située à la partie haute du pied-droit d'une arcade et sur laquelle prend appui la retombée de l'arc. **2.** CONSTR Élément, généralement vitré, qui surmonte une porte ou une croisée. – Ital. *imposta,* du v. *imporre,* «placer sur».

imposteur [ɛ̃pɔstœʀ] n. m. Celui qui trompe autrui en se faisant passer pour autre qu'il n'est. *Être abusé par un imposteur.* – Bas lat. *impostor,* de *imponere,* au sens de «tromper».

imposture [ɛ̃pɔstyʀ] n. f. Action de tromper par de fausses apparences. – Bas lat. *impostura.*

impôt [ɛ̃po] n. m. Taxe, droit dont sont frappées les personnes ou les choses pour subvenir aux dépenses publiques. – Lat. *impositum,* propr. «ce qui est imposé».

impotence [ɛ̃pɔtɑ̃s] n. f. État d'un impotent. – Lat. *impotentia.*

impotent, ente [ɛ̃pɔtɑ̃, ɑ̃t] adj. et n. Qui ne peut se mouvoir qu'avec difficulté. *Vieillard impotent.* – Subst. *Des installations spéciales pour les impotents.* – Lat. *impotens, impotentis,* «impuissant».

impraticabilité [ɛ̃pʀatikabilite] n. f. Rare État d'une chose impraticable. – De *impraticable.*

impraticable [ɛ̃pʀatikabl] adj. **1.** Que l'on ne peut mettre en pratique. *Une idée impraticable.* **2.** Où l'on passe très difficilement (voie). *Chemin impraticable.* – De *im-,* et *praticable.*

imprécation [ɛ̃pʀekasjɔ̃] n. f. Litt. Malédiction, souhait de malheur contre qqn. – Lat. *imprecatio,* de *im (in),* «en, dans, sur», et *precari,* «prier, supplier».

imprécatoire [ɛ̃pʀekatwaʀ] adj. Litt. Qui a rapport à l'imprécation. *Formule imprécatoire.* – De *imprécation,* d'après *expiatoire.*

imprécis, ise [ɛ̃pʀesi, iz] adj. Qui manque de précision. *Termes imprécis.* – De *im-,* et *précis.*

imprécision [ɛ̃pʀesizjɔ̃] n. f. Manque de précision. – De *im-,* et *précision.*

imprégnation [ɛ̃pʀeɲasjɔ̃] n. f. **1.** Action d'imprégner; son résultat. – TECH *Imprégnation des bois par des résines thermodurcissables.* **2.** Pénétration (d'une idée, d'une influence, d'une idéologie, etc.), dans l'esprit (d'une personne, d'un groupe). **3.** ZOOL Marque, déterminante pour le comportement ultérieur de l'animal, de l'influence d'un être ou d'une chose, reçue lors d'une période précoce et précise du développement. – Du lat. *impraegnare,* «féconder».

imprégner [ɛ̃pʀeɲe] v. tr. [16] **1.** Imbiber, faire pénétrer un liquide dans (un corps). *Imprégner un linge de vinaigre.* ▷ Par ext. *L'odeur de friture imprègne les vêtements.* **2.** Pp. Fig. *Être imprégné d'une idéologie.* – Bas lat. *impraegnare,* «féconder», rac. *praegnans,* «enceinte».

imprenable [ɛ̃pʀənabl] adj. **1.** Qui ne peut être pris. *Forteresse imprenable.* **2.** *Vue imprenable,* que d'éventuelles constructions nouvelles ne peuvent masquer. – De *im-,* et *prenable.*

impréparation [ɛ̃pʀepaʀasjɔ̃] n. f. Manque de préparation. – De *im-,* et *préparation.*

imprésario ou **impresario** [ɛ̃pʀezaʀjo] n. m. Celui qui s'occupe des engagements, des contrats d'un artiste de cinéma, de théâtre, etc. – Ital. *impresario,* «entrepreneur».

imprescriptibilité [ɛ̃pʀɛskʀiptibilite] n. f. DR Caractère de ce qui est imprescriptible. – De *imprescriptible.*

imprescriptible [ɛ̃pʀɛskʀiptibl] adj. DR Qui n'est pas susceptible de prescription. ▷ Fig. *Les droits imprescriptibles de la nature.* – De *im-,* et *prescriptible.*

impression [ɛ̃pʀesjɔ̃] n. f. **I. 1.** Action d'imprimer des figures, des caractères. *Fautes d'impression dans un livre.* **2.** TECH *Couche d'impression:* première couche de peinture. **II.** État de conscience produit par une action extérieure quelconque, et indépendant de la réflexion. *Ressentir une impression de confort. Faire bonne, mauvaise impression.* – Absol. *Faire impression:* être remarqué. ▷ *Avoir l'impression de, que:* croire que. *J'ai l'impression qu'il va mieux.* – Lat. *impressio,* «action de presser, empreinte».

impressionnabilité [ɛ̃pʀesjɔnabilite] n. f. **1.** Caractère d'une personne impressionnable. **2.** TECH Caractère d'une surface impressionnable. – De *impressionnable.*

impressionnable [ɛ̃pʀesjɔnabl] adj. **1.** Qui ressent vivement les impressions, les émotions. *Vous êtes trop impressionnable.* **2.** TECH Qui peut être impressionné. *Surface impressionnable.* – De *impressionner.*

impressionnant, ante [ɛ̃pʀesjɔnɑ̃, ɑ̃t] adj. Qui impressionne l'esprit. *Spectacle impressionnant.* – Ppr. de *impressionner.*

impressionner [ɛ̃pʀesjɔne] v. tr. [1] **1.** Faire une vive impression sur (qqn). **2.** Agir sur (un organe) de manière à produire une sensation. *Les ondes lumineuses impressionnent la rétine.* **3.** TECH Produire une impression matérielle sur (une surface sensible). – De *impression.*

impressionnisme [ɛ̃pʀesjɔnism] n. m. **1.** Mouvement pictural qui se développa dans le dernier quart du XIXe s. en réaction contre les conceptions académiques de l'art. **2.** Manière des musiciens, des écrivains impressionnistes (sens 2). – De *impression* ou de *impressionniste.*

ENCYCL L'impressionnisme est moins un groupement d'école qu'une rencontre de jeunes artistes qui avaient fondamentalement en commun le goût de la spontanéité et de la peinture en plein air. Le principe de la division des tons (l'obtention d'un ton vert résulte du voisinage d'un bleu et d'un jaune) est à la base même de la technique impressionniste; dès lors, la touche joue pleinement son rôle d'instrument de dissolution des formes dans l'atmosphère. La prem. exposition du groupe eut lieu à Paris (15 avril – 15 mai 1874); elle fit scandale, et le journaliste Louis Leroy, prenant pour prétexte la toile de Monet intitulée *Impression, soleil levant* (volée à Paris, au musée Marmottan en 1985), qualifia ironiquement les exposants d'«impressionnistes» (*le Charivari,* 25 avril 1874). Les princ. peintres impressionnistes furent Renoir, Degas, Monet, Manet, Sisley, Pissarro, Cézanne. En 1873, le style impressionniste se généralisa et s'affirma pleinement, tandis que 1877 marqua son apogée. La mort de Manet en 1883, l'arrivée d'une génération nouvelle composée principalement de Seurat, Van Gogh, Toulouse-Lautrec marquèrent la rupture du groupe dont chacun des membres s'orienta dans une direction personnelle.

impressionniste [ɛ̃pʀesjɔnist] n. et adj. **1.** Peintre appartenant à l'impressionnisme. **2.** Écrivain, musicien dont l'art, fondé sur l'évocation d'impressions fugitives, présente des affinités avec l'impressionnisme (les frères Goncourt, Loti, Debussy, etc.). – Mot forgé par L. Leroy; V. encycl. impressionnisme.

imprévisibilité [ɛ̃pʀevizibilite] n. f. Caractère de ce qui est imprévisible. – De *imprévisible.*

imprévisible [ɛ̃pʀevizibl] adj. Qu'on ne peut prévoir. *Événement imprévisible.* – De *im-*, et *prévisible.*

imprévision [ɛ̃pʀevizjɔ̃] n. f. Manque de prévision. – De *im-*, et *prévision.*

imprévoyance [ɛ̃pʀevwajɑ̃s] n. f. Défaut de prévoyance. – De *im-*, et *prévoyance.*

imprévoyant, ante [ɛ̃pʀevwajɑ̃, ɑ̃t] adj. Qui manque de prévoyance. *Jeunesse imprévoyante.* – De *im-*, et *prévoyant.*

imprévu, ue [ɛ̃pʀevy] adj. et n. m. Qui arrive sans qu'on l'ait prévu. *Mort imprévue.* ▷ N. m. *Un imprévu.* – De *im-*, et *prévu* (pp. de *prévoir).*

imprimable [ɛ̃pʀimabl] adj. Qui peut être imprimé; qui mérite d'être imprimé. – De *imprimer.*

imprimante [ɛ̃pʀimɑ̃t] n. f. INFORM Appareil servant à imprimer sur du papier ou sur un support photographique les résultats d'un traitement, la liste d'un programme. – Ppr. subst. de *imprimer.*

imprimatur [ɛ̃pʀimatyʀ] n. m. inv. Didac. Permission d'imprimer un ouvrage, accordée par l'autorité ecclésiastique ou, autrefois, par l'Université. – Mot du lat. ecclés., «qu'il soit imprimé».

imprimé, ée [ɛ̃pʀime] adj. et n. m. **1.** adj. Reproduit par une impression. *Une cotonnade imprimée.* **2.** N. m. Livre, brochure, feuille imprimée, etc. Ant. manuscrit. ▷ Tissu imprimé. – Pp. de *imprimer.*

imprimer [ɛ̃pʀime] v. tr. [1] **1.** Reporter sur un support (des signes, des dessins) au moyen d'une forme chargée de matière colorante. *Imprimer une gravure, un cachet. Imprimer une étoffe,* des motifs sur une étoffe. ▷ Spécial. *Imprimer un texte, un livre. Par ext.* Publier (une œuvre, un auteur). *Imprimer un jeune poète.* **2.** Faire, laisser (une empreinte). *Traces de roues imprimées dans la boue.* ▷ Fig. *La satisfaction est imprimée sur son visage.* **3.** Communiquer (un mouvement). *Vitesse que le vent imprime aux voiliers.* – Lat. *imprimere,* «empreindre».

imprimerie [ɛ̃pʀimʀi] n. f. **1.** Art d'imprimer, technique de l'impression (sens 1). *L'invention de l'imprimerie.* **2.** Établissement où l'on imprime. *Fonder une imprimerie.* **3.** Matériel servant à imprimer. *Imprimerie portative.* – De *imprimer.*

imprimeur [ɛ̃pʀimœʀ] n. m. Personne qui dirige une imprimerie. – Ouvrier qui travaille dans une imprimerie. – De *imprimer.*

improbabilité [ɛ̃pʀɔbabilite] n. f. Caractère de ce qui est improbable. – De *improbable.*

improbable [ɛ̃pʀɔbabl] adj. Qui n'est pas probable, qui est peu probable. – De *im-*, et *probable.*

improbité [ɛ̃pʀɔbite] n. f. Litt. Défaut de probité. – Lat. *improbitas.*

improductif, ive [ɛ̃pʀɔdyktif, iv] adj. **1.** Qui ne produit rien. *Capital improductif.* **2.** Qui ne participe pas directement à la production. *Personnel improductif.* – De *im-*, et *productif.*

improductivité [ɛ̃pʀɔdyktivite] n. f. Caractère de ce qui est improductif. – Du préc.

impromptu, ue [ɛ̃pʀɔ̃pty] adv., adj. et n. **I.** adv. Sur-le-champ, sans préparation. *Parler impromptu.* ▷ Adj. *Concert impromptu.* **II.** n. m. **1.** LITTER Petite pièce de vers improvisée (ou prétendue telle). **2.** Composition instrumentale peu développée et de forme libre. *Les impromptus de Schubert.* – Lat. *in promptu,* «en évidence, sous la main».

imprononçable [ɛ̃pʀɔnɔ̃sabl] adj. Qui ne peut être prononcé. – De *im-*, *prononcer,* et *-able.*

impropre [ɛ̃pʀɔpʀ] adj. **1.** Qui ne convient pas pour exprimer la pensée (mot, expression). **2.** *Impropre à,* qui n'est pas propre à. *Vêtement impropre à protéger du froid.* – Lat. gram. *improprius.*

improprement [ɛ̃pʀɔpʀəmɑ̃] adv. D'une façon impropre. – De *impropre.*

impropriété [ɛ̃pʀɔpʀijete] n. f. Caractère d'un mot, d'une expression impropre. ▷ Mot, expression impropre. – Lat. gram. *improprietas.*

improuvable [ɛ̃pʀuvabl] adj. Qu'on ne peut prouver. – De *im-*, et *prouvable.*

improvisateur, trice [ɛ̃pʀɔvizatœʀ, tʀis] n. Personne qui improvise. – De *improviser,* d'après l'ital. *improvvisatore, trice.*

improvisation [ɛ̃pʀɔvizasjɔ̃] n. f. **1.** Action d'improviser. **2.** Poème, discours, morceau de musique improvisé. – De *improviser.*

improviser [ɛ̃pʀɔvize] **1.** v. tr. [1] Composer sur-le-champ et sans préparation. *Improviser un discours. Improviser une fête.* ▷ Absol. *Improviser à l'orgue.* **2.** v. pron. Remplir sans préparation la fonction, la tâche de. *S'improviser cuisinier.* – Ital. *improvvisare,* du lat. *improvisus,* «imprévu».

improviste (à l') [alɛ̃pʀɔvist] loc. adv. Soudainement, de manière imprévue. *Arriver à l'improviste.* – Ital. *improvvisto,* «imprévu».

imprudemment [ɛ̃pʀydamɑ̃] adv. Avec imprudence. – De *imprudent.*

imprudence [ɛ̃pʀydɑ̃s] n. f. **1.** Manque de prudence. ▷ DR Faute due à un manque de précautions ou de prévoyance, engageant la responsabilité civile et éventuellement pénale de son auteur. *Homicide par imprudence.* **2.** Action imprudente. *Commettre une imprudence.* – Lat. *imprudentia.*

imprudent, ente [ɛ̃pʀydɑ̃, ɑ̃t] adj. et n. Qui manque de prudence. – Subst. *C'est un imprudent,* un casse-cou. – Lat. *imprudens.*

impubère [ɛ̃pybɛʀ] adj. et n. Qui n'a pas encore passé la période de la puberté. – Lat. *impubes, impuberis.*

impubliable [ɛ̃pyblijabl] adj. Qu'on ne peut publier. – De *im-*, et *publiable.*

impudemment [ɛ̃pydamɑ̃] adv. Avec impudence. – De *impudent.*

impudence [ɛ̃pydɑ̃s] n. f. **1.** Effronterie extrême. *Mentir avec impudence.* **2.** Action, parole impudente. – Lat. *impudentia.*

impudent, ente [ɛ̃pydɑ̃, ɑ̃t] adj. et n. Qui a ou dénote de l'impudence. – Subst. *L'impudent peut se montrer cynique ou flatteur.* – Lat. *impudens.*

impudeur [ɛ̃pydœʀ] n. f. Manque de pudeur, de décence. – De *im-*, et *pudeur.*

impudicité [ɛ̃pydisite] n. f. Caractère de celui, de ce qui est impudique. – Action, parole impudique. – De *impudique.*

impudique [ɛ̃pydik] adj. et n. Qui a ou dénote de l'impudeur. – Subst. *Une impudique provocante.* – Lat. *impudicus.*

impudiquement [ɛ̃pydikmɑ̃] adv. De manière impudique. – De *impudique.*

impuissance [ɛ̃pɥisɑ̃s] n. f. **1.** Manque de pouvoir, de moyens, pour faire qqch. *Être réduit à l'impuissance.* ▷ Par ext. *L'impuissance de l'intelligence.* **2.** *Spécial.* Impossibilité pour l'homme de pratiquer le coït, due à un vice de conformation, à un défaut d'érection ou à la précocité de l'éjaculation. – De *im-*, et *puissance.*

impuissant, ante [ɛ̃pɥisɑ̃, ɑ̃t] adj. et n. **1.** adj. Qui n'a pas un pouvoir suffisant. *Ennemis impuissants.* – Par ext. *Colère impuissante.* **2.** adj. et n. m. Incapable physiquement de pratiquer le coït. – De *im-*, et *puissant.*

impulser [ɛ̃pylse] v. tr. [1] Donner une impulsion à. – Bas lat. *impulsare,* «pousser contre».

impulsif, ive [ɛ̃pylsif, iv] **1.** adj. et n. Qui agit par impulsion, sans réfléchir. *Enfant impulsif.* **2.** adj. VX Qui imprime une impulsion. *Force impulsive.* – Bas lat. *impulsivus.*

impulsion [ɛ̃pylsjɔ̃] n. f. **1.** Action d'imprimer un mouvement à un corps; ce mouvement. *Une légère impulsion.* ▷ PHYS Variation de la quantité de mouvement. ▷ ELECTR Passage d'un courant dans un circuit. *Générateur d'impulsions:* appareil qui produit (de façon répétitive ou non) des signaux électriques. **2.** Incitation à l'activité. *Donner une impulsion à une entreprise.* **3.** Désir soudain et impérieux d'accomplir un acte. *Suivre ses impulsions.* – Lat. *impulsio,* de *impellere,* «pousser vers».

impulsivement [ɛ̃pylsivmɑ̃] adv. D'une manière impulsive. – De *impulsif.*

impulsivité [ɛ̃pylsivite] n. f. Tendance à céder à ses impulsions. – De *impulsif.*

impunément [ɛ̃pynemɑ̃] adv. **1.** Sans subir de punition. *Voler impunément.* **2.** Sans inconvénient, sans préjudice. *On ne joue pas impunément avec sa santé.* – De *impuni.*

impuni, ie [ɛ̃pyni] adj. Qui demeure sans punition. *Crime impuni.* – Lat. *impunitus.*

impunité [ɛ̃pynite] n. f. Absence de punition. – Lat. *impunitas.*

impur, ure [ɛ̃pyʀ] adj. **1.** Qui est altéré par des substances étrangères. *Des eaux impures.* **2.** RELIG Contraire à la pureté des mœurs; impudique, lascif. *Pensées impures.* ▷ Souillé et frappé d'interdit. *Animal impur.* – Lat. *impurus.*

impureté [ɛ̃pyʀte] n. f. **1.** Caractère d'un corps impur. *Impureté d'un métal.* ▷ Ce qui le rend impur. *Des impuretés dans un cristal.* **2.** RELIG Acte impur aux yeux de la loi religieuse. ▷ Litt. Action, parole impudique. – Lat. *impuritas.*

imputabilité [ɛ̃pytabilite] n. f. **1.** Caractère de ce qui est imputable à qqn. **2.** DR Possibilité d'imputer une infraction à qqn sans que cela entraîne nécessairement sa responsabilité ou sa culpabilité. – De *imputable.*

imputable [ɛ̃pytabl] adj. Qui peut, qui doit être imputé. – De *imputer.*

imputation [ɛ̃pytasjɔ̃] n. f. Action d'imputer. – Lat. *imputatio.*

imputer [ɛ̃pyte] v. tr. [1] **1.** Attribuer (une action, une chose répréhensible) à qqn. *Imputer un méfait à qqn.* – Par ext. *Imputer un accident à la négligence.* ▷ *Imputer à honte, à faute,* etc.: considérer comme une honte, une faute (telle action). **2.** FIN Affecter (une somme) à un poste comptable. – Lat. *imputare,* «porter au compte».

imputrescibilité [ɛ̃pytʀɛsibilite] n. f. Caractère de ce qui est imputrescible. – De *imputrescible.*

imputrescible [ɛ̃pytʀɛsibl] adj. Qui ne peut pourrir, se putréfier. – Lat. *imputrescibilis.*

1. in- (il-, im-, ir-). Élément, du lat. *in-*, qui indique la négation, la privation. (devant *l*, il devient *il-*; devant *b, m, p, im-*; devant *r, ir-*).

2. -in (im-). Élément, du lat. *in,* «en, dans».

In CHIM Symbole de l'indium.

inabordable [inabɔʀdabl] adj. **1.** Où l'on ne peut aborder. *Rivage inabordable.* **2.** D'un abord difficile (personnes). **3.** D'un prix élevé. – De *in-* 1, et *abordable.*

in abstracto [inabstʀakto] loc. adv. et adj. Dans l'abstrait. *Avoir raison in abstracto. Des discours in abstracto.* – Loc. lat., de *abstractus,* «abstrait».

inaccentué, ée [inaksɑ̃tɥe] adj. LING Qui n'est pas accentué (avec la voix). *Syllabe inaccentuée.* – De *in-* 1, et *accentuer.*

inacceptable [inaksɛptabl] adj. Qu'on ne peut, qu'on ne doit pas accepter. *Demande inacceptable.* – De *in-* 1, et *acceptable.*

inaccessibilité [inaksɛsibilite] n. f. Caractère de ce qui est inaccessible. – De *inaccessible.*

inaccessible [inaksɛsibl] adj. **1.** Auquel on ne peut accéder (lieu). *Montagne inaccessible.* ▷ Fig. *Des connaissances inaccessibles.* **2.** Difficile à approcher, à aborder (personnes). *Personnage inaccessible.* **3.** Insensible (à certains sentiments). *Inaccessible à la pitié.* – Bas lat. *inaccessibilis.*

inaccompli, ie [inakɔ̃pli] adj. Litt. Qui n'est pas accompli, achevé. – De *in-* 1, et *accompli.*

inaccomplissement [inakɔ̃plismɑ̃] n. m. Litt. Caractère de ce qui est inaccompli. – De *in*-1, et *accomplissement.*

inaccoutumé, ée [inakutyme] adj. **1.** Qui n'a pas coutume de se faire, d'advenir. *Un silence inaccoutumé.* **2.** Qui n'est pas accoutumé (à). *Inaccoutumé à un travail.* – De *in-* 1, et *accoutumé.*

inachevé, ée [inaʃ(ə)ve] adj. Qui n'est pas achevé, terminé. – De *in-* 1, et *achevé.*

inachèvement [inaʃɛvmɑ̃] n. m. État de ce qui est inachevé. – De *inachevé.*

inactif, ive [inaktif, iv] adj. et n. **1.** Qui n'a pas d'activité. *Rester inactif.* ▷ Subst. *Un inactif.* **2.** Qui n'agit pas sur l'organisme. *Remède inactif.* **3.** PHYS Se dit d'un corps qui ne fait pas tourner le plan de polarisation de la lumière. – De *in-* 1, et *actif.*

inactinique [inaktinik] adj. PHYS Qualifie un rayonnement qui n'a pas d'action appréciable sur une surface sensible. – De *in-* 1, et *actinique.*

inaction [inaksjɔ̃] n. f. Absence d'action, d'occupation. – De *in-* 1, et *action.*

inactivation [inaktivasjɔ̃] n. f. BIOL Arrêt de l'activité d'une substance biochimique ou d'un micro-organisme. – De *in-* 1, et *activation.*

inactiver [inaktive] v. tr. [1] BIOL Rendre inactif (un composé biochimique, un micro-organisme). *Agent infectieux inactivé.* – De *in*-1, et *activer.*

inactivité [inaktivite] n. f. **1.** Manque, absence d'activité. **2.** ADMIN État d'un fonctionnaire qui n'est pas en activité. – De *in-* 1, et *activité.*

inactuel, elle [inaktɥɛl] adj. Qui n'est pas d'actualité. – De *in-* 1, et *actuel.*

inadaptation [inadaptasjõ] n. f. Manque d'adaptation. ▷ PSYCHO État des sujets, notam. des enfants, qui ne peuvent pas se conformer aux exigences de la vie en société, en raison d'une malformation physique, d'une arriération mentale, de conflits affectifs. – De *in-* 1, et *adaptation.*

inadapté, ée [inadapte] adj. et n. Qui n'est pas adapté. ▷ PSYCHO Qui souffre d'inadaptation. – Subst. *Un (une) inadapté(e).* – De *in-* 1, et *adapté.*

inadéquat, ate [inadekwa, at] adj. Qui n'est pas adéquat, qui ne convient pas. – De *in-* 1, et *adéquat.*

inadéquation [inadekwasjõ] n. f. Didac. Caractère de ce qui n'est pas adéquat. – De *inadéquat.*

inadmissibilité [inadmisibilite] n. f. Caractère de ce qui est inadmissible. – *Spécial.* Situation du candidat qui n'est pas admis à un examen, un concours. – De *in-* 1, et *admissible.*

inadmissible [inadmisibl] adj. Qui ne peut être admis, accepté. *Demande, ton inadmissible.* – De *in-* 1, et *admissible.*

inadvertance [inadvɛʀtɑ̃s] n. f. Rare Défaut d'attention. ▷ Cour. Loc. adv. *Par inadvertance. Faire une erreur par inadvertance.* – Lat. scolast. *inadvertentia,* de *in,* élément négatif, et *advertere,* «tourner vers».

inaliénabilité [inaljenabilite] n. f. DR Caractère de ce qui est inaliénable. – De *inaliénable.*

inaliénable [inaljenabl] adj. DR Qui ne peut être cédé ou vendu. *Des biens inaliénables.* – De *in-* 1, et *aliénable.*

inaliénation [inaljenasjõ] n. f. DR État de ce qui n'est pas aliéné. – De *in-* 1, et *aliénation.*

inalliable [inaljabl] adj. METALL Se dit d'un métal qui ne peut s'allier avec un autre. – De *in-* 1, et *alliable.*

inaltérabilité [inalteʀabilite] n. f. Caractère de ce qui est inaltérable. – De *inaltérable.*

inaltérable [inalteʀabl] adj. Qui ne peut s'altérer. *Métal inaltérable.* ▷ Fig. *Patience inaltérable.* – De *in-* 1, et *altérable,* d'après le lat. médiév. *inalterabilis.*

inaltéré, ée [inalteʀe] adj. Qui n'a pas été altéré, modifié. – De *in-* 1, et *altéré.*

inamical, ale, aux [inamikal, o] adj. Qui n'est pas amical. *Procédé inamical.* – De *in-* 1, et *amical.*

inamissible [inamisibl] adj. THEOL Qui ne peut se perdre. *Grâce inamissible.* – De *in-* 1, et du lat. *amissibilis,* «qui peut se perdre».

inamovibilité [inamɔvibilite] n. f. Situation d'un fonctionnaire inamovible. – De *inamovible.*

inamovible [inamɔvibl] adj. Qui ne peut être déplacé, révoqué (fonctionnaire). *Magistrat inamovible.* – De *in-* 1, et *amovible.*

inanimé, ée [inanime] adj. **1.** Qui n'est pas doué de vie. *Êtres inanimés.* **2.** Qui a perdu ou semble avoir perdu la vie. *Tomber inanimé.* – De *in-* 1, et *animé.*

inanité [inanite] n. f. Caractère de ce qui est inutile, vain. *Inanité d'une remarque.* – Lat. *inanitas,* de *inanis,* «vide, vain».

inanition [inanisjõ] n. f. Épuisement de l'organisme dû à une profonde carence alimentaire. *Mourir d'inanition.* – Bas lat. *inanitio,* «action de vider», du lat. class. *inanis,* «vide, à jeun».

inapaisable [inapɛzabl] adj. Qui ne peut être apaisé. – De *in-* 1, et *apaisable.*

inaperçu, ue [inapɛʀsy] adj. Qui n'est pas aperçu, remarqué. *Passer inaperçu.* – De *in-* 1, et *aperçu.*

inappétence [inapetɑ̃s] n. f. Défaut d'appétit. ▷ Fig. Manque de désir, de besoin. – De *in-* 1, et *appétence.*

inapplicable [inaplikabl] adj. Qui ne peut être appliqué. *Méthode inapplicable.* – De *in-* 1, et *applicable.*

inapplication [inaplikasjõ] n. f. Didac. ou litt. **1.** Défaut d'application, d'attention. **2.** Caractère de ce qui n'est pas mis en application. *Inapplication d'une découverte.* – De *in-* 1, et *application.*

inappréciable [inapʀesjabl] adj. **1.** Qu'on ne saurait trop estimer. *Bienfait inappréciable.* **2.** Trop minime pour pouvoir être perçu, évalué. *Un ralentissement inappréciable.* – De *in-* 1, et *appréciable.*

inapte [inapt] adj. et n. Qui manque d'aptitude pour qqch, pour faire qqch. *Inapte au travail manuel.* ▷ *Absol.* Incapable, incompétent. *Un ministre inapte.* – De *in-* 1, et *apte.*

inaptitude [inaptityd] n. f. Défaut d'aptitude. ▷ *Spécial.* État d'un militaire déclaré inapte. – De *in-* 1, et *aptitude.*

inarticulé, ée [inaʀtikyle] adj. Qui n'est pas articulé ou mal articulé (son, mot). – De *in-* 1, et *articulé.*

inassimilable [inasimilabl] adj. Qui n'est pas assimilable. – De *in-* 1, et *assimilable.*

inassouvi, ie [inasuvi] adj. Qui n'est pas assouvi. *Faim inassouvie. Ambition inassouvie.* – De *in-* 1, et *assouvi.*

inassouvissement [inasuvismɑ̃] n. m. État de ce qui n'est pas ou ne peut pas être assouvi. – Du préc.

inattaquable [inatakabl] adj. Qu'on ne peut attaquer. *Forteresse inattaquable.* ▷ Fig. *Démonstration inattaquable.* – De *in-* 1, et *attaquable.*

inattendu, ue [inatɑ̃dy] adj. Qui arrive sans qu'on s'y attende. *Événement inattendu.* – De *in-* 1, et *attendu.*

inattentif, ive [inatɑ̃tif, iv] adj. Qui manque d'attention. *Élève inattentif.* – De *in-* 1, et *attentif.*

inattention [inatɑ̃sjõ] n. f. Défaut d'attention. – *Faute d'inattention,* due au manque d'attention. – De *in-* 1, et *attention.*

inaudible [inodibl] adj. **1.** Impossible ou difficile à entendre. *Son inaudible.* **2.** Déplaisant à écouter. *Musique inaudible.* – Lat. imp. *inaudibilis.*

inaugural, ale, aux [inogyʀal, o] adj. Relatif à l'inauguration. *Discours inaugural.* – De *inaugurer.*

inauguration [inogyʀasjõ] n. f. Action d'inaugurer. V. consécration, dédicace. – Lat. *inauguratio,* de *inaugurare,* «prendre les augures, consacrer».

inaugurer [inogyʀe] v. tr. [1] **1.** Marquer par une cérémonie la mise en service, la mise en place de. *Inaugurer un pont, un monument.* – ANTIQ *Inaugurer un temple,* le consacrer. **2.** Fig. Appliquer, employer pour la première fois. *Inaugurer une nouvelle méthode.* **3.** Fig. Marquer le début de. *Cette réussite inaugura une période faste.* – Lat. *inaugurare,* «prendre les augures, consacrer».

inauthenticité [inotɑ̃tisite] n. f. Manque d'authenticité. – De *inauthentique.*

inauthentique [inotɑ̃tik] adj. Qui n'est pas authentique. – De *in-* 1, et *authentique.*

inavouable [inavwabl] adj. Qui n'est pas avouable. *Désir inavouable.* – De *in-* 1, et *avouable.*

inavoué, ée [inavwe] adj. Qu'on n'a pas avoué; qu'on ne s'avoue pas. – De *in-* 1, et *avouer.*

inca [ɛ̃ka] adj. inv. et n. Relatif à la tribu du peuple quechua qui, organisée en dynastie, fonda v. 1200 ap. J.-C., dans la vallée de Cuzco (actuel Pérou) un puissant empire qu'anéantit au XVIe s. la conquête espagnole. *Civilisation inca.* ▷ N. m. *Les Incas furent surtout des bâtisseurs.* – *L'Inca:* titre du souverain de l'Empire inca, à la fois roi et grand prêtre du Soleil. – Mot quechua.

incalculable [ɛ̃kalkylabl] adj. **1.** Qui ne peut être calculé. *Le nombre incalculable des étoiles.* **2.** Qui ne peut être évalué, apprécié. *Conséquences incalculables.* – De *in-* 1, et *calculable.*

incandescence [ɛ̃kɑ̃desɑ̃s] n. f. État d'un corps incandescent. – De *incandescent.*

incandescent, ente [ɛ̃kɑ̃desɑ̃, ɑ̃t] adj. Devenu lumineux sous l'effet d'une chaleur intense. *Lave incandescente.* – Lat. *incandescens, incandescentis,* ppr. de *incandescere,* «être en feu».

incantation [ɛ̃kɑ̃tasjɔ̃] n. f. Récitation de formules ayant pour but de produire des sortilèges, des enchantements; ces formules. – Bas lat. *incantatio,* de *incantare* «enchanter».

incantatoire [ɛ̃kɑ̃tatwaʀ] adj. Qui a la forme d'une incantation. *Poésie incantatoire.* – De *incantation.*

incapable [ɛ̃kapabl] adj. et n. **1.** Qui n'est pas capable. – *Incapable de. Incapable d'attention. Incapable de parler.* ▷ (En bonne part.) *Incapable de trahir.* ▷ Subst. Personne qui n'a pas les compétences requises pour un travail, une activité donnés. *Renvoyez tous ces incapables!* **2.** DR Qui n'a pas la capacité légalement exigée pour l'exercice ou la jouissance de certains droits. ▷ Subst. *Un, (une) incapable majeur.* – De *in-* 1, et *capable.*

incapacitant, ante [ɛ̃kapasitɑ̃, ɑ̃t] adj. et n. m. MILIT Qui rend momentanément incapable de combattre, sans tuer ni provoquer de troubles durables. *Gaz incapacitant.* ▷ N. m. *Un incapacitant.* – De *incapacité.*

incapacité [ɛ̃kapasite] n. f. Cour. et DR État d'une personne incapable. ▷ *Incapacité de travail,* état d'une personne qui ne peut exercer une activité à la suite d'une blessure, d'une maladie. – De *in-* 1, et *capacité.*

incarcération [ɛ̃kaʀseʀasjɔ̃] n. f. Action d'incarcérer. État d'une personne incarcérée. – De *incarcérer.*

incarcérer [ɛ̃kaʀseʀe] v. tr. [16] Mettre en prison. – Lat. médiév. *incarcerare,* de *carcer,* «prison».

incarnadin, ine [ɛ̃kaʀnadɛ̃, in] adj. Litt. Incarnat clair. – Ital. dial. *incarnadino,* pour *incarnatino,* de *incarnato,* «couleur de la chair».

incarnat, ate [ɛ̃kaʀna, at] adj. D'un rouge tirant sur le rose. ▷ N. m. Cette couleur. – Ital. *incarnato,* «couleur de la chair».

incarnation [ɛ̃kaʀnasjɔ̃] n. f. **1.** RELIG Action de la divinité qui s'incarne. ▷ Mystère fondamental de la foi chrétienne, par lequel Dieu s'est fait homme, unissant nature divine et nature humaine en la personne de Jésus-Christ. **2.** Image, représentation. *C'est l'incarnation de la bonté.* – Lat. ecclés. *incarnatio.*

incarné, ée [ɛ̃kaʀne] adj. **1.** Qui s'est incarné (divinité). **2.** Personnifié. *C'est la méchanceté incarnée.* **3.** *Ongle incarné,* qui est entré dans la chair. – Pp. de *incarner.*

incarner [ɛ̃kaʀne] **I.** v. tr. [1] **1.** Être l'image matérielle de (qqch d'abstrait). *Le roi de France incarnait la loi.* **2.** Interpréter le rôle de. *Acteur qui incarne Duplessis.* **II.** v. pron. Prendre un corps de chair (divinité). – A. fr. *encharner,* refait sur le lat. ecclés. *incarnare.*

incartade [ɛ̃kaʀtad] n. f. Écart de conduite, de langage. *Il a encore fait des incartades.* – Ital. *inquartata,* en escrime «parade rapide portée à un coup droit de l'adversaire, en se jetant brusquement de côté».

incassable [ɛ̃kasabl] adj. Qu'on ne peut casser. *Vaisselle incassable.* – De *in-* 1, et *cassable.*

incendiaire [ɛ̃sɑ̃djɛʀ] adj. et n. **I.** adj. **1.** Destiné à allumer un incendie. *Bombe incendiaire.* **2.** Fig. Propre à échauffer les esprits, à susciter des troubles. *Discours incendiaire.* **3.** Qui éveille le désir, la passion. *Sourire incendiaire.* **II.** n. Personne qui cause volontairement un incendie. – Lat. *incendiarius.*

incendie [ɛ̃sɑ̃di] n. m. Grand feu destructeur. *Un incendie de forêt.* – Lat. *incendium.*

incendier [ɛ̃sɑ̃dje] v. tr. [1] **1.** Provoquer l'incendie de. *Incendier une voiture.* **2.** Pop. *Incendier qqn,* lui faire de violents reproches. – De *incendie.*

incération [ɛ̃seʀasjɔ̃] n. f. Didac. Imprégnation de cire. – Du lat. *inceratum,* de *cera,* «cire».

incertain, aine [ɛ̃sɛʀtɛ̃, ɛn] adj. et n. **I.** adj. **1.** Qui n'est pas certain (choses). *Guérison, nouvelle, signification, durée incertaine.* ▷ *Temps incertain,* nuageux, dont on ne sait s'il va devenir beau ou mauvais. **2.** Qui se présente sous une forme vague, peu distincte. *Clarté, limite incertaine.* **II.** adj. Qui doute (de qqch). *Incertain du succès.* ▷ Hésitant, indécis. *Incertain de l'attitude à prendre.* – Par ext. *La démarche incertaine d'un convalescent.* – De *in-* 1, et *certain.*

incertitude [ɛ̃sɛʀtityd] n. f. **1.** Caractère, état de ce qui est incertain (sens 1). *L'incertitude de la victoire.* ▷ PHYS Erreur entachant une mesure. ▷ PHYS NUCL *Principe d'incertitude d'Heisenberg,* énonçant qu'il n'est pas possible de mesurer simultanément la position et la vitesse (et par conséquent la quantité de mouvement) d'une particule atomique. **2.** État d'une personne qui doute. *Être dans l'incertitude.* – De *in-* 1, et *certitude.*

incessamment [ɛ̃sesamɑ̃] adv. Sans délai, sous peu. *Il doit partir incessamment.* – De *incessant.*

incessant, ante [ɛ̃sesɑ̃, ɑ̃t] adj. Qui dure; qui se répète continuellement. *Bruit incessant.* – De *in-* 1, et *cesser.*

incessibilité [ɛ̃sesibilite] n. f. Caractère de ce qui est incessible. – De *incessible.*

incessible [ɛ̃sesibl] adj. DR Qui ne peut être cédé. – De *in-* 1, et *cessible.*

inceste [ɛ̃sɛst] **1.** n. m. Relations sexuelles entre personnes dont le degré de parenté interdit le mariage. **2.** n. Vx Coupable d'inceste. – Du lat. *incestus,* propr. «non chaste».

incestueux, euse [ɛ̃sɛstɥø, øz] adj. **1.** Qui a commis un inceste. **2.** Qui a le caractère de l'inceste. *Désirs incestueux.* **3.** Né d'un inceste. *Enfant incestueux.* – Lat. *incestuosus* «impudique».

inch allah! [inʃala] interj. et n. m. inv. Advienne que pourra! ▷ Subst. *Il s'en alla sur un inch Allah.* – Mots arabes, «comme il plaît à Dieu».

inchangé, ée [ɛ̃ʃɑ̃ʒe] adj. Qui est demeuré sans changement. *Situation inchangée.* – De *in-* 1, et *changer.*

inchavirable [ɛ̃ʃaviʀabl] adj. Construit spécialement pour ne pas chavirer. *Canot inchavirable.* – De *in-* 1, *chavirer,* et *-able.*

inchoatif, ive [ɛ̃kɔatif, iv] adj. LING Se dit des verbes qui expriment le commencement, la progression d'une action (ex.: *s'endormir*). – Bas lat. *inchoativus,* supin du class. *inchoare,* «commencer».

incidemment [ɛ̃sidamɑ̃] adv. Par hasard, au passage sans y attacher d'importance. *Dire qqch incidemment.* – De *incident* 1.

incidence [ɛ̃sidɑ̃s] n. f. **I.** Influence, répercussion. *L'incidence de la dévaluation sur les exportations.* **II. 1.** PHYS Direction suivant laquelle un rayon arrive sur une surface. ▷ *Angle d'incidence:* angle du rayon et de la perpendiculaire à la surface au point de rencontre. ▷ *Incidence normale,* d'angle nul. ▷ *Incidence rasante,* dont l'angle d'incidence est légèrement inférieur à 90°. **2.** TECH Direction d'un projectile par rapport à la perpendiculaire à la surface qui reçoit l'impact. – De *incident* 1.

1. incident [ɛ̃sidɑ̃] n. m. **1.** Événement fortuit, peu important mais souvent fâcheux, qui survient au cours d'une action, d'une entreprise. *Ce n'est qu'un incident.* ▷ LITTER Événement accessoire se greffant sur l'action principale d'une œuvre litt. **2.** Petit événement pouvant avoir de graves conséquences sur les relations internationales. *Incident diplomatique.* **3.** DR Contestation accessoire troublant le déroulement d'un procès. – Du lat. scolast. *incidens,* p. pr. de *incidere,* «tomber sur, survenir»

2. incident, ente [ɛ̃sidɑ̃, ɑ̃t] adj. **1.** DR Qui surgit accessoirement au cours d'un procès. **2.** adj. et n. GRAM Se dit d'une proposition insérée dans une autre dont elle est une partie accessoire. **3.** PHYS Qualifie un rayon qui atteint une surface, par oppos. à rayon *réfléchi* ou *réfracté.* – Du préc.

incinérateur [ɛ̃sineʀatœʀ] n. m. TECH Appareil servant à brûler les déchets et les ordures. – De *incinérer.*

incinération [ɛ̃sineʀasjɔ̃] n. f. Action d'incinérer. – Lat. médiév. *incineratio.*

incinérer [ɛ̃sineʀe] v. tr. **[16]** Réduire en cendres. *Incinérer des ordures.* ▷ Spécial. *Incinérer un cadavre.* – Lat. *incinerare,* de *cinis,* «cendre».

incipit [ɛ̃sipit] n. m. inv. Didac. Premiers mots d'un livre, d'un manuscrit. – Mot lat., 3e pers. sing. indic. pr. de *incipere,* «commencer».

incirconcis, ise [ɛ̃siʀkɔ̃si, iz] adj. Qui n'est pas circoncis. – Bas lat. ecclés. *incircumcisus.*

incise [ɛ̃siz] n. f. et adj. **1.** GRAM Proposition très courte, présentant un sens complet, et intercalée dans une autre. (Ex.: *dit-il.*) – Adj. *Proposition incise.* **2.** MUS Ensemble de notes formant une unité rythmique dans une phrase musicale. – Lat. *incisa,* «coupée».

inciser [ɛ̃size] v. tr. **[1]** Faire, avec un instrument tranchant, une entaille, une fente dans. *Inciser un hévéa pour en extraire le latex.* – Lat. pop. **incisare,* de *incisum,* supin de *incidere,* «couper».

incisif, ive [ɛ̃sizif, iv] adj. Acerbe, mordant. *Critique incisive.* – Du lat. médiév. *incisivus,* «tranchant».

incision [ɛ̃sizjɔ̃] n. f. Action d'inciser; son résultat. – Bas lat. *incisio,* «coupure, entaille».

incisive [ɛ̃siziv] n. f. Chacune des quatre dents médianes et antérieures, portées par chaque maxillaire. – Subst. fém. de *incisif.*

incitateur, trice [ɛ̃sitatœʀ, tʀis] n. Rare Personne qui incite. – De *incitatum,* supin de *incitare,* «lancer en avant, pousser vivement, exciter».

incitation [ɛ̃sitasjɔ̃] n. f. Action d'inciter; ce qui incite. *Incitation au crime.* – Lat. *incitatio* «mouvement rapide, excitation».

inciter [ɛ̃site] v. tr. **[1]** Déterminer, induire à. *Inciter à la révolte. Inciter à travailler.* – Lat. *incitare,* «lancer en avant, pousser vivement, exciter».

incivil, ile [ɛ̃sivil] adj. Qui manque de civilité. *Manières inciviles.* – Lat. imp. *incivilis,* «violent, brutal».

incivilité [ɛ̃sivilite] n. f. Manque de civilité. ▷ Action, parole incivile. – Du préc.

incivique [ɛ̃sivik] adj. Vieilli Qui manque de civisme. – De *in-* 1, et *civique.*

incivisme [ɛ̃sivism] n. m. Manque de civisme. – De *in-* 1, et *civisme.*

inclassable [ɛ̃klasabl] adj. Qui ne peut être classé. – De *in-* 1, *classer,* et *-able.*

inclémence [ɛ̃klemɑ̃s] n. f. **1.** Vx Absence de clémence. **2.** Fig. *L'inclémence de la saison.* – Lat. *inclementia,* «dureté, rigueur».

inclément, ente [ɛ̃klemɑ̃, ɑ̃t] adj. **1.** Vx Qui manque de clémence. *Des dieux incléments.* **2.** Fig. Rude, rigoureux (climat, température). *Hiver inclément.* – Lat. *inclemens, inclementis.*

inclinaison [ɛ̃klinɛzɔ̃] n. f. **1.** État de ce qui est incliné, oblique. *Inclinaison du sol.* **2.** Relation d'obliquité d'une ligne, d'une surface ou d'un plan par rapport à une autre ligne, une autre surface, un autre plan. ▷ ASTRO Angle que fait l'orbite d'une planète avec l'écliptique. ▷ PHYS Angle que fait le vecteur induction magnétique avec le plan horizontal. (Il se mesure notam. à l'aide d'une boussole dont l'axe est horizontal.) – De *incliner.*

inclination [ɛ̃klinasjɔ̃] n. f. **1.** Disposition, penchant naturel qui porte vers qqch, qqn. *Inclination à la bienveillance.* **2.** Action d'incliner le corps, la tête. *Inclination respectueuse.* – Lat. *inclinatio,* «action de pencher».

incliné, ée [ɛ̃kline] adj. Oblique. ▷ *Plan incliné:* surface plane formant un certain angle avec l'horizontale. – Pp. de *incliner.*

incliner [ɛ̃kline] **I.** v. tr. **[1]** **1.** Mettre dans une position oblique, pencher. *Incliner un parasol. Incliner la tête.* **2.** Porter, inciter à. *Tout l'incline à désespérer.* **II.** v. intr. **1.** Vx Être oblique, penché. *Terrain qui incline vers l'est.* **2.** Être porté, enclin à (personnes). *J'incline naturellement au pardon.* **III.** v. pron. **1.** Courber le corps, se pencher. *S'incliner respectueusement.* **2.** S'avouer vaincu, se soumettre, céder. *S'incliner devant la force.* – A. fr. *encliner,* «saluer en s'inclinant», du lat. *inclinare,* «pencher vers».

inclinomètre [ɛ̃klinɔmɛtʀ] n. m. TECH Appareil servant à mesurer la pente d'une route. – De *incliner,* et *-mètre.*

inclure [ɛ̃klyʀ] v. tr. **[58]** **1.** Enfermer, insérer. *Inclure un document dans une lettre.* **2.** Comporter, impliquer. *Mon accord n'inclut pas celui de mon associé.* – De *inclus.*

inclus, use [ɛ̃kly, yz] adj. **1.** Inséré, compris (dans). ▷ MATH Se dit d'un ensemble ou d'un sous-ensemble dont tout élément est aussi un élément d'un autre ensemble. *A est inclus dans B* (noté $A \subset B$). **2.** Compris (dans ce qu'on vient de nommer). *Un salaire de tant, indemnités incluses.* **3.** loc. adj. et adv. *Ci-inclus, ci-incluse:* inclus dans cet envoi. *Veuillez trouver ci-inclus copie de. La facture ci-incluse.* – Lat. *inclusus,* pp. de *includere,* «enfermer».

inclusif, ive [ɛ̃klyzif, iv] adj. Qui renferme, comprend en soi. Ant. exclusif. – Lat. médiév. *inclusivus.*

inclusion [ɛ̃klyzjɔ̃] n. f. **1.** Action d'inclure; son résultat. **2.** MATH Propriété d'un ensemble ou d'un élément inclus dans un autre ensemble. **3.** BIOL Élément hétérogène contenu dans une cellule ou un tissu. ▷ Technique d'histologie, opération consistant à inclure le tissu à étudier dans une matière dure pour pouvoir le couper en lamelles très minces. *Inclusion dans la paraffine, l'araldite.* **4.** MINER Corps étranger (solide, liquide ou gazeux) enfermé dans un cristal. – Lat. *inclusio,* «emprisonnement» en lat. class, «procédé de style» en bas lat.

inclusivement [ɛ̃klyzivmɑ̃] adv. Y compris (la chose dont on parle). *Jusqu'à ce jour inclusivement.* – De *inclusif.*

incoercibilité [ɛ̃kɔɛʀsibilite] n. f. Rare État de ce qui est incoercible. – De *incoercible.*

incoercible [ɛ̃kɔɛʀsibl] adj. Qu'on ne peut contenir, contrôler. *Rire, toux incoercible.* – De *in-* 1, et *coercible.*

incognito [ɛ̃kɔɲito] adv. et n. m. En agissant de manière à ne pas être connu, reconnu. *Voyager incognito.* ▷ N. m. *Garder l'incognito.* – Mot ital., «inconnu»; lat. *incognitus.*

incohérence [ɛ̃kɔeʀɑ̃s] n. f. **1.** Absence de lien logique ou d'unité. **2.** PSYCHOPATHOL Absence de lien logique, désordre, confusion dans les actes, les idées, les propos. – De *incohérent.*

incohérent, ente [ɛ̃kɔeʀɑ̃, ɑ̃t] adj. Qui manque de cohérence, de suite. *Discours incohérent.* – De *in-* 1, et *cohérent.*

incollable [ɛ̃kɔlabl] adj. **1.** Qui ne colle pas en cuisant (produits alimentaires). *Riz incollable.* **2.** Fam. Que l'on ne peut pas coller (sens I, 6), qui répond à toutes les questions. *Candidat incollable.* – De *in-* 1, *coller,* et *-able.*

incolore [ɛ̃kɔlɔʀ] adj. Qui n'a pas de couleur. *Verre incolore.* – Bas lat. *incolor.*

incomber [ɛ̃kɔ̃be] v. tr. indir. [1] Revenir, être imposé à (qqn), en parlant de charges, d'obligations. *Ce soin vous incombe.* – Lat. *incumbere,* propr. «peser sur».

incombustibilité [ɛ̃kɔ̃bystibilite] n. f. Caractère de ce qui est incombustible. – De *incombustible.*

incombustible [ɛ̃kɔ̃bystibl] adj. Qui ne peut être consumé ou altéré par le feu. *Matériau incombustible.* – Lat. médiév. *incombustibilis.*

incommensurabilité [ɛ̃kɔmmɑ̃syʀabilite] n. f. Caractère de ce qui est incommensurable. – De *incommensurable.*

incommensurable [ɛ̃kɔmmɑ̃syʀabl] adj. **1.** Qui est sans mesure, ne connaît pas de limites. *Sa bêtise est incommensurable.* **2.** MATH Qualifie deux grandeurs de même nature qui n'ont pas de sous-multiple commun. (Ex.: la diagonale et le côté d'un carré; la circonférence d'un cercle et son diamètre). – Bas lat. *incommensurabilis.*

incommensurablement [ɛ̃kɔmmɑ̃syʀabləmɑ̃] adv. D'une façon incommensurable. – Du préc.

incommode [ɛ̃kɔmɔd] adj. **1.** Mal adapté à l'usage auquel il est destiné. *Appartement incommode.* **2.** Qui cause de la gêne. *Position incommode.* – Lat. *incommodus.*

incommoder [ɛ̃kɔmɔde] v. tr. [1] Causer une gêne physique à (qqn). *La fumée l'incommode.* – Lat. *incommodare.*

incommodité [ɛ̃kɔmɔdite] n. f. Caractère de ce qui est incommode. – Lat. *incommoditas,* «désavantage, inconvénient».

incommunicabilité [ɛ̃kɔmynikabilite] n. f. **1.** Caractère de ce qui est incommunicable. **2.** Impossibilité de communiquer. *Le drame de l'incommunicabilité des consciences.* – De *in-* 1, et *communicabilité.*

incommunicable [ɛ̃kɔmynikabl] adj. **1.** Qui ne peut être communiqué. *Droits incommunicables.* **2.** Qu'on ne peut exprimer, faire partager. *Angoisse incommunicable.* – De *in-* 1, et *communicable.*

incommutabilité [ɛ̃kɔmytabilite] n. f. DR Caractère de ce qui est incommutable. – De *incommutable.*

incommutable [ɛ̃kɔmytabl] adj. DR *Propriétaire incommutable,* qui ne peut être dépossédé. – *Propriété incommutable,* qui ne peut changer de propriétaire. – Lat. *incommutabilis.*

incomparable [ɛ̃kɔ̃paʀabl] adj. Tellement supérieur que rien ne peut lui être comparé. *Beauté incomparable.* – Lat. *incomparabilis.*

incomparablement [ɛ̃kɔ̃paʀabləmɑ̃] adv. D'une manière incomparable. – De *incomparable.*

incompatibilité [ɛ̃kɔ̃patibilite] n. f. **1.** Caractère de ce qui est incompatible. *Incompatibilité d'humeur.* – MED *Incompatibilité sanguine, incompatibilité tissulaire.* ▷ *Incompatibilité de fonctions.* **2.** MATH Caractère d'un système d'équations incompatibles. – De *incompatible.*

incompatible [ɛ̃kɔ̃patibl] adj. **1.** Qui n'est pas compatible, ne peut pas s'accorder, s'associer (avec autre chose). *Des rêves incompatibles avec la réalité.* ▷ *Fonctions incompatibles,* qui ne peuvent être exercées par un même individu. **2.** MATH Qualifie un système d'équations dont l'ensemble des solutions est vide. – Lat. médiév. *incompatibilis.*

incompétence [ɛ̃kɔ̃petɑ̃s] n. f. Défaut de compétence d'une personne, d'une juridiction. – De *incompétent.*

incompétent, ente [ɛ̃kɔ̃petɑ̃, ɑ̃t] adj. **1.** Qui n'a pas l'aptitude, les connaissances requises. **2.** DR Se dit d'une juridiction qui n'a pas la capacité légale pour connaître certaines affaires. – Bas lat. *incompetens,* «impropre, déplacé».

incomplet, ète [ɛ̃kɔ̃plɛ, ɛt] adj. Qui n'est pas complet, auquel il manque qqch. *Ouvrage incomplet.* – Lat. *incompletus,* «non accompli».

incomplètement [ɛ̃kɔ̃plɛtmɑ̃] adv. D'une manière incomplète. – De *incomplet.*

incomplétude [ɛ̃kɔ̃pletyd] n. f. État de ce qui est incomplet. ▷ PSYCHO *Sentiment d'incomplétude:* sentiment d'inachèvement, d'insuffisance propre à certains malades psychasthéniques. – De *incomplet.*

incompréhensibilité [ɛ̃kɔ̃pʀeɑ̃sibilite] n. f. Caractère de ce qui est incompréhensible. – De *incompréhensible.*

incompréhensible [ɛ̃kɔ̃pʀeɑ̃sibl] adj. **1.** Impossible ou très difficile à comprendre (choses). *Texte incompréhensible.* **2.** Dont le comportement est inexplicable. *Personnage incompréhensible.* – Par ext. *Acte incompréhensible.* – Lat. *incomprehensibilis.*

incompréhensif, ive [ɛ̃kɔ̃pʀeɑ̃sif, iv] adj. Qui manque de compréhension à l'égard d'autrui. – De *in-*1, et *compréhensif.*

incompréhension [ɛ̃kɔ̃pʀeɑ̃sjɔ̃] n. f. Incapacité à comprendre; attitude d'une personne incompréhensive. – De *in-*1, et *compréhension.*

incompressibilité [ɛ̃kɔ̃pʀɛsibilite] n. f. Nature de ce qui est incompressible. – De *incompressible.*

incompressible [ɛ̃kɔ̃pʀɛsibl] adj. **1.** PHYS Qui ne peut pas être comprimé, dont le volume ne diminue pas sous l'effet de la pression. *L'eau est presque incompressible.* **2.** FIN *Dépense incompressible,* que l'on ne peut réduire. – De *in-* 1, et *compressible*

incompris, ise [ɛ̃kɔ̃pʀi, iz] adj. et n. Dont le mérite, la valeur n'est pas reconnue. *Artiste incompris.* ▷ Subst. *Un incompris.* – De *in-* 1, et *compris.*

inconcevable [ɛ̃kɔ̃svabl] adj. **1.** Que l'esprit ne peut concevoir. *Mystère inconcevable.* **2.** Qu'on ne peut expliquer, imaginer, admettre. *Conduite inconcevable.* – De *in-* 1, et *concevable.*

inconciliable [ɛ̃kɔ̃siljabl] adj. Se dit de personnes, de choses qui ne peuvent se concilier. *Adversaires, thèses inconciliables.* – De *in-* 1, et *conciliable.*

inconditionné, ée [ɛ̃kɔ̃disjɔne] adj. **1.** PHILO Qui n'est soumis à aucune condition. **2.** Qui n'est pas conditionné, marqué, influencé (par un contexte social). – De *in-*1, et *conditionné.*

inconditionnel, elle [ɛ̃kɔ̃disjɔnɛl] adj. et n. **1.** Indépendant de toute condition. *Obéissance inconditionnelle.* **2.** Qui se plie, quelles que soient les circonstances, aux décisions d'un homme, aux consignes d'un parti. *Un partisan inconditionnel de...*

▷ Subst. *Les inconditionnels d'un parti politique.* – De *in*-1, et *conditionnel*, d'ap. l'angl. *inconditional.*

inconditionnellement [ɛ̃kɔ̃disjɔnɛlmɑ̃] adv. De façon inconditionnelle. – De *inconditionnel.*

inconduite [ɛ̃kɔ̃dɥit] n. f. Mauvaise conduite, notam. en ce qui concerne les mœurs. – De *in*- 1, et *conduite.*

inconfort [ɛ̃kɔ̃fɔʀ] n. m. Manque de confort. – De *in*- 1, et *confort.*

inconfortable [ɛ̃kɔ̃fɔʀtabl] adj. Qui n'est pas confortable. *Siège inconfortable.* ▷ Fig. *Situation inconfortable,* délicate, gênante. – De *in*-, et *confortable.*

incongelable [ɛ̃kɔ̃ʒlabl] adj. TECH Qui n'est pas ou n'est que très difficilement congelable. – De *in*- 1, et *congelable.*

incongru, ue [ɛ̃kɔ̃gʀy] adj. Déplacé, inconvenant. *Remarque, attitude incongrue.* – Bas lat. *incongruus.*

incongruité [ɛ̃kɔ̃gʀyite] n. f. Caractère de ce qui est incongru. ▷ Action, parole incongrue. – Bas lat. *incongruitas.*

incongrûment [ɛ̃kɔ̃gʀymɑ̃] adv. D'une manière incongrue. – De *incongru.*

inconnaissable [ɛ̃kɔnɛsabl] adj. et n. m. Qui ne peut être connu; inaccessible à la conscience humaine. ▷ N. m. *La recherche de l'inconnaissable.* – De *in*- 1, et *connaissable.*

inconnu, ue [ɛ̃kɔny] adj. et n. **I.** adj. **1.** Dont l'existence est ignorée. *Découvrir une terre inconnue.* **2.** Sur lequel on n'a pas d'informations. *Le Soldat inconnu. Origine inconnue.* **3.** Qu'on n'a jamais éprouvé. *Plaisir inconnu.* **II.** n. **1.** Personne que l'on ne connaît pas. *Aborder un inconnu.* **2.** n. m. Ce que l'on ignore. *Aller du connu à l'inconnu.* **3.** n. f. MATH Quantité que l'on se propose de déterminer par la résolution d'une équation. **III.** n. m. Nom populaire donné au saumon du Mackenzie (*Stenodus leucichthys*). – De *in*-1, et *connu,* d'après le lat. *incognitus,* «non examiné, non reconnu».

inconsciemment [ɛ̃kɔ̃sjamɑ̃] adv. De manière inconsciente. – De *inconscient.*

inconscience [ɛ̃kɔ̃sjɑ̃s] n. f. **1.** État d'une personne inconsciente, privée de sensibilité. *Sombrer dans l'inconscience sous l'effet d'un anesthésique.* **2.** Cour. Manque de discernement qui se manifeste par des conduites déraisonnables. – De *in*-1, et *conscience.*

inconscient, iente [ɛ̃kɔ̃sjɑ̃, jɑ̃t] adj. et n. **I.** adj. **1.** Qui n'est pas conscient (être vivant). *Une personne évanouie est inconsciente.* **2.** adj. et n. Qui ne mesure pas l'importance des choses, la gravité de ses actes. *Il faut être inconscient pour rouler à cette vitesse sur une route mouillée!* **3.** Dont on n'a pas conscience. *Geste inconscient.* **II.** n. m. PSYCHAN Domaine du psychisme échappant à la conscience et influant sur les conduites d'un sujet. *Le rêve et les actes manqués sont des manifestations de l'inconscient.* – De *in*- 1, et *conscient.*

inconséquence [ɛ̃kɔ̃sekɑ̃s] n. f. Caractère de celui, de ce qui est inconséquent. ▷ Action, parole inconséquente. – Bas lat. *inconsequentia,* «défaut de suite, de liaison».

inconséquent, ente [ɛ̃kɔ̃sekɑ̃, ɑ̃t] adj. **1.** Qui manque de logique, de cohérence. *Raisonnement inconséquent.* **2.** Qui se conduit avec légèreté. *Jeunes gens inconséquents.* – Lat. *inconsequens,* «qui ne s'accorde pas avec, illogique».

inconsidéré, ée [ɛ̃kɔ̃sideʀe] adj. Qui dénote un manque de réflexion. *Propos inconsidérés.* – Lat. *inconsideratus,* «qui ne réfléchit pas».

inconsidérément [ɛ̃kɔ̃sideʀemɑ̃] adv. D'une manière inconsidérée. – Du préc.

inconsistance [ɛ̃kɔ̃sistɑ̃s] n. f. Manque de consistance. – De *in*- 1, et *consistance.*

inconsistant, ante [ɛ̃kɔ̃sistɑ̃, ɑ̃t] adj. **1.** Qui manque de consistance, de fermeté. *Crème inconsistante.* **2.** Fig. Qui manque de solidité, de suite, de cohérence. *Style inconsistant. Caractère inconsistant.* – De *in*- 1, et *consistant.*

inconsolable [ɛ̃kɔ̃sɔlabl] adj. Qui ne peut être consolé. – Lat. *inconsolabilis.*

inconsommable [ɛ̃kɔ̃sɔmabl] adj. Qui ne peut être consommé. – De *in*-1, et *consommable.*

inconstance [ɛ̃kɔ̃stɑ̃s] n. f. Manque de constance. – Lat. *inconstantia.*

inconstant, ante [ɛ̃kɔ̃stɑ̃, ɑ̃t] adj. **1.** Dont les opinions, les sentiments changent facilement. *Amant inconstant.* **2.** Litt. Changeant, variable. *Temps inconstant.* – Lat. *inconstans.*

inconstitutionnalité [ɛ̃kɔ̃stitysjɔnalite] n. f. Caractère de ce qui est inconstitutionnel. – De *inconstitutionnel.*

inconstitutionnel, elle [ɛ̃kɔ̃stitysjɔnɛl] adj. Qui n'est pas conforme à la Constitution. – De *in*- 1, et *constitutionnel,* probabl. d'après l'anglais *unconstitutional.*

inconstitutionnellement [ɛ̃kɔ̃stitysjɔnɛlmɑ̃] adv. D'une manière inconstitutionnelle. – Du préc.

inconstructible [ɛ̃kɔ̃stʀyktibl] adj. Où l'on n'a pas le droit de construire. *Terrain inconstructible.* – De *in*- 1, et *constructible.*

incontestabilité [ɛ̃kɔ̃tɛstabilite] n. f. Rare ou DR Caractère de ce qui est incontestable. – De *incontestable.*

incontestable [ɛ̃kɔ̃tɛstabl] adj. Qui ne peut être contesté, mis en doute. *Progrès incontestable.* – De *in*- 1, et *contestable.*

incontestablement [ɛ̃kɔ̃tɛstabləmɑ̃] adv. D'une manière incontestable. – Du préc.

incontesté, ée [ɛ̃kɔ̃tɛste] adj. Qui n'est pas contesté. *Supériorité incontestée.* – De *in*- 1, et *contesté,* pp. de *incontester.*

incontinence [ɛ̃kɔ̃tinɑ̃s] n. f. **1.** Vx Défaut de continence, transgression des interdits de la morale chrétienne sur le plan sexuel. **2.** *Incontinence de langage :* tendance incontrôlée à parler trop. **3.** MED Absence du contrôle des sphincters anaux et vésicaux. – Lat. *incontinentia.*

1. incontinent [ɛ̃kɔ̃tinɑ̃] adv. Vieilli Immédiatement, sur-le-champ. – Du lat. jur. *in continenti (tempore),* propr. «dans le temps qui suit».

2. incontinent, ente [ɛ̃kɔ̃tinɑ̃, ɑ̃t] adj. **1.** Qui n'est pas chaste (personnes). **2.** MED Qui ne maîtrise pas ses mictions ou ses défécations. – Lat. *incontinens, incontinentis,* «qui ne se retient pas».

incontournable [ɛ̃kɔ̃tuʀnabl] adj. Qu'on ne peut éviter, contourner (sens fig.). – De *in*-1, *contourner,* et *-able.*

incontrôlable [ɛ̃kɔ̃tʀolabl] adj. Que l'on ne peut contrôler. *Affirmation incontrôlable.* – De *in*- 1, *contrôler,* et *-able.*

incontrôlé, ée [ɛ̃kɔ̃tʀole] adj. Qui n'est pas contrôlé; qui échappe à tout contrôle. *Bandes armées incontrôlées.* – De *in*-1, et *contrôlé,* p.p. de *contrôler.*

inconvenance [ɛ̃kɔ̃vnɑ̃s] n. f. **1.** Caractère de ce qui est inconvenant. **2.** Acte, propos inconvenants. – De *in*-1, et *convenance.*

inconvenant, ante [ɛ̃kɔ̃vnɑ̃, ɑ̃t] adj. Qui blesse les convenances, la bienséance. *Propos inconvenants.* – De *in*- 1, et *convenant.*

inconvénient [ɛ̃kɔ̃venjɑ̃] n. m. **1.** Désavantage inhérent à une chose. *Les avantages et les inconvénients d'un projet.* **2.** Désagrément, résultat fâcheux qu'une chose ou une situation peut produire. *Si vous n'y voyez pas d'inconvénients...* – Bas lat. *inconveniens,* «malheur».

inconvertible [ɛ̃kɔ̃vɛʀtibl] adj. FIN Qui n'est pas convertible (en or, en espèces métalliques, etc.). – De *in-* 1, et *convertible.*

incoordination [ɛ̃kɔɔʀdinasjɔ̃] n. f. Absence de coordination. ▷ MED *Incoordination motrice:* manque de coordination des mouvements. – De *in-* 1, et *coordination.*

incorporable [ɛ̃kɔʀpɔʀabl] adj. Qui peut être incorporé. – *Spécial.* Cf. incorporation. – De *incorporer.*

incorporalité [ɛ̃kɔʀpɔʀalite] ou **incorporéité** [ɛ̃kɔʀpɔʀeite] n. f. Didac. Caractère, nature de ce qui est incorporel. – Lat. ecclés. *incorporalitas,* ou de *in*-1, et du lat. médiév. *corporeitas.*

incorporation [ɛ̃kɔʀpɔʀasjɔ̃] n. f. **1.** Action d'incorporer, son résultat. – Spécial. *Incorporation des jeunes recrues.* **2.** Constitution en corporation*. – Bas lat. *incorporatio.*

incorporé, ée [ɛ̃kɔʀpɔʀe] adj. Constitué en corporation (abréviation *inc.*). *Le Centre Éducatif et Culturel inc.* – De *incorporer.*

incorporel, elle [ɛ̃kɔʀpɔʀɛl] adj. **1.** Qui n'a pas de corps, qui n'est pas matériel. *Dieu est incorporel.* **2.** DR *Biens incorporels :* biens qui n'ont pas d'existence matérielle (droits d'auteur, par ex.). – Lat. *incorporalis.*

incorporer [ɛ̃kɔʀpɔʀe] v. tr. [1] **1.** Unir (plusieurs choses) en un seul corps. *Incorporer une substance à* (ou *avec*) *une autre.* ▷ v. pron. *La cire s'incorpore aisément à la gomme.* **2.** Faire entrer (une partie) dans un tout. *Incorporer un article dans un ouvrage.* **3.** Faire entrer dans son unité d'affectation (un militaire). *Incorporer une recrue.* – Bas lat. *incorporare,* de *in,* «dans», et *corpus, corporis,* «corps».

incorrect, ecte [ɛ̃kɔʀɛkt] adj. Qui n'est pas correct. *Style incorrect.* ▷ (Personnes.) *Vous avez été très incorrect avec lui.* – De *in-* 1, et *correct.*

incorrectement [ɛ̃kɔʀɛktəmɑ̃] adv. De manière incorrecte. – De *incorrect.*

incorrection [ɛ̃kɔʀɛksjɔ̃] n. f. **1.** Manquement aux règles de la correction, de la bienséance. *L'incorrection d'un procédé.* **2.** Défaut de correction; faute. *Ce texte est plein d'incorrections.* – De *in-* 1, et *correction.*

incorrigible [ɛ̃kɔʀiʒibl] adj. **1.** Qu'on ne peut pas corriger (défauts). **2.** Dont on ne peut corriger les défauts (personnes). *Une incorrigible curiosité. Un incorrigible bavard.* – Bas lat. *incorrigibilis.*

incorrigiblement [ɛ̃kɔʀiʒibləmɑ̃] adv. Rare D'une manière incorrigible. – De *incorrigible.*

incorruptibilité [ɛ̃kɔʀyptibilite] n. f. Qualité de ce qui est incorruptible. *L'incorruptibilité du bois de cèdre.* ▷ Fig. *L'incorruptibilité d'un juge.* – De *incorruptible.*

incorruptible [ɛ̃kɔʀyptibl] adj. et n. **1.** Non sujet à la corruption, à l'altération. *Matière incorruptible.* **2.** Fig. Incapable de se laisser corrompre pour agir contre ses devoirs. *Magistrat incorruptible.* ▷ Subst. *Robespierre était surnommé «l'Incorruptible».* – Bas lat. *incorruptibilis.*

incorruptiblement [ɛ̃kɔʀyptibləmɑ̃] adv. D'une manière incorruptible. – De *incorruptible.*

incrédibilité [ɛ̃kʀedibilite] n. f. **1.** Caractère de ce qui est incroyable. *L'incrédibilité d'un fait, d'une opinion.* **2.** Caractère de ce qui n'est pas crédible, de ce qui n'inspire pas confiance. *L'incrédibilité des mesures gouvernementales.* – Lat. imp. *incredibilitas.*

incrédule [ɛ̃kʀedyl] adj. et n. **1.** Qui doute; qui ne croit pas aux dogmes religieux. *Philosophe incrédule.* ▷ Subst. *Convertir les incrédules.* **2.** Qui croit difficilement; difficile à persuader. *Esprit incrédule.* ▷ Qui marque l'incrédulité. *Un sourire incrédule.* – Lat. *incredulus,* «qui n'a pas la foi».

incrédulité [ɛ̃kʀedylite] n. f. **1.** Fait d'être incrédule, de croire difficilement. **2.** Manque de foi religieuse. – Lat. *incredulitas.*

incréé, ée [ɛ̃kʀee] adj. RELIG Qui existe sans avoir été créé. *Dieu seul est un être incréé.* – De *in-* 1, et *créé,* pour traduire le lat. ecclés. *increatus.*

incrément [ɛ̃kʀemɑ̃] n. m. INFORM Quantité dont on augmente la valeur d'une variable lors de l'exécution d'un programme. – Angl. *increment,* lat. *incrementum,* «accroissement».

increvable [ɛ̃kʀəvabl] adj. **1.** Qui ne peut être crevé. *Pneu increvable.* **2.** Fig., fam. Infatigable. *Ce garçon est décidément increvable.* – De *in-* 1, *crever,* et *-able.*

incriminable [ɛ̃kʀiminabl] adj. Qui peut être incriminé. – De *incriminer.*

incrimination [ɛ̃kʀiminasjɔ̃] n. f. Action d'incriminer. – De *incriminer.*

incriminer [ɛ̃kʀimine] v. tr. [1] Mettre en cause, accuser (qqn). *Incriminer qqn pour les propos qu'il a tenus.* – Bas lat. *incriminare,* «accuser».

incrochetable [ɛ̃kʀɔʃtabl] adj. Qui ne peut être crocheté. *Serrure incrochetable.* – De *in-* 1, *crocheter,* et *-able.*

incroyable [ɛ̃kʀwajabl] adj. et n. **1.** Qui ne peut être cru; qui est difficile à croire. *Un récit incroyable.* ▷ N. m. *Il leur faut du merveilleux, de l'incroyable.* ▷ Impers. *Il est incroyable de* (+ inf.); *il est, il semble incroyable que* (+ subj.). **2.** Peu commun, extraordinaire, inimaginable. *Développer une activité incroyable.* ▷ *C'est incroyable! :* c'est extraordinaire! c'est un peu fort! etc. – De *in-* 1, et *croyable.*

incroyablement [ɛ̃kʀwajabləmɑ̃] adv. D'une manière incroyable. – Du préc.

incroyance [ɛ̃kʀwajɑ̃s] n. f. Absence de croyance religieuse, état de celui qui est incroyant. – De *in*-1, et *croyance.*

incroyant, ante [ɛ̃kʀwajɑ̃, ɑ̃t] n. (et adj.) Personne qui n'a pas de foi religieuse, soit par abstention (agnosticisme), soit par refus (athéisme). ▷ Adj. *Philosophe incroyant.* – De *in-* 1, et *croyant.*

incrustant, ante [ɛ̃kʀystɑ̃, ɑ̃t] adj. Qui a la propriété de couvrir les corps d'une croûte minérale (calcaire, notam.). *Source, eau incrustante.* Syn. pétrifiant. – Ppr. de *incruster.*

incrustation [ɛ̃kʀystasjɔ̃] n. f. **1.** Action d'incruster. ▷ Ornement incrusté. *Incrustations d'or.* **2.** GEOL Couche pierreuse qui se dépose sur les objets (restes végétaux, notam.) ayant séjourné dans une eau calcaire. – Objet ainsi incrusté. ▷ TECH Dépôt calcaire à l'intérieur d'une installation de chauffage à eau chaude. (On l'évite à l'aide de *désincrustants.*) – Bas lat. *incrustatio,* «revêtement (de marbre)».

incruster [ɛ̃kʀyste] **I.** v. tr. [1] **1.** (Souvent au passif.) Orner (la surface d'un corps) en y insérant des fragments d'une autre matière. *Coffret d'ébène incrusté de nacre.* **2.** TECH Couvrir d'un dépôt calcaire. **II.** v. pron. **1.** Adhérer fortement à la surface d'une chose en y pénétrant. *Coquillages qui s'incrustent dans les rochers.* **2.** Fig., fam. *S'incruster chez qqn,* s'y installer et y demeurer de manière inopportune. **3.** TECH Se couvrir d'une croûte minérale (calcaire, tartre, etc.). – Lat. *incrustare*, «couvrir d'une croûte, d'une couche».

incubateur, trice [ɛ̃kybatœʀ, tʀis] adj. et n. m. Qui sert à incuber les œufs. *Poche incubatrice.* ▷ *Appareil incubateur*, ou, n. m., *incubateur*. – *Par anal.* MED Appareil destiné à permettre le développement des enfants prématurés dans un milieu protégé. Syn. couveuse (artificielle). – De *incuber*.

incubation [ɛ̃kybasjɔ̃] n. f. **1.** Action de couver; développement dans l'œuf de l'embryon des ovipares. *Incubation naturelle, artificielle.* **2.** MED Période comprise entre la contamination et l'apparition des premiers symptômes de la maladie. – Lat. *incubatio*.

incube [ɛ̃kyb] n. m. Didac. Démon mâle qui était censé abuser des femmes endormies. *Les incubes et les succubes**. – Bas lat. *incubus*, «cauchemar».

incuber [ɛ̃kybe] v. tr. [1] Opérer l'incubation de. Syn. couver. – Lat. *incubare*, de *in*, «dans, sur», et *cubare*, «être couché».

inculcation [ɛ̃kylkasjɔ̃] n. f. Rare Action d'inculquer; son résultat. – Lat. *inculcatio*.

inculpation [ɛ̃kylpasjɔ̃] n. f. DR Imputation à un individu d'un crime ou d'un délit, donnant lieu à l'ouverture d'une procédure contre son auteur présumé. *Il est sous le coup d'une inculpation de vol.* – Bas lat. *inculpatio*.

inculpé, ée [ɛ̃kylpe] n. et adj. DR Personne qui est sous le coup d'une inculpation. ▷ Adj. *Audition des personnes inculpées.* – Pp. de *inculper*.

inculper [ɛ̃kylpe] v. tr. [1] DR Imputer (à qqn) une faute constituant un crime ou un délit. *Il a été inculpé de meurtre.* – Bas lat. *inculpare*, «blâmer, accuser».

inculquer [ɛ̃kylke] v. tr. [1] Imprimer dans l'esprit de manière profonde et durable. *Inculquer à qqn les rudiments du latin.* – Lat. *inculcare*, «fouler, presser, faire pénétrer dans».

inculte [ɛ̃kylt] adj. **1.** Qui n'est pas cultivé. *Terres incultes.* **2.** *Par anal.* Mal soigné (en parlant de la barbe et des cheveux). **3.** Dépourvu de culture intellectuelle. *Un homme totalement inculte.* ▷ Barbare, primitif. *Peuplades incultes.* – Lat. *incultus*.

incultivable [ɛ̃kyltivabl] adj. Qui ne peut être cultivé. *Terre incultivable.* – De *in-* 1, et *cultivable*.

incultivé, ée [ɛ̃kyltive] adj. Vx ou litt. Qui n'est pas cultivé (en parlant d'un sol). – De *in-* 1, et *cultivé*.

inculture [ɛ̃kyltyʀ] n. f. Rare Absence de culture intellectuelle. – De *in-* 1, et *culture*.

incunable [ɛ̃kynabl] adj. et n. **1.** adj. Qui date des premiers temps de l'imprimerie (en parlant d'une édition). **2.** n. m. Ouvrage imprimé datant d'après la découverte de l'imprimerie (1438), mais antérieur à l'année 1500. *Incunables tabellaires, xylographiques, typographiques.* – Du lat. mod. *Incunabula (typographiæ)*, titre du catalogue des premiers ouvrages imprimés, du lat. class. *incunabula*, pl. neutre de *incunabulum*, «berceau, commencement».

incurabilité [ɛ̃kyʀabilite] n. f. Caractère de ce qui est incurable. – De *incurable*.

incurable [ɛ̃kyʀabl] adj. **1.** Qui ne peut être guéri. *Maladie incurable. Malade incurable.* ▷ Subst. *Un(e) incurable.* **2.** Fig. *Il est d'une bêtise incurable.* – Bas lat. *incurabilis*.

incurablement [ɛ̃kyʀabləmɑ̃] adv. De manière incurable. – De *incurable*.

incurie [ɛ̃kyʀi] n. f. Défaut de soin, négligence. *Incurie administrative.* – Lat. *incuria*.

incurieux, euse [ɛkyʀjø, øz] adj. Litt. Qui n'est pas curieux; indifférent. – Lat. *incuriosus*, «sans souci, indifférent, sans soin».

incuriosité [ɛ̃kyʀjozite] n. f. Litt. Absence de curiosité intellectuelle à l'égard de ce que l'on ignore. – De *in-* 1, et *curiosité*, au sens anc., «négligence, insouciance.

incursion [ɛ̃kyʀsjɔ̃] n. f. **1.** Courte irruption armée en pays ennemi. *Les incursions répétées de bandes de pillards.* **2.** Fig. Travail, études en dehors de ceux auxquels on se livre dans son domaine habituel. *Les incursions de ce physicien dans le domaine de la poésie.* – Lat. *incursio*, «invasion».

incurvation [ɛ̃kyʀvasjɔ̃] n. f. Action d'incurver; son résultat. – Lat. *incurvatio*.

incurver [ɛ̃kyʀve] v. tr. [1] Donner une forme courbe à. ▷ v. pron. *Latte de bois qui s'incurve sous l'effet de l'humidité.* – Lat. *incurvare*.

incuse [ɛ̃kyz] adj. et n. f. TECH Se dit d'une médaille ou d'une monnaie frappée d'un seul côté, ou dont le type est d'un côté en creux, de l'autre en relief. – Lat. *incusa*, fém. de *incusus*, «forgé, frappé».

inde [ɛ̃d] n. m. TECH Couleur bleue tirée de l'indigo et utilisée en peinture et en teinturerie. – Du lat. *Indicus*, «indien». (V. indigo.).

indécemment [ɛ̃desamɑ̃] adv. D'une manière indécente. – De *indécent*.

indécence [ɛ̃desɑ̃s] n. f. **1.** Manque de correction. *Il a eu l'indécence de venir tout de même.* **2.** Caractère de ce qui est contraire à la décence, impudicité. *L'indécence de ses propos choqua tout le monde.* ▷ Action, parole indécente. – Lat. *indecentia*, «inconvenance».

indécent, ente [ɛ̃desɑ̃, ɑ̃t] adj. Contraire à la décence, inconvenant ou impudique. *Tenue indécente.* – Lat. *indecens, indecentis*, «inconvenant».

indéchiffrable [ɛ̃deʃifʀabl] adj. **1.** Qui ne peut être déchiffré. *Dépêche codée indéchiffrable.* **2.** Très difficile à lire. *Texte, écriture indéchiffrable.* **3.** Fig. Obscur, inintelligible; très difficile à deviner, à comprendre. *Un homme indéchiffrable.* – De *in-* 1, et *déchiffrable*.

indéchirable [ɛ̃deʃiʀabl] adj. Qui ne peut être déchiré. – De *in-* 1, *déchirer*, et *-able*.

indécis, ise [ɛ̃desi, iz] adj. et n. **1.** Non décidé, douteux, incertain. *Question, victoire indécise.* **2.** Difficile à distinguer; flou, imprécis. *Traits indécis.* **3.** (Personnes.) Qui ne se décide pas, qui hésite; irrésolu, qui ne sait pas se décider. *Il est encore indécis, son choix n'est pas fait. Caractère indécis. Personne indécise.* ▷ Subst. *Décider les indécis.* – Bas lat. *indecisus*, «non tranché».

indécision [ɛ̃desizjɔ̃] n. f. Caractère, état d'une personne indécise; indétermination. – De *indécis*, d'après *décision*.

indéclinable [ɛ̃deklinabl] adj. GRAM Qui ne se décline pas. *Les adverbes latins sont indéclinables.* – Lat. *indeclinabilis*.

indécollable [ɛ̃dekɔlabl] adj. Impossible à décoller. – De *in-* 1, *décoller*, et *-able*.

indécomposable [ɛ̃dekɔ̃pozabl] adj. Qu'on ne peut décomposer. – De *in-* 1, *décomposer*, et *-able*.

indécrottable [ɛ̃dekʀɔtabl] adj. **1.** Rare Qu'on ne peut décrotter. **2.** Fig., fam. Incorrigible dans ses mauvaises habitudes. *Cancre indécrottable.* – De *in-* 1, *décrotter*, et *-able*.

indéfectibilité [ɛ̃defɛktibilite] n. f. Caractère de ce qui est indéfectible. – De *indéfectible*.

indéfectible [ɛ̃defɛktibl] adj. Qui ne peut être pris en défaut ou cesser d'être. *Sérénité indéfectible. Amitié indéfectible.* – Bas lat. *indefectibilis*.

indéfectiblement [ɛ̃defɛktibləmɑ̃] adv. D'une manière indéfectible. – De *indéfectible.*

indéfendable [ɛ̃defɑ̃dabl] adj. **1.** Qu'on ne peut défendre. *Forteresse indéfendable.* **2.** Fig. Qu'on ne peut soutenir. *Cause, thèse indéfendable.* – De *in-* 1, et *défendable.*

indéfini, ie [ɛ̃defini] adj. et n. m. **1.** Dont les limites ne peuvent être déterminées. *Temps, espace indéfini.* **2.** Qui n'est pas défini, vague, imprécis. *Sentiment indéfini.* ▷ LOG *Terme indéfini,* dont la définition n'est pas précisée. **3.** GRAM Désigne traditionnellement une catégorie de déterminants et de pronoms qui présentent le nom de manière vague sous son aspect le plus général. *Articles* (un, une, des), *pronoms* (quelqu'un, chacun, personne, etc.), *adjectifs* (quelque, chaque, etc.) *indéfinis.* ▷ N. m. *Les indéfinis.* – Lat. *indefinitus.*

indéfiniment [ɛ̃definimɑ̃] adv. D'une manière indéfinie, éternellement. *Ajourner indéfiniment une affaire.* – De *indéfini.*

indéfinissable [ɛ̃definisabl] adj. **1.** Qu'on ne peut définir. *Terme indéfinissable.* **2.** Dont on ne peut rendre compte; qu'on ne saurait expliquer. *Charme indéfinissable.* – De *in-* 1, et *définissable.*

indéformable [ɛ̃defɔʀmabl] adj. Qui ne peut être déformé, qui ne se déforme pas. – De *in-* 1, *déformer,* et *-able.*

indéfrichable [ɛ̃defʀiʃabl] adj. Qui ne peut être défriché. – De *in-* 1, *défricher,* et *-able.*

indéfrisable [ɛ̃defʀizabl] adj. et n. **1.** adj. Qui ne peut être défrisé. **2.** n. f. Vieilli Traitement que l'on faisait subir aux cheveux pour qu'ils restent ondulés, appelé auj. permanente*. – De *in-* 1, *défriser,* et *-able.*

indéhiscence [ɛ̃deisɑ̃s] n. f. BOT État de ce qui est indéhiscent. – De *indéhiscent.*

indéhiscent, ente [ɛ̃deisɑ̃, ɑ̃t] adj. BOT Qui ne s'ouvre pas spontanément à maturité. *Fruits indéhiscents* (certains fruits secs: akènes, caryopses, par ex.). – De *in-* 1, et *déhiscent.*

indélébile [ɛ̃delebil] adj. Qui ne peut être effacé. *Encre indélébile.* – Fig. *Flétrissure indélébile.* – Lat. *indelebilis,* «indestructible».

indélébilité [ɛ̃delebilite] n. f. Rare Caractère de ce qui est indélébile. – De *indélébile.*

indélibéré, ée [ɛ̃delibeʀe] adj. Qui n'est pas délibéré; fait sans réflexion. *Acte involontaire et indélibéré.* – De *in-* 1, et *délibéré.*

indélicat, ate [ɛ̃delika, at] adj. **1.** Qui manque de délicatesse dans les sentiments. *Homme indélicat.* **2.** Malhonnête. *Un comptable indélicat. Procédé indélicat.* – De *in-* 1, et *délicat.*

indélicatement [ɛ̃delikatmɑ̃] adv. De manière indélicate. – De *indélicat.*

indélicatesse [ɛ̃delikatɛs] n. f. **1.** Manque de délicatesse dans les sentiments. ▷ Action, parole indélicate (sens 1). **2.** Malversation, vol. *Commettre des indélicatesses.* – De *indélicat.*

indémaillable [ɛ̃demajabl] adj. et n. m. Dont les mailles ne peuvent se défaire. ▷ N. m. *Lingerie en indémaillable.* – De *in-* 1, *démailler,* et *-able.*

indemne [ɛ̃dɛmn] adj. Qui n'a souffert aucun dommage, aucune blessure. *Sortir indemne d'un accident.* – Lat. *indemnis.*

indemnisable [ɛ̃dɛmnizabl] adj. Qui peut ou doit être indemnisé. – De *indemniser.*

indemnisation [ɛ̃dɛmnizasjɔ̃] n. f. Action d'indemniser; paiement d'une indemnité. – De *indemniser.*

indemniser [ɛ̃dɛmnize] v. tr. [1] Dédommager (qqn) des frais, des pertes subies. – De *indemne.*

indemnitaire [ɛ̃dɛmnitɛʀ] n. DR Personne qui a droit à une indemnité. – De *indemnité.*

indemnité [ɛ̃dɛmnite] n. f. **1.** Ce qui est alloué à qqn en dédommagement d'un préjudice. *Indemnité d'expropriation.* **2.** Allocation attribuée en compensation de certains frais professionnels. *Indemnité de résidence. Indemnité parlementaire des députés et sénateurs.* – Lat. *indemnitas,* «préservation de tout dommage».

indémontrable [ɛ̃demɔ̃tʀabl] adj. Qu'on ne peut démontrer. *Axiome indémontrable.* – De *in-*1, et *démontrable.*

indène [ɛ̃dɛn] n. m. CHIM Hydrocarbure C_9H_8 extrait des goudrons de houille, qui entre dans la composition de certaines matières plastiques. – Du lat. *indicum,* «indigo», et de *ène.*

indéniable [ɛ̃denjabl] adj. Qu'on ne peut dénier, réfuter. *Témoignage indéniable. C'est indéniable:* c'est certain, c'est incontestable. – De *in-* 1, *dénier,* et *-able.*

indéniablement [ɛ̃denjabləmɑ̃] adv. Incontestablement. – De *indéniable.*

indentation [ɛ̃dɑ̃tasjɔ̃] n. f. Échancrure semblable à la trace d'une morsure. *Les indentations d'une côte rocheuse.* – De *in-* 2, et *dent.*

indépendamment [ɛ̃depɑ̃damɑ̃] En loc. prép. *Indépendamment de.* **1.** Sans égard à, en faisant abstraction de. *Indépendamment des événements.* **2.** En outre, en plus de. *Indépendamment de son traitement, il perçoit des indemnités.* – De *indépendant.*

indépendance [ɛ̃depɑ̃dɑ̃s] n. f. **1.** État d'une personne ou d'une collectivité indépendante. **2.** Refus de toute sujétion. *Indépendance d'esprit, d'opinion.* **3.** Autonomie, disposition de soi-même. *L'indépendance nationale. Déclaration d'indépendance:* V. encycl. déclaration. – De *indépendant.*

indépendant, ante [ɛ̃depɑ̃dɑ̃, ɑ̃t] adj. **1.** Libre de toute sujétion, de toute dépendance. *Peuple indépendant.* **2.** Qui refuse toute sujétion, toute dépendance. *C'est un garçon très indépendant.* **3.** *Indépendant de:* qui n'a pas de rapport avec. *C'est un point indépendant de la question.* ▷ MATH *Variable indépendante:* variable qui peut prendre n'importe quelle valeur, quelle que soit celle des autres variables. ▷ GRAM *Proposition indépendante,* qui ne dépend d'aucune autre et dont aucune ne dépend. – De *in-*1, et *dépendant.*

indépendantiste [ɛ̃depɑ̃dɑ̃tist] adj. et n. POLIT Partisan de l'indépendance politique. *Les indépendantistes québécois. Un gouvernement indépendantiste.* – De *indépendant.*

indéracinable [ɛ̃deʀasinabl] adj. Qu'on ne peut déraciner. Fig. *Préjugé indéracinable.* – De *in-* 1, *déraciner,* et *-able.*

indéréglable [ɛ̃deʀeglabl] adj. Qui ne peut se dérégler (mécanisme). – De *in-* 1, *dérégler,* et *-able.*

indescriptible [ɛ̃dɛskʀiptibl] adj. Qui ne peut être décrit, qui dépasse toute description possible. *Tumulte indescriptible.* – De *in-* 1, rad. du lat.*descriptum,* de *describere,* «décrire«, et *-ible.*

indésirable [ɛ̃deziʀabl] adj. et n. **1.** Se dit des personnes dont le séjour dans un pays est jugé inopportun par les autorités. *On lui a notifié qu'il était indésirable au Canada.* – Subst. *Des mesures concernant les indésirables.* **2.** Dont on refuse la présence au sein d'une communauté, d'un groupe. Subst. *Chasser l'indésirable.* – De *in-*1, et *désirable.*

indestructibilité [ɛ̃dɛstʀyktibilite] n. f. Caractère de ce qui est indestructible. – De *indestructible.*

indestructible [ɛ̃dɛstʀyktibl] adj. Qui ne peut être détruit. *Matériau indestructible.* Fig. *Amitié indestructible.* – De *in-* 1, et *destructible.*

indestructiblement [ɛ̃dɛstʀyktibləmɑ̃] adv. De manière indestructible. – De *indestructible.*

indéterminable [ɛ̃detɛʀminabl] adj. Qu'on ne peut déterminer. – Bas lat. *indeterminabilis,* «à quoi l'on ne peut assigner des limites».

indétermination [ɛ̃detɛʀminasjɔ̃] n. f. **1.** Fait d'être indéterminé; doute, irrésolution. *Être dans l'indétermination.* **2.** Caractère de ce qui est indéterminé. *L'indétermination du sens d'un texte.* **3.** MATH Caractère d'un système d'équations qui admet un nombre infini de solutions (par ex., un système de deux équations à trois inconnues). – Caractère d'une expression dont on ne peut déterminer la valeur numérique. – De *in-* 1, et *détermination.*

indéterminé, ée [ɛ̃detɛʀmine] adj. **1.** Qui n'est pas déterminé, fixé; flou, imprécis. *Date indéterminée.* **2.** Rare (Personnes.) Indécis. **3.** PHILO Qui n'est pas soumis au déterminisme. – De *in-* 1, et *déterminé.*

index [ɛ̃dɛks] n. m. inv. **1.** Le deuxième doigt de la main, le plus rapproché du pouce. *Pointer l'index.* **2.** TECH Aiguille, repère mobile sur un cadran ou une échelle graduée. **3.** Table alphabétique à la fin d'un ouvrage. *Index des noms cités.* **4.** *L'Index,* catalogue des livres prohibés par l'Église catholique (supprimé en 1966). ▷ Fig. *Mettre (qqch ou qqn) à l'index,* le proscrire, le condamner. **5.** STATIS Indice. *Index de mortalité, de morbidité.* – Lat. *index, indicis,* «indicateur», de *indicere,* «déclarer, notifier, prescrire».

indexation [ɛ̃dɛksasjɔ̃] n. f. Action d'indexer. – De *indexer.*

indexer [ɛ̃dɛkse] v. tr. [1] FIN Lier l'évolution du montant d'une valeur aux variations du montant d'une autre valeur ou d'un indice pris comme référence. *Indexer les salaires sur l'indice des prix.* – De *index.*

indianisme [ɛ̃djanism] n. m. **1.** Caractère indien. ▷ LING Idiotisme propre aux langues de l'Inde. ▷ Étude des langues et des civilisations de l'Inde. **2.** Caractère propre aux Indiens d'Amérique. ▷ Étude des cultures indiennes d'Amérique latine. – *Spécial.* Tendance des artistes à s'inspirer des cultures indiennes d'Amérique latine. – Dérivé sav. de *indien.*

indianiste [ɛ̃djanist] n. Spécialiste de l'indianisme. – Du préc.

indic [ɛ̃dik] n. m. Arg. Indicateur de police. – Abrév. de *indicateur.*

indican [ɛ̃dikɑ̃] n. m. CHIM Glucoside contenu dans l'indigo. – Du lat. *indicum,* «indigo».

indicateur, trice [ɛ̃dikatœʀ, tʀis] n. et adj. **I.** n. **1.** Personne qui, en échange d'avantages divers, renseigne la police sur ceux qui vivent en marge des lois. **2.** Livre, journal, etc., qui contient des renseignements. *Indicateur des chemins de fer, des rues d'une ville.* **3.** TECH Instrument de mesure servant à fournir des indications utiles à la conduite, au contrôle d'une machine ou d'un appareil. *Indicateur de vitesse, de pression, d'altitude, etc.* **4.** CHIM *Indicateur coloré:* substance dont la couleur varie en fonction du pH du milieu dans lequel on la plonge (hélianthine, tournesol, par ex.). **5.** ECON POLIT Élément significatif particulièrement important d'une situation économique et sociale, qui permet d'établir des prévisions d'évolution. *Indicateurs socio-économiques.* **II.** adj. Qui indique une direction. *Poteau indicateur.* – Lat. *indicator,* «accusateur», de *indicare,* «indiquer».

indicatif, ive [ɛ̃dikatif, iv] adj. et n. **I.** adj. **1.** Qui indique. *Je vous dis cela à titre indicatif.* **2.** LING *Mode indicatif,* ou, n. m., *l'indicatif:* le mode de verbe qui exprime l'état, l'existence, l'action d'une manière absolue. *Présent de l'indicatif.* **II.** n. m. TELECOM Groupe de signaux conventionnels servant à identifier un poste émetteur. ▷ AUDIOV Formule, air musical, etc., permettant d'identifier une émission de radio ou de télévision. – Bas lat. *indicativus.*

indication [ɛ̃dikasjɔ̃] n. f. **1.** Action d'indiquer. *J'y suis allée sur l'indication d'un ami.* **2.** Signe, indice. *Son embarras est l'indication de sa culpabilité.* **3.** Renseignement. *Donner quelques indications. Les indications fournies dans la notice.* **4.** MED *Indication thérapeutique,* ou, absol., *indication:* maladie, cas pour lesquels tel traitement est indiqué. *Les indications d'un médicament* (par oppos. à *contre-indication).* – Lat. *indicatio.*

indice [ɛ̃dis] n. m. **1.** Signe apparent rendant probable l'existence d'une chose. *Sa pâleur était l'indice d'une vive émotion. Certains indices laissent penser qu'il s'agit d'un crime.* **2.** MATH Signe (lettre ou chiffre) placé en bas à droite d'un autre signe pour le caractériser. Ex.: a_1 *(a indice 1),* a_2, ..., a_n. – *Indice d'un radical:* petit chiffre placé entre les branches d'un radical pour indiquer le degré de la racine. (Ex.: $\sqrt[3]{a}$, racine cubique de a.) **3.** Nombre exprimant un rapport entre deux grandeurs. *Indice d'octane d'un carburant.* – PHYS *Indice de réfraction d'un milieu:* rapport de la célérité c de la lumière dans le vide à la célérité v de la lumière dans le milieu considéré, noté $n = c/v$. V. réfraction. **4.** ECON *Indice des prix:* chiffre exprimant l'évolution générale des prix en fonction de l'évolution de ceux de certaines denrées et de certains services significatifs par rapport à une période choisie comme base (la base de référence à cette date étant 100). – Lat. *indicium.*

indiciaire [ɛ̃disjɛʀ] adj. Didac. Qui est rattaché à un indice. – De *indice.*

indicible [ɛ̃disibl] adj. Qu'on ne saurait exprimer, ineffable. *Une joie indicible.* – Lat. médiév. *indicibilis.*

indiciblement [ɛ̃disibləmɑ̃] adv. D'une manière indicible. – De *indicible.*

indiction [ɛ̃diksjɔ̃] n. f. RELIG Convocation à un jour fixé. *Indiction d'un concile.* – Lat. *indictio,* «notification», de *indicere,* «publier, notifier».

indien, ienne [ɛ̃djɛ̃, jɛn] adj. et n. **1.** De l'Inde. *Sous-continent indien.* **2.** Relatif aux autochtones d'Amérique (Amérindiens). *Les navigateurs du XVe s., à la suite de Colomb qui croyait avoir débarqué aux Indes, baptisèrent «Indiens» les habitants du Nouveau Monde. Tribu indienne.* ▷ Subst. *Les Indiens.* – Bas lat. *Indianus.*

indienne [ɛ̃djɛn] n. f. Étoffe de coton peinte ou imprimée, qui fut d'abord fabriquée en Inde. – De *indien.*

indifféremment [ɛ̃difeʀamɑ̃] adv. Sans distinction, sans faire de différence. *Un ambidextre se sert indifféremment des deux mains.* – De *indifférent.*

indifférence [ɛ̃difeʀɑ̃s] n. f. **1.** État tranquille d'une personne qui ne désire ni ne repousse une chose. *Indifférence en matière de religion.* **2.** Insensibilité, froideur. *L'indifférence d'un ami.* – Lat. imp. *indifferentia,* «état physique sans particularité».

indifférenciation [ɛ̃difeʀɑ̃sjasjɔ̃] n. f. État de ce qui n'est pas différencié. – De *indifférencié.*

indifférencié, ée [ɛ̃difeʀɑ̃sje] adj. Qui n'est pas différencié. – De *in-* 1, et *différencié.*

indifférent, ente [ɛ̃difeʀɑ̃, ɑ̃t] adj. et n. **1.** Qui ne présente aucun motif de préférence. *Il est indifférent de suivre ce chemin ou l'autre. Cela m'est indifférent.* **2.** Peu important, qui manque d'intérêt. *Conversation indifférente.* **3.** Insensible, qui ne s'émeut pas, ne s'intéresse pas. *Il est indifférent à ses intérêts.* – N. *Un indifférent, une indifférente.* **4.** PHYS *Équilibre indifférent:* état d'un corps qui reste dans la position qu'on lui donne quelle que soit cette position (par oppos. à *équilibre stable* et à *équilibre instable*). – Lat. *indifferens*.

indifférer [ɛ̃difeʀe] v. tr. [16] Fam. Ne pas émouvoir, ne pas intéresser, laisser insensible. *Ça m'indiffère prodigieusement.* – De *indifférent*.

indigénat [ɛ̃diʒena] n. m. Didac Qualité, état d'indigène. – Ensemble des indigènes d'une région. – De *indigène*.

indigence [ɛ̃diʒɑ̃s] n. f. **1.** Grande pauvreté, pénurie des choses nécessaires à la vie. *Vivre dans l'indigence la plus totale.* **2.** Fig. Pauvreté (intellectuelle). – Lat. *indigentia*, «besoin insatiable, exigence».

indigène [ɛ̃diʒɛn] adj. et n. **1.** adj. Qui est originaire du pays, de l'endroit où il se trouve. *Population indigène. Plantes indigènes.* **2.** n. *Un, une indigène:* une personne indigène. *Spécial.* (France) Personne indigène d'une colonie, d'une ancienne colonie (souvent employé avec une intention péjorative ou raciste). *Les Blancs et les indigènes.* – Lat. *indigena*.

indigent, ente [ɛ̃diʒɑ̃, ɑ̃t] adj. et n. Qui est dans l'indigence, très pauvre. *Famille indigente.* ▷ Subst. *Secourir les indigents.* – Lat. *indigens*, «qui est dans le besoin».

indigeste [ɛ̃diʒɛst] adj. **1.** Difficile à digérer. *Cuisine indigeste.* **2.** Fig. Difficile à assimiler; lourd et embrouillé. *Ouvrage indigeste.* – Bas lat. *indigestus*, «non digéré».

indigestion [ɛ̃diʒɛstjɔ̃] n. f. **1.** Indisposition, souvent accompagnée de nausées, due à une mauvaise digestion (notam. à la suite d'un repas trop abondant). **2.** Fig., fam. *Avoir une indigestion de qqch*, en être dégoûté par un usage excessif. *Avoir une indigestion de cinéma.* – Bas lat. *indigestio*.

indignation [ɛ̃diɲasjɔ̃] n. f. Sentiment de colère et de mépris excité par une injustice, une action honteuse, un affront. *Frémir d'indignation.* – Lat. *indignatio*.

indigne [ɛ̃diɲ] adj. **I.** Indigne de. **1.** Qui ne mérite pas, qui n'est pas digne de. *Il est indigne de votre estime.* **2.** Qui ne sied pas à (qqn) en raison de sa mesquinerie, de sa petitesse, de son rang inférieur, etc. *Cette conduite est indigne de vous.* **II. 1.** Qui n'est pas digne de sa charge, de sa fonction. *Mère indigne.* **2.** Odieux, méprisable. *Traitement indigne.* **3.** Vx (Par humilité, dans les formules de politesse.) *Votre indigne serviteur.* – Lat. *indignus*.

indignement [ɛ̃diɲəmɑ̃] adv. D'une manière indigne. – De *indigne*.

indigner [ɛ̃diɲe] **1.** v. tr. [1] Exciter l'indignation de (qqn). *Votre conduite cruelle l'indigne.* **2.** v. pron. Éprouver et manifester de l'indignation. *S'indigner contre qqn.* – Lat. *indignari*.

indignité [ɛ̃diɲite] n. f. **1.** Caractère d'une personne indigne. *Il a été exclu pour cause d'indignité.* **2.** Caractère de ce qui est indigne. **3.** Action indigne, odieuse. *Commettre des indignités.* – Lat. *indignitas*.

indigo [ɛ̃digo] n. m. **1.** Matière colorante bleue autref. tirée de l'indigotier, auj. préparée par synthèse. – Cette couleur bleue. – Appos. *Bleu indigo.* **2.** Une des couleurs fondamentales du spectre solaire (longueur d'onde: env. 0,44 micromètre). – Mot esp., du lat. *indicum*, de *indicus*, «indien».

indigotier [ɛ̃digɔtje] n. m. BOT Papilionacée originaire de l'Inde dont une espèce *(Indigofera tinctoria)* servait jadis à préparer l'indigo. – De *indigo*.

indigotine [ɛ̃digɔtin] n. f. CHIM Matière colorante bleue, appelée aussi *indigo*. – De *indigo*.

indiqué, ée [ɛ̃dike] adj. **1.** Approprié, en parlant d'une médication (par oppos. à *contre-indiqué*). **2.** Fig. Adéquat, opportun. *Cela n'est pas très indiqué dans votre situation.* – Pp. de *indiquer*.

indiquer [ɛ̃dike] v. tr. [1] **1.** Montrer, désigner de manière précise. *Indiquer qqch du doigt.* **2.** Faire connaître en donnant des renseignements. *Indiquer le chemin à qqn. Indiquer un bon restaurant.* **3.** Dénoter, révéler. *Le signal vert indique la voie libre.* **4.** Esquisser, représenter sans donner les détails. *Indiquer les situations, les personnages.* – Lat. *indicare*.

indirect, ecte [ɛ̃diʀɛkt] adj. **1.** Qui n'est pas direct. *Opinion indirecte. Éclairage indirect.* ▷ Fig. Qui emprunte des voies détournées. *Critique indirecte.* ▷ DR *Ligne indirecte*, collatérale. **2.** GRAM *Complément indirect*, rattaché au verbe par une préposition. – *Interrogation indirecte*, exprimée dans une proposition subordonnée et introduite par un pronom ou un adverbe interrogatif. (Ex.: *je demande quand il est venu.*) – Lat. *indirectus*.

indirectement [ɛ̃diʀɛktəmɑ̃] adv. De manière indirecte. – De *indirect*.

indiscernable [ɛ̃disɛʀnabl] adj. **1.** Qu'on ne peut distinguer d'une autre chose de même nature. *L'original et la copie sont absolument indiscernables.* **2.** Qu'on ne peut discerner. *Des traces indiscernables à l'œil nu.* – De *in-* 1, et *discernable*.

indisciplinable [ɛ̃disiplinabl] adj. Qui ne peut être discipliné. – De *in-*1, et *disciplinable*.

indiscipline [ɛ̃disiplin] n. f. Manque de discipline; désobéissance. *Acte d'indiscipline.* – De *in-* 1, et *discipline*.

indiscipliné, ée [ɛ̃disipline] adj. Qui n'est pas discipliné. *Soldat indiscipliné.* – De *in-*1, et *discipline* ou bas lat. *indisciplina*, «manque d'instruction».

indiscret, ète [ɛ̃diskʀɛ, ɛt] adj. et n. **1.** Qui manque de discrétion, de réserve. – Subst. *Fuir les indiscrets.* ▷ *Par ext.* Qui dénote un manque de discrétion. *Question indiscrète.* **2.** Qui ne sait pas garder un secret. *Ami indiscret.* ▷ Par ext. *Des propos indiscrets lui ont appris la vérité.* – Lat. *indiscretus*, «incapable de discerner».

indiscrètement [ɛ̃diskʀɛtmɑ̃] adv. De manière indiscrète. – De *indiscret*.

indiscrétion [ɛ̃diskʀesjɔ̃] n. f. **1.** Manque de discrétion. *Son indiscrétion est insupportable.* – Caractère de ce qui est indiscret. *L'indiscrétion d'une question.* **2.** Acte, parole qui révèle ce qui devait être caché. *Apprendre qqch par des indiscrétions.* – Bas lat. *indiscretio*, «manque de discernement, de sagesse».

indiscutable [ɛ̃diskytabl] adj. Qui n'est pas discutable, qui s'impose par son évidence. *Preuve indiscutable.* – De *in-* 1, et *discutable*.

indiscutablement [ɛ̃diskytabləmɑ̃] adv. D'une manière indiscutable. – De *indiscutable*.

indispensable [ɛ̃dispɑ̃sabl] adj. et n. m. Absolument nécessaire, dont on ne peut se passer. *Objets indispensables.* ▷ N. m. *N'emporter avec soi que l'indispensable.* – De *in-* 1, *dispenser*, et *-able*.

indisponibilité [ɛ̃dispɔnibilite] n. f. État d'une chose ou d'une personne indisponible. – De *indisponible*.

indisponible [ɛ̃dispɔnibl] adj. Qui n'est pas disponible. *Matériel indisponible. Personne indisponible.* – De *in-* 1, et *disponible*.

indisposé, ée [ɛ̃dispoze] adj. **1.** Légèrement malade, incommodé. **2.** Par euph. *Indisposée:* qui a ses règles. – Pp. de *indisposer*.

indisposer [ɛ̃dispoze] v. tr. [1] **1.** Mettre dans une disposition défavorable, fâcher. *Votre attitude l'a indisposé.* **2.** Rendre légèrement malade, incommoder. – De *in-* 1, et *disposer*.

indisposition [ɛ̃dispozisjɔ̃] n. f. **1.** Légère altération de la santé. *Indisposition due à la fatigue d'un* *long voyage.* **2.** *Par euph.* Règles, menstruation. – De *indisposer.*

indissociable [ɛ̃disɔsjabl] adj. Dont les éléments, les facteurs ne peuvent être dissociés. *Une équipe indissociable. Ces trois problèmes sont indissociables.* – Bas lat. *indissociabilis.*

indissolubilité [ɛ̃disɔlybilite] n. f. Caractère de ce qui est indissoluble. *L'indissolubilité du mariage catholique.* – De *indissoluble.*

indissoluble [ɛ̃disɔlybl] adj. Qui ne peut être dissous, délié; dont on ne saurait se dégager. *L'Église catholique considère le mariage comme indissoluble.* – Lat. *indissolubilis.*

indissolublement [ɛ̃disɔlybləmɑ̃] adv. D'une manière indissoluble. – De *indissoluble.*

indistinct, incte [ɛ̃distɛ̃, ɛ̃kt] adj. Qui n'est pas bien distinct; imprécis. *Bruits indistincts.* – Lat. *indistinctus.*

indistinctement [ɛ̃distɛ̃ktəmɑ̃] adv. **1.** De manière indistincte. **2.** Sans faire de distinction. *Tirer indistinctement sur tout ce qui bouge.* – De *indistinct.*

indium [indjɔm] n. m. CHIM Élément de numéro atomique Z = 49 et de masse atomique 114,8 (symbole In). (Le corps simple est un métal blanc, de densité 7,4, qui fond à 155 °C et bout à 2 000 °C; il sert à recouvrir les métaux d'un dépôt protecteur, et on l'utilise dans les alliages antifriction.) – De *indigo,* à cause de la couleur caractéristique d'une raie spectrale de ce métal.

individu [ɛ̃dividy] n. m. **1.** Tout être organisé qui ne peut être divisé sans perdre ses caractères distinctifs, sans être détruit. **2.** SC Être concret qui, dans une classification hiérarchique, entre dans l'extension d'une espèce. *Le genre, l'espèce, l'individu.* **3.** Être humain considéré isolément par rapport à la collectivité. *L'individu et l'État, et la société.* **4.** Cour., péjor. Personne quelconque que l'on ne peut nommer ou que l'on méprise. *Qu'est-ce que c'est que cet individu? Un sinistre individu.* – Substantivation de l'adj. lat. *individuus,* «indivis, indivisible».

individualisation [ɛ̃dividɥalizasjɔ̃] n. f. **1.** Action d'individualiser; son résultat. État de ce qui est individualisé. Ant. généralisation. **2.** Action d'adapter qqch au cas particulier d'un individu. – *Individualisation de la peine.* – De *individualiser.*

individualiser [ɛ̃dividɥalize] v. tr. [1] **1.** Distinguer en fonction des caractères individuels. **2.** Adapter aux caractères individuels. – De *individuel.*

individualisme [ɛ̃dividɥalism] n. m. **1.** Théorie, conception qui voit dans l'individu la réalité, la valeur la plus élevée. **2.** Cour. Égoïsme, manque de discipline sociale ou d'esprit de solidarité. – Dér. sav. de *individuel.*

individualiste [ɛ̃dividɥalist] adj. Relatif à l'individualisme. *Une doctrine, un comportement individualiste.* ▷ Subst. Partisan de l'individualisme. – Péjor. Égoïste. – De *individualisme.*

individualité [ɛ̃dividɥalite] n. f. **1.** PHILO Ce qui caractérise un être en tant qu'individu. *L'homme considéré dans son individualité.* **2.** Originalité propre d'une personne. *Sa poésie est d'une grande individualité.* ▷ Personne qui fait preuve de beaucoup de caractère. *C'est une forte individualité !* – De *individuel.*

individuation [ɛ̃dividɥasjɔ̃] n. f. PHILO Ensemble des qualités particulières constituant l'individu. ▷ Spécial. *Principe d'individuation* (chez les scolastiques; chez Leibniz): ce qui donne à un être une existence concrète et individuelle. – De *individu.*

individuel, elle [ɛ̃dividɥɛl] adj. **1.** De l'individu. *Liberté individuelle.* **2.** Propre à un individu. *Qualités individuelles.* **3.** Qui ne concerne qu'un individu. *Dérogation individuelle.* – De *individu.*

individuellement [ɛ̃dividɥɛlmɑ̃] adv. D'une manière individuelle. – De *individuel.*

indivis, ise [ɛ̃divi, iz] adj. DR Possédé à la fois par plusieurs personnes (sans être divisé matériellement). *Succession indivise.* – *Propriétaires indivis,* qui possèdent un bien commun. ▷ Loc. adv. *Par indivis:* sans être divisé, en commun. *Posséder un domaine par indivis.* – Lat. jurid. *indivisus.*

indivisaire [ɛ̃divizɛʀ] n. DR Propriétaire par indivis. – De *indivis.*

indivisément [ɛ̃divizemɑ̃] adv. Par indivis. – De *indivis.*

indivisibilité [ɛ̃divizibilite] n. f. Caractère de ce qui est indivisible. – De *indivisible.*

indivisible [ɛ̃divizibl] adj. Qui ne peut être divisé. – Bas lat. *indivisibilis.*

indivision [ɛ̃divizjɔ̃] n. f. État de ce qui est indivis ou des personnes qui possèdent un bien par indivis. – De *indivis,* d'après *division.*

indo-. Préfixe, du lat. *Indus,* «de l'Inde».

indochinois, oise [ɛ̃dɔʃinwa, waz] adj. De l'Indochine. *La péninsule indochinoise est située au S.-E. du continent asiatique entre l'Inde et la Chine.* – *Spécial.* (anc.). De l'Indochine française (nom donné après 1888 aux pays de la péninsule indochinoise colonisés par la France). *Les populations indochinoises.* ▷ Subst. Habitant ou personne originaire de l'ancienne Indochine française. – De *indo-,* et *chinois* ou de *Indochine.*

indocile [ɛ̃dɔsil] adj. Qui n'est pas docile, qui refuse d'obéir. *Enfant indocile.* – Lat. *indocilis,* «qu'on ne peut instruire, inculte, ignorant».

indocilité [ɛ̃dɔsilite] n. f. Caractère d'une personne indocile. – De *indocile.*

indo-européen, éenne [ɛ̃doøʀɔpeɛ̃, eɛn] n. et adj. **1.** n. m. Langue qui serait à l'origine de nombreuses langues européennes et asiatiques. **2.** adj. *Le sanscrit, le grec, le latin, l'anglais sont des langues indo-européennes.* ▷ Subst. *Les Indo-Européens,* les peuples qui parlent les langues indo-européennes. – De *indo-,* et *européen.*

indol ou **indole** [ɛ̃dɔl] n. m. CHIM Composé de formule C_8H_7N, utilisé en parfumerie, que l'on trouve dans les essences de jasmin et de fleur d'oranger. – Du lat. de *ind(icum),* «indigo», et *ol(eum),* «huile».

indolemment [ɛ̃dɔlamɑ̃] adv. D'une manière indolente, mollement. – De *indolent.*

indolence [ɛ̃dɔlɑ̃s] n. f. **1.** MED Vx Caractère d'un mal ne causant aucune douleur. **2.** Mollesse, nonchalance. *Indolence d'un enfant rêveur.* – Lat. *indolentia,* «absence de toute douleur, insensibilité».

indolent, ente [ɛ̃dɔlɑ̃, ɑ̃t] adj. **1.** MED Vx Qui ne cause aucune douleur. *Tumeur indolente.* **2.** Mou, languissant, sans volonté. *Un élève indolent.* – Bas lat. *indolens,* rac. *dolere,* «souffrir».

indolore [ɛ̃dɔlɔʀ] adj. Qui n'est pas douloureux. *Traitement indolore.* – Bas lat. *indolori(u)s.*

indomptable [ɛ̃dɔ̃tabl] adj. **1.** Qu'on ne peut pas dompter. *Animal indomptable.* **2.** Fig. Qu'on ne peut pas contenir, abattre. *Courage indomptable.* – De *in-* 1, et *domptable.*

indonésien, ienne [ɛ̃dɔnezjɛ̃, jɛn] adj. et n. D'Indonésie. *L'archipel indonésien s'étire d'O. en E., sur plus de 5 000 km, entre l'océan Indien et l'océan Pacifique.* – Subst. *Un Indonésien, une Indonésienne.* – De *Indonésie,* de *Inde,* et gr. *nêsos,* «île».

indophénol [ɛ̃dofenɔl] n. m. CHIM Nom générique de matières colorantes bleues dérivées des quinones et utilisées en teinturerie. – Du lat. *ind(icum)*, «indigo», et *phénol*.

in-douze [induz] adj. et n. IMPRIM **1.** adj. inv. Dont les feuilles sont pliées en douze feuillets. *Livre in-douze, format in-douze.* (Par abrév.: in-12 ou in-12°.) **2.** n. m. inv. Livre de ce format. *Des in-douze.* – Du lat. *in*, et *douze*.

indri [ɛ̃dʀi] n. m. Grand (70 cm) lémurien de Madagascar (genre *Indri*) à la queue très courte, au pelage brun, épais et soyeux. – Exclam. malgache prise à tort pour le nom de l'animal.

indu, ue [ɛ̃dy] adj. et n. m. Qui est contre la règle, l'usage. – Loc. *À une (des) heure(s) indue(s)*, inhabituelle(s). ▷ N. m. DR *Paiement de l'indu:* restitution d'une somme perçue illégitimement. – De *in-* 1, et *dû*.

indubitable [ɛ̃dybitabl] adj. Dont on ne peut douter, certain. *Un succès indubitable.* – Lat. *indubitabilis*.

indubitablement [ɛ̃dybitabləmɑ̃] adv. Sans aucun doute, assurément. – De *indubitable*.

inductance [ɛ̃dyktɑ̃s] n. f. ELECTR Coefficient (appelé aussi *coefficient d'auto-induction*) qui caractérise la propriété d'un circuit de produire un flux à travers lui-même et qui est égal au quotient de la variation de ce flux et de la variation de l'intensité du courant qui le produit. – De *induction*.

inducteur, trice [ɛ̃dyktœʀ, tʀis] adj. et n. **I.** adj. **1.** PHILO Qui sert de point de départ à une induction. **2.** ELECTR Qui produit l'induction. *Champ inducteur.* ▷ N. m. Ensemble d'électro-aimants servant à produire un champ inducteur. **II.** n. m. BIOL Substance qui, par sa présence, réalise une induction. – De *induction*.

inductif, ive [ɛ̃dyktif, iv] adj. **1.** PHILO Relatif à l'induction; de l'induction. *Méthode inductive.* **2.** ELECTR Se dit d'un dispositif, d'un circuit où se produit une auto-induction. **3.** MATH Se dit d'un ensemble ordonné E dans lequel toute partie P totalement ordonnée de cet ensemble admet un majorant. – Bas lat. *inductivus*.

induction [ɛ̃dyksjɔ̃] n. f. **1.** PHILO Manière de raisonner consistant à inférer une chose d'une autre, à aller des effets à la cause, des faits particuliers aux lois qui les régissent. *Raisonner par induction.* **2.** ELECTR *Induction électrique* ou *électrostatique:* modification de la répartition des charges électriques portées par un corps sous l'effet d'un champ électrique. ▷ *Induction magnétique:* ancienne dénomination du champ B exprimé en teslas. ▷ *Induction électromagnétique*, caractérisée par la production d'une force électromotrice sous l'effet d'une variation de flux magnétique dans un circuit. **3.** TECH Entraînement d'un fluide par un autre fluide. **4.** MED Premier temps d'une anesthésie avant l'endormissement du patient. **5.** BIOL Phénomène de facilitation, par une enzyme ou par un tissu, d'une réaction biochimique. *Induction embryonnaire:* action d'un tissu ou d'un organe sur un massif cellulaire, provoquant la différenciation de celui-ci en un autre tissu ou organe. – Lat. *inductio*, «action d'amener».

induire [ɛ̃dɥiʀ] v. tr. [71] **1.** Inciter, amener à, porter à. *Induire qqn à mal faire.* – Loc. *Induire en erreur:* tromper. **2.** PHILO Trouver par induction. **3.** ELECTR Produire une induction. **4.** BIOL Réaliser une induction. – Lat. *inducere*.

induit, ite [ɛ̃dɥi, it] adj. et n. **1.** adj. ELECTR Qualifie les effets d'un phénomène d'induction, ou un dispositif où se produit une induction. **2.** n. m. ELECTR Partie d'une machine électrique où l'on produit une force électromotrice par induction électromagnétique. *L'induit d'un alternateur est fixe; celui d'une génératrice de courant continu est mobile.* – Pp. de *induire*, adapt. de l'angl. *induced*.

indulgence [ɛ̃dylʒɑ̃s] n. f. **1.** Facilité à excuser, à pardonner. *Traiter qqn avec indulgence.* **2.** Bienveillance. *Cet artiste débutant demande l'indulgence du public.* **3.** RELIG CATHOL Remise partielle ou totale de la peine attachée au péché. *Indulgence plénière, partielle.* – Lat. *indulgentia*.

indulgencier [ɛ̃dylʒɑ̃sje] v. tr. [1] RELIG CATHOL Attacher une indulgence à (une action, un objet de piété). *Indulgencier un chapelet.* – De *indulgence*.

indulgent, ente [ɛ̃dylʒɑ̃, ɑ̃t] adj. **1.** Qui pardonne, excuse aisément. *Un père indulgent.* **2.** Qui marque de l'indulgence. *Morale indulgente.* – Lat. *indulgens*, «bon, bienveillant».

induline [ɛ̃dylin] n. f. CHIM Matière colorante bleue appelée industriellement bleu Coupier. – Du rad. d'*ind(igo)*, et suff. de *(ani)line*.

indult [ɛ̃dylt] n. m. **1.** RELIG CATHOL Dérogation, prérogative accordée par le pape. **2.** HIST En Espagne, droit levé par l'État sur les marchandises arrivant d'Amérique. – Lat. ecclés. *indultum*, de *indulgere*, «être indulgent, permettre».

indûment [ɛ̃dymɑ̃] adv. De manière indue, à tort. *Réclamer indûment qqch.* – De *indu*.

induration [ɛ̃dyʀasjɔ̃] n. f. MED Durcissement et épaississement des tissus. ▷ Partie indurée. – Bas lat. *induratio*, «endurcissement (du cœur)».

indurer [ɛ̃dyʀe] v. tr. [1] MED Durcir. – Pp. *Chancre induré*, devenu dur et épais. ▷ V. pron. *S'indurer:* devenir dur. – Lat. *indurare*, «durcir».

indusie [ɛ̃dyzi] n. f. **1.** BOT Petite écaille protégeant les sores de nombreuses fougères. **2.** PALEONT Fourreau de la larve de phrygane. – Lat. *indusium*, «chemise».

industrialisation [ɛ̃dystʀializasjɔ̃] n. f. Action d'industrialiser. – De *industrialiser*.

industrialiser [ɛ̃dystʀialize] v. tr. [1] Appliquer les méthodes industrielles à. *Industrialiser l'agriculture.* – Implanter des industries dans. *Industrialiser une région.* ▷ V. pron. *Pays qui s'industrialise.* – De *industriel*.

industrialisme [ɛ̃dystʀialism] n. m. HIST Système qui attribue à l'industrie une importance sociale prépondérante. – Prépondérance, prédominance de l'industrie. – Dér. sav. de *industriel*.

industrie [ɛ̃dystʀi] n. f. **1.** Vieilli Adresse, habileté. *Vivre d'industrie, d'expédients.* – Vieilli *Chevalier d'industrie:* homme vivant d'expédients, aigrefin. **2.** Vx Art, métier. – Mod., plaisant. *Exercer son industrie, sa coupable industrie.* **3.** Ensemble des entreprises ayant pour objet la transformation des matières premières et l'exploitation des sources d'énergie. *Industrie minière. Industries alimentaires. Industrie de production, de transformation, de répartition. Industrie lourde. Industrie aéronautique, spatiale. Industrie du spectacle:* ensemble des activités commerciales concourant à la production de représentations artistiques (loc. recommandée pour remplacer *show-business*). – Lat. *industria*, «activité, assiduité».

industriel, elle [ɛ̃dystʀijɛl] adj. et n. **1.** adj. En rapport avec l'industrie. *Société, civilisation industrielle*, fondée sur la transformation de matières premières en biens de consommation. *Zone industrielle*, spécialement aménagée pour recevoir des établissements industriels. ▷ Qui provient de l'industrie. *Produits industriels.* **2.** loc. fig. Fam. *(En) quantité industrielle:* (en) grande quantité. **3.** n. Personne qui possède une entreprise industrielle. *Un gros industriel de la Beauce.* – De *industrie*.

industriellement [ɛ̃dystʀijɛlmɑ̃] adv. **1.** Quant à l'industrie. *Région industriellement défavorisée.*

2. Par l'industrie. *Les objets sont fabriqués industriellement, et non par des artisans.* – De *industriel.*

industrieux, euse [ɛ̃dystʀijø, øz] adj. Adroit, ingénieux, efficace. *Abeilles industrieuses.* – Bas lat. *industriosus.*

-ine. Suffixe servant à désigner des substances isolées ou obtenues synthétiquement.

inébranlable [inebʀɑ̃labl] adj. **1.** Qui ne peut être ébranlé. *Roc inébranlable.* **2.** Fig. Qui ne se laisse pas abattre, constant. *Demeurer inébranlable dans l'épreuve. Courage inébranlable.* **3.** Fig. Que l'on ne peut changer, ferme. *Sa résolution est inébranlable.* – De *in-* 1, *ébranler,* et *-able.*

inébranlablement [inebʀɑ̃labləmɑ̃] adv. Litt. D'une manière inébranlable. *Inébranlablement attaché à son devoir.* – De *inébranlable.*

inéchangeable [ineʃɑ̃ʒabl] adj. Que l'on ne peut échanger. – De *in-* 1, et *échangeable.*

inédit, ite [inedi, it] adj. et n. **1.** Qui n'a pas été publié, édité. *Poème resté inédit.* ▷ N. m. *Un inédit.* **2.** Qui n'a pas encore été vu, nouveau. *Spectacle inédit.* ▷ N. m. *Voilà de l'inédit.* – Lat. *ineditus.*

inéducable [inedykabl] adj. Que l'on ne peut éduquer. – De *in-* 1, et *éducable.*

ineffable [inefabl] adj. Qui ne peut être exprimé par la parole, indicible (ne se dit que des choses agréables). *Joie ineffable.* – Lat. *ineffabilis,* rac. *effari,* «dire, formuler».

ineffablement [inefabləmɑ̃] adv. Rare D'une manière ineffable. – De *ineffable.*

ineffaçable [inefasabl] adj. Qui ne peut être effacé. *Empreinte ineffaçable.* – Fig. *Impression ineffaçable.* – De *in-* 1, *effacer,* et *-able.*

ineffaçablement [inefasabləmɑ̃] adv. Litt. D'une manière ineffaçable. – De *ineffaçable.*

inefficace [inefikas] adj. Qui n'est pas efficace, qui ne produit pas l'effet attendu. *Un remède inefficace.* – Lat. *inefficax, inefficacis.*

inefficacement [inefikasmɑ̃] adv. De manière inefficace. – De *inefficace.*

inefficacité [inefikasite] n. f. Manque d'efficacité. *Inefficacité d'un secours.* – De *inefficace.*

inégal, ale, aux [inegal, o] adj. **1.** Qui n'est pas égal (en dimension, en durée, en valeur, en quantité). *Couper un gâteau en trois parts inégales. Des chances inégales.* **2.** Qui n'est pas uni. *Chemin inégal.* **3.** Qui n'est pas régulier. *Mouvement inégal.* **4.** Changeant. *Humeur inégale.* **5.** Qui est tour à tour bon et mauvais. *Style inégal. Artiste inégal.* – Refait d'ap. *égal,* du lat. *inæqualis.*

inégalable [inegalabl] adj. Qui ne peut pas être égalé. – De *in-* 1, et *égalable.*

inégalé, ée [inegale] adj. Qui n'a pas été égalé. – De *in-* 1, et *égaler.*

inégalement [inegalmɑ̃] adv. De manière inégale. *Partager inégalement qqch.* – De *inégal.*

inégalité [inegalite] n. f. **1.** Défaut d'égalité. *Inégalité de deux lignes. Les inégalités sociales.* **2.** MATH Expression qui traduit que deux quantités ne sont pas égales. *L'inégalité est exprimée par les signes:* $\neq$ *différent de,* $>$ *supérieur au sens strict à,* $<$ *inférieur au sens strict à.* **3.** Irrégularité. *Les inégalités d'un terrain.* **4.** Changement, caprice. *Inégalités d'humeur.* – Lat. *inæqualitas.*

inélégamment [inelegamɑ̃] adv. Sans élégance. – De *inélégant.*

inélégance [inelegɑ̃s] n. f. Manque d'élégance. – De *inélégant.*

inélégant, ante [inelegɑ̃, ɑ̃t] adj. **1.** Qui n'est pas élégant; mal habillé. *Elle est inélégante, elle ne sait pas s'habiller.* ▷ Sans distinction, sans grâce. *Une façon de se tenir inélégante.* **2.** Indélicat, inconvenant, grossier. *Conduite inélégante.* – Lat. *inelegans.*

inéligibilité [ineliʒibilite] n. f. État d'une personne inéligible. – De *inéligible.*

inéligible [ineliʒibl] adj. Qui ne peut être élu. – De *in-* 1, et *éligible.*

inéluctable [inelyktabl] adj. Contre quoi on ne peut lutter; inévitable. *Conséquence inéluctable.* – Lat. *ineluctabilis,* de *eluctari,* «sortir en luttant».

inéluctablement [inelyktabləmɑ̃] adv. D'une manière inéluctable. – De *inéluctable.*

inemployable [inɑ̃plwajabl] adj. Qu'on ne peut pas employer. – De *in-* 1, et *employable.*

inemployé, ée [inɑ̃plwaje] adj. Que l'on n'utilise pas, que l'on n'emploie pas. *Capacités inemployées.* – De *in-* 1, et pp. de *employer.*

inénarrable [inenaʀabl] adj. **1.** Vx Qui ne peut être raconté. **2.** Extraordinairement cocasse. *Des mines inénarrables.* – Lat. *inenarrabilis.*

inentamé, ée [inɑ̃tame] adj. Qui n'a pas été entamé. – De *in-* 1, et pp. de *entamer.*

inéprouvé, ée [inepʀuve] adj. **1.** Qui n'a pas été mis à l'épreuve. **2.** Qui n'a pas été ressenti. *Douleur jusqu'ici inéprouvée.* – De *in-* 1, et pp. de *éprouver.*

inepte [inɛpt] adj. **1.** Vx Inapte. **2.** Stupide. *Raisonnement inepte.* – Lat. *ineptus,* «qui n'est pas approprié».

ineptie [inɛpsi] n. f. **1.** Sottise, stupidité. *Des propos d'une ineptie totale.* **2.** Action, parole inepte. *Dire des inepties.* – Lat. *ineptia,* de *ineptus,* «qui n'est pas approprié».

inépuisable [inepɥizabl] adj. Que l'on ne peut épuiser. *Source inépuisable.* – Fig. *Patience inépuisable.* – De *in-* 1, et *épuisable.*

inépuisablement [inepɥizabləmɑ̃] adv. D'une manière inépuisable. – De *inépuisable.*

inéquation [inekwasjɔ̃] n. f. MATH Inégalité contenant des variables et qui n'est généralement satisfaite que pour certaines valeurs de ces variables. – De *in-* 1, et *équation.*

inéquitable [inekitabl] adj. Rare Qui manque d'équité. – De *in-* 1, et *équitable.*

inerme [inɛʀm] adj. BOT Qui n'a ni aiguillons ni épines. ▷ ZOOL Qui n'a pas de crochet. *Ténia inerme.* – Lat. *inermis,* «sans défense».

inerte [inɛʀt] adj. **I. 1.** Qui n'est pas en mouvement (choses). *Corps inerte.* **2.** CHIM Se dit d'un corps qui ne joue aucun rôle dans une réaction donnée. *L'azote de l'air est inerte dans une combustion.* **3.** Qui n'est pas vivant; inorganique. *Matière inerte et matière vivante.* **II. 1.** Qui ne fait aucun des mouvements décelant habituellement la vie. *Il gisait là, inerte.* **2.** Qui n'agit pas. *Il assistait, inerte, à la ruine de ses espérances.* ▷ Peu enclin à prendre des initiatives; indolent, apathique. *Esprit inerte.* – Lat. *iners, inertis,* «sans capacité, sans activité, sans énergie, improductif; fade, insipide».

inertie [inɛʀsi] n. f. **1.** État de ce qui est inerte. *Inertie d'une masse.* ▷ PHYS *Principe de l'inertie:* dans un repère galiléen, un système soumis à des forces de somme nulle a son centre de masse immobile ou animé d'un mouvement rectiligne uniforme. – *Force d'inertie:* force apparente qui se manifeste dans un repère non galiléen (la force centrifuge dans un repère en rotation, par ex.). – Fig. Résistance passive consistant principalement à ne pas exécuter les ordres reçus. **2.** CHIM Caractère d'un corps inerte. **3.** Absence de mouvement, d'activité, d'énergie. *Vivre dans l'inertie.* – Lat. *inertia.*

inertiel, ielle [inɛʀsjɛl] adj. PHYS Qui a rapport à l'inertie. ▷ AERON *Centrale inertielle:* dispositif de navigation comprenant des accéléromètres dont les indications permettent de définir la position d'un avion par rapport à son point de départ. – De *inertie,* d'après l'angl. *inertial.*

inespéré, ée [inɛspeʀe] adj. Que l'on n'espérait pas, que l'on n'osait espérer. *Un succès inespéré.* – De *in-* 1, et pp. de *espérer.*

inesthétique [inɛstetik] adj. Qui n'est pas esthétique, laid. – De *in-* 1, et *esthétique.*

inestimable [inɛstimabl] adj. **1.** Dont la valeur est au-delà de toute estimation. *Un Rembrandt inestimable.* **2.** Fig. Qu'on ne peut assez estimer, très précieux. *La santé est un bien inestimable.* – De *in-*1, et *estimable.*

inétendu, ue [inetɑ̃dy] adj. MATH Dont l'aire est nulle. *Le point géométrique est inétendu.* – De *in-*1, et pp. de *étendre.*

inévitable [inevitabl] adj. Que l'on ne peut éviter. *La mort est inévitable.* – Lat. *inevitabilis.*

inévitablement [inevitabləmɑ̃] adv. Sans qu'on puisse l'éviter. – De *inévitable.*

inexact, acte [inegzakt] adj. **1.** Qui manque de ponctualité. *Il était inexact à notre rendez-vous.* **2.** Qui contient des erreurs. *Calcul inexact.* – De *in-*1, et *exact.*

inexactement [inegzaktəmɑ̃] adv. De manière inexacte. – De *inexact.*

inexactitude [inegzaktityd] n. f. **1.** Manque de ponctualité. **2.** Erreur. *Livre plein d'inexactitudes.* – De *in-* 1, et *exactitude.*

inexaucé, ée [inegzose] adj. Qui n'a pas été exaucé. *Souhait inexaucé.* – De *in-* 1, et pp. de *exaucer.*

inexcitabilité [ineksitabilite] n. f. Caractère de ce qui est inexcitable. – De *inexcitable.*

inexcitable [ineksitabl] adj. Qui ne peut recevoir d'excitation. – De *in-* 1, et *excitable.*

inexcusable [inekskyzabl] adj. Qui ne peut être excusé. *Faute inexcusable.* – Lat. *inexcusabilis.*

inexcusablement [inekskyzabləmɑ̃] adv. D'une manière inexcusable. – De *inexcusable.*

inexécutable [inegzekytabl] adj. Qui ne peut être exécuté. *Plans inexécutables.* – De *in-* 1, et *exécutable.*

inexécution [inegzekysjɔ̃] n. f. Absence d'exécution. – De *in-*, et *exécution.*

inexercé, ée [inegzɛʀse] adj. Qui n'est pas exercé, formé. *Une main inexercée.* – De *in-* 1, et pp. de *exercer.*

inexigibilité [inegziʒibilite] n. f. Caractère de ce qui est inexigible. – De *inexigible.*

inexigible [inegziʒibl] adj. Qu'on ne peut exiger. – De *in-* 1, et *exigible.*

inexistant, ante [inegzistɑ̃, ɑ̃t] adj. **1.** Qui n'existe pas. **2.** Fam. Qui n'a aucune valeur, nul. *Argument inexistant.* ▷ Effacé, sans poids, que l'on ne remarque pas. *Un petit bonhomme totalement inexistant.* – De *in-* 1, et ppr. de *exister.*

inexistence [inegzistɑ̃s] n. f. **1.** Défaut d'existence. *Inexistence d'un testament.* **2.** Caractère de ce qui est inexistant (sens 2). – De *in-* 1, et *existence.*

inexorable [inegzoʀabl] adj. **1.** Qu'on ne peut fléchir par des prières. *Se montrer inexorable.* **2.** Extrêmement rigoureux. *Loi inexorable.* **3.** Implacable. *Destin inexorable.* – Lat. *inexorabilis.*

inexorablement [inegzoʀabləmɑ̃] adv. D'une manière inexorable. – De *inexorable.*

inexpérience [inekspeʀjɑ̃s] n. f. Manque d'expérience. *L'inexpérience de la jeunesse.* – Bas lat. *inexperientia.*

inexpérimenté, ée [inekspeʀimɑ̃te] adj. **1.** Qui n'a pas d'expérience. *Photographe inexpérimenté.* **2.** Qu'on n'a pas encore essayé. *Méthode inexpérimentée.* – De *in-* 1, et pp. de *expérimenter.*

inexpert, erte [inɛkspɛʀ, ɛʀt] adj. Litt. Qui manque d'habileté, d'expérience. *Je suis tout à fait inexpert dans ce domaine.* – Lat. *inexpertus.*

inexpiable [inɛkspijabl] adj. **1.** Qui ne peut être expié. *Crime inexpiable.* **2.** Qui ne peut être apaisé. *Haine inexpiable.* – Lat. *inexpiabilis.*

inexplicable [inɛksplikabl] adj. Qui ne peut être expliqué; incompréhensible, étrange. *Conduite inexplicable.* – Lat. *inexplicabilis.*

inexplicablement [ineksplikabləmɑ̃] adv. D'une manière inexplicable. – De *inexplicable.*

inexpliqué, ée [ineksplike] adj. Qui n'a pas été expliqué. *Un phénomène inexpliqué.* – De *in-* 1, et pp. de *expliquer.*

inexploitable [ineksplwatabl] adj. Qu'on ne peut exploiter. *Carrière inexploitable.* – De *in-* 1, et *exploitable.*

inexploité, ée [ineksplwate] adj. Qui n'est pas exploité. *Richesses inexploitées.* – De *in-* 1, et pp. de *exploiter.*

inexplorable [ineksplɔʀabl] adj. Qu'on ne peut explorer. – De *in-* 1, *explorer,* et *-able.*

inexploré, ée [ineksplɔʀe] adj. Qui n'a pas été exploré. *Terre inexplorée.* – De *in-* 1, et pp. de *explorer.*

inexplosible [ineksplozibl] adj. TECH Qui ne peut exploser, conçu pour ne pas faire explosion. *Chaudière inexplosible.* – De *in-* 1, et *explosible.*

inexpressif, ive [inɛkspʀɛsif, iv] adj. **1.** Qui manque d'expression. *Visage inexpressif.* **2.** Fig. Qui manque de force expressive. *Récit terne et inexpressif.* – De *in-* 1, et *expressif.*

inexprimable [inekspʀimabl] adj. Que l'on ne peut exprimer. *Joie inexprimable.* – De *in-* 1, *exprimer,* et *-able.*

inexprimé, ée [inekspʀime] adj. Qui n'est pas exprimé. – De *in-* 1, et pp. de *exprimer.*

inexpugnable [inekspyɲabl] adj. Qu'on ne peut prendre d'assaut. *Forteresse inexpugnable.* – Lat. *inexpugnabilis,* de *expugnare,* «prendre d'assaut».

inextensibilité [inekstɑ̃sibilite] n. f. Caractère de ce qui est inextensible. – De *inextensible.*

inextensible [inekstɑ̃sibl] adj. Qui n'est pas extensible. – De *in-* 1, et *extensible.*

in extenso [inekstɛ̃so] loc. adv. et adj. Complètement, complet (en parlant d'un texte). *Compte rendu in extenso d'un discours.* – Loc. lat., de *extensus,* «étendu».

inextinguible [inekstɛ̃gibl] adj. Qu'on ne peut éteindre. *Feu inextinguible.* ▷ Fig. Qu'on ne peut apaiser, arrêter. *Soif, rire inextinguible.* – Bas lat. *inextinguibilis.*

inextirpable [inɛkstiʀpabl] adj. Qu'on ne peut extirper. – Lat. *inextirpabilis.*

in extremis [inekstʀemis] loc. adv. et adj. **1.** Aux derniers moments de la vie; à l'article de la mort. *Mariage in extremis.* **2.** Au dernier moment, à la dernière minute. *J'ai pu prendre mon train in extremis.* – Loc. lat. du lat. class. *in,* «au moment de», et *extrema* (n. pl.), «les choses dernières (la mort)».

inextricable [inekstʀikabl] adj. Que l'on ne peut démêler, très embrouillé. *Écheveau inextricable.* – Lat. *inextricabilis,* de *extricare,* «démêler».

inextricablement [inekstʀikabləmɑ̃] adv. D'une manière inextricable. – Du préc.

infaillibilité [ɛ̃fajibilite] n. f. **1.** Caractère de ce qui est certain. **2.** Caractère d'une personne qui ne peut se tromper. **3.** RELIG CATHOL *Dogme de l'infaillibilité pontificale,* proclamé en 1870, selon lequel le pape ne peut se tromper quand il tranche *ex cathedra* une question de foi ou de mœurs. – De *infaillible.*

infaillible [ɛ̃fajibl] adj. **1.** Qui ne peut se tromper. *Nul n'est infaillible. Instinct infaillible.* **2.** Certain, assuré. *Remède infaillible.* – Lat. ecclés. *infaillibilis,* de *fallere,* «tromper, manquer à sa parole».

infailliblement [ɛ̃fajibləmɑ̃] adv. **1.** Immanquablement. **2.** Sans erreur. – De *infaillible.*

infaisable [ɛ̃fəzabl] adj. Qui ne peut être fait. *Cette ascension passe pour infaisable.* – De *in-* 1, et *faisable.*

infalsifiable [ɛ̃falsifjabl] adj. Qui ne peut être falsifié. – De *in-* 1, *falsifier,* et *-able.*

infamant, ante [ɛ̃famɑ̃, ɑ̃t] adj. Déshonorant. *Accusation infamante.* – Ppr. de l'anc. v. *infamer,* «déshonorer»; du lat. *infamare,* «faire une mauvaise réputation à».

infâme [ɛ̃fɑm] adj. **1.** Vx Déshonoré, flétri par les lois, l'opinion. **2.** Avilissant, honteux. *Action infâme.* **3.** Répugnant. *Taudis infâme.* **4.** Abominable. *Infâme individu.* – Lat. *infamis,* «mal famé, décrié», propr. «sans renommée».

infamie [ɛ̃fami] n. f. **1.** Vx ou DR ROM Flétrissure publique de l'honneur. **2.** Vx Caractère d'une personne infâme. *L'infamie d'un voleur.* **3.** Action, parole infâme, vile. – Lat. *infamia,* «mauvaise réputation, déshonneur, honte».

infant, ante [ɛ̃fɑ̃, ɑ̃t] n. Titre des enfants puînés des rois d'Espagne et de Portugal. – Esp. *infante,* même sens, propr. «enfant».

infanterie [ɛ̃fɑ̃tʀi] n. f. Ensemble des fantassins, des troupes qui combattent habituellement à pied. *Infanterie de marine.* – Anc. ital. *infanteria,* de *infante,* «jeune soldat, fantassin»; d'abord «enfant».

1. infanticide [ɛ̃fɑ̃tisid] adj. et n. Qui commet, qui a commis un infanticide. *Une mère infanticide.* – Lat. *infanticida.*

2. infanticide [ɛ̃fɑ̃tisid] n. m. Meurtre d'un enfant, spécial. d'un enfant nouveau-né. – Bas lat. *infanticidium.*

infantile [ɛ̃fɑ̃til] adj. **1.** Des enfants en bas âge. *Mortalité infantile.* **2.** Qui souffre d'infantilisme (en parlant d'un adulte). **3.** Péjor. Puéril. *Caprice infantile.* – Bas lat. *infantilis.*

infantilisme [ɛ̃fɑ̃tilism] n. m. **1.** MED Persistance anormale de caractères infantiles chez l'adulte, sur les plans somatique (taille, voix, caractères sexuels secondaires) et psychologique. **2.** Cour. Conduite puérile, infantile. – De *infantile.*

infarci, ie [ɛ̃faʀsi] adj. MED Atteint d'infarctus (en parlant d'un tissu, d'un organe). – Formation sav., du rad. de *infarctus,* d'après *farci,* pp. de *farcir.*

infarctus [ɛ̃faʀktys] n. m. MED Atteinte d'un territoire vasculaire oblitéré par une thrombose. *Infarctus du myocarde,* entraînant la nécrose de la paroi musculaire du cœur. – Graphie altérée de *infartus,* pp. du lat. *infarcire,* var. de *infercire,* «farcir, remplir».

ENCYCL L'infarctus peut siéger au niveau de tous les organes (cœur, foie, rein, rate, poumon, intestin), mais les plus fréquemment observés sont l'infarctus du myocarde et l'infarctus pulmonaire. L'infarctus du myocarde est dû, dans la majorité des cas, à l'oblitération soudaine d'une artère coronaire. Il survient plus souvent chez l'homme que chez la femme. Le traitement, qui doit être institué d'urgence, a pour but immédiat de calmer la douleur, d'empêcher l'extension de la thrombose, d'améliorer la circulation myocardique, de lutter contre le choc. L'infarctus pulmonaire a le plus souvent pour origine une embolie consécutive à une intervention chirurgicale, une fracture, une phlébite ou encore une cardiopathie.

infatigable [ɛ̃fatigabl] adj. Que rien ne fatigue. *Esprit, zèle infatigable.* – Lat. *infatigabilis.*

infatigablement [ɛ̃fatigabləmɑ̃] adv. Sans se fatiguer, sans se lasser. – De *infatigable.*

infatuation [ɛ̃fatɥasjɔ̃] n. f. **1.** Engouement. **2.** Suffisance. – De *infatuer.*

infatuer (s') [ɛ̃fatɥe] v. pron. [11] S'engouer. *S'infatuer de qqn.* – Lat. *infatuare,* de *fatuus,* «sot».

infécond, onde [ɛ̃fekɔ̃, ɔ̃d] adj. Qui n'est pas fécond; stérile. *Terre inféconde.* – Fig. *Esprit infécond.* – Lat. *infecundus.*

infécondité [ɛ̃fekɔ̃dite] n. f. Stérilité. *Infécondité du sol.* – Lat. *infecunditas.*

infect, ecte [ɛ̃fɛkt] adj. **1.** Qui répand une odeur repoussante. *Haleine infecte.* **2.** Très mauvais. *Vin infect.* **3.** Qui suscite le dégoût, moralement répugnant. *Personnage infect.* – Lat. *infectus,* pp. de *inficere,* «imprégner, infecter».

infecter [ɛ̃fɛkte] v. tr. [1] **1.** Contaminer de germes infectieux. *Infecter une plaie.* ▷ v. pron. *Sa blessure s'est infectée.* **2.** Corrompre par des exhalaisons malsaines. *Cet égout infecte l'air.* **3.** Fig. Contaminer, corrompre. *Infecter l'opinion de mensonges.* – De *infect.*

infectieux, ieuse [ɛ̃fɛksjø, jøz] adj. MED Qui se rapporte à une infection ou qui peut en provoquer une. *État infectieux. Agent infectieux.* – De *infection.*

infection [ɛ̃fɛksjɔ̃] n. f. **1.** Développement localisé ou généralisé d'un germe pathogène dans l'organisme. *Foyer d'infection.* **2.** Grande puanteur. ▷ Fam. Chose répugnante, malodorante. *Enlevez ça d'ici, c'est une véritable infection.* **3.** Fig. Corruption, contagion. – Bas lat. *infectio,* «salissure, souillure».

inféodation [ɛ̃feɔdasjɔ̃] n. f. **1.** HIST Action d'inféoder. **2.** Action de s'inféoder. – De *inféoder.*

inféoder [ɛ̃feɔde] v. tr. [1] **1.** HIST Donner à un vassal pour être tenu en fief. *Inféoder une terre.* **2.** v. pron. *S'inféoder:* s'attacher par un lien étroit. *S'inféoder à un chef, à un parti.* – Lat. médiév. *infeodare,* de *feudum,* «fief».

infère [ɛ̃fɛʀ] adj. BOT Se dit d'un ovaire situé au-dessous du plan d'insertion des autres pièces florales. Ant. supère. – Lat. *inferus* (V. inférieur).

inférence [ɛ̃feʀɑ̃s] n. f. Raisonnement consistant à admettre une proposition du fait de sa liaison avec d'autres propositions antérieurement admises. – Du lat. *inferre* (V. inférer).

inférer [ɛ̃feʀe] v. tr. [16] Tirer (une conséquence) d'une proposition, d'un fait, etc. – Lat. *inferre,* «être la cause de, porter dans», et au fig. «alléguer».

inférieur, eure [ɛ̃feʀjœʀ] adj. et n. **I.** adj. **1.** Placé au-dessous, en bas. *Mâchoire inférieure.* **2.** Le plus éloigné de la source (d'un fleuve). *Le cours inférieur du Saint-Laurent.* **3.** ASTRO *Planètes inférieures:* Mercure et Vénus, plus proches du Soleil que la Terre. **4.** BIOL Dont l'organisation est rudimentaire (êtres vivants). *Les plantes inférieures:* les cryptogames. *Les vertébrés inférieurs:* les poissons, les amphibiens et les reptiles (situés plus bas que les oiseaux et les mammifères dans l'échelle de l'évolution). **5.** MATH *Inférieur à:* plus petit que. *a inférieur ou strictement in-*

férieur à b (a < b). *a inférieur ou égal à b* (a ⩽ b). **II.** n. Personne qui est au-dessous d'une autre en rang, en dignité; subordonné. – Lat. *inferior*, «plus bas», compar. de *inferus*, «placé en dessous».

inférieurement [ɛ̃feʀjœʀmɑ̃] adv. Au-dessous, au degré inférieur. – De *inférieur*.

inférioriser [ɛ̃feʀjɔʀize] v. tr. [1] **1.** Rare Faire passer à un rang inférieur. **2.** Donner un sentiment d'infériorité à. – De *inférieur*.

infériorité [ɛ̃feʀjɔʀite] n. f. Caractère de ce qui est inférieur. *En état d'infériorité. Complexe d'infériorité:* ensemble d'attitudes, de représentations, de conduites qui mènent un individu à avoir de lui-même une idée dépréciée, dévalorisée. – De *inférieur*.

infermentescible [ɛ̃fɛʀmɑ̃tesibl] adj. TECH Qui n'est pas susceptible de fermenter. – De *in-* 1, et *fermenter*.

infernal, ale, aux [ɛ̃fɛʀnal, o] adj. **1.** De l'enfer, des Enfers. *Dieux infernaux.* **2.** Digne de l'enfer. *Chaleur infernale, vacarme infernal.* – Fig. Qui dénote la ruse, la méchanceté perverse. *Une infernale perfidie.* ▷ Vieilli *Machine infernale:* engin destiné à produire une explosion meurtrière. **3.** Fam. Très turbulent. *Une gamine infernale.* – Bas lat. *infernalis*, de *infernus*, «enfer».

inférovarié, ée [ɛ̃feʀovaʀje] adj. BOT Dont l'ovaire est infère. Ant. supérovarié. – De *infère*, et *ovaire*.

infertile [ɛ̃fɛʀtil] adj. Stérile, infécond. *Sol infertile.* – Fig. *Esprit infertile.* – Bas lat. *infertilis*.

infertilité [ɛ̃fɛʀtilite] n. f. État de ce qui est infertile. Syn. stérilité. – Bas lat. *infertilitas*.

infestation [ɛ̃fɛstasjɔ̃] n. f. **1.** Action d'infester. **2.** MED Pénétration dans l'organisme de parasites non microbiens. – Bas lat. *infestatio*.

infester [ɛ̃fɛste] v. tr. [1] **1.** Ravager, désoler par des actes de violence. *Les pirates infestaient les côtes.* **2.** Envahir en abondance, en parlant d'animaux ou de plantes nuisibles. *Cave infestée de rats.* – Lat. *infestare*, de *infestus*, «hostile».

infeutrable [ɛ̃føtʀabl] adj. Spécialement traité pour ne pas feutrer. *Laine infeutrable.* – De *in-* 1, et *feutrer*.

infibulation [ɛ̃fibylasjɔ̃] n. f. Opération (toujours pratiquée dans certaines sociétés africaines traditionnelles), qui consiste soit à fixer à demeure un anneau traversant le prépuce de l'homme ou les petites lèvres de la femme, soit à coudre les petites lèvres de la femme qui adhèrent ainsi de façon permanente. – De *infibuler*.

infibuler [ɛ̃fibyle] v. tr. [1] Pratiquer l'infibulation sur. – Lat. *infibulare*, «agrafer».

infidèle [ɛ̃fidɛl] adj. et n. Qui n'est pas fidèle. **I.** adj. et n. **1.** Qui ne respecte pas ses engagements, qui trompe la confiance. *Dépositaire infidèle.* **2.** Qui n'est pas constant dans ses affections. *Ami infidèle.* ▷ *Spécial.* Qui n'est pas fidèle en amour. *Mari, amant infidèle.* ▷ Subst. *Un, une infidèle.* **3.** Qui ne professe pas la religion tenue pour vraie (à un moment donné, dans un lieu donné). *Peuples infidèles.* ▷ Subst. *Les infidèles.* **II.** adj. **1.** Sur quoi l'on ne peut compter. *Mémoire infidèle.* **2.** Inexact, qui manque à la vérité. *Traduction, récit infidèle.* – Lat. *infidelis*, dans la langue class. «inconstant, sur qui l'on ne peut compter», puis, en lat. ecclés., «infidèle à la loi de Dieu, mécréant».

infidèlement [ɛ̃fidɛlmɑ̃] adv. De manière infidèle. – De *infidèle*.

infidélité [ɛ̃fidelite] n. f. **1.** Manque de fidélité. ▷ Action manifestant le manque de fidélité, et notam. le manque de fidélité en amour. *Faire des infidélités à qqn.* **2.** Manque d'exactitude. *Infidélité d'un copiste.* ▷ Inexactitude, erreur. *Les infidélités d'une traduction.* – Lat. *infidelitas*, dans la langue class. «manque de loyauté, inconstance».

infiltration [ɛ̃filtʀasjɔ̃] n. f. **1.** Passage lent d'un liquide à travers les interstices d'un corps solide. *Infiltrations d'eau dans un mur.* **2.** MED Injection thérapeutique d'une substance dans un tissu ou une articulation. ▷ Envahissement d'un tissu sain par des cellules, malignes ou non. **3.** MILIT Pénétration, en arrière des lignes adverses, de petits groupes armés. – De *infiltrer*.

infiltrer (s') [ɛ̃filtʀe] v. pron. [11] **1.** Pénétrer à travers les pores, les interstices d'un corps solide. *L'eau s'infiltre dans le bois.* **2.** Fig. Pénétrer peu à peu, s'insinuer. *Le doute s'infiltre dans son esprit. S'infiltrer au travers des lignes ennemies.* – De *in-* 2, et *filtrer*.

infime [ɛ̃fim] adj. **1.** Placé le plus bas. *Occuper un rang infime.* **2.** Très petit, insignifiant. *Détails infimes.* – Lat. *infimus*, «le plus bas».

in fine [infine] loc. adv. À la fin. *Se reporter chapitre X, in fine.* – Mots lat., «à la fin».

infini, ie [ɛ̃fini] adj. et n. **I.** adj. **1.** Qui n'a ni commencement, ni fin. *Dieu est infini.* – Qui n'a pas de limites, sans bornes. *Espace, durée infinis.* ▷ MATH Qualifie un ensemble E tel qu'il existe une partie P_2 de E qui contienne strictement une partie quelconque P_1 de E. *L'ensemble des nombres entiers est infini.* **2.** D'une quantité, d'une intensité, d'une grandeur très considérable. *Infinie variété d'objets. La distance infinie des astres. Une voix d'une infinie douceur.* Syn. extrême. **II.** n. m. **1.** Ce qui est ou ce que l'on suppose être sans limites. *Tenter d'imaginer l'infini.* **2.** Ce qui paraît infini. *L'infini de la steppe.* **3.** loc. adv. *À l'infini:* sans qu'il y ait de fin. *Multiplier à l'infini.* – Lat. *infinitus*, «sans fin, sans limite».

infiniment [ɛ̃finimɑ̃] adv. **1.** Sans bornes, sans mesure. ▷ MATH *Quantité infiniment grande* (ou *infiniment petite*), susceptible de devenir plus grande (ou plus petite) que tout nombre choisi arbitrairement, aussi grand (ou aussi petit) soit-il. **2.** Extrêmement. *Je vous remercie infiniment.* – De *infini*.

infinité [ɛ̃finite] n. f. **1.** Caractère de ce qui est infini. *L'infinité de Dieu.* **2.** Quantité infinie. **3.** Quantité considérable. *Il passe ici chaque jour une infinité de gens.* – Lat. *infinitas*.

infinitésimal, ale, aux [ɛ̃finitezimal, o] adj. **1.** MATH Qui concerne les quantités infiniment petites. ▷ *Calcul infinitésimal*, partie des mathématiques comprenant le calcul différentiel (recherche de la limite du rapport de deux infiniment petits) et le calcul intégral (recherche de la limite d'une somme d'infiniment petits). Syn. analyse. **2.** Très petit. *Une dose infinitésimale.* – De l'angl. par le lat. *infinitesimus*.

infinitif, ive [ɛ̃finitif, iv] n. m. et adj. Mode impersonnel qui exprime d'une manière indéterminée ou générale l'idée marquée par le verbe. *C'est l'infinitif des verbes qui figure à la nomenclature des dictionnaires français. Infinitif substantivé* (Ex.: *le boire et le manger*). *Infinitif historique* ou *de narration* employé avec la préposition *de*. (Ex.: *«Et grenouille de se plaindre»* La Fontaine.) ▷ Adj. *Mode infinitif.* – *Proposition infinitive*, dont le verbe est à l'infinitif (Ex.: *j'entends les oiseaux chanter*). – Lat. gram. *infinitivus (modus)*, «mode infinitif», du lat. class. *infinitus*, «sans fin, sans limite».

infinitude [ɛ̃finityd] n. f. Litt. Qualité de ce qui est infini. – De *infini*.

infirmatif, ive [ɛ̃fiʀmatif, iv] adj. DR Qui infirme, annule. *Arrêt infirmatif d'un jugement.* – De *infirmer*.

infirmation [ɛ̃fiʀmasjɔ̃] n. f. DR Action d'infirmer. *Infirmation d'un jugement.* Syn. annulation. – Lat. *infirmatio.*

infirme [ɛ̃fiʀm] adj. et n. **1.** Vx Faible. **2.** Atteint d'une infirmité, d'infirmités. *Rester infirme à la suite d'un accident.* ▷ Subst. *Un, une infirme.* Syn. handicapé, invalide. – Du lat. *infirmus,* «faible».

infirmer [ɛ̃fiʀme] v. tr. [1] **1.** Aller à l'encontre de, réfuter, démentir (qqch). *Infirmer une preuve, une déclaration.* Ant. confirmer. **2.** DR Déclarer nul. *Infirmer un jugement.* – Lat. *infirmare,* «affaiblir, annuler», de *infirmus,* «faible».

infirmerie [ɛ̃fiʀməʀi] n. f. Local où l'on soigne les malades, les blessés, dans une communauté. *L'infirmerie d'une école, d'une usine.* – De *infirmier.*

infirmier, ière [ɛ̃fiʀmje, jɛʀ] n. Personne dont la profession est d'assister les médecins et de donner des soins aux malades, aux blessés, en suivant leurs prescriptions. *Infirmière de garde. Diplôme d'infirmière.* – De l'anc. franç. *enferm,* «malade».

infirmité [ɛ̃fiʀmite] n. f. **1.** Vx Faiblesse. **2.** Indisposition ou maladie habituelle. *Les infirmités de la vieillesse.* **3.** Absence, altération ou perte d'une fonction (l'individu jouissant par ailleurs d'une bonne santé). – Lat. *infirmitas,* «faiblesse».

infixe [ɛ̃fiks] n. m. GRAM Élément qui, dans certaines langues, s'intercale au milieu d'une racine, pour certaines formes. (Ex.: l'infixe nasal [*n*] aux temps du présent de certains verbes latins: ainsi, *ta-n-go,* «je touche», en face de *tac-tus,* «touché».) – Du lat. *figere,* «planter, ficher».

inflammabilité [ɛ̃flamabilite] n. f. Caractère de ce qui est inflammable. – De *inflammable.*

inflammable [ɛ̃flamabl] adj. **1.** Qui s'enflamme facilement. *L'éther est inflammable.* **2.** Fig. Qui se passionne facilement. *Cœur inflammable.* – Du lat. *inflammare,* «mettre le feu à».

inflammation [ɛ̃flamasjɔ̃] n. f. **1.** Fait de s'enflammer, de prendre feu. *Inflammation d'un mélange gazeux.* **2.** MED Réaction locale de l'organisme contre un agent pathogène, caractérisée par la rougeur, la chaleur, la douleur et la tuméfaction. – Lat. *inflammatio.*

inflammatoire [ɛ̃flamatwaʀ] adj. MED Qui cause une inflammation, qui tient de l'inflammation. *Maladie inflammatoire.* – De *inflammation.*

inflation [ɛ̃flasjɔ̃] n. f. **1.** ECON Phénomène économique qui se traduit par une hausse des prix généralisée, et dû à un déséquilibre entre l'offre et la demande globale des biens et des services disponibles sur le marché. **2.** Augmentation excessive. *Inflation du nombre des fonctionnaires.* Ant. déflation. – Lat. *inflatio,* «enflure»; d'abord en angl.

inflationniste [ɛ̃flasjɔnist] adj. et n. **1.** adj. Relatif à l'inflation. **2.** n. Partisan de l'inflation. – Angl. *inflationist.*

infléchi, ie [ɛ̃fleʃi] adj. **1.** Légèrement courbé. **2.** BOT Courbé du dehors en dedans. *Rameaux infléchis.* – Pp. de *infléchir.*

infléchir [ɛ̃fleʃiʀ] **1.** v. tr. [2] Fléchir, courber. *L'atmosphère infléchit les rayons lumineux.* – Fig. Modifier l'orientation de. *Infléchir sa ligne de conduite.* **2.** v. pron. Dévier. *La ligne s'infléchit à droite.* – De *in-* 2, et *fléchir,* d'ap. *inflexion.*

inflexibilité [ɛ̃flɛksibilite] n. f. **1.** Rare Caractère de ce qui est inflexible. *L'inflexibilité de la fonte.* **2.** Fig. Caractère d'une personne qui ne se laisse pas fléchir. *L'inflexibilité d'un magistrat.* – De *inflexible.*

inflexible [ɛ̃flɛksibl] adj. **1.** Rare Qu'on ne peut fléchir, courber. *Métal inflexible.* **2.** Fig. Qui ne se laisse pas émouvoir, inexorable. *Inflexible aux prières.* Syn. inébranlable. – Lat. *inflexibilis.*

inflexiblement [ɛ̃flɛksibləmɑ̃] adv. De façon inflexible. – De *inflexible.*

inflexion [ɛ̃flɛksjɔ̃] n. f. **1.** Action d'infléchir, de fléchir, d'incliner. *Inflexion de la tête.* **2.** PHYS Déviation. *L'inflexion des rayons lumineux par un prisme.* ▷ MATH *Point d'inflexion d'une courbe,* où la courbure change de sens. **3.** Fig. Changement de ton, d'accent dans la voix; modulation. *Avoir des inflexions touchantes.* **4.** LING Modification du timbre d'une voyelle sous l'influence d'un phonème voisin. – Lat. *inflexio.*

infliger [ɛ̃fliʒe] v. tr. [15] **1.** Frapper (d'une peine) qqn. *Infliger une amende à un automobiliste.* **2.** *Par ext.* Faire subir. *Infliger un affront. Il nous a infligé un discours ennuyeux.* – Lat. *infligere.*

inflorescence [ɛ̃flɔʀɛsɑ̃s] n. f. BOT Disposition des fleurs d'une plante les unes par rapport aux autres; ensemble de ces fleurs. – Du bas lat. *inflorescere,* «commencer à fleurir».

ENCYCL L'inflorescence peut être: *uniflore* (fleurs isolées) ou *pluriflore* (fleurs groupées); *définie* (l'axe princ. porte une fleur et la croissance est donc arrêtée) ou *indéfinie* (l'axe princ. continue à croître et à se ramifier pour donner de nouvelles fleurs). Si l'axe porte les *pédicelles* floraux, l'inflorescence est *simple;* s'il porte des ramifications plus ou moins complexes, qui portent les pédicelles, elle est *composée.* L'étude des inflorescences permet de définir 5 grands types: la grappe, l'épi, le corymbe, le capitule et la cyme.

influençable [ɛ̃flyɑ̃sabl] adj. Facile à influencer. *Esprit influençable.* – De *influencer.*

influence [ɛ̃flyɑ̃s] n. f. **1.** Vx Action supposée des astres sur la destinée humaine. *«Du ciel, l'influence secrète»* (Boileau). **2.** Action exercée sur qqch ou qqn. *Avoir une bonne, une mauvaise influence sur qqn. Agir sous l'influence de la colère.* Syn. effet, emprise, ascendant. **3.** Crédit, autorité. *Un homme sans influence. Trafic d'influence.* **4.** PHYS *Influence électrostatique:* syn. d'*induction* électrostatique.* – Lat. scientif. *influentia,* de *influere* (V. influer).

influencer [ɛ̃flyɑ̃se] v. tr. [14] Exercer une influence sur. *Influencer l'opinion.* – De *influence.*

influent, ente [ɛ̃flyɑ̃, ɑ̃t] adj. Qui a de l'influence, du crédit. *Personnage très influent.* – De *influence.*

influenza [ɛ̃flyɛnza] n. f. Vx Grippe. – Mot angl., de l'ital. *influenza,* «écoulement de fluide, influence des astres», d'où «épidémie».

influer [ɛ̃flye] **1.** v. tr. [1] Vx Faire couler dans. **2.** v. intr. Exercer sur (une chose) une action qui tend à la modifier; avoir une action déterminante sur. *La lumière influe sur la végétation. Mes conseils ont influé sur sa décision.* – Lat. *influere,* «couler dans, affluer».

influx [ɛ̃fly] n. m. PHYSIOL *Influx nerveux:* courant électrique de dépolarisation qui, en se propageant le long des fibres nerveuses, transmet les commandes motrices ou les messages sensitifs. V. nerveux. – Du lat. *influxio, influxionis,* «action de couler dans», de *influere* (V. influer).

in-folio [infɔljo] adj. et n. **1.** adj. inv. IMPRIM Se dit du format dans lequel la feuille, pliée en deux, donne quatre pages. ▷ N. m. *L'in-folio.* **2.** n. m. Livre de ce format. – Lat. *in,* «dans», et *folium,* «feuille».

informateur, trice [ɛ̃fɔʀmatœʀ, tʀis] n. Personne qui informe, qui donne des renseignements. – De *informer.*

informaticien, ienne [ɛ̃fɔʀmatisjɛ̃, jɛn] n. Spécialiste de l'informatique. – De *informatique.*

information [ɛ̃fɔʀmasjɔ̃] n. f. **1.** Action de donner connaissance d'un fait. *La presse est un moyen d'in-*

formation. **2.** Renseignement, documentation sur qqn ou qqch. *Prendre des informations.* – Plur. Ensemble des nouvelles communiquées par la presse, la radio, la télévision, etc. *Bulletin d'informations. Écouter les informations.* **3.** INFORM Élément de connaissance, renseignement élémentaire susceptible d'être transmis et conservé grâce à un support et un code. – De *informer.*

informatique [ɛ̃fɔʀmatik] n. f. Technique du traitement automatique de l'information au moyen des calculateurs et des ordinateurs. *Informatique de gestion.* ▷ Adj. Relatif à cette technique. *Traitement par des moyens informatiques.* – De *information.*

ENCYCL L'informatique couvre auj. à peu près toutes les branches de l'activité humaine. Elle a pour objet le traitement d'informations, codées dans les ordinateurs sous une forme binaire à l'aide de *bits** (1 ou 0). L'ensemble des organes physiques qui servent à ce traitement est appelé *matériel* (en angl. *hardware*), par oppos. au *logiciel*, ensemble des programmes, des langages et des systèmes d'exploitation (en angl. *software*). Un ordinateur communique avec l'extérieur par l'intermédiaire d'*organes d'entrée-sortie* (lecteur de cartes, dérouleur de bandes, lecteur optique, clavier, écran, imprimante, modem, etc.). Les résultats intermédiaires sont stockés dans des *mémoires auxiliaires* (bandes magnétiques, disques magnétiques, disques optiques, disques). L'organe principal d'un ordinateur est l'*unité centrale*, dans laquelle sont exécutées les instructions des programmes et s'effectuent les calculs, par oppos. aux *périphériques* (organes d'entrée-sortie). Les ordinateurs ont des utilisations très variées (traitement de texte, gestion, calcul scientifique, commande d'installations en temps réel) qui nécessitent d'utiliser des langages de programmation adaptés à l'application envisagée. Le principal avantage de l'ordinateur est sa rapidité de calcul et d'accès aux informations. L'apparition des circuits intégrés à large échelle et des mémoires à semiconducteurs a permis la miniaturisation des ordinateurs, l'accroissement de leur capacité de traitement et le développement de l'ordinateur individuel.

informatisation [ɛ̃fɔʀmatizasjɔ̃] n. f. Action d'informatiser; son résultat. – De *informatiser.*

informatiser [ɛ̃fɔʀmatize] v. tr. [1] Soumettre aux méthodes, aux techniques de l'informatique. *Informatiser le calcul de la paie d'une entreprise.* – De *informatique.*

informe [ɛ̃fɔʀm] adj. **1.** Qui n'a pas de forme précise. *Masse informe.* **2.** Incomplet, inachevé. *Essais informes.* – Lat. *informis.*

informé, ée [ɛ̃fɔʀme] adj. et n. **1.** adj. Qui a pris ou reçu des informations. **2.** n. m. *Jusqu'à plus ample informé:* en attendant d'en savoir plus. – Pp. de *informer.*

1. informel, elle [ɛ̃fɔʀmɛl] adj. et n. m. BX-A *Peinture informelle:* peinture abstraite issue de l'abstraction lyrique et consacrant la disparition de toute forme reconnaissable. ▷ N. m. *L'informel.* – De *in-* 1, et *formel.*

2. informel, elle [ɛ̃fɔʀmɛl] adj. Qui n'est pas organisé avec rigueur, qui n'est pas soumis à des règles strictes. *Rencontres, discussions, réunions informelles.* – D'ap. l'angl. *unformal.*

informer [ɛ̃fɔʀme] v. tr. [1] **1.** PHILO Doter d'une forme, d'une structure; donner une signification. **2.** Avertir, mettre au courant. *Informer le public des événements.* ▷ v. pron. S'enquérir. *S'informer de la santé de qqn.* – Lat. *informare*, «façonner, former».

informulé, ée [ɛ̃fɔʀmyle] adj. Qui n'est pas formulé. – De *in-* 1, et pp. de *formuler.*

infortune [ɛ̃fɔʀtyn] n. f. **1.** Mauvaise fortune, adversité. *Tomber dans l'infortune.* **2.** Revers de fortune, désastre. *Il m'a raconté ses infortunes.* – Lat. *infortunium.*

infortuné, ée [ɛ̃fɔʀtyne] adj. et n. Qui est dans l'infortune. – Lat. *infortunatus.*

infra [ɛ̃fʀa] adv. Employé pour renvoyer à un passage plus loin dans le texte. *Voyez infra.* – Mot lat., «au-dessous, plus bas».

infra-. Élément, du lat. *infra*, «au-dessous, plus bas».

infraction [ɛ̃fʀaksjɔ̃] n. f. Transgression, violation d'une loi, d'une règle, d'un ordre, etc. *Infraction à la loi. Être en infraction.* – Lat. *infractio*, de *frangere*, «briser» (V. enfreindre).

infralittoral, ale, aux [ɛ̃fʀalitɔʀal, o] adj. BIOL *Étage infralittoral:* zone sous-marine en bordure de côte, caractérisée par la présence, liée à l'éclairement, des algues héliophiles («qui aiment la lumière») et des zoostères. (Sa limite inf. est comprise entre 15 et 80 m de profondeur selon la limpidité de l'eau.) – De *infra-*, et *littoral.*

infranchissable [ɛ̃fʀɑ̃ʃisabl] adj. Qu'on ne peut franchir. *Obstacle infranchissable.* – De *in-* 1, et *franchissable.*

infrangible [ɛ̃fʀɑ̃ʒibl] adj. Qui ne peut être brisé. – De *in-* 1, et a. fr. *frangible*, du bas lat. *frangibilis*, «fragile».

infrarouge [ɛ̃fʀaʀuʒ] adj. et n. Se dit d'un rayonnement dont la fréquence est inférieure à celle du rouge visible. ▷ N. m. *L'infrarouge.* – De *infra-*, et *rouge.*

ENCYCL Les rayons infrarouges sont des rayonnements électromagnétiques dont la longueur d'onde est comprise entre 0,8 et 1 000 micromètres; ils se chevauchent (à partir de 125 micromètres) avec les ondes radioélectriques. Tout corps chauffé émet un rayonnement infrarouge. Les applications des infrarouges sont très nombreuses: astronomie (étude de la constitution des étoiles), météorologie (photographies prises par les satellites), observation de nuit (lunette à infrarouge), détection des missiles en vol et des lancements de fusées, séchage, étude de la végétation, recherches archéologiques, etc.

infrason [ɛ̃fʀasɔ̃] n. m. PHYS Vibration sonore de faible fréquence (2 à 16 Hz) non perçue par l'oreille humaine. – De *infra-*, et *son.*

infrasonore [ɛ̃fʀasɔnɔʀ] adj. TECH Relatif aux infrasons; qui produit des infrasons. – Du préc.

infrastructure [ɛ̃fʀastʀyktyʀ] n. f. **1.** Ensemble des ouvrages et des équipements au sol destinés à faciliter le trafic routier, aérien, maritime ou ferroviaire. *Infrastructure routière.* **2.** MILIT Ensemble des installations et des services nécessaires au fonctionnement d'une force armée. **3.** SOCIOL (Vocabulaire marxiste.) Ensemble des forces productives et des rapports de production qui constituent la base matérielle de la société et sur lesquels s'élève la superstructure (idéologie et institutions). – De *infra-*, et *structure.*

infréquentable [ɛ̃fʀekɑ̃tabl] adj. Qu'on ne peut fréquenter. – De *in-* 1, et *fréquentable.*

infroissable [ɛ̃fʀwasabl] adj. Qui ne se froisse pas. *Tissu infroissable.* – De *in-* 1, et *froissable.*

infructueux, euse [ɛ̃fʀyktɥø, øz] adj. **1.** Vx Qui ne rapporte que peu ou pas de fruits. *Année infructueuse.* **2.** Fig. Qui ne donne pas de résultat, sans profit. *Efforts infructueux.* Syn. stérile. – Lat. *infructuosus.*

infumable [ɛ̃fymabl] adj. Qu'on ne peut fumer, qui est très désagréable à fumer. *Cigare infumable.* – De *in-* 1, *fumer*, et *-able.*

infundibuliforme [ɛ̃fɔ̃dibylifɔʀm] adj. Didac. En forme d'entonnoir. – De *infundibulum*, et *-forme.*

infundibulum [ɛ̃fɔ̃dibylɔm] n. m. ANAT Organe ou partie d'organe en forme d'entonnoir. *Infundibulum de l'artère pulmonaire.* – Mot lat., «entonnoir».

infus, use [ɛ̃fy, yz] adj. **1.** Répandu naturellement dans l'âme. *Sagesse infuse.* Syn. inné. Ant. acquis. **2.** THEOL *Science infuse,* reçue par Adam de Dieu. – Iron. *Avoir la science infuse:* être savant sans avoir étudié. – Lat. *infusus,* rac. *fundere,* «répandre».

infuser [ɛ̃fyze] v. tr. [1] **1.** Laisser macérer (une substance) dans un liquide bouillant afin que celui-ci se charge de principes actifs. *Infuser de la menthe dans l'eau bouillante.* **2.** Introduire, faire pénétrer dans. *Infuser du sang dans les veines.* – De *infusion.*

infusibilité [ɛ̃fyzibilite] n. f. TECH Caractère de ce qui est infusible. – De *infusible.*

infusible [ɛ̃fyzibl] adj. TECH Qui n'est pas susceptible de fondre. – De *in-* 1, et *fusible.*

infusion [ɛ̃fyzjɔ̃] n. f. **1.** Action d'infuser une substance dans un liquide. *Infusion à chaud, à froid.* **2.** Produit de cette opération. *Boire une infusion de tilleul.* **3.** THEOL Communication à l'âme de grâces exceptionnelles ou de dons surnaturels. – Lat. *infusio,* de *infusum,* supin de *infundere,* «verser dans».

infusoires [ɛ̃fyzwaʀ] n. m. pl. ZOOL Sous-embranchement formé par les protistes de grande taille (0,2 mm pour la paramécie), munis d'un macronucléus et d'un micronucléus. – De *infusion,* parce qu'ils ont d'abord été observés dans des infusions animales ou végétales.

ingagnable [ɛ̃gaɲabl] adj. Qu'on ne peut gagner. *Procès ingagnable.* – De *in-* 1, *gagner,* et *-able.*

ingambe [ɛ̃gɑ̃b] adj. Alerte. *Vieillard encore ingambe.* – Ital. *in gamba,* «en jambe».

ingénier (s') [ɛ̃ʒenje] v. pron. [11] *S'ingénier à* (+ inf.). Chercher à, tâcher de trouver un moyen pour. *Il s'ingéniait à relancer la conversation.* Syn. s'évertuer. – Du lat. *ingenium,* «esprit, talent».

ingénierie [ɛ̃ʒeniʀi] n. f. **1.** Ensemble des activités ayant pour objet la conception rationnelle et fonctionnelle des ouvrages ou des équipements techniques et industriels, l'établissement du projet, la coordination et le contrôle de la réalisation. **2.** Profession de celui qui exerce une telle activité. – Adapt. de l'angl. *engineering.*

ingénieur [ɛ̃ʒenjœʀ] n. m. Personne capable, grâce à ses connaissances et ses compétences techniques et scientifiques, de concevoir des ouvrages et des machines, d'organiser ou de diriger des unités de production ou des chantiers. *Ingénieur des mines, des travaux publics, des ponts et chaussées.* – *Ingénieur civil,* qui n'appartient pas au corps des ingénieurs de l'État. – *Ingénieur du son:* ingénieur spécialiste qui dirige et supervise un enregistrement sonore (disque, télévision, cinéma, etc.). ▷ *Ingénieur-conseil :* ingénieur général établi à son compte, capable d'apporter des conseils lors de la conception et de la réalisation d'ouvrages et d'installations. *Des ingénieurs-conseil* ou *-conseils.* (Rem.: Comme forme féminine, l'OLF recommande *ingénieure.*) – A. fr. *engeigneur,* de *engin,* «machine de guerre».

ingénieusement [ɛ̃ʒenjøzmɑ̃] adv. De façon ingénieuse. – De *ingénieux.*

ingénieux, ieuse [ɛ̃ʒenjø, jøz] adj. **1.** Plein d'esprit d'invention. *Homme ingénieux.* Syn. astucieux, habile. **2.** Qui dénote de l'adresse, de l'imagination. *Invention ingénieuse.* – A. fr. *engenious,* du lat. *ingeniosus.*

ingéniosité [ɛ̃ʒenjozite] n. f. Caractère d'une personne, d'une chose ingénieuse. – Du lat. *ingeniosus,* «ingénieux».

ingénu, ue [ɛ̃ʒeny] adj. et n. **1.** adj. D'une franchise innocente et candide. *Fillette ingénue. Air ingénu.* Syn. naïf. ▷ Subst. *Un(e) ingénu(e).* **2.** n. f. THEAT Rôle de jeune fille naïve. *Jouer les ingénues.* – Lat. *ingenuus,* «né libre (de parents libres)», et par ext. «noble, franc».

ingénuité [ɛ̃ʒenɥite] n. f. Candeur innocente, naïveté. *Son ingénuité confine à la sottise.* – Lat. *ingenuitas,* de *ingenuus* (V. ingénu).

ingénument [ɛ̃ʒenymɑ̃] adv. D'une manière ingénue. – De *ingénu.*

ingérence [ɛ̃ʒeʀɑ̃s] n. f. Action de s'ingérer. Syn. intrusion. – De *ingérer.*

ingérer [ɛ̃ʒeʀe] **1.** v. tr. [16] Introduire par la bouche. *Ingérer des aliments.* **2.** v. pron. Se mêler indûment de (qqch). *Vous vous ingérez dans une affaire qui ne vous regarde pas.* Syn. s'immiscer. – Lat. *ingerere,* «porter dans, mêler dans».

ingestion [ɛ̃ʒɛstjɔ̃] n. f. Action d'ingérer. – De *ingérer.*

in globo [inglobo] loc. adv. Entièrement. *Condamner un ouvrage in globo.* – Mots lat., «dans la masse».

ingouvernable [ɛ̃guvɛʀnabl] adj. Qui ne peut être gouverné. *Pays ingouvernable.* – De *in-* 1, et *gouvernable.*

ingrat, ate [ɛ̃gʀa, at] adj. et n. **1.** Qui n'a pas de reconnaissance pour les bienfaits reçus. *Fils ingrat.* ▷ Subst. *Obliger des ingrats.* **2.** Qui ne dédommage pas des peines qu'on se donne. *Sol ingrat. Travail ingrat.* Syn. infructueux. **3.** Qui manque de charme, de grâce. *Visage ingrat.* ▷ *L'âge ingrat:* la puberté. – Lat. *ingratus,* de *in,* élément négatif, et *gratus,* «agréable, reconnaissant».

ingratitude [ɛ̃gʀatityd] n. f. **1.** Caractère d'une personne ingrate; manque de reconnaissance. **2.** Action ingrate. *Commettre des ingratitudes.* **3.** Caractère de ce qui est ingrat. *L'ingratitude d'un sol, d'un travail.* – Bas lat. *ingratitudo.*

ingrédient [ɛ̃gʀedjɑ̃] n. m. Substance qui entre dans la composition d'un mélange. – Lat. *ingrediens,* ppr. de *ingredi,* «entrer dans».

ingression [ɛ̃gʀɛsjɔ̃] n. f. **1.** Vx Incursion. **2.** GEOGR Envahissement par les eaux. – Lat. *ingressio.*

inguérissable [ɛ̃geʀisabl] adj. Qui ne peut être guéri. *Mal inguérissable.* Syn. incurable. – De *in-* 1, et *guérissable.*

inguinal, ale, aux [ɛ̃gɥinal, o] adj. ANAT Relatif à l'aine. *Hernie inguinale.* – Du lat. *inguen, inguinis,* «aine».

ingurgitation [ɛ̃gyʀʒitasjɔ̃] n. f. Action d'ingurgiter. – Bas lat. *ingurgitatio.*

ingurgiter [ɛ̃gyʀʒite] v. tr. [1] **1.** Absorber, avaler. **2.** Avaler avec avidité, voracité. *Il avait ingurgité une grande quantité d'alcool.* – Fig. *Ingurgiter des connaissances.* – Lat. *ingurgitare,* «engouffrer».

I.N.H. BIOCHIM Sigle de l'isonicotinylhydrazide, dite plus cour. isoniazide.

inhabile [inabil] adj. **1.** Vx Malhabile. *Artiste inhabile.* **2.** DR Qui n'est pas apte juridiquement (à accomplir un acte). *Inhabile à contracter, à tester.* – Lat. *inhabilis.*

inhabilement [inabilmɑ̃] adv. D'une manière inhabile. – De *inhabile.*

inhabileté [inabilte] n. f. Maladresse. – De *inhabile,* d'après *habileté.*

inhabilité [inabilite] n. f. DR Incapacité. – De *inhabile,* d'après *habileté.*

inhabitable [inabitabl] adj. Qui ne peut être habité. *Contrée, maison inhabitable.* – Lat. *inhabitabilis.*

inhabité, ée [inabite] adj. Qui n'est pas habité. *Maison inhabitée.* Syn. inoccupé. – De *in-* 1, et pp. de *habiter.*

inhabituel, elle [inabitɥɛl] adj. Qui n'est pas habituel. Syn. inaccoutumé, accidentel. – De *in-* 1, et *habituel.*

inhalateur, trice [inalatœʀ, tʀis] adj. et n. **1.** adj. Employé pour des inhalations. **2.** n. m. Appareil qui sert pour les inhalations. – De *inhalation.*

inhalation [inalasjõ] n. f. Absorption par les voies respiratoires. ▷ MED Absorption, à des fins thérapeutiques de certaines substances gazeuses (anesthésiques, désinfectants, etc.) par les voies respiratoires; préparation ainsi absorbée. – Bas lat. *inhalatio.*

inhaler [inale] v. tr. [1] Inspirer, absorber par inhalation. – Lat. *inhalare.*

inhalothérapie [inaloteʀapi] n. f. Mode de traitement de certaines affections des voies respiratoires (asthme, emphysème, bronchite chronique, etc.) par la pulvérisation dans celles-ci de substances médicamenteuses. – De *inhaler,* et *-thérapie.*

inhalothérapeute [inaloteʀapøt] n. Spécialiste de l'inhalothérapie. – De *inhalothérapie.*

inharmonieux, ieuse [inaʀmɔnjø, jøz] adj. Qui manque d'harmonie. – De *in-* 1, et *harmonieux.*

inhérence [ineʀɑ̃s] n. f. État de ce qui est inhérent. – Lat. scolast. *inhærentia.*

inhérent, ente [ineʀɑ̃, ɑ̃t] adj. Lié inséparablement et nécessairement à un être, une chose. *La faiblesse inhérente à la nature humaine.* – Lat. *inhærens,* ppr. de *inhærere,* «être attaché à».

inhiber [inibe] v. tr. [1] **1.** PHYSIOL, PSYCHO Produire l'inhibition de. **2.** CHIM Empêcher ou ralentir (l'activité chimique d'un corps, une réaction). – Lat. *inhibere,* «retenir, arrêter».

inhibiteur, trice [inibitœʀ, tʀis] adj. et n. m. PHYSIOL, PSYCHO, CHIM Qui produit l'inhibition. *Un processus inhibiteur. Une enzyme inhibitrice.* ▷ N. m. *Inhibiteur de corrosion.* – De *inhiber.*

inhibition [inibisjõ] n. f. **1.** PHYSIOL Suspension temporaire ou définitive de l'activité d'un organe, d'un tissu ou d'une cellule. **2.** PSYCHO Blocage des fonctions intellectuelles ou de certains actes ou conduites, dû le plus souvent à un interdit affectif. V. censure. **3.** CHIM Diminution de la vitesse d'une réaction. – Lat. médiév. *inhibitio.*

inhospitalier, ière [inɔspitalje, jɛʀ] adj. **1.** Qui ne pratique pas l'hospitalité. *Peuple inhospitalier.* **2.** Qui réserve un mauvais accueil. ▷ *Terre inhospitalière,* peu propice à la vie, où il n'y a guère de ressources. – De *in-* 1, et *hospitalier.*

inhumain, aine [inymɛ̃, ɛn] adj. **1.** Sans humanité, sans pitié. *Acte inhumain.* Syn. barbare, cruel, insensible. **2.** Qui n'appartient pas à la nature humaine, qui n'est pas d'un être humain. *Pousser un cri inhumain.* – Lat. *inhumanus.*

inhumainement [inymɛnmɑ̃] adv. D'une façon inhumaine, cruellement. – De *inhumain.*

inhumanité [inymanite] n. f. Cruauté, barbarie. *Acte d'inhumanité.* – Lat. *inhumanitas.*

inhumation [inymasjõ] n. f. Action d'inhumer. – De *inhumer.*

inhumer [inyme] v. tr. [1] Enterrer (un corps humain) avec les cérémonies d'usage. – Lat. *inhumare,* de *in,* «dans», et *humare,* «couvrir de terre».

inimaginable [inimaʒinabl] adj. Qu'on ne peut imaginer. *Paresse inimaginable.* Syn. impensable, inconcevable. – De *in-* 1, et *imaginer.*

inimitable [inimitabl] adj. Qu'on ne saurait imiter. *Talent inimitable.* – Lat. *inimitabilis.*

inimitié [inimitje] n. f. Hostilité, aversion. *Encourir l'inimitié de qqn.* Ant. amitié, sympathie. – De *in-*1, et *amitié,* d'après le lat. *inimicitia.*

ininflammabilité [inɛ̃flamabilite] n. f. Caractère de ce qui est ininflammable. – De *ininflammable.*

ininflammable [inɛ̃flamabl] adj. Qui ne peut s'enflammer. – De *in-* 1, et *inflammable.*

inintelligemment [inɛ̃teliʒamɑ̃] adv. D'une manière inintelligente. – De *inintelligent.*

inintelligence [inɛ̃teliʒɑ̃s] n. f. Défaut d'intelligence. – De *inintelligent.*

inintelligent, ente [inɛ̃teliʒɑ̃, ɑ̃t] adj. Qui manque d'intelligence. – De *in-* 1, et *intelligent.*

inintelligibilité [inɛ̃teliʒibilite] n. f. Caractère de ce qui est inintelligible. – De *inintelligible.*

inintelligible [inɛ̃teliʒibl] adj. Incompréhensible. *Paroles inintelligibles.* Syn. confus, abstrus. – De *in-* 1, et *intelligible.*

inintelligiblement [inɛ̃teliʒibləmɑ̃] adv. D'une manière inintelligible. – De *inintelligible.*

inintéressant, ante [inɛ̃teʀesɑ̃, ɑ̃t] adj. Qui n'est pas intéressant, ne présente aucun intérêt. – De *in-* 1, et *intéressant.*

ininterrompu, ue [inɛ̃tɛʀɔ̃py] adj. Qui n'est pas interrompu. *Vacarme ininterrompu.* Syn. continu, permanent. – De *in-* 1, et *interrompu.*

inique [inik] adj. Injuste à l'excès; contraire à l'équité. – Lat. *iniquus,* «inégal, injuste».

iniquement [inikmɑ̃] adv. Litt. D'une manière inique. – De *inique.*

iniquité [inikite] n. f. **1.** Corruption des mœurs, péché. **2.** Manque d'équité; grave injustice. ▷ *Par ext.* Acte d'iniquité, d'injustice. *Commettre une iniquité.* – Lat. *iniquitas.*

initial, ale, aux [inisjal, o] adj. et n. f. Qui marque le début, qui est au commencement (de qqch). *Vitesse initiale d'un projectile.* ▷ PHYS *État initial et état final* d'un système qui subit une transformation. ▷ *Lettre, syllabe initiale,* qui commence un mot ou un groupe de mots. ▷ N. f. *Initiales du nom et du prénom.* – Lat. imp. *initialis,* du class. *initium,* «commencement».

initialement [inisjalmɑ̃] adv. Au commencement, à l'origine. – De *initial.*

initialiser [inisjalize] v. tr. [1] INFORM Remplacer par des valeurs nulles les valeurs de certaines variables (opération d'*initialisation*). – De *initial.*

initiateur, trice [inisjatœʀ, tʀis] n. et adj. Personne qui initie. ▷ Adj. *Un génie initiateur.* – Bas lat. *initiator, initiatrix.*

initiation [inisjasjõ] n. f. Action d'initier; son résultat. *Rites d'initiation. Initiation à la peinture.* ▷ Cérémonie d'accueil des nouveaux étudiants par les anciens dans une université, un cégep, marquée par des jeux, des brimades amusantes, etc. – Lat. *initiatio.*

initiatique [inisjatik] adj. Qui a rapport à l'initiation. *Rite initiatique.* – De *initiation.*

initiative [inisjativ] n. f. **1.** Action de celui qui propose ou entreprend le premier qqch. *Prendre l'initiative d'une lutte. Une initiative intéressante.* **2.** Qualité d'une personne disposée à entreprendre, à agir. *Faire preuve d'initiative.* – Dér. sav. du lat. *initiare,* «initier», en bas lat., «commencer»; d'après *offensive, défensive.*

initié, ée [inisje] adj. et n. **1.** adj. Qui a reçu l'initiation, admis à la connaissance de certains mystères. ▷ Subst. *Un(e) initié(e).* **2.** n. Personne qui connaît bien une question, une spécialité, des usages particuliers. *Seuls les initiés ont compris l'allusion.* **3.** FIN Personne qui peut avoir accès à des renseignements qu'une compagnie ne publie généralement pas. *La loi sur les valeurs mobilières considère que le terme «initié» s'étend à tous les administrateurs et dirigeants d'une compagnie ainsi qu'aux cinq employés les mieux rémunérés.* – Pp. de *initier.*

initier [inisje] **I.** v. tr. **[1]** **1.** Admettre à la connaissance, à la pratique de certains cultes secrets. *Initier un néophyte aux mystères d'Éleusis.* **2.** Recevoir au sein d'un groupe fermé (société secrète, classe d'âge dans certaines cultures, etc.). **3.** Mettre au fait d'une science, d'un art, d'une pratique, etc. *Initier qqn aux affaires.* **II.** v. pron. *S'initier à :* acquérir les premiers principes de. – Lat. *initiare,* «commencer».

injectable [ɛ̃ʒɛktabl] adj. Que l'on introduit par injection. – De *injecter,* et *-able.*

injecter [ɛ̃ʒɛkte] v. tr. **[1]** **1.** Introduire (un liquide) dans le corps par voie veineuse, intramusculaire, sous-cutanée ou articulaire. *Injecter du sérum dans les veines.* ▷ v. pron. *Yeux qui s'injectent de sang.* **2.** Faire pénétrer par pression (un liquide). *Injecter du ciment liquide dans un terrain meuble.* – Lat. *injectare.*

injecteur, trice [ɛ̃ʒɛktœʀ, tʀis] n. m. et adj. **1.** Appareil servant à injecter. **2.** TECH Organe qui pulvérise un carburant, un ergol liquide, à l'intérieur d'une chambre de combustion. – De *injecter.*

injectif, ive [ɛ̃ʒɛktif, iv] adj. MATH *Application injective,* où tout élément de l'ensemble d'arrivée est l'image d'un élément et un seul, de l'ensemble de départ, ou d'aucun des éléments de cet ensemble. – De *injection.*

injection [ɛ̃ʒɛksjɔ̃] n. f. **1.** MED, TECH Action d'injecter un liquide. *Injection intraveineuse.* ▷ Liquide injecté. *Injections en ampoules scellées.* **2.** Action de faire pénétrer par pression un liquide fluide dans qqch. *Injection de ciment.* ▷ Fluide injecté. ▷ *Moteur à injection,* alimenté en carburant par un injecteur. **3.** MATH Application injective. – Lat. *injectio,* «action de jeter sur».

injonctif, ive [ɛ̃ʒɔ̃ktif, iv] adj. (et n. m.) GRAM Qui enjoint. *Phrase injonctive.* – De *injonction.*

injonction [ɛ̃ʒɔ̃ksjɔ̃] n. f. Action d'enjoindre; ordre formel, exprès. **1.** DR Ordonnance d'un juge enjoignant à une personne, à ses officiers, représentants ou employés, de ne pas faire, de cesser de faire ou d'accomplir un acte ou une opération déterminés, sous peine d'outrage au tribunal. *L'injonction est dite prohibitive lorsqu'elle interdit de faire un acte; elle est dite mandatoire lorsqu'elle ordonne de le faire.* **2.** DR Ordre donné par un juge à une personne, lors d'un procès civil, dans le cadre normal de l'exercice de sa juridiction. – Lat. *injunctio.*

injouable [ɛ̃ʒwabl] adj. Qui ne peut être joué, interprété. *Un drame romantique injouable.* – De *in-* 1, et *jouable.*

injure [ɛ̃ʒyʀ] n. f. **1.** Vx Injustice. **2.** Litt. Dommage causé par le temps, le sort, les éléments, etc. *L'injure du temps.* **3.** Vieilli Offense, outrage. **4.** Parole offensante. ▷ DR Expression outrageante, terme de mépris qui ne renferme l'imputation d'aucun fait. *Un époux peut demander le divorce ou la séparation pour le motif d'injure grave.* – Lat. *injuria,* «injustice, dommage», de *jus, juris,* «droit, cause».

injurier [ɛ̃ʒyʀje] v. tr. **[1]** Offenser par des paroles outrageantes. – Bas lat. *injuriare,* class. *injuriari,* «faire du tort».

injurieusement [ɛ̃ʒyʀjøzmɑ̃] adv. Litt. D'une manière injurieuse. – De *injurieux.*

injurieux, ieuse [ɛ̃ʒyʀjø, jøz] adj. Qui comporte une ou des injures, qui est de la nature de l'injure. – Lat. *injuriosus,* «injuste, nuisible».

injuste [ɛ̃ʒyst] adj. **1.** Qui n'est pas juste, qui agit contre la justice. *Se montrer injuste envers qqn.* **2.** Contraire à l'équité. ▷ Mal fondé. *Soupçons injustes.* ▷ N. m. Ce qui est injuste. *Trancher du juste et de l'injuste.* – Lat. *injustus.*

injustement [ɛ̃ʒystəmɑ̃] adv. D'une manière injuste. – De *injuste.*

injustice [ɛ̃ʒystis] n. f. **1.** Manque de justice. **2.** Parole, acte, contraire à la justice. – Lat. *injustitia.*

injustifiable [ɛ̃ʒystifjabl] adj. Qu'on ne peut justifier. *Procédé injustifiable.* – De *in-* 1, et *justifiable.*

injustifié, ée [ɛ̃ʒystifje] adj. Qui n'est pas justifié. – De *in-* 1, et *justifié,* pp. de *justifier.*

inlandsis [inlɑ̃dsis] n. m. Nom donné à la calotte glaciaire couvrant les terres polaires. – Mot scand, de *in-* «à l'intérieur», *land,* «pays», et *is,* «glace».

inlassable [ɛ̃lasabl] adj. Qui ne se lasse pas. Syn. infatigable. – De *in-* 1, *lasser,* et *-able.*

inlassablement [ɛ̃lasabləmɑ̃] adv. Sans se lasser. – De *inlassable.*

in memoriam [inmemɔʀjam] Mots lat. signifiant «en souvenir de», inscrits en dédicace à la mémoire d'un défunt sur une pierre tombale, un monument funéraire, un cénotaphe.

inné, ée [inne] adj. et n. m. Que l'on possède en naissant. *Sentiment, disposition innés.* ▷ N. m. *L'inné et l'acquis.* ▷ PHILO *Idées innées,* qui seraient en nous dès notre naissance et n'auraient pas été acquises par l'expérience. – Lat. *innatus.*

innéisme [inneism] n. m. PHILO Doctrine qui soutient l'existence d'idées, de structures mentales innées. *L'innéisme de Platon, de Descartes.* – De *inné.*

innéité [inneite] n. f. PHILO Qualité de ce qui est inné. – De *inné.*

innervation [inɛʀvasjɔ̃] n. f. ANAT Ensemble des nerfs d'une région anatomique ou d'un organe; leur mode de distribution. – De *in-* 2, et lat. *nervus,* «nerf».

innerver [inɛʀve] v. tr. **[1]** ANAT Réaliser l'innervation (d'un organe, d'un tissu), en parlant de fibres nerveuses. – De *in-,* et du lat. *nervus,* «nerf».

innocemment [inɔsamɑ̃] adv. Avec innocence, sans mauvais dessein. – De *innocent.*

innocence [inɔsɑ̃s] n. f. **1.** État de l'être qui est incapable de faire le mal sciemment; pureté. ▷ THEOL État de l'homme avant le péché originel. **2.** Naïveté, ignorance du mal. **3.** État de ce qui est inoffensif. **4.** Absence de culpabilité d'un accusé. – Lat. *innocentia.*

innocent, ente [inɔsɑ̃, ɑ̃t] adj. et n. **1.** Pur, exempt de malice; qui ignore le mal. *Enfant innocent.* ▷ Subst. *Massacre des Innocents:* massacre de tous les enfants de moins de deux ans ordonné par Hérode (Matthieu II, 16-18). **2.** Litt. Inoffensif. *Agneau innocent.* **3.** Crédule, d'une grande naïveté. *Tu es innocent de le croire!* ▷ Subst. Prov. *Aux innocents les mains pleines,* la fortune favorise les simples (cité le plus souvent par plaisant.). **4.** Qui n'est pas répréhensible. *Jeux, plaisirs innocents.* **5.** Qui n'est pas coupable. *Être innocent d'un crime.* ▷ Subst. *Condamner un(e) innocent(e). – Faire l'innocent.* – Lat. *innocens,* de *in,* élément négatif, et *nocens,* «nuisible, pernicieux».

innocenter [inɔsɑ̃te] v. tr. **[1]** Déclarer innocent. *Innocenter un accusé.* ▷ Garantir l'innocence de (qqn). – De *innocent.*

innocuité [inɔkɥite] n. f. Qualité de ce qui n'est pas nuisible. *Innocuité d'un vaccin.* – Du lat. *innocuus,* «qui n'est pas nuisible».

innombrable [innɔ̃bʀabl] adj. Qui ne peut se compter; en très grand nombre. – Lat. *innumerabilis.*

innomé, ée ou **innommé, ée** [innɔme] adj. Qui n'a pas reçu de nom spécial. – De *in-* 1, et *nom.*

innominé, ée [innɔmine] adj. Vx Qui n'a pas reçu de nom. ▷ ANAT *Tronc innominé :* confluent veineux de la veine sous-clavière et de la veine jugulaire droites. – Lat. *innominatus.*

innommable [innɔmabl] adj. **1.** Litt. Qui ne peut pas être nommé. **2.** Cour. Trop répugnant pour qu'on le nomme. ▷ Inqualifiable. *Conduite innommable.* – De *in-* 1, *nommer,* et *-able.*

innovateur, trice [inɔvatœʀ, tʀis] n. et adj. Personne qui propose, fait des innovations. Syn. novateur. ▷ Adj. *Recherches innovatrices.* – De *innover.*

innovation [inɔvasjɔ̃] n. f. Action d'innover; chose innovée. – De *innover.*

innover [inɔve] v. intr. [1] Introduire qqch de nouveau dans un système établi. *Innover en littérature.* ▷ v. tr. *Innover une technique.* – Lat. *innovare.*

inobservable [inɔbsɛʀvabl] adj. Qui ne peut être observé. – De *in-* 1, et *observable.*

inobservance [inɔbsɛʀvɑ̃s] n. f. Fait de ne pas observer des prescriptions (religieuses, médicales, morales, etc.). – De *in-* 1, et *observance.*

inobservation [inɔbsɛʀvasjɔ̃] n. f. Rare Manque d'obéissance (aux lois, aux règles), inexécution (des engagements pris). – De *in-* 1, et *observation.*

inobservé, ée [inɔbsɛʀve] adj. Qui n'a pas été observé. – De *in-* 1, et pp. de *observer.*

inoccupation [inɔkypasjɔ̃] n. f. **1.** Litt. État d'une personne sans occupation. **2.** État d'une chose, d'un lieu inoccupé. – De *in-* 1, et *occupation.*

inoccupé, ée [inɔkype] adj. **1.** Qui n'est occupé par personne. *Place inoccupée.* **2.** Désœuvré. – De *in-* 1, et *occupé.*

in-octavo [inɔktavo] adj. inv. et n. m. IMPRIM Se dit d'une feuille pliée en huit, formant seize pages (Abrév. *in-8* ou *in-8°*). ▷ N. m. Livre ayant ce format. *Des in-octavo(s).* – Mots lat., «en huitième».

inoculable [inɔkylabl] adj. Qui peut être inoculé. – De *inoculer.*

inoculation [inɔkylasjɔ̃] n. f. MED Action d'inoculer par voie cutanée ou sanguine. *Inoculation préventive.* – Mot angl., de *to inoculate* (V. inoculer).

inoculer [inɔkyle] v. tr. [1] MED Introduire dans l'organisme (des germes ou une toxine pathogène). *Inoculer le vibrion cholérique à un cobaye. Inoculer un agent pathogène atténué pour immuniser.* ▷ Par ext. *Inoculer qqn,* lui transmettre une maladie contagieuse. ▷ Fig. Communiquer, faire pénétrer dans l'esprit (de qqn). *Inoculer des idées pernicieuses à la jeunesse.* – Angl. *to inoculate,* «greffer en écusson», du lat. *inoculare,* même sens, de *oculus,* «œil».

inodore [inɔdɔʀ] adj. Sans odeur. – Lat. *inodorus.*

inoffensif, ive [inɔfɑ̃sif, iv] adj. Qui ne nuit à personne. – De *in-* 1, et *offensif.*

inondable [inɔ̃dabl] adj. Qui peut être inondé. – De *inonder,* et *-able.*

inondation [inɔ̃dasjɔ̃] n. f. **1.** Débordement des eaux qui submergent un terrain, un pays. ▷ Ces eaux elles-mêmes. *L'inondation s'étend sur des dizaines de kilomètres carrés.* **2.** Fig. Invasion, afflux considérable. *Une inondation de prospectus publicitaires.* – Lat. *inundatio.*

inonder [inɔ̃de] v. tr. [1] **1.** Submerger par un débordement des eaux. *Le fleuve a inondé la plaine.* ▷ Par anal. *Les larmes inondaient son visage.* **2.** Envahir. *Les Barbares inondèrent l'Empire.* ▷ Fig. *Joie qui inonde le cœur.* – Lat. *inundare.*

inopérable [inopeʀabl] adj. Se dit d'un malade ou d'une affection pour lesquels l'acte chirurgical serait préjudiciable ou inefficace. – De *in-* 1, et *opérable.*

inopérant, ante [inopeʀɑ̃, ɑ̃t] adj. Qui ne produit pas d'effet. – De *in-* 1, et *opérant,* ppr. de opérer.

inopiné, ée [inɔpine] adj. Imprévu, inattendu. – Lat. *inopinatus.*

inopinément [inɔpinemɑ̃] adv. D'une manière inopinée. – De *inopiné.*

inopportun, une [inɔpɔʀtɛ̃, yn] adj. Qui n'est pas opportun. – Bas lat. *inopportunus.*

inopportunément [inɔpɔʀtynemɑ̃] adv. D'une manière inopportune. – De *inopportun.*

inopportunité [inɔpɔʀtynite] n. f. Caractère de ce qui n'est pas opportun. – De *inopportun.*

inopposabilité [inɔpozabilite] n. f. DR Caractère de ce qui est inopposable. – De *inopposable.*

inopposable [inɔpozabl] adj. DR Qui ne peut être opposé. *Les décisions judiciaires sont inopposables à ceux qui n'y étaient pas parties.* – De *in-* 1, et *opposable.*

inorganique [inɔʀganik] adj. Qui n'a pas l'organisation d'un être vivant. ▷ Dépourvu de tout caractère organique; sans vie. *Matière inorganique.* – De *in-* 1, et *organique.*

inorganisé, ée [inɔʀganize] adj. et n. **1.** Non organisé. **2.** Qui n'appartient pas à une organisation, à un syndicat. ▷ Subst. *Des inorganisés.* – De *in-* 1, et *organisé.*

inosilicate [inɔsilikat] n. m. MINER Silicate caractérisé par des chaînes et des bandes de tétraèdres SiO_4. *Les pyroxènes sont des inosilicates.*

inosine [inɔzin] n. f. BIOCHIM Nucléoside formé d'une molécule de ribose et d'une molécule de xanthine, jouant un rôle enzymatique sous forme de monophosphate (*inosine monophosphate:* I.M.P.) ou de triphosphate (I.T.P.).

inoubliable [inublijabl] adj. Qu'on ne peut oublier. – De *in-* 1, *oublier,* et *-able.*

inouï, ïe [inwi] adj. **1.** Vieilli Dont on n'a jamais entendu parler. **2.** Mod. Extraordinaire, sans précédent. *Prodige inouï.* – De *in-* 1, et du pp. de *ouïr.*

inox [inɔks] n. m. Abrév. de (acier) inoxydable.

inoxydable [inɔksidabl] adj. et n. m. Qui n'est pas susceptible de s'oxyder. *Acier inoxydable:* acier allié contenant plus de 12,5 % de chrome. ▷ N. m. *Casserole en inoxydable,* ou abrév., *en inox.* – De *in-* 1, *oxyder,* et *-able.*

in pace ou **in-pace** [inpatʃe] n. m. inv. Prison, cachot d'un monastère où étaient enfermés à vie des coupables scandaleux. – Mots lat., «en paix», de *vade in pace,* prononcés en refermant la porte du cachot derrière le prisonnier.

in partibus [inpaʀtibys] loc. adj. **1.** HIST RELIG *Évêque in partibus,* titulaire d'un évêché situé en pays non chrétien. **2.** Fig., fam. Qui n'a que le titre d'une fonction. *Ministre in partibus.* – Abrév. de la loc. lat. *in partibus infidelium,* «dans les pays des infidèles».

in petto [inpeto] loc. adv. Litt. ou plaisant. Au fond de soi-même, à part soi. – Mots ital. signifiant «dans la poitrine».

in-plano [inplano] adj. et n. m. inv. IMPRIM Se dit d'une feuille imprimée au recto et au verso et qui n'est pas pliée, ainsi que du format de cette feuille. – Mots lat., «en plan».

inqualifiable [ɛ̃kalifjabl] adj. Qui ne peut être qualifié, scandaleux. *Procédé inqualifiable.* – De *in-* 1, et *qualifiable.*

inquart [ɛ̃kaʀ] n. m. ou **inquartation** [ɛ̃kaʀtasjɔ̃] n. f. TECH Opération par laquelle on ajoute à l'or trois fois son poids d'argent avant la coupellation. – De *in-* 2, et *quart.*

in-quarto [inkwaʀto] adj. inv. et n. m. IMPRIM **1.** adj. inv. Se dit d'une feuille pliée en quatre feuillets, formant ainsi huit pages. (Par abrév.: *in-4º* ou *in-4*). **2.** n. m. Livre ayant ce format. *Des in-quartos.* – Mots lat., «en quart».

inquiet, iète [ɛ̃kjɛ, jɛt] adj. **1.** Troublé par la crainte, l'incertitude. *Inquiet de son sort. Inquiet de rester sans nouvelles.* **2.** Qui marque l'inquiétude. *Regards inquiets.* – Lat. *inquietus,* «agité».

inquiéter [ɛ̃kjete] v. tr. **[16] 1.** Rendre inquiet. *Cette nouvelle l'inquiète.* ▷ v. pron. *S'inquiéter.* **2.** Troubler, causer du tracas à. *Les douaniers ne l'ont pas inquiété.* **3.** Harceler. *Inquiéter l'ennemi.* – Lat. *inquietare.*

inquiétude [ɛ̃kjetyd] n. f. **1.** Vieilli Agitation, angoisse. *L'inquiétude naturelle à l'homme.* **2.** État d'une personne inquiète; trouble, appréhension. *Sa maladie me cause, me donne de l'inquiétude.* – Bas lat. *inquietudo.*

inquisiteur, trice [ɛ̃kizitœʀ, tʀis] n. m. et adj. **1.** n. m. HIST Juge de l'Inquisition. **2.** adj. Qui cherche en scrutant avec indiscrétion. – Lat. *inquisitor,* de *inquirere,* «rechercher, enquêter».

inquisition [ɛ̃kizisjɔ̃] n. f. **1.** HIST *L'Inquisition:* institution chargée, entre le XIIIe et le XIXe s., de rechercher et de poursuivre l'hérésie dans certains États catholiques. *L'Inquisition soumit à la torture les cathares.* **2.** *Par anal.,* péjor. Recherche acharnée, menée de manière vexatoire. – Lat. *inquisitio.*

ENCYCL L'institution de l'Inquisition trouve son origine dans un décret du concile de Vérone (1184) relatif aux hérétiques de Lombardie. Les prem. inquisiteurs connus, deux moines de l'ordre de Cîteaux, apparaissent en 1198, désignés par Innocent III lors de l'hérésie cathare (V. albigeois). D'abord présentée comme un organisme judiciaire temporaire, l'Inquisition a été transformée en établissement régulier et permanent par les conciles du Latran (1215) et de Toulouse (1229). Ce nouveau tribunal spécial, itinérant ou fixe, fut organisé par Grégoire IX, qui en confia la direction exclusive aux dominicains (1231). La procédure était secrète. Toute personne pouvait être poursuivie sur simple dénonciation, l'essentiel pour les juges étant d'obtenir l'aveu des inculpés, ce qui, à partir de 1252, amena à utiliser la torture. Par son action brutale (supplice du feu et confiscation des biens attendaient ceux qui n'acceptaient pas d'abjurer), l'Inquisition réussit à abattre l'hérésie cathare à la fin du XIIIe s.; elle fut aussi utilisée pour combattre d'autres formes d'hérésie, pour réprimer la sorcellerie, pour persécuter les non-chrétiens ou jugés tels. Au XVe s., les progrès de la centralisation royale firent peu à peu tomber en désuétude les tribunaux d'Inquisition en France; leur importance déclina aussi dans le reste de l'Europe, sauf en Espagne, où l'Inquisition resta vigoureuse jusqu'au XVIIIe s., exerçant un rôle politique et religieux considérable: expulsion des Maures, des Juifs et des Marranes (Juifs convertis dont la foi était suspecte).

inquisitorial, ale, aux [ɛ̃kizitɔʀjal, o] adj. **1.** Qui concerne l'Inquisition. **2.** Qui rappelle les procédés de l'Inquisition; arbitraire et vexatoire. *Pouvoir inquisitorial.* – Du lat. médiév. *inquisitorius.*

inracontable [ɛ̃ʀakɔ̃tabl] adj. Qu'on ne peut raconter. – De *in-* 1, et *racontable.*

I.N.R.I. Initiales des mots latins *Iesus Nazarenus Rex Iudæorum* (Jésus de Nazareth roi des Juifs), inscription placée sur la Croix, par dérision, sur l'ordre de Pilate.

inrô [inʀo] n. m. inv. ART Dans l'anc. Japon, boîte à médicaments, formée de petits coffrets de laque superposés et réunis par un cordon, qui se portait à la ceinture. – Mot japonais.

insaisissabilité [ɛ̃sɛzisabilite] n. f. DR Caractère de ce qui est insaisissable. – De *insaisissable.*

insaisissable [ɛ̃sɛzisabl] adj. **1.** DR Qui ne peut faire l'objet d'une saisie. **2.** Que l'on n'arrive pas à rencontrer, à capturer, à arrêter. *Malfaiteur insaisissable. Animal insaisissable.* **3.** Fig. Imperceptible. *Différences insaisissables.* – De *in-* 1, et *saisissable.*

insalivation [ɛ̃salivasjɔ̃] n. f. PHYSIOL Imprégnation des aliments par la salive pendant la mastication. – De *in-* 2, et *salivation.*

insalubre [ɛ̃salybʀ] adj. Qui n'est pas salubre, malsain. *Climat, logement insalubre.* – Lat. *insalubris.*

insalubrité [ɛ̃salybʀite] n. f. Caractère de ce qui est insalubre. – De *insalubre.*

insane [ɛ̃san] adj. Litt. Dénué de sens, de raison. *Des propos insanes.* – Mot angl., «fou, aliéné mental», du lat. *insanus.*

insanité [ɛ̃sanite] n. f. **1.** Absence de raison. **2.** Action, parole insane. *Proférer des insanités.* – Angl. *insanity,* «aliénation mentale, démence».

insatiabilité [ɛ̃sasjabilite] n. f. Avidité, insatisfaction permanente. – Bas lat. *insatiabilitas.*

insatiable [ɛ̃sasjabl] adj. Qui ne peut être rassasié. *Faim insatiable.* ▷Fig. *Avarice insatiable.* – Lat. *insatiabilis.*

insatiablement [ɛ̃sasjabləmɑ̃] adv. De manière insatiable. – De *insatiable.*

insatisfaction [ɛ̃satisfaksjɔ̃] n. f. Absence de satisfaction, déplaisir. – De *in-* 1, et *satisfaction.*

insatisfait, aite [ɛ̃satisfɛ, ɛt] adj. Qui n'est pas satisfait. *Désirs insatisfaits.* – De *in-* 1, et *satisfait.*

insaturé, ée [ɛ̃satyʀe] adj. CHIM Qui n'est pas saturé. *Hydrocarbure insaturé.* – De *in-* 1, et *saturé.*

inscriptible [ɛ̃skʀiptibl] adj. GEOM Qui peut être inscrit (à l'intérieur d'un cercle, d'un polygone). – Du lat. *inscriptum,* de *inscribere* (V. inscrire).

inscription [ɛ̃skʀipsjɔ̃] n. f. **1.** Action d'inscrire sur une liste, dans un registre. *Inscription sur les listes électorales.* **2.** Ce qui est inscrit. *Inscription sur un poteau indicateur, sur un monument.* **3.** DR Mention faite sur un document, un registre. *Inscription d'une hypothèque dans le registre des immeubles.* ▷ *Inscription de faux:* moyen de procédure visant à faire déclarer faux ou falsifié un acte authentique. ▷ *Inscription pour enquête et audition:* acte de procédure par lequel une partie, dans un procès civil, informe le tribunal que la contestation est liée quant à la procédure écrite et que les parties sont prêtes à procéder à la preuve de leurs allégations et à l'audition des témoins. – Lat. *inscriptio.*

inscrire [ɛ̃skʀiʀ] v. **I.** v. tr. **[65] 1.** Écrire, coucher sur le papier. *Inscrire (le nom de) qqn sur la liste du jury.* ▷ V. pron. *S'inscrire:* inscrire son nom, s'affilier à. *S'inscrire à l'université.* **2.** Écrire en creusant une matière dure, graver. *Inscrire une maxime sur un monument.* **3.** GEOM Tracer (une figure géométrique) à l'intérieur d'une autre, de façon que ses sommets soient sur la circonférence ou sur le périmètre de celle-ci, ou qu'elle soit tangente à ses côtés. *Inscrire un hexagone dans un cercle, un cercle dans un carré.*

tum, de *instruere*, «assembler dans, munir, instruire».

instrumentaire [ɛ̃stʀymɑ̃tɛʀ] adj. DR *Acte instrumentaire:* écrit qui constate un acte ou un fait juridique, et non un fait matériel. – De *instrument*.

instrumental, ale, aux [ɛ̃stʀymɑ̃tal, o] adj. (et n. m.) **1.** Qui sert d'instrument. **2.** Qui concerne l'instrument, les instruments. ▷ MUS Qui est exécuté par des instruments. *Musique instrumentale* (par oppos. à *musique vocale*). **3.** MED Qui se fait à l'aide d'instruments. **4.** GRAM Qui exprime le complément d'instrument. ▷ Subst. *L'instrumental*. – De *instrument*.

instrumentalisme [ɛ̃stʀymɑ̃talism] n. m. PHILO Doctrine pragmatique suivant laquelle toute théorie est un outil, un instrument pour l'action. – De *instrument*.

instrumentant [ɛ̃stʀymɑ̃tɑ̃] n. m. DR Qui dresse ou reçoit un acte, qui effectue une opération. – De *instrumenter*.

instrumentation [ɛ̃stʀymɑ̃tasjɔ̃] n. f. MUS Art d'utiliser les possibilités techniques et sonores de chaque instrument dans l'élaboration d'une œuvre musicale. – De *instrumenter*.

instrumenter [ɛ̃stʀymɑ̃te] v. tr. et intr. [1] **1.** v. tr. MUS Composer en fonction des possibilités techniques et sonores de chaque instrument de l'orchestre. **2.** v. intr. DR Dresser un acte ou effectuer une opération (constat, exploit, etc.). – De *instrument*.

instrumentiste [ɛ̃stʀymɑ̃tist] n. **1.** MUS Personne qui joue d'un instrument. **2.** CHIR Personne qui, au cours d'une intervention, passe au chirurgien les différents instruments dont il se sert. – De *instrument*.

insu (à l') [alɛ̃sy] loc. prép. **1.** *À l'insu de:* sans que la personne désignée le sache. *Faire qqch à l'insu de sa famille.* **2.** *À mon* (ton, son, etc.) *insu:* sans que je m'en aperçoive, sans que je le sache. – De *in-* 1, et *su*, pp. de *savoir*.

insubmersibilité [ɛ̃sybmɛʀsibilite] n. f. Qualité de ce qui est insubmersible. – De *insubmersible*.

insubmersible [ɛ̃sybmɛʀsibl] adj. Qui ne peut être submergé; qui ne peut couler (navires). *Canot de sauvetage insubmersible.* – De *in-* 1, et *submersible*.

insubordination [ɛ̃sybɔʀdinasjɔ̃] n. f. Défaut de subordination; désobéissance, indiscipline. *Acte d'insubordination.* – De *in-* 1, et *subordination*.

insubordonné, ée [ɛ̃sybɔʀdɔne] adj. Indiscipliné. *Élève, employé insubordonné.* – De *in-* 1, et *subordonné*.

insuccès [ɛ̃syksɛ] n. m. Absence de succès, échec. *Insuccès d'une pièce.* – De *in-* 1, et *succès*.

insuffisamment [ɛ̃syfizamɑ̃] adv. De manière insuffisante. – De *insuffisant*.

insuffisance [ɛ̃syfizɑ̃s] n. f. **1.** Caractère d'une personne, d'une chose insuffisante. **2.** MED Défaillance aiguë ou chronique d'un organe, d'une glande, d'une fonction. *Insuffisance cardiaque, surrénale.* – De *insuffisant*.

insuffisant, ante [ɛ̃syfizɑ̃, ɑ̃t] adj. **1.** Qui ne suffit pas. *Ration insuffisante.* **2.** Qui manque d'aptitude, de compétence. *Il s'est montré tout à fait insuffisant pour cette tâche.* – De *in-* 1, et *suffisant*; d'ap. le bas lat. *insufficiens*.

insufflateur [ɛ̃syflatœʀ] n. m. MED Syn. de *respirateur*. – De *insuffler*.

insufflation [ɛ̃syflasjɔ̃] n. f. MED Action d'insuffler qqch dans une cavité du corps. – Bas lat. *insufflatio*.

insuffler [ɛ̃syfle] v. tr. [1] **1.** Faire pénétrer par le souffle divin. *Dieu modela dans l'argile une forme à son image et lui insuffla la vie.* ▷ *Par ext.* Inspirer, transmettre. *Insuffler du courage. Insuffler une idéologie à qqn.* **2.** MED Introduire (de l'air, un mélange gazeux) dans l'organisme à des fins thérapeutiques. – Bas lat. *insufflare*.

insulaire [ɛ̃sylɛʀ] adj. (et n.) **1.** Qui habite une île. *Peuple insulaire.* ▷ Subst. *Les insulaires de l'île du Prince-Édouard.* **2.** Relatif à une île. *Climat insulaire.* – Bas lat. *insularis*, de *insula*, «île».

insularité [ɛ̃sylaʀite] n. f. État d'un pays formé d'une ou de plusieurs îles; fait d'être insulaire. – De *insulaire*.

insuline [ɛ̃sylin] n. f. MED Hormone sécrétée par certaines cellules des îlots de Langerhans du pancréas. – Du lat. *insula*, «île», par l'angl.

ENCYCL L'insuline abaisse le taux de la glycémie (transformation du glucose en glycogène), favorise la pénétration du glucose dans les cellules et freine la dégradation du glycogène au niveau du foie; sa sécrétion dépend de la glycémie, qu'elle maintient constante, sous l'action de facteurs hormonaux, nerveux, métaboliques. C'est au niveau du foie qu'a lieu la destruction de l'insuline. Le diabète *insulino-dépendant* (ou *insulinoprive*), congénital, est dû à une carence en insuline (à laquelle on supplée par des injections quotidiennes d'insulines animales ou semi-synthétiques).

insultant, ante [ɛ̃syltɑ̃, ɑ̃t] adj. Qui constitue une insulte. *Insinuation insultante.* – Ppr. de *insulter*.

insulte [ɛ̃sylt] n. f. Parole ou action volontairement offensante. ▷ Fig. *Une insulte au bon sens.* – Déverbal de *insulter*.

insulter [ɛ̃sylte] **1.** v. tr. [1] Offenser (qqn) par des insultes. *Insulter publiquement qqn.* **2.** v. tr. indir. Litt. Être insultant pour (qqn, qqch) par son insolence. *De tels propos insultent à sa mémoire.* – Lat. *insultare*.

insulteur, euse [ɛ̃syltœʀ, øz] adj. et n. Rare. Qui insulte. – De *insulter*.

insupportable [ɛ̃sypɔʀtabl] adj. **1.** Qu'on ne peut supporter. *Souffrance insupportable.* **2.** Qui a un caractère, un comportement très désagréable. *Une insupportable péronnelle.* ▷ *Spécial.* Très turbulent. *Un enfant insupportable.* – Bas lat. *insupportabilis*.

insupportablement [ɛ̃sypɔʀtabləmɑ̃] adv. De façon insupportable. – De *insupportable*.

insurgé, ée [ɛ̃syʀʒe] adj. et n. **1.** adj. Qui s'est insurgé. **2.** n. Agitateur, révolté, révolutionnaire. – Pp. de *(s')insurger*.

insurger (s') [ɛ̃syʀʒe] v. pron. [15] Se révolter (contre qqn, qqch). *S'insurger contre le pouvoir.* – Lat. *insurgere*, «se lever, se dresser».

insurmontable [ɛ̃syʀmɔ̃tabl] adj. Qu'on ne peut surmonter. *Difficulté insurmontable.* – De *in-* 1, *surmonter*, et *-able*..

insurpassable [ɛ̃syʀpasabl] adj. Impossible à surpasser. – De *in-* 1, *surpasser*, et *-able*.

insurrection [ɛ̃syʀɛksjɔ̃] n. f. Action de s'insurger; soulèvement en masse contre le pouvoir établi, révolte. *Insurrection populaire.* – Bas lat. *insurrectio*, de *insurgere* (V. insurger).

insurrectionnel, elle [ɛ̃syʀɛksjɔnɛl] adj. Qui a les caractères d'une insurrection. *Mouvement insurrectionnel.* – De *insurrection*.

intact, acte [ɛ̃takt] adj. **1.** À quoi on n'a pas touché. *Dépôt intact.* ▷ Fig. Qui n'a souffert aucune atteinte. *Réputation intacte.* **2.** Entier, sans altérations. *Ce monument est resté intact.* – Lat. *intactus*.

intaille [ɛ̃taj] n. f. BX-A Pierre dure gravée en creux (par oppos. au camée, gravé en relief). – Ital. *intaglio*.

intangibilité [ɛ̃tɑ̃ʒibilite] n. f. Caractère de ce qui est intangible, de ce qui ne doit pas être modifié. – De *intangible.*

intangible [ɛ̃tɑ̃ʒibl] adj. **1.** Rare Qu'on ne peut percevoir par le toucher. *Un gaz est intangible.* **2.** Que l'on ne doit pas toucher, modifier, altérer. *Loi intangible.* – De *in-* 1, et *tangible.*

intarissable [ɛ̃taʀisabl] adj. Qui ne peut être tari. *Source intarissable.* ▷ Fig. *Bavardage intarissable.* – De *in-* 1, *tarir,* et *-able.*

intarissablement [ɛ̃taʀisabləmɑ̃] adv. D'une manière intarissable. – De *intarissable.*

intégrable [ɛ̃tegʀabl] adj. Que l'on peut intégrer. ▷ MATH Dont on peut calculer l'intégrale (fonctions). – De *intégrer.*

intégral, ale, aux [ɛ̃tegʀal, o] adj. et n. f. **I.** adj. **1.** Dont on n'a rien retranché. *Texte intégral.* **2.** MATH *Calcul intégral:* partie du calcul infinitésimal qui recherche la fonction F (x) dont la fonction f (x) est la dérivée. **II.** n. f. **1.** Edition complète des œuvres d'un musicien, d'un écrivain, etc. **2.** MATH Fonction qui admet pour dérivée une fonction donnée. – Lat. médiév. *integralis,* de *integer,* «qui n'a reçu aucune atteinte, entier».

intégralement [ɛ̃tegʀalmɑ̃] adv. D'une manière intégrale, en totalité. – De *intégral.*

intégralité [ɛ̃tegʀalite] n. f. État de ce qui est intégral. – De *intégral.*

intégrant, ante [ɛ̃tegʀɑ̃, ɑ̃t] adj. Se dit des parties qui sont nécessaires à l'intégrité d'un tout. *Cette pièce est une partie intégrante de l'appareil.* – Lat. *integrans, integrantis.*

intégrateur, trice [ɛ̃tegʀatœʀ, tʀis] n. m. et adj. **1.** adj. Qui intègre. **2.** n. m. TECH Appareil qui totalise des valeurs continues, qui effectue une intégration. – De *intégration.*

intégration [ɛ̃tegʀasjɔ̃] n. f. **1.** Action d'intégrer, de s'intégrer dans un groupe, un pays, etc. *L'intégration économique de deux pays. L'intégration des immigrés au Canada.* **2.** ECON Rattachement à une industrie principale d'industries annexes diverses. **3.** PHYSIOL Coordination, nécessaire au fonctionnement harmonieux, des activités de différents organes. **4.** MATH Action d'intégrer. ▷ Théorie ayant pour objet la détermination des intégrales des fonctions et la mesure des ensembles. – De *intégrer.*

intégrationniste [ɛ̃tegʀasjɔnist] adj. et n. Partisan de l'intégration (politique, économique, etc.). – De *intégration.*

intègre [ɛ̃tɛgʀ] adj. D'une extrême probité. *Ministre intègre.* – Lat. *integer* (V. intégral).

intégré, ée [ɛ̃tegʀe] adj. **1.** ELECTR *Circuit intégré,* constitué de composants formés à partir d'un bloc semiconducteur et contenus sur une pastille de silicium de faibles dimensions. **2.** INFORM *Gestion intégrée,* assurant la liaison entre les différents types de comptabilité (analytique, générale, d'exploitation). – Pp. de *intégrer.*

intégrer [ɛ̃tegʀe] v. tr. **[16]** **1.** Faire entrer dans un tout. *Intégrer un dialogue dans un scénario.* ▷ v. pron. *S'intégrer à, dans un milieu social.* **2.** MATH Procéder à l'intégration de. *Intégrer une fonction.* – Lat. *integrare,* «réparer, remettre en état, refaire».

intégrisme [ɛ̃tegʀism] n. m. Attitude, opinion de ceux qui souhaitent maintenir dans son intégrité, sans qu'il évolue, un système doctrinal (et partic. religieux) donné. – De *intégriste.*

intégriste [ɛ̃tegʀist] n. et adj. Partisan de l'intégrisme. – De *intègre,* d'après l'esp. *integrista.*

intégrité [ɛ̃tegʀite] n. f. **1.** État d'une chose à laquelle il ne manque rien. *Conserver l'intégrité du territoire.* **2.** Probité irréprochable. – Lat. *integritas.*

intellect [ɛ̃telɛkt] n. m. Faculté de comprendre, de connaître (opposé à *sensibilité*). Syn. entendement. – Lat. *intellectus,* de *intellegere* «comprendre».

intellection [ɛ̃telɛksjɔ̃] n. f. PHILO Acte, exercice de l'intellect par lequel il conçoit, saisit les idées. – De *intellect.*

intellectualisation [ɛ̃telɛktɥalizasjɔ̃] n. f. Didac. ou litt. Action d'intellectualiser; son résultat. – De *intellectualiser.*

intellectualiser [ɛ̃telɛktɥalize] v. tr. **[1]** Didac. ou litt. Revêtir d'un caractère conceptuel, intellectuel; transformer, élaborer grâce à l'intellect. – De *intellectuel.*

intellectualisme [ɛ̃telɛktɥalism] n. m. PHILO Doctrine qui affirme la prééminence de l'entendement sur l'affectivité et la volonté. ▷ Cour., péjor. Travers de ceux qui privilégient l'intellect au détriment de la sensibilité, de la spontanéité. *Sombrer dans l'intellectualisme.* – De *intellectuel.*

intellectualiste [ɛ̃telɛktɥalist] adj. (et n.) Didac. Qui se rapporte à l'intellectualisme; qui porte la marque de l'intellectualisme. – Subst. Partisan de l'intellectualisme. ▷ Cour., péjor. Marqué par l'intellectualisme. – De *intellectualisme.*

intellectualité [ɛ̃telɛktɥalite] n. f. Caractère intellectuel d'une personne, d'une attitude. ▷ Ensemble des facultés intellectuelles. – De *intellectuel.*

intellectuel, elle [ɛ̃telɛktɥɛl] adj. et n. **1.** Qui se rapporte à l'intelligence. *Facultés intellectuelles.* **2.** Chez qui prédomine, par goût ou par profession, la vie intellectuelle. ▷ Subst. *Un intellectuel, une intellectuelle.* – Bas lat. *intellectualis,* du class. *intellectum,* de *intellegere* (V. intelligent).

intellectuellement [ɛ̃telɛktɥɛlmɑ̃] adv. D'une manière intellectuelle. – De *intellectuel.*

intelligemment [ɛ̃teliʒamɑ̃] adv. D'une manière intelligente. – De *intelligent.*

intelligence [ɛ̃teliʒɑ̃s] n. f. **I.** **1.** Faculté de comprendre, de découvrir des relations (de causalité, d'identité, etc.) entre les faits et les choses. *Intelligence pratique:* adaptation réfléchie de moyens à des fins, observée chez certains animaux supérieurs et chez l'enfant. *Intelligence conceptuelle:* faculté de connaître inséparable du langage et fondée sur la raison discursive. **2.** Aptitude à comprendre facilement, à agir avec discernement. *Intelligence remarquable.* **3.** Personne intelligente. *Une des plus belles intelligences de son temps.* **4.** *Intelligence de:* capacité ou fait de comprendre (une chose particulière). *L'intelligence des affaires, d'un ouvrage.* **II.** **1.** Entente, communauté d'idées, de sentiments. *Vivre en bonne intelligence.* ▷ *Être, agir d'intelligence avec qqn,* de connivence avec lui. **2.** Pl. Correspondance, communication secrète. *Avoir des intelligences avec l'ennemi.* – Lat. *intelligentia,* var. de *intellegentia,* de *intellegere* (V. intelligent).

intelligent, ente [ɛ̃teliʒɑ̃, ɑ̃t] adj. Qui a ou dénote de l'intelligence. *Élève intelligent. Comportement intelligent.* – Lat. *intelligens, intelligentis,* var. *intellegens, intellegentis,* de *intellegere,* «discerner, comprendre, apprécier», de *inter,* «entre», et *legere,* «recueillir, lire».

intelligentsia [ɛ̃telidʒɛntsja] n. f. **1.** HIST Classe des intellectuels, dans la Russie tsariste. **2.** *Par ext.* Ensemble des intellectuels d'un pays. *L'intelligentsia belge.* – Mot russe.

intelligibilité [ɛ̃teliʒibilite] n. f. Caractère de ce qui est intelligible. – De *intelligible.*

intelligible [ɛ̃teliʒibl] adj. **1.** Qui peut être compris. *Passage peu intelligible.* ▷ PHILO Qui est connaissable par le seul entendement. *Le monde intelligible de Platon* (opposé au *monde sensible*). **2.** Qui peut être entendu distinctement. *À haute et intelligible voix.* – Lat. *intelligibilis.*

intelligiblement [ɛ̃teliʒibləmɑ̃] adv. D'une manière intelligible. – De *intelligible.*

intempérance [ɛ̃tɑ̃peʀɑ̃s] n. f. Défaut d'une personne intempérante. *Intempérance de langage:* liberté excessive dans l'expression. – Lat. *intemperantia.*

intempérant, ante [ɛ̃tɑ̃peʀɑ̃, ɑ̃t] adj. Qui manque de sobriété, de modération, dans le manger, le boire et, par ext., dans la parole, l'écriture. – Lat. *intemperans.*

intempéries [ɛ̃tɑ̃peʀi] n. f. pl. Mauvais temps; pluie, gel, vent, etc. *Sortir malgré les intempéries.* – Lat. *intemperies.*

intempestif, ive [ɛ̃tɑ̃pɛstif, iv] adj. Qui n'est pas fait à propos, en son temps; inopportun, déplacé. *Démarche intempestive.* – Lat. *intempestivus.*

intempestivement [ɛ̃tɑ̃pɛstivmɑ̃] adv. De façon intempestive. – De *intempestif.*

intemporalité [ɛ̃tɑ̃pɔʀalite] n. f. Caractère de ce qui est intemporel. – De *intemporel.*

intemporel, elle [ɛ̃tɑ̃pɔʀɛl] adj. et n. m. Qui est étranger au temps, en dehors de la durée. *La vérité est intemporelle.* ▷ Subst. *L'intemporel:* le domaine des choses intemporelles. – De *in-* 1, et *temporel.*

intenable [ɛ̃t(ə)nabl] adj. **1.** Où l'on ne peut demeurer, tenir. *Place intenable. Se trouver dans une situation intenable.* **2.** Fam. Dont on ne peut se faire obéir, très turbulent. *Enfant intenable.* – De *in-* 1, et *tenable.*

intendance [ɛ̃tɑ̃dɑ̃s] n. f. **1.** Fonction d'intendant. **2.** Corps des intendants. *Intendance universitaire.* ▷ MILIT Service de l'armée ayant pour rôle de ravitailler les troupes, de vérifier les comptes des corps de troupe, de payer la solde, les salaires, les frais de déplacement. **3.** Ensemble des services dirigés par un intendant; bâtiment qui les abrite. *Aller à l'intendance.* **4.** HIST Territoire dépendant d'un intendant. – De *intendant.*

intendant, ante [ɛ̃tɑ̃dɑ̃, ɑ̃t] n. **1.** Personne qui administre les affaires, le patrimoine d'une collectivité, d'un particulier. **2.** Fonctionnaire de l'intendance militaire. **3.** Fonctionnaire responsable de l'administration matérielle et financière d'un établissement public. *Intendant d'un lycée.* **3.** n. m. HIST Représentant (à partir du XVe s.) du pouvoir royal chargé d'administrer la justice, la police et les finances d'une province. ▷ N. f. Femme d'un intendant. – De l'a. fr. *superintendent,* du lat. médiev. *superintendens, entis,* de *super,* et de *intendere,* «étendre, diriger sa vue».

intense [ɛ̃tɑ̃s] adj. **1.** Qui agit avec force; grand, fort, vif. *Froid intense.* **2.** Considérable, important. *Circulation intense.* – Bas lat. *intensus.*

intensément [ɛ̃tɑ̃semɑ̃] adv. De façon intense. – De *intense.*

intensif, ive [ɛ̃tɑ̃sif, iv] adj. **1.** Qui met en œuvre la totalité des moyens disponibles; qui fait l'objet d'une activité, d'un effort intenses. *Apprentissage intensif d'une langue étrangère.* – *Culture intensive,* qui vise à obtenir des rendements élevés dans des exploitations agricoles d'étendue restreinte ou moyenne (s'oppose à *culture extensive*). *Élevage intensif.* **2.** LING Qui renforce l'idée exprimée. *Suffixe intensif.* – De *intense.*

intensification [ɛ̃tɑ̃sifikasjɔ̃] n. f. Action d'intensifier. – De *intensifier.*

intensifier [ɛ̃tɑ̃sifje] v. tr. [1] Rendre plus intense, augmenter. *Intensifier la production.* ▷v. pron. *Les pressions s'intensifient.* – De *intensif,* et *-fier.*

intensité [ɛ̃tɑ̃site] n. f. Degré d'activité, d'énergie, de puissance. *Intensité de la lumière, d'une passion.* ▷ ELECTR Quantité d'électricité qui traverse un circuit dans l'unité de temps. (L'unité d'intensité est l'ampère, de symbole A; 1A = 1 coulomb par seconde.) *Intensité lumineuse :* quotient du flux lumineux émis dans un cône élémentaire, par l'angle solide de ce cône. *L'unité d'intensité lumineuse est la candela* (symbole cd). – De *intense.*

intensivement [ɛ̃tɑ̃sivmɑ̃] adv. D'une manière intensive. – De *intensif.*

intenter [ɛ̃tɑ̃te] v. tr. [1] DR Engager contre qqn (une action en justice). *Intenter un procès à qqn.* – Lat. *intentare* «tendre, diriger contre».

intention [ɛ̃tɑ̃sjɔ̃] n. f. **1.** Acte de la volonté par lequel on se fixe un but. *Bonne, mauvaise intention.* ▷ *Par ext.* Le but lui-même. *Aller au-delà de ses intentions.* **2.** loc. prép. *À l'intention de:* spécialement pour (qqn). – Lat. *intentio.*

intentionnalité [ɛ̃tɑ̃sjɔnalite] n. f. PSYCHO Fait, pour la conscience, de se donner un objet, d'être toujours la «conscience de quelque chose» (Husserl). – De *intentionnel.*

intentionné, ée [ɛ̃tɑ̃sjɔne] adj. *Bien, mal intentionné,* qui a de bonnes, de mauvaises intentions. – De *intention.*

intentionnel, elle [ɛ̃tɑ̃sjɔnɛl] adj. Fait délibérément. *Omission intentionnelle.* – De *intention.*

intentionnellement [ɛ̃tɑ̃sjɔnɛlmɑ̃] adv. Avec intention, exprès. – De *intentionnel.*

inter-. Élément, du latin *inter,* «entre», qui marque la séparation, l'espacement, ou la réciprocité.

1. inter [ɛ̃tɛʀ] n. m. Réseau téléphonique interurbain. – Abrév. de *interurbain.*

2. inter [ɛ̃tɛʀ] Symbole mathématique (V. intersection).

interaction [ɛ̃tɛʀaksjɔ̃] n. f. **1.** Action mutuelle réciproque. **2.** PHYS Chacun des types d'action réciproques s'exerçant entre particules élémentaires. – De *inter-,* et *action.*

interallié, ée [ɛ̃tɛʀalje] adj. Qui concerne les pays alliés dans leurs rapports mutuels. *Conférence interalliée.* – De *inter-,* et *allié.*

interarmées [ɛ̃tɛʀaʀme] adj. inv. MILIT Qui groupe des éléments de plusieurs armées (de terre, de mer et de l'air). – De *inter-,* et *armée.*

interarmes [ɛ̃tɛʀaʀm] adj. inv. MILIT Qui groupe des éléments de plusieurs armes (artillerie, infanterie, etc.). – De *inter-,* et *arme.*

interbancaire [ɛ̃tɛʀbɑ̃kɛʀ] adj. Qui se rapporte aux relations entre les banques. *Une politique interbancaire du crédit.* – De *inter-,* et *bancaire.*

intercalaire [ɛ̃tɛʀkalɛʀ] adj. (et n.) Qu'on intercale. ▷ *Jour intercalaire:* jour ajouté au mois de février des années bissextiles. ▷ Subst. *Un (ou une) intercalaire,* fiche, feuillet ou carte, d'un format particulier, qu'on intercale dans un ensemble de format différent. – Lat. *intercalari(u)s.*

intercalation [ɛ̃tɛʀkalasjɔ̃] n. f. Action d'intercaler; son résultat. – Lat. *intercalatio.*

intercaler [ɛ̃tɛʀkale] v. tr. [1] **1.** Ajouter (un jour ou un mois supplémentaire) à la série des jours ou des mois ordinaires. V. intercalaire. **2.** Placer entre deux choses ou en alternance. *Intercaler une planche entre deux plaques de tôle.* **3.** Faire entrer après coup dans une série, un ensemble, un texte. *Intercaler une* *clause dans un contrat.* **4.** v. pr. Se placer entre deux choses ou à l'intérieur d'un ensemble. – Lat. *intercalare.*

intercéder [ɛ̃tɛʀsede] v. intr. [16] Intervenir (en faveur de qqn). *Intercéder en faveur d'un coupable.* – Lat. *intercedere.*

intercellulaire [ɛ̃tɛʀselylɛʀ] adj. BIOL Qui est entre les cellules. *Espace intercellulaire.* – De *inter-*, et *cellulaire.*

intercepter [ɛ̃tɛʀsɛpte] v. tr. [1] **1.** Interrompre (qqch) dans son cours, sa transmission. *Écran insonore qui intercepte les bruits.* **2.** Prendre par surprise (ce qui est destiné à un autre). *Intercepter un message.* ▷ MAR, AERON Attaquer (un navire, un avion, un missile) pour l'empêcher d'atteindre son objectif. **3.** GEOM En parlant d'un angle dont le sommet est le centre d'un cercle et dont les côtés délimitent un arc sur le cercle. *L'angle a intercepte l'arc ab.* – Au pp. *L'arc intercepté par l'angle a.* – De *interception.*

intercepteur [ɛ̃tɛʀsɛptœʀ] n. m. AERON Avion destiné à intercepter les appareils ennemis. – De *intercepter.*

interception [ɛ̃tɛʀsɛpsjõ] n. f. Action d'intercepter; son résultat. – Lat. *interceptio,* «soustraction, vol».

intercesseur [ɛ̃tɛʀsesœʀ] n. m. RELIG ou litt. Celui qui intercède. – Lat. *intercessor.*

intercession [ɛ̃tɛʀsesjõ] n. f. RELIG ou litt. Action d'intercéder. *L'intercession des saints :* l'intervention des saints auprès de Dieu en faveur des hommes, des pécheurs. – Lat. *intercessio.*

interchangeabilité [ɛ̃tɛʀʃɑ̃ʒabilite] n. f. Caractère de ce qui est interchangeable. – De *interchangeable.*

interchangeable [ɛ̃tɛʀʃɑ̃ʒabl] adj. Se dit de choses, de personnes qui peuvent être mises à la place l'une de l'autre. *Pièces interchangeables. Fonctionnaires interchangeables.* – Mot angl.

interclasse [ɛ̃tɛʀklas] n. m. Court moment de repos entre deux heures de classe. – De *inter-*, et *classe.*

interclassement [ɛ̃tɛʀklasmɑ̃] n. m. Action d'interclasser; son résultat. – De *interclasser,* d'après *classement.*

interclasser [ɛ̃tɛʀklase] v. tr. [1] Réunir en une seule série (plusieurs séries d'éléments classés). *Interclasser des dossiers.* – De *inter-*, et *classer.*

interclasseuse [ɛ̃tɛʀklasøz] n. f. Machine permettant d'interclasser plusieurs séries de cartes perforées. – Du préc.

interclubs [ɛ̃tɛʀklyb] adj. inv. SPORT Qui se dispute entre plusieurs clubs. *Épreuve interclubs.* – De *inter-*, et *club.*

intercommunion [ɛ̃tɛʀkɔmynjõ] n. f. RELIG Participation en commun à l'eucharistie de membres d'Églises séparées. – De *inter-*, et *communion.*

interconfessionnel, elle [ɛ̃tɛʀkõfɛsjɔnɛl] adj. Commun à plusieurs confessions religieuses. – De *inter-*, et *confession.*

interconnecter [ɛ̃tɛʀkɔnɛkte] v. tr. [1] TECH Procéder à l'interconnexion de (deux réseaux). – De *inter-*, et *connecter.*

interconnexion [ɛ̃tɛʀkɔnɛksjõ] n. f. ELECTR Connexion entre différents réseaux électriques de distribution. – De *inter-*, et *connexion.*

intercontinental, ale, aux [ɛ̃tɛʀkõtinɑ̃tal, o] adj. Qui concerne les rapports entre deux continents. ▷ *Avion, missile intercontinental,* qui peut aller d'un continent à un autre. – De *inter-*, et *continental.*

intercostal, ale, aux [ɛ̃tɛʀkɔstal, o] adj. ANAT Situé entre deux côtes. *Nerf intercostal.* – Par ext. *Douleur intercostale.* – De *inter-*, et du lat. *costa,* «côte».

intercotidal, ale, aux [ɛ̃tɛʀkɔtidal, o] adj. Forme anc. de intertidal*. – De *inter-*, et *cotidal.*

intercourse [ɛ̃tɛʀkuʀs] n. f. DR MARIT Droit accordant la libre pratique réciproque de certains ports aux navires des deux nations de qui dépendent ces ports. – Mot angl., «rapports, commerce».

intercurrent, ente [ɛ̃tɛʀkyʀɑ̃, ɑ̃t] adj. Qui survient pendant que d'autres faits se déroulent. *Maladie intercurrente,* qui se déclare au cours d'une autre. – Lat. *intercurrens,* de *inter,* «entre», et *currere,* «courir».

interdépendance [ɛ̃tɛʀdepɑ̃dɑ̃s] n. f. Dépendance réciproque. – De *inter-*, et *dépendance.*

interdépendant, ante [ɛ̃tɛʀdepɑ̃dɑ̃, ɑ̃t] adj. En situation d'interdépendance. – De *inter-*, et *dépendant.*

interdiction [ɛ̃tɛʀdiksjõ] n. f. **1.** Action d'interdire. *Interdiction d'importer des armes.* **2.** ADMIN et RELIG Action d'interdire qqn. *Interdiction d'un prêtre.* ▷ DR Mesure juridique par laquelle un individu majeur est privé de l'exercice de ses droits en raison de l'altération de ses facultés mentales. **3.** MILIT *Tir d'interdiction,* destiné à stopper le mouvement de l'ennemi. – Lat. *interdictio.*

interdigital, ale, aux [ɛ̃tɛʀdiʒital, o] adj. ANAT Situé entre deux doigts. *Espace interdigital.* – De *inter-*, et *digital.*

interdire [ɛ̃tɛʀdiʀ] v. tr. [64] **1.** Défendre (qqch à qqn). *Interdire tout effort à un malade.* ▷ Fig. *La situation nous interdit d'espérer.* **2.** ADMIN et RELIG Faire défense à (qqn) d'exercer ses fonctions, son ministère. *Interdire un prêtre.* ▷ DR Prononcer l'interdiction de qqn. ▷ v. pron. *S'interdire toute entorse à son régime.* – Du lat. *interdicere.*

interdisciplinaire [ɛ̃tɛʀdisiplinɛʀ] adj. Qui concerne plusieurs disciplines, plusieurs branches du savoir. *Connaissances interdisciplinaires.* – *Équipe interdisciplinaire,* qui réunit des spécialistes de disciplines différentes. – De *inter-*, et *disciplinaire.*

interdisciplinarité [ɛ̃tɛʀdisiplinaʀite] n. f. Caractère interdisciplinaire. – Du préc.

interdit, ite [ɛ̃tɛʀdi, it] adj. et n. m. **I.** adj. **1.** Défendu (choses). **2.** Frappé d'interdit. *Prêtre interdit.* ▷ Adj. DR Personne dont le tribunal a prononcé l'interdiction. **3.** Déconcerté, décontenancé. *Demeurer interdit.* **II.** n. m. **1.** RELIG Sentence qui interdit la célébration du culte en certains lieux ou qui interdit à un ecclésiastique d'exercer ses fonctions. ▷ Cour. *Jeter l'interdit sur:* prononcer l'exclusive contre (telle ou telle personne ou chose). – *Lever l'interdit:* mettre fin à une interdiction, une censure. **2.** Règle sociale qui proscrit de manière plus ou moins rigoureuse une pratique, un comportement. *Les interdits touchant l'inceste.* Syn. tabou. – Pp. (subst.) de *interdire.*

intéressant, ante [ɛ̃teʀesɑ̃, ɑ̃t] adj. (et n.) **1.** Qui éveille l'intérêt, l'attention de qqn. *Cours, professeur intéressant.* ▷ Subst. *Faire l'intéressant(e):* essayer d'attirer l'attention sur soi. **2.** Qui inspire de la sympathie. *C'est un individu peu intéressant.* **3.** Avantageux (matériellement). *Salaire intéressant.* – Ppr. de *intéresser.*

intéressé, ée [ɛ̃teʀese] adj. (et n.) **1.** Qui est en cause. *Les parties intéressées.* ▷ Subst. *Signature de l'intéressé(e).* **2.** Qui n'a en vue que son intérêt personnel. *Ami intéressé.* – Par ext. *Visite intéressée.* – Pp. de *intéresser.*

intéressement [ɛ̃teʀɛsmɑ̃] n. m. Attribution d'une partie des profits de l'entreprise aux salariés. – De *intéresser.*

intéresser [ɛ̃teʀese] **I.** v. tr. [1] **1.** Retenir l'attention, susciter l'intérêt de (qqn). *Ce sujet m'intéresse.* **2.** Inspirer de la bienveillance, de la sympathie. *Ses malheurs n'intéressent personne.* **3.** Concerner (qqn, qqch). *Loi qui intéresse les propriétaires.* **4.** Faire participer (qqn) aux profits d'une entreprise. *Être intéressé dans une affaire.* **II.** v. pron. Prendre intérêt à (qqch). *S'intéresser aux arts.* – Du lat. *interesse,* propr. «être dans l'intervalle» et aussi «être de l'intérêt de», de *inter,* «entre», et *esse,* «être».

intérêt [ɛ̃teʀɛ] n. m. **I. 1.** Ce qui est utile, profitable à qqn. *Sacrifier ses intérêts personnels à l'intérêt public.* ▷ *Avoir des intérêts dans une affaire,* y avoir placé de l'argent en vue d'en tirer des bénéfices. **2.** Recherche égoïste de ce qui est avantageux pour soi. *Agir par intérêt.* **3.** Attention bienveillante envers qqn. *Marques d'intérêt.* **4.** Attention, curiosité que l'on porte à qqch. *Lire un article avec intérêt.* ▷ Qualité de ce qui est digne d'attention. *Découverte d'un grand intérêt.* **5.** DR *Intérêt pour ester en justice:* avantage personnel qu'une partie, demanderesse dans un procès civil, peut retirer du recours qu'elle exerce si le tribunal le déclare fondé. **II.** FIN Revenu tiré d'un capital. ▷ *Intérêt simple,* tel que le capital reste le même au cours du prêt. *L'intérêt simple est proportionnel au montant du capital, au taux d'intérêt et à la durée du prêt.* ▷ *Intérêt composé,* résultant de l'addition au capital initial des intérêts acquis successivement. – Du lat. *interest,* «il importe».

interface [ɛ̃tɛʀfas] n. f. **1.** INFORM Dispositif (matériel et logiciel) grâce auquel s'effectuent les échanges d'informations entre deux systèmes. **2.** TECH Limite commune à deux systèmes. – Mot anglais.

interfécondité [ɛ̃tɛʀfekɔ̃dite] n. f. BIOL Possibilité d'une conjonction sexuelle donnant des produits viables et féconds entre deux représentants d'une espèce, ou de deux espèces voisines. *L'interfécondité du chien et du loup.* – De *inter-,* et *fécondité.*

interférence [ɛ̃tɛʀfeʀɑ̃s] n. f. **1.** PHYS Phénomène qui résulte de la superposition de deux mouvements vibratoires de fréquence et d'amplitude voisines. **2.** Fig. Fait d'interférer. *Il y a interférence entre le politique et le social.* – Angl. *interference.*

ENCYCL Le phénomène d'interférence s'obtient en acoustique (tuyaux sonores, cordes vibrantes), en optique (franges d'interférence, anneaux de Newton, coloration des lames minces) et en radioélectricité (ondes stationnaires, interférences des ondes hertziennes). Les applications des interférences sont très nombreuses: spectroscopie, contrôle des surfaces, holographie, radionavigation, etc.

interférent, ente [ɛ̃tɛʀfeʀɑ̃, ɑ̃t] adj. PHYS Qui présente des interférences. – De *interférence.*

interférentiel, ielle [ɛ̃tɛʀfeʀɑ̃sjɛl] adj. PHYS Relatif aux interférences. – De *interférence.*

interférer [ɛ̃tɛʀfeʀe] v. intr. [16] **1.** PHYS Produire des interférences. **2.** Fig. Se mêler en se renforçant ou en se contrariant (actions, phénomènes). *Son intervention a interféré avec celle de son collègue.* – De l'angl. *to interfere,* du lat. *inter,* «entre», et *ferire,* «porter» ou «frapper».

interféromètre [ɛ̃tɛʀfeʀɔmɛtʀ] n. m. PHYS Appareil qui sert à produire des franges d'interférence, à les repérer et à mesurer les distances entre les franges. – De *interférence,* et *-mètre.*

interféron [ɛ̃tɛʀfeʀɔ̃] n. m. BIOCHIM Substance soluble que sécrètent les cellules infectées par un virus et qui protège les autres cellules de l'infection virale. – De *interférer.*

interfluve [ɛ̃tɛʀflyv] n. m. GEOMORPH Relief séparant deux vallées. – Mot angl., de *inter-,* et du lat. *fluvius,* «fleuve».

intergalactique [ɛ̃tɛʀgalaktik] adj. ASTRO Situé entre des galaxies différentes. – De *inter-,* et *galactique.*

interglaciaire [ɛ̃tɛʀglasjɛʀ] adj. et n. m. GEOMORPH Se dit des dépôts qui se sont formés durant la période comprise entre deux glaciations. ▷ N. m. Cette période elle-même. – De *inter-,* et *glaciaire.*

intergouvernemental, ale, aux [ɛ̃tɛʀguvɛʀnəmɑ̃tal, o] adj. Qui concerne plusieurs gouvernements. *Le ministère des Affaires intergouvernementales.* – De *inter-,* et *gouvernemental.*

intergroupe [ɛ̃tɛʀgʀup] adj. Qui réunit, qui est commun à plusieurs groupes (spécial. à plusieurs groupes parlementaires). *Réunion intergroupe* ou *intergroupes.* – De *inter-,* et *groupe.*

intérieur, eure [ɛ̃teʀjœʀ] adj. et n. m. **I.** adj. **1.** Qui est situé au-dedans, entre les limites de qqch. *Mur intérieur. La politique intérieure d'un État.* **2.** Fig. Qui est du domaine de l'esprit, des sentiments. *Vie intérieure.* **II.** n. m. **1.** Le dedans. *L'intérieur d'une voiture.* **2.** Logement, foyer. *Un intérieur accueillant. Femme d'intérieur,* qui a du goût et de l'aptitude pour les travaux ménagers. **3.** En France, les affaires intérieures. *Ministère de l'Intérieur.* **4.** loc. adv. *À l'intérieur:* au-dedans. ▷ Loc. prép. *À l'intérieur de:* au-dedans de. – Lat. *interior.*

intérieurement [ɛ̃teʀjœʀmɑ̃] adv. **1.** À l'intérieur, au-dedans. **2.** Dans le cœur, l'esprit. *Être touché intérieurement.* – De *intérieur.*

intérim [ɛ̃teʀim] n. m. **1.** Laps de temps pendant lequel une charge vacante est exercée par une autre personne que le titulaire; exercice de cette charge. *Président par intérim. Assurer l'intérim.* **2.** Activité du personnel intérimaire. – Adv. lat., «pendant ce temps-là».

intérimaire [ɛ̃teʀimɛʀ] adj. et n. Qui remplit une fonction par intérim. ▷ *Personnel intérimaire,* détaché dans une entreprise par une entreprise de travail temporaire. – Subst. *Un, une intérimaire.* – De *intérim.*

interindividuel, elle [ɛ̃tɛʀɛ̃dividɥɛl] adj. Qui a trait aux rapports entre individus. *Psychologie interindividuelle.* – De *inter-,* et *individuel.*

intériorisation [ɛ̃teʀjɔʀizasjɔ̃] n. f. Didac. ou litt. Action d'intérioriser; tendance à se replier sur soi-même. – De *intérioriser.*

intérioriser [ɛ̃teʀjɔʀize] v. tr. [1] **1.** Rendre plus intérieur, moins exprimé (une émotion, un sentiment). **2.** PSYCHO Ramener à l'intérieur, au moi. *Intérioriser un conflit.* – De *intérieur.*

intériorité [ɛ̃teʀjɔʀite] n. f. État de ce qui est intérieur. – De *intérieur.*

interjectif, ive [ɛ̃tɛʀʒɛktif, iv] adj. GRAM Qui exprime, qui remplace une interjection. *Locution interjective.* – Bas lat. *interjectivus.*

interjection [ɛ̃tɛʀʒɛksjɔ̃] n. f. **1.** GRAM Mot invariable qui renseigne sur l'attitude du locuteur, ou dont la fonction est phatique. (Ex.: bof! ah! ouf! ciel! etc.) **2.** DR Action d'interjeter (un appel). – Lat. *interjectio,* «intercalation, interjection».

interjeter [ɛ̃tɛʀʒəte] v. tr. [23] DR *Interjeter appel:* faire appel d'un jugement. – De *inter-,* et *jeter.*

interligne [ɛ̃tɛʀliɲ] n. **I.** n. m. **1.** Espace compris entre deux lignes écrites ou imprimées. **2.** DR Ce que l'on écrit dans un interligne. *La loi interdit tout interligne dans un acte authentique.* **II.** n. f. IMPRIM Lame de métal servant à séparer les lignes entre elles. – De *inter-,* et *ligne.*

interligner [ɛ̃tɛʀliɲe] v. tr. [1] **1.** Écrire dans les interlignes. **2.** IMPRIM Séparer par des interlignes. *Interligner une composition.* – De *interligne.*

interlinéaire [ɛ̃tɛʀlineɛʀ] adj. Didac. Écrit dans l'interligne. *Note interlinéaire.* – Lat. médiév. *interlinearis,* de *inter,* «entre», et *linea,* «ligne».

interlock [ɛ̃tɛʀlɔk] n. m. **1.** TECH Machine à tricoter un tissu à mailles. **2.** Tissu à mailles fines, obtenu avec cette machine, utilisé notam. pour la confection des sous-vêtements. – Mot angl., de *to interlock,* «entrecroiser, entremêler».

interlocuteur, trice [ɛ̃tɛʀlɔkytœʀ, tʀis] n. **1.** Litt. Personnage introduit dans un dialogue. **2.** Personne qui converse avec une autre. ▷ *Par ext.* Personne qui est en négociation (diplomatique, politique, etc.) avec une autre. – Du lat. *interloqui,* «couper la parole, interrompre», pp. *interlocutus.*

interlocutoire [ɛ̃tɛʀlɔkytwaʀ] adj. DR *Jugement interlocutoire:* se dit d'un jugement rendu en cours d'instance, avant le jugement final qui dispose du fond du litige. – Lat. médiév. *interlocutorius,* de *interloqui,* «couper la parole, interrompre».

interlope [ɛ̃tɛʀlɔp] adj. et n. m. **I.** adj. **1.** Dont l'activité consiste en un trafic illégal. *Navire, commerce interlope.* **2.** Fig. Louche, équivoque. *Milieux interlopes.* **II.** n. m. Vx Navire marchand qui trafique en fraude. – Angl. *interloper,* de *to interlope,* «s'entremettre».

interloqué, ée [ɛ̃tɛʀlɔke] adj. Stupéfait, interdit. – Pp. de *interloquer.*

interloquer [ɛ̃tɛʀlɔke] v. tr. [1] Déconcerter, stupéfier, interdire. *Cette apostrophe l'a interloqué.* – Lat. *interloqui,* «couper la parole, interrompre».

interlude [ɛ̃tɛʀlyd] n. m. **1.** MUS Petite pièce instrumentale, entre deux morceaux plus importants. – Divertissement d'une fugue. **2.** À la radio, à la télévision, divertissement comblant une attente entre deux émissions ou pendant une coupure imprévue. – Mot angl.; de *inter-,* et du lat. *ludus,* «jeu».

intermède [ɛ̃tɛʀmɛd] n. m. **1.** Divertissement (musique, ballet, etc.) exécuté entre les actes d'une pièce de théâtre, d'un spectacle. *Intermède dansé.* **2.** Ce qui se place entre deux parties, ce qui interrompt la continuité d'un tout. *Les vacances sont un intermède nécessaire dans l'année.* – Ital. *intermedio,* du lat. *intermedius,* de *inter,* «entre», et *medius,* «qui est au centre».

intermédiaire [ɛ̃tɛʀmedjɛʀ] adj. et n. **I.** adj. Qui se trouve au milieu, entre deux; qui assure une transition. *Espace intermédiaire. – Stade intermédiaire,* entre deux phases d'un processus. **II.** n. m. **1.** Entremise, truchement, transition. *Je lui en ai fait part par l'intermédiaire d'un ami. Passer d'une idée à l'autre sans intermédiaire.* **2.** n. Personne qui s'entremet dans une négociation. *Commission d'intermédiaire dans une transaction commerciale.* – Du lat. *intermedius.*

intermezzo [ɛ̃tɛʀmedzo] n. m. MUS Composition de forme libre. *Un intermezzo de Schumann, de Brahms. – Des intermezzos.* – Mot ital., var. de *intermedio.*

interminable [ɛ̃tɛʀminabl] adj. Qui ne peut ou ne semble pas pouvoir se terminer, très long. *Cortège interminable. Discours interminable.* – Bas lat. *interminabilis.*

interminablement [ɛ̃tɛʀminabləmɑ̃] adv. De façon interminable. – De *interminable.*

interministériel, elle [ɛ̃tɛʀministeʀjɛl] adj. Commun à plusieurs ministres ou à plusieurs ministères. *Réunion interministérielle.* – De *inter-,* et *ministériel.*

intermittence [ɛ̃tɛʀmitɑ̃s] n. f. **1.** Caractère de ce qui est intermittent. – *Par intermittence:* par périodes, irrégulièrement. **2.** Fig. *Les intermittences du cœur.* **3.** MED Intervalle entre les accès d'une fièvre ou d'une maladie. ▷ *Intermittence du cœur, du pouls:* arrêt périodique dans la série régulière des pulsations. – De *intermittent.*

intermittent, ente [ɛ̃tɛʀmitɑ̃, ɑ̃t] adj. Qui cesse et reprend par intervalles. *Fièvre intermittente. Source intermittente.* – Lat. *intermittens,* de *intermittere,* «discontinuer».

intermoléculaire [ɛ̃tɛʀmɔlekylɛʀ] adj. PHYS, CHIM Situé entre les molécules d'un corps. – De *inter-,* et *moléculaire.*

internat [ɛ̃tɛʀna] n. m. **1.** État d'un élève interne. – *Par ext.* Établissement qui accueille des internes. **2.** Fonction d'interne des hôpitaux. – Durée de cette fonction. – De *interne.*

international, ale, aux [ɛ̃tɛʀnasjɔnal, o] adj. et n. **1.** adj. Qui a lieu, qui se passe de nation à nation, entre les nations. *Le commerce international. Relations internationales.* ▷ *Association internationale des travailleurs,* et par abrév. *Internationale* (n. f.): groupement des divers partis ouvriers du monde dont l'objectif est l'avènement mondial du socialisme. – *L'Internationale:* hymne révolutionnaire (poème d'E. Pottier, 1871; musique de P. Degeyter, 1888), qui fut l'hymne soviétique jusqu'à la Seconde Guerre mondiale et demeure l'hymne international des partis socialistes et communistes. **2.** n. *Un(e) international(e),* qui participe à des compétitions internationales. – De *inter-,* et *national.*

ENCYCL La 1re Internationale (Association internationale des travailleurs) fut fondée à Londres (1864) par divers mouvements révolutionnaires et dirigée par K. Marx. Après avoir connu de graves conflits internes (exclusion des anarchistes de Bakounine, 1872), elle fut dissoute en 1876. La IIe Internationale (congrès de Paris, 1889) regroupa les partis socialistes et sociaux-démocrates européens. La guerre de 1914-1918 fit éclater les dissensions entre les réformistes «nationalistes» (majoritaires) et les révolutionnaires marxistes «internationalistes». La révolution russe d'octobre 1917 consomma la scission entre socialistes et communistes (1919). Appelée désormais Internationale ouvrière socialiste, la IIe Internationale fut dissoute en 1939 et reconstituée en 1951. La IIIe Internationale (ou *Komintern*), créée par Lénine (congrès de Moscou, 1919), réunit les partis communistes sous l'égide du P.C. sov.; elle fut dissoute par Staline en 1943 et remplacée par le *Kominform* (1947-1956). La IVe Internationale, fondée par Trotski (1938), regroupe de nombr. communistes antistaliniens.

internationalisation [ɛ̃tɛʀnasjɔnalizasjɔ̃] n. f. Action d'internationaliser; son résultat. *L'internationalisation d'un conflit.* – De *internationaliser.*

internationaliser [ɛ̃tɛʀnasjɔnalize] v. tr. [1] Rendre international. – Placer sous régime international (un territoire, une zone). – De *international.*

internationalisme [ɛ̃tɛʀnasjɔnalism] n. m. Doctrine préconisant les ententes internationales pardelà les divers intérêts nationaux, partic. l'union internationale des peuples par-delà les frontières. – De *international.*

internationalité [ɛ̃tɛʀnasjɔnalite] n. f. Caractère de ce qui est international. – De *international.*

interne [ɛ̃tɛʀn] adj. et n. **1.** adj. Qui est situé à l'intérieur, au-dedans. *Partie interne d'un récipient.* ▷ ANAT *Organe interne. Face interne d'un membre,* celle qui est située vers l'axe médian du corps. ▷ GEOM *Angles internes,* situés à l'intérieur de deux droites quelconques coupées par une sécante. ▷ MATH *Loi de composition interne:* application de $E \times E$ dans E. ▷ PHYS *Énergie interne :* somme des énergies cinétiques et potentielles des molécules. **2.** n. *Un, une interne:* élève logé et nourri dans l'établissement scolaire qu'il fréquente. ▷ *Interne des hôpitaux:* étudiant(e) en médecine qui, après avoir passé le concours de l'internat, exerce des responsabilités hospitalières. – Lat. *internus.*

interné, ée [ɛ̃tɛʀne] adj. (et n.) Enfermé (spécial. en parlant des aliénés). ▷ Subst. *Libérer les internés politiques.* – Pp. de *interner.*

internement [ɛ̃tɛʀnəmɑ̃] n. m. Action d'interner; état d'une personne internée. – De *interner.*

interner [ɛ̃tɛʀne] v. tr. [1] **1.** Vx Assigner à résidence par mesure administrative (c.-à-d. sans motif pénal). *Interner des réfugiés politiques.* **2.** Enfermer dans un hôpital psychiatrique, dans un asile. *Interner un aliéné.* – De *interne.*

internonce [ɛ̃tɛʀnɔ̃s] n. m. RELIG CATHOL Celui qui fait fonction de nonce auprès d'un État où il n'y en a pas. – Lat. ecclés. *internuntius.*

interocéanique [ɛ̃tɛʀɔseanik] adj. Qui est situé, qui se fait entre deux océans. *Liaison interocéanique.* – De *inter-,* et *océanique.*

intéroceptif, ive [ɛ̃teʀɔsɛptif, iv] adj. PHYSIOL *Sensibilité intéroceptive:* sensibilité des organes internes et plus partic. ceux des fonctions végétatives (par oppos. à *sensibilité proprioceptive).* – De *intérieur,* et *réceptif.*

interpellateur, trice [ɛ̃tɛʀpelatœʀ, tʀis] n. Personne qui interpelle. – Lat. *interpellator,* «celui qui interrompt, qui dérange».

interpellation [ɛ̃tɛʀpelasjɔ̃] n. f. **1.** Action d'interpeller. **2.** Débat tenu en commission parlementaire entre un député, qui en est l'initiateur, et un ministre. – Lat. *interpellatio,* «interruption, interpellation».

interpeller [ɛ̃tɛʀpəle] v. tr. [1] Adresser la parole à (qqn) pour lui demander qqch, pour le sommer de s'expliquer. *Interpeller grossièrement qqn.* ▷ Mod., fig. *Cet état de fait l'interpelle,* détourne son attention, le préoccupe. – Lat. *interpellare,* «interrompre, déranger».

interpénétration [ɛ̃tɛʀpenetʀasjɔ̃] n. f. Pénétration réciproque. – De *inter-,* et *pénétration.*

interpénétrer (s') [ɛ̃tɛʀpenetʀe] v. pron. [16] Se pénétrer réciproquement. – De *inter-,* et *pénétrer.*

interphase [ɛ̃tɛʀfɑz] n. f. BIOL Phase de duplication de la masse d'A.D.N. dans la cellule. V. mitose. – De *inter-,* et *phase.*

interphone [ɛ̃tɛʀfɔn] n. m. Installation téléphonique intérieure dont chaque poste est muni d'un haut-parleur unique pour l'émission et la réception, un commutateur permettant de passer de l'écoute à la parole. – Nom déposé; de *téléphone intérieur.*

interplanétaire [ɛ̃tɛʀplanetɛʀ] adj. Qui est, qui a lieu entre les planètes. *Espaces, voyages interplanétaires.* ▷ Par ext. *Fusée interplanétaire.* – De *inter-,* et *planète.*

interpolation [ɛ̃tɛʀpɔlasjɔ̃] n. f. **1.** Action d'interpoler dans un texte; résultat de cette action. *Les interpolations dans les hymnes homériques.* **2.** MATH Évaluation de la valeur d'une fonction entre deux points de valeurs connues. *Interpolation linéaire,* qui assimile à un segment de droite l'arc de la courbe. – Lat. *interpolatio.*

interpoler [ɛ̃tɛʀpɔle] v. tr. [1] **1.** Insérer par ignorance ou par fraude (un mot ou un passage étranger) dans un texte. **2.** MATH Pratiquer une interpolation. – Lat. *interpolare,* «réparer», d'où «falsifier».

interposé, ée [ɛ̃tɛʀpoze] adj. Placé entre. – Loc. *Par personne interposée:* par l'entremise de qqn. – Pp. de *interposer.*

interposer [ɛ̃tɛʀpoze] v. tr. [1] **1.** Placer entre deux choses. *Interposer un prisme entre une source lumineuse et un écran.* ▷ v. pron. *Les éclipses se produisent quand la Lune s'interpose entre le Soleil et la Terre.* **2.** Faire intervenir. *Interposer son crédit.* ▷ v. pron. Intervenir (comme médiateur, dans une discussion; pour mettre fin à une dispute). *Ils allaient en venir aux mains, je me suis interposé.* – Du lat. *interponere,* avec influence de *poser.*

interposition [ɛ̃tɛʀpozisjɔ̃] n. f. **1.** Situation d'un corps interposé. **2.** Fig. Intervention d'une autorité supérieure. – Lat. *interpositio.*

interprétable [ɛ̃tɛʀpʀetabl] adj. Qui peut être interprété. – De *interpréter.*

interprétariat [ɛ̃tɛʀpʀetaʀja] n. m. Fonction d'interprète. – De *interprète.*

interprétatif, ive [ɛ̃tɛʀpʀetatif, iv] adj. Qui interprète; explicatif. *Déclaration interprétative.* – De *interpréter.*

interprétation [ɛ̃tɛʀpʀetasjɔ̃] n. f. **1.** Action d'interpréter; explication. *Interprétation d'un songe.* **2.** Action de donner un sens à une chose; son résultat. *Interprétations opposées d'un événement.* **3.** Façon dont est jouée une œuvre dramatique ou musicale. *Remarquable interprétation.* – Lat. *interpretatio.*

interprète [ɛ̃tɛʀpʀɛt] n. **1.** Personne qui explique le sens d'un texte. *Les interprètes de l'Ancien Testament.* **2.** Traducteur par l'entremise duquel des personnes ne parlant pas la même langue peuvent communiquer oralement. *Interprète assermenté.* **3.** Personne qui fait connaître les intentions, les sentiments d'une autre. *Soyez mon interprète auprès de lui.* **4.** Personne qui joue un rôle dans une œuvre théâtrale ou cinématographique, qui exécute une œuvre musicale. *Brillants interprètes des œuvres de Chopin.* – Lat. *interpres, interpretis,* «intermédiaire traducteur».

interpréter [ɛ̃tɛʀpʀete] v. tr. [16] **1.** Expliquer, clarifier (ce qui est obscur). *Interpréter les rêves.* **2.** Donner la signification de, attribuer tel ou tel sens à (une chose). *Interpréter un texte de loi. Interpréter les intentions de qqn.* **3.** Jouer (un rôle). Exécuter (un morceau de musique). *Interpréter un rôle avec talent. Interpréter une fugue de Bach.* – Lat. *interpretari,* «traduire».

interpréteur [ɛ̃tɛʀpʀetœʀ] n. m. INFORM Programme utilitaire destiné à exécuter directement un programme qui se présente sous la forme d'un texte écrit dans un langage donné. – De *interpréter.*

interprofessionnel, elle [ɛ̃tɛʀpʀɔfesjɔnɛl] adj. Commun à plusieurs professions, à toutes les professions. – De *inter-,* et *professionnel.*

interprovincial, ale, aux [ɛ̃tɛʀpʀɔvɛ̃sjal, o] adj. Qui concerne plusieurs provinces (du Canada). *Un accord interprovincial.* – De *inter-,* et *provincial.*

interracial, ale, aux [ɛ̃tɛʀʀasjal, o] adj. BIOL Qui se produit entre individus de races différentes. *Mélanges interraciaux.* – De *inter-,* et *racial.*

interréaction [ɛ̃tɛʀʀeaksjɔ̃] n. f. CHIM Réaction réciproque entre des corps ou des systèmes. – De *inter-,* et *réaction.*

interrègne [ɛ̃tɛʀʀɛɲ] n. m. Intervalle de temps entre deux règnes. ▷ Fig. Intervalle de temps pendant lequel un État est sans chef. – Lat. *interregnum.*

interrelation [ɛ̃tɛʀʀəlasjɔ̃] n. f. Relation entre des individus, des groupes, des disciplines scientifiques, etc. – De *inter-,* et *relation.*

interrogateur, trice [ɛ̃tɛʀɔgatœʀ, tʀis] adj. (et n.) Qui interroge. *Regard interrogateur.* ▷ Subst. Examinateur. – Bas lat. *interrogator.*

interrogatif, ive [ɛ̃tɛʀɔgatif, iv] adj. (et n. f.) Qui sert à interroger; qui exprime une interrogation.

Pronom interrogatif. – *Proposition interrogative,* ou, n. f., *une interrogative.* – Bas lat. gram. *interrogativus.*

interrogation [ɛ̃tɛʀɔgasjõ] n. f. **1.** Action d'interroger, question, demande. ▷ *Spécial.* Ensemble de questions posées à un élève, à un candidat aux examens. *Interrogation écrite.* **2.** GRAM Construction utilisée pour interroger. *Interrogation directe* (quand la phrase interrogative est indépendante); *interrogation indirecte* (quand elle forme une proposition subordonnée, après *demander,* par ex.). ▷ *Point d'interrogation:* signe de ponctuation (?) qui indique une interrogation. – Lat. *interrogatio.*

interrogativement [ɛ̃tɛʀɔgativmɑ̃] adv. D'une manière interrogative; au moyen d'une interrogation. – De *interrogatif.*

interrogatoire [ɛ̃tɛʀogatwaʀ] n. m. **1.** DR Ensemble des questions posées à un témoin lors de son témoignage. ▷ *Interrogatoire principal:* interrogatoire conduit par la partie qui a produit le témoin ou par son procureur. ▷ *Contre-interrogatoire:* interrogatoire conduit par une partie autre que celle qui a produit un témoin ou par le procureur de cette dernière. **2.** DR Se dit de l'ensemble des questions posées par un agent de la paix à une personne arrêtée ou qui est soupçonnée d'être partie à une infraction. ▷ Toute action d'interroger prolongée et systématique. *Interrogatoire d'un malade.* – Du bas lat. *interrogatorius,* «interrogatif».

interroger [ɛ̃tɛʀɔʒe] v. tr. [15] **1.** Questionner (qqn) pour vérifier ses connaissances, ou pour s'informer. *Interroger un élève. Interroger qqn sur son passé.* ▷ v. pron. *S'interroger:* se poser des questions, examiner en soi-même. *Je m'interroge sur mon avenir.* **2.** Fig. Consulter, examiner. *Interroger sa conscience.* – Lat. *interrogare.*

interrompre [ɛ̃teʀõpʀ] **I.** v. tr. [5] **1.** Rompre la continuité de. *Interrompre le cours d'une rivière par un barrage. Interrompre des vacances.* **2.** Couper la parole à. *Interrompre un orateur.* **II.** v. pron. *S'interrompre.* Cesser de faire une chose. *S'interrompre dans son travail.* – Être interrompu. *La danse s'interrompit.* – Lat. *interrumpere,* «mettre en morceaux, interrompre».

interrupteur, trice [ɛ̃teʀyptœʀ, tʀis] adj. et n. m. **1.** adj. Qui interrompt. **2.** n. m. ELECTR Appareil destiné à interrompre ou à rétablir le passage du courant électrique dans un circuit. – Bas lat. *interruptor.*

interruption [ɛ̃teʀypsjõ] n. f. **1.** Action d'interrompre; résultat de cette action. – *Sans interruption:* d'affilée. *Conduire trois heures sans interruption.* ▷ *Interruption de grossesse.* Syn. avortement (provoqué ou non). **2.** Paroles, cris destinés à interrompre. *Un orateur troublé par d'incessantes interruptions.* – Bas lat. *interruptio.*

intersecté, ée [ɛ̃tɛʀsɛkte] adj. ARCHI Entrelacé. – GEOM Coupé. – De *intersection.*

intersection [ɛ̃tɛʀsɛksjõ] n. f. Rencontre de deux lignes, de deux surfaces, etc., qui se coupent. – GEOM *Point d'intersection,* celui où deux lignes se coupent. ▷ Croisement, rencontre de deux voies de circulation. ▷ MATH *Intersection de deux ensembles:* ensemble des éléments qui appartiennent à la fois à ces deux ensembles. *Le symbole de l'opérateur qui définit une intersection s'écrit* $\cap$ *et s'énonce «inter». Si C est l'intersection des ensembles A et B, on écrit* $C = A \cap B$ («A inter B»). – Lat. *intersectio.*

intersession [ɛ̃tɛʀsɛsjõ] n. f. Temps compris entre deux sessions d'une assemblée. – De *inter-,* et *session.*

intersexué, ée [ɛ̃tɛʀsɛksɥe] ou **intersexuel, elle** [ɛ̃tɛʀsɛksɥɛl] adj. (et n. m.) BIOL Qui présente simultanément des caractères des deux sexes. ▷ N. m. *Un intersexué.* – De *inter-,* et *sexué, sexuel,* d'ap. l'angl. *intersexual.*

intersidéral, ale, aux [ɛ̃tɛʀsideʀal, o] adj. ASTRO Qui se produit, qui s'étend entre les astres. – De *inter-,* et *sidéral.*

intersigne [ɛ̃tɛʀsiɲ] n. m. Lien mystérieux qui semble unir deux faits se produisant au même moment, souvent à de grandes distances, de telle sorte que l'un paraît être le signe de l'autre. – Lat. médiév. *intersignum.*

interstellaire [ɛ̃tɛʀstɛl(l)ɛʀ] adj. ASTRO Qui est situé, qui se produit entre les étoiles. – De *inter-,* et lat. *stella,* «étoile».

ENCYCL Le milieu interstellaire, qu'étudie la cosmochimie, est composé d'atomes, de molécules et de particules solides (poussières interstellaires). Malgré sa faible densité (10^{-19} à 10^{-21} kg/m^3), la masse du milieu interstellaire équivaut probablement à la masse totale des étoiles qui peuplent l'Univers. La matière interstellaire est regroupée dans des «nuages» de dimensions variées, situés dans un milieu de densité plus faible (10^{-21} kg/m^3). Les gaz qui constituent l'essentiel de cette matière sont surtout formés d'hydrogène, ce qui explique la raie de 21 cm observée en radioastronomie dans les espaces interstellaires. La matière interstellaire absorbe l'énergie lumineuse émise par les étoiles. Certaines nébuleuses ne sont constituées que de matière interstellaire. On n'y observe pas d'étoiles, mais une luminosité provoquée par le rayonnement des étoiles situées à proximité.

interstice [ɛ̃tɛʀstis] n. m. Très petit espace, écart entre les éléments constitutifs d'un tout. *Les interstices d'un plancher.* – Bas lat. *interstitium.*

interstitiel, ielle [ɛ̃tɛʀstisjɛl] adj. Situé dans les interstices. ▷ ANAT *Tissu interstitiel,* qui entoure les éléments différenciés d'un organe. – De *interstice.*

intersubjectif, ive [ɛ̃tɛʀsybʒɛktif, iv] adj. Qui a rapport aux relations de sujet à sujet. *Psychologie, relation intersubjective.* – De *inter-,* et *subjectif.*

intersyndical, ale, aux [ɛ̃tɛʀsɛ̃dikal, o] adj. et n. f. Qui concerne, qui réunit plusieurs syndicats. *Comité de lutte intersyndical,* ou, n. f., *une intersyndicale.* – De *inter-,* et *syndical.*

intertidal, ale, aux [ɛ̃tɛʀtidal, o] adj. Didac. *Zone intertidale,* comprise entre les niveaux extrêmes des plus basses et plus hautes mers. – Mot angl., de *inter,* et *tidal* «relatif à la marée».

intertitre [ɛ̃tɛʀtitʀ] n. m. Titre de paragraphe ou de toute partie d'un texte, d'un journal. ▷ CINE Texte apparaissant entre les plans ou séquences d'un film. – De *inter-,* et *titre.*

intertrigo [ɛ̃tɛʀtʀigo] n. m. MED Lésion infectieuse siégeant au niveau des plis cutanés. – Mot lat., «écorchure», rad. *tritum,* de *terere,* «frotter».

intertropical, ale, aux [ɛ̃tɛʀtʀɔpikal, o] adj. Situé entre les tropiques. – De *inter-,* et *tropical.*

interurbain, aine [ɛ̃tɛʀyʀbɛ̃, ɛn] adj. et n. m. Qui relie plusieurs villes entre elles. – *Réseau téléphonique interurbain,* ou, n. m., *l'interurbain* (par abrév. *l'inter*). – De *inter-,* et *urbain.*

intervalle [ɛ̃tɛʀval] n. m. **1.** Distance séparant un lieu, un élément d'un autre. *Intervalle entre deux poteaux.* ▷ MUS Écart entre les fréquences de deux sons. V. encycl. **2.** Espace de temps qui sépare deux faits, deux époques. *Un intervalle de deux heures. Dans l'intervalle.* – Loc. adv. *Par intervalles:* de temps à autre. *Crise qui se produit par intervalles.* **3.** MATH Partie P d'un ensemble E tel que, pour tout couple d'éléments (a,b) de P, a étant inférieur à b, tout élément x de E compris entre a et b appartient à P. *Intervalle fermé,* noté [a,b], tel que $a \leqslant x \leqslant b$. *Intervalle ouvert,*

noté]a,b[, tel que a < x < b. – Lat. *intervallum.*
ENCYCL **Mus.** – Les intervalles tirent leur nom du nombre de degrés de la gamme qu'ils contiennent. Les intervalles *simples* sont: la *seconde,* entre deux degrés joints (*do* et *ré,* par ex.), la *tierce (do* et *mi),* la *quarte,* etc. Les intervalles *redoublés* dépassent l'étendue d'une octave: *neuvième, dixième,* etc.

intervenant, ante [ɛ̃tɛʀvənɑ̃, ɑ̃t] adj. et n. DR Qui intervient dans un procès. ▷ Subst. Personne qui intervient, qui prend part à qqch (notam. à un débat). – Ppr. de *intervenir.*

intervenir [ɛ̃tɛʀvəniʀ] v. intr. [39] **1.** Prendre part à une action en cours. *Intervenir dans une négociation.* **2.** (S. comp.) Interposer son autorité dans un différend, une dispute; entrer en action, jouer un rôle influent. *Ils allaient se battre, je suis intervenu. Il a fait intervenir ses relations.* **3.** DR Devenir, se rendre partie dans un procès. **4.** (Choses.) Jouer un rôle; agir. *En l'occurrence, ces facteurs n'interviennent pas.* ▷ Se produire. *Cet incident est intervenu au moment où l'on s'y attendait le moins.* – Lat. *intervenire.*

intervention [ɛ̃tɛʀvɑ̃sjɔ̃] n. f. **1.** Action d'intervenir. *Intervention d'un personnage influent. Intervention d'un orateur dans un débat. Intervention des forces armées dans un conflit. Forces d'intervention de l'O.N.U.* **2.** MED *Intervention (chirurgicale):* opération. *Pratiquer une intervention.* **3.** DR Action d'intervenir, de devenir partie dans un procès. **4.** (Choses.) Le fait d'intervenir. *L'intervention d'éléments historiques dans un roman.* – De *intervenir.*

interventionnisme [ɛ̃tɛʀvɑ̃sjɔnism] n. m. ECON, POLIT Doctrine préconisant l'intervention soit de l'État dans les affaires privées, soit d'une nation dans un conflit entre d'autres pays. – De *intervention.*

interventionniste [ɛ̃tɛʀvɑ̃sjɔnist] adj. et n. Partisan de l'interventionnisme. – De *intervention.*

interversion [ɛ̃tɛʀvɛʀsjɔ̃] n. f. Dérangement, renversement de l'ordre habituel. – De *intervertir.*

intervertir [ɛ̃tɛʀvɛʀtiʀ] v. tr. [2] Déranger, renverser l'ordre (des parties d'un tout, des éléments d'un ensemble). *Intervertir l'ordre des mots d'une phrase.* – Lat. *intervertere.*

interview [ɛ̃tɛʀvju] n. f. Entretien au cours duquel un journaliste ou un enquêteur interroge une personne sur sa vie, ses opinions, etc. *Accorder, solliciter une interview.* – Mot angl. tiré du fr. *entrevue.*

interviewer [ɛ̃tɛʀvjuve] v. tr. [1] Soumettre (qqn) à une interview. – De *interview.*

intervieweur, euse [ɛ̃tɛʀvjuvœʀ, øz] ou **interviewer** [ɛ̃tɛʀvjuvœʀ] n. Personne qui interviewe. – Du préc.

interzone ou **interzones** [ɛ̃tɛʀzon] adj. Qui concerne plusieurs zones. – De *inter-,* et *zone.*

intestat [ɛ̃tɛsta] adj. et n. DR Qui n'a pas fait de testament. *Mourir intestat.* V. aussi *ab intestat.* – Lat. jurid. *intestatus.*

1. intestin, ine [ɛ̃tɛstɛ̃, in] adj. Qui a lieu à l'intérieur d'un corps social. *Parti agité par des dissensions intestines. Guerre intestine:* guerre civile. – Lat. *intestinus.*

2. intestin [ɛ̃tɛstɛ̃] n. m. Portion du tube digestif comprise entre l'estomac et l'anus. V. encycl. Cf. aussi digestion. – Lat. *intestina,* «entrailles», plur. de *intestinum.*
ENCYCL L'intestin comprend, de haut en bas (dans le sens du transit alimentaire): l'intestin grêle (long d'env. 8 m chez l'homme), formé par le duodénum, le jéjunum, et l'iléon, qui s'abouche, au niveau du cæcum, dans le gros intestin, ou côlon, lequel se subdivise en côlon droit (ascendant), côlon transverse et côlon gauche (descendant), prolongé par le sigmoïde et terminé par le rectum et l'anus. L'intestin, vascularisé par les artères et les veines mésentériques, est innervé par le nerf splanchnique. Long cylindre souple (il est fixé par le péritoine, qui l'entoure) dans lequel la progression du bol alimentaire est assurée par les mouvements péristaltiques, l'intestin joue un rôle essentiel dans les phénomènes de digestion. Les maladies de l'intestin peuvent avoir des causes mécaniques (occlusion), inflammatoires (colite, appendicite, entérite, entérocolite), infectieuses (amibiase), tumorales et cancéreuses.

intestinal, ale, aux [ɛ̃tɛstinal, o] adj. Relatif aux intestins. *Suc intestinal. Occlusion intestinale.* – De *intestin* 2.

intime [ɛ̃tim] adj. et n. **1.** Intérieur et profond; qui fait l'essence d'une chose, d'un être. *Nature, structure intime.* **2.** Qui existe au plus profond de soi. *L'intime conviction des jurés.* **3.** Qui lie, est lié par un sentiment profond. *Liaison intime. Amis intimes.* ▷ Subst. *Un, une intime.* **4.** Qui est tout à fait privé. *Respecter la vie intime des gens.* ▷ Qui ne réunit que des proches. *Dîner intime.* **5.** *Euph.* Qui a rapport aux fonctions du corps frappées de tabou (sexualité, excrétion). *Rapports intimes:* rapports sexuels. *Toilette intime.* – Lat. *intimus,* superl. de *interior,* «intérieur».

intimé, ée [ɛ̃time] n. et adj. **1.** DR Personne contre laquelle l'appel d'un jugement est formé. **2.** DR Personne contre qui une requête est présentée. – Pp. de *intimer.*

intimement [ɛ̃timmɑ̃] adv. **1.** Intérieurement, profondément. *Intimement persuadé.* **2.** Étroitement. *Intimement liés.* – De *intime.*

intimer [ɛ̃time] v. tr. [1] Signifier avec autorité. *Intimer un ordre à qqn.* – Bas lat. *intimare,* «mettre dans, annoncer, publier».

intimidable [ɛ̃timidabl] adj. Qu'on peut facilement intimider. – De *intimider.*

intimidant, ante [ɛ̃timidɑ̃, ɑ̃t] adj. Qui intimide. *Aspect intimidant.* – Ppr. de *intimider.*

intimidateur, trice [ɛ̃timidatœʀ, tʀis] adj. Propre à intimider, à effrayer. *Paroles intimidatrices.* – De *intimider.*

intimidation [ɛ̃timidasjɔ̃] n. f. Action d'intimider par des menaces; son résultat. – De *intimider.*

intimider [ɛ̃timide] v. tr. [1] Inspirer de la crainte, de l'appréhension à (qqn). *Intimider qqn par des menaces.* ▷ Troubler, inspirer de la gêne, de la timidité à (qqn). – De *in-* 2, et *timide.*

intimiste [ɛ̃timist] n. et adj. **1.** Écrivain qui décrit les sentiments et la vie intimes sur un ton de confidence. ▷ Adj. *Littérature intimiste.* **2.** Peintre de scènes d'intérieur. ▷ Adj. *L'école intimiste.* – De *intime.*

intimité [ɛ̃timite] n. f. **1.** Caractère de ce qui est intime, intérieur. *L'intimité de la conscience.* **2.** Liaison étroite. *Vivre avec qqn dans l'intimité.* **3.** La vie privée, le cercle étroit des intimes. *Recevoir dans l'intimité, dans la plus stricte intimité.* ▷ Caractère de ce qui convient au confort de la vie intime. *L'intimité d'un salon.* – De *intime.*

intitulé [ɛ̃tityle] n. m. Titre (d'un livre, d'un chapitre). – Formule en tête d'un jugement, d'une loi, d'un acte. – Pp. subst. de *intituler.*

intituler [ɛ̃tityle] v. tr. [1] Donner un titre à. *Intituler un ouvrage.* ▷ v. pron. *La symphonie de Beethoven qui s'intitule l'Héroïque.* – Se donner le titre de. *Il s'intitule prince de.* – Bas lat. *intitulare.*

intolérable [ɛ̃tɔleʀabl] adj. **1.** Que l'on ne peut tolérer, insupportable. *Douleurs intolérables.* **2.** Qu'on ne saurait tolérer, inadmissible. *Comportement intolérable.* – Lat. *intolerabilis.*

intolérance [ɛ̃tɔleʀɑ̃s] n. f. **1.** Manque de tolérance; disposition haineuse envers ceux qui ont d'autres opinions que soi. *Intolérance religieuse, idéologique.* **2.** MED Incapacité d'un organisme à tolérer un produit, un aliment ou un médicament particulier. *Intolérance d'un malade aux sulfamides.* – De *in-* 1, et *tolérance.*

intolérant, ante [ɛ̃tɔleʀɑ̃, ɑ̃t] adj. et n. Qui fait preuve d'intolérance. – De *in-* 1, et *tolérant.*

intonation [ɛ̃tɔnasjɔ̃] n. f. **1.** Ton que l'on prend en parlant ou en lisant. *Voix aux intonations chaudes.* **2.** MUS Manière d'émettre un son en rapport avec sa hauteur. *Trouver l'intonation juste.* – Du lat. *intonare,* «tonner».

intouchable [ɛ̃tuʃabl] adj. et n. **1.** adj. Cour. et mod. Qui ne peut être l'objet d'aucune sanction, d'aucune condamnation. *Politicien intouchable grâce à ses appuis.* **2.** n. Individu qui appartient à la classe des parias, en Inde. (Bien que cette classification n'ait plus aucune base juridique en Union indienne, elle demeure dans les faits.) – De *in-* 1, *toucher,* et *-able.*

intoxicant, ante [ɛ̃tɔksikɑ̃, ɑ̃t] adj. Qui cause une intoxication. – Ppr. de *intoxiquer.*

intoxication [ɛ̃tɔksikasjɔ̃] n. f. **1.** MED Affection due à l'action d'un produit toxique, soit élaboré par l'organisme et non excrété (*intoxication endogène:* urémie), soit provenant de l'extérieur (*intoxication exogène:* par aliments, médicaments, gaz, produits chimiques, stupéfiants, alcool, tabac). **2.** Fig. Action insidieuse sur les esprits par certains moyens de propagande. (Abrév. fam. *intox* ou *intoxe*.) – De *intoxiquer.*

intoxiqué, ée [ɛ̃tɔksike] adj. (et n.) **1.** Qui a subi une intoxication. ▷ Subst. *Un, une intoxiqué(e).* **2.** Fig. *Intoxiqué par la propagande officielle.* – Pp. de *intoxiquer.*

intoxiquer [ɛ̃tɔksike] v. tr. [1] **1.** Causer une intoxication à (un être vivant). ▷ v. pron. *S'intoxiquer au gaz.* **2.** Fig. Influencer par une propagande insidieuse. – Lat. médiév. *intoxicare,* de *toxicum,* «poison».

intra-. Préfixe, du lat. *intra,* «à l'intérieur de».

intra-atomique [ɛ̃tʀaatɔmik] adj. PHYS et CHIM Qui existe, qui se produit à l'intérieur de l'atome. – De *intra-,* et *atomique.*

intracardiaque [ɛ̃tʀakaʀdjak] adj. Didac. Qui concerne les cavités du cœur. *Piqûre intracardiaque.* – De *intra-,* et *cardiaque.*

intracellulaire [ɛ̃tʀaselylɛʀ] adj. BIOL Qui est, qui se produit à l'intérieur d'une cellule. – De *intra-,* et *cellule.*

intradermique [ɛ̃tʀadɛʀmik] adj. MED Situé, pratiqué dans l'épaisseur du derme. *Injection intradermique.* – De *intra-,* et *derme.*

intradermoréaction [ɛ̃tʀadɛʀmoʀeaksjɔ̃] n. f. MED Injection intradermique d'une substance, que l'on pratique pour étudier la réaction de l'organisme à cette substance. Abrév. *intradermo.* – De *intradermique,* et *réaction.*

intrados [ɛ̃tʀado] n. m. **1.** ARCHI Partie intérieure et concave (d'une voûte, d'un arc, d'une arcade). **2.** AVIAT Face inférieure de la voilure d'un avion. Ant. extrados. – De *intra-,* et *dos.*

intraduisible [ɛ̃tʀadɥizibl] adj. Impossible à traduire. *Jeu de mots intraduisible.* – De *in-* 1, et *traduisible.*

intraitable [ɛ̃tʀɛtabl] adj. Avec qui l'on ne peut traiter, très rigoureux, inflexible. *Il est intraitable sur ce point.* – Du lat. *intractabilis* «indomptable, inutilisable».

intra-muros [ɛ̃tʀamyʀos] loc. adv. En dedans des murs (de la ville). *Habiter intra-muros.* – Mots latins.

intramusculaire [ɛ̃tʀamyskylɛʀ] adj. À l'intérieur d'un muscle. *Injection intramusculaire.* – De *intra-,* et *musculaire.*

intransigeance [ɛ̃tʀɑ̃ziʒɑ̃s] n. f. Le fait d'être intransigeant; disposition d'esprit intransigeante. – De *intransigeant.*

intransigeant, ante [ɛ̃tʀɑ̃ziʒɑ̃, ɑ̃t] adj. Qui ne transige pas, qui n'accepte pas d'accommodement. *Intransigeant dans ses opinions.* – Esp. *intransigente,* du lat. *transigere* (Cf. transiger).

intransitif, ive [ɛ̃tʀɑ̃zitif, iv] adj. GRAM *Verbe intransitif:* verbe exprimant une action, un état concernant le seul sujet, et dont la construction n'admet par conséquent pas de complément d'objet direct ou indirect. (Ex. *dormir.*) Ant. transitif. – Lat. gram. *intransitivus* (V. transitif).

intransitivement [ɛ̃tʀɑ̃zitivmɑ̃] adv. GRAM De manière intransitive. – De *intransitif.*

intransitivité [ɛ̃tʀɑ̃zitivite] n. f. GRAM Particularité du verbe intransitif. – De *intransitif.*

intransmissibilité [ɛ̃tʀɑ̃smisibilite] n. f. Caractère de ce qui est intransmissible. – De *intransmissible.*

intransmissible [ɛ̃tʀɑ̃smisibl] adj. Qui ne peut être transmis. – De *in-* 1, et *transmissible.*

intransportable [ɛ̃tʀɑ̃spɔʀtabl] adj. Qui ne peut être transporté. *Malade intransportable.* – De *in-*1, et *transportable.*

intrascolaire [ɛ̃tʀaskɔlɛʀ] adj. Qui a lieu, qui se fait à l'intérieur du cadre scolaire. *Des sports intrascolaires.* – De *intra-,* et *scolaire.*

intraspécifique [ɛ̃tʀaspesifik] adj. BIOL Qui se produit au sein d'une espèce particulière. – De *intra-,* et *spécifique.*

intra-utérin, ine [ɛ̃tʀayteʀɛ̃, in] adj. Qui se passe à l'intérieur de l'utérus. *La vie intra-utérine,* avant la naissance. – De *intra-,* et *utérin.*

intraveineux, euse [ɛ̃tʀavenø, øz] adj. et n. Qui est, qui se pratique à l'intérieur des veines. *Injection intraveineuse.* – N. f. *Une intraveineuse.* – De *intra-,* et *veineux.*

intrépide [ɛ̃tʀepid] adj. (et. n.) **1.** Qui ne craint pas le danger. *Soldat intrépide.* ▷ Par ext. *Action intrépide.* **2.** Vieilli Opiniâtre. – Lat. *intrepidus.*

intrépidement [ɛ̃tʀepidmɑ̃] adv. D'une manière intrépide. – De *intrépide.*

intrépidité [ɛ̃tʀepidite] n. f. Qualité d'une personne intrépide. – De *intrépide.*

intrication [ɛ̃tʀikasjɔ̃] n. f. Enchevêtrement de choses, d'idées. *L'intrication des problèmes économiques.* – Du lat. *intricare,* «embrouiller».

intrigant, ante [ɛ̃tʀigɑ̃, ɑ̃t] adj. et n. Qui se plaît à l'intrigue, qui recourt à l'intrigue. ▷ Subst. *Un(e) intrigant(e).* – Ppr. de *intriguer.*

intrigue [ɛ̃tʀig] n. f. **1.** Menées secrètes pour faire réussir ou échouer une affaire. *Intrigue politique.* **2.** Liaison secrète. *Intrigue galante.* **3.** Combinaison des différents incidents qui forment le sujet d'une pièce, d'un roman, d'un film. *Le fil, le nœud de l'intrigue.* – *Comédie d'intrigue,* dont l'action est formée d'aventures compliquées. – Déverbal de *intriguer;* ital. *intrigo.*

intriguer [ɛ̃tʀige] **1.** v. tr. [1] Exciter la curiosité de. *Cette histoire m'intrigue.* **2.** v. intr. Nouer des intrigues, des machinations. *Intriguer pour obtenir un poste.* – Ital. *intrigare,* du lat. *intricare,* «embrouiller, emmêler».

intrinsèque [ɛ̃tʀɛ̃sɛk] adj. Qui appartient en propre à ce dont on parle, lui est essentiel. *Propriétés intrinsèques. Valeur intrinsèque d'un objet,* qui tient à la matière dont il est fait, en dehors de toute convention et de toute appréciation subjective. – Lat. scolast. *intrinsecus*, «au-dedans».

intrinsèquement [ɛ̃tʀɛ̃sɛkmɑ̃] adv. D'une manière intrinsèque. – De *intrinsèque*.

intriquer [ɛ̃tʀike] v. tr. [1] Enchevêtrer, entremêler. – Lat. *intricare*.

intro-. Élément, du lat. *intro*, «dedans».

introducteur, trice [ɛ̃tʀɔdyktœʀ, tʀis] n. Personne qui introduit. *Nicot, l'introducteur du tabac en France*. – Bas lat. *introductor*.

introductible [ɛ̃tʀɔdyktibl] adj. Qui peut être introduit. – De *introduire*.

introductif, ive [ɛ̃tʀɔdyktif, iv] adj. DR Qui marque le début d'une instance judiciaire. *Le bref d'assignation est introductif d'instance*. – De *introduction*.

introduction [ɛ̃tʀɔdyksjɔ̃] n. f. **1.** Action d'introduire qqn. – *Lettre d'introduction*, écrite pour prier qqn d'accueillir favorablement le porteur. **2.** Action d'introduire qqch. *Introduction de marchandises dans un pays*. **3.** Ce qui introduit à la connaissance de qqch; ouvrage qui donne les premiers éléments d'un art, d'une science, d'une technique. *Introduction à l'astronomie*. **4.** Préface, discours préliminaire. *Roman précédé d'une introduction*. **5.** MUS Mouvement lent qui précède l'allégro d'une symphonie, d'une ouverture. – Lat. *introductio*.

introduire [ɛ̃tʀɔdɥiʀ] **I.** v. tr. **[71] 1.** Faire entrer (qqn) dans un lieu. *Introduire qqn auprès d'un personnage important*. **2.** Faire entrer (une chose) dans une autre. *Introduire la clef dans la serrure*. ▷ Fig. *Introduire des coutumes. Cette mesure introduisit le désordre*. **3.** DR Commencer (une procédure). *Introduire une instance devant un tribunal*. **II.** v. pron. Entrer. *Un cambrioleur s'est introduit dans la maison*. – Lat. *introducere*.

introït [ɛ̃tʀɔit] n. m. LITURG CATHOL Prière d'introduction à la messe, récitée par le prêtre ou chantée par le chœur. – Lat. *introitus*, «entrée».

introjection [ɛ̃tʀɔʒɛksjɔ̃] n. f. PSYCHAN Incorporation inconsciente de l'image d'une personne au moi et au surmoi. *Introjection de l'image parentale par l'enfant*. – De *intro-*, et *(pro)jection*.

intromission [ɛ̃tʀɔmisjɔ̃] n. f. Action par laquelle on introduit une chose dans une autre. – Dér. sav. du lat. *intromissus*, de *intromittere*, «faire entrer dans».

intronisation [ɛ̃tʀɔnizasjɔ̃] n. f. Action d'introniser. – De *introniser*.

introniser [ɛ̃tʀɔnize] v. tr. [1] Placer solennellement sur le trône. – Bas lat. ecclés. *inthronizare*, du gr. *thronos*, «siège élevé, trône».

introrse [ɛ̃tʀɔʀs] adj. BOT *Étamine introrse*, dont l'anthère s'ouvre vers le centre de la fleur. Ant. extrorse. – Lat. *introrsum*.

introspectif, ive [ɛ̃tʀɔspɛktif, iv] adj. Qui relève de l'introspection. – De *introspection*.

introspection [ɛ̃tʀɔspɛksjɔ̃] n. f. Étude, observation de la conscience par elle-même. – Mot angl., du lat. de *introspicere*, «regarder à l'intérieur».

introuvable [ɛ̃tʀuvabl] adj. **1.** Qu'on ne peut trouver. **2.** Qu'on trouve difficilement. *Pièce de collection introuvable*. – De *in-* 1, *trouver*, et *-able*.

introversion [ɛ̃tʀɔvɛʀsjɔ̃] n. f. PSYCHO Tendance à donner plus d'importance à la subjectivité qu'au monde extérieur. – Mot all., du lat. *introversus*, «tourné vers l'intérieur».

introverti, ie [ɛ̃tʀɔvɛʀti] adj. et n. PSYCHO Qui a tendance à l'introversion. – De *introversion*.

intrus, use [ɛ̃tʀy, yz] adj. et n. **1.** adj. Introduit sans titre dans une dignité, une charge, un emploi. **2.** n. Personne qui s'introduit quelque part sans y être conviée. *Trouver un intrus dans son bureau*. – Lat. médiév. ecclés. *intrusus*, pour *introtrusus*, «introduit de force».

intrusif, ive [ɛ̃tʀyzif, iv] adj. GEOL *Roches intrusives:* roches éruptives qui ont été injectées à l'état liquide dans les roches superficielles. – De *intrusion*.

intrusion [ɛ̃tʀyzjɔ̃] n. f. **1.** Fait de s'introduire contre le droit ou sans titre dans une dignité, une charge, une société, etc. **2.** Fait de s'introduire en un lieu sans y être convié. **3.** GEOL Pénétration d'une roche dans une couche d'une autre nature. – Lat. médiév. *intrusio*.

intubation [ɛ̃tybasjɔ̃] n. f. MED Introduction d'un tube ou d'une sonde dans un conduit naturel, notam. dans la trachée, pour assurer la liberté des voies aériennes au cours d'une anesthésie. – Mot angl., du lat. *tubus*, «tube».

intuitif, ive [ɛ̃tɥitif, iv] adj. (et n.) **1.** Qui provient de l'intuition. *Connaissance intuitive*. **2.** Qui a une faculté d'intuition développée. ▷ Subst. *Un intuitif, une intuitive*. – V. intuition.

intuition [ɛ̃tɥisjɔ̃] n. f. **1.** Connaissance directe et immédiate, sans recours au raisonnement. *Intuition sensorielle*. **2.** Pressentiment. *Avoir l'intuition de ce qui va arriver*. – Lat. scolast. *intuitio*, de *intueri*, «regarder attentivement».

intuitionnisme [ɛ̃tɥisjɔnism] n. m. PHILO Doctrine selon laquelle la connaissance repose essentiellement sur l'intuition. *L'intuitionnisme de Bergson*. – De *intuition*.

intuitivement [ɛ̃tɥitivmɑ̃] adv. Par intuition. – De *intuitif*.

intumescence [ɛ̃tymɛsɑ̃s] n. f. **1.** Gonflement. **2.** PHYS En mécanique des fluides, onde de surface dans un canal découvert de faible profondeur. – Du lat. *intumescere*, «se gonfler».

intumescent, ente [ɛ̃tymɛsɑ̃, ɑ̃t] adj. Qui commence à gonfler. *Chairs intumescentes*. – De *intumescence*.

intussusception [ɛ̃tysysɛpsjɔ̃] n. f. **1.** BIOL Chez les êtres organisés, absorption cellulaire d'éléments nutritifs. *Le mécanisme d'intussusception est fondamental dans la croissance des êtres vivants*. **2.** MED Syn. de *invagination*. – Du lat. *intus*, «dedans», et *susceptio*, «action de prendre sur soi».

inuit [inɥit] adj. et n. Relatif aux autochtones qui habitent le Nord canadien. *La civilisation inuit*. Rem. L'adjectif *Inuit* est invariable et conserve la même forme au fém. comme au pl. ▷ Subst. pl. *Des Inuit*. Rem. Au sing., on a la forme *Inuk*. L'OLF considère le mot *Inuit* comme invariable. – Mot inuit signifiant «les êtres humains», «les hommes».

ENCYCL Anciennement, seule la forme *Esquimau* était utilisée pour identifier ces populations nordiques. Comme les individus concernés se désignent eux-mêmes par le terme *Inuit*, celui-ci s'est peu à peu imposé dans les milieux spécialisés canadiens, mais n'a toujours pas réussi à percer les milieux scientifiques internationaux où *Esquimau* demeure presque exclusivement en usage. V. esquimau.

Inuk. V. inuit.

inuktitut [inuktitut] n. m. Langue des Inuit. *L'inuktitut comporte des caractères syllabiques*. – Mot inuit signifiant «comme les Inuit».

ENCYCL Le terme tend à supplanter, du moins chez les spécialistes, *esquimau* qui se charge d'une connotation péjorative. V. esquimau.

inule [inyl] n. f. Plante (genre *Inula*, fam. composées) à fleurs jaunes en capitule. – Lat. *inula*.

inuline [inylin] n. f. BIOCHIM Sucre complexe, polymère du fructose, qui constitue la matière de réserve de nombreux végétaux. – De *inule*, et *-ine*.

inusable [inyzabl] adj. Qui ne s'use pas; qui ne s'use que difficilement. – De *in-* 1, *user*, et *-able*.

inusité, ée [inyzite] adj. **1.** Qui n'est pas ou presque pas usité. *Mot inusité*. **2.** Inhabituel. – Lat. *inusitatus*.

inusuel, elle [inyzɥɛl] adj. Qui n'est pas usuel. – De *in-* 1, et *usuel*.

inutile [inytil] adj. (et n.) **1.** Qui n'est d'aucune utilité. *Meuble inutile*. **2.** Qui ne se rend pas utile (personnes). ▷ Subst. *Les inutiles*. – Lat. *inutilis*.

inutilement [inytilmɑ̃] adv. Sans utilité, en vain. *Se tourmenter inutilement*. – De *inutile*.

inutilisable [inytilizabl] adj. Qui ne peut être utilisé. – De *in-* 1, et *utilisable*.

inutilisé, ée [inytilize] adj. Qui n'est pas utilisé. – De *in-* 1, et pp. de *utiliser*.

inutilité [inytilite] n. f. **1.** Manque d'utilité. *Inutilité d'un effort*. **2.** Plur. Choses, paroles inutiles. *Discours plein d'inutilités*. – Lat. *inutilitas*.

invagination [ɛ̃vaʒinasjɔ̃] n. f. BIOL Repliement en doigt de gant d'une cavité sur elle-même. ▷ MED Repliement de l'intestin, provoquant une occlusion. – De *in-* 1, et du lat. *vagina*, «gaine».

invaincu, ue [ɛ̃vɛ̃ky] adj. Qui n'a jamais été vaincu. – De *in-* 1, et pp. de *vaincre*.

invalidation [ɛ̃validasjɔ̃] n. f. DR Action d'invalider. – De *invalider*.

invalide [ɛ̃valid] adj. et n. **1.** Empêché par une infirmité de mener une vie normalement active. –Subst. *Un(e) invalide*. ▷ N. m. Soldat que l'âge ou les blessures empêchent de servir. **2.** DR Qui n'a pas les qualités requises par la loi. *Acte invalide*. – Lat. *invalidus*.

invalider [ɛ̃valide] v. tr. [1] DR Déclarer invalide, rendre nul. *Invalider une élection*. – De *invalide*.

invalidité [ɛ̃validite] n. f. **1.** État d'une personne invalide. *Certificat d'invalidité*. **2.** DR Nullité. *Invalidité d'un mariage*. – De *invalide*.

invar [ɛ̃vaʀ] n. m. METALL Acier à 36 % de nickel qui possède un coefficient de dilatation presque nul. – Nom déposé, abrév. de *invariable*.

invariabilité [ɛ̃vaʀjabilite] n. f. Caractère de ce qui est invariable. – De *invariable*.

invariable [ɛ̃vaʀjabl] adj. Qui ne change pas. *Ordre invariable des saisons*. ▷ GRAM Dont la forme reste toujours identique. *Les adverbes sont des mots invariables*. – De *in-* 1, et *variable*.

invariablement [ɛ̃vaʀjabləmɑ̃] adv. De manière invariable. – De *invariable*.

invariance [ɛ̃vaʀjɑ̃s] n. f. GEOM et PHYS NUCL Propriété caractérisant une grandeur qui n'est pas affectée par une transformation. – De *invariant*.

invariant, iante [ɛ̃vaʀjɑ̃, jɑ̃t] adj. et n. m. **1.** GEOM Se dit d'une fonction qui conserve la même valeur lors d'une transformation (changement d'axes, par ex.). **2.** PHYS NUCL Se dit d'une grandeur ou loi qui se conserve après une transformation. ▷ Subst. *Un invariant:* grandeur, élément, propriété qui restent constants. – De *in-* 1, et ppr. de *varier*.

invasion [ɛ̃vazjɔ̃] n. f. **1.** Irruption d'une armée d'un pays dans un autre pays. ▷ Pénétration massive, accompagnée de destructions et de violence, d'un peuple étranger sur un territoire donné. *Les invasions des Barbares, les Grandes Invasions*. **2.** Envahissement. *Invasion de moustiques*. ▷ Fig. *L'invasion du mauvais goût*. **3.** MED Période qui mène des premiers symptômes à la période d'état d'une maladie. – Bas lat. *invasio*, de *invadere*, «envahir».

invective [ɛ̃vɛktiv] n. f. (Souvent au plur.) Parole violente contre qqch, qqn. *Se répandre en invectives*. – Du bas lat. *invectivæ (orationes)*, «discours agressifs», de *invehi*, «attaquer».

invectiver [ɛ̃vɛktive] **1.** v. tr. [1] Lancer des invectives contre. *Invectiver les passants*. **2.** v. intr. Proférer des invectives. *Invectiver contre le luxe*. – De *invective*.

invendable [ɛ̃vɑ̃dabl] adj. Qu'on ne peut réussir à vendre. – De *in-* 1, et *vendable*.

invendu, ue [ɛ̃vɑ̃dy] adj. et n. Qui n'a pas été vendu. ▷ N. m. Marchandise non vendue et rendue par les détaillants. – De *in-*, et pp. de *vendre*.

inventaire [ɛ̃vɑ̃tɛʀ] n. m. **1.** Opération qui consiste à dresser une liste détaillée décrivant, avec indication de leur juste valeur, les biens, droits et créances d'une personne, d'une succession, d'une communauté ou d'une société. ▷ *Accepter une succession sous bénéfice d'inventaire:* déclarer qu'on n'acceptera une succession qu'après l'établissement d'un inventaire faisant apparaître un actif supérieur au passif. – Fig. *Sous bénéfice d'inventaire:* sous réserve de vérification. **2.** Dénombrement, état des marchandises en stock, des valeurs disponibles et des créances, permettant d'évaluer les pertes et les profits. *Tout commerçant doit procéder à un inventaire annuel*. **3.** Dénombrement, recensement. *Faire l'inventaire des connaissances humaines*. – Du bas lat. jurid. *inventarium*, de *invenire*, «trouver».

inventer [ɛ̃vɑ̃te] v. tr. [1] **1.** Trouver, imaginer (qqch de nouveau). *Inventer un nouveau type de moteur*. **2.** Imaginer, forger de toutes pièces. *Il invente toujours des histoires invraisemblables*. – De *inventeur*.

inventeur, trice [ɛ̃vɑ̃tœʀ, tʀis] n. et adj. Personne qui invente, découvre (qqch de nouveau). – Adj. *Une capacité inventrice*. – Lat. *inventor, inventrix*, de *invenire*, «trouver».

inventif, ive [ɛ̃vɑ̃tif, iv] adj. Qui invente, qui a la faculté, le goût d'inventer. *Esprit inventif*. – De *inventeur*.

invention [ɛ̃vɑ̃sjɔ̃] n. f. **1.** RELIG Découverte (d'une relique). *Invention de la Sainte Croix*. **2.** Action d'inventer; chose inventée. **3.** Faculté d'inventer. **4.** Chose imaginée; produit de l'imagination. ▷ Mensonge, chimère. **5.** MUS Petite pièce en forme de fugue. – Lat. *inventio*.

inventorier [ɛ̃vɑ̃tɔʀje] v. tr. [1] Faire l'inventaire de. – De l'a. fr. *inventoire*, «registre».

invérifiable [ɛ̃veʀifjabl] adj. Qui ne peut être vérifié. – De *in-* 1, et *vérifiable*.

inverse [ɛ̃vɛʀs] adj. et n. m. **I.** adj. **1.** Renversé par rapport au sens, à l'ordre naturel, habituel. *En sens inverse. Dans un ordre inverse*. **2.** MATH *Nombres inverses :* nombres dont l'un est le quotient de l'unité par l'autre. (Ex.: 3 et 1/3.) – GEOM *Figures inverses*, qui se déduisent l'une de l'autre par inversion. **3.** LOG *Proposition inverse*, dont les termes sont renversés par rapport à une autre proposition. **II.** n. m. **1.** Ce qui est inverse, opposé. *Faire, dire l'inverse*. ▷ Loc. adv. (et prép.). *À l'inverse (de) :* au contraire (de). **2.** CHIM *Inverses optiques:* chacune des deux formes d'une substance dont la configuration moléculaire n'est pas superposable à son image spéculaire. – Lat. *inversus*, pp. de *invertere*, «retourner».

inversement [ɛ̃vɛʀsəmɑ̃] adv. D'une manière inverse. *Grandeurs inversement proportionnelles*. – De *inverse*.

inverser [ɛ̃vɛʀse] v. tr. [1] Mettre dans l'ordre, le sens, la position inverse. ▷ TECH Changer le sens de (un courant électrique, un mouvement, etc.). – De *inverse.*

inverseur [ɛ̃vɛʀsœʀ] n. m. ELECTR Appareil destiné à changer le sens d'un courant. ▷ AERON et ESP *Inverseur de jet, de poussée,* du réacteur ou du moteur-fusée d'un avion, d'un engin spatial. – De *inverser.*

inversion [ɛ̃vɛʀsjɔ̃] n. f. Action d'inverser, fait de s'inverser. **1.** GRAM Renversement, changement dans l'ordre habituel des mots; construction qui en résulte. *Inversion du sujet dans les tournures interrogatives de la langue écrite* («Où suis-je?»). **2.** CHIM *Inversion du sucre:* dédoublement du saccharose (dextrogyre) en glucose et lévulose (mélange lévogyre). **3.** GEOM Transformation d'une figure en une autre telle que, si M est un point de la première figure et O un point fixe (appelé *pôle d'inversion),* le transformé M' de M soit situé sur la droite OM et que l'on ait $\overrightarrow{OM}.\overrightarrow{OM'} = R$ (R étant un nombre réel non nul appelé *puissance d'inversion).* **4.** METEO *Inversion de température:* augmentation de la température avec l'altitude (contrairement à ce qui se produit normalement). **5.** GEOL *Inversion de relief:* transformation résultant d'une action de l'érosion qui creuse les anticlinaux et épargne les synclinaux. **6.** PHOTO Opération qui permet d'obtenir une image positive dès la prise de vue. **7.** MED Anomalie congénitale dans laquelle un ou plusieurs organes sont situés du côté opposé à celui qu'ils occupent normalement. – Retournement d'un organe sur lui-même. **8.** État d'un inverti sexuel. – Lat. *inversio.*

invertase [ɛ̃vɛʀtaz] n. f. BIOCHIM Enzyme du groupe des osidases qui hydrolyse spécifiquement le saccharose en glucose et fructose (V. inversion, sens 2). – De son anc. syn. *invertine,* et *-ase.*

invertébré, ée [ɛ̃vɛʀtebʀe] adj. et n. m. ZOOL Qui n'a pas de vertèbres. ▷ N. m. pl. *Les invertébrés:* l'ensemble des animaux dépourvus de vertèbres. – De *in-* 1, et *vertébré.*

inverti, ie [ɛ̃vɛʀti] n. Personne qui éprouve une attirance sexuelle exclusive pour les individus de son sexe. – Pp. subst. de *invertir.*

invertir [ɛ̃vɛʀtiʀ] v. tr. [2] Renverser symétriquement. ▷ Au pp. CHIM *Sucre inverti,* qui a subi une inversion. – Lat. *invertere,* «retourner».

investigateur, trice [ɛ̃vɛstigatœʀ, tʀis] n. et adj. Personne qui fait des investigations. ▷ Adj. *Esprit, regard investigateur.* – Lat. *investigator.*

investigation [ɛ̃vɛstigasjɔ̃] n. f. (Souvent plur.) Recherche suivie et approfondie sur un objet. – Lat. *investigatio.*

investir [ɛ̃vɛstiʀ] **I.** v. tr. [2] **1.** *Investir qqn de...,* lui conférer avec certaines formalités (un titre, un pouvoir). *Investir un général des fonctions de commandant en chef.* **2.** Entourer de troupes (un objectif militaire). **3.** Placer (des capitaux) pour en tirer un profit. ▷ (S. comp.) *Investir dans l'immobilier.* **II.** v. intr. PSYCHAN Reporter une certaine quantité d'énergie psychique sur une représentation ou un objet. – Lat. *investire,* «revêtir, garnir».

investissement [ɛ̃vɛstismɑ̃] n. m. **1.** Action d'investir (un objectif militaire); son résultat. **2.** FIN Action d'investir des capitaux dans une affaire pour la développer, accroître les moyens de production; capitaux investis. **3.** PSYCHAN Fait d'investir. – De *investir.*

investisseur, euse [ɛ̃vɛstisœʀ, øz] n. et adj. Personne qui investit des capitaux. ▷ Adj. *Organisme investisseur.* – De *investir.*

investiture [ɛ̃vɛstityʀ] n. f. Action d'investir (sens 1). **1.** DR ANC et DR CANON Mise en possession d'un fief ou d'un bien ecclésiastique (évêché abbaye). **2.** POLIT Désignation officielle par un parti d'un candidat à des élections. – De *investir.*

invétéré, ée [ɛ̃veteʀe] adj. Qui s'est enraciné, fortifié avec le temps. ▷ (Personnes.) Qui est tel depuis longtemps et de manière quasi irrémédiable. *Tricheur invétéré.* – Lat. *inveteratus,* de *inveterare,* «laisser ou faire vieillir».

invétérer (s') [ɛ̃veteʀe] v. pron. [16] Vx S'enraciner, devenir plus fort avec le temps. – Lat. *inveterare,* «laisser ou faire vieillir».

invincibilité [ɛ̃vɛ̃sibilite] n. f. Qualité de ce qui est invincible. – De *invincible.*

invincible [ɛ̃vɛ̃sibl] adj. **1.** Qu'on ne saurait vaincre. *Armée invincible.* **2.** Fig. Insurmontable, irrésistible. *Éprouver une invincible attirance pour...* – Bas lat. *invincibilis.*

invinciblement [ɛ̃vɛ̃sibləmɑ̃] adv. De manière invincible. – Du préc.

inviolabilité [ɛ̃vjɔlabilite] n. f. Caractère de ce qui est inviolable. – De *inviolable.*

inviolable [ɛ̃vjɔlabl] adj. **1.** Que l'on ne saurait violer ou enfreindre. «*La demeure est inviolable.*» (Art. 7 de la Charte des droits et libertés de la personne.) **2.** Qui est à l'abri de toute poursuite. *Les ambassadeurs sont inviolables.* – Lat. *inviolabilis,* de *violare,* «outrager».

inviolablement [ɛ̃vjɔlabləmɑ̃] adv. Rare D'une manière inviolable. – Du préc.

inviolé, ée [ɛ̃vjɔle] adj. Litt. Que l'on n'a pas violé; que l'on n'a pas profané. – Lat. *inviolatus.*

invisibilité [ɛ̃vizibilite] n. f. État, qualité de ce qui est invisible. – Bas lat. *invisibilitas.*

invisible [ɛ̃vizibl] adj. (et n. m.) **1.** Qui échappe à la vue par sa nature, sa distance, etc. ▷ N. m. *Le pouvoir de l'invisible.* **2.** Qui se cache, qui ne veut pas être vu. *Elle reste invisible.* – Bas lat. *invisibilis.*

invisiblement [ɛ̃vizibləmɑ̃] adv. D'une manière invisible. – Du préc.

invitation [ɛ̃vitasjɔ̃] n. f. **1.** Action d'inviter; son résultat. ▷ Parole, lettre par laquelle on invite. *J'ai bien reçu votre aimable invitation.* **2.** Action d'engager, d'inciter à. – Lat. *invitatio.*

invite [ɛ̃vit] n. f. Appel discret, invitation plus ou moins déguisée à faire qqch. – Déverbal de *inviter.*

invité, ée [ɛ̃vite] n. (et adj.) Personne qui a reçu une invitation, qui a été invitée (sens 1). ▷ Adj. *Les personnes invitées.* – Pp. de *inviter.*

inviter [ɛ̃vite] v. tr. [1] **1.** Prier d'assister à, convier. *Inviter à une soirée, à dîner.* **2.** Engager, inciter à. *Je vous invite à réfléchir.* ▷ (Choses). *Le temps nous invite à sortir.* – Lat. *invitare.*

in vitro [invitʀo] loc. adv. Didac. En laboratoire, en dehors de l'organisme vivant. *Acides aminés synthétisés in vitro.* Ant. in vivo. ▷ *Fécondation in vitro:* V. fivete. – Mots lat., «dans le verre».

invivable [ɛ̃vivabl] adj. Fam. Qui n'est pas vivable, qui est très pénible, insupportable. *Une situation invivable. Un type invivable.* – De *in-* 1, et *vivable.*

in vivo [invivo] loc. adv. Didac. Dans l'organisme vivant. *Réaction qui ne se produit qu'in vivo.* Ant. in vitro. – Mot lat., «dans le vivant».

invocation [ɛ̃vɔkasjɔ̃] n. f. Action d'invoquer; son résultat. ▷ RELIG *Sous l'invocation de la Vierge,* sous sa protection, son patronage. – Lat. *invocatio.*

invocatoire [ɛ̃vɔkatwaʀ] adj. Litt. Qui sert à invoquer. – Du préc.

involontaire [ɛ̃vɔlɔ̃tɛʀ] adj. Qui n'est pas volontaire. – Bas lat. *involuntarius.*

involontairement [ɛ̃vɔlɔ̃tɛʀmɑ̃] adv. De façon involontaire. – De *involontaire.*

involucelle [ɛ̃vɔlysɛl] n. m. BOT Involucre des ombellules. – Dimin. de *involucre.*

involucre [ɛ̃vɔlykʀ] n. m. BOT Ensemble de bractées groupées à la base de certaines inflorescences (ombelles et capitules, notam.). – Du lat. *involucrum,* «enveloppe».

involucré, ée [ɛ̃vɔlykʀe] adj. BOT Pourvu d'un involucre. – Du préc.

involuté, ée [ɛ̃vɔlyte] adj. BOT Dont les bords sont roulés en dedans en forme de volute (feuilles). – Lat. *involutus,* de *involvere,* «enrouler».

involutif, ive [ɛ̃vɔlytif, iv] adj. **1.** BOT Vx Involuté. **2.** GEOM *Transformation involutive,* dans laquelle tout point est le transformé de son homologue. – Du lat. *involutus,* «enroulé, enveloppé».

involution [ɛ̃vɔlysjɔ̃] n. f. **1.** BOT État d'un organe involuté. **2.** MATH Application f d'un ensemble E dans lui-même, telle que f^2 est une application identique de E. ▷ GEOM Transformation homographique involutive. **3.** PHILO Processus, inverse de la différenciation, qui conduit de la pluralité à l'unité, de l'hétérogénéité à l'homogénéité, de la diversité à l'uniformité. **4.** MED Modification régressive d'un organe sain ou malade, d'une tumeur, de l'organisme. *Involution utérine:* retour de l'utérus à sa dimension normale après l'accouchement. – Lat. *involutio,* «enroulement».

invoquer [ɛ̃vɔke] v. tr. [1] **1.** Appeler à son secours (une puissance surnaturelle). *Invoquer un saint.* **2.** En appeler à, recourir à. *Les arguments que vous invoquez ne manquent pas de pertinence.* – Lat. *invocare.*

invraisemblable [ɛ̃vʀɛsɑ̃blabl] adj. **1.** Qui n'est pas vraisemblable. **2.** Qui choque par son caractère excessif, inhabituel, extravagant. *Il arrivait à des heures invraisemblables.* – De *in-* 1, et *vraisemblable.*

invraisemblablement [ɛ̃vʀɛsɑ̃blabləmɑ̃] adv. D'une manière invraisemblable. – Du préc.

invraisemblance [ɛ̃vʀɛsɑ̃blɑ̃s] n. f. **1.** Défaut de vraisemblance. *L'invraisemblance d'une nouvelle.* **2.** Chose invraisemblable. *Drame plein d'invraisemblances.* – De *in-* 1, et *vraisemblance.*

invulnérabilité [ɛ̃vylneʀabilite] n. f. Caractère, état de ce qui est invulnérable. – De *invulnérable.*

invulnérable [ɛ̃vylneʀabl] adj. **1.** Non vulnérable, qui ne peut être blessé. *Achille, héros invulnérable.* **2.** Fig. Qu'on ne peut moralement toucher. *Être invulnérable aux médisances.* – Lat. *invulnerabilis.*

iodate [jɔdat] n. m. CHIM Sel de l'acide iodique. – De *iode,* et *-ate.*

iode [jɔd] n. m. CHIM Élément de la famille des halogènes, de numéro atomique Z = 53 et de masse atomique 126,904 (symbole I). – Gr. *iôdês,* «violet».

ENCYCL L'iode fond à 113,7 °C et se sublime à la température ordinaire en émettant des vapeurs violettes. À l'état solide, il se présente sous la forme de paillettes d'un gris foncé. On le trouve à l'état d'iodures dans l'eau de mer et le sel gemme. Il est utilisé en photographie (l'iodure d'argent noircit à la lumière) et en pharmacie (la teinture d'iode et l'iodoforme sont des antiseptiques). Son rôle biologique d'oligoélément est très important. L'iode est indispensable à l'élaboration des hormones thyroïdiennes dans la composition desquelles il entre; la carence en iode (régions montagneuses, éloignées de la mer) provoque un goitre et une insuffisance thyroïdienne. En outre, les isotopes 125 et 131, radioactifs, sont utilisés pour diagnostiquer les dysfonctionnements thyroïdiens.

iodé, ée [jɔde] adj. Qui contient de l'iode. – De *iode.*

ioder [jɔde] v. tr. [1] CHIM Combiner avec l'iode. – De *iode.*

iodhydrique [jɔdidʀik] adj. CHIM *Acide iodhydrique,* de formule HI. – De *iode,* et *-hydrique.*

iodique [jɔdik] adj. CHIM *Acide iodique,* de formule HIO_3. – De *iode.*

iodisme [jɔdism] n. m. MED Intoxication par l'iode. – De *iode,* et *-isme.*

iodler. V. jodler.

iodoforme [jɔdofɔʀm] n. m. CHIM Antiseptique dérivé de l'iode, de formule CHI_3. – De *iode,* et *-forme.*

iodure [jɔdyʀ] n. m. CHIM **1.** Sel de l'acide iodhydrique. **2.** Composé de l'iode avec un corps simple. – De *iode,* et *-ure.*

iodurė, ée [jɔdyʀe] adj. CHIM Qui contient de l'iode ou un iodure. – De *iodure.*

ion [jɔ̃] n. m. CHIM, PHYS NUCL Atome qui a perdu ou gagné un ou plusieurs électrons. ▷ TECH *Échangeur d'ions:* substance permettant de remplacer des ions en solution par d'autres. *Les échangeurs d'ions sont généralement des résines, que l'on utilise pour adoucir les eaux dures.* – Mot angl., du gr. *iôn,* ppr. de *ienai,* «aller», allusion au fait que les particules ionisées se portent vers l'anode ou la cathode.

ENCYCL Un ion est positif *(cation)* lorsqu'un atome perd un ou plusieurs électrons et acquiert ainsi une ou plusieurs charges positives; il est négatif *(anion)* lorsqu'un atome gagne des électrons et acquiert ainsi des charges négatives. On note les ions positifs par le signe + placé en exposant (par ex., H^+, NH_4^+) et les ions négatifs par le signe – (par ex., Cl^-, SO_4^{--} ou mieux SO_4^{2-}). L'ionisation se produit: d'une part, lors d'une réaction chimique (les atomes qui perdent facilement leurs électrons sont appelés *électropositifs,* par oppos. aux atomes *électronégatifs,* qui en gagnent facilement), d'autre part, sous l'action d'un agent ionisant (par ex., bombardement d'atomes par des électrons ou par des rayonnements électromagnétiques). Les ions sont soumis à l'action des champs électrique et magnétique. Dans l'électrolyse, les anions se déplacent vers l'anode et les cations vers la cathode. Dans la matière vivante, de nombreuses espèces chimiques en solution sont dissociées en ions. Dans l'Univers (et en laboratoire), l'*état ionisé,* dit *plasma,* est le quatrième état de la matière.

ionien, ienne [jɔnjɛ̃, jɛn] adj. et n. D'Ionie. *Mer Ionienne.* Subst. *Les Ioniens.* ▷ *Dialecte ionien,* celui des Grecs fixés en Ionie. – N. m. *L'ionien.* ▷ *École ionienne:* école de philosophes et de physiciens grecs (VIe-Ve s. av. J.-C.) principalement représentée par Anaxagore, Thalès, Anaximandre, Héraclite. – De *Ionie,* région grecque du littoral asiatique de la mer Égée.

1. ionique [jɔnik] adj. CHIM Qui se rapporte aux ions. – De *ion.*

2. ionique [jɔnik] adj. (et n. m.) **1.** Vx Ionien. **2.** ARCHI *Ordre ionique:* l'un des trois ordres de l'architecture grecque, caractérisé par une colonne, plus élancée que la colonne dorique, dressée sur une base moulurée et surmontée d'un chapiteau à volutes. ▷ N. m. *L'ionique:* l'ordre ionique. – Lat. *ionicus,* gr. *iônikos.*

ionisation [jɔnizasjɔ̃] n. f. **1.** PHYS NUCL, CHIM Formation d'ions. **2.** MED Introduction dans l'organisme des éléments d'une substance chimique décomposée par électrolyse. – De *ioniser.*

ioniser [jɔnize] v. tr. [1] PHYS NUCL, CHIM Produire l'ionisation de; produire des ions. *Radiations ionisantes.* – De *ion.*

ionogramme [jɔnɔgʀam] n. m. BIOCHIM Formule indiquant les concentrations des principaux ions dans le plasma sanguin. – De *ion*, et *gramme*.

ionosphère [jɔnɔsfɛʀ] n. f. METEO Partie de l'atmosphère située au-dessus de la stratosphère, approximativement entre 60 et 600 km d'altitude, où se produisent des phénomènes d'ionisation. – De *ion*, et *sphère*.

iota [jɔta] n. m. **1.** Neuvième lettre de l'alphabet grec correspondant à *i*. **2.** Fig. Très petit détail. *Sans changer un iota.* – Gr. *iôta*.

iotacisme [jɔtasism] n. m. **1.** LING Emploi fréquent du son [i]. *L'iotacisme du grec moderne.* **2.** MED Mauvaise prononciation du son [ʒ] en [j]. – Lat. *iotacismus*, du grec.

iouler [jule] v. intr. [1] V. jodler.

iourte. V. yourte.

ipéca [ipeka] n. m. Nom cour. de diverses plantes dont les racines ont des propriétés vomitives. *L'ipéca vrai appartient au genre «Uragoga»* (fam. rubiacées). – Mot portug., du tupi (Brésil).

ipomée [ipɔme] n. f. BOT Plante grimpante (genre *Ipomoea*, fam. convolvulacées), dont deux espèces ornementales, le *volubilis* et le *jalap*, sont fréquentes dans les jardins. – Lat. bot. *ipomoea*, du gr. *ips, ipos*, «ver», et *omoios*, «semblable».

ippon [ipɔn] n. m. SPORT Au judo, prise parfaitement exécutée (étranglement, immobilisation, projection) qui met fin au combat et donne la victoire à son auteur. *Gagner par ippon.* – Mot jap., «marquer un point».

ipséité [ipseite] n. f. PHILO Ce qui fait qu'un être est lui-même, ce qui est essentiel dans l'individualité d'un être. – Du lat. *ipse*, «soi-même».

ipso facto [ipsofakto] loc. adv. Par le fait même, par là même. *Il s'est enfui, prouvant ipso facto sa culpabilité.* – Loc. lat.

-ique. Élément de suffixation signif. «propre à, relatif à» servant à former des adjectifs dérivés de noms.

ir-. Préfixe privatif, var. de *in-* devant un *r*.

Ir CHIM Symbole de l'iridium.

irakien, ienne ou **iraquien, ienne** [iʀakjɛ̃, jɛn] adj. et n. De l'Irak. – De *Irak* ou *Iraq*, État du Moyen-Orient.

iranien, ienne [iʀanjɛ̃, jɛn] adj. et n. **1.** adj. D'Iran. ▷ Subst. Habitant ou personne originaire d'Iran. **2.** n. m. L'une des langues du groupe iranien. – De *Iran*, État d'Asie occidentale.

ENCYCL La branche iranienne des langues indo-européennes comprend le béloutche (Pakistan), le persan (Iran), le pachto ou afghan (Afghanistan) et le kurde (Iran, Irak, Turquie). Parmi les langues anciennes, il convient de citer le pehlvi ou huzvaresch, le vieux perse et l'avestique (langue des textes mazdéens).

irascibilité [iʀasibilite] n. f. Propension à la colère. – De *irascible*.

irascible [iʀasibl] adj. Prompt à la colère. *Personne, humeur irascible.* – Bas lat. *irascibilis*, du class. *irasci*, «se mettre en colère». Cf. ire.

ire [iʀ] n. f. Vx ou plaisant. Colère, courroux. – Lat. *ira*.

irénique [iʀenik] adj. Qui œuvre à instaurer, à maintenir, à rétablir la concorde (entre chrétiens de différentes confessions, notam.). – Lat. ecclés. *irenicus*, du gr. *eirênikos*, «pacifique».

iridacées [iʀidase] n. f. pl. BOT Famille de monocotylédones inférovariées, plantes herbacées ou vivaces à bulbe ou à rhizome, aux fleurs généralement régulières (iris, crocus, glaïeuls, etc.). – Du lat. *iris, iridis*, «iris».

iridescent, ente [iʀidɛsɑ̃, ɑ̃t] adj. Qui a des reflets irisés. – Du lat. *iris, iridis* (V. *iris*).

iridié, ée [iʀidje] adj. TECH Allié à l'iridium. *Platine iridié*, contenant 10 % d'iridium. – De *iridium*.

iridium [iʀidjɔm] n. m. CHIM Élément de numéro atomique Z = 77, de masse atomique 192,2, de densité 22,4, (symbole Ir). *L'iridium sert à fabriquer des alliages d'une grande dureté.* – Du lat. *iris, iridis*, «arc-en-ciel», à cause des couleurs variées qu'offrent les combinaisons de ce métal.

iris [iʀis] n. m. **I.** Plante (genre *Iris*, comprenant une centaine d'espèces, fam. iridacées) à grandes fleurs régulières, dont les étamines portent une lame foliacée vivement colorée. *Iris des jardins (Iris germanica). L'iris sauvage (Iris versicolor) pousse dans les lieux humides. La fleur-de-lis serait la stylisation d'un iris sauvage européen, l'iris des marais (Iris pseudacorus) à fleurs jaunes.* **II. 1.** Partie colorée de l'œil, formée par une membrane musculeuse qui joue le rôle d'un diaphragme. **2.** PHOTO *Diaphragme à iris*, dont l'ouverture se règle par le déplacement de lamelles radiales. **III.** Vx Arc-en-ciel. *Les couleurs de l'iris.* ▷ MINER *Pierre d'iris:* variété de quartz présentant des irisations. – Mot lat., du gr.

irisation [iʀizasjɔ̃] n. f. Séparation à la surface d'un objet, d'un corps, des couleurs constitutives de la lumière blanche; les reflets ainsi produits. – De *iriser*.

iriser [iʀize] v. tr. [1] Colorer des couleurs de l'arc-en-ciel. – Pp. *Verre irisé.* ▷ v. pron. Prendre les couleurs de l'arc-en-ciel. – De *iris*.

iritis [iʀitis] n. f. MED Inflammation de l'iris. – De *iris*.

irlandais, aise [iʀlɑ̃dɛ, ɛz] adj. et n. **1.** adj. D'Irlande. ▷ Subst. Habitant ou personne originaire d'Irlande. **2.** n. m. Langue celtique parlée dans ce pays. – De *Irlande*, île de l'archipel britannique.

ironie [iʀɔni] n. f. **1.** Forme de raillerie consistant à dire le contraire de ce qu'on veut faire entendre. *Montrer de l'ironie. Manier finement l'ironie. Ironie mordante, cruelle.* Syn. dérision, sarcasme. **2.** Manière d'être, de s'exprimer, correspondant à cette forme de raillerie. ▷ (Concernant les choses). *Ironie du sort:* raillerie du sort personnifié, que semble manifester un contraste entre la réalité et ce à quoi l'on pouvait s'attendre. **3.** PHILO *Ironie socratique:* procédé dialectique employé par Socrate, consistant à amener l'adversaire, par une série de questions concertées, à se contredire ou à aboutir à une absurdité évidente. – Lat. *ironia*, du gr. *eirôneia*, «action d'interroger en feignant l'ignorance».

ironique [iʀɔnik] adj. **1.** Où il y a de l'ironie. *Ton ironique.* **2.** Qui emploie l'ironie. *Se montrer ironique.* – Bas lat. *ironicus*, du gr. *eirônikos*, «qui fait l'ignorant».

ironiquement [iʀɔnikmɑ̃] adv. Avec ironie. – Du préc.

ironiser [iʀɔnize] v. intr. [1] Railler avec ironie. – De *ironie*.

ironiste [iʀɔnist] n. Personne qui pratique l'ironie. – De *ironie*.

iroquoïen, enne [iʀɔkwajɛ̃, ɛn] adj. et n. De la famille linguistique amérindienne regroupant les Iroquois, les Mohawks et les Hurons. *Les deux aires culturelles amérindiennes principales au Québec sont l'aire algonquienne et l'aire iroquoïenne.* ▷ Subst. Groupe linguistique amérindien du Canada. *Les Iroquoïens du Saint-Laurent sont considérés comme un groupe distinct.* – De *Iroquois*, et suff. *-ien*.

iroquois, oise [iʀɔkwa, waz] adj. et n. **1.** adj. Qui a rapport à une nation amérindienne du groupe linguistique iroquoïen. *Danses iroquoises.* ▷ Subst. Peuple amérindien qui habite la vallée du Saint-Laurent, l'Ontario et les États-Unis. *Les Iroquois étaient regroupés en cinq tribus.* **2.** n. m. Langue parlée par les Iroquois. *Étudier l'iroquois.* – De l'algonq. *Irinakhoiw,* «vraies vipères», et suff. fr. *-ois.*

ENCYCL Anciennement une tribu iroquoise vivant en bordure du Saint-Laurent. Elle est représentée aujourd'hui au Québec par les Mohawks et les Hurons, alors que les Iroquois vivent en grande majorité en Ontario et aux États-Unis.
La nation iroquoise constituait, au XVIIe siècle, une puissance guerrière redoutable qui regroupait, en une Confédération des Cinq Nations, les Mohawks, les Oneidas, les Onondagas, les Cayugas et les Senecas.

irradiateur [iʀ(ʀ)adjatœʀ] n. m. PHYS NUCL Installation (réacteur ou accélérateur) servant à irradier les substances. – De *irradier.*

irradiation [iʀ(ʀ)adjasjɔ̃] n. f. **1.** Mouvement, effet prenant naissance en un point et rayonnant dans toutes les directions. *Irradiation d'une douleur.* **2.** PHYS NUCL Action de soumettre à un rayonnement ionisant. ▷ Exposition (accidentelle ou à des fins thérapeutiques ou scientifiques) d'une personne, d'un organisme, à l'action de rayonnements ionisants. – Bas lat. *irradiatio.*

irradier [iʀ(ʀ)adje] **1.** v. intr. [1] Se propager, se répandre en rayonnant à partir d'un point. *Les rayons du Soleil irradient sur la Terre.* – Fig. *La joie irradiait de ses yeux.* **2.** v. tr. PHYS NUCL Soumettre à l'action d'un rayonnement ionisant. – Bas lat. *irradiare,* de *radius,* «rayon».

irraisonné, ée [iʀ(ʀ)ɛzɔne] adj. Qui n'est pas raisonné. *Passion irraisonnée.* – De *ir-,* et *raisonné.*

irrationalisme [iʀ(ʀ)asjɔnalism] n. m. Hostilité au rationalisme. – PHILO Doctrine qui n'attribue à la raison qu'un rôle secondaire dans la connaissance. – De *irrationnel.*

irrationalité [iʀ(ʀ)asjɔnalite] n. f. Caractère de ce qui est irrationnel. – De *irrationnel.*

irrationnel, elle [iʀ(ʀ)asjɔnɛl] adj. et n. **1.** Non conforme à la raison. *Démarche irrationnelle.* ▷ N. m. Ce qui est irrationnel. *Aboutir à l'irrationnel.* Ant. rationnel. **2.** MATH *Nombre irrationnel,* que l'on ne peut mettre sous la forme $\frac{p}{q}$ (p et q étant deux nombres entiers). $\sqrt{2}$ et π *sont des nombres irrationnels.* – Subst. *Les irrationnels font partie du corps des nombres réels.* ▷ *Equation irrationnelle:* équation dont une ou plusieurs expressions sont engagées sous des radicaux. – Subst. *Une irrationnelle.* – Lat. *irrationalis,* «dépourvu de raison», de *ratio,* «raison, jugement».

irréalisable [iʀ(ʀ)ealizabl] adj. Qui ne peut se réaliser. *Projet irréalisable.* – De *ir-,* et *réalisable.*

irréalisme [iʀ(ʀ)ealism] n. m. Manque de réalisme. – De *ir-,* et *réalisme.*

irréaliste [iʀ(ʀ)ealist] adj. Qui n'est pas réaliste. – De *ir-,* et *réaliste.*

irréalité [iʀ(ʀ)ealite] n. f. Caractère de ce qui est irréel. – De *irréel.*

irrecevabilité [iʀʀəsəvabilite] n. f. Caractère de ce qui est irrecevable. *L'irrecevabilité d'une plainte.* – De *irrecevable.*

irrecevable [iʀʀəsəvabl] adj. Que l'on ne peut prendre en considération. *Demande irrecevable.* – De *ir-,* et *recevable.*

irréconciliable [iʀ(ʀ)ekɔ̃siljabl] adj. Qu'on ne peut réconcilier. *Ennemis irréconciliables.* – Bas lat. *irreconciliabilis.*

irrécouvrable [iʀ(ʀ)ekuvʀabl] adj. DR Qu'on ne peut recouvrer. *Créances irrécouvrables.* – De *ir-,* et *recouvrable.*

irrécupérable [iʀ(ʀ)ekypeʀabl] adj. Que l'on ne peut récupérer. – Bas lat. *irrecuperabilis.*

irrécusable [iʀ(ʀ)ekyzabl] adj. Qui ne peut être récusé. *Témoignage irrécusable.* – Bas lat. *irrecusabilis.*

irrédentisme [iʀ(ʀ)edɑ̃tism] n. m. **1.** HIST Doctrine polit. au nom de laquelle l'Italie unifiée réclamait l'annexion à son territoire d'un certain nombre de contrées qu'elle considérait comme siennes (notam. l'Istrie et le Trentin). **2.** *Par ext.* Théorie des partisans de l'annexion à leur pays de populations de même origine ou de même langue. – Ital. *irredentismo,* de *irredento,* «non racheté», du lat. *redemptus,* «racheté».

irrédentiste [iʀ(ʀ)edɑ̃tist] adj. et n. **1.** adj. Relatif à l'irrédentisme. **2.** n. Partisan de l'irrédentisme. – Ital. *irredentista* (V. préc.).

irréductibilité [iʀ(ʀ)edyktibilite] n. f. Caractère de ce qui est irréductible. – De *irréductible.*

irréductible [iʀ(ʀ)edyktibl] adj. **1.** Qui n'est pas réductible. ▷ CHIM *Oxyde irréductible.* ▷ CHIR *Luxation, fracture irréductible,* dont on ne peut remettre les parties en place sans intervention. ▷ MATH *Fraction irréductible,* qui ne peut être réduite à une fraction égale dont les termes seraient plus petits (ex.: $\frac{22}{13}$). **2.** Fig. Qui n'admet aucune concession. *Être irréductible sur une question.* Syn. intransigeant, intraitable. – De *ir-,* et *réductible.*

irréel, elle [iʀʀeɛl] adj. (et n. m.) **1.** Qui n'a pas de réalité, qui est en dehors de la réalité. *Monde irréel.* ▷ N. m. Ce qui est irréel. *Avoir un sentiment d'irréel.* **2.** GRAM Qualifie une construction exprimant une supposition contraire à la réalité présente ou passée. (Ex.: *si les vents n'existaient pas, la mer serait calme.*) Opposé à *potentiel.* – De *ir-,* et *réel.*

irréfléchi, ie [iʀ(ʀ)efleʃi] adj. **1.** Dit ou fait sans réflexion. *Propos irréfléchi.* **2.** Qui ne réfléchit pas. *Esprit irréfléchi.* – De *ir-,* et *réfléchi,* pp. de *réfléchir.*

irréflexion [iʀ(ʀ)eflɛksjɔ̃] n. f. Manque de réflexion. *Pécher par irréflexion.* Syn. étourderie, imprévoyance. – De *irréfléchi.*

irréformable [iʀ(ʀ)efɔʀmabl] adj. Qu'on ne peut réformer. *Jugement irréformable.* – Bas lat. *irreformabilis,* de *reformare,* «refaire».

irréfragable [iʀ(ʀ)efʀagabl] adj. Didac. Qu'on ne peut contredire, récuser. *Une preuve irréfragable.* Syn. irrécusable, incontestable. – Bas lat. *irrefragabilis,* de *ir (in),* élément négatif, et *refragari,* «s'opposer à».

irréfutable [iʀ(ʀ)efytabl] adj. Qu'on ne peut réfuter. *Preuve irréfutable.* Syn. incontestable, indiscutable, irrécusable. – De *ir-,* et *réfutable.*

irrégularité [iʀ(ʀ)egylaʀite] n. f. **1.** Caractère de ce qui n'est pas régulier. *L'irrégularité des saisons.* **2.** Chose ou action irrégulière. *Irrégularités du terrain. Irrégularités d'une gestion administrative.* – Lat. ecclés. *irregularitas.*

irrégulier, ière [iʀ(ʀ)egylje, jɛʀ] adj. Qui n'est pas régulier. **1.** Non conforme aux règles établies. *Procédure irrégulière. Situation irrégulière.* ▷ GRAM Non conforme à un modèle type. *Conjugaison, déclinaison, verbes irréguliers.* **2.** Qui n'est pas régulier en quantité, en qualité, dans le rythme, dans la forme, etc. *Fleuve irrégulier. Travail irrégulier. Pouls irrégulier. Formes irrégulières.* – (Personnes.) *Élève irrégulier.* Syn. inégal. **3.** *Troupes irrégulières,* qui n'appartiennent pas à l'armée régulière; corps francs. – Bas lat. *irregularis.*

irrégulièrement [iʀ(ʀ)egyljɛʀmɑ̃] adv. D'une façon irrégulière. – De *irrégulier.*

irréligieux, ieuse [iʀʀeliʒjø, jøz] adj. Qui n'est pas religieux, qui offense la religion. *Écrivain irréligieux.* – (Choses.) *Discours irréligieux.* – Lat. *irreligiosus,* de *ir (in),* élément négatif, et *religiosus,* «scrupuleux, pieux».

irréligion [iʀʀeliʒjɔ̃] n. f. Manque d'esprit religieux. – Lat. imp. *irreligio.*

irrémédiable [iʀ(ʀ)emedjabl] adj. et n. m. À quoi l'on ne peut remédier. *Mal, faute irrémédiable.* Syn. irréparable. ▷ N. m. Ce qui est irrémédiable. *L'irrémédiable est accompli.* – Lat. *irremediabilis.*

irrémédiablement [iʀ(ʀ)emedjabləmɑ̃] adv. Sans nul recours. *Irrémédiablement perdu.* – Du préc.

irrémissible [iʀʀemisibl] adj. Pour quoi il n'y a pas de rémission, de pardon. *Crime irrémissible.* – Lat. imp. *irremissibilis.*

irrémissiblement [iʀʀemisibləmɑ̃] adv. Sans rémission. – Du préc.

irremplaçable [iʀ(ʀ)ɑ̃plasabl] adj. Qui ne peut être remplacé. – De *ir-,* et *remplaçable.*

irréparable [iʀʀepaʀabl] adj. (et n. m.) Qui ne peut être réparé. *Dommage irréparable.* ▷ N. m. Ce qui ne peut être réparé. *Provoquer l'irréparable.* – Lat. *irreparabilis.*

irréparablement [iʀʀepaʀabləmɑ̃] adv. D'une manière irréparable. – Du préc.

irrépréhensible [iʀʀepʀeɑ̃sibl] adj. Litt. Irréprochable, où il n'y a rien à reprendre, à blâmer. *Mœurs irrépréhensibles.* – Bas lat. *irreprehensibilis.*

irrépressible [iʀ(ʀ)epʀesibl] adj. Qu'on ne peut réprimer. *Désir irrépressible.* – De *ir-,* et *répressible.*

irréprochable [iʀ(ʀ)epʀɔʃabl] adj. À qui, à quoi l'on ne peut rien reprocher. *Employé irréprochable. Tenue irréprochable.* – De *ir-,* et *reprochable.*

irrésistible [iʀ(ʀ)ezistibl] adj. À qui, à quoi l'on ne peut résister. *Penchant irrésistible.* – Lat. médiév. *irresistibilis.*

irrésistiblement [iʀ(ʀ)ezistibləmɑ̃] adv. D'une manière irrésistible. – Du préc.

irrésolu, ue [iʀʀezɔly] adj. **1.** Vx Non résolu. *Problème irrésolu.* **2.** Qui a peine à se déterminer, indécis. *Caractère irrésolu.* – De *ir-,* et *résolu.*

irrésolution [iʀʀezɔlysjɔ̃] n. f. Manque de résolution. *Rester dans l'irrésolution.* Syn. indécision, perplexité. – De *ir-,* et *résolution.*

irrespect [iʀ(ʀ)ɛspɛ] n. m. Manque de respect. – De *ir-,* et *respect.*

irrespectueusement [iʀ(ʀ)ɛspɛktɥøzmɑ̃] adv. D'une manière irrespectueuse. – De *irrespectueux.*

irrespectueux, euse [iʀ(ʀ)ɛspɛktɥø, øz] adj. Qui manque de respect. *Propos irrespectueux.* Syn. impertinent. – De *ir-,* et *respectueux.*

irrespirable [iʀ(ʀ)ɛspiʀabl] adj. Que l'on ne peut respirer, où l'on respire mal. *Gaz, atmosphère irrespirables.* – De *ir-,* et *respirable.*

irresponsabilité [iʀ(ʀ)ɛspɔ̃sabilite] n. f. Fait d'être irresponsable, absence de responsabilité. – De *irresponsable.*

irresponsable [iʀ(ʀ)ɛspɔ̃sabl] adj. et n. **1.** Qui n'est pas responsable de ses actes. *L'enfant, le fou sont irresponsables.* ▷ Subst. *Un, une irresponsable.* **2.** DR Qui n'a pas à répondre de ses actes. *Le chef de l'État est irresponsable devant l'Assemblée nationale.* – De *ir-,* et *responsable.*

irrétrécissable [iʀ(ʀ)etʀesisabl] adj. Qui ne peut pas rétrécir. *Flanelle irrétrécissable.* – De *ir-,* et *rétrécir,* et *-able.*

irrévérence [iʀʀeveʀɑ̃s] n. f. **1.** Manque de révérence, de respect. Syn. irrespect, impertinence. **2.** Action, parole irrévérencieuse. *Commettre des irrévérences.* – Lat. *irreverentia.*

irrévérencieusement [iʀʀeveʀɑ̃sjøzmɑ̃] adv. D'une manière irrévérencieuse. – De *irréverencieux.*

irrévérencieux, ieuse [iʀʀeveʀɑ̃sjø, jøz] adj. Qui témoigne de l'irrévérence. – De *irrévérence.*

irréversibilité [iʀ(ʀ)evɛʀsibilite] n. f. Caractère de ce qui est irréversible. – De *irréversible.*

irréversible [iʀ(ʀ)evɛʀsibl] adj. Qui n'est pas réversible. **1.** TECH Qui ne fonctionne que dans un sens ou une position déterminée. *Connecteur irréversible.* **2.** Qui ne peut exister, se produire que dans un seul sens. *Réaction chimique irréversible.* – De *ir-,* et *réversible.*

irrévocabilité [iʀ(ʀ)evɔkabilite] n. f. Caractère de ce qui est irrévocable. – De *irrévocable.*

irrévocable [iʀ(ʀ)evɔkabl] adj. **1.** Qui ne peut être révoqué. *Donation irrévocable.* – Définitif. *Décision irrévocable.* **2.** Litt. Qui ne peut revenir. *La fuite irrévocable des ans.* – Lat. *irrevocabilis.*

irrévocablement [iʀ(ʀ)evɔkabləmɑ̃] adv. D'une manière irrévocable. – Du préc.

irrigable [iʀigabl] adj. Qui peut être irrigué. – De *irriguer.*

irrigateur [iʀigatœʀ] n. m. MED Appareil servant à envoyer un liquide dans une cavité naturelle de l'organisme. – Bas lat. *irrigator.*

irrigation [iʀigasjɔ̃] n. f. **1.** Arrosage artificiel d'une terre. ▷ *Par anal.* Circulation du sang (dans un organe, une partie de l'organisme). *Irrigation de la cuisse par l'artère fémorale.* **2.** MED Fait de verser de l'eau (sur une partie malade); injection (dans une cavité naturelle). – Lat. *irrigatio.*

irriguer [iʀige] v. tr. [1] **1.** Arroser, fournir artificiellement de l'eau à (une terre). **2.** *Par anal.* MED Arroser les tissus de l'organisme, en parlant du sang et des liquides organiques. – Lat. *irrigare,* de *rigare,* «faire couler».

irritabilité [iʀitabilite] n. f. **1.** BIOL Propriété qu'ont les êtres vivants et les cellules de réagir à une stimulation externe. **2.** Caractère d'une personne qui s'irrite facilement. – Lat. imp. *irritabilitas.*

irritable [iʀitabl] adj. **1.** BIOL Qui réagit à une stimulation. *Fibres irritables.* **2.** Porté à s'irriter, à se fâcher. *Personne irritable.* Syn. irascible. – Lat. *irritabilis.*

irritant, ante [iʀitɑ̃, ɑ̃t] adj. **1.** Qui excite la colère. *Critiques irritantes.* Syn. agaçant, énervant. **2.** Qui détermine de l'irritation. *Médicament irritant.* – Ppr. de *irriter.*

irritation [iʀitasjɔ̃] n. f. **1.** Colère sourde. *Être dans une grande irritation.* **2.** Légère inflammation. *Irritation des gencives.* **3.** PHYSIOL Vx Stimulation, excitation. *Irritation d'un nerf.* – Lat. *irritatio.*

irriter [iʀite] v. tr. [1] **1.** Provoquer l'irritation, l'impatience de (qqn). *Ta conduite m'irrite.* ▷ v. pron. *Il s'irrite facilement.* Syn. courroucer (litt.), fâcher. **2.** Rendre légèrement enflammé. *Ce produit irrite la peau.* **3.** Fig., litt. Exciter, rendre plus fort. *Irriter la jalousie.* **4.** PHYSIOL Stimuler, exciter. – Lat. *irritare.*

irruption [iʀypsjɔ̃] n. f. **1.** Invasion soudaine d'ennemis dans un pays, dans une place. **2.** Entrée brusque et inattendue. *Faire irruption chez qqn.* **3.** *Par ext.* Débordement, envahissement. *Irruption des eaux d'un fleuve en crue.* – Lat. *irruptio.*

isabelle [izabɛl] adj. inv. D'une couleur jaune très claire, en parlant de la robe des chevaux. – Du prénom esp. *Isabel* (Isabelle d'Autriche, fille de Philippe II, gouvernante des Pays-Bas, avait fait le vœu de ne pas changer de chemise tant que son mari n'aurait pas pris Ostende, qui résista trois ans).

isallobare [izalobaʀ] adj. METEO *Lignes isallobares:* lignes d'égale variation de pression atmosphérique. – D'ap. *isobare*, avec intercalation du gr. *allos*, «autre».

isard ou **izard** [izaʀ] n. m. Chamois des Pyrénées. – Du prélatin *izar*, «étoile» (tache blanche sur le front de ces animaux).

isatis [izatis] n. m. **1.** BOT Pastel. **2.** ZOOL Renard gris-bleu *(Alopex lagopus)* des régions arctiques, dont le pelage blanchit en hiver. *L'isatis est appelé* renard arctique *au Canada*. – Mot gr., «pastel» (plante).

isba [izba] n. f. Petite maison en bois des paysans russes. – Mot russe.

ischémie [iskemi] n. f. MED Insuffisance de la circulation artérielle dans un organe, un tissu. *Ischémie myocardique.* – Du gr. *iskhaimos*, «qui arrête le sang».

ischiatique [iskjatik] adj. Relatif à l'ischion. – De *ischion.*

ischion [iskjõ] n. m. ANAT Partie inférieure de l'os iliaque. – Gr. *iskhion*, «hanche».

isiaque [izjak] adj. D'Isis, relatif à la déesse Isis. *Mystères isiaques.* – Lat. *isiacus*, gr. *isiakos.*

islam [islam] n. m. **1.** Religion des musulmans, fondée par le prophète arabe Muhammad (en fr. Mahomet) et qui repose sur sa révélation (V. Coran). **2.** L'ensemble des pays et des peuples musulmans, des civilisations musulmanes (le plus souv. avec une majuscule). *Voyage en terre d'Islam.* – Mot ar., «soumission à Dieu».

ENCYCL Vers 610, Muhammad commença à recevoir, par l'intermédiaire de l'ange Gabriel, la Parole de Dieu sous forme de textes qu'il était invité à réciter. Le Prophète transmit à ses concitoyens les messages sacrés, dont le recueil, établi après la mort du Prophète, est le Coran. Le contexte politico-religieux montre que les conditions étaient favorables à l'éclosion d'une religion nouvelle. Les Arabes païens admettaient un dieu créateur supérieur, mais lui associaient d'autres divinités secondaires. De nombreux versets du Coran vouent au feu de l'Enfer les «associateurs», car l'islam est essentiellement la religion monothéiste révélée au monde par la longue lignée des prophètes (Abraham, Moïse, Jésus) et dont Muhammad est le dernier maillon: le «sceau». Les principaux dogmes de l'islam sont: la croyance en un dieu unique, créateur du monde, incréé, dont les anges sont les ministres; la croyance en la vie future, en la résurrection et en le jugement dernier. Le monde islamique, ou Islam, comprend auj. plus de 500 millions de croyants, essentiellement répartis en Afrique et en Asie (si on excepte la Turquie d'Europe, les communautés balkaniques, les travailleurs immigrés en Europe occid. et les émigrants d'Amérique).

islamique [islamik] adj. De l'islam.

islamisant, ante [islamizɑ̃, ɑ̃t] n. Spécialiste de l'islam. – Ppr. de *islamiser.*

islamisation [islamizasjõ] n. f. Action d'islamiser; son résultat. *L'islamisation de l'Afrique continue de progresser.* – De *islamiser.*

islamiser [islamize] v. tr. [1] Faire embrasser l'islam à (qqn); répandre l'islam dans (un pays); intégrer à la communauté islamique. – De *islam.*

islamisme [islamism] n. m. Vieilli Islam. – De *islam.*

islandais, aise [islɑ̃dɛ, ɛz] adj. et n. **I.** adj. De l'Islande. ▷ Subst. Habitant ou personne originaire d'Islande. **II.** n. m. **1.** *L'islandais:* langue scandinave, issue du norvégien ancien, parlée en Islande. **2.** Pêcheur breton qui va pêcher la morue en Islande. – De *Islande*, état insulaire de l'Atlantique Nord.

-isme, -iste. Suffixes de substantifs, *-isme* désignant une doctrine, une profession, et également le caractère de (lorsque suffixé à un adj., ex.: *gigantisme, pédantisme*), *-iste* désignant une personne la professant, la pratiquant.

iso-. Elément, du gr. *isos*, «égal».

iso-agglutination [izoaglytinasjõ] n. f. MED Phénomène d'agglutination survenant entre les sangs d'individus de même espèce mais de groupes sanguins différents. – De *iso-*, et *agglutination.*

isobare [izobaʀ] adj. et n. **1.** adj. PHYS D'égale pression. – METEO *Lignes isobares:* lignes d'égale pression. ▷ N. f. *Une isobare:* une ligne isobare. **2.** n. m. CHIM, PHYS NUCL Désigne des éléments qui ont le même nombre de masse, mais des numéros atomiques différents. – Gr. *isobarês*, de *isos*, «égal», et *baros*, «pesanteur».

isobathe [izobat] adj. (et n. f.) GEOGR D'égale profondeur. ▷ *Courbe isobathe*, joignant les points d'égale profondeur. ▷ N. f. *Une isobathe.* – Gr. *isobathês*, de *isos*, «égal», et *bathos*, «profondeur».

isocarde [izokaʀd] n. m. ZOOL Mollusque lamellibranche dont la coquille, à deux valves égales, est en forme de cœur. – De *iso-*, et du gr. *kardia*, «cœur».

isocèle [izosɛl] adj. GEOM Qui a deux côtés ou deux faces égales. *Triangle, trièdre isocèle.* – Bas lat. *isosceles*, gr. *isoskelês*, de *isos*, «égal», et *skelos*, «jambe».

isochore [izokɔʀ] adj. PHYS *Transformation isochore*, qui s'effectue à volume constant. – De *iso-*, et gr. *khôra*, «emplacement».

isochromatique [izokʀɔmatik] adj. TECH De teinte uniforme. – De *iso-*, et *chromatique.*

isochrone [izokʀon] ou **isochronique** [izokʀɔnik] adj. PHYS De même durée. *Les oscillations isochroniques du pendule.* – Gr. *isokhronos*, de *isos*, «même», et *khronos*, «temps».

isochronisme [izokʀɔnism] n. m. PHYS Égalité de durée. – Du préc.

isoclinal, ale, aux [izoklinal, o] adj. GEOL *Pli isoclinal*, dont les flancs ont la même inclinaison. – De *isocline.*

isocline [izoklin] adj. et n. f. PHYS, GEOGR De même inclinaison. – *Ligne isocline*, reliant les points d'un terrain qui ont même inclinaison. ▷ N. f. *Une isocline.* – Du gr. *isoklinês*, de *isos*, «même», et *klinein*, «pencher».

isodyname [izodinam] adj. et n. f. **1.** Adj. PHYSIOL Qui apporte à l'organisme, pour la même quantité d'un aliment différent, un même nombre de calories. **2.** n. f. et adj. Syn. de *isodynamique.* – Du gr. *isodunamos*, de *isos*, «égal», et *dunamis*, «force».

isodynamie [izodinami] n. f. PHYSIOL Équivalence calorique d'aliments différents. – Du gr. *isodunamia*, de *isos*, «égal», et *dunamis*, «puissance».

isodynamique [izodinamik] adj. **1.** PHYS Se dit d'une force équilibrée par une autre. – *Ligne isodyname*, reliant les points d'égale intensité d'un champ magnétique terrestre. **2.** PHYSIOL Relatif à l'isodynamie. – De *iso-*, et *dynamique.*

isoélectrique [izoelɛktʀik] adj. CHIM, BIOCHIM *Point isoélectrique :* valeur particulière du pH d'une solution acido-basique soumise à l'électrophorèse, pour laquelle il ne se produit aucune migration. – De *iso-*, et *électrique.*

isoète [izoɛt] n. m. BOT Cryptogame vasculaire, plante aquatique aux longues feuilles en aiguille. – Gr. *isoetês*, de *isos*, «même», et *etos*, «année».

isogame [izogam] adj. BOT Qui se reproduit par isogamie. – De *iso-*, et *-game*.

isogamie [izogami] n. f. BOT Fécondation entre deux gamètes rigoureusement semblables, processus primitif de reproduction caractérisant diverses thallophytes. Ant. hétérogamie. – Du préc.

isoglosse n. f. et adj. LING Ligne imaginaire délimitant une aire linguistique par rapport à une autre. *L'isoglosse du r apical (ou r roulé) au Québec va approximativement de Yamachiche à La Patrie et fait partie d'un faisceau d'isoglosses qui, dans la région de Trois-Rivières, sépare le québécois de l'ouest du québécois de l'est. Lieux isoglosses.* – De *iso-*, et *-glosse*.

isogone [izogon] adj. (et n. f.) **1.** GEOM Dont les angles sont égaux. **2.** PHYS D'égale déclinaison magnétique. – *Ligne isogone*, reliant des points isogones. ▷ N. f. *Une isogone.* – Du gr. *isogônios*, de *isos*, «même», et *gônia*, «angle».

isohyète [izojɛt] adj. et n. f. METEO se dit d'une ligne qui relie les points où la hauteur des pluies a été la même pendant une période donnée. – De *iso-*, et gr. *huetos*, «pluie».

isohypse [izoips] adj. GEOGR Qui est de même altitude. – *Ligne isohypse:* courbe de niveau. – Gr. *isohupses*, de *isos*, «même», et *hupsos*, «hauteur».

iso-immunisation [izoimmynizasjɔ̃] n. f. BIOL Immunisation contre un antigène provenant d'un individu différent appartenant à la même espèce. – De *iso-*, et *immunisation*.

isoionique [izojɔnik] adj. CHIM Qui contient le même nombre d'ions. – De *iso-*, et *ionique*.

isolable [izɔlabl] adj. Qui peut être isolé. – De *isoler*, et *-able*.

isolant, ante [izɔlɑ̃, ɑ̃t] adj. et n. m. Qui isole. **1.** Qui s'oppose à la propagation du son, de l'électricité ou de la chaleur. *Matériaux isolants.* ▷ N. m. *Un isolant. Isolants phoniques* (corps mous ou plastiques, matières alvéolées et fibreuses, etc.), *électriques* (huiles, porcelaines, etc.), *thermiques* (laine de verre, mousse de polyuréthane, etc.). **2.** LING *Langues isolantes*, qui n'emploient pas de formes liées et dans lesquelles les rapports grammaticaux sont indiqués par l'intonation et la place des mots dans la phrase. *Le chinois est une langue isolante.* – Ppr. de *isoler*.

isolat [izɔla] n. m. SOCIOL Groupe ethnique restreint dont les membres sont contraints (par l'isolement géographique ou sous la pression d'interdits religieux, raciaux, etc.) de choisir leur conjoint uniquement à l'intérieur du groupe (endogamie). – De *isoler*, d'après *habitat*.

isolateur [izɔlatœʀ] n. m. Accessoire en matière isolante qui supporte un conducteur électrique. *Isolateurs des poteaux télégraphiques.* – De *isoler*.

isolation [izɔlasjɔ̃] n. f. Action d'isoler une pièce, un bâtiment, etc., thermiquement ou phoniquement; son résultat. ▷ Action d'isoler un objet, un corps qui conduit l'électricité; son résultat. – De *isoler*.

isolationnisme [izɔlasjɔnism] n. m. Attitude, doctrine d'un pays qui se refuse à participer aux affaires internationales. – Amér. *isolationism*, de *isolation*, «isolement».

isolationniste [izɔlasjɔnist] adj. et n. Qui approuve, pratique, est relatif à l'isolationnisme. – Du préc.

isolé, ée [izɔle] adj. (et n.) **1.** Séparé des choses de même nature. *Un grand arbre isolé.* **2.** Qui n'est pas en contact avec un corps conducteur d'électricité. ▷ Vers quoi ou à partir de quoi la chaleur ou le son se propage mal. **3.** Situé à l'écart des lieux fréquentés, habités. *Maison isolée. Lieu isolé.* – (Personnes.) Sans relations de société. *Les vieillards se sentent souvent isolés.* Syn. seul. ▷ Subst. *Vivre en isolé.* **4.** Fig. Qui ne fait pas partie d'un phénomène général ou collectif. *Fait, cas isolé.* Syn. unique. – Ital. *isolato*, «séparé comme une île *(isola)*».

isolement [izɔlmɑ̃] n. m. **1.** État d'une personne, d'une chose isolée. *Vivre dans l'isolement.* – Allus. hist. *Splendide isolement* («splendid isolation», mots de Lord Salisbury): refus de s'engager dans les systèmes d'alliances, qui fut longtemps la base de la politique étrangère de l'Angleterre. **2.** Qualité, état d'un conducteur électrique isolé. Syn. isolation. – De *isoler*.

isolément [izɔlemɑ̃] adv. Séparément, individuellement. *Question considérée isolément.* – De *isoler*.

isoler [izɔle] v. tr. **1.** Séparer de ce qui environne en empêchant le contact. *Un vaste parc isole le palais de la ville.* ▷ Rendre (une chose) indépendante des influences extérieures, en interposant un matériau isolant entre elle et ce qui l'environne. *Isoler un moteur électrique. Isoler un studio d'enregistrement.* **2.** CHIM *Isoler un corps*, le séparer d'un mélange ou d'une combinaison. **3.** Mettre (qqn) à l'écart. *Isoler un prisonnier, des contagieux.* ▷ v. pron. *S'isoler pour réfléchir.* **4.** Considérer à part, en soi. *Isoler un fait de son contexte.* – De *isolé*.

isoloir [izɔlwaʀ] n. m. Cabine où l'électeur prépare son bulletin de vote à l'abri de tout regard. – De *isoler*.

isomérase [izomeʀaz] n. f. BIOCHIM Enzyme qui catalyse l'isomérisation de certaines molécules. – De *isomère*, et *-ase*.

isomère [izomɛʀ] adj. (et n. m.) CHIM *Corps isomères:* corps ayant la même formule brute, mais qui présentent des propriétés ou des fonctions différentes. *Corps isomère d'un autre.* ▷ N. m. *Un isomère.* – Gr. *isomerês*, de *isos*, «même», et *meros*, «partie».

isomérie [izomeʀi] n. f. CHIM Caractère des corps isomères. – Du préc.

isomérique [izomeʀik] adj. CHIM Relatif à l'isomérie. – Du préc.

isomérisation [izomeʀizasjɔ̃] n. f. CHIM Transformation d'un composé en un isomère. – De *isomère*.

isométrie [izometʀi] n. f. MATH Bijection d'un espace métrique E sur un espace E'. (Les distances entre les points de E' correspondant aux points de E demeurent les mêmes que dans E.) – De *iso-*, et *-métrie*.

isométrique [izometʀik] adj. **1.** MATH *Espaces isométriques*, tels qu'il existe une isométrie de l'un sur l'autre. ▷ GEOM *Perspective isométrique*, telle que les trois axes de comparaison forment des angles de 120° et possèdent la même échelle. **2.** PHYSIOL Se dit d'une contraction musculaire qui n'a pas d'influence sur la longueur du muscle. – De *iso-*, et *-métrique*.

isomorphe [izomɔʀf] adj. De même forme. **1.** CHIM Qui affecte la même forme cristalline. ▷ BOT *Cycle isomorphe*, dans lequel les pieds successifs ont la même forme, bien que ne portant pas les mêmes éléments de reproduction. **2.** MATH Qualifie deux ensembles E et E' reliés par un morphisme bijectif. – De *iso-*, et *-morphe*.

isomorphisme [izomɔʀfism] n. m. **1.** CHIM Caractère des corps isomorphes. **2.** MATH Propriété de deux ensembles isomorphes. – Du préc.

isoniazide [izonjazid] n. m. MED Antibiotique antituberculeux. Abrév. I.N.H. – De *(acide) isoni-(cotinique)*, et *(hydr)azide*.

isopodes [izopɔd] n. m. pl. ZOOL Sous-ordre de crustacés au corps aplati, aux yeux sessiles, aux pattes toutes semblables, comprenant notam. le cloporte. – De *iso-*, et *-pode.*

isoprène [izopʀɛn] n. m. CHIM Autre nom du méthylbutadiène, matière première de divers caoutchoucs synthétiques, de résines et de matières plastiques. – De *iso-*, *pr(opyle)*, et *-ène.*

isoptères [izɔptɛʀ] n. m. pl. Nom d'ordre des insectes du groupe des termites, comptant environ 2 000 espèces. – De *iso-*, et *-ptère.*

isostasie [izostazi] n. f. GEOMORPH État d'équilibre entre les diverses masses constituant la croûte terrestre. – De *iso-*, et gr. *stasis*, «stabilité».

ENCYCL Une modification de masse affectant une zone déterminée du globe entraîne une perturbation de l'équilibre isostatique, qui ne se rétablit qu'au prix d'un mouvement vertical de la croûte terrestre. C'est ainsi que la fonte des glaces qui recouvraient autrefois le bouclier scandinave a entraîné la surrection relativement rapide de celui-ci: le gain d'altitude au centre de la péninsule est actuellement de 1 cm par an.

isostatique [izostatik] adj. **1.** GEOMORPH Qui concerne l'isostasie. **2.** Se dit d'une ligne ou d'une surface dont les points sont soumis au même équilibre, aux mêmes contraintes. – Du préc.

isotherme [izotɛʀm] adj. (et n. f.) **1.** PHYS D'égale température. ▷ *Ligne isotherme*, qui, sur une carte, relie les points où règne la même température. ▷ N. f. *Une isotherme.* ▷ Qui s'effectue à température constante. *Transformation isotherme.* **2.** TECH Où est maintenue une température constante. *Un wagon isotherme.* – De *iso-*, et *-therme.*

isotonie [izotɔni] n. f. BIOL Équilibre moléculaire de solutions de même tension osmotique *(solutions isotoniques).* – Gr. *isotonos*, de *isos*, «même», et *tonos*, «tension».

isotope [izotɔp] adj. (et n. m.) PHYS NUCL *Éléments isotopes*, dont les noyaux ont le même nombre de protons mais un nombre différent de neutrons. V. isobare. ▷ N. m. *Deux isotopes ont le même nombre atomique mais un nombre de masse différent.* – De *iso-*, et gr. *topos*, «lieu, place», par l'angl.

ENCYCL La plupart des corps simples se rencontrent dans la nature sous la forme d'un mélange de divers isotopes, dont l'un est nettement plus abondant que tous les autres. Ayant le même nombre de protons et d'électrons, ils ont donc le même numéro atomique, occupent la même place (d'où leur nom d'*isotope*) dans la classification des éléments et sont désignés par le même symbole chimique. On les différencie en plaçant en haut à gauche de ce symbole leur nombre de masse, par quoi ils se distinguent. Ainsi, les isotopes 13, 14 et 15 du carbone (${}^{12}_{6}C$) s'écrivent ${}^{13}_{6}C$, ${}^{14}_{6}C$ et ${}^{15}_{6}C$; du fait que le corps simple carbone, par ex., est un mélange de ces 4 isotopes, la masse du carbone n'est pas 12 (masse du princ. isotope), mais 12,01. Deux isotopes ont les mêmes propriétés chimiques mais des propriétés physiques différentes. La séparation des isotopes, qui permet d'enrichir un élément (uranium, par ex.) en l'un de ses isotopes, s'effectue par diffusion gazeuse, par diffusion thermique, par chromatographie ou par ultracentrifugation. Les isotopes sont utilisés en partic. comme traceurs radioactifs.

isotopique [izotɔpik] adj. **1.** PHYS NUCL Relatif aux isotopes. *Analyse isotopique. Teneur isotopique:* rapport entre le nombre des atomes d'un isotope d'un élément et le nombre total des atomes constitutifs du corps simple qui correspond à cet élément. *Séparation isotopique:* séparation des isotopes d'un élément. **2.** GEOL *Zone isotopique*, où les conditions de sédimentation sont les mêmes. – Du préc.

isotrope [izotʀɔp] adj. PHYS Se dit d'un corps homogène et qui présente les mêmes propriétés physiques dans toutes les directions. – De *iso-*, et *-trope.*

isotropie [izotʀɔpi] n. f. PHYS État d'un milieu ou d'un corps isotrope. – Du préc.

israélien, ienne [isʀaeljɛ̃, jɛn] adj. et n. De l'État d'Israël. ▷ Subst. Habitant ou personne originaire de ce pays. – Du n. de l'État d'*Israël*, fondé le 14 mai 1948.

israélite [isʀaelit] n. et adj. **1.** HIST Descendant d'Israël. Syn. juif, hébreu. **2.** Cour. De religion juive. – Subst. *Un, une israélite:* un juif, une juive. – Bas lat. *Israelita*, du class. *Israel*, surnom de Jacob.

issu, ue [isy] adj. Né, sorti (de telle lignée, telle famille, tel milieu). *Cousins issus de germains. Il est issu de la bourgeoisie.* ▷ Fig. *Problème directement issu de conditions historiques particulières.* – Pp. de l'anc. v. *eissir, issir*, du lat. *exire*, «sortir».

issue [isy] n. f. **1.** Passage, ouverture qui permet de sortir. *Issue de secours.* **2.** Fig. Moyen pour sortir d'une affaire. *Trouver une issue. Situation sans issue.* ▷ Événement final sur lequel débouche une situation, une action. *L'issue de la bataille. Tragique issue. Issue fatale:* mort. *Voie sans issue*, qui ne mène nulle part; dont l'une des extrémités est bouchée. ▷ Loc. prép. *À l'issue de:* à la sortie, à la fin de. *À l'issue de la conférence.* **3.** TECH N. f. pl. En meunerie, ce qui reste des moutures, après séparation de la farine. ▷ Parties non comestibles restant après le dépeçage d'une bête de boucherie. – Pp. fém. subst. de *eissir* (V. art. préc.).

-iste. V. -isme.

isthme [ism] n. m. **1.** Étroite bande de terre, entre deux mers ou deux golfes, réunissant deux terres. *L'isthme de Corinthe, de Suez, de Panamá.* **2.** ANAT Partie rétrécie de certains organes. *Isthme du gosier*, qui fait communiquer la bouche avec la trachée. *Isthme de l'utérus* (entre le corps et le col). – Gr. *isthmos*, lat. *isthmus.*

isthmique [ismik] adj. Didac. Relatif à un isthme. ▷ ANTIQ *Jeux Isthmiques:* grands jeux de la Grèce antique célébrés en l'honneur de Poséidon dans l'isthme de Corinthe. – Lat. *isthmicus.*

italianisant, ante [italjanizɑ̃, ɑ̃t] n. Personne qui s'occupe de la langue et de la culture italiennes. – Ppr. subst. de *italianiser.*

italianiser [italjanize] v. tr. [1] Donner une tournure, un caractère italien à. *La Renaissance italianisa l'art français.* – De *italien.*

italianisme [italjanism] n. m. Expression, tournure propre à la langue italienne. – De *italien.*

italien, ienne [italjɛ̃, jɛn] adj. et n. **1.** adj. De l'Italie. *Musique italienne.* ▷ Subst. Habitant ou personne originaire de ce pays. *Un Italien, une Italienne.* **2.** n. m. Langue parlée en Italie. *L'italien moderne est une langue romane issue du dialecte toscan.* – Du n. propre *Italie*, ou ital. *italiano.*

italique [italik] adj. et n. f. **1.** Didac. Relatif à l'anc. Italie, spécial. à l'anc. Italie centrale. *Langues italiques. Populations italiques* (Latins, Ombriens, Samnites, etc.). ▷ Subst. *Les Italiques.* **2.** TYPO *Caractères italiques:* caractères d'imprimerie inclinés vers la droite (créés par l'Italien Alde Manuce au déb. du XVIe s.). ▷ N. f. *L'italique:* les caractères italiques. – Lat. *italicus*, «d'Italie».

1. -ite. Suffixe d'orig. gr. *(-itis)*, servant à former les noms d'affections inflammatoires. (Ex.: *bronchite, gingivite, entérite.*)

2. -ite. Suffixe (du lat. *-itus*), servant, en chimie, à désigner les sels des acides en *-eux* (ceux qui contiennent le moins d'oxygène). Par ex., *sulfite* (sel de l'acide sulfureux).

3. -ite. Suffixe (du gr. *-itis*), servant à former des noms de minéraux. (Ex.: *andésite, domite, calcite, magnésite.*)

4. -ite. Suffixe (du lat. *-itus*), servant à former des mots désignant les adeptes d'une religion (par ex., *israélite, sunnite*) ou les membres d'un ordre religieux (par ex., *jésuite, barnabite*).

1. item [itɛm] adv. COMM De même, et encore (dans un compte, un état). *Payé ceci; item, cela.* – Adv. latin.

2. item [itɛm] n. m. **1.** LING Élément, objet considéré à part. **2.** PSYCHO Question, dans un test ou dans un questionnaire d'enquête, à laquelle un même sujet a la possibilité de faire plusieurs réponses. – Mot angl.; du lat. *item* , «de même».

itératif, ive [iteʀatif, iv] adj. **1.** Qui est fait, répété plusieurs fois. *Traitement itératif.* **2.** LING Syn. de *fréquentatif.* – Bas lat. *iterativus.*

itération [iteʀasjɔ̃] n. f. Répétition. ▷ MATH, INFORM Répétition d'un calcul, permettant d'obtenir un résultat approché satisfaisant. – Lat. *iteratio.*

itérativement [iteʀativmɑ̃] adv. D'une manière itérative. – De *itératif.*

itinéraire [itineʀɛʀ] n. (et adj.) **1.** n. m. Route à suivre ou suivie pour aller d'un lieu à un autre. *Itinéraire fléché. Notre itinéraire passe par Jonquière.* ▷ Ouvrage indiquant la route pour aller de tel endroit à tel autre et comportant la description des régions qu'elle traverse. **2.** adj. Rare Relatif aux routes, aux chemins. *La lieue, le kilomètre, unités itinéraires.* – Bas lat. *itinerarium*, de *iter, itineris*, «chemin».

itinérant, ante [itineʀɑ̃, ɑ̃t] adj. **1.** Qui se déplace, qui va de lieu en lieu, sans résidence fixe, pour exercer ses fonctions. *Ambassadeur itinérant.* **2.** Qui a lieu successivement dans plusieurs lieux différents. *Exposition itinérante.* – Bas lat. *itinerans, itinerantis.*

itou [itu] adv. Fam. De même. *Et moi itou.* – Altér. dial. de l'a. fr. *et a tot, et à tout*, «aussi», avec infl. de l'a. fr. *itel*, «pareillement».

iule [jyl] n. m. ZOOL Myriapode (mille-pattes) vivant sous les pierres ou dans la mousse et qui s'enroule en spirale en cas de danger. – Lat. *iulus*, gr. *ioulos.*

ive [iv] ou **ivette** [ivɛt] n. f. Bugle à fleurs roses et jaunes des terrains arides, appelée aussi *petit if.* – De *if.*

I.V.G. Sigle de *Interruption volontaire de grossesse.*

ivoire [ivwaʀ] n. m. (et adj.) **1.** Matière dure d'une blancheur laiteuse, variété de tissu osseux très fortement minéralisée (sels de calcium, notam.) constituant les défenses de l'éléphant. *Objets sculptés en ivoire*, ou, ellipt., *des ivoires. Bracelet en ivoire.* ▷ Poét. *D'ivoire:* d'une blancheur comparable à celle de l'ivoire. *Un cou d'ivoire.* – Adj. *Une soie ivoire.* **2.** Matière des dents et défenses d'autres animaux (hippopotame, narval, etc.). – ANAT Partie dure des dents. V. dent. **3.** TECH *Noir d'ivoire:* poudre noire utilisée en peinture, faite d'ivoire et d'os calcinés; couleur noire préparée avec cette poudre. ▷ *Ivoire végétal:* V. phytéléphas. – Du lat. *eboreus*, «d'ivoire», de *ebur, eboris*, «ivoire».

ivoirien, ienne [ivwaʀjɛ̃, jɛn] adj. et n. De Côte d'Ivoire. – Du n. de la Côte-d'*Ivoire*, État d'Afrique occid., sur le golfe de Guinée.

ivoirin, ine [ivwaʀɛ̃, in] adj. Litt. D'ivoire; qui a l'aspect de l'ivoire. Syn. éburnéen. – De *ivoire.*

ivraie [ivʀɛ] n. f. Plante herbacée (fam. graminées) des régions tempérées. *Ivraie, ivraie enivrante (Lolium temulentum)*, qui croît dans les champs cultivés et dont les grains, mêlés à ceux des céréales, donnent une farine toxique. *Ivraie vivace (Lolium perenne)*, utilisée parfois pour les prairies artificielles, les gazons. ▷ Fig. (Allus. à la Bible.) *Séparer le bon grain de l'ivraie*, les bons des méchants, le bien du mal. – Du lat. pop. *ebriaca (herba)*, du class. *ebrius*, «ivre» (à cause des effets que produit cette plante).

ivre [ivʀ] adj. **1.** Dont le comportement, les réactions sont troublés par les effets de l'alcool. *Il était légèrement ivre. Ivre mort:* ivre au point d'avoir perdu toute conscience. Syn. (fam.) soûl. **2.** Fig. *Ivre de:* exalté, transporté hors de soi (par les passions). *Ivre d'amour, de jalousie.* – Du lat. *ebrius*, par l'anc. provenç. *ibre.*

ivresse [ivʀɛs] n. f. **1.** État d'une personne ivre, intoxication alcoolique aiguë. – Par anal. *Ivresse morphinique*, due à l'action de la morphine. **2.** *Par ext.* Exaltation causée par une émotion violente, une passion. *L'ivresse de l'amour.* – De *ivre.*

ivrogne [ivʀɔɲ] adj. et n. Qui a l'habitude de boire avec excès, de s'enivrer. – Fam. *Serment d'ivrogne*, que l'on fait à la légère et qui ne sera pas tenu. – De l'a. fr. *ivroigne*, «ivresse», du lat. pop. **ebrionia*, «ivresse».

ivrognerie [ivʀɔɲ(ə)ʀi] n. f. Habitude de s'enivrer; état d'une personne ivrogne. – Du préc.

ivrognesse [ivʀɔɲɛs] n. f. Fam. et péjor. Femme ivrogne. – De *ivrogne.*

īwān [iwan] n. m. ARCHI Dans l'art musulman, salle voûtée en berceau, fermée sur trois côtés, et s'ouvrant sur le quatrième par un arc. – Mot arabe.

ixia [iksja] n. f. BOT Genre d'iridacées à grandes fleurs très décoratives. – Mot lat.

ixode [iksɔd] n. m. ZOOL Nom scientifique des acariens de la famille de la tique*. – Du gr. *ixôdês*, «gluant».

izard. V. isard.

J j

j [ʒi] n. m. Dixième lettre de l'alphabet et septième des consonnes, notant en français une fricative sonore prépalatale [ʒ]. Le son *j*, autrefois transcrit *i* et dont la figuration actuelle en français ne date que du XVIe s., provient du latin: soit d'une semi-consonne *(iumentum,* d'où *jument; diurnum,* d'où *jour),* soit d'une palatalisation du *g (gamba,* d'où *jambe). J majuscule, j minuscule.* – PHYS *J :* symbole du joule. ▷ MILIT *Jour J:* jour où doit se dérouler une opération. – *Par ext.,* cour. Jour où quelque chose d'important doit avoir lieu.

jabiru [ʒabiʀy] n. m. Grand oiseau (1,50 m) des régions chaudes, voisin de la cigogne, dont le bec est légèrement courbé vers le haut. – Mot guarani.

jable [ʒabl] n. m. TECH Rainure pratiquée dans les douves d'un tonneau pour y emboîter le fond. – Du gallo-rom. *gabulum,* «gibet».

jabloir [ʒablwaʀ] n. m., **jabloire** ou **jablière** [ʒablijɛʀ] n. f. TECH Outil servant à creuser les jables des tonneaux. – De *jable.*

jaborandi [ʒabɔʀɑ̃di] n. m. BOT Autre nom du pilocarpe, arbuste de la fam. des rutacées. – Feuille de cet arbuste, contenant un alcaloïde, la pilocarpine, utilisée en pharmacie. – Mot tupi *yaborandi* ou *jaburandi.*

jabot [ʒabo] n. m. **1.** Poche glanduleuse de l'œsophage des oiseaux, dans laquelle les aliments séjournent et subissent l'action de diverses sécrétions avant de passer dans l'estomac. **2.** Plissé de dentelle ou de mousseline ornant le devant d'une chemise, d'un corsage. *Chemise à jabot.* – D'un rad. prélatin **gaba,* «gorge d'oiseau».

jaboter [ʒabɔte] v. intr. [1] **1.** Rare Piailler, en parlant de certains oiseaux qui poussent des cris en secouant leur jabot. **2.** Fam., vieilli Bavarder, jacasser. – De *jabot.*

jacana [ʒakana] n. m. Oiseau charadriiforme des marais tropicaux qui, grâce à ses doigts allongés, marche sur les nénuphars. – Guarani *jasana.*

jacaranda [jakaʀɑ̃da] n. m. Arbre des régions chaudes (fam. bignoniacées) à fleurs mauves, dont le bois (faux palissandre) est très apprécié. – Mot tupi-guarani, par le portugais.

jacasser [ʒakase] v. intr. [1] **1.** Pousser son cri, en parlant de la pie. **2.** Parler, bavarder avec volubilité de choses insignifiantes. – De *Jacques, jaquette,* appellation pop. du geai, de la pie, d'où *jaqueter,* «bavarder», avec infl. de *agasse,* «pie».

jacasserie [ʒakasʀi] n. f. ou **jacassement** [ʒakasmɑ̃] n. m. Fam. Bavardage bruyant et futile. – De *jacasser.*

jacasseur, euse [ʒakasœʀ, øz] n. et adj. Fam. Personne qui jacasse. – De *jacasser.*

jacée [ʒase] n. f. Centaurée à fleurs rouge violacé. – Lat. médiév. *jacea,* «menthe».

jachère [ʒaʃɛʀ] n. f. État d'une terre labourable qu'on laisse volontairement reposer en ne l'ensemençant pas. *Terre en jachère.* – Cette terre. *Labourer des jachères.* – Du lat. médiév. *gascaria,* rad. gaul. **gansko,* «branche, charrue».

jacinthe [ʒasɛ̃t] n. f. Plante bulbeuse (genre *Hyacinthus,* fam. liliacées) dont une espèce, ornementale, est cultivée pour ses fleurs en grappes colorées et parfumées. – Lat. *hyacinthus,* gr. *huakinthos.*

jack pot ou **jackpot** [ʒakpot, dʒakpot] n. m. Dans les machines à sous, déclenchement d'un mécanisme lors d'une combinaison gagnante, qui libère l'argent accumulé dans la machine; cet argent. ▷ *Par ext.* La machine elle-même. – Mot angl., de *jack,* «valet», et *pot,* «ensemble des mises».

jaco, jacot ou **jacquot** [jako] n. m. Perroquet gris à queue rose d'Afrique occidentale, qui passe pour le meilleur parleur de tous les perroquets. – De *Jacquot,* dimin. de *Jacques.* V. jacasser.

jacobée [ʒakɔbe] n. f. Séneçon des bois et des prés appelé aussi *fleur* (ou *herbe*) *de saint Jacques.* – Du bas lat. *Jacobus,* «Jacques».

jacobin, ine [ʒakɔbɛ̃, in] n. et adj. **1.** Vx Dominicain. **2.** n. m. Membre du club des Jacobins, société politique française de la Révolution. **3.** *Par ext.* (souvent péjor.). Fervent partisan des idées républicaines. ▷ Adj. *Idées, opinions jacobines.* – Du bas lat. *Jacobus,* «Jacques», l'hospice parisien des pèlerins pour Saint-Jacques-de-Compostelle ayant été confié aux dominicains.

jacobinisme [ʒɑkɔbinism(ə)] n. m. Doctrine, théorie politique des jacobins. – Ferveur républicaine d'inspiration jacobine. – De *jacobin.*

1. jacobite [ʒakɔbit] adj. et n. Monophysite syrien. *L'Église jacobite.* – De *Jacobus* Baraddai, qui fonda cette Église (VIe s.).

2. jacobite [ʒakɔbit] n. Partisan de Jacques II et des Stuarts après la révolution anglaise de 1688. – Mot angl., de Jacques (*Jacobus* en lat.) Stuart.

jacot. V. jaco.

jacquard [ʒakaʀ] n. m. **1.** TECH Métier à tisser inventé par Jacquard. **2.** Tricot (fait à la machine ou à la main) dont les dessins imitent les étoffes tissées au jacquard. – Du n. du fr. Joseph Marie *Jacquard* (1752-1834), inventeur de ce métier à tisser.

jacquemart. V. jaquemart.

jacquerie [ʒakʀi] n. f. **1.** HIST *La Jacquerie:* l'insurrection paysanne qui éclata en mai-juin 1358 dans les provinces situées au N. et au N.-O. de Paris. **2.** *Une jacquerie:* un soulèvement de paysans. *Les jacqueries furent nombreuses sous l'Ancien Régime en France.* – De *Jacques.*

Jacques [ʒak] n. m. **1.** HIST *Jacques, Jacques Bonhomme:* sobriquet du paysan français, sous l'Ancien Régime en France. ▷ Fam. *Faire le Jacques:* faire le niais. **2.** *Maître Jacques:* factotum (nom du domestique d'Harpagon dans *l'Avare,* de Molière). – N. pr., bas lat. *Jacobus.*

jacquet [ʒakɛ] n. m. Jeu de dés, variété de trictrac, qui consiste à faire avancer des pions sur une tablette à deux compartiments où sont figurées vingt-quatre flèches de deux couleurs différentes, opposées pointe à pointe. – Cette tablette. – Orig. incert., p.-ê. de *Jacques,* ou m. mot que *jockey.*

jacquier. V. jaquier.

jacquot. V. jaco.

1. jactance [ʒaktɑ̃s] n. f. Litt. Manière arrogante de parler en se vantant. – Lat. *jactantia,* «vantardise».

2. jactance [ʒaktɑ̃s] n. f. Pop. Bavardage. – De *jacter.*

jacter [ʒakte] v. intr. [1] Fam. Parler, bavarder. – Déform. de *jaqueter.* V. jacasser.

jaculatoire [ʒakylatwaʀ] adj. RELIG *Oraison jaculatoire:* prière courte et fervente. – Du lat. *jaculari,* «lancer le javelot».

jade [ʒad] n. m. **1.** Pierre fine très dure (silicate naturel d'aluminium et de calcium), d'un vert plus ou moins prononcé, utilisée pour faire de petits objets d'art. *Variétés de jade* (jadéite, néphrite, etc.). *Brûle-parfum en jade.* **2.** Objet sculpté en jade. *Les jades chinois.* – Esp. *piedra de la ijada,* «pierre des flancs», cette pierre passant pour guérir les coliques néphrétiques; var. anc. *ejade.*

jadéite [ʒadeit] n. f. MINER Variété de jade. – De *jade,* et *-ite* 3.

jadis [ʒadis] adv. Autrefois, il y a longtemps. *Jadis vivait un roi.* ▷ Adj. *Le temps jadis.* – Contraction de *ja a dis,* «il y a déjà des jours», du lat. *jam,* «déjà», *a,* 3ᵉ pers. de l'ind. pr. de *avoir,* et lat. *dies,* «jour».

jaguar [ʒagwaʀ] n. m. Grand félin (*Panthera unca,* 1,30 m) des régions tropicales de l'Amérique du S. (Amazonie, surtout), au pelage tacheté d'ocelles, homologue américain de la panthère. – Tupi *jaguara.*

jaillir [ʒajiʀ] v. intr. [2] **1.** Sortir impétueusement, en parlant d'un liquide, d'un fluide. *Le sang jaillit de la blessure.* – Par anal. *Faire jaillir une étincelle.* ▷ Fig. *Un cri d'horreur jaillit de toutes les poitrines.* **2.** Fig. Se manifester soudainement. *Faire jaillir la vérité.* – Orig. incert.; probabl. rad. gaul. **gali,* «bouillir»; a. fr. *jalir,* «lancer».

jaillissement [ʒajismɑ̃] n. m. Fait de jaillir; mouvement de ce qui jaillit. *Le jaillissement des eaux.* – Fig. *Un jaillissement d'idées.* – De *jaillir.*

jaïn [ʒain], **jaïna** [ʒaina] ou **djaïn** [dʒain] n. et adj. Qui appartient au jaïnisme; qui professe le jaïnisme. – Mot hindou; de *Jina,* «vainqueur (des passions humaines)», désignant le fondateur du jaïnisme.

jaïnisme [ʒainism] ou **djaïnisme** [dʒainism] n. m. Religion de l'Inde qui se développa au VIᵉ s. av. J.-C. en marge du brahmanisme, dont la fondation est attribuée à Mahâvîra et qui propose d'atteindre le nirvâna, notam. par la méditation yogi et l'absolu respect de tout ce qui vit *(ahimsâ).* – De *jaïn.*

jais [ʒɛ] n. m. Variété de lignite d'un noir brillant, utilisée en bijouterie. ▷ Loc. *Noir comme du jais.* – Ellipt. *Yeux, cheveux de jais,* très noirs. – Lat. d'orig. gr. *gagates,* «pierre de *Gages* », ville d'Asie Mineure.

jalap [jalap] n. m. Plante dicotylédone du Mexique (fam. convolvulacées; nombr. genres) dont la racine renferme diverses résines aux propriétés purgatives; cette racine. – De l'esp. *Jalapa,* nom d'une ville mexicaine.

jalon [ʒalɔ̃] n. m. **1.** Fiche de bois ou de métal que l'on plante en terre pour prendre un alignement, marquer une direction. **2.** Fig. Point de repère. – *Poser, planter des jalons :* fixer les idées principales d'un ouvrage, préparer les voies d'une entreprise. – Orig. incert.

jalonnement [ʒalɔnmɑ̃] n. m. Action, manière de jalonner. – De *jalonner.*

jalonner [ʒalɔne] **I.** v. intr. [1] Poser des jalons. **II.** v. tr. **1.** Déterminer, marquer le tracé, l'alignement, l'itinéraire de (qqch) au moyen de jalons ou de repères. *Jalonner une allée dans un jardin.* **2.** (Choses.) Délimiter, indiquer (comme par des jalons). *Bidons peints qui jalonnent une piste.* ▷ *Par ext.* Être placé en bordure et de distance en distance. *Les arbres qui jalonnent la route.* – De *jalon.*

jalonneur [ʒalɔnœʀ] n. m. Personne qui pose des jalons. – De *jalonner.*

jalousement [ʒaluzmɑ̃] adv. **1.** Avec jalousie. *Regarder jalousement ses voisins.* **2.** Avec méfiance, avec un soin ombrageux. *Garder jalousement ses trésors.* – De *jaloux.*

jalouser [ʒaluze] v. tr. [1] Considérer avec envie et dépit (la situation ou les avantages d'une personne; cette personne). *Jalouser la promotion d'un collègue. Jalouser ses frères.* – De *jaloux.*

jalousie [ʒaluzi] n. f. **I. 1.** Sentiment de dépit mêlé d'envie, dû à ce qu'un autre obtient ou possède ce que l'on aurait voulu obtenir ou posséder. *Quiconque réussit suscite la jalousie des médiocres.* **2.** Disposition ombrageuse de celui qui voue un amour possessif et exclusif à la personne aimée et vit dans l'inquiétude et le soupçon permanents de son infidélité. *La jalousie d'Othello.* **II.** TECH Treillis en bois ou en métal au travers duquel on peut voir sans être vu. – Persienne constituée de lamelles parallèles qui donnent plus ou moins de jour selon qu'on les lève ou qu'on les abaisse. – De *jaloux.*

jaloux, ouse [ʒalu, uz] adj. et n. **1.** *Être jaloux de qqch,* y être très attaché. *Il est jaloux de ses prérogatives.* – Se dit de ce qui marque cet attachement. *Soins jaloux.* **2.** Qui envie les avantages, les succès d'autrui et en éprouve du dépit. ▷ Subst. *Sa réussite va faire des jaloux.* **3.** Tourmenté par la crainte de voir la personne aimée préférer qqn d'autre, ou manquer à la fidélité. *Mari jaloux.* – Par ext. *Soupçons jaloux.* ▷ Subst. *Un jaloux, une jalouse.* – Du lat. pop. **zelosus,* gr. *zêlos,* «zéle, émulation».

jamaïcain, aine [ʒamaikɛ̃, ɛn] adj. et n. De la Jamaïque. – Du n. de la *Jamaïque,* État insulaire de l'Atlantique, dans les Grandes Antilles.

jamais [ʒamɛ] adv. **1.** (Avec un sens affirmatif.) En un temps quelconque, passé ou futur; un jour. *Avez-vous jamais observé cela? – Si jamais vous le voyez.* – Litt. *Si vous lui parlez jamais:* si même un jour vous lui parlez. ▷ Loc. *À jamais; à tout jamais; pour jamais:* pour toujours, éternellement. *Cœur brisé à jamais.* **2.** (Dans une phrase négative.) *Ne... jamais, jamais... ne:* en aucun temps. *Je ne l'ai jamais vu. Jamais il ne reviendra.* ▷ *Il n'a jamais fait que...:* en aucun temps, il n'a fait autre chose que... ▷ *Ne jamais plus, jamais plus... ne. Jamais plus je ne ferai cela. Je ne le ferai plus jamais.* **3.** (Avec un sens négatif.) À aucun moment, en aucun cas. *Trahir? jamais! C'est le moment ou jamais:* aucun autre moment ne pourrait être plus propice. – Prov. *Mieux vaut tard que jamais* (que pas du tout). – De *ja,* du lat. *jam,* «déjà», et *mais,* du lat. *magis,* «plus».

jambage [ʒɑ̃baʒ] n. m. **1.** Chacun des traits verticaux dans le tracé des lettres m, n et u. *Les deux jambages du n.* **2.** CONSTR Chacune des deux assises de pierre ou de maçonnerie qui supportent le manteau d'une cheminée, le linteau d'une porte, etc. – De *jambe.*

jambe [ʒɑ̃b] n. f. **I. 1.** ANAT Partie de chacun des deux membres inférieurs de l'être humain comprise entre le genou et le pied et dont le squelette est formé du tibia et du péroné. **2.** Cour. Le membre inférieur tout entier. *Les jambes puissantes d'un athlète.* ▷ Loc. fam. *Jouer des jambes, prendre ses jambes à son cou:* s'enfuir en courant. – *Courir, aller à toutes jambes:* le plus vite possible. – *Traîner la jambe:* marcher avec difficulté. – *La nouvelle lui a coupé bras et jambes,* lui a ôté toute force. *Le vin m'avait coupé les jambes.* ▷ Fig. et fam. *Tenir la jambe à qqn:* l'importuner en le retenant par ses discours. – *Faire des ronds de jambes:* faire des manières dans l'intention de séduire. – *Faire qqch par-dessous* (ou *par-dessus*) *la jambe,* avec désinvolture. ▷ Iron., fam. *Cela lui fait une belle jambe:* il n'a que faire de l'avantage que cela lui apporte; cela ne lui apporte rien. **3.** Par anal. *Jambe de bois:* pièce de bois façonnée pour servir de prothèse à un amputé. – *Jambe artificielle, articulée.* **4.** Partie des membres postérieurs du cheval, entre le bas de la cuisse et le jarret. **II.** *Par anal.* Ce qui sert à porter, à soutenir. – *Jambes d'un compas,* ses branches. ▷ CONSTR *Jambe de force:* pièce inclinée qui soutient une poutre et en divise la portée. ▷ AVIAT *Jambe de train d'atterrissage:* organe reliant la cellule d'un avion aux roues du train d'atterrissage. – Gr. *kampê;* bas lat. *gamba,* «jarret du cheval, patte».

jambette [ʒɑ̃bɛt] n. f. CONSTR Petit élément vertical qui soutient l'arbalétrier d'une charpente. – Dimin. de *jambe.*

jambier, ière [ʒɑ̃bje, jɛʀ] adj. et n. ANAT *Muscles jambiers,* de la jambe. ▷ N. m. *Le jambier antérieur.* – De *jambe.*

jambière [ʒɑ̃bjɛʀ] n. f. Anc. Partie de l'armure protégeant la jambe. ▷ Mod. Pièce de vêtement qui entoure la jambe pour couvrir ou protéger. *Jambière d'un gardien de but, au hockey.* – De *jambe.*

jambon [ʒɑ̃bɔ̃] n. m. **1.** Cuisse ou épaule, salée ou fumée, du porc ou rarement du sanglier. *Jambon cru, cuit. Tranche de jambon. Jambon de Bayonne, de Parme, d'York.* **2.** Fig., fam. Cuisse. – De *jambe.*

jambonneau [ʒɑ̃bɔno] n. m. **1.** Petit jambon fait avec les pattes de devant du porc. **2.** Mollusque lamellibranche marin (genre *Pinna*), à grande coquille triangulaire (long. jusqu'à 50 cm). – Dimin. de *jambon.*

jamboree [ʒɑ̃bɔʀi] n. m. Réunion internationale de scouts. – Mot angl., de l'hindi.

jambosier [ʒɑ̃bozje] n. m. Arbre originaire de l'Inde (*Eugenia jambos,* fam. myrtacées) dont les baies rouges comestibles, très rafraîchissantes, ont une odeur de rose. – Lat. bot. *jambos,* d'un mot malais.

jam-session [(d)ʒamsɛsjɔ̃] n. f. Réunion de musiciens de jazz qui se rassemblent pour improviser librement. *Des jam-sessions.* Syn. bœuf. – Mot amér., de *jam,* «foule», et *session,* «assemblée».

jan [ʒɑ̃] n. m. Chacune des tablettes d'un jeu de trictrac. – Coup qui fait perdre ou gagner des points à ce jeu. – Probabl. de *Jean,* prénom.

jangada [ʒɑ̃gada] n. f. Grand radeau de bois utilisé par les pêcheurs du nord du Brésil. – Mot portug., du tamoul *sāngadām,* «radeau».

janissaire [ʒanisɛʀ] n. m. HIST Fantassin turc appartenant à un corps composé de jeunes prisonniers chrétiens élevés dans l'islam. – Ital. *giannizzero,* turc *geni çeri,* «nouvelle milice».

janotisme ou **jeannotisme** [ʒanɔtism] n. m. **1.** Candeur naïve. **2.** Construction vicieuse d'une phrase donnant lieu à des amphibologies ridicules. *Aller chercher une pizza chez le dépanneur qu'on a fait cuire.* – De *Janot* ou *Jeannot,* personnage de théatre (fin XVIIIe), type de l'ingénu niais et ridicule.

jansénisme [ʒɑ̃senism] n. m. HIST RELIG Doctrine de Jansénius et de ses partisans (V. encycl. ci-après). ▷ *Par ext.* Vertu rigide et austère. – De *Jansenius,* n. lat. de Corneille *Jansen* (1585-1638), évêque d'Ypres.
ENCYCL Le jansénisme est essentiellement une doctrine de la prédestination et des rapports du libre arbitre et de la grâce. Il s'appuie sur l'*Augustinus,* ouvrage présenté comme une somme des thèses de saint Augustin, et dans lequel Jansénius soutient que le péché originel a ruiné la liberté de l'homme, et que la grâce est uniquement déterminée par la volonté de Dieu qui l'accorde ou non à chacun *(prédestination gratuite).* Le grave débat théologique qui suivit la publication du livre (1640) opposa les solitaires de Port-Royal et Pascal (adeptes de Jansénius) aux jésuites. Ces derniers firent parvenir au pape un résumé, en cinq propositions, de la doctrine de l'*Augustinus,* qu'Innocent X condamna comme hérétique (bulle *Cum occasione,* 1653). Le jansénisme, en tant que critique de l'absolutisme royal ou pontifical, eut de multiples incidences politiques.

janséniste [ʒɑ̃senist] adj. et n. **I.** adj. **1.** Du jansénisme. *Morale janséniste.* **2.** *Par ext.* Rigide et austère. *Des principes jansénistes.* **II.** n. Partisan de la doctrine de Jansénius. *Les jansénistes de Port-Royal.* – De *Jansenius* (V. jansénisme).

jante [ʒɑ̃t] n. f. Pièce circulaire, généralement de bois ou de métal, qui constitue le pourtour d'une roue. – Du lat. pop. **cambita,* gaul. *cambo,* «courbe».

janvier [ʒɑ̃vje] n. m. Premier mois de l'année moderne. *Les vœux du 1er janvier.* – Lat. pop. **jenuarius,* class. *januarius,* de *Janus,* dieu à qui ce mois était dédié.

japon [ʒapɔ̃] n. m. **1.** Porcelaine du Japon. **2.** Papier résistant, blanc crème, utilisé pour les éditions de luxe. – Du nom du *Japon,* pays où ce papier était, à l'origine, fabriqué.

japonais, aise [ʒapɔnɛ, ɛz] adj. et n. **1.** adj. Du Japon. ▷ Subst. Habitant ou personne originaire de ce pays. *Un(e) Japonais(e).* **2.** n. m. *Le japonais,* la langue du groupe ouralo-altaïque parlée au Japon. – De *Japon,* État insulaire d'Asie.

japonaiserie [ʒapɔnɛzʀi] ou **japonerie** [ʒapɔnʀi] n. f. Objet d'art du Japon. – De *japonais.*

japonisant, ante [ʒapɔnizɑ̃, ɑ̃t] n. Spécialiste de la langue, de la civilisation du Japon. – De *Japon,* État insulaire d'Asie.

jappement [ʒapmɑ̃] n. m. Cri du chien qui jappe. *Jappements de chiots.* – De *japper.*

japper [ʒape] v. intr. [1] Pousser des aboiements brefs et aigus. – Onomat.

1. jaque [ʒak] n. m. ou f. Habit court et serré des hommes, au Moyen Âge. – Probabl. de *Jacques,* ancien sobriquet du paysan français.

2. jaque [ʒak] n. m. Fruit du jaquier. – Du tamoul *tsjaka,* p.-ê. par l'ital.

jaquemart ou **jacquemart** [ʒakmaʀ] n. m. Figure de métal représentant un homme d'armes frappant les heures avec un marteau sur la cloche d'une horloge d'hôtel de ville, de cathédrale. – De *Jaqueme,* var. de *Jacques* en anc. provenç.

jaquette [ʒakɛt] n. f. **1.** Vx Chemise de nuit. **2.** Veste de cérémonie pour hommes, à pans ouverts, descendant jusqu'aux genoux. **3.** Veste de femme ajustée. **4.** TECH Enveloppe extérieure, en tôle, d'une chaudière, d'un four, etc., maintenant le calorifugeage et formant carrosserie. **5.** Couverture légère qui protège la reliure d'un livre. **6.** Revêtement destiné à remplacer l'émail de la couronne dentaire. – De *jaque* 1.

jaquier ou **jacquier** [ʒakje] n. m. Arbre d'Australie et d'Asie du S. (genre *Artocarpus,* fam. moracées), voisin de l'arbre à pain, qui produit de gros fruits comestibles (12 à 15 kg) aux graines très riches en amidon. – De *jaque* 2.

jard ou **jar** [ʒaʀ] n. m. Sable de rivière, mêlé de gravier. – Du gallo-rom. *carra,* «pierre».

jarde [ʒaʀd] n. f. ou **jardon** [ʒaʀdɔ̃] n. m. MED VET Tumeur osseuse de la face externe du jarret, chez le cheval. – De l'ital. *giarda, giardone,* ar. *djaraza,* même sens.

jardin [ʒaʀdɛ̃] n. m. **1.** Terrain, le plus souvent clos, où l'on cultive des légumes, des fleurs, des arbres. *Jardin potager, jardin d'agrément. Jardin à la française:* jardin d'agrément régulier et symétrique. *Jardin anglais,* aménagé pour donner l'illusion de la nature sauvage. *Jardin public:* jardin d'agrément ouvert à tous. *Jardin d'hiver:* serre à l'intérieur d'une habitation. *Jardin botanique,* où l'on cultive les plantes pour les étudier. ▷ Fig. Région agricole riche et riante. ▷ Loc. fig. *Jeter une pierre dans le jardin de qqn*, lui jeter une pique au cours d'une conversation. **2.** *Jardin japonais:* bac dans lequel des plantes, des cailloux, etc., sont disposés de manière à former un jardin en miniature. **3.** THEAT *Côté jardin:* côté de la scène à droite de l'acteur regardant la salle (Cf. aussi cour). – De l'a. fr. *gart, jart*, frq. **gard;* sens 3, trad. de l'all. *Kindergarten.*

1. jardinage [ʒaʀdinaʒ] n. m. **1.** Culture des jardins. **2.** SYLVIC Mode d'exploitation consistant à couper çà et là, outre les arbres vieux ou malades, quelques sujets sains, pour les vendre. – De *jardiner.*

2. jardinage [ʒaʀdinaʒ] n. m. TECH Défaut d'une pierre jardineuse. – De *jardineux.*

jardiner [ʒaʀdine] v. intr. [1] **1.** S'adonner au jardinage. **2.** SYLVIC *Forêt jardinée*, exploitée selon le système du jardinage (sens 2). – De *jardin.*

jardinerie [ʒaʀdinʀi] n. f. Établissement commercial à grande surface, fréquemment en plein air, où sont vendus des plantes ainsi que des produits et des outils pour le jardinage. – De *jardin.*

jardinet [ʒaʀdinɛ] n. m. Petit jardin. – Dimin. de *jardin.*

jardineux, euse [ʒaʀdinø, øz] adj. TECH Se dit d'une pierre précieuse qui présente des taches, des défauts de coloration. – Du frq. **gard*, «aiguillon, piquant».

jardinier, ière [ʒaʀdinje, jɛʀ] n. et adj. **A.** n. **I.** Personne qui cultive un jardin. **II.** n. f. **1.** Meuble supportant une caisse où l'on cultive des fleurs. ▷ Bac dans lequel on cultive des plantes, des fleurs. **2.** Mets composé d'un mélange de légumes cuits (carottes et pommes de terre nouvelles coupées en dés, petits pois, etc.). **3.** *Jardinière d'enfants:* éducatrice dans un jardin d'enfants. **4.** Nom cour. du carabe doré, prédateur de nombreux parasites des jardins. **B.** adj. Des jardins. *Culture jardinière.* – De *jardin.*

jardiniste [ʒaʀdinist] n. Rare Paysagiste. – De *jardin.*

jardon. V. jarde.

1. jargon [ʒaʀgõ] n. m. **1.** Langage incompréhensible. ▷ *Spécial.* Vocabulaire particulier aux personnes exerçant le même métier, la même activité, et que le profane a peine à comprendre. *Le jargon des philosophes, des médecins.* **2.** Langue qu'un groupe social particulier se forge en modifiant ou en altérant la langue commune, et qui répond au désir soit de n'être pas compris des étrangers au groupe, soit de se distinguer d'eux. – P.-ê. du rad. onomat. *garg-*, «gosier».

2. jargon [ʒaʀgõ] n. m. **1.** Très petite pierre d'Auvergne ayant l'aspect de l'hyacinthe. **2.** Zircon jaune. – Ital. *giargone*, de l'a. fr. *jacunce, jargunce*, lat. *hyacinthus*, «fleur» et «pierre précieuse».

jargonner [ʒaʀgɔne] v. intr. [1] **1.** Parler un jargon. **2.** Crier, en parlant du jars, de l'oie. – De *jargon* 1.

jarosse [ʒaʀɔs] ou **jarousse** [ʒaʀus] n. f. Nom cour. de diverses gesses cultivées (notam. *Lathyrus cicera*). – Orig. incert.

jarovisation [ʒaʀɔvizasjõ] n. f. AGRIC Syn. de *vernalisation.* – Du russe *jarovoïe*, «blé de printemps».

1. jarre [ʒaʀ] n. f. Grand vase de terre cuite, de grès, à large ventre et à anses, destiné à contenir de l'eau, de l'huile, etc. – Provenç. *jarra*, ar.

2. jarre [ʒaʀ] n. m. Poil long et dur, plus épais que les autres, dans la fourrure des animaux. – Du frq. **gard*, «aiguillon, piquant».

jarret [ʒaʀɛ] n. m. **1.** Partie du membre inférieur située derrière le genou. – *Avoir du jarret, des jarrets d'acier:* être bon marcheur; avoir la jambe souple et musclée. **2.** ZOOL Articulation du milieu de la patte chez le cheval, la vache, etc., correspondant à la cheville chez l'homme. – Du gaul. **garra*, «jambe».

jarreté, ée [ʒaʀte] adj. MED VET Se dit d'un animal dont les pattes postérieures sont tournées en dedans, les jarrets se touchant presque. – De *jarret.*

jarretelle [ʒaʀtɛl] n. f. Ruban élastique muni d'une pince, servant à fixer les bas à la gaine ou au porte-jarretelles. – De *jarretière.*

jarretière [ʒaʀtjɛʀ] n. f. Ruban élastique fixant le bas sur la jambe. – De *jarret.*

jars [ʒaʀ] n. m. Mâle de l'oie. – Du frq. **gard*, «aiguillon, piquant».

1. jas [ʒa] n. m. MAR Barre perpendiculaire à la verge d'une ancre, qui a pour fonction de faire basculer celle-ci de manière que l'un des becs pique le fond. – Altér. de l'a fr. *joal, jouail*; du lat. pop. **jacium*, «lieu où l'on est couché».

2. jas [ʒas] n. m. Rég. (midi de la France et Alpes) Bergerie. – Du lat. pop. **jacium*, «lieu où l'on est couché»; en anc. provenç. *jas.*

jasage [ʒɑzaʒ] n. m. Fam. **1.** Action d'échanger des propos, des paroles avec qqn; propos ainsi exprimés. *Pas de jasage pendant l'examen!* Syn. placotage (sens 1). **2.** Action de faire des commentaires désobligeants ou malveillants sur le compte de qqn; commentaires ainsi exprimés. *Une histoire qui va faire du jasage. Se méfier des jasages.* Syn. placotage (sens 2). – De *jaser.*

jasant, ante [ʒɑzɑ̃,ɑ̃t] adj. Fam. Qui aime jaser (sens 1), qui parle volontiers. «La belle Maria Chapdelaine n'est pas jasante. Celle de Louis Hémon, en tout cas. Dans le roman, elle ouvre la bouche trois ou quatre fois pour dire non, deux fois pour dire oui, une fois pour murmurer peut-être.» (*L'Actualité*, 1983.) – De *jaser.*

jase [ʒɑz] n. f. Fam. **1.** Échange de propos avec qqn. *Piquer une jase, une bonne jase.* **2.** Facilité de parole; volubilité. *Avoir de la jase.* Rem. *Jasette* est plus cour. dans les deux sens. – Déverbal de *jaser.*

jaser [ʒɑze] v. intr. [1] **1.** Fam. Échanger des propos, des paroles (avec qqn), bavarder. *Jaser avec qqn. Jaser ensemble. Jaser au téléphone.* Syn. placoter (II, sens 1). – Loc. *Parle, parle, jase, jase*, se dit pour résumer une longue conversation. «Je l'ai laissée parler à son goût. Je lui en ai laissé dire autant qu'elle a voulu. Tu peux toujours parler, Papillon. [...] À ton aise, Parle-Parle Jase-Jase.» (Réjean Ducharme, *Le nez qui voque*, 1967.) ▷ v. tr. Dire, raconter. *Jaser quelques mots à qqn. Jaser ça (à qqn)*, ou *en jaser une (à qqn):* avoir une longue conversation (avec qqn). – Vieilli *Jaser qqn:* faire la conversation à qqn dans le but d'obtenir ou de provoquer qqch. *Jaser qqn pour le distraire.* «Si les convenances le permettaient, on *jasait* la fille de la maison, Mlle Adéline.» (J. Provost, *La maison du coteau*, 1881.) **2.** Babiller sans arrêt, pour le plaisir de parler. ▷ Émettre des sons ou des cris qui évoquent un babil (bébé, oiseau, eau qui coule, etc.). **3.** Commettre des indiscrétions, révéler ce que l'on aurait dû taire. ▷ Médire. *Sa conduite fait jaser.* – Rad. onomat. *gas-*, cf. *gazouiller.*

jaseran [ʒɑzʀɑ̃] ou **jaseron** [ʒɑzʀõ] n. m. **1.** Anc. Cotte de maille. **2.** Chaîne d'or ou d'argent à fines mailles, portée en collier. – De *(Al)-Djezaïr*, nom ar. d'Alger d'où venaient un grand nombre des cottes de maille; a. fr. *jaserenc.*

jasette [ʒɑzɛt] n. f. Fam. **1.** Échange de propos, entretien familier avec qqn. *Piquer, faire une petite, une bonne jasette avec qqn. Faire la jasette à qqn.* «Tous les Canadiens [...] se connaissaient alors: les passants s'asseyaient sans façon aux fenêtres des propriétaires de ces galeries, et l'on faisait la *jasette* avec les gens de la maison, sans plus de façon que si l'on eût été chez soi.» (Ph. Aubert de Gaspé, *Mémoires*, 1866.) **2.** Facilité de parole; volubilité. *Avoir de la jasette, beaucoup de jasette. Perdre sa jasette.* «La mère, comme toutes les mères, était celle qui voyait à tout et qui... parlait le plus souvent, quoique la loquacité anglaise n'arrive pas avec la chaude jasette de chez-nous.» (lettre de 1944, dans Jacques Gouin, *Lettres de guerre d'un Québécois*, 1975.) – De *jaser*.

jaseur, euse [ʒazœʀ, øz] adj. et n. **1.** adj. Rare Qui jase. – *Par anal.* Qui émet des sons évoquant un babil. *Cap Jaseur*, n. de lieu. **2.** n. m. Oiseau passériforme (genre *Bombycilla*) huppé, à plumage brunâtre avec masque noir et queue terminée par une bordure jaune. *Le cri strident des jaseurs des cèdres (Bombycilla cedrorum). Le jaseur boréal ou jaseur de Bohême (Bombycilla garrulus) niche dans le nord-ouest de l'Amérique du Nord et de l'Eurasie.* – De *jaser*.

jaseux, euse [ʒɑzø,øz] adj. et n. Fam. ou péj. Qui jase (sens 1) beaucoup, qui parle trop. Syn. placoteux. – De *jaser*.

jasmin [ʒasmɛ̃] n. m. Arbuste ornemental (genre *Jasminum*, fam. oléacées), aux fleurs jaunes ou blanches très odorantes. ▷ Fleur de cet arbuste. ▷ Parfum extrait du jasmin. – Arabo-persan *yasāmīn*.

jaspe [ʒasp] n. m. **1.** Silice impure, colorée par bandes ou par taches, que l'on trouve dans les terrains métamorphiques et dont les belles variétés sont utilisées en joaillerie. **2.** MINER Roche à radiolaires rouge sombre rayée ou tachetée, variété de jaspe (au sens 1). – Lat. *iaspis*, mot gr.

jaspé, ée [ʒaspe] adj. et n. m. Bigarré comme du jaspe. *Marbre jaspé.* ▷ TECH *Acier jaspé*, présentant une jaspure obtenue par la trempe dite *au jaspé*. – De *jaspe*.

jasper [ʒaspe] v. tr. [1] TECH Bigarrer de couleurs imitant le jaspe. – De *jaspe*.

jaspiner [ʒaspine] v. intr. [1] Pop. Bavarder. – Du même rad. que *jaser*, et suff. argotique.

jaspure [ʒaspyʀ] n. f. Aspect, couleur de ce qui est jaspé. ▷ *Spécial.* Marbrure donnée par la trempe à certains aciers. – De *jasper*.

jatte [ʒat] n. f. Vieilli Récipient rond sans rebord. *Jatte de grès.* ▷ Son contenu. *Boire une jatte de lait.* – Lat. pop. **gabita*, class. *gabata*.

jattée [ʒate] n. f. Rare Contenu d'une jatte. – De *jatte*.

jauge [ʒoʒ] n. f. **I.** Capacité, volume. **1.** Capacité que doit avoir un récipient pour être conforme à une norme donnée. *Cette futaille n'a pas la jauge.* **2.** MAR Volume intérieur d'un navire, exprimé en tonneaux de jauge (100 pieds cubes anglais, soit 2,83 m^3). *Jauge brute, jauge nette.* **II.** Instrument de mesure. **1.** Instrument (le plus souvent, règle graduée) mesurant la hauteur ou la quantité de liquide contenu dans un réservoir. **2.** TECH Instrument servant à contrôler les dimensions d'une pièce, et notam. les dimensions intérieures d'une pièce creuse (par oppos. à *calibre*, à *gabarit*). **3.** MECA *Jauge de contrainte*, mesurant les variations de longueur d'un solide sous les sollicitations auxquelles il est soumis. – De l'a. frq. **galga*, «perche».

jaugeage [ʒoʒaʒ] n. m. **1.** Opération qui consiste à jauger. *Le jaugeage d'une barrique.* ▷ Droit perçu à l'occasion de cette opération. **2.** Détermination de la jauge d'un navire. – De *jauger*.

jauger [ʒoʒe] **I.** v. tr. [15] **1.** Déterminer la jauge de (un récipient). **2.** Procéder au jaugeage de (un navire). **3.** Fig. Apprécier la valeur, les capacités de (qqn). *Jauger un homme au premier coup d'œil.* **II.** MAR Avoir (telle jauge), en parlant d'un navire. *Cargo qui jauge 10 000 tonneaux.* – De *jauge*.

jaugeur [ʒoʒœʀ] n. m. **1.** Celui qui jauge. **2.** Appareil pour jauger. – De *jauger*.

jaumière [ʒomjɛʀ] n. f. MAR Ouverture pratiquée dans la coque d'un navire pour faire passer la mèche du gouvernail. – De *heaulme* (vx), «barre du gouvernail»; moy. néerl. *helm*.

jaunâtre [ʒonɑtʀ] adj. Qui tire sur le jaune; d'un jaune peu net. – De *jaune*, et *-âtre*.

jaune [ʒon] adj., n. et adv. **I.** adj. Qui est de la couleur commune au citron, à l'or, au safran, etc. ▷ *Fièvre jaune:* typhus amaril. – *Corps jaune:* V. corps. **II.** n. m. **1.** Couleur jaune (couleur du spectre visible dont la longueur d'onde est comprise entre 0,5 et 0,6 μm). **2.** Colorant jaune. *Jaune indien, jaune naphtol.* **3.** *Jaune d'œuf:* partie centrale, jaune et globuleuse, de l'œuf des oiseaux, constituant l'ovule. **4.** Personne appartenant à la grand-race jaune (V. race). **5.** Personne qui ne prend pas part à une grève (à l'origine, membre de l'un des *syndicats jaunes*, créés pour lutter contre le mouvement ouvrier, et qui avaient le genêt pour emblème). **III.** adv. Fig. *Rire jaune*, sans gaieté et en se forçant. – Du lat. *galbinus*, «vert pâle ou jaune».

jaunet, ette [ʒonɛ, ɛt] adj. et n. **I.** adj. Un peu jaune. **II.** n. m. Fam., vx Pièce d'or. – De *jaune*.

jaunir [ʒoniʀ] **1.** v. tr. [2] Rendre jaune. *Le soleil jaunit les blés.* **2.** v. intr. Devenir jaune. *Herbe qui jaunit.* – De *jaune*.

jaunissage [ʒonisaʒ] n. m. TECH Dans la dorure en détrempe, opération consistant à passer une teinte jaune sur les parties non recouvertes par la dorure. – De *jaunir*.

jaunisse [ʒonis] n. f. Syn. cour. de *ictère*. ▷ Loc. fig. *Faire une jaunisse de...:* éprouver un dépit très violent du fait de... – De *jaune*.

jaunissement [ʒonismɑ̃] n. m. Fait de jaunir. – De *jaunir*.

java [ʒava] n. f. **1.** Danse de bal populaire, à trois temps, de cadence rapide; musique qui l'accompagne. **2.** Pop. *Faire la java:* faire la noce. – Orig. incert.

1. javanais, aise [ʒavanɛ, ɛz] adj. et n. **1.** adj. De Java. ▷ Subst. Habitant ou personne originaire de Java. **2.** n. m. *Le javanais:* la langue indonésienne parlée à Java et à Sumatra. – Du n. de *Java*, île d'Indonésie.

2. javanais [ʒavanɛ] n. m. Jargon inventé vers 1857, consistant à intercaler dans les mots les syllabes *va* devant les consonnes et *av* devant les voyelles (*manger*, par ex., devient *mavangeaver*). – P.-ê. d'ap. le présent de *avoir: j'ai, j'avais*, d'ap. *javanais* 1, avec l'idée d'une langue exotique, incompréhensible.

javart [ʒavaʀ] n. m. MED VET Nécrose infectieuse de la partie inférieure des membres du cheval, du bœuf, etc. – Du rad. prélatin **gaba*. V. jabot.

javeau [ʒavo] n. m. Île de sable ou de limon qui se forme lors d'une inondation. – Forme masc. de *javelle*.

Javel (eau de) [ʒavɛl] n. f. Solution d'hypochlorite de sodium ou de potassium utilisée comme antiseptique (traitement des eaux) ou comme décolorant (blanchissage). – De *Javel*, village, auj. quartier de Paris, où se trouvait une usine de produits chimiques.

javelage [ʒavlaʒ] n. m. AGRIC Action de javeler les céréales. ▷ Temps pendant lequel les javelles sèchent sur le sillon. – De *javeler*.

javelé, ée [ʒavle] adj. *Avoines javelées,* mouillées par la pluie et dont le grain est devenu noir et pesant. – Pp. de *javeler.*

javeler [ʒavle] **1.** v. tr. **[22]** Mettre (les céréales, le sel) en javelles. **2.** v. intr. Mûrir en javelles. – De *javelle.*

javeleur, euse [ʒavlœʀ, øz] n. **1.** Personne qui met les céréales en javelles. **2.** n. f. Machine à javeler. – De *javeler.*

javeline [ʒavlin] n. f. Anc. Dard long et mince (arme de jet). – De *javelot.*

javelle [ʒavɛl] n. f. **1.** Quantité de céréales que le moissonneur coupe en un coup de faux et qu'il met en petits tas sur le sillon avant le liage. **2.** Petit tas de sel retiré du marais salant. – Du gaul. **gabella,* «tas».

javellisable [ʒavelizabl] adj. Qui peut être javellisé (sens 2). *Des serviettes de bain javellisables.* – De *javelliser.*

javellisation [ʒavelizasjõ] n. f. Stérilisation de l'eau par l'eau de Javel. – De *(eau de) Javel.*

javelliser [ʒavelize] v. tr. **[1] 1.** Stériliser (l'eau) par javellisation. **2.** Passer le linge à l'eau de Javel pour le blanchir ou le détacher. – De *(eau de) Javel.*

javelot [ʒavlo] n. m. **1.** Anc. Arme de trait, lance que l'on projetait à la main ou avec une baliste. **2.** Instrument de lancer en forme de javelot (sens 1), utilisé en athlétisme. ▷ *Le javelot:* la discipline athlétique du lancer de javelot. – Du gaul. **gabalus.*

jazz [dʒaz] n. m. Genre musical propre (à l'origine) aux Noirs des É.-U., caractérisé notam. par un très large recours à l'improvisation et une manière particulière de traiter le temps musical (V. swing). – Mot anglo-amér. d'orig. incert.; d'abord *jazz-band.*

ENCYCL Selon la légende, le jazz est né à La Nouvelle-Orléans, mais, en fait, il surgit simultanément en plusieurs points des É.-U. au moment où d'anciens esclaves du S. s'installent dans les villes industr. du N.; La Nouvelle-Orléans n'en reste pas moins le foyer princ. de ce renouveau musical, produit de l'interaction entre diverses formes musicales occid. (quadrille, polka, marche) et les traditions noires (chants de travail, spirituals, blues). Différents styles ont marqué l'évolution du jazz: New Orleans (Buddy Bolden, King Oliver, Louis Armstrong, trompettes), Chicago (Bix Beiderbecke, cornet), swing (Benny Goodman, clarinette), bop ou be bop (Charlie Parker, saxo; Dizzy Gillespie, trompette; Thelonius Monk, piano), hard bop (Eric Dolphy, John Coltrane, saxos), free jazz (Ornette Coleman, Archie Shepp, saxos). Depuis les années 1970, les styles se sont diversifiés; un important courant européen est apparu. La multiplication et l'interpénétration des formes rendent difficile une classification par école. Nombre des plus grands restent d'ailleurs inclassables. Art Tatum (piano), Fats Waller (piano), Coleman Hawkins, Lester Young (saxos), parmi les plus anciens, Sonny Rollins, Miles Davis, Charles Mingus, parmi les modernes, etc. Le jazz a donné de grands vocalistes: Bessie Smith, Armstrong, Ella Fitzgerald, Billie Holiday, Sarah Vaughan, Bobby Mc Ferryn. Quant à Jimmy Lunceford, Duke Ellington et Count Basie, ils sont les représentants les plus éminents du jazz orchestral de l'âge d'or (dans les années 1940); Gil Evans, notam., a prolongé cette tradition dans des registres plus modernes.

jazz-band [dʒazbɑ̃d] n. m. Vieilli Orchestre de jazz. – Anglo-amér. de *jazz,* et *band,* «troupe».

je [ʒə], **j'** [ʒ] Pronom personnel sujet de la première personne du singulier, au masculin et au féminin. *«Je pense, donc je suis»* (Descartes). *Où suis-je? Puissé-je réussir!* – N. B.: L'*e* est élidé quand le verbe commence par une voyelle ou un *h* muet: *j'écris, j'hésite.* – Du lat. *ego; eo,* puis, *jo* et *je.*

jean [dʒin], ou **jeans** [dʒins] n. m. **1.** Blue-jean. **2.** Pantalon en jean (sens 3), quelle que soit sa couleur. *Un jean noir.* ▷ Pantalon ayant la coupe d'un blue-jean. *Des jeans de velours.* **3.** Coutil de coton utilisé pour la confection des blue-jeans, à l'origine bleu indigo, aujourd'hui de n'importe quelle couleur. – Mot amér., «coutil, treillis», abrév. de *blue-jean.*

jean-foutre [ʒɑ̃futʀ] n. m. inv. Pop., péjor. Homme incapable. – D'un emploi pop. injur. du prénom *Jean,* et *foutre.*

1. jeannette [ʒanɛt] n. f. **1.** Narcisse, jonquille. **2.** Mince chaîne d'or à laquelle s'attache une croix. **3.** Planchette montée sur un pied, utilisée pour les repassages délicats (plis, ourlets, cols de chemises, etc.). – Prénom fém., dimin. de *Jeanne.*

2. jeannette [ʒanɛt] n. f. Fillette appartenant au scoutisme féminin. – De *Jeanne* d'Arc, patronne de ce mouvement.

jeannotisme. V. janotisme.

jeans. V. jean.

jectisse [ʒɛktis] ou **jetisse** [ʒetis] adj. f. TECH *Terres jectisses,* prises dans un endroit et jetées dans un autre. *Pierres jectisses,* qui peuvent se poser à la main. – De *jecter,* anc. forme de *jeter.*

jeep [dʒip] n. f. Voiture tout terrain d'origine américaine, utilisée en partic. au cours de la guerre de 1939-1945. ▷ *Par ext.* Automobile tout terrain. – Mot amér., des initiales G. P. prononc. [dʒipi], de *general purpose,* «tous usages»; nom déposé.

jéjuno-iléon [ʒeʒynoileõ] n. m. ANAT Partie de l'intestin grêle formée par le jéjunum et l'iléon. – De *jéjunum,* et *iléon.*

jéjunum [ʒeʒynɔm] n. m. ANAT Partie de l'intestin grêle comprise entre le duodénum et l'iléon. – Du lat. méd. *jejunum intestinum,* «intestin à jeun», à cause de la faible quantité de matières qu'il contient.

jello [dʒɛlo] n. m. Gelée à saveur de fruit, préparée à partir d'une poudre commerciale à base de gélatine et de sucre. *Du jello au citron.* ▷ *Par ext.* Substance gélatineuse. «Il fige dans le néant tout en continuant d'osciller doucement de la tête comme un sphinx de jello [...].» (Jean-Claude Germain, *Mamours et conjugat,* 1979.) – De *Jell-O,* marque déposée.

je-m'en-fichisme [ʒmɑ̃fiʃism] ou **je-m'en-foutisme** [ʒmɑ̃futism] n. m. Fam., péjor. Insouciance blâmable, laisser-aller. – De *je m'en fiche, je m'en fous.* V. ficher, foutre.

je-m'en-fichiste [ʒmɑ̃fiʃist] ou **je-m'en-foutiste** [ʒmɑ̃futist] adj. et n. Fam., péjor. Qui montre de l'indifférence, de la passivité. – Du préc.

je ne sais quoi ou **je-ne-sais-quoi** [ʒənsɛkwa] n. m. inv. Chose indéfinissable. *«Le je-ne-sais-quoi et le presque-rien», œuvre de Vladimir Jankélévitch.* – De *je, ne, sais* (du v. savoir), et *quoi.*

jenny [ʒeni] n. f. TECH Métier à filer le coton, inventé par l'Anglais Hargreaves (1710-1778). – Mot angl., en fr. *Jeannette,* symbolisant la fileuse.

jérémiade [ʒeʀemjad] n. f. Fam., péjor. Lamentation continuelle, plainte geignarde et inopportune. – De *Jérémie,* à cause du poème des *Lamentations* qui fut longtemps (à tort) attribué à ce prophète.

jerez ou **xérès** [xeʀɛs] ou [keʀɛs] n. m. Vin blanc récolté aux environs de Jerez. *Jerez sec,* ou *sherry.* – De *Jerez* (prov. de Cadix) en Espagne.

jerk [dʒɛʀk] n. m. Danse moderne, qui consiste à agiter le corps et les membres de secousses rythmiques. – Mot angl., «secousse».

jéroboam [ʒeʀɔbɔam] n. m. Grande bouteille de vin dont la contenance est égale au quadruple de celle de la bouteille normale. – De *Jéroboam Ier*, qui, selon la Bible, conduisit son royaume au péché.

jersey [ʒɛʀzɛ] n. m. Tissu élastique de laine, de fil ou de soie. ▷ Corsage, tricot moulant le buste, fait avec ce tissu. – Du nom de l'île de *Jersey*.

jersiais, iaise [ʒɛʀzjɛ, jɛz] adj. et n. De l'île de Jersey. – Du nom de *Jersey*, île anglo-normande.

jésuite [ʒezɥit] n. m. et adj. **1.** Membre de la Compagnie de Jésus. ▷ Adj. ART *Style jésuite:* style architectural baroque qui apparut à l'époque de la Contre-Réforme catholique, et que les jésuites contribuèrent à répandre. **2.** Péjor. Hypocrite et astucieux (par allus. à la casuistique trop accommodante que l'on reprochait aux jésuites). ▷ Adj. *Ce qu'il peut être jésuite!* – De *Jésus*.

jésuitique [ʒezɥitik] adj. Péjor. **1.** Propre aux jésuites. **2.** Qui rappelle les procédés que l'on prête aux jésuites; astucieux et sournois. *Argumentation jésuitique.* – De *jésuite*.

jésuitiquement [ʒezɥitikmɑ̃] adv. Péjor. De manière jésuitique. – De *jésuitique*.

jésuitisme [ʒezɥitism] n. m. Péjor. **1.** Système de conduite que l'on prête aux jésuites. **2.** Hypocrisie, fourberie dans la façon d'agir ou de répondre. – De *jésuite*.

jésus [ʒezy] n. m. et adj. **1.** Représentation de l'Enfant Jésus. *Un jésus en ivoire.* ▷ Petit enfant particulièrement gracieux. **2.** Saucisson gros et court, fabriqué notam. en Alsace, dans le Jura, en Suisse. – Du n. pr. *Jésus*.

jet [ʒɛ] n. m. **1.** Action de jeter, de lancer. *Jet d'une balle. Armes de jet,* servant à lancer (arc, fronde, etc.) ou qu'on lance (javelot, flèche). **2.** Émission d'un fluide sous pression. *Jet de vapeur, d'eau, de gaz.* ▷ Par anal. *Jet de lumière d'un projecteur.* **3.** TECH Action de couler dans le moule le métal en fusion. – *D'un seul jet,* d'une seule coulée du métal en fusion dans le moule. ▷ Fig., cour. *Écrit composé d'un seul jet,* d'une seule traite, sans arrêt. *Premier jet:* essai, ébauche. **4.** SYLVIC Pousse droite et vigoureuse. **5.** *Jet d'eau:* gerbe d'eau projetée verticalement par une fontaine. – *Spécial.* Traverse inférieure d'un ouvrant de croisée, façonnée de manière à rejeter l'eau vers l'extérieur. – Déverbal de *jeter*.

jetable [ʒətabl] adj. Conçu pour être jeté après une ou plusieurs utilisations. – De *jeter*.

jetage [ʒətaʒ] n. m. VETER Mucosité qui s'écoule par les naseaux des animaux atteints de la morve, de la gourme. – De *jeter*.

jeté [ʒəte] n. m. **1.** CHOREGR Saut lancé par une jambe et reçu par l'autre. *Jeté battu,* où les jambes se croisent pendant le saut. **2.** SPORT *Épaulé et jeté:* V. épaulé. – Pp. subst. de *jeter*.

jetée [ʒəte] n. f. **1.** Construction s'avançant dans la mer ou dans un fleuve, haute chaussée maçonnée destinée à protéger l'entrée d'un port, à diriger le courant, à permettre l'accostage des navires, etc. **2.** Construction allongée qui relie le corps d'une aérogare à un poste de stationnement d'avion. – Pp. fém. subst. de *jeter*.

jeter [ʒəte] **I.** v. tr. **[23] 1.** Lancer. *Jeter des pierres.* ▷ Loc. fig. *Jeter un coup d'œil sur une chose,* la regarder rapidement. *Jeter de la poudre aux yeux:* tenter de surprendre, de séduire par des faux-semblants brillants mais vains. **2.** Faire tomber ou laisser tomber. *Les assiégés jetaient de la poix bouillante du haut des remparts.* Loc. fig. *Jeter l'argent par les fenêtres:* dépenser sans compter, faire preuve d'une prodigalité excessive. **3.** Se débarrasser de, mettre au rebut (ce qui est hors d'usage). *Jeter de vieux papiers.* **4.** Renverser, mettre à bas. *Jeter qqn à terre. Jeter bas une cloison.* **5.** Émettre, envoyer en faisant sortir de soi. *Serpent qui jette son venin.* ▷ Émettre (un son), pousser (un cri). Fig. *Jeter les hauts cris:* se récrier hautement, s'indigner. ▷ Loc. fig. Vieilli *Jeter sa gourme:* faire ses premières fredaines, en parlant d'un jeune homme. **6.** Pousser, porter avec force vers. *Épaves que les vagues jettent sur la grève. Jeter qqn dans un cachot,* l'y emprisonner, l'y faire emprisonner. ▷ Fig. *Jeter qqn dans l'inquiétude, dans l'illusion.* **7.** Asseoir, établir, poser. *Jeter les bases, les fondements de qqch.* ▷ Construire (une passerelle, un pont). *Jeter un viaduc au-dessus d'une voie ferrée.* ▷ *Jeter sur:* mettre, déposer en hâte ou négligemment sur. *Jeter un châle sur ses épaules.* **II.** v. pron. **1.** Se précipiter, se porter vivement vers (dans, contre, etc.). *Il s'est jeté sur moi.* ▷ Fig. *Se jeter avec fougue dans le militantisme politique.* **2.** Se laisser tomber. *Se jeter dans le vide, se jeter par la fenêtre.* **3.** *Se jeter dans:* confluer avec (cours d'eau). *La rivière Saint-Maurice se jette dans le Saint-Laurent à Trois-Rivières.* – Du lat. pop. **jectare*, class. *jactare*, fréquent. de *jacere*.

jeteur, euse [ʒətœʀ, øz] n. *Jeteur, jeteuse de sort,* personne qui envoûte en jetant un sort. – De *jeter*.

jetisse. V. jectisse.

jeton [ʒ(ə)tõ] n. m. **1.** Pièce plate, le plus souvent ronde, symbolisant une valeur quelconque (points au jeu, rang dans une série, etc.) ou servant à faire fonctionner une machine automatique. *Jetons en matière plastique des joueurs de dés.* ▷ *Jeton de présence:* indemnisation qui rémunère la présence effective des administrateurs d'une société aux séances du conseil d'administration (et qui était autrefois versée en échange d'un jeton-témoin). **2.** Pièce de monnaie en métal non précieux, n'ayant qu'une valeur fiduciaire. *Un jeton de vingt-cinq cents. Jetons en cupronickel.* ▷ Fig. *Un faux jeton:* une personne fourbe, hypocrite. **3.** Pop. Coup. *Il a reçu quelques bons jetons dans la bagarre.* ▷ Pop. *Avoir les jetons:* avoir peur. – De *jeter*, au sens anc. de «calculer», les jetons ayant d'abord servi au calcul.

jet-stream [dʒɛtstʀim] n. m. METEO Courant violent dans la stratosphère. – Mot angl., de *jet*, «jaillissement d'un gaz», et *stream*, «courant».

jeu [ʒø] n. m. **I.** Divertissement, récréation, activité intellectuelle ou gestuelle qui n'a d'autre fin que l'amusement de la personne qui s'y livre. *Jeux de société, jeux d'esprit.* ▷ Loc. et prov. *Ce n'est qu'un jeu, c'est un jeu d'enfant:* c'est une chose très facile à faire. *Jeu de main, jeu de vilain:* les jeux de main (c.-à-d. les coups de poing) ne conviennent qu'aux «vilains» (paysans, au Moyen Âge), et non aux personnes de qualité. (Compris aujourd'hui: la violence feinte des jeux de main conduit souvent à la violence réelle.) **II.** Cette activité en tant qu'elle est soumise à certaines règles. **1.** *Jeux de hasard,* où le hasard tient beaucoup de place et où l'on risque généralement de l'argent (roulette, poker, etc.). *Jeux de combinaisons* (dames, échecs, go, etc.). *Maison de jeu,* où l'on joue ordinairement à des jeux de hasard. ▷ *Théorie des jeux:* partie de la recherche opérationnelle qui étudie les stratégies en les assimilant à celles de joueurs qui s'affrontent. ▷ Loc. *Entrer en jeu:* commencer à jouer; fig., intervenir. *D'entrée de jeu:* dès le début. *Être en jeu,* en cause. *Mettre en jeu qqch,* l'exposer, le risquer. (V. aussi sens V, 2.) *Avoir beau jeu de, à:* être dans des circonstances favorables pour. *Faire le jeu de qqn,* agir sans le vouloir dans son intérêt. *Jouer gros jeu:* jouer de grosses sommes; fig., risquer, hasarder beaucoup. *Ce n'est pas de jeu:* cela contrevient aux règles du jeu. **2.** Chez les anciens Grecs, concours sportif. *Les jeux Isthmiques.* – Chez les Romains, spectacle du cirque (combats de gladiateurs, etc.). *Les jeux du cirque.* ▷ *Jeux Olympiques* (V. encycl.). **3.** TENNIS Chacune des parties que comporte un set. **III. 1.** Objets qui servent à jouer. *Jeu de cartes, de da-*

mes. ▷ Ensemble des cartes qu'un joueur a en main. *Avoir un beau jeu.* ▷ En cartomancie. *Le grand jeu:* le jeu de tarots. **2.** Lieu où l'on joue. *Un vaste jeu de boules.* **3.** *Par ext.* Assortiment d'objets, de pièces de même nature. *Un jeu de clefs.* ▷ Spécial. *Jeu d'orgues:* série de tuyaux de même nature, ayant le même timbre. **IV. 1.** Manière dont un acteur remplit son rôle. *Jeu d'un comédien. Jeux de scène:* entrées, sorties, mouvements divers des acteurs. ▷ Fig., fam. *Être vieux jeu:* n'avoir pas les idées, les manières à la mode du jour. **2.** Manière de jouer d'un instrument de musique. *Un jeu brillant. Un excellent jeu d'archet.* **V. 1.** Mouvement d'un organe, d'un mécanisme qui tend à produire un effet. *Le jeu d'un ressort.* **2.** *Par ext.* Fig. Fonctionnement. *Le jeu des institutions.* ▷ *Mettre en jeu:* faire fonctionner, agir; faire impliquer (dans un fonctionnement). *Un tel phénomène met en jeu des forces considérables.* **3.** Espace nécessaire au mouvement de deux pièces. *Donner du jeu à un mécanisme:* laisser suffisamment d'espace entre les pièces pour qu'elles puissent fonctionner librement. *Prendre du jeu:* cesser d'être bien serré, ajusté (du fait de l'usure, des vibrations, etc.). **4.** *Jeu d'eau, de lumière,* etc.: diversité des formes que l'on fait prendre à des jets d'eau ou variété d'éclairages destinées à produire un effet esthétique. **VI.** LITTER Pièce en vers du Moyen Âge. *Le «Jeu de la feuillée». Jeux Floraux.* – Du lat. *jocus,* «badinage, plaisanterie».

ENCYCL Les premiers jeux Olympiques (776 av. J.-C.) furent organisés en l'honneur de Zeus, à Olympie (Élide). Ils se déroulèrent, tous les 4 ans, pendant 1 200 ans; l'empereur chrétien Théodose les abolit en 393. Les fêtes duraient sept jours; aux épreuves «sportives» (athlétisme, lutte, courses de chars) s'ajoutaient des concours poétiques et musicaux. D'autres jeux réunissaient également les délégations de la Grèce tout entière: les jeux Isthmiques (isthme de Corinthe); Néméens (en Argolide), à l'orig. militaires; Pythiques (à Delphes, autref. nommée Pythô), surtout poétiques et musicaux. Quant aux jeux romains, fort divers (en l'honneur d'Apollon, de l'empereur, etc.), ils ne présentaient pas les mêmes caractères sportifs que les jeux grecs. Après la conquête de la Grèce par Rome en 146 av. J.-C., ils prirent la forme d'une attraction où les jeux du cirque alternaient avec des représentations scéniques. Les jeux Olympiques, tels que nous les connaissons, ont eu lieu pour la première fois à Athènes, en 1896, renouant ainsi, sous l'impulsion du baron Pierre de Coubertin (1863-1937), avec la grande tradition antique. En 1924 se déroulèrent à Chamonix les prem. jeux d'hiver. Un Comité international olympique (C.I.O.) existe depuis 1894. Les jeux ont lieu tous les 4 ans dans une ville différente qui en est l'organisatrice (et non l'État dont elle dépend). Montréal fut l'hôte des jeux d'été en 1976, Calgary celui des jeux d'hiver en 1988.

jeudi [ʒødi] n. m. Jour de la semaine entre le mercredi et le vendredi. *Jeudi saint:* jeudi de la semaine qui précède Pâques. Fig., fam. *La semaine des quatre jeudis:* jamais. – Lat. *Jovis dies,* «jour de Jupiter»; d'abord *juesdi.*

jeun (à) [aʒœ̃] loc. adv. Sans avoir mangé. – De *à,* et de l'anc. adj. *jeun;* lat. *jejunus.*

jeune [ʒœn] adj. et n. **I.** adj. **1.** Qui n'est pas avancé en âge. *Un jeune homme. Le jeune âge:* la jeunesse. **2.** Par opposition à *aîné* et à *ancien.* *«Fromont jeune et Risler aîné»,* d'A. Daudet (1874). *Pline le Jeune.* **3.** Propre à la jeunesse, juvénile. *De jeunes ardeurs. Garder le cœur jeune. Couleur jeune,* qui convient à une personne jeune. **4.** Qui est composé de jeunes gens, de jeunes filles. *Un public jeune.* **5.** Qui n'a pas beaucoup d'ancienneté. *Il est bien jeune dans le métier.* **6.** (En parlant des animaux, des plantes, des choses.) Peu âgé, récent, nouveau. *Un jeune chien. Un jeune chêne. Vin jeune.* **7.** THEAT *Jeune premier, jeune première:* comédien, comédienne jouant des rôles importants (premiers rôles) de jeunes gens. **8.** Fam. *Un peu jeune:* un peu insuffisant. *Une bouteille pour six, ce sera un peu jeune!* **II.** n. **1.** Personne jeune. *Être entouré de jeunes.* (L'emploi du sing. *un jeune, une jeune,* très courant de nos jours, a été critiqué par certains puristes.) **2.** Animal non encore adulte. – Du lat. *juvenis;* a. fr. *jovene,* puis *jueune, juene.*

jeûne [ʒøn] n. m. **1.** Privation de nourriture. **2.** Privation volontaire de nourriture, partic. pour des motifs religieux. *Jeûne du carême, du ramadan.* – Déverbal de *jeûner.*

jeûner [ʒøne] v. intr. [1] **1.** Être privé de nourriture. **2.** S'abstenir de nourriture, partic. pour des motifs religieux. – Du bas lat. ecclés. *jejunare.*

jeunesse [ʒœnɛs] n. f. **1.** Partie de la vie comprise entre l'enfance et l'âge adulte. *La première jeunesse:* l'adolescence. – Prov. *Il faut que jeunesse se passe:* il faut être indulgent pour les fautes dues à la vivacité, à l'inexpérience des jeunes gens. **2.** (Animaux, plantes, choses.) Jeune âge. *La jeunesse du monde.* **3.** Ensemble des personnes jeunes. – Prov. *Si jeunesse savait, si vieillesse pouvait,* si la jeunesse avait l'expérience et la vieillesse la force. *La jeunesse dorée,* privilégiée. **4.** Fam., vieilli Jeune fille ou femme très jeune. *Il a épousé une jeunesse.* **5.** Fraîcheur, vigueur. *Une œuvre pleine de jeunesse.* – De *jeune.*

jeunet, ette [ʒønɛ, ɛt] adj. Fam. Tout jeune. – Dimin. de *jeune.*

jeûneur, euse [ʒønœʀ, øz] n. Personne qui jeûne. – De *jeûner.*

jeunot [ʒøno] adj. et n. m. Fam. Jeune homme. – Dim. de *jeune.*

jiu-jitsu [ʒjyʒitsy] n. m. inv. Art martial japonais, technique de défense à main nue dont dérive le judo. – Mot jap., *jujitsu,* «art de la souplesse».

joaillerie [ʒɔajʀi] n. f. **1.** Art, commerce du joaillier. **2.** Articles fabriqués ou vendus par le joaillier. **3.** Boutique du joaillier. – De *joaillier.*

joaillier, ière [ʒɔalje, jɛʀ] n. Personne qui travaille les joyaux, ou en fait le commerce. – De l'a. fr. *joelier,* forme anc. de *joyau.*

joannite. V. johannite.

job [dʒɔb] n. f. Fam. **1.** Emploi, travail rémunéré. *Avoir une belle, une bonne job.* «[...] elle avait laissé sa job chez Giroux et Deslauriers, quelques semaines plus tôt, parce que le bébé qu'elle attendait l'empêchait de sa pencher aux pieds des clients pour leur essayer des souliers [...].» (Michel Tremblay, *Thérèse et Pierrette à l'école des Saints-Anges,* 1980.) ▷ Poste. *Viser la job de gérant.* Rem. Sous l'infl. du français de France, parfois masc. et alors perçu comme moins familier. **2.** Ouvrage, besogne, tâche. *Faire une belle job. Faire la job de qqn d'autre. Avoir la job de faire qqch.* ▷ *Sur la job:* à l'ouvrage. *Parler, fumer sur la job.* ▷ *Travailler à la job,* à forfait. – Mot angl.

jobard, arde [ʒɔbaʀ, aʀd] adj. et n. Crédule, facile à duper. – De *jobe,* «niais», probabl. de *Job,* personnage biblique, à cause des railleries qu'il eut à subir.

jobarder [ʒɔbaʀde] v. tr. [1] Rare Tromper. – De *jobard.*

jobarderie [ʒɔbaʀd(ə)ʀi] ou **jobardise** [ʒɔbaʀdiz] n. f. Crédulité, naïveté confinant à la niaiserie. – De *jobard.*

jockey [ʒɔkɛ] n. m. Personne qui fait métier de monter les chevaux dans les courses. – Angl. *jockey,* dimin. de *Jock,* forme écossaise de *Jack.*

jocrisse [ʒɔkʀis] n. m. Benêt qui se laisse gouverner. – Nom d'un personnage de théâtre.

jodhpurs [ʒɔdpyʀ] n. m. pl. Pantalon de cheval, serré au-dessous du genou. – Mot angl., abrév. de *Jodhpur breeches,* «pantalons de Jodhpur», de *Jodhpur,* nom d'une ville indienne.

jodler [ʒɔdle], **iodler** [jɔdle] ou **iouler** [jule] v. intr. [1] Vocaliser sans paroles en passant de la voix de poitrine à la voix de tête. *Les Tyroliens jodlent.* – De l'all. dial. *jodeln.*

joggeur, euse [dʒɔgœʀ, øz] n. Personne qui pratique le jogging. – De *jogging.*

jogging [dʒɔgiŋ] n. m. Course à pied pratiquée individuellement pour se maintenir en forme et sans arrière-pensée de compétition. – Mot angl., de *to jogg,* «aller au petit trot».

johannique [ʒɔanik] adj. RELIG Relatif à l'apôtre Jean, à l'Évangile de Jean. – Du lat. *Johannes,* «Jean».

johannite ou **joannite** [ʒɔanit] n. et adj. RELIG Membre d'une secte très ancienne de chrétiens d'Orient, dans laquelle on confère le baptême au nom de Jean Baptiste. Cf. aussi mandéisme. – Du lat. *Johannes,* «Jean».

joie [ʒwɑ] n. f. **1.** État de satisfaction intense. *Cris de joie. Combler de joie. Se faire une joie de:* se réjouir à l'idée de. *Faire la joie de qqn:* être pour lui un sujet de profonde satisfaction. **2.** Gaieté, bonne humeur. *La joie des convives. Mettre en joie:* provoquer la gaieté. **3.** Plur. Plaisirs, satisfactions. *Les joies de la vie.* – Iron. Ennuis, inconvénients. *Il va connaître les joies d'une tempête de neige!* **4.** Vx Plaisir sensuel. – Mod. *Fille de joie:* prostituée. – Du lat. *gaudia.*

joindre [ʒwɛ̃dʀ] **I.** v. tr. **[66] 1.** Approcher (des objets) de sorte qu'ils se touchent; unir solidement. *Joindre deux planches. Joindre des tôles par une soudure. Joindre les mains,* les faire se toucher paume contre paume (en un geste de prière, de supplication). ▷ V. intr. Se toucher sans laisser d'interstices. *Volets qui joignent mal.* **2.** (Construit avec *à*.) Ajouter, mettre avec (pour former un tout ou compléter). *Joindre des pièces à une réclamation.* ▷ Fig. Allier, associer. *Joindre l'utile à l'agréable.* **3.** Faire communiquer, relier. *Courtine joignant deux bastions. Service aérien qui joint Montréal à Sept-Îles.* **4.** Atteindre, être en contact avec (qqn). *Joindre qqn par téléphone.* **II.** v. pron. S'associer. *Nous nous joignons à vous pour protester.* – Du lat. *jungere.*

1. joint, jointe [ʒwɛ̃, ʒwɛ̃t] adj. et n. **I.** adj. **1.** Qui est joint, qui se touche. *Planches mal jointes.* **2.** Mis avec, ensemble; conjugué. *Protestations jointes.* **3.** Ajouté. *Pièce jointe à une lettre.* ▷ *Ci-joint:* joint à ceci. *La facture ci-jointe. Ci-joint la facture.* **II.** n. **1.** Articulation, endroit où deux os se joignent. *Joint de l'épaule.* (V. aussi jointure.) ▷ Fig., fam. *Trouver le joint,* le point favorable pour intervenir. **2.** MECA Dispositif servant à transmettre un mouvement. *Joint de Oldham, joint de Cardan.* **3.** TECH Endroit où s'accolent deux éléments contigus d'une maçonnerie, d'une construction ou d'un assemblage. Intervalle entre ces éléments. *Remplir un joint de mortier.* ▷ Face la plus étroite d'une planche. **4.** Dispositif ou matériau intercalé entre deux pièces et qui sert à rendre leur raccordement étanche *(joint d'étanchéité)* ou à leur permettre de se dilater *(joint de dilatation).* – Ppr. de *joindre.*

2. joint [ʒwɛ̃] n. m. Fam. Cigarette contenant de la marihuana ou du haschisch. – *Tirer un joint:* fumer une cigarette de marihuana, de haschisch. – Arg. amér. *joint.*

jointé, ée [ʒwɛ̃te] adj. MED VET *Cheval court-jointé, long-jointé,* dont le paturon est trop court, trop long. – De l'anc. terme de manège *jointe,* «paturon du cheval».

jointif, ive [ʒwɛ̃tif, iv] adj. Qui est joint sans intervalle. *Planches jointives.* – De *joint.*

jointoiement [ʒwɛ̃twamɑ̃] n. m. CONSTR Action de jointoyer; son résultat. – De *jointoyer.*

jointoyer [ʒwɛ̃twaje] v. tr. **[26]** CONSTR Remplir avec du mortier, du ciment, du plâtre les joints de. *Jointoyer des moellons.* – De *joint.*

jointure [ʒwɛ̃tyʀ] n. f. **1.** Articulation. *Faire craquer ses jointures.* **2.** Endroit où se joignent deux éléments; manière dont ils se joignent. *Jointure d'un parquet.* – Du lat. *junctura,* de *jungere,* «joindre».

jojo [ʒoʒo] n. m. Fam. *Affreux jojo:* enfant turbulent, insupportable. *Par ext.,* drôle de personnage. ▷ Adj. Joli (souv. en tournure nég.). *C'est pas très jojo.* – De *joli.*

joker [ʒɔkɛʀ] n. m. Carte à jouer qui prend la valeur que lui attribue le joueur qui la détient. – Mot angl., propr. «farceur».

joli, ie [ʒɔli] adj. et n. m. **1.** Qui plaît par ses qualités esthétiques, par son élégance, ses formes harmonieuses. *Une jolie femme. Un joli garçon. Une jolie bouche. Faire le joli cœur:* chercher à plaire, à séduire. ▷ Agréable à voir, à entendre. *Un joli paysage. De jolis vers.* **2.** Qui présente des avantages, qui mérite de retenir l'attention. *Une jolie situation. Une jolie fortune.* **3.** Fam. Plaisant, amusant, piquant. *Faire un joli mot d'esprit. Le tour est joli.* ▷ N. m. Le plaisant, le piquant. *Le joli de l'affaire.* **4.** *Par antiphrase.* Peu recommandable; déplaisant, blâmable. *Un joli monsieur! Du joli monde!* ▷ N. m. *C'est du joli!* – De l'anc. scand. *jôl,* nom d'une grande fête du milieu de l'hiver.

joliesse [ʒɔljɛs] n. f. Caractère de ce qui est joli. – De *joli.*

joliment [ʒɔlimɑ̃] adv. **1.** D'une manière jolie, plaisante. *Écrire joliment.* **2.** Fam. Beaucoup, considérablement. *Joliment bête.* **3.** *Par antiphrase.* Très mal. *Vous voilà joliment vêtu!* – De *joli.*

jonc [ʒɔ̃] n. m. **1.** Plante herbacée vivace (genre *Juncus,* fam. juncacées) qui pousse dans les lieux humides et dont la tige est droite et flexible. *Le jonc du Canada (Juncus canadensis) pousse dans les terrains siliceux humides et les tourbières.* ▷ Cette tige, utilisée en vannerie. *Corbeille de jonc.* **2.** *Canne de jonc* ou un *jonc:* canne faite avec la tige du jonc d'Inde (rotang). **3.** Bague ou bracelet dont le cercle est de grosseur uniforme. – Lat. *juncus.*

joncassées. V. juncassées.

jonchaie [ʒɔ̃ʃɛ] ou **jonchère** [ʒɔ̃ʃɛʀ] n. f. Lieu planté de joncs. – De *jonc.*

jonchée [ʒɔ̃ʃe] n. f. Vx ou rég. **1.** Amas de branchages, de fleurs qui recouvrent le sol. *Une jonchée d'herbes, de feuillages.* ▷ *Par ext.* Grande quantité d'objets éparpillés sur le sol. *Jonchée de papiers.* **2.** Petit fromage de lait caillé fait dans une clisse de joncs. – De *joncher.*

joncher [ʒɔ̃ʃe] v. tr. **[1] 1.** Recouvrir le sol (de branchages, de feuilles, etc.) *Joncher le sol de fleurs.* **2.** Couvrir en grande quantité. *Papiers qui jonchent le sol.* – De *jonc.*

jonchère. V. jonchaie.

jonchet [ʒɔ̃ʃɛ] n. m. Chacun des petits bâtons de bois, d'os, d'ivoire, etc., jetés pêle-mêle sur une table et qu'il faut retirer un à un sans faire bouger les autres. *Jeu de jonchets.* – De *jonc* ou de *joncher.*

jonction [ʒɔ̃ksjɔ̃] n. f. **1.** Action de joindre, de se joindre; son résultat; fait d'être joint, réuni. *Un pont établit la jonction entre les rives d'un fleuve. La jonction de deux colonnes blindées.* ▷ DR *Jonction de parties:* acte par lequel plusieurs personnes dont les recours ont le même fondement juridique ou soulèvent les mêmes points de droit ou de fait, se joignent dans une même demande en justice. **2.** Point où deux choses se joignent. *À la jonction des deux autoroutes.* ▷ ELECTR Connexion, liaison entre deux conducteurs. ▷ ELECTRON Dans un semi-conducteur, zone de transition de faible épaisseur qui sépare les domaines caractérisés respectivement par un excès d'électrons (région N) et par un défaut d'électrons (région P). – Lat. *junctio.*

jongler [ʒɔ̃gle] v. intr. [1] **1.** Lancer en l'air plusieurs objets (balles, torches enflammées, poignards, etc.) que l'on reçoit et que l'on relance alternativement. **2.** Fig. Manier avec dextérité. *Jongler avec les chiffres, les mots. Jongler avec les difficultés:* les surmonter très facilement. – Du lat. *joculari,* «plaisanter»; a. fr. *jogler,* «se jouer de».

jonglerie [ʒɔ̃gləʀi] n. f. **1.** Vieilli Tour de passe-passe. **2.** Fig., péjor. Manœuvre destinée à duper. *Je ne suis pas dupe de ses jongleries.* ▷ (Sans idée péjor.) Manifestation de virtuosité. *Les jongleries verbales d'un poète.* – De *jongler.*

jongleur, euse [ʒɔ̃glœʀ, øz] n. **1.** Anc. Ménestrel (diseur de poèmes, instrumentiste et chanteur), qui allait de château en château, de ville en ville. **2.** Artiste de cirque, de music-hall, etc., qui fait métier de jongler. *Jongleurs et acrobates.* – Du lat. *joculator,* «rieur»; a. fr. *jogleor, jugleor.*

jonque [ʒɔ̃k] n. f. Navire de pêche ou de transport à voiles lattées, très haut de l'arrière, dont le type reste répandu en Extrême-Orient. – Javanais *(d)jong.*

jonquille [ʒɔ̃kij] n. **1.** n. f. Narcisse *(Narcissus pseudonarcissus)* à collerette profonde et à fleurs jaunes et parfumées. **2.** n. m. Couleur jaune clair. ▷ Adj. inv. *Des foulards jonquille.* – Esp. *junquilla,* de *junco,* «jonc».

jordanien, ienne [ʒɔʀdanjɛ̃, jɛn] adj. et n. De Jordanie. – De *Jordanie,* État d'Asie occidentale.

joseph [ʒozɛf] adj. inv. TECH *Papier joseph:* papier mince et transparent utilisé comme filtre en chimie. – Du prénom de *Joseph* de Montgolfier (1740-1810), industriel fr. qui perfectionna la fabrication du papier et inventa, avec son frère Étienne, les montgolfières.

jota [xɔta] n. f. **1.** Danse populaire aragonaise, écrite sur une mesure à trois temps. *Chanter, danser la jota.* **2.** Son guttural espagnol, noté dans cette langue par la lettre *j.* – Mot esp.

jouable [ʒwabl] adj. Qui peut être joué. *Cette pièce n'est pas jouable.* – De *jouer,* et *-able.*

joual, ale, aux [ʒwal, ʒwo] n. et adj. Péjor. **1.** n. m. Variété de français québécois qui est caractérisée par un ensemble de traits (surtout phonétiques et lexicaux) considérés comme incorrects ou mauvais et qui est identifiée au parler des classes populaires. *Le joual urbain et le joual rural.* ▷ Adv. *Parler, écrire joual.* **2.** adj. (pfs inv., pfs *jouals* au m. plur.) Qui est relatif au joual, en a les caractéristiques. *La langue jouale.* – Prononc. vieillie ou rurale de *cheval* héritée de France; d'après *parler cheval,* «baragouiner», anc. expr. pop. fr.

ENCYCL Attesté déjà dans les années 1930 (chez Claude-Henri Grignon par ex.) dans l'expr. *parler joual,* reprise en 1959 par André Laurendeau dans un billet paru dans *Le Devoir,* le mot *joual* s'est répandu comme une traînée de poudre à partir de 1960, grâce notamment à Jean-Paul Desbiens et à ses célèbres *Insolences du Frère Untel.* Parler joual, c'est «parler comme on peut supposer que les chevaux parleraient s'ils n'avaient pas déjà opté pour le silence et le sourire de Fernandel», affirmait l'auteur de ce pamphlet virulent; c'est dire non seulement «joual» au lieu de «cheval», mais aussi «l' coach m'enweille cri les mits du gôleur» au lieu de «le moniteur m'envoie chercher les gants du gardien», proclamait-il encore. Dès lors associé à des prononciations dites déformées ainsi qu'à l'anglicisme, le joual allait du coup être identifié au parler des classes populaires, parler qu'il fallait à tout prix réformer. S'ensuivit une vaste entreprise de rectification langagière qu'est venue soutenir toute une batterie d'ouvrages correctifs, tel le *Petit dictionnaire du «joual au français»* d'Augustin Turenne (1962). Pendant ce temps, le populisme s'intensifiait dans la littérature. En raison d'une idéologie particulière (*Parti pris,* 1963-1968) ou par simple souci de réalisme, les écrivains n'hésitaient pas quant à eux à recourir à ce joual tant décrié, non seulement dans le roman (par ex. *Le Cassé* de Jacques Renaud, 1964) mais aussi dans la poésie (par ex. *Les Cantouques* de Gérald Godin, 1967) et, surtout, au théâtre (par ex. *Les Belles-Sœurs* de Michel Tremblay, 1968). L'avènement de cette littérature qualifiée de joualisante contribua à affermir l'idée que le joual correspondait bel et bien à une nouvelle langue, sinon distincte du moins passablement différente du français véhiculé par les dictionnaires et les grammaires faits en France. À la faveur d'un nationalisme montant, cette présumée nouvelle langue, considérée par bon nombre comme la seule vraiment apte à exprimer l'identité de l'âme québécoise, finit par devenir le symbole même de cette identité; c'est pourquoi, à partir de 1970, le terme *joual* céda peu à peu le pas à des appellations plus larges et moins péjoratives, *québécois* et *français québécois* par ex., mais toujours plus ou moins explicitement opposées à *français de France.* De là surgit toute une polémique autour de l'originalité et de la légitimité du français en usage au Québec par rapport à celui usité en France (Henri Bélanger, *Place à l'homme,* 1971; Guiseppe Turi, *Une culture appelée québécoise,* 1971; Jean Marcel, *Le joual de Troie,* 1973), question qui soulève bien des controverses encore de nos jours. Inscrit au cœur de la Révolution tranquille, le mot *joual* aura donc marqué à sa manière l'histoire récente du Québec.

joualisant, ante [ʒwalizɑ̃, ɑ̃t] adj. Litt. Qui recourt, est favorable au joual comme moyen d'expression. *La littérature joualisante. Le mouvement joualisant.* – De *joual.*

joubarbe [ʒubaʀb] n. f. Plante grasse (genre *Sempervivum,* fam. crassulacées) à fleurs jaunes ou roses réunies en cymes, appelée aussi artichaut bâtard. – Du lat. *Jovis barba,* «barbe de Jupiter».

joue [ʒu] n. f. **1.** Partie latérale du visage comprise entre le nez et l'oreille, l'œil et le maxillaire inférieur. *Joues creuses, rebondies. Embrasser qqn sur la joue, sur les joues.* ▷ Fam. *Se caler les joues:* manger abondamment. ▷ *Coucher, mettre en joue qqch, qqn,* le viser en appuyant la crosse du fusil contre la joue. – Ellipt. *En joue! feu!* **2.** Partie latérale de la face de certains animaux. *Les joues du cheval.* **3.** TECH Chacune des deux flasques constituant la cage d'une poulie. ▷ MAR Partie renflée de la coque d'un navire, de chaque côté de l'avant. – P.-ê. du prélatin **gaba,* «gorge, gésier».

jouée [ʒue] n. f. TECH Épaisseur d'un mur au droit d'une baie. – De *joue.*

jouer [ʒwe] **A.** v. intr. [1] **I. 1.** Se récréer, se divertir, s'occuper à un jeu. *Les enfants jouent dans la cour.* ▷ Loc. *Jouer avec sa santé,* commettre des imprudences qui peuvent lui porter atteinte. *Jouer avec le feu:* sous-estimer un danger, le prendre à la légère. **2.** Se mouvoir, en parlant d'une pièce, d'un mécanisme. *Ce piston ne joue pas bien.* ▷ *Faire jouer:* faire fonctionner, mettre en action. *Faire jouer une pompe.* Fig. *Il a fait jouer ses relations.* **3.** Ne plus joindre parfaitement, se déboîter ou avoir trop de jeu. *Rivet qui joue dans son logement.* **4.** Se déformer (sous l'effet de l'humidité, de la dessiccation, etc.). *Les panneaux de la porte ont joué.* **5.** Intervenir, agir. *Ces considérations ont joué dans ma décision.* **6.** Produire un effet particulier, en parlant de la lumière, des couleurs. *Lumière qui joue sur une étoffe moirée.* **II.** *Jouer à.* **1.** S'adonner à (tel jeu, tel sport). *Jouer aux cartes, aux échecs. Jouer au tennis.* ▷ (S. comp.) *À vous de jouer:* à votre tour de jeter une carte, de déplacer un pion, etc.; fig., à vous d'agir. **2.** Miser de l'argent (dans un jeu de hasard). *Jouer à la roulette, au baccara. Jouer aux courses* (de chevaux). ▷ Absol. *C'est un homme qui joue,* qui joue habituellement, qui a la passion de jouer. ▷ *Jouer à la Bourse,* spéculer sur les valeurs boursières. **III.** *Jouer de.* Se servir de (tel instrument, tel outil, telle arme). *Jouer du couteau. Spécial.* Se servir selon les règles de l'art (d'un instrument de musique). *Jouer du violon, de la flûte.* ▷ Loc. *Jouer des coudes:* bousculer les gens avec ses coudes pour se frayer un passage dans une foule; fig., écarter sans délicatesse ses rivaux. *Jouer de la prunelle:* lancer des œillades. **B.** v. tr. **1.** Faire (une partie) à tel ou tel jeu ou sport. *Jouer une partie de tarot, un match de hockey. Jouer une carte,* jeter cette carte. *Jouer un pion,* le déplacer. ▷ *Jouer le jeu:* jouer conformément aux règles, à l'esprit du jeu; fig., respecter des conventions explicites ou tacites. **2.** Hasarder, miser. *J'ai joué dix dollars sur le favori. Jouer gros jeu:* jouer de grosses sommes; fig. prendre de gros risques. **3.** Exécuter, faire entendre au moyen d'un instrument de musique. *Le pianiste a joué une sonate de Chopin.* Syn. Interpréter. *Jouer du Mozart.* **4.** Représenter sur le théâtre. *Jouer une comédie. Jouer les ingénues:* tenir habituellement l'emploi d'ingénue. ▷ Fig. *Jouer la comédie:* feindre des sentiments que l'on n'éprouve pas. ▷ Loc. *Jouer les...:* feindre d'être, tenter de se faire passer pour un... *Jouer les durs.* **5.** Rare Imiter. *Papier qui joue le velours.* **C.** v. pron. **1.** Vx Se divertir, folâtrer. *Oiseaux se jouant dans le feuillage.* **2.** *Se jouer de qqn,* se moquer de lui, le duper. ▷ *Se jouer des difficultés,* en triompher aisément. **3.** (Passif.) Être joué, en parlant d'une pièce de théâtre, d'un morceau de musique. *Cette pièce s'est jouée plus de cent fois.* – Du lat. *jocari,* «badiner, plaisanter»; d'abord *joer.*

jouet [ʒwɛ] n. m. **1.** Objet avec lequel un enfant joue; objet, destiné à cet usage. *Jouet en peluche.* **2.** Personne dont on se joue, dont on se moque. *Il n'a été qu'un jouet entre les mains de cet intrigant.* **3.** Personne, chose, livrée à une force extérieure aveugle; personne victime d'une tromperie, d'une illusion. *Être le jouet des événements, d'une illusion.* – De *jouer.*

joueur, euse [ʒwœʀ, øz] n. et adj. **1.** Personne qui joue à un jeu (de façon occasionnelle ou régulière). *Joueur de boules, d'échecs. Joueur de rugby.* ▷ Adj. Qui aime à jouer. *Enfant joueur.* **2.** Personne qui a la passion des jeux d'argent. *Un joueur incorrigible.* **3.** *Beau joueur,* qui sait accepter sereinement une éventuelle défaite (au jeu ou, fig. dans la vie). *Mauvais joueur,* qui n'aime pas perdre. **4.** Personne qui joue d'un instrument de musique. *Joueur de mandoline.* – De *jouer.*

joufflu, ue [ʒufly] adj. Qui a de grosses joues. – De l'a. fr. *giflu,* d'ap. *joue.*

joug [ʒu] n. m. **1.** Pièce de bois que l'on place sur la tête ou l'encolure des bœufs pour les atteler. *Joug simple, double.* ▷ Fig. Sujétion, contrainte matérielle ou morale. *Secouer le joug. Le joug du mariage.* **2.** ANTIQ ROM Pique attachée horizontalement au bout de deux autres piques plantées en terre, sous laquelle on faisait passer les ennemis vaincus en signe de soumission. – Lat. *jugum.*

jouir [ʒwiʀ] **I.** v. tr. indir. [2] Jouir de. **1.** Avoir l'usage, la possession, le profit de. *Jouir d'une bonne santé, de l'estime générale.* ▷ (Choses.) *Région qui jouit d'un agréable climat.* **2.** Tirer grand plaisir de. *Jouir de l'embarras d'un adversaire.* **II.** v. intr. **1.** Prendre du plaisir; vivre dans le plaisir. *Les Romains de la décadence ne pensaient qu'à jouir.* **2.** Éprouver l'orgasme. – Du lat. pop. *gaudire,* de *gaudere,* «se réjouir».

jouissance [ʒwisɑ̃s] n. f. **1.** Fait de jouir de qqch, d'en avoir l'usage, la possession, le profit. *Jouissance d'un droit.* **2.** Plaisir de l'esprit ou des sens. *Jouissance que procure une œuvre d'art.* ▷ *Spécial.* Plaisir sexuel, orgasme. – De *jouir.*

jouisseur, euse [ʒwisœʀ, øz] n. et adj. Personne qui ne songe qu'à jouir des plaisirs matériels. – De *jouir.*

jouissif, ive [ʒwisif, iv] adj. Fam. Qui procure un intense plaisir. – De *jouissant,* ppr. de *jouir.*

joujou [ʒuʒu] n. m. Dans le langage enfantin: jouet. *Des joujoux. Faire joujou :* jouer. ▷ Fig., plaisant. Objet (en partic. objet mécanique) très perfectionné ou très coûteux. – Redoublement enfantin de la première syllabe de *jouer, jouet.*

joule [ʒul] n. m. PHYS Unité d'énergie équivalant au travail d'une force de 1 newton dont le point d'application se déplace de 1 mètre dans sa propre direction. – Du n. de J.-P. *Joule,* physicien anglais (1818-1889).

jour [ʒuʀ] n. m. **I.** Lumière, clarté. **1.** Lumière du soleil. *Il fait jour. Le jour se lève,* apparaît. ▷ *Demi-jour:* faible clarté. *Grand jour, plein jour:* pleine clarté solaire. ▷ *Beau comme le jour:* très beau. *Clair comme le jour:* très clair, très facile à comprendre. **2.** Manière dont la lumière éclaire un objet. *Faux jour:* lumière qui éclaire mal, qui donne aux objets un aspect qui n'est pas le leur. ▷ Fig. Manière dont qqch ou qqn se présente, est considéré. *Je ne le connaissais pas sous ce jour.* **3.** loc. Vie, existence. *Voir le jour:* naître. *Donner le jour à un enfant.* ▷ Fig. *Livre qui voit le jour,* qui paraît. **4.** Fig. *Au jour, au grand jour:* à la vue et au su de tous. **II.** Ce qui laisse passer la lumière. **1.** Ouverture, fenêtre. *Jours ménagés dans les murs d'un bâtiment.* **2.** Ouverture pratiquée dans une étoffe en groupant plusieurs fils par des points de broderie. *Mouchoir à jours.* **3.** *À jour:* à travers quoi l'on voit le jour, dans quoi sont pratiquées des ouvertures. *Clochers à jour des cathédrales gothiques.* **4.** *Se faire jour:* apparaître progressivement. *Une vérité qui se fait jour.* **III.** (Espace de temps.) **1.** Période de clarté entre le lever et le coucher du soleil. *En décembre, les jours sont courts.* **2.** Espace de temps de vingt-quatre heures correspondant à une rotation complète de la Terre sur elle-même. *Les sept jours de la semaine.* ▷ *Jour férié:* jour réservé par la loi pour la célébration d'une fête civile ou religieuse. *Le dimanche est un jour férié.* ▷ *Jour franc:* journée complète de vingt-quatre heures. *Un subpœna doit être signifié au témoin au moins cinq jours francs avant sa comparution. Pour fins de computation de délai, cela signifie que cette personne bénéficie d'un délai de cinq journées complètes de vingt-quatre heures entre le jour où le subpœna lui est signifié et celui où elle doit comparaître devant le tribunal.* ▷ *Jour juridique:* jour au cours duquel une procédure judiciaire peut être accomplie, un tribunal peut siéger. Généralement, seuls les jours fériés sont considérés comme étant non juridiques. ▷ ASTRO *Jour solaire vrai:* durée qui sépare deux passages supérieurs consécutifs du Soleil au méridien d'un lieu. – *Jour solaire moyen:* durée du jour solaire pour un Soleil fictif qui se déplacerait d'un mouvement uniforme. – *Jour sidéral:* durée comprise entre deux retours consécutifs d'une étoile au même méridien, légèrement inférieure au jour solaire moyen du fait de la précession des équinoxes (1 jour sidéral = 23 h 56 mn 4 s). **3.** Époque, espace de temps considéré relativement aux événements qui l'occupent, à l'emploi que l'on en fait. *Jour de pluie. Les beaux jours:* les jours où il fait beau, le printemps, l'été. *Être dans un bon, un mauvais jour:* être de bonne, de mauvaise humeur. *Vivre au jour le jour,* avec le gain de chaque jour et, fig. sans souci du lendemain. ▷ *Absol.* Jour où une personne reçoit. *Son jour est le lundi.* **4.** Cet espace de temps utilisé pour situer un événement, pour servir de point de repère. *Un jour:* à un moment indéterminé. *Passez donc me voir un jour. Un de ces jours:* prochainement. *Un jour ou l'autre:* à un moment non précisé. ▷ *À jour:* exact, en règle, effectué en totalité au jour considéré. *Avoir des registres à jour. Mettre ses comptes à jour.* **5.** Moment présent, époque actuelle. *C'est au goût du jour,* à la mode. Plur. *De nos jours:* à notre époque. **6.** Plur. Durée de l'existence. *Ses jours sont comptés.* – Du bas lat. *diurnum,* pour *dies,* «jour»; d'abord *jorn.*

journal [ʒuʀnal] n. m. **I. 1.** Cahier dans lequel une personne note régulièrement ses réflexions, les événements dont elle a été témoin, les actions qu'elle a accomplies, etc. *Tenir un journal de voyage. Journal intime.* ▷ MAR *Journal de bord:* registre dans lequel sont consignées toutes les circonstances relatives à la navigation et à la marche du navire. **2.** COMM Registre dans lequel on inscrit jour par jour les opérations comptables que l'on effectue. ▷ Adj. *Livre journal.* **II. 1.** Toute publication périodique destinée à un public donné ou traitant de questions relatives à un ou à plusieurs domaines particuliers. *Journal pour enfants. Journaux féminins. Journal de modes.* ▷ *Spécial.* Publication quotidienne qui relate et commente l'actualité dans tous les domaines. **2.** *Par ext.* Bulletin d'information diffusé à heures fixes par la radio, la télévision. *Journal télévisé.* – Du bas lat. *diurnalis,* «de jour»; d'abord adj. signif. «quotidien».

journalier, ière [ʒuʀnalje, jɛʀ] adj. et n. **1.** adj. Qui se fait, se produit chaque jour. *Tâche journalière.* **2.** n. Ouvrier, ouvrière agricole payé(e) à la journée. – De *journal,* d'abord adj., «quotidien».

journalisme [ʒuʀnalism] n. m. **1.** Profession, travail de journaliste. **2.** Milieu de la presse, des journalistes. *Le journalisme parisien.* – De *journal.*

journaliste [ʒuʀnalist] n. Personne qui fait métier d'écrire dans un journal. ▷ *Par ext.* Personne qui fait métier d'informer sur l'actualité. *Journaliste d'agence. Journaliste de la presse parlée.* – De *journal.*

journalistique [ʒuʀnalistik] adj. Des journaux, des journalistes. *Style journalistique.* – De *journaliste.*

journée [ʒuʀne] n. f. **1.** Durée correspondant à un jour (sens III). *Une belle journée.* ▷ *À longueur de journée, toute la sainte journée* (fam.): continuellement. **2.** Temps compris entre le lever et le coucher d'une personne, et l'emploi qu'elle en fait. *J'ai eu une dure journée.* **3.** Temps consacré au travail pendant la journée. – *Journée continue,* dans laquelle le temps consacré au déjeuner est très réduit, et qui cesse tôt. ▷ Salaire du travail d'un jour. *Gagner sa journée.* – De *jour.*

journellement [ʒuʀnɛlmɑ̃] adv. **1.** Tous les jours. **2.** Fréquemment. – De *journel,* var. anc. de *journal,* «journalier».

joute [ʒut] n. f. **1.** Anc. Combat courtois opposant deux cavaliers armés de lances mornées. ▷ Mod. *Joute sur l'eau,* opposant deux hommes debout chacun dans une barque, et qui cherchent à se faire tomber au moyen de longues perches. **2.** Fig. Lutte. *Joute oratoire.* – Déverbal de *jouter.*

jouter [ʒute] v. intr. [1] **1.** Participer à une joute (anc.), à une joute sur l'eau (mod.). **2.** Fig. Rivaliser; s'opposer en une joute (sens 2). – Du lat. pop. **juxtare,* «toucher à», de *juxta,* «près de».

jouteur, euse [ʒutœʀ, øz] n. Personne qui participe à une joute. – De *jouter.*

jouvence [ʒuvɑ̃s] n. f. Vx Jeunesse. ▷ *Fontaine de jouvence :* fontaine légendaire dont les eaux rendent la jeunesse. – Lat. *juventa; jouvente,* a. fr.; d'ap. *jouvenceau.*

jouvenceau, elle [ʒuvɑ̃so, ɛl] n. Plaisant. Jeune homme, jeune fille. – Lat. pop. *juvencellus, juvencella.*

jouxter [ʒukste] v. tr. [1] Litt. Se trouver près de. *Le jardin qui jouxte la maison.* – De l'anc. prép. *jouxte,* «près de», lat. *juxta.*

jovial, ale, aux, als [ʒɔvjal, o] adj. Qui est porté à une certaine gaieté familière et bonhomme. *Humeur joviale.* Ant. morose. Plur. *joviaux,* ou, rare, *jovials.* – Bas lat. *jovialis,* «de Jupiter», à cause de l'influence supposée bénéfique de cette planète.

jovialement [ʒɔvjalmɑ̃] adv. D'une manière joviale. – De *jovial.*

jovialité [ʒɔvjalite] n. f. Humeur joviale. – De *jovial.*

jovien, ienne [ʒɔvjɛ̃, jɛn] adj. ASTRO Relatif à la planète Jupiter. – Du lat. *Jovis,* «de Jupiter».

joyau [ʒwajo] n. m. **1.** Ornement fait de matière précieuse (or, pierreries). *Les joyaux de la Couronne.* **2.** Fig. Ce qui a une grande valeur, une grande beauté. *La cathédrale de Reims, en France, joyau de l'art gothique.* – Du lat. médiév. *jocalia,* de *jocus,* «jeu».

joyeusement [ʒwajøzmɑ̃] adv. D'une façon joyeuse, avec joie. – De *joyeux.*

joyeuseté [ʒwajøzte] n. f. Fait, parole, action qui met en joie, qui amuse. – De *joyeux.*

joyeux, euse [ʒwajø, øz] adj. **1.** Qui éprouve de la joie, gai. *Il était tout joyeux. Une joyeuse bande d'enfants.* Ant. triste, chagrin, morose. **2.** Qui exprime la joie. *Cris joyeux.* **3.** Qui inspire la joie. *Joyeux Noël!* (Formule de souhait.) – De *joie.*

jubarte [ʒybaʀt] n. f. ZOOL Baleine à bosse. V. mégaptère. – Altér., sous l'infl. de l'angl. *jubartes,* de *gibbar,* rad. lat. *gibbus,* «bosse».

jubé [ʒybe] n. m. Galerie haute, en bois ou en pierre, qui sépare le chœur de la nef dans certaines églises gothiques. – De la prière *Jube, Domine,* «ordonne, Seigneur», dite en ce lieu.

jubilaire [ʒybilɛʀ] adj. Didac. **1.** Qui concerne le jubilé. *Année jubilaire :* année sainte. **2.** Qui est en fonction depuis cinquante ans. *Docteur jubilaire.* – De *jubilé.*

jubilation [ʒybilasjɔ̃] n. f. Joie intense et expansive. – Lat. *jubilatio,* «cris de joie».

jubilé [ʒybile] n. m. **1.** Dans le judaïsme, année qui, tous les cinquante ans, était consacrée au repos et à l'action de grâce. **2.** RELIG CATHOL Année sainte*, qui revient tous les vingt-cinq ans et qui est marquée par des pèlerinages à Rome, des cérémonies, des pratiques de dévotion; ces pratiques. – *Par ext.* Indulgence plénière accordée par le pape aux pèlerins qui viennent alors à Rome. **3.** Fête en l'honneur d'une personne qui exerce depuis cinquante ans une activité. – Lat. *jubilæus,* de l'hébr. *yōbhēl,* «corne de bélier servant de trompe», d'où «fête annoncée au son de cette trompe».

jubiler [ʒybile] v. intr. [1] Éprouver une joie intense. – Lat. *jubilare.*

juchée [ʒyʃe] n. f. CHASSE Branche où juchent les faisans. – Pp. fém. subst. de *jucher.*

jucher [ʒyʃe] **1.** v. intr. [1] Se poser sur une perche, une branche, pour dormir, en parlant de certains oiseaux. ▷ Fig. *Nos amis juchent au sixième étage.*

2. v. tr. Placer dans un endroit élevé. *Jucher des bocaux sur un rayon élevé.* ▷ V. pron. *Se jucher sur une échelle.* – Probabl. de l'a. fr. *jochier,* de *juc, joc,* frq. **juk,* «joug», par ext. «perchoir».

juchoir [ʒyʃwaʀ] n. m. Endroit où juchent les volailles. – Perchoir. – De *jucher.*

judaïcité [ʒydaisite] n. f. Didac. Appartenance à la religion juive; à la communauté juive. – Ensemble des caractères spécifiques de la religion juive. – De *judaïque.*

judaïque [ʒydaik] adj. Des Juifs, de la religion juive. *La loi judaïque.* – Lat. *judaicus.*

judaïsant, ante [ʒydaizɑ̃, ɑ̃t] adj. HIST Se dit des Juifs convertis au christianisme naissant, qui soutenaient que toutes les pratiques du judaïsme devaient être conservées (circoncision, notam.). ▷ Subst. *Les judaïsants.* – Ppr. de *judaïser.*

judaïser [ʒydaize] **1.** v. intr. [1] Observer la loi judaïque, les usages religieux juifs. **2.** v. tr. Convertir au judaïsme. – Rendre juif. – Faire occuper (une région) par des Juifs. – Bas lat. ecclés. *judaizare.*

judaïsme [ʒydaism] n. m. Religion juive. – Bas lat. ecclés. *judaismus.*

ENCYCL Historiquement, le judaïsme est la prem. des grandes religions monothéistes. Il a pour fondement l'Alliance inaugurée par Dieu avec Abraham et la Loi *(Torah)* qui fut donnée à Moïse. Religion d'un peuple qui vit son histoire dans la recherche de la fidélité et l'attente du Messie, le judaïsme repose sur l'Écriture (la Bible), dont l'interprétation mystique est la Cabale, et sur le princ. recueil des commentaires de la Loi, le *Talmud.*

judaïté [ʒydaite] n. f. Didac. La condition de juif, le fait d'être juif. – D'apr. *judaïque.*

judas [ʒydɑ] n. m. **1.** Traître. **2.** Petite ouverture dans une porte pour voir sans être vu. – De *Judas* Iscariote, apôtre qui trahit Jésus.

judéité [ʒydeite] n. f. Ensemble des traits de civilisation qui fondent l'identité du peuple juif. – Du lat. *judæus,* «juif».

judéo-. Élément, du lat. *judæus,* «juif».

judéo-allemand, ande [ʒydeoalmɑ̃, ɑ̃d] adj. et n. m. LING Yiddish. – De *judéo-,* et *allemand.*

judéo-chrétien, ienne [ʒydeokʀetjɛ̃, jɛn] adj. Qui appartient à la fois aux valeurs spirituelles du judaïsme et du christianisme. *Culture judéo-chrétienne.* – De *judéo-,* et *chrétien.*

judéo-christianisme [ʒydeokʀistjanism] n. m. **1.** Doctrine du début du christianisme, selon laquelle il fallait être initié au judaïsme pour être admis dans l'Église du Christ. **2.** Ensemble des croyances et des principes moraux communs au judaïsme et au christianisme. – De *judéo-,* et *christianisme.*

judéo-espagnol, ole [ʒydeoɛspaɲɔl] adj. et n. Didac. Relatif aux juifs d'Espagne, à leur culture. ▷ N. m. Parler des juifs d'Espagne. – De *judéo-,* et *espagnol.*

judicature [ʒydikatyʀ] n. f. HIST Profession, dignité de juge. – Lat. médiév. *judicatura,* de *judicare,* «juger».

judiciaire [ʒydisjɛʀ] adj. **1.** Relatif à la justice, à son administration. *Organisation judiciaire.* V. encycl. **2.** Fait en justice, par autorité de justice. *Enquête judiciaire.* ▷ *Combat judiciaire.* V. ordalie. – Lat. *judiciarius.*

ENCYCL **L'organisation judiciaire canadienne et québécoise**

1. *Histoire*

Sous le régime français, l'administration de la justice est d'abord confiée au gouverneur de la colonie qui, peu à peu, en vient à partager ses pouvoirs avec l'intendant, les officiers militaires, les seigneurs et certains membres du clergé. En 1663, Louis XIV fait adopter une loi instituant le Conseil Souverain, une forme de parlement détenant des pouvoirs législatifs, exécutifs et judiciaires. Cependant, dès 1665, le pays est concédé à la Compagnie des Indes occidentales et, par la suite, l'organisation judiciaire est modifiée au rythme des nombreux changements apportés par la métropole à l'administration de la colonie.

En 1760, la conquête de la Nouvelle-France par l'Angleterre conduit à l'introduction au pays du droit public anglais et l'organisation judiciaire est alors calquée sur le modèle britannique auquel on a, au cours des ans, apporté des adaptations que nécessitait l'évolution du Bas-Canada; celles-ci sont survenues notamment en 1777, 1793 et 1840.

L'organisation judiciaire que nous connaissons au Québec tire son origine d'une loi de 1849 qui en a établi les structures; c'est la *Loi constitutionnelle de 1867,* l'Acte de l'Amérique du nord britannique, qui a jeté les bases du système judiciaire canadien en établissant un partage de compétence législative entre le Parlement canadien et les provinces.

2. *Le partage des compétences*

Par son article 92(14), la *Loi constitutionnelle de 1867* confère aux provinces la pleine compétence législative en matière d'administration de la justice, tant pénale que civile; ainsi, la création et l'organisation des tribunaux relèvent essentiellement des législatures provinciales. Par contre, l'article 101 de notre constitution prévoit une exception à cette règle, permettant au Parlement fédéral d'instituer une cour générale d'appel pour le Canada ainsi que des tribunaux ayant pour mission d'assurer une meilleure exécution des lois fédérales.

3. *Les caractères généraux de l'organisation judiciaire*

Il existe, au Canada, des juridictions civiles, criminelles et administratives; ces dernières ne font toutefois pas partie de l'appareil judiciaire traditionnel et elles sont régies, tant pour leur organisation que pour leur procédure, par leurs lois constitutives.

Dans chaque province, il existe un tribunal de droit commun qui, en première instance, a juridiction pour trancher tous les litiges qui n'ont pas été attribués par le législateur à la compétence exclusive d'un autre tribunal. Ainsi, au Québec, à moins qu'une loi ne le prescrive expressément, toutes les demandes doivent être portées devant la Cour supérieure. De plus, celle-ci exerce un contrôle de la légalité des décisions rendues par les tribunaux d'exception et par les tribunaux administratifs.

Il existe actuellement trois degrés de juridiction: les tribunaux de première instance, les cours d'appel et la Cour suprême du Canada. Jusqu'en 1949, il était permis de porter certains litiges à la connaissance d'une quatrième instance, le Conseil privé de Londres. Par ailleurs, on doit préciser que le droit d'appel est statutaire en ce sens qu'il doit être expressément prévu par un texte législatif; ce droit peut être restreint par l'obligation faite à celui qui veut interjeter appel d'obtenir une autorisation préalable de la part de la juridiction à qui il veut s'adresser, Enfin, les tribunaux d'appel ont pour fonction de contrôler le bien-fondé des décisions rendues par les cours inférieures; ils n'ont pas pour mission de refaire les procès et de substituer leur propre discrétion à celle qu'a pu exercer le tribunal inférieur.

En règle générale, les litiges soumis aux tribunaux de première instance sont tranchés par un juge seul alors que les juridictions d'appel siègent collégialement.

4. *La juridiction des tribunaux*

Parmi les tribunaux qui ont juridiction sur le territoire du Québec, certains ont été constitués par la législature québécoise et d'autres par le Parlement fédéral.

A. Les tribunaux relevant de la compétence législative du Québec

1) Les tribunaux de première instance

a) La Cour supérieure

La Cour supérieure est composée de cent trente-deux juges qui siègent normalement dans le district judiciaire pour lequel ils ont été nommés. En tant que juridiction civile, elle constitue le tribunal de droit commun au Québec et elle connaît, en première instance de toute demande qu'une disposition formelle de la loi n'a pas attribuée à la compétence exclusive d'un autre tribunal. En règle générale, c'est devant elle que sont portées les actions qui ne comportent aucune demande d'argent; en outre, toute réclamation d'une somme de quinze mille dollars et plus relève de sa compétence.

En matière criminelle, elle est saisie des procès pour les crimes majeurs et elle tient, à cette fin, ce qu'il est convenu d'appeler les «Assises criminelles». De plus, elle a juridiction pour entendre les appels des décisions rendues en matière de poursuites sommaires. Enfin, elle possède un pouvoir de surveillance et de contrôle sur la légalité de tous les autres tribunaux de première instance ainsi que sur les organismes et tribunaux administratifs créés par le Québec.

b) La Cour provinciale

La Cour provinciale, qui a remplacé la Cour de magistrat en 1965, est un tribunal dont les pouvoirs sont déterminés par le Code de procédure civile et par des lois particulières. Elle est composée de cent cinquante-sept juges qui exercent normalement leurs fonctions dans le district pour lequel ils ont été nommés.

Elle exerce une juridiction exclusive sur la plupart des litiges civils d'une valeur de moins de quinze mille dollars et sur certaines matières de droit municipal et scolaire, quel que soit le montant en litige. La «Cour des petites créances» est effectivement une division de la Cour provinciale où sont entendues les demandes de moins de mille dollars; la représentation par avocat y est pratiquement interdite et les décisions du tribunal sont finales et sans appel.

Vu l'existence de la Cour des sessions de la paix, la Cour provinciale exerce rarement sa compétence en matière criminelle et pénale.

c) La Cour des sessions de la paix

La Cour des sessions de la paix est un tribunal composé de soixante-treize juges. Elle exerce une juridiction pénale en vertu de pouvoirs qui lui sont conférés tant par des lois provinciales que fédérales. Elle agit notamment comme tribunal de première instance pour toutes les infractions au Code criminel qui ne sont pas réservées à la Cour supérieure – aux Assises criminelles.

d) Le Tribunal de la jeunesse

Le Tribunal de la jeunesse, autrefois appelé Cour de bien-être social, est composé de quarante-trois juges. Il a compétence pour prononcer sur les poursuites intentées en vertu de la *Loi sur les jeunes contrevenants*, les demandes d'adoption, les infractions aux lois québécoises commises par des personnes mineures ainsi que tous les autres cas dont il est saisi en vertu de la *Loi sur la protection de la jeunesse*.

e) Les cours municipales

Il s'agit de tribunaux dont la compétencce est limitée à un territoire déterminé. Les cours municipales sont constituées par le conseil d'une ville, par règlement qui doit être approuvé par le ministre des Affaires municipales et le ministre de la Justice. Elles ont généralement juridiction pour le recouvrement de sommes d'argent dues à la municipalité à raison de taxes ou de permis exigés par cette dernière, et pour l'application et la sanction des règlements ou résolutions adoptés par le conseil.

2) La Cour d'appel

La Cour d'appel qui, autrefois, s'appelait Cour du banc du roi – ou de la reine, selon le souverain régnant – est le tribunal général d'appel pour la province. Elle est composée de seize juges et son président est le juge en chef du Québec. Elle siège à Montréal et à Québec.

Elle a juridiction pour entendre l'appel de tout jugement sujet à ce recours. En matière civile, on peut notamment interjeter appel de plein droit des jugements de la Cour supérieure et de la Cour provinciale lorsque la valeur de l'objet du litige en appel est égale ou supérieure à dix mille dollars; lorsque le montant recherché est inférieur à cette somme, l'appel doit être autorisé par un juge de ce tribunal. En matière criminelle, il y a généralement appel de plein droit des jugements rendus par les tribunaux de première instance.

Les appels sont généralement entendus par des bancs de trois juges mais ce nombre peut être plus élevé pour l'audition des causes les plus importantes. C'est la Cour suprême du Canada qui entend les pourvois à l'encontre des décisions de la Cour d'appel.

B. Les tribunaux relevant de la compétence législative du Parlement fédéral

1) La Cour fédérale

La Cour fédérale qui, en 1971, a remplacé la Cour de l'Échiquier, est un tribunal dont les pouvoirs sont essentiellement déterminés par sa loi constitutive. Elle est composée de vingt-cinq juges dont huit doivent provenir du Québec. Son bureau principal est situé à Ottawa mais les juges sont appelés à siéger dans toutes les provinces du Canada. Elle comprend deux divisions, une de première instance et une d'appel.

Elle possède une juridiction exclusive sur tous les litiges portés contre l'administration fédérale ainsi que dans certaines matières telles que les brevets, les marques de commerce, la citoyenneté. Par contre, sa juridiction est concurrente avec les tribunaux créés par les provinces, notamment dans le cas où la couronne fédérale est partie demanderesse lors d'un procès civil, et dans les litiges reliés au droit maritime. Enfin, elle exerce un contrôle judiciaire sur les organismes et tribunaux administratifs fédéraux.

Les décisions de la division de première instance peuvent être portées devant la division d'appel, appelée Cour d'appel fédérale. C'est la Cour suprême du Canada qui entend l'appel des jugements rendus par la division d'appel.

2) La Cour suprême du Canada

La Cour suprême du Canada, qui est aujourd'hui la plus haute instance judiciaire du pays, tant en matière civile que criminelle, a été créée, en 1875, par le Parlement fédéral, qui exerçait alors un pouvoir que lui conférait l'article 101 de la *Loi constitutionnelle de 1867*.

Elle est composée de neuf juges et son président est le juge en chef du Canada; trois d'entre eux doivent provenir du Québec. Elle ne siège qu'à Ottawa. À l'exception de certaines matières criminelles pour lesquelles il existe un appel de plein droit, tous les appels devant ce tribunal doivent avoir été préalablement autorisés par un banc de trois de ses juges qui, sans être tenus de motiver leur décision, exercent leur discrétion en fonction de l'importance de l'affaire ou de l'intérêt national qu'elle présente. Les appels sont généralement entendus par un banc de cinq juges mais ce nombre peut être plus élevé pour l'audition des causes les plus importantes.

5. *La nomination des juges*

Au Canada, les juges sont nommés par le pouvoir exécutif. En vertu de la constitution du pays, ce pouvoir est partagé entre les deux paliers de gouvernement. Ainsi, par application de l'article 96 de la *Loi constitutionnelle de 1867*, c'est le gouvernement fédéral qui nomme les juges des cours dites supérieures; en l'occurrence, il s'agit de ceux qui siègent à la Cour suprême du Canada, à la Cour fédérale, à la Cour d'appel et à la Cour supérieure du Québec. Par contre, les juges des autres tribunaux de première instance créés par le législateur québécois – La Cour provinciale, la Cour des sessions de la paix, le Tribunal de la jeunesse et les cours municipales – sont nommés par le gouvernement du Québec.

En règle générale, pour être nommé juge, il faut être membre du Barreau depuis au moins dix ans ou y avoir été inscrit pendant une période similaire; cette exigence est moindre pour les juges des cours municipales. À l'exception de ces derniers, les personnes qui accèdent à la magistrature doivent, dès leur nomination, cesser d'exercer leur profession d'avocat et consacrer tout leur temps à leurs fonctions judiciaires.

6. *Leur statut*

Les juges, qui ne sont pas des fonctionnaires, sont nommés durant bonne conduite en ce sens qu'ils ont une sécurité d'emploi quasi absolue, que leur salaire est garanti et déterminé par des règles précises et que leur destitution ne peut se faire que selon une procédure longue et complexe.

De plus, au Québec, ils bénéficient tous d'une immunité absolue contre des poursuites pour des actes posés dans l'exercice de leurs fonctions. Dans les autres provinces, l'immunité des juges des cours inférieures est relative en ce sens que cette protection existe s'ils ont agi de bonne foi et à l'intérieur de leurs pouvoirs.

D'autre part, ils ont une obligation de réserve en ce sens qu'ils ne peuvent, après leur nomination, faire connaître leurs opinions politiques et ne peuvent critiquer les autres membres de la magistrature si ce n'est dans le cadre des jugements qu'ils prononcent.

7. *Les pouvoirs généraux des juges*

Les juges possèdent tous les pouvoirs nécessaires à l'exercice de leur juridiction. Ainsi, ils peuvent condamner pour outrage au tribunal les personnes qui portent atteinte au déroulement des audiences, désobéissent à un ordre qu'ils ont donné, critiquent indûment leur comportement ou leurs décisions, posent des gestes constituant une entrave à la justice ou qui tentent d'influencer indûment une affaire en cours.

La sanction, dans ce cas, peut être une condamnation à l'amende ou à l'emprisonnement ou aux deux à la fois.

8. *Les organismes qui régissent les juges*

Les juges nommés par le gouvernement fédéral sont régis par le Conseil canadien de la magistrature qui a pour principales fonctions de tenir des séminaires d'éducation permanente à leur intention et d'enquêter sur les plaintes portées contre un juge pour des actes répréhensibles qu'il aurait posés ou pour tout autre motif qui le rend inapte à exercer ses fonctions. Le Conseil peut recommander au gouvernement la révocation d'un juge; il ne peut cependant prononcer sa destitution.

Au Québec, le Conseil québécois de la magistrature possède des pouvoirs similaires à ceux du Conseil canadien. Ainsi, lorsqu'un juge nommé par le gouvernement de la province contrevient au code de déontologie de la magistrature, il peut recevoir une réprimande de la part du Conseil et ce dernier peut recommander au gouvernement la mise en marche de la procédure de révocation.

9. *Le principe de l'égalité devant la loi*

Ce principe, qui est enchâssé dans les chartes canadienne et québécoise des droits de la personne, signifie que tous les citoyens peuvent avoir accès aux tribunaux soit personnellement, soit par un représentant s'ils ne sont pas en mesure de défendre adéquatement leurs droits; ainsi, lorsqu'une personne est mineure ou interdite, elle doit être représentée en cour par un tuteur ou un curateur.

Il signifie également que les justiciables doivent être jugés par les mêmes tribunaux et selon les mêmes règles de procédure. Il s'ensuit que chacun peut recourir à l'appareil judiciaire lorsqu'on porte atteinte à ses droits en ayant l'assurance que les tribunaux lui garantiront un procès impartial, juste et équitable.

10. *La gratuité de la justice*

Le principe de la gratuité de la justice implique qu'un justiciable n'a pas à payer le juge à qui il soumet ses prétentions lorsqu'il recourt au système judiciaire mis en place par l'État. Il en est tout autrement si cette personne décide de procéder par arbitrage conventionnel. Il signifie également qu'il n'a pas à payer le personnel judiciaire engagé par l'État pour administrer le système.

Lorsqu'un citoyen ne possède pas les ressources nécessaires pour faire valoir adéquatement ses droits, l'État met à sa disposition l'aide juridique lorsque la personne est économiquement défavorisée et l'aide aux recours collectifs lorsque les coûts appréhendés d'un procès de cette nature justifient cette mesure.

11. *La publicité des audiences*

Le principe du libre accès du public aux audiences des tribunaux constitue une règle fondamentale de notre droit judiciaire canadien et québécois. Celle-ci repose sur le principe que les justiciables doivent être en mesure d'exercer un contrôle virtuel sur la manière dont la justice est rendue. Elle témoigne également de l'importance que notre société accorde aux débats judiciaires.

Le huis clos, même s'il est exceptionnel, n'en est pas moins permis dans certaines circonstances; notamment en matière familiale où le législateur québécois a décrété que les litiges de ce type ne concernaient pas le grand public et que leur tenue, en l'absence de ce dernier, en faciliterait le dénouement.

12. *Le principe du contradictoire*

En matière civile, les règles de procédure reposent sur le principe du contradictoire – le *adversary system* de la *common law*.

L'une des règles qui s'en dégage veut que les parties dirigent le procès et en disposent; cela signifie concrètement que ce sont les parties elle-mêmes qui introduisent l'instance, en assument la conduite et, sauf de rares exceptions, elles peuvent convenir de mettre fin à l'instance avant jugement. Ce sont elles qui déterminent l'objet de la demande ou le type de défense; elles allèguent, dans des actes de procédure écrite, les faits sur lesquels sont fondées leurs prétentions et elles ont la responsabilité d'en faire la preuve. Il s'ensuit qu'il n'appartient pas au juge de dicter aux parties comment elles doivent conduire le procès; même si celui-ci peut jouer un rôle actif lors de l'enquête, il doit rester neutre durant tout le débat. Il rend jugement selon la prépondérance de la preuve présentée devant lui.

L'autre règle qui se dégage du principe du contradictoire veut que tout litige soit soumis à la libre contradiction des parties. Ainsi, tous les éléments du procès peuvent être soumis à discussion et le juge ne peut décider que sur la foi de ce qui a été discuté et prouvé devant lui. De plus, il ne peut, par son jugement, accorder plus que ce qui lui a été demandé par les parties; il doit toutefois se prononcer sur chacun des chefs principaux de la demande. Enfin, il ne peut y avoir autorité de la chose jugée contre une personne

qui n'a pas été partie au procès, soit personnellement, soit par l'entremise d'un représentant.
Il existe certes certaines exceptions au principe du contradictoire. C'est le cas, notamment, des recours exercés devant la Cour des petites créances où le juge possède, lors de l'enquête, un pouvoir d'intervention beaucoup plus important que dans les litiges ordinaires.
En matière pénale, la philosophie de base est similaire à celle que l'on constate dans les procès civils. C'est le représentant de l'État, le plus souvent un substitut du procureur général, qui dépose une plainte contre la personne soupçonnée d'avoir violé la loi et c'est lui qui, lors du procès, doit faire une preuve hors de tout doute raisonnable du fait reproché. La personne appelée à prononcer le verdict, que ce soit un jury ou un juge, doit appuyer sa décision sur la preuve présentée devant elle.

judiciairement [ʒydisjɛʀmɑ̃] adv. En forme judiciaire. – De *judiciaire*.

judicieusement [ʒydisjøzmɑ̃] adv. De façon judicieuse. – De *judicieux*.

judicieux, ieuse [ʒydisjø, jøz] adj. Apte à bien juger, à apprécier avec justesse. *Personne judicieuse.* ▷ Par ext. *Choix judicieux.* – Du lat. *judicium*, «jugement, discernement».

judo [ʒydo] n. m. Sport de combat d'origine japonaise se pratiquant à main nue, le but du combat consistant à immobiliser ou à faire tomber l'adversaire en utilisant des prises visant à le déséquilibrer. *Le judo, fondé vers 1880 par le Japonais Jigorō Kano, emprunte de nombreux éléments à l'ancien art martial du jiu-jitsu.* – Mot jap., de *jū*, «souplesse», et *dō*, «méthode, principe».

judoka [ʒydoka] n. Personne qui pratique le judo. – Mot jap., de *judo*.

jugal, ale, aux [ʒygal, o] adj. ANAT *Os jugal, malaire* ou *zygomatique :* os qui constitue la pommette de la joue. – Lat. *jugalis*, de *jugum*, «joug», à cause de sa forme.

juge [ʒyʒ] n. m. **1.** Magistrat ayant pour fonction de rendre la justice. Juge à la Cour d'appel, à la Cour suprême. **2.** Nom donné à certains examinateurs, à certains arbitres. *Les juges d'un concours.* **3.** Personne à qui l'on demande son opinion. *Je vous fais juge.* – *Être bon, mauvais juge en qqch*, capable, incapable de porter un jugement sur qqch. – Lat. *judex, judicis*.

jugé (au) ou **juger (au)** [oʒyʒe] loc. adv. D'une façon approximative. *Tirer au jugé*, sans viser. – De *juger*.

jugeable [ʒyʒabl] adj. Susceptible d'être jugé. – De *juger*.

jugement [ʒyʒmɑ̃] n. m. **I.** Action de juger (un procès, un accusé); son résultat. ▷ DR Décision judiciaire rendue par un juge ou un tribunal de première instance (par opposition aux arrêts des cours d'appel). ▷ *Jugement contradictoire.* V. contradictoire. ▷ *Jugement final:* celui qui dispose du fond du litige et y met fin. ▷ *Jugement interlocutoire:* celui qui est rendu en cours d'instance, avant le jugement final. ▷ *Jugement par défaut:* celui qui est rendu en l'absence de l'une des parties parce qu'elle a fait défaut de comparaître ou omis de contester la demande dans les délais prescrits. ▷ Anc. *Jugement de Dieu:* épreuve judiciaire, ordalie. ▷ RELIG *Jugement dernier*, celui que Dieu doit porter, à la fin du monde, sur les vivants et sur les morts ressuscités. **II. 1.** Faculté de juger, d'apprécier les choses avec discernement. *Manquer de jugement.* **2.** Opinion, avis. *Le jugement d'un critique sur un film.* **3.** Fonction ou acte de l'esprit consistant à affirmer ou à nier une existence ou un rapport. – De *juger*.

jugeote [ʒyʒɔt] n. f. Fam. Bon sens. – De *juger*.

juger [ʒyʒe] **I.** v. tr. [15] **1.** Prendre une décision concernant (une affaire, un accusé) en qualité de juge. *Juger une cause, un criminel.* **2.** Décider comme arbitre. *On jugera lequel a le mieux réussi.* **3.** Se faire ou émettre une opinion sur (qqn, qqch). *Juger sévèrement une personne, une œuvre.* **4.** Croire, estimer. *Juger imprudent de...* **5.** *Absol.* Concevoir, énoncer un jugement (sens II, 3). *Raisonner et juger.* **II.** v. tr. indir. **1.** Porter une appréciation sur (qqn, qqch). *Juger de la vraisemblance d'un récit.* **2.** S'imaginer, se représenter. *Jugez de ma surprise.* – Du lat. *judicare*.

juger (au). V. jugé (au).

jugeur, euse [ʒyʒœʀ, øz] n. Rare et péjor. Personne qui se pose en juge. – De *juger*.

juglandacées [ʒyglɑ̃dase] n. f. pl. Famille de plantes dicotylédones apétales à fleurs unisexuées dont le type est le noyer. – Du lat. *juglans, juglandis*, «noyer».

jugulaire [ʒygylɛʀ] adj. et n. **1.** adj. De la gorge. *Veine jugulaire.* **2.** n. f. Courroie qui, passée sous le menton, sert à retenir un képi, un casque. – Du lat. *jugulum*, «gorge».

juguler [ʒygyle] v. tr. [1] Empêcher de se développer. *Juguler l'inflation. Juguler une épidémie.* – Lat. *jugulare*, «égorger, assassiner».

juif, juive [ʒɥif, ʒɥiv] n. et adj. **1.** n. Descendant des anc. Hébreux. (Originaires de Palestine, les Juifs forment un peuple qui, bien qu'ayant été dispersé dans de nombreux pays au cours des siècles, a conservé son unité grâce au lien religieux.) ▷ *Le Juif errant:* Ahasvérus, personnage d'une ancienne légende (condamné à errer sans cesse à travers le monde, il symbolisait la dispersion du peuple juif). ▷ Adj. Qui concerne les juifs (en tant que peuple). *La cuisine juive.* ▷ Qui concerne les juifs (pratiquants du judaïsme). *Les pratiques rituelles juives.* **2.** Fam. *Le petit juif:* le point du coude où s'insère l'extrémité du tendon du muscle cubital, et où un heurt produit une sensation de fourmillement. – Du lat. *judæus*, gr. *ioudaios*, «de Juda», de l'hébreu *yehūdī*, de *Yehūdā*, «Juda», nom de la tribu d'Israël apparue après l'Exil, au IVe s. avant l'ère chrétienne.

juillet [ʒɥijɛ] n. m. Septième mois de l'année. – De l'a. fr. *juil*, lat. *julius (mensis)*, «mois de *Jules* César»; infl. de l'a. fr. *juignet*, «petit juin».

juin [ʒɥɛ̃] n. m. Sixième mois de l'année. – Lat. *Junius (mensis)*, «mois de *Junius* Brutus», premier consul.

juiverie [ʒɥivʀi] n. f. **1.** Autref., quartier habité par les juifs; ghetto. **2.** Péjor. Ensemble de juifs. – De *juif*.

jujube [ʒyʒyb] n. m. **1.** Fruit comestible du jujubier. **2.** Suc extrait de ce fruit, utilisé pour soigner la toux. – Altér. du lat. *zizyphum*, gr. *zizuphon*.

jujubier [ʒyʒybje] n. m. Arbuste épineux (*Zyziphus jujuba*, fam. rhamnacées) cultivé dans les régions méditerranéennes pour ses fruits. – De *jujube*.

juke-box [dʒukbɔks] n. m. Électrophone automatique contenant une réserve de disques, qui fait entendre le morceau choisi lorsqu'on y glisse une pièce de monnaie (placé en général dans un café, à la disposition des consommateurs). – Mot amér., de *juke*, «petit bar où il y a de la musique pour danser», et *box*, «boîte».

julep [ʒylɛp] n. m. **1.** Vx Potion adoucissante ou calmante. **2.** Mod. Excipient à base d'eau et de gomme, sucré et aromatisé, dans lequel on dilue un médicament actif. – Esp. *julepe*, ar. *djūlāb*, persan *gul-āb*, «eau de rose».

jules [ʒyl] n. m. **1.** Pop., vieilli Vase de nuit. **2.** Pop. Souteneur. ▷ Fam., plaisant. Amant, mari. – Du prénom *Jules*.

julien, ienne [ʒyljɛ̃, jɛn] adj. *Calendrier julien:* calendrier établi par Jules César, dans lequel l'année *(année julienne)* comporte en moyenne 365,25 jours (365 jours normalement et 366 jours une fois tous les 4 ans). *Le calendrier julien a été remplacé en 1582 par le calendrier actuel appelé grégorien.* – Lat. *Julianus,* «de Jules César».

julienne [ʒyljɛn] n. f. **1.** Plante ornementale (genre *Hesperis,* fam. crucifères) à fleurs violettes, pourpres ou jaunâtres. **2.** Potage ou garniture que l'on prépare avec plusieurs sortes de légumes coupés en menus morceaux. – Du prénom *Jules* ou *Julien.*

jumbo [dʒœmbo] n. m. TECH Portique sur rails, sur pneus ou sur chenilles, équipé de perforatrices mobiles, qui sert notam. au percement des tunnels. – Mot amér., surnom de l'éléphant.

jumeau, jumelle [ʒymo, ʒymɛl] adj. et n. **1.** Se dit des enfants (deux ou plusieurs) nés d'un même accouchement. *Des sœurs jumelles.* ▷ Subst. *Un jumeau. Une jumelle.* **2.** Se dit de choses semblables groupées par deux. *Des lits jumeaux.* – *Fruits jumeaux,* joints, accolés l'un à l'autre. ▷ ANAT *Muscles jumeaux,* ou, n. m., *les jumeaux:* les deux muscles qui forment le mollet. – Lat. *gemellus;* a remplacé *gemel, gemeau.*

ENCYCL **Biol.** – *Les vrais jumeaux,* mieux nommés *jumeaux univitellins* ou *monozygotes,* sont issus de la division précoce d'un seul œuf; toujours du même sexe, ils se ressemblent physiquement et psychiquement, ont la même résistance aux maladies, etc. *Les faux jumeaux,* ou *bivitellins,* ou *dizygotes,* issus de deux œufs différents, peuvent être de sexes différents et fort dissemblables.

jumelage [ʒymlaʒ] n. m. Action de jumeler; son résultat. ▷ Association entre deux villes de pays différents, destinée à favoriser leurs contacts culturels, économiques, touristiques, etc. – De *jumeler.*

jumelé, ée [ʒymle] adj. **1.** TECH Consolidé au moyen de jumelles (sens 2). **2.** Qualifie des choses groupées par deux. *Colonnes jumelées. Roues arrière jumelées d'un gros camion.* – *Villes jumelées.* – *Pari jumelé:* aux courses, pari effectué en misant sur les chevaux gagnants et placés. – Pp. de *jumeler.*

jumeler [ʒymle] v. tr. [22] Apparier (deux objets semblables). – *Jumeler deux villes.* – De *jumelle.*

1. jumelle [ʒymɛl] n. f. **1.** (Sing. ou plur.) Double lorgnette. *Jumelles marines. Étui à jumelles.* – *Jumelles à prismes,* comportant des prismes optiques qui permettent d'obtenir un fort grossissement sous un encombrement réduit et un écartement des objectifs améliorant la vision du relief. **2.** (Le plus souvent au plur.) TECH Paire de pièces identiques et semblablement disposées. *Jumelles d'une presse,* ses montants. – Fém. subst. de *jumeau.*

2. jumelle. V. jumeau.

jument [ʒymɑ̃] n. f. Femelle du cheval. – Lat. *jumentum,* «bête d'attelage».

juncacées ou **joncacées** [ʒɔ̃kase] n. f. pl. BOT Famille, proche des liliacées, comprenant les joncs et ayant rang d'ordre. – Du lat. *juncus,* «jonc».

jungien, ienne [juŋjɛ̃, jɛn] adj. Relatif aux théories de Jung. ▷ Subst. Adepte de Jung. – De C.-G. *Jung,* psychiatre suisse (1875-1961).

jungle [ʒœ̃gl] n. f. **1.** Formation végétale continue, très dense, typique de l'Inde, constituée de bambous, de lianes et de fougères arborescentes. **2.** Fig. *Une jungle:* un milieu où règne la «loi de la jungle», la loi du plus fort. – Mot angl., de l'hindoustani *jangal.*

junior [ʒynjɔʀ] adj. **1.** COMM ou plaisant. Cadet. *Durand aîné et Durand junior.* **2.** Des jeunes, destiné aux jeunes. *La mode junior.* – Mot lat., «plus jeune».

junker [junkɛʀ] n. m. Hobereau allemand. – Mot all. pour *Jungherr,* «jeune seigneur».

junte [ʒœ̃t] n. f. **1.** Assemblée politique ou administrative, en Espagne, au Portugal. **2.** Directoire d'origine insurrectionnelle gouvernant certains pays, notam. d'Amérique latine. *Junte militaire.* – Esp. *junta,* fém. de *junto,* «joint», du lat. *junctus.*

jupe [ʒyp] n. f. **1.** Vêtement féminin qui part de la taille et couvre plus ou moins les jambes selon la mode. *Jupe courte, plissée.* **2.** TECH Surface latérale d'un piston, qui coulisse contre la paroi du cylindre. ▷ Paroi inférieure souple d'un véhicule à coussin d'air. – De l'ar. *dūbbah,* par le sicilien *jupa.*

jupe-culotte [ʒypkylɔt] n. f. Culotte aux jambes très amples, qui ressemble à une jupe. *Des jupes-culottes.* – De *jupe,* et *culotte.*

jupon [ʒypɔ̃] n. m. Jupe de dessous. ▷ Fig., fam. (sens collectif). Les femmes. *Courir le jupon.* – De *jupe.*

jurançon [ʒyʀɑ̃sɔ̃] n. m. **1.** Vin blanc réputé de la région de Jurançon. **2.** Cépage blanc pyrénéen (sud-ouest de la France). – Du n. de *Jurançon,* localité des Pyrénées-Atlantiques (France).

jurassien, ienne [ʒyʀasjɛ̃, jɛn] adj. et n. **1.** adj. Relatif au Jura. ▷ GEOL *Relief jurassien,* qui se développe dans une zone montagneuse sédimentaire plissée. **2.** n. Habitant ou personne originaire du Jura. – De *Jura,* système montagneux de France et de Suisse qui se prolonge, au-delà du Rhin, en R.F.A.

jurassique [ʒyʀasik] adj. et n. GEOL Se dit d'un système de terrains du Secondaire faisant suite au Trias et précédant le Crétacé. ▷ N. m. *Le Jurassique.* – De *Jura* (V. jurassien).

juré, ée [ʒyʀe] adj. et n. **I.** adj. **1.** Anc. Qui avait fait le serment requis pour la maîtrise dans une corporation. **2.** Fig., mod. *Ennemi juré,* déclaré et irréconciliable. **II.** n. Membre d'un jury. ▷ DR Citoyen, citoyenne appelés à faire partie d'un jury. – Pp. de *jurer.*

jurement [ʒyʀmɑ̃] n. m. Vieilli Imprécation, blasphème. – De *jurer.*

jurer [ʒyʀe] **I.** v. tr. [1] **1.** Promettre par serment. *Jurer fidélité.* – *Jurer de se venger.* **2.** Vx ou litt. Prendre à témoin (Dieu, une chose considérée comme sacrée) par serment. *Jurer son Dieu.* ▷ Fam. *Jurer ses grands dieux que...,* affirmer avec force que... **3.** (Sens atténué.) Assurer, certifier. *Je jure qu'il n'en est rien.* **II.** v. intr. **1.** Faire un serment. *Jurer sur les Évangiles.* ▷ Fig. *Ne jurer que par:* dire le plus grand bien de, éprouver une admiration sans réserve pour. **2.** Dire des blasphèmes, des jurons. *Jurer comme un charretier.* **3.** Se dit de choses qui vont mal ensemble, dont l'union est choquante. *Couleurs qui jurent.* – Lat. *jurare.*

jureur, euse [ʒyʀœʀ, øz] n. Personne qui jure, blasphème. – Lat. *jurator.*

juridiction [ʒyʀidiksjɔ̃] n. f. **1.** Pouvoir d'un juge, d'un tribunal; ressort, étendue de ce pouvoir. *Juridiction civile.* **2.** *Degré de juridiction:* chacun des tribunaux devant lesquels une même affaire peut être successivement portée. – Lat. *jurisdictio,* de *jus, juris,* «droit», et *dictio,* «action de dire».

juridictionnel, elle [ʒyʀidiksjɔnɛl] adj. Relatif à la juridiction. – De *juridiction.*

juridique [ʒyʀidik] adj. **1.** Fait selon le droit, dans les formes requises par le droit. *Acte juridique.* **2.** Relatif au droit. *Texte juridique. Aide juridique.* – Lat. *juridicus,* de *jus, juris,* «droit».

juridiquement [ʒyʀidikmɑ̃] adv. D'une manière juridique. – De *juridique.*

jurisconsulte [ʒyʀiskɔ̃sylt] n. m. Personne versée dans la science du droit et donnant des consultations juridiques. – Lat. *jurisconsultus*, de *juris*, «droit», et *consultus*, «réfléchi, avisé».

jurisprudence [ʒyʀispʀydɑ̃s] n. f. **1.** Interprétation du droit et des lois par un tribunal. *La jurisprudence de la Cour suprême.* **2.** Ensemble des décisions rendues par les tribunaux dans des cas semblables et permettant de déduire des principes de droit. – *Jugement qui fait jurisprudence*, qui sert de référence. – Bas lat. *jurisprudentia*, «science du droit».

jurisprudentiel, ielle [ʒyʀispʀydɑ̃sjɛl] adj. Qui appartient à la jurisprudence. – De *jurisprudence*.

juriste [ʒyʀist] n. Spécialiste du droit. – Lat. médiév. *jurista*, de *jus, juris*, «droit».

juron [ʒyʀɔ̃] n. m. Expression blasphématoire ou grossière, terme, imprécation utilisés pour jurer (sens II, 2). – De *jurer*.

jury [ʒyʀi] n. m. **1.** DR Groupe de personnes choisies selon la loi pour entendre un procès criminel et rendre un verdict sur la culpabilité d'un accusé. **2.** Commission d'examinateurs, d'experts. *Jury d'une exposition.* – Angl. *jury*, de l'a. fr. *jurée*, «serment, enquête».

jus [ʒy] n. m. **1.** Suc d'une substance végétale, généralement extrait par pression. *Jus d'orange.* **2.** Suc de viande. *Jus d'un rôti.* **3.** Pop. Café. **4.** Pop. *Tomber au jus*, dans l'eau. **5.** Pop. Courant électrique. – Lat. *jus*, «jus, sauce».

jusant [ʒyzɑ̃] n. m. MAR Marée descendante. – Probabl. de l'adv. bas lat. *jus*, «en bas», du class. *deorsum*, avec infl. du fr. *sus*.

jusqu'au-boutisme [ʒyskobutism] n. m. Position extrémiste de ceux *(jusqu'au-boutistes)* qui veulent à tout prix mener une action, quelle qu'elle soit, jusqu'au bout. – De *jusqu'au bout*.

jusque, jusqu' et **jusques** [ʒysk] prép. et loc. conj. **I. 1.** Suivi d'une prép., le plus souvent *à*, ou d'un adv. (Marquant un terme dans l'espace ou dans le temps que l'on ne dépasse pas.) *J'ai attendu jusqu'à 5 h. Venez jusque chez moi. Jusqu'où?* ▷ Vx, litt. *Jusques à quand?* – Mod. *Jusques et y compris...* **2.** (Insistant sur l'inclusion de l'élément ultime dans un tout.) *Il a tout payé jusqu'au dernier cent.* **II.** loc. conj. *Jusqu'à ce que* (marquant le terme d'une durée). *J'ai marché jusqu'à ce qu'il fasse nuit.* – Du lat. *de usque* ou *inde* («d'ici») *usque* («jusqu'à»).

jusquiame [ʒyskjam] n. f. Plante herbacée (fam. solanacées) à feuilles découpées. *La jusquiame noire (Hyoscyamus niger), à fleurs jaunes veinées de violet ou de brun, contient un toxique nerveux utilisé, à faible dose, comme calmant.* – Bas lat. *jusquiamus*, gr. *huoskuamos*.

justaucorps [ʒystokɔʀ] n. m. Anc. Vêtement étroit, serré à la taille, comportant des manches et descendant jusqu'aux genoux. **2.** Maillot collant utilisé pour la danse. – De *juste, au*, et *corps*.

juste [ʒyst] adj. et adv. **A.** Adj. **I.** (Par oppos. à *injuste*.) **1.** Qui agit, se comporte conformément à la justice, au droit, à l'équité. *Un homme juste.* ▷ Subst. *Un juste. Dormir du sommeil du juste:* d'un sommeil paisible et profond qu'aucun remords ne trouble. – RELIG *Les justes et les pécheurs. Le Juste:* le Messie. **2.** (Choses.) Conforme au droit, à la justice; équitable. *Décision juste.* **3.** (Av. le nom.) Bien fondé, légitime. *Une juste colère. Les justes revendications des travailleurs.* **II.** (Par oppos. à *faux*.) **1.** Conforme à la réalité, à la vérité; exact, précis, correct. *Avoir l'heure juste. Opération, raisonnement justes.* – *Ce que vous dites me paraît très juste.* Syn. pertinent, judicieux. *C'est juste! C'est tout à fait juste!* Syn. exact, vrai. **2.** Trop ajusté, étroit, en parlant des vêtements. *Pantalons, chaussures trop justes.* ▷ Qui suffit à peine. *Huit jours pour faire cela, c'est juste.* **B.** adv. **1.** Avec exactitude, comme il convient. *Viser, tirer juste.* – *Penser juste.* **2.** Précisément. *C'est juste ce qu'il nous faut.* **3.** À peine. *C'est tout juste si j'arrive à équilibrer mon budget.* – *Arriver juste*, au dernier moment. **4.** Seulement. *Il n'y avait presque personne, juste quelques habitués.* **5.** loc. adv. *Au juste:* précisément. *Combien étiez-vous, au juste?* ▷ *Au plus juste:* avec le plus de rigueur, d'exactitude possibles et en se gardant de toute estimation excessive. *Calculer les prix au plus juste.* ▷ *Comme de juste:* comme il se doit. – Lat. *justus*.

justement [ʒystəmɑ̃] adv. **1.** Rare Avec justice. *Il a été très justement acquitté.* **2.** Légitimement. *Se flatter justement de.* **3.** Avec justesse, pertinemment. *Il en déduit très justement que.* **4.** Cour. Exactement, précisément. *C'est justement ce qu'il fallait éviter.* – De *juste*.

justesse [ʒystɛs] n. f. **1.** Qualité d'une chose juste, exacte. *Justesse d'une balance, d'un appareil de mesure. Justesse d'un raisonnement.* ▷ Qualité de ce qui est tel qu'il doit être, parfaitement approprié, adéquat. *La justesse d'une expression.* **2.** Qualité de ce qui permet de faire une chose avec précision, exactitude. *Justesse du coup d'œil.* **3.** loc. adv. *De justesse:* de très peu. *On a évité la catastrophe de justesse.* – De *juste*.

justice [ʒystis] n. f. **1.** Vertu morale qui réside dans la reconnaissance et le respect des droits d'autrui. *Faire preuve de justice.* **2.** Principe moral de reconnaissance et de respect du droit naturel (l'équité) ou positif (la Loi). *Réformes conduites par souci de justice sociale*, d'équité entre les membres de la société. *Agir selon la justice, en bonne justice.* ▷ La reconnaissance et le respect des droits de chacun. *Obtenir justice.* **3.** Pouvoir d'agir pour que soient reconnus et respectés les droits de chacun, pouvoir de faire régner le droit; exercice de ce pouvoir. *La justice des hommes et la justice divine. Exercer, rendre la justice.* – *Se faire justice:* se venger soi-même d'un dommage qu'on a subi. *La loi défend de se faire justice soi-même.* – Aussi: se châtier soi-même en se suicidant. *Le meurtrier s'est fait justice.* **4.** Le pouvoir judiciaire en tant qu'institution; l'administration publique chargée de ce pouvoir. *Porter une affaire devant la justice. Palais de justice*, où siègent les tribunaux. ▷ Les instances d'exercice du pouvoir judiciaire; les juridictions. *Justice civile, pénale.* – *Le ministère de la Justice.* – Lat. *justitia*.

justiciable [ʒystisjabl] adj. et n. **1.** adj. Qui relève de telle ou telle juridiction. ▷ *Par ext.* Qui relève de. *Maladie justiciable de la psychiatrie.* **2.** Subst. Individu considéré dans son rapport à l'administration du pouvoir judiciaire. – De *justicier*.

justicier, ière [ʒystisje, jɛʀ] n. et adj. **1.** Personne qui aime à faire régner la justice, qui l'exerce et l'applique. – Adj. *Saint Louis, roi justicier.* **2.** Personne qui prétend exercer la justice et redresser tous les torts. *S'ériger en justicier.* **3.** FEOD *Seigneur haut justicier:* seigneur qui avait, sur ses terres, le droit d'exercer pleinement la justice, au civil comme au pénal. – De *justice*.

justifiable [ʒystifjabl] adj. Qui peut être justifié. *Conduite justifiable.* – De *justifier*.

justifiant, iante [ʒystifjɑ̃, jɑ̃t] adj. THEOL Qui rend juste. *Grâce, foi justifiante.* – Ppr. de *justifier*.

justificateur, trice [ʒystifikatœʀ, tʀis] adj. Qui tend à justifier. – Bas lat. ecclés. *justificator*

justificatif, ive [ʒystifikatif, iv] adj. et n. **1.** adj. Qui justifie, qui prouve. *Pièces justificatives.* **2.** n. m. Pièce attestant qu'une opération a bien été exécutée. ▷ Spécial. *Exemplaire justificatif*, ou, n. m., *un justificatif*, attestant l'insertion d'un placard publicitaire, d'une photographie, d'un texte, etc., dans une publication. – De *justifier*.

justification [ʒystifikasjõ] n. f. **1.** Action de justifier, de se justifier. *Présenter une justification de sa conduite.* **2.** Preuve que l'on fait d'une chose par titres, témoins, etc. *Justification d'un fait.* **3.** IMPRIM Action de justifier une ligne. – Longueur de cette ligne (par oppos. à la marge). – Bas lat. ecclés. *justificatio.*

justifier [ʒystifje] v. tr. [1] **1.** Prouver l'innocence de. *Justifier qqn d'une accusation.* ▷ V. pron. *Se justifier d'une calomnie.* Syn. disculper, innocenter. **2.** Rendre légitime. *La colère ne justifie pas une telle grossièreté.* **3.** Montrer le bien-fondé de. *Sa découverte justifia ses craintes.* ▷ V. tr. indir. *Justifier de* : témoigner de, constituer une preuve de. *Certificats qui justifient de l'authenticité d'un tableau.* **4.** IMPRIM Donner à (une ligne) la longueur convenable au moyen de blancs. – Bas lat. ecclés. *justificare.*

jute [ʒyt] n. m. Fibre textile grossière tirée de l'écorce du chanvre de Calcutta (*Corchorus textilis*), cultivé au Bangladesh et en Inde, utilisée pour fabriquer des toiles d'emballage, des sacs, etc. *Toile de jute.* – Mot angl., du bengali *jhuto.*

juter [ʒyte] v. intr. [1] Rendre du jus. *Pêche qui jute.* – De *jus.*

juteux, euse [ʒytø, øz] adj. **1.** Qui rend beaucoup de jus. *Poire juteuse.* **2.** Fig., fam. Qui rapporte. *Une affaire juteuse.* – De *jus.*

juvénat [ʒyvena] n. m. RELIG Stade de révision des études littéraires classiques qu'accomplissent, dans certains ordres, les religieux qui se destinent à l'enseignement. – Du lat. *juvenis,* «jeune homme».

juvénile [ʒyvenil] adj. Propre à la jeunesse. *Ardeur juvénile.* Ant. sénile. – Lat. *juvenilis.*

juvénilité [ʒyvenilite] n. f. Litt. Caractère de ce qui est juvénile. – Lat. *juvenilitas.*

juxta-. Élément, du lat. *juxta,* «près de».

juxtalinéaire [ʒykstalineɛʀ] adj. *Traduction juxtalinéaire,* donnant sur deux colonnes et ligne par ligne les mots du texte original, et la traduction correspondante. – De *juxta-,* et *linéaire.*

juxtaposé, ée [ʒykstapoze] adj. Placé à côté, sans liaison. ▷ GRAM *Propositions, phrases juxtaposées,* sans lien de coordination ou de subordination. (Ex.: *tu ris, moi je pleure.*) – Pp. de *juxtaposer.*

juxtaposer [ʒykstapoze] v. tr. [1] Mettre l'un à côté de l'autre. *Juxtaposer des couleurs.* – De *juxta-,* et *poser.*

juxtaposition [ʒykstapozisjõ] n. f. Action de juxtaposer; son résultat. – De *juxta-,* et *position.*

K k

k [ka] n. m. **I.** Onzième lettre de l'alphabet, et huitième des consonnes (notant une vélaire occlusive sourde). **II. 1.** INFORM *k:* symbole du *kilo*, employé dans les mesures de capacité de mémoire des ordinateurs (1 k correspond à 1 024 positions en mémoire). **2.** PHYS *K:* symbole du kelvin, unité de température. ▷ k: symbole de *kilo*.

K CHIM Symbole du potassium. – En ar. *qali*.

ka. V. kaon.

kabbale. V. cabale.

kabuki [kabuki] n. m. Au Japon, genre théâtral traditionnel, destiné à un public populaire, spectacle qui mêle au dialogue les chants et la danse. – Mot jap.

kabyle [kabil] adj. et n. De Kabylie (région de chaînes montagneuses du Tell algérien). – Relatif aux Kabyles. ▷ N. m. *Le kabyle, rarement écrit, est un parler appartenant au groupe berbère.* – De l'ar. *qābilāh*, «tribu».

kacha [kaʃa] ou **kache** [kaʃ] n. f. **1.** Plat russe, gruau de sarrasin. **2.** Plat polonais, mélange d'orge cuit dans du lait, de crème aigre et d'œufs. – Mot slave.

kafkaïen, ïenne [kafkajɛ̃, jɛn] adj. **1.** De Kafka, relatif à l'œuvre de Kafka. *L'imaginaire kafkaïen.* **2.** Qui a le caractère angoissant des œuvres de Kafka. – De Franz *Kafka* (1883-1924), écrivain tchèque de langue allemande.

kaïnite [kainit] n. f. PETROG Mélange naturel de chlorure de potassium et de sulfate de magnésium. – All. *Kainit*, du gr. *kainos*, «nouveau», en raison de la formation relativement récente de ce minéral.

kaiser [kajzɛʀ] n. m. *Le Kaiser:* l'empereur d'Allemagne (de 1871 à 1918). – Mot all., «empereur», du lat. *Cæsar.*

kakatoès. V. cacatoès.

kakawi. V. cacaoui.

kakémono [kakemɔno] n. m. Peinture japonaise, plus haute que large, exécutée sur un rectangle de papier ou de soie, et destinée à être suspendue. – Mot jap., «chose suspendue».

1. kaki [kaki] n. m. Fruit comestible, charnu et sucré, très riche en vitamines, de *Dyospiros kaki*, le plaqueminier du Japon. *Des kakis.* Syn. plaquemine, figue caque. – Mot jap.

2. kaki [kaki] adj. inv. et n. m. D'une couleur brune tirant sur le jaune. *Des uniformes kaki.* ▷ N. m. Couleur kaki. – Angl. *khakee, khaki*, de l'hindoustani *khâki*, «couleur de poussière».

kala-azar [kalaazaʀ] n. m. MED Maladie endémique en Inde, en Extrême-Orient et dans le bassin méditerranéen, due à un protozoaire *(Leishmania donovani)* et caractérisée notam. par l'augmentation du volume de la rate et du foie, et par une grave altération de l'état général. – Mot d'Assam, de *kala*, «noir», et *azar*, «maladie».

kalachnikov [kalaʃnikof] n. f. Pistolet-mitrailleur soviétique. – Nom d'une marque soviétique d'armes automatiques.

kaléidoscope [kaleidɔskɔp] n. m. Cylindre creux contenant un jeu de miroirs et de paillettes multicolores dont les réflexions, multipliées à l'infini, forment des motifs ornementaux à symétrie rayonnante. – Du gr. *kalos*, «beau», *eidos*, «aspect», et de *-scope.*

kali [kali] n. m. Nom cour. de diverses plantes dont on tirait autref. de la soude par incinération. – Ar. *qali*, «soude, potasse».

kaliémie [kaljemi] n. f. BIOL Taux de potassium dans le sang. – De l'ar. *qali* (V. kali), et de *-émie.*

kalmouk [kalmuk] adj. et n. Qui appartient à un groupe ethnique de peuples mongols habitant le centre, le nord et l'ouest de l'Asie. – N. *Les Kalmouks.* ▷ N. m. *Le kalmouk, langue parlée en Mongolie occidentale.* – Mot mongol.

kami [kami] n. m. Déité (ancêtre divinisé ou esprit de la nature), dans la religion shintoïste (Japon). *Les kamis.* – Mot jap.

kamichi [kamiʃi] n. m. Oiseau d'Amérique du Sud (genre *Anhima*, constituant à lui seul l'ordre des anhimiformes), aux formes lourdes, aux pattes puissantes, aux ailes armées d'éperons. – Mot indien du Brésil.

kamikaze [kamikaz] n. m. et adj. Avion japonais bourré d'explosifs que son pilote faisait volontairement s'écraser sur les navires ennemis (1944-1945). Syn. avion-suicide. ▷ Le pilote d'un tel avion. ▷ *Par ext.* Personne d'une grande audace. – Adj. Qui s'apparente au suicide. – Mot jap., «vent divin» (par allus. aux tempêtes, tenues pour miraculeuses, qui par deux fois dispersèrent la flotte des envahisseurs mongols, au XIIIe s.).

kamptozoaires [kɑ̃ptozɔɛʀ] n. m. pl. ZOOL Syn. d'*endoproctes.* – Du grec *kamptos*, «recourbé», et de *-zoaire.*

kampuchéen, enne [kɑ̃pytʃeɛ̃, ɛn] adj. et n. Du Kampuchéa. – De *Kampuchéa*, nom du *Cambodge* depuis 1976.

kandjar [kɑ̃dʒaʀ] n. m. Poignard turc à lame étroite. – De l'ar. *khandjar*, «coutelas».

kangourou [kɑ̃guʀu] n. m. Marsupial d'Australie (fam. macropodidés) au museau allongé, aux grandes oreilles, auquel des membres postérieurs adaptés au saut permettent un déplacement très rapide par bonds. – Angl. *kangaroo*, d'un mot australien.
ENCYCL La queue puissante des kangourous leur sert d'appui à l'arrêt, alors que leurs membres antérieurs, très grêles, sont dépourvus de tout rôle locomoteur. Le kangourou géant et le kangourou roux dépassent 1,60 m de haut; les «wallabies» ont une taille inférieure; les plus petits rats-kangourous n'atteignent pas 20 cm.

kantien, ienne [kɑ̃t(s)jɛ̃, jɛn] adj. et n. PHILO Relatif à la philosophie de Kant; partisan de cette philosophie. – De Emmanuel *Kant* (1724-1804), philosophe all.

kantisme [kɑ̃tism] n. m. PHILO Ensemble des théories philosophiques de Kant. – De *Kant.*

kaolin [kaɔlɛ̃] n. m. Silicate d'alumine hydraté, argile blanche résultant de l'altération des feldspaths en climat chaud et humide, et utilisée dans la fabrication de la porcelaine. – Chinois *kaoling*, «colline élevée», nom du lieu d'où l'on extrayait le kaolin.

kaolinisation [kaɔlinizasjɔ̃] n. f. PETROG Transformation des feldspaths en kaolin. – De *kaolin.*

kaon [kaɔ̃] ou **ka** [ka] PHYS NUCL Syn. de *méson**. – De méson *K*, et *-on*, d'après *électron, méson.*

kapo [kapo] n. m. Dans les camps de concentration nazis, détenu qui avait pour tâche de diriger les autres détenus. – Mot all. de *Ka(merad) Po(lizei).*

kapok ou **capoc** [kapɔk] n. m. Duvet végétal contenu dans les fruits du *fromager* ou *kapokier*, matière légère, imperméable et imputrescible, utilisée pour divers rembourrages. *Matelas de kapok.* – Malais *kapūq.*

kapokier [kapɔkje] n. m. Fromager, grand arbre (fam. bombacacées) qui fournit le kapok. – De *kapok.*

kappa [ka(p)pa] n. m. Dixième lettre de l'alphabet grec (K, κ), notant le son [k].

karak. V. krak.

karakul ou **caracul** [kaʀakyl] n. m. Mouton d'Ouzbékistan et d'Afghanistan, dont les agneaux mort-nés fournissent la fourrure appelée *astrakan.* – Cette fourrure. – De *Karakoul,* ville d'Ouzbékistan (rép. fédérée d'U.R.S.S.).

karaté [kaʀate] n. m. Art martial japonais, méthode de combat sans armes fondée sur l'emploi de coups portés (essentiellement avec la main et le pied) aux points vitaux de l'adversaire. – Sport de combat codifié qui en dérive. – Mot japonais.

karatéka [kaʀateka] n. Personne qui pratique le karaté. – Mot jap. dér. de *karaté.*

karbau [kaʀbo], **karabau** [kaʀabo] ou **kérabau** [keʀabo] n. m. Variété malaise du buffle de l'Inde. – Mot malais.

karité [kaʀite] n. m. Plante du Soudan appelée aussi *arbre à beurre (Butyrospermum parkii,* fam. sapotacées), dont les graines fournissent une graisse comestible *(beurre de karité),* également employée en cosmétologie. – Mot soudanais.

karma [kaʀma] ou **karman** [kaʀman] n. m. RELIG Enchaînement des actes et de leurs effets, dans l'hindouisme. – Mot sanscrit, «acte».

karst [kaʀst] n. m. GEOMORPH Relief typique des régions où les calcaires prédominent. – De *Karst,* nom d'une zone de plateaux calcaires de Yougoslavie.
ENCYCL Dans les régions karstiques, les eaux d'infiltration, en dissolvant les calcaires, provoquent la formation de *dolines* (ou *sotchs*), *poljés, lapiez* et *avens,* fréquemment reliés par des rivières souterraines. Celles-ci traversent des salles, parfois immenses, tapissées de *stalactites* et de *stalagmites,* et réapparaissent souvent sous forme de sources vauclusiennes *(résurgence).* Les calcaires étant très perméables, les karsts constituent de vastes plateaux arides plus ou moins dépourvus de végétation.

karstique [kaʀstik] adj. GEOMORPH Se dit d'un relief à karsts. – De *karst.*

kart [kaʀt] n. m. Petit véhicule monoplace de sport à quatre roues, sans carrosserie, équipé d'un moteur de faible cylindrée. – Mot angl.

karting [kaʀtiŋ] n. m. Sport pratiqué avec le kart. – Mot angl.

kasbah. V. casbah.

kasher. V. cacher.

kava ou **kawa** [kava] n. m. **1.** BOT Poivrier polynésien *(Piper methysticum)* dont la racine sert à fabriquer une liqueur enivrante. **2.** Cette liqueur. – Mot du S.-O. polynésien, par l'angl.

kawsher. V. cacher.

kayak ou **kayac** [kajak] n. m. Embarcation traditionnelle des Esquimaux, canot ponté long et étroit fait de peaux de phoques cousues sur une armature légère, mû à l'aide d'une pagaie double. ▷ Embarcation de sport à une ou deux places, construite en toile sur le modèle du kayak esquimau. *L'épreuve de kayak des jeux Olympiques.* – Mot esquimau.

kayakisme [kajakism] n. m. Pratique sportive du kayak. – De *kayak.*

kayakiste [kajakist] n. Personne qui pratique le kayakisme. – De *kayak.*

kebab [kebab] n. m. Gros dés de viande de mouton ou de bœuf rôtis en brochette. – Mot turc.

keffieh [kefje] n. m. Coiffure arabe et bédouine composée d'un grand carré de tissu maintenu par un gros cordon ceignant le dessus du crâne. – Ar. *koufiyyah.*

kéfir, képhir ou **képhyr** [kefiʀ] n. m. Boisson légèrement gazeuse, un peu aigre, d'origine caucasienne, préparée en faisant fermenter du lait de vache ou de chèvre avec une levure spéciale («grains de kéfir»). – Mot caucasien.

kelvin [kɛlvin] n. m. PHYS Unité légale de température absolue, de symbole K. (La température absolue T, exprimée en kelvins, est liée à la température t, exprimée en degrés Celsius, par la relation $T = t + 273{,}15$; 100 °C = 373,15 K; 0 °C = 273,15 K.) – Du n. de lord *Kelvin* (1824-1907), physicien anglais.

kendo [kɛndo] n. m. Art martial japonais, escrime qui se pratique avec des sabres de bambou. – Mot jap., littéral. «la voie du sabre».

kénotron [kenotʀõ] n. m. ELECTR Tube électronique à vide très poussé servant de redresseur de courant. – Du gr. *kenos,* «vide», et de *(élec)tron.*

kentia [kɛ̃sja] n. m. BOT Genre de palmier australien dont diverses variétés sont cultivées comme plantes d'appartement. – Du n. de *Kent,* horticulteur anglais.

kenyan, kenyane [kenjɑ̃, kenjan] adj. et n. Du Kenya. – De *Kenya,* rép. d'Afrique orientale.

kenyapithèque [kenjapitɛk] n. m. PREHIST Primate fossile (14 millions d'années) découvert au Kenya, l'un des ancêtres possibles de l'homme. – De *Kenya,* et *-pithèque.*

képhyr. V. kéfir.

képi [kepi] n. m. Coiffure cylindrique à fond rigide et surélevé, munie d'une visière, portée par les officiers, les douaniers, etc., dans certains pays. – All. de Suisse *Käppi,* dim. de *Kappe,* «bonnet».

képlérien, ienne [kepleʀjɛ̃, jɛn] adj. ASTRO Relatif aux découvertes de Kepler. – Du n. de Johannes *Kepler* (1571-1630), astronome all.

kérabau. V. karbau.

kérat(o)-. Élément, du gr. *keras, keratos,* «corne, cornée».

kératine [keʀatin] n. f. BIOCHIM Protéine fibreuse, principal constituant des formations épidermiques chez l'homme et les animaux (cornes, ongles, sabots, becs et plumes, cheveux, poils). – De *kérat-,* et *-ine.*

kératiniser [keʀatinize] **1.** v. pron. *Se kératiniser:* se durcir par la formation de kératine, en parlant des formations épidermiques, des muqueuses. **2.** v. tr. *Kératiniser des pilules,* les enrober d'une substance analogue à la kératine. – De *kératine.*

kératite [keʀatit] n. f. MED Inflammation de la cornée. *Kératites ponctuée, ulcéreuse, vésiculaire.* – De *kérat-,* et *-ite* 1.

kératoplastie [keʀatoplasti] n. f. CHIR Greffe cornéenne consistant à remplacer un fragment de cornée pathologique par un fragment transparent et sain. – De *kérato-,* et *-plastie.*

kératose [keʀatoz] n. f. MED Hypertrophie des couches cornées de l'épiderme avec ou sans hypertrophie des papilles du derme. – De *kérat-,* et *-ose* 2.

kermès [kɛʀmɛs] n. m. **1.** Cochenille du chêne *(Khermes vermilio)*, dont on tirait un colorant rouge. **2.** En appos. *Chêne kermès* ou *chêne à cochenilles:* chêne *(Quercus coccifera)* sur lequel vivent les kermès. – Arabo-persan *qirmiz*, par l'esp. *alkermes.*

kermesse [kɛʀmɛs] n. f. **1.** Aux Pays-Bas et dans les Flandres, fête patronale donnant lieu à des cortèges, des danses, etc. **2.** Fête foraine en plein air. **3.** Fête généralement organisée en plein air au bénéfice d'une œuvre. – Flam. *kerkmisse*, «messe d'église».

kérosène [keʀozɛn] n. m. Carburant obtenu par raffinage du pétrole brut, utilisé pour l'alimentation des réacteurs d'avions. – Du gr. *kêros*, «cire», et *-ène.*

kerria [keʀja] n. m. ou **kerrie** [keʀi] n. f. BOT Arbuste ornemental (*Kerria japonica*, fam. rosacées) à fleurs jaune d'or, originaire du Japon. – Du n. de *Ker*, botaniste angl.

ketch [kɛtʃ] n. m. MAR Voilier à deux mâts, à gréement aurique ou marconi, dont le mât d'artimon, plus petit, est implanté en avant de la barre (à la différence du yawl). *Des ketchs.* – Mot angl.

ketchup [kɛtʃɔp] n. m. Condiment à base de purée de tomates aromatisée. *Une bouteille de ketchup.* – Condiment fait d'un mélange de légumes ou de fruits coupés en morceaux et cuits avec du vinaigre et des épices. *Un pot de ketchup. Du ketchup rouge*, à base de tomates mûres. *Du ketchup vert*, à base de tomates vertes. – Mot angl., probabl. du chinois *koe-tchiap* ou du malais *kêchap.*

ketmie [kɛtmi] n. f. BOT Arbre tropical ornemental (genre *Hibiscus*, fam. malvacées). – Lat. bot. mod. *ketmia*, ar. *khatmi.*

keynésien, ienne [kenezjɛ̃, jɛn] adj. De Keynes. *Théories keynésiennes.* ▷ Subst. Partisan des théories économiques de Keynes qui mettent l'accent sur le rôle des investissements, de la propension à la consommation et de la redistribution des revenus, dans la lutte contre le chômage engendré par le capitalisme contemporain. – De John Maynard *Keynes* (1883-1946), économiste et financier britannique.

kg Symbole du kilogramme.

K.G.B. Sigle russe du Comité de sécurité de l'État, police politique de l'U.R.S.S. depuis 1954.

kgf Symbole de kilogramme-force.

khalifat, khalife. V. califat, calife.

khamsin ou **chamsin** [xamsin] n. m. Vent brûlant qui souffle du désert, en Égypte. – Mot ar., «cinquante».

khan [kɑ̃] n. m. Titre que prenaient les souverains mongols *(Gengis Khān)*, et que prirent ensuite les chefs de l'Inde musulmane, de Perse, de Turquie. – Mot turc *khān*, «prince, commandant».

khanat [kanat] n. m. Dignité, territoire d'un khan. – De *khan.*

khédival, ale, aux [kedival, o] ou **khédivial, ale, aux** [kedivjal, o] adj. HIST Du khédive; qui dépendait du khédive. – De *khédive.*

khédivat [kediva] ou **khédiviat** [kedivja] n. m. HIST Fonction, dignité de khédive; durée de cette fonction. – De *khédive.*

khédive [kediv] n. m. HIST Titre que porta le vice-roi d'Égypte de 1867 à 1914. – Du turco-persan *khediw*, «roi, souverain».

khi [ki] n. m. Vingt-deuxième lettre de l'alphabet grec (Χ, χ) correspondant à *kh* (vélaire sourde aspirée [x]).

khmer, khmère [kmɛʀ] adj. et n. Des Khmers, peuple d'Indochine mérid., population actuelle du Kampuchea (anc. Cambodge). *Le temple d'Angkor Vat est un chef-d'œuvre de l'art khmer.* ▷ Langue du groupe môn-khmer (notam. le cambodgien). – Mot hindou.

khoisan [koisan] adj. *Race khoisan:* l'une des races noires (Hottentots, Boschimans), dont certains traits évoquent les Jaunes (petite taille, peau jaunâtre, pommettes saillantes). – De *Khoi*, «Hottentots», et *San*, «Boschimans».

khôl. V. kôhl.

kibboutz [kibuts] n. m. Exploitation agricole collective, en Israël. *Des kibboutzim.* – Mot hébr. *qibūs*, «collectivité».

kichenotte ou **quichenotte** [kiʃnɔt] n. f. Coiffure traditionnelle à large bord des femmes de Saintonge, anc. prov. de l'ouest de la France. – Traditionnellement rattaché à l'angl.* *kiss not*, «n'embrassez pas» (on raconte que l'ample bord de cette coiffe fut conçu pour décourager les hardiesses des occupants anglais).

kick [kik] n. m. TECH Dispositif permettant de mettre en marche, à l'aide du pied, un moteur de motocyclette. – De *kick-starter;* angl. *to kick*, «donner des coups de pied», et *starter*, «démarreur».

kidnapper [kidnape] v. tr. [1] Enlever (une personne) le plus souvent pour obtenir une rançon. – Amér. *to kidnap*; de *kid*, «enfant», et *to nap*, «saisir».

kidnappeur, euse [kidnapœʀ, øz] n. Personne qui kidnappe. – De *kidnapper.*

kidnapping [kidnapiŋ] n. m. Anglicisme Enlèvement, rapt. – Mot angl. «enlèvement d'enfant».

kief. V. kif.

kieselguhr [kizɛlguʀ] n. m. PETROG Diatomite pulvérulente très poreuse, utilisée notam. comme absorbant dans la fabrication de la dynamite. – Mot all.

kiesérite [kjezeʀit] n. f. MINER Sulfate naturel hydraté de magnésium. – De D. G. *Kieser* (1779-1852), savant allemand.

kif, kief ou **kiff** [kif] n. m. Mélange de chanvre indien et de tabac (en Afrique du Nord, notam.). *Pipe à kief.* – Mot ar.

kif-kif [kifkif] adj. inv. Fam. Pareil. *C'est kif-kif!* – Mot ar., littéral. «comme comme».

kiki [kiki] n. m. Fam. Cou, gorge. *Serrer le kiki.* – Abrév. de *quiriquiqui*, arg. «gosier».

kilim [kilim] n. m. Tapis d'Orient en laine, dépourvu de velours car tissé (et parfois brodé) au lieu d'être noué. – Mot turc.

kilo-. Élément, du gr. *khilioi*, «mille, mille fois».

kilo [kilo] n. m. Cour. Kilogramme. *Donnez-m'en trois kilos.* – Abrév. de *kilogramme.*

kilocalorie [kilokalɔʀi] n. f. PHYS Syn. de *millithermie.* – De *kilo-*, et *calorie.*

kilocycle [kilosikl] n. m. RADIOELECTR Unité de fréquence égale à un kilohertz. – De *kilo-*, et *cycle.*

kilogramme [kilogʀam] n. m. Unité de masse du système international (symbole kg) égale à la masse de l'étalon en platine iridié du Bureau international des poids et mesures, déposé au pavillon de Breteuil, à Sèvres (France). – De *kilo-*, et *gramme.*

kilogramme-force [kilogʀamfɔʀs] ou **kilogramme-poids** [kilogʀampwa] n. m. PHYS Anc. unité de force (symboles kgf, kgp), auj. remplacée par le newton (1 kgf = 9,806 N); force d'attraction de la Terre exercée sur une masse de 1 kg. – De *kilogramme*, et *force* ou *poids.*

kilogrammètre [kilogʀammɛtʀ] n. m. PHYS Anc. unité pratique de travail (symbole kgm), auj. remplacée par le joule (1 kgm = 9,81 J); travail accompli par une force de 1 kgf dont le point d'application se déplace de 1 m dans la direction de la force. – De *kilogramme*, et *mètre*.

kilohertz [kiloɛʀts] n. m. PHYS Unité de mesure de fréquence des ondes radioélectriques valant 1 000 hertz (symbole kHz). – De *kilo-*, et *hertz*.

kilométrage [kilɔmetʀaʒ] n. m. **1.** Action de kilométrer; son résultat. **2.** Nombre de kilomètres parcourus. *Le kilométrage d'une voiture*. – De *kilomètre*.

kilomètre [kilɔmɛtʀ] n. m. Unité pratique de distance (symbole km) valant 1 000 m. *Marcher plusieurs kilomètres sans s'arrêter*. – *Kilomètre à l'heure*, cour. *kilomètre-heure (km/h)*: vitesse d'un mobile qui parcourt 1 km en 1 h à vitesse constante. *Faire du 100 km/h*. Ellipt. *Faire du 100*. ▷ *Kilomètre carré* (symbole km^2): superficie égale à celle d'un carré de 1 km de côté, soit 1 million de m^2. – De *kilo-*, et *mètre*.

kilométrer [kilɔmetʀe] v. tr. **1.** Jalonner (une route) de bornes kilométriques. **2.** Mesurer en kilomètres. *Kilométrer un trajet pour répartir ses étapes*. – De *kilomètre*.

kilométrique [kilɔmetʀik] adj. Qui a rapport au kilomètre. *Bornes kilométriques*, placées tous les kilomètres. – De *kilomètre*.

kilotonne [kilotɔn] n. m. Unité de puissance des explosifs nucléaires (symbole kt), équivalant à la puissance de l'explosion de 1 000 t de trinitrotoluène (T.N.T.). – De *kilo-*, et *tonne*.

kilowatt [kilowat] n. m. PHYS Unité de puissance (symbole kW), égale à mille watts. – De *kilo-*, et *watt*.

kilowatt-heure [kilowatœʀ] n. m. Unité de travail ou d'énergie (symbole kWh); travail ou énergie fournis par une machine d'une puissance de 1 kW pendant 1 h (1 kWh $= 3{,}6.10^6$ J). – De *kilowatt*, et *heure*.

kilt [kilt] n. m. Jupe traditionnelle des Écossais, courte et plissée. – Mot angl., de *to kilt*, «retrousser».

kimono [kimɔno] n. m. **1.** Longue tunique croisée à larges manches, serrée à la taille par une large ceinture *(obi)* et portée par les hommes et les femmes, au Japon. **2.** Vêtement de femme dont l'emmanchure est sans couture (comme le kimono des Japonais). – Appos. *Des manches kimono*. **3.** *Abusiv*. Tenue des judokas, karatékas, etc., formée d'un pantalon et d'une veste en forte toile blanche. – Mot jap., «vêtement, robe».

kinase [kinaz] n. f. BIOCHIM Enzyme qui favorise le transfert d'une liaison riche en énergie vers une liaison pauvre. – De *kin(ési)-*, et *-ase*.

kinési-. Élément, du gr. *kinêsis*, «mouvement».

kinésique. V. kinesthésique.

kinésithérapeute [kineziteʀapøt] n. Praticien diplômé qui soigne par la kinésithérapie. – Abrév. cour.: *kinési* ou *kiné*. – De *kinésithérapie*.

kinésithérapie [kineziteʀapi] n. f. Mode de traitement de certaines affections de l'appareil de soutien (os, ligaments) et de l'appareil locomoteur (muscles, nerfs), qui utilise la mobilisation musculaire passive (électricité, massage) ou active (mouvements volontaires sous le contrôle du praticien: gymnastique corrective, rééducation). – De *kinési-*, et *-thérapie*.

kinesthésie [kinɛstezi] n. f. Ensemble des sensations d'origine musculaire, tendineuse, articulaire, cutanée et labyrinthique qui renseignent sur les positions et les mouvements des différentes parties du corps. – De *kinési-*, et gr. *aisthêsis*, «sensation».

kinesthésique [kinɛstezik] ou **kinésique** [kinezik] adj. Qui a rapport à la kinesthésie. *Sensation kinesthésique*. – De *kinesthésie*.

king-charles [kiŋʃaʀl] n. m. inv. Petit épagneul à poils longs. – De l'angl. *king Charles' spaniel*, «épagneul du roi Charles».

kinkajou [kɛ̃kaʒu] n. m. Petit mammifère carnivore d'Amérique du Sud *(Potos flavus)*, au pelage roux et au museau court, à la longue queue prenante. – D'une langue indienne d'Amérique.

kiosque [kjɔsk] n. m. **1.** Pavillon ouvert, dans un jardin. *Kiosque à musique*. **2.** Petit pavillon conçu pour la vente des journaux, des fleurs, etc. sur la voie publique. **3.** Dans une exposition, espace réservé à un exposant, à une catégorie de produits. **4.** MAR Superstructure d'un sous-marin, située au-dessus du poste central et qui sert de passerelle pour la navigation en surface. – Turc *kieuchk*, «pavillon de jardin».

kipper [kipœʀ] n. m. Hareng fumé, ouvert et peu salé. – Mot angl.

kir [kiʀ] n. m. Mélange de vin blanc et de liqueur de cassis, servi en général en apéritif. – Du n. du chanoine *Kir* (1876-1968), ancien maire de Dijon (France).

kirghiz, ize [kiʀgiz] adj. et n. **1.** adj. De la population d'Asie occidentale vivant au Kirghizistan. ▷ Subst. *Un kirghiz*. **2.** n. m. Langue turque du Kirghizistan. – Mot de cette langue, par le russe.

kirsch [kiʀʃ] n. m. Eau-de-vie de cerises aigres et de merises ayant fermenté avec leurs noyaux. – All. *Kirschenwasser*, «eau *(Wasser)* de cerise *(Kirsch)*».

kit [kit] n. m. Anglicisme Objet vendu en pièces détachées dont l'assemblage est à réaliser par l'acheteur. – *En kit:* en pièces détachées, à monter soi-même. *Meuble en kit*. – Mot angl.

kitsch [kitʃ] adj. inv. et n. Se dit d'objets (mobilier, bijoux, éléments décoratifs) et d'œuvres picturales démodés, généralement produits de façon industrielle, et utilisés à contre-courant par un milieu supposé cultivé ou élégant. *Une théière kitsch; une nature morte kitsch*. – N. m. L'ensemble de ces productions. *Le goût du kitsch*. ▷ Par ext. *Un style kitsch:* un style volontairement démodé. – Mot all.

kiwi [kiwi] n. m. **1.** Aptéryx (oiseau). **2.** Fruit originaire de Nouvelle-Zélande à l'écorce velue et à la chair sucrée et parfumée. – Mot angl., du maori.

klaxon [klaksõ] n. m. Avertisseur sonore d'automobile. *Donner un coup de klaxon*. Syn. avertisseur. – Marque déposée, du nom d'une firme américaine; du gr. *klazein*, «retentir, crier».

klaxonner [klaksɔne] v. intr. [1] Faire usage du klaxon. Syn. avertir. – De *klaxon*.

klebs. V. clebs.

klephte. V. clephte.

kleptomane ou **cleptomane** [klɛptoman] n. et adj. Personne qui souffre de kleptomanie. ▷ Adj. *Elle est légèrement kleptomane*. – De *kleptomanie*.

kleptomanie ou **cleptomanie** [klɛptomani] n. f. Impulsion morbide à commettre des vols. – Du gr. *kleptês*, «voleur», et *-manie*.

klystron [klistʀõ] n. m. ELECTRON Tube électronique permettant de produire des hyperfréquences (radars, accélérateurs de particules). – Mot angl., du gr. *kluscein* «envoyer un jet de liquide».

km Symbole du kilomètre. – *km/h:* kilomètre-heure (ou mieux, à l'heure).

knickerbocker(s) [knikəʀbɔkəʀ(s)] ou **knicker(s)** [knikəʀ(s)] n. m. pl. Culottes larges serrées au-dessous du genou, que l'on utilise surtout pour la marche en montagne, l'escalade, le ski de fond. – Mot angl., nom du héros d'un roman de Washington Irving.

knock-down [nɔkdawn] n. m. inv. SPORT État du boxeur qui tombe à terre sous un coup de l'adversaire mais se relève avant dix secondes et n'est donc pas mis hors de combat. – Loc. angl., de *to knock*, «frapper», et *down*, «à terre».

knock-out [nɔkaut], [knɔkut] ou **K.-O.** [kao] n. m. inv. et adj. inv. **1.** n. m. État du boxeur resté plus de dix secondes à terre, après avoir été frappé par l'adversaire et qui se trouve de ce fait mis hors de combat. *Victoire par knock-out au deuxième round.* **2.** Adj. *Son adversaire l'a mis k.-o.* – Mot angl., de *to knock*, «frapper», et *out*, «dehors».

knout [knut] n. m. Fouet à lanières de cuir terminées par des fils de fer crochus, qui servait d'instrument de supplice dans l'ancienne Russie; ce supplice lui-même. – Mot russe.

K.-O. V. knock-out.

koala [kɔala] n. m. Mammifère marsupial grimpeur d'Australie auquel son pelage fourni donne l'aspect d'un ours en peluche (genre *Phascolarctus*; longueur 80 cm env.). *Le koala se nourrit presque exclusivement de feuilles d'eucalyptus.* – Mot d'Australie *kula.*

kob [kɔb] n. m. Antilope africaine dont le mâle porte des cornes recourbées vers l'avant. – Mot wolof.

kobold [kɔbɔld] n. m. En Allemagne, esprit familier, lutin considéré comme gardien des métaux précieux enfouis dans la terre. – Mot all. (V. cobalt).

kôhl, kohol ou **khôl** [kol] n. m. Poudre sombre utilisée en Orient comme fard à paupières. – Ar. *kuhl*, «antimoine».

koinê [kɔine] n. f. LING Langue commune de la Grèce, à l'époque hellénistique. ▷ *Par ext.* Langue commune. *Le castillan, koinê de l'Espagne.* – Mot gr., fém. de *koinos*, «commun».

kola ou **cola** [kɔla] n. f. Graine du kolatier, appelée aussi *noix de kola*, riche en caféine et en théobromine. – Mot soudanais.

kolatier [kɔlatje] n. m. Grand arbre d'Afrique tropicale (*Cola acuminata*, fam. sterculiacées), qui produit la kola. – De *kola.*

kolinski [kɔlɛ̃ski] n. m. Fourrure de putois ou de loutre de Sibérie. – Mot russe.

kolkhoz ou **kolkhoze** [kɔlkoz] n. m. Exploitation agricole collective, en U.R.S.S., comportant un secteur d'État (les terres), un secteur collectivisé (cheptel, moyens de production, bâtiments d'exploitation) et un secteur non collectivisé (maison des familles paysannes, lopins de terre consacrés au jardinage et au petit élevage, etc.). Plur. *Des kolkhoz, des kolkhozes.* – Mot russe.

kolkhozien, ienne [kɔlkozjɛ̃, jɛn] adj. et n. Relatif à un kolkhoz, à l'organisation en kolkhozes des exploitations agricoles. ▷ Subst. Membre d'un kolkhoz. – De *kolkhoz.*

kommandantur [kɔmɑ̃dɑ̃tyʀ] n. f. Ensemble des bureaux d'un commandant de place allemand, en Allemagne ou (sous l'occupation nazie) dans un pays occupé. – Mot all.

kondō [kõdo] n. m. RELIG Bâtiment d'un monastère bouddhique japonais, où est conservée l'image de la divinité principale. – Mot japonais.

konzern [kõz(ts)ɛʀn] n. m. Association d'entreprises qui, par des participations financières, visent au contrôle de toute une branche d'industrie. (Cette forme d'intégration économique fut en faveur en Allemagne lors de la période inflationniste qui suivit la guerre de 1914-1918.) – Mot all., «consortium».

kopeck [kɔpɛk] n. m. Monnaie russe, centième partie du rouble. ▷ Loc. fam. *Ça ne vaut pas un kopeck:* c'est sans aucune valeur. – Mot russe.

korê. V. coré.

koros. V. couros.

korrigan, ane [kɔʀigɑ̃, an] n. Génie malfaisant, dans les légendes bretonnes. – Mot breton.

koubba [kuba] ou **koubbeh** [kube] n. f. Chapelle cubique surmontée d'un dôme, élevée sur la tombe d'un personnage vénéré, en Afrique du Nord. V. marabout. – Mot ar. *qubba*, «dôme, coupole».

kouglof ou **kugelhof** [kuglɔf] n. m. CUIS Gâteau alsacien, brioche aux raisins secs. – Mot alsacien, de l'all. *Kugel*, «boule».

koulak [kulak] n. m. HIST Paysan russe enrichi. – Mot russe.

koulibiac [kulibjak] n. m. CUIS Pâté de poisson que l'on consomme chaud. – Du russe *kulebjaka.*

koumis ou **kumys** [kumi] n. m. Boisson faite avec du lait de jument fermenté, consommée en Asie centrale. – Mot tartare.

kourgane [kuʀgan] n. m. Anc. sépulture de Russie mérid., en forme de tumulus. – Mot russe, du turc.

kouros. V. couros.

kourtchatovium [kuʀtʃatɔvjɔm] n. m. CHIM Un des noms proposés pour l'élément de numéro atomique Z = 104, radioactif, (symbole Ku), découvert en 1964 à Doubna (U.R.S.S.). – Du nom du physicien russe *Kourtchatov.*

Kr CHIM Symbole du krypton.

kraal [kʀal] n. m. **1.** Village de huttes défendu par une palissade, que construisent les Hottentots. **2.** Enclos à bétail, en Afrique du Sud. – Mot hollandais.

krabs. V. crabs.

krach [kʀak] n. m. Débâcle financière se traduisant par un effondrement des cours en Bourse. – Mot all., «craquement, écroulement».

kraft [kʀaft] n. m. Papier fort servant aux emballages. En appos. *Papier kraft.* – Mot all., «force».

krak [kʀak] ou **karak** [kaʀak] n. m. Forteresse construite par les croisés, au Proche-Orient. *Le krak des chevaliers*, en Syrie, près de Tripoli du Liban. – Ar. *karak.*

kraken [kʀakɛn] n. m. Pieuvre gigantesque des légendes scandinaves. – Mot norv.

kraps. V. crabs.

krill [kʀil] n. m. ZOOL Crustacé pélagique *(Euphausia superba)* vivant en bancs, dont se nourrissent les cétacés à fanons. – Mot norvégien.

kriss ou **criss** [kʀis] n. m. Poignard malais à lame ondulée. – Mot malais.

kronprinz [kʀɔnpʀinz] n. m. HIST Titre que portait le prince héritier, en Allemagne et en Autriche, avant 1918. – *Le Kronprinz :* Frédéric-Guillaume, fils aîné de Guillaume II. – Mot all., de *Krone*, «couronne», et *Prinz*, «prince».

kroumir [kʀumiʀ] n. m. Chausson de basane que l'on porte dans des sabots. – Orig. incert.

krypton [kʀiptõ] n. m. CHIM Élément de numéro atomique Z = 36 et de masse atomique 83,8 (symbole Kr). Gaz rare de l'air. *On utilise le krypton dans certaines lampes à incandescence.* – Mot angl., du gr. *kruptos*, «caché».

ksar, ksour [ksaʀ, ksuʀ] n. m. Village fortifié des régions sahariennes. Plur. *Des ksour.* – Mot berbère *qasr.*

kshatriya [kʃatʀija] n. m. Membre de la caste indienne des guerriers. – Mot sanscrit.

ksi. V. xi.

Ku CHIM Symbole du kourtchatovium.

kugelhof. V. kouglof.

kummel [kymɛl] n. m. Liqueur alcoolique aromatisée au cumin. – All. *Kümmel,* «cumin».

kumquat [kumkwat] n. m. Tout petit agrume que l'on mange avec son écorce. *Kumquats confits.* – Mot cantonais; var. de *kin kū,* «orange d'or».

kumys. V. koumis.

kung-fu [kuŋfu] n. m. Art martial chinois, voisin du karaté, pratiqué comme sport de combat sans armes et faisant appel notam. aux techniques de jambes. – Mot chinois.

kurde [kyʀd] adj. et n. m. Du Kurdistan (S.-E. de la Turquie, N. de l'Irak, O. de l'Iran, et également U.R.S.S. et Syrie). – Mot indigène, se rattachant au gr. *kurtioi,* lat. *Cyrtii,* de *Kardoukhoi,* nom d'un peuple établi aux confins de l'Arménie et de l'Assyrie.

Kuujjuamiuq [kuudʒwamjuk] Subst. Habitant de Kuujjuaq. *Un(e) Kuujjuamiuq.* – De *Kuujjuaq;* et *-miuq,* «habitant de».
ENCYCL En langue inuktitut, le gentilé est systématiquement formé de la manière suivante: adjonction au nom de lieu concerné du suffixe *-miuq,* variante *-miok* au singulier et *-miut* au pluriel, avec les consonnes de passage requises, le cas échéant. Sous ce dernier aspect, les spécialistes divergent d'opinion quant au redoublement ou non de la consonne de passage, lorsque nécessaire: par ex., on relève tantôt *Akulimiuq,* tantôt *Akulivimmiuq* comme gentilé d'Akulivik. Le genre féminin n'existe pas en inuktitut.

kwas ou **kvas** [kvas] n. m. Boisson russe préparée avec de la farine d'orge fermentée dans l'eau. – Mot russe.

kwashiorkor [kwaʃjɔʀkɔʀ] n. m. MED Maladie due à la malnutrition grave du jeune enfant, observée surtout en Afrique noire. – Mot bantou, «enfant rouge».

kymrique [kimʀik] ou **cymrique** [simʀik] n. m. Langue celtique parlée au pays de Galles. – Gallois *cymraeg.*

kyrie [kiʀije] ou **kyrie eleison** [kiʀijeeleisɔn] n. m. inv. LITURG CATHOL Invocation qui se fait à la messe en latin entre l'*Introït* et le *Gloria in excelsis.* ▷ Musique sur laquelle on la chante. – Gr. *Kurie,* «Seigneur», *eleêson,* «aie pitié».

kyrielle [kiʀjɛl] n. f. Fam. **1.** Longue suite (de mots). *Il a débité une kyrielle d'injures.* **2.** Suite interminable; grande quantité. *Elle connaît une kyrielle d'histoires drôles.* – De *kyrie eleison.*

kyste [kist] n. m. **1.** MED Formation pathologique constituée d'une poche sans communication avec l'extérieur, contenant une substance liquide ou solide, d'origine variable. *Kyste de l'ovaire, kyste hydatique.* **2.** BIOL Forme que prennent certains êtres unicellulaires en se déshydratant et en s'entourant d'une coque protectrice lorsque le milieu devient défavorable à la vie. – Gr. *kustis,* «poche».

kystique [kistik] adj. MED De la nature du kyste. – De *kyste.*

L l

l [ɛl] n. m. ou f. **1.** Douzième lettre de l'alphabet, neuvième consonne, qui note une dentale latérale sonore [l]. *Votre nom s'écrit-il avec un ou deux l?* **2.** L: cinquante, dans la numération romaine. **3.** *L* ou ≡: abrév. de *livre sterling.* **4.** l: symbole du litre. **5.** L PHYS: symbole de l'inductance.

1. la [la] article ou pron. pers. fém. sing. V. le.

2. la [la] n. m. inv. Sixième note de la gamme d'*ut.* – Signe qui figure cette note. – Loc. *Donner le la,* donner le ton à un autre musicien, à un orchestre, en faisant sonner le la. – Fig. Donner le ton, créer la mode. – 1re syllabe de *labii,* dans l'hymne de saint Jean Baptiste. V. ut.

là [la] adv. **I. 1.** Dans un lieu différent (de celui où l'on se trouve ou dont on parle). *Ici il pleut, là il fait beau.* **2.** À tel moment précis. *C'est là qu'il a mentionné votre nom.* **3.** À tel point déterminé. *Tenez-vous-en là. En venir là.* **4.** *Être là:* être présent. *Est-ce qu'untel était là?* ▷ Fam. *Être un peu là* : se faire remarquer, faire sentir que l'on a de l'importance. *Il est là, et un peu là.* **II.** Suivi d'une proposition relative. *C'est là que je vais. Là où il est.* **III.** Renforçant un nom. *C'est là votre meilleur rôle.* – Renforçant un adj. démonstratif. *Ce cas-là.* **IV.** Avec une préposition. ▷ *De là:* de cet endroit. – (Abstrait.) *Il est un peu menteur, mais de là à penser qu'il est malhonnête, il y a loin.* ▷ *D'ici là:* du moment présent à tel autre (que précise la phrase). *Nous nous verrons lundi; d'ici là, téléphonez-moi.* ▷ *De-ci de-là, çà et là:* par endroits, de place en place; par moments, de temps en temps. *Çà et là:* de tous côtés. ▷ *Loin de là:* loin de tel endroit (dont on parle). – (Abstrait.) Au contraire. *Je ne pense pas qu'il ait raison, loin de là.* ▷ *Par là:* par tel endroit, tel chemin (que l'on montre ou dont on parle). *Il est passé par là. Quelque part par là.* – Fig. Par cela. *Qu'entendez-vous par là?* ▷ *Jusque-là:* jusqu'à cet endroit; jusqu'à ce moment. **V.** *Là-bas:* à tel endroit au loin. ▷ *Là-haut:* en tel endroit élevé. ▷ *Là-dessus, là-dessous, là-dedans:* V. dessus, dessous, dedans. **VI.** interj. (Pour apaiser, appeler au calme.) *Là, tout doux!* – Du lat. *illac,* «là».

La CHIM Symbole du lanthane.

labarum [labaʀɔm] n. m. HIST Étendard de l'Empire romain, sur lequel Constantin aurait fait mettre une croix, le monogramme du Christ et la formule *In hoc signo vinces* («Tu vaincras par ce signe»). – Mot du bas lat.

là-bas. V. là.

labbe. Syn. de *stercoraire* 1.

labdanum. V. ladanum.

label [labɛl] n. m. **1.** Marque que l'on appose sur certains articles pour attester leur qualité, leur origine ou le respect de certaines normes. *Le label Acnor.* **2.** INFORM Groupe de caractères qui identifie une information. – Mot angl., «étiquette», de l'a. fr. *label,* var. de *lambeau.*

labelle [labɛl] n. m. BOT Grand pétale formant la partie antérieure de la corolle des orchidées. – Du lat. *labellum,* «petite lèvre».

labeur [labœʀ] n. m. **1.** Litt. Travail long et pénible. *Labeur ingrat.* **2.** IMPRIM Travail d'une certaine importance. – Lat. *labor.*

labiacées. V. labiées.

labial, ale, aux [labjal, o] adj. (et n. f.) **1.** Qui a rapport aux lèvres. *Muscle labial.* **2.** *Consonne labiale,* ou, n. f., *une labiale,* qui s'articule avec les lèvres ([b], [p], [f], [v], etc.). – Du lat. *labium,* «lèvre».

labialisation [labjalizasjɔ̃] n. f. PHON Transformation d'une consonne en labiale. – De *labialiser.*

labialiser [labjalize] v. tr. [1] Donner à (une lettre) la prononciation d'une labiale. – De *labial.*

labié, ée [labje] adj. BOT Se dit d'une corolle gamopétale à deux lobes en forme de lèvres. – Du lat. *labium,* «lèvre».

labiées [labje] ou **labiacées** [labjase] n. f. pl. BOT Famille de plantes dicotylédones gamopétales superovariées ayant une corolle à deux lèvres inégales et quatre étamines inégales. *Le thym, la sarriette, la menthe sont des labiacées.* – Du lat. *labium,* «lèvre».

labile [labil] adj. Didac Sujet à se transformer, à tomber, à disparaître. *Pétales labiles. Phonème labile.* – CHIM *Composé labile,* peu stable. – Bas lat. *labilis,* de *labi,* «glisser, tomber».

labiodental, ale, aux [labjodɑ̃tal, o] adj. et n. f. PHON *Consonne labiodentale* ou, n. f., *une labiodentale:* consonne prononcée avec la lèvre inférieure et les dents du haut ([f], [v]). – Du lat. *labium,* «lèvre», et de *dental.*

labiopalatal, ale, aux [labjopalatal, o] adj. et n. f. PHON *Consonne labiopalatale* ou, n. f., *une labiopalatale,* qui s'articule avec une projection des lèvres, la langue touchant le devant du palais (ex. [ɥ] dans huile [ɥil]). – Du lat. *labium,* «lèvre», et *palatal.*

labium [labjɔm] n. m. Partie inférieure de l'appareil buccal des insectes. – Mot lat., «lèvre».

laborantin, ine [labɔʀɑ̃tɛ̃, in] n. Assistant, aide, dans un laboratoire. – All. *Laborantin,* fém. de *Laborant,* du lat. *laborare,* «travailler».

laboratoire [labɔʀatwaʀ] n. m. **1.** Local spécialement aménagé et équipé pour mener à bien des travaux (notam. des travaux de recherche) d'ordre scientifique ou technique. *Laboratoire de physique, de chimie. Laboratoire d'analyses bactériologiques. Laboratoire d'un photographe.* ▷ *Laboratoire pharmaceutique,* où l'on fabrique des médicaments. **2.** *Laboratoire de langues:* local spécialement aménagé pour enseigner les langues étrangères à l'aide de magnétophones. **3.** *Laboratoire spatial* ou *orbital:* vaisseau spatial conçu pour la réalisation d'expériences scientifiques. **4.** Local (distinct du magasin) où travaille un boucher, un charcutier, un pâtissier. **5.** METALL Partie d'un four à réverbère où l'on place les matières à fondre. – Lat. scientif. *laboratorium,* de *laborare,* «travailler».

laborieusement [labɔʀjøzmɑ̃] adv. Avec beaucoup de peine et de travail. – De *laborieux.*

laborieux, ieuse [labɔʀjø, jøz] adj. **1.** (Personnes.) Qui travaille beaucoup, qui aime le travail. – Péjor. Qui travaille beaucoup pour parvenir à un résultat (souvent médiocre). – **2.** (Choses.) Qui coûte beaucoup de travail, de fatigue, d'efforts. *Entreprise laborieuse.* – Péjor. Qui sent l'effort. *Un style laborieux.* – Lat. *laboriosus,* de *labor,* «travail».

labour [labuʀ] n. m. **1.** Travail de labourage, façon donnée à une terre. **2.** Plur. Terres labourées. – Déverbal de *labourer.*

labourable [labuʀabl] adj. Qui peut être labouré, cultivé. *Terre labourable.* – De *labourer.*

labourage [labuʀaʒ] n. m. Action de labourer. – De *labourer.*

labourer [labuʀe] v. tr. [1] **1.** Retourner la terre avec la charrue, la bêche, la houe, etc. *Labourer un champ.* **2.** *Par anal.* Ouvrir, creuser (comme la charrue la terre). *Le passage des chars a labouré la route.* – Fig. *L'éclat d'obus lui avait labouré le dos.* – Lat. *laborare,* «travailler».

laboureur [labuʀœʀ] n. m. **1.** Celui qui laboure. **2.** Vx Cultivateur. – De *labourer.*

labrador [labʀadɔʀ] n. m. Chien de chasse à poil ras et à robe noire, quelquefois fauve. – De *chien du Labrador* (péninsule du N.-E. du Québec).

labradorite [labʀadɔʀit] n. f. ou **labrador** [labʀadɔʀ] n. m. MINER Variété de plagioclase à cristaux blanc grisâtre ou gris, très abondante dans certains basaltes de couleur claire. – Du n. de la péninsule du *Labrador* où l'on trouve ce minéral; d'abord *pierre de Labrador.*

1. labre [labʀ] n. m. ZOOL Lèvre supérieure des insectes. – Lat. *labrum,* «lèvre».

2. labre [labʀ] n. m. Gros poisson (genre *Labrus*) des côtes rocheuses, aux couleurs chatoyantes, dont la bouche est bordée de lèvres épaisses. – Du lat. scientif. *labrus,* de *labrum,* «lèvre».

labyrinthe [labiʀɛ̃t] n. m. **1.** ANTIQ Édifice composé d'un grand nombre de pièces et de galeries, et dont la disposition était telle que ceux qui s'y engageaient parvenaient difficilement à en trouver l'issue. *Le labyrinthe légendaire de Crète, où était enfermé le Minotaure.* **2.** Jardin d'agrément dont les allées, bordées de haies épaisses, sont tracées selon un plan compliqué évoquant celui d'un labyrinthe (sens 1). **3.** Fig. Ensemble compliqué, où il est difficile de se reconnaître. *Le labyrinthe de la jurisprudence.* **4.** ANAT Ensemble des cavités qui constituent l'oreille interne. – Lat. *labyrinthus,* gr. *laburinthos.*

labyrinthien, ienne [labiʀɛ̃tjɛ̃, jɛn] ou **labyrinthique** [labiʀɛ̃tik] adj. **1.** Rare Dont la disposition compliquée évoque celle d'un labyrinthe. *Couloirs labyrinthiques.* **2.** MED Du labyrinthe de l'oreille. – De *labyrinthe.*

labyrinthodontes [labiʀɛ̃tɔdɔ̃t] n. m. pl. PALEONT Ordre d'amphibiens fossiles stégocéphales qui ont l'allure de grosses salamandres (3 à 4 m de long), dont les dents avaient une surface plissée. (Descendant des *crossoptérygiens,* ils apparaissent au Dévonien et s'éteignent au début du Jurassique, après avoir donné naissance aux amphibiens anoures et aux reptiles.) Syn. stéréo-spondyliens. – De *labyrinthe,* et du gr. *odous, odontos,* «dent».

lac [lak] n. m. Grande étendue d'eau à l'intérieur des terres. *Lac de cratère, de verrou glaciaire, de dépression.* – Loc. fig. fam. *Tomber dans le lac:* échouer. *L'affaire est tombée dans le lac.* – Lat. *lacus.*

laçage [lasaʒ] n. m. Action de lacer; son résultat. Manière de lacer. – De *lacer.*

laccase [lakaz] n. f. BIOCHIM Enzyme oxydant les phénols du latex des arbres à laque, présente également dans les fruits, les betteraves, les champignons, etc. – De *laque,* et *-ase.*

laccolithe ou **laccolite** [lakɔlit] n. m. GEOL Masse lenticulaire de roches éruptives mise au jour par l'érosion. – Du gr. *lakkos,* «fosse», et *lithos,* «pierre».

lacédémonien, ienne [lasedemɔnjɛ̃, jɛn] n. et adj. De Lacédémone. – De *Lacédémone* (Sparte), ville de la Grèce antique.

lacer [lase] v. tr. [14] Fermer, serrer, assujettir au moyen d'un lacet. *Lacer ses chaussures.* – Du lat. *laqueare.*

lacération [laseʀasjɔ̃] n. f. Action de lacérer, de déchirer; mise en pièces. – Lat. *laceratio.*

lacérer [laseʀe] v. tr. [16] Déchirer, mettre en pièces (des papiers, des étoffes). *Lacérer une affiche.* – Lat. *lacerare.*

lacerie ou (rare) **lasserie** [lasʀi] n. f. TECH Tissu fin d'osier, de paille. – De *lacer.*

lacertiens [lasɛʀsjɛ̃] ou **lacertiliens** [lasɛʀtiljɛ̃] n. m. pl. ZOOL Syn. de *sauriens.* – Du lat. *lacerta,* «lézard».

lacet [lasɛ] n. m. **1.** Cordon que l'on passe dans des œillets pour serrer une partie de vêtement ou une chaussure. **2.** Par anal. de forme. *Route en lacet,* en zigzag. ▷ Mouvement latéral d'un avion autour d'un axe vertical *(axe des lacets)* passant par le centre de gravité et perpendiculaire au plan de voilure (V. roulis, tangage). **3.** Nœud coulant utilisé pour piéger les lièvres, les perdrix, etc. *Tendre un lacet.* **4.** Cordon plat en fil, utilisé en passementerie. **5.** MATH Dans un graphe, chemin dont l'origine et l'extrémité sont confondues. – Dimin. de *lacs.*

laceur, euse [lasœʀ, øz] n. Rare Personne qui fait des filets pour la pêche ou la chasse. – De *lacer.*

lâchage [lɑʃaʒ] n. m. **1.** Action de lâcher (qqch). **2.** Fam. Action d'abandonner (qqn). – De *lâcher* 1.

lâche [lɑʃ] adj. et n. **I.** adj. **1.** Qui n'est pas tendu, serré. *Nœud trop lâche.* **2.** Fig. Qui manque de vigueur. *Style lâche.* **II.** adj. et n. **1.** Qui est sans courage. *Être lâche face au danger.* **2.** Qui dénote la lâcheté; vil, méprisable. *Lâches provocations.* – Subst. *Un lâche.* – De *lâcher* 1.

lâché, ée [lɑʃe] adj. BX-A Qui manque de vigueur, de tenue; négligé. *Dessin lâché.* – Pp. de *lâcher* 1.

lâchement [lɑʃmɑ̃] adv. **1.** Rare Sans serrer, sans être serré. *Foulard noué lâchement.* **2.** Avec lâcheté, bassesse; honteusement. *Trahir lâchement qqn.* – De *lâche.*

1. lâcher [lɑʃe] **I.** v. tr. [1] **1.** Détendre, desserrer. *Lâcher une corde tendue. Lâcher la bride à un cheval,* laisser aller la main pour cesser de tendre la bride. – Fig. *Lâcher la bride à qqn,* cesser de le contrôler, de le surveiller. **2.** Cesser de tenir. *Lâcher pied:* reculer. – Fig. Céder. – *Lâcher prise:* laisser aller ce qu'on tient. – Fig. Céder. **3.** Laisser aller, laisser échapper. *Lâcher les chiens contre qqn.* ▷ Fam. *Lâcher qqn,* l'abandonner. ▷ SPORT *Lâcher ses concurrents,* les distancer. **4.** Lancer. *Le cheval lui a lâché une ruade. Lâcher une flèche, un coup de fusil.* – Fig. *Lâcher des injures à qqn.* **II.** v. intr. Se détendre, se rompre. *La corde a lâché.* – Du lat. pop.* *laxicare,* class. *laxare,* devenu *lasicare.*

2. lâcher [lɑʃe] n. m. Action de laisser aller. *Un lâcher de pigeons.* – Emploi subst. du verbe préc.

lâcheté [lɑʃte] n. f. **1.** Absence de vigueur morale, mollesse. **2.** Manque de courage; poltronnerie, couardise. **3.** Action lâche. *Se rendre coupable de lâchetés répétées.* – De *lâche.*

lâcheur, euse [lɑʃœʀ, øz] n. Fam. Personne qui abandonne ses amis, les néglige. – De *lâcher* 1.

lacinié, ée [lasinje] adj. BIOL Se dit d'un organe découpé en lanières. – Lat. *laciniatus,* de *lacinia,* «frange, morceau».

lacis [lasi] n. m. **1.** Entrelacement, réseau. **2.** ANAT Entrelacement de veines, de nerfs, etc. – De *lacer.*

laconique [lakɔnik] adj. Qui parle peu; bref, concis. – Gr. *Lakônikos,* propr. «de Laconie», les Laconiens étant célèbres pour la concision de leur langage (la Laconie était une contrée de la Grèce anc. ayant Sparte pour cap.).

laconiquement [lakɔnikmɑ̃] adv. D'une manière laconique, brièvement. – De *laconique.*

laconisme [lakɔnism] n. m. Manière de s'exprimer avec peu de mots, concision. – Gr. *lakônismos,* «imitation des manières des Laconiens» (V. laconique).

lacryma-christi [lakʀimakʀisti] n. m. inv. Vin muscat provenant de vignobles voisins du Vésuve. – Mots lat., «larme du Christ».

lacrymal, ale, aux [lakʀimal, o] adj. Relatif aux larmes. – ANAT *Glande lacrymale,* qui sécrète les larmes. *Canal lacrymal.* – Du lat. *lacrima,* «larme».

lacrymogène [lakʀimɔʒɛn] adj. Qui provoque les larmes. – *Gaz lacrymogène,* qui provoque une irritation violente des muqueuses et fait pleurer abondamment. – De *lacrima,* «larme», et *-gène.*

lacs [la] n. m. **1.** Nœud coulant servant à prendre du gibier. *Tendre des lacs.* **2.** HERALD *Lacs d'amour:* cordon circulaire à enroulements. – Du lat. *laqueus,* d'après lacet, *lacer.*

lact-, lacti-, lacto-. Éléments, tirés du latin *lac, lactis,* «lait».

lactaire [laktɛʀ] adj. et n. **1.** adj. Didac., vieilli Du lait, de la lactation, de l'allaitement. *Conduits lactaires.* **2.** n. m. BOT Champignon basidiomycète (genre *Lactarius,* fam. agaricacées), dont le chapeau est généralement coloré et qui laisse écouler un latex si on le casse. – Lat. *lactarius.*

lactalbumine [laktalbymin] n. f. BIOCHIM Albumine présente dans le lait. – De *lact-,* et *albumine.*

lactase [laktaz] n. f. BIOCHIM Enzyme (hydrolase) qui scinde le lactose en galactose et glucose. – De *lact-,* et *-ase.*

lactate [laktat] n. m. CHIM Sel ou ester de l'acide lactique. – De *lact-,* et *-ate.*

lactation [laktasjɔ̃] n. f. PHYSIOL Sécrétion et excrétion du lait par la glande mammaire, après l'accouchement, sous l'action d'une hormone hypophysaire, la prolactine, et d'un processus réflexe qu'entretient la succion du mamelon par le nouveau-né. – Bas lat. *lactatio.*

lacté, ée [lakte] adj. **1.** Qui a rapport au lait, qui en a la couleur. **2.** Qui contient du lait. *Farine lactée.* **3.** ASTRO *Voie lactée:* bande blanchâtre formée d'innombrables étoiles, barrant le ciel par nuit claire, trace sur la voûte céleste du plan de la Galaxie (V. ce mot). – Lat. *lacteus.*

lactescence [laktɛsɑ̃s] n. f. Caractère d'un liquide ressemblant au lait. – De *lactescent.*

lactescent, ente [laktɛ̃sɑ̃, ɑ̃t] adj. **1.** Qui a l'aspect, la couleur du lait. **2.** Se dit des plantes qui contiennent un suc blanc. – Lat. *lactescens.*

lacti-. V. lact-.

lactifère [laktifɛʀ] adj. ANAT Qui porte, amène le lait. *Vaisseaux lactifères.* – De *lacti-,* et *-fère.*

lactique [laktik] adj. *Acide lactique:* acide-alcool que l'on trouve en grande quantité dans le lait aigre et qui résulte de la fermentation de sucres (lactose, notam.). ▷ *Ferments lactiques,* employés dans l'industrie laitière pour coaguler la caséine, notam. dans les yaourts. – De *lact-,* et *-ique.*

lacto-. V. lact-.

lactodensimètre [laktodɑ̃simɛtʀ] ou **lactomètre** [laktɔmɛtʀ] n. m. TECH Appareil servant à mesurer la densité du lait, et spécial. sa teneur en matière grasse. – De *lacto-,* et *densimètre* ou *-mètre.*

lactose [laktoz] n. m. BIOCHIM Oside (sucre) constitué de galactose et de glucose, contenu en abondance dans le lait. – De *lact-,* et *-ose* 1.

lactosérum [laktoseʀɔm] n. m. Syn. de *petit-lait.* – De *lacto-,* et *sérum.*

lacunaire [lakynɛʀ] ou **lacuneux, euse** [lakynø, øz] adj. Qui présente des lacunes. **1.** Qui présente des manques ou des omissions. *Texte lacunaire.* **2.** MED Qui présente des lacunes*. – De *lacune.*

lacune [lakyn] n. f. **1.** Vide, cavité à l'intérieur d'un corps; solution de continuité. **2.** *Par ext.* Ce qui manque pour qu'une chose soit entière, complète. *Les lacunes d'une loi.* ▷ *Spécial.* Interruption, manque dans le texte d'un ouvrage. *Les lacunes de l'œuvre conservée de Tacite.* ▷ Manque dans le domaine intellectuel. *Ses connaissances présentent quelques lacunes.* **3.** MED En radiologie, image tumorale du tube digestif, saillante et irrégulière. – Pl. En neurologie, lésions caractérisées par la production de petites cavités irrégulières dans le tissu nerveux. **4.** PHYS Emplacement laissé libre par le départ d'un électron, dans un réseau cristallin. ▷ GEOL Absence d'une couche de terrain dans une série sédimentaire. – Lat. *lacuna.*

lacuneux. V. lacunaire.

lacustre [lakystʀ] adj. D'un lac, des lacs. *Cité lacustre,* bâtie sur pilotis au bord d'un lac. – GEOL *Roche, dépôt lacustre,* qui s'est formé dans un lac. – Du lat. *lacus,* d'ap. *palustre.*

ladanum ou **labdanum** [ladanɔm] n. m. TECH Gomme-résine extraite du ciste de Crète, employée en parfumerie. – Mot lat., gr. *ladanon.*

ladin [ladɛ̃] n. m. LING Groupe de langues rhéto-romanes (romanche) parlées dans les Grisons, le Tyrol et le Frioul. – Du lat. *latinus,* «latin».

ladino [ladino] n. m. Parler des Juifs séfarades d'Espagne, puis de leurs descendants. – Mot. esp.

ladite. V. dit, dite.

ladre [ladʀ] adj. et n. **I.** adj. Vx Lépreux. **II.** MED VET **1.** adj. Se dit d'un animal dont certains tissus, notam. la langue, contiennent des cysticerques de ténia. *Porc, bœuf ladre.* **2.** n. m. *Cheval qui a du ladre,* dont le tour des yeux et des naseaux est duveteux et dépigmenté. **III.** n. et adj. Vx ou litt. Avare. ▷ Subst. *Un vieux ladre.* – Du lat. ecclés. *Lazarus,* nom du pauvre couvert d'ulcères, dans la parabole de saint Luc.

ladrerie [ladʀəʀi] n. f. **I.** Vx Léproserie. **II. 1.** MED VET Maladie d'un animal ladre, transmissible à l'homme (par consommation de viande mal cuite). **III.** Vx ou litt. Avarice sordide. *Il est d'une ladrerie peu commune.* – De *ladre.*

lady [ledi] n. f. Titre donné en Angleterre aux femmes nobles et aux épouses des lords et des baronnets. *Lady Churchill. Des ladies.* – Mot angl.

lagomorphes [lagɔmɔʀf] n. m. pl. ZOOL Ordre de mammifères appelés naguère *rongeurs duplicidentés,* possédant deux incisives à chaque demi-mâchoire supérieure. *Les lièvres, lapins, etc., sont des lagomorphes.* – Du gr. *lagôs,* «lièvre», et de *-morphe.*

lagomys [lagɔmis] n. m. ZOOL Petit (20 cm) mammifère lagomorphe (genre *Ochotona*) des rochers d'Asie et d'Amérique du N. – Du gr. *lagôs,* «lièvre», et *mus,* «rat».

lagon [lagɔ̃] n. m. **1.** Étendue d'eau plus ou moins complètement isolée de la pleine mer par un récif corallien vivant. **2.** Lagune centrale d'un atoll. – Esp. *lagón;* lat. *lacus,* «lac».

lagopède [lagɔpɛd] n. m. ZOOL Oiseau galliforme (genre *Lagopus,* fam. phasianidés), voisin de la perdrix, aux pattes entièrement emplumées, commun dans les régions nordiques. *En hiver, le plumage des lagopèdes est presque entièrement blanc. Lagopède* *des saules (Lagopus lagopus).* V. perdrix. – Lat. *lagopus, lagopodis,* mot gr., propr. «pied de lièvre».

lagotriche [lagɔtʀiʃ] ou **lagothrix** [lagɔtʀiks] n. m. ZOOL Singe d'Amérique du Sud, appelé aussi *singe laineux.* – Du gr. *lagôs,* «lièvre», et *thrix, thrikhos,* «poil».

laguis [lagi] n. m. MAR Cordage dont l'extrémité libre, repassée dans un nœud de chaise, forme une boucle qui se serre sous le poids de la charge. – Orig. incert.

lagunaire [lagynɛʀ] adj. D'une lagune, de la nature des lagunes. – De *lagune.*

lagune [lagyn] n. f. Étendue d'eau de mer, séparée du large par une flèche de sable ou un cordon littoral. *La lagune de Venise.* – Vénitien *laguna,* lat. *lacuna,* «lacune».

1. lai [lɛ] n. m. LITTER Petit poème médiéval en vers octosyllabiques. – P.-ê. du celtique *laid,* «chant des oiseaux».

2. lai, laie [lɛ] adj. **1.** Vx Laïque. **2.** *Frère lai:* frère servant. Vx *Sœur laie.* Syn. convers. – Du bas lat. ecclés. *laicus,* «qui est du peuple, qui n'est pas clerc», gr. *laikos,* «du peuple».

laïc. V. laïque.

laïcat [laika] n. m. Didac. Ensemble des fidèles de l'église catholique qui ne sont ni clercs ni religieux. – De *laïc.*

laiche ou **laîche** [lɛʃ] n. f. Plante vivace (genre *Carex,* fam. cypéracées) des lieux humides, dont les feuilles longues et coupantes fournissent un crin végétal. Syn. carex. – Lat. pop. *lisca,* d'orig. germ.

laïcisation [laisizasjɔ̃] n. f. Action de laïciser; son résultat. – De *laïciser.*

laïciser [laisize] v. tr. [1] Rendre laïque, ôter tout caractère religieux à. *Laïciser l'enseignement.* – De *laïc.*

laïcisme [laisism] n. m. Didac. Tendance à laïciser l'enseignement, les institutions; doctrine des partisans de la laïcisation. – De *laïc.*

laïcité [laisite] n. f. **1.** Caractère laïque, non confessionnel. **2.** Principe de séparation des Églises et de l'État. – De *laïc.*

laid, laide [lɛ, lɛd] adj. et n. **1.** Qui heurte le sens esthétique, qui est désagréable à la vue. *Ce tableau est bien laid.* – Subst. Ce qui est laid. *Le beau et le laid.* ▷ *Spécial.* (Personnes.) Dont l'apparence du visage ou du corps cause une impression déplaisante; physiquement disgracié. – Subst. *Fi! le laid!* **2.** Qui choque en contrevenant aux bienséances ou à la probité. *C'est une laide action qu'il a faite là.* – Du frq. **laip.*

laidement [lɛdmɑ̃] adv. **1.** D'une manière laide. **2.** D'une manière vile, indigne. – De *laid.*

laideron [lɛdʀɔ̃] n. m. Vx ou fam. Jeune fille ou jeune femme laide. – De *laid.*

laideur [lɛdœʀ] n. f. Caractère de ce qui est laid (au phys. ou au moral). – De *laid.*

1. laie [lɛ] n. f. Femelle du sanglier. – Du frq. **lêha.*

2. laie [lɛ] n. f. Chemin forestier rectiligne servant notam. à transporter les bois coupés. – Du frq. **laida;* anc. angl. *lad.*

3. laie ou **laye** [lɛ] n. f. MUS Boîte renfermant les soupapes des tuyaux d'orgue. – Moyen néerl. *laeye,* «coffre».

4. laie [lɛ] n. f. TECH Marteau de tailleur de pierres, à tranchant dentelé. – De *layer,* «rayer».

lainage [lɛnaʒ] n. m. **1.** Étoffe de laine. *Commerce des lainages.* ▷ Vêtement de laine. *Mettre un lainage.* **2.** Opération qui consiste à lainer un papier, un tissu. – De *laine.*

laine [lɛn] n. f. **1.** Poil doux, épais et frisé, qui croît sur la peau des moutons et de quelques autres animaux (chèvres angora, lamas, chameaux, etc.), et que l'on utilise comme matière textile. *Filer la laine. Pelote de laine.* ▷ Loc. fig. *Se laisser manger la laine sur le dos:* tout supporter, ne pas savoir se défendre. **2.** Fam. Vêtement de laine. *Mettre une laine.* **3.** Fibres de différentes matières, utilisées généralement comme isolants thermiques ou phoniques. *Laine de verre,* constituée de fils de verre filé enchevêtrés. *Laine de laitier* ou *de roche* ou *minérale,* tirée du laitier de haut fourneau. **4.** BOT Duvet de certaines plantes. – Lat. *lana.*

ENCYCL La laine, fibre d'origine animale et de nature protéique, se présente au microscope comme un cylindre de quelques µm de diamètre, pouvant atteindre plusieurs cm de longueur, dont la surface est recouverte d'écailles imbriquées les unes dans les autres. Ces écailles permettent aux fibres de laine de s'accrocher les unes aux autres par frottement, surtout en présence d'un acide ou d'un savon, et il en résulte une masse spongieuse, le feutre. Les fibres de laine sont plus ou moins vrillées, ce qui donne au tissu un toucher moelleux et fait de lui un isolant thermique. La laine ordinaire provient de la tonte périodique des moutons, dont la race, le mode de vie, la nourriture influent sur les qualités de la fibre. La laine des bêtes mortes est récupérée à l'aide de composés chimiques qui séparent le poil de la peau; ces *laines de mégisserie* ont une valeur moindre que les laines de tonte. Aucun produit synthétique n'est capable de remplacer la laine, bien qu'il existe des *laines artificielles,* mélanges de rayonne et de fibres végétales.

lainer [lɛne] v. tr. [1] Faire ressortir le poil de (un tissu, un drap). – De *laine;* d'abord *laner.*

laineur, euse [lɛnœʀ, øz] n. Ouvrier, ouvrière qui laine le drap. ▷ N. f. TECH Machine à lainer le drap. – De *lainer;* d'abord *laneur.*

laineux, euse [lɛnø, øz] adj. **1.** Très fourni en laine, qui contient beaucoup de laine. *Étoffe laineuse.* **2.** Qui a l'aspect de la laine; qui est recouvert d'un duvet semblable à la laine. *Chevelure laineuse. Plante laineuse.* – Du lat. *lanosus.*

lainier, ière [lɛnje, jɛʀ] adj. et n. De la laine, relatif à la laine. *Industrie lainière.* ▷ Subst. Personne qui vend de la laine ou qui travaille la laine. – De *laine.*

laïque ou **laïc, laïque** [laik] n. et adj. **I.** n. Chrétien qui n'est ni clerc ni religieux. **II.** adj. **1.** Qui concerne la vie civile (opposé à *confessionnel, religieux*). *Habit laïque.* **2.** Qui n'a pas d'appartenance religieuse, qui est indépendant de toute confession. *École laïque:* école qui n'est rattachée à aucune religion déterminée (par oppos. à *école confessionnelle*). – Bas lat. ecclés. *laicus.*

laird [lɛʀd] n. m. Propriétaire d'un grand domaine, en Écosse. – Mot écossais; var. de l'angl. *lord.*

lais [lɛ] n. m. **1.** Terrain alluvial que les eaux maritimes ou fluviales laissent à découvert en se retirant. **2.** SYLVIC Jeune baliveau conservé quand on coupe un taillis pour qu'il vienne en haute futaie. – Déverbal de *laisser.*

laisse [lɛs] n. f. **1.** Lien servant à attacher, à conduire un chien, un petit animal. *Chien qui tire sur sa laisse.* ▷ Fig. *Mener, tenir qqn en laisse,* l'empêcher d'agir à sa guise, ne lui laisser aucune initiative. **2.** LITTER Couplet, suite de vers d'une chanson de geste, terminés par une même assonance. *Les laisses de la «Chanson de Roland».* **3.** MAR Limite atteinte par les eaux à l'étale de haute mer et à l'étale de basse mer. – Partie du rivage comprise entre ces limites. ▷ Plur. Débris (coquillages, algues, épaves) marquant la limite atteinte par les eaux à l'étale de haute mer. **4.** VÉN Laissées. – Déverbal de *laisser*; signif. d'abord «lien qu'on laisse aller».

laissé(e)-pour-compte ou **laissé(e) pour compte** [lɛsepuʀkɔ̃t] adj. et n. **1.** Se dit d'une marchandise refusée par un client parce qu'elle ne répond pas aux stipulations fixées à la commande. ▷ N. m. *Un, le laissé-pour-compte.* Pl. *Des laissés-pour-compte.* **2.** Dont personne ne veut, n'a voulu (chose ou personne). *On ne l'invitait pas à danser, elle était laissée pour compte.* ▷ Subst. *Un, une laissé(e)-pour-compte.* – De la loc. *laisser pour compte.*

laissées [lese] n. f. pl. VÉN Fiente du sanglier et des bêtes noires en général. – Pp. fém. subst. de *laisser.*

laisser [lese] v. tr. [1] **I.** *Laisser qqn ou qqch.* **1.** Ne pas prendre (ce dont on peut disposer, ce que l'on pourrait s'attribuer). *Laisser du vin dans son verre, un mets dans un plat.* ▷ *C'est à prendre ou à laisser :* c'est à accepter sans condition ou à refuser. **2.** Abandonner, quitter. ▷ Se séparer de (qqn, qqch qui reste dans un lieu dont on s'éloigne). *Je l'ai laissé chez lui. Laisser ses bagages à la consigne. – Laisser qqn derrière soi,* le devancer, le dépasser, et, fig., lui être supérieur. – *Laisser une route sur la droite, à droite:* prendre par la gauche, en sorte que cette route soit sur la droite. ▷ Abandonner involontairement, par oubli. *J'ai laissé mon parapluie dans le train.* ▷ Perdre (une partie du corps). *Il a laissé une jambe à la guerre.* – Fig., fam. *Laisser des plumes, des poils:* subir un dommage physique ou moral; spécial., subir une perte d'argent. – *Laisser la vie* (fam., *la peau*): mourir. **3.** (En parlant d'une personne qui disparaît, relativement à celles qui survivent.) *Il laisse trois enfants en bas âge.* **4.** Continuer à faire sentir ses effets, laisser une trace, en parlant d'une cause qui a disparu. *Blessure qui laisse une profonde cicatrice. Voyage qui laisse de bons souvenirs.* ▷ (Personnes.) *Laisser une bonne, une mauvaise impression. Ne laisser que des regrets.* **5.** Omettre de retirer, de supprimer. *Laisser des fautes dans un texte.* **II.** *Laisser (qqch, qqn)* + comp. déterminé par un adj., un attribut, une complétive: permettre à (qqn, qqch) de demeurer dans telle position, tel état. *Laisser qqn dans l'embarras. Laisser un champ en friche. Laisser qqn tranquille,* ne pas le déranger. – Loc. fam. *Laisser qqn en plan, en rade,* l'abandonner, le quitter, cesser de s'en occuper. ▷ *Absol.* Ne pas s'occuper de. *Laissez-moi. Laissez, cela ne vous regarde pas.* **III.** *Laisser (qqch, qqn) à (qqn).* **1.** Permettre à (qqn) de disposer de (qqch); ne pas enlever (qqn) à (qqn). *Laissez les places assises aux personnes âgées. Le jugement laisse les enfants à la mère.* **2.** Donner en garde, confier à. *Laissez les clés au gardien de l'immeuble. – Je lui ai laissé des instructions détaillées.* **3.** Abandonner entre les mains de, au profit de (qqn). *Laisser un pourboire au portier.* ▷ Céder (une marchandise). *Je vous laisse le lot pour dix dollars.* **4.** Transmettre à (ses héritiers, des légataires), en vertu de la loi ou par disposition testamentaire. *Laisser sa fortune à ses enfants.* **IV. 1.** *Laisser* + inf. Ne pas empêcher de. *Laissez les enfants jouer.* ▷ *Laisser voir:* montrer, découvrir. *L'échappée entre les collines laisse voir la mer.* Fig. *Laisser voir sa pensée, ses sentiments,* ne pas les dissimuler. ▷ *Laisser tomber :* lâcher, ne pas retenir. *Il a laissé tomber la pile d'assiettes qu'il portait.* – Fig., fam. Abandonner (qqch, qqn). *Nous avons laissé tomber ce projet. Alors, on laisse tomber les copains?* ▷ Absol. *Laisser faire:* ne pas intervenir. **2.** *Laisser à* + inf. ▷ *Laisser à penser:* donner matière à bien des réflexions. *Son attitude m'a laissé à penser.* – (Personnes.) *Je vous laisse à penser si:* c'est à vous de juger, de décider si. ▷ *Laisser à désirer :* n'être pas entièrement satisfaisant. **3.** Litt. *Ne pas laisser de* ou *que de:* ne pas cesser de, ne pas s'abstenir de. *Il ne laissait pas de boire beaucoup.* ▷ (Choses.) *Cela ne laisse pas d'être embarrassant:* c'est fort embarrassant. **V.** *Se laisser* + inf. **1.** (Indiquant que le sujet subit l'action sans pouvoir s'y opposer ou sans vouloir l'empêcher.) *Vous vous êtes laissé distancer par vos concurrents. Se laisser mourir de faim. Laissez-vous faire, laissez-vous tenter.* ▷ (Sujet n. de chose.) Fam. *Un livre qui se laisse lire,* qu'on lit sans déplaisir. **2.** loc. *Se laisser aller:* s'abandonner par manque d'énergie, ne pas faire d'effort pour surmonter les difficultés, les obstacles. – Du lat. *laxare,* «relâcher».

laisser-aller [lɛseale] n. m. inv. Abandon dans les manières, les attitudes. *Le laisser-aller du repos, du sommeil.* ▷ Péjor. Manque de rigueur, négligence. *Nous ne pouvons tolérer aucun laisser-aller.* – De *laisser,* et *aller.*

laissez-faire ou **laisser-faire** [lesefɛʀ] n. m. inv. Attitude consistant à ne pas intervenir. *Ce laisser-faire a conduit à une catastrophe économique.* – De *laisser,* et *faire.*

laissez-passer [lesepase] n. m. inv. Autorisation écrite de laisser une personne entrer, sortir, circuler. *Présenter un laissez-passer au poste de garde.* – De *laisser,* et *passer.*

lait [lɛ] n. m. **1.** Liquide opaque, blanc, de saveur douce, plus ou moins sucré, que sécrètent les glandes mammaires de la femme et des femelles des mammifères, et dont se nourrissent les bébés, les petits. ▷ Ce liquide, en tant qu'il est produit par les femelles des animaux domestiques et sert à l'alimentation humaine. *Lait de vache, de chèvre, de brebis. – Absol.* Lait de vache. *Acheter un litre de lait. – Lait concentré,* dont on a diminué le volume par évaporation. *Lait en poudre:* extrait sec de lait, se présentant sous forme de fins granulés à dissoudre dans de l'eau. *Lait de poule:* lait bouillant sucré, parfois aromatisé au rhum ou au cognac, auquel on a incorporé un jaune d'œuf ou un œuf entier battu. **2.** *Par anal.* Liquide ayant l'aspect du lait. *Lait démaquillant. – Lait de chaux:* chaux éteinte délayée dans de l'eau. – *Lait de coco:* albumen liquide contenu dans la noix de coco immature. – *Lait végétal:* latex blanc sécrété par divers végétaux. – *Lait de jabot:* sécrétion du jabot de certains oiseaux, dont se nourrissent les jeunes. – Lat. *lactem,* accus. pop. de *lac, lactis.*

ENCYCL Le lait, produit par les femelles des mammifères, est un aliment complet dont les constituants sont toujours les mêmes, bien que leurs proportions varient d'une espèce à l'autre: eau, protéines en solution, graisses en émulsion (qui lui donnent sa couleur blanche et son opacité), sucres divers, nombreux oligoéléments (sels minéraux, calcium, phosphore, etc.; vitamines A, B, C, D, E, K, etc.). Le lait contient également un grand nombre de micro-organismes (levures, moisissures, bacille lactique, notam.); aussi sa conservation requiert-elle la pasteurisation ou la stérilisation.

laitage [lɛtaʒ] n. m. (Le plus souvent pl.) *Les laitages:* le lait et les aliments tirés du lait (fromage, beurre, crème, etc.). – De *lait.*

laitance [lɛtɑ̃s] ou **laite** [lɛt] n. f. Sperme des poissons. – De *lait.*

laité, ée [lɛte] adj. Se dit d'un poisson mâle qui sécrète de la laitance. *Hareng laité.* – De *lait.*

laiterie [lɛtʀi] n. f. **1.** Lieu où l'on traite le lait, où l'on fait la crème, le beurre, le fromage. **2.** Boutique où l'on vend du lait, de la crème, des œufs. Syn. crémerie. **3.** Industrie du lait et de ses dérivés. – De *lait.*

laiteron [lɛtʀɔ̃] n. m. Plante des champs et des marais (genre *Sonchus,* fam. composées), dont la tige laisse écouler un lait lorsqu'on la casse. – De *lait* ou du lat. *lactarius,* «qui a rapport au lait».

laiteux, euse [lɛtø, øz] adj. Qui a la couleur, l'aspect du lait. – De *lait.*

laitier, ière [lɛtje, jɛʀ] adj. et n. **I. 1.** adj. Du lait, relatif au lait. *L'industrie laitière.* – *Vache laitière:* vache élevée pour son lait. **2.** n. Personne qui fait commerce du lait et des produits laitiers. **II.** n. m. Silicate de calcium et d'aluminium, qui se forme dans les hauts fourneaux par réaction entre la gangue, le fondant et le coke. *Le laitier est utilisé dans la fabrication du ciment.* – De *lait.*

laiton [lɛtõ] n. m. Alliage, ductile et malléable, de cuivre, de zinc (5 à 42 %) et parfois d'autres métaux (fer, plomb, aluminium, etc.), appelé cour. *cuivre jaune.* – Ar. *lātūn,* «cuivre», du turc.

laitonner [lɛtɔne] v. tr. [1] TECH Garnir d'un fil de laiton. ▷ Recouvrir de laiton. – De *laiton.*

laitue [lɛty] n. f. Plante herbacée (genre *Lactuca,* fam. composées) à larges feuilles irrégulièrement découpées et s'enveloppant les unes les autres, dont plus. variétés sont cultivées pour être consommées crues en salade, ou cuites. *Laitue pommée. Salade de laitue.* Rem. Plus cour. appelée *salade.* – Lat. *lactuca,* de *lac, lactis,* «lait», à cause du suc.

laïus [lajys] n. m. Fam. Discours, exposé oral ou écrit, généralement long et sans grand intérêt. – Du nom du sujet de composition fr., «Le discours de *Laïos*» (père d'Œdipe), du concours d'entrée à Polytechnique, en France, en 1804.

laïusser [lajyse] v. intr. [1] Fam. Faire un laïus. – De *laïus.*

laize [lɛz] n. f. **1.** Largeur d'une étoffe entre les deux lisières. Syn. lé. **2.** MAR Bande de toile d'une voile. – Lat. pop. **latia,* de *latus,* «large».

lakiste [lakist] n. et adj. LITTER Se dit des poètes anglais de la fin du XVIIIe et du début du XIXe s., qui habitaient ou fréquentaient le district des lacs du N.-O. de l'Angleterre et qui en ont décrit les beautés (notam. Wordworth et Coleridge). – Angl. *lakist,* de *lake,* «lac».

-lalie, lalo-. Éléments, du gr. *lalein,* «parler».

lallation [lalasjõ] n. f. **1.** Syn. de *lambdacisme.* **2.** Émission par l'enfant de sons dépourvus de signification, reproduisant les bruits qu'il perçoit, lors de la période prélinguistique de l'acquisition du langage. – Lat. *lallare,* «dire la-la», onomat.

1. lama [lama] n. m. Mammifère ruminant (*Lama glama,* fam. camélidés), à long cou et hautes pattes, des régions montagneuses d'Amérique du Sud, domestiqué pour sa toison laineuse et utilisé comme animal de bât. *Les races de lama sont: le guanaco, la vigogne, l'alpaca, le lama proprement dit.* – Du quichua *llama,* par l'esp.

2. lama [lama] n. m. Religieux bouddhiste du Tibet et de la Mongolie. Cf. dalaï-lama. – Mot tibétain.

lamaïsme [lamaism] n. m. Didac. Forme originale du bouddhisme, tel qu'il s'est développé au Tibet et en Mongolie. – De *lama* 2.

lamaïste [lamaist] n. Didac. Adepte du lamaïsme. – De *lama* 2.

lamanage [lamanaʒ] n. m. MAR Mouvement des navires à l'intérieur d'un port avec un pilote à bord. ▷ Opération d'amarrage à quai. – De l'a. fr. *laman,* probabl. du néerl. *lootsman,* «pilote».

lamaneur [lamanœʀ] n. m. Pilote assurant le lamanage. – De l'a. fr. *laman,* «pilote».

lamantin ou **lamentin** [lamɑ̃tɛ̃] n. m. Mammifère aquatique herbivore (genre *Manatus,* ordre des siréniens) au corps gris massif (500 kg pour 3 m de longueur), qui vit dans les embouchures des fleuves des régions tropicales. – Mot esp. d'orig. caraïbe, altéré en fr. sous l'infl. de *lamenter,* à cause du cri de l'animal.

lamarckisme [lamaʀkism] n. m. Didac. Théorie constituée par l'ensemble des idées de Lamarck sur l'évolution des êtres vivants. – De *Lamarck,* naturaliste français (1744-1829).

ENCYCL Le lamarckisme est à la base du *transformisme* mais s'oppose au *darwinisme,* car il considère que les divers caractères qu'une espèce acquiert au cours d'une génération, par suite des influences du milieu de vie, sont transmis à la génération suivante. Cette hypothèse est en contradiction avec les découvertes de la génétique moderne (mutations, notam.), mais le *néo-lamarckisme* demeure vivace.

lamaserie [lamasʀi] n. f. Couvent de lamas, au Tibet. – De *lama* 2.

lambda [lɑ̃bda] n. m. et adj. **1.** n. m. Onzième lettre de l'alphabet grec (Λ, λ) équivalant à notre l. ▷ PHYS λ, symbole de la longueur d'onde. **2.** adj. inv. Fam. Quelconque, moyen. *Le citoyen lambda n'est pas touché par cette mesure.* – Mot grec.

lambdacisme [lɑ̃bdasism] n. m. Didac. Trouble de la prononciation touchant électivement la consonne l (mouillure fautive, bégaiement, substitution du l au r). Syn. lallation. – Lat. *lambdacismus,* de *lambda.*

lambeau [lɑ̃bo] n. m. **1.** Morceau déchiré d'une matière souple et mince. *Lambeau d'étoffe. Mettre une affiche en lambeaux.* – *Des lambeaux de chair.* **2.** Fig. Fragment, débris. *Lambeau de territoire.* – Du frq. **labba,* «chiffon»; d'abord *lambel.*

lambic ou **lambick** [lɑ̃bik] n. m. Bière belge (appelée aussi *gueuze* ou *gueuze-lambic*) fabriquée avec du malt et du froment sans addition de levure. – Mot flam.

lambin, ine [lɑ̃bɛ̃, in] n. et adj. Fam. Personne qui agit habituellement avec lenteur et indolence. *Presse-toi un peu, lambin!* – Du rad. frq. **labba,* «chose qui pend, traîne»; de *lambeau,* avec changement de suff.

lambiner [lɑ̃bine] v. intr. [1] Fam. Agir avec lenteur, indolence. – De *lambin.*

lamblia [lɑ̃blia] n. m. MED Protozoaire parasite de l'intestin, appelé aussi *giardia.* – Du n. de *Lambl,* médecin tchèque.

lambliase [lɑ̃bliɑz] n. f. MED Infection intestinale due à un lamblia. – De *lamblia,* et *-ase.*

lambourde [lɑ̃buʀd] n. f. **1.** CONSTR Pièce de bois qui supporte les lames d'un parquet. **2.** HORTIC Rameau gros et court, terminé par des bourgeons à fruits. – De l'a. fr. *laon,* «planche», du frq. **lado,* et de l'a. fr. *bourde,* «bâton».

lambrequin [lɑ̃bʀəkɛ̃] n. m. Bande d'étoffe garnie de franges, de glands, etc., décorant un ciel de lit, un dais. ▷ Plaque de bois ou de tôle, découpée à jour, qui couronne un pavillon, une fenêtre, etc. – Du rad. de *lambeau,* et suff. dimin. *-quin* du néerl. *kijn;* d'abord *lambequin.*

lambris [lɑ̃bʀi] n. m. Revêtement de menuiserie (ou, plus rarement, de marbre, de stuc, etc.) sur les parois intérieures d'une pièce. – Déverbal de *lambrisser.*

lambrissage [lɑ̃bʀisaʒ] n. m. Action de lambrisser; son résultat. – De *lambrisser.*

lambrisser [lɑ̃bʀise] v. tr. Revêtir de lambris. ▷ Pp. *Pièce lambrissée :* pièce située sous les combles, dont les parois suivent la pente du toit; (Cour.) pièce dont les murs sont revêtus de boiseries. – Du lat. pop. **lambruscare,* du class. *labrusca,* «lambruche», la vigne constituant souvent un motif ornemental; a. fr. *lambruschier.*

lame [lam] n. f. **I. 1.** Bande de matière dure, mince et allongée. *Lame de fer, d'argent. Lame de parquet, de persienne, de jalousie:* planche, planchette dont sont formés les parquets, les persiennes, etc. – *Lame de ressort:* bande d'acier trempé, longue et mince, employée dans les ressorts de flexion. *Ressort à lames.* ▷ ANAT Partie plate et longue d'un os. *Lame criblée de l'ethmoïde. Lame vertébrale.* ▷ BOT Chacun des feuillets disposés radialement sous le chapeau de certains champignons. Syn. lamelle. **2.** Partie tranchante d'un instrument destiné à couper, tailler, gratter ou percer. *Lame de ciseaux, de couteau, d'épée.* ▷ Fig. *Une bonne, une fine lame:* un escrimeur habile. **II.** Masse d'eau déplacée par le vent à la surface de la mer, vague forte et bien formée. – *Lame de fond:* lame beaucoup plus grosse que les autres, qui surgit inopinément (souvent due à des phénomènes de réfraction de la houle sur un haut-fond). – Lat. *lamina.*

lamé, ée [lame] adj. et n. m. Étoffe de laine ou de soie entremêlée de fils d'or, d'argent, de métal brillant. ▷ N. m. Cette étoffe elle-même. *Robe en lamé.* – De *lame.*

lamellaire [lamɛllɛʀ] adj. Qui, par sa structure, peut se diviser en lames. ▷ Se dit d'une cassure présentant des facettes brillantes. – De *lamelle.*

lamelle [lamɛl] n. f. Petite lame, tranche très mince. ▷ BOT Syn. de *lame. Champignons à lamelles :* groupe de basidiomycètes supérieurs (agarics, etc.) dont l'hyménium est porté par des lamelles disposées radialement sous le chapeau. – *Lamelle moyenne:* mince couche de matière pectique liant deux cellules contiguës. – Lat. *lamella.*

lamellé, ée [lamɛl(l)e] adj. et n. m. Qui est constitué de lamelles. ▷ N. m. TECH *Lamellé collé:* matériau constitué de lamelles de bois collées entre elles, utilisé notam. en charpente pour les arcs de longue portée. – De *lamelle.*

lamelleux, euse [lamɛl(l)ø, øz] adj. MINER Qui est en lames, en feuillets. *L'ardoise est une roche lamelleuse.* – De *lamelle.*

lamellibranches [lamɛllibʀɑ̃ʃ] n. m. pl. ZOOL Classe de mollusques aquatiques à coquille bivalve, à branchies en lamelles recouvertes de cils vibratiles et qui comprend les huîtres, les moules, les coques, etc. – De *lamelle,* et *branchie.*

lamellicornes [lamɛlikɔʀn] n. m. pl. ZOOL Groupe de coléoptères à antennes courtes terminées par un groupe de lamelles pouvant s'écarter comme un éventail, qui comprend les scarabées, les hannetons, etc. – De *lamelle,* et *corne.*

lamelliforme [lamɛl(l)ifɔʀm] adj. Qui a la forme d'une lamelle. – De *lamelle,* et *-forme.*

lamellirostres [lamɛlliʀɔstʀ] n. m. pl. ZOOL Palmipèdes au bec large garni intérieurement de lamelles cornées (oies, canards, etc.). Syn. vx de *ansériformes.* – De *lamelle,* et *rostre.*

lamentable [lamɑ̃tabl] adj. **1.** Litt. Déplorable, navrant, qui mérite d'être pleuré. *Une mort lamentable.* **2.** Qui excite la pitié par sa médiocrité. *Un spectacle lamentable.* – Lat. *lamentabilis.*

lamentablement [lamɑ̃tabləmɑ̃] adv. D'une manière lamentable. – De *lamentable.*

lamentation [lamɑ̃tasjɔ̃] n. f. **1.** Plainte accompagnée de gémissements et de cris, exprimant une grande douleur. ▷ *Mur des Lamentations:* mur de soubassement du temple de Jérusalem où les Juifs viennent pleurer sur les malheurs de leur nation. **2.** Plainte bruyante et ostentatoire, récrimination geignarde. – Lat. *lamentatio.*

lamenter (se) [lamɑ̃te] v. pron. **[11]** Se plaindre, se désoler à grand bruit; gémir. ▷ Fig. *Le vent qui se lamente à la cime des pins.* – Bas lat. *lamentare,* class. *lamentari.*

lamentin. V. lamantin.

lamento [lamɛnto] n. m. MUS Morceau d'un caractère triste, plaintif. – Mot ital., «plainte».

lamie [lami] n. f. **1.** MYTH Monstre à buste de femme et à corps de serpent, qui passait pour dévorer les enfants. **2.** ZOOL Requin (genre *Lamia*), long de 3 à 4 m, commun dans l'Atlantique nord, appelé aussi *touille.* – Lat. *lamia,* mot gr.

lamier [lamje] n. m. Plante herbacée (fam. labiées) à feuilles opposées, appelée improprement, selon les espèces: ortie blanche, jaune ou rouge. – Lat. scientif. *lamium.*

lamifié [lamifje] n. m. Matériau obtenu par pressage de feuilles ou de fibres (verre, tissu, bois, papier) imprégnées de résine (opération de *lamification*). *Les lamifiés, qui résistent parfaitement à l'humidité, sont largement employés dans l'aménagement des cuisines, des salles de bains, des buanderies,* etc. Syn. stratifié. – De *lame.*

laminage [laminaʒ] n. m. Action de laminer; son résultat. – De *laminer.*

1. laminaire [laminɛʀ] n. f. BOT Algue brune (genre *Laminaria*) dont le thalle, en forme de ruban, peut atteindre plusieurs mètres de long. – Du lat. *lamina,* «lame».

2. laminaire [laminɛʀ] adj. **1.** MINER Composé de lames parallèles. **2.** PHYS *Écoulement, régime laminaire,* dans lequel les diverses couches d'un fluide glissent les unes sur les autres sans se mélanger (par oppos. à *turbulent*). – Du lat. *lamina,* «lame».

laminectomie [laminɛktɔmi] n. f. CHIR Résection d'une ou de plusieurs lames vertébrales. – Du lat. *lamina,* «lame», et *-ectomie.*

laminer [lamine] v. tr. **[1]** **1.** Réduire la section de (une pièce de métal) en la faisant passer au laminoir. **2.** Fig. Réduire à l'extrême, écraser. *L'augmentation des prix de revient lamine les bénéfices.* – De l'anc. norm. *lamine,* «barre de métal», du lat. *lamina,* «lame».

lamineur, euse [laminœʀ, øz] n. et adj. **1.** n. Ouvrier, ouvrière qui pratique le laminage. **2.** adj. Qui lamine. *Cylindre lamineur.* – De *laminer.*

laminoir [laminwaʀ] n. m. Machine composée de cylindres tournant en sens inverse, entre lesquels on fait passer une masse métallique pour en réduire la section, et lui donner éventuellement un profil particulier. ▷ Fig. *Passer au laminoir:* soumettre à de dures épreuves. – De *laminer.*

lampadaire [lɑ̃padɛʀ] n. m. Support vertical d'un système d'éclairage; ensemble formé par le système d'éclairage et son support. *Lampadaire de rue, d'appartement.* – Lat. médiév. *lampadarium,* «chandelier».

lampant, ante [lɑ̃pɑ̃, ɑ̃t] adj. *Pétrole lampant:* pétrole raffiné destiné à être utilisé pour l'éclairage. – Provenç. *lampan,* de *lampa,* «briller», du gr. *lampein,* «briller».

1. lampas [lɑ̃pɑ] n. m. MED VET Tuméfaction de la muqueuse du palais, chez le cheval. Syn. fève. – Du frq. **laba,* «chiffon»; même orig. que lambeau.

2. lampas [lɑ̃pɑ] n. m. Étoffe de soie à grands dessins en relief. – Orig. incert.; p.-ê. même rad. que le préc.

lampassé, ée [lɑ̃pase] adj. HERALD Dont la langue est d'un émail particulier, en parlant d'un animal héraldique. – De *lampas* 1.

lampe [lɑ̃p] n. f. **1.** Ustensile d'éclairage brûlant un combustible liquide ou gazeux. *Lampe à huile, à pétrole, à acétylène.* – *Lampe-tempête,* dont la flamme est protégée du vent par un globe de verre. **2.** Appareil d'éclairage utilisant l'électricité. *Lampe électrique, lampe de poche.* ▷ *Spécial.* Source lumineuse d'un tel appareil. *Lampe à incandescence*, dans laquelle la lumière est fournie par un filament porté à incandescence. *Lampe à luminescence* ou *à décharge*, dans laquelle la lumière est fournie par la décharge d'un courant électrique dans un gaz rare (néon, argon, etc.) ou dans les vapeurs d'un métal (sodium ou mercure). *Lampe à halogène:* lampe à incandescence contenant des vapeurs d'iode ou de brome qui réduisent le noircissement de l'ampoule. *Lampe à fluorescence:* lampe à vapeur de mercure dont la paroi interne est revêtue de substances fluorescentes. **3.** Appareil dont la flamme sert à fournir de la chaleur. *Lampe à alcool. Lampe à souder.* **4.** Tube électrique ou électronique, utilisé pour redresser les courants, amplifier des signaux, produire des rayonnements infrarouges, etc. – Lat. *lampas, lampadis*, du gr.

lampée [lɑ̃pe] n. f. Grande gorgée d'un liquide que l'on avale d'un trait. – Pp. fém. subst. de *lamper*.

lamper [lɑ̃pe] v. tr. **[1]** Boire d'un trait ou à grands traits. – Forme nasale de *laper*.

lampion [lɑ̃pjɔ̃] n. m. **1.** Vieilli Petit récipient dans lequel on fait brûler une matière combustible avec une mèche, et qui sert pour les illuminations. ▷ *Demander, réclamer sur l'air des lampions*, en scandant sur le même ton les trois syllabes du mot de circonstance (par allus. au cri «Des lampions !», par lequel le peuple de Paris réclamait en 1827 un meilleur éclairage de la voirie). **2.** Mod. Lanterne vénitienne. – Ital. *lampione*.

lampiste [lɑ̃pist] n. **1.** Vx Personne qui fabrique ou qui vend des lampes. **2.** Mod. Personne chargée de l'entretien des appareils d'éclairage (notam., dans une gare, dans un théâtre). **3.** Fig. Employé subalterne. ▷ Subordonné sur lequel les chefs font retomber la responsabilité de leurs fautes. *Nous devons punir les vrais responsables, pas les lampistes.* – De *lampe*.

lampisterie [lɑ̃pistəʀi] n. f. **1.** Vx Industrie ou commerce des lampes. **2.** Mod. Lieu où l'on garde, entretient et répare les appareils d'éclairage. – De *lampiste*.

lampourde [lɑ̃puʀd] n. f. BOT Plante herbacée (genre *Xanthium*, fam. composées) dont plusieurs variétés sont abondantes sur les rivages du Saint-Laurent. – Anc. provenç. *laporda*, lat. *lappa*, «bardane».

lamprillon [lɑ̃pʀijɔ̃] n. m. Larve de la lamproie, ammocète. – Dimin. de *lamproie*.

lamproie [lɑ̃pʀwa] n. f. Vertébré aquatique caractérisé par un disque buccal suceur, un corps allongé et sept paires d'orifices branchiaux visibles. – Bas lat. *lampreda*.

lampyre [lɑ̃piʀ] n. m. ZOOL Insecte coléoptère (genre *Lampyrus*) dont la femelle, dépourvue d'ailes, est le ver luisant. – Lat. *lampyris*, du gr.

län [lɛn] n. m. inv. Division administrative de la Suède. – Mot suédois.

lance [lɑ̃s] n. f. **1.** Anc. arme offensive à longue hampe et à fer pointu. ▷ *Fer de lance:* pointe, fer d'une lance. – Fig. Élément offensif d'un dispositif militaire, et, par ext., partie la plus combative, la plus productive, etc., d'une collectivité, d'une corporation, etc. *L'industrie papetière est le fer de lance de notre économie.* ▷ Fig. *Rompre une lance* ou *des lances (avec* ou *contre qqn):* disputer contre qqn, avoir avec lui une controverse assez vive. **2.** *Lance d'incendie* ou absol. *lance:* ajutage permettant de projeter de l'eau sous pression sur un foyer d'incendie. – *Par ext.* L'ensemble formé par cet ajutage et son tuyau d'alimentation. – Lat. *lancea*, probabl. d'orig. celt.

lancé, ée [lɑ̃se] adj. Qui a atteint une certaine notoriété; qui a ses entrées dans le monde. *Un artiste lancé.* – Pp. de *lancer* 1.

lancée [lɑ̃se] n. f. *Sur sa lancée*, sur son élan. *Courir, continuer sur sa lancée.* Fig. *Il voulait améliorer le texte et, sur sa lancée, il l'a récrit entièrement.* – Pp. fém. subst. de *lancer* 1.

lance-flammes [lɑ̃sflam] n. m. inv. Arme portative servant à projeter un jet de liquide enflammé (hydrocarbure gélifié). – De *lancer*, et *flamme*.

lance-fusées [lɑ̃sfyze] n. m. inv. Syn. de *lance-roquettes*. – De *lancer*, et *fusée*.

lance-grenades [lɑ̃sgʀənad] n. m. inv. Arme servant à lancer des grenades. – En appos. *Fusil lance-grenades.* – De *lancer*, et *grenade*.

lancement [lɑ̃smɑ̃] n. m. **1.** Action de lancer. *Le lancement du disque.* **2.** Mise à l'eau d'un navire par glissement sur le plan incliné où il a été construit. **3.** Ensemble des opérations consistant à faire quitter le sol à un engin spatial. **4.** TRAV PUBL Opération qui consiste à faire avancer le tablier d'un pont en construction au-dessus de l'obstacle à franchir. **5.** Mise sur le marché d'un produit, d'un objet commercial; campagne publicitaire qui l'accompagne. – De *lancer* 1.

lance-missiles [lɑ̃smisil] n. m. inv. Engin spécialement conçu pour le tir de missiles. – En appos. *Sous-marin lance-missiles.* – De *lancer*, et *missile*.

lancéolé, ée [lɑ̃seɔle] adj. **1.** BOT En forme de fer de lance. *Feuille lancéolée.* **2.** ARCHI *Gothique lancéolé*, caractérisé par l'arc en lancette. – Lat. *lanceolatus*.

lance-pierres [lɑ̃spjɛʀ] n. m. inv. Fronde d'enfant, support à deux branches garni de deux élastiques reliés par une pochette de cuir dans laquelle on place les pierres à lancer. – De *lancer*, et *pierre*.

1. lancer [lɑ̃se] **I.** v. tr. **[14] 1.** Jeter avec force loin de soi (avec la main ou au moyen d'un instrument). *Lancer une balle, des pierres, des flèches.* ▷ Fig. *Lancer un regard de colère.* **2.** Porter vivement (un coup) dans une certaine direction. *Lancer une ruade.* – Émettre avec intensité ou violence. *Lancer un cri.* **3.** Faire se porter en avant avec vivacité. *Lancer sa monture. Lancer une troupe contre l'ennemi.* **4.** Faire démarrer, mettre en route en donnant l'impulsion initiale. *Lancer un moteur.* Fam. Amener (qqn) à parler de qqch. *Lancez-le sur ce sujet, il devient intarissable.* ▷ Déclencher, mettre en train. *Lancer une campagne de presse. Lancer une mode*, la mettre en faveur. **5.** Procéder au lancement de. *Lancer un navire, une fusée.* ▷ Procéder au lancement publicitaire de, mettre sur le marché. *La marque X lance un nouveau modèle.* **II.** v. pron. Se jeter avec hardiesse, avec fougue. *Se lancer à la poursuite de qqn.* Fig. *Se lancer dans l'aventure, dans des explications.* **III.** v. intr. MAR *Lancer dans le vent:* venir vent debout. – Bas lat. *lanceare*, «manier la lance».

2. lancer [lɑ̃se] n. m. Action de lancer. *Lancer de grenades.* ▷ *Pêche au lancer* ou, absol., *lancer*, consistant à lancer l'appât le plus loin possible et à le ramener à l'aide d'un moulinet. ▷ SPORT Chacune des quatre épreuves athlétiques du lancement du poids, du disque, du javelot et du marteau. – Emploi subst. de *lancer* 1.

lance-roquettes [lɑ̃sʀɔkɛt] n. m. inv. Tube permettant le tir de roquettes. *Lance-roquettes antichar.* – De *lancer*, et *roquette*.

lance-torpilles [lɑ̃stɔʀpij] n. m. inv. Appareil installé sur certains bâtiments de guerre pour le lancement de torpilles, utilisant la force d'expansion de l'air comprimé. – En appos. *Tube lance-torpilles.* – De *lancer*, et *torpille*.

lancette [lɑ̃sɛt] n. f. **1.** CHIR Petit instrument formé d'une lame plate, très pointue et acérée. **2.** ARCHI *Arc en lancette :* arc brisé très aigu, fréquent dans le gothique flamboyant. – Dimin. de *lance.*

lanceur, euse [lɑ̃sœʀ, øz] n. **1.** Personne qui lance (qqch). ▷ *Spécial.* Athlète spécialisé dans le lancer. *Lanceur de poids.* **2.** n. m. ESP Fusée généralement à plusieurs étages, permettant d'envoyer une charge utile dans l'espace. – De *lancer* 1.

lancier [lɑ̃sje] n. m. **1.** Anc. Soldat de cavalerie armé de la lance. **2.** *Quadrille des lanciers* ou ellipt. *les lanciers:* quadrille croisé à cinq figures, dansé en France à partir de 1856. – Du bas lat. *lancearius.*

lancinant, ante [lɑ̃sinɑ̃, ɑ̃t] adj. Qui lancine (sens 1 et 2). *Une douleur lancinante. Un air lancinant.* – Ppr. de *lanciner;* lat. *lancinans.*

lancination [lɑ̃sinasjɔ̃] n. f., ou **lancinement** [lɑ̃sinmɑ̃] n. m. Douleur caractérisée par des élancements. – De *lanciner.*

lanciner [lɑ̃sine] v. [1] **1.** v. intr. Faire souffrir par des élancements douloureux. *Abcès qui lancine.* **2.** v. tr. Fig. Tourmenter, importuner de façon insistante; obséder. *Ce remords le lancine depuis l'enfance.* – Lat. *lancinare,* «déchirer».

lançon [lɑ̃sɔ̃] n. m. *Lançon perce-sable:* équille* (poisson). – De *lance.*

land, lands ou **lander** [lɑ̃d, lɑ̃dɐʀ] n. m. État fédéré de la République fédérale d'Allemagne. – Mot all.

landais, aise [lɑ̃dɛ, ɛz] adj. et n. Des Landes (région de France).

landau [lɑ̃do] n. m. **1.** Anc. Voiture hippomobile à quatre roues, à deux banquettes se faisant face et à double capote mobile. **2.** Mod. Voiture d'enfant à grandes roues, à caisse suspendue, munie d'une capote. *Des landaus.* – De *Landau,* ville all. où cette voiture fut d'abord fabriquée.

lande [lɑ̃d] n. f. Grande étendue de terre inculte et peu fertile où ne croissent que des fougères, ajoncs, bruyères, etc. – Gaul. **landa.*

landgrave [lɑ̃dgʀav] n. m. HIST Titre de certains princes souverains de l'anc. Allemagne. ▷ Magistrat qui rendait la justice au nom de l'empereur germanique. – Du moyen haut all. *Landgraf,* «comte *(Graf)* du pays *(Land)* ».

landgraviat [lɑ̃dgʀavja] n. m. HIST **1.** Pays gouverné par un landgrave. **2.** Dignité de landgrave. – De *landgrave.*

landier [lɑ̃dje] n. m. Grand chenet garni de crochets pour soutenir les broches, souvent muni à sa partie supérieure d'un récipient pouvant servir de brasero. – Du gaul. **andero,* «jeune taureau», ornement ancien des landiers; var. *andier.*

landolphia [lɑ̃dɔlfja] ou **landolphie** [lɑ̃dɔlfi] n. m. BOT Liane d'Afrique et de Madagascar (genre *Landolphia,* fam. apocynacées) dont le latex fournit un caoutchouc. – Du nom de *Landolphe,* navigateur français.

laneret [lan(ə)ʀɛ] n. m. VEN Mâle du lanier. – De *lanier.*

langage [lɑ̃gaʒ] n. m. **1.** Faculté humaine de communiquer au moyen de signes vocaux (parole), éventuellement susceptibles d'être transcrits graphiquement (écriture); usage de cette faculté. *«Le langage est multiforme et hétéroclite; à la fois physique, physiologique et psychique, il appartient au domaine individuel et au domaine social»* (Saussure). **2.** *Par ext.* Tout système de signes, socialement codifiés, qui ne fait pas appel à la parole ou à l'écriture. *Langage du regard, des sourds-muets. Langages symboliques* (langage pictural, langage des fleurs). **3.** *Par anal.* Ensemble des moyens d'intercommunication que l'on observe chez certaines espèces animales. *Le langage des abeilles, des dauphins.* **4.** Manière de s'exprimer propre à un ensemble social donné, à un individu, etc. *Langage de la rue, langage soutenu, langage technique.* **5.** Le contenu même de l'expression orale ou écrite. *Tenir le langage de la raison. Un langage subversif.* **6.** INFORM *Langage de programmation:* code servant à rédiger les instructions d'un programme. (On distingue les langages algorithmiques qui facilitent les instructions de calcul numérique, comme l'Algol, l'A.P.L., le Basic et le Fortran, et les langages de gestion, comme le Cobol.) *Langage évolué:* langage de programmation ressemblant au langage humain. *Langage machine* : code de lettres et de chiffres qui permet de simplifier l'écriture des instructions de commande. – De *langue;* d'abord *linguaige.*

ENCYCL Le langage se manifeste dans la parole avec l'existence de langues naturelles, vivantes (français, anglais, etc.) ou mortes (latin, etc.). On parle parfois de «langage» à propos de systèmes humains de communication (code de la route), voire d'expression (langage pictural, musical), et des systèmes de communication des animaux (V. ci-après), sans parler du «langage mathématique» et d'une de ses branches spécialisées: le langage informatique. Ces systèmes sont très différents du langage tel qu'il se manifeste dans toutes les langues naturelles; ils sont étudiés par la sémiologie (ou sémiotique), tandis que le langage humain est pris en charge par la linguistique, qui s'est attachée à ses trois traits fondamentaux: double articulation, syntaxe, créativité. V. langue, linguistique, sémiologie. **1.** La double articulation du langage consiste en ceci: l'homme qui parle *(locuteur)* peut bâtir avec un nombre strictement limité d'unités de niveau inférieur (les sons, au nombre de 36 en français) un nombre pratiquement illimité d'unités de niveau supérieur (les mots). Les unités de niveau inférieur ont uniquement une fonction distinctive: elles servent seulement à distinguer les unités supérieures les unes des autres; ainsi, les sons [p] et [t] servent à distinguer *pot* et *tôt;* ils n'ont en eux-mêmes aucun sens. Les unités du niveau supérieur ont une fonction significative: le mot *chat* désigne l'animal chat. **2.** La capacité syntaxique des langues naturelles se manifeste essentiellement par la possibilité de dire la même chose de plusieurs façons différentes: «Marie aime Pierre» dit exactement la même chose que «Pierre est aimé par Marie». **3.** On nomme *créativité* la capacité de l'homme à comprendre et à produire une infinité de phrases nouvelles, jamais entendues auparavant. *L'acquisition du langage* par l'enfant semble résulter de l'action conjointe d'une aptitude innée à la symbolisation (qui expliquerait l'universalité des facultés linguistiques chez l'homme) et du stimulant extérieur que constitue le parler de l'entourage. On distingue deux périodes. La première, dite *prélinguistique,* couvre les dix premiers mois de la vie; d'abord, les vagissements et claquements sont de simples manifestations respiratoires; v. le 3e mois apparaissent des *lallations,* manifestations vocales incontrôlées qui contiennent une gamme de sons beaucoup plus riche que celle qui sera employée plus tard dans la langue. La seconde, *linguistique,* commence vers le début de la 2e année: l'enfant commence à comprendre l'adulte qui s'adresse à lui. Les premiers mots sont des «mots-phrases»: «jouer» pourra signifier «donne-moi le jouet». Vers vingt mois, l'enfant parvient à réunir deux mots; ensuite apparaît lentement la phrase, d'abord démunie d'instruments grammaticaux («Pierre gentil»), puis le vocabulaire s'enrichit très rapidement. Au cours de la 3e année, l'enfant commence à parler de lui à la première personne («je»): il a pris conscience de son existence comme sujet. Le développement du langage est étroitement lié au développement général de l'enfant: le retard ou les troubles de l'acquisition du langage accompagnent souvent des troubles psychologiques ou organiques et provoquent un retard intellectuel. **Troubles du langage.** – Les aphasies, ces troubles de l'expression ou de la compréhension des symboles du langage parlé ou écrit, sont dues à des lésions bien localisées des centres nerveux (cortex ou centre ovale) et généralement accompagnées d'une perturbation de la fonction symbolique (pensée abstraite). On distingue quatre types. **1.** Aphasies nominales: le sujet comprend, mais utilise très mal le vocabulaire. **2.** Aphasies syntaxiques: le sujet comprend, mais construit mal ses phrases. **3.** Aphasies globales (atteinte générale du langage): aphasie de Broca (trouble grave de l'expression: le sujet parle très peu); aphasie de Wernicke (trouble grave de la construction: le sujet parle beaucoup, mais très mal). **4.** Aphasies de développement: surdité verbale (incapacité de comprendre les mots); cécité verbale (incapacité de comprendre le langage écrit); fautes d'articulation. Le linguiste américain Roman Jakobson a établi un rapport entre les diverses aphasies et les deux fonctions fondamentales du langage: la fonction de sélection et la fonction de combinaison. La première consiste à utiliser correctement les matériaux de la langue, mots et morphèmes; sa figure rhétorique favorite est la métaphore. La seconde consiste à construire, à partir des mots, des ensembles verbaux, toujours plus complexes, à partir de règles syntaxiques; rhétoriquement, elle s'exprime par la métonymie. Les aphasiques du premier groupe ont perdu la capacité de nommer, mais ils ont conservé la charpente syntaxique et donc l'usage de la métonymie: ils diront *mort* pour *noir, verre* pour *fenêtre*, etc. Ceux du second groupe, dont les fonctions de liaison sont atteintes (style télégraphique), utilisent la métaphore *(longue-vue* pour *microscope)*. Selon Jakobson, la désagrégation du langage chez les aphasiques suit l'ordre inverse de l'acquisition du langage: elle nous montre le développement de l'enfant «à l'envers». Les troubles d'origine psychologique, moins graves, sont révélateurs de la vie psychique profonde, tels les lapsus ou les actes manqués. La rééducation des «malades du langage» est particulièrement difficile. Il faut agir sur la cause initiale, ce qui est souvent possible lorsque celle-ci est psychique. Lorsqu'on se trouve en présence de lésions irréversibles, on cherche à renforcer ou à étendre les moyens d'expression linguistiques dont dispose le sujet. **Langage animal.** – Il s'agit en fait de codes, dépourvus d'abstraction et de symbolisation. Les signaux utilisés sont très variés. *Tactiles:* jeu d'antennes des fourmis, frottements de nez des petits mammifères; *visuels*, particulièrement fréquents chez les oiseaux: mouvements de huppe, battements d'ailes (le loup remue les oreilles, le taureau gratte le sol avec ses cornes); *acoustiques:* chant et cri des oiseaux, aboiement du chien, miaulement du chat, etc., «chant» des sauterelles, criquets, grillons, cigales; *chimiques* (à l'aide de phéromones, insectes sociaux et nombr. mammifères laissent des traces «lisibles»: marquage d'un territoire, par ex.). Trois types d'animaux ont un «langage» particulièrement évolué. L'Autrichien Karl von Frisch a remarqué, chez l'abeille, que l'ouvrière de retour à la ruche exécutait une «danse frétillante» indiquant la distance à laquelle se trouve la fleur d'où elle revient. Le langage du dauphin est constitué d'émissions sonores, et il n'est pas exclu que ce cétacé puisse prononcer quelques mots. L'expérimentation a montré que certains singes anthropomorphes (chimpanzé, gorille) peuvent, dans certaines limites, communiquer avec l'homme au moyen de plusieurs méthodes (langage gestuel des sourds-muets ou jetons de plastique colorés).

langagier, ière [lɑ̃gaʒje, jɛʀ] adj. Qui a rapport au langage. – De *langage.*

lange [lɑ̃ʒ] n. m. Étoffe de laine ou de coton dont on enveloppe les enfants au berceau. – Fig. *Être dans les langes*, dans son enfance, à ses débuts. *La science était encore dans les langes.* – Du lat. *laneus*, de *lana*, «laine».

langer [lɑ̃ʒe] v. tr. [15] Envelopper de langes. – De *lange.*

langoureusement [lɑ̃guʀøzmɑ̃] adv. D'une manière langoureuse. – De *langoureux.*

langoureux, euse [lɑ̃guʀø, øz] adj. (et n.) **1.** Vx Qui est en état de langueur. **2.** Iron. Qui marque la langueur amoureuse. *Lancer des œillades langoureuses.* ▷ Subst. *Jouer les langoureux.* – De *langueur.*

langouste [lɑ̃gust] n. f. Gros crustacé marin (genre *Palinurus)* des fonds rocheux, aux pinces minuscules et aux longues antennes, dont la chair est très estimée. – Lat. pop. **lacusta*, altér. du lat. *locusta*, «sauterelle, langouste»; anc. provenç. *langosta.*

langoustier [lɑ̃gustje] n. m. ou **langoustière** [lɑ̃gustjɛʀ] n. f. **1.** Filet monté en balance pour la pêche de la langouste. **2.** n. m. Bateau spécialement équipé pour la pêche de la langouste. – De *langouste.*

langoustine [lɑ̃gustin] n. f. Petit crustacé marin proche parent du homard (genre *Nephrops*), long d'une vingtaine de cm, aux pinces longues et étroites. – De *langouste.*

langue [lɑ̃g] n. f. **I. 1.** Organe charnu et mobile situé dans la bouche. *La langue, qui joue un rôle capital dans la déglutition et dans l'articulation des sons du langage, est l'organe essentiel du goût, grâce aux papilles gustatives qui recouvrent sa face supérieure.* – *Tirer la langue à qqn*, le narguer en lui montrant sa langue hors de la bouche. – Fig. *Tirer la langue:* faire effort, peiner, et, *par ext.*, se trouver dans le besoin. – *Faire tirer la langue à qqn*, lui faire attendre longtemps ce qu'il désire. ▷ (Animaux.) Cet organe utilisé comme morceau de boucherie. *Langue de bœuf. Langue fumée.* **2.** En loc.: la langue, en tant qu'organe de la parole. *Ne pas savoir tenir sa langue, avoir la langue (trop) longue:* parler inconsidérément, ne pas savoir taire un secret. *Avoir la langue bien pendue*, la parole facile ou hardie. *Je l'ai sur (le bout de) la langue*, en parlant d'un mot que l'on croit tout près de revenir à la mémoire. *Se mordre la langue:* retenir à temps une parole, ou se repentir de l'avoir dite. *Avaler* sa langue.* – *Prendre langue avec qqn*, entrer en rapport avec lui. – *Mauvaise* (ou *méchante) langue, langue de serpent, de vipère:* personne portée à la médisance, à la calomnie. **3.** Ce qui a la forme d'une langue. *Langues de feu. Langue de terre:* portion de terre étroite et longue qui s'avance dans les eaux. ▷ *Langue-de-bœuf:* nom cour. de la fistuline. ▷ *Langue-de-chat:* petit gâteau sec, allongé et plat. **II. 1.** Ensemble de signes linguistiques et de règles de combinaison de ces signes entre eux, qui constitue l'instrument de communication d'une communauté donnée. *La langue française, créole. La langue est «à la fois un produit social de la faculté du langage et un ensemble de conventions nécessaires, adoptées par le corps social pour permettre l'exercice de cette faculté chez les individus»* (Saussure). – *Langues vivantes*, celles qui sont toujours en usage. *Langues mortes*, celles qui ne se parlent plus. – *Langue maternelle**. **2.** Forme parlée ou écrite du langage propre à un milieu, une profession, un individu, etc. *Langue savante, poétique. La langue de Rabelais.* – *La langue verte:* l'argot. – *Langue de bois:* nom donné au discours politique des dirigeants communistes; *par ext.* toute façon de s'exprimer construite autour de stéréotypes. **3.** Fig. Tout système de signes non linguistiques. *Langue algébrique. Langue des couleurs, des sons.* – Lat. *lingua.*

ENCYCL On parle sur la Terre de trois à quatre mille langues, nombre difficile à préciser, vu la difficulté de décider si deux parlers sont des «langues» ou des «dialectes» de la même langue. Les linguistes se sont efforcés d'établir une classification des langues du monde (vivantes et mortes). La classification typologique, qui consiste à regrouper les langues qui présentent des structures grammaticales semblables, n'a pas encore donné de résultats satisfaisants. La classification génétique consiste à grouper ensemble les langues auxquelles on présume une origine commune; ainsi, les langues indo-européennes proviendraient toutes d'une même langue mère (hypothétique): l'indo-européen commun. Le groupement fait souvent appel à des critères géographiques (langues d'Afrique noire, langues amérindiennes). **Famille indo-européenne** (Europe et Asie). – C'est le groupe le mieux étudié. Son territoire s'étend de l'Oural aux Açores et de l'Islande à l'Inde. Depuis quelques siècles, ces langues ont pénétré aussi en Amérique, en Afrique et en Océanie. Des langues anciennes comme le hittite, le sanskrit, l'iranien, le grec ancien, le latin appartiennent à la famille indo-européenne. La quasi-totalité des langues modernes appartenant à cette famille se répartit en deux domaines. **I.** Le domaine indo-iranien est scindé en deux. **1.** La branche iranienne (Iran et pays voisins) est représentée principalement par le persan. **2.** La branche indienne (Pakistan, Inde, Ceylan, Népal) se caractérise par une grande variété de langues (env. 22) et de dialectes. L'hindī en est un représentant typique. **II.** Le domaine européen est scindé en quatre. **A.** La branche slave occupe l'est de l'Europe, du golfe de Poméranie à Trieste, à l'exception de deux enclaves (roumain et hongrois). Le russe en est le princ. représentant, suivi du bulgare, du polonais, du tchèque, du slovaque, du serbo-croate, du slovène, du macédonien, etc. **B.** La branche balte ne comprend que le letton et le lituanien. **C.** La branche italo-celtique se divise en deux: **1.** le groupe italique, qui comprend toutes les langues romanes (issues du latin): italien, français, espagnol, portugais, roumain, catalan, etc.; **2.** le groupe celtique: breton, gallois et gaélique (Irlande, Écosse). **D.** La branche germanique qui occupe le nord-ouest de l'Europe: allemand, anglais, néerlandais, langues scandinaves. **III.** Trois langues: le grec, l'arménien et l'albanais, ne peuvent être rattachées à un groupe plus important. Le grec a relativement peu évolué depuis l'Antiquité; le grec ancien a approvisionné en termes courants et surtout philosophico-technico-scientifiques le latin puis toutes les langues du monde non «primitif». L'arménien n'est plus parlé auj. qu'en Arménie sov. L'albanais est la langue indo-européenne la moins bien connue. **Famille chamito-sémitique** (Asie du S.-O., Moyen-Orient et nord de l'Afrique). – **1.** L'arabe, parlé dans les «pays arabes» (du Maroc à la Syrie et à l'Irak), comporte: l'arabe littéraire, langue de culture, la koïné *arabe (des journaux du Caire) et l'arabe populaire, lequel diffère considérablement d'un pays à l'autre. **2.** L'hébreu a retrouvé récemment un statut de langue vivante en Israël. **3.** Les langues éthiopiennes avec pour princ. représentant l'amharique, parlé en Éthiopie. **4.** Les langues égyptiennes qui comprennent l'égyptien ancien (langue morte) et le copte (qui ne survit que dans la liturgie de l'Église copte). **5.** Les parlers berbères concurrencent l'arabe dans les pays du Maghreb. **6.** Les langues couchitiques (du pays de Couch, ou Koush, nom donné par les Anciens à la Nubie et au Soudan actuels) sont parlées princ. en Somalie. **Famille altaïque** (turco-mongole). – **1.** La branche turque occupe une partie de l'Asie centrale et occid., le S. de l'U.R.S.S. et une petite portion de l'Europe. On compte une douzaine de langues dont la plus import. est le turc. **2.** Les langues mongoles s'étendent, au centre de l'Asie, de l'Afghānistān à la Mongolie. **3.** Les langues toungouses (50 000 locuteurs au N. de l'Asie, du Pacifique à l'Ienisseï et de l'Arctique à l'Amour): mandchou (lequel n'est plus parlé, le chinois ayant primé en Mandchourie), golde et nana au S., evenki au N. **Famille ouralienne** (finno-ougrienne) (Asie et Europe). – **1.** Le finnois est parlé en Finlande; l'estonien en est proche parent. **2.** Le lapon est parlé par quelques milliers d'individus dans le nord de la péninsule scandinave et de l'U.R.S.S. **3.** La branche hongroise dont le hongrois est la langue la plus importante. **4.** La branche samoyède, aux nombr. dialectes, occupe les bords de l'Arctique. **Famille du japonais et du coréen** (dont on a récemment montré la parenté). – **1.** Le japonais, parlé au Japon, l'est également à Taïwan, aux îles Hawaï et aux É.-U.; il comprend partout trois grands dialectes. **2.** Le coréen, parlé en Corée, en Chine et au Japon, a été fortement influencé par le chinois. **Famille sino-tibétaine,** le plus import. des groupes asiatiques. – **1.** La branche tibéto-birmane s'étend du Cachemire au Vietnam (tibétain et birman). **2.** La branche thaïe comprend une trentaine de langues avec de nombr. dialectes. **3.** La branche chinoise, c.-à-d. le chinois, est la plus import. langue (maternelle) du monde. En Chine, 70 % des locuteurs parlent le mandarin (la langue de Pékin), considéré comme la langue nationale, mais les dialectes, fort nombreux, se caractérisent notam. par une prononciation spécifique à la population considérée. **Langues austriques (méridionales) de l'Asie, et de l'Océanie.** – **I.** La branche austro-asiatique (d'Asie du Sud), composée de langues dont la parenté n'est pas encore certaine, s'étend sur l'Asie du Sud-Est et en Inde. Elle comprend deux sous-groupes: les langues môn-khmères (de la Birmanie au S. du Vietnam) et les langues vietnamiennes. **II.** La branche malayo-polynésienne couvre l'aire comprise entre Taïwan, la Nouvelle-Zélande, Madagascar et l'île de Pâques et comprend trois sous- groupes: **1.** le sous-groupe indonésien, parlé jusqu'à Madagascar et qui comprend notam. le malais et le javanais; **2.** le polynésien (archipels du Pacifique); **3.** le mélanésien (îles de l'Océanie occid.). **Langues négro-africaines** (Afrique noire). – **1.** Le groupe bantou (le mieux connu et le plus cohérent) couvre le Sénégal, le Mali, le Nigeria, le Ghana, le Congo. **2.** Le groupe soudanais comprend des langues encore mal connues. **3.** Le groupe khoin (bochiman, hottentot) occupe le sud de l'Afrique (Angola, Zambie, Tanzanie). **Langues asianiques et méditerranéennes.** – Toutes les langues de ce groupe (qui tient son nom du mot gr. *asianos*, «asiatique»; le terme *asianique* s'applique aux anciens peuples de l'Asie antérieure), qui comprend les langues préhelléniques de la Méditerranée et l'étrusque, sont des langues mortes, regroupées uniquement sur un critère géographique. **Langues caucasiques (du Caucase).** – **1.** La branche septent. comprend une trentaine de langues, parlées princ. au Daghestan. **2.** La branche mérid., la plus import., comprend notam. le géorgien. On a essayé d'établir une parenté entre les langues caucasiques et le basque, mais l'origine de celui-ci reste obscure. **Langues paléosibériennes.** – Ces langues, parlées en Sibérie extrême-orient., tendent à disparaître sous la pression du russe. **Langues dravidiennes.** – Parlées par les pop. mélano-indiennes du S. de l'Asie (tamoul, télougou, canara, malayalam). **Langues australiennes et papoues.** – **1.** Les langues parlées par les indigènes d'Australie disparaissent. **2.** Les langues papoues sont parlées dans l'anc. Papouasie (auj. incluse dans la Papouasie Nouvelle Guinée). **Langues américaines.** – Elles tendent à disparaître face à l'anglais, à l'espagnol et au français. Malgré un travail considérable accompli par les linguistes des É.-U., elles restent imparfaitement connues. **1.** Les langues de l'Amérique du N. comptent une vingtaine de familles: esquimau-aléoute, algonquine (Grands Lacs); sioux (S.-E. des É.-U.), etc. **2.** Les langues de l'Amérique centrale (du N. du Mexique à la Colombie) comptent une vingtaine de familles: maya (Mexique et Guatemala, une quinzaine de langues); uto-aztèque (Mexique, Colorado, Arizona), avec notam. le nahua, la seule langue de cette région qui ait une écriture autochtone. **3.** Les langues d'Amérique du S. comprendraient, de la Colombie à la Terre de Feu, une quarantaine de familles (pour deux cents langues différentes): quechua (Colombie, Équateur, Pérou, Argentine, Chili); tupi-guarani (Brésil, Argentine); araucan (Argentine, Chili); jivaro (Équateur, Pérou), etc. **Langues à vocation universelle.** – Plus de 500 langues «universelles» ont été inventées. Le *Sol-Ré-Sol* fut défendu par V. Hugo; le *Volapuk*, à la fin du XIXe s., avait un demi-million de zélateurs. La plus connue d'entre elles, l'espéranto*, serait parlée par env. 3 millions de personnes, dans plus de 100 pays.

languette [lɑ̃gɛt] n. f. **1.** Ce qui a la forme d'une petite langue. *Languette de carton servant de signet. Languette de cuir, d'une chaussure.* **2.** TECH Partie mâle d'un assemblage destinée à s'encastrer dans une rainure. **3.** MUS Anche libre, dans certains instruments à vent (harmonica, notam.), ou couvrant l'anche d'un tuyau d'orgue. – Dimin. de *langue.*

langueur [lɑ̃gœʀ] n. f. **1.** Vieilli Affaiblissement progressif des forces physiques. *Maladie de langueur.* **2.** Affaissement moral et physique, apathie paralysant toute énergie; dépression. *La langueur d'une vie de misère.* **3.** Disposition d'esprit tendre et rêveuse. *Une langueur voluptueuse. Des yeux pleins de langueur.* **4.** (Choses.) Manque de force, d'animation, d'intérêt. *«Le spectateur pardonne tout, hors la langueur»* (Voltaire). – Lat. *languor.*

langueyage [lɑ̃gejaʒ] n. m. MED VET Action de langueyer. – De *langueyer.*

langueyer [lɑ̃geje] v. tr. [1] **1.** MED VET Examiner la langue d'un animal (porc, bœuf) pour savoir s'il est ladre. **2.** MUS Garnir de languettes, d'une languette (un instrument, un tuyau d'orgue). – De *langue.*

languide [lɑ̃gid] adj. Litt. Langoureux, languissant. *Un regard languide.* – Lat. *languidus.*

languir [lɑ̃giʀ] **I.** v. intr. [2] **1.** Vieilli Souffrir d'un affaiblissement, d'une perte lente de ses forces physiques. ▷ Par anal. *Plantes qui languissent,* qui s'étiolent. **2.** Mod. Endurer (physiquement ou moralement) l'état d'affaiblissement, d'abattement, que peuvent causer la peine, le besoin, l'attente. *Languir dans l'incertitude. Languir d'ennui. Languir d'amour pour qqn.* **3.** Attendre avec impatience; soupirer (après qqch). *«Ne me fais plus languir, dis promptement»* (Corneille). ▷ Fam. *Je languis de vous revoir. Je languis que ce jour finisse.* **4.** (Choses.) Manquer de force, de chaleur, d'intérêt; traîner en longueur; péricliter. *La conversation, l'affaire languit.* **II.** v. pron. Dial. (Sud de la France) *Elle se languit de lui:* elle s'ennuie de lui. – Lat. pop. **languire,* class. *languere.*

languissamment [lɑ̃gisamɑ̃] adv. De manière languissante. – De *languissant.*

languissant, ante [lɑ̃gisɑ̃, ɑ̃t] adj. **1.** Vx Qui languit (sens 1). *Malade languissant. – Des fleurs languissantes.* **2.** Litt. Qui exprime la langueur (partic., la langueur amoureuse). *Regard languissant.* **3.** Qui manque de force, de vivacité; qui périclite. *Discours languissant. Économie languissante.* – Ppr. de *languir.*

langur [lɑ̃gyʀ] n. m. Syn. de *entelle.* – Mot indien.

lanice [lanis] adj. Qui vient de la laine. *Bourre lanice.* – Du lat. *lana,* «laine».

lanier [lanje] n. m. Faucon femelle que l'on dressait autref. pour la chasse. V. laneret. – De l'a. fr. *falcon lanier,* «faucon à canard», d'après l'a. fr. *ane,* «canard».

lanière [lanjɛʀ] n. f. Bande longue et étroite de cuir ou d'une autre matière. – De l'a. fr. *lasne,* issu de l'a. fr. **nasle,* du frq. **nastila,* «lacet».

lanifère [lanifɛʀ] adj. Qui porte ou produit de la laine ou une autre matière d'aspect laineux ou cotonneux. *Le mouton est un animal lanifère.* – Du lat. *lana,* «laine», et *-fère.*

lanigère [laniʒɛʀ] adj. ZOOL, BOT Couvert de laine ou d'une substance laineuse. *Puceron lanigère,* parasite du pommier. – Lat. *laniger.*

laniste [lanist] n. m. ANTIQ ROM Celui qui formait, louait ou vendait des gladiateurs. – Lat. *lanista,* d'orig. étrusque.

lanlaire [lɑ̃lɛʀ] onomat. inv. Vx Euphém. fam. pour *fiche, foutre. «Tu peux t'aller faire lanlaire»* (Verlaine). *Envoyer faire lanlaire:* envoyer promener. – Syllabes de refrains populaires.

lanoline [lanɔlin] n. f. Corps gras onctueux et jaunâtre, extrait du suint des laines, utilisé en pharmacie et en parfumerie. – Du lat. *lana,* «laine», et *oleum,* «huile».

lansquenet [lɑ̃skənɛ] n. m. **1.** Fantassin mercenaire allemand (XVe-XVIe s.). **2.** Ancien jeu de cartes. *Jouer au lansquenet.* – De l'all. *Landsknecht,* «serviteur *(Knecht)* du pays *(Land)*».

lanterne [lɑ̃tɛʀn] n. f. **I. 1.** Appareil d'éclairage, boîte aux parois transparentes ou translucides dans laquelle on enferme une lumière pour l'abriter de la pluie et du vent. *Lanterne de fiacre. Lanterne sourde,* munie de volets qui permettent de masquer la source de lumière. – *Lanterne vénitienne:* lanterne de papier coloré, utilisée pour les illuminations. Syn. lampion. ▷ *Les lanternes d'une automobile:* les lampes de phares qui donnent la plus faible intensité lumineuse (on dit mieux *feux de position).* ▷ *Lanterne rouge,* qui signale l'arrière d'un véhicule, ou l'extrémité de son chargement. – Fig., fam. SPORT *La lanterne rouge:* en cyclisme, le coureur qui est à la queue du peloton, ou qui est classé le dernier. *Par anal.: L'équipe de football de X., lanterne rouge de la première division.* ▷ Loc. fig. *Prendre des vessies pour des lanternes:* commettre des bévues grossières; s'en laisser conter. **2.** *Lanterne magique:* instrument d'optique projetant sur un écran l'image agrandie de figures peintes sur verre ou de clichés photographiques. ▷ *Oublier d'éclairer sa lanterne:* omettre le point essentiel pour être compris (allus. à la fable de Florian, *le Singe qui montre la lanterne magique).* **3.** Anc. Appareil d'éclairage de la voirie. **II. 1.** ARCHI Petit dôme placé au sommet d'un édifice pour donner du jour à l'intérieur. **2.** *Lanterne des morts:* édicule funéraire des XIIe et XIIIe s., constitué d'une colonne creuse couronnée d'un lanternon, à l'intérieur duquel on plaçait une lampe. **3.** TECH Cylindre d'engrenage à barreaux parallèles entre lesquels s'engrènent les dents d'une roue. **4.** ZOOL *Lanterne d'Aristote:* appareil masticateur des oursins, dont la forme rappelle une lanterne. – Lat. *lanterna.*

lanterneau. V. lanternon.

lanterner [lɑ̃tɛʀne] v. intr. [1] **1.** Perdre son temps à des riens, atermoyer par irrésolution. **2.** *Faire lanterner qqn,* le faire attendre. – De *lanterne.*

lanternon [lɑ̃tɛʀnɔ̃] ou **lanterneau** [lɑ̃tɛʀno] n. m. ARCHI Petite lanterne ou cage vitrée au sommet d'un édifice, d'un escalier; partie surélevée d'un comble, pour l'éclairer ou l'aérer. – De *lanterne.*

lanthane [lɑ̃tan] n. m. CHIM Élément de numéro atomique Z = 57 et de masse atomique 138,91 (symbole La). – Francisation du lat. scientif. *lanthanum;* du gr. *lanthanein,* «passer inaperçu».

ENCYCL Le lanthane est un métal malléable, de densité 6,17, qui fond à 920 °C. Il appartient au groupe des terres rares, métaux très réducteurs comprenant le scandium, l'yttrium et les lanthanides. Le lanthane est utilisé en optique et en électronique.

lanthanides [lɑ̃tanid] n. m. pl. Nom générique des éléments dont le numéro atomique est compris entre 57 et 71. – De *lanthane*, et *-ide*.

laotien, ienne [laɔsjɛ̃, jɛn] adj. et n. Du Laos, État du Sud-Est asiatique.

lapalissade [lapalisad] n. f. Truisme. – Du n. de Jacques de Chabannes, seigneur de *La Palisse* (v. 1470-1525) célèbre capitaine français des guerres d'Italie, par allusion à la chanson, toute de truismes naïfs, qui chantait sa gloire.

laparoscopie [lapaʀoskɔpi] n. f. CHIR Exploration de la cavité péritonéale à l'aide d'un dispositif optique introduit à travers un trocart. – Du gr. *lapara*, «flanc», et de *-scopie*.

laparotomie [lapaʀotɔmi] n. f. CHIR Incision chirurgicale de la paroi abdominale et du péritoine. – Du gr. *lapara*, «flanc», et de *-tomie*.

lapement [lapmɑ̃] n. m. Action de laper; bruit produit par un animal qui lape. – De *laper*.

laper [lape] v. tr. [1] Boire en tirant le liquide à coups de langue (animaux). *Laper du lait.* – Absol. *Le chien lape.* – D'un rad. onomat. *lap-*.

lapereau [lapʀo] n. m. Jeune lapin. – De l'a. fr. *lapriel*, p.-ê. du lat. *leporellus* «levreau».

lapiaz [lapjaz] ou **lapié** [lapje] n. m. GEOL Rainure plus ou moins profonde, dans la surface d'un karst, due à la dissolution du calcaire par les eaux de ruissellement. – Du lat. *lapis*, «pierre».

1. lapidaire [lapidɛʀ] n. m. **1.** Personne qui taille ou qui vend des pierres précieuses. **2.** TECH Meule servant au dressage ou au polissage des pierres précieuses et des pièces métalliques. – Lat. *lapidaris*, de *lapis, lapidis*, «pierre».

2. lapidaire [lapidɛʀ] adj. **1.** Relatif aux pierres. *Musée lapidaire*, où l'on conserve des pierres gravées ou sculptées. **2.** *Style lapidaire*, des inscriptions sur pierre (notam. latines). ▷ Fig. Dont la concision rappelle ce style. *Formule lapidaire.* – Lat. *lapidaris*, «de pierre».

lapidation [lapidasjɔ̃] n. f. Action de lapider; supplice d'une personne qu'on lapide. *Chez les Macédoniens, la lapidation était un supplice légal.* – Lat. *lapidatio*.

lapider [lapide] v. tr. [1] **1.** Tuer à coups de pierres. **2.** Poursuivre, attaquer à coups de pierres. – Lat. *lapidare*, de *lapis, lapidis*, «pierre».

lapidification [lapidifikasjɔ̃] n. f. GEOL Fait de se lapidifier. – De *lapidifier*.

lapidifier [lapidifje] v. tr. [1] GEOL Donner la consistance de la pierre à; transformer en roche. ▷ v. pron. *Éléments minéraux qui se sont lapidifiés.* – Du lat. *lapis, lapidis*, «pierre», et de *-fier*.

lapié. V. lapiaz.

lapilli [lapil(l)i] n. m. pl. GEOL Petits fragments de pierres volcaniques. – Mot ital., du lat. *lapis*, «pierre».

lapin, ine [lapɛ̃, in] n. **1.** Petit mammifère herbivore, élevé pour sa chair, à la fourrure douce, aux longues oreilles. *En Amérique du Nord, on trouve deux espèces de lapin sauvage: le lapin à queue blanche et le lapin de Nuttall.* **2.** Chair du lapin. *Servir du lapin.* **3.** Fourrure du lapin domestique. *Veste de lapin.* **4.** loc. fam. *Courir comme un lapin*, très vite. *Un chaud lapin:* un homme ardent à l'amour. – *Le coup du lapin*, violemment porté sur la nuque du tranchant de la main et qui brise les vertèbres cervicales de l'animal. – *Par ext.* Coup violent, parfois mortel, porté sur la nuque de l'homme. – Fam. *Poser un lapin à qqn*, ne pas venir à son rendez-vous. – De *lapereau*, avec changement de finale.

lapiner [lapine] v. intr. [1] En parlant de la lapine, mettre bas. – De *lapin*.

lapinisme [lapinism] n. m. Fam., péjor. Fécondité excessive. – De *lapin*.

lapis [lapis] ou **lapis-lazuli** [lapislazyli] n. m. inv. Pierre d'un beau bleu, recherchée en joaillerie, silicate double d'aluminium et de sodium contenant du soufre très divisé. Syn. lazulite, pierre d'azur. – Lat. médiév. *lapis lazuli*, «pierre d'azur», de *lapis*, «pierre», et de *lazulum*, «azur».

laplacien, ienne [laplasjɛ̃, jɛn] n. et adj. **1.** n. m. MATH Opérateur différentiel noté Δ ou ∇^2 (nabla) appliqué à un scalaire ou à un vecteur. **2.** adj. MATH *Champ laplacien:* champ de vecteurs. – Du n. de Pierre Simon de *Laplace* (1749-1827), mathématicien, physicien et astronome français.

lapon, one [lapɔ̃, ɔn] adj. et n. Qui habite la Laponie; qui en est originaire. ▷ N. m. *Le lapon:* langue finno-ougrienne parlée par les Lapons. – Du suédois *Lapp*; lat. médiév. *Lapo, Laponis*.

ENCYCL Les Lapons, au nombre de 45 000 env., se répartissent entre les comtés norvégiens de Finmark, Troms et Norrland, les districts suédois de Västerbotten et Noorbotten, la prov. soviétique de Mourmansk et la Laponie finlandaise. Ils se sont sédentarisés dans le cadre des nations auxquelles ils appartiennent, mais leur genre de vie fut longtemps nomade parce que adapté aux migrations saisonnières du renne. La pêche leur fournit également d'appréciables ressources.

laps [laps] n. m. *Laps de temps:* espace de temps. – Du lat. *lapsus*, «écoulement».

lapsus [lapsys] n. m. Erreur que l'on commet en parlant ou en écrivant. *Pour Freud, les lapsus sont des actes manqués.* V. manqué. – Du lat. *lapsus linguae, lapsus calami*, «faux pas de la langue», «faux pas de la plume».

laquage [lakaʒ] n. m. Opération qui consiste à recouvrir de laque un objet. – De *laquer*.

laquais [lakɛ] n. m. Anc. Valet revêtu de la livrée. ▷ Fig. Homme servile. – P.-ê. du catalan *alacay*, du gr. médiév. *oulakês*, empr. au turc *ulak*, «coureur».

laque [lak] n. **I.** n. f. **1.** Sève résineuse rouge foncé de divers arbres d'Asie (notam. de *Rhus vernicifera*, anacardiacée du Japon). Syn. gomme-laque. **2.** Vernis coloré naturel, obtenu à partir de la sève résineuse de certains arbres d'Extrême-Orient. *L'engouement pour la laque, au XVIII*e *siècle, incita les artisans européens à produire des imitations des laques d'Extrême-Orient.* **3.** Peinture qui a l'aspect brillant et dur de la laque (au sens 2). **4.** Substance que l'on vaporise sur les cheveux pour les fixer. **II.** n. m. Objet d'art peint avec la laque (au sens I, 2). *Une collection de beaux laques d'Extrême-Orient.* – De l'hindoustani *lakh*, par l'intermédiaire du persan, puis de l'anc. prov. *laca*.

laqué, ée [lake] adj. **1.** Recouvert de laque ou de peinture brillante. *Paravent laqué. Un lit d'enfant laqué rose.* **2.** MED *Sang laqué:* sang ayant subi l'hémolyse. – De *laque*.

laquer [lake] v. tr. [1] Recouvrir de laque ou de peinture brillante. – De *laque*.

laqueur [lakœʀ] n. m. Artisan qui enduit de laque (au sens I, 2), de vernis imitant la laque. – De *laquer*.

laqueux, euse [lakø, øz] adj. Rare Qui a l'aspect de la laque. *Enduit laqueux.* – De *laque*.

laraire [laʀɛʀ] n. m. ANTIQ Dans une maison romaine, petite chapelle (niche et autel) pour le culte des lares. – Bas lat. *lararium*.

larbin [laʀbɛ̃] n. m. Fam., péjor. Domestique mâle. ▷ Fig. Homme servile. – P.-ê. de *habin*, «chien».

larcin [laʀsɛ̃] n. m. **1.** Petit vol commis subrepticement. ▷ *Par ext.* La chose ainsi volée. *Cacher son larcin.* **2.** Vx et fig. Plagiat. – Du lat. *latrocinium*, «brigandage»; écrit d'abord *larrecin.*

lard [laʀ] n. m. **1.** Couche épaisse, constituée de tissu conjonctif chargé de graisse, qui est située sous la peau des mammifères à poil rare (porc, cétacés). *Le lard de baleine.* ▷ *Spécial.* Lard du porc, utilisé en cuisine. *Du lard salé.* ▷ Vx ou rég. Viande de porc. *Un rôti de lard. Du lard haché.* **2.** loc. fam. *Un homme gras à lard, un gros lard:* un homme gras et lourdaud. ▷ Fam. *Se faire du lard:* mener une vie inactive (qui fait prendre de l'embonpoint). ▷ Fam. *Tête de lard:* personne entêtée et d'humeur peu accommodante. – Lat. *lardum.*

larder [laʀde] v. tr. [1] **1.** *Larder de la viande*, y piquer de petits morceaux de lard. **2.** Par anal. *Larder qqn de coups d'épée, de couteau, etc.*, lui porter de nombreux coups d'épée, de couteau. ▷ Fig. *Larder qqn d'épigrammes.* **3.** CONSTR *Larder une pièce de bois*, y planter des clous pour maintenir le plâtre dont on la recouvre. – De *lard.*

lardoire [laʀdwaʀ] n. f. CUIS Brochette creuse avec laquelle on larde la viande. – De *larder.*

lardon [laʀdɔ̃] n. m. **1.** Petit morceau de lard allongé avec lequel on larde la viande. ▷ Petit morceau de lard maigre que l'on fait revenir et dont on accommode certains mets. **2.** Pop. Jeune enfant. – De *lard.*

lare [laʀ] n. m. et adj. **1.** Divinité romaine protectrice du foyer. ▷ Adj. *Les dieux lares.* **2.** Litt. *Les lares:* le foyer domestique, la maison paternelle. – Lat. *lar, laris.*

largable [laʀgabl] adj. Qui peut être largué. *Réservoirs largables d'un avion.* – De *larguer.*

largage [laʀgaʒ] n. m. Action de larguer. *Largage de bombes.* – De *larguer.*

large [laʀʒ] adj., n. m. et adv. **I.** adj. **1.** Dont la largeur est grande. *Couloir large.* Ant. étroit. **2.** Ample. *Ce chandail est trop large.* **3.** *Large de:* qui a une largeur de. *Route large de dix mètres.* **4.** Fig. Étendu, vaste, grand. *De larges possibilités. Avoir des vues larges.* Ant. restreint, borné. **5.** Fig. Généreux, qui donne beaucoup. *Le patron n'est pas large.* ▷ *Une existence large*, dans laquelle on ne manque pas d'argent. **6.** Fig. Qui comprend autrui, qui est tolérant. *Un esprit large.* Par ext. *Avoir les idées larges.* ▷ Péjor. *Une conscience large*, peu scrupuleuse. **II.** n. m. **1.** Largeur. *Cette table a 90 cm de large.* ▷ *En long et en large:* dans tous les sens, et fig., fam., complètement et en détail. **2.** *Le large:* la haute mer. ▷ *Prendre le large:* s'éloigner du rivage, et fig., fam., s'en aller. ▷ *Au large de:* en mer, en face de tel point de la côte. *L'île Bonaventure se trouve au large de Percé.* **3.** loc. adv. *Au large:* spacieusement. *Être logé au large.* ▷ Fig. *Être au large:* avoir suffisamment de ressources. ▷ *Au large!:* écartez-vous. **III.** adv. **1.** Sans serrer. *Ces mocassins chaussent large.* **2.** Avec une grande ampleur de vues. *Voir large.* **3.** Fig., fam. *Il n'en mène pas large:* il est dans une situation fâcheuse et il a peur. – Lat. *largus*, «abondant, généreux».

largement [laʀʒəmɑ̃] adv. **1.** D'une manière large. **2.** (Devant une indication de quantité.) Au moins. *Cette valise pèse largement dix kilos.* – De *large.*

largesse [laʀʒɛs] n. f. Don généreux. *Combler qqn de largesses.* – De *large.*

larget [laʀʒɛ] n. m. METALL Profilé à section rectangulaire permettant d'obtenir par laminage un feuillard ou une tôle mince. – De *large.*

largeur [laʀʒœʀ] n. f. **1.** Dimensions d'un bord à l'autre (par oppos. à longueur, hauteur, profondeur, épaisseur). *Largeur d'une table.* ▷ Fig., fam. *Dans les grandes largeurs:* grandement, complètement. *Se tromper dans les grandes largeurs.* **2.** Fig. Qualité de ce qui n'est pas borné, mesquin. *Largeur d'esprit. Largeur de vues.* – De *large.*

larghetto [laʀgetto] adv. et n. m. MUS Un peu moins lentement que largo. ▷ N. m. Morceau joué dans ce mouvement. – Mot ital. dimin. de *largo.*

largo [laʀgo] adv. et n. m. MUS Avec un mouvement très lent et majestueux. ▷ N. m. Morceau joué dans ce mouvement. Pl. *Des largo* ou *des largos.* – Mot ital.

largue [laʀg] n. m. MAR Allure de route d'un bateau qui reçoit le vent d'une direction comprise entre l'arrière et le travers. *Les allures de largue: petit largue* (vent de travers), *largue* (vent venant de 1 à 4 quarts sur l'arrière du travers), *grand largue* (vent venant de plus de 4 quarts sur l'arrière du travers). – Ital. *largo.*

larguer [laʀge] v. tr. [1] **1.** MAR Lâcher; désamarrer et laisser aller. *Larguer une amarre, une écoute.* **2.** AVIAT Lâcher en cours de vol. *Larguer des bombes, des parachutistes.* **3.** Pop. Jeter. *Larguer ses vieilles affaires.* – Mettre à la porte, congédier. *Elle a largué son petit ami. Il s'est fait larguer de sa boîte.* – De *largue.*

laridés [laʀide] n. m. pl. ZOOL Famille d'oiseaux palmipèdes, comptant une quarantaine d'espèces, dont les mouettes* et les goélands*. – Du bas lat. *larus*, «mouette», gr. *laros.*

lariformes [laʀifɔʀm] n. m. pl. ZOOL Ordre d'oiseaux marins à longues ailes, comprenant les mouettes, les goélands, les sternes, etc. – Du bas lat. *larus*, «goéland», et de *-forme.*

larigot [laʀigo] n. m. **1.** MUS Petit flageolet. ▷ Jeu d'orgue d'un pied 1/3 (jeu de mutation simple). *Le larigot, appelé aussi petit nasard, sonne une octave au-dessus du nasard.* **2.** loc. fam. *À tire-larigot :* avec excès, sans retenue. *Boire à tire-larigot.* – Orig. incert.; mot d'un refrain de chanson.

larme [laʀm] n. f. **1.** Chacune des gouttes du liquide qui coule lorsqu'on pleure. *Sécrétées par les glandes lacrymales, les larmes humidifient et protègent la cornée.* ▷ *Fondre en larmes:* se mettre à pleurer. *Pleurer à chaudes larmes:* pleurer beaucoup. *Rire aux larmes*, beaucoup, très fort. ▷ *Avoir des larmes dans la voix:* parler d'une voix altérée par l'émotion. ▷ Fig., fam. *Pleurer des larmes de crocodile*, des larmes hypocrites. **2.** Par anal. *Larmes de cerf:* humeur onctueuse et odorante sécrétée par les larmiers du cerf, avec laquelle l'animal marque son territoire. ▷ Écoulement de la sève. *Larmes de la vigne.* **3.** Fam. Très petite quantité (de boisson). *Versez-moi une larme de vin.* – Lat. *lacrima;* d'abord *lairme.*

larme-de-Job [laʀmdəʒɔb] n. f. Syn. de *larmille. Des larmes-de-Job.* – De *larme, de,* et *Job*, personnage de la Bible.

larmier [laʀmje] n. m. **1.** ARCHI Moulure, élément en saillie, dont la face inférieure est creusée d'une rigole qui collecte les gouttes de ruissellement et les fait tomber sur le sol, avant qu'elles n'aient pu glisser le long du mur. **2.** ANAT Angle interne de l'œil. ▷ ZOOL Appareil sécréteur propre aux cervidés, situé à l'angle interne de l'œil. – De *larme.*

larmille [laʀmij] n. f. Graminée dont les grains luisants évoquent des larmes *(Coix lacryma-Jobi* appelée aussi *larme-de-Job).* – De *larme.*

larmoiement [laʀmwamɑ̃] n. m. Fait de larmoyer. – De *larmoyer.*

larmoyant, ante [laʀmwajɑ̃, ɑ̃t] adj. **1.** Qui larmoie. *Yeux larmoyants.* **2.** Propre à faire verser des larmes, à attendrir. *Les comédies larmoyantes en vogue au XVIIIe siècle.* – Ppr. de *larmoyer.*

larmoyer [laʀmwaje] v. intr. [26] **1.** *Yeux qui larmoient,* qui sont sans cesse humectés de larmes. **2.** Péjor. Pleurnicher, s'attendrir de manière hypocrite ou peu justifiée. – De *larme.*

larron [laʀõ] n. m. **1.** Vx Brigand, bandit, voleur. ▷ *Le bon larron et le mauvais larron:* les deux malfaiteurs qui, selon l'Évangile, furent crucifiés en même temps que le Christ. ▷ Mod., fam. *Ils s'entendent comme larrons en foire:* ils sont d'accord entre eux au détriment d'autrui. ▷ *Le troisième larron,* celui qui profite du désaccord de deux autres personnes (*les Voleurs et l'Âne* de La Fontaine). **2.** IMPRIM Défaut d'impression d'une feuille pliée accidentellement. – Du lat. *latro, latronis,* «voleur»; d'abord *ladron.*

larvaire [laʀvɛʀ] adj. **1.** D'une larve, de la larve; caractéristique de la larve (sens 1). *La phase larvaire de la vie d'un insecte.* **2.** Fig. Embryonnaire. – De *larve.*

larve [laʀv] n. f. **1.** ANTIQ ROM Esprit malfaisant d'un mort. **2.** Forme que prennent certains animaux entre l'état embryonnaire et l'état adulte. **3.** Fig., péjor. Individu insignifiant et méprisable. – Lat. *larva* (sens 2 et 3) au sens dér. «fantôme, masque».

ENCYCL **Zool.** – Une larve, de quelque animal que ce soit (insecte, mais également échinoderme, crustacé, amphibien, poisson, etc.), possède trois caractéristiques: elle mène une vie indépendante des géniteurs; elle ne possède pas tous les organes de l'adulte; sauf rarissimes exceptions (V. néoténie), elle est inapte à la reproduction sexuée. La plupart du temps (mais pas toujours), le mode et le milieu de vie de la larve et de l'adulte sont différents, ainsi que leur morphologie; les têtards, civelles, chenilles, asticots, vers blancs, véligères, etc., sont des larves.

larvé, ée [laʀve] adj. Qui ne se déclare pas franchement; insidieux. *Une guerre civile larvée.* – De *larve.*

laryng(o)-. Élément, du gr. *larugx, laruggos,* «gorge, gosier».

laryngal, ale, aux [laʀɛ̃gal, o] adj. et n. f. PHON Dont le point d'articulation est situé au niveau du larynx. *Une consonne laryngale* ou, n. f., *une laryngale.* (Ex.: le [h] de *hop!,* la *jota* espagnole). – De *larynx.*

laryngé, ée [laʀɛ̃ʒe] adj. MED Qui concerne le larynx. *Dyspnée laryngée.* – De *larynx.*

laryngectomie [laʀɛ̃ʒɛktɔmi] n. f. CHIR Ablation chirurgicale du larynx. – De *laryng(o)-,* et *-ectomie.*

laryngien, ienne [laʀɛ̃ʒjɛ̃, jɛn] adj. ANAT, MED Du larynx. *Région laryngienne.* – De *larynx.*

laryngite [laʀɛ̃ʒit] n. f. MED Inflammation aiguë ou chronique du larynx, aux causes variées (inflammatoire, infectieuse, traumatique, etc.), qui se manifeste par une toux, une dyspnée et des modifications de la voix. – De *laryng(o)-,* et *-ite* 1.

laryngologie [laʀɛ̃gɔlɔʒi] n. f. MED Partie de la médecine qui étudie le larynx et sa pathologie. – De *laryng(o)-,* et *-logie.*

laryngologiste [laʀɛ̃gɔlɔʒist] ou **laryngologue** [laʀɛ̃gɔlɔg] n. Médecin spécialiste de laryngologie (surtout en composition, dans othorhinolaryngologiste). – De *laryngologie.*

laryngophone [laʀɛ̃gɔfɔn] n. m. TECH Microphone qui fonctionne sous l'effet des vibrations du larynx. – De *laryng(o)-,* et *-phone.*

laryngoscope [laʀɛ̃gɔskɔp] n. m. MED Appareil qui permet d'examiner le larynx. – De *laryng(o)-,* et *-scope.*

laryngoscopie [laʀɛ̃gɔskɔpi] n. f. MED Examen du larynx à l'aide d'un laryngoscope. – De *laryng(o)-,* et *-scopie.*

laryngotomie [laʀɛ̃gɔtɔmi] n. f. CHIR Incision du larynx. – De *laryng(o)-,* et *-tomie.*

larynx [laʀɛ̃ks] n. m. Partie des voies aériennes supérieures situées entre la trachée, qui lui fait suite, et le pharynx, qui le précède. *Le larynx est l'organe essentiel de la phonation.* – Gr. *larugx, laruggos;* d'abord *laringue.*

las! [las] interj. Vx ou litt. Hélas! – De l'adj. *las,* «malheureux», en a. fr.

las, lasse [lɑ, lɑs] adj. **1.** Qui ressent péniblement la fatigue physique, la difficulté ou l'incapacité de poursuivre un effort, une action, etc. *Être las de marcher.* Qui exprime la fatigue. *Un air, un sourire las.* **2.** Ennuyé, excédé, dégoûté. *Être las des plaisirs. Las d'espérer.* – Lat. *lassus.*

lasagne [lazaɲ] n. f. Pâte alimentaire d'origine italienne, coupée en forme de larges rubans. – Ital. *lasagna.*

lasallois, oise [lasalwa, waz] adj. et n. De LaSalle (Montréal).

lascar [laskaʀ] n. m. Fam. **1.** Homme malin, débrouillard. **2.** Individu allant et décidé. – Persan *laskhar,* «soldat», portug. *lascar* signif. d'abord «matelot indien».

lascif, ive [lasif, iv] adj. **1.** Porté à la volupté ou à la luxure. *Une nature lascive.* **2.** Qui exprime la sensualité; qui éveille ou excite le désir. *Spectacle lascif. Démarche lascive.* – Lat. *lascivus.*

lascivement [lasivmɑ̃] adv. D'une manière lascive. – De *lascif.*

lasciveté [lasivte] ou **lascivité** [lasivite] n. f. Caractère lascif. – Bas lat. *lascivitas,* du class. *lascivus,* «lascif».

laser [lazɛʀ] n. m. Appareil qui produit un faisceau de lumière cohérente. ▷ Appos. *Faisceau laser.* – Mot angl., abrév. de *Light Amplification by Stimulated Emission of Radiations.*

ENCYCL Un laser est un générateur d'ondes électromagnétiques monochromatiques possédant des caractéristiques de directivité, d'intensité et de cohérence de phase particulièrement intéressantes. Il se compose d'un milieu actif contenu dans une cavité résonante que délimitent deux miroirs. Son principe consiste à *exciter* les atomes d'un corps et à provoquer, lorsque les atomes reviennent à leur niveau d'énergie initial, l'émission de photons aux caractéristiques très voisines. Le rendement de cette émission augmente lorsque le nombre d'atomes possédant le niveau d'énergie le plus élevé est supérieur à celui des atomes dont le niveau d'énergie est le plus faible (inversion des populations). Cette inversion est notam. obtenue grâce au système de *pompage optique* mis au point en 1950 par le physicien français Alfred Kastler. Le milieu actif d'un laser peut être constitué: d'ions métalliques noyés dans une matrice cristalline (laser à rubis, à néodyme); d'ions de terres rares en solution dans un liquide; d'un gaz à faible pression (laser à hélium-néon, à argon, à gaz carbonique); d'un matériau semiconducteur (arséniure de gallium, par ex.); d'un colorant liquide. Le faisceau lumineux émis par un laser est pratiquement constitué par un cylindre, d'un diamètre de quelques millimètres, la divergence des rayons étant très faible. Il peut être focalisé, le diamètre minimal de la tache focale étant de l'ordre de la longueur d'onde, ce qui permet d'obtenir des intensités d'éclairement considérables. La fréquence d'un faisceau laser est comprise entre celle de l'ultraviolet et celle de l'infrarouge lointain. Des fréquences moins élevées sont obtenues à partir des masers. Les propriétés d'un faisceau laser ont conduit à l'utiliser dans des domaines nombreux et variés: transmission d'énergie à distance, soudure et usinage, chirurgie, obtention de plasmas (notam. en vue de la fusion thermonucléaire contrôlée), photographie de phénomènes très rapides, topographie, guidage d'engins de travaux publics (boucliers destinés à forer des tunnels), transport d'informations en télécommunications, holographie, applications aérospatiales et militaires (guidage de missiles, destruction de satellites, etc.).

lassant, ante [lasɑ̃, ɑ̃t] adj. Qui lasse. *Un travail lassant. Des propos lassants.* – Ppr. de *lasser.*

lasser [lɑse] **I.** v. tr. [1] **1.** Vx Fatiguer physiquement. **2.** Causer une fatigue morale à; ennuyer, excéder. *Vos discours nous lassent.* **3.** Décourager. *Lasser la patience, la méfiance de qqn.* **II.** v. pron. *On ne se lasse pas de l'écouter.* – Lat. *lassare.*

lasserie. V. lacerie.

lassitude [lasityd] n. f. **1.** État ou sensation pénible de fatigue physique. **2.** Ennui, découragement; abattement moral. – Lat. *lassitudo.*

lasso [laso] n. m. Corde à nœud coulant utilisée par les gauchos et les cow-boys pour capturer les chevaux sauvages, le bétail, etc. – Esp. d'Argentine *lazo,* du même rad. que *lacs.*

lastex [lastɛks] n. m. Fil de caoutchouc gainé de textile (laine, coton, rayonne, etc.). – Marque déposée; crois. de *latex,* et de *élastique.*

latanier [latanje] n. m. Palmier d'Amérique, d'Asie et des îles de l'océan Indien, fournissant une fibre textile, dont certaines espèces, ornementales, sont cultivées en appartement. – De *alátani,* m. des Caraïbes.

latence [latɑ̃s] n. f. État de ce qui est latent. ▷ BIOL, PSYCHO Délai qui s'écoule entre un stimulus et la réaction à ce stimulus. ▷ PSYCHAN *Période de latence,* qui va du déclin de la sexualité infantile (à la fin du complexe d'Œdipe) jusqu'au début de la puberté, et qui est marquée par un temps d'arrêt dans l'évolution de la sexualité. – De *latent.*

latent, ente [latɑ̃, ɑ̃t] adj. **1.** Qui ne se manifeste pas, qui reste caché. *Une aversion latente.* **2.** MED *Maladie latente,* dont les symptômes ne sont pas encore cliniquement perceptibles. ▷ BIOL *Vie latente :* état d'un organe ou d'un organisme dont les fonctions physiologiques sont presque entièrement suspendues dans certaines conditions défavorables. Syn. ralenti. ▷ TECH *Image latente :* ensemble des points d'une émulsion photographique qui donneront l'image après développement. ▷ PHYS *Chaleur latente:* quantité de chaleur nécessaire pour faire passer d'un état à un autre, à température constante, l'unité de masse d'un corps. ▷ PSYCHAN *Contenu latent d'un rêve* (par oppos. à contenu manifeste), son sens profond et réel, qui procède de l'inconscient et que le travail de l'analyse tente de mettre au jour. – Lat. *latens,* de *latere,* «être caché».

latér(o)-, -latère. Éléments, du lat. *latus, lateris,* «côté».

latéral, ale, aux [lateʀal, o] adj. (et n. f.) Qui appartient au côté, qui se trouve sur le côté. *Galerie latérale. Canal latéral.* ▷ PHON *Consonne latérale,* articulée en laissant passer l'air de chaque côté de la langue. – N. f. *La consonne* [l] *est une latérale.* – Lat. *lateralis,* de *latus,* «côté».

latéralement [lateʀalmɑ̃] adv. De côté, sur le côté. – De *latéral.*

latéralisation [lateʀalizasjɔ̃] ou **latérisation** [lateʀizajɔ̃] n. f. Établissement progressif, dans la petite enfance, de la prédominance d'un hémisphère cérébral (généralement le gauche) sur l'autre. – De *latéral.*

latéralité [lateʀalite] n. f. PHYSIOL Fait que l'une des deux moitiés du corps soit fonctionnellement dominante sur l'autre. *Latéralité à droite, à gauche.* – De *latéral.*

latérisation. V. latéralisation.

latérite [lateʀit] n. f. MINER Roche rouge ou brune constituée d'hydroxydes d'aluminium et de fer, formant des cuirasses totalement incultes à la surface des plateaux des régions tropicales. *La bauxite est une latérite essentiellement alumineuse.* – Du lat. *later,* «brique», et *-ite* 3.

latéritique [lateʀitik] adj. MINER De latérite ou formé dans la latérite. *Sol, minerai latéritique.* – De *latérite.*

latéritisation [lateʀitizasjɔ̃] n. f. MINER Ensemble des réactions d'altération des roches feldspathiques, qui conduisent à la formation de latérite par lessivage de la silice. – De *latérite.*

latex [latɛks] n. m. inv. Sécrétion opaque blanche ou colorée, coagulable, de divers végétaux (hévéa, pissenlit, laitue). *Les latex sont des émulsions de polyterpènes plus ou moins polymérisés dont on tire le caoutchouc, la gutta-percha, etc.* – Mot lat., «liqueur».

laticifère [latisifɛʀ] n. m. et adj. BOT Organe sécréteur ou conducteur du latex. – Adj. *Cellule, tissu laticifère.* – Du lat. *latex, laticis,* et de *-fère.*

laticlave [latiklav] n. m. ANTIQ ROM Large bande de couleur pourpre qui garnissait, sur le devant, la tunique des sénateurs. ▷ *Par ext.* Cette tunique. – Lat. *laticlava.*

latifolié, ée [latifɔlje] adj. BOT Qui a de larges feuilles. – Lat. *latifolius,* de *latus,* «large», et *folium,* «feuille».

latifundium [latifɔ̃djɔm] plur. **latifundia** [latifɔ̃dja] n. m. **1.** ANTIQ ROM Immense domaine des Romains fortunés. **2.** Mod. (France) Très grand domaine agricole privé, souvent mal ou insuffisamment exploité. – N. B. On dit aussi *un latifondo* (mot ital.; pl. *des latifondi*). – Mot lat., de *latus,* «large», et *fundus,* «domaine».

latifundiste ou **latifondiste** [latifɔ̃dist] n. m. Propriétaire d'un latifundium. – De *latifundium.*

latin, ine [latɛ̃, in] adj. et n. **I.** adj. **1.** Originaire du Latium. **2.** De la Rome ancienne ou des peuples romanisés. *Coutumes, villes latines.* **3.** Qui a trait à la langue latine. *Littérature latine. Thème latin.* – *Le Quartier latin:* le quartier de la Sorbonne, à Paris, où l'ancienne Université donnait son enseignement en latin. ▷ *Église latine:* l'Église catholique d'Occident, dont la langue liturgique était le latin (par oppos. à l'Église grecque, aux Églises d'Orient). **4.** Qui parle une langue romane (dérivée du latin). *Les peuples latins:* les Français, Italiens, Espagnols, Portugais, etc. *L'Amérique latine:* la partie du continent américain où l'on parle espagnol ou portugais. **5.** MAR *Voile latine:* voile triangulaire dont le grand côté est envergué sur une antenne. **II.** n. **1.** Habitant(e) du Latium ou des anciens pays latins. **2.** Personne qui appartient à un peuple d'origine latine. *Les Latins. Un tempérament de Latin.* **3.** n. m. *Le latin:* la langue latine. *Le latin appartient au groupe méditerranéen des langues indo-européennes. Latin classique,* langue des plus célèbres auteurs lat. (notam. César et Cicéron). *Latin ecclésiastique,* langue de l'Église catholique romaine. *Latin impérial,* compromis entre la langue classique et la langue populaire avant la fin de l'Empire. – *Bas latin,* en usage après la chute de l'Empire romain et au Moyen Âge. *Latin populaire,* langue du peuple, à l'origine des langues romanes. – *Latin de cuisine,* mauvais latin; parler qui n'a que la forme désinentielle du latin. ▷ *C'est à y perdre son latin:* c'est à n'y plus rien comprendre. – Lat. *latinus.*

latinisant, ante [latinizɑ̃t, ɑ̃t] adj. et n. **1.** Qui pratique la liturgie de l'Église latine (dans un pays schismatique ou catholique de rite oriental). **2.** Qui s'occupe d'études latines. – Ppr. de *latiniser.*

latinisation [latinizasjɔ̃] n. f. Action de latiniser. – De *latiniser.*

latiniser [latinize] **1.** v. tr. [1] Donner une forme, une terminaison latine à. *Latiniser son nom en lui ajoutant la terminaison -us.* ▷ Donner un caractère latin à. *Les Romains latinisèrent la Gaule.* Syn. cour.: romaniser. **2.** v. intr. RELIG Pratiquer la liturgie de l'Église latine. – Bas lat. *latinizare*, du class. *latinus*, «latin».

latinisme [latinism] n. m. Construction, tour de phrase propres à la langue latine. – De *latin*.

latiniste [latinist] n. Personne versée dans la connaissance de la langue et de la littérature latines. – De *latin*.

latinité [latinite] n. f. **1.** Manière de parler ou d'écrire en latin. *La latinité de Tite-Live.* **2.** Civilisation des Latins; caractère de ce qui est latin. – Lat. *latinitas*.

latino-américain, aine [latinoameʀikɛ̃, ɛn] adj. et n. De l'Amérique latine. – De *latin*, et *américain*.

latitude [latityd] n. f. **I. 1.** Vx Largeur. Fig. Étendue, extension. **2.** Faculté, liberté ou pouvoir de disposer, d'agir. *Donner, laisser (à qqn) toute latitude (de faire qqch). Avoir toute latitude de décider.* **II. 1.** Distance angulaire d'un lieu à l'équateur, mesurée de 0 à ±90° sur le méridien (vers le nord: positivement; vers le sud: négativement). *Schefferville est situé par 55° de latitude Nord.* **2.** Climat, lieu appartenant à telle ou telle latitude. *L'homme s'adapte à toutes les latitudes. Hautes ou basses latitudes*, voisines des pôles ou de l'équateur. *Moyennes latitudes*, au-dessus des tropiques. **3.** ASTRO Angle que fait la direction d'un astre avec le plan de l'écliptique. – Lat. *latitudo*, «largeur».

latitudinaire [latitydinɛʀ] adj. et n. Litt. Qui se donne trop de liberté dans les principes (partic. de religion); qui est d'une morale relâchée. – De *latitude*.

latomies [latɔmi] n. f. pl. ANTIQ Carrières utilisées comme prison. *Les latomies de Syracuse.* – Lat. *latomiæ*, du gr.

lato sensu [latosɛ̃sy] adv. Rare Au sens large (par oppos. à *stricto sensu*). – Mots lat.

-lâtre, -lâtrie. Éléments, du gr. *latreuein*, «servir», employés en composition dans le sens de «adorateur, adoration».

latrie [latʀi] n. f. THEOL *Culte de latrie*, rendu à Dieu seul (par oppos. à *culte de dulie*, rendu aux anges et aux saints). – Lat. ecclés. *latria*, du gr.

latrines [latʀin] n. f. pl. Lieux d'aisances. – Lat. *latrina*, de *lavatrina*, «lavabo».

lattage [lataʒ] n. m. Action de latter. ▷ Surface couverte de lattes. – De *latter*.

latte [lat] n. f. **1.** Pièce de bois, de métal, de matière plastique, etc., longue, plate et étroite. **2.** Vx Sabre de cavalerie à lame droite. – Bas lat. *latta*, probabl. d'orig. germ.

latté [late] n. m. Contre-plaqué dont l'âme est formée de lattes sur chant, collées entre elles. – Pp. subst. de *latter*.

latter [late] v. tr. [1] Garnir de lattes. – De *latte*.

lattis [lati] n. m. Ouvrage de lattes (généralement destiné à l'exécution d'un plafond en plâtre, d'un revêtement, etc.). – De *latte*.

laudanum [lodanɔm] n. m. PHARM Produit dérivé de l'opium (auj. très peu utilisé). – Altér. du lat. *ladanum*, «résine de ciste», gr. *ladanon*.

laudateur, trice [lodatœʀ, tʀis] n. Litt. Personne qui loue, qui décerne des louanges. – Lat. *laudator*, de *laudare*, «louer».

laudatif, ive [lodatif, iv] adj. **1.** Qui loue, qui renferme un éloge. *Discours laudatif. Expression laudative.* **2.** Se dit d'une personne qui fait l'éloge de qqn ou de qqch. – Lat. *laudativus*.

laudes [lod] n. f. LITURG Ancien nom de l'office canonial qui suivait matines, nommé auj. *office du matin*. – Lat. ecclés. *laudes*, plur. de *laus*, «louange».

lauracées [lɔʀase] n. f. pl. BOT Famille de dicotylédones dialypétales comprenant des arbres ou arbrisseaux généralement aromatiques (laurier, camphrier, avocatier). – Du lat. *laurus*, «laurier».

laure [lɔʀ] n. f. Monastère, en Grèce et en Orient. – Lat. médiév. *laura*, mot gr.

lauré, ée [lɔʀe] adj. Litt. Qui porte une couronne de lauriers. – Du lat. *laureatus* (V. lauréat).

lauréat, ate [lɔʀea, at] adj. et n. Qui a remporté un prix dans un concours. – Subst. *Lauréat du prix Nobel.* – Du lat. *laureatus*, «couronné de laurier».

laurentien, ienne [lɔʀɑ̃sjɛ̃, jɛn] adj. Relatif à la chaîne de montagnes des Laurentides, au fleuve Saint-Laurent, à la région des Laurentides et à la ville de Saint-Laurent. *Les collines laurentiennes. La flore laurentienne. Le paysage laurentien.* ▷ Subst. Habitant de la région des Laurentides ou de Saint-Laurent. *Un(e) Laurentien(ne).* – Du lat. *laurentianus*, «relatif à Laurent».

laurier [lɔʀje] n. m. **1.** Arbre d'une dizaine de mètres (*Laurus nobilis*, laurier-sauce, fam. lauracées), dont les feuilles persistantes, lisses, luisantes, sont utilisées comme condiment. **2.** Nom des autres arbres du genre *Laurus*. **3.** *Laurier-rose :* arbrisseau méditerranéen ornemental (*Nerium oleander*, fam. apocynacées), aux feuilles persistantes et aux grandes fleurs roses, rouges ou blanches. **4.** *Laurier-cerise:* arbre (*Prunus laurocerasus*, fam. rosacées) à feuilles persistantes, dont on tire *l'essence de laurier-cerise* et *l'eau distillée de laurier-cerise*, antispasmodiques et narcotiques. **5.** *Laurier-tin:* nom cour. de la viorne tin (*Viburnum tinus*, fam. caprifoliacées). **6.** *Couronne de laurier:* couronne de feuilles de laurier (*Laurus nobilis*) décernée au vainqueur, dans l'Antiquité. – Loc. fig. *Cueillir des lauriers. Lauriers de la victoire. Se reposer, s'endormir sur ses lauriers:* ne pas poursuivre après un succès. – De l'a. fr. *lor*, lat. *laurus*.

lauze [loz] n. f. Plaque de schiste de 2 à 3 cm d'épaisseur, utilisée dans certaines régions du sud de la France comme dalle au sol ou pour couvrir les maisons. – Mot gaul.

lavable [lavabl] adj. Qui peut être lavé. *Papier lavable.* – De *laver*.

lavabo [lavabo] n. m. **1.** LITURG CATHOL Rite de lavement des mains accompli par le prêtre officiant au cours de la messe et accompagné de la récitation d'une partie du psaume XXV qui commence par les mots *Lavabo inter innocentes.* **2.** Appareil sanitaire comprenant une cuvette munie d'une robinetterie et d'un système de vidage. ▷ Par euph., n. m. pl., *les lavabos:* les cabinets d'aisance. – Mot lat., «je laverai».

lavage [lavaʒ] n. m. **1.** Action de laver. *Lavage des vitres, des planchers. Lavage des mains.* ▷ loc. fig. *Lavage de cerveau:* action psychologique exercée sur un individu, visant à détruire les structures de sa personnalité et à modifier son comportement, ses opinions. **2.** *Spécial.*, cour. Action de laver du linge. *Lavage à la main, à la machine. Lavage à l'eau froide, à l'eau chaude. Faire le lavage, son lavage.* «Le bassin de la laveuse rempli, elle ferma à sec le robinet. Il ne fallait pas vider trop vite le réservoir d'eau chaude qui s'épuisait si vite le lundi, jour de lavage général.» (Claude Mailly, *Le cortège*, 1966.) ▷ *Par méton.* Le linge qui doit être lavé, qui vient de l'être. *Panier à lavage. Sac, poche de lavage.* «Je passais l'autre jour dans la rue, quand je vis une brave mère de famille en train d'étendre son lavage sur la corde. Son linge était gris, terne, sans goût.» (Gratien Gélinas, *Les Fridolinades 1943 et 1944,* 1981.) – *Mettre du linge au lavage, dans le lavage:* le mettre avec ce qui doit être lavé. – *Prendre, faire des lavages:* laver le linge de qqn d'autre, moyennant rétribution. – De *laver.*

lavallière [lavaljɛʀ] n. f. et adj. **1.** n. f. Cravate à large nœud flottant. **2.** adj. *Maroquin lavallière:* reliure de couleur feuille morte. – Du n. de la duchesse de *La Vallière,* favorite de Louis XIV.

lavallois, oise [lavalwa, waz] adj. et n. De Laval (Montréal).

lavande [lavɑ̃d] n. f. **1.** Arbuste (genre *Lavandula,* fam. labiées) cultivé pour ses feuilles et ses épis floraux bleus, qui sécrètent une essence aromatique utilisée en parfumerie. *Eau de lavande.* **2.** Parfum extrait de cette plante. *Savon de toilette à la lavande.* **3.** adj. *Bleu lavande* ou *lavande:* bleu mauve assez pâle. *Des robes bleu lavande. Des chemisiers lavande.* **4.** BOT *Lavande de mer (Limonium carolinianum):* plante à fleurs rose lavande très commune sur les rivages maritimes de la côte atlantique de l'Amérique du Nord. – De l'ital. *lavanda,* «qui sert à laver», la lavande servant à parfumer l'eau de toilette.

lavandière [lavɑ̃djɛʀ] n. f. **1.** Anc. ou litt. Femme qui lave le linge à la main. **2.** Autre nom de la bergeronnette grise. – De *laver.*

lavandin [lavɑ̃dɛ̃] n. m. Variété naturelle et hybride de lavande, cultivée pour son essence. – De *lavande.*

lavaret [lavaʀɛ] n. m. Poisson salmonidé *(Coregonus lavaretus)* des eaux douces profondes des lacs alpins. – De *lavare,* mot savoyard; lat. tardif *levaricinus,* p.-ê. gaul.

lavasse [lavas] n. f. Fam., péjor. Breuvage insipide. *C'est de la lavasse, ce café!* – De *laver,* et *-asse.*

lave [lav] n. f. **1.** Roche en fusion qui sort d'un volcan lors d'une éruption. *Les laves sortent sous des formes variées, selon leur composition.* **2.** Cette roche solidifiée et refroidie. *Lave de Volvic.* – Ital. *lava,* mot napolitain, du lat. *labes,* «éboulement».

ENCYCL À la même température les diverses laves sont plus ou moins visqueuses; les rhyolites, très riches en silice, pâteuses, sortent sous la forme d'une «aiguille» (montagne Pelée); les basaltes, pauvres en silice, extrêmement fluides, se répandent en immenses coulées plates (planèzes d'Auvergne); trachyte, andésite, etc., ont une viscosité intermédiaire. Une lave d'une composition chimique donnée est: bulleuse (pierre ponce) si les gaz dissous s'échappent lors du refroidissement; vitreuse si elle se refroidit très vite (obsidienne); cristalline lorsque le temps de refroidissement, suffisamment long, confère aux cristaux des dimensions importantes.

lavé, ée [lave] adj. **1.** Nettoyé. **2.** TECH Se dit d'un dessin teinté au lavis. ▷ *Couleur lavée,* peu chargée en pigments. – Pp. de *laver.*

lave-auto [lavoto] n. m. Construction en forme de garage, pourvue de toutes les installations nécessaires au lavage des autos. *La plupart des lave-autos sont attenants à des stations-service et sont complètement automatisés.* – De *laver,* et *auto,* d'ap. l'amér. *car wash.*

lave-glace [lavglas] n. m. Dans une automobile, dispositif muni d'un réservoir contenant un liquide (eau, solution à base d'antigel) qu'on peut projeter sur les glaces avant et arrière pour les laver. *Des lave-glaces.* ▷ *Par méton.* La solution à base d'antigel dont on remplit le réservoir de ce dispositif pendant la saison froide. *Mettre du lave-glace.* – De *laver,* et *glace.*

lave-linge [lavlɛ̃ʒ] n. m. inv. Rare Machine à laver le linge. Syn. laveuse. – De *laver,* et *linge.*

lave-mains [lavmɛ̃] n. m. inv. Petit lavabo. – De *laver,* et *mains.*

lavement [lavmɑ̃] n. m. **1.** LITURG *Le lavement des pieds* (des apôtres par le Christ): cérémonie du Jeudi saint qui commémore cet acte. **2.** MED Injection par l'anus d'une solution purgative (eau tiède, huile légère) ou d'un liquide destiné à opacifier l'intestin. *Lavement baryté.* – De *laver.*

laver [lave] v. [1] **I.** v. tr. **1.** Nettoyer (qqch) avec de l'eau ou avec une solution détersive. *Laver le linge, la vaisselle. Laver les murs, les plafonds, les vitres. Laver une automobile. Laver à grande eau, à l'eau savonneuse.* ▷ loc. fig. *Laver son linge sale en famille:* régler à l'intérieur de la famille ou entre soi des affaires domestiques ou peu honorables. **2.** Nettoyer (le corps, une partie du corps) avec de l'eau. *Laver les enfants dans le bain. Se faire laver le dos.* – *Laver une plaie,* la désinfecter. **3.** Fig. Disculper. *Laver qqn d'une accusation.* **4.** Fam. Dépouiller, écraser (un adversaire). *Laver qqn aux cartes. Se faire laver dans une élection.* **5.** TECH *Laver un minerai,* le débarrasser des éléments terreux. – *Laver un gaz,* le débarrasser de ses impuretés en lui faisant traverser un liquide. – *Laver un dessin,* le teinter au lavis. **II.** v. pron. Laver son corps. *Se laver avec une débarbouillette.* – (Suivi d'un compl. d'objet). *Se laver la tête, les cheveux.* ▷ loc. fig. *Se laver les mains de qqch:* décliner toute responsabilité dans une affaire. – Lat. *lavare.*

laverie [lavʀi] n. f. **1.** MINER Lieu où on lave les minerais. **2.** (France) Établissement où les clients lavent leur linge dans des machines mises à leur disposition. Syn. lavoir. – De *laver.*

lavette [lavɛt] n. f. **1.** Morceau de linge, ou brosse ou éponge montées sur un long manche, pour laver la vaisselle. **2.** Fig., fam., péjor. Homme mou, sans énergie. – De *laver.*

laveur, euse [lavœʀ, øz] n. **1.** Personne qui lave. *Laveur de vaisselle, de vitres.* **2.** n. f. Lessiveuse, machine à laver. «Les idées noires me tournaillent dans la tête comme le linge sale dans la laveuse.» (Gratien Gélinas, *Bousille et les justes,* 1960.) ▷ *Laveuse de vaisselle,* lave-vaisselle. **3.** Appos. *Raton laveur* (V. raton). – Bas lat. *lavator.*

lave-vaisselle [lavvɛsɛl] n. m. inv. Machine à laver la vaisselle. – De *laver,* et *vaisselle.*

lavis [lavi] n. m. Manière de teinter un dessin avec de l'encre de Chine, du bistre ou une autre substance délayée dans de l'eau. – *Par ext.* Dessin ainsi obtenu. *Un lavis d'Ingres.* – De *laver.*

lavoir [lavwaʀ] n. m. **1.** (France) Édifice comportant un bassin alimenté par l'eau courante et aménagé pour laver le linge; le bassin lui-même. *Lavoir public, communal.* **2.** Établissement commercial équipé de laveuses et de sécheuses, où l'on apporte son linge pour le laver soi-même ou pour le faire laver. **3.** TECH Appareil destiné à laver certaines substances. – Du bas lat. *lavatorium.*

lavure [lavyʀ] n. f. **1.** Eau qui a servi à laver. Fig., fam. *Lavure de vaisselle:* potage insipide. **2.** TECH Action de laver (certaines matières). **3.** TECH Plur. Parcelles d'or ou d'argent provenant de la lessive des cendres ou de la terre auxquelles elles étaient mêlées. – De *laver.*

lawn-tennis [lontenis] n. m. Vieilli Tennis sur gazon. (Encore utilisé dans *Fédération internationale de lawn-tennis.)* – Mots anglais, de *lawn,* «pelouse», et *tennis.*

lawrencium [lɔʀɑ̃sjɔm] n. m. CHIM Élément de numéro atomique Z = 103, transuranien radioactif obtenu en 1961 à partir du californium. – Du n. de E.O. *Lawrence,* physicien américain qui l'obtint.

laxatif, ive [laksatif, iv] adj. et n. **1.** adj. Qui purge légèrement. **2.** n. m. Médicament utilisé pour évacuer les selles. – Bas lat. *laxativus*, de *laxare*, «lâcher».

laxisme [laksism] n. m. **1.** Doctrine morale qui nie les interdits ou en atténue la gravité. **2.** Tolérance excessive. – Du lat. *laxus*, «large, détendu».

laxiste [laksist] adj. et n. Adepte du laxisme; qui relève du laxisme. – De *laxisme*.

laxité [laksite] n. f. MED *Laxité ligamentaire:* distension, pathologique ou non, des ligaments. – Lat. *laxitas*, «relâchement».

laye. V. laie 3.

layer [lɛje] v. tr. [24] TECH **1.** *Layer un bois, une forêt,* y tracer un chemin. **2.** Marquer (les arbres qui doivent être épargnés dans une coupe). – De *laie* 2.

layetier [lɛjtje] n. m. TECH Ouvrier qui fabrique des caisses en bois blanc, des layettes (sens 1), etc. *Layetier-emballeur.* – De *layette*, «coffre».

layette [lɛjɛt] n. f. **1.** Vx Petit coffre. – Mod. TECH Petit meuble comportant de nombreux tiroirs, utilisé pour ranger de menues fournitures. **2.** Linge, vêtements nécessaires à un nouveau-né. *Tricoter une layette.* – De *laie* 3.

layon [lɛjõ] n. m. Chemin tracé en forêt. – De *laie* 2.

lazaret [lazaʀɛ] n. m. Établissement servant à isoler les voyageurs en quarantaine. – Ital. *lazzaretto*, de *Nazareto*, l'hôpital *Santa Maria di Nazaret*, sous l'infl. de *Santo Lazzaro*, saint patron des lépreux.

lazariste [lazaʀist] n. m. Membre de la Société des prêtres de la Mission, fondée en 1625 par saint Vincent de Paul. – De *Saint-Lazare*, nom d'un prieuré parisien où s'installèrent, en 1632, les membres de la Société.

lazulite [lazylit] n. f. Syn. de *lapis-lazuli*.

lazzarone [ladzaʀɔne] n. m. HIST Napolitain du peuple. *Des lazzaroni.* – Mot napolitain, «mendiant», de *lazzaro* (V. lazaret).

lazzi [ladzi] n. m. pl. inv. Plaisanteries moqueuses, bouffonneries lancées à qqn. – Mot ital., de *l'azzi*, abrév. de *l'azzioni*, propr. «les actions» d'où «jeux de scènes bouffons».

L- dopa. V. dopa.

1. le [lə] **la** [la] **les** [le] articles définis, *le*, m., *la*, f., *les*, m. et f. pl. *Le* et *la* s'élident en *l'* devant une voyelle ou un h muet: *l'été, l'hôtel.* **1.** (Valeur démonstrative.) *Le livre qui est sur la table.* **2.** (Valeur possessive.) *Avoir mal à la tête.* **3.** (Valeur de notoriété.) *La Terre.* **4.** (Valeur distributive.) *Un franc le bouquet. Une fois l'an.* **5.** Avec les noms de personnes, emploi laudatif *(la Callas)*, péjor. *(la Voisin)*, collectif *(les Goncourt, les Pasquier).* **6.** *À la* (suivi d'un adj. fém. et formant une loc. adv.) *Partir à la dérobée. Des jardins à l'anglaise.* ▷ GRAM Avec un superlatif, l'article s'accorde avec le nom ou l'adjectif qu'il accompagne *(la journée la plus chaude du mois)*, ou prend la forme inv. *le (c'est lundi que la journée a été le plus chaude)*, obligatoirement si le verbe ou l'adverbe sont modifiés par le superlatif *(la journée que j'ai le plus attendue).* – Du lat. *illum, illam, illos, illas.*

2. le [lə] **la** [la] **les** [le] pronoms personnels de la 3e personne, *le*, pron. m., *la*, pron. f., *les*, pron. m. et f. pl. – Quand *le* et *la* sont placés devant un verbe ou un adverbe commençant par une voyelle ou un *h* muet, ils s'élident. *Il l'aime, il l'en félicite. Nous l'humilions.* **1.** Pron. complément direct ou attribut d'un verbe, remplaçant un nom déjà exprimé. *Voici un bon livre, lisez-le. Je le vois; je l'ai vue. Le, la, les* s'accordent avec le nom qu'ils représentent, ou peuvent garder la forme du pron. neutre *le. Êtes-vous la directrice? Je la suis. Êtes-vous directrice de l'école? Je le suis.* **2.** Pron. neutre (ne représentant pas un nom précis). *Se le tenir pour dit. Je vous le donne en mille. Le prendre de haut. Nous l'avons échappé belle.* – Du lat. *ille, illa, illud*, «celui-là, celle-là, cela».

lé [le] n. m. **1.** TECH Largeur d'une étoffe entre les deux lisières. *Un lé de velours.* **2.** Bande de papier peint coupée à la dimension voulue. – Du lat. *latus*, «large».

leader [lidœʀ] n. m. Anglicisme **1.** Chef ou personne en vue, dans une organisation, un pays. *Les leaders syndicaux – Par ext.* Celui qui prend la tête d'un groupe, d'un mouvement. **2.** Sportif qui est en tête dans une course; équipe qui est en tête dans un championnat. **3.** AVIAT Avion qui guide une formation aérienne au cours d'une opération. ▷ Officier chef de bord sur cet avion. **4.** *Leader parlementaire:* député désigné par le chef du groupe (ou du parti) pour lui servir de principal conseiller en matière de procédure parlementaire. – Mot angl., «chef, conducteur».

leadership [lidœʀʃip] n. m. Anglicisme Commandement; fonction de leader. ▷ Hégémonie. *Le leadership des États-Unis dans l'Alliance atlantique.* – Mot angl., de *leader*, «chef».

leasing [liziŋ] n. m. Anglicisme V. crédit-bail. – Mot angl., de to *lease*, «louer».

léchage [leʃaʒ] n. m. Action de lécher. – De *lécher*.

lèche [lɛʃ] n. f. Fam. *Faire de la lèche à qqn*, le flatter servilement. – Déverbal de *lécher*.

léché, ée [leʃe] adj. **1.** *Un ours mal léché:* un individu bourru, hargneux, mal élevé. **2.** Fam. (souvent péjor.) Qualifie une œuvre exécutée avec un fini très minutieux. *Un portrait léché.* – Pp. de *lécher*.

lèche-bottes [lɛʃbɔt] n. m. inv. Fam. Individu servile. ▷ Adj. inv. *Ils sont lèche-bottes.* – De *lécher* et *bottes*.

lèche-cul [lɛʃky] n. m. inv. Pop. Syn. de *lèche-bottes*. – De *lécher*, et *cul*.

lèchefrite [lɛʃfʀit] n. f. Ustensile de cuisine qui se place sous la broche (ou sous la grille) pour recueillir la graisse et le jus de la viande. – De l'a. fr. *lèche-froie*, «lèche, frotte», avec infl. de *frire*.

lécher [leʃe] v. tr. [16] **1.** Passer la langue sur (qqch). *Lécher la cuiller.* ▷ Fig. *Il s'en est léché les doigts:* il a trouvé cela bon. ▷ Fig., péjor. *Lécher les bottes* (pop. *le cul*) *à qqn:* être servile à son égard. ▷ Fig., fam. *Lécher les vitrines*, les regarder en flânant. **2.** Effleurer. *Les flammes lèchent le mur.* ▷ Toucher doucement. *Les vagues lèchent le sable.* – Du frq. **lekkon.*

lécheur, euse [leʃœʀ, øz] adj. et n. **1.** Qui lèche. **2.** Péjor. Flatteur. – Subst. *Un lécheur de bottes:* un flagorneur, un individu servile. **3.** Fam. Se dit de qqn qui est porté à faire des baisers, des bises. – De *lécher*.

lèche-vitrines [lɛʃvitʀin] n. m. Fam. Passe-temps qui consiste à «lécher les vitrines», à regarder en flânant les devantures des magasins. – De *lécher*, et *vitrine*.

lécithine [lesitin] n. f. BIOCHIM Phospholipide présent dans de nombreuses cellules de l'organisme et dans le jaune d'œuf. – Du gr. *lekithos*, «jaune d'œuf».

leçon [ləsõ] n. f. **I.** Enseignement. **1.** Ce qu'un enseignant donne à apprendre à un élève. *Il ne sait pas sa leçon.* **2.** Enseignement, instruction que donne un maître à un auditoire. *Les élèves écoutent la leçon de français.* ▷ Vieilli *Leçons de choses:* enseignement très élémentaire de la physique, de la chimie, des sciences naturelles. ▷ Fig. *Faire la leçon à qqn*, lui indiquer la conduite qu'il doit tenir; le réprimander. **3.** Séance d'enseignement donnée à un élève ou à quelques élèves. *Leçons particulières.* **4.** Chacune des divisions d'un enseignement. *Le bridge en dix leçons.* **5.** Enseignement que l'on peut tirer d'un fait. *Tirons de cet échec une leçon pour l'avenir.* **II.** Variante d'un texte. *Les diverses leçons des manuscrits grecs ou latins.*

III. LITURG CATHOL Texte sacré lu à certains offices. – Du lat. *lectio, lectionis,* «lecture».

lecteur, lectrice [lɛktœʀ, tʀis] n. **I.** (Personnes.) **1.** Personne dont la fonction, permanente ou occasionnelle, est de faire la lecture à haute voix devant une ou plusieurs personnes. *Le lecteur du roi.* **2.** Locuteur natif adjoint à un professeur de langue vivante, dans une université. **3.** Personne qui lit (un livre, un journal, etc.). *Avis au lecteur. Les lecteurs d'un journal.* **4.** Dans une maison d'édition, un théâtre, personne chargée de lire, d'examiner et de juger les manuscrits ou les pièces que proposent les auteurs. **II.** n. m. (Appareils.) **1.** TECH Appareil qui permet d'obtenir des sons ou des signaux électriques à partir d'informations enregistrées sur un support tel que film (bande sonore), bande ou disque magnétique, bande perforée, etc. *Lecteur de cassettes.* Syn. tête de lecture. **2.** INFORM Système effectuant le décodage d'informations. *Lecteur de cartes :* appareil permettant de décoder les informations des cartes perforées et de les transmettre vers le système d'exploitation. ▷ *Lecteur de disquettes:* appareil permettant de lire l'information à partir de disquettes magnétiques. – Lat. *lector.*

lecture [lɛ(e)ktyʀ] n. f. **I. 1.** Action de lire (des livres, un journal, un document, etc.). *Il aime la lecture et la musique. Je l'ai appris par la lecture des journaux.* ▷ *Donner lecture d'un texte,* le lire à haute voix devant un auditoire. ▷ Spécial. *Lecture rapide:* méthode reposant sur l'acquisition de mécanismes qui accroissent la rapidité de lecture et de compréhension des textes. **2.** Œuvre, texte qu'on lit; texte, livre qu'on a à lire. *Une lecture passionnante. Tenez, voilà de la lecture!* **3.** Fig. Manière de comprendre, d'interpréter un auteur, une œuvre, une doctrine. *Une nouvelle lecture de Marx.* **4.** En droit constitutionnel, en France et en Belgique, chacune des délibérations d'une assemblée législative sur un projet ou une proposition de loi. *Texte adopté en deuxième lecture.* (Au Québec, les appellations «première», «deuxième» et «troisième lecture» sont devenues depuis 1984 «présentation», «adoption du principe» et «adoption» du projet de loi.) **II. 1.** TECH *Appareil de mesure à lecture directe,* qui fournit directement la valeur de la grandeur mesurée (par ex., par affichage numérique). **2.** ELECTR, INFORM Opération qui consiste à décoder les informations enregistrées sur un support et à les transformer en signaux (pour les transmettre, par ex., vers le système d'exploitation d'un ordinateur). ▷ *Tête de lecture :* syn. de *lecteur.* **3.** AUDIOV *Table de lecture:* élément d'une chaîne haute fidélité, constitué d'un moteur, d'une platine et d'un bras muni d'une tête de lecture de disques. Syn. tourne-disque. – Lat. médiév. *lectura,* du class. *legere,* «lire».

lécythe [lesit] n. m. ARCHEOL Vase grec allongé, élégant, à long col, dans lequel on mettait des parfums ou de l'huile, pour les offrandes funéraires notam. – Lat. *lecythus,* gr. *lêkuthos,* «vase à huile».

ledit. V. dit.

légal, ale, aux [legal, o] adj. Conforme à la loi. *Procédure légale.* – Lat. imp. *legalis,* de *lex, legis,* «loi».

légalement [legalmɑ̃] adv. D'une manière légale. – De *légal.*

légalisation [legalizasjɔ̃] n. f. Action de légaliser. *Légalisation d'une signature.* – De *légaliser.*

légaliser [legalize] v. tr. [1] **1.** Rendre légal. **2.** *Légaliser une signature, un acte, une copie:* l'authentifier. – De *légal.*

légalisme [legalism] n. m. Respect scrupuleux ou trop minutieux de la loi. – De *légal.*

légaliste [legalist] adj. et n. Qui fait preuve de légalisme. – De *légal.*

légalité [legalite] n. f. **1.** Caractère de ce qui est légal. *Contester la légalité d'une décision.* **2.** Situation légale, ensemble des actes et des moyens autorisés par la loi. *Sortir de la légalité. Le respect de la légalité.* – Lat. médiév. *legalitas,* du class. *legalis,* «légal».

légat [lega] n. m. **1.** ANTIQ ROM Ambassadeur envoyé à l'étranger. – Lieutenant d'un consul, d'un proconsul, d'un préteur. – Administrateur de province, sous l'Empire. **2.** DR CANON Représentant du Saint-Siège. *Légat a latere* (littéral. «venu d'à côté du pape», c.-à-d. de son entourage): cardinal envoyé en mission particulière par le pape. – Lat. *legatus,* «envoyé».

légataire [legatɛʀ] n. Personne qui hérite par testament d'une succession ou d'une partie de celle-ci. ▷ *Légataire universel,* auquel on lègue tous ses biens. – Lat. jur. *legatarius,* de *legare,* «léguer».

légation [legasjɔ̃] n. f. **1.** DR CANON Charge, mission d'un légat ecclésiastique. **2.** Mission diplomatique permanente qu'un État entretient dans un pays où il n'a pas d'ambassade. ▷ *Par ext.* Édifice qui abrite le personnel de cette mission. – Lat. *legatio.*

legato [legato] adv. MUS En soutenant le ton de chaque note jusqu'à ce qu'on ait attaqué la suivante. – Mot ital., «lié».

lège [lɛʒ] adj. MAR *Navire lège,* vide, sans cargaison. ▷ *Déplacement lège:* déplacement d'un navire non chargé. – Néerl. *leeg,* «vide».

légendaire [leʒɑ̃dɛʀ] adj. **1.** Qui est de la nature de la légende (et non de l'histoire). *Les récits légendaires concernant Charlemagne.* **2.** Qui n'existe que dans la légende. *Romulus, personnage légendaire.* Syn. fabuleux, imaginaire, mythique. Ant. historique, réel. **3.** Bien connu de tous. *Sa distraction légendaire.* – De *légende.*

légende [leʒɑ̃d] n. f. **1.** Récit ou tradition populaire qui a, en général, pour sujet soit des événements ou des êtres imaginaires, mais donnés comme historiques, soit des faits réels, mais déformés, embellis et parfois mêlés de merveilleux. *Les légendes amérindiennes.* ▷ *La Légende dorée:* recueil de vies de saints, écrit vers 1260 par le dominicain génois Jacques de Voragine. **2.** Texte qui donne la signification des codes, des couleurs et des signes qui figurent sur un plan, une carte, etc. **3.** Texte accompagnant une figure, une photographie, un dessin humoristique, etc. – Lat. médiév. *legenda,* «ce qui doit être lu».

légender [leʒɑ̃de] v. tr. [1] Compléter (une illustration, une carte, un dessin) par une légende (sens 2 et 3). *Légender les documents iconographiques d'un livre.* – De *légende.*

léger, ère [leʒe, ɛʀ] adj. **I.** Qui pèse peu. **1.** De faible poids. *Une valise légère.* Ant. lourd. ▷ SPORT *Catégorie des poids légers:* catégorie de boxeurs, de lutteurs, d'haltérophiles et de judokas (poids variant, selon les disciplines, entre les limites extrêmes de 57 et de 70 kg). ▷ *Par ext.* Peu dense. *Les alliages légers.* ▷ MILIT Facile à transporter, à déplacer; très mobile. *Armes légères. Mitrailleuses légères. Chars légers. Croiseur léger.* **2.** Facile à digérer. *Un plat léger.* ▷ Peu copieux. *Un dîner léger.* **3.** Peu compact. *Sol léger. Une pâte feuilletée légère.* **4.** Peu serré ou peu épais. *Étoffe, robe légère. Brume légère. Une couche légère de badigeon.* **5.** Gracieux, délié. *Clochetons aux formes légères.* **II.** Qui appuie peu. **1.** Alerte, vif. *Démarche légère. Se sentir léger.* ▷ *Avoir le cœur léger,* sans soucis. **2.** Délicat et mesuré dans ses mouvements, dans son action, ses procédés. *Avoir la main légère:* agir avec mesure ou avec une délicatesse précise. – Par ext. *Peinture exécutée par touches légères. Style léger. Ironie légère.* **3.** Se dit d'une voix agile dans l'aigu, ou d'un chanteur possédant une telle voix. *Ténor léger.* **III.** Faible, peu sensible. **1.** Peu intense, peu violent. *Brise légère.* **2.** Peu perceptible. *Un murmure léger.* **3.** Peu grave, peu pénible. *Une blessure légère. Une* *faute bien légère. Un léger dépit.* **4.** De faible grandeur, de petite amplitude. *Température en légère hausse.* **5.** Peu riche en principe actif. *Café léger.* – *Vin léger,* peu riche en alcool. **6.** *Sommeil léger,* peu profond. **IV.** Qui a peu de sérieux. **1.** Peu réfléchi, peu prévoyant. *Un chef léger et négligent.* ▷ *Une tête légère:* une personne étourdie, frivole. ▷ Loc. adv. *À la légère:* sans réfléchir, sans prévoir. *S'engager à la légère.* **2.** *Femme, fille légère* ou *de mœurs légères:* femme, fille facile. **3.** Quelque peu licencieux. *Conversation, histoire légère.* **4.** (Sans valeur péjor.) Qui ne vise pas au sérieux, au grand art, mais à une facilité pleine d'agrément. *Poésie légère. Musique légère.* **5.** Insuffisant. *C'est un peu léger!* – Du lat. pop. **leviarius,* class. *levis.*

légèrement [leʒɛʀmɑ̃] adv. **1.** D'une manière légère, sans peser, avec agilité. *Courir légèrement.* **2.** Sans se charger l'estomac. *Dîner légèrement.* **3.** Délicatement. *Cela est peint légèrement.* **4.** D'une manière peu considérable; à peine. *Tourner légèrement la tête.* **5.** Sans réfléchir, imprudemment. *Se conduire légèrement.* – De *léger.*

légèreté [leʒɛʀte] n. f. **1.** Caractère de ce qui pèse peu. *La légèreté d'un bâti en aluminium.* **2.** Agilité. *La légèreté de la démarche.* **3.** Délicatesse. *La légèreté de touche d'un peintre.* **4.** Inconstance, instabilité. *Il lui reprochait la légèreté de son esprit.* **5.** Manque de réflexion, de prudence, de sérieux. *Faire preuve de légèreté dans la conduite d'une affaire.* – De *léger.*

leghorn [legɔʀn] n. f. Poule d'une race italienne améliorée, excellente pondeuse. – Nom angl., de la ville ital. de *Livourne.*

légiférer [leʒifeʀe] v. intr. **[16]** Faire des lois. *Le Parlement légifère.* – Lat. *legifer,* «législateur».

légion [leʒjɔ̃] n. f. **1.** ANTIQ ROM Unité militaire. *À l'époque de César, la légion, divisée en cohortes, manipules et centuries, comptait 6 000 hommes.* **2.** Fig. Grand nombre d'êtres. *Une légion de quémandeurs.* ▷ *Ils sont légion:* ils sont très nombreux. **3.** MILIT (France) Unité de gendarmerie commandée par un colonel. ▷ *La Légion étrangère,* ou, absol., *la Légion:* formation militaire française dont les membres sont en grande partie étrangers. *S'engager dans la Légion.* ▷ Par anal. *Légion étrangère espagnole.* **4.** *Légion d'honneur:* ordre honorifique français. ▷ *Par méton.* La décoration de cet ordre. *Il est fier d'exhiber sa Légion d'honneur.* ▷ *Par ext.* Grade ou dignité de cet ordre. *On lui a accordé la Légion d'honneur.* – Lat. *legio, legionis,* de *legere* «rassembler; choisir».

légionnaire [leʒjɔnɛʀ] n. m. **1.** Soldat d'une légion romaine. **2.** Soldat de la Légion étrangère. – De l'adj. lat. *legionarius,* de *legio,* «légion».

législateur, trice [leʒislatœʀ, tʀis] n. **1.** Celui, celle qui donne des lois à un peuple. *Solon fut le législateur d'Athènes.* ▷ Fig. Celui qui établit les principes d'un art, d'une science. *Boileau, législateur du Parnasse.* **2.** n. m. *Le législateur:* le pouvoir qui fait les lois. *Le législateur a voulu que...* – Lat. *legislator.*

législatif, ive [leʒislatif, iv] adj. **1.** Qui fait les lois. *Le pouvoir législatif. Une assemblée législative.* ▷ Subst. *Le législatif:* le pouvoir législatif. **2.** Par ext. (France) *Les élections législatives,* ou, n. f. pl., *les législatives,* par lesquelles sont élus les députés. **3.** Qui est de la nature de la loi. *Les dispositions législatives.* – De *législation.*

législation [leʒislasjɔ̃] n. f. Ensemble des lois d'un pays, ou concernant un domaine précis. *La législation canadienne. La législation de l'adoption.* ▷ *Législation déléguée:* ensemble des règlements décrétés par l'Exécutif en vertu d'un pouvoir accordé par le Parlement. – Du latin *legis,* «de loi», et *latio,* «action de proposer (une loi)».

législativement [leʒislativmɑ̃] adv. DR Par voie législative. – De *législatif.*

législature [leʒislatyʀ] n. f. Période pour laquelle une assemblée législative est élue. – De *législateur,* d'après l'angl. *legislature,* «ensemble des assemblées chargées de faire les lois».

légiste [leʒist] n. et adj. **I.** n. m. **1.** Celui qui connaît ou étudie les lois. Syn. jurisconsulte, juriste. **2.** HIST Conseiller juridique du roi, sous l'Ancien Régime en France. **II.** adj. (France) *Médecin légiste,* chargé des expertises légales. – Lat. médiév. *legista,* de *lex, legis,* «loi».

légitimation [leʒitimasjɔ̃] n. f. Action de légitimer. *Légitimation d'un enfant naturel. Tentative de légitimation d'un coup de force.* – De *légitimer.*

légitime [leʒitim] adj. (et n. f.) **1.** Qui est consacré par la loi. *Enfant légitime,* né dans le mariage (par oppos. à *enfant naturel*). ▷ N. f. Pop. *La légitime:* l'épouse légitime. ▷ *Légitime défense:* droit de se défendre reconnu par la loi à celui qui est attaqué. **2.** Établi conformément à la Constitution ou aux traditions politiques. *Pouvoir, gouvernement légitime.* ▷ Par ext. *Dynastie légitime. Souverain légitime.* **3.** Conforme à l'équité, à la morale, à la raison. *Une inquiétude légitime. Une généralisation légitime.* – Lat. *legitimus,* de *lex, legis,* «loi».

légitimement [leʒitimmɑ̃] adv. D'une manière légitime. – De *légitime.*

légitimer [leʒitime] v. tr. **[1]** **1.** Rendre légitime; faire reconnaître pour authentique. *Faire légitimer un titre de noblesse.* ▷ Spécial. *Enfant légitimé:* enfant naturel qui a reçu juridiquement les droits et la qualité d'enfant légitime. **2.** Justifier. *Une conduite que rien ne peut légitimer.* – De *légitime.*

légitimisme [leʒitimism] n. m. (France) Opinion ou mouvement politique des légitimistes. – De *légitimiste.*

légitimiste [leʒitimist] n. et adj. (France) Partisan du souverain ou de la dynastie légitime. ▷ *Spécial.* HIST En France, au XIXe s., partisan des descendants de Charles X (par oppos. à *orléaniste,* partisan de Louis-Philippe et de ses descendants). ▷ Adj. *Les journaux légitimistes.* – De *légitime.*

légitimité [leʒitimite] n. f. **1.** Caractère de ce qui est légitime. *Prouver la légitimité d'un titre. La légitimité d'une déduction logique.* **2.** *Spécial.* Qualité juridique d'enfant légitime. – De *légitime.*

legs [lɛg] n. m. **1.** DR Disposition d'un bien, d'un droit, faite par testament et qui ne prend effet qu'à la mort du testateur. **2.** Fig. Ce qui est laissé en héritage. *Ce trésor de sagesse, legs des anciens Grecs.* – De l'a. fr. *lais,* de *laisser,* à la suite d'un faux rapprochement avec le lat. *legatum* «legs».

léguer [lege] v. tr. **[16]** **1.** Céder par testament. *Il légua sa maison à son neveu.* **2.** Fig. Transmettre. *Les Romains ont légué à l'Occident le sens de l'État.* – Lat. *legare.*

légume [legym] n. m. **1.** Vx Graines comestibles qui se trouvent dans des gousses (pois, fèves, etc.). **2.** Mod. BOT Syn. de *gousse.* **3.** Mod., cour. Aliment constitué par les plantes potagères ou par certaines parties de celles-ci: graines (petits pois, haricots secs, etc.), gousses (haricots verts), feuilles (choux, salades, etc.), tiges (asperges), racines (navets, choux-raves, etc.), tubercules (pomme de terre), fruits (tomates), fleurs (choux-fleurs). *Légumes verts,* riches en cellulose (salades, haricots verts, épinards, etc.). *Légumes secs,* riches en amidon et farineux (haricots en grains, lentilles, pois, pommes de terre, etc.). **4.** *Par ext.* Plante potagère. *Cultiver des légumes dans son jardin.* **5.** n. f. Fam. *Grosse légume:* personnage haut placé. – Lat. *legumen,* «plante à cosse, à gousse».

légumier, ière [legymje, jɛʀ] adj. et n. **1.** adj. Rare Qui concerne les légumes; où l'on cultive les légumes. *Jardin légumier.* **2.** n. m. Plat à légumes. – De *légume.*

légumineux, euse [legyminø, øz] adj. et n. f. Dont le fruit est une gousse (pois, haricot, fève, etc.). ▷ n. f. pl. BOT Grande famille de dicotylédones dialypétales superovariées, comprenant 120 000 espèces d'herbes et d'arbres de toutes les régions du monde, qui ont en commun d'avoir pour fruits des *légumes,* c.-à-d. des gousses. (On la divise en trois tribus, parfois considérées comme des familles: *papilionacées, césalpiniacées, mimosacées.*) – De *légume,* d'après le lat. *legumen, leguminis.*

leishmaniose [lɛʃmanjoz] n. f. MED Maladie due à l'infestation de l'organisme par une *leishmanie,* protozoaire flagellé parasite des globules blancs, voisin du trypanosome. *Leishmaniose splénique infantile,* ou *kala-azar. Leishmaniose cutanée,* ou *bouton d'Orient.* – Du nom de *Leishman,* biologiste angl.

leitmotiv [lajtmɔtiv] n. m. **1.** MUS Motif, thème qui, caractérisant un personnage ou une situation, revient à plusieurs reprises dans la partition pour évoquer ce personnage ou cette situation. *Les leitmotive de Wagner.* ▷ *Par ext.* Thème récurrent. **2.** Fig. Formule, idée qui revient fréquemment. – Mot all., «motif conducteur».

lem [lɛm] n. m. ESP Véhicule habité destiné à l'exploration lunaire. – Mot anglo-amér., acronyme de *lunar excursion module,* «module d'excursion lunaire».

lemme [lɛm] n. m. PHILO, MATH Proposition préliminaire préparant une démonstration, et n'ayant pas forcément un rapport immédiat avec la proposition à démontrer. – Lat. imp. *lemma;* mot gr. (cf. dilemme).

lemming [lemiŋ] n. m. ZOOL Petit mammifère rongeur des régions arctiques. *Le lemming brun d'Amérique du Nord (Lemmus sibiricus) est étroitement apparenté au lemming de Scandinavie dont la multiplication entraîne parfois des migrations massives.* – Mot norv.

lemnacées [lɛmnase] n. f. pl. BOT Famille de monocotylédones aquatiques, flottantes, dont le type est la lentille d'eau. – Lat. sav., du gr. *lemna,* «lentille d'eau».

lemniscate [lɛmniskat] n. f. GEOM *Lemniscate de Bernouilli:* courbe du 4ᵉ degré, en forme de 8, lieu des points tels que le produit de leurs distances à deux points fixes est constant. – Lat. *lemniscatus,* de *lemniscus,* «ruban», d'orig. gr.

lémure [lemyʀ] n. m. ANTIQ ROM Âme errante d'un mort. – Lat. *lemures.*

lémuriens [lemyʀjɛ̃] n. m. pl. ZOOL Ensemble constitué de mammifères primates inférieurs typiques de Madagascar (maki). – De *lémure,* ces animaux sortant la nuit comme les spectres.

lendemain [lɑ̃dəmɛ̃] n. m. **1.** Jour qui suit le jour considéré. Prov. *Il ne faut jamais remettre au lendemain ce qui peut être fait le jour même.* **2.** *Le lendemain :* l'avenir. *Songer au lendemain.* **3.** loc. *Du jour au lendemain:* très vite, en très peu de temps. ▷ Fig. *Sans lendemain :* sans prolongement, sans suite. *Un bonheur sans lendemain.* – De *demain;* a. fr. *l'endemain.*

lénifiant, iante [lenifjɑ̃, jɑ̃t] adj. **1.** MED Qui lénifie. **2.** Fig. Qui calme, qui adoucit. *Paroles lénifiantes.* – Ppr. de *lénifier.*

lénifier [lenifje] v. tr. [1] **1.** MED Adoucir au moyen d'un lénitif. **2.** Fig. Adoucir. – Bas lat. *lenificare.*

léninisme [leninism] n. m. Doctrine de Lénine et de ses partisans. – De *Lénine* (1870-1924), révolutionnaire et homme d'État russe.

léniniste [leninist] adj. et n. **1.** adj. De Lénine. *La doctrine léniniste.* **2.** n. Partisan de Lénine, du léninisme. – De *léninisme.*

lénitif, ive [lenitif, iv] adj. et n. m. **1.** MED Adoucissant. ▷ N. m. *Le miel est un excellent lénitif.* **2.** Fig., litt. Qui soulage. – Lat. médiév. *lenitivus.*

lent, lente [lɑ̃, lɑ̃t] adj. Dont la vitesse n'est pas grande; dont l'action ou l'effet ne se fait pas immédiatement sentir. *Une lente progression. Avoir l'esprit lent. Un poison lent. Fièvre lente,* continue et peu intense. – Lat. *lentus.*

lente [lɑ̃t] n. f. Œuf de pou. – Lat. pop. *lendis, lenditis,* class. *lens, lentis.*

lentement [lɑ̃t(ə)mɑ̃] adv. Avec lenteur. *Manger lentement.* – De *lent.*

lenteur [lɑ̃tœʀ] n. f. Manque de rapidité, de promptitude. *La lenteur d'une procédure. Les lenteurs de l'Administration. Lenteur d'esprit.* – De *lent.*

lenticelle [lɑ̃tisɛl] n. f. BOT Pore traversant le liège imperméable de l'écorce d'un végétal et permettant les échanges gazeux entre les tissus profonds et l'atmosphère. – Var. sav. de *lenticule.*

lenticulaire [lɑ̃tikylɛʀ] ou **lenticulé, ée** [lɑ̃tikyle] adj. Qui a la forme d'une lentille. *Verre lenticulaire.* – Lat. *lenticularis, lenticulatus.*

lenticule [lɑ̃tikyl] n. f. BOT Lentille d'eau. – Lat. *lenticula.* (V. lentille).

lentiforme [lɑ̃tifɔʀm] adj. Qui a la forme d'une lentille. – Du lat. *lens, lentis,* «lentille», et de *-forme.*

lentigo [lɑ̃tigo] n. m. MED Tache pigmentaire de la peau, appelée cour. tache de rousseur. Syn. éphélide. – Mot lat. de *lens, lentis* (V. lentille).

lentille [lɑ̃tij] n. f. **1.** Légumineuse papilionacée (*Lens culinaris,* la lentille de cuisine), plante grimpante dont les feuilles composées sont terminées par des vrilles. **2.** La graine elle-même, comestible. *Un plat de lentilles au lard.* **3.** *Lentille d'eau,* nom cour. de la lenticule mineure (*Lemna minor,* fam. lemnacées), dont les rares feuilles, de la taille d'une lentille, flottent sur l'eau stagnante. **4.** Système optique réfringent limité par des faces dont une au moins est concave ou convexe. ▷ *Lentille électronique:* dispositif électrique ou électromagnétique servant à focaliser un faisceau d'électrons. **5.** Verre de contact. *Remplacer ses lunettes par des lentilles.* **6.** Grain de beauté. – Lat. *lenticula,* dimin. de *lens, lentis,* «lentille».

lentillon [lɑ̃tijɔ̃] n. m. BOT Variété de lentilles à petites graines. – Dimin. de *lentille.*

lentisque [lɑ̃tisk] n. m. Pistachier dont on tire une huile astringente et une matière résineuse appelée *mastic.* – Anc. provenç., *lentisc,* du lat. *lentiscus.*

lento [lɛnto] adv. MUS Lentement. – Mot ital. «lent».

léonardois, oise [leonaʀdwa, waz] adj. et n. De Saint-Léonard (Montréal). *La joie de vivre léonardoise s'exprime de plusieurs façons. Plusieurs Léonardois sont d'origine italienne.*

1. léonin, ine [leɔnɛ̃, in] adj. **1.** Qui appartient au lion. **2.** Qui rappelle le lion. *Crinière léonine.* **3.** DR *Société léonine,* par allus. à une fable de La Fontaine: société où tous les avantages sont réservés à certains des associés. ▷ *Contrat léonin, partage léonin,* par lequel l'une des parties s'attribue la *part du lion,* la plus grosse part des bénéfices. – Lat. *leoninus.*

2. léonin, ine [leɔnɛ̃, in] adj. LITTER *Vers léonins:* vers latins dont la fin rime avec la césure du troisième pied. – *Rime léonine,* où deux ou trois syllabes sont semblables. – De *Léon,* n. d'un chanoine qui aurait inventé ces vers au XIIᵉ s.

léopard [leɔpaʀ] n. m. **1.** Syn. de *panthère.* **2.** Appos. MILIT *Tenue léopard:* vêtement de camouflage tacheté comme le pelage d'un léopard, partic. utilisé par les parachutistes. **3.** BLAS Animal héraldique, lion passant, représenté la tête de face, la queue ramenée au-dessus du corps. **4.** *Léopard de mer:* phoque très vorace *(Hydrurga leptonyx),* long de 3 m, au pelage tacheté. – Lat. *leopardus,* de *leo,* «lion», et *pardus,* «panthère».

lépid(o)-. Élément tiré du gr. *lepis, lepidos,* «écaille».

lépidodendron [lepidodɛ̃dʀɔ̃] n. m. PALEONT Lycopode arborescent au tronc écailleux, caractéristique des forêts du Carbonifère. – De *lépido-,* et gr. *dendron,* «arbre».

lépidolithe [lepidɔlit] n. m. MINER Mica typique des roches éruptives, très riche en lithium. – De *lépido-,* et *-lithe.*

lépidoptères [lepidɔptɛʀ] n. m. pl. Ordre d'insectes mécoptéroïdes, nommés cour. *papillons,* à deux paires d'ailes membraneuses couvertes d'écailles colorées, et dont les appendices buccaux forment une trompe enroulée en spirale qui aspire le nectar des fleurs. – Lat. sav. *lépidoptera,* du gr. *lepis, lepidos,* «écaille», et *ptéron,* «plume d'aile, aile».

lépidosirène ou **lépidosiren** [lepidosiʀɛn] n. m. ZOOL Poisson dipneuste (genre *Lepidosiren*) d'Amazonie qui passe la saison sèche enfoui dans la vase, dans un cocon muqueux. – De *lépido-,* et *sirène.*

lépidostée. V. lépisostée.

lépiote [lepjɔt] n. f. Champignon basidiomycète du genre *Lepiota* (fam. agaricacées). *La coulemelle est une lépiote.* – Du gr. *lepion,* «petite écaille, petite croûte».

lépisme [lepism] n. m. ZOOL Insecte très commun dans les lieux humides des maisons, appelé cour. *poisson d'argent.* – Lat. sav. *lepismus,* du gr. *lepis,* «écaille».

lépisostée [lepizɔste] ou **lépidostée** [lepidɔste] n. m. Poisson d'eau douce (genre *Lepisosteus*), de forme allongée (1,50 à 3 m suivant les espèces), aux dents puissantes et pointues. – Lat. scientif., du gr. *lépis,* «écaille», et *osteon,* «os», à cause de ses grosses écailles ganoïdes.

léporidés [lepɔʀide] ou **léporides** [lepɔʀid] n. m. pl. ZOOL Famille de mammifères lagomorphes, à longues oreilles, comprenant les lièvres et les lapins. – Du lat. *lepus, leporis,* «lièvre».

lèpre [lɛpʀ] n. f. **1.** Maladie infectieuse contagieuse due au bacille de Hansen et dont les manifestations sont diverses. *Lèpre maculeuse,* caractérisée par des taches dermiques, puis des tumeurs nodulaires *(lépromes). Lèpre mutilante:* forme nerveuse de la lèpre, qui entraîne la chute des doigts, des orteils, etc. (Elle sévit particulièrement au Moyen Âge en Europe et commença à disparaître au XVe s. Auj., les grands foyers touchent le Tiers Monde, partic. l'Afrique. L'administration de sulfones est efficace.) **2.** Fig. Creux et taches d'une surface rongée. *Mur recouvert de lèpre.* **3.** Fig. Mal répugnant et contagieux comme la lèpre. *Une lèpre morale.* – Lat. *lepra.*

lépreux, euse [lepʀø, øz] adj. et n. **1.** Qui a la lèpre. ▷ Subst. *Un lépreux, une lépreuse.* **2.** adj. Couvert de lèpre (sens 2). *Murailles lépreuses.* – Bas lat. *leprosus.*

léproserie [lepʀozʀi] n. f. Hôpital où les lépreux sont isolés et soignés. – Lat médiév. *leprosaria.*

lept(o)-. Élément, du gr. *leptos,* «mince».

leptocéphale [lɛptosefal] n. m. ZOOL Forme larvaire des anguilles, des congres et des espèces voisines, à l'aspect de lame foliacée transparente et qui est appelée à se transformer en civelle. – De *lepto-,* et *-céphale.*

lepton [lɛptɔ̃] n. m. PHYS NUCL Particule élémentaire caractérisée par la faiblesse de sa masse (par oppos. aux *baryons). Les neutrinos, l'électron et le muon font partie de la sous-classe des leptons.* – Du gr. *leptos,* «mince, grêle».

leptospire [lɛptospiʀ] n. m. MICROB Protozoaire en forme de spirale, responsable des leptospiroses. – De *lept(o)-,* et lat. *spira,* «spire», gr. *speira.*

leptospirose [lɛptospiʀoz] n. f. MED Maladie infectieuse due aux leptospires, transmise à l'homme par les rats et les eaux souillées, et revêtant des formes très variées. *Leptospirose ictéro-hémorragique, grippo-typhosique.* – De *leptospire.*

leptosporange [lɛptospɔʀɑ̃ʒ] n. m. BOT Sporange de certaines fougères provenant d'une seule cellule et constituée d'une seule assise de cellules. – De *lept(o)-,* et *sporange.*

lepture [lɛptyʀ] n. m. ZOOL Petit coléoptère (genre *leptura,* fam. cérambycidés), brun ou rouge, fréquent sur les fleurs. – De *lept(o)-,* et gr. *oura,* «queue».

leptynite [lɛptinit] n. f. MINER Roche métamorphique de structure massive, généralement de couleur claire, riche en quartz et en feldspaths, pauvre en micas et en amphiboles.

lequel [ləkɛl], **laquelle** [lakɛl], **lesquels, lesquelles** [lekɛl], **duquel** [dykɛl], **desquels, desquelles** [dekɛl], **auquel, auxquels, auxquelles** [okɛl] pron. relat. et interrog. S'emploient dans certains cas pour *qui, que* et *dont.* **I.** pron. relat. **1.** compl. indir. ou circonstanciel. *L'histoire à laquelle vous faites allusion, de laquelle vous parlez. Les personnes auxquelles on veut donner sa confiance. Les lacs dans lesquels on se baigne.* **2.** (Pour éviter une équivoque.) Sujet ou compl. dir. *Il y a une édition de ce livre, laquelle se vend fort bien.* **3.** adj. relatif. Vx Sauf dans *auquel cas :* dans cette circonstance. *Vous ne serez peut-être pas libre, auquel cas prévenez-moi.* **II.** pron. interrog. (Pour marquer un choix à faire, dans la réponse, entre deux ou plusieurs personnes, entre deux ou plusieurs choses.) *Lequel des deux frères est-ce? Duquel est-il le parent? Dites-moi lequel des deux objets vous voulez.* – (Pour éviter de nommer à nouveau des choses ou des personnes qui viennent de l'être.) *Une porte a claqué. Laquelle?* ▷ Litt, vieilli **Qu'est-ce qui?** *Lequel est préférable, dites-moi, vivre ou mourir?* – Composé de l'article défini, et de *quel.*

lérot [leʀo] n. m. Petit mammifère rongeur *(Eliomys quercinus)* que l'on confond fréquemment avec le loir. – Dimin. de *loir.*

les. V. le.

lès. V. lez.

lesbien, ienne [lɛzbjɛ̃, jɛn] adj. et n. **1.** De Lesbos. **2.** n. f. (Par allus. aux mœurs chantées par Sapho. V. saphisme.) Femme homosexuelle. ▷ Adj. *Femme lesbienne.* – De *Lesbos,* île grecque.

lèse- [lɛz] adj. fém. (Employé devant quelques noms fém.) *Lèse-majesté* [lɛzmaʒɛste]. *Crime de lèse-majesté :* attentat contre la personne ou l'autorité du souverain. – Par anal. *Crime de lèse-humanité, de lèse-nation, de lèse-société,* etc. – Lat. *læsa,* fém. de *læsus,* pp. de *lædere,* «léser», dans l'expr. *crimen læsæ majestatis.*

léser [leze] v. tr. **[16] 1.** Causer préjudice à (qqn); causer du tort à. *Léser qqn dans ses intérêts.* – Par ext. *Léser les droits de qqn.* ▷ Fig. Blesser. *Léser qqn dans sa fierté.* **2.** MED Blesser de manière à produire une lésion. *Le projectile a lésé le foie.* – Du lat. *læsus,* pp. de *lædere,* «blesser».

lésine [lezin] n. f. Vieilli ou litt. Épargne sordide jusque dans les moindres choses. Syn. avarice, ladrerie. – Ital. *lesina,* «alêne (de cordonnier)», à cause d'un titre traduit de l'ital., *la Fameuse Compagnie de la lésine,* compagnie d'avares qui raccommodaient eux-mêmes leurs souliers et avaient pris pour emblème une alêne.

lésiner [lezine] v. intr. [1] Épargner avec une avarice sordide. *Lésiner sur tout. Ne pas lésiner sur les moyens.* – De *lésine.*

lésion [lezjõ] n. f. **1.** DR Atteinte portée aux droits, aux intérêts de qqn. – *Spécial.* Préjudice subi par une personne, dans un contrat, qui découle de l'inégalité des prestations fournies par chacune des parties. **2.** MED Altération des caractères anatomiques et histologiques d'un tissu sous l'influence d'une cause accidentelle ou morbide (traumatisme, action d'un parasite, fonctionnement défectueux d'un organe, etc.). *L'étude des lésions constitue l'anatomie pathologique. L'absence d'irrigation du cerveau provoque, en très peu de temps, des lésions irréversibles.* – Lat. *læsio,* «tort, dommage».

lésionnel, elle [lezjɔnɛl] adj. MED En rapport avec une lésion. – De *lésion.*

lessivage [lesivaʒ] n. m. **1.** Action de lessiver; son résultat. *Le lessivage d'un parquet.* **2.** GEOL Entraînement par les eaux d'infiltration des substances solubles et colloïdales d'un sol vers les couches profondes, ayant pour effet de rendre la terre inculte. – De *lessiver.*

lessive [lesiv] n. f. **1.** Produit (le plus souvent en poudre) à base de sels alcalins, servant au nettoyage, en partic. au lavage du linge. *Un paquet de lessive.* – Solution d'un tel produit dans de l'eau. *Vider la lessive.* **2.** TECH Solution alcaline employée dans l'industr. du savon (pour la saponification, notam.). **3.** Action de laver du linge. *Faire la lessive.* ▷ *Par méton.* Le linge qui doit être lavé, qui vient de l'être. *Votre lessive sera plus douce.* Rem. Usité surtout dans la langue publicitaire. Syn. lavage. – Du bas lat. *lixiva,* de *lix* ou *lixa,* «eau pour la lessive».

lessiver [lesive] v. tr. [1] **1.** Nettoyer avec de la lessive. *Lessiver des murs avant de les peindre.* **2.** loc. fig. Fam. *Lessiver qqn* (au jeu), le dépouiller complètement. ▷ Fam. *Être lessivé :* être très fatigué, épuisé. **3.** CHIM Soumettre (un corps) à l'action de l'eau pour le débarrasser de ses parties solubles. – De *lessive.*

lessiveuse [lesivøz] n. f. Grand récipient à couvercle, en fer galvanisé, de forme tronconique, dans lequel on fait bouillir le linge qu'on lessive. – De *lessiver.*

lest [lɛst] n. m. **1.** Matière lourde servant à équilibrer, à stabiliser un navire ou un avion ou à augmenter l'adhérence au sol d'un véhicule. *Naviguer sur lest* (navire), avec des cales lestées pour compenser l'absence de cargaison, et par ext., sans cargaison. ▷ Sable en sacs, qu'on largue d'un aérostat pour gagner de l'altitude. – Fig. *Lâcher du lest :* faire des concessions. **2.** PHYSIOL *Aliment de lest :* élément de la ration alimentaire, sans valeur nutritive (cellulose, par ex.), destiné à assurer au bol alimentaire un volume favorable à sa progression. – Néerl. *last,* frison *lest.*

lestage [lɛstaʒ] n. m. Action et manière d'arrimer du lest. – De *lester.*

leste [lɛste] adj. **1.** Qui a de la légèreté, de l'agilité dans les mouvements. – *Avoir la main leste :* être prompt à frapper. **2.** Libre, grivois. *Tenir des propos assez lestes.* – Ital. *lesto.*

lestement [lɛstəmɑ̃] adv. D'une manière leste, adroite. – De *leste.*

lester [lɛste] v. tr. [1] Garnir, charger de lest. – De *lest.*

létal, ale, aux ou **léthal, ale, aux** [letal, o] adj. **1.** Qui entraîne la mort. – BIOL *Gène létal :* gène qui, à l'état homozygote, entraîne la mort de l'individu qui le porte. ▷ MED Se dit de toute cause entraînant la mort du fœtus. *Facteur létal provoquant l'avortement spontané.* **2.** *Dose létale* (d'un produit toxique, d'une radiation): dose mortelle, compte tenu du poids de l'individu. – Lat. *letalis,* «mortel».

létalité ou **léthalité** [letalite] n. f. **1.** Caractère de ce qui est létal. **2.** *Par ext.* Mortalité. *Tables de létalité.* – De *létal* ou *léthal.*

letchi. V. litchi.

léthal. V. létal.

léthalité. V. létalité.

léthargie [letaʀʒi] n. f. **1.** Sommeil pathologique profond et continu dans lequel les fonctions vitales sont très ralenties (considéré le plus souvent comme symptôme d'un processus hystérique). *Tomber en léthargie.* **2.** Fig. État d'engourdissement, de torpeur. *Tirer qqn de sa léthargie.* – Bas lat. d'orig. gr. *lethargia.*

léthargique [letaʀʒik] adj. **1.** Qui tient de la léthargie. *Sommeil léthargique.* **2.** (Personnes.) Sujet à la torpeur, à l'abattement. *Elle est assez léthargique.* ▷ Subst. *Un, une léthargique.* – Lat. *lethargicus,* gr. *lêthargicos.*

lette [lɛt], **lettique** [letik] ou **letton** [lɛtõ] n. m. Langue indo-européenne du groupe baltique parlée en Lettonie. – V. *letton.*

letton, onne ou **one** [lɛtõ, ɔn] adj. et n. De Lettonie, auj. république d'U.R.S.S. – All. *Lette.*

lettre [lɛtʀ] n. f. **I. 1.** Signe graphique, caractère d'un alphabet, que l'on utilise pour transcrire une langue et qui représente, seul ou combiné avec d'autres, un phonème de la langue. *Les 26 lettres de l'alphabet français. Le chinois classique ne se transcrit pas avec des lettres, mais avec des idéogrammes.* ▷ Loc. *En toutes lettres :* sans abréviation. – Spécial. *Écrire un nombre en toutes lettres,* non avec des chiffres, mais avec des mots. – Fig. *Dire une chose en toutes lettres,* nettement, sans rien taire. **2.** Chaque caractère de l'alphabet, tel qu'il est tracé ou imprimé, considéré dans sa forme ou dans son aspect. *Lettre majuscule, minuscule. – Lettre gothique, bâtarde, anglaise,* etc. ▷ TYPO Caractère de plomb, qui représente en relief une lettre de l'alphabet inversée en miroir. **3.** Le son que représente chaque lettre de l'alphabet. *Division des lettres en consonnes et voyelles.* **II.** Au sing. (sens collectif). **1.** *Lettre morte :* texte juridique tombé en désuétude. – Fig. Écrit, parole, décision qui n'a pas reçu d'application, qui n'a pas eu d'effet. *Mes conseils sont restés lettre morte.* **2.** BX-A Légende indiquant le sujet d'une estampe. *Épreuve avant la lettre:* épreuve tirée avant l'addition de toute inscription (légende ou signature). – Fig. *Avant la lettre :* avant l'état complet, définitif. *Les Romains furent des urbanistes avant la lettre* (avant que l'urbanisme se soit constitué en discipline particulière). **3.** *La lettre du discours* (par oppos. à l'*esprit*): le sens strict, littéral. – Fig. *Appliquer un ordre à la lettre:* exactement, ponctuellement, rigoureusement. **III. 1.** Écrit que l'on adresse à qqn (généralement par poste et sous enveloppe, à la différence de la *carte*) pour lui faire savoir qqch. *Écrire, envoyer, décacheter une lettre. – Lettre d'amour, d'excuse, de condoléances.* ▷ Loc. fig. Fam. *Passer comme une lettre à la poste :* être ingurgité facilement (aliments); être accepté sans objection, sans difficulté. ▷ *Lettre ouverte,* adressée à qqn en particulier, mais diffusée par le canal de la presse, de l'édition, etc., de manière à donner à cet écrit une large publicité. **2.** Nom de certains écrits officiels. – *Lettres patentes:* acte constitutif d'une société commerciale, émis par l'État à la demande des actionnaires, et qui en précise les droits et les obligations. V. encycl. – HIST *Lettre de cachet.* V. cachet. *Lettre de marque,* délivrée à un corsaire par le gouvernement dont il dépendait, l'autorisant à attaquer les navires ennemis et lui épargnant, en cas de capture, d'être traité en pirate. – *Lettres de noblesse:* document par lequel le roi accordait la qualité de noble à un roturier. – Fig. *Avoir ses lettres de noblesse* (en parlant d'une chose): avoir une origine ancienne et illustre. ▷ *Lettres de créance,* qui accréditent un ambassadeur auprès d'un gouvernement étranger. ▷ COMM *Lettre de change :* effet de commerce par lequel une personne (le tireur) donne ordre à une autre (le tiré) de payer à son ordre ou à celui d'une troisième personne (le bénéficiaire) une certaine somme d'argent à échéance déterminée. Syn. traite. V. billet (à ordre). **IV.** n. f. pl. *Les lettres.* **1.** Les connaissances et les études littéraires (par oppos. aux *sciences*). *Faculté des lettres. Licencié, docteur ès lettres.* – *Avoir des lettres :* avoir une certaine culture littéraire. ▷ Vieilli *Les belles-lettres:* l'étude et la culture littéraires. **2.** *Homme, femme de lettres :* celui, celle qui s'adonne spécial. à la littérature. – Du lat. *littera.*

ENCYCL Les premières *lettres patentes* furent émises par le souverain d'Angleterre, munies du Grand Sceau; elles accordaient certains privilèges à des individus ou à des groupes. Ainsi, des terres canadiennes furent octroyées par le roi par lettres patentes. On s'en servit également pour accorder des monopoles d'invention («patent») ou d'exploitation. Actuellement, ce terme réfère plus généralement au mode d'incorporation d'une corporation. À cet égard, les lettres patentes consistent en un écrit sous le Grand Sceau de l'État qui autorise une personne morale à faire quelque chose ou à bénéficier de privilèges, selon les termes qui y sont expressément prévus; le sceau constituant une preuve ouverte, patente, de la confirmation de l'autorité qu'il confère.
Une compagnie naît à compter de la date de ses lettres patentes. Elles contiennent généralement les statuts dont la compagnie désire se doter, notamment sa dénomination sociale; les objets pour lesquels la constitution en corporation a été demandée; le lieu de son siège social; le montant du capital-actions; le nombre et le montant des actions ainsi que les restrictions et privilèges attachés aux actions privilégiées; les nom, adresse et profession des personnes qui demandent l'incorporation et des premiers administrateurs de la compagnie ainsi que le nombre et le montant des actions souscrites par chacun d'eux.

lettré, ée (letʀe] adj. Qui a des lettres, du savoir, de la culture. – Subst. *Un fin lettré.* – Du lat. *litteratus.*

lettrine [letʀin] n. f. **1.** Petite lettre placée à côté d'un mot pour indiquer un renvoi. **2.** Lettre ou groupe de lettres majuscules placé en haut des pages ou des colonnes d'un dictionnaire pour indiquer les initiales des mots qui s'y trouvent. **3.** Lettre majuscule, parfois ornée, plus grande que les autres lettres, au début d'un chapitre, d'un alinéa. – Ital. *letterina.*

lettrisme [lɛtʀism] n. m. Litt. École poétique fondée par Isidore Isou vers 1945, qui s'attache à la musique et au graphisme des lettres pour elles-mêmes et non au sens des mots. – De *lettre.*

lettriste [lɛtʀist] adj. et n. Relatif au lettrisme. – Adepte du lettrisme. – Du préc.

leu [lø] n. m. Loc. *À la queue leu leu :* à la file les uns derrière les autres (comme les loups). – Forme anc. de *loup*.*

leuc(o)-. Élément, du gr. *leukos,* «blanc».

leucanie [løkani] n. f. ZOOL Papillon jaune pâle, noctuelle (genre *Leucania*) dont la chenille vit sur les graminées. – Lat. savant *leucania.*

leucémie [løsemi] n. f. Maladie caractérisée par la prolifération de globules blancs dans le sang (jusqu'à 1 000 000 par mm^3) et par la présence de cellules anormales révélant une affection grave des organes hématopoïétiques. (C'est une affection rare chez l'adulte, plus fréquente chez l'enfant et chez le vieillard. On distingue les *leucémies aiguës,* à évolution rapide, et les *leucémies chroniques,* à évolution lente.) *La leucémie est un cancer du sang.* – All. *Leukämie,* du gr. *leukos,* «blanc», et *haima,* «sang».

leucémique [løsemik] adj. De la leucémie. *Cellule leucémique.* ▷ Atteint de leucémie. ▷ Subst. *Un, une leucémique.* – De *leucémie.*

leucine [løsin] n. f. BIOCHIM Acide aminé indispensable à l'homme et qui entre dans la composition de nombreuses protéines. – De *leuc(o)-,* et *-ine.*

leucite [løsit] n. f. MINER Métasilicate d'aluminium et de potassium, du groupe des feldspaths. – De *leuc(o)-,* et *-ite* 3.

leucoagglutination [løkoaglytinasjõ] n. f. BIOL Agglutination des leucocytes témoignant d'une réaction antigène-anticorps. – De *leuco(cyte),* et *agglutination.*

leucoblaste [løkoblast] n. m. BIOL Cellule, précurseur des leucocytes, qui se développe dans la moelle osseuse. – De *leuco-,* et gr. *blastos,* «germe».

leucocytaire [løkositɛʀ] adj. BIOL Des leucocytes. *Formule leucocytaire :* répartition des leucocytes par mm^3 de sang (7 000 env. à l'état normal). – *Groupe leucocytaire :* système de classement des propriétés antigéniques tissulaires permettant d'apprécier le degré de compatibilité des tissus. – De *leucocyte.*

leucocyte [løkosit] n. m. BIOL Cellule sanguine de la lignée blanche. Syn. (cour.) globule blanc. (On distingue deux types: les leucocytes mononucléaires et les leucocytes polynucléaires.) *Tous les leucocytes concourent à la défense de l'organisme contre les agents infectieux ou étrangers.* V. sang et immunité. – De *leuco-,* et *-cyte.*

leucocytose [løkositoz] n. f. MED Augmentation pathologique du nombre des leucocytes dans le sang ou dans une sérosité. – De *leucocyte,* et *-ose* 2.

leucocyturie [løkosityʀi] n. f. MED Présence dans les urines de leucocytes témoignant d'une infection urinaire ou d'une atteinte rénale. – De *leucocyte,* et *-urie.*

leucoderme [løkodɛʀm] adj. et n. ANTHROP Qualifie la race blanche. – De *leuco-,* et *-derme.*

leucome [løkom] ou **leucoma** [løkɔma] n. m. **1.** MED Tache blanche de la cornée succédant à une plaie, à une ulcération. **2.** ZOOL Sous-genre de lépidoptères de la famille des liparidés. – Bas lat. *leucoma.*

leucopénie [løkopeni] n. f. MED Diminution pathologique du nombre des globules blancs dans le sang. – De *leuco(cyte),* et gr. *penia,* «pauvreté».

leucoplasie [løkoplazi] n. f. MED Affection chronique caractérisée par le développement de plaques blanchâtres à la surface de l'épithélium d'une muqueuse. – De *leuco-,* et *-plasie.*

leucoplaste [løkoplast] n. m. BOT Plaste clair où l'amidon s'emmagasine. Syn. amyloplaste. – De *leuco-,* et *-plaste.*

leucopoïèse [løkopɔjɛz] n. f. BIOL Formation des globules blancs. – De *leuco(cyte),* et gr. *poiêsis,* «création, formation».

leucorrhée [løkɔʀe] n. f. MED Écoulement vulvaire blanchâtre, témoignant d'une hypersécrétion de l'utérus et du vagin. Syn. pertes blanches. – Gr. méd. *leukorrhein.*

leucose [løkoz] n. f. MED Syn. de *leucémie.* – De *leuc(o)-,* et *-ose* 2.

leude [lød] n. m. HIST À l'époque mérovingienne, homme libre lié à qqn, généralement au roi, par fidélité personnelle. – Lat. médiév. *leudes,* frq. **leudi,* plur. «gens».

1. leur [lœʀ] pron. pers. inv. de la 3e pers. du plur., m. et f., comp. d'attribution, d'objet indir. ou comp. d'adj. équivalant à: *à eux, à elles. Je le leur donne. Je leur en ai parlé. Il leur est fidèle. Ne leur parlez pas.* (Généralement placé avant le verbe, *leur* se place après le verbe à l'impératif s'il n'y a pas de négation. *Dites-leur de venir.*) – Du lat. *illorum*, «d'eux».

2. leur, leurs [lœʀ] adj. et pron. poss. **1.** adj. poss. m. et f. de la 3e pers., marquant qu'il y a plusieurs possesseurs. *Elles ressemblent à leur père. Ils ont pris leur parapluie* ou *leurs parapluies*, le parapluie ou les parapluies qui leur appartien(nen)t. **2.** pron. poss. *Le leur, la leur, les leurs:* celui, celle, ceux, celles qu'ils, qu'elles ont, possèdent. *Nous avons réuni nos amis et les leurs.* – Loc. *Ils y ont mis du leur*, de la bonne volonté. ▷ *Les leurs :* leurs parents, leurs proches, leurs alliés. – *Il est des leurs :* il appartient à leur groupe; il est parmi eux. *J'étais des leurs pour cette fête.* – De *leur* 1.

leurre [lœʀ] n. m. **I. 1.** CHASSE Morceau de cuir rouge garni d'un appât et figurant un oiseau, pour dresser le faucon à revenir vers son maître. **2.** PECHE Appât factice dissimulant un hameçon. **3.** MILIT Dispositif de contre-mesure électronique, destiné à tromper les systèmes ennemis de détection par radar. *Leurres passifs*, qui réfléchissent les émissions des radars; *leurres actifs*, qui renvoient les émissions amplifiées, donnant l'illusion d'un objectif plus important. **II.** Fig. Ce dont on se sert artificieusement pour attirer et tromper. *Cette promesse n'est qu'un leurre.* – Du frq. **lopr*, «appât», ou du lat. *loreus*, «de cuir».

leurrer [lœʀe] v. tr. [1] **1.** CHASSE Dresser (un oiseau) au leurre. **2.** Fig. Attirer par quelque espérance pour tromper. ▷ v. pron. *Se leurrer :* se donner à soi-même de fausses espérances; s'abuser. *Vous vous leurrez sur ses intentions.* – De *leurre*.

levade [ləvad] n. f. EQUIT Saut du cheval qu'il effectue en s'appuyant sur ses jarrets et en dressant l'avant-main. – De *lever*.

levage [ləvaʒ] n. m. TECH **1.** Action de lever, de soulever qqch. *Appareils de levage* (palans, grues, ponts roulants, etc.). **2.** Gonflement d'une pâte en fermentation. – De *lever* 1; d'abord «droit perçu sur le bétail».

levain [ləvɛ̃] n. m. **1.** Pâte à pain aigrie que l'on incorpore à la pâte fraîche pour faire lever le pain. **2.** Fig. *Un levain de...:* ce qui fait naître ou accroît (tel sentiment, telle passion, etc.). *Un levain de discorde.* – Du lat. *levamen*, «soulagement», p.-ê. «levain» en lat. pop.; de *levare*, «lever».

levalloisien, ienne [ləvalwazjɛ̃, jɛn] adj. et n. m. PREHIST Qualifie l'industrie du Paléolithique moyen et ses produits. *La culture levalloisienne. Silex levalloisien.* – N. m. *Les éclats larges et plats du Levalloisien.* – De *Levallois*-Perret, v. de la banlieue N.-O. de Paris.

levant [ləvɑ̃] adj. et n. **1.** adj. m. *Le soleil levant*, qui se lève. Ant. couchant. ▷ *L'empire du Soleil levant*, le Japon. **2.** n. m. *Le levant :* l'est, l'orient. *Maison exposée au levant.* ▷ Vieilli *Le Levant :* l'ensemble des côtes orientales de la Méditerranée. – De *lever* 1.

levantin, ine [ləvɑ̃tɛ̃, in] adj. et n. Vieilli Des pays du Levant. *Les peuples levantins.* ▷ Subst. (souvent péjor., à connotation raciste) *Un Levantin.* – De *levant*.

levé, ée [ləve] adj. et n. **I.** adj. **1.** *Être levé*, debout, sorti du lit. *À cinq heures du matin, il est déjà levé.* **2.** loc. *Au pied levé :* à l'improviste. **3.** *Pierre levée:* menhir. **II.** n. m. Ensemble des opérations de mesure nécessaires à l'établissement d'un plan. (On écrit aussi *lever.*) – Pp. de *lever*.

levée [ləve] n. f. **I.** Action de lever. **1.** *Levée de boucliers :* protestation massive et énergique. **2.** Action d'ôter, d'enlever. *Levée des scellés.* ▷ *Levée du corps :* enlèvement du corps de la maison mortuaire; brève cérémonie religieuse qui accompagne cet enlèvement. **3.** Cessation, fin, suppression. *Levée du siège, du blocus. Levée des punitions.* ▷ Clôture. *Levée de séance.* **4.** Action de ramasser, de recueillir. ▷ Ramassage des lettres déposées dans une boîte publique. *La dernière levée est à 17 heures.* ▷ Ensemble des cartes gagnées et ramassées à chaque coup par un joueur ou une équipe. *Nous avons fait cinq levées au cours de la partie.* Syn. pli. ▷ Perception d'un impôt. *La levée d'une taxe.* ▷ Enrôlement, recrutement. *Une levée de troupes.* – Anc. *Levée en masse :* mobilisation de tous les hommes en état de porter les armes. **5.** DR *Levée d'option:* action de lever une option. **II.** (Chose, matière levée.) Digue en terre *(levée de terre)* ou en maçonnerie, élevée généralement sur les berges d'un cours d'eau. – Pp. fém. subst. de *lever* 1.

1. lever [ləve] **I.** v. tr. [19] **1.** Déplacer de bas en haut. *Lever un sac.* **2.** Dresser, redresser, soulever, orienter vers le haut (une partie du corps). *Lever le bras, la main, la jambe, la tête.* ▷ *Lever les yeux sur :* regarder (qqn, qqch). ▷ *Lever le coude:* boire. **3.** Relever (ce qui couvre) de manière à démasquer. ▷ Fig. *Lever le voile sur une affaire*, la faire connaître, la rendre publique. ▷ Fig. *Lever le masque :* cesser d'agir secrètement; se montrer sous son vrai jour. **4.** *Lever du gibier*, le faire sortir de son gîte, le faire s'envoler, etc. (pour le tirer). – Fig. *Lever un lièvre:* soulever une question embarrassante. ▷ Fam. *Lever une fille*, la séduire. **5.** Enlever d'un lieu. *Lever les scellés.* – Loc. *Lever le siège :* retirer les troupes qui assiègent une place, une ville. – *Lever le blocus*, le faire cesser. ▷ *Lever une interdiction*, l'annuler, en faire cesser les effets. **6.** Mettre fin à, clore. *Lever l'audience. La séance est levée.* **7.** CUIS Prélever. *Lever des filets de poisson.* **8.** Recruter, enrôler. *Lever des troupes, une armée.* **9.** Percevoir (un impôt). *Lever une taxe.* **10.** *Lever un plan :* procéder sur le terrain aux mesures nécessaires pour l'établir. **11.** FIN *Lever une option:* rendre ferme une vente ou un achat à option. **II.** v. intr. **1.** Sortir de terre. *Les semis commencent à lever.* **2.** Augmenter de volume, en parlant de la pâte en fermentation. *Le levain fait lever la pâte.* **III.** v. pron. **1.** Se mettre debout. ▷ *Se lever de table :* quitter la table, le repas fini. **2.** Sortir du lit. *Il se lève à sept heures. Le malade se lèvera demain.* **3.** Apparaître au-dessus de l'horizon, en parlant d'un astre. *Le soleil va se lever.* ▷ Par ext. *Le jour se lève :* il commence de faire jour. **4.** Commencer à souffler (vent). *La brise se lève.* **5.** Se dissiper. *Le brouillard se lève.* ▷ *Le temps se lève*, s'éclaircit. – Lat. *levare*.

2. lever [ləve] n. m. **1.** Apparition d'un astre au-dessus de l'horizon. *Un beau lever de soleil.* ▷ Par ext. *Le lever du jour.* **2.** *Lever de rideau :* petite pièce de théâtre en un acte que l'on joue avant la pièce principale. **3.** Action de sortir du lit; moment où l'on se lève. **4.** Action de déplacer de bas en haut (cf. lever, v. tr., I). ▷ Voir levé, n. m., II. – Emploi subst. du préc.

léviathan [levjatɑ̃] n. m. **1.** MYTHOL Monstre marin de la mythologie phénicienne, qui, dans la Bible, symbolise les puissances du mal. **2.** Fig. Monstre maléfique, chose énorme et monstrueuse. – Nom d'un animal fabuleux dans la Bible.

levier [ləvje] n. m. **1.** Pièce rigide, mobile autour d'un appui, sur laquelle s'exercent une force résistante et une force motrice, appliquée pour équilibrer la force résistante. **2.** Fig. Moyen d'action, mobile qui pousse à agir. *L'ambition est un levier puissant.* – De *lever* 1.

ENCYCL Le levier (dont Archimède établit la théorie) est la plus simple des machines. On l'utilise pour soulever des charges et pour amplifier ou réduire d'intensité des forces ou des mouvements. Il entre dans la construction d'un grand nombre d'appareils. Le levier est du 1er genre lorsque l'appui est situé entre les deux points d'application (ciseaux), du 2e genre quand il est placé au-delà du point d'application de la force résistante (casse-noix) et du 3e genre quand il est placé en deçà du point d'application de la force motrice (pincettes).

lévigation [levigasjõ] n. f. **1.** TECH Opération qui consiste à léviger (une substance). **2.** CHIM Procédé d'analyse immédiate qui consiste à séparer des constituants de densités différentes dans un courant d'eau ascendant. – Lat. *levigatio*, «polissage».

léviger [leviʒe] v. tr. [15] TECH Réduire (une matière) en poudre fine en la délayant dans un liquide et en la laissant se déposer. – Lat. *levigare*, de *levis*, «lisse, uni».

lévirat [leviʀa] n. m. RELIG, ETHNOL Coutume des patriarches hébreux, codifiée par Moïse (et toujours en usage dans certaines sociétés traditionnelles), selon laquelle le frère d'un homme mort sans enfant devait en épouser la veuve. – Du bas lat. *levir*, «beau-frère».

lévitation [levitasjõ] n. f. **1.** Phénomène par lequel une personne ou un objet se soulèverait et se déplacerait au-dessus du sol sans cause matérielle. **2.** PHYS Technique permettant de soustraire un objet à l'action de la pesanteur (par un procédé électrostatique, magnétique ou électrodynamique, grâce à un faisceau laser, etc.). – Angl. *levitation*, du lat. *levitas*, «légèreté».

lévite [levit] n. **1.** n. m. RELIG Chez les Juifs de l'Antiquité, membre de la tribu de Lévi voué au service du Temple. **2.** n. f. Anc. Redingote longue (d'ap. la robe des lévites au théâtre). – Bas lat. ecclés. *levites* ou *levita*, mot hébr.

lévogyre [levɔʒiʀ] adj. PHYS Qualifie une substance qui dévie à gauche le plan de polarisation de la lumière (par oppos. à *dextrogyre*). V. isomérie. – Du lat. *laevus*, «gauche», et *-gyre*.

levraut [ləvʀo] n. m. Jeune lièvre. – Dimin. de *lièvre*, suff. germ. *-aud*.

lèvre [lɛvʀ] n. f. **I. 1.** Chacune des parties charnues qui forment le rebord de la bouche. *Lèvre supérieure. Lèvre inférieure.* **2.** loc. *Rire, dire qqch*, etc. *du bout des lèvres*, à contrecœur, sans conviction. *Il approuve, mais du bout des lèvres.* ▷ *Se mordre les lèvres:* être dépité. ▷ *Être suspendu aux lèvres de qqn*, l'écouter avidement. ▷ *Il y a loin de la coupe aux lèvres :* on est souvent loin du but qu'on croit toucher. **II.** *Par anal.* **1.** CHIR *Les lèvres d'une plaie*, ses bords. **2.** ANAT Replis cutanés de la vulve. *Grandes lèvres, petites lèvres.* **3.** BOT Grand pétale inférieur de certaines fleurs zygomorphes (labiées, scrofulariacées, etc.). – Lat. *labra*, pl. du neutre *labrum*, pris pour le f. sing.

levrette [ləvʀɛt] n. f. **1.** Femelle du lévrier. **2.** Lévrier de petite taille, à poil très court, appelé aussi *lévrier d'Italie*. – De *lévrier*.

levretté, ée [ləvʀɛtte] adj. Rare Qui a la taille mince et le ventre étroit comme un lévrier. *Cheval levretté.* – De *levrette*.

levretter [ləvʀɛtte] v. intr. [1] Mettre bas, en parlant de la hase (femelle du lièvre). – De *levraut*.

lévrier [levʀije] n. m. Chien aux membres longs, à la taille étroite et au ventre concave, très rapide à la course, autrefois utilisé pour chasser le lièvre. *Course de lévriers.* – De *lièvre*.

levron, onne [ləvʀõ, ɔn] n. **1.** Lévrier, levrette de moins de six mois. **2.** Lévrier, levrette de petite taille. – Dimin. de *lévrier*.

lévulose [levyloz] n. m. BIOCHIM Sucre simple, très abondant dans la cellule végétale, à l'état libre ou combiné à d'autres hexoses. – Du lat. *lævus*, «gauche», et de *-ose* 1.

levure [l(ə)vyʀ] n. f. **1.** MICROB Micro-organisme capable de produire une fermentation. **2.** Cour. Substance constituée par ces micro-organismes, se présentant sous la forme d'une masse ou d'une poudre grisâtre ou blanchâtre et que l'on utilise dans la fabrication du pain, de la bière, en pâtisserie, etc. *Sachet de levure.* – De *lever*.

ENCYCL Les levures sont des champignons ascomycètes très dégénérés. Unicellulaires, ils se multiplient par bourgeonnement et sporulent lorsque les conditions de vie deviennent mauvaises; ils sont aérobies ou anaérobies. *Saccharomyces cerevisiæ* est la *levure de bière* (ou *levure de boulanger*), utilisée pour la fermentation des moûts de bière et pour faire lever la pâte à pain.

lexème [lɛksɛm] n. m. LING Unité minimale de signification, par oppos. à *morphème*, unité minimale d'analyse grammaticale. (Par ex., *compt-* est un lexème qui entre dans les mots *compte, comptage, compter, compteur, décompte, décompter.*) – De *lex(ique)*, d'ap. *(morph)ème*.

lexical, ale, aux [le(ɛ)ksikal, o] adj. Du lexique. – De *lexique*.

lexicalisation [le(ɛ)ksikalizasjõ] n. f. LING Le fait d'être lexicalisé. – De *lexical*.

lexicaliser (se) [lɛksikalize] v. pron. [1] LING Devenir une unité lexicale autonome. *«Prêt-à-porter» s'est lexicalisé en tant que substantif masculin vers 1960.* – De *lexical*.

lexicographe [lɛksikɔgʀaf] n. Didac. Auteur d'un dictionnaire de la langue. – Du gr. *lexicon*, «lexique», et de *-graphe*.

lexicographie [lɛksikɔgʀafi] n. f. Didac. Science et technique de la rédaction des dictionnaires de langue. – Du préc.

lexicographique [lɛksikɔgʀafik] adj. Didac. De la lexicographie. – De *lexicographie*.

lexicologie [lɛksikɔlɔʒi] n. f. LING Partie de la linguistique qui étudie les unités de signification (lexèmes, monèmes), leurs combinaisons (mots, lexies), leur histoire (étymologie) et leur fonctionnement dans un système socio-culturel donné. – Du gr. *lexicon*, «lexique», et de *-logie*.

lexicologique [lɛksikɔlɔʒik] adj. LING Qui a rapport à la lexicologie. – De *lexicologie*.

lexicologue [lɛksikɔlɔg] n. Didac. Linguiste spécialisé dans la lexicologie. – De *lexicologie*.

lexie [lɛ(e)ksi] n. f. LING Toute unité du lexique, mot unique (ex.: *haricot, carotte*) ou expression lexicalisée (ex.: *petits pois, pomme de terre*). – Du gr. *lexis*, «mot».

lexique [le(ɛ)ksik] n. m. **1.** Dictionnaire bilingue abrégé. *Lexique grec-français.* **2.** Dictionnaire de la langue propre à un auteur, à une science, à une activité. *Lexique de Rabelais. Lexique d'art et d'archéologie.* **3.** Ensemble des mots appartenant au vocabulaire d'un auteur, d'une époque, d'une science, d'une activité, etc. *Étude du lexique de Hugo.* Syn. vocabulaire. **4.** LING Ensemble des mots d'une langue, par oppos. à la *syntaxe*, à la *grammaire*. – Du gr. *lexicon*, de *lexis*, «mot».

lez [le] ou **lès** [lɛ] prép. Vx Près de. (S'est conservé en France dans qq noms de lieux: *Plessis-lez-Tours.*) – Du lat. *latus*, «côté».

lézard [lezaʀ] n. m. **1.** Reptile saurien au corps allongé, couvert d'écailles, à la longue queue effilée. (*Lacerta muralis*, très commun, est le lézard des murailles; *Lacerta viridis* est le lézard vert.) ▷ Fam. *Faire le lézard :* se chauffer paresseusement au soleil. **2.** *Par ext.* Peau de cet animal. *Étui à cigarettes en lézard.* – Du lat. *lacerta;* a. fr. *laiserde*, n. f.

lézarde [lezaʀd] n. f. Fissure qui se produit dans un mur, une voûte, etc., par l'effet du tassement du sol. – De *lézard*, par anal. de forme.

lézardé, ée [lezaʀde] adj. Crevassé de lézardes. – Pp. de *lézarder* 2.

1. lézarder [lezaʀde] v. intr. [1] Fam. Se chauffer paresseusement au soleil. – De *lézard.*

2. lézarder [lezaʀde] v. tr. [1] Fissurer. *Le tassement du sol a lézardé le mur.* ▷ v. pron. *Se lézarder :* se fissurer. – De *lézarde.*

L.H. BIOCHIM Sigle désignant l'hormone lutéinisante (en angl. *luteinizing hormone*).

Li CHIM Symbole du lithium.

li [li] n. m. Unité de distance utilisée en Chine, équivalant à 576 m. – Mot chinois.

liage [ljaʒ] n. m. Rare Action de lier; son résultat. – De *lier.*

liais [ljɛ] n. m. Pierre calcaire dure. – Probabl. d'un mot gaul., comme *lie.*

liaison [ljɛzõ] n. f. **I.** Assemblage, union de deux ou plusieurs objets ou substances. **1.** CUIS Opération consistant à épaissir un aliment liquide, potage ou sauce. *Liaison au beurre manié, à la farine ou à l'œuf.* **2.** CONSTR Ce qui sert à jointoyer un ouvrage en maçonnerie (mortier, plâtre, etc.). ▷ *Maçonnerie en liaison,* dans laquelle chaque élément (pierre ou brique) porte sur le joint de deux autres. **3.** TECH Alliage servant à former une soudure. **4.** PHYS, CHIM Force qui unit entre eux des atomes (V. encycl. ci-après). ▷ PHYS NUCL *Énergie de liaison d'un noyau:* énergie nécessaire pour écarter les nucléons du noyau. **II.** Relation qui unit deux éléments successifs d'un ensemble. **1.** Union logique entre les éléments d'une argumentation, d'un texte, d'une œuvre. *Paragraphe assurant la liaison entre deux parties d'une dissertation. Mots de liaison:* prépositions et conjonctions. **2.** Connexion, rapport entre des faits, des choses. *Quelle liaison établir entre ces deux faits?* **3.** MUS Signe de notation indiquant qu'il faut prolonger le son pendant la durée des notes de même son réunies par ce signe ou que la phrase musicale doit être exécutée en une seule émission vocale ou instrumentale. **4.** Prononciation de la consonne finale d'un mot placé devant un autre mot commençant par une voyelle ou un h muet (ex.: *Des fines herbes* prononcé [definzɛʀb]). *Faites bien les liaisons quand vous lisez à haute voix.* **III.** Relation entre des personnes. **1.** Vx Relation. *«Les Liaisons dangereuses», roman de Choderlos de Laclos (1782).* ▷ Mod. Relation amoureuse. *Avoir une liaison.* **2.** MILIT Maintien du contact entre les diverses unités ou entre les divers niveaux de la hiérarchie, au cours des opérations. *Officier de liaison.* **3.** Communication entre deux lieux. *Les liaisons ferroviaires, maritimes. Liaisons téléphoniques. La liaison radio.* – De *lier,* d'après le lat. *ligatio,* «ligature».

liaisonner [ljɛzɔne] v. tr. [1] CONSTR *Liaisonner les pierres, les briques,* les jointoyer ou les disposer en liaison (chacune portant sur le joint de deux autres). – De *liaison.*

liane [ljan] n. f. Végétal dont la tige, trop flexible pour se soutenir d'elle-même, croît le long d'un support (arbre, mur, etc.). *La clématite est une liane.* ▷ Fig. *Un corps de liane:* un corps très souple. – Mot fr. des Antilles, des dial. de l'Ouest de la France *(liene, liane,* de *liener);* de *lien.*

liant, ante [ljɑ̃, ɑ̃t] adj. et n. m. **I. 1.** Vx Souple, flexible. ▷ N. m. *Ce bois manque de liant.* **2.** n. m. PEINT Constituant des peintures et des vernis dont la fonction est d'assurer une bonne dispersion des pigments dans le produit, et de former après séchage une pellicule résistante qui protège efficacement la surface couverte. ▷ TRAV PUBL Produit que l'on ajoute aux granulats du corps d'une chaussée pour les faire adhérer entre eux. *Liant hydrocarboné,* qui provient de la distillation de la houille ou du pétrole (par oppos. à *liant hydraulique,* ciment ou laitier de haut fourneau). **II.** Fig. Qui se lie facilement, qui entre facilement en relations amicales avec autrui. ▷ N. m. Qualité d'une personne qui établit facilement de telles relations. *Il manque de liant.* – Ppr, de *lier.*

1. liard [ljaʀ] n. m. HIST Monnaie de cuivre valant le quart d'un sou, sous l'Ancien Régime en France. ▷ Fig., vieilli *N'avoir pas un liard :* être tout à fait démuni d'argent. – Orig. incert.

2. liard [ljaʀ] n. m. BOT Nom courant au Québec du peuplier à feuilles deltoïdes. –

lias [ljɑs] n. m. GEOL Jurassique inférieur. – Mot angl., cf. fr. *liais.*

liasse [ljas] n. f. Ensemble de journaux, de papiers, de billets de banque, etc., liés ensemble. – De *lier.*

libage [libaʒ] n. m. CONSTR Gros moellon servant aux fondations d'un ouvrage. – De l'a. fr. *libe,* «bloc de pierre», gaul. **libba.*

libanais, aise [libanɛ, ɛz] adj. et n. Du Liban, État maritime du Moyen-Orient.

libation [libasjõ] n. f. ANTIQ Pratique religieuse qui consistait à répandre, en l'honneur des dieux, une coupe de vin, de lait, etc. ▷ Mod., plaisant. *Faire de copieuses libations :* boire beaucoup (de vin, d'alcool). – Lat. *libatio.*

libelle [libɛl] n. m. **1.** Petit livre de caractère satirique, insultant ou diffamatoire. Syn. pamphlet. **2.** DR *Libelle diffamatoire:* matière publiée sans justification, dans le but de nuire à la réputation de qqn en l'exposant à la haine, au mépris ou au ridicule. – Lat. *libellus,* «petit livre».

libellé [libɛlle] n. m. Texte d'un document; manière dont il est rédigé. *Le libellé d'une mise en demeure.* – Pp. subst. de *libeller.*

libeller [libɛlle] v. tr. [1] Rédiger dans les formes requises (un document financier, judiciaire ou administratif). ▷ *Libeller un mandat, un chèque,* le compléter par l'indication du montant, du destinataire, etc. – De *libelle.*

libelliste [libɛllist] n. m. Auteur d'un libelle. – De *libelle.*

libellule [libɛllyl] n. f. **1.** Insecte pourvu de deux paires d'ailes membraneuses inégales à nervation abondante, fréquent près des eaux douces dormantes (genre *Libellula;* nombr. espèces). *La libellule déprimée, longue de 45 mm, a l'abdomen brun ou bleuté.* **2.** *Par ext.,* cour. æschne. – Lat. zool. *libellula,* de *libella,* «niveau», à cause du vol horizontal de cet insecte.

liber [libɛʀ] n. m. BOT Tissu conducteur de la sève élaborée. (Typique de la structure secondaire des dicotylédones, il constitue la face interne de l'écorce.) – Lat. *liber,* «partie vivante de l'écorce» sur laquelle on écrivait autrefois, même mot lat. que *liber,* «livre».

libérable [libeʀabl] adj. Qui peut être libéré. *Un prisonnier libérable.* – De *libérer.*

libéral, ale, aux [libeʀal, o] adj. et n. **I.** adj. **1.** Litt. Qui se plaît à donner. Syn. généreux. **2.** Anc. *Arts libéraux:* activités que pouvaient pratiquer, sans déchoir, des hommes libres (par ex., peinture, sculpture), par oppos. aux arts mécaniques (maçonnerie, tissage, etc.), réservés aux esclaves ou aux artisans. ▷ Mod. *Profession libérale:* profession non manuelle et non salariée (médecin, avocat, notaire, architecte, etc.). **3.** Tolérant, large, ouvert, peu autoritaire. *Une éducation libérale.* **II.** n., adj. et adv. **1.** Qui est partisan du libéralisme, en politique, en économie.

▷ Subst. *Les libéraux.* **2.** POLIT Membre ou partisan du parti libéral (du Canada ou d'une des provinces canadiennes). – Cour. *Les libéraux.* ▷ Propre ou relatif aux libéraux, à leur parti. *Congrès à la chefferie libérale.* – adv. *Voter libéral.* Syn. (fam.) rouge. – Lat. *liberalis.*

libéralement [libeʀalmɑ̃] adv. Avec libéralité, généreusement. – De *libéral.*

libéralisation [libeʀalizasjɔ̃] n. f. Action de libéraliser. – De *libéraliser.*

libéraliser [libeʀalize] v. tr. [1] Rendre plus libéral, moins autoritaire. *Libéraliser un régime politique. Libéraliser l'éducation.* – De *libéral.*

libéralisme [libeʀalism] n. m. **1.** HIST Au XIXᵉ s., doctrine et système politiques de ceux qui réclamaient la liberté politique, religieuse, etc., conformément à l'esprit des principes de 1789. ▷ Mod. Attitude de ceux qui s'attachent en premier lieu à la défense de la démocratie politique et des libertés personnelles des citoyens. Ant. totalitarisme. **2.** Doctrine économique hostile à l'intervention de l'État dans la vie économique et à la collectivisation des moyens de production. **3.** Attitude qui respecte la liberté d'autrui en matière d'opinion, de conduite, etc. Ant. autoritarisme, intransigeance. – De *libéral.*

libéralité [libeʀalite] n. f. **1.** Litt. Propension à donner; générosité. **2.** *Par ext.*, litt. Don généreux. *Répandre sa fortune en libéralités.* **3.** DR Acte par lequel une personne, de son vivant ou à sa mort, procure un avantage à autrui sans aucune contrepartie (donation, legs). – Lat. *liberalitas.*

libérateur, trice [libeʀatœʀ, tʀis] n. et adj. Celui, celle qui libère une personne, un peuple, un territoire (d'une oppression, de la servitude). Ant. occupant, oppresseur. ▷ Adj. *L'armée libératrice.* – Lat. *liberator.*

libération [libeʀasjɔ̃] n. f. **1.** Action de libérer (un prisonnier). ▷ *Libération conditionnelle:* mesure par laquelle un condamné à l'emprisonnement est remis en liberté surveillée par anticipation lorsqu'il a purgé une partie de sa peine et qu'il présente des signes sérieux de réhabilitation sociale. **2.** Décharge, suppression d'une obligation, d'une dette, d'une gêne, etc. *Libération par versement anticipé.* **3.** Renvoi dans ses foyers d'un soldat, à la fin de son service militaire. **4.** Délivrance d'un territoire ou d'une ville que l'ennemi occupait. ▷ Absol. *La Libération:* ensemble des opérations militaires accomplies par les forces alliées et les mouvements de résistance locaux pour libérer les pays d'Europe occupés par les troupes allemandes pendant la Deuxième Guerre mondiale. **5.** Dégagement, production. *La libération d'énergie qui accompagne une réaction nucléaire.* **6.** ASTRO, ESP *Vitesse de libération:* vitesse minimale qu'il faut donner à un corps pour qu'il échappe à l'attraction d'un astre, proportionnelle à la racine carrée de la masse de cet astre. – Lat. *liberatio.*

libératoire [libeʀatwaʀ] adj. DR, FIN Qui libère d'une dette, d'un engagement, d'une obligation. *Versement libératoire.* – De *libérer.*

libéré, ée [libeʀe] adj. **1.** Mis en liberté. *Détenu libéré.* **2.** Délivré de l'occupation ennemie. *Les régions libérées.* **3.** Délivré d'une gêne, d'une entrave morale. – Pp. de *libérer.*

libérer [libeʀe] **I.** v. tr. **[16] 1.** Mettre en liberté. *Libérer un détenu.* **2.** Décharger d'une obligation, d'une gêne, etc. *Libérer sa maison d'une servitude. Libérer le crédit, les importations.* **3.** Renvoyer (des soldats) dans leurs foyers, à la fin du service. *Libérer une classe.* **4.** Délivrer de la présence de l'occupant ennemi. **5.** Délivrer d'une entrave, d'une gêne morale. *Il a libéré sa conscience. Libérer la jeunesse des tabous de la morale.* **6.** Dégager, produire. *Cette réaction chimique libère du gaz carbonique. La fusion nucléaire libère une énergie considérable.* **II.** v. pron. S'acquitter, s'affranchir, se délivrer. *Se libérer d'une dette en trois versements. Se libérer d'un préjugé.* – Lat. *liberare.*

libérien, ienne [libeʀjɛ̃, jɛn] adj. et n. Du Liberia, État maritime d'Afrique occid.

libéro-ligneux, ligneuse [libeʀoliɲø, liɲøz] adj. BOT Composé de liber et de bois (au sens bot.). – De *liber,* et *ligneux.*

libertaire [libɛʀtɛʀ] adj. et n. Partisan d'une liberté sans limite (dans l'ordre social et politique). Syn. anarchiste. – De *liberté.*

liberté [libɛʀte] n. f. **I.** Par oppos. à *esclavage,* à *captivité.* **1.** Condition d'une personne libre, non esclave, non serve. *L'esclave romain pouvait parfois obtenir la liberté.* **2.** État d'une personne qui n'est pas prisonnière. ▷ *Liberté surveillée:* régime imposé à certains délinquants mineurs qui, jugés avoir agi sans discernement, sont rendus à leur famille, mais sous la surveillance et le contrôle d'un délégué. ▷ *Liberté provisoire:* mesure par laquelle un inculpé qui a été emprisonné est autorisé à demeurer en liberté tant qu'il n'est pas déclaré coupable. ▷ Par ext. *Animaux en liberté,* non enfermés dans des cages, dans un enclos. **II.** Par oppos. à *oppression,* à *interdiction.* **1.** Possibilité, assurée par les lois ou le système politique et social, d'agir comme on l'entend, sous réserve de ne pas porter atteinte aux droits d'autrui ou à la sécurité publique. ▷ *Liberté naturelle,* celle qui doit être accordée à tout homme en vertu du droit naturel. ▷ *Liberté civile:* droit d'agir à sa guise, sous réserve de respecter les lois établies. ▷ *Liberté politique,* celle d'exercer une activité politique, d'adhérer à un parti, de militer, d'élire des représentants, etc. ▷ *Liberté individuelle* : droit de chaque citoyen de disposer librement de lui-même et d'être protégé contre toute mesure arbitraire ou vexatoire (emprisonnement arbitraire, astreinte à résidence, interdiction de se déplacer, etc.). **2.** Absol. *La liberté:* le principe politique qui assure aux citoyens la liberté individuelle, la liberté civile, la liberté politique. *Liberté, égalité, fraternité:* devise de la République française. **3.** *Liberté de...:* chacune des possibilités qui réalisent ce principe de liberté (dans un domaine déterminé). *Liberté de conscience,* concernant le choix d'une religion ou le refus d'avoir une religion. ▷ *Liberté du culte,* concernant l'exercice du culte public des diverses religions. ▷ *Liberté d'opinion, de pensée, d'expression:* droit d'avoir et d'exprimer des opinions religieuses, politiques, philosophiques. ▷ *Liberté de la presse:* droit de publier des journaux, des livres sans autorisation préalable ni censure. *Liberté syndicale:* droit d'adhérer à un syndicat de son choix ou de n'adhérer à aucun. **4.** Au plur. L'ensemble des libertés reconnues à l'individu. *La Charte des droits et libertés de la personne.* **III.** Par oppos. à *contrainte, gêne, entrave.* **1.** État d'une personne qui n'est pas liée, engagée. *Dans ce cas, je dénonce le contrat et je reprends ma liberté.* **2.** État d'une personne qui n'est pas gênée dans son action par le manque de temps, les préoccupations, etc. *Ce travail me laisse peu de liberté. Quelques instants de liberté.* **3.** Manière aisée, non contrainte, de penser, d'agir, de parler, etc. *Liberté d'esprit. Liberté d'allure. Liberté de langage.* **4.** *Une liberté:* une action qu'on ose accomplir en se donnant à soi-même une permission. *Je prends la liberté de vous écrire.* – Plur. *Prendre des libertés:* agir avec désinvolture, familiarité, ou sans respect des règles. *Il prend des libertés avec la syntaxe.* **IV.** PHILO Possibilité qu'a l'homme d'agir de manière autonome, sans être soumis à la fatalité ni au déterminisme psychobiologique ou social. – Lat. *libertas.*

liberticide [libɛʀtisid] adj. et n. Litt. Qui détruit la liberté. ▷ Subst. Celui qui veut détruire la liberté. – De *liberté,* et *-cide.*

libertin, ine [libɛʀtɛ̃, in] adj. et n. **1.** Vx Qui s'est affranchi de toute règle, de toute autorité (et en partic. des disciplines de la foi religieuse); incrédule, libre penseur. **2.** Adonné au libertinage, à la licence des mœurs. ▷ Par ext. *Contes libertins.* – Lat. *libertinus,* «affranchi».

libertinage [libɛʀtinaʒ] n. m. **1.** Vx Irrévérence pour les choses de la religion; incrédulité religieuse. **2.** Dérèglement des mœurs; licence, inconduite. – De *libertin.*

liberty [libɛʀti] n. m. et adj. Étoffe légère à dessins ou fleurettes. ▷ Adj. inv. *Un tissu liberty.* – Du n. du créateur.

liberty-ship [libɛʀtiʃip] n. m. HIST Cargo d'une dizaine de milliers de tonnes, fabriqué en grande série aux É.-U. pendant la Deuxième Guerre mondiale. *Des liberty-ships.* – De l'angl. *liberty,* «liberté», et *ship,* «navire».

libidinal, ale, aux [libidinal, o] adj. Relatif à la libido. – De *libido.*

libidineux, euse [libidinø, øz] adj. Porté à la luxure. – Lat. *libidinosus.*

libido [libido] n. f. **1.** PSYCHAN Pour les psychanalystes freudiens, énergie vitale émanant de la sexualité. ▷ Chez Jung et ses successeurs, énergie psychique en général. **2.** Cour. Instinct sexuel. – Créé par Freud en all.; du lat. *libido,* «désir».

ENCYCL Le terme de libido, à savoir tout «ce qu'on peut comprendre sous le nom d'amour» (Freud), recouvre, outre l'instinct sexuel génital proprement dit, toutes les satisfactions tirées de la réduction des tensions provoquées par l'excitation des *zones érogènes* (orale, anale, génitale), dont la prépondérance successive définit les différents stades du développement de l'enfant à l'adulte. La libido joue un rôle essentiel dans l'étiologie des névroses. Freud distingue une *libido du moi* (ou *libido narcissique*) et une *libido d'objet,* selon que le sujet prend son propre corps pour objet d'amour ou qu'il reporte sa libido sur un objet extérieur.

libitum (ad). V. ad libitum.

libouret [libuʀɛ] n. m. PECHE Ligne à main pour la pêche en mer, comprenant plusieurs hameçons montés sur une même ligne. – Orig. incert.

libraire [libʀɛʀ] n. **1.** Vx Celui qui vendait les livres qu'il imprimait. **2.** Marchand qui fait le commerce des livres. – Lat. *librarius,* «copiste, libraire».

librairie [libʀɛʀi] n. f. **1.** Vx Bibliothèque. *La librairie de Montaigne.* **2.** Mod. Magasin, boutique de libraire. **3.** Profession du libraire. ▷ Commerce des livres. – Lat. *libraria.*

libration [libʀasjɔ̃] n. f. ASTRO Balancement apparent de la face visible de la Lune de part et d'autre de sa position moyenne, dû à l'ellipticité de l'orbite de cet astre *(libration en longitude),* à l'inclinaison de l'axe de ses pôles *(libration en latitude)* et à la rotation de la Terre *(libration diurne).* – Lat. *libratio,* «balancement».

libre [libʀ] adj. **I. 1.** Qui n'est pas prisonnier, captif. *Il est sorti libre du tribunal.* **2.** Qui n'est pas esclave ou serf. *Dans l'Antiquité, la société se divisait en hommes libres et en esclaves.* **3.** Qui a la possibilité d'agir ou non; qui se détermine indépendamment de toute contrainte extérieure. *Les hommes naissent et demeurent libres et égaux en droit.* ▷ *Libre de* + inf. Qui a le droit, la possibilité de. *Il est libre d'agir à sa guise.* ▷ *Libre de* + subst. Qui ne subit pas la contrainte de. *Libre d'inquiétude. Avoir l'esprit libre de soucis.* **4.** (En parlant d'un pays, d'une nation.) Qui n'est pas soumis à l'autorité d'un gouvernement totalitaire; qui n'est pas soumis à une puissance étrangère. ▷ *Spécial.* (avec une intention polémique, dans le discours politique). *Le monde libre, les pays libres:* les démocraties occidentales d'économie capitaliste (pour les adversaires du collectivisme). **5.** Qui n'est pas contrôlé par un pouvoir politique, par une autorité, un gouvernement. *Libre entreprise. Presse libre.* – *Enseignement libre* (opposé à enseignement public): en France, celui qui est assuré par des organismes privés (et notam. par des organismes confessionnels). **6.** Qui n'est lié par aucun engagement. *Refuser un emploi pour rester libre.* – *Spécial.* Qui n'est pas marié ou engagé dans une relation amoureuse. ▷ Qui peut disposer de son temps comme il l'entend. *Je suis libre à cinq heures.* **7.** Qui manifeste de l'aisance dans son allure, dans son comportement; simple et naturel. *Être libre avec qqn.* **8.** Qui n'est pas soumis aux contraintes sociales, aux convenances (en partic. en matière de mœurs). *Une conduite fort libre.* ▷ Par ext. *Des propos trop libres. Un refrain un peu libre.* **II. 1.** Qui n'est pas occupé; disponible, dégagé d'obstacles. *Voie libre. Place libre. Appartement libre.* ▷ *Temps libre,* dont on peut disposer à sa guise. **2.** Qui n'est pas serré, attaché, fixé; qui ne rencontre pas d'obstacle dans son ou ses déplacements, qui se meut sans difficulté (choses). *Cheveux libres.* ▷ *Laisser, donner libre cours à:* laisser se manifester sans retenue. *Donner libre cours à sa joie.* ▷ BOT Qui n'adhère pas aux organes voisins. *Étamines libres.* ▷ *Chute libre:* mouvement d'un corps sous la seule action de son poids. **3.** Dont la forme ou le contenu n'est pas imposé. *Sujet libre.* – *Vers libres,* non soumis aux règles class. de la versification. ▷ SPORT *Lutte libre,* qui permet des prises sur tout le corps (par oppos. à *lutte gréco-romaine*). – *Figures libres:* figures que peuvent choisir les concurrents lors des compétitions de gymnastique ou de patinage (par oppos. à *figures imposées*). **4.** *Entrée libre:* entrée gratuite, ou qui n'est soumise à aucune obligation d'achat. – Du lat. *liber,* «de condition libre, affranchi de charges, non occupé».

libre arbitre. V. arbitre.

libre-échange [libʀeʃɑ̃ʒ] n. m. ECON Système qui préconise la suppression des droits de douane et de toutes entraves au commerce international. – De *libre,* et *échange;* d'ap. l'angl. *free trade.*

libre-échangiste [libʀeʃɑ̃ʒist] n. et adj. Partisan du libre-échange. – De *libre-échange.*

librement [libʀəmɑ̃] adv. **1.** En étant libre. *Aller et venir librement.* **2.** Franchement, sans arrière-pensées. *Parler librement.* ▷ Avec licence. **3.** Sans respecter certaines contraintes. *Traduire librement un auteur.* – De *libre.*

libre pensée [libʀəpɑ̃se] n. f. État d'esprit, doctrine du libre penseur. – De *libre,* et *pensée.*

libre penseur [libʀəpɑ̃sœʀ] n. m. et adj. Celui qui déclare n'avoir aucune croyance religieuse. ▷ Adj. *Pamphlets libres penseurs.* – De *libre,* et *penseur;* d'ap. l'angl. *free thinker.*

libre-service [libʀəsɛʀvis] n. m. Système dans lequel les clients se servent eux-mêmes et règlent leurs achats ou leurs consommations aux caisses situées à la sortie (dans un magasin, un restaurant, une station-service). ▷ *Par ext.* Établissement qui utilise ce système. – Pour traduire l'angl. *self-service;* de *libre,* et *service.*

librettiste [libʀɛtist] n. Personne qui a composé un libretto, qui compose habituellement des librettos. – De *libretto.*

libretto [libʀɛ(t)to] n. m. Poème, livret sur lequel le musicien compose la musique d'un opéra, d'un opéra-comique. – Scénario d'un ballet. *Des librettos* ou *libretti.* – Mot ital., dimin. de *libro,* «livre».

libyen, libyenne [libjɛ̃, libjɛn] adj. et n. De Libye, État maritime du Nord de l'Afrique.

1. lice [lis] n. f. **1.** HIST Palissade de bois entourant un château fort; espace qu'elle circonscrivait, où se déroulaient les courses, les joutes, les tournois. ▷ *Par ext.* Tout espace où se déroulaient de telles épreuves. – Fig. *Entrer en lice :* se jeter dans la lutte, entrer en compétition. **2.** Palissade entourant un champ de foire, un champ de courses. – Frq. **listja*, «barrière».

2. lice. V. lisse 2.

3. lice [lis] n. f. CHASSE Femelle d'un chien de chasse. – Lat. pop. **licia*, class. *lycisca*, gr. *lukos*, «loup».

licence [lisɑ̃s] n. f. **I. 1.** Autorisation spéciale accordée par l'administration des douanes d'importer ou d'exporter certaines marchandises dont le commerce est réglementé. ▷ Autorisation d'exercer certaines activités, de vendre certains produits. *Licence de pêche, de débit de boissons.* **2.** Autorisation que donne à un tiers le titulaire d'un brevet d'invention d'exploiter celui-ci. *Contrat de licence.* **3.** SPORT Autorisation, émise par une fédération sportive, donnant droit à l'exercice d'un sport de compétition et assurant la couverture de certains risques en cas d'accident. **II. 1.** Autrefois, premier grade universitaire; remplacé auj. par le baccalauréat. **2.** En France, grade universitaire qui se place entre le baccalauréat et le doctorat. *Licence ès lettres. Certificat de licence.* **III. 1.** Péjor. Liberté excessive. *Se donner de grandes licences.* ▷ Dérèglement des mœurs. *Vivre dans la licence.* **2.** *Licence poétique :* transgression de la règle et de l'usage que le poète se permet. *«Encor» pour «encore» est une licence poétique.* – Lat. *licentia*, «permission, liberté».

licencié, ée [lisɑ̃sje] n. et adj. **1.** adj. Qui détient une licence. ▷ Vieilli Qui détient une licence pour vendre ou servir des produits alcoolisés. **2.** Titulaire d'un diplôme de licence. *Licencié en droit.* **3.** SPORT Titulaire de la licence d'une fédération sportive. – De *licence*.

licenciement [lisɑ̃simɑ̃] n. m. Action de licencier; son résultat. *Licenciement collectif.* – De *licencier*.

licencier [lisɑ̃sje] v. tr. [1] Congédier, renvoyer. *Licencier un employé.* – De *licence*.

licencieux, ieuse [lisɑ̃sjø, jøz] adj. Qui est contraire aux bonnes mœurs, qui offense la pudeur. – Lat. *licentiosus*, de *licentia*, «permission, liberté».

lichen [likɛn] n. m. **1.** Végétal résultant de l'association symbiotique d'un champignon et d'une algue, et qui pousse sur les rocs et les matières organiques. **2.** MED Dermatose caractérisée par la présence de papules agglomérées qui se compliquent d'épaississement de la peau, avec exagération des plis naturels. *Lichen plan.* – Mot lat., du gr. *leikhên*, «qui lèche», ce végétal semblant lécher son support.

ENCYCL **Bot.** – Dans la symbiose lichénique, le champignon, végétal non chlorophyllien, synthétise divers produits azotés et tire des sels minéraux du support, tandis que l'algue, chlorophyllienne, synthétise des glucides; l'ensemble peut donc vivre sur des supports très divers et il résiste extrêmement bien aux mauvaises conditions (température, sécheresse, etc.); pouvant croître sur des roches nues, les lichens sont des végétaux pionniers, à la suite desquels d'autres êtres vivants pourront se développer. Ils sont classés parmi les thallophytes; on distingue les lichens crustacés, foliacés, fruticuleux, etc.

licher [liʃe] v. tr. [1] Vieilli Boire. – Var. de *lécher*.

lichette [liʃɛt] n. f. Fam. Petit morceau allongé (d'un aliment solide). *Une lichette de pain.* ▷ *Par ext.* Petite quantité d'un aliment quelconque, solide ou liquide. *Une lichette de vin.* – De *licher*.

licier, ière. V. lissier, ière.

licitation [lisitasjɔ̃] n. f. DR Vente aux enchères publiques de biens indivis possédés par des copropriétaires ou des cohéritiers soit à l'amiable, soit sur ordre du tribunal par suite d'un désaccord sur leur partage en nature. – Lat. *licitatio*, «vente aux enchères».

licite [lisit] adj. Qui n'est pas défendu par la loi, les règlements. *Gain licite.* Syn. légal, légitime. Ant. illicite. – Lat. *licitus*, «permis».

licitement [lisitmɑ̃] adv. Rare De manière licite. – De *licite*.

liciter [lisite] v. tr. [1] DR Vendre par licitation. *Liciter un domaine.* – Lat. jurid. *licitari*, «mettre une enchère».

licorne [likɔʀn] n. f. **1.** Animal fabuleux, cheval à longue corne unique implantée au milieu du chanfrein. **2.** *Licorne de mer :* narval. – Ital. *liocorno*, altér. d'*unicorno*, lat. *unicornis*, «unicorne».

licou [liku] ou **licol** [likɔl] n. m. Lien de cuir, de corde, passé autour du cou des bêtes de somme pour les attacher, les conduire. – De *lie (lier)*, et *cou*.

licteur [liktœʀ] n. m. ANTIQ ROM Agent public qui marchait devant les grands magistrats. *Le licteur portait sur l'épaule un faisceau.* – Lat. *lictor*.

lido [lido] n. m. GEOGR *Côte à lido*, comportant des accumulations littorales avancées, parallèles à la ligne générale du rivage et délimitant des lagunes. – Du *Lido* de Venise.

lie [li] n. f. et adj. **1.** Dépôt qu'un liquide fermenté laisse précipiter au fond du récipient qui le contient. *Lie de vin.* ▷ Adj. inv. *Lie-de-vin :* rouge violacé. **2.** Fig. Ce qu'il y a de plus vil, de plus bas. *La lie du peuple.* – Du gaul. *liga*.

lied [lid] n. m. Romance, chanson populaire, sorte de ballade propre aux pays germaniques. – MUS Petite composition vocale avec ou sans accompagnement, écrite sur les paroles d'un lied. *Un lied de Schubert. Des lieder.* – Mot all., «chant».

liège [ljɛʒ] n. m. **1.** Matière spongieuse, imperméable, peu dense, provenant de l'écorce du chêne-liège. **2.** BOT Tissu protecteur secondaire des plantes dicotylédones, constitué par des cellules mortes emplies d'air, dont la paroi est imprégnée de subérine. – Du lat. pop. **levius*, de *levis*, «léger».

liégeois, oise [ljeʒwa, waz] adj. et n. De Liège. ▷ *Café, chocolat liégeois :* crème glacée au café, au chocolat, nappée de crème Chantilly. – Du n. de *Liège*, ville de Belgique.

lien [ljɛ̃] n. m. **1.** Bande longue, étroite et souple qui sert à entourer plusieurs objets pour les joindre. *Lien d'osier. Lien d'une gerbe.* **2.** Fig. Ce qui unit des personnes entre elles; ce qui attache des personnes à des choses. *Lien conjugal. Le lien entre l'homme et la nature.* **3.** Fig. Ce qui permet d'établir une liaison entre plusieurs faits. *Lien de cause à effet.* – Du lat. *ligamen*.

lier [lje] v. tr. [1] **I.** *Lier qqch.* **1.** Attacher, serrer avec un lien. *Lier un fagot.* **2.** Unir, établir une liaison entre (divers éléments solides); donner une certaine consistance, de la cohésion à (une substance). *La chaux et le ciment lient les pierres. Lier une sauce.* ▷ Par anal. *Lier deux mots:* prononcer deux mots consécutifs en faisant une liaison. – MUS Pratiquer la liaison des sons dans l'exécution vocale ou instrumentale d'une pièce. **II.** *Lier qqn.* **1.** Attacher, immobiliser avec un lien. *Lier qqn avec une corde.* ▷ Fig. *Avoir les mains liées:* être réduit à l'impuissance. **2.** Unir. *Contrat qui lie l'employé à l'employeur.* **III.** Établir (des relations interpersonnelles). *Lier amitié avec qqn. Lier connaissance. Lier conversation avec qqn*, entrer en conversation avec lui. ▷ v. pron. *Se lier d'amitié avec qqn.* – Du lat. *ligare*.

lierne [ljɛʀn] n. f. **1.** ARCHI Nervure unissant la clef de voûte au sommet des doubleaux ou des formerets, ou reliant de clef à clef une suite de voûtes disposées longitudinalement. *Les liernes caractéristiques du style gothique angevin.* **2.** CONSTR Pièce de bois horizontale reliant des pièces de charpente. – De *lier.*

lierre [ljɛʀ] n. m. Plante ligneuse grimpante (genre *Hedera*, fam. araliacées), à feuilles persistantes, s'accrochant à un support (mur, tronc d'arbre, etc.) par des racines adventives à crampons. ▷ *Lierre terrestre:* nom cour. du gléchome. – Du lat. *hedera*, a. fr. *li edre*, «le lierre».

liesse [ljɛs] n. f. Vx Joie. ▷ Mod., litt. *Foule, peuple en liesse :* en fête, qui manifeste son allégresse. – D'après l'a. fr. *ledece*, «joie»; du lat. *laetitia*, par attract. de l'a. fr. *lié*, «joyeux».

1. lieu [ljø] n. m. **I.** Partie délimitée de l'espace. **1.** Espace considéré quant à sa situation, à ses qualités. *Lieu écarté, humide.* – *Lieu géométrique:* ligne ou surface dont les points possèdent une même propriété. *La sphère est le lieu géométrique des points situés à égale distance d'un point fixe.* **2.** Portion délimitée de l'espace, où se déroule un fait, une action. *Vous êtes loin du lieu où s'est produit l'accident.* – Plur. *La police enquête sur les lieux du crime.* ▷ *Règle de l'unité de lieu :* règle du théâtre classique selon laquelle l'action d'une pièce doit se dérouler dans un lieu unique. **II.** Endroit considéré quant aux activités qui s'y déroulent. **1.** *Lieu public*, lieu auquel tout le monde a accès. **2.** *Lieu saint, saint lieu :* église, temple. – *Les Lieux saints :* les sites de Palestine auxquels demeure attaché le souvenir des événements de la vie du Christ. **3.** *Haut lieu:* lieu élevé où se célébrait un culte, dans l'Antiquité. ▷ Endroit rendu célèbre par les faits qui s'y déroulèrent. *Le village de Saint-Denis est un haut lieu de l'histoire du Canada.* **III.** Plur. **1.** Endroit destiné à l'habitation. *Visiter les lieux.* **2.** *Les lieux d'aisances* ou *les lieux :* les cabinets, les latrines. **3.** RHET *Lieux communs :* sources habituelles d'où un orateur peut tirer ses arguments et ses développements. ▷ Cour. *Lieu commun :* idée banale, rebattue. **IV.** loc. **1.** *En premier, second, etc., lieu:* premièrement, deuxièmement, etc. **2.** *Au lieu de:* à la place de. *Au lieu du train, nous prendrons l'avion.* ▷ (Avec un inf.) *Au lieu de travailler, il dort.* **3.** *Tenir lieu de :* remplacer. *Sa sœur aînée lui tient lieu de mère.* **4.** *Avoir lieu :* se produire; arriver. ▷*Avoir lieu de :* avoir une occasion, une raison de. *Avoir lieu de se réjouir.* – Du lat. *locus.*

2. lieu [ljø] n. m. Poisson (*Merlangus pollachius*, fam. gadidés) de la Manche et de l'Atlantique, à la mâchoire inférieure allongée (le *lieu noir* est appelé aussi *goberge).* – De l'anc. scand. *lyr.*

lieudit ou **lieu-dit** [ljødi] n. m. Lieu dans la campagne qui, sans constituer un village, porte un nom particulier. *Il faut passer par le lieudit «Les Quatre-Chemins». Des lieudits* ou *des lieux-dits.* – De *lieu* 1, et *dit.*

lieue [ljø] n. f. **1.** Ancienne mesure de distance qui valait environ 4 km. ▷ *Lieue marine:* vingtième partie du degré méridien, soit 5,555 km. **2.** Fig. *Être à cent lieues de* : être très éloigné de. *J'étais à cent lieues d'imaginer une telle réaction.* – Du lat. *leuca*, d'orig. gaul.

lieur, lieuse [ljœʀ, ljøz] n. **1.** Celui, celle qui lie les gerbes. **2.** n. f. Machine servant à lier les gerbes, le plus souvent associée à une moissonneuse. *Moissonneuse-lieuse.* – De *lier.*

lieutenance [ljøtnɑ̃s] n. f. Vx Charge, emploi, grade de lieutenant. – De *lieutenant.*

lieutenant [ljøtnɑ̃] n. m. **1.** Personne directement sous les ordres d'un chef et qui peut éventuellement le remplacer. *Labienus fut l'un des lieutenants de César.* **2.** HIST Titre que portaient, sous l'Ancien Régime en France, divers fonctionnaires administratifs ou judiciaires. *Lieutenant criminel*, qui connaissait de tous les crimes et délits. – *Lieutenant de police:* haut magistrat, chef de la police, à Paris et dans quelques grandes villes de France. – *Lieutenant général du royaume:* personnage qui, en certaines circonstances, exerçait au nom du roi tout ou partie de l'autorité royale. **3.** Officier subalterne dans l'armée de terre et de l'air, d'un grade intermédiaire entre celui de capitaine et celui de sous-lieutenant. – De *lieu*, et *tenant*, «tenant lieu de».

lieutenant-colonel [ljøtnɑ̃kɔlɔnɛl] n. m. Officier supérieur dont le grade se situe immédiatement avant celui de colonel et après celui de major. *Des lieutenants-colonels.* – De *lieutenant*, et *colonel.*

lieutenant-gouverneur [ljøtnɑ̃guvɛʀnœʀ] n. m. Représentant de la Couronne britannique dans chacune des provinces canadiennes, nommé pour cinq ans par le gouverneur général sur la recommandation du premier ministre canadien. – De *lieutenant*, et *gouverneur.*

lièvre [ljɛvʀ] n. m. **1.** Petit mammifère sauvage (ordre des lagomorphes, fam. léporidés) qui ressemble au lapin, et auquel de très longues pattes postérieures confèrent une grande rapidité à la course. *Parmi les espèces de lièvres de l'Amérique du Nord, le plus commun est le lièvre arctique. La femelle du lièvre est la hase. Le lièvre vagit*, pousse son cri. ▷ *Lever, faire lever un lièvre*, le faire sortir du gîte. – Fig. Soulever une question imprévue et généralement embarrassante pour l'interlocuteur. **2.** La chair comestible de cet animal. *Civet, pâté de lièvre. Rôti de lièvre.* **3.** loc. fig. *C'est là que gît le lièvre:* c'est là le point délicat de l'affaire. ▷ *Courir deux lièvres à la fois:* entreprendre deux affaires en même temps. – Du lat. *lepus, leporis.*

lièvreteau [ljɛvʀəto] n. m. Rare. Levraut que la mère allaite encore.– Dimin. de *lièvre.*

lifting [liftiŋ] n. m. Anglicisme V. déridage. – De l'angl. *face-lifting*, de *face*, «visage», et ppr. de *to lift*, «hisser, remonter».

ligament [ligamɑ̃] n. m. **1.** ANAT Faisceau fibreux résistant, de taille et de forme variables, plus ou moins élastique, qui relie deux parties d'une articulation ou deux organes. *Ligament articulaire.* ▷ Repli du péritoine qui relie les organes abdominaux entre eux, ou à la paroi abdominale. – *Ligament large* : repli du péritoine qui relie l'utérus à la paroi pelvienne. **2.** ZOOL Matière cornée et élastique qui réunit les deux valves des coquilles des mollusques. – Du lat. méd. *ligamentum*, «bandage», de *ligare*, «lier».

ligamenteux, euse [ligamɑ̃tø, øz] adj. De la nature des ligaments. – Du préc.

ligase [ligaz] n. f. BIOCHIM Toute enzyme qui catalyse une réaction de synthèse en utilisant l'énergie fournie par l'A.T.P. – Du rad. du lat. *ligare*, «lier», et *-ase.*

ligature [ligatyʀ] n. f. **1.** Opération consistant à serrer ou à assembler par un lien. **2.** CHIR Opération qui consiste à lier un conduit; résultat de cette action. *Ligature d'un vaisseau. Ligature des trompes.* ▷ *Par ext.* Fil avec lequel on effectue cette opération. **3.** TECH Lien réalisé au moyen d'une corde, d'un fil métallique. – Bas lat. *ligatura.*

ligaturer [ligatyʀe] v. tr. [1] Serrer, attacher au moyen d'une ligature. – Du préc.

lige [liʒ] adj. **1.** FEOD *Homme, vassal lige:* personne qui était liée au seigneur par une promesse de fidélité et de dévouement absolu. Par ext. *Hommage lige.* ▷ *Fief, terre lige*, qui appartenait à un homme lié au seigneur par un hommage lige. **2.** Fig. *Homme lige*, celui qui est tout dévoué à une personne, à un parti, etc. – P.-ê. du bas lat. **liticus*, de *letus* ou *litus*, «sorte de vassal».

ligie [liʒi] n. f. Crustacé isopode *(Ligia oceanica)* des côtes atlantiques, qui ressemble à un gros cloporte. – Lat. scientif. *ligia.*

lignage [liɲaʒ] n. m. Vx Ensemble des personnes issues d'un même ancêtre. – De *ligne.*

ligne [liɲ] n. f. **I.** Trait continu. **1.** Trait simple considéré quant à sa forme ou à sa longueur. *Tracer une ligne pour écrire droit. Ligne courbe, horizontale, perpendiculaire.* – *Lignes de la main:* traits qui sillonnent la paume de la main. **2.** GEOM Figure engendrée par le déplacement d'un point. *Ligne droite. Ligne brisée:* succession de segments de droite. – *Lignes trigonométriques:* fonctions circulaires d'un axe ou d'un angle. ▷ TECH *Ligne de foi:* droite reliant le centre d'un instrument de visée au point extrême de l'alidade. – *Ligne de niveau:* ensemble de points situés à une même altitude. **3.** Trait réel ou imaginaire qui sépare deux choses, qui délimite le contour, les formes de qqch. *Ligne de démarcation. Un corps aux belles lignes.* ▷ *Garder la ligne:* rester mince. ▷ *Dans les grandes lignes:* en considérant l'essentiel, sans entrer dans les détails. ▷ MAR *Ligne d'eau, de flottaison:* séparation entre la partie de la coque qui est immergée et celle qui ne l'est pas. – *Ligne de flottaison en charge,* correspondant au chargement maximal. ▷ GEOGR *Ligne équinoxiale* : l'équateur. – *Ligne de partage des eaux :* relief du sol qui forme la séparation de deux bassins. – *Ligne de faîte:* crête marquant la séparation de deux versants. **4.** Mesure de longueur, huitième partie du pouce soit 3,117 mm. ▷ Anc. Mesure de longueur, douzième partie du pouce français. **II. 1.** Direction continue dans un sens donné. *Aller en ligne droite.* ▷ Fig. *Suivre la ligne droite:* ne pas s'écarter du chemin que le devoir impose. ▷ *La ligne d'un parti,* ses principes, ses grandes options. **2.** Parcours suivi régulièrement par un véhicule, un train, un avion; le service assuré sur ce parcours. *Ligne d'autobus. Lignes aériennes. Les grandes lignes* (de chemin de fer) *et les lignes de banlieue.* **III. 1.** Suite de choses, de personnes disposées selon une direction donnée. *Poteaux, plantes en ligne. Rangez-vous en ligne.* ▷ MILIT Succession d'ouvrages fortifiés. *Ligne de défense.* – *Ligne de feu,* constituée par les unités qui sont au contact de l'ennemi. – *Monter en ligne, en première ligne:* se rendre sur le front. – Ensemble des troupes faisant face à l'ennemi. *L'armée marchait sur trois lignes. Troupes de ligne,* destinées à combattre en ligne (par oppos. à *troupe légère* ou *irrégulière*). Par ext. *La ligne:* l'infanterie en général. ▷ MAR *Navire de ligne:* navire de guerre puissant destiné à combattre en ligne (en escadre). ▷ AVIAT *Formation en ligne,* d'appareils volant à la même altitude et sur un même front. **2.** Rang. *Être sur la même ligne.* ▷ *Hors ligne:* remarquable, qui se distingue par ses qualités éminentes. *Administrateur hors ligne.* **3.** Ensemble des caractères rangés sur une ligne horizontale dans une page; ce qui est écrit dans cette ligne. ▷ *Aller à la ligne:* faire un alinéa. ▷ *Faire entrer en ligne de compte:* comprendre dans un compte (sens pr., rare). – Fig., cour. *Tenir compte de:* ne pas négliger. ▷ Fig. *Lire entre les lignes* : saisir ce qui, dans un écrit, reste implicite. **4.** Suite des descendants d'une famille; filiation. *Ligne ascendante, descendante.* ▷ *Ligne directe,* de père en fils. **IV. 1.** Fil, cordeau, ficelle, etc., tendus dans une direction donnée. *Arbre planté à la ligne. Tracer un sillon à la ligne.* ▷ Cordeau, enduit d'une matière colorée, qui sert à marquer un niveau. *Ligne bleue.* **2.** MAR Petit cordage à trois torons tressés serré. *Ligne de sonde, de loch.* **3.** PECHE Fil (nylon, crin de Florence) à l'extrémité duquel est attaché un hameçon garni d'un appât ou d'un leurre. *Ligne flottante. Ligne de traîne. Pêcher à la ligne.* – *Ligne de fond,* qui repose au fond de l'eau. **4.** ELECTR Ensemble de conducteurs servant au transport de l'énergie électrique. *Ligne électrique à haute tension. Ligne téléphonique.* – *Par ext.* Circuit de communication. *La ligne est occupée. Il y a qqn sur la ligne.* – *Ligne ouverte:* émission de radio (pfs de télévision) où les auditeurs téléphonent pour donner leur opinion sur un sujet d'actualité, s'informer auprès de spécialistes, etc. **5.** DR *Ligne collatérale:* suite des degrés entre personnes qui ne descendent pas les unes des autres mais qui descendent d'un auteur commun (par ex.: frères, sœurs, cousins). ▷ *Ligne directe:* suite des degrés de personnes qui descendent l'une de l'autre (par ex.: grand-père, père, fils). – Du lat. *linea,* propr. «(corde) de lin».

lignée [liɲe] n. f. Race, descendance. *Une nombreuse lignée.* – Du préc.

ligner [liɲe] v. tr. [1] Rare Marquer de lignes parallèles. *Ligner une feuille de papier.* – De *ligne.*

ligneul [liɲœl] n. m. TECH Fil enduit de poix, utilisé en cordonnerie. – Du lat. pop. **lineolum,* «ficelle».

ligneux, euse [liɲø, øz] adj. **1.** De la nature du bois. *Plantes ligneuses (arbres, arbustes, etc.) et plantes herbacées.* **2.** MED Qui a la consistance du bois. *Phlegmon ligneux.* – Lat. *lignosus,* de *lignum,* «bois».

lignicole [liɲikɔl] adj. ZOOL Qui vit dans le bois. – Lat. *lignum,* «bois», et *-cole.*

lignification [liɲifikasjõ] n. f. BOT Modification de la membrane cellulaire de certains végétaux qui se charge de lignine. – De *(se) lignifier.*

lignifier (se) [liɲifje] v. pron. [11] BOT Se charger de lignine; se transformer en bois. – Du lat. *lignum,* «bois», et *-fier.*

lignine [liɲin] n. f. CHIM Substance organique qui imprègne la paroi des vaisseaux du bois et de diverses cellules végétales, et les rend résistantes, imperméables et inextensibles. – Du lat. *lignum,* «bois», et *-ine.*

lignite [liɲit] n. m. Roche sédimentaire brunâtre, combustible, qui provient de la décomposition incomplète de divers végétaux. – Du lat. *lignum,* «bois», et *-ite* 3.

ligot [ligo] n. m. TECH Petit paquet de bûchettes enduites de résine, pour allumer le feu. – Mot gascon, «lien», du lat. *ligare,* «lier».

ligoter [ligɔte] v. tr. [1] Lier, attacher solidement. *Ligoter qqn sur une chaise.* ▷ Fig. *La censure ligotait la presse.* – Du gascon *ligot,* «lien», du lat. *ligare,* «lier».

ligue [lig] n. f. **1.** Union, coalition d'États, liés par des intérêts communs. – HIST *Ligue hanséatique.* V. hanse. *Ligue d'Augsbourg,* formée de 1686 à 1697, elle réunissait l'Angleterre, l'Espagne, les principautés allemandes, la Hollande, la Suède, en vue de lutter contre la politique d'annexion de Louis XIV, lequel vainquit la coalition en 1697. **2.** Nom pris par certaines associations. *Ligue antialcoolique. La Ligue nationale de hockey.* HIST *La Sainte Ligue,* ou absol. *la Ligue,* ou *la Sainte Union,* confédération de catholiques français organisée par Henri de Guise en 1576 pour défendre le catholicisme contre les protestants, mais visant aussi à détrôner Henri III. (Après l'assassinat d'Henri de Guise puis d'Henri III, elle mena la lutte contre Henri IV, qui finit par vaincre son chef, Mayenne, à Arques et à Ivry en 1590. L'abjuration du roi, en 1593, ôta à la Ligue sa raison d'être.) **3.** (En mauvaise part) Complot, cabale. – Ital. *liga,* du lat. *ligare,* «lier».

liguer [lige] v. tr. [1] Unir en une ligue; grouper en vue d'une action commune. *Liguer les mécontents.* ▷ v. pron. Former une ligue, un complot; s'unir. *Se liguer contre un ennemi commun.* – Du préc.

ligueur, euse [ligœʀ, øz] n. et adj. Personne qui fait partie d'une ligue. ▷ *Spécial.* HIST Membre de la Sainte Ligue. – Adj. *Moine ligueur.* – De *ligue.*

ligule [ligyl] n. f. BOT Appendice (lamelle ou poil) à la jonction de la gaine et du limbe de la feuille des graminées. – Lat. *li(n)gula,* dimin. de *lingua,* «langue».

ligulé, ée [ligyle] adj. BOT En forme de languette. *Fleur ligulée.* – Du préc.

liguliflores [ligyliflɔʀ] n. f. pl. BOT Tribu de composées dont les fleurs sont ligulées. Syn. chicoracées. – De *ligule,* et *-flore.*

ligure [ligyʀ] adj. Relatif aux Ligures. *Le peuple ligure vivait au S.-E. de la Gaule et sur le golfe de Gênes.* – Lat. *Ligur.*

ligurien, ienne [ligyʀjɛ̃, jɛn] adj. et n. De Ligurie, rég. de l'Italie du N. – V. ligure.

lilas [lila] n. m. et adj. **1.** Arbuste ornemental (genre *Syringa,* fam. oléacées) à fleurs en grappes, blanches ou violettes, très odorantes. ▷ Les fleurs de cet arbuste. *Un bouquet de lilas.* **2.** Couleur violette tirant sur le bleu ou le rose. *Un lilas pâle.* ▷ Adj. inv. *Des robes lilas.* – Arabo-pers. *lilâk.*

liliacées [liljase] n. f. pl. BOT Famille de plantes monocotylédones à bulbe ou à rhizome, pour la plupart herbacées et vivaces. *Le lis, la tulipe, le trille, le muguet sont des liliacées.* – Bas lat. *liliaceus,* du class. *lilium,* «lis».

lilial, ale, aux [liljal, o] adj. Litt. Qui évoque la blancheur, la pureté du lis. *Candeur liliale.* – Du lat. *lilium* , «lis».

lilium [liljɔm] n. m. BOT Nom scientif. du genre lis. – Mot lat.

lilliputien, ienne [lilipysjɛ̃, jɛn] adj. Très petit. – De *Lilliput,* le pays des nains imaginé par Swift dans «les Voyages de Gulliver».

limace [limas] n. f. **1.** Mollusque gastéropode pulmoné terrestre dont la coquille est réduite à une mince écaille interne. **2.** Fam. Personne très molle et lente. *Qui est-ce qui m'a fichu une limace pareille !* – Lat. pop. **limaceus* et **limacea,* class. *limax, limacis.*

ENCYCL Les limaces vraies (genre *Limax*) et les testacelles, qui ont une petite coquille apparente, s'opposent aux arions (limaces rouges), qui ont une coquille interne. Elles sont toutes nuisibles pour les cultures.

limaçon [limasɔ̃] n. m. **1.** Escargot. **2.** ANAT Partie antérieure de l'oreille interne dont le conduit est enroulé autour d'un axe conique. Syn. cochlée. **3.** MATH *Limaçon de Pascal* : lieu des pieds des perpendiculaires abaissées d'un point fixe sur les tangentes à un cercle. – De *limace.*

limage [limaʒ] n. m. Action de limer. – De *limer.*

limagne [limaɲ] n. f. GEOL Fossé d'effondrement. Syn. graben. – Du n. de la *Limagne* (de Clermont), qui a cette structure géologique.

limaille [lima(ɑ)j] n. f. Poudre de métal constituée de fines particules détachées par la lime. *Limaille de fer.* – De *limer.*

liman [limɑ̃] n. m. GEOMORPH Estuaire barré par un cordon littoral. – Mot russe, «estuaire», du gr. *limên,* «port».

limande [limɑ̃d] n. f. **1.** Poisson plat (*Pleuronectes limanda,* fam. pleuronectidés), long de 40 cm environ et dont seul le côté droit, qui porte les yeux, est pigmenté. *On pêche la limande dans l'Atlantique et dans la Manche.* **2.** Loc. fam. *Femme plate comme une limande.* – De l'a. fr. *lime,* issu du rad. gaulois **lem,* «planche».

limbaire [lɛ̃bɛʀ] adj. BOT Relatif au limbe. – De *limbe* (sens I, 3.).

limbe [lɛ̃b] **I.** n. m. **1.** Bord extérieur gradué d'un instrument de précision. *Limbe d'un sextant.* **2.** ASTRO Bord du disque d'un astre. *Le limbe de la Lune est le bord du disque en direction du soleil.* **3.** BOT Partie lamellaire, mince, chlorophyllienne, d'une feuille. **II.** n. m. pl. RELIG CATHOL *Les limbes:* le lieu où se trouvaient les âmes des justes avant la venue du Christ; le séjour des âmes des enfants morts sans baptême. ▷ Fig. *Être dans les limbes:* n'avoir pas encore vu le jour, n'être pas encore réalisé. *Son projet est encore dans les limbes.* – Lat. *limbus,* «bordure».

1. lime [lim] n. f. **1.** Outil à main, formé d'une lame d'acier trempé hérissée de dents, qui sert à ajuster et à polir, à froid, la surface des métaux, des matières dures. *Lime plate.* **2.** ZOOL Mollusque lamellibranche marin qui ressemble à la coquille Saint-Jacques. – Lat. *lima.*

2. lime [lim] ou **limette** [limɛt] n. f. BOT Citron doux, fruit du limettier. – Ar. *līma.*

limer [lime] v. tr. [1] **1.** Façonner à la lime. *Limer une clef.* **2.** User. *Le frottement lime les étoffes.* – Lat. *limare,* de *lima,* «lime».

limes [limɛs] n. m. inv. ANTIQ ROM Zone fortifiée bordant une frontière, sous l'Empire romain. – Mot lat., «chemin, frontière».

limette. V. lime 2.

limettier [limɛtje] n. m. BOT Variété de citronnier (*Citrus limetta*) dont le fruit est la lime ou limette. – De *limette* (V. *lime* 2).

limeur, euse [limœʀ, øz] n. et adj. **1.** n. Ouvrier, ouvrière qui lime. **2.** adj. Qui sert à limer. ▷ *Étau limeur :* machine-outil qui sert à usiner des surfaces planes sur des pièces métalliques. – De *limer.*

limicole [limikɔl] adj. ZOOL Qui vit dans la vase, dans les marécages. – Bas lat. *limicola,* de *limus,* «limon, boue», et *-cole.*

limier [limje] n. m. **1.** Grand chien pour la chasse à courre. **2.** Fig. Policier, détective. *Les plus fins limiers sont à la poursuite du coupable.* – De *liem,* anc. forme de *lien,* «chien tenu en laisse».

liminaire [liminɛʀ] adj. **1.** Qui est placé au début (d'un livre, d'un écrit, d'un discours, etc.). *Épître liminaire.* **2.** PSYCHO, MED Syn. de *liminal.* – Bas lat. *liminaris,* de *limen, liminis,* «seuil».

liminal, ale, aux [liminal, o] adj. PSYCHO, MED Qui est au seuil de la perceptibilité, qui est tout juste perceptible. – Mot angl., du lat. *limen, liminis,* «seuil».

limitatif, ive [limitatif, iv] adj. Qui limite, qui précise des bornes. *Clause limitative.* – De *limiter.*

limitation [limitasjɔ̃] n. f. **1.** Action de limiter. **2.** Restriction. *Limitation de vitesse.* – Lat. *limitatio.*

limite [limit] n. f. **1.** Ce qui sépare un terrain, un territoire d'un autre, contigu. *Bornes qui marquent la limite d'un champ. Limite entre deux États voisins. Limite d'une forêt.* **2.** Par anal. *La limite du XIX*[e] *et du XX*[e] *siècle.* ▷ *Limite d'âge:* âge au-delà duquel on ne peut plus se présenter à un concours, ou après lequel un fonctionnaire doit être mis à la retraite. *Fonctionnaire qui a atteint la limite d'âge.* ▷ SPORT *Avant la limite:* avant la fin du temps imparti. *Combat de boxe gagné avant la limite.* **3.** Fig. Point où s'arrête qqch; borne. *Courir jusqu'à la limite de ses forces. Exercer une autorité sans limites.* ▷ *Dépasser les limites:* aller au-delà de ce que la bienséance permet. **4.** MATH Valeur vers laquelle tend une expression algébrique. *La limite de* $\frac{1}{n}$, *lorsque n tend vers l'infini, est égale à zéro.* ▷ PHYS *Limite d'élasticité, de rupture :* valeur qui correspond à la perte de l'élasticité, à la rupture. ▷ Adj. Qui correspond à une valeur atteinte asymptotiquement. *Vitesse limite.* – Lat. *limes, limitis.*

limité, ée [limite] adj. Qui a des limites, des bornes. *Pouvoir, responsabilités limités.* Pp. de *limiter.*

limiter [limite] **I.** v. tr. [1] **1.** Fixer, donner des limites à. *Limiter un terrain.* **2.** Fixer un terme à. *Limiter la durée d'un voyage à huit jours.* – Restreindre. *Li-*

miter des dépenses. Par anal. Fam. *Limiter les dégâts.* **II.** v. pron. S'imposer des limites. – Lat. *limitare.*

limiteur [limitœʀ] n. m. TECH Appareil servant à éviter qu'une grandeur dépasse une valeur donnée. *Limiteur de tension.* – De *limiter.*

limitrophe [limitʀɔf] adj. **1.** Qui est à la frontière, à la limite d'un pays, d'une région. **2.** Qui a des limites, des frontières communes avec la région que l'on considère. *La Mauricie et les régions limitrophes.* – Lat. jur. *limitrophus.*

limnée [limne] n. f. ZOOL Mollusque gastéropode pulmoné (genre *Limnaea,* ordre des basommatophores) à coquille conique et allongée, très répandu dans les eaux douces stagnantes. – Du gr. *limnaios,* «d'étang».

limnologie [limnɔlɔʒi] n. f. GEOGR Science qui a pour objet les phénomènes se produisant dans les marais, les étangs et les lacs et, par ext., dans toutes les eaux douces. *Limnologie physique, limnologie biologique* (étude de la flore et de la faune). – Du gr. *limnê,* «étang», et de *-logie.*

limogeage [limɔʒaʒ] n. m. Action de limoger; fait d'être limogé. – De *limoger.*

limoger [limɔʒe] v. tr. **[15]** Disgracier, priver de ses responsabilités, de son poste (un officier, un haut fonctionnaire, etc.). – De la ville de *Limoges,* en France, où le maréchal Joffre, en sept. 1914, plaça en réserve une centaine d'officiers généraux jugés incapables.

1. limon [limɔ̃] n. m. Boue argilo-sableuse mêlée de matière organique, très fertile, charriée par les cours d'eau et qui s'accumule le long de leurs berges. – Lat. pop. **limo, limonis,* class. *limus.*

2. limon [limɔ̃] n. m. **1.** Chacun des deux brancards entre lesquels on attelle un cheval qui tire une voiture. **2.** CONSTR Pièce rampante d'un escalier qui le limite du côté du vide et qui reçoit la balustrade. – Probabl. d'un rad. gaul. **lem-,* «traverse».

3. limon [limɔ̃] n. m. Vx Citron. – Ar. *laymūn.*

limonade [limɔnad] n. f. **1.** Boisson faite de jus de citron et d'eau sucrée. **2.** Boisson rafraîchissante faite d'eau gazeuse sucrée et acidulée. – Esp. *limonada,* de l'ar. *laymūn,* «citron».

limonadier, ière [limɔnadje, jɛʀ] n. Personne qui fabrique de la limonade ou des boissons gazéifiées. – De *limonade.*

limonage [limɔnaʒ] n. m. AGRIC Épandage de limon sur une terre aux fins de fertilisation. – De *limon* 1.

limonaire [limɔnɛʀ] n. m. Orgue de Barbarie. – N. de l'inventeur.

limoneux, euse [limɔnø, øz] adj. Riche en limon; bourbeux. – De *limon* 1.

1. limonier [limɔnje] n. m. et adj. Cheval de trait que l'on met entre les limons, que l'on peut atteler à une voiture. ▷ Adj. *Cheval limonier.* – De *limon* 2.

2. limonier [limɔnje] n. m. Syn. vx de *citronnier.* – De *limon* 3.

limonière [limɔnjɛʀ] n. f. Ensemble formé par les deux limons d'une voiture à cheval. – De *limon* 2.

limonite [limɔnit] n. f. MINER Roche sédimentaire, brune ou ocre, très riche en oxyde de fer hydraté. – De *limon* 1.

limousin, ine [limuzɛ̃, in] adj. et n. **1.** adj. Du Limousin, région du centre de la France. ▷ Subst. *Des Limousins, des Limousines.* **2.** n. m. Dialecte d'oc parlé dans le Limousin. – Du bas lat. *Lemovicinum,* «pays des *Lemovices* (n. de peuple)».

limousine [limuzin] n. f. **1.** Pèlerine de laine grossière portée par les bergers. **2.** Modèle de voiture pouvant contenir de cinq à sept passagers et généralement conduite par un chauffeur. – Orig. incert.

limpide [lɛ̃pid] adj. Parfaitement transparent, clair, pur. *Eau, ciel limpides.* – *Regard limpide.* ▷ Fig. Dépourvu de toute obscurité, facile à comprendre. *Style limpide.* – Lat. *limpidus.*

limpidité [lɛ̃pidite] n. f. Qualité de ce qui est limpide. – Bas lat. *limpiditas.*

limule [limyl] n. m. ZOOL Animal arthropode mérostome des côtes du Pacifique (Asie du S.-E.) et des Antilles, atteignant 30 cm (appelé à tort *crabe des Moluques*). *La chair du limule est comestible.* – Lat. zool *limulus,* orig. incon.

lin [lɛ̃] n. m. **1.** Plante textile, cultivée également pour ses graines oléagineuses. *Rouissage, séchage, broyage, teillage et peignage du lin.* – *Graine, farine, huile de lin.* ▷ *Gris de lin:* couleur semblable à celle de la toile de lin écrue. **2.** Toile faite de fibres de lin. *Serviette de lin.* – Lat. *linum.*

ENCYCL Le lin *(Linum usitatissimum),* dont les fleurs bleues, régulières, ont cinq pétales, est cultivé pour sa tige, dont on tire une excellente fibre textile, et pour ses graines, dont on tire *l'huile de lin,* siccative, base de nombreuses peintures, du linoléum, des toiles cirées, etc. *La farine de lin* (téguments des graines) entre dans la fabrication de cataplasmes.

linacées [linase] n. f. pl. BOT Famille de dicotylédones dont le type est le lin. – De *lin.*

linaigrette [linegʀɛt] n. f. BOT Plante herbacée des régions humides (genre *Eriophorum,* fam. cypéracées), dont l'inflorescence porte une houppe cotonneuse luisante. – De *lin,* et *aigrette.*

linaire [linɛʀ] n. f. BOT Plante herbacée (genre *Linaria,* fam. scrofulariacées), dont diverses espèces ont des feuilles semblables à celles du lin. – Lat. médiév. *linaria,* du class. *linum,* «lin».

linceul [lɛ̃sœl] n. m. Pièce de toile dans laquelle on ensevelit un mort. ▷ Litt., fig. *Le linceul blanc de la neige.* – Du lat. *linteolum,* dimin. de *linteum,* «toile de lin».

linçoir ou **linsoir** [lɛ̃swaʀ] n. m. TECH Pièce formant linteau au-dessus d'une porte ou d'une fenêtre; pièce qui relie un chevêtre au mur. – Orig. incert.

linéaire [lineɛʀ] adj. **1.** Qui a rapport aux lignes; qui se fait par des lignes. *Géométrie, dessin, perspective linéaire.* – *Mesure linéaire :* mesure de longueur (par opp. à *mesure de superficie* ou *de volume*). **2.** MATH *Fonction, équation linéaire,* du premier degré par rapport à chacune des variables. ▷ *Application linéaire :* application d'un espace vectoriel E dans un espace vectoriel K, telle que pour tout couple (x, y) de vecteurs de E et pour tout couple (α, β) de scalaires de K on a $f(\alpha x + \beta y) = \alpha f(x) + \beta f(y)$. ▷ *Algèbre linéaire,* qui étudie les applications linéaires. ▷ *Forme linéaire :* application linéaire dans laquelle le corps K est considéré comme un espace vectoriel. ▷ *Programmation linéaire :* méthode consistant à rechercher l'optimum d'une fonction dont les variables sont liées entre elles par des équations linéaires et sont soumises à certaines contraintes. **3.** Dont la forme, la disposition rappelle une ligne. ▷ BOT *Feuille linéaire,* allongée et étroite. ▷ *Récit linéaire,* au déroulement simple comme une ligne. – Lat. *linearis,* de *linea,* «ligne».

linéairement [lineɛʀmɑ̃] adv. D'une manière linéaire. – Du préc.

linéarité [lineaʀite] n. f. Didac. Propriété, qualité de ce qui est linéaire. ▷ LING *Linéarité de la langue:* en linguistique structurale et distributionnelle, propriété qu'a la langue (par oppos. à d'autres systèmes signifiants) de se manifester en énoncés ou éléments qui, oralement comme par écrit, se déroulent selon une seule dimension, celle du temps. – De *linéaire.*

linéique [lineik] adj. PHYS Qui est rapporté à l'unité de longueur. *Masse linéique d'un fil homogène de section uniforme :* masse de l'unité de longueur de ce fil.– Du lat. *linea,* «ligne».

linette [linɛt] n. f. Graine de lin. – De *lin.*

linge [lɛ̃ʒ] n. m. **1.** Étoffe (de lin, à l'origine) utilisée à des fins domestiques diverses. ▷ *Envelopper un jambon avec un linge. Prendre un linge usagé pour polir les cuivres.* ▷ Ensemble des pièces de tissu réservées à ces usages. *Armoire à linge. Linge brodé. Linge de maison* (ou *linge*). – *Linge de fil, de coton.* **2.** *Linge de corps* (ou absol. *linge*): pièce(s) d'habillement portée(s) à même la peau, sous les vêtements. V. sous-vêtement. *Changer de linge.* – De l'anc. adj. *linge,* «de lin», du lat. *lineus.*

lingère [lɛ̃ʒɛʀ] n. f. Femme chargée de l'entretien, de la distribution du linge dans une communauté, un hôtel, une maison. – Du préc.

lingerie [lɛ̃ʒʀi] n. f. **1.** Industrie et commerce du linge (au sens 2). **2.** Lieu où l'on range et où l'on entretient le linge, dans une communauté, une grande maison. **3.** Linge de corps féminin. – De *linge.*

lingot [lɛ̃go] n. m. Pièce brute de métal obtenue par coulée dans un moule. *Lingot d'or.* – De l'anc. provenç. *lingo* «lingotière», de *lenga,* «langue», lat. *lingua,* par anal. de forme.

lingotière [lɛ̃gɔtjɛʀ] n. f. TECH Moule destiné à la fabrication des lingots. – De *lingot.*

lingual, ale, aux [lɛ̃gɥ(w)al, o] adj. **1.** ANAT Relatif à, qui appartient à la langue. **2.** PHON *Consonne linguale,* articulée surtout avec la langue (par oppos. à *labiale*). – Du lat. *lingua,* «langue».

linguatule [lɛ̃gwatyl] n. f. ZOOL Ver de grande taille (10 cm), parasite des fosses nasales de divers mammifères. – Du lat. *lingua,* «langue».

linguiforme [lɛ̃gɥifɔʀm] adj. Didac. Qui a la forme d'une langue, d'une languette. – Du lat. *lingua,* «langue», et de *-forme.*

linguiste [lɛ̃gɥist] n. Personne spécialiste de linguistique. – Du lat. *lingua,* «langue».

linguistique [lɛ̃gɥistik] n. et adj. **I.** n. f. **1.** Vx Étude scientifique, historique et comparative des langues. **2.** Mod. Science du langage. *«La linguistique est l'étude scientifique du langage humain»* (A. Martinet). V. encycl. **II.** adj. **1.** Relatif à la linguistique; envisagé du point de vue de la linguistique. **2.** Qui concerne la langue, une ou plusieurs langues. – Du lat. *lingua,* «langue».

ENCYCL L'intérêt pour le langage remonte à l'Antiquité grecque; la réflexion linguistique surgit en même temps que la réflexion philosophique; Platon et Aristote (IVe s. av. J.-C.) la portèrent à son plus haut niveau. La première grammaire complète du grec fut celle de Denys de Thrace (fin du IIe siècle av. J.-C.). Avec les Latins, l'intérêt philosophique pour le langage déclina; on découvrit qu'un certain nombre de catégories grammaticales étaient communes au grec et au latin, on en conclut qu'elles étaient universelles et on donna aux études grammaticales un aspect *normatif :* il ne s'agissait plus de chercher à comprendre le fonctionnement de la langue, mais de fixer à jamais un ensemble de règles *(normes)* qu'écoliers et lettrés devaient respecter. Le premier effort pour rompre avec cette tradition est dû, en 1660, à Arnauld et Lancelot, professeurs à Port-Royal, avec leur *Grammaire générale et raisonnée.* Toutefois, jusqu'au XXe s., on privilégiera le point de vue historique: on s'intéressera à l'évolution des langues dans le temps et aux liens de parenté qui les unissent. Critiquant les défauts de la linguistique historique, Ferdinand de Saussure bâtit son *Cours de linguistique générale,* publié en 1916 par ses élèves et à partir duquel s'élaborera toute la linguistique moderne. Saussure a posé les concepts fondamentaux: synchronie, système, distinction entre langue et parole, etc. Pour apercevoir le système de la langue, son organisation intérieure, il faut opérer une coupe horizontale dans le temps: on étudiera un état de telle langue à un moment donné. Cette perspective, *synchronique* (alors que l'étude historique est dite *diachronique*), correspond parfaitement à l'attitude de celui qui parle: la plupart des locuteurs d'une langue ignorent tout de son histoire, mais l'utilisent efficacement. Les éléments de la langue forment un système (nommé auj. *structure*) où chaque pièce ne vaut que par rapport aux autres, qui lui confèrent sa spécificité. Elle est l'objet sur lequel travaille le linguiste et où il accorde autant d'importance à un dialecte de Polynésie qu'à la langue anglaise, par ex., donnant la primauté à la langue parlée, car elle précède l'écriture. Après Saussure on peut reconnaître trois grandes écoles. **1.** L'école de Prague (Nikolaï Troubetskoï, Roman Jakobson) a créé dans les années 1920-1930 la phonologie, étude des sons d'une langue par leurs relations réciproques, et tenté d'adapter cette étude aux autres niveaux de la langue (morphologie et syntaxe); la théorie de cette école porte le nom de fonctionnalisme, car les éléments de la langue sont définis par leur fonction dans le cadre de la communication. **2.** L'école de Copenhague (Hjelmslev et Togeby) a fondé la glossématique, qui tente de serrer de plus près l'idée saussurienne que la langue est *forme* et non *substance*; les prétendus éléments constitutifs de la langue ne sont que des faisceaux de relations. La glossématique a donc tenté de fonder une algèbre de la langue. **3.** Une puissante école linguistique, dite *structurale,* s'est développée aux États-Unis, notam. sur le terrain ethnologique. Bloomfield (v. 1930-1940) est le principal représentant de ce courant, hostile au «mentalisme», qui abuserait d'explications psychologiques; pour assurer l'objectivité de la description, il rejette l'analyse du sens. Le plus remarquable développement de ces thèses est le distributionnalisme de Z. S. Harris (v. 1950), qui recense (dans un texte: *corpus*) toutes les distributions des unités (une distribution étant l'ensemble des environnements dans lesquels apparaît une unité), puis considère comme équivalentes les unités qui ont la même distribution et les réunit dans une même classe. Mais la grande révolution est due à un de ses disciples, Noam Chomsky, qui a entrepris, vers 1957, une critique radicale de la linguistique d'inspiration structurale et distributionnelle; par ex., un groupe de mots comme «la critique de Pierre», qui n'a qu'une seule formule distributionnelle: nom-préposition-nom, recouvre en fait deux structures différentes: «Pierre critique quelqu'un» et «Pierre est critiqué par quelqu'un»; Chomsky a fondé la grammaire générative et transformationnelle, qui considère le langage comme un processus par lequel tout locuteur peut générer une infinité de phrases pertinentes et nouvelles. «Science pilote» (Lévi-Strauss), la linguistique exerce une influence décisive sur toutes les sciences humaines; elle se divise auj. en de nombreuses branches: géolinguistique, sociolinguistique, psycholinguistique, stylistique, etc.

linier, ière [linje, jɛʀ] adj. et n. **1.** adj. Didac. Relatif au lin. **2.** n. Ouvrier dans l'industrie du lin. – De *lin.*

linière [linjɛʀ] n. f. AGRIC Champ planté de lin. – De *lin.*

liniment [linimɑ̃] n. m. Médicament onctueux pour frictionner la peau. – Bas lat. *linimentum,* de *linire,* «enduire, oindre».

linogravure [linogʀavyʀ] n. f. TECH Gravure en relief sur linoléum, caoutchouc ou matière plastique. – De *lino(léum)*, et *gravure*.

linoléine [linolein] n. f. CHIM Ester de l'acide linoléique. – Angl. *linolein*.

linoléique [linoleik] adj. BIOCHIM *Acide linoléique:* acide gras diéthylénique de formule brute $C_{18}H_{32}O_2$, monoacide non saturé à chaîne normale qui entre dans la composition des lipides. – Du lat. *linum*, «lin», et *oleum*, «huile», parce qu'on trouve cet acide notam. dans l'huile de lin.

linoléum [linɔleɔm] n. m. Revêtement imperméable pour planchers. Syn. prélart. Rem. Usité surtout dans la langue publicitaire. – De l'angl. *linoleum*.

linon [linɔ̃] n. m. Toile de lin claire à chaîne et trame peu serrées. – De l'a. fr. *linomple*, «lin uni».

linotte [linɔt] n. f. **1.** Petit passereau d'Europe et d'Asie occidentale (*Carduelis cannabina*, fam. fringillidés) au plumage brun, dont la poitrine et le front, chez le mâle, sont rouges. **2.** *Tête de linotte:* personne très étourdie, écervelée, qui agit à la légère. – De *lin*, cet oiseau étant friand de graines de lin.

linotype [linotip] n. f. IMPRIM Machine à composer qui fond les caractères par lignes entières (lignes-blocs). – Abrév. cour.: *une lino*. – Mot anglo-amér., pour *line of types*, «ligne de caractères typographiques»; nom déposé.

linotypie [linotipi] n. f. IMPRIM Composition sur linotype. – Du préc.

linotypiste [linotipist] n. IMPRIM Ouvrier, ouvrière qui compose sur linotype. – Abrév.: *un, une lino*. – De *linotype*.

linsoir. V. linçoir.

linteau [lɛ̃to] n. m. Pièce horizontale de forme allongée reposant sur les deux jambages d'une baie et soutenant une maçonnerie. – Du lat. *limitaris*, «de la frontière» *(limes)*, confondu en lat. pop. avec *liminaris*, «relatif au seuil» *(limen)*.

lion, lionne [ljɔ̃, ljɔn] n. **I. 1.** Grand mammifère carnivore (*Panthera leo*, fam. félidés) au pelage fauve, à la puissante crinière (chez le mâle), dont la queue se termine par une touffe de poils. *Le rugissement du lion. Le lion, «roi des animaux». Le courage et la force légendaires du lion.* **2.** Par compar. *Fort, courageux comme un lion. Il s'est battu comme un lion.* – Homme d'une grande bravoure, d'un grand courage. *C'est un lion !* ▷ Loc. *La part du lion*, la plus grosse, celle que s'adjuge le plus fort, le plus puissant, dans un partage. *Se tailler la part du lion.* (V. léonin 1; *contrat léonin.*) **3.** Par anal. *Lion de mer:* gros phoque (6 ou 7 m) à crinière. **II.** *Le Lion.* **1.** Constellation boréale, qui contient notam. l'étoile Régulus. **2.** Cinquième signe du zodiaque (23 juillet-22 août). – Lat. *leo, leonis*, gr. *leôn, leôntos*.

ENCYCL Le lion, qui vivait autref. aux Indes, au Proche-Orient, en Europe (Balkans) et en Afrique, ne subsiste plus guère que dans les savanes africaines et la réserve de Gir (Inde); la plupart des gouvernements en ont fait un animal protégé. Chasseur redoutable, il s'attaque surtout aux mammifères herbivores tels que zèbres, antilopes, girafes, etc. Son poids peut atteindre 250 kg pour une longueur de 1,60 à 2 m; il vit 40 ans. La gestation dure 4 mois (de 2 à 4 lionceaux par portée).

lionceau [ljɔ̃so] n. m. Petit du lion. – Dimin. de *lion*.

lip(o)-. Élément, du gr. *lipos*, «graisse».

liparidés [lipaʀide] n. m. pl. ZOOL Famille de lépidoptères comprenant de nombreuses noctuelles, qui s'attaquent souvent aux arbres. – Du lat. scientif. *liparis*, du gr. *liparos*, «gras», et de *-idés*.

lipase [lipaz] n. f. BIOCHIM Enzyme qui hydrolyse les graisses en acides gras en détachant leur fonction alcool, permettant ainsi leur absorption lors de la digestion. – De *lip(o)*, et *-ase*.

lipémie [lipemi] ou **lipidémie** [lipidemi] n. f. BIOL Taux des lipides en circulation dans le sang. – De *lip(o)*, et *-émie*.

lipide [lipid] n. m. CHIM Corps gras, insoluble dans l'eau, soluble dans les solvants organiques, qui contient une ou plusieurs molécules d'acides gras ou de dérivés de corps gras. – De *lip(o)-*, et *-ide*.

ENCYCL Les lipides possèdent un rôle biologique important: structural, en tant que constituants des membranes cellulaires et du tissu nerveux; énergétique (la plus grande réserve d'énergie de l'organisme); en outre, ils interviennent dans la coagulation sanguine, dans la vision, etc. Leur origine est double: ils sont soit apportés par l'alimentation, soit synthétisés par l'organisme; leur utilisation n'est possible que sous forme de lipoprotéine, association d'un lipide et d'une protéine. Parmi les lipoprotéines on distingue: les α-lipoprotéines, riches en phospholipides; les β-lipoprotéines, riches en triglycérides. On distingue d'autre part les cérébrosides, les lécithines et autres lipides complexes surtout présents dans les cellules et le tissu nerveux. Un excès de lipides dans l'organisme a des conséquences graves (troubles cardio-vasculaires, notam.); un régime diététique adapté permet le plus souvent d'obtenir un équilibre du métabolisme lipidique.

lipidémie. V. lipémie.

lipidique [lipidik] adj. CHIM Relatif aux lipides. – Du préc.

lipizzan [lipizɑ̃] adj. et n. m. Cheval à robe grise, de petite taille, obtenu au XVIIe s. et rendu célèbre par l'École d'équitation de Vienne. – Mot all., de *Lipizza*, haras des environs de Trieste (auj. Lipica, en Slovénie).

lipo-. V. lip(o)-.

lipogenèse [lipoʒənɛz] n. f. BIOCHIM Formation des lipides, dans les organismes végétaux et animaux (succession de réactions enzymatiques). – De *lipo-*, et *genèse*.

lipoïde [lipɔid] adj. et n. m. Didac. **1.** adj. De la nature de la graisse; qui ressemble aux graisses. **2.** n. m. Substance proche des lipides, soluble dans les corps gras. – De *lip(o)-*, et *-ide*.

lipolyse [lipoliz] n. f. BIOCHIM Hydrolyse, favorisée par la bile, des graisses en acides gras et alcools au cours de la digestion. – De *lipo-*, et *-lyse*.

lipomatose [lipomatoz] n. f. MED Affection héréditaire caractérisée par la présence de nombreux lipomes et accompagnée d'une atteinte des troncs nerveux. – De *lipome*, et *-ose* 2.

lipome [lipom] n. m. MED Tumeur sous-cutanée bénigne, qui se développe aux dépens du tissu adipeux. – De *lip(o)-*, et *-ome*.

lipophile [lipofil] adj. CHIM Qui présente une affinité pour les graisses. *Partie lipophile d'une molécule.* – De *lipo-*, et *-phile*.

lipoprotéine [lipopʀɔtein] n. f. BIOCHIM Molécule organique résultant de l'association d'une protéine avec un lipide spécifique, forme lipidique sous laquelle les protéines sont transportées dans le sang. – De *lipo-*, et *protéine*.

liposoluble [liposɔlybl] adj. CHIM Soluble dans les lipides. – De *lipo-*, et *soluble*.

lipothymie [lipotimi] n. f. MED Malaise de courte durée, premier degré de la syncope, dans lequel la circulation et la respiration persistent. – Gr. *lipothumia*, «évanouissement».

lipotrope [lipotʀɔp] adj. BIOL Se dit des substances qui se fixent électivement sur les corps gras d'origine vivante. – De *lipo-*, et *-trope*.

lippe [lip] n. f. Vieilli. Lèvre inférieure épaisse et saillante. ▷ Loc. *Faire la lippe:* faire la moue; (fig.) bouder. – Moy. néerl. *lippe*, «lèvre».

lippée [lipe] n. f. **1.** Vx Bouchée. **2.** Loc. Vx *Franche lippée:* bon repas qui ne coûte rien. – Du préc.

lippu, ue [lipy] adj. Qui a de grosses lèvres. – De *lippe*.

liquéfaction [likefaksjõ] n. f. Passage d'un corps de l'état gazeux à l'état liquide. – Lat. *liquefactio*.

liquéfiable [likefjabl] adj. Qui peut être liquéfié. *Tous les gaz sont liquéfiables.* – De *liquéfier*.

liquéfiant, ante [likefjɑ̃, ɑ̃t] adj. Qui produit ou est propre à produire la liquéfaction. – Ppr. de *liquéfier*.

liquéfier [likefje] **1.** v. tr. [1] Faire passer à l'état liquide (un gaz, un solide). *Liquéfier du propane.* – Pron. *Morceau de glace qui se liquéfie,* qui fond. **2.** v. pron. Fig. Perdre toute énergie. *Il s'est complètement liquéfié depuis cette déception.* – Lat. *liquefacere*.

liqueur [likœʀ] n. f. **1.** Vx Toute substance liquide. «Traité de l'équilibre des liqueurs», de Pascal. ▷ Mod CHIM, PHARM Nom donné à diverses solutions. *Liqueur de Fehling.* **2.** Boisson sucrée faite à partir d'un mélange d'alcool ou d'eau-de-vie et d'essences aromatiques. *L'anisette, le cherry, le curaçao sont des liqueurs. Liqueurs apéritives, digestives.* – *Vin de liqueur:* vin doux, sucré et riche en alcool. ▷ *Par ext.* Tout digestif. *Proposer des liqueurs après un repas.* **3.** Cour. *Liqueur (douce):* boisson gazeuse, sucrée et aromatisée. – Lat. *liquor*, «chose fluide».

liquidambar [likidɑ̃baʀ] n. m. BOT Arbre d'Asie et d'Amérique proche des hamamélis, dont on tire diverses résines aromatiques (styrax, en partic.). – Mot esp., «ambre liquide».

liquidateur, trice [likidatœʀ, tʀis] n. Personne chargée de procéder à une liquidation. *Liquidateur judiciaire.* – De *liquider*.

liquidatif, ive [likidatif, iv] adj. DR Qui opère la liquidation. *Acte liquidatif d'une succession.* – De *liquider*.

liquidation [likidasjõ] n. f. **1.** DR Opération par laquelle on liquide un compte, une succession, etc. – Spécial. *Liquidation des biens:* procédure entraînant la vente des éléments actifs d'une entreprise en état de cessation de paiement et dont la situation ne permet pas d'envisager la continuation de son activité. ▷ FIN *Liquidation en Bourse :* réalisation des opérations à terme conclues pour une époque déterminée. **2.** Fig. Action de se débarrasser de qqn ou de qqch, de mettre fin à une situation. *La liquidation d'un traître.* – *La liquidation d'un conflit.* **3.** *Liquidation de marchandises, de stock,* leur vente au rabais en vue d'un écoulement rapide. – De *liquider*.

1. liquide [likid] adj. et n. **I.** adj. **1.** Qui coule ou tend à couler. *L'eau est une substance liquide.* – *Sauce, pâte trop liquide,* trop diluée. ▷ *Corps à l'état liquide* (par oppos. à *solide* et à *gazeux*). – Liquéfié. *Gaz liquide en bouteilles* (notam. butane, propane à usage domestique). **2.** PHON Se dit des consonnes l, m, n, r, dont l'émission, après une autre consonne et dans la même syllabe (par ex.: «craie», «clef», «calme», etc.), se fait aisément (à la manière d'un fluide qui s'écoulerait facilement). – N. f. *Les liquides.* **II.** n. m. **1.** Substance liquide; tout corps à l'état liquide. *Le liquide que contient ce récipient.* – (Par oppos. à *solide* et à *gaz.*) *Le lait est un liquide.* **2.** Aliment liquide. *Ce malade ne supporte rien d'autre que des liquides.* **3.** ANAT *Liquides organiques:* solutions diverses qui circulent dans l'organisme. Syn. humeur. *Liquide céphalo-rachidien.* – Lat. *liquidus*, «fluide, clair».

ENCYCL Les liquides n'ont pas de forme propre, de même que les gaz, mais, n'étant pas expansibles, ils se rassemblent, sous l'effet de la pesanteur, dans le fond des récipients, dont ils épousent la forme. À l'inverse des gaz, les liquides sont presque incompressibles. Les molécules d'un liquide sont en perpétuelle agitation thermique. La *liquéfaction* est la transformation inverse de la vaporisation; on l'appelle aussi *condensation* si elle s'effectue de façon spontanée (formation de brouillard, par ex.); le terme de *liquéfaction* est généralement réservé à un changement d'état provoqué par l'homme. La liquéfaction d'un corps pur, comme tout changement d'état, s'effectue à température constante pour une même pression de la phase gazeuse. C'est une transformation exothermique, c.-à-d. qui dégage de la chaleur. Pour liquéfier un gaz maintenu à température constante, il faut augmenter sa pression. Tout corps possède toutefois une température dite critique au-dessus de laquelle il ne peut être liquéfié, quelle que soit la pression à laquelle on le soumet. Si la température critique est supérieure à la température des moyens de refroidissement dont on dispose, il faut comprimer un gaz pour le liquéfier. Dans le cas inverse, on produit du froid dans une machine frigorifique utilisant un fluide cryogène ou par détente du gaz à liquéfier. La liquéfaction des gaz présente un grand intérêt dans de nombreux domaines: hydrogène liquide pour la propulsion des fusées, production de froid (cryogénie), transport par mer du gaz naturel liquéfié, stockage de combustibles (propane, butane), etc.

2. liquide [likid] adj. et n. FIN **1.** Dont la valeur ou le montant est exactement déterminé. *Créance liquide.* **2.** Dont on peut disposer immédiatement, qui n'est grevé d'aucune charge. *Bien liquide, exempt d'hypothèque.* ▷ Par ext. Cour. *Argent liquide,* immédiatement disponible. Subst. *Manquer de liquide.* – *Payer en liquide:* en espèces. – Ital. *liquido*, «libre de dettes, disponible».

liquider [likide] v. tr. [1] **1.** Procéder, après en avoir fixé le montant, au règlement de. *Liquider un compte. Liquider une succession.* – *Liquider une société commerciale:* procéder, lors de sa cessation, au règlement de son passif, et, entre les ayants droit, au partage de l'actif résiduel. **2.** Prendre les mesures nécessaires pour en finir définitivement avec (qqch). *Liquider une affaire, une situation.* – Fig. *Liquider qqn,* le tuer ou le faire tuer. **3.** Vendre au rabais (des marchandises, des biens) pour s'en débarrasser. *Liquider un stock après inventaire.* – De *liquide* 2.

liquidien, ienne [likidjɛ̃, jɛn] adj. De nature ou de consistance liquide. *Épanchement liquidien. Kyste liquidien.* – De *liquide* 1.

1. liquidité [likidite] n. f. État de ce qui est liquide. *La liquidité du mercure.* – Lat. *liquiditas*, «pureté».

2. liquidité [likidite] n. f. FIN État d'un bien liquide. ▷ Au pl. Valeurs liquides. *Les liquidités d'une entreprise.* – De *liquide* 2.

liquoreux, euse [likɔʀø, øz] adj. Se dit de certains vins sucrés et riches en alcool (porto, madère, etc.). – De *liqueur*, d'ap. le lat. *liquor*.

liquoriste [likɔʀist] n. Personne qui fait ou qui vend des liqueurs. – De *liqueur*.

1. lire [liʀ] v. tr. [67] **I. 1.** Identifier par la vue (des caractères écrits ou imprimés, des lettres, l'assemblage qu'elles forment) en faisant le lien entre ce qui est écrit et la parole. *Apprendre à lire et à écrire.* – *Lire les caractères hébreux.* – *Écriture qu'on a du mal à lire.* Syn. déchiffrer. ▷ Par anal. MUS *Lire une partition.* **2.** Prendre connaissance de (un texte) en parcourant des yeux ce qui est écrit, par la lecture. *Lire un roman, une lettre. Lire le journal.* – *Lire un auteur étranger dans le texte,* dans la langue même de cet auteur. ▷ *Lire une langue étrangère,* pouvoir lire des textes dans cette langue. *Il parle très mal l'anglais, mais il le lit couramment.* **3.** Énoncer à haute voix (un texte écrit). *Lire des vers devant qqn. Lire un article de journal à qqn.* **II.** Fig. **1.** Trouver la signification de (qqch) en fonction d'indications précises qu'il faut savoir interpréter, de signes qu'il faut savoir décoder. *Lire une carte, un graphique, une statistique.* **2.** Interpréter, comprendre de telle ou telle manière. *On peut lire ces vers à plusieurs niveaux.* – v. pron. *Son geste peut aussi se lire comme un appel désespéré.* **3.** Deviner, discerner, déceler (qqch) grâce à certains signes. *Lire l'avenir dans le marc de café. – Cette peur qu'on pouvait lire sur son visage.* – v. pron. *La joie qui se lisait sur ses traits.* ▷ (Sans comp. dir.) Deviner les pensées, les motivations secrètes. *Lire dans le cœur de qqn.* **III.** INFORM Décoder (les informations enregistrées sur un support). – Du lat. *legere.*

2. lire [liʀ] n. f. Unité monétaire italienne (symb.: Lit). – Ital. *lira,* empr. au fr. *livre.*

lis ou **lys** [lis] n. m. **1.** Plante herbacée (fam. liliacées) à bulbe écailleux, à grandes fleurs. *Les lis indigènes canadiens portent des fleurs jaunes ou orangées. Lis du Canada* (Lilium canadense), *à fleurs campanulées. Originaire d'Asie, le lis tigré* (Lilium tigrinum) *s'est acclimaté dans plusieurs régions du Québec. Le lis blanc* (Lilium candidum), *choisi comme emblème floral du Québec, pousse à l'état sauvage dans le bassin méditerranéen.* **2.** Fleur du lis blanc, symbole de la pureté, de la blancheur. *Un teint de lis.* **3.** HERALD *Fleur* de lis* ou *fleur de lys.* **4.** ZOOL *Lis de mer:* nom cour. de tous les échinodermes crinoïdes fixés par un pédoncule. – A. fr. **lil,* lat. *lilium.*

lisage [lizaʒ] n. m. TECH **1.** Opération qui consiste à lire, à analyser un dessin pour tissu en vue de perforer les cartons qui sont ensuite montés dans le métier à tisser. **2.** Métier utilisé pour cette opération. – De *lire* 1.

lise [liz] n. f. Sable mouvant, au bord de la mer. – Du gaul. **ligitia,* «limon, vase».

lisérage [lizeʀaʒ] n. m. TECH Travail de broderie consistant à cerner les motifs d'un fil d'or, d'argent ou de soie. – De *lisérer.*

liseré [lizʀe] ou **liséré** [lizeʀe] n. m. **1.** Ruban étroit dont on borde un vêtement. **2.** Raie, d'une couleur différente de celle du fond, qui borde une pièce d'étoffe, un panneau peint, etc. *Mouchoir blanc à liséré rouge.* – Pp. de *lisérer.*

liserer [lizʀe] ou **lisérer** [lizeʀe] v. tr. **[16]** TECH Garnir d'un liséré. – De *lisière.*

liseron [lizʀɔ̃] n. m. Plante volubile grimpante (genre *Convolvulus,* fam. convolvulacées) aux fleurs blanches, roses ou mauves en forme de cloches. – Dimin. de *lis.*

liseur, euse [lizœʀ, øz] n. Personne qui lit beaucoup. *Un grand liseur.* – De *lire* 1.

liseuse [lizøz] n. f. **1.** Petit couteau qui sert de signet. **2.** Couvre-livre. *Liseuse en cuir.* **3.** Petit tricot léger de femme (pour lire au lit). – Du préc.

lisibilité [lizibilite] n. f. Caractère, qualité de ce qui est lisible. – De *lisible.*

lisible [lizibl] adj. **1.** Qui est aisé à lire, à déchiffrer. *Écriture lisible.* **2.** (Surtout en tournure négative.) *Un ouvrage peu lisible,* mal composé et de style incorrect. – De *lire* 1.

lisiblement [lizibləmɑ̃] adv. D'une manière lisible. *Écrivez lisiblement.* – Du préc.

lisier [lizje] n. m. AGRIC Liquide provenant du mélange des déjections solides et de l'urine des animaux de ferme, constituant un excellent engrais. – Mot dial. de Suisse; p.-ê. du lat. *lotium,* «urine».

lisière [lizjɛʀ] n. f. **1.** Bord d'une pièce d'étoffe, de chaque côté de sa largeur. ▷ Nom d'une étoffe rèche, de faible largeur et en forme de tresse. – *Chaussons de lisière,* fabriqués avec cette étoffe. **2.** Pl. Anc. Cordons qu'on attachait aux robes des petits enfants apprenant à marcher. ▷ Loc. fig. Mod. *Homme qu'on tient en lisières,* qui se laisse gouverner. **3.** Partie extrême d'une région (en partic. d'une région boisée). *Se promener en lisière d'un bois.* – P.-ê. de l'a. fr. *lis,* forme masc. rare de *lisse* 2 .

1. lissage [lisaʒ] n. m. Action de lisser; son résultat. **1.** MATH *Lissage d'une courbe* (V. lisser). **2.** Syn. parfois utilisé de *déridage.* – De *lisser.*

2. lissage [lisaʒ] n. m. TECH Opération qui consiste à disposer les lisses du métier à tisser en fonction de la variété de tissu désirée. – De *lisse* 2.

1. lisse [lis] adj. Qui ne présente aucune aspérité. *Surface lisse. Animal à poil lisse.* Ant. rugueux. – Déverbal de *lisser.*

2. lisse ou **lice** [lis] n. f. TECH Fil métallique ou textile portant un œillet dans lequel passe le fil de chaîne, dans un métier à tisser. ▷ *Tapisserie de haute lisse,* dont la chaîne est tendue verticalement. *Tapisserie de basse lisse,* dont la chaîne est tendue horizontalement. – Lat. pop **licia,* du class. *licium,* «lisse, fil».

3. lisse [lis] n. f. **1.** MAR Membrure longitudinale de la charpente des fonds et de la muraille d'un navire. **2.** CONSTR Barre horizontale servant de garde-fou ou d'appui. – Frq. **listja,* «barrière».

lissé, ée [lise] adj. et n. **1.** adj. Rendu lisse. **2.** n. m. Degré de cuisson du sucre, qui permet d'étirer celui-ci en fils. – Pp. de *lisser.*

lisser [lise] v. tr. **[1]** **1.** Rendre lisse. *Lisser du plâtre frais.* **2** MATH Retracer (la courbe que figure une série de points) en éliminant du tracé les écarts par rapport à la ligne idéale joignant les valeurs moyennes. *Lisser une courbe.* – Du bas lat. *lixare,* «extraire par lessivage», et par ext. «repasser».

lisseuse [lisøz] n. f. TECH Machine servant à lisser le cuir, le papier, etc. – De *lisser.*

lissier, ière ou **licier, ière** [lisje, jɛʀ] n. TECH Ouvrier, ouvrière spécialisé(e) qui monte les lisses. – De *lisse* ou *lice* 2.

lissoir [liswaʀ] n. m. TECH Instrument servant à lisser. – De *lisser.*

listage [listaʒ] n. m. INFORM Action de lister; son résultat. – De *lister.*

liste [list] n. f. **1.** Série d'éléments analogues (noms, mots, chiffres, symboles, etc.) mis les uns à la suite des autres. *La liste des lauréats sera publiée dans la presse. Il m'a laissé une liste de recommandations.* ▷ *Liste électorale :* liste des électeurs d'une circonscription. ▷ *Liste noire:* liste de personnes à surveiller, à exclure, à éliminer. **2.** INFORM Ensemble d'informations qui sort d'une imprimante (résultat d'un traitement, ensemble des instructions d'un programme, etc.). **3.** *Liste civile:* somme attribuée annuellement à un chef d'État pour subvenir aux dépenses qu'impliquent ses fonctions. – Ital. *lista,* du germ. **lîsta.*

listel [listɛl] ou **listeau** [listo] n. m. **1.** ARCHI Petite moulure unie, de section carrée, qui en sépare deux autres, plus saillantes. **2.** TECH Relief circulaire bordant le pourtour d'une pièce de monnaie. **3.** BLAS Banderole portant le cri de guerre ou la devise, placée hors de l'écu. – Ital. *listello.*

lister [liste] v. tr. **[1]** INFORM Faire éditer sous forme de liste par une imprimante. – De *liste.*

listing [listiŋ] n. m. Anglicisme INFORM V. liste ou listage.

lit [li] n. m. **I. 1.** Meuble sur lequel on se couche pour se reposer, pour dormir. *Lits superposés, jumeaux. Lit à baldaquin. Se mettre au lit. Le malade doit garder le lit. Lit de sangle,* fait de sangles attachées à deux pièces de bois soutenues par deux jambages croisés. *Lit de camp,* démontable et portatif. *Faire un lit,* le préparer en étendant dessus les draps et les couvertures et en les bordant. *Au saut du lit:* dès le réveil, très tôt. – Prov. *Comme on fait son lit, on se couche:* il faut accepter les conséquences de ses actes. ▷ Le cadre du lit. *Lit de fer, d'acajou.* ▷ Le matelas, le sommier sur lequel on se couche. *Un bon lit.* **2.** FIG. (en loc.) Union conjugale. *Il a deux enfants d'un premier lit.* **3.** HIST *Lit de justice:* large siège surélevé et surmonté d'un dais, où les rois de France se tenaient pour présider une séance solennelle du Parlement. – *Par ext.* La séance elle-même. **II. 1.** *Par ext.* Couche, place préparée pour que l'on puisse s'y étendre, y dormir. *Le blessé était étendu sur un lit de fougères.* **2.** Couche d'épaisseur régulière d'une matière quelconque. *Un lit de gravier, de sable, d'argile. Saumon sur lit d'épinards.* **III.** Espace occupé par les eaux d'un cours d'eau. *Lit d'un fleuve.* ▷ MAR *Lit d'un courant:* zone où ce courant est le plus violent. *Lit du vent,* direction d'où il souffle. – Du lat. *lectus.*

litage [litaʒ] n. m. PETROG Alternance, dans une roche détritique, de minces couches parallèles dont la composition minéralogique ou granulométrique est différente. – De *lit.*

litanie [litani] n. f. **1.** LITURG Prière qui fait alterner les invocations psalmodiées par l'officiant et les répons chantés ou récités par l'assistance. **2.** FIG. Énumération monotone (souvent de griefs, de plaintes). *C'est toujours la même litanie.* – Lat. ecclés. *litania,* mot gr. «prière».

litchi, li-tchi [litʃi] ou **letchi** [letʃi] n. m. Arbre de l'Asie tropicale (*Litchi sinensis,* fam. sapindacées), au fruit comestible de saveur douce; ce fruit lui-même. – Chinois *li-chi.*

-lite. V. lith(o)-.

1. liteau [lito] n. m. **1.** Bande de couleur, parallèle aux bords du tissu, qui orne certaines pièces de linge de maison. *Nappe, torchons à liteaux.* **2.** TECH Pièce de bois horizontale, de faible section, fixée à un mur pour supporter une tablette. Syn. tasseau. – De *liste.*

2. liteau [lito] n. m. CHASSE Lieu où le loup gîte pendant le jour. – De *lit.*

litée [lite] n. f. CHASSE Réunion de plusieurs animaux dans le même gîte. *Litée de louveteaux.* – De *lit.*

liter [lite] v. tr. [1] TECH Disposer par lits, par couches. *Liter des poissons salés.* – De *lit.*

literie [litʀi] n. f. Ensemble des objets dont se compose un lit. ▷ *Spécial.* (excluant le sommier et le châlit) Garniture d'un lit (matelas, traversin, oreillers, draps, couvertures, etc.). – De *lit.*

lith(o)-, -lithe, -lite, -lithique. Éléments, du gr. *lithos,* «pierre».

litham [litam] ou **litsam** [litsam] n. m. Voile dont les femmes musulmanes et les Touareg se couvrent le bas du visage. – Mot ar.

litharge [litaʀʒ] n. f. TECH Oxyde de plomb PbO, natif ou cristallisé après fusion, utilisé dans la fabrication des mastics et des produits antirouille. – Lat. d'orig. gr. *lithargyrus,* «pierre d'argent».

lithiase [litjaz] n. f. MED Présence de calculs dans les voies excrétrices d'une glande ou d'un organe. *Lithiase rénale. Lithiase biliaire* (dans la vésicule, dans les canaux cholédoque et cystique). – Gr. *lithiasis,* «maladie de la pierre».

lithine [litin] n. f. CHIM Hydroxyde de lithium LiOH. – De *lithium,* et *-ine.*

lithiné, ée [litine] adj. et n. m. Qui contient de la lithine. ▷ N. m. Comprimé de lithine. – De *lithine.*

lithique [litik] adj. De la pierre, qui a rapport à la pierre. *Industrie lithique des hommes de la préhistoire.* – Du gr. *lithos* «pierre»

lithium [litjɔm] n. m. CHIM Élément de numéro atomique Z = 3 et de masse atomique 6,94 (symbole Li). – Lat. mod. *lithion,* créé par Berzelius (1818).

ENCYCL Le corps simple lithium est le moins dense (d = 0,55) de tous les métaux. Son point de fusion est de 180,5 °C; son point d'ébullition 1 330 °C. Très réducteur, il réduit l'hydrogène en donnant un hydrure. On l'utilise pour fabriquer des alliages antifriction ou des catalyseurs. En médecine, les sels de lithium sont utilisés pour soigner les états maniacodépressifs.

litho [lito] n. f. Abrév. de *lithographie.*

litho-. V. lith(o)-.

lithobie [litobi] n. f. ZOOL Mille-pattes carnassier, long d'env. 3 cm, de couleur brun-roux, fréquent sous les pierres et dans l'humus. – De *litho-,* et du gr. *bios,* «vie».

lithodome [litodom] n. m. ZOOL Mollusque lamellibranche des mers chaudes et tempérées, appelé aussi *datte de mer,* qui perfore les pierres pour s'y loger. – Gr. *lithodomos,* «qui bâtit avec des pierres».

lithographe [litogʀaf] n. Personne qui imprime par les procédés de la lithographie. ▷ Artiste qui réalise des lithographies. – De *lithographie.*

lithographie [litogʀafi] n. f. Impression à la pierre lithographique; épreuve obtenue par ce procédé. Abrév. cour. *litho.* – De *litho-,* et *-graphie.*

ENCYCL Le dessin est exécuté, à l'envers, sur la pierre lithographique avec un crayon ou une plume à encre grasse. Après action de l'acide nitrique, il se produit, sauf à l'emplacement du dessin, une couche de nitrate de calcium, produit hygroscopique qui ne prend pas l'encre. L'épreuve lithographique est obtenue par impression sur un papier. Ce procédé exige beaucoup d'adresse pour tracer le dessin original. La pierre lithographique a été remplacée par une feuille de zinc spécialement traitée, procédé qui a donné naissance à l'offset. La lithographie a été découverte à Munich, en 1796, par Aloys Senefelder.

lithographier [litogʀafje] v. tr. [1] Imprimer en lithographie. – De *lithographie.*

lithographique [litogʀafik] adj. De la lithographie, qui a rapport à la lithographie. ▷ *Pierre lithographique:* pierre calcaire au grain très serré et très fin utilisée par les lithographes (V. encycl. lithographie). – De *lithographie.*

lithophage [litofaʒ] adj. et n. m. ZOOL Se dit des animaux (mollusques, notam.) qui creusent les pierres pour s'y loger. – De *litho-,* et *-phage.*

lithophanie [litofani] n. f. TECH Procédé de décoration du verre, de la porcelaine, etc., utilisant des effets de transparence dus aux inégalités d'épaisseur de la matière. – De *litho-,* et du gr. *phainein,* «briller».

lithopone [litopɔn] n. m. TECH Pigment blanc utilisé en peinture, obtenu par un mélange de sulfure de zinc et de sulfate de baryum. – Orig. incert.

lithosphère [litosfɛʀ] n. f. GEOL Partie solide de la sphère terrestre, par oppos. à l'atmosphère et à l'hydrosphère. – De *litho-,* et *sphère.*

lithuanien, ienne. V. lituanien.

litière [litjɛʀ] n. f. **I. 1.** Paille, fourrage que l'on répand dans les étables, les écuries, etc., pour que les animaux se couchent dessus. ▷ FIG. *Faire litière de qqch,* ne pas s'en soucier. *Nous faisons litière de tels*

localisation [lɔkalizasjɔ̃] n. f. **1.** Action de localiser en situant, de déterminer la position de qqch. *Localisation d'un navire en détresse.* **2.** Fait d'être localisé, de se produire ou d'exister en un point précis. *La localisation très étroite du foyer d'épidémie devrait permettre une éradication rapide.* **3.** Action de localiser en limitant, de circonscrire. *L'intervention des pompiers a permis une localisation rapide de l'incendie.* – De *localiser.*

localiser [lɔkalize] v. tr. [1] **1.** Déterminer la position de, situer. *Localiser l'ennemi. Localiser un bruit.* **2.** Limiter, empêcher l'extension de. *Localiser un incendie.* ▷ v. pron. *Le mal s'est localisé à l'épiderme.* – De *local.*

localité [lɔkalite] n. f. Petite agglomération, village. – Bas. lat. *localitas,* «lieu» (en général).

locataire [lɔkatɛʀ] n. Personne qui prend à loyer un logement, une terre, etc. – Du lat. *locare,* «louer».

locateur, trice [lɔkatœʀ, tʀis] n. Personne qui offre une chose ou un service en location. – Lat. *locator,* de *locare,* «louer».

1. locatif, ive [lɔkatif, iv] adj. Relatif au locataire ou à la location. *Réparations locatives,* à la charge du locataire. *Risques locatifs,* qui engagent la seule responsabilité du locataire. *Valeur locative:* revenu supputé d'un bien donné en location. – Du lat. *locare,* «louer».

2. locatif, ive [lɔkatif, iv] adj. et n. m. LING Qui exprime le lieu. *Proposition subordonnée locative.* ▷ N. m. Cas du complément de lieu, dans certaines langues à déclinaisons (latin, russe, etc.). – Du lat. *locare,* «placer», de *locus,* «lieu».

location [lɔkasjɔ̃] n. f. **1.** Action de donner ou de prendre une chose à loyer. *Location d'un chalet, d'une voiture.* ▷ *Location-vente :* système de location qui permet au locataire de devenir propriétaire de la chose louée, moyennant versement d'un loyer majoré d'intérêts. **2.** Action de louer à l'avance (une place de spectacle, une chambre d'hôtel, etc.). *Bureau de location.* – Lat. *locatio,* de *locare,* «louer».

1. loch [lɔk] n. m. MAR Appareil servant à mesurer la vitesse sur l'eau d'un navire. – Anc. *Loch à bateau,* constitué d'une planchette triangulaire lestée flottant verticalement *(bateau de loch)* et d'une ligne comportant un certain nombre de nœuds. – Mod. *Lochs à hélice, électriques.* – Néerl. *log,* «bûche».

2. loch [lɔx] ou [lɔk] n. m. GEOGR Lac très allongé occupant le fond d'une vallée, typique du paysage écossais. – Échancrure étroite et profonde de la côte, en Écosse. – Mot écossais.

loche [lɔʃ] n. f. **1.** En France, poisson d'eau douce (genres *Cobitis* et voisins) au corps allongé couvert de mucus. **2.** Nom donné cour. aux poissons apparentés à la morue qui sont pêchés en eau douce, comme le poulamon et la lotte. **3.** Limace grise. – Orig. incert. p.-ê. du gaul. **leuka,* «blancheur».

lock-out [lɔkawt] n. m. inv. Anglicisme Fermeture d'une entreprise décidée par la direction en riposte à un mouvement de grève ou de revendication du personnel. – Mot angl., du v. *to lock* «fermer à clé», et *out* «dehors, à l'extérieur».

loco-. Élément, du lat. *locus,* «lieu».

locomobile [lɔkɔmɔbil] adj. et n. **1.** adj. Vx Qui peut se déplacer ou être déplacé. **2.** n. f. Mod. Moteur (autref. machine à vapeur, auj. moteur à explosion) monté sur un châssis à roues, que l'on déplace d'un lieu à un autre pour entraîner des machines (batteuses, notam.). – De *loco-,* et *mobile.*

locomoteur, trice [lɔkɔmɔtœʀ, tʀis] adj. et n. **1.** adj. Qui sert à la locomotion. *Organe locomoteur.* **2.** n. f. Véhicule de traction de moyenne puissance. – De *locomotif,* d'ap. *moteur.*

locomotif, ive [lɔkɔmɔtif, iv] adj. Didac. Qui a rapport à la locomotion. *Faculté locomotive.* Vx *Machine locomotive.* V. encycl. locomotive. – De *loco-,* et lat. *motivus,* «relatif au mouvement, mobile».

locomotion [lɔkɔmɔsjɔ̃] n. f. **1.** Mouvement par lequel on se transporte d'un lieu à un autre. Fonction assurant un tel mouvement. *Organes de la locomotion. La locomotion est une des fonctions de relation.* **2.** TRANSP *Moyens de locomotion. Locomotion à vapeur, aérienne.* – De *loco-,* et lat. *motio,* de *movere,* «mouvoir».

locomotive [lɔkɔmɔtiv] n. f. **1.** Puissant véhicule circulant sur rails et remorquant des rames de voitures ou de wagons. **2.** Fig., fam. Personne, collectivité, événement qui joue le rôle d'élément moteur dans un domaine donné. – Fém. subst. de *locomotif.*

locotracteur [lɔkɔtʀaktœʀ] n. m. CH de F Véhicule de traction utilisé pour les manœuvres de gare ou sur des lignes à voie étroite. – De *loco(motive),* et *tracteur.*

loculaire [lɔkylɛʀ] ou **loculé, ée** [lɔkyle] adj. BOT Divisé en loges. *Ovaire loculé.* (On dit aussi *loculeux, euse.*) – De *locule,* «petite loge» (vx), lat. *loculus,* «compartiment».

locusta [lɔkysta] ou **locuste** [lɔkyst] n. f. Criquet migrateur. – Lat. *locusta,* «sauterelle, langouste».

locuteur, trice [lɔkytœʀ, tʀis] n. LING Sujet parlant. – Personne qui parle (par oppos. à *auditeur*). – *Locuteur du chinois:* personne qui parle le chinois. – Lat. *locutor.*

locution [lɔkysjɔ̃] n. f. **1.** Expression, forme de langage particulière ou fixée par la tradition. *Locution vicieuse, surannée.* **2.** Groupe de mots formant une unité quant au sens ou à la fonction grammaticale. *Locution verbale* (ex.: *avoir faim*). *Locution adverbiale* (ex.: *sans doute*). *Locution prépositive* (ex.: *audessous de*). – Lat. *locutio,* de *loqui,* «parler».

loden [lodɛn] n. m. Lainage imperméable, épais et feutré. ▷ *Par ext.* Manteau de pluie en loden. – Mot all.

loess [løs] n. m. GEOL Dépôt éolien, limon constitué de granules de quartz et de calcaire enrobés d'argile, qui forme un sol très fertile. – Mot all.

lof [lɔf] n. m. MAR Vx Côté du navire qui reçoit le vent. ▷ Mod., seulement dans les loc.: *aller, venir au lof, lofer,* et *virer lof pour lof,* virer vent arrière. – Néerl. *loef.*

lofer [lɔfe] v. intr. [1] En parlant d'un navire, venir à un cap plus rapproché de la direction d'où souffle le vent. – De *lof.*

log [lɔg] MATH Abrév. de *logarithme décimal.*

Log [lɔg] MATH Abrév. de *logarithme népérien.*

logarithme [lɔgaʀitm] n. m. MATH *Logarithme d'un nombre :* exposant dont il faut, pour obtenir ce nombre, affecter un autre nombre appelé *base. 2 est le logarithme de 100 dans le système à base 10* ($10^2 = 100$). ▷ Appos. *Fonction logarithme,* telle que, pour tout couple (x, y) de nombres réels strictement positifs, $f(xy) = f(x) + f(y)$. – Lat. scientif. *logarithmus,* du gr. *logos,* «rapport», et *arithmos,* «nombre».
ENCYCL Pour toute fonction logarithme f, il existe un nombre réel et un seul, noté *a,* strictement positif et différent de zéro, tel que $f(a) = 1$. Le nombre *a* est appelé la base de la fonction logarithme, notée $\log_a$. Si $y = \log_a(x)$, on a également $x = a^y$. Dans le cas particulier où la base a est égale à 10, on obtient les logarithmes décimaux, qui se notent log. Le logarithme décimal d'un nombre se compose d'une partie entière, positive ou négative, appelée *caractéristique,* et d'une partie fractionnaire, appelée *mantisse.* Si nous prenons log 120 = 2,07918, 2 est la caractéristique

(c'est aussi le log de 100) et 07918 est la mantisse (0,07918 est aussi le log de 1,2). Les logarithmes *népériens* ont pour base le nombre e (e = 2,71828 ...) et se notent Log ou ln.

logarithmique [lɔgaʀitmik] adj. Qui a rapport aux logarithmes. *Calcul logarithmique.* ▷ De la nature des logarithmes. *Échelle logarithmique:* système de divisions proportionnelles aux logarithmes des nombres. – De *logarithme.*

loge [lɔʒ] n. f. **1.** VX Petite hutte, cabane. **2.** Réduit, cellule. *Loges d'une ménagerie, d'une étable.* **3.** Petit logement d'un concierge, d'un gardien d'immeuble, placé en général non loin de la porte d'entrée. **4.** Dans les concours des écoles des beaux-arts, pièce, atelier où chacun des concurrents est isolé. *Entrer en loge.* **5.** Petite pièce dans les coulisses d'un théâtre, où les acteurs changent de costume, se maquillent, etc. ▷ Chacun des petits compartiments rangés par étages au pourtour d'une salle de spectacle, et où plusieurs spectateurs peuvent prendre place. – Loc. fig. *Être aux premières loges :* être bien placé pour voir, pour juger une chose. **6.** Local où ont lieu les réunions des francs-maçons; assemblée de francs-maçons. **7.** ARCHI Galerie, portique en avant-corps, pratiqué à l'un des étages d'un édifice. *Les loges du Vatican.* **8.** BOT Chacune des petites cavités existant dans le fruit, l'ovaire, les anthères, etc. – Frq. **laubja.*

logeable [lɔʒabl] adj. Habitable; spacieux, où l'on peut loger beaucoup de choses. – De *loger.*

logement [lɔʒmɑ̃] n. m. **1.** Action de loger (qqn, une population). *Indemnité de logement. Politique du logement.* **2.** Local d'habitation. – *Spécial.* Appartement. *Logement exigu.* ▷ *Logement collectif,* qui comporte plusieurs appartements et des parties communes (entrée, cage d'escalier, etc.). **3.** TECH Creux, renfoncement ménagé pour recevoir une pièce. *Logement d'un tenon :* mortaise. *Logement d'une culasse de fusil.* – De *loger.*

loger [lɔʒe] **I.** v. intr. **[15]** Habiter à demeure ou provisoirement. *Loger en meublé.* **II.** v. tr. **1.** Abriter dans un logis, héberger. *Loger un ami.* ▷ (Sujet nom de chose.) Contenir, héberger. *Hôtel qui peut loger cent personnes.* **2.** Mettre, placer; faire entrer. *Loger des affaires dans un placard.* – De *loge.*

logeur, euse [lɔʒœʀ, øz] n. Personne qui loue des logements garnis. – De *loger.*

loggia [lɔdʒja] n. f. **1.** ARCHI Petite loge (sens 7). **2.** Balcon couvert, en retrait par rapport à la façade. **3.** Plate-forme accessible par un escalier, construite à une certaine distance du sol dans une pièce haute de plafond. *Loggia d'un atelier d'artiste.* – Mot ital.

logiciel [lɔʒisjɛl] n. m. INFORM Ensemble des règles et des programmes relatifs au fonctionnement d'un ordinateur, par oppos. à *matériel*.* (Mot recommandé pour remplacer *software.*) ▷ *Logiciel d'exploitation:* ensemble des programmes de base indispensables au fonctionnement de l'ordinateur. ▷ *Logiciel d'application:* ensemble des programmes concourant à l'accomplissement d'une fonction. – De *logique.*

logicien, ienne [lɔʒisjɛ̃, jɛn] n. **1.** Spécialiste de la logique. **2.** Personne qui raisonne rigoureusement. *C'est un remarquable dialecticien et un logicien implacable.* – Du bas lat. *logicus.*

logicisme [lɔʒisism] n. m. Tendance à accorder une place prépondérante à la logique (en philosophie, en mathématiques, en sciences humaines). – De *logique.*

-logie, -logique, -logiste, -logue. Éléments, du gr. *logia,* «théorie», et *logos,* «discours».

1. logique [lɔʒik] **1.** n. f. **1.** Science dont l'objet est de déterminer les règles de pensée par lesquelles on peut atteindre la vérité. *Logique dialectique, logique mathématique. Logique formelle,* qui opère sur des formes de raisonnements, indépendamment du contenu de ceux-ci. **2.** Traité sur cette science. *La «Logique de Port-Royal».* **3.** Suite dans les idées, cohérence du discours. *Une logique sans faille. Manque de logique.* ▷ Manière de raisonner ou de se conduire, qui a sa cohérence propre. *Logique des sentiments. La logique des malades atteints de délire de la persécution.* **4.** Enchaînement nécessaire des choses. *La logique des événements.* – Lat. *logica,* gr. *logikê,* «qui concerne la raison».

ENCYCL La dialectique fut le premier système de logique: simple méthode de discussion chez Zénon d'Élée et chez les sophistes, elle devint avec Platon la philosophie elle-même. Aristote tenta de créer la logique comme science indépendante, en la séparant de la physique et de la métaphysique; elle est la science des formes de l'esprit, mais, comme telle, elle prétend encore à la connaissance de l'organisation du monde et non pas strictement à la démonstration de la vérité. Le premier, Roger Bacon proclama la nécessité de la recherche expérimentale comme moyen d'augmenter nos connaissances. Puis Francis Bacon, dans son *Novum Organum* (Nouvelle Logique), indiqua un instrument nouveau pour atteindre la vérité: *l'induction.* Descartes compléta son œuvre en ce qui concerne l'extension des règles de la méthode mathématique *(déduction).* Au XIXe s., J. Stuart Mill, dans son *Système de logique,* essaya d'élever l'induction au rang qu'occupait la déduction dans le syllogisme. Au XXe s., la logique mathématique se développait tandis que, sur son modèle, l'école de Vienne établissait ses bases. L'esprit qui anime les recherches en matière de logique formelle moderne répond à trois grandes préoccupations: 1° substituer au langage courant un système de signes univoques (un seul signe pour chaque concept, alors que le mot a plus. sens); 2° appliquer cette formalisation à toutes les relations et non plus seulement, comme la logique classique, aux seules relations d'inclusion de type A est B (syllogistique aristotélicienne): Tout homme (A) est mortel (B), Socrate (C) est un homme (A), donc Socrate (C) est mortel (B); 3° permettre un calcul logique aussi rigoureux que le calcul algébrique. En 1920, Wittgenstein définira tout raisonnement formel valide comme une tautologie, c.-à-d. une structure liant des propositions (ou prédicats) entre elles et qui reste vraie quelle que soit la valeur que l'on attribue à ces propositions *(calcul des prédicats* ou *des propositions).* Cette notion permet de construire des tables de vérité qui utilisent le calcul *(logique mathématique).* On appelle *logique bivalente* la logique classique, qui n'admet pour les propositions que les deux valeurs suivantes: vrai ou faux. On appelle *logiques polyvalentes* les systèmes logiques qui, par voie de symbolisme mathématique, avec ou sans interprétation, introduisent au moins une troisième valeur. Un système de *logique trivalente* a été construit en 1921 par le logicien polonais Jean Lukasiewicz; la théorie générale des systèmes de logique polyvalente (avec trois ou plus de trois valeurs) a été faite par le mathématicien américain E. L. Post. Le calcul des probabilités a été reconstruit plus tard par Hans Reichenbach comme une logique à une infinité de valeurs.

2. logique [lɔʒik] adj. **1.** Conforme aux règles de la logique, cohérent. *Raisonnement logique.* **2.** Qui raisonne d'une manière cohérente. *Avoir l'esprit logique. Soyez logique avec vous-même!* **3.** De la logique, qui concerne la logique en tant que science. *Recherches logiques.* **4.** GRAM *Analyse logique:* V. analyse. – De *logique* 1.

logiquement [lɔʒikmɑ̃] adv. D'une manière conforme à la logique. *Raisonner logiquement.* – De *logique.*

logis [lɔʒi] n. m. **1.** Vieilli, litt. Lieu où l'on est logé; habitation, demeure, domicile. *Rester au logis.* – Loc. fig. *La folle du logis :* l'imagination. **2.** ARCHI *Corps de logis:* partie principale d'un bâtiment (par oppos. à *ailes,* à *dépendances,* etc.). – De *loger.*

-logiste. V. -logie.

logisticien, ienne [lɔʒistisjɛ̃, jɛn] adj. et n. Didac. Relatif à la logistique mathématique. – N. Spécialiste de logistique mathématique. – De *logistique.*

logistique [lɔʒistik] n. f. (et adj.) **I. 1.** Vx Technique du calcul, par oppos. à l'arithmétique théorique. **2.** Mod. Logique symbolique utilisant un système de signes analogue à celui de l'algèbre. **II. 1.** Partie de l'art militaire ayant trait aux activités et aux moyens qui permettent à une force armée d'accomplir sa mission dans les meilleures conditions d'efficacité (approvisionnement en vivres et munitions, maintenance du matériel, etc.); ces activités, ces moyens eux-mêmes. ▷ Adj. *Le soutien logistique d'une unité en campagne.* **2.** *Par ext.* Organisation matérielle (d'une entreprise, d'une collectivité, etc.). – Bas lat. *logisticus,* gr. *logistikos,* adj., et n. «arithmétique pratique».

1. logo-. Élément, du gr. *logos,* «parole, discours».

2. logo. V. logotype.

logographe [lɔgɔgʀaf] n. m. ANTIQ **1.** Historien des premiers temps de la Grèce. **2.** À Athènes, conseiller juridique et écrivain public qui se chargeait d'écrire les plaidoyers des citoyens appelés devant les tribunaux. – Gr. *logographos.*

logogriphe [lɔgɔgʀif] n. m. Didac. Énigme qui consiste en un mot dont les lettres, diversement combinées, forment d'autres mots que l'on donne à deviner d'après leur définition. (Ex.: avec le mot *prince,* on peut former *pince, rince.*) ▷ Fig., litt. Discours, écrit inintelligible. – De *logo-,* et gr. *grîphos,* «filet», au fig. «énigme».

logomachie [lɔgɔmaʃi] n. f. Litt. **1.** Dispute sur les mots. **2.** Suite de mots creux. – Gr. *logomakhia;* de *logos,* «parole, discours», et *makhesthai,* «combattre».

logomachique [lɔgɔmaʃik] adj. Litt. Qui tient de la logomachie. *Discours logomachique.* – De *logomachie.*

logorrhée [lɔgɔʀe] n. f. MED Besoin irrépressible de parler, survenant en particulier dans les états maniaques. ▷ Cour. Manie de parler interminablement et sans nécessité; discours, propos interminables et désordonnés. – De *logo-,* et *-rhé(o).*

logos [lɔgos] n. m. **1.** PHILO Chez les philosophes stoïciens: Dieu en tant que raison et principe actif de toute chose. ▷ Chez Philon d'Alexandrie: hypostase intermédiaire entre Dieu et le monde. **2.** THEOL Le Verbe de Dieu (chez saint Jean, qui identifie le Verbe à Jésus, deuxième personne de la Trinité). – Mot gr., «parole, raison».

logotype [lɔgɔtip] ou **logo** [logo] n. m. **1.** IMPR Groupe de lettres ou de signes d'un usage fréquent (abréviation, marque de l'éditeur, etc.) fondu en un seul bloc pour faciliter la composition typographique. **2.** Par ext. (le plus souvent sous la forme *logo,* dans ce sens). Groupe de lettres ou de signes, ou élément graphique qui sert d'emblème à une société, à une marque commerciale. – De *logo-,* et *-type.*

-logue. V. -logie.

1. loi [lwɑ(a)] n. f. **I. 1.** Règle édictée par une autorité souveraine et imposée à tous les individus d'une société. *Se conformer aux lois de son pays.* ▷ DR Prescription obligatoire du pouvoir législatif. *Lois civiles, criminelles.* – *Loi constitutionnelle:* nom donné, depuis 1982, à l'Acte de l'Amérique du Nord britannique. *Loi d'intérêt privé:* loi concernant les intérêts particuliers ou locaux. ▷ *Par ext.* L'ensemble des lois. *Nul n'est censé ignorer la loi.* ▷ *Homme de loi:* juriste. **2.** Plur. Conventions régissant la vie sociale. *Les lois de l'honneur.* – *Les lois de la guerre,* que les nations sont convenues d'observer entre elles en cas de guerre. **3.** Fig. Autorité, pouvoir. *La loi du plus fort.* ▷ *Faire la loi:* se conduire en maître, dicter sa volonté à autrui. **II.** Ensemble des règles que tout être conscient et raisonnable se sent tenu d'observer. *La loi morale. La loi naturelle:* le principe du bien tel qu'il se révèle à la conscience. ▷ *La loi divine:* les préceptes que Dieu a donnés aux hommes par révélation. *Loi ancienne et loi nouvelle:* celles de l'Ancien et du Nouveau Testament. **III. 1.** Expression de rapports constants entre les phénomènes du monde physique, qui permet de prévoir que dans des circonstances données tel fait se produira nécessairement. *Loi de la gravitation universelle.* ▷ Par ext. *Lois économiques, sociologiques.* **2.** MATH *Loi de composition.* V. composition. – Du lat. *lex, legis,* «loi»; d'abord *lei.*

2. loi [lwɑ(a)] n. f. Titre auquel une monnaie doit être fabriquée. – Forme d'*aloi.*

loi-cadre [lwɑ(a)kadʀ] n. f. Loi énonçant un principe général dont les modalités d'application sont précisées par le pouvoir exécutif. *Des lois-cadres.* – De *loi,* et *cadre.*

loin [lwɛ̃] **I.** adv. **1.** (Exprimant le lieu.) À une grande distance. *Ce chemin ne mène pas loin.* ▷ Fig. *Il ira loin:* il réussira. – *Aller trop loin:* exagérer, dépasser la mesure. – Fam. *Ne pas voir plus loin que le bout de son nez:* avoir l'esprit borné. **2.** (Exprimant le temps.) À une époque éloignée dans le passé ou dans l'avenir. *Le temps dont je parle est déjà loin. Ce malade n'ira pas loin,* il mourra bientôt. **II.** loc. adv. **1.** *Au loin:* à une grande distance. **2.** *De loin:* d'un endroit ou d'une époque éloignée. **3.** Fig. *De loin:* de beaucoup. *Il est de loin le plus âgé.* – Fig. *De près ou de loin :* d'une manière ou d'une autre. – Fig. *Voir venir qqn,* deviner, supputer ses intentions cachées. **III.** loc. prép. *Loin de.* **1.** À une grande distance de; à une époque éloignée (dans le passé ou dans l'avenir) de. *Nous sommes encore loin de Pâques.* ▷ Fig. *Loin de moi cette pensée.* **2.** *Loin de* + inf. (Marquant une négation.) *Il est loin d'avoir compris:* il n'a pas compris du tout. – *Être loin de faire une chose:* être dans des dispositions toutes contraires à celles qui porteraient à la faire. **IV.** loc. conj. de lieu et de temps. *Du plus loin que, d'aussi loin que. D'aussi loin qu'il me vit. Du plus loin qu'il m'en souvienne.* – Du lat. *longe.*

lointain, aine [lwɛ̃tɛ̃, ɛn] adj. et n. m. **I.** adj. Qui est loin (dans l'espace ou dans le temps). *La Chine est un pays lointain. L'époque lointaine de César.* ▷ Fig. *Une influence lointaine,* indirecte, atténuée. **II.** n. m. **1.** *Le lointain :* les lieux que l'on voit au loin. *Distinguer un village dans le lointain.* **2.** PEINT Ce qui paraît le plus éloigné dans un tableau. – Du lat. pop. *longitanus,* du class. *longe.*

loir [lwaʀ] n. m. Rongeur *(Glis glis)* à pelage gris, long d'une vingtaine de cm, pourvu d'une longue queue touffue. *Le loir est un animal nocturne qui vit dans les arbres et hiberne dans le sol.* ▷ Loc. *Dormir comme un loir,* très profondément. – Du lat. pop. *lis, liris,* class. *glis, gliris.*

loisible [lwazibl] adj. *Il lui est loisible de* (+ inf.): il lui est permis, possible de. – De l'anc. v. *loisir,* «être permis».

loisir [lwaziʀ] n. m. **1.** Temps pendant lequel on n'est astreint à aucune tâche. *Des moments de loisir.* **2.** Plur. Activités diverses (sportives, culturelles, etc.) auxquelles on se livre pendant les moments de liberté. *Les loisirs de plein air.* **3.** Temps nécessaire pour faire commodément qqch. *Je n'ai pas eu le loisir d'y réfléchir.* ▷ Loc. adv. *À loisir:* à son aise, sans hâte. – De l'anc. v. *loisir,* «être permis»; lat. *licere.*

lokoum. V. rahat-loukoum.

lombago. V. lumbago.

lombaire [lɔ̃bɛʀ] adj. MED et ANAT Qui concerne les lombes, la région des reins. – De *lombes.*

lombalgie [lɔ̃balʒi] n. f. MED Douleur lombaire, mal aux reins. – De *lombes*, et *-algie.*

lombard, arde [lɔ̃baʀ, aʀde] adj. et n. **1.** De la Lombardie (nord de l'Italie). **2.** n. m. Dialecte italien parlé en Lombardie. – Du lat. *Longobardi*, «Lombards».

lombarthrose [lɔ̃baʀtʀoz] n. f. MED Arthrose du rachis lombaire. – De *lombes*, et *arthrose.*

lombes [lɔ̃b] n. f. pl. ANAT Région postérieure du tronc située entre les dernières côtes et les ailes iliaques. – Du lat. *lumbus*, «rein».

lombo-sacré, ée [lɔ̃bosakʀe] adj. ANAT Situé au niveau de l'articulation du rachis sacré et du rachis lombaire. – De *lombes*, et *sacré*, de *sacrum.*

lombric [lɔ̃bʀik] n. m. Ver à mœurs souterraines, au corps divisé en anneaux, à la peau rose légèrement visqueuse, appelé cour. *ver de terre.* – Du lat. *lumbricus.*

lompe [lɔ̃p] n. m. Poisson (genre *Cyclopterus*) dont les œufs sont consommés à la façon du caviar. – Angl. *lump* (ou *lumpfish*), mot d'orig. danoise.

londonien, ienne [lɔ̃dɔnjɛ̃, jɛn] adj. et n. De Londres (Grande-Bretagne). – De *London*, nom angl. de Londres.

londrès [lɔ̃dʀɛs] n. m. Cigare de La Havane, destiné, à l'origine, à l'exportation vers l'Angleterre. – Esp. *londrés*, «de Londres».

long, longue [lɔ̃, lɔ̃g] adj., n. et adv. **A.** adj. **I.** (Idée d'espace.) **1.** Qui présente une certaine étendue dans le sens de sa plus grande dimension (par oppos. à *court*, à *large*). *Une longue perche. Une robe longue. Une salle très longue.* ▷ ANAT *Le muscle long abducteur du pouce.* – N. m. *Le long dorsal.* ▷ Loc. fig. *Avoir le bras long:* avoir de l'influence. – *Avoir les dents longues:* être très ambitieux. ▷ *Long de:* dont la longueur est de. *Tapis long de deux mètres.* **2.** Qui couvre une grande distance. *Phares à longue portée.* – MILIT *Coup long*, tel que le projectile tombe au-delà de l'objectif. ▷ MAR *Navigation au long cours*, en dehors des limites du cabotage. **II.** (Idée de temps.) **1.** Qui dure longtemps (par oppos. à *bref*, à *court*). *Une longue vie.* ▷ LING *Syllabe, voyelle longue*, dont l'émission dure longtemps, relativement aux autres syllabes, aux autres voyelles (dites *brèves*). – N. f. *Une longue.* ▷ *Long de:* dont la durée est de. *Un règne long de dix ans.* **2.** Éloigné (dans le passé ou dans l'avenir). *Nous nous connaissons de longue date. Un bail à long terme.* **3.** *Long à:* qui met beaucoup de temps pour. *Il est long à se décider.* **B.** n. m. Longueur. *Des rideaux de trois mètres de long.* Ant. largeur. ▷ *Tomber de tout son long*, en ayant le corps étendu sur toute sa longueur. **C. I.** adv. Beaucoup. *Regard qui en dit long.* **II.** loc. adv. **1.** *De long, en long:* dans le sens de la longueur. *Scieur de long. Fendre une bûche en long.* **2.** *Se promener de long en large:* faire des allées et venues incessantes dans un espace restreint. **3.** *Au long, tout du long:* entièrement, complètement. *Je lui ai exposé le problème tout du long.* **4.** *À la longue:* avec le temps. *Redites qui, à la longue, finissent par lasser.* **III.** loc. prép. *Au long de, tout le long de.* **1.** En côtoyant. *Au long du ruisseau.* **2.** Pendant toute la durée de. *Tout le long de l'année.* – Lat. *longus.*

longanimité [lɔ̃ganimite] n. f. Litt. **1.** Patience avec laquelle on endure les offenses que l'on pourrait punir. **2.** Patience dans le malheur. – Bas lat. *longanimitas.*

long-courrier [lɔ̃kuʀje] n. m. (et adj.) **1.** Navire qui effectue des navigations au long cours. **2.** Avion de transport pouvant franchir des étapes de plus de 6 000 km. *Des long-courriers.* – De *long cours.*

1. longe [lɔ̃ʒ] n. f. BOUCH (Coupe nord-amér.) Morceau de viande couvrant la région lombaire. *Une longe de porc.* ▷ En France, moitié de l'échine d'un veau ou d'un chevreuil, du bas des épaules à la queue. – *Longe de porc:* dans la vente en gros, partie du porc comprenant les parties supérieures des régions cervicales, dorsales et sacrées. – Du lat. pop. **lumbea*, de *lumbus;* d'abord *loigne*, «rein».

2. longe [lɔ̃ʒ] n. f. Longue courroie qui sert à attacher ou à conduire un cheval, un animal domestique. – De *long.*

longer [lɔ̃ʒe] v. tr. [15] **1.** Aller le long de. *Longer la rivière.* **2.** S'étendre le long de. *La route longe la voie ferrée.* – De *long.*

longeron [lɔ̃ʒʀɔ̃] n. m. TECH Chacune des pièces longitudinales qui forment l'ossature principale d'un châssis, d'un pont métallique, d'une aile d'avion, etc. – De *long.*

longévité [lɔ̃ʒevite] n. f. Longue durée de la vie. *La longévité des carpes est fameuse.* ▷ Durée de la vie. *Longévité moyenne d'une espèce.* – Bas lat. *longævitas*, de *longus*, «long», et *ævum*, «âge».

longi-. Élément, du lat. *longus*, «long».

longicorne [lɔ̃ʒikɔʀn] adj. et n. m. pl. ZOOL Qui a de longues cornes ou de longues antennes (insectes). *Coléoptère longicorne.* ▷ N. m. pl. *La famille des longicornes:* les cérambycidés*. – De *longi-*, et *corne.*

longiligne [lɔ̃ʒiliɲ] adj. et n. ANTHROP Qui a les membres longs par rapport au tronc. Ant. bréviligne. ▷ Cour. Mince et élancé. – N. *C'est un longiligne.* – De *longi-*, et *ligne.*

longimétrie [lɔ̃ʒimetʀi] n. f. Vx Mesure des longueurs entre deux points inaccessibles. – De *longi-*, et *-métrie.*

longitude [lɔ̃ʒityd] n. f. L'une des deux coordonnées qui permettent de situer un lieu à la surface du globe terrestre (l'autre est la latitude); angle, compté de 0° à 180°, que forme le plan du méridien de ce lieu avec le plan du méridien pris pour origine (méridien de Greenwich). ▷ ASTRO *Longitude d'un astre:* dans le système de coordonnées écliptique géocentrique, angle formé dans le plan de l'écliptique par la droite qui passe par le centre de la Terre et le point vernal, d'une part, et par la projection de la droite reliant le centre de la Terre à l'astre, d'autre part. – Lat. *longitudo*, «longueur».

longitudinal, ale, aux [lɔ̃ʒitydinal, o] adj. Qui s'étend, qui est disposé ou pratiqué selon le sens de la longueur. *Coupe longitudinale.* – Du lat. *longitudo, longitudinis*, «longueur».

longitudinalement [lɔ̃ʒitydinalmɑ̃] adv. Selon le sens de la longueur. – De *longitudinal.*

long-jointé, ée [lɔ̃ʒwɛ̃te] adj. *Cheval long-jointé*, qui a le paturon trop long. – De *long*, et *joint.*

longrine [lɔ̃gʀin] n. f. CONSTR Poutre horizontale servant à répartir les charges d'un ouvrage sur les fondations. – Ital. *lungarina*, de *lungo*, «long».

longtemps [lɔ̃tɑ̃] adv. **1.** Pendant un long espace de temps. *Il a longtemps vécu en Suisse.* **2.** (Après une préposition ou après *il y a.*) Un long espace de temps. *Je le savais depuis longtemps. Vous partez pour longtemps? Il y a longtemps que nous avons quitté Paris.* – De *long*, et *temps.*

longuement [lɔ̃gmɑ̃] adv. Durant un long moment; au long, en détail. *S'expliquer longuement.* – De *long.*

longuet, ette [lɔ̃gɛ, ɛt] adj. et n. m. **1.** adj. Fam. Qui est un peu long. **2.** n. m. Petit pain allongé biscotté, gressin. – Dimin. de *long.*

longueuillois, oise [lɔ̃gœjwa, waz] adj. et n. De Longueuil en Montérégie. *Les édiles longueuillois. Un(e) Longueuillois(e).*

longueur [lɔ̃gœʀ] **A.** n. f. **I. 1.** Dimension d'une chose de l'une à l'autre de ses extrémités. *La longueur d'un fleuve.* ▷ Étendue d'une chose dans sa plus grande dimension (opposé à *largeur, profondeur, hauteur, épaisseur*). *Longueur d'un parallélépipède.* ▷ SPORT *Cheval, véhicule qui gagne une course d'une longueur,* avec une avance égale à sa longueur. **2.** Dimension linéaire (par oppos. à *surface* et à *volume*). *L'unité de longueur est le mètre.* ▷ PHYS *Longueur d'onde:* distance parcourue par une vibration au cours d'une période. ▷ MATH *Longueur d'un vecteur:* son module. **II. 1.** Durée. *La longueur du jour est variable d'une saison à l'autre.* ▷ Longue durée. *La longueur de l'attente l'a découragé.* **2.** Étendue (d'un texte). *La longueur d'un poème.* ▷ Trop grande étendue (d'un texte). *Être rebuté par la longueur d'un ouvrage.* **3.** Plur. Parties superflues qui ralentissent le rythme d'une œuvre littéraire, d'un spectacle. *C'est un bon roman, mais il contient quelques longueurs.* **B. 1.** loc. adv. *En longueur:* dans le sens de la longueur. ▷ *Traîner en longueur:* durer trop longtemps. **2.** loc. prép. *À longueur de:* pendant tout le temps de. *À longueur d'année.* – De *long.*

longue-vue [lɔ̃gvy] n. f. Lunette d'approche. *Des longues-vues.* – De *long,* et *vue.*

looch [lɔk] n. m. PHARM Potion sirupeuse contenant une émulsion. – De l'ar. *la'ūq;* «substance qu'on lèche».

loofa. V. loufa.

looping [lupiŋ] n. m. Figure de voltige aérienne consistant en une boucle complète effectuée dans le plan vertical. – Tiré de la loc. angl. *looping the loop,* «action de boucler la boucle».

lophobranches [lɔfɔbʀɑ̃ʃ] n. m. pl. ZOOL Ordre de poissons téléostéens auquel appartiennent les hippocampes. – Du gr. *lophos,* «aigrette», et *branchie.*

lophophore [lɔfɔfɔʀ] n. m. ZOOL **1.** Oiseau galliforme himalayen, remarquable par l'éclat métallique de son plumage. **2.** Couronne de tentacules couverts de cils vibratiles, chez certains cœlomates. – Du gr. *lophos,* «aigrette», et *-phore.*

lophophorien [lɔfɔfɔʀjɛ̃] n. m. ZOOL Animal muni d'un lophophore bucal. – De *lophophore.*

lopin [lɔpɛ̃] n. m. Morceau, portion (de terrain). *Cultiver un petit lopin de terre.* – Du rad. de *loupe.*

loquace [lɔkas] adj. Qui parle beaucoup, bavard. – Lat. *loquax,* de *loqui* «parler».

loquacité [lɔkasite] n. f. Habitude de parler beaucoup. – Lat. *loquacitas.*

loque [lɔk] n. f. **1.** Morceau d'étoffe déchirée. **2.** Plur. Haillons. *Un vagabond en loques.* **3.** Fig. Personne privée d'énergie, de ressort. *Une loque humaine.* **4.** TECH Maladie des abeilles, pourriture du couvain. – Moyen néerl. *locke,* «boucle, mèche».

-loque. Élément, du lat. *loqui,* «parler».

loquet [lɔkɛ] n. m. Fermeture de porte formée d'une clenche mobile qui vient se bloquer dans une pièce métallique (mentonnet) fixée au chambranle. – Dimin. du moyen néerl. *loke* ou de l'anglo-norm. *loc,* mot de l'anc. angl.

loqueteau [lɔkto] n. m. Petit loquet. – Dimin. de *loquet.*

loqueteux, euse [lɔktø, øz] adj. **1.** Dont les vêtements sont en loques. *Vagabond loqueteux.* ▷ Subst. Péjor. *Un loqueteux:* un miséreux, un pauvre hère. **2.** En loques. *Rideaux loqueteux.* – De *loque.*

loran [lɔʀɑ̃] n. m. TECH Système d'aide à la navigation aérienne et maritime qui permet de déterminer la position de l'aéronef ou du navire par rapport à deux stations terrestres émettant des impulsions radioélectriques décalées dans le temps. – Mot amér., abrév. de *LOng Range Aid to Navigation,* «aide à la navigation à longue distance».

loranthacées [lɔʀɑ̃tase] n. f. pl. BOT Famille de dicotylédones primitives et semi-parasites à laquelle appartient le gui. – De *loranthe,* plante type de la famille.

lord [lɔʀd] n. m. En Grande-Bretagne: **1.** Titre porté par les pairs du royaume et les membres de la Chambre des lords. *Lord Chamberlain.* **2.** Titre porté par les titulaires de certaines hautes fonctions. *Le lord Chancelier. Le lord du Sceau privé. Le Premier lord de l'Amirauté:* le ministre de la Marine (avant 1964). *Le Premier lord de la mer:* le chef d'état-major de la marine. – Mot angl., «seigneur».

lord-maire [lɔʀdmɛʀ] n. m. Premier magistrat municipal de Londres, Édimbourg et Dublin. *Des lords-maires.* – Trad. de l'angl. *lord mayor.*

lordose [lɔʀdoz] n. f. MED Déformation de la colonne vertébrale caractérisée par une courbure à convexité antérieure. – Gr. *lordôsis,* de *lordos,* «courbé, penché en avant».

lorette [lɔʀɛt] n. f. Vx Femme galante jeune et jolie. – De l'égl. N.-D. de *Lorette,* située dans un quartier de Paris où habitaient beaucoup de femmes de mœurs légères.

lorgner [lɔʀɲe] v. tr. [1] **1.** Regarder à la dérobée; regarder indiscrètement ou avec insistance. *Lorgner les passantes.* **2.** Fig. Convoiter. *Lorgner un héritage.* – De l'a. fr. *lorgne,* «qui louche».

lorgnette [lɔʀɲɛt] n. f. Petite jumelle utilisée surtout au spectacle. ▷ Fig. *Regarder une chose par le petit bout de la lorgnette,* la considérer avec étroitesse d'esprit, ou en s'attachant à un aspect secondaire qui fait perdre l'ensemble de vue. – De *lorgner,* d'ap. *lunette.*

lorgnon [lɔʀɲɔ̃] n. m. Paire de verres correcteurs avec leur monture, sans branches *(binocle),* maintenue sur le nez par un ressort *(pince-nez)* ou munie d'un manche *(face-à-main).* – De *lorgner.*

lori [lɔʀi] n. m. Perroquet (genre *Domicella*) d'Océanie, aux couleurs vives. – Mot malais.

loricaire [lɔʀikɛʀ] n. m. Poisson des fleuves de l'Amérique du Sud, voisin du poisson-chat, dont le corps est couvert d'une cuirasse de plaques osseuses. – Bas lat. *loricarius,* de *lorica,* «cuirasse».

loriot [lɔʀjo] n. m. Oiseau passériforme (genre *Oriolus*) long d'une vingtaine de cm, au chant sonore, au plumage jaune et noir (mâle) ou verdâtre (femelle). – Altér. de *l'oriot,* pour *l'oriol,* anc. provenç. *auriol,* du lat. *aureolus,* «de couleur d'or».

loriquet [lɔʀikɛ] n. m. Perroquet voisin du lori. – Dimin. de *lori.*

loris [lɔʀis] n. m. Petit primate asiatique (*Loris gracilis,* 20 cm) à gros yeux, dépourvu de queue. – Anc. néerl. *loeris,* «clown».

lorrain, aine [lɔʀɛ̃, ɛn] adj. et n. De la Lorraine. *Les Lorrains.* ▷ N. m. Parler de langue d'oïl en usage en Lorraine. – De *Lorraine,* nom d'une province française; lat. médiév. *Lotharingia, Lotherengia.*

lors [lɔʀ] adv. **1.** Vx À ce moment-là. **2.** loc. Vx *Pour lors:* à ce moment-là. – Mod. *Dès lors :* dès ce moment-là. – *Depuis lors :* depuis ce moment-là. – *Lors de :* au moment de. *Lors de son passage ici.* – *Dès lors que :* à partir du moment où. *Dès lors que vous acceptez, l'affaire est conclue.* – *Lors même que* (+ conditionnel):

quand bien même. *Lors même que vous le penseriez, ne le dites pas.* – Du lat. *illa hora*, «à cette heure-là».

lorsque [lɔʀskə] conj. de temps. **1.** Au moment où, quand. *Lorsque la porte s'ouvre, l'air froid entre. Lorsque je le verrai, je le lui dirai.* **2.** Alors que. *«Seul vous vous haïssez, lorsque chacun vous aime»* (Corneille). – N. B. L'*e* de *lorsque* s'élide devant *il, elle, on, un, une* et parfois *en*, mais non ailleurs. – De *lors*, et *que*; écrit longtemps en deux mots.

losange [lɔzɑ̃ʒ] n. m. **1.** Parallélogramme dont les diagonales sont perpendiculaires. **2.** HERALD Pièce héraldique figurant un fer de lance. **3.** MUS Dans le plain-chant, note en forme de losange. – Du gaul. *lausa*, «pierre plate».

losangé, ée [lɔzɑ̃ʒe] adj. Divisé en losanges. HERALD *Écu losangé.* – De *losange.*

lot [lo] n. m. **1.** Portion d'un tout à partager entre plusieurs personnes. *Lots d'une succession. Une terre divisée en lots.* **2.** Ce qui échoit dans une loterie à chacun des gagnants. *Le gros lot :* le plus important des lots. **3.** Fig. Ce que le sort, la destinée réserve à qqn. *Mon lot est d'être malchanceux.* **4.** COMM Ensemble d'articles assortis qui ne sont pas vendus séparément. **5.** CONSTR Chacun des marchés d'entreprise. *Appel d'offres par lots séparés.* **6.** INFORM *Traitement par lots:* traitement d'une suite de programmes dans un certain ordre pour obtenir une meilleure efficacité de calcul, une meilleure utilisation de la mémoire, etc. – Frq. **lôt.*

lote. V. lotte.

loterie [lɔtʀi] n. f. **1.** Jeu de hasard comportant la vente de marques ou de billets numérotés et le tirage au sort des numéros gagnant un lot. *Prendre un billet de loterie.* **2.** Fig. Ce qui dépend du hasard. *Le bonheur est une loterie.* – Néerl. *loterije* ou ital. *loteria.*

lotier [lɔtje] n. m. BOT Papilionacée fourragère des prés. – Du lat. *lotus*, «mélilot».

lotion [losjɔ̃] n. f. **1.** Vx Action de répandre un liquide sur une partie du corps pour l'adoucir, la rafraîchir, etc. **2.** Liquide spécialement préparé pour être employé en lotion (sens 1). *Lotion d'après-rasage. Lotion capillaire*, pour les soins des cheveux. – Bas lat. *lotio*, de *lavare*, «laver».

lotionner [losjɔne] v. tr. [1] Soumettre à une lotion. – De *lotion.*

lotir [lɔtiʀ] v. tr. [2] **1.** Partager en lots. *Lotir un terrain.* **2.** Mettre en possession d'un lot. **3.** loc. fig. *Être bien (mal) loti :* être favorisé (défavorisé) par le sort. – De *lot.*

lotissement [lɔtismɑ̃] n. m. **1.** Morcellement d'un terrain en parcelles destinées à la construction et vendues séparément. **2.** Terrain ainsi morcelé; chacune des parcelles d'un tel terrain. – De *lotir.*

lotisseur, euse [lɔtisœʀ, øz] n. Personne qui lotit un terrain pour le vendre par parcelles. – De *lotir.*

loto [lɔto] n. m. En France, jeu de hasard apparenté au bingo, qui se joue avec un certain nombre de cartons portant chacun quinze numéros correspondant à des jetons numérotés que l'on tire tour à tour, le gagnant étant celui qui, le premier, réussit à couvrir son carton; matériel (carton, pions, sac) avec lequel on joue à ce jeu. ▷ Fig., fam. *Avoir les yeux en billes de loto :* avoir de gros yeux ronds. – Ital. *lotto*, propr. «lot, sort».

lotte ou **lote** [lɔt] n. f. **1.** Poisson comestible (genre *Lota*) d'eau douce au corps allongé (70 cm) et à la peau grise marbrée de jaune. **2.** *Lotte de mer* ou *lotte :* baudroie. – P.-ê. du gaul. *lotta*, ou du lat. *lotum*, «boue», par anal. avec la viscosité du poisson.

lotus [lɔtys] n. m. Nom cour. d'un nénuphar du genre *Nelumbo. Le lotus joue un grand rôle dans les mythologies de l'Égypte, de la Grèce et de l'Inde.* – Mot lat. *lotus*, gr. *lôtos*, désignant cinq plantes différentes.

1. louable [luabl] adj. Qu'on peut donner en location, qui peut trouver un locataire. *Ces chambres sont louables au mois.* – De *louer* 1.

2. louable [luabl] adj. Digne de louange. *Des intentions louables.* – De *louer* 2.

louage [luaʒ] n. m. Location. *Voiture de louage.* ▷ DR Contrat par lequel une personne, le locateur, s'engage envers une autre, le locataire, à lui procurer un service ou la jouissance d'une chose pendant un certain temps, moyennant une contrepartie, le loyer. – De *louer* 1.

louange [luɑ̃ʒ] n. f. **1.** Discours par lequel on loue qqn; éloge. **2.** Gloire, mérite. *Cette action est à la louange de son auteur.* – De *louer* 2.

louanger [lwɑ̃ʒe] v. tr. [15] Couvrir d'éloges. – De *louange.*

louangeur, euse [lwɑ̃ʒœʀ, øz] adj. et n. **1.** adj. Plein d'éloges. *Des articles louangeurs.* **2.** n. Vieilli Personne qui louange sans discernement. – De *louanger.*

1. louche [luʃ] adj. **1.** Vieilli Atteint de strabisme. **2.** Qui n'est pas d'un ton franc. *Couleur louche.* **3.** Fig. Qui ne paraît pas parfaitement honnête, parfaitement clair; qui n'inspire pas confiance. *Une affaire louche. Un personnage louche.* – Du lat. *luscus*, «borgne».

2. louche [luʃ] n. f. Cuiller à long manche pour servir le potage. – Frq. **lôtja.*

loucher [luʃe] v. intr. [1] **1.** Être atteint de strabisme. **2.** Fig., fam. *Loucher sur un objet*, le convoiter. – De *louche* 1.

loucherie [luʃʀi] n. f. ou Vx **louchement** [luʃmɑ̃] n. m. Fait de loucher, strabisme. – De *loucher.*

louchet [luʃɛ] n. m. TECH Bêche à fer long et étroit. – De *louche* 2.

loucheur, euse [luʃœʀ, øz] n. Personne qui louche. – De *loucher.*

louchon [luʃɔ̃] n. m. Fam. et rare Personne qui louche. – De *loucher.*

1. louer [lue] **I.** v. tr. [1] **1.** Donner en location. *Le propriétaire loue un appartement au locataire.* **2.** Prendre en location. *Chercher une maison à louer.* ▷ *Louer une, sa place*, la payer à l'avance. *Louer des places de théâtre.* **II.** v. pron. Faire payer son travail pour une période déterminée. *Travailleur agricole qui se loue à la journée.* – Du lat. *locare.*

2. louer [lue] v. tr. [1] **1.** Exalter (qqch, qqn), en célébrer les mérites. *Louer l'habileté d'un peintre.* – Absol. *Il faut savoir louer et blâmer à propos.* ▷ *Louer (qqn) de, pour (qqch)*, l'en féliciter. *«Oui, je te loue, Ô ciel, de ta persévérance»* (Racine). **2.** *Louer Dieu*, le bénir. – Loc. *Dieu soit loué!* exclamation de contentement, de soulagement. **3.** v. pron. *Se louer de qqch, de qqn :* témoigner qu'on en est satisfait. *Je n'ai qu'à me louer de vos services.* – Du lat. *laudare.*

loueur, euse [luœʀ, øz] n. Personne qui fait métier de donner qqch en location. *Loueur de voitures.* – De *louer* 1.

loufa, luffa, lufa ou **loofa** [lufa] n. f. Plante herbacée annuelle grimpante des régions chaudes, dont une espèce produit un fruit de forme cylindrique qui, une fois séché, est utilisé comme éponge végétale. – Cette éponge elle-même. – Ar. *louf.*

loufiat [lufja] n. m. Pop. Garçon de café. – Mot arg., orig. incert.

loufoque [lufɔk] adj. Fam. **1.** Fou. *Un drôle de type, complètement loufoque.* **2.** D'une absurdité voulue.

Comédie loufoque. (On dit aussi *louf* [luf] et *louftingue* [luftɛ̃g].) – Transformation argotique de *fou.*

loufoquerie [lufɔkʀi] n. f. **1.** Acte, propos de loufoque. **2.** Caractère de ce qui est loufoque. – De *loufoque.*

lougre [lugʀ] n. m. Anc. Bateau de pêche qui portait deux ou trois mâts gréés de voiles au tiers. – Angl. *lugger.*

louis [lwi] n. m. **1.** Pièce d'or valant 24 livres, à l'effigie des rois de France. **2.** Pièce d'or française de 20 francs. – Du nom du roi *Louis XIII.*

louise-bonne [lwizbɔn] n. f. Variété de poire fondante. *Des louises-bonnes.* – Du prénom *Louise.*

louis-philippard, arde [lwifilipaʀ, aʀd] adj. Péjor. De l'époque du roi de France Louis-Philippe; de style Louis-Philippe. *Salle à manger louis-philipparde.* – Du nom du roi *Louis-Philippe,* et suff. *-ard.*

loukoum. V. rahat-loukoum.

1. loulou [lulu] n. m. **1.** Petit chien de luxe à long poil blanc. *Des loulous.* **2.** Fam. Terme d'affection (fém. *louloutte* [lulut]). – De *loup.*

2. loulou [lulu] n. m. Fam. Jeune voyou, jeune délinquant. – Probabl. de *marlou,* «souteneur».

loup, louve [lu, luv] n. **1.** Mammifère carnivore à l'allure de grand chien, au pelage gris jaunâtre, aux yeux obliques, aux oreilles dressées. *Le petit du loup est le louveteau.* **2.** loc. fig. *Faim de loup:* grande faim. – *Marcher à pas de loup,* sans bruit. – *Être connu comme le loup blanc:* être très connu. – *La faim fait sortir le loup du bois:* la nécessité force à agir. – *Elle a vu le loup:* se dit d'une jeune fille qui a fait ses premières expériences sexuelles. – *Hurler avec les loups:* se conformer à l'avis des gens avec qui l'on se trouve. – *Quand on parle du loup, on en voit la queue:* se dit lorsque qqn survient quand on parle de lui. – *L'homme est un loup pour l'homme,* il est sans pitié pour ses semblables. ▷ *Un jeune loup:* un homme jeune et plein d'ambition. **3.** Fam. Terme d'affection. *Mon (petit) loup.* **4.** *Loup marsupial:* V. thylacine. **5.** Bar (poisson). *Loup au fenouil.* **6.** Fam. *Loup de mer:* marin endurci au métier; marin expérimenté. **7.** Petit masque noir que l'on porte dans les bals masqués. **8.** TECH Gros défaut d'une pièce, entraînant sa mise au rebut. – Du lat. *lupus.*

ENCYCL Le loup *(Canis lupus)* atteint 80 cm au garrot et un poids de 60 kg; son pelage est gris jaunâtre. Alors qu'il abondait autrefois dans l'ouest de l'Europe, dans le centre et le nord de l'Eurasie et qu'on le trouvait pratiquement dans toute l'Amérique du Nord, l'espèce ne se voit plus que dans les régions arctiques du monde. Sa fourrure constitue une importante ressource économique. Les populations nord-américaines de loups forment une multitude de sous-espèces qui se distinguent par de légères différences de taille et de pelage. Les loups vivent en meutes au sein d'une organisation sociale poussée. Les couples sont formés pour la vie; la femelle met bas de 5 à 8 jeunes par an en une portée. Les cris du loup sont variés: le plus connu est un hurlement profond. Le loup se croise avec le chien pour donner des hybrides féconds: il est d'ailleurs l'ancêtre d'au moins une partie des races de chiens domestiques.

loup-cervier [lusɛʀvje] n. m., **loup-cerve** [lusɛʀv] n. f. Lynx du Canada. *En Amérique du Nord, le loup-cervier habite l'immense forêt septentrionale, de Terre-Neuve à l'Alaska. La loup-cerve est la femelle du loup-cervier. Des loups-cerviers.* – Du lat. *lupus cervarius,* «loup qui attaque les cerfs».

loupe [lup] n. f. **1.** Défaut d'une perle ou d'une pierre précieuse. **2.** Kyste sébacé. **3.** Excroissance ligneuse qui se développe sur certains arbres (ormes et noyers, notam.) et dont le bois, très noueux, est recherché en ébénisterie pour ses qualités décoratives. **4.** Lentille convergente qui donne des objets une image agrandie. *Loupe de philatéliste, d'horloger.* – Fig. *Regarder qqch à la loupe,* l'examiner de près. **5.** TECH Masse de fer incandescente que l'on martèle pour en extraire les scories. – Frq. **luppa,* «grosse masse informe d'une matière caillée», ou rad. expressif *lopp.*

louper [lupe] v. tr. [1] Fam. Rater, manquer. *Louper un examen. Louper un train.* – De *loup* (sens 8).

loup-garou [lugaʀu] n. m. Personnage légendaire, vagabond malfaisant qui passait pour se métamorphoser la nuit en loup. *Des loups-garous.* – De *loup,* et *garou,* frq. **wariwulf,* «homme-loup».

loupiot, iotte [lupjo, jɔt] n. Fam. Enfant. – Probabl. dimin. de *loup.*

loupiote [lupjɔt] n. f. Fam. Lampe. – P.-ê. de *loupe,* dial. «chandelle»; arg. *louper,* «regarder».

loup-marin [lumaʀɛ̃] n. m. Nom cour. du phoque commun; fourrure de cet animal. *Casque de loup-marin. Bottes en peau de loup-marin.* «Le Loup Marin doit son nom à son cri, qui est une espèce de hurlement; car dans sa figure, il n'a rien du Loup, ni d'aucun Animal terrestre, que nous connoissions.» (De Charlevoix, *Histoire de la Nouvelle France,* 1744.) – De *loup,* et *marin.*

lourd, lourde [luʀ, luʀd] adj. **1.** Pesant. *Une lourde charge.* ▷ SPORT *Poids lourd, poids mi-lourd:* catégories d'athlètes. (V. poids) ▷ Qui donne une sensation de pesanteur. *Des aliments lourds. Avoir la tête lourde.* – *Avoir le sommeil lourd,* profond. **2.** Qui se remue avec peine. *Devenir lourd en vieillissant.* – Par ext. *Marcher d'un pas lourd.* **3.** loc. *Avoir la main lourde,* frapper fort. ▷ Fig. Punir sévèrement. – Dépasser la mesure en pesant, en versant une substance. **4.** Oppressant. *Temps lourd,* orageux. **5.** Qui manque d'élégance, de finesse. *Une lourde plaisanterie. Un style lourd.* ▷ *Lourde faute:* erreur grossière. **6.** PHYS NUCL *Eau lourde :* eau constituée par la combinaison de l'oxygène avec l'isotope de masse atomique 2 de l'hydrogène (deutérium ou hydrogène lourd). *L'eau lourde sert de modérateur dans certaines réactions nucléaires.* – Du lat. pop. **lurdus,* p.-ê. altér. du class. *luridus,* «blême»; signif. d'abord «stupide, maladroit».

lourdaud, aude [luʀdo, od] adj. et n. Péjor. Grossier, maladroit. – De *lourd.*

lourde [luʀd] n. f. Fam. Porte. – De *lourd.*

lourdement [luʀdəmɑ̃] adv. **1.** Pesamment. *Il marche lourdement appuyé sur sa canne.* **2.** Grossièrement. *S'esclaffer lourdement.* – De *lourd.*

lourder [luʀde] v. tr. [1] Fam. Mettre à la porte; renvoyer, congédier. *On l'a lourdé de sa boîte.* – De *lourde.*

lourdeur [luʀdœʀ] n. f. **1.** Pesanteur. *Lourdeur de la démarche.* **2.** Fig. Défaut de ce qui est lourd (sens 5), manque d'élégance. *Lourdeur du style.* **3.** Fig. Caractère de ce qui pèse, de ce qui fait difficulté. *La lourdeur d'une responsabilité.* – De *lourd.*

lourdingue [luʀdɛ̃g] adj. Fam. Lourd d'apparence ou d'esprit. *Allure, attitude, raisonnement lourdingue.* – De *lourd.*

lourer [luʀe] v. tr. [1] MUS Lier les notes en appuyant sur la première de chaque temps. – De *loure.*

loustic [lustik] n. m. **1.** Vx Bouffon. **2.** Amuseur, farceur. *Faire le loustic.* **3.** Péjor. Individu. *Qu'est-ce que c'est que ce loustic?* – All. *lustig,* «gai».

loutre [lutʀ] n. f. Mammifère carnivore de mœurs aquatiques (fam. mustélidés) aux pattes palmées, à la belle fourrure brune. – Lat. *lutra.*

ENCYCL La loutre de rivière d'Amérique (*Lontra canadensis*) peut mesurer 110 cm, avec une queue de

50 cm, et atteindre 12 kg. C'est une habile nageuse, qui se nourrit de poissons. La loutre de mer (*Enhydra lutris*) vit près des îlots rocheux et des côtes. Abondamment chassée pour sa fourrure, cette espèce fut près de s'éteindre au début du siècle; elle est maintenant protégée par une convention internationale.

louve [luv] n. f. **1.** Femelle du loup. **2.** TECH Coin métallique utilisé pour le levage des pierres de taille. – Du lat. *lupa*.

louvet, ette [luvɛ, ɛt] adj. *Cheval louvet, jument louvette*, dont la robe jaunâtre et noire rappelle le pelage du loup. – De *louve*.

louveteau [luvto] n. m. **1.** Petit du loup. **2.** Jeune scout. – De *louve*.

louveter [luvte] v. intr. **[23]** Mettre bas, en parlant de la louve. – De *louve*.

louveterie [luvɛtʀi] n. f. **1.** Vx Chasse au loup. **2.** Équipage pour la chasse au loup. – De *louve*.

louvoiement [luvwamɑ̃] n. m. Action de louvoyer (sens 2). – De *louvoyer*.

louvoyage [luvwajaʒ] n. m. MAR Action de louvoyer. *Gagner au louvoyage:* progresser dans la direction d'où vient le vent. – De *louvoyer*.

louvoyer [luvwaje] v. intr. **[26] 1.** MAR Se dit d'un bateau à voiles qui tire successivement des bords tribord et bâbord amures pour atteindre un point au vent. **2.** Fig. Faire de nombreux détours pour arriver à ses fins. ▷ *Par ext.* Agir par des procédés peu francs. – De *lof*.

lovelace [lɔvlas] n. m. Litt. Séducteur sans scrupules. – Nom d'un personnage de *Clarissa Harlowe*, roman de Richardson.

lover [lɔve] **1.** v. tr. **[1]** MAR Enrouler (un cordage) sur lui-même en en superposant les spires. *Lover une aussière.* **2.** v. pron. Se rouler en spirale. *Serpent qui se love sur une pierre.* – Bas all. *lofen*, «tourner», même fam. que *lof*.

loxodromie [lɔksodʀɔmi] n. f. MAR Courbe de la sphère terrestre qui coupe tous les méridiens sous un angle constant. *La loxodromie, qui correspond à la route suivie par un navire gardant un cap constant, est représentée sur les cartes marines par une ligne droite.* – Du gr. *loxodromos*, de *loxos*, «oblique», et *dromos*, «course».

loxodromique [lɔksodʀɔmik] adj. MAR Relatif à la loxodromie. *Route loxodromique.* – De *loxodromie*.

loyal, ale, aux [lwajal, o] adj. Droit, franc, sincère, honnête. *Loyal camarade. Une discussion loyale.* – Du lat. *legalis*, de *lex, legis*, «loi».

loyalement [lwajalmɑ̃] adv. Avec loyauté. – De *loyal*.

loyalisme [lwajalism] n. m. **1.** Fidélité au régime établi. **2.** Fidélité à une cause. – De *loyal*.

loyaliste [lwajalist] adj. et n. Qui proclame son loyalisme. ▷ Nom donné aux colons américains qui restèrent fidèles à la Couronne britannique durant la guerre d'indépendance des États-Unis. – Angl. *loyalist*, du fr. *loyal*.

loyauté [lwajote] n. f. Droiture, probité, honnêteté. *Reconnaître ses erreurs avec loyauté.* – De *loyal*.

loyer [lwaje] n. m. Prix payé par le preneur pour l'usage d'une chose louée (propriété, immeuble, maison, local, appartement, etc.). *Payer son loyer.* ▷ FIN *Loyer de l'argent:* taux d'intérêt. – Du lat. *locarium*, «prix d'un gîte», de *locus*, «lieu».

L.S.D. [ɛlɛsde] n. m. Diéthylamide de l'acide lysergique, hallucinogène puissant. – Amér. *L.S.D.*, initiales de l'all. *Lyserg Säure Diethylamid*, «acide lysergique diéthylamide».

Lu CHIM Symbole du lutétium.

lubie [lybi] n. f. Caprice bizarre, fantaisie subite. *Avoir des lubies.* – P.-ê. du lat. *lubere*, var. de *libere*, «trouver bon».

lubricité [lybʀisite] n. f. Fait d'être salace*, penchant à la luxure. Syn. salacité. – Lat. ecclés. *lubricitas*, de *lubricus*, «glissant», et au fig., «hasardeux, trompeur».

lubrifiant, iante [lybʀifjɑ̃, jɑ̃t] adj. et n. m. Qui lubrifie. ▷ N. m. Produit servant à la lubrification (talc, graphite, graisses, huiles, etc.). – Ppr. de *lubrifier*.

lubrification [lybʀifikasjɔ̃] n. f. Interposition d'un corps onctueux destiné à réduire le frottement entre deux pièces mobiles l'une par rapport à l'autre et à protéger ces pièces contre l'usure et la corrosion. Syn. graissage. – De *lubrifier*.

lubrifier [lybʀifje] v. tr. **[1]** Graisser, huiler pour rendre glissant. *Lubrifier un roulement à billes.* – Du lat. *lubricus*, «glissant», et *-fier*.

lubrique [lybʀik] adj. Porté à la luxure. ▷ Inspiré par la lubricité. *Des gestes lubriques.* – Lat. *lubricus*, «glissant», et au fig., «hasardeux, trompeur».

lubriquement [lybʀikmɑ̃] adv. D'une manière lubrique. – De *lubrique*.

lucane [lykan] n. m. Coléoptère polyphage *(Lucanus cervus)*, appelé aussi *cerf-volant*, dont le mâle porte des mandibules en forme de grosses pinces. – Lat. *lucanus*, «cerf-volant».

lucarne [lykaʀn] n. f. Ouverture vitrée pratiquée à la surface d'une toiture pour donner du jour sous les combles. – Altér. de l'a. fr. *luiserne*, «flambeau, lumière», du lat. *lucerna* «lampe».

1. lucernaire [lysɛʀnɛʀ] n. m. LITURG Office du soir que les premiers chrétiens célébraient, à la lueur des lampes, avant les nocturnes. – Du lat. *lucerna*, «lampe».

2. lucernaire [lysɛʀnɛʀ] n. f. ZOOL Méduse acalèphe fixée des mers froides. – Du lat. *lucerna*, «lampe», par anal. de forme.

lucide [lysid] adj. **1.** Qui envisage la réalité clairement et nettement, telle qu'elle est. *Esprit lucide. Un homme lucide.* ▷ Qui témoigne d'une telle vue de la réalité. *Une politique lucide.* **2.** Pleinement conscient. *Le malade est resté lucide jusqu'à sa mort.* – Lat. *lucidus*, «lumineux, clair».

lucidement [lysidmɑ̃] adv. De manière lucide. – Du préc.

lucidité [lysidite] n. f. **1.** Qualité d'une personne lucide. **2.** État de pleine conscience. *Le malade a gardé toute sa lucidité.* – De *lucide*.

luciférase [lysifeʀaz] n. f. BIOCHIM Enzyme du groupe des oxydases, spécifique de l'oxydation de la luciférine*. – De *lucifér(ine)*, et *-ase*.

luciférien, ienne [lysifeʀjɛ̃, jɛn] adj. et n. **1.** adj. De Lucifer, digne de Lucifer. *Orgueil luciférien. Révolte luciférienne.* **2.** n. HIST RELIG Au Moyen Âge, membre d'une secte qu'on accusait de rendre un culte au Démon. – De *Lucifer*, n. du démon, du lat. *lux, lucis*, «lumière», et *ferre*, «porter».

luciférine [lysifeʀin] n. f. BIOCHIM Substance dont l'oxydation, sous l'effet d'une enzyme spécifique (la luciférase), produit la luminescence de certains insectes (lampyre, notam.). – Du lat. *lucifer*, «qui donne de la clarté».

lucilie [lysili] n. f. ZOOL Mouche (genre *Lucilia*), d'un beau vert métallique, qui pond ses œufs sur la viande, appelée cour. *mouche à viande.* – Lat. mod. *lucilia*, de *lux, lucis*, «lumière».

luciole [lysjɔl] n. f. Coléoptère luminescent voisin du lampyre. – Ital. *lucciola*, de *luce*, «lumière».

lucratif, ive [lykʀatif, iv] adj. **1.** Qui rapporte un profit, de l'argent. *Association à but non lucratif.* **2.** Qui rapporte beaucoup d'argent. *Un trafic lucratif.* – Lat. *lucrativus.*

lucre [lykʀ] n. m. Péjor. Gain, profit qu'on recherche avidement. *La passion du lucre.* – Lat. *lucrum.*

ludion [lydjɔ̃] n. m. Appareil de démonstration, en physique, corps creux lesté présentant une ouverture vers le bas, qui monte ou descend dans l'eau d'un bocal fermé par une membrane, suivant qu'on relâche ou qu'on augmente la pression sur cette membrane. – Bas lat. *ludio*, «baladin, histrion», de *ludere*, «jouer».

ludique [lydik] adj. Didac. Qui concerne le jeu, qui est de la nature du jeu. *L'activité ludique est indispensable à la maturation du psychisme chez l'enfant.* – Du lat. *ludus*, «jeu».

ludisme [lydism] n. m. Rare Comportement ludique; ensemble des activités de jeu. – De *ludique.*

ludothèque [lydɔtɛk] n. f. Établissement où les enfants peuvent emprunter des jeux et des jouets. – Du lat. *ludus*, «jeu», et *-thèque*, sur bibliothèque.

luette [lyɛt] n. f. Appendice conique prolongeant le bord postérieur du voile du palais. – De *l'uette*, d'un dimin. du lat. *uva*, «grappe de raisin».

lueur [lɥœʀ] n. f. **1.** Lumière faible ou passagère. *La lueur d'une bougie.* **2.** Fig. Expression passagère dans le regard. *Une lueur de haine apparut dans ses yeux.* **3.** Fig. Apparition passagère. *Des lueurs de raison chez un aliéné.* – Du lat. pop. *lucoris*, de *lucere*, «luire».

lufa, luffa. V. loufa.

luge [lyʒ] n. f. Petit traîneau utilisé pour descendre rapidement les pentes neigeuses. – Mot rég. (Savoie, Suisse), p.-ê. d'orig. gaul.

luger [lyʒe] v. intr. [**15**] Rare Aller en luge. – De *luge.*

lugeur, euse [lyʒœʀ, øz] n. Personne qui fait de la luge. – De *luger.*

lugubre [lygybʀ] adj. **1.** Litt. Qui a le caractère sombre du deuil. *Une lugubre cérémonie.* **2.** Qui inspire ou qui dénote une tristesse profonde. *Un air lugubre.* Syn. sinistre. – Lat. *lugubris*, de *lugere*, «être en deuil».

lugubrement [lygybʀəmɑ̃] adv. D'une manière lugubre. – Du préc.

lui [lɥi] pron. pers. **I.** pron. m. et f. (plur. *leur:* V. leur 1). À lui, à elle. *Je lui ai causé de la joie. J'ai vu cette femme et je lui ai parlé.* **II.** pron. exclusivement m. **1.** Employé avec une prép. *J'ai parlé de lui. Nous avons voté pour lui. Je partirai avec lui.* **2.** Sert de pronom de renforcement et d'insistance. *C'est lui qui est le responsable. Lui seul a le droit de parler.* **3.** Joue, dans certains cas, le rôle de complément direct. *Qui avez-vous choisi? – Lui, bien sûr! Je veux vous voir, toi et lui.* – Lat. pop. *illui*, lat. class. *illi*, datif de *ille*, «celui-là».

luire [lɥiʀ] v. intr. [**71**] Briller (en produisant de la lumière). *Le soleil luit.* ▷ *Par ext.* Briller (en reflétant la lumière). *Une lame d'acier qui luit.* ▷ Fig. Apparaître (comme une lueur). *Un espoir luit encore.* – Du lat. *lucere*; a. fr. *luisir.*

luisance [lɥizɑ̃s] n. f. Rare Caractère de ce qui luit. – De *luisant.*

luisant, ante [lɥizɑ̃, ɑ̃t] adj. Qui luit, qui a des reflets. *Une lame luisante.* ▷ *Ver luisant:* V. Lampyre. ▷ N. m. Aspect luisant. *Le luisant du bois poli.* – Ppr. de *luire.*

lumachelle [lymaʃɛl] n. f. Miner Roche sédimentaire constituée par l'accumulation de coquilles de mollusques – Ital. *lumachella*, de *lumaca*, «limaçon».

lumbago [lœ̃bago] ou **lombago** [lɔ̃bago] n. m. Douleur lombaire survenant brutalement après un effort ou un mouvement brusque du tronc. – Mot bas lat., de *lumbus*, «rein».

lumen [lymɛn] n. m. PHYS Unité de flux lumineux du système international, de symbole lm. (C'est le flux émis par une source dont l'intensité lumineuse est de 1 candela dans un angle solide de 1 stéradian.) – Mot lat., «lumière».

lumière [lymjɛʀ] n. f. **I.** Ce qui éclaire (au sens propre). **1.** PHYS Ensemble de particules élémentaires (nommées *photons*) se déplaçant à très grande vitesse et présentant les caractères d'une onde. ▷ *Lumière noire:* rayonnements ultraviolets donnant des rayonnements visibles après excitation d'un corps fluorescent. ▷ *Lumière froide*, émise par les corps luminescents. ▷ ASTRO *Lumière cendrée:* lumière reçue par la Lune en provenance de la Terre. (De la Terre, elle permet de distinguer le relief lunaire peu avant ou peu après la nouvelle Lune. Pour un astronaute placé sur la Lune, la lumière cendrée est le *clair de Terre.*) ▷ *Lumière zodiacale:* lueur blanchâtre, allongée dans le plan de l'écliptique, que l'on peut voir après le coucher du soleil ou avant son lever. (Elle est due à la diffusion de la lumière solaire par les poussières interplanétaires.) ▷ *Année de lumière* ou (tournure critiquée) *année-lumière:* distance parcourue par la lumière en une année (1 al = 0,307 parsec = 9 640 milliards de km). **2.** Cour. La *lumière*, en tant que phénomène spontanément perçu par l'œil et susceptible d'éclairer les choses et de permettre de voir. *La lumière du soleil. La lumière d'une lampe.* ▷ *Spécial.* La lumière du soleil, du jour. ▷ *Ouvrir les yeux à la lumière:* naître. ▷ *Voir la lumière:* vivre. ▷ Ce qui sert à éclairer, lampe. *Apportez de la lumière, que je puisse lire.* ▷ Représentation de la lumière en peinture. *La lumière argentée d'un Corot.* ▷ *Habit de lumière:* costume brodé de fils brillants des toreros. **3.** Point lumineux, tache lumineuse. *Apercevoir une lumière dans la nuit. Les ombres et les lumières d'un tableau.* **II.** Ce qui éclaire (au sens figuré). **1.** Ce qui permet de comprendre ou de savoir. *Les lumières de la foi, de la raison.* ▷ *Faire la lumière sur une chose*, la révéler, l'expliquer. ▷ *Mettre en lumière, en pleine lumière:* faire voir clairement, mettre en évidence. **2.** *Les lumières:* les connaissances. *Mes lumières sur ce sujet sont très réduites.* **3.** *Les lumières:* la connaissance rationnelle (par opposition à l'obscurantisme). ▷ *Le siècle des lumières:* le XVIIIe s., entre 1715 et 1789 (en all. *Aufklärung*). *Marqué en France par l'Encyclopédie (V. ce mot), il se caractérise par le rejet de l'autorité et du fanatisme, au nom du progrès et de la raison.* **4.** Vx Homme de haute valeur intellectuelle. *Descartes, Pascal, Newton, Leibniz, ces lumières de l'Europe.* – Auj. Fam. *Ce n'est pas une lumière:* il n'est pas très intelligent. **III.** Orifice **1.** Anc. Orifice, pratiqué dans le tube des canons, qui permettait d'enflammer la poudre. **2.** Dans certains instruments d'optique, petit trou servant à la visée. **3.** Ouverture dans le fût d'un rabot, pour loger le fer. **4.** Fente du biseau d'un tuyau d'orgue. **5.** Ouverture d'admission et d'échappement dans le cylindre d'une machine à vapeur ou d'un moteur à deux temps. – Du lat. *luminaria*, «flambeau», en lat. ecclés. «lumière», de *lumen, luminis*, «lumière».

lumignon [lymiɲɔ̃] n. m. **1.** Vx Bout en combustion de la mèche d'une chandelle, d'une bougie, d'une lampe. **2.** Mod. Lampe qui éclaire peu. – Du lat. *ellychnium*, gr. *ellukhnion*, avec infl. de *lumen*, «lumière».

luminaire [lyminɛʀ] n. m. **1.** LITURG Ensemble des cierges et des lampes que l'on utilise pendant un office. **2.** Appareil d'éclairage (lampe, applique lumineuse, etc.). – Lat. ecclés. *luminare,* «lampe, astre».

luminance [lyminɑ̃s] n. f. PHYS Quotient de l'intensité lumineuse qu'émet une source par sa surface apparente. (Elle s'exprime en nits; 1 nt = 1 candela par m².) – Du rad. de *lumineux.*

luminescence [luminɛsɑ̃s] n. f. PHYS Propriété des corps qui émettent de la lumière sous l'action d'un rayonnement (fluorescence et phosphorescence, qui constituent la *photoluminescence)* ou après une excitation mécanique (triboluminescence), électrique (électroluminescence), chimique (chimioluminescence), thermique (thermoluminescence), ou sous l'effet d'une oxydation à caractère organique (bioluminescence des lampyres, par ex.). – Du lat. *lumen, luminis,* «lumière», d'ap. *phosphorescence.*

luminescent, ente [lyminɛsɑ̃, ɑ̃t] adj. PHYS et cour. Qui présente une luminescence. – Du préc.

lumineusement [lyminøzmɑ̃] adv. Avec beaucoup de clarté. *Expliquer une chose lumineusement.* – De *lumineux.*

lumineux, euse [lyminø, øz] adj. **1.** Qui émet de la lumière, qui réfléchit de la lumière. *Source lumineuse. Point lumineux dans la nuit. Enseigne lumineuse. Montre à cadran lumineux. Fontaine lumineuse.* **2.** De la nature de la lumière, qui concerne la lumière. *Phénomène lumineux.* ▷ OPT *Rayon lumineux:* axe rectiligne le long duquel se propage la lumière. **3.** Clair, plein de lumière. *Couleur chaude et lumineuse. Ciel lumineux. Tableau lumineux.* **4.** Fig. Très clair et très éclairant à la fois. *Un exposé lumineux. Une idée lumineuse,* qui éclaire brusquement la situation, la question. ▷ *Intelligence lumineuse,* claire, puissante et pénétrante. – Lat. *luminosus.*

luminisme [lyminism] n. m. PEINT Courant de la peinture caractérisé par des contrastes vigoureux entre les parties éclairées et les zones obscures d'un tableau. – De *luministe.*

luministe [lyminist] adj. et n. PEINT **1.** adj. Qui concerne le luminisme. **2.** n. Peintre qui recherche des effets de lumière. – Du lat. *lumen, luminis* «lumière».

luminosité [lyminɔzite] n. f. **1.** Cour. Caractère de ce qui est lumineux. *La luminosité du ciel italien.* **2.** ASTRO Énergie totale rayonnée par un astre en une seconde. – De *lumineux.*

lumpenproletariat [lumpənpʀɔletaʀja] n. m. POLIT Pour les marxistes, frange du prolétariat trop misérable pour acquérir une conscience de classe et se rallier à la révolution prolétarienne. – Mot all., de *Lump,* «gueux, misérable», et *Proletariat,* créé par K. Marx.

1. lunaire [lynɛʀ] adj. **1.** De la Lune. *Le sol lunaire.* ▷ *Mois lunaire:* dans certains calendriers antiques ou exotiques, période de 28 ou 29 jours qui joue le même rôle que chacun de nos mois actuels et qui correspond à peu près à une lunaison. **2.** Qui évoque l'aspect désolé de la surface de la Lune. *Paysage lunaire.* **3.** Fig. *Face, visage lunaire:* visage rond et blafard. – Lat. *lunaris.*

2. lunaire [lynɛʀ] n. f. Crucifère (genre *Lunaria*), dont les fruits ont une cloison médiane persistante, ronde et argentée. Syn. monnaie-du-pape. V. silique. – Du préc., par anal. d'aspect.

lunaison [lynɛzɔ̃] n. f. Durée comprise entre deux nouvelles lunes consécutives (29 j 12 h 44 mn 2,8 s). – De *lune.*

lunatique [lynatik) adj. et n. Capricieux, fantasque (comme certains déments qui, croyait-on, étaient soumis aux influences de la Lune). – Bas lat. *lunaticus.*

lunch [lɔnʃ] n. m. **1.** Fam. Repas léger, par ex. le midi, collation que l'on prend entre les heures de repas ou en fin de soirée. *Prendre un lunch avant de se coucher.* ▷ Nourriture que l'on apporte avec soi pour tenir lieu de repas sur les lieux de travail, à l'école, etc. *Faire des sandwichs pour le lunch des enfants. – Une boîte à lunch.* **2.** Repas constitué de mets légers présentés en buffet, que l'on offre au cours d'une réception, d'une réunion mondaine, etc.; mets composant ce repas. V. buffet. – Mot angl., «dîner léger».

luncher [lɔnʃe] v. intr. Fam. Prendre un repas léger, notamment en fin de soirée. *Aller luncher après le spectacle. Faire luncher ses invités.* – De *lunch.*

lundi [lœ̃di] n. m. Jour qui suit le dimanche. ▷ *Lundi saint:* lundi de la semaine sainte. ▷ *Lundi de Pâques, de Pentecôte:* le lundi qui suit chacune de ces fêtes. – Du lat. pop. *lunis dies,* class. *lunae dies,* «jour de la Lune».

lune [lyn] n. f. **I.** Satellite de la Terre. **1.** ASTRO et cour. *La Lune:* l'unique satellite de la Terre. **2.** Cour. ▷ *Clair de lune:* lumière de la Lune qui éclaire la Terre, certaines nuits. ▷ *Croissant de lune:* partie de la Lune vue de la Terre avant et après la nouvelle Lune. **3.** *Phases de la Lune,* les divers aspects qu'elle présente vue de la Terre. ▷ *Nouvelle Lune:* période où la Lune est invisible. ▷ *Pleine Lune:* période où la Lune est visible sous forme d'un disque lumineux. **4.** loc. fig. *Visage, face en pleine lune,* de forme toute ronde. ▷ Fam. *Demander, promettre la lune,* une chose impossible. ▷ Fam. *Vouloir attraper la lune avec ses dents:* essayer de faire une chose impossible. ▷ Fam. *Être dans la lune:* être distrait, inattentif. **II.** Période comprise entre deux nouvelles lunes. **1.** Mois lunaire (dans certains calendriers antiques ou exotiques). **2.** Lunaison. ▷ Fig., fam., vx *Être dans une bonne (une mauvaise) lune,* bien (mal) luné. ▷ Fam. *Vieilles lunes:* époque révolue. ▷ *Lune de miel:* les débuts du mariage (que l'on suppose être une période de bonheur); *par ext.,* période de bonne entente, entre deux groupes, deux partis, etc. **III.** Ce qui est de forme ronde **1.** Fam. Gros visage tout rond. **2.** Fam. Derrière, fesses. **3** *Lune d'eau:* nymphéa, nénuphar blanc (aux feuilles rondes). **4.** *Lune de mer* ou *lune:* poisson au corps en forme de disque (V. môle). – Lat. *luna.*

ENCYCL La Lune est le plus gros des satellites du système solaire. Son diamètre s'élève à 3 476 km et sa distance moyenne par rapport à la Terre est de 380 400 km, soit un peu plus de 30 diamètres terrestres. La Lune nous présente toujours la même face, car sa période de rotation sur elle-même est exactement égale à celle de sa révolution autour de la Terre. Toutefois, du fait des balancements de la Lune autour de son axe (qui constituent la libration), il nous est possible d'observer de la Terre près de 60 % de sa surface. Quand la Lune est en conjonction avec le Soleil, c.-à-d. entre le Soleil et la Terre, sa face éclairée par le Soleil nous est entièrement cachée; c'est la phase de la nouvelle lune. Inversement, un cosmonaute regardant la Terre depuis la Lune verrait toute la face éclairée de la Terre (phase de pleine Terre). De 6 jours 1/2 à 7 jours 1/2 après la nouvelle lune, le disque lunaire apparaît sous la forme d'un demi-cercle (premier quartier). 15 jours après la nouvelle lune, celle-ci est en opposition avec le Soleil (pleine lune). La phase suivante est celle du dernier quartier, qui précède une nouvelle conjonction. Avant le premier quartier et après le dernier quartier, la partie obscure de la Lune est légèrement visible la nuit grâce à la *lumière cendrée,* due aux rayons solaires qui atteignent la Lune après réflexion sur la surface de la Terre. Les *marées* terrestres sont dues à l'attraction de la Lune sur les masses océaniques. Le Soleil intervient, à un degré moindre toutefois, pour amplifier ou contrarier cette action. Le relief lunaire comprend de vastes plaines unies parsemées de collines, *les mers,* et des régions présentant un aspect tourmenté et chaotique, avec des chaînes de montagnes (8 200 m au mont Leibnitz): les *continents*. Le sol lunaire est parsemé de cratères d'origine météoritique, dont les plus grands, les *cirques*, ont un diamètre qui excède parfois 100 km (270 km pour le cirque Bailly, 340 km pour le cirque Schiller); en effet, les météorites ne sont pas brûlées par l'atmosphère lunaire, absente. Le relief lunaire présente également des crevasses, des pitons, des mamelons et des traînées, qui rayonnent autour de certains cirques (cirques Copernic, Tycho, etc.). L'exploration de la Lune par les sondes mises en orbite autour de notre satellite, par les vaisseaux spatiaux amér. du programme Apollo, par les engins automatiques déposés par les Soviétiques à sa surface et par les cosmonautes amér. qui ont mis pour la première fois le pied sur la Lune en juillet 1969 lors de la mission Apollo 11, a considérablement fait progresser notre connaissance de la physique et de la chimie du sol lunaire. Celui-ci est recouvert d'une couche poudreuse ou granuleuse dont la composition est intermédiaire entre celle des météorites et celle des cendres volcaniques. Les éléments princ. sont le silicium, l'aluminium, le fer, le titane, le calcium et le magnésium. Les plus vieilles roches rapportées de la Lune ont environ 4,6 milliards d'années; c'est l'âge des plus vieilles roches terrestres. La pesanteur à la surface de la Lune est égale au 1/6 de la pesanteur terrestre et la vitesse de libération d'un corps de l'attraction lunaire n'est que de 2,38 km/s, contre 11,2 km/s sur la Terre. Le champ de la pesanteur lunaire présente des irrégularités, vraisemblablement dues à des différences de densité à l'intérieur de la Lune. Comme la Lune ne possède pas d'atmosphère, la température du sol présente de grands écarts entre le jour (+ 110 °C) et la nuit (– 150 °C).

luné, ée [lyne] adj. ***Être bien (mal) luné***, bien (mal) disposé, de bonne (de mauvaise) humeur (allusion à l'influence supposée de la Lune sur l'humeur). – De *lune*.

lunetier, ière [lyntje, jɛʀ] n. Personne qui fabrique ou vend des lunettes. ▷ Adj. *Industrie lunetière*. – De *lunette* (sens II, 2).

lunette [lynɛt) n. f. **I. 1.** ARCHI Jour, évidement, à la rencontre de deux voûtes dont les clefs ne sont pas à la même hauteur. ▷ Cour. Glace arrière d'une automobile. **2.** MILIT Ouvrage fortifié, petite demi-lune. **3.** Ouverture de la cuvette d'aisances; le siège qui s'y adapte. **4.** TECH Coussinet de filetage; pièce servant au raccord des tuyauteries. **5.** Partie d'un boîtier de montre qui retient le verre. **6.** Ouverture ronde de la guillotine, qui emprisonne le cou du condamné. **II. 1.** OPT Instrument destiné à grossir ou à rapprocher l'image d'un objet éloigné. *Lunette d'approche. Lunette astronomique*, pour l'observation des astres. **2.** n. f. pl. Paire de verres fixés à une monture, servant à corriger la vue ou à protéger les yeux. *Porter des lunettes. Lunettes de soleil, de soudeur*. – Dimin. de *lune*.

ENCYCL **Opt.** Une lunette comprend deux systèmes optiques: un *objectif*, qui donne une première image (réelle) de l'objet, et un *oculaire*, sorte de loupe qui sert à observer l'image précédente. On distingue: la lunette *astronomique*, dont l'objectif et l'oculaire sont convergents (elle sert à l'observation des astres); la lunette *terrestre*, de construction analogue à la lunette astronomique mais disposant en plus d'un système qui redresse l'image (longue-vue, jumelles à prismes); la lunette de *Galilée*, qui comporte un objectif convergent et un oculaire divergent, lequel redresse l'image en même temps qu'il l'agrandit (jumelles de théâtre). Le *champ* d'une lunette est l'ensemble des points visibles dans l'instrument. Son *grossissement* est le rapport des angles sous lesquels on voit l'image définitive et l'objet à l'œil nu. Le *pouvoir séparateur* est défini par la plus petite distance angulaire de deux points que la lunette permet d'apercevoir distinctement. La *clarté* est le rapport entre l'éclairement de l'image et celui de l'objet. Les lunettes correctrices pour la vue sont constituées par des lentilles convergentes (presbytes, hypermétropes), par des lentilles divergentes (myopes) ou par des verres sphéro-cylindriques (astigmates).

lunetterie [lynɛtʀi] n. f. Industrie ou commerce du lunetier. – De *lunette* (sens II, 2).

luni-solaire [lynisɔlɛʀ] adj. ASTRO De la Lune et du Soleil; qui a rapport à ces deux astres, qui dépend d'eux. *Marée luni-solaire. Calendrier luni-solaire*. – De *lune*, et *solaire*.

lunule [lynyl] n. f. **1.** GEOM Figure en forme de croissant, formée par deux arcs de cercle qui se coupent. **2.** Zone blanchâtre en forme de *lunule* (au sens 1), située à la base de l'ongle. – Lat. *lunula*.

lunure [lynyʀ] n. f. TECH Défaut du bois (cercles ou demi-cercles apparaissant sur la tranche). – De *lune*.

lupanar [lypanaʀ] n. m. Litt., vieilli Maison de prostitution. – Mot lat.

lupercales [lypɛʀkal] n. f. pl. ANTIQ ROM Fête annuelle en l'honneur du dieu Lupercus. – Du lat. *Luperca*, «la déesse louve (qui allaita Romulus et Rémus)», ou *Lupercus*, «le dieu loup».

lupin [lypɛ̃] n. m. Plante ornementale et fourragère (genre *Lupinus*, fam. papilionacées) à feuilles palmées et à fleurs en grappes – Lat. *lupinus*.

lupome [lypom] n. m. MED Élément éruptif du lupus. – De *lupus*, et *-ome*.

lupulin [lypylɛ̃] n. m. TECH Poussière résineuse des cônes du houblon, qui entre dans la fabrication de la bière. – Du lat. bot. *lupulus*, de *lupus* au sens de «houblon».

lupuline [lypylin] n. f. **1.** TECH Alcaloïde contenu dans le lupulin, qui donne à la bière sa saveur amère. **2.** Luzerne *(Medicago lupulina)* de petite taille, commune dans les champs, appelée aussi *minette*. – Du préc.

lupus [lypys] n. m. MED Dermatose à extension progressive et destructive, principalement localisée au visage. *Lupus acnéique, tuberculeux*. – *Lupus érythémateux disséminé:* maladie à manifestations multiples, touchant notam. la peau, les reins, les articulations, et où l'on trouve des signes biologiques d'auto-immunité. – Mot lat. méd., d'ap. *loup*, «ulcère évoquant la morsure d'un loup».

lurette [lyʀɛt] n. f. Loc. fam. *Il y a belle lurette :* il y a bien longtemps. – Déform. de *il y a belle heurette*, expr. dial., de *heurette*, dimin. de *heure*.

luron, onne [lyʀõ, ɔn] n. Personne pleine d'insouciance, de gaieté; bon vivant. *Un joyeux luron*. ▷ *Une luronne:* une femme hardie et de mœurs assez libres. – Rad. onomat. *lur* qui formait les refrains pop. *lure, lurette, turelure*.

lusin ou **luzin** [lyzɛ̃] n. m. MAR Cordage à deux minces fils de caret, pour les petits amarrages. – Pour *l'husin*, néerl. *huising*.

lusitanien, ienne [lyzitanjɛ̃, jɛn] adj. et n. **1.** ANTIQ De la Lusitanie. – Subst. Habitant ou natif de ce pays. (On dit aussi *lusitain, aine*.) ▷ *Par ext.*, mod. Portugais. *Le gouvernement lusitanien*. **2.** GEOL n. m. Étage du Jurassique. – Adj. *Étage lusitanien*. – Du lat. *Lusitania*, n. de l'anc. prov. romaine de la péninsule ibérique, auj. le Portugal.

lustrage [lystʀaʒ] n. m. Action de lustrer; son résultat. – De *lustrer*.

lustral, ale, aux [lystʀal, o] adj. Litt. Qui sert à purifier. *Eau lustrale :* eau du baptême. – Lat. *lustralis*.

lustration [lystʀasjɔ̃] n. f. ANTIQ Cérémonie publique ou privée de purification des personnes, des lieux, etc. ▷ LITURG Aspersion d'eau lustrale. – Lat. *lustratio.*

1. lustre [lystʀ] n. m. Litt. Période de cinq ans. – *Par ext.*, fam. Longue période. *Cela fait des lustres qu'on ne l'a revu.* – Lat. *lustrum*, «cérémonie purificatrice célébrée tous les cinq ans».

2. lustre [lystʀ] n. m. **1.** Brillant, poli naturel ou artificiel d'un objet, d'une matière. ▷ TECH Produit utilisé pour donner ce brillant. *Lustre de pelletier, de céramiste.* **2.** Fig. Éclat, relief que donne la parure, le mérite. *Cette distinction lui rend un peu de lustre.* **3.** Luminaire à plusieurs lampes, que l'on suspend au plafond. – Ital. *lustro.*

lustré, ée [lystʀe] adj. **1.** Qui présente un aspect brillant, poli. *Pelage lustré.* ▷ TECH Traité avec un lustre. *Feutre lustré.* **2.** Devenu brillant par le frottement, l'usure. *Habit lustré.* – Pp. de *lustrer.*

lustrer [lystʀe] v. tr. [1] **1.** Donner du lustre à rendre brillant. *Lustrer un meuble.* ▷ TECH Traiter avec un lustre. *Lustrer des peaux.* **2.** *Lustrer un vêtement,* lui donner le lustre du frottement, de l'usure. – De *lustre* 2.

lustrerie [lystʀəʀi] n. f. Industrie, commerce des lustres d'éclairage. – De *lustre* 2.

lustrine [lystʀin] n. f. Tissu de coton très apprêté et lustré. *Des manchettes de lustrine.* – De *lustre* 2, et *-ine.*

lut [lyt] n. m. TECH Pâte (argile, cire, mastic, etc.) utilisée pour boucher hermétiquement un récipient, un four, etc., ou pour protéger un objet de l'action directe du feu. – Lat. *lutum*, «boue, terre de potier».

lutage [lytaʒ] n. m. TECH Action de luter. – De *luter.*

lutécium. V. lutétium.

lutéine [lytein] n. f. **1.** BIOL Syn. de *progestérone.* **2.** CHIM Pigment jaune présent dans le pollen, le jaune d'œuf, etc. – Du lat. *luteus*, «jaune», et *-ine.*

lutéinisant, ante [lyteinizɑ̃, ɑ̃t] adj. BIOL *Hormone lutéinisante* ou *lutéostimuline:* gonadostimuline hypophysaire qui stimule la sécrétion de la progestérone chez la femme et des androgènes testiculaires chez l'homme. – De *lutéine.*

lutéinisation [lyteinizasjɔ̃] n. f. BIOL Transformation du follicule ovarien arrivé à maturité, en corps jaune sécréteur. – De *lutéine.*

luter [lyte] v. tr. [1] TECH Boucher, protéger avec un lut. – De *lut.*

lutétium [lytesjɔm] n. m. CHIM Élément métallique de numéro atomique Z = 71, de masse atomique 175 (symbole Lu), qui fait partie du groupe des terres rares. (On écrivait naguère *lutécium.*) – De *Lutèce*, lat. *Lutetia*, anc. n. de Paris.

luth (lyt] n. m. **1.** Instrument de musique à cordes pincées, à caisse bombée, dont le chevillier forme un angle droit avec le manche. ▷ Litt. Le *luth* en tant que symbole du don poétique de la poésie. *«Et mon luth constellé porte le Soleil noir de la Mélancolie»* (Nerval). **2.** *Tortue-luth:* tortue marine à carapace molle (genre *Dermochelys*, sous-ordre des athèques), qui peut atteindre 2,50 m de longueur pour un poids de 550 kg. – De l'ar. *al'ūd;* anc. provenç. *laüt.*

luthéranisme [lyteʀanism] n. m. Didac. Doctrine religieuse de Luther; protestantisme luthérien. – De *luthérien.*

lutherie [lytʀi] n. f. **1.** Fabrication des instruments de musique à cordes pincées et frottées (instruments de la famille du luth et instruments de la famille du violon). **2.** Profession, commerce du luthier. – De *luthier.*

luthérien, ienne [lyteʀjɛ̃, jɛn] adj. Conforme ou relatif à la doctrine de Luther. – Subst. Adepte de cette doctrine. – Du n. du théologien et réformateur all. *Luther* (1483-1546), fondateur du protestantisme.

ENCYCL L'unité doctrinale des luthériens, qui reconnaissent la Bible comme l'unique autorité en matière de foi, repose sur *le Grand Catéchisme, le Petit Catéchisme* de Luther (1529), *la Confession d'Augsbourg* (publiée par Melanchthon en 1530 avec l'approbation de Luther), *les Articles de Smalkalde* (rédigés par Luther, 1537) et la *Formule de Concorde* de 1580. La pierre angulaire de la croyance luthérienne est la conviction que seule la foi confiante en l'infinie bonté de Dieu sauve le fidèle. L'affirmation du salut par la foi seule, don absolument gratuit de Dieu, menait au dogme de la prédestination, notion radicalement étrangère à l'esprit de l'humanisme. Les deux sacrements essentiels à la vie du chrétien sont le baptême et l'eucharistie (le luthéranisme, contrairement au calvinisme, professe la consubstantiation). L'organisation des Églises luthériennes diffère selon les pays où elles sont implantées: Allemagne, pays scandinaves, É.-U., France (où les deux Églises luthériennes, qui rassemblent 300 000 fidèles, font partie de la Fédération des Églises protestantes). On compte auj. env. 100 millions de luthériens dans le monde.

luthier, ière [lytje, jɛʀ] n. Fabricant ou marchand d'instruments de musique à cordes. – De *luth.*

luthiste [lytist] n. Instrumentiste qui joue du luth. – De *luth.*

lutin [lytɛ̃] n. et adj. **I.** n. m. **1.** Petit démon familier d'esprit malicieux ou taquin. **2.** Fig. Enfant vif, espiègle. **II.** adj. Vx *Lutin, lutine:* de nature, d'humeur ou d'expression taquine, espiègle. *Visage lutin.* – Du lat. *Neptunus*, «Neptune», dont le nom figure dans une liste de démons du VIIe s., et qui a donné *netun*, puis *nuiton, luiton*, et *luton*, sous l'infl. de l'anc. v. *luitier*, «lutter».

lutiner [lytine] v. tr. [1] **1.** Vx Taquiner à la manière d'un lutin. **2.** Mod. Harceler de familiarités galantes. *Lutiner une femme.* – De *lutin.*

lutrin [lytʀɛ̃] n. m. LITURG **1.** Pupitre sur lequel on pose les livres dont on se sert pour chanter l'office, dans une église. ▷ Pupitre sur pied, support oblique sur lequel on pose un livre encombrant et lourd pour le consulter commodément. **2.** Ensemble de ceux qui chantent au lutrin; l'endroit du chœur où ils se tiennent. – Du lat. pop. *lectrinum* ou *lectorinum*, bas lat. *lectrum* et *lectorium*, «pupitre», du rad. de *legere*, «lire».

lutte [lyt] n. f. **1.** Combat de deux adversaires qui se prennent corps à corps. ▷Sport de combat opposant deux adversaires dont chacun doit s'efforcer d'immobiliser l'autre au sol. *Lutte gréco-romaine*, dans laquelle ne sont autorisées que certaines prises entre la ceinture et la tête. *Lutte libre*, qui comporte un plus grand nombre de prises (notam. aux jambes). **2.** (Entre deux ou plusieurs adversaires.) Rixe ou combat armé. *Lutte au couteau. Luttes sanglantes.* ▷Fig. Opposition ou conflit d'idées, d'intérêts, de pouvoir. *Luttes politiques. Lutte d'influence.* **3.** Action contre une force, un phénomène, un événement, nuisible ou hostile. *Lutte contre le cancer. Lutte antipollution.* ▷*Lutte biologique:* méthode de destruction des animaux nuisibles (insectes, notam.) par leurs prédateurs. **4.** Conflit entre deux forces matérielles ou morales. *Lutte des éléments. Lutte du droit et du devoir.* **5.** loc. adv. *De haute, de vive lutte:* par de grands efforts, par l'engagement de toute sa force ou sa volonté. – Déverbal de *lutter.*

lutter [lyte] v. intr. [1] **1.** Combattre corps à corps. **2.** Se battre. *Lutter contre un ennemi.* **3.** Rivaliser. *Lutter d'adresse.* **4.** Fig. Être en lutte. *Lutter contre le* *vent. Lutter pour la réussite.* – Du lat. *luctare,* var. de *luctari,* «combattre».

lutteur, euse [lytœʀ, øz] n. **1.** Athlète qui pratique la lutte. **2.** Fig. Personne que sa nature énergique incite à lutter contre l'adversité, quelles que soient les circonstances. – De *lutter.*

lux [lyks] n. m. PHYS Unité d'éclairement lumineux, de symbole lx. (C'est l'éclairement d'une surface qui reçoit un flux lumineux de 1 lumen par mètre carré.) – Mot lat., «lumière».

luxation [lyksasjõ] n. f. MED Déplacement des surfaces articulaires des os, dû le plus souvent à un choc. *Luxation du coude.* – Bas lat. *luxatio.*

luxe [lyks] n. m. **1.** Magnificence, éclat déployé dans les biens, la parure, le mode de vie dispendieux; abondance de choses somptueuses. *Vivre dans le luxe.* **2.** Qualité de ce qui est recherché, somptueux. *Le luxe d'une décoration. Vêtements, produits de luxe.* **3.** Bien, plaisir coûteux et superflu. *Elle va de temps en temps au théâtre, c'est son seul luxe.* – Fig. *Pour des miséreux, de tels scrupules sont un luxe.* – *Ce n'est pas un luxe:* c'est vraiment utile, nécessaire. *Je vais faire peinturer mon appartement, ce ne sera pas un luxe.* – *Se payer, s'offrir le luxe de* (+ inf.): se permettre de (faire qqch de difficile, d'agréable, de remarquable, etc.). **4.** *Un luxe, un grand luxe de:* une grande quantité, une profusion de. *Décrire avec un luxe de précisions.* – Lat. *luxus,* «excès, faste».

luxembourgeois, oise [lyksãbuʀʒwa, waz] adj. et n. – Relatif au grand duché du Luxembourg. ▷ Subst. *Un Luxembourgeois, une Luxembourgeoise.* – De *Luxembourg,* État d'Europe occid.

luxer [lykse] v. tr. [1] Provoquer la luxation de (une articulation). ▷ v. pron. *Se luxer le genou.* – Lat. *luxare,* «déboîter, démettre».

luxmètre [lyksmɛtʀ] n. m. PHYS Appareil servant à mesurer l'éclairement. – De *lux,* et *-mètre.*

luxueusement [lyksɥøzmã] adv. D'une manière luxueuse. – De *luxueux.*

luxueux, euse [lyksɥø, øz] adj. Caractérisé par le luxe. *Installation luxueuse.* – De *luxe.*

luxure [lyksyʀ] n. f. Litt. Pratique immodérée des plaisirs sexuels. – Lat. *luxuria.*

luxuriance [lyksyʀjãs] n. f. Caractère de ce qui est luxuriant. – De *luxuriant.*

luxuriant, iante [lyksyʀjã, jãt] adj. **1.** Qui pousse avec abondance, en parlant de la végétation. **2.** Fig. Caractérisé par l'abondance, l'exubérance. *Un style luxuriant.* – Lat. *luxurians,* ppr. de *luxuriare,* «être surabondant, s'adonner aux excès».

luxurieux, ieuse [lyksyʀjø, jøz] adj. Rare **1.** Qui s'adonne à la luxure. **2.** Qui dénote la luxure. *Propos luxurieux.* – Lat. *luxuriosus.*

luzerne [lyzɛʀn] n. f. Plante fourragère (genre *Medicago,* fam. papilionacées) à feuilles trifoliées et à fleurs violettes. *La luzerne enrichit le sol en matières organiques azotées grâce à la présence, dans ses racines, de bactéries fixant l'azote atmosphérique.* – Anc. provenç. *luzerna,* «lampe», provenç. *luzerno,* «ver luisant», à cause du brillant des graines.

luzernière [lyzɛʀnjɛʀ] n. f. Champ de luzerne. – De *luzerne.*

luzin. V. lusin.

luzule [lyzyl] n. f. BOT Plante voisine du jonc (genre *Luzula,* fam. juncacées) utilisée comme fourrage et comme plante de soutien des terrains en pente. – Lat bot. *luzula,* de l'ital. *luzziola, (erba) lucciola,* du rad. *luce,* «lumière».

Lw CHIM Symbole du lawrencium.

lx PHYS Symbole du lux, unité d'éclairement.

lyc(o)-. Élément, du gr. *lukos,* «loup».

lycanthrope [likãtʀɔp] n. MED ou litt. Personne atteinte de lycanthropie. – Gr. *lukanthrôpos,* «homme loup».

lycanthropie [likãtʀɔpi] n. f. MED ou litt. Monomanie dans laquelle le malade se croit changé en loup. – Du préc.

lycaon [likaõ] n. m. ZOOL Mammifère canidé (genre *Lycaon)* d'Afrique, au pelage fauve bigarré de noir et de blanc. – Lat. *lycaon,* «loup d'Éthiopie».

lycée [lise] n. m. **1.** ANTIQ *Le Lycée:* nom du gymnase situé à l'extérieur d'Athènes, où Aristote enseignait la philosophie. – Nom donné à l'école philosophique qu'Aristote fonda dans ce quartier v. 335 av. J.-C. et que l'on connaît également sous le nom d'école *péripatéticienne.* **2.** En France, établissement public d'enseignement du second degré classique, moderne et technique ayant actuellement pour vocation de prolonger la formation secondaire des collèges en préparant au baccalauréat français. *Lycée d'enseignement professionnel,* préparant au brevet de technicien. – Lat. *lyceum,* gr. *Lukeion.*

lycéen, éenne [liseɛ̃, eɛn] n. En France, élève d'un lycée. – Du préc.

lychnis [liknis] n. m. BOT Plante herbacée (fam. caryophyllacées) dont plusieurs variétés (notam. le lychnis fleurs de coucou, aux fleurs rose foncé) sont cultivées comme plantes ornementales. – Mot lat.

lycope [likɔp] n. m. BOT Plante (genre *Lycopus,* fam. labiées), courante dans les lieux humides. – Lat. bot. *lycopus.*

lycoperdon [likɔpɛʀdõ] n. m. BOT Champignon gastéromycète en forme d'outre, appelé cour. *vesse-de-loup.* – Lat. bot. trad. de *vesse-de-loup,* du gr. *lukos,* «loup», et *perdesthai,* «péter».

lycopode [likɔpɔd] n. m. BOT Plante de l'ordre des lycopodiales (genre *Lycopodium*), ressemblant à de grandes mousses. – *Poudre de lycopode:* poudre jaune pâle formée par les spores de cette plante, utilisée en pharmacie et en pyrotechnie. – Lat. bot. *lycopodium,* trad. de *pied-de-loup,* du gr. *lukos,* «loup», et *pous, podos,* «pied».

lycopodiales [likɔpɔdjal] n. f. pl. BOT Ordre de cryptogames vasculaires comportant des représentants actuels herbacés (lycopode, sélaginelle) et de nombreuses formes fossiles arborescentes. – De *lycopode.*

lycopodinées [likɔpɔdine] n. f. pl. BOT Une des grandes divisions des cryptogames vasculaires, comprenant notam. les lycopodiales. – De *lycopode.*

lycose [likoz] n. f. ZOOL Araignée (genre *Lycosa)* qui attrape ses proies à la course et creuse des terriers. *La tarentule est une lycose.* – Lat. zool. *lycosa,* lat. *lycos,* gr. *lukos* «araignée-loup».

lyddite [lidit] n. f. HIST Explosif à base d'acide picrique utilisé pendant la Première Guerre mondiale. – Mot angl., de *Lydd,* ville du Kent, où l'explosif fut d'abord fabriqué.

lydien, ienne [lidjɛ̃, jɛn] adj. (et n. m.) De la Lydie. ▷ MUS *Le mode lydien,* ou, n. m., *le lydien:* le premier des modes moyens chez les anciens Grecs. – De *Lydie,* n. de l'anc. prov. (grecque) d'Asie Mineure.

lydienne [lidjɛn] ou **lydite** [lidit] n. f. MINER Radiolarite noire à grains très fins.

lymphadénome [lɛ̃fadenom] n. m. MED Tumeur composée de tissu lymphoïde. – De *lymphe,* et *adénome.*

lymphangiome [lɛ̃fãʒjom] n. m. MED Malformation congénitale caractérisée par une prolifération des vaisseaux lymphatiques de localisations diverses. – De *lymphe*, et *angiome*.

lymphangite [lɛ̃fɑ̃ʒit] n. f. MED Inflammation aiguë ou chronique des vaisseaux lymphatiques. – Du rad. de *lymphe*, du gr. *aggeion*, «vaisseau», et de *-ite* 1.

lymphatique [lɛ̃fatik] adj. et n. **1.** ANAT De la lymphe, qui a rapport à la lymphe. *Ganglion lymphatique.* ▷ N. m. *Un lymphatique :* un vaisseau lymphatique. **2.** Qui a les caractères du lymphatisme. *Un tempérament lymphatique* ▷ Subst. *Un, une lymphatique:* une personne lymphatique. – Lat. *lymphaticus*, repris du lat. médiév., «relatif à l'eau».

ENCYCL Le système lymphatique comprend: **1.** les *vaisseaux lymphatiques*, dont la structure est analogue à celle des veines et qui apportent la lymphe à la veine sous-clavière gauche par le *canal thoracique* et à la veine sous-clavière droite par la *veine lymphatique*; **2.** les *ganglions lymphatiques*, petits renflements échelonnés le long des vaisseaux lymphatiques, qui enrichissent la lymphe en lymphocytes; **3.** les *vaisseaux chylifères*, qui déversent dans la lymphe certains produits de la digestion intestinale. Les vertébrés inférieurs ne possèdent pas de système lymphatique autonome. Les ganglions lymphatiques se palpent au cou, à l'aisselle, à l'aine. Toute modification de leur volume ou de leur consistance, douloureuse ou non, est le signe d'une affection, bénigne ou grave.

lymphatisme [lɛ̃fatism] n. m. **1.** MED État de déficience que l'on observe plus souvent chez l'enfant, caractérisé par l'augmentation du volume des organes lymphoïdes, la pâleur et l'infiltration des tissus. **2.** Cour. État d'une personne lente et apathique. – De *lymphatique*.

lymphe [lɛ̃f] n. f. BIOL Liquide clair, blanchâtre, riche en protéines et en lymphocytes, qui circule dans les vaisseaux lymphatiques. – Lat. scientif. *lympha*, spécialisation du lat. *lympha*, «eau».

ENCYCL La lymphe est un exsudat du plasma sanguin qui constitue le milieu intérieur nourricier des cellules (lymphe interstitielle) et que canalisent les vaisseaux lymphatiques (lymphe vasculaire). Elle contient 95 % d'eau et, dans des proportions différentes, les mêmes constituants que le plasma. Riche en *lymphocytes*, elle joue un rôle important dans les processus d'immunité et de défense de l'organisme.

lymphoblaste [lɛ̃fɔblast] n. m. BIOL Cellule jeune normale dont on a longtemps considéré que dérivait le lymphocyte. *Certains auteurs considèrent le lymphoblaste comme identique au myéloblaste.* – De *lymphe*, et *-blaste*.

lymphoblastique [lɛ̃fɔblastik] adj. BIOL Qui a rapport au lymphoblaste. *Transformation lymphoblastique.* – Du préc.

lymphocytaire [lɛ̃fɔsitɛʀ] adj. BIOL, MED Relatif aux lymphocytes. *Série lymphocytaire.* – De *lymphocyte*.

lymphocyte [lɛ̃fɔsit] n. m. BIOL Cellule sanguine mononucléaire appartenant à la lignée blanche, présente dans le sang, la moelle osseuse, les ganglions, la lymphe. *Lymphocytes B:* agents de l'immunité humorale, sécréteurs des immunoglobulines (cf. anticorps). *Lymphocytes T:* supports de l'immunité cellulaire et régulateurs des sécrétions humorales dues aux lymphocytes B. – De *lymphe*, et *-cyte*.

lymphocytopoïèse. V. lymphopoïèse.

lymphocytose [lɛ̃fɔsitoz] n. f. MED Augmentation du nombre de lymphocytes dans le sang ou dans la moelle osseuse. – De *lymphocyte* et *-ose* 2.

lymphogranulomatose [lɛ̃fɔgʀanylomatoz] n. f. MED Atteinte inflammatoire des ganglions lymphatiques. ▷ *Lymphogranulomatose maligne:* maladie d'Hodgkin. – De *lymphe, granulome*, et *-ose* 2.

lymphographie [lɛ̃fɔgʀafi] n. f. MED Examen radiologique des vaisseaux et des ganglions lymphatiques après opacification par un produit de contraste. – De *lymphe*, et *-graphie*.

lymphoïde [lɛ̃fɔid] adj. BIOL *Tissu, système lymphoïde:* ensemble constitué par les lymphocytes et les *organes lymphoïdes* (thymus, moelle osseuse, ganglions lymphatiques, amygdales, etc.) et dont dépendent les réactions d'immunité spécifique de l'organisme. – De *lymphe*, et *-oïde*.

lymphome [lɛ̃fom] n. m. MED Terme générique pour désigner les proliférations malignes de certains éléments hématologiques. – De *lymphe*, et *-ome*.

lymphopathie [lɛ̃fɔpati] n. f. MED Affection du système lymphatique. – De *lymphe*, et *-pathie*.

lymphopénie [lɛ̃fɔpeni] n. f. MED Diminution du nombre des lymphocytes. – De *lymphe*, et gr. *penia*, «pauvreté».

lymphopoïèse [lɛ̃fɔpɔjɛz] ou **lymphocytopoïèse** [lɛ̃fɔsitopɔjɛz] n. f. BIOL Formation des lymphocytes (dans la moelle et le tissu lymphatique). – De *lymphe*, ou *lymphocyte*, et gr. *poiêsis*, «création».

lymphoréticulose [lɛ̃fɔʀetikyloz] n. f. MED *Lymphoréticulose bénigne d'inoculation* ou *maladie des griffes du chat:* maladie infectieuse accidentelle, vraisemblablement virale, consécutive à une griffure de chat et caractérisée par un gonflement douloureux et une tendance à la suppuration des ganglions correspondant au membre infecté. – De *lymphe, réticulé*, et *-ose* 2.

lymphosarcome [lɛ̃fɔsaʀkom] n. m. MED Lymphadénome malin qui se développe dans les organes lymphoïdes et prolifère en métastases. – De *lymphe*, et *sarcome*.

lynchage (lɛ̃ʃaʒ] n. m. Action de lyncher. – De *lyncher*.

lyncher [lɛ̃ʃe] v. tr. [1] **1.** Exécuter, sans jugement préalable ou après un jugement extrêmement sommaire, une personne présumée coupable. **2.** Faire subir à (qqn) des brutalités pouvant entraîner la mort (en parlant d'une foule). *Il a été lynché par la foule en colère.* – De l'anglo-amér. *to lynch*, de *Lynch law*, «loi de Lynch», procédé de justice sommaire attribué à un fermier de Virginie nommé Ch. *Lynch* qui s'érigea en justicier en dehors de la légalité.

lyncheur, euse [lɛ̃ʃœʀ, øz] n. Personne qui participe à un lynchage. – De *lyncher*.

lynx [lɛ̃ks] n. m. Mammifère carnivore félidé de taille moyenne. – Loc. *Avoir des yeux de lynx:* avoir la vue très perçante. – Mot lat., du gr. *lugx*.

lyo-. Élément, du gr. *luein*, «*dissoudre*».

lyodessiccation [ljɔdesikasjɔ̃] n. f. Syn. de *lyophilisation*. – De *lyo-*, et *dessiccation*.

lyonnais, aise [ljɔnɛ, ɛz] adj. et n. De Lyon. ▷ loc. CUIS *À la lyonnaise*, avec une sauce à base d'oignons. – Du n. de la v. de *Lyon* (France).

lyophile [ljɔfil] adj. CHIM Qualifie une substance soluble dans le milieu dans lequel elle a été déposée. – De *lyo-*, et *-phile*.

lyophilie [ljɔfili] n. f. CHIM Propriété qu'a un corps de se disperser en présence d'un liquide pour former une émulsion. – De *lyophile*.

lyophilisateur [ljɔfilizatœʀ] n. m. TECH Appareil servant à la lyophilisation. – De *lyophiliser*.

lyophilisation [ljɔfilizasjɔ̃] n. f. TECH Procédé de dessiccation par congélation brutale (entre – 40 °C et – 80 °C) puis sublimation sous vide. *La lyophilisation est utilisée comme procédé de conservation dans l'industrie pharmaceutique et l'industrie alimentaire.* Syn. lyodessiccation. – De *lyophiliser*.

mâche [maʃ] n. f. Nom cour. de diverses valérianelles que l'on consomme en salade. *La doucette (Valerianella olitoria) est une variété de mâche.* – Moyen fr. *pomache*, p.-ê. du lat. pop. *pomasca*, du lat. class. *pomum*, «arbre».

mâchefer [maʃfɛʀ] n. m. Scorie provenant de la combustion de certains charbons. *Le mâchefer est utilisé pour stabiliser les sols.* – De *mâcher*, au sens d'«écraser», et *fer*.

mâcher [maʃe] v. tr. [1] **1.** Broyer avec les dents. *Mâcher les aliments avant de les avaler.* **2.** Triturer dans la bouche. *Mâcher de la gomme.* **3.** loc. fig. *Mâcher la besogne à qqn*, la lui préparer de façon qu'il puisse l'achever sans peine. – *Ne pas mâcher ses mots:* dire sans ménagements ce que l'on pense. **4.** TECH Couper en déchirant, en arrachant. *Le ciseau mâche le bois.* – Lat. imp. *masticare*.

machette [maʃɛt] n. f. Sabre d'abattage, en Amérique du S. – Esp. *machete*.

mâcheur, euse [maʃœʀ, øz] n. Personne qui a pour habitude de mâcher (qqch). *Les mâcheurs de kola.* – De *mâcher*.

machiavel [makjavɛl] n. m. Personne peu soucieuse de moralité quant aux moyens qu'elle utilise pour atteindre son but. – Du n. de *Machiavel* (Niccolo Machiavelli), homme polit. et écrivain ital. (1469-1527).

machiavélique [makjavelik] adj. Péjor. Digne d'un machiavel; dont l'habileté perfide est celle d'un machiavel. *Politicien machiavélique.* – Par ext. *Ruse machiavélique.* – Du n. de *Machiavel* (cf. ci-dessus).

machiavélisme [makjavelism] n. m. **1.** Doctrine politique de Machiavel. **2.** Péjor. Attitude d'une personne machiavélique. – Du n. de *Machiavel* (cf. ci-dessus).

mâchicoulis [maʃikuli] n. m. Encorbellement placé en haut d'un ouvrage fortifié et percé d'ouvertures par lesquelles on laissait tomber sur l'adversaire des pierres ou des projectiles enflammés. ▷ Les ouvertures elles-mêmes. – P.-ê. de *mâcher*, au sens d'«écraser», et *col*, «cou», car les projectiles permettaient d'écraser le cou des assaillants.

-machie. Élément, du gr. *makhê*, «combat».

machin, ine [maʃɛ̃, in] n. (Empl. surtout au masc.) Mot employé pour remplacer un nom de personne ou de chose, que l'on ne connaît pas, qui échappe ou que l'on ne veut pas prononcer. Cf. *truc, chose.* – De *machine*.

machinal, ale, aux [maʃinal, o] adj. Fait sans intention consciente. *Gestes machinaux.* – De *machine*.

machinalement [maʃinalmɑ̃] adv. De manière machinale. – Du préc.

machination [maʃinasjɔ̃] n. f. Intrigue ourdie secrètement dans le dessein de nuire. – Lat. *machinatio*.

machine [maʃin] n. f. **I. 1.** Agencement plus ou moins complexe d'éléments, qui utilise une énergie pour la transformer en une autre, qui accomplit des tâches que l'homme ne pourrait pas accomplir par lui-même, ou qui rend ces tâches plus faciles. *Machine à calculer, à écrire.* – *Machine à laver, à coudre.* – *Machine agricole.* – *Machine à bois*, qui sert au travail du bois (dégauchisseuse, toupilleuse, etc. V. machine-outil). ▷ *Machine électrique*, qui fonctionne à l'électricité ou qui sert à en produire. – *Machine à vapeur*, dans laquelle l'expansion de la vapeur d'eau produit la force motrice. **2.** MAR Élément moteur de l'appareil propulsif d'un navire. *La salle des machines.* ▷ *Par ext.* L'appareil propulsif lui-même. **3.** Véhicule. *Motocycliste dont la machine est en panne.* ▷ CH de F Locomotive. **4.** HIST *Machine de guerre:* engin utilisé pour l'attaque ou la défense des places fortes (catapulte, baliste, bélier, etc.). ▷ Vieilli *Machine infernale:* engin combinant des armes et des explosifs. **5.** THEAT Ensemble des mécanismes utilisés pour changer les décors, pour produire des effets spéciaux, etc. **II.** Fig. **1.** Être vivant qui agit de façon purement mécanique, sans intervention d'un principe irréductible aux lois de la mécanique. *Selon Descartes, les animaux sont de simples machines.* ▷ Péjor. *Il n'est qu'une machine à débiter des sornettes.* **2.** Ensemble organisé qui fonctionne comme un mécanisme. *La machine bureaucratique.* – Lat. *machina*, «invention, engin», du gr. *makhana*.

machine-outil [maʃinuti] n. f. Machine servant à façonner un matériau, à modifier la forme ou les dimensions d'une pièce, par la mise en mouvement d'un ou plusieurs outils (presses, emboutisseuses, raboteuses, tours, fraiseuses, perceuses, etc.). *Des machines-outils.* – De *machine*, et *outil*.

machiner [maʃine] v. tr. [1] Vieilli Préparer par une machination. *Machiner une trahison.* – Lat. *machinari*.

machinerie [maʃinʀi] n. f. Ensemble de machines. – *Par ext.* Local où sont regroupées les machines. *Machinerie d'ascenseur de navire.* – De *machine*.

machine-transfert [maʃintʀɑ̃sfɛʀ] n. f. TECH Ensemble de machines-outils dans lequel les pièces à usiner passent automatiquement d'un poste de travail au suivant. *Des machines-transferts.* – De *machine*, et *transfert*.

machinisme [maʃinism] n. m. Généralisation de l'emploi de machines en remplacement de la main-d'œuvre. – De *machine*.

machiniste [maʃinist] n. **1.** Conducteur de machines. ▷ *Spécial.* Conducteur d'un véhicule de transports en commun (tramway, autobus, etc.). **2.** Personne chargée de la manœuvre des décors dans un théâtre, dans un studio de cinéma, de télévision. – De *machine*.

machisme [maʃism] n. m. Comportement, idéologie du macho. – De l'esp. du Mexique *machismo*, de *macho**.

machmètre [makmɛtʀ] n. m. AVIAT Instrument qui sert à mesurer la vitesse des avions supersoniques en indiquant le nombre de mach. – De *mach*, et *-mètre*.

macho [matʃo] n. m. Fam. péjor. Homme qui affecte les dehors de la virilité brutale, qui affiche une attitude de supériorité à l'égard des femmes. ▷ Adj. *Il est macho.* – Mot esp., du lat. *masculus*, «mâle».

mâchoire [maʃwaʀ] n. f. **1.** Chacune des deux pièces osseuses dans lesquelles les dents sont implantées, chez l'homme et la plupart des vertébrés. *Mâchoire supérieure, inférieure.* ▷ Cour. La mâchoire inférieure. *Bâiller à se décrocher la mâchoire.* **2.** Nom cour. de diverses pièces de l'appareil buccal de certains invertébrés (crabes, par ex.). **3.** TECH Pièces jumelées que l'on rapproche, pour assujettir un objet. *Mâchoires d'un étau, d'une pince.* ▷ *Mâchoire de frein:* pièce métallique d'un frein à tambour, qui porte la garniture. – De *mâcher*.

mâchonnement [maʃɔnmɑ̃] n. m. Action de mâchonner. ▷ MED Mouvement incessant des mâchoires observé au cours de certaines affections cérébrales. – De *mâchonner*.

mâchonner [maʃɔne] v. tr. [1] **1.** Mâcher (un aliment) avec difficulté ou négligence. **2.** Mordiller (qqch. que l'on n'avale pas). *Promeneur qui mâchonne un brin d'herbe.* **3.** Fig. Articuler de façon peu distincte. *Mâchonner ses mots.* – De *mâcher*.

mâchouiller [maʃuje] v. tr. Fam. [1] Mâchonner (sens 1 et 2.). – Mot dial.; de *mâcher*.

mâchure [maʃyʀ] n. f. TECH Partie mâchurée d'un objet, d'une pièce. ▷ *Mâchures de velours:* parties où le poil a été écrasé. – De *mâcher.*

1. mâchurer [maʃyʀe] v. tr. [1] Barbouiller, maculer de noir. – P.-ê. du lat. pop. **mascarare,* «noircir avec la suie», du bas lat. *masca,* «sorcière».

2. mâchurer [maʃyʀe] v. tr. [1] TECH Écraser par une pression exagérée. – De *mâchure.*

macis [masi] n. m. Arille* de la noix de muscade, employé comme condiment. – Mot lat., altér. de *macir,* «écorce aromatique».

1. macle [makl] n. f. PETROG Assemblage selon une figure régulière de deux ou plusieurs cristaux de même nature orientés différemment. – Du frq. **maskila,* de **maska,* «maille».

2. macle. V. macre.

maclé, ée [makle] adj. PETROG Se dit de cristaux formant des macles. – De *macle* 1.

mâcon [makõ] n. m. Vin blanc ou rouge de la région de Mâcon (sud-est de la France). – Du n. de la v. de *Mâcon.*

maçon, onne [masõ, ɔn] n. et adj. **I.** n. m. **1.** Ouvrier spécialisé dans les travaux de maçonnerie. **2.** Abrév. pour *franc-maçon.* **II.** adj. ZOOL Se dit de certains animaux bâtisseurs. *Guêpe maçonne.* (Rem.: Comme forme féminine du substantif, l'OLF recommande *maçonne.*) – Bas lat. *machio,* frq. **makjo,* de **makôn,* «préparer l'argile», «faire».

maçonnage [masɔnaʒ] n. m. Action de maçonner; ouvrage du maçon. – De *maçonner.*

maçonner [masɔne] v. tr. [1] **1.** Réaliser (un ouvrage, un élément de construction) avec des pierres, des briques, des parpaings, etc. *Maçonner des fondations.* **2.** Obturer (une ouverture) au moyen d'une maçonnerie. *Maçonner une fenêtre.* **3.** Revêtir d'une maçonnerie. *Maçonner un puits.* – De *maçon.*

maçonnerie [masɔnʀi] n. f. **1.** Ouvrage en pierres, briques, moellons, agglomérés, etc., employés à sec ou liés au moyen de plâtre ou de ciment. ▷ *Petite maçonnerie:* travaux de revêtement comprenant la pose des enduits, du carrelage, etc. **2.** Corps de métier du bâtiment spécialisé dans le gros œuvre. *Entreprise de maçonnerie.* **3.** Franc-maçonnerie. – De *maçon.*

maçonnique [masɔnik] adj. Qui appartient à la franc-maçonnerie. *Loge maçonnique.* – De *(franc-) maçon.*

macr(o)-. Élément, du gr. *makros,* «long, grand».

macramé [makʀame] n. m. Ouvrage fait de cordelettes entrelacées et nouées qui forment des motifs décoratifs. – Mot ar., «nœud».

macre [makʀ] ou **macle** [makl] n. f. BOT Plante (genre *Tropa,* fam. œnothéracées) des eaux claires et stagnantes, à fleurs blanches, dont les fruits comestibles, appelés cour. *châtaignes d'eau,* portent quatre cornes épineuses. – Mot de l'ouest de la France; orig. incon.

macreuse [makʀøz] n. f. **1.** Canard marin (genre *Melanitta*) des régions nordiques. *On trouve trois espèces de macreuses en Amérique du Nord, dont la plus abondante est la macreuse à ailes blanches (Melanitta deglandi).* **2.** BOUCH (Coupe française) Morceau de viande maigre sur l'os à moelle de l'épaule du bœuf. – A. fr. *macrolle,* du frison *markol,* ou du néerl. *meerkol.*

macrobiotique [makʀobjɔtik] adj. et n. f. Se dit d'un régime alimentaire inspiré des traditions philosophico-religieuses d'Extrême-Orient, qui vise à reproduire dans la nourriture l'équilibre des deux principes fondamentaux constitutifs de l'univers, le yin et le yang. *Le régime macrobiotique, qui accorde une place prépondérante aux céréales et aux légumes, exclut la viande, mais autorise le poisson, les œufs, le lait.* – N. f. *La macrobiotique.* – De *macro-,* et gr. *bios,* «vie»; «hygiène assurant la longévité»; repris de l'expression *zen macrobiotique.*

macrocéphale [makʀosefal] adj. Qui a une grosse tête. – Gr. *makrokephalos.*

macrocosme [makʀokɔsm] n. m. PHILO L'Univers (par oppos. au microcosme que représente l'être humain). – De *macro-,* et *-cosme,* d'ap. *microcosme.*

macrocystis [makʀosistis] n. m. BOT Algue géante brune (genre *Macrocystis*), voisine des laminaires, qui forme d'immenses forêts sous-marines. – De *macro-,* et du gr. *kustis,* «vessie, vésicule».

macrocyte [makʀosit] n. m. MED Hématie aux dimensions anormalement grandes. – De *macro-,* et *-cyte.*

macroéconomie [makʀoekɔnɔmi] n. f. ECON Partie de l'économie qui considère uniquement les grandes composantes de la vie économique sans tenir compte des comportements individuels. Ant. microéconomie. – De *macro-,* et *économie.*

macroéconomique [makʀoekɔnɔmik] adj. Relatif à la macroéconomie. – Du préc.

macroélément [makʀoelemɑ̃] n. m. BIOL Élément de structure, qui entre pour une proportion importante dans la composition de la matière vivante, par oppos. à oligo-élément. – De *macro-,* et *élément.*

macrographie [makʀogʀafi] n. f. METALL Étude de la structure macroscopique des métaux. – De *macro-,* et *-graphie.*

macrographique [makʀogʀafik] adj. Relatif à la macrographie. – Du préc.

macromoléculaire [makʀomɔlekylɛʀ] adj. Relatif aux macromolécules. – De *macromolécule.*

macromolécule [makʀomɔlekyl] n. f. CHIM et BIOCHIM Molécule géante obtenue par polymérisation de molécules simples identiques, appelées *monomères,* ou par polycondensation. – De *macro-,* et *molécule.*
ENCYCL Suivant les arrangements de leur structure, on distingue les macromolécules *linéaires* (fibres d'amiante, fibres textiles), *lamellaires* (graphite) et *tridimensionnelles* (diamant, silice). Il existe de nombreuses macromolécules naturelles, comme le caoutchouc et la cellulose. D'autres, plus complexes (protéines et acides nucléiques, par ex.), jouent un rôle biologique fondamental. La synthèse des macromolécules (polymérisation) est à la base de l'industrie des matières plastiques.

macronucleus [makʀonykleys] n. m. BIOL Élément constitutif, avec le micronucleus*, du noyau des infusoires. – De *macro-,* et lat. *nucleus,* «noyau».

macrophage [makʀofaʒ] n. m. BIOL Cellule dérivée des monocytes, présente dans le sang et les tissus, et ayant une fonction phagocytaire. – De *macro-,* et *-phage.*

macrophotographie [makʀofɔtɔgʀafi] n. f. Photographie des objets de petites dimensions, donnant une image plus grande que nature. – De *macro-,* et *photographie.*

macropode [makʀopɔd] adj. et n. **1.** adj. SC NAT Qui a de longs pieds, de longues nageoires ou de longs pédoncules. **2.** n. m. ZOOL Poisson tropical d'eau douce (genre *Macropodus*), vivement coloré, aux longues nageoires. *Le macropode mâle fabrique avec son mucus un nid flottant dans lequel il abrite la ponte de la femelle, qu'il surveille jusqu'à l'éclosion.* – De *macro-,* et *-pode.*

macropodidés [makʀopɔdide] n. m. pl. ZOOL Famille de marsupiaux comprenant les kangourous. – De *macro-, -pode,* et *-idés.*

macroscélide [makʀoselid] n. m. ZOOL Mammifère insectivore d'Afrique (genre *Macroscelides*), long d'une douzaine de cm, aux pattes postérieures et à la queue très développées, dont le museau ressemble à une trompe mobile. – Du gr. *makroskelês*, «aux longues jambes».

macroscopique [makʀoskɔpik] adj. Se dit des objets, des phénomènes qui peuvent être observés à l'œil nu (opposé à *microscopique*). ▷ Se dit des objets, des phénomènes à l'échelle humaine, tels qu'ils peuvent être perçus directement par les sens, par oppos. aux phénomènes à l'échelle moléculaire et atomique. – De *macro-*, et *-scope*.

macrospore [makʀospɔʀ] n. f. BOT Spore la plus grande, à potentialité femelle, dans le cas d'hétérosporie (production par la même plante de spores de types différents). – De *macro-*, et gr. *spora*, «semence».

macrostructure [makʀostʀyktyʀ] n. f. METALL Structure générale d'un échantillon observé par macrographie. – De *macro-*, et *structure*.

macroures [makʀuʀ] n. m. pl. ZOOL Sous-ordre de crustacés décapodes à l'abdomen allongé et très musculeux. *Les langoustes, les crevettes et les écrevisses sont des macroures.* – De *macr(o)-*, et gr. *oura*, «queue».

macula [makyla] n. f. ANAT Dépression située à la partie postérieure de la rétine, appelée aussi *tache jaune. La macula est le point de la rétine le plus sensible à la lumière.* – Mot lat., «tache».

maculage [makylaʒ] n. m. **1.** Action de maculer; son résultat. **2.** IMPRIM Taches dues au contact de feuilles fraîchement imprimées. – De *maculer*.

maculature [makylatyʀ] n. f. IMPRIM Feuille de papier tachée lors de son impression. ▷ Syn. de *macule* (feuille de protection). ▷ Papier d'emballage avec lequel on enveloppe les rames de papier. – De *maculer*.

macule [makyl] n. f. **1.** Litt. Tache, souillure. **2.** IMPRIM Tache d'encre. ▷ Feuille de protection que l'on intercale entre deux feuilles fraîchement imprimées. – Papier grossier servant à l'emballage. **3.** MED Tache rouge sur la peau. – Lat. *macula*, «tache».

maculer [makyle] v. tr. **1.** Tacher. *Maculer ses habits.* **2.** IMPRIM Tacher d'encre (des feuilles imprimées, des estampes). – Lat. *maculare*.

macumba [makumba] n. f. Culte proche du vaudou, pratiqué au Brésil. – Danse rituelle de ce culte. – Mot brésilien.

madame [madam], plur. **mesdames** [medam] n. f. (abrév. Mme, Mmes). **1.** Titre donné à une femme mariée. *«Madame Bovary», de Flaubert (1857). Au revoir madame.* ▷ Cour. Titre donné à toutes les femmes dès lors qu'elles ne sont plus des adolescentes. **2.** Titre donné à une femme remplissant certaines fonctions (même si elle n'est pas mariée). *Madame l'Inspectrice.* **3.** *Absol.* La maîtresse de maison. *Madame est servie.* **4.** Vx Titre donné aux femmes de la noblesse, mariées ou célibataires. ▷ Absol. *Madame:* la fille aînée du roi ou du dauphin; l'épouse de Monsieur, frère du roi. *«Madame se meurt, Madame est morte»* (Bossuet). **5.** Fam. Dame. *Faire la madame:* prendre de grands airs. Plur. *Les belles madames.* – De *ma*, adj. poss., et *dame*.

madapolam [madapɔlam] n. m. Toile de coton, plus lisse et plus forte que le calicot. – Du n. de *Madapolam*, v. de l'Inde.

madécasse [madekas] adj. et n. Vx De Madagascar. *«Chansons madécasses», de Maurice Ravel.* – Mot indigène.

made in... [medin] Anglicisme Expression inv. précédant le nom du pays où un produit a été fabriqué. *Made in France.* – Mots angl., «fabriqué en».

1. madeleine [madlɛn] n. f. Petit gâteau rond à pâte molle composé de farine, de sucre et d'œufs. – P.-ê. de *Madeleine* Paulmier, cuisinière.

2. madeleine [madlɛn] n. f. **1.** Loc. fam. *Pleurer comme une Madeleine:* pleurer abondamment. **2.** En France, nom donné à des variétés de fruits (prune, pomme, poire, pêche, raisin) qui mûrissent vers la Sainte-Madeleine (22 juillet). – Lat. *Magdalena*, «femme de Magdala», pécheresse célèbre de l'Évangile.

madelinien, ienne [madlinjɛ̃, jɛn] adj. Des îles de la Madeleine au Québec. *La splendeur des couchers de soleil madeliniens.* ▷ Comme subst. masc. *Madelinot*, fém. *Madelinienne:* habitant des îles de la Madeleine.

ENCYCL De multiples variantes ont pu être recueillies historiquement telles que *Madeleinien, Madelenien, Madelénien, Madelinais, Madelineur, Madelinien, Madelinois, Madelonien, Magdaléen, Magdalinéen*, phénomène qui s'explique à la fois par le caractère ancien de la dénomination et sa haute fréquence d'utilisation.

La forme féminine particulière, *Madelinienne*, courante depuis 1960, peut trouver sa justification dans la possibilité d'un rapprochement non souhaitable avec *linotte* que suggère *Madelinote*, relevée fréquemment entre 1850 et 1960. Tout récemment, une tentative pour substituer à *Madelinot* le gentilé *Madeleinien*, plus près formellement du nom de lieu, n'a connu qu'un succès limité.

madelonnette [madlɔnɛt] n. f. HIST Religieuse appartenant à un ordre qui s'attachait à la réhabilitation des filles publiques. – Dimin. de *Madeleine*.

mademoiselle [madmwazɛl], pl. **mesdemoiselles** [medmwazɛl] n. f. (abrév. Mlle, Mlles). **1.** Titre donné aux jeunes filles et aux femmes célibataires. *«Mademoiselle de Maupin», roman de Théophile Gautier (1835).* **2.** Vx Titre donné aux femmes mariées qui n'étaient pas d'un certain rang. *Mlle Molière.* **3.** Vx Titre de la fille aînée des frères et des oncles du roi. *La Grande Mademoiselle:* la duchesse de Montpensier. – De *ma*, adj. poss., et *demoiselle*.

madère [madɛʀ] n. m. Vin liquoreux de Madère. – De *Madère*, île portugaise de l'Atlantique.

madériser [madeʀize] v. tr. **1.** Donner à un vin le goût du madère. ▷ v. pr. *Vin qui se madérise*, qui, par oxydation prend le goût et la couleur du madère. – De *madère*.

madone [madɔn] n. f. **1.** La Vierge, en Italie. **2.** Représentation peinte ou sculptée de la Vierge. *Raphaël a laissé plus de quarante madones.* ▷ Fig. *Un visage de madone:* un visage d'une beauté très pure. – Ital. *madonna*, «madame», n. donné à la Vierge.

madrague [madʀag] n. f. PECHE Grande enceinte de filets tendue en cercle pour pêcher le thon, en Méditerranée. – Provenç. *madraga*, de l'ar. *medrab*, «grande tente».

madras [madʀɑs] n. m. **1.** Étoffe légère à chaîne de soie et trame de coton de couleurs vives, tissée d'abord à Madras. **2.** Coiffure faite avec cette étoffe, portée aux Antilles. – Du n. de *Madras*, v. de l'Inde où l'on fabriquait cette étoffe.

madré, ée [madʀe] adj. et n. Rusé, matois. ▷ Subst. *C'est un madré.* – De l'anc. n. *madre*, «excroissance rugueuse de l'érable», bois veiné utilisé au Moyen Âge, par compar. avec les nuances de ce bois.

madréporaires [madʀepɔʀɛʀ] n. m. pl. ZOOL Ordre de cnidaires hexacoralliaires le plus souvent coloniaux, dont les polypiers forment les récifs coralliens et les atolls. – De *madrépore*.

madrépore [madʀepɔʀ] n. m. ZOOL Animal cnidaire coralliaire, représentant le type principal des madréporaires*. – Ital. *madrepora*, de *madre*, «mère», et *poro*, «pore».

madréporien, enne [madʀepɔʀjɛ̃, ɛn] ou **madréporique** [madʀepɔʀik] adj. Constitué de madrépores. *Récifs madréporiques.* – De *madrépore.*

madrier [madʀije] n. m. Forte pièce de bois. *Un madrier de chêne.* – De l'anc. provenç. *madier*, «couvercle de pétrin», du lat. *materia*, «bois de construction».

madrigal, aux [madʀigal, o] n. m. **1.** MUS Pièce vocale polyphonique sur un sujet profane. *«Madrigaux guerriers et amoureux», de Monteverdi.* **2.** Petite pièce de vers exprimant des pensées galantes, de tendres sentiments. ▷ *Par ext.* Compliment galant et recherché. – Ital. *madrigale.*

madrilène [madʀilɛn] adj. et n. De Madrid, cap. de l'Espagne. – Esp. *madrileno.*

maelstrom [maɛlstʀɔm], **maelström** [maɛlstʀøm] ou **malstrom** [malstʀɔm] n. m. **1.** Violent tourbillon marin. **2** Fig. Tourbillon. *Il a été emporté dans le maelstrom de la Révolution.* – Mot néerl., de *malen*, «moudre, broyer», et *strom*, «courant», nom d'un tourbillon situé près des côtes de Norvège.

maërl [maɛʀl] ou **merl** [mɛʀl] n. m. GEOGR Dépôt littoral granuleux formé par les débris d'algues marines imprégnées de calcaire. *Le maërl est utilisé comme amendement calcique en Bretagne.* – Mot breton de l'a. fr. *marle*, var. de *marne.*

maestoso [maɛstozo] adv. MUS Avec un mouvement lent et majestueux. – Mot ital.

maestria [maɛstʀija] n. f. Grande habileté. *La maestria d'un artiste. Conduire une affaire avec maestria.* – Mot ital., «maîtrise», de *maestro* (V. ce nom).

maestro [maɛstʀo] n. m. Grand compositeur, chef d'orchestre réputé. *Des maestros.* – Mot ital., «maître».

maffia ou **mafia** [mafja] n. f. Péjor. Association secrète, clan réunissant des individus plus ou moins dénués de scrupules. *Une maffia de trafiquants et de spéculateurs.* – Mot sicilien (V. encycl.).

ENCYCL La Mafia sicilienne serait née en 1282 (Vêpres siciliennes), sous le règne sanglant de Charles Ier d'Anjou; les paysans créèrent une armée clandestine, qui aurait été désignée par le sigle (M.A.F.I.A.) de leur cri de guerre: «Morte alla Francia, Italia anela» (Mort à la France, crie l'Italie). Cette origine n'est pas entérinée par les linguistes. Jusqu'au XIXe s., la Mafia lutta contre la tyrannie et pour le respect des traditions locales, mais, après l'indépendance de l'Italie, elle se tourna contre l'Administration et glissa vers le banditisme, la défense des féodaux et des riches bourgeois, la soumission de tous à son «impôt». L'émigration des Siciliens l'implanta aux É.-U., où deux faits la rendirent puissante: la prohibition (1919-1933), que seule une organisation clandestine import. et structurée pouvait tourner; sa condamnation par Mussolini, d'où une nouvelle vague d'émigration. Auj., la Mafia tant en Sicile qu'aux É.-U. (où elle se nomme *Cosa Nostra:* «la chose nôtre») continue de jouer un rôle occulte, économique et politique, non négligeable, souvent grâce à la complicité de personnages haut placés.

mafflu, ue [mafly] adj. Vx ou litt. Qui a de grosses joues. – De l'anc. v. *mafler*, «manger beaucoup»; néerl. *maffelen*, «remuer les mâchoires».

magané ou **maganné, ée** [magane] adj. Fam. Mal en point, en piteux état. «Une grosse courte à la fois dépeignée, fatiguée et maganée tant par la nuit que par la vie [...].» (Raymond Plante, *La débarque*, 1974.) – (Chose) *Sa robe est toute maganée.* – Pp. de *maganer.*

maganer ou **maganner** [magane] v. [1] Fam. **I.** v. tr. **1.** Maltraiter, faire souffrir, causer du tort à. *Maganer une personne, un animal. La grippe l'a maganné.* – (Sans comp.) *Sortir tous les soirs, ça magane.* **2.** Abîmer par suite d'un mauvais usage ou d'un usage abusif. *Maganer son auto, son linge.* **3.** Fig. S'en prendre violemment à (qqn ou qqch), par des paroles, des écrits. *Se faire maganer par la critique.* **II.** v. pron. **1.** Se causer du tort, se faire du mal, se donner de la peine. «[...] il eut loisir de se féliciter encore une fois de ne pas avoir écouté Eugénie qui lui reprochait de partir trop tôt, de partir toujours trop tôt, de se «maganer» à force de courir vers l'avenir.» (Gabrielle Roy, *Alexandre Chenevert*, 1954.) – (Avec un comp.) *Se maganer les mains, la vue.* **2.** Subir des dommages, se détériorer, se dégrader. *Avec le temps, la peinture s'est maganée.* – Probabl. d'un anc. frq. **maidanjan*, «mutiler, estropier».

magasin [magazɛ̃] n. m. **1.** Lieu couvert où l'on entrepose des marchandises, des denrées, etc. ▷ Anc. *Magasin général:* Établissement de commerce où l'on vendait toutes sortes d'articles. **2.** Local, ensemble de locaux servant à un commerce; établissement commercial de vente. *Magasin de détail. Magasin à succursales multiples. Grand magasin*, comportant plusieurs niveaux et servant à la vente de marchandises variées. *Magasin à grande surface*, où se pratique la vente en libre-service (supermarchés, hypermarchés). *Magasin de rabais*, où se pratique une politique systématique et généralisée de vente à profits réduits. **3.** THEAT Dépôt. *Magasin des accessoires, des décors.* **4.** MILIT Lieu où sont entreposées les munitions. **5.** TECH *Magasin d'une arme à répétition:* cavité recevant les cartouches. – *Magasin d'un appareil de photo, d'une caméra:* boîtier recevant les bobines de pellicule à impressionner. – Mot provenç.: «lieu de dépôt», de l'ar. *makhāzin*, pl. de *makhzin.*

magasinage [magazinaʒ] n. m. **1.** Action de magasiner. *Faire du, son magasinage. Journée de magasinage.* «[...] des dames qui portaient l'joug du magasinage de Noël, ficelées dans leurs cadeaux, l'souffle rapide, la joue roussie sous l'chapeau à poils de castor.» (Marie-Claire Blais, *Un Joualonais, sa Joualonie*, 1973.) **2.** TECH Dépôt de marchandises dans un magasin. *Droits de magasinage*, versés pour laisser des marchandises en dépôt. – De *magasin.*

magasiner [magazine] v. intr. [1] Faire des emplettes, faire le tour des magasins pour se renseigner, comparer les prix en vue de faire des achats. *Aller magasiner.* «Si vous devez absolument verser un acompte [...] assurez-vous qu'il s'agit vraiment d'un procédé inévitable dans ce type de commerce en ayant eu soin de bien magasiner au préalable.» (*Le Soleil*, févr. 1988.) – v. tr. *Magasiner une auto, une maison.* – De *magasin.*

magasinier, ère [magazinje, ɛʀ] n. Personne chargée de surveiller les marchandises déposées dans un magasin et d'assurer le contrôle comptable des entrées et des sorties. – De *magasin.*

magazine [magazin] n. m. **1.** Publication périodique, le plus souvent illustrée. **2.** Émission périodique à la radio, à la télévision. – Mot angl., du franç. *magasin.*

magdalénien, ienne [magdalenjɛ̃, jɛn] adj. et n. ANTHROP Relatif à la période préhistorique de la fin du Paléolithique supérieur. *Sculpture magdalénienne.* ▷ N. m. *Le Magdalénien est illustré par Lascaut et Altamira.* – De *La Madeleine* (lat. *Magdalena*), commune de Dordogne, où furent découverts des vestiges de cette période.

mage [maʒ] n. m. **1.** ANTIQ Prêtre de la relig. de Zoroastre, chez les Mèdes et les Perses. **2.** *Les trois mages, les rois mages:* riches personnages qui, selon l'Évangile, vinrent visiter Jésus à sa naissance. **3.** Personne qui pratique la magie. – Lat. *magus*, gr. *magos*, d'orig. persane.

magenta [maʒɛ̃ta] n. m. et adj. TECH Rouge cramoisi très vif, couleur complémentaire du vert. ▷ Adj. inv. *Peinture magenta.* – Mot angl.; le dérivé de l'aniline donnant cette teinte de rouge fut découvert peu après la bataille de *Magenta* (1859).

maghrébin, ine [magʀebɛ̃, in] adj. Du Maghreb, région d'Afrique du N.-O. – De l'ar. *(al)maghreb,* «(le) couchant».

maghzen ou **makhzen** [magzɛn ou maxzɛn] n. m. HIST Gouvernement du roi du Maroc, sous le protectorat français. – Mot ar., «dépôt, bureau», cf. *magasin.*

magicien, ienne [maʒisjɛ̃, jɛn] n. **1.** Personne qui pratique la magie. *La magicienne Circé séduisit Ulysse.* **2.** Fig. Personne qui produit des effets extraordinaires, qui enchante. *Ce violoniste, quel magicien!* – De *magique.*

magie [maʒi] n. f. **1.** Science occulte qui permet d'obtenir des effets merveilleux à l'aide de moyens surnaturels. ▷ *Magie noire,* qui a recours à l'aide supposée des esprits infernaux. – *Magie blanche,* bénéfique. **2.** Fig. Influence puissante qu'exercent sur les sens et sur l'esprit, la poésie, les passions, etc. *La magie du chant.* – Lat. imp. *magia,* gr. *mageia.*

magique [maʒik] adj. **1.** Qui a rapport à la magie. *Baguette magique des fées.* ▷ *Carré magique:* V. carré (sens I, 12). **2.** Fig. Qui charme, qui enchante. *Cette musique produit sur lui un effet magique.* **3.** *Lanterne magique:* V. lanterne (sens I, 2). – Lat. *magicus,* gr. *magikos.*

magiquement [maʒikmɑ̃] adv. Par magie. – Du préc.

magister [maʒistɛʀ] n. m. **1.** Vx Maître d'école de village. **2.** Mod., litt., péjor. Pédant, cuistre. – Mot lat., «celui qui commande».

magistère [maʒistɛʀ] n. m. **1.** Autorité morale, intellectuelle ou (partic. en matière de relig.) doctrinale établie de manière absolue. *Exercer un magistère. Le magistère de l'Église.* **2.** En France, formation universitaire sélective, de très haut niveau, mise en place en 1985. **3.** Dignité de grand maître d'un ordre militaire, partic., de l'Ordre de Malte. **4.** Composition alchimique à laquelle on attribuait des vertus merveilleuses. – Lat. *magisterium,* de *magister* (V. art. préc.).

magistral, ale, aux [maʒistʀal, o] adj. **1.** Qui appartient au maître. *Chaire magistrale.* – *Ton magistral,* doctoral, solennel. **2.** Donné par un maître, sans aucune participation des étudiants. *Cours magistral.* ▷ PHARM *Médicament magistral:* préparation faite par le pharmacien sur ordonnance du médecin (par oppos. à *officinal*). **3.** Fig. Qui porte la marque d'un maître, qui est d'une qualité remarquable. *Réussir un coup magistral.* (Cf. un coup de maître.) *Il a donné de cette œuvre une interprétation magistrale.* – Par plaisant. *Recevoir une correction magistrale.* – Lat. *magistralis,* du class. *magister.*

magistralement [maʒistʀalmɑ̃] adv. D'une manière magistrale. – Du préc.

magistrat [maʒistʀa] n. m. **1.** Fonctionnaire ou officier civil investi d'une autorité juridictionnelle, politique ou administrative. *Le maire, premier magistrat de la ville.* **2.** *Spécial.* Membre de l'ordre judiciaire. *Magistrat du siège* (qui rend la justice); *magistrats du parquet* (qui requièrent, au nom de l'État, l'application de la loi). – Lat. *magistratus,* «fonctionnaire public, administration».

magistrature [maʒistʀatyʀ] n. f. **1.** Dignité, charge de magistrat (sens 1). *La dictature, magistrature romaine.* **2.** *Spécial.* Fonction, charge d'un magistrat de l'ordre judiciaire. *La magistrature de procureur général.* – *Par ext.* Temps pendant lequel un magistrat exerce ses fonctions. **3.** Corps des magistrats de l'ordre judiciaire. – Du préc.

magma [magma] n. m. **1.** CHIM Matière pâteuse qui reste après l'expression des parties les plus fluides d'un mélange quelconque. ▷ *Par ext.* Bouillie pâteuse. **2.** GEOL Mélange pâteux, plus ou moins fluide, de matières minérales en fusion, provenant des zones profondes de la Terre, où les roches sont soumises à des pressions et à des températures très élevées. *Les laves sont des magmas. Lorsqu'il arrive à la surface du globe et se refroidit, le magma donne naissance, en se solidifiant, aux roches éruptives.* **3.** Fig. Mélange confus, désordonné. *Un magma de notions mal assimilées.* – Mot lat. d'orig. gr., «résidu».

magmatique [magmatik] adj. Qui provient du magma. *Roches magmatiques,* ou *éruptives.* – Du préc.

magnan [maɲɑ̃] n. m. Rég. Dans le midi de la France, ver à soie. – Mot provenç.

magnanarelle [maɲanaʀɛl] n. f. Rég. Femme employée à l'élevage des vers à soie, dans le midi de la France. – Provenç. *magnanarello,* du préc.

magnanerie [maɲanʀi] n. f. Bâtiment servant à l'élevage des vers à soie. – *Par ext.* Élevage des vers à soie. Syn. sériciculture. – Provenç. *magnanarié,* de *magnan.*

magnanier, ère [maɲanje, ɛʀ] n. Rég. Sériciculteur, séricicultrice. – De *magnan.*

magnanime [maɲanim] adj. **1.** Vx Qui a de la grandeur d'âme, des sentiments nobles. **2.** Mod. Qui a de la générosité, de la clémence (à l'égard des faibles et des vaincus). *Se montrer magnanime.* – Par ext. *Cœur magnanime.* – Lat. *magnanimus,* de *magnus,* «grand», et *animus,* «âme».

magnanimement [maɲanimmɑ̃] adv. D'une manière magnanime. – Du préc.

magnanimité [maɲanimite] n. f. **1.** Vx Grandeur d'âme. **2.** Mod., litt. Générosité, clémence. – Lat. *magnanimitas.*

magnat [magna] n. m. **1.** HIST Titre usité autref. en Pologne et en Hongrie pour désigner un membre de la haute noblesse. **2.** Personnage très puissant par les gros intérêts financiers qu'il représente. *Les magnats de la finance, de la presse.* – Sens 1, mot polonais, du lat. médiév. *magnates,* «les grands». Sens 2, de l'angl. *magnate,* «gros capitaliste».

magner (se) ou **manier (se)** [maɲe] v. pron. **[11]** (France) Fam. Se dépêcher. *Magne-toi, on est en retard!* Syn. grouiller (se). – De *manier.*

magnésie [maɲezi] n. f. CHIM Oxyde de magnésium (MgO), poudre blanche qui peut être transformée en magnésie hydratée (hydroxyde de magnésium, $Mg(OH)_2$). *La magnésie est employée comme laxatif ou purgatif.* – Lat. médiév. *magnesia,* de *magnes (lapis),* «pierre d'aimant», du gr. *magnês,* «pierre de Magnésie (en Asie Mineure), aimant».

magnésien, enne [maɲezjɛ̃, jɛn] adj. CHIM Qui contient du magnésium. – *Série magnésienne:* groupe formé des éléments magnésium, zinc, cadmium, fer, manganèse, nickel et cobalt. – Du préc.

magnésite [maɲezit] n. f. MINER **1.** Silicate naturel de magnésium *(«écume de mer»).* **2.** Carbonate naturel de magnésium *(giobertite).* – De *magnésie,* et *-ite* 2.

magnésium [maɲezjɔm] n. m. Métal gris-blanc, de faible densité, pouvant brûler à l'air avec une flamme éblouissante; élément chimique de numéro atomique Z = 12 et de masse atomique 24,30 (symbole Mg). *Lampes au magnésium pour la photographie. Alliage léger à base de magnésium.* – De *magnésie.*

ENCYCL Le magnésium, très abondant dans la nature, constitue env. 2 % de la croûte terrestre. Il fond à 650 °C et bout à 1 110 °C. Son caractère chimique principal est sa très grande affinité pour l'oxygène. Sa légèreté et la facilité avec laquelle il se travaille en font un matériau très utilisé (surtout sous forme d'alliages) dans l'industrie aéronautique et automobile. Les composés organomagnésiens permettent de réaliser de nombreuses synthèses en chimie organique. La pharmacopée utilise son oxyde et son carbonate pour neutraliser les acidités.

magnétique [maɲetik] adj. **I. 1.** Qui a rapport à l'aimant, qui en possède les propriétés; qui a rapport au magnétisme. *Champ magnétique. Compas magnétique. Orages magnétiques* (V. encycl. orage). ▷ GEOGR *Pôle magnétique:* point voisin du pôle géographique, vers lequel s'oriente l'aiguille aimantée d'une boussole. **2.** Qui a rapport au magnétisme animal. *Passes magnétiques. Fluide magnétique.* **3.** Qui exerce ou semble exercer une influence puissante et mystérieuse sur la volonté d'autrui. *Un regard magnétique.* **II. 1.** Se dit de tout support (bande, ruban, disque, etc.) recouvert d'une couche d'oxyde magnétique et sur lequel on peut enregistrer des informations (son, image, etc.) et les reproduire. *Bande magnétique.* **2.** Qui utilise un support magnétique. *Enregistrement magnétique des données.* – Lat. *magneticus,* de *magnes, magnetis,* «aimant».

magnétisable [maɲetizabl] adj. Qui peut être magnétisé. – De *magnétiser.*

magnétisant, ante [maɲetizɑ̃, ɑ̃t] adj. Qui produit ou communique les propriétés de l'aimant. – Ppr. de *magnétiser.*

magnétisation [maɲetizasjɔ̃] n. f. Action, manière de magnétiser. – État d'une personne magnétisée. – De *magnétiser.*

magnétiser [maɲetize] v. tr. [1] **1.** Communiquer les propriétés de l'aimant à (une substance). Syn. aimanter. **2.** Soumettre (une personne, une chose) à l'action du fluide magnétique. ▷ Pp. substantivé. *Le magnétisé et le magnétiseur.* **3.** Fig. Exercer une influence puissante (analogue à celle du fluide magnétique), subjuguer. *Sa seule présence magnétisait les foules.* – De *magnétique.*

magnétiseur, euse [maɲetizœʀ, øz] n. Personne qui utilise ou prétend utiliser le magnétisme animal. – Du préc.

magnétisme [maɲetism] n. m. **1.** Partie de la physique qui étudie les propriétés des aimants, des phénomènes et des champs magnétiques. ▷ Ensemble de propriétés physiques dont celles de l'aimant furent les premières connues. – *Magnétisme terrestre* ou *géomagnétisme:* champ magnétique de la Terre, dont les pôles magnétiques sont orientés Sud-Nord. **2.** *Magnétisme animal:* fluide magnétique qu'auraient les êtres vivants; influence qu'une personne pourrait exercer sur une autre en utilisant son fluide magnétique, en la soumettant à des passes magnétiques. *On a d'abord attribué au magnétisme animal les phénomènes d'hypnose et de suggestion.* ▷ Ensemble des pratiques utilisées pour soumettre qqn ou qqch à cette influence. **3.** Fig. Attraction, fascination qu'une personne exerce sur une autre. – De *magnétique.*

magnétite [maɲetit] n. f. MINER Oxyde naturel de fer Fe_3O_4 qui possède la propriété d'attirer le fer. – De *magnét(ique),* et *-ite* 3.

magnéto-. Élément, du gr. *magnês, magnêtos,* «aimant».

magnéto [maɲeto] n. f. Génératrice de courant alternatif comportant un induit tournant entre les pôles d'aimants permanents. *C'est une magnéto qui produit l'allumage de certains moteurs à explosion (cyclomoteurs, notam.).* – Abrév. de *machine magnéto-électrique.*

magnéto-électrique [maɲetoelɛktʀik] adj. Qui relève à la fois de l'électricité et du magnétisme. – De *magnéto-,* et *électrique.*

magnétohydrodynamique [maɲetoidʀodinamik] n. et adj. PHYS **1.** n. f. Science qui étudie la dynamique des fluides conducteurs (gaz ionisés, plasmas) en présence d'un champ magnétique. **2.** adj. *Générateur magnétohydrodynamique* (par abrév. M.H.D.), qui permet la production de courant à partir d'un plasma. – De *magnéto-,* et *hydrodynamique.*

magnétomètre [maɲetɔmɛtʀ] n. m. Instrument de mesure qui permet de comparer l'intensité des champs et des moments magnétiques. – De *magnéto-,* et *-mètre.*

magnétométrie [maɲetɔmetʀi] n. f. Mesure des grandeurs magnétiques. – De *magnéto-,* et *-métrie.*

magnéton [maɲetɔ̃] n. m. PHYS NUCL Unité de moment magnétique utilisée en mécanique quantique. – De *magnétique,* sur le modèle de *électron.*

magnétophone [maɲetɔfɔn] n. m. Appareil permettant l'enregistrement et la reproduction des sons par aimantation rémanente d'une bande magnétique. (Les signaux électriques obtenus à partir des signaux sonores et appliqués à un électro-aimant déterminent le flux d'induction; la reproduction s'effectue par un autre électro-aimant qui transforme les variations de l'aimantation du support magnétique en signaux électriques, lesquels sont conduits à un haut-parleur par l'intermédiaire d'un amplificateur.) *Enregistrer un concert au magnétophone. – De magnéto-,* et *-phone.*

magnétoscope [maɲetoskɔp] n. m. Appareil permettant d'enregistrer les images sur bande magnétique et de les reproduire sur un écran de télévision. *La caméra d'un magnétoscope. Magnétoscope couleur, sonore. – De magnéto-,* et *-scope.*

magnétoscoper [maɲetoskɔpe] v. tr. [1] Enregistrer au magnétoscope. – De *magnétoscope.*

magnétosphère [maɲetɔsfɛʀ] n. f. GEOPH Zone s'étendant, autour de la Terre, des limites de l'atmosphère à une distance d'env. 60 000 km, dans laquelle le champ magnétique subit l'influence de l'activité solaire (orage, magnétiques, notam.). – De *magnéto-,* et *sphère.*

magnétostriction [maɲetɔstʀiksjɔ̃] n. f. PHYS Déformation subie par certaines substances ferromagnétiques sous l'action des champs magnétiques. – De *magnéto-,* et *striction.*

magnétron [maɲetʀɔ̃] n. m. ELECTRON Tube à cavité résonante qui émet des ondes radioélectriques ultracourtes et très puissantes. *Le magnétron est un constituant du radar.* – De *magné(to-),* et *(élec)-tron.*

magnificat [maɲ(gn)ifikat] n. m. inv. **1.** LITURG CATHOL Cantique de la Vierge Marie, qu'on chante notam. aux vêpres. **2.** MUS Musique sur le texte du Magnificat. *Le Magnificat de Monteverdi.* – Mot lat. du cantique *Magnificat anima mea Dominum,* «mon âme glorifie le Seigneur».

magnificence [maɲifisɑ̃s] n. f. **1.** Litt. Disposition, attitude de celui qui donne, qui dépense avec une libéralité grandiose. **2.** Caractère de ce qui est magnifique; splendeur somptueuse. *La magnificence d'un grand spectacle.* **3.** (Abstrait.) Éclat, richesse extraordinaire. *La magnificence du style de Chateaubriand.* – Lat. *magnificentia.*

magnifier [maɲifje] v. tr. [1] Litt. **1.** Célébrer, exalter la grandeur de. *Magnifier l'héroïsme de qqn.* **2.** *Par ext.* Rendre plus grand, élever. *Ces disparus qu'on magnifie dans le souvenir.* – Lat. *magnificare.*

magnifique [maɲifik] adj. **1.** Vieilli Qui se plaît à faire de grandes dépenses pour paraître avec éclat. *Un prince magnifique.* **2.** Somptueux, plein de grandeur, d'éclat, de luxe. *Palais magnifique.* **3.** Très beau. *Il fait un temps magnifique. Un bébé magnifique.* **4.** Remarquable, extraordinaire. *Vous avez été magnifique. C'est magnifique!* – Lat. *magnificus,* de *magnus,* «grand», et *facere,* «faire».

magnifiquement [maɲifikmɑ̃] adv. De manière magnifique. – Du préc.

magnitude [maɲityd] n. f. ASTRO Grandeur servant à caractériser l'éclat apparent d'un astre. *Plus l'éclat d'un astre est faible, plus le nombre exprimant sa magnitude est élevé.* Syn. anc. grandeur. V. encycl. étoile. – Lat. *magnitudo;* «grandeur, puissance» .

magnolia [magn(ɲ)ɔlja] n. m. Arbre ornemental (genre *Magnolia*) aux feuilles coriaces et luisantes, aux grandes fleurs blanches ou délicatement colorées, très odorantes. – Du n. du botaniste fr. P. *Magnol.*

magnoliacées [magn(ɲ)ɔljase] n. f. pl. BOT Famille de dicotylédones arborescentes à grandes fleurs (magnolia, tulipier, etc.). – Du préc.

magnum [magnɔm] n. m. Grosse bouteille d'une contenance égale à deux bouteilles ordinaires (soit de 1,5 à 2 litres). *Un magnum de champagne. Eau minérale en magnum.* – Forme neutre de l'adj. lat. *magnus,* «grand».

1. magot [mago] n. m. **1.** Macaque* sans queue d'Afrique du N. et de Gibraltar. **2.** Fig., vx Homme petit et laid. **3.** Figurine grotesque représentant généralement un petit personnage gros et laid, en terre, porcelaine, jade, etc., provenant d'Extrême-Orient et partic. de Chine. – P.-ê. altér. de *Magog,* appliqué dans le Nouveau Testament aux peuples orientaux, et par dérision aux singes de Barbarie.

2. magot [mago] n. m. Fam. Somme d'argent, économies, le plus souvent tenues cachées. *Posséder un joli magot.* – Altér. de l'a. fr. *mugot,* de *musgot,* «lieu où l'on conserve les fruits».

magouillage [magujaʒ] n. m. Action, fait de magouiller. – De *magouiller.*

magouille [maguj] n. f. Fam. Intrigues, manœuvres douteuses, lutte d'influence plus ou moins malhonnête. *Se livrer à des magouilles.* – Orig. incert., p.-ê. de *grenouiller, grenouillage,* croisé avec les rad. *margu,* «boue» (gaul.) et *gulja,* «mare» (frq.).

magouiller [maguje] v. intr. [1] Fam. Se livrer à des magouilles. – De *magouille.*

magouilleur, euse [magujœʀ, øz] n. et adj. Fam. Personne qui magouille. – Du préc.

magyar, are [magjaʀ] adj. et n. Didac. Qui a rapport aux Magyars, peuple qui s'établit dans la vallée du Danube au IXe s. ▷ *Par ext.* De Hongrie. *La population magyare.* – N. *Les Magyars.* ▷ N. m. *Le magyar:* la langue hongroise. – Mot hongrois.

maharajah ou **maharadjah** [maaʀadʒa] n. m. Titre donné autref. aux princes de l'Inde. *Des mahara(d)jah ou des mahara(d)jahs.* – Mot hindi, de *māha,* «grand», et *rājā,* «roi».

maharani [maaʀani] n. f. Femme d'un maharajah. Plur. *Des maharanis* ou *des maharani.* – Mot hindi, de *māha,* «grand», et *rānī,* «reine».

mahatma [maatma] n. m. Qualificatif attribué dans l'Inde moderne à certains chefs spirituels d'une éminente sagesse. *Le mahatma Gandhi.* – Mot hindi, *mahātmā,* «grande âme».

mahdi [madi] n. m. RELIG Dans l'islam, envoyé d'Allah qui doit venir à la fin des temps pour compléter la mission de Mahomet. – Mot ar., «celui qui est guidé».

mahdiste [madist] adj. et n. RELIG Relatif au mahdi. ▷ Subst. Croyant qui attend le mahdi. – De *mahdi.*

mah-jong [maʒɔ̃g] n. m. Jeu chinois apparenté aux dominos. – Mots chinois, «je gagne».

mahométan, ane [maɔmetɑ̃, an] n. et adj. Vielli Musulman. – Du n. du prophète *Mahomet.*

mahonia [maɔnja] n. m. BOT Arbrisseau ornemental (fam. berbéridacées) à feuilles persistantes, à fleurs jaunes et à baies bleues. – De *(Port)-Mahon,* aux Baléares.

mahonne [maɔn] n. f. **1.** Anc. Galère turque. **2.** MAR Chaland ponté pour l'acconage. – Turc *mâoûna.*

mahratte ou **marathe** [maʀat] adj. et n. Didac **1.** n. m. Langue de l'Inde, dérivée du sanskrit. **2.** adj. Des Mahrattes, population de l'Inde occid. – Hindi *maharata,* «grand guerrier».

mai [mɛ] n. m. **1.** Cinquième mois de l'année. **2.** loc. *Arbre de mai* ou, absol., *mai,* que l'on plantait le premier mai devant la porte de qqn pour le fêter. *Planter le mai. – Le Premier mai,* fête des travailleurs (chômée en France). – *Fleur de mai:* plante ligneuse (genre *Epigœa*) rampante, à feuilles persistantes, à fleurs blanches ou rosées très odorantes. *La fleur de mai est l'emblème floral de la Nouvelle-Écosse.* – Lat. *maius, majus (mensis),* «mois de la déesse Maïa».

maïa [maja] n. m. ZOOL Gros crabe, appelé cour. *araignée de mer.* – Lat. *maia* ou *maea.*

maie [mɛ] n. f. Pétrin. ▷ Huche à pain. – Lat. *magis, magidis,* «plat, pétrin».

maïeur ou **mayeur** [majœʀ] n. m. **1.** HIST Bourgmestre, au Moyen Âge. **2.** Mod. Maire d'une petite commune, en Belgique. – De l'a. fr. *maior,* «plus grand», cas régime de l'adj. *maire.*

maïeutique [majøtik] n. f. PHILO Méthode dialectique dont Socrate usait pour amener ses interlocuteurs à découvrir les vérités qu'ils portaient en eux sans le savoir. – Gr. *maieutikê,* «art de faire accoucher».

1. maigre [mɛgʀ] adj. et n. **1.** Qui a peu de graisse. *Viande maigre.* – N. m. *Le maigre de jambon.* ▷ *Faire maigre:* ne pas manger de viande (notam. le vendredi, pour les catholiques, avant le concile Vatican II). **2.** (Personnes.) Dont le corps est sans graisse; sec et décharné. – Loc. fam. *Maigre comme un clou, comme un coup de trique:* très maigre. ▷ Subst. *Les maigres sont plus vifs que les gros.* **3.** Peu fourni. *Une maigre végétation.* **4.** CONSTR *Mortier maigre,* qui ne contient que peu de liant. **5.** TYPO *Lettre, caractère maigre,* dont les jambages sont peu épais (par oppos. à *gras*). ▷ Subst. *Ce texte doit être composé en maigre.* **6.** Fig. Qui manque d'ampleur, d'importance; insuffisant. *Maigre bénéfice. Comme résultat, c'est maigre!* **7.** n. m. pl. Période des basses eaux. – Du lat. *macer,* à l'accusatif *macrum.*

2. maigre [mɛgʀ] n. m. Poisson marin (*Sciaena aquila,* V. sciène) gris et argenté qui peut atteindre 2 m. – Du préc.

maigrelet, ette [mɛgʀəlɛ, ɛt], **maigrichon, onne** [mɛgʀiʃɔ̃, ɔn] ou **maigriot, otte** [mɛgʀijo, ɔt] adj. et n. Fam. Un peu trop maigre. ▷ Subst. *Un maigriot, un maigrichon.* – Dimin. du préc.

maigrement [mɛgʀəmɑ̃] adv. Petitement, chichement. *Travail maigrement rémunéré.* – De *maigre.*

maigreur [mɛgʀœʀ] n. f. **1.** État d'un corps sans graisse, décharné. *La maigreur d'un malade.* **2.** État de ce qui est peu productif, peu fourni. *Maigreur de la végétation.* **3.** Fig. Manque d'ampleur, d'importance; insuffisance. *La maigreur d'un salaire.* – De *maigre.*

maigrir [mɛgʀiʀ] **I.** v. tr. [2] **1.** Rare Rendre maigre. *Ce régime l'a maigrie.* Syn. (cour.) amaigrir. **2.** Donner une apparence de maigreur. *Sa barbe le maigrit.*

II. v. intr. Devenir maigre. *Elle suit un régime pour maigrir.* – De *maigre.*

mail [maj] n. m. **1.** Ancien jeu d'adresse dans lequel on poussait des boules de bois au moyen d'un *mail,* masse cylindrique de bois munie d'un long manche flexible. **2.** Terrain où l'on jouait au mail (en général, vaste place plantée d'arbres). ▷ Promenade publique de certaines villes. *Des mails.* – Lat. *malleus,* «marteau, maillet».

mailing [mɛlin] n. m. Anglicisme V. publipostage. – Mot angl., ppr. subst. de *to mail,* «poster».

maillage [majaʒ] n. m. **1.** PECHE Taille des mailles d'un filet. **2.** TRAV PUBL Desserte d'une zone par un réseau de canalisations reliées les unes aux autres, réalisant un bon équilibre des pressions. – De *mailler.*

1. maille [ma(ɑ)j] n. f. **I. 1.** Chacune des boucles (de fil, de laine, etc.) dont l'entrelacement constitue un tissu, un tricot, un filet, un grillage, etc. **2.** *Par ext.* Espace libre à l'intérieur de cette boucle. *Les poissons ont filé à travers les mailles.* **3.** Anc. *Cotte de mailles:* vêtement formé d'anneaux de fer entrelacés que l'on portait au combat pour se protéger des coups, au Moyen Âge. **4.** MINIER Structure géométrique dont la reproduction à l'infini constitue un réseau cristallin. **5.** TECH (Sylvic. et menuiserie) *Débit sur mailles:* débit d'un arbre dans le sens du rayon; *en contre-mailles,* perpendiculaire au rayon. **6.** TECH Maillon (d'une chaîne). **II. 1.** CHASSE Tache sur le plumage des jeunes perdreaux, des jeunes faucons. **2.** MED Taie sur la prunelle. – Du lat. *macula,* «tache, marque, point, maille».

2. maille [mɑ(a)j] n. f. HIST Monnaie de billon de très peu de valeur (un demi-denier) en usage sous les Capétiens. ▷ Loc. Vieilli *N'avoir ni sou ni maille:* être très pauvre. – Mod. *Avoir maille à partir* (à partager) *avec (qqn):* avoir un différend. – Du lat. pop. **médialia,* du class. *medius,* «demi».

maillechort [majʃɔʀ] n. m. METALL Alliage de nickel, de cuivre et de zinc, blanc, dur et inaltérable, que l'on utilise dans la fabrication de pièces d'orfèvrerie, d'instruments scientifiques, etc. – Des noms de *Maillot* et *Chorier,* qui inventèrent cet alliage.

mailler [maje] **I.** v. tr. [1] **1.** Fabriquer en mailles. *Mailler un filet.* **2.** MAR *Mailler une chaîne sur,* la relier à, la fixer sur. *Mailler une chaîne sur une ancre.* **II.** v. intr. **1.** Bourgeonner. *Les concombres commencent à mailler.* **2.** Se couvrir de mailles (V. maille 2, sens II, 1). – De *maille* 1.

maillet [majɛ] n. m. **1.** Marteau à deux têtes en bois dur. *Maillet de menuisier.* **2.** HIST *Maillet d'armes:* masse cylindrique d'acier ou de plomb maniée à deux mains, arme en usage au Moyen Âge. – De *mail.*

mailleton [majtõ] n. m. VITIC Lien pour attacher la vigne. – Dimin. de *maille* 1.

mailloche [majɔʃ] n. f. **1.** TECH Gros maillet. **2.** MAR Maillet rainuré que l'on utilise pour fourrer (entourer d'un cordage plus fin formant protection) les cordages. **3.** MUS Baguette terminée par une boule de feutre ou de caoutchouc, dont on se sert pour jouer de certains instruments à percussion (grosse caisse, xylophone, vibraphone, etc.). – De *mail.*

maillon [majõ] n. m. **1.** Rare Petite maille. **2.** Anneau d'une chaîne. **3.** MAR Section de chaîne de 30 m de long. – De *maille* 1.

maillot [majo] n. m. **1.** Lange et couches dont on enveloppe un bébé. *Un enfant au maillot:* un nourrisson. **2.** Vêtement de tricot qui moule le corps. *Une danseuse en maillot.* **3.** Vêtement qui moule le torse. *Maillot de sport.* ▷ *Maillot de corps:* sous-vêtement masculin sans manches. Syn. camisole. **4.** *Maillot de bain* et, absol., *maillot:* costume de bain. – A. fr. *maillœl,* de *maille* 1.

maillotin [majɔtɛ̃] n. m. **1.** Ancienne arme en forme de maillet. **2.** Pressoir à olives. – Dimin. de *maillet.*

maillure [majyʀ] n. f. Aspect particulier du bois débité sur mailles (semis de mouchetures nacrées). V. maille 1, sens I, 5. – De *maille* 1.

main [mɛ̃] n. f. **I. 1.** Partie du corps humain qui termine le bras, munie de cinq doigts dont l'un (le pouce) peut s'opposer aux autres, et qui sert au toucher et à la préhension. *Avoir de belles mains. Lire les lignes de la main. Saluer de la main. Tendre la main,* pour demander l'aumône. *Serrer la main de qqn,* pour le saluer. ▷ Loc. *Porter la main sur qqn,* le frapper. – *Mettre la main sur une chose,* la trouver après l'avoir cherchée. – *Avoir le cœur sur la main:* être très généreux. – *Forcer la main à qqn,* le contraindre à faire qqch. ▷ *À main. À main droite, à main gauche:* à droite, à gauche. – *À pleines mains:* abondamment, avec libéralité. – *À la main. Lettre écrite à la main* (et non à la machine). – *Attaque à main armée,* par une, des personne(s) armée(s). ▷ *De main.* MILIT *Coup de main:* opération de faible envergure, exécutée par surprise. – Fam. *Donner un coup de main à qqn,* l'aider. – Prov. *Jeux de main, jeux de vilain.* V. jeu. – *Homme de main:* exécuteur stipendié. – *De main de maître:* très bien (fait, fabriqué, exécuté). *Tableau peint de main de maître.* – *Passer de main en main,* d'une personne à une autre. – Fam. *Ne pas y aller de main morte:* frapper rudement. Fig. User de procédés excessifs, d'expressions violentes. – *De longue main:* depuis longtemps. – *De première main:* directement, sans intermédiaire. *Je le sais de première main:* je le tiens de celui qui en a été instruit le premier. – *De seconde main:* d'occasion. *Ouvrage de seconde main:* compilation. – *De la main à la main:* sans intermédiaire, directement. *Remettre de l'argent de la main à la main,* sans qu'il en reste trace écrite, sans reçu. ▷ *Dans la main. Manger dans la main de qqn,* agir avec lui trop familièrement. – *Tenir qqn dans sa main,* en son pouvoir. ▷ *En main:* dans la main. *Il a sa canne en main.* Fig. *Avoir qqch en main,* l'avoir à sa disposition. *Preuve en main,* avec une preuve toute prête. – *Avoir, tenir une chose en main,* savoir parfaitement s'en servir. – *Prendre en main(s) une affaire,* s'en charger. *Prendre en main les intérêts de qqn.* – *En main(s) propre(s):* directement entre les mains de la personne concernée. *Lettre à remettre en main propre.* – *En bonnes mains:* sous la responsabilité d'une personne compétente. ▷ *Sous main:* secrètement. *Négocier sous main* (ou *en sous main*) *avec l'ennemi.* – *Sous la main:* à portée, non loin. *J'ai ce document sous la main.* **2.** (La main instrument de travail, d'exécution, ou symbole d'autorité.) *Mettre la main à l'ouvrage, à la pâte,* s'en occuper personnellement. – *Avoir les mains liées:* être dans l'impossibilité d'agir. – *Mettre la dernière main à un ouvrage,* le terminer. – *Avoir la main heureuse:* réussir ce que l'on entreprend. *Avoir la haute main sur qqch:* avoir autorité sur qqch. – *Emporter une affaire haut la main,* facilement. *Avoir la main lourde:* faire trop sentir son autorité. – Loc. prov. *Une main de fer dans un gant de velours:* une autorité impitoyable sous des apparences de douceur. – *Faire main basse sur:* s'emparer de, piller. **3.** *Demander, obtenir, accorder la main d'une jeune fille,* la permission de l'épouser. **4.** JEU *Avoir la main:* être le premier à jouer, aux cartes. *Donner, passer la main:* céder à un adversaire l'avantage de jouer le premier. Fig. *Passer la main:* renoncer à ce à quoi l'on avait droit. **5.** COUT *Première main:* couturière experte. *Petite main* : couturière débutante. **6.** *Main chaude:* jeu où une personne, les yeux bandés, doit deviner qui lui frappe dans la main. **II.** ZOOL Partie homologue de la main humaine chez certains vertébrés tétrapodes. *Les mains d'un singe.* **III.** (Sens spéciaux et techniques.) **1.** MAR Équipe de dockers assurant le chargement ou le déchargement d'une cale d'un navire. **2.** HIST *Main de justice:* sceptre en forme de main, emblème de la puissance, que le roi portait le jour de son sacre. **3.** *Main courante:* dessus de la rampe d'un escalier. – Lat. *manus*, «main, action, force, puissance». ENCYCL La main est formée par le carpe, le métacarpe et les phalanges. Le carpe comporte deux rangées d'os courts. Sur tous ces os s'insèrent des muscles extenseurs, fléchisseurs, abducteurs et adducteurs. Deux groupes importants de muscles forment, en dehors, l'éminence thénar, en dedans, l'éminence hypothénar. La main, qu'irriguent les branches des artères radiale et cubitale, est innervée par des branches des nerfs médian, radial et cubital.

mainate [mɛnat] n. m. **1.** Oiseau passériforme (genre *Gracula*, fam. sturnidés) d'Asie du Sud-Est, ressemblant à un gros étourneau. *Le mainate est recherché pour son aptitude à imiter la voix humaine.* **2.** Nom cour. donné à des oiseaux passériformes nord-américains (fam. embérizidés) ressemblant à l'étourneau. *Mainate bronzé* (*Quiscalus quiscula*, ou *quiscale bronzé*), qui vit près des habitations et dont le plumage bleu verdâtre ou violacé de la tête, du cou et du haut de la poitrine contraste avec celui du reste du corps, qui est noir avec des reflets bronzés. *Mainate rouilleux* (*Euphagus carolinus*, ou *quiscale rouilleux*), plus petit que le précédent et dont le plumage noir est marqué d'un chatoiement plus faible, qui vit surtout dans les forêts humides et sur les bords inondés des lacs. – P.-ê. d'un mot malais.

main-d'œuvre [mɛ̃dœvʀ] n. f. inv. **1.** Façon, travail de l'ouvrier. *Facturer les pièces et la main-d'œuvre.* **2.** Personnel de production. *La main-d'œuvre manque dans la région.* – De *main*, et *œuvre*.

main-forte [mɛ̃fɔʀt] n. f. inv. Seulement dans les loc.: *donner, prêter main-forte à qqn*, lui porter assistance pour exécuter qqch. de difficile, de dangereux. – De *main*, et *forte*.

mainlevée [mɛ̃lve] n. f. **1.** DR Acte qui met fin aux effets d'une saisie, d'une opposition, d'une hypothèque, d'une mesure de séquestre. **2.** DR Acte qui met fin aux effets d'un jugement. *La mainlevée d'un jugement d'interdiction.* – De *main*, et *lever*.

mainmise [mɛ̃miz] n. f. **1.** DR FEOD Saisie. **2.** Mod., souvent péjor. Domination, emprise. *La mainmise des capitaux étrangers sur l'industrie nationale.* – De *main*, et du pp. de *mettre*.

mainmorte [mɛ̃mɔʀt] n. f. **1.** DR FEOD Situation des vassaux qui se trouvaient dans l'impossibilité légale de transmettre leurs biens par testament. **2.** DR *Biens de mainmorte:* biens possédés par des communautés religieuses, des œuvres charitables, etc., et qui, leurs possesseurs ayant une existence de durée indéfinie, échappent aux règles des mutations par décès. – De *main*, symbole de possession, et *morte*.

maint, mainte [mɛ̃, mɛ̃t] adj. indéfini. Litt. Un certain nombre de, plusieurs. *Je lui ai dit mainte fois* ou *maintes fois.* – P.-ê. du gaul. *mantĕ* ou du germ. *manigipô*, «grande quantité».

maintenance [mɛ̃tnɑ̃s] n. f. TECH Ensemble des opérations qui permettent de maintenir en état de fonctionnement un matériel susceptible de se dégrader. *Maintenance d'un ordinateur, d'un bombardier.* – De *maintenir*.

maintenant [mɛ̃t(ə)nɑ̃] adv. **1.** À présent, au temps où nous sommes. *Je n'ai pas le temps maintenant.* ▷ Loc. conj. *Maintenant que:* à présent que. *Maintenant qu'il est en vacances, il se repose.* **2.** (En tête de phrase.) *Je te dis mon avis, maintenant tu en feras à ta guise:* cela dit, de toute manière. – Du ppr. de *maintenir*.

maintenir [mɛ̃t(ə)niʀ] v. tr. [39] **1.** Tenir ferme et fixe. *Cette barre maintient la charpente.* **2.** Conserver dans le même état; garder, défendre. *Maintenir la température constante. Maintenir l'ordre public.* ▷ v. pron. Demeurer dans le même état. *Sa santé se maintient.* **3.** Affirmer, soutenir. *Je maintiens que cela est vrai.* – Lat. pop. **manutenire*, «tenir avec la main».

maintien [mɛ̃tjɛ̃] n. m. **1.** Contenance, attitude. *Avoir un maintien modeste, étudié. Prendre des leçons de maintien.* **2.** Action de maintenir, de conserver dans le même état. *Maintien de l'ordre.* – Déverbal de *maintenir*.

maïolique. V. majolique.

maire, mairesse [mɛʀ, mɛʀɛs] n. **1.** Magistrat élu qui se trouve à la tête d'une municipalité. *Le maire de Québec. Madame la mairesse. Le maire préside le Conseil municipal.* **2.** HIST *Maire du palais:* majordome qui, sous les derniers rois mérovingiens, détenait la réalité du pouvoir politique. – De l'anc. adj. *maire*, «plus grand», du lat. *major*.

mairie [mɛʀi] n. f. **1.** Fonction du maire. ▷ Temps pendant lequel on exerce cette fonction. **2.** Administration municipale. ▷ Bureaux de cette administration; bâtiment qui les abrite. Syn. hôtel de ville. – De *maire*.

mais [mɛ] adv., conj. (et n. m.) **I.** adv. **1.** Vx Plus, davantage. ▷ Mod., litt., dans la loc.: *n'en pouvoir mais:* n'y pouvoir rien. *Je n'en peux mais.* **2.** Assurément, sûrement. *Acceptez-vous cette offre? – Mais bien évidemment!* **II.** conj. de coord. **1.** (Marquant une restriction, une différence.) *Elle est riche mais avare.* **2.** (Donnant une explication.) *Il a été puni mais il l'avait mérité.* **3.** (En opposition avec l'idée précédemment exposée.) Néanmoins, malgré cela. *«Mais cependant, ce jour, il épouse Andromaque»* (Racine). **4.** (En début de phrase, marquant une transition.) *Mais qu'ai-je dit?* **5.** (Employé avec une interjection, et marquant la surprise ou le mécontentement.) *Ah mais!* – Pop. *Non mais, des fois!* **III.** n. m. Restriction, objection. *Il n'y a pas de mais qui tienne!* – Du lat. *magis*, «plus».

maïs [mais] n. m. Graminée *(Zea mays)* annuelle, à haute tige (2,50 m) et à grandes feuilles, cultivée pour son gros épis dont les grains ont la grosseur d'un pois, ou pour servir de fourrage. *Culture du maïs. Farine, flocons de maïs.* Rem. Cour. appelé *blé d'Inde.* – Esp. *mais*, mot d'Haïti.

maison [mɛzɔ̃] n. f. **I. 1.** Bâtiment d'habitation. *Louer une maison à la campagne.* ▷ *La maison de Dieu:* l'église. – Loc. prov. *C'est la maison du bon Dieu:* c'est une demeure hospitalière. **2.** Ensemble des lieux que l'on habite, où l'on vit; les habitants de ces lieux. *Avoir une maison bien tenue. Elle s'occupe beaucoup de sa maison. Ameuter toute la maison.* ▷ Loc. adv. *À la maison:* chez soi. **3.** Ménage, administration des affaires domestiques. *Avoir un grand train de maison.* ▷ *Gens de maison:* gens au service d'une maison, domestiques. **II.** Établissement. **1.** Établissement commercial, financier, industriel, etc. *Maison de commerce. Maison X, fondée en 1830. Adressez-vous à une maison sérieuse.* ▷ En appos. Fait par la maison, à la maison. *Tarte maison*, qui n'a pas été commandée à l'extérieur. – **2.** *Maison de...* ▷ *Maison de santé:* établissement hospitalier. ▷ *Maison de retraite:* établissement où se retirent les personnes âgées ne travaillant plus. ▷ *Maison de jeux:* établissement où l'on joue à des jeux d'argent. ▷ *Maison de tolérance, maison de rendez-vous, maison close:* lupanar, maison de prostitution. **III. 1.** Ensemble des personnes attachées au service personnel d'un souverain, d'un chef d'État. *Maison du roi, de l'empereur. Maison militaire, civile.* **2.** Famille noble; famille régnante. *La maison de Bourbon, de Condé. La maison d'Autriche.* **3.** Compagnie, communauté d'ecclésiastiques, de religieux. *La maison professe des jésuites.* ▷ *Maison mère:* établissement d'un ordre religieux, d'une congrégation dont dépendent les autres communautés. – *Par ext.* Maison de commerce principale, par rapport à ses succursales. **4.** ASTROL *Les douze maisons du ciel:* les douze divisions en forme de fuseau qui correspondent chacune à un signe, et dont la détermination est nécessaire pour l'interprétation d'un thème de naissance. – Du lat. *mansio, mansionis,* de *manere,* «rester».

maisonnée [mɛzɔne] n. f. L'ensemble de ceux qui habitent une maison. – De *maison.*

maisonnette [mɛzɔnɛt] n. f. Petite maison. – Dimin. de *maison.*

maître, maîtresse [mɛtʀ, mɛtʀɛs] n. et adj. **I.** n. **1.** Personne qui exerce son autorité, de droit ou de fait. *On ne peut servir deux maîtres à la fois.* **2.** Propriétaire. *Le chien aime son maître. Voiture de maître,* avec chauffeur. **3.** *Maître de maison:* hôte, chef de famille. *Une maîtresse de maison achevée.* **4.** loc. *Être (le) maître de faire qqch,* avoir la liberté de le faire. – *Être son maître:* ne dépendre que de soi. – *Être maître de soi:* se dominer. – *Se rendre maître de qqch, de qqn,* s'en emparer. **5.** Chef, dirigeant. *Maître de ballet, de chapelle, des cérémonies. Maître d'hôtel,* qui dirige le service de table dans un hôtel ou chez des particuliers. ▷ MAR *Premier maître, quartier-maître, maître d'équipage:* grades de la marine militaire. ▷ CONSTR *Maître d'œuvre:* personne physique ou morale chargée de concevoir, d'étudier et de surveiller la réalisation d'un ouvrage. – *Maître de l'ouvrage:* personne physique ou morale qui décide la construction d'un ouvrage, en assure le financement et confie sa réalisation à un maître d'œuvre. **6.** Personne qui enseigne. – Vieilli *Maître d'école:* instituteur. – *Maître d'armes,* qui enseigne l'escrime. – Fig. *Le temps est un grand maître:* on apprend beaucoup de choses par l'expérience. **7.** Anc. Artisan d'une corporation, qui, après avoir été apprenti, puis compagnon, accédait à un rang lui permettant d'enseigner son métier. *Maître tailleur.* – Fig. *Passer maître en qqch,* y exceller. **8.** Artiste qui travaille avec ses élèves. *Œuvre d'atelier non signée par le maître.* – Artiste ancien non identifié. *Le Maître de Moulins. Le Maître de la légende de sainte Ursule.* **9.** Personne qui a excellé dans un art, une science, et sert de modèle. *Les grands maîtres de la peinture.* **10.** Titre donné aux avocats, aux notaires, aux commissaires-priseurs. *Par-devant Maître Untel, notaire.* ▷ Titre donné à un écrivain, à un artiste éminent, en s'adressant à lui. *Cher Maître.* **II.** adj. **1.** *Maîtresse femme:* femme énergique, qui s'impose avec autorité. **2.** CONSTR Qui supporte l'essentiel des efforts. *Poutre maîtresse.* **3.** Dominant. *La qualité maîtresse de qqn. Carte maîtresse,* supérieure à celle de l'adversaire. – A. fr. *maistre,* du lat. *magister, magistri.*

maître-à-danser [mɛtʀadɑ̃se] n. m. TECH Compas qui sert à mesurer les diamètres intérieurs. *Des maîtres-à-danser.* – De *maître, à* et *danser;* par anal. de la forme des branches avec les jambes d'une personne qui danse.

maître-autel [mɛtʀotɛl] n. m. Autel principal d'une église. *Des maîtres-autels.* – De *maître,* et *autel.*

maître chanteur. V. chanteur.

maîtresse [mɛtʀɛs] n. f. **I.** Fém. de *maître.* **II. 1.** Vx Femme aimée. **2.** Mod. Femme qui a des relations intimes avec un homme qui n'est pas son mari. – De *maître.*

maîtrisable [mɛtʀizabl] adj. Que l'on peut maîtriser. – De *maîtriser.*

maîtrise [mɛtʀiz] n. f. **1.** HIST Qualité de maître dans les anciennes corporations. **2.** École d'instruction musicale des enfants de chœur; ensemble des chanteurs. **3.** Ensemble du personnel chargé de l'encadrement des ouvriers (chefs d'ateliers, contremaîtres, chefs d'équipe). *Agent, cadre de maîtrise.* **4.** Titre universitaire supérieur au baccalauréat et inférieur au doctorat. **5.** Excellence dans un art, une science. *La maîtrise d'un musicien.* **6.** Domination, empire. *La maîtrise des mers.* ▷*Maîtrise de soi:* contrôle de soi-même. – De *maître.*

maîtriser [mɛtʀize] v. tr. [1] **1.** Réduire par la force, dompter. *Maîtriser un cheval fougueux.* **2.** Fig. Dominer. *Il faut maîtriser ses passions.* ▷ v. pron. *Se maîtriser:* se contrôler. *Maîtrisez-vous, ne vous emportez pas!* **3.** Savoir parfaitement conduire, traiter, utiliser. *Maîtriser son véhicule. Maîtriser son sujet, sa technique.* – Du préc.

maje. V. mage 2.

majesté [maʒɛste] n. f. **1.** Grandeur suprême; caractère auguste qui inspire le respect. *La majesté divine.* ▷ *Par ext.* Qualité de ce qui, par sa grandeur, sa noblesse, inspire admiration et respect. *La majesté d'un palais. La majesté du style d'un grand écrivain.* **2.** Titre donné aux souverains. *Sa Majesté. Votre Majesté. Leurs Majestés. Le roi de France était appelé «Sa Majesté Très Chrétienne».* **3.** BX-A *Christ, Vierge en majesté,* représentés assis sur un trône, dans une pose hiératique. – Lat. *majestas.*

majestueusement [maʒɛstɥøzmɑ̃] adv. Avec majesté. – De *majestueux.*

majestueux, euse [maʒɛstɥø, øz] adj. Qui a de la majesté, de la grandeur, de la noblesse. *Une allure majestueuse.* – De *majesté.*

majeur, eure [maʒœʀ] adj. et n. **I.** adj. **1.** Plus grand. *La majeure partie du territoire.* **2.** MUS *Tierce majeure,* qui est composée de deux tons. V. gamme, note, ton. **3.** JEU *Tierce, quarte majeure:* suite de trois, quatre cartes commençant par l'as. **4.** Grand, considérable. *Un intérêt majeur. Un cas de force majeure.* **5.** Qui a atteint l'âge de la majorité légale. *Un fils majeur.* **II.** n. **1.** Personne arrivée à l'âge de la majorité légale. **2.** n. m. Doigt du milieu, le plus long. Syn. médius. **3.** n. f. LOG Prémisse d'un syllogisme qui contient le grand terme, c.-à-d. celui qui a la plus grande extension. – Var. de *maieur, maior,* accus. de l'anc. adj. *maire* (V. ce mot).

majolique [maʒɔlik] ou **maïolique** [majɔlik] n. f. Faïence italienne de l'époque de la Renaissance, dont la fabrication fut introduite en Italie par des artisans des îles Baléares. – Ital. *majorica, majolica,* «de l'île de Majorque».

major [maʒɔʀ] adj. et n. m. **1.** adj. inv. Supérieur par le rang. *Médecin-major. Tambour-major. Infirmière-major.* **2.** n. m. Officier supérieur de l'armée dont le grade se situe entre capitaine et lieutenant-colonel. – *Major général:* officier général de l'armée dont le grade se situe entre brigadier-général et lieutenant-général. **3.** *Major de promotion:* premier au concours d'une grande École. *Le major de l'X.* – Lat. *major,* «plus grand», compar. de *magnus,* .

majorant [maʒɔʀɑ̃] n. m. MATH Élément de la partie d'un ensemble ordonné, tel que tous les autres éléments de cette partie lui sont inférieurs. Ant. minorant. – Ppr. de *majorer.*

majoration [maʒɔʀasjɔ̃] n. f. **1.** Action de majorer. – Surestimation. **2.** Hausse (de prix). – De *majorer.*

majordome [maʒɔʀdɔm] n. m. **1.** Chef des domestiques de la cour d'un souverain, du pape. **2.** Maître d'hôtel de grande maison. – Ital. *maggiordomo;* lat. médiév. *major domus,* «chef de la maison».

majorer [maʒɔʀe] v. tr. [1] **1.** Augmenter le nombre qui traduit (telle valeur). *Majorer un prix.* **2.** MATH Ajouter un majorant à (une partie d'un ensemble ordonné). – Du lat. *major,* «plus grand».

majorette [maʒɔʀɛt] n. f. Jeune fille en uniforme militaire de fantaisie, qui participe à une parade, à un défilé. – Mot amér., de *major,* «commandant», ou d'ap. *tambour-major.*

majoritaire [maʒɔʀitɛʀ] adj. **1.** *Scrutin majoritaire:* scrutin dans lequel celui des candidats qui a le plus grand nombre de voix l'emporte, sans qu'il soit tenu compte des voix minoritaires (opposé à *scrutin proportionnel*). **2.** Qui constitue une majorité, qui appartient à la majorité. *C'est l'opinion majoritaire.* **3.** DR COMM Qui possède la majorité des actions dans une société. *Actionnaire majoritaire.* – De *majorité.*

majorité [maʒɔʀite] n. f. **1.** Âge fixé par la loi pour que qqn jouisse du libre exercice de ses droits. *La majorité civile et légale est fixée au Canada à 18 ans.* **2.** Le plus grand nombre, la majeure partie. *Dans la majorité des cas.* **3.** Le plus grand nombre des suffrages dans un vote. *Majorité absolue,* se composant de la moitié des voix plus une. *Majorité relative,* qui résulte du plus grand nombre des voix obtenues. **4.** *La majorité :* le parti, le groupe qui réunit le plus grand nombre de suffrages. *Un membre de la majorité.* – Lat. *majoritas,* de *major,* «plus grand»; sens 2, 3, 4 par l'angl. *majority.*

majuscule [maʒyskyl] adj. et n. f. *Lettre majuscule:* grande lettre d'une forme particulière, à l'initiale d'un nom propre ou d'un mot placé en tête de phrase, de vers, etc. ▷ N. f. *Une majuscule.* Syn. capitale. Ant. minuscule. – Lat. *majusculus,* «un peu plus grand».

makémono [makemɔno] ou **makimono** [makimɔno] n. m. Peinture japonaise sur papier ou sur soie, plus large que haute, et qui se déroule horizontalement (à la différence du kakémono, qui se déroule verticalement). – Mot jap., «chose que l'on roule».

makhzen. V. maghzen.

maki [maki] n. m. Mammifère lémurien de Madagascar (genre *Lemur*), arboricole et frugivore, à très longue queue. – Mot malgache.

1. mal, maux [mal, mo] n. m. (N. B. Le pluriel est inusité aux sens IV et V.) **I. 1.** Douleur, souffrance physique. *Avoir mal aux dents, aux oreilles. Avoir de violents maux de tête.* ▷ Loc. pop. *Ça me ferait mal* (pour repousser une hypothèse, une éventualité). *Donner de l'argent? Ça me ferait mal!* (= je n'en ferai rien). **2.** Maladie. *La tuberculose n'est plus un mal incurable.* – Vx *Haut mal:* épilepsie. – *Mal de Pott:* tuberculose de la colonne vertébrale. – *Mal blanc:* panaris. ▷ Indisposition, malaise. – *Avoir mal au cœur:* avoir la nausée. – *Mal de mer, mal de l'air, mal des transports:* malaise généralisé, souvent accompagné de nausées et de vomissements, que ressentent certaines personnes à bord d'un bateau, d'un avion, d'un véhicule en mouvement, et qui est provoqué par les excitations anormales auxquelles sont soumis les organes de l'équilibration. – *Mal des montagnes:* ensemble des troubles (malaise respiratoire, céphalée, nausées, vertiges, asthénie) qui surviennent en altitude, et qui sont dus à la baisse de pression partielle de l'oxygène de l'air, entraînant l'appauvrissement en oxygène des tissus (hypoxie). ▷ Loc. prov. *Aux grands maux, les grands remèdes,* se dit lorsque la gravité de la situation impose que l'on intervienne avec énergie et décision. **II.** Peine, souffrance morale. *Reproches qui font du mal, qui font mal.* – *Le mal du pays:* la nostalgie. – *Le mal du siècle:* les tourments propres à une génération (partic. la mélancolie des romantiques). ▷ Fig. *Être en mal de:* manquer cruellement de. *Chanteur en mal de succès.* **III. 1.** Difficulté, peine. *Avoir du mal à comprendre. Se donner beaucoup de mal* (fam., *un mal de chien*) *pour faire une chose, pour aider qqn, etc.* **2.** Calamité, tourment. *Les maux de la guerre.* Dommage, dégât. *Le mal n'est pas si grand qu'on le disait. Il n'y a que demi-mal.* **3.** Inconvénient. *La discipline est un mal nécessaire.* **IV.** Parole, opinion défavorable (dans les expressions *dire, penser du mal*). *Dire du mal, penser le plus grand mal de qqn.* ▷ *En mal:* en mauvaise part. *Prendre tout en mal. Tourner en mal des paroles naïves.* **V.** Ce qui est contraire aux règles que la morale impose. *Être enclin au mal. Je le faisais sans songer à mal,* sans intention maligne ou mauvaise. ▷ *Le mal:* le principe que les différents systèmes philosophiques et religieux opposent au bien, à ce qui est considéré comme désirable, souhaitable, au regard de la morale naturelle. *Lutter contre les forces du mal.* – PHILO *Le problème du mal,* celui qui consiste à concilier l'existence du mal dans l'univers avec celle d'un Dieu bon et tout-puissant. – Lat. *malum.*

2. mal [mal] adv. **1.** D'une manière défavorable, fâcheuse. *Les affaires vont mal.* ▷ *Aller mal, être au plus mal:* être malade, très malade. *Se sentir mal:* éprouver un malaise. *Se trouver mal:* défaillir, tomber en syncope. **2.** D'une manière blâmable, contraire à la morale ou aux bienséances. *Se conduire mal. Mal tourner. Vous avez mal agi.* **3.** D'une manière défavorable. *Parler mal de qqn.* ▷ *Prendre mal une réponse, une réflexion, etc.,* s'en offenser. ▷ *Se mettre, être mal avec qqn,* se brouiller, être brouillé avec lui. **4.** D'une manière incorrecte ou défectueuse. *Écrire, chanter mal. Machine mal conçue.* ▷ Imparfaitement, incomplètement. *Travail mal fini. Être mal remis de ses émotions.* ▷ D'une façon qui ne convient pas, ne sied pas. *S'habiller mal. Venir mal à propos,* à contretemps. **5.** loc. adv. *Pas mal:* assez bien, plutôt bien. *Cette couleur ne fait pas mal sur vous.* ▷ (Avec valeur d'adj. en attribut.) *Ce garçon n'est pas mal,* il a des qualités (morales ou physiques). *Ce ne serait pas mal de peindre ce mur.* ▷ (Sans négation.) Fam. En assez grand nombre; beaucoup. *Il y avait pas mal de monde. On a pas mal couru.* **6.** *De mal en pis:* en s'aggravant. – Lat. *male.*

3. mal, e [mal] adj. **1.** Vx Pernicieux, funeste. *Mourir de male mort.* ▷ Mod., dans les loc. *bon an, mal an; bon gré, mal gré.* **2.** (En fonction d'attribut.) Contraire à la morale ou aux bienséances. *C'est mal de mentir, de dire des gros mots.* ▷ *Pas mal:* V. mal 2, sens 5. – Lat. *malus,* «mauvais».

malabar [malabaʀ] n. m. (et adj.) Pop. Homme très robuste et de forte stature. – P.-ê. de *Malabar,* rég. côtière de l'Inde.

malachigan [malaʃigɑ̃] n. m. Poisson d'eau douce nord-américain (*Aplodinotus grunniens*) plus gros que l'achigan et au corps plus haut, surtout dans la partie antérieure du dos. *Le malachigan a la faculté d'émettre des sons qui ressemblent à des grognements.* – Mot d'orig. algonquienne.

malachite [malakit] n. f. Carbonate hydraté de cuivre, de couleur verte, constituant un minerai de cuivre et employé dans l'ornementation et la joaillerie. – Lat. *molochitis,* mot gr., de *molokhê* ou *malakhê,* «mauve» (plante).

malaco-. Élément, du gr. *malakos,* «mou».

malacologie [malakɔlɔʒi] n. f. ZOOL Partie de la zoologie qui étudie les mollusques. – De *malaco-,* et *-logie.*

malacoptérygiens [malakɔpteʀiʒjɛ̃] n. m. pl. ZOOL Groupe de poissons téléostéens dont les rayons des nageoires sont mous (saumon, morue, carpe). – De *malaco-,* et du gr. *pterugion,* «nageoire».

malacostracés [malakɔstʀase] n. m. pl. ZOOL Sous-classe de crustacés appelés aussi *crustacés supérieurs,* dont le corps est divisé en 19 segments. (Elle comprend de très nombreux ordres, réunissant des espèces aussi diverses que les cloportes, les crevettes, les crabes, etc.) – De *malaco-,* et gr. *ostrakon,* «coquille».

malade [malad] adj. et n. **I.** adj. **1.** Qui éprouve quelque altération dans sa santé. *Tomber malade.* – Par exag. *Être malade de chagrin, d'anxiété.* ▷ *Spécial.* Qui éprouve des troubles mentaux, qui n'est pas parfaitement équilibré. *Avoir l'esprit malade.* **2.** (Parties du corps.) Dont l'état ou le fonctionnement est altéré. *Un poumon malade.* **3.** (Animaux, végétaux.) *Cheval malade. Les ormes de la capitale sont malades.* **4.** Fam. En mauvais état, mal en point. *Une voiture bien malade. Une économie malade.* **II.** n. Personne malade. *Soigner, guérir un malade. Malade mental.* – Du lat. imp. *male habitus,* «qui se trouve en mauvais état».

maladie [maladi] n. f. **1.** Altération de la santé. *Maladie chronique, mortelle. Maladie mentale. Maladie professionnelle.* – Par exag., fam. *Il en fera une maladie:* cela le contrariera extrêmement. ▷ *La maladie des jeunes chiens* ou, absol., *la maladie:* la maladie de Carré provoquée par un virus; elle peut être mortelle (la vaccination est efficace). **2.** (Végétaux.) *Les maladies de l'érable, de l'orme.* **3.** Altération chimique ou biochimique (de certaines substances). *Maladies du vin. Maladie de la pierre.* **4.** Fig. Ce qui est comparable à un état ou à un processus morbide. *«La guerre, vous dis-je, est une maladie affreuse»* (Voltaire). **5.** Propension excessive; manie. *Avoir la maladie du rangement, de la contradiction.* – Du préc.

maladif, ive [maladif, iv] adj. **1.** Sujet à être malade; de santé précaire. *Un enfant maladif.* **2.** Qui est le signe d'une maladie ou d'une santé précaire. *Teint maladif.* **3.** Qui a le caractère anormal d'une maladie. *Une susceptibilité maladive.* – De *malade.*

maladivement [maladivmɑ̃] adv. De manière maladive. – Du préc.

maladrerie [maladʀəʀi] n. f. Anc. Léproserie. – Altér. de *maladerie,* dér. de *malade,* par crois. avec *ladre, ladrerie.*

maladresse [maladʀɛs] n. f. **1.** Manque d'adresse. *Sauter avec maladresse.* **2.** Manque d'habileté, de tact. *Accumuler les maladresses.* – De *maladroit,* d'ap. *adresse.*

maladroit, oite [maladʀwa, wat] adj. et n. Qui n'est pas adroit. *Un graveur maladroit.* ▷ Qui manque d'habileté. *Un négociateur maladroit.* ▷ Qui marque de la maladresse. *Geste maladroit. Initiative maladroite.* ▷ Subst. *Un(e) maladroit(e).* – De *mal,* et *adroit.*

maladroitement [maladʀwatmɑ̃] adv. D'une manière maladroite. – Du préc.

malaga [malaga] n. m. Raisin muscat récolté dans la région de Malaga. ▷ Vin épais et sucré de cette région. – Du n. de *Malaga,* v. d'Espagne.

malaire [malɛʀ] adj. ANAT Relatif à la joue. *Os malaire.* – Du lat. *mala,* «mâchoire, joue».

malais, aise [malɛ, ɛz] adj. et n. De la Malaisie, rég. du S.-E. asiatique. – N. m. *Le malais:* la langue malaise parlée en Malaisie, à Sumatra et à Bornéo, et employée comme langue véhiculaire dans les régions côtières de l'Asie du Sud-Est. – Angl. *malay,* du malais.

malaise [malɛz] n. m. **1.** Sensation pénible d'un trouble, d'une indisposition physique. *Éprouver des malaises.* **2.** Fig. Sentiment pénible de gêne, de trouble mal défini. *Dissiper un malaise.* **3.** État d'inquiétude, de crise. *Le malaise économique.* – De *mal* 2, et *aise.*

malaisé, ée [maleze] adj. **1.** Qui n'est pas aisé, facile à faire. *Entreprise malaisée.* **2.** Vieilli D'usage difficile, incommode. *Escalier malaisé.* – Pp. de l'a. fr. *malaisier,* «blesser, mettre à mal», de *mal,* et *aisé.*

malaisément [malezemɑ̃] adv. D'une manière malaisée. – Du préc.

malandre [malɑ̃dʀ] n. f. **1.** VETER Crevasse au pli du genou du cheval. **2.** TECH Nœud pourri dans une pièce de bois. – Du lat. *malandria,* «espèce de lèpre».

malandrin [malɑ̃dʀɛ̃] n. m. Vieilli, litt. Vagabond, voleur, brigand. – Ital. *malandrino,* du rad. de l'occitan *landra,* «battre le pavé».

malappris, ise [malapʀi, iz] adj. et n. Vieilli Mal élevé, impertinent. – De *mal* 2, et *appris.*

malard [malaʀ] n. m. Canard sauvage (*Anas platyrhynchos,* fam. anatidés), très commun en Amérique et en Europe. *Le canard malard mâle se reconnaît à sa tête verte aux reflets métalliques, à sa poitrine rousse et à son collier blanc; la cane est brune.* Rem. En France, *malard* ne se dit que de l'oiseau mâle de cette espèce qui est appelée *(canard) colvert.* – De *mâle.*

malaria [malaʀja] n. f. Paludisme*. – Ital. *malaria,* de *mala,* et *aria,* «mauvais air».

malavisé, ée [malavize] adj. et n. Litt. Qui agit ou parle mal à propos, de façon irréfléchie ou inconséquente. – De *mal* 2, et *avisé.*

malaxage [malaksaʒ] n. m. Action de malaxer. – De *malaxer.*

malaxer [malakse] v. tr. [1] **1.** Pétrir (une substance, un mélange), pour l'amollir ou l'homogénéiser. *Malaxer une pâte.* **2.** Manier, triturer. – Lat. *malaxare,* «amollir».

malaxeur [malaksœʀ] n. m. Machine à malaxer. – Du *préc.*

malayo-polynésien, enne [malɛjopɔlinezjɛ̃, ɛn] adj. Se dit d'un ensemble de langues réparties en trois groupes: le groupe indonésien, le groupe mélanésien et le groupe polynésien. – De *malais,* et *polynésien.*

malchance [malʃɑ̃s] n. f. Mauvaise chance. *User, jouer de malchance.* Syn. (fam.) déveine, guigne. ▷ Événement par lequel se manifeste la mauvaise chance. *Quelle série de malchances!* – De *mal* 3, et *chance.*

malchanceux, euse [malʃɑ̃sø, øz] adj. et n. En butte à la malchance. – Du préc.

malcommode [malkɔmɔd] adj. Qui n'est pas commode. *Cette installation est malcommode.* Ant. pratique. – De *mal* 2, et *commode.*

maldonne [maldɔn] n. f. JEU Erreur commise dans la distribution des cartes. – Par ext., fam. *Il y a maldonne:* il y a erreur. – De *mal* 2, et *donner.*

mâle [mɑl] n. m. et adj. **1.** Individu (homme ou animal) qui appartient au sexe doué du pouvoir fécondant. *Le bélier est le mâle de la brebis.* – Adj. *Un héritier mâle. Une souris mâle.* ▷ BOT *Fleur mâle,* qui ne porte que les étamines. **2.** Fam. Homme considéré dans sa force virile. *Un beau mâle.* ▷ Adj. *Voix mâle. Une mâle assurance.* **3.** adj. TECH Se dit d'une pièce qui présente une saillie, une proéminence destinée à venir s'encastrer dans la cavité correspondante d'une autre pièce, dite *femelle. Une prise électrique mâle.* – Du lat. *masculus.*

maléate [maleat] n. m. CHIM Sel ou ester de l'acide maléique. – De *maléique,* et *-ate.*

malédiction [malediksjɔ̃] n. f. Litt. **1.** Action de maudire; paroles par lesquelles on maudit. *Proférer une malédiction.* **2.** Réprobation divine, fatalité. *Une malédiction semble peser sur cette maison.* **3.** interj. Juron conventionnel (dans la langue écrite). *Malédiction! Il s'est enfui!* – Lat. *maledictio,* «médisances, injures».

maléfice [malefis] n. m. Opération magique destinée à nuire; mauvais sort, enchantement. Syn. sortilège. – Lat. *maleficium,* «méfait».

maléfique [malefik] adj. Qui exerce une influence surnaturelle mauvaise. *Astres maléfiques.* – Lat. *maleficus,* «méchant, criminel».

maléique [maleik] adj. CHIM *Acide maléique:* acide de formule $CO_2H - CH = CH - CO_2H$, qui entre dans la composition de certaines matières plastiques. – De *malique.*

malencontreusement [malɑ̃kɔ̃tʀøzmɑ̃] adv. Mal à propos. – De *malencontreux.*

malencontreux, euse [malɑ̃kɔ̃tʀø, øz] adj. Qui survient mal à propos. *Une initiative malencontreuse.* – De l'a. fr. *malencontre,* de *mal* 3, et a. fr. *encontre,* «rencontre».

mal-en-point ou **mal en point** [malɑ̃pwɛ̃] loc. adj. inv. En mauvais état de santé ou de fortune. *Être mal-en-point.* – De *mal* 2, *en,* et *point.*

malentendant, ante [malɑ̃tɑ̃dɑ̃, ɑ̃t] n. Personne qui souffre d'une déficience de l'ouïe. – De *mal* 2, et *entendant,* ppr. de *entendre.*

malentendu [malɑ̃tɑ̃dy] n. m. Mauvaise interprétation d'une parole, d'un acte, entraînant une confusion; situation qui en résulte. *Leur désaccord repose sur un malentendu.* Syn. méprise. – De *mal* 2, et *entendu,* pp. de *entendre.*

malfaçon [malfasɔ̃] n. f. Défaut dans la confection d'un ouvrage. – De *mal* 3, et *façon.*

malfaisance [malfəzɑ̃s] n. f. Litt Disposition à faire du mal à autrui. – De *malfaisant.*

malfaisant, ante [malfəzɑ̃, ɑ̃t] adj. **1.** Qui se plaît à nuire. *Les korrigans sont des esprits malfaisants.* **2.** Néfaste, nuisible. *Influence malfaisante. Animaux malfaisants.* – Ppr. de l'anc. v. *malfaire.*

malfaiteur [malfɛtœʀ] n. m. Homme qui vit en marge de la loi, en tirant profit d'activités délictueuses ou criminelles. *La police vient d'arrêter un dangereux malfaiteur.* Syn. bandit. – Adapt. du lat. *malefactor,* d'ap. *faire.*

malfamé, ée ou **mal famé, ée.** V. famé.

malformation [malfɔʀmasjɔ̃] n. f. Anomalie congénitale, vice de conformation. *Malformation cardiaque.* – De *mal* 3, et *formation.*

malfrat [malfʀa] n. m. Fam. Malfaiteur, truand. – Du languedocien *malfar,* «mal faire».

malgache [malgaʃ] adj. et n. **1.** De Madagascar. – Subst. Habitant ou personne originaire de Madagascar. **2.** n. m. *Le malgache :* la langue officielle de Madagascar, appartenant à la famille malayo-polynésienne. – Mot indigène; variante: *malagasy.*

malgracieux, ieuse [malgʀasjø, jøz] adj. Rare Qui manque de grâce, d'amabilité, de politesse. *Une réponse malgracieuse.* Syn. rude, incivil. – De *mal* 2, et *gracieux.*

malgré [malgʀe] prép. **I.** prép. Contre la volonté, le désir, la résistance de (qqn); en dépit de (qqch). *Il a fait cela malgré moi. Il est sorti malgré la pluie.* Syn. (litt.) en dépit de; (vieilli) nonobstant. ▷ *Malgré tout:* en dépit de tout, quoi qu'il arrive. *Je veux malgré tout tenter l'expérience.* **II.** loc. conj. *Malgré que.* **1.** Bien que, quoique (emploi critiqué). *«Malgré qu'il ait obtenu tous les prix de sa classe»* (Mauriac). **2.** Litt. *Malgré que j'en aie, qu'il en ait:* quelque mauvais gré que j'en aie, qu'il en ait; en dépit de moi, de lui. – Réfect. de *maugré,* de *mal* 1, et *gré.*

malhabile [malabil] adj. Qui manque d'habileté, d'adresse. Syn. maladroit. – De *mal* 2, et *habile.*

malhabilement [malabilmɑ̃] adv. De manière malhabile. – Du préc.

malheur [malœʀ] n. m. **1.** Mauvaise fortune, sort funeste. *Le malheur a voulu que je sois absent ce soir-là. Le chiffre treize passe pour porter malheur.* – Loc. *Jouer de malheur:* être victime de la malchance. ▷ Loc. exclam. *Malheur à, sur...* (exprimant une imprécation). *Malheur à vous si vous n'obéissez pas!* – *Malheur!* (exprimant une déception, un regret). *Malheur! J'ai tout cassé!* **2.** Situation douloureuse, pénible; adversité. *Être dans le malheur. Pour mon malheur, j'ai suivi ses conseils. Le malheur des uns fait souvent le bonheur des autres.* ▷ *Faire le malheur de qqn:* être la cause d'événements qui l'affligent. **3.** Évènement affligeant, douloureux. *C'est un grand malheur qui nous arrive! Quel malheur!* ▷ *Ce n'est pas un malheur:* ce n'est pas grave; fam., c'est heureux. *Il a fini par vous payer? Ce n'est pas un malheur!* ▷ *Faire un malheur:* se livrer à une action violente, à un éclat regrettable. – (Par antiphrase.) Avoir un succès considérable, gagner. *Cette équipe de football peut faire un malheur dans le championnat.* ▷ Prov. *Un malheur ne vient, n'arrive jamais seul. À quelque chose malheur est bon:* un malheur nous procure parfois des avantages imprévus. – De *mal* 3, et *heur.*

malheureusement [malœʀøzmɑ̃] adv. **1.** Rare D'une manière malheureuse, malencontreusement. *Il lui arrive de parler malheureusement.* **2.** Par malheur. *Il n'est malheureusement pas à la hauteur.* – De *malheureux.*

malheureux, euse [malœʀø, øz] adj. et n. **I.** adj. et n. **1.** Qui est dans une situation pénible, douloureuse. *Vos paroles l'ont rendu bien malheureux. Être malheureux comme les pierres.* ▷ Subst. *Il souffre, le malheureux.* **2.** Qui n'a pas de chance; qui ne réussit pas. *Il a été plutôt malheureux dans le choix de ses collaborateurs. Le candidat malheureux a reçu un lot de consolation.* ▷ Subst. (désignant la victime d'un accident, d'une calamité). *La malheureuse a coulé à pic.* ▷ Exclam. (en apostrophe). *Taisez-vous, malheureux! Qu'alliez-vous faire, malheureux!* **3.** Subst. Individu dans la misère. *Des petits malheureux en haillons.* Syn. pauvre, indigent. **II.** adj. **1.** Pénible, douloureux, affligeant. *Être dans une situation malheureuse. C'est malheureux:* c'est dommage, regrettable. ▷ Qui dénote le malheur. *Un air malheureux.* **2.** Qui porte malheur. *Être né sous une malheureuse étoile.* **3.** Qui a des conséquences fâcheuses ou funestes. *Parole, geste malheureux.* Syn. malencontreux. **4.** Qui ne réussit pas. *Une initiative malheureuse. – Passion malheureuse,* qui n'est pas payée de retour. **III.** adj. (Placé devant le nom.) Insignifiant, négligeable. *Il ne vous demande qu'un seul malheureux dollar.* – De *malheur.*

malhonnête [malɔnɛt] adj. **1.** Qui manque à la probité. *Caissier malhonnête.* Syn. indélicat. Ant. honnête, intègre. – (Choses.) *Action malhonnête.* **2.** Vieilli Incivil, grossier. *Langage malhonnête.* ▷ Subst. Personne incivile. *Taisez-vous, malhonnête!* **3.** Vieilli Contraire à la décence. *Propositions malhonnêtes.* Syn. déshonnête, inconvenant. – De *mal* 2, et *honnête.*

malhonnêtement [malɔnɛtmɑ̃] adv. D'une manière malhonnête. – Du préc.

malhonnêteté [malɔnɛtte] n. f. **1.** Manque de probité. *Son ambition n'a d'égal que sa malhonnêteté.* ▷ Action malhonnête. *Commettre une malhonnêteté.* **2.** Vieilli Manque de civilité, de politesse. – Parole, action impolie, malséante. *Dire des malhonnêtetés.* Syn. incorrection, impolitesse. ▷ Indécence. – De *malhonnête.*

malice [malis] n. f. **1.** Vx Inclination à nuire, à mal faire avec adresse et finesse. ▷ Mod. *Il ne faut pas entendre malice à ses plaisanteries,* il ne faut y voir aucune intention de blesser. *Un homme sans malice,* simple et bon, sans méchanceté, un peu naïf. **2.** Disposition à l'espièglerie, à la taquinerie. *Enfant plein de malice.* **3.** DR État d'esprit qui incite une personne à faire volontairement certains actes ou à se conduire mal dans le but de nuire, sans aucune justification ni excuse. – Lat. *malitia,* «méchanceté», de *malus,* «mal».

malicieusement [malisjøzmɑ̃] adv. Avec malice. – De *malicieux.*

malicieux, ieuse [malisjø, jøz] adj. **1.** Qui a de la malice. *Enfant malicieux.* Syn. taquin, espiègle. **2.** Qui dénote la malice, où il entre de la malice. *Ton malicieux.* Syn. railleur, narquois. – Lat. *malitiosus,* «méchant», de *malitia,* «méchanceté».

malien, ienne [maljɛ̃, jɛn] adj. et n. Du Mali. – Du n. du *Mali,* État intérieur d'Afrique occid.

malignité [maliɲite] n. f. **1.** Inclination à nuire. *La malignité du cœur humain.* Syn. méchanceté, malveillance, malice. **2.** MED Caractère de gravité (d'une maladie). *La malignité d'une fièvre.* – Lat. *malignitas.*

malikite. V. malékite.

malin, maligne [malɛ̃, maliɲ] adj. et n. **I. 1.** Vx Qui prend plaisir à nuire. ▷ Mod. *L'esprit malin* ou, absol., *le Malin:* le diable. **2.** Où il entre de la méchanceté. *Joie maligne. Il prend un malin plaisir à la mettre en colère.* **3.** Mauvais, pernicieux. *La maligne influence des astres.* ▷ MED Qui présente un caractère de gravité. Ant. bénin. *Tumeur maligne,* à potentiel évolutif grave, et pouvant se généraliser. **II. 1.** Fin, rusé, astucieux. *Malin comme un singe.* Syn. (fam.) futé. ▷ Subst. *C'est un malin qui ne se laissera pas duper.* ▷ Fam. *Faire le malin:* faire le fanfaron, affecter un air de supériorité. **2.** Fam. *Ce n'est pas malin de lui avoir dévoilé notre plan* : ce n'est pas très intelligent. – Par antiphrase. *C'est malin ! tu as tout gâché. Ce n'était pas malin, mais encore fallait-il y penser:* ce n'était pas difficile à trouver. – Lat. *malignus,* «méchant».

malingre [malɛ̃gʀ] adj. (et n.) De constitution délicate et chétive. *Personne malingre.* – P.-ê. de *mal,* et de l'a. fr. *haingre,* «faible, décharné».

malinois, oise [malinwa, waz] n. et adj. **1.** De Malines. **2.** n. m. Chien de berger belge à poil court fauve. – De *Malines,* v. de Belgique.

malintentionné, ée [malɛ̃tɑ̃sjɔne] adj. Qui a de mauvaises intentions. *Il n'est pas malintentionné, il est seulement maladroit.* – De *mal* 2, et *intentionné.*

malique [malik] adj. CHIM *Acide malique:* diacide alcool existant dans les fruits et les plantes. – Du lat. *malum,* «pomme».

mal-jugé [malʒyʒe] n. m. Jugement qui n'est pas conforme à l'équité, sans contrevenir à la loi. *Des mal-jugés.* Ant. bien-jugé. – De *mal* 2, et *juger.*

malle [mal] n. f. **I. 1.** Coffre servant à enfermer les objets que l'on transporte en voyage, valise de grande dimension, portant généralement deux poignées. ▷ *Faire sa malle:* préparer ses bagages, et, *par ext.,* s'apprêter à partir. **2.** Coffre à bagages d'une automobile. **II. 1.** HIST *Malle-poste* ou *malle:* anc. voiture de l'administration française des postes, dans laquelle on admettait les voyageurs. ▷ *Malle des Indes:* service postal rapide assuré de 1839 à 1939 entre l'Angleterre et les Indes en passant par la France. – Bateau et train qui assuraient ce service. **2.** Vieilli ou fam. Courrier. *Recevoir de la malle. Aller chercher la malle* ou *aller à la malle.* – Poste. *Envoyer un paquet par la malle.* – Cour. *Boîte à malle:* boîte postale publique ou privée. – Frq. **malha,* «sacoche»; sens II, 1 (*Malle des Indes*) et II, 2, d'ap. l'angl. *mail,* «poste».

malléabilité [maleabilite] n. f. Propriété des corps malléables. ▷ Fig. *La malléabilité des jeunes esprits.* – De *malléable.*

malléable [maleabl] adj. **1.** Se dit d'une substance qui peut facilement être façonnée en lames ou en feuilles par martelage. *Les métaux les plus malléables sont l'or, l'argent, l'aluminium et le cuivre.* **2.** *Par ext.,* cour. Qui n'oppose pas de résistance à la déformation; que l'on peut façonner, modeler sans difficulté. *La cire est une substance malléable.* ▷ Fig. *Caractère malléable.* – Du lat. *malleus,* «marteau».

malléole [maleɔl] n. f. ANAT Chacune des saillies osseuses communément appelées *chevilles,* formées par les extrémités inférieures du tibia et du péroné. – Lat. *malleolus,* dimin. de *malleus,* «marteau».

mallette [malɛt] n. f. Petite valise. – Dimin. de *malle.*

mallophages [malɔfaʒ] n. m. pl. ZOOL Ordre d'insectes aptères comprenant les poux des oiseaux. – Du gr. *mallos,* «touffe de laine», et de *-phage.*

malmener [malmәne] v. tr. **[19]** **1.** Traiter (qqn) avec rudesse, en paroles ou en actes. **2.** *Malmener un adversaire,* le tenir en échec par une action rude, énergique. – De *mal* 2, et *mener.*

malnutrition [malnytʀisjɔ̃] n. f. Didac. Déficience ou déséquilibre de l'alimentation provoquant un état pathologique plus ou moins grave. – De *mal* 3, et *nutrition.*

malodorant, ante [malɔdɔʀɑ̃, ɑ̃t] adj. Qui dégage une mauvaise odeur, qui sent mauvais. – Fig. *Des trafics d'influence plus ou moins malodorants.* – De *mal* 2, et *odorant.*

malonique [malɔnik] adj. CHIM *Acide malonique:* acide homologue de l'acide oxalique, dont les dérivés sont utilisés dans la fabrication des barbituriques. – De *malique.*

malotru, ue [malɔtʀy] n. Personne qui a des manières grossières. *Ce malotru ne s'est même pas excusé.* – De l'anc. *malastru,* lat. pop. *male astrucus,* «né sous un mauvais astre».

malouin, ine [malwɛ̃, in] adj. et n. De Saint-Malo. *Jacques Cartier était malouin.* ▷ Subst. Habitant ou personne originaire de cette ville. – De *(Saint-)Malo,* port du nord-ouest de la France.

malpighie [malpigi] n. f. BOT Plante dicotylédone d'Amérique du S., appelée aussi cerisier des Antilles (genre *Malpighia,* fam. malpighiacées), dont certaines espèces donnent des fruits comestibles. – Du nom du botaniste et anatomiste ital. M. *Malpighi* (1628-1694).

malpropre [malpʀɔpʀ] adj. **1.** Qui manque de propreté; sale. *Un homme, un habit malpropre.* **2.** Fig. Indécent, grivois. *Propos malpropres.* **3.** Contraire à la droiture, malhonnête. *Des manœuvres malpropres.* ▷ Subst. Personne peu recommandable. *On l'a renvoyé comme un malpropre.* – De *mal* 2, et *propre.*

malproprement [malpʀɔpʀәmɑ̃] adv. D'une manière malpropre. *Manger malproprement.* – Du préc.

malpropreté [malpʀɔpʀәte] n. f. **1.** État de ce qui est malpropre. *Cette chambre est d'une malpropreté repoussante.* **2.** Fig. Indécence, grivoiserie. ▷ Action ou parole indécente. *Raconter des malpropretés.* **3.** Indélicatesse, malhonnêteté d'une personne. ▷ Action malhonnête. – De *malpropre.*

malsain, aine [malsɛ̃, ɛn] adj. **1.** Qui n'est pas en bonne santé; maladif. *Un enfant malsain.* ▷ Qui dénote un mauvais état de santé. – *Spécial.* Qui dénote une mauvaise santé morale, mentale. *Une curiosité malsaine.* **2.** Qui est nuisible à la santé. *Climat malsain.* ▷ *Spécial.* Qui est nuisible à la santé morale, mentale. *Une excitation malsaine.* – De *mal* 2, et *sain.*

malséant, ante [malseɑ̃, ɑ̃t] adj. Litt. Contraire à la bienséance. *Propos malséants.* ▷ Qui ne convient pas, compte tenu des circonstances; hors de propos, déplacé. *Interruption malséante.* – De *mal* 2, et *séant.*

malséance [malseɑ̃s] n. f. Rare Caractère de ce qui est malséant. – De *malséant.*

malsonnant, ante [malsɔnɑ̃, ɑ̃t] adj. Litt. Qui choque par sa grossièreté (paroles). *Ils ont échangé quelques propos malsonnants.* – De *mal* 2, et ppr. de *sonner.*

malstrom. V. maelstrom.

malt [malt] n. m. Graines d'orge (quelquefois d'une autre céréale), ayant subi le maltage, que l'on utilise dans la fabrication de la bière, du whisky, et de quelques autres produits alimentaires. – Mot angl.

maltage [maltaʒ] n. m. Suite d'opérations (humidification, dessèchement, dégermage) qui a pour but de développer dans les graines de l'orge (ou d'une autre céréale) une enzyme transformant l'amidon en maltose. – Transformation de l'orge, d'une céréale en malt. – De *malter.*

maltais, aise [maltɛ, ɛz] adj. et n. **I.** adj. De Malte. **II.** n. **1.** Habitant ou personne originaire de Malte. **2.** n. m. *Le maltais:* la langue officielle de Malte, dérivée de l'arabe et écrite à l'aide d'un alphabet latin complété. – Du n. de l'île de *Malte.*

maltase [maltɑz] n. f. BIOCHIM Enzyme d'origine salivaire ou intestinale qui hydrolyse le maltose en deux molécules de glucose. – De *malt.*

malté, ée [malte] adj. **1.** Converti en malt. **2.** Qui contient du malt. *Biscuit malté.* **3.** Qui rappelle le malt. *Goût malté.* – Pp. de *malter.*

malter [malte] v. tr. [1] Convertir en malt. – De *malt.*

malterie [maltəʀi] n. f. Usine dans laquelle on prépare le malt. – De *malt.*

malthusianisme [maltyzjanism] n. m. Doctrine de Malthus selon laquelle, la population tendant à s'accroître plus rapidement que la somme des subsistances, le seul remède à l'accroissement de la misère est la limitation volontaire des naissances par abstinence. ▷ *Malthusianisme économique:* politique consistant à restreindre volontairement la production d'un État, d'un secteur industriel. – De *malthusien.*

malthusien, enne [maltyzjɛ̃, ɛn] adj. et n. **1.** adj. Qui a rapport au malthusianisme. **2.** n. Partisan de la doctrine de Malthus. – Du n. de l'économiste angl. Thomas Robert *Malthus* (1766-1834).

maltose [maltoz] n. m. BIOCHIM Sucre formé de deux molécules de glucose. – De *malt,* et *-ose* 1.

maltôte [maltot] n. f. HIST Impôt exceptionnel levé sur les ventes de marchandises, sous l'Ancien Régime en France. – De *mal* 3, et a. fr. *tolte,* «imposition».

maltraiter [maltʀɛte] v. tr. [1] **1.** Traiter d'une façon brutale; faire subir des violences à. *Maltraiter un chien.* **2.** Traiter sans aménité, rudoyer, malmener. *Maltraiter ses employés.* – Par ext. *La critique a maltraité ce spectacle.* – De *mal* 3, et *traiter.*

malus [malys] n. m. Augmentation en pourcentage du montant de la prime d'assurance d'un véhicule, en cas d'accidents engageant la responsabilité du conducteur. Ant. bonus. – Mot lat., «mauvais».

malvacées [malvase] n. f. pl. BOT Famille de dicotylédones dialypétales des régions tempérées et tropicales comprenant des plantes herbacées *(mauve),* des arbustes *(cotonnier)* et des arbres *(fromager).* – Latin *malvaceus,* de *malva,* «mauve» (plante).

malveillance [malvɛjɑ̃s] n. f. **1.** Disposition à vouloir du mal à son prochain; disposition à blâmer, à critiquer autrui. **2.** Intention criminelle. *Un incendie dû à la malveillance.* – De *malveillant.*

malveillant, ante [malvɛjɑ̃, ɑ̃t] adj. et n. **1.** Qui a de la malveillance. *Un homme malveillant.* ▷ Subst. *Laissez dire les malveillants.* **2.** Qui manifeste de la malveillance. *Des bavardages malveillants.* – De *mal* 2, et *vueillant,* anc. ppr. de *vouloir.*

malvenu, ue [malvəny] adj. **1.** Qui s'est mal développé. *Un arbre malvenu.* **2.** Litt. Qui n'a pas de raison légitime pour (faire qqch). *Il serait bien malvenu à se plaindre.* – Par ext. *Des reproches malvenus.* – De *mal* 2, et du pp. de *venir.*

malversation [malvɛʀsasjɔ̃] n. f. Faute grave commise par cupidité dans l'exercice d'une charge. – *Spécial.* Détournement de fonds publics. *Les malversations d'un fonctionnaire.* – De l'a. fr. *malverser,* du lat. *male versari,* «se comporter mal».

malvoisie [malvwazi] n. m. **1.** Vin grec sucré et liquoreux, originaire de la région de Malvoisie. **2.** Vins de différents pays obtenus avec le cépage de Malvoisie. **3.** *Par ext.* Vin cuit et sucré rappelant le malvoisie. – Du nom de *Malvoisie,* auj. Monemvasia, v. de Grèce.

malvoyant, ante [malvwajɑ̃, ɑ̃t] n. Personne qui souffre d'une déficience de la vue. – De *mal* 2, et *voyant,* ppr. de *voir.*

maman [mɑmɑ̃] n. f. Mère (mot affectueux). *Va voir maman. Dis, maman... Ma maman, elle est pas là.* – Formation enfantine par redoubl., ou mot gr. et lat. *mamma* «sein».

mambo [mɑ̃bo] n. m. Danse latino-américaine à quatre temps, tenant de la rumba et du cha-cha-cha. – Orig. incert.

mamelle [mamɛl] n. f. **1.** Organe glandulaire propre aux femelles des mammifères placentaires et marsupiaux, qui sécrète le lait. **2.** Vx ou MED Mamelle de la femme, sein. *Un enfant à la mamelle,* qui tète encore. – Mod., péjor. Gros sein. ▷ *Par ext.* Vx Le même organe, atrophié, chez l'homme. – Lat. *mamilla,* de *mamma,* «sein, mamelle».

mamelon [mamlɔ̃] n. m. **1.** ANAT Saillie conique formant la pointe du sein de la femme. *Le mamelon est entouré d'une zone pigmentée, l'aréole.* **2.** Éminence, saillie arrondie. ▷ Élévation de terrain de forme arrondie. ▷ TECH Raccord fileté à ses deux extrémités. – Du préc.

mamelonné, ée [mamlɔne] adj. Qui présente des protubérances en forme de mamelons. *Terrain mamelonné.* – Du préc.

mamelouk ou **mameluk** [mamluk] n. m. HIST **1.** Soldat turco-égyptien faisant partie d'une milice destinée à la garde du sultan. **2.** Soldat d'une compagnie formée pendant la campagne d'Égypte et que Napoléon Ier intégra partiellement dans la garde impériale en 1804. – Ar. d'Égypte *mamlūk,* «esclave».

mamelu, ue [mamly] adj. Vx ou plaisant. Qui a de gros seins. – De *mamelle.*

m'amie ou **mamie** [mami] n. f. Abrév. fam. et anc. de *ma amie* (mon amie).

mamie ou **mammy** [mami] n. f. Fam. Grand-mère (langage enfantin). Syn. pop. mémé, mémère. – Angl. *mammy,* «maman».

mamillaire [mamil(l)ɛʀ] adj. et n. **1.** adj. ANAT En forme de mamelon. ▷ Qui concerne le mamelon. **2.** n. f. BOT Cactacée (genre *Mamillaria*) portant des mamelons épineux. – Du lat. *mamilla.*

mammaire [mammɛʀ] adj. ANAT Relatif aux mamelles. *Sécrétion mammaire. Glandes mammaires.* – Du lat. *mamma,* «sein, mamelle».

mammalien, enne [mammaljɛ̃, ɛn] adj. ZOOL et PALEONT *Reptiles mammaliens:* reptiles fossiles, pourvus de mamelles, qui existèrent dès le Permien et dont sont issus les mammifères. ▷ *Lignée mammalienne,* celle des reptiles mammaliens. – Du lat. *mamma,* «mamelle».

mammalogie [mammalɔʒi] n. f. Partie de la zoologie qui étudie les mammifères. – Du lat. *mamma,* «mamelle», et de *-logie.*

mammalogiste [mammalɔʒist] n. Zoologiste qui étudie les mammifères. – Du préc.

mammectomie [mamɛktɔmi] n. f. CHIR Ablation chirurgicale de la glande mammaire. – Du lat. *mamma*, «sein», et de *-ectomie*.

mammifère [mamifɛʀ] adj. et n. m. ZOOL Qui a des mamelles. ▷ N. m. pl. Classe de vertébrés supérieurs homéothermes («à température constante»), portant des mamelles (ou des aires mammaires). *L'homme fait partie des mammifères*. – Au sing. *Un mammifère*. – Du lat. *mamma*, «mamelle», et de *-fère*.
ENCYCL Les mammifères forment la classe de vertébrés la plus évoluée. Les glandes mammaires, qui caractérisent leurs femelles (à l'exception de celles des monotrèmes), sécrètent du lait pour nourrir les jeunes. Leur cœur est divisé en quatre cavités et ils possèdent un encéphale volumineux. Leur corps est le plus souvent couvert de poils. Les organes des sens sont très développés. Les mammifères peuplent tous les milieux; certains vivent sous terre *(taupe)*, d'autres sont amphibies *(loutre, castor)*, marins *(cétacés)* ou adaptés au vol *(chauve-souris)*; beaucoup sont terrestres *(lion, zèbre)* et arboricoles *(écureuil, singe)*. Les mammifères, issus des reptiles mammaliens, apparaissent au Trias. La plupart des ordres actuels existent depuis le Tertiaire. Les mammifères se divisent en 3 sous-classes: les *protothériens*, fossiles, à l'exception de quelques rares monotrèmes *(ornithorhynque)*, les *marsupiaux* ou *métathériens (kangourou, opossum)*, les *placentaires* ou *euthériens*. Ces derniers comprennent 11 ordres: ongulés, carnivores, fissipèdes terrestres (félidés, chiens, ours) ou pinnipèdes marins (phoques); cétacés, à fanons (mysticètes: baleines) ou à dents (odontocètes: dauphins); xénarthres (tatous, paresseux); pangolins, recouverts d'écailles; rongeurs (rats, écureuils), lagomorphes (lièvres, lapins); chiroptères (chauves-souris); galéopithèques ou dermoptères, aptes au vol; insectivores (hérissons, taupes); primates (tarsiens, lémuriens, singes et hominiens). Les ongulés constituent soit un super-ordre, soit un ordre divisé en 5 sous-ordres: artiodactyles (porc, bœuf, girafe), périssodactyles (cheval, rhinocéros), proboscidiens (éléphant), siréniens (lamantin), tubulidentés (oryctérope).

mammite [mam(m)it] n. f. MED, MED VET Inflammation de la glande mammaire. – Lat. *mamma*, «sein, mamelle», et de *-ite* 1.

mammographie [mammɔgʀafi] n. f. MED Radiographie des seins. – Du lat. *mamma*, «sein», et de *-graphie*.

mammoplastie [mammɔplasti] n. f. CHIR Intervention de chirurgie réparatrice ou esthétique sur les seins. – Du lat. *mamma*, «sein», et de *-plastie*.

mammouth [mamut] n. m. Éléphant fossile du quaternaire, qui possédait une toison roussâtre, de grandes défenses courbes, et mesurait 3,50 m de haut. *Des spécimens congelés de mammouths, très bien conservés, ont été trouvés dans les marais sibériens*. – Mot russe, d'une langue sibérienne, propr. «qui vit sous terre» (les mammouths retrouvés étant des fossiles).

mammy. V. mamie.

mamours [mamuʀ] n. m. pl. Fam. Démonstrations de tendresse. *Ils se font des mamours*. – De *m'amour, ma amour*, «mon amour».

mam'selle ou **mam'zelle** [mamzɛl] n. f. Pop., vieilli Abrév. de *mademoiselle*.

man [mɑ̃] n. m. Larve du hanneton, dite aussi *ver blanc*. – Du frq. **mado*, «ver».

mana [mana] n. m. ETHNOL Force, influence immatérielle, dans certaines religions d'Océanie. – Mot mélanésien.

manade [manad] n. f. En Provence, troupeau de chevaux, de taureaux conduit par un gardian. – Esp. *manada*.

manant [manɑ̃] n. m. **1.** HIST Au Moyen Âge, personne qui habitait un bourg ou un village. – *Spécial*. Roturier soumis à la justice seigneuriale; vilain. **2.** Vx, péjor. Paysan. **3.** Litt. Homme grossier, mal élevé. – Ppr. de l'anc. v. *maneir, manoir*, du lat. *manere*, «demeurer».

mancelle [mɑ̃sɛl] n. f. Courroie ou chaîne qui relie le collier d'un cheval à chacun des brancards d'une voiture. – Lat. pop. **manicella*, «petite poignée», de *manus*, «main».

mancenille [mɑ̃snij] n. f. Fruit du mancenillier, qui ressemble à une petite pomme. – Esp. *manzanilla*, dimin. de *manzana*, «pomme».

mancenillier [mɑ̃snije] n. m. Arbre des Antilles et d'Amérique tropicale (*Hippomane mancinella*, fam. euphorbiacées) qui sécrète un latex caustique extrêmement vénéneux. – Du préc.

1. manche [mɑ̃ʃ] n. m. **I. 1.** Partie d'un instrument, d'un outil, par laquelle on le tient pour en faire usage. *Le manche d'un couteau, d'une pelle*. – Fig. et fam. *Branler dans le manche*: être mal assuré, avoir sa situation compromise. – *Être du côté du manche*, du côté du plus fort. ▷ AVIAT *Manche à balai* ou *manche*: levier qui commande les gouvernes de profondeur et les ailerons d'un avion. ▷ *Manche à gigot*: poignée que l'on adapte à l'os d'un gigot pour le découper. **2.** Partie découverte de l'os d'un gigot, d'une côtelette. *Découper un gigot en le tenant par le manche*. **3.** MUS Partie allongée d'un instrument, sur laquelle les cordes sont tendues. *Manche de guitare*. **II.** Fig. et fam. Personne maladroite, incapable. *Se débrouiller comme un manche*. – Du lat. pop. *manicus*, de *manus*, «main».

2. manche [mɑ̃ʃ] n. f. **1.** Partie du vêtement qui recouvre le bras. *Manches longues, courtes. Retrousser ses manches*. ▷ *Être en manches de chemise*, sans veston. – Fig., fam. *Avoir qqn dans sa manche*, en disposer; être protégé par lui. ▷ *C'est une autre paire de manches*: ce n'est pas la même chose; c'est plus difficile. **2.** (Par anal. de forme.) *Manche à air* : tube coudé, à l'extrémité évasée, qui sert de prise d'air, sur le pont d'un navire. – Tronc de cône en toile servant à indiquer la direction du vent, sur un terrain d'aviation. ▷ *Manche à incendie*: tuyau d'incendie souple. **3.** Vx Canal, bras de mer. – *Absol.*, mod. *La Manche*, mer bordière de l'Atlantique. **4.** Chacune des parties liées d'un jeu, d'une compétition. *Gagner la première manche*. – Du lat. *manica*, de *manus*, «main».

3. manche [mɑ̃ʃ] n. f. Arg. *Faire la manche*: faire la quête; mendier. *Accordéoniste qui fait la manche à la terrasse des cafés*. – Ital. *mancia*, «obole, quête», empr. du fr. *manche* 2.

1. mancheron [mɑ̃ʃʀɔ̃] n. m. TECH Chacune des deux poignées du manche d'une charrue. – De *manche* 1.

2. mancheron [mɑ̃ʃʀɔ̃] n. m. **1.** Manche très courte. **2.** Haut d'une manche. – De *manche* 2.

manchette [mɑ̃ʃɛt] n. f. **1.** Garniture fixée aux poignets d'une chemise ou au bas des manches d'une robe. *Boutons de manchettes*. **2.** Demi-manches destinées à protéger celles d'un vêtement. *Manchettes de lustrine*. **3.** SPORT Partie du gant qui recouvre l'avant-bras dans l'escrime au sabre. – En lutte, prise à l'avant-bras; coup donné avec l'avant-bras. **4.** IMPRIM Titre en gros caractères en première page d'un journal. *Ce fait divers a fait la manchette de tous les journaux*. – Note en marge d'un texte. – De *manche* 2.

manchon [mɑ̃ʃɔ̃] n. m. **1.** Fourreau ouvert aux extrémités, dans lequel on met les mains pour les protéger du froid. **2.** TECH Pièce, généralement cylindrique, qui relie deux tubes, deux arbres, deux conducteurs, etc. ▷ *Manchon à incandescence*: gaine en tissu incombustible imprégné d'oxyde de thorium et de cérium, émettant une lumière blanche au contact d'une flamme. *Manchon à incandescence d'une lampe à gaz, à pétrole.* **3.** TECH Rouleau de feutre sur lequel on fabrique le papier. – De *manche* 2.

manchonnage [mɑ̃ʃɔnaʒ] n. m. TECH Action de manchonner. – De *manchonner.*

manchonner [mɑ̃ʃɔne] v. tr. [1] TECH Raccorder à l'aide d'un manchon. – De *manchon.*

1. manchot, ote [mɑ̃ʃo, ɔt] adj. et n. Privé ou estropié de la main ou du bras. ▷ Fig., fam. Maladroit *Ne pas être manchot:* être habile; abattre beaucoup de besogne. – De l'a. fr. *manc, manche,* «manchot, estropié», lat. *mancus.*

2. manchot [mɑ̃ʃo] n. m. Oiseau (genre *Aptenodytes,* fam. sphéniscidés) qui vit dans l'Antarctique en vastes colonies, et dont les ailes, devenues inaptes au vol, se sont transformées en nageoires. *Le manchot royal et le manchot empereur atteignent un mètre de haut.* – De *manchot* 1.

mancie [mɑ̃si] n. f. Science divinatoire. (N.B. Le mot *mancie* entre comme élément de composition dans les noms de nombreuses pratiques occultes: *chiromancie, cartomancie, astromancie.*) – Gr. *manteia,* «divination».

mandala [mɑ̃dala] n. m. Didac. Image peinte, groupe de figures géométriques (cercles et carrés principalement) illustrant symboliquement, dans le bouddhisme du Grand Véhicule et le tantrisme, un aspect du monde physique en relation mystique avec le divin. – Mot sanskrit, «cercle, groupe».

mandant, ante [mɑ̃dɑ̃, ɑ̃t] n. DR Personne qui donne mandat à qqn de faire qqch. – Ppr. de *mander.*

mandarin, ine [mɑ̃daʀɛ̃, in] n. et adj. **I.** n. m. **1.** HIST Dans l'ancienne Chine, fonctionnaire civil ou militaire recruté par concours parmi les lettrés. **2.** Fig., péjor. Lettré influent. *Les mandarins de la littérature, de la presse.* ▷ Professeur d'université attaché à ses prérogatives. ▷ Haut fonctionnaire influent. **II.** adj. **1.** Des mandarins (sens 1), propre aux mandarins. ▷ *Langue mandarine* ou, n. m., *le mandarin:* la plus importante des langues chinoises, parlée ou comprise dans presque tout le pays, à l'exception des régions côtières du sud-est. *Le mandarin est la langue officielle de la République populaire chinoise.* **2.** *Canard mandarin:* canard d'Extrême-Orient, au plumage bariolé. – Portug. *mandarim,* altér., d'ap. *mandar,* «mander, ordonner», du malais *mantari,* «conseiller».

mandarinal, ale, aux [mɑ̃daʀinal, o] adj. **1.** Relatif au mandarinat chinois. **2.** Péjor. À caractère élitiste. *Une réaction mandarinale.* – De *mandarinat.*

mandarinat [mɑ̃daʀina] n. m. **1.** HIST Charge, office, dignité de mandarin. ▷ Ensemble des mandarins. **2.** Fig., péjor. Groupe social formé de gens unis par la profession ou les affinités intellectuelles et attachés au maintien de leurs privilèges. ▷ Domination qu'un tel groupe entend exercer ou exerce effectivement. – De *mandarin.*

mandarine [mɑ̃daʀin] n. f. et adj. Fruit comestible du mandarinier, ressemblant à une petite orange. ▷ Adj. inv. De couleur orange foncé. – Esp. *(naranja) mandarina,* «(orange) des mandarins».

mandarinier [mɑ̃daʀinje] n. m. Arbrisseau *(Citrus nobilis)* originaire de Chine qui produit la mandarine. – Du préc.

mandat [mɑ̃da] n. m. **1.** Acte par lequel une personne donne à une autre le pouvoir de faire une chose en son nom. *Donner mandat à qqn de faire qqch.* Syn. procuration. **2.** Pouvoirs conférés par les membres d'une société à leurs représentants. – Charge, fonction de ce représentant. *Mandat présidentiel. Mandat de député.* – Durée de cette charge. *Il est mort avant la fin de son mandat.* **3.** HIST *Mandat international,* en vertu duquel un État administrait provisoirement un pays, un territoire, et lui portait assistance, sous le contrôle de la Société des Nations. *Pays sous mandat.* **4.** DR Contrat par lequel une personne, le mandant, confie la gestion d'une affaire à une autre, le mandataire, qui s'oblige à l'exécuter à sa place. **5.** DR Décision judiciaire qui ordonne à une personne d'accomplir, dans les limites prescrites par la loi, une tâche précise (par ex.: mandat d'arrestation, de perquisition, de saisie, d'amener). **6.** FIN Ordre de payer adressé par un propriétaire de fonds à son dépositaire. **7.** Titre postal de paiement permettant à son destinataire de toucher une somme d'argent versée par l'expéditeur. *Envoyer, recevoir un mandat.* – Lat. *mandatum.*

mandataire [mɑ̃datɛʀ] n. Personne qui est chargée d'un mandat. – Lat. *mandatarius.*

mandater [mɑ̃date] v. tr. [1] **1.** FIN Inscrire (une somme) sur un mandat de paiement. **2.** Confier un mandat à (qqn). *Député que ses électeurs ont dûment mandaté.* ▷ Pp. subst. *Un mandaté.* – De *mandat.*

mandchou, oue [mɑ̃dʃu] adj. et n. Des Mandchous, de Mandchourie. ▷ N. m. Langue toungouse de Mandchourie. – Du n. de la *Mandchourie,* rég. de la Chine du N.-E.

mandéen, enne [mɑ̃deɛ̃, ɛn] adj. et n. RELIG. **1.** Relatif au mandéisme. **2.** Partisan du mandéisme. ▷ Subst. *Communauté des mandéens.* – Du n. de *Mandé* ou *Manda* (cf. mandéisme).

mandéisme [mɑ̃deism] n. m. RELIG Religion de la communauté des mandéens, gnostiques du Moyen-Orient, qui reconnaissent Jean Baptiste pour prophète et vouent un culte à Manda d'Haiyé, l'Envoyé céleste. *Le mandéisme, qui remonte vraisemblablement au début de l'ère chrétienne, professe un dualisme de type manichéen.* – De l'araméen *Manda* d'Haiyé, «gnose *(manda)* de la vie» personnifiée.

mandement [mɑ̃dmɑ̃] n. m. **1.** Vx. Ordre écrit émanant d'une personne qui a autorité et juridiction. **2.** DR CANON Écrit par lequel un évêque donne des instructions pastorales à ses diocésains. *Mandement de carême.* – De *mander.*

mander [mɑ̃de] v. tr. [1] **1.** Vx Faire savoir par lettre ou par message. *Je vous manderai la nouvelle.* **2.** Litt., vieilli Demander à (qqn) de venir. *Votre mère vous mande près d'elle.* – Lat. *mandare,* «donner en mission».

mandibulaire [mɑ̃dibylɛʀ] adj. Relatif à la mandibule. – De *mandibule.*

mandibule [mɑ̃dibyl] n. f. **1.** Maxillaire inférieur. ▷ Fam. Mâchoires. – *Jouer des mandibules:* manger. **2.** ZOOL Chacune des deux pièces sclérifiées, tranchantes, plus ou moins développées, constituant la première paire d'appendices buccaux des crustacés et des insectes. **3.** Chacune des deux pièces cornées qui forment le bec des oiseaux. – Bas lat. *mandibula,* «mâchoire», de *mandere,* «mâcher».

mandole. V. mandore.

mandoline [mɑ̃dɔlin] n. f. MUS Petit instrument à cordes pincées (quatre cordes doubles), à caisse de résonance le plus souvent bombée, dont on joue à l'aide d'un médiator. – Ital. *mandolino,* dimin. de *mandola,* «mandore».

mandoliniste [mɑ̃dɔlinist] n. Personne qui joue de la mandoline. – Du préc.

mandore [mɑ̃dɔʀ] ou **mandole** [mɑ̃dɔl] n. f. MUS Ancien instrument semblable au luth, en usage jusqu'au XVIIIe s. – P.-ê. altér. du lat. *pandura,* gr. *pandoura,* «luth à trois cordes».

mandorle [mɑ̃dɔʀl] n. f. BX-A Gloire en forme d'amande qui entoure un Christ en majesté. – Ital. *mandorla,* «amande».

mandragore [mɑ̃dʀagɔʀ] n. f. Plante (genre *Mandragora*, fam. solanacées) dont la racine, qui évoque une silhouette humaine, possède des propriétés narcotiques et purgatives. *La sorcellerie attribuait à la mandragore des propriétés merveilleuses.* – Lat. *mandragoras*, mot gr.

mandrill [mɑ̃dʀil] n. m. Singe cynocéphale d'Afrique (genre *Mandrillus*, fam. des cercopithèques), haut d'environ 80 cm, dont la face est pigmentée de rouge et de bleu. – Mot d'une langue de la Guinée.

mandrin [mɑ̃dʀɛ̃] n. m. **I.** TECH **1.** Poinçon. **2.** Outil servant à redresser les tubes. **3.** Appareil servant à fixer sur l'arbre d'une machine la pièce à usiner ou l'outil d'usinage. **II.** MED Tige métallique introduite dans une aiguille ou dans une sonde pour en boucher la lumière (sens III). – Mot occitan, du provenç. *mandre*, «manivelle», du lat. *mamphur*, et goth. **manduls*, «manivelle».

manducation [mɑ̃dykasjɔ̃] n. f. **1.** THEOL Communion eucharistique. **2.** PHYSIOL Ensemble des opérations de la nutrition qui précèdent la digestion (mastication, insalivation, etc.). – Bas lat. *manducatio*, de *manducare*, «manger».

1. -mane. Élément, du lat. *manus*, «main».

2. -mane, -manie. Éléments, du gr. *mania*, «folie».

manécanterie [manekɑ̃tʀi] n. f. École paroissiale où l'on enseigne le chant choral aux enfants de chœur. ▷ *Par ext.* Groupe d'enfants choristes. *La manécanterie des Petits Chanteurs à la croix de bois.* – Lat. médiév. *manicantaria*, du class. *mane*, «le matin», et *cantare*, «chanter».

manège [manɛʒ] n. m. **I. 1.** Exercice que l'on fait faire à un cheval pour le dresser. ▷ Lieu où l'on dresse les chevaux et où l'on donne des leçons d'équitation. *Mettre un cheval au manège.* ▷ *Tenue de manège*, d'équitation. **2.** TECH Appareil composé d'une poutre horizontale engrenée dans un axe vertical, à laquelle on attelle un cheval; machine mue par ce dispositif. *Manège à puiser l'eau.* **3.** *Par anal.* Attraction foraine dans laquelle des animaux figurés ou des véhicules divers tournent autour d'un axe central. *Gagner un tour de manège.* **II.** Fig. Manière d'agir artificieuse pour parvenir à qqch. *Je ne suis pas dupe de son manège.* Syn. jeu, manœuvre. – Ital. *maneggio*, de *maneggiare*, «dresser (un cheval)», de *mano*, «main».

mânes [mɑn] n. m. pl. **1.** ANTIQ ROM Âmes des morts considérées comme des divinités. **2.** Litt. Âmes des morts. *Les mânes de nos ancêtres.* – Lat. *Manes*.

maneton [mantɔ̃] n. m. TECH Partie d'une manivelle ou d'un vilebrequin sur laquelle agit l'effort moteur. – De *manette*.

manette [manɛt] n. f. Petite poignée que l'on manœuvre à la main pour actionner un mécanisme. – Dimin. de *main*.

manganate [mɑ̃ganat] n. m. CHIM Sel de l'acide manganique. ▷ Dans la nouvelle nomenclature, sel dans lequel le manganèse est au degré d'oxydation 4, 5, 6 ou 7. (Ex.: le permanganate est le manganate VII.) – De *mangan(èse)*, et *-ate*.

manganèse [mɑ̃ganɛz] n. m. CHIM Élément métallique de numéro atomique Z = 25 et de masse atomique 54,93 (symbole Mn). – Ital. *manganes*, «magnésie noire», p.-ê. altér. du lat. *magnesia*.

manganésien, ienne [mɑ̃ganezjɛ̃, jɛn] adj. CHIM Qui contient du manganèse. – Du préc.

manganeux, euse [mɑ̃ganø, øz] adj. CHIM Qualifie les composés du manganèse bivalent. – De *manganèse*.

manganimétrie [mɑ̃ganimetʀi] n. f. CHIM Méthode d'analyse volumétrique utilisant comme réactif une solution de permanganate de potassium. – De *mangan(èse)*, et *-métrie*.

manganin [mɑ̃ganɛ̃] n. m. METALL Alliage de cuivre (82 %), de manganèse (15 %) et de nickel (3 %) utilisé dans la confection des résistances électriques. – De *manganèse;* nom déposé.

manganique [mɑ̃ganik] adj. CHIM Qualifie les composés du manganèse trivalent. *Oxyde manganique.* – De *manganèse*.

manganite [mɑ̃ganit] n. m. CHIM Sel dérivé du bioxyde de manganèse. – De *manganèse*.

mangeable [mɑ̃ʒabl] adj. Qui peut se manger, qui n'a pas un goût désagréable. – De *manger*.

mangeaille [mɑ̃ʒɑj] n. f. **1.** Vx Aliment pour les animaux domestiques. **2.** Péjor., fam. Ce que l'on mange. *Ne penser qu'à la mangeaille.* ▷ Nourriture médiocre. – De *manger*.

mange-disque [mɑ̃ʒdisk] n. m. Électrophone portatif qui comporte une fente dans laquelle on glisse le disque à écouter. *Des mange-disques.* – De *manger*, et *disque*.

mangeoire [mɑ̃ʒwaʀ] n. f. Récipient dans lequel on donne à manger aux animaux domestiques. – De *manger*.

1. manger [mɑ̃ʒe] v. tr. [15] **1.** Mâcher et avaler (un aliment). – (S. comp.) Se nourrir, prendre ses repas. *Manger une fois par jour.* ▷ Loc. fig. *Manger son pain blanc le premier:* commencer par ce qui est le plus agréable. – Fam. *Manger le morceau:* passer aux aveux. **2.** Ronger, entamer. *Les mites mangent la laine.* – (En parlant d'une chose.) *La rouille a mangé le fer.* **3.** Fig. *Manger ses mots*, les prononcer indistinctement, incomplètement. ▷ *Manger la consigne*, l'oublier. **4.** Fig. Dilapider. *Manger ses économies.* **5.** Fig. Cacher en empiétant sur, en recouvrant. *Une frange de cheveux lui mangeait le front.* – Lat. *manducare*, «mâcher».

2. manger [mɑ̃ʒe] n. m. **1.** Action de manger. **2.** Pop. Ce que l'on mange. *On peut apporter son manger.* – Du préc.

mange-tout ou **mangetout** [mɑ̃ʒtu] n. m. **1.** Variété de haricots verts sans fils. **2.** Variété de pois dont on mange la cosse avec le grain. *Des mange-tout* ou *mangetouts.* ▷ Adj. *Haricots mange-tout.* – De *manger*, et *tout*.

mangeur, euse [mɑ̃ʒœʀ, øz] n. Personne qui mange (de grosses, de petites quantités de nourriture), qui aime à manger (tel aliment). *Un gros mangeur. C'est un mangeur de pain.* ▷ Fig. *Un mangeur d'argent:* une personne qui dépense beaucoup, qui gaspille. *Un mangeur de temps*, qui fait perdre du temps. – Du préc.

mangeure [mɑ̃ʒyʀ] n. f. Vieilli Endroit mangé, rongé (d'une étoffe, d'un pain). – De *manger*.

mangle [mɑ̃gl] n. f. Fruit du manglier. – Mot esp., d'une langue des Antilles.

manglier [mɑ̃glije] n. m. Palétuvier. – Du préc.

mangoustan [mɑ̃gustɑ̃] ou **mangoustanier** [mɑ̃gustanje] n. m. Plante arborescente des régions tropicales (*Garcinia mangostana*, ordre des guttifères) dont les fruits sont comestibles. – Portug. *mangustão*, du malais.

1. mangouste [mɑ̃gust] n. f. ou **mangoustan** [mɑ̃gustɑ̃] n. m. Fruit du mangoustan (ou mangoustanier). – Du préc.

2. mangouste [mɑ̃gust] n. f. Petit mammifère carnivore d'Asie et d'Afrique (genres *Herpestes* et voisins, fam. viverridés) à pelage brun, grand destructeur de serpents contre le venin desquels il est

manumission [manymisjõ] n. f. DR ROM et FEOD Affranchissement d'un esclave, d'un serf. – Lat. *manumissio*, de *manus*, «main», et *mittere*, «envoyer, libérer».

manuscrit, ite [manyskʀi, it] adj. et n. **I.** adj. Écrit à la main. *Page manuscrite.* **II.** n. m. **1.** Livre ancien écrit à la main. *Conservation des manuscrits.* **2.** Original écrit à la main (ou, par ext., dactylographié) d'un texte imprimé ou destiné à l'être. – Lat. médiév. *manuscriptum*, de *manu scriptus*, «écrit à la main».

manutention [manytɑ̃sjõ] n. f. **1.** Transport de marchandises, de produits industriels, sur de courtes distances (d'un poste de stockage à un autre, d'un poste de stockage au point d'utilisation, d'un véhicule à un autre, etc.). *Engins de manutention* (convoyeurs, chariots élévateurs, ponts roulants, grues, monorails, toboggans, plates-formes sur coussin d'air, etc.). *Manutention pneumatique des produits pulvérulents* (ciment, farine, etc.). *Palette de manutention.* **2.** Local où ont lieu les opérations de manutention (sens 1). – Lat. médiév. *manutentio*, «maintien», de *manu tenere*, «tenir en main».

manutentionnaire [manytɑ̃sjɔnɛʀ] n. Personne qui fait des travaux de manutention. – Du préc.

manutentionner [manytɑ̃sjɔne] v. tr. [1] Procéder à la manutention de. – De *manutention.*

manuterge [manytɛʀʒ] n. m. LITURG CATHOL Linge avec lequel, pendant la messe, l'officiant s'essuie les doigts, après le *Lavabo* (V. lavabo, sens 1). – Lat. *manutergium*, de *manus*, «main», et *tergere*, «essuyer».

manzanilla [manzanija] n. m. Vin d'Espagne, variété de xérès. – Mot esp.

maoïsme [maɔism] n. m. POLIT Doctrine, pensée politique de Mao Tsé-toung. ▷ Cour. Mouvement politique se réclamant de Mao Tsé-toung. – Du n. de *Mao Tsé-toung* (Mao Zedong), 1893-1976.

maoïste [maɔist] adj. et n. POLIT Qui a rapport au maoïsme. *La doctrine maoïste.* ▷ Subst. Partisan du maoïsme, militant d'un groupe, d'un parti politique se réclamant du maoïsme. – Abrév. *mao. Un mao. Les maos.* – Du n. de *Mao Tsé-toung.* V. maoïsme.

maori, ie [maɔʀi] adj. et n. **1.** adj. Relatif aux populations indigènes de la Nouvelle-Zélande. **2.** n. *Les Maoris.* ▷ *Le maori:* langue polynésienne. – Mot indigène.

mappemonde [mapmõd] n. f. **1.** Carte du globe terrestre sur laquelle les deux hémisphères sont représentés côte à côte, en projection plane. ▷ *Abusiv.* Cour. Globe représentant la surface de la Terre. **2.** *Mappemonde céleste:* carte plane du ciel. – Lat. médiév. *mappa mundi*, de *mappa*, «plan, carte» («serviette, nappe» en lat. class.), et *mundus*, «monde».

maquer [make] v. [11] Pop. **1.** v. pron. *Se maquer* : se mettre en ménage (avec qqn). **2.** v. tr. Faire entrer en ménage. *Qui les a maqués?* ▷ v. intr. (sens passif) *Elle est maquée par* (ou *avec*) *Untel:* Untel est son amant, elle vit avec Untel. – De *mac*, abrév. de *maquereau* 2.

1. maquereau [makʀo] n. m. **1.** Poisson marin comestible (genre *Scomber*, fam. scombridés) au corps fusiforme, au dos bleu-vert rayé de noir, pouvant atteindre 40 cm de longueur. **2.** *Groseille à maquereau:* fruit du groseillier épineux, que l'on utilise vert pour accommoder le maquereau. – Probabl. emploi fig. de *maquereau* 2 (légende des maquereaux servant d'«entremetteurs» aux harengs).

2. maquereau, elle [makʀo, ɛl] n. Pop. Personne qui tire profit de la prostitution des femmes, qui en vit; proxénète. – Moy. néerl. *makelâre*, «courtier», de *makeln*, «trafiquer».

maquette [makɛt] n. f. **1.** Ébauche en réduction d'une œuvre d'architecture, de sculpture, etc. **2.** Représentation, le plus souvent à échelle réduite, d'un navire, d'un avion, d'une machine, d'une construction, d'un décor, etc. **3.** Modèle original, simplifié ou complet, d'un ouvrage imprimé, d'une mise en page, etc. *Maquette d'affiche.* – Ital. *macchietta*, dimin. de *macchia*, «tache», lat. *macula.*

maquettiste [maketist] n. **1.** Réalisateur de maquettes ou de modèles réduits. **2.** Cour. Technicien spécialisé dans la réalisation de maquettes pour l'imprimerie, l'édition. – Du préc.

maquignon, onne [makiɲõ, ɔn] n. **1.** Marchand de chevaux. **2.** Fig. Personne peu scrupuleuse en affaires, qui use de procédés indélicats (comme les maquignons qui dissimulaient les défauts des bêtes pour les vendre). – Du rad. de *maquereau* 2.

maquignonnage [makiɲɔnaʒ] n. m. **1.** Métier de maquignon. **2.** Procédés indélicats, manœuvres illicites. – De *maquignonner.*

maquignonner [makiɲɔne] v. tr. [1] **1.** Vx *Maquignonner une bête*, cacher ses défauts pour la vendre. **2.** Par ext. *Maquignonner une affaire*, user de moyens irréguliers pour la conclure à son profit. – De *maquignon.*

maquillage [makijaʒ] n. m. **1.** Action de maquiller ou de se maquiller; son résultat. ▷ Ensemble des produits que l'on utilise pour se maquiller. **2.** Modification de l'aspect d'une chose dans une intention malhonnête ou frauduleuse. *Maquillage d'un défaut.* – De *maquiller.*

maquiller [makije] v. tr. [1] **1.** Modifier à l'aide de fards, de produits colorés, l'apparence de (son visage, du visage de qqn; d'une partie du visage). *Maquiller un acteur pour la scène.* ▷ v. pron. *Femme qui se maquille, qui se maquille les yeux.* **2.** Modifier l'aspect de (qqch) pour tromper qqn, pour frauder. *Maquiller les plaques d'immatriculation d'une voiture. Maquiller des cartes à jouer*, leur faire au dos ou sur la tranche une marque pour les reconnaître et tricher. – Fig. *Maquiller la vérité:* dénaturer les faits, les présenter sous une apparence trompeuse. – De l'anc. picard *makier*, «feindre», moy. néerl. *maken*, «faire».

maquilleur, euse [makijœʀ, øz] n. Personne qui fait métier de maquiller, au théâtre, au cinéma, à la télévision, etc. – Du préc.

maquis [maki] n. m. **I. 1.** Formation végétale dense propre aux terrains siliceux des régions méditerranéennes, caractérisée par des plantes buissonneuses, épineuses et odorantes adaptées à la sécheresse (cistes, pistachiers, chênes yeuses, chênes kermès, cyprès, etc.). *Gagner, prendre le maquis*, s'y réfugier (selon la coutume des bandits corses). **2.** Fig. Ce qui est ou paraît impénétrable, inextricable. *Le maquis de la procédure.* **II.** HIST En Europe, pendant la guerre de 1939-1945, ensemble des régions rurales d'accès difficile où les résistants qui menaient une guerre de francs-tireurs contre l'occupant trouvaient refuge; l'ensemble de ces résistants. – Corse *macchia*, «tache», du lat. *macula*, ces sortes de maquis apparaissant comme des taches sur les pentes des montagnes.

maquisard [makizaʀ] n. m. HIST Combattant du maquis, franc-tireur, pendant la guerre de 1939-1945. ▷ *Par ext.* Tout franc-tireur. *Les maquisards afghans.* – Du préc.

marabout [maʀabu] n. m. **I. 1.** Mystique musulman qui mène une vie contemplative et se livre à l'étude du Coran. *Les marabouts sont consultés comme docteurs et interprètes de la loi.* **2.** *Par ext.* Koubba, petite chapelle élevée sur la tombe d'un marabout. **II.** Grand oiseau ciconiiforme (genre *Leptopilus*) d'Asie et d'Afrique, charognard au bec puissant et au cou déplumé enfoncé entre les ailes. ▷ *Par méton.* Plumes de cet oiseau. – Ar. *rābit, morābit,* «moine, ascète»; sens II, l'oiseau étant comparé à un saint homme en prière.

maracas [maʀakas] n. m. pl. Instrument de musique sud-américain, paire de boules creuses munies chacune d'un manche et remplies de petits corps durs, que l'on agite pour scander le rythme des danses. – Mot esp. d'Argentine.

maraîchage [maʀɛʃaʒ] n. m. Culture maraîchère. – De *maraîcher.*

maraîcher, ère [maʀɛʃe, ɛʀ] n. et adj. Personne qui cultive en grand les légumes et les primeurs. ▷ Adj. Qui concerne la culture en grand des légumes et des primeurs. – De *marais.*

marais [maʀɛ] n. m. **1.** Étendue d'eau stagnante de faible profondeur, envahie par la végétation aquatique (roseaux, carex, etc.). *Gaz des marais:* méthane. Vx *Fièvre des marais:* paludisme. **2.** *Marais salant:* petit bassin peu profond, inondable à volonté, à proximité d'un rivage maritime, où l'on recueille le sel après évaporation de l'eau de mer. **3.** Terrain humide ou irrigable propre à la culture maraîchère. **4.** Fig. État, situation, activité, etc., où l'on risque de s'enliser. *Le marais de la médiocrité quotidienne.* **5.** HIST *Le Marais:* (par dérision) le Tiers Parti, les modérés à la Convention, pendant la Révolution. **6.** METEO *Marais barométrique:* zone de pression uniforme, voisine de la normale et sans gradient bien défini. – Du frq. **marisk*, rad. germ. **mari-*, «mer».

maranta [maʀɑ̃ta] ou **marante** [maʀɑ̃t] n. f. BOT Plante monocotylédone tropicale voisine des *Canna* (balisiers), cultivée pour ses rhizomes, dont on extrait l'arrow-root*. – Du n. de *Maranta*, botaniste du XVIe s.

1. marasme [maʀasm] n. m. **1.** MED Maigreur extrême consécutive à une longue maladie. **2.** Cour. Apathie, découragement. **3.** Fig. Activité très ralentie, stagnation. *Marasme des affaires.* – Gr. *marasmos*, «consomption, épuisement».

2. marasme [maʀasm] n. m. Petit champignon basidiomycète dont l'espèce commune, le *mousseron d'automne*, peut se conserver séchée. – De *marasme* 1.

marasque [maʀask] n. f. Cerise acide des régions méditerranéennes, appelée aussi *griotte de Marasca.* – Ital. *(a)marasca*, de *amaro*, «amer», lat. *amarus.*

marasquin [maʀaskɛ̃] n. m. Liqueur de marasques. – De l'ital. *maraschino*, de *marasca.* (V. préc.).

marathe. V. mahratte.

marathon [maʀatɔ̃] n. m. **1.** Épreuve de course à pied de grand fond (42,195 km), sur route. **2.** Fig. Compétition, séance, négociation, etc., prolongée et éprouvante. *Marathon de danse. Marathon parlementaire.* – Du n. de la v. grecque de *Marathon* d'où aurait couru, jusqu'à Athènes, le soldat portant la nouvelle de la victoire sur les Perses (490 av. J.-C.).

marathonien, ienne [maʀatɔnjɛ̃, jɛn] n. Coureur de marathon. – De *marathon.*

marâtre [maʀɑtʀ] n. f. **1.** Vx ou péjor. Belle-mère, pour les enfants d'un premier lit. **2.** Mauvaise mère. – Fig. *«Quand la marâtre nature nous prive de la vue...»* (Voltaire). – Du bas lat. *matrastra*, de *mater, matris*, «mère».

marattiales [maʀatjal] n. f. pl. BOT Ordre de fougères à leptosporanges des pays chauds, généralement de grande taille, mais non arborescentes. – Du nom du botaniste ital. du XVIIIe s., *Maratti.*

maraud, aude [maʀo, od] n. Vx Coquin, fripon. – P.-ê. mot dial., «matou».

maraudage [maʀodaʒ] n. m. ou **maraude** [maʀod] n. f. **1.** Vol de denrées commis par des soldats de passage. ▷ *Par ext.* Vol des produits de la terre avant leur récolte. **2.** *Taxi en maraude*, qui roule lentement à la recherche de clients. **3.** DR TR Pratique syndicale visant à recruter comme membres des travailleurs qui font partie d'un autre syndicat. – De *marauder.*

marauder [maʀode] v. intr. [1] **1.** Se livrer au maraudage. ▷ v. tr. Rare *Marauder une poule.* **2.** Être en maraude (sens 2). *Taxi qui maraude.* – De *maraud.*

maraudeur, euse [maʀodœʀ, øz] n. et adj. Personne qui maraude. ▷ Adj. *Taxi maraudeur.* – Du préc.

maravédis [maʀavedis] n. m. Ancienne monnaie de billon espagnole. ▷ Fam. *N'avoir pas un maravédis:* être sans un sou. – Esp. *maravedi*, «monnaie des Almoravides (dynastie de marabouts)», de l'ar. *morābit.*

marbre [maʀbʀ] n. m. **1.** Calcaire cristallin métamorphisé, souvent veiné, dont les colorations variées sont dues à diverses impuretés. *Palais, colonne, statue, plaque de marbre.* ▷ Loc. *Être, rester de marbre*, impassible. **2.** Morceau, objet de marbre. *Le marbre d'une cheminée.* ▷ Statue de marbre. *Un marbre de Rodin.* **3.** TECH Table, plaque métallique (de marbre à l'origine) parfaitement plane, servant à divers usages. *Marbre de mécanicien.* ▷ TYPO Grande table (auj. en fonte, jadis en marbre) sur laquelle on étale les formes pour les corriger et faire la mise en page. *Texte sur le marbre*, prêt pour l'impression. – Du lat. *marmor.*

marbré, ée [maʀbʀe] adj. et n. m. Veiné comme le marbre. *Bois marbré.* – N. m. *Un beau marbré.* ▷ Fig. *Peau marbrée de coups.* – Du préc.

marbrer [maʀbʀe] v. tr. [1] **1.** Décorer de dessins imitant les veines du marbre. **2.** Produire des marques semblables aux veines du marbre. *Le froid marbrait son visage de taches violacées.* – De *marbre.*

marbrerie [maʀbʀəʀi] n. f. Art, métier du marbrier. – Atelier de marbrier. – De *marbrier.*

marbreur, euse [maʀbʀœʀ, øz] n. Décorateur, spécialiste de la marbrure. – De *marbrer.*

marbrier, ère [maʀbʀije, ɛʀ] n. et adj. **1.** n. m. Spécialiste du travail du marbre et des pierres dures. ▷ *Spécial.* Entrepreneur spécialisé dans la construction et la vente des monuments funéraires. **2.** adj. Relatif au marbre, à son traitement. *Industrie marbrière.* – De *marbre.*

marbrière [maʀbʀijɛʀ] n. f. Carrière de marbre. – De *marbre.*

marbrure [maʀbʀyʀ] n. f. **1.** Imitation des veines du marbre (sur des boiseries, du papier, etc.). **2.** *Par ext.* Marque (spécial. sur la peau) évoquant le veinage du marbre. – De *marbre.*

1. marc [maʀ] n. m. **1.** Ancien poids équivalant à huit onces servant à peser les métaux précieux. ▷ *Marc d'or, marc d'argent:* poids de huit onces d'or, d'argent; valeur de cette quantité de métal. **2.** DR *Au marc le dollar:* en proportion de la créance ou de l'intérêt de chacun dans une affaire. *Partager, payer au marc le dollar.*– Bas lat. *marca*, frq. **marka.*

2. marc [maʀ] n. m. **1.** Résidu de fruits dont on a extrait le suc par pression. *Marc de raisin, de pommes.* – *Absol.* Marc de raisin. *Distillation des marcs.* **2.** Eau-de-vie obtenue par distillation du marc de raisin. **3.** Résidu d'une substance végétale dont on a extrait le suc par infusion. *Marc de thé. Lire l'avenir dans le marc de café.* – Déverbal de *marcher*, au sens anc. de «piétiner».

marcassin [maʀkasɛ̃] n. m. Petit du sanglier. *Les marcassins ont le dos rayé longitudinalement.* – Mot picard, probabl. de *marque*, en raison des raies que le petit marcassin porte sur le dos.

marcassite [maʀkasit] n. f. MINER Variété de pyrite (FeS_2) jaune, à éclat métallique, cristallisant en prismes allongés, utilisée en bijouterie de fantaisie. – Lat. médiév. *marchasita*, du persan.

marcation [maʀkasjɔ̃] n. f. Vx Démarcation. ▷ HIST *Ligne de marcation*, tracée (1494) sur la mappemonde par le pape Alexandre VI. (Il fut décidé que les terres découvertes à l'O. de cette ligne reviendraient aux Espagnols; celles découvertes à l'E., aux Portugais.)

marceau. V. marsault.

marcescence [maʀsɛsɑ̃s] n. f. BOT État des parties d'une plante qui se flétrissent. – De *marcescent.*

marcescent, ente [maʀsɛsɑ̃, ɑ̃t] adj. BOT Qui se fane sans se détacher de la plante. *Les feuilles de chêne sont marcescentes.* – Lat. *marcescens*, de *marcescere*, «se flétrir».

marcescible [maʀsɛsibl] adj. Litt. Destiné à se flétrir. Ant. immarcescible. – Lat. *marcescibilis.*

marchand, ande [maʀʃɑ̃, ɑ̃d] n. et adj. **I.** n. Personne qui fait profession d'acheter et de revendre avec bénéfice. *Marchand en gros, au détail.* ▷ *Marchand de biens*, qui achète des terres, des immeubles, pour les revendre, ou qui sert d'intermédiaire entre vendeurs et acheteurs de ces biens. ▷ Péjor. *Marchand de soupe:* propriétaire d'un mauvais restaurant. Fig. Personne peu scrupuleuse, qui ne considère son métier que comme une source de profits, qui est animée par le seul esprit de lucre. **II.** adj. Relatif au commerce. *Valeur, denrée marchande. Prix marchand*, auquel les marchands se vendent les produits entre eux. *Qualité marchande*, courante (par oppos. à *supérieure, extra*, etc.). ▷ *Rue marchande*, où il y a beaucoup de magasins, de commerces. ▷ *Marine marchande*, par oppos. à *marine militaire*. – Du lat. pop. **mercatans, mercatantis*, ppr. de *mercatare*, «commercer», de *mercatus*, «marché».

marchandage [maʀʃɑ̃daʒ] n. m. Action de marchander. ▷ Fig. péjor. Tractation peu scrupuleuse. *Marchandage électoral.* – De *marchander.*

marchander [maʀʃɑ̃de] v. tr. [1] **1.** Débattre le prix de qqch pour l'obtenir à meilleur compte. *Marchander un tableau.* – Absol. *Il n'aime pas marchander.* **2.** Accorder (qqch) à contrecœur. *Ne pas marchander les compliments.* – De *marchand.*

marchandeur, euse [maʀʃɑ̃dœʀ, øz] n. Personne qui marchande. – Du préc.

marchandisage [maʀʃɑ̃dizaʒ] n. m. COMM Ensemble des techniques visant à présenter à l'acheteur éventuel, dans les meilleures conditions matérielles et psychologiques, le produit à vendre (publicité sur le lieu de vente, étalage, etc.). – De *marchandise.*

marchandise [maʀʃɑ̃diz] n. f. Objet, produit qui se vend ou s'achète. *Marchandises exposées dans une vitrine.* – CH de F *Train, wagon de marchandises* (par oppos. à *voyageurs*). ▷ Loc. fig. *Faire valoir sa marchandise* : vanter ses propres mérites, ce que l'on possède. – De *marchand.*

marchant, ante [maʀʃɑ̃, ɑ̃t] adj. Rare Qui marche. MILIT *Aile marchante d'une armée*, celle qui marche, par oppos. à celle qui sert de pivot dans un mouvement tournant. – Ppr. de *marcher.*

marchantia [maʀʃɑ̃tja] n. f. BOT Hépatique* à thalle des lieux humides. – Du n. du botaniste fr. N. *Marchant.*

1. marche [maʀʃ] n. f. **I. 1.** Mode de locomotion de l'homme et de certains animaux, enchaînement des pas. *La marche est un excellent exercice. Une marche rapide. Épreuve de marche, en athlétisme.* **2.** Trajet que l'on parcourt en marchant (évalué en distance ou en temps). *Cette longue marche l'a épuisé. Le refuge est à deux heures de marche du sommet de la montagne.* **3.** Mouvement d'un groupe de personnes qui marchent. *La marche d'une procession. Ouvrir, fermer la marche:* marcher en tête, en queue d'un cortège. ▷ *Marche forcée*, dans laquelle on fait parcourir par des troupes une étape plus longue que d'habitude. *Rallier le gros de l'armée à marches forcées.* **4.** Pièce de musique destinée à régler le pas d'une troupe, d'un cortège. *La «Marche funèbre» de Chopin.* **5.** Mouvement d'un corps, d'un véhicule qui se déplace, d'un mécanisme qui fonctionne. *La marche des astres, d'une horloge. Sauter d'un train en marche. Mettre un appareil en marche. Voiture qui fait marche arrière*, qui recule. – Fig. Le fait de suivre son cours ou de fonctionner. *La marche du temps, de la science. La bonne marche d'une usine.* ▷ *Marche à suivre:* façon de procéder pour obtenir ce que l'on désire. **6.** MUS *Marche d'harmonie:* progression régulière et uniforme d'accords sur un mouvement de base. **II.** Élément plan et horizontal d'un escalier, sur lequel on pose le pied pour monter ou pour descendre. – Déverbal de *marcher.*

2. marche [maʀʃ] n. f. HIST Province frontière d'un État, organisée militairement pour repousser d'éventuels envahisseurs. ▷ *Par ext.* Toute province frontière. – Frq. **marka.*

marché [maʀʃe] n. m. **1.** Lieu couvert ou en plein air où l'on met en vente des marchandises. *Marché au poisson, aux fleurs.* **2.** Réunion périodique de ceux qui vendent et qui achètent dans un lieu public. *Le marché a lieu tous les mardis.* ▷ *Faire son marché:* acheter au marché (ou, par ext., dans les magasins) les denrées dont on a besoin. **3.** Ville, endroit qui est le centre d'un commerce considérable. *Les grandes villes sont en général des marchés importants.* **4.** Débouché économique. *Industries concurrentes qui se disputent un marché.* ▷ *Étude de marché:* analyse des besoins des consommateurs en vue de la fabrication et de la vente d'un produit. ▷ *Marché commun:* V. encycl. communauté. **5.** Ensemble des transactions portant sur tels biens, tels services; ensemble de ceux qui se livrent à ces transactions. *Le marché du sucre. Le marché du travail.* ▷ FIN *Marché financier*, dans lequel se négocient, en Bourse, les valeurs cotées. *Marché monétaire:* ensemble des transactions qu'effectuent entre elles les banques pour faire face à leurs besoins en liquidités. – *Marché libre*, dans lequel les banquiers négocient les valeurs sans cote officielle (par oppos. au marché officiel, qui s'effectue sur des valeurs cotées en Bourse). ▷ *Marché noir:* ensemble d'opérations commerciales clandestines portant sur l'achat et la vente, à un prix anormalement élevé, de produits rares et recherchés. ▷ *Économie de marché*, dans laquelle la régulation de la production et des prix est assurée par la loi de l'offre et de la demande (s'oppose à *économie planifiée*, à *économie dirigée*). **6.** Convention concernant les conditions d'une vente, d'un travail à exécuter. *Conclure un marché.* – *Mettre à qqn le marché en main*, le mettre dans l'obligation d'accepter ou de refuser un marché sans plus admettre de discussion. – Loc. fam. *Par-dessus le marché:* de plus, en outre. ▷ FIN *Marché à terme*, dont le prix est fixé à la transaction, la livraison et le paiement s'effectuant selon un calendrier (par oppos. à *marché au comptant*). *Marché à prime*, avec versement d'une prime en cas d'annulation. *Marché ferme*, dans lequel l'acheteur est en droit d'exiger la livraison. **7.** Accord, pacte quelconque entre plusieurs personnes. **8.** *(À) bon marché:* à un prix avantageux. *Acheter qqch à bon marché. Des denrées bon marché.* ▷ *Faire bon marché d'une chose*, ne pas lui reconnaître beaucoup d'importance. – Du lat. *mercatus*, de *merx, mercis*, «marchandise».

marchepied [maʀʃəpje] n. m. **1.** Dernier degré de l'estrade, d'un trône ou d'un autel. **2.** Marche ou série de marches permettant de monter dans un véhicule, notam. dans une voiture de chemin de fer.

3. Petite échelle d'appartement, escabeau. **4.** Fig. Moyen de parvenir à une charge supérieure. *Ce poste d'adjoint au président lui a servi de marchepied.* – De *marcher*, et *pied*.

marcher [maʀʃe] v. intr. [1] **1.** Se déplacer par la marche, aller d'un point à un autre en faisant des pas. *Marcher lentement. Marcher à pas de loup*, sans faire de bruit. *Marcher à plusieurs de front.* ▷ *Marcher à:* s'avancer vers. *Marcher au combat, à la mort.* ▷ *Marcher sur, dans qqch:* poser le pied dessus. *Marcher sur une peau de banane, dans une flaque boueuse.* **2.** loc. fig. *Marcher sur les talons de qqn*, le suivre de très près. *Marcher sur les traces de qqn*, suivre son exemple. – Fam. *Ne pas se laisser marcher sur les pieds:* savoir se faire respecter. **3.** Fig., fam. Accepter de participer à une affaire, à une action. *Je ne marche pas!* **4.** Se laisser duper. *La farce a réussi, tout le monde a marché.* – *Faire marcher qqn*, lui faire croire des choses fausses. (Cf. la loc. *mener en bateau.*) **5.** Se déplacer (véhicules). *Le train marche à 130 km à l'heure.* **6.** Fonctionner. *Ce magnétophone ne marche plus.* ▷ Fig. *Cette entreprise marche bien, mal.* **7.** (S. comp.) Prospérer, avoir du succès. *Affaire, spectacle qui marche.* – Frq. **markôn*, «marquer, imprimer le pas».

marcheur, euse [maʀʃœʀ, øz] n. **1.** Personne qui marche, ou qui peut marcher beaucoup sans se fatiguer. *Un bon marcheur.* **2.** Fam. *Un vieux marcheur:* un homme avancé en âge qui n'a pas renoncé à poursuivre les femmes de ses assiduités, à les suivre dans la rue. – Du préc.

marconi [maʀkɔni] adj. inv. MAR Se dit d'un type de gréement caractérisé par une grand-voile triangulaire se hissant au moyen d'une seule drisse. *Le gréement marconi est celui de la plupart des yachts modernes.* – Du n. du physicien *Marconi* (1874-1937), à cause du mât à pible, évoquant une antenne de T.S.F.

marcottage [maʀkɔtaʒ] n. m. Formation naturelle d'une, de marcotte(s). – Opération par laquelle on suscite artificiellement la formation de marcottes. – De *marcotter*.

marcotte [maʀkɔt] n. f. Organe végétal aérien qui s'enterre et s'enracine avant de se séparer (ou d'être séparé) de la plante mère. – Fém. du moyen fr. *marcot*, du lat. *marcus*, «espèce de cep».

marcotter [maʀkɔte] v. tr. [1] Pratiquer le marcottage sur. *Marcotter la vigne.* – De *marcotte*.

mardi [maʀdi] n. m. Jour de la semaine entre le lundi et le mercredi. ▷ *Mardi gras:* veille du premier jour de carême. ▷ *Mardi saint:* le mardi de la semaine sainte. – Lat. *Martis dies*, «jour de Mars».

mare [maʀ] n. f. **1.** Petite étendue d'eau stagnante, naturelle ou artificielle. *Mare où nagent les canards.* **2.** Grande quantité de liquide répandue sur le sol. *Une mare de vin, de sang.* – Frq. *mara*.

marécage [maʀekaʒ] n. m. Étendue d'eau dormante peu profonde, marais. – De *maresc*, anc. forme de *marais*.

marécageux, euse [maʀekaʒø, øz] adj. **1.** De la nature du marécage. *Terrain marécageux.* **2.** Qui se trouve dans les marécages. *Plantes marécageuses.* – De *marécage*.

maréchal, aux [maʀeʃal, o] n. m. **1.** *Maréchal* (rare) ou *maréchal-ferrant* (cour.): artisan dont le métier est de ferrer les chevaux. **2.** Anc. Officier chargé de veiller sur les écuries d'un prince. ▷ *Maréchal de camp:* officier général de l'ancienne monarchie. **3.** Mod. En France, officier général investi de la plus haute dignité militaire. *Le titre de maréchal est une dignité et non un grade.* ▷ *Bâton de maréchal:* insigne de la dignité de maréchal. – Fig. *Avoir son bâton de maréchal:* être arrivé à la plus haute situation à laquelle on puisse prétendre. – Frq. **marhskalk*, «domestique chargé de soigner les chevaux».

maréchalat [maʀeʃala] n. m. Dignité de maréchal de France. – Du préc.

maréchale [maʀeʃal] n. f. Titre donné à la femme d'un maréchal de France. – Fém. de *maréchal*.

maréchalerie [maʀeʃalʀi] n. f. TECH Profession du maréchal-ferrant; atelier où il travaille. – De *maréchal*.

maréchal-ferrant. V. maréchal.

maréchaussée [maʀeʃose] n. f. **1.** Anc. Juridiction, tribunal des maréchaux de France. **2.** Anc. Corps de cavaliers placé sous les ordres d'un prévôt des maréchaux et chargé de la sécurité publique. ▷ Mod., plaisant *La maréchaussée:* en France, les gendarmes. – De *maréchal*.

marée [maʀe] n. f. **1.** Mouvement périodique des eaux de la mer, qui s'élèvent et s'abaissent chaque jour à des intervalles réguliers. *Marée montante:* flux, flot. *Marée descendante:* reflux, jusant. – *Marée haute:* fin du flux. *Marée basse:* fin du reflux. – *Marées de vive-eau:* grandes marées se produisant lorsque le Soleil et la Lune sont en syzygie. *Marées de morte-eau:* faibles marées correspondant à l'époque où le Soleil et la Lune sont en quadrature. ▷ *Raz de marée.* V. raz. ▷ Loc. fig. *Contre vents et marées:* sans tenir compte des obstacles. ▷ Fig. *Une marée humaine:* une foule considérable en mouvement. **2.** *Marée noire:* couche d'hydrocarbures répandus accidentellement (naufrage de pétrolier, éruption de puits marin, etc.) ou non (déballastage) à la surface de la mer et qui vient souiller les rivages. **3.** Poissons de mer, coquillages, crustacés, qui viennent d'être pêchés. – De *mer*.

ENCYCL La marée est due à l'attraction qu'exercent sur les masses fluides du globe terrestre les masses de la Lune et du Soleil. La théorie des marées est très complexe. En effet, leur intensité dépend non seulement de l'attraction de la Lune et du Soleil, mais aussi du relief des fonds marins, de la viscosité de l'eau, de la morphologie des régions côtières, de celle des continents et, également, de la rotation de la Terre. L'attraction de la Lune, à cause de sa proximité, est prépondérante (2,17 fois celle du Soleil). Elle est maximale lorsque la Lune est dans le plan du méridien, ce qui se produit toutes les 24 heures 50 minutes. Toutes les 12 heures 25 minutes, la mer monte, reste étale quelques instants, puis redescend. Lorsque le Soleil et la Lune sont alignés du même côté de la Terre, leurs attractions s'ajoutent pour donner des *marées de vive-eau*; les plus puissantes se produisent en septembre et en mars (équinoxes). L'amplitude des marées varie de quelques cm en Méditerranée à plus de 20 m dans la baie de Fundy (entre le Nouveau-Brunswick et la Nouvelle-Écosse).

marégraphe [maʀegʀaf] n. m. TECH Appareil servant à enregistrer les variations du niveau de la mer selon la marée. – De *marée*, et *-graphe*.

marelle [maʀɛl] n. f. Jeu d'enfants qui consiste à pousser un palet dans des cases tracées sur le sol, en sautant à cloche-pied. ▷ Figure tracée pour ce jeu. – P.-ê. du préroman **marr*, «pierre».

marémoteur, trice [maʀemɔtœʀ, tʀis] adj. Qui concerne ou qui utilise l'énergie des marées. ▷ *Centrale* ou *usine marémotrice*, qui utilise l'énergie des marées pour produire de l'électricité. – De *marée*, et *moteur*.

marengo [maʀɛ̃go] n. **1.** n. inv. CUIS *Veau, poulet à la marengo* ou *marengo*, cuit dans de la matière grasse avec des tomates et des champignons. **2.** n. m. Drap épais, brun et tacheté de petits points blancs. – De *Marengo*, village d'Italie où Bonaparte livra bataille (1800) et où lui aurait été servi un plat de viande dont la recette s'est conservée.

mareyage [marɛjaʒ] n. m. Activité du mareyeur. – De *mareyeur.*

mareyeur, yeuse [marɛjœr, jøz] n. Personne qui pratique le commerce en gros du poisson et des fruits de mer. – De *marée.*

marfil. V. morfil 2.

margarine [margarin] n. f. Mélange de graisses épurées, pour la plupart d'origine végétale, utilisé en cuisine pour remplacer le beurre. – D'après *(acide) margarique,* mot formé sur le gr. *margaron,* «perle», à cause de la couleur de cet acide .

margauder. V. margoter.

marge [marʒ] n. f. **1.** Espace blanc autour d'un texte, d'une gravure, d'une photographie, etc. *Annotations en marge.* **2.** Fig. Latitude, liberté d'action relative. *Laisser de la marge à qqn. Tolérer une marge d'erreur.* **3.** FIN *Marge commerciale:* différence entre le prix de vente et le prix d'achat d'une marchandise, exprimée en pourcentage du prix de vente. ▷ *Marge bénéficiaire:* différence entre le prix de vente et le prix de revient. **4.** loc. prép. *En marge de:* en dehors de qqch, sans en être éloigné. *C'est un problème en marge de vos préoccupations. – Vivre en marge de la société* ou, absol., *vivre en marge,* sans être socialement intégré. – Lat. *margo, marginis,* «bord, marge».

margelle [marʒɛl] n. f. Assise de pierre, le plus souvent circulaire, formant le rebord d'un puits. – Lat. pop. *margella,* dimin. du class. *margo,* «bord».

marger [marʒe] v. tr. et intr. [1] **1.** Prévoir une marge sur une feuille de papier. **2.** IMPRIM Placer la feuille à imprimer dans la bonne position par rapport à la forme à imprimer. **3.** Placer le margeur d'une machine à écrire de façon à obtenir la marge souhaitée à droite et à gauche. – De *marge.*

margeur [marʒœr] n. m. Machine permettant de ménager des marges de part et d'autre d'une feuille de papier. ▷ Dispositif d'une machine à écrire servant à régler les marges. – De *marger.*

marginal, ale, aux [marʒinal, o] adj. et n. **1.** Qui est en marge d'un texte. *Notes marginales d'un manuscrit.* **2.** Qui n'est pas essentiel, principal. *Une œuvre marginale.* **3.** Qui vit en marge de la société. *Groupe marginal.* ▷ Subst. *Un(e) marginal(e). Les marginaux.* **4.** ECON *Utilité marginale,* celle que présente aux yeux du producteur ou du consommateur la dernière unité produite ou consommée. *Coût marginal d'un produit:* coût de production d'une unité supplémentaire de ce produit. **5.** FIN *Taux marginal d'imposition:* taux s'appliquant à la dernière tranche du revenu imposable d'un particulier. – Du lat. *margo, marginis,* «bord, marge».

marginalement [marʒinalmɑ̃] adv. De façon marginale. *Choisir de vivre marginalement. S'occuper d'une affaire marginalement.* – De *marginal.*

marginaliser [marʒinalize] v. tr. [1] Rendre marginal (personnes). *La ségrégation raciale ou sociale marginalise certaines communautés.* ▷ v. pr. Devenir marginal. – De *marginal.*

marginalisme [marʒinalism] n. m. ECON Théorie qui définit la valeur par son utilité marginale (par oppos. à la théorie marxiste de la valeur fondée sur le temps social moyen de production). – De *marginal.*

marginalité [marʒinalite] n. f. État de celui, de ce qui est en marge de la société. – De *marginal.*

margoter, margotter [margɔte] ou **margauder** [margode] v. intr. [1] Se dit de la caille qui pousse son cri. – De *margot,* nom anc. de divers oiseaux (pie, etc.).

margotin [margɔtɛ̃] n. m. Petit fagot de menu bois pour allumer le feu. – De *marcotte.*

margotter. V. margoter.

margouillis [marguji] n. m. Fam. Fange, boue souillée d'ordures. ▷ Fig. Mélange informe, dégoûtant. – De l'a. fr. *margouiller,* «salir».

margoulette [margulɛt] n. f. Pop. Mâchoire, bouche. *Se casser la margoulette,* la figure, la gueule. – Du lat. *gula,* «gueule», avec infl. de *margouiller,* «salir, souiller».

margoulin, ine [margulɛ̃, in] n. Fam. Individu malhonnête en affaires. – De *margouliner,* dial., «vendre de bourg en bourg», rac. *margouline,* «bonnet», de *goule,* «gueule».

margrave [margrav] n. HIST. Titre de certains princes souverains d'Allemagne dont les principautés étaient ou avaient été des marches (provinces frontières). ▷ N. f. Femme d'un margrave (on dit aussi margravine). – All. *Markgraf,* «comte (gouverneur) d'une marche».

margraviat [margravja] n. m. HIST. Dignité de margrave. – Principauté d'un margrave. – Du préc.

marguerite [margərit] n. f. Plante ornementale de la famille des composées, dont le capitule porte des fleurs centrales jaunes (hermaphrodites) et des fleurs périphériques («pétales») blanches (femelles). *Grande marguerite* (genre *Leucanthemum*). *Petite marguerite* (aussi appelée *pâquerette*). – Cour. La fleur à cœur jaune et à pétales blancs de la marguerite (le capitule). *Effeuiller la marguerite,* pour savoir si on est aimé d'une personne, en disant au fur et à mesure que l'on arrache les pétales: «Il (ou elle) m'aime un peu, beaucoup, passionnément, à la folie, pas du tout, etc.». – Du lat. *margarita,* «perle», du gr.

marguillier [margije] n. m. Membre du conseil de fabrique* d'une paroisse. – Du bas lat. *matricularius,* «teneur de registre».

1. mari [mari] n. m. Homme uni à une femme par le mariage. Syn. conjoint, époux. – Du lat. *maritus,* «marié» et «mari», de *mas, maris,* «mâle».

2. mari [mari] n. f. Fam. Marihuana. *Fumer de la mari.* – Abrév. de *marihuana.*

mariable [marjabl] adj. Qui est en état, en âge, en condition de se marier. – De *marier.*

mariage [marjaʒ] n. m. **1.** Union légitime d'un homme et d'une femme. *Contrat de mariage.* **2.** La célébration du mariage. *Assister à un mariage.* **3.** Fig. Union, alliance, assortiment de deux ou plusieurs choses. *Un heureux mariage de couleurs.* **4.** Jeu de cartes qui consiste à réunir dans une même main le roi et la dame de la même couleur. – De *marier.*

ENCYCL Au Québec, le mariage religieux et le mariage civil ont tous deux valeur légale. Lorsqu'il est célébré par un prêtre ou autre ministre du culte, ce dernier agit en cette double qualité d'homme d'Église et d'officier de l'état civil. Quant au mariage civil, il est célébré par un officier de justice, le protonotaire, selon les règles édictées par le ministre de la Justice.

Le mariage doit être contracté publiquement en présence de deux témoins et devant un célébrant compétent. Avant d'y procéder, celui-ci doit s'assurer de l'identité et de l'état matrimonial des futurs époux et du respect de certaines formalités imposées par la loi, notamment celle de l'affichage au lieu où le mariage doit être célébré.

La loi actuelle fixe à 14 ans pour les hommes et à 12 ans pour les femmes l'âge requis pour contracter mariage; les personnes mineures doivent toutefois obtenir alors le consentement de leurs parents. Les dispositions du Code civil du Québec à cet égard, qui ne

sont pas encore en vigueur, portent à 18 ans l'âge minimum; le tribunal pourra cependant accorder une dispense lorsque le futur conjoint sera âgé d'au moins 16 ans.
Le mariage crée entre les époux des rapports d'égalité avec des droits et des devoirs réciproques: fidélité, cohabitation, assistance et secours, obligation alimentaire. Ensemble, les époux choisissent la résidence familiale et assurent la direction morale et matérielle de la famille, exerçant conjointement l'autorité parentale. Par ailleurs, chacun des époux exerce ses droits civils sous ses propres nom et prénom.
Les intérêts matériels des époux sont réglés par un contrat de mariage qui doit être rédigé par un notaire. En l'absence de tel contrat, le régime légal de la société d'acquêts s'applique aux conjoints.
Le mariage civil ne peut être dissout que par la mort d'un des époux ou par le divorce. D'autre part, le mariage ayant fait l'objet d'une annulation est censé n'avoir jamais existé. Les effets de l'annulation peuvent cependant être atténués lorsque certaines conditions sont réunies, notamment lorsqu'il y a eu naissance d'enfants; les époux bénéficient alors de ce qu'on appelle le mariage putatif.

marial, ale, aux [maʀjal, o] adj. Relatif à la Vierge Marie. *Culte marial.* – Du n. de *Marie.*

marianistes [maʀjanist] n. m. pl. Membres de la Société de Marie, congrégation religieuse qui se consacra à l'enseignement, fondée en 1817, à Bordeaux, par l'abbé Chaminade. – Du lat. *Maria,* «Marie».

marié, ée [maʀje] adj. et n. **1.** Uni par le mariage (à qqn). *Femme mariée.* ▷ Subst. *Jeunes mariés.* **2.** Celui, celle dont on célèbre le mariage. *Le marié, en habit noir... Vive la mariée!* ▷ Loc. fig. et prov. *Se plaindre que la mariée est trop belle:* se plaindre de ce dont on devrait plutôt se réjouir. – Pp. de *marier.*

marie-couche-toi-là [maʀikuʃtwala] n. f. inv. Fam. vieilli Fille publique; fille, femme facile. – De *Marie* (prénom), l'impér. de *se coucher,* et *là.*

marie-jeanne [maʀiʒan] n. f. (France) Fam. Marihuana. – Adapt. fr. de *marihuana.*

marier [maʀje] **I.** v. tr. [1] **1.** Unir (un homme et une femme) par les liens du mariage. **2.** Donner en mariage. *Il a marié sa fille à un ingénieur.* **3.** Cour. (Emploi critiqué, attribué à tort à l'angl. *to marry.*) *Quand elle l'a marié, elle le connaissait depuis quelques mois seulement.* **4.** Provoquer le mariage de. *À force de jouer les marieuses, elle a bien fini par les marier.* **5.** Participer aux cérémonies de mariage de. *Ils marient un de leurs cousins la semaine prochaine.* **6.** Fig. Unir, allier, assortir. *Marier les couleurs.* ▷ v. pron. *Couleurs qui se marient.* **II.** v. pron. S'unir par les liens du mariage. – (Réciproque.) *Ils se sont mariés hier.* – (Réfléchi.) *Elle ne veut pas se marier avec lui.* – Du lat. *maritare.*

marie-salope [maʀisalɔp] n. f. MAR Chaland destiné à recevoir les vases draguées dans les ports et dans les rivières. – De *Marie,* et *salope.*

marieur, ieuse [maʀjœʀ, jøz] n. Fam. Personne qui s'entremet pour favoriser un (des) mariage(s). – De *marier.*

marigot [maʀigo] n. m. GEOGR Dans les pays équatoriaux, dépression de terrain inondée pendant la saison des pluies, ou bras mort d'un fleuve. – Orig. incert., p.-ê. d'un mot caraïbe, d'ap. *mare.*

marihuana [maʀi(ʀ)wana] ou **marijuana** [maʀiʒyana] n. f. **1.** Chanvre indien. *La culture de la marihuana.* **2.** Stupéfiant préparé à partir des fleurs, des feuilles du chanvre indien. *Cigarette de marihuana. Le trafic de la marihuana.* – Mot esp. d'Amérique, orig. incert., par l'angl.

1. marin, ine [maʀɛ̃, in] adj. **1.** Qui vient de la mer, qui y habite; qui concerne la mer. *Sel marin. Animaux marins.* – MYTH *Dieux, monstres marins.* **2.** Qui concerne la navigation en mer. *Carte marine.* ▷ Qui tient bien la mer, qui est à l'aise sur la mer. – Loc. *Avoir le pied marin:* être à l'aise sur un bateau malgré les mouvements de la mer. **3.** TECH Se dit de travaux (partic., pétroliers) effectués au-delà du rivage. *Prospection marine,* ou *en mer.* – Lat. *marinus,* de *mare,* «mer».

2. marin [maʀɛ̃] n. m. **1.** Personne dont la profession est de naviguer en mer. *Marins pêcheurs.* ▷ *Spécial.* Homme d'équipage. *Les officiers et les marins.* Ellipt. *Col marin,* grand col des *costumes marins.* **2.** Vent du littoral méditerranéen français, venu du Sud et chargé de pluie. (Rem.: Au sens 1, l'OLF recommande la forme épicène *un, une marin.*) – De *marin* 1.

marina [maʀina] n. f. Complexe construit au bord de l'eau et comportant des installations portuaires de plaisance. – Mot anglo-amér., de l'ital. *marina,* «plage».

marinade [maʀinad] n. f. **1.** Mélange composé ordinairement de vin, de vinaigre, de sel et d'aromates, dans lequel on laisse tremper certaines viandes pour les attendrir ou les parfumer et certains poissons pour les conserver. – *Par ext.* Mets ainsi préparé. **2.** Au plur. Condiments à base de légumes (betteraves, cornichons, etc.) conservés dans un mélange vinaigré et épicé. *Des épices à marinades.* – De *mariner.*

1. marine [maʀin] n. f. (adj. inv. et n. m.). **1.** Ce qui concerne l'art de la navigation sur mer. *Instrument de marine.* **2.** L'ensemble des gens de mer. ▷ Ensemble des navires, des équipages et des activités de navigation d'un même genre. *Marine marchande:* navires et équipages employés par le commerce. ▷ Puissance navale, marine militaire d'un État. *Servir dans la marine française. Officier de marine.* **3.** BX-A Tableau ayant une scène maritime pour sujet; genre constitué par la peinture de telles scènes. *Une exposition de marines. L'art de la marine.* **4.** adj. inv. *Bleu marine* ou *marine:* bleu foncé qui ressemble à celui des uniformes de la marine. *Des cabans bleu marine. Des jupes marine.* ▷ N. m. *Du marine:* du bleu marine. – De *marin* 1.

ENCYCL Art de la navigation, ensemble des navires de guerre (marine de guerre), de commerce et de pêche (marine marchande), la marine a joué un rôle considérable dans l'histoire de l'humanité. Aujourd'hui encore, malgré le développement des autres modes de transport, aviation en partic., la marine est vitale sur les plans militaire et civil (transport des marchandises). Le développement des loisirs conduit par ailleurs à un essor spectaculaire de la marine de plaisance et à la reconversion de navires de transport en navires de croisière.

2. marine [maʀin] n. m. Fusilier marin dans les armées britannique et américaine. – Mot angl., du fr. *marine.*

mariné, ée [maʀine] adj. Trempé dans une marinade. *Lapin mariné au vin rouge.* – De *marine,* au sens vx de «eau de mer».

mariner [maʀine] **1.** v. tr. [1] Mettre (un poisson, de la viande) dans une marinade pour les conserver, les attendrir ou leur donner un arôme particulier. **2.** v. intr. Tremper, être placé dans une marinade. *Poisson qui marine depuis deux heures.* ▷ Fig., fam. Attendre; rester longtemps dans une situation désagréable. *Faire mariner qqn.* – De *marine,* au sens vx de «eau de mer».

maringouin [maʀɛ̃gwɛ̃] n. m. Petit insecte ailé au corps grêle dont la femelle pique pour se nourrir de sang; moustique commun. «Le soir, ils rentraient couverts de piqûres de maringouins, travaillant dans l'ombre humide de la rivière.» (Alain Poissant, *J'avais quatorze ans,* 1983.) – Du tupi-guarani (Brésil) *mbarigui.*

ENCYCL Le nom *maringouin* est le nom vulgaire des insectes piqueurs du genre *Aedes* (famille des Culicidés, ordre des Diptères). Les *Culicidés* comptent environ 2 500 espèces, dont 300 à 400 se trouvent dans les pays tempérés froids. Au Québec, 33 espèces de moustiques du genre *Aedes* ont été recensées. Les maringouins se développent dans des zones temporairement humides (prairies, tourbières, forêts). Ils se reproduisent en juin et juillet; c'est alors que les femelles ont besoin de se nourrir de sang, le nectar des fleurs n'étant pas suffisant pour permettre à leurs oeufs de terminer leur développement. Les animaux et les humains sont incommodés par leurs piqûres. Il est toutefois rare que ces insectes transmettent des maladies virales, contrairement aux insectes piqueurs des régions tropicales. Au Québec, on constate surtout des cas d'encéphalite chez les animaux, occasionnellement chez l'homme. Les maringouins constituent une partie importante de l'alimentation des oiseaux. Des programmes de démoustication pourraient nuire à une multitude d'organismes vivants par la voie de la chaîne alimentaire.

marinier, ière [maʀinje, jɛʀ] adj. et n. **1.** adj. Qui appartient à la marine. **2.** n. Personne qui conduit des péniches, des chalands ou des remorqueurs sur les fleuves, les rivières et les canaux. – De *marin* 1.

marinière [maʀinjɛʀ] n. f. **1.** Manière de nager sur le côté. *Nager à la marinière* ou *nager la marinière.* **2.** CUIS *Moules à la marinière* ou *moules marinière,* cuites dans leur jus, avec du vin blanc, des échalotes et du persil. **3.** Vêtement féminin, blouse ample, que l'on enfile par la tête. – De *marinier.*

mariol ou **mariolle** [maʀjɔl] adj. et n. Pop. Malin, rusé. *Faire le mariolle:* faire le malin, l'intéressant. – Ital. *mariolo,* «filou» .

mariologie [maʀjoloʒi] n. f. Didac. Partie de la théologie consacrée à la Vierge Marie. – De *Marie,* et *-logie.*

marionnette [maʀjɔnɛt] n. f. **1.** Figurine qu'une personne, généralement cachée, actionne à l'aide de ficelles (*marionnettes à fils:* fantoches) ou à la main (*marionnettes à gaine:* pupazzi). *Théâtre de marionnettes.* ▷ Pl. Théâtre ou spectacle de marionnettes. *Aimer les marionnettes.* **2.** Fig. Personne qu'on manœuvre comme on veut. *Cet homme politique n'est qu'une marionnette.* – De *Marion,* dimin. de *Marie,* «statuette de la Vierge».

marionnettiste [maʀjɔnɛtist] n. Montreur, montreuse de marionnettes. – Du préc.

marisque [maʀisk] n. f. MED Petite tuméfaction du pourtour de l'anus due à la transformation fibreuse d'une hémorroïde externe. – Du lat. *marisca,* «figue sauvage».

mariste [maʀist] n. Membre d'une des congrégations religieuses vouées à la Vierge Marie. – Du n. de la Vierge *Marie.*

marital, ale, aux [maʀital, o] adj. Du mari. *Autorisation maritale.* – Lat. *maritalis.*

maritalement [maʀitalmɑ̃] adv. Comme des époux mais sans être mariés. *Ils vivent ensemble maritalement.* – De *marital.*

maritime [maʀitim] adj. **1.** Qui est en contact avec la mer, qui subit son influence. *Les populations maritimes. Climat maritime,* tempéré par le voisinage de la mer. ▷ *Plantes maritimes,* qui croissent au voisinage de la mer, sur les rivages. *Les Provinces maritimes,* ou *les Maritimes:* les provinces du Nouveau-Brunswick, de la Nouvelle-Écosse et de l'Île-du-Prince-Édouard. **2.** Qui se fait par mer. *Transport, commerce maritime.* **3.** Qui concerne la navigation sur mer, la marine. *Les forces maritimes:* les forces navales de guerre. *Grande puissance maritime. La voie maritime du Saint-Laurent,* inaugurée en 1959, qui s'étend de l'embouchure du fleuve jusqu'aux Grands Lacs. – Lat. *maritimus.*

maritorne [maʀitɔʀn] n. f. Fam. Femme laide et malpropre. – Nom d'une servante repoussante dans *Don Quichotte* de Cervantès.

marivaudage [maʀivodaʒ] n. m. **1.** LITTER Affectation, préciosité du style (à la manière de Marivaux). **2.** Galanterie raffinée, affectation dans l'expression des sentiments amoureux. – De *marivauder.*

marivauder [maʀivode] v. intr. [1] User de marivaudage. – Du n. de l'écrivain fr. *Marivaux* (1688-1733).

marjolaine [maʀʒɔlɛn] n. f. Plante aromatique (genre *Origanum,* fam. labiées) appelée aussi *origan.* – Orig. incert., p.-ê. du lat. médiév. *maiorana.*

mark [maʀk] n. m. **1.** HIST Unité monétaire des pays germaniques. **2.** Unité monétaire de la République démocratique allemande. **3.** *Ellipt.* (pour *deutsche Mark*). Unité monétaire de la République fédérale d'Allemagne. **4.** *Mark finlandais:* unité monétaire de la Finlande. – Mot all., frq. **marka.*

marketing [maʀketiŋ] n. m. Anglicisme ECON Ensemble des démarches et des techniques fondées sur la connaissance du marché, ayant pour objet la stratégie commerciale sous tous ses aspects, et, plus particulièrement, l'amélioration de la diffusion de produits existants ou le lancement de produits nouveaux en fonction des motivations et des besoins du consommateur, reconnus ou pressentis. (Le marketing englobe la vente proprement dite, les études de marché et de motivation, la publicité et la promotion des ventes, les relations publiques et le marchandisage, le choix du nom et du conditionnement des produits, l'après-vente, etc.) *Le service de marketing d'une entreprise.* Rem. Les termes *marchéage* et *mercatique* ont été proposés pour remplacer l'anglicisme «marketing». – Mot amér., «commercialisation».

marli [maʀli] n. m. TECH Bord intérieur d'un plat, d'une assiette. *Assiette au marli décoré de filets.* – Du n. de la local. de *Marly,* où Louis XIV avait fait construire un chât.; nom utilisé alors pour désigner des objets luxueux.

marmaille [maʀma(ɑ)j] n. f. Fam. Ensemble, groupe de petits enfants. – De *marmot,* et *-aille.*

marmelade [maʀməlad] n. f. **1.** Préparation de fruits sucrés et très cuits, presque réduits en bouillie. *Marmelade d'oranges.* **2.** *En marmelade,* se dit d'un aliment trop cuit et presque en bouillie. ▷ Fig. et fam. En bouillie, en capilotade. *Sa chute lui a mis une jambe en marmelade,* la lui a fracassée, broyée. – Du portug. *marmelada,* «confiture de coings», de *marmelo,* «coing».

marmenteau [maʀmɑ̃to] adj. m. et n. m. SYLVIC Se dit de bois de haute futaie qu'on ne coupe pas. *Bois marmenteaux.* ▷ Subst. *Des marmenteaux.* – De l'a. fr. *merrement,* lat. pop. **materiamentum,* «bois de construction».

marmite [maʀmit] n. f. **1.** Récipient fermé d'un couvercle, dans lequel on fait cuire les aliments. *Les anses* (ou *oreilles*) *d'une marmite.* – Le contenu d'une marmite. *Une marmite de soupe.* ▷ Loc. fig. Fam. *Faire bouillir la marmite:* V. bouillir. ▷ *Marmite norvégienne:* récipient à parois isolantes dans lequel on met une marmite pour conserver au chaud les aliments qu'elle contient et dans laquelle la cuisson peut se poursuivre hors du feu. **2.** TECH *Marmite de Papin* : récipient clos dans lequel on peut élever beaucoup plus qu'à l'air libre la température de l'eau pour utiliser la force d'expansion de la vapeur. (C'est par un appareil de ce type que Denis Papin, à la jonction des XVIIe et XVIIIe s., mit en évidence la pression exercée par la vapeur d'eau dans un vase clos que l'on fait chauffer.) **3.** GEOL *Marmite de géants:* cavité dans le lit rocheux d'un cours d'eau, creusée par le mouvement tourbillonnaire de débris rocheux charriés par le courant. – A. fr. *marmite*, «hypocrite», à cause du contenu caché du récipient, du rad. onomat. *marm*, exprimant un murmure, et de *mite*, «chatte».

marmitée [maʀmite] n. f. Contenu d'une marmite. – De *marmite.*

marmiton [maʀmitɔ̃] n. m. Jeune aide de cuisine. – De *marmite.*

marmonnement [maʀmɔnmɑ̃] n. m. Action de marmonner; murmure indistinct. – De *marmonner.*

marmonner [maʀmɔne] v. tr. [1] Murmurer, dire entre ses dents. *Marmonner des prières, des injures.* – Du rad. onomat. *marm*, exprimant un murmure.

marmoréen, éenne [maʀmɔʀeɛ̃, eɛn] adj. **1.** De la nature du marbre ou qui en a l'apparence. *Roches marmoréennes.* **2.** Fig. et litt. Qui a la blancheur, la fermeté ou la froideur du marbre. *Éclat marmoréen. Impassibilité marmoréenne.* – Lat. *marmoreus*, de *marmor*, «marbre».

marmoriser [maʀmɔʀize] v. tr. [1] GEOL Transformer en marbre. – Au pp. *Calcaire marmorisé par cristallisation.* – Du lat. *marmor, marmoris*, «marbre».

marmot [maʀmo] n. m. **1.** Fam. Petit enfant. **2.** Vx Figurine grotesque en métal, qui servait de heurtoir. ▷ Loc. fig. Fam. *Croquer le marmot:* attendre longtemps et en vain. – De l'a. fr. *marmote*, «guenon».

marmotte [maʀmɔt] n. f. **1.** Mammifère rongeur (genre *Marmota*, fam. sciuridés) à fourrure épaisse gris cendré et jaunâtre, qui vit dans les clairières ou en terrain montagneux et hiberne grâce à l'épaisse couche de graisse sous-cutanée qu'elle se constitue à l'automne. (Longueur: environ 50 cm; les principales espèces nord-américaines sont la *marmotte commune* et la *marmotte des Rocheuses.*) *La marmotte est cour. appelée siffleux en raison du sifflement strident qu'elle pousse quand elle se sent en danger.* ▷ Loc. fig. *Dormir comme une marmotte*, profondément. **2.** Coiffure de femme faite d'un foulard noué par-dessus les oreilles. **3.** *Marmotte de voyage* ou, absol., *marmotte :* mallette formée de deux parties emboîtables. – Valise à échantillons des voyageurs de commerce. – Orig. incert.

marmottement [maʀmɔtmɑ̃] n. m. Mouvement des lèvres analogue à celui d'une personne qui marmotte. – De *marmotter.*

marmotter [maʀmɔte] v. tr. [1] Dire confusément et entre ses dents. – De *marm*, rad. onomat. exprimant un murmure.

marmotteur, euse [maʀmɔtœʀ, øz] adj. et n. Rare Qui marmotte. – De *marmotter.*

marmouset [maʀmuzɛ] n. m. **1.** Figurine grotesque. ▷ *Par ext.* Chenet de fonte surmonté d'un marmouset. ▷ HIST *Les marmousets :* conseillers de Charles V, rappelés en 1388 par Charles VI, surnommés ainsi en dérision par les ducs de Bourgogne et de Berry chassés du pouvoir par le roi, leur neveu; la folie définitive de Charles VI (1392) mit fin à la politique éclairée des marmousets. **2.** Vieilli Petit garçon; homme petit ou insignifiant. – Même rac. que *marmot.*

1. marnage [maʀnaʒ] n. m. AGRIC Apport de marne destiné à amender un sol. – De *marner* 1.

2. marnage [maʀnaʒ] n. m. Variation du niveau de la mer entre marée basse et marée haute. – De *marner* 2.

marne [maʀn] n. f. Roche sédimentaire argileuse très riche en calcaire, que l'on utilise pour amender les sols acides et pour fabriquer le ciment. – Altér. de *marle*, du lat. pop. **margila*, mot gaulois.

marner [maʀne] v. tr. [1] **1.** Amender (un sol) en y incorporant de la marne. **2.** Pop. Travailler dur. – De *marne.*

marneur [maʀnœʀ] n. m. AGRIC Ouvrier qui marne les terres ou qui travaille dans une marnière. – De *marner* 1.

marneux, euse [maʀnø, øz] adj. De la nature de la marne ou qui contient de la marne. – De *marne.*

marnière [maʀnjɛʀ] n. f. Carrière d'où l'on tire la marne. – De *marne.*

marocain, aine [maʀɔkɛ̃, ɛn] adj. et n. Du Maroc. – Du n. du *Maroc*, État d'Afrique du N.

maronite [maʀɔnit] n. et adj. Catholique oriental de rite syrien. ▷ Adj. *Église maronite.* – Du patriarche saint *Maron* (v. 350-443).

ENCYCL Indépendants de la papauté jusqu'aux croisades, les maronites s'en rapprochèrent à partir du XIIe s. et leurs rites subirent l'influence latine. Sous la domination ottomane, ils furent souvent persécutés, notam. par les Druzes au milieu du XIXe s. Auj., on compte env. 1,5 million de maronites; la moitié vit au Liban; l'autre moitié est émigrée en Afrique et en Amérique.

maronner [maʀɔne] v. intr. [1] Fam. Maugréer, grogner. – *Faire maronner qqn*, le faire enrager. – Mot du Nord-Ouest, «miauler»; même rad. que *maraud, marmotter.*

maroquin [maʀɔkɛ̃] n. m. **1.** Cuir de chèvre tanné et teint du côté fleur (côté du poil). **2.** Fam. (France) Portefeuille, poste ministériel. – De *Maroc*, pays où l'on préparait ce cuir.

maroquinage [maʀɔkinaʒ] n. m. TECH Action de maroquiner; son résultat. – Du préc.

maroquiner [maʀɔkine] v. tr. [1] TECH Apprêter (un cuir) à la façon du maroquin. *Maroquiner du mouton, du veau.* – De *maroquin.*

maroquinerie [maʀɔkinʀi] n. f. **1.** Art, industrie de la préparation du maroquin, de la fabrication des objets en maroquin ou en cuir fin. **2.** Commerce de ces objets; magasin où on les vend. – De *maroquin.*

maroquinier [maʀɔkinje] n. m. **1.** Spécialiste du travail du maroquin ou de la fabrication d'articles de maroquinerie. **2.** Commerçant en maroquinerie. – De *maroquin.*

marotique [maʀɔtik] adj. Litt. Qui a rapport à Clément Marot, qui imite son style. – Du n. du poète fr. Clément *Marot* (1495-1544).

marotte [maʀɔt] n. f. **1.** Sceptre surmonté d'une tête coiffée d'un capuchon bigarré et garni de grelots. *La marotte était l'attribut des bouffons, et celui, allégorique, de la folie.* **2.** Tête de femme, sorte de mannequin qui sert à exposer des chapeaux, des modèles de coiffure. **3.** Marionnette montée sur une tige de bois. **4.** Fig. Manie. *Il ne s'occupe que de médailles, c'est sa marotte.* – Dimin. de *Marie* (cf. marionnette).

marouette [maʀwɛt] n. f. Petit oiseau ralliforme (genre *Porzana*) qui niche au bord de l'eau et dont certaines espèces sont connues sous le nom de *râle* au Canada. – De la forme occitane de *mariette*, dimin. de *Marie.*

marouflage [maʀuflaʒ] n. m. Action de maroufler; son résultat. – De *maroufler.*

maroufle [maʀufl] n. f. TECH Colle forte. – Orig. incert.

maroufler [maʀufle] v. tr. [1] TECH Coller (une toile peinte) sur une toile de renfort, un panneau de bois, un mur, etc., avec de la maroufle. ▷ Renforcer (un assemblage) en l'entourant d'une bande de toile enduite de colle. – De *maroufle* 2.

maroute [maʀut] n. f. Plante *(Anthemis cotula)*, de la famille des composées, nommée aussi *camomille puante*. – Du bas lat. *amarusta*, «camomille».

marquage [maʀkaʒ] n. m. **1.** Action d'appliquer une marque. *Le marquage des bêtes d'un troupeau.* **2.** SPORT Action de marquer un joueur adverse. – De *marquer*.

marquant, ante [maʀkɑ̃, ɑ̃t] adj. Qui marque (par sa singularité, son action, etc., ou par le souvenir qu'il laisse). *Un personnage, un fait marquant.* – Ppr. de *marquer*.

1. marque [maʀk] n. f. **I. 1.** Signe particulier mis sur une chose pour la distinguer. *Marque à la craie. Marque indélébile.* **2.** Anc. Flétrissure d'un condamné. **3.** Signe distinctif, appliqué au fer rouge (marque à chaud) ou peint sur la peau d'un animal. ▷ Cachet de contrôle sanitaire sur un animal de boucherie. **4.** Signe d'attestation (d'un contrôle effectué, de droits payés, etc.). *Marque de la douane.* **5.** Signe distinctif d'un produit, d'un fabricant, d'une entreprise. *Marque de fabrique, de commerce. Marque déposée. – Produit de marque*, d'une marque renommée. ▷ Entreprise industrielle ou commerciale; ses produits. *Une grande marque de meubles.* **6.** Repère (en construction, mécanique, etc.). *Marque de pose, de taille.* ▷ SPORT Repère que se fixe un sauteur, un coureur, pour régler sa foulée, son départ. – Dispositif où les coureurs calent leurs pieds dans la position la meilleure pour prendre le départ d'une course de vitesse. *À vos marques!... Prêts! Partez!* **II.** Trace, empreinte. *Les marques des roues d'une voiture.* ▷ CHASSE *Marques:* empreintes qui permettent l'identification d'une bête. **III. 1.** Tout moyen, tout objet de reconnaissance, de repérage, d'évaluation. *Mettre une marque entre les pages d'un livre.* ▷ Jeton, fiche qu'on met au jeu au lieu d'argent; jeton qui sert à marquer les points. – *Par ext.* (fig.). Décompte. *Il y a dix points à la marque.* – SPORT Décompte des points en cours ou en fin de partie. *Ouvrir la marque:* marquer le ou les premiers points. **2.** HERALD *Marques d'honneur:* pièces que l'on met hors de l'écu. ▷ Fig. *De marque:* de qualité, éminent. *Personnage, hôte de marque.* **3.** Signe, preuve, témoignage. *«Cette marque d'honneur qu'il met dans ma famille»* (Corneille). *Cette décision est la marque d'un esprit fort.* – Déverbal de *marquer*.

2. marque [maʀk] n. f. **1.** DR ANC Représailles. **2.** MAR ANC *Lettre de marque:* commission donnée à un capitaine de navire armé en course. – Anc. provenç. *marca*, de *marcar*, «saisir à titre de représailles».

marqué, ée [maʀke] adj. **1.** Qui porte une marque. *Arbre marqué.* ▷ BIOL *Substance marquée*, qui contient un isotope radioactif permettant de suivre son déplacement dans un organisme. – *Être marqué*, engagé dans qqch, déterminé par ses choix. *Être marqué politiquement.* **2.** *Visage marqué*, qui porte les marques de l'âge, de la fatigue ou de la maladie. ▷ Fig. *Marqué par le destin* ou, absol., *marqué*, poursuivi par la fatalité. – *Il est resté marqué par son enfance*, impressionné, influencé. **3.** Très apparent, très net; accusé. *Avoir les traits du visage marqués. Taille marquée*, soulignée, accentuée (par l'habit). – *Avoir des préférences marquées*, évidentes. **4.** LING Qui porte une marque distinctive (par rapport à une unité neutre, non marquée). *«Les chats»* (plur.) *est marqué par rapport à «le chat»* (sing.). – Pp. de *marquer*.

marquer [maʀke] **I.** v. tr. [1] **1.** Mettre une marque sur (pour distinguer, indiquer l'appartenance, attester une vérification, etc.). *Marquer du linge. Marquer le bétail. – Jusqu'en 1832, en France, on marquait certains forçats au fer rouge.* **2.** Signaler par une marque, un repère. *Marquer une séparation.* – BIOL Introduire un isotope radioactif dans (une substance). ▷ (Choses.) *Cet arbre marque la limite du champ.* – Fig. *La prise de Constantinople marque la fin du Moyen Âge.* **3.** Faire ou laisser une trace, une empreinte sur, dans. *Le coup l'a marqué au front. La maladie marque ses traits.* – Fig. *Marquer qqn de son influence.* ▷ Absol. *Ces épreuves l'ont marqué.* **4.** Fam. Inscrire, noter. *Marquer un rendez-vous.* **5.** Indiquer. *L'horloge marque midi.* **6.** Enregistrer en inscrivant. *Marquer les points d'une partie de cartes.* ▷ Fig. *Marquer un point:* obtenir un avantage (dans une discussion, une négociation, etc.). **7.** SPORT Inscrire à la marque. *Marquer un but, un essai.* **8.** SPORT *Marquer un adversaire*, demeurer à son côté, pour contrôler ou empêcher son action. **9.** Indiquer en soulignant, en accentuant. *Marquer la mesure du geste. – Habit qui marque la taille.* – Fig., fam. *Marquer le coup:* souligner l'importance d'un événement; réagir par rapport à qqch. ▷ MILIT Loc. *Marquer le pas :* conserver sur place la cadence du pas, sans avancer. – Fig. Ralentir, stagner. *La production marque le pas.* **10.** Manifester, témoigner, exprimer. *Elle marque trop ses sentiments.* – Cour. *Marquer son intérêt pour qqch, qqn, à qqn.* ▷ (Choses.) Caractériser; révéler, attester. *Acte qui marque la volonté.* **II.** v. intr. **1.** Laisser une marque, une trace. *La pluie a marqué sur la robe.* **2.** *Personne, événement qui marque*, qui impressionne ou influence durablement. **3.** Vieilli, fam. *Marquer mal:* être mal mis, ou de mauvaise mine. – De l'anc. norm. **merki*, «marque».

marqueter [maʀkəte] v. tr. [23] **1.** Marquer de taches. **2.** Décorer en marqueterie. – De *marquer*.

marqueterie [maʀkɛtʀi] n. f. **1.** Ouvrage d'ébénisterie constitué de placages de bois, de nacre, d'ivoire, etc., de différentes couleurs et formant un motif décoratif. *Table de* (ou *en*) *marqueterie.* **2.** Art du marqueteur. **3.** Fig. Ensemble disparate. – De *marqueter*.

marqueteur, euse [maʀkətœʀ, øz] n. Ébéniste spécialisé dans la marqueterie. – De *marqueter*.

marqueur, euse [maʀkœʀ, øz] n. **1.** Personne qui marque (les marchandises, le bétail, etc.). **2.** n. f. Machine à marquer. **3.** n. m. Crayon-feutre à pointe épaisse. **4.** Personne qui tient le compte des points (au jeu, en sport). **5.** SPORT Joueur qui marque (un but, un essai, etc.). – De *marquer*.

marquis [maʀki] n. m. **1.** HIST Seigneur franc préposé à la garde des marches. **2.** Titre de noblesse entre celui de duc et celui de comte. – De l'ital. *marchese*, du frq. **marka* (cf. marche 3).

marquisat [maʀkiza] n. m. Fief, terre, titre de marquis. – Ital. *marchesato*.

marquise [maʀkiz] n. f. **I.** Femme d'un marquis. **II. 1.** Auvent ou vitrage qui protège des intempéries un perron, un quai de gare, etc. **2.** Bague au chaton oblong. **3.** Bergère à dossier bas, pour deux personnes. – Fém. de *marquis*.

marquoir [maʀkwaʀ] n. m. TECH **1.** Instrument pour marquer. **2.** Modèle de lettre à marquer le linge. – De *marquer*.

marraine [maʀɛn] n. f. **1.** Celle qui tient, a tenu un enfant sur les fonts baptismaux. **2.** Celle qui préside à la cérémonie de baptême d'une cloche, d'un navire, etc. **3.** *Marraine de guerre:* correspondante attitrée d'un soldat du front. – Du lat. pop. *matrina*, de *mater*, «mère»; d'abord *marrenne*.

marrane [maʀan] n. m. HIST Juif d'Espagne et du Portugal, converti de force au catholicisme, et qui continuait à pratiquer clandestinement sa religion. *Persécutés par l'Inquisition, les marranes émigrèrent dans les pays riverains de la Méditerranée et en Amérique.* – Esp. *marrano*, de l'ar. *mahram*, «interdit».

marrant, ante [maʀɑ̃, ɑ̃t] adj. (et n.) Pop. Drôle, amusant. – Subst. *Un sacré marrant, un petit marrant.*

▷ Curieux, étonnant. *C'est marrant qu'il ne t'ait pas prévenu.* – Ppr. de *(se) marrer.*

marre [maʀ] adv. Pop. *En avoir marre:* en avoir assez, être excédé. – *C'est marre:* ça suffit; c'est terminé. – Déverbal de *(se) marrer.*

marrer (se) [maʀe] v. pron. [1] Pop. Rire, s'amuser. *Ce qu'on a pu se marrer! Il me fait marrer, avec ses théories.* – Par antiphrase, de l'anc. v. *se marrir,* «s'affliger».

marri, ie [maʀi] adj. Vx ou litt. Affligé, contrit. – Du frq. **marrjan*; pp. de l'anc. v. *se marrir,* «s'affliger».

1. marron [maʀõ] n. m. et adj. inv. **I. 1.** Fruit comestible d'une variété de châtaignier. – *Marron glacé,* confit dans du sucre. ▷ *Tirer les marrons du feu:* prendre de la peine ou des risques au seul profit d'un autre. **2.** *Marron d'Inde:* graine (non comestible) du marronnier d'Inde. **3.** adj. inv. Couleur de marron (brun-rouge). ▷ Subst. *Le marron vous va bien.* **II.** Pop. **1.** Coup de poing. **2.** *Être marron:* être attrapé, dupé. *Il m'a fait marron.* **III.** Jeton de contrôle (surtout de la présence d'un employé à son poste). – D'un rad. préroman **marr,* «caillou».

2. marron, onne [maʀõ, ɔn] adj. **1.** HIST *Esclave, nègre marron,* fugitif et réfugié dans une zone peu accessible. **2.** Qui exerce sans titre ou en marge de la légalité. *Courtier, avocat marron.* – Mot des Antilles, altér. de l'hispano-amér. *cimarrón,* «esclave fugitif».

marronner [maʀɔne] v. intr. [1] Anc. Vivre en esclave marron. – De *marron* 2.

marronnier [maʀɔnje] n. m. **1.** Variété de châtaignier. **2.** Cour. *Marronnier (d'Inde):* grand arbre ornemental *(Æsculus hippocastanum),* originaire du Moyen-Orient, à fleurs en grappes blanches ou rouges. – De *marron* 1.

marrube [maʀyb] n. m. Plante aromatique à fleurs blanches (*Marrubium vulgare,* fam. labiées). – Lat. *marrubium.*

mars [maʀs] n. m. Troisième mois de l'année. – *Arriver comme mars en carême,* à propos, ou inévitablement. – Lat. *martius,* de *Mars,* dieu de la guerre.

marsala [maʀsala] n. m. Vin doux produit en Sicile. – Du nom de la v. de *Marsala,* en Sicile.

marsault, marsaux, marseau, marceau [maʀso] ou **marsaule** [maʀsol] n. m. Nom cour. de deux saules des lieux humides, *Salix capræa* et *Salix aurita,* qui atteignent respectivement 12 et 3 m. – Du lat. *marem salicem,* «saule mâle».

marseillais, aise [maʀsɛjɛ, ɛz] adj. et n. De Marseille. ▷ *La Marseillaise:* hymne national français. – Du n. de la v. de *Marseille* (France).

ENCYCL La *Marseillaise* fut écrite et mise en musique en avril 1792 à Strasbourg par un jeune officier du génie, C. J. Rouget de Lisle, sous le nom de *Chant de guerre pour l'armée du Rhin;* la même année, un bataillon de volontaires marseillais l'ayant chanté lors de son entrée à Paris, il fut appelé *la Marseillaise.* Décrété chant national par la Convention (1795), tombé en disgrâce sous l'Empire, interdit de 1815 à 1870, il a été rétabli officiellement comme hymne national en 1879.

marshmallow [maʃmɑlo] n. m. Fam. Confiserie spongieuse. *Un sac de marshmallows. Mou comme du marshmallow.* V. guimauve. – Mot angl.

marsouin [maʀswɛ̃] n. m. **1.** Mammifère cétacé odontocète (fam. delphinidés), de petite taille. *Les marsouins communs (Phocœna phocœna), qui se rencontrent fréquemment le long des côtes dans l'estuaire du Saint-Laurent, sont grégaires et peuvent venir assez près des embarcations qui se déplacent lentement.* **2.** Nom cour. du béluga. *Marsouin blanc.* – Anc. scand. *marsvin,* «cochon de mer».

marsupial, ale, aux [maʀsypjal, jo] adj. et n. ZOOL **1.** adj. *Poche marsupiale:* poche ventrale, contenant les mamelles, dans laquelle les petits des marsupiaux achèvent leur développement embryonnaire après la naissance. **2.** n. m. pl. *Marsupiaux:* ordre de mammifères primitifs, seuls représentants actuels de la sous-classe des métathériens, caractérisés par un développement embryonnaire inachevé à la naissance. ▷ Sing. *Un marsupial.* – Du lat. *marsupium,* «bourse», gr. *marsipion.*

ENCYCL Après une gestation très courte, les petits marsupiaux naissent incomplètement développés et sont placés dans le marsupium par la mère, afin d'y terminer leur développement. Ces animaux vivent en Amérique et surtout en Australie, Nouvelle-Guinée et Tasmanie, où, peu concurrencés par les euthériens, ils s'adaptèrent en prenant toutes sortes de formes; c'est ainsi qu'on peut parler de loup marsupial, de souris marsupiale, etc. Le cerveau des marsupiaux, primitif, ne comporte pas de circonvolutions. La femelle a deux vagins et le mâle un pénis bifide. Les marsupiaux se divisent en polyprotodontes (c.-à-d. «munis de nombr. dents primitives»: 2 canines à chaque mâchoire), qui comprennent les opossums, les dasyures et les péramèles, et en diprotodontes (deux canines à la seule mâchoire supérieure), qui comprennent les phalangéridés (fam. dont le type est le phalanger), les phascolomyidés (c.-à-d. «rats à poche»: wombat) et les macropodidés (c.-à-d. «munis de grands pieds»: kangourou). Les marsupiaux apparurent au Crétacé; ils habitèrent l'Europe au Tertiaire et comptèrent des types géants dans le Pléistocène australien.

marsupium [maʀsypjɔm] n. m. Poche marsupiale. – Mot lat. «bourse».

martagon [maʀtagõ] n. m. Lis de montagne *(Lilium martagon)* à fleurs roses et brunes. – Mot espagnol.

marte. V. martre.

marteau [maʀto] n. m. (et adj.) **I. 1.** Outil composé d'une tête en métal, munie d'un manche, qui sert à battre les métaux, enfoncer des clous, etc. **2.** Instrument, pièce qui sert à frapper. *Marteau d'horloge,* qui sonne les heures en frappant un timbre. *Marteau de porte:* heurtoir. ▷ MUS Pièce qui vient frapper, sous l'action de la touche, la corde d'un piano. **3.** (En composition.) Machine, instrument qui produit un effet par percussion. *Marteau-piqueur:* engin comportant un piston actionné par l'air comprimé *(marteau pneumatique)* ou l'électricité, muni d'une pointe *(fleuret)* qui sert à défoncer les matériaux durs. *Des marteaux-piqueurs.* ▷ *Marteau-pilon:* machine servant à forger les pièces de métal de grande dimension. *Des marteaux-pilons.* **4.** ANAT Un des osselets de l'oreille moyenne. **5.** SPORT Sphère métallique reliée à une poignée par un fil d'acier (poids: 7,257 kg), que l'athlète doit projeter le plus loin possible. *Le lancer du marteau* (épreuve exclusivement masculine). **6.** adj. Fam. *Être marteau:* être un peu fou. **II.** ZOOL *Marteau* ou *requin marteau:* poisson sélacien *(Sphyrna zygæna)* dont les yeux sont portés par des expansions latérales de la tête. – A. fr. *marteaus,* plur. de *martel,* lat. pop. **martellus,* de *martulus, marculus,* dimin. de *marcus,* «marteau».

martel [maʀtɛl] n. m. Vx Marteau. – Loc. mod. *Se mettre martel en tête:* se tourmenter, se faire du souci. – Du lat. pop. **martellus* (V. marteau).

martelage [maʀtəlaʒ] n. m. Action de marteler (notam. pour préparer ou mettre en forme des métaux). ▷ Marquage au marteau des arbres à abattre ou à conserver. – De *marteler.*

martèlement [maʀtɛlmɑ̃] n. m. **1.** Action de marteler; son résultat. **2.** Bruit scandé et sonore comme celui d'un marteau. – De *marteler.*

marteler [maʀtəle] v. tr. [20] **1.** Battre ou façonner à coups de marteau. *Marteler du cuivre.* **2.** Fig. Frapper à coups répétés, comme avec un marteau. *Marteler d'obus les positions ennemies.* **3.** Fig. *Marteler les syllabes,* les articuler avec force. – De *martel.*

marteleur [maʀtəlœʀ] n. m. Celui qui travaille au marteau; celui qui, dans une forge, manœuvre le marteau. – De *marteler.*

martensite [maʀtɑ̃sit] n. f. METALL Solution solide sursaturée de carbone dans le fer, constituant des aciers trempés. – Du n. de l'ingénieur all. Adolf *Martens* (1850-1914).

1. martial, ale, aux [maʀsjal, o] adj. **1.** Guerrier; caractéristique du tempérament ou des façons militaires. *Un air, un discours martial.* **2.** *Cour martiale:* tribunal militaire d'exception. **3.** *Arts martiaux:* disciplines individuelles d'attaque et de défense, d'origine japonaise (judo, karaté, kendo, aïkido, etc.). – Lat. *martialis,* de *Mars,* dieu de la guerre.

2. martial, ale, aux [maʀsjal, jo] adj. **1.** Vx Ferrugineux. **2.** MED Relatif au fer de l'organisme. *Fonction, carence martiale.* – De *Mars,* «fer», en alchimie.

martialement [maʀsjalmɑ̃] adv. D'une manière martiale. – De *martial* 1.

martien, ienne [maʀsjɛ̃, jɛn] adj. et n. **1.** Relatif à la planète Mars; habitant fictif de cette planète. **2.** ASTROL Qui est sous l'influence astrale supposée de Mars. – Du n. de la planète *Mars.*

martin-chasseur [maʀtɛ̃ʃasœʀ] n. m. Oiseau coraciadiforme, proche du martin-pêcheur, qui se nourrit d'insectes, de crustacés et de petits reptiles. *Des martins-chasseurs.* – De *martin,* et *chasseur,* d'ap. *martin-pêcheur.*

1. martinet [maʀtinɛ] n. m. **I.** Vieilli **1.** Molette de grès pour polir le marbre. **2.** Petit chandelier plat à manche. **II.** Cour. **1.** Marteau mécanique employé au forgeage des petites pièces. **2.** Fouet à plusieurs brins de corde ou de cuir. – Probabl. de *Martin,* n. pr.

2. martinet [maʀtinɛ] n. m. Oiseau aux grandes ailes et aux pattes courtes (genres *Apus* et voisins, ordre des apodiformes), ressemblant à l'hirondelle. – Dér. du n. propre *Martin* ou de *Saint-Martin.*

martingale [maʀtɛ̃gal] n. f. **I. 1.** Courroie qui relie la sangle, sous le ventre du cheval, à la muserolle. **2.** Demi-ceinture qui retient l'ampleur du dos d'un vêtement. **II.** JEU Action par laquelle on mise sur chaque coup le double de sa perte du coup précédent. – *Par ext.* Système de jeu qu'un joueur applique méthodiquement. *Suivre une martingale.* – Sens I, provenç. *martegale,* de *Martigues,* n. d'un port des Bouches-du-Rhône; sens II, provenç. *jouga* (jouer) *a la martegalo.*

martiniquais, aise [maʀtinikɛ, ɛz] adj. et n. De la Martinique. – Du n. de la *Martinique,* île des Antilles françaises.

martin-pêcheur [maʀtɛ̃pɛʃœʀ] n. m. Oiseau coraciadiforme (genres *Alcedo* et voisins), aux couleurs vives, qui vit au bord de l'eau et se nourrit de poissons. *En Amérique du Nord, on trouve le martin-pêcheur d'Amérique (Ceryle alcyon), reconnaissable à sa grosse tête, à sa silhouette ébouriffée et à ses plongeons caractéristiques. Des martins-pêcheurs.* – De *Martin,* n. propre, et *pêcheur.*

martre [maʀtʀ] ou **marte** [maʀt] n. f. **1.** Mammifère carnivore (genre *Martes,* fam. mustélidés) au corps long et souple, à la queue touffue et au pelage brun. *La martre d'Amérique (Martes americana), à la fourrure estimée, est arboricole. Le pékan et la zibeline sont des martres.* **2.** Fourrure de martre. *Col de martre.* – Du frq. **marthor.*

martyr, e [maʀtiʀ] n. **1.** Personne qui a souffert la mort plutôt que de renoncer à la religion chrétienne et, par ext., à sa religion, quelle qu'elle soit. *Sainte Blandine, vierge et martyre.* ▷ *Par ext.* Personne qui est morte ou a beaucoup souffert pour une cause. *Les martyrs de la liberté, de la science.* **2.** Personne qui souffre beaucoup. *Prendre, se donner des airs de martyr.* – Appos. *Un enfant martyr,* gravement maltraité par ses parents. – Lat. ecclés. *martyr,* du gr. *martus, marturos,* «témoin (de Dieu)».

martyre [maʀtiʀ] n. m. **1.** La mort, les tourments endurés par un martyr pour sa religion, sa foi en une cause ou en une idée. *Le martyre de saint Sébastien.* **2.** Très grande souffrance physique ou morale. *Souffrir le martyre.* – Du bas lat. ecclés. *martyrium.*

martyriser [maʀtiʀize] v. tr. [1] **1.** Livrer au martyre; faire souffrir le martyre. *Néron martyrisa, fit martyriser de nombreux chrétiens.* **2.** Cour. Maltraiter à l'extrême physiquement ou moralement. *Martyriser un animal.* – Lat. médiév. *martyrizare.*

martyrium [maʀtiʀjɔm] n. m. Crypte contenant le tombeau, les reliques d'un martyr. – Église dédiée à un martyr. – Mot bas lat.

martyrologe [maʀtiʀɔlɔʒ] n. m. Catalogue des martyrs et, par ext., liste de personnes qui sont mortes ou ont souffert pour une cause, un idéal. – Latin médiév. *martyrologium.*

marxien, ienne [maʀksjɛ̃, jɛn] adj. Didac. Qui concerne Karl Marx. *Analyse, études marxiennes.* – Du n. du philosophe allemand Karl *Marx* (1818-1883).

marxisant, ante [maʀksizɑ̃, ɑ̃t] adj. Proche du marxisme. *Pensée marxisante.* – De *marxisme.*

marxisme [maʀksism] n. m. Doctrine philosophique, politique et économique de Karl Marx (1818-1883), Friedrich Engels (1820-1895) et de leurs continuateurs. – Du n. du philosophe allemand Karl *Marx.*

ENCYCL En réaction contre les philosophies idéalistes et dualistes, le marxisme est un matérialisme, qu'on dira *historique* si l'on considère l'objet de son étude et *dialectique* si l'on considère la méthode. Pour Marx, la tâche du philosophe n'est pas seulement d'expliquer le monde, mais de le transformer: l'étude des lois du développement historique fonde une *praxis* révolutionnaire, le socialisme *scientifique,* qu'il oppose au socialisme *utopique* (de Fourier, de Saint-Simon, etc.). Marx retient d'Hegel sa dialectique comme «science des lois générales du développement, tant du monde extérieur que de la pensée humaine», mais, à l'encontre d'Hegel, il considère que le mouvement de la pensée n'est pas une réalité autonome, «il n'est que le reflet du mouvement réel, transporté et transposé dans le cerveau de l'homme» *(le Capital).* «Ce n'est pas la conscience qui détermine la vie, mais la vie qui détermine la conscience» *(Idéologie allemande).* Ce «mouvement réel» est celui des rapports, vitaux, qu'entretiennent les hommes entre eux: les *rapports de production* (formes de la division du travail, de l'appropriation des moyens de production et d'échange, de la répartition des richesses, position des classes dans le corps social), qui correspondent à un état de développement donné des *forces productives* matérielles (la force de travail des hommes, leur savoir-faire, les techniques, les *moyens* de production et d'échange). Ces rapports déterminent la forme socio-économique des sociétés, leur *mode de production:* antique (esclavage), féodal (servage), puis bourgeois capitaliste (salariat). Les forces productives sont l'*infrastructure* de la société et les rapports de production sa *structure*; sur quoi s'élève une *superstructure* juridique et politique (la machine d'État, le Droit), mais aussi *idéologique* (la religion, la morale, la philosophie, qui ont pour fonction de légitimer les rapports de production établis, de les fonder comme nécessaires et naturels, et de favoriser ainsi leur maintien). S'attachant à découvrir le fil conducteur, la loi générale de développement qui se dégage du chaos apparent de l'histoire, Marx observe que toutes les sociétés ont été fondées sur des modes de production où les possesseurs des moyens de production (seigneurs, puis bourgeois capitalistes) dominent, exploitent et oppriment les producteurs (les travailleurs: serfs, puis prolétaires). Pour Marx, les aspirations contradictoires qui naissent de la différence de situation et de conditions de vie des classes déterminent l'action des masses humaines: «L'histoire de toute société jusqu'à nos jours n'a été que l'histoire de la *lutte des classes*, guerre ininterrompue, tantôt ouverte, tantôt dissimulée» *(le Manifeste);* la lutte des classes est le moteur de l'histoire. La doctrine économique de Marx, qui appuie et à laquelle répond sa conception de l'histoire, est fondée sur l'analyse du capital et des mécanismes du système capitaliste. Ce qui domine dans la société capitaliste, c'est la production de *marchandises*, lesquelles, en tant que *valeurs*, sont du travail humain cristallisé; l'argent est la forme de ces valeurs. À l'origine, la grandeur de la *valeur d'échange* correspond à peu près à une *valeur d'usage* donnée à la marchandise et la circulation des marchandises répond au besoin de vendre un produit pour en acheter un autre. À un certain degré de développement de la production et de la circulation des marchandises, l'argent se transforme en capital: c'est l'argent, la monnaie, qui circule et permet d'acheter pour *vendre*, pour faire un profit. Cet accroissement de la valeur primitive de l'argent, Marx l'appelle (après Ricardo) *plus-value*. La plus-value, le profit du capitaliste, provient de ceci: dans la relation capital-travail, le travailleur n'échange pas telle ou telle quantité de travail contre une quantité de valeurs d'échange correspondante, mais il est contraint pour vivre d'aliéner la totalité de sa force de travail au possesseur des moyens de production, qui ne lui donne en échange que de quoi reproduire cette force (nourriture, etc.). La circulation capitaliste de l'argent tend ainsi constamment vers l'accumulation du capital que constitue cette part de travail non rétribuée. Mais ce système aboutit à d'insurmontables contradictions qui sont autant d'«armes forgées par le capitalisme contre lui-même»: concentration des richesses à un pôle de la société, de la misère à l'autre; accroissement continu de la rentabilité par le machinisme, création d'une surpopulation de travailleurs (chômage); élargissement de la production sans élargissement correspondant de la consommation (crises cycliques de surproduction); classes diamétralement opposées: la bourgeoisie et le prolétariat. La résolution de ces contradictions, selon Marx, passe nécessairement par une transformation radicale des structures socio-économiques: la révolution prolétarienne, dite aussi socialiste, doit inéluctablement aboutir, à terme, à l'avènement d'une nouvelle forme de société où le prolétariat triomphant se supprimera en même temps que son contraire. Cette société sans classes et sans État (privé de sa raison d'être, il aura dépéri de lui-même), le *communisme* dans sa phase ultime, verra s'éteindre à jamais l'exploitation de l'homme par l'homme et permettra la réalisation de l'homme total, désaliéné, enfin maître de son histoire. Le passage du capitalisme, renversé, à cette société idéale (le «projet communiste») comporte deux étapes: brève dictature du prolétariat, pour assurer le triomphe de la révolution; longue édification du *socialisme*, lequel conserve certains aspects du modèle démocratique bourgeois (donc l'appareil d'État), mais au profit exclusif du prolétariat (collectivisation des moyens de production et d'échange). Présentement, pour Marx, le prolétariat doit s'organiser politiquement et syndicalement pour intensifier la lutte des classes et précipiter la chute du capitalisme, et répondre à l'internationalisation des structures bourgeoises d'échange, de production et d'oppression (cf. Lénine, *l'Impérialisme, stade suprême du capitalisme*) par l'internationalisme ouvrier.

marxisme-léninisme [maʀksismleninism] n. m. POLIT Nom donné à la doctrine philosophique et politique de V. I. Oulianov, dit Lénine (1870-1924), et de ses partisans, inspirée du marxisme. – De *marxisme*, et *léninisme*.

marxiste [maʀksist] adj. et n. Relatif au marxisme. *Doctrine marxiste.* ▷ Partisan du marxisme. *Un militant marxiste.* – Subst. *Un, une marxiste.* – De *marxisme.*

marxiste-léniniste [maʀksistleninist] adj. et n. POLIT Relatif au marxisme-léninisme. ▷ N. Partisan de cette doctrine. – De *marxiste* et *léniniste.*

marxologue [maʀksɔlɔg] n. Didac. Spécialiste de l'œuvre de Karl Marx. – De *Marx*, n. pr., et *-logue.*

mas [mɑ] ou [mas] n. m. inv. Dans le midi de la France, ferme ou maison de campagne dans le style provençal. – A. fr. *mès*, du lat. *mansum*, de *manere*, «demeurer»; mot provençal et languedocien.

mascarade [maskaʀad] n. f. **1.** Réunion, défilé de gens masqués et déguisés. **2.** Déguisement, accoutrement bizarre et ridicule. **3.** Fig. Actions, démonstrations hypocrites, mise en scène trompeuse. **4.** Anc. Spectacle allégorique en forme de comédie-ballet où l'on jouait sous le masque. – Vers composés pour un tel spectacle. – Ital. *mascarata*, var. de *mascherata*, de *maschera*, «masque».

mascaret [maskaʀɛ] n. m. Haute vague qui remonte certains fleuves au moment de la marée montante. – Mot gascon, «bœuf tacheté», de *mascara*, «tacheter».

mascaron [maskaʀõ] n. m. ARCHI Figure sculptée, d'aspect fantastique ou grotesque, placée à l'orifice d'une fontaine, sous un balcon, un entablement, etc. – Ital. *mascherone*, de *maschera*, «masque».

mascotte [maskɔt] n. f. Être ou objet considéré comme portant bonheur; fétiche. – Provenç. *mascoto*, «sortilège», de *masco*, «sorcière».

mascou [masku] ou **mascouabina** [maskwabinɑ] n. m. Rég. (notam. Saguenay – Lac-Saint-Jean et Bas-du-fleuve) Nom du sorbier indigène ou cormier. – Mot d'orig. amérindienne.

mascouabina. V. mascou.

masculin, ine [maskylɛ̃, in] adj. et n. m. **I.** Qui appartient au mâle, à l'homme; qui le concerne; qui a ses qualités, ses caractères ou ceux qu'on lui prête traditionnellement. *Le sexe masculin.* **II.** LING **1.** Qui s'applique aux êtres mâles, ou aux objets que l'usage assimile à ceux-ci. *Un substantif masculin.* ▷ N. m. *Le masculin:* le genre masculin. **2.** *Rime masculine*, qui ne se termine pas par un e muet. – Lat. *masculinus*, de *masculus*, «mâle».

masculiniser [maskylinize] v. tr. [1] **1.** Rendre masculin; donner des manières viriles à. **2.** LING Rendre du genre masculin. **3.** BIOL Provoquer l'acquisition de caractères sexuels secondaires de type masculin (par l'action d'hormones). – De *masculin.*

masculinité [maskylinite] n. f. Qualité de ce qui est masculin. – De *masculin.*

maser [mazɛʀ] n. m. PHYS Générateur d'ondes électromagnétiques cohérentes dans la gamme des hyperfréquences (au-delà de l'infrarouge), utilisé comme amplificateur ou comme oscillateur. – Mot angl., acronyme pour *Microwave Amplification by Stimulated Emission of Radiations*, «amplification de micro-ondes par émission stimulée de radiations». ENCYCL Le principe du maser est, pour des ondes de fréquence plus faible, analogue à celui du laser. Les masers permettent d'amplifier des signaux sans création de bruit de fond. Ils sont notam. utilisés en astronomie comme récepteurs de radiosources. Certaines horloges atomiques utilisent un maser fonctionnant en oscillateur. Le premier maser (à ammoniac) date de 1954.

maskinongé [maskinõʒe] n. m. Grand brochet (*Esox masquinongy*) indigène du fleuve Saint-Laurent et des Grands Lacs, au corps légèrement rayé (marques sombres sur fond pâle). – Mot algonquien, «brochet difforme» ou «grand brochet».

maskoutain, aine [maskutɛ̃, ɛn] adj. et n. De Saint-Hyacinthe en Montérégie. *Le dynamisme maskoutain. Un(e) Maskoutain(e).* – De *Mascoutin*, nom d'une tribu amérindienne, et de *Petit-Masca* ou *Masca*, nom antérieur de la ville, de *Yamaska*, nom de la rivière qui la traverse.

maso [mazo] adj. et n. Abrév. fam. de *masochiste*.

masochisme [mazɔʃism] n. m. **1.** PSYCHO Perversion sexuelle dans laquelle le sujet ne peut atteindre au plaisir qu'en subissant une humiliation ou une souffrance physique. **2.** Cour. Comportement d'une personne qui semble prendre plaisir à courir au-devant de situations dommageables ou humiliantes pour elle. – De *(Sacher-) Masoch* (1836-1895), romancier autrichien.

masochiste [mazɔʃist] adj. et n. Atteint, empreint de masochisme. *Comportement masochiste. Personne masochiste.* ▷ Subst. *Un, une masochiste.* – Abrév. fam. *maso. Il est inconscient, ou bien maso !* – Du préc.

masque [mask] n. m. **I. 1.** Faux visage en carton, en cuir, en plastique, etc., dont on se couvre la face pour se déguiser ou pour dissimuler son identité. *Les masques qu'on porte le Mardi gras. Masque de théâtre.* ▷ Loup (sens 7). *Masque de velours noir.* **2.** *Par ext.*, vieilli Personne qui porte un masque. **3.** Fig. Apparence trompeuse sous laquelle on s'efforce de cacher ses véritables sentiments, sa véritable nature. *Se couvrir du masque de la vertu. – Lever le masque:* ne plus déguiser ses vrais sentiments. *Arracher le masque à qqn.* **4.** Aspect particulier d'une physionomie. *Masque tragique, immobile, d'un acteur.* – MED Aspect particulier du visage dans certaines maladies, ou pendant la grossesse. Syn. chloasma. **5.** Moulage du visage. *Masque mortuaire.* **6.** ARCHI Mascaron. **II. 1.** Dispositif couvrant et protégeant le visage. *Masque de soudeur. Masque de gardien de but (au hockey). – Masque à gaz:* appareil destiné à protéger le visage, les yeux, les organes respiratoires, des effets des gaz nocifs (gaz de combat, notam.). – Dispositif de protection du visage de l'escrimeur constitué par un grillage résistant, à mailles fines. – Accessoire de plongée sous-marine, protégeant les yeux et permettant de voir sous l'eau. **2.** MED Pièce de tissu ou de matière jetable placée devant le nez et la bouche pour éviter la contamination microbienne. *Le masque du chirurgien.* **3.** MED Appareil pour administrer un anesthésique ou de l'oxygène par voie respiratoire. **4.** Préparation qu'on applique et qu'on laisse sécher sur le visage et le cou. *Masque antirides*, ou *de beauté.* **5.** MILIT Dispositif formant écran pour dissimuler des hommes ou des ouvrages aux vues de l'ennemi. **6.** PHYS *Effet de masque:* diminution de la perception d'un son lorsque celui-ci est couvert par un son différent. **III.** ZOOL Lèvre inférieure qui couvre en partie la tête des larves des libellules et leur sert à capturer les proies. – Ital. *maschera.*

masqué, ée [maske] adj. **1.** Couvert d'un masque. *Bandit masqué.* **2.** *Bal masqué*, où l'on porte un masque, où l'on se déguise. – Pp. de *masquer.*

masquer [maske] v. tr. [1] **1.** Rare Mettre un masque sur le visage de (qqn). **2.** Fig. Cacher quelque chose sous des apparences trompeuses. *Masquer ses desseins.* **3.** Dissimuler, cacher qqch à la vue. *Ce mur masque la vue du parc. Masquer une batterie.* – De *masque.*

massacrant, ante [masakʀɑ̃, ɑ̃t] adj. *Humeur massacrante:* très mauvaise humeur. – Ppr. de *massacrer.*

massacre [masakʀ] n. m. **I. 1.** Action de massacrer; son résultat. *Le massacre de la Saint-Barthélemy.* ▷ *Jeu de massacre:* jeu forain qui consiste à abattre au moyen de balles de son des poupées à bascule. **2.** Fig. *Par exagération.* Action d'endommager, de détériorer une chose, de rater une opération. *En voulant se couper les cheveux lui-même, il a fait un massacre.* ▷ Très mauvaise exécution d'une œuvre musicale, théâtrale, etc. **3.** Fam. Coup d'éclat, grande réussite. *Son bouquin va faire un massacre.* **II. 1.** Grande tuerie de bêtes. – VEN *Sonner le massacre*, la curée. **2.** Ramure d'un cerf avec la partie de crâne qui la supporte. *Massacre qui orne un mur.* – Déverbal de *massacrer.*

massacrer [masakʀe] v. tr. [1] **1.** Tuer en grand nombre et avec sauvagerie (des êtres sans défense). *Massacrer des otages.* **2.** Fig. Mettre à mal (un adversaire nettement inférieur). *Boxeur qui massacre son adversaire.* **3.** Mettre (qqch) en très mauvais état. **4.** Gâter par une exécution maladroite (une œuvre musicale, théâtrale, etc.). – Du lat. pop. *matteucculare*, de *matteuca*, «massue».

massacreur, euse [masakʀœʀ, øz] n. **1.** Personne qui massacre des gens. **2.** Fig. Personne qui exécute une chose avec maladresse et la gâte. – De *massacrer.*

massage [masaʒ] n. m. Action de masser. – *Massage cardiaque:* manœuvre de réanimation d'urgence pratiquée en cas d'arrêt cardiaque et qui consiste à comprimer le cœur sur le rachis par des mouvements de pression de la paume de la main sur le sternum. (En dernière extrémité, il est pratiqué à thorax ouvert en milieu chirurgical.) – De *masser* 3.

1. masse [mas] n. f. **I.** (Choses.) **1.** Quantité relativement grande (d'une matière), d'un seul tenant et sans considération de forme. *Une énorme masse de granit. La masse d'eau qui déferle après rupture d'un barrage.* – Loc. *Tomber, s'écrouler comme une masse*, comme un corps inanimé, pesamment. ▷ METEO *Masse d'air:* région de l'atmosphère (s'étendant sur des surfaces de plusieurs millions de km^2 et sur une épaisseur de plusieurs kilomètres) dont les propriétés présentent une certaine homogénéité. *Masses d'air arctique, polaire, tropicale.* **2.** Le bloc que constitue une matière. *Pris, taillé, dans la masse*, dans un seul bloc de matière. **3.** Ensemble constitué de choses de même nature. *J'ai pris celui-là au hasard dans la masse.* **4.** Totalité d'une chose par oppos. à toute partie de cette chose. *La masse du sang. La masse des connaissances humaines.* **5.** Ensemble de nombreux éléments distincts réunis en une seule masse. *Travailler à partir d'une masse de documents inédits.* **6.** Fam. Grande quantité. *Il n'y a pas des masses d'argent à gagner dans cette affaire.* **7.** Ensemble des parties d'un tout, considérées dans leurs rapports. – BX-A *Disposition des masses dans un tableau.* – ARCHI *Plan de masse*, ou *plan masse*, qui représente une construction ou un ensemble de constructions et le complexe des aménagements extérieurs (voies de desserte, espaces verts, etc.). **8.** Somme d'argent affectée à une catégorie de dépenses particulières. *Masse d'habillement* (dans le budget d'une caserne). *Masse salariale.* – Ensemble des cotisations d'un atelier d'artiste; la caisse ainsi constituée. ▷ DR Ensemble de biens, créances ou droits qui sont regroupés pour fin de calcul lors de la liquidation d'une indivision ou d'une entreprise. *La masse d'une société comprend son actif et son passif.* **9.** loc. adv. *En masse:* en grande quantité. **II.** (Êtres animés.) **1.** Grande quantité de personnes ou d'animaux rassemblés. *La masse des touristes qui occupaient le parvis.* **2.** Grand nombre de personnes constitué en groupe humain. *Les masses laborieuses.* ▷ Absol. *Les masses:* les couches populaires et, spécial., la classe ouvrière. *La volonté des masses.* **3.** Le plus grand nombre des hommes, par oppos. à l'élite; la majorité. *Culture, communication de masse.* – Péjor. *Plaire à la masse.* – *La grande masse des électeurs a voté pour lui.* **4.** loc. adv. *En masse:* tous ensemble et en grand nombre. *Voter en masse.* **III.** PHYS, MECA **1.** Grandeur fondamentale liée à la quantité de matière que contient un corps et qui intervient dans les lois de son mouvement. *Le kilogramme, unité de masse du système SI.* – *Masse volumique:* masse de l'unité de volume (autref. appelée *masse spécifique,* elle s'exprime en kg/m^3 et ne doit pas être confondue avec la densité, rapport de la masse volumique du corps considéré à la masse volumique d'un autre corps – eau, air, etc. – pris comme référence). ▷ *Centre de masse:* barycentre des masses élémentaires d'un corps. **2.** PHYS NUCL *Nombre de masse:* nombre total des protons et des neutrons d'un atome. – *Masse critique:* masse de matière fissile au-delà de laquelle une réaction en chaîne peut s'amorcer. **3.** CHIM *Masse atomique:* nombre qui mesure la masse d'un nombre N d'atomes, N désignant le nombre d'Avogadro soit $6{,}02.10^{23}$. (Par définition, la masse de N atomes de l'isotope $^{12}{}_{6}C$ du carbone est égale à 12 grammes.) – *Masse molaire* ou *moléculaire:* masse d'un nombre N de molécules. **4.** ELECTR Parties conductrices d'un appareil, d'une machine, par lesquelles s'effectue le retour du courant au générateur. *Mettre à la masse:* relier un bâti à ces parties conductrices. – Lat. *massa,* du gr. *maza,* «pâte».

ENCYCL **Phys.** Masse et poids sont deux grandeurs essentiellement différentes. La masse est un nombre qui caractérise l'inertie d'un corps, c.-à-d. la résistance que ce corps oppose à un changement de vitesse; elle est indépendante du lieu où l'on effectue la mesure. Le poids est une force qui s'exerce sur un corps placé dans un champ de gravitation (dû à une planète, une étoile, etc.); elle est proportionnelle à l'intensité de ce champ. En un lieu donné, la masse m et le poids p d'un corps sont liés par la relation $p = mg$, g étant l'accélération de la pesanteur en ce lieu. L'unité de masse du système international (SI) est le *kilogramme;* c'est la masse de l'étalon international en platine iridié déposé au Bureau international des poids et mesures à Sèvres. L'unité de poids du système SI est le *newton;* c'est la force qui, agissant sur un élément de masse 1 kg, lui impose une accélération de 1 m/s^2. (Le kilogramme-poids est auj. une unité prohibée.) Rappelons, en effet, que, si l'on applique à un corps de masse m une force F, il subit une accélération $\vec{\gamma}$ telle que $\vec{F} = m\vec{\gamma}$ (principe fondamental de la dynamique). *La masse gravitationnelle* (ou *masse pesante*) est une grandeur qui permet de caractériser la force qui s'exerce entre deux corps. Cette force F a pour valeur $F = G\frac{mm'}{d^2}$, m et m' étant les masses des deux corps, d leur distance et G une constante, égale à $6{,}67.10^{-11}$ unités du système SI. Cette relation découle du principe de la gravitation universelle, énoncé par Newton, principe qui permet d'expliquer un grand nombre de phénomènes tant à l'échelle astronomique qu'à l'échelle atomique. Le rapport de la masse pesante et de la masse inerte est une constante pour un champ de pesanteur donné: le produit de la masse pesante par l'intensité du champ de la pesanteur est égal au produit de la masse inerte par l'accélération. Il suffit d'un bon choix des unités pour que cette constante soit égale à 1. Cette constatation est le point de départ de la théorie de la relativité généralisée, énoncée par Einstein. En dynamique relativiste, la notion de masse est liée à celle d'énergie. *La masse relativiste* m d'un corps est définie par la relation $m = \frac{m_0}{\sqrt{1 - \frac{v^2}{c^2}}}$; m_0 est la masse au repos du corps, v sa vitesse et c la vitesse de la lumière. La différence $m - m_0$ n'est sensible que pour les corps dont la vitesse est voisine de celle de la lumière; ainsi, en dynamique classique, le rapport $\frac{v^2}{c^2}$ est pratiquement égal à zéro et l'on a $m = m_0$. L'équivalence de la masse et de l'énergie (E) s'exprime par la relation d'Einstein $E = mc^2$.

2. masse [mas] n. f. **1.** Marteau à tête très lourde et sans panne. **2.** HIST *Masse d'armes* ou *masse:* arme composée d'un manche et d'une tête garnie de pointes, en usage au Moyen Âge. **3.** Bâton à tête d'or ou d'argent, porté par un huissier qui précède un personnage de marque, dans certaines cérémonies. *La masse du sergent d'armes de l'Assemblée nationale.* **4.** Gros bout d'une queue de billard. – Du lat. pop. **mattea,* que l'on rapproche de *mateola,* «outil pour enfoncer».

massé [mase] n. m. Au billard, coup où l'on masse la boule. – Pp. subst. de *masser* 3.

masselotte [maslɔt] n. f. **1.** METALL Cavité ménagée au sommet d'un moule, dans laquelle on coule du métal pour compenser les effets du retrait. – Masse de métal moulée dans cette cavité. **2.** TECH Petite pièce agissant par inertie dans un mécanisme. *Masselote d'une montre automatique.* – Dimin. de *masse* 1.

massepain [maspɛ̃] n. m. Pâtisserie à base d'amandes pilées et de sucre. – Altér. de l'ital. *marzapane,* ar. *mautaban.*

1. masser [mase] **1.** v. tr. [1] Disposer en grand nombre. *Masser des troupes.* **2.** v. pron. Se rassembler en masse. *Badauds qui se massent devant une vitrine.* – De *masse* 1.

2. masser [mase] v. tr. [1] Pétrir, presser différentes parties du corps de (qqn) avec les mains ou des instruments spéciaux (pour donner plus de souplesse, améliorer la tonicité musculaire, diminuer une douleur, etc.). *Masser qqn. Se faire masser le dos.* – De l'ar. *mass,* «(le) toucher».

3. masser [mase] v. tr. [1] Au billard, frapper (la boule) avec la queue perpendiculairement à la table pour donner un effet particulier. – De *masse* 2.

masséter [masetɛʀ] n. m. ANAT Muscle élévateur du maxillaire inférieur. – Gr. *masêtêr,* «masticateur».

massette [masɛt] n. f. **1.** TECH Masse à long manche pour casser, tailler, les pierres. **2.** Plante monocotylédone aquatique aux inflorescences brunâtres groupées en épis compacts. – De *masse* 2.

masseur, euse [masœʀ, øz] n. **1.** Personne qui pratique des massages. **2.** n. m. Appareil pour masser. – De *masser* 2.

1. massicot [masiko] n. m. CHIM Poudre jaune, utilisée en peinture et dans la préparation des mastics, constituée par de l'oxyde de plomb (PbO). – Altér. de l'ital. *marzacotto,* «vernis des potiers», d'orig. arabe.

2. massicot [masiko] n. m. TECH Machine à couper ou à rogner le papier. – Du n. de l'inventeur Guillaume *Massicot* (1797-1870).

massicoter [masikɔte] v. tr. [1] TECH Couper, rogner (du papier) au massicot. – De *massicot* 2.

1. massier [masje] n. m. Huissier qui porte une masse. – De *masse* 2 (sens 3).

2. massier, ière [masje, jɛʀ] n. Élève d'un atelier des beaux-arts, qui tient la masse (cf. masse 1; sens I, 8), recueille les cotisations. – De *masse* 1.

massif, ive [masif, iv] adj. et n. m. **I.** adj. **1.** Qui est ou paraît épais, compact, lourd. *Porte massive. Colonnes massives.* – Fig. *Un homme à l'esprit massif.* **2.** Se dit d'un ouvrage d'orfèvrerie, d'ébénisterie, dont tous les éléments sont taillés dans la masse, ne sont ni creux, ni plaqués. *Bijou en or massif. Meuble en acajou massif.* **3.** Qui a lieu, se produit, est fait en masse. *Attaque massive de l'aviation.* – *Dose massive.* **II.** n. m. **1.** CONSTR Ouvrage de maçonnerie, masse de béton qui sert de fondement pour asseoir un édifice, pour supporter un poteau, etc. **2.** Assemblage compact d'arbres, d'arbustes. *Massif de peupliers.* – Assemblage de fleurs plantées pour produire un effet décoratif. *Massif de roses.* **3.** GEOGR Ensemble montagneux de forme massive (par oppos. à chaîne). *Le Massif central en France.* – De l'a. fr. *massis,* «à l'aspect d'une masse».

massification [masifikasjɔ̃] n. f. Transformation d'un groupe social en un tout (masse) anonyme. – De *masse,* et lat. *ficare,* «faire».

massique [masik] adj. PHYS Qui se rapporte à la masse ou à l'unité de masse. *Volume massique:* volume de l'unité de masse d'un corps (c'est l'inverse de la masse volumique). ▷ *Chaleur massique:* quantité de chaleur nécessaire pour élever de un degré l'unité de masse d'un corps. (Appelée autref. *chaleur spécifique.*) – De *masse* 1.

massivement [masivmɑ̃] adv. **1.** D'une manière massive. **2.** En masse, en grand nombre. – De *massif.*

massore [masɔʀ] ou **massorah** [masɔʀa] n. f. RELIG Exégèse critique sur le texte hébreu de la Bible, due à des docteurs juifs. – Mot hébreu, *massorah.*

massorète [masɔʀɛt] n. m. RELIG Docteur juif ayant collaboré à la rédaction de la massore (VIe-XIIe s. ap. J.-C.). – Du préc.

massorétique [masɔʀetik] adj. RELIG Des massorètes. – *Points massorétiques:* signes introduits par les massorètes dans le texte hébreu de la Bible pour indiquer les voyelles. – Du préc.

massue [masy] n. f. **1.** Bâton noueux beaucoup plus gros à un bout qu'à l'autre et servant d'arme. *La massue d'Hercule.* **2.** Fig. *Coup de massue:* coup brutal, décisif; catastrophe accablante. ▷ Appos. *Argument massue,* décisif, qui laisse l'interlocuteur sans réplique aussi sûrement qu'un coup de massue. – Du lat. pop. *matt(i)ucca,* de *mattea* (V. masse 2).

mastaba [mastaba] n. m. Tombeau de l'Égypte antique (Ancien Empire) en forme de pyramide tronquée. – Mot ar., «banc, banquette».

mastic [mastik] n. m. (et adj. inv.) **1.** Résine jaunâtre qui s'écoule du lentisque. **2.** Composition adhésive plastique durcissant à l'air, formée de blanc d'Espagne (craie pulvérisée) et d'huile de lin, dont on se sert pour certaines opérations de rebouchage et de scellement. *Mastic de vitrier.* ▷ Adj. inv. D'une couleur gris-beige clair. *Imperméable mastic.* **3.** TYPO Erreur de composition consistant à intervertir plusieurs lignes ou plusieurs groupes de lignes. – Bas lat. *masticum,* gr. *mastikhê.*

masticage [mastikaʒ] n. m. Action de joindre ou de boucher avec du mastic. – De *mastiquer* 1.

masticateur, trice [mastikatœʀ, tʀis] adj. Qui sert à mastiquer. *Muscles masticateurs.* – De *mastiquer* 2.

mastication [mastikasjɔ̃] n. f. Action de mastiquer, de mâcher; son résultat. – Bas lat. *masticatio.*

masticatoire [mastikatwaʀ] n. m. et adj. **1.** n. m. MED VET Substance à mâcher destinée aux animaux et qui excite la sécrétion salivaire. **2.** adj. Destiné à être mâché. *Pâte masticatoire.* – De *mastiquer* 2.

mastiff [mastif] n. m. Grand chien au corps trapu et au poil ras, voisin du dogue. – Mot angl., de l'a. fr. *mastin* (cf. mâtin).

1. mastiquer [mastike] v. tr. [1] Joindre, boucher avec du mastic. – De *mastic.*

2. mastiquer [mastike] v. tr. [1] Mâcher, broyer avec les dents (un aliment, une substance solide, avant de l'avaler ou de le recracher). *Mastiquer de la viande.* – Bas lat. *masticare,* «mâcher».

mastite [mastit] n. f. MED Inflammation aiguë du tissu mammaire. – Du gr. *mastos,* «mamelle», et de *-ite* 1.

mastoc [mastɔk] adj. inv. Lourd, épais, sans grâce. *Une construction mastoc.* – P.-ê. all. *Mastochs,* «bœuf à l'engrais», ou mot rouchi, du rad. de *masse, massif.*

mastocyte [mastɔsit] n. m. BIOL Cellule du sang et du tissu conjonctif dont le cytoplasme contient de nombreuses granulations et qui joue un rôle important dans les phénomènes de cicatrisation et les réactions allergiques. – Du gr. *mastos,* «mamelle», et de *-cyte.*

mastodonte [mastɔdɔ̃t] n. m. **1.** Grand mammifère herbivore fossile (ordre des proboscidiens) du Tertiaire et du Quaternaire, voisin de l'éléphant. (Plus petites que les éléphants actuels, certaines espèces du genre *Mastodon,* notam., portaient quatre défenses.) **2.** Fig. Personne d'une taille, d'une corpulence démesurée. **3.** Objet, machine énorme. – Gr. *mastos,* «mamelle», et *odous, odontos,* «dent», à cause de ses molaires mamelonnées.

mastoïde [mastɔid] adj. et n. f. ANAT *Apophyse mastoïde:* éminence de l'os temporal, située en arrière du conduit auditif externe. – N. f. *La mastoïde.* – Du gr. *mastoeidês,* «en forme de mamelle».

mastoïdien, ienne [mastɔidjɛ̃, jɛn] adj. Relatif à l'apophyse mastoïde. *Cavités mastoïdiennes:* petites cavités osseuses tapissées de muqueuse, situées au sein de l'apophyse mastoïde. – Du préc.

mastoïdite [mastɔidit] n. f. MED Inflammation de la muqueuse des cavités mastoïdiennes, en général consécutive à une otite. – De *mastoïde,* et *-ite* 1.

mastroquet [mastʀɔkɛ] n. m. Fam., vieilli **1.** (France) Patron d'un débit de boissons. **2.** (France) Débit de boissons, bistrot. – Orig. incert., p.-ê. du flamand *meister,* «patron».

masturbation [mastyʀbasjɔ̃] n. f. Attouchement des parties génitales, destiné à procurer le plaisir sexuel. ▷ Fig. *Masturbation intellectuelle:* complaisance à tourner et à retourner les mêmes pensées. – Lat. *masturbatio,* de *manus,* «main» et *stupratio,* «action de souiller».

masturber (se) [mastyʀbe] v. pron. (et tr.) [1] Se livrer à la masturbation. – Lat. *masturbare.*

m'as-tu-vu [matyvy] n. et adj. inv. Péjor. Individu trop satisfait de lui-même. *Un(e) m'as-tu-vu* (ou *une m'as-tu-vue*). *Des m'as-tu-vu.* – Adj. inv. Prétentieux. *Cette robe est un peu m'as-tu-vu.* – De *m'as-tu-vu?* question que se posent entre eux les acteurs évoquant leurs succès.

masure [mazyʀ] n. f. Maison misérable, tombant en ruine. – Du bas lat. **mansura,* «demeure».

1. mat [mat] n. m. et adj. inv. **1.** n. m. Aux échecs, échec imparable qui met fin à la partie. *Faire mat.* **2.** adj. Se dit d'un joueur qui a perdu la partie. – De l'ar. *māt,* «(il) est mort».

2. mat, mate [mat] adj. **1.** Qui réfléchit peu la lumière, qui ne brille pas. *Tirer une photo sur papier mat. Or mat.* ▷ *Teint mat:* plutôt foncé (opposé à *teint clair*). **2.** *Son mat,* sourd. – Du lat. *mattus,* p.-ê. de *madere,* «être humide», et au fig. «abattu, affligé».

mât [mɑ] n. m. **1.** MAR Longue pièce de bois ou de métal destinée à porter les voiles (sur un voilier), les pavillons, les antennes de radio, les aériens de radar (sur un navire à propulsion mécanique). ▷ *Mât de* *charge*: appareil de levage servant au chargement et au déchargement d'un navire. **2.** *Par anal.* Poteau, perche. ▷ Perche lisse utilisée en gymnastique pour s'exercer à grimper. ▷ *Mât de cocagne:* haute perche de bois au sommet de laquelle sont placés des prix que des concurrents tentent de décrocher. – Frq. **mast.*

matador [matadɔʀ] n. m. Torero qui met à mort le taureau dans une corrida. – Mot esp., «tueur», de *matar,* «tuer».

matage [mataʒ] n. m. TECH Action de mater un rivet, une soudure, etc. – De *mater* 2.

matamore [matamɔʀ] n. m. Faux brave. – Esp. *Matamoros,* «tueur de Maures», n. pr., personnage de comédie.

match [matʃ] n. m. Lutte, compétition opposant deux adversaires ou deux équipes. *Match de boxe, de baseball.* – *Match nul,* qui se termine à égalité de score. – *Des matches* ou *des matchs.* – Mot angl.

maté [mate] n. m. Arbuste d'Amérique du S. *(Ilex paraguayensis)* voisin du houx, dont les feuilles infusées fournissent une boisson tonique. ▷ Cette boisson. – Mot esp., d'une langue indienne du Pérou.

matefaim [matfɛ̃] n. m. inv. Crêpe épaisse. – De *mater* 1, et *faim.*

matelas [matla] n. m. **1.** Élément de literie constitué par un grand coussin rembourré, généralement posé sur un sommier. *Matelas de laine. Matelas à ressorts.* ▷ *Matelas pneumatique:* grand coussin fait d'une enveloppe étanche, gonflée d'air. **2.** TECH *Matelas d'air:* couche d'air entre deux parois. – De l'ital. *materasso,* ar. *matrah,* «ce que l'on étend sur le sol».

matelassé, ée [matlase] adj. et n. m. *Tissu matelassé,* garni d'une doublure ouatinée maintenue par des piqûres. – N. m. *Du matelassé.* – Pp. de *matelasser.*

matelasser [matlase] v. tr. [1] Rembourrer (qqch) à la façon d'un matelas. *Matelasser des chaises.* – De *matelas.*

matelassier, ière [matlasje, jɛʀ] n. Personne qui confectionne, qui répare les matelas. – De *matelas.*

matelassure [matlasyʀ] n. f. Ce qui sert à matelasser, à rembourrer. – De *matelasser.*

matelot [matlo] n. m. **1.** Homme d'équipage d'un navire. *Les officiers, sous-officiers et matelots.* ▷ MILIT Grade le plus bas correspondant, dans la marine, à celui de simple soldat dans l'armée de terre. **2.** *Matelot d'avant, matelot d'arrière:* bâtiment de guerre qui, placé dans une ligne, suit ou précède immédiatement un autre bâtiment. (Rem.: Au sens 1, l'OLF recommande la forme féminine *une matelot.*) – Moy. néerl. *mattenoot,* «compagnon de couche», les matelots ne disposant autrefois que d'un hamac pour deux.

matelotage [matlɔtaʒ] n. m. Technique de la confection des nœuds, tresses, épissures, garnitures, etc., qu'un matelot est appelé à faire dans l'exercice de son métier. – De *matelot.*

matelote [matlɔt] n. f. Mets composé de poisson cuit en morceaux dans du vin rouge avec des oignons ou des échalotes. *Matelote d'anguille.* – Fém. de *matelot.*

1. mater [mate] v. tr. [1] **1.** Aux échecs. *Mater le roi:* faire mat. **2.** Fig. Rendre soumis (qqn). *Mater les fortes têtes.* – Par ext. *Mater une rébellion.* – De *mat* 1.

2. mater [mate] [1] ou **matir** [matiʀ] [2] v. tr. **1.** TECH Rendre mat, dépolir. *Matir de l'or. Argent mati. Mater le verre.* **2.** TECH *Mater:* refouler (du métal), en partic. pour parfaire un joint. *Mater un rivet, une soudure.* – De *mat* 2.

mâter [mɑte] v. tr. [1] Munir (un navire) de son (ses) mât(s). – De *mât.*

mâtereau [mɑtʀo] n. m. Petit mât. – Dimin. de mât.

matérialisation [mateʀjalizasjɔ̃] n. f. **1.** Action de matérialiser, de se matérialiser; son résultat. **2.** PHYS NUCL Création d'une paire électron-positon à partir d'un photon. – De *matérialiser.*

matérialisé, ée [mateʀjalize, e] adj. **1.** Qui est devenu matériel, sensible. **2.** *Voie, chaussée matérialisée,* sur laquelle des bandes peintes indiquent les interdictions de doubler, les directions à prendre, les passages réservés aux piétons, etc. – Pp. de *matérialiser.*

matérialiser [mateʀjalize] **I.** v. tr. [1] **1.** Donner une apparence ou une réalité matérielle à (une chose abstraite). *La foi que matérialisent les cathédrales. Matérialiser un espoir.* **2.** Litt. Considérer comme matériel (ce qui est immatériel). *Matérialiser la pensée, l'âme, le sentiment.* **II.** v. pron. Prendre une forme concrète. *Esprit qui se matérialise au cours d'une séance de spiritisme.* – De *matériel.*

matérialisme [mateʀjalism] n. m. **1.** PHILO Toute doctrine qui affirme que la seule réalité fondamentale est la matière et que toute autre réalité y est, d'une façon ou d'une autre, réductible. Ant. idéalisme, spiritualisme. **2.** Cour. Attitude de celui qui recherche uniquement des satisfactions matérielles. – De *matériel.*

ENCYCL Le matérialisme est une philo. pour laquelle la matière, le monde existent indépendamment de toute pensée. Mais les opinions sur la nature et les propriétés de la matière varient considérablement selon les systèmes matérialistes et l'état de développement des connaissances scientifiques; il existe cependant des caractéristiques constantes, dont l'une des plus importantes est le lien étroit que tous les matérialistes établissent entre la matière et le mouvement (ou l'énergie), conçu comme son attribut essentiel. Il importe donc de distinguer: **1.** le *matérialisme mécaniste,* princ. représenté: dans l'Antiq., par Leucippe, Démocrite, Épicure, Lucrèce; au XVIIIe s., par Diderot, d'Holbach, Helvétius, La Mettrie, etc.; au XIXe s., par Feuerbach et K. Vogt; c'est une tentative pour rendre compte des lois de la vie, de la pensée, de la société, en les réduisant à des phénomènes mécaniques ou physiques; **2.** le *matérialisme historique,* doctrine de K. Marx, qui montre comment la base matérielle de la société (forces productives et rapports de production) produit les phénomènes culturels (historiques, idéologiques, sociaux); **3.** le *matérialisme dialectique* (directement lié au matérialisme historique), expression forgée par Engels pour désigner la vision générale du monde selon laquelle tous les phénomènes de l'Univers sont les produits de la matière en mouvement progressant par bonds vers des paliers d'organisation qualitativement toujours plus complexes (vie, sensation, conscience, science). V. encycl. marxisme.

matérialiste [mateʀjalist] adj. et n. **1.** PHILO Qui professe le matérialisme. **2.** Cour. Qui ne recherche que des satisfactions matérielles. – Du préc.

matérialité [mateʀjalite] n. f. Condition de ce qui est matériel. ▷ *La matérialité d'un fait, d'un délit,* sa réalité. – De *matériel.*

matériau [mateʀjo] n. m. sing. Toute matière utilisée pour fabriquer ou construire. – Sing. refait d'ap. *matériaux.*

matériaux [mateʀjo] n. m. plur. **1.** Les différents éléments qui entrent dans la construction d'un bâtiment (pierre, bois, tuiles, ciment, etc.). ▷ *Résistance des matériaux.* V. encycl. résistance. **2.** Fig. Ce à partir de quoi l'on élabore un ouvrage de l'esprit. *Les matériaux d'un historien.* – Plur. de *material,* var. anc. de *matériel.*

matériel, elle [mateʀjɛl] adj. et n. **I.** adj. **1.** Formé de matière. *Le monde matériel.* Ant. spirituel. **2.** PHILO Qui concerne la matière (par oppos. à *formel*). *Cause matérielle.* **3.** Qui relève de la réalité concrète, objective. *Être dans l'impossibilité matérielle, ne pas avoir le temps matériel de faire qqch.* **4.** Relatif aux nécessités de l'existence, à l'argent. *Problèmes, secours matériels.* ▷ N. f. Fam. *La matérielle:* ce qui est nécessaire à la subsistance de qqn. **5.** Fig., péjor. Incapable de sentiments élevés. *Esprit bassement matériel.* **6.** Qui concerne les choses et non les personnes. *Dégâts matériels.* **II.** n. m. **1.** Ensemble des objets de toute nature (machines, engins, mobilier, etc.) utilisés par une entreprise, un service public, une armée, etc. (par oppos. à *personnel*). *Le matériel d'une usine. Les matériels de levage et de manutention.* **2.** Ensemble des objets que l'on utilise dans une activité, un travail déterminés. *Matériel de cuisine. Matériel pédagogique.* **3.** INFORM Ensemble des éléments physiques employés pour le traitement de l'information, par oppos. à *logiciel.* (Équivalent français recommandé pour remplacer *hardware.*) – Bas lat. *materialis.*

matériellement [mateʀjɛlmɑ̃] adv. **1.** En ce qui concerne la vie matérielle. *Situation matériellement avantageuse.* **2.** Réellement, effectivement. *C'est matériellement impossible.* **3.** *Être matériellement responsable d'une chose,* responsable des dommages matériels qui peuvent lui être causés. – De *matériel.*

maternage [matɛʀnaʒ] n. m. Fait de prodiguer des soins maternels à qqn. ▷ PSYCHAN Technique consistant à recréer autour du patient un climat affectif maternel dans un but thérapeutique. – De *materner.*

maternel, elle [matɛʀnɛl] adj. et n. f. **1.** Propre à une mère. *Instinct maternel.* **2.** Qui a ou évoque l'attitude d'une mère. *Infirmière maternelle avec les malades. Gestes maternels.* **3.** Relatif à la mère, en ce qui concerne les liens de parenté. *Ligne, tante maternelle.* **4.** *Langue maternelle:* la première langue parlée par un enfant. **5.** *Maternelle :* classe qui précède la première année du primaire et dont la fréquentation n'est pas obligatoire (enfants de 4 ans pour la *pré-maternelle,* de 5 ans pour la *maternelle*). – Dér. du lat. *maternus,* de *mater,* «mère».

maternellement [matɛʀnɛlmɑ̃] adv. De façon maternelle. – De *maternel.*

materner [matɛʀne] v. tr. [1] Prodiguer des soins maternels à (qqn); avoir une attitude maternelle à l'égard de (qqn). ▷ PSYCHAN Pratiquer la technique du maternage sur (qqn). – Du lat. *maternus,* «maternel», pour traduire l'angl. *to mother.*

maternité [matɛʀnite] n. f. **1.** État, qualité de mère. *Femme épanouie par la maternité.* **2.** Fait de porter un enfant, de lui donner naissance. *Refuser une nouvelle maternité.* **3.** Hôpital, clinique où les femmes accouchent. **4.** BX-A Tableau représentant une mère avec son enfant dans les bras. – Lat. médiév. *maternitas.*

math ou **maths** [mat] n. f. pl. Fam. Mathématiques. *Le prof de maths.* – Abrév. de *mathématiques.*

mathématicien, enne [matematisjɛ̃, ɛn] n. Spécialiste des mathématiques. – De *mathématique.*

mathématique [matematik] adj. et n. **I.** adj. **1.** Relatif à la science du calcul et de la mesure des grandeurs. *Raisonnement mathématique. Symboles mathématiques.* **2.** Fig. D'une précision rigoureuse. *Exactitude mathématique.* **II.** n. f. (Empl. cour. au plur.) Ensemble des opérations logiques que l'homme applique aux concepts de nombre, de forme et d'ensemble. ▷ *Mathématiques pures,* qui opèrent sur des quantités abstraites (algèbre, trigonométrie). ▷ *Mathématiques appliquées,* qui opèrent sur des grandeurs concrètes, effectivement mesurées (astronomie, mécanique, informatique, statistique). – Lat. *mathematicus,* gr. *mathêmatikos,* «scientifique», de *mathêma,* «étude, science».

ENCYCL La mathématique (mot singulier qu'on préfère auj. à celui de mathématiques) est une science abstraite, à caractère essentiellement déductif, qui se construit par le seul raisonnement. Elle est la science de base sans laquelle la pratique des autres sciences et de nombreuses techniques serait impossible. La *logique* est un préliminaire indispensable aux théories mathématiques, auxquelles elle donne les moyens de condenser et d'enchaîner l'exposition des résultats. La *théorie des ensembles* se place immédiatement derrière la logique dans une présentation raisonnée des mathématiques. Son langage, à la fois très général et codifié, est un instrument puissant de simplification et de normalisation qui s'applique à la totalité des différentes branches des mathématiques. L'*arithmétique,* science des nombres, est l'étude de l'ensemble N des entiers naturels (N = 0, 1, 2,...), de l'ensemble Z des entiers relatifs, positifs ou négatifs (Z = ..., −2, −1, 0, +1, +2...), de l'ensemble Q des nombres rationnels, ou fractions de la forme $\frac{a}{b}$ (*a* et *b* étant des entiers relatifs), de l'ensemble R des réels (nombres décimaux, par ex.). L'*algèbre* a pour objet principal l'étude des structures, c.-à-d. l'examen des relations, opérations et lois de composition définies sur un ou plusieurs ensembles. Les principales structures sont les groupes, les anneaux, les corps et les espaces vectoriels. Le but de l'algèbre est d'extraire toutes les conséquences d'un nombre restreint d'axiomes, afin de reconnaître les propriétés générales d'un ensemble au seul vu de sa structure. L'algèbre linéaire traite des espaces vectoriels. Elle trouve son application dans de multiples domaines. Elle utilise comme outils principaux le calcul matriciel et le calcul tensoriel. L'*analyse infinitésimale,* dite autref. *calcul infinitésimal* et nommée auj. plus couramment *analyse,* s'occupe des infiniment petits; elle utilise le calcul différentiel et le calcul intégral, et fait appel aux notions de limite et de continuité. Elle constitue un outil indispensable dans tous les domaines des mathématiques appliquées. La *géométrie* se livre à l'étude des propriétés de l'espace. La période contemporaine a été marquée par deux grands phénomènes: **1.** La réduction de la géométrie à l'algèbre et à l'analyse; **2.** l'apparition de géométries non euclidiennes qui rejettent notam. l'axiome clef de la géométrie d'Euclide: «Par un point extérieur à une droite, on peut toujours mener une parallèle à cette droite et une seule». Ces géométries voient s'ouvrir devant elles un vaste champ d'application dans l'infiniment petit comme dans l'infiniment grand (physique nucléaire et astronomie). La *topologie* est l'étude de la continuité en géométrie et du maintien de cette continuité dans les transformations. En topologie, deux figures sont équivalentes toutes les fois que l'on peut passer de l'une à l'autre par une déformation continue. La *trigonométrie* a pour objet l'évaluation des côtés et des angles des triangles et plus généralement des polygones. Elle constitue l'outil principal de la géodésie et de l'astronomie de position. Le *calcul des probabilités* étudie la fréquence des éléments incertains (relatifs, par ex., aux jeux de hasard). Il est utilisé dans la *statistique,* qui trouve ses applications dans des domaines variés (démographie, économie, physique nucléaire, biologie, etc.). Le désir d'unifier les diverses branches des mathématiques est apparu à de nombreuses étapes de leur développement.

mathématiquement [matematikmɑ̃] adv. **1.** Selon les règles des mathématiques. **2.** Rigoureusement, exactement. – De *mathématique.*

matheux, euse [matø, øz] n. Fam. Personne qui a des dons, du goût pour les maths, qui les étudie. – De *math.*

maths. V. math.

matière [matjɛʀ] n. f. **1.** Substance constituant les corps (par oppos. à *esprit*). *L'âme et la matière.* **2.** PHYS Substance composée d'atomes et possédant une masse. *États solide, liquide, gazeux, ionisé, de la matière.* ▷ BIOL *Matière vivante:* ensemble des substances organiques (lipides, protides, glucides, vitamines, etc.) et minérales (eau, ions métalliques, sels minéraux, etc.) constituant les cellules d'un être vivant. **3.** Substance considérée du point de vue de ses propriétés, de ses utilisations, etc. *Une matière fragile.* – *Matières fécales* ou *matières:* excréments, fèces. ▷ TECH *Matières premières:* éléments bruts ou semi-ouvrés qui sont utilisés au début d'un cycle de fabrication. – *Matières consommables:* produits utilisés en cours de fabrication pour alimenter des machines ou les faire fonctionner (gazole, électricité, graisse, etc.). ▷ FIN *Comptabilité matières,* qui porte sur les matières premières et les matières consommables. ▷ ASTRO *Matière interstellaire:* gaz situé entre les étoiles et réparti à l'intérieur de nuages plus ou moins denses (les nébuleuses). **4.** Ce dont une chose est faite. *La matière de cette robe est de la soie.* **5.** Ce sur quoi on écrit, on parle, on travaille. *La matière d'un roman. Matières scolaires. Table des matières :* dans un livre, liste des sujets abordés, des divers chapitres. ▷ DR *Matière civile, criminelle, commerciale:* domaine du droit civil, criminel, commercial. **6.** (Sans article.) Sujet, occasion. *Fournir matière à rire.* **7.** loc. prép. *En matière de :* en ce qui concerne, en fait de. *En matière d'art.* – Lat. *materia.*

ENCYCL **Phys.** – Le constituant fondamental de la matière est l'atome, formé d'un noyau et d'électrons périphériques. Le noyau est lui-même formé de nucléons (protons et neutrons), particules soumises à des interactions qui assurent leur cohésion. La fission des noyaux et la fusion des nucléons sont accompagnées de variations de masse, de la mise en jeu d'énergie et de l'émission de particules qui participent elles aussi à la constitution de la matière; elles seraient composées de sous-particules appelées *quarks.* À la matière s'oppose l'*antimatière,* composée d'antiparticules. V. encycl. particule. L'*état solide* est l'état de la matière ordonné par excellence. Les atomes sont liés les uns aux autres de façon rigide. V. encycl. liaison. L'*état liquide* est intermédiaire entre l'état solide et l'état gazeux. Un liquide prend la forme du récipient qui le contient. L'*état gazeux* est caractérisé par une agitation thermique des molécules conduisant à des caractères d'élasticité et de compressibilité. Les *plasmas* sont constitués d'atomes ionisés (électrons négatifs et ions positifs). Ce quatrième état de la matière, caractéristique de l'atmosphère des étoiles, s'obtient lorsqu'on porte un gaz à très haute température (plus de 3 000 K).

matin [matɛ̃] n. m. et adv. **I.** n. m. **1.** Première partie du jour, après le lever du soleil. *Être du matin:* aimer se lever tôt. *De bon, de grand matin:* très tôt. ▷ Fig. *Le matin de la vie:* la jeunesse. **2.** Partie de la journée qui va du point du jour à midi. *Le matin et l'après-midi.* **3.** Espace de temps compris entre minuit et midi. *Une heure du matin.* **4.** *Un matin, un beau matin:* un jour parmi les autres. ▷ *Ce matin:* le matin du jour où l'on est. **II.** adv. Vieilli. Tôt. *Se lever matin.* – Du lat. *matutinum,* qui a éliminé le lat. class. *mane,* resté dans *demain.*

1. mâtin [mɑtɛ̃] n. m. Chien de garde de grande taille, aux mâchoires puissantes. – Lat. pop. **masetinus,* de *mansuetinus,* du lat. class. *mansuetus,* «apprivoisé», de *manere,* «rester»; d'abord *mastin.*

2. mâtin, ine [mɑtɛ̃, in] n. Fam. Personne délurée, malicieuse. ▷ Vx interj. *Mâtin!* exprimant l'étonnement. – Du préc.

matinal, ale, aux [matinal, o] adj. **1.** Qui a rapport au matin. *Fraîcheur matinale.* **2.** Qui se lève tôt. *Être matinal.* – Var. de l'a. fr. *matine,* de *matin.*

matinalement [matinalmɑ̃] adv. Tôt le matin. – De *matinal.*

mâtiné, ée [mɑtine] adj. **1.** De race croisée (chien). **2.** Fig. Mélangé. *Un français mâtiné de patois.* – Pp. de *mâtiner.*

matinée [matine] n. f. **1.** Temps qui s'écoule entre le lever du soleil et midi. *Au cours de la matinée.* **2.** Spectacle ayant lieu l'après-midi. *Matinée théâtrale. Film en matinée.* – De *matin.*

mâtiner [mɑtine] v. tr. [1] En parlant d'un chien, couvrir (une chienne de race plus belle). – De *mâtin.*

matines [matin] n. f. pl. LITURG CATHOL Première partie de l'office divin, que l'on récite la nuit ou à l'aube. *Chanter matines.* – De *matin,* d'après le lat, ecclés. médiév. *matutinæ.*

matir. V. mater 2.

matité [matite] n. f. Caractère de ce qui est mat. *La matité d'un teint, d'un bruit.* – De *mat.*

matois, oise [matwa, waz] adj. et n. Litt. Rusé, finaud. – De *mate,* arg. anc. «lieu de réunion des voleurs», all. dial. *Matte,* «prairie».

matou [matu] n. m. Chat domestique mâle et entier. – P.-ê. onomat.

matraquage [matʀakaʒ] n. m. **1.** Action de frapper avec une matraque. **2.** *Matraquage publicitaire :* multiplication des opérations publicitaires destinées à lancer une vedette, un produit, etc. – De *matraquer.*

matraque [matʀak] n. f. Arme pour frapper, en forme de bâton court, au bout plus ou moins renflé. *Matraque en caoutchouc renforcé.* – Ar. d'Algérie *matraq,* «gourdin».

matraquer [matʀake] v. tr. [1] **1.** Donner des coups de matraque à (qqn). **2.** Fig., fam. Demander un prix trop élevé à (qqn). **3.** Faire subir un matraquage publicitaire à (un public). – De *matraque.*

matraqueur, euse [matʀakœʀ, øz] adj. et n. Qui matraque. – De *matraquer.*

1. matras [matʀa] n. m. ARCHEOL Trait d'arbalète terminé par une masse de fer. – Probabl. du lat. *matara,* «javeline», d'orig. gaul.

2. matras [matʀa] n. m. CHIM Vase à col long et étroit. – De *matras* 1, infl. probabl. de l'ar. *matara,* «outre, vase».

matriarcal, ale, aux [matʀijaʀkal, o] adj. Relatif au matriarcat. – De *matriarcat.*

matriarcat [matʀijaʀka] n. m. Régime social ou juridique basé sur la seule filiation maternelle. ▷ *Abusiv.* Régime social dans lequel la mère, la femme joue un rôle prépondérant ou exerce une grande autorité. – Du lat. *mater, matris,* «mère», d'ap. *patriarcat.*

matriçage [matʀisaʒ] n. m. TECH Mise en forme d'une pièce par application contre une matrice à l'aide d'un poinçon. Syn. estampage. – De *matrice.*

matricaire [matʀikɛʀ] n. f. BOT Composée dont une espèce *(Matricaria chamomilla)* est la *camomille officinale,* utilisée autref. contre les douleurs de la matrice. – De *matrice.*

matrice [matʀis] n. f. **1.** Vieilli Utérus. **2.** TECH Moule, généralement métallique, qui présente une empreinte destinée à donner une forme à une pièce. **3.** MATH Tableau de nombres permettant de représenter une application linéaire, chaque nombre étant affecté de deux indices, l'un relatif à la ligne et l'autre à la colonne sur lesquelles il se trouve. (On définit des opérations sur les matrices, telles que somme, produit et inversion de matrices, qui sont à la base du *calcul matriciel.*) – Lat. *matrix, matricis.*

matricer [matʀise] v. tr. [14] TECH Forger (une pièce) par matriçage. – De *matrice.*

1. matricide [matʀisid] adj. et n. Se dit d'une personne qui a tué sa mère. ▷ Subst. *Un, une matricide.* – Lat. *matricida.*

2. matricide [matʀisid] n. m. Crime de la personne qui a tué sa mère. – Lat. *matricidium.*

matriciel, ielle [matʀisjɛl] adj. MATH Qui porte sur les matrices. *Calcul matriciel,* utilisé en algèbre, en analyse, en science économique, en calcul numérique. – De *matrice.*

matricule [matʀikyl] n. 1. n. f. Registre où est noté et numéroté le nom des personnes qui entrent dans certains corps, certains établissements. *Les matricules d'un régiment, d'une prison.* – *Par ext.* Extrait de ce registre. ▷ Appos. *Registre matricule.* 2. n. m. Numéro sous lequel une personne est inscrite sur une matricule. *Le matricule d'un soldat.* – Bas lat. *matricula.*

matriculer [matʀikyle] v. tr. [1] Rare Attribuer un numéro matricule à. – De *matricule.*

matrilinéaire [matʀilineɛʀ] adj. ETHNOL Qualifie un mode de filiation et d'organisation sociale reposant sur la seule ascendance maternelle. Ant. patrilinéaire. – Du lat. *mater, matris,* «mère», et de *linéaire,* d'apr. l'angl. *matrilinear.*

matrilocal, ale, aux [matʀilɔkal, o] adj. ETHNOL Se dit d'un mode de résidence qui impose aux couples de venir habiter après le mariage dans la famille de la femme, temporairement ou définitivement. – Du lat. *mater, matris,* «mère», et de *local.*

matrimonial, ale, aux [matʀimɔnjal, o] adj. Qui concerne le mariage, spécial. sous son aspect juridique. *Le régime matrimonial.* ▷ *Agence matrimoniale,* qui organise des rencontres entre personnes cherchant à se marier. – Bas lat. *matrimonialis,* de *matrimonium,* «mariage».

matrimonialement [matʀimɔnjalmɑ̃] adv. Du point de vue du mariage. – De *matrimonial.*

matrone [matʀɔn] n. f. 1. ANTIQ Femme d'un citoyen, à Rome. 2. Péjor. Femme d'un certain âge, corpulente et autoritaire. 3. Vx ou dial. (Afrique). Sage-femme. – Lat. *matrona.*

matronymat [matʀɔnima] n. m. SOCIOL Système où le nom de la mère se transmet à ses descendants. Ant. patronymat. – De *matronyme.*

matronyme [matʀɔnim] n. m. Nom de famille transmis par la mère. – Du lat. *mater, matris,* d'après *patronyme.*

matronymique [matʀɔnimik] adj. SOCIOL Du matronymat. – De *matronyme.*

matte [mat] n. f. METALL Produit résultant de la calcination d'un minerai sulfuré. – Origine incertaine.

matthiole [matjɔl] n. f. BOT Crucifère ornementale cour. appelée *giroflée des jardins* (genre *Matthiola*), à fleurs odorantes, simples ou doubles. – Du nom de *Matthioli,* botaniste italien.

maturation [matyʀasjɔ̃] n. f. 1. Ensemble des phénomènes conduisant à la maturité. *Maturation des fruits.* 2. MED Évolution d'un abcès vers sa maturité. 3. TECH *Cave de maturation,* pour le fromage. 4. Fig. Fait de mûrir. *Maturation d'un projet.* – Du lat. *maturare,* «mûrir».

mature [matyʀ] adj. 1. BIOL Se dit d'une cellule vivante arrivée à son complet développement. 2. Se dit des poissons femelles prêts à pondre. 3. Fig. Qui manifeste de la maturité d'esprit. *Un jeune homme assez mature.* – Lat. *maturus,* «mûr».

mâture [mɑtyʀ] n. f. Ensemble des mâts d'un navire et de leur gréement. *Grimper dans la mâture.* – De *mât.*

maturité [matyʀite] n. f. 1. État de ce qui est mûr. *Fruit à maturité.* 2. Époque, entre la jeunesse et la vieillesse, où l'être humain atteint la plénitude de son développement physique et intellectuel. ▷ Fig. Plénitude qui est l'aboutissement d'une évolution. *Ses dons artistiques sont arrivés à maturité.* 3. Prudence, sagesse qui vient avec l'âge et l'expérience. – Lat. *maturitas.*

matutinal, ale, aux [matytinal, o] adj. Vx ou litt. Du matin. – Lat. *matutinus.*

maubèche [mobɛʃ] n. f. Variété de bécasseau. *La maubèche branle-queue (Actitis macularia), très commune le long des cours d'eau en Amérique du Nord, se distingue par le balancement incessant, de bas en haut, de sa queue.* – De *mal* 2, et du lat. *beccus,* «bec».

maudire [modiʀ] v. tr. [2] 1. Vouer qqn au malheur; prononcer des imprécations contre (qqn, qqch). *Maudire sa pauvreté.* 2. RELIG Condamner à la damnation. *Dieu a maudit ces pécheurs.* – Du lat. *maledicere,* «dire du mal de».

maudit, ite [modi, it] adj. et n. I. adj. 1. Sur qui s'abat la malédiction de Dieu ou des hommes. Fig. *Artiste maudit,* qui n'est pas reconnu de son vivant. 2. (Comme imprécation.) *Maudit soit ce traître!* 3. (Toujours placé av. le nom.) Détestable, haïssable. *Cette maudite époque.* II. n. RELIG Damné. – *Le Maudit:* le diable. – Pp. de *maudire.*

maugréer [mogʀee] v. intr. [1] Témoigner son mécontentement en pestant entre ses dents. *Maugréer contre un importun.* – De l'a. fr. *maugré,* «peine, déplaisir», de *mal* 1, et *gré.*

maurandie [mɔʀɑ̃di] n. f. BOT Plante ornementale à grandes fleurs (genre *Maurandia,* fam. scrofulariacées). – Du nom de *Maurandy,* botaniste espagnol.

maure ou **more** [mɔʀ] n. et adj. 1. ANTIQ *Les Maures* : les Berbères de l'anc. Maurétanie (ouest de l'Algérie et Maroc) non soumis à Rome. 2. HIST *Les Maures* ou *les Mores:* les musulmans arabo-berbères du nord de l'Afrique. – *Spécial.* Ceux qui envahirent l'Espagne au VIIIe s. et l'occupèrent en partie jusqu'au XVe. ▷ Adj. Mod. *Bain maure. Café maure.* 3. *Les Maures:* les habitants du Sahara occidental. *Les Maures vivent principalement en Mauritanie, mais aussi au Mali et au Sénégal.* ▷ Adj. *Tribu maure.* – Lat. *Maurus.*

maurelle [mɔʀɛl] n. f. Tournesol des teinturiers. – Du lat. *Maurus,* «Maure», «brun foncé».

mauresque ou **moresque** [mɔʀɛsk] n. f. et adj. 1. n. f. Anc. Femme musulmane d'Espagne (jusqu'au XVe s.) ou du Maghreb. ▷ Adj. *Une princesse mauresque.* 2. adj. Propre aux Maures (au sens 2) et en partic. aux Maures d'Espagne. *Art, architecture, palais, décoration mauresques.* – Esp. *morisco.*

mauricien, ienne [mɔʀisjɛ̃, jɛn] adj. et n. De l'île Maurice. – Du n. de l'île *Maurice,* État insulaire de l'océan Indien.

mauritanien, ienne [mɔʀitanjɛ̃, jɛn] adj. et n. De Mauritanie. – Du n. de la *Mauritanie,* État d'Afrique occidentale.

mauser [mozœʀ] n. m. MILIT 1. Fusil adopté par l'armée allemande en 1871 et utilisé jusqu'en 1945. 2. Modèle de pistolet automatique. *Des mausers.* – Du n. de l'armurier all. W. von *Mauser* (1834-1882).

mausolée [mozɔle] n. m. Grand et riche monument funéraire. *Le mausolée d'Hadrien, à Rome, est devenu le château Saint-Ange.* – Lat. *mausoleum,* gr. *mausôleion,* «tombeau du roi Mausole», satrape (377-353 av. J.-C.) de Carie, colonie gr. d'Asie Mineure, auquel son épouse fit bâtir un tombeau qui compta parmi les sept merveilles du monde.

maussade [mosad] adj. **1.** Désagréable, qui dénote la mauvaise humeur. *Visage maussade.* **2.** Ennuyeux, sombre, triste. *Un temps maussade.* – De *mal* 2, et a. fr. *sade,* «savoureux», du lat. *sapidus.*

maussadement [mosadmɑ̃] adv. De manière maussade. – De *maussade.*

maussaderie [mosadʀi] n. f. Litt. Humeur maussade, mauvaise grâce. – De *maussade.*

mauvais, aise [mɔvɛ, ɛz] adj. n. et adv. **I.** (Choses.) **1.** Imparfait, défectueux. *Avoir une mauvaise vue. Le mauvais fonctionnement d'un appareil.* **2.** Qui n'a pas les qualités propres à son emploi, à sa destination. *Fournir de mauvais arguments, de mauvaises excuses.* Loc. *Miser, parier sur le mauvais cheval,* sur un cheval perdant, aux courses, et, fig., faire un choix malheureux. **3.** Défavorable. *Prendre qqch en mauvaise part,* l'interpréter défavorablement. *Faire contre mauvaise fortune bon cœur:* accueillir la malchance avec sérénité. **4.** Susceptible de causer du désagrément, des ennuis. *La mer est mauvaise,* agitée, dangereuse. *Préparer un mauvais coup.* **5.** Contraire à la morale. *Mauvaise action. Mauvaise conduite.* **6.** Désagréable. *Être de mauvaise humeur. Une mauvaise plaisanterie. Faire mauvaise mine à qqn,* le recevoir sèchement. *Avoir mauvaise mine:* avoir le teint pâle, l'air fatigué. *C'est une mauvaise tête:* il (elle) a un caractère difficile. Fam. *La trouver, l'avoir mauvaise:* ne pas trouver qqch à son goût. **7.** Insuffisant, d'un mauvais rapport. *Mauvaise récolte. Mauvaise affaire.* **II.** (Personnes.) **1.** De mauvaise moralité. *Se trouver en mauvaise compagnie. Un mauvais sujet, un mauvais garçon:* un voyou, un malfaiteur. *Une femme de mauvaise vie:* une prostituée. **2.** Méchant, dur, malfaisant. *Les gens mauvais et haineux.* **3.** Qui n'a pas les qualités requises par son emploi. *Un mauvais administrateur. Un mauvais romancier.* **III.** n. **1.** n. m. Ce qu'il y a de défectueux dans qqch, qqn. *Il y a du bon et du mauvais dans cette affaire.* **2.** n. m. ou f. Personne méchante. **IV.** Adv. *Sentir mauvais:* exhaler une odeur désagréable. – Fig. *Ça sent mauvais:* les choses tournent mal. *Il fait mauvais:* le temps n'est pas au beau. – Du lat. pop. **mali-fatius,* «qui a un mauvais sort *(fatum)*».

mauvaiseté [mɔvɛzte] n. f. Rare Méchanceté. – De *mauvais.*

mauve [mov] n. et adj. **1.** n. f. Petite plante (genre *Malva,* type de la fam. des malvacées), dont diverses espèces à grandes fleurs blanches, roses et violettes, sont ornementales, et d'autres médicinales. **2.** adj. De couleur violet pâle. *Des robes mauves.* ▷ N. m. *Une robe d'un mauve délicat.* – Lat. *malva.*

mauvéine [movein] n. f. CHIM Matière colorante, première couleur d'aniline employée industriellement. – De *mauve,* et *-ine.*

mauviette [movjɛt] n. f. **1.** Vieilli Alouette commune, bien engraissée et bonne à manger. *Pâté de mauviettes.* **2.** Fig. Personne frêle, chétive. – Dimin. de *mauvis.*

maxi-. Élément, du lat. *maximus,* superlatif de *magnus,* «grand», exprimant une idée de grandeur, de longueur exceptionnelles, utilisé dans la publicité, la mode. *Maxibouteille. Maxi(-)manteau, maxi(-)jupe,* qui tombent jusqu'aux pieds.

maxi [maksi] adj. ou adv. Fam. Abrév. de maximal et de (au) maximum. *Vitesse maxi.*

maxillaire [maksilɛʀ] n. m. et adj. **1.** n. m. ANAT Chacun des deux os qui forment les mâchoires. *Maxillaire supérieur. Maxillaire inférieur.* **2.** adj. Qui se rapporte aux maxillaires, aux mâchoires. – Lat. *maxillaris,* de *maxilla,* «mâchoire».

maxille [maksil] n. m. ZOOL Mâchoire des arthropodes antennates (insectes, crustacés, etc.). – Du lat. *maxilla,* «mâchoire».

maxima [maksima] Plur. ou fém. de *maximum.*

maximal, ale, aux [maksimal, o] adj. Qui atteint un maximum, qui est à son plus haut degré. *Température maximale.* – De *maximum.*

maximaliser [maksimalize] v. tr. [1] Didac. Donner la plus haute valeur à. *Maximaliser les chances.* – De *maximal.*

maximaliste [maksimalist] n. et adj. **1.** HIST Bolchevik. **2.** Celui, celle qui est porté(e) aux solutions extrêmes, en polit. notam. *Les maximalistes du parti.* ▷ Adj. *Un discours maximaliste.* – Mot formé sur *maximal* pour traduire le russe *bolchevik* (V. ce mot).

maxime [maksim] n. f. **1.** Principe, fondement, règle dans un art, dans une science, dans la conduite de la vie. **2.** Sentence qui résume une maxime. Les *Maximes* de La Rochefoucauld (1665), de Vauvenargues (1746), de Chamfort (1795). – Du lat. médiév. *maxima (sententia),* «(sentence) la plus grande, la plus générale».

maximiser [maksimize] v. tr. [1] **1.** Didac. Syn. de *maximaliser.* **2.** TECH, FIN Pousser à son maximum. *Maximiser le profit d'une entreprise.* – De *maximum.*

maximum [maksimɔm] n. et adj. **I.** n. m. **1.** La plus grande valeur qu'une quantité variable puisse prendre. **2.** MATH *Maximum d'une fonction,* valeur de cette fonction, supérieure à toutes les valeurs voisines. **3.** DR *Le maximum (d'une peine):* la plus élevée. **4.** loc. *Au maximum:* au plus. *Cela vaut mille dollars au maximum.* **II.** adj. Le plus élevé. *Tarif maximum.* (N. B. dans le langage scientifique, on emploie *maximal, maximale, maximaux,* et non *maximum, maxima.* Dans le langage courant, le pluriel de *maximum* est *maximums* ou *maxima,* le féminin *maxima.*) – Mot lat., «le plus grand».

maxwell [makswɛl] n. m. PHYS Unité de flux magnétique du système électromagnétique C.G.S., de symbole Mx. – Du n. du physicien écossais J.C. *Maxwell* (1831-1879).

maya [maja] adj. et n. **1.** adj. Relatif à une civilisation précolombienne d'Amérique centrale qui remonterait au deuxième millénaire av. J.-C. *Architecture maya.* ▷ Subst. *Les Mayas:* le peuple fondateur de cette civilisation. **2.** n. m. Langue des Mayas. – Mot amérindien.

mayeur. V. maïeur.

mayonnaise [majɔnɛz] adj. et n. f. CUIS *Sauce mayonnaise:* sauce froide et épaisse composée d'huile émulsionnée avec un jaune d'œuf et relevée de vinaigre ou de citron. ▷ N. f. *Œufs durs à la mayonnaise,* ou ellipt., *Œufs durs mayonnaise.* ▷ *Par anal.* Toute préparation ayant la consistance de la mayonnaise. *Une mayonnaise au chocolat.* – Altér. de *mahonnaise,* p.-ê. en souvenir de la prise de *Port-Mahon* par Richelieu, en 1756.

mazagran [mazagʀɑ̃] n. m. **1.** Vieilli Café servi dans un verre. ▷ Café étendu d'eau, que l'on consomme froid. **2.** Verre en faïence, à petit pied, dans lequel on sert le café. – De *Mazagran,* n. d'un village d'Algérie.

mazarinade [mazaʀinad] n. f. HIST (France) Chanson qui raillait Mazarin, pendant la Fronde. – Du n. du cardinal de *Mazarin* (1602-1661).

mazdéen, enne [mazdeɛ̃, ɛn] adj. Relatif au mazdéisme. – De *mazdéisme.*

mazdéisme [mazdeism] n. m. Religion de la Perse ancienne, appelée aussi *zoroastrisme* (du nom du prophète Zoroastre ou Zarathoustra). – De l'anc. perse *mazda,* «sage».

ENCYCL Les auteurs de l'Antiquité et la tradition iranienne ont vu en Zoroastre (ou Zarathoustra, v. 700, 630 ou 600 av. J.-C.) le fondateur de la religion mazdéenne: il est le dépositaire de la vérité que lui a directement révélée Ahura-Mazdâ (le Dieu bon) et tout ce que contient l'*Avesta* (les livres sacrés) lui est attribué. L'antagonisme du bien et du mal commande dans le mazdéisme une répartition minutieuse et sans nuance de tout ce qui existe, en êtres et choses purs et impurs. C'est une doctrine essentiellement dualiste (manichéenne).

mazette [mazɛt] n. f. **1.** Vx Mauvais petit cheval. **2.** Vieilli Personne maladroite au jeu. ▷ *Par ext.* Personne sans énergie ou sans adresse. **3.** interj. (Marque l'étonnement, l'admiration.) *Mazette! Quel faste!* – P.-ê. du norm. *mazette,* «mésange».

mazout [mazut] n. m. Combustible liquide visqueux obtenu par raffinage du pétrole, utilisé pour le chauffage domestique et industriel. – Mot russe.

mazoutage [mazutaʒ] n. m. Pollution par le mazout. – De *mazouter.*

mazouter [mazute] **1.** v. intr. [1] Faire le plein de mazout. **2.** v. tr. Polluer par le mazout. – Pp. *Rivage mazouté. Oiseaux mazoutés.* – De *mazout.*

mazurka [mazyʀka] n. f. **1.** Danse d'origine polonaise (Mazurie) à trois temps, où le deuxième temps est marqué. **2.** Air de cette danse. ▷ Composition musicale sur le rythme de la mazurka. – Mot polonais.

Md CHIM Symbole du mendélévium.

me [mə] pron. pers. de la 1re pers. du sing. (N. B. *me* s'élide en *m'* devant voyelle ou h muet.) **1.** Comp. d'objet dir. *Il me blesse.* **2.** Comp. d'objet indir. À moi. *Il m'a parlé de toi.* ▷ Comp. d'attribution. *Tu me donnes ce livre.* **3.** À la place d'un poss. *(mon, ma, mes). La tête me tourne.* **4.** Sujet d'un inf. régi par *faire, laisser, falloir* ou un v. de perception. *Il m'entend parler.* **5.** Dans les v. pron. *Je me suis blessé. Je me repens.* **6.** (Renforçant un ordre, une exclamation.) *Vous allez me ficher le camp!* **7.** Devant un présentatif. *Me voici!* – Accusatif lat., *me,* «moi, me» en position inaccentuée.

mé- ou **més-.** Préfixe péjoratif, du frq. **missi* (cf. mépriser, mésalliance, mésestimer).

mea-culpa [meakylpa] n. m. inv. Aveu, repentir d'une faute commise. *Faire, dire son mea-culpa.* – Mots lat., «par ma faute».

méandre [meɑ̃dʀ] n. m. **1.** Sinuosité d'un fleuve due à la pente très faible de son cours. ▷ Par anal. *Méandres d'un sentier.* **2.** Fig. Détour, sinuosité. *Les méandres de la politique.* – Du lat. *Mæander,* gr. *Maiandros,* n. d'un fleuve sinueux de Phrygie.

méandreux, euse [meɑ̃dʀø, øz] adj. Qui fait des méandres. – De *méandre.*

méandrine [meɑ̃dʀin] n. f. ZOOL Madrépore des mers chaudes dont les polypiers dessinent des lignes très sinueuses. – De *méandre.*

méat [mea] n. m. **1.** ANAT Conduit ou orifice d'un conduit. *Méat urinaire:* orifice externe de l'urètre. **2.** BIOL *Méat intercellulaire:* espace persistant entre les cellules d'un être vivant. – Lat. *meatus,* «passage, chemin».

mec [mɛk] n. m. **1.** Arg. Homme courageux, décidé. *Lui, c'est un mec, un vrai!* **2.** Pop. Homme, individu. – Orig. incon.

mécanicien, ienne [mekanisjɛ̃, jɛn] n. (et adj.) **I.** n. **1.** Didac. Mathématicien, physicien spécialiste de mécanique. **2.** Vieilli Personne qui invente ou construit des machines. **3.** Spécialiste de la conduite, de l'entretien ou de la réparation des machines, des moteurs. **4.** Conducteur de locomotive. **II.** adj. Vieilli Qui concerne la mécanique; qui est caractérisé par le développement de la mécanique. *Une civilisation mécanicienne.* – De *mécanique.*

mécanique [mekanik] adj. et n. **I.** adj. **1.** Relatif à la mécanique, à ses lois. **2.** Exécuté par un mécanisme. *Tissage mécanique.* ▷ Mû par un mécanisme. *Escalier mécanique.* **3.** Vx *Arts mécaniques,* qui nécessitent le travail des mains ou des machines (par oppos. à *arts libéraux*). **4.** Qui agit uniquement d'après les lois du mouvement (et non chimiquement, électriquement). **5.** Fig. Qui semble produit par une machine, sans intervention de l'intelligence, de la volonté. *Gestes, paroles mécaniques.* **II.** n. f. **1.** Partie de la physique ayant pour objet l'étude des mouvements des corps, leurs relations et les forces qui les produisent. ▷ ASTRO *Mécanique céleste,* qui étudie le mouvement des astres. ▷ CHIM *Mécanique chimique,* qui étudie les actions mécaniques et énergétiques accompagnant les réactions. **2.** Science de la construction et du fonctionnement des machines. **3.** Ensemble de pièces destinées à produire ou à transmettre un mouvement. *La mécanique d'une montre.* ▷ Machine. *Une belle mécanique.* **4.** Fig. Ensemble complexe d'éléments qui concourent à une action, à un résultat. *La mécanique diplomatique.* – Lat. *mecanicus,* gr. *mêkhanikos,* de *mêkhanê,* «machine».

mécaniquement [mekanikmɑ̃] adv. **1.** D'une façon mécanique. **2.** Du point de vue de la mécanique. – De *mécanique.*

mécanisation [mekanizasjɔ̃] n. f. Action de mécaniser; son résultat. *Mécanisation de l'agriculture.* – De *mécaniser.*

mécaniser [mekanize] v. tr. [1] **1.** Vx Rendre semblable à une machine. **2.** Introduire l'utilisation de la machine dans (une activité où les tâches étaient accomplies manuellement). – De *mécanique.*

mécanisme [mekanism] n. m. **1.** Agencement de pièces disposées pour produire un mouvement, un effet donné. *Mécanisme d'une montre, d'un engin explosif.* ▷ Par ext. *Le mécanisme du corps humain.* **2.** Manière dont fonctionne un ensemble complexe, manière dont se déroule une action. *Mécanisme du langage, de la pensée. Les mécanismes de la propagande.* **3.** PHILO Système qui explique la totalité ou une partie des phénomènes physiques, biologiques, psycho-physiologiques, etc., par le mouvement. *Le mécanisme de Descartes.* – De *mécanique.*

mécaniste [mekanist] adj. et n. PHILO Relatif, propre au mécanisme (sens 3). ▷ Subst. *Un mécaniste:* un philosophe adepte du mécanisme. – De *mécanique.*

mécano [mekano] n. m. Fam. Ouvrier mécanicien. – Abrév. de *mécanicien.*

mécano -. Élément, du gr. *mêkhanê,* «machine».

mécanographe [mekanɔgʀaf] n. Employé(e) spécialisé(e) dans les travaux de mécanographie. – De *mécanographie.*

mécanographie [mekanɔgʀafi] n. f. Utilisation des techniques et des procédés permettant la mécanisation du traitement de l'information. – De *mécano-,* et *-graphie.*

ENCYCL Le nom de mécanographie est de plus en plus réservé à l'utilisation de machines ne comportant qu'un petit nombre d'automatismes et dont les fonctions sont limitées: machines à calculer, facturières, machines comptables et machines à cartes perforées. Le développement de la micro-électronique et des mémoires à semiconducteurs a conduit à la disparition progressive des ateliers de mécanographie et les calculatrices à carte perforée tendent à être remplacées par des mini-ordinateurs, disposant de périphériques et dont l'emploi est plus pratique. Les travaux administratifs et comptables, autref. effectués par les ateliers mécanographiques, peuvent également être réalisés par un ordinateur plus puissant, en passant éventuellement par un terminal. Cf. encycl. informatique.

mécanographique [mekanɔgʀafik] adj. Qui se rapporte à la mécanographie. *Les traitements mécanographiques reposent sur le tri et le classement de cartes perforées au moyen de machines telles les tabulatrices, les trieuses et les interclasseuses.* – Du préc.

mécanothérapie [mekanoteʀapi] n. f. MED Thérapeutique consistant à favoriser les mouvements articulaires à l'aide d'appareils mécaniques spéciaux. – De *mécano-*, et *-thérapie.*

mécénat [mesena] n. m. Qualité, état de mécène. – De *mécène.*

mécène [mesɛn] n. m. Protecteur généreux des lettres, des sciences, des arts, etc. – Du lat. *Maecenas*, n. d'un ami de l'empereur Auguste, protecteur des lettres et des arts.

méchage [meʃaʒ] n. m. **1.** TECH Action de mécher un tonneau. **2.** CHIR Action de poser une mèche sur (une plaie). – De *mécher.*

méchamment [meʃamɑ̃] adv. Avec méchanceté. – De *méchant.*

méchanceté [meʃɑ̃ste] n. f. **1.** Penchant à faire du mal. **2.** Action, parole méchante. – De l'a. fr. *mescheance* (V. méchant).

méchant, ante [meʃɑ̃, ɑ̃t] adj. et n. **1.** (Devant le nom.) Litt. Mauvais; médiocre, sans intérêt. *Un méchant écrivain.* **2.** Qui se plaît à faire du mal, à nuire à autrui. *Être plus bête que méchant. Chien méchant*, qui mord. **3.** Qui peut faire mal, causer des ennuis graves. *Une méchante affaire.* – *Une méchante langue.* – *Des paroles méchantes.* – Subst. *Faire le méchant:* menacer, chercher à se faire craindre. ▷ Contraire à la justice, à la charité. *Une méchante action.* **4.** Déplaisant, désagréable. *Vous êtes de méchante humeur.* **5.** (Devant le nom.) Fam. Qui sort de l'ordinaire, étonnant, surprenant. *Une méchante voiture.* – D'abord *mescheant*, pp. de l'a. fr. *meschoir*, «tomber mal», forme anc. de *choir.*

1. mèche [mɛʃ] n. f. **1.** Cordon, assemblage de fils de coton, de chanvre, imprégné d'un combustible, que l'on enflamme à l'une de ses extrémités. *Mèche d'une bougie, d'une chandelle.* **2.** Bande de toile soufrée qu'on fait brûler dans un tonneau pour détruire les moisissures. **3.** Cordon combustible servant à mettre le feu à une charge explosive. ▷ Fig. *Éventer la mèche:* découvrir le secret d'un complot. – *Vendre la mèche:* dévoiler qqch qui devait être tenu secret. **5.** CHIR Petite bande de gaze stérile utilisée pour réaliser une hémostase, le drainage d'un liquide, la cicatrisation d'une plaie. **6.** Ficelle que l'on attache au bout d'un fouet. **7.** *Mèche de cheveux:* petite touffe de cheveux distincte du reste de la chevelure. *Mèche blanche, bouclée.* **8.** Outil servant à percer le bois, la pierre, etc. *Mèche d'un vilebrequin.* **9.** MAR Axe (du gouvernail). – Du lat. pop. **micca*, du gr. *muxa*, «mèche de lampe», par croisement avec *mucus*, «morve» ou avec un dér. de *mixa*, «mêlé».

2. mèche [mɛʃ] n. f. inv. **1.** Fam. *Être de mèche avec qqn:* être de connivence avec lui. **2.** Pop. *Il (n') y a pas mèche:* il n'y a pas moyen. – De l'ital. *mezzo*, «moitié», dans *esser di mezzo con*, «être de moitié avec».

mécher [meʃe] v. tr. [16] **1.** TECH Désinfecter (un tonneau) en faisant brûler une mèche soufrée à l'intérieur. **2.** CHIR Poser une mèche sur (une plaie). – De *mèche* 1.

mécheux, euse [meʃø, øz] adj. TEXT Qui forme des mèches, en parlant de la laine brute. – De *mèche* 1.

méchoui [meʃwi] n. m. **1.** Mouton ou quartier de mouton cuit à la broche sur un feu de bois. **2.** Repas au cours duquel on sert ce mets. *Être invité à un méchoui.* – Mot ar., «rôti, grillé».

mechta [meʃta] n. f. En Tunisie, en Algérie, petit village. – Mot ar. d'Algérie.

mécompte [mekɔ̃t] n. m. **1.** Rare Erreur dans un compte. **2.** Espérance trompée, déception. – De l'anc. v. *mécompter*, «se tromper », de *mé-*, et *compter.*

méconium [mekɔnjɔm] n. m. MED Matière fécale contenue dans l'intestin du fœtus et expulsée peu après la naissance. – Mot lat., du gr. *mêkônion*, «suc de pavot».

méconnaissable [mekɔnɛsabl] adj. Que l'on ne peut pas reconnaître, que l'on a peine à reconnaître. *La maladie l'a rendu méconnaissable.* – De *méconnaître.*

méconnaissance [mekɔnɛsɑ̃s] n. f. Fait de méconnaître; ignorance. – De l'a. fr. *mesconoissance.*

méconnaître [mekɔnɛtʀ] v. tr. [59] **1.** Vx Ne pas reconnaître, désavouer (qqch, qqn que l'on connaît). **2.** Ne pas savoir reconnaître, apprécier à sa juste valeur; ignorer. *Méconnaître le talent d'un artiste.* – De *mé-*, et *connaître.*

méconnu, ue [mekɔny] adj. (et n.). Qui n'est pas apprécié à sa juste valeur. – Pp. de *méconnaître.*

mécontent, ente [mekɔ̃tɑ̃, ɑ̃t] adj. et n. Qui n'est pas content, qui a, ou croit avoir sujet de se plaindre. ▷ Subst. *Le parti des mécontents.* – De *mé-*, et *content.*

mécontentement [mekɔ̃tɑ̃tmɑ̃] n. m. Déplaisir, manque de satisfaction. – De *mécontent.*

mécontenter [mekɔ̃tɑ̃te] v. tr. [1] Rendre mécontent, insatisfait. – De *mé-*, et *contenter.*

mécoptères [mekɔptɛʀ] n. m. pl. ZOOL Ordre d'insectes mécoptéroïdes carnivores dont la panorpe (*mouche-scorpion*) est le représentant le plus cour. – Du gr. *mêkos*, «longueur», et *-ptère.*

mécoptéroïdes [mekɔpteʀɔid] n. m. pl. ZOOL Super-ordre d'insectes néoptères aux ailes membraneuses très développées, comprenant les mécoptères, les trichoptères, les lépidoptères (papillons), les diptères (mouches), et les siphonaptères (puces). – Du préc.

mécréant, ante [mekʀeɑ̃, ɑ̃t] adj. et n. **1.** Qui n'a pas la foi considérée comme la seule vraie. **2.** Qui n'est pas croyant. ▷ Subst. *Les mécréants:* autref., les peuples qui n'étaient pas chrétiens. – Ppr. de l'anc. v. *mescroire*, de *més-*, et *croire.*

médaille [medaj] n. f. **1.** Pièce de métal frappée, en l'honneur d'un personnage illustre ou commémorant un événement important. **2.** Pièce de métal destinée à récompenser une action méritoire; prix décerné dans un concours. *Médaille militaire.* **3.** Petite pièce de métal représentant un sujet de dévotion. *Porter à son cou une médaille de saint Christophe.* **4.** Plaque de métal servant à l'identification. *Médaille d'un collier de chien.* – Ital. *medaglia.*

médailler [medaje] v. tr. [1] Décerner une distinction honorifique, une médaille à. – De *médaille.*

médailleur [medajœʀ] n. m. TECH Personne qui grave les coins de médaille. – De *médaille.*

médaillier [medaje] n. m. **1.** Vitrine, meuble aménagé pour recevoir des collections de médailles. **2.** Collection de médailles. – De *médaille.*

médailliste [medajist] n. **1.** Amateur de médailles. Syn. numismate. **2.** Fabricant, graveur de médailles. – De *médaille.*

médaillon [medajɔ̃] n. m. **1.** Médaille plus lourde et plus volumineuse que les médailles ordinaires, peinte, gravée ou sculptée. **2.** Portrait entouré d'un cadre circulaire ou ovale. **3.** Bijou de forme ovale ou circulaire dans lequel on enferme un portrait, une mèche de cheveux. **4.** Tranche (de viande, de poisson, etc.) de forme ronde ou ovale. *Médaillon de veau à la crème.* – Ital. *medaglione.*

mède [mɛd] adj. et n. **1.** adj. De la Médie, relatif aux Mèdes. **2.** n. *Les Mèdes:* peuple indoeuropéen, habitant la Médie depuis le Ier mill. av. J.-C. réuni aux Perses par Cyrus le Grand (V. 550 av. J.-C.). ▷ N. m. Langue des Mèdes. – Lat. *Medus,* gr. *Medôs,* «Médie», n. de l'anc. contrée d'Asie occidentale correspondant au N.-O. de l'actuel Iran.

médecin [mɛdsɛ̃] n. m. **1.** Personne qui exerce la médecine, est habilitée à le faire. *Médecin traitant,* qui soigne un malade pour une affection déterminée. **2.** Fig. *Médecin des âmes:* confesseur, directeur de conscience. **3.** Fig. Moyen propre à conserver ou à rendre la santé. *Le sommeil est un excellent médecin.* (Rem.: Au sens 1, l'OLF recommande la forme féminine *une médecin.*) – De *médecine.*

médecine [mɛdsin] n. f. **1.** Vx Remède. **2.** Science des maladies et art de les guérir. *Médecine générale. Médecine interne,* qui s'occupe de l'ensemble de l'organisme et de la pathologie. *Doctorat en médecine.* ▷ Études de médecine. *Faire sa médecine.* **3.** Système médical; mode de traitement. *Médecine psychosomatique.* – *Médecines naturelles:* ensemble des modes de traitement (acupuncture, homéopathie, phytothérapie, mésothérapie, etc.) qui font appel aux défenses naturelles de l'organisme en cherchant à les renforcer plutôt qu'à les remplacer, sans pour autant se substituer à la médecine officielle ni s'appliquer aux affections majeures. **4.** Profession, pratique du médecin. *Exercice illégal de la médecine.* – Lat. *medicina,* de *medicus,* «médecin».

ENCYCL Branche de la biologie qui concerne l'homme, la médecine forme un ensemble très complexe, à l'intérieur duquel on peut distinguer: les sciences fondamentales (anatomie, physiologie, histologie, embryologie, etc.) et les sciences appliquées (pathologie, thérapeutique, etc.). La connaissance médicale bénéficie de l'apport de disciplines scientifiques variées: mathématiques, physique, chimie, biochimie, électronique, informatique, psychologie, météorologie, etc. L'exercice de la médecine générale est souvent complété par l'appel à un spécialiste. Les spécialités ont trait à un organe: cardiologie, néphrologie (rein), neurologie (système nerveux), etc., à une maladie (cancérologie, allergologie, etc.), voire à un «outil» (radiologie, anesthésie et réanimation, laboratoires d'analyses, etc.). L'étude d'une maladie comprend différents aspects: l'étiologie (étude des causes); la pathogénie (étude des mécanismes d'action des causes); la physiopathologie (étude des réactions de l'organisme à l'agent pathogène); l'anatomie pathologique (étude des modifications anatomiques produites par la maladie); la symptomatologie (étude des signes constatés objectivement et subjectivement au cours de la maladie; la science de ces signes est la sémiologie). Il est ensuite possible de porter un diagnostic, c.-à-d. d'identifier la maladie. La nosologie étudie les caractères distinctifs qui permettent de définir les maladies; la nosographie décrit et classe les maladies. Après quoi, le médecin s'efforce de porter un pronostic et d'établir une thérapeutique.

medecine-ball [medsinbol] n. m. Ballon plein, assez lourd, utilisé pour certains exercices de gymnastique. *Des medecine-balls.* – Mot angl.

media [medja] n. m. Ensemble des moyens de diffusion de l'information destinée au grand public (presse, radio, télévision, cinéma, affichage). Le sing. lat. *medium* est rare. Pl. *Les media* ou *les médias.* – Du lat. *media,* «moyens».

médial, ale, aux [medjal, o] adj. et n. **1.** adj. GRAM *Lettre médiale,* placée à l'intérieur d'un mot (par oppos. à *initiale* ou *finale*). ▷ N. f. *Une médiale.* **2.** n. f. STATIS Valeur qui sépare une série statistique en deux groupes égaux. – Lat. *medialis,* de *medius,* «qui est au milieu».

médian, ane [medjɑ̃, an] adj. et n. **I.** adj. **1.** Placé au milieu. *Ligne médiane.* ▷ ANAT *Nerf médian:* nerf, issu du plexus brachial, qui innerve les muscles de la partie antérieure de l'avant-bras et de la main. **2.** PHON Dont le lieu d'articulation se trouve dans la partie moyenne du canal buccal. **II.** n. f. **1.** PHON Phonème médian. **2.** GEOM Droite qui joint l'un des sommets d'un triangle au milieu du côté opposé. *Les trois médianes d'un triangle concourent en un même point situé au tiers de chacune d'elles à partir de la base et qui constitue le centre de gravité du triangle.* **3.** STATIS Médiale. – Lat. *medianus,* «du milieu», de *medius,* «qui est au milieu»..

médiastin [medjastɛ̃] n. m. ANAT Région médiane du thorax située entre les poumons, le sternum, le rachis, contenant le cœur, les gros vaisseaux, la trachée et les grosses bronches, l'œsophage, le thymus ou ses reliquats. – Du lat. médiév. *mediastinus,* «qui est au milieu».

médiat, ate [medja, at] adj. Didac. Qui est pratiqué ou qui agit de façon indirecte, par un intermédiaire. ▷ HIST *Prince médiat,* qui, dans l'ancien Empire germanique, tenait son fief d'un autre que de l'empereur. ▷ MED *Auscultation médiate,* pratiquée avec un stéthoscope. – Lat. *mediatus;* d'ap. *immédiat.*

médiateur, trice [medjatœʀ, tʀis] n. et adj. **I.** n. **1.** Personne qui s'entremet pour opérer un accord entre plusieurs personnes, entre différents partis. ▷ Adj. *L'action d'une puissance médiatrice.* – *Marie médiatrice de toutes grâces:* la Vierge. **2.** BIOCHIM *Médiateur chimique:* substance élaborée par une fibre nerveuse et dont la libération, lors de la stimulation de celle-ci, provoque une réponse de la cellule effectrice (musculaire ou glandulaire). *Les médiateurs chimiques les plus importants sont l'acétylcholine et la noradrénaline.* **II.** adj. GEOM *Plan médiateur* : plan perpendiculaire à un segment de droite en son milieu. – Bas lat. *mediator.*

médiation [medjasjɔ̃] n. f. **1.** Action d'intervenir entre plusieurs personnes, plusieurs partis, pour faciliter un accord. ▷ DR INTERN Action de conciliation que tente un gouvernement entre deux pays qui sont en contestation, ou en guerre, afin de prévenir un conflit ou de mettre un terme aux hostilités. **2.** MUS Pause au milieu du verset d'un psaume qui le partage en deux parties. – Bas lat. *mediatio.*

médiatique [medjatik] adj. Relatif aux médias; transmis par les médias. – De *media.*

médiatisation [medjatizasjɔ̃] n. f. Action de médiatiser. ▷ HIST Dans l'ancien Empire germanique, acte par lequel on faisait descendre un prince souverain et relevant immédiatement de l'Empire, à l'état de vassal médiat. – De *médiatiser.*

médiatiser [medjatize] v. tr. [1] **1.** Didac. Rendre médiat (ce qui était immédiat). **2.** HIST Soumettre (un prince, un pays) à la médiatisation. **3.** Faire connaître par les médias. *Médiatiser les actions terroristes.* – De *médiat.*

médiator [medjatɔʀ] n. m. MUS Lamelle d'ivoire, de corne, etc., avec laquelle on fait vibrer les cordes de certains instruments (banjo, mandoline). Syn. plectre. – Bas lat. *mediator,* signif. propr. «médiateur».

médiatrice [medjatʀis] n. f. GEOM Droite perpendiculaire à un segment de droite en son milieu. – Fém. de *médiateur.*

médical, ale, aux [medikal, o] adj. Qui concerne la médecine, appartient à la médecine. *Acte, ouvrage médical. Propriétés médicales d'une plante.* – Bas lat. *medicalis,* du class. *medicus,* «médecin».

médicalement [medikalmɑ̃] adv. Du point de vue médical. – Du préc.

médicalisation [medikalizasjɔ̃] n. f. **1.** Action de médicaliser. **2.** Implantation (dans une région) d'équipements médicaux; développement des soins médicaux. – De *médicaliser.*

médicaliser [medikalize] v. tr. [1] Donner à (un acte, un traitement) le caractère d'un acte médical. *Médicaliser l'avortement.* – De *médical.*

médicament [medikamɑ̃] n. m. Substance ou composition possédant des propriétés curatives ou préventives à l'égard des maladies humaines ou animales. *Prescrire, administrer un médicament.* – Lat. *medicamentum.*

médicamenteux, euse [medikamɑ̃tø, øz] adj. Qui a la propriété d'un médicament; qui renferme un, des médicaments. – De *médicament.*

médicastre [medikastʀ] n. m. Péjor., vieilli Médecin ignorant, charlatan. – Ital. *medicastro,* de *medico,* «médecin».

médication [medikasjɔ̃] n. f. Administration systématique d'agents thérapeutiques pour répondre à une indication déterminée. – Lat. *medicatio.*

médicinal, ale, aux [medisinal, o] adj. Qui possède des propriétés thérapeutiques. *Plantes médicinales.* – Lat. *medicinalis.*

médico-. Élément, du lat. *medicus,* «médecin».

médico-légal, ale, aux [medikolegal, o] adj. Relatif à la médecine légale. *Institut médico-légal,* où sont déposés les cadavres à identifier et effectuées les autopsies et les expertises médico-légales. Cf. morgue. – De *médico-,* et *légal.*

médico-social, ale, aux [medikosɔsjal, o] adj. Relatif à la médecine sociale. *Centre médico-social.* – De *médico-,* et *social.*

médiéval, ale, aux [medjeval, o] adj. Relatif au Moyen Âge. *Art médiéval, littérature médiévale.* – Du lat. *medium œvum,* «Moyen Âge».

médiéviste [medjevist] n. Didac. Spécialiste de l'histoire médiévale. – De *médiéval.*

médina [medina] n. f. En Afrique du Nord, partie ancienne d'une ville, par oppos. aux quartiers nouveaux, de conception européenne. *La médina de Fez, au Maroc.* – Mot ar.

médio-. Élément, du lat. *medius,* «moyen».

médiocre [medjɔkʀ] adj. et n. **1.** Qui n'est pas très bon; qui est d'une valeur inférieure à la moyenne. *Un vin médiocre. Un style médiocre. Un travail médiocre.* **2.** Qui n'a pas beaucoup de talent, de capacités. *C'est un étudiant médiocre.* ▷ Subst. Personne médiocre. **3.** n. m. Ce qui est médiocre. *Être audessous du médiocre.* – Lat. *mediocris,* «de qualité ou de taille moyenne».

médiocrement [medjɔkʀəmɑ̃] adv. **1.** De façon médiocre. *Il travaille médiocrement.* **2.** Pas beaucoup, pas très. *Être médiocrement surpris.* – De *médiocre.*

médiocrité [medjɔkʀite] n. f. **1.** État, caractère de ce qui est médiocre. *La médiocrité de sa fortune. La médiocrité d'un tableau.* **2.** Personne médiocre. *Nous sommes entourés de médiocrités.* – Lat. *mediocritas.*

médique [medik] adj. ANTIQ Qui concerne les Mèdes et, *par ext.,* les Perses, peuples qui occupaient l'actuel Iran. ▷ *Guerres médiques:* guerres qui opposèrent les Grecs et les Perses, ces derniers prétendant établir leur domination sur les Grecs d'Asie et d'Europe. – Lat. *medicus,* «de Médie» (V. mède).
ENCYCL Les guerres médiques se déroulèrent en trois phases, de 492 à 448 av. J.-C. Durant la prem., les armées de Darios échouèrent à Marathon (490). La deuxième guerre, menée par Xerxès, vit la défaite des Spartiates aux Thermopyles (480), la prise et l'incendie d'Athènes, puis la victoire navale des Grecs à Salamine (480) et leur succès à Platées et au cap Mycale (479). Au cours de la troisième phase, Athènes prit l'offensive, chassa les Perses de la mer Égée et fut victorieuse à l'Eurymédon (468). À la faveur de ses victoires, Athènes avait constitué en 476 la *ligue de Délos,* instrument de sa suprématie future et de sa domination sur la mer Égée. La *paix de Callias* (448) mit un terme aux guerres médiques.

médire [mediʀ] v. tr. indir. [64] Dire du mal (de qqn) sans aller contre la vérité. *Médire de son entourage.* – De *mé-,* et *dire.*

médisance [medizɑ̃s] n. f. **1.** Propos médisant. *Ne pas faire cas des médisances.* **2.** Action de médire. *Être victime de la médisance de ses voisins.* – De *médisant.*

médisant, ante [medizɑ̃, ɑ̃t] adj. Qui médit. *Parole médisante. Des gens médisants.* – Ppr. de *médire.*

méditatif, ive [meditatif, iv] adj. (et n.) **1.** Porté à la méditation. – *Esprit méditatif.* ▷ Subst. *Les méditatifs sont souvent distraits.* **2.** Qui dénote la méditation. *Un air méditatif.* – De *méditer.*

méditation [meditasjɔ̃] n. f. **1.** Action de méditer, d'examiner une question avec grande attention. *S'adonner à la méditation.* **2.** RELIG Oraison mentale. **3.** (Dans le titre de certains écrits philosophiques ou religieux.) *Les «Méditations métaphysiques» de Descartes.* – Lat. *meditatio.*

méditer [medite] v. [1] **1.** v. tr. Examiner, réfléchir profondément sur (un sujet). *Méditer une question.* ▷ Se proposer de réaliser (qqch) en y réfléchissant longuement. *Méditer un plan.* – *Méditer de* (+ inf.): projeter de. *Il médite de se retirer.* **2.** v. tr. indir. Faire longuement porter sa réflexion sur qqch. *Méditer sur l'avenir de l'humanité.* – (S. comp.) *Passer son temps à méditer.* RELIG *Retraitants qui méditent,* qui se livrent à une méditation (sens 2). – Lat. *meditari,* «penser à, avoir en vue, étudier».

méditerrané, ée [mediteʀane] adj. et n. f. **1.** adj. GEOGR Vx Qui se trouve au milieu des terres. **2.** n. f. Mer intérieure. *La méditerranée japonaise.* ▷ *La mer Méditerranée* ou (absol.). *La Méditerranée:* la mer intérieure continentale séparant l'Europe mérid. du N. de l'Afrique. – Lat. *mediterraneus,* de *medius,* «qui est au milieu», et *terra,* «terre».

méditerranéen, éenne [mediteʀaneɛ̃, eɛn] adj. et n. De la Méditerranée. *Climat méditerranéen.* ▷ Subst. Habitant du bassin méditerranéen, des régions qui bordent la Méditerranée. – Du préc.

1. médium [medjɔm] n. **1.** Personne qui, selon les spirites, peut communiquer avec les esprits et servir d'intermédiaire entre eux et l'humanité. *Des médiums.* – Angl. *medium.*

2. médium [medjɔm] n. m. MUS Portion moyenne de l'étendue d'une voix ou d'un instrument, également distante du grave et de l'aigu. **3.** PEINT Préparation liquide à base de résines et d'huiles, que l'on ajoute aux couleurs déjà broyées. – Lat. *medium.*

médiumnique [medjɔmnik] adj. Didac. Relatif aux médiums, à leurs pouvoirs surnaturels. – De *médium* 1.

médiumnité [medjɔmnite] n. f. Didac. Don de médium. – De *médium* 1.

médius [medjys] n. m. Doigt du milieu de la main. Syn. majeur. – Du lat. *medius (digitus),* «(doigt) du milieu».

médoc [medɔk] n. m. Vin du Médoc, rég. viticole du Bordelais sur la rive gauche de la Gironde, en France.

médullaire [medyl(l)ɛʀ] adj. 1. Qui a rapport à la moelle osseuse ou à la moelle épinière. *Canal médullaire.* 2. Qui a rapport à la partie interne d'un organe (par oppos. à *cortical*). *Zone médullaire du rein.* – Lat. *medullaris,* de *medulla,* «moelle».

médulloblastome [medyloblastom] n. m. MED Tumeur primitive maligne du système nerveux central. – Du lat. *medulla,* «moelle», *-blast(e),* et *-ome.*

médullosurrénale [medylosyʀ(ʀ)enal] n. f. ANAT Partie interne des glandes surrénales, sécrétant diverses hormones (notam. l'adrénaline). – Du lat. *medulla,* «moelle», et *surrénale.*

méduse [medyz] n. f. Animal marin nageur, translucide et gélatineux, forme libre des cnidaires (par oppos. au *polype,* qui en est la forme fixée). ▷ Appos. *Forme, phase méduse.* – De *Méduse,* nom myth. V. méduser.

ENCYCL De consistance gélatineuse, contenant jusqu'à 99 % d'eau, les méduses ont une forme d'ombrelle pourvue de tentacules portant des cellules urticantes: les cnidoblastes. Les méduses résultent du bourgeonnement du polype, dont elles se détachent. Elles seules portent les cellules sexuelles; les œufs, en se développant, donneront de nouvelles colonies de polypes. Les hydres sont les seuls cnidaires dont le cycle ne comprend pas une phase méduse.

méduser [medyze] v. tr. [1] Frapper d'étonnement, de stupeur. – Du n. de *Méduse,* du gr. *Medousa,* une des trois Gorgones de la myth., à la tête hérissée de serpents et dont le regard changeait les vivants en pierres.

méfait [mefɛ] n. m. 1. Action nuisible; délit. *C'est un truand qui a commis de nombreux méfaits.* ▷ DR *Méfait public* : action commise dans l'intention de tromper la justice en amenant un agent de la paix à commencer ou à continuer une enquête inutilement. *Constitue un méfait public la fausse déclaration qui accuse une personne d'avoir commis une infraction.* 2. Conséquence néfaste de l'action de qqch. *Les méfaits du tabac.* – Pp. subst. de l'anc. v. *méfaire.*

méfiance [mefjɑ̃s] n. f. Disposition à être méfiant; état de la personne qui se méfie. *Ses arguments ont éveillé ma méfiance.* – Prov. *Méfiance est mère de sûreté.* – De *méfiant.*

méfiant, ante [mefjɑ̃, ɑ̃t] adj. et n. Qui se méfie, qui est soupçonneux. ▷ Subst. *C'est un méfiant.* – Ppr. de *(se) méfier.*

méfier (se) [mefje] v. pron. [11] *Se méfier de:* ne pas se fier à, ne pas avoir confiance en; se garder de. *Je me méfie de ses inventions.* ▷ (S. comp.) Faire attention. *Méfiez-vous, il y a un virage.* – De *mé-,* et *(se) fier.*

méforme [mefɔʀm] n. f. SPORT Mauvaise forme physique. – De *mé-,* et *forme.*

méga-. Élément, du gr. *megas,* «grand». ▷ PHYS Préfixe signifiant un million. Par abrév. M dans les symboles d'unités. (Par ex.: *MeV* pour mégaélectronvolt, *MHz* pour mégahertz.)

mégacalorie [megakalɔʀi] n. f. PHYS Un million de calories (symbole *Mcal*). – De *méga-,* et *calorie.*

mégacaryoblaste [megakaʀjɔblast] n. m. BIOL Grande cellule nucléée quadrangulaire de la moelle osseuse, qui donne naissance au mégacaryocyte. – De *méga-, caryo-,* et *-blaste.*

mégacaryocyte [megakaʀjɔsit] n. m. BIOL Cellule nucléée géante de la moelle osseuse, qui, après plusieurs transformations, perd son noyau et se fragmente en plaquettes (V. thrombocyte). – De *méga-, caryo-,* et *-cyte.*

mégaceros [megaseʀos] n. m. PALEONT Gros mammifère cervidé fossile (genre *Megaceros*) du Quaternaire, dont les bois atteignaient 3,50 m d'envergure. – De *méga-,* et gr. *keras,* «corne».

mégacôlon [megakolõ] n. m. MED Dilatation du côlon, congénitale ou acquise. – De *méga-,* et *côlon.*

mégacycle [megasikl] n. m. TELECOM *Mégacycle par seconde:* syn. abus. de *mégahertz.* – De *méga-,* et *cycle.*

mégaélectronvolt [megaelɛktʀõvɔlt] n. m. PHYS NUCL Unité (symbole *MeV*) valant un million d'électronvolts, servant à mesurer l'énergie des rayonnements et correspondant à l'énergie acquise par 1 électron, accéléré sous une différence de potentiel de 1 million de volts (1 MeV: $1{,}6.10^{-13}$J). – De *méga-,* et *électronvolt.*

mégahertz [megaɛʀtz] n. m. TELECOM Unité de fréquence valant 1 million de hertz (symbole MHz). – De *méga-,* et *hertz.*

mégal(o)-, -mégalie. Éléments, du gr. *megas, megalê,* «grand».

mégalithe [megalit] n. m. Monument formé de gros blocs de pierre brute (dolmen, menhir, etc.). – De *méga-,* et *-lithe.*

mégalithique [megalitik] adj. Relatif aux mégalithes. *Civilisation mégalithique.* – De *mégalithe.*

mégaloblaste [megalɔblast] n. m. MED Érythroblaste anormal, de grande taille, présent dans la moelle osseuse de sujets atteints de certaines anémies. – De *mégalo-,* et *-blaste.*

mégalocytaire [megalɔsitɛʀ] adj. BIOL *Série mégalocytaire:* série de cellules comprenant les promégaloblastes, les mégaloblastes et les mégalocytes. – De *mégalocyte.*

mégalocyte [megalɔsit] n. m. BIOL Globule rouge de très grande taille provenant d'un mégaloblaste dont le noyau s'est résorbé. – De *mégalo-,* et *-cyte.*

mégalomane [megalɔman] adj. et n. Atteint de mégalomanie. ▷ Subst. *Un, une mégalomane.* – De *mégalomanie.*

mégalomanie [megalɔmani] n. f. Désir immodéré de puissance, goût des réalisations grandioses. ▷ PSYCHOPATHOL Délire des grandeurs. – De *mégalo-,* et *-manie.*

mégalopole [megalopɔl] n. f. Grande agglomération urbaine tendant à se former entre plusieurs villes proches, sans discontinuité. *D'importantes mégalopoles se forment souvent sur les axes côtiers.* – De *mégalo-,* et *-pole,* d'après l'anglo-amér. *megalopolis.*

mégaparsec [megapaʀsɛk] n. m. ASTRO Unité de longueur valant un million de parsecs (soit 3 261 500 années de lumière). – De *méga-,* et *parsec.*

mégaphone [megafɔn] n. m. Appareil servant à amplifier électriquement les sons, utilisé notam. comme porte-voix. – De *méga-,* et *-phone.*

mégapode [megapɔd] n. m. ZOOL Nom courant de tout mégapodiidé. – De *méga-,* et gr. *pous, podos,* «pied».

mégapodiidés [megapɔdiide] n. m. pl. ZOOL Galliformes d'Océanie, aux fortes pattes et aux ailes courtes, qui ne couvent pas leurs œufs mais les enfouissent dans le sable ou dans des tumulus de végétaux en décomposition de telle manière que la chaleur du soleil ou celle de la fermentation des plantes les fasse éclore. – Du préc.

mégaptère [megaptɛʀ] n. f. ZOOL Cétacé (*Megaptera novæangliæ*) long d'une quinzaine de mètres, lourd et massif, qui vit le long des côtes. Syn. jubarte, baleine à bosse. – De *méga-,* et *-ptère.*

mégarde [megaʀd] n. f. Vx Manque d'attention. ▷ Mod. *Par mégarde:* par inadvertance. – De *mé-,* et *garder.*

mégathérium [megateʀjɔm] n. m. PALEONT Grand mammifère xénarthre fossile (genre *Megatherium*) des terrains tertiaires et quaternaires d'Amérique du Sud. – De *méga-*, et gr. *therion*, «bête».

mégatonne [megatɔn] n. f. Unité servant à mesurer la puissance d'un explosif nucléaire, correspondant à l'énergie produite par l'explosion d'une charge de 1 million de tonnes de trinitrotoluène (symbole Mt). – De *méga-*, et *tonne*.

mégawatt [megawat] n. m. ELECTR Unité de puissance électrique valant un million de watts (symbole MW). – De *méga-*, et *watt*.

mégawattheure [megawatœʀ] n. m. ELECTR Unité d'énergie égale à un million de wattheures (symbole MWh). – Du préc., et *heure*.

mégère [meʒɛʀ] n. f. Femme méchante et emportée. – Du gr. *Megaira*, «Mégère», l'une des Erinyes de la myth. gréco-latine, divinités de la Vengeance.

mégir [meʒiʀ] [2] ou **mégisser** [meʒise] [1] v. tr. TECH Tanner (une peau) en utilisant l'alun. – De *mégis*.

mégis [meʒi] n. et adj. **1.** n. m. Vx Solution à base de cendres et d'alun dans laquelle on trempait les peaux pour les mégir. **2.** adj. Mod. TECH *Cuir mégis*, qui a trempé dans le mégis. – De l'a. fr. *megier*, «soigner», lat. *medicare*.

mégisserie [meʒisʀi] n. f. **1.** TECH Tannage à l'alun des peaux de chevreaux et d'agneaux utilisées en ganterie. ▷ Lieu où l'on effectue ce tannage. **2.** Commerce des peaux mégissées. – De *mégissier*.

mégissier [meʒisje] n. m. Ouvrier qui mégit les peaux; personne qui vend des peaux mégissées. – Appos. *Ouvrier mégissier*. – De *mégis*.

megohm [megom] n. m. ELECTR Unité de résistance électrique valant un million d'ohms (symbole MΩ). – De *még(a)-*, et *ohm*.

mégohmmètre [megommɛtʀ] n. m. ELECTR Appareil servant à mesurer les résistances supérieures à 100 000 ohms. – De *megohm*, et *mètre*.

mégot [mego] n. m. Bout de cigare, de cigarette, qui reste non consumé. – P.-ê. du dial. *mégauder*, «téter».

mégotage [megɔtaʒ] n. m. Pop. Fait de mégoter. – De *mégoter*.

mégoter [megɔte] v. intr. [1] Pop. Lésiner, chercher de petits profits. – De *mégot*.

méhara [meaʀa] n. f. Randonnée à dos de méhari. – De *méhari*.

méhari, méharis ou **méhara** [meaʀi, meaʀa] n. m. Dromadaire de selle, rapide et endurant. (*Méharis* est le pl. francisé, le pl. ar. est *méhara*.) – Ar. d'Algérie *mēhrī*, «de la tribu des Mahra (dans le sud de l'Arabie)».

méhariste [meaʀist] n. m. **1.** Personne qui monte un méhari. **2.** Anc. (France) Soldat appartenant aux compagnies montées, au Sahara. – Appos. *Compagnies méharistes*. – Du préc.

Meiji [mejzi] adj. HIST *L'ère Meiji*, qui vit la disparition des structures féodales du Japon. – Mot japonais, «politique éclairée».

meilleur, eure [mɛjœʀ] adj. et n. m. **I.** Comparatif de supériorité de bon. **1.** adj. Qui a un plus haut degré de bonté. *Cet homme est meilleur qu'il n'en a l'air.* ▷ Qui est d'une qualité plus grande. *Sa santé est meilleure. – De meilleure heure*, plus tôt. **2.** adv. *Il fait meilleur qu'hier:* le temps est plus beau. **II.** *Le meilleur, la meilleure*, superlatif de bon. **1.** adj. Qui atteint le plus haut degré de bonté, de qualité dans son genre. *Le meilleur des hommes. Les mets les meilleurs.* ▷ Subst. Personne qui surpasse les autres. *Que le meilleur gagne!* **2.** n. m. *Le meilleur:* ce qui vaut le mieux. *Choisir toujours le meilleur. – Donner le meilleur de sa vie.* ▷ SPORT (anglicisme critiqué). *Avoir, prendre le meilleur sur:* l'emporter sur. – Lat. *melior*, comparatif de *bonus*, «bon».

méiose [mejoz] n. f. BIOL Mode de division cellulaire conduisant à une réduction de moitié du nombre de chromosomes de chaque cellule fille. – Du gr. *meiôsis*, «décroissance», de *meiôn*, «moindre».

méiospore [mejospɔʀ] n. f. BOT Spore issue de la méiose. *Les spores des fougères sont des méiospores.* – De *méiose*, et *spore*.

méiotique [mejɔtik] adj. BIOL Qui concerne la méiose. *Réduction méiotique.* – De *méiose*.

meistre. V. mestre 1.

méjanage [mejanaʒ] n. m. TECH Classement des laines d'après leur qualité, la longueur et la finesse de la fibre. – Du provenç. *mejan*, «moyen».

méjuger [meʒyʒe] **1.** v. tr. indir. **[15]** Litt. *Méjuger de qqn, de ses qualités*, le méconnaître. **2.** v. tr. Juger mal. ▷ v. pron. (réfl.). Se juger mal soi-même, se sous-estimer. – De *mé-*, et *juger*.

méla-, mélan-, mélano-. Éléments, du gr. *melas, melanos*, «noir».

melæna ou **méléna** [melena] n. m. MED Évacuation de sang noir par l'anus, témoignant d'une hémorragie de l'estomac ou du haut intestin. – Du gr. *melaina (nosos)*, «(maladie) noire».

mélamine [melamin] n. f. CHIM Dénomination cour. de la triamino – 2, 4, 6 triazine – 1, 3, 5 ($C_3H_6N_6$), utilisée dans l'industrie des matières plastiques. – De *méla-*, et *amine*.

mélampyre [melɑ̃piʀ] n. m. BOT Plante herbacée (genre *Melampyrum*, fam. scrofulariacées) hémiparasite, développant des suçoirs sur les racines de divers végétaux. – Gr. *melampuron*, de *melas*, «noir», et *puros*, «grain».

mélan-. V. méla.

mélancolie [melɑ̃kɔli] n. f. **I.** MED **1.** Vx Humeur noire qui était supposée venir de la rate et à laquelle on attribuait l'hypocondrie. **2.** PSYCHIAT Mod. État dépressif aigu, caractérisé par un sentiment de douleur morale intense, une inhibition psychomotrice, des idées délirantes et une tendance au suicide. **II.** Cour. **1.** Tristesse vague, sans cause définie, souvent accompagnée de rêverie. Loc. *Cela n'engendre pas la mélancolie:* c'est très gai. **2.** Caractère de ce qui rend mélancolique. *La mélancolie d'un adieu, d'un paysage.* – Lat. imp. *melancholia*, gr. *melagkholia*, «humeur noire».

mélancolique [melɑ̃kɔlik] adj. et n. **1.** Propre à, relatif à la mélancolie (sens I, 2). ▷ Subst. *Un mélancolique.* **2.** Où domine la mélancolie. **3.** Qui exprime, qui inspire la mélancolie. – Lat. *melancholicus*.

mélancoliquement [melɑ̃kɔlikmɑ̃] adv. D'une manière mélancolique. – Du préc.

mélanésien, ienne [melanezjɛ̃, jɛn] adj. et n. De Mélanésie. – *Race mélanésienne*, à peau noire. ▷ N. m. L'ensemble des langues parlées en Mélanésie. – Du n. de la *Mélanésie*, partie de l'Océanie située à l'est et au nord-est de l'Australie.

mélange [melɑ̃ʒ] n. m. **1.** Action de mêler; fait de se mêler. *On obtient l'orangé par le mélange du jaune et du rouge. Le mélange des peuples, des races.* **2.** Produit résultant de l'union de substances incorporées les unes aux autres. *Mélange de thé de Chine et de thé de Ceylan.* – Fig. *Un mélange de douceur et de gravité. Sans mélange:* pur, que rien ne trouble. *Un bonheur sans mélange.* ▷ CHIM, PHYS Substance résultant de l'union, sans combinaison, de plusieurs corps, par dissémination de leurs molécules au sein les uns des autres. *On peut séparer les constituants d'un mélange* *par les méthodes de fractionnement de l'analyse immédiate. Mélange homogène* (qui comporte une phase), *hétérogène* (qui comporte plusieurs phases). *Mélanges eutectiques, azéotropes,* présentant certains des caractères des corps purs. **3.** Plur. Recueil composé d'écrits sur différents sujets. – *Spécial.* Recueil d'articles dédié à un professeur éminent par ses anciens élèves et ses collègues. – De *mêler.*

mélanger [melɑ̃ʒe] v. tr. [15] **1.** Réunir de manière à former un mélange. *Mélanger l'huile et le vinaigre.* Syn. mêler. **2.** Fam. Mettre en désordre. *Elle a mélangé mes papiers.* – Confondre. *Vous mélangez les noms.* – De *mélange.*

mélangeur, euse [melɑ̃ʒœʀ, øz] n. Appareil servant à opérer un mélange. – *Mélangeur* ou, appos., *robinet mélangeur,* qui mélange l'eau froide et l'eau chaude. ▷ METALL Réservoir cylindrique tournant, destiné à stocker la fonte provenant du haut fourneau en la maintenant à l'état liquide et en l'homogénéisant avant son traitement dans les convertisseurs. – De *mélanger.*

mélanine [melanin] n. f. BIOCHIM Pigment foncé de la peau, de la choroïde et des cheveux, particulièrement abondant chez les Noirs. *Certaines tumeurs bénignes* (nævi, grains de beauté) *ou malignes* (cancers mélaniques) *sont très riches en mélanine.* – De *mélano-,* et *-ine.*

mélanique [melanik] adj. Caractérisé par la présence de mélanine. – Du préc.

mélanisme [melanism] n. m. BIOL Aptitude à fabriquer de la mélanine en grande quantité; état qui en résulte. ▷ MED Coloration brune des téguments, due à un excès de mélanine dans les cellules. – De *mélan-,* et *-isme.*

mélano-. V. méla-.

mélanocyte [melanɔsit] n. m. HISTOL Cellule spécialisée dans la synthèse de la mélanine. – De *mélano-,* et *-cyte.*

mélanoderme [melanɔdɛʀm] adj. et n. ANTHROP Dont la peau est noire. – De *mélano-,* et *-derme.*

mélanodermie [melanɔdɛʀmi] n. f. MED Augmentation pathologique de la coloration des téguments, due à une surcharge en mélanine, observée en partic. dans la maladie d'Addison. – Du préc.

mélano-indien, ienne [melanoɛ̃djɛ̃, jɛn] adj. et n. *Populations mélano-indiennes :* groupes humains du S. de l'Inde (Dravidiens) et du Sri-Lanka, à la peau très foncée. *Des Mélano-Indiens.* – De *mélano-,* et *indien.*

mélanome [melanom] n. m. MED Tumeur mélanique. *Mélanome bénin, malin.* – De *mélano-,* et *-ome.*

mélanose [melanoz] n. f. **1.** MED Accumulation anormale dans le derme de mélanine ou d'un autre pigment de couleur noire. **2.** BOT Maladie de la vigne et des agrumes due à divers champignons. – De *mélan-,* et *-ose* 2.

mélasse [melas] n. f. **1.** Sous-produit de la fabrication du sucre, matière sirupeuse d'un brun plus ou moins foncé utilisée en distillerie, en pharmacie et dans la préparation d'aliments. «*De mon temps, c'était toujours pareil, pendant tout l'hiver: le matin, on avait des «beans» au lard; au dîner, du lard salé avec des patates bouillies, des fois un morceau de boeuf, et de la melasse* [sic] *pour le dessert* [...]» (Damase Potvin, *Le Français,* 1925.) Rem. Souvent prononcé [mlas] (aussi [mnas] en milieu rural). **2.** Fig., fam. Brouillard très épais. ▷ Fam. Misère, situation pénible. *Être dans la mélasse.* ▷ Fam. Confusion, situation embrouillée. – Esp. *melaza,* du lat. *mel,* «miel».

melba [mɛlba] adj. inv. *Pêche, poire, fraises melba,* servies nappées de gelée de framboise ou de groseille, sur une couche de glace à la vanille, avec de la crème Chantilly. – Du nom de Nelly *Melba* (1861-1931), cantatrice australienne, en l'honneur de qui cet entremets fut créé.

melchior [mɛlkjɔʀ] n. m. Maillechort. – Altér. de *maillechort.*

melchite ou **melkite** [mɛlkit] n. RELIG Chrétien d'Orient, de rite byzantin, appartenant soit à une église orthodoxe, soit à l'église cathol. romaine. – Du syriaque *melek,* «roi, souverain», parce que ces églises étaient religieusement et politiquement attachées à l'empereur de Byzance.

méléagrine [meleagʀin] n. f. ZOOL Mollusque bivalve *(Meleagrina margaritifera)* de la mer Rouge et de l'océan Indien, élevé industriellement au Japon pour la production des perles. *La méléagrine est couramment appelée «huître perlière».* – Du nom de *Méléagre,* gr. *Meleagros,* héros myth.

mêlée [mɛle] n. f. **1.** Combat confus où deux troupes s'attaquent corps à corps et se mêlent. – *Au-dessus de la mêlée :* en dehors des conflits. **2.** Cohue, bousculade tumultueuse. *Il a perdu son chapeau dans la mêlée.* **3.** SPORT Au football, phase du jeu où deux groupes de joueurs cherchent à s'assurer la possession du ballon en luttant corps à corps. – Pp. fém. subst. de *mêler.*

méléna. V. melæna.

mêler [mɛle] **I.** v. tr. **[16]** **1.** Mettre ensemble (plusieurs choses, plusieurs substances) de manière à les confondre, à les unir. *Mêler de l'eau et du vin.* ▷ (Abstrait.) *Mêler le tragique au comique, l'agréable à l'utile.* ▷ Pp. Péjor. *Une société très mêlée,* où des individus peu estimables côtoient des personnes honorables. **2.** Mettre en désordre, emmêler, embrouiller. *Mêler du fil, des cheveux.* **3.** Associer (qqn) à qqch, l'impliquer dans quelque affaire. *Ne me mêlez pas à vos querelles.* **II.** v. pron. **1.** Se confondre, s'unir. *L'odeur de la lavande se mêlait à celle du chèvrefeuille.* **2.** *Se mêler de :* s'occuper de. – Péjor. *Mêlez-vous de vos affaires!* ▷ *Le diable s'en mêle:* des influences mystérieuses interviennent. **3.** Avoir l'idée, prendre l'initiative de. *Il cuisine très bien, quand il s'en mêle.* – Du bas lat. **misculare,* du class. *miscere,* «mêler, mélanger».

mélèze [melɛz] n. m. Conifère (genre *Larix*) à feuilles caduques, à cônes dressés. *Le mélèze laricin (Larix laricina) pousse à l'état sauvage dans des terrains humides et tourbeux; ce conifère est couramment appelé épinette rouge.* – Mot dauphinois.

mélia [melja] n. m. Arbre d'origine asiatique, type de la fam. des méliacées. – Gr. *melia,* «frêne».

méliacées [meljase] n. f. pl. BOT Famille d'arbres dicotylédones (ordre des térébinthales) comprenant des arbres ou arbustes des régions chaudes, à bois dur, coloré, parfois aromatique. – Du préc.

mélilot [melilo] n. m. Plante dicotylédone (genre *Melilotus,* fam. papilionacées) à feuilles composées et fleurs en grappes de couleurs variées, employée comme fourrage *(mélilot blanc)* ou en pharmacopée *(mélilot officinal).* – Lat. *melilotum,* gr. *melilôtos,* de *meli,* «miel», et *lôtos,* «lotus».

méli-mélo [melimelo] n. m. Fam. Mélange confus de choses en désordre. *Des mélis-mélos.* – A. fr. *mesle mesle,* avec variation vocalique; de *mêler.*

mélinite [melinit] n. f. Explosif de grande puissance, constitué d'acide picrique fondu. – D'ap. le lat. *melinus,* du gr. *mêlinos,* «couleur de coing».

mélioratif, ive [meljɔʀatif, iv] adj. et n. m. DIDAC Se dit d'un terme, d'une expression qui présente la personne, la chose dont on parle, d'une façon avantageuse. Ant. péjoratif. – Bas lat. jurid. *melioratum,* de *meliorare.*

mélique [melik] adj. LITTER Se dit de la poésie lyrique et, spécial., de la poésie chorale grecque. – Lat. *melicus*, gr. *melikos*, «qui concerne le chant».

mélisse [melis] n. f. Plante mellifère et aromatique (genre *Melissa*, fam. labiées) renfermant une essence qui est un tonique nerveux. ▷ *Eau de mélisse* ou *eau des Carmes :* alcoolat préparé avec des feuilles de mélisse fraîches. – Lat. médiév. *melissa*, du gr. *melissophullon*, «feuille à abeilles».

mélitte [melit] n. f. Plante aromatique et diurétique (genre *Melittis*, fam. labiées), appelée aussi *mélisse sauvage* ou *mélisse des bois*. – Du gr. *melitta*, «abeille», à cause de la prédilection de l'abeille pour cette plante.

melkite. V. melchite.

mellah [mɛl(l)a] n. m. Ghetto*, au Maroc. – Mot ar., n. d'un quartier de Fès, au Maroc, où s'établit le premier ghetto marocain.

mellifère [me(ɛl)lifɛʀ] adj. Didac. Qui produit du miel. ▷ *Plantes mellifères*, qui produisent un nectar que les abeilles récoltent pour le transformer en miel. – Lat. *mellifer*.

mellification [me(ɛl)lifikasjõ] n. f. Didac. Fabrication du miel par les abeilles. – De l'anc. v. *mellifier*, du lat. *mellificare*, «faire du miel».

mellifique [me(ɛl)lifik] adj. Didac. Qui élabore, qui produit du miel. *Abeilles mellifiques*. – Lat. *mellificus*.

melliflue [me(ɛl)lifly] adj. Litt., péjor., vieilli D'une douceur fade ou hypocrite, doucereux. *Discours melliflue*. – Du lat. *mellifluus*, «qui distille du miel».

mellite [me(ɛl)lit] n. m. PHARM Médicament fait avec du miel. – Du lat. *(sucus) mellitus*, «suc de miel».

mélo [melo] n. m. Abrév. fam. de *mélodrame*.

mélodie [melɔdi] n. f. **1.** Succession de sons qui forment une phrase musicale. **2.** Composition instrumentale ou vocale dont les phrases sont ordonnées «selon les lois du rythme et de la modulation» (J.-J. Rousseau) pour produire des sons agréables à entendre. **3.** Fig. Qualité de ce qui charme l'oreille. *La mélodie d'un vers*. – Bas lat. *melodia*, du gr. *melôdia* «chant».

mélodieusement [melɔdjøzmɑ̃] adv. D'une manière mélodieuse. – De *mélodieux*.

mélodieux, euse [melɔdjø, øz] adj. Qui forme une mélodie; qui produit des sons agréables à l'oreille. *Un air mélodieux. Une voix mélodieuse*. – De *mélodie*.

mélodique [melɔdik] adj. Qui appartient à la mélodie (par oppos. à *rythmique*, à *harmonique*). – De *mélodie*.

mélodiste [melɔdist] n. **1.** Personne qui compose des mélodies. **2.** Compositeur qui, dans son œuvre, fait une large part à la mélodie. – De *mélodie*.

mélodramatique [melɔdʀamatik] adj. **1.** Qui a rapport au mélodrame. *Le genre mélodramatique*. **2.** Qui évoque l'outrance du mélodrame. *Des lamentations mélodramatiques*. – De *mélodrame*.

mélodrame [melɔdʀam] n. m. **1.** Anc. Drame mêlé de musique. **2.** Mod. Drame populaire qui cherche à produire un effet pathétique en mettant en scène des personnages au caractère outré dans des situations compliquées et peu vraisemblables. ▷ Péjor. *Personnage de mélodrame*. – Du gr. *melos*, «chant, musique», et *drame*, d'ap. l'ital. *melodramma*.

méloé [melɔe] n. m. ZOOL Coléoptère vésicant aux élytres réduits, aux mandibules tronquées, dont les larves parasitent les abeilles solitaires. – Lat. mod., orig. incert.

mélomane [melɔman] n. Personne qui aime passionnément la musique. – Du gr. *mélos*, «chant, musique», et de *-mane*.

melon [məlõ] n. m. **1.** Plante potagère (*Cucumis melo*, fam. cucurbitacées) au fruit comestible fort apprécié. **2.** Fruit de cette plante, relativement volumineux, de forme ovoïde ou sphérique, qui porte selon ses méridiens des divisions («côtes de melon») nettement dessinées et dont la pulpe jaunâtre ou orangée, juteuse et parfumée à maturité, entoure une cavité centrale renfermant de très nombreux pépins. ▷ *Melon d'eau:* pastèque. **3.** *Chapeau melon* ou, ellipt, *melon:* chapeau de feutre rigide et bombé. *Des chapeaux melon*. – Lat. *melo*.

melonnière [məlɔnjɛʀ] n. f. Terrain où l'on cultive des melons. – De *melon*.

mélopée [melɔpe] n. f. Chant, air monotone. – Bas lat. *melopœia*, du gr.

mélophage [melɔfaʒ] n. m. ZOOL Mouche (genre *Melophagus*) longue de 5 mm, dépourvue d'ailes, parasite du mouton. – Lat. zool. *melophagus;* du gr. *mêlon*, «mouton», et de *-phage*.

melting-pot [mɛltiŋpɔt] n. m. Anglicisme Creuset, lieu où des peuples d'origines très diverses se mêlent et se confondent. *Le melting-pot américain*. – Mot angl., «creuset»; d'abord à propos des États-Unis.

membrane [mɑ̃bʀan] n. f. **1.** Tissu mince et souple qui enveloppe, tapisse, sépare, etc., des organes. *Membranes muqueuse, séreuse*. ▷ MED *Rupture des membranes:* dans l'accouchement, rupture de la poche* des eaux. **2.** *Membrane plasmique* ou *plasmalemme:* enveloppe isolant le contenu cellulaire du milieu extérieur, constituée d'un double film phospholipidique dans lequel sont insérées des molécules protéiques globuleuses. **3.** Feuille, cloison mince, dans un appareil, un dispositif. *Membrane de caoutchouc d'une pompe*. ▷ TECH Feuille mince qui fait partie du système vibrant d'un haut-parleur, d'un écouteur. – Lat. *membrana*, propr. «peau qui recouvre les membres», de *membrum*, «membre».

membraneux, euse [mɑ̃bʀanø, øz] adj. **1.** BIOL Qui a les caractères d'une membrane. **2.** Formé de membranes. *Ailes membraneuses*. – De *membrane*.

membranule [mɑ̃bʀanyl] n. f. ANAT Petite membrane. – Lat. *membranula*.

membre [mɑ̃bʀ] n. m. **I. 1.** Chacun des appendices articulés disposés sur le tronc par paires latérales, et qui permettent les grands mouvements (locomotion, préhension) chez l'homme et les animaux. *Membres supérieurs et inférieurs* (chez l'homme); *membres antérieurs et postérieurs* (chez les animaux). **2.** Par anal. *Membre viril*, ou absol. *membre :* la verge. **II.** Fig. Chacun des éléments (personne, groupe, pays, etc.) composant un ensemble organisé (famille, société, etc.). *Les membres de l'Église. Réunir tous les membres de la famille*. – En appos. *Les États membres de l'Otan*. **III. 1.** ARCHI Chacune des parties qui composent un édifice. **2.** GRAM Chacune des parties d'une période ou d'une phrase. **3.** MATH Chacune des parties d'une équation ou d'une inéquation séparées par le signe d'égalité ou d'inégalité. – Lat. *membrum*, «membre», et au fig. «portion, partie».

membré, ée [mɑ̃bʀe] adj. *Bien (mal) membré*, dont les membres (ou, absol., le membre*) sont bien (mal) développés, proportionnés. – De *membre*.

membron [mɑ̃bʀõ] n. m. **1.** ARCHI Partie d'une couverture mansardée reliant les couvertures du vrai et du faux comble. **2.** CONSTR Bande d'étanchéité recouvrant l'arête d'un toit. – De *membre*.

membru, ue [mɑ̃bʀy] adj. Dont les membres sont forts et vigoureux. *Personne membrue*. – De *membre*.

membrure [mɑ̃bʀyʀ] n. f. **1.** Ensemble des membres d'une personne. *Forte membrure.* **2.** MAR Chacun des éléments de la charpente d'un navire perpendiculaires à la quille et auxquels est fixé le bordé. – De *membre.*

même [mɛm] adj., pron. et adv. **I.** adj. indéf. Qui n'est pas autre. **1.** Placé devant le nom, exprime l'identité ou la ressemblance. *La même cause produit les mêmes effets. Elle porte la même robe que l'année dernière. Elle porte la même robe que sa sœur.* **2.** Placé immédiatement après un nom ou un pronom, *même* a une valeur emphatique et souligne plus expressément la personne ou la chose dont on parle. *C'est le roi même qui le dit* (en personne). *C'est cela même:* c'est exactement cela. – (Après un pronom personnel, joint à celui-ci par un trait d'union.) *Ils s'abusent eux-mêmes.* **3.** Après un nom exprimant une qualité, indique que cette qualité est au plus haut degré. *Il est la probité même.* **II.** pron. indéf. Toujours précédé de l'article défini. **1.** Marque l'identité de la personne, la permanence de sa façon d'être. *Il ne change pas, il est toujours le même.* **2.** Marque la ressemblance. *Vous avez un beau livre, j'ai le même.* **3.** *Le même* (neutre): la même chose. *Cela revient au même.* – Pop. *C'est du pareil au même.* **III.** adv. Précédant ou suivant le mot ou la proposition qu'il modifie, indique une gradation entre des termes semblables d'une proposition, ou entre deux propositions, et signifie «aussi, de plus, y compris, jusqu'à». *Tous, même les ignorants, le savent. L'ennemi massacra tout le monde, les femmes, les vieillards, les enfants même.* **IV.** Loc. diverses formées avec *même.* – Loc. adv. *À même,* directement en contact avec. *Coucher à même le sol.* ▷ *Être à même de (faire qqch):* être capable de (le faire). – Loc. adv. *De même:* de la même manière. *Vous devriez agir de même.* – Loc. adv. *Tout de même:* néanmoins, cependant. *On lui a interdit de sortir, il l'a fait tout de même.* ▷ Pour marquer une objection, une désapprobation. *Ne dites pas ça, tout de même!* – Loc. adv. *Quand même, quand bien même.* Même si. *Quand bien même il me l'aurait dit, je ne m'en souviens plus.* – Loc. adv. exclam. *Quand même:* malgré tout. *Je sortirai quand même!* – Loc. conj. *De même que* (introduisant une comparaison). Comme, de la même manière que. – Du lat. pop. *metipsimus,* superl. de **metipse,* de la particule du lat. class. *-met,* servant de suffixe aux pron. pers. (ex.: *egomet ipse,* «moi-même en personne»), et de *ipse,* «même, en personne»; a. fr. *mesme.*

mémé [meme] n. f. Pop. (Langage enfantin.) Grand-mère. Syn. mamie, mémère. – Péjor. Femme d'un certain âge dépourvue de séduction. – Var. de *mémère.*

mêmement [mɛm(ə)mɑ̃] adv. Vx De même, pareillement. – De *même.*

mémento [memɛ̃to] n. m. **1.** LITURG Prière du canon de la messe. *Mémento des vivants. Mémento des morts.* **2.** Image d'un défunt, rappelant son souvenir. **3.** Carnet où l'on note ce dont on doit se souvenir, agenda. **4.** Livre où sont résumées les notions essentielles sur une science, une technique. *Mémento du mécanicien. Des mémentos.* Syn. aide-mémoire. – Lat. *memento,* «souviens-toi».

mémère [memɛʀ] n. f. Pop. **1.** (Langage enfantin.) Grand-mère. **2.** Fam., péjor. *Une grosse mémère:* une femme corpulente, d'un certain âge. – Redoubl. enfantin de *mère.*

1. mémoire [memwaʀ] n. f. **1.** Fonction par laquelle s'opèrent dans l'esprit la conservation et le retour d'une connaissance antérieurement acquise. *Le siège de la mémoire.* ▷ *De mémoire:* par cœur. *Citer de mémoire.* – Faculté de se souvenir. *Avoir de la mémoire. Mémoire visuelle. Trou de mémoire.* **2.** Litt. Fait de se souvenir. *Je n'ai pas mémoire de le lui avoir dit.* ▷ *De mémoire d'homme:* aussi loin que remonte le souvenir. ▷ *Pour mémoire:* à titre de rappel, ou à titre indicatif. **3.** Souvenir laissé par qqn ou qqch. *Saint Louis, d'illustre mémoire. Ce jour, de sinistre mémoire.* ▷ *À la mémoire de, en mémoire de:* pour perpétuer le souvenir de. **4.** Siège de la fonction de la mémoire, réceptacle des souvenirs. *L'incident est gravé dans sa mémoire. Mettre qqch dans un coin de sa mémoire. Je n'ai pas en mémoire les chiffres précis.* ▷ INFORM Dispositif servant à recueillir et à conserver des informations en vue d'un traitement ultérieur. *Mettre des données en mémoire.* **5.** Réputation de qqn après sa mort. *Ternir, réhabiliter la mémoire de qqn.* – Lat. *memoria.*

ENCYCL **Biochim.** – Depuis Ribot (1881) et W. James (1890), de nombreux chercheurs ont essayé de découvrir le support matériel des phénomènes de mémoire. La méthode biologique a été la plus fructueuse: on est parvenu à transmettre d'un animal à un autre une conduite apprise en isolant chez le premier un polypeptide qu'on injecte au second; ce polypeptide semble être l'agent actif spécifique d'une protéine synthétisée à partir de gènes particuliers, sur lesquels le passage de l'influx nerveux exerce une dérépression. Ces substances sont à la base d'un code moléculaire dont on pourrait assimiler le fonctionnement à celui d'une bande magnétique qui enregistrerait les informations venues de l'extérieur. La préservation du message dans le temps serait assurée par la synthèse continue de la protéine et de son motif spécifique.

Psycho. – La mémoire psychologique, qui prolonge la mémoire organique, est une fonction d'acquisition (images, mouvements, concepts, comportements) au service de l'adaptation au milieu biologique et social. Le souvenir doit être *fixé, évoqué* (ou *rappelé*), *reconnu* et *localisé.* Une bonne *fixation* dépend de la fréquence des répétitions et de la motivation, c.-à-d. des intérêts du sujet. On peut lier *fixation* et *évocation,* la première ayant lieu surtout en vue de la seconde. La *reconnaissance* implique souvent un véritable effort de reconstruction du souvenir. Alors que l'évocation spontanée procède par association d'idées, cette remémoration, qu'on a qualifiée de *logique,* rétablit entre les événements du passé des rapports de causalité qui contribuent à consolider leur conservation. L'étude des dissolutions de la mémoire dans les troubles mentaux montre qu'il n'y a pas *une* mémoire, mais plusieurs étages de la mémoire. **1.** Le plus élémentaire (il existe aussi chez l'animal) est la mémoire *sensorimotrice,* qui répond en termes de mouvements utiles à une série de stimulations sensorielles. Elle assure l'adaptation de l'être vivant à son milieu, fonctionne généralement au-dessous du niveau de la conscience et n'implique pas la reconnaissance du souvenir. **2.** La forme la plus élevée de la mémoire est la *mémoire sociale.* Elle s'insère dans des *cadres sociaux* qui sont ceux des divers groupes qui soutiennent et nourrissent, par leurs exigences, la mémoire individuelle (groupe familial, religieux, professionnel, classe sociale, etc.). Le souvenir est d'autant plus riche qu'il est mieux «encadré». **3.** Entre ces deux étages, la *mémoire autistique* se manifeste dans le rêve nocturne et dans les fantasmes du délire et de la névrose. Le souvenir subit une série de déformations (condensation, déplacement, dramatisation). *Les maladies de la mémoire ou amnésies.* – Les *agnosies* sont des incapacités de reconnaître un objet pourtant correctement perçu; les *apraxies,* des oublis de comportements moteurs que le sujet pourrait parfaitement réaliser. Les amnésies de la mémoire sociale portent soit sur la remémoration: perte progressive des éléments du langage, soit sur la *mémoire* elle-même: le sujet est incapable de former de nouveaux souvenirs alors qu'il peut évoquer les anciens.

2. mémoire [memwaʀ] n. m. **1.** Écrit sommaire destiné à exposer l'essentiel d'une affaire, d'une requête. *Dresser un mémoire.* – **2.** Dissertation sur un sujet de science, d'érudition. *Soutenir un mémoire devant un jury.* – Dissertation lue dans une société savante ou littéraire. ▷ Au pl. Recueil de ces dissertations. **3.** État définitif, détaillé et chiffré précisant les sommes dues pour les travaux effectués, les fournitures remises, etc. **4.** n. m. pl. Relations écrites d'événements auxquels participa l'auteur, ou dont il fut témoin. Syn. chronique. – Recueil de souvenirs personnels. *Écrire ses mémoires.* Syn. autobiographie. – Lat. *memoria.*

mémorable [memɔʀabl] adj. Qui est digne d'être conservé dans la mémoire. – Lat. *memorabilis.*

mémorandum [memɔʀɑ̃dɔm] n. m. **1.** Note destinée à rappeler qqch; carnet où sont inscrites ces notes. Syn. agenda, mémento. **2.** Note écrite par un diplomate au gouvernement du pays auprès duquel il est accrédité et contenant l'exposé sommaire de l'état d'une question. **3.** (France) Ordre d'achat remis par un commerçant à ses fournisseurs. *Des mémorandums.* – Angl. *memorandum,* du lat. *memorandus,* «qui mérite d'être rappelé».

mémorial, aux [memɔʀjal, o] n. m. **1.** Écrit relatant des faits mémorables ou dont on veut garder le souvenir. **2.** Monument commémoratif. – Bas lat. *memoriale;* sens 2 par l'angl.

mémorialiste [memɔʀjalist] n. Auteur de mémoires historiques ou littéraires. – De *mémorial.*

mémorisation [memɔʀizasjɔ̃] n. f. Action de mémoriser (sens 1 et 2); son résultat. – Du lat. *memoria,* «mémoire».

mémoriser [memɔʀize] v. tr. [1] **1.** Enregistrer (une connaissance) dans sa mémoire. **2.** INFORM Mettre (des informations) en mémoire. – Du préc.

menaçant, ante [mənasɑ̃, ɑ̃t] adj. **1.** Qui laisse craindre qqch de mauvais. *Avenir menaçant. Ciel menaçant.* **2.** Qui exprime une menace. *Voix menaçante.* – Ppr. de *menacer.*

menace [mənas] n. f. **1.** Action de menacer. *Vous n'obtiendrez rien par la menace.* **2.** Parole ou geste signifiant une intention hostile et visant à intimider. *Proférer des menaces de mort. Menace en l'air,* qui n'est suivie d'aucun effet. **3.** Fig. Indice laissant prévoir quelque événement fâcheux, grave ou dangereux. *Menaces de tempête, de guerre.* – Lat. pop. **minacia,* attesté au pl. *minaciae,* class. *minae.*

menacer [mənase] v. tr. [14] **1.** Chercher à intimider, à faire peur à (qqn). *Il l'a menacé du bâton.* **2.** Représenter un danger, un risque imminent. *Un grand péril nous menace.* – Au passif. *Être menacé d'apoplexie.* **3.** Laisser prévoir (qqch de fâcheux). *Ce toit menace de s'écrouler.* ▷ *Menacer ruine :* être près de tomber. – Absol. *Le temps menace.* – Lat. pop. **minaciare,* class. *minari.*

ménage [menaʒ] n. m. **1.** Administration domestique. *Conduire, tenir son ménage.* ▷ *De ménage:* fait chez soi. *Pain, liqueur de ménage.* – Ensemble des objets nécessaires à une maison. *Monter son ménage.* **2.** Soin, entretien d'une maison, d'un intérieur. *Faire le ménage. Femme, homme de ménage.* ▷ *Faire des ménages:* faire le ménage chez les autres moyennant rétribution. **3.** Couple d'époux. *Vieux, jeune ménage.* ▷ *Entrer, se mettre en ménage:* se marier ou commencer à vivre sous le même toit. ▷ *Faire bon, mauvais ménage:* s'entendre bien, mal, en parlant de personnes qui vivent ensemble. ▷ Fam. *Ménage à trois,* constitué par le mari, la femme et l'amant ou la maîtresse. **4.** STATIS Unité élémentaire de population (d'une ou plusieurs personnes) habitant un même logement. – D'ap. l'a. fr. *maisnie,* «famille», de l'anc. v. *maneir, manoir,* du lat. *manere,* «demeurer, séjourner».

ménagement [menaʒmɑ̃] n. m. Réserve, précaution avec laquelle on traite qqn. *Il lui a annoncé la nouvelle sans ménagements.* – Du v. *ménager.*

1. ménager, ère [menaʒe, ɛʀ] adj. et n. **1.** adj. Vieilli. Économe. *Ménager de ses deniers.* ▷ Fig. *Ménager de son indignation.* **2.** Relatif aux travaux du ménage, à l'entretien de la maison. *Arts ménagers. Appareils ménagers.* **3.** n. f. Femme qui s'occupe de son foyer. – De *ménage.*

2. ménager [menaʒe] **I.** v. tr. [15] **1.** Employer avec économie. *Ménager ses ressources.* – Fig. *Ménager ses forces, sa santé, son temps.* Syn. épargner. **2.** User avec réserve, circonspection, de. *Ménager ses paroles, ses expressions.* Syn. mesurer. **3.** Traiter (qqn) avec égards ou avec précautions. *C'est un homme à ménager. Elle est vieille et a besoin qu'on la ménage.* ▷ Fig. et prov. *Ménager la chèvre et le chou :* s'efforcer d'être en bons termes avec chacun des deux partis opposés. **4.** Préparer habilement et avec soin. *Ménager ses effets.* **5.** Arranger à l'avance. *Ménager une occasion, une entrevue.* **6.** Prévoir un aménagement; le pratiquer. *Ménager un escalier dans un bâtiment.* **II.** v. pron. Prendre soin de sa santé, éviter de trop se fatiguer. *Le médecin lui a recommandé de se ménager.* ▷ Arranger, régler (qqch) pour soi. *Se ménager une issue.* – De *ménage.*

ménagère [menaʒɛʀ] n. f. Service de couverts pour la table, dans un écrin. – Fém. de l'adj. *ménager.*

ménagerie [menaʒʀi] n. f. Lieu où sont rassemblés des animaux rares (dans un jardin zoologique, dans les exhibitions foraines, etc.). *La ménagerie d'un cirque.* ▷ Fig. Rassemblement hétéroclite d'individus. *Une drôle de ménagerie.* – De *ménage*; d'abord «administration d'une ferme».

menchevik [mɛnʃevik] n. m. HIST Membre de l'aile modérée du parti social-démocrate russe, mise en minorité au congrès de Londres (1903). *Les mencheviks et les bolcheviks.* – Mot russe, «minoritaire», de *menchinstvo,* «minorité».

mendélévium [mɛ̃delevjɔm] n. m. CHIM Élément artificiel de numéro atomique Z = 101 et de masse atomique 258 (symbole Md), découvert en 1957 par Seaborg. – Du n. du chimiste russe D.I. *Mendeleïev* (1834-1907).

mendélien, ienne [mɑ̃deljɛ̃, jɛn] adj. BIOL **1.** *Génétique mendélienne,* fondée par Mendel. **2.** *Caractère mendélien,* qui se transmet conformément aux lois de Mendel. Syn. génétique. – Du n. du botaniste tchèque J. *Mendel* (1822-1884).

ENCYCL Les lois de Mendel, au nombre de trois, ont été déduites des hybridations que Mendel effectua entre des variétés de pois (variétés pures pour les caractères étudiés). *1re loi* ou *loi de pureté des gamètes:* chaque caractère est gouverné par un couple de gènes allèles; lors de la formation des gamètes, ce couple d'allèles se disjoint au cours de la méiose; chaque gamète ne possédant qu'un seul des allèles, il est pur pour le caractère considéré (les gamètes sont haploïdes). *2e loi* ou *loi de dominance:* les hybrides de première génération d'un croisement entre deux parents purs, mais différents pour un caractère donné, peuvent avoir tous le même *phénotype*; l'allèle gouvernant le caractère qui apparaît est dit *dominant*; l'allèle gouvernant le caractère qui n'apparaît pas est dit *récessif. 3e loi* ou *loi de recombinaison des gènes:* lorsqu'on croise deux races pures différant par plusieurs caractères, les phénotypes observés proviennent de la recombinaison deux à deux, au hasard, des divers caractères, ce qui traduit une recombinaison aléatoire des divers gènes, dits alors *gènes libres* ou *à ségrégation indépendante.* Cette dernière loi provient du fait que Mendel a étudié, sans le savoir, des caractères *libres*; elle n'a pas de valeur universelle, car de nombreux caractères sont *liés* et leur ségrégation n'est pas indépendante, comme on le constate pour les caractères différents que porte un même chromosome. Cf. encycl. génétique.

mendiant, iante [mɑ̃djɑ̃, jɑ̃t] n. (et adj.) **1.** Personne qui mendie. *Faire l'aumône aux mendiants.* **2.** Plur. Ordres religieux (dominicains, franciscains, augustins et carmes) qui vivaient de la charité publique. ▷ Adj. *Moines, ordres mendiants.* ▷ Fig., vieilli. *Les quatre mendiants* (par allus. à la couleur de l'habit de ces ordres): dessert groupant quatre sortes de fruits secs (figues sèches, noisettes, amandes, raisins secs). – Par abrév. mod. *un mendiant.* – Ppr. subst. de *mendier.*

mendicité [mɑ̃disite] n. f. **1.** Action de mendier. *Vivre de la mendicité.* **2.** État, condition de mendiant. *Réduire qqn à la mendicité.* – De l'a. fr. *mendistiet,* d'après le lat. *mendicitas.*

mendier [mɑ̃dje] **I.** v. intr. [1] Demander l'aumône. *Mendier à la porte des églises.* **II.** v. tr. **1.** Demander comme aumône. *Mendier son pain.* **2.** *Par ext.* Solliciter humblement, ou avec bassesse. *Mendier un sourire. Mendier des suffrages.* – Du lat. *mendicare.*

mendigot, ote [mɑ̃digo, ɔt] n. Pop. Mendiant. – De *mendiant,* avec substitution de suffixe.

mendigoter [mɑ̃digɔte] v. intr. et tr. [1] Pop. Mendier. – Du préc.

mené [məne] ou **méné** [mene] n. m. Général. au plur. Nom donné à divers petits poissons d'eau douce de la famille des cyprinidés et, par ext., aux tout jeunes poissons d'espèces plus grosses. *Les enfants ont pêché des menés. Appâter avec des menés.* – Orig. incert., p.-ê. de l'angl. *minny,* var. de *minnow,* «cyprin».

meneau [məno] n. m. ARCHI Montant ou traverse qui partage l'ouverture d'une fenêtre en plusieurs compartiments. – Du lat. *medianus,* «qui est au milieu», par un dimin. de l'a. fr. *meien,* «moyen».

1. menées [məne] n. f. pl. Intrigues, machinations. *J'ai découvert ses menées.* – Pp. fém. plur. subst. de *mener.*

2. ménées [mene] n. f. pl. LITURG Ouvrage de l'Église orthodoxe donnant la biographie des saints. – Du gr. byzantin *mênaion;* de *mên,* «mois».

mener [məne] v. tr. [19] **I.** Conduire quelque part. **1.** Faire aller quelque part en accompagnant. *Les policiers l'on mené en prison. Mener les bêtes aux champs.* – (Sujet n. de chose.) *Sa promenade le mena jusqu'au fleuve.* – Fig. *Cette affaire peut vous mener loin,* peut avoir des conséquences graves. Syn. guider, conduire. **2.** (Sujet n. de chose.) Aboutir. *Ce chemin ne mène nulle part.* – Fig. *La débauche mène à la misère.* ▷ Prov. *Tous les chemins mènent à Rome:* on peut atteindre un but par de nombreux moyens. **3.** Tracer. *Mener une ligne d'un point à un autre.* **II.** Diriger, être à la tête de. **1.** Conduire, diriger (qqch). *Mener une embarcation.* – Par ext. *Mener sa maison. Mener ses affaires. Mener sa vie comme on l'entend.* ▷ *Mener à bien, à mal une affaire,* la faire réussir ou échouer. ▷ *Mener la danse:* diriger une affaire, un mouvement. ▷ *Mener le deuil:* marcher en tête du cortège d'un enterrement. ▷ SPORT *Mener le train:* tenir la tête, dans une course. **2.** Conduire, diriger (qqn, des personnes). *Le commandant sait mener son équipage.* **3.** Exercer un ascendant, une influence sur (qqn), faire agir. *Il le mène par le bout du nez, comme il veut.* ▷ *Mener la vie dure* (à qqn) : (lui) rendre la vie difficile, pénible, par un excès d'autorité, d'influence. ▷ *Mener (qqn) en bateau,* le berner. **4.** v. intr. SPORT Être provisoirement en tête. *Mener par deux buts à zéro.* – Du lat. pop. *minare,* «pousser les bêtes en les menaçant, chasser», du class. *minari,* «menacer».

ménestrel [menɛstʀɛl] n. m. Au Moyen Âge, poète et musicien itinérant. – Du bas lat. *ministerialis,* du class. *minister,* «serviteur».

ménétrier [menetʀije] n. m. Musicien qui, dans les fêtes villageoises, faisait danser au son du violon. – Var. de *ménestrel.*

meneur, euse [mənœʀ, øz] n. **1.** Personne qui mène, dirige. *Meneur d'hommes.* ▷ *Meneur de jeu,* qui anime et dirige un jeu ou un spectacle. **2.** Personne qui est à la tête d'un mouvement populaire. *Meneur de grèves.* ▷ Absol. *On a arrêté les meneurs.* – De *mener.*

menhir [meniʀ] n. m. Monument mégalithique, pierre plus ou moins allongée, brute ou sommairement travaillée et dressée verticalement. *Les menhirs peuvent être isolés, groupés en lignes (alignements mégalithiques) ou disposés en cercles (cromlechs).* – Mot bas breton, de *men,* «pierre», et *hir,* «longue».

menin, ine [menɛ̃, in] n. **1.** HIST Jeune homme ou jeune fille noble attaché aux jeunes princes et princesses du sang, en Espagne. – *Les Menines* (en esp. *Las Meninas*): célèbre tableau de Vélasquez (1658; Prado). **2.** En France, gentilhomme servant de compagnon au dauphin. – Esp. *menino, menina.*

méninge [menɛ̃ʒ] n. f. **1.** ANAT Chacune des trois membranes qui enveloppent le cerveau et la moelle épinière. (On distingue de l'extérieur vers l'intérieur: la dure-mère, au contact de l'os; l'arachnoïde, sous la dure-mère; la pie-mère, qui recouvre étroitement le tissu nerveux. Le liquide céphalo-rachidien circule entre la pie-mère et l'arachnoïde.) **2.** Fam. Le cerveau. *Ne pas se fatiguer les méninges. Faire travailler ses méninges:* réfléchir. – Bas lat. *meninga,* du gr. *mênigx.*

méningé, ée [menɛ̃ʒe] adj. ANAT, MED Relatif aux méninges. ▷ *Syndrome méningé:* ensemble des signes qui témoignent d'une atteinte méningée diffuse. – De *méninge.*

méningiome [menɛ̃ʒjom] n. m. MED Tumeur bénigne qui se développe à partir des méninges internes. – De *méninge,* et *-ome.*

méningite [menɛ̃ʒit] n. f. MED Inflammation des méninges. *Méningite tuberculeuse, virale. Méningite cérébro-spinale,* à méningocoque. – De *méninge,* et *-ite* 1.

méningococcie [menɛ̃gɔkɔksi] n. f. MED Infection due au méningocoque (méningite, septicémie). – De *méningocoque.*

méningocoque [menɛ̃gɔkɔk] n. m. MICROB Diplocoque constituant l'agent spécifique de la méningite cérébro-spinale épidémique. – De *méninge,* et *-coque.*

méniscal, ale, aux [meniskal, o] adj. Relatif à un ménisque. – De *ménisque.*

ménisque [menisk] n. m. **1.** ANAT Formation cartilagineuse existant dans certaines articulations (notam. celle du genou), accroissant la surface de contact entre les pièces articulaires. **2.** PHYS Lentille présentant une face convexe et une face concave. **3.** PHYS Surface convexe ou concave d'une colonne de liquide contenue dans un tube de faible section (phénomène de capillarité). – Du gr. *mêniskos,* «croissant», de *mênê,* «lune».

mennonite [menɔnit] n. et adj. RELIG Membre d'une secte d'anabaptistes fondée aux Pays-Bas v. 1535 par Menno Simonsz. ▷ Adj. *Il existe encore des églises mennonites aux Pays-Bas, en Allemagne, en Suisse, en Amérique du N. et du S.* – Du nom du fondateur de la secte, *Menno* Simonsz (1496-1561).

ménologe [menɔlɔ̃ʒ] n. m. RELIG Martyrologe de l'Église grecque. – Gr. ecclés. *mênologion,* «tableau des mois».

ménopause [menɔpoz] n. f. Cessation de la fonction ovarienne chez la femme, marquée par l'arrêt définitif de la menstruation. *La ménopause se pro-*

duit entre 45 et 55 ans. – Du gr. *mên, mênos,* «mois» (d'où *mêniaia,* «menstrues»), et *pausis,* «cessation».

ménopausée [menɔpoze] adj. f. Se dit d'une femme dont la ménopause s'est effectuée. – Du préc.

ménopausique [menɔpozik] adj. MED Relatif à la ménopause. – De *ménopause.*

ménorragie [menɔʀaʒi] n. f. MED Écoulement menstruel anormalement abondant ou prolongé. – Du gr. *mên, mênos,* «mois», et *-rragie.*

ménorrhée [menɔʀe] n. f. MED Écoulement menstruel. – Du gr. *mên, mênos,* «mois», et *rhein,* «couler».

menotte [mənɔt] n. f. **1.** Petite main. *La menotte d'un enfant.* **2.** Pl. Bracelets de métal reliés par une chaîne, que l'on met aux poignets d'un prisonnier. *Passer, mettre les menottes à qqn.* – Dimin. de *main.*

mense [mɑ̃s] n. f. HIST RELIG Revenu ecclésiastique affecté au titulaire d'une fonction dans l'Église ou à une communauté ecclésiastique. *Mense épiscopale, conventuelle.* – Du lat. *mensa,* «table, repas».

mensonge [mɑ̃sɔ̃ʒ] n. m. **1.** Assertion contraire à la vérité faite dans le dessein de tromper. *Mensonge officieux, pieux mensonge,* dits pour rendre service ou pour ne pas faire de peine. ▷ Pratique, habitude du mensonge. **2.** Erreur, illusion. *Tous les songes sont mensonges.* – Du lat. pop. **mentionica,* du bas lat. *mentire,* «mentir».

mensonger, ère [mɑ̃sɔ̃ʒe, ɛʀ] adj. **1.** Faux, trompeur. **2.** Qui repose sur une fiction. – De *mensonge.*

mensongèrement [mɑ̃sɔ̃ʒɛʀmɑ̃] adv. D'une manière mensongère. – Du préc.

menstruation [mɑ̃stʀyasjɔ̃] n. f. **1.** Ensemble des phénomènes physiologiques qui déterminent l'écoulement menstruel. *Troubles de la menstruation* (V. aménorrhée, dysménorrhée). **2.** Période où se produisent les menstrues. – De *menstrues.*

menstruel, elle [mɑ̃stʀyɛl] adj. Des menstrues; qui a rapport aux menstrues. *Cycle menstruel.* – Lat. *menstrualis.*

menstrues [mɑ̃stʀy] n. f. pl. PHYSIOL Écoulement sanguin d'origine utérine, qui se produit durant trois à cinq jours chez la femme non enceinte, selon un rythme approximativement mensuel, de la puberté à la ménopause. Syn. cour. règles. – Lat. *menstrua,* de *mensis,* «mois» (V. ménopause).

mensualisation [mɑ̃sɥalizasjɔ̃] n. f. Action de mensualiser (un salarié, un salaire horaire, un paiement). – De *mensualiser.*

mensualiser [mɑ̃sɥalize] v. tr. **[1]** Transformer (un salaire horaire en un salaire mensuel). – Accorder à (un salarié) le statut de mensuel (sens 2), avec les garanties et les avantages que cela comporte. – De *mensuel.*

mensualité [mɑ̃sɥalite] n. f. Somme payée ou reçue chaque mois. – De *mensuel.*

mensuel, elle [mɑ̃sɥɛl] adj. et n. Qui se fait tous les mois. *Publication mensuelle,* ou, n. m., *un mensuel.* – *Salaire mensuel,* calculé sur un mois et versé chaque mois. ▷ Subst. Salarié payé au mois. – Bas lat. *mensualis,* de *mensis,* «mois».

mensuellement [mɑ̃sɥɛlmɑ̃] adv. Tous les mois. – De *mensuel.*

mensuration [mɑ̃syʀasjɔ̃] n. f. Opération qui consiste à mesurer certaines dimensions caractéristiques du corps humain (tour de poitrine, taille, tour de bras, etc.); ces dimensions elles-mêmes. – Bas lat. *mensuratio,* de *mensurare,* «mesurer».

-ment. Élément, du lat. *mente,* «dans (tel) esprit, de (telle) manière», qui permet de former la plupart des adverbes de manière à partir des adjectifs (ex.: *vrai, vraiment; grand, grandement,* etc.).

mental, ale, aux [mɑ̃tal, o] adj. et n. m. **1.** Qui se fait, qui s'exécute dans l'esprit. *Calcul mental.* – *Image mentale.* **2.** Qui a rapport aux facultés intellectuelles, au fonctionnement psychique. *Maladie mentale.* ▷ *Âge mental:* degré de maturité intellectuelle d'un individu (spécial. d'un enfant) mesuré par des tests. ▷ N. m. *Le mental:* l'ensemble des facultés psychiques; l'esprit. – Bas lat. *mentalis,* du class. *mens, mentis,* «esprit».

mentalement [mɑ̃talmɑ̃] adv. **1.** Par la pensée seulement, sans parler ni écrire. *Compter mentalement les jours.* **2.** Sur le plan mental. *Ce chagrin l'a beaucoup éprouvé mentalement.* – De *mental.*

mentalité [mɑ̃talite] n. f. **1.** État d'esprit; façon, habitude de penser, de se représenter la réalité. **2.** Ensemble des habitudes, des croyances propres à une collectivité et communes à chacun de ses membres. – De *mental,* avec infl. probabl. de l'angl. *mentality.*

menterie [mɑ̃tʀi] n. f. Mensonge. *Conter des menteries.* – De *mentir.*

menteur, euse [mɑ̃tœʀ, øz] n. et adj. **1.** n. Personne qui ment, qui a l'habitude de dire des mensonges. **2.** adj. Qui ment habituellement. *Un enfant menteur.* ▷ Trompeur (choses). *Des propos menteurs.* – De *mentir.*

menthe [mɑ̃t] n. f. **1.** Plante (genre *Mentha,* fam. labiées) à fleurs blanches ou roses, courante dans les lieux humides, aux feuilles aromatiques riches en menthol. *Thé à la menthe. Sauce anglaise à la menthe.* **2.** Sirop de menthe. ▷ Liqueur de menthe. **3.** Infusion de menthe. – Lat. *ment(h)a.*

menthol [mɛ̃tɔl] n. m. Alcool secondaire utilisé pour ses propriétés antiseptiques et anesthésiques, très abondant dans les feuilles de menthe. – De *menthe.*

mentholé, ée [mɛ̃tɔle] adj. Qui contient du menthol. – Du préc.

menthyle [mɛ̃til] n. m. CHIM Radical $C_{10}H_{19}$ contenu dans le menthol et ses esters. – De *menthol.*

mention [mɑ̃sjɔ̃] n. f. **1.** Témoignage, rapport fait de vive voix ou par écrit. *Il a été fait mention de cet événement plusieurs fois.* **2.** Indication, petite note apportant une précision. ▷ *Mention marginale,* inscrite en marge d'un acte pour y apporter des modifications. **3.** Appréciation favorable accordée par un jury d'examen à un candidat. *Être reçu à un examen avec la mention bien.* – Lat. *mentio.*

mentionner [mɑ̃sjɔne] v. tr. **[1]** Faire mention de. *Avez-vous mentionné cet incident dans votre rapport?* – De *mention.*

mentir [mɑ̃tiʀ] **I.** v. intr. **[33] 1.** Donner pour vrai ce que l'on sait être faux; nier ce que l'on sait être vrai, dans l'intention de tromper; ne pas dire la vérité. – *Sans mentir:* en vérité, à vrai dire. ▷ *Se mentir à soi-même :* essayer de se convaincre de ce que l'on sait être faux. **2.** Tromper par une fausse apparence. *Un regard qui ne ment pas.* **II.** v. tr. indir. *Mentir à* (qqch): se mettre en contradiction avec. *Mentir à sa réputation, à ses promesses.* – Bas lat. *mentire,* class. *mentiri.*

mentisme [mɑ̃tism] n. m. PSYCHO Trouble intellectuel caractérisé par une fuite des idées et un état anxieux. – Du lat. *mens, mentis,* «esprit».

menton [mɑ̃tɔ̃] n. m. **1.** Saillie plus ou moins prononcée de la mâchoire, au-dessous de la lèvre inférieure. *Menton en galoche. Double, triple menton :* bourrelets de chair sous le menton. **2.** ZOOL Dessous de la mâchoire inférieure, chez certains animaux. – Lat. pop. **mento, mentonis,* class. *mentum.*

mentonnet [mɑ̃tɔnɛ] n. m. TECH Pièce saillante servant de butée, d'arrêt. ▷ Pièce d'un loquet dans laquelle s'engage la clenche. – Dimin. de *menton.*

mentonnière [mɑ̃tɔnjɛʀ] n. f. **1.** Anc. Partie du casque qui couvrait le menton. **2.** Bande de toile passant sous le menton et servant à attacher une coiffure. Syn. jugulaire. **3.** MED Bandage utilisé notam. pour le traitement des fractures du maxillaire inférieur. **4.** Petite plaque qui protège la table d'harmonie d'un violon du contact direct avec le menton de l'instrumentiste. – De *menton.*

mentor [mɛ̃tɔʀ] n. m. Litt. Guide, conseiller avisé. – Du n. de *Mentor,* ami d'Ulysse, popularisé par le *Télémaque* (1699) de Fénelon.

menu, ue [məny] adj., adv. et n. m. **I.** adj. **1.** Qui a peu de volume, de grosseur. *Du menu bois. Découper qqch en menus morceaux.* ▷ (Personnes.) Petit et mince, de faible corpulence. *Une jeune femme toute menue.* **2.** Fig. De peu d'importance, de peu de valeur. *Menues dépenses. Menue monnaie.* **II.** adv. En très petits morceaux. *Prendre un oignon et le hacher menu.* ▷ Subst. *Par le menu:* en détail, minutieusement. *Vous allez nous raconter cela par le menu.* **III.** n. m. **1.** Liste détaillée des mets qu'on sert au cours d'un repas. *Il n'y a pas de poisson au menu, ce soir.* ▷ (Au restaurant) Liste détaillée des boissons et des mets qu'on peut commander, et de leurs prix. *Consulter le menu. Menu bilingue.* Syn. carte. – Ensemble déterminé de plats servis pour un prix fixé à l'avance. *Menu du jour. Un menu à 15 dollars.* ▷ Support sur lequel le menu est indiqué. **2.** INFORM Liste des options ou opérations qu'un logiciel est capable d'effectuer, et qui s'affiche sur l'écran. **3.** TECH Charbon en petits morceaux. – Du lat. *minutus,* pp. de *minuere,* «diminuer».

menuet [mənɥɛ] n. m. **1.** Anc. danse (XVIIe s.) à trois temps. **2.** Air sur lequel s'exécute cette danse. ▷ Morceau à trois temps qui suit l'adagio ou l'andante d'une symphonie, d'une sonate ou d'un quatuor. – Subst. de l'anc. adj. *menuet,* propr. «pas menu».

menuise [mənɥiz] n. f. **1.** Vx Menu fretin. **2.** Menu bois. **3.** Plomb de chasse très menu. – Du lat. *minutia,* «petite parcelle».

menuiser [mənɥize] v. tr. [1] **1.** Vx Rendre menu, amincir (une pièce de bois). **2.** Travailler en menuiserie. *Ouvrage menuisé.* – Du lat. pop. **minutiare,* du class. *minutus,* «menu».

menuiserie [mənɥizʀi] n. f. **1.** Art, métier de celui qui fabrique des ouvrages en bois en assemblant des pièces de faible équarrissage. ▷ (Par oppos. à *charpente.*) Confection d'ouvrages en bois destinés à l'équipement et à la décoration des bâtiments (huisseries, cloisons, placards, croisées, persiennes, parquets, etc.); ces ouvrages. ▷ (Par oppos. à *ébénisterie.*) Fabrication de meubles utilitaires en bois massif. **2.** Par ext. *Menuiserie métallique:* confection de châssis et de systèmes métalliques ouvrants pour le bâtiment; ces châssis, ces systèmes. – De *menuiser.*

menuisier [mənɥizje] n. m. Entrepreneur, artisan, ouvrier spécialisé dans les travaux de menuiserie. *Menuisier du bâtiment. Menuisier en meubles.* (Rem.: Comme forme féminine, l'OLF recommande *menuisière.*) – De *menuiser;* d'abord «ouvrier qui confectionne de menus objets».

ménure [menyʀ] n. m. Oiseau australien (le plus grand de tous les passériformes, de la taille d'un faisan), appelé aussi *oiseau-lyre* à cause des longues plumes recourbées qui ornent la queue du mâle. – Lat. zool. *menura,* du gr. *mênê,* «lune, croissant», et *oura,* «queue».

menu-vair [mənyvɛʀ] n. m. Vx Petit-gris (écureuil). ▷ Fourrure du petit-gris. *Des menus-vairs.* – De *menu,* et *vair.*

ményanthe [menjɑ̃t] n. f. BOT Plante aquatique (genre *Menyanthes*) à feuilles trifoliolées, à fleurs roses ou blanches, appelée aussi *herbe à canards.* – Lat. bot. *menyanthes,* altér. du gr. *minuanthes (triphullon),* «trèfle qui fleurit peu de temps».

méphistophélique [mefistofelik] adj. Litt. Qui rappelle Méphistophélès; diabolique. *Un rire méphistophélique.* – De *Méphistophélès,* n. du diable dans la légende all. de Faust.

méphitique [mefitik] adj. Se dit d'une exhalaison fétide, malsaine ou toxique. – Bas lat. *mephiticus,* class. *mephitis.*

méphitisme [mefitism] n. m. Didac. Corruption de l'air par des gaz méphitiques. – Du préc.

méplat, ate [mepla, at] adj. et n. m. **I.** adj. Didac. Qui est nettement plus large qu'épais. *Planche méplate.* ▷ BX-A *Lignes méplates,* qui établissent le passage d'un plan à un autre. **II.** n. m. **1.** Chacun des plans formant par leur réunion la surface d'un corps. **2.** Partie plane du corps (par oppos. aux parties saillantes). *Méplats des joues.* ▷ TECH Surface plane (sur une arête, sur la surface ronde d'une pièce). – De *mé-,* et *plat.*

méprendre (se) [mepʀɑ̃dʀ] v. pron. [74] Se tromper; prendre une personne ou une chose pour une autre. *Se méprendre sur les intentions de qqn.* ▷ Loc. *À s'y méprendre:* d'une façon telle que l'on peut facilement s'y tromper. *Il ressemble à s'y méprendre à son frère.* – De *mé-,* et *prendre.*

mépris [mepʀi] n. m. **1.** Sentiment, attitude traduisant que l'on juge qqn, qqch indigne d'estime, d'égards ou d'intérêt. *Traiter qqn avec mépris. – Il n'a pour elle que du mépris.* **2.** Indifférence, dédain. *Le mépris de l'argent. – Le mépris du danger.* ▷ Loc. prép. *Au mépris de:* sans prendre en considération. – Déverbal de *mépriser.*

méprisable [mepʀizabl] adj. Qui ne mérite que le mépris. – De *mépriser.*

méprise [mepʀiz] n. f. Erreur de qqn qui se méprend. *Une regrettable méprise.* – De *méprendre.*

mépriser [mepʀize] v. tr. [1] **1.** Avoir du mépris pour, ne faire aucun cas de (qqch, qqn). *Mépriser les flatteurs.* **2.** Dédaigner (ce qui est généralement recherché, estimé). *Mépriser les honneurs.* – Ne faire aucun cas de (ce qui est habituellement craint). *Mépriser la mort.* – De *mé-,* et *priser.*

mer [mɛʀ] n. f. **1.** Vaste étendue d'eau salée qui entoure les continents. ▷ Partie de cette étendue couvrant une surface déterminée. *La mer Baltique. – La mer Morte.* ▷ *Prendre la mer:* s'embarquer. – *Pleine mer, haute mer,* la partie de la mer éloignée des côtes. *Un homme à la mer,* tombé d'un bateau dans la mer; au fig., un homme perdu, désemparé. – *Bains de mer. – Mal de mer.* – Fam. *Vacances à la mer,* au bord de la mer. ▷ Loc. fig. *Ce n'est pas la mer à boire:* ce n'est pas un travail, une tâche très difficile. **2.** Fig. Étendue vaste comme la mer. *Le Sahara, vaste mer de sable.* **3.** Importante quantité (de liquide). *Une mer de sang.* ▷ Fig. *Une mer de difficultés.* – Lat. *mare.*

mer-air [mɛʀ'ɛʀ] adj. inv. MILIT *Missile mer-air,* lancé à partir d'un navire vers un avion. – De *mer,* et *air.*

mercanti [mɛʀkɑ̃ti] n. m. **1.** Vx Marchand, dans les ports d'Orient. ▷ Anc. En Orient, en Afrique du Nord, commerçant qui accompagnait une armée. **2.** Cour. Commerçant avide et peu scrupuleux. – Sabir de l'Afrique du N., de l'ital. *mercanti,* pl. de *mercante,* «marchand».

mercantile [mɛʀkɑ̃til] adj. **1.** Vx Qui concerne le commerce; qui se livre au commerce. ▷ *Système mer-*

cantile: mercantilisme (sens 1). **2.** Péjor. Digne d'un mercanti (sens 2); avide, âpre au gain. *Calculs mercantiles. Esprit mercantile.* – Mot ital., de *mercante,* «marchand».

mercantilisme [mɛʀkɑ̃tilism] n. m. **1.** ECON Doctrine économique prônée surtout aux XVIe et XVIIe s., fondée sur le principe de la supériorité des métaux précieux comme source d'enrichissement pour l'État. **2.** Péjor. Esprit mercantile; âpreté au gain, avidité. – Du préc.

mercantiliste [mɛʀkɑ̃tilist] n. et adj. **1.** n. Partisan du mercantilisme (sens 1). **2.** adj. Propre au mercantilisme. – Du préc.

mercaptan [mɛʀkaptɑ̃] n. m. CHIM Liquide incolore, très volatil, d'odeur particulièrement repoussante, alcool sulfuré de formule HS-R (R désignant un radical carboné). Syn. thiol, thioal-cool. – D'abord en all.; contract. de *mercurium captans,* «qui capte le mercure».

mercenaire [mɛʀsənɛʀ] adj. et n. **I.** adj. **1.** Vx ou litt. Qui se fait seulement en vue d'un salaire. *Travail mercenaire.* **2.** Qui ne travaille, n'agit, ne combat que moyennant une rémunération. *Troupe mercenaire.* **II.** n. **1.** Soldat étranger à la solde d'un État **2.** Fig. Personne qui accomplit, contre de l'argent, une mission, un travail que d'autres feraient par conviction. – Lat. *mercenarius,* de *merces,* «salaire».

mercerie [mɛʀsəʀi] n. f. Ensemble des menus articles servant pour la couture et la confection (fils, aiguilles, boutons, rubans, etc.). ▷ Commerce de ces articles. ▷ Boutique de mercier. – De *mercier.*

mercerisage [mɛʀsəʀizaʒ] n. m. TECH Traitement des fibres de coton avec une lessive de soude, donnant un brillant qui rappelle la soie. – De *merceriser.*

merceriser [mɛʀsəʀize] v. tr. [1] TECH Soumettre (le coton) au mercerisage. ▷ Cour. Au pp. *Coton mercerisé.* – Angl. *to mercerize*; du n. de l'inventeur du procédé, J. *Mercer.*

merci [mɛʀsi] n. **I.** n. f. **1.** Vx Miséricorde, grâce, pitié. *Demander, crier merci.* ▷ Mod. *Une lutte sans merci,* sans pitié, acharnée. **2.** loc. prép. *Être à la merci de (qqn) :* être entièrement dépendant de lui, livré à son bon vouloir. – HIST *Serf taillable et corvéable à merci,* auquel le seigneur pouvait imposer à volonté impôts et corvées. ▷ Fig. *Vous êtes à la merci du moindre imprévu.* ▷ Loc. adv. *Dieu merci:* grâce à Dieu. **II.** n. m. **1.** Formule de remerciement. *Merci beaucoup. Merci de votre gentillesse. Merci pour vos fleurs. Merci, monsieur. Dire merci.* **2.** Remerciement. *Voilà le seul merci que j'ai reçu pour tous mes efforts! Trop de mercis.* **3.** Formule de politesse servant à décliner les offres de qqn. *Prenez-vous du café? Merci, je n'en bois jamais. Non, merci.* – Du lat. *merces, mercedis,* «prix, salaire, récompense», et en lat. tardif, «faveur, grâce».

mercier, ière [mɛʀsje, jɛʀ] n. Personne qui vend de la mercerie. – De l'a. fr. *merz,* «marchandise», du lat. *merx, mercis.*

mercredi [mɛʀkʀədi] n. m. Jour de la semaine entre le mardi et le jeudi. ▷ *Mercredi des Cendres:* premier jour du carême. ▷ *Mercredi saint:* mercredi de la semaine sainte (avant Pâques). – Du lat. médiév. *Mercoris dies,* class. *Mercurii dies,* «jour de Mercure».

mercure [mɛʀkyʀ] n. m. Élément métallique de numéro atomique Z = 80 et de masse atomique 200,59 qui se présente sous forme d'un liquide blanc d'argent (symbole Hg, de son anc. nom *hydrargyre*). – Du nom de la planète *Mercure,* lat. *Mercurius,* à laquelle l'analogie alchimique associait ce métal.

ENCYCL Le mercure est le seul métal liquide à la température ordinaire (température de fusion: – 39 °C, température d'ébullition: 356,9 °C). Sa grande densité (13,6) explique son utilisation dans de nombreux appareils de physique, en partic. le baromètre à colonne de mercure. Le mercure est un bon conducteur de l'électricité (il entre dans la fabrication de contacteurs). Il forme des alliages liquides, appelés amalgames, avec la plupart des métaux. Il sert en éclairage (lampes à vapeurs de mercure, tubes fluorescents). Les sels de mercure sont toxiques. La pollution des aliments par les sels de mercure provoque de graves intoxications (troubles neurologiques, malformations fœtales) pouvant entraîner la mort (contamination des céréales par les pesticides et des poissons par les sels de mercure rejetés en mer).

mercureux [mɛʀkyʀø] adj. m. CHIM Se dit des sels du mercure monovalent. – De *mercure.*

1. mercuriale [mɛʀkyʀjal] n. f. Plante dioïque (genre *Mercuriales,* fam. euphorbiacées), mauvaise herbe utilisée pour ses propriétés laxatives, qui lui ont valu son nom vulgaire de *foirole* (cf. *foire* 2). – Du lat. *mercurialis (herba),* «(herbe) de Mercure».

2. mercuriale [mɛʀkyʀjal] n. f. **1.** HIST Sous l'ancienne monarchie, assemblée générale d'un parlement, semestrielle, qui se tenait le mercredi et au début de laquelle un magistrat rendait compte de la manière dont avait été rendue la justice pendant le semestre précédent; le discours de ce magistrat. **2.** Fig., litt. Semonce, réprimande. – Lat. *mercurialis,* pris comme adj. V. mercredi.

mercuriel, elle [mɛʀkyʀjɛl] adj. CHIM Contenant du mercure. ▷ PHARM *Dérivés mercuriels,* utilisés en solution pour leurs propriétés antiseptiques. – De *mercure.*

mercurien, ienne [mɛʀkyʀjɛ̃, jɛn] adj. **1.** ASTRO Relatif à la planète Mercure. **2.** ASTROL Dont le thème de naissance est marqué par la dominance de la planète Mercure. – Du n. de la planète *Mercure,* lat. *Mercurius.*

mercurique [mɛʀkyʀik] adj. CHIM Qui contient du mercure bivalent. – De *mercure.*

mercurochrome [mɛʀkyʀɔkʀom] n. m. PHARM Soluté alcoolique d'une fluorescéine mercurielle, utilisé en application externe comme antiseptique. – De *mercure,* et *chrome*; nom déposé.

merde [mɛʀd] n. et interj. **I.** n. f. Grossier **1.** Excrément, matière fécale. **2.** Fig. Personne ou chose basse, méprisable, sans valeur. **3.** Désordre, confusion. *Mettre, foutre la merde quelque part.* ▷ Situation difficile, inextricable. *Être dans la merde.* **II.** interj. Grossier **1.** Exclamation de colère, d'agacement, de dégoût. *Merde, à la fin!* **2.** Exclamation d'étonnement, d'admiration. *Ah b(i)en merde! pour une surprise, c'est une surprise!* – Lat. *merda.*

merdeux, euse [mɛʀdø, øz] adj. et n. Grossier **1.** adj. Souillé d'excréments. **2.** n. Enfant qui fait l'important; blanc-bec. *Qu'est-ce que c'est que ce merdeux? Petite merdeuse.* – Du préc.

merdier [mɛʀdje] n. m. Grossier Situation confuse, imbroglio, désordre. – De *merde.*

merdique [mɛʀdik] adj. Fam. Sans intérêt, sans valeur. *Un bouquin merdique.* – De *merde.*

merdoyer [mɛʀdwaje] v. intr. [26] Fam. S'embrouiller, cafouiller. – De *merde.*

1. mère [mɛʀ] n. f. **I. 1.** Femme qui a donné naissance à un ou plusieurs enfants. *Mère de famille.* ▷ RELIG *La mère de Dieu:* la Vierge Marie. ▷ Litt. Femme dont, symboliquement ou par filiation, est issue une lignée. *Ève, la mère de tous les hommes.* – Fig. *La mère patrie:* la métropole, la patrie. **2.** Femelle d'un animal qui a eu un, des petits. **3.** *La mère supérieure:* la supérieure d'un couvent de femmes. ▷ Titre donné aux religieuses professes de certains ordres. **4.** Fam. Femme d'un âge avancé. *La mère Michel.* **II. 1.** Terre d'élection, lieu où qqch prend naissance. *La Grèce,* *mère des arts.* ▷ Fig. *L'oisiveté est mère de tous les vices.* **2.** (En appos.) Source, point de départ. *Langue mère.* ▷ *Maison mère:* première maison fondée d'un ordre religieux. – Maison de commerce centrale (par rapport à ses succursales). ▷ Fig. *Idée mère d'une œuvre.* ▷ CHIM *Eau mère:* solution aqueuse qui a laissé déposer des cristaux. **3.** TECH Pièce obtenue à partir d'un original. – *Spécial.* Pièce qui sert à obtenir la matrice à partir de laquelle les disques sont pressés. ▷ *Mère du vinaigre,* ou *mère:* membrane formée par les bactéries qui transforment le vin en vinaigre. – Du lat. *mater.*

2. mère [mɛʀ] adj. f. Rare Pur. *Mère goutte :* jus qui coule du pressoir avant que l'on ait pressé le raisin ou les pommes. ▷ *Mère laine:* la laine la plus fine des brebis. – Lat. *merus, mera,* «pur».

-mère, -mérie. Éléments, du grec *meros,* «partie».

mère-grand [mɛʀgʀɑ̃] n. f. Vx ou litt. Grand-mère. *Des mères-grand.* – De *mère* 1, et *grand.*

merguez [mɛʀgɛz] n. f. Petite saucisse fraîche, à la viande de bœuf et parfois de mouton, épicée et pimentée. – Mot ar.

mergule [mɛʀgyl] n. m. ZOOL Oiseau noir et blanc (genre *Plautus,* fam. alcidés) qui peuple en grand nombre les falaises arctiques. – Bas lat. *mergulus,* de *mergus,* «plongeon (oiseau)».

méridien, ienne [meʀidjɛ̃, jɛn] adj. et n. **I.** adj. **1.** Litt. De l'heure de midi, du milieu du jour. ▷ ASTRO *Plan méridien d'un lieu,* qui passe par la verticale de ce lieu et par l'axe de rotation de la Terre, et dans lequel se trouve le Soleil fictif à midi. **2.** Didac. Qui se rapporte au plan méridien. *Hauteur méridienne d'un astre,* sa hauteur au-dessus de l'horizon à l'instant où il est dans le plan méridien du lieu de l'observateur. ▷ *Lunette méridienne,* mobile autour d'un axe horizontal perpendiculaire au plan méridien. **II.** n. m. **1.** Grand cercle fictif déterminé par l'intersection de la surface du globe et d'un plan quelconque passant par l'axe de la Terre. *Méridien d'origine,* pris comme base du calcul de la longitude d'un lieu (méridien de Greenwich depuis 1914, par convention internationale). **2.** PHYS *Méridien magnétique d'un lieu:* grand cercle passant par ce lieu et par les pôles magnétiques du globe. **III.** n. f. **1.** Sieste après le repas de midi, dans les pays chauds. **2.** Canapé dont les deux chevets, de hauteur inégale, sont reliés par un dossier, et sur lequel on s'étend pour la sieste. **3.** ASTRO *Méridienne d'un lieu:* intersection du plan méridien et du plan horizontal en ce lieu. – Lat. *meridianus,* de *meridies,* «midi», de *medius,* «qui est au milieu», et *dies,* «jour».

méridional, ale, aux [meʀidjɔnal, o] adj. et n. **1.** Qui est du côté du midi, du sud. *Partie méridionale d'un pays.* **2.** *Spécial.* Du midi de la France. *Accent méridional.* ▷ Subst. *Les Méridionaux.* – Bas lat. *meridionalis,* de *meridies,* «sud, midi».

-mérie. V. -mère.

meringue [məʀɛ̃g] n. f. Pâtisserie légère faite de blancs d'œufs montés en neige et de sucre, et cuite à four doux. – Orig. incert.

meringuer [məʀɛ̃ge] v. tr. [1] Garnir, recouvrir d'une couche de meringue. – Du préc.

mérinos [meʀinos] n. m. **1.** Race de mouton très estimée pour sa laine longue et fine. ▷ Loc. Fam. *Laisser pisser le mérinos:* laisser les choses suivre leur cours. **2.** Laine de mérinos; étoffe faite avec cette laine. – Esp. *merino,* p.-ê. de l'ar. *merīnī* ou du lat. *merimes.*

merise [məʀiz] n. f. Fruit du merisier. – Du lat. *amarus* «amer», avec influence de *cerise.*

merisier [məʀizje] n. m. **1.** Cerisier sauvage (genre *Prunus,* fam. rosacées) qui produit des grappes de petits fruits rouges très acides (les merises) et dont le bois est très utilisé en ébénisterie. ▷ Bois de cet arbre. *Pipe en merisier.* **2.** Nom cour. donné aux variétés de bouleaux dont l'écorce n'est pas blanche (*Betula alleghaniensis, Betula lenta*). – Du préc.

méristème [meʀistɛm] n. m. BOT Tissu végétal formé de cellules se divisant rapidement, qui constitue la zone de croissance des plantes. – Du gr. *meristos,* «partagé».

méritant, ante [meʀitɑ̃, ɑ̃t] adj. Qui a du mérite. – Ppr. de *mériter.*

mérite [meʀit] n. m. **1.** Ce qui rend une personne digne d'estime, de considération. *Elle a du mérite à travailler dans ces conditions.* **2.** Qualité estimable que possède qqn, qqch. *Les mérites comparés de César et de Pompée. Un des mérites de cet ouvrage...* ▷ *Se faire un mérite de qqch,* en tirer gloire. **3.** *Le mérite :* la valeur d'une personne, l'ensemble de ses qualités. *Un homme de mérite. Une promotion due au seul mérite.* **4.** RELIG *Les mérites d'un chrétien,* ses bonnes œuvres. – Lat. *meritum,* «gain, service, mérite».

mériter [meʀite] **I.** v. tr. [1] **1.** Se rendre, par sa conduite, digne (d'une récompense) ou passible (d'une sanction). *Mériter l'estime de ses concitoyens. Il mérite d'être puni.* **2.** Donner droit à. *Tout travail mérite salaire.* **II.** v. tr. indir. Litt. *Avoir bien mérité de la patrie, de l'État:* avoir rendu de grands services à la patrie, à l'État. – Du préc.

méritocratie [meʀitokʀasi] n. f. Système socioculturel privilégiant les individus dont les diplômes ont consacré la valeur. – De *mérite,* et *-cratie.*

méritoire [meʀitwaʀ] adj. Louable, digne d'estime (choses, actions). *Un zèle méritoire.* – De *mérite,* d'ap. le lat. *meritorius,* «qui procure un gain».

merl. V. maërl.

merlan [mɛʀlɑ̃] n. m. **1.** Poisson gadiforme (*Merlangus merlangus*) à trois nageoires dorsales et deux anales, long de 20 à 40 cm, qui vit en bancs dans l'Atlantique tempéré froid et qui fait l'objet d'une pêche active. ▷ Loc. fam. *Des yeux de merlan frit,* dont seul le blanc apparaît. **2.** Fam. vieilli Coiffeur. – De *merle;* sens 2, parce que les perruquiers étaient couverts de poudre comme le merlan de farine avant d'être mis à la poêle.

merle [mɛʀl] n. m. Oiseau passériforme du genre *Turdus; spécial.* le merle d'Amérique (*Turdus migratorius*), oiseau familier de taille moyenne, souvent appelé *rouge-gorge* en raison de sa poitrine rousse. Siffler comme un merle. ▷ *Merle bleu (Sialia sialis),* de plus petite taille, très coloré (dos bleu, ventre blanc et poitrine rousse). ▷ Fig. *Vilain merle,* ou iron., *beau merle:* personnage désagréable, méprisable. ▷ *Merle blanc:* personne, chose très rare, introuvable. – Du bas lat. *merulus,* class. *merula.*

merlette [mɛʀlɛt] n. f. Femelle du merle. – Du préc.

1. merlin [mɛʀlɛ̃] n. m. **1.** Hache pour fendre le bois. **2.** Grosse masse servant à abattre les bœufs destinés à la boucherie. – Mot lorrain, du lat. *marculus,* «petit marteau».

2. merlin [mɛʀlɛ̃] n. m. MAR Cordage formé de trois fils de caret. – Moyen néerl. *meerlijn.*

merlon [mɛʀlɔ̃] n. m. ARCHI Portion de mur comprise entre deux créneaux. – Ital. *merlone*; p.-ê. empl. fig. de *merle* «oiseau».

merlu ou **merlus** [mɛʀly] n. m. Dial. Poisson gadiforme des eaux profondes (genre *Merluccius*), très répandu dans l'Atlantique, à dos gris et ventre blanc, long d'env. 1 m, souvent appelé *colin.* – Ancien provenç. *merlus;* crois. probabl. de *merlan,* et a. fr. *luz,* «brochet».

merluche [mɛʀlyʃ] n. f. **1.** Merlu, morue ou poisson du même genre séché au soleil et non salé. **2.** Nom de divers poissons marins (genre *Urophycis*) apparentés à la morue. – Anc. provenç. *merluce*, var. de *merlus*. (V. art. préc.)

mer-mer [mɛʀmɛʀ] adj. inv. MILIT *Missile mer-mer*, lancé à partir d'un navire vers un autre. – De *mer*.

méro-. Élément, du gr. *meros*, «partie».

mérostomes [meʀɔstom] n. m. pl. ZOOL Classe d'arthropodes marins, tous fossiles, la limule exceptée. – De *méro-*, et gr. *stoma*, «bouche».

mérou [meʀu] n. m. Poisson des mers chaudes (divers genres, ordre des perciformes), long de 1 à 2 m, massif, à grosse tête, dont la chair est très estimée. *Certains mérous pèsent plus de 100 kg.* – Esp. *mero*.

mérovingien, ienne [meʀovɛ̃ʒjɛ̃, jɛn] adj. et n. HIST (France) De Mérovée, roi (légendaire) des Francs Saliens; de sa dynastie. – Qui a rapport à l'époque où régnèrent Mérovée et ses descendants. ▷ Subst. *Les Mérovingiens:* les rois des Francs issus de Mérovée, évincés par les Carolingiens en 751. – Lat. médiév. *Merowingi*, du germ. *Merowig*, «Mérovée».

merrain [mɛʀɛ̃] n. m. **1.** TECH Planche mince utilisée en partic. en tonnellerie. **2.** VEN Tige principale du bois du cerf. – Du bas lat. *materiamen*, de *materia*, «bois de construction».

mer-sol [mɛʀsɔl] adj. inv. MILIT *Missile mer-sol*, lancé à partir d'un navire vers un objectif terrestre. – De *mer*, et *sol*.

mérule [meʀyl] n. m. ou f. BOT Champignon basidiomycète (genre *Merulius*) qui se développe sur le bois d'œuvre mal protégé de l'humidité. – Lat. bot. *merulius*.

merveille [mɛʀvɛj] n. f. **1.** Vx ou Litt. Prodige, fait extraordinaire. ▷ Loc. *C'est (ce n'est pas) merveille que...:* c'est (ce n'est pas) surprenant, extraordinaire. **2.** Chose qui suscite l'admiration; personne remarquable, étonnante. – *Les Sept Merveilles du monde:* les sept ouvrages cités par le Grec Strabon dans sa *Géographie:* le mausolée d'Halicarnasse, le temple d'Artémis à Éphèse, la statue de Zeus Olympien par Phidias, le colosse de Rhodes, le phare d'Alexandrie, les jardins suspendus de Babylone, les pyramides d'Égypte. – Fig. et souvent iron. *C'est la huitième merveille du monde.* ▷ *Faire merveille* ou *faire des merveilles:* se distinguer par des qualités, une action remarquables. ▷ *Promettre monts et merveilles:* faire des promesses exagérées, que l'on ne pourra tenir. ▷ Loc. adv. *À merveille:* très bien, remarquablement. **3.** CUIS Pâte découpée en morceaux, frite et saupoudrée de sucre vanillé. – Lat. pop. **miribilia*, altér. de *mirabilia*, «choses étonnantes, admirables».

merveilleusement [mɛʀvɛjøzmɑ̃] adv. D'une façon merveilleuse. – De *merveilleux*.

merveilleux, euse [mɛʀvɛjø, øz] adj. et n. **1.** adj. Étonnant, prodigieux, qui suscite l'admiration. *Une œuvre merveilleuse.* ▷ Excellent en son genre. *Un vin merveilleux.* – *C'est une merveilleuse interprète de Chopin.* ▷ Magique, surnaturel. *Les pouvoirs merveilleux de la pierre philosophale.* **2.** n. m. Ce qui est extraordinaire, inexplicable. ▷ Intervention d'êtres surnaturels, de phénomènes inexplicables qui concourent au développement d'un récit littéraire. *Le merveilleux dans l'épopée.* – Genre littéraire qui recourt au merveilleux. *Le merveilleux, le fantastique et l'étrange.* – De *merveille*.

mérycisme [meʀisism] n. m. MED Retour anormal du contenu gastrique dans la bouche. – Du gr. *mêrukismos*, «rumination».

merzlota [mɛʀzlɔta] n. f. GEOGR Couche du sol et du sous-sol gelée en permanence dans les régions circumpolaires. V. permafrost, tjale. – Mot russe.

mes. V. mon.

més-. V. mé-.

mésalliance [mezaljɑ̃s] n. f. Fait de se mésallier. – De *mésallier*.

mésallier (se) [mezalje] v. pron. [11] Épouser une personne d'une condition considérée comme inférieure. – De *més-*, et *allier*.

mésange [mezɑ̃ʒ] n. f. Petit oiseau passériforme (genre *Parus*, fam. paridés) aux mouvements vifs, au plumage grisâtre, à calotte noire (nonnette) ou à huppe (mésange huppée), commun dans les terrains boisés. *La mésange ne migre pas; l'hiver, il est facile de l'attirer aux mangeoires. Mésange à tête brune, à tête noire.* – Frq. **meisinga*.

mésaventure [mezavɑ̃tyʀ] n. f. Aventure désagréable, fâcheuse. *Mésaventures au cours d'un voyage.* – De l'anc. v. *mésavenir*, d'ap. *aventure*.

mescaline [mɛskalin] n. f. Alcaloïde doué de propriétés hallucinogènes, extrait du peyotl. – Du mexicain *mexcalli*, «peyotl».

mesdames, mesdemoiselles. V. madame, mademoiselle.

mésencéphale [mezɑ̃sefal] n. m. ANAT Partie du cerveau de l'adulte qui correspond à la région moyenne de l'encéphale de l'embryon et qui comprend les tubercules quadrijumeaux et les pédoncules cérébraux. – De *més(o)-*, et *encéphale*.

mésenchyme [mezɑ̃ʃim] n. m. ANAT Tissu conjonctif embryonnaire. – De *més(o)-*, et gr. *enkhuma*, «infusion, injection».

mésentente [mezɑ̃tɑ̃t] n. f. Défaut d'entente, désaccord. – De *més-*, et *entente*.

mésentère [mezɑ̃tɛʀ] n. m. ANAT Partie du péritoine unissant l'intestin grêle à la paroi abdominale. – Gr. *mesenterion*, de *mesos*, «médian», et *enteron*, «intérieur, intestin».

mésentérique [mezɑ̃teʀik] adj. ANAT Qui se rapporte au mésentère. – Du préc.

mésestime [mezestim] n. f. Litt. Défaut d'estime, de considération. – Déverbal de *mésestimer*.

mésestimer [mezestime] v. tr. [1] Litt. Ne pas apprécier à sa juste valeur, dépriser. *Mésestimer un artiste, son talent.* – De *més-*, et *estimer*.

mésintelligence [mezɛ̃teliʒɑ̃s] n. f. Défaut de compréhension mutuelle, d'entente. – De *més-*, et *intelligence*.

mesmérien, ienne [mɛsmeʀjɛ̃, jɛn] adj. Didac. Relatif au mesmérisme. – Du n. de *Mesmer* (V. mesmérisme).

mesmérisme [mɛsmeʀism] n. m. Didac. Ensemble des idées et des pratiques de Mesmer, auteur de la doctrine sur le magnétisme animal, qui prétendait avoir trouvé dans les propriétés de l'aimant un moyen de guérir toutes les maladies. – Du n. de Franz Anton *Mesmer* (1734-1815), médecin all. qui eut beaucoup de succès, notam. à Paris.

méso-. Préf., du gr. *mesos*, «au milieu, médian».

mésocarpe [mezokaʀp] n. m. BOT Partie médiane des tissus du fruit. *Le mésocarpe des drupes et des baies est charnu.* – De *méso-*, et *-carpe*.

mésoderme [mezodɛʀm] ou **mésoblaste** [mezoblast] n. m. BIOL Feuillet embryonnaire situé entre l'ectoderme et l'endoderme qui, au cours du développement, donne naissance aux muscles, au sang, au squelette, aux appareils uro-génital et cardiovasculaire. – De *méso-*, et *-derme* ou *-blaste*.

mésolithique [mezolitik] adj. et n. m. PREHIST Se dit de la période préhistorique intermédiaire entre l'Épipaléolithique et le Néolithique. ▷ N. m. *Le Mésolithique (v. 10 000 – v. 5 000 av. J.-C.) marque les dé-*

buts de la sédentarisation agricole. – De *méso-*, et *-lithique.*

mésomère [mezomɛʀ] adj. CHIM En état de mésomérie. *Le benzène, l'acide sulfurique, l'oxychlorure de phosphore sont des corps mésomères.* – De *méso-*, et *-mère.*

mésomérie [mezomeʀi] n. f. CHIM Structure des corps pour lesquels la probabilité de présence des électrons est la même sur chacune des liaisons de la molécule, état intermédiaire entre deux formules limites dans lesquelles les atomes occupent toujours les mêmes places mais où la distribution des électrons varie. – De *mésomère.*

mésomorphe [mezomɔʀf] adj. et n. **1.** CHIM Se dit d'états de la matière intermédiaires entre l'état cristallin et l'état liquide. *Les cristaux liquides sont des corps mésomorphes.* **2.** ANTHROP Caractérisé par une forme massive et carrée (dans la classification en trois types de W.H. *Sheldon*). – Subst. *Un (une) mésomorphe.* – De *méso-*, et *-morphe.*

méson [mezɔ̃] n. m. PHYS NUCL Particule instable, dont la masse est intermédiaire entre celle de l'électron et celle du proton. *Méson π* (pi) ou «pion». *Méson K* ou «kaon». *Le muon (anc. «méson μ* ») n'est pas un véritable méson. – De *més(o)-*, et *(électr)on.*

mésonique [mezɔnik] adj. PHYS NUCL Relatif au méson. – Du préc.

mésopotamien, ienne [mezopɔtamjɛ̃, jɛn] adj. et n. De Mésopotamie, rég. d'Asie (auj. en Irak) située entre le Tigre et l'Euphrate. *Civilisation mésopotamienne.* ▷ Subst. *Les Mésopotamiens.* – Du gr. *mésopotamios,* propr. «situé entre deux fleuves».

mésosphère [mezosfɛʀ] n. f. METEO Partie de l'atmosphère située entre 40 et 80 km d'alt., entre la stratosphère et la thermosphère. – De *méso-*, et *sphère.*

mésothorax [mezotɔʀaks] n. m. ZOOL Deuxième segment du thorax des insectes (entre le prothorax et le métathorax), qui porte les ailes supérieures ou les élytres. – De *méso-*, et *thorax.*

mésothorium [mezɔtɔʀjɔm] n. m. Isotope radioactif du thorium ou du radium, de masse 228, utilisé dans le traitement de certains cancers. – De *méso-*, et *thorium.*

mésozoïque [mezozɔik] adj. et n. m. GEOL De l'ère secondaire. *Terrains mésozoïques.* ▷ N. m. *Le Mésozoïque :* le Secondaire. – De *méso-*, et *-zoïque.*

mesquin, ine [mɛskɛ̃, in] adj. **1.** (Choses.) Qui manque de grandeur, de noblesse, de générosité. *Procédés mesquins.* **2.** (Personnes.) Qui est attaché à ce qui est petit, médiocre. – Par ext. *Esprit mesquin.* **3.** Qui témoigne d'une parcimonie excessive. *Somme mesquine.* – Ital. *meschino,* ar. *meskīn,* «pauvre».

mesquinement [mɛskinmɑ̃] adv. D'une façon mesquine. – Du préc.

mesquinerie [mɛskinʀi] n. f. **1.** Caractère d'une chose ou d'une personne mesquine. *La mesquinerie de ces accusations.* – *Agir avec mesquinerie.* ▷ Avarice, parcimonie excessive. **2.** Action mesquine. *Il est capable de mesquineries sordides.* – De *mesquin.*

mess [mɛs] n. m. Lieu où les officiers, les sous-officiers d'une même unité prennent ensemble leurs repas. – Mot angl., du fr. *mes,* forme anc. de *mets.*

message [mesaʒ] n. m. **1.** Commission de transmettre qqch. *Être chargé, s'acquitter d'un message.* **2.** Ce que l'on transmet (objet, information, etc.). *Recevoir, transmettre un message.* – *Message téléphoné.* ▷ *Message publicitaire.* **3.** Contenu d'une œuvre considérée comme porteuse d'une révélation ou dotée d'un sens profond et important. *Film à message.* **4.** DR CONSTIT Communication officielle adressée par le chef de l'État au pouvoir législatif. **5.** En sémiologie, en cybernétique, ensemble de signaux organisés selon un code et qu'un émetteur transmet à un récepteur par l'intermédiaire d'un canal. ▷ INFORM Ensemble d'informations provenant de l'ordinateur, transcrit par le télétype et destiné à l'opérateur. – Du lat. *missus,* pp. de *mittere,* «envoyer».

messager, ère [mesaʒe, ʒɛʀ] n. **1.** Personne chargée d'un message. **2.** Ce qui annonce une chose; avant-coureur. *Les merles d'Amérique sont les messagers du printemps.* **3.** BIOL *ARN messager* (abrév.: A.R.N.m): forme de l'acide ribonucléique, qui assure le transport de l'information génétique des gènes aux ribosomes, où s'effectue la synthèse des protéines. – De *message.*

messagerie [mesaʒʀi] n. f. Vx Service de transport de voyageurs et de messages par voitures partant à jours fixes. ▷ Mod. Service de transport de marchandises; bureaux d'un tel service. *Entrepreneur de messageries.* – *Messageries maritimes.* – *Messageries de presse,* qui se chargent d'assurer le routage des périodiques. – Du préc.

messaline [mesalin] n. f. Vieilli Femme débauchée. – Du n. lat. *Messalina,* première épouse de l'empereur romain Claude.

messe [mɛs] n. f. **1.** Cérémonie rituelle du culte catholique, célébrée par le prêtre qui offre à Dieu, au nom de l'Église, le corps et le sang du Christ sous les espèces du pain et du vin. *Célébrer la messe.* – *Aller à la messe:* se rendre à l'église pour assister à la messe. *Par ext.* Pratiquer. *Il y a longtemps que je ne vais plus à la messe.* – *Livre de messe:* missel. *Messe de minuit,* célébrée la nuit de Noël. ▷ *Messe basse,* dont aucune partie n'est chantée (par oppos. à *grand-messe*). – Fig., fam. *Faire des messes basses:* parler très bas en présence d'un tiers pour qu'il n'entende pas ce qu'on dit. ▷ *Messe noire:* parodie sacrilège de la messe, cérémonie de sorcellerie en hommage au diable. **2.** Musique composée pour une grand-messe. *«Messe en si mineur», de J.-S. Bach.* – Lat. ecclés. *missa,* pp. subst. de *mittere,* «envoyer», d'après *Ite missa est:* «allez, (l'assemblée) est renvoyée».

messeoir [meswaʀ] v. intr. [44] (Inus. sauf *(il) messied,* et *messéant.*) Litt. N'être pas convenable; n'être pas séant. *Ce déguisement messied à votre âge.* – De *mes-*, et *seoir.*

messianique [mesjanik] adj. Qui a rapport au Messie, à sa venue. *Espoirs messianiques.* – Relatif au messianisme. – Lat. mod. *messianicus,* de *Messiah* ou *Messias,* «(le) Messie».

ENCYCL L'attente messianique est une des données permanentes du judaïsme. Après l'espérance d'une Terre promise, le peuple juif requit de Dieu une réelle puissance politique. Il attendait de Lui un vrai roi, à l'image de David. Les prophètes entretinrent cette espérance populaire d'un «fils de David», en réaction à un pouvoir royal souvent faible et corrompu. De nombreux messies apparurent, se disant, chacun, l'Élu de Dieu. L'un de ces messies connut un sort unique: Jésus de Nazareth. Une autre forme de messianisme apparut alors chez les chrétiens: l'attente du retour de Jésus qui doit instaurer, sur terre, le royaume de Dieu. Depuis deux mille ans de multiples mouvements messianiques naquirent dans les diverses Églises chrétiennes. Il y en eut au Moyen Âge en Europe, aux XVIIIe et XIXe s. en Amérique du N. De nombreux phénomènes messianiques ont également existé en Afrique, au Brésil, en Océanie, souvent en réaction contre des dominations étrangères.

messianisme [mesjanism] n. m. Croyance en l'avènement du royaume de Dieu sur la terre dont le Messie, envoyé de Dieu, rédempteur des péchés et libérateur des hommes, sera l'initiateur. ▷ Par ext.

Messianisme révolutionnaire. – Du lat. mod. *messianicus* (V. messianique).

messidor [mɛsidɔʀ] n. m. HIST (France) Dixième mois du calendrier républicain (19 ou 20 juin – 19 ou 20 juillet). – Du lat. *messis,* «moisson», et du gr. *dôron,* «don, présent».

messie [mesi] n. m. Libérateur, rédempteur des péchés, envoyé par Dieu pour établir Son royaume sur Terre, qui fut promis aux hommes dans l'Ancien Testament, et que les chrétiens reconnaissent en Jésus-Christ. ▷ Fig., fam. *Attendre qqn comme le Messie,* en mettant en lui beaucoup d'espoir, avec grande impatience. – Lat. ecclés. *Messias,* de l'araméen *meschîkhâ,* «oint (du Seigneur)».

messieurs. V. monsieur.

messire [mesiʀ] n. m. Titre d'honneur ancien donné à toute personne noble, à tout personnage distingué (prêtre, avocat, etc.), puis exclusivement au chancelier de France. – De *mes,* cas sujet de *mon,* et *sire.*

1. mestre ou **meistre** [mɛstʀ] n. m. MAR ANC *Mât* ou *arbre de mestre:* grand mât des navires à voiles latines, en Méditerranée. – Provenç. *mestre,* ital. *maestro,* lat. *magister,* «maître».

2. mestre [mɛstʀ] n. m. HIST *Mestre de camp:* officier commandant un régiment, colonel, aux XVIe et XVIIe s. – Ital. *maestro (di campo).*

mesurable [məzyʀabl] adj. Qui peut être mesuré. – De *mesurer.*

mesurage [məzyʀaʒ] n. m. TECH Action de mesurer. – De *mesurer.*

mesure [m(ə)zyʀ] n. f. **I. 1.** Évaluation d'une grandeur par comparaison avec une grandeur constante de même espèce prise comme référence (unité, étalon). *Mesure d'une distance au mètre près. – Appareil de mesure.* **2.** Quantité, grandeur déterminée par la mesure et, spécial., dimension. *Vérifier une mesure. – Prendre les mesures d'une pièce d'étoffe.* ▷ *Partic.* Dimensions du corps d'une personne. *Vêtement fait aux mesures de qqn, sur mesure.* – Ellipt. *Le sur mesure est toujours plus cher que le prêt-à-porter.* – Fig. *Sur mesure :* spécialement adapté à une personne, à une situation, à un objectif. **3.** Quantité, grandeur servant d'unité; étalon matériel servant à mesurer. *Le mètre, mesure de longueur. – Le système des poids et mesures.* ▷ Fig. *Commune mesure* (seulement en tournure négative): comparaison, rapport qu'il est possible d'établir entre deux personnes, deux choses, deux situations. *Il n'y a pas de commune mesure entre lui et eux. Au point de vue de la qualité, ces articles sont sans commune mesure. – Faire deux poids, deux mesures :* juger différemment deux choses identiques; être partial. **4.** Récipient servant de mesure. *Mesures en bois* (pour les grains), *en étain* (pour les liquides). ▷ Quantité contenue dans une mesure. *Mesure d'avoine. – Versez une mesure de lait pour deux mesures d'eau.* **5.** Fig. Valeur, capacité d'une personne. *Il a donné toute sa mesure, toute la mesure de son talent, dans cette affaire :* il a montré ce dont il était capable. **6.** loc. *À la mesure de :* proportionné à. *Une réussite à la mesure de son talent.* ▷ *Dans la mesure où :* dans la proportion où. *Dans la mesure où je peux vous aider, je le ferai. – Dans la mesure du possible :* autant qu'il est possible. ▷ Loc. conj. *À mesure que :* simultanément et dans la même proportion que. *Les troupes ennemies fuyaient à mesure que nous avancions.* ▷ Adv. *Au fur et à mesure.* V. fur. **7.** Division régulière ou périodique de la durée. – MUS Division de la durée musicale en parties égales, marquée dans l'exécution par des séquences rythmiques correspondant à l'espace compris entre deux barres verticales sur la partition écrite. *Barre de mesure. – Battre la mesure,* l'indiquer matériellement (en tapant du pied, par ex.). *Mesure à trois temps. – Chanter, danser en mesure,* en suivant correctement la mesure. **8.** En escrime, distance convenable pour donner ou parer un coup. *Être en mesure, hors de mesure.* ▷ Loc. fig. et cour. *Être en mesure de:* être capable, avoir le pouvoir de. *Il n'est pas en mesure de marcher.* **II. 1.** Les limites de la bienséance, de ce qui est considéré comme normal, souhaitable. *Dépasser la mesure.* ▷ *Une jalousie sans mesure. – Outre mesure:* d'une manière excessive. **2.** Modération, pondération dans sa manière d'agir, de se conduire, de penser, de parler. *Avoir le sens de la mesure. Dépenser avec mesure.* **III.** Moyen que l'on se donne pour obtenir qqch. *Il a pris des mesures pour que cela ne se reproduise plus. Mesures fiscales impopulaires.* – Lat. *mensura,* de *metiri,* «mesurer».

ENCYCL Une mesure est une application effectuée dans l'ensemble des nombres réels positifs. Une grandeur (par ex. une longueur) est directement mesurable lorsqu'il est possible de définir le rapport, l'égalité et la somme de deux grandeurs d'une même catégorie. Ainsi des températures ne sont pas directement mesurables, car il n'est pas possible d'en faire la somme. La nature des grandeurs mesurables présente une grande diversité. Leur mesure s'exprime à l'aide de systèmes d'unités. Le Système international d'unités, noté SI, est un système d'unités maintenant reconnu partout. Quoique le système métrique soit légal depuis plus d'un siècle tant au Canada qu'aux États-Unis, le Canada ne s'est engagé activement dans la conversion au SI qu'en 1970 tandis qu'aux États-Unis le Metric Act de 1975 n'a pas encore apporté de mouvement de masse vers cette conversion. La mesure des grandeurs physiques n'est effectuée qu'avec une certaine approximation qui dépend de la nature de la grandeur, de la méthode utilisée ou de l'appareil de mesure. Toute mesure est entachée d'erreurs *systématiques* (dues à la perturbation apportée à la grandeur mesurée ou à l'imperfection de l'appareil de mesure) ou *accidentelles* (dues à un événement fortuit, comme la variation d'un paramètre lors de la prise de mesure et dont on n'a pas tenu compte). Les appareils de mesure sont très divers (calibre, micromètre, palmer, pied à coulisse, compte-tours, jauge, horloge à quartz, etc.).

mesuré, ée [məzyʀe] adj. **1.** Réglé précisément par la mesure. – *Pas mesurés,* lents. **2.** Modéré, qui a de la mesure. *Paroles mesurées.* – Pp. de *mesurer.*

mesurer [məzyʀe] **I.** v. tr. **[1] 1.** Évaluer (un volume, une surface, une longueur) par la mesure. *Mesurer un champ.* **2.** (Abstrait.) Évaluer, apprécier. *Mesurer l'étendue du désastre. Mesurer la portée d'un projet.* **3.** Essayer (sa force, son talent) contre qqn ou qqch pour déterminer sa valeur. *Mesurer sa force avec* (ou *contre*) *qqn.* **4.** Proportionner. *Mesurer le châtiment à la faute.* **5.** Modérer. *Mesurer ses paroles.* **6.** Donner, distribuer avec parcimonie. *Le temps nous est mesuré,* nous est compté. **II.** v. intr. Avoir pour mesure. *Ce mur mesure deux mètres.* – Avoir pour taille. *Il mesure un mètre quatre-vingts.* **III.** v. pron. **1.** (Passif.) Être mesurable. *Les routes se mesurent en kilomètres.* **2.** *Se mesurer à, avec qqn,* essayer ses forces contre lui. – Bas lat. *mensurare,* du class. *metiri.*

mesureur [məzyʀœʀ] n. m. **1.** Celui qui est chargé de mesurer. **2.** Appareil de mesure. – Du préc.

mésuser [mezyze] v. tr. indir. **[1]** Litt. *Mésuser de:* faire mauvais usage de. *Mésuser de sa liberté.* – De *més-,* et *user.*

mét(a)-. Élément, du gr. *meta,* «après, au-delà de», qui indique le changement, la postériorité, la supériorité, le dépassement. ▷ CHIM Préfixe utilisé pour caractériser un corps moins hydraté qu'un autre, pour distinguer certains composés benzéniques de leurs isomères ortho ou para, et pour désigner certains polymères.

méta [meta] n. m. Métaldéhyde. – Nom déposé, abrév. de *métaldéhyde.*

métabole [metabɔl] adj. ZOOL Se dit d'un insecte qui subit des métamorphoses (cf. holométabole). – De *méta-*, et du gr. *bolê*, «action de jeter, lancer».

métabolique [metabɔlik] adj. BIOL Du métabolisme; relatif au métabolisme. – Du gr. *metabolê*, «changement».

ENCYCL Les réactions métaboliques sont essentiellement de deux ordres. **1.** Les *réactions anaboliques* assurent, à partir de matériaux simples, l'édification de molécules ou de structures plus complexes dont l'organisme a besoin. **2.** Les *réactions cataboliques*, à l'inverse, dégradent les molécules complexes, fournies ou non par l'alimentation, et les transforment en éléments plus simples destinés à être stockés ou à servir de base à de nouvelles synthèses. La présence de catalyseurs, qui accélèrent les réactions, est absolument nécessaire: enzymes, hormones, vitamines. La notion de métabolisme est indissociable de celle d'énergétique. La transformation de l'énergie par des cellules vivantes revêt trois formes essentielles: transformation de l'énergie lumineuse en énergie chimique au cours des phénomènes de la *photosynthèse* végétale; transformation de l'énergie chimique en travail au cours de la *digestion*; utilisation de l'énergie libérée par la combustion des édifices moléculaires de toute nature au cours de la respiration, en vue de synthétiser des molécules adaptées à la vie de chaque cellule. L'étude des processus métaboliques est artificiellement scindée en diverses branches, selon la nature des molécules considérées.

métabolisme [metabɔlism] n. m. BIOL Ensemble des réactions biochimiques qui se produisent au sein de la matière vivante et par lesquelles certaines substances s'élaborent (anabolisme) ou se dégradent en libérant de l'énergie (catabolisme). ▷ MED *Métabolisme de base* ou *basal:* quantité de chaleur produite par un sujet à jeun et au repos, par heure et par mètre carré de la surface du corps. – Du gr. *metabolê*, «changement».

métabolite [metabɔlit] n. m. BIOL Substance résultant de la transformation d'une matière organique au cours d'une réaction métabolique. – De *métabolisme.*

métacarpe [metakaʀp] n. m. ANAT Partie du squelette de la main située entre le carpe (poignet) et les doigts. – Gr. *metakarpion.*

métacarpien, ienne [metakaʀpjɛ̃, jɛn] adj. et n. m. ANAT Du métacarpe, relatif au métacarpe. ▷ N. m. Chacun des cinq os qui forment le métacarpe. – Du préc.

métacentre [metasɑ̃tʀ] n. m. PHYS Point d'un corps flottant par où passe la verticale du centre de poussée quelle que soit la position du corps. – De *méta-*, et *centre.*

métairie [metɛʀi] n. f. **1.** En France, domaine rural exploité par un métayer. **2.** Les bâtiments, l'habitation d'un tel domaine. – De *métayer.*

métal, aux [metal, o] n. m. **1.** Corps simple, le plus souvent ductile et malléable, d'un éclat particulier («éclat métallique») et dont un oxyde au moins est basique. *Métaux précieux:* l'or, l'argent, le platine. *Métal natif* ou *vierge*, qui se trouve dans la nature à l'état pur. *Métaux de transition:* V. transition. ▷ Matière métallique (pure ou d'alliage). *Métal blanc:* alliage à prédominance d'étain dont la couleur rappelle l'argent. **2.** BLAS *Les métaux :* l'or (le jaune) et l'argent (le blanc). **3.** Fig., litt. Matière, pâte, étoffe dont une personne est faite; fond du caractère. *De quel métal est-il donc fait?* – Lat. *metallum*, gr. *metallon*, «métal, mine».

métalangage [metalɑ̃gaʒ] n. m. LING Langage utilisé pour décrire un langage, une langue naturelle. *Toute langue naturelle est à la fois cette langue et son propre métalangage.* Syn. métalangue. – Angl. *metalanguage*, créé en polonais, *metajazik*, par le logicien *Tarski* (1902-1983).

métalangue [metalɑ̃g] n. f. LING Syn. de *métalangage.* – De *méta-*, et *langue.*

métaldéhyde [metaldeid] n. m. CHIM Polymère de l'aldéhyde éthylique, combustible solide utilisé sous le nom commercial de *méta* et comme poison pour détruire les escargots et les limaces. – De *méta*, et *aldéhyde.*

métalinguistique [metalɛ̃gɥistik] adj. LING Qui relève de la métalangue, du métalangage. – De *métalangue*, d'ap. *linguistique.*

métallescent, ente [metal(l)esɑ̃, ɑ̃t] adj. Dont la surface présente un éclat métallique. – Du lat. *metallum*, «métal».

métallifère [metal(l)ifɛʀ] adj. Qui contient un métal. *Sol métallifère.* – Du lat. *metallum*, «métal», et *-fère.*

métallique [metal(l)ik] adj. **1.** Qui est en métal. *Pont métallique.* **2.** Propre au métal. *Un son métallique.* ▷ Fig. *Voix métallique.* **3.** CHIM *Élément non métallique:* non-métal (dit autref. métalloïde). – Lat. *metallicus*, gr. *metallikos.*

métallisation [metal(l)izasjɔ̃] n. f. TECH Opération consistant à recouvrir un corps d'une mince couche de métal (pour le protéger contre la corrosion ou améliorer ses qualités superficielles). – De *métalliser.*

métallisé, ée [metal(l)ize] adj. *Peinture métallisée*, contenant une poudre métallique qui lui donne un aspect brillant et pailleté. – Pp. de *métalliser.*

métalliser [metal(l)ize] v. tr. [1] **1.** Donner un aspect métallique à. **2.** CHIM, TECH Procéder à la métallisation de. – De *métal.*

métallo [metalo] n. m. Fam. Ouvrier métallurgiste. – Abrév. pop. de *métallurgiste.*

métallo-. Élément, du gr. *metallon*, «mine, produit de la mine».

métallographie [metalogʀafi] n. f. TECH Étude de la structure et des propriétés des métaux et des alliages. *Métallographie au microscope, aux rayons X.* – De *métallo-*, et *-graphie.*

métallographique [metalogʀafik] adj. TECH Relatif à la métallographie. – Du préc.

métalloïde [metal(l)ɔid] n. m. CHIM **1.** Vieilli Non-métal*. **2.** Mod. Élément intermédiaire entre un métal et un non-métal. *Le silicium, le germanium, l'antimoine sont des métalloïdes.* Syn. semi-métal. – De *métal*, et *-oïde.*

métalloplastique [metaloplastik] adj. TECH Qui allie les propriétés d'un métal à celles de la matière plastique. *Joint métalloplastique*, composé généralement d'une couche d'amiante entre deux couches de cuivre. – De *métallo-*, et *plastique.*

métallurgie [metalyʀʒi] n. f. **1.** Ensemble des techniques et des opérations nécessaires à l'extraction, à l'affinage et au travail des métaux. **2.** Ensemble des installations et des établissements industriels qui assurent ces tâches. ▷ *Métallurgie de transformation :* industrie de la construction mécanique (machines, véhicules, etc.). – Lat. scientif. *metallurgia*, du gr. *metallourgeîn*, «exploiter une mine».

ENCYCL Les métaux existent dans la nature soit à l'état natif, soit plus généralement sous la forme de minerais. Les minerais doivent subir un certain nombre de traitements ayant pour but de les enrichir, avant de les affiner, de les débarrasser des impuretés qu'ils contiennent. L'affinage s'effectue par *électrolyse* (pour obtenir un produit très pur) ou par *fusion oxydante* (qu'on peut effectuer seulement si le métal considéré a moins d'affinité pour l'oxygène que les impuretés qu'il contient). Une fois affiné, le métal est moulé en fonderie ou subit une mise en forme à chaud (forgeage, laminage, étirage ou estampage). Pour arriver au produit fini, on procède à une mise en forme à froid sans enlèvement de matière (laminage à froid, emboutissage, étirage, estampage, formage à l'explosif, etc.) ou à un usinage (tournage, fraisage, etc.). Les *traitements thermiques* modifient la structure du métal: la trempe augmente la dureté; le revenu diminue les tensions internes; le recuit améliore l'homogénéité. Les *traitements de surface* (cémentation, nitruration notam.) augmentent la dureté superficielle des métaux. Le *durcissement par vieillissement* augmente considérablement la dureté des alliages; il est fondé sur la dispersion, au sein du métal, de particules plus dures que lui. Le *frittage* permet de mettre en forme les métaux réfractaires et d'obtenir des *cermets*, mélanges de métal et de céramique qui résistent à des températures très élevées; il consiste à comprimer le métal, sous forme de poudre, dans une matrice chauffée à haute température. L'élaboration de métaux *composites* à structure fibreuse (fibres de silice, de béryllium, de tungstène ou de tantale) permet d'obtenir des structures dont l'extrême résistance est indispensable dans les domaines aérospatial et nucléaire.

métallurgique [metalyʀʒik] adj. Relatif à la métallurgie. – Du préc.

métallurgiste [metalyʀʒist] adj. et n. Qui s'occupe de métallurgie, qui travaille dans la métallurgie. *Ingénieur métallurgiste.* ▷ N. Ouvrier de la métallurgie. – (Par abrév. fam.) *Un métallo, des métallos.* – De *métallurgie.*

métalogique [metalɔʒik] adj. et n. f. **1.** adj. LOG Qui sert de fondement à la logique. **2.** n. f. Théorie des énoncés d'une logique formalisée et des règles de son fonctionnement. – De *méta-*, et *logique.*

métamathématique [metamatematik] n. f. LOG Partie de la logique qui a pour objet l'élaboration et l'analyse des méthodes des mathématiques. – De *méta-*, et *mathématique.*

métamère [metamɛʀ] n. m. ZOOL Chacun des segments successifs, présentant la même organisation, du corps des annélides et des arthropodes. – De *méta-*, et *-mère.*

métamérisé, ée [metameʀize] adj. ZOOL Constitué de métamères. – Du préc.

métamorphique [metamɔʀfik] adj. GEOL Relatif au métamorphisme, produit par métamorphisme. *Le micaschiste est une roche métamorphique.* Syn. cristallophyllien. – De *métamorphisme.*

métamorphiser [metamɔʀfize] v. tr. [1] GEOL Transformer par métamorphisme. – Du préc.

métamorphisme [metamɔʀfism] n. m. GEOL Ensemble des transformations (minéralogiques, structurales, etc.) qui affectent une roche soumise à des conditions de température et de pression différentes de celles de sa formation. – De *méta-*, et gr. *morphê*, «forme».

métamorphosable [metamɔʀfozabl] adj. Qui peut être métamorphosé. – De *métamorphoser.*

métamorphose [metamɔʀfoz] n. f. **1.** Changement d'une forme en une autre. *La métamorphose des bourgeons en fleurs et en feuilles.* ▷ *Spécial.* Changement d'apparence d'origine surnaturelle qui rend un être méconnaissable. *Les métamorphoses de Jupiter.* **2.** Ensemble des transformations morphologiques et physiologiques successives que subissent les larves de certains animaux (amphibiens, insectes, etc.) pour atteindre l'état adulte. **3.** Fig. Changement complet dans l'apparence, l'état, la nature d'une personne ou d'une chose. *Métamorphoses d'un comédien, d'un caractère, d'un paysage.* – Lat. d'orig. gr. *metamorphosis*, «changement de forme».

métamorphoser [metamɔʀfoze] **I.** v. tr. [1] **1.** Opérer la métamorphose de. *Zeus métamorphosa Niobé en rocher.* **2.** Fig. Modifier profondément l'apparence, l'état, la nature de (qqn, qqch). *Son succès l'a métamorphosé.* ▷ v. pron. *Hypothèses qui se métamorphosent en affirmations.* **II.** v. pron. ZOOL Subir une métamorphose. *Le ver à soie se métamorphose en bombyx.* – De *métamorphose.*

métaphase [metafaz] n. f. BIOL Deuxième phase de la division du noyau cellulaire. V. mitose. – De *méta-*, et *phase.*

métaphore [metafɔʀ] n. f. Figure de langage qui consiste à donner à un mot un sens qu'on ne lui attribue que par une comparaison imagée ou une analogie implicite. *«Le printemps de la vie», «fondre en larmes» sont des métaphores.* – Lat. d'orig. gr. *metaphora*, «transposition».

métaphorique [metafɔʀik] adj. **1.** Qui appartient à la métaphore. *Sens métaphorique.* **2.** Qui abonde en métaphores. *Style métaphorique.* – De *métaphore.*

métaphoriquement [metafɔʀikmɑ̃] adv. D'une manière métaphorique. – Du préc.

métaphosphorique [metafɔsfɔʀik] adj. CHIM Se dit des acides dérivés du phosphore, de formule $(HPO_3)_n$. – De *méta-*, et *phosphorique.*

métaphyse [metafiz] n. f. ANAT Segment d'un os long compris entre la diaphyse et l'épiphyse. – De *méta-* et *-physe*, d'après *épiphyse.*

métaphysicien, ienne [metafizisjɛ̃, jɛn] n. Personne qui fait de la métaphysique son étude. – De *métaphysique.*

métaphysique [metafizik] n. f. **1.** Recherche rationnelle de la connaissance des choses en elles-mêmes, au-delà de leur apparence sensible et des connaissances que l'on en a grâce aux sciences positives. – *Par ext.* Toute théorie générale abstraite. *Les Fondements de la métaphysique des mœurs*, titre d'une œuvre de Kant. ▷ Adj. Qui concerne la métaphysique. *Certitude métaphysique.* **2.** *Par ext.* Ce qui est très abstrait. *Je n'entends rien à toute métaphysique.* – Lat. scolast. *metaphysica*, gr. *(ta) meta (ta) phusika*, «ce qui suit les questions de la physique».
ENCYCL À l'orig., le mot *métaphysique* désigna les livres d'Aristote qui traitaient de la «philosophie première» et qui, dans son œuvre, venaient *après* les livres de physique; puis, ce mot, par un glissement de sens, a renvoyé à l'ensemble des spéculations (sur les Idées, la Vérité, Dieu, etc.) qui dépassent les sciences de la nature et permettent de les fonder en remontant à leurs principes. Sous les divers aspects qu'elle a revêtus historiquement (chez Aristote, Platon, Descartes, Kant, etc.), la métaphysique se caractérise par l'effort pour atteindre, par-delà la multiplicité et l'unilatéralité respective des diverses sciences, l'unité du savoir, par-delà les apparences, l'être dans sa pureté, par-delà le relatif, l'absolu.

métaplasie [metaplazi] n. f. BIOL Transformation d'un tissu différencié en un autre tissu différencié, normal histologiquement mais anormal quant à sa localisation dans l'organisme. – De *méta-*, et *-plasie.*

métapsychique [metapsiʃik] n. f. et adj. Étude des phénomènes psychiques inexpliqués dans l'état actuel de la science (télépathie, prémonition, etc.). Syn. parapsychologie. ▷ Adj. *Phénomènes métapsychiques.* – De *méta-*, et *psychique.*

métastable [metastabl] adj. CHIM Qualifie un système physico-chimique qui n'a pas atteint la stabilité, mais dont la vitesse de transformation est suffisamment faible pour qu'il présente les caractères de la stabilité. *La surfusion d'un liquide est un équilibre métastable.* – De *méta-*, et *stable.*

métastase [metastɑz] n. f. MED Localisation secondaire, à distance de la lésion initiale, d'une affection infectieuse ou cancéreuse. *Les métastases s'effectuent par voie sanguine ou par voie lymphatique.* – Gr. *metastasis*, «déplacement».

métatarse [metataʀs] n. m. ANAT Partie du squelette du pied située entre le tarse (cheville) et les orteils. – De *méta-*, et *tarse.*

métatarsien, ienne [metataʀsjɛ̃, jɛn] adj. et n. m. ANAT Du métatarse; relatif au métatarse. ▷ N. m. Chacun des cinq os qui forment le métatarse. – Du préc.

métathériens [metateʀjɛ̃] n. m. pl. ZOOL Sous-classe de mammifères primitifs caractérisés par l'absence de placenta lors de la gestation. *L'ordre des marsupiaux regroupe les seules espèces de métathériens qui subsistent.* – De *méta-*, et gr. *thêrion*, «animal».

métathèse [metatɛz] n. f. LING Déplacement ou interversion d'un phonème ou d'une syllabe à l'intérieur d'un mot ou d'un groupe de mots. *«Berbis»* (XIe s.) *est devenu «brebis» en français moderne par métathèse.* – Gr. *metathesis.*

métathorax [metatɔʀaks] n. m. ZOOL Troisième et dernier segment du thorax des insectes, qui porte la paire d'ailes postérieures. – De *méta-*, et *thorax.*

métayage [metejaʒ] n. m. En France, système de louage agricole selon lequel l'exploitant remet au propriétaire une redevance en nature (autrefois la moitié, de nos jours le tiers, au maximum, des produits du domaine). *Le métayage est de plus en plus remplacé par le fermage.* – De *métayer.*

métayer, ère [meteje, ɛʀ] n. En France, personne qui exploite un domaine rural selon le système de métayage. – De *meitié*, forme anc. de *moitié.*

métazoaire [metazɔɛʀ] n. m. ZOOL Animal pluricellulaire (opposé à *protozoaire*). – De *méta-*, et gr. *zôon*, «animal».

méteil [metɛj] n. m. AGRIC Mélange de seigle et de froment semé et récolté dans un même champ. – Du lat. pop. **mistilium*, de *mixtus*, «mélange».

métempsycose [metɑ̃psikoz] n. f. PHILO, RELIG Transmigration, après la mort, de l'âme d'un corps dans un autre corps. *La croyance en la métempsycose constitue le fondement du brahmanisme.* – Bas lat. *metempsychosis*, mot gr., «déplacement de l'âme».

météo [meteo] n. f. et adj. Fam. Abrév. de *météorologie, météorologique.*

météore [meteɔʀ] n. m. **1.** METEO Vx ou didac. Phénomène atmosphérique. *Météores gazeux* (vent, tempête, orage), *aqueux* (pluie, neige, brouillard, etc.), *lumineux* (halo, arc-en-ciel, etc.), *électriques* (foudre, tonnerre, orages magnétiques, etc.). **2.** ASTRO Cour. Météorite. **3.** Fig. Personne dont la carrière est brillante mais très brève. – Lat. médiév. *meteora*, du gr. *meteôros*, «élevé dans les airs».

météorique [meteɔʀik] adj. Relatif aux météores. – Du préc.

météorisation [meteɔʀizasjɔ̃] n. f. MED Fait de météoriser. ▷ MED VET Chez les ruminants, indigestion causée en général par l'ingestion d'herbages humides. – De *météoriser.*

météoriser [meteɔʀize] v. tr. [1] MED Gonfler l'abdomen par accumulation de gaz. – Gr. *meteôrizein*, «élever, se gonfler».

météorisme [meteɔʀism] n. m. MED Accumulation de gaz dans l'intestin, provoquant l'augmentation du volume de l'abdomen. – Gr. *meteôrismas.*

météorite [meteɔʀit] n. m. ou f. Fragment minéral provenant de l'espace et traversant l'atmosphère terrestre. – De *météore*, et *-ite* 3.

ENCYCL Les météorites pénètrent dans la haute atmosphère à des vitesses considérables, qui portent leur surface à incandescence, d'où leur nom cour. d'étoiles *filantes.* Les petits météorites sont totalement vaporisés vers 50 km d'altitude. Les plus gros peuvent atteindre la surface de la Terre et, s'ils sont très volumineux, creuser dans le sol des cratères semblables à ceux que l'on observe sur la Lune (où, grâce à l'absence d'atmosphère, ils peuvent subsister); l'un des plus gros météorites connus, dont la masse devait s'élever à env. douze mille tonnes, a creusé le Meteor Crater en Arizona. Un système d'observation et de détection des météorites a été mis en place afin de pouvoir déterminer avec précision l'emplacement de leur chute. Suivant leur composition, on classe les météorites en sidérites (constituées de fer et de nickel), en aérolithes (constituées de silicates) et en aérosidérolithes (mixtes). Au même titre que les planètes et les comètes, les météorites appartiennent au système solaire.

météoritique [meteɔʀitik] adj. Relatif aux météorites. – Du préc.

météorologie [meteɔʀɔlɔʒi] n. f. Science ayant pour objet la connaissance des phénomènes atmosphériques et des lois qui les régissent, et l'application de ces lois à la prévision du temps. Abrév. *météo.* – Gr. *meteôrologia*, «traité sur les corps ou les phénomènes célestes».

ENCYCL La météorologie repose sur l'observation régulière des phénomènes météorologiques et sur les lois qui régissent les gaz de l'atmosphère, leurs changements d'état et leurs mouvements. Les princ. facteurs observés sont la pression atmosphérique, la température, l'humidité, le vent, les précipitations et les nuages. Les mouvements de l'atmosphère sont dus à la variation, suivant les latitudes, de l'énergie reçue par la Terre ou que la Terre cède par rayonnement. En moyenne, au cours de l'année, la différence entre l'énergie gagnée par l'ensemble Terre-atmosphère et l'énergie perdue par rayonnement est positive au sud du 38e parallèle et négative au nord. Au-delà du 70e parallèle, le bilan est négatif tout au long de l'année, tandis que dans les régions équatoriales et tropicales il est positif en permanence. L'air a tendance à se déplacer des régions où la pression est élevée (anticyclones) vers celles où la pression est plus faible (dépressions). Cependant, la rotation de la Terre dévie tous les mouvements qui se produisent à la surface du globe. Dans l'hémisphère Nord, le vent souffle dans le sens des aiguilles d'une montre autour des anticyclones et dans le sens inverse autour des dépressions; ce mouvement est inversé dans l'hémisphère Sud. La circulation de l'atmosphère dépend de la distribution moyenne de la pression sur le globe, qui s'établit ainsi: une zone de hautes pressions (anticyclones), assez peu marquées, dans les régions polaires; une zone de basses pressions relatives (dépressions) dans les régions tempérées; une zone de hautes pressions subtropicales; une zone de basses pressions équatoriales. À ce schéma correspond une composante moyenne des courants atmosphériques, comportant: des vents à composante E.-O. dans les régions polaires; des vents à composante O.-E. dans les régions tempérées; des vents à composante E.-O. dans les régions intertropicales. La zone de basses pressions équatoriales subsiste toute l'année, ce qui explique la permanence des vents alizés. Les échanges thermiques entre les régions chaudes et les régions froides du globe s'effectuent grâce à de gigantesques tourbillons qui prennent naissance dans les régions tempérées à la rencontre des vents d'origine polaire et des vents d'origine tropicale, créant ainsi une série de *fronts froids* et de *fronts chauds.* L'observation des phénomènes météorologiques au moyen des satellites a permis de faire considérablement progresser la connaissance de ces phénomènes et d'augmenter ainsi la durée sur laquelle la prévision du temps peut s'effectuer. Les renseignements fournis par la météorologie, qui fait un grand appel à l'informatique et à la télétransmission de données, notam. par fac-similés, sont indispensables à toutes les entreprises dont l'activité dépend des conditions météorologiques (aviation, marine, agriculture, travaux publics, services hydroélectriques, etc.).

météorologique [meteɔʀɔlɔʒik] adj. Relatif à la météorologie. *Navire, station météorologiques. Bulletin météorologique.* – Du préc.

météorologiste [meteɔʀɔlɔʒist] ou **météorologue** [meteɔʀɔlɔg] n. Spécialiste de météorologie. – De *météorologie.*

métèque [metɛk] n. m. **1.** ANTIQ GR Étranger domicilié dans une ville de la Grèce antique. **2.** Péjor. Étranger (en partic., étranger au teint basané). – Du lat. imp. *metœcus,* gr. *metoikos,* «qui change de maison», de *meta-,* et *oikos,* «maison».

méthacrylique [metakʀilik] adj. CHIM *Acide méthacrylique* ($CH_2 = C(CH_3) - COOH$). *Résines méthacryliques,* résultant de la polymérisation des esters de l'acide, utilisées en particulier dans la fabrication des verres organiques (plexiglas, par ex.). – De *méth(ylique),* et *acrylique.*

méthanal [metanal] n. m. CHIM Syn. de *formaldéhyde.* – De *méthyle.*

méthane [metan] n. m. CHIM Hydrocarbure saturé, de formule CH_4. – De *méth(ylène),* par substitution de finale.

ENCYCL Le méthane est le premier terme de la série des hydrocarbures saturés. À la température ordinaire, c'est un gaz incolore et inodore, plus léger que l'air (densité 0,559). Il se liquéfie à – 164 °C à la pression atmosphérique normale. Sa combustion libère une grande quantité de chaleur; elle peut être explosive pour une teneur dans l'air comprise entre 6 et 16 % (grisou). Le méthane est le constituant essentiel du gaz naturel utilisé comme combustible pour le chauffage industriel et domestique.

méthanier [metanje] n. m. Navire spécialement conçu pour le transport du gaz naturel liquéfié. – Du préc., d'après *pétrolier.*

méthanol [metanɔl] n. m. CHIM Alcool méthylique. – De *méthan(e)* et de *(alco)ol.*

méthémoglobine [metemɔglɔbin] n. f. BIOL Hémoglobine dont l'atome de fer est à l'état ferrique et qui est donc inapte au transport de l'oxygène. – De *mét(a),* et *hémoglobine.*

méthionine [metjɔnin] n. f. BIOL Acide aminé soufré essentiel qui fournit les groupements méthyles dont la cellule a besoin et dont dérive la cystéine. – De *mé(thylène),* et *thionine.*

méthode [metɔd] n. f. **1.** PHILO Marche rationnelle de l'esprit pour arriver à la connaissance ou à la démonstration de la vérité. «*Discours de la méthode*» (Descartes). **2.** Ensemble de procédés, de moyens pour arriver à un résultat. *Méthode d'enseignement. Méthodes de fabrication d'un produit. Animaux classés selon la méthode de Cuvier.* – Fam. Manière de procéder. *Je connais la méthode pour le convaincre.* **3.** Ouvrage d'enseignement élémentaire. *Méthode de piano.* **4.** Qualité d'esprit consistant à savoir classer et ordonner les idées, à savoir effectuer un travail avec ordre et logique. *Avoir de la méthode.* – Disposition ordonnée et logique. *Livre composé sans méthode.* – Lat. *methodus* (terme de médecine), gr. *methodos,* «recherche».

méthodique [metɔdik] adj. **1.** Fait avec méthode. *Recherches méthodiques.* Syn. systématique. **2.** Qui a de la méthode. *Esprit méthodique.* – Bas lat. *methodicus,* gr. *methodikos.*

méthodiquement [metɔdikmɑ̃] adv. Avec méthode. – Du préc.

méthodisme [metɔdism] n. m. RELIG Ensemble des méthodes de vie chrétienne que John Wesley répandit à l'université d'Oxford à partir de 1729. – Mouvement protestant s'appuyant sur la doctrine de Wesley. *Le méthodisme accorde une large part à l'initiative individuelle, à l'inspiration de ses membres, laïcs ou pasteurs.* – Angl. *methodism,* même rac. que le fr. *méthode.*

méthodiste [metɔdist] adj. et n. RELIG Relatif au méthodisme. *Église méthodiste.* ▷ Subst. Adepte du méthodisme. *Les méthodistes sont environ 20 millions dans le monde.* – Angl. *methodist.*

méthodologie [metɔdɔlɔʒi] n. f. **1.** PHILO Partie de la logique qui étudie les méthodes des différentes sciences. Cf. aussi épistémologie. **2.** Cour. Ensemble des méthodes appliquées à un domaine particulier de la science, de la recherche. – De *méthode,* et *-logie.*

méthodologique [metɔdɔlɔʒik] adj. Relatif à la méthodologie. – Du préc.

méthylacrylique. V. méthacrylique.

méthyle [metil] n. m. CHIM Radical monovalent CH_3. – *Chlorure de méthyle,* de formule CH_3Cl, employé comme agent réfrigérant et comme anesthésique. – De *méthylène.*

méthylène [metilɛn] n. m. **1.** COMM Alcool méthylique. **2.** CHIM Radical bivalent CH_2. ▷ *Chlorure de méthylène :* liquide volatil de formule CH_2Cl_2, utilisé comme solvant. ▷ *Bleu de méthylène:* liquide coloré utilisé comme antiseptique. – Du gr. *methu,* «boisson fermentée», et *hulê,* «bois».

méthylique [metilik] adj. CHIM Qui renferme le radical méthyle. *Alcool méthylique* ou *méthanol,* de formule CH_3OH, utilisé industriellement dans la fabrication du formol et comme solvant. – De *méthyle.*

méthylorange [metilɔʀɑ̃ʒ] n. m. CHIM Matière colorante également nommée hélianthine. – De *méthyl(e),* et *orange.*

méticuleusement [metikyløzmɑ̃] adv. D'une manière méticuleuse. – De *méticuleux.*

méticuleux, euse [metikylø, øz] adj. **1.** Scrupuleux. **2.** Minutieux. *Esprit méticuleux d'un chercheur.* **3.** Qui demande un grand soin. *Travail méticuleux.* – Du lat. *meticulosus,* «craintif».

méticulosité [metikylozite] n. f. **1.** Caractère d'une personne méticuleuse. **2.** Caractère d'une activité qui demande un grand soin. *La méticulosité du métier d'horloger.* – Du préc.

métier [metje] n. m. **I. 1.** Occupation manuelle ou mécanique qui permet de gagner sa vie. *Le métier de menuisier. Apprendre un métier. Corps de métier.* **2.** Profession quelconque, considérée relativement au genre de travail qu'elle exige. *Écrivain qui connaît bien son métier. Un métier fatigant, bien rétribué, dangereux. Un homme du métier:* un professionnel, un spécialiste. ▷ Prov. *Il n'y a pas de sot métier :* toutes les professions sont honorables, même les plus humbles. **3.** Savoir-faire, habileté acquise dans l'exercice d'un métier, d'une profession. *Cet acteur a du métier.* **II.** TECH Machine utilisée pour la fabrication des tissus. *Métier à tisser.* ▷ Châssis sur lequel on tend certains ouvrages. *Métier à broder.* ▷ Loc. fig. *«Vingt fois sur le métier remettez votre ouvrage»* (Boileau). – Du lat. *ministerium* , «ministère», altéré en *misterium,* par infl. de *mysterium,* «mystère», gr. *mustêrion,* de *mustês,* «initié».

métis, isse [metis] adj. et n. **1.** Issu du croisement de races différentes. – N. *Un Eurasien est un métis né d'un(e) Européen(ne) et d'un(e) Asiatique.* ▷ Issu du croisement des races amérindienne et européenne (surtout française). *Les communautés métisses de la Rivière Rouge.* – Subst. *Les Métis.* **2.** ZOOL Issu du croisement de races différentes au sein d'une même espèce. **3.** TECH *Toile métisse,* dans laquelle lin et coton sont mélangés. – N. m. *Du métis.* – Du bas lat. *mixticius,* de *mixtus,* «mélange».

ENCYCL Issus de l'union de «voyageurs» canadiens et d'employés de la Hudson's Bay Company avec des Amérindiennes, les Métis, tant francophones qu'anglophones, habitaient les territoires du Nord-Ouest où, vers 1825, ils étaient déjà de beaucoup supérieurs en nombre aux Amérindiens. Ils vivaient de la chasse au bison, ou comme employés des grands commerçants de fourrures montréalais. Dominant démographiquement les territoires de l'Ouest, les Métis s'en considéraient comme les propriétaires. Aussi, quand, en 1869, Ottawa acheta de la Hudson's Bay Company les territoires du Nord-Ouest, en vue de les unir aux provinces canadiennes, les Métis firent-ils connaître leur opposition, refusant d'être expropriés. Ils négocièrent, firent des coups de main, puis s'apaisèrent quelque peu, n'ayant rien obtenu, sinon des promesses. Mais l'envahissement de l'Ouest par les colons venus de l'Est, les violations constantes de leurs terres et, finalement, le peu d'attention qu'on portait à leurs revendications les amenèrent à se rebeller. En 1885, leur chef, Louis Riel, forma un gouvernement provisoire et prit les armes. Les Métis furent défaits à Batoche par des troupes dépêchées par Ottawa, et Riel fut fait prisonnier. On le pendit le 18 novembre 1885. La résistance des Métis était brisée. Aujourd'hui regroupés au sein de la Société des premières nations, ils réclament des territoires sur lesquels ils puissent vivre d'une façon autonome.

métissage [metisaʒ] n. m. Croisement de races. – De *métis.*

métisser [metise] v. tr. [1] Croiser (deux races différentes). – De *métis.*

métonymie [metɔnimi] n. f. Figure de langage dans laquelle un concept est dénommé au moyen d'un mot désignant un autre concept, lequel entretient avec le premier une relation nécessaire (la cause pour l'effet, la partie pour le tout, le contenant pour le contenu, etc.). *«La salle applaudit»* (pour *«les spectateurs»*) *est une métonymie.* – Bas lat. *metonymia,* gr. *metônumia.*

métonymique [metɔnimik] adj. Qui a le caractère de la métonymie. – De *métonymie.*

métope [metɔp] n. f. ARCHI Espace, souvent orné d'un bas-relief, qui sépare chacun des triglyphes (groupes de deux cannelures et de deux demi-cannelures) de la frise dorique. – Bas lat. *metopa,* mot gr., de *meta,* et *opê,* «ouverture».

métrage [metʀaʒ] n. m. **1.** CONSTR Action de métrer. **2.** Longueur en mètres (d'une pièce de tissu, par ex.). **3.** (Dans les loc. *court, moyen, long métrage.*) Longueur d'un film. *Long métrage:* film qui dure une heure et demie ou plus. – De *métrer.*

1. mètre [mɛtʀ] n. m. **1.** Unité fondamentale des mesures de longueur (symbole m), définie légalement, à l'origine (1799), comme la dix-millionième partie du quart du méridien terrestre, et, le 1er janvier 1961, comme «la longueur égale à 1 650 763,73 longueurs d'onde, dans le vide, de la radiation correspondant à la transition entre les niveaux $2p_{10}$ et $5d_5$ de l'atome de krypton 86». ▷ *Mètre carré* (m^2): unité de surface égale à l'aire d'un carré de 1 mètre de côté. ▷ *Mètre cube* (m^3): unité de volume égale au volume d'un cube de 1 mètre de côté. ▷ *Mètre par seconde* (m/s): unité de vitesse. – *Mètre par seconde par seconde* (m/s^2): unité d'accélération. **2.** Règle, ruban gradué de 1 mètre de longueur. *Mètre de couturière.* – Lat. *metrum,* gr. *metron,* «mesure».

2. mètre [mɛtʀ] n. m. **1.** Dans la versification grecque et latine, unité rythmique, groupe de syllabes longues ou brèves comprenant un temps fort et un temps faible. **2.** En versification française, nombre de syllabes d'un vers. – Lat. *metrum,* gr. *metron,* «mesure».

-mètre, -métrie, -métrique, métro-. Élément, du gr. *metron,* «mesure, évaluation».

mètre-newton. V. newton.

métrer [metʀe] v. tr. [1] Mesurer à l'aide d'un mètre. – De *mètre* 1.

métricien, enne [metʀisjɛ̃, ɛn] n. Didac. Philologue qui s'occupe de métrique, de versification. – De *métrique* 2.

-métrie. V. -mètre.

1. métrique [metʀik] adj. **1.** Relatif au mètre. ▷ Qui a le mètre pour base. *Système métrique.* **2.** *Tonne métrique:* masse de 1 000 kg (par oppos. aux unités de masse anglo-saxonnes). – Lat. *metricus,* gr. *metrikon,* de *metron,* «mesure».

2. métrique [metʀik] n. et adj. **1.** n. f. Étude des diverses espèces de vers, de pieds. **2.** adj. Qui concerne la mesure des vers. – *Vers métrique,* qui repose sur la combinaison des syllabes longues et brèves, par oppos. au *vers syllabique,* fondé sur le nombre des syllabes. – Gr. *metrikê.*

-métrique. V. -mètre.

métrite [metʀit] n. f. MED Atteinte inflammatoire et infectieuse de l'utérus. – Lat. méd. *metritis,* du gr. *mêtra,* «matrice».

métro [metʀo] n. m. Chemin de fer urbain à traction électrique, partiellement ou totalement souterrain. *Le métro de Montréal, de Paris, de New York.* – Abrév. de *métropolitain* 2.

métro-. V. -mètre.

métrologie [metʀɔlɔʒi] n. f. Didac. Science des mesures. – De *métro-,* et *-logie.*

métrologique [metʀɔlɔʒik] adj. Didac. Relatif à la métrologie. – Du préc.

métronome [metʀɔnɔm] n. m. Instrument battant la mesure sur un rythme choisi, utilisé en musique pour l'étude, et qui comporte un balancier à curseur dont le mouvement est entretenu par un mécanisme à échappement. – De *métro-,* et *-nome.*

métropole [metʀɔpɔl] n. f. **1.** État considéré par rapport aux colonies qu'il a fondées. **2.** Capitale d'un pays, ville principale d'une région. *Métropole régionale.* – **3.** RELIG CATHOL Ville possédant un siège archiépiscopal dont relèvent des suffragants. – Bas lat. *metropolis,* mot gr. de *mêtêr, mêtros,* «mère», et *polis,* «ville».

1. métropolitain, aine [metʀɔpɔlitɛ̃, ɛn] adj. **1.** De la métropole. *La France métropolitaine.* **2.** RELIG CATHOL Qui a rapport à une métropole. *Archevêque métropolitain* ou n. m., *un, le métropolitain.* – Bas lat. *metropolitanus.*

2. métropolitain [metʀɔpɔlitɛ̃] adj. et n. m. Vx *Chemin de fer métropolitain.* ▷ N. m. *Le métropolitain:* le métro*. – Angl. *metropolitan,* «de la grande ville».

métropolite [metʀɔpɔlit] n. m. RELIG Prélat d'un rang élevé, dans l'Église orthodoxe. – Gr. *mêtropolitês,* de *mêtropolis.* (V. métropole.)

métrorrhagie ou **métrorragie** [metʀɔʀaʒi] n. f. MED Hémorragie d'origine utérine. – Du gr. *mêtra,* «matrice», et *-rrhagie.*

mets [mɛ] n. m. Aliment préparé qui entre dans la composition d'un repas; plat. *L'art d'apprêter les mets.* – Du bas lat. *missus,* «ce qui est mis sur la table», de *mittere,* «mettre».

mettable [mɛtabl] adj. Qui peut encore être porté (habits, vêtements). – De *mettre.*

metteur, euse [mɛtœʀ, øz] n. **1.** TECH *Metteur en œuvre:* ouvrier bijoutier qui monte les joyaux. **2.** TYPO *Metteur en pages:* ouvrier qui rassemble les éléments de composition pour en former des pages. **3.** *Metteur en scène:* personne qui, au théâtre, dirige le jeu des acteurs, les répétitions, règle les décors, etc. ▷ Réalisateur de cinéma ou de télévision. **4.** *Metteur au point:* spécialiste qui règle des machines, des moteurs. – De *mettre.*

mettre [mɛtʀ] v. tr. **[68] I.** Faire passer dans un lieu. **1.** Placer ou amener (qqch, qqn) dans un endroit déterminé. *Mettre un enfant au lit. Mettre les mains dans les poches. Mettre du vin en bouteilles. Mettre les mains sur la tête, mettre un plat sur la table.* ▷ *Mettre en terre:* enterrer, planter. *Mettre en terre un rosier.* ▷ *Mettre le couvert:* placer sur la table, selon une disposition précise, les différents objets dont on a besoin pour le repas. ▷ *Mettre qqch dans la tête de qqn,* le lui faire comprendre, l'en convaincre. **2.** Placer (qqn) dans un endroit en faisant changer son état, sa situation. *Mettre un enfant en pension. Mettre qqn en prison.* ▷ *Mettre un enfant au monde,* lui donner naissance. ▷ *Mettre bas:* donner naissance à des petits. *La chienne a mis bas.* ▷ Affecter (qqn) à un travail, placer (qqn) dans une situation professionnelle déterminée. *On m'a mis à ce poste provisoirement. Mettre qqn au chômage.* **3.** Placer à un certain rang (dans une suite, une série, une hiérarchie). *Mettre qqn en tête du cortège. Mettre au nombre des meilleurs.* **4.** Employer (de l'argent, du temps). *Mettre ses fonds dans une entreprise. Mettre trois heures pour aller d'un lieu à un autre.* ▷ *Absol.* Miser. *Mettre dix dollars sur le dix-sept.* **5.** Placer sur le corps. *Mettre ses gants.* ▷ Porter habituellement. *Il ne met pas de veste.* **6.** Ajouter (ce qui manque, ce qui est nécessaire). *Mettre un manche à un balai.* **II.** Faire occuper telle position à; placer dans telle situation, tel état. **1.** *Mettre qqch en gage,* le donner à titre de garantie en échange d'une somme d'argent. ▷ *Mettre qqch à prix,* estimer sa valeur avant de le vendre. ▷ *Mettre à prix la tête de (une personne recherchée par la police, la justice),* promettre une récompense à ceux qui la livreront aux autorités. **2.** Placer dans une certaine position. *Mettre le verrou.* **3.** Noter par écrit. *Mettre son nom au bas d'une page.* **4.** *Mettre... à:* faire consister... à. *Mettre son plaisir à faire du bien.* **III.** Opérer un changement, amener à une autre situation. **1.** *Mettre en:* amener (qqch) à être dans telle situation, tel état. *Mettre une lampe en veilleuse.* ▷ *Mettre une terre en blé, en seigle,* y semer du blé, du seigle. **2.** Faire passer d'une forme d'expression à une autre. *Mettre en vers, en prose.* **3.** Faire marcher, fonctionner. *Mettre la radio.* **4.** Faire passer (qqn) d'un état à un autre. *Mettre qqn en danger, en colère, en garde. Mettre qqn hors de lui. Mettre qqn knock-out.* **IV.** v. pron. **1.** Se placer dans un endroit précis, dans un état déterminé. *Se mettre au lit, se mettre à table. Se mettre en colère.* **2.** *Se mettre à faire qqch,* commencer à le faire. **3.** Fig. *Se mettre à la place de qqn,* faire l'effort de le comprendre, de comprendre son état d'esprit, ses réactions. **4.** *Se mettre à table:* s'asseoir devant une table pour manger. – Fig., arg. Avouer, parler, au cours d'un interrogatoire. **5.** Mettre sur soi, porter. *Je n'ai rien à me mettre.* ▷ *Se mettre sur son trente et un:* porter ses plus beaux vêtements. **6.** loc. fam. *S'en mettre jusque-là* : manger en grande quantité. ▷ *S'en mettre plein les poches:* gagner beaucoup d'argent. – Lat. *mittere,* «envoyer», puis «placer».

meublant, ante [mœblɑ̃, ɑ̃t] adj. **1.** Vx Qui est employé pour décorer un intérieur. *Tenture meublante.* **2.** DR *Meubles meublants:* meubles d'usage courant qui servent à garnir ou à orner un appartement, une maison. – Ppr. de *meubler.*

meuble [mœbl] adj. et n. **I.** adj. **1.** DR Que l'on peut déplacer. *Biens meubles. Biens meubles par nature* (mobilier, animal, marchandise, etc.). *Biens meubles déterminés tels par la loi* (valeurs immobilières, obligations, droits d'auteur, etc.). **2.** *Sol, terre meuble,* facile à retourner, à labourer; qui se sépare aisément. **II.** n. m. **1.** Tout objet pouvant être déplacé, construit en matériau rigide (bois, métal, matière plastique, etc.), employé à des fins utilitaires ou décoratives pour l'aménagement des locaux et des lieux d'habitation. *Meubles de style, de bureau, de jardin.* – *Meuble-lavabo:* meuble de salle de bains à hauteur de taille dans lequel est encastré un lavabo et sous lequel se trouve un espace de rangement fermé par des portes. *Des meubles-lavabos.* ▷ *Être, s'installer, se mettre dans ses meubles,* dans un appartement, une maison dont on possède en propre le mobilier. **2.** HERALD Objet figurant dans l'écu. – Du lat. *mobilis,* de *movere,* «déplacer».

meublé, ée [mœble] adj. et n. m. *Chambre, maison meublée,* qui est louée garnie de meubles. ▷ N. m. *Un meublé. Vivre en meublé.* – Pp. de *meubler.*

meubler [mœble] v. tr. [1] **1.** Garnir de meubles. *Meubler un appartement.* – v. pron. *Se meubler:* faire l'acquisition de meubles pour sa maison. ▷ Fig. *Meubler son esprit,* l'enrichir de connaissances. **2.** Décorer (tissus). *Étoffe qui meuble bien.* **3.** Fig. Remplir. *Meubler ses loisirs en collectionnant les timbres.* – De *meuble.*

meuglement [møgləmɑ̃] n. m. Cri des bovins, beuglement. – De *meugler.*

meugler [møgle] v. intr. [1] Faire entendre son cri, en parlant des bovins. Syn. beugler. – Altér. par onomat. de *beugler* .

meulage [mølaʒ] n. m. Opération qui consiste à aiguiser, polir, rectifier une pièce à l'aide d'une meule. – De *meule.*

1. meule [møl] n. f. **1.** Pièce massive cylindrique qui sert à broyer, à moudre. *Meule gisante* (horizontale et immobile) *et meule courante* (verticale et tournant contre l'autre) *en pierre des anciens moulins.* **2.** Disque de matière abrasive qui sert à aiguiser, à polir, à rectifier. **3.** Fromage qui a la forme d'un disque épais et de grand diamètre. *Meule de gruyère.* – Lat. *mola.*

2. meule [møl] n. f. **1.** Amas de blé, de foin, de paille, etc., pouvant affecter des formes diverses, régulièrement empilé sur une partie sèche du champ ou près de la ferme et permettant de conserver les gerbes et le fourrage jusqu'au battage ou à l'utilisation. **2.** Couche à champignons. – Tas de fumier qui en provient. **3.** Tas de bois préparé pour faire du charbon de bois. – P.-ê. de *meule* 1, par métaphore.

meuler [møle] v. tr. [1] Passer à la meule (sens 2). – De *meule* 1.

meulette [mølɛt] n. f. Petite meule de foin. – Dimin. de *meule* 2.

meulier, ière [mølje, jɛʀ] adj. et n. **1.** Qui sert à faire des meules. *Silex meulier.* ▷ *Pierre meulière* ou (n. f.) *meulière:* roche très dure composée de silice et de calcaire, utilisée dans le bâtiment. *Pavillon en meulière.* – Carrière d'où l'on extrait cette pierre. **2.** n. m. Ouvrier qui fabrique des meules. – De *meule* 1.

meulon [mølɔ̃] n. m. **1.** Petite meule. **2.** Petit amas de sel tiré d'un marais salant et recouvert d'argile. – De *meule* 2.

meunerie [mønʀi] n. f. **1.** Industrie de la fabrication de la farine; commerce du meunier. **2.** Ensemble des meuniers. *Chambre de la meunerie.* – De *meunier.*

meunier, ère [mønje, ɛʀ] n. **1.** Personne qui exploite un moulin à céréales, qui fabrique de la farine. – Adj. Relatif à la meunerie. *Industrie meunière.* ▷ *Échelle de meunier:* escalier raide, sans contremarches. **2.** CUIS *À la meunière*, ou, ellipt., *meunière:* mode de préparation qui consiste à passer un poisson à la farine avant cuisson au beurre. *Des soles meunière.* **3.** n. m. Nom courant du chevesne. – Du bas lat. **molinarius*, de *molinum*, «moulin».

meurt-de-faim [mœʀdəfɛ̃] n. inv. Vx Personne misérable, démunie au point de n'avoir pas de quoi manger. – De *mourir, de,* et *faim.*

meurtre [mœʀtʀ] n. m. Homicide volontaire. ▷ *Meurtre au premier degré:* meurtre commis avec préméditation et de propos délibéré. ▷ *Meurtre au deuxième degré:* meurtre commis avec préméditation mais dans des circonstances particulières. – Déverbal de *meurtrir*, au sens anc. de «assassiner».

meurtrier, ère [mœʀtʀije, ɛʀ] n. et adj. **1.** n. Personne qui a commis un meurtre. **2.** adj. Qui cause la mort d'un grand nombre de personnes. *Combat meurtrier.* ▷ Qui provoque, pousse à commettre un meurtre, des meurtres. *Folie meurtrière.* – Du préc.

meurtrière [mœʀtʀijɛʀ] n. f. Ouverture étroite pratiquée dans un mur de fortification et par laquelle on peut lancer des projectiles, tirer sur les assiégeants. – Du préc.

meurtrir [mœʀtʀiʀ] v. tr. **1.** Faire une meurtrissure à. *Le coup de bâton lui avait meurtri l'épaule.* ▷ Fig. Blesser moralement. *Meurtrir un cœur.* **2.** Endommager par un choc, un contact prolongé (un fruit, un légume). – Du frq. **murthrjan*, «assassiner».

meurtrissure [mœʀtʀisyʀ] n. f. **1.** Contusion s'accompagnant d'un changement de coloration de la peau. *Être couvert de meurtrissures.* **2.** Tache sur un fruit, ou sur un légume, provenant d'un choc. – Du préc.

meute [møt] n. f. Troupe de chiens courants dressés pour la chasse à courre. *Chien de meute.* ▷ Fig. Troupe de personnes acharnées contre qqn. *Une meute de créanciers.* – Du lat. pop. *movita*, du class. *motus*, pp. de *movere*, «mouvoir».

MeV PHYS NUCL Symbole de mégaélectronvolt.

mévente [mevɑ̃t] n. f. **1.** Vx Vente à perte. **2.** Mauvaise vente, vente inférieure en quantité à ce qui était escompté. – De l'anc. v. *mévendre.*

mexicain, aine [mɛksikɛ̃, ɛn] adj. et n. Du Mexique. – Du n. du *Mexique*, État fédéral de l'Amérique septent.

mezzanine [medzanin] n. f. ARCHI Petit étage pratiqué entre deux plus grands, entresol. – Adj. *Fenêtre mezzanine*, ou, n. f., *mezzanine:* petite fenêtre donnant du jour à un entresol. ▷ *Spécial.* Étage ménagé entre le parterre et le balcon, dans un théâtre. – Ital. *mezzanino*, «entresol», de *mezzo*, «milieu, moitié».

mezza-voce [medzavɔtʃe] loc. adv. À demi-voix. *Chanter mezza-voce.* – Ital. *mezza*, et *voce*, «voix».

mezzo-soprano [medzosɔpʀano] **1.** n. m. Voix de femme intermédiaire entre le soprano et le contralto. **2.** n. f. Celle qui a cette voix. *Une mezzo-soprano. Des mezzo-sopranos.* – Loc. ital., «soprano moyenne».

mezzo-tinto [mɛdzotinto] n. m. ART Technique de gravure, dite aussi «à la manière noire», qui consiste à ménager les blancs et les gris au brunissoir sur une planche préalablement hachurée. – Loc. ital., «demi-teinte».

M.F. [ɛmɛf] n. f. Sigle de *modulation de fréquence.*

mg Symbole du milligramme.

Mg CHIM Symbole du magnésium.

mgr GEOM Symbole du milligrade.

mi [mi] n. m. MUS Troisième note de la gamme d'ut. *Mi bécarre, mi bémol.* – Signe qui la représente. – Prem. syllabe de *mira* dans l'hymne lat. à saint Jean Baptiste (XIe s.).

mi- [mi] Préfixe qui peut être joint à des adj. *(mi-clos)* ou à des subst. pour former: **1.** Des noms composés. *La mi-août, la mi-carême.* **2.** Des loc. adv. (il est alors précédé de *à*). *À mi-corps, à mi-jambe, à mi-chemin.* **3.** Des loc. adj. *Mi-figue mi-raisin.* – Du lat. *medius*, «qui est au milieu».

miaou [mjau] n. m. Fam. Miaulement, cri du chat. *Des miaous.* – Onomat.

miasme [mjasm] n. m. (Surtout au plur.) Émanation putride provenant de la décomposition de substances animales ou végétales. – Gr. *miasma*, «souillure».

miaulement [mjolmɑ̃] n. m. **1.** Cri du chat et de certains félins. **2.** Son analogue au miaulement. *Miaulement d'un gond mal huilé.* – De *miauler.*

miauler [mjole] v. intr. [1] **1.** Pousser son cri, en parlant du chat et de certains félins. **2.** Émettre un bruit semblable au miaulement. *Des balles miaulèrent à ses oreilles.* – D'un rad. onomat.

miauleur, euse [mjolœʀ, øz] adj. Qui miaule. – Du préc.

mi-bas [mibɑ] n. m. inv. Chaussette montant jusqu'au genou. – De *mi-*, et *bas.*

mi-bois (à) [mibwa] loc. adv. TECH *Assemblage à mi-bois*, obtenu en entaillant chacune des deux pièces de bois à assembler sur la moitié de leur épaisseur. – De *mi-*, et *bois.*

mica [mika] n. m. Minéral formé principalement de silicate d'aluminium et de potassium, caractérisé par sa structure feuilletée, son éclat métallique et sa grande résistance à la chaleur. – Lat. *mica*, «parcelle».

ENCYCL Les micas peuvent se rattacher à deux types: le *mica noir* (ou *biotite*), qui est un silicate de magnésium; le *mica blanc* (ou *muscovite*), silicate d'aluminium. Ils sont tous deux présents dans les roches éruptives, métamorphiques, la muscovite l'étant également dans certaines roches sédimentaires. Sa transparence, son homogénéité et ses propriétés d'isolant thermique donnent au mica de nombr. utilisations.

micacé, ée [mikase] adj. **1.** Qui est de la nature du mica; qui contient du mica. **2.** Qui ressemble au mica. ▷ SC NAT Qui a des écailles ressemblant au mica. – Du préc.

mi-carême [mikaʀɛm] n. f. Jeudi de la troisième semaine du carême. – De *mi-*, et *carême.*

micaschiste [mikaʃist] n. m. PETROG Roche schisteuse métamorphisée, feuilletée, riche en mica et en quartz. – De *mica*, et *schiste.*

micellaire [misɛllɛʀ] adj. CHIM Relatif aux micelles. – De *micelle.*

micelle [misɛl] n. f. CHIM Agrégat de molécules ou d'ions dont la cohésion est assurée par des forces intermoléculaires et qui constitue l'une des phases d'une substance colloïdale. – Du lat. *mica*, «parcelle».

miche [miʃ] n. f. **1.** Pain rond et gros. *Entamer une miche.* **2.** Plur. Pop. Fesses. – Du lat. pop. **micca*, de *mica*, «parcelle, miette».

miché [miʃe] ou **micheton** [miʃtɔ̃] n. m. Arg. Client d'une fille vénale. – De *michet*, forme pop. de *Michel.*

micheline [miʃlin] n. f. CH de F Anc. Autorail dont les roues étaient garnies de pneumatiques. ▷ *Abusiv.* Autorail. – Du n. des frères *Michelin,* André (1853-1931) et Édouard (1859-1940), industriels français, inventeurs du pneumatique démontable.

mi-chemin (à) [miʃmɛ̃] loc. adv. À la moitié d'un trajet, d'un parcours. *À mi-chemin de Montréal et de Toronto.* – De *mi-,* et *chemin.*

micheton. V. miché.

mi-clos, -close [miklo, kloz] adj. Qui est à moitié clos. *Yeux mi-clos. Persiennes mi-closes.* – De *mi-,* et *clos.*

1. micmac, micmaque [mikmak] adj. et n. **1.** adj. Propre à la tribu amérindienne du Canada des Micmacs. *L'artisanat micmac.* ▷ Subst. Amérindien de cette tribu. *Un Micmac, une Micmaque.* **2.** n. m. Langue des Micmacs, de la famille linguistique algonquienne. *Le micmac est répandu en toponymie gaspésienne.* – D'un mot amérindien signif. «les alliés».
ENCYCL Les Micmacs constituent le principal groupe aborigène des Provinces maritimes et on les retrouve également à Terre-Neuve et au Québec, dans la péninsule gaspésienne.
À l'origine, ils se dénommaient eux-mêmes *Mig'mawag,* «peuple de l'aurore», nom que les Anglais ont rapidement déformé en *Micmac,* alors que les Français leur avaient attribué le nom de *Souriquois.*

2. micmac [mikmak] n. m. Fam. Intrigue secrète et embrouillée. *Faire des micmacs.* ▷ Désordre; situation embrouillée, confuse. – Du moy. néerl. *muytmaker,* «mutin, séditieux», de *muit,* «émeute», et *maken,* «faiseur».

micocoulier [mikɔkulje] n. m. Arbre ornemental (genre *Celtis,* fam. ulmacées) des régions tempérées et tropicales, au bois souple et résistant. – Mot provenç., du gr. mod. *mikrokoukouli.*

mi-corps (à) [mikɔʀ] loc. adv. Jusqu'au milieu du corps, jusqu'à la taille. – De *mi-,* et *corps.*

mi-côte (à) [mikot] loc. adv. Au milieu de la côte. – De *mi-,* et *côte.*

micouenne [mikwɛn] ou **micoine** [mikwan] n. f. Autrefois, grande cuiller en bois servant à divers usages domestiques. «Bientôt Pierre Gagnon, y plongeant de nouveau sa *micouenne* [dans l'eau d'érable], l'en retira remplie d'un sirop doré presqu'aussi épais que le miel.» (Antoine Gérin-Lajoie, *Jean Rivard, le défricheur canadien,* 1862.) – Mot d'orig. amérindienne, probabl. algonquienne.

micro-. Élément, du gr. *mikros,* «petit», marquant: **1.** l'idée de petitesse ou d'une action s'exerçant sur un très petit objet; **2.** la division par un million de l'unité (symbole μ).

micro. V. microphone.

micro-ampère [mikʀoɑ̃pɛʀ] n. m. ELECTR Un millionième d'ampère. – De *micro-,* et *ampère.*

micro-ampèremètre [mikʀoɑ̃pɛʀmɛtʀ] n. m. ELECTR Appareil servant à mesurer les intensités de l'ordre du micro-ampère. – De *micro-ampère,* et *mètre.*

micro-analyse [mikʀoanalyz] n. f. CHIM Analyse pratiquée sur des quantités très petites. – De *micro-,* et *analyse.*

microbalance [mikʀobalɑ̃s] n. f. Balance de grande précision (de l'ordre du centième de milligramme) utilisée pour peser de très petites masses. – De *micro-,* et *balance.*

microbande [mikʀobɑ̃d] n. f. TECH Bande obtenue par tirage à partir d'un microfilm. – De *micro-,* et *bande.*

microbe [mikʀɔb] n. m. **1.** Vx Être vivant microscopique. **2.** Mod. Organisme microscopique unicellulaire pathogène (bactérie, virus, etc.). Syn. germe. – Gr. *mikrobios,* «dont la vie est courte», de *mikros,* «petit», et *bios,* «vie».

microbien, enne [mikʀɔbjɛ̃, ɛn] adj. Relatif aux microbes. *Culture, affection microbienne.* – De *microbe.*

microbiologie [mikʀobjɔlɔʒi] n. f. Science qui étudie les microbes. – De *microbe,* et *-biologie.*

microbiologiste [mikʀobjɔlɔʒist] n. Spécialiste de la microbiologie. – Du préc.

microcéphale [mikʀosefal] adj. et n. MED, ZOOL Qualifie un sujet dont le crâne et l'encéphale sont anormalement petits. – Gr. *mikrokephalos,* de *mikros,* «petit», et *kephalê,* «tête».

microchimie [mikʀoʃimi] n. f. CHIM Ensemble des méthodes et des techniques permettant les recherches sur les très petites quantités de matière, de l'ordre du centigramme et du décigramme. *La microchimie étudie les produits naturels tels que les vitamines et les hormones, et les éléments radioactifs artificiels obtenus dans les réacteurs nucléaires.* – De *micro-,* et *chimie.*

microchirurgie [mikʀoʃiʀyʀʒi] n. f. **1.** CHIR Chirurgie pratiquée à l'aide d'un microscope. **2.** BIOL Micromanipulation à caractère chirurgical. – De *micro-,* et *chirurgie.*

microclimat [mikʀoklima] n. m. Climat propre à une zone de très faible étendue, et dont les caractéristiques dépendent de conditions locales telles que relief, réseau hydrographique, couverture végétale, constructions, etc. – De *micro-,* et *climat.*

microcline [mikʀoklin] n. f. PETROG Feldspath potassique de même composition que l'orthose, mais qui ne cristallise pas de la même façon. – De *micro-,* et gr. *klinein,* «pencher».

microcomposant [mikʀokõpozɑ̃] n. m. TECH Composant électronique de très faibles dimensions. – De *micro-,* et *composant.*

microcosme [mikʀokɔsm] n. m. **1.** Monde en réduction (par oppos. à *macrocosme,* le grand monde, l'Univers). ▷ *Spécial.* L'être humain, considéré comme le résumé et l'abrégé de la création tout entière, pour les philosophes mystiques ou hermétiques du Moyen Âge et de la Renaissance. **2.** Reproduction en miniature de la société. *Le microcosme qu'était notre village.* – Bas lat. *microcosmus,* gr. *mikrokosmos.*

micro-économie [mikʀoekɔnɔmi] n. f. ECON Partie de l'économie qui étudie les comportements économiques individuels (par oppos. à *macro-économie*). – De *micro-,* et *économie.*

micro-électronique [mikʀoelɛktʀɔnik] n. f. ELECTRON Ensemble des techniques utilisées pour réaliser des microstructures électroniques (circuits intégrés, notam.). – De *micro-,* et *électronique.*

micro-élément [mikʀoelemɑ̃] n. m. BIOCHIM Syn. de *oligo-élément.* – De *micro-,* et *élément.*

microfaune [mikʀofon] n. f. Faune microscopique. – De *micro-,* et *faune.*

microfiche [mikʀofiʃ] n. f. TECH Document de format normalisé (105×148 mm) comportant plusieurs microphotographies. – De *micro-,* et *fiche.*

microfilm [mikʀofilm] n. m. TECH Film qui groupe des photographies de format très réduit reproduisant des documents. – De *micro-,* et *film.*

microfilmer [mikʀofilme] v. tr. [1] Photographier (des documents) sur microfilm. – Du préc.

microflore [mikʀoflɔʀ] n. f. Totalité des micro-organismes végétaux existant dans les cavités naturelles ou sur les tissus de l'organisme. – De *micro-*, et *flore*.

micrographie [mikʀogʀafi] n. f. **1.** Didac. Science et technique de la préparation des objets en vue de leur étude au microscope; cette étude elle-même. **2.** Photographie d'une préparation microscopique. – De *micro-*, et *-graphie*.

micrographique [mikʀogʀafik] adj. Didac. Qui se rapporte à la micrographie. – Du préc.

microgrenu, ue [mikʀogʀəny] adj. PETROG Se dit d'une roche constituée de cristaux microscopiques résultant d'une cristallisation rapide. – De *micro-*, et *grenu*.

micro-informatique [mikʀoɛ̃fɔʀmatik] n. f. INFORM Domaine de l'informatique concernant l'utilisation des microprocesseurs et des micro-ordinateurs. – De *micro-*, et *informatique*.

microlite ou **microlithe** [mikʀɔlit] n. m. PETROG Petit cristal de feldspath en forme de baguette, caractéristique des roches éruptives. – De *micro-*, et *-lithe*.

microlitique ou **microlithique** [mikʀɔlitik] adj. Qui contient des microlites. *Roches microlitiques*. – De *micro-*, et *-lithique*.

micromanipulation [mikʀomanipylasjõ] n. f. BIOL Manipulation faite dans le champ d'un micro-scope à l'aide d'un micromanipulateur, appareil à commande pneumatique permettant d'utiliser de très petits instruments (aiguilles, crochets, etc.) pour faire diverses opérations sur les cellules (injections, extraction du noyau, etc.). – De *micro-*, et *manipulation*.

micromécanique [mikʀomekanik] n. f. Technique de la fabrication des mécanismes de très petites dimensions. – De *micro-*, et *mécanique*.

micromètre [mikʀomɛtʀ] n. m. **1.** PHYS Unité de longueur valant un millionième de mètre (symbole µm). **2.** TECH Instrument de précision pour mesurer les petites longueurs. **3.** Petite graduation servant, dans certains appareils optiques, à mesurer les très faibles dimensions. – De *micro-*, et *-mètre*.

micrométrie [mikʀometʀi] n. f. PHYS Mesure des très petites dimensions. – De *micro-*, et *-métrie*.

micrométrique [mikʀometʀik] adj. **1.** PHYS Relatif à la micrométrie, à la mesure des très petites dimensions. **2.** TECH *Vis micrométrique :* vis à très faible pas, utilisée pour parfaire la mise au point ou le réglage de certains appareils (microscope, palmer, etc.). – Du préc.

microminiaturisation [mikʀominjatyʀizasjõ] n. f. TECH Miniaturisation à l'extrême d'un appareillage électronique. – De *microminiaturiser*.

microminiaturiser [mikʀominjatyʀize] v. tr. [1] TECH Opérer la microminiaturisation de. – De *micro-*, et *miniaturiser*.

micromodule [mikʀomɔdyl] n. m. ELECTR Circuit de très faibles dimensions constitué de microcomposants, moulés dans une résine isolante. – De *micro-*, et *module*.

micron [mikʀõ] n. m. Unité de longueur, millionième du mètre (on dit mieux *micromètre*). – Du grec. *mikron*, neutre de *mikros*, «petit».

micronésien, ienne [mikʀɔnezjɛ̃, jɛn] adj. et n. De Micronésie, ensemble d'archipels du Pacifique.

micronucleus [mikʀonykleys] n. m. BIOL Élément constitutif, avec les macronucleus, du noyau des infusoires. (Seul le micronucleus joue un rôle dans la transmission du capital génétique.) – De *micro-*, et lat. *nucleus*, «noyau».

micro-onde [mikʀɔõd] n. f. TECH Onde électromagnétique faisant partie des ondes hertziennes et comprise entre 1 et 30 GHz. *Les micro-ondes sont des hyperfréquences. Four à micro-ondes*. – De *micro-*, et *onde*.

micro-ordinateur [mikʀoɔʀdinatœʀ] n. m. INFORM Ordinateur de petit format, dont l'unité centrale est constituée autour d'un microprocesseur, le plus généralement destiné à servir d'ordinateur individuel. – De *micro-*, et *ordinateur*.

micro-organisme ou **microorganisme** [mikʀoɔʀganism] n. m. BIOL Organisme microscopique. *Les protistes sont des micro-organismes*. – De *micro-*, et *organisme*.

microphone [mikʀofɔn] n. m. ELECTROACOUST Appareil servant à transformer en signaux électriques des vibrations sonores. Abrév. micro. – De *micro-*, et *-phone*.

ENCYCL Un microphone comprend une membrane qui permet de modifier l'intensité d'un courant (microphone à charbon, microphone électrostatique) ou d'engendrer une tension électrique (microphones piézoélectrique, électromagnétique ou électrodynamique). Les principales caractéristiques d'un microphone sont sa sensibilité, sa réponse en fréquence, sa directivité et son impédance interne.

microphonique [mikʀofɔnik] adj. Relatif au microphone. – Du préc.

microphotographie [mikʀofɔtɔgʀafi] n. f. TECH **1.** Photographie sur microfilms. **2.** Reproduction photographique de l'image fournie par un microscope. – De *micro-*, et *photographie*.

microphysique [mikʀofizik] n. f. PHYS Partie de la physique qui étudie l'atome et son noyau. – De *micro-*, et *physique*.

microprocesseur [mikʀopʀɔsɛsœʀ] n. m. INFORM Ensemble de circuits intégrés constituant, sous un très faible volume, l'unité centrale d'un ordinateur. – Angl. *microprocessor*, de *to process* «effectuer une opération, traiter».

micropsie [mikʀɔpsi] n. f. MED Anomalie de la vision consistant à voir les objets plus petits qu'ils ne sont. – De *micro-*, et *-opsie*.

micropyle [mikʀopil] n. m. BOT Orifice dans le tégument de l'ovule des végétaux phanérogames, par où passent les anthérozoïdes lors de la fécondation. – De *micro-*, et gr. *pylê*, «porte».

microradiomètre [mikʀoʀadjɔmɛtʀ] n. m. PHYS Appareil servant à mesurer les très faibles intensités de rayonnement thermique (détection des lancements de fusées à partir de satellites, par ex.). – De *micro-* et *radiomètre*.

microscope [mikʀɔskɔp] n. m. PHYS Instrument d'optique permettant d'observer des objets trop petits pour être discernés à l'œil nu. ▷ *Microscope électronique*, dans lequel l'objet à observer est soumis au bombardement d'un faisceau d'électrons, homologue au rayon lumineux dans le microscope optique. – De *micro-*, et *-scope*.

ENCYCL Le microscope *optique* comporte deux systèmes optiques: l'objectif, qui donne une image agrandie de l'objet observé; l'oculaire, qui permet d'examiner cette image. La *puissance* d'un microscope est le rapport entre l'angle sous lequel on voit l'image observée et la longueur de l'objet. Son *grossissement* est le rapport entre les angles sous lesquels on voit respectivement l'image et l'objet à l'œil nu. La qualité essentielle d'un microscope est son *pouvoir séparateur*, c.-à-d. son aptitude à donner deux images distinctes de deux points rapprochés. Le microscope *électronique* permet d'obtenir une image d'un objet de quelques dizaines de nanomètres (milliardièmes de mètre) en utilisant un faisceau d'électrons. Il comprend un canon à électrons, des systèmes de concentration du faisceau et des dispositifs de formation de l'image. Dans le microscope *à émission ionique* (ou *à émission froide*), l'échantillon est placé dans un gaz rare qu'on ionise et qui, après avoir frappé cet échantillon, rencontre un écran. Le microscope permet d'identifier les microorganismes, d'effectuer l'analyse physicochimique des alliages, d'observer la structure des cristaux, des fibres naturelles ou synthétiques, des cellules vivantes et de leur assemblage (tissu), d'obtenir des images des virus, d'analyser la structure des bactéries, etc.

microscopie [mikʀɔskɔpi] n. f. Observation à l'aide du microscope. – Technique de l'emploi du microscope. – Du préc.

microscopique [mikʀɔskɔpik] adj. **1.** PHYS Réalisé à l'aide du microscope. *Observations microscopiques.* **2.** Qui n'est visible qu'au microscope. *Animaux microscopiques.* – *Par ext.* Minuscule. *Écriture microscopique.* – De *microscope.*

microseconde [mikʀosəgɔ̃d] n. f. PHYS Millionième de seconde (symbole μs). – De *micro-*, et *seconde.*

microsillon [mikʀosijɔ̃] n. m. **1.** Sillon d'un disque phonographique de profondeur et de largeur particulièrement faibles, permettant une audition de longue durée. **2.** Cour. Disque gravé en microsillons (par oppos. aux anciens disques 78 tours, à sillons larges). – De *micro-*, et *sillon.*

microsociété [mikʀosɔsjete] n. f. SOCIOL Communauté humaine de très petite taille. – De *micro-*, et *société.*

microsonde [mikʀosɔ̃d] n. f. Sonde permettant l'analyse et le dosage de très petites quantités de matière. – De *micro-*, et *sonde.*

microsporange [mikʀospɔʀɑ̃ʒ] n. m. BOT Sporange à microspores. – De *micro-*, et *sporange.*

microspore [mikʀospɔʀ] n. f. BOT Spore la plus petite, à potentialité mâle, des végétaux produisant deux types de spores (opposé à *macrospore*). – De *micro-*, et *spore.*

microstructure [mikʀostʀyktyʀ] n. f. Didac. **1.** Structure microscopique. **2.** Structure faisant partie d'une structure plus grande. *On étudie les microstructures en sociologie, en linguistique, etc.* – De *micro-*, et *structure.*

microtome [mikʀotɔm] n. m. HISTOL Instrument servant à préparer dans les tissus animaux ou végétaux des coupes très minces pour le microscope. – De *micro-*, et *-tome.*

microviseur [mikʀovizœʀ] n. m. TECH Petit judas de porte permettant de voir à l'extérieur sans être vu. – De *micro-*, et *viseur.*

miction [miksjɔ̃] n. f. MED Expulsion de l'urine accumulée dans la vessie. – Bas lat. *mictio, minctio*, de *mingere*, «uriner».

midi [midi] n. m. **1.** Milieu du jour; douzième heure. *En plein midi.* – *Demain à midi* ou, ellipt., *demain midi.* ▷ *Vers les midi:* aux environs de midi. ▷ Fig. *Chercher midi à quatorze heures:* trouver des difficultés inexistantes, compliquer les choses comme à plaisir. ▷ Fam. *C'est midi (sonné):* il n'y a rien à faire, impossible. **2.** Sud (point cardinal). **3.** Région, pays méridional. ▷ *Spécial.* La partie méridionale de la France. ▷ ASTRO *Midi vrai, midi moyen.* V. encycl. temps. – De *mi-*, et a. fr. *di*, «jour», lat. *dies.*

midinette [midinɛt] n. f. Anc. Jeune ouvrière ou vendeuse de la couture ou de la mode. ▷ Mod. (France) Jeune citadine aux idées naïves et romanesques. – De *midi*, et *(dî)nette*; «qui se contente d'une *dînette* à *midi*».

midship [midʃip] ou **midshipman** [midʃipman] n. m. MAR Aspirant, dans les marines anglaise et américaine. ▷ Enseigne de deuxième classe, dans la marine française. *Des midshipmen.* – Mot angl., «(homme) du milieu du vaisseau».

1. mie [mi] n. f. **1.** Vx *Ne... mie :* ne... pas. *Il ne comprenait mie.* **2.** Partie intérieure du pain, qui est molle. *La mie et la croûte.* – Du lat. *mica*, «parcelle, miette».

2. mie [mi] n. f. Vx ou litt. Femme aimée. – De *amie* sous la forme *m'amie*, «mon amie».

miel [mjɛl] n. m. **1.** Matière sucrée plus ou moins épaisse, blanche ou jaune, parfois brune, que les abeilles élaborent à partir du nectar qu'elles recueillent sur les fleurs. **2.** Fig. Ce qui est plein de douceur. *Paroles de miel.* – Loc. *Être tout sucre tout miel :* être d'une douceur, d'une amabilité inhabituelles, en général pour obtenir qqch. ▷ *Lune de miel :* premiers temps du mariage. – Lat. *mel.*

miellat [mjɛlɑ] n. m. APIC Liquide sucré plus ou moins visqueux excrété par divers insectes suceurs de sève (pucerons, notam.) et récolté par les abeilles. – Du préc.

miellé, ée [mjele] adj. **1.** Enduit de miel, sucré au miel. **2.** Qui rappelle le miel (par son goût, son aspect, etc.). *Couleur miellée.* – De *miel.*

miellée [mjele] n. f. APIC **1.** Miellat. **2.** Période de l'année où les abeilles réalisent une forte production de miel. **3.** Nectar butiné que rapportent les abeilles. – De *miel.*

mielleusement [mjɛløzmɑ̃] adv. Doucereusement. – De *mielleux.*

mielleux, euse [mjɛlø, øz] adj. **1.** Qui rappelle le miel, sa saveur. ▷ Péjor. Fade, doucereux. **2.** D'une douceur affectée et obséquieuse. *Un ton mielleux.* – De *miel.*

mien, mienne [mjɛ̃, mjɛn] adj. et pron. poss. de la 1re pers. du sing. **I.** adj. poss. Litt. Qui est à moi, qui m'appartient; de moi. *Un mien ami.* ▷ (Attribut.) *Cette maison est mienne.* – *Je fais mienne cette proposition.* **II.** pron. poss. *Le(s) mien(s), la (les) mienne(s).* **1.** Ce qui est mien. *Ta fille et la mienne.* – *Ce livre est le mien.* ▷ *Vos conditions seront les miennes :* les conditions que vous proposerez seront celles-là mêmes que j'accepterai. **2.** n. m. *Le mien :* mon bien, ce qui m'appartient. *Le tien et le mien.* ▷ Fig. *J'y mettais du mien*, de ma personne, de mes capacités. ▷ *Les miens:* mes proches, mes parents. ▷ n. f. pl. Fam. (rare) *J'ai encore fait des miennes:* des folies, des bêtises. – Du lat. *meum*, accus. de *meus.*

miette [mjɛt] n. f. **1.** Petite parcelle de pain, de gâteau qui se détache quand on le coupe, qui reste quand on a mangé. ▷ Fig. *Il n'a recueilli que les miettes de l'héritage.* **2.** Petite parcelle. *Briser un verre en miettes.* – De *mie* 1.

mieux [mjø] adv., n. et adj. Comparatif de *bien.* **I.** adv. **1.** D'une manière plus avantageuse, plus accomplie. *Il peut mieux faire. Il chante mieux que les autres. Il entend beaucoup mieux.* ▷ *Aller mieux :* être en meilleure santé. *Sa fille va mieux.* – *Ses affaires vont mieux*, sont dans un meilleur état. ▷ *Aimer mieux :* préférer. ▷ *Valoir mieux:* être préférable. Prov. *Mieux vaut tard que jamais.* **2.** loc. adv. *De mieux en mieux :* en faisant toujours des progrès. ▷ *Le mieux du monde:* aussi bien que possible. ▷ *Au mieux:* dans les conditions les plus favorables. *Il l'a vendu au mieux.* – *Être au mieux avec qqn :* être très ami, être en très bons termes avec lui. ▷ Fam. *À qui mieux mieux :* en rivalisant, en cherchant à surpasser l'autre. *Ils se sont injuriés à qui mieux mieux.* ▷ *Tant mieux:* interj. marquant la satisfaction. *Il a gagné, tant mieux pour lui!* **3.** Superl. de bien. *Le mieux :* de la manière la meilleure. *Le texte le mieux rédigé. Agis le mieux, du mieux que tu peux.* **II.** n. m. Ce qui est meilleur, quelque chose de meilleur. *En attendant mieux.* – *Faute de mieux.* ▷ Prov. *Le mieux* *est l'ennemi du bien :* on gâte souvent une bonne chose en voulant la rendre meilleure. ▷ *Il y a du mieux*, une amélioration. ▷ *Faire de son mieux:* faire aussi bien que l'on peut. **III.** adj. attribut. **1.** Meilleur, plus convenable (choses). *C'est mieux pour lui. Il n'a rien de mieux à vous proposer.* **2.** En meilleure santé. *Il est mieux qu'hier.* ▷ Plus beau; d'une valeur supérieure. *Elle est mieux que lui.* – Du lat. *melius.*

mieux-être [mjøzɛtʀ] n. m. Bien-être accru. – De *mieux*, et *être.*

mièvre [mjɛvʀ] adj. **1.** Vx Vif, déluré. **2.** D'une grâce un peu fade, affectée. – P.-ê. de l'anc. scand. *snoefr*, «vif»; d'abord *esmièvre.*

mièvrement [mjɛvʀəmɑ̃] adv. D'une façon mièvre. – Du préc.

mièvrerie [mjɛvʀəʀi] n. f. Qualité, état de qqn, de qqch qui est mièvre. – Acte, chose mièvre. – De *mièvre.*

migmatite [migmatit] n. f. MINER Roche métamorphique de composition analogue à celle du granite, mais qui conserve la foliation du gneiss. – Du gr. *migma*, «mélange», et *-ite* 3.

mignard, arde [miɲaʀ, aʀd] adj. D'une grâce, d'une douceur délicate, mignonne, recherchée (parfois péjor.). *Une jeune fille mignarde. Sourire mignard.* – De *mignon*, et suff. *-ard.*

mignardise [miɲaʀdiz] n. f. **1.** Litt. Délicatesse mignonne. *Mignardise d'un visage.* **2.** Délicatesse, gentillesse affectée. ▷ *Des mignardises:* des manières mignardes. **3.** *Mignardise* (ou, appos., *oeillet mignardise*): petit œillet très parfumé utilisé pour border des massifs de fleurs. – De *mignard.*

mignon, onne [miɲɔ̃, ɔn] adj. et n. **1.** adj. Délicat, gentil, gracieux. *Enfant mignon.* ▷ Surtout au fém. Aimable, joli. *Une jeune fille très mignonne.* ▷ Fam. Complaisant, gentil. *Sois mignon, va me poster cette lettre.* **2.** Subst. Jeune personne, enfant mignon. ▷ Terme d'affection. *Alors, ma mignonne!* ▷ Pop. Jeune fille, jeune femme. **3.** n. m. *Les mignons d'Henri III*, ses favoris, les gitons du roi. – A. fr. *mignot*, p.-ê. de *minet*, «chat».

mignonne [miɲɔn] n. f. Variété de poire rouge foncé. ▷ Variété de prune longue à peau jaune pâle. – Du préc.

mignonnement [miɲɔnmɑ̃] adv. Vieilli, litt. D'une manière délicate. – De *mignon.*

mignonnet, ette [miɲɔnɛ, ɛt] adj. (et n.). Délicat et mignon; plutôt mignon. – Dimin. de *mignon.*

mignonnette [miɲɔnɛt] n. f. **1.** Œillet mignardise. **2.** Salade faite avec de jeunes feuilles de chicorée sauvage. **3.** Poivre concassé destiné, entre autres, à l'assaisonnement des huîtres. – Fém. du préc.

mignoter [miɲɔte] v. tr. [1] Fam. Cajoler, dorloter. – De l'a. fr. *mignot*, «mignon».

migraine [migʀɛn] n. f. MED Douleur d'origine vasomotrice n'affectant qu'un seul côté de la tête, qui s'accompagne parfois de nausées et de vomissements. – Cour. Mal de tête. – Du lat. méd. *hemicrania*, mot gr., «(douleur) dans la moitié du crâne».

migraineux, euse [migʀɛnø, øz] adj. et n. **1.** Relatif à la migraine. **2.** Subst. Personne qui a la migraine, qui y est sujette. – Du préc.

migrant, ante [migʀɑ̃, ɑ̃t] adj. Qui effectue une migration (sens 1). ▷ Subst. Personne qui migre ou a migré depuis peu de temps. – De *migration.*

migrateur, trice [migʀatœʀ, tʀis] adj. et n. Qui migre. – De *migration.*

migration [migʀasjɔ̃] n. f. **1.** Déplacement d'une population passant d'une région dans une autre pour s'y établir. *Les migrations des Barbares.* – *Migration saisonnière*, qui s'effectue en fonction des saisons vers les lieux de travail, de vacances. **2.** Déplacement en groupes qu'effectuent, régulièrement, au cours des saisons, certains animaux. *Migration des bernaches, des saumons.* **3.** MED Déplacement (d'un corps étranger, de cellules) dans l'organisme. *Migration d'un calcul, d'un thrombus. Migration de l'ovule* (vers l'utérus). **4.** PHYS, METALL Déplacement (de particules) dans une substance sous l'effet d'un facteur extérieur (champ électrique, chaleur etc.). – Lat. *migratio.*

ENCYCL Les migrations qu'effectuent de nombreux animaux (poissons, mammifères, oiseaux) sont liées essentiellement aux conditions climatiques et aux réserves alimentaires disponibles. Parfois, les animaux migrent à seule fin de se reproduire en milieu favorable (certaines baleines, saumons, anguilles, etc.). Les distances parcourues sont souvent considérables. Les animaux se guident grâce au Soleil, aux étoiles, à des repères topographiques, etc. Ce comportement est instinctif (vraisemblablement dû à un déclenchement hormonal): chez les oiseaux, les jeunes de nombreuses espèces partent après leurs parents et effectuent seuls leur première migration.

migratoire [migʀatwaʀ] adj. Qui concerne les migrations. – De *migration.*

migrer [migʀe] v. intr. [1] Effectuer une, des migrations. *Population qui migre.* – *Oiseaux migrant en Amérique du Sud.* ▷ PHYS *Les ions migrent à la cathode.* – Lat. *migrare.*

mihrab [miʀab] n. m. Niche à l'intérieur d'une mosquée, orientée vers La Mecque. – Mot ar.

mi-jambe (à) [miʒɑ̃b] loc. adv. Au milieu de la jambe. *Bottes qui montent à mi-jambe, jusqu'à mi-jambe.* – De *mi-*, et *jambe.*

mijaurée [miʒɔʀe] n. f. Fille, femme aux manières prétentieuses, affectées. *Faire la mijaurée.* – P.-ê. de *mijolée*, dial., de *mijoler*, «cajoler», de l'a. fr. *mijot*, «lieu où l'on fait murir les fruits».

mijoter [miʒɔte] **I.** v. tr. [1] **1.** Faire cuire lentement, à petit feu. ▷ Cuisiner, préparer avec beaucoup de soin. *Je vous ai mijoté un petit plat dont vous me direz des nouvelles.* **2.** Fig., fam. Préparer doucement, à loisir, et d'une manière plus ou moins secrète (un projet, un mauvais coup, etc.). *Qu'est-ce que vous mijotez, tous les deux?* **II.** v. intr. Cuire lentement, à petit feu. *Le pot-au-feu mijote.* – De l'a. fr. *mijot*, «lieu où l'on fait mûrir les fruits», p.-ê. du germ. **musganda.*

mikado [mikado] n. m. **1.** Empereur du Japon. **2.** Jeu d'adresse, d'inspiration japonaise, ressemblant au jonchet*. – Mot japonais, «souverain».

1. mil. V. mille 1.

2. mil [mil] n. m. **1.** Céréale à petits grains cultivée dans les régions chaudes de l'Ancien Monde. *Les millets et les sorghos sont des mils.* **2.** Nom cour. de la phléole des prés (*Phleum pratense*). – Lat. *milium.*

milady [milɛdi] n. f. Anc. Titre donné en France à une lady. *Des miladys* ou *des miladies.* – De l'angl. *my lady*, «ma dame».

milan [milɑ̃] n. m. Oiseau de proie (*Milvus*, et genres voisins) aux longues ailes (jusqu'à 1,50 m d'envergure) et à la queue fourchue. *Les populations des espèces américaines de milans, distinctes de celles de l'Ancien Monde, se sont considérablement raréfiées.* – Mot provenç., du lat. pop. **milanus*, lat. *miluus.*

milanais, aise [milanɛ, ɛz] adj. et n. **1.** De Milan. ▷ Subst. Habitant, personne originaire de la v. de Milan, en Italie. **2.** *Escalope milanaise, à la milanaise*, panée et cuite au beurre. – De *Milan*, v. d'Italie du Nord (Lombardie).

mildiou [mildju] n. m. Maladie des plantes (vignes, pommes de terre, etc.) due à des champignons et qui se manifeste par des taches brunes suivies d'un flétrissement général. (*Plasmospora viticola*, originaire d'Amérique, attaque la vigne; *Phytophtora infestans*, la pomme de terre. On peut prévenir le mildiou en traitant les plantes par des solutions cupriques: bouillie bordelaise ou bourguignonne, et en employant divers fongicides de synthèse.) – Mot angl. *mildew*.

mildiousé, ée [mildjuze] adj. VITIC Attaqué par le mildiou. – Du préc.

miliaire [miljɛʀ] adj. et n. **1.** adj. MED Qui présente un aspect granuleux rappelant la semence de mil. **2.** n. f. Éruption de fines vésicules dues à la rétention de la sueur. – Lat. *miliarius*, de *milium*, «mil».

milice [milis] n. f. **1.** Vx Art de la guerre. **2.** Vx Armée, troupe. **3.** Au Moyen Âge, troupe levée dans une ville affranchie pour défendre celle-ci *(milices urbaines, milices bourgeoises* ou *milices communales)*. **4.** Corps de police supplétif. **5.** Formation de police, sans caractère officiel, chargée de défendre des intérêts privés. *Milice patronale*. – Du lat. *militia*, «service militaire», de *miles, militis*, «soldat».

milicien, enne [milisjɛ̃, ɛn] n. Personne qui fait partie d'une milice. – Du préc.

milieu [miljø] n. m. **I. 1.** Centre d'un lieu, point situé à égale distance des extrémités. *Faire un dessin au milieu d'une feuille de papier. Statue située au milieu d'un parc.* **2.** Période située à égale distance du début et de la fin. *Le milieu du mois.* **3.** loc. *Au milieu de :* à égale distance des extrémités de, au centre de, en plein dans. *Une statue au milieu d'un parc. Au milieu de la forêt. Au milieu de la nuit.* ▷ *Au beau milieu (de) :* tout au milieu. *Au beau milieu de son discours, il a été interrompu.* **4.** Fig. Ce qui est également éloigné de deux excès contraires. *Garder le milieu, le juste milieu.* – Loc. *Il n'y a pas de milieu:* il faut absolument choisir entre un parti ou l'autre. **II. 1.** Ensemble de conditions naturelles (géographiques, climatiques, etc.) qui régissent la vie d'êtres vivants. *Milieu terrestre, marin*, etc. *Adaptation d'un animal à son milieu.* Cf. écologie, écosystème, environnement, habitat. **2.** *Milieu intérieur:* ensemble des liquides interstitiels (y compris le sang) qui baignent les cellules de l'organisme. **3.** Entourage, société, sphère sociale où l'on vit. *Influence du milieu. Rassembler des amis de milieux différents. Les milieux artistiques.* ▷ Absol. *Le milieu :* le monde de la pègre. – De *mi-*, et *lieu*.

militaire [militɛʀ] adj. et n. **I.** adj. **1.** Relatif à l'armée, aux soldats, à la guerre. *Art militaire. Justice militaire. Autorités militaires*, par oppos. à *autorités civiles. Honneurs militaires*, rendus par les troupes en armes. ▷ *L'heure militaire:* l'heure précise. **2.** Qui s'appuie sur l'armée. *Dictature militaire.* **II.** n. m. **1.** Membre de l'armée. *Un militaire en uniforme.* **2.** Litt. *Le militaire:* l'armée, la profession de militaire. – Lat. *militaris*, de *miles, militis*, «soldat».

militairement [militɛʀmɑ̃] adv. **1.** Par la force armée. *Zone occupée militairement.* **2.** Fig. Avec exactitude, ou avec résolution. *Mener militairement un projet.* – Du préc.

militant, ante [militɑ̃, ɑ̃t] adj. et n. **1.** adj. Qui agit en combattant. *Politique militante.* **2.** n. Propagandiste. *Les militants d'un parti.* – Ppr. de *militer*.

militantisme [militɑ̃tism] n. m. Activité des militants d'une organisation. – Du préc.

militarisation [militaʀizasjɔ̃] n. f. Action de militariser; son résultat. – De *militariser*.

militariser [militaʀize] v. tr. [1] Pourvoir d'une force armée. ▷ Organiser de façon militaire. ▷ Faire occuper par la force armée. *Militariser une zone.* – De *militaire*.

militarisme [militaʀism] n. m. **1.** Politique s'appuyant sur les militaires, sur l'armée, ou exercé par des militaires. *Le militarisme de l'Allemagne impériale.* **2.** Opinion, tendance de ceux qui sont favorables à l'influence des militaires, de l'armée. – De *militaire*.

militariste [militaʀist] adj. et n. Péjor. Partisan du militarisme. *Militariste chauvin.* – Du préc.

militer [milite] v. intr. [1] **1.** Œuvrer activement à la défense ou à la propagation d'une idée, d'une doctrine. ▷ Être militant d'une organisation. *Militer à la CSN.* **2.** Fig. *Militer pour, contre :* plaider pour, contre; venir à l'appui d'une thèse, de son contraire. *Cet argument milite en sa faveur.* – Lat. *militare*, «être soldat», de *miles, militis*, «soldat».

1. mille [mil] adj. et n. inv. **I.** adj. **1.** num. cardinal. Dix fois cent. *Mille kilomètres.* ▷ N.B. *Mille* peut s'écrire *mil* dans une date inférieure à *deux mille: mil neuf cent trente.* **2.** Un grand nombre. *Je vous remercie mille fois.* **3.** loc. fam. *Je vous le donne en mille :* je parie, à mille contre un, que vous ne devinerez pas la chose en question. **4.** num. ordinal. Millième. *Fêter le numéro mille d'un journal. L'an mille.* **II.** n. m. **1.** Le nombre mille. **2.** Millier. *Quel est le prix au mille?* – Loc. fam. *Des mille et des cents :* beaucoup d'argent. **3.** Centre d'une cible, qui fait gagner mille points quand on le touche. – Loc. fig. *Mettre, taper, toucher dans le mille :* tomber juste; réussir pleinement. **4.** Groupe de mille exemplaires d'un ouvrage. *Vingtième mille.* – Lat. *mille*, plur. *millia*, ou *milia*.

2. mille [mil] n. m. **1.** ANTIQ Unité romaine de mesure des distances, valant mille pas (1 482 m). **2.** Mod. Unité anglo-saxonne de mesure des distances, valant env. 1 609 m. **3.** *Mille marin :* unité de mesure des distances utilisée en navigation maritime et aérienne, distance entre deux points d'un méridien terrestre séparés par une minute d'arc (1 852 m). – Lat. *mille*.

1. millefeuille [milfœj] n. f. Plante herbacée des terrains incultes (*Achillea millefolium*, fam. composées) à longues feuilles finement divisées, et à fleurs blanches ou rosées. – De *mille* 1, et *feuille*.

2. millefeuille [milfœj] n. m. Gâteau de pâte feuilletée garnie de crème pâtissière. – De *mille* 1, et *feuille*.

millénaire [millenɛʀ] adj. et n. **I.** adj. Qui existe depuis mille ans. *Un monument millénaire.* **II.** n. m. **1.** Période de mille ans. **2.** Millième anniversaire. *Célébrer le millénaire de Paris.* – Lat. *millenarius*.

millénarisme [millenaʀism] n. m. RELIG Croyance en un règne messianique destiné à durer mille ans. (Cette durée de mille ans, que l'on retrouve à la fois dans l'islam, dans la tradition juive et dans certaines traditions chrétiennes, anciennes et contemporaines, s'entend soit littéralement soit symboliquement). – De *millénaire*.

millénariste [millenaʀist] RELIG adj. et n. **1.** adj. Du millénarisme. *Théorie millénariste.* **2.** n. Celui, celle qui ajoute foi au millénarisme. – De *millénarisme*.

millénium [millenjɔm] n. m. RELIG Règne de mille ans, d'après les millénaristes. – Du lat. *mille*.

mille-pattes [milpat] n. m. inv. Nom cour. de nombreux myriapodes. – De *mille* 1, et *patte*.

mille-pertuis ou **millepertuis** [milpɛʀtɥi] n. m. Plante herbacée (genre *Hypericum*, fam. hypéricacées) à fleurs jaunes, qui doit son nom aux glandes translucides qui criblent ses feuilles. – De *mille* 1, et *pertuis*.

millépore [millepɔʀ] n. m. ZOOL Hydrozoaire à squelette calcaire (genre *Millepora*), qui contri-bue à la construction des récifs coralliens tropicaux. – De *mille* 1, et *pore*.

mille-raies [milʀɛ] n. m. inv. Tissu à fines raies ou à fines côtes. – Appos. *Velours mille-raies*. – De *mille* 1, et *raie*.

millerandage [milʀɑ̃daʒ] n. m. VITIC Développement imparfait des grains de raisin, par suite d'une mauvaise fécondation. – De *millerand* adj., du lat. *milium* (millet) *granum* (grain), qualifiant des raisins avortés.

millerandé, ée [milʀɑ̃de] adj. VITIC Atteint de millerandage. – Du préc.

millésime [millezim] n. m. **1.** Chiffre exprimant le nombre mille dans une date. *1 est le millésime de 1950.* **2.** Chiffre marquant la date de fabrication d'une monnaie, la date de récolte d'un vin, etc. *Bouteille qui porte le millésime d'une grande année.* – Lat. *millesimus*, «millième».

millésimé, ée [millezime] adj. Qui porte un millésime. *Cru millésimé.* – Du préc.

millet [mijɛ] n. m. Nom cour. de diverses graminées céréalières (genres *Setaria* et *Phalaris*, notam.) cultivées surtout en Asie et en Afrique, et utilisées dans l'alimentation humaine et comme fourrage. – Dimin. de *mil* 2.

milli-. Élément, du lat. *mille*, «mille», marquant la division par mille de l'unité.

milliaire [miljɛʀ] adj. ANTIQ ROM *Borne milliaire:* borne qui marquait les milles. – Lat. *milliarius*.

milliampère [milliɑ̃pɛʀ] n. m. ELECTR Millième d'ampère (symbole mA). – De *milli-*, et *ampère*.

milliard [miljaʀ] n. m. Nombre de mille millions. – *Un milliard d'habitants.* – Fig. Nombre indéterminé et très considérable. – De *million*, par chang. de suff.

milliardaire [miljaʀdɛʀ] adj. et n. Dont la richesse s'évalue en milliards. – Du préc.

milliardième [miljaʀdjɛm] adj. et n. **1.** adj. numéral ordinal correspondant à un milliard. **2.** n. m. Chacune des parties d'un tout divisé en un milliard de parties égales. – De *milliard*.

milliasse. V. millas.

millibar [mi(l)libaʀ] n. m. METEO Anc. unité de pression valant un millième de bar, utilisée en partic. en météorologie et qui a été remplacée par l'hectopascal. – De *milli-*, et *bar*.

millième [miljɛm] adj. et n. m. **1.** adj. numéral ordinal correspondant à mille. **2.** Chacune des parties d'un tout divisé en mille parties égales. **3.** Unité d'angle utilisée en artillerie, angle sous lequel on voit un objet de 1 m placé à 1 km. – Du lat. *millesimus* ou du fr. *mille* 1.

milliéquivalent [milliekivalɑ̃] n. m. CHIM Millième de l'équivalent-gramme d'un ion (symbole mEq). – De *milli-*, et *équivalent*.

millier [milje] n. m. **1.** Nombre de mille, d'environ mille. *Des milliers de gens.* **2.** loc. *Par milliers:* en très grand nombre. – Du lat. *milliarium* ou de *mille* 1.

milligrade [miligʀad] n. m. GEOM Unité de mesure d'angle égale à un millième de grade. – De *milli-*, et *grade*.

milligramme [milligʀam] n. m. PHYS Millième partie du gramme (symbole mg). – De *milli-*, et *gramme*.

millilitre [millilitʀ] n. m. PHYS Millième partie du litre (symbole ml). – De *milli-*, et *litre*.

millimètre [millimɛtʀ] n. m. Unité de longueur valant un millième de mètre (symbole mm). ▷ *Millimètre carré* (mm^2), *millimètre cube* (mm^3): unité de surface, de volume correspondant à un carré, à un cube, de 1 mm de côté. – De *milli-*, et *mètre*.

millimétré, ée [millimetʀe] adj. Gradué, réglé en millimètres. *Papier millimétré.* – Du préc.

millimétrique [millimetʀik] adj. **1.** Syn. de *millimétré*. **2.** D'un ordre de grandeur voisin du millimètre. *Ondes millimétriques.* – De *millimètre*.

million [miljɔ̃] n. m. Nombre de mille fois mille. *Quatre millions d'habitants.* – Absol. *Un million:* mille fois mille dollars. – Fig. Nombre indéterminé et très considérable. – Ital. *milione*.

millionième [miljɔnjɛm] adj. et n. **1.** adj. num. ordinal correspondant à un million. **2.** n. m. Chacune des parties d'un tout divisé en un million de parties égales. – De *million*.

millionnaire [miljɔnɛʀ] adj. et n. Dont la fortune s'évalue en millions. – De *million*.

millithermie [millitɛʀmi] n. f. PHYS Millième de thermie (symbole mth). – De *milli-*, et *thermie*.

millivolt [millivɔlt] n. m. ELECTR Millième de volt (symbole mV). – De *milli-*, et *volt*.

millivoltmètre [millivɔltmɛtʀ] n. m. ELECTR Appareil servant à mesurer les différences de potentiel de l'ordre du millivolt. – De *milli-*, et *voltmètre*.

milord [milɔʀ] n. m. **1.** Vx Titre donné en France aux lords britanniques. **2.** Pop., vieilli Homme fort riche. **3.** Anc. Cabriolet à quatre roues. – Angl. *my lord*, «mon seigneur».

milouin [milwɛ̃] n. m. Canard plongeur (genre *Aythya*). *Le milouin d'Amérique (Aythya americana) est communément appelé «morillon à tête rouge» au Canada.* – P.-ê. du lat. *miluus*, «milan».

mi-lourd [miluʀ] adj. et n. m. SPORT Se dit d'un boxeur professionnel pesant entre 72,574 kg et 79,378 kg; les amateurs devant se situer entre 75 et 81 kg. – De *mi-*, et *lourd*.

mime [mim] n. **1.** n. m. ANTIQ Brève comédie bouffonne. ▷ Acteur interprétant une telle comédie. **2.** n. Interprète de pantomime, acteur qui s'exprime uniquement par les gestes et les attitudes, sans dire une seule parole. – Par ext. Celui, celle qui mime. – Lat. *mimus*, gr. *mîmos*.

mimer [mime] v. tr. [1] Imiter, représenter par des gestes, des attitudes. *Mimer qqn. Mimer des sentiments passionnés.* – De *mime*.

mimétique [mimetik] adj. Qui se rapporte au mimétisme. – De *mimétisme*.

mimétisme [mimetism] n. m. **1.** Aptitude de certaines espèces animales à prendre l'aspect d'un élément de leur milieu de vie. **2.** Fig. Tendance à imiter le comportement d'autrui, à prendre les manières, les habitudes d'un milieu, etc. – Du gr. *mimeisthai*, «mimer, imiter».

ENCYCL On distingue plusieurs types de mimétismes. Les animaux qui, pour se défendre ou se mettre à l'affût, se confondent avec le milieu opèrent un *camouflage*, nommé *homochromie* lorsqu'ils en adoptent la couleur (dite alors *cryptique*) et *homomorphie* lorsqu'ils en adoptent la forme. Ainsi, la sole adopte la couleur du sable; la mante religieuse, celle d'un organe végétal; le pelage de l'hermine devient blanc en hiver. D'autres espèces profitent de leur ressemblance avec des animaux dangereux, redoutables. Certaines mouches, certains papillons prennent l'aspect d'une guêpe pour décourager leurs prédateurs; d'autres miment à s'y méprendre une espèce particulière, à l'odeur nauséabonde, afin d'écarter leurs ennemis. L'efficacité du mimétisme dépend du nombre d'imitateurs (mimes) par rapport au nombre d'imités (mimés); la proportion des mimes ne doit pas être excessive; en effet, il arrive que les prédateurs attaquent les espèces dont ils doivent se méfier, et, s'ils rencontrent plus fréquemment les mimes que les mimés, ils ne sont plus découragés.

mimique [mimik] n. f. (et adj.) **1.** Rare Art de représenter par le geste, art du mime. ▷ Adj. *Langage mimique.* **2.** Représentation par le geste ou par l'expression du visage d'une idée, d'un sentiment, etc. *Une mimique expressive.* – Lat. *mimicus*, gr. *mimikos.*

mimodrame [mimɔdʀam] n. m. Œuvre dramatique dans laquelle les acteurs miment leur rôle sans parler, souvent sur un accompagnement musical. – De *mime*, et *drame.*

mimologie [mimɔlɔʒi] n. f. Didac. **1.** Rare Imitation de la voix. **2.** Langage des sourds-muets. – De *mime*, et *-logie.*

mimosa [mimoza] n. m. **1.** Cour. Arbuste aux feuilles entières ou composées, cultivé pour ses fleurs jaunes (parfois blanches) ornementales, groupées en petites boules («glomérules») très odorantes. *Le mimosa des horticulteurs est un acacia* (V. ce mot) *pour les botanistes.* **2.** BOT Légumineuse herbacée dont une espèce est appelée *sensitive*, parce que ses feuilles se replient quand on les touche. – Lat. bot., de *mimus*, «mime», par allus. à la contractilité de certaines espèces.

mimosées [mimoze] ou **mimosacées** [mimo zase] n. f. pl. Sous-famille de légumineuses comprenant les *Mimosa* et les *Acacia.* – De *mimosa.*

mi-moyen [mimwajɛ̃] adj. et n. m. SPORT Se dit d'un boxeur professionnel pesant entre 61,235 kg et 66,678 kg; les amateurs devant se situer entre 63,500 kg et 67 kg. – De *mi-*, et *moyen.*

minable [minabl] adj. **1.** Qui fait pitié. *Aspect minable.* **2.** Fam. Médiocre, dérisoire. ▷ Subst. *Un minable.* – De *miner.*

minage [minaʒ] n. m. MILIT Action de miner (un terrain, un port, etc.). – De *miner.*

minaret [minaʀɛ] n. m. Tour d'une mosquée. *Du haut du minaret, le muezzin appelle à la prière.* – Turc *menâret*, ar. *manārah*, «phare».

minauder [minode] v. intr. [1] Faire des mines, faire des manières. – De *mine* 3.

minauderie [minodʀi] n. f. **1.** Action de minauder; manque de naturel d'une personne qui minaude. **2.** Plur. Manières affectées. – Du préc.

minaudier, ère [minodje, ɛʀ] adj. Qui minaude, qui a l'habitude de minauder. – De *minauder.*

minbar [minbaʀ] n. m. Chaire à prêcher d'une mosquée. – Mot ar.

mince [mɛ̃s] adj. et interj. **I.** adj. **1.** De peu d'épaisseur. *Étoffe mince.* **2.** Svelte, élancé. *Femme longue et mince.* **3.** Fig. Peu important, médiocre. *De minces revenus.* **II.** interj. Fam. (Marquant la surprise, l'admiration, etc.) *Mince alors!* – De l'anc. v. *mincier*, «couper en menus morceaux», var. de *menuiser.*

minceur [mɛ̃sœʀ] n. f. **1.** Caractère de ce qui est mince, peu épais. **2.** État d'une personne mince. – De *mince.*

mincir [mɛ̃siʀ] v. intr. [2] S'amincir. *Il a minci très vite.* – De *mince.*

1. mine [min] n. f. Ancienne mesure de capacité pour les grains valant six boisseaux, soit environ 78 l. – Bas lat. *mina*, class. *hemina;* d'abord *émine.*

2. mine [min] n. f. **I. 1.** Gisement, le plus souvent souterrain, d'où l'on extrait une substance métallique ou minérale. *Mine de phosphate, de cuivre, de diamant.* ▷ Fig. *Une mine d'or :* une source de profits considérables et continus. – *Cette bibliothèque est une mine de renseignements.* **2.** Excavation pratiquée pour exploiter un tel gisement. *Descendre au fond d'une mine.* **3.** Ensemble des ouvrages, des bâtiments, des machines, des installations nécessaires à cette exploitation. **II. 1.** Vx Galerie souterraine creusée sous une fortification pour en provoquer l'effondrement. **2.** Excavation dans laquelle on place une charge explosive destinée à détruire un ouvrage; cette charge elle-même. **3.** Engin de guerre conçu de manière à faire explosion lorsqu'un homme, un véhicule, un navire, etc., passe à proximité. *Mine antipersonnel, antichar, sous-marine.* **III.** Mince baguette de graphite ou de matière colorée constituant la partie centrale d'un crayon. – *Mine de plomb:* graphite utilisé pour faire la mine des crayons, plombagine. – P.-ê. gallo-rom. *mina*, mot celtique.

3. mine [min] n. f. **1.** Expression du visage, physionomie d'une personne, en tant qu'indice de son état de santé. *Avoir bonne mine, mauvaise mine.* **2.** Expression du visage, physionomie d'une personne, en tant qu'indice de son humeur, de son caractère, de ses sentiments. *Vous avez une mine bien réjouie! Juger des gens sur la mine.* ▷ Contenance que l'on prend, air que l'on affecte. *Faire la mine à qqn*, lui témoigner du mécontentement, de l'humeur. *Faire bonne (triste, grise) mine à qqn*, bien (mal) l'accueillir. – *Faire mine de* (+ inf.): faire semblant de; paraître prêt à. ▷ Plur. *Faire des mines :* faire des manières, avoir un comportement affecté, minauder. **3.** Vieilli ou litt. Maintien, tournure. *Un homme de fort belle mine.* ▷ Apparence, aspect (d'une chose). *Voilà un civet de lapin qui a bonne mine!* ▷ Loc. *Ne pas payer de mine :* ne pas se présenter à son avantage, n'avoir pas bon aspect. *Un petit restaurant qui ne paie pas de mine mais où l'on mange fort bien.* – P.-ê. du breton *min*, «bec, museau».

4. mine [min] n. f. ANTIQ GR **1.** Mesure de poids valant environ 436 g. **2.** Monnaie valant cent drachmes. – Lat. *mina*, gr. *mnâ.*

miner [mine] v. tr. [1] **I. 1.** Vx Creuser une mine, une sape sous (un ouvrage). *Miner un bastion.* **2.** Mod. (Sujet n. de chose.) Creuser en créant un risque d'effondrement. *Fleuve qui mine ses berges pendant une crue.* – Fig. *Ville minée par la débauche.* **3.** Fig. Consumer, détruire peu à peu. *Le chagrin le mine.* **II.** Placer des mines explosives dans (un lieu). *Miner les passes d'un port.* – De *mine* 2.

minerai [minʀɛ] n. m. Corps contenu dans un terrain et renfermant un métal (ou tout autre élément utile) en proportion suffisante pour en permettre l'exploitation. *Les minerais sont recouverts ou imprégnés d'une substance appelée «gangue».* – De *mine* 2.

minéral, ale, aux [mineʀal, o] n. et adj. **1.** n. m. Corps inorganique se trouvant à l'intérieur de la terre ou à sa surface. *Propriétés d'un minéral* (densité, dureté, couleur, éclat, propriétés optiques). **2.** adj. Des minéraux. *Règne minéral*, par oppos. à *règne végétal* et à *règne animal. Chimie minérale*, qui a trait à tous les éléments autres que le carbone, et aux combinaisons auxquelles ils peuvent donner lieu (par oppos. à la *chimie organique*, chimie des composés du carbone). **3.** *Eau minérale :* eau provenant du sous-sol et parfois minéralisée. – Lat. médiév. *mineralis* .

minéralier [mineʀalje] n. m. Cargo équipé pour le transport des minerais et des cargaisons en vrac. *Minéralier-pétrolier:* minéralier pouvant également transporter des hydrocarbures en vrac. – Du préc.

minéralisateur, trice [mineʀalizatœʀ, tʀis] adj. et n. m. Qui transforme les métaux en minerais. – De *minéraliser.*

minéralisation [mineʀalizasjɔ̃] n. f. **1.** Transformation des métaux en minerais. **2.** État d'une eau qui contient en dissolution certaines substances minérales. – De *minéraliser.*

minéraliser [mineʀalize] v. tr. [1] **1.** Transformer (un métal) en minerai. **2.** Ajouter des substances minérales à (de l'eau). – De *minéral.*

minéralogie [mineʀalɔʒi] n. f. Science qui étudie les minéraux. – De *minéral,* et *-logie.*

ENCYCL La minéralogie est une partie de la géologie et, comme la géologie, elle comporte divers domaines. On distingue: la *prospection,* qui consiste à rechercher les minéraux et à étudier leurs modes de gisement et les conditions de leur formation *(minéralisation);* l'étude du minéral lui-même *(minéralogie descriptive* et *cristallographie).* La minéralogie est très étroitement liée à diverses disciplines telles que la géochimie et la pétrographie (science des roches et non des minéraux, qui sont les constituants des roches); elle utilise de nombreuses techniques instrumentales de la chimie (notam. pour déterminer la formule chimique d'un minéral) et de la physique.

minéralogique [mineʀalɔʒik] adj. **1.** De la minéralogie, relatif à la minéralogie. *Carte minéralogique d'une région.* **2.** (France) *Numéro minéralogique:* combinaison de chiffres et de lettres constituant l'immatriculation d'un véhicule automobile. *Plaque minéralogique d'un camion.* – Du préc.

minéralogiste [mineʀalɔʒist] n. Spécialiste de minéralogie. – De *minéralogie.*

minerve [minɛʀv] n. f. Appareil d'orthopédie, collerette rigide qui maintient la tête droite et les vertèbres cervicales en extension. – Nom fr. de *Minerva,* déesse latine de la sagesse et de l'intelligence.

minestrone [minɛstʀɔn] n. m. Soupe italienne épaisse, aux légumes et au riz (ou aux pâtes). – Mot ital.

minet, ette [minɛ, ɛt] n. Fam. **1.** Petit(e) chat(te). **2.** (Terme d'affection.) *Mon gros minet, ma minette.* **3.** Jeune homme, jeune fille qui s'habille en suivant la mode de très près. ▷ N. f. Jeune fille, quelle que soit sa mise. – De *mine,* nom pop. onomat. du chat en gallo-roman.

minette [minɛt] n. f. Minerai de fer lorrain, très phosphoreux. – Dimin. de *mine* 2.

1. mineur, eure [minœʀ] adj. et n. **1.** De moindre importance. *Cela n'a qu'un intérêt mineur.* **2.** DR Qui n'a pas atteint l'âge de la majorité (dix-huit ans, au Canada). *Une fille mineure.* ▷ Subst. *Un(e) mineur(e). Détournement, enlèvement de mineur.* ▷ *Mineur émancipé:* mineur qui, par le mariage ou par une décision judiciaire, acquiert la capacité d'exercer ses droits comme s'il était majeur et qui, de ce fait, n'est plus soumis à l'autorité parentale. **3.** GEOGR *Asie Mineure :* l'Anatolie, en Turquie. **4.** MUS (opposé à *majeur.*) *Gamme mineure,* dans laquelle il y a trois demi-tons, respectivement placés entre les 2e et 3e, 5e et 6e, 7e et 8e degrés. *Ton, mode mineur,* utilisant les notes de la gamme mineure. **5.** LOG *Terme mineur d'un syllogisme,* le petit terme, qui est sujet dans la conclusion. ▷ N. f. *La mineure.* **6.** RELIG Frères mineurs. V. encycl. franciscain. – *Ordres mineurs:* V. ordre (sens 10). – Lat. *minor,* «plus petit».

2. mineur [minœʀ] n. m. MINES Ouvrier qui travaille dans une exploitation minière. – Appos. *Sapeur mineur.* – De *mine* 2.

mini-. Élément, du lat. *minus,* «moins», par l'angl., impliquant une idée de petitesse, utilisé dans la mode, la publicité. *Mini(-)jupe.*

miniature [minjatyʀ] n. f. **1.** Lettre ornée, d'abord peinte au minium, par laquelle on commençait le chapitre d'un manuscrit, au Moyen Âge. **2.** Très petite peinture sur émail, ivoire, vélin, etc. *Des miniatures persanes. Une miniature du XVIIIe s.* Cf. aussi enluminure. **3.** loc. adv. *En miniature:* sous une forme très réduite, condensée. – Appos. *Golf miniature.* – Ital. *miniatura;* rapproché de *minuscule, mignon,* et d'abord écrit *mignature.*

miniaturisation [minjatyʀizasjɔ̃] n. f. TECH Action de miniaturiser; son résultat. – De *miniaturiser.*

miniaturiser [minjatyʀize] v. tr. [1] TECH Réduire le plus possible l'encombrement de (un appareillage, une machine, etc.). – De *miniature.*

miniaturiste [minjatyʀist] n. Peintre de miniatures. – De *miniature.*

minibus [minibys] n. m. TRANSP Petit autobus servant au transport des passagers, comportant un nombre réduit de places. – De *mini-,* et *bus.*

mini(-)cassette [minikasɛt] n. f. Boîtier plat en matière plastique renfermant une bande magnétique, utilisé sur certains magnétophones (magnétophones portatifs, en partic.) pour en simplifier la manipulation. – *Par ext.* Le magnétophone lui-même. – De *mini-,* et *cassette.*

minier, ère [minje, ɛʀ] adj. MINES Relatif aux mines. *Gisement minier. Exploitation minière.* – De *mine* 2.

minière [minjɛʀ] n. f. Anc. Mine exploitée à ciel ouvert. – De *mine* 2.

mini-jupe [miniʒyp] n. f. Jupe très courte. – De *mini-,* et *jupe;* trad. de l'angl. *mini-skirt.*

minima. V. minimum.

minimal, ale, aux [minimal, o] adj. Qui a atteint, qui constitue un minimum. *Température minimale.* ▷ MATH *Élément minimal d'un ensemble ordonné:* élément qui n'a pas de minorant strict. – De *minimum.*

minime [minim] adj. et n. **1.** adj. Très petit. *Valeur minime.* **2.** n. RELIG CATHOL Religieux, religieuse de l'ordre des Minimes, monastique (de spiritualité franciscaine) fondé par saint François de Paule en 1452 et introduit en France sous Louis XI. – Lat. *minimus,* «le plus petit».

minimiser [minimize] v. tr. [1] Donner à (un fait, une réalité, une chose, etc.) une importance moins grande que celle qu'on aurait pu ou dû lui accorder. *Minimiser un incident.* – De *minime.*

minimum [minimɔm] n. et adj. **I.** n. m. **1.** La plus petite valeur qu'une quantité variable puisse prendre. *Ne pas obtenir le minimum de points requis.* – Loc. adv. *Au minimum:* au moins. *Cela vaut au minimum mille dollars.* **2.** *Minimum vital:* minimum que doit toucher un travailleur pour pouvoir satisfaire ses besoins essentiels. **3.** DR Peine la plus petite. *Le procureur de la Couronne n'a requis que le minimum.* **4.** MATH *Minimum d'une fonction:* valeur de la fonction plus petite que toutes les valeurs immédiatement voisines. **II.** adj. Le plus bas. *Tarif minimum.* (N.B. Dans le langage scientifique, on emploie, à l'adj., *minimal, minimale, minimaux,* et non *minimum, minima.* Dans le langage courant, le plur. est *minimums* ou *minima,* le féminin est *minima*). – Mot lat., «le plus petit».

mini(-)ordinateur [miniɔʀdinatœʀ] n. m. INFORM Ordinateur de faibles dimensions dont l'unité centrale est miniaturisée. *Les miniordinateurs sont utilisés pour les traitements en temps réel, les calculs scientifiques et la gestion.* – De *mini-,* et *ordinateur.*

ministère [ministɛʀ] n. m. **1.** Charge de ministre. **2.** Ensemble des ministres constituant un cabinet. *Renverser le ministère.* **3.** Durée des fonctions d'un ministre. *Pendant le ministère de Lesage.* **4.** Ensemble des services publics placés sous la direction d'un ministre; bâtiment qui les abrite. **5.** Sacerdoce. *Le saint ministère.* **6.** Entremise, intervention. *Offrir son ministère.* – *Signifier une décision de justice par ministère d'huissier.* – Lat. *ministerium,* «fonction de serviteur, service».

ministériel, ielle [ministeʀjɛl] adj. **1.** Relatif au ministère. *Crise ministérielle. Arrêté ministériel,* pris par un ministre. **2.** Partisan du ministère en place. *Député ministériel.* – De *ministère,* sur le lat. *ministerialis.*

ministrable [ministʀabl] adj. Qui peut devenir ministre. *Un député ministrable.* – De *ministre.*

ministre [ministʀ] n. m. **1.** Membre du gouvernement qui dirige un ensemble de services publics. *Ministre des Finances. Les délibérations du Conseil des ministres.* ▷ *Ministre d'État:* ministre qui, sans avoir la charge d'un ministère, est responsable d'organismes spécialisés ou de certains dossiers relevant d'un ministère dont le titulaire est déjà surchargé. ▷ *Le Premier ministre:* le chef du gouvernement. **2.** Agent diplomatique de rang inférieur à celui d'ambassadeur. *Ministre plénipotentiaire.* **3.** Appos. *Papier ministre,* de grand format. – *Bureau ministre,* de grande taille. **4.** RELIG Ecclésiastique. *Ministre de Dieu, du culte.* ▷ Pasteur protestant. *Ministre calviniste.* (Rem.: Aux sens 1 et 2, l'OLF recommande la forme féminine *une ministre.*) – Lat. *minister,* «serviteur».

minium [minjɔm] n. m. *Minium de plomb* ou absol. *minium:* pigment rouge orangé, constitué d'oxyde de plomb de formule Pb_3O_4, utilisé principalement comme antirouille. ▷ *Minium de fer, d'aluminium, de titane:* nom donné abusiv. à des pigments utilisés dans les peintures antirouille. – Mot lat.

minoen, enne [minɔɛ̃, ɛn] adj. et n. Qui appartient à la période la plus ancienne de l'histoire crétoise (IIIe mill. - 1400 env. av. J.-C.). *Art minoen.* ▷ N. m. *Le minoen ancien.* – Angl. *Minoan,* de *Minos,* roi semi-légendaire de Cnossos (Crète).

minois [minwɑ] n. m. Visage d'enfant, de personne jeune et jolie. – De *mine* 3.

minorant [minɔʀɑ̃] n. m. MATH *Minorant d'une partie P d'un ensemble ordonné E:* élément de l'ensemble E qui est inférieur à tout élément de la partie P. – Ppr. subst. de *minorer.*

minorer [minɔʀe] v. tr. [1] Réduire la valeur, l'importance de (qqch). – Bas lat. *minorare.*

minoritaire [minɔʀitɛʀ] adj. et n. Qui appartient à la minorité. *Courant minoritaire.* – De *minorité.*

minorité [minɔʀite] n. f. **1.** Le plus petit nombre (dans un ensemble). *Dans une minorité de cas.* **2.** Le plus petit nombre des suffrages, dans une réunion, une assemblée où l'on vote. *Être mis en minorité.* ▷ Parti, tendance minoritaire (par oppos. à *majorité*). ▷ Petite collectivité à l'intérieur d'un ensemble. *Les minorités ethniques, religieuses.* **3.** État d'une personne légalement mineure (âgée de moins de dix-huit ans, au Canada). – Temps pendant lequel on est mineur. ▷ Temps pendant lequel un souverain est trop jeune pour exercer le pouvoir monarchique. *La minorité de Louis XIV.* – Lat. médiév. *minoritas,* du class. *minor,* «moindre».

minot [mino] n. m. **1.** Anc. Mesure de capacité utilisée en France (valant la moitié d'une mine 1). ▷ Surface que l'on pouvait ensemencer avec un minot de grain. **2.** Farine de blé dur utilisée pour l'alimentation du bétail. – De *mine* 1.

minoterie [minɔtʀi] n. f. **1.** Meunerie. **2.** Grand moulin industriel. – De *minotier.*

minotier [minɔtje] n. m. Exploitant d'une minoterie. – De *minot.*

minou [minu] n. m. Fam. Nom affectueux donné au chat, et par ext. à un ou une intime. – De *minet.*

minuit [minɥi] n. m. **1.** Milieu de la nuit. ▷ Litt. *Sur le minuit.* – Vx *Vers la minuit.* **2.** Instant où un jour finit et où l'autre commence. *Le jour civil commence à minuit et se compte de 0 à 24 heures.* – De *mi-,* et *nuit.*

minuscule [minyskyl] adj. et n. f. **1.** Très petit. *Animal minuscule.* **2.** *Lettre, caractère minuscule:* petite lettre (par oppos. à *majuscule, à capitale*). ▷ N. f. *Une minuscule.* – Lat. *minusculus,* «un peu plus petit, assez petit», dimin. de *minor.*

minus habens [minysabɛ̃s] ou **minus** [minys] n. inv. Fam. Personne peu intelligente ou peu capable. *Tu n'es qu'un minus.* – Lat., «ayant moins».

minutage [minytaʒ] n. m. Décompte précis du temps. – De *minuter* 1.

1. minute [minyt] n. f. **I. 1.** Division du temps, égale à la soixantième partie d'une heure et à 60 secondes (symbole *mn*). **2.** Espace de temps très court. *Je reviens dans une minute.* – Loc. *À la minute:* immédiatement. – *À la minute où:* dès que. – *D'une minute à l'autre:* tout de suite, dans l'instant qui va suivre. – Fam. *Minute!:* attention, doucement! – Appos. Très rapide. *Ressemelage minute.* **II.** GEOM *Minute sexagésimale* ou, absol., *minute:* unité de mesure d'arc et d'angle, égale à la soixantième partie d'un degré (symbole '). *Vingt degrés seize minutes (20°16').* – Lat. médiév. *minuta,* fém. du class. *minutus,* «menu».

2. minute [minyt] n. f. **1.** DR Original d'un acte notarié qui reste entre les mains du notaire et dont il ne peut être délivré que des copies aux intéressés. **2.** DR Original d'un jugement que l'on conserve au greffe du tribunal et qui est signé par le juge qui l'a rendu ou par un officier public dûment autorisé par la loi. – Lat. médiév. *minuta,* «écriture menue».

minuter [minyte] v. tr. [1] Déterminer avec précision le déroulement dans le temps, l'horaire de. *Minuter un exposé.* – De *minute* 1.

minuterie [minytʀi] n. f. **1.** TECH Partie d'un mouvement d'horlogerie destinée à marquer les fractions de l'heure. **2.** Cour. Dispositif électrique à mouvement d'horlogerie, servant à établir un contact pendant une durée déterminée, et utilisé principalement pour la commande d'appareils d'éclairage. – De *minute* 1.

minutie [minysi] n. f. **1.** Vx Chose insignifiante. **2.** Soin extrême, qui se manifeste jusque dans les plus petits détails. *Travailler avec minutie.* – Lat. *minutia,* «parcelle», de *minutus,* adj., «menu».

minutier [minytje] n. m. Registre, dépôt des minutes. – De *minute* 2.

minutieusement [minysjøzmɑ̃] adv. De façon minutieuse. – De *minutieux.*

minutieux, euse [minysjø, øz] adj. **1.** Qui travaille avec minutie, méticuleux. **2.** Qui marque la minutie. *Recherches minutieuses.* – De *minutie.*

miocène [mjɔsɛn] adj. et n. m. GEOL Troisième période de l'ère tertiaire, après l'Oligocène et avant le Pliocène, caractérisée par la tendance des mammifères au gigantisme. – Angl. *miocene,* du gr. *meion,* «moins», et *kainos,* «récent».

mioche [mjɔʃ] n. Pop. Enfant. – A. fr. *mioche,* «mie de pain»; de *mie* 1.

mi-parti, ie [mipaʀti] adj. Composé de deux parties égales mais dissemblables. *Costume mi-parti vert et jaune d'un bouffon.* – De l'anc. v. *mipartir,* «partager en deux moitiés».

mir [miʀ] n. m. HIST Communauté rurale, en Russie, avant 1917. – Mot russe.

mirabelle [miʀabɛl] n. f. **1.** Petite prune jaune, ronde et parfumée. **2.** Eau-de-vie de mirabelle. – Ital. *mirabella,* altér. de *mirobolano,* lat. *myrobolanus,* du gr. *muron,* «parfum», et *balanos,* «gland».

mirabellier [miʀabɛlje] n. m. Prunier qui donne des mirabelles. – Du préc.

mirabilis [miʀabilis] n. m. BOT Plante herbacée (genre *Mirabilis*, fam. myctaginacées) d'origine américaine et africaine, dont il existe de nombreuses variétés horticoles, aux fleurs de couleurs variées. *La belle-de-nuit, qui s'ouvre le soir, est un mirabilis.* – Mot lat., «admirable».

miracle [miʀɑkl] n. m. **1.** Événement, phénomène réputé contraire aux lois de la nature et dont l'accomplissement inexpliqué semble être l'effet de la volonté divine. *Les théologiens se montrent circonspects à propos de ce prétendu miracle. Cela tient du miracle.* ▷ *Crier miracle, au miracle:* s'extasier devant une chose fort ordinaire. ▷ *Croire aux miracles:* être trop crédule. ▷ HIST *Cour des Miracles :* lieu de réunion des mendiants de Paris, du Moyen Âge au XVIIe s., où disparaissaient comme par miracle les infirmités qu'ils simulaient pour mendier. **2.** Effet extraordinaire d'un hasard heureux. *C'est un miracle qu'il s'en soit sorti. Par miracle il est sauf.* **3.** *Par exag.* Fait, chose extraordinaire qui cause la surprise et l'admiration. *Miracle de la nature. Ce tableau est un miracle d'harmonie.* **4.** LITTER Au Moyen Âge, composition dramatique qui mettait en scène les miracles des saints. – Lat. *miraculum*, «prodige», de *mirari*, «s'étonner».

miraculé, ée [miʀakyle] adj. et n. Personne qui a été l'objet d'un miracle. *Les miraculés de Lourdes.* – De *miracle.*

miraculeusement [miʀakyløzmɑ̃] adv. D'une façon miraculeuse. *Échapper miraculeusement à la mort.* – De *miraculeux.*

miraculeux, euse [miʀakylø, øz] adj. **1.** Fait par miracle, qui tient du miracle. *Guérison miraculeuse.* **2.** Qui fait des miracles. *Remède miraculeux.* **3.** Extraordinaire, merveilleux, étonnant. *Tout cela est miraculeux.* – Lat. *miraculum.*

mirador [miʀadɔʀ] n. m. **1.** ARCHI Belvédère situé au sommet des maisons espagnoles. **2.** Poste d'observation élevé, servant en partic. à surveiller un camp de prisonniers. – Mot esp. de *mirar*, «regarder»; lat. *mirare.*

mirage [miʀaʒ] n. m. **I. 1.** Phénomène optique propre aux régions chaudes du globe, qui donne l'illusion d'une nappe d'eau lointaine où se reflètent les objets, et qui est dû à la courbure des rayons lumineux dans l'air surchauffé. **2.** Fig. Illusion séduisante. *Le mirage de l'espérance.* Syn. chimère. **II.** TECH Action de mirer. *Le mirage des œufs.* – De *mirer.*

mirbane [miʀban] n. f. CHIM *Essence de mirbane:* nitrobenzène utilisé en parfumerie. – Orig. incon.

mire [miʀ] n. f. **1.** Vx Action de viser. ▷ Mod. *Cran de mire:* V. cran. – *Ligne de mire:* droite qui va de l'œil de l'observateur au point visé en passant par le cran de mire et le guidon. – *Point de mire:* point visé. Fig. *Être le point de mire de toutes les convoitises.* **2.** TECH Tout signal fixe servant à orienter un instrument, à prendre des repères par visée. ▷ *Spécial.* Règle graduée utilisée pour les relevés topographiques. **3.** *Mire électronique:* image diffusée par un émetteur de télévision et qui sert au réglage des récepteurs. – Déverbal de *mirer.*

mire-œufs [miʀø] n. m. inv. Appareil servant à mirer les œufs. – De *mirer*, et *œuf.*

mirepoix [miʀpwa] n. f. CUIS Préparation à base de légumes et de condiments, que l'on incorpore à certaines sauces pour en rehausser la saveur. – Du nom du duc de *Mirepoix.*

mirer [miʀe] v. tr. [1] **1.** Vx Observer attentivement. ▷ Viser avant de tirer. *«Deux beaux canards s'en vont nageant, mira le noir, tua le blanc»* (vieille chanson). **2.** Examiner à la lumière. *Mirer des œufs*, les observer par transparence devant une source de lumière vive pour s'assurer qu'ils sont frais. *Mirer du drap*, le regarder à contre-jour pour en déceler les défauts. **3.** Litt. Regarder dans une surface réfléchissante. *Narcisse mirait son visage dans l'eau des fontaines.* ▷ v. pron. *Se mirer dans une psyché.* – Lat. pop. *mirare*, «regarder attentivement», class. *mirari*, «s'étonner».

mirette [miʀɛt] n. f. Pop. Œil. *Ouvrez vos mirettes.* – De *mirer.*

mirifique [miʀifik] adj. Iron. Merveilleux. *On lui avait fait des offres mirifiques.* – Lat. *mirificus*, de *mirari*, «s'étonner».

mirliflore [miʀliflɔʀ] n. m. Vieilli, plaisant. Jeune élégant qui fait l'avantageux. – P.-ê. altér. de *(eau de) mille fleurs*, parfum qui fut à la mode, avec infl. de *mirifique.*

mirliton [miʀlitɔ̃] n. m. Instrument de musique burlesque formé d'un tube percé de deux trous, bouché aux deux extrémités par un morceau de baudruche, une peau d'oignon, etc. ▷ *Vers de mirliton :* mauvais vers, du genre de ceux que l'on imprimait sur les bandes de papier entourant les mirlitons. – P.-ê. anc. refrain de chanson populaire.

mirmidon. V. myrmidon.

mirmillon [miʀmijɔ̃] n. m. ANTIQ ROM Gladiateur armé à la gauloise d'un casque, d'une courte épée et d'un bouclier. *Le mirmillon combattait en général le rétiaire.* – Lat. *mirmillo.*

miro [miʀo] adj. Fam. Qui voit mal, myope. – De *mirer.*

mirobolant, ante [miʀɔbɔlɑ̃, ɑ̃t] adj. Fam. Magnifique, extraordinaire au point d'en être incroyable. *Promesse mirobolante.* – Orig. incert., p.-ê. de *myrobolan.*

miroir [miʀwaʀ] n. m. **1.** Corps (surface polie, glace de verre étamée, etc.) qui réfléchit les rayons lumineux, qui renvoie l'image des objets. *Miroir de poche. Miroir concave, convexe.* – PHYS *Miroirs de Fresnel*, servant à produire des franges d'interférence. ▷ *Miroir aux alouettes:* instrument monté sur pivot et garni de miroirs, que l'on fait tourner au soleil pour attirer par son scintillement de petits oiseaux. – Fig. Moyen d'attirer les gens crédules pour les berner. **2.** Fig. Surface unie réfléchissant les rayons lumineux. *Soyez prudent: la route est un miroir. Miroir d'eau.* ▷ CUIS *Œufs au miroir :* œufs cuits au four. **3.** Fig. Ce qui reproduit l'image de qqch, de qqn. *Les yeux sont les miroirs de l'âme.* – De *mirer.*

ENCYCL Un miroir est le plus souvent constitué par une glace de verre dont la face postérieure est recouverte d'une pellicule métallique (le tain) protégée par un vernis. On distingue les miroirs plans et les miroirs sphériques (concaves ou convexes suivant que la surface réfléchissante est tournée vers le centre de la sphère ou vers l'extérieur). Les applications du miroir plan sont très nombreuses (glaces d'ornementation, capteurs d'énergie solaire, etc.). Les miroirs concaves sont utilisés comme réflecteurs et projecteurs (comme objectifs de télescopes et pour concentrer l'énergie solaire en partic.), les miroirs convexes, notam. comme rétroviseurs.

miroité, ée [miʀwate] adj. Se dit d'un cheval bai dont la croupe présente des marques plus brunes ou plus claires que le fond de la robe. – Pp. de *miroiter.*

miroitement [miʀwatmɑ̃] n. m. Éclat d'une surface qui miroite. *Le miroitement de la rivière.* Syn. reflet, chatoiement. – De *miroiter.*

miroiter [miʀwate] v. intr. [1] Renvoyer la lumière en présentant des reflets changeants, scintiller. *Le lac miroite au soleil.* ▷ Fig. *Faire miroiter :* faire valoir (pour séduire, pour tenter qqn). *Faire miroiter un avantage aux yeux de qqn.* – De *miroir.*

miroiterie [miʀwatʀi] n. f. Commerce, industrie des miroirs. – TECH Fabrique de vitrages épais et de miroirs (par oppos. à *vitrerie*, fabrique de vitres minces). – De *miroiter*.

miroitier, ière [miʀwatje, jɛʀ] n. TECH Personne qui vend, qui répare, qui installe des miroirs ou des glaces. – De *miroir*.

miroton [miʀɔtɔ̃] ou (pop.) **mironton** [miʀɔ̃tɔ̃] n. m. Viande de bœuf bouillie coupée en tranches, et accommodée aux oignons. – Appos. *Un bœuf miroton*. – Orig. incert.

mis(o)-. Éléments, du gr. *misein*, «haïr».

misaine [mizɛn] n. f. MAR *Mât de misaine :* mât vertical à l'avant du navire, entre la proue et le grand mât. – *Voile de misaine* ou *misaine* : voile principale de ce mât. – D'ap. l'ital. *mezzana*, catalan *mitjana*, «médian».

misandre [mizɑ̃dʀ] adj. et n. f. Qui déteste, qui méprise les hommes. – De *mis-*, et *-andre*, sur le modèle de *misanthrope*.

misandrie [mizɑ̃dʀi] n. f. Aversion, mépris pour le sexe masculin, les hommes. – De *misandre*.

misanthrope [mizɑ̃tʀɔp] n. et adj. **1.** Personne qui déteste les hommes, le genre humain. Ant. philanthrope. **2.** Personne bourrue, maussade, qui fuit le commerce des hommes. *«Le Misanthrope», comédie de Molière (1666)*. Ant. sociable. – Gr. *misanthrôpos*, de *misein*, «haïr», et *anthrôpos*, «homme».

misanthropie [mizɑ̃tʀɔpi] n. f. **1.** Haine des hommes, du genre humain. **2.** Caractère du misanthrope. Ant. philanthropie. – Gr. *misanthrôpia*.

misanthropique [mizɑ̃tʀɔpik] adj. Qui a le caractère de la misanthropie. *Réflexion misanthropique*. – Du préc.

miscellanées [miselane] n. f. pl. Didac. Recueil composé d'écrits sur différents sujets, mélanges*. ▷ Sing. Rare *«Une miscellanée de légumes, de pain et de viandes»* (Chateaubriand). – Lat. *miscellanea*, «choses mêlées», de *miscere*, «mêler».

miscibilité [misibilite] n. f. Qualité d'une substance miscible. – De *miscible*.

miscible [misibl] adj. CHIM Qui peut se mélanger de manière homogène avec un autre corps. – Du lat. *miscere*, «mêler».

mise [miz] n. f. Action de mettre, son résultat. **1.** Action de placer dans un lieu déterminé. *La mise au tombeau du Christ*. ▷ ELECTR *Mise à la terre:* action de réunir un appareil au sol ou à une prise de terre, par l'intermédiaire d'un conducteur. **2.** Action de placer dans une certaine situation. *Mise à l'épreuve. Mise en vente. Mise à prix*. **3.** Action de disposer d'une certaine manière. *Mise en place*. ▷ PHYS *Mise au point:* réglage d'un instrument d'optique. – *Par ext.* Réglage, en général. ▷ IMPRIM *Mise en page:* agencement des textes et des illustrations sur un feuillet d'un format déterminé. ▷ *Mise en scène:* direction artistique d'une œuvre théâtrale ou cinématographique. – Fig. Ensemble de dispositions prises à l'avance en vue de faire croire qqch. *Il avait organisé une mise en scène compliquée pour nous persuader de son innocence*. ▷ Par ext. *Mise en ondes :* direction artistique d'une émission radiophonique. **4.** *Être, n'être pas de mise* (ellipt. *de mise en circulation*): être, n'être pas convenable, admissible. *De telles paroles ne sont pas de mise ici*. **5.** Manière de se vêtir. *Mise soignée, négligée*. Syn. tenue, toilette. **6.** Somme que l'on engage (au jeu, dans une entreprise, etc.). *Perdre sa mise. Mise de fonds*. ▷ Fig., fam. *Sauver la mise à qqn*, lui épargner un ennui. – Pp. fém. subst. de *mettre*.

miser [mize] **1.** v. tr. [1] Déposer comme mise, comme enjeu. *Miser dix dollars*. – Absol. *Miser gros*. **2.** v. intr. Compter, faire fond. *Je mise sur sa loyauté*. – De *mise*.

misérabilisme [mizeʀabilism] n. m. Forme de populisme qui s'attache avec complaisance à la description de la misère. – De *misérable*.

misérabiliste [mizeʀabilist] adj. et n. Qui pratique le misérabilisme. *Écrivain misérabiliste*. – De *misérable*.

misérable [mizeʀabl] adj. et n. **1.** Qui est dans la misère, le dénuement. *Des gens misérables qui ne mangent pas à leur faim*. – Subst. *«Les Misérables», roman de Victor Hugo (1862)*. Syn. pauvre, nécessiteux. ▷ (Choses.) *Une cabane misérable*. **2.** Qui est malheureux, digne de pitié. *Se sentir misérable*. **3.** Qui est sans valeur. *Des vers misérables*. Syn. méchant, piètre. – Insignifiant. *Ils se battent pour quelques misérables sous*. Syn. malheureux. **4.** n. Vil individu. *C'est un misérable qui ne mérite pas la corde pour le pendre. Misérable! Vous avez trahi!* – Lat. *miserabilis*.

misérablement [mizeʀabləmɑ̃] adv. D'une manière misérable. – De *misérable*.

misère [mizɛʀ] n. f. **I. 1.** État d'extrême pauvreté. *Finir ses jours dans la misère. Au comble de la misère. Misère noire*. – *Crier misère :* proclamer sa pauvreté (personnes); être le signe d'un grand dénuement (choses). *Son vieux manteau crie misère*. Syn. indigence, **2.** État, condition malheureuse, pitoyable. *La vie, cette vallée de misère. La misère du temps*. ▷ MED *Misère physiologique:* état grave de dénutrition. **3.** Faiblesse, impuissance de l'homme, néant de sa condition. *Tout ici-bas n'est que misère et vanité*. **4.** Chose pénible, douloureuse. *Quelle misère! C'est une misère de le voir ainsi diminué!* – (Au pluriel.) Peines, ennuis. *Raconter ses petites misères. Faire des misères à qqn*. Syn. malheur. **5.** Chose insignifiante. *Se quereller pour une misère*. Syn. bagatelle, vétille. **II.** BOT Nom cour. de plusieurs monocotylédones ornementales à croissance rapide (*Tradescantia* et genres voisins, fam. commélinacées), vivaces, à tiges retombantes. – Lat. *miseria*, de *miser*, «malheureux».

miserere ou **miséréré** [mizeʀeʀe] n. m. inv. RELIG CATHOL Psaume qui commence, dans la traduction latine de la Vulgate, par les mots *Miserere mei, Domine*. – MUS Musique qui accompagne ce psaume. – Mot lat., «aie pitié».

miséreux, euse [mizeʀø, øz] adj. **1.** Qui est dans la misère. ▷ Subst. *Une bande de miséreux*. **2.** Qui dénote la misère. *Air miséreux*. – De *misère*.

miséricorde [mizeʀikɔʀd] n. f. **1.** Compassion éprouvée aux misères d'autrui. *Ayez miséricorde*. Syn. pitié. ▷ MAR Vx *Ancre de miséricorde*, la plus grosse ancre du navire. **2.** Pardon, grâce accordée à un coupable. *Implorer, obtenir miséricorde*. ▷ Prov. *À tout péché miséricorde :* toute faute peut être pardonnée. **3.** *Miséricorde!:* exclamation exprimant la surprise, la crainte. **4.** Console sculptée, sous le siège mobile d'une stalle d'église, sur laquelle on peut s'appuyer pendant les offices tout en ayant l'air d'être debout. – Lat. *misericordia*, de *misericors*, «qui a le cœur *(cor)* sensible au malheur *(miseria)*».

miséricordieux, ieuse [mizeʀikɔʀdjø, jøz] adj. Qui a de la miséricorde. *Cœur miséricordieux*. ▷ Subst. *Heureux les miséricordieux*. – Lat. médiév. *misericordius*.

misogyne [mizɔʒin] adj. et n. Qui déteste, qui méprise les femmes. – Gr. *misogunês*.

misogynie [mizɔʒini] n. f. Aversion, mépris pour les femmes. – Gr. *misogunia*.

mispickel [mispikɛl] n. m. MINER Sulfoarséniure de fer (FeAsS). – Mot all.

miss [mis] n. f. **1.** Mademoiselle, en parlant d'une jeune fille de langue anglaise. *Miss Thomson*. **2.** Anc. Institutrice ou gouvernante anglaise employée à l'éducation des enfants. **3.** Titre (en général suivi d'un nom de lieu) donné aux lauréates des concours de beauté. *Miss Univers. Des misses* ou *des miss.* – Mot angl., «mademoiselle».

missel [misɛl] n. m. LITURG CATHOL Livre d'autel contenant les prières et les indications du rituel de la messe pour les différents jours de l'année. – Abrégé de ce livre à l'usage des fidèles. – A. fr. *messel, missel,* d'ap. le lat. ecclés *missalis liber,* «livre de messe».

missi dominici [misidɔminisi] n. m. pl. HIST Envoyés du roi chargés de l'inspection des provinces et de la surveillance des comtés, sous Charlemagne et les premiers Carolingiens. – Mots lat., «envoyés du maître».

missile [misil] n. m. Engin explosif de grande puissance possédant son propre dispositif de propulsion et de guidage. – Mot angl., du lat. *missile,* «projectile».

ENCYCL Un missile comporte un système de propulsion (moteur-fusée), un système de guidage et une charge utile (ogive nucléaire, par ex.). Suivant leur portée, on distingue les missiles stratégiques (portée supérieure à 2 000 km), les missiles antimissiles (destinés à la destruction des missiles adverses) et les missiles tactiques (portée généralement inférieure à 40 km). Suivant leur site de lancement et leur objectif, on distingue les missiles sol-sol, sol-air, mer-sous-mer, etc. Les *missiles de croisière* sont des missiles stratégiques, d'une portée de l'ordre de 4 000 km, qui échappent aux radars adverses en volant à très basse altitude; ils parviennent à reconnaître leur itinéraire en comparant le relief qu'ils survolent, à l'aide d'un altimètre, avec les informations contenues dans la mémoire d'un ordinateur.

mission [misjɔ̃] n. f. **1.** Charge confiée à qqn de faire qqch. *Mission diplomatique, scientifique. Envoyer qqn en mission. Chargé de mission.* ▷ RELIG Pour les chrétiens, charge apostolique confiée aux évangélisateurs. – Ensemble des activités visant à l'évangélisation. *Société des missions étrangères.* **2.** Ensemble des personnes à qui une telle charge est confiée. *Campement d'une mission scientifique dans les régions polaires.* ▷ Communauté religieuse travaillant à l'évangélisation. ▷ Établissement où vit cette communauté. *La mission est installée dans la vallée.* – Lat. *missio,* «action d'envoyer»,

missionnaire [misjɔnɛʀ] n. et adj. RELIG **1.** Celui, celle qui propage l'évangile au loin. *Les missionnaires de la Nouvelle-France.* – Celui, celle qui propage une foi. *Les missionnaires de l'Islam.* ▷ Adj. *Père, sœur missionnaire.* ▷ Adj. Relatif aux missions. *Tâche missionnaire de la Compagnie de Jésus. Congrégation missionnaire.* **2.** *Par ext.* Propagandiste d'idée. *Missionnaire de la paix.* – De *mission.*

missive [misiv] n. f. et adj. Lettre, écrit que l'on envoie à qqn. ▷ Adj. *Lettre missive.* – Du lat. *missus,* pp. de *mittere,* «envoyer».

mistelle [mistɛl] n. f. VITIC Moût de raisin dont la fermentation a été arrêtée par addition d'alcool. – Esp. *mistela,* de *misto,* «mélangé».

mistigri [mistigʀi] n. m. **1.** Fam. Chat. **2.** JEU Valet de trèfle, dans certains jeux. – Jeu de cartes où le valet de trèfle entre deux cartes de même couleur a l'avantage. – P.-ê-de *miste,* var. de *mite,* anc. nom pop. du chat, et *gris.*

mistoufle [mistufl] n. f. **1.** Fam. Méchanceté. *Faire des mistoufles à qqn.* **2.** Pop. Misère. *Sombrer dans la mistoufle.* – Orig. obscure, p.-ê.-de *mis(ère).*

mistral [mistʀal] n. m. En France, vent violent de secteur nord soufflant le long de la vallée du Rhône et sur la région méditerranéenne. – Ancien provenç. *maestral,* «magistral», «vent maître».

mitage [mitaʒ] n. m. URBAN Action de miter; résultat de cette action. – De *miter,* sens 2.

mitaine [mitɛn] n. f. **1.** Gros gant qu'on porte pour se protéger du froid, recouvrant entièrement la main et ne comportant pas de séparations pour les doigts, excepté pour le pouce. *Mitaines de laine, de cuir, de fourrure. Une paire de mitaines. Des mitaines doublées.* «J'étais sur la glace, ajustant mes raquettes. J'avais dû enlever mes mitaines pour nouer les lacets de cuir.» (Robert De Roquebrune, *Testament de mon enfance,* 1951.) ▷ Gant de même forme servant à divers usages. *Mettre des mitaines pour sortir un plat chaud du four.* ▷ Loc. fig. *Prendre qqn avec des mitaines,* ou *prendre (mettre) des mitaines (pour parler à qqn),* l'aborder avec ménagement pour ne pas l'irriter. **2.** (France) Gant de femme qui laisse découvertes les deux dernières phalanges des doigts. **3.** Fam. (Probabl. d'après l'arg. amér. *mitten,* «main») *Faire qqch à la mitaine,* à la main, de façon artisanale, sans les meilleurs moyens techniques. – *(Savoir) conduire à la mitaine:* pouvoir conduire une voiture à embrayage manuel. – De l'a fr. *mite,* même sens, p.-ê. de *mite,* anc. n. pop. du chat.

mitan [mitɑ̃] n. m. Vx ou rég. (notam. en Acadie) Milieu. «Non, un *houme* peut pas *coume* ça, lâcher la mer en plein mitan de sa vie.» (Antonine Maillet, *Gapi et Sullivan,* 1973.) – Dial. de l'est de la France, de *mi-,* et *tant.*

mitasse [mitas] n. f. Anc. Jambière de peau ou d'étoffe qui couvrait partiellement ou entièrement la jambe. «Les mitasses sont des espèces de guêtres très larges et dont les deux côtés sont cousus ensemble, à environ quatre doigts du bord sans boutons ni boutonnières. C'est encore une invention des sauvages.» (Jean-Baptiste D'Aleyrac, *Mémoires,* 1755.) – Mot amérindien.

mite [mit] n. f. **1.** Nom cour. de divers arthropodes vivant sur des aliments, notam. d'un acarien, la *mite du fromage (Tiroglyphus siro).* **2.** Cour. Insecte lépidoptère, de la fam. des teignes, dont les chenilles attaquent les tissus et les fourrures. – Mot moyen néerl.

mité, ée [mite] adj. Rongé par les mites. – De *mite.*

mi-temps [mitɑ̃] n. **1.** n. f. Temps de repos entre les deux parties d'un jeu d'équipes. *L'arbitre a sifflé la mi-temps.* ▷ Chacune de ces deux parties, d'égale durée. *Seconde mi-temps.* **2.** loc. adv. *À mi-temps, travail à mi-temps,* d'une durée équivalente à la moitié du temps de travail normal, du temps complet. – De *mi-,* et *temps.*

miter [mite] [11] **1.** v. pron. Être rongé par les mites. **2.** v. tr. URBAN Éparpiller des constructions de façon anarchique sur un site ou sur un paysage. *Des hameaux de maisons préfabriquées mitaient le littoral.* – De *mite.*

miteusement [mitøzmɑ̃] adj. De manière miteuse. – De *miteux.*

miteux, euse [mitø, øz] adj. et n. D'aspect misérable, pitoyable. – De *mite.*

mithriacisme [mitʀijasism] ou **mithracisme** [mitʀasism] n. m. HIST Culte de Mithra, largement célébré dans le monde hellénistique et qui contrecarra les progrès du christianisme jusqu'à la fin du IVe s. – Du lat. *mithriacus,* «de Mithra», nom d'une divinité apparue dans la mythologie v. 500 av. J.-C., identifiée par les Perses au dieu solaire, et parfois, dans le monde hellénistique, à Hermès, en fait, dieu médiateur entre le Bien et le Mal.

mithriaque [mitʀijak] adj. HIST Relatif à Mithra, à son culte. – Lat. *mithriacus.* (V. mithriacisme).

mithridatisation [mitʀidatizasjɔ̃] n. f. MED Action de mithridatiser, fait de se mithridatiser; son résultat. – De *mithridatiser.*

mithridatiser [mitʀidatize] v. tr. [1] Immuniser (contre un poison) par l'accoutumance. – Du n. de *Mi-*

thridate VI Eupator, roi du Pont (111 à 63 av. J.-C.), qui se rendit invulnérable au poison.

mithridatisme [mitʀidatism] n. m. MED Immunité aux substances toxiques acquise par l'ingestion de doses progressives de ces substances. – V. préc.

mitigation [mitigasjõ] n. f. Vx Adoucissement. ▷ DR *Mitigation de peine:* mesure par laquelle le juge, à l'issue d'un procès criminel, impose à l'accusé une peine moins sévère compte tenu des facteurs reliés à l'infraction. – Lat. *mitigatio.*

mitigé, ée [mitiʒe] adj. **1.** Vx Adouci, modéré. **2.** Cour. Moins sévère; relâché. *Morale mitigée.* **3.** Abusiv., fam. Partagé, mêlé. *Une joie mitigée de remords.* – Pp. de *mitiger.*

mitiger [mitiʒe] v. tr. **[15]** Vx Adoucir, modérer. *Mitiger une peine.* – Lat. *mitigare,* «adoucir», de *mitis,* «doux».

mitigeur [mitiʒœʀ] n. m. TECH Appareil de robinetterie mélangeur pour régler la température de l'eau. – De *mitiger.*

mitochondrie [mitɔkõdʀi] n. f. BIOL Organite, présent dans le cytoplasme de toutes les cellules, qui joue un rôle essentiel dans les phénomènes d'oxydation et de stockage de l'énergie sous forme d'A.T.P. – Du gr. *mitos,* «filament», et *khondros,* «cartilage».

miton [mitõ] n. m. **1.** Vx Mitaine. **2.** HIST Gantelet de mailles de l'armure des chevaliers. – De l'a. fr. *mite,* «gant».

mitonner [mitɔne] **I.** v. intr. **[1]** Cuire doucement dans son jus. **II.** v. tr. **1.** Faire cuire longtemps et à petit feu. ▷ Préparer avec soin, longuement (un mets). *Mitonner de bons petits plats.* Syn. mijoter. – Fig. *Mitonner une affaire,* en préparer longuement le succès. **2.** Fig. *Mitonner qqn,* le dorloter, l'entourer de prévenances. – Du normand *miton,* «mie de pain», de *mie.*

mitose [mitoz] n. f. BIOL Ensemble des phénomènes de transformation et de division des chromosomes aboutissant, à partir d'une cellule mère, à la formation de deux cellules filles ayant le même nombre de chromosomes. *La mitose est le mode de division cellulaire le plus fréquent.* – Gr. *mitos,* «filament», et *-ose* 2.

mitotique [mitɔtik] adj. De la mitose, relatif à la mitose. – Du préc.

mitoyen, yenne [mitwajɛ̃, jɛn] adj. Qui est entre deux choses, qui sépare deux choses et leur est commun. *Mur mitoyen.* ▷ DR Qui sert de séparation entre deux fonds contigus et qui appartient en copropriété indivise aux propriétaires de l'un et de l'autre. – Refait d'ap. *mi-,* «demi», de l'a. fr. *moiteen,* «au milieu».

mitoyenneté [mitwajɛnte] n. f. État, qualité de ce qui est mitoyen. – De *mitoyen.*

mitraillade [mitʀɑjad] n. f. Décharge de canons chargés à mitraille. – De *mitrailler.*

mitraillage [mitʀɑjaʒ] n. m. Action de mitrailler (avec une mitrailleuse, un canon mitrailleur). – De *mitrailler.*

mitraille [mitʀɑj] n. f. **1.** Fam. Monnaie de billon. *Payer en mitraille.* **2.** Menus morceaux de cuivre; vieille ferraille. **3.** Vieux fers, puis grosses balles dont on chargeait les canons autrefois. ▷ Décharge de balles, d'obus. – A. fr. *mitaille,* de *mite,* «monnaie de cuivre de Flandre».

mitrailler [mitʀɑje] **I.** v. intr. **[1]** Tirer à la mitrailleuse, au canon mitrailleur. **II.** v. tr. **1.** Diriger un mitraillage sur. **2.** Fam. *Par anal.* Photographier, filmer sous tous les angles. ▷ *Mitrailler de questions:* questionner sans relâche. – De *mitraille.*

mitraillette [mitʀɑjɛt] n. f. Pistolet* mitrailleur. – De *mitrailleuse.*

1. mitrailleur [mitʀɑjœʀ] n. m. **1.** Vx Celui qui mitraille, qui fait tirer à mitraille. **2.** Mod. Celui qui sert une mitrailleuse. – De *mitrailler.*

2. mitrailleur, euse [mitʀɑjœʀ, øz] adj. et n. **1.** adj. *Pistolet mitrailleur:* V. pistolet. ▷ *Fusil mitrailleur:* V. ce mot. ▷ *Canon mitrailleur:* V. canon. **2.** n. f. Arme automatique à tir rapide d'un calibre de 7,5 à 20 mm, montée sur affût, sur tourelle ou à poste fixe. *Mitrailleuse légère,* d'un calibre inférieur à 8 mm, utilisée dans le combat rapproché. – *Mitrailleuse lourde,* d'un calibre de 8 à 20 mm, utilisée à poste fixe pour la protection antiaérienne ou pour les tirs à longue distance. – De *mitrailler.*

mitral, ale, aux [mitʀal, o] adj. En forme de mitre. ▷ ANAT *Valvule mitrale:* valvule du cœur entre l'oreillette et le ventricule gauches. ▷ MED Qui se rapporte à la valvule mitrale. *Maladie, rétrécissement mitral.* – De *mitre.*

mitre [mitʀ] n. f. **I. 1.** ANTIQ Coiffure haute et conique des Assyriens et des Perses. **2.** Coiffure haute et conique portée par les prélats, notam. les évêques, lorsqu'ils officient. **II. 1.** CONSTR Couronnement d'un conduit de fumée, de section rectangulaire. **2.** Mollusque gastéropode des mers chaudes, de forme allongée. – Lat. *mitra,* mot gr. «bandeau».

mitré, ée [mitʀe] adj. Qui porte la mitre, qui a le droit de la porter. *Abbé mitré.* – De *mitre.*

mitron [mitʀõ] n. m. **1.** Garçon boulanger; garçon pâtissier. **2.** CONSTR Couronnement en terre cuite de forme tronconique, scellé à la partie supérieure d'un conduit de fumée. – De *mitre,* à cause de la forme primitive du bonnet des garçons boulangers.

mi-voix (à) [mivwa] loc. adv. En ne donnant qu'un faible son de voix. *Parler à mi-voix.* (Cf. mezza-voce.) – De *à, mi-,* et *voix.*

mixage [miksaʒ] n. m. AUDIOV Opération par laquelle on combine plusieurs signaux (son ou image). – De *mixer.*

mixer [mikse] v. tr. [1] AUDIOV Procéder au mixage de. – De l'angl. *to mix,* «mélanger».

mixité [miksite] n. f. État, caractère de ce qui est mixte. *Mixité de l'enseignement.* – De *mixte.*

mixte [mikst] adj. **1.** Qui est formé d'éléments hétérogènes et qui participe de leurs différentes propriétés. *Commission mixte,* composée de personnes représentant des intérêts différents. ▷ Intermédiaire, participant de deux ou de plusieurs genres ou catégories. *Le drame, genre mixte entre la tragédie et la comédie.* ▷ *Mariage mixte,* entre personnes d'obédiences religieuses différentes. **2.** Qui comprend, qui reçoit des personnes des deux sexes. *École mixte.* – *Double mixte* : match de tennis opposant deux équipes comprenant chacune un homme et une femme. – Lat. *mixtus,* pp. de *miscere,* «mélanger».

mixtiligne [mikstiliɲ] adj. **1.** GEOM Formé de droites et de courbes. *Figure mixtiligne.* **2.** MINER Cristal ayant des faces planes et des faces courbes. – De *mixte,* et *ligne.*

mixtion [mikstjõ] n. f. PHARM Action de mélanger plusieurs substances ou drogues pour composer un médicament. ▷ Produit ainsi obtenu. – Lat. *mixtio.*

mixtionner [mikstjɔne] v. tr. [1] Didac. Mélanger (des substances). – De *mixtion.*

mixture [mikstyʀ] n. f. **1.** CHIM, PHARM Mélange, généralement liquide, de substances chimiques, de médicaments. **2.** Cour. Mélange peu appétissant. *Vous ne me ferez pas boire de cette horrible mixture.* – Lat. *mixtura.*

ml Symbole de millilitre.

Mlle Abrév. de *mademoiselle.*

mm Symbole de millimètre.

MM Abrév. de *messieurs.*

Mme Abrév. de *madame.*

mn Symbole de minute.

Mn CHIM Symbole du manganèse.

mnémonique [mnemɔnik] adj. Didac. Relatif à la mémoire; qui aide la mémoire. *Procédé mnémonique.* – Gr. *mnêmonikos.*

mnémotechnique [mnemɔtɛknik] adj. Qui aide la mémoire par des procédés d'association mentale. – Du gr. *mnêmê,* «mémoire», et *technique.*

-mnèse, -mnésie, -mnésique. Éléments, du gr. *mnasthai,* «se souvenir».

Mo CHIM Symbole du molybdène.

moabite [mɔabit] adj. et n. ANTIQ **1.** adj. Du pays de Moab; du peuple de Moab. *Langue, coutume moabites.* ▷ Subst. *Les Moabites:* le peuple sémite qui habitait le pays de Moab, au S.-E. de la Palestine, et qui fut soumis par Saül et par David, puis par les Assyriens. *Un, une Moabite.* **2.** n. m. *Le moabite:* la langue sémitique que parlaient les Moabites. – Du n. de *Moab,* personnage biblique, fils de Loth, ancêtre éponyme des Moabites.

mobile [mɔbil] adj. et n. **I.** adj. **1.** Qui se meut; qui peut être mû, déplacé. **2.** Changeant. *Caractère, visage mobile.* **3.** Qui se déplace, qui n'est pas sédentaire. **4.** Dont la date varie d'une semaine, d'une année, etc., à l'autre. *Une journée de repos hebdomadaire mobile. Fêtes mobiles:* Pâques, l'Ascension et la Pentecôte. **5.** Dont la valeur varie. *Échelle mobile des salaires.* **II.** n. m. **1.** PHYS Corps en mouvement. **2.** Ce qui incite à agir. *Le mobile d'un crime.* **3.** BX-A Composition artistique, sculpture non figurative, faite de plaques légères agencées sur des tiges articulées et mises en mouvement par le vent ou un moteur. – Lat. *mobilis,* «qui se meut», pour *movibilis,* de *movere,* «mouvoir».

mobilier, ière [mɔbilje, jɛʀ] adj. et n. **I.** adj. **1.** Qui consiste en meubles, qui concerne les meubles. *Richesse mobilière.* **2.** DR Qui est de la nature du meuble. *Biens, effets mobiliers. Valeurs mobilières:* titres, actions, obligations, parts sociales, qui sont, en droit, des biens meubles. ▷ Qui concerne les meubles. *Droit réel mobilier.* **II.** n. m. Ensemble des meubles d'un appartement, d'une maison. ▷ *Mobilier urbain:* ensemble des équipements tels que bancs publics, kiosques, lampadaires, etc., installés dans les rues d'une agglomération. – De *mobile.*

mobilisable [mɔbilizabl] adj. (et n.). Qui peut être mobilisé. ▷ Susceptible d'être appelé sous les drapeaux. – De *mobiliser.*

mobilisateur, trice [mɔbilizatœʀ, tʀis] adj. **1.** MILIT Responsable de la mobilisation. *Centre mobilisateur.* **2.** *Par ext.* Susceptible de mobiliser. *Un mot d'ordre mobilisateur.* – De *mobiliser.*

mobilisation [mɔbilizasjɔ̃] n. f. Action de mobiliser, son résultat. ▷ *Spécial.* Ensemble des opérations permettant de mettre une nation sur le pied de guerre. *Mobilisation partielle, générale.* – De *mobiliser.*

mobilisé, ée [mɔbilize] adj. et n. m. Rappelé sous les drapeaux lors d'une mobilisation. ▷ N. m. *Un mobilisé.* – Pp. de *mobiliser.*

mobiliser [mɔbilize] v. tr. **1.** FIN *Mobiliser une créance,* faciliter sa circulation en la constatant par un titre négociable. ▷ *Mobiliser des capitaux,* les débloquer, assurer leur circulation. **2.** Procéder à la mobilisation (d'une armée, de citoyens mobilisables). ▷ Par ext. *Mobiliser son personnel pour organiser une fête. – Parti qui mobilise ses adhérents.* – De *mobile.*

mobilité [mɔbilite] n. f. **1.** Caractère de ce qui est mobile. **2.** Qualité de ce qui change d'aspect rapidement. *Mobilité de la physionomie.* ▷ Fig. *Mobilité de caractère, d'esprit.* **3.** CHIM Aptitude d'une particule chargée électriquement (électron ou ion) à se déplacer dans un milieu déterminé. – Lat. *mobilitas.*

mobylette [mɔbilɛt] n. f. (France) Cyclomoteur de la marque de ce nom. – *Par ext.* Cyclomoteur, quelle que soit sa marque. – Marque déposée; de *mobile,* et *bicyclette.*

mocassin [mɔkasɛ̃] n. m. **1.** Chaussure de peau des Indiens d'Amérique du Nord. **2.** Chaussure basse, très souple, sans lacets. – Algonquin (langue* amérindienne) *makisin.*

moche [mɔʃ] adj. Fam. **1.** Laid, pas beau. *Le temps est moche, aujourd'hui.* – Fig. *C'est moche, ce que tu fais là!* **2.** Désagréable, ennuyeux. *C'est moche ce qui lui est arrivé.* – Indélicat, mesquin, méprisable. *Il a été moche avec elle.* – P.-ê. du frq. *mokka,* «masse informe».

mocheté [mɔʃte] n. f. Fam. Personne, chose, action laide. – De *moche.*

modal, ale, aux [mɔdal, o] adj. **1.** Vx PHILO Relatif aux modes de la substance. *Existence modale.* **2.** MUS Relatif aux modes. *Notes modales,* la tierce et la sixte, qui caractérisent le mode majeur ou mineur. **3.** GRAM Relatif aux modes. *Attraction modale.* ▷ LING *Auxiliaire modal* ou, n. m., *un modal,* qui, dans un énoncé, exprime la modalité logique (probable, possible, contingent, nécessaire). *Devoir, pouvoir sont des auxiliaires modaux.* **4.** Relatif à une modalité. ▷ DR *Clause modale.* – De *mode* 2.

modalité [mɔdalite] n. f. **1.** PHILO Propriété qu'a la substance d'avoir des modes. **2.** MUS Caractère que revêt une phrase musicale selon le mode auquel elle appartient. **3.** Forme particulière que revêt une chose, un acte, une pensée, etc. *Préciser les modalités de paiement. – Modalités d'exécution.* ▷ DR Disposition d'un acte juridique qui aménage son exécution ou ses effets. *La condition suspensive dans un contrat est une modalité de son exécution.* **4.** LOG Caractère d'un jugement, selon qu'il énonce une relation existante ou inexistante, possible ou impossible, nécessaire ou contingente. – De *modal.*

1. mode [mɔd] n. f. **1.** Vx Manière d'être, d'agir particulière à qqn. *Vivre à sa mode.* **2.** Vieilli Manière de vivre, de penser, usages propres à un pays, une région, un groupe social. ▷ CUIS Mod. *À la mode de. Poulet frit à la mode du Sud. – Bœuf à la mode, bœuf mode,* piqué de lard, assaisonné de carottes et d'oignons et cuit à feu doux dans son jus. **3.** Usage peu durable, manière collective d'agir, de penser, propre à une époque et à une société données. *Être à la pointe de la mode. C'est passé de mode. Il est de mode de:* il est de bon ton de. ▷ Loc. *À la mode:* au goût du jour. **4.** *La mode:* la mode vestimentaire. *Mode d'hiver, d'été. Présentation de mode. Robe à la mode.* – Ellipt. *Coloris, coupe mode.* ▷ Industrie et commerce de l'habillement féminin et spécial., vieilli, des chapeaux (cf. modiste). *Magasin de modes. Travailler dans la mode.* – Lat. *modus,* «manière, mesure».

2. mode [mɔd] n. m. **1.** PHILO Vx Manière d'être d'une substance. **2.** Forme, procédé. *Mode de vie. Mode de gouvernement.* **3.** MUS Manière d'être de la composition, caractérisée par la disposition des intervalles ou, plus rarement, des rythmes. ▷ Échelle limitée de sons. *Mode mineur, majeur:* V. mineur, majeur. **4.** LING Catégorie grammaticale, réalisée le plus souvent par la modification de la forme du verbe, qui exprime l'attitude du sujet parlant envers ce qu'il est en train de dire. *Mode indicatif. – Modes personnels*.* – Même mot que le préc.

modelage [mɔdlaʒ] n. m. Action de modeler une substance, un objet; ouvrage ainsi obtenu. – De *modeler.*

modèle [mɔdɛl] n. m. **1.** Ce qui sert d'exemple, ce qui doit être imité. *Modèle d'écriture.* **2.** Ce sur quoi on règle sa conduite; exemple que l'on suit ou que l'on doit suivre. *Prendre modèle sur qqn, qqch.* ▷ *Un modèle de vertu.* **3.** BX-A Chose, personne qu'un artiste travaille à représenter. ▷ *Spécial.* Personne qui pose pour un peintre, un sculpteur. **4.** Objet destiné à être reproduit. *Modèle de fonderie.* ▷ Objet reproduit industriellement à de nombreux exemplaires. *Un modèle déjà ancien. C'est le plus beau modèle de la gamme.* ▷ Représentation d'un ouvrage, d'un objet que l'on se propose d'exécuter. *Modèle réduit:* reproduction à petite échelle. **5.** Didac. Schéma théorique visant à rendre compte d'un processus, des relations existant entre divers éléments d'un système. ▷ MATH *Modèle mathématique:* ensemble d'équations et de relations servant à représenter et à étudier un système complexe. **6.** ASTRO *Modèle d'étoile:* étoile fictive dont on a défini les paramètres à l'état initial. – Ital. *modello,* lat. pop. **modellus,* du class. *modulus.*

modelé [mɔdle] n. m. **1.** Rendu du relief, des formes, en sculpture, en peinture, en dessin. **2.** GEOGR Forme, ou figuration du relief. – Pp. subst. de *modeler.*

modeler [mɔdle] v. tr. [20] **1.** Façonner (une matière molle) pour en tirer une forme déterminée. *Pâte à modeler:* V. pâte. **2.** Façonner (un objet) en manipulant une matière molle. ▷ *Spécial.* Former avec de la terre glaise, de la cire, etc., le modèle d'un ouvrage à exécuter en marbre, en bronze, etc. **3.** Fig. *Modeler sur:* conformer à. *Modeler sa conduite sur celle de qqn.* ▷ v. pron. *Se modeler sur les gens de bien.* – De *modèle.*

modeleur, euse [mɔdlœʀ, øz] n. (et adj.). **1.** Sculpteur qui façonne des modèles. **2.** Ouvrier qui façonne des modèles (de pièces, de machines, etc.). – De *modeler.*

modélisation [mɔdelizasjõ] n. f. Didac. Conception, établissement d'un modèle théorique. – De *modéliser.*

modéliser [mɔdelize] v. tr. [1] Didac. Concevoir, établir le modèle de (qqch.); présenter sous forme de modèle (sens 5). – De *modèle.*

modélisme [mɔdelism] n. m. Fabrication de modèles réduits. – De *modèle.*

modéliste [mɔdelist] n. (et adj.). **1.** Personne qui dessine, qui crée des modèles (en partic. des modèles pour la mode). **2.** Spécialiste de la fabrication de modèles réduits. – De *modèle.*

modem [mɔdɛm] n. m. TELECOM Système électronique cumulant les fonctions de modulateur et de démodulateur, et servant à connecter un terminal ou un ordinateur à une ligne de communication. – De *mo(dulateur),* et *dém(odulateur).*

modénature [mɔdenatyʀ] n. f. ARCHI Proportion et galbe des moulures d'une corniche. – Ital. *modanatura,* de *modano,* «modèle».

modérantisme [mɔdeʀɑ̃tism] n. m. HIST Opinion politique modérée. – Du ppr. de *modérer.*

modérantiste [mɔdeʀɑ̃tist] n. (et adj.). HIST Partisan du modérantisme. – De *modérantisme.*

modérateur, trice [mɔdeʀatœʀ, tʀis] n. et adj. **1.** Personne qui tempère des opinions exaltées. ▷ Adj. *Élément modérateur d'une assemblée.* **2.** *Ticket modérateur.* V. ticket 1. **3.** PHYS NUCL Substance capable de ralentir les neutrons produits lors d'une fission nucléaire, pour leur permettre de provoquer d'autres fissions (graphite, eau ordinaire, eau lourde). – Lat. *moderator.*

modération [mɔdeʀasjõ] n. f. **1.** Retenue qui porte à garder en toutes choses une certaine mesure. *User de modération.* **2.** Le fait de modérer (qqch.). **3.** Adoucissement. *Modération d'une peine.* **4.** Diminution (d'un prix). *Modération des taxes.* – Lat. *moderatio.*

moderato [mɔdeʀato] adv. MUS Indique un mouvement au tempo modéré, entre *allegro* et *andante.* – Mot ital.

modéré, ée [mɔdeʀe] adj. et n. **1.** Éloigné de tout excès. *Prix modéré. Chaleur modérée. – Un esprit modéré.* **2.** Dont les opinions politiques sont également éloignées des extrêmes. – Pp. de *modérer.*

modérément [mɔdeʀemɑ̃] adv. Avec modération. *Boire modérément.* – De *modéré.*

modérer [mɔdeʀe] v. tr. [16] Diminuer, tempérer. *Modérer le zèle de qqn.* ▷ v. pron. Se contenir. *Cet être excessif a du mal à se modérer.* – Lat. *moderare,* de *modus,* «mesure».

moderne [mɔdɛʀn] adj. et n. m. **1.** Actuel, de notre époque ou d'une époque récente. *Les auteurs modernes.* ▷ N. m. LITTER *Les modernes:* les écrivains contemporains (XVIIe s.), opposés aux écrivains de l'Antiquité (anciens). **2.** HIST *Histoire moderne:* histoire comprise entre la prise de Constantinople (1453) et la Révolution française (1789). **3.** Nouveau, récent. *Tout le confort moderne.* ▷ N. m. *Le moderne:* l'ameublement contemporain (opposé à *rustique,* à *de style*). *Mêler le moderne et l'ancien dans le même appartement.* **4.** Qui est de son époque, qui est au goût du jour. *Jeune femme moderne.* – Bas lat. *modernus,* de *modo,* «récemment».

modernisateur, trice [mɔdɛʀnizatœʀ, tʀis] adj. et n. Qui modernise. – De *moderniser.*

modernisation [mɔdɛʀnizasjõ] n. f. Action de moderniser; son résultat. – De *moderniser.*

moderniser [mɔdɛʀnize] v. tr. [1] Donner un caractère moderne à (qqch). *Moderniser un logement.* ▷ v. pron. Devenir moderne. – De *moderne.*

modernisme [mɔdɛʀnism] n. m. Tendance à préférer ce qui est moderne. – De *moderne.*

moderniste [mɔdɛʀnist] adj. et n. Qui préfère ce qui est moderne. – De *moderne.*

modernité [mɔdɛʀnite] n. f. Caractère de ce qui est moderne. – De *moderne.*

modern style [mɔdɛʀnstil] n. m. et adj. Tendance artistique caractérisée par la mise en évidence de la valeur ornementale des lignes courbes imitées de la nature, dont le développement, de 1884 à 1907, s'est étendu à l'architecture et à l'ensemble des arts décoratifs. *Le modern style est aussi appelé* art nouveau *ou* style nouille. – Mots angl., «style moderne».

modeste [mɔdɛst] adj. **1.** Exempt de vanité, d'orgueil. *Il est resté modeste malgré son succès.* **2.** Plein de pudeur. *Propos modestes.* **3.** Simple, sans faste. *Avoir un train de vie très modeste.* – Lat. *modestus,* de *modus,* «mesure».

modestement [mɔdɛstəmɑ̃] adv. **1.** Avec modestie. **2.** Avec pudeur. **3.** Avec simplicité, sans dépenser beaucoup. *Vivre très modestement.* – De *modeste.*

modestie [mɔdɛsti] n. f. **1.** Absence de vanité, d'orgueil. *Parler de soi avec modestie.* **2.** Réserve, pudeur. **3.** Caractère de ce qui est modeste; simplicité, absence de faste. – Lat. *modestia.*

modicité [mɔdisite] n. f. Caractère de ce qui est modique. *Modicité d'un salaire.* – Bas lat. *modicitas,* «faibles ressources».

modifiable [mɔdifjabl] adj. Qui peut être modifié. – De *modifier.*

modificateur, trice [mɔdifikatœʀ, tʀis] adj. et n. Propre à modifier. *Gène modificateur.* – N. *Un modificateur.* – De *modifier.*

modification [mɔdifikasjɔ̃] n. f. **1.** Changement qui ne transforme pas complètement qqch. *Modification dans l'état de santé de qqn.* **2.** Changement. *Modifications apportées à un programme.* – Lat. *modificatio,* «disposition mesurée, réglée».

modifier [mɔdifje] v. tr. [1] Changer (une chose) sans la transformer complètement. *Modifier ses habitudes.* ▷ v. pron. Subir un changement. – Lat. *modificare.*

modillon [mɔdijɔ̃] n. m. ARCHI Petite console destinée à soutenir une corniche. – Ital. *modiglione,* lat. pop. **mutulio.*

modique [mɔdik] adj. Peu considérable, de peu de valeur. *Ressources modiques.* – Lat. *modicus.*

modiquement [mɔdikmɑ̃] adv. De manière modique. – De *modique.*

modiste [mɔdist] n. f. Personne qui confectionne ou qui vend des chapeaux, des coiffures de femmes. (Rem.: L'OLF recommande la forme épicène *un, une modiste.*) – De *mode* 1.

modulaire [mɔdylɛʀ] adj. Relatif au module, constitué de modules. *Bâtiment de conception modulaire.* – De *module.*

modulant, ante [mɔdylɑ̃, ɑ̃t] adj. MUS Qui a le caractère de la modulation. – Ppr. de *moduler.*

modulateur, trice [mɔdylatœʀ, tʀis] adj. et n. ELECTR Se dit de tout appareil qui sert à moduler le courant électrique. – De *moduler.*

modulation [mɔdylasjɔ̃] n. f. **1.** Ensemble des variations d'un son musical, cadencées et enchaînées sans heurt. *Modulation du chant du rossignol.* **2.** MUS Passage d'une tonalité dans une autre; transition au moyen de laquelle s'opère ce passage. **3.** ELECTR Opération qui consiste à faire varier l'une des caractéristiques (amplitude, intensité, fréquence, phase) d'un courant ou d'une oscillation pour transmettre un signal donné. *Modulation d'amplitude. Modulation de fréquence:* procédé permettant une reproduction sonore d'excellente qualité, utilisé par la radiodiffusion et la télévision. – Lat. *modulatio,* par l'ital. *modulazione.*
ENCYCL La modulation permet d'obtenir une onde haute fréquence, facile à transporter, à partir d'un signal basse fréquence et d'une onde haute fréquence de caractéristiques données. À l'émission, la modulation nécessite un oscillateur haute fréquence qui produit l'onde porteuse et un modulateur qui combine les signaux haute fréquence et basse fréquence. À la réception, un démodulateur permet d'extraire de l'onde reçue le signal sonore transmis.

module [mɔdyl] n. m. **1.** ARCHI Mesure servant à établir les rapports de proportion entre les parties d'un édifice. ▷ Unité de base, élément simple caractéristique d'une structure répétitive. ▷ Diamètre d'une monnaie, d'une médaille. **2.** MATH Racine carrée du produit d'un nombre complexe par son conjugué. ▷ *Module d'un vecteur,* sa longueur. **3.** TECH *Module d'élasticité* ou *module de Young* : coefficient qui caractérise l'allongement d'un corps soumis à une traction. ▷ *Module de résistance à la flexion:* coefficient qui caractérise la résistance d'une poutre à la flexion. **4.** *Module lunaire* (en angl. *lunar module*): élément d'un vaisseau spatial. – Lat. *modulus,* de *modus,* «mesure».

moduler [mɔdyle] **I.** v. intr. [1] MUS Passer d'un ton dans un autre, en altérant une ou plusieurs notes du ton dans lequel est écrit le morceau. **II.** v. tr. **1.** ELECTR Faire subir une modulation à (un courant, une oscillation). **2.** Adapter aux conditions du moment, aux circonstances. – Lat. *modulari.*

modus vivendi [mɔdysvivɛ̃di] n. m. inv. Accommodement, accord conclu entre deux parties en litige. – Mots lat., «manière de vivre».

moelle [mwal] n. f. **1.** ANAT *Moelle épinière:* partie du système nerveux central contenue dans le canal rachidien, faisant suite au bulbe rachidien et qui se termine au niveau de la deuxième vertèbre lombaire. **2.** ANAT *Moelle osseuse, moelle:* substance molle et graisseuse localisée dans le canal central des os longs et dans les alvéoles des os plats, qui joue un rôle capital dans la formation des globules rouges. ▷ Fig. *Jusqu'à la moelle:* complètement. *Être corrompu jusqu'à la moelle* (des os). **3.** BOT Tissu parenchymateux situé au centre de la tige et de la racine de certains végétaux. – Du lat. *medulla;* d'abord *meole,* et *moele* par métathèse.

moelleusement [mwaløzmɑ̃] adv. De manière moelleuse. – De *moelleux.*

moelleux, euse [mwalø, øz] adj. Doux, agréable aux sens. *Lit moelleux. Étoffe moelleuse. Voix moelleuse. Vin moelleux.* ▷ *Formes moelleuses,* aux contours pleins et gracieux. – Bas lat. *medullosus,* «rempli de moelle».

moellon [mwalɔ̃] n. m. CONSTR Pierre de petite dimension utilisée en maçonnerie. – Lat. pop. **modolio,* de *modiolus,* «moyeu»; altér. d'ap. *moelle,* de l'a. fr. *moilon.*

moeurs [mœʀs ou mœʀ] n. f. pl. **1.** Habitudes de conduite d'une personne. *Cet homme a des mœurs austères.* ▷ Spécial. *Bonnes mœurs:* mœurs conformes à la norme sociale, notam. en matière sexuelle. – Absol. *Attentat aux mœurs:* outrage aux bonnes mœurs, outrage public à la pudeur. **2.** Habitudes, coutumes propres à un groupe humain, une société, un peuple. *Les mœurs des Grecs.* Prov. *Autres temps, autres mœurs:* chaque époque a ses usages. ▷ *Scène de mœurs:* peinture qui représente un épisode de la vie quotidienne. – *Roman de mœurs,* qui décrit les mœurs. **3.** Habitudes d'une espèce animale. *Les mœurs des fourmis.* – Du lat. *mores,* pl. de *mos, moris,* «volonté, désir, usage, coutume»; d'abord *mors, murs,* puis *meurs.*

mofette [mɔfɛt] n. f. GEOL Émanation de gaz carbonique, dans certains terrains volcaniques. – Ital. *moffetta,* de *muffa,* «moisissure».

mohair [mɔɛʀ] n. m. Poil de chèvre angora; laine filée avec ce poil. ▷ Étoffe légère fabriquée avec du mohair. – Mot angl.; de l'ar. *mukhayyar,* «de choix», par attract. de l'angl. *hair,* «poil».

mohawk [mɔak] adj. et n. **1.** adj. Relatif au groupe amérindien du Canada qui autrefois appartenait à la Confédération iroquoise. *Des masques mohawks.* ▷ Subst. Membre d'une tribu amérindienne du Canada qui habite au Québec et en Ontario. *Un Mohawk, une Mohawk.* **2.** n. m. Langue de la famille linguistique iroquoienne parlée par les Mohawks. *Le mohawk est menacé d'extinction.* – Mot algonquien.
ENCYCL L'appellation historique courante de ce peuple amérindien est *Agnier,* même si les Français les dénommèrent quelquefois *Iroquois.* Eux-mêmes s'identifiaient sous le vocable de *Kanienkehaka,* «peuple de l'emplacement du silex».

1. moi [mwa] pron. pers. Forme tonique de la 1re personne du sing. et des deux genres, insistant sur la personne qui s'exprime. **1.** (Complément d'objet, après un impératif.) *Laisse-moi.* – (Dans les réponses.) *Qui demande-t-on? – Moi.* – (Quand le complément d'objet est redoublé.) *Il nous appelle, mon frère et moi.* **2.** (Complément d'objet indirect ou d'attribution, après le verbe.) *Pensez à moi. De vous à moi:* en confidence. **3.** (Complément d'agent.) *Choisi par moi.*

4. (Complément circonstanciel.) *Sors avec moi.* 5. (Complément de nom.) *En souvenir de moi.* 6. (Complément d'adjectif.) *Digne de moi.* ▷ (Complément d'un comparatif.) *Aussi content que moi.* 7. (Attribut.) *«L'État, c'est moi»* (Louis XIV). 8. (Sujet, renforçant *je*). *Moi, je travaille, toi, tu t'amuses.* 9. (Emploi explétif.) *Écoute-moi cet air!* 10. loc. *À moi!*: cri pour appeler au secours ou (vx) pour interpeller qqn. *«À moi, comte, deux mots»* (Corneille). ▷ *Pour moi:* à mon avis. *Pour moi, c'est étrange.* ▷ *Quant à moi:* en ce qui me concerne. ▷ *Chez moi:* dans l'endroit où j'habite. – N. B.: devant *en* et *y*, *moi* devient *m'*. *Passe-m'en. Faites-m'y inscrire, à ce club.* – Du lat. *me* (V. me), devenu *mei, mi, moi,* en position accentuée.

2. moi [mwɑ] n. m. inv. 1. PHILO La personne humaine en tant qu'elle a conscience d'elle-même, à la fois sujet et objet de la pensée. *«Le moi consiste dans ma pensée»* (Pascal). 2. La personne de chaque individu, à laquelle il tend à rapporter toute chose. *«Le moi est haïssable»* (Pascal). 3. PSYCHAN Instance qui maintient l'unité de la personnalité en permettant l'adaptation au principe de réalité, la satisfaction partielle du principe de plaisir et le respect des interdits émanant du surmoi. – Lat. *me.*

moie. V. moye.

moignon [mwaɲõ] n. m. 1. Partie d'un membre amputé située entre la cicatrice et l'articulation. *Moignon de jambe.* 2. Membre rudimentaire. *Moignon d'aile.* 3. Ce qui reste d'une grosse branche d'arbre coupée ou cassée. – De l'a. fr. *moignier, esmoignier,* «mutiler», de l'anc. provenç., probabl. de *mundiare,* «couper pour nettoyer», de *mundus,* «pur».

moindre [mwɛ̃dʀ] adj. (Comparatif.) 1. Plus petit. *Une somme moindre que je ne pensais. De moindre valeur.* 2. (Superlatif.) *Le moindre:* le plus petit, le moins important. *S'éveiller au moindre bruit. Je n'en ai pas la moindre idée.* – Du lat. *minor* (cf. mineur 1), compar. de *parvus,* «petit»; d'abord *mendre, meindre.*

moindrement [mwɛ̃dʀəmɑ̃] adv. Litt. *Le moindrement:* le moins du monde (toujours avec une négation). *Il n'est pas le moindrement ému.*– De *moindre.*

moine [mwan] n. m. 1. Religieux appartenant à un ordre monastique. ▷ Loc. prov. *L'habit ne fait pas le moine:* on ne doit pas juger les gens sur leur apparence. – *Gras comme un moine:* très gras, très gros. 2. Nom cour. de divers animaux, notam. d'un papillon nocturne et d'un phoque. – Adaptation anc. du lat. ecclés. *monachus,* gr. *monakhos,* «solitaire», de *monos,* «seul».

moineau [mwano] n. m. Oiseau passériforme de petite taille *(Passer domesticus),* à livrée brune et beige, très courant dans les villes. *Le moineau a été introduit en Amérique du Nord en 1850 (à New York).* – De *moine,* d'ap. la couleur du plumage.

moinerie [mwanʀi] n. f. Péjor., vx 1. Les moines. 2. Monastère. 3. Esprit, condition monastique. – De *moine.*

moinesse [mwanɛs] n. f. Péjor. Moniale. – Fém. de *moine.*

moinillon [mwanijõ] n. m. Fam., plaisant. Jeune moine. – Dimin. de *moine.*

moins [mwɛ̃] adv. et n. 1. Comparatif d'infériorité. *Moins grand que son frère. J'ai cent dollars de moins que lui. J'ai reçu cent dollars en moins.* – *De moins en moins:* en diminuant peu à peu. – *Moins que jamais:* moins dans ce cas que dans tout autre. – *D'autant moins:* en proportion inverse du fait que. 2. *Le moins:* superlatif de *peu. Le moins bon élève de la classe. Parlez-en le moins possible. Pas le moins du monde:* pas du tout. ▷ *Du moins:* cependant, en tout cas. *S'il ne travaille pas, du moins ne perd-il pas son temps.* Syn. *Tout au moins, pour le moins, à tout le moins.* ▷ *Au moins:* seulement, au minimum. *Il a au moins cinquante ans.* ▷ *Des moins:* très peu. *Une soirée des moins réussies.* 3. loc. adv. *À moins:* pour qqch de moindre. *On se fâcherait à moins.* ▷ Loc. prép. *À moins de:* à un prix inférieur à. *Il se refuse à vendre à moins d'un million.* – Sauf dans le cas de. *Présence requise à moins d'une d'impossibilité dûment attestée.* ▷ Loc. conj. (suivie de «ne» et du subj.). *À moins que:* sauf dans le cas où. *Je n'irai pas à moins que vous ne veniez aussi.* 4. n. m. *Le moins:* le minimum. *Le moins que l'on puisse dire. C'est bien le moins:* on ne saurait faire moins. – Prov. *Qui peut le plus peut le moins.* 5. n. m. MATH Signe de la soustraction (–). 6. Prép. (employée pour soustraire). *8 moins 5 égale 3. 10 heures moins le quart.* – Loc. fam. *Il était moins cinq, moins une:* il s'en est fallu de peu. – Du lat. *minus,* neutre de *minor.*

moins-perçu [mwɛ̃pɛʀsy] n. m. FIN Différence entre la somme que l'on aurait dû percevoir et la somme perçue. *Des moins-perçus.* Ant. trop-perçu. – De *moins,* et pp. de *percevoir.*

moins-value [mwɛ̃valy] n. f. FIN Diminution de la valeur réelle d'un bien par rapport à sa valeur comptable; constatation comptable de cette diminution. *Des moins-values.* Ant. plus-value. – De *moins,* et a. fr. *value,* d'ap. *plus-value.*

moirage [mwaʀaʒ] n. m. TECH Action de moirer une étoffe; son résultat. – De *moirer.*

moire [mwaʀ] n. f. 1. Étoffe de soie (à l'origine de poil de chèvre) présentant des reflets chatoyants. 2. Apprêt destiné à donner à certaines étoffes une apparence ondée et chatoyante. 3. Litt. Reflet des étoffes moirées. – Effet lumineux évoquant une étoffe moirée. – Adapté de l'angl. *mohair.* (V. mohair.) D'abord *mouaire.*

moiré, ée [mwaʀe] adj. Qui a les reflets de la moire. – De *moire.*

moirer [mwaʀe] v. tr. [1] TECH Donner à (une étoffe) des reflets chatoyants en la comprimant à chaud. – De *moire.*

moirure [mwaʀyʀ] n. f. Effet de ce qui est moiré. – De *moirer.*

mois [mwa] n. m. 1. Chacune des douze parties de l'année. *Le mois de janvier. Mois lunaire:* temps séparant deux conjonctions de la Lune avec le Soleil. 2. Espace d'environ trente jours. *Il me faudra deux mois pour finir ce travail.* 3. Prix payé pour un mois de travail. *Payer son mois à un employé.* – Du lat. *mens, mensis;* d'abord *meis.*

moise [mwaz] n. f. TECH Pièce double, utilisée surtout en charpente, qui solidarise plusieurs autres pièces qu'elle enserre sur deux faces. – Du lat. *mensa,* «table».

moïse [mɔiz] n. m. Corbeille qui sert de berceau. – Du n. du prophète *Moïse,* trouvé, selon la Bible, par la fille du pharaon dans un berceau flottant sur le Nil.

moisi, ie [mwazi] adj. et n. 1. adj. Couvert de moisissure. *Pain moisi.* 2. n. m. Ce qui est moisi. *Odeur de moisi.* – Pp. de *moisir.*

moisir [mwaziʀ] I. v. tr. [2] Couvrir de moisissures. *L'humidité moisit le blé.* II. v. intr. 1. Devenir moisi. *Confitures qui moisissent.* 2. Fig., fam. Attendre trop longtemps, se morfondre. *Je n'ai pas l'intention de moisir ici.* – Du lat. pop. **mucire,* class. *mucere.*

moisissure [mwazisyʀ] n. f. Nom cour. de tous les champignons ne comportant pas de fructifications massives et se développant sur des matières organiques humides ou en décomposition. *Certaines moisissures, comme Penicillium, sont utilisées en médecine.* – De *moisir.*

moissine [mwasin] n. f. AGRIC Bout de sarment de vigne coupé avec la grappe. – Orig. incert.

moisson [mwasõ] n. f. **1.** Action de récolter le blé, les céréales. *Faire la moisson.* **2.** La récolte elle-même. *Moisson abondante.* ▷ Fig. *Une ample moisson de renseignements.* **3.** Temps, époque où l'on fait la moisson. *La moisson sera tardive cette année.* – Du lat. pop. **messio, messionis,* class. *messis.*

moissonnage [mwasɔnaʒ] n. m. AGRIC Manière de moissonner. *Moissonnage à la machine.* – De *moissonner.*

moissonner [mwasɔne] v. tr. [1] **1.** Faire la moisson, la récolte de céréales. *Moissonner du blé.* – Par ext. *Moissonner un champ.* **2.** Fig. Remporter, recueillir en abondance. *Moissonner les récompenses, les distinctions.* – De *moisson.*

moissonneur, euse [mwasɔnœʀ, øz] n. **1.** Personne qui moissonne. **2.** n. f. Machine servant à récolter les céréales. ▷ *Moissonneuse-batteuse,* qui bat le grain et le sépare de la paille. ▷ *Moissonneuse-lieuse,* qui met les tiges en bottes. – De *moissonner.*

moite [mwat] adj. Légèrement humide (partic., en parlant de la peau humide de sueur). *Avoir les mains moites. Chaleur moite qui précède l'orage.* – P.-ê. du lat. *mucidus,* «moisi», par crois. avec *musteus,* «juteux»; d'abord *muste, moiste.*

moiteur [mwatœʀ] n. f. Caractère de ce qui est moite; légère humidité. *Moiteur due à la fièvre.* – De *moite.*

moitié [mwatje] n. f. et adv. **I.** n. f. **1.** Chacune des deux parties égales en lesquelles un tout est divisé. *Trois est la moitié de six.* – Partie, portion qui représente environ une moitié d'un tout. *Il passe la moitié de son temps à dormir. Il a fait une bonne moitié du travail.* **2.** Milieu. *Être à la moitié du chemin.* **3.** Fig., fam. Épouse. *Ma chère moitié.* **4.** loc. adv. *À moitié :* à demi et, par ext., en partie. *Remplir une salle à moitié. Il est à moitié fou.* ▷ *Faire les choses à moitié,* ne pas les faire convenablement, complètement. ▷ *De moitié, pour moitié :* pour une part égale à la moitié. *Ce produit a augmenté de moitié. Il est pour moitié responsable de ce qui lui arrive.* ▷ *Être, se mettre de moitié avec qqn,* s'associer avec lui, partager également le gain et la perte. **II.** adv. À demi. *Pain moitié froment, moitié seigle.* ▷ Fam. *Moitié-moitié:* en partageant en deux parts égales. *Pour les gains, nous ferons moitié-moitié.* – D'une manière mitigée, à demi. *Vous l'avez apprécié? – Moitié-moitié.* – Du lat. *medietas,* «milieu, moitié».

moitir [mwatiʀ] v. tr. [2] Rare ou litt. Rendre moite. – De *moite.*

moka [mɔka] n. m. **1.** Café renommé provenant d'Arabie. – Infusion faite avec ce café. **2.** *Par ext.* Café, en général. *Tasse, cuiller à moka.* **3.** Gâteau garni de crème au beurre aromatisée au café (ou au chocolat). – De *Moka,* n. d'un port du Yémen, où l'on embarquait le café d'Arabie.

1. mol, molle. V. mou.

2. mol CHIM Symbole de la *mole.*

1. molaire [mɔlɛʀ] n. f. Chacune des grosses dents implantées à l'arrière des mâchoires, qui servent à broyer les aliments. – Adj. lat. *(dens) molaris,* «(dent) en forme de meule».

2. molaire [mɔlɛʀ] adj. CHIM Relatif à la mole. ▷ *Masse molaire,* ou *moléculaire :* masse d'une mole, égale à la somme des masses atomiques des constituants. ▷ *Solution molaire,* qui contient une mole de soluté par litre. ▷ *Volume molaire,* occupé par une mole. *Le volume molaire d'un corps pur gazeux est égal à 22,4 litres dans les conditions normales de température et de pression.* – De *mole.*

môlaire [molɛʀ] adj. MED Relatif à la môle 1. *Grossesse môlaire,* dans laquelle se produit une dégénérescence des villosités choriales de l'œuf. – De *môle* 1.

molarité [mɔlaʀite] n. f. CHIM Concentration molaire d'une solution, rapport entre le nombre de moles du soluté et le volume de la solution. – De *molaire* 2.

molasse ou **mollasse** [mɔlas] n. f. GEOL Grès tendre à ciment argilo-calcaire englobant des grains de quartz, des paillettes de mica, etc. *La molasse, qui présente la particularité de durcir à l'air, est très utilisée dans la construction.* – De *mollasse* 1 ou forme péjor. de *meulière.*

moldave [mɔldav] adj. et n. De Moldavie. – Du n. de la *Moldavie,* rég. partagée entre la Roumanie et l'U.R.S.S.

mole [mɔl] n. f. CHIM Unité de quantité de matière du système international SI (symbole mol), quantité de matière d'un système qui comprend autant d'entités élémentaires (molécules, atomes, ions, électrons) qu'il y a d'atomes dans 12 g de carbone 12 (soit $6{,}022.10^{23}$). – Mot angl., de *molecule,* du lat. mod. *molecula,* dimin. de *moles,* «masse».

1. môle [mol] n. f. MED Dégénérescence kystique des villosités choriales sous forme d'un amas de petites vésicules. – Du lat. méd. *mola,* «meule».

2. môle [mol] n. m. MAR Jetée construite à l'entrée d'un port et faisant office de brise-lames. – Terre-plein bordé de quais, le long desquels peuvent accoster les navires, et qui divise un bassin en darses. – Ital. *molo.*

3. môle [mol] n. f. Poisson marin *(Mola mola),* appelé cour. *poisson-lune* à cause de son corps aplati en disque (il peut atteindre 3 m pour 1 500 kg). – Lat. *mola,* «meule».

moléculaire [mɔlekylɛʀ] adj. CHIM Relatif à la molécule. ▷ *Masse, volume moléculaire,* syn. de *masse, volume molaire.* – De *molécule.*

molécule [mɔlekyl] n. f. CHIM Ensemble d'atomes liés les uns aux autres. (Cf. encycl. liaison.) ▷ *Molécule-gramme,* anc. syn. de *mole.* – Lat. mod. *molecula,* de *moles,* «masse».

ENCYCL La molécule est la plus petite partie d'un corps pur qui puisse exister sans que celui-ci perde son individualité. Les molécules des corps simples sont formées d'un ou de plusieurs atomes identiques; ainsi, la molécule d'hydrogène est constituée de deux atomes (H_2): elle est diatomique. Les dimensions des molécules sont extrêmement petites, voisines du milliardième de mètre. Seules les très grosses molécules peuvent être observées au microscope électronique. La composition d'une molécule peut être représentée par une formule illustrant le nombre et la nature des atomes qu'elle contient, et indiquant les liaisons qui existent entre les atomes (formule développée). La masse molaire d'une molécule s'obtient facilement en additionnant les masses atomiques des atomes qui la constituent. Par exemple, une molécule d'eau (de formule H_2O) comprend deux atomes d'hydrogène (de masse atomique 1 g) et un atome d'oxygène (de masse atomique 16 g); sa masse molaire est donc égale à $(2 \times 1) + 16 = 18$ g. Certaines molécules géantes (de la cellulose, du caoutchouc, de l'amidon, etc.), appelées *macromolécules**, possèdent plusieurs centaines de milliers d'atomes. L'industrie des matières plastiques fait appel à la synthèse de très nombreuses macromolécules (polystyrène, polyéthylène, polychlorure de vinyle). Cf. aussi polymérisation.

molène [mɔlɛn] n. f. BOT Plante (genre *Verbascum,* fam. scrofulariacées) des terres incultes, dont une espèce, la *molène vulgaire,* appelée aussi *bouillon blanc,* porte des fleurs pectorales. – P.-ê. de *mol,* «mou».

moleskine [mɔlɛskin] n. f. **1.** Coutil de coton lustré. **2.** Toile cirée imitant le grain du cuir. *Des banquettes recouvertes de moleskine.* – Angl. *moleskin,* propr. «peau de taupe».

molester [mɔlɛste] v. tr. [1] 1. Litt. Tourmenter, tracasser. 2. Faire subir des violences physiques à (qqn). Syn. malmener, brutaliser. – Bas lat. *molestare,* du class. *molestus,* «pénible, fâcheux».

moletage [mɔltaʒ] n. m. Action de moleter; son résultat. – De *moleter.*

moleté, ée [mɔlte] adj. et n. m. TECH Quadrillé, strié à l'aide d'une molette. ▷ N. m. Ornement imprimé à la molette dans une pâte céramique. – Pp. de *moleter.*

moleter [mɔlte] v. tr. [23] TECH 1. Travailler à la molette. 2. Strier par moletage. – Au pp. *Écrou moleté.* – De *molette.*

molette [mɔlɛt] n. f. 1. Roulette garnie de pointes, à l'extrémité d'un éperon. 2. Roulette munie d'un tranchant, de pointes ou d'aspérités, et servant à couper, à marquer, à frotter, etc. – Outil constitué d'un manche muni de cette roulette. *Molette de vitrier.* 3. Petit disque, petit cylindre cannelé que l'on manœuvre pour actionner un mécanisme. *Clé à molette. La molette d'un briquet.* 4. TECH Poulie de grand diamètre située à la partie supérieure d'un chevalement de mine et sur laquelle s'enroule le câble de la machine d'extraction. – De *meule,* d'ap. lat. *mola.*

moliéresque [mɔljeʀɛsk] adj. Relatif à Molière; qui rappelle les œuvres, le style de Molière. – De *Molière,* écrivain fr. (1622-1673).

molinisme [mɔlinism] n. m. HIST RELIG Doctrine de Luis Molina, selon laquelle l'homme reçoit en naissant une grâce suffisante, qu'il pourra, en vertu de son libre arbitre, rendre efficace. – De *moliniste.*

moliniste [mɔlinist] n. HIST RELIG Partisan du molinisme. ▷ Adj. *Doctrine moliniste.* – Du n. de Luis *Molina,* jésuite espagnol (1536-1600).

1. **mollasse** [mɔlas] adj. Péjor. 1. Sans consistance, mou et flasque. *Chair mollasse.* 2. Fig. Sans énergie. *Caractère mollasse.* Syn. apathique, indolent, nonchalant. – De *mol, mou,* et *-asse,* ou ital. *molaccio.*

2. **mollasse.** V. molasse.

mollasson, onne [mɔlasõ, ɔn] n. et adj. Fam. Personne molle, mollasse. *Il a tenté, en vain, de remuer ce mollasson.* – De *mollasse* 1.

mollement [mɔlmɑ̃] adv. Avec mollesse. *Couché mollement.* – (Abstrait.) Sans vigueur, sans conviction. *Travailler mollement.* – De *mol, mou.*

mollesse [mɔlɛs] n. f. 1. Caractère de ce qui est mou, moelleux. *La mollesse d'un matelas.* – Fig., litt. Flexibilité, douceur de pensée, de style. *Vers pleins de mollesse.* Syn. douceur. Ant. dureté. 2. Manque d'énergie dans le caractère, la conduite. *Agir, protester avec mollesse.* – Excès d'indulgence. *La mollesse d'un père.* Syn. indolence, faiblesse. Ant. fermeté, résolution. 3. Manque de vigueur, de force dans l'expression. *La mollesse des traits d'un visage.* Syn. atonie. 4. Délicatesse d'une vie facile. *Vivre dans la mollesse.* – De *mol, mou.*

1. **mollet, ette** [mɔlɛ, ɛt] adj. D'une mollesse douce, agréable. *Lit mollet. Pain mollet.* ▷ *Œuf mollet,* cuit dans sa coquille de manière que le blanc soit pris et le jaune onctueux. – Dimin. de *mol.*

2. **mollet** [mɔlɛ] n. m. Relief musculaire à la face postérieure de la jambe, au-dessous du genou. Fam. *Mollets de coq,* très maigres. – Du préc.

molletière [mɔltjɛʀ] n. f. et adj. Guêtre protégeant le mollet. ▷ Adj. *Bandes molletières:* bandes d'étoffe ou de cuir dont on entoure le mollet. – De *mollet* 2.

molleton [mɔltõ] n. m. Étoffe de laine ou de coton gratté. – Pièce de cette étoffe servant d'épaisseur protectrice et isolante. *Intercaler un molleton entre la nappe et la table.* – De *mollet* 1.

molletonné, ée [mɔltɔne] adj. 1. Qui a l'aspect du molleton. 2. Doublé de molleton. – De *molleton.*

molletonner [mɔltɔne] v. tr. [1] Doubler, garnir de molleton. *Molletonner un gilet.* – De *molleton.*

molletonneux, euse [mɔltɔnø, øz] adj. De la nature du molleton. – De *molleton.*

mollière [mɔljɛʀ] ou **mouillère** [mujɛʀ] n. f. Vieilli ou rég. Partie d'un champ, d'un terrain qui est humide, marécageuse. «Au cours de l'hiver, on peut tendre des pièges sur les rivières, ruisseaux ou «mollières», dans les endroits où l'eau ne gèle pas.» (Lorenzo Alain, *Le guide du trappeur et la vie du coureur des bois,* 1945.) – De *mouiller,* anc. fr. *moillier.*

mollir [mɔliʀ] I. v. intr. [2] 1. Devenir mou. *Ces poires mollissent.* 2. Perdre de sa force. *Le vent mollit.* 3. Fig. Céder sous un effort, faiblir. *Les troupes mollissent.* Syn. fam. flancher. II. v. tr. MAR Détendre. *Mollir un câble.* – De *mol, mou.*

mollisol [mɔlisɔl] n. m. GEOL Couche superficielle du sol, qui subit l'action du gel et du dégel. – Lat. *mollis,* «mou», et *sol.*

mollo [mɔlo] adv. Pop. Doucement, délicatement. *Y aller mollo.* – De *mollement.*

molluscum [mɔlyskɔm] n. m. MED Tumeur fibreuse de la peau, molle et de dimension variable. – Mot lat., «nœud de l'érable».

mollusques [mɔlysk] n. m. 1. ZOOL Embranchement de métazoaires au corps mou non segmenté souvent pourvu d'une coquille calcaire. – Sing. *L'escargot est un mollusque.* 2. Fig., fam. Individu mou, sans énergie. Syn. fam. mollasson. – Lat. scientif. *molluscum,* du lat. *mollusca (nux),* «(noix) à l'écorce molle».

ENCYCL Les mollusques sont des métazoaires cœlomates munis d'un système nerveux ventral et à symétrie bilatérale. Leur taille varie entre un millimètre et huit mètres de long. Leur corps comprend deux parties: la tête et le tronc. La face ventrale porte habituellement un organe locomoteur: *le pied*; le tégument forme un vaste repli: *le manteau,* qui sécrète la coquille. Dans l'espace situé entre le manteau et le corps se trouve la cavité palléale, qui contient les branchies. La bouche est pourvue d'une lame chitineuse dentée: la *radula.* Le cœur, à deux cavités, est l'organe moteur d'un appareil circulatoire lacunaire. Les mollusques sont hermaphrodites ou à sexes séparés; ils se développent le plus souvent en s'enroulant en hélice; la plupart des espèces passent par un stade larvaire. Presque tous les mollusques sont marins; beaucoup rampent; certains sont fouisseurs (solen), perceurs (taret), nageurs (poulpe); on rencontre des mollusques d'eau douce (limnée) et terrestres (escargot, limace). Beaucoup sont comestibles (huître, moule, calmar, escargot, etc.). Apparus au Cambrien, les mollusques sont divisés en sept classes dont les plus importantes sont les gastéropodes (escargots, par ex.), les lamellibranches (huîtres, par ex.) et les céphalopodes (poulpes, par ex.).

moloch [mɔlɔk] n. m. ZOOL Lézard *(Moloch horridus)* du désert australien, long d'une vingtaine de cm, couvert d'épines. – De *Moloch,* divinité mentionnée dans l'Ancien Testament.

molosse [mɔlɔs] n. m. Grand dogue. – Lat. *molossus,* mot gr., «chien du pays des Molosses», dans l'anc. Épire.

molothre [mɔlɔtʀ] n. m. Passériforme américain (genre *Molothrus*), au bec fort, dont la vie parasite rappelle celle des coucous. *Les molothres sont communément appelés «vachers» au Canada.*

molto [mɔlto] adv. MUS Très, beaucoup. *Molto vivace.* – Mot ital.

moly [mɔli] n. m. **1.** MYTH Plante merveilleuse qui préserve Ulysse des enchantements dans *l'Odyssée.* **2.** BOT Ail doré. – Mot lat., gr. *môlu.*

molybdate [mɔlibdat] n. m. CHIM Sel de l'acide molybdique. – De *molybdène.*

molybdène [mɔlibdɛn] n. m. CHIM Métal blanc dont l'aspect rappelle l'étain; élément de numéro atomique Z = 42 et de masse atomique 95,94 (symbole Mo). – Lat. *molybdaena,* mot gr., de *molubdos,* «plomb».

ENCYCL Les propriétés du molybdène sont voisines de celles du chrome et du tungstène. Sa température de fusion est élevée (2 620 °C). Il possède une grande résistance mécanique à chaud. Il est utilisé sous forme de ferromolybdène pour l'élaboration d'aciers spéciaux (aciers de coupe rapide et aciers inoxydables).

molybdique [mɔlibdik] adj. CHIM *Acide molybdique,* de formule H_2MoO_4. ▷ *Anhydride molybdique,* de formule MoO_3. – De *molybdène.*

môme [mom] n. **1.** Fam. Enfant. *Un môme insupportable.* **2.** n. f. Pop. Jeune fille. *Une belle môme.* – Mot pop. d'orig. incon.

moment [mɔmɑ̃] n. m. **A. I. 1.** Petite partie du temps. *Il n'en a que pour un moment. N'avoir pas un moment à soi :* être sans cesse occupé. Syn. instant. **2.** Laps de temps indéterminé. *Attendre un long, un bon moment,* longtemps. *Passer de bons, de mauvais moments,* des moments heureux, pénibles. ▷ *Absol.* Le moment présent. *Les vedettes du moment.* **3.** Circonstance, occasion. *C'est le moment, le bon moment. Il a choisi un mauvais moment.* ▷ *Moment psychologique,* propice pour dénouer une situation. **II. 1.** loc. adv. *Dans un moment:* bientôt. *D'un moment à l'autre:* incessamment. *En un moment :* très rapidement. *Par moments :* de temps en temps. *À tout (tous) moment(s):* sans cesse. *En ce moment:* à l'heure qu'il est. **2.** loc. prép. *Au moment de:* sur le point de. **3.** loc. conj. *Au moment où:* lorsque. – *Du moment que:* puisque. **B. 1.** MATH *Moment d'un vecteur* $\overrightarrow{AB}$ *par rapport à un point O:* vecteur $\overrightarrow{OM}$ tel que $\overrightarrow{OM} = \overrightarrow{OA} \cap \overrightarrow{AB}$, perpendiculaire au plan OAB dans le sens direct et dont le module est égal au produit de AB par la distance de O à la droite AB. **2.** PHYS *Moment d'une force par rapport à un point :* moment du vecteur représentant cette force, par rapport à ce point. ▷ *Moment d'un couple :* vecteur perpendiculaire au plan des forces constituant le couple dans le sens direct et dont le module est le produit de l'intensité des forces par leur distance. ▷ *Moment cinétique, moment dynamique en un point:* moment du vecteur $\overrightarrow{mv}$ (quantité de mouvement), du vecteur $\overrightarrow{m\Gamma}$ (force) par rapport à ce point. ▷ *Moment d'inertie d'un système par rapport à un axe:* somme des produits des masses des éléments du système par les carrés des distances de ceux-ci à l'axe. **3.** ELECTR *Moment électrique :* produit de la quantité d'électricité constituant chaque charge d'un doublet électrique par la distance qui sépare ces charges. ▷ *Moment magnétique :* vecteur caractéristique d'un dispositif placé dans un champ magnétique. **4.** CHIM *Moment dipolaire d'une molécule:* moment électrique du dipôle formé par les molécules dont les barycentres des charges positives et négatives ne sont pas confondus. – Lat. *momentum,* contract. de *movimentum,* «mouvement».

momentané, ée [mɔmɑ̃tane] adj. Qui dure peu. *Plaisir momentané.* – Bas lat. *momentaneus.*

momentanément [mɔmɑ̃tanemɑ̃] adv. D'une façon momentanée. – De *momentané.*

momerie [mɔmʀi] n. f. Litt. Pratique hypocrite, affectée. *Les momeries d'un faux dévot.* – De l'a. fr. *momer,* «se déguiser».

mômerie [momʀi] n. f. Fam. Enfantillage. – De *môme.*

momie [mɔmi] n. f. **1.** Corps embaumé par les anciens Égyptiens. *La momie d'un pharaon.* ▷ *Par ext.* Cadavre desséché et conservé (artificiellement ou naturellement). **2.** Fig. Personne très maigre. ▷ Personne à l'esprit rétrograde. – Lat. médiév. *mumia,* ar. *mūmiya,* rac. *mūm,* «cire».

momification [mɔmifikasjɔ̃] n. f. Action de momifier; son résultat. – De *momifier.*

momifier [mɔmifje] v. tr. [1] **1.** Transformer (un cadavre) en momie. ▷ v. pron. *Cadavre qui se momifie sous l'effet de la chaleur.* **2.** Fig. Rendre extrêmement maigre. – Figer dans l'inertie ou dans des habitudes surannées. – De *momie,* et *-fier.*

môn. V. môn-kmer.

mon, ma, mes [mɔ̃, ma, me] adj. poss. masc. sing., fém. sing., et plur. de la première personne, marquant: **1.** la possession. *Ma maison. Mon fils;* **2.** des rapports divers (affectifs, sociaux; d'habitude, de convenance, d'intérêt, etc.). *Mon meilleur ami. Mon général. Ma promenade quotidienne. Mon dentiste.* – Fam. *Voilà mon homme qui se met à courir;* **3.** des relations grammaticales (sujet ou objet d'une action). *Veuillez accepter mes excuses,* celles que je vous fais. *Venez à mon secours,* me secourir. – (Obs. On empl. *mon* au lieu de *ma* devant un nom fém. commençant par une voyelle ou un *h* muet: *mon île, mon horloge.*) – Forme atone des adj. lat. *meum, meam, meos* et *meas.*

mon(o)-. Élément, du gr. *monos,* «seul».

monacal, ale, aux [mɔnakal, o] adj. Propre aux moines. *Vie monacale.* – Lat. ecclés. *monachalis,* de *monachus,* «moine».

monachisme [mɔnaʃism ou mɔnakism] n. m. Vie des moines. ▷ Institution monastique. *Esprit du monachisme.* – Du lat. ecclés. *monachus,* «moine».

ENCYCL La vie monastique a pris forme, dans ses structures essentielles, entre le IIIe et le XIIe s. Les fondateurs en sont les Pères du désert, moines qui, à partir de la fin du IIIe s., peuplèrent les déserts d'Égypte, de Palestine et de Syrie. Selon la tradition chrétienne, le *monachus* (moine) est *monos* (mot gr. signif. «un») parce qu'il mène une existence retirée, plus ou moins solitaire, où le contact avec les hommes est réduit au strict minimum. Cela est vrai de l'anachorète (ermite) et, à un degré moindre, du cénobite (celui qui vit avec d'autres moines). Mais le terme *monachus* revêt un autre sens, plus spirituel, car le verbe grec *monazein* peut être compris ainsi: «réduire à l'unité». Le moine sera donc celui qui, renonçant à la multiplicité des choses du siècle, réduira tout dans sa vie à l'unique œuvre de la foi, tendra au continuel service de Dieu dans la solitude. S'il tient ses racines de l'Orient (où les centres monastiques se créent autour d'un père spirituel et non autour d'une règle), le monachisme occident. se différencie en ce qu'il place en prem. lieu la règle. La règle de saint Benoît, la plus suivie, a conditionné tout le monachisme occid. depuis le haut Moyen Âge.

monade [mɔnad] n. f. PHILO Pour Leibniz, substance simple, irréductible, élément premier de toutes les choses, et qui contient en elle-même le principe et la source de toutes ses actions. – Bas lat. *monas, monadis,* «unité», du gr.

monadelphe [mɔnadɛlf] adj. BOT Se dit des étamines soudées entre elles en un seul faisceau. – De *mon(o)-,* et gr. *adelphos,* «frère».

monadisme [mɔnadism] n. m. ou **monadologie** [mɔnadɔlɔʒi] n. f. PHILO Théorie des monades de Leibniz. – De *monade.*

monarchie [mɔnaʀʃi] n. f. **1.** Forme de gouvernement d'un État dans laquelle le pouvoir est détenu par un seul chef, le plus souvent un roi héréditaire. *Selon que l'autorité du souverain est illimitée ou li-*

mitée par une Constitution, la monarchie est dite «absolue» ou «constitutionnelle». Monarchie parlementaire : monarchie constitutionnelle dans laquelle le gouvernement est responsable devant le parlement. **2.** État gouverné par un seul individu, spécial. par un roi. – *Bas lat. monarchia,* mot. gr. «gouvernement d'un seul».

monarchique [mɔnaʀʃik] adj. Qui se rapporte à la monarchie. *Régime monarchique.* – De *monarchie.*

monarchisme [mɔnaʀʃism] n. m. Doctrine des monarchistes. – De *monarchie.*

monarchiste [mɔnaʀʃist] n. et adj. Partisan de la monarchie. ▷ Adj. *Partis monarchistes.* – De *monarchie.*

monarque [mɔnaʀk] n. m. Celui qui détient l'autorité souveraine dans une monarchie. – Bas lat. *monarcha,* gr. *monarkhês.*

monastère [mɔnastɛʀ] n. m. Lieu, groupe de bâtiments habité par des moines ou des moniales. – Lat. ecclés. *monasterium,* du gr.

monastique [mɔnastik] adj. Des moines, de la vie des moines. *Discipline monastique.* – Bas lat. ecclés. *monasticus.*

monazite [mɔnazit] n. f. MINER Minerai contenant principalement des phosphates de cérium, de lanthane et de thorium. – All. *Monazit,* du gr. *monazein,* «être seul, rare».

monceau [mõso] n. m. Tas, amas important. *Un monceau de ruines.* ▷ Fig. *Un monceau d'absurdités.* – Du bas lat. *monticellus,* «monticule».

monctonien, ienne [mɔ̃ktɔnjɛ̃, jɛn] adj. et n. De Moncton (Nouveau-Brunswick).

mondain, aine [mõdɛ̃, ɛn] adj. et n. **1.** Qui concerne la haute société, ses divertissements. *Vie mondaine.* **2.** Qui fréquente, qui aime le monde, la haute société. *Femme très mondaine.* ▷ Subst. *Une mondaine.* **3.** *La police mondaine* ou, n. f., *la mondaine :* en France, service de police spécialisé dans les affaires de drogue et de mœurs. – Lat. *mundanus,* «du monde, du siècle» en lat. ecclés.

mondanité [mõdanite] n. f. **1.** Goût pour les divertissements mondains. *Sa mondanité est excessive.* **2.** Plur. Événements, faits de la vie mondaine. *Passer sa vie dans les mondanités.* – De *mondain.*

monde [mõd] n. m. **I. 1.** Ensemble de tout ce qui existe, univers. *La fin du monde.* **2.** Système planétaire; planète. *On découvrira peut-être un jour d'autres mondes habités.* **3.** La planète où vivent les hommes, la Terre. *Les cinq parties du monde. Courir le monde :* voyager beaucoup. Fig. *Au bout du monde :* très loin. ▷ *Le Nouveau Monde:* l'Amérique, par oppos. à *Ancien Monde,* la partie de la surface terrestre connue avant la découverte de l'Amérique (Europe, Asie, Afrique). ▷ *Tiers monde :* V. tiers (sens 6). **4.** RELIG *L'autre monde:* le séjour des morts (par oppos. à *ce monde, ce bas monde,* le séjour des vivants). **5.** Fig. Univers particulier. *Le monde du rêve. Se créer son monde à soi.* ▷ *Se faire un monde d'une chose,* se l'imaginer comme plus difficile, plus importante qu'elle n'est en réalité. ▷ *C'est un monde!:* c'est incroyable, insensé (avec une nuance d'indignation). **II. 1.** Le genre humain, l'humanité. *Le Christ, sauveur du monde. Ainsi va le monde.* ▷ *Venir au monde:* naître. *Elle a mis cet enfant au monde,* elle lui a donné naissance. **2.** Groupe social défini. *Le monde de la politique. Le monde scientifique.* **3.** La haute société, les classes aisées qui ont une vie facile et brillante. *Sortir dans le monde. Le grand monde. Un homme du monde.* **4.** La vie en société. *Fuir le monde.* ▷ *Spécial.* La vie laïque, par oppos. à la vie monastique. *Renoncer au monde.* **III. 1.** Un grand nombre, ou un certain nombre de personnes. *Il y a du monde, beaucoup de monde dans les rues.* ▷ *Recevoir du monde,* des invités, des hôtes. **2.** L'entourage de qqn (proches, subordonnés, etc.). *Réunir tout son monde.* **IV. 1.** loc. *Du monde, au monde.* (Renforçant certaines expressions.) *La plus belle fille du monde. Pour rien au monde.* **2.** loc. pron. indéf. *Tout le monde :* tous, on. *Tout le monde sait que...* ▷ Fam. *Monsieur Tout-le-Monde :* n'importe qui. – Lat. *mundus.*

monder [mõde] v. tr. [1] Débarrasser (un fruit, une substance) de ses parties inutiles, de ses impuretés. *Monder de l'orge, des noix.* – Lat. *mundare,* «purifier».

mondial, ale, aux [mõdjal, o] adj. Qui intéresse, qui concerne le monde entier. *Savant de réputation mondiale.* – De *monde.*

mondialement [mõdjalmɑ̃] adv. D'une manière mondiale. *Mondialement connu.* – De *mondial.*

mondialisme [mõdjalism] n. m. Universalisme ayant pour but de réaliser l'unité politique de la communauté humaine. – De *mondial.*

mondovision [mõdɔvizjõ] ou **mondiovision** [mõdjɔvizjõ] n. f. Système de diffusion simultanée d'émissions de télévision dans plusieurs pays du monde, au moyen de satellites. *La diffusion des jeux Olympiques en mondovision.* – De *monde,* et *(télé)vision.*

monégasque [mɔnegask] adj. et n. De la principauté, de la ville de Monaco. – Ital. *monegasco,* lat. *Monœcus.*

monel [mɔnɛl] n. m. TECH Alliage à base de nickel et de cuivre, qui contient également d'autres métaux (fer, notam.) en faibles proportions. – Nom déposé; du n. du chimiste et industriel américain *Monell.*

monème [mɔnɛm] n. m. LING Unité minimale de première articulation obtenue par commutation. *On distingue les monèmes lexicaux, ou* lexèmes (*Elle* -court / *Il* -court), *des monèmes grammaticaux, ou* morphèmes (nous cour *-ons* / vous cour- *ez*). – De *mon(o)-,* d'ap. *(morph)ème.*

monergol [mɔnɛʀgɔl] n. m. TECH Propergol constitué d'un seul ergol (eau oxygénée ou hydrazine, par ex.). – De *mon(o)-,* et *(prop)ergol.*

monétaire [mɔnetɛʀ] adj. Relatif à la monnaie, aux monnaies. *Système monétaire. Politique monétaire.* – Bas lat. *monetarius.*

monétisation [mɔnetizasjõ] n. f. Action de monétiser. – De *monétiser.*

monétiser [mɔnetize] v. tr. [1] Transformer (un métal) en monnaie. – Du lat. *moneta,* «monnaie».

mongol, ole [mõgɔl] adj. et n. **1.** adj. De Mongolie, rég. d'Asie centrale, auj. divisée entre l'U.R.S.S., la Chine et la Rép. pop. de Mongolie. ▷ Subst. Habitant ou personne originaire de la Mongolie. **2.** n. m. Nom générique des langues ouralo-altaïques parlées en Mongolie. – Mot mongol.

mongolien, ienne [mõgɔljɛ̃, jɛn] n. (et adj.) Sujet atteint de mongolisme. – V. mongolisme.

mongolique [mõgɔlik] adj. Qui se rapporte à la Mongolie, à ses habitants. – Du n. de la *Mongolie,* rég. d'Asie centrale.

mongolisme [mõgɔlism] n. m. MED Maladie congénitale due à la présence d'un chromosome supplémentaire sur la paire nº 21 et caractérisée par un aspect physique particulier (tête arrondie, pommettes hautes), des malformations viscérales, notam. cardiaques, et une débilité mentale. *Le mongolisme, acquis au cours de la fécondation, apparaît dès la naissance.* Syn. trisomie 21. – De *Mongol, Mongolie,* à cause du faciès particulier des malades.

moniale [mɔnjal] n. f. Religieuse cloîtrée. – Du lat. ecclés. *(sancti) monialis,* «religieuse».

monilia [mɔnilja] n. f. BIOL Champignon deutéromycète (genre *Monilia*), moisissure qui se développe sur les fruits et provoque leur pourriture par cercles concentriques. *La monilia est pathogène pour l'homme et les animaux.*– Du lat. *monile,* «collier».

monisme [mɔnism] n. m. PHILO Doctrine considérant le monde comme formé d'un seul principe, tel que la matière *(monisme matérialiste)* ou l'esprit *(monisme spiritualiste* ou *idéaliste*), par oppos. aux conceptions dualistes ou pluralistes. *Le monisme de Spinoza.* – All. *Monismus,* du gr. *monos,* «seul».

moniste [mɔnist] adj. PHILO Qui a les caractères d'un monisme. *Doctrines monistes.* ▷ Subst. Partisan d'un monisme. – De *monisme.*

moniteur, trice [mɔnitœʀ, tʀis] n. **1.** Personne chargée d'enseigner certains sports, certaines techniques. *Moniteur de voile, de ski.* ▷ Personne qui dirige les activités d'un groupe d'enfants. *Les moniteurs d'une colonie de vacances.* **2.** n. m. INFORM Programme particulier assurant la gestion de l'ensemble des travaux à réaliser par un ordinateur. ▷ Écran de visualisation rattaché à un microordinateur. ▷ MED Appareil électronique qui réalise automatiquement certaines opérations de surveillance, des analyses biologiques, et la correction de certains déséquilibres biologiques. *Le moniteur cardiaque permet une surveillance de l'activité du cœur en continu.* – Lat. *monitor,* «conseiller, guide».

monition [mɔnisjɔ̃] n. f. DR CANON **1.** Avertissement adressé à une personne susceptible d'encourir une censure ecclésiastique. **2.** Publication d'un monitoire. – Lat. *monitio.*

monitoire [mɔnitwaʀ] n. m. DR CANON Lettre d'un official sommant tous ceux qui posséderaient des indications concernant un fait criminel de les révéler. – Lat. *monitorius,* «qui donne un avertissement».

monitor [mɔnitɔʀ] n. m. MAR ANC Navire cuirassé, bas sur l'eau, créé par les Américains pendant la guerre de Sécession. – Mot amér., du lat. *monitor,* «conseiller, guide».

monitorage [mɔnitɔʀaʒ] n. m. Système de surveillance électronique utilisé notam. en médecine. – Adaptation de l'angl. *monitoring,* de *moniteur.*

monitorat [mɔnitɔʀa] n. m. Formation; fonction de moniteur. – De *moniteur.*

môn-khmer, ère [monkmɛʀ] adj. LING *Langues môn-khmères,* parlées de la Birmanie au sud du Viêtnam. – Mot indigène.

monnaie [mɔnɛ] n. f. **1.** Ensemble des valeurs, matérialisées par des pièces de métal ou des billets de papier ayant cours légal, qui servent de moyen d'échange. *Monnaie d'or, de cuivre, de bronze, d'aluminium. Monnaie de papier. Monnaie de compte,* qui n'est pas représentée matériellement par des pièces ou des billets. – *Fausse monnaie,* fabriquée frauduleusement en dehors des émissions légales. – *Battre monnaie:* faire fabriquer de la monnaie. **2.** Pièces ou billets de faible valeur. *Je n'ai pas de monnaie sur moi, je n'ai qu'un gros billet.* **3.** Ensemble de pièces ou de billets dont la valeur totale équivaut à celle d'une pièce ou d'un billet unique. *Auriez-vous la monnaie de vingt dollars?* **4.** Ensemble de pièces ou de billets représentant la différence de valeur entre un prix à payer et le signe monétaire donné en paiement. *Rendre la monnaie.* – Loc. fig. *Rendre à qqn la monnaie de sa pièce,* user de représailles contre lui, se venger. – Du lat. *moneta,* «qui avertit», surnom de Junon, le temple de *Juno moneta* servant à Rome d'atelier pour la frappe des monnaies.

ENCYCL Intermédiaire indispensable, depuis la disparition du troc, qui fut vraisemblablement le moyen primitif de réaliser des échanges pour acquérir ou livrer un bien ou un service, la monnaie est une créance non définie, convertible à tout moment en biens économiques. À ce titre, elle est non seulement un instrument d'échange mais également un instrument d'épargne. On distingue trois formes de monnaie: la monnaie *métallique,* qui, longtemps seule en vigueur, était surtout fondée sur deux métaux précieux, l'or et l'argent; la monnaie *fiduciaire* (billets de banque), dont la création correspond à l'accélération et au développement des transactions; enfin, la monnaie *scripturale,* qui est l'ensemble des soldes créditeurs inscrits dans les comptes courants des banques. Ces trois formes de monnaie ont subi une profonde évolution. La monnaie métallique est devenue une simple monnaie d'appoint. La monnaie fiduciaire, qui, lors de sa création, était immédiatement convertible en métal précieux (or), a peu à peu perdu ses liens avec le régime de convertibilité. Au cours légal de la monnaie a succédé le cours forcé. Si une certaine couverture or demeure, afin de garantir la valeur du papier (billet de banque), cette valeur est de plus en plus la résultante de l'activité économique et de la conjoncture. La monnaie scripturale est devenue la forme monétaire la plus utilisée. La vitesse de la circulation de la monnaie et le rapport entre la masse monétaire et le revenu national sont des paramètres de la santé économique d'un pays. Par ailleurs, l'organisation d'un système monétaire international instituant un régime satisfaisant de parités entre les différentes monnaies est au cœur des préoccupations des gouvernants actuels. Depuis l'abandon du *gold standard* (convertibilité illimitée en or), puis du *gold exchange standard* (convertibilité en or limitée à certaines monnaies: dollar et livre) et après l'effondrement du système mis en place à Bretton Woods en 1944 pour assurer, sous l'égide du Fonds monétaire international (F.M.I.), une parité stable des monnaies, le monde connaît un flottement général des monnaies et une crise monétaire majeure.

monnaie-du-pape [mɔnɛdypap] n. f. Plante appelée aussi *lunaire,* dont les graines évoquent des pièces de monnaie. *Des monnaies-du-pape.* – De *monnaie, du,* et *pape.*

monnayable [mɔnɛjabl] adj. Qui peut être monnayé, vendu. – De *monnayer.*

monnayage [mɔnɛjaʒ] n. m. TECH Fabrication de la monnaie. – De *monnayer.*

monnayer [mɔnɛje] v. tr. **[24]** **1.** Transformer (un métal) en monnaie. *Monnayer de l'or.* **2.** Donner l'empreinte à (la monnaie). *Cette presse monnaie mille pièces par heure.* **3.** Vendre, transformer en argent liquide. *Monnayer des actions.* **4.** Fig. Tirer argent de (qqch). *Monnayer ses louanges.* – De *monnaie.*

monnayeur [mɔnɛjœʀ] n. m. Rare. Ouvrier qui fabrique des monnaies. – V. faux-monnayeur. – De *monnayer.*

mono [mono] adj. inv. Abrév. fam. de *monophonique,* par oppos. à *stéréo(phonique). Disque mono.*

mono-. V. mon(o)-.

monoacide [monoasid] adj. CHIM Qui possède une seule fonction acide. – De *mono-,* et *acide.*

monoamine-oxydase [monoaminɔksidaz] n. f. Enzyme dégradant les catécholamines, qui joue un rôle très important dans la transmission nerveuse (Abrév. M.A.O.). *Inhibiteurs de la monoamine-oxydase ou I.M.A.O.* – De *mono-amine, oxyd(e),* et *-ase.*

monoatomique [monoatɔmik] adj. CHIM Dont la molécule ne comprend qu'un atome, par oppos. à *diatomique, triatomique,* etc. *Les gaz rares sont monoatomiques.* – De *mono-,* et *atomique.*

monoblaste [monoblast] n. m. BIOL Cellule souche des monocytes. – De *mono-*, et *-blaste.*

monobloc [monoblɔk] adj. inv. et n. m. TECH Constitué d'un seul bloc. *Fusil monobloc.* – De *mono-*, et *bloc.*

monocamérisme [monokameʀism] ou **monocaméralisme** [monokameʀalism] n. m. DR En droit constitutionnel, système politique dans lequel il n'existe qu'une seule assemblée de représentants élus (opposé à *bicamérisme, bicaméralisme*). – De *mono-*, et lat. *camera*, «chambre».

monocarpique [monokaʀpik] adj. BOT Qui ne fleurit ou ne fructifie qu'une seule fois, puis meurt. Ant. polycarpique. – De *mono-*, et gr. *karpos*, «fruit».

monocellulaire [monoselylɛʀ] adj. BIOL Rare Qui est constitué d'une seule cellule. *Organisme monocellulaire.* Syn. (cour.) unicellulaire. – De *mono-*, et *cellulaire.*

monochromateur [monokʀomatœʀ] n. m. PHYS Appareil d'optique (prisme ou réseau) permettant d'isoler une radiation monochromatique. – De *mono-*, et gr. *khrôma, khrômatos*, «couleur».

monochromatique [monokʀɔmatik] adj. PHYS *Radiation monochromatique*, qui correspond à une longueur d'onde unique et bien déterminée. – De *mono-*, et *chromatique.*

monochrome [monokʀom] adj. D'une seule couleur. *Les grisailles sont des peintures monochromes.* – Gr. *monokhrômos.*

monochromie [monokʀɔmi] n. f. TECH Caractère de ce qui est monochrome. – De *monochrome.*

monocle [mɔnɔkl] n. m. Verre correcteur unique que l'on fait tenir entre l'aile du nez et l'arcade sourcilière. *Porter (le) monocle. Ajuster son monocle.* – Bas lat. *monoculus*, «qui n'a qu'un œil».

monoclinal, ale, aux [monoklinal, o] adj. GEOL Se dit d'une structure géologique où toutes les couches ont le même pendage. – De *mono-*, d'ap. *synclinal.*

monoclinique [monoklinik] adj. MINER *Minéral monoclinique*, qui cristallise sous forme de prisme oblique à deux faces rectangulaires et quatre faces en parallélogramme. – De *mono-*, et gr. *klinein*, «incliner».

monocoque [mɔnɔkɔk] adj. et n. m. **1.** adj. AUTO *Carrosserie monocoque*, dont les éléments forment un bloc permettant la suppression du châssis. **2.** adj. et n. m. MAR *Bateau monocoque*, ou *un monocoque*, qui n'a qu'une coque, par oppos. aux catamarans et aux trimarans, multicoques. – De *mono-*, et *coque.*

monocorde [monokɔʀd] n. et adj. **1.** n. m. Instrument de musique comportant une seule corde montée sur une caisse de résonance. ▷ Adj. *Violon monocorde.* **2.** adj. Fig. Dont les inflexions sont peu variées; monotone. *Voix monocorde.* – Lat. *monochordon*, mot gr.

monocotylédone [monokɔtiledɔn] adj. et n. BOT **1.** adj. Se dit d'une plante dont l'embryon ne possède qu'un cotylédon. **2.** n. f. pl. Groupe de plantes angiospermes caractérisées par un embryon à un seul cotylédon, des feuilles à nervures parallèles, engainantes et démunies de pétiole, et des fleurs de type 3. *Les céréales, les lis, les palmiers sont des monocotylédones.* – De *mono-*, et *cotylédon.*

monocristal, aux [monokʀistal, o] n. m. CHIM Cristal unique obtenu en favorisant la croissance d'un germe à partir du composé fondu. – De *mono-*, et *cristal.*

monoculaire [mɔnɔkylɛʀ] adj. **1.** MED Qui se rapporte à un seul œil. *Vision monoculaire.* **2.** OPT À un seul oculaire. *Lunette monoculaire.* – Lat. *monoculus.*

monoculture [monokyltyʀ] n. f. Culture d'une seule plante. *Monoculture du blé, de la betterave sucrière, de la vigne.* – De *mono-*, et *culture.*

monocycle [monosikl] adj. et n. m. Didac. Qui n'a qu'une seule roue. ▷ N. m. Vélocipède d'acrobate, à une seule roue. – De *mono-*, et *cycle* 2.

monocyclique [monosiklik] adj. BIOL Qui n'a qu'un cycle sexuel annuel. – De *mono-*, et *cycle* 1.

monocylindre [monosilɛ̃dʀ] n. m. Dans la moto, moteur à un seul cylindre. – De *mono-*, et *cylindre.*

monocylindrique [monosilɛ̃dʀik] adj. TECH Se dit d'un moteur à explosion à un seul cylindre. – De *mono-*, et *cylindre.*

monocyte [mɔnɔsit] n. m. BIOL Élément figuré du sang, cellule de la lignée blanche (V. leucocyte), précurseur des macrophages. – De *mono-*, et *-cyte.*

monodie [mɔnɔdi] n. f. **1.** ANTIQ Monologue lyrique des tragédies grecques. **2.** MUS Chant exécuté par une seule voix, sans accompagnement. – Lat. *monodia*, mot gr., rac. *ôidê*, «chant».

monœcie [mɔnesi] n. f. BOT État des plantes monoïques. – Lat. scientif. *monoecia*, gr. *monos*, «seul», et *oikia*, «maison».

monogame [mɔnɔgam] adj. et n. **1.** Qui a une seule femme, un seul mari, par oppos. à *bigame, polygame.* **2.** ZOOL Dans les espèces animales, mâle vivant avec une seule femelle à la fois. **3.** BOT Plante dont chaque pied ne porte que des fleurs d'un seul sexe. Ant. dioïque. – Lat. ecclés. *monogamus*, du gr.; cf. *mono-*, et *-game.*

monogamie [mɔnɔgami] n. f. Fait d'être monogame. ▷ Régime juridique dans lequel une personne ne peut avoir légalement qu'un seul conjoint. – Bas lat. *monogamia*, du gr.

monogamique [mɔnɔgamik] adj. Qui a rapport à la monogamie; où la monogamie est en usage. *Société monogamique.* – De *monogamie.*

monogatari [mɔnogataʀi] n. m. Récit romancé japonais. – Mot jap.

monogénisme [mɔnɔʒenism] n. m. Didac. Doctrine qui soutient que toutes les races humaines dérivent d'une seule origine commune. – De *mono-*, et *-génie.*

monogramme [mɔnɔgʀam] n. m. Chiffre formé des principales lettres (initiales, éventuellement autres lettres), entrelacées, d'un nom. – Bas lat. d'orig. gr. *monogramma*; cf. *mono-*, et *-gramme.*

monographie [mɔnɔgʀafi] n. f. Ouvrage traitant d'un sujet précis de manière exhaustive. – De *mono-*, et *-graphie.*

monographique [mɔnɔgʀafik] adj. Qui est de la nature de la monographie. *Étude monographique.* – De *monographie.*

monoïdéisme [mɔnɔideism] n. m. PHILO État de l'esprit occupé par une seule idée. – De *mono-*, et *idée.*

monoïque [mɔnɔik] adj. BOT Se dit d'une plante qui porte sur le même pied des fleurs mâles et des fleurs femelles. *Le maïs est monoïque.* Ant. dioïque. – De *mono-*, et gr. *oikos*, «demeure».

monokini [mɔnɔkini] n. m. Maillot de bain féminin ne comportant pas de soutien-gorge. – Tiré par plaisant. de *bikini*, en donnant à *bi-* la valeur de deux («maillot de bain deux pièces»).

monolingue [mɔnɔlɛ̃g] adj. et n. Qui ne parle qu'une seule langue. – De *mono-*, et du lat. *lingua*, «langue», d'ap. *bilingue.*

monolithe [mɔnɔlit] adj. et n. **1.** adj. Qui est formé d'une seule pierre. *Colonne monolithe.* **2.** n. m. Monument fait d'une seule pierre. *Les menhirs sont des monolithes.* – Lat. d'orig. gr. *monolithus.*

monolithique [mɔnɔlitik] adj. Fait d'un seul bloc. ▷ Fig. *Parti, système politique monolithique.* – De *monolithe.*

monolithisme [mɔnɔlitism] n. m. ARCHI Système de constructions monolithes ou faites avec de grandes pierres. ▷ Fig. Caractère de ce qui est monolithique. – De *monolithe.*

monologue [mɔnɔlɔg] n. m. **1.** Scène d'une pièce de théâtre où un personnage est seul et se parle à lui-même. *Le monologue d'Hamlet.* – Petite composition scénique récitée par une seule personne. **2.** Discours d'une personne qui ne laisse pas parler les autres. **3.** *Monologue intérieur:* discours qu'une personne se tient à elle-même. ▷ LITTER Procédé consistant à reproduire à la première personne le mouvement de la pensée des personnages. – De *mono-*, et *-logue*, d'ap. *dialogue.*

monologuer [mɔnɔlɔge] v. intr. **[1]** Parler en monologue, parler seul. – De *monologue.*

monomane [mɔnɔman] ou **monomaniaque** [mɔnɔmanjak] adj. et n. Relatif à la monomanie; atteint de monomanie. ▷ Subst. *Un, une monomane.* – De *monomanie.*

monomanie [mɔnɔmani] n. f. PSYCHO Altération partielle de la raison, caractérisée par la divagation sur un seul sujet représentant une obsession, une idée fixe. – De *mono-*, et *-manie.*

monôme [mɔnom] n. m. **1.** MATH Expression algébrique ne renfermant aucun signe d'addition ou de soustraction. *$5a^2b$ est un monôme égal à $5 \times a \times a \times b$.* **2.** Fig. File de personnes se tenant par les épaules et défilant sur la voie publique. – De *mono-*, d'ap. *binôme.*

monomère [mɔnɔmɛʀ] adj. et n. m. CHIM Constitué de molécules simples susceptibles de réagir les unes sur les autres et de former un ou des polymères. – Subst. *L'acétylène C_2H_2 est un monomère du benzène C_6H_6.* – De *mono-*, d'ap. *polymère.*

monométallisme [mɔnɔmetal(l)ism] n. m. FIN Système dans lequel un métal seulement constitue l'étalon de monnaie légale, par oppos. à *bimétallisme.* – De *mono-*, et *métal.*

monométalliste [mɔnɔmetal(l)ist] adj. et n. **1.** FIN adj. Relatif au monométallisme. **2.** n. Partisan du monométallisme. – De *monométallisme.*

monomètre [mɔnɔmɛtʀ] adj. LITTER **1.** Qui n'a qu'une seule espèce de vers. **2.** *Vers monomètre* ou, n. m., *un monomètre,* vers grec ou latin d'une seule mesure. – Gr. *monometros.*

monomoteur [mɔnɔmɔtœʀ] adj. (et n. m.). Qui n'a qu'un seul moteur, en parlant d'un avion. – De *mono-*, et *moteur.*

mononucléaire [mononykleɛʀ] adj. (et n. m.) BIOL Se dit des globules blancs ne possédant qu'un seul noyau (lymphocytes et monocytes). – De *mono-*, et *nucléaire.*

mononucléose [mɔnonykleoz] n. f. MED Augmentation du nombre des mononucléaires dans le sang. – De *mononucl(éaire),* et *-ose* 2.

monoparental, ale, aux [mɔnopaʀɑ̃tal, o] adj. Se dit d'une famille ne comportant qu'un seul parent. – De *mono-*, et *parental.*

monophasé, ée [mɔnofaze] adj. ELECTR Qui ne présente qu'une seule phase. *Courant monophasé.* ▷ *Réseau monophasé,* à deux conducteurs (par oppos. à *triphasé*). – De *mono-*, et *phasé.*

monophonie [mɔnofɔni] n. f. Procédé de reproduction des sons dans lequel la transmission du signal acoustique se fait par un seul canal (par oppos. à *stéréophonie*). – De *mono-*, et *-phonie.*

monophonique [mɔnofɔnik] adj. Relatif à la monophonie. – *Abrév. fam.:* mono. – Du préc.

monophysisme [mɔnofizism] n. m. THEOL Doctrine qui prétend ne reconnaître en Jésus-Christ qu'une seule nature, la nature divine. – De *monophysite.*

monophysite [mɔnofizit] adj. THEOL Relatif au monophysisme. ▷ Subst. Partisan du monophysisme. – De *mono-*, et gr. *phusis,* «nature».

ENCYCL Le véritable promoteur de l'hérésie monophysite fut l'archimandrite (abbé) d'un monastère de Constantinople, Eutychès (m. v. 454), dont les thèses furent condamnées au concile de Chalcédoine en 451. Les monophysites constituent auj. trois Églises indépendantes: *Église jacobite* de Syrie, *Église arménienne* et *Église copte* (deux branches, l'une en Égypte, l'autre en Éthiopie).

monoplace [mɔnoplas] adj. et n. Qui ne comporte qu'une seule place, en parlant d'une automobile ou d'un avion. *Voiture de course monoplace.* – De *mono-*, et *place.*

monoplan [mɔnoplɑ̃] n. m. Avion qui n'a qu'un seul plan de sustentation (par oppos. à *biplan, triplan,* etc.). – De *mono-*, et *plan.*

monoplégie [mɔnopleʒi] n. f. MED Paralysie localisée à un seul membre ou à un seul groupe musculaire. – De *mono-*, d'ap. *hémiplégie.*

monopole [mɔnɔpɔl] n. m. **1.** Forme de structure d'un marché par laquelle une seule personne ou entreprise contrôle la fabrication ou la distribution d'un produit ou d'un service, éliminant ainsi toute concurrence. ▷ Par ext. *Monopole de fait:* accaparement du marché par une seule entreprise productrice ou distributrice. **2.** Fig. Droit, privilège exclusif que l'on s'attribue. *Il croit avoir le monopole de l'esprit.* – Lat. *monopolium,* gr. *monopôlion,* de *pôlein,* «vendre».

monopôle [mɔnopol] n. m. PHYS *Monopôle magnétique:* particule hypothétique qui jouerait vis-à-vis du champ magnétique le rôle que jouent les particules chargées en tant que source du champ électrique. – De *mono-*, et *pôle.*

monopoleur, euse [mɔnɔpɔlœʀ, øz] n. ECON Personne qui bénéficie d'un monopole. Syn. monopoliste. – De *monopoler.*

monopolisateur, trice [mɔnɔpɔlizatœʀ, tʀis] n. et adj. Personne qui monopolise (qqch). ▷ Adj. *Des trusts monopolisateurs.* – De *monopoliser.*

monopolisation [mɔnɔpɔlizasjɔ̃] n. f. Action de monopoliser. – De *monopoliser.*

monopoliser [mɔnɔpɔlize] v. tr. **[1]** **1.** Exercer le monopole de. **2.** Fig. Accaparer, réserver pour son propre usage. *Il monopolise tous les cendriers.* – De *monopole.*

monopoliste [mɔnɔpɔlist] adj. et n. Se dit de qui détient, impose un monopole. *Groupe industriel monopoliste.* – De *monopole.*

monopolistique [mɔnɔpɔlistik] adj. Caractérisé par l'existence de monopoles. *Économie monopolistique.* – De *monopole.*

monoptère [mɔnɔptɛʀ] adj. (et n. m.) ARCHI Se dit d'un édifice circulaire (temple antique le plus souvent) dont l'enceinte est formée d'une seule rangée de colonnes soutenant la toiture. – Gr. *monopteros,* de *mono-*, et *-ptère.*

monorail [mɔnɔʀaj] n. m. et adj. inv. TECH **1.** Engin de manutention constitué d'un palan se déplaçant le long d'un rail. **2.** Chemin de fer à rail unique. Adj. *Train monorail.* – De *mono-*, et *rail.*

monorime [mɔnɔʀim] adj. et n. m. *Poésie monorime,* dont tous les vers ont la même rime.

▷ N. m. *Un monorime:* un poème monorime. – De *mono-*, et *rime*.

monosaccharide [mɔnosakaʀid] n. m. CHIM Syn. d'*ose*. – De *mono-* et *saccharide*.

monosémique [mɔnosemik] adj. LING Se dit d'un mot qui n'a qu'un seul sens. – De *mono-*, et *sémique*.

monoski [mɔnoski] n. m. SPORT Ski nautique effectué sur un seul ski; le ski utilisé pour ce sport. – De *mono-*, et *ski*.

monosperme [mɔnospɛʀm] adj. BOT Qui ne contient qu'une seule graine. *Fruit monosperme.* – De *mono-*, et *sperme*.

monostyle [mɔnostil] adj. et n. m. ARCHI Se dit d'une colonne à fût unique. – De *mono-*, et du gr. *stulos*, «colonne».

monosubstitué, ée [mɔnosybstitɥe] adj. CHIM Qualifie un dérivé obtenu en remplaçant dans une molécule un atome par un autre atome ou par un radical. – De *mono-*, et pp. de *substituer*.

monosyllabe [mɔnosil(l)ab] adj. et n. m. GRAM Qui n'a qu'une seule syllabe. ▷ N. m. *Parler, répondre par monosyllabes,* sans former de phrases. – De *mono-*, et *syllabe*.

monosyllabique [mɔnosil(l)abik] adj. **1.** Qui n'a qu'une syllabe. **2.** Qui ne contient, ne comporte que des monosyllabes. *Vers monosyllabique. Langues monosyllabiques* (chinois, siamois, tibétain, vietnamien, etc.). – De *monosyllabe*.

monosyllabisme [mɔnosil(l)abism] n. m. GRAM Nature des langues monosyllabiques. *Monosyllabisme siamois.* – De *monosyllabe*.

monothéique [mɔnoteik] adj. Qui appartient au monothéisme. – De *monothéisme*.

monothéisme [mɔnoteism] n. m. Foi en un Dieu unique. Ant. polythéisme. – De *mono-*, et *théisme*.
ENCYCL Le monothéisme est une doctrine religieuse qui ne reconnaît l'existence que d'un seul dieu, distinct du monde, par oppos. au *polythéisme*, qui en admet plusieurs, et au *panthéisme*, qui identifie le monde à son créateur, ainsi qu'à l'attitude qui consiste à adorer un seul dieu sans pour autant nier l'existence d'autres divinités. Les grandes relig. monothéistes sont le judaïsme, le christianisme, l'islam, toutes trois révélées, et dont Abraham peut être considéré comme l'initiateur commun.

monothéiste [mɔnoteist] adj. et n. Qui n'admet qu'un seul Dieu. *Doctrine monothéiste. Peuple monothéiste.* – De *mono-*, et *-théiste*.

monothélisme [mɔnotelism] n. m. THEOL Hérésie de ceux qui, pour se concilier les monophysites, n'attribuaient à Jésus-Christ qu'une seule volonté, la volonté divine. *Le monothélisme fut condamné au IIIe concile de Constantinople (680-681).* – De *mono-*, et gr. *thelein*, «vouloir».

monotone [mɔnɔtɔn] adj. **1.** Qui est toujours ou presque toujours sur le même ton. *Chant monotone.* Syn. monocorde. **2.** Fig. Qui manque de variété; qui ennuie par une uniformité fastidieuse. *Style monotone. Vie monotone.* Syn. uniforme. **3.** MATH *Fonction monotone dans un intervalle,* qui croît ou décroît dans cet intervalle. – Bas lat. *monotonus*, gr. *monotonos*.

monotonie [mɔnɔtɔni] n. f. Caractère de ce qui est monotone; uniformité ennuyeuse. *Monotonie du débit.* – Fig. *Rien ne venait rompre la monotonie de ce paysage.* Ant. variété, diversité. – Gr. *monotonia*.

monotrèmes [mɔnɔtʀɛm] n. m. pl. ZOOL Ordre de mammifères regroupant les rares protothériens actuels, ovipares, munis d'un bec corné et couverts de poils ou de piquants. (Les monotrèmes vivent en Australie et en Nouvelle-Guinée. On distingue les échidnés et les ornithorynques. Les jeunes se nourrissent du lait qui s'écoule le long des poils des champs mammaires, dépourvus de tétines.) – De *mono-*, et gr. *trêma*, «orifice», ces animaux ne possédant qu'un orifice postérieur pour le rectum et les conduits urinaires et génitaux. Cf. cloaque (sens 2).

1. monotype [mɔnɔtip] adj. et n. m. **I.** adj. Dont le type est uniforme. **1.** BOT Qualifie un genre qui ne possède qu'une espèce. **2.** MAR Se dit d'un yacht à voiles dont les caractéristiques sont conformes à celles d'une série donnée, et homologuées par les fédérations de yachting. ▷ N. m. *Un monotype.* **II.** n. m. TECH Procédé de dessin au pinceau, à l'encre d'imprimerie, sur plaque de métal, pour tirage d'une épreuve unique à la presse; cette épreuve elle-même. *Les monotypes de Degas.* – De *mono-*, et *type*.

2. monotype [mɔnɔtip] n. f. IMPRIM Machine à composer dans laquelle chaque caractère est fondu séparément. – Nom déposé; de *mono-*, d'ap. *linotype*.

monovalent, ente [monovalɑ̃, ɑ̃t] adj. CHIM Qui possède la valence 1. Syn. univalent. – De *mono-*, et *valent*, d'après *valence*.

monoxène [mɔnɔksɛn] adj. et n. m. ZOOL *Parasite monoxène,* dont le développement complet se fait sur un seul hôte. ▷ N. m. *Un monoxène.* – De *mono-*, et gr. *xenos*, «hôte».

monoxyde [mɔnɔksid] n. m. CHIM Oxyde contenant un seul atome d'oxygène. *Monoxyde de carbone.* Syn. anc. protoxyde. – De *mon(o)-*, et *oxyde*.

monoxyle [mɔnɔksil] adj. Fait d'une seule pièce de bois. *Pirogue, tambour monoxyle.* – De *mono-*, et gr. *xulon*, «bois».

monozygote [mɔnozigɔt] adj. BIOL Se dit de jumeaux issus d'un même œuf. Syn. univitellin. – De *mono-*, et *zygote*.

monseigneur [mɔ̃se(ɛ)ɲœʀ] n. m. **1.** Titre honorifique, qui n'est plus donné aujourd'hui qu'aux archevêques et aux évêques, ainsi qu'aux princes d'une famille souveraine. Abrév. Mgr. ▷ Plur. *Messeigneurs* et *Nosseigneurs*. Abrév. NN.SS. **2.** *Pince-monseigneur :* levier servant à forcer les serrures. *Des pinces-monseigneur.* – De *mon*, et *seigneur*.

monsieur [məsjø] n. m., **messieurs** [mesjø] n. m. pl. **1.** Titre donné autrefois aux hommes de condition élevée. ▷ Absol. *Monsieur:* frère puîné du roi de France. **2.** Mod. Titre donné par civilité à tous les hommes. *Je vous prie d'agréer, Monsieur... Monsieur et Madame Untel. Messieurs les jurés.* **3.** Titre donné par déférence à un homme à qui l'on parle à la troisième personne. *Comme Monsieur voudra.* **4.** Homme dont le langage, les manières annoncent quelque éducation. *Des allures de monsieur.* ▷ *Faire le monsieur:* faire l'homme d'importance. ▷ (Avec un adj.) *Un beau monsieur:* un homme élégant. – *Un vilain* (ou, par antiphrase, *un joli*) *monsieur:* un homme peu recommandable. – De *mon*, et *sieur*.

monsignor [mɔ̃siɲɔʀ] ou **monsignore, monsignori** [mɔ̃siɲɔʀe, mɔ̃siɲɔʀi] n. m. Prélat de la cour papale. – Mot ital., «monseigneur».

1. monstre [mɔ̃stʀ] n. m. et adj. **I.** n. m. **1.** Être fantastique des légendes et des traditions populaires. *Persée combattit le monstre.* – Fig. *Monstre sacré:* acteur très célèbre. **2.** Animal de taille exceptionnelle. *Monstres marins. Le monstre du loch Ness.* **3.** Être organisé dont la conformation s'écarte de celle qui est naturelle à son espèce ou à son sexe. *Monstre à deux têtes.* **4.** Personne extrêmement laide. ▷ Personne très méchante, dénaturée. *Un monstre de cruauté, d'orgueil.* **II.** adj. Fam. Exceptionnellement grand, important. *Un banquet monstre.* – Lat. *monstrum*, «prodige, chose incroyable».

2. monstre [mɔ̃stʀ] n. m. MUS Canevas formé de syllabes souvent dépourvues de sens remis par un musicien à un parolier pour lui indiquer la mesure et le rythme. – De *monstre* 1.

monstrueusement [mõstʀɥøzmɑ̃] adv. D'une manière monstrueuse. *Il est monstrueusement gros.* Syn. prodigieusement. – De *monstrueux*.

monstrueux, euse [mõstʀɥø, øz] adj. **1.** Qui a la conformation d'un monstre. **2.** Dont les proportions sont démesurées; gigantesque, colossal. **3.** Horrible, effroyable, épouvantable. *Crime monstrueux.* – Lat. *monstruosus*.

monstruosité [mõstʀɥozite] n. f. **1.** Anomalie dans la conformation. **2.** Caractère de ce qui est monstrueux. **3.** Chose monstrueuse. *Cette calomnie est une monstruosité.* – De *monstrueux*.

mont [mõ] n. m. **1.** Élévation de terrain de quelque importance. ▷ *Aller par monts et par vaux:* voyager beaucoup, dans toutes sortes de pays. ▷ Fig. *Promettre monts et merveilles:* promettre de grands avantages, de grandes richesses. **2.** En chiromancie, éminence charnue de la paume de la main. *Mont de Jupiter.* **3.** ANAT *Mont de Vénus:* saillie du pubis de la femme. Syn. pénil. – Du lat. *mons, montis*.

montage [mõtaʒ] n. m. **1.** Rare Action de transporter qqch de bas en haut. **2.** Action d'assembler différentes parties pour former un tout. *Atelier de montage.* ▷ AUDIOV Opération par laquelle on assemble les différentes séquences d'un film (ou d'une bande sonore). **3.** Ensemble d'éléments montés, assemblés. *Montage photographique.* ▷ ELECTR Assemblage de composants selon un schéma déterminé. **4.** TECH Action de sertir une pierre précieuse. **5.** MINES Galerie qui suit la pente d'une couche de minerai. – De *monter*.

montagnais, aise [mõtaɲɛ,ɛz] adj. et n. **1.** adj. Qui a trait à la tribu amérindienne des Montagnais. *La mythologie montagnaise.* ▷ Subst. Amérindien appartenant à une tribu installée dans le nord-est québécois. *Les Montagnais de Sept-Îles.* **2.** n. m. Langue parlée par les Montagnais, apparentée aux dialectes cris de la famille algonquienne. *Apprendre le montagnais.* – De *montagne*, et suff. *-ais*.

ENCYCL Les Montagnais ont reçu leur dénomination collective au début de la colonie, attribuée par les premiers explorateurs qui désiraient souligner que leurs terrains de chasse, sur la Côte-Nord du Saint-Laurent, étaient situés dans des territoires montagneux.
Le groupe des Montagnais et des Naskapis, longtemps liés, ne sont pas aisément distingués; c'est pour ce motif que certains groupes intermédiaires sont désignés sous le nom englobant de Montagnais-Naskapis. V. naskapi.

montagnard, arde [mõtaɲaʀ, aʀd] adj. et n. **1.** Relatif à la montagne et à ses habitants. *Mœurs montagnardes.* **2.** Qui habite la montagne. *Berger montagnard.* ▷ Subst. *Un vrai montagnard.* – De *montagne*.

montagne [mõtaɲ] n. f. **1.** Relief important du sol s'élevant à une grande hauteur. *Le sommet, les pentes, le pied d'une montagne. Chaîne de montagnes.* ▷ Fig., fam. *Se faire une montagne de qqch*, s'en exagérer les difficultés. **2.** Région montagneuse (par oppos. à *plaine*). *Habiter en montagne.* – (Par oppos. à *campagne, à mer.*) *Vacances à la montagne. L'air de la montagne lui fera du bien.* **3.** Fig. Grande quantité de choses amoncelées. *Son bureau est recouvert d'une montagne de paperasses.* **4.** *Montagnes russes:* jeu forain, suite de pentes et de contrepentes qu'un véhicule sur rails parcourt à grande vitesse. – Du lat. pop. **montanea*, fém. subst. de **montaneus*, du class. *montanus*, de *mons*.

montagnette [mõtaɲɛt] n. f. Petite montagne. – Dimin. de *montagne*.

montagneux, euse [mõtaɲø, øz] adj. Où il y a des montagnes; constitué de montagnes. *Région montagneuse.* – De *montagne*.

montaison [mõtɛzõ] n. f. Migration des saumons et des truites qui remontent les fleuves et les rivières où ils doivent frayer; époque où s'effectue cette migration. – De *monter*.

montanisme [mõtanism] n. m. RELIG Doctrine hérétique de Montanus qui prétendait apporter une troisième révélation, celle du Paraclet (après celle de Moïse et du Christ), et qui annonçait l'imminence de la fin du monde. – De *Montan* ou *Montanus* (IIe s. ap. J.-C.), fondateur de la secte des montanistes.

montaniste [mõtanist] n. RELIG Partisan du montanisme. ▷ Adj. *Doctrine montaniste.* – De *Montan* ou *Montanus*. V. préc.

1. montant, ante [mõtɑ̃, ɑ̃t] adj. **1.** Qui monte, qui va de bas en haut. *Marée montante.* V. flux. ▷ MUS *Gamme montante*, qui va des notes graves aux notes aiguës. Syn. ascendant. Ant. descendant. **2.** Qui s'étend vers le haut. *Chaussures montantes. Robe, col montants.* – Ppr. de *monter*.

2. montant [mõtɑ̃] n. m. **1.** Pièce longue disposée verticalement. *Les montants d'une échelle.* ▷ EQUIT *Montants de la bride:* parties qui vont des coins de la bouche au haut de la tête. **2.** Total d'un compte. *Quel est le montant des dépenses?* **3.** Fig. Saveur, goût relevé. *Le montant d'une sauce.* – De *montant* 1.

mont-blanc [mõblɑ̃] n. m. Dessert composé de crème de marrons surmontée de crème fraîche ou de Chantilly. – Du *mont Blanc*, point culminant des Alpes.

mont-de-piété [mõdpjete] n. m. Établissement de prêt sur gages. *Des monts-de-piété.* – Mauvaise trad. de l'ital. *monte di pietà*, «crédit de pitié».

monte [mõt] n. f. **1.** Accouplement des étalons et des juments. *Étalon vendu pour la monte.* – Temps, saison de cet accouplement. *La monte commence en avril et finit en juin.* **2.** Action, manière de monter un cheval. – Déverbal de *monter*.

monte-charge [mõtʃaʀʒ] n. m. inv. Appareil élévateur pour le transport vertical des objets, des charges pesantes. – De *monter*, et *charge*.

montée [mõte] n. f. **1.** Action de se porter vers un endroit plus élevé. – Par ext. *Montée laiteuse:* afflux du lait dans les mamelles. **2.** Pente, en tant qu'elle conduit vers le haut. *Sa maison se situe au milieu de la montée.* Syn. rampe. **3.** ARCHI *Montée d'une voûte*, sa hauteur. **4.** Augmentation, élévation. *La montée des prix, des eaux.* – Pp. fém. subst. de *monter*.

monte-en-l'air [mõtɑ̃lɛʀ] n. m. inv. Arg., vieilli Cambrioleur. – De *monter en l'air*.

monténégrin, ine [mõtenegʀɛ̃, in] adj. et n. Du Monténégro. – Du n. du *Monténégro*, rép. fédérée de Yougoslavie.

monte-pente. (Rare) V. remonte-pente.

monte-plats [mõtpla] n. m. inv. Monte-charge servant au transport des plats entre la cuisine et la salle à manger. – De *monter*, et *plat*.

monter [mõte] **A.** v. intr. [1] **I.** (Sujet n. de personne.) **1.** Se transporter dans un lieu plus haut que celui où l'on était. *Monter au haut d'un arbre, sur une chaise.* **2.** Prendre place dans un véhicule, un avion, etc. *Monter en avion, en ballon, en train.* ▷ *Monter à cheval, à bicyclette.* – *Absol.* Faire de l'équitation. *Il monte chaque jour.* – Au pp. *Police montée*, à cheval. **3.** Passer à un degré supérieur. *Monter en grade.* **4.** Surenchérir, en partic. au jeu, fournir une carte plus forte. *Monter sur la dame.* **II.** (Sujet n. de chose.) **1.** S'élever, se porter vers un point élevé. *Le ballon monta dans le ciel. Le brouil-*

lard monte. Des odeurs grasses montaient des cuisines. ▷ Atteindre, gagner un point élevé (du corps). *Le sang lui monta au visage.* ▷ *Vin qui monte à la tête,* qui enivre. – Fig. *Le succès lui est monté à la tête.* **2.** Augmenter de niveau, de volume, de prix, etc. *La mer monte sous l'effet de la marée. Le prix de l'or a beaucoup monté. Il sentit sa colère monter.* ▷ Pousser, croître (en hauteur). *Les salades commencent à monter.* – *Monter à fleurs, à graines* ou *monter en graine,* quitter l'état végétatif pour produire fleurs ou graines. Fig., fam. *Jeune fille qui monte en graine,* qui vieillit et tarde à se marier. ▷ Fig. Prendre de l'importance, arriver. *La génération qui monte.* **3.** S'élever en pente. *Rue qui monte en pente raide.* – Conduire vers un point élevé. *Escalier qui monte au grenier.* **4.** S'étendre de bas en haut. *Robe qui monte jusqu'au cou.* **B.** v. tr. **I. 1.** Gravir, franchir (une élévation). *Monter un escalier.* Syn. gravir. **2.** Porter dans un lieu élevé. *Monter des meubles dans une chambre.* **3.** Chevaucher (un animal). *Monter un cheval.* **4.** Accroître, hausser. *Monter trop haut sa dépense.* **5.** MUS Parcourir (l'échelle des sons) en allant du grave à l'aigu. *Monter la gamme.* – Accorder (un instrument) à un ton, à un diapason plus haut. *Monter un violon.* **6.** *Monter la tête à qqn,* ou *monter qqn,* l'exciter contre qqn ou qqch. **7.** *Monter la garde:* assurer le service de garde. *Une sentinelle monte la garde devant l'ambassade.* **II. 1.** Ajuster, assembler différentes parties pour former un tout. *Monter une machine. Monter une tente. Monter les manches d'un vêtement.* ▷ MUS *Monter un violon, une guitare,* y tendre des cordes. **2.** Installer, insérer dans un cadre, une garniture. *Monter un diamant, une estampe.* **3.** Disposer (les éléments de base d'un ouvrage). *Monter les mailles d'un tricot.* ▷ *Monter un métier à tisser,* y tendre les fils de chaîne. **4.** Préparer, organiser. *Monter une pièce de théâtre. Monter un coup.* **5.** Pourvoir du nécessaire; réunir les éléments de, constituer (un ensemble). *Monter une maison. Monter son ménage.* **C.** v. pron. **1.** S'exalter, s'irriter. *Se monter contre qqn.* – Absol. *Il se monte aisément.* **2.** Se pourvoir. *Se monter en livres.* **3.** S'élever à (en parlant d'un total). *La dépense se monte à mille dollars.* – Lat. pop. **montare,* de *mons, montis,* «mont».

montérégien, ienne [mõteʀeʒjɛ̃, jɛn] adj. Relatif à la Montérégie, région située au sud de la ville de Montréal. – De *Montérégie.*

monte-sac(s) [mõtsak] n. m. Appareil élévateur servant au transport des sacs dans les docks. *Des monte-sacs.* – De *monter,* et *sac.*

monteur, euse [mõtœʀ, øz] n. **1.** Personne qui effectue des montages, des installations. *Monteur électricien.* – AUDIOV Personne chargée du montage*. **2.** Fig. Personne qui organise, qui prépare. *Monteur d'affaires.* – De *monter.*

montgolfière [mõgɔlfjɛʀ] n. f. AERON Aérostat qui tire sa force ascensionnelle de l'air chaud. – Du n. des frères Joseph (1740-1810) et Étienne (1745-1799) de *Montgolfier,* qui l'inventèrent.

monticule [mõtikyl] n. m. Petite élévation de terrain. Syn. éminence, butte. – Bas lat. *monticulus,* dimin. du class. *mons,* «mont».

mont-joie [mõʒwa] n. f. Monceau de pierres servant de monument commémoratif, de point de repère, etc. Syn. cairn. *Des monts-joie.* – De *mont,* et *joie,* altér. du frq. **mund-gawi,* «protection du pays».

montmartrois, oise [mõmaʀtʀwa, waz] adj. et n. De Montmartre. *Les peintres et chansonniers montmartrois.* – Du n. *Montmartre* (quartier de Paris), de *mont,* et a. fr. *martre,* «martyrs» («mont des martyrs»).

montmorency [mõmɔʀɑ̃si] n. f. inv. Cerise à queue courte, au goût acidulé. – Du n. de la ville de *Montmorency,* au N. de Paris.

montoir [mõtwaʀ] n. m. Vx Grosse pierre, banc, etc., servant à monter à cheval. – *Côté du montoir :* côté gauche du cheval. – De *monter.*

montrable [mõtʀabl] adj. Fam. Que l'on peut montrer. – De *montrer.*

1. montre [mõtʀ] n. f. **1.** Vx Action de montrer. ▷ *Faire montre de :* faire étalage, faire parade de; exhiber. – Mod. Donner des marques, des preuves de. *Faire montre de courage.* **2.** Vitrine, éventaire où sont exposées des marchandises; ensemble des marchandises exposées. *Bijoux en montre.* ▷ *Pour la montre :* pour être montré; en manière de décoration, d'ornement. *N'être là que pour la montre.* – Déverbal de *montrer.*

2. montre [mõtʀ] n. f. **1.** Instrument portatif qui indique l'heure. *Une montre de gilet et sa chaîne. Montre-bracelet* (ou *bracelet-montre),* que l'on porte au poignet. *Montre électrique, électronique, à quartz.* **2.** SPORT *Course contre la montre,* dans laquelle chaque coureur, partant seul, est classé selon le temps qu'il a mis à parcourir la distance fixée. – Fig. Lutte contre le temps pour accomplir une action, mener à bien une affaire, etc. – De *montre* 1.

montréalais, aise [mõʀealɛ, ɛz] adj. De Montréal au Québec. *La mentalité montréalaise est particulière.* ▷ Subst. Citoyen de Montréal. *Un(e) Montréalais(e).*

ENCYCL D'abord identifiés comme des *Hochelagans* (XVIe – XVIIe s.), puis des *Ville-Maristes* (XVIIe – XVIIIe s.), les Montréalais devaient porter le nom de *Montréalistes* (fin XVIIe s. – XIXe s.) avant d'être désignés exclusivement sous le gentilé *Montréalais* au début du XXe s. Ces diverses dénominations reflètent l'évolution toponymique du lieu d'abord dénommé Hochelaga, nom de l'établissement amérindien avant l'arrivée des Blancs, puis Ville-Marie (1692 – vers 1725) et définitivement Montréal (déb. XVIIIe s.).
Dans le prolongement des Montréalistes du passé, un groupe de gens de promotion qui désirent conserver à Montréal son originalité ont récemment repris, pour s'identifier, le gentilé *Montréaliste.*

montrer [mõtʀe] I. v. tr. [1] **1.** Faire voir. *Montrer sa maison. Dessin qui montre des objets.* **2.** Indiquer par un geste, un signe. *Montrer qqn du doigt.* – *Montrer la porte à qqn,* l'inviter à sortir. ▷ (Sujet n. de chose.) *Panneau qui montre une direction.* **3.** Enseigner, apprendre. *Montrer à lire à un enfant.* **4.** Laisser voir, exposer à la vue. *Robe qui montre les genoux.* **5.** Faire ou laisser paraître; manifester. *Montrer sa douleur. Montrer du courage.* ▷ Révéler. *Montrer son vrai visage.* **6.** Exposer ou établir (par la description, le témoignage, la démonstration, etc.). *Montrer le bon côté d'une chose. Montrez-moi que j'ai tort.* (Sujet n. de chose.) *Bilan qui montre des carences.* **II.** v. pron. **1.** Se faire voir, paraître. *Il n'ose plus se montrer.* **2.** (Suivi d'un adj.) Se révéler, s'avérer. *Se montrer généreux. Ses craintes se sont montrées vaines.* – Lat. *monstrare.*

montreur, euse [mõtʀœʀ, øz] n. *Montreur de:* personne dont le métier est de montrer (tel spectacle). *Montreur de marionnettes, d'animaux savants.* – De *montrer.*

montueux, ueuse [mõtɥø, ɥøz] adj. Vieilli Inégal, coupé par des collines, des hauteurs. *Pays, chemin montueux.* – Lat. *montuosus.*

monture [mõtyʀ] n. f. **1.** Animal de selle; animal que l'on utilise pour se faire porter. – Prov. *Qui veut voyager loin ménage sa monture.* **2.** Pièce qui sert à maintenir la partie principale d'un objet ou à faire tenir ensemble ses parties constitutives. *Monture d'un diamant, de lunettes. Monture de parapluie,* son armature métallique. – De *monter.*

monument [mɔnymɑ̃] n. m. **1.** Ouvrage d'architecture ou de sculpture édifié pour conserver la mémoire d'un homme illustre ou d'un grand événement. *Monument funéraire* (tombeau, mausolée, etc.). *Monument aux morts* (d'une guerre). **2.** Édifice, ouvrage considéré pour sa grandeur, sa valeur ou sa signification (religieuse, esthétique, historique, etc.). *Monuments de l'Antiquité.* **3.** Fig. Œuvre considérable par ses dimensions ou ses qualités. *Les monuments de l'art, de la littérature.* **4.** Fam. Personne, chose de vastes proportions. *C'est un monument de muscles.* – Plaisant. *Son intervention a été un monument de sottise.* – Lat. *monumentum.*

monumental, ale, aux [mɔnymɑ̃tal, o] adj. **1.** Relatif aux monuments. *Inventaire monumental.* **2.** Qui forme un monument ou qui en fait partie. *Fontaine, fresque monumentale.* **3.** Imposant (de grandeur, de proportions, etc.). *Une œuvre écrite monumentale.* **4.** Fam. Énorme en son genre. *Un orgueil monumental.* – De *monument.*

moquer [mɔke] **I.** v. tr. [1] Vieilli ou litt. *Moquer qqn* (ou *qqch*), le railler, le tourner en ridicule. **II.** v. pron. *Se moquer de.* **1.** Railler, tourner en ridicule. *Se moquer d'un ami, de ses travers.* **2.** Mépriser, braver, ne faire aucun cas de (qqn, qqch). *Se moquer du danger, du qu'en-dira-t-on.* – Fam. *Se moquer du tiers comme du quart,* de tout, de tout le monde. ▷ Traiter avec une trop grande légèreté; abuser (qqn). *Il se moque du monde.* **3.** *Absol.* Litt. Ne pas parler, ne pas agir sérieusement. *Je crois bien qu'il se moque.* – Orig. incert., p.-ê. onomat.

moquerie [mɔkʀi] n. f. **1.** Action de se moquer. *Être enclin à la moquerie.* **2.** Parole, action par laquelle on se moque. *Accabler qqn de moqueries.* – De *moquer,* sens II.

moquette [mɔkɛt] n. f. Tapis cloué ou collé qui recouvre uniformément le sol d'une pièce ou d'un appartement sur toute sa surface. ▷ Étoffe qui sert à fabriquer de tels tapis. *Tendre ses murs de moquette.* – Orig. incert.

moqueur, euse [mɔkœʀ, øz] adj. et n. **I.** adj. **1.** Qui se moque, qui est porté à la moquerie. *Esprit moqueur.* ▷ Subst. *Un moqueur impénitent.* **2.** Qui exprime ou marque de la moquerie. *Parole moqueuse. Regard moqueur.* **II.** n. m. Oiseau africain, à bec incurvé et à longue queue. ▷ Oiseau passériforme américain dont une espèce, le moqueur polyglotte, (*Mimus polyglottos*), est connue pour imiter la voix humaine. – Appos. *Merle moqueur.* – De *moquer.*

mor [mɔʀ] n. m. PEDOL Humus très acide, à minéralisation très lente, typique des forêts résineuses sur terrain siliceux. – Mot danois.

moracées [mɔʀase] n. f. pl. BOT Famille d'arbres ou d'arbustes dicotylédones apétales surtout tropicaux dont certains genres sont cultivés en Europe (mûrier, figuier). – Sing. *L'arbre à pain est une moracée.* – Du lat. *morus,* «mûrier».

morailles [mɔʀɑj] n. f. pl. TECH **1.** Tenailles servant à pincer les naseaux d'un cheval afin de le maîtriser, notam. lorsqu'on le ferre. (Rare au sing.) **2.** Tenailles de verrier. – Provenç. *moralha,* de *mor,* «museau»; du lat. pop. **murru,* «visière».

moraillon [mɔʀɑjɔ̃] n. m. TECH Pièce métallique de fermeture à charnière, avec un évidement pour le passage d'un anneau. – De l'anc. sing. de *morailles.*

moraine [mɔʀɛn] n. f. Amas de débris de natures diverses arrachés et transportés par un glacier. – Savoyard *morena,* «bourrelet de terre», d'un rad. prélatin *murr-,* «tertre».

ENCYCL On distingue divers types de moraines: les *moraines latérales* et *de fond* bordent un glacier; les *moraines médianes* résultent de la réunion de moraines latérales au confluent de deux glaciers; la *moraine frontale* se rencontre à l'extrémité inférieure du glacier. Constituées de matériaux très divers (argile à blocaux, notam.), les moraines, imperméables, favorisent, lors du retrait du glacier, la formation d'un *lac de barrage.*

morainique [mɔʀenik] adj. Qui se rapporte aux moraines. – De *moraine.*

moral, ale, aux [mɔʀal, o] adj. et n. **I.** adj. **1.** Qui concerne les mœurs, les règles de conduite en usage dans une société. *Jugement moral. Obligation morale.* ▷ Relatif au bien, au devoir, aux valeurs qui doivent régler notre conduite. *Conscience, doctrine morale.* – *Sens moral:* faculté de discerner le bien du mal en conformité avec les règles de la conduite sociale, ou avec ce qui est tenu pour bon ou édifiant. *Écrivain, livre moral.* **2.** Relatif à l'esprit, au mental (par oppos. à *physique,* à *matériel*). *Santé morale.* ▷ DR *Personne morale :* être collectif ou impersonnel auquel la loi reconnaît une partie des droits civils exercés par les citoyens. **II.** n. m. **1.** Vx Ensemble des facultés mentales. – Mod. *Au moral:* au plan intellectuel ou spirituel. **2.** Disposition d'esprit. *Avoir bon moral. Remonter le moral d'une troupe.* – Lat. *moralis,* de *mores,* «mœurs».

morale [mɔʀal] n. f. **1.** Ensemble des principes de jugement et de conduite qui s'imposent à la conscience individuelle ou collective comme fondés sur les impératifs du bien; cet ensemble érigé en doctrine. *Morale épicurienne, chrétienne.* **2.** Tout ensemble de règles, d'obligations, de valeurs. *Morale rigoureuse. Morale politique.* **3.** Leçon, admonestation à caractère moral. *Faire la morale à qqn.* **4.** Enseignement moral, conclusion morale. *La morale d'un ouvrage, d'une fable.* ▷ *Par ext.* Enseignement quelconque. *La morale de cette affaire, c'est qu'on nous a bernés.* – Fém. subst. de *moral.*

moralement [mɔʀalmɑ̃] adv. **1.** Conformément à la morale, à ses règles. *Agir moralement.* **2.** Du point de vue moral, au plan des sentiments, de l'opinion, etc. *Être moralement certain que...* ▷ *Soutenir moralement une entreprise* (par oppos. à *physiquement, matériellement*). – De *moral.*

moralisateur, trice [mɔʀalizatœʀ, tʀis] adj. et n. Souvent péjor. Qui fait la morale; qui édifie ou prétend édifier. – De *moraliser.*

moralisation [mɔʀalizasjɔ̃] n. f. Action de moraliser, de rendre moral. – De *moraliser.*

moraliser [mɔʀalize] **I.** v. tr. [1] **1.** Vx Rendre moral. *Le travail moralise l'homme.* **2.** *Moraliser qqn,* lui faire la morale, l'admonester. **II.** v. intr. Faire des réflexions morales. *Moraliser sur l'inconstance.* – De *moral.*

moralisme [mɔʀalism] n. m. **1.** Attitude ou système fondés sur la prééminence de la morale. **2.** Formalisme moral. – De *morale.*

moraliste [mɔʀalist] n. (et adj.) **1.** Philosophe qui traite de la morale. **2.** Auteur d'observations critiques sur les mœurs, la nature humaine. **3.** Personne qui aime à faire la morale. ▷ Adj. *Il est un peu trop moraliste.* – De *morale.*

moralité [mɔʀalite] n. f. **1.** Conformité aux principes, aux règles de la morale. *Moralité d'une action, d'un ouvrage.* **2.** Sens moral d'une personne, tel qu'il peut se manifester dans sa conduite. *Un homme de moralité douteuse.* **3.** Enseignement moral. *Moralité d'une fable, d'un événement.* ▷ Vx Sentence morale. *Recueil de moralités.* **4.** LITTER Pièce de théâtre, généralement allégorique et à intention moralisatrice, au Moyen Âge. *La moralité fut en faveur au XVe s.* – Bas lat. *moralitas,* «caractère, caractéristique».

morasse [mɔʀas] n. f. IMPRIM Dernière épreuve, avant l'impression, d'un journal mis en pages. – De l'ital. *moraccio,* «noiraud», de *moro,* «noir».

1. moratoire [mɔʀatwaʀ] adj. Qui accorde un délai. *Sentence moratoire. – Intérêts moratoires,* dus, par décision de justice, à compter du jour d'exigibilité d'une créance. – Lat. jur. *moratorius,* de *morari,* «retarder».

2. moratoire [mɔʀatwaʀ] n. m. Décision légale de suspendre provisoirement l'exigibilité de certaines créances. *Des moratoires.* – De *moratoire* 1.

morave [mɔʀav] adj. et n. **1.** De Moravie. **2.** HIST *Frères moraves:* membres d'une communauté hussite, fondée en Bohême v. 1450, dont l'influence s'exerça surtout en Moravie et qui se dispersa en 1620; les groupes les plus importants se trouvent auj. en Amérique du Nord; l'activité missionnaire des frères moraves a toujours été importante. – Du n. de la *Moravie,* rég. centrale de Tchécoslovaquie.

morbide [mɔʀbid] adj. **1.** MED Qui tient à la maladie, qui en est l'effet. *État morbide.* **2.** Qui provient d'un dérèglement de l'esprit, de la sensibilité, de la volonté. *Curiosité, jalousie morbide.* **3.** Qui flatte, qui indique un goût délibéré pour ce qui est jugé inquiétant, malsain, anormal. *Littérature morbide.* – Lat. *morbidus.*

morbidesse [mɔʀbidɛs] n. f. **1.** PEINT Mollesse et délicatesse dans le rendu des chairs. **2.** Litt. Grâce nonchalante, alanguie. – De l'ital.*morbidezza,* de *morbido,* «doux».

morbidité [mɔʀbidite] n. f. **1.** MED Caractère morbide. **2.** Rapport du nombre des malades au nombre des personnes saines dans une population donnée et pendant un temps déterminé. *Morbidité cancéreuse. Tables de morbidité.* – De *morbide.*

morbilleux, euse [mɔʀbijø, øz] adj. MED Relatif à la rougeole. – Du lat. médiév. *morbillus,* «éruption, rougeole», propr. «petite maladie».

morbleu! [mɔʀblø] interj. Vx Ancien juron. – Altér. de *mordieu,* euph. pour *mort de Dieu.*

morceau [mɔʀso] n. m. **1.** Partie séparée (bouchée, portion) d'un aliment solide. *Morceau de brioche.* ▷ Fam. *Manger un morceau:* prendre une collation, se restaurer rapidement. – Fig., fam. *Manger, cracher, lâcher le morceau:* passer aux aveux, dénoncer ses complices – *Enlever, emporter le morceau:* parvenir à ses fins, avoir gain de cause. ▷ Pièce de bête de boucherie ou de volaille. *Morceau de choix. Les bas morceaux.* **2.** Partie d'un corps ou d'une matière solide; partie d'un objet brisé. *Morceau de bois, d'assiette. Mettre en morceaux. – Être fait de pièces et de morceaux,* d'éléments disparates. ▷ Partie non séparée, mais distincte, d'un tout. *Morceau de ciel.* **3.** Partie, fragment d'une œuvre (d'art, de littérature, etc.). *Recueil de morceaux choisis.* ▷ Objet, ouvrage pris dans sa totalité. *Un beau morceau d'architecture.* **4.** MUS Partie distincte d'une œuvre instrumentale, d'un concert. *Cette ouverture est un morceau célèbre.* ▷ Œuvre courte; partition musicale. *Morceau de violon.* – De l'a. fr. *mors,* «morceau, morsure»; d'abord *morsel, morcel.*

morcelable [mɔʀsəlabl] adj. Qui peut être morcelé. – De *morceler.*

morceler [mɔʀsəle] v. tr. [22] Diviser en morceaux, en parties. *Morceler un héritage.* – De l'a. fr. *morcel,* «morceau».

morcellement [mɔʀsɛlmɑ̃] n. m. Action de morceler; état de ce qui est morcelé. *Morcellement des terres.* – De *morceler.*

mordache [mɔʀdaʃ] n. f. TECH Pièce en métal tendre, ou en matière plastique, que l'on adapte aux mâchoires d'un étau pour ne pas endommager l'objet à serrer. – De *mordre.*

mordacité [mɔʀdasite] n. f. Vx Causticité. *Mordacité d'un acide.* ▷ Fig., litt. *Mordacité d'une satire.* – Lat. *mordacitas.*

mordançage [mɔʀdɑ̃saʒ] n. m. TECH Opération consistant à imprégner d'un mordant une matière à teindre. – De *mordancer.*

mordancer [mɔʀdɑ̃se] v. tr. [14] TECH Imprégner d'un mordant (la matière à teindre). – De *mordant.*

mordant, ante [mɔʀdɑ̃, ɑ̃t] adj. et n. m. **I.** adj. **1.** Qui mord. – VEN *Bêtes mordantes,* qui se défendent avec les dents (ours, blaireau, etc.). **2.** *Par ext.* Corrosif. *Acide mordant.* ▷ Fig. Caustique (dans la critique, la raillerie, etc.). *Esprit, pamphlet mordant.* **II.** n. m. **1.** Agent avec lequel on corrode les surfaces métalliques. *L'eau-forte est le mordant employé en gravure.* ▷ Substance dont on imprègne une matière pour qu'elle fixe les colorants. **2.** Fig. Causticité. *Le mordant d'une satire.* ▷ Caractère incisif; vivacité, énergie. *Voix qui a du mordant. Le mordant d'une troupe,* sa qualité offensive. **3.** MUS Ornement bref faisant alterner la note principale et le ton ou demi-ton immédiatement inférieur, pour s'achever sur la principale. – Ppr. de *mordre.*

mordicus [mɔʀdikys] adv. Fam. Avec opiniâtreté, obstinément. *Soutenir mordicus une opinion.* – Mot lat., «en mordant».

mordillage [mɔʀdijaʒ] ou **mordillement** [mɔʀdijmɑ̃] n. m. Action de mordiller. – De *mordiller.*

mordiller [mɔʀdije] v. tr. [1] Mordre légèrement et à petits coups. – De *mordre.*

mordoré, ée [mɔʀdɔʀe] adj. D'un brun chaud, à reflets dorés. – De *more* (ou *maure*), et *doré.*

mordorer [mɔʀdɔʀe] v. tr. [1] Donner une couleur mordorée à. – De *mordoré.*

mordorure [mɔʀdɔʀyʀ] n. f. Couleur mordorée. – De *mordoré.*

mordre [mɔʀdʀ] **I.** v. tr. [5] **1.** Saisir, serrer, entamer avec les dents. *Mordre qqn jusqu'au sang.* ▷ Loc. fig. *Mordre la poussière :* être terrassé dans un combat; subir une défaite. – Pron. *Se mordre les doigts (d'une chose):* se repentir (de l'avoir faite). *Se mordre les lèvres,* pour s'empêcher de parler ou de rire, ou par dépit. **2.** Piquer, blesser, en parlant d'un insecte, d'un serpent, etc. *Être mordu par un insecte.* **3.** Entamer, pénétrer (en rongeant, en creusant, etc.). *Lime qui mord un métal.* – Fig. *Froid qui mord.* **4.** Avoir prise, s'engrener. *Foret, engrenage qui mord.* **II.** v. tr. indir. *Mordre à:* prendre avec les dents, la bouche. *Poisson qui mord à l'appât,* ou absol., *qui mord.* – Fig. *Mordre à l'appât, à l'hameçon:* se laisser prendre (à des propositions, à des flatteries, etc.). ▷ *Mordre à:* avoir des dispositions, du goût pour. *Mordre aux mathématiques.* **III.** v. intr. **1.** *Teinture qui mord,* qui prend, qui se fixe bien. *Étoffe qui mord,* qui prend la teinture. **2.** *Mordre dans:* enfoncer les dents dans; pénétrer, entamer. *Mordre dans du pain. Râpe qui mord dans le bois.* **3.** *Mordre sur:* attaquer en corrodant. *L'acide mord sur le métal.* **4.** Empiéter. *Les coureurs ne doivent pas mordre sur la ligne de départ.* – Lat. *mordere.*

mordu, ue [mɔʀdy] adj. et n. Fam. **1.** adj. *Il est mordu:* il est amoureux. **2.** n. Personne passionnée. *Un mordu de hockey.* – Pp. de *mordre.*

more. V. maure.

moreau, elle [mɔʀo, ɛl] adj. *Cheval moreau, jument morelle,* à la robe d'un noir luisant. – Du lat. pop. **maurellus,* «brun comme un Maure».

morelle [mɔʀɛl] n. f. BOT Plante du genre *Solanum* (fam. solanacées) dont les espèces les plus connues sont la pomme de terre (dite aussi *morelle tubéreuse*), l'aubergine *(morelle comestible)* et la morelle noire, officinale. – Lat. *maurella*, fém. de **maurellus*.

moresque. V. mauresque.

1. morfil [mɔʀfil] n. m. Petites barbes ou aspérités qui adhèrent au tranchant d'une lame fraîchement affûtée. – De *mort*, pp. de *mourir*, et *fil*.

2. morfil [mɔʀfil] ou **marfil** [maʀfil] n. m. Vx Dent d'éléphant, ivoire à l'état brut. – Esp. *marfil*, d'orig. ar.

morfondre (se) [mɔʀfɔ̃dʀ] v. pron. [5] **1.** Vx Être transi de froid. ▷ v. tr. Vx ou litt. Pénétrer de froid, transir. *La poudrerie m'a morfondu.* **2.** S'ennuyer à attendre. *Laisser qqn se morfondre.* – Du provenç. *mourre*, rad. *murr-*, «museau», et *fondre*.

morganatique [mɔʀganatik] adj. DR HIST Se dit du mariage d'un prince avec une femme de condition inférieure. *L'union morganatique exclut l'épouse et les enfants éventuels du droit aux nom, titres et prérogatives nobiliaires du mari. Épouse morganatique.* – Lat. médiév. *morganaticus*, bas lat. *morganegiba*, «don du matin (après les noces)», du frq. *morgan* (matin), et *geba* (don).

morganatiquement [mɔʀganatikmɑ̃] adv. DR Par mariage morganatique. – De *morganatique*.

morgeline [mɔʀʒəlin] n. f. Nom vulgaire de la stellaire* ou mouron* des oiseaux. – De l'ital. *morsugalline, morso di gallina*, «morsure de poule».

1. morgue [mɔʀg] n. f. Contenance hautaine et méprisante. – Déverbal de *morguer*.

2. morgue [mɔʀg] n. f. Lieu où sont déposés les cadavres non identifiés ou soumis à expertise médicolégale. ▷ Salle froide où sont déposés provisoirement les morts, dans un hôpital, une clinique. – Du préc.

morguer [mɔʀge] v. tr. [1] Vx Dévisager, traiter avec morgue. – Du lat. pop. **murricare*, «faire la moue».

moribond, onde [mɔʀibɔ̃, ɔ̃d] adj. et n. Qui est près de mourir. ▷ Subst. *Un, une moribond(e).* ▷ Fig. (Choses.) *Entreprise moribonde.* – Lat. *moribundus.*

moricaud, aude [mɔʀiko, od] adj. et n. **1.** adj. Fam. Qui a la peau très brune. ▷ Subst. *Un(e) moricaud(e).* **2.** n. Péjor. Personne de couleur. – De *more, maure.*

morigéner [mɔʀiʒene] v. tr. [16] **1.** Vx Éduquer, élever. **2.** Réprimander, tancer. – Du lat. médiév. *morigenatus*, «bien élevé», class. *morigeratus*, «complaisant, docile».

morille [mɔʀij] n. f. Champignon ascomycète discomycète comestible (genre *Morchella*), dont le chapeau alvéolé a l'aspect d'une éponge. – Du lat. pop. **mauricula*, de *maurus.*, «Maure», par allus. à la couleur brune.

morillon [mɔʀijɔ̃] n. m. **1.** Variété de raisin noir. **2.** Canard plongeur dont diverses espèces sont communes en Amérique du Nord. **3.** Émeraude brute. – De *more, maure* (Cf. moreau).

morio [mɔʀjo] n. m. ZOOL Grand papillon *(Euvanessa antiopa)* aux ailes brunes bordées de jaune. – Lat. zool., p.-ê. de *more, maure*, «brun».

1. morion [mɔʀjɔ̃] n. m. Quartz d'un noir rougeâtre. – Abrév. et francisation du lat. *mormorion.*

2. morion [mɔʀjɔ̃] n. m. Anc. Casque léger, à bords relevés en pointe, en usage surtout au XVIe s. – Esp. *morrión*, de *morra*, «sommet de la tête».

morisque [mɔʀisk] n. HIST Musulman d'Espagne converti au catholicisme sous la contrainte, au XVIe s. ▷ Adj. *Un costume morisque.* – Esp. *morisco*, du lat. *maurus* (V. maure).

mormon, one [mɔʀmɔ̃, ɔn] n. et adj. Membre d'un mouvement religieux («Église de Jésus-Christ des saints du dernier jour») fondé aux États-Unis, dont la doctrine repose sur l'Ancien Testament mêlé d'emprunts à diverses religions (partic. au judaïsme). ▷ Adj. *La foi mormone.* – De *Mormon*, nom du prophète qui aurait été à l'origine de l'ouvrage de J. Smith (V. encycl.).

ENCYCL En 1820, un jeune garçon, Joseph Smith, déclara avoir eu la révélation, par l'intermédiaire d'un messager indien, d'un livre sacré d'origine hébraïque, *le Livre de Mormon*, qu'il publia en 1830. S'inspirant de cet ouvrage ainsi que de la Bible, la secte s'organisa sous la présidence de Smith, assisté d'un «conseil des douze apôtres». Installés dans le Missouri puis dans l'Illinois, les mormons en furent chassés par les populations locales. Après le lynchage de Joseph Smith (1844), ils se fixèrent, sous la conduite de Brigham Young, dans la vallée du Grand Lac Salé dont ils commencèrent la colonisation (fondation de Salt Lake City) dans des conditions très difficiles. Pratiquant la polygamie (officiellement abolie en 1890), ils professaient l'identité de la nature humaine et de la nature divine («l'homme est ce que Dieu était. Ce que Dieu est, l'homme peut le devenir»), et le prochain avènement de Dieu. Actuellement, l'«Église de Jésus-Christ des saints du dernier jour» compte plus de 5 millions de membres et constitue l'une des communautés les plus riches des É.-U.

mormonisme [mɔʀmɔnism] n. m. Religion, doctrine des mormons. – De *mormon.*

1. morne [mɔʀn] adj. **1.** Abattu, morose; empreint d'une sombre tristesse. *Un homme, un air morne.* **2.** Qui engendre la tristesse; maussade, terne. *Pays, ciel morne. Existence morne.* – Du frq. **mornôn*, «être triste».

2. morne [mɔʀn] n. f. Anc. Anneau, bouton dont on garnissait le fer des armes de tournoi pour les rendre inoffensives. – De l'anc. v. *morner*, «émousser».

3. morne [mɔʀn] n. m. Colline ronde et isolée, dans les Antilles et dans les îles Maurice et de la Réunion. – Mot créole; altér. de l'esp. *morro*, «monticule».

morné, ée [mɔʀne] adj. Anc. Garni d'une morne ou rendu mousse. *«Si la pointe n'eût été mornée, le fer lui eût traversé le corps»* (Th. Gautier). – De *morne* 2.

mornifle [mɔʀnifl] n. f. Fam. Coup de la main sur le visage, gifle. – De l'anc. v. **mornifler*, rad. *murr-*, «museau», et a. fr. *nifler*, onomat.

1. morose [mɔʀoz] adj. Qui est d'humeur chagrine; triste, maussade. – Lat. *morosus.*

2. morose [mɔʀoz] adj. THEOL *Délectation morose:* complaisance coupable à évoquer le péché. – Du lat. théol. *morosa delectatio*, bas lat. *morosus*, «lent», de *mora*, «retard».

morosité [mɔʀozite] n. f. Caractère, tempérament morose; maussaderie. – Lat. *morositas.*

morph(o)-, -morphe, -morphique, -morphisme. Éléments, du gr. *morphê*, «forme».

morphème [mɔʀfɛm] n. m. LING **1.** Unité grammaticale de première articulation qui se combine aux lexèmes suivant les règles de la morphologie. *Le mot* [kuʀjɔ̃] (courions) *se compose du lexème* [kuʀ] (cour) *et des morphèmes* [j] (i), *marque de l'imparfait et* [ɔ̃] (ons), *marque de la personne.* **2.** Monème. *Morphème grammatical:* morphème (sens 1). *Morphème lexical:* lexème. – De *morph-*, et *(phon)ème.*

morphine [mɔʀfin] n. f. CHIM Principal alcaloïde de l'opium, antalgique puissant mais toxique à fortes doses, et qui entre dans la catégorie des stupéfiants. *Morphine-base*, non purifiée. – De *Morphée*, dieu des songes, lat. *Morpheus*, mot gr.

morphinisme [mɔʀfinism] n. m. MED Intoxication chronique par la morphine ou par ses sels (héroïne, codéine, etc.). – De *morphine.*

morphinomane [mɔʀfinoman] adj. et n. Qui s'intoxique à la morphine. – De *morphine,* et *-mane* 2.

morphinomanie [mɔʀfinomani] n. f. Toxicomanie des morphinomanes. – De *morphine,* et *-manie.*

-morphique et **-morphisme.** V. morph(o)-.

morphisme [mɔʀfism] n. m. MATH Application d'un ensemble E dans un ensemble F, E et F étant munis chacun d'une loi de composition interne. – Du gr. *morphê,* «forme».

morpho [mɔʀfo] n. m. Papillon d'Amérique du Sud, aux ailes d'un splendide bleu irisé.

morphogène [mɔʀfoʒɛn] adj. Se dit des facteurs physiques, chimiques, etc., qui interviennent dans la morphogenèse. – De *morpho-,* et *-gène.*

morphogenèse [mɔʀfoʒənɛz] ou **morphogénie** [mɔʀfoʒeni] n. f. BIOL Ensemble des processus qui déterminent la structure des tissus et des organes d'un être vivant au cours de sa croissance; leur étude. – De *morpho-,* et *-genèse, -génie.*

morphologie [mɔʀfolɔʒi] n. f. **1.** Étude de la configuration et de la structure des formes externes des êtres vivants et de leurs organes. *Morphologie animale, végétale, humaine.* **2.** Forme, conformation; aspect général. *Morphologie d'un muscle, d'un relief.* **3.** LING Étude de la formation, de la structure des mots et des variations de leurs formes. – De *morpho-,* et *-logie.*

morphologique [mɔʀfolɔʒik] adj. Didac. Relatif à la morphologie, aux formes (en biologie, géologie, etc.). – De *morphologie.*

morphologiquement [mɔʀfolɔʒikmɑ̃] adv. Didac. Relativement à la morphologie, aux formes. – De *morphologique.*

morphopsychologie [mɔʀfopsikɔlɔʒi] n. f. Étude des correspondances entre la psychologie des individus et leur aspect physique, leur morphologie. – De *morpho-,* et *psychologie.*

morpion [mɔʀpjɔ̃] n. m. **1.** Arg. Pou du pubis *(Phtirus pubis).* **2.** Pop. Enfant, gamin. **3.** Jeu qui se joue sur du papier quadrillé et qui oppose deux joueurs (quelquefois plus) dont chacun doit tenter de placer en ligne droite cinq de ses marques (croix, points, etc.). – De *mordre,* et **pion,* «fantassin».

mors [mɔʀ] n. m. **1.** Pièce métallique que l'on place dans la bouche d'un cheval, et qui, agissant comme un levier sur les barres, permet de le diriger. ▷ Loc. *Prendre le mors aux dents* (pour un cheval), le serrer entre les incisives, et rendre de la sorte son action inefficace; s'emballer. – Fig. (Personnes.) Se laisser emporter par la passion, la colère, etc.; entreprendre une tâche avec une ardeur inaccoutumée. **2.** TECH Partie de la mâchoire d'un étau qui serre l'objet à travailler (en général, pièce rapportée, cannelée en diagonale de manière à assurer une bonne prise). ▷ Mâchoire d'une pince. **3.** En reliure, tranche du carton que le relieur loge dans la gouttière (appelée aussi *mors*) pratiquée en rabattant le dos du premier et du dernier cahier d'un livre. – De *mordre.*

1. morse [mɔʀs] n. m. Grand mammifère marin des régions arctiques (genre *Odobenus*), long de 3 à 5 m, pouvant peser jusqu'à une tonne, aux canines supérieures développées en défenses. – Russe *morj,* lapon *morssa.*

2. morse [mɔʀs] n. m. TELECOM Code inventé par S. Morse, dont chaque signe est constitué de points (correspondant à des impulsions brèves) et de traits (impulsions longues). ▷ Adj. *Appareil morse,* qui utilise ce code. – Du n. de l'inventeur S. *Morse* (1791-1872).

morsure [mɔʀsyʀ] n. f. **1.** Action de mordre; marque ou plaie qui en résulte. *Une morsure de chien.* ▷ Fig. *Les morsures du froid.* **2.** Action d'une substance corrosive. *Morsure d'un acide.* – De *mors.*

1. mort [mɔʀ] n. f. **1.** Fin de la vie, cessation définitive de toutes les fonctions corporelles. *«Tous les jours vont à la mort»* (Montaigne). – *Se donner la mort:* se tuer, se suicider. *Être à la mort, à l'article de la mort,* sur le point de mourir. – *Arrêt, sentence de mort.* – Loc. adv. *À mort:* de telle sorte que la mort survient. *Être frappé à mort. Combat à mort,* qui doit se terminer par la mort de l'un des combattants. Fig. *En vouloir à mort à qqn,* lui en vouloir tellement que l'on souhaite sa mort (par exag.: lui garder une rancune extrêmement vive). *Par ext.,* fam. Beaucoup, extrêmement, très fort, à fond. *Serrer un écrou à mort.* – Interj. *À mort! Mort à!,* cris par lesquels on réclame la mort de qqn (ou par lesquels on proclame son hostilité à qqn, à qqch, cf. à bas!). *À mort les traîtres! «Et sur ce que je l'avertis que j'allais verbaliser, il me répondit en criant «mort aux vaches»* (A. France). – *À la vie (et) à la mort:* pour toujours. *Se jurer fidélité à la vie à la mort.* ▷ BIOL Cessation définitive des fonctions biologiques. *Mort d'un tissu, d'une cellule.* **2.** Ensemble des circonstances qui accompagnent la fin de la vie; ensemble des causes qui déterminent cette fin, manière de mourir. *Mourir de mort naturelle, violente. Mourir de sa belle mort,* de vieillesse et sans souffrance. **3.** Fig. Souffrance physique ou morale extrêmement vive; désarroi, désespoir. *Souffrir mille morts. Avoir la mort dans l'âme.* ▷ THEOL *Mort de l'âme:* état où l'âme tombe par le péché. – *Mort éternelle:* état des pécheurs condamnés aux peines de l'enfer. **4.** Extinction, destruction, disparition (de qqch). *C'est la mort de toutes nos espérances. L'avènement des grandes minoteries à vapeur a entraîné la mort des moulins à vent et de la meunerie traditionnelle.* **5.** DR ANC *Mort civile:* situation de certains condamnés, dont la condamnation (peine capitale, travaux forcés à perpétuité, déportation) produisait les mêmes effets juridiques que la mort physique effective (ouverture de la succession, liens de parenté, y compris le mariage, rompus, etc.). **6.** *La Mort :* personnification de la mort, souvent représentée sous l'aspect d'un squelette armé d'une faux. V. camard. – Du lat. *mors,* à l'accusatif *mortem.*

2. mort, morte [mɔʀ, mɔʀt] adj. et n. **I.** adj. **1.** Qui a cessé de vivre. *Il est mort vieux.* – (Animaux, végétaux, tissus, etc.) *Cheval mort. Bois mort. Cellule morte.* **2.** Qui semble privé de vie, qui semble être dans un état voisin de la mort. *Ivre mort. Être mort de peur, plus mort que vif,* saisi d'une frayeur paralysante. – Loc. *C'est un homme mort,* qui ne peut plus échapper à une mort prochaine. ▷ *Regard mort,* sans expression, vide. **3.** (Choses.) Sans apparence de vie, sans activité. *Ville morte. Eau morte,* stagnante. – *Langue morte,* que l'on ne parle plus. *Angle mort:* partie du champ de vision qui se trouve masquée par un obstacle. – MILIT Secteur qu'un obstacle protège et qui ne peut être battu par le feu. – MECA *Point mort:* point où un organe mécanique ne reçoit plus d'impulsion motrice. – *Spécial.* Position du levier de commande de la boîte de vitesses d'une automobile, dans laquelle aucun pignon n'est enclenché. – Fig. *L'affaire est au point mort,* elle est laissée en l'état, elle n'avance plus. – *Poids mort:* poids propre d'une machine, qui réduit son travail utile. – Fig. Se dit de qqn d'encombrant, qui est inutile de sa personne. – SPORT *Temps mort:* temps d'un arrêt de jeu. – Fig. Temps de diminution ou de cessation de l'activité, de l'intérêt, etc. **II.** n. **1.** Personne qui a cessé de vivre. *L'incendie a fait deux morts.* – *Sonnerie aux morts:* sonnerie militaire d'hommage aux soldats morts pour la patrie. ▷ Cadavre. *Enterrer un mort.* – Loc. *Faire le mort:* feindre l'immobilité d'un mort. Fig. S'abstenir de toute réaction, de toute intervention; ne pas se manifester. Fam. *La place du mort,* à côté du conducteur, dans une automobile. **2.** Personne morte mais considérée seulement comme soustraite au monde des vivants. *Culte, messe des morts.* **3.** n. m. JEU Au bridge, celui des quatre joueurs qui étale ses cartes; le jeu, étalé, de ce joueur. – Lat. pop. **mortus*, du class. *mortuus.*

mortadelle [mɔʀtadɛl] n. f. Gros saucisson d'origine italienne, fait avec du bœuf et avec du porc. – Ital. *mortadella*, du lat. *murtatum*, «farce au myrte».

mortaisage [mɔʀtɛzaʒ] n. m. TECH Action de mortaiser. – De *mortaiser.*

mortaise [mɔʀtɛz] n. f. TECH **1.** Cavité pratiquée dans une pièce pour recevoir le tenon d'une autre pièce. **2.** Ouverture de la gâche d'une serrure, où s'engage le pêne. – P.-ê. de l'ar. *murtazza*, «fixé».

mortaiser [mɔʀtɛze] v. tr. [1] TECH Faire une mortaise dans. – De *mortaise.*

mortaiseuse [mɔʀtɛzøz] n. f. TECH Machine-outil servant à faire des mortaises. – De *mortaiser.*

mortalité [mɔʀtalite] n. f. **1.** Vx Condition des êtres mortels. **2.** Ensemble des morts (d'hommes ou d'animaux) survenues dans un certain temps pour une même raison. *Mortalité du bétail.* **3.** *Taux de mortalité*, ou *mortalité :* rapport entre le nombre des décès et le nombre des individus d'une population, pour un temps et en un lieu donnés. *Mortalité infantile. Tables de mortalité.* – Lat. *mortalitas.*

mort-aux-rats [mɔʀɔʀɑ] n. f. inv. Poison destiné à la destruction des rongeurs. – De *mort* 1, et *rat.*

mort-bois [mɔʀbwɑ] n. m. SYLVIC Menu bois sans valeur ou sans usage (broussailles, ronces, etc.). *Des morts-bois.* – De *mort* 2, et *bois.*

morte-eau [mɔʀto] n. f. *Marée de morte-eau:* marée d'amplitude relativement faible, qui se produit lorsque le Soleil et la Lune sont en quadrature. *Les mortes-eaux.* – De *mort* 2, et *eau.*

mortel, elle [mɔʀtɛl] adj. et n. **1.** Sujet à la mort. *Tous les êtres humains sont mortels.* – *La dépouille mortelle de qqn*, son cadavre. ▷ Subst. Être humain. *Un heureux mortel. Le commun des mortels :* les hommes en général. **2.** Qui cause ou qui peut causer la mort. *Blessure mortelle. Danger mortel.* – *Ennemi mortel d'une personne:* ennemi qui souhaite sa mort, ennemi implacable. – *Péché mortel*, qui donne la mort à l'âme en lui ôtant la grâce sanctifiante. **3.** *Par exag.* Extrême dans son genre. *Un froid mortel. Ennui mortel.* ▷ Excessivement ennuyeux. *Attente mortelle.* – Fam. *Il est mortel, avec ses sermons.* – Lat. *mortalis.*

mortellement [mɔʀtɛlmɑ̃] adv. **1.** À mort. *Blesser mortellement.* **2.** Extrêmement. *Être mortellement inquiet. Discours mortellement ennuyeux.* – De *mortel.*

morte-saison [mɔʀt(ə)sɛzɔ̃] n. f. Période de l'année pendant laquelle l'activité économique diminue. *Des mortes-saisons.* – De *mort* 2, et *saison.*

mortier [mɔʀtje] n. m. **I.** Mélange de ciment ou de chaux, de sable et d'eau, utilisé en construction comme matériau de liaison. *Mortier gras, maigre, hydraulique.* **II. 1.** Récipient aux parois épaisses utilisé pour broyer, au moyen d'un pilon, certaines substances. **2.** Pièce d'artillerie à canon court et à tir courbe, pour les objectifs rapprochés et masqués. *Mortier d'infanterie*, portatif. **3.** Anc. Coiffure que portaient les présidents de parlements et le chancelier de France. – Mod. Toque portée par les étudiants lors de la cérémonie de remise des diplômes. – Du lat. *mortarium.*

mortifère [mɔʀtifɛʀ] Adj. Qui cause la mort. – Lat. *mortifer.*

mortification [mɔʀtifikasjɔ̃] n. f. **1.** RELIG Souffrance, privation que l'on s'inflige pour se préserver ou se purifier de tentations, de péchés. **2.** Blessure d'amour-propre, humiliation. **3.** MED Altération et destruction d'un tissu, d'un organe (par gangrène ou nécrose). **4.** CUIS Faisandage. – Lat. ecclés. *mortificatio*, «mort, destruction».

mortifier [mɔʀtifje] v. tr. [1] **1.** RELIG Soumettre à quelque mortification spirituelle ou corporelle. *Mortifier sa chair, ses passions.* ▷ v. pron. *Se mortifier en secret.* **2.** Fig. Blesser moralement, humilier. *Ce refus l'a mortifié.* **3.** MED Vx Altérer et détruire (un tissu). **4.** CUIS Faisander. – Attendrir. ▷ v. pron. *Viande qui commence à se mortifier.* – Du lat. ecclés. *mortificare*, «faire mourir, abaisser».

mortinatalité [mɔʀtinatalite] n. f. En démographie, nombre des mort-nés au sein d'une population pour une période donnée. *Taux de mortinatalité.* – Du lat. *mors, mortis*, «mort», et *natalité.*

mort-né, ée [mɔʀne] adj. et n. **1.** Mort à sa mise au monde. *Une enfant mort-née.* ▷ Subst. *Un, des mort-nés* (Inus. au f.) **2.** Fig. Qui ne voit pas le jour, qui ne reçoit même pas un début de réalisation. *Projet mort-né.* – De *mort* 2, et *né.*

mortuaire [mɔʀtɥɛʀ] adj. Relatif à un mort, à une cérémonie funèbre. *Salon* mortuaire. Couronne mortuaire.* – *Masque mortuaire:* empreinte, moulage du visage d'un défunt. – Lat. *mortuarius.*

morue [mɔʀy] n. f. **1.** Poisson (genre *Gadus*, fam. gadidés) des régions froides de l'Atlantique Nord (Terre-Neuve, Islande, Norvège), long d'un à deux mètres, au dos de couleur variable, au ventre blanc. *Morue fraîche, ou cabillaud. Huile de foie de morue.* ▷ Par métaph. *Queue de morue:* pans longs et étroits du frac. **2.** Vulg. Prostituée. – Dial. *molue*, p.-ê. du celtique *mor*, «mer» et de l'a. fr. *luz*, «brochet».

ENCYCL La morue *(Gadus morhua)*, dont la couleur varie avec le milieu, atteint 2 m. Très vorace, la morue se nourrit de petits poissons. Elle fait l'objet d'une grande pêche au chalut dans l'Atlantique N., car sa chair est estimée, fraîche ou séchée. On extrait de son foie (également comestible) une huile très riche en diverses vitamines, utilisée comme fortifiant. D'autres espèces (du Groenland, du Pacifique, etc.) sont pêchées mais beaucoup moins intensivement.

morula [mɔʀyla] n. f. EMBRYOL Petite sphère pleine, ayant l'aspect d'une mûre, constituée par les cellules (blastomères) provenant de la division de l'œuf. – Appos. *Le stade morula précède le stade blastula.* V. encycl. embryogenèse. – Lat. scientif., dimin. de *morum*, «mûre».

morutier, ière [mɔʀytje, jɛʀ] adj. et n. m. **1.** adj. Relatif à la morue. *Pêche morutière.* **2.** n. m. Pêcheur ou bateau qui fait la pêche à la morue. – De *morue.*

morve [mɔʀv] n. f. **1.** Humeur visqueuse sécrétée par les muqueuses nasales et s'écoulant par le nez. **2.** MED VET Maladie contagieuse des équidés, transmissible à l'homme. – P.-ê. var. mérid. de *gourme.*

morveux, euse [mɔʀvø, øz] adj. et n. **I. 1.** adj. Qui a la morve au nez. – Prov. *Qui se sent morveux qu'il se mouche:* que celui qui se sent visé par une critique en fasse son profit. **2.** n. Fam. Jeune enfant. ▷ Personne très jeune et sans expérience qui veut trancher de tout. *Traiter qqn de morveux.* **II.** adj. MED VET Atteint de la morve. *Cheval morveux.* – De *morve.*

1. mosaïque [mɔzaik] n. f. **1.** Ouvrage décoratif composé de petites pièces (en pierre, en verre, en émail, etc.) de différentes couleurs, assemblées et jointoyées de manière à former un pavage ou un revêtement mural; art de composer de tels ouvrages. **2.** Fig. Juxtaposition d'éléments nombreux et divers. *Mosaïque de fleurs. Mosaïque d'États.* **3.** BOT Maladie virale de certaines plantes (tabac, pomme de terre, etc.), caractérisée par des taches vert clair ou jaunes sur les feuilles. – Ital. *mosaico*, lat. médiév. *musai-*

cum, altér. de *musivum*.
ENCYCL **Art.** – L'art de la mosaïque fleurit dans l'Antiq. à l'époque hellénistique (Délos) et au temps de la domination romaine (Pompéi). On trouve à Constantinople (Ste-Sophie), à Ravenne (basiliques St-Apollinaire et St-Vital) et à Rome (basiliques chrétiennes primitives) les plus beaux spécimens de mosaïques de la période byzantine. Cet art se renouvela avec éclat au déb. du XIe s. à Venise (basilique St-Marc). Il emprunta exagérément à la peinture pendant la Renaissance, puis entra en décadence.

2. mosaïque [mɔzaik] adj. RELIG Relatif à Moïse, au mosaïsme. *Loi mosaïque.* – Lat. mod. *mosaicus*, «de Moïse».

mosaïsme [mɔzaism] n. m. RELIG Ensemble des institutions que le peuple d'Israël reçut de Moïse. – De *mosaïque* 2.

mosaïste [mɔzaist] n. ART, TECH Artiste, artisan qui compose des mosaïques. – Appos. *Maître mosaïste.* – De *mosaïque* 1.

moscoutaire [mɔskutɛʀ] n. et adj. POLIT Péjor. Communiste accusé de suivre des directives venues de Moscou. – Adj. *Le plus moscoutaire des partis communistes.* – De *Moscou*, n. de la cap. de l'U.R.S.S.

moscovite [mɔskɔvit] adj. et n. **1.** Vx De Moscovie, anc. n. de la rég. de Moscou. **2.** Mod. De Moscou. – Du n. de *Moscou*.

mosquée [mɔske] n. f. Édifice réservé au culte musulman. – De l'ar. *masdjid*, «lieu où l'on se prosterne», par l'esp. *mezquita;* d'abord *musquette*.
ENCYCL Une grande mosquée comprend traditionnellement: une vaste cour à ciel ouvert et une salle de prière couverte. Le mur de *quibla*, le long duquel les fidèles s'alignent pour prier, est désigné par une niche (le *mihrab*), qui indique la direction de La Mecque. À côté du mihrab se trouve une chaire (le *minbar*) pour le prêche du vendredi. La mosquée, parfois surmontée d'une ou de plusieurs coupoles, est flanquée d'un minaret, du haut duquel, cinq fois par jour, retentit la voix du muezzin, qui convie les fidèles à la prière. Parmi les plus belles mosquées du monde, citons celles de Kairouan (Tunisie), du Caire (Al-Azhar), de Cordoue, de Jérusalem (Al-Aksà) et d'Ispahan.

mot [mo] n. m. **1.** Son ou groupe de sons d'une langue auquel est associé un sens, et que les usagers de cette langue considèrent comme formant une unité autonome; lettre ou suite de lettres comprise entre deux espaces blancs, transcrivant un tel son ou un tel groupe de sons, en français et dans les langues de tradition graphique comparable. *Mot savant, mot courant. Épeler un mot. Chercher ses mots:* parler avec difficulté, en hésitant. *Manger ses mots*, mal les prononcer. *Ce sont des mots, ce ne sont que des mots*, des paroles creuses, qui ne veulent rien dire. *Grands mots:* mots trop solennels, qui dénotent l'emphase, l'affectation sentencieuse. *Gros mot:* mot grossier. – *Le mot de Cambronne*, euph. pour *merde* (mot que Cambronne aurait lancé au général anglais qui le sommait de se rendre, à Waterloo). – *Le mot de l'énigme:* le mot que l'on propose à deviner, dans une énigme. Fig. Ce qui éclaire une affaire demeurée longtemps mystérieuse. – *Le fin mot*, celui qui vient en dernier, et qui permet de comprendre le reste. *J'ai su le fin mot de l'affaire.* – *Jeu de mots:* équivoque plaisante jouant sur les similitudes phonétiques et les rencontres de sens, calembour. – *Mot à mot:* un mot après l'autre; littéralement, sans dégager le sens général de l'expression, de la phrase, du texte. *Traduire mot à mot..* – Subst. *Faire du mot à mot.* – *Mot pour mot:* textuellement, sans changer un seul mot. *Je lui ai répété mot pour mot ce que vous m'aviez dit.* ▷ *Mots croisés:* V. croisé, ée. ▷ INFORM *Mot-clé*, associé à un contenu et ayant une signification spécifique. ▷ LING *Mot-outil*, dont la fonction est purement grammaticale. (Ex.: *il* dans *il pleut.*) **2.** Ce que l'on dit en peu de paroles; bref énoncé, courte phrase. *Dites-lui un mot en ma faveur. Placer son mot dans la conversation. J'ai deux mots à vous dire.* ▷ Loc. *Avoir son mot à dire:* être fondé à donner son avis, ou en avoir le droit. – *Ne pas souffler mot:* se taire, demeurer silencieux. – Prov. *Qui ne dit mot consent.* – *Trancher le mot:* dire nettement ce que l'on pense. – *Avoir le dernier mot :* avoir le dessus, l'emporter dans une discussion. – *C'est mon dernier mot*, ma dernière proposition, mon ultime conclusion. – *Je n'ai pas dit mon dernier mot:* je n'ai pas renoncé à avoir le dessus (dans une affaire, une action mal engagée, etc.). – *Avoir des mots avec qqn*, une querelle. – *Au bas mot:* en évaluant au plus bas. – *Comprendre à demi-mot*, sans qu'il soit besoin de tout dire, en saisissant les allusions. *Toucher un mot d'une affaire à qqn*, lui en parler, la porter à sa connaissance. – *Prendre qqn au mot :* prendre ce qu'il dit au pied de la lettre, tenir pour assurées ses assertions, ses promesses. – *Mot d'ordre:* consigne d'action, résolution commune à un groupe. – *Mot de passe:* formule qui permet de se faire reconnaître d'un parti ami, d'une sentinelle, etc. Fig. *Se donner le mot:* se mettre d'accord, convenir par avance de qqch. – *En un mot :* en bref, pour résumer. **3.** Parole remarquable ou mémorable; sentence. *Citer un mot historique. Mot d'auteur, d'enfant.* – *Le mot de la fin:* l'expression qui conclut heureusement un discours, un entretien. ▷ Parole amusante ou spirituelle. *Mot d'esprit. Bon mot. Avoir le mot pour rire.* **4.** Courte missive, billet. *Envoyer un mot à qqn.* – Du lat. pop. *mottum*, rad. *muttire*, «souffler mot, parler».

motard [mɔtaʀ] n. m. Fam. Motocycliste. – En France, motocycliste de la police, de la gendarmerie, de l'armée. – De *moto* 1.

motel [mɔtɛl] n. m. Anglicisme Hôtel spécialement aménagé, souvent au bord des grands itinéraires routiers, pour servir de gîte d'étape aux automobilistes. – Mot anglo-amér., de *motor(car)*, «automobile», et *hotel*.

motet [mɔtɛ] n. m. MUS Chant d'église à plusieurs voix, sur des textes différents, parfois dans des langues différentes. – Pièce vocale destinée à l'église, chantée a capella et dont les paroles latines ne sont pas celles de l'office. *Motets de Josquin des Prés.* – De *mot*.

moteur, trice [mɔtœʀ, tʀis] n. et adj. **I. 1.** n. m. PHILO ANC Principe, agent premier; force qui imprime un mouvement. ▷ Cour. Personne qui dirige, inspire ou anime. *Le moteur d'une politique.* ▷ Cause, motif. *L'intérêt, moteur de nos actions.* **2.** adj. Qui produit ou communique le mouvement. *Muscles moteurs. Force, roue motrice.* ▷ Relatif aux organes du mouvement. *Troubles moteurs.* **II.** n. m. Appareil conçu pour la transformation d'une énergie quelconque en énergie mécanique. **III.** n. f. V. motrice. – Lat. *motor*, de *movere*, «mouvoir».
ENCYCL Un moteur transforme une énergie (chimique, thermique, hydraulique, électrique, etc.) en énergie mécanique, utilisable pour entraîner une machine ou un véhicule. Cette transformation ne s'effectue jamais intégralement, car une partie de l'énergie de départ se perd généralement sous forme de chaleur; le rendement est donc toujours inférieur à 1.
Moteur à vapeur. – Il utilise l'énergie de la vapeur qui, produite dans un générateur, alimente une machine à piston (anciennes locomotives à vapeur) ou une turbine (centrales électriques, propulsion des navires). Le rendement d'un moteur est d'autant plus grand que la différence de température entre la source chaude et la source froide est plus importante (principe de Carnot), il faut donc produire de la va-

peur à température très élevée et refroidir énergiquement cette vapeur en fin de cycle.

Moteur à combustion interne. – L'énergie est fournie par la combustion et la détente d'un gaz. On distingue, d'une part, *le moteur Diesel*, dans lequel le mélange combustible-comburant (gazole et air) s'enflamme spontanément sous l'effet de la température élevée que provoque la compression; d'autre part, *le moteur à explosion* utilise généralement un mélange d'essence et d'air, dans lequel l'allumage est provoqué par une étincelle. Les moteurs à explosion fonctionnent suivant un cycle à 2 ou à 4 temps. Le mouvement des pistons est alternatif ou circulaire (moteur à piston rotatif).

Moteur hydraulique. – Il transforme l'énergie hydraulique (chute d'eau, huile sous pression) en énergie mécanique. On distingue les roues hydrauliques, les turbines et les moteurs alimentés en huile sous pression (moteurs à engrenages, à palettes ou à pistons).

Moteur électrique. – Il transforme l'énergie électrique en énergie mécanique. Il est formé d'une partie fixe (stator) et d'une partie mobile (rotor). Les forces qui produisent le mouvement résultent de l'action d'un champ magnétique (produit par un aimant ou un électroaimant) sur un conducteur que parcourt un courant. On distingue les moteurs à courant continu et à courant alternatif. Un *moteur à courant continu* est réversible: il peut être utilisé comme générateur d'électricité ou comme moteur. Il comprend un circuit inducteur fixe (produisant le champ magnétique) et un induit mobile constitué de tôles supportant les enroulements du bobinage. La vitesse est sensiblement proportionnelle à la tension appliquée à l'induit. Un moteur à courant continu est d'un emploi plus souple qu'un moteur à courant alternatif. Les *moteurs à courant alternatif* sont généralement à champ tournant. Les moteurs synchrones tournent à vitesse constante (vitesse de synchronisme), par oppos. aux moteurs asynchrones, où la vitesse du rotor est toujours inférieure à la vitesse de synchronisme. *Le moteur linéaire* dérive du moteur asynchrone; l'inducteur, au lieu d'être circulaire, comporte deux éléments parallèles sur lesquels sont disposés des enroulements décalés l'un par rapport à l'autre. Dans l'utilisation en traction, l'inducteur est solidaire du véhicule et l'induit est un rail conducteur fixe.

Moteur à réaction. – Il tire sa force motrice de l'éjection d'un fluide (le plus souvent les gaz résultant d'une combustion). C'est la modification de la quantité de mouvement de ce fluide qui produit la force motrice (et non la réaction du fluide à l'air). On distingue: les *pulsoréacteurs*, constitués d'un tube muni de clapets; les *statoréacteurs*, constitués d'une chambre de combustion et d'une tuyère; les *turboréacteurs* dans lesquels l'air de combustion est comprimé dans un compresseur avant d'être introduit dans la chambre de combustion et où le compresseur est entraîné par une turbine, mise en rotation par les gaz de combustion; les *turbopropulseurs* dans lesquels une partie de l'énergie empruntée par la turbine aux gaz de combustion sert à entraîner une hélice.

Moteur-fusée. – Les moteurs-fusées sont des moteurs à réaction capables de fonctionner en dehors de l'atmosphère. Les moteurs-fusées à *propulsion chimique* utilisent des propergols solides (le combustible et le comburant sont contenus dans des blocs de poudre), des propergols liquides (oxygène et hydrogène liquides, par ex.) ou des lithergols (combustible solide et comburant liquide).

Moteur à plasma et moteur ionique. – Un *moteur à plasma* comprend un générateur de plasma (hydrogène, vapeur de lithium) et un dispositif qui accélère le jet de plasma (par détente ou par action d'un champ électromagnétique). Un *moteur ionique* tire son énergie motrice de l'éjection d'un faisceau d'ions accélérés par un puissant champ électrique. L'énergie électrique nécessaire aux moteurs à plasma et aux moteurs ioniques est fournie par des piles à combustible ou par un réacteur nucléaire. Ces moteurs fournissent de faibles poussées, généralement utilisées pour modifier la trajectoire des engins spatiaux.

motif [mɔtif] n. m. **1.** Raison qui détermine ou explique un acte, une conduite. *Les motifs d'un refus. Se tourmenter sans motif,* sans raison. ▷ DR *Motifs d'un jugement,* exposé des raisons de droit et de fait qui le justifient. **2.** Sujet d'un tableau. *Travailler sur le motif,* d'après nature. **3.** Dessin, ornement répété. *Motifs décoratifs d'une tenture murale. Motif d'architecture.* ▷ MUS Partie délimitée d'une ligne mélodique, dont l'articulation est caractéristique. – Bas lat. *motivus,* «mobile»; par l'anc. adj. *motif,* «qui met en mouvement».

motilité [mɔtilite] n. f. Didac. Faculté de se mouvoir. *Motilité musculaire.* – Du lat. *motum,* supin de *movere,* «mouvoir».

motion [mɔsjɔ̃] n. f. Proposition faite dans une assemblée délibérante par un ou plusieurs de ses membres. *Rejeter une motion. Motion de censure:* motion proposée au vote de l'Assemblée nationale pour mettre en cause l'action du gouvernement et le contraindre à démissionner. – Angl. *motion.*

motivant, ante [mɔtivɑ̃, ɑ̃t] adj. **1.** Rare Qui motive (sens 1), qui justifie, explique. *Les arguments motivants étaient...* **2.** Qui motive (sens 3), qui fournit une motivation à une conduite. – Ppr. de *motiver.*

motivation [mɔtivasjɔ̃] n. f. **1.** PHILO Relation d'un acte à ses motifs. **2.** PSYCHO Ensemble des facteurs conscients ou inconscients qui déterminent un acte, une conduite. **3** ECON Ensemble des facteurs déterminant le comportement d'un individu en tant qu'agent économique (plus partic., en tant que consommateur). *Étude de motivation.* **4.** LING Relation entre la forme d'un signe et sa fonction. – De *motiver.*

motivé, ée [mɔtive] adj. Soutenu, stimulé par une motivation. *Concurrent motivé.* – Pp. de *motiver.*

motiver [mɔtive] v. tr. [1] **1.** Expliquer, justifier par des motifs. *Motiver un arrêt, un choix.* **2.** Servir de motif à, être le motif de. *Nécessité qui motive une démarche.* **3.** Fournir une motivation à (qqn), déterminer ses actes, sa conduite. *C'est surtout l'intérêt financier qui le motive.* – De *motif.*

moto-. Élément, tiré de *moteur* (n. m.).

1. moto [mɔto] n. f. Cour. Motocyclette. – Abrév. de *motocyclette.*

2. moto [moto] n. m. MUS *Con moto:* d'une manière animée. – Mot ital., propr. «mouvement».

motociste [mɔtosist] n. COMM Spécialiste de la vente et de la réparation des motocycles. – De *moto* 1.

motocross [mɔtokʀɔs] n. m. Course de moto sur parcours naturel fortement accidenté. – De *moto(cyclette),* et *cross-(country).*

motoculture [mɔtokyltyʀ] n. f. Utilisation dans l'agriculture de machines mues par des moteurs. – De *moto-,* et *culture.*

motoculteur [mɔtokyltœʀ] n. m. Appareil automoteur conduit à la main, pour les petits travaux agricoles, la viticulture, etc. – De *motoculture.*

motocycle [motosikl] n. m. Tout engin à deux roues équipé d'un moteur. – De *moto-,* et *cycle* 2.

motocyclette [motosiklɛt] n. f. Motocycle équipé d'un moteur d'une cylindrée supérieure à 125 cm³. Syn. cour. moto. – Du préc., d'ap. *bicyclette.*

motocyclisme [motosiklism] n. m. **1.** Pratique de la motocyclette. **2.** Ensemble des activités sportives pratiquées sur motocyclette. – De *motocycliste.*

motocycliste [motosiklist] n. et adj. **1.** n. Personne qui monte une motocyclette. **2.** adj. Relatif au motocyclisme. *Sport motocycliste.* – De *motocyclette,* d'ap. *cycliste.*

motonautique [mɔtonotik] adj. SPORT Relatif au motonautisme. – De *motonautisme.*

motonautisme [motonotism] n. m. Pratique sportive de la navigation sur de petits bateaux à moteur. – De *moto-,* et *nautisme.*

motoneige [mɔtɔnɛʒ] n. f. **1.** Petit véhicule sur chenille pour se déplacer sur la neige, muni d'un guidon et de skis à l'avant et qu'on enfourche comme une moto. «Déjà les rivières gelées deviennent des routes pour les motoneiges. Les hommes du pays ont inventé ces bruits pour peupler leur hiver sec.» (Jacques Garneau, *La mornifle,* 1976.) Rem. Souvent orthogr. moto-neige. **2.** Pratique, sport de la motoneige. *Faire de la motoneige.* – De *moto,* et *neige.*

motoneigiste [mɔtɔnɛʒist] n. Personne qui fait de la motoneige. – De *motoneige.*

motopompe [motopɔ̃p] n. f. Pompe entraînée par un moteur. – *Par ext.* Véhicule automobile équipé d'une motopompe, destiné à la lutte contre les incendies. – De *moto-,* et *pompe.*

motorisation [mɔtɔʀizasjɔ̃] n. f. Action de motoriser; son résultat. – De *motoriser.*

motoriser [mɔtɔʀize] v. tr. [1] **1.** Rare Doter d'un moteur. **2.** Cour. Doter de véhicules, de machines automobiles. – Au pp. *Troupes motorisées,* dotées de moyens de transport automobiles. **3.** Fam. *Être motorisé :* avoir à sa disposition une automobile, une motocyclette, etc. *Je suis motorisé, je vous raccompagnerai.* – De *moteur.*

motoriste [mɔtɔʀist] n. TECH **1.** Mécanicien spécialisé dans l'entretien et la réparation des automobiles et des moteurs. **2.** Constructeur de moteurs (d'avion, en partic.). – De *moteur.*

mototracteur [mɔtɔtʀaktœʀ] n. m. AGRIC Tracteur automobile équipé d'outils pour la culture. – De *moto-,* et *tracteur.*

motrice [mɔtʀis] n. f. Voiture munie d'un moteur, destinée à la traction des rames, des convois. *Motrice d'un autorail.* – Abrév. de *locomotrice.*

motricité [mɔtʀisite] n. f. PHYSIOL Ensemble des fonctions permettant le mouvement. *Motricité volontaire.* ▷ Faculté motrice liée à l'activité d'un système musculaire. *La motricité gastrique est involontaire.* – De *moteur, motrice.*

mots-croisiste [mokʀwazist] n. Rare Cruciverbiste. – De *mots croisés;* V. croisé.

motte [mɔt] n. f. **1.** Petite masse de terre compacte. *Briser à la herse les mottes d'un champ.* ▷ *Motte de neige:* boule de neige. *Les enfants se lancent des mottes de neige.* **2.** Vieilli Motte de beurre: masse de beurre pour la vente au détail. *Crémier qui vend du beurre en motte.* – Du préroman **mutt,* «levée de terre».

motter (se) [mɔte] v. pron. [11] CHASSE En parlant d'un animal, se cacher derrière les mottes de terre. – Du préc.

motteux [mɔtø] n. m. Oiseau passériforme, traquet *(Œnanthe œnanthe)* à croupion blanc, dit aussi *culblanc.* – De *motte* (parce qu'il s'y pose fréquemment).

motu proprio [mɔtypʀɔpʀio] loc. adv. et n. m. inv. **1.** loc. adv. Rare Spontanément, sans en être prié. **2.** n. m. inv. Acte envoyé par le pape de sa propre initiative (à la différence du *rescrit**). – Loc. du lat. ecclés., «de son propre mouvement».

motus! [mɔtys] interj. Fam. Interjection invitant qqn à garder le silence. *Maintenant vous êtes au courant, mais motus et bouche cousue!* – Latinisation plaisante de *mot.*

1. mou [mu] ou **mol** [mɔl] devant une voyelle ou un *h* muet, **molle** [mɔl] adj., n. et adv. **I.** adj. **1.** Qui cède facilement au toucher, qui s'enfonce à la pression (par oppos. à *dur, ferme*). *Fromage mou, oreiller mou.* **2.** Qui plie facilement, qui manque de rigidité. *Tige molle. – Chapeau mou.* **3.** Fig. Qui manque d'énergie, de résolution, de vigueur morale. *Caractère mou. Personne trop molle dans ses choix. N'adresser à qqn qu'un mol avertissement.* **4.** Qui manque de vigueur (dans le style, l'exécution). *Le jeu du violoniste était trop mou. Dessin au trait mou.* **5.** *Le temps, l'air est mou,* chaud, humide et lourd. **6.** Vieilli Qui cause ou dénote la mollesse de l'âme. *La molle oisiveté.* **7.** MAR *Bateau mou,* qui a tendance à abattre (sens III). **II.** n. m. **1.** Homme qui manque de fermeté, de caractère. *Un mou.* **2.** Ce qui est mou. **3.** *Donner, reprendre du mou à un cordage:* le détendre, le retendre. **III.** adv. Pop. Doucement. *Y aller mou.* – Du lat. *mollis,* «souple, doux, touchant».

2. mou [mu] n. m. **1.** Poumon de certains animaux de boucherie. *Mou de veau.* **2.** Pop. *Bourrer le mou à qqn,* lui bourrer le crâne, le tromper, lui en faire accroire. – Du préc.

moucharabieh [muʃaʀabjɛ] n. m. ARCHI Balcon protégé par un grillage en bois pour voir dehors sans être vu, dans les pays arabes; ce grillage lui-même. – Ar. *machrabiyya.*

mouchard, arde [muʃaʀ, aʀd] n. **1.** Péjor. Indicateur, espion. – Dénonciateur. **2.** n. m. Nom de certains appareils de contrôle et de surveillance (tachygraphe, notam.). – De *mouche* (sens III, 2).

mouchardage [muʃaʀdaʒ] n. m. Fam. Action de moucharder. – De *moucharder.*

moucharder [muʃaʀde] v. tr. [1] Fam. Espionner et rapporter ce que l'on a vu, entendu. – De *mouchard.*

mouche [muʃ] n. f. **I. 1.** Insecte de l'ordre des diptères, dont les espèces sont très nombreuses; spécial., insecte de la fam. des muscidés dont l'espèce la plus commune est la mouche domestique *(Musca domestica). Mouches qui volent autour d'un plat. Les mouches sont les agents vecteurs de diverses maladies.* ▷ (Insectes volants d'ordres divers.) *Mouche à miel:* abeille. *Mouche à feu:* luciole. *Mouche noire:* moustique partic. fréquent dans le Grand Nord, dont la piqûre est plus douloureuse que celle du maringouin. **2.** loc. *On aurait entendu une mouche voler:* il régnait un silence absolu. – Prov. *On ne prend pas les mouches avec du vinaigre:* on ne rallie pas les gens à soi avec des procédés désagréables. ▷ Fam. *Mourir, tomber comme des mouches,* en grand nombre. – *Il ne ferait pas de mal à une mouche:* il n'est absolument pas violent; il est inoffensif. – *La mouche du coche:* personne qui s'agite beaucoup, qui agit avec un empressement bruyant et importun, sans rendre service efficacement (par allus. à la fable de La Fontaine, *le Coche et la Mouche*). – *Quelle mouche le pique?* Pourquoi s'emporte-t-il si brusquement? – *Prendre la mouche:* se vexer. – *Pattes de mouches:* écriture dont le caractère menu et mal formé est difficilement lisible. **3.** *Mouche (artificielle):* assemblage de petites plumes pour servir d'appât, que l'on fixe au bout d'un hameçon. *Pêche* (au lancer) *à la mouche.* **II. 1.** Petite rondelle de taffetas noir que les dames se mettaient sur la peau pour en faire valoir la blancheur. **2.** *Mouches volantes:* petites taches sombres ou brillantes se déplaçant dans le champ visuel. **3.** SPORT Petite boule de protection que l'on fixe à la pointe d'un fleuret. – *Poids mouche,* en boxe, catégorie d'athlètes ne dépassant pas 51 kg. *Poids mi-mouche,* moins de 49 kg. *Poids super-mouche,* juste au dessous de la catégorie des *poids coq.* **4.** Point noir marquant le centre d'une cible. – *Faire mouche:* atteindre le centre d'une cible. Fig. Toucher juste. *Sa répartie a fait mouche.* **5.** Petite touffe de barbe qu'on laisse pousser juste en-dessous de la lèvre inférieure. **III. 1.** MAR ANC. Navire léger servant d'estafette. ▷ *Mouche* (vx), *bateau-mouche* (mod.): sur la Seine, à Paris, bateau de promenade. **2.** Vx Espion. ▷ Mod. *Fine mouche:* personne fine et rusée. – Du lat. *musca.*

moucher [muʃe] v. tr. [1] **1.** Débarrasser (le nez) des mucosités qui l'encombrent en expirant fortement tout en pressant les narines. *Mouche ton nez.* – *Moucher un enfant.* ▷ v. pron. *Se moucher bruyamment.* **2.** Rejeter par le nez. *Moucher du sang.* **3.** Fig., fam. *Moucher qqn,* le remettre à sa place; le réprimander vertement. **4.** *Moucher une chandelle :* couper l'extrémité carbonisée de sa mèche ou l'éteindre avec ses doigts. – Du lat. pop. **muccare,* de *muc(c)us,* «morve».

1. moucheron [muʃʀõ] n. m. Nom courant des petits insectes volants. – De *mouche.*

2. moucheron [muʃʀõ] n. m. Vx Extrémité déjà brûlée d'une chandelle. – De *moucher.*

moucheronner [muʃʀɔne] v. intr. [1] Se dit des poissons qui viennent saisir des insectes à la surface de l'eau. – De *moucheron* 1.

moucheté, ée [muʃte] adj. **1.** Marqué de mouchetures ou de taches de couleurs différentes. *Soie mouchetée.* – *Pelage moucheté d'un animal.* **2.** Garni d'une mouche (fleuret, sabre). – Pp. de *moucheter.*

moucheter [muʃte] v. tr. [23] **1.** Marquer de petites taches d'une autre couleur que le fond. **2.** SPORT Garnir (un fleuret) d'une mouche. – De *mouche.*

mouchetis [muʃti] n. m. CONSTR Crépi projeté sur un mur extérieur et qui présente de petites aspérités. – Du préc.

mouchette [muʃɛt] n. f. **I.** ARCHI **1.** Partie saillante du larmier d'une corniche. **2.** Découpure en ellipse dans le fenêtrage du gothique flamboyant. **II.** n. f. pl. Anc. Ciseaux pour moucher les chandelles. – De *moucher.*

moucheture [muʃtyʀ] n. f. **1.** Petite tache d'une autre couleur que le fond. *Moucheture d'hermine:* petit morceau de fourrure noire qu'on met dans l'hermine. **2.** Tache naturelle du pelage, de la peau, ou du plumage de certains animaux. – De *moucheter.*

mouchoir [muʃwaʀ] n. m. **1.** Linge de forme carrée qui sert à se moucher. – *Mouchoir en papier* (ouate de cellulose), que l'on jette après usage. – *Faire un nœud à son mouchoir* (pour se rappeler qqch). *Agiter son mouchoir* (en signe d'adieu). ▷ *Terrain grand comme un mouchoir de poche,* très petit. – SPORT *Arriver dans un mouchoir,* avec une très petite avance. Par ext. *La bataille électorale va se jouer dans un mouchoir.* **2.** Vieilli Fichu dont les femmes se couvrent la tête, le cou. – De *moucher.*

mouchure [muʃyʀ] n. f. Mucosité nasale que l'on extrait en se mouchant. – De *moucher.*

moudjāhid, hidīn ou **hidīns** [mudʒaid, idin] n. m. Combattant musulman engagé pour défendre ou faire triompher l'islām. ▷ Combattant pour l'indépendance, dans les pays musulmans occupés par des forces coloniales ou étrangères. *Les moudjahidīn algériens* (de 1954 à 1962). *Les moudjahidīn afghans* (depuis 1979). – Mot ar., de *djihād,* «guerre sainte».

moudre [mudʀ] v. tr. [69] **1.** Broyer, réduire en poudre (des grains) avec une meule ou un moulin. *Moudre du café.* **2.** Vx *Moudre un air:* le jouer sur un instrument pourvu d'une manivelle (vielle, orgue de Barbarie, etc.). – Jouer (un air), dire (un texte), mécaniquement. **3.** *Par anal.* Rare Rouer (qqn) de coups. – Du lat. *molere,* de *mola,* «meule».

moue [mu] n. f. Grimace faite en rapprochant, en avançant les lèvres et qui manifeste le mécontentement. *Moue de dédain, de mépris, de dépit.* – *Faire la moue:* prendre, avoir un air mécontent. – Frq. **mauwa,* p.-ê. onomat.

mouette [mwɛt] n. f. Oiseau marin (fam. laridés) voisin du goéland mais plus petit. *Mouette de Bonaparte (Larus philadelphia),* espèce commune à l'intérieur des terres, sur les côtes et les grands lacs. *Mouette tridactyle (Rissa tridactyla),* dépourvue de pouce, aux ailes cendrées, qui niche en colonie sur les falaises abruptes. – Dimin. de l'a. fr. *maoue, mauve,* anglo-saxon *maew.*

moufeter. V. moufter.

mouffette [mufɛt] n. f. Mammifère carnivore (fam. mustélidés), de la taille d'un chat, à museau pointu, à pelage noir et blanc, qui a la faculté de projeter la sécrétion malodorante de ses glandes anales lorsqu'il est attaqué. *Odeur de mouffette.* Syn. (fam.) bête puante. Rem. Var. orthogr. (rare): *moufette.* – De *mofette.*

1. moufle [mufl] n. f. **1.** (France) Gros gant ne comportant pas de séparations pour les doigts, excepté pour le pouce. Rem. Usage limité à la langue publicitaire au Québec. V. mitaine. **2.** n. m. ou f. TECH Assemblage de poulies dans une même chape, destiné à soulever de lourdes charges avec un moindre effort. – Du lat. médiév. *muffula,* du germ. *muffel,* «museau».

2. moufle [mufl] n. m. **1.** CHIM Vase de terre dont on se sert pour exposer un corps à l'action du feu sans que la flamme le touche. **2.** TECH Four à porcelaine. – De *moufle* 1.

mouflet, ette [muflɛ, ɛt] n. Fam. Jeune enfant. – De l'a. fr. et dial. *mo(u)flet, mouflart, moufflu,* «rebondi, dodu».

mouflon [muflõ] n. m. Ovin sauvage des montagnes dont le mâle porte des cornes recourbées en volutes. *On compte deux espèces de mouflon en Amérique du Nord: le mouflon d'Amérique (Ovis canadensis), à cornes massives, et le mouflon de Dall (Ovis dalli), à cornes élancées.* – Ital. dial. *muflone,* du bas lat. *mufro.*

moufter ou **moufeter** [mufte] v. intr. [1] Fam. Protester. (Utilisé surtout à l'inf., à l'imparf. et aux temps composés.). – P.-ê. de *mouflet.*

mouillage [mujaʒ] n. m. **1.** Action de mouiller (qqch). **2.** Action d'ajouter frauduleusement de l'eau à une boisson. **3.** MAR Action de mettre à l'eau. *Mouillage des mines.* – *Spécial.* Action de mouiller l'ancre. *Manœuvres de mouillage.* **4.** Endroit où un navire mouille. *Chercher un mouillage sûr.* – De *mouiller.*

mouillant, ante [mujɑ̃, ɑ̃t] adj. et n. m. TECH Se dit de produits qui, abaissant la tension superficielle d'un liquide, permettent à celui-ci de mieux imprégner une surface, de s'y étaler plus uniformément. *Passer des photos dans un bain mouillant avant séchage* (pour éviter la formation de traînées). – Ppr. de *mouiller.*

mouille [muj] n. f. MAR Avarie causée par l'eau à une cargaison. – Déverbal de *mouiller.*

mouillé, ée [muje] adj. **1.** Rendu humide; trempé. *Linge mouillé.* **2.** Plein de larmes. *Yeux mouillés.* – Par ext. *Voix mouillée,* pleine d'émotion. **3.** PHON *Consonne mouillée,* articulée avec le son [j]. *Le n mouillé de panier* [nj]. – Pp. de *mouiller.*

mouillement [mujmɑ̃] n. m. Rare Action de mouiller. ▷ PHON Mouillure. – De *mouiller.*

mouiller [muje] v. tr. [1] **1.** Tremper, rendre humide. *Mouiller une éponge. La pluie a tout mouillé.* ▷ v. pron. *Il n'a pas envie de se mouiller sous l'orage.* **2.** Étendre d'eau. *Mouiller du lait.* ▷ CUIS Ajouter un liquide (eau, vin, etc.) à un mets pendant la cuisson pour faire une sauce. *Mouiller un ragoût.* ▷ Fig., fam. *Mouiller ça:* boire à l'occasion d'une fête, d'une promotion, etc. *Il faut mouiller ça!* **3.** MAR Mettre à l'eau.

Mouiller des mines. – *Mouiller l'ancre* ou, sans comp., *mouiller:* laisser tomber l'ancre de manière qu'elle morde le fond et retienne le navire. *Navire qui mouille près de la côte.* **4.** Fig., fam. Compromettre, impliquer (qqn). *Mouiller qqn dans un scandale.* ▷ v. pron. Se compromettre, prendre des risques. *Il n'a pas hésité à se mouiller pour eux dans cette affaire.* **5.** PHON *Mouiller une consonne,* la prononcer en y adjoignant le son [j]. **6.** v. impers. Fam. Pleuvoir. *Mouiller à boire debout, à verse, à siaux,* abondamment. «Il a mouillé à siaux le jour de l'Ascension, on en a pour quarante jours.» (Ringuet, *Trente arpents,* 1938.) – Du lat. pop. **molliare,* «amollir le pain en le mouillant», de *mollis,* «mou».

mouillère. V. mollière.

mouillette [mujɛt] n. f. Fam. Morceau de pain long et mince, que l'on trempe dans les œufs à la coque, dans du vin, etc. – De *mouiller.*

mouilleur [mujœʀ] n. m. **1.** Instrument pour humecter le dos des étiquettes, des timbres, etc. **2.** MAR Dispositif destiné à libérer l'ancre et la chaîne au moment du mouillage. **3.** MAR *Mouilleur de mines:* bâtiment spécialement équipé pour mouiller des mines. – De *mouiller.*

mouilloir [mujwaʀ] n. m. Récipient servant à mouiller, à humecter (du linge avant le repassage, notam.). – De *mouiller.*

mouillure [mujyʀ] n. f. **1.** Action de mouiller. – État de ce qui est mouillé. **2.** *Une mouillure:* une tache d'humidité. **3.** PHON Caractère d'une consonne mouillée. – De *mouiller.*

mouise [mwiz] n. f. Pop. Misère. *Être dans la mouise.* – De l'all. dial. du Sud *Mues,* «bouillie».

moujik [muʒik] n. m. Paysan russe. – Mot russe, «paysan».

moukère ou **mouquère** [mukɛʀ] n. f. Arg. Femme. – Mot de sabir algérien, de l'esp. *mujer,* «femme».

1. moulage [mulaʒ] n. m. **1.** Rare Action de moudre. **2.** DR FEOD *Droit de moulage:* droit payé au seigneur propriétaire du moulin banal*. – De *moudre.*

2. moulage [mulaʒ] n. m. **1.** Action de mouler. *Pièce obtenue par moulage.* **2.** *Objet obtenu par moulage* et spécial., reproduction d'une œuvre sculptée. *Cette statuette est un moulage. Exposition de moulages.* – De *mouler.*

moulant, ante [mulɑ̃, ɑ̃t] adj. Qui moule le corps. *Une jupe moulante.* – Ppr. de *mouler.*

1. moule [mul] n. m. **1.** Corps solide creux et façonné, destiné à recevoir une matière pâteuse plus ou moins fluide pour lui donner une forme qu'elle conservera en se solidifiant. *Verser, couler du plâtre, du métal en fusion, dans un moule.* – CUIS *Moule à gaufre, à tarte.* **2.** Pièce pleine sur laquelle on applique une matière malléable pour lui donner une forme. **3.** Fig. Type, modèle qui imprime sa marque (sur le caractère, le comportement, etc.). *Homme d'affaires formé au moule* (ou *dans le moule*) *des écoles américaines.* **4.** loc. *Être fait au moule,* parfaitement fait. – Du lat. *modulus,* «mesure, module», dimin. de *modus.*

2. moule [mul] n. f. **1.** Mollusque lamellibranche marin (fam. mytilidés), comestible, pourvu d'une coquille à deux valves oblongues articulées, qui vit en colonies, fixé par son byssus aux corps immergés (rochers, pieux, etc.), dans la zone de balancement des marées. – *Moule d'étang:* anodonte*. *Moule de rivière:* mulette*. **2.** Fam. Personne molle, sans énergie ni caractère; imbécile. *Quelle moule!* – Du lat. *musculus,* «moule», dimin. de *mus,* «rat»; propr. «petite souris».

moulé, ée [mule] adj. **1.** Obtenu, reproduit par moulage. *Frise moulée.* – METALL *Acier moulé,* mis en forme dans un moule (par oppos. à *forgé, laminé*). – *Pain moulé,* cuit dans un moule. *Baguette moulée.* **2.** Serré; dont la forme est dessinée (par un vêtement ajusté). *Corps moulé dans un maillot.* – *Lettre moulée,* imprimée ou imitant l'imprimé. *Écriture moulée,* bien formée. – Pp. de *mouler.*

mouler [mule] v. tr. [1] **1.** Fabriquer, mettre en forme, reproduire au moyen d'un moule. *Mouler une médaille.* **2.** Prendre une empreinte pour qu'elle puisse servir de moule. *Mouler un bas-relief.* **3.** Fig. *Mouler sur :* faire coïncider avec, ajuster à. **4.** Épouser la forme de. *Robe qui moule le corps.* – De *moule* 1.

mouleur, euse [mulœʀ, øz] n. TECH Ouvrier, ouvrière qui exécute des moulages (partic. d'ouvrages sculptés). – Du préc.

moulière [muljɛʀ] n. f. Zone naturelle où se développent les moules. – Installation, parc où l'on pratique l'élevage des moules. – De *moule* 2.

moulin [mulɛ̃] n. m. **1.** Machine à moudre les céréales. *Moulin à vent, à eau.* – Établissement où est installé un moulin. ▷ Loc. fig. *Entrer quelque part comme dans un moulin :* très facilement, comme on veut. – *Faire venir l'eau au moulin:* procurer à soi ou aux siens avantages et profits. – *Apporter de l'eau au moulin de qqn:* apporter des arguments à l'appui de ce qu'il dit. – Prov. *On ne peut être à la fois au four et au moulin:* on ne peut pas faire deux choses à la fois, être à deux endroits en même temps. – *Se battre contre des moulins à vent,* contre des adversaires imaginaires que l'on s'est créés (par allus. à un épisode du *Don Quichotte* de Cervantès). **2.** Machine servant à écraser des graines, à les broyer pour en extraire un suc, etc. *Moulin à huile.* ▷ Petit appareil ménager pour broyer. *Moulin à poivre, à café. Moulin à légumes.* **3.** Fam. Moteur (de voiture, d'avion). *Faire tourner son moulin.* **4.** *Moulin à prière :* instrument sacré des bouddhistes tibétains, composé d'un cylindre creux qui renferme une formule sacrée inscrite sur une bande d'étoffe ou de papier et qui tourne autour d'un axe (chaque tour qu'on fait faire au cylindre équivaut à une prière). **5.** Fam. *Moulin à paroles:* personne très bavarde. – Du bas lat. *molinum,* de *mola,* «meule».

moulinage [mulinaʒ] n. m. **1.** TEXT Opération consistant à tordre ensemble les fils de soie grège tirés des cocons et, *par ext.,* d'autres fibres textiles. **2.** Action de presser au moulin à légumes. – De *mouliner.*

mouliner [muline] v. tr. [1] **1.** TEXT Procéder au moulinage de la soie et, *par ext.,* d'autres fibres textiles. **2.** Presser au moulin à légumes. – De *moulin.*

moulinet [mulinɛ] n. m. **I. 1.** Petit tambour commandé par une manivelle, placé sur une canne à pêche et sur lequel est enroulée la ligne. **2.** Objet, appareil fonctionnant par un mouvement de rotation. **II.** Mouvement de rotation d'une canne, d'une épée, etc., que l'on fait tournoyer. *Faire des moulinets avec un bâton.* – Par ext. *Faire des moulinets avec les bras.* – Dimin. de *moulin.*

moulinette [mulinɛt] n. f. Petit moulin à légumes. *Passer du persil à la moulinette.* – Nom déposé. Du préc.

moulineur, euse [mulinœʀ, øz] ou **moulinier, ière** [mulinje, jɛʀ] n. TECH Ouvrier, ouvrière qui mouline la soie ou d'autres fibres textiles. – De *mouliner.*

moult [mult] adv. Vx ou litt. Beaucoup, très. – Lat. *multum,* «beaucoup».

moulu, ue [muly] adj. **1.** Broyé, réduit en poudre. *Café moulu.* **2.** Meurtri de coups; brisé de fatigue. *Moulu de fatigue.* – Pp. de *moudre.*

moulure [mulyʀ] n. f. **1.** Ornement allongé d'architecture, creux ou saillant. *Moulures décorant un pla-*

fond. Entablement orné de moulures. – *Par anal.* Ornement taillé ou rapporté, en ébénisterie. **2.** *Moulure électrique:* baguette creusée de rainures destinées à recevoir des fils électriques. – De *mouler.*

moulurer [mulyʀe] v. tr. [1] Orner de moulures. – Au pp. *Plafond mouluré.* – Du préc.

moumoute [mumut] n. f. **1.** Fam. Coiffure postiche, perruque. **2.** Fam. Veste en peau de mouton, en fourrure. – Formé sur *moutonne,* «coiffure de femme aux cheveux frisés ramenés en touffe sur le front» évoquant la toison du mouton.

mouquère. V. moukère.

mourant, ante [muʀɑ̃, ɑ̃t] adj. et n. **1.** Qui se meurt. *Le malade est mourant.* ▷ Subst. *Se tenir au chevet d'un mourant.* **2.** Fig. Qui va faiblissant. *Voix, lumière mourante.* **3.** Fig., fam. Qui fait mourir (d'ennui, de rire). – Ppr. de *mourir.*

mourir [muʀiʀ] **I.** v. intr. [37] **1.** Cesser de vivre. *Mourir de maladie. Mourir noyé. Mourir au champ d'honneur. Mourir de sa belle mort,* de mort naturelle. ▷ (Végétaux.) *Les fleurs coupées meurent très vite.* **2.** Ressentir vivement les atteintes de (une sensation pénible, une passion violente). *Mourir de faim, de peur, d'amour. Mourir d'envie. Mourir de rire.* – *S'ennuyer à mourir,* profondément. **3.** Cesser d'exister (choses). *Laisser mourir le feu.* – Fig. *Passion qui meurt.* **II.** v. pron. Litt. Être sur le point de mourir. *«Madame se meurt, Madame est morte»* (Bossuet). ▷ Fig. *Le jour se meurt.* – Lat. pop. *morire,* class. *mori.*

mouroir [muʀwaʀ] n. m. **1.** Péjor. Asile ou hôpital où l'on ne dispense aux vieillards qu'un minimum de soins médicaux, en raison de leur mort prochaine. **2.** Lieu où l'on meurt en masse. – De *mourir.*

mouron [muʀɔ̃] n. m. **1.** Cour. Nom de diverses herbes de petites dimensions. *Mouron rouge, mouron bleu* ou *des champs* (*Anagallis arvensis,* fam. primulacées), à fleurs rouges, toxique pour certains animaux. ▷ *Mouron des oiseaux, mouron blanc,* ou morgeline* (*Stellaria media,* fam. caryophyllacées) à fleurs blanches. **2.** Loc. pop. *Se faire du mouron,* du souci. – Du moyen néerl. *muer.*

mourre [muʀ] n. f. Anc. Jeu dans lequel deux personnes se montrent simultanément un certain nombre de doigts dressés en annonçant un chiffre (celui qui a annoncé le chiffre coïncidant avec le total des doigts dressés a gagné). – De l'ital. dial. *morra,* du lat. *mora,* «retard».

mousmé ou **mousmée** [musme] n. f. Vieilli Jeune femme japonaise. – *Par ext.* Pop. femme. – Jap. *musume,* «jeune femme».

mousquet [muskɛ] n. m. Ancienne arme à feu portative, à mèche, en usage avant le fusil, que l'on appuyait pour tirer sur une fourche spéciale plantée en terre. – De l'ital. *moschetto,* de *mosca,* «mouche».

mousquetaire [muskətɛʀ] n. m. **1.** Anc. Soldat armé du mousquet. ▷ Gentilhomme d'une compagnie montée faisant partie de la garde du roi, au XVIIe s. *«Les Trois Mousquetaires», roman d'Alexandre Dumas père.* **2.** *Poignet mousquetaire, bottes à la mousquetaire,* à revers. *Gant à la mousquetaire,* pourvu d'un large crispin. – Du préc.

mousqueterie [muskɛt(ə)ʀi] n. f. Vieilli Décharge simultanée de plusieurs fusils. – De *mousquet.*

mousqueton [muskətɔ̃] n. m. **1.** Anc. Fusil à canon court. **2.** Mod. Fusil à canon court. **3.** Boucle métallique qu'une lame élastique ou un ergot articulé maintient fermée, constituant une agrafe de sûreté susceptible d'être accrochée ou décrochée rapidement et facilement. *Mousqueton d'alpiniste.* – MAR *Mousqueton de foc.* – Dimin. de *mousquet.*

moussaillon [musajɔ̃] n. m. Fam. Petit mousse. – Dimin. de *mousse* 1.

moussaka [musaka] n. f. Plat d'origine turque, constitué d'un gratin d'aubergines, à la viande hachée et à la sauce tomate, souvent recouvert d'une béchamel. – Mot turc.

moussant, ante [musɑ̃, ɑ̃t] adj. Susceptible de produire de la mousse. *Produit moussant.* ▷ CHIM *Pouvoir moussant:* aptitude à former des mousses. – *Agent moussant:* produit tensio-actif qui favorise la formation de mousse (savon, par ex.). – Ppr. de *mousser.*

1. mousse [mus] n. m. Jeune apprenti marin. – P.-ê. de l'ital. *mozzo;* esp. *mozo,* «garçon».

2. mousse [mus] n. f. **I.** Plante des lieux humides, de petite taille, vivant en touffes serrées et volumineuses. Prov. *Pierre qui roule n'amasse pas mousse:* qui change souvent d'état, court le monde, ne s'enrichit pas. ▷ Appos. *Vert mousse,* nuance de vert clair. **II. 1.** Accumulation de bulles à la surface d'un liquide; émulsion d'un gaz à l'intérieur d'un liquide. *Mousse de la bière, de la lessive.* ▷ CUIS Crème à base de blancs d'œufs battus en neige. *Mousse au chocolat.* – Sorte de pâté à texture fine. *Mousse de foie, de volaille.* ▷ TECH *Mousse carbonique,* formée de bulles de dioxyde de carbone. *Les extincteurs à mousse carbonique contiennent du bicarbonate de sodium et du sulfate d'aluminium, mélangés au moment de l'utilisation.* **2.** Désignant une matière spongieuse. ▷ Appos. *Caoutchouc mousse:* caoutchouc à alvéoles, de faible densité. ▷ CHIM *Mousse de platine:* platine très poreux obtenu par réduction du chlorure de platine, que l'on utilise comme catalyseur. ▷ *Point mousse,* obtenu au tricot en faisant tous les points à l'endroit. – Du frq. **mosa.*

ENCYCL **Bot.** Les mousses, végétaux cryptogames qui forment la classe (ou embranchement) des muscinées (dites aussi bryophytes), sont répandues sur le sol dans des zones humides; leur taille varie de quelques millimètres à quelques décimètres. Elles sont constituées d'un axe feuillé dressé ou rampant dépourvu de racines. Ces pieds sont *haploïdes* et portent à leurs extrémités des organes sexuels: *anthéridies* mâles et *archégones* femelles. Après fécondation, l'œuf se développe sur le pied femelle et donne un *sporogone* diploïde, formé d'un pédoncule (soie) portant une urne surmontée d'une coiffe. Dans cette urne s'effectue la méiose, qui donne des spores haploïdes, lesquelles produiront de nouveaux pieds feuillés. Les muscinées comprennent également les *sphaignes,* caractéristiques des tourbières.

3. mousse [mus] adj. Émoussé. *Instrument, pointe mousse.* ▷ Qui n'est ni pointu, ni tranchant. *Ciseaux à pointes mousses.* – P.-ê. du lat. pop. **muttius,* «émoussé».

mousseline [muslin] n. et adj. **1.** n. f. Toile de coton et, par ext., de laine ou de soie, très fine et transparente. **2.** adj. inv. *Verres de table mousseline, porcelaine mousseline,* d'une grande finesse. ▷ CUIS *Gâteau mousseline:* brioche à pâte légère. *Sauce mousseline:* sauce hollandaise additionnée de crème fouettée. *Pommes mousseline* ou *purée mousseline:* purée de pommes de terre fouettée, très légère. – Ital. *mussolina,* de l'ar. *al-Mūsil,* «Mossoul», ville d'Irak.

mousser [muse] v. intr. [1] **1.** Produire de la mousse. *Le champagne mousse.* **2.** Fig., fam. *Faire mousser qqn, qqch,* le présenter sous un jour trop favorable. *Faire mousser sa réussite.* – De *mousse* 2.

mousseron [musʀɔ̃] n. m. Champignon des prés (*Tricholoma georgii*) proche des agarics, comestible. – Du bas lat. *mussirio, mussirionis,* par attract. de *mousse* 2.

mousseux, euse [musø, øz] adj. et n. m. **1.** Qui mousse; qui constitue une mousse. *Crème mousseuse.* ▷ N. m. Vin mousseux (à l'exception du champagne). **2.** Fig. Qui évoque la mousse. *Des dentelles mousseuses. Roses mousseuses.* – De *mousse* 2.

moussoir [muswaʀ] n. m. Ustensile pour faire mousser le chocolat, battre les œufs, etc. – De *mousser.*

mousson [musõ] n. f. Régime de vents dont la direction, constante au cours d'une saison, s'inverse brutalement d'une saison à l'autre. – Époque où se produit ce phénomène. – Du portug. *moncaõ,* par le néerl.; ar. *mawsim,* «époque, saison».

ENCYCL L'Asie est soumise au régime des moussons. En été, d'avril à sept., la mousson souffle du S.-O., de l'océan Indien vers le continent, en apportant des pluies très abondantes sur les régions occidentales de l'Inde et de l'Indochine (mousson humide). En hiver, d'oct. à mars, la mousson souffle du N.-E., de la Sibérie vers l'Océan (mousson sèche). Les fleuves de l'Asie des moussons connaissent des crues énormes pendant l'été et forment d'immenses deltas, qui constituent les régions les plus fertiles et les plus peuplées d'Asie.

moussu, ue [musy] adj. Couvert de mousse (sens I). *Vieil arbre moussu.* – De *mousse* 2.

moustache [mustaʃ] n. f. **1.** Poils qu'on laisse pousser au-dessus de la lèvre supérieure. *Homme qui porte la moustache.* **2.** Longs poils (vibrisses*) qui poussent à la pointe du museau de nombre d'animaux carnivores et rongeurs. – De l'ital. *mostaccio,* bas gr. *mustaki,* du gr. anc. *mustax, mustakos,* «lèvre supérieure».

moustachu, ue [mustaʃy] adj. (et n.). Qui porte la moustache, qui a de la moustache. – Du préc.

moustérien, ienne [musteʀjɛ̃, jɛn] ou **moustiérien, ienne** [mustjeʀjɛ̃, jɛn] adj. et n. m. PREHIST Se dit de l'ensemble des industries du Paléolithique moyen connu en Europe (homme de Néandertal), en Asie et en Afrique du N. ▷ N. m. *Le Moustérien.* – De *Moustier,* n. d'un village de Dordogne.

ENCYCL L'époque moustérienne commence en Europe occid. un peu avant le début de la dernière glaciation quaternaire (Würm), soit vers – 90 000, et s'achève entre – 40 000 et – 35 000. Parmi les outils de pierre retrouvés dans les abris moustériens, on peut en partic. citer des pointes triangulaires, des racloirs et des petits bifaces ou coups-de-poing. C'est durant le Moustérien qu'apparaît la pratique de l'inhumation.

moustiquaire [mustikɛʀ] n. f. Rideau de gaze, de mousseline entourant un lit pour éviter que les moustiques en approchent. ▷ Toile métallique tendue sur les ouvertures d'une habitation pour arrêter les insectes. – De *moustique.*

moustique [mustik] n. m. Petit insecte ailé dont la larve prolifère dans les eaux dormantes et dont la piqûre cause de vives démangeaisons. – Esp. *mosquito,* de *mosca,* «mouche», lat. *musca.*

moût [mu] n. m. Jus (de raisin, de pomme, de poire, etc.) qui n'a pas encore fermenté. ▷ *Par anal.* Jus extrait de certains végétaux dont la fermentation donnera une boisson alcoolique. – Du lat. *mustum.*

moutard [mutaʀ] n. m. Pop. Petit garçon; enfant. *Moutard qui braille.* – P.-ê. du provenç. *mottet,* «jeune homme», du rad. préroman **mutt-,* «levée de terre, petit tas».

moutarde [mutaʀd] n. f. (et adj.) **1.** Nom cour. de diverses crucifères (genre *Sinapis*). **2.** Graines de ces plantes. **3.** Condiment à base de graines ou de farine de moutarde. ▷ Fig. *La moutarde lui monte au nez:* la colère le gagne. ▷ Adj. Couleur jaune orangé tirant sur le vert. ▷ Par anal. d'odeur. *Gaz moutarde:* ypérite (gaz de combat). – De *moût.*

ENCYCL La *moutarde noire (Sinapis* ou *Brassica nigra),* aux fleurs jaunes en grappes et aux feuilles bleu-vert, a des graines brunes riches en sinigroside, sucre complexe à saveur piquante utilisé comme révulsif (sinapisme). Les graines de la *moutarde blanche (Sinapis alba)* fournissent une farine plus douce. La moutarde condimentaire contient un mélange de farines de moutarde noire et de moutarde blanche macérées dans du vinaigre (ou du verjus) additionné d'aromates.

moutardier [mutaʀdje] n. m. **1.** Petit pot dans lequel on présente la moutarde. **2.** Personne qui fabrique ou qui vend de la moutarde. ▷ Fam., vieilli *Se prendre pour le premier moutardier du pape:* avoir une haute opinion de soi (par allusion au *premier moutardier,* charge qu'aurait créée le pape Jean XXII, au XIVe s.) – Du préc.

moutier [mutje] n. m. Vx Monastère (encore usité dans les noms de lieux; s'écrit aussi *moustier*). – Du lat. pop. **monisterium,* class. *monasterium.*

mouton [mutõ] n. m. **1.** Mammifère ruminant *(Ovis aries)* à l'épaisse toison frisée, au cri (bêlement) caractéristique, élevé pour sa laine, son lait et sa viande. *Troupeau de moutons.* – *Spécial.* Mâle castré de cet animal, élevé pour la boucherie (opposé à *bélier*). ▷ Loc., fig. *Revenons à nos moutons,* au sujet que nous avons quitté (allus. à *la Farce de Maître Pathelin*). – Péjor. *Moutons de Panurge:* personnes qui imitent stupidement les autres (allus. au *Pantagruel* de Rabelais). *C'est un mouton,* une personne trop soumise et dépourvue de sens critique. *Mouton à cinq pattes:* chimère. **2.** Viande de mouton. *Du mouton très tendre.* **3.** Peau de mouton tannée. *Une veste de mouton.* **4.** Fig. Petite vague au sommet couvert d'écume. – Petit nuage. ▷ Fam. Petit flocon de poussière. **5.** TECH Lourde masse utilisée pour le battage des pieux. ▷ Grosse pièce de bois dans laquelle sont engagées les anses d'une cloche. **6.** Arg. Compagnon de cellule placé par la police auprès d'un détenu pour gagner sa confiance et découvrir ses secrets. – Du gaul. **multo,* gallois *molt,* irland. *molt,* «mâle châtré».

ENCYCL Le mouton domestique (diverses races), de taille variable, dont seul le mâle, dans certaines races, porte des cornes, a une toison composée de deux types de poils: la laine (poils fins, longs et frisés); les jarres (poils raides). Le mouton vit une dizaine d'années. Le mâle, ou *bélier,* long de 1,50 m, peut peser jusqu'à 150 kg. La femelle, ou *brebis,* ne met bas qu'un agneau par an, après 5 mois de gestation; son lait sert à la fabrication de fromages.

moutonné, ée [mutɔne] adj. **1.** Frisé. *Chevelure moutonnée.* **2.** *Ciel moutonné,* couvert de petits nuages floconneux (cirrocumulus). **3.** GEOL *Roche moutonnée:* roche dure à laquelle l'érosion glaciaire a donné des formes douces. – Pp. de *moutonner.*

moutonnement [mutɔnmɑ̃] n. m. Action de moutonner. – De *moutonner.*

moutonner [mutɔne] v. intr. [1] Prendre un aspect floconneux, ondulant, qui fait songer à la toison du mouton. *Mer qui moutonne,* qui se couvre de moutons, de vagues écumeuses. *Un banc de nuages moutonne à l'horizon.* – De *mouton.*

moutonnerie [mutɔnʀi] n. f. Tendance à être trop soumis ou à imiter niaisement autrui. – De *mouton.*

moutonneux, euse [mutɔnø, øz] adj. Qui moutonne. – De *moutonner.*

moutonnier, ière [mutɔnje, jɛʀ] adj. **1.** Qui ressemble ou qui évoque le mouton. **2.** Fig. Qui suit niaisement les autres, comme les moutons. – De *mouton.*

mouture [mutyʀ] n. f. **1.** Action de moudre le grain. *La mouture du blé dans une minoterie.* **2.** Produit qui en résulte. *Une excellente mouture.* **3.** Souvent péjor. Version remaniée d'un sujet déjà traité. *Auteur qui fait paraître une nouvelle mouture d'une œuvre ancienne.* – Du lat. pop. **molitura,* de *molere,* «moudre».

mouvance [muvɑ̃s] n. f. FEOD Dépendance d'un domaine qui relève d'un fief supérieur. – *Par ext.* Relation de supériorité d'un fief à l'égard d'un domaine qui en relève. ▷ Fig. Domaine, sphère d'influence. *Petit pays qui est dans la mouvance d'un voisin puissant.* – De *mouvoir.*

mouvant, ante [muvɑ̃, ɑ̃t] adj. **1.** Changeant, instable. *Des reflets mouvants. Des opinions mouvantes.* **2.** Qui manque de solidité, de stabilité (sol). *Sables mouvants.* – Ppr. de *mouvoir.*

mouvement [muvmɑ̃] n. m. **I. 1.** Changement de place, de position d'un corps (par rapport à un autre corps ou par rapport à un système de référence). *Le mouvement des vagues, d'un bateau amarré.* ▷ ASTRO *Mouvement diurne:* mouvement apparent de rotation des astres dans le ciel, s'effectuant en vingt-quatre heures et qui est dû à la rotation de la Terre sur elle-même. ▷ PHYS *Quantité de mouvement:* produit de la masse par la vitesse. **2.** Déplacement d'un organisme vivant ou de l'une de ses parties; action, manière de mouvoir son corps. *Mouvements de danse. Mouvement brusque* – Loc. *En deux temps, trois mouvements,* très rapidement. ▷ *Prendre, se donner du mouvement:* faire de l'exercice. **3.** Évolution, déplacement d'un groupe de personnes. *Mouvement de reflux d'une foule. Surveiller les mouvements de l'ennemi.* **4.** Animation, passage. *Il y a du mouvement dans la rue.* **5.** Fig. Série de changements, de mutations dans un corps militaire ou civil. *Mouvement diplomatique. Poste qui est mis au mouvement.* **6.** Circulation des biens, de la monnaie. *Mouvement de fonds.* **7.** Variation en quantité. *Mouvement des prix.* **8.** Ce qui évoque le mouvement; ce qui est ou semble être le résultat d'un mouvement. *Le mouvement d'un drapé sur une statue.* ▷ *Mouvement de terrain:* accident de terrain, éminence ou vallonnement. ▷ LITTER *Le mouvement d'un poème. Mouvement oratoire.* **9.** MUS Degré de vitesse ou de lenteur à donner à la mesure. (Principaux mouvements: *largo, lento, adagio, andante, allegro, presto.*) ▷ Partie d'une œuvre musicale, qui doit être jouée dans un mouvement donné. *Le premier mouvement de la symphonie «Jupiter» de Mozart est un allegro vivace.* **II. 1.** Passage d'un état affectif à un autre. *Un mouvement de colère. Agir de son propre mouvement,* de sa propre initiative. **2.** Évolution sociale. *Le mouvement des idées, des mœurs. Être dans le mouvement:* suivre la mode, le progrès. **3.** Action collective qui tend à produire un changement dans l'ordre social. *Mouvement séditieux, populaire.* **4.** Groupe humain qui s'est formé pour accomplir une action déterminée. *Mouvement surréaliste, anarchiste.* – Association, groupement. *Mouvements de jeunesse. Un mouvement rattaché au scoutisme.* **III.** Mécanisme produisant un mouvement régulier et servant en général à la mesure du temps. *Le mouvement et le boîtier d'une montre. Mouvement d'horlogerie commandant un contact électrique.* – De *mouvoir.*

ENCYCL **Phys.** La notion de mouvement est liée à celle de *repère* (système de référence par rapport auquel on observe les modifications de la position d'un corps) et à celle de *temps.* Un mouvement est *rectiligne* si la trajectoire est une droite, *circulaire* si la trajectoire est un cercle, *uniforme* si sa vitesse est constante, *uniformément varié* si son accélération est constante, *accéléré* si sa vitesse et son accélération ont le même sens. En mécanique newtonienne, la *quantité de mouvement* d'un système matériel est égale au produit de la masse de ce système par la vitesse de son centre de gravité. Dans un repère galiléen, la dérivée par rapport au temps de la quantité de mouvement est égale à la résultante des forces appliquées. L'existence des frottements et le principe de Carnot rendent impossible le *mouvement perpétuel,* c.-à-d. celui d'une machine qui fonctionnerait sans recevoir d'énergie du milieu extérieur ou en ne puisant de l'énergie qu'à une seule source de chaleur.

mouvementé, ée [muvmɑ̃te] adj. **1.** Où règne le mouvement, agité. *Séance mouvementée.* **2.** Accidenté (relief). *Terrain mouvementé.* – Du préc.

mouvoir [muvwaʀ] **I.** v. tr. **[46] 1.** Faire changer de position. *Le mécanisme qui meut un automate.* **2.** Fig. Faire agir (qqn). *Les sentiments qui le meuvent sont parfaitement honorables. Être mû par l'ambition.* **II.** v. pron. Se déplacer, bouger. *Vieillard qui se meut péniblement.* – Du lat. *movere.*

moviola [mɔvjɔla] n. f. CINE Petit appareil de projection comportant un écran de verre, qu'on utilise notam. lors du montage d'un film. – Marque déposée, de l'amér., *movie,* «film», et suff. dimin. lat.

moxa [mɔksa] n. m. MED Cautérisation au moyen d'un corps qui brûle lentement à la surface de la peau (pratique thérapeutique de la médecine extrême-orientale traditionnelle). ▷ Ce corps lui-même. – Du jap. *mogusa,* nom d'une variété d'armoise dont le parenchyme sert de combustible.

moye ou **moie** [mwa(ə)] n. f. TECH Couche tendre d'une pierre, à partir de laquelle se produit son délitement. – Déverbal de l'anc. v. *moyer,* «partager par le milieu», du bas lat. *mediare.*

moyé, ée [mwaje] adj. Qui contient des moyes. *Pierre moyée.* – Du préc., ou pp. de l'anc. v. *moyer.*

1. moyen, yenne [mwajɛ̃, jɛn] adj. (et n.) **1.** Qui est au milieu (dans l'espace, dans le temps, dans une série). *Le cerveau moyen. Momie égyptienne datant du moyen Empire.* ▷ LING *Moyen français:* langue parlée et écrite en France du XIVe au XVIe s. (intermédiaire entre l'ancien français et le français moderne). ▷ MATH *Termes moyens* ou, n. m. pl., *les moyens:* dans deux fractions égales, le dénominateur de la première et le numérateur de la seconde. *Si* $\frac{a}{b} = \frac{c}{d}$ *le produit des moyens bc est égal au produit des extrêmes ad.* ▷ LOG *Moyen terme,* celui qui, dans un syllogisme, est commun à la majeure et à la mineure. – Fig. Solution intermédiaire entre des extrêmes. *Chercher un moyen terme qui puisse satisfaire chacune des parties.* **2.** Qui est également éloigné des deux extrêmes (par la quantité ou par la qualité). *Corpulence moyenne. Âge moyen. Intelligence moyenne. Les classes moyennes,* intermédiaires entre le prolétariat et la haute bourgeoisie. ▷ SPORT *Poids moyen:* catégorie de poids variant de 72 à 75 kg suivant les disciplines. (En boxe, on distingue également les *mi-moyens* et les *super-mi-moyens,* catégories intermédiaires entre les super-légers et les moyens.) **3.** Commun, ordinaire; qui appartient au genre le plus répandu. *Canadien moyen,* dont le mode de vie, la mentalité, etc., sont proches de ceux de la majorité des Canadiens. **4.** Obtenu, calculé en faisant la moyenne de plusieurs grandeurs. *La consommation moyenne d'électricité par personne et par an.* – Du lat. *medianus,* «du milieu», de *medius,* «central».

2. moyen [mwajɛ̃] **I.** n. m. **1.** Ce que l'on fait ou ce que l'on utilise pour parvenir à une fin. *Moyen honnête. C'est le seul moyen. – Moyens de communication, de transport. Moyens de production. La fin justifie les moyens:* tous les moyens sont bons pour obtenir le résultat désiré. – Fam. *Employer les grands moyens:* recourir à des mesures particulièrement énergiques ou spectaculaires. ▷ *Il y a, il n'y a pas moyen de:* il est possible, il est impossible de. ▷ DR Chacune des raisons sur lesquelles on se fonde pour tirer une conclusion. *Moyens de nullité.* **2.** Plur. Capacités naturelles (physiques ou intellectuelles). *Écolier qui a peu de moyens.* **3.** Plur. Ressources pécuniaires. *Ne pas avoir les moyens de s'offrir qqch.* **II.** loc. prép. *Au moyen de:* en se servant de, à l'aide de. ▷ *Par le moyen de:* par l'intermédiaire de, grâce à. – Subst. du préc.

moyenâgeux, euse [mwajɛnaʒø, øz] adj. **1.** Vieilli Du Moyen Âge; médiéval. **2.** Qui évoque le Moyen Âge. *Costumes moyenâgeux.* **3.** Fig. Archaïque, retardataire. *Une mentalité, des coutumes moyenâgeuses.* – De *Moyen Âge.*

ENCYCL On donne traditionnellement le nom de *Moyen Âge* (parfois écrit avec des minuscules) à la période qui s'étend entre 476 (chute de l'Empire romain d'Occident) et 1453 (prise de Constantinople par les Turcs) ou 1492 (découverte de l'Amérique).

moyen-courrier [mwajɛ̃kuʀje] n. m. Avion de transport dont l'autonomie ne dépasse pas 4 000 km. – De *moyen* 1, et *courrier.*

moyennant [mwajenɑ̃] prép. **1.** Au moyen de. *Moyennant finances:* en payant. – *Moyennant quoi:* grâce à quoi. **2.** Litt. Loc. conj. *Moyennant que:* à condition que. *Moyennant qu'elle vienne.* – Ppr. de l'anc. v. *moyenner,* «négocier, parvenir à un résultat».

moyenne [mwajɛn] n. f. **1.** Ce qui tient le milieu entre les extrêmes. *Être plus riche que la moyenne.* **2.** MATH *Moyenne arithmétique de plusieurs valeurs :* quotient de la somme de ces valeurs par leur nombre. – *Moyenne quadratique de deux nombres positifs:* racine carrée de leur produit. – *Moyenne harmonique de deux nombres :* quotient de 2 ab par a + b. *Les nombres 2 et 8 ont 5 pour moyenne arithmétique, 4 pour moyenne quadratique et 3,2 pour moyenne harmonique.* **3.** Nombre de points égal à la moitié de la note maximale. *Avoir la moyenne à un devoir.* **4.** *En moyenne :* selon une moyenne approximative. *Cet automobiliste fait en moyenne 20 000 km par an.* – Fém. subst. de l'adj. *moyen.*

moyennement [mwajɛnmɑ̃] adv. D'une manière moyenne, modérément, médiocrement. – De *moyen* 1.

moyette [mwajɛt] n. f. AGRIC Petite meule provisoire dressée sur le champ même de la moisson pour soustraire les gerbes aux intempéries. – Dimin. de l'a. fr. *moie,* «meule».

moyeu [mwajø] n. m. Partie centrale de la roue d'un véhicule, traversée par l'essieu, et sur laquelle sont éventuellement assemblés les rayons. Par ext. *Moyeu d'un volant, d'une poulie.* – Du lat. *modiolus,* «petit vase», dimin. de *modius,* «boisseau».

mozabite. V. mzabite.

mozarabe [mɔzaʀab] n. et adj. **1.** n. HIST Espagnol chrétien autorisé à pratiquer sa religion, au temps de la domination maure sur l'Espagne. **2.** adj. *Art mozarabe:* art d'inspiration chrétienne fortement influencé par l'islam, qui se répandit en Espagne aux Xᵉ et XIᵉ s. – Anc. esp. *moz'arabe,* de l'ar. *musta'rib,* «arabisé».

mozartien, ienne [mɔzaʀsjɛ̃, jɛn] adj. et n. **1.** Propre à Mozart, à sa musique. **2.** Qui aime la musique de Mozart. – Du n. du compositeur autrichien W. A. *Mozart* (1756-1791).

mozzarella [mɔdzaʀella] n. f. Fromage d'origine italienne de bufflonne ou de vache, à pâte molle et élastique (lorsque frais). – Mot ital.

M.R.C. Sigle de *Municipalité* régionale de comté.*

m/s PHYS Symbole du mètre par seconde (unité de vitesse). ▷ *m/s²:* symbole du mètre par seconde, par seconde (unité d'accélération).

Mt Abrév. de *million(s) de tonnes.*

M.T.S. Sigle de *maladie transmissible sexuellement.* (On trouve aussi le sigle **M.S.T.** pour *maladie sexuellement transmissible.*)

mu [my] n. m. Douzième lettre de l'alphabet grec (M, μ) utilisée en français pour noter le préfixe *micro-,* qui indique la division de l'unité par un million. (Ex.: 1 μm = 1 micromètre = 1 millionième de mètre.) – Mot grec.

mû, mue [my] Pp. du v. mouvoir.

muable [mɥabl] adj. Vx, litt. Variable, changeant. – De *muer.*

mucilage [mysilaʒ] n. m. Substance végétale sécrétée par les cellules de certaines plantes, qui, en présence d'eau, gonfle et forme une gelée. *Le mucilage, émollient et laxatif, est utilisé en pharmacie.* – Bas lat. *mucilago,* «mucosité», du class. *mucus.*

mucilagineux, euse [mysilaʒinø, øz] adj. (et n.) Qui contient un mucilage; qui rappelle le mucilage par sa consistance, son aspect. ▷ Subst. *Un mucilagineux.* – Du bas lat. *mucilago, mucilaginis,* «mucosité».

mucine [mysin] n. f. BIOCHIM Protéine, présente notam. sur la muqueuse gastrique, qui donne au mucus sa consistance visqueuse. – De *muc(us),* et *-ine.*

mucor [mykɔʀ] n. m. BOT Champignon zygomycète, type de l'ordre des mucorales, moisissures à mycélium clair. – Mot lat., «moisissure».

mucosité [mykɔzite] n. f. Amas de mucus épais. – Du lat. *mucosus,* «muqueux».

mucoviscidose [mykovisidoz] n. f. MED Affection héréditaire, caractérisée par une trop grande viscosité des sécrétions bronchiques et digestives, et qui détermine une insuffisance respiratoire et pancréatique. – De *mucus,* et *visqueux.*

mucron [mykʀɔ̃] n. m. BOT Petite pointe raide qui termine certains organes végétaux. – Lat. *mucro, mucronis,* «pointe».

mucus [mykys] n. m. Sécrétion protectrice des muqueuses. *Mucus nasal.* ▷ ZOOL Substance visqueuse sécrétée par les téguments de certains animaux. – Mot lat., «morve».

mudéjar ou **mudéjare** [mudex(ʒ)aʀ] n. et adj. **1.** n. HIST Musulman d'Espagne devenu sujet des chrétiens par suite de la reconquête (XIᵉ-XVᵉ s.). **2.** adj. *Art mudéjar:* forme d'art aux caractères à la fois mauresques et chrétiens, qui s'est développée en Espagne du XIIᵉ au XVIᵉ s., après la reconquête. – Esp. *mudejar,* de l'ar. *mudajjan,* «domestiqué».

mue [my] n. f. **1.** ZOOL Changement de poil, de plumes, de peau, de cornes, etc., qui s'opère chez certains animaux, à des périodes déterminées. **2.** Dépouille d'un animal qui a mué. **3.** Changement dans le timbre de la voix, qui devient plus grave, au moment de la puberté. ▷ Temps où s'opère ce changement. **4.** Cloche sous laquelle l'on met la volaille à engraisser. – Déverbal de *muer.*

ENCYCL Les mues sont nécessaires à la croissance (animaux à tégument inextensible comme les arthropodes) ou liées à des cycles saisonniers d'origine climatique ou sexuelle. Elles sont commandées par des hormones d'origine nerveuse (ganglions cérébraux des invertébrés, hypothalamus des vertébrés), dont la sécrétion est déclenchée par divers facteurs externes (durée d'éclairement par 24 h, température, etc.) ou internes (vieillissement, etc.).

muer [mɥe] **I.** v. intr. [1] **1.** Changer de pelage, de plumage, de carapace, etc., en parlant d'un animal. **2.** Changer de ton et devenir plus grave, en parlant de la voix d'un adolescent. – Par ext. *Jeune homme qui mue,* qui acquiert sa voix d'homme. **II.** v. tr. Vx Changer. ▷ Mod., litt. *Muer en:* transformer en. – v. pron. *Il s'est mué en cuisinier pour la circonstance.* – Du lat. *mutare,* «changer».

muësli [mɥɛsli] ou **musli** [mysli] n. m. Mélange de céréales et de fruits sur lequel on verse du lait. – Mot suisse-allemand.

muet, ette [mɥɛ, ɛt] adj. et n. **1.** Privé de l'usage de la parole. *Les sourds de naissance sont muets.* ▷ Subst. *Un(e) sourd(e)-muet(te).* **2.** Qui se tait. *Rester muet comme une carpe.* ▷ THEAT *Jeu muet*, dans lequel l'acteur ne recourt pour s'exprimer qu'aux mouvements du corps et de la physionomie. *Rôle muet*, dans lequel il n'y a pas de réplique à prononcer. **3.** Qui n'est pas exprimé, prononcé. *De muets reproches.* – Prov. *Les grandes douleurs sont muettes.* **4.** *Film, cinéma muet*, qui ne comporte pas l'enregistrement du son, des paroles des personnages. ▷ N. m. *Le muet:* le cinéma muet. *Une star du muet.* **5.** Qui ne se prononce pas. *Dans «livre» et «allemand», l'e est muet.* **6.** Sur quoi rien n'est écrit. *Carte muette.* – Dimin. de l'a. fr. *mu*, lat. *mutus.*

muezzin [mɥɛdzin] ou [mɥɛdzɛ̃] n. m. Crieur attaché à une mosquée, qui appelle les fidèles à la prière du haut du minaret. – Mot turc, de l'ar. *mo'adhdhin*, «qui appelle à la prière».

muffin [mɔfœn] n. m. Petit gâteau rond, souvent à base de son. *Manger des muffins chauds au déjeuner.* – *Muffin anglais:* petit pain rond, moulé, à croûte pâle. – Mot angl.

mufle [myfl] n. m. **1.** Extrémité nue du museau de certains mammifères (notam. des ruminants). *Mufle d'un taureau, d'un lion.* **2.** Fig., fam. Individu mal élevé, grossier. (*Spécial.*, homme grossier envers les femmes.) *Vous êtes un mufle, monsieur!* ▷ Adj. *Il est assez mufle.* – Var. du moyen fr. *moufle*, germ. *muffel*, «museau».

muflerie [myfləʀi] n. m. Fam. Action, caractère d'un mufle. – Du préc.

muflier [myflije] n. m. Plante ornementale (genre *Antirrhinum*, fam. scrofulariacées) dont les fleurs, de couleurs variées, ont la forme d'un mufle. Syn. gueule-de-loup. – De *mufle*, par anal. de forme.

mufti ou **muphti** [myfti] n. m. Docteur de la loi musulmane, jugeant les questions de dogme et de discipline. – Ar. *mufti*, «juge».

muge [myʒ] n. m. Poisson marin comestible, appelé aussi mulet. – Mot provenç., du lat. *mugil.*

mugir [myʒiʀ] v. intr. [2] Pousser son cri, en parlant des bovidés. *La vache mugit.* ▷ Fig. Produire un son analogue à un mugissement. *Les sirènes du paquebot mugirent.* – Lat. *mugire*, par l'a. fr. *muir.*

mugissement [myʒismɑ̃] n. m. Cri des bovidés. ▷ Fig. Son grave et prolongé rappelant ce cri. *Les mugissements du vent.* – De *mugir.*

muguet [mygɛ] n. m. **1.** Plante à rhizome (*Convallaria maialis*, fam. liliacées) croissant dans les bois des régions tempérées, caractérisée par ses fleurs blanches en forme de clochettes, au parfum suave et pénétrant. **2.** Maladie contagieuse due à une levure *(Candida albicans)* et caractérisée par la présence de plaques d'un blanc crémeux sur les muqueuses buccales et pharyngiennes. – De l'a. fr. *mugue*, var. de *musc*, à cause du parfum.

muid [mɥi] n. m. **1.** Ancienne mesure de capacité, dont la valeur variait selon les régions et les denrées à mesurer. *À Paris, le muid de vin valait 268 litres.* **2.** Tonneau de cette capacité. – Lat. *modius*, «mesure, boisseau».

mulard, arde [mylaʀ, aʀd] n. m. (et adj.) Hybride du canard domestique et du canard musqué. ▷ Adj. *Une cane mularde.* – De *mulet* 1, par changement de suff.

mulassier, ière [mylasje, jɛʀ] adj. Du mulet. *Élevage mulassier.* ▷ *Jument mulassière*, réservée à la production des mulets. – De l'a. fr. *mulasse*, «jeune mulet».

mulâtre, mulâtresse [mylɑtʀ, mylɑtʀɛs] n. et adj. Personne née d'un Noir et d'une Blanche, ou d'un Blanc et d'une Noire (le f. *mulâtresse* est vieilli). – Altér. de l'esp. *mulato*, de *mulo*, «mulet, bête hybride».

1. mule [myl] n. f. Hybride femelle de l'âne et de la jument. ▷ Fig., fam. *Il est têtu comme une mule. C'est une vraie tête de mule*, un(e) entêté(e). – Fém. de l'a. fr. *mul*, lat. *mula.*

2. mule [myl] n. f. Pantoufle sans quartier. ▷ Pantoufle blanche du pape, ornée d'une croix brodée. *Baiser la mule du pape.* – Du lat. *mulleus (calceus)*, «soulier rouge», de *mullus*, «rouget».

mule-jenny [myl(d)ʒeni] n. f. TECH Métier à filer le coton. *La mule-jenny a été inventée en 1779 par Samuel Crompton. Des mule-jennys.* – Mot angl., de *mule*, au sens d'«hybride», et *jenny**.

1. mulet [mylɛ] n. m. Hybride mâle de l'âne et de la jument. V. bardot. – Loc. Fam. *Têtu comme un mulet:* très têtu. – *Chargé comme un mulet:* très chargé. – Dimin. de l'a. fr. *mul*; lat. *mulus.*

2. mulet [mylɛ] n. m. Syn. de *muge.* – Du lat. *mullus*, «rouget».

muleta [mulɛta] n. f. Morceau d'étoffe rouge destiné à exciter le taureau dans les corridas. – Mot esp.

muletier, ière [myltje, jɛʀ] n. et adj. **1.** n. m. Conducteur de mulets, de mules. **2.** adj. Qui convient aux mulets. *Chemin muletier.* – De *mulet* 1.

mulette [mylɛt] n. f. Mollusque lamellibranche qui vit dans les eaux douces. – Altér. de *moulette*, dimin. de *moule.*

mull [myl] n. m. GEOL Sol non acide (pH 7 env.) dont l'humification est rapide. – Mot all., «mousseline».

mulon [mylɔ̃] n. m. Petit tas de sel, de sable. – De l'a. fr. *mule*, «tas de foin, meule».

mulot [mylo] n. m. Rat des bois et des champs (genre *Sylvanus*, fam. muridés) aux grandes oreilles et à longue queue. – Du bas lat. *mulus*, «taupe».

mulsion [mylsjɔ̃] n. f. Rare Traite des bêtes laitières. – Bas lat. *mulsio.*

multi-. Élément, du lat. *multus*, «nombreux».

multicaule [myltikol] adj. BOT Qui a plusieurs tiges. – Lat. *multicaulis.*

multicolore [myltikɔlɔʀ] adj. Qui présente des couleurs variées. *Papillon multicolore.* – Lat. *multicolor.*

multicouche [myltikuʃ] adj. TECH Qui comporte plusieurs couches, qui est composé de plusieurs couches. *Revêtement d'étanchéité multicouche. Circuit imprimé multicouche.* – De *multi-*, et *couche.*

multiculturalisme [myltikyltyʀalism] n. m. SOCIOL Coexistence de plusieurs cultures au sein d'un même État. – De *multi-*, *culturel*, et *-isme.*

multiculturaliste [myltikyltyʀalist] adj. SOCIOL Se dit d'un État qui favorise le multiculturalisme en son sein. – De *multi-*, *culturel*, et *-iste.*

multiculturel, elle [myltikyltyʀɛl] adj. SOCIOL Se dit d'un État où coexistent plusieurs cultures différentes. – De *multi-*, et *culturel.*

multidisciplinaire [myltidisiplinɛʀ] adj. Qui fait appel à plusieurs disciplines. Syn. pluridisciplinaire. – De *multi-*, et *disciplinaire.*

multifilaire [myltifilɛʀ] adj. Qui comporte plusieurs fils. *Câble multifilaire.* – De *multi-*, et *fil.*

multiflore [myltiflɔʀ] adj. BOT Qui a de nombreuses fleurs. – Lat. *multiflorus.*

multiforme [myltifɔʀm] adj. Qui a, ou qui peut prendre des formes diverses, variées. *La folie est multiforme.* – Lat. *multiformis.*

multigrade [myltigʀad] adj. TECH *Huile multigrade,* dont la viscosité varie peu avec la température. – De *multi-,* et *grade.*

multilatéral, ale, aux [myltilateʀal, o] adj. POLIT Qui concerne plusieurs États (et non deux États seulement). *Accords multilatéraux.* ▷ *Aide multilatérale,* accordée par un pays industrialisé à un pays en voie de développement par l'intermédiaire d'organismes internationaux (par oppos. à l'aide bilatérale, accordée directement, sans intermédiaire). – De *multi-,* et *latéral.*

multimédia [myltimedja] adj. Qui concerne plusieurs médias, qui fait appel à plusieurs médias. *Une campagne publicitaire multimédia.* – De *multi-,* et *média.*

multimillionnaire [myltimiljɔnɛʀ] adj. (et n.). Plusieurs fois millionnaire. – *Par ext.* Extrêmement riche. – De *multi-,* et *millionnaire.*

multinational, ale, aux [myltinasjɔnal, o] adj. (et n. f.). Qui comprend, qui concerne plusieurs nations. *L'U.R.S.S. est un pays multinational.* ▷ *Société multinationale* ou, n. f., *une multinationale :* grande firme dont les activités s'exercent dans plusieurs États. – De *multi-,* et *national.*

multipare [myltipaʀ] adj. (et n.). **1.** ZOOL Se dit d'une femelle qui a plusieurs petits en une seule portée. **2.** MED Se dit d'une femme qui a accouché plusieurs fois (opposé à *nullipare, primipare*). – De *multi-,* et *-pare.*

multiparité [myltipaʀite] n. f. ZOOL Caractère des femelles multipares. – Du préc.

multipartisme [myltipaʀtism] n. m. POLIT Système parlementaire caractérisé par l'existence de plus de deux partis politiques. – De *multi-,* et *parti.*

multiple [myltipl] adj. et n. m. **1.** Composé, constitué d'éléments différents; complexe. *Organe multiple,* composé de plusieurs pièces élémentaires. *Poulie multiple,* à plusieurs gorges. – GEOM *Point multiple d'une courbe:* point par lequel passent plusieurs branches de cette courbe. (Suivant les cas, un tel point est double, triple, etc.) ▷ Qui présente divers aspects. *Question multiple. La nature est multiple.* **2.** *Par ext.* Qui existe en grand nombre. *Le cas est illustré par de multiples exemples.* Syn. nombreux. **3.** MATH Qualifie un nombre égal au produit d'un nombre donné par un nombre entier. *15 est multiple de 3 et de 5.* ▷ N. m. Nombre multiple. *8 est un multiple de 2, et 2 est un sous-multiple de 8.* – Lat. *multiplex,* «à plusieurs plis, multiple».

ENCYCL **Math.** – De nombreux nombres ont en commun une infinité de multiples. Le plus petit de ces multiples est appelé *plus petit commun multiple* (par abrév. P.P.C.M.). Pour calculer le P.P.C.M. de plusieurs nombres on décompose chacun d'eux en facteurs premiers puis on multiplie les facteurs (communs ou non) affectés de leur plus fort exposant. Par ex., le P.P.C.M. de 60 et de 378 est égal à 3 780; en effet $60 = 2^2 \times 3 \times 5$ et $378 = 2 \times 3^3 \times 7$; le P.P.C.M. est égal à $2^2 \times 3^3 \times 5 \times 7 = 3\,780$. Le P.P.C.M. de plusieurs nombres premiers est égal au produit de ces nombres.

multiplet [myltiplɛ] n. m. **1.** MATH Association ordonnée d'éléments appartenant à des ensembles différents. **2.** OPT Ensemble de lentilles formant un système centré. – De *multiple.*

multiplex [myltiplɛks] n. m. inv. TELECOM Dispositif permettant de transmettre plusieurs communications télégraphiques, téléphoniques ou radiotéléphoniques, ou plusieurs émissions radioélectriques ou de télévision avec une seule voie de transmission. – Mot lat., «multiple».

multipliable [myltiplijabl] adj. Qui peut être multiplié. – De *multiplier.*

multiplicande [myltiplikɑ̃d] n. m. MATH Nombre que multiplie un autre nombre. – Du lat. *multiplicandus,* «qui doit être multiplié».

multiplicateur, trice [myltiplikatœʀ, tʀis] adj. et n. m. Qui multiplie, qui a pour fonction de multiplier. ▷ N. m. MATH Nombre par lequel on multiplie un autre nombre. *Si l'on multiplie 2 par 6, 6 est le multiplicateur et 2 est le multiplicande.* – Bas lat. *multiplicator.*

multiplicatif, ive [myltiplikatif, iv] adj. Qui multiplie. MATH *Loi multiplicative,* qui confère les propriétés de la multiplication. *Groupe multiplicatif,* muni d'une loi multiplicative. – Bas lat. *multiplicativus.*

multiplication [myltiplikasjɔ̃] n. f. **1.** Augmentation en nombre. *Multiplication des espèces.* Syn. accroissement, prolifération. **2.** MATH Opération consistant à additionner à lui-même un nombre (multiplicande), un nombre de fois égal à un autre nombre (multiplicateur). ▷ *Table de multiplication:* tableau donnant les produits des premiers nombres (de 1 à 10 ou 12) entre eux. **3.** TECH Rapport des vitesses angulaires d'un arbre entraîné et d'un arbre moteur, quand l'arbre moteur tourne moins vite que l'arbre entraîné. Ant. démultiplication. – Bas lat. *multiplicatio.*

ENCYCL **Math.** – La multiplication est une loi de composition interne qui possède les propriétés suivantes: **1.** associativité: $a \times (b \times c) = (a \times b) \times c$; **2.** distributivité par rapport à l'addition: $a \times (b + c) = a \times b + a \times c$; **3.** commutativité: $a \times b = b \times a$; **4.** existence d'un élément neutre 1, appelé unité: $1 \times a = a \times 1 = a$. Cette loi se note généralement par le signe [.] ou [$\times$], ce signe étant parfois omis; le résultat de la multiplication s'appelle produit; ainsi, le produit de a et de b pourra se noter [a . b], [a $\times$ b] ou [ab].

multiplicité [myltiplisite] n. f. **1.** Caractère de ce qui est multiple. *La multiplicité de la nature humaine.* **2.** Grande quantité. *Multiplicité des lois.* Syn. pluralité. – Bas lat. *multiplicitas.*

multiplier [myltiplije] **I.** v. tr. [1] **1.** Augmenter le nombre, la quantité de. *Multiplier les difficultés.* Syn. accroître. – *Par ext.* Produire en grand nombre, accumuler. *Multiplier les erreurs.* **2.** MATH Faire la multiplication de. *Multiplier 2 par 3.* **II.** v. intr. Rare, vx Augmenter en nombre par voie de génération. *«Croissez et multipliez»* (Bible). **III.** v. pron. **1.** Croître en nombre. *Les obstacles se multipliaient.* **2.** Se reproduire. *Animaux qui se multiplient très rapidement.* **3.** Fig. Sembler être en plusieurs lieux à la fois, à force d'activité. *Se multiplier pour rendre service.* – Du lat. *multiplicare.*

multipolaire [myltipɔlɛʀ] adj. **1.** ELECTR Qui comporte plus de deux pôles. *Machine multipolaire.* **2.** BIOL *Cellule multipolaire:* cellule nerveuse comportant de nombreuses ramifications. – De *multi-,* et *polaire.*

multiprocesseur [myltipʀɔsesœʀ] n. m. Ordinateur qui possède plusieurs unités centrales de traitement. – Angl. *multiprocessor.*

multiprogrammation [myltipʀɔgʀamasjɔ̃] n. f. INFORM Mode de fonctionnement d'un ordinateur permettant l'exécution simultanée de plusieurs programmes sur la même machine. – De *multi-,* et *programmation.*

multirisque [myltiʀisk] adj. FIN *Assurance multirisque,* qui couvre des risques de nature différente. – De *multi-,* et *risque.*

multistandard [myltistɑ̃daʀ] adj. inv. et n. m. Se dit d'un récepteur de télévision susceptible de recevoir des émissions d'émetteurs ayant des normes différentes (nombre de lignes, nombre d'images à la seconde). – De *multi-,* et *standard.*

multitube [myltityb] adj. MILIT *Canon multitube,* comportant plusieurs tubes accolés. – De *multi-*, et *tube.*

multitubulaire [myltitybylɛʀ] adj. TECH *Chaudière multitubulaire,* dont la surface de chauffe est constituée de tubes à l'intérieur desquels circule l'eau. – De *multi-*, et *tubulaire.*

multitude [myltityd] n. f. **1.** Grand nombre. *Une multitude de spectateurs. Il reste une multitude de points à éclaircir.* **2.** Péjor. Le plus grand nombre, le commun des hommes. *Flatter la multitude.* Syn. foule, masse. – Lat. *multitudo.*

munichois, oise [mynikwa, waz] adj. et n. **1.** De Munich. **2.** HIST Péjor. Partisan des accords de Munich (qui en 1938, consacrèrent la politique d'*apaisement* des gouvernements anglais et français vis-à-vis de l'expansionnisme du Troisième Reich). – Du n. de *Munich,* ville de Bavière, en République fédérale d'Allemagne.

municipal, ale, aux [mynisipal, o] adj. Relatif à une municipalité et à son administration. *Loi municipale. Conseil municipal.* – Lat. *municipalis,* de *municipium,* «municipe».

municipalisation [mynisipalizasjɔ̃] n. f. Action de municipaliser. – De *municipaliser.*

municipaliser [mynisipalize] v. tr. [1] Soumettre au contrôle d'une municipalité. – De *municipal.*

municipalité [mynisipalite] n. f. **1.** La plus petite division administrative au Canada, dirigée par un maire et son conseil municipal. *Municipalité urbaine, rurale. Municipalité de village, de paroisse.* ▷ Par ext. Conseil formé du maire et des conseillers d'une municipalité. *Règlement adopté par la municipalité.* **2.** *Municipalité régionale de comté (M.R.C.):* organisme régional de gestion, de coordination et d'administration de services dispensés aux municipalités rurales qui en font partie et à leurs contribuables. *Les municipalités régionales de comté ont été créées en 1979, en vertu d'une loi de l'Assemblée nationale du Québec. Une M.R.C. a à sa tête un préfet élu parmi les maires des municipalités que regroupe cette M.R.C.* – De *municipal.*

ENCYCL Dans les lois du Québec, le terme «municipalité» désigne normalement le territoire qui a été érigé pour fins d'administration municipale; par contre, selon le législateur, c'est la corporation municipale qui constitue le corps politique formé par les habitants et les contribuables d'une municipalité. C'est toutefois ce dernier terme que l'on utilise couramment pour décrire ces deux réalités.

À Québec, les municipalités rurales et les villages sont régis par le *Code municipal.* Une corporation sera créée, par proclamation gouvernementale, s'il y a une population d'au moins trois cents personnes sur le territoire visé par une requête présentée par une majorité des propriétaires d'immeubles qui y vivent.

Par contre, les villes sont régies par la *Loi sur les cités et villes.* Un territoire peut être constitué en municipalité de ville s'il forme déjà une municipalité selon le *Code municipal,* s'il compte une population d'au moins deux mille habitants et si le gouvernement accepte d'émettre des lettres patentes à cette nouvelle corporation à la suite d'une requête présentée par le conseil municipal.

Enfin, certaines villes, les plus importantes, possèdent une charte spéciale qui détermine leurs pouvoirs et leurs obligations.

Les municipalités ont des pouvoirs relativement étendus, principalement en matière d'imposition de taxes, de financement, de police et d'urbanisme. Elles assurent aux contribuables, notamment, les services d'aqueduc, d'égout, de déneigement, de loisir.

Les municipalités sont administrées par un conseil municipal composé de personnes élues et présidé par un maire. Les pouvoirs les plus importants sont exercés par voie de règlement alors que les décisions purement administratives font l'objet de simples résolutions.

Près de cent cinquante lois affectent actuellement le fonctionnement des municipalités au Québec. Les plus importantes sont la *Loi sur la fiscalité municipale* qui détermine les pouvoirs des municipalités en matière d'évaluation et, en partie, de taxation; la *Loi sur l'aménagement et l'urbanisme* et la *Loi sur la protection du territoire agricole* qui établissent les règles à respecter en ces matières, ainsi que la *Loi sur les élections et les référendums dans les municipalités,* entrée en vigueur le 1er janvier 1988, qui réglemente toutes les formes de consultations populaires pour ce niveau de gouvernement.

municipe [mynisip] n. m. ANTIQ Cité sous dépendance romaine qui jouissait du droit de s'administrer elle-même. – Lat. *municipium,* de *munia,* «fonctions», et *capere,* «prendre, assumer».

munificence [mynifisɑ̃s] n. f. Grande libéralité, générosité, largesse. *Traiter un hôte avec munificence.* – Lat. *munificentia,* de *munificus,* «généreux», de *munus,* «présent», et *facere,* «faire».

munificent, ente [mynifisɑ̃, ɑ̃t] adj. D'une grande générosité. – Du préc.

munir [myniʀ] v. tr. [2] **1.** Pourvoir du nécessaire. *Munir des voyageurs de vivres.* ▷ v. pron. *Se munir contre la pluie.* – Fig. *Se munir de patience.* – Au pp. *Il est mort muni des sacrements de l'Église.* **2.** Garnir, équiper. *Fauteuils munis de housses.* – Lat. *munire,* «fortifier, construire».

munition [mynisjɔ̃] n. f. **1.** Vx Ensemble des denrées et des équipements destinés aux armées. *Pain de munition.* **2.** Plur. Approvisionnement pour les armes à feu (cartouches, obus, grenades, etc.). – Du lat. *munitio,* «fortification».

munitionnaire [mynisjɔnɛʀ] n. m. HIST Agent qui approvisionnait les troupes en vivres, sous l'Ancien Régime en France. – Du préc.

munster [mœ̃stɛʀ] n. m. Fromage de lait de vache, à pâte grasse, fabriqué dans les Vosges, en France. – Du n. de *Munster,* ch.-l. de cant. dans le Ht-Rhin.

muon [myɔ̃] n. m. PHYS NUCL Lepton négatif, de masse élevée, à la vie extrêmement brève (symbole μ^-). V. encycl. particule. – De *mu,* et *(électr)on.*

muphti. V. mufti.

muqueux, euse [mykø, øz] adj. et n. f. MED **1.** De la nature du mucus. **2.** Qui sécrète du mucus. ▷ N. f. ANAT Membrane qui tapisse l'intérieur des organes creux communiquant directement avec l'extérieur, et qui sécrète du mucus. *Muqueuse buccale.* – Du lat. *mucosus,* de *mucus,* «morve».

mur [myʀ] n. m. **1.** Ouvrage de maçonnerie servant à soutenir un plancher ou une charpente *(mur porteur),* ou à cloisonner un espace. *Mur de brique. Mur de refend*. Mur de soutènement.* ▷ Loc. *Coller qqn au mur,* pour le fusiller. – Prov. *Les murs ont des oreilles:* il faut se méfier, on peut être entendu. – *Mettre qqn au pied du mur,* le mettre en demeure de prendre une décision, de faire qqch, etc. ▷ Plur. *Les murs:* l'enceinte d'une ville. – *Par ext.* La ville elle-même. *Vous êtes dans nos murs.* **2.** *Par ext.* Toute barrière. *Un mur de rondins.* **3.** Fig. Barrière, limite fictive. *Le mur de la vie privée.* – Ce qui constitue un obstacle. *Il se heurta à un mur de silence.* ▷ AVIAT *Mur du son:* ensemble des phénomènes aérodynamiques qui font obstacle au franchissement de la vitesse du son par un avion, un missile, etc. ▷ *Mur de la chaleur:* limite au-delà de laquelle l'échauffement aérodynamique dû au déplacement d'un engin risque d'endommager ses structures. – Lat. *murus*.

mûr, mûre [myʀ] adj. **1.** (En parlant d'un fruit.) Parvenu à un point de développement qui le rend propre à propager l'espèce ou à être consommé. *Blé, raisin mûrs.* **2.** *Par ext.* Qui est prêt à être réalisé, à remplir une fonction, etc., dans des conditions idéales. *L'affaire n'est pas encore mûre, attendons un peu.* – (Personnes.) *Être mûr pour qqch*, être en âge, en situation de l'obtenir. **3.** Qui a atteint son développement complet, physique ou intellectuel. *Homme mûr, Âge mûr.* ▷ *Abcès mûr*, prêt à percer. **4.** Qui a un jugement sage et réfléchi. *Esprit mûr. Fillette mûre pour son âge.* ▷ *Après mûre réflexion:* après avoir longuement réfléchi, délibéré. **5.** Fam. *Étoffe mûre*, usée, près de se déchirer. ▷ Pop. *Être mûr:* être ivre. – Du lat. *maturus*.

murage [myʀaʒ] n. m. Action de murer. – De *murer*.

muraille [myʀɑj] n. f. **1.** Mur épais et assez haut. *Pan de muraille.* ▷ *Couleur de muraille:* couleur grise, qui se confond avec celle des murs. **2.** Construction servant de clôture, de défense; fortification. *Muraille crénelée. La Grande Muraille de Chine.* Syn. rempart, enceinte. **3.** MAR Partie de la coque du navire comprise entre la flottaison et le plat-bord. **4.** ZOOL Partie extérieure du sabot d'un cheval. – De *mur*.

mural, ale, aux [myʀal, o] adj. **1.** Qui se fixe, s'applique au mur. *Four, réfrigérateur mural.* ▷ BX-A *Peinture murale*, faite directement sur un mur. – Subst. *Une murale.* **2.** ANTIQ *Couronne murale*, que les Romains donnaient à celui qui, le premier, escaladait les murs d'une ville assiégée. – Lat. *muralis*.

mûre [myʀ] n. f. **1.** Fruit comestible du mûrier. *Sirop de mûres.* **2.** Fruit comestible de la ronce. – A. fr. *meure*, lat. pop. *mora*, du class. *morum*.

mûrement [myʀmɑ̃] adv. Avec beaucoup de réflexion. *Mûrement réfléchi.* – De *mûr*.

murène [myʀɛn] n. f. Poisson marin apode, au corps mince et long, très vorace. – Lat. *muræna*, gr. *muraina*.

murer [myʀe] v. tr. [1] **1.** Entourer de murs, de murailles. *Murer une ville.* **2.** Fermer par une maçonnerie. *Murer une porte.* **3.** Enfermer en maçonnant les issues. *Murer un prisonnier.* **4.** Fig. Soustraire à toute influence extérieure. *Murer sa vie privée.* ▷ v. pron. S'enfermer pour s'isoler. *Elle se mura chez elle pour réfléchir.* – Fig. *Se murer dans son obstination.* – De *mur*.

muret [myʀɛ] n. m. ou **murette** [myʀɛt] n. f. Mur de faible hauteur. – Dimin. de *mur*.

murex [myʀɛks] n. m. Mollusque gastéropode dont la coquille est garnie d'épines, de tubercules, et prolongée en siphon tubulaire. *Les Anciens extrayaient la pourpre d'un murex.* – Mot lat.

muriate [myʀjat] n. m. CHIM Vx Chlorure. – Du lat. *muria*, «saumure».

muriatique [myʀjatik] adj. CHIM *Acide muriatique*, syn. anc. d'*acide chlorhydrique*. – Lat. *muriaticus*.

muridés [myʀide] n. m. pl. ZOOL Famille de rongeurs à museau pointu comprenant les rats, les souris et les mulots. – Du lat. *mus, muris*, «souris».

mûrier [myʀje] n. m. *Mûrier blanc* (*Morus alba*, fam. moracées): arbre haut d'une vingtaine de mètres, originaire d'Extrême-Orient, cultivé pour ses feuilles qui servent de nourriture aux vers à soie. – *Mûrier noir (Morus nigra):* arbre haut d'environ 6 m, originaire de Perse, dont les fruits noirâtres ont des propriétés astringentes. – De *meure*, forme anc. de *mûre*.

mûrir [myʀiʀ] **I.** v. intr. [2] **1.** Devenir mûr. *Les fruits mûrissent en été.* – Fig. *Laisser mûrir une affaire.* **2.** Acquérir du jugement. *Esprit qui mûrit.* **II.** v. tr. **1.** Rendre mûr. *Le soleil mûrit les blés.* **2.** Former (qqn), lui donner de la sagesse, du jugement. *Ces épreuves l'ont mûri.* **3.** Mettre au point peu à peu. *Mûrir un projet.* – De *mûr*, ou de l'a. fr. *maürer*, «devenir mûr».

mûrissement [myʀismɑ̃] n. m. Venue à maturation (des fruits). – Du préc.

mûrisserie [myʀisʀi] n. f. TECH Local où on laisse mûrir certains fruits. *Mûrisserie de bananes.* – De *mûrir*.

murmel [myʀmɛl] n. m. Fourrure de marmotte imitant la marte ou le vison. – Mot all., «marmotte».

murmure [myʀmyʀ] n. m. **1.** Bruit continu, sourd et confus, de voix humaines. *Il entra et le murmure cessa brusquement. Murmure d'approbation.* **2.** *Par anal.* Bruit léger et régulier produit par des eaux qui coulent, le vent dans les feuilles, etc. *Le murmure du ruisseau.* **3.** (Souvent pl.) Plaintes, commentaires plus ou moins malveillants exprimés à mi-voix par des personnes mécontentes. *Provoquer des murmures de protestation.* ▷ On-dit, bruit qui court. *Faire cesser les murmures.* – Déverbal de *murmurer*.

murmurer [myʀmyʀe] v. intr. [1] **1.** Parler, prononcer à voix basse. *Elle murmurait plus qu'elle ne parlait.* ▷ V. tr. *Il lui murmura quelques mots à l'oreille.* Syn. chuchoter. **2.** Émettre un murmure, un bruit léger et régulier. *Le vent murmure dans le feuillage.* **3.** Se plaindre, protester sourdement. *Murmurer entre ses dents. Murmurer contre un ordre reçu.* ▷ Faire des commentaires à voix basse, de bouche à oreille; jaser. *En ville, on murmurait à leur sujet.* – Lat. *murmurare*, de *murmur*, «murmure, bourdonnement, grondement», onomat.

murrhin, ine [myʀɛ̃, in] adj. ANTIQ *Vase murrhin:* vase précieux fabriqué dans une matière irisée mal connue, peut-être de la porcelaine de Chine. – Lat. *murrhinus*.

musacées [myzase] n. f. pl. BOT Famille de monocotylédones tropicales comprenant notam. le bananier. – Du lat. bot. mod. *musa*, «bananier».

musagète [myzaʒɛt] adj. m. MYTH Se dit d'Apollon en tant que «conducteur des Muses». – Lat. d'orig. gr. *musagetes*.

musaraigne [myzaʀɛɲ] n. f. Petit mammifère insectivore au museau pointu (genres *Sorex* et voisins, fam. soricidés), dont quelques espèces dont la *musaraigne cendrée (Sorex cinereus)*, la *musaraigne palustre (Sorex palustris)* et la *musaraigne pygmée (Microsorex hoyi)* sont très répandues en Amérique du Nord. Lat. pop. *musaranea*, de *mus*, «rat», et *aranea*, «araignée».

musard, arde [myzaʀ, aʀd] adj. et n. Rare Flâneur. – De *muser*.

musarder [myzaʀde] v. intr. [1] Flâner. – Du préc.

musardise [myzaʀdiz] ou **musarderie** [myzaʀdəʀi] n. f. Vx Flânerie. – De *musard*.

musc [mysk] n. m. **1.** Substance très odorante extraite des glandes abdominales du chevrotain portemusc mâle. **2.** Parfum à base de musc. – Bas lat. *muscus*, du persan *muchk*.

muscade [myskad] n. et adj. **1.** n. f. Fruit du muscadier, dont la graine *(noix muscade)*, réduite en poudre, est utilisée comme condiment. **2.** adj. *Rose muscade:* variété de rose rouge. **3.** n. f. Petite boule de la grosseur d'une muscade dont se servent les escamoteurs dans leurs tours. ▷ Loc. fig. *Passez muscade!:* le tour a réussi, le tour est joué. – Anc. provenç. *muscada*, de *musc*.

muscadet [myskadɛ] n. m. **1.** Cépage blanc des vignobles de l'embouchure de la Loire, en France. **2.** Vin blanc sec provenant de ce cépage. – Mot provenç., «vin muscat».

muscadier [myskadje] n. m. Arbrisseau proche des magnoliacées, qui produit la muscade. – De *muscade.*

muscardin [myskaʀdɛ̃] n. m. Petit rongeur au pelage roux doré, long d'une quinzaine de centimètres, qui construit un nid en boule dans les buissons. – Ital. *moscardino,* «pastille parfumée au musc», par allus. à l'odeur musquée qu'on attribuait autref. à cet animal.

muscardine [myskaʀdin] n. f. Maladie mortelle des vers à soie, due à une moisissure. – Provenç. *moscardino.*

muscari [myskaʀi] n. m. Plante ornementale (fam. liliacées) à fleurs en grappes bleues, blanches ou rouge violacé. – Mot du lat. bot., du bas lat. *muscus,* «musc».

muscarine [myskaʀin] n. f. Substance alcaloïde toxique de certains champignons vénéneux. – Du lat. scientif. *muscaria (amanita),* «amanite tue-mouches», d'où est extrait ce poison; de *musca,* «mouche».

muscat [myska] n. m. et adj. **1.** Variété de raisin parfumé, d'odeur musquée. ▷ Adj. *Raisin muscat.* – Au fém. (rare). *«La Treille muscate», ouvrage de Colette.* **2.** Vin fait avec ce raisin. – Mot provenç., de *musc.*

muscidés [myside] n. m. pl. ZOOL Famille de diptères comprenant les mouches proprement dites. – Du lat. *musca,* «mouche».

muscinées [mysine] n. f. pl. Classe de végétaux bryophytes appelés couramment mousses. – Du lat. *muscus,* «mousse».

muscle [myskl] n. m. Organe contractile assurant le mouvement, chez l'homme et chez les animaux. *Gonfler ses muscles.* ▷ Fam. *Avoir du muscle:* être très fort. – Lat. *musculus,* «petit rat, moule, muscle».

ENCYCL Selon les fibres qui les composent, on distingue: les muscles rouges striés (appelés aussi muscles squelettiques, car ils sont en relation avec les os), agents de la mobilité volontaire; les muscles lisses, ou involontaires, qui obéissent au système neurovégétatif. Le muscle cardiaque doit être classé à part, car il possède à la fois des fibres lisses et des fibres striées.

musclé, ée [myskle] adj. Qui a les muscles volumineux, bien dessinés. *Athlète musclé.* Fig. Qui a du nerf, qui est fort, qui a du corps. *Musique musclée.* – Du préc.

muscler [myskle] v. tr. [1] Développer les muscles de (qqn). *Le sport l'a musclé.* – De *muscle.*

muscovite [myskɔvit] n. f. MINER Mica blanc. – De *Muscovy,* nom angl. de la Moscovie, État russe constitué autour de Moscou (XVe-XVIIe s.).

musculaire [myskylɛʀ] adj. Des muscles, qui a rapport aux muscles. – Du lat. *musculus* (V. muscle).

musculation [myskylasjɔ̃] n. f. Développement de la musculature ou de certains groupes musculaires. – Ensemble d'exercices spécialement étudiés pour favoriser ce développement. – Du lat. *musculus* (V. muscle).

musculature [myskylatyʀ] n. f. Ensemble des muscles du corps. *Musculature d'un culturiste.* – Du lat. *musculus* (V. muscle).

musculeux, euse [myskylø, øz] adj. **1.** ANAT Composé de fibres musculaires. **2.** Qui a une forte musculature. – Lat. *musculosus.*

muse [myz] n. f. **1.** MYTH Chacune des neuf déesses qui présidaient aux arts libéraux*. *Calliope était la muse de l'éloquence, Clio de l'histoire, Érato de l'élégie, Euterpe de la musique, Melpomène de la tragédie, Polymnie de la poésie lyrique, Terpsichore de la danse, Thalie de la comédie et Uranie de l'astronomie.* **2.** *La muse, les muses,* la poésie. ▷ Litt., plaisant. *Taquiner la Muse:* composer à l'occasion des poèmes, par divertissement. **3.** Vieilli Femme qui inspire un poète, un artiste. – Lat. *musa,* gr. *moûsa.*

museau [myzo] n. m. **1.** Partie antérieure de la tête de certains animaux (mammifères, sauf le cheval; poissons) comprenant la gueule et le nez. *Museau de chien, de requin.* **2.** Fam. Visage. *Vilain museau.* **3.** CUIS Préparation faite avec la chair cuite des têtes de bœuf ou de porc. *Museau à la vinaigrette.* – De l'a. fr. *mus*; lat. pop. *musus,* orig. incert.

musée [myze] n. m. **1.** Vx Établissement consacré aux lettres, aux arts, aux sciences. **2.** Mod. Endroit public où sont rassemblées des collections d'objets d'art, ou présentant un intérêt historique, scientifique, technique. *Musée des beaux-arts. Musée des arts décoratifs. Musée océanographique.* – Lat. *museum,* gr. *mouseîon*; «temple des Muses, lieu consacré aux études».

ENCYCL La communauté internationale définit aujourd'hui le musée comme un établissement ouvert au public, qui se consacre à la recherche, à la conservation et à la diffusion des témoins matériels de l'homme et de son environnement à des fins d'éducation et de délectation.

Fondés depuis l'Antiquité sur la base de collections d'objets, les musées ont longtemps été associés aux cabinets de curiosités, aux collectionneurs particuliers qui, depuis la Renaissance, rassemblent d'inimaginables séries de productions humaines ou naturelles provenant de tous les continents. Les grands musées publics d'Occident ne sont apparus qu'à la fin du XVIIIe siècle, puis se sont développés au XIXe siècle, bénéficiant des guerres impériales, des progrès de la science et des grandes explorations retraçant autant les civilisations méditerranéennes qu'orientales et précolombiennes.

Au Canada, quelques érudits rassemblent dès le XVIIIe siècle des collections d'histoire naturelle: Michel Sarrazin, Jean-François Gaulthier et le gouverneur La Galissonnière. Puis des ecclésiastiques rassemblent à leur tour des collections de plantes, de minéraux, d'animaux, d'objets et d'oeuvres d'art pour illustrer leur enseignement dans les collèges et les séminaires. Ces collections serviront de fonds initial à plusieurs musées publics, plus tard, au milieu du XXe siècle. En 1824, Pierre Chasseur ouvre pour quelques mois, à Québec, le premier musée public du Bas-Canada, consacré surtout aux sciences naturelles. Il faut toutefois attendre la fin du XIXe siècle pour voir surgir à Montréal, à Ottawa et à Toronto de grands musées.

Le dernier quart de notre siècle appartient déjà aux musées, car plusieurs institutions de grande envergure verront sous peu le jour partout au Canada; sans compter les écomusées, les centres d'information historique, les parcs de conservation et les centres d'initiation aux sciences qui ont fait éclater la conception traditionnelle du musée.

Aujourd'hui, l'objet d'étude et de conservation peut être aussi bien une ville, un territoire, qu'un produit industriel ou un savoir-faire. L'animation culturelle et les technologies de communication viennent assister les muséologues dans leur oeuvre d'éducation: les musées d'aujourd'hui préfigurent déjà les universités populaires.

museler [myz(ə)le] v. tr. [22] **1.** Mettre une muselière à (un animal). **2.** Fig. Empêcher de s'exprimer. *Museler la presse.* – De *musel,* forme anc. de *museau.*

muselet [myzlɛ] n. m. TECH Armature en fil de fer qui tient le bouchon d'une bouteille de vin mousseux. – De *musel*, forme anc. de *museau*.

muselière [myzəljɛʀ] n. f. Appareil que l'on met au museau de certains animaux, pour les empêcher de mordre ou de manger. *Mettre une muselière à un chien.* – De *musel*, forme anc. de *museau*.

musellement [myzɛlmɑ̃] n. m. Action de museler. – De *museler.*

muséographie [myzeɔgʀafi] n. f. Description des musées; description, étude de leurs collections. – De *musée*, et *-graphie*.

muséologie [myzeɔlɔʒi] n. f. Ensemble des connaissances scientifiques et techniques concernant la conservation et la présentation des collections des musées. – De *musée*, et *-logie*.

muséologue [myzeɔlɔg] n. Spécialiste de muséologie. – De *muséologie.*

muser [myze] v. intr. [1] Perdre son temps. – «Rester le museau en l'air», de l'a. fr. *mus*, «museau».

muserolle [myzʀɔl] n. f. TECH Partie de la bride qui se place au-dessus du nez du cheval. – Ital. *museruola*, de *muso*, «museau».

musette [myzɛt] n. f. (et n. m.) **I. 1.** Instrument de musique populaire, sorte de cornemuse. **2.** Air fait pour la musette. **3.** Appos. *Bal musette*, ou, n. m., *musette:* bal populaire (à l'origine, bal où l'on dansait au son de la musette). **II.** Sac en toile que l'on peut porter en bandoulière. – De l'a. fr. *muse*, même sens, de *muser* au sens anc., «jouer de la musette».

muséum [myzeɔm] n. m. Musée consacré aux sciences naturelles. – Lat. *museum* (cf. musée).

musical, ale, aux [myzikal, o] adj. **1.** Relatif à la musique. *Composition musicale.* **2.** Où l'on donne de la musique. *Soirée musicale.* **3.** Qui a le caractère de la musique; harmonieux, chantant. *Phrase musicale. L'italien est une langue musicale.* ▷ Par ext. *Avoir l'oreille musicale:* être apte à saisir, à reconnaître les sons musicaux et leurs combinaisons. – De *musique.*

musicalement [myzikalmɑ̃] adv. **1.** D'une façon musicale, harmonieuse. **2.** Conformément aux règles de la musique. **3.** Pour ce qui est de la musique. – Du préc.

musicalité [myzikalite] n. f. Qualité de ce qui est musical. *Musicalité d'un enregistrement.* – *Musicalité d'un vers de Racine.* – De *musical.*

music-hall [myzikol] n. m. Anglicisme **1.** Établissement où se donnent des spectacles de variétés. *Des music-halls.* **2.** Ce genre de spectacle. *Une vedette de music-hall.* – Mots angl., «salle de musique».

musicien, ienne [myzisjɛ̃, jɛn] n. et adj. **1.** Personne qui connaît, pratique l'art de la musique. ▷ Adj. *Il est très musicien. Avoir l'oreille musicienne.* **2.** Personne dont la profession est de composer ou de jouer de la musique. *Bach est son musicien préféré. Un orchestre de soixante musiciens. Un musicien de jazz.* – De *musique.*

musicographe [myzikɔgʀaf] n. Auteur, critique qui écrit sur la musique. *Un musicographe spécialiste de Verdi.* – De *musique*, et *-graphe*.

musicographie [myzikɔgʀafi] n. f. Art, travail du musicographe. – Du préc.

musicologie [myzikɔlɔʒi] n. f. Étude de la musique dans ses rapports avec l'histoire, l'art, l'esthétique. – De *musique*, et *-logie*.

musicologue [myzikɔlɔg] n. Spécialiste de musicologie. – De *musique*, et *-logue*.

musicothérapie [myzikoteʀapi] n. f. PSYCHIAT Utilisation thérapeutique de la musique, des sons. – De *musique*, et *thérapie*.

musique [myzik] n. f. **1.** Art de combiner les sons suivant certaines règles. *«La musique seule échappe aux dangers de l'analyse et donne l'illusion de l'absolu en exprimant les idées les plus vagues sous la forme mathématique»* (Élie Faure). ▷ Ensemble des productions de cet art; œuvre musicale. *Musique religieuse. La musique française de l'époque romantique. Musique de chambre*, pour petit orchestre. *Musique atonale, dodécaphonique, sérielle. Musique enregistrée. Musique de film. Préférez-vous la musique classique ou la musique contemporaine?* **2.** Musique écrite. *Copier de la musique. Savoir déchiffrer la musique.* **3.** Société de musiciens exécutant de la musique ensemble. *Une musique militaire. Chef de musique.* **4.** loc. fig. et fam. *En avant la musique!* Allons-y! – *C'est toujours la même musique*, toujours la même chose, en parlant de qqch qu'on désapprouve. – *Connaître la musique:* savoir à quoi s'en tenir. – *Réglé comme du papier à musique:* très bien organisé, méthodique (ou: qui se produit inévitablement). **5.** Fig. Suite de sons qui produisent une impression agréable. *La musique d'une source.* – Lat. *musica*, gr. *mousikê*, «art des Muses».

musiquette [myzikɛt] n. f. Péjor. Musique facile, sans valeur. *Ce n'est que de la musiquette.* – Dimin. de *musique.*

musli. V. muësli.

musoir [myzwaʀ] n. m. TECH Extrémité arrondie d'une digue, d'une jetée. *Phare construit sur le musoir d'un môle-abri.* – De *museau.*

musophage [myzɔfaʒ] n. m. ZOOL Oiseau cuculiforme d'Afrique, qui se nourrit de bananes, type de la fam. des musophagidés (qui comprend aussi les touracos). – Du lat. bot. *musa*, «banane», et *-phage.*

musqué, ée [myske] adj. **1.** Parfumé au musc. **2.** Dont l'odeur rappelle le musc. *Poire musquée.* **3.** ZOOL *Bœuf musqué:* ovibos. – *Rat musqué:* ondatra. – Pp. de *musquer*, «parfumer au musc».

mussif [mysif] adj. m. TECH *Or mussif:* bisulfure d'étain, rappelant l'or par sa couleur et utilisé en dorure. – A. fr. *music*, du lat. médiév. *(aurum) musivum*, «(or) mosaïque».

mussitation [mysitasjɔ̃] n. f. MED Mouvement des lèvres sans production de son, symptomatique de certaines affections cérébrales. – Lat. *mussitatio*, de *mussitare*, «parler à voix basse».

mustang [mystɑ̃g] n. m. Cheval importé d'Europe et redevenu sauvage, dans l'Ouest des États-Unis. – De l'anc. esp. *mestengo*, «sans maître».

mustélidés [mystelide] n. m. pl. ZOOL Famille de mammifères à fourrure, carnivores, pourvus de glandes à musc. *L'hermine, la belette, la loutre, la fouine, le pékan, le vison sont des mustélidés.* – Du lat. *mustella*, «belette».

musulman, ane [myzylmɑ̃, an] adj. et n. **1.** Qui professe la religion islamique. ▷ Subst. *Un(e) musulman(e).* **2.** De la religion islamique. *Les fêtes musulmanes. Une communauté musulmane.* – De l'ar. *moslem*, propr. «qui s'est soumis (à Dieu)».

mutabilité [mytabilite] n. f. Litt. Caractère de ce qui est susceptible de changer. – De *mutable.*

mutable [mytabl] adj. Qui peut être changé. – De *muter* 2.

mutage [mytaʒ] n. m. TECH Opération consistant à arrêter la fermentation du jus de raisin en y ajoutant certains produits (alcool, notam.). – De *muter* 1.

mutagène [mytaʒɛn] adj. BIOL Qui produit une mutation. *Les radiations ionisantes sont mutagènes.* – De *muta(tion),* et *-gène.*

mutagenèse [mytaʒənɛz] n. f. BIOL Formation d'une mutation. – De *muta(tion),* et *genèse.*

mutant, ante [mytɑ̃, ɑ̃t] n. et adj. **1.** BIOL Être vivant portant une ou plusieurs mutations. ▷ Adj. Qui a subi une mutation. *Type mutant.* **2.** SOCIOL Personne qui change d'activité. – Ppr. de *muter* 2.

mutarotation [mytaʀɔtasjɔ̃] n. f. CHIM Évolution du pouvoir rotatoire spécifique d'une solution optiquement active. – De *muta(tion),* et *rotation.*

mutation [mytasjɔ̃] n. f. **1.** Changement. **2.** Remplacement d'une personne par une autre, changement d'affectation. *Mutation d'un fonctionnaire, d'un militaire.* **3.** MUS *Jeu de mutation:* jeu d'orgue qui permet d'ajouter des harmoniques aux sons émis par un autre jeu et d'en modifier ainsi le timbre. **4.** BIOL Modification du génome (patrimoine héréditaire) d'un être vivant, apparaissant brusquement et se transmettant aux générations suivantes. **5.** DR Transmission de la propriété. *Droits de mutation.* – Lat. *mutatio.*
ENCYCL **Biol.** – Une mutation résulte de la modification biochimique du gène *(récessif* ou *dominant)* responsable d'un caractère. Cette modification peut être naturelle (et dans ce cas elle est toujours aléatoire, l'influence de la vie du sujet et de son milieu étant nulle), ou produite artificiellement, notam. à l'aide de rayonnements ionisants. Le long d'un chromosome, le taux des mutations n'est pas identique pour tous les gènes; aussi distingue-t-on les gènes *instables,* qui mutent facilement, et les gènes *stables.* Il existe enfin des mutations dues à des remaniements héréditaires des chromosomes sans altération des gènes. On distingue divers types de mutations. **1.** Modification d'un segment complet de chromosome: translocations, boucles d'inversion, pertes de segments d'un chromosome, etc. **2.** Modification d'un triplet de base d'une molécule d'acide désoxyribonucléique (V. code génétique); le triplet modifié peut, soit ne plus porter d'information *(mutation non sens),* soit porter une information nouvelle *(mutation faux sens).* Les mutations sont responsables de l'évolution des espèces; la sélection des nouvelles espèces par le milieu naturel permet de distinguer les mutations létales (incompatibles avec la vie de l'individu porteur), néfastes et bénéfiques.

mutationnisme [mytasjɔnism] n. m. BIOL Théorie émise en 1901 par De Vries (1848-1935), qui explique l'évolution des êtres vivants par les mutations. – De *mutation.*

mutationniste [mytasjɔnist] adj. et n. **1.** adj. Relatif au mutationnisme. **2.** n. Partisan du mutationnisme. – Du préc.

mutatis mutandis [mytatismytɑ̃dis] loc. adv. En faisant les changements nécessaires. – Mots lat., «les choses devant être changées l'ayant été».

1. muter [myte] v. tr. [1] Pratiquer le mutage sur (un moût, un jus). – De *(vin) muet,* dont on a arrêté la fermentation.

2. muter [myte] v. tr. [1] Changer d'affectation. *Muter un fonctionnaire.* – Lat. *mutare.*

mutilateur, trice [mytilatœʀ, tʀis] adj. Qui mutile. *Intervention mutilatrice.* – De *mutiler.*

mutilation [mytilasjɔ̃] n. f. **1.** Amputation accidentelle d'un membre, d'une partie du corps. **2.** Dégradation. *Mutilation d'une œuvre d'art.* **3.** Suppression fâcheuse d'une partie d'un tout, partic., retranchement d'un passage d'un ouvrage. – Bas lat. *mutilatio.*

mutilé, ée [mytile] n. Personne qui a subi une mutilation. *Mutilé de guerre. Mutilé du travail.* – Pp. subst. de *mutiler.*

mutiler [mytile] v. tr. [1] **1.** Amputer (une personne, un animal) d'un membre, lui infliger une blessure grave qui porte atteinte irréversiblement à son intégrité physique (surtout au passif et au pp.). *Ancien combattant mutilé d'un bras.* **2.** Détériorer gravement, tronquer (une chose). *Mutiler une sculpture.* – *Mutiler un texte, un ouvrage* : l'amputer d'une partie essentielle. ▷ Fig. *Mutiler la vérité.* – Lat. *mutilare.*

mutin, ine [mytɛ̃, in] n. et adj. **1.** n. Personne qui est entrée en rébellion ouverte contre un pouvoir établi. **2.** adj. Espiègle, vif et taquin. *Garçonnet mutin.* – Par ext. *Air mutin.* – De *meute,* sens anc. «émeute».

mutiner (se) [mytine] v. pron. [11] Refuser d'obéir au pouvoir hiérarchique; se révolter. *Les soldats se sont mutinés et se sont emparés de la ville.* – De *mutin.*

mutinerie [mytinʀi] n. f. Action de se mutiner; son résultat. – De *mutin.*

mutisme [mytism] n. m. **1.** PSYCHIAT Attitude de celui qui refuse de parler, déterminée par des facteurs psychologiques (névrose, psychose). *Le mutisme est un élément caractéristique de l'autisme.* **2.** Cour. État, attitude de celui qui refuse volontairement de parler, de s'exprimer ou qui est contraint au silence. *S'enfermer dans un mutisme obstiné.* ▷ Fig. *L'étrange mutisme des autorités sur cette affaire.* – Du lat. *mutus,* «muet».

mutité [mytite] n. f. Impossibilité physiologique de parler, déterminée par des lésions des centres cérébraux du langage articulé, des organes phonateurs, ou par suite de surdité *(surdi-mutité).* – Bas lat. *mutitas.*

mutualisme [mytɥalism] n. m. ÉCON Doctrine qui préconise la mutualité. – De *mutualiste.*

mutualiste [mytɥalist] adj. et n. Relatif au mutualisme; fondé sur ses principes. *Société mutualiste.* ▷ Subst. Membre d'une société mutualiste. – De *mutuel.*

mutualité [mytɥalite] n. f. **1.** Rare Caractère de ce qui est mutuel. **2.** Système de solidarité sociale (assurance, prévoyance) fondé sur l'entraide mutuelle des membres cotisants groupés au sein d'une même société à but non lucratif. *La mutualité fut une des formes de socialisme préconisées par Proudhon.* – Ensemble des sociétés mutualistes. – De *mutuel.*

mutuel, elle [mytɥɛl] adj. (et n. f.) **1.** Réciproque, fondé sur un ensemble d'actes, de sentiments qui se répondent. *Haine mutuelle. Torts mutuels,* partagés. **2.** Fondé sur les principes de la mutualité. *Société d'assurance mutuelle* (à but non lucratif). ▷ N. f. *Une mutuelle:* une société mutualiste. – Du lat. *mutuus,* «réciproque».

mutuellement [mytɥɛlmɑ̃] adv. Réciproquement. *Ils s'aident mutuellement,* l'un l'autre. – De *mutuel.*

mutule [mytyl] n. f. ARCHI Ornement de la corniche dans l'ordre dorique, placé sous le larmier. – Lat. *mutulus,* «tête de chevron».

MW PHYS et ELECTR Symbole du mégawatt.

Mx Symbole du maxwell.

my(o)-. Élément, du gr. *mus,* «muscle».

myalgie [mjalʒi] n. f. MED Douleur musculaire. – De *my(o)-,* et *-algie.*

myasthénie [mjasteni] n. f. MED Affection musculaire caractérisée par une fatigabilité anormale des muscles volontaires, avec épuisement progressif de la force musculaire. – De *my(o)-,* et *asthénie.*

-myce, myc(o)-. Éléments, du gr. *mukês,* «champignon».

mycélium [miseljɔm] n. m. BOT Appareil végétatif des champignons, formé de filaments plus ou moins ramifiés, cloisonnés (hyphes) ou non (siphons). *Le mycélium constitue le thalle des champignons.* – Lat. scientif., du gr. *mukês.*

mycénien, ienne [misenjɛ̃, jɛn] adj. **1.** De Mycènes. **2.** Relatif à Mycènes, à la civilisation préhellénique née dans cette ville de la Grèce antique. **3.** n. m. Langue grecque archaïque. – De *Mycènes,* anc. v. de Grèce.

-mycète. Dernier élément de mots savants désignant des champignons (ex.: *basidiomycètes*).

myciculture [misikyltyʀ] n. f. Culture des champignons. – De *myc(o)-,* et *culture.*

myco-. V. -myce, myc(o)-.

mycobactérie [mikɔbakteʀi] n. f. BIOL Bactérie ayant des caractères proches de certains champignons. – De *myco-,* et *bactérie.*

mycoderme [mikɔdɛʀm] n. m. BOT Levure qui se forme en voile à la surface des liquides fermentés ou sucrés. *Mycoderme acétique* («fleur de vin»), qui transforme le vin en vinaigre. – Lat. scientif. *mycoderma.*

mycologie [mikɔlɔʒi] n. f. Partie de la botanique qui a pour objet l'étude des champignons. – De *myco-,* et *-logie.*

mycologique [mikɔlɔʒik] adj. Relatif à la mycologie, aux champignons. – Du préc.

mycologue [mikɔlɔg] n. Botaniste spécialisé dans l'étude des champignons. – De *mycologie.*

mycoplasme [mikɔplasm] n. m. BIOL Bactérie polymorphe de petite taille, dépourvue de paroi et parfois pathogène pour l'homme. – De *myco-,* et *-plasme.*

mycorhize [mikɔʀiz] n. m. BOT Champignon associé par symbiose aux racines d'un végétal. *Les mycorhizes peuvent être internes* (orchidées) *ou externes, formant un manchon autour des racines* (chêne, hêtre). – De *myco-,* et gr. *rhiza,* «racine».

mycose [mikoz] n. f. MED Affection due à un champignon parasite. – De *myc(o)-,* et *-ose* 2.

mydriase [midʀijɑz] n. f. MED Dilatation de la pupille, spontanée (accommodation), pathologique (paralysie de l'iris) ou provoquée (par des médicaments: atropine, notam.). – Gr. *mudriasis.*

mydriatique [midʀijatik] adj. (et n. m.) MED Relatif à la mydriase; qui provoque la mydriase. – *Substance mydriatique* (atropine, tabac, cocaïne, etc.), ou, n. m., *un mydriatique.* – Du préc.

mye [mi] n. f. Mollusque marin bivalve, comestible, qui vit enfoui dans le sable. – Du lat. *myax,* gr. *muax,* «moule».

myél(o)-, -myélite. Éléments, tirés du gr. *muelos,* «moelle».

myéline [mjelin] n. f. ANAT Substance constituée principalement de lipides dont les couches alternent avec des couches de protides, et qui forme l'essentiel de la gaine du cylindraxe de certaines cellules nerveuses. *Les fibres nerveuses pourvues d'une gaine de myéline forment la substance blanche du cerveau et de la moelle épinière.* – De *myél(o)-,* et *-ine.*

myélinique [mjelinik] adj. ANAT Se dit d'une cellule nerveuse pourvue d'une gaine de myéline. – Du préc.

myélite [mjelit] n. f. MED Inflammation de la moelle épinière. *La poliomyélite est une myélite virale de la substance grise.* – De *myél-,* et *-ite* 1.

-myélite. V. myél(o)-.

myéloblaste [mjelɔblast] n. m. BIOL Cellule souche des myélocytes dont dérivent les leucocytes granuleux (polynucléaires). *Certaines leucémies sont dues à la prolifération anarchique des myéloblastes.* – De *myélo-,* et *-blaste.*

myélocyte [mjelɔsit] n. m. BIOL Cellule jeune de la moelle osseuse, précurseur des leucocytes polynucléaires. – De *myélo-,* et *-cyte.*

myélogramme [mjelɔgʀam] n. m. MED Détermination de la nature et du pourcentage des différentes cellules qui constituent la moelle osseuse. – De *myélo-,* et *-gramme.*

myélographie [mjelɔgʀafi] n. f. MED Radiographie de la moelle épinière après injection dans le canal rachidien d'un produit opaque aux rayons X. – De *myélo-,* et *-graphie.*

myéloïde [mjelɔid] adj. MED Relatif à la moelle osseuse. – De *myél-,* et *-oïde.*

myélome [mjelom] n. m. MED Hémopathie maligne caractérisée par une prolifération de plasmocytes anormaux au sein de la moelle osseuse. – De *myél-,* et *-ome.*

myélopathie [mjelɔpati] n. f. MED Affection de la moelle épinière ou osseuse. – De *myélo-,* et *-pathie.*

myélosarcome [mjelɔsaʀkom] n. m. MED Sarcome de la moelle osseuse. – De *myélo-,* et *sarcome.*

mygale [migal] n. f. Grosse araignée des régions tropicales (nombr. genres), qui creuse un terrier qu'elle ferme par un opercule. *La morsure de la mygale, mortelle pour les petits animaux, est dangereuse pour l'homme.* – Du gr. *mugalê,* «musaraigne», de *mus,* «rat», et *galê,* «belette».

myo-. V. my(o)-.

myoblaste [mijɔblast] n. m. BIOL Cellule dont dérivent les fibres musculaires. – De *myo-,* et *-blaste.*

myocarde [mijɔkaʀd] n. m. ANAT Tunique du cœur, constituée de fibres musculaires striées. *Infarctus du myocarde:* V. infarctus. – De *myo-,* et suff. *-carde,* du gr. *kardia,* «cœur».

myocardie [mijɔkaʀdi] n. f. MED Atteinte du myocarde aboutissant à une insuffisance cardiaque. – Du préc.

myocardiopathie [mijɔkaʀdjopati] n. f. MED Maladie du myocarde. – De *myocarde,* et *-pathie.*

myocardite [mijɔkaʀdit] n. f. MED Atteinte inflammatoire, aiguë, subaiguë ou chronique, du myocarde, due à un rhumatisme articulaire aigu, à une scarlatine, à une infection virale, à la syphilis, etc. – De *myocarde,* et *-ite* 1.

myofibrille [mijɔfibʀij] n. f. BIOL Filament protéique contractile contenu dans le cytoplasme des fibres musculaires et dont il constitue l'appareil contractile. – De *myo-,* et *fibrille.*

myoglobine [mijɔglɔbin] n. f. BIOL Protéine du tissu musculaire, dont la structure, proche de celle de l'hémoglobine, permet le stockage de l'oxygène. – De *myo-,* et de *(hémo)globine.*

myogramme [mijɔgʀam] n. m. PHYSIOL Courbe obtenue à l'aide d'un myographe. – De *myo-,* et *-gramme.*

myographe [mijɔgʀaf] n. m. PHYSIOL Appareil servant à enregistrer les déplacements résultant de la contraction d'un muscle. – De *myo-,* et *-graphe.*

myographie [mijɔgʀafi] n. f. PHYSIOL Enregistrement graphique des contractions musculaires. – Du préc.

myologie [mijɔlɔʒi] n. f. Didac Partie de l'anatomie qui traite des muscles. – De *myo-,* et *-logie.*

myome [mijom] n. m. MED Tumeur bénigne formée de tissu musculaire. – De *my-,* et *-ome.*

myopathie [mijɔpati] n. f. MED Affection du tissu musculaire, acquise ou congénitale, d'origine métabolique, neurologique, endocrinienne ou toxique. – De *myo-,* et *-pathie.*

myope [mjɔp] adj. et n. Atteint de myopie. *L'œil myope est trop convergent, sa correction exige le port de verres divergents.* ▷ Fig. Peu perspicace, borné. – Lat. *myops*, gr. *muôps*, «qui cligne des yeux».

myopie [mjɔpi] n. f. Trouble de la vision des objets lointains, dû à un défaut optique du cristallin, qui forme l'image de l'objet en avant de la rétine. ▷ Fig. *Myopie intellectuelle.* – Gr. *muôpia.*

myopotame [mijɔpɔtam] n. m. ZOOL Ragondin. – Lat. zool. *myopotamus*, du gr. *mus*, «rat», et *potamos*, «fleuve».

myosine [mjozin] n. f. BIOCHIM Fibrine* musculaire qui joue un rôle important dans le mécanisme de la contraction musculaire. – De *myo-*, et *(proté)ine.*

myosis [mijɔzis] n. m. MED Diminution du diamètre de la pupille. – Mot lat., du gr. *muein*, «cligner de l'œil».

myosite [mijɔzit] n. f. MED Affection inflammatoire du tissu musculaire. – De *myo-*, et *-ite* 1.

myosotis [mjɔzɔtis] n. m. Petite plante (genre *Myosotis*, fam. borraginacées) à feuilles velues et à fleurs bleues, blanches ou roses, appelée aussi *ne-m'oubliez-pas* et *oreille-de-souris.* – Mot lat., du gr. *muosôtis*, de *mus*, «souris», et *ous, ôtos*, «oreille», à cause de la forme des feuilles.

myria- ou **myrio-.** Éléments, du gr. *murias*, «dizaine de mille».

myriade [miʀjad] n. f. Quantité immense et innombrable. *Des myriades d'étoiles.* – Du bas lat. *myrias*, gr. *murias*, «dizaine de mille».

myriapodes [miʀjapɔd] n. m. pl. ZOOL Classe d'arthropodes terrestres dont le corps est formé d'un grand nombre de segments presque identiques portant chacun une ou deux paires de pattes. (La morsure de certaines espèces de grande taille est venimeuse.) – Sing. *Un myriapode.* Syn. cour. mille-pattes. – De *myria-*, et *-pode.*

myrio-. V. myria-.

myriophylle [miʀjɔfil] n. m. BOT Plante d'eau douce dont les feuilles ont la forme de fines lanières. – De *myrio-*, et *-phylle.*

myrmidon ou **mirmidon** [miʀmidɔ̃] n. m. Fam., vieilli Homme chétif, de petite taille. – Fig., vieilli Homme sans importance, sans valeur. – Lat. *Myrmidones*, mot gr., de *murmêx*, «fourmi», n. d'un peuple de l'Antiq., dont Achille était le chef.

myrobolan [miʀɔbɔlɑ̃] n. m. PHARM Vx Fruit desséché de divers arbres de l'Inde, autref. utilisé dans la préparation de dépuratifs. – Lat. *myrobolanus*, gr. *murobolanos*, de *muron*, «parfum», et *balanos*, «gland».

myroxylon [miʀɔksilɔ̃] n. m. BOT Légumineuse arborescente d'Amérique du Sud dont la résine sert à la préparation du *baume du Pérou* et du *baume de tolu.* – Du gr. *muron*, «parfum», et *xulon*, «bois».

myrrhe [miʀ] n. f. Gomme résine aromatique produite par un arbre d'Arabie et que l'on utilise dans la préparation de certains cosmétiques et en pharmacie. *La myrrhe offerte par les Mages à l'enfant Jésus.* – Lat. *myrrha*, mot gr.

myrtacées [miʀtase] n. f. pl. BOT Famille de dicotylédones dialypétales voisine des rosacées, essentiellement tropicale (eucalyptus, giroflier, etc.) à l'exception du myrte. – De *myrte.*

myrte [miʀt] n. m. **1.** Arbuste ornemental méditerranéen (genre *Myrtus*) à feuilles persistantes coriaces, à fleurs blanches odorantes et à baies bleu-noir comestibles. **2.** ANTIQ et litt. La feuille du myrte, comme symbole de la gloire, de l'amour. – Lat. *myrtus*, gr. *murtos.*

myrtiforme [miʀtifɔʀm] adj. ANAT Qui a la forme des feuilles du myrte (en fer de lance). *L'abaisseur de l'aile du nez, ou muscle myrtiforme.* – De *myrte*, et *-forme.*

myrtille [miʀtij] n. f. **1.** En France, petit arbrisseau (*Vacinium myrtillus*, fam. éricacées) à fleurs blanches, apparenté au bleuet, qui pousse dans les forêts de montagne et produit des baies noires comestibles. **2.** Le fruit de cet arbrisseau, dit aussi *airelle. Confiture de myrtilles.* – Lat. *myrtillus*, de *myrtus*, «myrte».

mystagogie [mistagɔʒi] n. f. Didac. Initiation aux mystères. – De *mystagogue.*

mystagogue [mistagɔg] n. m. ANTIQ GR Prêtre qui initiait aux mystères sacrés. – Lat. *mystagogus*, gr. *mustagôgos*, de *mustês*, «initié», et *agein*, «conduire».

mystère [mistɛʀ] n. m. **I. 1.** ANTIQ Doctrine religieuse qui n'était révélée qu'aux seuls initiés. – *Au pl.* Cérémonies du culte qui se rapportaient à ces doctrines. *Les mystères grecs d'Éleusis.* **2.** THEOL Dogme révélé du christianisme, inaccessible à la raison. *Le mystère de la Trinité.* **3.** Ce qui n'est pas accessible à la connaissance humaine. *Les mystères de la nature, du cœur humain.* **4.** Ce qui est inconnu, incompréhensible (mais virtuellement connaissable). *Cette disparition reste un mystère pour la police. Percer un mystère.* **5.** Ce qui est tenu secret. *Les mystères de la politique.* ▷ Ensemble des précautions dont on s'entoure pour tenir une chose secrète (souvent sans raisons sérieuses). *Expliquez-nous, au lieu de faire des mystères! Il y est allé et n'en fait pas mystère*, et ne s'en cache pas. **6.** Crème glacée avec de la meringue et des amandes pilées. **II.** (Par confusion avec *ministerium*, var. *mistère.*) LITTER Drame religieux qui se jouait au Moyen Âge sur le parvis des églises. *«Le Mystère de la Passion», d'Arnoul Gréban (1452).* – Lat. *mysterium*, gr. *musterion*, de *mustês*, «initié».

mystérieusement [misteʀjøzmɑ̃] adv. D'une façon mystérieuse, cachée. *Agir mystérieusement.* – De *mystérieux.*

mystérieux, euse [misteʀjø, øz] adj. **1.** Qui est de la nature du mystère, contient un mystère, un sens caché. *Prophétie mystérieuse.* **2.** Cour. Qui fait des mystères. *Un homme mystérieux.* **3.** Sur qui ou sur quoi plane un mystère. *Personnage mystérieux. Disparition mystérieuse.* – De *mystère.*

mysticètes [mistisɛt] n. m. pl. ZOOL Sous-ordre de cétacés comprenant les espèces pourvues de fanons (baleines). – Du gr. *mustax*, «moustache», et *kêtos*, «gros poisson de mer».

mysticisme [mistisism] n. m. **1.** Doctrine philosophique, tour d'esprit religieux qui suppose la possibilité d'une communication intime de l'homme avec la divinité (communication qui procéderait d'une connaissance intuitive, immédiate) par la contemplation et l'extase. *Mysticisme chrétien, bouddhiste.* **2.** *Par ext.* Doctrine philosophique fondée sur l'intuition immédiate, sur une foi absolue en son objet. – De *mystique.*

mysticité [mistisite] n. f. Litt. ou didac. Foi mystique. – Pratique de dévotion empreinte de mysticisme. – De *mystique.*

mystifiable [mistifjabl] adj. Qui peut être mystifié. – De *mystifier.*

mystificateur, trice [mistifikatœʀ, tʀis] n. et adj. Personne qui aime mystifier. *L'œuvre d'un mystificateur.* ▷ Adj. Qui mystifie. *Annonce mystificatrice.* – De *mystifier.*

mystification [mistifikasjɔ̃] n. f. **1.** Acte, propos par lesquels on mystifie qqn. *Être victime d'une mystification.* **2.** Tromperie ou illusion collective (morale ou intellectuelle). *Marx considère que la religion est une mystification.* – De *mystifier.*

mystifier [mistifje] v. tr. [1] **1.** Tromper (qqn) en abusant de sa crédulité pour s'amuser à ses dépens. **2.** Tromper (qqn) en donnant d'une chose une idée séduisante, mais fallacieuse. *Se laisser mystifier par une propagande démagogique.* – Du gr. *mustês,* «initié», et *-fier.*

mystique [mistik] adj. et n. **1.** Relatif au mystère d'une religion. *Le corps mystique du Christ:* l'Église. **2.** Qui procède du mysticisme. *Foi, expérience, connaissance mystiques.* **3.** Prédisposé au mysticisme ou dont la foi en procède. – Subst. *Les mystiques du XVIII*e s. **4.** Dont le caractère est exalté, les idées absolues. *Un progressiste mystique.* – Subst. *Les mystiques de la révolution.* **5.** n. f. *La mystique:* l'ensemble des pratiques et des connaissances liées au mysticisme. *La mystique juive.* ▷ *Par anal.* Manière plus passionnelle que rationnelle d'envisager une idée, une doctrine. *La mystique révolutionnaire.* – Lat. *mysticus,* gr. *mustikos,* «relatif aux mystères».

mystiquement [mistikmɑ̃] adv. De manière mystique. – Dans un sens mystique. – Du préc.

mythe [mit] n. m. **1.** Récit légendaire transmis par la tradition, qui, à travers les exploits d'êtres fabuleux (héros, divinités, etc.), fournit une tentative d'explication des phénomènes naturels et humains (naissance du monde, de l'homme, des institutions; acquisition des techniques). *Les mythes égyptiens, grecs. Le mythe d'Œdipe, de Prométhée.* **2.** Représentation, amplifiée et déformée par la tradition populaire, de personnages ou de faits historiques, qui prennent force de légende dans l'imagination collective. *Le mythe napoléonien.* **3.** Représentation traditionnelle, simpliste et souvent fausse, mais largement partagée. *Le mythe de la galanterie française.* **4.** Croyance entretenue par la crédulité ou l'ignorance. *Le mythe de l'alcool qui fortifie.* **5.** Allégorie destinée à présenter sous une forme concrète et imagée une idée abstraite, une doctrine philosophique. *Le mythe platonicien de la caverne.* ▷ Fiction admise comme porteuse d'une vérité symbolique. *Le mythe de l'éternel retour.* – Bas lat. *mythus,* gr. *muthos,* «récit, fable».

-mythie, mytho-. Éléments, du gr. *muthos,* «fable».

mythification [mitifikasjɔ̃] n. f. Action de mythifier; son résultat. – De *mythifier.*

mythifier [mitifje] v. tr. [1] Conférer à (une chose, un fait, un personnage) une dimension mythique, quasi sacrée. – De *mythe,* et *-fier.*

mythique [mitik] adj. Qui a rapport au mythe, qui lui appartient ou qui en a le caractère. *Récits mythiques. Héros, personnages mythiques.* – Lat. *mythicus,* gr. *muthikos.*

mythologie [mitɔlɔʒi] n. f. **1.** Ensemble des mythes propres à une civilisation, à un peuple, à une religion. *La mythologie aztèque.* – *Spécial.* Mythologie de l'Antiquité gréco-latine. *Hercule, héros de la mythologie.* **2.** Discipline ayant pour objet l'étude des mythes, de leur origine et de leur signification. **3.** Ensemble de représentations idéalisées d'un objet investi de valeurs imaginaires liées à la mode, à la tradition, à des aspirations collectives inconscientes. *La mythologie de la star.* – Bas lat. *mythologia,* du gr.
ENCYCL Tous les peuples de la Terre, à un certain stade de leur développement, ont eu des mythologies, élaborées ou rudimentaires. L'une des sources les plus abondantes de la création mythique est l'ensemble des phénomènes naturels. Ainsi, dans la mythologie grecque, du Chaos sortent la Terre et le Désir, puis naissent l'Érèbe, la Nuit, la Mer, enfin le Ciel étoilé, *Ouranos,* et *Gaïa,* la Terre, qui forment le couple d'où sortent les autres dieux. À Ouranos succédera Zeus et aux Ouranides leurs descendants, les Olympiens. Malgré la diversité qui existe entre les mythologies des sociétés archaïques, on trouve de frappantes analogies entre tel ou tel thème. Dans certains cas, on peut expliquer les ressemblances par des contacts de civilisations. L'étude des mythes fait appel à l'histoire comparée, à la linguistique, à l'ethnologie et à la psychanalyse.

mythologique [mitɔlɔʒik] adj. Qui a rapport ou qui appartient à la mythologie. – Bas lat. *mythologicus.*

mythologue [mitɔlɔg] n. Spécialiste de l'étude des mythes. – Du gr. *muthologos,* «qui dit des fables».

mythomane [mitɔman] adj. et n. Qui relève de la mythomanie; qui en est atteint. *Délire mythomane.* ▷ Subst. *Un, une mythomane.* – De *mythomanie.*

mythomanie [mitɔmani] n. f. Tendance pathologique à dire des mensonges, à fabuler, à simuler. – De *mytho-,* et *manie.*

mytil(i)-, mytil(o)-. Éléments, du lat. *mytilus,* gr. *mutilos,* «coquillage, moule».

mytiliculteur, trice [mitilikyltœʀ, tʀis] n. Personne qui pratique la mytiliculture. – De *mytiliculture.*

mytiliculture [mitilikyltyʀ] n. f. Élevage des moules. – De *mytili-,* et *culture.*

mytilotoxine [mitilɔtɔksin] n. f. BIOCHIM Toxine contenue dans le foie des moules empoisonnées et qui peut causer chez l'homme une intoxication grave. – De *mytilo-,* et *toxine.*

myxine [miksin] n. f. ZOOL Cyclostome (genre *Myxina*), long de 20 à 30 cm, parasite interne de poissons. – Du gr. *muxa,* «mucosité», et *-ine.*

myxœdémateux, euse [miksedematø, øz] adj. et n. MED Relatif au myxœdème, causé par le myxœdème. *Arriération myxœdémateuse.* ▷ Atteint de myxœdème. Subst. *Un myxœdémateux.* – De *myxœdème.*

myxœdème [miksedɛm] n. m. MED Affection due à l'insuffisance ou à la suppression de la sécrétion thyroïdienne, caractérisée par un œdème blanchâtre de la peau et par des troubles sexuels et intellectuels (arriération mentale). – Du gr. *muxa,* «morve», et *oidêma,* «gonflement».

myxomatose [miksɔmatoz] n. f. MED VET Maladie infectieuse, mortelle et très contagieuse, causée aux lapins par un virus et transmise par les puces, caractérisée par des tuméfactions siégeant dans les zones de transition entre la peau et les muqueuses, par des œdèmes faciaux et par une inflammation purulente des paupières. – De *myxome,* «tumeur molle, composée de tissu muqueux», du gr. *muxa,* «morve», et *-ose* 2.

myxomycètes [miksɔmisɛt] n. m. pl. BOT Champignons inférieurs proches du règne animal par les affinités qu'ils présentent avec certains protozoaires. – Du gr. *muxa,* «morve», et *-mycète.*

myxovirus [miksoviʀys] n. m. BIOL *Les myxovirus:* groupe de virus qui comprend ceux de l'influenza, de la grippe, de la pneumonie virale et des oreillons. – Du gr. *muxa,* «morve, mucosité», et *virus.*

mzabite [mzabit] ou **mozabite** [mɔzabit] adj. et n. **1.** adj. Du Mzab. *L'architecture mozabite.* **2.** Subst. Habitant du Mzab. ▷ Musulman d'une secte schismatique dont la terre d'élection est le Mzab. ▷ *Le mzab:* langue berbère parlée au Mzab. – De *Mzab,* n. d'une région d'oasis dans le Sud algérien.

N n

n [ɛn] n. m. Quatorzième lettre et onzième consonne de notre alphabet. (Employé seul, *n* note la nasale apico-dentale [n]; devant une consonne ou en fin de mot, il nasalise la voyelle qui le précède, comme dans *anse* [ɑ̃s], *ronce* [ʀɔ̃s], *jardin* [ʒaʀdɛ̃], etc. Combiné avec *g* [gn], il note la palatale nasale [ɲ]: *peigne* [pɛɲ], *montagne* [mɔ̃taɲ], etc.) ▷ N., abrév. de *nord.* – N°, pour *numéro.* – N* ou N**: désigne une personne dont on ignore ou dont on préfère taire le nom. ▷ MATH N, symbole de l'ensemble des entiers naturels. – N* (on dit «n étoile»): symbole de l'ensemble des entiers naturels autres que zéro. – n, désigne souvent un indéterminé. ▷ BIOL *n:* nombre haploïde de chromosomes (V. encycl. chromosomes). ▷ PHYS N, symbole du neutron. – n, symbole de nano-. – N, symbole du nombre d'Avogadro.

N CHIM **1.** Symbole de l'azote, autrefois nommé *nitrogène.* **2.** Symbole du newton.

n'. V. ne.

na [na] interj. Exclamation enfantine renforçant une affirmation ou une négation. *J'irai pas, na!* – Onomat.

Na CHIM Symbole du sodium (Abrév. de *natrium,* anc. nom du sodium).

nabab [nabab] n. m. **1.** HIST Titre donné dans l'Inde musulmane aux gouverneurs des provinces, aux grands officiers de la cour des sultans. **2.** Mod. et plaisant. Homme très riche qui fait étalage de sa fortune. – Mot hindoustani, ar. *nūwwāb,* plur. de *nāïb,* «lieutenant».

nabis [nabi] n. m. pl. BX-A Groupe de peintres (M. Denis, E. Bernard, É. Vuillard, P. Bonnard, etc.) qui se constitua autour de Sérusier, son princ. animateur, en 1888. – De l'hébreu *nabi,* «prophète».
ENCYCL S'inspirant du synthétisme de Gauguin et de l'esthétique symboliste, les nabis révolutionnèrent les techniques décoratives (vitrail, détrempe, lithographie, affiche, illustration de livres). Leur dernière exposition (regroupés autour d'O. Redon) eut lieu en 1899.

nabla [nabla] n. m. MATH Opérateur (utilisé dans le calcul vectoriel et différentiel) symbolisé par un delta renversé ($\vec{\nabla}$). – Par anal. avec la forme triangulaire d'un instrument de musique hébraïque.

nabot, ote [nabo, ɔt] n. et adj. Péjor. Personne de très petite taille, presque naine. – Probabl. altér. de *nainbot,* de *nain,* et *bot* (germanique *butt,* «crapaud»).

nacelle [nasɛl] n. f. **1.** Vx, litt. Petite embarcation à rames, sans mât ni voile. **2.** Mod. Panier fixé sous un aérostat et dans lequel prennent place les aéronautes. ▷ TECH Légère plate-forme suspendue munie d'un garde-corps. *Nacelle de laveur de carreaux.* – Du bas lat. *navicella, naucella,* dimin. de *navis,* «bateau».

nacre [nakʀ] n. f. **1.** Substance calcaire et organique, dure, brillante, à reflets irisés et chatoyants, qui recouvre la face interne de la coquille de certains mollusques et que l'on utilise en bijouterie et en marqueterie. *Perles véritables en nacre pure. Boutons de nacre.* **2.** Litt. Couleur nacrée. – Ar. *naqqāra*; ital. *naccaro.*

nacré, ée [nakʀe] adj. Qui a l'éclat, l'aspect de la nacre. – De *nacre.*

nacrer [nakʀe] v. tr. [1] **1.** TECH Donner (aux fausses perles de verre) l'aspect de la nacre. **2.** Donner l'irisation de la nacre. – De *nacre.*

nadir [nadiʀ] n. m. ASTRO Point imaginaire de la sphère céleste locale, opposé au zénith, situé à la verticale de l'observateur sous le plan horizontal. – Ar. *nadhir,* «opposé (au zénith)».

nævus [nevys], pl. **nævi** [nevi] n. m. MED Malformation de la peau d'origine embryonnaire, souvent congénitale, se présentant sous la forme de taches ou de tumeurs. *Nævus vasculaire* (tache de vin). *Les grains de beauté sont des nævi pigmentaires.* – Mot lat., «tache, verrue».

nage [naʒ] n. f. **1.** Action de nager. *Passer une rivière à la nage :* en nageant. ▷ Manière de nager. *Le crawl est la nage la plus rapide.* – SPORT *Nage libre:* épreuve de natation où le type de nage n'est pas imposée. *En nage libre, les concurrents choisissent habituellement le crawl.* **2.** MAR Action, manière de ramer. *Bancs de nage,* sur lesquels sont assis les rameurs. *Chef de nage,* qui dirige les rameurs. **3.** loc. fam. *Être en nage,* tout mouillé de sueur. **4.** *Homard à la nage,* que l'on sert dans le court-bouillon de cuisson. – Déverbal de *nager.*

nageoire [naʒwaʀ] n. f. Organe locomoteur et stabilisateur, en forme de palette, des poissons. *Nageoires paires:* nageoires pectorales, pelviennes. *Nageoires impaires:* nageoires dorsale (homocerque ou hétérocerque, selon les groupes), caudale, anale. – *Par ext.* Organe natatoire de certains animaux aquatiques (marsouins, phoques, etc.; à propos de ces animaux, les zoologistes préfèrent parler de *palette natatoire*). – De *nager.*

nager [naʒe] v. intr. [15] **1.** Se soutenir et avancer sur l'eau ou sous l'eau par des mouvements adéquats. *Nager comme un poisson. Apprendre à nager.* ▷ Fig., fam. *Savoir nager:* savoir manœuvrer, être habile en affaire, et souvent peu scrupuleux. – *Nager contre le courant:* lutter contre le cours des choses. **2.** (Choses.) Être plongé, noyé, dans un liquide. *Quelques morceaux de viande nageant dans la sauce.* **3.** Fig. Être pleinement dans tel état, telle situation. *Nager dans le bonheur, dans l'opulence.* **4.** Fam. Être très au large (dans un vêtement). **5.** Fam. Se trouver très embarrassé, ne savoir que faire. *Tout cela le dépasse, il nage complètement.* **6.** MAR Ramer.– Du latin *navigare,* «naviguer».

nageur, euse [naʒœʀ, øz] n. **1.** Celui, celle qui nage. *C'est un très bon nageur.* ▷ Sportif qui dispute des épreuves de natation. **2.** MAR Rameur. – De *nager.*

naguère [nagɛʀ] adv. **1.** Il y a peu de temps, récemment **2.** Cour. et abusiv. *Jadis, autrefois.* – Pour *n'a guère* (autref. *n'a guères*), «il n'y a guère».

1. naïade [najad] n. f. **1.** MYTH Nymphe, divinité des rivières et des fontaines. **2.** Litt. ou par plaisant. Baigneuse, nageuse. – Lat. d'orig. gr. *naias, naiadis.*

2. naïade [najad] n. f. ou **naias** [najas] n. m. BOT Plante monocotylédone aquatique (genre *Naias*), voisine du potamot. – Du préc.

naïf, ïve [naif, iv] adj. et n. **I. 1.** Qui est, par manque d'expérience, d'un naturel candide, simple et ingénu. *La fillette répondit avec une candeur naïve et charmante.* **2.** Qui est d'une simplicité un peu niaise, d'une crédulité excessive. *On lui fait faire n'importe quoi tant il est naïf.* ▷ Subst. *Un naïf, une naïve.* **II. 1.** Vx ou litt. Apporté en naissant, natif, originaire. **2.** Vieilli Qui représente une chose exactement, sans affectation. *Faire une peinture naïve des mœurs d'un milieu.* **3.** Mod. Naturel, ingénu, sans artifice. *Les élans naïfs de l'enfance.* ▷ Mod. et didac. Comportement qui fait appel à l'intuition dans le domaine des connaissances au lieu de s'appuyer sur une démarche scientifique.. **4.** BX-A *Art naïf :* nom donné à l'art de certains autodidactes dont les œuvres ont un caractère ingénu qui évoque la vision «primitive» (peu soumise aux lois de la perspective) des maîtres de la fin du Moyen Âge. Par ext. *Peintre naïf.* ▷ Subst. *Un naïf.* – Du lat. *nativus,* «qui a une naissance; naturel».

nain, naine [nɛ̃, nɛn] n. et adj. **I.** n. **1.** Personne d'une taille anormalement petite; personne atteinte de nanisme. **2.** *Nain jaune :* jeu de cartes dans lequel on utilise un plateau au centre duquel est représenté un nain jaune portant le 7 de carreau pour collecter les jetons symbolisant les mises. **II.** adj. **1.** Qui est d'une extrême petitesse (objets, végétaux, animaux). *Plante naine. Pois nain. Caniche nain.* **2.** (Personnes.) Atteint de nanisme. *Il est presque nain.* **3.** ASTRO *Étoile naine:* étoile dont le diamètre et la luminosité sont relativement faibles (par oppos. aux étoiles géantes et supergéantes). ▷ Subst. *Une naine. Les naines rouges. Les naines blanches.* – Lat. *nanus.*

naissain [nɛsɛ̃] n. m. Ensemble des très jeunes moules ou huîtres (à l'état larvaire ou embryonnaire) d'un élevage. – De *naître.*

naissance [nɛsɑ̃s] n. f. **1.** Commencement de la vie indépendante, caractérisée par l'établissement de la respiration pulmonaire. *Donner naissance à :* enfanter. *Anniversaire, date de naissance.* – DR Instant qui marque la sortie de l'enfant du sein maternel et qui lui attribue la capacité juridique avec effet rétroactif au jour de sa conception. *Déclaration, acte de naissance. – Nombre des naissances et des décès. Régulation, contrôle, limitation des naissances.* ▷ Loc. adv. *De naissance:* dès la naissance, de manière congénitale. *Aveugle de naissance.* **2.** Accouchement. *Naissance difficile.* **3.** Vx ou litt. Origine, extraction. *Un homme de bonne, de haute naissance.* **4.** Fig. Origine, commencement. *La naissance d'une nation. – La naissance du jour.* **5.** Point où commence une chose. *La naissance de l'épaule. – La naissance d'une voûte :* le commencement de sa courbure. – De *naître,* d'après le lat. *nascentia,* «nativité».

naissant, ante [nɛsɑ̃, ɑ̃t] adj. **1.** Qui commence à se former, à se développer. *Barbe naissante. Sentiments naissants.* **2.** CHIM *État naissant:* état d'un corps qui vient de se former dans une réaction. *Hydrogène naissant.* – Ppr. de *naître.*

naître [nɛtʀ] v. intr. **[70] 1.** Venir au monde. *Un enfant qui vient de naître. Duplessis naquit à Trois-Rivières en 1890.* – (Suivi d'un attribut.) *Il est né sourd-muet.* **2.** *Naître à :* s'ouvrir à. *Naître à une vie nouvelle.* **3.** Fig. Commencer à exister. *La révolution industrielle est née en Angleterre au XVIIIe s.* – Naître de : prendre son origine dans (telle cause). *Cette idée est née de la volonté de mieux servir le public.* ▷ *Faire naître :* produire, provoquer, susciter. *Ce voyage a fait naître chez lui un goût très vif pour l'art persan.* **4.** Commencer à paraître, à se manifester. *Le jour allait naître.* – Du lat. pop. **nascere,* class. *nasci.*

naïvement [naivmɑ̃] adv. De façon naïve. – De *naïf.*

naïveté [naivte] n. f. **1.** Ingénuité. *La naïveté charmante d'un enfant.* **2.** Péjor. Simplicité niaise. *Il a fait preuve d'une bien grande naïveté à l'égard de ses débiteurs.* **3.** Propos, geste naïf qui échappe par ignorance ou par gaucherie. – De *naïf.*

naja [naʒa] n. m. ZOOL Nom scientif. du *cobra* (Ex.: *Naja hannah,* le cobra royal.) – De *nagha,* mot de Ceylan, hindi *nagh,* «serpent»; lat. zool. créé par les Hollandais.

nana [nana] n. f. Fam. **1.** Maîtresse. **2.** Femme, fille. *Sortir avec une nana.* – Du prénom *Anna.*

nanan [nanɑ̃] n. m. (France) Loc. fam. *C'est du nanan:* c'est délicieux; c'est très facile. – Rad. expressif *nan-,* attesté dans de nombreux dér. dial.

nanane [nanan] n. m. (Dans le langage enfantin.) Bonbon. – Fam. Rose* nanane. – Comme le préc.

nandou [nɑ̃du] n. m. Oiseau ratite (genre *Rhea,* fam. rhéidés) de la pampa sud-américaine, ressemblant à une petite autruche. – *Nandou de Darwin:* petit nandou qui vit sur les hauts plateaux andins. – Mot guarani (Brésil); lat. zool. *nandu.*

nanisme [nanism] n. m. MED Anomalie liée en général à des troubles endocriniens (insuffisances thyroïdienne, hypophysaire ou cortico-surrénale, notam.), caractérisée par une taille très petite, inférieure de beaucoup à la moyenne. – Du lat. *nanus,* «nain».

nano-. Élément, du gr. *nanos,* «petit». ▷ PHYS Préfixe (symbole: n) qui, accolé au nom d'une unité de mesure, forme le nom du milliardième (10^{-9}) de cette unité. (Ex.: nanomètre, nanoseconde.)

nansouk ou **nanzouk** [nɑ̃zuk] n. m. Tissu léger de coton, utilisé en lingerie. – Mot hindi.

nanti, ie [nɑ̃ti] adj. et n. Bien pourvu, riche. ▷ Spécial. Péjor. *Les nantis* : les riches, les profiteurs, les exploiteurs. – Pp. de *nantir.*

nantir [nɑ̃tiʀ] v. tr. **[2]** DR **1.** Pourvoir (un créancier) de gages pour la garantie d'une dette, d'un prêt. – v. pron. *Se nantir des effets d'une succession,* s'en saisir comme y ayant droit, avant liquidation. **2.** Pourvoir, mettre en possession de (qqn). *Nanti par l'Assemblée de pouvoirs exceptionnels.* – De l'a. fr. *nant,* «gage», de l'anc. scand. *nam,* «prise de possession».

nantissement [nɑ̃tismɑ̃] n. m. DR Contrat par lequel un débiteur met en possession effective d'un bien son créancier pour sûreté de la dette qu'il contracte; ce bien. (On parle de *gage* si ce bien est mobilier, et d'*antichrèse* s'il est immobilier.) – De *nantir.*

nanzouk. V. nansouk.

naos [naɔs] n. m. ARCHEOL Partie intérieure et principale d'un temple grec, abritant la statue d'une divinité et où seuls les prêtres avaient accès. – Partie d'une église chrétienne orientale où se tiennent les fidèles. – Mot gr., «habitation, sanctuaire».

napalm [napalm] n. m. Essence gélifiée par du palmitate d'aluminium ou de sodium, dont on se sert pour fabriquer des bombes incendiaires. *Les bombes au napalm projettent, en explosant, des gouttes enflammées sur une très grande surface.* – De *Na,* symbole chim. du sodium, et *palm,* abrév. de *palmitate.*

napel [napɛl] n. m. Aconit très commun des montagnes. – Lat. scientif. *napellus,* dimin. de *napus,* «navet».

naphta [nafta] n. m. CHIM Mélange d'hydrocarbures, constituant du pétrole brut ou extrait des essences par raffinage et des supercarburants par reformage. – Mot. lat., «naphte».

naphtalène [naftalɛn] n. m. CHIM Hydrocarbure de formule $C_{10}H_8$, formé de deux noyaux benzéniques accolés, extrait par distillation des goudrons de houille, et qui se présente sous forme de cristaux blancs brillants d'odeur aromatique. *Le naphtalène sert de point de départ à la fabrication de matières plastiques et de colorants.* – Var. de *naphtaline.*

naphtaline [naftalin] n. f. COMM Naphtalène impur utilisé notam. comme antimite. – Du lat. *naphta,* «naphte».

naphte [naft] n. m. **1.** Huile minérale, pétrole brut. **2.** COMM Partie légère du pétrole distillé, de densité 0,70 env., utilisé comme dissolvant, dégraisseur, etc. – Du lat. *naphta,* «naphte»., mot gr. d'orig. orientale.

naphtol [naftɔl] n. m. CHIM Phénol dérivé du naphtalène, utilisé dans la fabrication des matières colorantes et comme antiseptique. – De *naphte.*

napoléon [napɔleõ] n. m. Pièce d'or française de 20 francs, à l'effigie de Napoléon. – Du n. de l'empereur *Napoléon* Ier (1769-1821).

napoléonien, ienne [napɔleɔnjɛ̃, jɛn] adj. Relatif à Napoléon Ier, à sa dynastie, à son système, etc. *La légende napoléonienne.* – Du n. de l'empereur *Napoléon* Ier.

napolitain, aine [napɔlitɛ̃, ɛn] adj. et n. De Naples. – Ital. *napoletano,* lat. *neapolitanus,* de*Neapolis,* «Naples», v. du sud de l'Italie.

nappage [napaʒ] n. m. Action de napper (sens 2); résultat de cette action. *Le nappage d'un gâteau.* – De *napper.*

nappe [nap] n. f. **I.** Linge destiné à couvrir une table. *Nappe blanche, à fleurs, brodée.* ▷ *Nappe d'autel.* **II. 1.** Toute masse étalée ou formant une couche d'un corps fluide. *Nappe d'huile. Nappe de gaz, de brouillard.* – *Nappe d'eau:* grande étendue d'eau tranquille. ▷ GEOL *Nappe phréatique:* V. phréatique. **2.** GEOL Couche de matières éruptives ou sédimentaires. *Nappe volcanique. Nappe de charriage:* V. encycl. charriage. **3.** GEOM Portion illimitée d'une surface courbe. – Du lat. *mappa,* «serviette de table».

napper [nape] v. tr. [1] **1.** Couvrir d'une nappe ou comme d'une nappe. *Socle nappé de velours.* **2.** CUIS Recouvrir (un mets) d'une préparation d'accompagnement onctueuse (sauce, crème, etc.). – De *nappe.*

napperon [napʀõ] n. m. Petite pièce d'étoffe ou de papier servant à protéger une nappe, le dessus d'une table, etc. – Dimin. de *nappe.*

narcéine [naʀsein] n. f. CHIM Alcaloïde de l'opium, aux propriétés proches de celles de la morphine. – Du gr. *narkê,* «engourdissement».

1. narcisse [naʀsis] n. m. Plante herbacée ornementale (genre *Narcissus,* fam. amaryllidées), bulbeuse, dont les fleurs jaunes ou blanches, d'odeur pénétrante, présentent des pétales disposés en couronne autour d'une clochette centrale. *La jonquille est un narcisse. Narcisse des prés,* à clochette centrale jaune. *Narcisse blanc,* ou *narcisse des poètes,* dit aussi *jeannette.* – Lat. *narcissus,* gr. *narkissos.*

2. narcisse [naʀsis] n. m. Homme exclusivement ou complaisamment attaché à sa propre personne. – Du n. de *Narcisse,* personnage mythologique épris de son image.

narcissique [naʀsisik] adj. Qui est de la nature du narcissime. *Une admiration narcissique.* – De *narcisse* 2.

narcissisme [naʀsisism] n. m. **1.** Cour. Admiration plus ou moins exclusive de sa propre personne. **2.** PSYCHAN Amour morbide de soi-même. *Narcissisme primaire:* moment du développement psycho-sexuel où l'enfant investit toute sa libido sur lui-même. *Narcissisme secondaire,* par lequel le sujet reporte sur lui-même la libido destinée à un investissement extérieur. – De *narcisse* 2.

narco-. Élément, du gr. *narkê,* «engourdissement».

narco-analyse [naʀkoanaliz] n. f. PSYCHAN Procédé thérapeutique d'investigation psychanalytique utilisant la levée de certains contrôles obtenue par l'administration d'un narcotique. – De *narco-,* et *analyse.*

narcolepsie [naʀkolɛpsi] n. f. MED Besoin irrépressible de dormir, survenant par accès, d'origine pathologique. – De *narco-,* et gr. *lêpsis,* «crise».

narcose [naʀkoz] n. f. Sommeil provoqué artificiellement par une substance chimique; anesthésie générale. – Gr. *narkôsis,* «engourdissement».

narcotine [naʀkɔtin] n. f. Un des principaux alcaloïdes tirés de l'opium. – De *narcotique.*

narcotique [naʀkɔtik] n. et adj. **1.** n. m. Substance dont l'absorption provoque l'engourdissement intellectuel, la résolution musculaire et l'affaiblissement de la sensibilité, en agissant sur le système nerveux central. **2.** adj. Qui affaiblit la sensibilité, provoque l'engourdissement, l'assoupissement. *Propriétés narcotiques de la morphine.* – Lat. médiév. *narcoticus,* gr. *narkôtikos.*

nard [naʀ] n. m. **1.** *Nard* ou *nard indien:* plante (*Nardostachys jatamansis,* fam. valérianacées) des régions montagneuses de l'Asie, dont les racines fournissent un parfum fort estimé autrefois; ce parfum. **2.** Herbe des prés (fam. cypéracées), aux feuilles coriaces et piquantes. – Lat. d'orig. orientale *nardus.*

narguer [naʀge] v. tr. [1] Braver par l'attitude ou la parole, avec une insolence dédaigneuse ou moqueuse. – Du lat. pop. **naricare,* «nasiller», de *naris,* «narine»; signif. d'abord «être désagréable», puis *(se narguer),* «se moquer».

narguilé ou **narghilé** [naʀgile] n. m. Grande pipe à tuyau souple, en usage au Moyen-Orient, comportant un réservoir d'eau aromatisée que la fumée traverse avant d'arriver à la bouche du fumeur. – Persan *narguileh.*

narine [naʀin] n. f. Chacun des deux orifices du nez, chez l'homme et les mammifères. – Lat. pop. **narina,* class. *naris.*

narquois, oise [naʀkwa, waz] adj. Qui exprime une malice railleuse; goguenard. *Air narquois. Propos narquois.* – (Personnes.) *Il m'a paru plutôt narquois.* – Mot argot, orig. incert.; probabl. avec infl. de *narguer.*

narquoisement [naʀkwazmõ] adv. D'une façon narquoise. – De *narquois.*

narrateur, trice [naʀatœʀ, tʀis] n. Personne qui raconte, qui fait un récit. – Lat. *narrator.*

narratif, ive [naʀatif, iv] adj. En forme de récit; propre au récit, à la narration. *Exposé narratif. Style narratif.* – Bas lat. *narrativus.*

narration [naʀasjõ] n. f. **1.** Récit ou relation d'un fait, d'un événement. **2.** Exercice scolaire qui consiste à imaginer un récit sur un sujet donné et à le développer par écrit. – Lat. *narratio.*

narrer [naʀe] v. tr. [1] Litt. Raconter, faire connaître par un récit. *Narrer une aventure.* – Lat. *narrare.*

narthex [naʀtɛks] n. m. ARCHI Vestibule ou porche couvert, fermé vers l'extérieur, précédant la nef des basiliques romanes et byzantines, et où se tenaient les catéchumènes. – Gr. ecclés. *narthêx,* «férule, cassette», puis «portique».

narval [naʀval] n. m. Mammifère cétacé odontocète *(Monodon monoceros),* long de 4 à 5 m, vivant en bandes dans l'Arctique et remarquable par le développement, chez le mâle, de l'incisive supérieure gauche en une défense torsadée qui peut mesurer jusqu'à 2 m. Syn. licorne de mer. – Danois d'orig. islandaise, *narhval,* par le lat. sav.

nasal, ale, aux [nazal, o] adj. et n. **I.** adj. **1.** Du nez; relatif au nez. *Les fosses nasales:* les deux cavités qui communiquent en avant avec les narines, en arrière avec le pharynx, et qui forment la partie supérieure des voies respiratoires. *Les fosses nasales sont le siège de l'odorat.* **2.** PHON *Son nasal,* dont l'émission se caractérise par la vibration de l'air dans les fosses nasales. *Consonnes nasales* (m [ɛm], n [ɛn], gn [ɲ]). *Voyelles nasales* (an, am, en, etc. [ɑ̃]; in, aim, etc. [ɛ̃]; on, om, etc. [õ]; un, eun [œ̃]). ▷ N. f. *Une nasale:* une consonne ou une voyelle nasale. **II.** n. m. Partie du casque qui protégeait le nez. – Du lat. *nasus,* «nez».

nasalisation [nazalizasjõ] n. f. PHON Caractère d'un son nasalisé; transformation d'un son oral en son homologue nasal. – De *nasaliser.*

nasaliser [nazalize] v. tr. [1] PHON Transformer en un son nasal; prononcer avec un son nasal. – De *nasal.*

nasalité [nazalite] n. f. PHON Caractère nasal d'un son. *Nasalité d'une diphtongue.* – De *nasal.*

nasard [nazaʀ] n. m. MUS Instrument à vent ancien, voisin du cornet. ▷ Par ext. Jeu de mutation* de l'orgue, qui émet la dixième du son fondamental. – Du lat. *nasus,* «nez».

nasarde [nazaʀd] n. f. **1.** Vx Chiquenaude sur le nez. **2.** Fig. Moquerie offensante. – Du lat. *nasus,* «nez».

naseau [nazo] n. m. Chacune des narines du cheval et de quelques grands mammifères. – Du rad. du lat. *nasus,* «nez».

nasillard, arde [nazijaʀ, aʀd] adj. Se dit du timbre qu'a la voix d'une personne qui nasille. – Se dit d'un son dont le timbre rappelle une telle voix. *Le son nasillard de la cornemuse.* – De *nasiller.*

nasillement [nazijmɑ̃] n. m. **1.** Fait de nasiller. **2.** MED Altération de la voix d'une personne qui ne peut parler qu'en nasillant. **3.** Cri du canard. – De *nasiller.*

nasiller [nazije] v. intr. [1]**1.** Parler en laissant passer de l'air par le nez, parler du nez. ▷ v. tr. *Nasiller un refrain.* **2.** Émettre des sons nasillards. *Haut-parleur qui nasille.* **3.** Pousser son cri, en parlant du canard. – Du lat. *nasus,* «nez».

nasique [nazik] n. m. **1.** Singe cercopithèque *(Nasalis larvatus)* de Bornéo, au nez très long (surtout chez le mâle) et tombant. **2.** Couleuvre d'Asie au long museau, de mœurs arboricoles. – Du lat. *nasica,* «au grand nez», surnom pop.

naskapi, ie [naskapi] adj. et n. **1.** adj. Propre au groupe amérindien des Naskapis installés au Nouveau-Québec. *Vieux chant naskapi.* ▷ Subst. Membre de la tribu amérindienne des Naskapis. *Les Naskapis et les Montagnais ont un mode de vie similaire.* **2.** n.m. Langue de la famille linguistique algonquienne parlée par les Naskapis. *Le naskapi est apparenté au cri et au montagnais.* – Du montagn. *unaskahpiwaky,* «gens de l'endroit où cela disparaît». V. montagnais.

nasonnement [nazɔnmɑ̃] n. m. MED Altération de la voix (nasalisation des voyelles orales) due à l'exagération de la perméabilité nasale. – De *nasonner,* var. de *nasiller,* d'ap. *chantonner.*

nasse [nas] n. f. **I. 1.** Engin de pêche en osier ou en fil métallique, de forme oblongue, à ouverture conique. **2.** Filet destiné à capturer les petits oiseaux, les rongeurs. **II.** Mollusque gastéropode marin à la coquille treillissée, qui se nourrit de proies mortes. – Lat. *nassa.*

nastie [nasti] n. f. BOT Mouvement d'un organe végétal dû à des variations du milieu extérieur (température, lumière, contact, etc.), mais non orienté (à la différence du tropisme*). – Du gr. *nastos,* «épais, pressé».

natal, ale, als [natal] adj. Où l'on est né. *Pays natal, ville natale.* – Lat. *natalis.*

nataliste [natalist] adj. et n. Qui vise à favoriser l'accroissement des naissances. *Politique, mesures natalistes.* ▷ Subst. Partisan de l'augmentation de la natalité. – De *natal.*

natalité [natalite] n. f. Rapport du nombre des naissances à la population totale, dans un temps (en général l'année) et un lieu donnés. *Pays à forte natalité. Taux de natalité.* – De *natal.*

natation [natasjõ] n. f. Activité physique qui consiste à nager; cette activité, en tant que sport de compétition. *Pratiquer la natation. Épreuves de natation des jeux Olympiques* (courses dans les diverses catégories de nage; plongeons; water-polo). – Lat. *natatio.*

natatoire [natatwaʀ] adj. **1.** Rare Qui concerne la natation. **2.** *Vessie natatoire:* vessie remplie d'un mélange gazeux que l'on trouve dans le corps de beaucoup de poissons. (Les zoologistes, qui ne sont plus assurés auj. qu'il s'agisse d'un organe équilibreur, préfèrent lui donner le nom de *vessie gazeuse.*) – Bas lat. *natatorius.*

natice [natis] n. f. Mollusque gastéropode marin dont la coquille rappelle celle de l'escargot. – Lat. scientif. *natex.*

natif, ive [natif, iv] adj. et n. **1.** *Natif de:* né à, originaire de. *Natif de Winnipeg.* ▷ Subst. *Les natifs du Tibet.* **2.** Que l'on a de naissance, inné. *Qualité, grâce native.* **3.** Se dit d'un corps simple que l'on trouve dans la nature sous une forme non combinée. *Or, soufre natif.* – Lat. *nativus.*

nation [nasjõ] n. f. **1.** Communauté humaine caractérisée par la conscience de son identité historique ou culturelle, et généralement par l'unité linguistique ou religieuse. *La nation Kurde.* ▷ HIST Groupe ethnique amérindien formé de communautés établies sur un territoire déterminé, liées par une même origine et une évolution historique commune. *La famille linguistique algonquienne regroupe de nombreuses nations, notam. les Algonquins, les Attikameks, les Cris, les Montagnais.* **2.** Une telle communauté, définie comme entité politique, réunie sur un territoire ou un ensemble de territoires propres, et organisée institutionnellement en État. *La nation canadienne. L'Organisation des Nations Unies* (O.N.U.). ▷ Personne juridique dotée de la souveraineté et distincte de l'ensemble des individus qui la composent en tant que nationaux. *Le droit des nations.* ▷ HIST *La Société des Nations (S.D.N.):* V. encycl. société. – Lat. *natio.*

national, ale, aux [nasjɔnal, o] adj. et n. **I.** adj. **1.** Relatif ou propre à une nation. *Hymne national.* **2.** Qui concerne la nation entière, en tant qu'ensemble d'individus ou de biens, ou en tant qu'institution (opposé à *privé,* à *local,* etc.). *Assemblée nationale. Défense nationale.* – *Route nationale* (ou, n. f., *une nationale*), en France, route dont la construction et l'entretien incombent à l'État. **II.** n. m. Personne qui a telle nationalité. *Les consuls défendent les intérêts de leurs nationaux.* – De *nation.*

nationalisation [nasjɔnalizasjõ] n. f. Transfert du domaine privé au domaine public de la propriété de biens ou de moyens de production. – De *nationaliser.*

nationaliser [nasjɔnalize] v. tr. [1] Procéder à la nationalisation de. *Nationaliser les grandes industries.* – De *national,*

nationalisme [nasjɔnalism] n. m. **1.** Attachement exclusif à la nation dont on fait partie et à tout ce qui lui est propre. **2.** Doctrine politique revendiquant la primauté de la puissance nationale sur toute autre considération de rapports internationaux. **3.** Mouvement fondé sur la prise de conscience, par une communauté, de ses raisons de fait et de droit de former une nation. *Le nationalisme québécois.* – De *national.*

nationaliste [nasjɔnalist] adj. et n. Relatif au nationalisme. – Partisan du nationalisme. – De *national.*

nationalité [nasjɔnalite] n. f. **1.** Ensemble des caractères propres à une nation (sens 1). – *Principe des nationalités,* en vertu duquel les communautés humaines qui forment une nation (au sens 1) ont le droit de former un État politiquement indépendant.

2. Lien d'appartenance d'une personne physique ou morale à un État déterminé. *Nationalité d'origine, acquise. Nationalité d'une société, d'une entreprise.* – De *national.*

national-socialisme [nasjɔnalsɔsjalism] n. m. Doctrine du Parti national socialiste allemand des travailleurs qui avait pour chef A. Hitler. Syn. nazisme. – All. *National-Sozialismus.*

national-socialiste [nasjɔnalsɔsjalist] adj. et n. Relatif au national-socialisme. – Partisan de cette doctrine; membre du parti nazi. – All. *National-sozialist.*

nativement [nativmɑ̃] adv. D'une façon native, de naissance. – De *natif.*

nativisme [nativism] n. m. PHILO Théorie selon laquelle la perception de l'espace est donnée immédiatement avec la sensation et non acquise par un travail de l'esprit. – De *natif.*

nativité [nativite] n. f. **1.** RELIG Naissance (de Jésus, de la Vierge, de Jean Baptiste). ▷ Fête anniversaire de cette naissance. – *Absol.* (avec une majuscule). *La Nativité:* la naissance de Jésus; la fête de Noël. ▷ BX-A *Une nativité:* une œuvre gravée, peinte ou sculptée représentant la naissance de Jésus. **2.** ASTROL *Thème de nativité:* thème astral, représentation de la position des astres au moment de la naissance. – Bas lat. *nativitas,* «naissance, génération».

natrémie [natʀemi] n. f. MED Taux de sodium du sang. – De *natr(on),* et *-émie.*

natron [natʀɔ̃] ou **natrum** [natʀɔm] n. m. CHIM Carbonate de sodium hydraté naturel. *Les Égyptiens utilisaient le natron pour déshydrater les corps à momifier.* – Ar. *natrûn,* esp. *natron.*

natte [nat] n. f. **1.** Ouvrage fait de brins d'une matière végétale entrelacés à plat. *Une natte de jonc. Dormir sur une natte.* **2.** Tresse de cheveux. – Lat. médiév.*natta,* altér. du bas lat.*matta.*

natter [nate] v. tr. **[1]** Tresser une natte. – De *natte;* signif. d'abord «couvrir d'une natte».

nattier [natje] adj. inv. Qualifie un bleu profond et mat, plus clair que le marine. – Du n. du peintre français J.-M. *Nattier* (1685-1766).

naturalisation [natyʀalizasjɔ̃] n. f. **I. 1.** Action de naturaliser (sens I, 1), fait d'être naturalisé. *Étranger qui demande sa naturalisation.* **2.** Acclimatation. *Naturalisation d'une espèce végétale.* – Fig. *Naturalisation d'une invention.* **II.** Opération par laquelle on donne à une plante coupée, à un animal mort, l'apparence de la nature vivante. – De *naturaliser.*

naturaliser [natyʀalize] v. tr. **[1] I. 1.** Accorder à (un étranger) telle nationalité. *Se faire naturaliser Canadien.* **2.** Acclimater complètement (un animal, une plante). ▷ Fig. Introduire dans un pays. *Naturaliser un usage.* **II.** Préparer (un animal mort, une plante coupée) de manière à leur conserver l'aspect du vivant. – Du lat. *naturalis,* «naturel».

naturalisme [natyʀalism] n. m. **I.** PHILO **1.** Doctrine qui prétend opérer à partir des données naturelles, refusant le surnaturel. **2.** Doctrine qui prend ses critères dans la nature, faisant ainsi de la vie morale le prolongement de la vie biologique. **II.** BX-A, HIST, LITTER Théorie suivant laquelle l'art, la littérature se doivent de dépeindre la nature et ses réalités et non de la rêver ou de l'interpréter. *Émile Zola, théoricien du naturalisme littéraire.* – Du lat. *naturalis,* «naturel».

naturaliste [natyʀalist] n. et adj. **I.** n. **1.** Spécialiste de sciences naturelles. **2.** Personne qui prépare les animaux morts pour les conserver, qui procède à leur naturalisation (V. taxidermiste). **II.** adj. **1.** PHILO Adepte du naturalisme (sens 1). **2.** BX-A, HIST, LITTER Partisan du naturalisme artistique ou littéraire. *Les peintres, les romanciers naturalistes.* ▷ Subst. *Les naturalistes du XIXe siècle.* – Du lat.*naturalis,* «naturel».

nature [natyʀ] n. f. (et adj. inv.) **I.** (L'ensemble des caractères propres à un être, à une chose; les lois de son activité.) **1.** Ensemble des caractères, des propriétés d'un être ou d'une chose, qui définissent son appartenance à une catégorie, à un genre déterminés. *Déterminer la nature d'un phénomène. – Il a reçu des offres de toute nature,* de toute sorte. ▷ Loc. *De nature à* (+ inf.): qui, par sa nature même, est susceptible de. *Des propositions de nature à le satisfaire.* **2.** (Appliqué à l'homme.) *La nature humaine,* et sans comp., *la nature* : l'ensemble des caractères innés, fondamentaux (physiques et moraux), propres à l'être humain (par oppos. aux caractères acquis du fait de l'éducation, de la coutume, etc.). «*Les premiers mouvements de la nature sont toujours droits: il n'y a point de perversité originelle dans le cœur* (de l'homme)» (Rousseau). – *L'homme dans l'état de nature* (par oppos. à l'état *civil, social*), avant toute organisation sociale, toute civilisation. **3.** *Spécial.* Ce qui, en l'homme, relève de l'instinct; les pulsions instinctives (partic. celles de la chair). *Refréner en nous la nature.* **4.** La conscience morale; la raison comme principe de la loi et de la morale idéales. – *Vices contre nature :* perversions sexuelles. **5.** Complexion, tempérament. *Ils ont des natures, ce sont des natures très différentes.* – Par ext. *Une nature violente, impulsive. Une heureuse nature.* ▷ Absol. Fam. *C'est une nature:* il a une forte nature, un fort tempérament. ▷ Loc. *De nature, par nature:* du fait même de sa nature, de façon innée. *Ils sont avares de nature.* **II.** (Concret.) **1.** Principe actif d'organisation du monde, qui préside à la production des phénomènes dans l'univers et anime les êtres vivants. *Les lois de la nature. – La nature, opposée à la culture.* – (Personnifiée.) *La nature ne fait rien en vain. Laisser faire la nature:* laisser aller le cours habituel et normal des choses. **2.** L'ensemble, organisé selon un certain ordre, de tout ce qui existe, choses et êtres; l'Univers et les phénomènes qui s'y produisent. *La place de l'homme dans la nature.* ▷ *Spécial.* Le monde physique et ses lois. *Les sciences de la nature* (par oppos. aux sciences *humaines*). **3.** Le monde sensible, l'Univers considéré indépendamment des transformations opérées par l'homme. ▷ *Spécial.* L'environnement, le monde physique et biologique (les éléments, la faune, la flore, etc.) dans le rapport affectif ou esthétique qu'entretient l'homme avec eux. *Nature sauvage, hostile, riante. Les beautés de la nature. – La protection de la nature. Détester la ville, n'aimer que la nature. Le spectacle de la nature en hiver.* **4.** Être, objet servant de modèle à un artiste (seulement dans des expressions telles que d'*après nature, plus grand que nature,* etc.). *Peindre d'après nature. Figure plus grande que nature.* – Appos. *Grandeur nature.* ▷ *Nature morte:* groupe d'êtres ou d'objets inanimés (animaux morts, fruits, objets divers) formant le sujet d'un tableau; tableau représentant un tel groupe. *«Le Bœuf écorché», nature morte de Rembrandt.* **5.** *En nature:* en prestations, en objets réels (sans intermédiaire monétaire). **III.** adj. inv. **1.** Préparé ou consommé tel quel, sans autres adjuvants que les agents habituels de sapidité (sel, poivre...). *Bœuf nature:* bœuf bouilli servi sans sauce. *Deux omelettes nature.* **2.** Fam. (Personnes.) Naturel, sans affectation. *Il est très nature.* – Lat. *natura.*

naturel, elle [natyʀɛl] adj. et n. **I.** adj. **1.** Relatif à la nature d'une chose, d'un être. *Propriétés naturelles.* ▷ THEOL *Religion naturelle,* que l'homme possède de nature (par oppos. à *révélée*). **2.** De la nature, qui appartient à la nature; qui relève du monde physique et de ses lois. *Les forces, les phénomènes naturels. – Sciences naturelles* (on disait autref. *histoire naturelle*). **3.** Qui existe dans la nature préalablement à toute pensée réfléchie. – MATH *Nombres naturels:* les entiers positifs (0, 1, 2, 3, 4, etc.). ▷ LING *Langues naturelles:* le français, l'anglais, etc., par oppos. aux *langages* (systèmes de signes) *artificiels* (de la logique, de l'informatique, etc.). **4.** (Par oppos. à *humain*, à *artificiel.*) Qui est le fait de la nature. *Ressources naturelles d'un pays. Les Pyrénées, frontière naturelle entre la France et l'Espagne.* **5.** Qu'on trouve tel quel dans la nature. *Gaz naturel. Aspect d'une pierre précieuse à l'état naturel,* à l'état brut, non taillé. **6.** Qui est tel qu'il existe dans la nature; qui n'a pas été modifié, altéré, falsifié. *Produits alimentaires naturels.* **7.** MUS *Note naturelle,* sans dièse ni bémol. **8.** Fondé sur la nature (au sens I, 4), et non sur des dispositions relevant de la coutume ou de la volonté du législateur. *Droit naturel* (par oppos. au *droit positif*). ▷ (Par oppos. à *légitime.*) *Enfant naturel,* né en dehors du mariage et dont la filiation n'est pas normalement fondée en droit. **9.** Conforme à la nature, au cours habituel et normal des choses. *Cela est naturel, tout naturel:* cela va de soi. **II.** adj. (Appliqué à l'homme.) **1.** Qui appartient à la nature humaine (dans l'ordre physique, physiologique ou psychique). *Fonctions naturelles.* **2.** Qui fait partie de la nature de qqn, qui lui est inné. *Dispositions, penchants naturels. Sa gentillesse naturelle.* **3.** Conforme à la nature profonde d'un individu, et, par suite, exempt d'affectation, de recherche. *Se comporter de manière simple et naturelle. – Rester naturel en toutes circonstances.* **III.** n. m. **1.** Ensemble des caractères (physiques ou moraux) qu'une personne tient de naissance. *Il est d'un naturel peu aimable.* **2.** Manière d'être exempte de toute affectation. *Savoir se comporter avec le naturel, la simplicité, qui convient.* **3.** loc. *Au naturel:* sans assaisonnement, sans préparation particulière. *Riz au naturel.* **4.** Habitant originaire d'un lieu. *Les naturels de Polynésie.* – Lat. *naturalis.*

naturellement [natyʀɛlmɑ̃] adv. **1.** D'une façon naturelle; conformément aux propriétés, aux caractères naturels d'une chose, d'un être. *Substance naturellement radioactive. – C'est un homme naturellement bon.* **2.** Par une suite logique, un enchaînement naturel. *Nous avons été naturellement, tout naturellement, amenés à...* ▷ Évidemment, bien sûr. *Naturellement, vous refusez. Vous irez? – Naturellement!* **3.** Avec naturel, simplement; sans affectation. *Parler naturellement.* – De *naturel.*

naturisme [natyʀism] n. m. **1.** PHILO Doctrine selon laquelle l'adoration des forces naturelles serait la source essentielle de la religion. **2.** MED Système thérapeutique préconisant le recours aux médications naturelles (bains, massages, exercice physique, etc.). **3.** Doctrine de ceux qui préconisent le retour à la nature et à un mode d'existence primitif où la vie en commun, la pratique du sport, la suppression des vêtements, l'alimentation végétarienne, la simplicité de l'habitat sont la règle. ▷ Cour. Fait de ne pas porter de vêtement, nudisme. *Pratiquer le naturisme.* – De *nature.*

naturiste [natyʀist] n. et adj. Adepte du naturisme (sens 3). ▷ Adj. *Plage naturiste.* – De *naturisme.*

naturopathe [natyʀɔpat] adj. et n. MED Qui préconise, prescrit un traitement par des moyens naturels (plantes, massages, etc.) en excluant tout produit pharmaceutiques. – De *nature,* et *-pathe,* désignant le thérapeute et non le patient (mot mal formé).

naucore [nokɔʀ] n. f. ZOOL Punaise des eaux stagnantes, longue d'une quinzaine de mm. – Du gr. *naûs,* «navire», et *koris,* «punaise».

naufrage [nofʀaʒ] n. m. **1.** Perte totale ou partielle d'un navire en mer par suite d'un accident. **2.** Fig. Grande perte, grand malheur. *Il n'a pas survécu au naufrage de sa fortune.* – Loc. *Faire naufrage au port:* subir un échec au moment où l'on était tout près de réussir. – Lat. *naufragium,* de *navis,* «bateau», et *frangere,* «briser».

naufragé, ée [nofʀaʒe] adj. et n. Qui a fait naufrage. *Navire naufragé. – Marins naufragés.* ▷ Subst. *Recueillir à son bord des naufragés.* – De *naufrager.*

naufrager [nofʀaʒe] v. intr. **[15]** Rare Faire naufrage. – De *naufrage.*

naufrageur, euse [nofʀaʒœʀ, øz] n. **1.** Pilleur d'épaves qui, par de faux signaux (feux allumés sur les côtes, par ex.), provoquait le naufrage des navires. **2.** Fig. Personne qui cause la perte, l'effondrement de qqch. *Les naufrageurs de l'équilibre monétaire.* – De *naufrager.*

naumachie [nomaʃi] n. f. ANTIQ ROM **1.** Représentation d'un combat naval. **2.** Bassin (creusé dans un amphithéâtre, une arène, un cirque) où ce spectacle avait lieu. – Lat. *naumachia,* mot gr., de *naûs,* «navire», et *makhê,* «combat».

nauplius [noplijys] n. m. ZOOL Première forme larvaire des crustacés, non segmentée, portant trois paires d'appendices. – Mot lat., «espèce de crustacé».

nauséabond, onde [nozeabɔ̃, ɔ̃d] adj. **1.** Qui provoque le dégoût, qui cause des nausées (odeur). *Odeur nauséabonde.* **2.** Fig. Dégoûtant, répugnant. – Lat. *nauseabundus.*

nausée [noze] n. f. **1.** Envie de vomir. *Avoir des nausées.* **2.** Fig. Dégoût, écœurement profond. *Ce spectacle me donne la nausée. J'en ai la nausée.* – Lat. *nausea,* du gr. *nautia,* «mal de mer», de *nautês,* «marin».

nauséeux, euse [nozeø, øz] adj. **1.** Qui provoque des nausées. **2.** Fig. Qui provoque la répugnance, un dégoût profond. *Des propos nauséeux.* – De *nausée.*

-naute, -nautique. Éléments, du gr. *nautês,* «navigateur», *nautikos,* «relatif à la navigation».

nautile [notil] n. m. ZOOL Mollusque céphalopode (fam. tétrabranchiaux) des mers chaudes. – Gr. *nautilos;* lat. *nautilus.*

ENCYCL Le genre *Nautilus,* dont le nautile est le type, est le seul genre de mollusques connu depuis l'ère primaire. Sa coquille spiralée et cloisonnée atteint 25 cm de diamètre. L'animal, qui possède jusqu'à 90 tentacules filiformes, habite la dernière loge; il est relié par un cordon fibreux à la première loge.

nautique [notik] adj. et n. **I.** adj. **1.** Relatif à l'art et aux techniques de la navigation. *Cartes nautiques.* **2.** Relatif à la navigation de plaisance, aux jeux et sports pratiqués sur l'eau. *Fête nautique. Ski nautique.* **II.** n. m. MAR Mille marin. *Bouée d'épave mouillée à trois nautiques dans le noroît du phare.* – Gr. *nautikos,* lat. *nauticus.*

nautisme [notism] n. m. Ensemble des sports nautiques. – De *nautique.*

nautonier, ière [notɔnje, jɛʀ] n. Vx Personne qui conduit une embarcation. ▷ MYTH *Le nautonier des Enfers:* Charon. – Anc. provenç., du lat. pop. **nauto, nautonis,* class. *nauta.*

navaja [navax(ʒ)a] n. f. Poignard espagnol à lame légèrement courbe et très effilée. – Mot esp.

naval, ale, als [naval] adj. **1.** Qui concerne les navires. *Constructions navales. Les chantiers navals de Sorel.* **2.** Qui concerne les navires de guerre, la marine militaire. *Bataille navale.* – Lat. *navalis.*

navarin [navaʀɛ̃] n. m. CUIS Ragoût de mouton accompagné d'oignons, de navets et de pommes de terre. – Déformation plaisante de *navet,* d'ap. *Navarin,* port de Grèce, ville fameuse par la bataille de 1827, auj. Pylos.

navarque [navaʀk] n. m. ANTIQ GR Commandant d'une flotte ou d'un vaisseau de guerre. – Lat. d'orig. gr. *navarchus.*

navet [navɛ] n. m. **1.** Plante potagère (fam. crucifères) cultivée pour sa racine comestible à chair blanche ou jaune (*Brassica napus* et *Brassica napobrassica*); cette racine. V. chou de Siam. **2.** Fig. Œuvre d'art sans valeur. – *Spécial.* Très mauvais film. – De l'a. fr. *nef*; lat. *napus.*

1. navette [navɛt] n. f. AGRIC Variété de navet ou de rave, aux racines non tubérisées, cultivée pour ses graines oléagineuses et comme fourrage. – De *navet.*

2. navette [navɛt] n. f. **1.** Dans un métier à tisser, instrument pointu aux deux extrémités qui sert à faire courir le fil de trame et à le croiser avec le fil de chaîne. ▷ Dans une machine à coudre, organe qui supporte et guide la canette. **2.** Fig. *Faire la navette:* faire des allées et venues répétées. *Son travail l'oblige à faire la navette entre Montréal et Halifax.* ▷ Engin, service de transport qui effectue des allers et retours réguliers sur une courte distance. – *Navette spatiale:* engin capable d'effectuer des allers et retours entre la Terre et une station orbitale. **3.** LITURG Petit vase où l'on met de l'encens. – Dér. anc. de *nef*, employé par anal. de forme.

navicert [navisɛʀ] n. m. MAR Permis délivré à un navire de commerce, et qui lui permet de naviguer dans une zone de blocus. – Mot angl., abrév. pour *navigation certificate.*

naviculaire [navikylɛʀ] adj. ANAT Qui a la forme d'une nacelle. *Os naviculaire.* – Lat. *navicularis*, de *navicula*, de *navis*, «bateau».

navicule [navikyl] n. f. BOT Algue diatomée de forme elliptique, commune dans les eaux douces et salées. (Une espèce est responsable du verdissement de certaines huîtres.) – Lat. *naviculus.*

navigabilité [navigabilite] n. f. **1.** État de ce qui est navigable. **2.** Aptitude pour un navire à prendre la mer, pour un avion à prendre l'air, et cela dans les conditions de sécurité requises. *Certificat de navigabilité.* – De *navigable.*

navigable [navigabl] adj. Où l'on peut naviguer. *Rivière navigable.* – De *naviguer.*

navigant, ante [navigɑ̃, ɑ̃t] adj. et n. Se dit du personnel qui navigue dans l'aviation ou la marine par oppos. à celui qui reste à terre. – Ppr. de *naviguer.*

navigateur, trice [navigatœʀ, tʀis] n. **1.** Personne qui navigue.▷ Litt. Marin qui fait des voyages au long cours. HIST *Les grands navigateurs:* ceux qui, aux XVe et XVIe s., contribuèrent par leurs voyages à la découverte de nouvelles terres, de nouvelles voies maritimes (C. Colomb, Vasco de Gama, etc.). ▷ Adj. Qui s'adonne à la navigation. *Peuple navigateur.* **2.** Personne chargée de la navigation à bord d'un navire, d'un avion. **3.** n. m. *Navigateur automatique :* appareil permettant de déterminer automatiquement le point d'un avion, d'un navire ou d'un char ainsi que son éventuel écart par rapport au plan de route établi. – Lat. *navigator.*

navigation [navigasjɔ̃] n. f. **1.** Action de naviguer. *Navigation maritime, fluviale, sous-marine. Navigation côtière, au long cours.* **2.** Art et technique de la conduite des navires (détermination de la position et tracé de la route). *Apprendre quelques rudiments de navigation. Navigation en vue de terre, astronomique, radioélectrique.* **3.** Ensemble du trafic, de la circulation sur l'eau. *Compagnie, ligne de navigation.* **4.** AVIAT Art de déterminer la route que doit suivre un avion, la position en vol de cet avion et les corrections éventuelles à apporter à la route suivie pour rallier la destination prévue. *Procédés de navigation aérienne. Dispositifs d'aide à la navigation.* – Circulation, trafic aériens. ▷ Par anal. *Navigation spatiale.* – Lat. *navigatio.*

ENCYCL **Navigation maritime.** – Les procédés de navigation maritime comprennent essentiellement: la navigation *en vue de terre*, qui consiste à définir la position du navire en relevant les azimuts de plusieurs amers situés le long de la côte; la navigation *à l'estime*, dans laquelle on trace sur la carte la route suivie par le navire en relevant les caps successifs, ainsi que la vitesse du navire; la navigation *astronomique*, qui consiste à relever au sextant, à des instants déterminés, la hauteur du Soleil ou d'autres astres; la *radionavigation*, qui utilise les ondes radioélectriques émises par les radiophares ou par des satellites spécialisés (cf. sonar et encycl. radar). Ces divers procédés, loin de s'exclure, se complètent. La route suivie par un navire est soit une *loxodromie:* on navigue en gardant un cap constant, soit une *orthodromie:* on parcourt l'arc de grand cercle qui passe par le point de départ et par le point qu'on se propose d'atteindre; ce trajet, qui est le chemin le plus court d'un endroit à un autre (puisque la Terre est sphérique), est surtout utilisé dans la navigation transocéanique. La navigation est aujourd'hui facilitée par l'emploi de *centrales à inertie*, qui permettent, en mesurant les accélérations que subit le navire, de déterminer la position de celui-ci à un moment donné avec une grande précision.

Navigation aérienne. – Elle observe des règles destinées à faciliter le trafic et à assurer la sécurité des avions. Les plans de vol, établis et soumis avant le départ à l'accord des services de contrôle aérien, doivent être strictement respectés pendant tout le cours du voyage. Les différents types de navigation aérienne reposent sur les mêmes principes que ceux de la navigation maritime: navigation à l'estime, navigation astronomique, navigation à inertie et radionavigation; cette dernière, auj. la plus import., utilise en partic. les systèmes Decca, Loran ou Consol. Les voies aériennes, notam. à l'approche des aéroports, sont jalonnées de radiobalises qui, émettant des ondes haute fréquence dans un plan vertical, permettent aux avions de se diriger vers leur destination. L'atterrissage est facilité par des systèmes de guidage radioélectrique comme l'I.L.S. (Instrument Landing System). Chaque État est libre d'organiser sur son territoire les services de navigation aérienne qu'il juge utiles, dans la mesure où ils sont conformes aux réglementations de l'O.A.C.I. (Organisation de l'aviation civile internationale).

Navigation spatiale. – La navigation spatiale se distingue de la navigation maritime et aérienne par le fait que les trajectoires des véhicules spatiaux sont assujetties aux lois de la mécanique céleste et que les véhicules (lorsqu'ils ont échappé, par ex., à l'attraction terrestre) dépensent de l'énergie uniquement pour rectifier leur trajectoire. Pour des raisons économiques, le rapport de la masse de la charge utile et de la masse totale du véhicule (y compris le combustible qu'il emporte au départ) devant être aussi élevé que possible, la trajectoire à suivre par le véhicule est déterminée par des calculs préalables fort minutieux et doit être rigoureusement respectée au cours de la mission. Il est nécessaire de vérifier les écarts éventuels entre trajectoire réelle et trajectoire prévue, de façon à procéder aux corrections qui s'imposent; la finesse et la complexité de ces calculs ont toujours exigé l'emploi d'ordinateurs.

naviguer [navige] v. intr. [1] **1.** Voyager sur mer, sur l'eau. *Ce navire n'est plus en état de naviguer. Nous avons navigué trois jours en pleine mer.* **2.** (Personnes.) Pratiquer la navigation; conduire un navire. *Aimer naviguer.* **3.** (Navires.) Se comporter à la mer. *Un trois-mâts qui naviguait remarquablement bien.* **4.** Diriger la marche d'un avion. *Naviguer à basse altitude.* **5.** Fig., fam. Voyager, se déplacer beaucoup et souvent. *Il a beaucoup navigué dans sa vie.* **6.** Fig. Se diriger habilement dans des affaires troubles ou difficiles. *Savoir naviguer.* – Lat. *navigare.*

naviplane [naviplan] n. m. Véhicule sur coussin d'air utilisé pour le transport maritime. – Nom déposé, de *navi(gation),* d'après *aquaplane.*

navire [naviʀ] n. m. Bâtiment ponté conçu pour la navigation en haute mer. (Moins cour. que *bateau.* Désigne surtout les bâtiments de fort tonnage.) *Navire de commerce, de guerre.* – *Navire-citerne:* navire équipé pour le transport des liquides (pétrole et gaz liquéfiés, notam.). *Des navires-citernes.* – *Navire-usine:* navire spécialement équipé pour le traitement du poisson qui lui est livré par des chalutiers ou qu'il pêche lui-même. – Du lat. pop. **navilium,* altér. du class. *navigium.*

navrant, ante [navʀɑ̃, ɑ̃t] adj. Qui navre, qui cause une profonde affliction. *Un spectacle vraiment navrant.* ▷ Cour. (Sens affaibli.) Regrettable, fâcheux. *Un contretemps navrant.* – Ppr. de *navrer.*

navrer [navʀe] v. tr. [1] Affliger, causer une grande peine à. *Son départ m'a profondément navré.* ▷ Cour. (Sens affaibli.) Désoler. *Je suis navré, mais c'est impossible.* – De l'anc. nordique **nafra,* «transpercer»; a. fr. *nafrer,* «blesser».

nazaréen, éenne [nazaʀeɛ̃, eɛn] adj. et n. De Nazareth. ▷ Nom donné aux premiers chrétiens. – *Le Nazaréen:* Jésus. – De *Nazareth,* v. d'Israël, en Galilée.

nazaréens [nazaʀeɛ̃] n. m. pl. BX-A Groupe de peintres allemands (J. Overbeck, F. Pforr, etc.) constitué à Rome v. 1810-1812 et qui, valorisant l'art de la fresque, prônait un retour à l'esthétique d'inspiration chrétienne des primitifs italiens. – Du préc.

nazi, ie [nazi] adj. et n. Qui se rapporte au parti national-socialiste, à ses activités, à sa doctrine, au régime qu'il instaura. *Propagande nazie.* – Relatif aux actes de ce parti. *Barbarie nazie.* ▷ Subst. *Les nazis.* – Emprunté à l'abrév. allemande, d'abord iron., *nazi* pour *nazional-sozialist,* du nom du parti fondé par A. Hitler.

nazisme [nazism] n. m. Mouvement, régime et doctrine nazis. Syn. national-socialisme, hitlérisme. – De *nazi.*

ENCYCL Élaboré par Hitler dans *Mein Kampf,* le nazisme fut la doctrine officielle de l'État allemand de 1933 à 1945. Les nazis exaltaient la supériorité des Germains, considérés comme le rameau le plus pur de la race blanche, digne de dominer les peuples inférieurs (parmi lesquels les hommes de couleur) et, de ce fait, en droit d'éliminer les races considérées par eux comme impures: Juifs, Tziganes qui furent d'ailleurs exterminés dans des camps de concentration. La conception de l'État nazi était totalitaire; de la naissance à la mort, et en tous domaines (éducation, presse, arts), la nation allemande était embrigadée. Les jeunes Allemands, enrôlés dès leur plus tendre enfance, se voyaient inculquer le culte fanatique du chef, le Führer, en même temps que la négation de l'individu au profit du groupe. Toute velléité d'opposition au régime se trouvait neutralisée par l'action du parti ou impitoyablement réduite par la Gestapo. Anticapitaliste dans la mesure où elle prônait l'étatisation de la politique économique et où elle répandait des slogans contre la grande propriété, la doctrine nazie cherchait plutôt à rallier la classe ouvrière qu'à bouleverser les structures sociales. Enfin, le nazisme était expansionniste. Hitler demandait la réunion de tous les Allemands dans le cadre d'une Grande Allemagne après abrogation du traité de Versailles. Il préconisait la constitution d'une armée nationale (au lieu de l'armée de métier). La politique d'annexion des régions en partie peuplées de germanophones fut le prélude à la Seconde Guerre mondiale.

Nb CHIM Symbole du niobium.

N.B. Abrév. des mots latins *nota bene,* «remarquez bien».

Nd CHIM Symbole du néodyme.

Ne CHIM Symbole du néon.

ne [nə] *(n',* devant une voyelle ou un h muet), adv. **A.** *Ne* marquant la négation. **I.** *Ne* employé seul. **1.** (Dans une principale ou une indépendante, seulement dans certaines tournures ou expressions.) *N'avoir cure, n'avoir garde. N'importe! Qu'à cela ne tienne. Que ne le disiez-vous!* **2.** (Dans une subordonnée relative au subj., après une principale négative ou interrogative; dans certaines loc.; dans quelques constructions.) *Il n'est pas d'instant qu'il n'y pense. – Si je ne me trompe; si je ne m'abuse. – Voici bientôt trois jours qu'il n'est venu.* **II.** *Ne,* employé en corrélation avec un mot négatif ou restrictif. **1.** *Ne... pas; ne... point; ne... plus; ne... jamais. Il n'ira pas.* – Litt. *Il n'ira point. – Il n'ira plus. – Jamais il n'ira.* ▷ *Ne... que. Je n'irai que si on me le demande:* j'irai *seulement* si on me le demande. **2.** (Avec un indéfini négatif placé avant ou après.) *Personne n'y est allé. Je n'ai rien vu.* ▷ (Avec *ni* répété.) *Ni lui ni moi n'y sommes allés.* **3.** (Affirmation renforcée par double négation.) *Vous n'êtes pas sans savoir qu'il vous attend:* vous savez très bien que... **B.** *Ne* employé sans valeur négative (emploi dit *explétif*). **1.** Après les verbes d'empêchement, de défense, de crainte. *J'interdirai, j'éviterai qu'il ne vienne. J'ai peur, je crains qu'il n'arrive.* **2.** (En phrase négative ou interrogative après les verbes exprimant le doute ou la négation.) *Je ne doute pas une seconde qu'il ne renonce. Je ne nie pas qu'il ne soit venu. Niez-vous qu'il n'y soit parvenu?* **3.** Après les propositions comparatives d'inégalité introduites par *autrement meilleur, mieux, moindre, pire,* etc., si la principale est affirmative. *Vous le ferez mieux que je ne le ferais moi-même.* **4.** Après *à moins que, sans que, il s'en faut que, avant que. – Allez-y avant qu'il n'arrive.* – Lat. *non* en position proclitique.

né, née [ne] adj. **1.** Venu au monde. *Premier-, dernier-né:* le premier, le dernier des enfants d'une famille. – *Né de:* issu de. *Né d'une famille bourgeoise. Né de père inconnu.* – *Né pour:* naturellement disposé pour. *Il est né pour faire de la musique.* **2.** *Bien né, mal né:* qui a de bonnes, de mauvaises inclinations, un bon, un mauvais naturel. *Âme bien née.* – Issu d'une famille noble. **3.** De naissance, naturellement. *Un orateur (-)né.* – Pp. de *naître.*

néandert(h)alien, ienne [neɑ̃dɛʀtaljɛ̃, jɛn] adj. et n. PALEONT Désigne les fossiles d'*Homo sapiens* datant du Pléistocène. – De *Neandert(h)al,* n. d'une vallée de la Düssel, en R.F.A., où fut trouvé, en 1856, le crâne fossile qui servit à caractériser l'espèce dite homme de Néandertal.

néanmoins [neɑ̃mwɛ̃] adv. Malgré cela; mais, toutefois, cependant, pourtant. *Il est très jeune et néanmoins fort raisonnable.* – De *néant,* «en rien», et *moins,* au sens de «nullement moins, en rien moins».

néant [neɑ̃] n. m. **1.** Rien. État de ce qui n'existe pas. *Réduire à néant:* anéantir, détruire complètement. *Tous ces projets réduits à néant.* ▷ Ellipt. Aucun. *Signes particuliers: néant. – J'accepte le premier point, mais pour le reste, néant!,* non, pas question. **2.** Absence de valeur d'une chose. *Il a parfaitement conscience du néant des honneurs qu'on lui rend.* ▷ *Tirer qqn du néant,* le tirer d'une condition obscure pour le placer dans une situation honorable. **3.** PHILO Ce qui n'a pas d'être, le Non-Être par oppos. à l'Être. *«L'Être et le Néant», essai de Jean-Paul Sartre (1943).* – Du bas lat. *ne gentem,* «pas une personne», ou du lat. *nec entem,* de *ens, entis,* ppr. de *esse,* «être».

néanthropien, ienne [neɑ̃tʀɔpjɛ̃, jɛn] n. m. et adj. Homme fossile dont l'apparition coïncide avec la fin de la dernière glaciation. – Adj. *Des vestiges néanthropiens.* – De *ne(o)-,* et du gr. *anthropos,* «homme».

néantiser [neɑ̃tize] v. tr. [1] **1.** PHILO Concevoir comme néant, comme non-être. **2.** Réduire à néant, anéantir. – De *néant.*

nébulaire [nebylɛʀ] adj. Propre ou relatif à une nébuleuse. – Du lat. *nebula,* «nuage».

nébuleuse [nebyløz] n. f. ASTRO Objet céleste qui, contrairement aux étoiles et aux planètes, nettement délimitées, présente un aspect diffus et vaporeux. – Substantivation de *(étoile) nébuleuse.*
ENCYCL Une nébuleuse est soit constituée d'une multitude d'étoiles (nébuleuse extragalactique ou, simplement, galaxie), soit d'un nuage de gaz et de poussières situé dans la Galaxie (nébuleuse gazeuse). La luminosité des nébuleuses gazeuses est due à la diffusion de la lumière des étoiles par la matière interstellaire. Certaines nébuleuses, dites obscures, s'interposent entre la Terre et les étoiles, formant ainsi des plages sombres qui paraissent dépourvues d'étoiles. Les nébuleuses les plus connues sont la nébuleuse d'Orion, visible à l'œil nu, et la nébuleuse du Crabe, résidu de l'explosion (en 1054) d'une supernova.

nébuleusement [nebyløzmɑ̃] adv. De manière nébuleuse, obscure. – De *nébuleux.*

nébuleux, euse [nebylø, øz] adj. **1.** Obscurci par les nuages. *Ciel nébuleux.* **2.** Fig. Qui manque de clarté; fumeux. *Théories, projets nébuleux.* – Lat. *nebulosus,* de *nebula,* «brouillard».

nébulisation [nebylizasjɔ̃] n. f. TECH Projection, vaporisation d'un liquide en fines gouttelettes à l'aide d'un nébuliseur. – Du lat. *nebula,* «brouillard».

nébuliseur [nebylizœʀ] n. m. TECH Appareil servant à projeter un liquide en fines gouttelettes. – Du lat. *nebula,* «brouillard».

nébulosité [nebylozite] n. f. **1.** Caractère, état de ce qui est nébuleux. – METEO Surface de ciel couverte par des nuages. **2.** Fig. *La nébulosité d'une théorie.* – Bas lat. *nebulositas,* «obscurité».

nécessaire [nesesɛʀ] adj. et n. **I.** adj. **1.** Se dit de ce qui constitue une condition indispensable à la réalisation de qqch. *La respiration est nécessaire à la vie.* – MATH *Condition nécessaire et suffisante,* qui rend vraie une proposition si, et seulement si, cette condition est remplie. **2.** Se dit de ce qui est indispensable, de ce dont on ne saurait se passer pour répondre à un besoin. *Une voiture m'est absolument nécessaire pour mon travail. Il est nécessaire d'en discuter, que nous en discutions.* – *Se rendre nécessaire:* se rendre indispensable. **3.** LOG Qui découle logiquement et inévitablement de conditions ou d'une hypothèse déterminées. *Le syllogisme est un type formellement parfait d'enchaînement nécessaire.* ▷ Cour. Inéluctable. **4.** Qui ne peut pas ne pas être ni être autrement (par oppos. à *contingent*). *«Les lois, dans la signification la plus étendue, sont des rapports nécessaires qui dérivent de la nature des choses»* (Montesquieu). **II.** n. m. **1.** Ce qui est absolument indispensable pour vivre. *Le nécessaire et le superflu. Manquer du plus strict nécessaire.* **2.** Ce qu'il faut faire pour arriver à un résultat déterminé. *Je compte sur vous pour faire le nécessaire.* **3.** PHILO *Le nécessaire et le contingent.* **4.** *Un nécessaire:* coffret garni des objets nécessaires pour un usage déterminé. *Un nécessaire de toilette, de couture.* – Lat. *necessarius.*

nécessairement [nesesɛʀmɑ̃] adv. **1.** Par un besoin impérieux; absolument. *Il faut nécessairement qu'on trouve une solution.* **2.** D'une manière nécessaire, logique et inévitable. – De *nécessaire.*

nécessitant, ante [nesesitɑ̃, ɑ̃t] adj. THEOL *Grâce nécessitante,* qui contraindrait l'homme de manière absolue. – Ppr. de *nécessiter.*

nécessité [nesesite] n. f. **1.** Caractère de ce qui est nécessaire; chose nécessaire; obligation. *La nécessité de manger pour vivre.* – *Nécessité vitale, absolue.* **2.** Besoin impérieux; ce qui est indispensable dans une situation donnée. *Pourvoir aux urgentes nécessités de l'État.* – *Les nécessités de la vie.* ▷ *Objets de première nécessité,* ceux qui sont vraiment indispensables pour vivre. **3.** loc. *Nécessité fait loi:* certains actes se justifient d'eux-mêmes par leur caractère inévitable. – *Faire de nécessité vertu:* s'acquitter, en y cherchant une occasion de mérite, d'une chose nécessaire. **4.** PHILO, LOG Caractère nécessaire d'un enchaînement de causes et d'effets. – Lat. *necessitas.*

nécessiter [nesesite] v. tr. [1] **1.** Rendre indispensable; exiger. *Cela nécessite un prêt. Cette opération nécessite une grande maîtrise de la technique.* **2.** PHILO Impliquer logiquement et inéluctablement. – Lat. *necessitare,* «contraindre».

nécessiteux, euse [nesesitø, øz] adj. et n. Qui est dans le besoin, manque du nécessaire. *Vieillard nécessiteux.* – Subst. *Secourir les nécessiteux,* les indigents. – De *nécessité.*

neck [nɛk] n. m. GEOL Piton rocheux provenant d'une ancienne cheminée volcanique remplie de lave solidifiée et dégagée par l'érosion des formations encaissantes. – Mot angl., «cou».

nec plus ultra [nɛkplysyltʀa] n. m. inv. Ce qui constitue un terme, un état qui n'a pas été ou ne saurait être dépassé. *Le nec plus ultra de l'élégance.* – Loc. lat. subst. «pas au-delà», apposée (dit la légende) par Hercule sur les deux montagnes qu'il sépara pour unir la Méditerranée à l'Atlantique et dont il avait fait les limites du monde visible.

nécr(o)-. Élément, du gr. *nekros,* «mort».

nécrobie [nekʀobi] adj. et n. **1.** adj. et n. m. Se dit d'un organisme vivant sur les cadavres. **2.** n. f. Coléoptère qui vit sur les matières animales en décomposition. – De *nécro-,* et gr. *bios,* «vie».

nécrologe [nekʀɔlɔʒ] n. m. RELIG CATHOL Liste des personnes défuntes d'une paroisse. – *Par ext.* Liste des personnes mortes au cours d'une catastrophe. – Lat. médiév. *necrologium.*

nécrologie [nekʀɔlɔʒi] n. f. **1.** Notice biographique sur un personnage décédé récemment. **2.** Liste de personnes décédées pendant un laps de temps déterminé. – Avis des décès survenus à telle date et publiés par un périodique. – De *nécrologe.*

nécrologique [nekʀɔlɔʒik] adj. Qui concerne la nécrologie. *Article nécrologique. Rubrique nécrologique d'un quotidien.* – De *nécrologie.*

nécrologue [nekʀɔlɔg] n. Auteur de nécrologies, d'articles nécrologiques. – De *nécrologie.*

nécromancie [nekʀomɑ̃si] n. f. Science occulte qui prétend, par l'évocation des morts, révéler l'avenir. – Lat. *necromantia,* du gr. *nekromanteia.*

nécromancien, ienne [nekʀomɑ̃sjɛ̃, jɛn] n. Personne qui s'occupe de nécromancie. – De *nécromancie.*

nécrophage [nekʀofaʒ] adj. et n. Qui se nourrit de cadavres. *Animal, insecte nécrophage.* ▷ N. PSYCHIAT Malade commettant des actes de nécrophagie. – Gr. *nekrophagos.*

nécrophagie [nekʀofaʒi] n. f. PSYCHIAT Cannibalisme perpétré sur des cadavres. – De *nécrophage.*

nécrophilie [nekʀofili] n. f. PSYCHIAT Attirance sexuelle morbide pour les cadavres. – De *nécro-,* et *-philie.*

nécrophore [nekʀofɔʀ] n. m. ZOOL Coléoptère noir (genre *Necrophorus,* fam. silphidés), long d'environ 25 mm, qui pond ses œufs sur des cadavres qu'il a enterrés. – Gr. *nekrophoros,* «qui transporte un mort».

nécropole [nekʀɔpɔl] n. f. **1.** ANTIQ Vaste ensemble de sépultures antiques. *Les nécropoles de Thèbes, en Égypte. Nécropole souterraine. Nécropole à ciel ouvert.* **2.** Litt. Vaste cimetière d'une grande ville moderne. **3.** Édifice (église, etc.) qui contient les tombeaux d'une famille princière ou royale. *Le* Panteón de los reyes, *dans l'Escurial, est la nécropole des rois d'Espagne.* – Gr. *nekropolis,* «ville des morts».

nécrose [nekʀoz] n. f. BIOL Mort cellulaire ou tissulaire. – Gr. *nekrôsis.*

nécroser [nekʀoze] v. tr. [1] Provoquer la nécrose de. ▷ v. pron. Être atteint de nécrose. – De *nécrose.*

nécrosique [nekʀozik] ou **nécrotique** [nekʀotik] adj. MED Atteint de nécrose. – De *nécrose.*

nectaire [nɛktɛʀ] n. m. BOT Glande portée par des organes floraux (pétales, étamines) ou extra-floraux, et qui sécrète le nectar. – Lat. sav. *nectarium,* du gr. *nektar.*

nectar [nɛktaʀ] n. m. **1.** MYTH Breuvage des dieux. ▷ Litt. Breuvage délicieux. *Ce vin est un nectar.* **2.** Liquide sucré, très riche en glucose, sécrété par les nectaires et utilisé par les abeilles pour faire le miel. **3.** Boisson obtenue par addition d'eau et de sucre à un jus de fruit naturellement trop acide ou trop pulpeux. *Nectar de pêches.* – Mot lat., du gr. *nektar.*

nectarine [nɛktaʀin] n. f. Pêche à peau lisse et chair ferme. – Du gr. *nektar,* «boisson des dieux».

necton [nɛktõ] n. m. OCEANOGR Ensemble des animaux marins qui se déplacent en nageant (opposé à *plancton*). – Gr. *nêktôs,* «nageur».

néerlandais, aise [neɛʀlɑ̃dɛ, ɛz] adj. et n. **1.** adj. Des Pays-Bas. ▷ Subst. Habitant ou personne originaire des Pays-Bas. **2.** n. m. Langue germanique parlée aux Pays-Bas et dans le nord de la Belgique. – De *Néerlande,* forme fr. de *Nederland,* «Pays-Bas» en néerlandais.

nef [nɛf] n. f. **1.** Vx ou litt. Navire. ▷ Au Moyen Âge, navire de formes rondes, à châteaux élevés. **2.** Partie d'une église qui va du portail à la croisée du transept et qui est comprise entre les deux murs latéraux (église à nef unique), entre deux rangées de piliers, ou entre une rangée de piliers et un mur latéral (église à trois, à cinq nefs). – Du lat. *navis.*

néfaste [nefast] adj. **1.** ANTIQ ROM *Jours néfastes,* où il était interdit par la loi divine de s'occuper des affaires publiques. **2.** Malheureux, désastreux. *Journée néfaste.* ▷ Qui porte malheur. *Personnage néfaste.* – *Idée néfaste.* – Lat. *nefastus,* «interdit par la loi divine».

nèfle [nɛfl] n. f. Fruit du néflier, que l'on consomme blet. ▷ Pop. *Des nèfles!:* Rien du tout! Pas question! – Var. dial. *nesple, mesle,* pl. neutre lat. *mespila.*

néflier [neflije] n. m. Rosacée arborescente *(Mespilus germanica)* aux fruits comestibles, qui pousse spontanément dans les régions tempérées. – De *nèfle.*

négateur, trice [negatœʀ, tʀis] adj. et n. Litt. Qui nie, qui a l'habitude de nier. ▷ Subst. *Un négateur de Dieu.* – Lat. *negator.*

négatif, ive [negatif, iv] adj. et n. **1.** Qui exprime une négation, qui marque un refus (par oppos. à *affirmatif*). *La réponse est négative. – Assertion négative.* ▷ N. f. *Ils nous ont encore répondu par la négative,* négativement. **2.** Qui n'est pas constructif, qui ne fait que s'opposer. *Critique négative.* **3.** Qui ne consiste qu'en l'absence de son contraire (par oppos. à *positif*). *Bonheur, plaisir négatif.* **4.** MATH *Nombre négatif,* inférieur ou égal à zéro, *strictement négatif,* inférieur à zéro. ▷ *Exposant négatif,* affecté du signe moins. *Dans l'expression* $10^{-3} = \frac{1}{10^3} = \frac{1}{1\,000}$, *3 est un exposant négatif.* ▷ METEO *Température négative,* inférieure à 0 °C. **5.** *Électricité négative,* constituée d'électrons. ▷ *Pôle négatif:* pôle par lequel le courant arrive, dans un générateur de courant continu. ▷ CHIM *Ion négatif:* anion. **6.** PHOTO *Épreuve négative,* ou (n. m.), *un négatif:* phototype dans lequel les parties claires et les parties sombres sont inversées par rapport au modèle. – Bas lat. *negativus.*

négation [negɑsjõ] n. f. **1.** Action de nier; son expression verbale, écrite, etc. ▷ LOG *Négation d'une proposition P:* proposition, notée non P ou $\bar{P}$, qui est fausse si P est vraie et inversement. ▷ Comportement, acte qui est en contradiction complète avec qqch. *Accepter cela serait la négation de tout ce que nous avons fait jusqu'à présent.* **2.** Mot, groupe de mots qui sert à rendre un énoncé négatif. *«Non», «ne... pas» sont des négations.* – Lat. *negatio.*

négativement [negativmɑ̃] adv. D'une manière négative. – De *négatif.*

négativisme [negativism] n. m. **1.** PHILO Système niant toute croyance à une réalité. **2.** PSYCHIAT Trouble de l'activité volontaire caractérisé par le refus passif ou actif de répondre à toute sollicitation, interne ou externe. **3.** Didac. Attitude caractérisée par la négation, le refus systématique de tout. – De *négatif.*

négativité [negativite] n. f. **1.** PHYS Caractère d'un corps porteur d'une charge négative. **2.** Caractère de ce qui est négatif (sens 2). – De *négatif.*

négaton [negatõ] n. m. PHYS NUCL Syn. d'*électron* (par oppos. à l'électron positif ou *positon*). – De *négat(if),* et *(électr)on.*

négatoscope [negatoskɔp] n. m. TECH Écran lumineux pour l'examen des clichés radiographiques. – De *négat(if),* et *-scope.*

négligé, ée [negliʒe] adj. **1.** Dont on n'a pas pris un soin suffisant. *Barbe, tenue négligée.* ▷ Pour qui l'on manque d'égards, d'attentions. **2.** Qui néglige sa personne, sa tenue. **II.** n. m. **1.** État d'une personne dont la toilette est sans recherche. *Le négligé lui va bien. Être toujours en négligé.* **2.** Syn. vieilli de *déshabillé* (sens 2). – Pp. de *négliger.*

négligeable [negliʒabl] adj. Qui peut être négligé, sans importance. *Efforts négligeables.* ▷ MATH *Quantité négligeable:* quantité suffisamment faible pour que l'on puisse ne pas en tenir compte dans les calculs. ▷ Cour., péjor. Ce qui est sans intérêt, ne compte pas. – De *négliger.*

négligemment [negliʒamɑ̃] adv. **1.** Avec négligence. *S'habiller négligemment.* **2.** Avec indifférence. *Répondre négligemment.* – De *négligent.*

négligence [negliʒɑ̃s] n. f. **1.** Défaut de soin, d'application; manque d'attention. ▷ *Spécial.* Manque de soin dans la tenue. *Vêtu avec négligence.* **2.** Faute, erreur due à un manque de soin, d'application. *Commettre une, des négligences. – Négligences de style.* – Lat. *negligentia.*

négligent, ente [negliʒɑ̃, ɑ̃t] adj. Qui fait preuve de négligence. – Lat. *negligens.*

négliger [negliʒe] v. tr. [15] **1.** Ne pas s'occuper de (qqch) avec autant de soin, d'attention qu'on le devrait. *Négliger sa santé, ses intérêts. – Négliger sa mise, sa toilette.* ▷ v. pron. Prendre moins soin qu'à l'ordinaire de sa personne. **2.** Ne pas montrer (à qqn) autant d'attention, d'affection qu'on le devrait. *Négliger sa femme, ses amis.* **3.** Ne pas mettre en usage ou à profit. *Négliger un avertissement. – Négliger une occasion.* – Lat. *negligere.*

négoce [negɔs] n. m. **1.** Vx Affaire, activité, relation. **2.** Vieilli Commerce en gros. – Lat. *negotium.*

négociabilité [negɔsjabilite] n. f. COMM Qualité de ce qui peut être négocié (sens II, 1). *Négociabilité d'un effet de commerce.* – De *négociable.*

négociable [negɔsjabl] adj. Que l'on peut négocier. – De *négocier.*

négociant, iante [negɔsjɑ̃, jɑ̃t] n. Personne qui fait du négoce, du commerce en gros. *Négociant en tissus.* – Ital. *negoziante.*

négociateur, trice [negɔsjatœʀ, tʀis] n. **1.** Personne chargée de négocier une affaire. **2.** Diplomate, personne qui a pour mission de mener des négociations avec les parties intéressées (spécial. en matière sociale, politique). – Lat. *negotiator,* «négociant, banquier».

négociation [negɔsjasjɔ̃] n. f. **I. 1.** Action de négocier; l'affaire même que l'on négocie. *Une négociation difficile.* **2.** COMM Action de négocier (un billet, une traite). **II.** Ensemble des démarches entreprises pour conclure un accord, un traité, rechercher une solution à un problème social ou politique, son résultat. *Préférer la négociation à l'affrontement. – Le problème des salaires n'a pu être réglé par la négociation. Engager, rompre des négociations.* – Lat. *negotiatio,* «commerce en grand».

négocier [negɔsje] **I.** v. intr. **[1] 1.** Vx Faire le négoce. **2.** Engager des pourparlers, procéder à des échanges de vues dans l'intention de traiter une affaire. ▷ *Spécial.* Aboutir à, rechercher un accord social, politique par la négociation (sens II). **II.** v. tr. **1.** COMM Céder (un effet, une lettre de change) à un tiers contre de l'argent liquide. **2.** Se concerter sur les conditions de réalisation de qqch. *Négocier une affaire importante. – Négocier un règlement de paix.* **3.** SPORT, AUTO *Négocier un virage,* le prendre, à grande vitesse, le mieux possible. – Lat. *negotiari,* «faire le commerce en grand».

négondo ou **negundo** [negɔ̃do] n. m. BOT Érable originaire d'Amérique du N., à feuilles panachées de blanc, et dont le bois est utilisé en marqueterie. *Le négondo est communément appelé, au Canada, «érable à Giguère».* – Mot malais par le portugais.

nègre, négresse [nɛgʀ, negʀɛs] n. et adj. **A.** n. **I. 1.** Vieilli et raciste Personne de race noire. **2.** Esclave noir employé autrefois dans les colonies. *La traite des nègres.* ▷ Fam. *Travailler comme un nègre,* beaucoup, durement. **II.** n. m. **1.** Fig. Personne qui prépare ou fait le travail d'un écrivain célèbre, d'une personne connue qui signe de son nom un ouvrage qu'elle n'a pas écrit. **2.** CUIS *Nègre en chemise:* entremets fait de beurre, d'œufs et de chocolat glacé recouvert de crème fouettée. **B.** adj. **1.** De race noire; relatif à la race, aux ethnies noires. *Coutumes nègres.* ▷ *Art nègre:* art de l'Afrique noire, spécial. tel que l'Occident l'a découvert au début du XXe s. *L'art nègre a contribué à la naissance du cubisme.* V. primitif (art). **2.** *Nègre,* ou plus cour. *tête-de-nègre:* brun foncé. *Un manteau tête-de-nègre.* ▷ *Nègre blanc:* équivoque, dont les termes, les conclusions sont contradictoires. *Réponse nègre blanc.* – Esp. ou portug. *negro,* «noir»; lat. *niger.*

négrier, ière [negʀije, jɛʀ] adj. et n. **I.** adj. Qui a rapport à la traite des Noirs; qui se livre, qui sert à la traite des Noirs. *Capitaine négrier. Navire négrier.* **II.** n. m. **1.** Celui qui faisait la traite des Noirs. – Navire qui servait à faire la traite des Noirs. **2.** Fig. Chef d'entreprise dur et âpre comme un marchand d'esclaves. – De *nègre.*

négrille [negʀij] n. (et adj.). Individu d'une race d'Afrique équatoriale à peau brunâtre, de très petite taille (moins de 1,50 m). V. pygmée. – De *nègre.*

négrillon, onne [negʀijɔ̃, ɔn] n. Vx. et raciste Petit enfant de race noire. ▷ Plaisant., fig. Enfant à la peau très brune. – Dimin. de *nègre.*

négritude [negʀityd] n. f. **1.** Fait d'appartenir à la race noire. **2.** Ensemble des caractéristiques culturelles, historiques des nations, des peuples noirs. – De *nègre,* répandu par le poète et homme d'État sénégalais, L. S. Senghor.

négro-africain, aine [negʀoafʀikɛ̃, ɛn] adj. Relatif aux peuples d'Afrique noire. – De *nègre,* et *africain.*

négro-américain, caine [negʀoameʀikɛ̃, kɛn] adj. Qui appartient aux noirs d'Amérique. *La musique négro-américaine.* – De *nègre,* et *américain.*

négroïde [negʀɔid] adj. (et n.). Qui présente certaines des caractéristiques de la race noire. – De *nègre,* et *-oïde.*

negro(-)spiritual [negʀospiʀitɥal] n. m. Chant religieux des Noirs chrétiens des États-Unis. *Les negro spirituals.* – De l'amér. *negro,* «nègre», et *spiritual,* «(chant) spirituel».

néguentropie [negɑ̃tʀɔpi] n. f. PHYS, INFORM Grandeur dont les variations sont opposées à celles de l'entropie d'un système. – De *néga(tive),* et *entropie.*

negundo. V. négondo.

négus [negys] n. m. HIST Titre des empereurs d'Éthiopie. – Éthiopien *negûs (negusti),* «roi (des rois)».

neige [nɛʒ] n. f. **1.** Eau congelée qui tombe en flocons blancs et légers. *Chute de neige, boule de neige. Bordée de neige. Motte de neige. Bonhomme de neige. Premières neiges. Fonte des neiges.* – Fig. *Être blanc comme neige :* être innocent, ne rien avoir à se reprocher. ▷ *Neiges persistantes,* ou, cour., *neiges éternelles,* qui ne fondent pas en été. **2.** *De neige:* qui a rapport aux sports d'hiver. *Train de neige. Vacances de neige.* – *Classe de neige:* enseignement organisé en montagne à l'époque des sports d'hiver pour une classe scolaire. **3.** *Neige carbonique:* anhydride carbonique solide (CO^2) utilisé dans les extincteurs et comme réfrigérant. ▷ *Neige artificielle,* obtenue par pulvérisation d'eau froide. **4.** Arg. Cocaïne. **5.** CUIS *Œufs en neige:* blancs d'œuf battus formant une masse blanche et mousseuse relativement compacte. ▷ *Œufs à la neige:* œufs en neige cuits dans du lait sucré et servis sur une crème anglaise. – Déverbal de *neiger.*

neiger [nɛʒe] v. impers. **[15]** Tomber, en parlant de la neige. – Du lat. pop. **nivicare,* du class. *nix, nivis,* «neige».

neigeux, euse [nɛʒø, øz] adj. **1.** Couvert de neige. **2.** Qui rappelle la neige par sa blancheur immaculée, sa consistance. – De *neige.*

nélombo ou **nélumbo** [nelɔ̃bo] n. m. BOT Plante d'eau douce (genre *Nelumbium,* fam. nymphéacées) dont une espèce indienne à grandes fleurs blanches est le *lotus sacré.* – Mot cingalais.

némale [nemal] ou **némalion** [nemaljɔ̃] n. m. BOT Algue rouge marine dont le thalle ramifié est formé de cordons cylindriques et élastiques. – Du nom de *Nemal,* naturaliste amér.

némat(o)-. Élément, du gr. *nêma, nêmatos,* «fil».

némathelminthes [nematɛlmɛ̃t] n. m. pl. ZOOL Embranchement de vers au corps cylindrique non segmenté, appelés aussi *vers ronds.* – De *némat(o)-,* et *helminthe.*

ENCYCL La peau des némathelminthes, pourvue d'une cuticule inextensible, impose une croissance par mues. La plupart de ces vers sont parasites (ascaris, oxyure, trichines, etc.); quelques espèces mènent une vie libre (anguillule du vinaigre). On distingue deux classes: les nématodes, au tube digestif complet; les gordiens, au tube digestif atrophié.

nématique [nematik] adj. PHYS *État nématique:* état mésomorphe dans lequel les molécules d'un cristal liquide sont orientées dans une même direction en l'absence d'influence extérieure. *Les propriétés de l'état nématique sont utilisées pour l'affichage de let-*

tres ou de chiffres dans les calculatrices. – De *némat(o)-*, et *-ique*.

némato-. V. némat(o)-.

nématoblaste [nematɔblast] n. m. ZOOL Syn. de *cnidoblaste*. – De *némato-*, et *-blaste*.

nématocères [nematɔsɛʀ] n. m. pl. ZOOL Sous-ordre d'insectes diptères comprenant notam. les moustiques. – De *némato-*, et gr. *keras*, «corne».

nématocyste [nematɔsist] n. m. ZOOL Vésicule à venin des cnidaires. – De *némato-*, et gr. *kustis*, «vessie».

nématodes [nematɔd] n. m. pl. ZOOL Classe très importante de némathelminthes comprenant des espèces marines, d'eau douce ou terrestres, caractérisées par un tube digestif complet. *L'ascaris, la trichine, les filaires sont des nématodes parasites de l'homme.* – Du gr. *nêmatôdes*, «semblable à des fils»

nématorhynques [nematɔʀɛ̃k] n. m. pl. ZOOL Embranchement de métazoaires pseudocœlomates marins ou d'eau douce, microscopiques, les plus primitifs des vers. – De *némato-* (à cause des bouquets de cils de la partie antérieure), et *-rhynque*.

némertiens [nemɛʀsjɛ̃] n. m. pl. ZOOL Embranchement de métazoaires cœlomates, vers marins ou d'eau douce au tube digestif complet. – Du nom d'une nymphe de la mythol. grecque, *Nemertes*, l'une des Néréides.

néné [nene] n. m. Pop. Sein de femme. – Du rad. expressif *nan-* (V. nanan).

nénette [nenɛt] n. f. Fam. **1.** Loc. *Se casser la nénette;* se démener, se casser la tête pour résoudre une difficulté. **2.** Fille, femme. – Du rad. expressif *nan-* (V. nanan).

nénies [neni] n. f. pl. ANTIQ GR et ROM Chants, lamentations funèbres. – Lat. *nenia*.

nenni [nɛnni] ou [nani] adv. Vx Non. – Composé de *nen*, forme atone de *non*, et de *il;* d'abord *nenil*.

nénuphar [nenyfaʀ] n. m. Plante aquatique des eaux tranquilles (genre *Nymphea, Nuphar*, etc., fam. nymphéacées) aux feuilles flottantes et aux fleurs solitaires diversement colorées. *Nénuphar blanc (Nymphea alba). Nénuphar jaune (Nuphar luteum).* – Lat. médiév., de l'ar. *nīnūfar*.

néo-. Préfixe, du gr. *neos*, «nouveau».

néoblaste [neoblast] n. m. BIOL Cellule de régénération existant chez certains groupes d'animaux primitifs (planaires, annélides). – De *néo-*, et gr. *blastos*, «germe».

néo-brunswickois, oise [neobʀɔnzwikwa, waz] adj. Relatif au Nouveau-Brunswick. ▷ Subst. Habitant du Nouveau-Brunswick. – Du gr. *neos*, «nouveau», et *Brunswick*.

ENCYCL Quelques formes parallèles comme *new-brunswickois, brunswickois, nouveau-brunswickois* témoignent des hésitations suscitées par la dérivation de noms de lieux composés.

néo-calédonien, ienne [neokaledɔnjɛ̃, jɛn] adj. et n. De Nouvelle-Calédonie; relatif aux Néo-Calédoniens. ▷ Subst. *Les Néo-Calédoniens.* – De *néo-*, et *(Nouvelle-)Calédonie*.

néo-capitalisme [neokapitalism] n. m. ECON Forme moderne du capitalisme qui accepte l'intervention de l'État dans certains secteurs. – De *néo-*, et *capitalisme*.

néo-celtique [neosɛltik] adj. Se dit des langues vivantes dérivées de l'ancien celte, telles que le breton et le gaélique. – De *néo-*, et *celtique*.

néo-classicisme [neoklasisism] n. m. **1.** LITTER Mouvement littéraire français du début du XXe s. qui s'est attaché à renouveler les formes poétiques modernes en prenant pour modèle l'idéal classique. *Le néo-classicisme est issu de l'«école romane» de J. Moréas.* **2.** BX-A Mouvement artistique de retour à l'Antiquité gréco-romaine. – De *néo-*, et *classicisme*.

ENCYCL Apparu v. le milieu du XVIIIe s. à Rome, le néo-classicisme se répandit dans tous les pays européens et aux É.-U. (*Capitole* de Washington), et se prolongea jusqu'en 1830 env. À l'origine de ce mouvement, on voit généralement une réaction contre l'art «aristocrate» (baroque, rococo), ainsi qu'une grande admiration pour la République romaine. L'art antique, que les fouilles d'Herculanum (1720) et de Pompéi (1748) commençaient à faire mieux connaître, prit dès lors une force de symbole. La génération des architectes néo-classiques français comprend notam. E.-L. Boullée, C. de Wailly (l'Odéon), C.-N. Ledoux, A.-T. Brongniart (Bourse de Paris), J.-F. Chalgrin (Arc de triomphe de l'Étoile), P.A. Vignon (égl. de la Madeleine). Le sculpteur ital. A. Canova fut celui qui soumit le plus facilement son art à l'esthétique du «noble contour». En peinture, le *Serment des Horaces*, exécuté par David en 1784, se présenta comme le véritable manifeste de la nouvelle école (F. Gérard, Girodet, etc.).

néo-colonialisme [neokɔlɔnjalism] n. m. État de domination économique et culturelle maintenu par des voies détournées sur d'anciennes colonies. – De *néo-*, et *colonialisme*.

néo-colonialiste [neokɔlɔnjalist] adj. et n. Qui a les caractères du néo-colonialisme; qui pratique le néo-colonialisme. *Politique néo-colonialiste.* ▷ Subst. *Un néo-colonialiste.* – De *néo-*, et *colonialiste*.

néo-criticisme [neokʀitisism] n. m. PHILO Doctrine philosophique d'inspiration kantienne. *Renouvier est le principal représentant du néo-criticisme en France.* – De *néo-*, et *criticisme*.

néo-darwinisme [neodaʀwinism] n. m. BIOL Théorie de l'évolution fondée sur la seule sélection de l'espèce par le milieu, qui nie l'hérédité des caractères acquis. – De *néo-*, et *darwinisme*.

néodyme [neodim] n. m. CHIM Métal du groupe des lanthanides; élément de numéro atomique $Z = 60$, de masse atomique 144,24 (symbole Nd). – De *néo-*, et gr. *didumos*, «jumeau».

néo-écossais, aise [neoekɔsɛ, ɛz] adj. De la Nouvelle-Écosse. ▷ Subst. Habitant de la Nouvelle-Écosse. – De *néo-*, et *Écosse*.

néo-fascisme [neofaʃ(s)ism] n. m. Tendance politique inspirée du fascisme* italien. – De *néo-*, et *fascisme*.

néoformation [neofɔʀmasjɔ̃] n. f. MED Syn. de *néoplasie*. – De *néo-*, et *formation*.

néoformé, ée [neofɔʀme] adj. BIOL Qui provient d'une néoformation; nouvellement formé. – De *néoformation*, d'ap. *formé*.

néogène [neoʒɛn] n. m. GEOL Dernière partie de l'ère tertiaire, comprenant le Miocène et le Pliocène. – De *néo-*, et *gène*.

néoglucogenèse [neoglykɔʒənɛz] ou **néoglycogenèse** [neoglikɔʒənɛz] n. f. BIOCHIM Transformation des protéines en glucose au niveau du foie. – De *néo-*, *gluco-*, et *genèse*.

néognathes [neognat] n. m. pl. ORNITH Syn. de *carinates* (les oiseaux munis d'un bréchet ont aussi des caractéristiques palatales particulières). – De *néo-*, et gr. *gnathos*, «machoire».

néo-gothique [neogɔtik] adj. et n. m. ARCHI Qui s'inspire du gothique. ▷ N. m. *Le néo-gothique:* style architectural et décoratif de la fin du XIXe s. – De *néo-*, et *gothique*.

néo-grec, -grecque [neogʀɛk] adj. **1.** Relatif à la Grèce, au grec moderne. **2.** Qui s'inspire de l'art de la Grèce antique. – De *néo-*, et *grec.*

néo-guinéen, enne [neogineɛ̃, ɛn] adj. De la Nouvelle-Guinée. – De *néo-*, et *(Nouvelle-)Guinée,* île d'Océanie.

néo-impressionnisme [neoɛ̃pʀesjɔnism] n. m. BX-A Mouvement pictural qui s'affirma entre 1884 et 1891, et dont les adeptes (Seurat, Signac, Cross, Luce, etc.) utilisaient la division systématique du ton. Syn. divisionnisme, pointillisme. – De *néo-*, et *impressionnisme,* terme dû au critique d'art Félix Fénéon (1861-1944).

néo-kantisme [neokɑ̃tism] n. m. PHILO Doctrine philosophique de la seconde moitié du XIXᵉ s., qui s'inspire de l'idéalisme transcendantal de Kant. *Les principaux représentants du néo-kantisme sont O. Liebmann, H. Cohen, P. Natorp, E. Cassirer, H. Rickert.* – De *néo-*, et *kantisme.*

néo-lamarckisme [neolamaʀkism] n. m. Didac. Théorie transformiste qui s'inspire des idées de Lamarck mais qui tient l'hérédité et la sélection pour secondaires et considère le milieu et l'habitude comme déterminants dans l'évolution des espèces. – De *néo-*, et *lamarckisme.*

néo-libéralisme [neolibeʀalism] n. m. ECON, POLIT Forme renouvelée du libéralisme, qui permet à l'État une intervention limitée sur le plan économique et juridique. – De *néo-*, et *libéralisme.*

néolithique [neolitik] n. m. et adj. Dernière période de la préhistoire, à laquelle succède la protohistoire. ▷ Adj. *Âge néolithique.* – De *néo-*, et *-lithique.*
ENCYCL Les hommes du Néolithique connaissent l'organisation sociale (villages, camps retranchés), l'élevage, la céramique, la pierre polie. Ils se sédentarisent, commencent à défricher les forêts et à pratiquer l'agriculture et le commerce. Le Néolithique (de l'Europe occidentale) débute v. 5000 et s'achève v. 2500 (av. J.-C.), mais ces dates varient considérablement avec les sites. Ainsi la ville néolithique la plus anc. que l'on connaisse est Jéricho (v. 8000 ou 7000 av. J.-C.).

néologie [neɔlɔʒi] n. f. Invention, introduction de mots nouveaux dans une langue. ▷ LING Processus de formation de mots nouveaux dans le lexique d'une langue par emprunts, dérivation, composition, suffixation, abréviation populaire, etc. – De *néo-*, et *-logie.*

néologique [neɔlɔʒik] adj. Relatif à la néologie; par néologie. *Expression néologique. – Formation néologique.* – De *néologie,* ou de *néologisme.*

néologisme [neɔlɔʒism] n. m. **1.** Usage d'un mot nouveau, emploi d'un mot dans un sens nouveau. **2.** Mot, sens nouveau. – De *néo-*, et du gr. *logia,* «théorie», de *logos,* «discours».

néoménie [neɔmeni] n. f. ANTIQ Fête qui se célébrait chez les Juifs, les Grecs et les Romains à chaque nouvelle lune. – Lat. *neomenia,* mot gr., de *neos,* «nouveau», et *mên,* «mois».

néomycine [neɔmisin] n. f. PHARM Antibiotique à large spectre obtenu à partir de *Streptomyces fradiæ.* – De *néo-*, gr. *mukos,* «champignon», et *-ine.*

néon [neõ] n. m. Gaz rare qui se laisse facilement traverser par la décharge électrique et que l'on utilise pour l'éclairage par tubes luminescents; élément de numéro atomique $Z = 10$, de masse atomique 20,17 (symbole Ne). *Le néon émet une lumière rouge.* – Gr. *neos,* «nouveau» (d'ap. argon, krypton).

néo-natal, ale, als [neonatal] adj. MED Relatif à la période qui suit la naissance; du nouveau-né. *Médecine néo-natale.* – De *néo-*, et *natal.*

néophyte [neofit] n. et adj. **1.** HIST RELIG Païen nouvellement converti, dans l'Église primitive. **2.** Personne nouvellement convertie à une doctrine, à une religion, etc. *L'ardeur du néophyte.* ▷ Adj. *Un fanatisme néophyte.* – Lat. ecclés. *neophytus,* gr. *neophytos,* «nouvellement planté».

néoplasie [neoplazi] n. f. ou **néoplasme** [neoplasm] n. m. MED Prolifération cellulaire constituant une tumeur. – De *néo-*, et *-plasie, -plasme.*

néoplasique [neoplazik] adj. MED De la nature de la néoplasie; tumoral, cancéreux. – Du préc.

néo-plasticisme [neoplastisism] n. m. BX-A Doctrine picturale qui prône l'usage exclusif de figures géométriques simples et des trois couleurs primaires (auxquelles peuvent être jointes les trois non-couleurs noir, blanc, gris). *Mondrian, théoricien et promoteur du néo-plasticisme.* – De *néo-*, *plastique,* et *-isme.*

néo-platonicien, ienne [neoplatɔnisjɛ̃, jɛn] adj. et n. De l'école néo-platonicienne. *Plotin, philosophe néo-platonicien.* ▷ Subst. *Un néo-platonicien.* – De *néo-*, et *platonicien.*

néo-platonisme [neoplatɔnism] n. m. PHILO ANC Doctrine, élaborée à Alexandrie au IIIᵉ s. ap. J.-C. et qui se développa jusqu'au VIᵉ s., qui tentait de concilier les doctrines religieuses de l'Orient avec la philosophie de Platon. – De *néo-*, et *platonisme.*

néo-positivisme [neopozitivism] n. m. PHILO Mouvement philosophique du XXᵉ s., dit aussi *positivisme logique,* issu du *Cercle de Vienne* (Schlick, Carnap, Reichenbach, Wittgenstein, etc.). – De *néo-*, et *positivisme.*

néo-positiviste [neopozitivist] adj. et n. Qui appartient au néo-positivisme. ▷ Subst. Philosophe de l'école néo-positiviste. *Les néo-positivistes se sont appliqués à étudier le langage, les systèmes de symboles et la logique formelle.* – De *néo-*, et *positiviste.*

néoprène [neopʀɛn] n. m. TECH Caoutchouc synthétique incombustible, résistant aux huiles et au froid. – Nom déposé; de *néo-*, *pr(opyle),* et *-ène.*

néoptères [neɔptɛʀ] n. m. pl. ZOOL Vaste division regroupant les insectes dont les ailes, au repos, sont repliées vers l'arrière, les ailes antérieures recouvrant les ailes postérieures (orthoptères, coléoptères, hyménoptères, diptères, etc.). Sing. *Un néoptère.* – De *néo-*, et *-ptère.*

néo-québécois, oise [neokebekwa, waz] adj. et n. Relatif ou propre aux immigrés établis au Québec. ▷ Subst. Un *Néo-Québécois.* – De *néo-*, et *québécois.*

néo-réalisme [neoʀealism] n. m. **1.** Doctrine artistique ou littéraire inspirée du réalisme. **2.** CINE École italienne qui se manifesta après la Seconde Guerre mondiale, marquée par le réalisme des décors, des situations, et par un intérêt pour les problèmes sociaux. – De *néo-*, et *réalisme.*

néo-réaliste [neoʀealist] adj. (et n.) Relatif au néo-réalisme. *Un cinéaste néo-réaliste.* – Du préc.

néoténie [neoteni] n. f. ZOOL Possibilité pour certains animaux de se reproduire à l'état larvaire. V. axolotl. – Mot all. de *néo-*, et du gr. *teinein,* «étendre».

néo-thomisme [neotɔmism] n. m. PHILO Doctrine philosophique contemporaine qui intègre au thomisme les acquisitions de la science moderne. – De *néo-*, et *thomisme.*

néotrague [neɔtʀag] n. m. ZOOL Très petite antilope (nommée aussi *antilope royale*). – Du lat. mod. *neotragus,* de *néo-*, et gr. *tragos,* «bouc».

néottie [neɔti] n. f. BOT Orchidée non chlorophyllienne, saprophyte, qui vit sur des débris de feuilles. – Du grec. *neotteia,* «nid d'oiseau».

néo-zélandais, aise [neozelɑ̃dɛ, ɛz] adj. et n. De la Nouvelle-Zélande. – De *néo-*, et *(Nouvelle-) Zélande*, État d'Océanie.

néozoïque [neozɔik] adj. et n. m. GEOL Syn. de *tertiaire*. – De *néo-*, et gr. *zôon*, «être animé, être vivant», pour mettre l'accent sur le renouvellement de la flore et de la faune à cette époque.

népalais, aise [nepalɛ, ɛz] adj. et n. Du Népal. – De *Népal*, État d'Asie, au nord de l'Inde.

nèpe [nɛp] n. f. Punaise carnassière d'eau douce longue d'une vingtaine de mm, appelée aussi *scorpion d'eau*. – Lat. *nepa*, «scorpion».

népenthès [nepɑ̃tɛs] n. m. **1.** ANTIQ GR Breuvage qui, selon Homère, avait la propriété de dissiper le chagrin. **2.** BOT Plante carnivore épiphyte (genre *Nepenthes*, type de la fam. des népenthacées) des forêts tropicales. – Mot gr., «qui dissipe la douleur».

néper [nepɛʀ] n. m. PHYS Unité, utilisée en radioélectricité, servant à mesurer le rapport de deux grandeurs de même nature (tension, puissance, etc.). (Abrév. Np; 1 Np = 8,69 dB.) – Du n. de J. *Neper* (1550-1617), mathématicien écossais.

népérien, ienne [nepeʀjɛ̃, jɛn] adj. MATH *Logarithme népérien*, dont la base est le nombre *e* (symbole Log ou ln). – De *Neper* (V. neper).

népète [nepɛt] n. f. BOT Plante herbacée (genre *Nepeta*, fam. labiées) comportant de nombreuses espèces, et notam. la cataire, ou *herbe aux chats*. – Lat. *nepeta*.

néphélémétrie [nefelemetʀi] ou **néphélométrie** [nefelometʀi] n. f. PHYS Évaluation de la concentration d'une émulsion par comparaison photométrique avec une solution étalon. – Du gr. *nephelê*, «nuage», et *-métrie*.

néphélion [nefeljɔ̃] n. m. MED Tache translucide de la cornée – Du gr. *nephelion*, «petit nuage».

néphr(o)-. Élément, du gr. *nephros*, «rein».

néphrectomie [nefʀɛktɔmi] n. f. CHIR Ablation chirurgicale du rein. – De *néphr(o)-*, et *-ectomie*.

néphrétique [nefʀetik] adj. et n. MED *Colique néphrétique:* crise douloureuse souvent due à la migration dans l'uretère d'un calcul rénal. ▷ Subst. Personne sujette aux coliques néphrétiques. – Lat. méd. *nephreticus*, gr. *nephritikos*, «qui souffre des reins».

néphridie [nefʀidi] n. f. ZOOL Organe excréteur de certains invertébrés (annélides, lamellibranches). – Du gr. *nephridios*, «qui concerne le rein».

1. néphrite [nefʀit] n. f. MED Atteinte inflammatoire du rein. – Du gr. *nephrîtis (nosos)*, «(maladie) des reins».

2. néphrite [nefʀit] n. f. PETROG Variété de jade. – Du gr. *nephrîtis*, «des reins», parce que cette pierre passait pour guérir les maux de reins.

néphro-. V. néphr(o)-.

néphrologie [nefʀɔlɔʒi] n. f. MED Partie de la médecine qui traite de la physiologie et de la pathologie rénales. – De *néphro-*, et *-logie*.

néphrologue [nefʀɔlɔg] n. MED Spécialiste de néphrologie. – De *néphrologie*.

néphron [nefʀɔ̃] n. m. ANAT Unité fonctionnelle rénale qui comprend le glomérule et le tubule. *Le rein compte un million de néphrons*. – Du gr. *nephros*, «rein».

néphropathie [nefʀɔpati] n. f. MED Affection touchant le rein. – De *néphro-*, et *-pathie*.

néphrose [nefʀoz] n. f. MED Affection dégénérative du rein. – De *néphr(o)-*, et *-ose* 2.

népotisme [nepɔtism] n. m. **1.** HIST RELIG Forme de favoritisme qui sévissait à la cour pontificale, notam. au XVIᵉ s., et qui consistait à réserver une grande partie des hautes dignités ecclésiastiques à des parents (et surtout à des neveux) du pape. **2.** Abus d'influence d'un notable qui distribue des emplois, des faveurs à ses proches. – Ital. *nepotismo*, de *nepote*, «neveu», du lat. *nepos, nepotis*.

neptunium [nɛptynjɔm] n. m. CHIM Élément artificiel de numéro atomique Z = 93, dont l'isotope le plus stable a pour masse atomique 237 (symbole Np). – Du n. de la planète *Neptune*.

néréide [neʀeid] n. f. ZOOL Ver annélide polychète marin carnassier, pourvu de quatre ocelles et d'antennes. – De *Néréides*, n. des nymphes de la mer dans la myth. grecque.

nerf [nɛʀ] n. m. **I. 1.** Chacun des filaments blanchâtres qui mettent les différentes parties du corps en relation avec l'encéphale et la moelle épinière. *Nerfs sensitifs*, qui transmettent les sensations de la périphérie vers le névraxe. *Nerfs moteurs*, qui transmettent aux muscles l'excitation motrice. *Nerfs mixtes*, à la fois sensitifs et moteurs. **2.** Plur. *Les nerfs* (considérés comme le siège d'émotions telles que l'agacement, l'irritation, la colère). *Crise de nerfs*, extériorisation soudaine, bruyante et désordonnée, d'une tension affective devenue insupportable (sous forme de pleurs, de cris, de gesticulations diverses). – Loc. fam. *Avoir ses nerfs, les nerfs en boule, en pelote:* être très agacé. *Taper (ou tomber)* sur les nerfs de qqn, l'agacer considérablement. *Paquet de nerfs:* personne très nerveuse. *Être, vivre sur les nerfs*, dans un état de grand énervement. *Être à bout de nerfs:* être sur le point de ne plus pouvoir maîtriser la tension nerveuse que l'on était parvenu jusque-là à contenir. **3.** loc. fig. *Guerre des nerfs:* ensemble des procédés de démoralisation qu'emploient des pays en conflit pour affaiblir le moral de l'ennemi (civils et militaires). **II. 1.** Vx ou pop. Tendon des muscles. **2.** Fig. Vigueur. *Avoir du nerf*, du ressort. – Prov. *L'argent est le nerf de la guerre*, ce qui la permet et l'entretient. **3.** Cordelette reliant les fils d'assemblage des cahiers d'un livre, en reliure traditionnelle. **4.** *Nerf de bœuf:* cravache, matraque faite d'une verge de bœuf ou de taureau étirée et durcie par dessiccation. – Du lat. *nervus*, «ligament, tendon».

ENCYCL **Zool.** – Chez tous les animaux le système nerveux est d'origine ectodermique (c.-à-d. que, à l'origine, il est situé à l'extérieur de la gastrula). Son évolution est parallèle à celle du monde animal: absence de cellules nerveuses chez les protozoaires; apparition de quelques fibres nerveuses chez les spongiaires, système nerveux très complexe des vertébrés (cerveau, une moelle épinière et de nombreux nerfs innervant tout le corps). L'augmentation de ses capacités atteint son maximum chez l'homme. Les animaux sont classés en: *hyponeuriens*, à système nerveux ventral (vers, mollusques, arthropodes, etc.); *épineuriens*, à système nerveux dorsal (cordés: tuniciers, céphalocordés et vertébrés).

Anat. et physiol. – Le système nerveux est un ensemble de structures, très complexes et hétérogènes, qui concourent à l'activité consciente ou inconsciente, volontaire ou involontaire, de l'homme. On peut le diviser en deux grands systèmes: le système cérébro-spinal et le système neurovégétatif ou sympathique. Les centres de ces deux systèmes sont confondus et constitués à partir d'une seule unité de base: la cellule nerveuse, ou neurone. Le système cérébro-spinal est constitué par deux ensembles: le système nerveux central (ou névraxe), qui se compose de l'encéphale et de la moelle épinière, et le système nerveux périphérique, qui comprend les nerfs et les ganglions nerveux. Il permet la relation avec le milieu extérieur. Le système neurovégétatif, ou sympathique, se subdivise en systèmes sympathique, dit également orthosympathique, et parasympathique, qui innervent les viscères et règlent leur fonctionnement suivant les besoins de l'organisme. Il coordonne les fonctions de l'organisme humain en contrôlant la vie végétative (ou viscérale). Les nerfs crâniens, au nombre de 12 paires, se détachent de l'encéphale, du bulbe et de la protubérance. Les nerfs rachidiens (31 paires) se détachent de la moelle par deux racines (antérieure et postérieure), se réunissent en un tronc commun pour sortir du canal rachidien, puis se séparent à nouveau. Les nerfs du système sympathique se détachent des ganglions de la chaîne sympathique, avec lesquels ils forment des plexus: plexus cardiaque, pulmonaire, solaire, mésentérique et hypogastrique. Ces nerfs (dont le principal est le nerf pneumogastrique) sont formés de fibres provenant de certains nerfs crâniens et de centres particuliers. Les nerfs sympathiques ont une action antagoniste de celle des nerfs parasympathiques. Tout nerf est composé par la réunion des fibres nerveuses (axones) qui prolongent les cellules nerveuses (neurones). Chaque neurone comprend: – un corps, entouré par une membrane et pourvu d'un noyau et de cytoplasme; – des prolongements courts et très ramifiés, les dendrites, qui transmettent l'influx au corps cellulaire; – un axone, ou cylindraxe, comprenant, de l'intérieur vers l'extérieur: une enveloppe; une gaine de myéline, interrompue par places et délimitant des segments annulaires; une couche de protoplasme, contenant des noyaux. Certains neurones sont sensitifs, d'autres moteurs. Les cellules nerveuses ne possèdent pas le pouvoir de se multiplier par division, comme certaines autres cellules de l'organisme; leur nombre est fixe, dès la naissance. Le long des axones se propage l'influx nerveux, qui est un phénomène électrique. Une cellule nerveuse est chargée électriquement, avec une différence de potentiel entre l'intérieur et l'extérieur (potentiel de repos). Lorsque la cellule est excitée, un potentiel d'action apparaît: il se traduit par une onde de dépolarisation qui se déplace le long du nerf, suivie d'une repolarisation immédiate, produite par les processus métaboliques. Les neurones sont connectés par des *synapses*, qui permettent la transmission de l'influx nerveux de neurone à neurone et de neurone à organe récepteur. Le phénomène électrique parvenant à la partie terminale de la cellule est associé avec une activité sécrétoire qui libère un médiateur chimique (acétylcholine et noradrénaline) capable d'agir sur la membrane synaptique de la cellule suivante.

néritique [neʀitik] adj. GEOL *Sédiments néritiques:* sédiments marins accumulés sur la plate-forme continentale, dans lesquels les débris organiques figurent en quantité importante. – Du gr. *nêritês*, «coquillage».

néroli [neʀɔli] n. m. TECH *Essence de néroli:* huile essentielle tirée de la fleur d'oranger et utilisée en parfumerie. – Du nom d'une princesse ital. qui aurait inventé ce parfum.

néronien, ienne [neʀɔnjɛ̃, jɛn] adj. Relatif à Néron, digne de Néron. *Débauches néroniennes.* – Du n. de *Néron*, empereur romain auquel on a fait une réputation de cruauté.

nerprun [nɛʀpʀœ̃] n. m. Arbuste à feuilles caduques (genre *Rhamnus*, fam. rhamnacées), dont les fruits, généralement noirs, donnent des teintures jaunes ou vertes suivant les espèces. – Du lat. pop. *niger prunus*, «prunier noir».

nervation [nɛʀvasjɔ̃] n. f. **1.** BOT Nervures d'une feuille; disposition de ces nervures. **2.** ZOOL Ensemble, disposition des nervures des ailes des insectes. – De *nerf*.

nerveusement [nɛʀvøzmɑ̃] adv. **I. 1.** Quant au système nerveux, en ce qui concerne le système nerveux. *Il est épuisé nerveusement.* ▷ *Pleurer nerveusement*, sous l'effet d'une trop forte tension nerveuse. **2.** Avec nervosité. *Parler nerveusement.* **II.** Avec nerf, avec vigueur. *Tableau nerveusement brossé.* – De *nerveux*.

nerveux, euse [nɛʀvø, øz] adj. (et n.) **I. 1.** Qui appartient, qui a rapport aux nerfs. *Centre nerveux. Influx nerveux. Système nerveux* (V. encycl. nerf). **2.** Relatif aux nerfs, au système nerveux considéré comme le siège de l'affectivité et de l'émotivité. *Maladies nerveuses*, affectant les nerfs en l'absence de lésions organiques. *Dépression nerveuse.* **3.** Agité, excité, en parlant d'une personne. *Un enfant nerveux.* – N. *C'est un grand nerveux.* **II. 1.** Fort, musclé. *Des bras nerveux.* **2.** Rempli de tendons, filandreux, en parlant d'une viande. *Morceau trop nerveux.* **3.** Fig. Vigoureux. *Un discours nerveux.* ▷ *Moteur nerveux*, qui a de bonnes reprises. – Lat. *nervosus*, «qui a beaucoup de muscles».

nervin, ine [nɛʀvɛ̃, in] adj. (et n. m.) PHARM Se dit d'une substance qui tonifie les nerfs. – De *nerf*.

nervosité [nɛʀvozite] n. f. Énervement, irritabilité. – De *nerveux*; d'abord «vigueur», du lat. *nervositas*, «force (d'un fil)».

nervure [nɛʀvyʀ] n. f. **1.** Saillie longue et fine à la surface d'une chose. **2.** BOT Faisceau libéro-ligneux d'une feuille, qui fait généralement saillie sur la face inférieure du limbe. **3.** ZOOL Renforcement, en saillie, des ailes membraneuses des insectes. **4.** En reliure saillie au dos d'un livre, formée par les cordelettes (nerfs) qui relient les cahiers entre eux. **5.** TECH Renforcement formant saillie à la surface d'une pièce et destiné à assurer sa rigidité. – De *nerf*.

nestorianisme [nɛstɔʀjanism] n. m. HIST RELIG Doctrine hérétique de Nestorius. – De *nestorien*.

ENCYCL Le nestorianisme, malgré sa condamnation au concile d'Éphèse (431), s'implanta à Édesse, d'où il fut banni en 489, puis en Perse, où il devint la relig. officielle. Le concile de Constantinople (558) le condamna à nouveau, sans en empêcher l'extension; il se répandit en Arabie et jusqu'au cœur de l'Asie (on trouve des nestoriens dans l'entourage de Gengis Khan). Il existe encore une Église nestorienne dans le Kurdistan et en Inde du Sud.

nestorien, ienne [nɛstɔʀjɛ̃, jɛn] n. et adj. **1.** n. Disciple de Nestorius. **2.** adj. De Nestorius. *Hérésie nestorienne.* – De *Nestorius* (v. 380-451), patriarche de Constantinople, qui contestait la nature divine du Christ incarné.

net, nette [nɛt] adj., n. et adv. **I.** adj. **1.** Propre. *Une chambre nette.* ▷ Fig. *Avoir les mains nettes:* avoir la conscience tranquille. *Il est sorti net de cette fâcheuse affaire.* **2.** Nettoyé. *Faire place nette:* nettoyer un endroit. **3.** FIN Tous frais et charges déduits, par oppos. à *brut. Bénéfice, prix, salaire net.* **4.** *Poids net:* poids du seul contenu (par oppos. à *poids brut :* poids du contenu et du contenant). **5.** Dont les contours sont bien visibles, bien détachés; qui n'est ni brouillé ni flou. *Une image nette.* **6.** Clair, précis. *Avoir l'esprit net. Cette affaire n'est pas nette. Une voix nette*, claire. **II.** n. m. *Au net :* au propre. *Mettre un écrit au net.* **III.** adv. **1.** Clairement. *Parler net.* **2.** Uniment et tout d'un coup. *La branche s'est cassée net.* – Du lat. *nitidus*, «brillant».

netské [nɛtske] ou **netsuké** [nɛtsuke] n. m. inv. Petite figurine japonaise sculptée en bois, en ivoire, servant d'attache. – Mot jap.

nettement [nɛtmɑ̃] adv. **1.** Avec netteté. *On discerne nettement la maison d'ici.* **2.** D'une manière claire, évidente. *Expliquer nettement qqch.* **3.** Fam. Tout à fait. *Il paraît nettement plus âgé que vous.* – De *net*.

netteté [nɛtte] n. f. **1.** Propreté. *La netteté d'un miroir.* **2.** Clarté, précision. *S'exprimer avec netteté.* – De *net;* d'abord *netée,* «pureté».

nettoiement [netwamɑ̃] n. m. Ensemble des opérations de nettoyage. *Le service de nettoiement de la ville.* – De *nettoyer.*

nettoyage [netwajaʒ] n. m. **1.** Action de nettoyer. **2.** *Nettoyage par le vide,* par aspirateur. Fig., fam. Action de débarrasser un endroit sans rien y laisser. – De *nettoyer.*

nettoyer [netwaje] v. tr. **[26]** **1.** Rendre propre, net. *Nettoyer un habit, une maison.* **2.** Fig., fam. Dégarnir, vider, dépouiller. *Les cambrioleurs ont nettoyé l'appartement. Il s'est fait nettoyer au casino.* **3.** Éliminer les gens indésirables, les ennemis de (une position, un lieu). – De *net.*

nettoyeur, yeuse [netwajœʀ, jøz] n. **1.** Personne qui nettoie. ▷ Spécial. n. m. Commerçant qui se charge du nettoyage et du repassage des vêtements. *Porter un complet chez le nettoyeur.* **2.** n. m. Machine à nettoyer. – De *nettoyer.*

1. neuf [nœf] adj. et n. m. inv. **I.** adj. **1.** adj. num. cardinal. Nombre impair qui suit le nombre huit. *Les neuf muses.* (N.B. Le *f* se prononce *v* devant une voyelle ou un *h* muet dans certains systèmes usuels. *Neuf ans* [nœvɑ̃]. *Neuf heures* [nœvœʀ]. **2.** adj. num. ord. *Le roi Louis Neuf. Le neuf janvier.* **II.** n. m. **1.** Nombre neuf. *Divisibilité par neuf. Preuve par neuf,* destinée à vérifier l'exactitude d'une multiplication, d'une division ou de l'extraction d'une racine carrée. **2.** Chiffre neuf. *Faites bien vos neuf.* **3.** Numéro neuf. *Pour avoir cette communication, il faut faire le neuf.* **4.** JEU *Neuf de trèfle, de cœur,* etc.: carte marquée de neuf points. – Du lat. *novem.*

ENCYCL *Preuve par neuf.* Tout nombre est égal à un multiple de 9 augmenté de la somme des chiffres dont il est formé. Par exemple, 153 400 est un multiple de 9 auquel s'ajoute 13 (dans 153 400, $1 + 5 + 3 + 4 + 0 + 0 = 13$) qu'on peut réduire à 4 (en additionnant 1 et 3 puisque $13 = 9 + 4$). Pour vérifier l'exactitude d'une multiplication, par exemple $19\,175 \times 8 = 153\,400$, on additionne les chiffres formant le premier nombre (on obtient 23 qu'on réduit à $2 + 3 = 5$), pour le second (on obtient 8) et on les multiplie ($5 \times 8 = 40$, réductible à $4 + 0 = 4$) pour obtenir 4 qui, confronté à l'addition des chiffres du résultat de la multiplication (153 400 ramené à 4 également), nous donne la preuve que notre opération est juste.

2. neuf, neuve [nœf, nœv] adj. et n. m. **I.** adj. **1.** Qui est fait depuis peu. *Maison neuve.* **2.** Qui n'a pas encore servi. *Un habit neuf.* – Loc. *Faire peau neuve:* muer en parlant du serpent; fig. se transformer entièrement. *Salle de spectacle qui fait peau neuve,* qui est entièrement réaménagée, refaite. **3.** Plus récent (opposé à *ancien,* à *vieux*). *La vieille ville et la ville neuve.* **4.** Novice. *Être neuf dans un métier.* **5.** Nouveau, original. *Des idées neuves. Une interprétation neuve d'un thème rebattu.* **6.** Qui n'est pas émoussé par l'habitude. *Porter un regard neuf sur qqch de banal.* **7.** Fam. *Qqch de neuf,* de nouveau. *Rien de neuf aujourd'hui?* **II.** n. m. **1.** Ce qui est neuf. *Le neuf et l'occasion.* **2.** *À neuf:* de manière à restituer l'aspect du neuf. *Refaire une chambre à neuf.* **3.** *De neuf :* avec qqch de neuf. *Être habillé de neuf.* – Du lat. *novus.*

neuf-huit (à) [nœfɥit] loc. adj. MUS Se dit d'une mesure ternaire à trois temps, ayant la noire pointée (ou trois croches) pour unité de temps. – De *neuf,* et *huit.*

neume [nøm] n. MUS **1.** n. m. Signe employé au Moyen Âge dans la notation du plain-chant. **2.** n. f. Groupe de notes chanté d'une seule émission de voix. – Du lat. médiév. *neuma,* altér. du gr. *pneûma,* «souffle, émission de voix».

neur(o)-. Élément, du gr. *neuron,* «nerf».

neural, ale, aux [nøʀal, o] adj. BIOL Qui a rapport au système nerveux dans sa période embryonnaire. *Plaque neurale.* – Du gr. *neuron,* «nerf».

neurasthénie [nøʀasteni] n. f. **1.** MED Vx État dépressif caractérisé par une grande fatigue, accompagnée de mélancolie. **2.** Cour. Disposition générale à la tristesse, à la mélancolie. Syn. abattement, dépression. – De *neur(o)-,* et *asthénie.*

neurasthénique [nøʀastenik] adj. et n. Vieilli **1.** Relatif à la neurasthénie. **2.** Affecté de neurasthénie. ▷ Subst. *Un, une neurasthénique.* – Du préc.

neurobiologie [nøʀobjɔlɔʒi] n. f. BIOL Étude du fonctionnement des tissus nerveux et des cellules. – Angl. *neurobiology.*

neurobiologique [nøʀobjɔlɔʒik] adj. Relatif à la neurobiologie. – De *neuro-,* et *biologique.*

neurobiologiste [nøʀobjɔlɔʒist] n. Spécialiste de la neurobiologie. – De *neuro-,* et *biologiste.*

neuroblaste [nøʀoblast] n. m. BIOL Cellule souche des neurones. – De *neuro-,* et *-blaste.*

neuroblastome [nøʀoblastom] n. m. MED Tumeur maligne qui se développe à partir des cellules embryonnaires du tube neural. – Du préc., et *-ome.*

neurochimie [nøʀoʃimi] n. f. BIOL Partie de la biochimie qui concerne le fonctionnement chimique du système nerveux. – De *neuro-,* et *chimie.*

neurochirurgical, ale, aux [nøʀoʃiʀyʀʒikal, o] adj. Didac. Relatif à la neurochirurgie. – De *neuro-,* et *chirurgical.*

neurochirurgie [nøʀoʃiʀyʀʒi] n. f. Didac. Chirurgie du système nerveux. – De *neuro-,* et *chirurgie.*

neurochirurgien, ienne [nøʀoʃiʀyʀʒjɛ̃, jɛn] n. Didac. Spécialiste de neurochirurgie. – De *neuro-,* et *chirurgien.*

neurodépresseur [nøʀodepʀesœʀ] adj. et n. m. PHARM Se dit d'un médicament qui déprime l'activité du système nerveux central. – De *neuro-,* et *dépression.*

neuro-endocrinologie [nøʀoɑ̃dɔkʀinɔlɔʒi] n. f. BIOCHIM Étude des relations entre le système endocrinien et le système nerveux central. – De *neuro-,* et *endocrinologie.*

neurofibrille [nøʀofibʀij] n. f. ANAT Structure microscopique du neurone, qui se prolonge dans le cylindraxe. – De *neuro-,* et *fibrille.*

neurofibromatose [nøʀofibʀomatoz] n. f. MED Affection héréditaire d'évolution lente, caractérisée surtout par la présence de tumeurs cutanées, de tumeurs des nerfs ou du système nerveux central et de taches pigmentaires de la peau. Syn. maladie de Recklinghausen. – De *neuro-, fibrome,* et *-ose 2.*

neurohormone [nøʀoɔʀmɔn] n. f. BIOCHIM Hormone sécrétée par les cellules nerveuses. – De *neuro-,* et *hormone.*

neuroleptique [nøʀolɛptik] adj. et n. MED Qui exerce une action sédative sur le système nerveux. Syn. neuroplégique. ▷ N. m. PHARM Médicament neuroleptique. *Les neuroleptiques sont utilisés dans le traitement des psychoses accompagnées d'excitation et comme réducteurs des mécanismes délirants et hallucinatoires.* – De *neuro-,* et gr. *leptos,* «faible».

neurolinguistique [nøʀolɛ̃gɥistik] n. f. Didac. Branche de la neuropsychologie qui traite des rapports entre le langage et les structures cérébrales. – De *neuro-,* et *linguistique.*

neurologie [nøʀɔlɔʒi] n. f. Branche de la médecine qui étudie les affections du système nerveux. – De *neuro-*, et *-logie*.

neurologique [nøʀɔlɔʒik] adj. MED Qui a rapport à la neurologie ou à son objet. *Troubles neurologiques.* – De *neuro-*, et *logique*..

neurologiste [nøʀɔlɔʒist] ou **neurologue** [nøʀɔlɔg] n. Spécialiste de neurologie. – De *neurologie*.

neurone [nøʀon] n. m. ANAT Cellule qui assure la conduction de l'influx nerveux. *Un neurone est formé d'un corps cellulaire pourvu d'un noyau et d'un cytoplasme, prolongé par un cylindraxe, ou axone, et par les dendrites.* V. encycl. nerf. – Gr. *neuron*, «nerf».

neuropathologie [nøʀopatɔlɔʒi] n. f. MED Branche de la pathologie qui étudie les maladies nerveuses. – De *neuro-*, et *pathologie*.

neuropeptide [nøʀopɛptid] n. m. BIOCHIM Courte chaîne d'acides aminés (2 à 20 le plus souvent) agissant comme neurotransmetteur*. – De *neuro-*, et *peptide*.

neurophysiologie [nøʀofizjɔlɔʒi] n. f. Didac. Étude du métabolisme et des mécanismes de fonctionnement du système et des tissus nerveux. – De *neuro-*, et *physiologie*.

neuroplégique [nøʀopleʒik] adj. MED Syn. de *neuroleptique*. – De *neuro-*, et *-plégie*.

neuropsychiatre [nøʀopsikjatʀ] n. Médecin spécialiste de neuropsychiatrie. – De *neuro-*, et *psychiatre*.

neuropsychiatrie [nøʀopsikjatʀi] n. f. Didac. Partie de la médecine consacrée aux affections nerveuses et aux maladies mentales. – De *neuro-*, et *psychiatrie*.

neuropsychologie [nøʀopsikɔlɔʒi] n. f. Didac. «Discipline qui traite des fonctions mentales supérieures dans leurs rapports avec les structures cérébrales» (Hécaen). – De *neuro-*, et *psychologie*.

neurotoxine [nøʀotɔksin] n. f. BIOCHIM Toxine agissant sur le système nerveux central et causant la paralysie ou la contracture. – De *neuro-*, et *toxine*.

neurotransmetteur [nøʀotʀɑ̃smɛtœʀ] n. m. et adj. BIOCHIM Médiateur chimique assurant exclusivement la transmission de l'influx nerveux au niveau des synapses. – De *neuro-*, et *transmettre*.

neurotrope [nøʀotʀɔp] adj. BIOCHIM Qui se fixe électivement sur le système nerveux, en parlant d'une substance chimique, d'un germe, etc. – De *neuro-*, et *-trope*.

neurovégétatif, ive [nøʀoveʒetatif, iv] adj. PHYSIOL *Système neurovégétatif* ou *système nerveux autonome* : partie du système nerveux qui assure la régulation des fonctions végétatives de l'organisme (fonctions circulatoire, respiratoire, digestive, métabolique, reproductive, endocrinienne). – De *neuro-*, et *végétatif*.

neurula [nøʀyla] n. f. EMBRYOL Embryon de vertébré parvenu au stade de la formation de l'axe cérébrospinal. V. encycl. embryogenèse. – Appos. *Stade neurula.* – De *neuro-*, d'ap. *morula*.

neutralisant, ante [nøtʀalizɑ̃, ɑ̃t] adj. et n. m. Qui neutralise; propre à neutraliser. ▷ CHIM *Substance neutralisante.* N. m. *Un neutralisant.* – Ppr. de *neutraliser*.

neutralisation [nøtʀalizasjɔ̃] n. f. **1.** Action de neutraliser; fait de se neutraliser. Attribution du statut de neutre à un territoire, un navire, une personne, etc. **2.** Diminution de l'acidité d'un corps, d'une solution, sous l'effet d'une base (ou, inversement, de l'alcalinité sous l'effet d'un acide); opération par laquelle on provoque une telle diminution. *Neutralisation complète, partielle. Mesure du titre d'une solution par neutralisation.* **3.** LING Disparition, dans certaines positions, de l'opposition entre des traits phonématiques pertinents. *Neutralisation de l'opposition é fermé-è ouvert ([e]-[ɛ] en finale fermée au profit du è ouvert ([ɛ]), en français* (ex.: *fer, air*). – De *neutraliser*.

neutraliser [nøtʀalize] **I.** v. tr. [1] Rendre neutre. **1.** Donner la qualité, le statut de neutre à. *Neutraliser un territoire.* **2.** Supprimer ou amoindrir considérablement l'effet de. *Neutraliser l'influence d'une doctrine.* ▷ MILIT Annihiler les possibilités d'action de (une troupe, une batterie, etc.). *Neutraliser un nid de mitrailleuses.* – *Par ext.*, cour. Empêcher d'agir, maîtriser (un individu dangereux, animé d'intentions hostiles, etc.). *Des passants sont parvenus à neutraliser le dément et à le désarmer.* **3.** CHIM Effectuer la neutralisation de. *Neutraliser une solution, un acide.* **II.** v. pron. **1.** Se compenser, s'annuler mutuellement. *Forces égales et de sens contraires qui se neutralisent.* **2.** LING Disparaître, s'effacer dans telle ou telle position, en parlant de l'opposition de traits phonématiques pertinents. *«En russe... l'opposition de la sonorité à son absence [se neutralise] en fin de mot et devant occlusive ou fricative»* (Martinet). – Du lat. *neutralis*, «neutre».

neutralisme [nøtʀalism] n. m. Doctrine au nom de laquelle une puissance rejette toute adhésion à un système d'alliances militaires. – Du lat. *neutralis*, «neutre».

neutraliste [nøtʀalist] adj. et n. **1.** Qui est par principe partisan de la neutralité. **2.** Qui est partisan du neutralisme. – Du lat. *neutralis*, «neutre».

neutralité [nøtʀalite] n. f. **1.** État d'une personne qui reste neutre, qui évite de prendre parti. *Observer une stricte neutralité.* ▷ État d'une puissance souveraine qui n'adhère à aucun système d'alliances militaires ou qui se tient en dehors d'un conflit entre d'autres puissances. **2.** CHIM État d'un corps, d'une solution, d'un milieu neutre. *La neutralité se traduit par un pH égal à 7.* **3.** ELECTR État d'un corps ou d'un système qui porte des charges électriques dont la somme algébrique est nulle. – Du lat. *neutralis*, «neutre».

neutre [nøtʀ] adj. et n. **A.** adj. **I. 1.** Qui ne prend pas parti dans une discussion, un différend. *Ils se disputaient, j'ai préféré rester neutre.* ▷ Qui n'adhère pas à un système d'alliances militaires; qui ne prend pas part à un conflit armé. *État neutre.* – Par ext. *Pavillon neutre. Négocier en terrain neutre.* **2.** Qui n'a pas de caractère marqué (d'expression, d'éclat, etc.). *Voix neutre. Couleur neutre.* **3.** GRAM Qui n'entre pas dans les catégories grammaticales du masculin ou du féminin. **II.** SC, TECH **1.** ELECTR Se dit d'un corps qui ne porte aucune charge électrique ou dont les charges, de signes contraires, se compensent exactement. *Conducteur neutre d'un réseau de distribution triphasé.* – PHYS NUCL *Particules neutres:* V. neutrino et neutron. **2.** CHIM Qui n'est ni acide ni basique. **3.** MATH *Élément neutre (d'un ensemble E muni d'une loi de composition interne ★):* élément unique e tel que, pour tout élément a de E, $a \star e = e \star a = a$. (L'élément neutre est 1 pour la multiplication, 0 pour l'addition; en effet: $a \times 1 = 1 \times a = a$ et $a + 0 = 0 + a = a$.) **4.** ZOOL *Individus neutres:* individus dont les organes sexuels sont atrophiés, dans les communautés d'insectes sociaux. *Abeilles, fourmis neutres.* **B.** n. m. **1.** Individu, nation neutre. *Le droit des neutres.* **2.** GRAM Le genre neutre. *Le neutre existe notam. en latin et en grec.* – Du lat. *neuter*, «ni l'un ni l'autre».

neutrino [nøtʀino] n. m. PHYS NUCL Particule (symbole ν) de masse nulle et dénuée de charge électrique, émise dans la radioactivité bêta en même temps que l'électron, appartenant à la famille des leptons.

(Il en existe trois types: l'un associé à l'électron, le neutrino électronique, l'un associé au muon, le neutrino muonique, l'autre associé au lepton, le neutrino tauique). – Mot ital. de *neutro* «neutre».

neutron [nøtʀõ] n. m. PHYS NUCL Particule fondamentale, constituant du noyau atomique (symbole n, nº ou $\frac{1}{0}$n). – ASTRO *Étoile à neutrons:* étoile effondrée hypothétique, de densité très élevée, qui serait constituée essentiellement de neutrons (V. encycl.). – *Bombe à neutrons :* bombe thermonucléaire de faible puissance dont l'explosion s'accompagne d'un intense flux de neutrons annihilant toute vie sur une grande étendue, mais provoquant peu de destructions matérielles. – Mot angl.; de *neutr(al)*, «neutre», d'après *électron.*

ENCYCL **Astro.** – Une étoile à neutrons constituerait le dernier stade d'évolution d'une étoile avant le collapsar (trou noir). Elle se formerait après l'explosion d'une supernova et se manifesterait à nous par les pulsars. La densité d'une étoile à neutrons serait considérable (rayon d'une dizaine de kilomètres pour une masse égale à celle du Soleil). V. encycl. pulsar et encycl. trou (*trou noir*).

neutronique [nøtʀɔnik] adj. et n. PHYS NUCL **1.** adj. Qui a rapport aux neutrons. **2.** n. f. Branche de la physique nucléaire qui s'attache à l'étude des neutrons. – Du préc.

neutrophile [nøtʀɔfil] adj. BIOL Qui présente des affinités pour les colorants basiques comme pour les colorants acides. *Polynucléaire à granulations neutrophiles.* – De *neutre*, et *-phile.*

neuvaine [nøvɛn] n. f. RELIG CATHOL Suite d'actes de dévotion répétés pendant neuf jours consécutifs. – De *neuf* 1.

neuvième [nœvjɛm] adj. et n. **I.** adj. **1.** adj. num. ord. Qui suit immédiatement le huitième. ▷ Subst. *Être le neuvième.* – *Habiter au neuvième* (étage). **2.** Se dit de chacune des neuf parties égales d'un tout. ▷ N. m. *Le neuvième, un neuvième.* **II.** n. f. MUS Intervalle de neuf degrés, d'une note à une autre. – De *neuf* 1.

neuvièmement [nœvjɛmmɑ̃] adv. En neuvième lieu. – Du préc.

ne varietur [nevaʀjetyʀ] loc. adv. et adj. Pour qu'il ne soit plus changé. (Se dit pour attester qu'une pièce de procédure a reçu sa rédaction définitive.) ▷ *Édition ne varietur*, définitive. – Mots latins, «pour qu'il ne soit pas changé».

névé [neve] n. m. Amas de neige dont la base, transformée en glace sous l'effet de la pression, donne naissance à un glacier, en haute montagne. – P.-ê. savoyard *névi*, du lat. *nix, nivis*, «neige».

neveu [nəvø] n. m. **1.** Vx Petit-fils. **2.** Mod. Fils du frère ou de la sœur, du beau-frère ou de la belle-sœur. – *Petit-neveu :* fils du neveu ou de la nièce. – *Neveu à la mode de Bretagne:* fils d'un cousin ou d'une cousine. – Du lat. *nepos, nepotis*, «petit-fils».

névr(o)-. Élément, du gr. *neuron*, «nerf».

névralgie [nevʀalʒi] n. f. **1.** MED Douleur siégeant sur le trajet d'un nerf. **2.** *Abusiv.* Mal de tête. – De *névr(o)-*, et *-algie.*

névralgique [nevʀalʒik] adj. **1.** Relatif à la névralgie. **2.** Fig. *Point névralgique:* point sensible, critique (d'une situation, d'une affaire, etc.). – *Centre névralgique :* centre d'importance capitale (dans une organisation, un réseau de communications, etc.). – Du préc.

névraxe [nevʀaks] n. f. ANAT Système nerveux central, ensemble formé par le cerveau et la moelle épinière. – De *névr(o)-*, et *axe.*

névrite [nevʀit] n. f. MED Lésion inflammatoire des nerfs. – De *névr(o)-*, et *-ite* 1.

névritique [nevʀitik] adj. MED Qui a rapport à la névrite. – Du préc.

névroglie [nevʀogli] n. f. ANAT Tissu interstitiel nourricier du système nerveux. – De *névro-*, et gr. *gloios*, «glu».

névropathe [nevʀopat] adj. (et n.). Vieilli Qui souffre de névropathie. – De *névropathie.*

névropathie [nevʀopati] n. f. MED Vieilli Affection de type à la fois psychique et fonctionnel liée à des troubles de fonctionnement du système nerveux. – De *névro-*, et *-pathie.*

névroptères [nevʀɔptɛʀ] n. m. pl. ZOOL Ancien ordre dans lequel étaient regroupés tous les insectes possédant des ailes transparentes réticulées. – De *névro-*, et *-ptère.*

névroptéroïdes [nevʀɔptɛʀɔide] n. m. pl. Superordre d'insectes néoptères pourvus de pièces buccales broyeuses et d'ailes membraneuses à nervation dense (fourmis-lions, etc.). – Du préc., et *-oïde.*

névrose [nevʀoz] n. f. PSYCHIAT Affection nerveuse, caractérisée par des conflits psychiques, qui détermine des troubles du comportement, mais n'altère pas gravement la personnalité du sujet (à la différence de la psychose). *Névrose obsessionnelle*, caractérisée par un comportement de type rituel destiné à parer à des représentations ou à des impulsions obsédantes. *Névrose d'angoisse, d'échec, de transfert.* – Du gr. *neuron*, «nerf», et de *-ose.*

névrosé, ée [nevʀoze] PSYCHIAT adj. et n. Atteint de névrose. ▷ Subst. *Un(e) névrosé(e).* – Du préc.

névrotique [nevʀɔtik] adj. PSYCHIAT Qui a rapport à la névrose; qui est de la nature de la névrose. – De *névrose.*

new-look [njuluk] n. m. et adj. Style des années 50. – Par ext. aspect, style nouveau. ▷ Adj. inv. *Politique new-look.* – Mots amér., «nouvel aspect» (d'abord en parlant d'une mode vestimentaire créée par Ch. Dior).

newton [njutɔn] n. m. PHYS Unité de force du système SI (symbole N), force qui communique à un corps dont la masse est de 1 kg une accélération de 1 m/s^2. – *Mètre-newton:* unité de mesure du système SI (symbole m.N); moment, par rapport à un axe, d'une force de 1 newton dont le support, perpendiculaire à cet axe, se trouve à une distance de 1 m de celui-ci. – Du n. du physicien angl. Isaac *Newton* (1642-1727).

newtonien, ienne [njutɔnjɛ̃, jɛn] adj. et n. Relatif au système de Newton. ▷ HIST *Les newtoniens:* les partisans du système de Newton (par oppos. aux *cartésiens*), dans les polémiques scientifiques du XVIIIe s. – Du n. d'I. *Newton* (V. newton).

nez [ne] n. m. **1.** (Chez l'homme.) Partie du corps faisant saillie au milieu du visage, entre la bouche et le front, qui participe à la fonction respiratoire et, par ses récepteurs olfactifs, à l'odorat. *Nez aquilin, épaté, camus. Parler, chanter du nez:* nasiller. – Fam. *Ça sent* (telle chose ou odeur) *à plein nez*, très fort. – Fig., fam. *Gagner* (une course, etc.) *les doigts dans le nez*, facilement, sans effort. ▷ (Animaux.) Museau. *Nez de chien, de renard* (se dit seulement des animaux doués de flair). **2.** loc. fig. *Cela se voit comme le nez au milieu du visage :* c'est flagrant. – *Mener qqn par le bout du nez*, lui faire faire ce que l'on veut. – *Cela m'est passé sous le nez:* c'est un plaisir, un avantage, etc., qui m'a échappé. – *Cela lui pend au nez:* cela risque fort de lui arriver, ou cela va lui arriver sous peu. – *À vue de nez:* approximativement. – *Ne pas voir plus loin que le bout de son nez :* manquer absolument de discernement, de prévoyance. – *Faire un pied de nez (à qqn):* Tenir sa main grande ouverte, le pouce sur le nez, pour narguer qqn. – *Mettre le nez dans une chose,* commencer à l'examiner, à l'étudier, ou s'en mêler indiscrètement. *Il met (fourre) son nez partout.* – *Montrer le bout du* (ou *de son*) *nez:* commencer à se montrer ou à montrer ses intentions. – *Se casser le nez :* trouver porte close ou échouer dans une entreprise. – Fam. *Avoir un coup dans le nez:* être gris. – Fam. *Avoir qqn dans le nez,* éprouver pour lui de l'antipathie, de l'aversion. **3.** Visage. *On m'a fermé la porte au nez.* – *Nez à nez:* face à face. – *Au nez de qqn,* en sa présence ou en le bravant. *Le prisonnier s'est évadé au nez et à la barbe de ses gardiens.* ▷ *Lever le nez:* lever la tête. *Lever le nez au moindre bruit.* – Fig. Considérer avec dédain, avec mépris. *Lever le nez sur qqn, sur qqch.* **4.** Odorat, flair. *Chien qui a du nez.* ▷ Fig. Sagacité. *Avoir du nez, le nez fin, le nez creux.* **5.** Partie allongée ou fuselée qui forme l'avant d'une chose. *Nez d'un avion. Bateau trop chargé de l'avant qui pique du nez dans la lame.* **6.** TECH Saillie se terminant en pointe ou en biseau. *Nez de marche, de gouttière.* **7.** GEOGR Avancée de terre dans la mer. – Du lat. *nasus.*

ni [ni] conj. S'emploie pour réunir (avec valeur de *et* ou de *ou*) des propositions négatives ou les différents termes d'une proposition négative. *Je ne l'aime ni ne l'estime. Ni les honneurs ni les richesses ne rendent heureux. Sans tambour ni trompette.* – Litt. (Dans les phrases où la négation est implicite.) *«Patience et longueur de temps/ Font plus que force ni que rage»* (La Fontaine). – Lat. *nec.*

Ni CHIM Symbole du nickel.

niable [njabl] adj. Que l'on peut nier. (Surtout en tournure négative.) *Voilà un fait qui n'est pas niable.* – De *nier.*

niais, niaise [njɛ, njɛz] adj. Litt. **1.** Qui est d'une grande ignorance, d'une naïveté un peu sotte. *Une personne niaise.* – Subst. *Un niais, une niaise.* **2.** Qui dénote une telle ignorance, une telle naïveté. *Un air niais.* «[...] le frère Ponton s'allongea tout entier sur son lit et pleura longuement. Un bon quinze minutes, sans ce sourire niais qui savait trop bien le caractériser.» (Réal-Gabriel Bujold, *La Brèche-à-Ninon,* 1983.) ▷ Par ext. *Un roman niais. Une chanson niaise.* V. niaiseux. – Lat. pop. **nidax,* «pris au nid (en parlant d'un faucon)», de *nidus,* «nid».

niaisage [njɛzaʒ] n. m. Fam. Action de niaiser; résultat de cette action. *As-tu fini ton niaisage? Arrête tes niaisages?* ▷ *Pas de niaisage!* pas de flânerie, pas de perte de temps! – Pas de tergiversations! – De *niaiser.*

niaisement [njɛzmɑ̃] adv. Litt. D'une manière niaise. «Édouard éloigna sa bouche du micro en riant niaisement.» (Michel Tremblay, *La duchesse et le roturier,* 1982.) – De *niais.*

niaiser [njeze] v. [1] Fam. **I.** v. intr. **1.** Faire, dire des niaiseries, des sottises. ▷ *Par ext.* Avoir l'air niais, niaiseux. «Ils suivent les lois de l'église, qu'ils disent tous. Ce qu'ils vont niaiser quand l'église va les changer [...]!» (Madeleine Ferron, *La fin des loups-garous,* 1966.) – *Faire niaiser qqn:* se payer la tête de qqn, le narguer. «Elle finit par avoir son verre, comme tout le monde, et pour faire niaiser le barman, elle l'avale d'un trait et en redemande un autre.» (Monique Proulx, *Sans cœur et sans reproche,* 1983.) **2.** Perdre son temps à ne rien faire qui vaille, tourner en rond, lambiner. *On a niaisé toute la fin de semaine!* ▷ *Par ext.* Tarder à agir, tergiverser. «Charlotte, sors-le donc, ce que t'as à dire, arrête de niaiser [...]!» (Maryse Pelletier, *Du poil aux pattes comme les CWAC'S,* 1983.) **II.** v. tr. Prendre (qqn) pour un niais, un niaiseux, se payer sa tête, le narguer. *Arrête de me niaiser! Se faire niaiser.* – De *niais.*

niaiserie [njɛzʀi] n. f. **1.** Litt. Caractère d'une personne ou d'une chose niaise. *Il a montré une grande niaiserie. La niaiserie d'une remarque.* **2.** Cour. Action, parole niaise. *Faire, dire des niaiseries.* ▷ *Par ext.* Futilité, fadaise. *Perdre son temps à des niaiseries.* «C'était une de ces nuits pluvieuses de printemps telles que les avait aimées Alexandre, mais son plaisir était gâté par des niaiseries. Ses chaussures s'abîmeraient. Il fallait poser les pieds dans de larges flaques d'eau. [...] Il prendrait un rhume. Il devrait acheter des médicaments.» (Gabrielle Roy, *Alexandre Chenevert,* 1954.) – De *niais.*

niaiseusement [njɛzøzmɑ̃] adj. Fam. D'une manière niaiseuse. «Au salon funéraire, on viendra niaiseusement regarder mon corps avant qu'il ne soit envahi par les vers en pensant que la mort, c'est pour les autres et non pour soi-même.» (François Béliveau, *Pogné,* 1972.) – De *niaiseux.*

niaiseux, euse [njɛzø, øz] adj. et n. Fam. **I.** adj. et n. **1.** (Personne) qui est dénuée d'intelligence, de jugement, dont l'ignorance, la naïveté va jusqu'à la sottise. *Être, avoir l'air niaiseux. Arrête de faire le niaiseux,* de faire, de dire des niaiseries. – (Comme t. d'insulte) *Grand niaiseux!* **2.** *Par ext.* (Personne) qui n'est pas débrouillarde, dégourdie. «Certains textes de Démosthène ou de Socrate ou d'un autre étaient traduits presque en entier dans le dictionnaire; moi, niaiseux, je ne pensais jamais à fouiller le dictionnaire pour chercher des traductions.» (Paul Villeneuve, *J'ai mon voyage!,* 1969.) – *Spécial.* (Personne) qui n'est pas délurée. *Être niaiseux avec les filles.* ▷ (Personne) qui manque d'attention, d'à-propos. *Que je suis niaiseux, j'ai oublié de lui demander son numéro de téléphone!* **II.** adj. **1.** Qui caractérise une personne niaiseuse. *Un air, un sourire niaiseux. Une voix niaiseuse.* **2.** *Par ext.* (En parlant de qqch) Bête, stupide, insignifiant; simplet. *Un accident niaiseux. Une réponse niaiseuse. Une histoire niaiseuse. Un raisonnement niaiseux.* «J'invente même une histoire: le tonnerre gronde, craque comme... comme un élastique étiré jusqu'à sa dernière limite. [...] Que c'est niaiseux comparer l'orage à un élastique.» (Clémence Des Rochers, *J'ai des p'tites nouvelles pour vous autres,* 1974.) ▷ Très simple à faire, très facile à réussir. *Une recette niaiseuse. Un examen niaiseux.* – De *niais.*

niaouli [njauli] n. m. Arbre d'Océanie (genre *Melaleuca,* fam. myrtacées), dont les feuilles donnent par distillation l'*essence de niaouli,* antiseptique des voies respiratoires. – Mot de la Nouvelle-Calédonie.

1. niche [niʃ] n. f. **1.** Enfoncement pratiqué dans l'épaisseur d'un mur pour y placer une statue, un buste, un vase, etc. ▷ Alcôve. **2.** Petite loge, en forme de maison, destinée à servir d'abri à un chien. – Déverbal de *nicher.*

2. niche [niʃ] n. f. Malice, espièglerie. *Faire des niches à qqn.* – P.-ê. de l'anc. v. *niger, nicher,* «agir en niais».

nichée [niʃe] n. f. Tous les petits oiseaux d'une même couvée, encore dans le nid. ▷ Fig. *Une nichée d'enfants.* – Pp. subst. de *nicher.*

nicher [niʃe] **I.** v. intr. [1] **1.** Établir son nid. *Les fauvettes nichent dans les buissons.* **2.** Être dans son nid. **3.** Fig., fam. Se loger; habiter. *Où niche-t-il, en ce moment?* **II.** v. pron. **1.** Établir son nid. **2.** Se mettre, se cacher (comme des oisillons blottis dans le nid). *Où est-il donc allé se nicher?* ▷ Se placer, se loger. – Fig. *Où l'orgueil va-t-il se nicher?* – Du lat. pop. **nidicare,* de *nidus,* «nid».

nichet [niʃɛ] n. m. AGRIC Œuf artificiel en plâtre, qu'on laisse dans un nid, dans un poulailler, pour inciter les poules à venir y pondre. – Du préc.

nichoir [niʃwaʀ] n. m. Cage, boîte, panier, où les oiseaux viennent nicher. – De *nicher.*

nichon [niʃɔ̃] n. m. Fam. Sein de femme. – De *nicher.*

nichrome [nikʀom] n. m. TECH Alliage inoxydable de nickel et de chrome, avec un peu de fer, qui a une grande résistance électrique. – Nom déposé; de *nickel*, et *chrome*.

nickel [nikɛl] n. m. (et adj.) **1.** n. m. Métal blanc d'une grande importance industrielle; élément de numéro atomique Z = 28 et de masse atomique 58,71 (symbole: Ni). **2.** adj. Pop. (Par allus. au brillant que prend une pièce de nickel convenablement polie.) D'une extrême propreté. *Il avait tout nettoyé, c'était nickel.* – De l'all. *Kupfernickel*, de *Kupfer*, «cuivre», et *Nickel*, abrév. de *Nicolaus*, nom donné à ce minerai par les mineurs allemands qui avaient cru d'abord découvrir du cuivre.

ENCYCL Le nickel, métal de densité égale à 8,9, fond à 1 455 °C, bout à 2 900 °C et possède d'excellentes propriétés mécaniques (très ductile, très malléable, très dur). Il résiste aux agents atmosphériques et à la plupart des agents chimiques, et il est doué de propriétés magnétiques. On l'utilise pour protéger les métaux contre la corrosion. Ses alliages sont très employés (fabrication des monnaies, orfèvrerie, industrie).

nickelage [niklaʒ] n. m. Action de nickeler; son résultat. – Opération qui consiste à déposer une couche protectrice de nickel sur un objet en fer ou en alliage. – De *nickeler*.

nickeler [nikle] v. tr. [22] Recouvrir d'une couche de nickel par électrolyse. – De *nickel*.

nickélifère [nikelifɛʀ] adj. Qui contient du nickel. – De *nickel*, et *-fère*.

niçois, oise [niswa, waz] adj. et n. De Nice. – *Salade niçoise:* V. salade. – De *Nice*, v. du sud de la France.

nicol [nikɔl] n. m. OPT Prisme constitué de deux parties taillées dans le spath d'Islande et utilisé pour obtenir, à partir de la lumière naturelle, de la lumière polarisée. – Du n. de W. *Nicol* (vers 1768-1851), physicien anglais.

nicolaïte [nikɔlait] n. RELIG **1.** Membre d'une communauté chrétienne hétérodoxe du Ier s., proche des gnostiques. **2.** Adversaire du célibat ecclésiastique, aux Xe et XIe s. – De *Nicolas*, n. d'un des sept diacres de Jérusalem, qui aurait fondé cette secte et aurait autorisé la polygamie, y compris pour les clercs.

nicotinamide [nikɔtinamid] n. f. BIOCHIM Amide de l'acide pyridine 3 carbonique (acide nicotinique) constituant de nucléotides qui assurent le rôle de transporteur d'hydrogène. (La carence en nicotinamide – vitamine B3 ou PP – provoque de graves troubles physiologiques: pellagre chez l'homme, notam.) – De *nicotine*, et *amide*.

nicotine [nikɔtin] n. f. BIOCHIM Alcaloïde contenu dans le tabac, stimulant de la sécrétion d'adrénaline, qui a des effets extrêmement nocifs à haute dose. – Du rad. de *nicotiane* ou *herba nicotiana*, herbe à *Nicot*, «tabac», du n. de J. *Nicot* (vers 1530-1600), diplomate fr. qui l'introduisit en France.

nicotinisme [nikɔtinism] n. m. MED Vieilli Ensemble des troubles provoqués par l'abus du tabac. Syn. tabagisme. – Du préc.

nictation [niktasjõ] ou **nictitation** [niktitasjõ] n. f. MED Clignotement spasmodique. – Lat. *nictatio*.

nictitant, ante [niktitɑ̃, ɑ̃t] adj. ZOOL *Paupière nictitante :* troisième paupière des oiseaux, qui clignote et se déplace horizontalement pour préserver l'œil de la lumière vive. (Elle est réduite à l'état de membrane non fonctionnelle chez d'autres animaux, notam. le chat.) – Du lat. *nictare*, «clignoter».

nictitation. V. nictation.

nid [ni] n. m. **1.** Abri construit par les oiseaux pour pondre et couver leurs œufs, pour élever leurs petits. ▷ *Par ext.* Lieu qu'aménagent certains animaux (pour y pondre, y mettre bas, élever leurs petits). *Nid de souris. Nid de fourmis. Nid de guêpes.* **2.** Fig. *Nid de poule :* petite cavité dans une chaussée défoncée. *Nid d'aigle:* habitation presque inaccessible, en un lieu escarpé, élevé. – MAR *Nid de pie:* poste d'observation sur le mât d'un navire. ▷ TECH *Nid(s-)d'abeilles:* structure alvéolaire formée par un assemblage de rubans métalliques. – Tissage formant des alvéoles. *Serviette de toilette en nid(s-)d'abeilles. Une serviette nid(s-)d'abeilles.* **3.** *Métaph.* Habitation de l'homme. *Rentrer au nid. Un nid douillet.* **4.** *Nid de...* Endroit où se trouvent rassemblées des choses ou des personnes qu'on a toute raison de craindre. *Nid de brigands.* Syn. repaire. – MILIT *Nid de mitrailleuses.* – Lat. *nidus*.

nidation [nidasjõ] n. f. BIOL Implantation de l'œuf fécondé des mammifères sur la muqueuse utérine, au début de la gestation. – Du lat. *nidus*, «nid».

nidicole [nidikɔl] adj. ZOOL Qui demeure longtemps au nid (jeunes oiseaux). – De *nid*, et *-cole*.

nidification [nidifikasjõ] n. f. Action, manière de nidifier; construction d'un nid. – De *nidifier*.

nidifier [nidifje] v. intr. [1] Construire son nid. – Du lat. *nidificare*, de *nidus*, «nid».

nidifuge [nidifyʒ] adj. ZOOL Qui quitte rapidement le nid. – De *nid*, et *-fuge* 1.

nièce [njɛs] n. f. Fille du frère ou de la sœur. *Je suis son oncle, elle est ma nièce.* – Du lat. pop. *neptia;* class. *neptis*, même évolution de sens que *neveu*.

niellage [njelaʒ] n. m. TECH Action de nieller une pièce d'orfèvrerie. – De *nieller* 2.

1. nielle [njɛl] n. f. Plante herbacée (*Lychnis githago*, fam. caryophyllacées) à fleurs violacées, aux graines toxiques, qui poussait autrefois parmi les céréales. *Nielle des blés.* – Du lat. *nigella*, «nigelle».

2. nielle [njɛl] n. f. Maladie des céréales (blé, notam.) provoquée par un nématode microscopique, l'anguillule des céréales *(Tylenchus). Les épis atteints de la nielle sont remplis d'une fine poussière noire.* – Par attraction entre l'a. fr. *niele*, «brouillard nuisible aux céréales», du lat. *nebula*, «brouillard», et *nielle* 1.

3. nielle [njɛl] n. m. TECH Incrustation noire sur fond blanc ornant certaines pièces d'orfèvrerie. – A. fr. *neel, neiel*, «émail noir», du lat. *nigellus*, de *niger*, «noir».

1. nieller [njelle] v. tr. [1] Attaquer, gâter par la nielle. ▷ Au pp. *Blé niellé.* – De *nielle* 2.

2. nieller [njelle] v. tr. [1] TECH Orner de nielles. – De *nielle* 3.

nielleur [njelœʀ] n. m. TECH Graveur de nielles. – De *nieller* 2.

1. niellure [njelyʀ] n. f. Action de la nielle sur les céréales. – De *nielle* 2.

2. niellure [njelyʀ] n. f. TECH Art du nielleur. – A. fr. *neelure*, de *nieller* 2.

nier [nje] v. tr. [1] **1.** Rejeter comme faux, comme inexistant. *Nier un fait. Nier l'évidence. Nier les conclusions d'une théorie.* ▷ *Nier* (+ inf.). *Il nie être venu.* ▷ *Nier que* (+ indic.). *Il nie que je suis venu. – Nier que* (+ subj.). *Il nie que je sois venu.* **2.** *Nier un dépôt, une dette :* déclarer n'avoir pas reçu de dépôt, n'avoir pas fait de dette. – Du lat. *negare* par l'a. fr. *neier*, «nier Dieu».

nietzschéen, éenne [nitʃeɛ̃, eɛn] adj. et n. Didac. Relatif à Nietzsche, à sa philosophie. – Du n. du philosophe all. F. *Nietzsche* (1844-1900).

nifé [nife] n. m. GEOL Noyau de la terre, qui serait constitué principalement de nickel et de fer. – De *ni(ckel)*, et *fe(r)*.

nigaud, aude [nigo, od] adj. et n. Qui se conduit de manière sotte ou niaise. ▷ Subst. *Quel nigaud vous faites!* – P.-ê. abrév. de *Nigodème*, prononc. pop. de *Nicodème* personnage d'un mystère médiéval, type du niais.

nigauderie [nigodʀi] n. f. Action de nigaud. – Caractère de nigaud. – Du préc.

nigelle [niʒɛl] n. f. Plante herbacée (genre *Nigella*, fam. renonculacées), ornementale, aux feuilles découpées en fines lanières et aux fleurs composées de sépales pétaloïdes bleus et de pétales réduits, dite aussi *cheveu de Vénus*. – Du lat *nigella;* forme sav. de *nielle* 1.

nigérian, iane [niʒeʀjɑ̃, jan] adj. et n. De la République du Nigéria, État d'Afrique occid. – D'après l'angl. *nigerian*.

nigérien, ienne [niʒeʀjɛ̃, jɛn] adj. et n. De la République du Niger. – Du n. du *Niger*, État continental d'Afrique occid.

night-club [najtklœb] n. m. Anglicisme Lieu de distraction ouvert la plus grande partie de la nuit, offrant des spectacles d'attractions à ceux qui viennent y boire, y souper, y danser. *Des night-clubs.* Syn. boîte* de nuit. – Mots angl., «club de nuit».

nihilisme [niilism] n. m. **1.** PHILO Scepticisme absolu; négation totale de toute hiérarchie des valeurs. **2.** POLIT Doctrine qui n'admet aucune contrainte de la société sur l'individu, formée en Russie au XIXe s. – Du lat. *nihil*, «rien».

nihiliste [niilist] n. et adj. Qui se rapporte au nihilisme. ▷ Subst. Adepte du nihilisme. – Du préc.

nihil obstat [niilopstat] Locution latine qui signifie «rien n'empêche», employée par la censure ecclésiastique pour autoriser l'impression d'un livre.

nilgaut [nilgo] n. m. ZOOL Grande antilope de l'Inde, à petites cornes et à croupe basse (hauteur au garrot: 1,40 m). – Hindi *nilgāu*, mot persan, «bœuf *(gao)* bleu *(nil)*».

nille [nij] n. f. TECH Manchon mobile entourant le manche d'une manivelle et tournant autour de lui. – De l'a. fr. *anille*, lat. *anaticula*, «petit canard».

nilotique [nilɔtik] adj. GEOGR Relatif au Nil. ▷ LING *Langues nilotiques :* langues négro-africaines parlées dans la région soudanaise. – Lat. d'orig. gr. *niloticus*, de *Nilus*, gr. *Neilos*, «le Nil», fleuve d'Afrique.

nilpotent, ente [nilpɔtɑ̃, ɑ̃t] adj. MATH *Élément nilpotent d'un anneau:* élément de l'anneau qui, élevé à la puissance *n* (*n* étant un entier positif), est nul. – Formation savante, du lat. *nil*, forme contractée de *nihil*, «rien», et *potens*, «puissant».

nimbe [nɛ̃b] n. m. BX-A Auréole, cercle lumineux représenté autour de la tête de Dieu, des anges ou des saints. ▷ Par ext., litt. *Un nimbe de cheveux blonds.* – Du lat. *nimbus*, «nuage».

nimber [nɛ̃be] v. tr. [1] Orner d'un nimbe. ▷ Fig. Auréoler, faire comme un nimbe autour de. – Du préc.

nimbostratus [nɛ̃bɔstʀatys] n. m. inv. METEO Nuage très développé verticalement et très étendu, dont la base, souvent sombre, présente un aspect flou dû aux chutes de pluie ou de neige qui en tombent de façon généralement durable. – De *nimbus*, et *stratus*.

nimbus [nɛ̃bys] n. m. inv. METEO Vx Gros nuage gris, porteur de pluie. (Ce mot n'est utilisé auj. que dans des composés: *cumulonimbus*, par ex.) – Mot lat., «nuage».

ninas [ninas] n. m. inv. Petit cigare. – Esp. *niñas*, f. pl. de *niño*, «enfant».

niobium [njɔbjɔm] n. m. CHIM Métal gris et brillant, très rare, toujours associé au tantale dans ses minerais; élément de numéro atomique Z = 41, de masse atomique 92,906 (symbole Nb). (On l'utilise pour protéger les métaux de la corrosion ou sous forme d'alliages supraconducteurs; ses propriétés sont très voisines de celles du tantale.) – De *Niobé*, fille légendaire de Tantale dans la mythologie grecque.

niôle. V. gnôle.

nipper [nipe] v. tr. [1] Fam. Habiller, vêtir. ▷ v. pron. *Il eut à peine le temps de se nipper.* ▷ Pp. *Il est bien mal nippé.* – De *nippes*.

nippes [nip] n. f. pl. Fam. Vêtements usés; hardes. *De vieilles nippes.* ▷ Pop. Vêtements. – De *guenipe*, forme dial. de *guenille*.

nippon, one ou **onne** [nipɔ̃, ɔn] adj. et n. Du Japon. – Mot japonais, «soleil levant».

nique [nik] n. f. *Faire la nique à qqn*, lui adresser un geste de mépris ou de moquerie. – Onomat.; orig. incert.; p.-ê. de l'anc. v. *niquer*, «hocher la tête».

niquedouille [nikduj] n. et adj. Fam. vieilli Benêt, nigaud. – Rac. de *nigaud*, avec influence de *andouille* .

nirvāna [niʀvana] n. m. RELIG Dans le bouddhisme, suprême félicité dont jouit celui qui s'est défait de tout attachement; extinction du karma du désir humain, permettant de s'affranchir du cycle des réincarnations. – Mot sanscr., «extinction».

nit [nit] n. m. PHYS Unité SI de luminance, de symbole nt. – Du lat. *nitere*, «briller».

nitouche. V. sainte nitouche.

nitr(o)- Élément du lat. *nitrum*, «nitre», indiquant la présence d'un nitrate dans un composé chimique.

nitratation [nitʀatasjɔ̃] n. f. CHIM Transformation, dans le sol, des nitrites en nitrates par les bactéries nitriques (genre *Nitrobacter*). – De *nitrate*.

nitrate [nitʀat] n. m. CHIM Sel ou ester de l'acide nitrique (on disait autrefois *azotate*). *Les nitrates de sodium, de potassium de chaux, de magnésium et surtout d'ammonium sont des engrais très utilisés. Le nitrate d'argent est employé comme cautérisant.* – De *nitre*.

nitrater [nitʀate] v. tr. [1] TECH **1.** Opérer la nitratation de (un sol). **2.** Ajouter du nitrate à. **3.** Traiter au nitrate. – De *nitrate*.

nitration [nitʀasjɔ̃] n. f. CHIM Action de nitrer. – De *nitrate*.

nitre [nitʀ] n. m. Vx Salpêtre (nitrate de potassium). – Lat. *nitrum*, gr. *nitron*.

nitré, ée [nitʀe] adj. CHIM Obtenu par nitration. *Les dérivés nitrés sont des oxydants.* – Du préc.

nitrer [nitʀe] v. tr. [1] CHIM Introduire, en remplacement d'un atome d'hydrogène, le radical nitryle (NO_2) dans une molécule. – De *nitre*.

nitreux, euse [nitʀø, øz] adj. CHIM **1.** Vx Qui contient du nitre. **2.** Se dit des dérivés oxygénés de l'azote, au degré d'oxydation +1 ou +3. ▷ *Acide nitreux* (HNO_2), qui se décompose en acide nitrique. **3.** MICROB Se dit des bactéries qui réalisent la nitrosation. – Lat. *nitrosus*.

nitrière [nitʀijɛʀ] n. f. TECH Lieu d'où l'on extrait des nitrates. *Les nitrières du Chili.* – De *nitre*.

nitrifiant, ante [nitʀifjɑ̃, ɑ̃t] adj. CHIM Qui assure la nitrification. *Bactéries nitrifiantes* (ou *nitrobactéries*). – Ppr. de *nitrifier*.

nitrification [nitʀifikasjɔ̃] n. f. CHIM Transformation, dans le sol, des composés organiques azotés en nitrates facilement assimilables par les plantes chlorophylliennes. *La nitrification se fait en deux temps: nitrosation* et nitratation*.* – De *nitrifier.*

nitrifier [nitʀifje] v. tr. et pron. [1] CHIM Transformer en nitrates. – De *nitre,* et *-fier.*

nitrile [nitʀil] n. m. CHIM Produit de déshydratation d'un amide, comportant le radical –C≡N. – De *nitre.*

nitrique [nitʀik] adj. CHIM **1.** Se dit des dérivés oxygénés de l'azote, au degré d'oxydation +2 ou +5. ▷ *Acide nitrique:* acide HNO_3, utilisé dans l'industrie chimique (explosifs, vernis, etc.) et en gravure (eau-forte). **2.** *Bactéries nitriques,* qui opèrent la nitratation. – De *nitre.*

nitrite [nitʀit] n. m. CHIM Sel de l'acide nitreux. – De *nitre.*

nitrobenzène [nitʀobɛ̃zɛn] n. m. CHIM Dérivé nitré du benzène utilisé en parfumerie, dans la fabrication de certains explosifs et dans l'industrie chimique (colorants). – De *nitre,* et *benzène.*

nitrocellulose [nitʀoselyloz] n. f. CHIM Ester résultant de l'action de l'acide nitrique sur la cellulose (nitrate de cellulose), utilisé pour fabriquer des vernis, des explosifs (dynamites-gommes) et des cotons-poudres. *La nitrocellulose a permis de fabriquer le premier textile synthétique et le celluloïd.* – De *nitre,* et *cellulose.*

nitrogène [nitʀɔʒɛn] n. m. CHIM Anc. nom de l'azote. – Du gr. *nitron,* «nitre», et *-gène.*

nitroglycérine [nitʀogliseʀin] n. f. CHIM et cour. Ester nitrique de la glycérine, liquide jaunâtre et huileux qui détone violemment au choc. *La dynamite est constituée de nitroglycérine absorbée par de la silice poreuse (kieselguhr).* – De *nitre,* et *glycérine.*

nitrosation [nitʀozasjɔ̃] n. f. Transformation, dans le sol, des composés organiques azotés (amines, ammoniac) en nitrites, par des bactéries nitreuses. ▷ CHIM Introduction du groupe nitrosyle –NO dans une molécule. – Du lat. *nitrosus,* «qui contient du nitre».

nitrosomonas [nitʀozɔmɔnas] n. m. pl. MICROB Micro-organismes qui transforment les composés ammoniacaux en nitrites. – De *nitre,* et gr. *monas,* «unité».

nitrosyle [nitʀozil] n. m. CHIM Radical monovalent de symbole NO. – De *nitre.*

nitrotoluène [nitʀotɔlɥɛn] n. m. CHIM Dérivé nitré du toluène. (L'un de ces dérivés, le *trinitrotoluène,* ou T.N.T., est un explosif.) – De *nitre,* et *toluène.*

nitruration [nitʀyʀasjɔ̃] n. f. METALL Traitement de surface des aciers par formation de nitrures (cémentation), destiné à leur donner de la dureté. – De *nitrurer.*

nitrure [nitʀyʀ] n. m. CHIM Combinaison de l'azote avec un corps simple (métal, en partic.). – De *nitre,* et *-ure.*

nitrurer [nitʀyʀe] v. tr. [1] METALL Soumettre à la nitruration. – De *nitrure.*

nitryle [nitʀil] n. m. CHIM Radical monovalent $-NO_2$, contenu dans les composés nitrés. – De *nitre.*

nival, ale, aux [nival, o] adj. GEOGR Relatif à la neige; dû à la neige. ▷ *Régime nival,* d'un cours d'eau alimenté par la fonte des neiges (hautes eaux au printemps, basses eaux en hiver). – Lat. *nivalis.*

nivéal, ale, aux [niveal, o] adj. BOT Qui fleurit en hiver. – Du lat. *nix, nivis,* «neige».

niveau [nivo] n. m. **I. 1.** Instrument servant à vérifier ou à obtenir l'horizontalité d'une surface plane. *Niveau d'eau.* **2.** Instrument servant à déterminer la différence d'altitude entre deux points. **II. 1.** Degré d'élévation d'un plan horizontal ou de plusieurs points dans le même plan horizontal par rapport à un plan parallèle pris comme référence. *L'évaporation a fait baisser le niveau de l'eau de ce bassin. La piscine est au même niveau que la terrasse; elle est de niveau avec la terrasse.* – *Courbe de niveau,* reliant sur une carte, un plan, les points situés à une même altitude. – *Angle au niveau:* angle de la ligne de tir avec l'horizontale. – *Au niveau de:* à la même hauteur que. **2.** Par métaph. *Texte que l'on peut lire à différents niveaux* (littéraire, historique, psychologique, etc.). – *Au niveau psychologique:* par rapport à la psychologie, du point de vue de la psychologie. **3.** Fig. Degré plus ou moins élevé dans une échelle de grandeurs. *Niveau des prix, du pouvoir d'achat. Niveau de vie.* – *Le niveau de la mortalité baisse grâce aux progrès de l'hygiène.* – *Niveau social:* degré occupé dans la hiérarchie sociale. ▷ Valeur comprise par rapport à une valeur de référence. *Artisan d'un haut niveau professionnel. Niveau intellectuel, moral.* – *Être au niveau:* être à la hauteur. *Cet élève n'est pas au niveau (de sa classe).* ▷ LING *Niveau de langue:* marque stylistique (choix du vocabulaire, facteurs tenant aux formes syntaxiques notam.) renvoyant à un classement hiérarchisé des pratiques langagières en fonction des situations de communication ou de caractéristiques socioculturelles. *On distingue divers niveaux de langue: courant, familier, populaire, littéraire, etc.* **4.** PHYS *Niveaux d'énergie d'un atome:* valeurs caractéristiques de l'énergie d'un électron sur chacune des couches électroniques entourant le noyau. (Ces niveaux sont repérés par les lettres K, L, M, etc., dans cet ordre, à partir du noyau, et correspondent aux nombres quantiques principaux 1, 2, 3, etc.) – De l'a. fr. *livel,* lat. pop. **libellus,* class. *libella.*

nivelage [nivlaʒ] n. m. Action de niveler; son résultat. – De *niveler.*

niveler [nivle] v. tr. [22] **1.** Rendre (une surface) horizontale ou plane. *Niveler le sol.* **2.** Fig. Rendre égal, mettre au même niveau. *Niveler les fortunes, les conditions sociales.* **3.** TECH Mesurer ou vérifier avec un niveau. – De *nivel,* forme anc. de *niveau.*

niveleur, euse [nivlœʀ, øz] n. **1.** Personne qui nivelle, égalise, met au niveau. **2.** Fig., péjor. Personne aspirant à rendre une société égalitaire. – De *niveler.*

niveleuse [nivløz] n. f. TRAV PUBL Engin de terrassement muni d'une lame orientable et qui sert à profiler la surface d'un sol. – De *niveler.*

nivellement [nivɛlmɑ̃] n. m. **1.** TECH Action de déterminer, avec un niveau, l'altitude des différents points d'une surface. *Le nivellement s'effectue à l'aide d'un niveau à lunette ou par photogrammétrie.* **2.** Action de niveler une surface, de la rendre plane. **3.** Fig. *Le nivellement des fortunes. Nivellement par la base, par le bas,* qui égalise en prenant pour référence la valeur la plus basse. – De *niveler.*

nivéole [niveɔl] n. f. Plante ornementale (genre *Leucoïum,* fam. amaryllidacées) voisine du perce-neige. – Du lat. *niveus,* «de neige».

nivo-. Préfixe, du lat. *niveus,* «de neige».

nivo-glaciaire [nivoglasjɛʀ] adj. GEOGR *Régime nivo-glaciaire:* régime d'un cours d'eau alimenté par la fonte des neiges et des glaciers (V. nival). – De *nivo-,* et *glaciaire.*

nivo-pluvial, ale, aux [nivoplyvjal, o] adj. GEOGR *Régime nivo-pluvial:* régime d'un cours d'eau alimenté par la fonte des neiges et les pluies (hautes eaux au printemps et en automne, basses eaux en été). – De *nivo-,* et *pluvial.*

nivôse [nivoz] n. m. HIST (France) Le quatrième mois du calendrier républicain (21 ou 22 déc. – 20 ou 21 janv.). – Du lat. *nivosus,* «neigeux».

nô [no] n. m. inv. Drame lyrique chanté et mimé, avec accompagnement orchestral, au Japon; genre théâtral traditionnel auquel appartient ce type de pièce. – Mot japonais.

No CHIM Symbole du nobélium.

nobélium [nɔbeljɔm] n. m. CHIM Élément artificiel de numéro atomique Z = 102, transuranien appartenant à la famille des actinides (symbole No). – Du n. de A. *Nobel* (1833-1896), chimiste suédois.

nobiliaire [nɔbiljɛʀ] adj. et n. m. **1.** adj. Qui appartient à la noblesse. *Titres nobiliaires.* **2.** n. m. Catalogue des familles nobles d'un pays. – Du lat. *nobilis,* «noble».

noblaillon, onne [nɔblajõ, ɔn] n. Péjor. Noble de petite noblesse. – De *noble.*

noble [nɔbl] adj. et n. **1.** Qui fait partie de la noblesse; dont les ancêtres appartenaient à cette classe. ▷ Subst. *Les nobles étaient exempts de taille.* **2.** Propre à ce groupe social, à ses membres. *Un nom, un sang noble.* **3.** Qui a ou qui dénote des sentiments élevés, de la grandeur, de la distinction. *Se montrer noble et généreux. Un maintien noble. Un style noble.* ▷ THEAT *Père noble:* rôle de personnage digne et d'un certain âge. **4.** Supérieur aux choses de même catégorie. *Le cœur, organe noble. Métaux nobles:* métaux précieux (or et platine), difficilement oxydables. – Lat. *nobilis,* «célèbre, connu».

noblement [nɔbləmɑ̃] adv. D'une manière noble. – Du préc.

noblesse [nɔblɛs] n. f. **1.** Dans certaines sociétés et à certaines époques, classe sociale dont les membres jouissent légalement de privilèges. *La noblesse d'Ancien Régime en France. – Par ext.* La catégorie sociale constituée par les descendants des membres de cette classe. **2.** Condition, état de noble. *Noblesse d'épée, de robe. Lettres de noblesse.* – Prov. *Noblesse oblige:* une personne noble ou occupant une position élevée doit se conduire en fonction de son rang. **3.** Élévation des sentiments, grandeur d'âme. *J'ai admiré la noblesse de cœur dont il a fait preuve.* ▷ Caractère noble (sens 3); distinction. *Noblesse des gestes, du visage.* – De *noble.*

nobliau [nɔblijo] n. m. Noble de petite noblesse; dont la noblesse est douteuse . – De *noble.*

noce [nɔs] n. f. **1.** plur. Mariage. *Voyage de noces. Justes noces:* mariage légitime. ▷ *Noces d'argent, d'or, de diamant:* vingt-cinquième, cinquantième, soixantième anniversaire de mariage. **2.** Fête organisée lors d'un mariage. *Les parents et les amis invités à la noce.* **3.** Ensemble des personnes qui assistent à un mariage. *La noce est arrivée en retard à l'église.* **4.** loc. fam. *Faire la noce:* se divertir, ripailler en joyeuse compagnie. – Fig., fam. *N'être pas à la noce:* être dans une situation pénible. – Du lat. pop. **noptiœ*, déform. d'ap. **novius*, «nouveau marié», du class. *nuptiœ.*

noceur, euse [nɔsœʀ, øz] n. Fam. Personne qui fait la noce. Syn. fêtard, viveur. – De *noce.*

nocher [nɔʃe] n. m. Litt. Celui qui conduit un bateau. *Le nocher des Enfers:* Charon. – Ital. *nocchiero,* lat. *nauclerus,* gr. *nauklêros,* «patron de bateau».

nocif, ive [nɔsif, iv] adj. Susceptible de nuire. *Produit nocif. – Répandre des idées nocives.* – Lat. *nocivus.*

nocivité [nɔsivite] n. f. Propriété de ce qui est nocif. – Du préc.

noctambule [nɔktɑ̃byl] n. et adj. Personne qui passe ses nuits à se divertir, à faire la fête. – Lat. médiév. *noctambulus,* du lat. class. *nox, noctis,* «nuit», et *ambulare,* «marcher».

noctambulisme [nɔktɑ̃bylism] n. m. Manière de vivre du noctambule. – Du préc.

noctiluque [nɔktilyk] n. f. Didac. Organisme marin unicellulaire (groupe des péridiniens), luminescent, qui prolifère parfois en quantité telle que la surface de la mer en est éclairée. – Bas lat. *noctilucus,* «qui luit pendant la nuit».

noctuelle [nɔktɥɛl] n. f. Papillon de couleur sombre (fam. noctuidés), aux ailes antérieures allongées ou triangulaires et au thorax velu. – Du lat. *noctua,* «chouette».

noctule [nɔktyl] n. f. ZOOL Grande chauve-souris arboricole (genre *Nyctalus*). – Du lat. *noctua,* «chouette».

nocturne [nɔktyʀn] adj. et n. **I.** adj. **1.** Qui a lieu pendant la nuit. *Visite nocturne.* **2.** Qui a une vie active la nuit. **II.** ZOOL n. m. pl. Division des oiseaux rapaces, regroupant ceux dont la vie active est nocturne. **III.** n. m. **1.** LITURG CATHOL Partie de l'office de nuit comprenant des psaumes et des leçons. **2.** MUS Morceau pour piano, de forme libre, d'un caractère tendre et mélancolique, propre à être exécuté en sérénade. *Un nocturne de Chopin.* **IV.** n. m. ou f. **1.** Match, compétition sportive qui a lieu en soirée. **2.** Prolongation dans la soirée de l'ouverture d'un magasin. – Lat. *nocturnus.*

nocuité [nɔkɥite] n. f. Caractère nocif. – Du lat. *nocuus,* «nuisible».

nodal, ale, aux [nɔdal, o] adj. **1.** ANAT, PHYSIOL *Tissu nodal:* tissu myocardique renfermant les nœuds cardiaques, et qui est à l'origine du fonctionnement automatique du cœur. **2.** PHYS Relatif à un nœud de vibration. ▷ *Points nodaux,* situés sur l'axe d'un système optique et tels que tout rayon incident passant par l'un de ces points est parallèle au rayon émergent passant par l'autre. – Du lat. *nodus,* «nœud».

nodosité [nɔdɔzite] n. f. **1.** MED Petite tumeur dure et circonscrite, en général indolore. **2.** État d'un végétal qui a des nœuds. **3.** Nœud dans le bois. ▷ BOT Renflement des radicelles de certaines plantes, notam. des légumineuses, dû à la présence de bactéries qui transforment l'azote atmosphérique en azote organique. – Bas lat. *nodositas.*

nodulaire [nɔdylɛʀ] adj. **1.** Didac. Qui présente des nœuds, des nodules. *Tige nodulaire.* **2.** METALL *Fonte nodulaire:* fonte résistante, ductile et usinable, contenant des sphérules de graphite. – De *nodule.*

nodule [nɔdyl] n. m. **1.** Petit nœud, petite protubérance. **2.** MED Petite nodosité. **3.** TECH *Nodules polymétalliques:* petites sphères de quelques centimètres de diamètre contenant du manganèse, du nickel, du cobalt, du cuivre et des minéraux divers, qui tapissent le fond de certaines régions océaniques. (L'exploitation des gisements de nodules polymétalliques pourrait bouleverser, d'ici la fin du siècle, le marché de certains métaux) – Lat. *nodulus,* dimin. de *nodus,* «nœud».

noduleux, euse [nɔdylø, øz] adj. Qui présente des nodules. – Du préc.

noël [nɔɛl] n. m. **1.** Fête de la nativité de Jésus-Christ, célébrée le 25 déc. **2.** Fam. *Le petit noël:* le cadeau fait à Noël. **3.** Chant religieux ou profane pour le temps de Noël. – Du lat. *natalis(dies)* «jour de naissance».

noème [nɔɛm] n. f. PHILO Objet de la pensée. – Gr. *noêma,* «source de la pensée».

noèse [nɔɛz] n. f. PHILO Acte de pensée (par oppos. à *noème,* ce qui est pensé). – Gr. *noêsis,* «action de penser».

noétique [nɔetik] adj. PHILO De la noèse. – Du préc.

nœud [nø] n. m. **I. 1.** Enlacement étroit obtenu soit en entrecroisant les extrémités d'une corde, d'un ruban, etc., puis en tirant sur celles-ci, soit en liant une corde (un ruban, etc.) à elle-même. *Nœud simple, double. Corde à nœuds.* ▷ *Nœud gordien:* V. gordien. ▷ *Nœud de vipères :* entrelacement formé du corps de plusieurs vipères. **2.** Ornement en nœud de ruban ou en forme de nœud. *Robe garnie de nœuds. Nœud de diamants.* **3.** Fig., litt. Lien entre personnes. *Les nœuds de l'amitié.* **4.** Point essentiel d'une question, d'une difficulté. *Le nœud de l'affaire.* **5.** LITTER Moment capital d'une pièce, d'un roman, à partir duquel l'intrigue s'achemine vers son dénouement. **6.** Point d'un réseau de communication où plusieurs voies se croisent. *Nœud routier, ferroviaire.* ▷ ELECTR Point d'un circuit où plusieurs conducteurs se trouvent reliés. **7.** MATH Point commun aux extrémités de plusieurs arcs d'un graphe. **8.** PHYS Point d'une onde stationnaire où l'amplitude de la vibration est nulle (par oppos. au *ventre,* où elle est maximale). **9.** ASTRO Chacun des deux points où l'orbite d'un corps céleste qui gravite autour d'un autre coupe le plan de référence (plan de l'écliptique pour la Lune et les planètes; plan équatorial pour un satellite artificiel, etc.). *Nœud ascendant (descendant),* correspondant au passage de l'astre du sud vers le nord (du nord vers le sud). *Ligne des nœuds:* droite reliant ces deux nœuds. **10.** ANAT *Nœud vital:* point du bulbe rachidien contenant les centres nerveux vitaux (notam. respiratoires). **II. 1.** BOT Point de la tige d'une plante où s'insère une feuille portant un bourgeon axillaire, à l'origine d'une ramification. ▷ Petit noyau de bois de cœur adhérant plus ou moins au reste du tissu ligneux, défaut du bois correspondant au point d'insertion d'une ramification sur l'arbre. **2.** ANAT *Nœuds cardiaques:* formations spécialisées du tissu myocardique, qui commandent les contractions du cœur. **III.** MAR Unité de vitesse utilisée pour les navires, équivalant à 1 mille (1 852 m) par heure. *Filer 15 nœuds.* – Lat. *nodus.*

noir, noire [nwaʀ] adj., n. m. et n. f. **I.** adj. **1.** Qui est de la couleur la plus sombre, propre aux corps dont la surface ne réfléchit aucune radiation visible. *Noir comme du jais.* ▷ PHYS *Corps noir:* corps qui absorbe totalement le rayonnement thermique qu'il reçoit. – *Lumière noire:* rayonnement ultraviolet utilisé pour obtenir certains effets décoratifs de fluorescence. **2.** De teinte foncée. *Pain noir. Blé noir:* sarrasin. ▷ *Spécial.* Que la poussière, la saleté a foncé, assombri. *Chemise dont le col est tout noir.* **3.** Où il n'y a pas de lumière. *Cachot noir. Nuit noire.* **4.** Fig. Caractérisé par la tristesse, le malheur. *Des idées noires. Une période noire.* **5.** Inspiré par ce qu'il y a de plus mauvais en l'homme. *De noirs desseins. Une noire ingratitude.* – *Messe noire:* parodie sacrilège de la messe, célébrée en l'honneur du Diable. ▷ *Roman, film noir,* sombre, pessimiste ou traitant de crimes et de violence. ▷ *C'est sa bête noire:* la chose, la personne qu'il déteste le plus au monde. **6.** Qui est à la fois illégal et secret. *Marché noir. Travail noir,* qui n'est pas déclaré. *Liste noire.* V. liste. *Caisse noire,* constituée de fonds qui ne sont pas comptabilisés. **7.** Fam. *Être noir,* ivre. **II.** adj. et n. Qui appartient à la grand-race humaine caractérisée par une pigmentation très prononcée de la peau. *Des enfants noirs.* – Subst. *La traite des Noirs.* ▷ Par ext. *Le quartier noir d'une ville:* le quartier habité par des personnes de race noire (dans les pays où la ségrégation raciale est marquée). **III.** n. m. **1.** Couleur noire. *Un noir profond et mat. S'habiller en noir en signe de deuil.* – *C'est écrit noir sur blanc,* clairement, d'une manière qui ne prête pas à équivoque. ▷ Fig. *Voir tout en noir:* être très pessimiste. **2.** Substance de couleur noire utilisée comme colorant. *Noir animal. Noir de fumée, de carbone, d'aniline.* ▷ Fig. *Broyer du noir:* être très triste, déprimé. **3.** Obscurité. *Avancer à tâtons dans le noir.* **4.** Ce qui est noir. *Les noirs d'un tableau,* ses parties les plus foncées. – *Un noir, un petit noir:* une tasse de café. **IV.** n. f. Note de musique valant le quart d'une ronde, représentée par un ovale noir muni d'une queue simple. – Lat. *niger.*

noirâtre [nwaʀɑtʀ] adj. D'une couleur qui tire sur le noir. – De *noir,* et *-âtre.*

noiraud, aude [nwaʀo, od] adj. (et n.). Qui a le teint et les cheveux très bruns. – De *noir.*

noirceur [nwaʀsœʀ] n. f. **1.** Litt. Qualité de ce qui est noir, couleur noire. *La noirceur de l'ébène.* **2.** Cour. Obscurité. *Avoir peur dans la noirceur.* «Au lieu d'avancer vers la clarté, j'ai reculé vers la noirceur.» (Félix Leclerc, *Adagio,* 1943.) – *Travailler à la noiceur,* dans la pénombre. ▷ Tombée du jour. «Il était arrivé en ville la veille, avec la noirceur, juste le temps de trouver une chambre bon marché et de s'orienter dans les rues larges et sombres comme des corridors de prisons.» (André Major, *L'Épouvantail,* 1974.) **3.** Fig., litt. Vilenie, méchanceté, bassesse. *La noirceur de son âme.* ▷ Action, parole qui dénote une telle vilenie, une telle méchanceté. *Commettre des noirceurs.* – De *noir,* d'ap. *noircir.*

noircir [nwaʀsiʀ] **I.** v. tr. **[2] 1.** Rendre noir, colorer en noir. *Noircir ses cils avec du fard.* – Fam. *Noircir du papier:* écrire des choses sans grande valeur. **2.** Fig. Diffamer, porter atteinte à la réputation de. ▷ Présenter (qqch) d'une façon exagérément pessimiste. *Noircir la situation.* **II.** v. intr. Devenir noir. *L'argent noircit à l'air.* **III.** v. pron. **1.** Devenir noir. *Ciel se noircissant de nuages.* **2.** Pop. S'enivrer. – Du lat. pop. *nigricire,* class. *nigrescere,* de *niger,* «noir».

noircissement [nwaʀsismɑ̃] n. m. Action de rendre noir; fait de devenir noir. – Du préc.

noircissure [nwaʀsisyʀ] n. f. Tache de noir. ▷ Altération du vin, qui devient noir. – De *noircir.*

noise [nwaz] n. f. Querelle. (Vx, sauf dans la loc. *Chercher noise à qqn.*) – P.-ê. du lat. *nausea,* «mal de mer».

noiseraie [nwazʀɛ] n. f. Lieu planté de noyers ou de noisetiers. – De *noyer* 2, avec infl. de *noisette.*

noisetier [nwaztje] n. m. Arbuste des bois, des haies et des jardins (genre *Corylus,* fam. bétulacées), dont le fruit est la noisette. – De *noisette.*

ENCYCL Le noisetier commun, ou coudrier *(Corylus avellana),* est un arbuste monoïque, dont les feuilles, presque rondes, sont finement dentées. Les fleurs mâles, jaunâtres, forment des épis pendants (chatons); les fleurs femelles, très condensées, forment des épis dressés. Le fruit est un achaine inséré dans une cupule membraneuse, contenant une graine unique, riche en huile. Le noisetier s'accommode de tous les climats. On distingue de nombr. variétés, d'après la taille et la forme du fruit.

noisette [nwazɛt] n. f. et adj. inv. **1.** Fruit du noisetier, constitué d'une coque résistante, de couleur brun-roux à maturité, renfermant une amande oléagineuse comestible, au goût fort apprécié. ▷ Adj. inv. Couleur de noisette. *Des yeux noisette.* **2.** *Par ext.* Morceau gros comme une noisette. *Faire fondre une noisette de beurre.* – Dimin. de *noix.*

noix [nwɑ(a)] n. f. **1.** Fruit (drupe) du noyer commun, constitué d'un péricarpe charnu extérieurement (brou), ligneux intérieurement, renfermant une graine oléagineuse à gros cotylédons, de surface irrégulière. *La noix est un fruit sec très apprécié. Huile de noix.* **2.** Fruit de divers arbres. *Noix de cajou*. Noix de coco*. Noix de kola* ou *de cola*. Noix muscade*. Noix vomique*.* **3.** *Par ext.* Morceau de la grosseur d'une noix. *Noix de margarine.* **4.** CUIS *Noix de veau,* morceau de choix placé dans le cuisseau. **5.** TECH Partie renflée de certains axes. – Rainure à fond semi-cylindrique solidaire du châssis d'une fenêtre et à l'intérieur de laquelle vient s'encastrer la languette de rive (ou *de noix*) du battant. **6.** Fig., fam. *Une noix:* un imbécile. ▷ Péjor. *À la noix, à la noix* *de coco:* sans valeur, défectueux, mauvais. *Qui est-ce qui m'a fichu ce système à la noix?* – Lat. *nux.*

noli-me-tangere [nɔlimetɑ̃ʒeʀe] n. m. inv. **1.** Vx Lésion cutanée que les topiques ne font qu'irriter. **2.** Balsamine dont les fruits lancent leurs graines au loin dès qu'on les touche. Syn. impatiente. – Expr. lat. «ne me touche pas».

nolis [nɔli] n. m. MAR Fret. – De *noliser* .

nolisement [nɔlizmɑ̃] n. m. Affrètement. – De *noliser.*

nolisé, ée adj. *Avion nolisé:* avion qui transporte un groupe, une collectivité, à un tarif inférieur à celui d'un vol régulier. ▷ *Vol nolisé.* – Pp. de *noliser.*

noliser [nɔlize] v. tr. [1] Affréter (un navire, un avion). – De l'ital *noleggiare,* du lat. *naulum,* gr. *naûlon,* «fret».

nom [nɔ̃] **I.** n. m. **1.** Mot qui sert à désigner un être vivant, une chose (abstraite ou concrète), un groupe. Syn. substantif. ▷ *Nom propre,* qui désigne un être singulier, unique (ex.: *Cartier, Québec*). – *Nom commun,* donné à toutes les choses, à tous les êtres conçus comme appartenant à une même catégorie (ex.: *homme, arbre, cheval*). ▷ *Appeler les choses par leur nom:* donner sans ménagement aux personnes ou aux choses les noms qu'elles méritent, parfois au mépris des bienséances. ▷ *Une chose sans nom, qui n'a pas de nom,* inqualifiable ou indicible. *Une horreur sans nom.* **2.** Appellation qui fonde l'identité de l'individu qu'elle désigne, qui permet de le distinguer d'un autre dans le langage. *Afficher les noms des candidats reçus.* ▷ (Opposé à *prénom.*) *Nom de famille,* ou, absol., *nom:* nom commun aux personnes d'une même famille; patronyme. *Déclinez vos nom, prénom, qualités.* ▷ Prénom, nom de baptême. *Jean est un nom courant.* – Fam. *Petit nom.* ▷ (En tant que patronyme d'une famille noble.) *Un nom qui s'éteint:* une famille dont le nom disparaît, faute d'héritier mâle. ▷ *Nom de guerre,* que l'on prend lorsqu'on ne veut pas être connu sous le sien propre, pseudonyme. ▷ *Se faire un nom:* faire connaître son nom, devenir célèbre. **3.** Le mot opposé à la chose; l'apparence. *La gloire n'est qu'un vain nom.* **II.** loc. interj. (dans des jurons). *Nom d'un chien! Nom de nom!* **III.** loc. prép. *Au nom de.* **1.** De la part de. *Emprunter de l'argent au nom d'un ami.* **2.** En vertu de, en considération de. *Au nom de la loi, ouvrez!* **3.** RELIG CATHOL *Au nom du Père, du Fils et du Saint-Esprit:* invocation aux trois personnes de la Trinité. – Lat. *nomen.*

nomade [nɔmad] adj. et n. Qui n'a pas d'habitation fixe. *Peuples nomades de chasseurs ou de pasteurs.* – Par ext. *Vie nomade.* ▷ Subst. *Terrain interdit aux nomades.* – Lat. *nomas, nomadis,* gr. *nomas, nomados,* de *nemein,* «faire paître».

nomadiser [nɔmadize] v. intr. [1] Vivre en nomade. *Peuples qui nomadisent aux confins du Sahel et du Sahara.* – Du préc.

nomadisme [nɔmadism] n. m. Genre de vie d'un groupe humain que la nature de ses activités contraint à des déplacements saisonniers ou étendus sur un certain nombre d'années. *Nomadisme de cueillette, de pêche, de chasse. Nomadisme pastoral.* – De *nomade.*

nombrable [nɔ̃bʀabl] adj. Qui peut être compté. – De *nombrer.*

nombre [nɔ̃bʀ] **I.** n. m. **1.** Unité ou collection, soit d'unités, soit de parties de l'unité. *Multiplier un nombre par un autre. Nombre cardinal,* qui sert à marquer la quantité (un, deux, etc.), par oppos. à *nombre ordinal,* qui sert à marquer l'ordre (premier, deuxième, etc.). *Nombre entier,* sans décimale. *Nombre entier naturel:* nombre entier positif (0, 1, 2, 3...), appartenant à l'ensemble noté N. *Nombre entier relatif:* nombre entier positif ou négatif (..., –3, –2, –1, 0, 1, 2, 3,...), appartenant à l'ensemble noté Z. *Nombre décimal,* qui s'exprime sous la forme d'une partie entière et d'une partie décimale, séparées par une virgule. *Nombre rationnel:* nombre qui peut s'exprimer sous la forme d'une fraction et appartient à l'ensemble noté Q, par oppos. à *nombre irrationnel. Nombre réel* : nombre appartenant à l'ensemble, noté R, qui comprend tous les nombres rationnels et irrationnels. *Les nombres décimaux font partie des nombres réels. Nombre complexe,* qui peut s'écrire sous la forme $a + i \times b$, *a* et *b* étant deux nombres réels et i la quantité définie par l'égalité $i^2 = -1$. (L'ensemble des nombres complexes est noté C.) *Nombre algébrique,* qui est la solution d'une équation de la forme $a_0 + a_1x + a_2x^2 + ... + a_nx^n = 0$, par oppos. à *nombre transcendant.* (L'ensemble des nombres algébriques réels est noté A.) *Nombre premier,* qui n'admet comme diviseur que lui-même et l'unité. (Ex.: 1, 2, 3, 5, 7, 11, 13, 17, etc.) *Nombres premiers entre eux,* qui n'admettent que l'unité comme diviseur commun (18 et 25, par ex.). *Nombre positif,* supérieur à zéro et affecté ou non du signe +, par oppos. à *négatif,* inférieur à zéro et affecté du signe –. (Zéro est à la fois positif et négatif.) *Nombre parfait,* égal à la somme de tous ses diviseurs (par ex.: $6 = 1 + 2 + 3$). – *Théorie des nombres:* branche de l'arithmétique élémentaire. – *Loi des grands nombres:* V. encycl. probabilité. ▷ PHYS Anc. *Nombre atomique:* numéro atomique. – *Nombre d'Avogadro:* nombre d'entités élémentaires (atomes, électrons, ions, etc.) égal à $6{,}022\,098.10^{23}$ contenues dans une mole. – *Nombre de masse:* nombre de nucléons (neutrons et protons) contenus dans le noyau d'un atome. ▷ *Nombre d'or.* ASTRO Rang de l'année dans le cycle lunaire de 19 années juliennes. – BX-A Nombre correspondant au partage le plus harmonieux d'une grandeur en deux parties inégales, qui est exprimé par la formule: $\frac{a + b}{a} = \frac{a}{b}$; si b = 1, $a = \frac{1 + \sqrt{5}}{2} = 1{,}618...$ Syn. section dorée, divine proportion. **2.** Quantité indéterminée. *Un petit nombre de personnes. Le nombre croissant des accidents.* – *Le grand, le plus grand nombre:* la majorité. **3.** Grande quantité. *Être écrasé sous le nombre.* – *Faire nombre :* donner une impression d'une grande quantité, de multitude. **4.** GRAM Forme que prend un mot pour exprimer l'unité ou la pluralité. *Le grec connaît trois nombres: le singulier, le duel et le pluriel.* **5.** LITTER Harmonie résultant du rythme, de la succession des sons, en prose ou en poésie. **II. 1.** loc adv. *Dans le nombre:* dans la quantité, dans la masse. *Passer inaperçu dans le nombre.* ▷ *Sans nombre:* en quantité considérable. *Se heurter à des difficultés sans nombre.* ▷ *En nombre:* en grande quantité. **2.** loc. prép. *Au nombre de, du nombre de:* parmi. *On le compte au nombre des grands hommes. Il est du nombre des victimes.* **3.** loc. adj. inv. *Nombre de, bon nombre de:* beaucoup de. *Nombre de gens pensent que...* – Lat. *numerus.*

nombrer [nɔ̃bʀe] v. tr. [1] Rare Évaluer en nombre, compter. – De *nombre.*

nombreux, euse [nɔ̃bʀø, øz] adj. **1.** Dont les éléments sont en grand nombre. *Une famille nombreuse.* **2.** En grand nombre. *De nombreux spectateurs.* **3.** LITTER Qui crée une impression d'harmonie par une disposition heureuse des sonorités et des mots, par le nombre (sens I, 5). *Vers nombreux.* – De *nombre.*

nombril [nɔ̃bʀi(l)] n. m. Cicatrice de la section du cordon ombilical chez l'homme et les mammifères. Syn. (sc.) ombilic. ▷ Fig., fam. *Se prendre pour le nombril du monde:* accorder à sa personne une importance excessive, être égocentrique. – A. fr. *nomblil, omblill,* du lat. *umbilicus.*

nombrilisme [nõbʀilism] n. m. Fam. Attitude d'une personne obnubilée par ses propres problèmes. – De *nombril.*

nome [nom] n. m. **1.** HIST Division administrative de l'Égypte ancienne. **2.** Mod. Division administrative de la Grèce. – Gr. *nomos,* «portion de territoire».

-nome, -nomie, -nomique, nomo-. Éléments, du gr. *nomos,* «loi».

nomenclature [nɔmɑ̃klatyʀ] n. f. **1.** Ensemble des termes propres à un art, à une science, à une technique, strictement définis et classés; méthode de classification de ces termes. *Nomenclature biologique, chimique. – Nomenclature binominale de Linné.* **2.** Répertoire, liste, catalogue concernant des éléments classés et définis pour un usage précis. *Nomenclature des actes médicaux remboursés par l'assurance-maladie.* **3.** Ensemble des mots constituant les entrées d'un dictionnaire. *Faire entrer un néologisme dans la nomenclature d'un dictionnaire.* – Lat. *nomenclatura,* «action d'appeler *(calare)* par le nom *(nomen)*».

nomenklatura [nɔmɛnklatuʀa] n. f. POLIT Groupe social aux prérogatives exceptionnelles, dans le régime soviétique ou les régimes bureaucratiques. – Mot russe, «liste de noms»; du lat.

-nomie, -nomique. V. -nome.

nominal, ale, aux [nɔminal, o] adj. **I.** (Par oppos. à *réel, à effectif.*) **1.** Qui n'existe que de nom, et pas en réalité. *Le pouvoir que lui confère ce poste est purement nominal.* **2.** ECON *Valeur nominale:* valeur théorique qui est inscrite sur un billet de banque, un effet de commerce, une obligation. **3.** TECH *La puissance, la vitesse nominale d'une machine,* celle annoncée par le fabricant. **II.** Qui a rapport au nom, qui dénomme (des choses ou des personnes). *Erreur nominale:* erreur sur le nom. *Appel nominal,* se fait en appelant les noms. **III.** LING Qui a rapport au nom; qui équivaut à un nom. *Formes nominales et formes verbales. Emploi nominal d'un adjectif.* – Lat. *nominalis,* de *nomen,* «nom».

nominalement [nɔminalmɑ̃] adv. **1.** De nom seulement. *Il en est nominalement propriétaire.* **2.** Par son nom. *Nous avons été appelés nominalement.* **3.** LING Comme un nom. *Adjectif employé nominalement.* Syn. substantivement. – Du préc.

nominalisme [nɔminalism] n. m. PHILO **1.** Doctrine selon laquelle les idées abstraites et générales se réduisent à des noms, à des mots. **2.** Mod. *Nominalisme scientifique:* doctrine qui voit dans la science une simple construction de l'esprit, de valeur purement pratique, ne pouvant atteindre la nature réelle des objets auxquels elle s'applique. – De *nominaliste.*

nominaliste [nɔminalist] adj. et n. Qui a rapport au nominalisme. ▷ Subst. Partisan du nominalisme. – De *nominal.*

1. nominatif, ive [nɔminatif, iv] adj. Qui dénomme; qui contient des noms. *La liste nominative des électeurs.* ▷ *Titre nominatif,* sur lequel est porté le nom du possesseur (par oppos. à *titre au porteur*). – Lat. *nominativus.*

2. nominatif [nɔminatif] n. m. LING Cas sujet dans les langues à déclinaison. – Lat. *nominativus.*

nomination [nɔminasjɔ̃] n. f. Action de nommer à un emploi, une fonction, une dignité; le fait d'être nommé. ▷ *Par ext.* Document faisant foi d'une nomination. – Lat. *nominatio.*

nominativement [nɔminativmɑ̃] adv. Par son nom. *Désigner nominativement une personne.* – De *nominatif* 1.

nommé, ée [nɔme] adj. (et n.) **1.** Qui a pour nom. *Un homme nommé Latulipe.* ▷ Subst. *Le, un nommé Perron* (dr., admin., ou péjor.). **2.** loc. adv. *À point nommé:* fort à propos. *Il arriva à point nommé.* **3.** Cité. *Les personnes nommées ci-après...* **4.** Désigné par nomination (par oppos. à *élu*). – Pp. de *nommer.*

nommément [nɔmemɑ̃] adv. Avec désignation par le nom. *On l'accuse nommément.* – Du préc.

nommer [nɔme] v. tr. [1] **I. 1.** Donner un nom à; désigner par un nom. *Comment allez-vous nommer votre fils?* ▷ v. pron. *Il se nomme Paul.* **2.** Dire le nom d'une personne, d'une chose; la désigner par son nom. *Refuser, par discrétion, de nommer qqn.* **II.** Désigner (qqn) pour remplir un office, l'investir d'une fonction, d'une charge, d'un titre. (Souvent opposé à *élire.*) *Elle a été nommée ministre des Affaires culturelles. Il a été nommé à Paris.* – Du lat. *nominare.*

nomo-. V. -nome.

nomogramme [nɔmɔgʀam] n. m. Didac. Table graphique cotée destinée à faciliter les calculs pratiques. – De *nomo-,* et *-gramme.*

nomographie [nɔmɔgʀafi] n. f. Didac. Procédé de calcul qui utilise des nomogrammes (abaques, graphiques). – De *nomo-,* et *-graphie.*

nomothète [nɔmɔtɛt] n. m. ANTIQ GR **1.** Membre d'une commission athénienne chargée de réviser les lois. **2.** Législateur. *Solon et Lycurgue furent les plus illustres nomothètes de la Grèce.* – Gr. *nomothetês.*

non [nɔ̃] adv. et n. m. inv. **I.** adv. de négation. **1.** (Par oppos. à *oui.*) Refus, réponse négative. *Viendrez-vous? – Non. Est-il venu? – Non.* ▷ *Il dit que oui, moi non. Il a déclaré que non.* ▷ En début de phrase, pour insister. *Non, je ne viendrai pas.* ▷ Fam. (Exclamatif.) Marquant la protestation, l'indignation. *Non, par exemple!* – (Interrogatif.) Marquant le doute, l'étonnement. *Non, pas possible?* **2.** Accompagné d'un autre adv. et en double négation. *Je partis, non sans avoir remercié.* **3.** loc. adv. *Non plus* (pour *aussi,* dans les phrases négatives). *Vous n'en voulez pas? Moi non plus.* ▷ *Non seulement... mais, mais encore. Il fut battu non seulement sur mer, mais encore* (ou *mais aussi*) *sur terre.* **II.** n. m. inv. *Un non, des non. Un non très sec.* **III.** (En composition.) Devant un nom, un adjectif ou un verbe pour donner au mot un sens négatif. (Rem. Les noms composés s'écrivent avec un tiret mais en fonction d'adjectif ils n'en prennent pas.) *Non recevable. Non-activité.* – Lat. *non* en position accentuée.

non(-)accompli [nɔnakɔ̃pli] n. m. et adj. LING Syn. de *imperfectif.* – De *non,* et *accompli.*

non-activité [nɔnaktivite] n. f. Situation d'un fonctionnaire, partic. d'un officier, qui, provisoirement, n'exerce aucune fonction. – De *non,* et *activité.*

nonagénaire [nɔnaʒenɛʀ] adj. et n. Qui a entre quatre-vingt-dix et cent ans. – Lat. *nonagenarius.*

non-agression [nɔnagʀɛsjɔ̃] n. f. Fait de ne pas attaquer (un pays, un État). *Pacte de non-agression.* – De *non,* et *agression.*

non(-)aligné, ée [nɔnaliɲe] adj. (et n.) Qui pratique le non-alignement. *Les pays non alignés du tiers monde.* – Subst. *Les non-alignés.* – De *non,* et pp. de *aligner.*

non-alignement [nɔnaliɲmɑ̃] n. m. Politique des pays qui ne s'alignent pas sur la politique étrangère d'autres pays (l'*alignement* se faisant généralement sur les positions d'une grande puissance, États-Unis ou U.R.S.S., notam.). – De *non,* et *alignement.*

nonante [nɔnɑ̃t] adj. num. cardinal. *Acadie (vieilli), Belgique, Suisse.* Quatre-vingt-dix. – Du lat. *nonaginta.*

non-assistance [nɔnasistɑ̃s] n. f. DR Délit qui consiste à s'abstenir volontairement de porter secours à qqn. *Non-assistance à personne en danger.* – De *non,* et *assistance.*

non-belligérance [nõbɛlliʒeʀɑ̃s] n. f. Position d'un État qui, sans se déclarer neutre lors d'un conflit armé, ne s'y engage pas militairement. – De *non*, et *belligérance*.

non(-)belligérant, ante [nõbɛlliʒeʀɑ̃, ɑ̃t] n. et adj. Qui s'abstient de participer militairement à un conflit. *Les non-belligérants.* ▷ Adj. *Pays non belligérant.* – De *non*, et *belligérant*.

nonce [nõs] n. m. Ambassadeur du Saint-Siège auprès d'un gouvernement étranger. (On dit aussi *nonce apostolique.*) – Ital. *nunzio*, lat. *nuntius*, «envoyé».

nonchalamment [nõʃalamɑ̃] adv. Avec nonchalance. – De *nonchalant*.

nonchalance [nõʃalɑ̃s] n. f. **1.** Fait d'être nonchalant, manque d'ardeur, de vivacité. **2.** Manque de soin; négligence. – De *nonchalant*.

nonchalant, ante [nõʃalɑ̃, ɑ̃t] adj. Qui manque d'ardeur, de vivacité, d'activité (par insouciance, par indifférence). *Personne nonchalante.* ▷ Par ext. *Une pose nonchalante.* – Ppr. de l'anc. v. *nonchaloir*, «négliger».

nonchaloir [nõʃalwaʀ] n. m. Vieilli, litt. Nonchalance. – De *non*, et de la substantivation de l'anc. v. *chaloir*, «importer».

nonciature [nõsjatyʀ] n. f. Charge d'un nonce. – Exercice de cette charge. ▷ Résidence d'un nonce. – Ital. *nunziatura*.

non(-)combattant, ante [nõkõbatɑ̃, ɑ̃t] n. et adj. Qui ne prend pas une part effective au combat, en parlant de certains personnels militaires (aumôniers, médecins, etc.). *Les non-combattants.* ▷ Adj. *Les services non combattants.* – De *non*, et *combattant*.

non-conducteur [nõkõdyktœʀ] n. m. Se dit d'un corps qui n'est pas conducteur de l'électricité ou de la chaleur. – De *non*, et *conducteur*.

non(-)conformiste [nõkõfɔʀmist] n. et adj. **1.** HIST En Angleterre, protestant qui n'appartient pas à l'Église anglicane. **2.** *Par ext.* Personne qui ne se conforme pas aux traditions, aux mœurs, aux manières d'être en usage. ▷ Adj. *Intellectuel non conformiste.* – *Attitude non conformiste.* – De *non*, et *conformiste*.

non-conformisme [nõkõfɔʀmism] n. m. **1.** HIST Doctrine des non-conformistes. **2.** *Par ext.* Attitude d'un non-conformiste. – De *non-conformiste*.

non-conformité [nõkõfɔʀmite] n. f. Défaut de conformité. – De *non*, et *conformité*.

non-contradiction [nõkõtʀadiksjõ] n. f. PHILO *Principe de non-contradiction*, selon lequel une chose ne peut pas être à la fois elle-même et autre qu'elle-même. – De *non*, et *contradiction*.

non-croyant, ante [nõkʀwajɑ̃, ɑ̃t] n. Personne qui n'est adepte d'aucune religion. – De *non*, et *croyant*.

non(-)directif, ive [nõdiʀɛktif, iv] adj. Qui n'est pas directif. ▷ PSYCHO, SOCIOL *Entretien non-directif*, dans lequel l'enquêteur s'efforce de conserver une attitude neutre, de manière à ne pas orienter les réponses de son (ou ses) interlocuteur(s). – De *non*, et *directif*.

non-directivité [nõdiʀɛktivite] n. f. Caractère non-directif. – De *non(-)directif*.

none [nɔn] n. f. **1.** LITURG CATHOL Celle des sept heures canoniales qui se récitait après sexte, vers la neuvième heure du jour. **2.** ANTIQ Chez les Romains, quatrième partie du jour, qui commençait à la fin de la neuvième heure (env. trois heures de l'après-midi). – Du lat. *nona (hora)*, «neuvième heure».

non(-)engagé, ée [nɔnɑ̃gaʒe] adj. et n. Qui n'est pas engagé dans un système d'alliances militaires. *Les nations non engagées. Les non-engagés.* – De *non*, et *engagé*.

nones [nɔn] n. f. pl. ANTIQ Une des dates fixes du calendrier romain, le 9e jour avant les ides. – Du lat. *nonæ (dies)*, «neuvièmes jours».

non-être [nɔnɛtʀ] n. m. PHILO Ce qui n'a pas d'existence, de réalité (par oppos. à *être*). – De *non*, et *être*.

non(-)euclidien, ienne [nɔnøklidjɛ̃, jɛn] adj. Se dit des géométries qui n'obéissent pas au postulat d'Euclide. V. encycl. géométrie. – De *non*, et *euclidien*.

non-exécution [nɔnegzekysjõ] n. f. DR Défaut d'exécution d'un acte, d'une sentence. – De *non*, et *exécution*.

non-existence [nɔnegzistɑ̃s] n. f. PHILO Le fait de ne pas exister. – De *non*, et *existence*.

non(-)figuratif, ive [nõfigyʀatif, iv] adj. et n. BX-A Qui ne s'attache pas à représenter le réel. *Art, peintre non figuratif.* ▷ Subst. *Un non-figuratif.* – De *non*, et *figuratif*.

non-fumeur [nõfymœʀ] n. m. Personne qui ne fume pas (par oppos. à *fumeur*). – Appos. *Compartiment non-fumeur.* – De *non*, et *fumeur*.

non-ingérence [nɔnɛ̃ʒeʀɑ̃s] n. f. POLIT Non-intervention dans les affaires intérieures d'un pays étranger. – De *non*, et *ingérence*.

non-initié, ée [nɔninisje] n. Personne qui n'est pas initiée. – De *non*, et *initié*.

non-intervention [nɔnɛ̃tɛʀvɑ̃sjõ] n. f. Attitude d'un gouvernement qui s'abstient d'intervenir dans les affaires d'autres pays (politique étrangère, conflits entre pays étrangers et, spécial., affaires intérieures de ces pays). *Politique de non-intervention.* – De *non*, et *intervention*.

non(-)interventionniste [nɔnɛ̃tɛʀvɑ̃sjɔnist] adj. et n. Qui pratique ou qui est partisan de la non-intervention. *Attitude non interventionniste.* ▷ Subst. *Les non-interventionnistes.* – Du préc.

non-métal, aux [nõmetal, o] n. m. CHIM Tout élément qui n'est pas un métal. Syn. anc. métalloïde. – De *non*, et *métal*.

non-moi [nõmwa] n. m. PHILO Tout ce qui est distinct du moi du sujet, du locuteur. – De *non*, et *moi*.

nonne [nɔn] n. f. Vx ou plaisant. Religieuse. – Lat. ecclés. *nonna*, du lat. pop., «mère».

nonnette [nɔnɛt] n. f. **1.** Vx ou plaisant. Jeune religieuse. **2.** (Par anal. d'aspect avec le costume de certaines religieuses.) Mésange à tête noire. – Appos. *Mésange nonnette.* **2.** Petit pain d'épice rond (autrefois fabriqué dans certains couvents). – Dimin. du préc.

nonobstant [nɔnɔpstɑ̃] prép. et adv. **1.** prép. Malgré l'existence de, en dépit de. ▷ *Le tribunal a prononcé l'exécution de l'obligation nonobstant les voies de recours.* **2.** adv. Vx ou litt. Néanmoins. – De *non*, et a. fr. *obstant*, du lat. *obstans*, ppr. de *obstare*, «faire obstacle».

non-paiement ou **non-payement** [nõpɛmɑ̃] ou [nõpɛjmɑ̃] n. m. Défaut de paiement. – De *non*, et *paiement* ou *payement*.

nonpareil, eille [nõpaʀɛj] adj. et n. **I.** adj. Vx Sans pareil. **II.** n. f. Vx **1.** Ruban très étroit. **2.** Dragée très petite. – De *non*, et *pareil*.

non possumus [nɔnpɔsumus] loc. lat. signifiant «nous ne pouvons pas», réponse des apôtres Pierre et Jean à ceux qui voulaient leur interdire de prêcher l'Évangile.

non-prolifération [nõpʀɔlifeʀasjõ] n. f. POLIT Arrêt du développement, limitation du nombre (des armes nucléaires). – De *non*, et *prolifération*.

non-recevoir [nõʀ(ə)səvwaʀ] n. m. *Fin de non-recevoir:* V. fin 1. – De *non,* et *recevoir.*

non(-)résident, ente [nõʀezidɑ̃, ɑ̃t] n. (et adj.). Personne qui ne réside pas de façon permanente dans son pays, qui n'y est pas domiciliée. ▷ Adj. *Les citoyens non résidents.* – De *non,* et *résident.*

non-retour (point de) [nõʀətuʀ] n. m. Moment à partir duquel un aéronef ne peut plus interrompre son envol pour revenir à son point de départ. ▷ Fig. Moment à partir duquel un processus est engagé de manière irréversible. – Calque de l'amér. *point of no return.*

non-sens [nõsɑ̃s] n. m. inv. **1.** Parole, action absurde, dépourvue de sens. **2.** Défaut de sens, de signification. ▷ Phrase, énoncé, raisonnement dépourvu de sens. *Faire des non-sens dans une traduction.* – De *non,* et *sens,* par l'angl. *nonsense,* «manque de bon sens».

non-tissé [nõtise] n. m. TECH Matériau constitué de fibres textiles agglomérées par un procédé physique, chimique ou mécanique (à l'exclusion du tissage ou du tricotage). *Les non-tissés sont utilisés notam. dans la fabrication des revêtements muraux et des nappes.* – De *non,* et pp. de *tisser.*

non-usage [nɔnyzaʒ] n. m. Fait de ne pas, de ne plus se servir de qqch. – De *non,* et *usage.*

non-valeur [nõvalœʀ] n. f. **1.** FIN Créance que l'on n'a pas pu recouvrer. **2.** Fig. Personne, chose sans valeur, sans utilité. – De *non,* et *valeur.*

non-viable [nõvjabl] adj. Didac. Se dit d'un fœtus dont le stade de développement n'est pas suffisant pour assurer sa survie extra-utérine. – De *non,* et *viable.*

non-violence [nõvjɔlɑ̃s] n. f. Attitude, doctrine philosophique et politique de ceux qui refusent d'opposer la violence à la violence, et qui prônent le recours aux moyens pacifiques (résistance passive, par ex.) pour résister aux agressions et à la force brutale. – De *non,* et *violence;* d'ap. l'angl., trad. du sanscr. *ahimsâ.*

non(-)violent, ente [nõvjɔlɑ̃, ɑ̃t] n. et adj. **1.** n. Partisan, adepte de la non-violence. *Les non-violents.* **2.** adj. Qui se réclame de la non-violence ou s'y rapporte. *Marche de protestation non violente.* – De *non-violence.*

noologique [nɔɔlɔʒik] adj. PHILO *Sciences noologiques,* relatives à la pensée, à l'esprit humain (opposées aux sciences *cosmologiques,* qui ont pour objet l'univers matériel). – Du gr. *noos, noûs,* «pensée», et *-logique.*

nopal [nɔpal] n. m. BOT Plante grasse des régions méditerranéennes (*Opuntia cochenillifera,* fam. cactacées) dont la tige est constituée de palettes aplaties pourvues d'épines et dont le fruit charnu *(figue de Barbarie)* est comestible. *Les nopals étaient autrefois cultivés pour l'élevage des cochenilles, qui se nourrissaient de leur sève.* – Mot esp., de l'aztèque *nopalli.*

noradrénaline [nɔʀadʀenalin] n. f. BIOCHIM Précurseur de l'adrénaline sécrété par les fibres sympathiques et par la médullo-surrénale, important médiateur chimique de la synapse nerveuse. – De *nor(mal),* et *adrénaline.*

nord [nɔʀ] n. et adj. **I.** n. m. **1.** Celui des quatre points cardinaux auquel on fait face lorsqu'on tourne le dos au soleil au milieu du jour. ▷ *Au nord de :* dans la région située vers le nord par rapport à (tel lieu). *Au nord de Sept-Îles. – La côte qui s'étend au nord de la mer du Labrador.* ▷ Loc. fig. *Perdre le nord :* n'être plus tout à fait lucide et raisonnable, perdre la tête. – (En tournure négative.) *Il ne perd pas le nord:* il sait défendre ses intérêts, il sait se défendre. **2.** Partie septentrionale (située vers le nord) d'une région, d'un pays, d'un continent. *Le nord de la Gaspésie, du Québec, du Canada.* ▷ Absol. (avec la majuscule). (France) *Les grandes villes industrielles du Nord,* du nord de la France (Somme, Aisne, Nord, Pas-de-Calais). **3.** Zone froide des hautes latitudes. *Les petits peuples du Nord, en Sibérie.* **II.** adj. inv. Situé au nord. *Le pôle Nord.* – Angl. *north.*

ENCYCL Au Canada, la limite sud du Nord se situe vers le 50e degré de latitude dans l'Est et le 55e dans l'Ouest, donnant à la plupart des provinces des espaces nordiques. L'immense zone du Nord canadien se subdivise en Moyen Nord (plus près du Sud, plus peuplé, de nordicité moyenne) et Grand Nord (éloigné, arctique et plutôt inuit).

nord-africain, aine [nɔʀafʀikɛ̃, ɛn] adj. et n. D'Afrique du Nord, du Maghreb. ▷ Subst. *Un Nord-Africain, des Nord-Africains.* – De *nord,* et *africain.*

nord-américain, aine [nɔʀameʀikɛ̃, ɛn] adj. et n. D'Amérique du Nord. *Le continent nord-américain.* ▷ Subst. *Un Nord-Américain, des Nord-Américains.* – De *nord,* et *américain.*

nord-coréen, éenne [nɔʀkɔʀeɛ̃, eɛn] adj. et n. De Corée du Nord, nom cour. de la Rép. dém. de Corée, État d'Asie orientale. ▷ Subst. *Un Nord-Coréen, des Nord-Coréens.* – De *nord,* et *coréen.*

nord-est [nɔʀɛst] ou [nɔʀdɛst] n. et adj. **1.** n. m. Point de l'horizon situé à égale distance, angulairement, du nord et de l'est. ▷ Région située vers le nord-est. *Le nord-est des États-Unis.* **2.** adj. inv. *La côte nord-est de l'Afrique.* – De *nord,* et *est.*

nordet [nɔʀdɛ] n. m. MAR Nord-est. *L'épave est dans le nordet des dangers.* ▷ Vent de nord-est. *Port mal abrité du nordet.* – (On écrit aussi *nordé.*) – Du préc.

nordicité [nɔʀdisite] n. f. Caractère de ce qui est nordique; perception de la réalité du Nord. – De *nordique.*

nordique [nɔʀdik] adj. et n. **1.** Relatif à l'ensemble des pays et régions situés dans la partie septentrionale de l'hémisphère Nord, des peuples qui y vivent. "[...] les cris des oiseaux retrouvés et la joie sensuelle de la peau nordique à nouveau caressée par ce soleil de printemps." (Michèle Guay, dans Jean Provencher et Johanne Blanchet, *C'était le printemps,* 1980.) – *Les Nordiques de Québec,* équipe de hockey. **2.** *Spécial.* Relatif aux peuples, aux pays du nord de l'Europe (spécial. islandais et scandinaves). *Langues nordiques.* ▷ Subst. *Une, des Nordiques.* – *Le nordique* (langue). V. norois. – De *nord.*

nordir [nɔʀdiʀ] v. intr. [2] MAR Tourner au nord, en parlant du vent. – De *nord.*

nordiste [nɔʀdist] n. (et adj.). HIST Partisan, soldat des États du Nord, dans la guerre de Sécession, aux États-Unis. (Cf. yankee.) – De *nord.*

nord-ouest [nɔʀwɛst] ou [nɔʀdwɛst] n. et adj. **1.** n. m. Point de l'horizon situé à égale distance, angulairement, du nord et de l'ouest. ▷ Région située vers le nord-ouest. *Le nord-ouest de l'Ontario.* **2.** adj. inv. *Le secteur nord-ouest de Montréal.* – De *nord,* et *ouest.*

nord-vietnamien, ienne [nɔʀvjɛtnamjɛ̃, jɛn] adj. et n. Anc. Du Nord-Vietnam (au temps où les provinces nord et sud du Vietnam formaient deux États distincts). – De *nord,* et *vietnamien.*

noria [nɔʀja] n. f. Machine à élever l'eau, constituée principalement d'une roue ou d'une chaîne sans fin à laquelle sont fixés des godets. ▷ Fig. Ce qui évoque la circulation sans fin des godets d'une noria. *La noria d'un pont aérien.* – De l'ar. *nā'oura,* par l'esp.

normal, ale, aux [nɔʀmal, o] adj. et n. f. **I.** adj. **1.** Conforme à la règle commune ou à la règle idéale, ou à la moyenne statistique. *Un phénomène normal.* ▷ Habituel, naturel. – PHYS *Conditions normales de température et de pression,* correspondant à une température de 0 °C et à une pression de 0,76 m de mercure (101 325 pascals). ▷ Qui n'est pas altéré par la maladie. *Être dans son état normal.* ▷ Dont les aptitudes intellectuelles et physiques, dont le comportement sont conformes à la moyenne. *Une personne normale. Un enfant qui n'est pas normal.* **2.** *École normale,* où étaient autrefois formés les enseignants. **3.** Qui sert de règle, de modèle. CHIM *Solution normale:* solution utilisée en dosimétrie, qui contient une mole d'éléments actifs (protons, électrons) par litre. – *Chaîne normale:* chaîne carbonée non ramifiée. **4.** GEOM Perpendiculaire. **II.** n. f. **1.** Ce qui est habituel, régulier, conforme à la règle commune. *Intelligence supérieure à la normale.* **2.** GEOM *Normale en un point d'une courbe, d'une surface:* perpendiculaire en ce point à la tangente, au plan tangent. – Lat. *normalis,* «fait à l'équerre», de *norma,* «équerre».

normalement [nɔʀmalmɑ̃] adv. **1.** De manière normale, habituelle. **2.** GEOM Perpendiculairement. – Du préc.

normalien, ienne [nɔʀmaljɛ̃, jɛn] n. (et adj.) Élève ou ancien élève de l'École normale supérieure, en France. ▷ Adj. *La tradition normalienne.* – De *(École) normale.*

normalisation [nɔʀmalizasjɔ̃] n. f. **1.** Établissement et mise en application d'un ensemble de règles et de spécifications (normes), ayant pour objet de simplifier, d'unifier et de rationaliser les produits industriels, les unités de mesure, les symboles, etc. *Les normes canadiennes sont le plus souvent élaborées par l'Association canadienne de normalisation (ACNOR).* **2.** Action de normaliser (sens 2). – De *normaliser.*

normaliser [nɔʀmalize] v. tr. [1] **1.** Rendre conforme à une norme. ▷ Procéder à la normalisation (sens 1) de. – Pp. *Appareil de contrôle normalisé.* **2.** Rendre normal, conforme aux usages généralement en vigueur (ce qui ne l'était pas ou ne l'était plus). *Normaliser les relations diplomatiques entre deux États.* – De *normal.*

normalité [nɔʀmalite] n. f. Caractère de ce qui est normal. ▷ CHIM *Normalité d'une solution:* nombre de moles d'éléments actifs (protons, électrons) par litre. – De *normal.*

normand, ande [nɔʀmɑ̃, ɑ̃d] n. et adj. **1.** n. HIST *Les Normands:* les pillards scandinaves (alors appelés aussi Northmen) qui firent de nombreuses incursions en France et en Europe (IXe s.), et dont certains s'installèrent dans l'actuelle Normandie. ▷ Adj. *Les invasions normandes.* **2.** n. Habitant, personne originaire de Normandie. – *Réponse de Normand,* ambiguë. **3.** adj. Relatif à la Normandie, aux Normands. *La campagne normande.* **4.** AGRIC *Race normande:* race bovine de grande taille, dont la robe tachetée inclut toujours le blond, le noir et le blanc, bonne laitière et beurrière, élevée aussi pour la viande. – Frq. **nortman,* «homme du Nord».

normanno-picard, arde [nɔʀmanopikaʀ, aʀd] adj. et n. m. LING Se dit des parlers d'origine normande et picarde qui se mêlèrent à la langue anglaise au XIIe s. – Du lat. *normannus,* du frq. *nortman,* «homme du Nord», et *picard.*

normatif, ive [nɔʀmatif, iv] adj. Qui a force de règle, qui pose une norme; qui a les caractères d'une norme. *Jugements normatifs. Grammaire normative,* prescriptive. ▷ *Sciences normatives:* l'esthétique, la logique et la morale (parce qu'elles déterminent une norme, édictent des règles). – De *norme.*

norme [nɔʀm] n. f. **1.** Règle, loi à laquelle on doit se conformer; état habituel conforme à la moyenne des cas, à la normale. *Ne pas s'écarter de la norme.* ▷ *Spécial.* TECH Règle, spécification à laquelle un produit doit être conforme. **2.** MATH *Norme d'un vecteur :* généralisation à un espace vectoriel quelconque de la notion de longueur d'un vecteur de l'espace physique. – Du lat. *norma,* «équerre, règle».

ENCYCL Les coutumes, les règles de savoir-vivre, la mode sont autant d'exemples de normes dont l'origine est quelquefois obscure mais qui régissent directement le mode de vie des gens. Certaines normes sont plus contraignantes car elles sont également revêtues d'une valeur légale (calendrier) voire coercitive (conduite automobile à droite). Les normes peuvent n'avoir qu'une portée restreinte (individu ou organisme) ou, par suite d'un consensus, être applicables à une région, un pays, voire au plan international. Elles visent, à l'intérieur de contraintes scientifiques ou techniques, à améliorer la santé et à assurer la sécurité du public, à aider et à protéger le consommateur, à maintenir la qualité des produits, à assurer leur compatibilité et à faciliter les échanges industriels ou commerciaux dans le cadre des ententes entre les pays.
La normalisation internationale, débuta officiellement en juin 1906 par la création à Londres de la Commission électrotechnique internationale (CEI). Le domaine de normalisation de cet organisme était restreint de sorte que la Fédération internationale des associations nationales de normalisation (ISA), fondée en 1926, contribua à promouvoir l'unification des normes nationales dans divers autres domaines. La guerre fit cesser toute activité officielle de l'ISA en 1942. Le 24 octobre 1946, à Londres, vingt-cinq pays, dont le Canada, dans la foulée des actions de l'ISA, créaient l'Organisation internationale de normalisation dont le sigle ISO provient d'un terme grec signifiant égal. Dès l'année suivante, la CEI s'affiliait à l'ISO tout en conservant son autonomie et en se restreignant au domaine électrotechnique. Les deux organismes, dont le siège social est à Genève, sont composés de plus de mille comités et sous-comités établissant les normes internationales dans tous les secteurs d'activités. Ils agissent en étroite collaboration avec d'autres organismes internationaux tels les Nations-Unies, l'Unesco ou des organismes à vocation plus spécifique comme l'Organisation mondiale de la santé, l'Union internationale du gaz, etc.
Au Canada, le gouvernement créait en 1970 le Conseil canadien des normes (CCN) en vue d'encourager et de favoriser la normalisation volontaire dans divers domaines afin d'assurer la santé, la sécurité et la protection du public tout en facilitant le commerce tant intérieur qu'extérieur et promouvant la coopération internationale dans le domaine des normes. Le Conseil canadien des normes ne rédige pas de normes mais il a créé un système de normes nationales qui comprend des organismes rédacteurs de normes, des organismes de certification, des organismes d'essai ainsi que des comités consultatifs et des comités nationaux assurant un lien permanent avec la CEI et l'ISO. Les organismes rédacteurs de normes nationales sont l'Association canadienne de normalisation (ACNOR), l'Association canadienne du gaz (CGA), le Bureau de normalisation du Québec (BNQ), les Laboratoires d'assureurs du Canada (ULC) et l'Office des normes générales du Canada (ONGC). Ces organismes préparent les normes nationales du Canada ou proposent l'acceptation à ce niveau de normes internationales ou de normes rédigées par un organisme national de normalisation d'un autre pays.

normé, ée [nɔʀme] adj. MATH *Espace vectoriel normé,* muni d'une norme. – Du préc.

normographe [nɔʀmɔgʀaf] n. m. TECH Instrument de dessinateur, plaque dans laquelle des évidements ont été pratiqués à la forme des lettres, des chiffres, des symboles usuels, etc., pour servir de gabarits. – De *norme,* et *-graphe.*

1. norois ou **noroît** [nɔʀwa] n. m. MAR Nord-ouest. ▷ Vent de nord-ouest. – Altér. dial. de *nord-ouest.*

2. norois, oise ou **norrois, oise** [nɔʀwa, waz] n. m. et adj. Langue des anciens Scandinaves, appelée aussi *nordique.* ▷ Adj. *Inscription norroise.* – Du rad. anc. angl. *north,* «nord».

norvégien, ienne [nɔʀveʒjɛ̃, jɛn] adj. et n. **I. 1.** adj. De Norvège. – Subst. Habitant ou personne originaire de ce pays. ▷ CUIS *Omelette norvégienne :* crème glacée recouverte d'une croûte de meringue chaude. – *Marmite* norvégienne.* **2.** n. m. Langue scandinave parlée en Norvège. **II.** MAR **1.** adj. *Arrière norvégien:* arrière pointu d'un bateau, sans tableau ni voûte. **2.** n. f. Barque à l'avant relevé et arrondi. – De *Norvège,* État d'Europe septentrionale.

nos [no] plur. de l'adj. poss. *notre.*

noso-. Élément, du gr. *nosos,* «maladie».

nosographie [nɔzɔgʀafi] n. f. MED Classification analytique des maladies. – De *noso-,* et *-graphie.*

nosologie [nɔzɔlɔʒi] n. f. MED Étude des caractères distinctifs des maladies en vue de leur classification. – De *noso-,* et *-logie.*

nostalgie [nɔstalʒi] n. f. **1.** Tristesse de la personne qui souffre d'être loin de son pays. **2.** Mélancolie causée par un regret. *Avoir la nostalgie du passé.* – Lat. méd. *nostalgia* du gr. *nostos,* «retour», et *algos,* «souffrance».

nostalgique [nɔstalʒik] adj. Qui a rapport à la nostalgie. *Chant nostalgique.* – Du préc.

nostoc [nɔstɔk] n. m. BOT Algue bleue (cyanophycées) formée de chapelets de cellules globuleuses. – Orig. incon., mot créé par Paracelse, médecin suisse (1493-1541).

nota [nɔta] ou **nota bene** [nɔtabene] n. m. inv. Mots placés avant une remarque importante pour attirer l'attention du lecteur (abrév. N.B.). – Note en marge d'un texte. – Mots lat. impér., de *notare,* «noter», et *bene,* «bien».

notabilité [nɔtabilite] n. f. **1.** Personne notable (cf. notable, II, 1). *Les notabilités de la politique.* **2.** Rare Fait d'être un notable, caractère d'une personne notable. – De *notable.*

notable [nɔtabl] adj. et n. m. **I.** adj. Qui mérite d'être noté, pris en considération. *Différence notable.* **II.** n. m. **1.** Personnage important par sa situation sociale. *Inviter les notables de la ville.* **2.** HIST *Assemblée de notables,* dont les attributions étaient les mêmes que celles des états généraux mais dont les membres étaient nommés par le roi. – Du lat. *notabilis,* «remarquable».

notablement [nɔtabləmɑ̃] adv. D'une manière notable. – Du préc.

notaire [nɔtɛʀ] n. **1.** Conseiller légal et officier public chargé de recevoir ou de rédiger tous les actes et contrats auxquels les parties doivent ou veulent donner un caractère d'authenticité. **2.** n. m. *Notaire apostolique:* au Vatican, personne chargée de faire les expéditions en fait de matières ecclésiastiques. – Du lat. *notarius,* «sténographe, secrétaire», de *notare,* «noter».

ENCYCL La profession notariale est une institution d'origine latine et française. Le notaire est un officier public qui exerce une profession libérale réglementée par une corporation, appelée Ordre des notaires, à qui l'État a confié la double mission de protéger l'intérêt public et l'intérêt de ses membres. Au Québec, l'Ordre est administré par un Bureau. Le président et le vice-président de l'Ordre sont choisis parmi les membres du Bureau.

À l'exception des pouvoirs conférés par la loi à l'avocat et au comptable, sont du ressort exclusif du notaire certains actes exécutés pour le compte d'autrui, notamment la représentation de clients devant les tribunaux dans le cas de procédures non contentieuses, la communication d'avis juridiques, la rédaction d'actes authentiques. Il a notamment compétence exclusive pour dresser les contrats touchant les immeubles et requérant l'enregistrement, et pour recevoir les contrats de mariage.

Le notaire doit conserver dans un greffe le dépôt des actes qu'il reçoit en minute, en donner communication et en délivrer des copies ou extraits authentiques.

Pour être admis à exercer la profession de notaire, il faut remplir certaines conditions: être citoyen canadien majeur, détenir un diplôme d'études en droit décerné par une université reconnue ainsi qu'un diplôme de formation professionnelle, avoir réussi les examens de l'Ordre et prêté serment d'office et d'allégeance. Il faut enfin acquitter les cotisations imposées par la corporation. La juridiction du notaire s'étend à tout le Québec, mais sa compétence à l'extérieur du Québec est exceptionnelle.

notamment [nɔtamɑ̃] adv. Spécialement, entre autres. – De *notant,* ppr. de *noter.*

notarial, ale, aux [nɔtaʀjal, o] adj. Qui appartient au notariat. – De *notaire.*

notariat [nɔtaʀja] n. m. **1.** Charge, profession de notaire. **2.** Ensemble des notaires. – De *notaire.*

notarié, ée [nɔtaʀje] adj. Passé devant notaire. *Un acte notarié.* – De *notaire.*

notation [nɔtasjɔ̃] n. f. **1.** Action, manière de représenter par des signes conventionnels. *Notation algébrique. Notation musicale:* figuration des sons musicaux, de leur valeur, de leur durée, etc. *Notation chimique :* système conventionnel de représentation des espèces chimiques par des lettres symbolisant les éléments et des formules figurant leurs combinaisons. **2.** Ce que l'on note par écrit; brève remarque. *Pensée exprimée par quelques notations précises.* **3.** Action de donner une note, une appréciation. *Barème de notation.* – Lat. *notatio.*

note [nɔt] n. f. **I. 1.** Bref commentaire sur un passage d'un texte. *Notes au bas de la page.* **2.** Communication succincte faite par écrit. *Rédiger une note de service. Note diplomatique,* adressée par un agent diplomatique à un autre ou par un ambassadeur au gouvernement auprès duquel il est accrédité. **3.** Indication sommaire que l'on consigne pour ne pas oublier qqch. *Prendre des notes à un cours.* **4.** Décompte d'une somme due. *Acquitter, payer une note.* **5.** Jugement concernant le travail, le comportement de qqn (élève, fonctionnaire) généralement exprimé par un chiffre. *Les notes d'un élève.* **II. 1.** MUS Caractère de l'écriture musicale utilisé pour représenter un son. *Il sait lire ses notes.* **2.** Son représenté par un tel caractère. *Les sept notes de la gamme* (do ou ut, ré, mi, fa, sol, la, si). *Notes affectées d'un dièse, d'un bémol. Fausse note:* note discordante, dont l'émission est défectueuse ou dont l'intonation est trop haute ou trop basse. Fig. Ce qui détonne dans un ensemble. *Cet échange de répliques un peu vives a été la seule fausse note de la soirée.* ▷ Loc. Fig. *Être dans la note :* être en accord, en harmonie (avec le reste). *Cette réflexion est bien dans la note du personnage. – Donner la note:* indiquer ce qu'il convient de faire. – *Forcer la note:* exagérer. **3.** Détail, touche. *Une note gaie, originale, dans un costume. La note juste.* – Lat. *nota,* «signe, marque».

noter [nɔte] v. tr. [1] **1.** Affecter d'une marque. *Noter d'un trait rouge les passages à corriger sur un manuscrit.* **2.** Inscrire (qqch) pour s'en souvenir. *Noter des citations sur un cahier.* **3.** Remarquer (qqch). *Noter une amélioration dans l'état d'un malade.* **4.** Porter une appréciation, le plus souvent chiffrée, sur les qualités de (qqn, qqch). *Employé mal noté. Noter des copies.* **5.** MUS Écrire (de la musique) avec les signes destinés à cet usage. *Noter un air.* – Lat. *notare.*

notice [nɔtis] n. f. Texte bref donnant des indications, des explications sur un sujet. *Notice biographique, nécrologique. Notice de montage d'un appareil.* – Du lat. *notitia*, «connaissance de quelque chose».

notificatif, ive [nɔtifikatif, iv] adj. Qui sert à notifier. – De *notifier.*

notification [nɔtifikasjõ] n. f. Action de notifier; acte par lequel on notifie. ▷ *Notification d'un procès-verbal.* – De *notifier.*

notifier [nɔtifje] v. tr. [1] *Notifier qqch à qqn*, le porter à sa connaissance de manière officielle ou dans les formes légales. *Je lui ai notifié ma décision par lettre recommandée.* – Lat. *notificare.*

notion [nɔsjõ] n. f. **1.** Connaissance immédiate, plus ou moins confuse. *La notion du beau. N'avoir aucune notion du danger.* **2.** Concept, idée. *«Les notions primitives sont comme des originaux sur le patron desquels nous formons toutes nos autres connaissances»* (Descartes). **3.** Connaissance élémentaire d'une langue, d'une science. *Notions d'allemand, de géométrie.* – Lat. *notio.*

notionnel, elle [nɔsjɔnɛl] adj. Didac Relatif à une notion, aux notions (sens 2). ▷ *Grammaire notionnelle*, dont l'hypothèse est que le langage traduit une pensée universelle, indépendamment du contexte linguistique. – Du préc.

notoire [nɔtwaʀ] adj. Connu de beaucoup; public, manifeste. *Fait notoire. Tricheur notoire.* – Du lat. jur. *notorius*, «qui fait connaître».

notoirement [nɔtwaʀmɑ̃] adv. D'une façon notoire. – Du préc.

notonecte [nɔtɔnɛkt] n. m. ou f. Punaise aquatique qui peut nager sur le dos à l'aide de pattes postérieures en forme de rame. – Du gr. *nôtos*, «dos», et *nêktos*, «nageur».

notoriété [nɔtɔʀjete] n. f. **1.** Caractère d'un fait notoire. *Il est de notoriété publique que...* **2.** Fait d'être connu (en bonne part), célébrité. *Avoir une certaine notoriété.* – De *notoire.*

notre [nɔtʀ] plur. **nos** [no] adj. poss. de la 1re pers. du plur. **1.** Qui nous appartient ou se rapporte à nous. *Notre chien. Notre père. Notre patrie.* – Plaisant *Notre cher président...* **2.** Empl. à la place de *mon, ma* ou *mes* (plur. de majesté ou de modestie). *Il est de notre devoir, en tant qu'auteur de cet ouvrage...* – Lat. *noster, nostra, nostrum.*

nôtre, nôtres [notʀ] adj. et pron. **I.** adj. poss. de la 1re pers. du plur. empl. comme attribut. À nous. *Cette terre est nôtre.* **II.** pron. poss. *Le nôtre, la nôtre, les nôtres.* Celui, celle, ceux que nous possédons. *C'est votre chien, ce n'est pas le nôtre.* – Loc. *Nous y avons mis du nôtre* : nous avons fait des efforts, des concessions. ▷ *Les nôtres:* les membres du groupe (famille, amis, société) auquel nous appartenons. *Serez-vous des nôtres?* – Forme tonique du préc.

notule [nɔtyl] n. f. Brève annotation. – Bas lat. *notula*, dimin. de *nota*, «signe, marque».

nouage [nwaʒ] n. m. Action de nouer. – TECH Opération de tissage qui consiste à nouer l'extrémité d'une chaîne terminée à l'extrémité de la suivante. – De *nouer.*

nouaison [nwɛzõ] n. f. AGRIC Transformation de la fleur fécondée en fruit, début de la formation du fruit (on dit aussi *nouure*). – De *nouer.*

nouba [nuba] n. f. Anc. Fanfare des tirailleurs d'Afrique du Nord, avec fifres et tambourins indigènes. ▷ Fig., pop. *Faire la nouba*, la noce. – Mot ar. d'Algérie, «tour de rôle», pour désigner la musique que l'on jouait à tour de rôle devant les maisons des dignitaires.

noue [nu] n. f. CONSTR **1.** Angle rentrant formé par la rencontre de deux combles. **2.** Élément creux (tuile, lame de zinc), placé dans cet angle pour collecter l'eau de pluie. – Du lat. pop. **navica*, **nauca*, dimin. de *navis*, «bateau».

noué, ée [nwe] adj. **1.** À quoi l'on a fait un nœud; lié au moyen d'un nœud. ▷ Fig. *Avoir la gorge nouée*, contractée par l'émotion, l'anxiété, etc. **2.** Vx Rachitique, qui ne grandit pas. *Enfant noué.* – Pp. de *nouer.*

nouement [numɑ̃] n. m. Rare Action de nouer (le plus souvent dans la loc. fig. *nouement des aiguillettes**). – De *nouer.*

nouer [nwe] **I.** v. tr. [1] **1.** Faire un nœud à (un lien, une corde, un ruban, etc.), en réunir les extrémités au moyen d'un nœud. *Nouer une ficelle autour d'un colis.* **2.** Réunir, rassembler, serrer au moyen d'un ou de plusieurs nœuds. *Nouer ses cheveux avec un ruban.* **3.** Fig. *Nouer une amitié* : établir un lien amical avec qqn. *Nouer de nouvelles relations.* ▷ *Nouer l'action, l'intrigue d'une pièce*, en former le nœud, combiner les événements à partir desquels l'action, l'intrigue pourra se développer. **II.** v. pron. S'entrelacer, s'attacher. ▷ BOT Commencer à se former à partir de la fleur fécondée, en parlant d'un fruit. – Fig. *Le drame se noue.* – Lat. *nodare*, de *nodus*, «nœud».

noueux, euse [nuø, øz] adj. Se dit du bois qui comporte de nombreux nœuds. *Le tronc noueux d'un vieil aulne.* ▷ Fig. Dont l'aspect évoque les nodosités d'un tronc, d'une branche d'arbre. *Membres noueux.* – Du lat. *nodosus.*

nougat [nuga] n. m. **1.** Confiserie à base d'amandes, de sucre et de miel. **2.** plur. Arg. *Les nougats* : les pieds. – Provenç. *nogat*, «tourteau de noix», du lat. pop. *nuca*, «noix», altér. de *nux.*

nougatine [nugatin] n. f. Confiserie faite de sucre caramélisé et de menus morceaux d'amandes ou de noix, souvent utilisée en pâtisserie. – Du préc.

nouille [nuj] n. f. (et adj.) **1.** (Au plur.) Pâtes alimentaires en forme de lamelles minces et allongées. **2.** Fig., fam. Personne molle et indolente, sans initiative. ▷ Adj. *Ce qu'il est nouille!* **3.** *Style nouille* (V. modern style). – De l'all. *Nudel.*

noulet [nulɛ] n. m. CONSTR **1.** Assemblage de pièces de charpente qui, à la rencontre de deux combles de hauteur différente, soutient le faîtage et les pannes du comble le moins élevé. **2.** Canal pour l'écoulement des eaux, fait avec des noues (cf. noue 1, sens 2). – De *noue* 1.

nouménal, ale, aux [numenal, o] adj. PHILO Relatif au noumène. – De *noumène.*

noumène [numɛn] n. m. PHILO Chez Kant, la chose en soi, telle qu'elle existe indépendamment de qui peut la connaître ou la sentir (par oppos. à *phénomène* : la chose telle qu'elle apparaît à l'esprit). – All. *Noumenon*, créé par le philosophe Emmanuel Kant (1724-1804) d'ap. le gr. *nooumena*, «choses pensées», de *noeîn*, «penser».

nounou [nunu] n. f. Nourrice, dans le langage enfantin. – Redoublement de la première syllabe de *nourrice.*

nourrain [nuʀɛ̃] n. m. TECH **1.** Ensemble d'alevins placés dans un étang pour le repeupler. **2.** Jeune porc sevré. – Du lat. *nutrimen*, «nourriture».

nourri, ie [nuʀi] adj. **1.** Qui reçoit de la nourriture. *Un chat bien nourri.* **2.** Fig. Riche, abondant, substantiel. *Style nourri. – Fusillade nourrie*, dans laquelle les décharges sont fréquentes et nombreuses. – Pp. de *nourrir.*

nourrice [nuʀis] n. f. **1.** Femme qui allaite un enfant (le sien ou celui d'une autre). **2.** Femme qui, moyennant une rétribution, garde chez elle des enfants qui ne sont pas les siens. **3.** Bidon contenant une réserve de liquide (eau, essence, etc.). ▷ TECH Réservoir auxiliaire de carburant. – Réservoir constitué par une tuyauterie de gros diamètre placée à l'embranchement de plusieurs canalisations plus petites, qui sert à opérer des mélanges de fluides ou à équilibrer des pressions. – Du bas lat. *nutricia*, fém. de *nutricius*, «nourricier».

nourricier, ière [nuʀisje, jɛʀ] adj. **1.** *Père nourricier*, qui élève un enfant qui n'est pas le sien; père adoptif; mari de la nourrice. **2.** Qui fournit la nourriture. *Terre nourricière.* **3.** Qui a des propriétés nutritives. *Suc nourricier.* ▷ ANAT *Artères nourricières*, qui irriguent les os. – Du préc.

nourrir [nuʀiʀ] **I.** v. tr. [2] **1.** Fournir en aliments (une personne, un animal). *Nourrir un enfant. Nourrir des poules au maïs. – Mère qui nourrit son bébé*, qui l'allaite. **2.** Subvenir aux besoins matériels de (qqn). *Nourrir sa femme et ses enfants.* ▷ Par ext. *Son travail ne le nourrit pas.* **3.** Entretenir; faire durer. *Le bois nourrit le feu.* **4.** Entretenir intérieurement. *Nourrir des craintes.* **5.** Former, instruire (l'esprit). *La lecture nourrit l'intelligence.* **6.** Vx Élever. – Pp. *«Nourri dans le sérail, j'en connais les détours»* (Racine). **II.** v. pron. Consommer tel ou tel aliment. *Se nourrir de lait.* ▷ Fig. *Se nourrir de poésie.* – Du lat. *nutrire*, «allaiter», par ext. «alimenter».

nourrissage [nuʀisaʒ] n. m. AGRIC Action, manière de nourrir des bestiaux, de les élever. – De *nourrir*.

nourrissant, ante [nuʀisɑ̃, ɑ̃t] adj. Qui nourrit, qui a valeur nutritive. *Régimes peu nourrissants.* ▷ *Absol.* Qui nourrit bien; substantiel. *Un aliment nourrissant.* – Ppr. de *nourrir*.

nourrisseur [nuʀisœʀ] n. m. AGRIC **1.** Éleveur qui engraisse le bétail pour la boucherie ou qui élève des vaches pour leur lait, sans cultiver le fourrage. **2.** Mangeoire qui débite automatiquement la nourriture aux animaux au fur et à mesure des besoins. – De *nourrir*.

nourrisson [nuʀisɔ̃] n. m. Jeune enfant qui n'est pas encore sevré. ▷ MED Jeune enfant, entre la fin de la période néo-natale (3e semaine) et la fin de la première dentition (2e année). – Du bas lat. *nutritionem*, accus. du class. *nutritio*, «action de nourrir».

nourriture [nuʀityʀ] n. f. **1.** Ce dont on se nourrit. *Ne pas avoir assez de nourriture.* **2.** Fig. Ce qui forme, enrichit. *Les nourritures de l'esprit.* – Du bas lat. *nutritura*, avec infl. de *nourrir*.

nous [nu] pron. pers., 1re pers. du plur., sujet ou complément. **1.** (Désignant un ensemble de personnes qui inclut la personne qui parle.) *Nous partons. Il nous regarde. Suivez-nous. Il l'a dit à nous et à nos amis. Il nous l'a dit. – Chez nous:* dans notre maison, notre pays. ▷ *Nous autres* (marquant l'opposition entre un groupe dont la personne qui parle fait partie et les autres). *Nous autres, travailleurs.* **2.** Remplaçant *je* (*nous* de majesté ou de modestie). *Nous, maire de...* **3.** Fam. (Employé pour *tu* ou *vous.*) *Nous avons été sages?* **4.** (Employé comme indéterminé.) *Il nous arrive à tous de nous tromper.* – Lat. *nos.*

nouure [nuyʀ] n. f. **1.** MED Tuméfaction des épiphyses, chez le rachitique. ▷ Induration circonscrite du tissu sous-cutané. **2.** BOT Syn. de *nouaison*. – De *nouer*.

nouveau [nuvo] ou **nouvel** [nuvɛl] (devant un nom commençant par une voyelle ou un h muet), **nouvelle** [nuvɛl] adj. et n. **A.** adj. **I. 1.** Qui n'existe que depuis peu; qui est apparu très récemment. *Pommes de terre nouvelles. Vin nouveau. Procédé nouveau. Mot nouveau. Quoi de nouveau?:* quels sont les faits récents? **2.** Que l'on ne connaissait pas jusqu'alors. *Un nouveau visage. Ce milieu est nouveau pour lui.* ▷ Neuf, original. *La ligne de cette voiture est tout à fait nouvelle.* **3.** Qui vient après, qui remplace (telle autre chose, telle autre personne). *Un nouveau vin. Un nouvel emploi. C'est un nouveau César. – Le Nouvel An. Le Nouveau Monde:* l'Amérique. – *Le Nouveau Testament*, ensemble de livres saints constitué par les Évangiles, les Actes des Apôtres, les Épîtres et l'Apocalypse. – *Le Nouveau Roman*, dont les promoteurs furent N. Sarraute, A. Robbe-Grillet, M. Butor, C. Simon, R. Pinget, etc., et dont l'action essentielle fut une nouvelle remise en question du récit. **II.** Qui est tel depuis peu. *Un nouveau riche. Des nouveaux venus.* **B.** n. **I.** Personne qui vient d'entrer dans une collectivité (école, entreprise, etc.) **II.** n. m. *Du nouveau.* **1.** Des événements, des faits nouveaux. *J'ai appris du nouveau.* **2.** Des choses originales, inédites. *Il nous faut du nouveau.* **C.** loc. adv. **1.** *De nouveau:* encore une fois. *Il est de nouveau malade.* **2.** *À nouveau:* une fois de plus et d'une façon différente. *Rédiger à nouveau un rapport.* ▷ FIN *Créditer, porter à nouveau*, sur un nouveau compte. – Lat. *novellus*, dimin. de *novus*, «neuf».

nouveau-né, née [nuvone] adj. et n. **1.** adj. Qui vient de naître. *Des enfants nouveau-nés, une fille nouveau-née. Un agneau nouveau-né.* **2.** n. Enfant ou animal qui vient de naître. *Des nouveau-nés.* ▷ MED Enfant de moins de 21 jours. – De *nouveau*, au sens adv. de «récemment», et *né*.

nouveauté [nuvote] n. f. **I.** Caractère de ce qui est nouveau. *La nouveauté d'une doctrine.* **II.** Chose nouvelle. *Aimer les nouveautés. Cette prétendue invention est loin d'être une nouveauté. – Spécial.* **1.** Publication nouvelle. *Le rayon des nouveautés dans une librairie.* **2.** Production récente dans le domaine de la mode. *Journal de mode qui présente les dernières nouveautés. Magasin de nouveautés*, spécialisé dans les articles de mode. – De *nouveau*.

nouvelle [nuvɛl] n. f. **I. 1.** Annonce d'un événement récent. *Répandre une nouvelle. Fausse nouvelle. Écouter les nouvelles à la radio. – Première nouvelle!:* ce que vous m'annoncez me surprend. **2.** plur. Renseignements relatifs à la situation, à la santé de qqn. *Prendre des nouvelles d'un malade.* – Prov. *Pas de nouvelles, bonnes nouvelles:* quand on ne reçoit pas de nouvelles de qqn, on peut présumer qu'il va bien. ▷ (Par menace.) *Vous aurez de mes nouvelles!* ▷ *Vous m'en direz des nouvelles:* vous m'en ferez des compliments, à coup sûr cela vous plaira. *Prenez de ce petit fromage, vous m'en direz des nouvelles!* **II.** LITTER Brève composition littéraire de fiction. *Un recueil de nouvelles.* – Lat. pop. *novella.*

nouvellement [nuvɛlmɑ̃] adv. Depuis peu. *Maison nouvellement bâtie.* – De *nouvel*, forme anc. de *nouveau.*

nouvelliste [nuvelist] n. LITTER Auteur de nouvelles. – De *nouvelle.*

nova [nɔva] plur. **novae** [nɔve] n. f. ASTRO Étoile dont l'éclat augmente brusquement (en quelques jours) puis revient plus lentement (souvent en plusieurs années) à son état initial. V. encycl. supernova. – Fém. de l'adj. lat. *novus*, «nouveau».

novateur, trice [nɔvatœʀ, tʀis] n. et adj. Personne qui fait ou qui tente de faire des innovations. *Un hardi novateur.* ▷ Adj. *Tendances novatrices.* – Bas lat. *novator*, rad. *novus*, «neuf».

novation [nɔvasjɔ̃] n. f. DR Substitution d'une obligation à une autre, extinction d'une dette en raison de la création d'une dette nouvelle. – Bas lat. *novatio*, de *novare*, «renouveler», rad. *novus*, «neuf».

novatoire [nɔvatwaʀ] adj. DR Qui a trait à la novation. *Acte novatoire.* – Du préc.

novembre [nɔvɑ̃bʀ] n. m. Onzième mois de l'année, dans notre calendrier. *Le 11 Novembre, jour de fête fédérale commémorant l'armistice de 1918.* – Lat. *novembris*, de *novem*, «neuf», neuvième mois de l'anc. année romaine.

nover [nɔve] v. tr. [1] DR Renouveler (une obligation) par novation. – De *novation.*

novice [nɔvis] n. et adj. **I.** n. **1.** RELIG Personne qui passe dans un couvent un temps d'épreuve avant de prononcer ses vœux. **2.** Personne qui est encore peu expérimentée dans une activité, un métier. ▷ Adj. *Un avocat novice.* **3.** MAR Apprenti marin, qui n'est plus mousse mais qui n'est pas encore matelot. **II.** adj. Qui n'a pas l'expérience du monde; candide, innocent. – Lat. *novicius,* de *novus,* «neuf, nouveau».

noviciat [nɔvisja] n. m. **1.** État de novice dans un ordre religieux. – Temps que dure cet état. ▷ Fig. Apprentissage. *Faire son noviciat dans l'atelier d'un grand maître.* **2.** Bâtiment où logent les novices. – Lat. médiév. *novitiatus,* de *novicius* (V. novice).

novocaïne [nɔvɔkain] n. f. Succédané de la cocaïne, utilisé comme anesthésique local. – Nom déposé, pour *novococaïne,* de *cocaïne,* et du lat. *novus,* «nouveau».

noyade [nwajad] n. f. Action de noyer une personne, un animal; résultat de cette action; fait de se noyer. ▷ MED Asphyxie mécanique provoquée soit par l'invasion des voies respiratoires par un liquide, soit par un arrêt cardio-respiratoire réflexe au contact de l'eau (hydrocution). – De *noyer* 1.

noyau [nwajo] n. m. **I. 1.** Partie centrale dure de certains fruits, résultant de la lignification de l'endocarpe et contenant la graine. *Noyau de prune.* – Fam. *Siège, matelas rembourré avec des noyaux de pêche,* très dur. **2.** *Par ext.* Petit amas de matière au sein d'un solide, d'une densité différente de celle du reste de la masse. *Les nœuds du bois constituent au sein de la substance ligneuse des noyaux durs, peu adhérents et tendant à se fendre.* **II.** Fig. **1.** Petit groupe humain à partir duquel un groupe plus vaste se constitue. *Le noyau d'une colonie.* **2.** Petit groupe humain envisagé quant à sa stabilité, à sa cohésion. *Il avait conservé autour de lui un noyau de fidèles.* **3.** Groupe de quelques personnes qui mènent, au sein d'un milieu donné, une action particulière, généralement de nature politique ou militaire. *Noyau de propagandistes. Noyau de résistance.* **III. 1.** BIOL Organite cellulaire de forme approximativement sphérique, limité par une membrane percée de pores, qui contient les chromosomes et un ou plusieurs nucléoles. V. encycl. chromosome. **2.** PHYS NUCL Partie centrale de l'atome autour de laquelle gravitent les électrons. **3.** CONSTR Partie centrale d'un bâtiment. ▷ *Noyau d'escalier :* partie centrale d'un escalier en hélice, à laquelle sont fixées les marches. **4.** ELECTR Pièce ferromagnétique autour de laquelle sont enroulées les spires d'un bobinage. *Noyau d'une bobine d'induction.* **5.** ASTRO Partie solide au centre de la tête d'une comète. **6.** CHIM Chaîne cyclique particulièrement stable, conférant à la molécule dont elle fait partie certaines propriétés caractéristiques. *Noyau benzénique des composés aromatiques.* **7.** METALL Pièce en matière réfractaire que l'on place à l'intérieur d'un moule de fonderie pour obtenir un creux dans la pièce coulée. **8.** GEOL Partie centrale de la sphère terrestre. V. encycl. terre. **9.** ANAT Petit amas de substance grise dans un centre nerveux. – Du lat. pop. **nodellus,* de *nodus,* «nœud».

noyautage [nwajotaʒ] n. m. Système qui consiste à introduire dans un milieu donné des individus isolés chargés de mener une action de propagande ou de subversion. – De *noyauter.*

noyauter [nwajote] v. tr. [1] S'implanter par noyautage dans (un milieu). *Mouvement politique qui noyaute une administration.* – De *noyau.*

noyé, ée [nwaje] adj. et n. **I.** adj. **1.** Mort par asphyxie dans un liquide. **2.** Mouillé, baigné. *Des yeux noyés de larmes.* **3.** TECH *Noyé dans la masse:* enrobé d'une matière formant un bloc. **4.** Fig. *Être noyé:* être incapable de surmonter les difficultés que l'on affronte. **II.** n. Personne asphyxiée par immersion (morte ou simplement sans connaissance). *Secours aux noyés.* – Pp. de *noyer* 1.

1. noyer [nwaje] **I.** v. tr. [26] **1.** Faire mourir par asphyxie dans un liquide. *Noyer une portée de chiots.* ▷ Loc. *Noyer le poisson:* le promener au bout de l'hameçon, la tête plus ou moins hors de l'eau, pour le fatiguer. Fig. Se lancer dans des digressions, des considérations générales oiseuses pour éluder une question embarrassante. ▷ Fig. *Noyer son chagrin dans l'alcool,* tenter de l'oublier en buvant. – *Noyer une révolte dans le sang,* en venir à bout par une répression meurtrière, par des massacres. **2.** Inonder, submerger, engloutir. *Les crues ont noyé les champs près de la rivière.* ▷ AUTO *Noyer le carburateur,* y laisser arriver une trop grande quantité d'essence, qui l'empêche de fonctionner. **3.** Enrober, faire disparaître dans une masse. *Noyer une poutrelle dans du béton.* **4.** Rendre indiscernable, indistinct. *La brume noyait les silhouettes des arbres.* – Fig. *Noyer sa pensée dans des phrases interminables.* ▷ BX-A *Noyer les couleurs,* les fondre les unes dans les autres en les détrempant. **II.** v. pron. **1.** Mourir asphyxié par submersion. *Se noyer dans un puits.* ▷ Loc. Fig. *Se noyer dans un verre d'eau :* être déconcerté au moindre obstacle, à la plus petite difficulté. **2.** Fig. Se perdre dans qqch. *Se noyer dans les détails.* – Du lat. *necare,* «tuer».

2. noyer [nwaje] n. m. Grand arbre des régions tempérées (genre *Juglans,* fam. juglandacées) à feuilles composées, à fleurs mâles groupées en chatons, à fleurs femelles souvent solitaires, dont le fruit est la noix. *Le noyer commun* (Juglans regia) *d'Eurasie comprend de nombreuses variétés. Le noyer noir d'Amérique.* (Juglans nigra) *est une des essences feuillues les plus précieuses de l'Amérique du Nord.* ▷ Bois de cet arbre, fort recherché en ébénisterie pour ses belles veines brunâtres, son grain serré et sa dureté. *Armoire en noyer.* – Du lat. pop. **nucarius,* de *nux,* «noix».

Np CHIM Symbole du neptunium. – PHYS Symbole du neper.

nt PHYS Symbole du nit (unité de luminance).

1. nu [ny] n. m. 13e lettre de l'alphabet grec (ν, N), correspondant à notre *n.* – Mot gr.

2. nu, nue [ny] adj. et n. m. **I.** adj. **1.** Qui n'est couvert d'aucun vêtement. *Être tout nu. Avoir la tête nue. Être nu-tête, nu-jambes, nu-pieds,* avoir la tête, les jambes, les pieds nus. **2.** Sans enveloppe, sans revêtement, sans ornement. *Épée nue,* hors de son fourreau. *Chambre nue,* dépourvue de meubles, d'ornements. *Terrain nu,* sans végétation ni construction. *Arbre nu,* dépouillé de son feuillage. ▷ *À l'œil nu:* sans instrument d'optique. **3.** Fig. Simple, sans fioriture. *Écrire dans un style nu. Voilà la vérité toute nue,* telle qu'elle est, sans en rien cacher. **II.** n. m. **1.** Corps ou partie du corps dénudé(e); sa représentation dans l'art. *Le nu et le drapé. Nu artistique.* **2.** CONSTR *Nu du mur:* surface unie de parement par rapport à laquelle on mesure les retraits et les saillies. **III.** loc. adv. *À nu:* à découvert. *Enlever l'écorce pour mettre le bois à nu.* ▷ Fig. *Montrer, mettre son cœur à nu:* ne rien cacher de ses états d'âme, de ses sentiments. – Lat. *nudus.*

nuage [nyaʒ] n. m. **1.** Amas de gouttelettes d'eau ou de petits cristaux de glace en suspension dans l'atmosphère. *Un ciel sans nuages.* ▷ Fig. *Être dans les nuages,* distrait, absent. **2.** Ce qui évoque un nuage par son aspect. *Un nuage de poussière. Mettre un nuage de poudre sur son visage. – Un nuage de lait:* une petite quantité de lait que l'on ajoute à du café ou du thé, et qui, avant de s'y mélanger, prend un instant l'aspect floconneux d'un nuage. **3.** Fig. Ce qui trouble la sérénité, la tranquillité. *Bonheur sans nuages.* **4.** CHIM *Nuage électronique* : ensemble des points de l'espace plus ou moins proches du noyau de l'atome et susceptibles d'être occupés par un électron (modèle théorique représentant le domaine de probabilité de présence de l'électron unique – hydrogène – ou des électrons de l'atome). – De *nue*, qu'il a remplacé.

ENCYCL **Météo.** – Les gouttelettes d'eau et les cristaux de glace constitutifs des nuages sont animés d'un très faible mouvement de chute (quelques dixièmes de mm par seconde), de sorte que le moindre mouvement ascendant de l'air suffit à les maintenir en altitude. Suivant leur forme et par altitude décroissante, on distingue les cirrus (filaments), les cirrostratus (voiles transparents), les cirrocumulus (nappes blanches), les altocumulus (balles), les altostratus (aspect grisâtre ou bleuâtre), les nimbostratus (nuages de pluie, très épais), les stratocumulus (balles ou rouleaux), les stratus (couche nuageuse à basse altitude), les cumulus (nuages séparés aux contours nets) et les cumulonimbus (nuages d'orage, développés verticalement). Les nuages sont associés en de vastes ensembles appelés *systèmes nuageux*.

nuageux, euse [nyaʒø, øz] adj. **1.** Couvert partiellement ou entièrement par les nuages. *Ciel nuageux.* **2.** METEO Des nuages, qui a rapport aux nuages. *Système nuageux.* **3.** Fig. Confus, obscur. *Esprit nuageux.* – Du préc.

nuance [nyɑ̃s] n. f. **1.** Chacun des degrés par lesquels peut passer une couleur. *Les nuances produites par la dégradation d'une couleur.* **2.** Fig. Différence délicate, subtile entre des choses de même genre. *Une nuance d'amertume dans la voix. Style sans nuance. Il y a une nuance entre «juste» et «équitable».* **3.** MUS Degré d'intensité que l'on doit donner aux sons. – De l'anc. v. *nuer* , «assortir les couleurs».

nuancé, ée [nyɑ̃se] adj. Qui présente des nuances. *Teinte nuancée.* – Fig. *Pensée nuancée.* – Pp. de *nuancer.*

nuancer [nyɑ̃se] v. tr. **[14]** Introduire des nuances dans. *Nuancer un bleu.* ▷ Fig. *Nuancer un jugement.* – De *nuance.*

nuancier [nyɑ̃sje] n. m. Carton, petit cahier, etc., sur lequel est présenté un échantillonnage des couleurs proposées à la clientèle. *Nuancier d'un fabricant de peinture, d'une marque de rouge à lèvres.* – De *nuance.*

nubien, ienne [nybjɛ̃, jɛn] adj. et n. De Nubie (anc. rég. d'Afrique, entre l'Égypte et le Soudan). – Du lat. *Nubaei*, peuple éthiopien.

nubile [nybil] adj. **1.** Qui est en âge de se marier. *Actuellement, selon la loi au Québec, les filles sont réputées nubiles à douze ans révolus, et les garçons à quatorze.* **2.** Qui est en âge de procréer. – Lat. *nubilis*, de *nubere*, «se marier».

nubilité [nybilite] n. f. État d'une personne nubile; âge nubile. – Du préc.

nucelle [nysɛl] n. m. BOT Tissu de réserve de l'ovule végétal, dans lequel se développe le gamète femelle. – Du lat. *nucella*, dimin. de *nux, nucis*, «noix».

nuclé(o)-. Élément, du lat. *nucleus*, «noyau».

nucléaire [nykleɛʀ] adj. et n. m. **A.** BIOL Du noyau de la cellule; qui a rapport au noyau de la cellule. *Membrane nucléaire.* **B. I.** adj. **1.** Du noyau de l'atome; qui a rapport au noyau de l'atome. *Physique nucléaire. Chimie nucléaire:* partie de la physique nucléaire qui s'intéresse plus particulièrement à l'étude des réactions entre noyaux et particules. *Réaction nucléaire:* réaction qui affecte les constituants du noyau de l'atome (V. encycl. fission et encycl. fusion). *Énergie nucléaire:* énergie dégagée par une réaction nucléaire. **2.** Cour. Qui a trait à l'énergie nucléaire, qui l'utilise ou la produit. *Centrale nucléaire*, qui utilise l'énergie nucléaire pour produire de l'électricité. *Armes nucléaires.* ▷ Par ext. *Guerre nucléaire. Les puissances nucléaires:* les pays qui possèdent des armes nucléaires. **II.** n. m. *Le nucléaire:* l'énergie nucléaire; l'ensemble de ses utilisations industrielles, militaires, etc. – Du lat. *nucleus*, «noyau».

nucléase [nykleaz] n. f. BIOCHIM Enzyme du groupe des hydrolases qui scinde les acides nucléiques en oligo- et mono-nucléotides. – De *nuclé-*, et *-ase.*

nucléation [nykleasjɔ̃] n. f. PHYS Phénomène qui accompagne les changements d'état de la matière et qui consiste en l'apparition, au sein d'un milieu donné, de points de transformation à partir desquels se développe une nouvelle structure physique ou chimique. *La congélation de l'eau surfondue se fait par nucléation.* – Du lat. *nucleus*, «noyau».

nucléé, ée [nyklee] adj. BIOL Pourvu d'un ou de plusieurs noyaux. *Cellule nucléée.* – Du lat. *nucleus*, «noyau».

nucléide [nykleid] n. m. PHYS Noyau atomique défini par son numéro atomique Z et son nombre de masse A. V. encycl. noyau. – Du lat. *nucleus*, «noyau», et *-ide.*

nucléine [nyklein] n. f. BIOCHIM Syn. anc. de *nucléoprotéine.* – Du lat. *nucleus*, «noyau», et *-ine.*

nucléique [nykleik] adj. BIOCHIM *Acides nucléiques:* constituants fondamentaux de la cellule vivante, porteurs de l'information génétique, polymères constitués de très nombreuses unités de nucléotides. – Du lat. *nucleus*, «noyau» et *-ique.*

ENCYCL Les acides nucléiques furent d'abord mis en évidence dans le noyau cellulaire (expériences de Miescher); c'est à cette circonstance qu'ils doivent leur nom. On divise ces acides en deux groupes selon le type d'ose (sucre) qui entre dans leur composition: l'acide désoxyribonucléique (A.D.N.), essentiellement localisé dans le noyau; les acides ribonucléiques (A.R.N.), plus abondants dans le cytoplasme. V. encycl. code, désoxyribonucléique et ribonucléique.

nucléole [nykleɔl] n. m. BIOL Corpuscule nucléaire qui joue un rôle important dans la physiologie de la cellule (synthèse des protéines et de l'A.R.N.). – Du lat. *nucleus*, «noyau».

nucléon [nykleɔ̃] n. m. PHYS NUCL Particule constitutive du noyau de l'atome (proton ou neutron). – Du lat. *nucleus*, «noyau», d'après *(prot)on.*

nucléophile [nykleɔfil] adj. CHIM Se dit d'un atome, d'un ion ou d'une molécule susceptible de céder un ou plusieurs doublets électroniques. Syn. donneur. – De *nucléo-*, et *-phile.*

nucléoprotéine [nykleopʀɔtein] n. f. BIOCHIM Hétéroprotéine basique formée par une protéine et un acide nucléique. – De *nucléo-*, et *protéine.*

nucléoside [nykleɔsid] n. m. BIOCHIM Substance formée d'un sucre et d'une base purique ou pyrimidique. – De *nucléo-*, et *oside.*

nucléosome [nykleɔzom] n. m. BIOCHIM Unité élémentaire de la structure morphologique des chromosomes. – De *nucléo-*, et *-some*, d'ap. *chromosome.*

nucléosynthèse [nykleosɛ̃tɛz] n. f. ASTRO Ensemble des réactions nucléaires qui permettent d'expliquer la formation (à partir du noyau d'hydrogène) de tous les éléments chimiques présents dans l'Univers. – De *nucléo-*, et *synthèse.*

nucléotidase [nykleotidaz] n. f. BIOCHIM Enzyme hydrolisant les nucléotides en nucléosides. – De *nucléotide*, et *-ase.*

nucléotide [nykleɔtid] n. m. BIOCHIM Unité élémentaire des acides nucléiques, constituée par la liaison d'un sucre, d'un acide phosphorique et d'une base purique ou pyrimidique. (Les nucléotides entrent aussi dans la composition des coenzymes transporteurs d'énergie tels que l'adénosine phosphate.) – Du lat. *nucleus*, «noyau».

nucléus ou **nucleus** [nykleys] n. m. PREHIST Bloc ou rognon de roche (en partic., de silex) destiné à la fabrication d'un outil. – Du lat. *nucleus*, «noyau».

nudisme [nydism] n. m. Doctrine invitant à vivre nu en plein air; la pratique de cette doctrine. – De *nu*, d'ap. le lat. *nudus*, «nu».

nudiste [nydist] n. et adj. Adepte du nudisme. – De *nu*, d'ap. le lat. *nudus*, «nu».

nudité [nydite] n. f. **1.** État d'une personne nue. *La nudité d'Ève.* ▷ Fig. *Vice qui s'étale dans toute sa nudité*, sans voile, effrontément. **2.** Partie du corps habituellement dérobée aux regards par un vêtement. *Voiler sa nudité.* **3.** BX-A Représentation du corps nu. *Peindre des nudités.* **4.** État de ce qui n'a pas de revêtement, d'ornement; dépouillement. *La nudité d'une cellule de moine.* ▷ Fig. *La nudité du style.* – Bas lat. *nuditas*, de *nudus*, «nu».

nue [ny] n. f. Vx ou litt. Nuages. ▷ *Par ext.* La partie de l'espace occupée par les nuages, le ciel. *Oiseau qui prend son essor vers la nue.* ▷ Loc. fig. Cour. *Porter aux nues:* louer exagérément. – *Tomber des nues :* éprouver une grande surprise. – Du lat. pop. **nuba*, class. *nubes*, «nuage».

nuée [nɥe] n. f. **1.** Litt. Nuage épais et de grande taille. *Nuées noires annonçant un orage.* **2.** *Nuée ardente:* projection de cendres accompagnées de gaz en combustion à très haute température, qui émane d'un volcan. **3.** Multitude d'insectes, d'oiseaux, etc., évoquant un nuage. *Une nuée de sauterelles.* ▷ Très grande quantité (d'éléments distincts). *Une nuée d'assaillants.* – Du préc.

nuement ou **nûment** [nymɑ̃] adv. Litt. Sans déguisement, simplement. *Dire nûment ce qu'on pense.* – De *nu* 2.

nue-propriété [nypʀɔpʀijete] n. f. DR *Avoir la nue-propriété d'une chose*, en avoir la propriété sans en avoir la jouissance (celle-ci étant réservée à *l'usufruitier*). *Des nues-propriétés.* – De *nu*, et *propriété*.

nuire [nɥiʀ] v. tr. indir. [71] Causer du tort, un dommage (à qqn, qqch). *Il cherche à me nuire. Les gelées tardives nuisent aux récoltes.* ▷ v. pron. Se causer du tort. – Du lat. *nocere*.

nuisance [nɥizɑ̃s] n. f. Ensemble des facteurs techniques ou sociaux (bruit, pollution, etc.) qui nuisent à la qualité de la vie. – Du préc.

nuisible [nɥizibl] adj. Qui nuit. *Cela est nuisible à la santé. Animal nuisible.* – A. fr. *nuisable*, de *nuire*.

nuisiblement [nɥiziblәmɑ̃] adv. Rare D'une manière nuisible. – Du préc.

nuit [nɥi] n. f. **1.** Temps pendant lequel le soleil reste au-dessous de l'horizon. *Les chaudes nuits d'été. Passer une bonne, une mauvaise nuit:* bien, mal dormir. *Passer une nuit blanche*, sans sommeil. ▷ Loc. adv. *Nuit et jour:* sans cesse. – *De nuit:* pendant la nuit. *Voyager de nuit.* ▷ (Précédé d'un subst.) *De nuit:* qui s'effectue la nuit, qui est actif ou fonctionne pendant la nuit, qui sert la nuit. *Travail de nuit. Équipe de nuit. Oiseau de nuit. Train de nuit. Table, chemise de nuit.* **2.** Obscurité de la nuit. *Une nuit noire. S'enfuir à la faveur de la nuit.* ▷ Loc. Fig. *C'est le jour et la nuit:* ce sont deux personnes, deux choses très différentes. – *La nuit des temps:* les temps les plus reculés. – **3.** Litt. fig. Aveuglement moral ou aveuglement des sens. *La nuit de l'ignorance.* **4.** Par métaph. *La nuit du tombeau, la nuit éternelle:* la mort. – Du lat. *nox, noctis; gr. nux, nuktos*.

nuitamment [nɥitamɑ̃] adv. Litt. De nuit. *Molière fut enterré nuitamment.* – Réfection de l'a. fr. *nuitantre*.

nuitée [nɥite] n. f. Durée pendant laquelle on peut rester dans un hôtel, un camping en payant le prix d'une nuit (de midi au lendemain à midi, en général). – De *nuit*.

nul, nulle [nyl] adj. **I.** adj. indéf. Aucun, pas un. *Nul homme n'est infaillible. Je n'en ai nul besoin.* ▷ Pron. indéf. masc. empl. comme sujet. Personne. *Nul n'est censé ignorer la loi.* **II.** adj. qualificatif. **1.** Qui équivaut à rien, qui est réduit à rien. *Bénéfice nul. Visibilité nulle.* – *Match nul*, sans vainqueur ni vaincu. ▷ MATH Égal à zéro. – *Vecteur nul*, dont toutes les composantes sont nulles. **2.** DR Entaché de nullité. *Testament nul. Élection nulle.* **3.** Sans aucune valeur, très mauvais. *Devoir nul. Son interprétation de la cinquième symphonie est nulle.* **4.** Qui manque de capacité (dans tel domaine). *Il est nul en anglais, en cuisine.* ▷ Absol. *Ce candidat est absolument nul.* – Lat. *nullus*.

nullard, arde [nylaʀ, aʀd] adj. et n. Fam. Nul, bon à rien. *Il est plutôt nullard en math.* – Subst. *C'est un nullard.* – Du préc.

nullement [nylmɑ̃] adv. En aucune façon, pas du tout. *Il n'est nullement déçu.* – De *nul*.

nullipare [nylipaʀ] n. f. et adj. **1.** MED Femme qui n'a jamais accouché. **2.** ZOOL Femelle de mammifère avant sa première gestation. – Du lat. *nullus*, et *-pare*, d'ap. *(primi)pare*.

nullité [nylite] n. f. **1.** DR Caractère d'un acte juridique qui n'a pas de valeur légale par suite d'un vice, d'un défaut. *Acte frappé de nullité.* Ant. validité. **2.** Caractère d'une chose, d'une personne nulle, sans valeur. *La nullité d'un argument. Nullité d'une copie, d'un élève.* **3.** Personne nulle, incapable. *Elle a épousé une nullité.* – Lat. médiév. *nullitas*, de *nullus*, «aucun, sans valeur».

nûment. V. nuement.

numéraire [nymeʀɛʀ] n. et adj. **1.** n. m. Monnaie métallique. – *Par ext.* Toute monnaie ayant cours légal (par oppos. à *effets de commerce, titres, etc.*). *Payer en numéraire.* ▷ Adj. *Espèces numéraires*, monnayées. **2.** adj. *Pierres numéraires*, dont on se servait autrefois pour mesurer les distances sur les routes. – Du bas lat. *numerarius*, «officier comptable», de *numerus*, «nombre».

numéral, ale, aux [nymeʀal, o] adj. (et n. m.) Qui désigne un nombre; qui symbolise, figure un nombre. I, V, X, L, C, D, M *sont des lettres numérales dans la numération romaine.* ▷ GRAM *Adjectif numéral cardinal*, exprimant le nombre (un, deux, dix, etc.). *Adjectif numéral ordinal*, exprimant l'ordre, le rang dans une série (premier, deuxième, centième, etc.). ▷ Subst. *Un numéral, les numéraux.* – Bas lat. *numeralis*.

numérateur [nymeʀatœʀ] n. m. MATH Nombre placé au-dessus de la barre d'une fraction, qui indique combien celle-ci contient de divisions égales de l'unité. *Dans la fraction* $\frac{7}{8}$, *7 est le numérateur et 8 le dénominateur*. – Bas lat. *numerator*, «celui qui compte».

numération [nymeʀasjɔ̃] n. f. **1.** Façon d'énoncer ou d'écrire les nombres. *Numération romaine, arabe.* ▷ Système qui organise la suite des nombres en séries hiérarchisées. *Numération à base 10 ou décimale. Numération à base 2 ou binaire.* **2.** Opération qui consiste à compter, à dénombrer. – MED *Numération globulaire:* détermination de la concentration sanguine en globules rouges, en globules blancs et en plaquettes. – Lat. *numeratio*.

numérique [nymeʀik] adj. **1.** Relatif aux nombres. *Opération numérique.* – *Calcul numérique*, qui s'effectue uniquement avec des nombres (par oppos. au *calcul algébrique* qui, outre les nombres, utilise des lettres). ▷ MATH *Droite numérique:* ensemble ordonné des nombres réels. *Fonction numérique:* application de la droite numérique dans elle-même. **2.** Considéré du point de vue du nombre. *La supériorité numérique de l'ennemi.* **3.** TECH Qui utilise des nombres, des grandeurs discrètes (opposé à *analogiques*). *Calculateur, système d'affichage numérique.* (Terme officiellement recommandé pour remplacer *digital.*) – Du lat. *numerus,* «nombre».

numériquement [nymeʀikmɑ̃] adv. En nombre, quant au nombre. *Deux groupes numériquement égaux.* – Du préc.

numéro [nymeʀo] n. m. (Nº, nº par abrév. devant un nombre.) **1.** Chiffre, nombre que l'on inscrit sur une chose, et qui sert à la reconnaître, à la classer. *Le numéro d'une page, d'un immeuble, d'une carte d'assurance sociale. Le numéro des aiguilles à tricoter indique leur grosseur.* – *Numéro gagnant :* billet de loterie sortant au tirage. *Tirer le bon numéro,* celui qui, autref., exemptait du service militaire. – Fig. Être favorisé par la chance. – CHIM *Numéro atomique* d'un élément.* ▷ *Le numéro un:* le membre le plus important (du gouvernement d'un pays; d'un groupement politique; etc.). *Le numéro un soviétique.* **2.** Chacune des livraisons d'un périodique. *Un numéro de revue.* – Fig., fam. *La suite au prochain numéro,* remise à plus tard. **3.** Partie du programme d'un spectacle de variétés, de cirque, présentée par un même artiste ou un même groupe d'artistes. *Un numéro de chant, d'acrobatie.* ▷ Fig., fam. Comportement d'une personne qui prend des attitudes outrées, qui se donne en spectacle; exhibition déplacée. *C'est bientôt fini, ton petit numéro?* **4.** Fig., fam. Personne originale. *C'est un numéro, un drôle de numéro!* **5.** loc. adj. Fig., fam. *Numéro un:* essentiel, primordial, principal. *La règle numéro un est de...* – Ital. *numero,* «nombre».

numérotage [nymeʀɔtaʒ] n. m. Action de numéroter. – De *numéroter.*

numérotation [nymeʀɔtasjɔ̃] n. f. **1.** Syn. anc. de *numérotage.* **2.** Mod. Résultat du numérotage; ordre des numéros. – De *numéroter.*

numéroter [nymeʀɔte] v. tr. [1] Pourvoir d'un numéro, distinguer par un numéro (chacun des éléments d'une série ordonnée). *Numéroter les pages d'un manuscrit.* – De *numéro.*

numéroteur [nymeʀɔtœʀ] n. m. et adj. Petit appareil à main servant à imprimer des numéros. ▷ Adj. *Timbre numéroteur.* – Du préc.

numerus clausus [nymeʀysklozys] n. m. Nombre limite de candidats que l'on admet à un concours, à une fonction. *Le numerus clausus a souvent été appliqué à des minorités religieuses ou ethniques, en particulier aux juifs, en Russie tsariste et en Europe centrale.* – Mots lat., «nombre fermé».

numide [nymid] adj. et n. De Numidie (anc. rég. d'Afrique du N. conquise par les Romains). – De *Numidie,* anc. n. de l'Afrique du N. correspondant à l'Algérie actuelle, «pays des nomades», du gr. *nomas, nomados,* de *nemein,* «paître».

numismate [nymismat] n. Personne versée dans la numismatique. – De *numismatique.*

numismatique [nymismatik] n. f. et adj. Étude, science des monnaies et des médailles. ▷ Adj. *Recherches numismatiques.* – Du lat. *numisma, numismatis,* «monnaie, médaille», du gr. *nomisma,* «ce qui est établi par l'usage», de *nomos,* «coutume».

nummulite [nymylit] n. f. PALEONT Foraminifère du Tertiaire dont le test calcaire spiralé peut atteindre une dizaine de cm de diamètre. – Du lat. *nummulus,* «petite monnaie».

nummulitique [nymylitik] adj. et n. **1.** adj. PALEONT Se dit d'un terrain riche en nummulites. **2.** n. m. GEOL Première partie du Tertiaire, caractérisée par l'expansion des nummulites. *Le Nummulitique, dit aussi Paléogène, comprend l'Éocène et l'Oligocène.* – Du préc.

nunatak [nynatak] n. m. Piton rocheux escarpé, libre de glace, traversant la calotte glaciaire. – Mot des Esquimaux du Groenland.

nunchaku [nunʃaku] n. m. Arme formée de deux bâtons reliés par une chaîne ou une corde fixée à l'une de leurs extrémités. – Mot japonais.

nuncupatif [nɔ̃kypatif] adj. m. DR ROM *Testament nuncupatif,* établi dans les formes de la nuncupation. – Bas lat. *nuncupativus,* «désigné», de *nuncupare,* «désigner comme héritier».

nuncupation [nɔ̃kypasjɔ̃] n. f. DR ROM Confirmation orale solennelle de dispositions testamentaires, faite par le testateur. – Lat. jur. *nuncupatio,* «appellation».

nuoc-mâm [nyɔkmam] n. m. Sauce à base de poisson fermenté, condiment très utilisé dans la cuisine vietnamienne. – Mot vietnamien, «eau de poisson».

nu-pieds [nypje] n. m. pl. Sandales légères laissant le dessus du pied largement découvert. – De *nu,* et *pied.*

nu-propriétaire [nypʀɔpʀijetɛʀ] n. Personne qui a la nue-propriété d'un bien (opposé à *usufruitier*). *Des nus-propriétaires. Une nue-propriétaire. Des nues-propriétaires.* – De *nue-propriété.*

nuptial, ale, aux [nypsjal, o] adj. Des noces; relatif aux noces, à la cérémonie du mariage. *Anneau nuptial. Bénédiction nuptiale.* – Lat. *nuptialis,* de *nuptiæ,* «noces».

nuptialité [nypsjalite] n. f. STATIS Nombre annuel des mariages dans une population donnée. – Du préc.

nuque [nyk] n. f. Partie postérieure du cou, au-dessous de l'occiput. – Lat. médiév. *nuca, nucha,* «moelle épinière», de l'ar.

nuraghe [nuʀag] plur. **nuraghi** [nuʀagi] n. m. ARCHEOL Construction cyclopéenne de l'Âge du bronze, en Sardaigne. *Les nuraghi sont des ouvrages de défense.* – Mot sarde, que l'on rattache aux racines hébraïques *nour,* «lumière», et *hag,* «toit».

nutation [nytasjɔ̃] n. f. **1.** MECA, ASTRO Mouvement d'oscillation de faible amplitude qui affecte, en plus du mouvement de précession*, l'axe de rotation d'un solide mobile autour d'un point et tournant sur lui-même. *La période de nutation de la Terre est de 18 ans 2/3.* **2.** BOT Mouvement hélicoïdal de l'extrémité d'une tige lors de sa croissance. **3.** MED Oscillation incessante de la tête. – Lat. *nutatio,* de *nutare,* «osciller».

nutriment [nytʀimɑ̃] n. m. BIOL Toute substance nutritive qui peut être assimilée directement par l'organisme, sans passer par le tube digestif. – Lat. *nutrimentum,* «nourriture».

nutritif, ive [nytʀitif, iv] adj. **1.** Qui a la propriété de nourrir. *Substance nutritive.* **2.** Qui a rapport à la nutrition. *Valeur nutritive d'un aliment.* – Lat médiév. *nutritivus.*

nutrition [nytʀisjɔ̃] n. f. Processus par lequel les organismes vivants utilisent les aliments pour assurer leur croissance et leurs fonctions vitales. – Bas lat. *nutritio,* de *nutrire,* «nourrir».

nutritionnel, elle [nytʀisjɔnɛl] adj. Relatif à la nutrition. – Du préc.

nutritionniste [nytʀisjɔnist] n. MED Spécialiste des problèmes d'alimentation, de diététique. – De *nutrition.*

nyctaginacées [niktaʒinase] n. f. pl. BOT Famille de plantes dicotylédones, exotiques pour la plupart, à

objectivité [ɔbʒɛktivite] n. f. **1.** PHILO Qualité de ce qui existe en dehors de l'esprit. **2.** Attitude objective, impartiale. *Objectivité d'un journaliste.* – De *objectif.*

objet [ɔbʒɛ] n. m. **1.** Ce qui affecte les sens, spécial. la vue. *Les hallucinogènes déforment la perception des objets.* **2.** Chose généralement maniable, destinée à un usage particulier. *Objet en métal, en bois. Objet fragile. Objet d'art,* qui est le résultat d'une création artistique. **3.** ASTRO Corps céleste dont les caractéristiques sont encore imparfaitement connues. ▷ *Objet volant non identifié:* V. ovni. **4.** PHYS Tout corps lumineux ou éclairé dont un système optique forme l'image. **5.** Ce qui occupe l'esprit, ce à quoi s'applique la pensée, l'entendement. *Le vrai est l'objet de l'entendement.* ▷ PHILO La chose même qui est pensée, par oppos. au sujet qui pense. **6.** Ce à quoi est consacrée une activité de l'esprit. *L'objet des mathématiques.* ▷ Matière, sujet. *Objet d'une note de service.* **7.** But, fin. *Son objet est de nous convaincre.* **8.** Personne, chose à laquelle s'adresse un sentiment. *Être un objet de respect.* **9.** GRAM Complément du verbe (mot ou groupe de mots) indiquant l'être ou la chose qui subit l'action réalisée par le sujet. *Le sujet et l'objet du verbe. Complément d'objet direct* ou *objet direct:* complément d'un verbe transitif direct, construit sans préposition (ex.: *il a cassé le vase*). *Complément d'objet indirect* ou *objet indirect:* complément d'un verbe transitif indirect, construit avec une préposition (ex.: *cela ne convient pas* aux *malades*). – Lat. scolast. *objectum,* «ce qui est placé devant», de *objicere,* «jeter *(jacere)* devant».

objurgation [ɔbʒyʀgasjõ] n. f. (Généralement au plur.) Intervention pressante visant à détourner qqn de ses intentions. *Je me suis rendu à ses objurgations.* – Lat. *objurgatio,* «reproche».

oblat, ate [ɔbla, at] n. RELIG CATHOL **1.** Laïc qui se joint à une communauté religieuse sans prononcer les vœux de pauvreté, de chasteté et d'obéissance. ▷ Religieux de certains ordres. *Les oblats de Marie-Immaculée.* **2.** n. m. pl. Offrandes faites lors d'une messe (pain, vin, cierge, etc.). **3.** n. f. HIST Demoiselle ou dame noble pauvre que le roi de France mettait à la charge d'un couvent sans lui imposer de vœux. – Lat. *oblatus,* «offert», pp. de *offerre,* l'oblat (sens 1) se donnant à un couvent avec ses biens.

oblatif, ive [ɔblatif, iv] adj. Didac. Qui porte à faire don de soi-même. *Sentiments oblatifs.* – Bas lat. *oblativus,* du class. *oblatus* (V. oblat).

oblation [ɔblasjõ] n. f. RELIG Action par laquelle on offre qqch à Dieu. *Oblation du pain et du vin.* ▷ LITURG Partie de la messe où le prêtre, avant de consacrer le pain et le vin, les offre à Dieu. – Bas lat. *oblatio.*

oblativité [ɔblativite] n. f. Didac. Acte de faire don; générosité désintéressée. – De *oblatif.*

obligataire [ɔbligatɛʀ] n. FIN Porteur d'obligations. ▷ Adj. *Emprunt obligataire,* en obligations. – De *obligation,* d'après *donataire.*

obligation [ɔbligasjõ] n. f. **1.** Ce qui est imposé par la loi, la morale ou les circonstances. *Satisfaire à ses obligations familiales et professionnelles. Être dans l'obligation de déménager.* ▷ EDUC *Obligation scolaire:* obligation pour les enfants de fréquenter l'école jusqu'à l'âge de 16 ans. ▷ RELIG CATHOL *Fête d'obligation,* qui comporte les mêmes obligations (assistance à la messe, notam.) que le dimanche. **2.** DR Lien astreignant à effectuer une prestation ou à s'abstenir d'un acte déterminé. *Obligation alimentaire entre parents.* – *Par ext.* Acte par lequel une personne s'engage à faire ou à ne pas faire qqch. *Souscrire une obligation.* **3.** FIN Valeur mobilière négociable émise par une société ou une collectivité publique et qui donne droit à des intérêts. *Une obligation est remboursée soit au bout d'un délai déterminé, soit par tirage au sort.* ▷ *Obligation convertible,* susceptible d'être transformée en action. **4.** Vieilli Lien de reconnaissance. *Avoir de grandes obligations à qqn.* – Lat. *obligatio.*

obligatoire [ɔbligatwaʀ] adj. **1.** Qui constitue une obligation. *Clause obligatoire. Arrêt obligatoire.* **2.** Fam. Forcé, immanquable. *Il va arriver en retard, c'est obligatoire.* – Bas lat. jurid. *obligatorius.*

obligatoirement [ɔbligatwaʀmɑ̃] adv. D'une manière obligatoire. – Du préc.

obligeamment [ɔbliʒamɑ̃] adv. D'une manière obligeante. – De *obligeant.*

obligeance [ɔbliʒɑ̃s] n. f. Disposition à être obligeant. *Il a eu l'obligeance de me raccompagner.* – De *obligeant.*

obligeant, ante [ɔbliʒɑ̃, ɑ̃t] adj. Qui aime à rendre service. *Voisin obligeant.* – Par ext. *Attitude obligeante.* – Ppr. de *obliger.*

obligé, ée [ɔbliʒe] adj. et n. **I.** adj. **1.** Contraint, forcé. *Vous serez obligé d'accepter.* **2.** Reconnaissant. *Je vous suis obligé de votre attention.* **3.** Dont on ne peut se dispenser. *Corvée obligée.* Fam. *C'est obligé:* cela ne peut pas être autrement. **II.** n. Personne à qui l'on a rendu un service. *Je suis votre obligé.* – Pp. de *obliger.*

obliger [ɔbliʒe] v. tr. **[15] 1.** *Obliger à:* contraindre, forcer à; mettre dans la nécessité de. *La crainte l'oblige à se taire. Son état de santé l'oblige à suivre un régime.* – Vieilli ou litt. *Obliger de.* **2.** DR Lier juridiquement. *La loi oblige tous les citoyens.* **3.** Rendre service, faire plaisir à (qqn). *Vous m'obligeriez en me prêtant cette somme.* – Lat. *obligare,* de *ob-,* et *ligare,* «lier».

oblique [ɔblik] adj. et n. **1.** Qui s'écarte de la direction droite ou perpendiculaire. *Ligne oblique. Les pans obliques d'un prisme.* – Fig. *Regard oblique.* ▷ N. f. GEOM Droite inclinée, non perpendiculaire (à une autre droite, à un plan). ▷ N. m. ANAT Se dit de muscles dont les fibres sont obliques chez un sujet debout. *Le grand oblique de l'abdomen.* **2.** DR *Action oblique,* par laquelle le créancier se substitue au débiteur pour l'exercice de certains droits. **3.** GRAM *Cas obliques,* qui n'expriment pas un rapport direct (génitif, datif, ablatif). **4.** loc. adv. *En oblique:* en suivant une ligne oblique. – Lat. *obliquus.*

obliquement [ɔblikmɑ̃] adv. De biais, en oblique. – De *oblique.*

obliquer [ɔblike] v. intr. [1] Aller en oblique. *Obliquer vers la droite.* – lat. *obliquare.*

obliquité [ɔblikɥite] n. f. Position de ce qui est oblique; inclinaison d'une ligne, d'une surface sur une autre. *Obliquité des rayons du soleil.* ▷ ASTRO *Obliquité de l'écliptique:* angle que fait le plan de l'écliptique avec le plan de l'équateur (23° 27' en moyenne). – Lat. *obliquitas.*

oblitérateur, trice [ɔbliteʀatœʀ, tʀis] adj. et n. Qui oblitère. ▷ N. m. Instrument pour oblitérer des timbres. – De *oblitérer.*

oblitération [ɔbliteʀasjõ] n. f. **1.** Action d'oblitérer; son résultat. *Oblitération d'un timbre.* **2.** MED État d'un conduit, d'une cavité obstruée. *Oblitération d'un vaisseau sanguin.* – De *oblitérer.*

oblitérer [ɔbliteʀe] v. tr. **[16] 1.** Litt. Effacer peu à peu, insensiblement. *Le temps a oblitéré ces inscriptions.* ▷ Fig. Supprimer. *Son snobisme oblitère parfois son bon sens.* **2.** *Oblitérer un timbre,* l'annuler par l'apposition d'un cachet. **3.** MED Boucher, obstruer (une cavité, un conduit). – Lat. *oblitterare,* «effacer les lettres», de *ob-,* et *littera,* «lettre».

oblong, ongue [ɔblõ, õg] adj. Plus long que large. *Figure oblongue.* – Lat. *oblongus.*

obnubilation [ɔbnybilasjõ] n. f. Obscurcissement d'un esprit obnubilé. ▷ MED Diminution du niveau de vigilance accompagnée d'une torpeur intellectuelle. – Du bas lat. *obnubilatio*, «action de couvrir de nuages».

obnubiler [ɔbnybile] v. tr. [1] Priver de lucidité en envahissant l'esprit. *La passion obnubile son jugement. Il est obnubilé par cette idée. – Par ext.* Obséder. – Lat. *obnubilare*, «couvrir de nuages».

obole [ɔbɔl] n. f. **1.** ANTIQ GR Unité de poids équivalant à 72 centigrammes env. ▷ Petite monnaie valant un sixième de drachme. **2.** Ancienne monnaie française équivalant à un demi-denier. **3.** Petite somme d'argent, petite aumône. *Apporter son obole.* – Lat. *obolus*, gr. *obolos*.

obombrer [ɔbõbʀe] v. tr. [1] Litt. Couvrir d'ombre. – Lat. *obumbrare*.

obscène [ɔpsɛn] adj. Qui offense la pudeur. *Propos obscènes.* – Lat. *obscenus*, «de mauvais augure».

obscénité [ɔpsenite] n. f. **1.** Caractère de ce qui est obscène. **2.** Parole, action obscène. – Lat. *obscenitas*.

obscur, ure [ɔpskyʀ] adj. **1.** Privé de lumière. *Prison obscure.* Syn. sombre. **2.** Foncé (couleurs). *Des sapins d'un vert obscur.* **3.** Fig. Difficile à saisir, à comprendre. *Discours obscur.* ▷ Vague, confus, qui ne se manifeste pas clairement, nettement. *Être tourmenté par d'obscurs désirs.* **4.** Qui n'est pas connu, qui n'a pas de notoriété. *Un chercheur obscur. Né de parents obscurs*, d'un milieu modeste. – Lat. *obscurus*.

obscurantisme [ɔpskyʀɑ̃tism] n. m. Hostilité systématique au progrès de la civilisation, des «lumières». – De *obscur*.

obscurantiste [ɔpskyʀɑ̃tist] adj. et n. Qui concerne l'obscurantisme. ▷ Subst. Partisan de l'obscurantisme. – De *obscurantisme*.

obscurcir [ɔpskyʀsiʀ] **I.** v. tr. [2] **1.** Rendre obscur. *Les nuages obscurcissent le ciel.* **2.** Fig. Frapper d'aveuglement (l'esprit). *Les préjugés obscurcissent son intelligence.* **3.** Rendre peu compréhensible. *Tournures compliquées qui obscurcissent le style.* **II.** v. pron. **1.** Devenir obscur. *Le ciel s'obscurcit.* **2.** Fig. Se troubler, se brouiller (esprit). *Sa raison s'obscurcit.* – De l'a. fr. *oscurir*, de *oscur*, anc. forme de *obscur*.

obscurcissement [ɔpskyʀsismɑ̃] n. m. Action d'obscurcir, fait de s'obscurcir; son résultat. *Obscurcissement du jour.* – Fig. *Obscurcissement de la conscience.* – De *obscurcir*.

obscurément [ɔpskyʀemɑ̃] adv. **1.** D'une façon peu claire, confuse. *Écrire, percevoir obscurément.* **2.** De façon à rester inconnu. *Vivre obscurément.* – De *obscur*.

obscurité [ɔpskyʀite] n. f. **1.** Absence de lumière. *Chambre plongée dans l'obscurité.* **2.** Fig. Manque d'intelligibilité. *Obscurité d'un texte.* **3.** État de ce qui est difficilement connaissable. *L'obscurité de ses antécédents.* **4.** Absence de notoriété. *Préférer l'obscurité à la gloire.* – Lat. *obscuritas*.

obsécration [ɔpsekʀasjõ] n. f. Rare Prière par laquelle on implore une assistance humaine ou divine. – Lat. *obsecratio*.

obsédant, ante [ɔpsedɑ̃, ɑ̃t] adj. Qui obsède. – Ppr. de *obséder*.

obsédé, ée [ɔpsede] n. et adj. Qui a une obsession. *Par exag.* Maniaque. – Pp. de *obséder*.

obséder [ɔpsede] v. tr. [16] **1.** S'imposer sans relâche à l'esprit. *Cette vision m'obsède.* **2.** Vieilli Importuner par ses assiduités. *Obséder qqn par ses visites.* – Lat. *obsidere*, «assiéger, bloquer, investir».

obsèques [ɔpsɛk] n. f. pl. Cérémonie accompagnant un enterrement. – Bas lat. *obsequiæ*.

obséquieusement [ɔpsekjøzmɑ̃] adv. D'une manière obséquieuse. – De *obséquieux*.

obséquieux, ieuse [ɔpsekjø, jøz] adj. D'une politesse, d'une prévenance excessive, servile. *Vendeur obséquieux. Attitude obséquieuse.* – Lat. *obsequiosus*.

obséquiosité [ɔpsekjɔzite] n. f. Caractère, comportement obséquieux. – De *obséquieux*.

observabilité [ɔpsɛʀvabilite] n. f. Qualité de ce qui est observable. – De *observable*.

observable [ɔpsɛʀvabl] adj. Qui peut être observé. – De *observer*, et *-able*.

observance [ɔpsɛʀvɑ̃s] n. f. **1.** Exécution de ce que prescrit une règle (en partic. une règle religieuse). *Observance des cérémonies.* **2.** Pratique de la règle par un ordre religieux; la règle elle-même. *Stricte observance de Cîteaux.* – Lat. *observantia*.

observateur, trice [ɔpsɛʀvatœʀ, tʀis] n. et adj. **A.** n. **I.** Vx Personne qui observe ce qui est prescrit. **II. 1.** Personne qui s'applique à observer les hommes, les choses, les phénomènes. *Ce peintre est un bon observateur de la nature.* **2.** Personne qui assiste à un événement qu'elle observe, sans y prendre part, pour son compte personnel ou celui d'une autre. *Être là en observateur. Observateur officiel envoyé par son pays à un congrès.* **3.** MILIT Personne (artilleur, aviateur) chargée d'observer les positions ennemies. **B.** adj. Porté à observer. *Esprit observateur.* – Lat. *observator*.

observation [ɔpsɛʀvasjõ] n. f. **I.** Action d'observer ce qui est prescrit. *Observation d'une règle.* **II. 1.** Action d'étudier avec attention. *Observation des étoiles, des hommes. Observation scientifique. Avoir l'esprit d'observation:* être apte à observer. **2.** Action de surveiller, d'épier. *Poste d'observation.* – MILIT *Aviation d'observation*, chargée d'observer les positions ennemies. ▷ *Mettre un malade en observation:* surveiller particulièrement l'évolution de son cas pour établir un diagnostic. **3.** Réflexion, remarque portant sur ce que l'on a observé. *Une observation juste. Observation sur un auteur.* **4.** Léger reproche. *Faire une observation à qqn.* – Lat. *observatio*.

observatoire [ɔpsɛʀvatwaʀ] n. m. **1.** Établissement destiné aux observations astronomiques ou météorologiques. – Par ext. *Observatoire économique:* établissement officiel chargé d'observer les variations des principaux facteurs économiques d'une région. **2.** MILIT Point d'où l'on peut observer les positions ennemies. – De *observer*.

observer [ɔpsɛʀve] **A.** v. tr. [1] **I.** Suivre, respecter (ce qui est prescrit). *Observer le règlement, le silence.* **II. 1.** Considérer, étudier avec soin (qqn, qqch). *Observer un nouveau venu. Observer un phénomène dans un but scientifique.* **2.** Surveiller, épier. *Observer les allées et venues de ses voisins.* **3.** Remarquer (qqch). *On observe un ralentissement de la production. Faire observer qqch à qqn.* **B.** v. pron. Prendre garde à ce qu'on dit, à ce qu'on fait. *Il était obligé de s'observer dans cette réunion guindée.* – Lat. *observare*.

obsession [ɔpsesjõ] n. f. Pensée obsédante. *Avoir l'obsession de l'échec.* ▷ PSYCHOPATHOL Trouble mental caractérisé par une idée fixe, une crainte ou une impulsion qui s'impose à l'esprit et qui détermine une sensation d'angoisse. – Lat. *obsessio*, «action d'assiéger».

obsessionnel, elle [ɔpsɛsjɔnɛl] adj. Relatif à l'obsession. – PSYCHOPATHOL *Névrose obsessionnelle:* trouble mental dans lequel le conflit psychique s'exprime par des idées obsédantes, une compulsion* à accomplir certains actes, la lutte contre ces idées et compulsions, un mode de pensée (doute, rumination mentale) qui finissent par provoquer l'inhibition*. – De *obsession.*

obsidienne [ɔpsidjɛn] n. f. MINER Roche éruptive dont l'aspect rappelle celui du verre et qui présente une structure particulière due au refroidissement très rapide de la lave. – Lat. *obsidianus,* lecture fautive pour *obsianus (lapis),* «(pierre) d'Obsius», découvreur de ce minéral, selon Pline.

obsidional, ale, aux [ɔpsidjɔnal, o] adj. Didac. Qui concerne le siège d'une ville. ▷ ANTIQ ROM *Couronne obsidionale,* décernée à celui qui avait forcé un siège. ▷ *Monnaie obsidionale,* frappée dans une place assiégée. ▷ MED *Délire obsidional,* de celui qui se croit assiégé, persécuté. – Lat. *obsidionalis,* de *obsidio,* «siège».

obsolescence [ɔpsɔlɛsɑ̃s] n. f. Didac. Fait de se périmer, de devenir désuet. ▷ ECON État d'un matériel qui, bien qu'étant encore en ordre de marche, se trouve périmé du fait des progrès techniques ou de l'évolution des conditions de vie. – Du lat. *obsolescere,* «tomber en désuétude», par l'anglais.

obsolescent, ente [ɔbsɔlɛsɑ̃, ɑ̃t] adj. ECON Frappé d'obsolescence. – Mot angl.; même orig. qu'*obsolescence.*

obsolète [ɔpsɔlɛt] adj. Périmé, désuet. – Lat. *obsoletus.*

obstacle [ɔpstakl] n. m. **1.** Ce qui s'oppose au passage, à la progression. *Il y a un obstacle sur la route.* ▷ SPORT *Course d'obstacles,* qui s'effectue sur un parcours où sont disposés des fossés, des haies, etc. **2.** Fig. Ce à quoi on se heurte dans l'exécution d'un projet. *Faire obstacle à un plan.* – Lat. *obstaculum,* de *obstare,* «se tenir *(stare)* devant *(ob)*».

obstétrical, ale, aux [ɔpstetʀikal, o] adj. Relatif à l'obstétrique. – De *obstétrique.*

obstétricien, ienne [ɔpstetʀisjɛ̃, jɛn] n. MED Médecin spécialiste en obstétrique. – De *obstétrique.*

obstétrique [ɔpstetʀik] n. f. MED Partie de la médecine qui traite de la grossesse et des accouchements. – Du lat. *obstetrix, obstetricis,* «sage-femme».

obstination [ɔpstinasjɔ̃] n. f. Caractère d'une personne obstinée, opiniâtre. – Lat. *obstinatio.*

obstiné, ée [ɔpstine] adj. Qui a de l'obstination; qui dénote l'obstination. *Chercheur obstiné. Travail obstiné.* – Lat. *obstinatus,* pp. de *obstinare,* «vouloir de manière opiniâtre».

obstinément [ɔpstinemɑ̃] adv. D'une manière obstinée. – De *obstiné.*

obstiner (s') [ɔpstine] v. pron. [11] Persister opiniâtrement. *S'obstiner dans son erreur, à faire qqch.* – Lat. *obstinare.*

obstructif, ive [ɔpstʀyktif, iv] adj. Qui provoque une obstruction. – De *obstruction.*

obstruction [ɔpstʀyksjɔ̃] n. f. **1.** MED Engorgement ou occlusion d'un conduit de l'organisme. **2.** Manœuvre dilatoire destinée à retarder ou empêcher l'aboutissement d'un débat. *Faire de l'obstruction dans une assemblée.* **3.** SPORT Au hockey, au soccer, etc., irrégularité qui consiste à entraver l'action d'un adversaire en lui barrant le passage alors qu'il n'est pas en possession de la rondelle ou du ballon. **4.** POLIT *Obstruction systématique:* utilisation de toutes les ressources du règlement de l'Assemblée nationale pour empêcher ou retarder l'adoption d'un texte ou la prise d'une décision. – Lat. *obstructio.*

obstructionnisme [ɔpstʀyksjɔnism] n. m. POLIT Tactique de ceux qui font de l'obstruction systématique. – De *obstructionniste.*

obstructionniste [ɔpstʀyksjɔnist] n. et adj. POLIT **1.** n. Parlementaire qui fait de l'obstruction. **2.** adj. Relatif à l'obstruction. – De *obstruction.*

obstruer [ɔpstʀye] v. tr. [1] Boucher (un conduit, un passage, un canal). *Caillot qui obstrue une artère.* – Lat. *obstruere.*

obtempérer [ɔptɑ̃peʀe] v. tr. indir. [16] *Obtempérer à un ordre, à une sommation, etc.,* y obéir, s'y soumettre. – Absol. *Refus d'obtempérer.* ▷ Cour. Obéir sous la menace. – Lat. *obtemperare.*

obtenir [ɔptəniʀ] v. tr. [39] **1.** Réussir à se faire accorder (ce que l'on demande). *Obtenir une place, une permission.* **2.** Parvenir à (tel résultat). *Obtenir un bon rendement de ses terres.* – Lat. *obtinere,* francisé d'ap. *tenir.*

obtention [ɔptɑ̃sjɔ̃] n. f. Fait d'obtenir. *Obtention d'un titre.* – Du lat. *obtentum,* pp. de *obtinere* (V. obtenir).

obturateur, trice [ɔptyʀatœʀ, tʀis] adj. et n. m. **1.** adj. Qui sert à obturer. ▷ ANAT *Trou obturateur:* trou sous-pubien de l'os iliaque, qui tient sa dénomination paradoxale de la *membrane obturatrice* qui l'oblitère. **2.** n. m. Objet, mécanisme servant à obturer. ▷ TECH Pièce servant au réglage ou à l'arrêt du débit d'un liquide, d'un gaz. ▷ PHOTO Dispositif qui laisse pénétrer la lumière dans un appareil photographique pendant le temps de pose fixé. – De *obturer.*

obturation [ɔptyʀasjɔ̃] n. f. Action d'obturer; état de ce qui est obturé. *Obturation d'une dent cariée.* – Bas lat. *obturatio.*

obturer [ɔptyʀe] v. tr. [1] Boucher (une cavité, un trou). – Lat. *obturare.*

obtus, use [ɔpty, yz] adj. **1.** Rare Émoussé, arrondi. *Oiseau au bec obtus.* **2.** GEOM *Angle obtus,* plus grand que l'angle droit. **3.** Fig., Vx *Sens obtus,* qui manque d'acuité. ▷ Mod. *Esprit obtus,* peu pénétrant, sans finesse. – Lat. *obtusus,* «émoussé».

obtusangle [ɔptyzɑ̃gl] adj. GEOM *Triangle obtusangle,* qui a un angle obtus. – Bas lat. *obtusangulus.*

obus [oby] n. m. Projectile explosif de forme généralement cylindro-ogivale, tiré par une pièce d'artillerie. – All. *Haubitze,* du tchèque *haufnice,* «catapulte»; d'abord *hocbus.*

obusier [obyzje] n. m. Pièce d'artillerie courte, généralement de fort calibre et à tir courbe, qui permet d'atteindre des objectifs défilés. – De *obus.*

obvers [ɔbvɛʀ] n. m. ou **obverse** [ɔbvɛʀs] n. f. Vx Avers d'une médaille, côté opposé au revers. – Lat. *obversus,* pp. de *obvertere,* «tourner vers ou contre».

obvie [ɔbvi] adj. Didac. *Sens obvie:* sens le plus courant d'un mot. – Lat. *obvius,* propr. «qui vient au-devant».

obvier [ɔbvje] v. tr. indir. [1] Litt. *Obvier à:* prendre les précautions, les mesures nécessaires pour éviter, prévenir (un mal, un inconvénient). – Bas lat. *obviare,* «résister».

oc [ɔk] partic. affirmative signifiant «oui» dans les dialectes parlés au sud de la Loire, au Moyen Âge. – *Langue d'oc:* ensemble des dialectes parlés en France au sud de la Loire (à l'exception du basque et du catalan) et dans lesquels «oui» se disait *oc* (par oppos. à *langue d'oïl*). V. oïl. – Mot provenç., du lat. *hoc.*

ocarina [ɔkaʀina] n. m. Petit instrument à vent de musique populaire, constitué d'un bec et d'une coque ovoïde en terre cuite, en métal ou en matière plastique, percée de trous, et dont la sonorité rappelle celle de la flûte. – Mot ital., probabl. de *oca,* «oie».

occase [ɔkaz] n. f. Pop. Occasion. – Abrév. de *occasion.*

occasion [ɔkazjɔ̃] n. f. **1.** Circonstance, conjoncture favorable, qui vient à propos. *Profiter de l'occasion.*

Manquer l'occasion. ▷ Loc. adv. *À l'occasion:* si une circonstance favorable se présente. **2.** Circonstance, moment. *Montrer du sang-froid en toute occasion.* **3.** Circonstance qui donne lieu à telle ou telle action, qui a pour conséquence tel ou tel fait. *Avoir l'occasion de rendre service. – Occasions de réjouissance.* ▷ Loc. adv. *À l'occasion de. Banquet à l'occasion d'un anniversaire. – Par occasion:* fortuitement. – *D'occasion:* que des circonstances accidentelles ont suscité. *Un héroïsme d'occasion.* **4.** Marché, achat conclu dans des conditions avantageuses. *Il y a de bonnes occasions dans les grands magasins ce mois-ci.* ▷ *Vêtements, voitures d'occasion,* qui ne sont pas neufs, qui ont déjà servi. ▷ Ellipt. *Vendre du neuf et de l'occasion.* – Lat. *occasio.*

occasionnalisme [ɔkazjɔnalism] n. m. PHILO Doctrine des causes occasionnelles, due à Malebranche, et d'après laquelle la seule cause efficiente de tout ce qui se produit est Dieu. – De *occasionnel.*

occasionnel, elle [ɔkazjɔnɛl] adj. **1.** PHILO *Cause occasionnelle:* cause qui est seulement l'occasion offerte à la véritable cause de produire son effet. **2.** Que l'occasion seule fait naître, qui arrive fortuitement. – De *occasion.*

occasionnellement [ɔkazjɔnɛlmɑ̃] adv. Par occasion, de manière occasionnelle. – De *occasion.*

occasionner [ɔkazjɔne] v. tr. [1] Donner lieu à, être la cause, l'occasion de (un inconvénient, une gêne, un malheur). – De *occasion.*

occident [ɔksidɑ̃] n. m. **1.** Celui des quatre points cardinaux qui est du côté où le soleil se couche. Syn. ouest, couchant. **2.** Région située à l'ouest par rapport à un lieu donné. ▷ (Avec une majuscule.) Ensemble des pays situés à l'ouest du continent eurasiatique. – (Dans un certain type de discours politique.) Ensemble des peuples qui habitent ces pays, en tant que dépositaires de valeurs (religieuses, notam.) considérées comme essentielles par celui qui parle. *Défendre l'Occident chrétien.* ▷ POLIT Ensemble constitué par l'Europe de l'Ouest, les États-Unis et le Canada. ▷ *Spécial.* Ensemble des pays membres de l'O.T.A.N. – Lat. *occidens,* «(soleil) couchant».

occidental, ale, aux [ɔksidɑ̃tal, o] adj. et n. **1.** Qui est à l'occident. *Peuples de l'Europe occidentale.* **2.** Qui a rapport à l'Occident. *Mode de vie occidental. S'habiller à l'occidentale,* à la manière des Occidentaux. ▷ POLIT *Les puissances occidentales. – Le bloc occidental,* par oppos. aux pays de l'Europe de l'Est. **3.** Subst. Habitant, personne originaire de l'Occident. – *Lat. occidentalis.*

occidentalisation [ɔksidɑ̃talizasjɔ̃] n. f. Action d'occidentaliser, fait de s'occidentaliser; son résultat. – De *occidentaliser.*

occidentaliser [ɔksidɑ̃talize] v. tr. [1] Transformer en prenant comme modèle les valeurs, la culture de l'Occident. ▷ v. pron. *S'occidentaliser.* – De *occidental.*

occipital, ale, aux [ɔksipital, o] adj. et n. m. ANAT De l'occiput. ▷ *Os occipital,* ou, n. m., *l'occipital:* os situé à la partie inférieure de l'arrière du crâne et traversé par un large orifice, le *trou occipital,* qui livre passage au bulbe rachidien. – Lat. médiév. *occipitalis.*

occiput [ɔksipyt] n. m. Didac. ou plaisant. Partie postérieure de la tête, au-dessus de la nuque. – Mot lat.

occire [ɔksiʀ] v. tr. Vx ou plaisant. Tuer (empl. seulement à l'inf. et au pp., *occis, ise,* dans les temps composés). – Lat. pop. **aucidere,* class. *occidere.*

occitan, ane [ɔksitɑ̃, an] adj. et n. **1.** adj. Relatif à l'Occitanie, à la langue d'oc. *Littérature, culture occitane.* **2.** n. m. Langue d'oc: V. oc. – Lat. médiév. *(lingua) occitana,* latinisation de *(langue) d'oc.*

occlure [ɔklyʀ] v. tr. [58] MED Fermer (un conduit, un orifice). ▷ CHIR Pratiquer l'occlusion de (un orifice naturel). – Lat. *occludere,* «enfermer».

occlusif, ive [ɔklyzif, iv] adj. et n. f. **1.** MED Qui produit l'occlusion. *Bandage occlusif.* **2.** PHON *Consonne occlusive,* ou, n. f., *une occlusive:* consonne dont l'articulation se fait par une fermeture complète et momentanée du chenal buccal suivie ou non d'une ouverture brusque. *Occlusives labiales* ([p], [b]), *occlusives dentales* ([t], [d]), etc. – Du lat. *occlusus,* de *occludere,* «fermer».

occlusion [ɔklyzjɔ̃] n. f. **1.** Rapprochement des bords d'une ouverture naturelle. *L'occlusion des paupières, du chenal expiratoire.* ▷ MED *Occlusion intestinale:* oblitération de la lumière intestinale, interrompant le transit des matières et des gaz. ▷ CHIR Opération destinée à occlure une ouverture naturelle. **2.** CHIM Propriété que possèdent certains corps (métaux partic.) d'absorber des gaz et de les retenir énergiquement. ▷ Le gaz ainsi absorbé. – Bas lat. *occlusio.*

occultation [ɔkyltasjɔ̃] n. f. **1.** ASTRO Passage d'un astre derrière un autre qui le masque à la vue de l'observateur terrestre. **2.** Action d'occulter; son résultat. ▷ MAR *Feu à occultation,* qui présente des périodes de lumière plus longues que les périodes d'obscurité (à la différence des feux dits *à éclats*). – Lat. *occultatio,* «action de cacher».

occulte [ɔkylt] adj. **1.** Caché. *Cause occulte.* **2.** Qui s'exerce en secret; clandestin. *Pressions occultes faites sur un juré.* **3.** *Sciences occultes:* doctrines et pratiques présentant généralement un caractère plus ou moins ésotérique, et reposant sur la croyance en des influences, des forces que la connaissance rationnelle serait impuissante à expliquer (astrologie, alchimie, divination, etc.). – Lat. *occultus,* de *occulere,* «dissimuler».

occulter [ɔkylte] v. tr. [1] **1.** ASTRO Cacher (un astre) en passant devant lui, en parlant d'un autre astre. **2.** Rendre difficilement visible, dissimuler. – Lat. *occultare.*

occultisme [ɔkyltism] n. m. Connaissance, pratique des sciences occultes. – De *occulte.*

occultiste [ɔkyltist] n. et adj. **1.** n. Adepte des sciences occultes. **2.** adj. Qui appartient aux sciences occultes, à l'occultisme. – De *occulte.*

occupant, ante [ɔkypɑ̃, ɑ̃t] n. et adj. **1.** n. DR et cour. Personne qui occupe un local, un emplacement. ▷ *Spécial.* DR Personne qui occupe un local d'habitation ou un local professionnel sans être titulaire d'un bail ou d'un engagement de location. *Premier occupant:* celui qui le premier prend possession d'un lieu. **2.** adj. Qui occupe militairement un pays. *Troupes occupantes.* ▷ N. m. *Lutter contre l'occupant.* – Ppr. (subst.) de *occuper.*

occupation [ɔkypasjɔ̃] n. f. **1.** Affaire, activité à laquelle on est occupé. *Il a de multiples occupations.* **2.** Place, emploi. *Il n'a pas d'occupation actuellement.* **3.** Habitation, jouissance d'un lieu, d'un local. *Loyer payé à proportion de l'occupation.* **4.** DR Mode d'acquisition de la propriété d'une chose qui n'appartient à personne, par sa prise de possession et l'intention de s'en rendre propriétaire. *Occupation des épaves, des produits de la chasse ou de la pêche.* **5.** Action de se rendre maître d'un pays par les armes et d'y maintenir des forces militaires. *Armée d'occupation.* ▷ Période pendant laquelle un pays est occupé par une puissance étrangère. – Spécial. *L'Occupation:* la période pendant laquelle la France fut occupée par les armées allemandes, de 1940 à 1945. **6.** Fait d'occuper un lieu. *Après deux jours d'occupation, l'usine a été évacuée par les forces de l'ordre.* – Lat. *occupatio.*

occupé, ée [ɔkype] adj. **1.** Qui a une occupation, qui s'occupe de qqch. *Il est occupé à terminer ce travail.* ▷ Qui a de l'occupation; actif. *Un homme très occupé.* ▷ Vieilli Préoccupé. **2.** Placé sous l'autorité de troupes d'occupation. *Zone occupée.* **3.** Où quelqu'un est déjà installé. *Fauteuil occupé.* – Pp. de *occuper.*

occuper [ɔkype] **I.** v. tr. [1] **1.** Se rendre maître, demeurer maître de (un lieu). *L'ennemi occupait toutes les villes frontalières. Occuper le terrain conquis.* ▷ Par ext. *Ouvriers en grève qui occupent une usine.* **2.** DR Acquérir par occupation (sens 4). **3.** Remplir (une étendue d'espace ou de temps). *Un grand lit occupait la moitié de la chambre. Ce travail a occupé la plus grande partie de ma journée.* ▷ Absorber (qqn), lui prendre son temps. *Sa famille et sa carrière l'occupent tout entier.* **4.** Habiter. *Il occupait le rez-de-chaussée et sa fille le premier étage.* **5.** Remplir, exercer (une fonction, un emploi). *Il occupe un poste très important au ministère.* **6.** Employer, donner de l'occupation à. *Il occupe plusieurs ouvriers. Occuper qqn à qqch.* **II.** v. pron. **1.** Vieilli *S'occuper à:* travailler à, employer son temps à. *S'occuper à jardiner.* **2.** Mod. *S'occuper de qqch,* y consacrer son temps, son attention. *S'occuper d'œuvres sociales. Occupez-vous de ce qui vous regarde.* ▷ *S'occuper de qqn,* lui consacrer son temps, veiller sur lui. *Son mari s'occupe bien des enfants.* **3.** (S. comp.) Employer pleinement son temps, ne pas rester inactif. *Aimer, savoir s'occuper.* – Lat. *occupare,* «s'emparer de».

occurrence [ɔkyʀɑ̃s] n. f. **1.** Litt. Occasion, circonstance. Loc. Mod. *En l'occurrence:* dans le cas envisagé. **2.** LITURG Rencontre de deux fêtes qui tombent le même jour. **3.** LING Apparition d'une unité linguistique dans un énoncé. – Sens 1 et 2, de *occurent;* sens 3, de l'angl. *occurrence.*

occurrent, ente [ɔkyʀɑ̃, ɑ̃t] adj. LITURG Qui tombe le même jour qu'une autre fête. *Fêtes occurrentes.* – Lat. *occurrens,* ppr. de *occurrere,* «se rencontrer».

océan [ɔseɑ̃] n. m. **1.** Vaste étendue d'eau salée baignant une grande partie de la terre. ▷ Partie de cette étendue. *L'océan Atlantique, Pacifique.* **2.** Fig. *Océan de:* grande étendue. *Le désert, vaste océan de sable.* ▷ Ce qui évoque la succession des tempêtes et des calmes de l'océan. *L'océan de la vie.* – Lat. *Oceanus,* gr. *Ôkeanos,* n. d'une divinité de la mer.

océane [ɔsean] adj. f. Litt. Océanique. – De la loc. lat. *mare Oceanus,* «océan».

océanien, ienne [ɔseanjɛ̃, jɛn] adj. et n. De l'Océanie; relatif à ses habitants. ▷ Subst. *Les Océaniens.* – De *Océanie,* de *océan.*

océanique [ɔseanik] adj. **1.** De l'océan. *Flore océanique.* **2.** Qui est proche de l'océan, qui en subit l'influence. *Climat océanique :* climat doux et humide que l'influence des océans fait régner sur les îles et les façades maritimes de la zone tempérée. – Lat. *oceanicus.*

océanographe [ɔseanɔgʀaf] n. Spécialiste d'océanographie. – De *océanographie.*

océanographie [ɔseanɔgʀafi] n. f. Science qui a pour objet l'étude des océans. – De *océan,* et *-graphie.* ENCYCL L'océanographie, discipline composite, comprend notam. la biologie marine, laquelle se divise en algologie et en zoologie marine. L'algologie étudie les algues. Les autres êtres vivants sont divisés en *plancton* (zooplancton et phytoplancton), *necton** et *benthos**. Les océans constituent le plus grand réservoir de matière vivante et donc d'aliments de la Terre. La relative constance du milieu océanique a permis l'apparition d'un grand nombre d'espèces biologiques, qui, par le jeu de la sélection naturelle, ont donné toutes les formes actuelles (animaux et végétaux), aussi bien marines que continentales; les océans sont donc le milieu primitif de toute vie. La géologie des océans permet de définir: *la plate-forme continentale,* qui est le prolongement des continents sous la mer, de largeur variable et qui contient l'essentiel des êtres vivants marins; le *talus continental,* abrupt, qui descend jusqu'aux *plaines abyssales;* celles-ci, d'une profondeur moyenne de 2 000 à 3 000 m, sont très pauvres en êtres vivants et riches en sédiments terrigènes très fins (boue des grands fonds). Les fonds océaniques sont également parcourus par les rifts* ou dorsales*. Les zones les plus profondes étant très localisées, elles ont reçu le nom de *fosse**; elles correspondent à des points d'enfoncement du matériel de surface vers les couches profondes de la Terre (V. encycl. plaque). Hormis les produits de la pêche, certains sels de magnésium, potassium, sodium sont directement extraits de l'eau de mer. L'iode est tiré des algues. Les richesses provenant du sous-sol marin sont de deux ordres: les minerais et le pétrole. La mer possède aussi une énergie potentielle colossale sous forme de marées, de vagues et de courants. Une autre forme d'énergie est l'énergie thermique provenant de la différence de température entre les eaux de surface et celles qui sont situées en profondeur.

océanographique [ɔseanɔgʀafik] adj. Relatif à l'océanographie. *Études océanographiques.* – De *océanographie.*

océanologie [ɔseanɔlɔʒi] n. f. Océanographie appliquée à l'exploitation des ressources océaniques et à la protection des mers. – De *océan,* et *-logie.*

océanologique [ɔseanɔlɔʒik] adj. Relatif à l'océanologie. – De *océanologie.*

océanologue [ɔseanɔlɔg] n. Spécialiste d'océanologie. – De *océanologie.*

ocelle [ɔsɛl] n. m. ZOOL **1.** Tache arrondie dont le centre est d'une autre couleur que la circonférence. *Les ocelles des ailes de papillon, des plumes caudales du paon.* **2.** Œil simple de certains arthropodes. – Lat. *ocellus,* dimin. de *oculus,* «œil».

ocellé, ée [ɔse(ɛl)le] adj. Litt. ou ZOOL Marqué d'ocelles. – Bas lat. *ocellatus,* «qui a de petits yeux».

ocelot [ɔslo] n. m. **1.** Félin *(Felis pardalis)* d'Amérique du Sud, long de 1,50 m avec la queue, grimpeur agile, dont la fourrure tachetée est très recherchée. **2.** Fourrure de l'ocelot. *Cape en ocelot.* – Mot aztèque, par l'espagnol.

ocre [ɔkʀ] n. f. **1.** Argile friable, de couleur jaune, rouge ou brune selon la nature des oxydes qu'elle contient. **2.** Couleur, colorant à base d'ocre. **3.** Couleur d'un brun tirant sur le jaune ou le rouge. ▷ Adj. inv. *Des murs ocre.* – Lat. *ochra,* gr. *ôkhra,* de *ôkhros,* «jaune».

ocré, ée [ɔkʀe] adj. Qui a la teinte de l'ocre jaune ou rouge. – De *ocre.*

ocreux, euse [ɔkʀø, øz] adj. De la nature de l'ocre; qui contient de l'ocre. – De *ocre.*

oct-, octa-, octi-, octo-. Éléments, du lat. *octo,* «huit».

octa [ɔkta] n. m. METEO Unité de mesure de la nébulosité, étendue de nuages (d'un seul tenant ou fractionnée) masquant le huitième du ciel.

octaèdre [ɔktaɛdʀ] n. m. (et adj.). GEOM Polyèdre à huit faces. – Bas lat. *octaedros,* mot gr. (V. -èdre).

octaédrique [ɔktaedʀik] adj. GEOM En forme d'octaèdre. *Cristaux octaédriques.* – De *octaèdre.*

octal, ale, aux [ɔktal, o] adj. INFORM Se dit d'un système de numération à base huit. – Dér. savant du lat. *octo,* «huit».

octane [ɔktan] n. m. CHIM Hydrocarbure saturé de formule C_8H_{18}. ▷ *Indice d'octane,* qui mesure le pouvoir antidétonant d'un carburant. *L'indice d'octane varie de 80 pour les essences ordinaires à 130 pour les* *essences d'avion.* – De *oct-*, et *-ane*, élément désignant les hydrocarbures saturés.

octant [ɔktɑ̃] n. m. **1.** GEOM Huitième partie d'un cercle, arc de 45°. **2.** MAR Instrument de mesure des angles analogue au sextant, mais dont le limbe est de 45°. – Lat. *octans*, «huitième partie».

octante [ɔktɑ̃t] adj. num. card. Vx ou rég. (Belgique, Suisse romande) Quatre-vingts. – Latinisation de l'a. fr. *oitante*, d'ap. le lat. *octoginta*.

octastyle [ɔktastil] adj. ARCHI Qui présente huit colonnes en façade. (On dit aussi *octostyle*.) – Gr. *oktastulos*, de *oktô*, «huit», et *stulos*, «colonne».

octave [ɔktav] n. f. **1.** LITURG Espace de huit jours après une grande fête. – Le huitième jour qui suit cette fête. **2.** MUS Intervalle parfait de huit degrés, qui sépare deux notes portant le même nom dans deux gammes successives. ▷ Huitième degré de l'échelle diatonique. – *Jouer un passage à l'octave*, une octave plus haut (ou, moins souvent, plus bas). **3.** SPORT En escrime, huitième parade: position de la main, ongles dessus, pointe basse dans la ligne du dehors. – Lat. *octavus*, «huitième».

octavier [ɔktavje] v. [1] MUS **1.** v. intr. Émettre l'octave haute de la note que l'instrumentiste cherche à jouer, au lieu de la note elle-même, en parlant d'un instrument à vent. Cf. quintoyer. **2.** v. tr. Jouer (un morceau) à l'octave au-dessus. – De *octave*.

octavon, onne [ɔktavɔ̃, ɔn] n. et adj. Personne née d'un quarteron et d'une Blanche ou d'un Blanc et d'une quarteronne. – De l'esp. *octavo*, lat. *octavus*, «huitième».

octet [ɔktɛt] n. m. **1.** CHIM Groupe de huit électrons appartenant à la même orbitale atomique et formant un édifice particulièrement stable, caractéristique des corps chimiquement inertes. **2.** INFORM Groupe de huit bits. – Mot anglais.

octi-. V. oct-.

octo-. V. oct-.

octobre [ɔktɔbʀ] n. m. Dixième mois de l'année, dans notre calendrier. ▷ *La révolution d'Octobre:* insurrection dirigée par les bolcheviks, en Russie, le 24 octobre 1917 (du calendrier russe, c.-à-d. le 6 novembre). Déclenchée par Lénine et Trotski, elle triompha le 26 octobre (8 novembre). – Lat. *october*, de *octo*, «huit», huitième mois de l'année romaine.

octocoralliaires [ɔktɔkɔʀaljɛʀ] n. m. pl. ZOOL Classe de cnidaires anthozoaires à symétrie axiale primitive d'ordre huit, altérée par l'apparition d'une symétrie bilatérale, qui comprend notam. les alcyons et le corail rouge. – De *octo-*, et *coralliaires*.

octogénaire [ɔktɔʒenɛʀ] n. et adj. Personne âgée de quatre-vingts à quatre-vingt-dix ans. – Lat. *octogenarius*.

octogonal, ale, aux [ɔktɔgɔnal, o] adj. En forme d'octogone. – De *octogone*.

octogone [ɔktɔgon] n. m. GEOM Polygone qui a huit angles (et donc huit côtés). – Lat. *octogonos*, mot gr.

octopode [ɔktɔpɔd] adj. et n. **1.** adj. Qui a huit pieds, huit tentacules. **2.** n. m. pl. ZOOL Ordre de mollusques céphalopodes dibranchiaux dépourvus de coquille et possédant huit bras, qui comprend notam. la pieuvre et l'argonaute. – Gr. *oktôpous, oktôpodos*.

octostyle. V. octastyle.

octosyllabe [ɔktɔsil(l)ab] adj. et n. m. Qui a huit syllabes. ▷ N. m. Vers octosyllabe. – Lat. *octosyllabus*.

octosyllabique [ɔktɔsil(l)abik] adj. Syn. d'*octosyllabe*. – De *octosyllabe*.

octroi [ɔktʀwa] n. m. **1.** Action d'octroyer. *Octroi d'un privilège.* **2.** Impôt perçu par les villes sur certaines marchandises qui y entraient. – De *octroyer*.

octroyer [ɔktʀwaje] v. tr. [26] **1.** Concéder, accorder comme une faveur. *Octroyer une grâce.* ▷ v. pron. Fam. *S'octroyer un peu de repos.* **2.** Allouer. *La maigre pension qu'on lui octroie.* – Du lat. pop. **auctoritare*, class. *auctorare*, «garantir, louer»; a. fr. *otreier*.

octuor [ɔktɥɔʀ] n. m. MUS **1.** Morceau écrit pour huit voix ou huit instruments. **2.** Groupe de huit musiciens ou de huit chanteurs. – De *oct-*, d'ap. *(quat)uor*.

octuple [ɔktypl] adj. Didac. Qui contient huit fois un nombre, une quantité. – Lat. *octuplus*.

oculaire [ɔkylɛʀ] adj. et n. m. **I.** adj. **1.** Qui a rapport à l'œil, de l'œil. *Globe oculaire.* **2.** *Témoin oculaire*, qui a vu une chose de ses propres yeux. **II.** n. m. Lentille ou système de lentilles qui, dans un instrument d'optique, est proche de l'œil de l'observateur (opposé à *objectif*). – Lat. *ocularis*, de *oculus*, «œil».

oculariste [ɔkylaʀist] n. Didac. Fabricant de pièces de prothèse oculaire. – De *oculaire*.

oculiste [ɔkylist] n. Vieilli Syn. de *ophtalmologiste*. – Du lat. *oculus*, «œil».

oculus [ɔkylys] n. m. ARCHI Petite ouverture circulaire, œil-de-bœuf. *Des oculi* ou *des oculus*. – Mot lat., «œil».

ocytocine [ɔsitɔsin] n. f. BIOCHIM Hormone post-hypophysaire qui stimule les contractions du muscle utérin lors de l'accouchement et qui active l'hormone antidiurétique. – Du gr. *ôkutokos*, «qui procure un accouchement *(tokos)* rapide *(ôkus)*».

ocytocique [ɔsitɔsik] adj. BIOCHIM Qui stimule les contractions du muscle utérin. – Du préc.

od(o)-, -ode. Élément, du grec *hodos*, «route». (Ex.: *cathode, anode, diode.*)

odalisque [ɔdalisk] n. f. **1.** Anc. Esclave remplissant les fonctions de femme de chambre auprès des femmes du sultan. **2.** Cour. Femme de harem. – Turc *odalik*.

ode [ɔd] n. f. LITTER **1.** Poème chanté, chez les anciens Grecs. *On distinguait l'ode triomphale* (Simonide, Pindare) *et celle qui célébrait les plaisirs de l'amour et de la table* (Alcée, Sapho, Anacréon). **2.** Poème lyrique d'inspiration élevée, composé de strophes le plus souvent symétriques ou de stances. *Les odes de Ronsard, de Malherbe, de J.-B. Rousseau.* – Bas lat. *oda*, gr. *ôdê*, propr. «chant».

-ode. V. od(o)-.

odelette [ɔd(ə)lɛt] n. f. Petite ode. – Dimin. de *ode*.

odéon [ɔdeɔ̃] n. m. **1.** ANTIQ GR Édifice consacré à la musique et au chant. *L'odéon de Périclès à Athènes.* **2.** Nom donné à certaines salles de spectacle, généralement consacrées à l'art dramatique ou à l'art lyrique. – Absol. *L'Odéon:* théâtre parisien, annexe de la Comédie-Française. – Lat. *odeum*, gr. *ôdeion*.

odeur [ɔdœʀ] n. f. Émanation volatile produite par certains corps et perçue par l'organe de l'odorat. *Bonne, mauvaise odeur. Une odeur de moisi.* ▷ Loc. Fig. *Mourir en odeur de sainteté:* mourir saintement après une vie de piété. (À cause d'une croyance selon laquelle les cadavres de certains saints particulièrement vénérables auraient exhalé une odeur exquise.) Par ext. *N'être pas en odeur de sainteté auprès de qqn*, ne pas jouir de son estime. – Lat. *odor*.

odieusement [ɔdjøzmɑ̃] adv. D'une manière odieuse. – De *odieux*.

odieux, euse [ɔdjø, øz] adj. **1.** Qui suscite l'aversion, l'indignation. *Se rendre odieux. Mensonge* *odieux.* **2.** Très désagréable; méchant et grossier (personnes). *Il a été odieux avec elle.* – Lat. *odiosus.*

odo-. V. od(o)-.

odographe ou **hodographe** [ɔdɔgʀaf] n. et adj. **1.** n. m. TECH Appareil servant à enregistrer le profil d'une route, d'une voie ferrée. **2.** adj. *Courbe odographe,* ou, n. f., *une odographe:* courbe décrite par l'extrémité d'un vecteur d'origine fixe, égal au vecteur vitesse d'un point mobile sur une courbe. – De *odo-,* et *-graphe.*

odomètre ou **hodomètre** [ɔdɔmɛtʀ] n. m. TECH Appareil indiquant la distance parcourue par un piéton. Syn. podomètre. – Gr. *hodometron,* de *hodos,* «route», et *metron,* «mesure».

odonates [ɔdɔnat] n. m. pl. ZOOL Ordre d'insectes de type broyeur, bons voiliers, pourvus de deux paires d'ailes membraneuses presque semblables, à nervation abondante. *L'ordre des odonates comprend les libellules.* – Du gr. *odous, odontos,* «dent».

odont(o)-. Élément, du gr. *odous, odontos,* «dent».

odontalgie [ɔdɔ̃talʒi] n. f. MED Mal de dent. – De *odont(o)-,* et *-algie.*

odontocètes [ɔdɔ̃tɔsɛt] n. m. pl. ZOOL Sous-ordre de cétacés pourvus de dents (dauphins, cachalots, narvals, etc.). – De *odonto-,* et gr. *kêtos,* «gros poisson de mer».

odontoïde [ɔdɔ̃tɔid] adj. ANAT Qui a la forme d'une dent. ▷ *Apophyse odontoïde:* apophyse de l'axis. – De *odont(o)-,* et *-oïde.*

odontologie [ɔdɔ̃tɔlɔʒi] n. f. MED Étude des dents et de leurs affections, médecine dentaire. – Gr. *odontalgia.*

odontostomatologie [ɔdɔ̃tostɔmatɔlɔʒi] n. f. MED Discipline regroupant l'odontologie et la stomatologie, médecine de la bouche et des dents. – De *odonto-,* et *stomatologie.*

odorant, ante [ɔdɔʀɑ̃, ɑ̃t] adj. Qui répand une odeur (partic., une bonne odeur). *Substance odorante.* Ant. inodore. – De l'anc. v. *odorer;* lat. *odorare.*

odorat [ɔdɔʀa] n. m. Sens par lequel l'homme et les animaux perçoivent et reconnaissent les odeurs. *Parfum qui flatte l'odorat.* – Lat. *odoratus.*

ENCYCL L'odorat des animaux est diversement développé; chez le chien et, en général, chez tous les canidés, il l'est au plus haut point et leur permet de suivre leurs proies à la trace. L'odorat joue un rôle dans le comportement sexuel grâce à l'émission, par les femelles, de phérormones qui attirent les mâles (notam. chez les papillons nocturnes). L'odorat joue un autre rôle très important chez de nombreuses espèces: divers mammifères mâles utilisent leur urine, leur musc, etc., pour délimiter leur territoire.

odoriférant, ante [ɔdɔʀifeʀɑ̃, ɑ̃t] adj. Qui répand une odeur agréable. *Prairies odoriférantes.* – Lat. *odorifer.*

odyssée [ɔdise] n. f. **1.** Didac. Récit d'un voyage aventureux, plein de péripéties imprévues. **2.** Cour. Voyage plein de péripéties; vie mouvementée. – Du titre de *l'Odyssée,* en gr. *Odusseia,* «histoire d'Ulysse» (en gr. *Odusseus*), épopée d'Homère.

œcoumène. V. écoumène.

œcuménicité [ekymenisite] n. f. RELIG Caractère œcuménique. – De *œcuménique.*

œcuménique [ekymenik] adj. RELIG Universel. ▷ *Concile œcuménique:* concile universel des évêques de l'Église catholique, présidé par le pape ou par ses légats. ▷ *Conseil œcuménique des Églises:* association créée en 1948 pour la communion fraternelle des Églises chrétiennes non catholiques en quête d'unité. ▷ *Patriarche œcuménique:* titre que se donnent les patriarches de Constantinople. – Lat. médiév. *œcumenicus,* du gr. *oikoumenê (gê),* «terre habitée, univers».

œcuménisme [ekymenism] n. m. RELIG Mouvement visant à l'union de toutes les Églises chrétiennes en une seule. – De *œcuménique.*

ENCYCL En dépit de quelques réalisations pratiques traduisant un certain universalisme chrétien, le mouvement œcuménique ne vit le jour qu'au déb. du XXe s. (1910, prem. conférence missionnaire mondiale protestante d'Édimbourg). Toutes les confessions ont contribué à ce rassemblement, mais l'initiative en revint aux protestants, rejoints par les Églises orthodoxes. Un pas important fut franchi en 1948, quand fut créé le Conseil œcuménique des Églises (C.Œ.É.), qui rassemble la quasi-totalité des confessions chrétiennes, à l'exception de l'Église catholique. Celle-ci, mis à part les efforts de quelques pionniers isolés, ne considéra véritablement l'œcuménisme comme une tâche fondamentale qu'à partir du pontificat de Jean XXIII (création en 1960 d'un «Secrétariat pour l'Unité»); le décret *Unitatis Redintegratio* du concile Vatican II consacra, en 1964, cette volonté catholique d'œuvrer en faveur de l'union. Les rencontres de Paul VI et du patriarche Athénagoras à Jérusalem (1964) puis à Istanbul (1967), la levée (en 1965) de la double excommunication de 1054, posent de nouveaux jalons dans cette marche vers la réconciliation. L'évêque de Rome et celui de Constantinople, il est vrai, ne souhaitent pas encore être membres du C.Œ.É., mais, depuis 1967, un groupe mixte de travail étudie les types appropriés de relations à établir entre l'Église romaine et cet organisme. Leur coopération est déjà effective dans le cadre des commissions de Sodepax (Société, développement et paix). Enfin, d'autres réalisations, comme la traduction œcuménique de la Bible, sont auj. les signes d'une réelle collaboration entre toutes les Églises chrétiennes.

œcuméniste [ekymenist] adj. Qui se rapporte à l'œcuménisme. – Subst. Adepte de l'œcuménisme. – De *œcuménisme.*

œdémateux, euse [edematø, øz] adj. MED **1.** De la nature de l'œdème. **2.** Atteint d'œdème. – De *œdème.*

œdème [edɛm] n. m. MED Infiltration séreuse d'un tissu (partic. du tissu sous-cutané), qui se traduit par une bouffissure localisée ou diffuse. – *Œdème pulmonaire :* accumulation anormale de liquide dans les espaces interstitiels pulmonaires, se traduisant par une très forte gêne respiratoire et due le plus souvent à une défaillance cardiaque. – Gr. *oidêma,* de *oideîn,* «enfler».

œdicnème [ediknɛm] n. m. ZOOL Oiseau charadriiforme (genres *Esacus* et *Burhinus*) des zones tempérées et tropicales, de la taille d'un coq et qui se caractérise par une grande tête et de gros yeux. – Lat. zool. *œdicnemus,* du gr. *oideîn,* «enfler», et *knêmê,* «jambe».

œdipe [edip] n. m. PSYCHAN *Œdipe* ou *complexe d'œdipe:* conflit inconscient dans ses désirs à l'égard de ses parents, auquel est confronté, selon Freud, tout individu au cours de sa première enfance. – Du n. d'*œdipe,* personnage de la mythologie grecque qui épousa sa mère et tua son père.

ENCYCL Dans sa forme courante, les désirs amoureux de l'enfant se portent sur le parent du sexe opposé et l'hostilité, la jalousie, sur le parent du même sexe. La situation œdipienne, ou complexe d'œdipe, se caractérise dans tous les cas par cette structure affective triangulaire dans laquelle l'enfant et son désir sont mêlés avec ambivalence (l'amour qu'il éprouve ne va pas sans haine, sans jalousie, sans admiration) et avec un sentiment de culpabilité. Pour Freud et ses disciples, le drame œdipien conditionne l'évolution affective et sexuelle de l'enfant.

oedipien, ienne [edipjɛ̃, jɛn] adj. PSYCHAN Qui a trait à l'œdipe; qui est de la nature de l'œdipe. *Situation œdipienne.* – De *œdipe.*

oeil [œj], plur. **yeux** [jø] n. m. **I. 1.** Organe de la vue (le globe oculaire: iris, pupille, etc.; les paupières). *Avoir les yeux bleus, noirs. Perdre un œil dans un accident.* – Fig. et prov. (Allus. biblique.) *Œil pour œil, dent pour dent,* formule de la loi du talion. – *Avoir de bons yeux,* une bonne vue. – Loc. fig. *Avoir bon pied, bon œil:* être en bonne santé. – *Faire les gros yeux à qqn, à un enfant,* le regarder en prenant un air sévère. **2.** *Ouvrir, fermer les yeux,* les paupières. *Ouvrir des yeux ronds* (sous l'effet de la surprise). – Fig. *Ouvrir l'œil:* être très attentif. – *Ouvrir les yeux à qqn:* faire en sorte qu'il se rende à l'évidence. ▷ Fig. *Fermer les yeux:* mourir. *Fermer les yeux à qqn:* l'assister dans ses derniers moments. – Fig. *Fermer les yeux sur une chose:* faire semblant, par complicité, par indulgence ou par lâcheté, de ne pas la voir. – *Ne pas fermer l'œil (de la nuit):* ne pas trouver le sommeil. ▷ *Cligner de l'œil, des yeux. Faire un clin d'œil à qqn.* **3.** Regard. *Jeter un œil sur qqch,* l'examiner rapidement. – *Ses yeux sont tombés sur moi:* il m'a aperçu subitement. – *Sous les yeux de qqn:* à sa vue; juste devant lui. – *Cela saute aux yeux, crève les yeux:* cela est d'une évidence criante. – *Ne pas avoir les yeux dans sa poche:* voir (souvent, en faisant preuve d'une certaine indiscrétion) ce qui normalement n'attirerait pas l'attention de qqn d'autre. – *Visible à l'œil nu,* sans l'aide d'un instrument d'optique. – Fig. *Surveiller d'un œil,* distraitement. ▷ *Coup d'œil:* regard rapide. *Jeter un coup d'œil sur qqch.* – *Avoir le coup d'œil:* avoir le regard exercé, voir les choses promptement et avec exactitude. ▷ *Mauvais œil:* regard qui est censé porter malheur, faculté de porter malheur. **4.** loc. fig. *Coûter les yeux de la tête:* coûter excessivement cher. – *Tourner de l'œil:* s'évanouir. – Pop. *Se battre l'œil de qqch,* s'en moquer, n'y attacher aucune importance. *Se mettre le doigt dans l'œil:* se tromper lourdement. – Loc. exclam. fam. *Mon œil!* (exprimant l'incrédulité). ▷ Loc. adv. *À l'œil:* gratuitement (propr. vx en faisant crédit à qqn sur sa mine). **5.** (En tant qu'indice des qualités de l'âme, du caractère.) *L'œil mauvais, fourbe, etc.* ▷ Disposition, état d'esprit. *Voir qqn, qqch, d'un bon œil, d'un mauvais œil:* considérer qqn, qqch, favorablement, défavorablement. **II.** *Par anal.* (fonction). **1.** *Œil de verre:* œil artificiel en verre ou en émail qui remplace, dans l'orbite, un œil perdu et rend au visage son aspect normal. **2.** *Œil électrique:* cellule photoélectrique. **III.** *Par anal.* (forme). **1.** TECH (plur. *œils*). Ouverture, trou, sur divers articles ou instruments. *L'œil d'une aiguille,* son chas. *Œil d'une roue,* par lequel passe son axe. *Œil d'un marteau,* dans lequel on fixe le manche. ▷ MAR *Œil épissé:* boucle formée par l'extrémité d'un cordage repliée et épissée sur elle-même. ▷ IMPRIM Relief qui constitue la lettre, sur un caractère. **2.** Bulle de graisse qui nage à la surface d'un bouillon. – Chacun des trous qui se trouvent dans la mie de pain, dans certains fromages. **3.** ARBOR Bouton, bourgeon. – Du lat. *oculus ;* d'abord *ol, oil.*

ENCYCL L'œil humain est un organe irrégulièrement sphérique, de 2 à 3 cm de diamètre, qui pèse de 7 à 8 g. Calé dans l'orbite par un coussinet adipeux, il est fixé à l'os par 6 muscles moteurs: 4 droits et 2 obliques. L'œil est formé de 3 enveloppes (de l'extérieur vers l'intérieur): la *sclérotique,* la *choroïde* et la *rétine.* La sclérotique (le «blanc» de l'œil), cartilagineuse, devient transparente à la partie antérieure de l'œil, formant la *cornée.* Derrière, la choroïde se prolonge par les *procès ciliaires* et l'*iris,* qui limite la *pupille,* ouverture à diamètre variable, derrière laquelle se trouve une lentille biconvexe, le *cristallin.* La rétine, seule membrane sensible aux rayons lumineux, contient les cellules visuelles, à cônes et à bâtonnets. On distingue sur la rétine deux points spéciaux: la *tache jaune,* où se forment le plus nettement les images, et le *point aveugle,* où s'épanouit le nerf optique et qui est insensible aux rayons lumineux. Entre la cornée et le cristallin se trouve un liquide, l'*humeur aqueuse* et, à l'intérieur de l'œil, l'*humeur vitrée.* Les anomalies de l'œil entraînent des troubles de la vision: anomalies de courbure du cristallin ou de la rétine *(hypermétropie, presbytie, astigmatisme);* anomalie chromatique *(daltonisme).* Les atteintes de l'œil sont variées: contusions, brûlures, plaies du globe, inflammations des diverses enveloppes (conjonctivite, kératite, iritis); paralysies. La *cataracte* est une opacification du cristallin; le *glaucome,* une hypertension oculaire.

oeil-de-boeuf [œjdəbœf] n. m. ARCHI Ouverture ronde ou ovale destinée à donner du jour. *Des œils-de-bœuf.* – De *œil, de,* et *bœuf.*

oeil-de-chat [œjdəʃa] n. m. MINER Chrysobéryl chatoyant dont les nuances peuvent varier du jaune-vert au mauve-gris. *Des œils-de-chat.* – De *œil, de,* et *chat.*

oeil-de-perdrix [œjdəpɛʀdʀi] n. m. Cor entre deux orteils. *Des œils-de-perdrix.* – De *œil, de,* et *perdrix.*

oeil-de-tigre [œjdətigʀ] n. m. Quartz à inclusions d'amiante silicifiée présentant des fibres parallèles à reflets jaune-or. *Des œils-de-tigre.* – De *œil, de,* et *tigre.*

oeillade [œjad] n. f. Coup d'œil furtif, clin d'œil en signe de connivence. – *Spécial.* (En signe d'invite amoureuse.) *Lancer, décocher une œillade à qqn.* – De *œil.*

oeillère [œjɛʀ] n. f. **1.** Chacune des deux pièces de cuir attachées au montant de la bride d'un cheval pour l'empêcher de voir sur les côtés. ▷ Fig. *Avoir des œillères:* avoir une vue étroite ou partisane des choses; être borné. **2.** Petit récipient ovale pour les bains d'œil. – De *œil.*

1. oeillet [œjɛ] n. m. **1.** Petit trou rond, souvent bordé d'un renfort, servant à passer un cordon, un lacet, un cordage, un bouton, etc. **2.** Petite pièce métallique circulaire qui sert à renforcer la bordure d'un œillet. *Pince à œillet.* – Toute pièce servant à renforcer les bordures d'une perforation circulaire. **3.** Bassin d'un marais salant où s'opèrent la cristallisation et le ramassage du sel. – Dimin. de *œil.*

2. oeillet [œjɛ] n. m. **1.** Plante herbacée (genre *Dianthus,* fam. caryophyllacées) ornementale et très odorante à fleurs blanches, rouges ou roses. ▷ Fleur de cette plante. **2.** *Œillet d'Inde:* tagète (fam. composées). – De *œil,* nom anc. ou dial. de fleurs.

1. oeilleton [œjtɔ̃] n. m. Pièce adaptée à l'oculaire d'un instrument d'optique, d'un appareil photo, etc., pour permettre une meilleure position de l'œil de l'observateur. ▷ Petit viseur circulaire qui remplace le cran de mire sur certaines armes. – De *œillet* 1.

2. oeilleton [œjtɔ̃] n. m. BOT Bourgeon qui se développe au collet de certaines racines ou à l'aisselle des feuilles de certaines plantes et qu'on utilise pour leur reproduction. *Œilletons d'artichaut.* – De *œillet* 2.

oeilletonnage [œjtɔnaʒ] n. m. ARBOR Action d'œilletonner. – De *œilletonner.*

oeilletonner [œjtɔne] v. tr. [1] ARBOR **1.** Multiplier (une plante) en séparant les œilletons. **2.** Débarrasser (un arbre fruitier) de ses œilletons à feuilles; débarrasser (un arbre) de ses bourgeons à bois. – De *œilleton* 2.

oeillette [œjɛt] n. f. Pavot *(Papaver somniferum* var. *nigrum)* aux graines oléagineuses, dont on extrait l'*huile d'œillette.* – Altér. d'*oliette,* dér. d'*olie,* anc. forme d'*huile.*

oekoumène. V. écoumène.

oen(o)-. Élément, du gr. *oinos*, «vin».

oenanthe [ønɑ̃t] n. f. BOT Plante herbacée aquatique (genre *œnanthe*, fam. ombellifères), glabre et vénéneuse. – Mot lat. d'orig. grecque.

oenanthique [ønɑ̃tik] adj. Didac. Qui a trait au bouquet des vins. – Du bas lat. *œnanthium*, «essence de raisins sauvages».

oenilisme [enilism] ou **oenolisme** [enɔlism] n. m. MED Alcoolisme dû à l'abus du vin. – De *œn(o)-*, d'ap. *(alco)olisme*.

oenolique [enɔlik] adj. BIOCHIM *Acides œnoliques:* acides faibles qui colorent le vin rouge. – De *œnol* (vx), «vin servant d'excipient pharmaceutique», rad. *œn-*.

oenologie [enɔlɔʒi] n. f. Technique de la fabrication et de la conservation des vins. – De *œno-*, et *-logie*.

oenologique [enɔlɔʒik] adj. Relatif à l'œnologie. – De *œnologie*.

oenologue [enɔlɔg] n. Spécialiste d'œnologie. – De *œno-*, et *-logue*.

oenométrie [enɔmetʀi] n. f. TECH Analyse des caractéristiques d'un vin (mesure du degré en alcool, dosage des constituants, etc.). – De *œno-*, et *-métrie*.

oenométrique [enɔmetʀik] adj. TECH Relatif à l'œnométrie. – De *œnométrie*.

oenothera [enɔteʀa] ou **oenothère** [enɔtɛʀ] n. m. BOT Onagre (plante). – Gr. *oinothêras*.

oenothéracées [enɔteʀase] n. f. pl. BOT Famille de plantes dicotylédones dialypétales, fréquentes dans les lieux humides, qui comprend notam. l'épilobe et le fuchsia. – De *œnothera*.

oersted [œʀstɛd] n. m. PHYS Unité de mesure d'intensité de champ magnétique, remplacée auj. par l'*ampère par mètre*. – De Christian *œrsted* (1777-1851), physicien danois.

oerstite [œʀstit] n. f. METALL Variété d'acier contenant du titane et du cobalt, et à forte aimantation rémanente. – De *œrsted*, et *-ite* 3.

oesophage [ezɔfaʒ] n. m. ANAT Segment du tube digestif qui relie le pharynx à l'estomac. – Gr. *oisophagos*.

oesophagien, ienne [ezɔfaʒjɛ̃, jɛn] adj. ANAT, MED Relatif à l'œsophage. – De *œsophage*.

oesophagite [ezɔfaʒit] n. f. MED Inflammation de l'œsophage. – De *œsophage*, et *-ite* 1.

oesophagoscope [ezɔfagɔskɔp] n. m. MED Instrument servant à explorer l'œsophage. – De *œsophage*, et *-scope*.

oestradiol [østʀadjɔl] n. m. BIOL Œstrogène naturel très actif, considéré comme la véritable hormone femelle. V. encycl. œstrogène. – De *œstrus*.

oestral, ale, aux [østʀal, o] adj. BIOL *Cycle œstral:* succession de modifications cycliques affectant l'appareil génital des femelles des mammifères durant la période où elles sont aptes à la reproduction. – De *œstrus*.

oestre [østʀ] n. m. ZOOL Mouche au corps épais et velu, qui dépose ses œufs sous la peau ou dans les fosses nasales *(œstre du mouton)* des animaux domestiques. – Lat. *œstrus*, «taon».

oestrogène [østʀɔʒɛn] adj. et n. m. BIOL Qui déclenche l'œstrus chez la femme et les femelles des mammifères. *Hormones œstrogènes.* ▷ N. m. *Les œstrogènes.* – De *œstrus*, et *-gène*.

ENCYCL Chez la femme, les œstrogènes naturels, œstradiol et œstrone (ou folliculine), sont synthétisés par l'ovaire et par le placenta au cours de la grossesse et, chez l'homme, dans les testicules. En dehors de la grossesse, la sécrétion d'œstrogènes par la femme est cyclique, avec un pic au 14e jour du cycle, correspondant à l'ovulation. Cette sécrétion dépend des hormones hypophysaires. Le catabolisme des œstrogènes aboutit à l'œstriol, qui est éliminé dans les urines. L'action physiologique des œstrogènes s'exerce sur les voies génitales, sur les caractères sexuels secondaires et sur le métabolisme des lipides et des protéines.

oestrone [østʀɔn] n. f. Syn. (adopté par convention internationale) de *folliculine*. – De *œstrus*.

oestrus [østʀys] n. m. BIOL Phase du cycle œstral de la femme et des femelles des mammifères, correspondant à l'ovulation et à la période où la fécondation est possible. – Mot lat.; gr. *oistros*, «fureur».

oeuf, oeufs [œf, ø] n. m. **I. 1.** Produit de la ponte externe des oiseaux, de forme caractéristique *(ovoïde)*, comprenant une coquille, des membranes, des réserves. *Le blanc et le jaune de l'œuf. Œuf d'autruche.* ▷ ZOOL Produit de la ponte des reptiles, des poissons, des insectes. *Œuf de serpent. Œufs de cabillaud. Œufs d'esturgeon* (caviar). **2.** Œuf de poule, en tant qu'aliment. *Œuf à la coque, en gelée, sur le plat. Œuf dur.* **3.** loc. *Mettre tous ses œufs dans le même panier:* faire dépendre d'une seule chose une entreprise. – *Marcher sur des œufs:* se conduire avec une circonspection extrême dans des circonstances délicates. – *Tondre un œuf:* tenter de tirer profit des plus petites choses, être sordidement avare. – *Plein comme un œuf:* tout à fait plein, dans quoi il ne reste pas la moindre place. – *Étouffer, tuer dans l'œuf :* faire avorter (une entreprise à l'état de projet). – *C'est l'œuf de Colomb:* c'est une chose simple mais à laquelle il fallait penser (allusion à une anecdote selon laquelle Christophe Colomb aurait fait tenir debout un œuf, en en écrasant légèrement le bout). – Pop. *Va te faire cuire un œuf!:* va au diable, va te faire pendre ailleurs! **4.** Par anal. *Œuf de Pâques:* confiserie en forme d'œuf en sucre ou en chocolat, que l'on offre (aux enfants, en partic.) à l'occasion de Pâques. **II.** BIOL Cellule résultant de la fécondation du gamète femelle par le gamète mâle et dont le développement donnera un nouvel être vivant, animal ou végétal. Syn. zygote. – Lat. *ovum;* d'abord *of, uef, œf.*

ENCYCL Au sens large, l'œuf est le produit de la ponte externe des animaux ovipares; il comporte diverses annexes: réserves, coquille, membrane, etc. Au sens strict, l'œuf est la cellule diploïde résultant de la fécondation du gamète femelle, plus ou moins chargé de réserves *(vitellus)*, par le gamète mâle. Aussitôt la fécondation effectuée, l'œuf diploïde se développe, soit directement dans les voies génitales de la mère (animaux vivipares), soit à l'extérieur; dans ce dernier cas, il est protégé par une coquille de nature variable et éclôt sous la surveillance des parents (oiseaux, divers poissons, insectes, etc.) ou sans que cette surveillance s'exerce (reptiles, poissons, etc.).

oeuvé, ée [øve] adj. Se dit des poissons femelles qui portent des œufs. – De *œuf*.

oeuvre [œvʀ] n. **I.** n. f. **1.** Ce qui est fait, produit par quelque agent et qui subsiste après l'action. *Faire œuvre utile.* – Loc. *Être le fils de ses œuvres:* être arrivé au succès par son propre mérite. **2.** Action, activité, travail. Prov. *À l'œuvre on connaît l'ouvrier* (ou *l'artisan*). – *Être, se mettre à l'œuvre.* – *Mettre en œuvre:* employer (qqch) pour un usage déterminé. Fig. Avoir recours à. *Mettre tout en œuvre pour réussir.* ▷ Vieilli *Œuvre de chair:* relations sexuelles, dans le vocabulaire de la morale chrétienne. **3.** Organisation charitable. *Œuvre de bienfaisance. Laisser une partie de sa fortune à des œuvres.* **4.** Ouvrage littéraire, production artistique. *Œuvres choisies, complètes d'un écrivain. Une œuvre de jeunesse, de maturité.* **5.** MAR (au plur.) *Œuvres vives d'un navire:* partie de la coque qui est au-dessus de la ligne de flottaison. **II.** n. m. **1.** ALCHIM *Le grand œuvre:* la recherche de la pierre philosophale. **2.** Litt. Ensemble des œuvres (picturales, en partic.) d'un artiste. *L'œuvre peint de Michel-Ange.* **3.** CONSTR *Gros œuvre:* ensemble des ouvrages qui assurent la stabilité et la résistance d'une construction. *Second œuvre:* ensemble des aménagements. *En œuvre, hors œuvre:* dans le corps, hors du corps du bâtiment. – Loc. *À pied d'œuvre:* très près de la construction que l'on élève. *Apporter des matériaux à pied d'œuvre.* – Fig., cour. *Être à pied d'œuvre:* être sur le point d'entreprendre une besogne. – Du lat. *opera;* d'abord *uevre, œvre, ovre.*

œuvrer [œvʀe] v. intr. [1] Travailler, agir. *Œuvrer pour une cause.* – Du bas lat. *operare;* a. fr. *obrer, ovrer.*

offense [ɔfɑ̃s] n. f. **1.** Injure, affront. *Faire, recevoir une offense. Offense envers un chef d'État.* **2.** RELIG Péché (outrage fait à Dieu). – Lat. *offensa.*

offensé, ée [ɔfɑ̃se] adj. et n. Qui a reçu une offense. *Susceptibilité offensée.* ▷ Subst. *C'était l'offensé qui, dans un duel, avait le choix des armes.* – Pp. de *offenser.*

offenser [ɔfɑ̃se] **I.** v. tr. [1] **1.** Vieilli Blesser (les sens). *Lumière qui offense le regard.* **2.** Heurter, blesser, froisser (qqn). *Offenser un ami.* **3.** RELIG *Offenser Dieu,* par le péché. **II.** v. pron. *S'offenser:* se fâcher, se vexer, se considérer comme offensé. *Elle s'offense d'un rien.* – De *offense.*

offenseur [ɔfɑ̃sœʀ] n. m. Celui qui offense. – De *offenser.*

offensif, ive [ɔfɑ̃sif, iv] adj. et n. **I.** adj. Qui attaque; qui sert à attaquer. *Grenade offensive.* **II.** n. f. **1.** Initiative des opérations militaires. *Prendre l'offensive.* **2.** Fig. Attaque. *Mener une vigoureuse offensive contre les abus.* – Du lat. *offendere,* «se heurter contre».

offensivement [ɔfɑ̃sivmɑ̃] adv. D'une manière offensive. – De *offensif.*

offertoire [ɔfɛʀtwaʀ] n. m. LITURG Moment de la messe où le prêtre fait l'oblation du pain et du vin. ▷ Prière dite à ce moment. ▷ Morceau de musique exécuté à ce moment. – Bas lat. *offertorium.*

office [ɔfis] n. m. **1.** Vx Devoir. **2.** Vieilli Fonction. Loc. Mod. *Remplir son office. Faire office de:* servir de. ▷ Loc. *D'office:* sans l'avoir demandé, par ordre d'une autorité supérieure. *Avocat désigné d'office.* **3.** Plur. *Bons offices:* services. *Offrir ses bons offices à qqn.* – Médiation diplomatique. **4.** Anc. Charge avec juridiction. *Acheter un office de connétable.* **5.** Bureau, agence. *Office touristique.* **6.** ADMIN Établissement d'État ou d'une collectivité publique doté de la personnalité morale et de l'autonomie financière. *Office de la langue française. Office de la protection du consommateur.* **7.** LITURG *Office divin,* ou, absol., *office:* service religieux. *L'office des morts.* **8.** Pièce proche de la cuisine où les gens de maison préparent le service de la table. – Lat. *officium.*

official, aux [ɔfisjal, o] n. m. DR CANON Ecclésiastique délégué par l'évêque pour exercer en son nom diverses fonctions de juge dans le diocèse (conflits mettant un clerc en cause, causes matrimoniales, discipline du clergé). – Lat. jur. *officialis,* «appariteur».

officialisation [ɔfisjalizasjɔ̃] n. f. Action d'officialiser. – De *officialiser.*

officialiser [ɔfisjalize] v. tr. [1] Rendre officiel. – Du rad. de *officiel.*

officialité [ɔfisjalite] n. f. DR CANON Juridiction de l'official. – Sa charge. – Tribunal où l'official rend justice. – De *official.*

officiant [ɔfisjɑ̃] n. m. (et adj. m.) RELIG CATHOL Prêtre qui célèbre l'office. – Ppr. subst. du v. *officier.*

officiel, elle [ɔfisjɛl] adj. et n. m. **1.** adj. Qui émane d'une autorité constituée. *Mettre en doute l'interprétation officielle d'un événement. Avis officiel d'une nomination. La Gazette officielle du Québec.* **2.** Qui représente une telle autorité. *Les personnages officiels.* ▷ N. m. *L'entrée des officiels.* – *Par ext.* Responsable, organisateur d'une compétition sportive. (Rem.: Comme forme féminine du substantif, l'OLF recommande *une officielle.*) – Bas lat. *officialis,* de *officium,* «office»; angl. *official.*

officiellement [ɔfisjɛlmɑ̃] adv. D'une manière officielle. *Candidat officiellement désigné.* – De *officiel.*

1. officier [ɔfisje] v. intr. [1] **1.** Célébrer l'office divin. **2.** Fig., plaisant. Faire une chose banale en s'entourant d'une certaine solennité. *Il faut découper le poulet, voulez-vous officier?* – Lat. médiév. *officiare,* de *officium,* «office».

2. officier [ɔfisje] n. m. **1.** Anc. Titulaire d'un office (sens 4). ▷ Domestique d'une grande maison, qui avait soin de l'office, qui gardait le linge, etc. *Officier de bouche.* **2.** Personne qui remplit une charge civile. *Officier ministériel. Officier de l'état civil.* ▷ *Officier public:* personne à qui l'État a conféré une charge publique et qui a le pouvoir d'authentifier les actes qu'elle fait en cette qualité. *Le notaire, l'huissier, le greffier sont des officiers publics.* **3.** Militaire qui exerce un commandement avec un grade allant de celui de sous-lieutenant à celui de général ou d'amiral. *Officiers supérieurs, officiers généraux.* ▷ Membre de l'état-major d'un navire marchand. ▷ Membre du personnel d'encadrement de l'Armée du Salut. **4.** Titulaire d'un grade, dans un ordre honorifique. *Officier de l'Ordre du Canada.* – Lat. médiév. *officiarius,* «chargé d'une fonction».

officière [ɔfisjɛʀ] n. f. **1.** Vx Religieuse titulaire d'un office (sens 2). **2.** Femme officier, dans l'Armée du Salut. – De *officier.*

officieusement [ɔfisjøzmɑ̃] adv. D'une manière officieuse. – De *officieux.*

officieux, euse [ɔfisjø, øz] adj. **1.** Vieilli Obligeant, serviable. **2.** Qui émane d'une source autorisée, mais qui n'a pas de caractère officiel. *La nouvelle est encore officieuse.* – Lat. *officiosus,* de *officium,* au sens de «service rendu».

officinal, ale, aux [ɔfisinal, o] adj. Didac. Qui entre dans les préparations pharmaceutiques. *Plantes officinales.* – De *officine.*

officine [ɔfisin] n. f. **1.** Laboratoire d'un pharmacien. **2.** Fig., péjor. Lieu où se trament des choses louches. *Officine de conspirateurs.* – Lat. *officina,* «atelier, fabrique».

oflag. V. oflag.

offrande [ɔfʀɑ̃d] n. f. **1.** Litt. Don. *Apporter son offrande à une souscription.* **2.** Don fait à une divinité, à ses ministres. **3.** LITURG Partie de certaines messes solennelles où sont reçus les dons des fidèles. – Lat. médiév. *offeranda,* subst. au f., du lat. class. *offeranda,* «chose à offrir».

offrant [ɔfʀɑ̃] n. m. *Le plus offrant:* celui qui offre le prix le plus élevé. *Adjudication au plus offrant.* – D'*offrir.*

offre [ɔfʀ] n. f. **1.** Action d'offrir qqch. – *Spécial.* Le fait de proposer un prix pour qqch. *Faire une offre.* V. offrir 3. ▷ Ce qui est offert. *Accepter, repousser une offre.* **2.** DR Action de proposer le paiement d'une dette ou l'exécution d'une obligation pour éviter des poursuites. **3.** Quantité de marchandises ou de services proposée sur le marché. *La loi de l'offre et de la demande.* ▷ *Offre publique d'achat* (*O.P.A.* par abrév.): offre publique faite par une société aux actionnaires d'une autre société de racheter leurs actions à un prix supérieur à celui coté en Bourse. – De *offrir.*

offrir [ɔfʀiʀ] **I.** v. tr. **[35] 1.** Présenter, proposer (qqch) à qqn. *Offrir ses services à qqn. Offrir des gâteaux. Offrir son bras à qqn,* en signe de civilité. **2.** Donner comme cadeau. *Offrir un disque à qqn pour Noël.* **3.** Proposer en échange de qqch. *Il offre tant de la maison.* **4.** Présenter à la vue, à l'esprit. *Ce tableau offre un exemple de la seconde manière du peintre.* **II.** v. pron. *S'offrir à* (+ inf.). Se proposer pour (faire telle chose). *Je m'offre à vous reconduire.* ▷ Se présenter. *Une occasion s'offre à vous.* – Lat. pop. **offerire,* class. *offerre.*

offset [ɔfsɛt] n. m. inv. IMPRIM Procédé d'impression industrielle dérivé de la lithographie, dans lequel le report du texte ou de l'image à imprimer se fait d'abord de la forme d'impression sur un rouleau spécial (blanchet en caoutchouc), puis de ce rouleau au papier. – Appos. *Machine offset,* qui permet d'imprimer en offset. – Mot angl., «report».

off shore ou **offshore** [ɔfʃɔʀ] adj. inv. et n. m. Américanisme TECH **1.** Qui a rapport aux techniques de recherche, de forage et d'exploitation des gisements pétroliers marins. *Prospection off shore.* ▷ N. m. *L'off shore:* l'ensemble de ces techniques. **2.** *Commandes, achats off shore,* portant sur du matériel de guerre, et effectués par les États-Unis dans les pays mêmes où l'armée américaine est stationnée. – Mots angl. «loin du rivage», de *off,* «loin de, hors de», et *shore,* «rivage».

offusquer [ɔfyske] v. tr. **[1] 1.** Vieilli Obscurcir. *«Le soleil offusqué»* (Paul Morand). **2.** Choquer, porter ombrage à. *Son franc-parler offusque les gens.* ▷ v. pron. réfl. *S'offusquer:* être choqué, froissé. *S'offusquer d'une remarque.* – Lat. ecclés. *offuscare,* «obscurcir».

oflag ou **offlag** [ɔflag] n. m. Camp d'officiers prisonniers, en Allemagne, pendant les deux guerres mondiales. – Abrév. de l'all. *Offizierlager.*

og(h)am [ɔgam] ou **og(h)amique** [ɔgamik] adj. et n. m. Se dit de l'écriture celtique d'Irlande et du pays de Galles (V[e]-VIIe s.). – N. m. *L'ogham:* cette écriture. – De *Og(h)am,* inventeur mythique de cette écriture.

ogival, ale, aux [ɔʒival, o] adj. En forme d'ogive. ▷ Vx *Style ogival,* gothique. – De *ogive.*

ogive [ɔʒiv] n. f. **1.** Arc bandé en diagonale sous une voûte pour la renforcer. *Croisée d'ogives,* formée par deux arcs qui se croisent à la clef de voûte. *La voûte d'ogives est caractéristique des monuments du Moyen Âge de style gothique, du XIIe au XIVe s.* **2.** *Par ext., abusiv.* Arcade formée de deux arcs qui se coupent à angle aigu. **3.** Partie d'un objet dont le profil est en forme d'ogive. *L'ogive d'un obus. – Ogive nucléaire:* ogive d'une bombe ou d'un missile, contenant une charge nucléaire. – Orig. incert.; p.-ê. anglo-norm. *ogé,* du lat. *obviatum,* supin de *obviare,* «s'opposer», avec suff. lat. *-ivus.*

ogre [ɔgʀ], **ogresse** [ɔgʀɛs] n. Personnage mythique (légendes, contes de fées), géant(e) avide de chair humaine. – Loc. *Manger comme un ogre,* énormément. – Altér. probabl. de *orc,* lat. *Orcus,* nom d'une divinité infernale.

oh! [o] interj. **1.** (Marquant la surprise ou l'admiration.) *Oh! c'est toi!* **2.** (Insistant de manière expressive sur ce que l'on dit.) *Oh! si je pouvais réussir!* – Lat. *oh!,* anc. *ho!*

ohé! [ɔe] interj. (Pour appeler.) *Ohé! du bateau!* – Lat. *ohe.*

ohm [om] n. m. ELECTR Unité de résistance, de symbole Ω, résistance d'un conducteur que traverse un courant de 1 ampère lorsqu'une différence de potentiel de 1 volt est appliquée à ses extrémités. – Du n. de Georg *Ohm* (1787-1854), physicien allemand.

ohmique [omik] adj. ELECTR Qui a rapport au phénomène de résistance électrique ou à la loi à laquelle il obéit. – Du préc.

ohmmètre [ommɛtʀ] n. m. ELECTR Instrument servant à mesurer les résistances électriques. – De *ohm,* et *-mètre.*

-oïde, -oïdal. Éléments, du gr. *eidês,* indiquant l'idée de ressemblance (de *eidos,* «aspect»).

oïdie [ɔidi] n. f. BOT Élément reproducteur des champignons supérieurs (basidiomycètes). – De *oïdium.*

oïdium [ɔidjɔm] n. m. **1.** BOT Champignon unicellulaire dont les diverses variétés sont de redoutables parasites des plantes cultivées. *Oïdium du houblon, du rosier, de la vigne.* **2.** Maladie due à ces champignons. – Lat. scientif., du gr. *ôoeidês,* «ovoïde».

oie [wa] n. f. **1.** Grand oiseau migrateur (fam. anatidés, ordre des ansériformes) au long cou, dont une espèce est domestiquée depuis l'Antiquité; *spécial.* l'oiseau femelle. *Le jars est le mâle de l'oie. L'outarde est une oie sauvage américaine. Les oies blanches se regroupent par milliers sur les battures du Cap-Tourmente. Dans le sud de la France, on engraisse les oies domestiques pour obtenir le foie gras. Plume d'oie,* utilisée autref. pour écrire. **2.** *Jeu de l'oie:* jeu consistant à faire avancer un pion selon le nombre de points obtenus aux dés, sur un tableau à cases numérotées et où sont figurées des oies. ▷ *Pas de l'oie:* pas de parade en usage dans certaines armées. **3.** Fig. et péjor. Personne fort niaise. *Oie blanche:* jeune fille candide et niaise. – Du bas lat. *auca,* du lat. class. *avis,* «oiseau».

oignon [ɔɲõ] n. m. **I. 1.** Plante potagère (*Allium cepa,* fam. liliacées) cultivée pour ses bulbes, de saveur et d'odeur fortes, composés de plusieurs tuniques s'enveloppant les unes dans les autres. **2.** Bulbe de l'oignon. *Pleurer en épluchant les oignons* (à cause de l'huile volatile lacrymogène que renferme la plante). *Soupe, tarte à l'oignon.* **3.** loc. fig., fam. *Aux petits oignons:* très bien. *Se mêler de ses oignons:* s'occuper de ses affaires et non de celles des autres. *En rang d'oignons:* aligné. **4.** Bulbe de diverses plantes, liliacées notam. *Oignons de tulipe.* **II.** Fig. **1.** Induration douloureuse qui se développe surtout près des orteils, et qui est due à la compression du pied par une chaussure trop étroite. **2.** Montre de gilet ancienne, à verre bombé. – Du lat. dial. *unio, unionis* .

oignonade [ɔɲɔnad] n. f. Mets à base d'oignons. – De *oignon.*

oignonière [ɔɲɔnjɛʀ] AGRIC Terrain semé d'oignons. – De *oignon.*

oïl [ɔjl] Particule affirmative, forme anc. de oui. ▷ *Langue d'oïl,* parlée en France au Moyen Âge au nord de la Loire (opposé à *oc*). – A. fr. *o,* «cela»; du lat. *hoc,* et *il.*

oindre [wɛ̃dʀ] v. tr. **[66] 1.** Vx ou litt. Enduire d'une substance grasse. – Prov. *Oignez vilain, il vous poindra, poignez vilain, il vous oindra:* caressez un rustre, il vous rebutera; rebutez-le, il vous caressera (il faut en user rudement avec les gens grossiers si l'on veut être respecté). **2.** RELIG CATHOL Frotter avec les saintes huiles. – Du lat. *ungere.*

oing ou **oint** [wɛ̃] n. m. TECH *Vieux oing:* vieille graisse pour graisser les essieux. – Du lat. *unguen,* «graisse».

oint, ointe [wɛ̃, wɛ̃t] adj. et n. **I** adj. **1.** Enduit d'une substance grasse, d'huile. **2.** Consacré avec une huile bénite. **II.** n. m. RELIG CATHOL Personne consacrée par l'onction. *L'Oint du Seigneur:* Jésus. – Pp. de *oindre.*

oiseau [wazo] n. m. **1.** Vertébré ovipare, couvert de plumes, ayant deux pattes et deux ailes, à la tête munie d'un bec et généralement adapté au vol. – *Chant, cri, gazouillis, sifflement des oiseaux. Migration des* *oiseaux.* Litt. *L'oiseau de Jupiter:* l'aigle. *L'oiseau de Minerve:* la chouette. **2.** loc. Fig. *L'oiseau s'est envolé:* la personne que l'on venait chercher est déjà partie. *Être comme l'oiseau sur la branche*.* – Prov. *Petit à petit l'oiseau fait son nid:* des efforts patients conduisent au but. ▷ *À vol d'oiseau:* en ligne droite. **3.** Fam., péjor. Individu. *En voilà un drôle d'oiseau! Vilain oiseau. Oiseau de malheur, de mauvais augure*.* – Plaisant, souvent iron. *Oiseau rare:* personne douée de qualités exceptionnelles. **4.** TECH Chevalet de couvreur. – Du lat. pop. *aucellus,* de *avicellus,* dimin. de *avis,* «oiseau»; a. fr. *oisel.*

ENCYCL Les oiseaux forment une classe d'animaux vertébrés caractérisés par leur adaptation au vol, leurs membres antérieurs s'étant transformés en ailes. La peau est couverte de plumes permettant de développer une grande surface légère et imperméable à l'air. La moelle des os est remplacée par de l'air (os pneumatique), ce qui abaisse la densité du corps. Le sternum porte une lame osseuse, le bréchet, où s'insèrent les puissants muscles moteurs des ailes. Diverses soudures dans la colonne vertébrale et dans les membres postérieurs rigidifient le squelette en vue de l'atterrissage. L'appareil respiratoire présente plusieurs caractéristiques: à la division de la trachée en deux bronches se trouve l'organe du chant, la *syrinx;* les bronches sont prolongées par les poumons et, dans tout le corps, par des *sacs aériens* qui abaissent aussi la densité. Le tube digestif, l'appareil génital, l'appareil urinaire débouchent dans une poche unique: le *cloaque.* L'ouïe et la vue sont très développées, les yeux peuvent couvrir un champ visuel très étendu (de 300° chez les pigeons). Les oiseaux sont extrêmement résistants et peuvent voler très vite (jusqu'à 200 km/h pour le martinet) et très longtemps (migration). L'accouplement est précédé de parades nuptiales compliquées; les oiseaux construisent des nids de diverses formes pour y couver leurs œufs et y élever leurs petits. Certains (comme le coucou), qui confient leurs œufs à d'autres espèces d'oiseaux, se comportent comme de véritables parasites. Les oiseaux ont un comportement évolué: certains utilisent des outils, d'autres vivent en colonies très hiérarchisées. Le premier animal volant, apparu au Jurassique, fut l'archéoptéryx, issu des reptiles et ancêtre des oiseaux. Une évolution lente, qui connut des formes géantes, a abouti à l'oiseau actuel. De nombreux oiseaux sont domestiques, certains (la poule, notam.) depuis la préhistoire.

oiseau-lyre [wazoliʀ] n. m. Ménure. *Des oiseaux-lyres.* – De *oiseau,* et *lyre.*

oiseau-mouche [wazomuʃ] n. m. Colibri. *Des oiseaux-mouches.* – De *oiseau,* et *mouche,* à cause de sa petite taille.

oiseler [waz(ə)le] **1.** v. tr. [22] Dresser (un oiseau) pour la chasse au vol. **2.** v. intr. Tendre des pièges aux oiseaux. – De l'a. fr. *oisel,* «oiseau».

oiselet [waz(ə)lɛ] n. m. Vieilli Petit oiseau. – De l'a. fr. *oisel,* «oiseau».

oiseleur [waz(ə)lœʀ] n. m. Celui qui fait métier de prendre les oiseaux. – De *oiseler.*

oiselier, ière [wazəlje, jɛʀ] n. Rare Personne qui élève, vend des oiseaux. – De l'a. fr. *oisel,* «oiseau».

oiselle [wazɛl] n. f. **1.** Vx Femelle d'oiseau. **2.** Mod., fam. et péjor. Jeune fille niaise et naïve. – Fém. de l'a. fr. *oisel,* «oiseau».

oisellerie [wazɛlʀi] n. f. **1.** Métier de l'oiselier. **2.** Endroit où l'on élève des oiseaux. – De l'a. fr. *oisel,* «oiseau».

oiseux, euse [wazø, øz] adj. Inutile, vain. *Discours oiseux.* – Du lat. *otiosus,* «oisif».

oisif, ive [wazif, iv] adj. et n. **1.** adj. Inactif, désœuvré, sans occupation. **2.** n. Personne qui n'exerce aucune profession, dont tout le temps est libre. – De *oiseux,* par changement de suff.

oisillon [wazijɔ̃] n. m. Petit oiseau. – Jeune oiseau. – Dimin. d'*oiseau.*

oisivement [wazivmɑ̃] adv. D'une manière oisive. – De *oisif.*

oisiveté [wazivte] n. f. État d'une personne oisive; désœuvrement. – De *oisif.*

oison [wazɔ̃] n. m. **1.** Jeune oie. **2.** *Par métaph.* et péjor. Personne niaise, ou naïve et inexpérimentée. – Du lat. pop. **aucio, aucionis,* de *auca,* «oie»; réfection d'ap. *oiseau,* de l'a. fr. *osson.*

O.K. [ɔke] adv. et adj. inv. Fam. D'accord. – Mot amér., abrév. de *oll korrect,* altér. de *all correct,* «tout va bien».

oka [oka] n. m. Fromage de lait de vache à pâte ferme, fabriqué selon les techniques traditionnelles du monastère trappiste d'Oka. – Du n. du village québécois (comté des Deux-Montagnes).

okapi [ɔkapi] n. m. Ruminant (fam. girafidés) des forêts du Zaïre, haut de 1,60 m au garrot, au pelage brun, à la croupe et aux pattes antérieures rayées de blanc. – Mot bantou, par l'angl.

okoumé [ɔkume] n. m. Arbre d'Afrique équatoriale dont le bois rose et tendre est utilisé en ébénisterie et dans la fabrication du contre-plaqué. – Mot d'une langue du Gabon.

-ol. Élément, du lat. *oleum,* «huile», servant à caractériser certaines substances chimiques.

olé! ou **ollé!** [ɔle] interj. espagnole qui sert à encourager (en particulier dans les corridas). ▷ Loc. adj. fam. *Olé olé:* licencieux, polisson. *Des plaisanteries un peu olé olé.* – Mot esp., de l'ar.

olé-, olé(i)-, olé(o)-. Éléments, du lat. *olea,* «olivier», *oleum,* «huile».

oléacées [ɔlease] n. f. pl. BOT Famille de dicotylédones gamopétales comprenant des arbres (genre *Olea,* comme l'olivier, le frêne, etc.) et des arbustes (lilas, troène, etc.). – Du lat. *olea,* «olivier».

oléagineux, euse [ɔleaʒinø, øz] adj. et n. m. **1.** De la nature de l'huile. **2.** Qui contient, qui peut fournir de l'huile. *Graine oléagineuse.* ▷ N. m. Plante oléagineuse. – Du lat. *oleaginus,* «relatif à l'olivier».

oléate [ɔleat] n. m. CHIM Sel ou ester de l'acide oléique. – De *olé(ique),* et *-ate.*

olécrane ou **olécrâne** [ɔlekʀɑn] n. m. ANAT Apophyse de l'extrémité supérieure du cubitus, formant le relief osseux du coude. – Gr. *ôlekranon,* de *ôle(nê),* «bras, coude», et *kranion,* «tête».

oléfiant, ante [ɔlefjɑ̃, ɑ̃t] adj. CHIM Qui produit de l'huile. – De *olé-.*

oléfine [ɔlefin] n. f. CHIM Hydrocarbure insaturé contenant au moins une double liaison carbone-carbone. *Les oléfines, ou hydrocarbures éthyléniques, très réactifs, jouent un rôle fondamental dans l'industrie chimique.* – Mot angl., de *oléf(iant),* et *-ine.*

oléi-. V. olé-.

oléicole [ɔleikɔl] adj. AGRIC Relatif à l'oléiculture. – De *oléi-,* d'ap. *agricole.*

oléiculteur, trice [ɔleikyltœʀ, tʀis] n. AGRIC Personne qui pratique l'oléiculture. – De *oléi-,* d'ap. *agriculteur.*

oléiculture [ɔleikyltyʀ] n. f. AGRIC Culture des oliviers. – De *oléi-,* et *culture.*

oléine [ɔlein] n. f. CHIM Ester triglycérique de l'acide oléique. – De *olé-,* et *-ine.*

oléo-. V. olé-.

oléique [ɔleik] adj. CHIM *Acide oléique:* acide gras naturel très répandu dans les graisses animales et végétales, utilisé dans la fabrication du savon et de la peinture. – De *olé-*, et *-ique*.

oléoduc [ɔleɔdyk] n. m. TECH Grosse conduite servant au transport des hydrocarbures liquides. V. pipeline. – De *oléo-*, sur le modèle d'*aqueduc*.

oléolat [ɔleɔla] n. m. PHARM Huile essentielle. – Du lat. *oleum*, «huile».

oléomètre [ɔleɔmɛtʀ] n. m. TECH Appareil servant à mesurer la densité des huiles. – De *oléo-*, et *-mètre*.

oléopneumatique [ɔleɔpnømatik] adj. TECH *Système de suspension oléopneumatique*, comprenant une membrane qui comprime un matelas d'air et un circuit d'huile qui sert à transmettre les efforts. – De *oléo-*, et *pneumatique*.

oléum [ɔleɔm] n. m. CHIM Acide sulfurique fumant, utilisé dans la fabrication des phénols, des colorants et des explosifs. – Lat *oleum*, «huile».

olfactif, ive [ɔlfaktif, iv] adj. Relatif à l'odorat. – Du lat. *olfactus*, «odorat».

olfaction [ɔlfaksjɔ̃] n. f. Didac. Sens de l'odorat. – Du lat. *olfactus*, «odorat».

oliban [ɔlibɑ̃] n. m. Rare Encens. – Bas lat. *olibanus*, ar. *al-Lūbān*.

olibrius [ɔlibʀiys] n. m. **1.** Dans les mystères du Moyen Âge, personnage bravache et fanfaron. **2.** Fam., péjor. Personnage ridicule, pédant et importun. – D'*Olybrius*, n. donné par la légende au persécuteur de sainte Marguerite, d'après le nom d'un empereur romain du Ve s., incapable et fanfaron.

olifant [ɔlifɑ̃] n. m. Petit cor d'ivoire que portaient les chevaliers. *Roland à Roncevaux sonna de l'olifant.* (S'écrivait autrefois *oliphant*). – Altér. d'*éléphant*.

olig(o)-. Élément, du gr. *oligos*, «petit, peu nombreux».

oligarchie [ɔligaʀʃi] n. f. Didac. Régime politique dans lequel le pouvoir est aux mains d'un petit nombre d'individus ou de familles; ces individus ou ces familles. *L'oligarchie romaine.* – Gr. *oligarkhia*, «commandement de quelques-uns».

oligarchique [ɔligaʀʃik] adj. Didac. Relatif à l'oligarchie. *État oligarchique.* – Gr. *oligarkhikos*.

oligarque [ɔligaʀk] n. m. Didac. Membre d'une oligarchie. – Gr. *oligarkhês*.

oligiste [ɔliʒist] adj. (et n. m.) MINER *Fer oligiste:* hématite formée de grands cristaux lamellaires hexagonaux à éclat métallique gris. – Subst. *De l'oligiste.* – Gr. *oligistos*, superl. de *oligos*, «peu», ce minerai étant relativement peu riche en fer.

oligo-. V. olig(o)-.

oligocène [ɔligɔsɛn] n. m. et adj. GEOL Partie du Nummulitique (période la plus ancienne du Tertiaire), caractérisée par la prolifération des nummulites, des oiseaux, des mammifères, des angiospermes. – Adj. *Faune oligocène.* – De *oligo-*, et gr. *kainos*, «récent».

oligochètes [ɔligɔkɛt] n. m. pl. ZOOL Classe d'annélides dont chaque segment porte un petit nombre de soies. (On divise cette classe en deux groupes: celui des vers terrestres ou terricoles – lombric – et celui des vers d'eau douce ou limicoles – tubifex.) – De *oligo-*, et gr. *khaitê*, «chevelure».

oligoclase [ɔligɔklaz] n. f. MINER Variété de feldspath contenant du sodium et du calcium. – De *oligo-*, et gr. *klasis*, «rupture».

oligo-élément ou **oligoélément** [ɔligoelemɑ̃] n. m. BIOCHIM Élément qui existe à l'état de traces dans l'organisme, à la vie duquel il est indispensable. – De *oligo-*, et *élément*.

ENCYCL Les princ. oligoéléments sont, par ordre de concentration décroissante, le magnésium, le fer, le silicium, le zinc, le rubidium, le cuivre, le brome, l'étain, le manganèse, l'iode, l'aluminium, le plomb, le molybdène, le bore, l'arsenic, le cobalt et le lithium. Ils agissent rarement à l'état libre mais en formant des complexes. Ils jouent le rôle de transporteurs d'oxygène (Fe^{2+} pour l'hémoglobine).

oligophrénie [ɔligofʀeni] n. f. MED Arriération mentale. ▷ *Oligophrénie phénylpyruvique:* syn. de *phénylcétonurie*. – De *oligo-*, et gr. *phrên*, «intelligence».

oligopole [ɔligopɔl] n. m. ECON Marché caractérisé par un petit nombre de vendeurs face à un grand nombre d'acheteurs. – De *oligo-*, et *(mono)pole*.

oligopolistique [ɔligopɔlistik] adj. ECON Qui a trait à une situation d'oligopole. – De *oligopole*.

oligurie [ɔligyʀi] n. f. MED Diminution de la quantité d'urine émise en un temps donné. – De *olig(o)-*, et *-urie*.

olivaie [ɔlivɛ] ou **oliveraie** [ɔlivʀɛ] n. f. Lieu planté d'oliviers. Syn. olivette (sens 1). – De *olive* ou de *olivier*.

olivaison [ɔlivɛzɔ̃] n. f. AGRIC Récolte des olives. – Époque où elle se fait. – De *olive*.

olivâtre [ɔlivɑtʀ] adj. Qui tire sur le vert olive. *Teint olivâtre*, bistre, mat. – De *olive*, et *-âtre*.

olive [ɔliv] n. f. **1.** Fruit (drupe) comestible de l'olivier, dont la pulpe pressée fournit de l'huile. *Huile d'olive. Olives vertes*, cueillies avant maturité et conservées dans la saumure. *Olives noires*, cueillies mûres, ébouillantées, et conservées dans l'huile. *Olives farcies.* **2.** Appos. *Couleur olive, vert olive*, ou absol. *olive:* couleur verdâtre tirant sur le brun. *Des robes olive.* **3.** ARCHI Motif décoratif en forme d'olive. **4.** TECH Objet ayant la forme d'une olive (bouton de porte, interrupteur électrique, etc.). **5.** ANAT *Olives bulbaires:* éminences de la face antérieure du bulbe rachidien. – Provenç. et lat. *oliva*.

oliveraie. V. olivaie.

olivétain, aine [ɔlivetɛ̃, ɛn] n. RELIG Moine, moniale, de la congrégation bénédictine fondée au XIVe s. par Bernardo Tolomei sur le mont Olivet (Monte Oliveto), proche de Sienne (Italie). – De mont *Olivet*.

olivette [ɔlivɛt] n. f. **1.** Oliveraie. **2.** Raisin à grains de forme allongée. **3.** Variété de tomate oblongue. – De *olive*.

olivier [ɔlivje] n. m. Arbre des régions méditerranéennes (*Olea europaea*, type de la fam. des oléacées) au tronc tortueux, aux feuilles simples argentées à leur face inférieure, aux fleurs blanches, dont le fruit est l'olive. HIST *Mont des Oliviers:* colline, proche de Jérusalem, où Jésus fut fait prisonnier au lieu-dit *jardin des Oliviers*, ainsi nommé parce que s'y trouvait un pressoir à huile. ▷ Bois dur et odorant de cet arbre, d'une couleur variant entre le jaune doré et le brun clair, fort apprécié pour son grain fin et serré et son riche veinage. *Coupe, mortier en olivier.* – De *olive*.

olivine [ɔlivin] n. f. MINER Variété très répandue de péridot (pierre semi-précieuse), de couleur vert olive. – De *olive*.

ollaire [ɔllɛʀ] adj. TECH *Pierre ollaire:* pierre tendre servant à faire des vases. – Bas lat. *ollarius*, de *olla*, «pot».

ollé. V. olé.

olographe [ɔlɔgʀaf] adj. DR Se dit d'un testament daté, signé et écrit en entier de la main du testateur. – Lat. *olographus*, pour *holographus*, mot gr., de *holos*, «entier».

olympiade [ɔlɛ̃pjad] n. f. **1.** Espace de quatre ans qui séparait deux célébrations consécutives des jeux Olympiques grecs. **2.** Jeux Olympiques. *Les prochaines olympiades.* – Du lat. *olympias, olympiadis,* gr. *olumpias, olumpiados,* du n. d'*Olumpia,* «Olympie», ville d'Élide, région de Grèce.

olympien, ienne [ɔlɛ̃pjɛ̃, jɛn] adj. **1.** MYTH Qui habite l'Olympe, le séjour des dieux. *Zeus olympien.* **2.** Litt. D'une noblesse sereine et majestueuse. *Calme olympien.* – Lat. *olympius,* gr. *olumpios.*

olympique [ɔlɛ̃pik] adj. **1.** ANTIQ GR Relatif à Olympie. *Jeux Olympiques:* jeux donnés tous les quatre ans à Olympie en l'honneur de Zeus. Mod. Manifestations sportives internationales. V. encycl. jeu. **2.** Qui se rapporte aux jeux Olympiques. *Record olympique.* – Lat. *olympicus,* gr. *olumpikos.*

ombelle [ɔ̃bɛl] n. f. BOT Type d'inflorescence formée d'axes secondaires qui partent tous en rayonnant du même point de l'axe principal. (Si chaque axe secondaire porte une fleur unique, l'ombelle est dite *simple*; s'il se termine par une petite ombelle ou ombellule, formée d'axes tertiaires, elle est dite *composée.*) – Du lat. *umbella,* «parasol».

ombellé, ée [ɔ̃bɛlle] adj. BOT Disposé en ombelle. – De *ombelle.*

ombellifère [ɔ̃bɛllifɛʀ] adj. et n. f. pl. BOT **1.** adj. Qui porte des ombelles. *Plante ombellifère.* **2.** n. f. pl. Famille de dicotylédones dialypétales comprenant des plantes généralement herbacées, caractérisées essentiellement par leur inflorescence en ombelle et par leur fruit formé d'un double akène, dont certaines espèces sont comestibles (carottes, cerfeuil, persil, angélique), d'autres vénéneuses (ciguë, œnanthe). Sing. *Une ombellifère.* – Du lat. *umbella,* et *-fère.*

ombelliforme [ɔ̃bɛllifɔʀm] adj. Didac. En forme d'ombelle. – De *ombelle,* et *-forme.*

ombellule [ɔ̃bɛllyl] n. f. BOT Petite ombelle constitutive d'une ombelle composée. – Dimin. de *ombelle.*

ombilic [ɔ̃bilik] n. m. **1.** ANAT Ouverture de la paroi abdominale du fœtus, par laquelle passe le cordon ombilical. – Cicatrice à laquelle cette ouverture laisse place peu de temps après la naissance; nombril. **2.** ARCHEOL Renflement au centre d'un bouclier ou d'un plat. **3.** BOT Dépression ou renflement à la base ou au sommet de certains fruits, de certains champignons. – Lat. *umbilicus.*

ombilical, ale, aux [ɔ̃bilikal, o] adj. Qui a rapport à l'ombilic. *Hernie ombilicale. Cordon ombilical,* qui met en relation l'organisme (et notam. le système circulatoire) du fœtus avec celui de la mère par l'intermédiaire du placenta. – De *ombilic.*

ombiliqué, ée [ɔ̃bilike] adj. Didac. Qui présente une dépression. – De *ombilic.*

omble [ɔ̃bl] n. m. Poisson salmonidé du genre *Salvelinus,* très apparenté à la truite. *Omble chevalier* ou *omble de l'Arctique* (*Salvelinus alpinus*), à chair très estimée, commun dans les eaux arctiques où il fait l'objet d'une pêche commerciale. *Omble de fontaine* ou, plus cour., *truite mouchetée* (*Salvelinus fontinalis*).– Altér. d'*amble,* mot de Neuchâtel; bas lat. *amulus.*

ombrage [ɔ̃bʀaʒ] n. m. **1.** Ombre produite par les feuillages des arbres; ces feuillages eux-mêmes. *Ombrage épais.* **2.** Fig. *Porter ombrage à qqn,* blesser sa susceptibilité. *Prendre ombrage de qqch,* s'en offenser. – De *ombre* 1.

ombragé, ée [ɔ̃bʀaʒe] adj. Protégé par un, des ombrage(s). *Parc ombragé.* – Pp. de *ombrager.*

ombrager [ɔ̃bʀaʒe] v. tr. [15] Couvrir d'ombre. *L'arbre ombrageait la maison.* – De *ombrage.*

ombrageux, euse [ɔ̃bʀaʒø, øz] adj. **1.** Qui a peur de son ombre, des ombres, en parlant d'un animal craintif. *Cheval, âne ombrageux.* **2.** Fig. Qui prend facilement ombrage; soupçonneux ou susceptible. *Caractère ombrageux.* – De *ombrage.*

1. ombre [ɔ̃bʀ] n. f. **I. 1.** Obscurité provoquée par un corps opaque qui intercepte la lumière. *L'ombre qui règne dans les forêts.* ▷ Par ext. *L'ombre, les ombres de la nuit,* son obscurité. **2.** Image, silhouette sombre projetée par un corps qui intercepte la lumière. *Voir son ombre sur la route.* ▷ *Ombres chinoises:* ombres de figures découpées ou de mains dans différentes positions, portées sur un écran et figurant des animaux, des personnages, etc. ▷ Loc. fig. *Suivre qqn comme son ombre, être l'ombre de qqn,* le suivre partout. – *Courir après une ombre:* poursuivre des chimères. *Lâcher la proie pour l'ombre,* un avantage réel pour un faux-semblant. – *Avoir peur de son ombre:* être très craintif. – *L'ombre de:* l'apparence de. *Il n'y a pas l'ombre d'un doute.* **3.** Partie couverte de couleurs plus sombres, de hachures, etc., représentant les ombres, dans un tableau, un dessin. *Impression de relief créée par les ombres.* ▷ Loc. fig. *Il y a une ombre au tableau,* qqch qui fait que la situation n'est pas totalement satisfaisante. **4.** Fantôme, apparence à demi matérialisée d'un mort, dans certaines croyances. – Fig. *Être l'ombre de soi-même:* être diminué, affaibli au point de paraître à peine vivant. **5.** Fig. Obscurité, incognito. *Votre nom ne sera pas mentionné, vous resterez dans l'ombre.* **II.** loc. adv. *À l'ombre,* dans un endroit abrité du soleil. – Fig., fam. *Mettre qqn à l'ombre,* en prison. ▷ Fig., litt. *À l'ombre de:* dans le voisinage de; sous la protection de. *«À l'ombre des jeunes filles en fleurs», roman de M. Proust.* (1918). – Lat. *umbra.*

2. ombre [ɔ̃bʀ] n. m. Poisson salmonidé *(Thymallus)* long de 25 à 40 cm, de couleur brunâtre, à la chair estimée. *L'ombre arctique (Thymallus arcticus) est abondant dans les régions nordiques du Canada. Sa pêche est un sport très apprécié.* – Lat. *umbra,* «poisson de teinte sombre»; d'abord *umbre,* «poisson sciénide».

3. ombre [ɔ̃bʀ] n. f. Ocre brun utilisé pour ombrer. – De *terre d'ombre,* avec infl. de *Ombrie* (n. d'une région d'Italie).

ombrelle [ɔ̃bʀɛl] n. f. **1.** Petit parasol de dame. **2.** ZOOL Partie gélatineuse, en forme de cloche, d'une méduse. – Bas lat. *umbrella,* lat. class. *umbella.*

ombrer [ɔ̃bʀe] v. tr. [1] Figurer une ombre, les ombres sur (un dessin, un tableau). – De l'ital. *ombrare,* «mettre à l'ombre».

ombrette [ɔ̃bʀɛt] n. f. Oiseau ciconiiforme *(Scopus umbretta)* d'Afrique tropicale, qui construit d'énormes nids. – De *ombre* 1.

ombreux, euse [ɔ̃bʀø, øz] adj. **1.** Litt. Qui donne de l'ombre. *Ramure ombreuse.* **2.** Plein d'ombre. *Vallons ombreux.* – Du lat. *umbrosus.*

ombrine [ɔ̃bʀin] n. f. Grand poisson marin (fam. sciénidés) rayé longitudinalement. – De *ombre* 2.

ombudsman [ɔmbydzman] n. m. Fonctionnaire indépendant du gouvernement chargé d'étudier les plaintes des citoyens contre l'Administration et de faire aux autorités les recommandations nécessaires. *Au Québec, l'ombudsman est appelé «protecteur du citoyen».* – Mot suédois, de *ombud,* «délégué», et *man,* «homme».

-ome. MED Suffixe impliquant l'idée de tumeur *(fibrome, carcinome).*

oméga [ɔmega] n. m. **1.** Dernière lettre de l'alphabet grec correspondant à *o* long (ω, Ω). ▷ Fig. *L'alpha et l'oméga:* le commencement et la fin (Bible). **2.** PHYS ω: symbole d'une vitesse angulaire ou de la pulsation d'une grandeur sinusoïdale. – Ω: symbole de l'ohm. – Mot gr., «grand o».

omelette [ɔmlɛt] n. f. Mets fait d'œufs battus, additionnés ou non d'ingrédients divers et cuits à la poêle. *Une omelette aux champignons.* ▷ Loc. prov. *On ne fait pas d'omelette sans casser d'œufs:* on n'obtient pas de résultats sans sacrifices. – Altér. de l'a. fr. *amelette*, de *alumelle*, «lamelle», avec agglutination de *a*.

omettre [ɔmɛtʀ] v. tr. **[68]** Passer, oublier, négliger; s'abstenir volontairement de (faire, agir). *Omettre un mot dans une lettre. Omettre de saluer.* – Lat. *omittere*, d'ap. *mettre*.

omicron [ɔmikʀɔn] n. m. Quinzième lettre de l'alphabet grec, correspondant à *o* bref (ο, Ο). – Mot gr., «petit o».

omission [ɔmisjɔ̃] n. f. Action d'omettre; chose omise. *Signaler une omission. – Péché d'omission, par omission*, consistant à ne pas faire ce qui devrait être fait. – Bas lat. *omissio*, du class. *omissum*, de *omittere*, «omettre».

omni-. Élément, du lat. *omnis*, «tout».

omnibus [ɔmnibys] n. m. et adj. inv. **1.** Anc. Voiture publique accomplissant dans une ville des trajets déterminés. **2.** *Train omnibus* ou *omnibus*, qui dessert toutes les stations sur son parcours. Ant. express, rapide. – Mot lat., «pour tous»; de *(voiture) omnibus*.

omnidirectionnel, elle [ɔmnidiʀɛksjɔnɛl] adj. TECH Qui a les mêmes propriétés, la même efficacité dans toutes les directions. *Antenne omnidirectionnelle. Micro omnidirectionnel.* – De *omni-*, et *direction*.

omnipotence [ɔmnipɔtɑ̃s] n. f. Faculté de décider souverainement; toute-puissance. – Bas lat. *omnipotentia*.

omnipotent, ente [ɔmnipɔtɑ̃, ɑ̃t] adj. Dont le pouvoir est absolu; tout-puissant. *Chef omnipotent.* – Lat. *omnipotens, omnipotentis*.

omnipraticien, ienne [ɔmnipʀatisjɛ̃, jɛn] n. Médecin généraliste. – De *omni-*, et *praticien*.

omniprésence [ɔmnipʀezɑ̃s] n. f. Présence en tous lieux. – De *omni-*, et *présence*.

omniprésent, ente [ɔmnipʀezɑ̃, ɑ̃t] adj. Présent partout. *Dieu est omniprésent.* – De *omni-*, et *présent*.

omniscience [ɔmnisjɑ̃s] n. f. Science universelle, infinie. *Omniscience divine.* – Lat. médiév. *omniscientia*.

omniscient, iente [ɔmnisjɑ̃, jɑ̃t] adj. Qui sait tout. – De *omniscience*.

omnisports [ɔmnispɔʀ] adj. inv. Qui concerne tous les sports. – Où l'on pratique plusieurs sports. *Gymnase omnisports.* – De *omni-*, et *sport*.

omnium [ɔmnjɔm] n. m. SPORT Compétition cycliste comprenant plusieurs courses différentes. ▷ Course à laquelle participent des chevaux de tous âges. – Mot lat., génitif plur. de *omnis*, «tout».

omnivore [ɔmnivɔʀ] adj. Qui se nourrit aussi bien d'aliments végétaux que d'aliments animaux. *Le porc est omnivore.* – De *omni-*, et *-vore*.

omoplate [ɔmɔplat] n. f. Os pair, triangulaire et plat, qui est appliqué contre la partie postérieure et supérieure du thorax. *L'omoplate, sur laquelle s'insèrent de nombreux muscles rattachant le tronc au membre supérieur, s'articule avec la clavicule en avant et avec la tête humérale en haut.* – Gr. *ômoplatê*, de *ômos*, «épaule», et *platê*, «surface large et plate».

on [ɔ̃] pron. pers. indéf. Pron. de la 3e pers., inv., ayant toujours fonction de sujet. **I.** Désignant une ou plus. pers. non déterminées. **1.** L'homme, les hommes en général. *Autrefois, on vivait mieux.* – Rem. Emploi fréquent dans les proverbes, les sentences. *Quand on veut, on peut. On n'aime qu'une fois.* **2.** Un certain nombre (plus ou moins grand) de personnes. *Ici, on est plutôt de gauche.* **3.** Les gens, l'opinion. *On dit, on raconte que* (cf. on-dit, qu'en-dira-t-on). ▷ Loc. *On dirait* (introduisant une comparaison). *Il gesticule et parle tout seul, on dirait un fou.* – *On dirait que:* il semble que. *On dirait qu'il arrive.* **4.** Une personne quelconque (connue ou non), qqn. *On frappe. On vous demande au secrétariat.* – Rem. Emploi correspondant à un passif sans compl. d'agent. *On sert le dîner. On a interdit ce passage.* ▷ Loc. *On ne peut plus* (exprimant un superlatif). *Il est on ne peut plus bête.* – *On ne sait jamais* (indiquant une éventualité peu probable). *Il peut encore venir, on ne sait jamais.* **II.** Désignant une ou plus. pers. déterminées. **1.** (Représentant une 1re pers. sing. ou plur.) Fam. Je, moi. *Oui, on arrive.* – Litt. *On a voulu montrer dans ce chapitre...* ▷ Fam. Nous. *Chez nous, généralement, on n'agit pas ainsi. Nous, on va au cinéma.* **2.** Fam. (Représentant une 2e pers. sing. ou plur.) Tu, toi, vous. *Alors? On ne dit pas bonjour?* **3.** (Représentant une 3e pers. sing. ou plur.) Il(s), elle(s). *Nous sommes encore très liés: on me raconte ses secrets.* – Rem. *On* est en principe masc. sing., toutefois le part. passé ou l'adj. qui le suit s'accorde en genre et en nombre avec la ou les pers. représentées par *on*. *Quand on est belle et coquette. On est tous frères.* – Pour éviter un hiatus, on emploie souvent *l'on* au lieu de *on*. *Si l'on réfléchit.* – Du nominal lat. *homo;* par l'a. fr. *om*.

onagrariacées [ɔnagʀaʀjase] ou **onagrariées** [ɔnagʀaʀje] n. f. pl. BOT Syn. de *œnothéracées*. – De *onagre* 2.

1. onagre [ɔnagʀ] n. m. **1.** Âne sauvage *(Equus onager)* vivant en Iran et en Inde. **2.** ANTIQ Machine de guerre servant à lancer des pierres. – Gr. *onagros*, «âne sauvage»; lat. *onager*.

2. onagre [ɔnagʀ] n. f. Plante dicotylédone (genre *Œnothera*) aux grandes fleurs jaunes. – Gr. *onagros* (V. onagre 1).

onanisme [ɔnanism] n. m. Masturbation. – D'*Onan*, personnage biblique qui éjacula sur le sol, pour éviter de rendre enceinte sa belle-sœur et par crainte du péché commis lors d'une telle union.

onc, oncques ou **onques** [ɔ̃k] adv. Vx Jamais. – Du lat. *unquam*, «quelquefois».

1. once [ɔ̃s] n. f. **1.** Mesure de poids anglo-saxonne (symbole *oz*) valant un seizième de livre, soit 28,35 g. **2.** Fig. *Une once de:* une très petite quantité de. *Ne pas avoir une once de bon sens.* – Lat. *uncia*, «douzième partie».

2. once [ɔ̃s] n. f. Grand félidé *(Panthera uncia)* au pelage clair, tacheté et épais, des montagnes d'Asie centrale. Syn. panthère des neiges. – De *lonce*, lat. pop. **lyncea*, dér. de *lynx*.

onchocercose [ɔ̃kɔsɛʀkoz] n. f. MED Parasitose fréquente en Afrique, due à une filaire *(Onchocerca volvulus)* et caractérisée par des nodules, des lésions cutanées et de graves atteintes oculaires. – Du gr. *ogkos*, «crochet», *kerkos*, «queue», et *-ose* 2.

oncial, ale, aux [ɔ̃sjal, o] adj. et n. f. *Écriture onciale:* écriture en grandes capitales romaines arrondies. *Caractères onciaux.* ▷ N. f. *Manuscrit en onciale.* – Du lat. *uncialis*, «d'un douzième (de pied)», «d'un pouce».

oncle [ɔ̃kl] n. m. **1.** Frère du père ou de la mère. *Oncle paternel, maternel.* ▷ *Par ext.* Mari de la tante. **2.** *Oncle à la mode de Bretagne:* cousin germain du père ou de la mère. ▷ *Oncle d'Amérique:* parent riche et éloigné laissant un héritage inattendu. – Du lat. *avunculus*, «oncle maternel».

oncogène [ɔ̃kɔʒɛn] adj. MED Qui provoque ou favorise l'apparition de tumeurs. *Virus oncogène.* – Du gr. *onkos*, «grosseur, tumeur», et *-gène*.

oncques. V. onc.

onction [ɔ̃ksjɔ̃] n. f. **1.** LITURG Geste rituel consistant à oindre une personne avec les saintes huiles pour la bénir ou la consacrer. *Onction du baptême.* – *Onction* ou *sacrement des malades* (appelée *extrême-onction* jusqu'en 1963): cinquième sacrement de l'Église catholique, conféré aux fidèles en danger de mort. **2.** Litt. Douceur de la parole ou des manières, évoquant la piété. *Un prédicateur plein d'onction.* – Lat. *unctio*, de *unguere*, «oindre».

onctueux, euse [ɔ̃ktɥø, øz] adj. **1.** Qui évoque au toucher la fluidité ou la douceur de l'huile. *Pâte, crème onctueuse.* **2.** Fig. (Souvent péjor.) Qui a de l'onction (sens 2). *Une éloquence, des manières onctueuses.* – Lat. médiév. *unctuosus*, de *ungere*, «oindre».

onctueusement [ɔ̃ktɥøzmɑ̃] adv. De manière onctueuse. – De *onctueux*.

onctuosité [ɔ̃ktɥozite] n. f. Caractère de ce qui est onctueux. – Lat. médiév. *unctuositas*.

ondatra [ɔ̃datʀa] n. m. ZOOL Nom scientif. du rat musqué (*Ondatra zibethicus*), utilisé en France pour désigner l'animal et sa fourrure. – Mot d'orig. amérindienne.

onde [ɔ̃d] n. f. **I. 1.** Litt. Déformation qui se propage à la surface d'une nappe liquide, caractérisée par une succession de bosses et de creux. *Le vent fait des ondes sur le lac.* ▷ Ornement dessiné ou sculpté, ou forme naturelle évoquant une onde. *Les ondes d'une colonne torse, d'une chevelure.* **2.** Litt., vieilli L'eau de la mer, d'une rivière, d'un lac. *Une onde limpide. Voguer sur les ondes.* **II.** PHYS **1.** Déformation d'un milieu fluide, qui se propage à partir d'un point. *Onde de marée. Onde acoustique. Onde de choc*, engendrée par un corps qui se déplace dans un fluide à une vitesse supérieure à celle de la propagation du son dans ce fluide. **2.** Tout phénomène vibratoire qui se propage. *Onde sismique. Onde lumineuse. Onde stationnaire*, résultant de l'interférence de deux vibrations et caractérisée par des *nœuds*, où l'amplitude de vibration est nulle, et des *ventres*, où l'amplitude est maximale. *Onde amortie*, dont l'amplitude décroît. ▷ *Fonction d'onde:* fonction de la forme Ψ (x, y, z, t) des coordonnées d'une particule et du temps. *La fonction d'onde permet de déterminer la probabilité de présence d'une particule dans un élément de volume donné. Ondes électromagnétiques. Ondes radioélectriques* ou *hertziennes.* (Cour.: *grandes ondes, ondes moyennes, petites ondes. Émission sur ondes courtes.*) – Loc. fig., fam. *Être sur la même longueur d'onde:* parler le même langage, bien se comprendre mutuellement. (*Longueur d'onde*, sens pr.: V. encycl.) ▷ TELECOM *Onde porteuse:* onde électromagnétique de haute fréquence dont la modulation permet la transmission de signaux. **3.** Plur. *Les ondes:* les émissions radiodiffusées, la radio. *Retransmission sur les ondes. Mise en ondes d'une émission.* **4.** MUS *Ondes Martenot:* instrument électronique à clavier, où les sons émis naissent d'oscillateurs à lampes et pour lequel de nombreuses pièces contemporaines ont été écrites. – Lat. *unda*, «eau courante».

ENCYCL **Phys.** – On appelle *onde matérielle* une onde qui se propage dans un milieu en le déformant (onde sonore dans l'air atmosphérique, par ex.). La propagation de l'onde est due, dans ce cas, à la transmission du mouvement par les molécules du milieu de propagation. Il n'en est pas toujours ainsi, et certaines ondes, appelées *ondes électromagnétiques* (lumière, ondes radioélectriques), se propagent sans support matériel, et en partic. dans le vide. Une particule, appelée *photon*, est associée à chacune de ces ondes. La *vitesse* de propagation d'une onde dépend de la nature de cette onde et du milieu dans lequel elle se propage (330 m/s pour les ondes sonores dans l'air aux conditions normales de température et de pression, par ex.). Toute onde peut être considérée comme la somme d'un nombre plus ou moins grand d'*ondes sinusoïdales.* La *période* d'une onde sinusoïdale est la durée au bout de laquelle la situation d'un point quelconque sur la courbe sinusoïdale redevient la même; ex.: durée au bout de laquelle un point atteint à nouveau le sommet de la courbe. La *longueur d'onde* est la distance parcourue par l'onde pendant une période. L'inverse de la longueur d'onde est appelé *nombre d'onde* et l'inverse de la période la *fréquence.* Plus la longueur d'onde est courte, plus la fréquence est élevée.

ondée [ɔ̃de] n. f. Grosse pluie subite et de courte durée. Syn. averse. – De *onde*.

ondemètre [ɔ̃dmɛtʀ] n. m. TELECOM Appareil permettant de mesurer les longueurs d'ondes ou de régler un poste émetteur ou récepteur sur une longueur d'onde déterminée. – De *onde*, et *-mètre*.

ondin, ine [ɔ̃dɛ̃, in] n. **1.** MYTH (Rare au m.) Génie, déesse des eaux dans la mythologie nordique. **2.** n. f. Fig. Nageuse jeune et gracieuse. – De *onde*.

on-dit [ɔ̃di] n. m. inv. Propos, bruit qui court. *Se méfier des on-dit.* – De *on*, et *dit*.

ondoiement [ɔ̃dwamɑ̃] n. m. **1.** Action d'ondoyer, mouvement de ce qui ondoie. *Ondoiement des blés sous le vent.* **2.** RELIG CATHOL Baptême d'urgence, réduit à l'essentiel (effusion d'eau accompagnée des paroles sacramentelles) conféré à un nouveau-né ou à une personne en danger de mort. (Autrefois couramment pratiqué dès la naissance dans les familles catholiques pieuses, l'ondoiement s'est raréfié à mesure que diminuait la mortalité néo-natale; il est auj. suivi d'un «rite d'accueil» ultérieur dans la communauté ecclésiale.) – De *ondoyer*.

ondoyer [ɔ̃dwaje] **1.** v. intr. **[26]** Faire des mouvements évoquant une onde (sens I, 1); être animé de tels mouvements. *Les drapeaux ondoient au vent.* **2.** v. tr. LITURG CATHOL Baptiser par ondoiement. *Ondoyer un nouveau-né en danger de mort.* – De *onde*.

ondoyant, ante [ɔ̃dwajɑ̃, ɑ̃t] adj. Versatile. – Pp. de *ondoyer*.

ondulatoire [ɔ̃dylatwaʀ] adj. **1.** Qui a le caractère d'une onde. *Mouvement ondulatoire des vagues.* **2.** PHYS Relatif aux ondes. ▷ *Mécanique ondulatoire:* théorie physique, due à L. de Broglie (1923), qui, à toute particule élémentaire de quantité de mouvement p, associe une onde de longueur d'onde: $\lambda = \frac{h}{p}$, h étant la constante de Planck ($h = 6{,}62.10^{-34}$J.s). *La mécanique ondulatoire joue un rôle fondamental en physique nucléaire et en astrophysique.* – De *onduler*.

ondulé, ée [ɔ̃dyle] adj. Qui ondule. *Cheveux ondulés.* ▷ Dont la surface présente des ondulations. *Tôle ondulée.* – Pp. de *onduler*.

onduler [ɔ̃dyle] v. [1] **1.** v. intr. Avoir un mouvement d'ondulation, des ondulations. *Les herbes ondulent sous le vent. Ses cheveux ondulent naturellement.* **2.** v. tr. Rendre ondulé. *Onduler ses cheveux.* – Bas lat. **undulare*, rac. *unda*, «onde».

onduleur [ɔ̃dylœʀ] n. m. ELECTR Appareil servant à transformer un courant continu en courant alternatif. – De *onduler*.

onduleux, euse [ɔ̃dylø, øz] adj. Qui ondule, qui présente des ondulations. *Démarche, draperie onduleuse.* – De *ondulation*.

onéreux, euse [ɔneʀø, øz] adj. Qui occasionne des frais, des charges. *Un logement onéreux.* ▷ *À titre* *onéreux:* en payant. – Du lat. *onerosus*, «pesant, lourd», de *onus, oneris*, «poids, charge».

one-step [wanstɛp] n. m. inv. Danse à deux temps, à la mode peu après la Première Guerre mondiale. – Mot amér., «un pas (par temps)».

ongle [ɔ̃gl] n. m. **1.** Chez l'être humain, lame cornée implantée à l'extrémité dorsale de la dernière phalange des doigts et des orteils. *Racine de l'ongle. Se faire les ongles.* ▷ Loc. fig. *Avoir les ongles crochus:* être avare. *Avoir de l'esprit* (de l'humour, etc.) *jusqu'au bout des ongles*, en avoir beaucoup. *Savoir qqch sur le bout des ongles*, parfaitement, à fond. **2.** Griffe des carnassiers ou serre des rapaces. ▷ Loc. fig. *Avoir bec* (ou *dents) et ongles:* être capable de se défendre. – Lat. *ungula*, «griffe, serre, sabot, ongle».

onglée [ɔ̃gle] n. f. Engourdissement douloureux du bout des doigts, causé par le froid. *Avoir l'onglée.* – Du préc.

onglet [ɔ̃glɛ] n. m. **1.** TECH (menuiserie). Assemblage formé par la juxtaposition de deux biseaux pratiqués aux extrémités de deux pièces de bois (baguettes, moulures, liteaux, etc.) selon la bissectrice de l'angle que forment celles-ci; chacun des biseaux (le plus souvent à quarante-cinq degrés) ainsi pratiqués. *Assemblage à onglet. Boîte à onglets:* outil formé de trois planches assemblées en U et convenablement entaillées, qui permet de guider la lame d'une scie lorsqu'on pratique un onglet. **2.** En boucherie, muscle pilier du diaphragme du bœuf, qui fournit un morceau très estimé; bifteck coupé dans ce morceau. *Onglet à l'échalote.* **3.** Petite entaille pratiquée dans le couvercle d'une boîte, la lame d'un canif, etc., pour donner prise à l'ongle. **4.** GEOM Portion de volume délimité par une surface de révolution, et comprise entre deux plans passant par l'axe de révolution. **5.** BOT Partie rétrécie d'un pétale ou d'un sépale qui s'insère sur le réceptacle. **6.** IMPRIM Bande de papier ou de toile fixée au dos des cahiers d'un livre pour permettre l'insertion des hors-texte. *Gravure montée sur onglet.* – De *ongle*.

onglette [ɔ̃glɛt] n. f. Petit burin plat de graveur. – De *ongle*.

onglier [ɔ̃glije] n. m. Nécessaire à ongles. – De *ongle*.

onglon [ɔ̃glɔ̃] n. m. ZOOL Sabot qui enveloppe chacun des doigts des ruminants (on dit aussi *ongule*). – De *ongle*.

onguent [ɔ̃gɑ̃] n. m. Médicament à usage externe, de consistance molle, se liquéfiant à la chaleur de la peau. – Du lat. *unguentum*, «parfum liquide, huile parfumée».

onguiculé, ée [ɔ̃gikyle] adj. et n. m. ZOOL *Mammifères onguiculés*, dont les doigts sont terminés par des griffes ou par des ongles. ▷ N. m. *Un, les onguiculé(s).* – Du lat. *unguiculus*, «ongle de la main ou du pied».

ongulés [ɔ̃gyle] n. m. pl. ZOOL Super-ordre de mammifères herbivores dont la dernière phalange des doigts est protégée par un étui corné (sabot ou onglon). – Du lat. *ungula*.

ENCYCL Il existe seize ordres d'ongulés, dont dix sont fossiles; deux seulement sont de vrais ongulés: les périssodactyles (cheval, par ex.) et les artiodactyles (bovidés, par ex.); les autres ne présentent que des affinités avec les ongulés vrais: proboscidiens (éléphants, par ex.), siréniens, hyracoïdes et tubulidentés.

onguligrade [ɔ̃gyligʀad] adj. ZOOL Se dit des quadrupèdes dont les membres ne touchent le sol que par la dernière phalange des doigts. – Du lat. *ungula* (V. ongle), et *gradi*, «marcher».

onirique [ɔniʀik] adj. **1.** Qui est de la nature du rêve, qui concerne les rêves. **2.** Qui est analogue au rêve, qui rappelle les rêves par son caractère étrange, irréel. – Du gr. *oneiros*, «rêve».

onirisme [ɔniʀism] n. m. MED État de délire aigu dominé par des hallucinations visuelles souvent terrifiantes apparentées aux images du rêve. – De *onirique*.

oniromancie [ɔniʀomɑ̃si] n. f. Divination par les songes. – Du gr. *oneiros*, «rêve», et *mancie*.

onomasiologie [ɔnɔmazjɔlɔʒi] n. f. LING Branche de la sémantique qui étudie les dénominations en partant du concept, par oppos. à *sémasiologie*. – Gr. *onomasia*, «désignation», de *onoma*, «mot», et *-logie*.

onomastique [ɔnɔmastik] adj. et n. f. LING **1.** adj. Qui a rapport aux noms propres. *Table onomastique.* **2.** n. f. Étude des noms propres. – Gr. *onomastikos*, «relatif au nom».

onomatopée [ɔnɔmatɔpe] n. f. LING Création d'un mot dont le son imite la chose qu'il dénomme; un tel mot. *Cliquetis, glouglou, clapoter, crac, boum sont des onomatopées.* – Lat. *onomatopoeia*, gr. *onomatopoiia*, «création (*poiein*, «faire») de mots *(onoma)*».

onomatopéique [ɔnɔmatɔpeik] adj. Didac. Qui a les caractères de l'onomatopée. – De *onomatopée*.

onques. V. onc.

ontarien, ienne [ɔ̃taʀjɛ̃, jɛn] adj. De l'Ontario. ▷ Subst. Habitant de l'Ontario. V. franco-ontarien.

ontarois. V. franco-ontarien.

onto-. Élément, du gr. *ôn, ontos*, «l'être, ce qui est».

ontogenèse [ɔ̃toʒənɛz] ou **ontogénie** [ɔ̃toʒeni] n. f. BIOL Science qui étudie la croissance et le développement des individus, de l'œuf à l'âge adulte. – De *onto-*, et *-genèse, -génie*.

ontogénique [ɔ̃toʒenik] ou **ontogénétique** [ɔ̃tozenetik] adj. Qui concerne l'ontogénie. – Du préc.

ontologie [ɔ̃tɔlɔʒi] n. f. PHILO Connaissance de l'être en tant qu'être, de l'être en soi. – Lat. philo. *ontologia*.

ontologique [ɔ̃tɔlɔʒik] adj. PHILO Qui a rapport à l'ontologie. *Preuve ontologique de l'existence de Dieu:* raisonnement formulé d'abord par saint Anselme, qui tente de prouver l'existence de Dieu par sa perfection («Nous avons l'idée de Dieu en tant qu'être parfait; un être parfait qui n'aurait pas d'existence serait imparfait; donc Dieu existe»). – Du préc.

ontologiquement [ɔ̃tɔlɔʒikmɑ̃] adv. PHILO En ce qui concerne l'ontologie. – Du préc.

ontologisme [ɔ̃tɔlɔʒism] n. m. PHILO Tendance à accorder une importance privilégiée aux problèmes d'ordre ontologique. – De *ontologie*.

onusien, ienne [ɔnyzjɛ̃, jɛn] adj. et n. Fam. De l'O.N.U. ▷ Subst. Fonctionnaire de l'O.N.U. – Du sigle de l'*Organisation des Nations Unies*.

onych(o)-. Élément, du gr. *onux, onukhos*, «ongle».

onychophagie [ɔnikɔfaʒi] n. f. MED Habitude de se ronger les ongles. – De *onycho-*, et *-phagie*.

onyx [ɔniks] n. m. Agate semi-transparente présentant des couches annulaires, concentriques, de couleurs variées. – Mot lat., du gr. *onux*, «ongle», la pierre étant translucide comme un ongle.

onyxis [ɔniksis] n. m. MED Inflammation du derme sous un ongle. – Du gr. *onux*, «ongle».

onzain [ɔ̃zɛ̃] n. m. LITTER Strophe de onze vers. – De *onze*.

onze [ɔ̃z] adj. et n. m. inv. **I.** adj. **1.** adj. num. cardinal inv. Dix plus un. *Onze à table.* **2.** adj. num. ord. inv. Onzième. *Louis XI. Page onze.* **II.** n. m. inv. **1.** Le nombre onze. **2.** Le onzième jour du mois. *Le onze mai.* – Du lat. *undecim*, de *unus*, «un», et *decem*, «dix».

onzième [õzjɛm] adj. et n. **I.** adj. **1.** adj. num. ord. Qui vient après le dixième. *Onzième au classement.* **2.** loc. *Ouvriers de la onzième heure,* selon l'évangile de Matthieu, travailleur du dernier moment, comparé au croyant tardif. **II.** n. **1.** *Le, la onzième:* la onzième personne. **2.** n. m. Chaque partie d'un tout divisé en onze parties égales. *Héritier pour un onzième.* **3.** n. f. MUS Intervalle de onze degrés. – De *onze.*

onzièmement [õzjɛmmɑ̃] adv. En onzième lieu. – Du préc.

oo-. Élément, du gr. *ôon,* «œuf».

oocyte [ɔɔsit] n. m. Syn. de *ovocyte.* – De *oo-,* et *-cyte.*

oogone [ɔɔgɔn] n. f. BOT Organe femelle où se forment les oosphères, chez les algues et chez certains champignons. – De *oo-,* et gr. *gonos,* «ce qui est engendré».

oolite ou **oolithe** [ɔɔlit] n. f. GEOL Petite sphère calcaire de la taille d'une tête d'épingle. – De *oo-,* et *-lithe.*

oolithique [ɔɔlitik] adj. GEOL Qui contient des oolithes. *Les calcaires oolithiques sont très fréquents au Jurassique.* – Du préc.

oosphère [ɔɔsfɛʀ] n. f. BOT Gamète femelle végétal. – De *oo-,* et *sphère.*

oospore [ɔɔspɔʀ] n. f. BOT Cellule de fécondation des algues et des champignons. – De *oo-,* et *spore.*

oothèque [ɔɔtɛk] n. f. ZOOL Coque qui renferme la ponte de certains insectes (blattes et mantes, notam.). – De *oo-,* et *-thèque.*

op. Abrév. de opus*.

opacification [ɔpasifikasjõ] n. f. Action d'opacifier; fait de s'opacifier. ▷ MED Introduction d'une substance opaque aux rayons X, dans un organe ou un vaisseau, pour en permettre l'observation. – De *opacifier.*

opacifier [ɔpasifje] v. tr. [1] Rendre opaque. ▷ v. pron. *S'opacifier:* devenir opaque. – De *opaque,* et *-fier.*

opacimètre [ɔpasimɛtʀ] n. m. TECH Appareil servant à mesurer l'opacité d'une substance. – De *opaci(métrie),* et *-mètre.*

opacimétrie [ɔpasimetʀi] n. f. TECH Mesure de l'opacité d'une substance. – De *opaci(té),* et *-métrie.*

opacité [ɔpasite] n. f. **1.** Rare Ombre épaisse. *L'opacité des forêts tropicales.* **2.** Propriété des corps opaques. ▷ PHYS Rapport entre le flux lumineux transmis et le flux incident. – Lat. *opacitas,* «ombrage, ombre».

opale [ɔpal] n. f. et adj. inv. **1.** n. f. Pierre fine, à reflets irisés, constituée de silice hydratée. **2.** adj. inv. De la couleur blanc laiteux de l'opale. *Du verre opale.* – Du lat. *opalus,* «pierre précieuse».

opalescence [ɔpalɛsɑ̃s] n. f. Litt. Aspect irisé qui rappelle celui de l'opale. – De *opalescent.*

opalescent, ente [ɔpalɛsɑ̃, ɑ̃t] adj. Litt. Dont l'aspect irisé rappelle celui de l'opale. – De *opale.*

opalin, ine [ɔpalɛ̃, in] adj. et n. f. **1.** adj. Qui a une teinte laiteuse, des reflets irisés. *Porcelaine opaline.* **2.** n. f. Verre à l'aspect blanc laiteux et aux reflets irisés. ▷ *Bibelot en opaline.* – De *opale.*

opalisation [ɔpalizasjõ] n. f. TECH Action d'opaliser. – De *opaliser.*

opaliser [ɔpalize] v. tr. [1] TECH Rendre translucide et laiteux comme l'opale. – Au pp. *Ampoule électrique en verre opalisé.* – De *opale.*

opaque [ɔpak] adj. **1.** Qui n'est pas transparent, qui ne laisse pas passer la lumière. *Corps opaque.* **2.** PHYS *Opaque à,* qui ne laisse pas passer (telles radiations). *Corps opaque aux rayons X.* **3.** Qui ne laisse passer que peu de lumière; épais, impénétrable à la vue. *Brouillard opaque.* – Lat. *opacus,* «ombragé, touffu».

op art [ɔpaʀt] n. m. Mouvement d'art abstrait qui prit naissance aux É.-U. v. 1960, en réaction contre l'art non figuratif gestuel. – Abrév. d'*Optical Art,* «art optique».

ENCYCL Dans la mesure où les diverses tendances européennes de l'art cinétique lui ont toutes été rattachées, on peut dire que l'op art recouvre l'ensemble des recherches visuelles fondées sur les effets optiques et chromatiques de certaines compositions élaborées à partir d'éléments simples ou complexes de la géométrie et de la physique. V. cinétique.

ope [ɔp] n. m. ou f. ARCHI Emplacement ménagé dans une maçonnerie pour recevoir l'extrémité d'une poutre, d'un madrier d'échafaudage. Syn. trou de boulin*. ▷ Trou d'évacuation pour la fumée. – Lat. *opa,* gr. *opê,* «ouverture».

-ope, -opie. Éléments, du gr. *ôps, opis,* «vue».

open [ɔpɛn] adj. inv. Anglicisme SPORT Se dit d'une compétition ouverte à la fois aux professionnels et aux amateurs. *Tournoi open de golf, de tennis.* – Mot angl., «ouvert».

open market [ɔpɛn maʀkɛt] n. m. ECON Politique permettant à un État d'intervenir sur le marché monétaire par un achat ou une vente massifs d'effets de commerce afin d'influencer le taux d'intérêt sur ce marché. – Mots angl., «marché ouvert».

opéra [ɔpeʀa] n. m. **1.** Œuvre dramatique, représentée au théâtre avec un accompagnement de musique orchestrale et dont toutes les paroles sont chantées (récitatifs, airs, etc.). *Les opéras de Mozart, de Verdi.* – *Opéra bouffe:* V. bouffe. – *Grand opéra* ou *opéra sérieux,* dont l'action est tragique. **2.** Genre lyrique constitué par ces ouvrages. *Amateur d'opéra.* – *L'opéra italien.* **3.** Théâtre où l'on joue des opéras. – Ital. *opera,* lat. *opera,* «œuvre».

ENCYCL Iacopo Peri, en introduisant le récitatif dans le spectacle musical (*Dafne,* 1597), inaugura le genre opéra, mais c'est Monteverdi qui donna, avec son *Orfeo* (1607), la prem. véritable œuvre lyrique. L'opéra italien connut bientôt une vogue immense (Provenzale, Alessandro et Domenico Scarlatti), puis tomba peu à peu en décadence, alors que se développait l'opéra bouffe (*la Servante maîtresse* de Pergolèse, 1733), prédominant en Italie tout au long du XVIIIe s. Au XIXe s., Rossini (encore assez près de l'opéra bouffe), Donizetti, Bellini, Verdi et ses successeurs (Puccini, Leoncavallo, Mascagni) donnèrent un nouvel et puissant élan à l'opéra ital.: c'est le triomphe du bel canto. En France, où Mazarin s'était efforcé d'introduire l'opéra ital., le ballet et l'air de cour, en faveur au XVIIe s., contribuèrent à former le nouveau genre, qui s'épanouit avec Lully, mais sombra vite. Au XVIIIe s., Rameau, par ses innovations harmoniques, parvint à régénérer l'opéra français; après lui, Mondonville et Philidor, en imitant l'opéra bouffe ital., ouvrirent la voie à l'opéra-comique. Gluck, véritable créateur de l'opéra-tragédie, amorça une réaction, mais le public préféra aux opéras dits «sérieux» les opéras-comiques de Duni, Monsigny, Grétry. Le XIXe s. fut d'abord pauvre: après Berlioz qui est ignoré, c'est en fait Gounod (*Faust,* 1859) qui rénove l'art dramatique français, suivi de Bizet (*Carmen,* 1875), Massenet, Chabrier, Charpentier, Fauré; *Pelléas et Mélisande* (1902) de Debussy marque avec éclat l'apparition d'une nouvelle sensibilité musicale, qui doit qqch à Moussorgski, l'auteur de *Boris Godounov* (1874). L'opéra ital., introduit en Allemagne en 1627, s'installa à Vienne (Cesti), Munich (Steffani), Hambourg. Mozart résuma magistralement toutes les tendances musicales de son époque dans *les Noces de Figaro* (1786), *Don Juan* (1787), etc. Après *la Flûte enchantée* (1791) de Mozart (le premier opéra en allemand), Beethoven donna la prem. œuvre lyrique romantique (*Fidelio*, 1805) puis Weber s'affirma comme le plus typique des auteurs romantiques allemands. Enfin Wagner vint bouleverser les règles traditionnelles du genre en conférant à son drame musical la portée du «Grand Œuvre» à la fois psychologique, symbolique et philosophique. À la fin du XIXe et déjà au XXe s., R. Strauss, Schönberg, Berg ainsi que Bartók, Prokofiev, Nono et Henze donnent des œuvres importantes.

opéra-ballet [ɔpeʀabalɛ] n. m. Opéra avec danses dans lequel les actes sont «liés seulement entre eux par quelques rapports généraux étrangers à l'action» (J.-J. Rousseau). *Lully et Rameau composèrent des opéras-ballets.* – De *opéra,* et *ballet.*

opérable [ɔpeʀabl] adj. Qui peut être opéré (sens II, 2). *Malade, tumeur opérables.* – De *opérer.*

opéra-comique [ɔpeʀakɔmik] n. m. **1.** Drame musical lyrique dans lequel des parties dialoguées s'intercalent entre les parties chantées. **2.** Théâtre où l'on joue ce genre d'ouvrage. – De *opéra,* et *comique.*

opérande [ɔpeʀɑ̃d] n. m. MATH Élément sur lequel porte une opération. – De *opérer.*

opérant, ante [ɔpeʀɑ̃, ɑ̃t] adj. Qui agit, qui produit un effet. ▷ THEOL *Foi opérante.* – Ppr. de *opérer.*

opérateur, trice [ɔpeʀatœʀ, tʀis] n. **1.** Vx Personne qui opère, qui exécute qqch. **2.** Vx Chirurgien. **3.** Personne chargée de la commande d'une machine. ▷ AERON MAR *Opérateur radio,* chargé des télécommunications à bord. ▷ INFORM Personne chargée de la commande et de la surveillance d'un ordinateur. ▷ CINE Responsable de la prise de vues, de l'enregistrement sonore ou de la projection d'un film. **4.** BIOCHIM Gène coordinateur de plusieurs gènes de structure qui déclenche la transcription, sur l'A.R.N. messager, de l'information permettant la synthèse des protéines. **5.** MATH Symbole qui représente une opération ou une suite d'opérations à effectuer. *Dans l'opération* $c = a * b$, $*$ *est l'opérateur, a et b les opérandes.* – Du bas lat. *operator,* «travailleur».

opération [ɔpeʀasjɔ̃] n. f. **I.** Action d'un pouvoir, d'une faculté, d'un organe, etc., qui agit selon sa nature pour produire un effet. *Les opérations de l'esprit, de la mémoire. – Les opérations de la fécondation.* ▷ THEOL Action de Dieu sur la volonté humaine. *Opération du Saint-Esprit:* intervention mystérieuse du Saint-Esprit dans l'Incarnation. – Plaisant., fam. *Ce portefeuille n'a tout de même pas disparu par l'opération du Saint-Esprit!* **II.** Action, suite ordonnée d'actes qui suppose une méthode, une recherche et une combinaison de moyens mis en œuvre en vue de produire un résultat précis. *Tenter, réussir une opération de sauvetage en mer.* **1.** MILIT Ensemble de mouvements stratégiques destinés à faire réussir une attaque, à organiser une défense. *Base d'opérations,* où sont rassemblés le personnel et les moyens logistiques. – *Salle d'opérations,* où sont centralisées toutes les informations relatives au mouvement des troupes. **2.** Cour. Action, ensemble de mesures en vue d'obtenir un résultat. *Monter une opération publicitaire.* **3.** FIN *Opérations boursières:* transactions opérées sur des valeurs mobilières ou des marchandises. ▷ Cour. Affaire. *Faire une bonne opération.* **III. 1.** MATH Ensemble de démarches méthodiques de la pensée procédant de la déduction et s'appliquant sur les parties d'un ou de plusieurs ensembles en suivant une loi déterminée. ▷ *Spécial.* Application d'un ensemble sur lui-même. *L'addition et la multiplication sont des opérations dans l'ensemble des nombres réels.* ▷ Cour. *Enfant qui sait faire les quatre opérations,* l'addition, la soustraction, la multiplication et la division. **2.** CHIR, cour. Intervention chirurgicale. *Salle d'opération. Subir une grave opération. Opération de l'appendicite.* – Lat. *operatio,* «ouvrage, travail».

opérationnel, elle [ɔpeʀasjɔnɛl] adj. **1.** Qui a trait à des opérations militaires. *Secteur opérationnel.* **2.** Prêt à être mis en service. *Cette usine sera opérationnelle à la fin de l'année.* ▷ Fig. Efficace, pratique. – De *opération.*

opératoire [ɔpeʀatwaʀ] adj. **1.** Relatif aux opérations chirurgicales. *Choc opératoire. Bloc opératoire. – Champ opératoire.* V. champ. **2.** Didac. Relatif à une opération, qui a les caractères d'une opération (sens II, III, 1). – De *opérer.*

operculaire [ɔpɛʀkylɛʀ] adj. Didac. Qui a la fonction d'un opercule. *Valve operculaire.* – De *opercule.*

opercule [ɔpɛʀkyl] n. m. **I.** TECH Pièce mobile servant à fermer une ouverture, à recouvrir une cavité. **II.** BOT Pièce qui ferme l'urne des mousses. **III.** ZOOL **1.** Lamelle de mucus desséché et calcifié qui ferme la coquille des escargots en hiver. **2.** Membrane recouvrant l'ouverture des narines à la base du bec, chez les oiseaux. **3.** Pièce osseuse paire recouvrant les branchies des poissons. **4.** Membrane qui clôt les alvéoles des abeilles. – Lat. *operculum,* «couvercle».

operculé, ée [ɔpɛʀkyle] adj. Clos par un opercule. – Du préc.

opéré, ée [ɔpeʀe] adj. **1.** Qui vient d'être soumis à une intervention chirurgicale. ▷ Subst. *L'état de l'opéré est satisfaisant.* **2.** Effectué, réalisé (choses). – Pp. de opérer.

opérer [ɔpeʀe] v. [16] **I.** v. intr. Produire un effet, agir. *Laisser opérer la nature.* ▷ THEOL *La grâce opère dans l'âme.* **II.** v. tr. **1.** Effectuer, réaliser par une série ordonnée d'actes. *Troupes qui opèrent leur jonction. – Opérer des réformes.* ▷ (S. comp.) Agir. *Les cambrioleurs ont opéré en toute tranquillité.* **2.** Pratiquer une intervention chirurgicale sur. *Opérer un malade. Se faire opérer des amygdales.* ▷ *Opérer qqn d'une tumeur,* pratiquer l'ablation de celle-ci. **III.** v. pron. S'effectuer, s'accomplir. *Changements qui s'opèrent.* – Lat. *operari,* «travailler», de *opus,* «œuvre, ouvrage».

opérette [ɔpeʀɛt] n. f. Œuvre théâtrale composée sur un sujet gai et dans laquelle une musique légère accompagne les parties chantées. *Les opérettes d'Offenbach.* ▷ *Soldats, conspirateur, héros d'opérette,* qui semblent faire partie de l'action, du décor d'une opérette; que l'on ne peut prendre au sérieux. *Deux soldats d'opérette montent la garde devant le palais princier.* – Ital. *operetta,* dimin. de *opera.*

opéron [ɔpeʀɔ̃] n. m. BIOCHIM Unité d'information (V. encycl. code) fonctionnant sous le contrôle de deux gènes antagonistes, l'opérateur et le répresseur. – De *opérer.*

ophi(o)-. Élément, du gr. *ophis,* «serpent».

ophicléide [ɔfikleid] n. m. MUS Gros instrument à vent en cuivre, muni de clés, fort employé autrefois dans les musiques militaires, aujourd'hui remplacé par le tuba. – De *ophi-,* et gr. *kleis, kleidos,* «clef».

ophidien, ienne [ɔfidjɛ̃, jɛn] adj. et n. m. **1.** adj. Didac. De la nature du serpent, relatif aux serpents. **2.** n. m. pl. ZOOL *Ophidiens:* sous-ordre de reptiles dépourvus de pattes, possédant de nombreuses côtes. *Les ophidiens, ou serpents, sont apparus au Crétacé.* Sing. *Un ophidien.* – Du gr. *ophis,* «serpent».

ophioglosse [ɔfjɔglɔs] n. m. BOT Fougère (genre *Ophioglossum*) des lieux humides appelée cour. *langue-de-serpent,* aux frondes ovales non découpées prolongées par un épi qui porte les sporanges. – Du lat. mod. *ophioglossum,* de *ophio-,* et gr. *glôssa,* «langue».

ophiolâtrie [ɔfjɔlatʀi] n. f. Didac. Culte des serpents. – De *ophio-,* et *-lâtrie.*

ophiologie [ɔfjɔlɔʒi] n. f. ZOOL Partie de la zoologie qui traite des serpents. – De *ophio-,* et *-logie.*

1. ophite [ɔfit] n. m. MINER Marbre vert foncé à filets jaunes. – Lat. *ophites*, du gr. *ophis*, «serpent», les rayures de la pierre évoquant la peau du serpent.

2. ophite [ɔfit] n. m. RELIG Membre d'une secte gnostique égyptienne du IIe s. ap. J.-C., qui vouait un culte au serpent et en faisait un symbole du Messie (le serpent ayant révélé à l'humanité, en tentant Ève, la connaissance du bien et du mal). – Du gr. *ophis*, «serpent».

ophiure [ɔfjyʀ] n. f. ZOOL Échinoderme de la sous-classe des ophiuridés. – De *ophi-*, et gr. *oura*, «queue».

ophiurides [ɔfjyʀid] ou **ophiuridés** [ɔfjyʀide] n. m. pl. ZOOL Sous-classe d'échinodermes dont le corps est constitué d'un disque central et de cinq bras rayonnants longs et grêles. *Ophiurides et astéries (étoiles de mer) constituent la classe des stelléroïdes.* – De *ophiure*.

ophrys [ɔfʀis] n. m. ou f. BOT Orchidée européenne (genre *Ophrys*) dont le labelle très coloré rappelle l'aspect de divers insectes (abeille, frelon, mouche, etc.). – Mot lat., du gr.

ophtalm(o)-, -ophtalmie. Éléments, du gr. *ophtalmos*, «œil».

ophtalmie [ɔftalmi] n. f. MED Maladie inflammatoire de l'œil. *Ophtalmie des neiges :* inflammation aiguë de la cornée et de la conjonctive, due à l'exposition à la lumière des yeux non protégés, en haute montagne. – Lat. *ophtalmia*, mot gr.

ophtalmique [ɔftalmik] adj. ANAT, MED Des yeux, relatif aux yeux. *Migraine ophtalmique.* – De *ophtalmie*.

ophtalmo-. V. ophtalm(o)-.

ophtalmologie [ɔftalmɔlɔʒi] n. f. Branche de la médecine qui traite des affections des yeux et de leurs annexes. *Service d'ophtalmologie d'un hôpital.* – De *ophtalmo-*, et *-logie*.

ophtalmologique [ɔftalmɔlɔʒik] adj. Relatif à l'ophtalmologie. – De *ophtalmologie*.

ophtalmologiste [ɔftalmɔlɔʒist] ou **ophtalmologue** [ɔftalmɔlɔg] n. Médecin spécialisé en ophtalmologie. (Abrév. fam.: *ophtalmo.*) – De *ophtalmologie*.

ophtalmomètre [ɔftalmɔmɛtʀ] n. m. MED Instrument d'optique servant à mesurer les rayons de courbure de la cornée et son indice de réfraction. – De *ophtalmo-*, et *-mètre*.

ophtalmoscope [ɔftalmɔskɔp] n. m. MED Appareil permettant l'examen du fond de l'œil. – De *ophtalmo-*, et *-scope*.

ophtalmoscopie [ɔftalmɔskɔpi] n. f. MED Examen du fond de l'œil. – De *ophtalmo-*, et *-scopie*.

opiacé, ée [ɔpjase] adj. et n. m. Qui contient de l'opium ou qui en a l'odeur, le goût. *Médicament opiacé. Cigarettes opiacées.* ▷ N. m. *Un opiacé:* un médicament à base d'opium. – De *opium*.

opiacer [ɔpjase] v. tr. **[14]** Mêler de l'opium à. *Opiacer un breuvage.* – De *opiacé*.

opiat [ɔpja] n. m. PHARM Vx Électuaire (autref. opiacé). – Lat. médiév. *opiatum*, du class. *opium*.

-opie. V. -ope.

opilions [ɔpiljɔ̃] n. m. pl. ZOOL Ordre d'arachnides appelés cour. *faucheurs* ou *faucheux*, aux pattes longues et grêles et dont le céphalothorax et l'abdomen sont soudés. – Du lat. *opilio*, «berger».

opimes [ɔpim] adj. f. pl. ANTIQ ROM *Dépouilles opimes*, celles qu'un général prenait sur le général ennemi qu'il avait tué de sa main. – Fig., litt. Riche butin, riche profit. – Lat. *opimus*, «riche, copieux», dans l'expression *opima spolia*, «dépouilles opimes».

opiner [ɔpine] v. intr. **[1]** Litt. Donner son avis dans une assemblée sur un sujet mis en délibération. *Opiner sur, pour ou contre une clause.* – *Opiner à :* être d'avis de, en faveur de. *«Chacun opine à la vengeance»* (La Fontaine). ▷ Mod. (Souvent par plaisant.) *Opiner du bonnet:* marquer d'un signe (autref., en ôtant son bonnet) son acquiescement. – Par ext. *Opiner de la tête, du chef.* – Lat. *opinari*, «croire que».

opiniâtre [ɔpinjɑtʀ] adj. **1.** Vx Obstiné, têtu. **2.** Mod. Tenace dans sa volonté. *Caractère opiniâtre.* ▷ Subst. *Un, une opiniâtre.* **3.** Où il entre de la persévérance, de l'obstination, de l'acharnement. *Zèle, travail, lutte opiniâtres.* ▷ Persistant. *Fièvre opiniâtre.* – De *opinion*, et *-âtre*.

opiniâtrement [ɔpinjɑtʀəmɑ̃] adv. Avec opiniâtreté. *Se défendre opiniâtrement.* – Du préc.

opiniâtrer (s') [ɔpinjɑtʀe] v. pron. **[11]** Vx ou litt. S'attacher avec obstination ou ténacité à une opinion, une décision. *S'opiniâtrer à refuser* (ou *dans le refus de*) *tout compromis.* – De *opiniâtre*.

opiniâtreté [ɔpinjɑtʀəte] n. f. **1.** Vx Obstination, entêtement. **2.** Cour. Volonté persévérante, tenace. *Chercher, résister avec opiniâtreté.* – De *opiniâtre*.

opinion [ɔpinjɔ̃] n. f. **1.** Jugement qu'on se forme ou qu'on adopte sur un sujet; assertion ou conviction personnelle plus ou moins fondée. *Se faire, avoir, soutenir, émettre une opinion.* **2.** Jugement favorable ou défavorable (sur qqn, son caractère, ses actes, etc.). *Avoir bonne ou mauvaise opinion de qqn.* **3.** (Surtout au pl.) Manière de penser, doctrine, croyance (en matière morale, politique, etc.). *Opinions libérales, avancées.* **4.** Jugement commun, ensemble des idées ou des convictions communes à une collectivité. *L'opinion publique*, ou absol., *l'opinion. Braver l'opinion. Sondage d'opinion.* – Lat. *opinio*, de *opinari*, «croire que».

opiomane [ɔpjɔman] n. et adj. Toxicomane qui fume ou qui mâche l'opium. – De *opiomanie*.

opiomanie [ɔpjɔmani] n. f. Toxicomanie des opiomanes. – De *opium*, et *-manie*.

opistho-. Élément, du gr. *opisthen*, «derrière, en arrière».

opisthobranches [ɔpistɔbʀɑ̃ʃ] n. m. pl. ZOOL Sous-classe de mollusques gastéropodes marins hermaphrodites, aux branchies situées en arrière du cœur. Sing. *Un opisthobranche.* – De *opistho-*, et *branchies*.

opisthodome [ɔpistɔdɔm] n. m. ARCHI Partie postérieure d'un temple grec. V. naos, pronaos. – Gr. *opisthodomos*, de *domos*, «maison».

opisthographe [ɔpistɔgʀaf] adj. Didac. Se dit d'un manuscrit dont le recto et le verso sont couverts d'écriture. – Gr. *opisthographos*.

opium [ɔpjɔm] n. m. **1.** Suc narcotique tiré de certains pavots, fumé ou mâché comme excitant et comme stupéfiant. **2.** Fig. Ce qui assoupit insidieusement (la volonté, l'esprit critique, etc.). *Marx disait de la religion qu'elle était «l'opium du peuple».* – Lat. *opium*, gr. *opion*, de *opos*, «suc».

ENCYCL **Hist.** – *Guerre de l'Opium:* conflit (1840-1842) qui opposa la G.-B. à la Chine qui avait interdit l'importation d'opium et détruit à Canton une import. livraison brit. (1839). Le traité de Nankin (1842) donna à la G.-B. Hong Kong et ouvrit plusieurs ports chinois au comm. occidental.

opo-. Élément, du gr. *opos*, «suc».

oponce. V. opuntia.

opopanax [ɔpɔpanaks] ou **opoponax** [ɔpɔpɔnaks] n. m. BOT Ombellifère (genre *Opopanax*) des régions chaudes d'Europe et d'Asie, dont on extrait une gomme-résine utilisée en pharmacie et en parfumerie. ▷ Cette gomme-résine. – Le parfum que l'on en tire. – Lat. *opopanax*, du gr. *opos*, «suc», et *panax*, «plante médicinale».

opossum [ɔpɔsɔm] n. m. Marsupial d'Amérique (genre *Didelphis*), long d'une cinquantaine de cm sans la queue, au pelage gris fort recherché. Syn. sarigue. ▷ Fourrure de cet animal. – Mot amér., de l'algonquin (langue* amérindienne) *oposon.*

opothérapie [ɔpɔteʀapi] n. f. MED Emploi thérapeutique de glandes endocrines ou d'organes animaux, à l'état naturel ou sous forme d'extraits hormonaux. – De *opo-*, et *-thérapie.*

oppidum [ɔpidɔm] n. m. ANTIQ ROM Site fortifié, camp retranché. *Des oppidums.* – Mot lat.

opportun, une [ɔpɔʀtœ̃, yn] adj. Qui vient à propos. *Mesure opportune.* ▷ Qui convient. *Au moment opportun,* convenable, favorable. – Lat. *opportunus,* rad. *portus,* propr. «qui conduit au port».

opportunément [ɔpɔʀtynemɑ̃] adv. De façon opportune. – Du préc.

opportunisme [ɔpɔʀtynism] n. m. Attitude consistant à agir selon les circonstances, à en tirer le meilleur parti, en faisant peu de cas des principes. – De *opportun.*

opportuniste [ɔpɔʀtynist] adj. et n. Qui pratique l'opportunisme. *Conduite opportuniste.* – Subst. *C'est un opportuniste.* – De *opportun.*

opportunité [ɔpɔʀtynite] n. f. Caractère de ce qui est opportun. *L'opportunité d'une démarche.* ▷ Occasion favorable. *Saisir l'opportunité.* – Lat. *opportunitas.*

opposabilité [ɔpozabilite] n. f. **1.** Caractère de ce qui est opposable. *Opposabilité du pouce.* **2.** DR Caractère de ce qui est juridiquement opposable. – De *opposable.*

opposable [ɔpozabl] adj. **1.** Qui peut être mis vis-à-vis de qqch. *Le pouce est opposable aux autres doigts.* ▷ Qui peut être opposé à qqch. *Décision opposable à une autre.* **2.** DR Dont on peut se prévaloir contre un tiers. – De *opposer.*

opposant, ante [ɔpozɑ̃, ɑ̃t] adj. et n. **1.** Qui s'oppose. ▷ Subst. Personne qui, en matière politique, appartient à l'opposition. *Les opposants au régime.* **2.** ANAT *Muscle opposant.* ▷ N. m. *L'opposant du pouce.* – Ppr. de *opposer.*

opposé, ée [ɔpoze] adj. et n. **I.** adj. **1.** Placé vis-à-vis. *Rives opposées.* ▷ Orienté en sens inverse. *Direction opposée.* ▷ GEOM *Angles opposés (par le sommet),* formés par deux droites qui se coupent. – MATH *Nombres opposés* ou *symétriques,* de même valeur absolue mais de signes contraires (par ex., + 1 et – 1). **2.** Qui diffère totalement; contraire, contradictoire. *Intérêts, caractères opposés. – Chaud et froid sont des termes opposés.* **3.** Qui est défavorable ou hostile à; qui lutte contre. *Être opposé aux changements. Partis opposés.* **II.** n. m. Ce qui est opposé (par sa place, sa direction, sa nature, etc.). *L'opposé de l'avers est le revers.* – Fam. *Elle est tout l'opposé de son mari.* ▷ Loc. adv. ou prép. *À l'opposé (de):* au contraire (de), en opposition (avec). *Cet acte est à l'opposé de ses principes.* – Pp. de *opposer.*

opposer [ɔpoze] **I.** v. tr. [1] **1.** Présenter, mettre en face de (comme réplique, résistance, obstacle, etc.). *Je lui ai opposé mon mutisme, mes intérêts. Opposer une digue à un torrent.* – DR *Opposer la caducité d'un acte.* **2.** Mettre en lutte, en rivalité. *Rivalité qui oppose deux personnes.* **3.** Mettre vis-à-vis; disposer de manière à faire contraste. *Opposer deux miroirs. Opposer du rouge à du noir.* **4.** Comparer en soulignant les différences. *Opposer Aristote à Platon.* **II.** v. pron. **1.** Faire obstacle, empêcher. *S'opposer à une entreprise.* **2.** Faire front, s'affronter. *Orateurs, armées qui s'opposent.* **3.** Être vis-à-vis; former un contraste. *Ornements qui s'opposent.* – Lat. *opponere,* d'ap. *poser.*

opposite [ɔpozit] n. m. et adj. **1.** Vx L'opposé, le contraire. **2.** Mod. loc. adv. ou prép. *À l'opposite (de):* du côté opposé (à); vis-à-vis (de). – Lat. *oppositus,* «placé devant».

opposition [ɔpozisjɔ̃] n. f. **1.** Position ou rapport de choses situées vis-à-vis ou qui s'opposent, s'affrontent. *Opposition de deux couleurs. Opposition d'intérêts.* ▷ ASTRO Position de deux corps célestes diamétralement opposés par rapport à la Terre ou au Soleil. ▷ PHYS *Grandeurs sinusoïdales en opposition de phase,* dont la différence de phase est de 180°. ▷ ELECTR *Générateurs en opposition,* associés de telle façon que chacun des pôles de l'un soit relié au pôle de même nom de l'autre. ▷ (Personnes.) *Opposition de deux concurrents.* ▷ *Être, entrer en opposition avec qqn.* ▷ Loc. adv. ou prép. *Par opposition (à):* à la différence, au contraire (de). **2.** Résistance qu'oppose une personne, un groupe. *Opposition à un projet. Rencontrer une forte opposition.* ▷ DR *Opposition à saisie. Faire opposition à un paiement.* – Voie de recours visant à empêcher l'accomplissement d'un acte juridique, la prononciation d'une décision judiciaire ou son exécution pour cause de non-respect des prescriptions de la loi. ▷ *Opposition au mariage:* droit accordé à certaines personnes de s'objecter à la célébration d'un mariage en raison d'un empêchement légal. ▷ FIN *Opposition à un chèque:* interdiction de paiement signifiée, par le signataire d'un chèque, à la banque sur laquelle ce chèque est tiré. **3.** Parti ou ensemble de personnes opposés au gouvernement, au régime politique en place. ▷ POLIT *Opposition (officielle):* groupe, au sein de l'opposition, qui détient le plus grand nombre de sièges au Parlement. – Bas lat. *oppositio.*

oppositionnel, elle [ɔpozisjɔnɛl] adj. et n. De l'opposition, qui appartient à l'opposition politique. – De *opposition.*

oppressant, ante [ɔpʀɛsɑ̃, ɑ̃t] adj. Qui oppresse. *Chaleur oppressante.* ▷ Fig. Qui étreint, accable. *Remords oppressant.* – Ppr. de *oppresser;* d'abord au sens de «tyrannique».

oppresser [ɔpʀɛse] v. tr. [1] **1.** Presser fortement la poitrine de (qqn) de manière à gêner sa respiration; donner une impression de gêne respiratoire à (qqn). *L'asthme l'oppresse.* **2.** Fig. Faire subir un tourment moral, une angoisse à. *Un tourment l'oppresse.* – Du lat. *oppressum,* supin de *opprimere,* «presser, comprimer».

oppresseur [ɔpʀɛsœʀ] n. m. Celui qui opprime. ▷ Adj. m. *Pouvoir oppresseur.* – Lat. *oppressor,* «destructeur».

oppressif, ive [ɔpʀɛsif, iv] adj. Qui sert à opprimer, qui vise à opprimer. *Mesures oppressives.* – De *oppresser.*

oppression [ɔpʀɛsjɔ̃] n. f. **I. 1.** Sensation d'un poids sur la poitrine. **2.** *Par ext.* Malaise physique ou psychique d'une personne oppressée. **II. 1.** Action d'opprimer; contrainte tyrannique. *Oppression policière.* **2.** État d'opprimé. *Vivre dans l'oppression.* – Lat. *oppressio,* «action de presser».

opprimé, ée [ɔpʀime] adj. et n. Qui est soumis à une oppression. *Défendre les opprimés.* – Pp. de *opprimer.*

opprimer [ɔpʀime] v. tr. [1] **1.** Accabler par abus de pouvoir, par violence. *Opprimer les faibles.* – Fig. *Opprimer les esprits, l'opinion.* **2.** Vx ou litt. Accabler sous un poids (physique ou moral). *«Malgré le faix des ans et du sort qui m'opprime»* (Racine). – Lat. *opprimere,* «presser, comprimer».

opprobre [ɔpʀɔbʀ] n. m. Litt. **1.** Honte extrême et publique, déshonneur. *Couvrir, charger qqn d'opprobre.* **2.** Cause de honte. *Être l'opprobre de sa famille.*

3. État d'abjection. *Vivre dans l'opprobre.* – Lat. *opprobrium*, de *probrum*, «action honteuse».

-opsie. Élément, du gr. *opsis*, «vue, vision».

opsonine [ɔpsɔnin] n. f. BIOCHIM Substance sérique qui facilite l'ingestion des bactéries par les leucocytes. – Du gr. *opson*, «aliment», et *-ine*.

optatif, ive [ɔptatif, iv] adj. et n. m. LING Qui exprime le souhait. ▷ *Mode optatif :* mode verbal exprimant le souhait, dans certaines langues (sanskrit, grec). – Subst. *L'optatif.* – Bas lat. *optativus*, du class. *optare*, «choisir».

opter [ɔpte] v. intr. [1] Choisir, se déterminer entre deux ou plusieurs choses qu'on ne peut obtenir ou exécuter à la fois. *Opter pour une politique.* – Lat. *optare*, «choisir».

opticien, ienne [ɔptisjɛ̃, jɛn] n. (et adj.) **1.** Vx Celui qui connaît l'optique. **2.** Mod. Personne qui fabrique ou vend des instruments d'optique (et partic. des lunettes). ▷ Adj. *Ingénieur opticien.* – De *optique*.

optimal, ale, aux [ɔptimal, o] adj. Qui est le meilleur possible. *Rendement optimal d'un moteur.* ▷ Qui correspond à l'optimum. *Valeur optimale.* (N.B. *Optimal* et *optimale* ont remplacé les formes adjectives *optimum* et *optima* dans le langage technique.) – De *optimum*.

optimaliser [ɔptimalize] v. [1] Syn. déconseillé d'*optimiser*. – De *optimal*.

optimisation [ɔptimizasjɔ̃] n. f. Action d'optimiser; son résultat. ▷ Action de rechercher par le calcul les conditions qui assurent le fonctionnement optimal d'une machine, l'utilisation la meilleure d'un matériel, les bénéfices les plus élevés d'une entreprise, etc. – De *optimiser*.

optimiser [ɔptimize] v. tr. [1] Rendre optimal; procéder à l'optimisation de. – De *optimum*.

optimisme [ɔptimism] n. m. **1.** PHILO Système philosophique [développé partic. par Leibniz (1646-1716)] selon lequel le monde est le meilleur possible, le mal n'y ayant de sens qu'en fonction du bien. *Voltaire a fait dans «Candide» la satire de l'optimisme.* **2.** Cour. Attitude ou disposition d'esprit consistant à voir le bon côté des choses. *Optimisme béat.* ▷ Espérance confiante. *Nouvelle qui incite à l'optimisme.* Ant. pessimisme. – Du lat. *optimus*, superl. de *bonus*, «bon».

optimiste [ɔptimist] adj. (et n.). **1.** PHILO Relatif à l'optimisme ou qui en est partisan. – Subst. *Les optimistes.* **2.** Cour. Qui prend les choses du bon côté, qui présage heureusement de l'avenir. *Attitude optimiste. Les experts ne sont pas optimistes*, n'augurent pas favorablement (de telle issue, tel avenir). – Subst. *C'est un optimiste de nature.* – De *optimisme*.

optimum [ɔptimɔm] n. m. et adj. **I.** n. m. **1.** État le plus favorable, le meilleur possible d'une chose. *L'optimum d'un fonctionnement.* **2.** Didac Valeur qui résulte d'un calcul d'optimisation. – Plur. *Des optimums* (anc. *des optima*). **II.** adj. *Condition(s) optimum(s)* ou *optima.* – Mot lat., «le meilleur», superl. neutre de l'adj. *bonus*.

option [ɔpsjɔ̃] n. f. **1.** Faculté d'opter; action d'opter. *Avoir l'option entre deux avantages. – Matières à option*, entre lesquelles un candidat peut choisir, dans un concours, un examen. **2.** DR Faculté de choisir entre plusieurs possibilités légales ou conventionnelles. ▷ Promesse d'achat ou de vente, sans engagement de l'acheteur, et moyennant ou non des arrhes. *Prendre, accorder une option sur une terre.* ▷ COMM *En option:* apporté en amélioration d'un modèle de série, contre le paiement d'un supplément. **3.** FIN Contrat permettant au titulaire d'acheter ou de vendre un certain nombre d'actions d'une société à un prix et dans un délai fixés d'avance. – Lat. *optio*.

optionnel, elle [ɔpsjɔnɛl] adj. Qui donne la possibilité d'un choix ou qui comporte une telle possibilité. – De *option*.

optique [ɔptik] adj. et n. f. **I.** adj. **1.** Relatif ou propre à la vision, à l'appareil de la vision. *Nerf optique.* **2.** Relatif à l'optique, propre à l'optique (voir II). – PHYS *Système optique :* association de lentilles, de miroirs, de prismes, etc. *Axe optique:* axe de révolution d'un système optique centré. *Centre optique:* point d'un système optique centré, tel que le rayon incident passant par ce point n'est pas dévié. *Chemin, longueur optiques:* produit de la longueur d'un rayon par l'indice du milieu. **II.** n. f. **1.** Partie de la physique qui étudie les lois de la lumière et de la vision. *Optique géométrique, physique. Optique électronique:* technique permettant de former l'image d'un objet à l'aide d'un faisceau d'électrons soumis à l'action d'un champ électrique ou magnétique (télévision, microscope électronique, etc.). ▷ Traité sur l'optique. *«L'Optique» de Newton (1704).* ▷ Industrie ou commerce des instruments d'optique. *Travailler dans l'optique.* **2.** Ensemble du système optique d'un instrument. *L'optique d'un spectrographe.* **3.** Perspective, aspect d'un objet vu à distance ou sous un certain angle. *La mise en scène doit tenir compte de l'optique du théâtre. – Illusion d'optique*, V. illusion. ▷ Fig. Manière de voir, de juger. *Je n'ai pas sur cette question la même optique que vous.* – Gr. *optikos*, «relatif à la vue», fém. subst. *optikê*, «l'art de voir».

ENCYCL **Phys.** – L'*optique géométrique* est la partie de l'optique qui traite du trajet suivi par la lumière sans tenir compte du mécanisme réel de la propagation de celle-ci. De très nombreuses observations montrent que, dans des milieux homogènes comme l'eau ou l'air, la lumière se propage suivant des lignes droites appelées *rayons lumineux*, qui obéissent aux lois de la réflexion et de la réfraction énoncées par Descartes. La vitesse de déplacement de la lumière dans le vide est voisine de 300 000 km/s. C'est un invariant (sa valeur reste la même, quel que soit le système de référence dans lequel on la mesure). Le rapport n entre la vitesse c de la lumière dans le vide et la vitesse v dans un milieu homogène est appelé *indice absolu* du milieu. L'indice absolu de l'eau est égal à 1,33 ($v = 226\,000$ km/s) et celui du diamant à 2,42 ($v = 124\,000$ km/s). Une *surface d'onde* est le lieu des points atteints au même instant par la lumière qui provient d'une source ponctuelle. Les rayons lumineux issus d'une telle source restent normaux aux surfaces d'ondes, même après un certain nombre de réflexions et de réfractions. Un *système optique* est constitué par une succession de miroirs, qui provoquent la réflexion de la lumière, et de dioptres (surfaces séparant deux milieux d'indices différents), qui provoquent sa réfraction. Les lames à faces parallèles, les prismes et les lentilles sont délimités par des dioptres (plans ou sphériques, par ex.). Les *instruments d'optique* sont constitués d'un ou de plusieurs systèmes optiques. Seul un instrument composé uniquement de miroirs plans donne d'un point quelconque de l'espace une image ponctuelle (stigmatisme). Les autres sont entachés d'*aberrations.* Un instrument d'optique est caractérisé: par son *pouvoir séparateur*, qui est son aptitude à donner de deux points le plus voisins possible deux images distinctes; par sa *puissance* (rapport entre l'angle sous lequel on voit l'image de l'objet et la longueur réelle de cet objet), qui s'exprime en dioptries; par son *grossissement* (rapport entre le diamètre apparent de l'image et celui de l'objet); par sa *clarté* (rapport des flux lumineux reçus à travers l'instrument et à l'œil nu). Les principaux instruments d'optique sont les loupes, les oculaires, la lunette astronomique, les viseurs et le microscope. L'*optique ondulatoire*, appelée également *optique physique*, assimile la lumière à une vibration électromagnétique qui se propage à une vitesse déterminée. Une onde de fréquence donnée produit sur l'œil l'impression d'une couleur déterminée; elle est dite *monochromatique.* Dans le vide, une onde lumineuse monochromatique est un ensemble de deux champs sinusoïdaux: un champ électrique et un champ magnétique, perpendiculaires entre eux, et vibrant en phase. La propagation s'effectue perpendiculairement au plan formé par ces deux champs. L'étude du processus d'émission des vibrations lumineuses par des sources telles que filaments incandescents, arcs électriques, décharges dans les gaz, montre que cette émission s'effectue au niveau des électrons des atomes. Chaque atome émet une suite de vibrations (train d'ondes), de durée limitée, se traduisant par une lumière non cohérente. Chacun des points de la source émet des trains d'ondes sans relation de phase (incohérence temporelle) et non monochromatiques, de même que, à un instant donné, la phase des trains d'ondes émis par tous les points n'est pas la même (incohérence spatiale). Les *lasers* permettent d'obtenir une lumière présentant une parfaite cohérence spatiale, qui leur confère une directivité remarquable, et une excellente cohérence temporelle; ce sont des sources lumineuses pratiquement monochromatiques. Leurs applications sont auj. de plus en plus nombreuses. L'*optique électronique* est l'ensemble des techniques qui permettent de former une image d'un objet à l'aide d'un faisceau d'électrons soumis à l'action de champs magnétiques ou électriques. Il est possible, à l'aide de tels champs, de dévier un faisceau d'électrons, comme on dévie un faisceau lumineux à l'aide d'un dioptre. Pour rendre visible l'image d'un objet, il suffit de recevoir le faisceau d'électrons sur un écran fluorescent ou sur une couche photographique. Le microscope électronique et la télévision constituent deux des domaines d'application les plus importants de l'optique électronique. La lumière peut être transmise le long de parcours sinueux à l'intérieur de fibres de verre. Ces *fibres optiques* jouent un rôle de guide d'onde et permettent de transporter à section égale un débit d'informations beaucoup plus élevé que les conducteurs électriques.

optoélectronique [ɔptoelɛktʀɔnik] n. f. TECH Ensemble des techniques permettant de transmettre des informations à l'aide d'ondes électromagnétiques dont les longueurs d'onde sont proches de celles de la lumière visible. – Du gr. *optos,* «visible», et de *électronique.*

optomètre [ɔptomɛtʀ] n. m. MED Appareil permettant l'étude des amétropies. – Du gr. *optos,* «visible», et *-mètre.*

optométrie [ɔptometʀi] n. f. **1.** MED Mesure des amétropies. **2.** PHYS Partie de l'optique qui a trait à la vision. – De *optomètre.*

optométriste [ɔptometʀist] n. et adj. Opticien spécialiste en optométrie. – Adj. *Opticien optométriste.* – Du préc.

opulence [ɔpylɑ̃s] n. f. **1.** Abondance de biens, de ressources; richesse. *Vivre dans l'opulence.* **2.** Fig. Plénitude des formes. *L'opulence des nus de Rubens.* – Lat. *opulentia.*

opulent, ente [ɔpylɑ̃, ɑ̃t] adj. **1.** Qui est dans l'opulence; qui manifeste l'opulence. *Homme opulent. Train de vie opulent.* **2.** Fig. Qui présente des formes amples, pleines. *Poitrine opulente.* – Lat. *opulentus.*

opuntia [ɔpɔ̃sja] ou **oponce** [ɔpɔ̃s] n. m. BOT Plante grasse (genre *Opuntia,* fam. cactacées) aux rameaux épineux aplatis en forme de raquette (figuier de Barbarie, nopal, raquette). – Lat. *opuntia,* de *opuntius,* gr. *opountios,* «d'Oponte», ville grecque.

opus [ɔpys] n. m. MUS Terme qui désigne un morceau numéroté de l'œuvre complète d'un musicien. (Abrév. *op.*) *Sonate opus 39 de Beethoven.* – Mot lat., «ouvrage».

opuscule [ɔpyskyl] n. m. Petit ouvrage de science, de littérature, etc. – Lat. *opusculum,* dimin. de *opus,* «ouvrage».

opus incertum [ɔpysɛ̃sɛʀtɔm] n. m. ARCHI Assemblage apparent de moellons ou de dalles de formes irrégulières, avec des joints d'épaisseur constante. – Mots lat., «ouvrage irrégulier».

1. or [ɔʀ] n. m. **1.** Métal jaune, précieux, très dense, le plus ductile et le plus malléable de tous les métaux; élément de numéro atomique Z = 79 et de masse atomique 196,967 (symbole Au). ▷ CHIM *Or colloïdal:* suspension colloïdale d'or. **2.** Ce métal, monnayé ou non, considéré pour sa valeur. *Payer en or.* – *Étalon or. Encaisse or.* **3.** (Dans certaines loc. fig.) Richesse, valeur considérable. *Être cousu d'or, rouler sur l'or :* être très riche. *Acheter, vendre à prix d'or,* très cher. *Valoir son pesant d'or :* valoir très cher, être très précieux. *C'est de l'or en barre, c'est une affaire d'or* (ou *en or*): c'est une affaire très fructueuse. *Je n'en voudrais pas pour tout l'or du monde,* à aucun prix. **4.** Couleur, aspect de l'or (souvent au plur.); objet ou substance de cette couleur, de cet aspect. *Les ors d'une icône.* ▷ Fig. *«L'or des cheveux»* (Verlaine). **5.** (Pour signifier l'excellence, la perfection, la rareté, etc.) *Être bon, franc comme l'or. Un cœur d'or,* bon, généreux. *Parler d'or:* prononcer des paroles sages, judicieuses. – Fam. *Un ami, un public en or.* **6.** *L'or noir:* le pétrole. – Lat. *aurum.*

ENCYCL L'or est un métal mou, jaune par réflexion, vert par transparence, très dense (d = 19,3) qui fond à 1 064 °C et bout vers 2 600 °C. Il est pratiquement inaltérable mais forme avec le mercure un amalgame pulvérulent. L'or est utilisé en orfèvrerie, en passementerie, en dorure, en électricité et dans l'industrie aérospatiale. Par ailleurs, l'usage monétaire de l'or est très ancien. Il a été, dans l'histoire économique, un étalon d'échanges prédominant. Mais son rôle, à cet égard, n'a cessé de diminuer depuis que s'est manifestée la difficulté d'adaptation de la masse de métal précieux disponible aux besoins du négoce. Très tôt, on a vu apparaître des moyens de paiement annexes qui se sont transformés en monnaie concurrente. V. encycl. monnaie.

2. or ou (vx) **ore, ores** [ɔʀ] conj. et adv. **1.** conj. Sert à lier deux termes d'un raisonnement (notam. la majeure à la mineure d'un syllogisme), à introduire certaines phases d'un récit, ou certaines incidentes (d'explication, d'objection, etc.) d'un discours. *Il rêvait de voyages, or il était pauvre.* **2.** adv. Vx Maintenant. – (Pour interpeller, exhorter.) *Or çà, compagnons.* ▷ Mod. *D'ores et déjà:* dès maintenant. *Il est d'ores et déjà certain du succès.* – Lat. pop. *hora,* pour *hac hora,* «à cette heure».

oracle [ɔʀakl] n. m. **1.** Vieilli Volonté de Dieu signifiée par les prophètes, les apôtres. **2.** ANTIQ Réponse d'une divinité à ceux qui la consultaient; la divinité elle-même. ▷ Le lieu où étaient rendus ces oracles. *L'oracle de Delphes.* **3.** Décision, opinion émanant d'une personne détenant l'autorité, le savoir (souvent iron.). *Les oracles de la science.* **4.** Personne autorisée, compétente. *Passer pour un oracle.* – Lat. *oraculum,* de *orare,* «parler».

ENCYCL Chez les Grecs de l'Antiquité, la parole divine que constituait l'oracle exprimait, plutôt que la volonté propre de tel ou tel dieu, celle d'une essence divine supérieure aux dieux olympiens, le Destin. Cependant, une autre interprétation fait des oracles rendus par Apollon l'expression de la volonté de Zeus, dieu suprême du panthéon hellénique.

oraculaire [ɔʀakylɛʀ] adj. Litt. Qui a le caractère d'un oracle. *Annonce oraculaire.* – Lat. *oracularius,* «qui émet des oracles».

orage [ɔʀaʒ] n. m. **1.** Violente agitation de l'atmosphère accompagnée d'éclairs et de tonnerre, de pluie, de grêle, etc. *L'orage gronde, éclate.* **2.** Fig. Trouble vio-

lent dans la vie personnelle ou sociale; tumulte ou éclat de sentiments, de passions. *Il est en colère, laissez passer l'orage.* – Fam. *Il y a de l'orage dans l'air,* une nervosité qui menace de se manifester avec soudaineté et violence. – De l'a. fr. *ore,* «brise», lat. *aura.*
ENCYCL **Géophys.** – La magnétosphère, c.-à-d. la région entourant la Terre et dans laquelle on observe son champ magnétique, est en permanence soumise à l'action du *vent solaire* (flux de particules, telles que protons et électrons, qui s'échappent de la couronne solaire), mais notre atmosphère nous en protège (ce qui n'est pas le cas, par ex., pour la Lune). Lors des éruptions solaires, l'énergie de ces particules est telle qu'elles parviennent à pénétrer dans l'iono-sphère, au niveau des pôles, en provoquant des aurores boréales et des *orages magnétiques;* ceux-ci se traduisent par de brusques variations ou par des oscillations du champ magnétique, provoquant notam. l'interruption de la transmission des ondes radioélectriques.

orageusement [ɔʀaʒøzmɑ̃] adv. D'une manière orageuse (surtout au sens fig.) *L'entrevue commença orageusement.* – De *orageux.*

orageux, euse [ɔʀaʒø, øz] adj. **1.** Qui menace d'orage. *Temps orageux.* ▷ Sujet aux orages. *Climat orageux.* ▷ Troublé par l'orage. *Nuit orageuse.* **2.** Fig. Tumultueux. *Séance orageuse.* – De *orage.*

oraison [ɔʀɛzɔ̃] n. f. **1.** Prière. *Faire une oraison.* **2.** Vx Discours. ▷ Mod. *Oraison funèbre:* éloge d'un mort, solennel et public. – Du lat. *oratio, orationis,* «langage, parole, discours».

oral, ale, aux [ɔʀal, o] adj. et n. m. **1.** adj. Transmis ou exprimé par la bouche, la voix (par oppos. à écrit). *Tradition orale.* ▷ *Épreuves orales d'un concours.* – N. m. *Échouer à l'oral,* aux épreuves orales. **2.** adj. Qui a rapport à la bouche. *Cavité orale,* la bouche. *Soigner par voie orale.* ▷ PHON *Phonème oral* ([ɑ], [o], [u], etc.), par oppos. à *phonème nasal* ([ɔ̃], [ɑ̃], [ɛ̃], [œ̃]). ▷ PSYCHAN *Stade oral:* première phase d'organisation libidinale (de la naissance au sevrage), dans laquelle la satisfaction auto-érotique est liée à l'activité de la zone érogène buccale. – Du lat. *os, oris,* «bouche».

oralement [ɔʀalmɑ̃] adv. De vive voix (opposé à *par écrit). Exposer son point de vue oralement.* – De *oral.*

-(o)rama. Élément, du gr. *orama,* «spectacle».

orange [ɔʀɑ̃ʒ] n. et adj. inv. **1.** n. f. Fruit comestible de l'oranger, de forme sphérique, dont la pulpe juteuse et parfumée est protégée par une écorce épaisse et souple, de couleur jaune rouge *sui generis.* **2.** adj. inv. De la couleur de l'orange. *Des robes orange.* ▷ N. m. *Soleil d'un bel orange.* – Du provençal *auranja;* esp. *naranja;* ar. *nāră̆ndj,* du persan.

orangé, ée [ɔʀɑ̃ʒe] adj. et n. m. **I.** adj. De couleur orange. *Teinte orangée.* **II.** n. m. **1.** Couleur orange. *On obtient l'orangé par le mélange du jaune et du rouge.* **2.** Pigment ou colorant de couleur orange. – De *orange.*

orangeade [ɔʀɑ̃ʒad] n. f. Boisson composée d'orange, d'eau et de sucre. – Boisson gazeuse aromatisée à l'orange. – De *orange.*

oranger [ɔʀɑ̃ʒe] n. m. Arbre (*Citrus aurantium,* fam. rutacées) des régions chaudes dont le fruit est l'orange. – De *orange.*
ENCYCL L'oranger, importé d'Asie, est auj. cultivé intensivement dans le bassin méditerranéen, en Californie, en Floride et en Afrique du S., où la température reste élevée toute l'année. Ses feuilles entières, épaisses, sont persistantes. De ses petites fleurs blanches on extrait une essence avec laquelle on fabrique une eau aromatisée sédative *(eau de fleur d'oranger).* Il existe de nombreuses variétés d'orangers cultivés pour leurs fruits; *Citrus aurantium amara* donne l'orange amère; *Citrus aurantium dulcis,* l'orange douce. De la peau des oranges on tire une huile essentielle (le *néroli*). L'ébénisterie utilise le bois de certaines variétés.

orangeraie [ɔʀɑ̃ʒʀɛ] n. f. Terrain planté d'orangers. – De *oranger.*

orangerie [ɔʀɑ̃ʒʀi] n. f. Serre où l'on garde les orangers en caisse pendant l'hiver. – Partie d'un jardin où sont placés les orangers. – De *oranger.*

orangette [ɔʀɑ̃ʒɛt] n. f. Petite orange verte confite dans le sucre ou dans l'alcool. – De *orange.*

orangiste [ɔʀɑ̃ʒist] n. et adj. HIST **1.** Partisan de la dynastie d'Orange. **2.** Protestant d'Irlande du Nord partisan de l'union de l'Ulster et de l'Angleterre, qu'avait réalisée Guillaume III d'Orange-Nassau, roi d'Angleterre (1689-1702) en 1690. *Les orangistes se manifestèrent surtout à la fin du XVIII*e *s. et à la fin du XIX*e *s.* – Du n. de la principauté d'*Orange,* anc. seigneurie du S.-E. de la France, qui passa à la maison de Nassau (1645).

orang-outan ou **orang-outang** [ɔʀɑ̃utɑ̃] n. m. Grand singe anthropomorphe (*Pongo pygmæus,* fam. pongidés) des forêts de Sumatra et Bornéo, dont la taille atteint 1,40 m. *Les orangs-outans sont arboricoles et frugivores.* – Mots malais, «homme des bois».

orant, ante [ɔʀɑ̃, ɑ̃t] n. et adj. **1.** n. BX-A Personnage représenté en train de prier. *Les orantes des catacombes.* – Adj. *Vierge orante.* **2.** n. f. RELIG CATHOL Membre de certaines congrégations religieuses contemplatives. *Les orantes de l'Assomption.* – Du lat. *orare,* «prier».

orateur, trice [ɔʀatœʀ, tʀis] n. **1.** Personne qui prononce un discours. *Interrompre l'orateur. Les grands orateurs grecs.* **2.** Personne qui a le don de la parole. *C'est un orateur-né.* **3.** HIST (D'ap. l'angl. *Speaker*) Titre du président de la Chambre des communes et de celui du Sénat, à Ottawa; titre du président des autres assemblées législatives canadiennes. *L'Orateur de la Chambre (des communes. L'Orateur de l'Assemblée législative, du Conseil législatif.* «Pourquoi les membres de langue française appellent-ils *l'orateur* l'homme qui parle le moins? Ne serait-ce pas une traduction bien stupide du mot anglais *speaker*? Ce néologisme ne devrait-il pas disparaître, au moins, dans la vieille province de Québec?» (*Le Progrès de Sherbrooke,* 1878, cité dans Marcel Hamelin, *Les premières années du parlementarisme québécois.*) Rem. Auj. remplacé par *président* (dep. 1968 au Québec). – Lat. *orator.*

1. oratoire [ɔʀatwaʀ] adj. Relatif à l'éloquence, à l'art de bien parler. *Formules oratoires.* – Lat. *oratorius.*

2. oratoire [ɔʀatwaʀ] n. m. Pièce d'une habitation destinée à la prière. ▷ Petite chapelle. ▷ Nom de deux sociétés de prêtres séculiers fondées, l'une en Italie au XVIe s., l'autre en France au XVIIe s. – Bas lat. ecclés. *oratorium,* de *orare,* «prier».

oratorien [ɔʀatɔʀjɛ̃] n. m. Membre de la congrégation religieuse française de l'Oratoire. – De *oratoire* 2.

oratorio [ɔʀatɔʀjo] n. m. Drame lyrique à caractère le plus souvent religieux, parfois profane, dont la facture s'apparente à celle de l'opéra, mais qui est destiné à être exécuté sans décors ni costumes. *Les oratorios de Haendel, de Haydn.* – Mot ital., «oratoire».

1. orbe [ɔʀb] n. m. **1.** ASTRO Espace circonscrit par l'orbite d'une planète ou de tout corps céleste. **2.** Poét. Globe d'un astre. *L'orbe du soleil.* – Lat. *orbis,* «cercle».

2. orbe [ɔʀb] adj. CONSTR *Mur orbe,* sans ouverture. – Lat. *orbus,* «privé de, aveugle».

orbicole [ɔʀbikɔl] adj. Rare Qualifie une plante qui peut croître sur tous les points du globe. – Du lat. *orbis*, «cercle», et *-cole*.

orbiculaire [ɔʀbikylɛʀ] adj. Didac. **1.** De forme arrondie. ▷ ANAT Se dit de muscles à fibres circulaires. *Muscle orbiculaire*, ou, n. m., *l'orbiculaire des lèvres, des paupières*. **2.** Qui décrit une circonférence. *Mouvement orbiculaire*. – Lat. imp. *orbicularis*.

orbitaire [ɔʀbitɛʀ] adj. ANAT Qui a rapport à l'orbite de l'œil. – De *orbite*.

orbital, ale, aux [ɔʀbital, o] adj. et n. **1.** adj. ASTRO, ESP Relatif à l'orbite d'une planète, d'un satellite. **2.** n. f. PHYS NUCL Région de l'espace, autour du noyau de l'atome, où la probabilité de présence d'un électron donné est maximale. **3.** CHIM V. Liaison. – De *orbite*.

orbite [ɔʀbit] n. f. **1.** ANAT Cavité de la face dans laquelle est logé l'œil. **2.** ASTRO Trajectoire décrite par un corps céleste, naturel ou artificiel, autour d'un autre. *L'orbite d'une planète est une ellipse dont le soleil est l'un des foyers. Mise en orbite d'un satellite artificiel*. **3.** Fig. Sphère dans laquelle se manifeste l'influence, l'activité de qqn, de qqch. *Politiciens qui gravitent dans l'orbite du pouvoir*. – Lat. *orbita*, de *orbis*, «cercle».

orcanète ou **orcanette** [ɔʀkanɛt] n. f. BOT Plante herbacée à fleurs bleues (*Alkanna tinctoria*, fam. borraginacées) des zones incultes méditerranéennes, dont la racine fournit une substance colorante rouge. – Du lat. médiév. *alchanna*, de l'ar. *(o)ăl-hinnās*, «henné».

orcéine [ɔʀsein] n. f. **1.** Matière colorante rouge tirée de l'orseille*. **2.** CHIM Mélange de colorants utilisé en microscopie et dans les analyses biologiques. – Du rad. de *orseille*.

orchestral, ale, aux [ɔʀkɛstʀal, o] adj. Qui a rapport à un orchestre, à l'orchestre. *Musique orchestrale:* destinée à être jouée par un orchestre (opposé à *vocal*). – De *orchestre*.

orchestrateur, trice [ɔʀkɛstʀatœʀ, tʀis] n. Celui, celle qui conçoit une orchestration. – De *orchestrer*.

orchestration [ɔʀkɛstʀasjõ] n. f. **1.** Art d'orchestrer. *Traité d'orchestration*. **2.** Adaptation d'une œuvre musicale en vue de son exécution par un orchestre. – De *orchestrer*.

orchestre [ɔʀkɛstʀ] n. m. **I. 1.** ANTIQ GR Partie du théâtre située entre le public et la scène, et où évoluait le chœur. **2.** Dans un théâtre, endroit réservé aux musiciens, en contrebas de la scène. **3.** Dans une salle de spectacle, ensemble des places situées au niveau inférieur (par oppos. à *balcon*). **II.** Ensemble des instrumentistes qui participent à l'interprétation d'une œuvre musicale; troupe de musiciens qui jouent habituellement ensemble. *L'orchestre symphonique de Montréal. Orchestre de jazz. Chef d'orchestre* : musicien qui dirige un orchestre en lui indiquant, par des gestes, la mesure et les nuances expressives. – Gr. *orkhêstra*, «partie du théâtre où le chœur évoluait».

orchestrer [ɔʀkɛstʀe] v. tr. [1] **1.** Écrire (une œuvre musicale) en combinant les parties instrumentales. **2.** Fig. Diriger (une action concertée). *Orchestrer une campagne de presse*. – De *orchestre*.

orchi-, orchido-. Éléments, du gr. *orkhis*, «testicule».

orchialgie [ɔʀkialʒi] n. f. MED Douleur des testicules. – De *orchi-*, et *-algie*.

orchidacées [ɔʀkidase] n. f. pl. BOT Famille de plantes monocotylédones aux fleurs généralement très décoratives. – De *orchidée*.

orchidée [ɔʀkide] n. f. **1.** Plante de la famille des orchidacées, à fleurs ornementales; la fleur de cette plante. **2.** Plur. Syn. de *orchidacées*. – Du gr. *orkhidion*, «petit testicule».

orchis [ɔʀkis] n. m. Orchidée (genre *Orchis*) dont les fleurs portent un éperon, rattaché au labelle et qui possède deux tubercules, l'un qui a donné naissance à la plante, l'autre lui permettant de se reproduire l'année suivante. – Mot lat., du gr. *orkhis*, «testicule».

orchite [ɔʀkit] n. f. MED Inflammation aiguë ou chronique du testicule. – Du gr. *orkhis*, «testicule».

ordalie [ɔʀdali] n. f. HIST, ETHNOL Épreuve judiciaire dont l'issue, réputée dépendre de Dieu ou d'une puissance surnaturelle, établit la culpabilité ou l'innocence d'un individu. – De l'anc. angl. *ordâl*, «jugement».

ENCYCL Au Moyen Âge, un accusé pouvait avoir recours à l'ordalie, alors nommée *jugement de Dieu*. Tantôt l'accusateur et l'accusé se battaient en duel devant le juge, tantôt l'accusé seul se soumettait à une épreuve (ordalie du fer rouge, de l'eau bouillante, de l'immersion, etc.).

ordinaire [ɔʀdinɛʀ] adj. et n. m. **I.** adj. **1.** Qui ne sort pas de l'ordre commun, de l'usage habituel. *Il lui est arrivé une chose peu ordinaire*. **2.** De qualité moyenne, courante. *Du papier ordinaire*. – Péjor. *Des gens très ordinaires*, de condition modeste ou de manières vulgaires. **II.** loc. adv. *À l'ordinaire, d'ordinaire:* d'habitude, en général. *Agir comme à l'ordinaire. C'est ce qu'on fait d'ordinaire dans ces cas-là*. **III.** n. m. **1.** Ce qui est ordinaire, courant. *Cela ne change pas de l'ordinaire*. **2.** Ce que l'on sert habituellement aux repas. *L'ordinaire est mauvais*. **3.** LITURG *L'ordinaire de la messe:* les prières fixes qui sont dites dans toutes les messes (par oppos. aux textes du *propre*). – Lat. *ordinarius*, «rangé par ordre, conforme à la règle».

ordinairement [ɔʀdinɛʀmɑ̃] adv. D'ordinaire, d'habitude. *Il est ordinairement à l'heure*. – De *ordinaire*.

ordinal, ale, aux [ɔʀdinal, o] adj. Qui marque le rang, l'ordre. *Nombre ordinal* (V. nombre). ▷ GRAM *Adjectif numéral ordinal:* adjectif qui exprime le rang dans une série ordonnée (premier, deuxième, troisième, etc.). *À l'exception de «premier» et de «second», les adjectifs numéraux ordinaux sont dérivés des adjectifs numéraux cardinaux correspondants*. – Lat. gram. *ordinalis*.

ordinand [ɔʀdinɑ̃] n. m. LITURG CATHOL Celui qui se prépare à recevoir les ordres sacrés. – Lat. ecclés. médiév. *ordinandus*.

ordinant [ɔʀdinɑ̃] n. m. LITURG CATHOL Évêque qui confère les ordres. – Lat. ecclés. médiév. *ordinans*.

ordinateur [ɔʀdinatœʀ] n. m. INFORM Machine capable d'effectuer automatiquement des opérations arithmétiques et logiques (à des fins scientifiques, administratives, comptables, etc.) à partir de programmes définissant la séquence de ces opérations. – Lat. *ordinator*, «celui qui met en ordre».

ENCYCL L'utilisation de l'ordinateur est fondée sur *l'informatique*. Un ordinateur est constitué d'éléments physiques appelés *matériel* (*hardware* en anglais) et fonctionne à partir d'un ensemble de programmes appelé *logiciel* (*software* en anglais). Un ordinateur est caractérisé par sa grande rapidité de calcul et par sa capacité de stocker des informations dans des organes appelés *mémoires*. Les opérations successives qu'on doit effectuer pour traiter des informations sont inscrites à l'intérieur d'un programme rédigé dans un langage conventionnel, qui sera traduit en langage binaire directement utilisable par l'ordinateur. Ces opérations sont effectuées dans un ensemble d'organes reliés entre eux et appelés *unités*. Les *unités d'entrée* (lecteur de disquettes, lecteur optique, clavier, etc.) permettent d'introduire le programme et les données initiales. *L'unité centrale* reçoit les informations fournies par les unités d'entrée et exécute les instructions du programme; elle comprend une mémoire centrale, des circuits de commande et des organes capables d'effectuer les opérations arithmétiques et logiques. Les *mémoires auxiliaires* (bandes magnétiques, disques magnétiques, disques optiques) servent à stocker les informations avant ou après leur transfert en mémoire centrale. Les *unités de sortie* (imprimante, table traçante, écran, etc.) fournissent les résultats du traitement. Les organes d'entrée-sortie et les mémoires auxiliaires sont appelés des *périphériques*. L'ordinateur présente de nombreuses possibilités de fonctionnement. Il peut servir à la fois à plusieurs utilisateurs équipés de *terminaux*, organes d'entrée-sortie reliés à l'ordinateur par des lignes de transmission de données à distance (télétraitement), ou au contraire fonctionner de manière autonome, lorsqu'il est installé dans les locaux de l'utilisateur. Le traitement peut s'effectuer *par lots* (en regroupant les programmes à exécuter), *en temps partagé* (chaque utilisateur accède en permanence à l'ordinateur sans gêner les autres, ce qui autorise le mode conversationnel) ou *en temps réel*, c.-à-d. en recevant en permanence des données à traiter. L'ordinateur joue un rôle fondamental dans la plupart des activités humaines (calcul scientifique, gestion des entreprises, élaboration des plans de vol des avions, études de conception, commande en temps réel d'usines automatiques ou d'engins spatiaux, diagnostic médical, télécommunications, etc.). Les progrès effectués dans le domaine de la miniaturisation ont permis d'accroître la capacité de mémoire des ordinateurs, tout en diminuant leur encombrement extérieur.

ordination [ɔʀdinasjɔ̃] n. f. RELIG, LITURG Action de conférer ou de recevoir les ordres sacrés. *L'archevêque procéda à l'ordination.* – Cérémonie au cours de laquelle on les confère. – Lat. chrétien *ordinatio*.

ordinogramme [ɔʀdinɔgʀam] n. m. INFORM Représentation graphique du processus utilisé pour traiter des informations dans un ordinateur. – De *ordin(ateur)*, et *-gramme*.

ordo [ɔʀdo] n. m. inv. LITURG CATHOL Petit livre indiquant aux ecclésiastiques l'office à célébrer chaque jour. – Mot lat., «ordre».

ordonnance [ɔʀdɔnɑ̃s] n. f. **I.** Disposition ordonnée des éléments d'un ensemble. *L'ordonnance d'un tableau.* ▷ ARCHI Disposition des différentes parties d'un édifice. **II.** Ce qui est prescrit par une autorité compétente. **1.** DR Décision qui enjoint ou interdit de faire quelque chose et qui rend passible d'outrage au tribunal celui qui y contrevient. **2.** DR Décision du Conseil des ministres prise en vertu d'un pouvoir que lui confère une loi pour édicter certains règlements. **3.** MED Ensemble des prescriptions faites par le médecin au malade. ▷ Écrit daté et signé contenant ces prescriptions. **III.** n. f. ou m. Anc. Soldat affecté au service personnel d'un officier. (V. aide.) – De *ordonner*.

ordonnancement [ɔʀdɔnɑ̃smɑ̃] n. m. **1.** Action de régler suivant un certain ordre. *Ordonnancement d'une cérémonie.* **2.** FIN Action d'ordonnancer un paiement. **3.** TECH Optimisation du niveau des stocks d'une usine, recherche de la meilleure utilisation du personnel et du matériel lors de la fabrication d'un produit ou de la construction d'un ouvrage. *L'ordonnancement fait appel aux techniques de la recherche opérationnelle.* – De *ordonnancer*.

ordonnancer [ɔʀdɔnɑ̃se] v. tr. **[14] 1.** Régler selon un ordre déterminé. *Ordonnancer une fête.* **2.** FIN Donner l'ordre de payer (une dépense publique) après qu'en ont été contrôlés le montant et la légitimité. **2.** TECH Effectuer l'ordonnancement de (une fabrication, une construction). – De *ordonnance*.

ordonnateur, trice [ɔʀdɔnatœʀ, tʀis] n. Personne qui dispose, règle selon un ordre. *L'ordonnateur d'une fête. Ordonnateur des pompes funèbres*, chargé de régler la marche des convois funèbres. – De *ordonner*.

ordonné, ée [ɔʀdɔne] adj. **1.** Qui est en ordre, rangé, bien tenu. *Une maison ordonnée.* **2.** Qui est naturellement enclin à mettre de l'ordre, à ranger. *Un garçon soigneux et ordonné.* **3.** Dont les éléments sont classés, disposés, selon leur rang, hiérarchisés. ▷ MATH *Ensemble ordonné*, muni d'une relation d'ordre. **4.** RELIG Qui a reçu les ordres sacrés. – Pp. de *ordonner*.

ordonnée [ɔʀdɔne] n. f. MATH Coordonnée verticale qui permet, avec l'abscisse, de définir la position d'un point dans un espace à deux dimensions. (On la représente par le symbole y.) – Pp. fém. subst. de *ordonner*.

ordonner [ɔʀdɔne] v. tr. **[1] 1.** Mettre en ordre. *Ordonner les diverses parties d'un livre.* ▷ MATH *Ordonner un polynôme* : ranger ses termes suivant les puissances croissantes ou décroissantes de l'une des variations. **2.** Commander, donner un ordre. *Ordonner à qqn de partir. Je fais ce qu'on m'ordonne. – Le médecin lui a ordonné un régime.* **3.** RELIG Conférer les ordres sacrés à (qqn). *Ordonner un prêtre.* – Lat. *ordinare;* a. fr. *ordener*; d'ap. *donner*.

ordovicien, ienne [ɔʀdɔvisjɛ̃, jɛn] adj. et n. GEOL Relatif à la première partie du Silurien. – N. m. *On fait parfois de l'Ordovicien une période à part.* – De *Ordovices*, nom lat. d'un peuple gallois.

ordre [ɔʀdʀ] n. m. **I. 1.** Organisation d'un tout en ses parties, relation entre les éléments d'un ensemble, qui associe à chacun de ceux-ci un rang, une importance par rapport à tous les autres. *Ordre alphabétique, chronologique. Procédons par ordre.* ▷ MATH *Relation d'ordre dans un ensemble:* relation binaire R qui est réflexive ($\forall$ x $\in$ E, xRx), transitive (xRy et yRz $\Rightarrow$ xRz) et antisymétrique (xRy et xRz $\Rightarrow$ y = x). *L'ensemble N des entiers naturels est muni de la relation d'ordre notée* $\leqslant$. ▷ *Ordre du jour:* ensemble des questions, classées dans un certain ordre, sur lesquelles doit délibérer une assemblée. – Fig. *C'est un problème qui est à l'ordre du jour*, dont il est beaucoup question en ce moment, qui est d'actualité. **2.** Arrangement régulier dans l'espace. *L'ordre d'un jardin à la française.* ▷ MILIT Disposition d'une troupe sur le terrain. *Ordre de bataille. Progresser en ordre dispersé.* ▷ Bonne organisation, fonctionnement normal, régulier. *Remettre de l'ordre dans les affaires d'une entreprise.* ▷ Disposition régulière d'un ensemble d'objets, destinée à réduire l'espace qu'ils occupent et permettant de trouver facilement ceux dont on a besoin. *Outils disposés en bon ordre.* **3.** Méthode, exactitude, précision de l'esprit. *Un homme d'ordre.* ▷ Tendance spontanée à disposer les objets en ordre (sens 2), à ranger. *Elle a beaucoup de soin et d'ordre.* **4.** Organisation sociale; stabilité des institutions, paix civile. *Interdire une réunion susceptible de troubler l'ordre public. Maintien de l'ordre.* ▷ DR *Ordre public:* 1. Ensemble des règles de droit d'intérêt général qui sont impératives et auxquelles nul ne peut déroger par une convention privée. 2. Caractère impératif des règles juridiques auxquelles on ne peut déroger. Lors d'un procès, il peut être soulevé en tout état de cause tant par les parties que par le juge. **5.** Ensemble des lois naturelles. *L'ordre de l'univers, des choses. C'est dans l'ordre.* **II. 1.** HIST En France, chacune des trois grandes classes de la société sous l'Ancien Régime. *Les états généraux rassemblaient des représentants des trois ordres: noblesse, clergé et tiers état.* **2.** Corps composé de membres élus de certaines professions libérales. *Ordre des avocats, des* *médecins, des architectes.* **3.** Société religieuse dont les membres ont fait solennellement vœu de vivre selon une règle. *L'ordre des Bénédictins, des Jésuites, des Carmélites.* **4.** Anc. *Ordres de chevalerie:* associations religieuses et militaires formées pour combattre les infidèles, au Moyen Âge. *Ordre de Malte, des Templiers.* **5.** Société dont on est admis à faire partie à titre de récompense honorifique. *Ordre du Canada.* **6.** Catégorie d'êtres ou de choses; division, espèce. *Dans un autre ordre d'idées. Un travail d'ordre intellectuel.* ▷ *De l'ordre de:* d'environ (telle grandeur, telle quantité). *Somme de l'ordre d'un million.* **7.** BIOL Unité systématique faisant suite à la classe et précédant la famille. *L'ordre des carnivores, des ongulés. – Les ordres, parfois divisés en sous-ordres, peuvent être regroupés en super-ordres.* **8.** ARCHI Chacun des styles de construction de l'architecture antique (ou imités de cette architecture), caractérisés par la structure et la décoration des colonnes, des chapiteaux et des entablements. *Les ordres ionique, dorique et corinthien.* **9.** THEOL Sacrement donnant pouvoir d'exercer certaines fonctions ecclésiastiques. **10.** RELIG CATHOL Degré dans la hiérarchie ecclésiastique. – *Entrer dans les ordres:* se faire prêtre, religieux, religieuse. – *Ordres majeurs:* le diaconat et le sacerdoce (prêtre, évêque). *Ordres mineurs* (appelés aujourd'hui ministères): lecteur et servant à l'autel. **11.** Fig. Degré établi par comparaison. *Ouvrage de premier, de second ordre.* **III. 1.** Commandement, prescription que l'on donne à exécuter. *Donner, exécuter un ordre. – Jusqu'à nouvel ordre:* jusqu'à ce que les dispositions actuelles aient été modifiées. **2.** FIN *Billet à ordre:* effet de commerce endossé par le bénéficiaire et payé à la personne ainsi désignée par celui-ci. ▷ *Ordre de bourse:* ordre d'effectuer une transaction, donné à un agent de change. **3.** COMM Commande. *Adresser un ordre à un fournisseur.* **4.** INFORM Directive commandant un organe périphérique d'ordinateur. – Du lat. *ordo, ordinis.*

ordure [ɔʀdyʀ] n. f. **1.** Matière vile, malpropre. – *Spécial.* Excrément. *L'ordure d'un chien.* **2.** Plur. Déchets, matières de rebut. *Boîte à ordures. Collecte des ordures ménagères.* **3.** Fig., litt. Abjection. *Se complaire dans l'ordure.* **4.** Parole, écrit infâme ou obscène. *Ce texte est un tissu d'ordures.* **5.** Vulg., injur. Personne très méprisable. *C'est une belle ordure.* – De l'a. fr. *ord,* «sale», du lat. *horridus,* «qui fait horreur».

ordurier, ière [ɔʀdyʀje, jɛʀ] adj. Qui se plaît à dire, à écrire des ordures, des obscénités. *Être ordurier.* ▷ Qui contient des obscénités. *Chanson ordurière.* – De *ordure.*

ore. V. or 2.

oréade [ɔʀead] n. f. MYTH GR Nymphe des monts et des bois. – Lat. *oreas, oreadis,* du gr. *oreas,* rac. *oros,* «montagne».

orée [ɔʀe] n. f. Lisière, bordure. *L'orée d'un bois.* ▷ Fig., litt. *L'orée du jour.* – Lat. *ora.*

oreillard, arde [ɔʀɛjaʀ, aʀd] adj. et n. m. **1.** adj. Rare Dont les oreilles sont très longues. *Cheval oreillard.* **2.** n. m. Chauve-souris aux grandes oreilles de l'hémisphère Nord. – De *oreille.*

oreille [ɔʀɛj] n. f. **1.** Organe de l'ouïe. *Se boucher les oreilles.* ▷ ANAT Chacun des trois segments de l'appareil auditif. – *Oreille externe, oreille moyenne, oreille interne* (V. encycl.). ▷ Loc. *Parler à l'oreille de qqn.,* de manière à n'être entendu que de lui. *Prêter l'oreille:* écouter attentivement. *Choses qui viennent aux oreilles,* dont on entend parler. – Fam. *Ça lui entre par une oreille et ça sort par l'autre:* il ne fait pas attention à ce qu'on lui dit, ou il l'oublie très vite. **2.** Ouïe, perception des sons. *Musique qui flatte l'oreille. Être dur d'oreille,* un peu sourd. – *Faire la sourde oreille:* feindre de ne pas entendre ce que l'on dit, ce que l'on demande. – Absol. *Avoir de l'oreille:* avoir une bonne ouïe, bien distinguer les sons musicaux. **3.** Pavillon de l'oreille. *Boucles d'oreilles. Si tu continues, tu vas te faire tirer les oreilles.* – Fig. *Se faire tirer l'oreille pour...:* n'accepter qu'avec réticence de... ▷ Loc. *Avoir l'oreille basse:* être mortifié. *Mettre la puce à l'oreille:* éveiller les soupçons. *Échauffer les oreilles:* impatienter vivement, mettre en colère. *Montrer le bout de l'oreille:* laisser entrevoir sa véritable personnalité, ses intentions cachées. **4.** Ce qui rappelle une oreille par sa forme, son aspect. *Les oreilles d'un récipient:* les deux appendices situés de part et d'autre de celui-ci et qui servent à le tenir. ▷ TECH *Écrou à oreilles,* muni de deux ailettes qui permettent de le manœuvrer sans utiliser de clé. ▷ MAR Partie saillante de la patte d'une ancre. ▷ *Oreille-de-mer:* haliotide (mollusque). ▷ *Oreille-de-souris:* myosotis. – Lat. *auricula.*

ENCYCL **Anat.** – L'oreille est un organe d'audition mais également d'équilibre. Les invertébrés inférieurs sont dépourvus d'organe auditif mais possèdent une sensibilité diffuse aux vibrations. Certains invertébrés plus évolués possèdent une vésicule auditive, l'*otocyste,* ou *statocyste* (annélides, mollusques, etc.). Les poissons sont pourvus d'une oreille interne; les amphibiens, les reptiles et les oiseaux, d'une oreille interne et moyenne: ils ont le tympan à fleur de peau. Tous les mammifères possèdent une oreille comparable à celle de l'homme. L'oreille externe se compose du pavillon de l'oreille et du conduit auditif externe, qui décrit une double courbure et que tapissent des glandes à cérumen. L'oreille moyenne est constituée par plusieurs cavités situées dans le rocher et qui communiquent entre elles: la caisse du tympan, la trompe d'Eustache, et les cavités mastoïdiennes; la caisse du tympan est limitée à l'extérieur par le tympan et, à l'intérieur, par les fenêtres ronde et ovale que ferme une membrane; le tympan est une membrane qui transmet ses vibrations à l'oreille interne par l'intermédiaire de 3 osselets: le marteau, l'enclume et l'étrier. L'oreille interne, contenue dans le labyrinthe osseux du rocher, se compose de deux parties: le labyrinthe, membraneux, qui, formé des canaux semi-circulaires et du vestibule, est responsable des fonctions d'équilibre; le limaçon, ou cochlée, qui possède la fonction d'audition proprement dite. Le récepteur sensoriel de l'ouïe est l'organe de Corti, qui contient les cellules sensorielles et se prolonge à son extrémité inférieure par le nerf cochléaire, branche du nerf auditif qui gagne le lobe temporal. Diverses maladies peuvent toucher l'oreille externe, l'oreille moyenne (otite aiguë ou chronique), l'oreille interne (otospongiose). La surdité peut être d'origine interne ou moyenne; les surdités congénitale ou de la petite enfance s'accompagnent de mutité.

oreiller [ɔʀɛje] n. m. Coussin destiné à soutenir la tête d'une personne couchée. *Taie d'oreiller.* – De *oreille.*

oreillette [ɔʀɛjɛt] n. f. **1.** ANAT Chacune des deux cavités supérieures du cœur, où arrive le sang. *L'oreillette droite reçoit le sang des veines caves, l'oreillette gauche, celui des veines pulmonaires.* **2.** Partie d'une coiffure qui couvre l'oreille. – Dimin. de *oreille.*

oreillon [ɔʀɛjõ] n. m. **1.** Partie du casque d'une armure qui protégeait l'oreille. **2.** Plur. MED Infection virale, contagieuse et immunisante qui se manifeste le plus souvent par la tuméfaction de certaines glandes, notam. des parotides (elle se complique parfois d'une méningite ou d'une orchite chez l'adolescent) **3.** Abricot au sirop, dénoyauté et en moitiés. – De *oreille.*

orémus [ɔʀemys] n. m. inv. **1.** LITURG CATHOL Mot prononcé durant la messe en latin par le prêtre pour inviter les fidèles à prier avec lui. **2.** Vx, fam. Oraison, prière. *Dire des orémus.* – Lat. *oremus,* «prions».

ores. V. or 2.

orfèvre [ɔʀfɛvʀ] n. Personne qui fabrique ou qui vend des objets d'ornement en métaux précieux. ▷ *Être orfèvre en la matière:* avoir une connaissance parfaite de ce dont il est question. – Du lat. *aurifex*, finale d'ap. l'a. fr. *fèvre*, «artisan», lat. *faber*.

orfèvrerie [ɔʀfɛvʀəʀi] n. f. **1.** Art, commerce de l'orfèvre. **2.** Ouvrages de l'orfèvre. *Articles d'orfèvrerie.* – De *orfèvre*.

orfraie [ɔʀfʀɛ] n. f. Aigle de grande taille, appelé aussi *aigle de mer*, ou *pygargue*. (Ne pas confondre avec l'effraie, grande chouette à la face en forme de coeur.) ▷ *Pousser des cris d'orfraie* (pour *d'effraie*): crier très fort. – Du lat. *ossifraga*, «qui brise les os».

orfroi [ɔʀfʀwa] n. m. Didac. Parement, galon brodé d'or ou d'argent d'un vêtement sacerdotal. – Du lat. *aurum phrygium*, «or de Phrygie», parce que les Phrygiens étaient des brodeurs d'or réputés.

organdi [ɔʀgɑ̃di] n. m. Mousseline de coton très légère raidie par un apprêt. – Du n. d'*Ourgandj*, v. de l'anc. Turkestan.

organe [ɔʀgan] n. m. **I. 1.** Partie d'un corps organisé remplissant une fonction déterminée. *Les organes des sens.* – *Organe de Corti,* situé dans le canal cochléaire du limaçon membraneux, récepteur de l'audition. **2.** Moyen, instrument. *Les lois sont les organes de la justice.* **3.** Institution chargée de faire fonctionner une catégorie déterminée de services. *Les organes du pouvoir.* **4.** Pièce d'une machine, d'un mécanisme, remplissant une fonction déterminée. *Organes de freinage.* **II. 1.** *Absol.* Voix. *Avoir un bel organe.* **2.** Fig. Personne, chose par l'entremise de laquelle on fait connaître sa pensée, son opinion. *Servir d'organe auprès de qqn.* ▷ *Par ext.* Publication périodique, journal. *Organe de presse. L'organe officiel d'un parti.* – Du lat. *organum*, «instrument, orgue».

organeau [ɔʀgano] n. m. MAR Anneau métallique fixé à l'extrémité de la verge d'une ancre. – De *organe*.

organicien, ienne [ɔʀganisjɛ̃, jɛn] adj. et n. Didac. *Chimiste organicien,* spécialiste de chimie organique. ▷ Subst. *Un(e) organicien(ne).* – De *organique*.

organicisme [ɔʀganisism] n. m. **1.** PHILO Théorie selon laquelle la vie résulte, non d'une force qui anime les organes, mais de l'activité propre de l'ensemble des organes eux-mêmes. **2.** MED Théorie qui rattache toute maladie à une lésion organique. **3.** SOCIOL Doctrine qui assimile les sociétés à des organismes vivants. – De *organique*.

organigramme [ɔʀganigʀam] n. m. **1.** Schéma représentant l'organisation générale d'une administration, d'une entreprise, et faisant ressortir les attributions et les liaisons hiérarchiques et organiques de ses divers éléments. **2.** INFORM Syn. d'*ordinogramme*. – De *organi(ser)*, et *-gramme*.

organique [ɔʀganik] adj. **1.** Qui a rapport aux organes ou aux organismes vivants. *Vie organique.* ▷ MED *Maladie organique*, liée à une altération de la structure d'un organe ou d'un tissu (opposé à *fonctionnel*). **2.** Qui provient d'organismes, de tissus vivants. *Matières organiques.* ▷ *Chimie organique :* partie de la chimie qui étudie les composés du carbone (par oppos. à la chimie minérale). – Lat. *organicus*, «d'instrument, mécanique».

organiquement [ɔʀganikmɑ̃] adv. De façon organique, constitutivement. – De *organique*.

organisable [ɔʀganizabl] adj. Qui peut être organisé. – De *organiser*.

organisateur, trice [ɔʀganizatœʀ, tʀis] adj. et n. **1.** Qui organise. *Principe organisateur.* ▷ Subst. Personne qui organise, sait organiser. *C'est un excellent organisateur.* **2.** BIOL *Centre organisateur,* ou n. m., l'*organisateur:* zone de l'embryon caractérisée par la propriété d'induire la différenciation tissulaire et de coordonner l'organogenèse. – De *organiser*.

organisation [ɔʀganizasjɔ̃] n. f. **1.** Manière dont un corps est organisé; structure. *Organisation des reptiles, d'une cellule.* **2.** Action d'organiser. *Voulez-vous vous charger de l'organisation de la fête?* **3.** Manière dont un ensemble quelconque est constitué, réglé. *Organisation judiciaire.* **4.** Association, groupement. *Organisation syndicale. Organisation des Nations unies.* – De *organiser*.

organisé, ée [ɔʀganize] adj. **1.** BIOL Pourvu d'organes. *Êtres organisés.* **2.** Constitué, agencé pour tel usage, telle fonction. *Groupe organisé. Atelier bien organisé.* **3.** (Personnes.) Ordonné, méthodique, prévoyant. *Une ménagère bien organisée.* – (Choses.) Conçu pour être efficace; réglé d'avance. *Voyage organisé.* **4.** Qui fait partie d'une organisation (sens 4). *Provocateurs organisés.* – Pp. de *organiser*.

organiser [ɔʀganize] **I.** v. tr. [1] **1.** Mettre en place (les éléments d'un ensemble) en vue d'une fonction, d'un usage déterminés. *Organiser un service.* **2.** Préparer, monter. *Organiser un voyage, un spectacle.* ▷ Régler, aménager. *Organiser ses loisirs, son temps.* **II.** v. pron. Devenir organisé. *Les secours s'organisent.* ▷ Prendre ses dispositions pour agir efficacement. *Savoir s'organiser.* – De *organe*.

organisme [ɔʀganism] n. m. **1.** Ensemble des organes constituant un être vivant; cet être vivant, en tant que corps organisé doué d'autonomie. ▷ *Spécial.* Le corps humain. *Substances nécessaires à l'organisme. Votre organisme a besoin de repos.* **2.** Groupement, association. *Organisme politique.* **3.** Ensemble de services administratifs remplissant une fonction déterminée. *Adressez-vous à l'organisme compétent.* – De *organe*.

organiste [ɔʀganist] n. Musicien dont la profession est de jouer de l'orgue. – Lat. médiév. *organista*.

organite [ɔʀganit] n. m. BIOL Chacun des corpuscules tels que noyau, chloroplastes, mitochondries, etc., qui remplissent dans la cellule une fonction déterminée. – De *organe*.

organo-. Élément signifiant «organe» ou «organique».

organogenèse [ɔʀganoʒənɛz] ou **organogénèse** [ɔʀganoʒenɛz] n. f. BIOL Formation des organes d'un être vivant au cours de son développement embryonnaire. – De *organo-*, et *-genèse*.

organomagnésien [ɔʀganomaɲezjɛ̃] n. m. et adj. m. CHIM Dérivé organométallique du magnésium. ▷ Adj. m. *Les dérivés organomagnésiens halogénés sont très employés en synthèse organique.* – De *organo-*, et *magnésium*.

organométallique [ɔʀganometalik] adj. et n. m. CHIM Se dit des composés organiques contenant un atome de métal directement lié à un atome de carbone. V. transition *(métaux de transition).* ▷ Subst. *Un organométallique.* – De *organo-*, et *métallique*.

organsin [ɔʀgɑ̃sɛ̃] n. m. TECH Soie torse passée deux fois au moulin et destinée à servir de chaîne. – Ital. *organzino*.

organum [ɔʀganɔm] n. m. MUS Polyphonie liturgique à deux, puis à plusieurs voix, dans la musique médiévale. – Mot lat., «orgue, registre (musique)»; gr. *organon*.

orgasme [ɔʀgasm] n. m. Paroxysme du plaisir sexuel, coïncidant, chez l'homme, avec l'éjaculation. *Orgasmes de la femme (clitoridien, vaginal).* – Du gr. *orgân*, «bouillonner d'ardeur», de *orgê*, «accès de colère».

orgastique [ɔʀgastik] adj. Didac. Propre, relatif à l'orgasme. – De *orgasme*.

orge [ɔʀʒ] n. **1.** n. f. Plante herbacée (genre *Hordeum*, fam. graminées), céréale annuelle à épi simple; grain de cette plante. ▷ *Sucre d'orge:* V. sucre. **2.** n. m. *Orge mondé:* grain d'orge dépouillé de ses enveloppes. *Orge perlé:* orge mondé réduit en semoule. – Du lat. *hordeum.*

ENCYCL L'orge est une céréale annuelle dont les épis sont formés d'épillets groupés 3 par 3. Les glumelles sont prolongées par de longues barbes. Il existe plusieurs variétés d'orge suivant le nombre de rangées d'épillets dans l'épi: orge à 6 rangs, 4 rangs, 2 rangs. Certaines variétés sont cultivées pour l'alimentation des animaux (grains, fourrages), d'autres pour la fabrication de la bière (V. malt); la farine d'orge n'est plus guère utilisée en boulangerie.

orgeat [ɔʀʒa] n. m. Sirop fait autref. avec de l'orge, auj. avec des amandes et du sucre. ▷ Boisson rafraîchissante préparée avec ce sirop. – De *orge.*

orgelet [ɔʀʒəlɛ] n. m. Petit furoncle du bord libre de la paupière, en forme de grain d'orge, appelé aussi *compère-loriot.* – Du bas lat. *hordeolus,* «grain d'orge»; d'abord *ordeole, orgeolet.*

orgiaque [ɔʀʒjak] adj. **1.** ANTIQ Relatif aux mystères de Dionysos, à Athènes, de Bacchus, à Rome. *Délire orgiaque.* **2.** Qui a les caractères d'une orgie. *Festin orgiaque.* – Gr. *orgiakos.*

orgie [ɔʀʒi] n. f. **1.** ANTIQ (plur.) Fêtes consacrées à Dionysos chez les Grecs, à Bacchus chez les Romains. **2.** Partie de débauche où, aux excès de la table, s'ajoutent des débordements sexuels. **3.** Profusion; luxuriance. *Orgie de couleurs.* – Lat. *orgia,* n. plur.; du gr. *orgion.*

orgue [ɔʀg] n. m. au sing., et au plur. lorsque le mot désigne plusieurs instruments; n. f. au plur. (souvent emphatique) lorsque le mot désigne un seul instrument. **I. 1.** Grand instrument à vent composé de tuyaux de différentes grandeurs, d'un ou de plusieurs claviers et d'une soufflerie fournissant le vent. *Un bel orgue. Les grandes orgues de l'Oratoire Saint-Joseph.* ▷ *Orgue électrique, électronique:* instrument à clavier, sans tuyaux, dans lequel le son est produit par un signal électrique convenablement amplifié et modulé. ▷ *Orgue de Barbarie* (par altér. de *Barberis,* n. d'un fabricant d'orgues de Modène, en Italie): orgue mécanique portatif dans lequel la distribution de l'air mettant en vibration les tuyaux sonores est réglée par une bande de carton perforée que l'on fait défiler au moyen d'une manivelle. **2.** *Point d'orgue:* prolongation de la durée d'une note ou d'un silence, laissée à la discrétion de l'instrumentiste; signe (𝄐) indiquant cette prolongation. **II. 1.** HIST *Orgues de Staline:* lance-roquettes à tubes multiples utilisés par les Soviétiques pendant la Seconde Guerre mondiale. **2.** PETROG *Orgues basaltiques:* formation prismatique de basalte, dont l'aspect rappelle celui des tuyaux d'un orgue. – Lat. ecclés. *organum,* gr. *organon.*

orgueil [ɔʀgœj] n. m. **1.** Opinion trop avantageuse de soi-même, de son importance. *«L'orgueil des petits consiste à parler toujours de soi»* (Voltaire). **2.** (En bonne part.) Sentiment légitime de sa valeur, de sa dignité. – Frq. **urgoli,* «fierté».

orgueilleusement [ɔʀgœjøzmɑ̃] adv. D'une manière orgueilleuse. – De *orgueilleux.*

orgueilleux, euse [ɔʀgœjø, øz] adj. (et n.) **1.** Qui a de l'orgueil. *Un personnage orgueilleux.* – *Être orgueilleux de son rang,* en tirer orgueil. ▷ Subst. *C'est une orgueilleuse.* **2.** Qui dénote l'orgueil. *Ton orgueilleux.* – De *orgueil.*

orichalque [ɔʀikalk] n. m. ANTIQ Alliage métallique précieux dont parlent les auteurs grecs; le cuivre et ses alliages (bronze, en partic.). – Gr. *oreikhalkos,* «airain de montagne».

oriel [ɔʀjɛl] n. m. ARCHI Fenêtre formant une logette en saillie sur la façade. (Préconisé pour remplacer l'anglicisme *bow-window.*) – De l'angl. *oriel window,* «fenêtre sous auvent», a. fr. *oriol.*

orient [ɔʀjɑ̃] n. m. **I. 1.** Celui des quatre points cardinaux qui est du côté où le Soleil se lève; est, levant. **2.** Partie d'une région, d'un pays, d'un continent située vers l'est. ▷ *Spécial.* (Par rapport aux pays occidentaux.) Les régions de l'Est de l'Ancien Monde. **II.** Siège d'une ou de plusieurs loges maçonniques. – *Grand Orient :* fédération de loges maçonniques de même obédience. **III.** *L'orient d'une perle,* son reflet nacré. – Lat. *oriens, orientis,* ppr. de *oriri,* «se lever».

orientable [ɔʀjɑ̃tabl] adj. Qui peut être orienté. *Antenne orientable.* – De *orienter.*

oriental, ale, aux [ɔʀjɑ̃tal, o] adj. et n. **1.** Situé du côté de l'orient, à l'est. *L'Allemagne orientale.* **2.** Originaire de l'Orient; propre aux pays, aux peuples de l'Orient. *Langues orientales* (hébreu, arabe, chinois, etc.). – Subst. *Les Orientaux.* – Lat. *orientalis.*

orientalisme [ɔʀjɑ̃talism] n. m. **1.** Étude de l'Orient, de ses peuples, de leurs civilisations, etc. **2.** Goût des choses de l'Orient. – De *oriental.*

orientaliste [ɔʀjɑ̃talist] n. et adj. **1.** Personne versée dans la connaissance de l'Orient (notam. de ses langues et civilisations). **2.** Personne (partic., artiste) attachée à l'orientalisme (sens 2). – Adj. *Peintre orientaliste.* – De *oriental.*

orientation [ɔʀjɑ̃tasjɔ̃] n. f. **1.** Détermination du lieu où l'on se trouve, à l'aide des points cardinaux ou de tout autre repère. *Avoir le sens de l'orientation. Table d'orientation.* **2.** Action d'orienter (sens 1) une chose, de régler sa position par rapport aux points cardinaux. *Orientation d'un édifice.* **3.** Fig. Action de diriger dans telle ou telle direction. *Orientation des recherches. Orientation scolaire et professionnelle,* vers telles études, tel métier, en fonction des aptitudes et des conditions socio-économiques. – De *orienter.*

orienté, ée [ɔʀjɑ̃te] adj. **1.** Disposé, construit de telle ou telle manière par rapport aux points cardinaux. *Maison bien orientée.* **2.** MATH *Droite orientée,* sur laquelle on a choisi un vecteur unité. **3.** Qui manifeste ou trahit une certaine tendance politique, doctrinale, etc. *Commentaire orienté.* – Pp. de *orienter.*

orienter [ɔʀjɑ̃te] **I.** v. tr. [1] **1.** Disposer une chose par rapport aux points cardinaux ou dans une direction déterminée. *Orienter au sud, vers la mer.* **2.** *Orienter une carte, un plan,* y porter les points cardinaux. **3.** Indiquer une direction à (qqn). *Orienter un passant.* ▷ Fig. Faire prendre telle ou telle direction à. *Orienter une enquête. Orienter un enfant vers les sciences.* **4.** GEOM *Orienter une droite:* définir un sens positif sur cette droite. **II.** v. pron. **1.** Déterminer sa position par des repères, par les points cardinaux. *S'orienter à la boussole.* **2.** Prendre telle direction, telle voie. *S'orienter vers le nord, le sud.* – Fig. *S'orienter vers la politique.* – De *orient.*

orienteur, euse [ɔʀjɑ̃tœʀ, øz] n. et adj. **1.** n. Personne qui s'occupe d'orientation scolaire et professionnelle. **2.** n. m. Appareil destiné à donner le midi vrai pour chaque jour et, par suite, à permettre de s'orienter. Adj. *Appareil orienteur.* – De *orienter.*

orifice [ɔʀifis] n. m. Ouverture qui sert d'entrée ou d'issue à une cavité, un conduit. *Orifice d'un tube, d'un puits. Orifice naturel,* du corps humain ou animal (bouche, anus, etc.). – Lat. *orificium.*

oriflamme [ɔʀiflam] n. f. **1.** HIST Bannière de l'abbaye de Saint-Denis, puis des rois de France (XIIe-XVe s.). **2.** Bannière d'apparat, de décoration. – De l'a. fr. *orie,* «doré», et *flamme.*

origan [ɔʀigɑ̃] n. m. Syn. de *marjolaine*. – Lat. *origanum*.

originaire [ɔʀiʒinɛʀ] adj. **1.** Qui tire son origine de (tel lieu). *Plante originaire de Chine*. **2.** Qui existe depuis l'origine. *Déformation originaire*. – Bas lat. *originarius*.

originairement [ɔʀiʒinɛʀmɑ̃] adv. À l'origine, primitivement. – De *originaire*.

original, ale, aux [ɔʀiʒinal, o] adj. et n. **I. 1.** adj. Qui est de l'auteur même, qui constitue la source première. *Dessin original. Copie d'un acte original. Édition originale* (d'un texte, d'une gravure), la première parue. **2.** n. m. Ouvrage, document, modèle primitif. *L'original d'un traité. Reproductions d'après l'original.* ▷ Modèle artistique ou littéraire. *Ressemblance d'un portrait avec l'original.* **II.** adj. **1.** D'une singularité neuve ou personnelle. *Idée originale. Artiste original.* **2.** *Par ext.* D'une singularité bizarre, excentrique. *Manières originales.* ▷ Subst. *C'est une originale.* – Lat. imp. *originalis*, «qui existe dès l'origine».

originalement [ɔʀiʒinalmɑ̃] adv. D'une manière originale. – De *original;* d'abord signif. «primitivement».

originalité [ɔʀiʒinalite] n. f. **1.** Caractère d'une personne ou d'une chose originale (sens II). *Originalité d'un artiste, d'un décor. – Manquer d'originalité,* d'invention, de personnalité. **2.** Ce qui est original (sens II). *Les originalités d'une mode.* – De *original.*

origine [ɔʀiʒin] n. f. **1.** Principe, commencement. *L'origine de la vie.* – Au plur. *Des origines à nos jours.* ▷ Loc. adv. *À* (ou *dès*) *l'origine:* au (ou dès le) commencement. *À l'origine, les ailes des avions étaient entoilées.* **2.** Cause, source. *L'origine d'une guerre.* **3.** Point de départ généalogique, milieu d'extraction (d'une personne, d'un groupe). *Origine des Celtes. Être d'origine anglo-saxonne.* **3.** Temps, lieu, milieu dont une chose est issue; provenance. *Tradition d'origine médiévale, amérindienne. Mot d'origine slave. – Origine d'un envoi. – Produit d'origine,* dont l'origine (de lieu ou de fabrication) est attestée. **4.** MATH Point à partir duquel sont définies les coordonnées d'un point. – Lat. *origo, originis.*

originel, elle [ɔʀiʒinɛl] adj. **1.** De l'origine, qui remonte à l'origine. *Instinct originel.* **2.** THEOL Qui remonte à la création, à la faute d'Adam. *Justice, grâce originelle. Péché originel.* – Lat. imp. *originalis.*

originellement [ɔʀiʒinɛlmɑ̃] adv. Dès l'origine, primitivement. – De *originel.*

orignal, aux [ɔʀiɲal, o] n. m. Nom cour. de l'élan d'Amérique du Nord. *Chasse à l'original. Panache d'orignal.* "C'est un orignal qui dessine sa silhouette baroque sur un rideau d'arbres, une loutre qui prend ses ébats au milieu d'un lac [...]." (Claude Melançon, *Par terre et par eau,* 1930.) Rem. Var. anc.: orignac. – Basque *oregnac,* pl. de *oregna,* "cerf".

orillon [ɔʀijɔ̃] n. m. **1.** Vx Petite pièce saillante en forme d'oreille. *Orillons d'un pot.* **2.** MILIT Saillie, épaulement de maçonnerie d'un bastion. – Dimin. d'*oreille.*

orin [ɔʀɛ̃] n. m. MAR Filin frappé sur le diamant d'une ancre et permettant de la relever si elle est engagée. ▷ Filin retenant une mine mouillée entre deux eaux. – P.-ê. moy. néerl. *oorring,* «anneau d'ancre».

oriole [ɔʀjɔl] n. m. Oiseau arboricole américain (genre *Icterus,* fam. embérizidés), plus petit que le merle, au bec conique et pointu, au plumage contrasté (noir, jaune vif ou orangé), qui fabrique un nid suspendu, en forme de bourse. *Les sifflements clairs et flûtés de l'oriole de Baltimore (Icterus galbula).* – Du lat. *aureolus,* "de couleur d'or"; anc. n. du loriot.

oripeau [ɔʀipo] n. m. **1.** Lame de cuivre polie et brillante comme de l'or. **2.** Étoffe, broderie de faux or ou de faux argent. – Cour. Plur. Vieux habits d'apparat. **3.** Fig. Clinquant, faux brillant. – De l'a. fr. *orie,* «doré», et *peau.*

O.R.L. Abréviation de *oto-rhino-laryngologie.*

orle [ɔʀl] n. m. **1.** ARCHI Filet sous l'ove d'un chapiteau. **2.** HERALD Bordure intérieure ne touchant pas les bords de l'écu. – Lat. pop. **orula,* dimin. de *ora,* «bord».

orléanais, aise [ɔʀleanɛ, ɛz] adj. et n. De l'île d'Orléans, près de Québec. *Les fraises orléanaises sont réputées. L'hospitalité des Orléanais(es) est proverbiale.* ENCYCL Les variantes *Insulaire* (1867) et *Orléaniste* (1867), sporadiquement rencontrées, véhiculent, d'une part, un caractère tautologique, car tout habitant d'une île se voit identifié comme insulaire et, d'autre part, un rapprochement avec ceux qui soutenaient la prétention au trône de France de la famille d'Orléans.

orlon [ɔʀlɔ̃] n. m. Fibre textile synthétique de polyacrilonitrile. – N. déposé; orig. incert., suff. de *(ny)lon.*

ormaie [ɔʀmɛ], **ormeraie** [ɔʀməʀɛ] ou **ormoie** [ɔʀmwa] n. f. Lieu planté d'ormes. – De *orme.*

orme [ɔʀm] n. m. Arbre robuste (genre *Ulmus,* type de la fam. des ulmacées), aux feuilles alternes dentelées, aux fleurs rougeâtres, hermaphrodites, disposées par groupes latéraux, et dont le fruit est une samare. *L'orme blanc* (Ulmus americana) *est indigène de l'Amérique du Nord. Il atteint parfois une hauteur de 30 m et un diamètre de 2 m.* ▷ Bois de cet arbre. – Lat. *ulmus;* a. fr. *oulme.*

1. ormeau [ɔʀmo] n. m. **1.** Petit orme, jeune orme. **2.** Syn. d'*orme.* – De *orme.*

2. ormeau [ɔʀmo], **ormet** [ɔʀmɛ] ou **ormier** [ɔʀmje] n. m. Mollusque marin comestible (genre *Haliotis*). – Du lat. *auris maris,* «oreille de mer».

ormeraie. V. ormaie.

ormet, ormier. V. ormeau 2.

ormille [ɔʀmij] n. f. **1.** Petit ormeau. **2.** Plant de jeunes ormes. – De *orme,* d'ap. *charmille.*

ormoie. V. ormaie.

ornemaniste [ɔʀnəmanist] n. BX-A Artiste, ouvrier qui ne conçoit ou ne réalise que des ornements (architecture, ébénisterie). – De *ornement.*

ornement [ɔʀnəmɑ̃] n. m. **1.** Rare Action d'orner; son résultat. ▷ *D'ornement:* qui sert à orner. *Plantes d'ornement.* **2.** Élément ajouté qui sert à orner, à embellir. *Robe unie et sans ornement. – Spécial.* BX-A Élément décoratif (sculpture, moulure) ajouté à un ensemble. *Façade chargée d'ornements.* ▷ Fig., litt. *Être l'ornement de:* faire honneur, donner du lustre à. *Il était l'ornement des salons de la ville.* **3.** MUS Note ou groupe de notes d'agrément (souvent conventionnelles) ajoutées à une mélodie (V. appoggiature, gruppetto, mordant, trille). **4.** LITURG CATHOL (le plus souvent au pl.). Habits sacerdotaux utilisés pour les cérémonies du culte. – Lat. *ornamentum.*

ornemental, ale, aux [ɔʀnəmɑ̃tal, o] adj. **1.** Relatif à l'ornement, qui use d'ornements. *Style ornemental.* **2.** Qui sert à orner. *Plante ornementale.* Syn. décoratif. – De *ornement.*

ornementation [ɔʀnəmɑ̃tasjɔ̃] n. f. **1.** Art d'ornementer. *Un spécialiste de l'ornementation.* **2.** Disposition des ornements. *L'ornementation d'un chapiteau.* – De *ornement.*

ornementer [ɔʀnəmɑ̃te] v. tr. [1] Embellir par des ornements. – De *ornement.*

orner [ɔʀne] v. tr. [1] **1.** Embellir, décorer (qqch). *Il a orné sa chambre de tapis anciens.* – Servir d'ornement à. *Des guirlandes ornaient les façades des maisons.* ▷ Pp. Absol. *Lettres ornées,* enluminées. *Style orné,* très travaillé, qui use abondamment des figures de rhétorique. **2.** Fig., litt. Rendre plus agréable, donner plus d'éclat à. *Orner la vérité. Orner qqn de toutes les perfections.* – Lat. *ornare.*

ornière [ɔʀnjɛʀ] n. f. **1.** Trace profonde creusée par des roues de voitures dans un chemin. *S'enfoncer dans une ornière.* **2.** Fig. Voie toute tracée que l'on suit par routine. *L'ornière des préjugés.* – De l'a. fr. *orbière,* lat. pop. **orbitaria,* par crois. avec *orne* 2.

ornith(o)-. Élément, du gr. *ornis, ornithos,* «oiseau».

ornithogale [ɔʀnitɔgal] n. m. BOT Petite plante bulbeuse herbacée (genre *Ornithogalum,* fam. liliacées), à fleurs blanches, jaunes ou vertes. *(Ornithogalum umbellatum* est la *dame-d'onze-heures.)* – Gr. *ornithogalon,* propr. «lait d'oiseau», de *ornis, ornithos,* «oiseau», et *gala,* «lait».

ornithologie [ɔʀnitɔlɔʒi] n. f. Partie de la zoologie qui étudie les oiseaux. – De *ornitho-,* et *-logie.*

ornithologique [ɔʀnitɔlɔʒik] adj. Qui a rapport à l'ornithologie. *Recherches ornithologiques.* – Du préc.

ornithologiste [ɔʀnitɔlɔʒist] ou **ornithologue** [ɔʀnitɔlɔg] n. Spécialiste de l'étude des oiseaux. – De *ornithologie.*

ornithomancie [ɔʀnitomɑ̃si] n. f. ANTIQ Divination par le chant ou par le vol des oiseaux. – De *ornitho-,* et *-mancie.*

ornithopodes [ɔʀnitɔpɔd] n. m. pl. PALEONT Sous-ordre de dinosaures bipèdes herbivores, aux pieds courts munis de trois doigts, et dont l'apparence était voisine de celle des kangourous. – De *ornitho-,* et *-pode.*

ornithorynque [ɔʀnitɔʀɛ̃k] n. m. Mammifère ovipare d'Australie, de l'ordre des monotrèmes, au bec corné aplati, aux pattes palmées, à la fourrure brune. *L'ornithorynque, bon nageur, creuse son terrier près de l'eau.* – De *ornitho-,* et gr. *runkhos,* «bec».

ornithose [ɔʀnitoz] n. f. MED Infection pulmonaire aiguë d'origine virale, transmise par certains oiseaux (perroquets, notam.). – De *ornith(o)-,* et *-ose* 2.

oro-. Élément, du gr. *oros,* «montagne».

orobanche [ɔʀobɑ̃ʃ] n. f. BOT Plante dicotylédone herbacée dépourvue de chlorophylle, aux feuilles réduites à des écailles et aux fleurs de diverses couleurs, qui vit en parasite sur la racine des plantes légumineuses. – Lat. *orobanche,* du gr. *orobagkhê,* de *agkhein,* «étouffer».

orogenèse [ɔʀoʒənɛz] ou **orogénèse** [ɔʀoʒenɛz] n. f. GEOL Ensemble des phénomènes géologiques qui entraînent la formation des montagnes. – De *oro-,* et *-genèse.*

orogénie [ɔʀoʒeni] n. f. GEOL **1.** Étude de la formation des montagnes. **2.** Syn. de *orogenèse.* – De *oro-,* et *-génie.*

orogénique [ɔʀoʒenik] adj. GEOL Relatif à l'orogenèse ou à l'orogénie. – Du préc.

orographie [ɔʀogʀafi] n. f. Didac. Étude descriptive du relief terrestre. ▷ *Par ext.* Système montagneux d'un pays, d'une région du monde. *L'orographie de l'Asie.* – De *oro-,* et *-graphie.*

orographique [ɔʀogʀafik] adj. Didac. Relatif à l'orographie. *Carte orographique.* – Du préc.

oronge [ɔʀɔ̃ʒ] n. f. Champignon comestible au chapeau rouge-orange, aux lamelles jaunes, appelé aussi *amanite des césars (Amanita caesara).* ▷ *Fausse oronge* ou *amanite tue-mouches (Amanita muscaria) :* champignon toxique au chapeau rouge tacheté de blanc, aux lamelles blanches. – Provenç. *ouronjo,* «orange».

orpaillage [ɔʀpajaʒ] n. m. TECH Travail de l'orpailleur. – De *orpailleur.*

orpailleur [ɔʀpajœʀ] n. m. TECH Ouvrier qui extrait, par lavage, les paillettes d'or des sables aurifères. ▷ *Par ext.* Chercheur d'or. – De l'a. fr. *harpailler,* «saisir», altér. d'ap. *or.*

orphelin, ine [ɔʀfəlɛ̃, in] n. Enfant qui a perdu son père et sa mère, ou l'un des deux. *Un orphelin de père. Défendre la veuve et l'orphelin.* ▷ Adj. *Une jeune fille orpheline.* – A. fr. *orfenin,* lat. ecclés. *orphanus,* du gr. *orphanos.*

orphelinat [ɔʀfəlina] n. m. Établissement qui recueille des orphelins. – Du préc.

orphéon [ɔʀfeɔ̃] n. m. **1.** Vx Petit instrument de musique à cordes et à clavier. **2.** Vx École, groupe de chant choral. ▷ Mod. Fanfare. *L'orphéon de l'Armée du Salut.* – De *Orphée,* joueur de lyre de la myth. gr.

orphéoniste [ɔʀfeɔnist] n. Membre d'un orphéon. – Du préc.

orphie [ɔʀfi] n. f. Poisson marin *(Belone belone),* au long bec fin et denté, appelé également *bécassine, aiguille de mer, aiguillette.* – Gr. *orphos.*

orphique [ɔʀfik] adj. Didac. Qui a rapport à la tradition poétique et religieuse que les anciens Grecs faisaient remonter à Orphée. *Mystères, poèmes orphiques.* – Gr. *orphikos.*

orphisme [ɔʀfism] n. m. **1.** ANTIQ GR Doctrine théologique et philosophique qui se développa en Grèce du VIIe au IVe s. av. J.-C. (V. encycl.). **2.** PEINT Tendance picturale élaborée par R. Delaunay et fondée sur l'organisation harmonique des couleurs selon la loi des contrastes simultanés (théorie de Chevreul). – De *Orphée* (V. orphéon).

ENCYCL **Antiq.** – L'orphisme, dont l'apogée se situe en Grèce au VIe s. av. J.-C., était un ensemble de doctrines cosmogoniques et eschatologiques (immortalité de l'âme et cycle des réincarnations). Il comprenait des rites mystiques. Après une initiation longue et complexe, les adeptes de l'orphisme menaient une vie ascétique et recherchaient obstinément la purification de l'âme et du corps. Ces conceptions nouvelles exercèrent une influence profonde, à la fois sur la religion gr. (d'où la vogue des «mystères») et sur le pythagorisme naissant.

orpiment [ɔʀpimɑ̃] n. m. TECH Sulfure d'arsenic de couleur jaune, utilisé en peinture et en pharmacie. Syn. orpin. – Du lat. *auripigmentum,* propr., «couleur d'or».

orpin [ɔʀpɛ̃] n. m. **1.** Syn. de *orpiment.* **2.** Plante (genre *Sedum,* fam. crassulacées) à fleurs blanches ou jaunes, aux feuilles charnues régulièrement disposées le long de la tige, qui croît sur les murs, les toits, etc. – Altér. d'*orpiment* (sens 2, par analogie de couleur).

orque [ɔʀk] n. f. ou m. Cétacé odontocète (*Orcinus orca,* fam. delphinidés) long de 6 à 9 m, à aileron dorsal élevé, très vorace. Syn. épaulard. – Lat. *orca.*

orseille [ɔʀsɛj] n. f. Nom cour. de divers lichens qui fournissaient autrefois des colorants à l'industrie textile. – Colorant tiré de l'orseille. – Catalan *orxella.*

orteil [ɔʀtɛj] n. m. Doigt de pied. *Le gros orteil:* le pouce du pied. – A. fr. *arteil,* lat. *articulus,* dimin. de *artus,* «articulation».

orth(o)-. Élément, du gr. *orthos,* «droit», et, au fig., «correct».

orthèse [ɔʀtɛz] n. f. MED Appareil qui pallie une déficience corporelle de nature mécanique (dissymétrie des membres inférieurs, fragilité momentanée due à une fracture, etc.) sans constituer, à la différence de la prothèse, le substitut d'un élément anatomique manquant. *Une attelle, des chaussures orthopédiques sont des orthèses.* – De *ortho(pédie)*, sur *prothèse*.

orthocentre [ɔʀtosɑ̃tʀ] n. m. GEOM Point de rencontre des hauteurs d'un triangle. – De *ortho-*, et *centre*.

orthochromatique [ɔʀtokʀɔmatik] adj. TECH Se dit d'une émulsion photographique sensible à toutes les couleurs sauf au rouge. – De *ortho-*, et *chromatique*.

orthodontie [ɔʀtodɔ̃ti] n. f. Partie de la dentisterie qui a pour objet le traitement des anomalies de position des dents. – De *orth(o)-*, et gr. *odous, odontos*, «dent».

orthodontiste [ɔʀtodɔ̃tist] n. Praticien qui exerce l'orthodontie. – Du préc.

orthodoxe [ɔʀtɔdɔks] adj. et n. **1.** Conforme au dogme, à la doctrine d'une religion. *Doctrine orthodoxe.* Ant. hérétique. ▷ Se dit des Églises chrétiennes d'Orient qui n'admettent pas l'autorité de Rome (dont elles se sont séparées en 1054). *Églises orthodoxes grecque, russe.* ▷ Subst. *Les orthodoxes russes.* **2.** Conforme à une tradition, à une doctrine établies. *Analyse considérée comme orthodoxe par la censure politique de tel pays.* ▷ Cour. (En phrase négative.) *Des conceptions peu orthodoxes*, originales, qui rompent avec la routine, le conformisme. – Péjor. *Des pratiques peu orthodoxes.* – Lat. ecclés. *orthodoxus*, du gr. *orthodoxeîn*, «penser juste», de *orthos*, «juste», et *doxa* «opinion».

orthodoxie [ɔʀtɔdɔksi] n. f. **1.** Doctrine officiellement enseignée par une Église. *L'orthodoxie catholique.* **2.** *Par ext.* Ensemble des dogmes, principes établis. **3.** Caractère de ce qui est orthodoxe. *L'orthodoxie d'un essai théologique. – L'orthodoxie d'une théorie scientifique.* **4.** Ensemble des églises orthodoxes. – Du préc.

orthodromie [ɔʀtodʀɔmi] n. f. MAR, AVIAT Trajet le plus court reliant deux points de la surface de la Terre, arc de grand cercle passant par ces points. – Du gr. *orthodromeîn*, «courir en ligne droite».

orthodromique [ɔʀtodʀɔmik] adj. MAR, AVIAT Relatif à l'orthodromie. *Route orthodromique et route loxodromique.* – Du préc.

orthogenèse [ɔʀtoʒənɛz] ou **orthogénèse** [ɔʀtoʒenɛz] n. f. BIOL Processus évolutif dans lequel une série de variations se produit dans le même sens à travers différentes espèces ou genres. *La réduction du nombre des doigts chez les équidés est une orthogenèse.* – De *ortho-*, et *-genèse*.

orthogénie [ɔʀtoʒeni] n. f. MED Contrôle des naissances. – De *ortho-*, et *-génie*.

orthogonal, ale, aux [ɔʀtogɔnal, o] adj. GEOM Qui forme un angle droit; qui se fait à angle droit. *Plans orthogonaux*, qui se coupent à angle droit. – *Projection orthogonale*, obtenue au moyen des perpendiculaires abaissées des différents points d'une figure au plan de projection. – Du lat. *orthogonus*, d'orig. gr., «à angle droit».

orthogonalement [ɔʀtogɔnalmɑ̃] adv. GEOM À angle droit, perpendiculairement. – Du préc.

orthographe [ɔʀtɔgʀaf] n. f. **1.** Ensemble des règles régissant l'écriture des mots d'une langue. *Réforme de l'orthographe.* ▷ Application effective de ces règles. *Avoir une bonne, une mauvaise orthographe.* **2.** Manière correcte d'écrire un mot. *Pourriez-vous me rappeler l'orthographe de «rhododendron»?* **3.** Système orthographique propre à une époque. *L'orthographe du XVIe s.* – Lat. *orthographia*, mot gr., «écriture correcte».

orthographier [ɔʀtɔgʀafje] v. tr. [1] Écrire (un mot, une phrase) selon les règles de l'orthographe. ▷ v. pron. *Ce mot s'orthographie avec deux l.* – De *orthographe*.

orthographique [ɔʀtɔgʀafik] adj. Relatif à l'orthographe. – De *orthographe*.

orthonormé, ée [ɔʀtonɔʀme] adj. MATH *Base orthonormée:* base d'un espace vectoriel constituée de vecteurs unitaires orthogonaux deux à deux. – De *ortho-*, et *normé*.

orthopédie [ɔʀtɔpedi] n. f. **1.** Branche de la médecine qui étudie et traite les lésions congénitales ou acquises des os, des articulations, des muscles et des tendons. – *Orthopédie dento-faciale:* prévention et traitement des malformations et mauvaises positions dentaires. **2.** Cour. Orthopédie des membres inférieurs. – De *ortho-*, et gr. *pais, paidos*, «enfant»; sens 2 par rapprochement avec lat. *pes, pedis*, «pied».

orthopédique [ɔʀtopedik] adj. Relatif à l'orthopédie. *Traitement orthopédique. Appareil orthopédique.* – Du préc.

orthopédiste [ɔʀtopedist] n. et adj. **1.** Praticien qui exerce l'orthopédie. **2.** Personne qui fabrique ou qui vend des appareils orthopédiques. – De *orthopédie*.

orthophonie [ɔʀtofɔni] n. f. **1.** Prononciation sans défauts. **2.** MED Correction des troubles de l'élocution. – De *ortho-*, et *-phonie*.

orthophoniste [ɔʀtofɔnist] n. MED Spécialiste du traitement des troubles de l'élocution. – Du préc.

orthoptères [ɔʀtɔptɛʀ] n. m. pl. ZOOL Ordre d'insectes (sauterelles, criquets, etc.) dont les ailes postérieures, à plis droits, se replient, comme un éventail, sous les élytres. – Lat. savant, de *ortho-*, et *-ptère*.

orthoptie [ɔʀtɔpsi] n. f. MED Rééducation de l'œil (atteint de strabisme, notam.). – De *orth(o)-*, et gr. *ôps*, «vision».

orthoptiste [ɔʀtɔptist] n. Spécialiste de la rééducation de l'œil. – Du préc.

orthorhombique [ɔʀtoʀɔ̃bik] adj. MINER Se dit d'un cristal en forme de prisme droit à base en losange (ou en rectangle). – De *ortho-*, et *rhombe*.

orthoscopique [ɔʀtoskɔpik] adj. PHOTO *Objectif orthoscopique*, qui donne une image sans déformation. – De *ortho-*, et *-scopique*.

orthose [ɔʀtoz] n. m. MINER Feldspath potassique de couleur blanche, rouge ou rose, abondant dans les granites et les gneiss, et qui présente des clivages à angle droit. – Du gr. *orthos*, «droit».

orthostatique [ɔʀtostatik] adj. MED Relatif à la station debout. – Qui se produit en station debout. *Hypotension orthostatique. Albuminurie orthostatique de l'adolescent*, qui se manifeste après une station debout prolongée. – De *ortho-*, et gr. *statos*, «qui est debout».

ortie [ɔʀti] n. f. **1.** Plante herbacée (genre *Urtica*, fam. urticacées) dont les feuilles dentées et les tiges sont couvertes de poils qui se cassent au toucher et libèrent un liquide irritant (acide formique). **2.** *Ortie blanche, ortie rouge:* noms cour. de lamiers. – Lat. *urtica*.

ortolan [ɔʀtɔlɑ̃] n. m. Bruant européen *(Emberiza hortulana)*, à gorge jaune, qui habite les vignes et les broussailles, et dont la chair est très estimée. – Mot provenç., du bas lat. *hortulanus*, «de jardin».

orvale [ɔʀval] n. f. Sauge *(Salvia sclarea)* aux bractées violacées, appelée aussi *toute-bonne*. – P.-ê. altér. de *auris galli*, «oreille de coq».

orvet [ɔʀvɛ] n. m. Reptile saurien *(Anguis fragilis)*, long de 30 à 50 cm, dépourvu de pattes, ovovipare, se nourrissant princ. de vers de terre et de limaces, appelé aussi *serpent de verre* à cause de la grande fragilité de sa queue. – De l'a. fr. *orb*, «aveugle», l'orvet passant pour être aveugle.

orviétan [ɔʀvjetɑ̃] n. m. Vx Électuaire très en vogue au XVIIe s. ▷ Vieilli *Marchand d'orviétan:* charlatan, exploiteur de la crédulité publique. – Ital. *orvietano,* du nom d'*Orvieto,* v. d'Italie.

oryctérope [ɔʀikteʀɔp] n. m. Mammifère des savanes africaines (genre *Orycteropus,* seul représentant de l'ordre des tubulidentés) muni d'un museau en forme de groin et de griffes puissantes, qui vit dans des terriers et se nourrit de termites et de fourmis. (Long d'un mètre, il a une queue de 30 cm.) Syn. cochon de terre. – Du gr. *oruktêr, oruktêros,* «fouisseur», et *ôps,* «vue».

oryx [ɔʀiks] n. m. Antilope (genre *Oryx*) aux cornes fines très longues et à peine incurvées, qui vit en Afrique et en Arabie. – Mot lat., du gr. *orux.*

os [ɔs, plur. o] n. m. **1.** Élément dur du corps de l'homme et des vertébrés servant à soutenir les parties du corps entre elles, et dont l'ensemble constitue le squelette. ▷ Loc. fig. Fam. *En chair et en os:* en personne. – *Donner un os à ronger à qqn,* lui accorder un avantage pour tromper son impatience ou son avidité. – *Il y laissera ses os:* il s'engage dans une aventure qui fera sa perte. – *Jusqu'aux os, jusqu'à la moelle des os :* entièrement, complètement. – Fam. *N'avoir que les os et la peau, n'avoir que la peau sur les os:* être très maigre. – Fam. *Ne pas faire de vieux os:* mourir jeune. ▷ Pop. *Tomber sur un os:* rencontrer une difficulté, un obstacle. **2.** Plur. Ossements, restes d'un être vivant après sa mort. *Ingrate patrie, tu n'auras pas mes os* (inscription funéraire de Scipion l'Africain). **3.** *Os de seiche:* coquille interne de la seiche. – Lat. *os, ossis.*

ENCYCL **Anat. et physiol.** – Les os sont constitués de tissu spongieux engainé à sa périphérie par du tissu compact. Durs, rigides et calcifiés, ils assument plusieurs fonctions: soutien, protection, point d'insertion des muscles, réservoir des sels minéraux de l'organisme, hématopoïèse dans la moelle osseuse. Les os qui constituent le squelette humain sont au nombre de 208. On distingue trois catégories d'os: les os longs, dont la longueur prédomine sur les deux autres dimensions et qui possèdent un corps, la diaphyse, et deux extrémités renflées, les épiphyses; les os plats, dont la longueur et la largeur prédominent sur l'épaisseur et qui présentent deux faces et des bords; les os courts, dont les trois dimensions sont à peu près égales. La surface des os présente des saillies, ou apophyses, des dépressions, éminences ou cavités, ainsi que de nombreux orifices qui donnent passage aux vaisseaux nourriciers de l'os. Les os ont pour origine une ébauche cartilagineuse dans laquelle apparaissent des points d'ossification. La croissance des os longs se fait, en longueur, à partir des cartilages de conjugaison situés entre la diaphyse et les épiphyses, et, en épaisseur, à partir de la face interne du périoste. Les lamelles osseuses sont disposées en systèmes de Havers centré par le canal de Havers. La substance osseuse comprend des ostéocytes, ou cellules osseuses, et leurs précurseurs, les ostéoblastes, autour du canal. La moelle osseuse se présente sous trois aspects: moelle rouge, hématopoïétique; moelle jaune, envahie par les cellules graisseuses; moelle grise, entièrement graisseuse et inactive. La moelle rouge, active, est surtout abondante dans les os plats. La substance osseuse fondamentale est formée par diverses protéines (notam. une scléroprotéine: l'osséine). Cette substance protéique s'imprègne de sels minéraux (sels de calcium, essentiellement); le métabolisme du squelette osseux, qui se renouvelle constamment, est placé sous la dépendance de systèmes hormonaux et vitaminiques: parathormone, thyrocalcitonine, vitamine D, etc. Les principales affections de l'os sont les suivantes: traumatismes (fractures), infections (ostéites, ostéomyélites), tumeurs bénignes ou malignes (ostéosarcomes), dystrophies, anomalies de calcification.

Os CHIM Symbole de l'osmium.

osamine [ozamin] n. f. BIOCHIM Dérivé aminé d'un ose. – De *ose,* et *amine.*

oscabrion [ɔskabʀijɔ̃] n. m. Syn. de *chiton* (sens 2). – Orig. inconnue.

oscar [ɔskaʀ] n. m. Récompense, matérialisée par une statuette, décernée chaque année aux É.-U. à un film (pour son scénario, sa mise en scène, son interprétation, sa musique, etc.) par l'Académie des arts et sciences du cinéma. – Cette statuette. – Du prénom *Oscar,* surnom plaisant de la statuette.

oscillaire [ɔsilɛʀ] n. f. BOT Algue bleue (genre *Oscillaria*) dont le thalle est constitué de filaments microscopiques qui oscillent continuellement. – Lat. bot. *oscillaria.*

oscillant, ante [ɔsilɑ̃, ɑ̃t] adj. **1.** Qui oscille. *Pendule oscillant.* ▷ PHYS Qui change périodiquement de sens. ▷ ELECTR *Circuit oscillant,* qui comprend une inductance et un condensateur associés en série ou en parallèle. *L'impédance d'un circuit oscillant série passe par un minimum pour une fréquence appelée «fréquence de résonance».* **2.** Fig. Qui varie. *Actions et obligations oscillantes.* – Ppr. de *osciller.*

oscillateur [ɔsilatœʀ] n. m. **1.** PHYS Dispositif générant des oscillations électriques, lumineuses, mécaniques ou sonores. **2.** TELECOMM Appareil servant à produire des signaux sinusoïdaux de fréquence déterminée. *Oscillateur à quartz.* – De *osciller.*

oscillation [ɔsilasjɔ̃] n. f. **1.** Mouvement d'un corps qui oscille ▷ Mouvement de va-et-vient ne s'effectuant pas toujours entre les mêmes limites. **2.** PHYS Mouvement d'un point ou d'un système de part et d'autre d'une position d'équilibre; variation périodique d'une grandeur. *Les oscillations peuvent être périodiques ou amorties.* – *Période d'oscillation:* intervalle de temps séparant deux passages consécutifs au même point et dans le même sens. *Oscillations électriques, radioélectriques.* **2.** Fig. Fluctuation. *Oscillations des cours de la Bourse.* – Lat. *oscillatio.*

oscillatoire [ɔsilatwaʀ] adj. PHYS Caractérisé par des oscillations. *Mouvement oscillatoire.* – Lat. scientif. *oscillatorius,* de *oscillare,* «se balancer».

osciller [ɔsile] v. intr. [1] **1.** Se mouvoir alternativement en deux sens contraires autour d'un point fixe. *Le pendule oscille.* **2.** Fig. Hésiter. *Osciller entre deux partis.* – Lat. *oscillare,* de *oscillum,* «balançoire».

oscillogramme [ɔsilɔgʀam] n. m. PHYS Courbe obtenue à l'aide d'un oscillographe. – De *osciller,* et *-gramme.*

oscillographe [ɔsilɔgʀaf] n. m. **1.** PHYS Appareil permettant de tracer sur un écran ou d'enregistrer la courbe qui représente les variations d'une tension électrique en fonction du temps. **2.** MAR Instrument servant à étudier, sur un navire, les effets du roulis et de la houle. – De *osciller,* et *-graphe.*

oscillomètre [ɔsilɔmɛtʀ] n. m. MED Appareil muni d'un manomètre, permettant de mesurer la pression artérielle. – De *osciller,* et *-mètre.*

oscilloscope [ɔsilɔskɔp] n. m. ELECTR Oscillographe à écran cathodique. – De *osciller,* et *-scope.*

osculateur, trice [ɔskylatœʀ, tʀis] adj. GEOM Se dit d'une ligne, d'une surface qui présente un contact d'ordre supérieur ou égal à 3 avec une autre ligne, une autre surface. – De *osculation.*

osculation [ɔskylasjɔ̃] n. f. GEOM Contact propre aux lignes et aux surfaces osculatrices. – Lat. *osculatio,* de *osculari,* «baiser».

oscule [ɔskyl] n. m. ZOOL Grand orifice à la surface des éponges, par lequel l'eau absorbée par les pores est rejetée. – Lat. *osculum,* «petite bouche».

ose [oz] n. m. BIOCHIM Sucre simple non hydrolysable contenant plusieurs fonctions alcool et une fonction réductrice. (On distingue selon le nombre d'atomes [aldéhyde ou cétone] de carbone: les tétroses; les pentoses tels que le ribose; les hexoses, tels que le glucose; les heptoses, etc.) V. encycl. glucide. – De *-ose* 1., substantivé.

1. -ose [oz] suffixe tiré de *(gluc)ose*, servant à former les noms des glucides.

2. -ose [oz] suffixe, du gr. *-ôsis*, servant à former des noms de maladies ou de processus pathologiques (*amiantose, arthrose, psychose*, etc.).

osé, ée [oze] adj. 1. Audacieux. *Serez-vous assez osé pour tenter cela? Entreprise osée.* Syn. hardi, téméraire. 2. Scabreux, licencieux. *Plaisanterie osée.* – Pp. de *oser.*

oseille [ozɛj] n. f. 1. Plante potagère (genre *Rumex*, fam. polygonacées) cultivée pour ses feuilles à la saveur acide. ▷ *Sel d'oseille:* oxalate acide de potassium, autref. extrait de l'oseille, utilisé pour enlever les taches de rouille. 2. Arg. Argent (sens 2). *Avoir de l'oseille.* – Du bas lat. *acidula*, de *acidus*, «acide», d'ap. *oxalis*, «oseille».

oser [oze] v. tr. [1] 1. Entreprendre hardiment. *Homme à tout oser.* Syn. risquer, tenter. 2. (Suivi d'un inf.) Avoir l'audace, le courage de. *Oseriez-vous l'affirmer?* – (Sens atténué.) *Personne n'ose lui apprendre la nouvelle.* ▷ Se permettre de. *Si j'ose dire.* – Lat. pop. *ausare*, class. *audere*, d'ap. le pp. *ausus.*

oseraie [ozʀɛ] n. f. Lieu planté d'osiers. – De *osier.*

osidase [ɔzidɑz] n. f. BIOCHIM Enzyme du groupe des hydrolases qui catalyse la rupture de la liaison osidique des glucides. – De *oside*, et *-ase.*

oside [ɔzid] n. m. BIOCHIM Composé donnant par hydrolyse un ou plusieurs oses. (Les holosides sont uniquement composés d'oses, les hétérosides fournissent par hydrolyse des oses et une fraction non glucidique.) – De *-ose* 1.

osidique [ɔzidik] adj. BIOCHIM Relatif aux osides. ▷ *Liaison osidique :* liaison chimique établie entre un ose et un composé hydroxyle. – Du préc.

osier [ozje] n. m. 1. Nom cour. de divers saules dont les plus répandus sont le saule blanc *(Salix alba)* et le saule viminal *(Salix viminalis)*, utilisés en vannerie. 2. Rameau flexible de ces arbres, employé en vannerie et pour la fabrication de liens. *Panier d'osier.* – Bas lat. *auserai.*

osiériculture [ozjeʀikyltyʀ] n. f. TECH Culture de l'osier. – De *osier*, et *culture.*

osmie [ɔsmi] n. f. ZOOL Abeille solitaire (genre *Osmia*) nommée cour. *abeille maçonne* parce qu'elle construit des cellules de mortier dans les trous des murs. – Du gr. *osmê*, «odeur».

osmium [ɔsmjɔm] n. m. CHIM Métal cassant, dur, de couleur gris-bleu, qui accompagne le platine dans ses minerais; élément de numéro atomique Z = 76, de masse atomique 190,2 (symbole Os). – Du gr. *osmê*, «odeur», à cause de l'odeur de l'oxyde OsO du métal.

osmole [ɔsmɔl] n. f. BIOCHIM Unité de mesure du nombre de particules osmotiquement actives dans une solution, correspondant à un nombre de particules égal au nombre d'Avogadro. – De *os(mose)*, et *mole.*

osmomètre [ɔsmomɛtʀ] n. m. PHYS Appareil servant à mesurer la pression osmotique. – De *osmo(se)*, et *-mètre.*

osmonde [ɔsmɔ̃d] n. f. BOT Grande fougère des forêts dont l'espèce la plus commune parmi la flore laurentienne est l'osmonde royale *(Osmunda regalis).* – Mot du Nord, orig. incert.

osmose [ɔsmoz] n. f. 1. CHIM, PHYS, BIOL Diffusion entre deux fluides séparés par des parois semi-perméables. 2. Fig. Influence mutuelle, interpénétration profonde, intime. – Du gr. *ôsmos*, «poussée, impulsion».

ENCYCL Lorsque deux solutions ayant des concentrations différentes sont séparées par une paroi semi-perméable, la solution la moins concentrée traverse la paroi jusqu'à ce que la pression exercée sur la solution la plus concentrée atteigne une valeur appelée *pression osmotique.* Inversement, si l'on exerce une pression sur la solution la plus concentrée, sa concentration va augmenter (osmose inverse). Ce procédé est utilisé pour le dessalement de l'eau de mer. Les phénomènes d'osmose jouent un très grand rôle chez les êtres vivants, notam. au niveau de la membrane cellulaire.

osmotique [ɔsmɔtik] adj. Relatif à l'osmose. – Du préc.

osque [ɔsk] adj. et n. 1. adj. Relatif aux Osques, anc. population de l'Italie. 2. n. m. *L'osque :* le parler osque, voisin du latin. – Lat. *osci*, sing. *oscus.*

ossature [ɔsatyʀ] n. f. 1. Ensemble des os constitutifs du corps humain. *Ossature puissante.* Syn. squelette. 2. Assemblage régulier d'éléments, qui soutient un ouvrage et en assure la rigidité. *Ossature métallique, en béton, d'un bâtiment.* Syn. charpente, armature, structure. – Fig. *Ossature d'une tragédie.* – De *os.*

osséine [ɔsein] n. f. BIOCHIM Protéine constitutive de la substance osseuse. – De *os*, et *-ine.*

osselet [ɔslɛ] n. m. 1. Petit os. *Osselets de l'oreille.* 2. Chacun des petits os tirés de la jointure du gigot de mouton (*ou :* petit élément de métal, de matière plastique, etc., moulé à la forme d'un osselet), que les enfants jouent à lancer et à rattraper sur le dos de la main. – Pl. Ce jeu. *Une partie d'osselets.* 3. VETER Tumeur osseuse du boulet, chez le cheval. – Dimin. de l'a. fr. *ossel*, «os».

ossements [ɔsmɑ̃] n. m. pl. Os décharnés et desséchés d'hommes ou d'animaux morts. *Ossements blanchis au soleil.* – Lat. ecclés. *ossamentum*, du lat. *os, ossis*, «os».

osseux, euse [ɔsø, øz] adj. 1. Relatif aux os. *Système osseux.* – De la nature des os. *Substance osseuse* – Qui a des os. *Poissons osseux.* 2. Dont les os sont gros ou saillants. *Main osseuse.* – De *os.*

ossianique [ɔsjanik] adj. Relatif à Ossian; qui ressemble aux poésies attribuées à Ossian. – De *Ossian*, barde écossais légendaire du IIIe s.

ossification [ɔsifikasjɔ̃] n. f. PHYSIOL Formation du tissu osseux par élaboration et minéralisation de la substance fondamentale de l'os. – De *ossifier.*

ENCYCL L'*ossification fibreuse* par laquelle l'os augmente en épaisseur se fait à partir de la face profonde du périoste, sans ébauche cartilagineuse intermédiaire. L'*ossification enchondrale* par laquelle l'os augmente en longueur se fait par l'intermédiaire des cartilages de conjugaison. L'ossification dépend de l'apport calcique, de la vitamine D et des sécrétions hormonales de diverses glandes (thyroïde, parathyroïde, hypophyse, glandes génitales).

ossifier [ɔsifje] v. tr. [1] Changer en os, en tissu osseux (les parties membraneuses et cartilagineuses). ▷ v. pron. Devenir osseux. – De *os*, et *-fier.*

osso buco [ɔsobuko] n. m. inv. Jarret de veau avec son os, cuit à l'étouffée, avec des tomates et divers aromates. – Mot ital., proprem. «os à trou».

ossu, ue [ɔsy] adj. Rare Qui a de gros os. – De *os.*

ossuaire [ɔsɥɛʀ] n. m. Lieu où l'on dépose les ossements extraits de cimetières désaffectés, ou provenant de cadavres recueillis sur un champ de bataille. – Lat. *ossuarium*, «urne funéraire».

ost [ɔst] n. m. **1.** Vx Armée. *L'ost des Sarrasins.* **2.** FEOD Service militaire dû par le vassal à son seigneur. – Lat. *hostis,* «ennemi», puis «armée».

osté(o)-. Préfixe, du gr. *osteon,* «os».

ostéalgie [ɔstealʒi] n. f. MED Douleur osseuse aiguë. – De *osté(o)-,* et *-algie.*

ostéichtyens [ɔsteiktjɛ̃] n. m. pl. ZOOL Classe de poissons à squelette ossifié, dits aussi *poissons osseux.* – De *osté(o)-,* et gr. *ichthus,* «poisson».

ostéite [ɔsteit] n. f. MED Affection inflammatoire du tissu osseux. – De *osté(o)-,* et *-ite* 1.

ostensible [ɔstɑ̃sibl] adj. **1.** Vx Qui peut être montré. **2.** Qu'on affiche, qu'on laisse voir à dessein. *Mépris ostensible.* – Du lat. *ostensus,* pp. de *ostendere,* «montrer», de *obs,* «devant», et *tendere,* «tendre».

ostensiblement [ɔstɑ̃sibləmɑ̃] adv. De façon ostensible, sans se cacher. *Agir ostensiblement.* Ant. subrepticement. – Du préc.

ostensoir [ɔstɑ̃swaʀ] n. m. LITURG CATHOL Support d'or ou d'argent servant à exposer l'hostie consacrée à l'adoration des fidèles. – Du lat. *ostensus,* pp. de *ostendere,* «montrer».

ostentation [ɔstɑ̃tasjɔ̃] n. f. Insistance excessive pour montrer une qualité, un avantage. *Être généreux avec ostentation.* – Lat. *ostentatio.*

ostentatoire [ɔstɑ̃tatwaʀ] adj. Qui témoigne de l'ostentation. *Gestes ostentatoires.* – Du lat. *ostentatum,* pp. de *ostantare,* «présenter avec insistance».

ostéo-. V. osté(o)-.

ostéoblaste [ɔsteoblast] n. m. BIOL Cellule indispensable au processus d'ossification, qui élabore les fibres collagènes et l'osséine, en se transformant en ostéocyte (cellule osseuse définitive). – De *ostéo-,* et *-blaste.*

ostéochondrite [ɔsteokɔ̃dʀit] n. f. MED Inflammation de l'os encore partiellement cartilagineux, chez l'enfant. ▷ Inflammation affectant à la fois l'os et le cartilage articulaire. – De *ostéo-,* et gr. *khondros,* «cartilage».

ostéocyte [ɔsteosit] n. m. ANAT Cellule osseuse définitive. V. ostéoblaste. – De *ostéo-,* et *-cyte.*

ostéogenèse [ɔsteoʒənɛz] n. f. BIOL Syn. de *ossification.* – De *ostéo-,* et *-genèse.*

ostéologie [ɔsteolɔʒi] n. f. Didac. Partie de l'anatomie qui étudie les os. – Gr. *osteologia.*

ostéomalacie [ɔsteomalasi] n. f. MED Affection caractérisée par un ramollissement général du squelette, et due, soit à une carence en calcium et en phosphore, soit à une carence en vitamine D_2. *Ostéomalacie de l'enfant, ou rachitisme.* – De *ostéo-,* et gr. *malakia,* «mollesse».

ostéomyélite [ɔsteomjelit] n. f. MED Inflammation simultanée de l'os et de la moelle osseuse, aiguë ou chronique, due à un staphylocoque et observée le plus souvent chez l'adolescent. – De *ostéo-,* et *myélite.*

ostéophyte [ɔsteofit] n. m. MED Production osseuse pathologique, née du périoste dans le voisinage d'une articulation malade ou d'une zone d'ostéite chronique. – De *ostéo-,* et *-phyte.*

ostéoplastie [ɔsteoplasti] n. f. CHIR Restauration chirurgicale d'un os. – De *ostéo-,* et *-plastie.*

ostéoporose [ɔsteopɔʀoz] n. f. MED Raréfaction pathologique du tissu osseux. – De *ostéo-,* et gr. *poros,* «passage».

ostéosarcome [ɔsteosaʀkom] n. m. MED Tumeur maligne primitive des os, survenant plus souvent chez l'enfant que chez l'adulte. – De *ostéo-,* et *sarcome.*

ostéosynthèse [ɔsteosɛ̃tɛz] n. f. CHIR Réunion de deux segments d'os fracturés à l'aide de matériel étranger (clou, plaque, vis, fixateur externe, etc.). – De *ostéo-,* et *synthèse.*

ostéotomie [ɔsteotɔmi] n. f. CHIR Section partielle ou complète d'un os dans un but thérapeutique. – De *ostéo-,* et *-tomie.*

ostiak [ɔstjak] adj. et n. Relatif aux Ostiaks, peuple de Sibérie occid. établi entre l'Ob moyen et l'Oural. ▷ n. m. Langue finno-ougrienne parlée par ce peuple. – Mot indigène.

ostinato [ɔstinato] adv. MUS Se dit d'un motif rythmique ou mélodique répété avec obstination. – Mot ital.

ostiole [ɔstjɔl] n. m. BIOL Petit orifice. ▷ BOT Petit orifice par lequel s'effectuent les échanges gazeux de la feuille. – Lat. *ostiolum,* dimin. de *ostium,* «ouverture».

ostracé, ée [ɔstʀase] adj. ZOOL Qui est de la nature des coquillages, ou qui en présente l'aspect. – Gr. *ostrakon,* «coquille».

ostracisme [ɔstʀasism] n. m. **1.** ANTIQ Chez les Grecs, bannissement de dix ans frappant un citoyen jugé dangereux pour la liberté de la cité. **2.** *Par ext.* Exclusion d'une personne décidée par un groupe, une collectivité. ▷ Attitude de réserve et d'hostilité plus ou moins larvée qu'un groupe, une société manifeste à l'égard de qqn. – Gr. *ostrakismos,* de *ostrakon,* «coquille» (les sentences étaient notées sur un morceau de poterie appelé *ostrakon*).

ostracodes [ɔstʀakɔd] n. m. pl. ZOOL Sous-classe de crustacés de petite taille, à carapace bivalve, comprenant de nombreuses espèces. – Du gr. *ostrakodês,* «qui ressemble à une coquille».

ostréi-. Élément, du lat. *ostrea,* gr. *ostreon,* «huître».

ostréicole [ɔstʀeikɔl] adj. Relatif à l'ostréiculture. – Du gr. *ostreon,* «huître», d'après *agricole.*

ostréiculteur, trice [ɔstʀeikyltœʀ, tʀis] n. Personne qui élève des huîtres. – Du gr. *ostreon,* «huître», d'après *agriculteur.*

ostréiculture [ɔstʀeikyltyʀ] n. f. Élevage des huîtres. – Gr. *ostreon,* «huître», et *culture.*

ostréidés [ɔstʀeide] n. m. pl. ZOOL Famille de mollusques lamellibranches comprenant les huîtres. – Du gr. *ostreon,* «huître», et *-idés.*

ostrogoth ou **ostrogot** [ɔstʀɔgo] n. **1.** HIST Habitant de l'est des territoires occupés par les Goths. **2.** Fam., péjor. Rustaud, malappris. – *Par ext.* Individu bizarre, singulier. *Un drôle d'ostrogoth.* **3.** Type, bonhomme. *D'où il sort, cet ostrogoth?* – Bas lat. *Ostrogothus,* «Ostrogoth», n. d'un peuple germain, du germ. *ost,* «est», et *goth.*

ot(i)-, ot(o)-. Préf., du gr. *oûs, ôtos,* «oreille».

otage [ɔtaʒ] n. m. Personne remise en garantie de l'exécution d'une convention. ▷ Personne que l'on arrête et que l'on retient pour se garantir contre d'éventuelles représailles, ou pour obtenir ce que l'on exige. *Attaque à main armée accompagnée de prise d'otages.* – Du lat. *hospes,* «hôte», les otages étant autref. logés chez le souverain.

otalgie [ɔtalʒi] n. f. MED Douleur localisée à l'oreille. – Gr. *ôtalgia,* de *oûs, ôtos,* «oreille», et *algos,* «souffrance».

otarie [ɔtaʀi] n. f. Mammifère marin du Pacifique et des mers australes, voisin du phoque mais qui s'en distingue par des oreilles externes pourvues d'un pavillon, et par des membres postérieurs dirigés vers l'avant. – Du gr. *ôtarion,* «petite oreille».
ENCYCL Certaines otaries atteignent 3,50 m de long pour 1 100 kg, et les mâles sont toujours beaucoup

plus grands. Les principales espèces d'otaries sont l'otarie de Californie (genre *Zalophus*), dressée dans les cirques, l'otarie de Steller *(Eumetopias)*, du Pacifique Nord, et l'otarie à fourrure ou ours de mer *(Callorhinus)* des îles Pribilof, chassée pour sa fourrure laineuse.

ôter [ote] **I.** v. tr. [1] **1.** Enlever (d'un endroit). *Ôtez cette table de là.* – (En parlant de vêtements.) Enlever, quitter. *Ôter son manteau.* **2.** Enlever, prendre, ravir à qqn. *Ôter la vie, l'honneur.* ▷ Fig. *Ôter le pain de la bouche à qqn*, lui enlever ce qui lui est nécessaire pour subsister. **3.** Retrancher, soustraire. *Deux ôté de trois, reste un.* **4.** Enlever en séparant. *Ôter un nom d'une liste.* **5.** Faire disparaître. *Frottez fort pour ôter la saleté.* **II.** v. pron. Se retirer, s'éloigner. ▷ Loc. fam. *Ôte-toi de là que je m'y mette* (se dit à propos d'une personne qui fait montre d'un sans-gêne par trop importun). – Du lat. *obstare*, «faire obstacle», bas lat. «enlever».

otique [ɔtik] adj. ANAT Qui appartient à l'oreille. – Gr. *ôtikos*.

otite [ɔtit] n. f. Inflammation de l'oreille. *Otite interne, moyenne, externe.* – Du gr. *oûs, ôtos*, «oreille», et *-ite* 1.

oto-. V. ot(i)-.

otocyon [ɔtosjõ] n. m. Canidé d'Afrique du S. *(Otocyon megalotis)*, aux grandes oreilles. – De *oto-*, et gr. *kuôn*, «chien».

otocyste [ɔtosist] n. m. ZOOL Vésicule auditive de certains invertébrés. – De *oto-*, et *-cyste*.

otolithe [ɔtolit] n. m. **1.** ZOOL Concrétion minérale de l'otocyste qui sert à communiquer les vibrations sonores. **2.** ANAT Concrétion calcaire de l'oreille interne, qui joue un rôle dans l'équilibration. – De *oto-*, et *-lithe*.

otologie [ɔtolɔʒi] n. f. Didac. Branche de la médecine qui étudie l'oreille et ses maladies. – De *oto-*, et *-logie*.

oto-rhino-laryngologie [otoʀinolaʀɛ̃gɔlɔʒi] n. f. Spécialité médicale qui traite des maladies des oreilles, de la gorge et du nez. (Abrév.: O.R.L.) – De *oto-*, *rhino-*, et *laryngologie*.

oto-rhino-laryngologiste [otoʀinolaʀɛ̃gɔlɔʒist] n. Médecin spécialiste d'oto-rhino-laryngologie. (Abrév. cour.: *otorhino*.) – Du préc.

otoscope [ɔtoskɔp] n. m. MED Instrument optique permettant l'examen du conduit auditif externe et du tympan. – De *oto-*, et *-scope*.

otospongiose [ɔtospõʒjoz] n. f. MED Ankylose des articulations réunissant les petits os de l'oreille moyenne, qui provoque une surdité de transmission. – De *oto-*, *spongi(eux)*, et *-ose* 2.

ottoman, ane [ɔtomɑ̃, an] adj. et n. **I.** adj. HIST Qui concerne la Turquie, la dynastie fondée par Othman (Osman) ou Uthmān Ier Gazi. *Le dernier sultan ottoman fut renversé par Mustafa Kemal en 1922.* **II. 1.** n. HIST Habitant de la Turquie des sultans. **2.** n. m. Étoffe à grosses côtes, de soie et coton. **3.** n. f. Long canapé à dossier enveloppant. – Du n. de *Othman* Ier (v. 1280-1326), fondateur d'une dynastie qui régna sur la Turquie de 1259 à 1922.

ou [u] conj. de coordin. **1.** (Marquant l'alternative.) *L'un ou l'autre. Oui ou non.* – Ou... ou... *Ou il part, ou il reste. Choisissez: ou lui, ou moi.* **2.** (Marquant l'équivalence.) Autrement dit, en d'autres termes. *Le lynx ou loup-cervier. «Le Misanthrope» ou «l'Atrabilaire amoureux».* N.B. *Ou* ne peut lier que les termes d'une proposition affirmative. Dans une proposition négative, on emploie *ni*. **3.** (Marquant l'évaluation.) *Il pouvait être trois ou quatre heures.* – Lat. *aut*.

où [u] pron., adv. relat., adv. interr. **I.** pron., adv. relat. **1.** pron., adv. relat., loc. adv. relat. (Sens spatial.) Dans lequel, dans laquelle. *La maison où il habite. Voilà où il vit.* – Vers lequel, vers laquelle. *La ville où je vais.* – Duquel, de laquelle. *La maison d'où il sort.* – Par lequel, par laquelle. *Le pays par où je suis passé.* **2.** pron., adv. relat. (Sens temporel.) Pendant lequel. *Le moment où je parle.* **II.** adv. **1.** adv., loc. adv. (Sens spatial.) À l'endroit où. *Je vais où il fera beau. On ne voit rien d'où je suis placé.* – Fig. *Où il se trompe, c'est quand il prétend que...* ▷ (Dans le titre d'un chapitre.) *Où notre héros prend des risques.* **2.** loc. adv. *Où que:* en quelque lieu que. *Où qu'il aille.* **3.** loc. adv. *D'où.* (Marquant la conséquence.) *D'où je conclus que...* **III.** adv. et loc. adv. interr. En, vers quel lieu? *Où es-tu? Je ne sais où il est. D'où venez-vous? Par où passer?* – Lat. *ubi*.

ouaille [waj] n. f. **1.** Vx Brebis. **2.** Surtout plur. Chrétien, par rapport à son pasteur. *Le pasteur et ses ouailles.* – A. fr. *œille*, «brebis», du bas lat. *ovicula*, de *ovis*, «brebis».

ouais! [wɛ] interj. Fam. Oui (marquant le doute ou la raillerie). *Je t'assure que c'est vrai! – Ouais! Admettons!* – Altér. de *oui*.

ouananiche [wananiʃ] n. f. Poisson salmonidé (*Salmo salar ouananiche*), sous-espèce du saumon atlantique, vivant dans les eaux douces de l'est du Canada, notam. dans celles du Lac-Saint-Jean et de la Côte-Nord. *Poisson combattif, la ouananiche est appréciée des pêcheurs sportifs.* "C'est à Péribonka que s'effectue le départ des nageurs [...] dans un lac qui frissonne du mouvement de la ouananiche nerveuse." (Olivette Larouche-Nadeau, *Le Forillon*, 1967.) – Mot d'orig. montagnaise.

ouate [wat] n. f. **1.** Textile spécialement préparé et cardé pour garnir des doublures, servir de bourre, etc. **2.** Coton soyeux cardé fin et destiné aux soins d'hygiène, de chirurgie, etc. *De l'ouate* ou *de la ouate.* – P.-ê. de l'ar., par l'ital. *ovatta*.

ouaté, ée [wate] adj. Garni d'ouate. ▷ Fig. Feutré, étouffé, doux. *Une atmosphère ouatée.* – Pp. de *ouater*.

ouater [wate] v. tr. [1] Garnir d'ouate. – De *ouate*.

ouatine [watin] n. f. Étoffe ayant l'apparence de l'ouate, utilisée pour faire des doublures. – De *ouate*.

ouatiner [watine] v. tr. [1] Doubler de ouatine. – Du préc.

oubli [ubli] n. m. **1.** Défaillance momentanée ou permanente, de la mémoire; fait d'oublier. *Avoir un oubli, des oublis*, un, des moment(s) de distraction. *Un oubli fâcheux. Tirer de l'oubli un artiste méconnu.* **2.** Manquement à ses obligations, à ses devoirs. *Oubli du respect dû à soi-même.* **3.** Désintéressement. *L'oubli des choses terrestres.* – *Oubli de soi-même:* abnégation. ▷ *Oubli des injures:* pardon des injures. – Déverbal de *oublier*.

oubliable [ublijabl] adj. Rare Que l'on peut facilement oublier. – De *oublier*.

oublie [ubli] n. f. Vieilli Pâtisserie très mince roulée en cornet. – Du lat. ecclés. *oblata*, «hostie», de *oblatus*, «offert».

oublier [ublije] **I.** v. tr. [1] **1.** Perdre le souvenir de (qqch, qqn). *Oublier sa leçon. Un artiste jadis célèbre et dont j'ai oublié le nom.* **2.** Ne plus vouloir se souvenir de (qqch). *Oublier une injure, ses ennuis.* **3.** Négliger. *Oublier ses devoirs.* **4.** Laisser par inadvertance. *Oublier ses clefs en sortant de chez soi.* **5.** Omettre par inattention. *Oublier un nom sur une liste.* ▷ *Oublier l'heure:* laisser passer le moment où l'on avait qqch à faire. **6.** Refuser de prendre en considération. *Vous oubliez qui je suis.* **II.** v. pron. **1.** (Passif.) Sortir de la mémoire. *Les détails s'oublient.* **2.** Manquer à ce qu'on doit aux autres, à soi-même. *Il s'est oublié jusqu'à l'injurier.* **3.** Euph. *Le chien s'est oublié sur le* *tapis*, il y a fait ses besoins. – Du lat. pop. **oblitare*, de *oblitus*, pp. de *oblivisci*, «ne plus penser à».

oubliette [ublijɛt] n. f. Surtout pl. Cachot souterrain. – Fig., fam. *Jeter aux oubliettes:* laisser complètement de côté. – De *oublier*.

oublieux, euse [ublijø, øz] adj. Sujet à oublier. *Être oublieux des services rendus.* – De *oublier*.

oued [wɛd] n. m. Cours d'eau saisonnier des régions arides d'Afrique du Nord. *Des oueds*, ou (rare) *des ouadi.* – Mot. ar., «cours d'eau».

ouest [wɛst] n. et adj. **I.** n. m. **1.** Point cardinal qui est au soleil couchant, à l'opposé de l'est. *Le vent souffle de l'ouest.* **2.** Partie d'une région, d'un pays, d'un continent située à l'ouest (avec majuscule). *Les provinces de l'Ouest.* ▷ Absol. *L'Ouest:* l'Europe occidentale, les États-Unis et le Canada, par oppos. à l'Est, les pays socialistes et l'U.R.S.S. **II.** adj. inv. Situé à l'ouest. *La côte ouest.* – De l'angl. *west.*

ouest-allemand, ande [wɛstalmɑ̃, ɑ̃d] adj. et n. De l'Allemagne de l'Ouest (République Fédérale d'Allemagne). – De *Ouest*, et *allemand*, calque de l'angl. *west german.*

ouf! [uf] interj. exprimant le soulagement. – Onomat.

ougrien, ienne [ugʀijɛ̃, ijɛn] adj. *Les langues ougriennes:* sous-groupe de la famille finno-ougrienne (V. ce mot), qui comprend deux parlers sibériens, l'ostiak et le vogoule. – De *Ougre*, n. de peuple (V. hongrois).

oui [wi] particule affirmative inv. **I.** adv. **1.** *«Oui, je viens dans Son temple adorer l'Éternel»* (Racine). – *Vient-il avec nous? – Oui!* **2.** (Marquant l'insistance.) *Oui certes! Oui vraiment! Mais oui! Mon Dieu oui! Dame oui! Eh! oui! Ah ça oui! Que oui!* **3.** (Avec une valeur interrogative.) *C'est bien ici, oui?* **II.** n. m. *Le oui et le non.* – Loc. fam. *Pour un oui pour un non:* sans motifs sérieux. *Se fâcher pour un oui pour un non.* – Du lat. *hoc*, a. fr. *o*, renforcé par le pron. pers. *il.* V. oc.

ouï-dire [widiʀ] n. m. inv. Ce que l'on ne sait que par le rapport d'autrui, par la rumeur publique. *Apprendre par ouï-dire une nouvelle.* ▷ DR *Interdiction du ouï-dire:* règle de preuve qui interdit de prouver un fait par un témoin qui rapporte des événements, des informations ou des propos dont il n'a pas eu une connaissance personnelle. – De *ouï*, pp. de *ouïr*, et *dire.*

ouïe [wi] n. f. **1.** Sens qui permet d'entendre. *Avoir l'ouïe fine.* – Loc. plaisant. *Être tout ouïe:* écouter avec attention. **2.** Pl. Ouvertures situées sur les côtés de la tête d'un poisson, qui font communiquer la cavité branchiale avec le milieu extérieur. **3.** MUS Chacune des ouvertures en forme d'S pratiquées sur la table du violon et des instruments de la même famille. **4.** Pl. AVIAT Prise d'air qui assure l'alimentation du réacteur. ▷ Prises d'air qui assurent la ventilation de certains moteurs d'automobiles. – Déverbal de *ouïr.*

ouïg(h)our [wigur] adj. et n. **1.** Relatif aux Ouïgours, peuple turc établi dès le VIIIe s. en Asie centrale et auj. réparti de part et d'autre de la frontière sino-soviétique. **2.** n. m. Langue des Ouïg(h)ours. *L'ouïgour moderne, voisin du turc, écrit en caractères arabes, latins ou cyrilliques, est parlé par une importante fraction de la population du Sin-kiang.* – Mot turc.

ouille! ou **ouïe!** [uj] interj. Onomatopée exprimant la douleur.

ouiller [uje] v. tr. [1] TECH *Ouiller un tonneau*, le remplir avec du vin de même provenance que celui qui s'est évaporé en cours de fermentation. – A. fr.*aeuller, œiller*, «remplir jusqu'à l'œil», de *œil*, «sonde de tonneau».

ouïr [wiʀ] v. tr. [41] Vx Entendre, écouter. *Oyez, bonnes gens!* – Mod. *J'ai ouï dire que...:* j'ai entendu dire que... (Cf. ouï-dire). – Du lat. *audire.*

ouistiti [wistiti] n. m. Singe d'Amérique du S. (genre *Callithrix*), de très petite taille, au pelage doux et épais, à la longue queue touffue, aux oreilles garnies de toupets. – Adapté d'un mot indigène, probabl. onomat.

oukase. V. ukase.

ouléma. V. uléma.

ouragan [uʀagɑ̃] n. m. **1.** Tempête très violente caractérisée par des vents tourbillonnants. ▷ METEO, MAR Tempête très violente dans laquelle les vents atteignent ou dépassent la vitesse de 118 km/h (force 12). **2.** Tourmente orageuse. *Le toit de la grange a été emporté par l'ouragan.* – Fig. *Arriver en ouragan*, avec une violence impétueuse. **3.** Fig. Trouble violent. *Ouragan politique.* – D'une langue des Antilles, par l'esp.

ouralien, ienne [uʀaljɛ̃, jɛn] adj. De l'Oural, des monts Oural. ▷ LING *Groupe ouralien*, qui comprend l'ensemble des langues finno-ougriennes et samoyèdes. – Du n. des monts *Oural*, chaîne de montagnes d'U.R.S.S. formant une limite conventionnelle entre l'Europe et l'Asie.

ouralo-altaïque [uʀaloaltaik] adj. *Langues ouralo-altaïques:* nom collectif des langues ouraliennes, ou finno-ougriennes (finnois, hongrois, etc.), et altaïques, ou turco-mongoles (turc, par ex.). V. encycl. langue. – De *oural(ien)*, et *altaïque*, «de l'Altaï».

ourdir [uʀdiʀ] v. tr. [2] **1.** TECH Préparer (les fils de la chaîne), les disposer en nappe et les tendre sur l'ourdissoir avant de les monter sur le métier à tisser. **2.** Fig. Machiner, préparer. *Ourdir un complot.* Syn. tramer. – Lat. pop. **ordire*, class. *ordiri.*

ourdissage [uʀdisaʒ] n. m. TECH Opération qui consiste à ourdir; son résultat. – Du préc.

ourdisseur, euse [uʀdisœʀ, øz] n. TECH Personne qui procède à l'ourdissage. – De *ourdir.*

ourdissoir [uʀdiswaʀ] n. m. TECH Appareil muni d'un dispositif d'enroulement (roue, cylindre, etc.) utilisé pour l'ourdissage. – De *ourdir.*

ourdou. V. urdu.

-oure. Élément, du gr. *oura*, «queue».

ourlé, ée [uʀle] adj. Garni d'un ourlet. ▷ Fig. Garni d'une bordure visible. *Vagues ourlées d'écume. Oreille délicatement ourlée.* – Pp. de *ourler.*

ourler [uʀle] v. tr. [1] Faire un ourlet à. – Lat. pop. **orulare*, de *ora*, «bord».

ourlet [uʀlɛ] n. m. **1.** Bord d'une étoffe replié et cousu pour empêcher qu'il ne s'effile. *Faire un ourlet au bas d'une jupe, d'un pantalon, d'une veste.* **2.** TECH Rebord d'une feuille métallique repliée sur toute sa longueur. – Dimin. de *orle.*

ourlien, ienne [uʀljɛ̃, jɛn] adj. MED Qui a rapport aux oreillons. *Orchite ourlienne.* – De l'a. fr. rég. *ourles*, «oreillons».

ours, ourse [uʀs] **I.** n. **1.** Grand mammifère carnivore, au corps massif couvert d'une épaisse toison, au museau pointu, à la démarche plantigrade, dont les diverses espèces habitent l'Arctique et les régions froides d'Amérique et d'Eurasie. *Ours blanc, brun.* ▷ Jouet d'enfant figurant un ours. *Ours en peluche.* – Loc. *Vendre la peau de l'ours avant de l'avoir tué:* spéculer sur ce qui n'est qu'une espérance (allus. à la fable de La Fontaine *l'Ours et les Deux Compagnons*). – *Le pavé de l'ours:* action maladroite, exécutée dans le dessein de rendre service mais qui a des conséquences dommageables pour celui que l'on croyait aider (allus. à la fable de La Fontaine *l'Ours et l'Ama-*

teur des jardins). **2.** Fig. Personne peu sociable, renfermée, et d'allures bourrues. – Adj. inv. *Ce qu'elle peut être ours! – Ours mal léché:* personne mal élevée, aux manières grossières. **II.** *Ours de mer:* otarie à fourrure. – Lat. *ursus, ursa.*

ENCYCL Les ours, qui sont apparus au Pliocène et constituent la fam. des ursidés, présentent une grande variété de tailles et de couleurs. L'ours noir (*Ursus americanus*), robuste et trapu, arboricole, est répandu partout en Amérique du Nord. L'ours brun ou grizzli (*Ursus arctos*), qu'on ne trouve plus que dans les montagnes Rocheuses et en Alaska (et qui ne subsiste plus dans l'Ancien Monde que dans les Pyrénées et en Europe de l'Est), a inspiré aux Inuit et aux Amérindiens qui le redoutaient de nombreuses légendes. L'ours blanc ou ours polaire (*Ursus maritimus*) est un mammifère essentiellement marin, bien adapté aux régions arctiques; redoutable carnassier, il se nourrit de poissons, et même de phoques. L'*ours malais* ou *ours à collier (Helarctos)*, de petite taille, possède une tache jaune sur la poitrine.

oursin [uʀsɛ̃] n. m. Animal marin, échinoderme au test rigide et globuleux hérissé de piquants. – De *ours.*

ENCYCL Le test de l'oursin, formé de plaques calcaires soudées, est percé de nombreux trous laissant passer les pieds ou ambulacres. La bouche est entourée de 5 mâchoires mobiles qui forment la *lanterne d'Aristote.* On distingue: les *oursins réguliers,* qui présentent une symétrie de révolution (oursins courants des écaillers); les *oursins irréguliers,* qui ne présentent qu'une symétrie bilatérale (nombreuses formes fossiles). Les sexes sont séparés. Les gamètes sont rejetés en mer où a lieu la fécondation et où les larves se métamorphosent. Ce sont les gonades que l'on consomme dans les espèces comestibles.

ourson [uʀsɔ̃] n. m. Petit de l'ours. – De *ours.*

oust! ou **ouste!** [ust] Interj. fam. (Pour chasser qqn ou le faire se hâter.) *Allez, ouste, débarrassez-moi le plancher!* – Onomat.

outaouais, aise [utawɛ, ɛz] adj. et n. D'Ottawa (Ontario). – Du nom d'une tribu amérindienne, les Ottawas (angl.) ou Outaouais (fr.), «cheveux relevés».

ENCYCL Le nom même de la capitale politique du Canada soulève d'importantes difficultés de dérivation, ce qui a entraîné des suggestions de gentilés comme *Ottawaïen, Ottawais, Ottavien* (lat. *Ottavus*), usités de manière très sporadique.

outarde [utaʀd] n. f. **1.** Oiseau ralliforme (genre *Otis* et voisins, fam. otididés) des steppes d'Eurasie, d'Afrique et d'Australie. *Outarde barbue* ou *grande outarde:* gros oiseau (*Otis tarda,* 1 m de long, 16 kg) au long cou gris, aux ailes dorées et aux fortes pattes, autref. répandu en France, auj. fort rare. *Petite outarde* ou *canepetière (Tetrax tetrax).* **2.** Nom cour. de la bernache du Canada. *Regarder passer les volées d'outardes. – Lat. pop.* **austarda,* contraction de *avis tarda,* «oiseau lent».

outil [uti] n. m. **1.** Instrument qui sert à effectuer un travail. – *Spécial.* Instrument destiné à être tenu par la main, qui sert à façonner la matière. *Outil de maçon, de plombier, de sculpteur.* **2.** Pop. Vieilli Individu bizarre; original. *Tu parles d'un outil!* – Lat. pop. **usitilium,* altér. de *utensilia,* «ustensiles».

outillage [utijaʒ] n. m. Ensemble des outils et des machines utilisés par un artisan, une entreprise, une industrie. – De *outiller.*

outiller [utije] v. tr. [1] **1.** Munir d'outils. *Outiller un apprenti, un atelier.* ▷ V. pron. *Entreprise qui commence à s'outiller.* **2.** Pourvoir de ce qui est nécessaire à l'exécution d'une tâche, à l'exercice d'une activité déterminée. *Outiller un laboratoire pour un nouveau type de recherche.* – De *outil.*

outilleur [utijœʀ] n. m. TECH Ouvrier hautement qualifié chargé de la fabrication, du réglage et de l'entretien des outillages. – De *outil.*

outrage [utʀaʒ] n. m. **1.** Injure grave, de fait ou de parole. *Recevoir un outrage.* ▷ Par euph. *Faire subir les derniers outrages à une femme,* la violer. ▷ Fig. *Faire outrage à la raison, à la morale,* faire, dire qqch qui y soit contraire. **2.** DR *Outrage au tribunal:* acte fait par une personne en contravention à une ordonnance d'un juge, ou dans le but de nuire à l'administration de la justice, ou de porter atteinte à l'autorité ou à la dignité des tribunaux.– De *outre* 2.

outrageant, ante [utʀaʒɑ̃, ɑ̃t] adj. Qui outrage. *Paroles outrageantes.* – Ppr. de *outrager.*

outragé, ée [utʀaʒe] adj. Litt. Qui a subi un outrage. – Loc. *Prendre un air outragé,* l'attitude scandalisée d'une personne offensée par un outrage. – Pp. de *outrager.*

outrager [utʀaʒe] v. tr. [15] **1.** Offenser gravement (qqn) par un outrage. *Outrager qqn dans son honneur.* **2.** Fig. Porter atteinte à (qqch). *Outrager la morale, le bon sens.* – De *outrage.*

outrageusement [utʀaʒøzmɑ̃] adv. **1.** De façon outrageuse. *Injurier outrageusement qqn.* **2.** Excessivement. *Elle s'était outrageusement maquillée.* – De *outrageux.*

outrageux, euse [utʀaʒø, øz] adj. Litt. Qui fait outrage. – De *outrage.*

outrance [utʀɑ̃s] n. f. **1.** Excès. *De regrettables outrances de langage.* **2.** loc. adv. *À outrance:* exagérément. ▷ Loc. adj. *Combat, guerre à outrance,* sans merci. – De *outrer.*

outrancier, ière [utʀɑ̃sje, jɛʀ] adj. Exagéré, excessif; outrepassant ce qui est convenable, admis. *Propos outranciers.* – De *outrance.*

1. outre [utʀ] n. f. Peau de bouc cousue comme un sac et servant à contenir des liquides. *Outre de vin. – Plein comme une outre:* ivre. – Lat. *uter, utris,* «ventre».

2. outre [utʀ] adv. et prép. **I.** adv. **1.** Vieilli Au-delà. *Ne pas aller outre.* ▷ *Passer outre:* aller plus loin. – Fig. *Passer outre à* (une opposition, une interdiction, etc.), n'en pas tenir compte. *Passer outre aux objections.* **2.** loc. adv. *Outre mesure:* plus qu'il ne convient (surtout en tournure négative). *Il ne fut pas étonné outre mesure.* ▷ *En outre:* de plus, par ailleurs. *Il m'a reçu, en outre il m'a aidé.* ▷ Vx *D'outre en outre:* de part en part. **3.** loc. conj. *Outre que:* non seulement... mais encore. *Outre qu'il écrit, il illustre ses textes.* **II.** prép. **1.** En plus de. *Outre son salaire, il reçoit une prime.* **2.** En loc. (avec un trait d'union). Au-delà de. *Outre-mer. Outre-tombe.* – Lat. *ultra,* «au-delà de, plus que».

outré, ée [utʀe] adj. **1.** Litt. Excessif. *Compliments outrés.* **2.** Mod. Indigné, révolté. *Je suis outré de ces mensonges.* – Pp. de *outrer.*

outrecuidance [utʀəkɥidɑ̃s] n. f. **1.** Litt. Estime excessive de soi. **2.** Impertinence envers autrui. *Affirmer avec outrecuidance que...* – De *outrecuidant.*

outrecuidant, ante [utʀəkɥidɑ̃, ɑ̃t] adj. Qui fait preuve d'outrecuidance, insolent. – Ppr. de l'anc. v. *outrecuider,* «avoir une excessive confiance en soi», de *outre* 2 et *cuider,* «croire, penser».

outremer [utʀəmɛʀ] n. m. et adj. **1.** MINER Pierre fine bleue appelée aussi *lapis-lazuli, lazulite.* **2.** Couleur bleue soutenue. *Reflets d'outremer de l'eau.* ▷ Adj. inv. *Des jupes outremer.* – De *outre* 2, et *mer.*

outre-mer (utʀəmɛʀ) adv. (Par rapport à la France.) Situé au-delà des mers. *Territoires d'outre-mer. Zones d'outre-mer.* – De *outre* 2, et *mer.*

outrepassé, ée [utʀəpase] adj. ARCHI *Arc outrepassé,* dont le tracé forme un cintre plus grand que la demi-circonférence. – Pp. de *outrepasser.*

outrepasser [utʀəpase] v. tr. [1] **1.** Rare Dépasser. *Ce mur outrepasse l'alignement.* **2.** Dépasser la limite de (ce qui est convenable, permis, prescrit). *Outrepasser ses droits, des ordres.* – De *outre* 2, et *passer.*

outrer [utʀe] v. tr. [1] **1.** Exagérer. *Cet acteur outre ses effets.* **2.** (Aux temps composés, construit absol.) Indigner, révolter. *Sa conduite m'avait outré.* – De *outre* 2.

ouvert, erte [uvɛʀ, ɛʀt] adj. **1.** Qui n'est pas fermé. *Bouche ouverte. Livre ouvert.* – Loc. *Traduire à livre ouvert,* directement. **2.** MATH *Intervalle ouvert,* qui ne comprend pas les bornes qui le limitent. **3.** ELECTR *Circuit ouvert,* présentant une interruption et dans lequel le courant ne passe pas. **4.** Fendu, coupé, entamé. *Il a eu l'arcade sourcilière ouverte.* **5.** Libre d'accès. *Ville ouverte.* ▷ Loc. *Tenir table ouverte:* recevoir même ceux que l'on n'a pas invités. **6.** Commencé. *La séance est ouverte.* **7.** Franc, sincère. *Visage, caractère ouvert.* ▷ Éveillé. *Esprit ouvert aux nouveautés.* **8.** Déclaré, public, manifeste. *Être en guerre ouverte contre qqn.* – Pp. de *ouvrir.*

ouvertement [uvɛʀtəmɑ̃] adv. Franchement; sans détours, sans dissimulation. *Parler ouvertement.* – De *ouvert.*

ouverture [uvɛʀtyʀ] n. f. **1.** Espace vide, libre, faisant communiquer l'intérieur et l'extérieur. *Ouverture large, étroite. Une ouverture dans une paroi. Ouverture d'une grotte.* **2.** Action d'ouvrir ce qui était fermé; fait de s'ouvrir. *Ouverture d'un coffre, d'un parachute.* **3.** Commencement. *Ouverture de la campagne électorale. Ouverture de la chasse, de la pêche:* le premier jour, chaque année, où il est permis de chasser, de pêcher. **4.** Fig. Première démarche qui précède une négociation. *Ouverture de paix* (souvent au pl.). **5.** Fig. *Ouverture d'esprit:* facilité à comprendre et à admettre ce qui est nouveau, inhabituel. ▷ *Ouverture de cœur:* franchise, tendance à l'épanchement amical. **6.** JEU *Avoir l'ouverture,* les cartes, le nombre de points nécessaires pour ouvrir, faire une annonce. **7.** MUS Morceau de musique instrumentale exécuté au début d'une œuvre lyrique. *L'ouverture des «Maîtres Chanteurs de Nuremberg» de Wagner.* – Du lat. pop. **opertura,* class. *apertura.*

ouvrable [uvʀabl] adj. *Jour ouvrable,* où l'on travaille (par oppos. à *férié*). – De *ouvrer.*

ouvrage [uvʀaʒ] n. m. **1.** Besogne, travail. *Se mettre à l'ouvrage.* – *Ouvrages de dame:* travaux d'aiguille. *Table à ouvrage.* – Pop ou plaisant. *De la belle ouvrage:* du beau travail. **2.** Résultat du travail d'un ouvrier. *Ouvrage de maçonnerie.* **3.** *Par ext.* Construction, bâtiment. *Maître de l'ouvrage.* ▷ *Ouvrages d'art:* travaux nécessités par la construction d'une route ou d'une voie ferrée (tranchée, viaduc, tunnel, etc.). ▷ MILIT Fortification. *Ouvrage avancé.* ▷ METALL Partie du haut fourneau située entre les étalages et le creuset, à l'intérieur de laquelle s'élaborent les laitiers. **4.** Texte relativement long, imprimé ou destiné à l'impression. *Publier un ouvrage de droit.* **5.** Fig. Œuvre. *Ce succès est l'ouvrage du hasard.* – De *œuvre.*

ouvragé, ée [uvʀaʒe] adj. **1.** Ouvré. **2.** Minutieusement travaillé. *Mosaïque ouvragée.* – De *ouvrage.*

ouvrager [uvʀaʒe] v. tr. [15] Ouvrer avec délicatesse, minutie. ▷ Enrichir d'ornements. – De *ouvrage.*

ouvrant, ante [uvʀɑ̃, ɑ̃t] adj. et n. **1.** adj. Qui s'ouvre. *Le toit ouvrant d'une automobile.* **2.** n. m. CONSTR Partie mobile d'une porte, d'une fenêtre, par oppos. à la partie fixe, le *dormant.* – Ppr. de *ouvrir.*

ouvré, ée [uvʀe] adj. Travaillé, façonné. *Bois ouvré.* ▷ Orné, décoré. *Linge ouvré.* – Pp. de *ouvrer.*

ouvreau [uvʀo] n. m. TECH Ouverture pratiquée dans les parois des fours de verrier pour le passage de l'air, des gaz ou pour puiser le verre. ▷ Ouverture dans la paroi d'un four ou d'une chaudière destinée à recevoir le brûleur. – De *ouvrir.*

ouvre-boîte(s) [uvʀəbwat] n. m. Instrument coupant utilisé pour ouvrir les boîtes de conserves. *Des ouvre-boîtes électriques.* – De *ouvrir,* et *boîte.*

ouvre-bouteille(s) [uvʀəbutɛj] n. m. Petit instrument formant levier utilisé pour décapsuler les bouteilles. *Des ouvre-bouteilles.* Syn. décapsuleur. – De *ouvrir,* et *bouteille.*

ouvrer [uvʀe] v. [1] **1.** v. intr. Vx Travailler. **2.** v. tr. Travailler, façonner. – *Ouvrer de la lingerie,* l'orner de broderies, de festons, etc. ▷ Mettre en œuvre (des matériaux). *Ouvrer les bois en forêt.* – Du lat. *operari.*

ouvreur, euse [uvʀœʀ, øz] n. **I. 1.** JEU Joueur qui mise le premier. **2.** SPORT Skieur qui ouvre une piste. **II.** n. f. Femme qui place le public dans une salle de spectacles. *Les ouvreuses et les placeurs d'un théâtre.* – De *ouvrir.*

ouvrier, ière [uvʀije, jɛʀ] n. et adj. **I.** n. **1.** Personne rémunérée pour effectuer un travail manuel. *Ouvrier menuisier. Ouvrier en bâtiment. Ouvrier d'usine. Ouvrier agricole. Les ouvriers et le patronat. Embaucher, licencier des ouvriers.* ▷ *Ouvrier spécialisé,* qui effectue une tâche particulière, mais ne nécessitant aucune qualification professionnelle. **2.** Litt. Personne qui fait tel ou tel travail. *Pièce de théâtre faite par un bon ouvrier.* ▷ *Le grand ouvrier:* Dieu. ▷ *Cheville ouvrière:* V. cheville (sens 2). **3.** n. f. Femelle stérile, chez les insectes sociaux (abeilles, guêpes, fourmis). **II.** adj. Des ouvriers, relatif aux ouvriers. *La classe ouvrière.* – Du lat. *operarius,* de *opera,* «travail».

ouvriérisme [uvʀijeʀism] n. m. POLIT Théorie selon laquelle seuls les ouvriers sont qualifiés pour diriger le mouvement socialiste et révolutionnaire et pour gérer l'économie. – De *ouvrier.*

ouvriériste [uvʀijeʀist] adj. et n. POLIT Partisan de l'ouvriérisme. – De *ouvrier.*

ouvrir [uvʀiʀ] **I.** v. tr. [35] **1.** Faire que ce qui était fermé ne le soit plus; faire communiquer l'extérieur et l'intérieur en ménageant une ouverture, en séparant ce qui était rapproché. *Ouvrir une porte.* – Absol. *Ouvrez!* – *Ouvrir une lettre,* en la décachetant. – *Ouvrir la bouche, les yeux.* – Loc. fig. *Ouvrir l'œil:* faire attention. **2.** Couper, entamer, fendre. *Ouvrir un pâté.* **3.** Rendre libre (un accès). *Ouvrir un chemin.* Fig. *Ouvrir la voie, des horizons, des perspectives.* **4.** Fig. Découvrir. *Ouvrir son cœur à qqn.* – *Ouvrir l'esprit à qqn,* le rendre plus apte à penser, à comprendre. **5.** Commencer, entamer. *Ouvrir le bal, le feu.* – *Ouvrir la marche:* marcher en tête. ▷ *Ouvrir une piste de ski,* effectuer le premier le parcours sur cette piste. **6.** Fonder, créer. *Ouvrir une école, une boutique.* **II.** v. intr. **1.** Être ouvert. *Porte bloquée qui n'ouvre plus. Ce magasin n'ouvre pas le lundi.* **2.** Commencer. *La saison ouvre par cette fête.* **III.** v. pron. **1.** Devenir ouvert. *Les fleurs s'ouvrent au soleil.* **2.** Être ou devenir libre en parlant d'un accès, d'une voie de communication. *La voie s'ouvre à eux.* – Fig. *Des perspectives inattendues s'ouvrent désormais.* **3.** (Personnes.) *S'ouvrir à qqn,* lui faire des confidences. – *Esprit qui s'ouvre,* s'éveille. **4.** Commencer. *Le congrès s'ouvrira par le discours de bienvenue du président.* – Du lat. pop. *operire,* class. *aperire.*

ouvroir [uvʀwaʀ] n. m. **1.** Lieu réservé aux travaux d'aiguille, dans un couvent. **2.** Fondation charitable, à caractère le plus souvent confessionnel, dont les membres exécutaient bénévolement des travaux d'aiguille pour les nécessiteux. – De *ouvrer.*

ouzo [uzɔ] n. m. Eau-de-vie grecque parfumée à l'anis. – Mot gr. mod., «anisette».

ovaire [ɔvɛʀ] n. m. **1.** BIOL Organe reproducteur femelle où se forment les ovules. **2.** BOT Organe femelle où se forment les ovules, et qui donne le fruit. – Lat. méd. *ovarium,* de *ovum,* «œuf».

ENCYCL **Physiol.** – Les ovaires sont les glandes génitales de la femme; pairs et symétriques, ils sont situés dans la cavité péritonéale, à proximité du pavillon des trompes de Fallope. Les ovaires possèdent deux fonctions de sécrétion: leur sécrétion externe est représentée par l'expulsion de l'ovule; leur sécrétion interne par deux hormones: la folliculine et la progestérone. Les activités de l'ovaire, placées sous la dépendance d'hormones hypophysaires (F.S.H. et L.H.), s'exercent chez la femme entre la puberté et la ménopause.

ov(o)-, ovi-. Éléments, du lat. *ovum,* œuf.

ovalbumine [ɔvalbymin] n. f. BIOCHIM Protéine du blanc d'œuf. – De *ov(o)-,* et *albumine.*

ovale [ɔval] adj. et n. **1.** adj. Qui a la forme d'une courbe fermée et allongée, semblable à celle d'un œuf. *Table ovale.* **2.** n. m. GEOM Figure de cette forme, composée de quatre arcs de cercle. – Du lat. *ovum,* «œuf».

ovalisation [ɔvalizasjɔ̃] n. f. TECH Défaut d'une pièce cylindrique dont la section devient ovale par suite de l'usure. – De *ovaliser.*

ovaliser [ɔvalize] v. tr. [1] TECH Rendre ovale. *L'usure ovalise les cylindres d'un moteur.* – De *ovale.*

ovariectomie [ɔvaʀjɛktɔmi] n. f. CHIR Ablation chirurgicale d'un ovaire ou des deux. – De *ovaire,* et *-ectomie.*

ovarien, ienne [ɔvaʀjɛ̃, jɛn] adj. Relatif à l'ovaire. – De *ovaire.*

ovarite [ɔvaʀit] n. f. MED Inflammation des ovaires. – De *ovaire,* et *-ite* 1.

ovation [ɔvasjɔ̃] n. f. **1.** ANTIQ ROM Petit triomphe au cours duquel le général vainqueur ne sacrifiait qu'une brebis. **2.** Acclamation, démonstration bruyante d'enthousiasme en l'honneur de qqn. *Faire une ovation au vainqueur.* – Lat. *ovatio,* de *ovis,* «brebis».

ovationner [ɔvasjɔne] v. tr. [1] Saluer par des ovations, des acclamations. – Du préc.

ove [ɔv] n. m. Didac. Ornement décoratif en forme d'œuf. – Lat. *ovum,* «œuf».

ové, ée [ɔve] adj. Didac. Qui a la forme d'un ove. – Du lat. *ovum,* «œuf».

ovi-. V. ov(o)-.

ovibos [ɔvibɔs] n. m. ZOOL Nom scientif. du bœuf musqué. – Du lat. *ovis,* «brebis», et *bos,* «bœuf».

ovidés [ɔvide] n. m. pl. ZOOL Groupe de mammifères ruminants comprenant: les bovins, les antilopes, les ovins et les caprins (autrefois considérés comme une famille distincte). – Du lat. *ovis,* «brebis».

oviducte [ɔvidykt] n. m. ZOOL Conduit qui donne passage à l'ovule, chez les animaux. *Dans l'espèce humaine, l'oviducte est appelé «trompe de Fallope».* – De *ovi-,* et lat. *ductus,* «conduit».

ovin, ine [ɔvɛ̃, in] adj. et n. Du mouton, qui a rapport au mouton. *Race ovine.* ▷ N. m. pl. *Les ovins:* les moutons et les mouflons. – Du lat. *ovis,* «brebis».

ovinés [ɔvine] n. m. pl. ZOOL Syn. de *caprins.* – Du lat. *ovis,* «brebis».

ovipare [ɔvipaʀ] adj. et n. ZOOL Qui pond des œufs. *Les insectes, la plupart des mollusques, les oiseaux, la plupart des reptiles sont ovipares.* – Lat. *oviparus,* de *ovum,* «œuf», et *parere,* «accoucher».

oviparité [ɔvipaʀite] n. f. ZOOL Mode de reproduction des animaux ovipares. – Du préc.

ovipositeur [ɔvipozitœʀ] n. m. ZOOL Organe, généralement long et effilé, à l'aide duquel de nombreux insectes déposent leurs œufs dans les endroits les plus favorables à leur incubation. Syn. oviscapte. – De *ovi-,* et lat. *positor,* «qui place».

oviscapte [ɔviskapt] n. m. ZOOL Syn. de *ovipositeur.* – De *ovi-,* et gr. *skaptein,* «creuser».

ovni [ɔvni] n. m. Objet volant non identifié. – Acronyme de *Objet Volant Non Identifié,* calque de l'amér. U.F.O. pour *Unidentified Flying Object.*

ENCYCL Des ovnis ont été observés par des dizaines de milliers de témoins répartis sur toute la surface de la Terre, le maximum d'observations s'étant produit en 1947. Les objets observés ont généralement la forme de disques («soucoupes volantes») ou de cylindres (cigares). Le dépouillement des observations montre que plus de 94 % des cas peuvent être expliqués par des causes naturelles: météorites, ballons-sondes, satellites artificiels, nuages, météores, etc.

ovo-. V. ov(o)-.

ovocyte [ɔvɔsit] n. m. BIOL Gamète femelle non encore parvenu à maturité. – De *ovo-,* et *-cyte.*

ovogenèse [ɔvoʒənɛz] n. f. BIOL Formation des ovules, chez les animaux. – De *ovo-,* et *-genèse.*

ovoïdal, ale, aux [ɔvɔidal, o] adj. Dont la forme ressemble à celle d'un œuf. – De *ovoïde.*

ovoïde [ɔvɔid] adj. Qui a la forme d'un œuf. – De *ov(o)-,* et *-oïde.*

ovonique [ɔvɔnik] n. f. ELECTRON Branche de l'électronique, technique fondée sur la propriété que présentent les combinaisons en couches minces de certains éléments (tellure, silicium, germanium et arsenic, en partic.) de voir leur résistance s'abaisser brusquement lorsque la tension qui leur est appliquée dépasse une certaine valeur. – Angl. *ovonics.*

ovovivipare [ɔvɔvivipaʀ] adj. ZOOL Se dit des animaux ovipares chez lesquels l'incubation des œufs se fait dans les voies génitales de la femelle. *La vipère est ovovivipare.* – De *ovo-,* et *vivipare.*

ovulaire [ɔvylɛʀ] adj. BIOL Relatif à l'ovule. *Ponte ovulaire ou ovulation.* – De *ovule.*

ovulation [ɔvylasjɔ̃] n. f. BIOL Rupture du follicule, libérant l'ovule. – De *ovule.*

ovule [ɔvyl] n. m. **1.** BOT Petit corps arrondi contenu dans l'ovaire des végétaux et renfermant le gamète femelle, ou *oosphère.* **2.** BIOL Gamète femelle des animaux, cellule haploïde («qui porte la moitié des chromosomes propres à l'espèce») élaborée par l'ovaire. **3.** PHARM Corpuscule ovoïde fait d'un excipient gras contenant une substance médicamenteuse, destiné à être introduit dans le vagin. – Du lat. *ovum,* «œuf».

ENCYCL **Bot.** – L'ovule est un organe attaché au placenta de l'ovaire par le funicule. Il est formé d'un ou de deux téguments qui entourent un tissu de réserve, le nucelle, contenant le sac embryonnaire où se forme le gamète femelle, l'oosphère, qui, après fécondation, donnera l'œuf. Celui-ci donnera l'embryon; le reste de l'ovule fournira les autres éléments de la graine (téguments, albumen, etc.).

Biol. – L'ovule fécondé donne naissance à une cellule diploïde ou œuf. L'œuf, après un début de maturation et la sécrétion d'une coquille de nature variable (corne, chitine, calcaire, etc.), est pondu par les animaux ovipares; il achève alors son développement grâce à ses réserves. Chez les vivipares, l'œuf, toujours dépourvu de coque imperméable, se fixe dans la muqueuse utérine (nidation) et y achève son développement grâce aux substances nutritives fournies par la mère.

ox(y)-. CHIM Élément, du gr. *oxus*, «aigu, acide», qui, le plus souvent, sert à indiquer la présence d'oxygène dans une molécule.

oxacide [ɔksasid] n. m. CHIM Acide dont la molécule contient de l'oxygène. – De *ox-*, et *acide.*

oxalate [ɔksalat] n. m. CHIM Sel ou ester de l'acide oxalique. – Du gr. *oxalis*, «oseille», et de *-ate.*

oxalis [ɔksalis] n. m. Plante herbacée dont les feuilles, à trois ou quatre lobes, sont riches en acide oxalique. – Du gr. *oxalis*, «oseille».

oxalique [ɔksalik] adj. CHIM *Acide oxalique:* diacide de formule HOOC–COOH présent dans de nombreux végétaux (oseille, notam.), utilisé comme détartrant et comme décolorant. – De *oxalide.*

oxford [ɔksfɔʀd] n. m. Toile de coton rayée ou quadrillée, à grain marqué. – Du n. de la v. angl. d'*Oxford.*

oxhydrique [ɔksidʀik] adj. CHIM Qui contient de l'oxygène et de l'hydrogène. ▷ TECH *Chalumeau oxhydrique*, dont la flamme résulte de la combustion d'un mélange d'un volume d'oxygène et de deux volumes d'hydrogène. – De *ox-*, et *hydrique.*

oxhydrile ou **oxhydryle** [ɔksidʀil] n. m. CHIM Syn. anc. de *hydroxyle.* – De *ox-*, *hydr-*, et gr. *ulê*, «bois».

oxonium [ɔksɔnjɔm] adj. et n. m. CHIM *Ion oxonium* ou *un oxonium:* proton monohydraté H_3O^+. – *Par ext.* Ion organique résultant de la fixation d'un radical carboné positif sur un atome d'oxygène appartenant à une molécule organique. – De *ox-*, sur le modèle d'*ammonium.*

oxy-. V. ox(y)-.

oxyacétylénique [ɔksiasetilenik] adj. TECH *Chalumeau oxyacétylénique*, dont la flamme est produite par la combustion d'un mélange d'oxygène et d'acétylène. – De *oxy-*, et *acétylénique.*

oxycarboné, ée [ɔksikaʀbɔne] adj. CHIM Combiné à de l'oxyde de carbone. ▷ BIOCHIM *Hémoglobine oxycarbonée*, qui a fixé de l'oxyde de carbone. ▷ MED *Intoxication oxycarbonée*, par l'oxyde de carbone. – De *oxy-*, et *carboné.*

oxychlorure [ɔksiklɔʀyʀ] n. m. CHIM Combinaison d'un corps avec l'oxygène et le chlore. – De *oxy-*, et *chlorure.*

oxycoupage [ɔksikupaʒ] n. m. TECH Découpage de pièces métalliques à l'aide d'un chalumeau équipé d'une buse d'où sort à grande vitesse un jet d'oxygène. *L'oxycoupage est utilisé notam. dans les travaux sous-marins.* – De *oxy-*, et *(dé)coupage.*

oxydable [ɔksidabl] adj. Qui peut s'oxyder. – De *oxyder.*

oxydant, ante [ɔksidɑ̃, ɑ̃t] adj. et n. Qui oxyde. – Ppr. de *oxyder.*

oxydase [ɔksidaz] n. f. BIOCHIM Enzyme qui active la fixation de l'oxygène sur d'autres corps. – De *oxyde*, et *-ase.*

oxydation [ɔksidasjɔ̃] n. f. CHIM et cour. Fixation d'oxygène sur un corps. *L'oxydation des métaux provoque leur corrosion.* ▷ CHIM Réaction au cours de laquelle un corps perd des électrons. ▷ *Nombre* ou *degré d'oxydation d'un élément dans une combinaison:* nombre (positif ou négatif) caractérisant l'état d'oxydation de l'élément dans la combinaison. – De *oxyder.*

ENCYCL L'oxydation est une fixation d'oxygène par un élément (au cours de la combustion d'un corps, par ex.) et plus généralement une perte d'électrons par cet élément: divers corps autres que l'oxygène (chlore, par ex.) sont susceptibles de faire perdre des électrons à d'autres corps. Un corps ne peut être oxydé que s'il est en présence d'un corps capable d'accepter les électrons de l'autre corps. Les corps qui captent des électrons sont des *oxydants*; ceux qui en cèdent, des *réducteurs*. Beaucoup d'oxydes se trouvent à l'état naturel (oxydes de fer, par ex.). La combustion d'un corps dans l'air ou dans l'oxygène fournit des oxydes. L'oxyde d'un élément peut être réduit par l'hydrogène, le carbone et le monoxyde de carbone, ou par un élément plus oxydable que lui. Les oxydes sont des intermédiaires importants dans de nombreuses industries (verrerie et sidérurgie en particulier).

oxyde [ɔksid] n. m. CHIM et cour. Composé résultant de la combinaison de l'oxygène avec un autre élément. – Du gr. *oxus*, «acide».

oxyder [ɔkside] **1.** v. tr. [1] CHIM Produire l'oxydation de. **2.** v. pron. CHIM Se transformer en oxyde. ▷ Être attaqué superficiellement par l'oxydation. *Le fer s'oxyde à l'air.* – De *oxyde.*

oxydoréduction [ɔksidoʀedyksjɔ̃] n. f. CHIM Réaction au cours de laquelle se produisent des échanges d'électrons entre les réactants. – De *oxyde*, et *réduction.*

oxygénation [ɔksiʒenasjɔ̃] n. f. CHIM Oxydation par l'oxygène. – De *oxygéner.*

oxygène [ɔksiʒɛn] n. m. CHIM Gaz incolore, insipide et inodore, corps simple indispensable à la plupart des êtres vivants; élément de numéro atomique Z = 8 et de masse atomique 15,9994 (symb. O). – Du gr. *oxus*, «acide», et de *-gène.*

ENCYCL L'oxygène est l'élément le plus abondant de la couche terrestre (89 % en masse des eaux naturelles et 47 % des roches). Il représente 21 % du volume de l'atmosphère. De masse volumique 1,423 kg/m^3, l'oxygène se liquéfie à –183 °C et se solidifie à – 218 °C. Les combinaisons de l'oxygène avec les autres éléments s'appellent des oxydes (sauf s'il s'agit de fluor, dont l'électronégativité est plus importante). Les réactions avec l'oxygène sont appelées combustions si elles se font avec incandescence, oxydations dans le cas contraire. La respiration des êtres vivants entraîne une très importante consommation d'oxygène, lequel est régénéré par la fonction chlorophyllienne. L'industrie chimique et l'industrie métallurgique sont des gros consommateurs d'oxygène. L'oxygène, utilisé seul pur ou dans l'air, est le plus important des comburants. L'oxygène et l'hydrogène liquides sont utilisés comme propergol dans les moteurs-fusées.

oxygéné, ée [ɔksiʒene] adj. Qui renferme de l'oxygène. ▷ *Eau oxygénée :* peroxyde d'hydrogène, de formule H_2O_2. – Pp. de *oxygéner.*

oxygéner [ɔksiʒene] **1.** v. tr. [16] CHIM Combiner un corps avec l'oxygène. **2.** v. pron. Fam. Respirer de l'air pur (en faisant un séjour à la campagne, en se promenant, etc.). – De *oxygène.*

oxygénothérapie [ɔksiʒenoteʀapi] n. f. MED Administration thérapeutique d'oxygène (chirurgie cardiaque, intoxication par l'oxyde de carbone, etc.). – De *oxygène*, et *thérapie.*

oxyhémoglobine [ɔksiemoglɔbin] n. f. BIOCHIM Composé formé par la fixation réversible de l'oxygène sur l'hémoglobine, qui assure le transport de l'oxygène des alvéoles pulmonaires aux cellules, et qui donne au sang sa couleur rouge vif. – De *oxy-*, et *hémoglobine.*

oxylithe [ɔksilit] n. m. CHIM Peroxyde de sodium Na_2O_2, employé pour la production d'oxygène par addition d'eau légèrement acidulée. – De *oxy-*, et *-lithe.*

oxysulfure [ɔksisylfyʀ] n. m. CHIM Composé résultant de l'union d'un corps avec l'oxygène et le soufre. – De *oxy-*, et *sulfure.*

oxyton [ɔksitõ] n. m. PHON Mot dont l'accent tonique porte sur la dernière syllabe. – Du gr. *oxutonos,* «au son aigu».

oxyure [ɔksjyʀ] n. m. MED Petit ver blanc long de quelques millimètres, parasite de la portion terminale de l'intestin de l'homme. – Du gr. *oxus,* «point», et *oura,* «queue».

oyat [ɔja] n. m. Plante herbacée (*Psamma arenaria,* fam. graminées) dont les racines, très développées, fixent les dunes. – Mot picard, orig. incert.

ozalid [ɔzalid] n. m. IMPRIM Papier sensible utilisé pour le tirage d'une épreuve d'ultime contrôle, avant impression en offset ou en héliogravure. – En appos. *Papier ozalid.* ▷ *Un ozalid:* cette épreuve elle-même. – Nom déposé; anagramme de *diazol,* de *diazo-.*

ozène [ozɛn] n. m. MED Atrophie des muqueuses et du squelette des fosses nasales, s'accompagnant de suppuration et de formation de croûtes brunes et fétides. – Lat. *ozœna,* gr. *ozaina,* de *ozein,* «exhaler une odeur».

ozocérite [ozoseʀit] ou **ozokérite** [ozokeʀit] n. f. MINER Mélange d'hydrocarbures voisins de la paraffine et du bitume, appelé aussi «cire fossile». – Du gr. *ozein,* «exhaler une odeur», et *kêros,* «cire».

ozone [ozon] n. m. CHIM Variété allotropique de l'oxygène, de formule O_3, gaz légèrement bleuté qui se forme dans l'air ou dans l'oxygène soumis à des décharges électriques ou traversé par des rayons ultraviolets, et dont on peut percevoir l'odeur caractéristique par temps d'orage ou près des machines à haute tension. – Du gr. *ozein,* «exhaler une odeur».

ENCYCL **Chim.** – La molécule d'ozone comprend trois atomes d'oxygène. L'ozone se liquéfie à – 112 °C et se solidifie à – 250 °C. Oxydant très puissant, il oxyde à froid tous les métaux, même l'or et le platine. La mince couche d'ozone de l'atmosphère, située à une altitude de 20 à 35 km, absorbe la quasi-totalité des rayons ultraviolets, nous protégeant ainsi contre leur action. Cette couche protectrice d'ozone pourrait être détruite par les fréons (V. encycl. fluor) utilisés comme gaz propulseurs dans les bombes à aérosols; en effet, le chlore libéré par la dissociation des fréons sous l'action des rayons ultraviolets transforme l'ozone en oxygène. Le monoxyde d'azote libéré par les réacteurs des avions volant à l'altitude de la couche d'ozone (supersoniques, en partic.) provoque également la dissociation de l'ozone. L'ozone détruit les germes pathogènes; il est utilisé pour purifier l'air et stériliser les eaux. On l'emploie également pour le blanchiment des tissus et le vieillissement des alcools.

ozonisateur. V. ozoniseur.

ozonisation [ɔzɔnizasjõ] n. f. **1.** CHIM Transformation de l'oxygène en ozone. **2.** TECH Stérilisation de l'air ou des eaux au moyen de l'ozone. – De *ozoniser.*

ozoniser [ɔzɔnize] v. tr. [1] **1.** CHIM Convertir l'oxygène en ozone. **2.** TECH Stériliser par l'ozone. – De *ozone.*

ozoniseur [ɔzɔnizœʀ] ou **ozonisateur** [ɔzɔnizatœʀ] n. m. TECH Appareil servant à produire de l'ozone. – Du préc.

P p

p [pe] n. m. **1.** Seizième lettre de notre alphabet et douzième des consonnes. **2.** PHON La lettre *p* note la bilabiale occlusive sourde [p], sauf lorsqu'elle est combinée avec *h:* elle représente alors le son [f] (ex.: *photographie* [fɔtɔgʀafi]). Elle reste parfois muette, à l'intérieur de certains mots (ex.: *compte* [kõt]) ou en position finale (ex.: *coup* [ku]; drap [dʀɑ]). Elle ne se fait entendre dans les adverbes *trop* et *beaucoup* que sous forme de liaison (ex.: *trop occupé* [tʀopɔkype]; *beaucoup à faire* [bokupafɛʀ]). ▷ PHYS p: symbole du préfixe *pico*; p: symbole de la pression. ▷ P: symbole de la puissance. ▷ P., devant le nom d'un ecclésiastique: abréviation de Père. ▷ MUS p.: abrév. de *piano* (doucement).

P CHIM Symbole du phosphore.

1. Pa CHIM Symbole du protactinium.

2. Pa PHYS Symbole du pascal.

pacage [pakaʒ] n. m. **1.** Lieu où l'on fait paître les bestiaux. **2.** Action de faire paître les bestiaux. *Droit de pacage.* – Du lat. pop. **pascuaticum,* class. *pascuum,* «pâturage».

pacager [pakaʒe] v. tr. et intr. [15] Faire paître (des bestiaux). – De *pacage.*

pacane [pakan] n. f. Fruit du pacanier, noix ovale et lisse contenant une amande bilobée que l'on consomme crue ou séchée. *Une tarte aux pacanes.* – Mot algonquien.

pacanier [pakanje] n. m. Grand arbre (genre *Carya,* fam. juglandacées) voisin du noyer, qui croît dans le sud des États-Unis (notam. en Louisiane) et dont la noix contient une amande comestible. – De *pacane.*

pace (in). V. in pace.

pacemaker [pesmekœʀ] n. m. Anglicisme V. stimulateur* cardiaque. – Mots angl. «celui qui règle la marche, le pas»; de *pace,* «pas», et *maker,* «faiseur».

pacfung ou **packfung** [pakfõ] n. m. CHIM Alliage de cuivre, de nickel et de zinc. – De l'angl. *packfong;* mot dial. chinois.

pacha [paʃa] n. m. **1.** Gouverneur de province, dans l'ancien Empire ottoman. ▷ Titre honorifique conféré avant 1923 à certains grands personnages, en Turquie. **2.** loc. fam. *Mener la vie de pacha:* vivre dans l'opulence et l'oisiveté. ▷ *Faire le pacha:* se faire servir. **3.** MAR Fam. Commandant d'un navire. – Mot turc.

pachalik [paʃalik] n. m. HIST Territoire gouverné par un pacha. – Mot turc; de *pacha.*

pachto [paʃto] n. m. Langue du rameau iranien des langues indo-européennes, parlée en Afghanistan et au Pakistan.

pachyderme [paʃ(k)idɛʀm] adj. et n. m. **1.** adj. Vx Dont la peau est épaisse. **2.** n. m. pl. Ancien ordre de mammifères comprenant l'éléphant, le rhinocéros, l'hippopotame, etc. ▷ N. m. sing. Éléphant. **3.** Fig. Personne d'allure massive. – Gr. *pakhudermos,* «qui a la peau épaisse».

pachydermie [paʃ(k)idɛʀmi] n. f. MED Épaississement de la peau. – De *pachyderme.*

pachyure [paʃjyʀ] n. f. ZOOL Minuscule musaraigne. *La pachyure étrusque (Syncus etruscus), qui mesure moins de 8 cm, queue comprise, est le plus petit des mammifères.* – Du gr. *pakhus,* «épais», et *oura,* «queue».

pacificateur, trice [pasifikatœʀ, tʀis] n. Personne qui pacifie. ▷ Adj. *Action pacificatrice.* – Lat. *pacificator.*

pacification [pasifikasjõ] n. f. Action de pacifier. – Lat. *pacificatio.*

pacifier [pasifje] v. tr. [1] **1.** Rétablir la paix dans (une région, un pays). **2.** Fig. Apaiser, calmer. *Pacifier les esprits.* – Lat. *pacificare.*

pacifique [pasifik] adj. et n. m. **1.** Qui aime la paix, qui est attaché à la paix. – Par ext. *Mener une vie pacifique.* **2.** Qui se passe dans la paix; exempt de troubles, de violence. *Manifestation pacifique.* **3.** Qui amène la paix ou la favorise. *Politique pacifique.* **4.** *L'océan Pacifique* ou, n. m. *le Pacifique:* l'océan situé entre l'Asie et l'Amérique. – Lat. *pacificus.*

pacifiquement [pasifikmɑ̃] adv. De manière pacifique. – De *pacifique.*

pacifisme [pasifism] n. m. Doctrine politique des pacifistes. Ant. bellicisme. – De *pacifique.*

pacifiste [pasifist] n. et adj. Partisan de la paix entre les États. *Une manifestation de pacifistes.* ▷ Adj. *Propagande pacifiste.* Ant. belliciste. – De *pacifique.*

pack [pak] n. m. OCEANOGR Banquise dérivante disloquée en grands plateaux séparés par des chenaux plus ou moins larges. – De l'angl. *pack-ice,* «paquet de glace».

package [pakœdʒ] n. m. Anglicisme INFORM V. progiciel. – Mot angl. «paquet», de *to pack* «emballer».

packfung. V. pacfung.

pacotille [pakɔtij] n. f. **1.** Vx Quantité de marchandises que les membres de l'équipage ou les passagers d'un navire avaient le droit d'embarquer sans payer de fret, afin d'en faire commerce pour leur propre compte. **2.** Anc. Assortiment de verroteries et de marchandises diverses qui étaient destinées au troc avec les pays d'Afrique et d'Orient. **3.** Mod., péjor. Marchandise de peu de valeur. ▷ *De pacotille:* sans valeur; de mauvaise qualité. *Une montre de pacotille.* – Factice. *Un exotisme de pacotille.* – Esp. *pacotilla,* de la famille de *paquet.*

pacquage ou **paquage** [pakaʒ] n. m. Action de pacquer (le poisson). – De *pacquer.*

pacquer ou **paquer** [pake] v. tr. [1] PECHE Presser (le poisson salé) dans des barils. – De l'a. fr. *pacque,* «paquet».

pacte [pakt] n. m. Convention solennelle entre deux ou plusieurs États, partis, individus. *Conclure, rompre un pacte. Pacte de non-agression.* – *Faire, signer un pacte avec le diable,* lui livrer son âme pour obtenir la puissance, la richesse, la jeunesse, etc. – Lat. *pactum.*

pactiser [paktize] v. intr. [1] **1.** Faire un pacte (avec qqn). **2.** Fig. Transiger (avec qqn, qqch). *Pactiser avec sa conscience.* – De *pacte.*

pactole [paktɔl] n. m. Source de richesses. *Le pétrole est pour les pays du Proche-Orient un véritable pactole.* – De *Pactole,* rivière de Lydie (anc. rég. de l'Asie Mineure), célèbre par les paillettes d'or qu'elle roulait.

paddock [padɔk] n. m. **1.** Enclos, dans une prairie, réservé aux juments poulinières et à leurs poulains, ou à un pur-sang. **2.** Enceinte, dans le pesage d'un champ de courses, où les chevaux sont promenés en main. – Mot angl. «enclos».

paddy [padi] n. m. TECH Riz non décortiqué. – Mot angl., du malais.

pæan. V. péan.

paella [paelja; paela] n. f. Plat espagnol composé de riz au safran cuit à la poêle avec des moules, des crustacés, des morceaux de volaille, des légumes divers, etc. – Mot esp. «poêle».

1. paf! [paf] interj. **1.** (Exprimant le bruit d'une chute, d'un coup, etc.) *Et paf, le voilà par terre!* – Onomat.

2. paf [paf] adj. inv. Pop. Ivre. *Ils sont complètement paf.* – De *s'empaffer* «se gaver d'aliments et de vin», variante de *s'empiffrer.*

pagaie ou **pagaye** [pagɛ] n. f. Rame courte, à large pelle, utilisée pour la propulsion des pirogues et de certaines embarcations de sport, que l'on manie sans l'appuyer à un point fixe (à la différence de l'aviron). *Pagaie simple des canoés canadiens et pagaie double des kayaks.* – Du malais *pengajoeh.*

pagaille, pagaïe ou **pagaye** [pagaj] n. f. Fam. **1.** Grand désordre. *En voilà une pagaille!* **2.** loc. adv. *En pagaille* : en désordre. *Il a tout jeté en pagaille dans un tiroir.* – En grande quantité. *Pêcher du poisson en pagaille.* – Provenç. mod. *pagaio,* orig. incon.

paganiser [paganize] v. tr. [1] Didac. Rendre païen. – Du lat. *paganus,* «paysan, païen».

paganisme [paganism] n. m. Nom donné, lors du triomphe du christianisme, aux religions polythéistes. *Le paganisme romain.* – *Par ext.* Ce qui rappelle les tendances, les mœurs des païens. – Bas lat. ecclés. *paganismus,* du class. *paganus,* «paysan, païen».

1. pagaye. V. pagaie.

2. pagaye. V. pagaille.

pagayer [pageje] v. [24] **1.** v. intr. Ramer avec une pagaie. **2.** v. tr. Faire avancer (une embarcation) à l'aide d'une pagaie. – De *pagaie.*

pagayeur, euse [pagɛjœʀ, øz] n. Personne qui pagaye. – De *pagayer.*

1. page [paʒ] n. f. **1.** Côté d'un feuillet de papier, de parchemin, etc. *Une feuille comporte deux pages. Cahier de 100 pages. Écrire une page sur deux.* – *Par ext.* Feuillet. *Déchirer, corner une page.* **2.** INFORM Unité de découpage de la mémoire centrale d'un ordinateur. **3.** Texte écrit, imprimé sur une page. *Page de trente lignes. Lire quelques pages avant de s'endormir.* – Fig. Le contenu de ce texte, relativement à sa valeur littéraire, musicale. *Les plus belles pages d'un auteur.* **4.** Fig. Époque de l'histoire, période d'une vie, considérée quant aux événements qui l'ont marquée. *C'est une page sinistre de l'histoire de France.* ▷ *Tourner la page:* changer de mode de vie, oublier le passé. ▷ Fam. *Être à la page,* au courant des dernières nouveautés. – Lat. *pagina.*

2. page [paʒ] n. m. **1.** Anc. Jeune noble placé auprès d'un souverain, d'un seigneur, pour faire le service d'honneur et apprendre le métier des armes. **2.** Messager affecté au service des députés à la salle des séances. – Probabl. du gr. *paidion,* «enfant»; ital. *paggio,* par le lat.

3. page. V. pageot 1.

pagel n. m., **pagelle** n. f. [paʒɛl] ou **pageot** [paʒo] n. m. Poisson osseux (genre *Pagellus,* fam. sparidés) des mers chaudes et tempérées, parfois confondu avec la daurade et vendu sous ce nom. – Lat. *pagellus,* d'orig. gr.

1. pageot [paʒo] ou **page** [paʒ] n. m. Pop Lit. – Orig. incert.

2. pageot. V. pagel.

pagination [paʒinasjõ] n. f. **1.** Action de paginer. – Série des numéros des pages d'un livre. *Pagination défectueuse.* **2.** INFORM Découpage de la mémoire d'un ordinateur. – Du lat. *pagina,* «page».

paginer [paʒine] v. tr. [1] Numéroter les pages de (un livre, un cahier, un registre). – Du lat. *pagina,* «page».

pagne [paɲ] n. m. Morceau d'étoffe ou de matière végétale tressée, couvrant le corps le plus souvent de la ceinture aux mollets, dont les habitants de certaines régions chaudes du globe (Afrique, Amérique tropicale, Océanie, etc.) se ceignent les reins. – Esp. *paño,* «pan d'étoffe», du lat. *pannus.*

pagode [pagɔd] n. et adj. **I.** n. f. **1.** Temple des peuples d'Extrême-Orient. ▷ *Spécial.* Temple brahmaniste ou bouddhiste. (N.B. On tend aujourd'hui à employer *temple* plutôt que *pagode.*) **2.** Ancienne monnaie d'or de l'Inde. **II.** adj. inv. *Manches pagode,* serrées jusqu'au coude et s'évasant jusqu'au poignet. – Portug. *pagoda,* du tamoul *pagavadam,* «divinité».

pagre [pagʀ] n. m. Poisson marin voisin de la dorade (fam. sparidés), long d'une cinquantaine de cm, à la chair estimée. – Gr. *phagros.*

pagure [pagyʀ] n. m. ZOOL Crustacé décapode dissymétrique (genre *Pagurus*), démuni de coquille, qui loge son corps mou dans une coquille de mollusque abandonnée. Syn. cour. bernard-l'ermite. – Gr. *pagouros,* «qui a la queue en forme de corne».

pagus [pagys] n. m. ANTIQ ROM Circonscription rurale. – *Des pagi* – Mot lat., «pays».

paidologie [pɛdɔlɔʒi] ou **pédologie** [pedɔlɔʒi] n. f. Didac. Étude psychologique et physiologique de l'enfant. – Du gr. *pais, paidos,* «enfant», et *-logie.*

paidologue [pɛdɔlɔg] ou **pédologue** [pedɔlɔg] n. Spécialiste de paidologie. – De *paidologie* ou *pédologie.*

paie. V. paye.

paiement [pɛmɑ̃] ou **payement** [pɛjmɑ̃] n. m. **1.** Action de payer, d'acquitter une dette, un droit, etc. **2.** Somme payée. ▷ Fig. *Le paiement d'une dette morale.* – De *payer.*

païen, ïenne [pajɛ̃, jɛn] adj. et n. **1.** Relatif à une religion autre que les grandes religions monothéistes (se dit surtout par oppos. à *chrétien*). *Dieux, temples païens. Fêtes païennes.* ▷ Subst. *Les Grecs et les Romains étaient des païens.* **2.** Par ext. Qui n'a pas de religion; non croyant. ▷ Subst. *Jurer comme un païen.* Syn. impie. – Du lat. *paganus,* «paysan», de *pagus,* «village».

paierie [pɛʀi] n. f. En France, centre administratif chargé des paiements. – De *payer.*

paillage [pɑjaʒ] n. m. AGRIC Action de pailler. – De *pailler* 2.

paillard, arde [pajaʀ, aʀd] adj. **1.** Enclin au libertinage, à la licence sexuelle. ▷ Subst. *Un vieux paillard.* Syn. libertin. **2.** Qui exprime la paillardise; grivois. *Chanson, histoire paillardes.* – De *paille;* d'abord *paillart,* «vagabond qui couche sur la paille».

paillardise [pajaʀdiz] n. f. **1.** Libertinage, licence sexuelle. **2.** Action, parole grivoise. *Écrire des paillardises.* – De *paillard.*

1. paillasse [pajas] n. f. **1.** Grand sac cousu rembourré avec de la paille, des feuilles de maïs, etc., qui sert de matelas. **2.** TECH Dallage à hauteur d'appui sur lequel on effectue les manipulations, dans un laboratoire de chimie, de pharmacie, etc. ▷ Surface horizontale d'un évier, à côté de la cuve. – De *paille.*

2. paillasse [pajas] n. m. Anc. Bateleur, pitre des théâtres forains. – Ital. *Pagliaccio,* personnage du théâtre italien dont l'habit était fait de toile à paillasse.

paillasson [pajasɔ̃] n. m. **1.** AGRIC Claie, faite avec de la paille longue, destinée à protéger les couches et les espaliers. **2.** Natte, tapis-brosse placé devant une porte, sur lequel on s'essuie les pieds. **3.** Péjor., fig. Individu bassement servile. – De *paillasse* 1.

paillassonnage [pajasɔnaʒ] n. m. AGRIC Action de paillassonner. – De *paillassonner.*

paillassonner [pajasɔne] v. tr. [1] AGRIC Couvrir de paillassons. *Paillassonner des espaliers.* – De *paillasson.*

paille [pɑj] n. et adj. **A.** n. f. **I. 1.** Chaume desséché des graminées dépouillées de leur épi. *Ballot de paille. Lit, litière de paille.* – Loc. fam. *Être sur la paille:* être ruiné; être dans la misère. – Fig. *Homme de paille:* prête-nom. – *Vin de paille:* vin blanc liquoreux fait de raisins mûris sur la paille. ▷ Cette matière employée à des ouvrages de vannerie. *Chapeau de paille.* **2.** Brin de paille. ▷ *Tirer à la courte paille:* tirer au sort avec des brins de paille de longueur inégale. ▷ *Parabole de la paille et la poutre*, ou prov. *Voir une paille dans l'œil de son voisin et ne pas voir une poutre dans le sien*, remarquer mieux les défauts d'autrui que les siens propres. – Petit tuyau en carton ou en plastique, chalumeau servant à aspirer un liquide. *Boire de l'orangeade avec une paille.* **3.** *Paille de fer:* tampon fait de longs copeaux de métal, dont on se sert pour gratter, récurer, décaper. *Passer un parquet à la paille de fer.* **II.** TECH **1.** Défaut (fissure, cavité, impureté) dans le métal forgé ou laminé. **2.** Défaut d'une pierre précieuse. Syn. crapaud. **B.** adj. inv. D'un jaune brillant. *Des cheveux paille. Jaune paille.* – Du lat. *palea*, «balle de blé».

1. paillé [pɑje] n. m. AGRIC Fumier dont la paille n'est pas encore décomposée. – De *paille.*

2. paillé, ée [pɑje] adj. **1.** Qui a la couleur de la paille. **2.** Garni de paille. *Chaise paillée.* **3.** TECH Qui présente des pailles, des défauts. *Fer paillé.* Syn. pailleux. – De *paille.*

paille-en-queue [pɑjɑ̃kø] n. m. Phaéton (oiseau). *Des pailles-en-queue.* – De *paille, en,* et *queue*, à cause de deux plumes postérieures longues et fines.

1. pailler [pɑje] n. m. AGRIC Lieu (cour, hangar, grenier, etc.) où l'on entrepose la paille. – Lat. *palearium*, «grenier à paille», de *palea*, «paille».

2. pailler [pɑje] v. tr. [1] **1.** AGRIC Couvrir de paille. *Pailler des arbustes pour les protéger du froid.* **2.** Garnir de paille tressée. *Pailler des chaises.* – De *paille.*

1. paillet [pɑjɛ] n. m. **1.** MAR Natte de cordage tressé utilisée pour préserver un objet de l'usure due au frottement. **2.** TECH Petit ressort de targette. – De *paille.*

2. paillet [pɑjɛ] n. m. Vin peu coloré (blanc, rosé ou gris) dont la couleur tire sur celle de la paille. ▷ Adj. *Vin paillet.* – De *paille.*

pailleté, ée [pɑjte] adj. Semé de paillettes. *Robe pailletée.* – De *paillette.*

pailleter [pɑjte] v. tr. [23] Parsemer de paillettes. ▷ Fig. *La nuit tombait, pailletant le ciel d'étoiles.* – De *paillette.*

pailleteur [pɑjtœʀ] n. m. TECH Celui qui recueille les paillettes d'or dans les sables aurifères. Syn. orpailleur. – De *paillette.*

paillette [pɑjɛt] n. f. **1.** MINER Mince lamelle détachée par exfoliation. *Paillette de mica.* – Parcelle d'or que l'on trouve dans le sable de certaines rivières. ▷ *Par ext.* Mince lamelle. *Savon en paillettes.* **2.** Mince lamelle brillante que l'on coud comme ornement sur un tissu. *Habit à paillettes.* – Dimin. de *paille.*

pailleux, euse [pɑjø, øz] adj. **1.** AGRIC *Fumier pailleux*, dont la paille n'est pas assez décomposée. **2.** TECH Qui présente des défauts, des pailles. Syn. paillé. – De *paille.*

paillis [pɑji] n. m. AGRIC Fumier de paille à demi décomposé dont on couvre les semis. – De *paille.*

paillon [pɑjɔ̃] n. m. **1.** En joaillerie, lamelle de métal battu, très mince, placée sous une pierre pour faire valoir sa transparence et son éclat. **2.** Manchon de paille dont on entoure une bouteille. – De *paille*; d'abord signif. «petite paillasse».

paillote [pajɔt] n. f. Construction, hutte de paille des pays chauds. – De *paille.*

pain [pɛ̃] n. m. **1.** Aliment fait de farine pétrie, fermentée et cuite au four; masse façonnée de cet aliment. *Croûte, mie de pain. Pain de blé, de seigle. Pain blanc, pain brun. Pain en tranches. Pain de ménage. Pain baguette ou pain français.* – *Pain aux raisins*, dont la pâte contient des raisins secs. ▷ (D'après l'amér. *pita bread.*) *Pain pita:* pain sans levain, de type méditerranéen. *Pain azyme*, sans levain. *Les hosties sont faites de pain azyme.* ▷ Loc. fig. *Avoir du pain sur la planche:* avoir beaucoup de travail en perspective. – *Bon comme le bon pain:* d'une grande bonté. – *Long comme un jour sans pain:* très long. – *Manger son pain blanc le premier:* avoir des débuts faciles, heureux. – *Pour une bouchée de pain:* pour un prix très bas. **2.** (Dans les noms de diverses pâtisseries.) *Pain aux raisins:* en France, petit gâteau fait de pâte briochée garnie de raisins secs. *Pain au chocolat. Pain d'épice(s):* V. épice. *Pain doré:* tranche de pain trempée dans un mélange de lait et d'oeuf battu, et frite. **3.** (En tant que symbole de la nourriture.) *Le pain quotidien.* ▷ *Gagner son pain à la sueur de son front:* gagner sa vie durement. ▷ *Ôter le pain de la bouche à qqn:* le priver du nécessaire. **4.** CUIS *Par ext.* Préparation moulée en forme de pain. *Pain de viande, de poisson, de fruits.* **5.** Matière moulée formant une masse. *Pain de savon, de cire, de dynamite.* ▷ *Pain de sucre:* masse de sucre de canne moulée dans un moule de forme conique; masse de sucre d'érable moulée en forme de brique. – Amoncellement de glace ou élévation de terrain en forme de dôme. *Le Pain de sucre des Chutes Montmorency. Le Pain de sucre de Rio de Janeiro.* ▷ *Prendre en pain ou dans un pain:* se prendre en une masse solide, compacte; (d'un liquide) figer. **6.** BOT *Arbre à pain:* jaquier* (*Artocarpus*). **7.** (France) Pop. Coup. *Recevoir un pain.* – Du lat *panis;* d'abord *pan.*

1. pair [pɛʀ] n. m. **I. 1.** Personne placée sur un pied d'égalité avec une autre. *Être jugé par ses pairs.* – *Traiter qqn de pair à compagnon, de pair à égal:* en égal ou comme s'il était un égal. **2.** ECON, FIN Égalité de valeur. *Pair de l'or d'une monnaie:* égalité de valeur de l'unité monétaire envisagée et du poids légal de métal fin qu'elle renferme. *Pair du change:* égalité des rapports de deux monnaies à leurs parités-or respectives. *Pair d'un titre boursier:* valeur de ce titre lorsque son cours coté est représenté par sa valeur nominale. **3.** loc. *Au pair:* se dit d'un employé logé et nourri mais non rémunéré. ▷ *Hors de pair* ou *hors pair:* sans égal. *Un administrateur hors de pair.* **II. 1.** FEOD Grand vassal du roi. – Seigneur d'une terre érigée en pairie. *Duc et pair.* **2.** HIST En France, membre de la Chambre haute sous la Restauration et sous Louis-Philippe. **3.** En Grande-Bretagne, membre de la Chambre des lords (angl. *peer*). – Du lat. *par;* d'abord *peer*, adj., «égal, semblable».

2. pair, e [pɛʀ] adj. **1.** *Nombre pair*, dont le chiffre des unités est 0, 2, 4, 6 ou 8. ▷ MATH *Fonction paire:* fonction f(x) qui ne change pas quand on remplace x par – x. **2.** ANAT *Organes pairs*, organes doubles et symétriques. *Les yeux, les poumons sont des organes pairs.* – Du lat. *par*, «semblable».

1. paire [pɛʀ] n. f. **1.** Groupe de deux objets allant ordinairement ensemble. *Une paire de gants, de chaussures.* – Loc. fam. *C'est une autre paire de manches:* c'est une affaire toute différente. ▷ Objet composé de deux pièces symétriques. *Une paire de lunettes.* ▷ (Emploi critiqué) *Une paire de culottes, de pantalons.* Rem. Attesté au Québec depuis le XVIIe siècle. **2.** *Par ext.* Ensemble de deux choses, de deux êtres. *Une paire de claques.* ▷ Ensemble de deux animaux de la même espèce. *Une paire de pigeons* (le mâle et la femelle). ▷ (Personnes.) Plaisant., fam. *Une paire d'amis.* – *Les deux font la paire:* ils ont les mêmes défauts. ▷ JEU Ensemble de deux cartes de même figure. *Paire d'as.* **3.** Pop. *Se faire la paire:* filer, s'éclipser. – Du lat. *paria,* fém. issu du plur. neutre de *par.*

2. paire [pɛʀ] n. m. Rég. Mamelle d'une bête d'élevage, surtout de la vache. Rem. Pfs orthogr. *pair.* Usité surtout dans l'est du Québec, à partir de Trois-Rivières jusqu'en Acadie (où l'on utilise plutôt le mot *remeuil*); partout ailleurs, *pis* est le mot en usage. – Var. dial. du mot *pis* (du lat. *pectus,* «poitrine»), du nord-ouest et du centre de la France.

pairesse [pɛʀɛs] n. f. En Grande-Bretagne, femme possédant une pairie. – Épouse d'un membre de la Chambre des lords. – Angl. *peeress.*

pairie [pɛ(e)ʀi] n. f. **1.** Titre, dignité de pair. **2.** FEOD Domaine auquel cette dignité était attachée. – De *pair* 1.

pairle [pɛʀl] n. m. HERALD Pièce honorable en forme d'Y (majuscule). – Orig. incert.

paisible [pɛzibl] adj. **1.** Qui aime la paix; doux et tranquille. *Un homme paisible.* Syn. pacifique. **2.** Que rien ne vient troubler. *Sommeil paisible.* ▷ Où règne la paix. *Royaume paisible. Forêts paisibles.* Syn. tranquille, calme. – De *paix.*

paisiblement [pɛzibləmɑ̃] adv. D'une manière paisible, en paix. – De *paisible.*

paître [pɛtʀ] v. [**70** – ni passé simple, ni temps composés] **I.** v. tr. **1.** Vx Nourrir (un oiseau de proie). *Paître un faucon.* ▷ v. pron. (Ne se dit que des oiseaux carnassiers.) *Les corbeaux se paissent de charogne.* **2.** Vx Mener (le bétail) aux prés. *Paître des moutons.* **3.** (En parlant d'animaux.) Brouter, manger. *Des alpages où les troupeaux paissent une herbe grasse.* **II.** v. intr. **1.** Brouter l'herbe. *Mener paître des moutons.* **2.** Fig., fam. *Envoyer paître:* renvoyer avec humeur. *Envoyer paître un importun.* – Du lat. *pascere.*

paix [pɛ] n. f. **1.** Concorde, absence de conflit entre les personnes. *Vivre en paix avec autrui.* **2.** Situation d'un pays qui n'est pas en état de guerre. *Temps de paix.* ▷ *Par ext.* Traité de paix. *Faire, signer la paix. Paix avantageuse, honteuse.* **3.** Tranquillité, quiétude que rien ne trouble. *Cet enfant ne la laisse jamais en paix.* – Fam. *Fichez-moi la paix!* (Ellipt.) *La paix!* ▷ Absence d'agitation, état de calme silencieux et reposant. *La paix des forêts.* **4.** Tranquillité sereine de l'âme. *Mettre sa conscience en paix.* ▷ *Qu'il repose en paix!* (trad. du lat. *Requiescat in pace*): souhait du repos éternel pour un mort. **5.** *Paix de Dieu:* protection accordée au Moyen Âge par l'Église aux gens sans défense lors des conflits opposant les seigneurs. (Cette institution tomba en désuétude aux XIIIe-XIVe s.) – Lat. *pax, pacis.*

pakistanais, aise [pakistanɛ, ɛz] adj. et n. Du Pākistān, État d'Asie.

pal [pal] n. m. **1.** Pieu dont une extrémité est aiguisée. ▷ Spécial. *Supplice du pal* (V. empaler). **2.** HERALD Pièce honorable, large bande traversant l'écu du haut du chef jusqu'à la pointe. **3.** AGRIC Plantoir de vigneron. ▷ *Pal injecteur:* instrument servant à injecter certaines substances chimiques dans le sol. – Lat. *palus,* «poteau».

palabre [palabʀ] n. f. **1.** Vx Présent fait à un chef local pour se gagner sa faveur, en Afrique noire. ▷ Longues conversations, longues tractations dont s'accompagnait ce présent. **2.** Mod., sans nuance péjor. (français d'Afrique noire). Débat réglé entre les hommes d'un village sur un sujet intéressant la communauté. **3.** Péjor. Discours interminable, conversation trop longue et oiseuse. – Esp. *palabra,* «parole».

palabrer [palabʀe] v. intr. [1] **1.** Faire de longs discours oiseux, converser interminablement. **2.** (français d'Afrique noire.) Délibérer, tenir une palabre (sens 2). – De *palabre.*

palace [palas] n. m. Hôtel, établissement de luxe. *Ils ne descendent que dans des palaces.* – Mot angl. «palais»; du fr.

paladin [paladɛ̃] n. m. **1.** Seigneur de la suite de Charlemagne. *Le paladin Roland.* **2.** *Par ext.* Chevalier du Moyen Âge, qui errait en quête d'aventures. – Ital. *paladino,* lat. médiév. *palatinus,* «officier du palais».

palafitte [palafit] n. m. ARCHEOL Ensemble d'habitations du Néolithique récent, construit sur pilotis dans les zones plus ou moins marécageuses du bord des lacs. – Ital. *palafitta,* du lat. *palus,* «pieu», et *fingere,* «façonner».

1. palais [palɛ] n. m. **1.** Vaste et somptueuse résidence d'un chef d'État, d'un haut personnage, d'un riche particulier. – Par exag. *Cette maison est un palais!* **2.** Ancien palais rendu public, ou vaste édifice spécialement construit pour abriter diverses manifestations (culturelles, sportives, etc.), un grand organisme de l'État, etc. *Le palais des congrès.* **3.** *Le palais de justice,* ou absol., *le palais:* édifice où siègent les cours et les tribunaux. – *Le style du palais,* le langage particulier des plaidoiries, des actes juridiques, etc. – Du lat. *Palatium,* «le (mont) Palatin» sur lequel Auguste avait fait édifier sa demeure.

2. palais [palɛ] n. m. **1.** Plafond osseux de la cavité buccale, séparant les fosses nasales de la bouche. *Voûte du palais,* ou *palais dur* (osseux; partie antérieure). *Voile du palais,* ou *palais mou* (musculeux; partie postérieure). **2.** Fig. Sens gustatif. *Avoir le palais fin.* – Lat. pop. **palatium,* class. *palatum.*

palan [palɑ̃] n. m. Appareil de levage constitué par deux systèmes de poulies qui permettent de réduire, en la démultipliant, la force à exercer pour soulever, pour déplacer une charge. *Palan électrique.* – Ital. *palanco,* lat pop. **palanca,* gr. *phalagx, phalaggos* «gros bâton», d'où «rouleau pour déplacer les fardeaux».

palanche [palɑ̃ʃ] n. f. Tige de bois relevée aux extrémités, que l'on utilise pour porter deux charges, deux seaux à la fois, sur l'épaule. – Du lat. pop. *palanca,* class. *palanga.* V. *palan.*

palancre [palɑ̃kʀ] ou **palangre** [palɑ̃gʀ] n. f. PECHE Longue et grosse ligne, soutenue par des flotteurs, à laquelle sont attachées des lignes plus petites munies d'hameçons. – Mot provençal, orig. incert.

palangrotte [palɑ̃gʀɔt] n. f. PECHE Petite ligne à main à plusieurs hameçons, pour la pêche au fond. – De *palangre.*

palanque [palɑ̃k] n. f. FORTIF Mur de défense constitué de gros pieux jointifs plantés verticalement. – Ital. *palanca,* «poutre», même famille que *palan.*

palanquée [palɑ̃ke] n. f. **1.** MAR Quantité de marchandises embarquée ou débarquée en une seule fois à l'aide d'un palan. **2.** Fig. fam. *Une palanquée:* une quantité. – Pp. fém. subst. de *palanquer.*

palanquer [palɑ̃ke] v. intr. [1] Lever avec un palan. – De *palan.*

palanquin [palɑ̃kɛ̃] n. m. Chaise ou litière portée à bras d'hommes, en Extrême-Orient. – Abri, nacelle que l'on installe sur le dos des chameaux, des éléphants. – Portug. *palanquim*, du hindi *pâlakî*, sanscrit *paryanka*.

palastre [palastʀ] ou **palâtre** [palɑtʀ] n. m. TECH Boîtier d'une serrure; plaque de fond de ce boîtier. – Du lat. *pala*, «pelle».

palatal, ale, aux [palatal, o] adj. **1.** PHON Se dit des phonèmes dont le point d'articulation est situé dans la région du palais dur. *Voyelles palatales* ([i], [e], par ex.). *Consonnes palatales* ([g], [j], par ex.). ▷ N. f. [i] *et* [k], *sont des palatales.* **2.** Rare Palatin (sens 1). – Du lat. *palatum*, «palais».

palatalisation [palatalizasjõ] n. f. PHON Modification subie par un phonème dont le point d'articulation est reporté dans la région du palais dur. *Palatalisation des consonnes sifflantes devant une voyelle mouillée, en russe.* – De *palatal*.

palataliser [palatalize] v. tr. [1] PHON Transformer par palatalisation. – De *palatal*.

palatinat [palatina] n. m. HIST Dignité de palatin. – Territoire administré par un palatin. – De *palatin* 2.

1. palatin, ine [palatɛ̃, in] adj. ANAT Du palais. *Voûte palatine.* – Du lat. *palatum*, «palais».

2. palatin, ine [palatɛ̃, in] adj. et n. **1.** adj. HIST Qui occupait une charge dans le palais d'un prince. *Comte palatin.* – Subst. *Un palatin.* ▷ *La Palatine:* la princesse Palatine, belle-sœur de Louis XIV. **2.** n. m. Dans l'ancienne Pologne, gouverneur d'une province. – En Hongrie, représentant du roi qui avait la charge suprême de la justice. – Lat. *palatinus*.

palâtre. V. palastre.

1. pale [pal] n. f. **1.** Partie plate d'un aviron, qui entre dans l'eau. ▷ Aube de la roue d'un bateau à vapeur. ▷ Chacun des éléments de forme vrillée, fixés au moyeu d'une hélice (de bateau, d'avion) ou d'un rotor (d'hélicoptère). **2.** TECH Petite vanne qui ferme un réservoir. – Lat. *pala*, «pelle»; signif. d'abord «rame de bateau».

2. pale ou **palle** [pal] n. f. LITURG CATHOL Carton garni de toile blanche qui couvre le calice pendant la messe. – Lat. *palla*, «manteau».

palé(o)-. V. paléo-.

pâle [pɑl] adj. **1.** Blême, d'une blancheur sans éclat, en parlant du teint d'une personne. *Une figure très pâle, marquée par la maladie.* – Vx *Les Visages pâles:* les Blancs, pour les Amérindiens (expression que la littérature a contribué à répandre). ▷ (Personnes.) Qui a le teint pâle. *Je l'ai trouvé bien pâle; il doit être malade.* **2.** Qui a peu d'éclat, qui a peu de couleurs; blafard. *Une lumière pâle, terne.* ▷ Se dit d'une couleur à laquelle on a mélangé beaucoup de blanc. *Un bleu pâle.* **3.** Fig. Médiocre, terne. *Une pâle copie des grands classiques. Un pâle truand.* – Du lat. *pallidus*, de *pallere*, «pâlir».

paléanthropiens [paleɑ̃tʀɔpjɛ̃] PALEONT n. m. pl. Hominidés fossiles du Pléistocène. – Adj. *Les fossiles paléanthropiens.* – De *palé-*, et *-antrope*.

paléarctique [paleaʀktik] adj. GEOGR *Région paléarctique:* une des cinq divisions du globe, suivant les critères biogéographiques, qui comprend l'Europe, l'Afrique du Nord et l'Asie septentrionale et centrale. – De *palé-*, et *arctique*.

palefrenier, ière [palfʀənje, jɛʀ] n. Employé(e) chargé(e) du soin des chevaux. – Anc. provenç. *palafrenier*, de *palafren*, «palefroi».

palefroi [palfʀwa] n. m. Anc. Cheval de marche ou de parade (par oppos. à *destrier*, cheval de bataille). – Du bas lat. *paraveredus*, de *veredus*, «cheval».

palémon [palemõ] n. m. ZOOL Grosse crevette *(Crangon crangon)*, abondante en mer du Nord, appelée aussi *crevette rose*, ou *bouquet*. – De *Palémon*, divinité marine.

paléo-. Élément, du gr. *palaios*, «ancien».

paléobotanique [paleobɔtanik] n. f. Didac. Paléontologie végétale. – De *paléo-*, et *botanique*.

paléocène [paleɔsɛn] adj. et n. m. GEOL Qui correspond à l'étage géologique du paléogène. – Subst. *Le Paléocène.* – De *paléo-*, et *-éocène*.

paléochrétien, ienne [paleokʀetjɛ̃, jɛn] adj. et n. Didac. Se dit de l'art des premiers chrétiens (Ier-VIe s.). – De *paléo-*, et *chrétien*.

paléoclimat [paleoklima] n. m. Didac. Climat d'une région à une période géologique ancienne. – De *paléo-*, et *climat*.

paléoclimatologie [paleoklimatɔlɔʒi] n. f. Didac. Partie de la paléogéographie qui étudie les paléoclimats. (La *palynologie** est très utilisée pour connaître les paléoclimats des périodes récentes; pour les périodes les plus anciennes, on étudie les modes d'érosion des roches.) – Du préc.

paléoethnologie. V. palethnologie.

paléogène [paleɔʒɛn] n. m. (et adj.) PALEONT Première partie (Éocène et Oligocène) du Tertiaire. Syn. nummulitique. – De *paléo-*, et *gène*.

paléogéographie [paleoʒeɔgʀafi] n. f. Didac. Partie de la géographie qui s'attache à la description et à l'étude de la Terre (relief, hydrographie, climats, etc.) aux diverses périodes géologiques. – De *paléo-*, et *géographie*.

paléogéographique [paleoʒeɔgʀafik] adj. Didac. Qui a rapport à la paléogéographie. – Du préc.

paléographe [paleɔgʀaf] n. Didac. Spécialiste de la paléographie. – De *paléographie*.

paléographie [paleɔgʀafi] n. f. Didac. Science du déchiffrage des écritures anciennes (inscriptions, manuscrits, chartes, etc.). – De *paléo-*, et *graphie*.

paléographique [paleɔgʀafik] adj. Didac. Relatif à la paléographie. – Du préc.

paléolithique [paleɔlitik] adj. et n. Relatif à l'âge de la pierre taillée. ▷ N. m. *Le Paléolithique :* la période archéologique couvrant la majeure partie du Quaternaire, au cours de laquelle les premières industries humaines (pierre taillée) firent leur apparition. – Mot angl., de *paléo-*, et gr. *lithos*, «pierre».

ENCYCL Le Paléolithique se divise en 3 périodes: le Paléolithique inférieur (env. 400 000 ans avant notre ère), ou ancien, caractérisé par des grands et grossiers outils en pierre, obtenus par simple éclatement du silex de départ; le Paléolithique moyen (entre 100 000 et 50 000 ans avant notre ère, caractérisé par des tailles moyennes obtenues par retouche des éclats; le Paléolithique supérieur (env. 18 000 avant notre ère), caractérisé par des outils de plus en plus fins, l'apparition d'os sculptés et de manifestations artistiques (peintures rupestres). V. encycl. préhistoire.

paléomagnétisme [paleomaɲetism] n. m. Didac. Partie des sciences de la Terre qui étudie les variations du géomagnétisme (et notam. de l'effet thermorémanent) au cours des époques anciennes, tel que les roches et les fossiles en conservent la trace. – De *paléo-*, et *magnétisme*.

paléontologie [paleõtɔlɔʒi] n. f. Science des êtres vivants (animaux, végétaux) qui ont peuplé la Terre au cours des temps géologiques, fondée sur l'étude des fossiles. – De *palé(o)-*, et *ontologie*.

ENCYCL La paléontologie est une science de synthèse qui utilise de nombreuses sciences instrumentales (méthodes de datation, microscopie optique, électronique, radiographie aux rayons X, etc.). On la divise en: paléontologie animale; paléontologie végétale, ou paléobotanique; micropaléontologie, étude des microfossiles (foraminifères, algues microscopiques, etc.) surtout utilisée pour déterminer les gisements pétroliers auxquels ils sont toujours associés. La paléontologie animale et végétale permet d'identifier les espèces qui vivaient aux diverses périodes géologiques. Elle a confirmé la théorie de l'évolution grâce à des séries de fossiles montrant le passage progressif d'une forme à une autre. Ainsi, on a pu démontrer que les poissons ont donné naissance aux amphibiens au cours du Primaire, que ceux-ci ont donné naissance aux reptiles (fin du Primaire) lesquels, dans certaines espèces mammaliennes, se sont transformés en mammifères (Trias supérieur) et, pour d'autres espèces, en oiseaux (archéoptéryx du Jurassique). La lignée humaine, dont on pensait qu'elle était apparue récemment, c.-à-d. au début du Quaternaire, s'est révélée plus ancienne grâce à la découverte de fossiles humains de plus en plus vieux. La paléobotanique a permis de décrire la phylogénie des plantes supérieures: en partant des cryptogames vasculaires (fougères, prêles, etc., du Carbonifère) on passe progressivement aux ptéridospermées (fougères à graines) puis aux gymnospermes, enfin aux angiospermes dicotylédones, les monocotylédones étant les plus récentes.

paléontologique [paleɔ̃tɔlɔʒik] adj. Relatif à la paléontologie. – Du préc.

paléontologiste [paleɔ̃tɔlɔʒist] ou **paléontologue** [paleɔ̃tɔlɔg] n. Spécialiste de la paléontologie. – De *paléontologie.*

paléosibérien, ienne [paleɔsibeʀjɛ̃, jɛn] adj. **1.** ANTHROP *Peuples paléosibériens:* peuples aux caractères mongoliques peu marqués, qui habitent encore aujourd'hui l'Oural et l'est de la Sibérie. (Ex.: les Ostiaks.) – Subst. *Les Paléosibériens ont sans doute été les ancêtres des Ainous du Japon.* **2.** LING *Langues paléosibériennes:* langues fort diverses, mal connues, encore parlées dans la partie extrême-orientale de la Sibérie. – De *paléo-,* et *sibérien.*

paléosol [paleosɔl] n. m. PALEONT Sol fossile. – De *paléo-,* et *sol.*

paléothérium [paleoteʀjɔm] n. m. PALEONT Mammifère (genre *Paleotherium*) périssodactyle fossile, à allure de tapir, qui vécut à l'Éocène. – De *paléo-,* et gr. *thêrion,* «bête sauvage».

paléozoïque [paleozɔik] adj. PALEONT Relatif aux couches géologiques contenant les plus anciens fossiles animaux ou végétaux. ▷ N. m. *Le Paléozoïque:* l'ère primaire. – De *paléo-,* et *-zoïque.*

paleron [palʀɔ̃] n. m. Partie plate et charnue de l'épaule de certains mammifères. ▷ BOUCH (Coupe française) Morceau du bœuf ou du porc qui se trouve sur la partie arrière de l'épaule près de l'omoplate. – De *pale* 1.

palestinien, ienne [palɛstinjɛ̃, jɛn] adj. et n. – De Palestine, rég. du Proche-Orient.

palestre [palɛstʀ] n. f. ANTIQ Gymnase, chez les anciens Grecs. – Gr. *palaistra.*

palet [palɛ] n. m. Pierre plate et ronde ou disque épais qu'on lance vers un but, dans certains jeux (marelle, tonneau, etc.). – De *pale* 1.

palethnologie [palɛtnɔlɔʒi] ou **paléoethnologie** [paleoɛtnɔlɔʒi] n. f. Didac Étude des peuples disparus, qui se propose notam. de reconstituer le cadre de vie des hommes préhistoriques. – De *pal(éo)-,* et *ethnologie.*

paletot [palto] n. m. Vêtement à manches ouvert sur le devant que l'on porte par-dessus d'autres habits. ▷ Fam. Tout vêtement de dessus tricoté. – Moyen angl. *paltok,* «sorte de jaquette».

palette [palɛt] n. f. **I.** Objet de forme aplatie, d'une certaine largeur. *En partic.:* **1.** Partie antérieure d'une casquette, d'un casque, etc., qui abrite les yeux. Syn. visière. **2.** Spatule de bois servant à remuer un liquide bouillant (notam. dans la fabrication des produits de l'érable). ▷ *Par ext.* Petite spatule utilisée à la cabane à sucre pour goûter au sirop bouillant ou à la tire sur la neige. **3.** Fam. Tablette. *Palette de chocolat, de gomme.* **4.** Petite raquette en bois servant à jouer à la paume, au volant. **5.** Plaque mince percée d'un trou pour passer le pouce, sur laquelle les peintres travaillent leurs couleurs. – Fig. Ensemble des couleurs, des nuances utilisées par un peintre. *Artiste qui a une riche palette.* **6.** MILIT Petit disque placé au bout d'une tige, servant à indiquer les points d'impact sur une cible. **7.** TECH Aube d'une roue. ▷ Plateau de chargement permettant la manutention au moyen d'un chariot élévateur à fourche. **II.** BOUCH (Coupe nord-américaine) Morceau de boeuf pris dans la partie arrière de l'épaule. *Un rôti de palette.* – (Coupe française) Morceau de porc, de mouton comprenant l'omoplate et la viande qui l'entoure. *Palette de porc aux lentilles.* – Dimin. de *pale* 1.

palettisation [palɛtizasjɔ̃] n. f. TECH Action de palettiser. – Emploi des palettes lors des manutentions. – De *palettiser.*

palettiser [palɛtize] v. tr. [1] TECH **1.** Charger (des marchandises) sur une palette. **2.** Équiper de palettes; réorganiser en généralisant l'emploi des palettes. *Palettiser un service de manutention.* – De *palette.*

palétuvier [paletyvje] n. m. Arbre des mangroves (genre *Rhizophora,* ordre des *myrtales*), caractérisé par des racines en échasses adaptées à la vase. Syn. manglier. – Du tupi *apara-hiwa,* «arbre courbé».

pâleur [pɑlœʀ] n. f. Aspect, teinte de ce qui est pâle. *Pâleur du teint.* – De *pâle;* lat. *pallor.*

pāli [pɑli] n. m. Ancienne langue de l'Inde, très proche du sanskrit, encore parlée par les prêtres boudhistes de Srī Lanka. – Du pāli *pāli-bhāsā,* «langue (pāli) des textes canoniques (bhāsā)».

pâlichon, onne [pɑliʃɔ̃, ɔn] adj. Fam. Un peu pâle; pâlot. – Dimin. de *pâle.*

palier [palje] n. m. **1.** Plan horizontal reliant deux volées d'escalier ou servant d'accès à des locaux situés au même niveau. *Demeurer sur le même palier. Voisins de palier.* **2.** Tronçon horizontal d'une route, situé entre deux pentes. *Faire 100 km à l'heure en palier.* ▷ Fig. Phase de stabilité dans le cours d'une évolution. *L'expansion économique a atteint un palier.* ▷ *Par paliers:* par étapes, degrés successifs. *Impôt établi par paliers.* ▷ PHYS Partie d'une courbe parallèle à l'axe des abscisses. *Palier de liquéfaction.* **3.** MECA Pièce à l'intérieur de laquelle tourne un arbre de transmission. – De l'a. fr. *paele,* «poêle», par anal. de forme.

palière [paljɛʀ] adj. f. *Porte palière,* qui s'ouvre sur un palier. ▷ *Marche palière :* marche d'escalier de niveau avec le palier. – De *palier.*

palilalie [palilali] n. f. MED Trouble de la parole consistant en la répétition involontaire des mots. – De *pali(n)-,* et gr. *lalein,* «bavarder».

palimpseste [palɛ̃psɛst] n. m. Parchemin manuscrit dont le texte primitif a été gratté et sur lequel un nouveau texte a été écrit. – Lat. *palimpsestus,* gr. *palimpsêstos.*

palin-. Élément, du gr. *palin,* «de nouveau».

palindrome [palɛ̃dʀɔm] adj. et n. m. Se dit d'un mot, d'un vers, d'une phrase que l'on peut lire de gauche à droite et de droite à gauche (ex.: *Un roc cornu*). ▷ MATH *Nombre palindrome,* dont les chiffres présentent une symétrie (ex.: 328823; 3287823). – Gr. *palindromos*, «qui revient sur ses pas».

palingénésie [palɛ̃ʒenezi] n. f. **1.** PHILO Régénération universelle cyclique du monde et de tous les êtres. **2.** Fig. Renouvellement moral. – Bas lat. *palingenesia*, de *palin-*, et *genesis*, «naissance».

palingénésique [palɛ̃ʒenezik] adj. PHILO Relatif à la palingénésie. *Doctrine palingénésique. Théories palingénésiques des stoïciens, de Platon, de Schopenhauer.* – Du préc.

palinodie [palinɔdi] n. f. **1.** ANTIQ Pièce de vers dans laquelle l'auteur rétractait ce qu'il avait exprimé auparavant. **2.** Fig., péjor. Rétractation, changement d'opinion. *Les palinodies des politiciens.* – Bas lat. *palinodia*, mot gr. «chant sur un autre ton».

pâlir [pɑliʀ] v. [2] **I.** v. intr. **1.** Devenir pâle. *Ses amies en ont pâli de jalousie.* Syn. blêmir. **2.** (Choses.) Prendre une teinte moins vive, moins soutenue; passer. *Cette étoffe a pâli au soleil.* **II.** v. tr. Litt. Rendre pâle. *La fièvre l'a pâli.* – De *pâle*.

palis [pali] n. m. Petit pieu pointu que l'on assemble à d'autres pour former une clôture. ▷ La clôture ainsi formée. – De *pal*.

palissade [palisad] n. f. **1.** Barrière, clôture faite de palis. **2.** Mur de verdure, haie. *Palissade de houx.* – De *palis*.

palissader [palisade] v. tr. [1] Entourer, protéger par une palissade. – Du préc.

palissadique [palisadik] adj. BOT Relatif au parenchyme chlorophyllien de la face supérieure des feuilles, formé de grandes cellules jointives. – De *palissade*.

palissage [palisaʒ] n. m. ARBOR Action de palisser; son résultat. – De *palisser*.

palissandre [palisɑ̃dʀ] n. m. Bois brun à reflets violacés, au beau veinage, fourni par plusieurs espèces de bignoniacées de la Guyane et utilisé en ébénisterie et en marqueterie. – Néerl. *palissander*, d'un dial. de la Guyane.

pâlissant, ante [pɑlisɑ̃, ɑ̃t] adj. **1.** Qui pâlit. *Visage pâlissant.* **2.** Qui perd de son éclat. *Jour pâlissant.* – Ppr. de *pâlir*.

palisser [palise] v. tr. [1] ARBOR Étendre et fixer à un support (mur, treillage, etc.) les branches de (un arbre) pour en faire un espalier. – De *palis*; signif. d'abord «fermer avec des pieux».

palisson [palisɔ̃] n. m. TECH Instrument de fer, de forme semi-circulaire avec lequel on adoucit les peaux en chamoiserie. – De *palis*.

palissonner [palisɔne] v. tr. [1] Passer (les peaux) au palisson. – Du préc.

paliure [paljyʀ] n. m. BOT Arbrisseau méditerranéen épineux, appelé aussi *épine du Christ* (genre *Paiurus*, fam. rhamnacées), utilisé pour constituer des haies. – Gr. *paliouros*.

1. palladium [paladjɔm] n. m. **1.** ANTIQ Statue de Pallas considérée comme un gage de salut public, notam. chez les Troyens. **2.** Ce que l'on considère comme une protection, une sauvegarde, une garantie. *La Charte des droits et libertés de la personne, palladium des libertés fondamentales.* – Mot lat., du gr. *palladion*.

2. palladium [paladjɔm] n. m. CHIM Métal blanc, très dur et très ductile, du groupe des platinoïdes, de masse volumique 11 920 kg/m^3, qui fond à 1 552 °C et bout à 2 900 °C; élément de numéro atomique Z = 46, de masse atomique 106,4 (symbole Pd). *Le palladium, susceptible, à l'état divisé, d'absorber de grandes quantités d'hydrogène, est employé comme catalyseur.* – Mot angl. du nom de la planète *Pallas*.

palle. V. pale 2.

palléal, ale, aux [paleal, o] adj. ZOOL Relatif au manteau des mollusques et des brachiopodes. ▷ *Cavité palléale:* cavité externe contenant les organes respiratoires chez les mollusques et les brachiopodes. – Du lat. *palla*, «manteau».

palliatif, ive [paljatif, iv] adj. et n. m. **1.** adj. Qui pallie, dont l'efficacité n'est qu'apparente. *Remède palliatif.* **2.** n. m. Mesure provisoire, insuffisante; expédient. *Ce remède n'est qu'un palliatif.* – Lat. médiév. *palliativus*, de *palliare*, «couvrir d'un manteau».

pallidum [palidɔm] n. m. ANAT L'une des deux formations qui constituent le noyau lenticulaire du cerveau. *Le pallidum, dit aussi «globus pallidus», commande de nombreux automatismes du sujet.* – Du lat. *pallidus*, «pâle».

pallier [palje] v. tr. [1] **1.** Déguiser, présenter sous un jour favorable en dénaturant la vérité. *Pallier les fautes d'un subordonné.* **2.** Ne résoudre qu'en apparence ou provisoirement; atténuer. *Pallier une difficulté.* (N.B. La construction *pallier à* est considérée comme fautive.) – Bas lat. *palliare*, «couvrir d'un manteau».

pallikare [palikaʀ] n. m. HIST Au XIXe s., partisan grec ou albanais combattant contre les occupants turcs. – Gr. mod. *pallikari*, «gaillard, homme brave».

pallium [paljɔm] n. m. **1.** ANTIQ ROM Manteau d'origine grecque, que les Romains portaient le plus souvent par-dessus la tunique. **2.** LITURG Ornement sacerdotal formé d'une étroite bande d'étoffe de laine blanche d'agneau semée de croix noires, que le pape porte en sautoir et qu'il confère, parfois, à des prélats qu'il veut honorer. – Mot lat., «manteau».

palmaire [palmɛʀ] adj. ANAT Qui a rapport à la paume des mains. – Du lat. *palma*, «paume».

palmarès [palmaʀɛs] n. m. **1.** Liste des lauréats d'un concours, d'une distribution de prix, etc. *Le palmarès du festival de Cannes.* **2.** AUDIOV Classement par ordre de popularité des chansons à la mode. – Lat. *palmares*, plur. de *palmaris*, «qui mérite la palme».

palmature [palmatyʀ] n. f. Malformation de la main dont les doigts sont reliés par une membrane. – Du lat. *palmatus*, «palmé».

1. palme [palm] n. f. **1.** Feuille du palmier. ▷ (En tant que symbole de la victoire, du triomphe.) *Remporter la palme.* – *La palme du martyre:* la gloire éternelle dont jouissent les martyrs. **2.** (Dans quelques loc.) Palmier. *Vin de palme.* ▷ *Huile de palme* ou *beurre de palme :* matière grasse extraite du fruit d'un palmier, utilisée en savonnerie. **3.** Ornement en forme de palme. *Palmes sculptées.* **4.** Insigne d'une distinction honorifique en forme de palme. **5.** Palette de caoutchouc que l'on adapte au pied pour rendre la nage plus rapide. – Lat. *palma*, «palmier, paume».

2. palme [palm] n. m. Ancienne unité de longueur romaine (env. 7,4 cm). ▷ Ancienne unité de longueur italienne valant env. 24,7 cm. – Lat. *palmus*.

palmé, ée [palme] adj. **1.** BOT Qui a la forme d'une main, d'une palme. **2.** ZOOL Qui possède une palmure. *Patte palmée. Pied palmé.* – Lat. *palmatus*.

1. palmer [palme] v. tr. [1] TECH Aplatir la tête de (une aiguille) avant de percer le chas. – Du lat. *palma*, «paume».

2. palmer [palmɛʀ] n. m. TECH Instrument à tambour micrométrique, servant à mesurer avec précision le diamètre ou l'épaisseur d'une pièce. – Du nom de l'inventeur J.L. *Palmer*.

3. palmer [palme] v. intr. [1] Nager à l'aide de palmes. *Palmer en plongée.* – De *palme* 1 (sens 5).

palmeraie [palməʀɛ] n. f. Plantation de palmiers. – De *palmier*.

palmette [palmɛt] n. f. **1.** ARCHI Ornement en forme de feuille de palmier. **2.** ARBOR Disposition symétrique des branches des arbres fruitiers en espalier. – Dimin. de *palme* 1.

palmier [palmje] n. m. **1.** Arbre monocotylédone dont les nombreuses espèces (cocotier, palmier-dattier, etc.) forment l'ordre des palmales. ▷ *Cœur de palmier* : chou-palmiste. V. palmiste. **2.** Petit gâteau de pâte feuilletée. – De *palme* 1.

palmipède [palmipɛd] adj. et n. m. pl. Dont les pieds sont palmés. ▷ N. m. pl. *Les palmipèdes:* anc. ordre d'oiseaux aux pattes palmées, divisé auj. en ansériformes (oies), alciformes (pingouins), pélécaniformes (pélicans), etc. – Lat. *palmipes, palmipedis,* de *palma,* «palme».

palmiste [palmist] n. m. Palmier aux bourgeons *(choux-palmistes)* comestibles. ▷ *Par ext.* Palmier à huile. – Mot antillais, de l'esp. *palmito.*

palmitate [palmitat] n. m. CHIM Sel ou ester de l'acide palmitique. V. napalm. – De *palmitine.*

palmite [palmit] n. m. Moelle de palmier, comestible. – De l'esp. *palmito.*

palmitine [palmitin] n. f. CHIM Ester du glycérol qui entre dans la composition de nombreuses graisses végétales et animales (huile de palme, notam.). – De *palme* 1.

palmitique [palmitik] adj. CHIM *Acide palmitique:* acide gras présent dans la plupart des graisses animales et végétales. – Du préc.

palmure [palmyʀ] n. f. ZOOL Membrane réunissant les doigts de divers vertébrés aquatiques (canard, loutre, grenouille, etc.). – De *palme* 1.

palombe [palɔ̃b] n. f. Rég. (Midi et sud-ouest de la France.) Pigeon ramier. – Lat. *palumba.*

palonnier [palɔnje] n. m. **1.** Pièce du train d'une voiture à laquelle les traits des chevaux sont attachés. **2.** AVIAT Ensemble des deux pédales qui commandent la gouverne de direction. **3.** AUTO Dispositif destiné à équilibrer entre les deux roues l'effort transmis par le frein à main. – Probabl. de l'a. fr. **palon,* du lat. *palus,* «pieu».

pâlot, otte [palo, ɔt] adj. Un peu pâle. – De *pâle.*

palourde [paluʀd] n. f. Mollusque bivalve comestible (genre *Venus*), qui vit enfoui dans le sable. *La palourde américaine (Venus mercenaria) est commune sur la côte atlantique de l'Amérique du Nord. Elle est abusivement appelée «clam».* – Du lat. pop. **pelorida,* class. *peloris,* du gr.

palpable [palpabl] adj. **1.** Perceptible par le toucher. *Un objet matériel, palpable.* **2.** Évident, patent. *Vérité palpable.* – Bas lat. *palpabilis.*

palpation [palpasjɔ̃] n. f. MED Partie de l'examen clinique du malade reposant sur l'exploration manuelle et le toucher. – De *palper.*

palpe [palp] n. m. ZOOL Petit appendice des pièces buccales des arthropodes, portant souvent les organes sensoriels du toucher, du goût et de l'odorat. – Déverbal de *palper.*

palpébral, ale, aux [palpebʀal, o] adj. ANAT De la paupière, relatif à la paupière. *Réflexe palpébral.* – Lat. *palpebralis.*

palper [palpe] v. tr. [1] **1.** Examiner en tâtant, en touchant avec les mains, les doigts. *Médecin qui palpe l'abdomen d'un malade.* **2.** Fam. *Palper de l'argent* ou, absol., *palper:* recevoir de l'argent. – Lat. *palpare.*

palpeur [palpœʀ] n. m. TECH **1.** Organe servant à explorer le contour d'une pièce. **2.** Dispositif à ressort placé au centre d'une plaque de cuisson, agissant sur le thermostat et régulant la température du récipient se trouvant en contact avec la plaque. **3.** *Palpeur ultrasonore:* appareil de sondage à tête sensible comportant un cristal récepteur ou émetteur d'ultrasons, qui, par l'intermédiaire d'eau ou d'huile est en contact avec le matériau à sonder. – De *palper.*

palpitant, ante [palpitɑ̃, ɑ̃t] adj. **1.** Qui palpite. **2.** Qui passionne, intéresse vivement. *Histoire palpitante.* – Ppr. de *palpiter.*

palpitation [palpitasjɔ̃] n. f. Mouvement de ce qui palpite. *Palpitation des artères.* ▷ Battement accéléré du cœur. – Lat. *palpitatio.*

palpiter [palpite] v. intr. [1] **1.** Avoir des mouvements convulsifs, des battements désordonnés (organe, organisme). *Elle avait peur et son cœur palpitait. Le corps de la victime palpitait encore faiblement.* ▷ Fig. *Feu qui palpite.* **2.** Être ému au point d'avoir des palpitations cardiaques. *Palpiter d'espoir.* – Lat. *palpitare,* fréquent. de *palpare,* «palper».

palplanche [palplɑ̃ʃ] n. f. TRAV PUBL Profilé métallique mis en place par battage et emboîté dans des profilés identiques pour former un écran étanche. – De *pal,* et *planche.*

paltoquet [paltɔkɛ] n. m. Vx Homme grossier. ▷ Mod. Homme insignifiant et vaniteux. – De *paletot,* au sens de «casaque de paysan».

paluche [palyʃ] n. f. Pop. Main. – De *pale* 1.

paludéen, éenne [palydeɛ̃, eɛn] adj. et n. **1.** Des marais, propre aux marais. *Plante paludéenne.* **2.** MED Relatif au paludisme. *Fièvre paludéenne.* ▷ Atteint de paludisme. – Subst. *Une paludéenne.* – Du lat. *palus, paludis,* «marais».

paludier, ière [palydje, jɛʀ] n. Personne qui travaille dans les marais salants. – De *palud.*

paludine [palydin] n. f. ZOOL Mollusque gastéropode ovovivipare des eaux douces (genre *Vivipara*), dont la coquille ressemble à celle de l'escargot. – Du lat. *palus, paludis,* «marais, étang».

paludisme [palydism] n. m. MED Maladie infectieuse fréquente dans les régions marécageuses. Syn. malaria. – Du lat. *palus, paludis,* «marais».

palustre [palystʀ] adj. **1.** De la nature du marais. *Terrain palustre.* ▷ Qui vit, qui croît dans les marais. **2.** MED Paludéen. *Fièvre palustre.* – Lat. *paluster, palustris.*

palynologie [palinɔlɔʒi] n. f. Didac. Étude du pollen et des spores des plantes actuelles et fossiles. V. paléoclimatologie. – Du gr. *palunein,* «répandre (de la farine)» et de *-logie.*

pâmer (se) [pame] v. pron. [11] **1.** Vx ou plaisant. Défaillir, s'évanouir. **2.** Être comme sur le point de défaillir, par l'intensité d'une émotion ou d'une sensation. *Se pâmer d'aise. Être pâmé d'effroi, d'admiration.* – *Se pâmer de rire.* – Du lat. pop. **pasmare,* class. *spasmare,* «avoir un spasme».

pâmoison [pamwazɔ̃] n. f. Vx Évanouissement. ▷ Mod., plaisant. État d'une personne qui se pâme. *Tomber en pâmoison.* – De *pâmer.*

pampa [pɑ̃pa] n. f. Vaste plaine d'Amérique du Sud, à végétation principalement herbacée. – Mot d'Amérique lat., empr. à une langue indigène.

pampero [pɑ̃peʀo] n. m. GEOGR Vent violent qui souffle sur la pampa et les régions côtières qui la bordent. – Mot d'Amérique lat., du préc.

pamphlet [pɑ̃flɛ] n. m. Petite brochure satirique, court écrit qui s'en prend avec vigueur à une personne, au régime, aux institutions en place, etc. – Mot angl.; altér. de *Pamphilet*, comédie en vers latins du XIIe s.

pamphlétaire [pɑ̃fletɛʀ] n. Auteur de pamphlets. ▷ Adj. *Ton pamphlétaire.* – Du préc.

pampille [pɑ̃pij] n. f. Petite pendeloque, formant avec d'autres une frange ornementale, dans un ouvrage de bijouterie ou de passementerie. – De *pampre.*

pamplemousse [pɑ̃pləmus] n. m. ou f. Fruit du pamplemoussier, grosse baie (diamètre 10 cm et plus) jaune, comestible, au goût acidulé et légèrement amer. *Les pamplemousses à chair rose sont aussi appelés pomélos.* – Du néerl. *pompelmoes*, «gros citron».

pamplemoussier [pɑ̃pləmusje] n. m. Arbre (*Citrus maxima*, fam. rutacées) des régions chaudes, cultivé pour ses fruits (pamplemousses). – Du préc.

pampre [pɑ̃pʀ] n. m. **1.** Branche de vigne avec ses feuilles et ses fruits. ▷ Litt. La vigne, le raisin. **2.** ARCHI Ornement imitant une branche de vigne. – Lat. *pampinus*, a. fr. *pampe*, «pétale (de rose)».

1. pan [pɑ̃] n. m. **1.** Partie tombante ou flottante d'un vêtement. *Pan de chemise.* **2.** CONSTR Partie plane d'un ouvrage de maçonnerie ou de charpente. *Pan de comble. Pan de mur :* partie plus ou moins large d'un mur. *Pan coupé :* mur oblique, de faible largeur, reliant deux murs contigus et évitant leur rencontre à angle vif. ▷ Ossature d'un mur. *Pan de bois, pan de fer.* ▷ Fig. Partie, morceau. *Un pan de ciel.* **3.** Face d'un objet polyédrique. *Écrou à six pans.* – Lat. *pannus*, «morceau d'étoffe».

2. pan! [pɑ̃] interj. Onomatopée qui exprime un bruit de heurt ou d'éclatement, un coup.

pan-, pant(o). Éléments, du gr. *pân*, neutre de *pas, pantos*, «tout».

panacée [panase] n. f. Remède universel. ▷ Fig. Ce que l'on présente comme un remède à tous les maux, à toutes les difficultés dans un domaine donné. – Lat. *panacea*, gr. *panakeia*, de *pan-*, «tout», et *akos*, «remède».

panachage [panaʃaʒ] n. m. Action de panacher, de mélanger; son résultat. – De *panacher.*

panache [panaʃ] n. m. **1.** Faisceau de plumes flottantes servant d'ornement à une coiffure, un dais, etc. **2.** Excroissances frontales, osseuses et caduques des cervidés. *Panache d'orignal, de chevreuil, de caribou.* «[...] le chasseur, très souvent, comme ébloui par l'apparition, tire à tort et à travers, ramenant au campe son humiliation en guise de panache.» (Pierre Perrault, *La bête lumineuse*, 1982.) **3.** Ce qui évoque un panache. *Panache de fumée. Queue en panache.* **4.** TECH Partie supérieure d'une lampe d'église, à laquelle est suspendu le culot. ▷ ARCHI Ornement de plumes (au lieu de feuilles) d'un chapiteau. – Surface triangulaire du pendentif d'une voûte. **5.** Fig. Ce qui a fière allure, ce qui est la marque de la générosité valeureuse dans une action, une conduite. *Le goût du panache que montraient jadis les gentilshommes.* – Ital. *pennacchio*, du lat. *pinna*, «plume».

panaché, ée [panaʃe] adj. **1.** Rare Orné d'un panache. **2.** Bigarré. *Tulipe panachée.* ▷ Composé d'éléments divers. *Salade, glace panachée.* – N. m. *Un panaché :* bière mélangée de limonade. – Du préc.

panacher [panaʃe] v. tr. [1] **1.** Rare Orner d'un panache. **2.** Composer de couleurs diverses, bigarrer. *Panacher des fleurs, un bouquet.* ▷ Composer d'éléments divers. – De *panache.*

panachure [panaʃyʀ] n. f. Tache ou ensemble de taches de couleur qui tranchent sur la couleur du fond. *Panachures d'un fruit, d'un plumage.* – De *panache.*

panade [panad] n. f. **1.** Soupe de pain, d'eau et de beurre, agrémentée parfois d'un jaune d'œuf et de lait. **2.** Pop. *Être dans la panade*, dans la misère; dans une situation embrouillée, confuse. – Provenç. *panada*, de *pan*, «pain».

panafricain, aine [panafʀikɛ̃, ɛn] adj. POLIT Relatif au panafricanisme, à l'ensemble des pays ou des peuples d'Afrique. – De *pan-*, et *africain.*

panafricanisme [panafʀikanism] n. m. POLIT Doctrine qui tend à instituer ou à resserrer l'unité et la solidarité des peuples africains. – Du préc.

panais [panɛ] n. m. Plante herbacée (genre *Pastinaca*, fam. ombellifères), bisannuelle, à racine charnue, utilisée comme légume ou fourrage. *Certains panais sont urticants.* – Du lat. *pastinaca.*

panama [panama] n. m. Chapeau d'homme léger et souple, de forme ronde, tressé avec la feuille d'un arbuste d'Amérique centrale. ▷ *Par ext.* Chapeau de paille de forme ronde. – Du nom de *Panamá*, État d'Amérique centr., où croît cet arbuste.

panaméen, éenne [panameɛ̃, eɛn] adj. et n. De Panamá, État d'Amérique centrale.

panaméricain, aine [panameʀikɛ̃, ɛn] adj. Relatif au panaméricanisme, à l'ensemble des pays d'Amérique. ▷ *Route panaméricaine:* réseau routier reliant les grandes villes d'Amérique latine, dont la branche princ. part de Laredo (Texas) et aboutit à Santiago du Chili (construction commencée en 1936). – De *pan-*, et *américain.*

panaméricanisme [panameʀikanism] n. m. POLIT Mouvement tendant à regrouper les États du continent américain. – De *panaméricain.*

ENCYCL Les projets d'une confédération, envisagée par Bolívar dès 1826, connurent des échecs; la conférence de Mexico [1901-1902] aboutit à la création d'un *Bureau international*, qui prit le nom d'*Union panaméricaine* en 1910 et celle-ci donna naissance en 1948 à l'O.É.A. (Organisation des États américains).

panarabe [panaʀab] adj. POLIT Relatif à l'ensemble des pays arabes. – De *pan-*, et *arabe.*

panarabisme [panaʀabism] n. m. POLIT Doctrine politique visant à l'union des pays de langue, de civilisation arabes. – De *pan-*, et *arabe.*

panard, arde [panaʀ, aʀd] adj. *Cheval panard*, aux pieds de devant tournés en dehors. – Provenç. mod. *panard*, «boiteux».

panaris [panaʀi] n. m. Inflammation aiguë d'un doigt ou d'un orteil. – Lat. *panaricium.*

panatela ou **panatella** [panatela] n. m. Cigare de La Havane, mince et allongé. – Esp. *panatela*, sorte de biscuit.

panathénées [panatene] n. f. pl. ANTIQ GR Fêtes célébrées à Athènes en l'honneur de la déesse Athéna. – Gr. *panathênaia.*

panax [panaks] n. m. BOT Arbre ou arbrisseau tropical (genre *Panax*, fam. araliacées) dont la racine est utilisée pour ses propriétés toniques sous le nom de *ginseng.* – Mot lat. *panax.*

pancanadien, ienne [pɑ̃kanadjɛ̃, jɛn] adj. Relatif à l'ensemble des provinces et des territoires canadiens. *Une politique énergétique pancanadienne.* – De *pan-*, et *canadien.*

pancarte [pɑ̃kaʀt] n. f. **1.** Vx Charte. **2.** Plaque, panneau portant une inscription. *Pancarte indiquant la sortie. Manifestants qui brandissent des pancartes.* – Lat. médiév. *pancharta*, de *charta*, «papier»; d'abord *pencarte*, «carte marine, charte».

panchen-lama [panʃɛnlama] n. m. RELIG Chef religieux tibétain, placé sous *l'autorité du dalaï lama.* – Mot tibétain.

panchromatique [pɑ̃kʀɔmatik] adj. PHOTO Se dit des émulsions sensibles à toutes les couleurs du spectre visible. – De *pan-*, et *chromatique.*

panclastite [pɑ̃klastit] n. f. TECH Explosif brisant obtenu par l'action du peroxyde d'azote sur une substance combustible. – De *pan-*, et du gr. *klastos*, «brisé».

pancrace [pɑ̃kʀas] n. m. ANTIQ GR Combat gymnique corps à corps où tous les coups étaient permis. – De *pan-*, et du gr. *kratos*, «force».

pancréas [pɑ̃kʀeas] n. m. Glande abdominale, endocrine et exocrine, située derrière l'estomac. – Gr. *pankreas*, de *kreas*, «chair».

ENCYCL Le pancréas sécrète d'une part le suc pancréatique, qui contient des enzymes digestives et qui est excrété par le canal pancréatique, lequel s'abouche dans la deuxième portion du duodénum au niveau de l'ampoule de Vater; d'autre part les hormones (le glucagon et l'insuline) élaborées par les cellules des îlots de Langerhans et qui jouent un rôle essentiel dans le métabolisme des glucides.

pancréatique [pɑ̃kʀeatik] adj. Du pancréas, relatif au pancréas. – Du préc.

pancréatite [pɑ̃kʀeatit] n. f. MED Inflammation aiguë ou chronique du pancréas. – Du préc., et *-ite* 1.

panda [pɑ̃da] n. m. Mammifère d'Asie (fam. procyonidés) dont il existe deux espèces, le petit panda de l'Himalaya (*Ailurus fulgens*, long d'une cinquantaine de cm), au pelage roux vif, à la queue annelée de blanc, et le panda géant des montagnes de Chine (*Ailuropus melanoleucus*, long d'env. 1,50 m), noir et blanc, actuellement menacé de disparition, qui se nourrit exclusivement de bambou. – Probabl. d'un des noms indigènes de l'animal au Népal.

pandanus [pɑ̃danys] n. m. BOT Arbuste monocotylédone tropical (genre *Pandanus*, fam. pandanacées, ordre pandanales), à fruits comestibles, cultivé comme plante ornementale. – Mot d'orig. malaise.

pandectes [pɑ̃dɛkt] n. f. pl. DR ROM Recueil général des décisions des anciens jurisconsultes romains, établi par ordre de l'empereur Justinien. – Lat. *pandectæ.*

pandémie [pɑ̃demi] n. f. MED Épidémie qui atteint, dans sa presque totalité, la population d'une région, d'un pays ou d'un ensemble de pays. – De *pan-*, et du gr. *dêmos*, «peuple».

pandémonium [pɑ̃demɔnjɔm] n. m. **1.** (Avec une majuscule.) Capitale imaginaire de l'enfer. *Le Pandémonium imaginé par Milton.* **2.** *Par ext.* Lieu où règnent tous les genres de corruption et de désordre. – Angl. *pandemonium*, mot créé par le poète angl. Milton (1608-1674); de *pan-*, et du gr. *daimôn*, «démon».

pandiculation [pɑ̃dikylasjɔ̃] n. f. Didac. Action de s'étirer, tête renversée, poitrine bombée, bras et jambes tendus, accompagnée souvent de bâillement. – Du lat. *pandiculari*, «s'étendre en bâillant».

pandit [pɑ̃dit] n. m. Titre honorifique donné en Inde aux savants et aux érudits de la caste des brahmanes. – Sanskrit *pandita*, «savant».

1. pandore [pɑ̃dɔʀ] n. f. Instrument de la famille du luth, en faveur aux XVIᵉ et XVIIᵉ s. – Du lat. *pandura.*

2. pandore [pɑ̃dɔʀ] n. m. (France) Fam. Gendarme. – N. d'un gendarme dans une chanson célèbre de G. Nadaud, *Pandore ou les deux gendarmes.*

pané, ée [pane] adj. Enrobé de panure avant la cuisson. *Côtelette panée.* – Vx *Soupe panée*, dans laquelle on a fait cuire ou tremper du pain. – Pp. de *paner.*

panégyrique [paneʒiʀik] n. m. **1.** LITTER Discours à la louange d'une ville, d'un personnage, d'un saint. ▷ Adj. *Sermon panégyrique.* **2.** Cour. Éloge sans réserve. *Faire le panégyrique d'un artiste, de son œuvre.* ▷ Péjor. Éloge outré. – Lat. *panegyricus*, du gr. *panêguris*, «assemblée de tout (le peuple)».

panégyriste [paneʒiʀist] n. LITTER Auteur d'un panégyrique. *Les panégyristes chrétiens.* ▷ Personne qui fait l'éloge de qqn ou de qqch. – Bas lat. *panegyrista*, du gr. *panêguris.* V. art. préc.

panel [panɛl] n. m. Anglicisme **1.** Groupe de personnes, constitué pour l'étude d'une question. **2.** STATIST Échantillon de personnes soumises à des interviews répétées, dans certaines enquêtes. – Mot angl., «panneau».

paner [pane] v. tr. [1] Enrober (une viande, un poisson, etc.) de panure, de chapelure. – Du rad. de *pain.*

panerée [panʀe] n. f. Vieilli Contenu d'un panier plein. – De *panier.*

paneterie [panɛtʀi] n. f. HIST Office de panetier. ▷ Lieu où se fait la distribution du pain, dans une communauté, un grand établissement. – Dér. du rad. de *pain.*

panetier [pantje] n. m. HIST Officier de bouche chargé de la garde et de la distribution du pain. – Du rad. de *pain.*

panetière [pantjɛʀ] n. f. **1.** Vx Petit sac à pain. **2.** Coffre à pain. – Du rad. de *pain.*

paneton [pantɔ̃] n. m. TECH Petite corbeille doublée de toile dans laquelle les boulangers mettent le pâton*. – De *panier.*

paneuropéanisme [panøʀɔpeanism] n. m. POLIT Mouvement visant à l'unité européenne. – D'après *panaméricanisme.*

paneuropéen, enne [panoʀɔpeɛ̃, ɛn] adj. Attaché à l'unité politique de l'Europe. – De *pan-*, et *européen.*

pangermanisme [pɑ̃ʒɛʀmanism] n. m. POLIT Doctrine visant à grouper dans un même État tous les peuples réputés germaniques. – De *pan-*, et *germanisme.*

pangermaniste [pɑ̃ʒɛʀmanist] adj. POLIT Relatif au pangermanisme. ▷ Subst. Partisan du pangermanisme. – Du préc.

pangolin [pɑ̃gɔlɛ̃] n. m. ZOOL Mammifère insectivore d'Afrique et d'Asie du S.-E. (genre *Manis*, dont les diverses espèces forment l'ordre des pholidotes), édenté, au corps couvert d'écailles. *Le pangolin géant d'Afrique atteint 1,50 m.* – Malais *pang-goling*, «celui qui s'enroule».

panhellénique [panɛllenik] adj. ANTIQ Qui concernait la Grèce tout entière. *Jeux panhelléniques.* – De *pan-*, et *hellénique.*

panhellénisme [panɛllenism] n. ANTIQ et mod. POLIT Doctrine visant au regroupement de tous les Grecs en une seule nation. – Du préc.

panicule [panikyl] n. f. BOT Inflorescence en grappe d'épillets. *Panicule d'avoine.* – Lat. *panicula*, de *panus*, «épi».

paniculé, ée [panikyle] adj. BOT En forme de panicule ou dont les fleurs sont disposées en panicule. *Fleur, plante paniculée.* – Du préc.

panicum [panikɔm] n. m. BOT Genre de graminées comprenant certains millets. – Mot lat.

panier [panje] n. m. **1.** Ustensile portatif fait à l'origine d'osier, de jonc, etc., ordinairement muni d'une anse, et qui sert à transporter des denrées et autres objets. *Panier à provisions. Panier à bouteilles*, divisé en compartiments. – *Panier à salade:* panier à jour dans lequel on secoue la salade pour l'égoutter; fig.,

panure [panyʀ] n. f. Croûte de pain râpée qui sert à paner. – Du rad. de *pain*.

panzer [pɑ̃nzɛʀ] n. m. Char de combat de l'armée allemande. – *Panzerdivision:* division blindée allemande. (N.B. Ces deux termes ne s'emploient que pour désigner les chars et les divisions blindées de la Seconde Guerre mondiale.) – Mot all., «blindé».

paon [pɑ̃] n. m. **1.** Oiseau galliforme (genre *Pavo*, fam. phasianidés) originaire d'Asie, dont le mâle possède un magnifique plumage vert et bleu aux reflets métalliques. *Le paon mâle fait la roue en dressant les plumes ocellées de sa queue.* **2.** loc. *Être vaniteux comme un paon*, très vaniteux. – *Le geai paré des plumes du paon*, se dit de qqn qui se vante de ce qui ne lui appartient pas (allusion à une fable de La Fontaine). **3.** Nom cour. de divers papillons dont les ailes portent des ocelles. *Paon de jour. Petit et grand paon*, nocturnes. – Du lat. *pavo, pavonis*.

paonne [pan] n. f. Rare Femelle du paon (on dit plus souvent: *paon femelle*). *La paonne a un plumage aux couleurs ternes.* – Du préc.

papa [papa] n. m. **1.** Terme affectueux utilisé par les enfants et ceux qui leur parlent, à la place de *père*. *Papa et maman.* ▷ *Bon-papa, grand-papa:* grand-père. **2.** loc. fam. *À la papa :* sans se presser. – *De papa:* d'hier. *Les chansons de papa se portent bien.* – *Fils à papa :* fils de famille menant une vie fastueuse et oisive. – *Papa gâteau:* homme d'un certain âge qui aime gâter les jeunes enfants. *Des papas gâteau.* – Du lat. *pappus*, «aïeul».

papable [papabl] adj. Fam. Qui peut être élu pape. *Les noms des cardinaux papables.* – Lat. ecclés. *papabilis*, de *papa* (V. pape).

papaïne [papain] n. f. BIOCHIM Enzyme extraite du latex du papayer, utilisée en thérapeutique comme substitut de la pepsine. – De *papaye*.

papal, ale, aux [papal, o] adj. Du pape, qui appartient au pape. *Dignité papale.* – Lat. ecclés. *papalis*, de *papa* (V. pape).

paparazzi [papaʀadzi] n. m. pl. Photographes spécialisés dans la prise de clichés indiscrets de personnages connus. – Mot ital., plur. de *paparazzo*, «reporter photographe», du n. d'un photographe dans le film de Fellini *la Dolce Vita*.

paparmane ou **paparmanne** [papaʀman] n. f. Fam. Pastille ou bonbon aromatisé à la menthe. «Le médecin l'oblige à prendre des pilules chaque jour, et ce ne sont pas des paparmanes, prenez ma parole: $27 la douzaine, pas un sou de moins.» (Yves Beauchemin, *L'enfirouapé*, 1974.) – Angl. *peppermint*.

papauté [papote] n. f. **1.** Dignité de pape; durée de l'exercice de cette dignité. Syn. pontificat. **2.** Pouvoir, gouvernement du ou des papes. *La lutte entre l'empire et la papauté, au Moyen Âge.* ▷ *États de la papauté ou États pontificaux :* le royaume temporel dont le pape était le souverain. – De *pape*, d'ap. *royauté*.

ENCYCL La papauté représente le gouvernement suprême de l'Église catholique, dont le siège est à Rome. Le concile Vatican I (1869-1870) a précisé la place de cette institution dans l'Église ainsi que son origine: saint Pierre a institué la papauté; le pape, évêque de Rome, a hérité l'autorité suprême accordée par le Christ au prince des apôtres (Pierre). La célèbre formule: «Tu es Pierre et sur cette pierre je bâtirai mon Église» justifie le rôle de la papauté. Pour les chrétiens non catholiques le pape est considéré simplement comme *l'évêque de Rome*.

papaver [papavɛʀ] n. m. BOT Nom scientifique du pavot. – Mot lat.

papavéracées [papaveʀase] n. f. pl. BOT Famille de plantes dicotylédones dialypétales superovariées, généralement herbacées, à fruit en forme de capsule ou de silique, dont le type est le pavot. – Du préc.

papavérine [papaveʀin] n. f. BIOCHIM Un des alcaloïdes de l'opium, aux propriétés narcotiques et anticonvulsives. – De *papaver*.

papaye [papaj] n. f. Fruit comestible du papayer, semblable à un gros melon. – Mot des Antilles *papaya*.

papayer [papaje] n. m. Arbre (*Carica papaya*, fam. passifloracées) originaire de Malaisie, cultivé pour son fruit, la papaye. – Du préc.

pape [pap] n. m. **1.** Chef suprême de l'Église catholique romaine. *Le pape est élu en conclave.* ▷ Loc. fam. *Être sérieux comme un pape.* ▷ Chef suprême de l'Église copte. *Le pape Chenouda III.* **2.** *Par anal.* Personnalité considérée comme le chef d'un mouvement. *André Breton, le pape du surréalisme.* – Lat. imp. *papa*, à l'orig. «père nourricier».

1. papelard, arde [paplaʀ, aʀd] n. Vx Faux dévot; hypocrite. ▷ Adj. Litt. *Manières papelardes:* manières patelines*. – De l'a. fr. *papeler*, «marmonner des prières».

2. papelard [paplaʀ] n. m. Fam. Morceau de papier. – Papier écrit ou imprimé. – De *papier*.

papelardise [paplaʀdiz] n. f. Vx ou litt. Fausse dévotion; hypocrisie doucereuse. – De *papelard* 1.

paperasse [papʀas] n. f. Papier, écrit considéré comme sans valeur, inutile. – (Sens collectif.) *Crouler sous la paperasse.* – De *papier*.

paperasserie [papʀasʀi] n. f. Amas de paperasses. ▷ Tendance à accumuler les paperasses. *La paperasserie administrative.* – Du préc.

paperassier, ière [papʀasje, jɛʀ] n. Qui aime à conserver de la paperasse, qui se complaît dans la paperasse. – De *paperasse*.

papesse [papɛs] n. f. Femme pape (selon une légende). *La papesse Jeanne.* – Fam. plaisant. Femme faisant autorité dans un domaine particulier. – Lat. médiév. *papissa*.

papeterie [papɛtʀi] n. f. **1.** Fabrication du papier; industrie du papier. **2.** Manufacture de papier. **3.** Commerce du papier. ▷ Magasin où l'on vend du papier, des fournitures scolaires et de bureau. – De *papetier*.

papetier, ière [paptje, jɛʀ] n. et adj. **1.** n. Personne qui fabrique du papier ou qui en vend. ▷ Commerçant qui tient une papeterie. **2.** adj. Du papier. *Industrie papetière.* – De *papier*.

papier [papje] n. m. **1.** Matière faite d'une pâte de fibres végétales étalée en couche mince et séchée. *Papier à dessin, à cigarettes, d'emballage. Papier peint.* ▷ (Spécial., papier à usage d'écriture ou d'impression.) *Papier d'écolier. Papier à lettres.* ▷ *Papier mâché :* pâte de papier encollée, plastique et se prêtant bien au modelage de menus objets. *Marionnettes en papier mâché.* – Loc. fam. *Figure, mine de papier mâché*, blême, maladive. ▷ (Associé à certains produits.) *Papier carbone:* V. carbone. *Papier d'émeri, de verre*, utilisé comme abrasif. *Papier sensible pour la photographie.* ▷ *Papier-monnaie :* monnaie fiduciaire, sans garantie d'encaisse métallique. V. monnaie. ▷ En loc. *Mettre, coucher ses idées sur le papier*, par écrit. **2.** Feuille très mince (de métal). *Papier d'argent, d'étain.* **3.** Feuille, morceau de papier, et, par ext., feuille écrite ou imprimée. *Inscrire qqch sur un papier. Vieux papiers.* – *Papier timbré*, revêtu du timbre de l'État, exigé pour dresser certains actes (opposé à *papier libre*). ▷ *Journaliste qui rédige un papier*, un article. ▷ Note; document. *Classer des papiers.* – Loc. fam. *Être dans les petits papiers de quelqu'un*, jouir de son estime, de sa faveur. – MAR *Papiers de bord:* rôles d'équipage, brevets, connaissements, etc.

▷ (Au plur.) *Papiers d'identité* et, absol., *papiers:* pièces d'identité. *Vos papiers ne sont pas en règle.* ▷ Effet de commerce. *Papier au porteur.* – Du lat. *papyrus*, gr. *papuros*, «roseau d'Égypte».

ENCYCL La pâte à papier est obtenue par des procédés mécaniques ou chimiques (dissolution de la lignine dans un acide ou une base), ou par recyclage de vieux papiers ou de vieux chiffons. Après avoir subi un traitement préalable (épuration, addition de colles et de colorants, évacuation de l'eau), la pâte est pressée dans des cylindres chauffés à la vapeur, puis dans des cylindres de finition, pour améliorer l'état de surface du papier.

papilionacé, ée [papiljɔnase] adj. et n. f. BOT **1.** adj. Didac. Qui ressemble à un papillon. ▷ *Fleur papilionacée :* fleur symétrique par rapport à un plan, comprenant 5 pétales libres, le plus grand enveloppant les autres et redressé en étendard, les deux latéraux, ou *ailes*, symétriques sur les côtés de la fleur, les deux inférieurs se touchant par leur bord et formant la *carène*. **2.** n. f. pl. *Les papilionacées :* la plus importante sous-famille de légumineuses (8 000 espèces env.). – Du lat. *papilio, papilionis*, «papillon».

ENCYCL Les papilionacées, répandues sous tous les climats, peuvent être herbacées (vesce, gesse, pois, etc.), arbustives (genêt, cytise, ajonc), arborescentes (caroubier, robinier). On les cultive comme nourriture pour l'homme (pois, haricot, soja, etc.), comme fourrage pour les animaux (luzerne, trèfle, lotier, sainfoin, etc.) et comme engrais vert; elles enrichissent le sol en azote organique, comme toutes les légumineuses. Certaines papilionacées sont ornementales (lupin, cytise, glycine, etc.).

papillaire [papillɛʀ] adj. ANAT Relatif à la papille; formé ou pourvu de papilles. – *Tumeur papillaire*, qui présente à sa surface des bourgeons analogues à des papilles hypertrophiées. – De *papille*.

papille [papij] n. f. **1.** ANAT et cour. Petite éminence charnue à la surface de la peau, des muqueuses, qui a généralement une fonction sensorielle. *Papilles gustatives.* – *Papille optique:* terminaison du nerf optique au niveau de la rétine. **2.** BOT Émergence épidermique qui donne son aspect velouté à un fruit, un pétale, etc. – Lat. *papilla*, «mamelon, bouton».

papilleux, euse [papijø, øz] adj. Pourvu de papilles. – Du préc.

papillome [papijom] n. m. MED Tumeur bénigne de la peau et des muqueuses, caractérisée par l'hypertrophie des papilles. *Les verrues sont des papillomes.* – De *papille*.

papillon [papijɔ̃] n. m. **I.** Insecte diurne ou nocturne caractérisé par quatre grandes ailes diversement colorées, dont il existe de très nombreuses espèces, regroupées par les zoologistes dans l'ordre des lépidoptères (V. ce mot). ▷ *Papillon de mer:* V. chétodonte. ▷ Fig. *C'est un vrai papillon*, une personne versatile, inconstante; une personne volage. ▷ Fig. *Papillons noirs:* sujets de tristesse, idées mélancoliques (cf. la loc. fam. *avoir le cafard*). **II.** Par anal. **1.** *Nœud papillon:* cravate courte nouée en forme de papillon. **2.** *Brasse papillon*, dans laquelle les deux bras accomplissent simultanément une courbe au-dessus de l'eau. **3.** Pièce pivotant autour d'un axe, qui sert à masquer une ouverture en vue de régler un débit. *Papillon des gaz d'un carburateur.* ▷ *Papillon, écrou papillon:* écrou à ailettes. **4.** Petit feuillet de papier ou de carton mince. *Papillon publicitaire.* ▷ *Spécial.* (France) Avis de contravention. *Trouver un papillon sous un essuie-glace de sa voiture.* – Lat. *papilio, papilionis*.

papillonner [papijɔne] v. intr. [1] **1.** Battre à la manière des ailes de papillon. *Paupières qui papillonnent.* **2.** Aller d'une chose, d'une personne à une autre sans s'arrêter à aucune. ▷ *Spécial.* Se montrer inconstant, volage. – Du préc.

papillotage [papijɔtaʒ] n. m. **1.** Fatigue des yeux produite par un scintillement, un papillotement. **2.** Mouvement des yeux ou des paupières qui papillotent. – De *papilloter*.

papillotant, ante [papijɔtɑ̃, ɑ̃t] adj. **1.** Qui papillote, scintillant. *Lumière papillotante.* **2.** Qui papillote en parlant des yeux. – Ppr. de *papilloter*.

papillote [papijɔt] n. f. **1.** Morceau de papier sur lequel on roule les cheveux pour les faire boucler. – Fig. *Cela n'est bon qu'à faire des papillotes*, se dit d'un écrit, d'un papier sans valeur. **2.** Papier qui enveloppe un bonbon. ▷ CUIS Papier huilé ou beurré dans lequel on met à cuire une viande, un poisson. *Côtelette en papillote.* – De *papilloter*.

papillotement [papijɔtmɑ̃] n. m. **1.** Éparpillement de points lumineux vifs et instables, scintillement qui trouble et fatigue la vue. **2.** Fluctuation de brillance ou de couleur d'un objet ou d'une image. – De *papilloter*.

papilloter [papijɔte] **I.** v. tr. [1] Garnir de papillotes; envelopper dans une, des papillote(s). **II.** v. intr. **1.** Produire un papillotement, scintiller. **2.** Se dit des yeux lorsqu'ils sont animés d'un mouvement involontaire qui les empêche de se fixer sur les objets. – De l'a. fr. *papillot*, dimin. de *papillon*.

papio [papjo] ou **papion** [papjɔ̃] n. m. ZOOL Nom savant du babouin. – Lat. mod. *papio*; altér. de *babouin*.

papisme [papism] n. m. HIST, RELIG CATHOL Doctrine des partisans de l'autorité absolue du pape. ▷ Péjor. Nom sous lequel les réformés désignent le catholicisme romain. – De *pape*.

papiste [papist] n. et adj. Péjor. Catholique romain, dans le langage des réformés (surtout du XVIe au XIXe s.). – De *pape*.

papotage [papɔtaʒ] n. m. Action de papoter; conversation insignifiante ou frivole. – De *papoter*.

papoter [papɔte] v. intr. [1] Bavarder sur des sujets insignifiants, frivoles. – Du rad. onomat. *pap-*, évoquant le mouvement des lèvres.

papou, e [papu] adj. et n. Relatif aux Papous, population noire de la Nouvelle-Guinée. – Subst. *Un (une) papou(e).* ▷ N. m. Langue des populations non mélanésiennes de Nouvelle-Guinée. – Du malais *papouah*, «frisé».

papouille [papuj] n. f. Fam. Frôlement, chatouillement en manière de caresse. – P.-ê. de *palpouille* (dial.), de *palper*.

paprika [papʀika] n. m. Piment doux de Hongrie, que l'on utilise broyé comme condiment. – Du hongrois *papriko*, «soupe au poivre».

papule [papyl] n. f. MED Petite saillie cutanée, rose ou rouge, ne renfermant pas de liquide. *Papule syphilitique.* – Lat. *papula*, var. de *papilla* (V. *papille*).

papuleux, euse [papylø, øz] adj. MED Relatif à la papule; formé ou couvert de papules. *Peau papuleuse.* – Du préc.

papyrologie [papiʀɔlɔʒi] n. f. Paléographie appliquée à l'étude des papyrus. – De *papyrus*, et *-logie*.

papyrologue [papiʀɔlɔg] n. Spécialiste de papyrologie. – De *papyrus*, et *-logue*.

papyrus [papiʀys] n. m. **1.** Plante des bords du Nil (*Cyperus papyrus*, fam. cypéracées) que les anc. Égyptiens transformaient en feuille pour écrire, en découpant sa tige en bandes étroites qu'ils assemblaient par collage. **2.** Feuille obtenue par ce procédé. ▷ Manuscrit sur papyrus. – Lat. *papyrus*, mot gr. *papuros*.

paquage, paquer. V. pacquage, pacquer.

pâque, pâques [pɑk] n. **I.** n. f. *Pâque.* **1.** Fête annuelle des juifs, qui commémore leur sortie d'Égypte. **2.** Agneau pascal, dans le rite mosaïque. *Immoler, manger la pâque.* **3.** Vx Pâques. *La pâque russe.* **II.** *Pâques* (avec la majuscule). **1.** n. m. sing. (sans l'article). Fête annuelle des chrétiens, qui commémore la résurrection du Christ. *Le lundi, la semaine de Pâques,* qui viennent après Pâques. ▷ Loc. *À Pâques ou à la Trinité,* à une date incertaine; jamais. – *Œuf de Pâques* (V. œuf). **2.** n. f. plur. (avec une épithète et l'article). *Pâques fleuries:* le dimanche des Rameaux. *Pâques closes:* le premier dimanche après Pâques. *«Les Pâques éclatantes de soleil»* (Hugo). ▷ *Faire ses pâques* (ou, plus rare, *Pâques*): recevoir à Pâques la communion prescrite par l'Église à tous les catholiques. – Lat. ecclés. *Pascha,* gr. *Paskha,* hébreu *pasch'ah,* «passage».

ENCYCL La Pâque, dont les origines lointaines sont antérieures au mosaïsme, a été instituée par Moïse en mémoire de la sortie d'Égypte. À partir de cette époque, c'est une fête qui dure 7 jours et durant laquelle on consomme du pain sans levain et un agneau de l'année. Dans les temps modernes, elle est célébrée du 15 au 22 nisan (auj. en mars ou avril) et débute par un service religieux familial, le Seder, au cours duquel on rappelle les douleurs et la joie des Hébreux fuyant l'esclavage égyptien; la famille prend également un repas où figure le pain sans levain (azyme). La fête chrétienne de Pâques dérive de la Pâque juive: en 30, Jésus célébra l'eucharistie pour la première fois lors de la Pâque juive. La date des Pâques chrétiennes fut longtemps controversée; les uns la plaçaient le même jour que la fête juive; les autres la reportaient au dimanche qui suivait ce jour. Le concile de Nicée (325) la fixa au prem. dimanche après la prem. lune qui suit l'équinoxe de printemps (la date de cet équinoxe étant différente dans les calendriers julien et grégorien, la Pâque orthodoxe russe est à une date différente de la fête catholique). C'est le 4e concile de Latran (1215) qui a prescrit à tous les fidèles de communier pendant le temps pascal (entre Pâques et la Pentecôte).

paquebot [pakbo] n. m. Grand navire spécialement aménagé pour le transport des passagers. – De l'angl. *packet-boat,* «bateau qui transporte des paquets, du courrier».

pâquerette [pɑkʀɛt] n. f. Petite plante (*Bellis perennis,* fam. composées), appelée aussi *pâquette, pâquerolle, marguerite des prés,* à fleur blanche ou rosée; la fleur de cette plante. – De *Pâques* (époque de floraison).

paquet [pakɛ] n. m. **1.** Assemblage de plusieurs choses attachées ou enveloppées ensemble. *Faire, expédier un paquet.* – Loc. fig. *Faire son* (ou *ses*) *paquet(s):* se préparer à partir. ▷ Objet, produit dans son emballage. *Fumer un paquet de cigarettes. Cuire un paquet de riz.* **2.** TYPO Ensemble de lignes de composition destinées au metteur en pages. **3.** Quantité, masse importante. *Paquet de billets.* Fam. *Toucher un* (ou *le*) *paquet.* – *Paquet de mer :* masse d'eau de mer projetée sur le pont d'un bateau. **4.** loc. fig., fam. *Lâcher le paquet:* dire sans ménagement tout ce que l'on a envie de dire. *Mettre le paquet :* y aller de toute sa force, de tous ses moyens, etc. *Risquer le paquet:* engager gros dans une affaire incertaine. – Du moyen fr. *pacque,* néerl. *pak,* «ballot».

paquetage [paktaʒ] n. m. Ensemble des effets d'habillement et de campagne d'un soldat, arrangés réglementairement. – De *paquet.*

1. par [paʀ] prép. et adv. **A.** prép. **I.** Marquant: **1.** Le lieu. À travers, en passant au milieu de. *Passer par la porte de derrière. Passer par Boston.* **2.** Le temps. Pendant. *Comme par le passé.* **II.** Marquant: **1.** La cause, l'agent, l'auteur. *Agir par intérêt. Joseph vendu par ses frères.* **2.** Le moyen, l'instrument. *Voyage par avion. Par le fer et par le feu.* **3.** La manière. *Ranger des livres par ordre de grandeur.* **4.** L'idée de distribution. *Dix dollars par personne.* **B.** loc. prép. *De par.* Au nom de; par l'ordre de. *De par la loi.* **C.** adv. *Par trop:* beaucoup trop. – A: lat. *per,* «à travers, au moyen de»; B: altér. de *part;* C: du préf. lat. *per-,* «tout à fait».

2. par [paʀ] n. m. SPORT Au golf, nombre minimum de coups nécessaires à un très bon joueur pour effectuer un parcours donné, qui sert de base pour déterminer les handicaps. *Être deux points au-dessus du par.* – Mot angl., «égalité», du lat. *par,* «égal».

1. para-. Élément, du gr. *para,* «à côté de». ▷ CHIM Sert à désigner les dérivés isomériques ou polymériques.

2. para-, pare-. Éléments, du lat. *parare,* «protéger».

para [paʀa] n. m. Fam. Abrév. de *parachutiste.*

parabase [paʀabaz] n. f. LITTER ANTIQ Partie de la comédie grecque où l'auteur s'adressait au public par la bouche du coryphée. – Gr. *parabasis,* «action de s'avancer».

parabellum [paʀabɛllɔm] n. m. inv. Anc. Pistolet automatique, autrefois utilisé dans l'armée allemande. – Mot all., d'ap. le prov. lat. *si vis pacem, para bellum,* «si tu veux la paix, prépare la guerre».

1. parabole [paʀabɔl] n. f. Récit allégorique (partic. de l'Évangile) qui renferme une vérité, un enseignement. *La parabole de l'enfant prodigue.* – Lat. ecclés. *parabola,* gr. *parabolê,* «comparaison».

2. parabole [paʀabɔl] n. f. GEOM Courbe constituant le lieu géométrique des points équidistants d'un point fixe, le foyer, et d'une droite fixe, la directrice. *La parabole est une des trois coniques, d'équation* $y = ax^2$*, résultant de la section d'un cône par un plan parallèle à l'une des génératrices.* ▷ *Parabole cubique,* d'équation $y = ax^3$. *Parabole semi-cubique,* d'équation $y^2 = ax^3$. ▷ *Abusiv.* Courbe balistique. – Gr. *parabolê.*

1. parabolique [paʀabɔlik] adj. Rare Relatif à la parabole, à l'image allégorique. – Lat. ecclés. *parabolicus,* gr. *parabolikos.*

2. parabolique [paʀabɔlik] adj. (et n. m.) GEOM **1.** Relatif à la parabole. **2.** En forme de parabole. *Miroir parabolique.* ▷ *Radiateur parabolique,* à réflecteur parabolique ou, n. m., *Un parabolique.* – De *parabole* 2.

paraboliquement [paʀabɔlikmɑ̃] adv. En décrivant une parabole. – De *parabolique* 2.

paraboloïde [paʀabɔlɔid] n. m. GEOM Surface du second degré dont le centre est rejeté à l'infini et qui admet une infinité de plans diamétraux, tous parallèles à une même droite. *Paraboloïde de révolution,* engendré par la rotation d'une parabole autour de son axe. *Paraboloïde elliptique,* engendré par une ellipse dont les extrémités d'un des diamètres décrivent une parabole. *Paraboloïde hyperbolique,* engendré par une droite mobile qui s'appuie sur trois droites comprises dans des plans différents et parallèles à un même plan. – De *parabole* 2, et *-oïde.*

paracentèse [paʀasɛ̃(ɑ̃)tɛz] n. f. CHIR Ponction pratiquée pour évacuer un liquide séreux ou purulent collecté dans une partie du corps (plèvre, péritoine, oreille, etc.). *Paracentèse du tympan.* – Du gr. *parakentêsis,* «ponction».

paracétamol [paʀasetamɔl] n. m. PHARM Dérivé de l'aniline aux propriétés analgésiques et antipyrétiques.

parachèvement [paʀaʃɛvmɑ̃] n. m. Action de parachever; son résultat. – De *parachever.*

parachever [paʀaʃəve] v. tr. [19] Conduire à son total achèvement, terminer avec le plus de perfection possible. – De *par* 1, et *achever.*

parachronisme [paʀakʀɔnism] n. m. Didac. Erreur de date qui consiste à placer un événement plus tard que l'époque où il a eu lieu. – De *para-* 1, et gr. *khronos,* «temps».

parachutage [paʀaʃytaʒ] n. m. **1.** Action de parachuter (qqch ou qqn). **2.** Fig., fam. Action de parachuter qqn (sens 2). – De *parachuter.*

parachute [paʀaʃyt] n. m. **1.** Appareil destiné à ralentir la chute des corps tombant d'une grande hauteur, constitué essentiellement d'une voilure en toile de soie ou de nylon, reliée par une série de suspentes* à un système d'attaches entourant le parachutiste ou les objets à larguer. **2.** Organe de sécurité qui bloque la cabine d'un ascenseur en cas de dépassement de la vitesse prévue. – De *para-* 2, et *chute,* sur le modèle de *parasol.*

parachuter [paʀaʃyte] v. tr. [1] **1.** Larguer d'un aéronef avec un parachute. *Parachuter du matériel, des troupes.* **2.** Fig., fam. Désigner inopinément pour un emploi, une tâche, une entreprise. *Parachuter un candidat dans une circonscription au moment des élections.* – Du préc.

parachutisme [paʀaʃytism] n. m. Pratique du parachute; entraînement sportif ou militaire au saut en parachute. – De *parachute.*

parachutiste [paʀaʃytist] n. et adj. **1.** Personne qui pratique le parachutisme. – Adj. *Équipement parachutiste.* **2.** Militaire entraîné spécialement au parachutisme. – Abrév. *para.* – De *parachute.*

paracristallin, ine [paʀakʀistalɛ̃, in] adj. PHYS Syn. de *mésomorphe.* – De *para-* 1, et *cristallin.*

1. parade [paʀad] n. f. **1.** Étalage, exhibition de qqch que l'on juge enviable. *Faire parade de sa beauté, de son savoir.* **2.** loc. *De parade:* qui ne sert qu'à l'ornement. *Des vêtements de parade.* – Fig. Qui n'est pas sincère. *Une amabilité de parade.* **3.** Scène burlesque donnée par les bateleurs pour engager le public à aller voir le spectacle proposé. *Parade de cirque.* **4.** ZOOL *Parade nuptiale:* ensemble des comportements qui précèdent l'accouplement, chez de nombreux animaux (oiseaux, reptiles, poissons, insectes, etc.). *La parade des coqs de bruyère.* **5.** Défilé militaire où les troupes sont passées en revue. – *Par ext.* cour. (Emploi critiqué) Toute forme de défilé. *Parade de la Saint-Jean-Baptiste, du carnaval. Parade de mode.* «Ça sentait la fête. Les banderoles, les étendards, les drapeaux claquaient dans la brume. [...] La parade commençait à dix heures après une messe solenelle.» (Félix Leclerc, *Pieds nus dans l'aube,* 1946.) – De *parer* 1.

2. parade [paʀad] n. f. **1.** Action de parer un coup (escrime, boxe, etc.). **2.** Fig. Riposte. *Chercher la parade à une tentative de diversion.* – De *parer* 2.

parader [paʀade] v. intr. [1] **1.** Se pavaner. **2.** Rare Défiler, manœuvrer au cours d'une parade. – De *parade* 1.

paradichlorobenzène [paʀadiklɔʀobɛ̃zɛn] n. m. CHIM Dérivé dichloré du benzène, employé comme insecticide (notam. pour protéger des mites). – De *para-* 1, *di-, chloro-,* et *benzène.*

paradigmatique [paʀadigmatik] adj. LING Qui relève du paradigme. *Rapports paradigmatiques.* – De *paradigme.*

paradigme [paʀadigm] n. m. **1.** GRAM Mot qui sert de modèle pour une conjugaison, une déclinaison. *Le verbe «finir» est le paradigme du deuxième groupe.* **2.** LING Ensemble des formes d'un morphème lexical combiné avec ses désinences casuelles ou verbales. (Ex.: dans le cas d'un verbe, l'ensemble des formes qui constituent sa conjugaison.) **3.** LING Classe d'éléments linguistiques qui entretiennent entre eux des rapports de substituabilité. (Ex.: pour une proposition telle que *le lilas fleurit,* les noms *jasmin, lis, muguet,* etc., constituent un paradigme, ainsi que les verbes *embaume, se fane, est cueilli,* etc.) – Lat. *paradigma,* du gr. *paradeigma,* «exemple».

paradis [paʀadi] n. m. **1.** Selon plusieurs religions, lieu où séjournent les bienheureux, les élus, après leur mort. *Pour les Égyptiens, le paradis était le royaume d'Osiris; pour les Grecs, les champs Élysées; pour les Germains et les Scandinaves, le Walhalla. Aller au paradis,* par oppos., pour les chrétiens, avec le *purgatoire* et l'*enfer.* – Loc. fig. et fam. *Il ne l'emportera pas au, en paradis:* il s'en repentira. **2.** *Le Paradis terrestre:* le jardin habité par Adam et Ève, selon la Genèse. **3.** Fig. Séjour de bonheur parfait. *Un paradis tropical.* ▷ Par ext. *Paradis fiscal:* pays où les impôts sont nettement inférieurs à ceux que le même contribuable aurait à payer dans son propre pays. **4.** *Les Paradis artificiels:* titre d'une étude de Baudelaire sur les drogues (1860), passé en loc. pour désigner les sensations que celles-ci procurent, et, par ext., les drogues elles-mêmes. **5.** Balcon, galerie tout en haut d'une salle de spectacles. **6.** *Oiseau de paradis:* paradisier. – Lat. ecclés. *paradisus,* gr. *paradeisos,* du persan *paridaiza,* «enclos du seigneur, parc».

paradisiaque [paʀadizjak] adj. Qui appartient au paradis; digne du paradis. *Un séjour paradisiaque.* – Lat. ecclés. *paradisiacus.*

paradisier [paʀadizje] n. m. Oiseau passériforme de Nouvelle-Guinée et de l'Australie, appelé aussi *oiseau de paradis,* dont les plumes magnifiques ont des reflets métalliques. – De *paradis.*

parados [paʀado] n. m. MILIT Dispositif de protection contre les projectiles venant de l'arrière. – De *para-* 2, et *dos.*

paradoxal, ale, aux [paʀadɔksal, o] adj. **1.** Qui tient du paradoxe. *Une affirmation paradoxale.* **2.** Qui aime le paradoxe. *Un esprit paradoxal.* **3.** MED *Sommeil paradoxal:* V. sommeil. – De *paradoxe.*

paradoxalement [paʀadɔksalmɑ̃] adv. D'une manière paradoxale. – Du préc.

paradoxe [paʀadɔks] n. m. **1.** Proposition contraire à l'opinion commune. *Les paradoxes sont parfois des vérités qui choquent par leur trop grande nouveauté.* **2.** *Par ext.* Ce qui est en contradiction avec la logique, avec le bon sens. – Lat. *paradoxon,* de l'adj. gr. *paradoxos,* «contraire à l'opinion commune».

parafe ou **paraphe** [paʀaf] n. m. Marque mise après la signature, ou qui peut la remplacer. *Apposer son paraphe dans la marge.* – Lat. médiév. *paraphus,* altér. de *paragraphus.* V. paragraphe.

parafer ou **parapher** [paʀafe] v. tr. [1] Apposer son paraphe sur (qqch). – Du préc.

paraffinage [paʀafinaʒ] n. m. TECH Action de paraffiner; son résultat. – De *paraffiner.*

paraffine [paʀafin] n. f. **1.** CHIM Nom générique des hydrocarbures saturés de formule C_nH_{2n+2} ▷ Cour. Solide gras, de consistance cireuse, constitué d'un mélange de ces hydrocarbures. **2.** MED *Huile de paraffine,* utilisée comme laxatif. – Du lat. *parum affinis,* «qui a peu d'affinité».

paraffiné, ée [paʀafine] adj. Enduit ou imprégné de paraffine. – Du préc.

paraffiner [paʀafine] v. tr. [1] Enduire, imprégner de paraffine. – De *paraffine.*

parafiscal, ale, aux [paʀafiskal, o] adj. Qui a rapport à la parafiscalité. – De *para-* 1, et *fiscal.*

flexibles se repliant le long d'un manche. ▷ Fig., fam. *Ouvrir le parapluie :* prendre des précautions pour n'avoir pas à endosser la responsabilité d'un événement fâcheux qui pourrait advenir. – De *para-* 2, et *pluie.*

parapsychique [paʀapsiʃik] adj. Qui a rapport à la parapsychologie, qui relève de la parapsychologie. – De *para-* 1, et *psychique.*

parapsychologie [paʀapsikɔlɔʒi] n. f. Étude des phénomènes psychiques inexpliqués (prémonition, télépathie, télékinèse, etc.). – De *para-* 1, et *psychologie.*

pararthropodes [paʀaʀtʀɔpɔd] n. m. pl. ZOOL Embranchement d'invertébrés plus primitifs que les arthropodes comprenant les onychophores, les tardigrades et les pentastomides. – De *par(a)-* 1, et *arthropodes.*

parascève [paʀasɛv] n. f. RELIG Veille du sabbat, dans la religion judaïque. ▷ Anc. Vendredi saint, pour les catholiques. ▷ Vendredi saint, pour les Églises orthodoxes. – Gr. *paraskeuê,* «préparation».

parascolaire [paʀaskɔlɛʀ] adj. Qui complète l'enseignement donné à l'école. *Activités parascolaires.* – De *para-* 1, et *scolaire.*

parasitaire [paʀazitɛʀ] adj. **1.** BIOL Relatif aux parasites. ▷ MED *Maladie parasitaire,* due à la présence de parasites dans l'organisme. **2.** Fig. Qui vit en parasite. – De *parasite.*

parasite [paʀazit] **I.** n. m. Personne qui vit aux dépens d'autrui. *Vivre en parasite.* **II.** n. et adj. **1.** n. BIOL Être vivant qui puise les substances qui lui sont nécessaires dans l'organisme d'un autre *(hôte),* auquel il cause un dommage plus ou moins grave (à la différence du *commensal* et du *symbiote*), sans cependant le détruire (à la différence du *prédateur*). *Le ténia est un parasite du tube digestif des vertébrés.* **2.** Perturbation dans la réception des signaux radioélectriques. **3.** adj. Fig. Inutile et superflu, qui alourdit. *Mots, expressions, ornements parasites.* – Lat. *parasitus,* gr. *parasitos,* de *para-,* «à côté», et *sitos,* «nourriture».

ENCYCL **Biol.** – Les espèces parasites se caractérisent (par rapport aux formes voisines non parasites) par une exagération de la fonction de reproduction, qui palliera les fortes pertes en individus au cours du cycle (changement d'hôte, ou changement de région), et par le développement de diverses adaptations: organes de fixation à l'hôte, réduction du tube digestif (les parasites baignant généralement dans un milieu nutritif), résistance aux sucs digestifs de l'hôte, etc., cela en fonction des diverses régions où le parasite séjourne, au cours du cycle de reproduction. On distingue les endoparasites (qui vivent à l'intérieur de l'hôte) et les ectoparasites (à la surface de l'hôte); on distingue, sur un autre plan, les monoxènes, qui effectuent leur cycle complet sur un seul hôte, et les hétéroxènes, qui l'effectuent sur plusieurs hôtes.

parasiter [paʀazite] v. tr. [1] **1.** Vivre aux dépens de (qqn). **2.** Vivre aux dépens de (un organisme, un être vivant). **3.** TECH Perturber par des parasites (la réception de signaux électriques). – Du préc.

parasiticide [paʀazitisid] adj. et n. m. Didac. Qui tue les parasites. – De *parasite,* et *-cide.*

parasitisme [paʀazitism] n. m. **1.** État du parasite, de la personne qui vit aux dépens d'autrui. **2.** BIOL Condition de vie d'un parasite, d'un être vivant qui subsiste aux dépens d'un autre. – De *parasite.*

parasitologie [paʀazitɔlɔʒi] n. f. MED Étude des maladies parasitaires et de leurs agents. – De *parasite,* et *-logie.*

parasitose [paʀazitoz] n. f. MED Maladie causée par un parasite. – De *parasite,* et *-ose* 2.

parasol [paʀasɔl] n. m. **1.** Vaste écran pliant, semblable à un grand parapluie, que l'on déploie pour se protéger du soleil. **2.** *Pin parasol :* pin pignon, dont la ramure étalée horizontalement évoque un parasol. – Ital. *parasole,* de *para-* 2, et *sole,* «soleil».

parastatal, ale, aux [paʀastatal, o] adj. ADMIN Qualifie, en Belgique notam., les organismes semi-publics. – De *para-* 1, et du lat. *status,* «État».

parasympathique [paʀasɛ̃patik] adj. et n. m. PHYSIOL *Système nerveux parasympathique :* partie du système végétatif innervant notamment le cœur, les poumons, le tube digestif et les organes génitaux, et qui comprend des formations nerveuses dépendant d'une part des centres crâniens *(parasympathique crânien)* et d'autre part du segment sacré de la moelle épinière *(parasympathique pelvien). Le médiateur chimique du système parasympathique est l'acétylcholine.* ▷ N. m. *Le parasympathique.* – De *para-* 1, et *sympathique.*

parasympathomimétique [paʀasɛ̃patomimetik] adj. BIOCHIM Se dit des substances capables de provoquer des effets physiologiques comparables à ceux de l'acétylcholine, médiateur du système nerveux parasympathique. – De *parasympathique,* et *mimétique.*

parasynthétique [paʀasɛ̃tetik] adj. LING Formé par l'adjonction de plusieurs affixes à une base. ▷ N. m. *Anti-constitution-nelle-ment est un parasynthétique.* – Gr. *parasunthetos.*

parataxe [paʀataks] n. f. LING Procédé syntaxique consistant à juxtaposer des phrases sans expliciter par des particules de subordination ou de coordination le rapport qui les lie. (Ex.: *Il pleut, je ne sortirai pas,* au lieu de: *je ne sortirai pas parce qu'il pleut.*) – De *para-* 1, d'ap. *syntaxe.*

parathormone [paʀatɔʀmɔn] n. f. BIOL Hormone synthétisée par les glandes parathyroïdes et qui agit sur le métabolisme phosphocalcique. – De *parath(yroïde),* et *hormone.*

parathyroïde [paʀatiʀɔid] n. f. ANAT Chacune des quatre glandes situées sur la face postérieure de la thyroïde et qui sécrètent la parathormone. – De *para-* 1, et *thyroïde.*

paratonnerre [paʀatɔnɛʀ] n. m. Appareil destiné à protéger les bâtiments de la foudre, ordinairement constitué d'une tige conductrice pointue placée au sommet de l'édifice et reliée à une prise de terre par un conducteur de forte section. – De *para-* 2, et *tonnerre,* sur le modèle de *parasol.*

parâtre [paʀɑtʀ] n. m. **1.** Vx Beau-père. **2.** Fig. Mauvais père. – Du bas lat. *patraster,* «second mari de la mère».

paratyphique [paʀatifik] adj. MED **1.** Relatif à la paratyphoïde. ▷ *Bacille paratyphique :* bacille, voisin du bacille d'Eberth, qui détermine les paratyphoïdes. **2.** Atteint de paratyphoïde. ▷ Subst. *Un, une paratyphique.* – De *paratyphoïde,* sur le modèle de *typhus, typhique.*

paratyphoïde [paʀatifɔid] n. f. MED Maladie infectieuse due au bacille paratyphique A ou B, proche de la fièvre typhoïde, mais occasionnant généralement des troubles moins graves. – De *para-* 1, et *typhoïde.*

paravalanche [paʀavalɑ̃ʃ] adj. TECH Qui est destiné à protéger des avalanches. *Mur paravalanche.* – De *para-* 2, et *avalanche.*

paravent [paʀavɑ̃] n. m. **1.** Ensemble de panneaux verticaux articulés et souvent décorés, pouvant s'étendre ou se replier les uns sur les autres, servant à empêcher les courants d'air ou à dissimuler à la vue. **2.** Fig. Ce qui sert à masquer, à dissimuler. *Raison sociale qui sert de paravent à des activités peu recommandables.* – Ital. *paravento,* «ce qui écarte le vent».

paravivipare [paʀavivipaʀ] adj. BIOL Qualifie le mode de reproduction où l'œuf est gardé par le père ou la mère dans une cavité du corps jusqu'à éclosion. *L'hippocampe est paravivipare.* – De *para-* 1, et *vivipare.*

parbleu! [paʀblø] interj. Juron atténué marquant l'affirmation d'une évidence. – Euph. pour *par Dieu.*

parc [paʀk] n. m. **I. 1.** AGRIC Clôture faite de claies, où l'on enferme les moutons. – Pâtis entouré de fossés, où l'on engraisse les bœufs. **2.** PECHE Clôture de filets pour prendre le poisson. – Lieu clos où l'on élève des coquillages. *Parc à huîtres.* **3.** Petite clôture mobile à l'intérieur de laquelle on laisse jouer un très jeune enfant. **4.** TECH Emplacement de stockage à l'air libre. *Parc à fers.* **5.** AUTO *Parc de stationnement:* emplacement, construction aménagés pour le stationnement des véhicules. **6.** TECH Ensemble des véhicules d'une entreprise, d'un pays. *Parc de camions d'une société de transports.* – *Par ext.* Ensemble de biens d'équipement, de marchandises industrielles de même nature dont dispose une population. *Le parc canadien de téléviseurs.* **II. 1.** Grande étendue boisée et close où l'on conserve du gibier. ▷ *Parc régional, national:* zone à l'intérieur de laquelle sont protégées les richesses naturelles d'une région (notam. les espèces végétales et animales). ▷ *Parc zoologique:* lieu où sont maintenus captifs des animaux présentés au public. Syn. zoo. **2.** Grand jardin d'agrément dépendant d'une habitation importante. *Le parc de Versailles.* **3.** Terrain servant à la promenade; grand jardin public. *Le parc Lafontaine à Montréal.* – Du bas lat. *parricus,* «enclos».

parcage [paʀkaʒ] n. m. **1.** Action de parquer. **2.** Action de faire séjourner un troupeau dans un endroit clos, en partic. pour y fumer le sol. **3.** Action de garer un véhicule. ▷ Parc de stationnement. – De *parquer.*

parcellaire [paʀsɛl(l)ɛʀ] adj. Fait par parcelles, divisé en parcelles. *Cadastre parcellaire.* – De *parcelle.*

parcelle [paʀsɛl] n. f. **1.** Très petit morceau, petit fragment. *Une parcelle de pain.* ▷ Fig. *Il n'est pas disposé à céder la moindre parcelle de son indépendance.* **2.** Portion de terrain de même culture. – Du lat. pop. **particella,* class. *particula,* de *pars, partis,* «part, partie».

parcellisation [paʀsɛl(l)izasjõ] n. f. Action de parcelliser; fragmentation. *La parcellisation des tâches dans le travail à la chaîne.* – De *parcelliser.*

parcelliser [paʀsɛl(l)ize] v. tr. [1] Diviser en parcelles, en petits éléments. Syn. fragmenter, morceler. – De *parcelle.*

parce que [paʀs(ə)kə] loc. conj. (Introduisant l'expression de la cause.) *Il le fera parce qu'on l'y oblige.* ▷ (Employé seul.) (Dans une phrase elliptique de la proposition causale, pour marquer un refus de donner des raisons.) *Pourquoi n'obéis-tu pas? – Parce que.* – (Dans une phrase elliptique de la proposition principale, comme liaison entre deux membres de phrase.) *Vous y tenez? Parce que nous pourrions nous arranger.* – De *par, ce,* et *que.*

parchemin [paʀʃəmɛ̃] n. m. **1.** Peau finement tannée, utilisée autrefois comme support de l'écriture et employée aujourd'hui en reliure et pour l'habillage de certains objets de luxe. **2.** Plur. Titres de noblesse. *«Les vieilles chartes, les antiques parchemins... qui attestaient la noblesse des Sigognac»* (Gautier). **3.** Fam. Diplôme universitaire. – Du bas lat. *pergamena (charta),* gr. *pergamênê,* «(peau) de Pergame».

parcheminé, ée [paʀʃəmine] adj. Qui a la consistance ou l'aspect du parchemin. *Papier parcheminé.* ▷ Fig. *Visage parcheminé,* dont la peau est ridée et desséchée. – Du préc.

parcheminer [paʀʃəmine] v. tr. [1] Donner l'aspect, la consistance du parchemin à. ▷ v. pron. *Son visage s'est parcheminé.* – De *parchemin.*

parcimonie [paʀsimɔni] n. f. Épargne portant sur les petites choses. *User de qqch avec parcimonie.* ▷ Fig. *Distribuer des éloges avec parcimonie.* Ant. prodigalité, profusion. – Lat. *parcimonia,* de *parcere,* «épargner».

parcimonieusement [paʀsimɔnjøzmɑ̃] adv. Avec parcimonie. – De *parcimonieux.*

parcimonieux, euse [paʀsimɔnjø, øz] adj. Qui témoigne de parcimonie. – De *parcimonie.*

parclose [paʀkloz] n. f. CONSTR **1.** Moulure servant à fixer une vitre dans la feuillure d'un châssis. **2.** Petite baguette servant à clore un interstice. – Pp. fém. subst. de l'anc. v. *parclore,* «entourer complètement».

parcomètre [paʀkɔmɛtʀ] ou **parcmètre** [paʀkmɛtʀ] n. m. Appareil servant à contrôler la durée du stationnement payant des véhicules automobiles. – De *parc,* et *-mètre.*

parcourir [paʀkuʀiʀ] v. tr. [29] **1.** Visiter dans toute son étendue, aller d'un bout à l'autre de. *Parcourir une rue, une ville.* ▷ Fig. *Un frisson la parcourut.* **2.** Effectuer (un trajet). *Parcourir une longue distance.* **3.** Fig. Lire rapidement et superficiellement. *Parcourir une lettre.* – A. fr. *parcorre,* lat. *percurrere,* refait d'après *courir.*

parcours [paʀkuʀ] n. m. **1.** Action de parcourir. – Distance parcourue. *Prix du parcours.* **2.** Chemin, itinéraire suivi pour aller d'un point à l'autre. *Parcours d'un fleuve, d'un autobus.* ▷ SPORT Circuit déterminé sur lequel s'effectue une épreuve. *Reconnaître un parcours.* – *Spécial.* Trajet qu'un joueur de golf doit effectuer durant une partie, en plaçant la balle successivement dans chacun des trous du terrain. – Du lat. *percursus,* francisé d'ap. *cours.*

pardessus [paʀdəsy] n. m. Vêtement masculin de ville porté par-dessus les autres quand il fait froid. Syn. manteau. – Empl. subst. de la loc. adv. *par-dessus.*

pardi! [paʀdi] interj. Exclamations marquant l'affirmation d'une évidence. – Euph. pour *par Dieu.*

pardieu [paʀdjø] interj. Syn. de *pardi.* – De *par,* et *Dieu.*

pardon [paʀdõ] n. m. **1.** Action de pardonner. *Accorder son pardon.* **2.** *Fête du Grand Pardon* (en hébr. *yom kippour*): fête religieuse israélite de l'expiation. **3.** *Je vous demande pardon* ou, ellipt., *pardon:* formules de politesse prononcées pour s'excuser. – *Pardon?* (Avec une intonation interrogative, pour prier un interlocuteur de répéter ce que l'on n'a pas entendu ou compris.) – Déverbal de *pardonner.*

pardonnable [paʀdɔnabl] adj. Qui peut être pardonné. *Erreur pardonnable.* Syn. excusable. – De *pardonner.*

pardonner [paʀdɔne] **I.** v. tr. [1] **1.** Accorder la rémission de (une faute), renoncer à la punir. *Pardonner une faute à qqn.* ▷ Absol. *Pardonner à ses ennemis.* **2.** Considérer sans sévérité, excuser. *Vous voudrez bien me pardonner cette digression.* **II.** v. intr. Épargner (toujours en tournure négative). *La mort ne pardonne à personne. – Ce poison ne pardonne pas,* il est mortel. **III.** v. pron. **1.** (Passif.) Être digne de pardon, excusable. *Une telle faute ne se pardonne pas.* **2.** (Récipr.) Se pardonner mutuellement. *Ils ont reconnu leurs torts et se sont pardonné.* **3.** (Réfl.) *Je ne me le pardonnerai jamais.* – De *par,* et *donner,* «donner complètement, remettre».

-pare, -parité. Éléments, du lat. *-parus,* de *parere,* «engendrer».

pare-. V. para- 2.

1. paré, ée [paʀe] adj. **1.** Orné, embelli. **2.** Arrangé, préparé pour un usage déterminé. ▷ Spécial. CUIS *Volaille parée,* prête pour la cuisson. – Pp. de *parer* 1.

2. paré, ée [paʀe] adj. **1.** Qui a pris les dispositions nécessaires pour se protéger. **2.** MAR Prêt, préparé. *Le mouillage est paré.* – (Dans un ordre.) *Paré à déborder!* – Pp. de *parer* 2.

paréage. V. pariage.

pare-balles [paʀbal] n. m. inv. Dispositif servant à protéger des balles. ▷ Adj. inv. *Gilet pare-balles.* – De *parer* 2, et *balle.*

pare-boue [paʀbu] n. m. inv. Feuille de caoutchouc placée derrière une roue de camion ou de voiture pour protéger la carrosserie des projections de boue. – De *parer* 2, et *boue.*

pare-brise [paʀbʀiz] n. m. inv. Plaque de matière transparente située à l'avant d'un véhicule pour protéger les passagers du vent, des intempéries, des projections de gravillons. – De *parer* 2, et *brise.*

pare-chocs [paʀʃɔk] n. m. inv. Chacune des deux pièces, en général métalliques, fixées à l'avant et à l'arrière d'un véhicule automobile pour amortir les chocs. – De *parer* 2, et *choc.*

pare-éclats [paʀekla] n. m. inv. MILIT Ouvrage, cuirassement destiné à protéger des éclats de bombe, d'obus. – De *parer* 2, et *éclat.*

pare-étincelles [paʀetɛ̃sɛl] n. m. inv. Écran (grillage métallique, plaque de verre, etc.) destiné à arrêter les étincelles projetées par le foyer d'une cheminée. – De *parer* 2, et *étincelles.*

pare-feu [paʀfø] n. m. inv. Dispositif destiné à empêcher la propagation du feu. ▷ *Spécial.* Coupe, tranchée ménagée à cet effet dans une forêt. ▷ Appos. *Portes pare-feu.* – De *parer* 2, et *feu.*

parégorique [paʀegɔʀik] adj. Vx Qui calme les douleurs. ▷ MED *Élixir parégorique:* préparation opiacée utilisée dans le traitement de certaines diarrhées. – Lat. *paregoricus,* gr. *parêgorikos,* de *parêgorein,* «adoucir».

pareil, eille [paʀɛj] adj., adv. et n. **I.** adj. **1.** Semblable, identique, analogue. ▷ *L'an passé, à pareille époque,* à la même époque. **2.** Tel, de cette nature. *Vous n'allez pas sortir par un temps pareil!* **II.** adv. Pop. De la même manière. *Elles sont coiffées pareil.* **III.** n. **1.** Égal, pair, semblable (personne). *«Mes pareils à deux fois ne se font point connaître»* (Corneille). ▷ *Il n'a pas son pareil au monde* : il est extraordinaire, sans égal. **2.** Chose équivalente, semblable à une autre. *J'ai un chandelier et je cherche le pareil.* ▷ Loc. adj. *Sans pareil(le):* incomparable, inégalable. ▷ Pop. *C'est du pareil au même:* c'est exactement la même chose. **3.** n. f. *Rendre la pareille à qqn,* lui faire subir le même traitement que celui qu'on a reçu de lui. – Du lat. pop. **pariculus,* du class. *par,* «égal».

pareillement [paʀɛjmɑ̃] adv. **1.** De la même manière. **2.** Aussi. *Vous le pensez, et moi pareillement.* – Du préc.

parélie. V. parhélie.

parement [paʀmɑ̃] n. m. **1.** Morceau d'étoffe riche ou de couleur tranchante ornant un vêtement. ▷ *Spécial.* Bande d'étoffe de couleur, au bas des manches et aux revers d'une veste d'uniforme. **2.** CONSTR Face visible d'un ouvrage de maçonnerie. *Parement de plâtre. Face de parement d'une pierre de taille.* **3.** LITURG Ornement d'étoffe dont on pare le devant d'un autel. – De *parer* 1.

parenchymateux, euse [paʀɑ̃ʃimatø, øz] adj. ANAT, MED Qui a rapport au parenchyme. *Lésion parenchymateuse.* – Qui est formé d'un parenchyme. – De *parenchyme.*

parenchyme [paʀɑ̃ʃim] n. m. **1.** ANAT Tissu fonctionnel, d'un organe (par oppos. au tissu conjonctif). *Parenchyme hépatique, rénal, pancréatique.* **2.** BOT Tissu formé de cellules vivantes peu différenciées, à parois minces, qui remplit diverses fonctions. V. encycl. tissu. – Gr. *paregkhuma.*

parent, ente [paʀɑ̃, ɑ̃t] n. et adj. **A. I. 1.** *Les parents:* le père et la mère. *Association de parents d'élèves.* – ▷ *Parents adoptifs.* ▷ ZOOL L'être vivant par rapport à l'être qu'il a engendré. **2.** Plur. Personnes dont on descend. *Nos lointains parents de l'âge de pierre.* **II.** Personne avec laquelle il existe un lien de parenté. *C'est un parent de mon mari. Parents et amis.* ▷ Fig. *Traiter en parent pauvre:* n'accorder que peu de soin et d'intérêt à (qqn, qqch); négliger. **B.** adj. Fig. Comparable, analogue. *Ses conceptions sont parentes des miennes.* – Lat. *parens, parentis,* de *parere,* «enfanter».

parental, ale, aux [paʀɑ̃tal, o] adj. Didac. Qui appartient aux parents, relatif aux parents. *Autorité parentale,* attribuée par la loi, conjointement et à égalité, au père et à la mère. ▷ BIOL Propre au parent en tant que géniteur. – De *parent.*

parentales [paʀɑ̃tal] ou **parentalies** [paʀɑ̃tali] n. f. pl. ANTIQ ROM Fêtes funèbres célébrées en l'honneur des parents décédés. – Lat. *parentalia.*

parenté [paʀɑ̃te] n. f. **1.** Rapport entre personnes qui descendent les unes des autres ou qui ont un ascendant commun; rapport entre personnes unies par une alliance (mariage) ou par une adoption. ▷ Fig. RELIG *Parenté spirituelle:* pour les chrétiens, relation existant entre le parrain ou la marraine et le filleul ou la filleule. – *Par ext.* Affinité intellectuelle. ▷ SOCIOL *Système de parenté:* ensemble des relations qui, dans toute société, définissent un certain nombre de groupes et de sous-groupes, et déterminent les obligations et les interdictions auxquelles doivent se soumettre les membres de ces groupes (obligation de faire circuler les biens et prohibition de l'inceste, notam.). *Système de parenté matrilinéaire, patrilinéaire.* **2.** Ensemble des parents et des alliés d'une même personne. *Réunir toute sa parenté.* **3.** Rapport (entre deux ou plusieurs choses, classes d'objets, etc.) fondé sur une communauté d'origine. *Parenté entre deux langues latines.* ▷ Affinité, analogie, ressemblance. *«Un air de parenté planait, et pour cause, sur les massifs de ces gentilhommières»* (Colette). – Lat. pop. **parentatus.*

ENCYCL La parenté est une réalité sociale et les relations de parenté sont des variations sociologiques sur un thème imposé par la nature. La structure de la parenté a une importance sociologique fondamentale. Ainsi, dans les sociétés archaïques, très pauvres, la femme est un bien, au triple titre de producteur, d'agent de reproduction et de symbole de l'alliance avec un groupe concurrent. Des règles de parenté minutieuses visent à assurer au groupe, à plus ou moins long terme, le retour d'autant de femmes qu'il en a lui-même cédé. Les règles de parenté consistent toujours en l'agencement original de quelques caractères: **1.** la *nomenclature,* recueil des termes utilisés dans une société donnée pour désigner les parents; **2.** l'*alliance,* ensemble des procédures au terme desquelles un couple, en se constituant, lie les familles des deux conjoints; les *structures élémentaires de la parenté* (Lévi-Strauss) sont «les systèmes où la nomenclature permet de déterminer immédiatement le cercle des parents et celui des alliés»; c'est le cas de toutes les sociétés dites primitives, où les mariages sont proscrits avec une certaine catégorie de parents et prescrits avec une autre; les *structures complexes* (par ex., celle de notre société) comprennent tous les systèmes qui, une fois délimité le groupe des partenaires prohibés, n'ont pas de règles expresses pour préciser le conjoint, tout en respectant implicitement les différences de classe; **3.** la *fi-*

liation: a) les *systèmes à filiation unilinéaire* mettent l'accent sur les relations à l'égard de l'un des parents; dans la *filiation patrilinéaire,* le nom de famille, les biens, les droits, etc., se transmettent à partir du père; dans la *filiation matrilinéaire,* la dévolution du nom, des biens, etc., se fait non de la mère à ses enfants, mais du clan de la mère, représenté par l'oncle maternel, aux enfants; b) la *parenté cognatique,* ou *cognation* celle que nous connaissons, repose également sur l'une et l'autre lignée; chacun a des obligations de même nature envers ses parents, paternels ou maternels; **4.** la *résidence,* lieu d'établissement du couple, dite *patrilocale* quand le couple s'installe auprès des parents du mari, *matrilocale* dans le cas contraire, *néolocale* s'il y a choix d'un autre lieu que celui où vivent les parents.

parentèle [paʀɑ̃tɛl] n. f. **1.** Vx ou ETHNOL Consanguinité. **2.** Vx Ensemble des parents; parenté. – Bas lat. *parentela*

parentéral, ale, aux [paʀɑ̃teʀal, o] adj. MED Qui se fait, qui a lieu en dehors du tube digestif. *Voie parentérale:* voie d'introduction d'une substance autre que la voie digestive. – De *para*-1, et gr. *enteron,* «intestin».

parenthèse [paʀɑ̃tɛz] n. f. **1.** Insertion dans une phrase, un discours, d'un développement accessoire mais complémentaire; ce développement. **2.** Chacun des deux signes typographiques ( ) qui enferment les mots d'une parenthèse. *Mettez la phrase entre parenthèses.* – Fig. *Ouvrir, fermer une parenthèse:* entamer une digression, la terminer. ▷ MATH Ces signes, isolant une expression algébrique et notant qu'une même opération doit s'appliquer à cette expression tout entière. ▷ Loc. *Entre parenthèses, par parenthèse:* incidemment. ▷ *Mettre entre parenthèses:* faire momentanément abstraction de. – Lat. *parenthesis,* mot gr., de *parentithenai,* «interposer».

paréo [paʀeo] n. m. Vêtement traditionnel des femmes tahitiennes, pièce d'étoffe drapée autour du corps, couvrant le buste. ▷ Vêtement de plage imitant le paréo tahitien. – Mot tahitien.

1. parer [paʀe] **I.** v. tr. [1] **1.** Litt. Garnir d'ornements, d'objets qui embellissent. *Parer une salle pour une cérémonie.* – *Spécial.* Vêtir (qqn) d'habits de fête. *On l'avait paré de son plus joli costume.* – Fig. *Parer qqn de tous les mérites.* ▷ (Sujet n. de chose.) *Les fleurs qui parent le jardin.* **2.** Arranger, préparer pour un usage déterminé. ▷ CUIS Arranger, préparer pour rendre propre à l'usage, à la consommation. *Parer de la viande.* **3.** MAR Préparer pour la manœuvre. *Pare les aussières, la gaffe et la godille.* **II.** v. pron. Faire toilette, se vêtir avec soin. ▷ Fig., litt. *Se parer des vertus qu'on n'a pas.* – Lat. *parare,* «apprêter, préparer».

2. parer [paʀe] **I.** v. tr. dir. [1] **1.** *Parer un coup, une attaque,* s'en protéger en l'écartant ou en l'esquivant. – Fig. *Parer le coup:* éviter par des moyens appropriés une éventualité fâcheuse. ▷ MAR. *Parer un abordage,* manœuvrer de manière à l'éviter. *Parer un cap,* le doubler en passant au large. **2.** Vx *Parer qqn de (ou contre qqch):* l'en protéger. **II.** v. tr. ind. *Parer à:* se garantir contre; prendre toutes les mesures appropriées pour faire face à. *Parer au plus pressé.* – Ital. *parare,* «se garer d'un coup».

3. parer [paʀe] v. [1] EQUIT **1.** v. tr. Retenir (un cheval). **2.** v. intr. *Cheval qui pare sur les hanches,* qui, en galopant, prend appui sur les hanches. – Esp. *parar,* du lat. *parare* «apprêter, préparer, orner».

parésie [paʀezi] n. f. MED Paralysie partielle ou incomplète, parfois transitoire, d'un ou de plusieurs muscles. – Gr. *paresis,* «relâchement».

pare-soleil [paʀsɔlɛj] n. m. inv. Écran destiné à protéger des rayons directs du soleil. – De *pare-* 2, et *soleil.*

paresse [paʀɛs] n. f. **1.** Tendance à éviter toute activité, à refuser tout effort. **2.** MED Manque d'activité d'un organe. *Paresse intestinale.* – A. fr. *perece,* lat. *pigritia,* de *piger,* «paresseux».

paresser [paʀese] v. intr. [1] Se laisser aller à la paresse; ne rien faire. *Paresser dans son lit.* – Du préc.

paresseusement [paʀɛsøzmɑ̃] adv. **1.** Avec paresse. **2.** Fig. Avec lenteur. *Rivière qui coule paresseusement.* – De *paresseux.*

paresseux, euse [paʀɛsø, øz] adj. et n. **1.** Qui aime à éviter le travail, l'effort. *Être paresseux comme un loir, comme une couleuvre.* ▷ Subst. *Un paresseux, une paresseuse.* **2.** Qui dénote une certaine paresse. *Gestes paresseux.* ▷ MED Dont l'activité est anormalement faible, lente. *Intestin paresseux.* **3.** n. m. ZOOL Mammifère xénarthre aux mouvements très lents (genre *Cholœpus* comprenant les unaus et genre *Bradypus* comprenant les aïs). – De *paresse.*

paresthésie [paʀɛstezi] n. f. MED Trouble de la sensibilité; anesthésie légère. – De *para-* 1, et gr. *aisthêsis,* «sensation, perception».

parfaire [paʀfɛʀ] v. tr. [9] **1.** Compléter en ajoutant ce qui manque. *Parfaire une somme.* **2.** Achever, mener jusqu'à son terme. *Parfaire un ouvrage.* – Du lat. *perficere,* d'après *faire.*

parfait, aite [paʀfɛ, ɛt] adj. et n. **A.** adj. **I. 1.** Qui réunit toutes les qualités; sans nul défaut. *Ce travail est parfait.* **2.** Aussi accompli qu'il est possible, qui ne saurait être amélioré, dépassé dans son genre. *Un travail parfait.* ▷ Irréprochable. *Sa mère a été parfaite en toutes circonstances.* **II. 1.** Complet, total; qui correspond exactement à un modèle, un idéal. *Vivre dans une tranquillité parfaite. Filer le parfait amour.* – Iron. *Un parfait imbécile.* ▷ MATH *Nombre parfait:* nombre égal à la somme de ses diviseurs. (Ex.: $6 = 1 + 2 + 3$.) **2.** PHYS *Gaz* parfait.* **3.** MUS *Accord parfait,* formé de la tonique, de la tierce et de la quinte (do, mi, sol, dans le ton de do majeur). **B.** n. **I.** n. m. LING Aspect* du verbe présentant l'action non pas dans son déroulement mais comme achevée, ou comme un procès pur, indépendemment de toute relation temporelle. Syn. perfectif. **II.** n. m. Crème glacée, généralement à un seul parfum. *Parfait au café.* **III.** HIST Initié cathare jugé digne de recevoir l'Esprit par l'imposition des mains *(consolamentum)* et qui par là même s'engageait à suivre les voies les plus rigoureuses du catharisme. – Pp. du v. *parfaire,* d'ap. lat. *perfectus.*

parfaitement [paʀfɛtmɑ̃] adv. **1.** De manière parfaite. **2.** D'une manière absolue, complète. **3.** (Employé comme particule affirmative.) Oui, certainement, assurément. *Vous viendrez? – Parfaitement!* – Du préc.

parfilage [paʀfilaʒ] n. m. TECH, anc. Action de parfiler; son résultat. – De *parfiler.*

parfiler [paʀfile] v. tr. [1] TECH **1.** Orner de filets. **2.** Anc. Défaire fil à fil (un tissu riche) pour récupérer l'or et l'argent. – De l'anc. v. *pourfiler,* de *filer.*

parfois [paʀfwa] adv. Quelquefois, de temps à autre. – De l'a. fr. *par fois,* «par moments».

parfondre [paʀfɔ̃dʀ] v. tr. [5] TECH Incorporer par fusion des oxydes colorants à l'émail ou au verre. – De *par(a)*-1, et *fondre.*

parfum [paʀfœ̃] n. m. **1.** Odeur aromatique qui s'exhale d'une substance. *Le parfum du muguet, de la rose.* **2.** Substance odorante, naturelle ou synthétique; mélange de ces substances. *Un flacon de parfum.* **3.** Arg. *Être au parfum:* être au courant. – Déverbal de *parfumer,* ou de l'ital. *perfumo.*

parfumé, ée [paʀfyme] adj. **1.** Qui exhale un parfum agréable. **2.** Qui a une saveur prononcée. *Une pê-*

che parfumée. **3.** Qui est imprégné de parfum. – Pp. de *parfumer.*

parfumer [paʀfyme] v. tr. [1] **1.** Remplir d'une bonne odeur. *Les fleurs parfument l'air.* **2.** Répandre du parfum sur. *Parfumer son bain.* ▷ v. pron. Imprégner ses vêtements, son corps de parfum. *Vous parfumez-vous souvent?* **3.** Aromatiser (un mets). – Ital anc. *perfumare,* du lat. *fumare,* «fumer»; les parfums primitifs étant les fumées odorantes obtenues par combustion de bois ou d'écorces.

parfumerie [paʀfymʀi] n. f. **1.** Fabrication, commerce des parfums et des produits de beauté. **2.** Ensemble des professionnels de la parfumerie. – De *parfum.*

parfumeur, euse [paʀfymœʀ, øz] n. **1.** Fabricant, créateur de parfums. **2.** Personne qui vend des parfums, des produits de beauté. – De *parfum.*

parhélie ou **parélie** [paʀeli] n. f. Didac. Phénomène lumineux ayant l'apparence d'une tache colorée, dû à la réflexion des rayons du Soleil dans les nuages formés de cristaux de glace. – Lat. *parelion,* du gr. *parêlios,* «qui est à côté du soleil».

pari [paʀi] n. m. **1.** Gageure, promesse réciproque par laquelle plusieurs personnes, qui soutiennent des avis contraires, s'engagent à payer une certaine somme à celui qui se trouvera avoir raison. **2.** Jeu d'argent dans lequel les gains reviennent aux joueurs qui ont désigné par avance le gagnant ou les concurrents les mieux placés d'une compétition (d'une course de chevaux ou de lévriers, notam.). – Fig. *Les paris sont ouverts:* se dit à propos d'une affaire incertaine sur l'issue de laquelle les opinions sont partagées. **3.** PHILO *Pari de Pascal:* argument des *Pensées* destiné aux incroyants et qui montre la disproportion des enjeux selon que l'on croit ou non à l'existence de Dieu: «Si vous gagnez (Dieu existe), vous gagnez tout; si vous perdez (Dieu n'existe pas), vous ne perdez rien.» – Déverbal de *parier.*

paria [paʀja] n. m. En Inde, individu hors caste, considéré comme appartenant au dernier degré de l'échelle sociale, privé de droits, contraint de vivre exclu. V. intouchable. *La classe des parias a été officiellement abolie en 1947.* ▷ Fig., cour. Personne méprisée, exclue du groupe social. – Mot portug., tamoul *parayan,* «joueur de tambour», ces musiciens étant considérés comme impurs parce qu'ils accompagnent les morts dans les cortèges funèbres.

pariade [paʀjad] n. f. **1.** ZOOL Saison où les oiseaux s'apparient pour l'accouplement; cet accouplement. **2.** *Par ext.* Couple d'oiseaux. – De *parier,* au sens anc. de «apparier».

pariage [paʀjaʒ] ou **paréage** [paʀeaʒ] n. m. FEOD Convention passée entre deux seigneurs, le plus puissant assurant la protection du plus faible en échange d'une partie des revenus de sa seigneurie. – Du bas lat. *pariare,* «aller de pair».

parian [paʀjɑ̃] n. m. TECH Porcelaine imitant le marbre de Paros. – Mot angl., «de Paros (île grecque des Cyclades)».

paridés [paʀide] n. m. pl. ZOOL Famille d'oiseaux passériformes comprenant les mésanges. – Du bas lat. *parus,* class. *parra,* «mésange».

paridigités [paʀidiʒite] n. m. pl. ZOOL Syn. de *artiodactyles.* – Du lat. *par,* «égal, pareil», et *digitus,* «doigt».

parier [paʀje] v. tr. [1] **1.** Faire un pari, une gageure. *Veux-tu parier que j'ai raison?* **2.** Engager (telle somme) dans un jeu d'argent fondé sur la mise en compétition de concurrents (chevaux – ou lévriers – opposés en une course, notam.). *Parier dix dollars sur le favori.* **3.** *Par ext.* Affirmer, soutenir avec assurance. *Je parie que vous êtes sorti hier,* j'en suis à peu près certain. *Il y a gros à parier que...:* il y a de fortes raisons de croire que... – A. fr. *pairier,* «se comparer», refait d'ap. le bas lat. *pariare,* «être égal».

pariétaire [paʀjetɛʀ] n. f. Plante herbacée (genre *Parietaria,* fam. urticacées) qui croît le long des murs. – Du lat. *(herba) parietaria,* de *paries,* «paroi, mur».

pariétal, ale, aux [paʀjetal, o] adj. et n. **I.** adj. **1.** ANAT Relatif à la paroi d'une cavité. *Os pariétal,* ou, n. m., *un, le pariétal:* chacun des deux os qui forment les côtés de la voûte crânienne. **2.** PREHIST. *Peintures, gravures pariétales préhistoriques,* faites sur les parois rocheuses des grottes. **II.** n. f. pl. *Pariétales:* groupe de plantes dicotylédones, dont les placentas sont logés dans les parois du pistil. – Sing. *Une pariétale.* – Du lat. *paries, parietis,* «paroi».

parieur, euse [paʀjœʀ, øz] n. Personne qui parie. – De *parier.*

parigot, ote [paʀigo, ɔt] n. et adj. Fam. Parisien. – De *Paris,* et suff. arg. *-got.*

paripenné, ée [paʀipɛnne] adj. BOT *Feuille paripennée:* feuille pennée dont le nombre de folioles est pair (pois, vesce). – Lat. *par,* «pareil», et *penné.*

parisette [paʀizɛt] n. f. Plante herbacée (*Paris quadrifolia,* fam. liliacées) à fleurs vertes ou jaunes dont le fruit charnu et bleuâtre est appelé cour. *raisin-de-renard.* – Dimin. de *Paris,* de son nom rég. «herbe-à-Paris».

parisianisme [paʀizjanism] n. m. **1.** Expression, tour propres au français parlé à Paris. **2.** Manière d'être, habitude de vie propre aux Parisiens. ▷ Péjor. Ensemble des caractéristiques propres au cercle fermé des intellectuels parisiens à la mode. – De *parisien.*

parisien, ienne [paʀizjɛ̃, jɛn] adj. **1.** De Paris. ▷ Subst. Habitant de Paris. **2.** Qui est caractéristique de la vie mondaine de Paris. *Une soirée bien parisienne.* – De *Paris.*

parisis [paʀizi] adj. inv. Vx ou HIST Frappé à Paris, en parlant de la monnaie. *Livre parisis.* – Bas lat. *parisiensis,* du class. *Parisii,* nom d'un peuple de la Gaule établi sur des îles de la Seine autour desquelles s'est construite la ville de Lutèce, devenue Paris.

parisyllabe [paʀisillab] Rare ou **parisyllabique** [paʀisillabik] adj. En latin, se dit d'une déclinaison, d'un mot comptant le même nombre de syllabes au nominatif et au génitif singulier. (Ex. *civis, civis.*) – Du lat. *par,* «pareil», et de *syllabe.*

paritaire [paʀitɛʀ] adj. Qui est formé d'un nombre égal de représentants de chaque partie. *Commission paritaire.* – De *parité.*

parité [paʀite] n. f. **1.** Égalité, similitude parfaite. **2.** FIN Équivalence entre la valeur relative de l'unité monétaire d'un pays et celle de l'unité monétaire d'un autre pays. *La dévaluation réduit la parité d'une monnaie. Parité des changes:* équivalence des cours du change sur deux places. **3.** MATH Caractère pair ou impair. *Parité d'une fonction.* ▷ PHYS *Parité paire ou impaire de la fonction d'onde associée à un système quantique.* – Bas lat. *paritas,* de *par,* «égal, pareil».

parjure [paʀʒyʀ] n. m. **1.** Faux serment; violation de serment. *Commettre un parjure.* **2.** Personne qui fait un faux serment, qui viole son serment. – Lat. *perjurus.*

parjurer (se) [paʀʒyʀe] v. pron. [11] Violer son serment, faire un faux serment. – Lat. *perjurare..*

parka [paʀka] n. f. Longue veste à capuchon, en tissu imperméable doublé. – Mot amér., emprunté à l'eskimo des Aléoutiennes.

parkérisation [paʀkeʀizasjɔ̃] n. f. TECH Procédé de protection des pièces d'acier par revêtement de phosphate ferrique. – N. déposé, du nom de *Parker*.

parking [paʀkiŋ] n. m. Anglicisme V. parc* de stationnement et parcage.

parkinsonien, ienne [paʀkinsɔnjɛ̃, jɛn] MED adj. Relatif à la maladie de Parkinson, affection neurologique dégénérative touchant les noyaux gris du cerveau, qui se manifeste notam. par un tremblement et une diminution de la motricité, et dont le traitement a bénéficié de l'introduction de la dopamine (sous forme de L-Dopa). – Du n. du médecin anglais J. *Parkinson* (1755-1824).

parlant, ante [paʀlɑ̃, ɑ̃t] adj. **1.** Qui parle, qui est doué de parole. **2.** *Par ext.* Expressif. *Des gestes parlants.* ▷ Fig. Très ressemblant (œuvre d'art). *Portrait parlant.* ▷ Évident. *Preuves parlantes.* **3.** Qui est accompagné de paroles. *Cinéma, film parlant,* où les images sont accompagnées de paroles, synchronisées, par oppos. à *cinéma, film muet.* ▷ *Horloge parlante.* – Ppr. de *parler.*

parlé, ée [paʀle] adj. Exprimé par la parole. *La langue parlée et la langue écrite.* – Pp. de *parler.*

parlement [paʀləmɑ̃] n. m. **1.** HIST *Un parlement:* en France, sous l'Ancien Régime, cour souveraine de justice. *Le parlement de Bordeaux, de Paris.* ▷ Ressort de la juridiction d'une telle cour. **2.** L'assemblée ou l'ensemble des assemblées législatives d'un pays. *Le Parlement canadien* (Sénat et Chambre des communes), *québécois* (Assemblée nationale), *anglais* (Chambre des lords et Chambre des communes). – De *parler.*

parlementaire [paʀləmɑ̃tɛʀ] adj. et n. **I.** adj. **1.** HIST Qui est relatif à un parlement (sens 1). **2.** Qui est relatif au Parlement (sens 2). *Commissions, débats parlementaires.* ▷ *Régime parlementaire:* régime politique dans lequel la prépondérance appartient au pouvoir législatif. ▷ *Monarchie parlementaire:* V. monarchie. ▷ *Cité, colline parlementaire,* où sont situés les édifices parlementaires. **3.** Qui est lié aux fonctions de membre du Parlement. *Immunité, indemnité parlementaire.* **II.** n. **1.** Membre d'une assemblée législative. **2.** n. m. Délégué envoyé pour parlementer avec l'ennemi, en temps de guerre. – Du préc.

parlementairement [paʀləmɑ̃tɛʀmɑ̃] adv. Vieilli Conformément aux usages parlementaires. – Du préc.

parlementarisme [paʀləmɑ̃taʀism] n. m. Ensemble des institutions caractérisant les régimes parlementaires. – De *parlementaire.*

parlementer [paʀləmɑ̃te] v. intr. [1] Échanger des propositions pour arriver à une convention quelconque entre adversaires, entre belligérants. ▷ *Par ext.* Discuter longuement. – De *parlement.*

parler [paʀle] v. [1] **I.** v. intr. **1.** Articuler des sons appartenant à une langue; prononcer des mots. *Cet enfant a parlé tôt. Il parle avec un léger zézaiement.* **2.** Manifester sa pensée, ses sentiments par la parole; s'exprimer. *Parler correctement, raisonnablement. Parler en public. – Parler en l'air, à tort et à travers,* sans réfléchir, sans peser ses mots. – *Parler pour qqn,* s'exprimer en son nom, intercéder en sa faveur. ▷ *Par anal.* Manifester ses sentiments, ses pensées, les communiquer par un code autre que la parole. *Les muets parlent par signes.* **3.** Faire des aveux, révéler ce qui devait être tenu secret. *Il a parlé sous la menace.* ▷ *Faire parler qqn,* l'amener à dire ce qu'il voulait tenir caché. **II.** v. tr. indir. **1.** *Parler à (avec) qqn:* s'adresser à qqn, dialoguer avec lui. – Fig. *Parler à un mur:* tenter vainement de convaincre qqn, parler à qqn qui refuse d'écouter. **2.** *Parler de qqch, de qqn:* donner son avis, révéler ses sentiments sur qqch, sur qqn. ▷ *Parler de la pluie et du beau temps:* dire des banalités; s'entretenir de choses et d'autres, sans sujet de conversation précis. **3.** *Parler de qqch à qqn:* s'entretenir avec qqn d'un sujet précis. ▷ Fam. (Marquant l'incrédulité, le doute, l'assentiment ironique.) *Lui, généreux? Vous parlez!* **III.** v. tr. **1.** *Parler une langue,* pouvoir s'exprimer, converser dans cette langue. *Parler couramment le russe et le chinois.* ▷ v. pron. Être parlé. *Le français se parle encore en Louisiane.* **2.** *Parler affaires, peinture, politique, etc.:* s'entretenir d'affaires, etc. **IV.** n. m. **1.** Manière de parler. *Un parler soigné, négligé.* **2.** LING Langue propre à une région, à l'intérieur d'un grand domaine linguistique. *Le parler populaire du Saguenay.* – Du lat. ecclés. *parabolare.*

parleur, euse [paʀlœʀ, øz] n. et adj. **1.** n. Personne qui a l'habitude de parler beaucoup. ▷ Vieilli *Un beau parleur:* une personne qui s'exprime de manière agréable; mod. une personne qui parle avec une élocution affectée, qui s'écoute. **2.** adj. *Oiseau parleur.* – Du préc.

parloir [paʀlwaʀ] n. m. Salle pour recevoir les visiteurs dans les communautés, les prisons, etc. – De *parler.*

parlote ou **parlotte** [paʀlɔt] n. f. Fam. Bavardage oiseux. – De *parler.*

parme [paʀm] adj. inv. et n. m. D'une couleur violet pâle rappelant celle de la violette de Parme. ▷ N. m. *Le parme:* la couleur parme. – De *Parme,* ville d'Italie.

parmélie [paʀmeli] n. f. BOT Lichen (genre *Parmelia*) à thalle foliacé poussant sur les troncs d'arbres, les vieux murs, etc. – Du lat. *parma,* «petit bouclier rond».

parmesan [paʀməzɑ̃] **1.** adj. De la ville de Parme. **2.** n. m. Fromage cuit à pâte très dure, de texture granuleuse, au goût et au parfum prononcés, fabriqué à l'origine dans la région de Parme (Italie). – Ital. *parmigiano,* «de Parme».

parmi [paʀmi] prép. **1.** Au milieu de, entre. *Se frayer un passage parmi les nombreux visiteurs.* **2.** Au nombre de. *Il compte parmi mes amis.* – De *par,* et *milieu.*

Parnasse (le) [paʀnas] n. m. **1.** Vx Le séjour des poètes. **2.** Litt. (collect.). Les poètes, la poésie, leur monde symbolique. **3.** Mouvement littéraire apparu en réaction contre le romantisme, qui commença à s'exprimer en 1866 dans un recueil, «Le Parnasse contemporain», et qui élabora une poésie ayant pour fondement le culte de la beauté impassible – l'art pour l'art –, les recherches érudites, le goût du passé et des descriptions objectives de la réalité extérieure. – Lat. *Parnassus,* séjour d'Apollon et des Muses.

parnassien, ienne [paʀnasjɛ̃, jɛn] n. et adj. Poète du groupe du Parnasse. – Adj. *Un poète parnassien.* – De *Parnasse.*

parodie [paʀɔdi] n. f. **1.** Vx Couplet fait sur un air connu. **2.** Imitation burlesque d'une œuvre littéraire célèbre. Syn. pastiche. **3.** *Par ext.* Imitation grotesque, cynique. *Il a été fusillé après une parodie de procès.* – Lat. *parodia,* mot gr., de *para,* «à côté», et *odê,* «chant».

parodier [paʀɔdje] v. tr. [1] **1.** Faire la parodie de (une œuvre). **2.** Imiter (qqn), contrefaire ses gestes, ses manières. – Du préc.

parodique [paʀɔdik] adj. Qui appartient à la parodie, qui est de la nature de la parodie. – De *parodie.*

parodiste [paʀɔdist] n. Auteur de parodies. – De *parodie.*

parodonte [paʀɔdɔ̃t] n. m. ANAT Ensemble des tissus de soutien (gencives, ligaments, etc.) qui fixent la dent au maxillaire. – De *par(a)-* 1, et du gr. *odous, odontos,* «dent».

parodontologie [paʀɔdɔ̃tɔlɔʒi] n. f. Partie de l'art dentaire qui concerne les maladies du parodonte. – De *parodonte,* et *-logie.*

parodontose [paʀɔdɔ̃toz] n. f. MED Affection qui atteint le parodonte. – De *parodonte,* et *-ose* 2.

paroi [paʀwa] n. f. **1.** Cloison séparant deux pièces contiguës. ▷ Surface interne d'un objet creux. *Paroi d'un vase.* ANAT Partie qui limite une cavité du corps. *Paroi nasale.* **2.** Surface latérale d'une excavation, d'une cavité naturelle. *Les parois d'une grotte.* **3.** Versant montagneux abrupt et sans aspérités. – Lat. *paries.*

paroisse [paʀwas] n. f. **1.** Territoire sur lequel un curé, un pasteur exerce son ministère. *Le curé de la paroisse.* **2.** En milieu rural, municipalité dont les limites coïncident généralement avec celles d'une paroisse ecclésiastique. *Le maire de la paroisse.* **3.** (Collectif.) Les habitants d'une paroisse. – Lat. ecclés. *parochia,* «diocèse», du gr. *paroikos,* «voisin, étranger».

ENCYCL La province de Québec compte près de 1 800 paroisses catholiques. L'érection canonique des plus récentes remonte aux années 1970 alors que d'autres datent du XVIIe siècle. Les paroisses regroupent des communautés rurales, des quartiers urbains et même, dans certaines villes, des groupes ethniques particuliers. Les toponymes qui servent à les nommer, sélectionnés dans le catalogue des saints et adaptés à l'histoire locale, donnent des saveurs particulières au paysage québécois, comme Saint-Tite-des-Caps ou Saint-Patrice-de-la-rivière-Pentecôte.

La paroisse est l'une des composantes de base de l'Église catholique. Selon le droit canon, quatre éléments en déterminent l'existence: une communauté de fidèles, une église, un curé et un territoire déterminé. Les caractéristiques de l'organisation de la paroisse demeurent pratiquement inchangées depuis l'époque de la Nouvelle-France. Son rôle reste toutefois variable selon les lieux et les époques et est lié à l'évolution générale de la société québécoise.

Cette unité administrative assure d'abord un statut juridique à l'individu par l'enregistrement du baptême, du mariage et de la sépulture des fidèles. Les registres d'état civil du Québec, conservés depuis le XVIIe siècle, sont d'ailleurs parmi les plus anciens et les plus complets de l'Occident chrétien, ce qui s'explique par le dépôt d'une copie des documents à l'État, à partir de 1679, et de bonnes conditions de conservation, comme l'absence de révolution ou de guerre destructrice.

La paroisse est d'abord le cadre de juridiction d'un curé, nommé par l'évêque du diocèse. Dans le passé, sa tâche pastorale s'étendait souvent à toutes les activités sociales de la paroisse. Fondateur de collège, directeur de troupes de théâtre, éducateur, initiateur de sociétés coopératives, le curé demeure un animateur privilégié des ressources paroissiales. Ses revenus sont principalement ceux de la dîme, fixée au vingt-sixième des produits de la terre dans les paroisses rurales jusqu'au début du XXe siècle. Le paiement de la dîme reste encore obligatoire par les lois actuelles, mais son versement est désormais volontaire.

La fabrique, composée de marguilliers élus, est responsable de l'administration des biens de la paroisse. Les constructions et les améliorations des bâtiments religieux (église, presbytère, sacristie) sont confiées à des syndics élus par les habitants. Ces charges, qui sont aujourd'hui occupées par des bénévoles, étaient jadis associées à l'exercice du pouvoir local.

Les premières délimitations de paroisses datent de 1683. Mais ce n'est qu'en 1722 que le roi de France en fixe les grands principes par un découpage systématique des deux rives du fleuve Saint-Laurent, couloir principal du peuplement. Cette initiative, considérée par l'Église comme un empiètement sur le droit canon, aura des répercussions sur la jurisprudence de l'Église en ce domaine, surtout après la conquête britannique de 1760. L'arrivée d'un gouvernement protestant, qui entraîne aussi celle d'immigrants de religion anglicane, presbytérienne et méthodiste, vient briser l'homogénéité religieuse. Les premières paroisses protestantes reconnues officiellement remontent à 1822.

La couronne britannique dispute toutefois pendant près de soixante années le droit de l'Église catholique d'ériger des paroisses et même d'en nommer les curés. Une lente évolution permet finalement à celle-ci d'obtenir la reconnaissance officielle de ces droits à partir de 1824. Depuis 1835, l'État confirme l'existence légale de la paroisse par l'émission d'une proclamation qui lui confère un statut de paroisse civile.

Preuve de son importance comme fondement de l'organisation communautaire, la paroisse est associée à l'évolution de plusieurs institutions locales: la milice, les écoles et les communautés religieuses. Mais c'est dans l'instauration du régime municipal, à partir du milieu du XIXe siècle, que la paroisse exerce le plus son influence en donnant aux municipalités de paroisses plusieurs de ses caractéristiques, notamment les limites et l'appellation, souvent identiques, qui sont parmi les plus perceptibles de l'extérieur.

Plusieurs groupes et institutions se sont inspirés de la paroisse comme milieu d'encadrement pour établir leurs activités, par exemple les anciennes sociétés agricoles et de colonisation, les nombreuses associations volontaires actuelles (ordre des Chevaliers de Colomb, cercle des Fermières), qui sont souvent encouragées par le curé de la paroisse. Il faut rappeler en outre que les succursales de l'une des principales institutions financières du Québec moderne, le Mouvement Desjardins, empruntent le plus souvent le nom d'une paroisse. Espace symbolique par le clocher de son église qui marque encore l'horizon des villes et des campagnes, la paroisse conserve pour plusieurs les mêmes valeurs communautaires que pour leurs ancêtres.

paroissial, ale, aux [paʀwasjal, o] adj. Propre ou relatif à une paroisse. *Salle paroissiale. Feuillet paroissial.* – Du préc.

paroissien, ienne [paʀwasjɛ̃, jɛn] n. **1.** Fidèle, habitant d'une paroisse. ▷ Fam., vieilli *Un drôle de paroissien:* un drôle de bonhomme. **2.** n. m. Missel. – De *paroisse.*

parole [paʀɔl] n. f. **I.** Mot ou ensemble de mots servant à exprimer la pensée. **1.** Discours, propos. *Ne pas dire une parole. Paroles amicales, encourageantes.* **2.** Sentence, expression remarquable et forte d'une pensée originale. *Connaissez-vous cette parole de Socrate?* **3.** Assurance, promesse verbale. *Donner sa parole d'honneur. Être homme de parole.* ▷ *N'avoir qu'une parole:* s'en tenir à ses premières conditions. ▷ *Sur parole:* sur la foi de la promesse donnée. *Prêter sur parole.* ▷ fam. *Parole d'honneur! Parole!* (pour insister sur la véracité d'une déclaration). ▷ Plur. Promesses vagues. *Assez de belles paroles!* **4.** Plur. Le texte d'une chanson, d'un opéra (par oppos. à la musique). *L'air et les paroles.* **II. 1.** La faculté de parler, d'exprimer la pensée au moyen de la voix. *L'homme seul est doué de la parole. Avoir le don de la parole,* parler, s'exprimer naturellement avec facilité. **2.** LING Utilisation, mise en acte du code qu'est la langue par les sujets parlants, dans les situations concrètes de communication. *Langue et parole, code et message.* **3.** RELIG *La parole de Dieu* ou, absol., *la parole :* l'Écriture sainte. – Lat. pop. **paraula,* lat. ecclés. *parabola,* «comparaison».

parolier, ière [paʀɔlje, jɛʀ] n. Auteur de textes destinés à être mis en musique, de paroles de chansons.

Le parolier et le compositeur. Le parolier d'un opéra (V. librettiste). – De *parole.*

paronomase [paʀɔnɔmaz] n. f. RHET Figure qui assemble des mots de sens différents mais de sonorités voisines. (Ex.: *Qui se ressemble s'assemble. Qui terre a, guerre a.*) – Lat. *paronomasia,* mot grec.

paronyme [paʀɔnim] n. m. Didac. Mot offrant une certaine ressemblance de forme et de prononciation avec un autre. (Ex.: *avènement* et *événement; rémunération* et *énumération.*) – Gr. *parônumos.*

paronymie [paʀɔnimi] n. f. Didac. Caractère des termes paronymes. – Gr. *parônumia.*

paronymique [paʀɔnimik] adj. Didac. Qui a rapport aux paronymes. – De *paronyme.*

parotide [paʀɔtid] n. f. ANAT Glande salivaire placée devant l'oreille, près de l'angle inférieur du maxillaire. – Lat. *parotis, parotidis,* du gr., «près de l'oreille».

parotidien, ienne [paʀɔtidjɛ̃, jɛn] adj. ANAT Qui a rapport à la parotide. – Du préc.

parotidite [paʀɔtidit] n. f. MED Inflammation de la parotide. – De *parotide,* et *-ite* 1.

parousie [paʀuzi] n. f. THEOL Second avènement du Christ, lorsqu'il redescendra sur Terre à la fin des siècles. – Gr. *parousia,* «présence».

paroxysme [paʀɔksism] n. m. **1.** MED Période pendant laquelle les symptômes d'une maladie se manifestent avec le plus d'intensité. **2.** Point le plus aigu (d'une passion, d'une sensation, etc.). *Paroxysme de la colère, du plaisir.* – Gr. méd. *paroxusmos,* de *oxumein,* «aiguiser, exciter».

paroxysmique [paʀɔksismik] adj. Didac. Relatif au (à un) paroxysme. – Du préc.

paroxystique [paʀɔksistik] adj. MED ou litt. Qui présente un (des) paroxysme(s). – De *paroxysme.*

paroxyton [paʀɔksitɔ̃] adj. LING Qui porte l'accent (accent aigu de hauteur ou accent d'intensité) sur l'avant-dernière syllabe. – Gr. *paroxutonos.*

parpaing [paʀpɛ̃] n. m. Pierre, moellon qui tient toute l'épaisseur d'un mur. ▷ *Par ext.* Élément de construction préfabriqué, parallélépipède en aggloméré, généralement creux. – A. fr. *perpein,* «direction de la longueur», du lat. pop. **perpetaneus,* de *perpes, perpetis,* «ininterrompu, continuel».

parquer [paʀke] v. tr. **[1] 1.** Mettre dans un parc, dans une enceinte. *Parquer des bestiaux, un véhicule. – Parquer des prisonniers.* **2.** Garer un véhicule. – De *parc.*

Parque [paʀk] n. f. **1.** Chacune des trois divinités qui présidaient à la destinée, dans la myth. romaine. **2.** Litt. *La Parque:* la mort, la destinée humaine. – Lat. *Parca.*

parquet [paʀkɛ] n. m. **I. 1.** Revêtement de sol constitué de lames de bois assemblées. *Un parquet bien ciré.* **2.** MAR *Parquet de chauffe:* ensemble de plaques métalliques formant galerie de circulation dans la salle des machines d'un navire. **II.** Enceinte où se réunissent les agents de change dans une Bourse. **III.** Vx. *Parquet d'élevage:* enclos où la volaille est élevée en liberté. – Dimin. de *parc.*

parquetage [paʀkətaʒ] n. m. TECH Action de parqueter. – Ouvrage de parquet. – De *parqueter.*

parqueter [paʀkəte] v. tr. **[23]** TECH Revêtir d'un parquet. – De *parquet.*

parqueterie [paʀkɛtʀi] n. f. TECH Art de fabriquer ou de poser les parquets. – De *parquet.*

parqueteur [paʀkətœʀ] n. m. TECH Ouvrier spécialisé dans la fabrication ou pose de parquets. – De *parqueter.*

parqueur, euse [paʀkœʀ, øz] n. **1.** AGRIC Personne qui soigne les bestiaux parqués. **2.** TECH Ostréiculteur qui travaille dans un parc (sens 2). – De *parquer.*

parrain [paʀɛ̃] n. m. **1.** Celui qui, s'étant engagé à veiller sur l'éducation religieuse d'un enfant, le tient sur les fonts baptismaux. **2.** Celui qui préside à la cérémonie du baptême d'un navire, d'une cloche. **3.** Celui qui introduit un nouveau membre dans un cercle, une association. **4.** Celui qui présente et défend un projet de loi au Parlement. – Lat. ecclés. *patrinus,* de *pater,* «père» d'ap. *marraine.*

parrainage [paʀɛnaʒ] n. m. **1.** Qualité, obligations du parrain ou de la marraine. **2.** Caution morale donnée par qqn. *Parrainage d'une œuvre de bienfaisance.* – Du préc.

parrainer [paʀɛne] v. tr. [1] Accorder son parrainage à (qqch, qqn). – De *parrain.*

1. parricide [paʀisid] n. m. Crime de celui qui tue son père, sa mère ou tout autre de ses ascendants. – Lat. *parricidium.*

2. parricide [paʀisid] n. Personne qui a commis un parricide. ▷ Adj. *Fils parricide.* – Lat. *par(r)icida.*

parsec [paʀsɛk] n. m. ASTRO Unité de longueur égale à la distance à la Terre d'une étoile dont la parallaxe annuelle serait d'une seconde d'angle (1 parsec = 3,2615 années de lumière; soit $3{,}08568.10^{13}$ km). – De *par(allaxe),* et *sec(onde).*

parsemer [paʀsəme] v. tr. **[19] 1.** Mettre, jeter çà et là. *Les amis avaient parsemé de roses le parvis de l'église.* ▷ Fig. *Une version latine parsemée d'embûches.* **2.** Être dispersé, éparpillé sur. *Confettis qui parsèment le sol.* – De *par,* et *semer.*

parsi, ie [paʀsi] n. et adj. **1.** En Inde, descendant des anciens Perses resté fidèle à la religion de Zoroastre. ▷ Adj. *Religion parsie.* **2.** n. m. Ancienne langue indoeuropéenne dérivant du vieux perse. – Persan *Pārsī,* de *Pārs,* «Perse».

parsisme [paʀsism] n. m. Didac. Religion des parsis. – Du préc.

part [paʀ] n. et loc. adv. **I.** n. f. Partie, fraction d'une chose affectée à qqn, à qqch. *Une part de gâteau. Les parts d'un héritage.* ▷ Loc. fig. *La part du lion,* la plus grosse. – *Faire la part du feu:* sacrifier une partie pour sauver le reste. *Faire la part des choses:* tenir compte des circonstances. ▷ *Avoir part à:* bénéficier d'une part de. *Avoir part à un profit* (ou fig., fam. *au gâteau).* ▷ *Prendre part à:* avoir un rôle actif dans. *Prendre part à une discussion.* – Participer, prendre intérêt à. *Je prends part à votre douleur.* ▷ *Faire part de qqch à qqn,* l'en informer. *Il m'a fait part de ses craintes. – Billet, lettre de faire-part.* V. faire-part. ▷ *Prendre en bonne, en mauvaise part:* interpréter en bien ou en mal. *Il a pris cette observation en mauvaise part.* **II.** loc. adv. **1.** *Quelque part:* dans un endroit quelconque. *J'ai lu cela quelque part.* ▷ Euph. *Aller quelque part,* aux cabinets. *Donner un coup de pied quelque part à qqn,* au derrière. – *Nulle part:* en aucun endroit. *Je ne l'ai trouvé nulle part. – De part et d'autre:* de deux côtés opposés. *Arbres plantés de part et d'autre d'une avenue. – De toute(s) part(s):* de tous côtés. *Les ennemis surgissaient de toutes parts. – De part en part:* en passant complètement à travers. *Le coup d'épée l'a transpercé de part en part. – D'autre part:* d'un autre côté, par ailleurs (souvent en corrélation avec *d'une part*). – *Pour ma part, pour sa part,* etc.: quant à moi, quant à lui, etc. *Pour sa part, il a fait tout ce qu'il a pu. – Pour une part:* dans une certaine mesure. ▷ Loc. prép. *De la part de (qqn)* (pour indiquer de quelle personne provient qqch). *Donnez-lui ceci de ma part.* **2.** *À part:* séparément. *Classer des dossiers à part. – À part moi, à part soi:* en moi-même, en soi-même. *Se dire à part soi que...* ▷ Loc. adj. Qui se distingue des autres. *C'est un en-*

fant à part. ▷ Loc. prép. Excepté. *À part cela, je n'ai rien à lui reprocher.* – Lat. *pars, partis.*

partage [paʀtaʒ] n. m. **I. 1.** Division en plusieurs parts. *Le partage d'un butin, d'une succession.* ▷ *Sans partage* : sans restriction, en entier. **2.** Répartition des suffrages en nombre égal d'un côté comme de l'autre, dans une assemblée délibérante. *Partage des voix.* **3.** MATH *Partage proportionnel:* recherche des nombres proportionnels à un coefficient donné et dont la somme est égale à un nombre donné. **4.** GEOGR *Ligne de partage des eaux:* crête, ligne de plus faible pente séparant deux bassins fluviaux. **II.** Part assignée à qqn. *Recevoir une maison en partage.* ▷ Fig. *Son partage est la solitude.* – De *partir* 1.

partagé, ée [paʀtaʒe] adj. **1.** Divisé, réparti. **2.** Réciproque. *Un amour partagé.* **3.** INFORM *Travail en temps partagé:* mode de traitement dans lequel plusieurs utilisateurs peuvent simultanément faire effectuer leurs travaux par un même ordinateur, des tranches de temps leur étant périodiquement affectées. – Pp. de *partager.*

partageable [paʀtaʒabl] adj. Qui peut être partagé. – De *partager.*

partager [paʀtaʒe] **I.** v. tr. [15] **1.** Diviser en plusieurs parts destinées à être distribuées. *Partager ses biens entre ses enfants.* **2.** Donner une partie de (ce qui est à soi). *Partager son déjeuner avec un ami.* **3.** Avoir en commun avec qqn. *Partager la même chambre.* – Fig. *Partager l'avis de qqn,* être du même avis que lui. **4.** Séparer (un tout) en parties distinctes. *La bissectrice partage un angle en deux parties égales.* **5.** Diviser (un groupe) en partis opposés. *Question qui partage l'opinion.* **6.** (Passif.) Être en proie à des tendances, des sentiments contradictoires. *Être partagé entre la crainte et l'espoir.* **7.** *Être bien, mal partagé:* être avantagé, désavantagé. **II.** v. pron. **1.** Être partagé, divisé. *L'opinion s'est partagée en trois grandes tendances.* **2.** Partager entre soi. *Elles se sont partagé les avantages.* – De *partage.*

partageur, euse [paʀtaʒœʀ, øz] adj. Qui partage volontiers ce qu'il a. – Du préc.

partageux, euse [paʀtaʒø, øz] n. et adj. HIST ou plaisant Partisan d'un partage équitable des biens (et, notam., des terres) entre tous les hommes. – De *partager.*

partance [paʀtɑ̃s] n. f. *En partance:* sur le point de partir, en parlant d'un navire, d'un avion, d'un train, de voyageurs. *Les avions en partance.* ▷ *En partance pour...,* dont la destination est... – De *partir* 2.

1. partant, ante [paʀtɑ̃, ɑ̃t] n. et adj. **1.** n. m. Celui qui part. ▷ SPORT Cheval qui prend le départ d'une course. – Au baseball, lanceur partant. **2.** adj. Fam. *Être partant pour:* être tout à fait disposé à. *Il est partant pour aller au cinéma.* – Ppr. subst. de *partir* 2.

2. partant [paʀtɑ̃] conj. Litt. Par conséquent, par suite. *«Plus d'amour, partant, plus de joie»* (La Fontaine). – De *par,* et *tant.*

partenaire [paʀtənɛʀ] n. **1.** Associé avec qui l'on joue contre d'autres joueurs. *Avoir un bon partenaire au bridge.* **2.** Personne avec qui l'on pratique certaines activités. *La partenaire d'un danseur.* ▷ *Spécial.* Personne qui a des relations sexuelles avec une autre. **3.** Pays ayant des liens politiques, économiques, avec un autre. *Le Canada et ses partenaires commerciaux.* – Sur l'angl., *partner.*

parterre [paʀtɛʀ] n. m. **1.** Partie d'un jardin où l'on cultive des fleurs, des plantes d'agrément. *Un parterre de géraniums.* **2.** Partie d'une salle de théâtre située derrière les places d'orchestre; les spectateurs qui s'y trouvent. *Huées qui viennent du parterre.* – De *par,* «sur», et *terre.*

parthénocarpie [paʀtenɔkaʀpi] n. f. BOT Développement du fruit sans fécondation de l'ovule et donc sans formation de graine. *La parthénocarpie, normale chez l'ananas, la banane, etc., est occasionnelle chez les agrumes, le raisin, le pommier, etc.* – Du gr. *parthenos,* «vierge», et *karpos,* «fruit».

parthénogénèse [paʀtenɔʒenɛz] n. f. BIOL Mode de reproduction animale dans lequel un ovule non fécondé se développe et donne un individu normal. – Gr. *parthenos,* «vierge», et *-génèse.*

ENCYCL La parthénogenèse est habituelle dans certaines espèces animales. Chez les abeilles, la reine peut contrôler la fécondation de ses ovules; ceux qui ne sont pas fécondés donneront des mâles (parthénogenèse *arrhénotoque*), aptes à féconder la nouvelle reine après l'essaimage. Les pucerons présentent aussi un tel phénomène; au printemps toutes les femelles sont parthénogénétiques (parthénogenèse *thélytoque*); à l'automne, seulement, les mâles apparaissent pour assurer la fécondation. La parthénogenèse peut être provoquée artificiellement: par brossage des œufs (ver à soie), par immersion dans l'acide sulfurique ou diverses autres solutions, etc. Chez les vertébrés et chez de nombr. invertébrés, on peut observer un début de développement de l'œuf parthénogénétique provoqué artificiellement, mais celui-ci ne donne jamais un individu viable. La parthénogenèse peut conduire à la disparition complète des mâles (chez certains phasmes et lépidoptères).

parthénogénétique [paʀtenɔʒenetik] adj. BIOL Qui a le caractère de la parthénogénèse. – Du préc.

1. parti [paʀti] n. m. **I. 1.** Groupe de personnes ayant les mêmes opinions, les mêmes intérêts. **2.** Association de personnes organisée en vue d'une action politique. *Le parti québécois.* – Absol. *Le Parti:* en France, le parti communiste. *Avoir sa carte du Parti.* – *Esprit de parti:* partialité en faveur de son parti. **II.** Résolution; solution. *Choisir entre plusieurs partis.* ▷ *Prendre un parti:* arrêter une décision. ▷ *Prendre son parti de qqch,* s'y résigner. ▷ *Prendre parti:* prendre position. *Prendre parti pour ou contre qqn, qqch.* ▷ *Parti pris:* opinion préconçue, préjugé. *Être de parti pris:* montrer de la partialité. **III. 1.** *Faire un mauvais parti à qqn,* lui infliger de mauvais traitements. **2.** Vieilli Personne à marier, considérée par rapport à sa fortune, à sa situation. *Un beau parti.* **3.** *Tirer parti de qqch,* l'utiliser au mieux. – Pp. subst. de *partir* 1.

ENCYCL **Parti politique** Dès le début du XIXe siècle, il existait au Canada des «factions» regroupant des parlementaires et des citoyens ayant des affinités de langue, d'intérêt ou de pensée. Le parti patriote (1828-1837) mérite le nom de premier véritable parti politique puisqu'il a un programme, un chef et un objectif précis: prendre le pouvoir. Les grands partis politiques modernes sont apparus plus tard, sous l'Union. La reconnaissance de la responsabilité ministérielle les a rendus nécessaires. En 1854, des groupes qui avaient précédemment vécu des alliances fragiles forment le parti libéral-conservateur, devenu ensuite le parti conservateur, tandis que les libéraux radicaux, les Rouges, sont les ancêtres lointains du parti libéral. Après la Confédération, l'aile québécoise du parti conservateur prend le pouvoir à Québec et le conserve de façon presque continue pendant trente ans (1867-1897). Les Libéraux dominent ensuite jusqu'à ce que des dissidents s'allient aux Conservateurs pour former l'Union nationale qui prend le pouvoir (1936) et le conserve, sauf une brève interruption (1939-1944), jusqu'en 1960. Depuis, le parti libéral (1960-1966, 1970-1976 et depuis 1985), l'Union nationale (1966-1970) et le parti québécois (1976-1985) se sont succédé, aucun ne conservant le pouvoir pendant plus de deux mandats.
Le Québec est revenu au bipartisme après avoir brièvement, durant les années soixante-dix, vu quatre

partis se partager les sièges de l'Assemblée nationale. En fait, plusieurs partis sollicitent les suffrages – on en compte 17 en 1987 – mais le système électoral, notamment, ne favorise pas leur accession au Parlement. Si l'un des deux partis dominants a changé, le parti québécois supplantant l'Union nationale qui avait remplacé le parti conservateur, c'est à la faveur de mouvements de dissidence et de fusions impliquant l'un des deux partis majeurs.
Depuis leur apparition dans le système politique, les partis se sont profondément transformés. Aujourd'hui, les principaux partis politiques sont en campagne électorale quasi permanente, ce qui exige une structure possédant des racines dans toutes les circonscriptions. Cette structure est devenue plus ouverte, comme en témoigne le mode de financement populaire auquel tous sont maintenant astreints. Par ailleurs, les partis ne visent plus à diriger l'administration étatique: ce sont plutôt des structures d'encadrement des membres et des instruments d'éducation et de présence auprès de la population. Les partis modernes s'adressent en effet à l'ensemble de la communauté et ils cherchent à prendre position sur le plus grand nombre de sujets possibles.

2. parti, ie ou **ite** [paʀti, it] adj. HERALD Divisé verticalement en deux parties égales. – Pp. de *partir* 1.

3. parti, ie [paʀti] adj. Fam. Ivre. *Être un peu, complètement parti.* – De *partir* 2.

partial, ale, aux [paʀsjal, o] adj. Qui manifeste des préjugés, qui manque d'équité dans ses jugements. – Lat. médiév. *partialis,* de *pars,* «part».

partialement [paʀsjalmɑ̃] adv. Avec partialité. – Du préc.

partialité [paʀsjalite] n. f. Attitude d'une personne partiale. ▷ Par ext. *Partialité d'un jugement.* – Lat. médiév. *partialitas.*

partibus (in). V. in partibus.

participant, ante [paʀtisipɑ̃, ɑ̃t] n. et adj. Qui participe à qqch. *Les participants à un concours.* – Ppr. de *participer.*

participation [paʀtisipasjɔ̃] n. f. **1.** Action de prendre part à qqch; son résultat. *Participation à un débat.* **2.** Fait d'être intéressé (à un profit). *Participation des travailleurs aux bénéfices de l'entreprise.* – Absol. *Promouvoir la participation.* **3.** Action de participer (à une dépense). – Bas lat. *participatio.*

participe [paʀtisip] n. m. Forme adjective du verbe «participant» à la fois de la nature du verbe (il admet des compléments) et de celle de l'adjectif (il peut s'accorder en genre et en nombre et servir d'épithète ou d'attribut). *Le participe présent à valeur d'adjectif (ou adjectif verbal) s'accorde en genre et en nombre avec le nom auquel il se rapporte. – Le participe passé, conjugué avec «être», s'accorde en genre et en nombre avec le sujet; conjugué avec «avoir», il s'accorde avec son complément d'objet direct, quand ce complément le précède.* – Lat. gram. *participium,* de *pars,* «part», et *capere,* «prendre».

participer [paʀtisipe] v. tr. indir. [1] **I.** *Participer à.* **1.** Avoir droit à une part de. *Participer aux bénéfices.* **2.** Prendre part à. *Participer à une manifestation.* ▷ Fig. *Participer à la douleur de qqn.* **3.** Payer une part de. *Participer à un achat.* **II.** *Participer de.* Litt. Tenir de la nature de, avoir certains traits de. *Les plantes carnivores semblent participer à la fois du règne végétal et du règne animal.* – Lat. *participare,* de *particeps,* «qui prend part».

participial, ale, aux [paʀtisipjal, o] adj. Relatif au participe. *Forme participiale.* – *Proposition participiale,* dont le verbe est au participe présent ou passé. – Lat. *participialis.*

particularisation [paʀtikylaʀizasjɔ̃] n. f. Fait de particulariser; son résultat. – De *particulariser.*

particulariser [paʀtikylaʀize] **1.** v. tr. [1] Rendre particulier. *Particulariser un problème.* Ant. généraliser. **2.** v. pron. Se singulariser. – De *particulier.*

particularisme [paʀtikylaʀism] n. m. Attitude d'un groupe social, d'une ethnie qui, appartenant à un ensemble plus vaste, cherche à préserver ses caractéristiques; ces caractéristiques elles-mêmes. *Les particularismes locaux.* – De *particulier.*

particulariste [paʀtikylaʀist] n. Partisan du particularisme. ▷ Adj. Relatif au particularisme. – Du préc.

particularité [paʀtikylaʀite] n. f. **1.** Caractère de ce qui est particulier. *La particularité d'une coutume.* **2.** Trait particulier. *Se distinguer par certaines particularités.* – Bas lat. *particularitas.*

particule [paʀtikyl] n. f. **1.** Minuscule partie d'un corps. *Particules de poussière qui voltigent.* **2.** PHYS NUCL *Particule élémentaire* ou, absol., *particule:* constituant élémentaire et fondamental des atomes (neutron, proton, électron) ou de la lumière (photon). ▷ Corpuscule, de durée de vie généralement courte, apparaissant lors des collisions entre particules élémentaires. ▷ *Particule alpha:* noyau d'hélium ou hélion*. – *Particule bêta:* électron des substances radioactives. **3.** GRAM Petit mot invariable, élément de composition (préfixe, suffixe) ou élément de liaison (conjonction, préposition). **4.** *Particule nobiliaire* ou, absol., *particule:* la préposition *de* qui précède le nom de beaucoup de familles nobles. *Avoir un nom à particule.* – Lat. *particula,* dimin. de *pars,* «part».

ENCYCL **Phys.** – Les particules élémentaires possèdent un certain nombre de caractéristiques correspondant à des grandeurs physiques bien connues (masse, charge, durée de vie) ou liées à la mécanique quantique (spin, parité, etc.). Les particules sont classées en deux grandes familles: **1.** les *fermions,* qui obéissent à la statistique de Fermi-Dirac, comprennent les leptons (neutrino, électron, muon), légers, et les baryons (proton, neutron, etc.), lourds; **2.** les *bosons,* qui obéissent à la statistique de Bose-Einstein, comprennent le photon et les mésons. En outre, on regroupe sous le nom d'hadrons les baryons et les mésons. Les leptons sont responsables des interactions nucléaires faibles, tandis que les hadrons interviennent dans les interactions fortes. Le photon est la particule constitutive de la lumière, et plus généralement des rayonnements électromagnétiques. Certaines particules comme l'électron, le proton et le neutrino sont stables (leur durée de vie est infinie). Le neutron a une durée de vie relativement longue (1 000 secondes) par rapport aux autres particules actuellement connues, dont la durée de vie varie entre le millionième de seconde (muon) et une durée inférieure à 10^{-16} seconde (méson êta). Ces particules peuvent être observées lors des chocs provoqués sur les cibles des accélérateurs de particules. À chaque particule correspond une *antiparticule* de même masse et de charge opposée. L'ensemble des antiparticules est nommé antimatière. Les particules élémentaires ne seraient pas les corpuscules les plus petits que l'on trouve dans la matière. (V. aussi quark).

particulier, ière [paʀtikylje, jɛʀ] adj., n. et loc. adv. **I.** adj. **1.** Propre à une seule personne, une seule chose, un seul groupe. *Usage particulier à un peuple.* **2.** Qui appartient ou est réservé à une seule personne. *Cours particulier. – Secrétaire particulier.* **3.** Qui n'est pas commun, courant. *Un cas très particulier.* **II.** n. **1.** n. m. Ce qui ne concerne qu'une partie d'un tout. *Conclure du particulier au général.* **2.** n. Personne privée (par oppos. à société ou homme public). *Un simple particulier.* ▷ Fam., péjor. Individu, bonhomme, type. *Un drôle de particulier.* **III.** loc. adv. *En particulier.* **1.** Séparément des autres. *Voir* *qqn en particulier.* **2.** Notamment, spécialement. – Lat. *particularis,* de *pars,* «partie».

particulièrement [partikyljɛʀmɑ̃] adv. **1.** En particulier (sens III, 1). **2.** Tout spécialement. *Se sentir particulièrement ému.* **3.** D'une manière privée, intimement. *Je ne la connais pas particulièrement.* – Du préc.

partie [paʀti] **A.** n. f. **I. 1.** Élément, fraction d'un tout. *Les parties du corps. La majeure partie du temps. La première partie d'un livre. – Faire partie de:* être un élément constitutif de. ▷ MATH *Partie d'un ensemble E:* ensemble F inclus dans E. V. partition. ▷ COMPTA *Comptabilité en partie double.* V. double. ▷ GRAM *Les parties du discours.* V. discours. ▷ Vieilli *Les parties honteuses* ou, absol., mod. et fam., *les parties:* les organes génitaux. **2.** MUS Ce qu'une voix, un instrument doit exécuter dans un morceau d'ensemble. *La partie de ténor, de contrebasse.* **3.** Profession, spécialité. *Il est très compétent dans sa partie.* **II.** DR Chacune des personnes qui plaident l'une contre l'autre ou qui passent un contrat l'une avec l'autre. *La partie adverse. Les parties contractantes.* ▷ *Parties belligérantes:* puissances en guerre les unes contre les autres. – Loc. *Prendre qqn à partie,* s'en prendre à lui. *Avoir affaire à forte partie,* à un adversaire puissant, redoutable. **III. 1.** Temps pendant lequel les adversaires sont opposés dans un jeu, un sport. *Une longue partie d'échecs. Une partie de hockey.* **2.** Compétition, lutte. *La partie est inégale.* **3.** Divertissement organisé par plusieurs personnes pour elles-mêmes. *Partie de chasse. Partie de plaisir. Partie de sucre*. –* Loc. *Ce n'est que partie remise:* ce n'est que remis à plus tard. ▷ *Partie carrée:* partie de débauche sexuelle réunissant deux couples. **B.** loc. adv. *En partie:* partiellement. *Alliage composé en partie de cuivre.* – Pp. fém. subst. de *partir* 1.

partiel, elle [paʀsjɛl] adj. **1.** Qui n'est qu'une partie d'un tout. *Somme partielle.* **2.** Qui n'existe, ne se produit qu'en partie. *Éclipse partielle.* ▷ PHYS *Pression partielle* (d'un gaz dans un mélange de gaz): pression qu'aurait ce gaz s'il occupait tout le volume occupé par le mélange. ▷ MATH *Dérivée partielle* (d'une fonction de plusieurs variables): dérivée par rapport à l'une de ces variables. – Lat. médiév. *partialis,* de *pars,* «partie».

partiellement [paʀsjɛlmɑ̃] adv. D'une façon partielle. – Du préc.

1. partir [paʀtiʀ] v. tr. [33] Vx Diviser en plusieurs parts. (Usité auj. seulement dans la loc. *Avoir maille à partir avec qqn.* V. maille.) – Lat. pop. *partire,* class. *partiri,* «partager».

2. partir [paʀtiʀ] **I.** v. intr. [33] **1.** S'en aller, se mettre en route. *Voyageur, train qui part. Partir à, pour la montagne.* ▷ Fig. *Partir (pour un monde meilleur):* mourir. **2.** Disparaître (choses). *L'émail de la cuvette est parti par endroits.* **3.** Être projeté, envoyé au loin. *Flèche qui part.* ▷ Par ext. *Faire partir un engin,* le faire exploser. *Coup de feu qui part,* qui est tiré. ▷ Fig. *Ma réponse est partie trop vite.* **4.** Commencer. *Bien, mal partir:* bien, mal débuter. *Une affaire qui partait plutôt bien.* **5.** Avoir son origine, son point de départ (dans qqch). *Les rayons d'une roue partent du centre.* ▷ Fig. *Cela part d'un bon naturel.* **6.** Se fonder, s'appuyer (sur qqch). *Partir d'un principe, d'une donnée.* **II.** loc. prép. *À partir de.* **1.** À dater de. *À partir du 1er janvier.* **2.** Au-delà de. *À partir d'ici, la route est mauvaise.* **3.** *Obtenir un produit à partir d'une matière première,* l'en tirer. (Emploi critiqué.) – De l'a. fr. *se partir,* «se séparer (de qqn, d'un lieu)»; du lat pop. *partire,* class. *partiri,* «partager».

partisan, ane [paʀtizɑ̃, an] n. et adj. **I.** n. **1.** Personne qui prend parti pour qqn ou pour un système, une doctrine. *Les partisans du gouvernement au pouvoir, d'un régime politique.* – Qui donne son appui à un sportif, à une équipe sportive. *Les partisans du Canadien de Montréal.* **2.** Combattant de troupes irrégulières. *Partisans qui mènent une guérilla.* **II.** adj. **1.** Qui défend (une opinion). *Elle est partisane du changement.* **2.** Qui manifeste du parti pris. *Une opinion partisane.* – Ital. *partigiano,* de *parte,* «part, parti».

partisannerie [paʀtzanʀi] n. f. Esprit de parti; attitude, action partisane. *Projet de loi discuté sans partisannerie.* – De *partisan* II, 2.

partita [paʀtita] n. f. MUS Pièce pour clavier comprenant une suite de danses ou des variations sur un thème (religieux ou populaire). – De l'ital. *partizione,* «partition».

partiteur [paʀtitœʀ] n. m. TECH Appareil destiné à régler la distribution de l'eau d'un canal d'irrigation entre les divers usagers. – Bas lat. *partitor.*

partitif, ive [paʀtitif, iv] adj. GRAM Qui désigne une partie (par oppos. au tout). *Articles partitifs :* du, de la, des. (Ex.: *Manger du pain.*) – Lat. médiév. *partitivus.*

1. partition [paʀtisjɔ̃] n. f. **1.** Division, partage (d'un territoire). **2.** HERALD Division d'un écu par des lignes. **3.** MATH *Partition d'un ensemble E:* famille de parties non vides de E, disjointes deux à deux, et dont la réunion constitue l'ensemble E. (Tout élément de E appartient à une, et à une seule, des parties de E.) – Lat. *partitio,* «partage».

2. partition [paʀtisjɔ̃] n. f. MUS **1.** Réunion de toutes les parties séparées d'une composition. **2.** Texte d'une œuvre musicale; partie jouée par un instrument. *Partition de hautbois.* – Ital. *partizione.*

partouse ou **partouze** [paʀtuz] n. f. Fam. Partie de débauche sexuelle collective. – De *partie,* sens A, III, 3.

partout [paʀtu] adv. En tout lieu. *Je l'ai cherché partout.* ▷ JEU, SPORT (Quand des adversaires totalisent le même nombre de points.) *Dix partout,* pour chacun. – De *par,* et *tout.*

parturiente [paʀtyʀjɑ̃t] n. f. MED Femme qui accouche. – Lat. *parturiens, parturientis,* de *parturire,* «accoucher».

parturition [paʀtyʀisjɔ̃] n. f. MED Accouchement naturel. – Mise bas des animaux. – Bas lat. *parturitio.*

parulie [paʀyli] n. f. MED Abcès des gencives. – Gr. *paroulis,* de *oûlon,* «gencive».

paruline [paʀylin] n. f. ZOOL Nom scientif. récemment donné à la fauvette d'Amérique. – Du lat. scientif. *parulina,* de *par(ra),* n. donné à de petits oiseaux.

parure [paʀyʀ] n. f. **I. 1.** Action de parer, de se parer. *Passer deux heures à sa parure.* **2.** Ce qui sert à parer (vêtements, bijoux, etc.). *Elle était revêtue d'une magnifique parure.* . ▷ Fig. *N'avoir pour parure que la beauté et la jeunesse.* **2.** Ensemble assorti (sous-vêtements féminins, linge de table, etc.). **3.** Ensemble de bijoux (collier, bracelet, boucles d'oreilles, etc.). *Une parure de perles.* **II.** En boucherie, *parure de graisse:* graisse que l'on retire des morceaux de viande. – De *parer* 1.

parurerie [paʀyʀʀi] n. f. TECH, COMM Fabrication, commerce des bijoux, des ornements de fantaisie. – De *parurier.*

parurier, ière [paʀyʀje, jɛʀ] n. TECH, COMM Personne qui fabrique, vend des articles de fantaisie. – De *parure.*

parution [paʀysjɔ̃] n. f. Fait, pour un article, pour un livre, de paraître, d'être publié. – Du pp. de *paraître.*

parvenir [paʀvəniʀ] v. tr. indir. [39] **1.** Arriver (à un point déterminé) dans une progression. *Parvenir à un croisement, à une phase critique.* **2.** Arriver à destination (chose). *Ce chèque lui est parvenu.* **3.** *Parvenir à* (+ inf.): arriver à. *Je suis parvenu à le décider.* ▷ *Absol.* S'élever dans l'échelle sociale. *Les moyens de parvenir.* – Lat. *pervenire.*

parvenu, ue [paʀvəny] n. et adj. Péjor. Personne qui, s'étant élevée au-dessus de sa condition première, en a gardé les manières. – Pp. subst. du préc.

parvis [paʀvi] n. m. Place ménagée devant la façade principale d'une église. – Du lat. ecclés. *paradisus,* au sens de «parc» (V. *paradis*).

1. pas [pɑ] n. m. **1.** Mouvement consistant à mettre un pied devant l'autre pour marcher. *Marcher à grands pas.* – *Marcher à pas comptés,* lentement, solennellement. *À pas de loup:* silencieusement. ▷ *Pas à pas:* lentement, précautionneusement. ▷ *Faire un faux pas:* trébucher. – Fig. Commettre une faute, une erreur. ▷ Fig. *Faire les premiers pas,* les avances. – *C'est un grand pas de fait,* un gros progrès qui est accompli. **2.** Façon de se déplacer en marchant. *Presser le pas.* – *Cheval qui va au pas,* de son allure la plus lente (par oppos. à *trot,* à *galop*). – Loc. *J'y vais de ce pas,* à l'instant même. ▷ MILIT Manière de marcher réglée pour les troupes. *Marcher au pas.* Fig. *Mettre qqn au pas,* le contraindre à obéir. ▷ CHOREGR Série de mouvements de pieds d'un danseur. *Pas de valse.* – *Par ext.* Ensemble des figures exécutées par un seul danseur ou un petit groupe de danseurs, indépendamment du corps de ballet. *Pas de deux.* **3.** Trace de pied. *Des pas sur le sable.* ▷ *Retourner sur ses pas,* d'où l'on vient, par le même chemin. **4.** Distance que l'on franchit d'un pas. *Il habite à deux pas, à quelques pas,* tout près. **5.** *Le pas d'une porte,* le seuil. **6.** (Dans quelques noms de lieu.) Passage étroit et difficile; détroit. *Le pas de Calais.* ▷ Loc. fig. *Sauter le pas:* trouver le courage de franchir un obstacle. *Se tirer d'un mauvais pas,* d'une situation difficile. **7.** loc. *Céder le pas à qqn,* le laisser passer. *Prendre le pas sur,* prendre le dessus, l'emporter sur. **8.** GEOM Distance entre deux spires consécutives d'une hélice, mesurée le long d'une génératrice. ▷ Distance entre deux filets d'une vis, d'un écrou. *Pas de vis.* ▷ AVIAT *Pas d'une hélice:* distance dont l'hélice avancerait à chaque tour s'il n'y avait aucun glissement dans l'air. – Lat. *passus.*

2. pas [pa] adv. de nég. **I.** En corrélation avec *ne.* **1.** Après le verbe ou après l'auxiliaire. *Je ne parle pas. Je n'ai pas parlé.* **2.** Avant le verbe à l'infinitif et, le cas échéant, avant les pronoms atones. *Ne pas fumer. J'ai décidé de ne pas le faire.* **II.** Empl. seul. **1.** *Ellipt.* Dans une réponse, une exclamation. *Êtes-vous inquiet? Pas tant que vous le pensez. Pas si vite!* **2.** Devant un adj. ou un participe. *Un garçon pas sérieux.* **3.** Fam. Empl. sans la particule *ne. Elle a dit qu'elle savait pas.* **4.** Fam. Abrév. de *n'est-ce pas. Vous y étiez, pas?* – Usage spécialisé de *pas* 1.

1. pascal, ale, als ou **aux** [paskal, o] adj. **1.** Qui concerne la fête de Pâques des chrétiens. *Temps pascal:* V. Pâques. **2.** Qui concerne la Pâque juive. *L'agneau pascal.* – Lat. *paschalis.*

2. pascal, als [paskal] n. m. PHYS Unité de pression du système international (1 Pa = 1 N/m²). – Du nom du mathématicien et philosophe fr. Blaise *Pascal* (1623-1662).

pascalien, ienne [paskaljɛ̃, jɛn] adj. Relatif à la philosophie de Pascal, à ses thèses. – Du n. du mathématicien et philosophe français Blaise *Pascal.*

pas-d'âne [padɑn] n. m. inv. **1.** Tussilage (plante). **2.** MED VET Appareil de contention servant à tenir écartées les mâchoires de certains animaux. **3.** Garde d'épée qui recouvre la main. – De *pas* 1, et *âne.*

pas-de-géant [padʒeɑ̃] n. m. inv. TECH Appareil de gymnastique constitué principalement d'une couronne pivotante fixée à un point élevé (sommet d'un mât, charpente d'un bâtiment, etc.), à laquelle sont accrochées des cordes auxquelles on se suspend pour faire de grandes enjambées en tournant. – De *pas* 1, *de,* et *géant.*

paso doble [pasɔdɔbl] n. m. inv. Danse d'origine sud-américaine sur une musique à deux ou quatre temps. – En esp., «pas redoublé».

pasquinade [paskinad] n. f. Vieilli Raillerie bouffonne et triviale. – Ital. *pasquinata,* de *Pasquino,* nom d'une statue antique sur laquelle on affichait des écrits satiriques à Rome.

passable [pasabl] adj. Qui, sans être vraiment bon, est d'une qualité suffisante. – Spécial. *Mention «passable»* (à un examen). – De *passer.*

passablement [pasabləmɑ̃] adv. **1.** D'une manière passable. **2.** *Par ext.* D'une façon assez considérable. *Il était passablement ivre.* – De *passable.*

passacaille [pasakaj] n. f. Danse à trois temps d'origine espagnole (fin XVIe-déb. XVIIe s.). – Danse de cour, en général à trois temps, à mouvement lent dont on fit usage en France, au XVIIe s., dans le finale des opéras-ballets. – MUS Pièce instrumentale composée pour clavecin ou pour orgue. *La passacaille en ut mineur de J.-S. Bach.* – Esp. *pasacalle.*

passade [pasad] n. f. **1.** Liaison amoureuse de courte durée. ▷ *Par ext.* Caprice, engouement passager. **2.** EQUIT Anc. figure de manège consistant à faire aller et venir le cheval entre deux points au galop. – Ital. *passata,* de *passare,* «passer».

passage [pasaʒ] n. m. **1.** Action, fait de passer. *Le passage d'un col. Le passage d'une frontière.* ▷ *Attendre le passage du car,* le moment où il passe. – *Au passage :* en passant. – *Lieu de passage:* où l'on ne fait que passer, où il passe beaucoup de monde. *De passage:* qui ne reste que très peu de temps. *Il est de passage au Canada.* ▷ (D'un lieu à un autre.) *Le passage du Nouveau-Brunswick à l'île du Prince-Édouard.* – Traversée d'un voyageur sur un navire. *Payer le prix du passage.* ▷ (Changement d'état.) *Le passage de l'état solide à l'état liquide.* **2.** ASTRO Moment où une planète inférieure (Mercure ou Vénus) passe (aux yeux d'un observateur terrestre) devant le Soleil. – *Passage d'un astre au méridien d'un lieu :* moment où il traverse le méridien de ce lieu. Syn. culmination. **3.** Fig. *Examen de passage,* que subit un élève pour être admis dans la classe supérieure. **4.** loc. *Avoir un passage à vide:* être momentanément incapable de poursuivre normalement ses activités (à cause d'une grande fatigue, d'un moment de dépression, etc.). **5.** Endroit par où l'on passe. *Encombrer le passage.* ▷ *Ils se retournaient sur son passage.* ▷ Petite rue souvent couverte, galerie, réservée aux piétons et par laquelle on peut passer d'une rue à une autre. – *Passage souterrain:* tunnel sous une voie de communication. – *Passage à niveau:* endroit où une route coupe, de niveau, une voie ferrée. – *Passage clouté.* – De *passer.*

passager, ère [pasaʒe, ɛʀ] adj. et n. **I.** adj. **1.** Qui ne fait que passer. *Hôte passager.* **2.** Qui ne dure que peu de temps. *Un engouement passager.* **3.** Rare *Rue passagère:* passante. **II.** n. Personne qui, sans en assurer la marche ni faire partie de l'équipage, voyage à bord d'un navire, d'un avion, d'une voiture. *Les matelots et les passagers.* – De *passage.*

passagèrement [pasaʒɛʀmɑ̃] adv. Pour très peu de temps. – De *passager.*

passant, ante [pasɑ̃, ɑ̃t] adj. et n. **I.** adj. **1.** Où il passe beaucoup de monde. *Une rue très passante.* **2.** HERALD Se dit d'un animal représenté en train de marcher. **II.** n. **1.** Personne qui passe à pied dans une rue, dans un lieu. **2.** n. m. Anneau aplati dans lequel passe une courroie, une ceinture. – Ppr. de *passer.*

passation [pasasjɔ̃] n. f. **1.** Action de passer (un acte, un contrat, une écriture comptable). **2.** *Passa-*

tion des pouvoirs: action de passer, de transmettre les pouvoirs. – De *passer;* d'abord *passassion,* «décision».

passavant [pasavɑ̃] n. m. MAR Passage en abord, entre l'avant et l'arrière d'un navire. – De *passer,* et *avant.*

passe [pɑs] n. f. **I.** Lieu où l'on passe. **1.** Chenal étroit. *Navire qui embouque une passe.* **2.** *Être en passe de :* être en position favorable pour; être sur le point de. *Il est en passe de réussir.* – *Être dans une bonne, dans une mauvaise passe:* être dans une bonne, une mauvaise période. **II. 1.** SPORT Action de passer (le ballon, la rondelle) à un coéquipier. *Faire une passe à l'ailier droit.* **2.** ESCR Action d'avancer sur l'adversaire. – Fig. *Passe d'armes:* vif échange d'arguments polémiques. ▷ En tauromachie, mouvement par lequel le matador fait passer le taureau près de lui. **3.** *Passes (magnétiques):* mouvements que fait le magnétiseur avec les mains pour agir sur un sujet. **4.** TECH Chaque passage de l'outil d'une machine-outil dans une opération cyclique. *Usinage en une, deux passes.* **5.** *Mot de passe :* mot qu'on doit savoir pour passer librement, par lequel on se fait reconnaître. **6.** *Maison, hôtel de passe,* de prostitution. **III. 1.** JEU À la roulette, la deuxième moitié des 36 numéros (le zéro étant excepté), soit de 19 à 36 inclus. (Par oppos. à *manque.*) **2.** IMPRIM *Passe, main de passe:* le papier fourni en plus pour couvrir les besoins de la mise en train, des essais, d'un travail d'imprimerie. ▷ Par ext. *Volumes de passe,* sur lesquels l'auteur ne touche pas de droits et qui sont destinés à couvrir divers besoins promotionnels (envois aux journalistes, à la critique, etc.). – Déverbal de *passer.*

1. passé [pɑse] n. m. **1.** Ce qui a été; partie du temps (par oppos. à *présent* et *avenir*) qui correspond aux événements révolus. *Songer au passé. – Par le passé:* autrefois. **2.** *Le passé de qqn,* sa vie écoulée, les événements qui la marquèrent. **3.** GRAM Temps du verbe indiquant que l'événement ou l'état auquel on fait référence est révolu. *Les temps du passé* (imparfait, passé simple, passé composé, plus-que-parfait, passé antérieur). – De *passé* 1.

2. passé [pɑse] prép. Après, au-delà. *Passé dix heures, ne faites plus de bruit. – Passé ce mur, vous serez libre.* – De *passer.*

3. passé, ée [pɑse] adj. **1.** Qui n'est plus; révolu. *Le temps passé. – Il est six heures passées.* **2.** (Couleurs.) Éteint, défraîchi. *Un bleu passé.* Par ext. *La tapisserie est passée.* – Pp. de *passer.*

passe-boule(s) [pasbul] n. m. Jeu constitué d'un panneau représentant un personnage grimaçant dont la bouche démesurément ouverte est destinée à recevoir les boules que lancent les joueurs. *Des passe-boules.* – De *passer,* et *boule.*

passe-crassane [paskʀasan] n. f. inv. Variété de poire d'hiver. *Des passe-crassane.* – De *passer,* et *crassane.*

passe-droit [pasdʀwɑ] n. m. Faveur qu'on accorde contre le droit, contre le règlement, contre l'usage ordinaire. *Des passe-droits.* – De *passer,* et *droit.*

passée [pɑse] n. f. CHASSE **1.** Moment du soir ou de l'aube où certains oiseaux (canards, notam.) se déplacent en bande. **2.** Trace de patte laissée par une bête. – Pp. fém. subst. de *passer.*

passéisme [paseism] n. m. Péjor. Goût exagéré ou exclusif pour le passé. – De *passé* 2.

passéiste [paseist] adj. et n. Péjor. Qui est trop attaché au passé. – De *passé* 2.

passe-lacet [paslasɛ] n. m. Grosse aiguille à long chas et à pointe mousse, servant à passer un lacet (ou un cordon, ou un élastique, etc.) dans un œillet, une coulisse. ▷ Loc. fam. *Raide comme un passe-lacet:* très droit, très raide (en parlant d'une personne). – (Autre sens) Sans argent, sans un sou. *Des passe-lacets.* – De *passer,* et *lacet.*

passement [pasmɑ̃] n. m. Bande de tissu, galon qui borde et orne un habit, des rideaux, etc. – De *passer,* signif. d'abord «passage».

passementer [pasmɑ̃te] v. tr. [1] Orner, border de passements. – De *passement.*

passementerie [pasmɑ̃tʀi] n. f. Commerce, industrie de celui qui fabrique ou qui vend des bandes de tissu, des ganses, des galons, etc., destinés à l'ornement de vêtements, de meubles, etc.; l'ensemble de ces accessoires destinés à l'ornement. – De *passementier.*

passementier, ière [pasmɑ̃tje, jɛʀ] n. et adj. **1.** n. Personne qui fabrique ou qui vend de la passementerie. **2.** adj. De la passementerie. – De *passement.*

passe-montagne [pasmõtaɲ] n. m. Coiffure en tricot, qui enveloppe la tête et le cou, laissant découverts les yeux, le nez et la bouche. *Des passe-montagnes.* – De *passer,* et *montagne.*

passe-partout [paspaʀtu] n. et adj. **I.** n. m. inv. **1.** Clef faite de façon qu'elle puisse ouvrir plusieurs serrures différentes. – Par abrév. *Un passe.* **2.** Cadre à fond mobile qui permet de remplacer facilement la gravure qu'on y a placée. **3.** TECH Scie dont la lame est munie d'une poignée à chaque extrémité de façon à pouvoir être manœuvrée par deux personnes et que l'on emploie dans le sciage des gros arbres, des pierres tendres, etc. **4.** TECH Brosse dont se sert le boulanger pour enlever la farine du pain. **II.** adj. inv. Fig. Qui convient partout, à tout. *Une réponse passe-partout.* – De *passer,* et *partout.*

passe-passe [paspas] n. m. inv. *Tours de passe-passe:* tours d'adresse que font les prestidigitateurs. – Fig. Tromperie adroite. – De l'impér. de *passer* redoublé.

passe-pied [paspje] n. m. Anc. Danse à trois temps, vive et légère. *Les passe-pieds.* – De *passer,* et *pied.*

passe-plat ou **passe-plats** [paspla] n. m. Ouverture ménagée dans la cloison qui sépare une cuisine d'une salle à manger et destinée au passage des plats. *Des passe-plats* – De *passer,* et *plat.*

passepoil [paspwal] n. m. Liséré qui borde certaines parties d'un habit, ou la couture de certains vêtements. *Uniforme à passepoil rouge.* – De *passer,* et *poil,* à cause de «la fente du vêtement par où paraissait le poil de la doublure».

passepoiler [paspwale] v. tr. [1] Orner d'un passepoil. – De *passepoil.*

passeport [paspɔʀ] n. m. **1.** Document délivré à ses ressortissants par l'Administration d'un pays, certifiant l'identité de son détenteur pour lui permettre de circuler à l'étranger. ▷ Spécial. Passeport diplomatique. *Ambassadeur qui demande, qui reçoit ses passeports,* qui sollicite son départ ou qui reçoit l'ordre de quitter le pays auprès duquel il est accrédité. – De *passer,* et *port,* au sens anc. de «issue, passage».

passer [pase] v. [1] **A.** v. intr. (Litt. avec l'auxiliaire *avoir* pour marquer l'action; avec *être* pour marquer un état résultant d'une action. *Rem.:* auj., l'auxiliaire *être* est le plus cour. utilisé dans tous les cas.) **I.** (Déplacement, mouvement continu.) **1.** Être à un moment à tel endroit au cours d'un déplacement. *Il est passé à Montréal hier. L'autobus vient de passer.* – (Avec inf.) *Il est passé nous rendre visite. – Ne faire que passer:* ne rester que très peu de temps. ▷ *En passant:* alors qu'on passe, sans s'attarder. – Fig. *Je vous fais remarquer en passant que... Soit dit en passant.* – Fig. *Il n'hésiterait pas à passer sur le corps de ses meilleurs amis pour réussir.* – Ne pas s'attarder, ne pas insister (sur un sujet). *Passons sur les détails.*

(S. comp.) *Passons!* **2.** Fig. *Passer avant, après:* être plus important, moins important que. *Ses études passent avant tout.* **3.** (Choses.) Traverser. *L'autoroute passe à Trois-Rivières, par Trois-Rivières.* – (En parlant de personnes ou d'objets en mouvement.) *Passer par un endroit,* le traverser au cours d'un déplacement, d'un trajet. ▷ Prendre, emprunter (tel chemin). *Passer par l'escalier de service.* – Fig. *Passer par l'École polytechnique* (au cours de ses études). ▷ Fig. *Une idée qui m'est passée par la tête,* qui m'a traversé l'esprit. ▷ *Passer par:* utiliser, pour servir d'intermédiaire, les services de. *Louer un appartement directement, sans passer par une agence.* **4.** Spécial. *Passer par une épreuve,* la subir. *Je suis passé par là!:* moi aussi, j'ai subi ces mêmes épreuves! *Y passer:* subir une épreuve sans possibilité de s'y dérober. Fam. Mourir. *S'il continue, il va finir par y passer.* **5.** (S. comp.) Continuer son chemin (avec l'idée d'un obstacle à franchir, d'une difficulté à surmonter). *La route est coupée par les inondations, impossible de passer.* – *Laissez passer:* V. laissez-passer (n. m.). ▷ (Aliments.) Fam. Être digéré (avec l'idée d'un obstacle possible à la digestion). *Il peut manger n'importe quoi, ça passe toujours bien.* – Fig., fam. *Le, la sentir passer:* souffrir de qqch de pénible ou de douloureux (comme un repas qui ne passerait pas). *Il l'a sentie passer, sa rage de dents!* ▷ (Abstrait.) (S. comp.) Être admis, accepté. *La loi est passée malgré l'opposition des syndicats.* – (En parlant du comportement, de l'attitude d'une personne.) *Cela peut passer pour cette fois, mais ne recommencez pas.* – Emploi impers. *Passe, passe encore:* on peut admettre, à la rigueur. *«Passe encore de bâtir, mais planter à cet âge!»* (La Fontaine). **II.** (Changement de lieu ou d'état, durable ou définitif.) **1.** Aller d'un lieu à un autre. *Passer de la cuisine au salon.* ▷ Fig. *Passer d'un sujet à un autre.* – Aborder. *Passer à un autre sujet.* ▷ (Choses.) Se transmettre. *Charge héréditaire, qui passe de père en fils.* **2.** Rejoindre un lieu (en fuyant qqch). *Passer dans un pays voisin pour échapper aux recherches.* – Se joindre à. *Passer à l'ennemi.* **3.** (Changement d'état.) *Passer de l'opulence à la misère.* – *Passer de vie à trépas,* et, s. comp., *passer:* mourir. – *Passer de seconde en troisième* (vitesse); *Passer en troisième* (classe). – *Expression qui passe en proverbe,* qui devient proverbiale. ▷ Être promu (à un grade, à un titre, etc.). *Il est passé lieutenant.* – Fig. *Passer maître en l'art de:* devenir très habile à. **III.** (Verbe d'état, auxiliaire *avoir.*) *Passer pour:* être regardé comme. *Il a passé pour un idiot. Cet ouvrage passe pour être excellent.* – *Se faire passer pour:* laisser croire que l'on est... **IV.** (Temporel.) **1.** S'écouler (en parlant du temps). *Les heures qui passent.* **2.** Avoir une fin, une durée limitée. *Les modes passent.* **3.** Finir, disparaître. *La douleur va passer.* – *Style passé de mode,* démodé. **4.** Perdre ses qualités, son intensité (en parlant des couleurs). *Le bleu de cette étoffe a passé au soleil.* **B.** v. tr. **I. 1.** Traverser, franchir (un lieu). *Passer un fleuve à la nage.* **2.** Fig. *Passer un examen:* en subir les épreuves; les réussir. **3.** Aller au-delà, dépasser en laissant derrière soi (un lieu). *Nous avions passé la maison.* – Fig. *Passer les bornes, les limites:* exagérer. ▷ (Temporel.) *Il a passé la date limite d'inscription.* – *Il ne passera pas la nuit :* il ne vivra pas jusqu'au jour (en parlant d'un malade, d'un mourant). **4.** Faire traverser. *Passer de la marchandise en fraude* (à la douane). – Mettre en circulation. *Passer une fausse pièce.* **5.** Filtrer; faire traverser un tamis, un crible à. *Passer du bouillon.* – Fig. *Passer qqch au crible,* l'examiner dans ses moindres aspects. **6.** Employer, laisser s'écouler (un temps). *Passer une heure à faire une chose.* – *Jouer aux cartes pour passer le temps,* pour s'occuper; *à titre de passe-temps,* de divertissement. **7.** Satisfaire, assouvir. *Passer sa colère sur qqn.* **8.** Omettre, sauter. *Passer une ligne, une page. Je vous passe les détails.* – *Passer son tour.* – S. comp. (dans les jeux de cartes). *Je passe!* **9.** Pardonner, tolérer. *Passer tous ses caprices à un enfant.* **II. 1.** Donner, remettre. *Passez-moi les ciseaux.* ▷ Fam. *Il m'a passé sa voiture pour quelques jours,* il me l'a prêtée. *Il m'a passé son vieux vélo après s'en être acheté un neuf,* il me l'a donné. – Fig. *Passer des renseignements à qqn,* les lui communiquer. Syn. (pop.) filer, refiler. ▷ *Passer un coup de fil:* donner un coup de téléphone. – *Passer une personne à une autre* (au téléphone), mettre l'une en communication téléphonique avec l'autre. *Passez-moi Untel!* **2.** *Passer qqch sur:* étendre, étaler (qqch sur qqch d'autre). *Passer une seconde couche de peinture sur un mur.* **3.** Faire aller. *Passer son bras sur les épaules de qqn.* **4.** (Sur un véhicule automobile.) Enclencher (une vitesse). *Passer la troisième.* **5.** Soumettre à l'action de. *Passer la pointe d'une aiguille à la flamme.* – *Passer qqn par les armes,* le fusiller. *Passer qqn à tabac,* le rouer de coups. **6.** *Passer un film,* le projeter. – *Passer un disque à la radio.* **7.** Mettre (un vêtement). *Passer une veste.* **III. 1.** DR, COMM Inscrire (une somme, une écriture comptable). *Passer une écriture.* **2.** DR Dresser, établir (un acte). *Passer commande de tant de pièces à un fournisseur. Passer un accord,* le conclure. **C.** v. pron. **I. 1.** S'écouler dans toute sa durée. *Il faut que jeunesse se passe.* **2.** Avoir lieu. *L'action se passe à Paris. Voilà ce qui s'est passé.* **II.** *Se passer de.* Se priver, s'abstenir de (volontairement ou non). *Se passer de vin.* – *Cela se passe de commentaire:* cela parle de soi-même. – Lat. pop. **passare,* de *passus,* «pas».

passerage [pasʀaʒ] n. f. Plante herbacée (genre *Lepidium,* fam. crucifères) dont on croyait autrefois qu'elle guérissait de la rage. – De *passer,* et *rage.*

passereau [pasʀo] n. m. *Passereaux* ou, par appos., *oiseaux passereaux :* V. passériformes. – Lat. *passer, passeris,* «moineau».

passerelle [pasʀɛl] n. f. **1.** Pont étroit réservé aux piétons. **2.** Plan incliné, sorte de pont léger établi entre un navire accosté et le quai, entre un avion et le terrain d'atterrissage. ▷ MAR Plate-forme couverte située dans la partie la plus élevée des superstructures et d'où est dirigé le navire. – De *passer.*

passériformes [paseʀifɔʀm] n. m. pl. ZOOL Ordre d'oiseaux, le plus important par le nombre d'espèces qu'il comporte. – Sing. *Un passériforme.* – Appos. *Oiseaux passériformes.* – Du lat. *passer, passeris,* «moineau»., et *-forme.*

ENCYCL L'ordre des passériformes est très homogène, car ses représentants ont tous la même morphologie, notam. quatre doigts, dont l'un est dirigé vers l'arrière. Les jeunes vivent dans des nids et présentent un comportement «de mendicité»: ils ouvrent grand leur bec pour obtenir de la nourriture des parents. Les passériformes, cosmopolites, comprennent plus de 5 000 espèces, soit plus de la moitié des oiseaux (8 500 espèces) et par conséquent de nombreuses familles: plocéidés (moineaux), turdidés (merles), corvidés (corbeaux), sylviidés (fauvettes), alaudidés (alouettes), hirundinidés (hirondelles), etc.

passerine [pasʀin] n. f. Petit oiseau passériforme d'Amérique (genre *Passerina*), appelé aussi *bruant.* – Lat. *passer, passeris,* «moineau».

passe-temps [pastɑ̃] n. m. inv. Occupation agréable pour passer le temps; divertissement. – De *passer,* et *temps.*

passeur, euse [pasœʀ, øz] n. **1.** Personne qui conduit un bac, un bateau pour traverser un cours d'eau. **2.** *Par ext.* Personne qui fait passer clandestinement les frontières, traverser les lieux interdits. – De *passer.*

passe-vues [pasvy] n. m. inv. Dans un appareil de projection de diapositives, châssis coulissant, à deux ouvertures, servant à mettre en place successivement les diapositives dans la chambre de projection. – De *passer,* et *vue.*

passible [pasibl] adj. *Passible de :* qui encourt (telle peine). *Être passible d'une amende.* – Bas lat. *passibilis,* de *passus,* pp. de *pati,* «souffrir».

1. passif, ive [pasif, iv] adj. **1.** Dont le caractère essentiel réside dans le fait de subir, de recevoir, d'éprouver. **2.** Qui se contente de subir (l'action), de recevoir (l'impression), sans agir; qui n'agit pas. ▷ *Résistance passive,* non violente, qui agit par la force de l'inertie. **3.** GRAM Se dit des formes verbales qui indiquent que le sujet de la phrase subit l'action (celle-ci étant réalisée par l'*agent*). *La forme passive* (ou, n. m., le *passif*) *se forme avec l'auxiliaire «être» suivi du participe passé du verbe* (ex.: *«Le chat mange la souris»* donne *«la souris est mangée par le chat»*). **4.** *Défense passive:* dispositif militaire destiné à protéger les populations civiles contre les attaques aériennes et, le cas échéant, à porter assistance à ces populations. – Lat. *passivus,* «susceptible de passion», de *pati,* «souffrir, subir».

2. passif [pasif] n. m. Ensemble des dettes et des charges qui pèsent sur un patrimoine. *Le passif et l'actif d'une succession.* – Du préc.

passiflore [pasiflɔʀ] n. f. Liane tropicale ornementale (genre *Passiflora,* fam. passifloracées), qui tire son nom (on l'appelle aussi *fleur de la Passion*) de la forme de ses pièces florales, évoquant les instruments de la Passion: couronne d'épines, clous, lance. – Lat. bot. *passiflora,* «fleur de la passion».

passim [pasim] adv. Çà et là (dans un ouvrage). *Vous trouverez ces références dans tel ouvrage, pages 12, 24 et passim.* – Mot lat., «çà et là».

passion [pasjõ] n. f. **1.** (Le plus souvent au pl.) Mouvement violent de l'âme résultant d'un désir intense, d'un penchant irrésistible. *Être esclave de ses passions.* **2.** Affection très vive, presque irrésistible qu'on éprouve pour une chose. *La passion du jeu.* – Objet de cette affection. *Sa passion, c'est la musique.* **3.** Amour ardent; affection si intense qu'elle peut paraître déraisonnable. *Aimer qqn avec passion.* **4.** Prévention exclusive, opinion irraisonnée, où l'affectivité perturbe le jugement et la conduite. *Le déchaînement des passions politiques.* **5.** (Avec une majuscule.) *La Passion :* les souffrances du Christ sur le chemin de la Croix et son supplice. – Partie de l'Évangile où est racontée la Passion. *La Passion selon saint Matthieu.* ▷ MUS Oratorio ayant pour thème la Passion. *«La Passion selon saint Jean», de J.-S. Bach (1723).* **6.** Vx État, phénomène affectif quelconque. *«Les Passions de l'âme», de Descartes (1649).* – Lat. impér. *passio,* «souffrance».

passionnaire [pasjɔnɛʀ] n. m. LITURG CATHOL Livre qui contient l'histoire de la Passion ou des martyres des saints. – De *passion.*

passionnant, ante [pasjɔnɑ̃, ɑ̃t] adj. Qui passionne. – Ppr. de *passionner.*

passionné, ée [pasjɔne] adj. et n. **1.** Rempli de passion. ▷ Subst. *Un passionné de musique.* **2.** Qui exprime la passion; ardent, fervent. *Un langage passionné.* – Pp. de *passionner.*

passionnel, elle [pasjɔnɛl] adj. Relatif aux passions. – *Spécial.* Déterminé par la passion amoureuse. *Crime passionnel.* – Lat. *passionalis,* «susceptible de douleurs, de passions».

passionnellement [pasjɔnɛlmɑ̃] adv. D'une manière passionnelle. – Du préc.

passionnément [pasjɔnemɑ̃] adv. D'une manière passionnée; avec passion. – De *passionné.*

passionner [pasjɔne] v. tr. [1] **1.** Inspirer un très vif intérêt à (qqn). *Ce problème le passionne.* ▷ v. pron. *Se passionner pour :* prendre un très vif intérêt à. **2.** *Passionner un débat, une discussion,* les rendre plus animés, plus violents en attisant les passions. – De *passion.*

passivation [pasivasjõ] n. f. **1.** TECH Préparation de la surface d'un métal ferreux avant peinture au moyen d'un produit phosphatant. **2.** CHIM Formation d'une couche protectrice d'oxyde insoluble à la surface d'un métal plongé dans de l'acide concentré. – Mot angl.

passivé, ée [pasive] adj. CHIM Qui a subi une passivation. – De *passif.*

passivement [pasivmɑ̃] adv. D'une manière passive. – De *passif.*

passivité [pasivite] n. f. **1.** État, caractère de celui ou de ce qui est passif. **2.** RELIG État passif de l'âme qui laisse agir Dieu, qui se soumet complètement à son action. **3.** CHIM Propriété d'un métal protégé par passivation. – De *passif.*

passoire [paswaʀ] n. f. Ustensile creux, percé de petits trous, servant de filtre pour séparer les aliments solides du liquide qui a servi à les faire cuire, à les conserver, etc. ▷ Fig. *C'est une vraie passoire:* il (elle) oublie tout. – SPORT *Ce gardien de but est une passoire:* ce gardien de but est mauvais, n'arrête pas les tirs. – De *passer.*

1. pastel [pastɛl] n. m. Plante (*Isatis tinctoria,* fam. crucifères) à fleurs jaunes, appelée aussi *guède,* cultivée comme plante fourragère et dont on extrayait autrefois un colorant bleu indigo. ▷ Nom cour. donné aux autres *Isatis.* – Du bas lat. *pasta,* «pâte»; mot provenç.

2. pastel [pastɛl] n. m. **1.** Bâtonnet fait d'une pâte colorée solidifiée (agglomérat de pigments pulvérisés, à base d'argile blanche et de gomme arabique ou de gomme adragante). **2.** Œuvre exécutée au pastel. **3.** En appos. (inv.) *Des tons pastel,* qui ont la douceur, la délicatesse du pastel. – Bas lat. *pastellus,* «sceau en cire»; ital. *pastello.*

pastelliste [pastelist] n. Peintre qui fait des pastels. – Du préc.

pastèque [pastɛk] n. f. Plante d'origine méditerranéenne (*Citrullus vulgaris,* fam. cucurbitacées) cultivée pour ses gros fruits lisses, gorgés d'eau. – Ce fruit, à chair pourpre, blanchâtre ou verdâtre, selon les espèces. Syn. melon d'eau. – Portug. *pateca,* ar. *battīkh.*

pasteur [pastœʀ] n. m. **1.** Vx, poét. Celui qui garde les troupeaux; berger. ▷ ETHN Celui qui vit essentiellement d'élevage. – Appos. *Peuple pasteur.* **2.** *Par métaph.* Conducteur, chef qui exerce sur une communauté humaine une autorité paternelle. ▷ *Le bon pasteur :* le berger symbolique de l'Évangile, qui ramène les brebis égarées. – (avec majuscules) Jésus-Christ. **3.** Vx Prêtre, par rapport aux fidèles. ▷ Mod. Ministre du culte protestant. – Lat. *pastor, pastoris.*

pasteurien, ienne [pastœʀjɛ̃, jɛn] ou **pastorien, ienne** [pastɔʀjɛ̃, jɛn] adj. MED Relatif à Pasteur, à ses découvertes et à leurs applications. – Du nom de Louis *Pasteur,* chimiste et biologiste français (1822-1895).

pasteurisateur [pastœʀizatœʀ] n. m. TECH Appareil servant à la pasteurisation. – De *pasteuriser.*

pasteurisation [pastœʀizasjõ] n. f. Opération qui consiste à chauffer, jusque vers 75 °C, certains liquides fermentescibles (vin, bière, lait, etc.) puis à les refroidir brusquement afin de détruire la plupart des germes pathogènes qu'ils contiennent et d'augmenter ainsi leur durée de conservation. – De *pasteuriser.*

pasteuriser [pastœʀize] v. tr. [1] Soumettre à la pasteurisation. ▷ *Par ext.* Stériliser. – Au pp. *Lait pasteurisé.* – Du n. de Louis *Pasteur* (V. pasteurien).

pastiche [pastiʃ] n. m. Imitation du style, de la manière d'un écrivain, d'un artiste; œuvre littéraire ou artistique produite par une telle imitation. – Lat. pop. **pasticium*; ital. *pasticcio*, «pâté».

pasticher [pastiʃe] v. tr. [1] Faire un pastiche de. – Du préc.

pasticheur, euse [pastiʃœʀ, øz] n. Auteur de pastiches. – Du préc.

pastillage [pastijaʒ] n. m. TECH **1.** Fabrication de pastilles, de comprimés. **2.** Application, sur une céramique en fabrication, d'ornements façonnés séparément. – De *pastille*.

pastille [pastij] n. f. **1.** Petit bonbon ou pilule médicamenteuse de forme généralement ronde et aplatie. **2.** Motif décoratif en forme de disque, de rond. *Foulard à pastilles blanches sur fond grenat.* **3.** TECH Petite pièce rappelant la forme d'une pastille. – Du lat. *pastillum*, «petit pain»; par l'esp.

pastilleur, euse [pastijœʀ, øz] n. **1.** Ouvrier, ouvrière qui fabrique des pastilles. **2.** *Pastilleur* ou *pastilleuse :* appareil, machine à fabriquer des pastilles. – Du préc.

pastis [pastis] n. m. Boisson apéritive à base d'anis, que l'on boit additionnée d'eau. – Du lat. pop. **pasticius*; par l'anc. provenç. *pastitz*, «pâté, pâte».

pastoral, ale, aux [pastɔʀal, o] adj. et n. f. **1.** Litt. Relatif aux bergers, aux pasteurs; qui a les caractères de la vie rustique. *La vie pastorale.* **2.** Qui évoque la vie des pasteurs, des bergers. *Roman pastoral. La symphonie pastorale* ou *La Pastorale:* la sixième symphonie de Beethoven. ▷ N. f. Œuvre littéraire, artistique, musicale, qui met en scène des pasteurs, des bergers, qui traite un sujet champêtre. *Les pastorales peintes par Watteau, par Boucher.* **3.** Relatif à l'activité des pasteurs spirituels. *Lettre pastorale* (d'un évêque) ou, n. f., *une pastorale. – Ministère pastoral.* ▷ N. f. *La pastorale :* l'activité globale des Églises chrétiennes dans leur mission d'évangélisation. – Lat. *pastoralis*.

pastorat [pastɔʀa] n. m. RELIG Dignité, fonction d'un pasteur spirituel, spécial., d'un pasteur protestant. – Durée de cette fonction. – Du lat. *pastor, pastoris*, «pasteur».

pastorien, ienne V. pasteurien.

pastoureau, elle [pastuʀo, ɛl] **I.** n. **1.** Petit berger, petite bergère. **2.** HIST *Les Pastoureaux :* les paysans qui, au XIIIe s., se révoltèrent contre l'autorité féodale et royale. **II.** n. f. **1.** Vx Chanson de bergère. ▷ Une des figures du quadrille ordinaire. **2.** LITTER Genre lyrique du Moyen Âge qui faisait dialoguer un chevalier et une bergère. – Dimin. de l'a. fr. *pastur*, «pasteur, berger».

pastrami [pastʀami] n. m. Viande de bœuf prise dans la ronde, marinée, cuite et fumée légèrement. *Le pastrami est plus assaisonné et moins gras que le smoked-meat.* – Du yiddish, par l'amér.

pat [pat] n. m. inv. JEU Coup, au jeu d'échecs, où le roi n'est pas mis en échec, bien qu'il ne puisse plus bouger sans être pris. *Le pat rend la partie nulle.* – Adj. inv. *Votre adversaire est pat; son roi est pat.* – Du lat. *pactum*, «accord»; ital. *patta*, «quitte» (jeu).

patache [pataʃ] n. f. Anc. **1.** Petit bateau utilisé pour la distribution du courrier et pour la surveillance, dans les ports militaires. **2.** Vx Bateau de la douane. **3.** Anc. Voiture publique inconfortable mais qui permettait de voyager à bon marché. – Mot esp.; probablement de l'ar. *batās*, «bateau à deux mâts».

patachon [pataʃõ] n. m. **1.** Vx Conducteur de patache. **2.** Mod. loc. fam. *Une vie de patachon*, dissolue. – Du préc.

patafioler [patafjɔle] v. tr. [1] Fam., vx, rég. Seulement dans la loc.: *Que le diable te patafiole*, te confonde. – De l'a. fr. *fioler*, «saouler», de *fiole*, et rad. expressif *patt-*.

pataphysique [patafizik] n. et adj. **1.** Didac., plaisant. «Science des solutions imaginaires», d'après son créateur, l'écrivain français Alfred Jarry (1873-1907) dont l'attitude annonce dada, le surréalisme et le théâtre de l'absurde. ▷ Adj. Qui relève de la pataphysique. **2.** adj. Qui relève de connaissances, d'imaginations bizarres. – Terme plaisant créé par A. Jarry, de *(méta)physique* pour *épi-métaphysique*.

patapouf [patapuf] interj. et n. m. **1.** interj. Exprime le bruit d'un corps qui tombe. **2.** n. m. Fam. *Un gros patapouf :* un enfant, un homme gros et lourd. – Onomat.

pataquès [patakɛs] n. m. **1.** Faute de liaison. *Dire «ce n'est pas-t-à-moi* [pɑtamwa] *» (au lieu de «pas à moi* [pɑzamwa]*») est un pataquès.* ▷ *Par ext.* Faute grossière dans le langage; discours confus, inintelligible. **2.** Gaffe, impair entraînant des complications. – Formation imitative ironique, d'après *c'est pas-t-à-moi, je ne sais pas-t-à qui est-ce*.

pataras [pataʀa] n. m. MAR Hauban arrière. – Mot dial., du rad. *patt-* de *patte*.

patate [patat] n. f. **1.** Plante potagère annuelle (*Solanum tuberosum*, fam. solanacées) qui, dans sa partie souterraine, produit des tubercules comestibles très riches en amidon. *Un champ de patates.* ▷ Fam. *Bête* ou *bibite à patate(s):* doryphore, insecte coléoptère qui se nourrit des feuilles de cette plante. ▷ Cour. Le tubercule lui-même. *Éplucher, peler des patates. Une poche de patates. Patates nouvelles*, fraîchement récoltées. – *Patates pilées*, en purée. – *Patates rôties*, qu'on fait revenir dans la poêle. – *Patates brunes* ou *jaunes*, cuites dans le jus d'une viande rôtie. – *Patates fricassées*, cuites en morceaux dans un corps gras (jus des grillades, graisse de rôti). – *Patates au four, patates en robe de chambre*, cuites au four avec la pelure. – *Patates frites*, des frites. «[...] ces patates frites, touchées par les doigts de son idole, il les déposa religieusement dans sa poche de chemise afin de les conserver comme des trésors.» (Pierre Châtillon, *Le fou*, 1975). – *Patates chips:* V. croustilles. Rem. Remplacé par *pomme de terre* dans le langage soigné. **2.** Fig., fam. Loc. *Être dans les patates*, dans l'erreur. – *Faire patate:* échouer, manquer son coup. – *En avoir gros sur la patate*, sur le cœur. – *Patate chaude* (dans les mains d'un politicier, d'un administrateur): question délicate, embarrassante. ▷ Personne niaise, stupide. *Avance, eh! patate!* **3.** *Patate douce:* plante (*Ipomœa batatas*, fam. convolvulacées) cultivée dans les pays chauds pour ses tubercules au goût sucré et pour son feuillage, utilisé comme fourrage vert. – Le tubercule lui-même. – Esp. *batata, patata*, «Ipomœa batatas», d'un mot haïtien.

patati, patata [patati, patata] onomat. fam. qui suggère, par moquerie, un long bavardage inutile. *Et patati! Et patata!* – Onomat.

patatras! [patatʀa] interj. Exprime le bruit d'un corps qui tombe avec fracas. – Onomat.

pataud, aude [pato, od] n. et adj. **1.** n. m. Jeune chien qui a de grosses pattes. **2.** n. Fig., vieilli Personne lourde et lente, maladroite. ▷ Adj. cour. *Allure pataude.* – De *Pataut*, n. pr. d'un chien; de *patte*.

pataugeage [patoʒaʒ] ou **pataugement** [patoʒmɑ̃] n. m. Rare Action de patauger. – De *patauger*.

patauger [patoʒe] v. intr. [15] Marcher dans un endroit bourbeux, sur un sol boueux. ▷ Fig., fam. S'embrouiller, s'empêtrer. *Patauger dans les difficultés.* – De *patte*.

patchouli [patʃuli] n. m. **1.** Plante aromatique d'Asie (*Pogostemon patchouli*, fam. labiées). **2.** Parfum extrait de cette plante. – Angl. *patchleaf*, «feuille *(leaf)* de *patch* (nom hindou de la plante)».

patchwork [patʃwɔʀk] n. m. Pièce de tissu (ou assemblage de carrés tricotés) faite de morceaux, généralement de forme régulière et de couleurs vives, cousus les uns aux autres. *Dessus de lit en patchwork.* – Mot angl. de *work*, «ouvrage», et *patch*, «morceau».

pâte [pɑt] n. f. **I. 1.** Farine détrempée et pétrie dont on fait le pain, les gâteaux, les tartes, etc. *Pâte sablée, brisée, feuilletée. – Rouleau à pâte,* pour rouler la pâte à tarte. – *Colle de pâte,* faite de farine délayée dans de l'eau. ▷ Fig., fam. *C'est une bonne pâte,* une brave personne, de caractère doux et accommodant. – *Mettre la main à la pâte :* participer en personne à l'exécution d'une tâche. **2.** Substance de consistance analogue, résultant d'une préparation. *Pâte à modeler. Pâte à papier. Pâte dentifrice**, *pâte à dents* (calque de l'angl. *toothpaste*). **II.** *Pâtes alimentaires* ou *pâtes :* petits fragments séchés d'une pâte à base de semoule de blé dur, auxquels on donne diverses formes (spaghetti, nouilles, etc.). – Bas lat. *pasta*; gr. *pastê*, «sauce mêlée de farine».

pâté [pɑte] n. m. **1.** Pâtisserie faite de deux couches de pâte renfermant une préparation salée à base de viande, de poisson ou de légumes hachés. *Pâté à la viande, au saumon, aux patates.* **2.** Préparation de viande ou de poisson haché, cuite dans une croûte ou dans une terrine. **3.** *Pâté chinois:* mets composé d'une couche de viande de bœuf hachée cuite avec des oignons et d'une couche de blé d'Inde (en crème ou en grains) recouverte d'une purée de pommes de terre. **4.** Tache d'encre faite sur du papier en écrivant. **5.** *Pâté de maisons:* groupe de maisons accolées, limité par des rues. **6.** *Pâté (de sable) :* petit tas de sable moulé que les enfants façonnent par jeu. – Du préc.

pâtée [pɑte] n. f. **1.** Mélange plus ou moins épais d'aliments variés, dont on nourrit certains animaux domestiques (volailles, chiens, chats, porcs). ▷ Péjor. Soupe trop épaisse. ▷ Nourriture grossière. **2.** Pop. Volée de coups; correction. *On leur a flanqué la pâtée.* – De *pâte*.

1. patelin [patlɛ̃] n. m. Fam. Village, région. – De l'a. fr. *pastiz*, «pacage». V. *pâtis;* d'abord *pacquelin*.

2. patelin, ine [patlɛ̃, in] n. et adj. **1.** n. m. Vx Homme qui cherche à entrer dans les bonnes grâces des gens pour les duper. **2.** adj. Mod. Doucereux, hypocrite. *Air patelin.* – De *Pathelin*, personnage d'une farce célèbre du XVᵉ s.

patelle [patɛl] n. f. **1.** Mollusque gastéropode à coquille conique, comestible, appelé cour. *bernique* ou *bernicle.* **2.** ANTIQ ROM Plat à bords élevés qui servait aux libations. – Du lat. *patella*, «petit plat».

patène [patɛn] n. f. LITURG Vase sacré en forme de petite assiette, qui sert à couvrir le calice et à recevoir l'hostie. – Lat. *patena*, «bassin, plat».

patenôtre [patnotʀ] n. f. **1.** Vx Oraison dominicale. ▷ Vieilli ou plaisant. Prière quelconque. *Réciter, marmonner des patenôtres.* **2.** Vx Suite de paroles confuses, inintelligibles, que l'on répète sans cesse. – Francisation du lat. *Pater noster*, premiers mots de l'oraison dominicale «Notre Père».

patent, ente [patɑ̃, ɑ̃t] adj. **1.** Évident, manifeste. *Une erreur patente.* **2.** HIST *Lettres patentes*, que le roi adressait ouvertes au Parlement. – Lat. *patens*, ppr. de *patere*, «être ouvert; être évident».

patente [patɑ̃t] n. f. **1.** Impôt direct qui était perçu à l'occasion d'une activité industrielle ou commerciale, au profit des départements et des communes. *La patente a été remplacée en 1975 par la taxe professionnelle.* ▷ *Par ext.* Certificat constatant le paiement de cet impôt. **2.** MAR *Patente (de santé) :* certificat constatant l'état sanitaire d'un navire, au départ. ▷ DR *Lettres patentes:* V. lettre. – Ellipse de lettres *patentes.*

patenté, ée [patɑ̃te] adj. **1.** Assujetti à la patente, qui paie patente. *Commerçant patenté.* **2.** Fig., fam. Reconnu comme tel; attitré. *Ivrogne patenté.* – Du préc.

patenter [patɑ̃te] v. tr. [1] **1.** Soumettre à la patente. **2.** Délivrer une patente à. – De *patente.*

1. pater [patɛʀ] n. m. Fam. Père. *Mon pater est furieux.* – Apocope de *paternel* II.

2. Pater [patɛʀ] n. m. inv., *Le Pater:* l'oraison, commune à tous les chrétiens, enseignée par le Christ à ses disciples (Matthieu VI, 9-13), qui commence, en latin, par les mots *Pater noster* «Notre Père». *Dire un Pater.*

patère [patɛʀ] n. f. **1.** ANTIQ Petite coupe pour les libations. **2.** Portemanteau fixé à un mur, dont la forme évoque une patère, une coupe. – Lat. *patera*, «coupe».

paternalisme [patɛʀnalism] n. m. Péjor. Conception selon laquelle les personnes qui détiennent l'autorité doivent jouer, vis-à-vis de ceux sur qui elle s'exerce, un rôle analogue à celui du père vis-à-vis de ses enfants; bienveillance condescendante dans l'exercice de l'autorité. – Angl. *paternalism*, de *paternel.*

paternaliste [patɛʀnalist] adj. Qui a rapport au paternalisme. – Du préc.

paterne [patɛʀn] adj. Vieilli ou litt. D'une bonhomie doucereuse. *Prendre un ton paterne.* – Lat. *paternus*, «paternel».

paternel, elle [patɛʀnɛl] adj. et n. **I.** adj. **1.** Du père; qui appartient, qui se rapporte au père. *La maison paternelle.* **2.** Qui est du côté du père. *Oncle paternel.* **3.** Qui évoque la bienveillance du père. *Une semonce paternelle.* **II.** n. m. Pop. Père. – Du lat. *paternus*, de *pater*, «père».

paternellement [patɛʀnɛlmɑ̃] adv. D'une façon paternelle, bienveillante. – Du préc.

paternité [patɛʀnite] n. f. **1.** État, qualité de père. **2.** Fig. Qualité d'auteur, de créateur. *Désavouer la paternité d'un livre.* – Lat. *paternitas.*

pâteux, euse [pɑtø, øz] adj. **1.** Qui a la consistance de la pâte. *Substance pâteuse.* ▷ Trop épais, en parlant d'un liquide. *Encre pâteuse.* **2.** PHYS *Fusion pâteuse*, au cours de laquelle une matière passe par un état intermédiaire entre l'état solide et l'état liquide (cas des verres, notam.). **3.** loc. *Avoir la bouche, la langue pâteuse*, emplie, chargée d'une salive épaisse qui en altère la sensibilité. – De *pâte.*

-pathe. V. pathie.

pathétique [patetik] adj. **1.** Qui émeut profondément. *Son désarroi était pathétique.* ▷ N. m. *Le pathétique d'une scène.* **2.** ANAT *Nerf pathétique:* nerf crânien en rapport avec le muscle grand oblique de l'œil, dit *muscle pathétique*, qui élève le regard vers le haut. – Bas lat. *patheticus*; gr. *pathêtikos*, «relatif à la passion».

pathétiquement [patetikmɑ̃] adv. De manière pathétique. – Du préc.

pathétisme [patetism] n. m. Litt. Caractère de ce qui est pathétique. – De *pathétique.*

-pathie, -pathique, -pathe. Éléments, du gr. *-patheia, -pathês*, de *pathos*, «ce que l'on éprouve».

patho-. Élément, du gr. *pathos*, «affection, maladie».

pathogène [patɔʒɛn] adj. MED Qui peut engendrer une maladie. *Bactérie pathogène.* – De *patho-*, et *-gène.*

pathogénie [patɔʒeni] n. f. MED Partie de la médecine qui étudie les mécanismes selon lesquels les divers facteurs pathogènes agissent sur l'organisme pour y déterminer des maladies. – De *patho-*, et *-génie*.

pathogénique [patɔʒenik] adj. MED Qui a rapport à la pathogénie. – Du préc.

pathognomonique [patɔgnɔmɔnik] adj. MED Se dit des signes caractéristiques d'une maladie, qui permettent de la diagnostiquer sans ambiguïté. – Gr. *pathognômonikos*, «qui connaît la maladie».

pathologie [patɔlɔʒi] n. f. MED Étude scientifique, systématique, des maladies. *Pathologie mentale, cardiaque.* – Gr. *pathologia.*

pathologique [patɔlɔʒik] adj. **1.** Didac. Relatif à la pathologie. *Étude pathologique.* **2.** Qui a le caractère de la maladie. *Troubles pathologiques.* – Gr. *pathologikos.*

pathologiquement [patɔlɔʒikmɑ̃] adv. **1.** Didac. Au point de vue pathologique. **2.** D'une façon pathologique. – Du préc.

pathologiste [patɔlɔʒist] n. et adj. Didac. Personne spécialisée en pathologie. – De *pathologie.*

pathos [patos] n. m. Litt., péjor. Pathétique exagéré et déplacé dans un discours, et, par ext., dans le ton et les gestes. – Mot gr., «souffrance, passion».

patibulaire [patibylɛʀ] adj. **1.** Vx Qui a rapport au gibet. *Fourches patibulaires.* **2.** *Visage, mine patibulaire*, d'un individu qui semble mériter la potence; sinistre, louche. – Du lat. *patibulum*, «gibet».

patiemment [pasjamɑ̃] adv. Avec patience. – De *patient.*

1. patience [pasjɑ̃s] **I.** n. f. **1.** Vertu qui permet de supporter ce qui est irritant ou pénible. *La patience d'un grand malade.* **2.** Persévérance dans une longue tâche. *Ouvrage de patience. «Patience et longueur de temps»* (La Fontaine). **3.** Calme, sang-froid dans l'attente. *S'armer de patience.* **4.** *Jeu de patience*, qui consiste à remettre en ordre les pièces diversement découpées d'une carte de géographie, d'une image, etc. **5.** Combinaison de cartes à jouer. Syn. réussite. **II.** interj. (Pour inciter qqn à garder son calme.) *Patience! Ce sera bientôt fini.* ▷ (Marquant une intention menaçante.) *Patience! Je lui revaudrai ce mauvais tour.* – Lat. *patientia*, de *pati*, «souffrir».

2. patience [pasjɑ̃s] n. f. Plante dicotylédone (fam. des polygonacées), appelée aussi oseille épinard *(Rumex patientia).* – Altér. du moyen fr. *lapacion* ; lat. *lapathium* ou *lapathum.*

patienter [pasjɑ̃te] v. intr. [1] Attendre patiemment. – De *patient.*

patient, ente [pasjɑ̃, ɑ̃t] adj. et n. **I.** adj. **1.** Qui fait preuve de patience. *Être patient avec les enfants, dans le malheur.* **2.** Qui n'est pas découragé par la longueur d'un travail. *Un chercheur patient.* – Par ext. *Recherches patientes.* **II.** n. **1.** Personne qui subit une opération chirurgicale, un traitement médical. **2.** Condamné qui subit un supplice. – Lat. *patiens*, «qui supporte, endurant».

1. patin [patɛ̃] n. m. **1.** Pièce de tissu servant à se déplacer sur un parquet pour ne pas le salir. **2.** *Patin (à glace):* semelle rigide munie d'une lame que l'on fixe sous une chaussure pour glisser sur la glace. ▷ *Par méton.* Chaussure à tige haute sous laquelle est fixée une lame en acier. *Patins de fille, de garçon. Patins de hockey. Patins de cuir, patins moulés. Mettre, chausser, lacer ses patins.* ▷ Loc. *Vite sur ses patins:* qui agit, comprend rapidement. – *Accrocher ses patins:* terminer la saison de hockey, cesser de jouer; *par ext.* mettre un terme à une activité, à une carrière. «Le tout me donnait de plus en plus la nausée; laquelle disparut aussitôt ma décision prise. [...] J'allais donc accrocher mes patins.» (René Lévesque, *Attendez que je me rappelle...*, 1986.) ▷ Par méton. *Le patin:* le sport, l'activité qui consiste à patiner sur glace. *Patin artistique, patin de vitesse, faire du patin.* **3.** *Patin (à roulettes):* semelle de métal, extensible, munie de roulettes, qui s'adapte à la chaussure et qu'on fixe au moyen de courroies. *Par méton.* Chaussure à tige haute sous laquelle sont fixées des roulettes et parfois un frein. **4.** Chacune des deux pièces longues et étroites qui supportent le corps d'une voiture d'hiver (traîneau, carriole) et lui permettant de glisser sur la neige ou la glace. **5.** CH de F Partie du rail qui repose sur les traverses. **6.** Pièce de métal ou de bois servant de support. **7.** TECH Pièce mobile dont le frottement contre la jante d'une roue permet le freinage. ▷ Pièce d'une motrice électrique, qui glisse le long du rail conducteur et qui capte le courant. – De *patte.*

1. patinage [patinaʒ] n. m. **1.** Pratique, technique du patin à glace ou du patin à roulettes. *Patinage artistique.* ▷ Fig. Fait de tergiverser, de chercher à éluder une question. **2.** Fait de patiner, de glisser par manque d'adhérence. – De *patiner* 1.

2. patinage [patinaʒ] n. m. TECH Opération consistant à donner une patine artificielle. – De *patiner* 2.

patine [patin] n. f. **1.** Teinte unie que certaines matières prennent avec le temps, ternissure qui adoucit leur éclat et égalise leurs couleurs. *La patine des ivoires anciens.* ▷ *Patine du bronze, du cuivre :* vert-de-gris. **2.** Coloration ou lustrage artificiels de divers objets, destinés à les protéger ou à les décorer. – Ital. *patina*, d'abord «poêle», puis «enduit, patine»; du lat. *patina* «plat creux».

1. patiner [patine] v. intr. [1] **1.** Glisser, évoluer sur la glace chaussé de patins. *Apprendre à patiner, patiner vite.* – Fam. *Patiner sur la (les) bottine(s):* patiner maladroitement. ▷ *Fig.* Chercher à éluder une question embarrassante, tergiverser. *Un politicien qui sait bien patiner.* «L'enquêteur a comme on dit *patiné*, sport fort connu et fort pratiqué au pays, mais qui ne mène pas plus loin que le hockey.» (Jean-Jules Richard, *Le feu dans l'amiante*, 2e éd., 1971.) **2.** Glisser par manque d'adhérence (roues de véhicule, disque d'embrayage, etc.). – De *patin.*

2. patiner [patine] v. tr. [1] Donner une patine naturelle ou artificielle à (qqch). *Le temps a patiné cette statue. Patiner un meuble.* – De *patine.*

patinette [patinɛt] n. f. Jouet d'enfant constitué d'un bâti équipé de deux roues de faible diamètre et d'un guidon. Syn. trottinette. – De *patiner* 1.

patineur, euse [patinœʀ, øz] n. Personne qui patine. – De *patiner* 1.

patinoire [patinwaʀ] n. f. **1.** Surface glacée sur laquelle évoluent les patineurs. *Patinoire extérieure* (par oppos. à celle que l'on trouve dans un aréna). *Le hockey se joue sur des patinoires entourées de bandes.* **2.** Fig. Surface glissante. *Le verglas a transformé les routes en patinoires.* – De *patiner* 1.

patio [pasjo] n. m. Cour intérieure d'une maison, le plus souv. découverte. *Porte de patio.* – Mot esp.

pâtir [pɑtiʀ] v. intr. [2] **1.** Vx Souffrir. **2.** *Pâtir de:* éprouver un dommage, un préjudice du fait de. – Lat. *pati*, «supporter».

pâtis [pɑti] n. m. Terrain inculte où l'on fait paître les bestiaux. – Lat. pop. *pasticium*, de *pastus*, pp. de *pascere*, «paître»; a. fr. *pastiz.*

pâtisserie [pɑtisʀi] n. f. **1.** Pâte sucrée ou salée que l'on fait cuire au four. *Certaines pâtisseries, comme les tartes et les pâtés, comportent une garniture (fruits, crème, viande hachée, etc.).* – *Pâtisserie française*, d'origine ou d'inspiration française (par oppos. à la pâtisserie traditionnelle). **2.** Confection des gâteaux, des tartes, des pâtés. **3.** Commerce, magasin du pâtissier. **4.** Motif décoratif en stuc. – De *pâtisser* (vx), «faire de la pâtisserie», lat. pop. *pasticiare*, dér.

de *pasticium,* «pâté, mélange de pâte», du lat. class. *pasta,* «pâte».

pâtissier, ière [pɑtisje, jɛʀ] n. et adj. **1.** n. Personne qui fabrique ou qui vend de la pâtisserie. **2.** adj. *Crème pâtissière,* à base de lait, de farine, d'œufs et de sucre, avec laquelle on garnit divers gâteaux. – De l'a. fr. *pastitz,* «gâteau».

pâtisson [pɑtisɔ̃] n. m. Courge dite aussi *bonnet d'électeur, artichaut d'Espagne, artichaut de Jérusalem.* – De l'a. fr. *pastitz,* «gâteau».

patoche [patɔʃ] n. f. Fam. Grosse main. – De *patte;* signif. d'abord «coup de férule».

patois, oise [patwa, waz] n. m. et adj. **1.** n. m. Parler rural utilisé par un groupe restreint. *Patois lorrain, picard.* **2.** adj. Propre au patois. *Une expression patoise.* – Probabl. du rad. *patt-* (cf. patte), exprimant la grossièreté.

patoisant, ante [patwazɑ̃, ɑ̃t] n. Personne qui parle patois. – Ppr. de *patoiser.*

patoiser [patwaze] v. intr. [1] Parler patois; employer des expressions patoises. – De *patois.*

pâton [pɑtɔ̃] n. m. TECH Morceau de pâte. – *Spécial.* Morceau de pâte à pain prêt à être enfourné. – De *pâte.*

patouiller [patuje] v. [1] **1.** v. intr. Fam. Patauger. *Patouiller dans la vase.* ▷ Fig. *Il a patouillé lamentablement devant l'examinateur.* **2.** v. tr. Tripoter brutalement ou indiscrètement. – D'un rad. *patt-.* V. patte.

patraque [patʀak] adj. Fam. Légèrement malade, souffrant. *Je me sens tout patraque.* – Du provenç. *patraco,* «monnaie usée, dépréciée»; d'abord n. f., «machine mal faite, qui marche mal».

pâtre [pɑtʀ] n. m. Litt. Celui qui garde, fait paître des troupeaux. – Anc. cas sujet de *pasteur;* lat. *pastor,* «berger»; d'abord *pastre.*

patres (ad). V. ad patres.

patriarcal, ale, aux [patʀiaʀkal, o] adj. **1.** Qui a rapport aux patriarches bibliques; qui rappelle la simplicité de leurs mœurs. *Vie patriarcale.* **2.** Qui concerne la dignité de patriarche. *Croix patriarcale.* **3.** SOCIOL Relatif au patriarcat. *Société patriarcale.* – Lat. ecclés. *patriarchalis.*

patriarcat [patʀiaʀka] n. m. **1.** RELIG Dignité de patriarche (sens 3). – Étendue de territoire soumise à sa juridiction. *Le patriarcat d'Antioche.* **2.** SOCIOL Régime social dans lequel la filiation est patrilinéaire et l'autorité du père prépondérante dans la famille (opposé à *matriarcat*). – Lat. ecclés. *patiarchatus.*

patriarche [patʀiaʀʃ] n. m. **1.** L'un des chefs de famille auxquels l'Ancien Testament attribue une extraordinaire longévité et une très nombreuse descendance. *Le patriarche Mathusalem.* **2.** Titre honorifique donné, dans l'Église catholique romaine, aux évêques de certains sièges, notam. des plus anciens. **3.** Chef de certaines églises chrétiennes orthodoxes ou d'une église catholique orientale non romaine. **4.** Vieillard vénérable vivant au milieu d'une nombreuse famille. – Lat. chrét. *patriarcha;* gr. ecclés. *patriarkhês,* «chef de famille».

patrice [patʀis] n. m. ANTIQ ROM Dignitaire de l'Empire romain, à partir de Constantin, au rang prestigieux. – Lat. *patricius,* de *pater,* «chef de famille noble».

patricial, ale, aux [patʀisjal, o] adj. ANTIQ ROM Qui a rapport à la dignité de patrice. – Du préc.

patriciat [patʀisja] n. m. **1.** ANTIQ ROM Dignité de patricien. – Ordre des patriciens. **2.** Litt. Aristocratie. – Lat. *patriciatus.*

patricien, ienne [patʀisjɛ̃, jɛn] n. et adj. **I.** n. **1.** ANTIQ ROM Personne qui, à Rome, descendait d'une famille de la classe noble et jouissait de privilèges particuliers. **2.** Membre de la noblesse. **II.** adj. **1.** ANTIQ ROM Relatif aux patriciens. **2.** Litt. Aristocratique. *Orgueil patricien.* Ant. plébéien. – Lat. *patricius.* V. patrice.

patrie [patʀi] n. f. **1.** Pays dont on est originaire, nation dont on fait partie ou à laquelle on se sent lié. **2.** Région, localité où l'on est né. **3.** Fig. *La patrie des sciences, des arts:* le pays où les sciences, les arts sont particulièrement en honneur. – Lat. *patria,* «pays du père».

patrilinéaire [patʀilineɛʀ] adj. ETHNOL Se dit d'un type de filiation ou d'organisation sociale qui ne prend en compte que l'ascendance paternelle. Ant. matrilinéaire. – Angl. *patrilinear,* du lat. *pater;* d'ap. *linéaire.*

patrilocal, ale, aux [patʀilɔkal, o] adj. ETHNOL Se dit d'un mode de résidence qui impose aux couples de venir habiter, après le mariage, dans la famille du père du mari, temporairement ou définitivement. – Mot angl., du lat. *pater,* «père», et de *local,* «local».

patrimoine [patʀimwan] n. m. **1.** Biens que l'on a hérités de son père et de sa mère; biens de famille. *Gérer le patrimoine familial.* **2.** DR Ensemble des biens, des charges et des droits d'une personne évaluables en argent. **3.** Fig. Ce qui constitue le bien, l'héritage commun. *Le patrimoine artistique d'un pays.* **4.** BIOL *Patrimoine héréditaire, génétique:* génotype. – Lat. *patrimonium,* «héritage du père», de *pater,* «père».

patrimonial, ale, aux [patʀimɔnjal, o] adj. DR Relatif au patrimoine (sens 1 et 2). *Biens patrimoniaux.* – Lat. *patrimonialis,* de *patrimonium,* «héritage du père».

patriotard, arde [patʀijɔtaʀ, aʀd] adj. et n. Qui manifeste un patriotisme étroit, chauvin. – De *patriote.*

patriote [patʀijɔt] n. et adj. **1.** Qui aime sa patrie, la sert avec dévouement. **2.** HIST Défenseur des idées nouvelles, sous la Révolution. – Bas lat. *patriota,* «compatriote».

patriotique [patʀijɔtik] adj. Propre au patriote; inspiré par le patriotisme. – Du préc.

patriotiquement [patʀijɔtikmɑ̃] adv. En patriote. – Du préc.

patriotisme [patʀijɔtism] n. m. Amour de la patrie, dévouement à la patrie. – De *patriote.*

patristique [patʀistik] n. f. Didac. Partie de la théologie qui étudie la doctrine des Pères de l'Église. Cf. patrologie. ▷ Adj. Relatif aux Pères de l'Église. – Du gr. *patêr, patros,* «père (de l'Église)».

patrocline [patʀɔklin] adj. GENET Se dit des caractères héréditaires transmis par le père. – Du gr. *patêr, patros,* «père», et *klinein,* «pencher, incliner».

patrologie [patʀɔlɔʒi] n. f. Didac. **1.** Étude de la vie et des œuvres des théologiens de l'Antiquité chrétienne, et notam. des Pères de l'Église. **2.** Recueil des écrits des anciens auteurs ecclésiastiques. *Patrologie grecque, latine.* – Du gr. *patêr, patros,* «père», et de *-logie.*

1. patron, onne [patʀɔ̃, ɔn] n. **I.** ANTIQ ROM **1.** Patricien protecteur de citoyens de classe inférieure (clients). **2.** Ancien maître d'un esclave affranchi. **II. 1.** Chef d'une entreprise industrielle ou commerciale privée; employeur par rapport à ses employés. *Le patron d'un bar, d'une aciérie. Mon patron:* le patron de l'entreprise dans laquelle je travaille. **2.** Professeur, maître dirigeant certains travaux. *Patron de thèse.* **3.** MAR Celui qui commande un bateau de pêche. **III. 1.** Saint ou sainte dont on porte le nom; le saint, la sainte sous le vocable duquel une église est placée.

2. Saint ou sainte qu'un pays, une ville a reçu ou choisi pour protecteur. – Lat. *patronus*, «protecteur», de *pater*, «père».

2. patron [patʀɔ̃] n. m. **1.** Modèle à partir duquel sont exécutés des travaux d'art. *Patron de broderie.* ▷ Modèle en papier, en toile ou en carton, utilisé pour tailler un vêtement. *Patron de robe.* **2.** Carton ajouré servant à colorier; pochoir. – Lat. *patronus*, «patron», au fig.

patronage [patʀɔnaʒ] n. m. **1.** Soutien accordé par un personnage influent, une organisation. *Exposition organisée sous le patronage de la municipalité.* **2.** Protection d'un saint, d'une sainte. **3.** Organisation de bienfaisance, religieuse ou laïque, veillant à l'éducation morale des enfants, spécial. en organisant leurs loisirs. *Patronage municipal, paroissial.* ▷ Siège d'une telle organisation. – De *patron* 1.

patronal, ale, aux [patʀɔnal, o] adj. **1.** Relatif au patron, au saint du lieu. *Fête patronale.* **2.** Qui concerne le patron, le chef d'une entreprise. *Exigences patronales.* ▷ Du patronat. *Syndicat patronal.* – De *patron* 1.

patronat [patʀɔna] n. m. **1.** ANTIQ ROM Titre de patron; droit du patron sur ses clients. **2.** Mod. Ensemble des patrons (par oppos. aux salariés). *Le Conseil du patronat du Québec (CPQ).* – De *patron* 1.

patronner [patʀɔne] v. tr. [1] Protéger, appuyer de son crédit. *Patronner un candidat, une entreprise.* – De *patron* 1.

patronnesse [patʀɔnɛs] adj. f. *Dame patronnesse*, qui patronne une œuvre de bienfaisance. (Comporte souvent une nuance iron.) – De *patron* 1, d'après l'angl. *patroness.*

patronyme [patʀɔnim] n. m. Nom patronymique; nom de famille. – De *patronymique.*

patronymique [patʀɔnimik] adj. **1.** ANTIQ *Nom patronymique*, porté par les descendants d'un ancêtre illustre, légendaire ou réel. *Les Atrides, nom patronymique des descendants d'Atrée.* **2.** Mod., cour. *Nom patronymique*, de famille. – Bas lat. *patronymicus*, gr. *patrônumikos*, de *pater, patros*, «père», et *onoma*, «noms».

patrouille [patʀuj] n. f. **1.** Petite troupe de soldats, d'agents de la force publique, etc., chargés d'une ronde de surveillance. – Détachement de soldats chargés d'une mission de reconnaissance. ▷ La mission même d'une telle troupe, d'un tel détachement. *Partir en patrouille.* **2.** AVIAT, MAR Formation réduite d'avions ou de bâtiments chargés d'une mission de surveillance, de protection, etc. – Déverbal de *patrouiller.*

patrouiller [patʀuje] v. intr. [1] Aller en patrouille; faire une, des patrouilles. – Var. de *patouiller.*

patrouilleur [patʀujœʀ] n. m. **1.** Militaire qui effectue une patrouille. **2.** Avion qui effectue une patrouille. ▷ Petit bâtiment de guerre utilisé pour la surveillance du littoral, l'escorte des convois et la chasse aux sous-marins. – De *patrouille.*

patte [pat] n. f. **I. 1.** Organe de locomotion des animaux. *Les pattes d'un chien, d'un oiseau, d'une araignée.* ▷ Fig. *Pattes de mouche:* caractères d'écriture très fins et peu lisibles. – *Pattes de lapin* ou, absol., *pattes:* favoris coupés court. **2.** Fig., en parlant de personnes. *Marcher à quatre pattes*, en prenant appui à la fois sur les pieds ou les genoux et sur les mains. – *Retomber sur ses pattes :* redresser adroitement une situation un moment compromise. – *Montrer patte blanche:* se faire reconnaître pour pouvoir entrer là où tout le monde n'a pas accès. – *Faire patte de velours:* V. velours. **3.** Fam. Jambe. *Il s'est cassé une patte en skiant.* – *Patte folle:* jambe légèrement boiteuse. – *À pattes:* à pied. *Rentrer à pattes.* **4.** Fam. Main. *Bas les pattes!* Ne touchez pas à cela! Ne me touchez pas! ▷ Fig. *Tenir qqn sous sa patte*, le tenir à sa merci. – *Graisser la patte à qqn*, le soudoyer. **II. 1.** Pièce longue et plate servant à fixer, retenir, assembler, etc. *Patte à scellement.* ▷ Courte bande d'étoffe, de cuir, etc., que l'on attache d'un côté à une partie d'un vêtement et dont l'autre extrémité porte un bouton, une boutonnière. **2.** MAR *Patte d'une ancre:* chacune des deux parties de chaque côté de la verge. – D'un rad. gallo-romain onomat. *patt-*, d'orig. gaul.

patté, ée [pate] adj. HERALD *Croix pattée*, dont les branches vont en s'élargissant à leurs extrémités. – Du préc.

patte-d'oie [patdwɑ] n. f. **1.** Endroit où une route se divise en plusieurs embranchements. **2.** Rides divergentes à l'angle externe de l'œil. *Des pattes-d'oie.* – De *patte, de*, et *oie.*

pattemouille [patmuj] n. f. Linge que l'on humecte et que l'on interpose entre le tissu à repasser et le fer. – De *patte*, mot dial., «chiffon» (germ. **paita*), et *mouiller.*

pattinsonage [patɛ̃sɔnaʒ] n. m. METALL Procédé de séparation de l'argent contenu dans le plomb argentifère par cristallisation fractionnée. *Le pattinsonage, inventé en 1853, est remplacé aujourd'hui par le zincage.* – Du n. de l'inventeur *Pattinson*, chimiste angl.

pattu, ue [paty] adj. Qui a de grosses pattes. *Chien pattu.* ▷ Dont le haut des pattes est emplumé (oiseaux). *Pigeon pattu.* – De *patte.*

pâturable [pɑtyʀabl] adj. AGRIC Qui peut être livré à la pâture. *Herbes, terres pâturables.* – De *pâturer.*

pâturage [pɑtyʀaʒ] n. m. **1.** Prairie naturelle dont l'herbe est consommée sur place par les bestiaux. **2.** Action de faire paître les bestiaux. – De *pâturer.*

pâture [pɑtyʀ] n. f. **1.** Ce qui sert à la nourriture des animaux. – *Spécial.* Plantes dont on nourrit le bétail, fourrage. ▷ Fig., litt. et vieilli Ce qui sert d'aliment à l'esprit. *Trouver chez un auteur une riche pâture.* – Mod., litt. (dans les expressions *jeter, donner*, etc., *en pâture*). Ce qui permet de satisfaire tel besoin, telle exigence. *Jeter un nom en pâture à la curiosité du public.* **2.** Action de pâturer. *Bétail en pâture.* **3.** Terrain, pré où les bêtes pâturent. – Bas lat. *pastura*, «action de paître», de *pascere*, «paître».

pâturer [pɑtyʀe] v. intr. [1] Paître, prendre sa pâture. ▷ v. tr. *Bêtes qui pâturent un pré.* – Du préc.

pâturin [pɑtyʀɛ̃] n. m. Graminée très commune (genre *Poa*) utilisée comme fourrage. – De *pâture.*

paturon ou **pâturon** [patyʀɔ̃] n. m. Partie de la jambe du cheval comprise entre le boulet et la couronne. – De l'a. fr. *pasture*, «corde attachant l'animal par la jambe»; lat. *pastoria*, «corde de pâtre».

paulette [polɛt] n. f. HIST Droit que devaient payer les officiers de justice et de finance sur leur charge pour en devenir propriétaires et en assurer la transmission héréditaire, sous l'Ancien Régime en France. – Du n. de Ch. *Paulet*, premier fermier général de cet impôt (1604).

paulicien [polisjɛ̃] n. m. HIST RELIG Membre d'une secte hérétique néo-manichéenne fondée en Arménie (VIIe-Xe s.). – Probabl. du nom de *Paul*, l'un des fondateurs de la secte.

paulien, ienne [poljɛ̃, jɛn] adj. DR *Action paulienne:* action par laquelle une personne demande au tribunal de déclarer nuls des actes que son débiteur insolvable a faits en fraude de ses droits. – Lat. *pauliana*, du nom d'un préteur appelé *Paulus.*

paulin [polɛ̃] adj. n. DR CANON *Privilège paulin*, qui autorise un nouveau converti au christianisme à se séparer de son conjoint demeuré infidèle, si ce dernier lui conteste la pratique de sa religion, et à épouser religieusement un(e) chrétien(ne) ou une personne respectueuse de la foi chrétienne. – Du n. de l'apôtre *Paul*, par allusion à Cor. I, 12-15.

paulinien, ienne [polinjɛ̃, jɛn] adj. RELIG Qui a rapport à saint Paul, à sa doctrine. – Du nom de l'apôtre *Paul*.

paulinisme [polinism] n. m. RELIG Doctrine de saint Paul. – Du n. de saint *Paul*.

pauliste [polist] n. et adj. RELIG CATHOL Membre d'une société de missionnaires catholiques, fondée à New York en 1858 et placée sous le patronage de saint Paul. – Angl. *paulist*, du n. de saint *Paul*.

paulownia [polɔ(v)nja] n. m. Arbre ornemental originaire d'Extrême-Orient (fam. scrofulariacées), aux fleurs mauves odorantes. – De Anna *Pavlovna, Paulowna* dans l'orth. du XIXe s. (1795-1865), fille du tsar Paul Ier, à laquelle cette fleur fut dédiée.

paume [pom] n. f. **I. 1.** Le dedans de la main, entre le poignet et les doigts. **2.** TECH Assemblage présentant un tenon à un seul arasement assemblé dans une mortaise ouverte. **II.** Jeu de balle, ancêtre du tennis, qui se joua d'abord avec la paume de la main puis avec une batte ou une raquette, en terrain libre *(longue paume)* ou dans un lieu clos aménagé *(courte paume)*. ▷ *Jeu de paume* : terrain, salle de courte paume. – Lat. *palma*, «creux de la main, main, palme».

paumé, ée [pome] adj. **1.** Pop. Indigent et pitoyable. ▷ Subst. *Un(e) paumé(e)*. **2.** Fam. Perdu, égaré. ▷ Fig. *Être paumé* : être embarrassé, indécis, désorienté. – Pp. de *paumer*.

1. paumelle [pomɛl] n. f. **1.** Pièce métallique double qui permet le pivotement d'une porte, d'une fenêtre, d'un volet, etc., et dont les deux parties (l'une, fixée au battant, mobile autour de l'axe porté par l'autre, fixée à l'huisserie) peuvent être désolidarisées (à la différence des deux plaques, généralement matées sur l'axe, d'une *charnière*). **2.** Manique d'ouvrier voilier, bande de cuir protégeant la paume, renforcée au creux de la main d'une plaque métallique piquetée servant à pousser l'aiguille. **3.** Pièce de bois cintrée pour assouplir et grener les peaux. – De *paume*; signif. d'abord «paume de la main».

2. paumelle [pomɛl] n. f. Orge commune à deux rangs, dont l'épi est en forme de palme. – Lat. *palmula*, «petite palme»; provenç. *palmola, paumola*.

paumer [pome] v. tr. [1] **1.** Pop. Perdre. *J'ai paumé mon trousseau de clés.* ▷ v. pron. Se perdre. **2.** En gravure, *paumer une plaque*, la nettoyer après encrage avec la paume de la main, de manière à ne laisser d'encre que dans les tailles. – De *paume*; signif. d'abord «toucher de la main».

paupérisation [popeʀizasjõ] n. f. Didac. Appauvrissement continu d'une population, d'un groupe humain. – De *paupériser*.

paupériser [popeʀize] v. tr. [1] Didac. Entraîner la paupérisation de. – Angl. *to pauperize*, du lat. *pauper*, «pauvre».

paupérisme [popeʀism] n. m. Didac. État permanent d'indigence d'un groupe humain, envisagé en tant que phénomène social. – Angl. *pauperism*, du lat. *pauper*, «pauvre».

paupière [popjɛʀ] n. f. Chacune des membranes mobiles qui recouvrent, en se rapprochant, la partie externe de l'œil, et qui lui servent de protection. *Paupière supérieure, inférieure.* – Bas lat. *palpetra*, class. *palpebra;* d'abord *palpere*.

paupiette [popjɛt] n. f. Tranche de viande, roulée et farcie. – De l'a. fr. *paupier*, «papier enveloppant un gibier», en rapport avec *papillotte*.

pause [poz] n. f. **1.** Suspension momentanée d'une activité, d'un travail. *Orateur qui fait une pause.* ▷ SPORT Repos entre deux périodes de jeu, de combat. ▷ Fam. Court séjour. *En revenant de la Colombie-Britannique, nous avons fait une pause à Toronto.* **2.** MUS Silence de la durée d'une ronde; signe qui sert à le noter. – Lat. *pausa*.

pause-café [pozkafe] n. f. Pause ménagée dans une journée de travail pour prendre une tasse de café. *Des pauses-café.* – De *pause*, et *café*.

pauser [poze] v. intr. [1] **1.** MUS Faire une pause. **2.** Fam., dial. *Faire pauser qqn*, le faire attendre. – Du préc.

pauvre [povʀ] adj. et n. **1.** Qui n'a pas le nécessaire, ou qui n'a que ce qui est strictement nécessaire. Qui manque de biens, d'argent. *Être très pauvre, être pauvre comme Job.* – Qui dénote la gêne, le dénuement. *Une pauvre demeure.* ▷ *Pauvre de, pauvre en:* qui manque de, qui est dépourvu de. *Un pays pauvre en ressources naturelles.* – Fam. *Pauvre d'esprit.* ▷ N. Personne sans ressources, indigent. *Les riches et les pauvres.* ▷ *«Heureux les pauvres en esprit»* (Évangile selon saint Matthieu), ceux qui ont l'esprit détaché des biens terrestres. **2.** (Choses.) Improductif, infécond, stérile. *Une terre pauvre.* **3.** Qui inspire la compassion. *Le pauvre homme!* – Subst. *Le (la) pauvre!* ▷ Spécial. (à propos d'une personne décédée). *C'était avant la mort de ce pauvre Paul.* ▷ Piteux, lamentable. *Un pauvre type, un pauvre diable, un pauvre hère.* – Du lat. *pauper*.

pauvrement [povʀəmɑ̃] adv. **1.** Dans l'indigence, la pauvreté. *Vivre pauvrement.* – *Être vêtu pauvrement*, d'une manière qui dénote la pauvreté. **2.** Litt. D'une manière insuffisante, maladroite, médiocre. *Raisonner pauvrement.* – Du préc.

pauvresse [povʀɛs] n. f. Vieilli Femme pauvre; *spécial.* mendiante. Mod., péjor. *C'est une pauvresse.* – De *pauvre*.

pauvreté [povʀəte] n. f. **1.** Manque de biens, insuffisance des choses nécessaires à la vie. *«Il avait vécu dans la pauvreté, dans le dénuement, dans la détresse même»* (V. Hugo). ▷ Loc. prov. *Pauvreté n'est pas vice.* – *Par ext.* État de celui qui ne possède rien. *Religieux qui fait vœu de pauvreté.* ▷ Apparence, aspect de ce qui dénote la gêne, le manque d'argent. *La pauvreté d'un intérieur.* **2.** Insuffisance, stérilité. *La pauvreté du terrain ne permet pas la culture intensive.* **3.** Litt. Action, parole banale. *Ne dire que des pauvretés.* – Lat. *paupertas*.

pauvret, ette [povʀɛ, ɛt] n. Fam. (avec une nuance d'affection et de commisération). Pauvre petit(e). ▷ Adj. *Il avait l'air tout pauvret.* – Dimin. de *pauvre*.

pavage [pavaʒ] n. m. **1.** Action de paver. **2.** Revêtement de pavés, de dalles, etc. *Pavage en granit.* – De *paver*.

pavane [pavan] n. f. Ancienne danse, de caractère lent et grave, en vogue aux XVIe et XVIIe s.; air sur lequel elle se dansait. – Ital. *pavana*, de *pavone*, «paon», ou dial. *padana*, «de Padoue».

pavaner (se) [pavane] v. pron. [11] Marcher en essayant de se faire remarquer. – Prendre des airs avantageux. – Crois. entre *se paonner*, de *paon*, et *pavane*.

pavé [pave] n. m. **1.** Morceau de grès, de pierre dure, de bois, etc., généralement taillé en parallélépipède, qui sert au revêtement d'un sol, d'une chaussée. ▷ Fig. *Le pavé de l'ours* : V. ours. **2.** Revêtement de pavés. *Le pavé d'une cour.* ▷ La chaussée, la rue. *Battre le pavé* : flâner en désœuvré. *Être sur le pavé* : être sans domicile, sans emploi. *Tenir le haut du pavé :* être au premier rang, par le pouvoir, la notoriété, etc. **3.** Gros morceau, de forme régulière, d'une matière quelconque. *Le pavé de bœuf grillé aux herbes.*

▷ Fam. Volume imprimé fort épais. *Un pavé de quinze cents pages sur l'art roman.* **4.** Espace d'une certaine importance occupé dans un journal par un article, une réclame. *Pavé publicitaire.* **5.** MATH Produit cartésien d'intervalles pris dans un espace numérique. – Pp. subst. de *paver.*

pavement [pavmɑ̃] n. m. Pavage (sens 2) fait avec de beaux matériaux. – Du lat. *pavimentum,* «plancher, parquet, carreau, dalles».

paver [pave] v. tr. [1] Couvrir (un sol, une surface) de pavés, de dalles, de mosaïque, etc. *Paver une rue, un parvis.* – Par ext. *Cailloux qui pavent une allée.* – Lat. pop. **pavare,* class. *pavire,* «aplanir, niveler le sol».

paveur [pavœʀ] n. m. Ouvrier spécialisé dans le pavage des chaussées. – De *paver.*

pavillon [pavijɔ̃] n. m. **I. 1.** Maisonnette construite dans un jardin. *Pavillon de banlieue.* ▷ Petite construction isolée. *Pavillon de chasse.* ▷ Construction liée au corps du bâtiment, mais qui s'en distingue par ses dimensions, son architecture, etc. **2.** Partie extérieure, visible, de l'oreille. ▷ Extrémité évasée de certains instruments à vent. *Le pavillon d'un cor, d'une trompette.* – Par ext. *Pavillon des anciens phonographes.* **3.** Partie supérieure de la carrosserie d'une voiture. **4.** LITURG CATHOL Pièce d'étoffe dont on couvre le ciboire, le tabernacle. **II.** MAR Drapeau. *Pavillon national. Pavillon d'une compagnie de navigation. Pavillon de complaisance,* arboré par certains navires que leurs armateurs ont soustraits aux lois fiscales de leur pays et aux conventions sur la navigation et la sécurité en mer en les faisant naviguer sous une nationalité d'emprunt. *Amener son pavillon,* en signe de reddition. – Fig. *Baisser pavillon :* reculer, céder, capituler. – Du lat. *papilio, papilionis,* «papillon», d'où, par métaph., «tente».

pavillonnaire [pavijɔnɛʀ] adj. Occupé par des pavillons (sens I, 1), où sont construits des pavillons. – Qui a rapport aux pavillons. – Du préc.

pavimenteux, euse [pavimɑ̃tø, øz] adj. **1.** Rare Propre à servir au pavage. *Grès pavimenteux.* **2.** HISTOL *Épithélium pavimenteux,* composé de cellules plates. – Du lat. *pavimentum.* V. pavement.

pavlovien, ienne [pavlɔvjɛ̃, jɛn] adj. Didac. De Pavlov. – Qui a rapport aux travaux de Pavlov sur le réflexe conditionné. – De I.P. *Pavlov,* physiologiste et médecin russe (1849-1936).

pavois [pavwa] n. m. **1.** Grand bouclier en usage au Moyen Âge. ▷ HIST *Élever sur le pavois :* chez les Francs, hisser sur un bouclier (celui qui venait d'être proclamé roi). – Mod. Glorifier. **2.** MAR Partie de la muraille d'un navire située au-dessus du pont. ▷ (Seulement dans les loc. *petit pavois* et *grand pavois.*) Ornementation de fête d'un navire. *Petit pavois,* comportant les pavillons nationaux hissés en tête de mât. *Grand pavois,* constitué d'une guirlande de pavillons de signaux courant de l'avant à l'arrière du navire et passant par le haut des mâts. – De l'ital. *pavese,* «de Pavie», ville d'Italie, où l'on fabriquait des boucliers.

pavoisement [pavwazmɑ̃] n. m. Action de pavoiser; son résultat. – De *pavoiser.*

pavoiser [pavwaze] **I.** v. tr. et intr. [1] **1.** MAR Hisser le pavois. **2.** Décorer de drapeaux (un édifice, une rue, etc.). **II.** v. intr. Fam. Manifester sa joie. – *Il n'y a pas de quoi pavoiser,* de quoi être fier. – De *pavois.*

pavot [pavo] n. m. Plante herbacée (genre *Papaver,* fam. papavéracées) dont une espèce a des propriétés somnifères. – Lat. pop. **papavus,* class. *papaver;* a. fr. *pavo.*

pax romana («paix romaine»), état de paix et de prospérité que connut aux Iᵉʳ et IIᵉ s. ap. J.-C. l'Empire romain, dont les diverses provinces trouvèrent généralement avantage à accepter la tutelle de Rome. – Mots lat.

payable [pɛjabl] adj. Qui doit être payé (de telle façon, à telle date, etc.). *Payable à vue, au porteur.* – De *payer.*

payant, ante [pɛjɑ̃, ɑ̃t] adj. **1.** Qui paie. *Visiteurs payants.* ▷ Subst. *Les payants.* **2.** Pour quoi l'on paie. *Entrée payante. Télévision payante.* **3.** Fam. Avantageux. *Opération payante.* – Ppr. de *payer.*

paye [pɛj] ou **paie** [pɛ] n. f. **1.** Action de payer (un salaire, etc.). ▷ Pop. *Il y a une paye que:* il y a longtemps que. **2.** Salaire, solde. *Toucher sa paye.* – Déverbal de *payer.*

payement. V. paiement.

payer [pɛje] v. [24] **I.** v. tr. **1.** Acquitter (une dette, un droit, etc.) par un versement. *Payer ses dettes, ses impôts. – Payer son loyer.* ▷ (Sujet nom de chose.) *Produit qui paie un droit de douane.* **2.** Remettre à (qqn) ce qui lui est dû (généralement en argent). *Payer un commerçant. – Payer qqn par chèque, en nature.* ▷ Fig. *Être payé pour savoir telle chose,* en avoir fait la fâcheuse expérience. ▷ Récompenser; dédommager. *Payer qqn de ses efforts.* **3.** Verser une somme correspondant au prix de (telle chose). *Payer des denrées.* – Fam. Offrir. *Payer la tournée.* – Absol. *Payer comptant, rubis sur l'ongle.* ▷ *Payer pour :* payer, ou, fig., subir, expier, à la place de. *Payer pour les autres.* ▷ Fam. *Il me le paiera,* je me vengerai de lui. ▷ Obtenir au prix de sacrifices, de dommages. *Payer cher sa réussite.* **II.** v. intr. **1.** *Payer de:* user de, faire preuve de. *Payer d'audace. – Payer de sa personne :* s'exposer, agir personnellement. **2.** (Sujet nom de chose.) Fam. Être profitable, rapporter. *Travail qui paie.* **III.** v. pron. **1.** Retenir telle somme; être payé. *Payez-vous sur ce billet.* ▷ Loc. fig. *Se payer de mots:* se contenter de parler, sans agir. **2.** Fam. S'offrir. *Se payer un chapeau.* ▷ *Se payer la tête de qqn,* se moquer de lui. – Du lat. *pacare,* «pacifier, apaiser»; d'abord *paier,* «se réconcilier avec».

payeur, euse [pɛjœʀ, øz] n. Personne qui paie. *Un mauvais payeur.* – De *payer.*

1. pays [pei] n. m. **1.** Territoire d'un État; État. *Les pays de l'Otan.* ▷ Patrie; lieu, région d'origine. *Revenir au pays.* ▷ Région géographique, etc. *Les Pays-d'en-Haut.* ▷ Absol. *Les coutumes du pays,* nationales ou régionales. **2.** Population d'un pays. *Le pays est en effervescence.* **3.** Contrée, région considérée du point de vue physique, économique, etc. *Les pays chauds.* – *Voir du pays:* voyager. **4.** Localité, village. *Un petit pays, un pays perdu.* – Du bas lat. *page(n)sis,* «habitant d'un *pagus,* (bourg)», et par ext. le bourg lui-même.

2. pays, payse [pei, peiz] n. Rég. Compatriote. – V. préc.

paysage [peizaʒ] n. m. **1.** Étendue de pays qui s'offre à la vue. *Elles contemplaient le paysage.* ▷ Nature, aspect d'un pays, d'un site, etc. *Le paysage laurentien. – Paysage urbain.* **2.** Représentation picturale ou graphique d'un paysage (partic. champêtre); cette représentation en tant que genre. *Un paysage de Lemieux. Les maîtres du paysage.* ▷ Fig., fam. *Faire bien dans le paysage:* produire un bon effet. – De *pays* 1.

paysager, ère [peizaʒe, ɛʀ] adj. Arrangé à la manière d'un paysage naturel. *Jardin paysager.* ▷ *Bureau paysager:* grand bureau collectif, à cloisons basses, généralement orné de plantes vertes. – Du préc.

paysagiste [peizaʒist] n. **1.** Peintre de paysages. **2.** Créateur, architecte de jardins, de parcs. – Appos. *Jardinier paysagiste.* – De *paysage.*

paysan, anne [peizɑ̃, an] n. et adj. **I.** n. **1.** Personne de la campagne, qui vit du travail de la terre. (N.B.

Ce terme pouvant prendre une coloration péjorative – V. sens I, 2. –, on tend souvent aujourd'hui à le remplacer par les mots *agriculteur, cultivateur, exploitant agricole,* etc.) **2.** Péjor. Rustre, balourd. *Va donc, eh, paysan!* **II.** adj. Des paysans; relatif aux paysans! *Mœurs paysannes.* – De *pays* 1.

paysannat [peizana] n. m. Ensemble des paysans; la classe ou la condition paysanne. – De *paysan.*

paysannerie [peizanʀi] n. f. **1.** Ensemble des paysans. **2.** LITTER Œuvre mettant en scène des paysans. *Les paysanneries de George Sand.* – De *paysan.*

Pb CHIM Symbole du plomb.

1. P.C. [pese] n. m. Sigle de *parti conservateur* (en France, sigle de *parti communiste).*

2. P.C. [pese] n. m. MILIT Sigle de *poste de commandement.*

P.c.c. Abrév. de *pour copie conforme.*

P.C.U.S. Sigle du *parti communiste de l'Union soviétique.*

P.C.V. [peseve] n. m. Anc. TELECOMM (France) *Communication en P.C.V.:* communication téléphonique imputée au compte du destinataire. – Par ext. *Un P.C.V.* V. à frais* virés. – Abréviation de *paiement contre vérification.*

Pd CHIM Symbole du palladium.

P.-D.G. ou **P.-d.g.** [pedeʒe] n. Fam. Abrév. de *président-directeur général.*

péage [peaʒ] n. m. Droit d'accès ou de passage à payer par les usagers d'un pont, d'une voie de communication, etc. *Autoroute à péage.* ▷ Lieu de perception de ce droit. *S'arrêter au péage.* – Du lat. pop. **pedaticum,* «droit de mettre le pied *(pes, pedis),* de passer».

péagiste [peaʒist] n. Personne qui est chargée de la perception d'un péage. – Du préc.

péan ou **paean** [peɑ̃] n. m. ANTIQ GR Hymne composé en l'honneur d'Apollon. ▷ *Par ext.* Chant de victoire. – Lat. *pœan,* gr. *paian.*

peau [po] n. f. **I. 1.** Tissu résistant et souple, constitué de plusieurs couches cellulaires, qui recouvre le corps des vertébrés. **2.** Épiderme de l'homme. *Les pores, la pigmentation de la peau.* ▷ Loc. fam. *N'avoir que la peau sur les os :* être très maigre. – *Se faire trouer la peau :* être blessé ou tué par balles. – *Être bien, mal dans sa peau:* être à l'aise, mal à l'aise. – Pop. *Avoir qqn dans la peau,* l'aimer d'une passion violente et sensuelle. **II.** (Dans des expr. fig.) **1.** Fam. *La peau de qqn,* sa vie, sa personne. *Risquer, sauver sa peau.* ▷ Pop. *J'aurai sa peau, je lui ferai la peau:* je le tuerai. **2.** (Dans des emplois tels que: *entrer, se mettre dans la peau de...*) Personnalité de qqn. *Entrer dans la peau d'un personnage. – Se mettre dans la peau de qqn,* s'imaginer à sa place. **III.** Cuir, fourrure dont on a dépouillé un animal. *Peaux de lapin.* ▷ *Gants de peau, sac en peau:* en fin cuir souple. **IV.** loc. fig. **1.** *Vendre la peau de l'ours:* V. ours. **2.** Pop. *Peau de vache:* personne méchante, aigrie et sans indulgence. **3.** Fam. *Peau d'âne :* parchemin, diplôme. **V. 1.** Enveloppe d'un fruit. *Peau d'une pêche.* **2.** Pellicule qui se forme à la surface de certains liquides, de certaines substances. *Peau du lait bouilli, du fromage.* **3.** Fausses membranes qui se forment pendant certaines maladies. *Peaux dans la gorge pendant une angine couenneuse.* **4.** Pop. *Peau de balle!:* rien à faire! Pas question! – Absol. *La peau!,* exclamation marquant le refus, le mépris. **5.** ELECTR *Effet de peau,* appelé aussi *effet pelliculaire.* V. pelliculaire. – Du lat. *pellis,* «peau d'animal».

ENCYCL **Anat.** – Chez les vertébrés, la peau comprend le derme (souvent doublé d'un hypoderme) et l'épiderme. Le derme, tissu conjonctif, contient les glandes sébacées et sudoripares, les racines des poils, les terminaisons nerveuses ainsi que des vaisseaux sanguins et lymphatiques; il a une fonction de soutien et de nutrition. L'épiderme, qui le recouvre, est un épithélium kératinisé dont les cellules se chargent progressivement de kératine pour former la couche cornée, la plus superficielle. Les cellules cutanées contiennent un pigment, la mélanine, qui donne à la peau sa coloration et dont les variations expliquent les différences de la couleur de la peau selon les races.

peaucier [posje] adj. et n. m. ANAT *Muscle peaucier:* muscle attaché à l'hypoderme, qui fait se plisser la peau. ▷ N. m. *Un peaucier.* – Du préc.

peaufinage [pofinaʒ] n. m. Action de peaufiner; son résultat. – De *peaufiner.*

peaufiner [pofine] v. tr. [1] **1.** Passer à la peau de chamois. **2.** Fig., fam. Parachever avec un soin extrême, fignoler. – De *peau,* et *fin.*

peau-rouge [poʀuʒ] adj. et n. Vieilli Des Indiens de l'Amérique du N. ▷ Subst. *Les Peaux-Rouges.* – De *peau,* et *rouge,* à cause de la teinture rouge dont les guerriers indiens couvraient leur corps.

peausserie [posʀi] n. f. Art, commerce du peaussier. ▷ Marchandise vendue par celui-ci. – De *peaussier.*

peaussier [posje] n. m. Artisan qui prépare les peaux ou en fait le commerce. – De *peau.*

pécaïre! [pekɛʀ, pekaiʀ] interj. (Rég. midi de la France) Vx Exclamation de commisération affectueuse. – Provenç. *pecaire,* «pêcheur», francisé en *peuchère.*

1. pécan [pekɑ̃] adj. et n. m. (France) *Noix de pécan, noix pécan* ou *pécan:* pacane. – Mot amér., de *pecan tree,* type de noyer.

2. pécan. V. pékan.

pécari [pekaʀi] n. m. Mammifère suidé d'Amérique tropicale (genre *Tayassu*), proche du cochon par ses soies et son groin, et des ruminants par sa denture, son estomac et ses pattes. ▷ Peau apprêtée de cet animal. – Mot caraïbe.

peccable [pekabl] adj. THEOL Enclin à pécher. *L'homme est de nature peccable.* – Du lat. *peccare,* «pécher».

peccadille [pekadij] n. f. Petit péché, faute légère. – Esp. *pecadillo,* «petit péché», du lat. *peccatum.*

peccant, ante [pekɑ̃, ɑ̃t] adj. Vx MED *Humeurs peccantes,* viciées, mauvaises. – Du lat. médiév. *peccans,* de *peccare,* «pécher».

pechblende [pɛʃblɛ̃d] n. f. MINER Minerai renfermant une forte proportion d'oxyde d'uranium. – De l'all. *Pech,* «poix», et *Blende.* V. blende.

1. pêche [pɛʃ] n. f. **1.** Manière, action de pêcher. *Filet de pêche. Pêche à la ligne.* **2.** Portion de rivière ou d'étang où l'on peut pêcher. *Pêche interdite.* **3.** Poissons, produits que l'on a pêchés. *Faire cuire sa pêche.* – De *pêcher* 1.

ENCYCL Technique de capture des animaux aquatiques, la pêche se pratique par attaque directe à main nue, au nœud coulant, avec lance ou de façon indirecte à l'aide d'engins, lignes, filets, contenants fixes ou mobiles.

Les Amérindiens et les Inuit excellaient dans l'art de manier le harpon et la fouëne; ils capturaient souvent de nuit, à la lueur des torches, les anguilles, esturgeons et saumons des eaux poissonneuses d'Amérique du Nord. Ils connaissaient aussi l'usage des pêcheries fixes, barrages, claies, filets tendus, même sous la glace, et des lignes garnies d'hameçons qu'ils fabriquaient en os et en ivoire. Dès la fin du XVe siècle, des pêcheurs normands et bretons fréquentaient les grands bancs de Terre-Neuve, ramenant en France des cargaisons de morue salée. Ils y diffusèrent aussi les indications et les routes qui servirent aux «découvreurs» officiels comme Jacques Cartier, qui semblait déjà connaître le détroit de Belle-Isle avant son voyage de 1534. La morue, appelée «bacallaos» par les Espagnols, de même que les baleines du golfe Saint-Laurent firent l'objet d'une pêche intensive tout au long du XVIe siècle. Les Basques espagnols furent les maîtres de l'exploitation saisonnière des grands cétacés, poursuivant leurs proies en amont du fleuve jusqu'à Tadoussac et ramenant en Europe des centaines de milliers de barriques d'huile, utilisée autant comme lubrifiant que pour l'éclairage. Pendant la période de colonisation française, l'Acadie et la Gaspésie se développèrent grâce aux pêcheries du golfe, s'inscrivant alors dans un réseau commercial triangulaire qui comprenait aussi les Antilles (sucre et rhum), la côte africaine (les esclaves, les bois précieux) et les ports de la côte occidentale française (biens, denrées). Reprise après le Traité de Paris (1763) par des entrepreneurs anglais et surtout jersiais, l'exploitation de la pêche se poursuivit tout au long du XIXe siècle d'une façon de plus en plus extensive et organisée. La performance des entreprises réglées sur le grand capitalisme conduisit à l'édification de véritables empires commerciaux tel celui de la famille Robin. La France pour sa part continue ses activités de pêche autour des îles Saint-Pierre et Miquelon qu'elle avait refusé de céder en même temps que le reste de ses possessions nord-américaines. Le Canada d'aujourd'hui, avec le plus long littoral maritime du monde, gère et récolte une faune aquatique devenue capricieuse parce que menacée autant par la dégradation de l'environnement que par la surexploitation.

2. pêche [pɛʃ] n. f. **1.** Fruit comestible du pêcher, au noyau dur, à la chair jaune ou blanche, tendre et sucrée, à la peau rose et duveteuse. ▷ Loc. fig. *Peau de pêche,* veloutée et rose. **2.** Pop. Coup de poing. *Je lui ai balancé une de ces pêches!* **3.** Pop. *Se fendre la pêche :* rire aux éclats; bien s'amuser. – Du lat. pop. **persica,* n. f., plur. du class. *persicum (pomum),* «fruit de Perse».

péché [peʃe] n. m. RELIG Transgression de la loi divine. *Absoudre qqn de ses péchés.* – *Péché originel,* commis par Adam et Ève et qui entache toute leur postérité. – *Péché mortel*. Péché véniel*. Péchés capitaux:* les sept péchés (avarice, colère, envie, gourmandise, luxure, orgueil, paresse) considérés comme les plus graves et comme la source des autres péchés. ▷ Fig. *Péché mignon:* petit travers. *La coquetterie est son péché mignon.* – Du lat. *peccatum,* «faute, crime».

1. pêcher [pɛʃe] v. tr. [1] **1.** Prendre, tenter de prendre (du poisson). *Pêcher la truite.* ▷ Absol. *Pêcher à la ligne, à l'épervier.* – *Pêcher à la mouche.* – Fig. *Pêcher en eau trouble.* V. eau. **2.** Retirer de l'eau (des animaux autres que les poissons). *Pêcher l'oursin, la grenouille.* **3.** Fam. Trouver, découvrir (qqch de surprenant). *Où as-tu pêché ce chapeau?* – Du lat. pop. **piscare,* class. *piscari,* de *piscis,* «poisson».

2. pêcher [pɛʃe] n. m. Petit arbre originaire d'Asie, acclimaté dans les régions tempérées, dont le fruit est la pêche. *Couleur (de) fleur de pêcher:* couleur d'un rose assez vif. – De *pêche* 2.

pécher [peʃe] v. intr. [16] **1.** Commettre un, des péchés. **2.** *Pécher contre :* manquer à (une règle de morale). *Pécher contre l'honnêteté.* ▷ Commettre une erreur contre. *Pécher contre le bon sens.* **3.** Être insuffisant, en défaut. *Ce projet pèche sur un point.* – Du lat. *peccare.*

pêcherie [pɛʃʀi] n. f. Lieu où l'on a coutume de pêcher. *Les pêcheries de Terre-Neuve.* ▷ Port de pêche; quartier habité par des pêcheurs. – De *pêcher* 1.

pêcheur, euse [pɛʃœʀ, øz] n. Personne qui fait métier de pêcher ou qui pêche par plaisir. – Appos. *Bateau pêcheur.* ▷ Par anal. *Pêcheur de perles.* – Du lat. *piscator,* de *piscis,* «poisson».

pécheur, pécheresse [peʃœʀ, peʃʀɛs] n. et adj. Personne qui commet des péchés, qui est en état de péché. ▷ Adj. *Âme pécheresse.* – Du bas lat. ecclés. *peccatorem,* accusatif de *peccator.*

pecnot. V. pecquenaud.

pécoptéris [pekɔpteʀis] n. m. PALEONT Fougère arborescente fossile du Carbonifère. – Du gr. *pekos,* var. du gr. class. *pokos,* «toison», et *pteris,* «fougère».

pécore [pekɔʀ] n. f. **1.** Vx Animal, bête. **2.** Mod. Femme stupide et prétentieuse. **3.** n. f. ou m. Pop., péjor. Paysan. Syn. péquenot. – Ital. *pecora;* lat. pop. *pecora,* n. f., plur. du class. *pecus,* «tête de bétail».

pecquenaud (var. **péquenaud**), **aude** [pɛkno, od] n., ou **pecquenot** (var. **péquenot, pecnot**), **otte** [pɛkno, ot] n. Pop., péjor. Paysan. – D'un rad. *pekk,* «petit, chétif». V. aussi pékin 1.

pecten [pɛktɛn] n. m. ZOOL Mollusque lamellibranche (genre *Pecten*) dont une espèce est la coquille Saint-Jacques. – Mot lat.

pectine [pɛktin] n. f. BIOCHIM Substance glucidique très répandue chez les êtres vivants et provenant du pectose. – Du gr. *pêktos,* «coagulé, figé».

pectiné, ée [pɛktine] adj. **1.** ANAT *Muscle pectiné,* ou, n. m., *le pectiné:* muscle rotateur du fémur. **2.** SC NAT Qui est en forme de peigne. – Lat. *pectinatus.*

pectique [pɛktik] adj. BIOCHIM Qualifie certains polyosides végétaux qui donnent par hydrolyse du galactose et des dérivés du galactose. – De *pectine.*

pectoral, ale, aux [pɛktɔʀal, o] n. m. et adj. **I.** n. m. ANTIQ Plaque ornementale ou de protection portée sur la poitrine. **II.** adj. **1.** ANAT Qui appartient à la poitrine. *Les muscles pectoraux,* ou n. m. pl., *les pectoraux.* ▷ *Nageoires pectorales:* nageoires antérieures, chez les poissons. **2.** Qui est utilisé dans le traitement des affections des bronches, des poumons. *Sirop pectoral.* **3.** Qui se porte sur la poitrine. *Croix pectorale.* – Lat. *pectoralis,* de *pectus,* «poitrine».

pectose [pɛktoz] n. m. BIOCHIM Sucre complexe (hétéroside) formé de pectine et de cellulose. – De *pect(ine),* et *(cellul)ose.*

péculat [pekyla] n. m. Détournement des deniers publics par celui qui en a le maniement. – Lat. *peculatus,* de *peculari,* «détourner de l'argent».

pécule [pekyl] n. m. **1.** ANTIQ ROM Somme économisée par un esclave, lui permettant d'acheter sa propre liberté. **2.** Somme d'argent économisée petit à petit. *Il a amassé un petit pécule.* – Lat. *peculium,* «petit bien amassé sou par sou par un esclave».

pécuniaire [pekynjɛʀ] adj. Qui consiste en argent; qui a rapport à l'argent. *Intérêts pécuniaires.* – *Difficultés pécuniaires.* – Lat. *pecuniarius,* de *pecunia* «argent».

pécuniairement [pekynjɛʀmɑ̃] adv. Quant à l'argent, sur le plan pécuniaire. – Du préc.

péd(i)-, -pède, -pédie. Éléments, du lat. *pes, pedis,* «pied».

1. péd(o)-, -pédie. Éléments, du gr. *pais, paidos,* «enfant, jeune garçon», ou de *paideuein,* «élever, instruire».

2. péd(o)-. Élément, du gr. *pedon,* «sol».

pédagogie [pedagɔʒi] n. f. **1.** Théorie, science de l'éducation (en partic. de l'éducation des enfants). **2.** Ensemble des qualités du pédagogue, de celui qui sait enseigner, expliquer. *Manquer de pédagogie.* – Gr. *paidagôgia.*

pédagogique [pedagɔʒik] adj. **1.** Relatif à la pédagogie. **2.** Conforme aux exigences de la pédagogie. *Qualités pédagogiques.* – Gr. *paidagôgikos.*

pédagogiquement [pedagɔʒikmɑ̃] adv. Au point de vue de la pédagogie. – Du préc.

pédagogue [pedagɔg] n. et adj. **1.** Personne chargée de l'éducation d'un enfant, d'un adolescent. **2.** Spécialiste de la pédagogie. **3.** Personne qui sait enseigner, expliquer. ▷ Adj. *Il est très pédagogue.* – Lat. *pædagogus,* gr. *paidagôgos,* de *paîs, paidos,* «enfant», et *agein,* «conduire».

1. pédale [pedal] n. f. **1.** Organe mécanique mû par le pied qui commande le fonctionnement d'un appareil, d'une machine ou qui communique un mouvement de rotation à un appareil. *Pédale de frein, d'accélérateur. Pédale de bicyclette.* ▷ Loc. fig., pop. *Perdre les pédales:* perdre le fil de son discours, perdre ses moyens. **2.** Touche d'un instrument de musique mue par le pied. *Pédales du piano. Clavier à pédales de l'orgue,* qui fait entendre les basses. ▷ *Note de pédale,* ou ellipt. *pédale:* note basse tenue que l'on joue sur le clavier à pédales. – Ital. *pedale,* «pédale d'orgue» lat. pop. *pedale,* «instrument actionné avec le pied».

2. pédale [pedal] n. f. Pop. et injur. *Une pédale:* un homosexuel. – De *pédéraste,* sous l'infl. de *pédale* 1.

pédaler [pedale] v. intr. [1] **1.** Faire mouvoir une, des pédales, spécial. les pédales d'une bicyclette. **2.** Fig., pop. *On est en retard, il va falloir drôlement pédaler,* se dépêcher, marcher vite. ▷ Loc. fam. fig. *Pédaler dans la choucroute:* être désorienté, agir sans efficacité. – De *pédale* 1.

pédaleur, euse [pedalœʀ, øz] n. Cycliste (considéré dans sa manière de pédaler, ses qualités, son style). – De *pédaler.*

pédalier [pedalje] n. m. **1.** Clavier de l'orgue actionné par les pieds. **2.** Ensemble des manivelles, des pédales et du plateau d'une bicyclette. – De *pédale* 1.

pédalo [pedalo] n. m. Petite embarcation utilisée le long des plages, mue par une roue à aubes ou une hélice actionnée par des pédales. – Marque déposée; de *pédale* 1.

pédant, ante [pedɑ̃, ɑ̃t] n. et adj. **1.** Vx Maître d'école. **2.** Mod. Personne qui affecte d'être savante, qui fait étalage de ses connaissances avec vanité. ▷ Adj. *Un ton pédant.* – Mot ital. *pedante,* du gr. *paideuein,* «éduquer, enseigner».

pédanterie [pedɑ̃tʀi] n. f. Air, manière de pédant; vain étalage d'érudition. – Du préc.

pédantesque [pedɑ̃tɛsk] adj. Litt. Digne d'un pédant. *Discours pédantesque.* – Ital. *pedantesco.*

pédantisme [pedɑ̃tism] n. m. Caractère du pédant, de ce qui est pédant. – De *pédant;* signif. d'abord «état de professeur».

-pède. V. péd(i)-.

pédéraste [pedeʀast] n. m. Celui qui s'adonne à la pédérastie. – *Abusiv.* Homosexuel. (Abrév. pop. *pédé.*) – Gr. *paiderastês.*

pédérastie [pedeʀasti] n. f. Attirance sexuelle ressentie par un homme pour les jeunes garçons; relation physique entre un homme et un jeune garçon. – *Abusiv.* Homosexualité masculine. – Gr. *paiderasteia,* de *erân,* «aimer», et *pais, paidos,* «enfant».

pédérastique [pedeʀastik] adj. Relatif à la pédérastie. – Du préc.

pédestre [pedɛstʀ] adj. **1.** Qui se fait à pied. *Rallye, sports pédestres.* **2.** Rare *Statue pédestre,* dont le sujet est à pied (par oppos. à *équestre,* à cheval). – Lat. *pedester.*

pédestrement [pedɛstʀəmɑ̃] adv. À pied. – Du préc.

pédezouille. V. pedzouille.

pédiatre [pedjatʀ] n. Médecin spécialiste de pédiatrie. – De *pédiatrie.*

pédiatrie [pedjatʀi] n. f. Branche de la médecine concernant les enfants. – De *péd(o)-* 1, et *-iatrie.*

pedibus (cum jambis) [pedibuskɔmʒɑ̃bis] loc. adv. Fam. À pied. *Se déplacer pedibus.* – Du lat. *pedibus,* «à pied», et du lat. de fantaisie *cum jambis,* «avec les jambes».

pédicellaire [pedisɛllɛʀ] n. m. ZOOL Petit appendice terminé par trois mors, organe de préhension des échinodermes. – De *pédicelle.*

pédicelle [pedisɛl] n. m. **1.** BOT Dernière ramification du pédoncule, qui porte la fleur. **2.** ZOOL Pièce allongée servant de support à divers organes. – Lat. *pedicellus,* dimin. de *pes, pedis,* «pied».

pédicellé, ée [pedisɛlle] adj. BOT Porté par un pédicelle. – Du préc.

pédiculaire [pedikylɛʀ] n. et adj. **1.** n. f. BOT Plante herbacée (genre *Pedicularis,* fam. scrofulariacées) aux feuilles très découpées, dont une espèce, la *pédiculaire du Canada est une des plantes vivaces les plus remarquables de la flore printanière.* **2.** adj. MED Qui a rapport aux poux. *Maladie pédiculaire:* pédiculose. – Lat. *pedicularius,* de *pediculus,* «pou».

pédicule [pedikyl] n. m. **1.** BOT Support allongé et grêle, dans certaines plantes. **2.** ZOOL Syn. de *pédicelle.* **3.** ANAT Ensemble des éléments vasculaires et nerveux qui rattachent un organe au reste du corps ou à un ensemble fonctionnel. **4.** ARCHI Pilier de petite taille supportant une cuve baptismale, un bénitier. – Lat. *pediculus,* «petit pied».

pédiculé, ée [pedikyle] adj. SC NAT Qui est porté par un pédicule, qui en est muni. – Du préc.

pédiculose [pedikyloz] n. f. MED Ensemble des lésions cutanées provoquées par les poux. – Du lat. *pediculus,* «pou», et *-ose* 2.

pédicure [pedikyʀ] n. Personne spécialisée dans les soins des pieds (excision des cors, traitement des affections des ongles, etc.). – Du lat. *pes, pedis,* «pied», et *curare,* «soigner».

pédicurie [pedikyʀi] n. f. Didac. Pratique, métier de pédicure. – Du préc.

1. -pédie. V. péd(i)-.

2. -pédie. V. péd(o)- 1.

pédieux, euse [pedjø, øz] adj. et n. m. ANAT Qui appartient, est relatif au pied. *Artère pédieuse.* ▷ *Muscle pédieux,* ou, n. m., *le pédieux:* le muscle de la partie dorsale externe du pied. – Du lat. *pes, pedis,* «pied».

pedigree [pedigʀe] n. m. Généalogie d'un animal de race pure; document qui l'atteste. – Mot angl., de l'a. fr. *pié de grue,* «marque formée de trois traits», dont on se servait dans les registres officiels généalogiques, en Angleterre.

pédiluve [pedilyv] n. m. Bassin peu profond, en maçonnerie, destiné aux soins de propreté des pieds. *Douches et pédiluves d'une piscine.* – Lat. médiév. *pediluvium;* du class. *pes, pedis,* «pied», et *luere,* «laver».

pédogenèse [pedɔʒenɛz] n. f. GEOL Ensemble des processus de formation et d'évolution des sols. – De *péd(o)-* 2, et *-genèse.*

1. pédologie [pedɔlɔʒi] n. f. Didac. Branche de la géologie qui étudie les caractères chimiques, physiques et biologiques des sols, leur évolution et leur répartition. – De *péd(o)-* 2, et *-logie.*

ENCYCL Le sol est le produit de l'altération, du remaniement et de l'organisation des couches superficielles de la croûte terrestre sous l'effet des perturbations géologiques et atmosphériques; dans les couches plus profondes, la vie (microflore, microfaune, racines vivantes, «vers de terre») joue un rôle import.; la matière organique végétale qui recouvre les sols se dégrade lentement en engendrant de l'humus. Le climat a une action parfois déterminante. Les pédologues étudient le sol en creusant des tranchées (50 cm à 1 m, voire plus), dont les parois verticales offrent une superposition de strates, appelés *horizons*; chaque horizon a un aspect et une structure distincts; l'ensemble des horizons constitue un *profil* de sol, qui s'insère entre la terre végétale de surface (horizon A) et la roche mère (horizon C); l'horizon B, horizon intermédiaire dans lequel des substances provenant des couches superficielles sont venues s'accumuler, est pauvre en matière organique et plus riche en argile et en fer que les horizons A ou C. On peut classer les sols de la façon suivante. 1. Sols minéraux bruts des déserts chauds ou froids (Sahara, par ex.). 2. Sols peu évolués: l'altération de la roche est faible, à cause de l'origine récente ou du climat (toundra de Sibérie). 3. Sols sur roche calcaire crayeuse, dure, dolomitique ou gypseuse. 4. Vertisols: de couleur assez sombre et parfois noirs, riches en argile, collants à l'état humide, se fendant dans les périodes sèches (Andalousie, Maroc, Soudan, Californie, Indes); ils peuvent être très fertiles (sols noirs à coton). 5. Sols ayant une teneur notable en humus (15 %), même en profondeur, qui entretient une activité biologique intense (*tchernoziom*, terre noire ou brun foncé d'Ukraine); ces sols sont souvent fertiles. 6. Sols évolués à humus grossier, sous climat tempéré froid et humide. Les podzols sont acides et chimiquement pauvres; on peut les boiser (feuillus et conifères). 7. Sols à humus doux *(mull)*, se formant en région tempérée, dans les prairies; ils peuvent porter de riches cultures céréalières. 8. Sols riches en sesquioxydes de fer, d'aluminium et de manganèse: sols rouges et bruns méditerranéens, fertiles s'ils sont profonds (vigne, arbres fruitiers); sols ferrugineux tropicaux sous savane arbustive ou arborée (mil, sorgho, manioc, arachide, cotonnier, tabac, sisal); sols à composés ferriques en climat tropical humide et sous forêt dense, très acides (théier, caféier, cacaoyer, cocotier, palmier, hévéa); sols durcis en cuirasses sous climat tropical humide, totalement incultes (V. latérite). 9. Sols riches en sels solubles; les sols salés et les sols à alcali exigent submersion et drainage pour être mis en culture. 10. Sols ennoyés par excès d'eau (tourbe).

2. pédologie. V. paidologie.

pédologique [pedɔlɔʒik] adj. Didac. Relatif à la pédologie. – De *pédologie* 1.

1. pédologue [pedɔlɔg] n. Didac. Personne spécialisée dans l'étude des sols. – De *pédologie* 1.

2. pédologue. V. paidologue.

pédomètre. V. podomètre.

pédoncule [pedɔ̃kyl] n. m. **1.** ANAT Pièce mince et allongée qui relie deux organes ou deux parties d'organe. *Pédoncules cérébraux.* **2.** BOT Ramification terminale de la tige portant la fleur. ▷ Litt. Queue (d'une fleur, d'un fruit). **3.** ZOOL Pièce allongée portant un organe (œil de l'écrevisse, par ex.) ou un organisme entier (anatife). V. pédicelle. – Lat. *pedunculus*, dimin. de *pes, pedis*, «pied».

pédonculé, ée [pedɔ̃kyle] adj. Muni d'un pédoncule; porté par un pédoncule. – *Chêne pédonculé*, dont les glands sont portés par de longs pédoncules. – Du préc.

pédophile [pedɔfil] adj. et n. Didac. Qui manifeste une tendance à la pédophilie. ▷ Subst. *Des pédophiles.* – De *pédophilie.*

pédophilie [pedɔfili] n. f. Didac. Attirance sexuelle pour les enfants. – De *péd(o)-* 1, et *-philie.*

pedum [pedɔm] n. m. **1.** ANTIQ ROM Houlette de berger, attribut de plusieurs divinités champêtres. **2.** ZOOL Mollusque lamellibranche (fam. pectinidés) des mers chaudes. – Mot lat.

peeling [piliŋ] n. m. Anglicisme V. exfoliation. – Mot angl., de *to peel*, «peler».

pégase [pegɑz] n. m. ZOOL Poisson téléostéen cuirassé des mers asiatiques, aux nageoires pectorales en forme d'ailes. – Du lat. *Pegasus*, n. pr. d'un cheval ailé mythologique.

pegmatite [pɛgmatit] n. f. MINER Granite formé de très gros cristaux de quartz, de feldspath et de mica blanc. – Du gr. *pêgma, pêgmatos*, «conglomération», et *-ite* 3.

pègre [pɛgʀ] n. f. Monde des voleurs, des escrocs, des gens douteux. – P.-ê. de l'arg. marseillais *pego*, «voleur des quais».

pehlevi [pɛlevi], **pehlvi** [pɛlvi] ou **pahlavi** [palavi] n. m. LING Langue iranienne, dérivée de l'ancien perse, parlée en Perse sous les Sassanides. – Du pehlevi *pahlavik*, «des Parthes», peuple originaire de Scythie, établi au IIIe s. av. J.-C. en Asie occid., au S.-E. de la mer Caspienne.

peignage [pɛɲaʒ] n. m. TECH Opération qui consiste à peigner les fibres textiles (laine, coton, lin, etc.). – *Par méton.* Lieu où s'effectue cette opération. – De *peigner.*

peigne [pɛɲ] n. m. **I. 1.** Instrument de corne, d'écaille, de matière plastique, etc., à dents fines, longues et serrées, qui sert à démêler et à lisser les cheveux. **2.** loc. fig. *Sale comme un peigne*, très sale. ▷ *Passer au peigne fin :* soumettre à un contrôle minutieux. **3.** Accessoire de toilette à dents fines et serrées servant à maintenir ou à orner les cheveux des femmes. **II. 1.** TECH Appareil, outil muni de dents, servant à démêler des fibres textiles ou à maintenir un écartement régulier entre les fils de chaîne d'un métier à tisser. *Peigne de cardeur, de tisserand.* **2.** Poils à l'extrémité des pattes des arthropodes. **3.** ZOOL Mollusque lamellibranche bivalve. Syn. pecten. **4.** BOT *Peigne de Vénus*, plante ombellifère (genre *Scandix*). – Réfection d'ap. *peigner*, de l'a. fr. *pigne*, du lat. *pecten, pectinis.*

peigné, ée [pɛɲe] adj. et n. **I.** adj. Dont les fibres parallèles et allongées présentent un aspect lisse. *Laine peignée.* ▷ N. m. Étoffe tissée de longues fibres de laine peignée. **II.** n. f. **1.** Fam. Correction, volée. *Flanquer une peignée à qqn.* **2.** TECH Quantité de textile que l'ouvrier prend sur son peigne en une fois. – Pp. de *peigner.*

peigner [pɛɲe] **I.** v. tr. [1] **1.** Démêler, arranger (les cheveux) avec un peigne. *Peigner sa chevelure.* – *Peigner qqn.* ▷ Fig. fam. Loc. *Peigner la girafe*.* – ▷ v. pron. (Réfl.) Peigner ses cheveux. **2.** Démêler (des fibres textiles). *Peigner de la laine.* **3.** Fig. (Au pass. et au pp.) Orner, soigner excessivement. **II.** v. pron. (Récipr.) Fig., fam. Se battre. – Du lat. *pectinare.*

peigneur, euse [pɛɲœʀ, øz] n. TECH **1.** Personne dont le travail consiste à peigner tel ou tel textile. ▷ Appos. *Ouvrier peigneur.* **2.** n. f. Machine servant à peigner un textile. – Du préc.

peignier [pɛɲ(j)e] n. m. TECH Artisan qui fabrique à la main des peignes de corne, d'écaille, d'ivoire. – De *peigne.*

peignoir [pɛɲwaʀ] n. m. **1.** Vêtement de protection dont on couvre le buste des clients chez un coiffeur. **2.** Vêtement ample que l'on porte au sortir du bain. *«Il la vit sortir de l'eau, ramasser son peignoir»* (Maupassant). ▷ Vêtement d'intérieur long et ample, en tissu léger. – De *peigner*, d'abord *peignoer*, «trousse à peignes», puis utilisé dans le sens «vêtement que l'on met pour se peigner».

peignures [pɛɲyʀ] n. f. pl. Rare Cheveux qui tombent de la tête quand on se peigne. – De *peigner*.

peille [pɛj] n. f. TECH (Le plus souvent au plur.) Chiffon servant à faire le papier. – Provenç. *pelha*, du lat. *pil(l)eus*, «bonnet de feutre».

peinard, arde [pɛnaʀ, aʀd] ou **pénard, arde** [penaʀd, aʀd] adj. Pop. Qui jouit tranquillement de la vie, paisible. *Rester peinard dans son coin.* – *Un père peinard* : un homme paisible. – *De peine;* d'abord *vieux pénard*, «vieillard cassé par la débauche».

peinardement [pɛnaʀdəmɑ̃] ou **pénardement** [penaʀdəmɑ̃] adv. Pop. Paisiblement, tranquillement. – Du préc.

peindre [pɛ̃dʀ] v. tr. [73] **I. 1.** Couvrir, recouvrir de peinture. *Faire peindre son appartement.* Syn. (cour.) peinturer. **2.** Embellir, décorer avec de la couleur. *L'église du plateau d'Assy a été peinte par Chagall.* **II. 1.** Dessiner, inscrire avec de la peinture. *Peindre une inscription.* **2.** Représenter par des traits et des couleurs, par l'art de la peinture. *Peindre un portrait, un nu, une nature morte.* ▷ (S. comp.) *Il n'est pas seulement écrivain, il peint.* **III.** Fig. Décrire, représenter par le discours. *Peindre les passions, les hommes de son siècle.* ▷ v. pron. Se manifester par des signes sensibles. *La terreur se peignait sur ses traits.* – Du lat. *pingere*.

peine [pɛn] n. f. **A.** Châtiment, punition. **1.** DR *Peine afflictive et infamante*, infligée par le pouvoir public à un individu reconnu judiciairement coupable d'avoir commis une infraction à la loi pénale. *Requérir la peine capitale, la peine de mort contre un accusé. Peine de police:* sanction de la contravention. – *Peine correctionnelle:* sanction du délit. – *Peine criminelle:* sanction du crime. **2.** loc. prép. *Sous peine de:* sous risque de, sous menace de. *Défense de fumer sous peine d'amende.* ▷ Par ext. *Partez vite sous peine d'arriver en retard.* **3.** THEOL *Peines éternelles, peines de l'enfer :* damnation. **B. I.** Chagrin, souffrance morale, affliction. *Les joies et les peines. – Faire peine à voir:* inspirer la compassion. ▷ État de qqn qui est inquiet, tourmenté. Loc. *Être, errer comme une âme en peine.* (V. sens A, 3). **II. 1.** Occupation, activité qui demande un effort. *Résultat qui a exigé beaucoup de peine.* ▷ (Formules de politesse.) *Voulez-vous prendre, vous donner la peine de* (+ inf.). ▷ *Homme de peine*, qui effectue les travaux pénibles. ▷ Loc. *À chaque jour suffit sa peine. – Ce n'est pas la peine :* ce n'est pas nécessaire. *Ce n'était pas la peine de venir. Ça vaut la peine. – Pour votre peine, pour la peine:* en compensation. **2.** Difficulté, embarras. *Avoir de la peine à parler.* **3.** loc. *Sans peine :* aisément, sans difficulté. ▷ *Avec peine :* difficilement. – *À grand-peine:* très difficilement. **III.** loc. adv. *À peine.* **1.** Depuis peu de temps. – *À peine arrivé, il a dû repartir.* **2.** Presque pas. *Il sait à peine écrire.* ▷ Tout juste. *Voilà à peine deux heures qu'il est parti.* – Lat. *pœna*, «rançon destinée à racheter un meurtre».

peiner [pɛne] **1.** v. intr. [1] Se fatiguer, éprouver des difficultés. *Peiner à monter un fardeau.* **2.** v. tr. Faire de la peine à (qqn), attrister. *Vos paroles l'ont beaucoup peiné.* ▷ Au pp. *Il a été très peiné en apprenant cette nouvelle.* – De *peine*.

peint, peinte [pɛ̃, pɛ̃t] adj. **1.** Recouvert de peinture. **2.** Orné de motifs peints, de couleur. *Papiers peints.* **3.** Trop fardé. *Un visage peint.* – Pp. de *peindre*.

peintre [pɛ̃tʀ] n. m. **1.** *Peintre en bâtiment*, ou *peintre :* personne spécialisée dans la peinture des murs, des plafonds, etc., et dans la pose des papiers peints. **2.** Artiste qui exerce l'art de la peinture. ▷ Appos. *Un, une artiste peintre.* **3.** Personne, écrivain qui peint (sens III, 1) les hommes, les mœurs. *Racine, peintre de l'amour passion.* (Rem.: Comme forme féminine, l'OLF recommande *une peintre.*) – Du lat. pop. **pinctor*, du class. *pictor*.

peinture [pɛ̃tyʀ] n. f. **I.** Action de peindre, d'appliquer des couleurs sur une surface. **II. 1.** Art, manière de peindre (sens II, 2). **2.** Ouvrage d'un artiste peintre. *Expertiser une peinture.* **3.** Vx Portrait peint. ▷ Mod., fig. *Ne pas pouvoir voir qqn en peinture*, ne pas le supporter, le détester. **4.** Fig. Description particulièrement évocatrice. *Peinture de mœurs.* **III. 1.** Couche de couleur couvrant une surface, un objet. **2.** Matière servant à peindre. *Peintures à l'huile, vinyliques, glycérophtaliques, cellulosiques, métallisées.* – Lat. pop. *pinctura*, du class. *pictura*.

peinturer [pɛ̃tyʀe] v. tr. [1] **1.** Cour. Couvrir, recouvrir de peinture. *Peinturer son logement. Faire peinturer sa maison.* **2.** Barbouiller maladroitement de peinture. – Peindre avec des peintures criardes et mal assorties, peinturlurer. – Du préc.

peinturlurer [pɛ̃tyʀlyʀe] v. tr. [1] Fam. Barbouiller de tons voyants. ▷ v. pron. *Se peinturlurer le visage :* se farder à l'excès, de manière voyante. – Du préc.

péjoratif, ive [peʒɔʀatif, iv] adj. et n. m. Se dit d'une expression, d'un mot, d'un suffixe, d'un préfixe, d'une intonation qui comporte un sens défavorable, implique un jugement dépréciatif. *Les suffixes «-aille»* (ferraille), *«-asse»* (vinasse), *«-âtre»* (marâtre), *etc. sont péjoratifs.* ▷ N. m. *Les péjoratifs.* – Du bas lat. *pejorare*, «rendre pire», du class. *péjor*, «pire».

péjoration [peʒɔʀasjɔ̃] n. f. Ajout d'une valeur péjorative à un mot, à un énoncé. – De *péjoratif.*

péjorativement [peʒɔʀativmɑ̃] adv. Dans un sens péjoratif. – De *péjoratif.*

pékan ou **pécan** [pekɑ̃] n. m. Grande martre (*Martes pennanti*, fam. mustelidés) à pelage foncé; fourrure de cet animal. – Mot algonquien.

pékin [pekɛ̃] n. m. **1.** Étoffe de soie à motifs peints. **2.** Étoffe dont les rayures sont dues à une alternance de fils brillants et de fils mats, ou de fils de couleurs différentes. – De *Pékin*, v. de Chine, où cette étoffe était fabriquée.

pékiné, ée [pekine] adj. et n. m. *Tissu pékiné*, qui présente des bandes alternativement claires et foncées, ou brillantes et mates. ▷ N. m. *Du pékiné.* – De *pékin* 2.

pékinois, oise [pekinwa, waz] adj. et n. **1.** adj. De Pékin. ▷ Subst. *Un Pékinois, une Pékinoise.* **2.** n. m. Dialecte du chinois parlé à Pékin et dans le nord de la Chine, devenu langue commune du pays. **3.** n. m. Petit chien de luxe au poil long, à la tête ronde, au museau écrasé. – De *Pékin*, v. de Chine.

pelade [pəlad] n. f. Chute des poils ou des cheveux par plaques circonscrites, sans plaie ni inflammation, pouvant évoluer vers la calvitie totale. – De *peler*.

1. pelage [pəlaʒ] n. m. Ensemble des poils d'un mammifère. *Le pelage fauve du lion.* – De *poil.*

2. pelage [pəlaʒ] n. m. TECH Action de peler les peaux. – De *peler;* d'abord «droit perçu sur les peaux».

pélagianisme [pelaʒjanism] n. m. RELIG Doctrine hérétique du moine Pélage. – De *pélagien.*

pélagie [pelaʒi] n. f. ZOOL Méduse acalèphe luminescente de l'Atlantique, formant des bancs en haute mer. – Lat. scientif. *pelagia*, du gr. *pelagios*, «qui se trouve, vit en pleine mer».

pélagien, ienne [pelaʒjɛ̃, jɛn] n. et adj. Didac. Partisan du pélagianisme. ▷ Adj. Qui a rapport à cette doctrine. *L'hérésie pélagienne.* – Du n. du moine hérésiarque *Pélage* (v. 360-v. 422).

pélagique [pelaʒik] ou **pélagien, ienne** [pelaʒjɛ̃, jɛn] adj. BIOL, GEOL Qui est relatif à la haute mer, qui vit en haute mer. *Faune pélagique.* – Du gr. *pelagikos*, «de la mer», ou *pelagios*, «de la pleine mer».

pélamide ou **pélamyde** [pelamid] n. f. ZOOL **1.** Poisson téléostéen *(Pelamys sarda* et *Thynnus pelamys)* voisin du thon. Syn. bonite. **2.** Serpent de mer venimeux de l'océan Indien et du Pacifique. – Lat. *pelamis, pelamidis*, «jeune thon»; gr. *pêlamus, pêlamudos*.

pelard [pəlaʀ] adj. et n. m. TECH *Bois pelard*, ou, n. m. du *pelard:* bois dont on a enlevé l'écorce pour faire du tan. – De *peler*.

pélargonium [pelaʀgɔnjɔm] n. m. BOT Plante ornementale (genre *Pelargonium*, fam. géraniacées), originaire d'Afrique du S., cour. appelée *géranium*. – Du gr. *pelargos*, «cigogne», à cause de la forme du fruit, allongé en bec de cigogne.

pélasgique [pela(s)ʒik] ou **pélasgien, ienne** [pela(s)zjɛ̃, jɛn] adj. ARCHEOL Des Pélasges, populations ayant précédé l'installation hellénique sur les deux rives de la mer Égée, surtout en Thessalie. *Murailles pélasgiques*, cyclopéennes (mycéniennes, notam.) – Du gr. *Pelasgoi*, n. des anc. habitants de la Grèce, de la Crète et de l'Asie Mineure; par le lat.

pelé, ée [pəle] adj. **1.** Qui n'a plus de poils, de cheveux. ▷ *Subst.* Surtout dans la loc. *quatre pelés et un tondu :* un tout petit nombre de personnes. **2.** Dépourvu de végétation, sec, aride. *Collines pelées*. – Pp. de *peler*.

pélécaniformes [pelekanifɔʀm] n. m. pl. ZOOL Ordre d'oiseaux comprenant les pélicans, les cormorans, les frégates, etc. – Du lat. *pelecanus*, «pélican», et *-forme*.

péléen, éenne [peleɛ̃, eɛn] adj. GEOGR Qui est du même type que la montagne Pelée, en parlant d'un volcan. *Éruption péléenne :* éruption de laves formant des dômes. – De la montagne *Pelée*, volcan de la Martinique.

pêle-mêle [pɛlmɛl] adv. et n. m. inv. **I.** adv. Confusément, en désordre. *Les assaillants refluèrent pêle-mêle.* **II.** n. m. inv. **1.** Mélange inextricable. **2.** Cadre qui peut recevoir plusieurs photographies. – De l'a. fr. *mesle-mesle*, forme redoublée de l'impér. de *mêler*. V. aussi méli-mélo.

peler [pəle] v. [20] **1.** v. tr. Ôter la peau de (un fruit). *Peler une pomme avant de la manger.* ▷ Vx Ôter le poil de (une peau); ôter l'écorce de (un arbre). **2.** v. intr. Perdre son épiderme par petits morceaux, en parlant du corps ou d'une partie du corps de l'homme. *Avoir le nez qui pèle après un coup de soleil.* – Du bas lat. *pilare*, «épiler», avec infl. de l'a. fr. *pel*, «peau».

pèlerin, ine [pɛlʀɛ̃, in] n. (rare au f.) **I.** Personne qui fait un voyage vers un lieu de dévotion. **II. 1.** (En appos.) *Requin pèlerin :* le plus grand requin (*Cetorhinus maximus*, pouvant atteindre 15 m de long pour 8 tonnes), animal inoffensif qui ne se nourrit que de plancton. **2.** ZOOL *Faucon pèlerin :* grand faucon *(Falco peregrinus)* des montagnes et des forêts. **3.** ENTOM *Criquet* pèlerin.* – Lat. ecclés. *pelegrinus*, «étranger, voyageur».

pèlerinage [pɛlʀinaʒ] n. m. **1.** Voyage que fait un pèlerin. *Aller en pèlerinage à Lourdes.* **2.** Lieu où va un pèlerin, où viennent des pèlerins. *Le pèlerinage de Saint-Jacques-de-Compostelle.* – Du préc.

ENCYCL Manifestation de piété, le pèlerinage n'est pas propre à l'Église catholique, bien qu'il y soit d'un usage très ancien. Qu'il voulût honorer le Christ ou un saint, obtenir un pardon de ses péchés ou solliciter une faveur, le pèlerin prenait la route. Rome, le Mont Saint-Michel, Saint-Jacques-de-Compostelle furent longtemps de hauts lieux de la dévotion populaire. La tradition se maintient: Lourdes, en France, Fatima, au Portugal, Notre-Dame-de-Lorette, en Italie, attirent chaque année de grandes foules. Au Canada, trois pèlerinages sont particulièrement célèbres, tous trois au Québec. *Saints-Anne-de-Beaupré* (à quelque 30 km en aval de Québec) est le plus ancien, puisqu'il remonte à 1662. C'est probablement, aussi, le plus connu, avec cette particularité qu'il est très fréquenté par les Amérindiens et les Gitans. À proximité de Trois-Rivières, *Notre-Dame-du-Cap* (Cap-de-la-Madeleine), dédié à la Vierge de l'Assomption, accueillit son premier pèlerinage public en 1883. À Montréal, enfin, construit sur l'un des versants du Mont-Royal par les soins du frère André (Bessette), l'*Oratoire Saint-Joseph* fut fondé en 1904. Ces trois pèlerinages reçoivent annuellement des dizaines de milliers de pèlerins et de visiteurs. Ils ont respectivement pour gardiens les Rédemptoristes (1883), les Oblats de Marie-Immaculée (1902) et la Congrégation de Sainte-Croix (1904).

pèlerine [pɛlʀin] n. f. Vêtement sans manches à capuchon. – De *pèlerin*.

pélican [pelikɑ̃] n. m. Oiseau palmipède de grande taille qui peut accumuler dans son bec en forme de vaste poche les poissons qu'il a capturés. *Pélican blanc d'Amérique (Pelicanus erythrorhynchos).* – Lat. *pelicanus* ou *pelecanus*, gr. *pelekan*.

pelisse [pəlis] n. f. Vêtement doublé de fourrure. – Bas lat. *pellicia*, class. *pellicius*, «de peau», de *pellis*, «peau d'animal».

pellagre [pelagʀ] n. f. MED Maladie due à une carence en vitamine PP et qui se manifeste par des lésions cutanées, muqueuses, digestives, et des troubles nerveux. – Du lat. *pellis*, «peau d'animal», d'ap. *podagre*.

pellagreux, euse [pelagʀø, øz] adj. et n. MED Qui a rapport à la pellagre, qui en est affecté. – Du préc.

pelle [pɛl] n. f. **1.** Outil fait d'une plaque de métal munie d'un long manche, servant notam. à creuser ou à déplacer la terre, le sable, la neige, etc. ▷ Par anal. *Pelle à gâteau, à tarte :* large spatule munie d'un manche avec laquelle on sert les gâteaux. ▷ Loc. fam. *À la pelle :* en grande quantité. – *Ramasser une pelle :* faire une chute; fig. échouer. **2.** *Pelle mécanique :* engin servant à creuser des tranchées, à niveler le sol, à effectuer des dragages. **3.** Extrémité large et plate d'un aviron. – Lat. *pala*.

pellet [pəlɛ] n. m. PHARM Petit comprimé implanté sous la peau (généralement, comprimé de substances hormonales à résorption lente, destinées à pallier une insuffisance glandulaire). – Mot angl., «pilule».

pelletage [pɛltaʒ] n. m. Action de pelleter. – De *pelleter*.

pelletée [pɛlte] n. f. **1.** Ce que peut contenir une pelle. **2.** Fig., fam. Grande quantité. *Des pelletées d'injures.* – D'abord *pellée*, de *pelle*.

pelleter [pɛlte] v. tr. [23] Remuer, déplacer avec une pelle. *Pelleter de la terre, du sable, du fumier.* ▷ *Spécial.* Enlever (la neige), déblayer (un endroit enneigé) avec une pelle. *Aller pelleter la neige dans la cour. Pelleter l'entrée.* «Le père n'avait aucun métier bien défini. En hiver, il pelletait la neige des rues, chauffait des "fournaises".» (Robert de Roquebrune, *Quartier Saint-Louis*, 1966.) – (Sans comp.) *Les cardiaques devraient s'abstenir de pelleter.* - v. pron. *Se pelleter un chemin.* ▷ loc. fig. *Pelleter des nuages:* émettre des idées, remuer des concepts qui tiennent plus du rêve que de la réalité; poursuivre des chimères. Rem. À l'oral, le second *e* n'est jamais prononcé d'où, parfois, l'orthogr. *pelter*. – De *pelle*.

pelleterie [pɛltʀi] n. f. **1.** *Souvent au plur.* Peau servant à faire des fourrures, telle que fournie par le trappeur. *La traite des pelleteries en Nouvelle-France. Un canot chargé de pelleteries.* ▷ Fourrure préparée par le pelletier. **2.** Art de préparer les peaux pour en faire des fourrures. ▷ Commerce des fourrures. – De *pelletier.*

pelleteur, euse [pɛltœʀ, øz] n. Personne qui manie la pelle. – De *pelleter.*

pelleteuse [pɛltøz] n. f. Engin qui sert à excaver un terrain et à charger les déblais sur un véhicule. – Fém. de *pelleteur.*

pelletier, ière [pɛltje, jɛʀ] n. Personne qui fait commerce des peaux, ou qui les prépare pour les transformer en fourrures. – De l'a. fr. *pel,* «peau», lat. *pellis.*

pelliculage [pelikylaʒ] n. m. **1.** TECH Application d'une pellicule transparente, en matière plastique, sur un support, pour le protéger et le rendre plus brillant. **2.** PHOTO Séparation de la couche de gélatine de son support. – De *pellicule.*

pelliculaire [pelikylɛʀ] adj. **1.** Qui forme une pellicule. *Couche pelliculaire.* **2.** ELECTR *Effet pelliculaire :* phénomène se produisant dans les conducteurs parcourus par des courants alternatifs de fréquence élevée. (Le courant qui circule à la périphérie est beaucoup plus intense qu'au centre.) – De *pellicule.*

pellicule [pɛlikyl] n. f. **1.** Membrane très mince. **2.** Petite écaille produite par la desquamation du cuir chevelu. *Avoir des pellicules sur le col.* **3.** Couche peu épaisse. *Une pellicule de peinture.* **4.** Feuille de matière plastique recouverte d'une émulsion photosensible. *De la pellicule vierge.* Syn. film. – Lat. *pellicula,* dimin. de *pellis,* «peau».

pelliculeux, euse [pelikylø, øz] adj. Couvert de pellicules (au sens 2). – Du préc.

pellucide [pɛllysid] adj. Rare Transparent, translucide. – Lat. *pellucidus.*

pélobate [pelɔbat] n. m. ZOOL Amphibien voisin du crapaud, qui s'enfouit dans le sol grâce à l'éperon corné de sa patte. – Du gr. *pêlos,* «boue, glaise», et *bainein,* «marcher».

pélodyte [pelɔdit] n. m. ZOOL Petit crapaud fouisseur à la peau grise tachetée de vert. – Du gr. *pêlos,* «boue, glaise» et *dutês,* «plongeur».

pelotage [p(ə)lɔtaʒ] n. m. **1.** Confection d'une pelote de fil. **2.** Fam. Caresses sensuelles. – De *peloter.*

pelotari [p(ə)lɔtaʀi] n. m. SPORT Joueur de pelote basque. – Mot basque, de *pelote.*

pelote [pəlɔt] n. f. **1.** SPORT Jeu de balle qui se pratique contre un mur; balle servant à ce jeu. ▷ *Pelote basque,* sport d'origine basque qui se pratique soit à main nue, soit avec une raquette en bois *(pala)* ou un gant en forme de panier allongé *(chistera),* et qui consiste à lancer une balle contre un fronton. **2.** Boule formée d'un ou de plusieurs fils. *Pelote de laine.* **3.** loc. fam. et fig. *Faire sa pelote:* épargner petit à petit quelque argent. – *Avoir les nerfs en pelote:* être très énervé. **4.** *Pelote à épingles:* coussinet sur lequel on pique des épingles. – Lat. pop. *pilotta,* dimin. du class. *pila,* «balle».

peloter [p(ə)lɔte] **I.** v. tr. [1] **1.** Mettre en pelote (du fil). **2.** Fam. Caresser sensuellement le corps de qqn. **II.** SPORT v. intr. Jouer à la paume sans faire une partie. – De *pelote.*

peloteur, euse [p(ə)lɔtœʀ, øz] n. (et adj.) **1.** TECH Personne qui fait des pelotes de fil. ▷ n. f. *Peloteuse:* machine servant à enrouler le fil. **2.** Fam. Personne qui pelote (sens I, 2). ▷ Adj. *Des gestes peloteurs.* – Du préc.

peloton [p(ə)lɔtõ] n. m. **1.** Petite pelote de fil. **2.** Groupe de personnes. ▷ *Peloton d'exécution:* groupe de militaires commandés pour fusiller un condamné. **3.** SPORT Groupe de coureurs qui demeurent ensemble au cours d'une épreuve. *Le peloton de tête.* – De *pelote.*

pelotonnement [p(ə)lɔtɔnmɑ̃] n. m. Action de pelotonner, de se pelotonner. – De *pelotonner.*

pelotonner [p(ə)lɔtɔne] **1.** v. tr. [1] Mettre en peloton (du fil). **2.** v. pron. Se ramasser en boule. – De *peloton.*

pelouse [pəluz] n. f. **1.** Terrain couvert d'une herbe épaisse et courte. **2.** Partie gazonnée d'un champ de courses, d'un stade. **3.** Partie d'un champ de courses que délimite la piste, par oppos. au *pesage* et aux *tribunes.* – Du lat. *pilosus,* «couvert de poils», par l'a. fr. *pelous,* «poilu».

pelta [pɛlta] ou **pelte** [pɛlt] n. m. ou f. ANTIQ GR Petit bouclier recouvert de cuir, en forme de croissant. – Lat. *pelta,* gr. *peltê.*

peltaste [pɛltast] n. m. ANTIQ GR Soldat d'infanterie légère. – Gr. *peltastês.*

pelté, ée [pɛlte] adj. BOT Se dit d'un organe circulaire fixé à son support par le centre. *La feuille de capucine est peltée.* – De *pelta.*

peluche [p(ə)lyʃ] n. f. Étoffe de laine, de soie, de coton, analogue au velours mais de poil plus long. *Ours en peluche.* – De l'a. fr. *peluchier,* «éplucher», bas lat. *pilucare,* de *pilare,* «peler».

peluché, ée [pəlyʃe] ou **pluché, ée** [plyʃe] adj. Velu, en parlant des plantes, des étoffes. – Du préc.

pelucher [pəlyʃe] ou **plucher** [plyʃe] v. intr. [1] Se couvrir de poils qui se détachent en parlant d'une étoffe usée. – De *peluche.*

pelucheux, euse [pəlyʃø, øz] ou **plucheux, euse** [plyʃø, øz] adj. Qui peluche, dont l'aspect rappelle la peluche. – De *peluche.*

pelure [p(ə)lyʀ] n. f. **1.** Peau d'un fruit ou d'un légume épluché. *Pelure de poire.* – *Pelure d'oignon,* interposée entre les couches qui forment le bulbe de l'oignon. *Couleur pelure d'oignon,* jaune un peu rosé. **2.** Appos. *Papier pelure:* papier fin servant à faire des doubles d'une dactylographie. – De *peler;* signif. d'abord «dépouille, butin».

pelvien, ienne [pɛlvjɛ̃, jɛn] adj. ANAT Relatif au bassin. *Cavité pelvienne.* – De *pelvis.*

pelvis [pɛlvi] n. m. ANAT Bassin. – Mot lat.

pembina. V. pimbina.

pemmican [pemikɑ̃] n. m. Viande séchée et comprimée. – Mot angl., de l'algonquin (langue* amérindienne) *pimikkân.*

pemphigus [pɑ̃figys] n. m. MED Maladie de la peau caractérisée par la formation de bulles, remplies de sérosités, au niveau de l'épiderme. – Mot lat. scientif., du gr. *pemphix, pemphigos,* «pustule».

pénal, ale, aux [penal, o] adj. Qui concerne les peines. – *Lois pénales.* ▷ *Code pénal:* recueil de textes fixant les peines à appliquer pour les infractions recensées. – Lat. *pœnalis,* «qui concerne la punition».

pénalement [penalmɑ̃] adv. En matière pénale (opposé *à civilement*). – Du préc.

pénalisation [penalizasjõ] n. f. **1.** SPORT Désavantage infligé à un concurrent qui a enfreint les règlements au cours d'une épreuve sportive. **2.** Sanction. – Angl. *penalization.*

pénaliser [penalize] v. tr. [1] **1.** SPORT Frapper d'une pénalisation. **2.** Frapper d'une peine, sanctionner. *Pénaliser les infractions au code de la route.* – Angl. *to penalize,* du fr. *pénal.*

pénalité [penalite] n. f. **1.** Système des peines établies par la loi. ▷ *Par ext.* Peine. **2.** Sanction qui frappe un délit fiscal ou la non-exécution d'une ou plusieurs clauses d'un contrat. **3.** SPORT Pénalisation. – De *pénal.*

pénard, pénardement. V. peinard, peinardement.

pénates [penat] n. m. pl. **1.** ANTIQ Dieux domestiques des Romains, qui présidaient au maintien et à l'accroissement de la prospérité du foyer. – Appos. *Les dieux pénates.* ▷ Représentation de ces dieux. **2.** Fig., fam. Habitation, foyer. *Regagner ses pénates.* – Lat. *penates,* de *penus,* «intérieur de la maison».

penaud, aude [pəno, od] adj. Confus, honteux (d'une maladresse, d'une déconvenue). *Être tout penaud.* – De *peine;* propr. «qui est en peine».

pence. V. penny.

penchant [pɑ̃ʃɑ̃] n. m. **1.** Vx Pente, déclinaison d'un terrain. *Le penchant d'une colline.* **2.** Inclination, goût. *Se laisser aller à ses penchants.* ▷ *Spécial.* Sentiment d'attirance envers qqn. *Éprouver un penchant, un doux penchant pour une jeune personne.* – Ppr. subst. de *pencher.*

penché, ée [pɑ̃ʃe] adj. Qui penche; incliné. *Écriture penchée.* ▷ Loc. *Prendre des airs penchés:* affecter une attitude mélancolique, songeuse. – Pp. de *pencher.*

pencher [pɑ̃ʃe] **I.** v. tr. **[1]** Incliner vers le bas, ou de côté. *Pencher la tête vers l'avant, à droite; à gauche.* **II.** v. intr. **1.** S'écarter de la position verticale (en perdant ou en risquant de perdre son équilibre); être incliné vers le bas. *Ce mur penche dangereusement. Tableau qui penche légèrement sur la gauche.* **2.** Fig. *Pencher vers, pour:* avoir tendance à préférer, à choisir (telle chose, tel parti, telle opinion). *Je pencherais plutôt vers la théorie contraire.* **III.** v. pron. **1.** S'incliner vers l'avant, en parlant d'une personne. *Se pencher à la fenêtre.* ▷ S'incliner, en parlant d'une chose. *L'arbre se penchait sous la rafale.* **2.** *Se pencher sur:* considérer, examiner avec intérêt. *Se pencher sur une question, un problème.* – Lat. pop. **pendicare,* class. *pendere,* «pendre».

pendable [pɑ̃dabl] adj. Vx Qui mérite la corde, la pendaison. ▷ Mod. *Jouer à qqn un tour pendable,* un mauvais tour. – De *pendre.*

pendage [pɑ̃daʒ] n. m. GEOL Inclinaison d'une couche, des couches d'un terrain sur l'horizontale. *Le pendage du filon,* dans une mine. – De *pendre.*

pendaison [pɑ̃dɛzɔ̃] n. f. **1.** Action de pendre qqn, de se pendre. *Il a été exécuté par pendaison.* **2.** Action de pendre qqch. *Pendaison de crémaillère:* fête que l'on donne pour célébrer son installation dans un nouveau logement. – De *pendre.*

1. pendant, ante [pɑ̃dɑ̃, ɑ̃t] adj. et n. m **I.** adj. **1.** Qui pend. *Marcher les bras pendants.* ▷ DR *Fruits pendants:* produits de la terre (fruits ou autres) non encore récoltés. *Fruits pendants par branches et fruits pendants par racines.* ▷ ARCHI *Clef de voûte pendante,* munie d'un élément ornemental formant une retombée. **2.** DR Qui n'est pas encore jugé. *Cause pendante.* Par ext., cour. *Affaire pendante,* en suspens. **II.** n. m. **1.** *Pendants d'oreilles:* boucles d'oreille à pendeloques. **2.** Chacun des deux objets d'art, de mobilier destinés à être exposés ensemble, à former une symétrie. *Vases qui sont le pendant l'un de l'autre.* ▷ Fig., fam. Choses, personnes qui se ressemblent, qui ont de nombreux points communs. – Ppr. de *pendre.*

2. pendant [pɑ̃dɑ̃] prép. **1.** Durant. *Pendant l'hiver.* **2.** loc. conj. *Pendant que:* tandis que, dans le temps que. *Voulez-vous m'aider pendant que je termine ceci?* ▷ (Marquant l'opposition et la simultanéité.) *Ils s'amusent pendant que nous travaillons.* – De l'emploi en participe absolu de *pendant* 1 sur le modèle du lat. jur. *pendens: le siège pendant, le temps pendant,* etc.

pendard, arde [pɑ̃daʀ, aʀd] n. **1.** Vx Vaurien, fripon. **2.** TECH Tige servant à suspendre un câble, une tuyauterie. – De *pendre.*

pendeloque [pɑ̃dlɔk] n. f. **1.** Bijou suspendu à une boucle d'oreille. **2.** Ornement suspendu à un lustre. – Altér., d'ap. *breloque,* de *pendeloche,* de l'anc. v. *pendeler,* «pendiller», de *pendre.*

pendentif [pɑ̃dɑ̃tif] n. m. **1.** Bijou suspendu autour du cou à une chaîne, un collier. **2.** ARCHI Chacun des quatre triangles sphériques concaves maçonnés entre les grands arcs soutenant une coupole et qui permettent de passer du plan carré au plan circulaire. – Du lat. *pendens, pendentis,* ppr. de *pendere,* «pendre».

penderie [pɑ̃dʀi] n. f. Placard, partie d'une armoire où l'on suspend les vêtements. – De *pendre.*

pendiller [pɑ̃dije] v. intr. **[1]** Être suspendu en l'air et s'agiter, se balancer sans cesse. *Linge qui pendille à la fenêtre.* – De *pendre.*

pendouiller [pɑ̃duje] v. intr. **[1]** Fam. Pendre mollement, d'une manière tant soit peu ridicule. *Un pan de chemise qui pendouille hors du pantalon.* – De *pendre.*

pendre [pɑ̃dʀ] v. **[5] I.** v. tr. **1.** Attacher (une personne, une chose) de façon qu'elle ne touche pas le sol. *Pendre qqn par les pieds. Pendre un jambon dans la cheminée.* ▷ En partic. Mettre à mort en suspendant par le cou. *Pendre qqn haut et court.* **2.** loc. fig. *Dire pis que pendre de qqn,* en dire tout le mal possible. – *Qu'il aille se faire pendre ailleurs,* se dit d'une personne qui vous a fait du tort et que l'on préfère ignorer. **II.** v. intr. **1.** Être suspendu, fixé par une extrémité (l'autre restant libre). *Lampions qui pendent au bout d'un bâton.* **2.** Descendre trop bas. *Robe qui pend d'un côté.* **3.** loc. fig. *Cela lui pend au nez:* cela risque fort de lui arriver (en parlant d'un désagrément, d'un malheur). **III.** v. pron. **1.** S'accrocher à qqch par une partie du corps, sans autre appui. *Acrobate qui se pend à un trapèze par les mains, par les jambes, par les mâchoires.* **2.** *Absol.* Se suicider par pendaison. – Lat. *pendere.*

pendu, ue [pɑ̃dy] adj. et n. **1.** adj. Qui pend. *Jambon pendu à une poutre.* ▷ *Avoir la langue bien pendue:* être très bavard; avoir de la répartie. **2.** n. Personne morte par pendaison. – Pp. de *pendre.*

pendulaire [pɑ̃dylɛʀ] adj. Du pendule. ▷ PHYS *Mouvement pendulaire,* dont l'équation est une fonction sinusoïdale du temps. – De *pendule* 1.

1. pendule [pɑ̃dyl] n. m. **1.** PHYS Système matériel oscillant autour d'un axe sous l'action d'une force qui tend à le ramener à sa position d'équilibre. *Pendule de torsion,* constitué par un barreau horizontal suspendu à un fil métallique vertical. **2.** Petite masse, souvent sphérique, de métal, d'os, d'ivoire, etc., suspendue à une cordelette ou à une chaînette et qui, selon les radiesthésistes, permettrait par les variations de sens et d'amplitude de ses oscillations de détecter certaines «ondes» émises par les minéraux, les substances organiques, l'eau, etc. – Du lat. *pendulus,* «qui pend», de *pendere,* «pendre».

2. pendule [pɑ̃dyl] n. f. HORL Horloge dont le mouvement est réglé par les oscillations d'un pendule. ▷ Cour. Petite horloge d'appartement. – De *horloge à pendule.*

pendulette [pɑ̃dylɛt] n. f. Petite pendule, petit réveille-matin. – Dimin. de *pendule* 2.

pêne [pɛn] n. m. TECH Pièce mobile d'une serrure, qui bloque le battant de la porte en pénétrant dans la gâche*. – Du lat. *pessulus,* «verrou»; d'abord *pesne.*

pénéplaine [peneplɛn] n. f. GEOGR Surface plane de faible altitude résultant de l'érosion d'une région plissée. – Du lat. *pœne,* «presque», et *plaine.*

pénétrabilité [penetʀabilite] n. f. Caractère de ce qui est pénétrable. – De *pénétrable.*

pénétrable [penetʀabl] adj. **1.** Où l'on peut pénétrer; qui peut être pénétré. **2.** Fig. Intelligible, compréhensible. – Lat. *penetrabilis.*

pénétrant, ante [penetʀɑ̃, ɑ̃t] adj. et n. f. **I.** adj. **1.** Qui pénètre. ▷ *Spécial.* Qui traverse les vêtements, en parlant du froid, du vent, etc. *Un froid pénétrant.* **2.** Fig. Qui laisse une forte impression. *Discours pénétrant.* **3.** Apte à pénétrer les choses difficiles; perspicace. *Intelligence pénétrante.* **II.** n. f. Grande voie de circulation menant au cœur d'une grande agglomération. – Ppr. de *pénétrer.*

pénétration [penetʀasjɔ̃] n. f. **1.** Action, fait de pénétrer. *Pénétration des eaux dans le sol.* **2.** Sagacité d'esprit; facilité à approfondir, à connaître. – Bas lat. *penetratio.*

pénétré, ée [penetʀe] adj. **1.** Imprégné. **2.** (Abstrait) Rempli (d'un sentiment); convaincu (d'une opinion). *Être pénétré de reconnaissance. Soyez bien pénétré de cette vérité.* – *Air, ton pénétré,* convaincu (ou, iron., sérieux plus qu'il n'est nécessaire). – Pp. de *pénétrer.*

pénétrer [penetʀe] v. **[16] I.** v. intr. **1.** Entrer, s'introduire à l'intérieur de. *Pénétrer dans un appartement par effraction. Cire qui pénètre dans le bois,* qui l'imprègne, l'imbibe. **2.** *Pénétrer dans:* avoir la compréhension intime de. *Pénétrer dans la pensée de qqn.* **II.** v. tr. **1.** Percer, passer au travers de, entrer dans. *Un froid qui vous pénètre jusqu'aux os.* **2.** Influencer profondément. *Idée qui pénètre qqn.* ▷ Toucher intimement. *Sa douleur me pénètre le cœur.* **3.** Parvenir à connaître, à comprendre (ce qui jusque-là était resté caché). *Pénétrer les intentions de qqn.* **III.** v. pron. **1.** (Récipr.) Vieilli Se percer mutuellement à jour. *Elles cherchaient à se pénétrer.* **2.** (Passif.) Être découvert, compris, connu. *Ses intentions ne se pénètrent pas.* **3.** Se mélanger intimement. **4.** Fig. Se remplir, s'imprégner (d'une pensée, d'un sentiment). *Se pénétrer du sentiment de ses devoirs.* – Lat. *penetrare.*

pénétromètre [penetʀɔmɛtʀ] n. m. TECH Appareil servant à évaluer, par des essais de pénétration, la dureté d'un matériau. – De *pénétrer,* et *-mètre.*

pénibilité [penibilite] n. f. Didac. Caractère de ce qui est pénible (partic. en parlant d'un travail). *Atténuer la pénibilité des tâches.* – De *pénible.*

pénible [penibl] adj. **1.** Qui se fait avec peine, avec fatigue. *Travail pénible.* **2.** Qui cause de la peine, du désagrément. *Situation pénible.* ▷ Fam. Irritant, insupportable (personnes). *Ce que tu peux être pénible, quand tu t'y mets!* – De *peine.*

péniblement [peniblǝmɑ̃] adv. Avec peine, avec effort. *Marcher, écrire péniblement.* – À peine. *On arrive péniblement à une production annuelle de onze millions de tonnes.* – Du préc.

péniche [peniʃ] n. f. **1.** Grand bateau à fond plat qui sert au transport fluvial des marchandises. **2.** *Péniche de débarquement:* bâtiment de guerre, à fond plat, permettant de débarquer des hommes et du matériel sur une plage. – De l'angl. *pinnace,* empr. au fr. *pinasse*.*

pénicille [penisil] ou **pénicillium** [penisiljɔm] n. m. BOT Champignon ascomycète qui se développe sous forme de moisissure sur les matières alimentaires en voie de décomposition. – Du lat. *penicillum,* «pinceau», par analogie de forme.

pénicilline [penisilin] n. f. Antibiotique isolé à partir de *Penicillium notatum,* par A. Fleming en 1928. *Penicilline naturelle, synthétique.* – Angl. *penicillin.* ENCYCL Les pénicillines sont un groupe d'antibiotiques naturels et semi-synthétiques dérivés de la pénicilline G, laquelle est le premier antibiotique connu; A. Fleming (1881-1955) la découvrit en 1928, mais sa fabrication ne fut effectuée de façon industrielle qu'en 1943; elle s'administrait uniquement par voie intramusculaire et intraveineuse. D'autres pénicillines semi-synthétiques ont été créées afin d'obtenir des actions antibactériennes plus larges, une absorption par voie digestive ou une diminution du risque allergique. Les pénicillines agissent sur la paroi de nombreuses bactéries au moment de la division cellulaire; elles empêchent leur multiplication et donc la propagation des infections.

pénicillino-résistant, ante [penisilinoʀezistɑ̃, ɑ̃t] adj. MED Se dit des germes pathogènes sur lesquels la pénicilline est sans action. – De *pénicilline,* et *résistant.*

pénicillium. V. pénicille.

pénien, ienne [penjɛ̃, jɛn] adj. ANAT Du pénis, relatif au pénis. – De *pénis.*

pénil [penil] n. m. ANAT Large saillie arrondie, au-dessus du sexe de la femme, qui se couvre de poils à la puberté. Syn. mont de Vénus. – Du lat. pop. **pectiniculum,* de *pecten,* «peigne».

péninsulaire [penɛ̃sylɛʀ] adj. Relatif à une péninsule, à ses habitants. *Peuple péninsulaire.* – De *péninsule.*

péninsule [penɛ̃syl] n. f. Grande presqu'île. *La péninsule gaspésienne.* – Lat. *paeninsula,* «presqu'île», de *paene,* «presque», et *insula,* «île».

pénis [penis] n. m. Organe mâle de la copulation dans l'espèce humaine et chez les animaux supérieurs. Syn. verge. – Lat. *penis,* d'abord «queue des quadrupèdes».

pénitence [penitɑ̃s] n. f. **1.** Regret d'avoir offensé Dieu qui porte à réparer la faute commise et sincèrement avouée, et qu'accompagne la ferme décision de ne plus recommencer. ▷ RELIG CATHOL *Sacrement de pénitence,* par lequel le prêtre, au nom de Dieu, absout les péchés confessés par le pécheur. **2.** Peine imposée par le prêtre comme sanction des péchés confessés. ▷ Austérité que l'on s'impose pour l'expiation de ses péchés. *Faire pénitence.* **3.** *Par ext.,* vieilli Punition. *Mettre un enfant en pénitence, au pain sec et à l'eau.* ▷ *Pour pénitence, en pénitence, pour votre pénitence:* en punition. – Lat. *pænitentia,* de *pænitere,* «se repentir».

pénitencerie [penitɑ̃sʀi] n. f. RELIG CATHOL *Pénitencerie apostolique* ou *Sacrée Pénitencerie* ou, absol., *Pénitencerie:* tribunal ecclésiastique qui siège à Rome et est chargé de donner l'absolution pour des péchés que seul le pape peut absoudre. ▷ Fonction, dignité de pénitencier. – Du préc.

pénitencier [penitɑ̃sje] n. m. **1.** RELIG CATHOL Prêtre que l'évêque de chaque diocèse charge d'absoudre certains cas réservés*. ▷ *Grand pénitencier:* cardinal qui préside la *Pénitencerie.* **2.** Bâtiment civil ou militaire où l'on purge une peine d'emprisonnement. – De *pénitence.*

pénitent, ente [penitɑ̃, ɑ̃t] adj. et n. **I.** adj. **1.** Qui manifeste le regret d'avoir offensé Dieu et qui se livre à des exercices de pénitence. *Pécheur pénitent.* **2.** Consacré à la pénitence. *Vie pénitente.* **II.** n. **1.** HIST RELIG Pécheur momentanément exclu du bénéfice des sacrements, à la suite d'une faute grave, et qui devait s'astreindre à une longue mortification. **2.** Personne qui confesse ses péchés au prêtre. **3.** Membre de certaines confréries qui se livrent à des exercices de pénitence. *Pénitents blancs.* – Lat. *pænitens,* de *pænitere,* «se repentir».

pénitentiaire [penitɑ̃sjɛʀ] adj. Relatif aux prisons, aux condamnés à des peines de prison. *Régime pénitentiaire.* – De *pénitence.*

pénitentiaux [penitɑ̃sjo] adj. m. plur. *Psaumes pénitentiaux:* les sept psaumes de la pénitence (les psaumes VI, XXXII, XXXVIII, LI, CII, CXXX et CXLIII, où s'expriment des sentiments de conscience du péché de contrition et d'appel à la miséricorde divine). – De *pénitence.*

pénitentiel, ielle [penitɑ̃sjɛl] adj. et n. m. RELIG CATHOL **1.** adj. Qui appartient à la pénitence. *Œuvres pénitentielles.* **2.** n. m. Ancien recueil répertoriant les pénitences (sens 2) selon les péchés auxquels elles étaient affectées. – De *pénitence.*

pennage [pɛnnaʒ] n. m. CHASSE Plumage des oiseaux de proie, qui se renouvelle à différents âges. *Un faucon de second pennage.* – De *penne.*

penne [pɛn] n. f. **1.** ZOOL Grande plume des ailes *(rémiges)* et de la queue *(rectrices)* des oiseaux. **2.** Fig. MAR ANC Extrémité supérieure d'une antenne. **3.** Chacun des ailerons en plume qui constituent l'empennage d'une flèche. – Lat. *penna,* «aile, plume».

penné, ée [pɛnne] adj. BOT *Nervation pennée, feuille composée pennée,* dont les nervures secondaires et les folioles sont disposées comme les barbes d'une plume. – Du lat. *pennatus,* «qui a des plumes».

pennon ou **penon** [pɛnnõ] n. m. **1.** FEOD Étendard triangulaire de la lance d'un chevalier. **2.** MAR Ruban, brin de laine, etc., servant à indiquer la direction du vent, sur un voilier. – De *penne.*

penny [peni] n. m. **1.** Monnaie anglaise, valant le centième de la livre (autref., le douzième du shilling). Plur. *pence.* **2.** Pièce de cette valeur. Plur. *pennies.* – Mot angl.

pénombre [penõbʀ] n. f. **1.** Demi-jour, lumière faible et douce. **2.** PHYS Partie d'un objet qui reçoit certains des rayons lumineux émis par une source non ponctuelle. – Du lat. *pæne,* «presque», et *umbra,* «ombre».

penon. V. pennon.

pensable [pɑ̃sabl] adj. Qui peut être conçu, imaginé. *Ce n'est pas pensable:* c'est impossible à envisager, à imaginer. – De *penser* 1.

pensant, ante [pɑ̃sɑ̃, ɑ̃t] adj. (et n.) **1.** Qui pense, qui est capable de penser. **2.** *Bien-(mal-) pensant,* dont les convictions sont en conformité (ou non) avec l'ordre et les principes établis (notam. en matière religieuse). *La presse bien-pensante.* ▷ Subst. *Les bien-pensants.* – Ppr. de *penser* 1.

pense-bête [pɑ̃sbɛt] n. m. Moyen employé pour ne pas oublier qqch qu'on doit dire ou faire. *Faire un nœud à son mouchoir en guise de pense-bête. Des pense-bêtes.* – De *penser,* et *bête.*

1. pensée [pɑ̃se] n. f. **1.** Faculté de réfléchir, intelligence. **2.** Opération de l'intelligence, idée, jugement, réflexion qui sont produits par la faculté de penser. *Avoir de profondes pensées. Être complètement perdu dans ses pensées.* **3.** Souvenir. *Avoir une pensée pour un disparu.* **4.** Intention. *Je n'ai jamais eu la pensée de vous offenser.* **5.** Esprit, en général. *Cela m'est venu à (dans) la pensée.* **6.** Opinion, façon de penser. *Dites-moi votre pensée sur ce point.* ▷ Ensemble des idées, des opinions habituellement reçues par un individu, au sein d'un groupe humain, etc. *Étudier la pensée de Montaigne. Les nouvelles tendances de la pensée politique américaine.* ▷ *Libre pensée:* V. ce mot. **7.** Brève maxime, aphorisme. *Les «Pensées» de Marc-Aurèle.* – Pp. fém. subst. de *penser* 1.

2. pensée [pɑ̃se] n. f. Plante ornementale (genre *Viola,* fam. violacées) aux grandes fleurs veloutées jaunes, roses ou violettes, comportant deux pétales latéraux nettement dirigés vers le haut. – De *pensée* 1, la fleur étant considérée comme l'emblème du souvenir.

1. penser [pɑ̃se] v. [1] **I.** v. intr. Concevoir (par le travail de l'esprit, la réflexion, l'intelligence) des idées, des opinions, des notions intellectuelles. *«Je pense, donc je suis»* (Descartes). – *Façon de penser:* opinion, jugement. *Cette façon de penser n'engage que toi.* **II.** v. tr. **1.** Avoir dans l'esprit. *Dire tout ce qu'on pense.* **2.** Imaginer, concevoir du point de vue de la commodité. *Penser un appartement en fonction de ses occupants.* **3.** Rapporter par l'esprit à ce que l'on connaît déjà, à une théorie particulière, etc. *Penser l'événement en marxiste.* **4.** Croire, juger, estimer. *Penser du bien, du mal de qqn.* – Fam. *Tu penses!:* Effectivement! Comme tu peux bien l'imaginer! *Penses-tu! Pensez-vous!:* Certainement pas! Cela ne risque pas d'arriver, d'exister! **5.** *Penser* (+ inf.): envisager de, compter. *Je pense partir ce soir.* **6.** *Penser que:* croire que. *Je pense que tu as raison.* **III.** v. tr. indir. *Penser à.* **1.** Réfléchir à (qqch). *Pensez bien à ma proposition.* **2.** S'intéresser à, tenir compte de, faire attention à (qqn, qqch). *La chose mérite qu'on y pense.* **3.** Ne pas oublier (qqn, qqch), se souvenir de (qqn, qqch). *C'était une erreur, n'y pensez plus. J'ai pensé à vous en cette occasion.* **4.** loc. *Sans penser à mal,* en toute innocence. ▷ *Honni soit qui mal y pense:* honte à celui qui verrait du mal à cela (devise de l'ordre de la Jarretière, le plus anc. et le plus élevé des ordres de chevalerie anglais). – Lat. *pensare,* «peser», au fig. «réfléchir».

2. penser [pɑ̃se] n. m. **1.** Vx Faculté de penser. **2.** Poét. Pensée. *«Sur des pensers nouveaux faisons des vers antiques»* (A. Chénier). – De *penser* 1; inf. substantivé.

penseur, euse [pɑ̃sœʀ, øz] n. **1.** Personne qui pense, qui s'applique à penser. *«Le Penseur», statue de Rodin.* **2.** Personne qui conçoit des idées nouvelles, et les organise en système; personne dont la pensée, particulièrement originale et profonde, exerce une influence marquante. *Les penseurs du XIXe siècle.* ▷ *Libre penseur:* V. ce mot. – De *penser* 1.

pensif, ive [pɑ̃sif, iv] adj. Occupé profondément par ses pensées. *Avoir l'air pensif.* – De *penser* 1.

pension [pɑ̃sjõ] n. f. **1.** Somme que l'on donne pour être logé et nourri. – Le fait d'être logé et nourri contre rétribution. *Prendre des enfants en pension chez soi.* **2.** Établissement qui loge et nourrit qqn contre rétribution. En France, *pension de famille:* hôtel dont les clients mènent une vie comparable à la vie de famille. ▷ Pensionnat. *Pension pour jeunes filles.* **3.** Allocation versée régulièrement à qqn. *Pension viagère.* ▷ *Spécial.* Allocation versée régulièrement par un organisme social. *Pension de vieillesse* (en France, *pension de retraite*), versée par l'État aux personnes agées (plus de 65 ans). – FAM. Retraite. *être à sa pension. Prendre sa pension.* – Lat. *pensio,* «pesée, paiement», de *pendere,* «peser, payer».

pensionnaire [pɑ̃sjɔnɛʀ] n. **1.** Personne qui verse une pension pour être logée et nourrie (chez des particuliers, dans un hôtel, une maison de retraite, un établissement scolaire). **2.** (France) Titre des étudiants, des artistes de l'Académie de France à Rome. *Bourse de pensionnaire à la Villa Médicis.* **3.** (France) THEAT *Pensionnaire de la Comédie-Française:* acteur, actrice qui reçoit de la Comédie-Française un salaire fixe (par oppos. aux *sociétaires,* qui participent en plus aux bénéfices). – Du préc.

pensionnat [pɑ̃sjɔna] n. m. **1.** Établissement scolaire dont les élèves sont pensionnaires. **2.** Ensemble des élèves de cet établissement. – De *pension*

pensionné, ée [pɑ̃sjɔne] n. et adj. Qui jouit d'une pension, d'une retraite. – Pp. de *pensionner.*

pensionner [pɑ̃sjɔne] v. tr. [1] Vx Faire bénéficier d'une pension. *Pensionner les artistes.* – De *pension.*

pensivement [pɑ̃sivmɑ̃] adv. D'une manière pensive, avec un air pensif. – De *pensif.*

pensum [pɛ̃sɔm] n. m. **1.** Vieilli Travail supplémentaire donné à un écolier pour le punir. ▷ Litt. Travail fastidieux, corvée. **2.** Texte ennuyeux. – Mot lat. «tâche, travail», dans la langue des collèges.

pent-, penta-. Éléments, du gr. *pente*, «cinq».

pentacle [pɛ̃takl] n. m. Rare Étoile à cinq branches, considérée par les Anciens comme un symbole de perfection et à laquelle les occultistes accordent des pouvoirs magiques. – Lat. médiév. *pentaculum.*

pentacorde [pɛ̃takɔʀd] n. m. **1.** ANTIQ Lyre à cinq cordes des Grecs. **2.** MUS Système à cinq tons, basé sur la consonnance de quinte. – Lat. *pentachordus*, du gr. *khordê*, «corde».

pentacrine [pɛ̃takʀin] n. m. Échinoderme crinoïde qui vit fixé par un pédoncule au fond des mers profondes et dont il existe de nombreuses espèces fossiles, particulièrement répandues dans les terrains secondaires. – Lat. sav. *pentacrinus*, du gr. *pente*, «cinq», et *krinon*, «lis».

pentadactyle [pɛ̃tadaktil] adj. BIOL Qui a cinq doigts. – De *penta-*, et *-dactyle.*

pentadécagone [pɛ̃tadekagon] ou **pentédécagone** [pɛ̃tedekagon] n. m. et adj. GEOM Polygone qui a quinze angles et quinze côtés. – Adj. *Figure pentadécagone.* – De *penta-*, *déca-*, et du gr. *gônia*, «angle».

pentaèdre [pɛ̃taɛdʀ] n. m. et adj. GEOM Solide à cinq faces. – Adj. *Un solide pentaèdre.* – De *penta-*, et du gr. *hedra*, «base».

pentagonal, ale, aux [pɛ̃tagɔnal, o] adj. Qui a la forme d'un pentagone. – De *pentagone.*

pentagone [pɛ̃tagon] n. m. et adj. **1.** GEOM Polygone qui a cinq angles et cinq côtés. – Vx Adj. *Figure pentagone.* **2.** *Le Pentagone:* vaste bâtiment pentagonal, siège de l'état-major des armées américaines, à Washington. – *Par ext.* L'état-major lui-même. – Lat. *pentagonum.*

pentamère [pɛ̃tamɛʀ] adj. et n. m. ZOOL Se dit d'un insecte dont le tarse est divisé en cinq parties. – De *penta-*, et *-mère.*

pentamètre [pɛ̃tamɛtʀ] adj. et n. m. Didac. *Vers pentamètre:* vers grec et latin de cinq pieds qui suit un hexamètre et forme avec celui-ci le *distique élégiaque.* – Subst. *Un pentamètre.* – Lat. *pentameter*, du gr. *pentametros.*

pentane [pɛ̃tan] n. m. CHIM Hydrocarbure saturé, de formule C_5H_{12}. – De *penta-.*

pentapole [pɛ̃tapɔl] n. f. ANTIQ Groupe, alliance de cinq cités. – Gr. *pentapolis.*

pentastomides [pɛ̃tastɔmid] n. m. pl. ZOOL Classe de pararthropodes, à l'aspect de vers transparents et dont la tête est munie de cinq papilles. (Le type est la linguatule.) – De *penta-*, gr. *stoma*, «bouche», et *-ide.*

pentathlon [pɛ̃tatlɔ̃] n. m. ANTIQ Ensemble de cinq exercices (saut, course, disque, javelot, lutte) auxquels se livraient les athlètes grecs et romains. ▷ Mod. *Pentathlon moderne:* discipline et épreuve olympique pour les hommes, combinant l'escrime, l'équitation, le tir, la natation et le cross-country. *Le pentathlon féminin, discipline et épreuve d'athlétisme, a été remplacé par l'heptathlon*.* – Bas lat. *pentathlum*, du gr. *pentathlon*, de *penta-*, et *athlon*, «combat».

pente [pɑ̃t] n. f. **1.** Inclinaison (d'un terrain, d'une surface). *La pente d'un toit. Ligne de plus grande pente. Rupture de pente:* changement brusque de l'inclinaison d'une pente. ▷ Surface, chemin inclinés par rapport à l'horizontale. *Grimper une pente abrupte.* **2.** Loc. fig. *Être sur une mauvaise pente, sur une pente dangereuse:* se laisser entraîner par ses mauvais penchants. *Remonter la pente.* **3.** GEOM *Pente d'une droite:* valeur de la tangente de l'angle que forme cette droite avec sa projection orthogonale sur le plan horizontal. ▷ TECH Inclinaison d'un axe, d'une route, exprimée en centimètres par mètre de longueur horizontale. *Pente de quatre pour cent.* **4.** ELECTRON *Pente d'un tube électronique:* rapport entre la variation du courant anodique et la variation correspondante de la tension grille*. – Lat. pop. **pendita*, de *pendere.*

Pentecôte [pɑ̃tkot] n. f. **1.** Fête juive commémorant la remise des tables de la Loi à Moïse, au Sinaï, célébrée sept semaines après le second jour de la Pâque. **2.** *La Pentecôte:* fête chrétienne commémorant la descente du Saint-Esprit sur les Apôtres, célébrée le septième dimanche après Pâques. – Lat. ecclés. *pentecoste*, du gr. *pentekostê*, «cinquantième (jour après Pâques)».

pentecôtisme [pɑ̃tkotism] n. m. RELIG Mouvement religieux chrétien, né aux É.-U. en 1906, qui met l'accent sur la nécessaire réactualisation des charismes de l'Église primitive, dons de l'Esprit Saint (don des langues, des miracles, etc.). – Du préc.

pentecôtiste [pɑ̃tkotist] n. RELIG Adepte du pentecôtisme. – De *pentecôte.*

pentédécagone. V. pentadécagone.

penthiobarbital [pɛ̃tjɔbaʀbital] n. m. MED Barbiturique soufré, anesthésique d'action brève, notam. employé dans la narco-analyse. Syn. penthotal. – De *pent-*, *thio-*, et *barbital.*

penthotal [pɛ̃tɔtal] n. m. Penthiobarbital, anesthésique général, cour. appelé *sérum* de vérité.* – De *pentothal*, n. déposé.

pentode ou **penthode** [pɛ̃tɔd] n. f. ELECTR Tube électronique à cinq électrodes. – De *pent-*, et *(électr)ode.*

pentose [pɛ̃toz] n. m. BIOCHIM Sucre à cinq atomes de carbone possédant une fonction cétone ou aldéhyde, et qui joue un rôle important dans le métabolisme des glucides et dans la formation et le stockage des réserves énergétiques. – De *pent-*, et *-ose* 1.

pentu, ue [pɑ̃ty] adj. En pente. *Toit pentu.* – Mot dial., de *pente.*

penture [pɑ̃tyʀ] n. f. TECH Bande métallique, souvent ouvragée, fixée transversalement et à plat sur un vantail, un panneau mobile, pour le soutenir sur le gond. – De *pente.*

pénultième [penyltjɛm] adj. (et n. f.) Didac. Avant-dernier. ▷ N. f. LING Avant-dernière syllabe d'un mot. – Lat. *pænultimus*, de *pæne*, «presque», et *ultimus*, «dernier».

pénurie [penyʀi] n. f. Manque, défaut, carence. *Pénurie d'argent, de vivres.* Ant. abondance. – *Absol.* Pauvreté, misère. *Période de pénurie.* – Lat. *penuria.*

péon [peɔ̃] n. m. Pâtre, ouvrier agricole, en Amérique du Sud. – Esp. *peón*, du lat. *pedo, pedonis*, «qui a de grands pieds».

pépé [pepe] n. m. Pop. (Langage enfantin.) Grand-père. – Redoublement du *pé*, de l'anc. *papé*, même sens.

pépée [pepe] n. f. Pop. Jeune fille ou jeune femme. – Redoublement de la 2ᵉ syllabe de *poupée.*

pépère [pepɛʀ] n. et adj. **I.** n. m. **1.** Pop. Grand-père (mot enfantin). **2.** Fam. Homme ou enfant gros et d'allure tranquille. *Un gros pépère.* **II.** adj. Fam. Calme, tranquille. *Une vie pépère.* – Redoubl. enfantin de *père.*

péperin [pepʀɛ̃] n. m. GEOL Tuf granulaire que l'on trouve dans la région de Rome, avec lequel furent construits les grands édifices de la Rome républicaine. – Ital. *peperino*, du bas lat. *piperinus (lapis)*, de *piper*, «poivre».

pépètes ou **pépettes** [pepɛt] n. f. pl. Pop. Argent. *Avoir des pépètes.* – P.-ê. de *pépites.*

pépie [pepi] n. f. MED VET Pellicule jaune-brun qui recouvre la langue des oiseaux atteints de stomatite. ▷ Fig., fam. *Avoir la pépie:* avoir très soif. – Lat. pop. **pippita*, de **pittita*, du class. *pituita*, «pituite».

pépiement [pepimɑ̃] n. m. Action de pépier; cri des jeunes oiseaux. – De *pépier*.

pépier [pepje] v. intr. [1] Crier, en parlant des jeunes oiseaux. – Du rad. onomat. *pepp-*, du lat. *pipare*, «piauler».

1. pépin [pepɛ̃] n. m. **1.** Graine de certains fruits. *Pépins de raisin, de pomme*, etc. *Fruits à pépins* (par oppos. à *fruits à noyau* ou *drupes*). **2.** Pop. Difficulté, anicroche. *Que ferez-vous en cas de pépin?* – D'un rad. expressif *pep-*, «petit».

2. pépin [pepɛ̃] n. m. Fam. Parapluie. – Orig. incertaine.

pépinière [pepinjɛʀ] n. f. **1.** Plant de jeunes arbres obtenus par semis et élevés jusqu'à un âge permettant la transplantation et le repiquage. – Terrain où sont plantés ces jeunes arbres. **2.** Fig. Lieu, établissement où sont rassemblées et formées des personnes destinées à un état, à une profession. *Le Conservatoire est une pépinière de musiciens.* – De *pépin* 1.

pépiniériste [pepinjeʀist] n. (et adj.) Personne qui cultive des pépinières. ▷ Adj. *Jardinier pépiniériste.* – Du préc.

pépite [pepit] n. f. Petite masse de métal natif, et, particulièrement, d'or. – De l'esp. *pepita*, «pépin».

péplum [peplɔm] n. m. **1.** ANTIQ Manteau de femme, tunique longue et légère, sans manches, attachée sur l'épaule par une agrafe. **2.** Fam. Film à grand spectacle consacré à un épisode de l'histoire antique. – Mot lat., gr. *peplos*, «tissu, tunique».

peppermint [pepəʀmint] n. m. Anglicisme Liqueur faite avec de la menthe poivrée. – Mot angl. de *pepper*, «poivre», et *mint*, «menthe».

pepperoni [pepeʀɔni] n. m. Saucisson épicé fait de viande de bœuf et de porc. *Une pizza au pepperoni.* – De l'ital. *peperoni*, «piments», par l'amér.

-pepsie. Élément, du gr. *pepsis*, «digestion».

pepsine [pɛpsin] n. f. BIOCHIM Enzyme sécrétée par les cellules de la muqueuse gastrique, qui décompose les protéines et les transforme en peptones. – Du gr. *pepsis*, «digestion», et *-ine*.

peptide [pɛptid] n. m. BIOCHIM Protide formé par l'union d'un petit nombre d'acides aminés. *L'insuline, l'A.C.T.H. sont des peptides.* – De *pep(sine)*, et *(pro)tide*.

peptique [pɛptik] adj. BIOCHIM Relatif à la pepsine, à son action. – De *pepsine*.

peptisant, ante [pɛptizɑ̃, ɑ̃t] adj. CHIM Qui provoque la peptisation. – De *peptide*.

peptisation [pɛptizasjɔ̃] n. f. CHIM Transformation d'une substance colloïdale solide en une solution. *La peptisation est l'inverse de la floculation.* – De *peptique*.

peptone [pɛptɔn] n. f. BIOCHIM Substance protidique résultant de l'action d'enzymes sur les protéines. – All. *pepton*, neutre du gr. *peptos*, de *peptein*, «digérer».

peptonisation [pɛptɔnizasjɔ̃] n. f. BIOCHIM Transformation en peptone. – Du préc.

péquenaud, péquenot. V. pecquenaud.

péquin. V. pékin 1.

péquiste [pekist] n. et adj. POLIT Membre ou partisan du parti québécois. *Un ancien libéral devenu péquiste.* COUR *Les péquistes.* ▷ adj. Propre ou relatif aux péquistes, à leur parti. *Un candidat péquiste.* – adv. *Voter péquiste.*

per-. CHIM Préfixe qui servait à désigner les composés au degré d'oxydation le plus élevé ou contenant le plus d'oxygène. (Pour les composés contenant le *pont peroxo*, il a été remplacé par le préfixe *peroxo.*)

péramèle [peʀamɛl] n. m. ZOOL Marsupial australien terrestre (genre *Perameles*, type de la fam. des péramélidés), de la taille d'un lapin, au museau allongé et dont les membres rappellent ceux des kangourous. – Lat. scientif. *perameles*, du gr. *pêra*, «sac», et lat. *meles*, «martre».

perborate [pɛʀbɔʀat] n. m. CHIM *Perborate de sodium:* peroxohydrate entrant dans la composition de lessives. – De *per-*, et *borate*.

perçage [pɛʀsaʒ] n. m. Action de percer; son résultat. – De *percer*.

percale [pɛʀkal] n. f. Toile de coton fine et serrée. *Une brassière de percale.* – Mot angl., du turco-persan *pärgâlä*.

percaline [pɛʀkalin] n. f. Toile de coton servant à faire des doublures. – Du préc.

perçant, ante [pɛʀsɑ̃, ɑ̃t] adj. **1.** Fort vif, en parlant du froid. *Froid perçant.* **2.** Aigu et qui s'entend de loin, en parlant du son. *Voix, cris perçants.* **3.** *Vue perçante, œil perçant:* grande acuité visuelle. ▷ Vieilli *Esprit perçant*, pénétrant, sagace. – Ppr. de *percer*.

perce [pɛʀs] n. f. **1.** TECH Outil pour percer. **2.** loc. *Mettre (un tonneau) en perce*, y faire une ouverture pour en tirer le vin. **3.** MUS Trou d'un instrument à vent. *Perce longitudinale, tronconique, cylindrique. Perce latérale.* – Déverbal de *percer*.

percée [pɛʀse] n. f. **1.** Ouverture pratiquée pour faire un chemin ou ménager un point de vue. *Faire une percée dans un bois.* **2.** Action de pénétrer, de rompre la ligne de défense de l'ennemi, de l'adversaire. *Troupes assiégées qui tentent une percée.* **3.** Réussite, notoriété acquise en triomphant des obstacles, de la concurrence, etc. *Une percée commerciale spectaculaire.* – Pp. fém. subst. de *percer*.

percement [pɛʀsəmɑ̃] n. m. Action de percer. *Le percement d'un mur.* – De *percer*.

perce-muraille [pɛʀsmyʀaj] n. f. Nom courant de la pariétaire (plante). *Des perce-murailles.* – De *percer*, et *muraille*.

perce-neige [pɛʀsənɛʒ] n. m. ou f. inv. Petite plante ornementale (genre *Galanthus*, fam. amaryllidacées), dont les fleurs blanches s'épanouissent à la fin de l'hiver. – De *percer*, et *neige*.

perce-oreille [pɛʀsɔʀɛj] n. m. Forficule, insecte dont l'abdomen se termine par une sorte de pince. *Des perce-oreilles.* (On dit aussi *pince-oreilles.*) – De *percer*, et *oreille*.

perce-pierre [pɛʀsəpjɛʀ] n. f. Nom cour. de plusieurs plantes vivant sur les pierres (saxifrage et crithme maritime, notam.). *Des perce-pierre(s).* – De *percer*, et *pierre*.

percept [pɛʀsɛpt] n. m. PSYCHO Objet dont la représentation nous est donnée par la perception sensorielle. – De *perception*, d'ap. *concept*.

percepteur, trice [pɛʀsɛptœʀ, tʀis] adj. et n. **1.** adj. Qui perçoit. *Organe percepteur.* **2.** n. m. Agent du Trésor public chargé du recouvrement des contributions directes et de certaines taxes. – Du lat. *perceptus*, pp. de *percipere*, «percevoir».

perceptible [pɛʀsɛptibl] adj. **1.** Qui peut être perçu par les sens. *Son perceptible.* ▷ Qui peut être perçu par l'esprit, compris. *Une subtilité peu perceptible.* **2.** FIN Qui peut être perçu, en parlant d'une taxe, d'un impôt. – Bas lat. *perceptibilis*.

perceptif, ive [pɛʀsɛptif, iv] adj. Relatif à la perception d'un objet, à son appréhension. – De *perception*.

perception [pɛʀsɛpsjõ] n. f. **1.** FIN Recouvrement (des impôts). *Perception d'une taxe.* – Emploi de percepteur. ▷ Local où le percepteur a sa caisse. **2.** PSYCHO Représentation d'un objet, construite par la conscience à partir des sensations. ▷ Cour., *abusiv.* Sensation. *Les perceptions lumineuses.* – Lat. *perceptio,* «récolte, connaissance».

perceptionnisme [pɛʀsɛpsjɔnism] n. m. PHILO Théorie selon laquelle le monde extérieur est immédiatement perçu comme tel, par une sorte d'intuition. – Du préc.

perceptuel, elle [pɛʀsɛptɥɛl] adj. Didac. Qui relève de la perception en tant que faculté. *Phénomènes perceptuels.* – De *perception.*

percer [pɛʀse] v. [14] **I.** v. tr. **1.** Faire un trou dans, forer. *Percer une planche, un mur.* ▷ Pénétrer, traverser de part en part. *La pluie perce les habits. Lumière qui perce les ténèbres.* – Loc. *Percer à jour:* découvrir (qqch de caché, de secret). **2.** Pratiquer une ouverture, un passage. *Percer une fenêtre, une porte.* **3.** Blesser ou tuer en traversant le corps ou une partie du corps. *Percer qqn de coups d'épée, de poignard.* – Fig. *Percer le cœur de qqn,* l'atteindre profondément, le faire souffrir moralement. **II.** v. intr. **1.** Commencer à apparaître, à se manifester. *Dents qui percent. – La vérité finira bien par percer.* **2.** Devenir célèbre, faire son chemin. *Jeune chanteur qui perce.* **3.** *Abcès qui perce,* qui s'ouvre spontanément et se vide de son pus. – Du lat. pop. **pertusiare,* de *pertusus,* pp. de *pertundere,* «trouer».

percerette [pɛʀsəʀɛt] ou **percette** [pɛʀsɛt] n. f. TECH Vieilli Petite vrille, petit foret; poinçon. – Du préc.

perceur, euse [pɛʀsœʀ, øz] n. **1.** Personne qui perce. *Perceur de coffres-forts.* **2.** n. f. Machine servant à percer. – De *percer.*

percevable [pɛʀsəvabl] adj. FIN Qui peut être perçu. *Impôt percevable.* – De *percevoir.*

percevoir [pɛʀsəvwaʀ] v. tr. [47] **1.** Recueillir (de l'argent; les revenus d'une propriété, un impôt, etc.). *Percevoir un loyer, des droits de douane.* **2.** Prendre conscience, connaître (qqch) par les sens. *Percevoir une couleur.* ▷ Concevoir, discerner (qqch) par l'esprit, comprendre. *Percevoir le plan d'un livre.* – A. fr. *parceivre,* du lat. *percipere,* même sens.

perchaude [pɛʀʃod] n. f. Nom cour. de la perche commune (*Perca flavescens*). – Mot originaire des parlers de France (notam. de l'ouest), de *perche* 1.

1. perche [pɛʀʃ] n. f. Poisson d'eau douce, à la chair estimée, type de la famille des percidés et de l'ordre des perciformes, caractérisé par deux nageoires dorsales dont la première est épineuse. *Perche commune* (V. perchaude). *Perche goujonnière,* ou *grémille.* ▷ *Perche soleil* ou *arc-en-ciel:* nom donné en France au crapet-soleil. – Lat. *perca,* gr. *perkê,* de *perkos,* «tacheté de noir».

2. perche [pɛʀʃ] n. f. **I. 1.** Pièce de bois, de métal, etc., de section circulaire, longue et mince. ▷ AUDIOV *Perche (à son),* à l'extrémité de laquelle un micro est fixé. ▷ SPORT *Saut à la perche:* saut en hauteur dans lequel on prend appui sur une perche (naguère en bois ou en métal, auj. en fibre de verre). ▷ TRANSP Tige permettant à un véhicule électrique (trolleybus, tramway, etc.) de capter le courant sur le câble conducteur. **2.** Fig. *Tendre la perche à qqn,* lui donner la possibilité de se sortir d'une situation fâcheuse, lui venir en aide. **3.** Fam. *Une grande perche:* une personne grande et maigre. **II.** METR ANC Mesure de longueur qui valait de 18 à 20 pieds selon les localités. ▷ Anc. mesure agraire (centième partie de l'arpent*). – Du lat. *pertica,* «gaule; perche d'arpenteur».

perché, ée [pɛʀʃe] adj. Posé, placé à un endroit élevé. ▷ N. m. CHASSE *Au perché:* au moment où les oiseaux sont perchés. *Tirer des oiseaux au perché.* – Pp. de *percher.*

percher [pɛʀʃe] **I.** v. tr. [1] Placer (qqch) à un endroit élevé. *Elle a perché les confitures sur le dessus de l'armoire.* **II.** v. intr. **1.** Se poser sur une branche, un endroit élevé, en parlant d'un oiseau. **2.** Fam. Demeurer en un lieu élevé, en parlant d'une personne. *Percher au septième. – Par ext.* Habiter. *Où perche-t-il, votre ami?* **III.** v. pron. Se poser sur un endroit élevé. *Un étourneau se perche sur l'érable.* – Se jucher, en parlant d'une personne. *Pierre se perche sur la barrière.* – De *perche* 2.

percheron, onne [pɛʀʃəʀõ, ɔn] adj. et n. Du Perche. ▷ *Spécial.* Grand cheval de trait, lourd et puissant, élevé dans le Perche. – Du n. du *Perche,* rég. du nord-ouest de la France.

perchette [pɛʀʃɛt] n. f. Petite perche. – Dimin. de *perche* 2.

percheur, euse [pɛʀʃœʀ, øz] adj. Qui a l'habitude de se percher. *Oiseaux percheurs.* – De *percher.*

perchiste [pɛʀʃist] n. **1.** SPORT Sauteur à la perche. **2.** AUDIOV Technicien qui tient la perche à son. – De *perche* 2.

perchlorate [pɛʀklɔʀat] n. m. CHIM Sel de l'acide perchlorique, oxydant puissant utilisé notam. dans la fabrication des explosifs. – De *per-,* et *chlorate.*

perchlorique [pɛʀklɔʀik] adj. CHIM *Acide perchlorique:* acide fort, de formule $HClO_4$, très oxydant à chaud. – De *per-,* et *chlorique.*

perchlorure [pɛʀklɔʀyʀ] n. m. CHIM Vieilli Peroxochlorure, chlorure à l'état d'oxydation le plus élevé. – De *per-,* et *chlorure.*

perchoir [pɛʀʃwaʀ] n. m. **1.** Lieu où les volailles se perchent. ▷ Support sur lequel un oiseau se perche. **2.** Fig., fam. Siège, lieu d'habitation élevé. *Descendre de son perchoir.* – De *percher.*

perciformes [pɛʀsifɔʀm] n. m. pl. ZOOL Ordre de poissons téléostéens acanthoptérygiens dont la vessie gazeuse ne communique pas avec l'œsophage (perche, daurade, maquereau, mulet, etc.) – Du lat. *perca,* «perche», et de *-forme.*

perclus, use [pɛʀkly, yz] adj. Paralytique, impotent partiellement ou totalement. *Perclus de rhumatismes:* rendu impotent par les rhumatismes. ▷ Fig. *Perclus de timidité.* – Du lat. médic. *perclusus,* «obstrué».

percnoptère [pɛʀknɔptɛʀ] n. m. ZOOL Petit vautour *(Neophron percnopterus)* du bassin méditerranéen, d'Afrique et d'Asie, au plumage blanchâtre tacheté de noir sur les ailes. – Du gr. *perknopteros,* de *perknos,* «noirâtre», et *pteron,* «aile».

perçoir [pɛʀswaʀ] n. m. TECH Outil pour percer. – De *percer.*

percolateur [pɛʀkɔlatœʀ] n. m. Grosse cafetière à vapeur permettant de faire du café en grande quantité. – Du lat. *percolare,* «filtrer».

percussion [pɛʀkysjõ] n. f. **1.** Choc, action par laquelle un corps en frappe un autre. ▷ MECA, PHYS Produit de la somme des forces, au cours d'un choc, par la durée de ce choc. – *Fusil à percussion,* dans lequel le feu est communiqué à la charge par le choc d'une pièce métallique (percuteur) sur la capsule. *Perceuse à percussion.* **2.** MED Mode d'examen consistant à déterminer l'état de certains organes en écoutant la transmission d'un son émis en frappant la peau au niveau d'une cavité du corps (thorax, abdomen). **3.** MUS *Instruments de percussion* (ou *à percussion*), dont on joue en les frappant (timbales, tambour, gong, cymbales, triangle, xylophone, etc.) ou en les entrechoquant (castagnettes, grelots, etc.). – Lat. *percussio,* de *percutere,* «frapper».

ENCYCL **Mus.** – Les instruments à percussion sont

utilisés dans les formations instrumentales pour marquer la pulsion rythmique, pour souligner une accentuation ou pour favoriser un effet de coloration orchestrale. Certains peuvent donner des sons définis dans l'échelle tonale (timbale, xylophone, vibraphone), d'autres donnent des sons de hauteur indéterminée (tambours, castagnettes, etc.).

percussionniste [pɛʀkysjɔnist] n. MUS Musicien qui joue d'un ou de plusieurs instruments à percussion. – Du préc.

percutané, ée [pɛʀkytane] adj. Didac. Qui se fait à travers la peau. – Du lat. *per*, «à travers», et de *cutané*.

percutant, ante [pɛʀkytɑ̃, ɑ̃t] adj. **1.** Qui agit par percussion. ▷ ARTILL *Obus percutant*, qui explose en touchant le sol ou la cible. **2.** Fig. Qui frappe, qui fait beaucoup d'effet. *Un argument percutant.* – Ppr. de *percuter*.

percuter [pɛʀkyte] v. [1] **I.** v. tr. **1.** Frapper, heurter violemment (qqch). *Le véhicule a percuté le mur.* ▷ TECH Frapper (l'amorce), en parlant du percuteur d'une arme à feu. **2.** MED Examiner (un organe, une région du corps) par la percussion. **II.** v. intr. **1.** Frapper en éclatant. *L'obus a percuté contre le parapet.* **2.** *Par ext.* Heurter un obstacle avec violence. *L'automobile percuta contre un arbre.* – Lat. *percutere*, «frapper violemment».

percuteur [pɛʀkytœʀ] n. m. Pièce, outil agissant par percussion. ▷ *Spécial.* Dans une arme à feu, tige métallique munie d'une pointe dont le choc contre l'amorce du projectile fait partir le coup. ▷ PREHIST Outil servant à fracturer les roches pour les façonner en outils. – Du préc.

perdant, ante [pɛʀdɑ̃, ɑ̃t] adj. et n. **1.** adj. Qui perd. *Numéro perdant.* **2.** n. Personne qui perd. *Être le perdant dans une affaire.* – Ppr. de *perdre*.

perdition [pɛʀdisjɔ̃] n. f. **1.** THEOL État d'une personne qui s'éloigne de l'Église ou du salut, qui vit dans le péché. *Être dans une voie de perdition.* ▷ Vieilli ou iron. *Lieu de perdition*, de débauche, où l'on est exposé à toutes les tentations du péché. **2.** *Navire en perdition*, en danger d'être perdu, de faire naufrage. – Par anal. *Avion en perdition.* – Bas lat. *perditio*.

perdre [pɛʀdʀ] **A.** v. tr. [5] **I.** Être privé de la disposition, de la possession, de la présence de qqn, de qqch. **1.** Cesser de posséder, d'avoir à soi, près de soi ou à sa disposition: ▷ (un bien, un avantage). *Perdre son argent, ses biens, sa place.* ▷ (une partie de soi, de son corps). *Perdre un bras, un œil.* ▷ (un caractère essentiel, une qualité, un comportement, etc.). *Perdre sa gaieté. Perdre l'habitude de fumer. Argument qui perd de sa force.* ▷ (qqch qui a été égaré, oublié). *Perdre une adresse, son stylo, son chien.* – (qqn que l'on ne retrouve plus). *Enfant qui a perdu ses parents dans la foule.* **2.** Être quitté par (qqn). *Perdre un ami, un adjoint.* ▷ Être privé de (qqn) par la mort. *Perdre ses parents.* **3.** Cesser de suivre; laisser échapper (qqch). *Perdre son chemin. Ne pas perdre une bouchée de qqch.* ▷ *Perdre qqn, qqch de vue*, ne plus le voir, ne plus en entendre parler. ▷ Absol. *Le tonneau perd*, fuit. **4.** Mal employer (qqch). *Perdre son temps.* ▷ *Perdre une occasion*, la laisser échapper. **5.** N'avoir pas le dessus dans (une compétition, un conflit, etc.). *Perdre la partie, une bataille, un procès.* **II.** Porter un préjudice matériel ou moral. **1.** Ruiner, discréditer. *Cet homme vous perdra.* **2.** Vieilli Corrompre, pervertir. *Lectures qui perdent la jeunesse.* **B.** v. pron. Être perdu, en train de se perdre. **1.** Cesser d'exister. *Usages qui se perdent.* **2.** Disparaître. *Se perdre dans la foule.* ▷ Fig. *Se perdre dans la rêverie*, s'y absorber. **3.** S'égarer. *Se perdre dans une forêt.* ▷ Fig. S'embrouiller, s'embarrasser, ne plus s'y reconnaître. *On me demande d'accomplir tant de formalités que je m'y perds.* ▷ Fig. *Se perdre en conjectures:* faire en vain toutes les suppositions possibles. – Du lat. *perdere*, «détruire, perdre définitivement».

perdreau [pɛʀdʀo] n. m. Jeune perdrix de l'année. – Du lat. *perdix*, «perdrix», par l'a. fr. *perdrial, perdriau*.

perdrix [pɛʀdʀi] n. f. **1.** Oiseau galliforme (genres *Perdix* ou *Alectoris*, fam. phasianidés) commun en Europe, de taille moyenne et à queue courte, recherché comme gibier. *La perdrix grise (Perdix perdix) a été introduite en Amérique du Nord et s'est acclimatée dans plusieurs régions canadiennes.* **2.** Nom cour. donné à des oiseaux galliformes indigènes apparentés à la perdrix; *spécial.* gélinotte huppée. *Perdrix blanche:* lagopède. *Perdrix des savanes:* tétras. – Lat. *perdix, perdicis*, du gr.

ENCYCL Les perdrix (famille des Phasianidés, ordre des Galliformes) sont des oiseaux trapus, sédentaires, courant très vite, qui vivent en troupes (compagnies) et nichent au sol. Les espèces rencontrées en Amérique du Nord ont été introduites et sont indigènes de l'Eurasie. La perdrix européenne ou perdrix grise (*Perdix perdix*), à poitrine grisâtre et aux flancs rayés de brun marron, a été introduite en grand nombre et s'est bien acclimatée du sud du Canada jusqu'au nord et au centre des États-Unis. Elle a été observée dans le sud du Québec, mais n'est pas considérée comme commune. Elle fréquente les terrains herbeux ou cultivés où elle niche à l'abri des herbes et des petits arbustes. La perdrix bartavelle (*Alectoris græca*), au bec et aux pattes rouges, et à la gorge cernée de noir, a été introduite dans les régions montagneuses sèches de l'ouest des États-Unis, de l'extrême sud de la Colombie-Britannique (1950-1955) et au sud de l'Alberta; on ne la retrouve pas au Québec. On la rencontre dans des régions très accidentées, là où les précipitations sont faibles et le terrain relativement dégagé de neige en hiver. Le nom perdrix est également utilisé au Québec comme nom vernaculaire pour désigner trois espèces de galliformes de la famille des Tétraonidés. Perdrix blanche: lagopède des saules (*Lagopus lagopus*). Perdrix de bois franc: gélinotte huppée (*Bonasa umbellus*). Perdrix des savanes: tétras des savanes (*Canachites canadiensis*). Ces trois oiseaux sont chassés à l'automne comme petit gibier. Le lagopède des saules habite les régions boréales; les Inuit en consomment en grand nombre. Les deux autres espèces sont plus méridionales. La gélinotte huppée a une chair plus savoureuse que le tétras des savanes et se défend mieux de la poursuite du chasseur.

perdu, ue [pɛʀdy] adj. **I.** (Correspondant aux emplois de *perdre* A, I.) **1.** Dont on n'a plus la disposition, la possession. *Argent perdu. «À la recherche du temps perdu», œuvre romanesque de Marcel Proust* (1871-1922). **2.** Égaré, oublié, que l'on ne retrouve plus. *Objets perdus. Chien perdu. Enfant perdu.* **3.** Employé inutilement, dont on ne peut ou dont on n'a pu profiter. *Peine perdue. Occasion perdue.* ▷ *À temps perdu:* dans les moments de loisir. **4.** Difficile à trouver, isolé, écarté, en parlant d'un lieu, d'une localité. *Coin, pays, village perdu.* **5.** Dans quoi l'on n'a pas eu le dessus, où l'on a été vaincu. *Bataille, cause perdue.* **II.** (Correspondant aux emplois de *perdre* A, II.) **1.** Atteint irrémédiablement, dont le cas est désespéré. *Malade perdu. Homme perdu* (dans sa fortune, sa réputation). **2.** Corrompu, débauché. ▷ Spécial. *Femme, fille perdue:* prostituée. **III.** (Correspondant aux emplois de *perdre* B.) **1.** Qui n'existe plus. *Espèce animale perdue.* **2.** Qui disparaît, qui a disparu. *Perdu dans la foule.* ▷ Fig. *Perdu dans la rêverie*, absorbé. **3.** Qui s'est égaré. **IV.** loc. *(Crier, courir) comme un perdu*, de toutes ses forces. – Pp. de *perdre*.

perdurable [pɛʀdyʀabl] adj. Vx Qui perdure; éternel. – De *perdurer*.

perdurer [pɛʀdyʀe] v. intr. [1] Vx ou litt. Durer éternellement. – Lat. *perdurare*, de *per*, «à travers», et *durare*, «résister».

père [pɛʀ] n. m. **1.** Homme qui a engendré un ou plusieurs enfants. *De père en fils:* par transmission du père aux enfants. ▷ *Père de famille*, qui élève un ou plusieurs enfants. – *En bon père de famille:* avec la sagesse, l'esprit d'économie qu'un père de famille est censé posséder. **2.** Le parent mâle d'un animal. *Le père de ce veau a été primé au concours agricole.* **3.** RELIG *Dieu le Père, le Père éternel*, la première personne de la Trinité. **4.** *Révérend père*, ou, absol., *père*, titre donné à la plupart des prêtres catholiques membres du clergé régulier. *Les pères jésuites.* – *Le Saint-Père:* le pape. – *Les Pères de l'Église:* les apologistes et les docteurs des cinq premiers siècles de l'Église chrétienne. – *Les Pères du désert:* les anciens anachorètes. – *Les Pères du concile* (ou *conciliaires*): les évêques qui ont voix délibérante aux débats d'un concile. **5.** Créateur, fondateur (d'une œuvre, d'une doctrine). *Freud, père de la psychanalyse.* **6.** Celui qui se conduit, qui est considéré comme un père. *Vous avez été un père pour moi.* **7.** (Suivi d'un nom, pour désigner un homme d'un certain âge et de milieu social modeste.) *Le père Jérôme.* – Appellatif, marquant la condescendance. *Dites-moi, père Untel...* ▷ *Gros père:* gros homme d'allure bonasse. – Enfant joufflu, replet. **8.** Plur. Ancêtres, aïeux. *Le sang de nos pères.* – Du lat. *pater, patris.*

pérégrination [peʀegʀinasjõ] n. f. **1.** Vx ou litt. Voyage dans des pays lointains. **2.** Mod. (Au plur.) Nombreux déplacements, allées et venues. – Lat. *peregrinatio*, du pp. de *peregrinari*, «voyager à l'étranger».

péremption [peʀɑ̃psjõ] n. f. **1.** DR Anéantissement, après un certain délai, de procédures non continuées, de jugements par défaut non exécutés, d'inscriptions hypothécaires non renouvelées. ▷ *Péremption d'instance:* procédure autorisant le défendeur à exiger le rejet de l'action lorsqu'un délai prescrit par la loi s'est écoulé sans que le demandeur ait produit un acte de procédure utile. **2.** *Date de péremption*, audelà de laquelle un médicament, un produit de consommation (alimentaire, par ex.) ne doit plus être utilisé. – Bas lat. *peremptio*, «destruction», de *perimere*, «détruire».

péremptoire [peʀɑ̃ptwaʀ] adj. **1.** Relatif à la péremption. **2.** Décisif, contre quoi il n'y a rien à répliquer. *Argument péremptoire.* – Bas lat. *peremptorius.*

péremptoirement [peʀɑ̃ptwaʀmɑ̃] adv. D'une manière péremptoire, catégoriquement. – Du préc.

pérennant, ante [peʀenɑ̃, ɑ̃t] adj. BOT **1.** Se dit d'une plante annuelle ou bisannuelle qui peut devenir vivace. **2.** Se dit de la partie d'une plante vivace qui reste vivante en hiver (bulbes, rhizomes, tubercules). – De *pérenne.*

pérenne [peʀɛn] adj. Vx Qui dure longtemps, depuis longtemps. ▷ GEOGR *Rivière pérenne*, qui coule toute l'année. – Lat. *perennis*, «qui dure un an»,

pérenniser [peʀenize] v. tr. [1] Didac Rendre durable. – Du préc.

pérennité [peʀenite] n. f. Litt. Caractère, état de ce qui dure longtemps ou toujours; continuité. *Assurer la pérennité des institutions.* – Lat. *perennitas.*

péréquation [peʀekwasjõ] n. f. ECON Répartition équitable des charges, des impôts, des dépenses, entre les différentes personnes qui doivent les supporter. ▷ Réajustement des traitements et des pensions. ▷ Disposition, mesure visant à fournir au consommateur des marchandises de provenances différentes (produits importés et produits nationaux par ex.) à des prix identiques. ▷ *Paiements de péréquation:* sommes versées par le gouvernement fédéral aux provinces en vue de leur garantir à toutes une capacité fiscale qui permette d'assurer un niveau comparable de services à des taux d'imposition comparables. – Lat. jur. *peræquatio*, de *peræquare*, «égaliser».

perfectibilité [pɛʀfɛktibilite] n. f. Litt. Qualité de ce qui est perfectible. – De *perfectible.*

perfectible [pɛʀfɛktibl] adj. Susceptible d'être perfectionné. – Du lat. *perfectus*, pp. de *perficere*, «faire parfaitement, achever».

perfectif [pɛʀfɛktif] adj. et n. m. LING *Aspect perfectif*, ou *le perfectif:* aspect du verbe présentant l'action comme achevée ou comme ponctuelle. – Du lat. *perfectus.* (V. préc.)

perfection [pɛʀfɛksjõ] n. f. **1.** Qualité de ce qui est parfait, état de ce qui a une qualité au degré le plus élevé. *Atteindre la perfection. La perfection du style.* – *À la perfection:* parfaitement. ▷ THEOL, PHILO Somme de toutes les qualités à leur degré le plus élevé. *La perfection de Dieu.* **2.** Qualité excellente, remarquable. **3.** (Précédé de l'art. indéf.) Chose ou personne parfaite (dans un rôle, une fonction). *Cette secrétaire est une perfection.* – Lat. *perfectio.*

perfectionné, ée [pɛʀfɛksjɔne] adj. Qui a été doté de perfectionnements. *Machine perfectionnée.* – Pp. de *perfectionner.*

perfectionnement [pɛʀfɛksjɔnmɑ̃] n. m. Action de perfectionner, de rendre meilleur. – De *perfectionner.*

perfectionner [pɛʀfɛksjɔne] **1.** v. tr. [1] Rendre meilleur, faire tendre davantage vers la perfection. *Perfectionner un mécanisme.* **2.** v. pron. Devenir meilleur. – De *perfection.*

perfectionnisme [pɛʀfɛksjɔnism] n. m. Souci d'atteindre la perfection. – De *perfection.*

perfectionniste [pɛʀfɛksjɔnist] n. et adj. Personne scrupuleuse à l'excès, qui cherche à atteindre la perfection dans tout ce qu'elle fait. ▷ Adj. *Vous êtes trop perfectionniste.* – De *perfection.*

perfide [pɛʀfid] adj. (et n.) **1.** (Personnes.) Qui manque à sa parole, à la confiance mise en lui, traître. ▷ Subst. *Un, une perfide.* **2.** (Choses.) Qui est peu fiable, trompeur et dangereux. *Une parole perfide.* – Lat. *perfidus*, «qui viole sa foi».

perfidement [pɛʀfidmɑ̃] adv. Avec perfidie. – Du préc.

perfidie [pɛʀfidi] n. f. **1.** Action perfide. *Tramer une perfidie.* **2.** Caractère perfide, déloyauté. – Lat. *perfidia.*

perforage [pɛʀfɔʀaʒ] n. m. Action de perforer. – De *perforer.*

perforant, ante [pɛʀfɔʀɑ̃, ɑ̃t] adj. Qui perfore. ▷ MILIT *Projectile perforant*, destiné à perforer les blindages. ▷ MED *Mal perforant:* ulcération tendant à gagner en profondeur, liée généralement à une lésion nerveuse. – Ppr. de *perforer.*

perforateur, trice [pɛʀfɔʀatœʀ, tʀis] adj. et n. f. **I.** adj. Qui sert à perforer. **II.** n. f. **1.** MINES Machine servant à forer des trous de mine. **2.** INFORM Machine destinée à perforer les cartes ou les bandes. – De *perforer.*

perforation [pɛʀfɔʀasjõ] n. f. Action de perforer; son résultat. ▷ MED Ouverture accidentelle ou pathologique d'un organe. *Perforation de l'intestin.* ▷ INFORM Petit trou d'une carte, d'une bande perforée. – Du lat. médic. *perforatio*, «trépanation».

perforé, ée [pɛʀfɔʀe] adj. Percé. ▷ INFORM *Carte, bande perforée*, sur lesquelles l'information est encodée sous forme de perforations. – Pp. de *perforer.*

perforer [pɛʀfɔʀe] v. tr. [1] Percer en faisant un ou plusieurs trous. – Lat. *perforare.*

perforeuse [pɛʀfɔʀøz] n. f. Machine à perforer. – De *perforer.*

performance [pɛʀfɔʀmɑ̃s] n. f. **1.** Résultat chiffré obtenu par un sportif ou un cheval de course lors d'une épreuve, d'une compétition, d'une exhibition, etc. *Performance homologuée.* ▷ *Spécial.* Résultat particulièrement remarquable, exploit. *Ce sauteur a réussi là une performance.* – Par ext. *Lire tout Balzac en quinze jours, quelle performance!* **2.** TECH Résultat optimal obtenu par un matériel. **3.** LING Acte de production, d'interprétation ou de compréhension d'un énoncé réalisé par un sujet parlant à partir de la compétence*. *Compétence et performance.* **4.** ART Mode d'expression artistique, événement, représentation comportant une part d'improvisation. – Mot angl., du moyen fr. *parformance,* de *parformer,* «accomplir, exécuter».

performant, ante [pɛʀfɔʀmɑ̃, ɑ̃t] adj. TECH Capable de performances élevées. *Un appareil performant.* ▷ Par ext. Cour. *Une entreprise performante.* – Du préc.

performatif [pɛʀfɔʀmatif] n. m. LING Énoncé constituant, accomplissant l'acte qu'il énonce, par le fait même qu'il l'énonce. (Ex.: *Je promets. Je déclare la séance ouverte.*) – De *performance.*

perfusion [pɛʀfyzjɔ̃] n. f. MED Injection lente et continue, dans la circulation sanguine, de sérum, de sang ou de substances médicamenteuses en solution. – Du lat. *per,* «à travers», d'ap. *transfusion.*

pergélisol [pɛʀʒelisɔl] n. m. GEOL Couche du sous-sol gelée en permanence, dans les régions froides. – De *per(manent), gel,* et *sol.*

pergola [pɛʀgɔla] n. f. Construction de jardin légère constituée de poutrelles à claire-voie formant toiture, que recouvrent des plantes grimpantes. – Mot ital., du lat. *pergula,* «tonnelle».

péri-. Élément, du gr. *peri,* «autour».

périanthe [peʀjɑ̃t] n. m. BOT Ensemble des enveloppes florales (sépales et pétales). – Lat. bot. *perianthum,* de *péri-,* et gr. *anthos,* «fleur».

périarthrite [peʀiaʀtʀit] n. f. MED Atteinte inflammatoire des tissus avoisinant une articulation, s'accompagnant de douleurs et d'une limitation des mouvements. – De *péri-,* et *arthrite.*

périastre [peʀiastʀ] n. m. ASTRO Point de l'orbite d'un objet céleste le plus proche de l'astre autour duquel il gravite. – De *péri-,* et *astre,* d'après *périgée.*

péribole [peʀibɔl] n. m. ANTIQ Espace clos, le plus souvent planté d'arbres, orné de statues, ménagé autour d'un temple grec. – Lat. *peribolus,* gr. *peribolos.*

péricarde [peʀikaʀd] n. m. ANAT Membrane qui enveloppe le cœur, formée d'un feuillet interne, séreux, et d'un feuillet externe, fibreux. – Du gr. *perikardion,* propr. «autour du cœur».

péricardique [peʀikaʀdik] adj. ANAT Du péricarde. – Du préc.

péricardite [peʀikaʀdit] n. f. MED Atteinte inflammatoire ou infectieuse, chronique ou aiguë, du péricarde. – De *péricarde,* et *-ite* 1.

péricarpe [peʀikaʀp] n. m. BOT Ensemble des tissus (épicarpe, mésocarpe, endocarpe) qui, dans un fruit, entourent la graine. – Gr. *perikarpion,* de *peri,* «autour», et *karpos,* «fruit».

péricliter [peʀiklite] v. intr. [1] (Sujet n. de choses.) Aller à sa ruine, décliner. *Cette affaire périclite.* Ant. prospérer. – Du lat. *periclitari,* «risquer», de *periculum,* «essai, danger».

péricycle [peʀisikl] n. m. BOT Dans les racines et les tiges, couche cellulaire séparant l'écorce du cylindre central. – De *péri-,* et *cycle.*

péridiniens [peʀidinjɛ̃] n. m. pl. BOT Classe d'algues brunes planctoniques unicellulaires, généralement marines, à deux flagelles. – Du lat. scientif. *peridinium,* «genre d'animalcule infusoire», du gr. *peridinoumai,* «tournoyer».

péridot [peʀido] n. m. MINER Minéral constitutif des roches éruptives, formé de silicates de fer et de magnésium en proportions variables (la variété la plus courante est l'olivine). – Orig. incon.

péridural, ale, aux [peʀidyʀal, o] adj. MED *Anesthésie péridurale:* anesthésie locale, surtout utilisée en obstétrique, réalisée en injectant un anesthésique dans le canal rachidien. – De *péri-,* et *dure(-mère).*

périgée [peʀiʒe] n. m. ASTRO Point de l'orbite d'un astre ou d'un satellite le plus rapproché de la Terre (par oppos. à l'apogée, point le plus éloigné). – Époque où un astre se trouve en ce point. – Du gr. *perigeios,* «qui entoure la Terre».

périglaciaire [peʀiglasjɛʀ] adj. GEOL *Érosion périglaciaire,* due à l'alternance du gel et du dégel. V. cryoclastie. – De *péri-,* et *glaciaire.*

périgordien [peʀigɔʀdjɛ̃] n. m. PREHIST Culture du Paléolithique supérieur contemporain de l'Aurignacien. – De *Périgord,* n. de la rég. fr., au N.-E. du bassin aquitain.

périgourdin, ine [peʀiguʀdɛ̃, in] adj. Du Périgord ou de Périgueux. ▷ N. f. Danse du Périgord. – CUIS *À la périgourdine,* se dit d'une garniture ou d'une sauce à base de truffes. – De *Périgord,* n. d'une région du sud-ouest de la France.

périhélie [peʀieli] n. m. ASTRO Point de l'orbite d'une planète ou d'une comète qui est le plus proche du Soleil (par oppos. à l'aphélie, point le plus éloigné). – De *péri-,* et *-hélie.*

péril [peʀil] n. m. **1.** Litt. État, situation où il y a un danger à craindre. *Être en péril de mort.* **2.** Risque, danger. *Braver mille périls.* ▷ *À ses risques et périls,* en acceptant de courir tous les risques, tous les dangers qu'implique la situation, l'entreprise. – *Péril jaune, rouge,* que, selon certains, les Extrême-Orientaux, les communistes feraient courir aux Occidentaux, aux démocraties. – Du lat. *periculum,* «épreuve, danger».

périlleusement [peʀijøzmɑ̃] adv. Litt. D'une façon périlleuse; dangereusement. – De *périlleux.*

périlleux, euse [peʀijø, øz] adj. Qui présente du danger, des risques. *Situation périlleuse.* Syn. dangereux. ▷ *Saut* périlleux.* – De *péril,* d'ap. le lat. *periculosus.*

périmé, ée [peʀime] adj. **1.** Qui a dépassé le délai de validité. *Son abonnement est périmé.* **2.** Fig. Dépassé, qui n'a plus cours. *Théories périmées.* Syn. caduc, désuet. – Pp. de *périmer.*

périmer (se) [peʀime] v. pron. [11] Se dit d'une instance qui vient à périr faute d'avoir été poursuivie dans les délais, d'une inscription qu'on n'a pas renouvelée à temps, etc. ▷ Cour. (avec ellipse du pronom). Devenir caduc, perdre sa validité. *Il a laissé périmer son billet de retour.* – Lat. *perimere,* «détruire».

périmètre [peʀimɛtʀ] n. m. **1.** GEOM Contour d'une figure plane; longueur de ce contour. **2.** *Par ext.* Contour d'un espace quelconque. *Le périmètre d'une ville.* – Gr. et lat. *perimetros.*

périmétrique [peʀimetʀik] adj. Qui appartient au périmètre. – Du préc.

périnatal, ale, als [peʀinatal] adj. MED Relatif à la période qui précède et suit immédiatement la naissance. *Médecine périnatale.* – De *péri-,* et *natal.*

périnatalité [peʀinatalite] n. f. MED Période périnatale. – De *péri-,* et *natalité.*

périnatalogie [peʀinatalɔʒi] n. f. MED Partie de la médecine qui traite de la périnatalité. – De *périnatal*, et *-logie*.

périnéal, ale, aux [peʀineal, o] adj. Didac. Du périnée. *Incision périnéale* (V. épisiotomie). – De *périnée*.

périnée [peʀine] n. m. ANAT Région comprise entre l'anus et les parties génitales. – Gr. *perineos*.

période [peʀjɔd] **A.** n. f. **I. 1.** Espace de temps. *Il s'est absenté pour une période indéterminée. – La première période d'un match de hockey.* ▷ Espace de temps caractérisé par telle ou telle situation, tels ou tels événements. *La période révolutionnaire.* – Phase dans le cours d'une évolution. *Période d'invasion, d'état, de déclin d'une maladie.* ▷ GEOL Chacune des grandes divisions des ères géologiques. **2.** Espace de temps déterminé par le retour, à époques fixes, d'un phénomène donné. ▷ ASTRO Durée mise par un astre pour parcourir son orbite. ▷ PHYS Intervalle de temps qui s'écoule entre deux passages successifs par le même état d'un système vibratoire. *La période est égale à l'inverse de la fréquence.* ▷ PHYS NUCL Temps nécessaire pour que l'activité d'un corps radioactif diminue de moitié sous l'effet de sa désintégration. ▷ PHYSIOL *Périodes menstruelles :* menstrues. **II.** Ensemble d'éléments, de phénomènes formant un tout, susceptible de se reproduire. **1.** MATH Suite de chiffres qui se reproduit dans un nombre fractionnaire (Ex.: 2, 7 et 0 dans le nombre $\frac{100}{37} = 2{,}702\ 702\ 702...$). ▷ Nombre qui ne change pas la valeur d'une fonction périodique lorsqu'on l'ajoute à la variable. **2.** CHIM Ensemble des éléments qui se trouvent sur une même ligne du tableau de la classification périodique des éléments. (V. ce tableau en annexe.) **III. 1.** RHET Phrase composée de plusieurs propositions se succédant harmonieusement et dont la réunion forme un sens complet. **2.** *Par anal.* MUS Suite de phrases mélodiques formant un tout. **B.** n. m. Vx ou litt. *Le plus haut période:* l'apogée, le plus haut degré. *La puissance du royaume était à son plus haut période.* – Lat. *periodus*, du gr. *periodos*, «circuit».

périodicité [peʀjɔdisite] n. f. Nature de ce qui est périodique, de ce qui survient, se produit à intervalles réguliers. – De *périodique*.

périodique [peʀjɔdik] adj. et n. m. **1.** Qui se reproduit à des intervalles de temps réguliers. *Phénomènes périodiques.* ▷ *Publication* (journal, etc.) *périodique*, qui paraît à intervalles réguliers. – N. m. *Un périodique :* une revue, un magazine périodique. ▷ *Spécial.* Qui a rapport à la menstruation, aux précautions d'hygiène qu'elle impose. *Serviette périodique.* **2.** PHYS Se dit d'une grandeur qui reprend la même valeur, d'un phénomène qui retrouve le même état au bout d'un intervalle de temps déterminé. – MATH *Fonction périodique*, qui reprend la même valeur si on ajoute à la variable une quantité fixe (période). ▷ *Fraction périodique :* nombre fractionnaire qui possède une période. **3.** CHIM *Classification périodique:* classification en tableau des éléments chimiques (V. ce tableau en annexe.) **4.** RHET *Style périodique*, dans lequel dominent les périodes. – Lat. *periodicus*, gr. *periodikos*.

périodiquement [peʀjɔdikmɑ̃] adv. De façon périodique. – Du préc.

périoste [peʀjɔst] n. m. ANAT Membrane fibreuse qui engaine les os et joue un rôle important dans leur croissance et leur vascularisation. – Du gr. *periosteos*, «qui entoure les os».

périostique [peʀjɔstik] adj. ANAT Relatif au périoste. – Du préc.

périostite [peʀjɔstit] n. f. MED Inflammation aiguë ou chronique du périoste. – De *périoste*, et *-ite* 1.

péripatéticien, ienne [peʀipatetisjɛ̃, jɛn] adj. et n. PHILO Qui suit la doctrine d'Aristote. – Relatif à la doctrine d'Aristote ▷ Subst. *Les péripatéticiens.* – De *péripatétique*.

péripatéticienne [peʀipatetisjɛn] n. f. Plaisant. Prostituée qui racole dans la rue. – Par allus. au gr. *peripatein*, «se promener».

péripatétique [peʀipatetik] adj. PHILO Vx Qui appartient au péripatétisme, à la philosophie, à la doctrine d'Aristote. – Lat. *peripateticus*, du gr. *peripatein*, «se promener», à cause de l'habitude qu'avait Aristote d'enseigner en se promenant avec ses disciples.

péripatétisme [peʀipatetism] n. m. PHILO Vx Philosophie d'Aristote; aristotélisme. – Du préc.

péripétie [peʀipesi] n. f. **1.** LITTER Chacun des changements qui affectent la situation dans une œuvre narrative. – *Spécial.* Brusque revirement menant au dénouement d'une intrigue. **2.** *Par ext.* Incident, circonstance imprévue. *Son voyage a été riche en péripéties.* – Gr. *peripeteia*, «événement imprévu».

périphérie [peʀifeʀi] n. f. **1.** GEOM Contour d'une figure curviligne. – Surface extérieure d'un corps. **2.** Par ext. *La périphérie :* les quartiers d'une ville les plus éloignés du centre. – Bas lat. *peripheria*, mot gr., «circonférence».

périphérique [peʀifeʀik] adj. et n. m. **1.** adj. Qui est situé à la périphérie. *Quartiers périphériques.* ▷ MED *Le système nerveux périphérique:* partie du système cérébro-spinal comprenant les nerfs et les ganglions nerveux. **2.** n. m. INFORM Appareil relié à un ordinateur et travaillant sous son contrôle (organe d'entrée-sortie, mémoire auxiliaire, etc.). – Du préc.

périphlébite [peʀiflebit] n. f. MED Inflammation du tissu conjonctif qui entoure les veines. – De *péri-*, et *phlébite*.

périphrase [peʀifʀɑz] n. f. **1.** Figure consistant à dire en plusieurs mots ce qu'on pourrait dire en un seul. (Ex.: *l'astre du jour*, pour *le soleil.*) **2.** Circonlocution, détour de langage. – Lat. *periphrasis*, mot gr. de *periphrazein*, «parler par circonlocutions».

périphrastique [peʀifʀastik] adj. Didac. **1.** Qui est de la nature de la périphrase. **2.** Qui abonde en périphrases. *Style périphrastique.* – Du préc.

périple [peʀipl] n. m. **1.** Circumnavigation, voyage maritime autour d'une mer ou d'un continent. **2.** *Par ext.* Grand voyage touristique. – Lat *periplus*, gr. *periplous*, de *pleîn*, «naviguer».

périptère [peʀiptɛʀ] n. m. et adj. ARCHI Temple, édifice entouré d'un seul rang de colonnes isolées du mur. ▷ Adj. *Temple périptère.* – Lat. et gr. *peripteros*.

périr [peʀiʀ] v. intr. [2] Litt. **1.** Mourir. **2.** MAR Disparaître en mer, sombrer. **3.** Tomber en ruine, disparaître (choses). *Sa gloire ne périra pas.* – Lat. *perire*.

périscope [peʀiskɔp] n. m. Appareil d'optique à prismes (ou à miroirs) et à lentilles, permettant l'observation d'objets situés en dehors du champ de vision de l'observateur. *Périscope d'un sous-marin.* – Du gr. *periskopeîn*, «regarder autour».

périscopique [peʀiskɔpik] adj. **1.** OPT *Verres périscopiques:* verres correcteurs à grand champ. **2.** MAR *Immersion périscopique :* immersion d'un sous-marin à une profondeur suffisamment faible pour permettre l'usage du périscope. – Du préc.

périsperme [peʀispɛʀm] n. m. BOT Partie du nucelle qui subsiste après le développement de l'albumen, dans certaines graines (nénuphar, poivre, etc.). – De *péri-*, et *sperme*.

périssable [peʀisabl] adj. Qui est sujet à périr. *Un bonheur périssable.* Syn. fragile, éphémère. Ant. durable. ▷ *Denrées périssables*, qui ne se conservent pas longtemps. – De *périr*.

périssodactyles [peʀisɔdaktil] n. m. pl. ZOOL Ordre de mammifères ongulés dont le pied repose sur le sol par un nombre impair de doigts. *Le cheval, le tapir, le rhinocéros sont des périssodactyles.* – Gr. *perissodaktules,* de *perissos,* «surnuméraire, impair», et *daktulos,* «doigt».

périssoire [peʀiswaʀ] n. f. Petite embarcation plate et allongée, manœuvrée au moyen d'une pagaie double. – De *périr* ; «embarcation *qui périt,* chavire facilement».

périssologie [peʀisɔlɔʒi] n. f. **1.** GRAM Pléonasme. (Ex.: *Descendre en bas.*) **2.** RHET Procédé de style consistant à répéter plusieurs fois sous diverses formes la même idée sur laquelle on veut insister. – Gr. *perissologia,* de *perissos,* «superflu».

péristaltique [peʀistaltik] adj. PHYSIOL Relatif au péristaltisme. *Mouvement péristaltique.* – Gr. *peristaltikos,* de *peristellein,* «envelopper, comprimer».

péristaltisme [peʀistaltism] n. m. PHYSIOL Onde de contraction automatique et conjuguée des fibres longitudinales et circulaires de l'œsophage et de l'intestin, se propageant de proche en proche et assurant le cheminement du contenu du tube digestif. – Du préc.

péristome [peʀistom] n. m. **1.** ZOOL Bord libre de l'ouverture de la coquille des gastéropodes. ▷ Chez les infusoires ciliés, ouverture en entonnoir tapissée de cils, au fond de laquelle se forment les vacuoles digestives. **2.** BOT Bord poilu de l'ouverture de l'urne, chez les mousses. – De *péri-,* et gr. *stoma,* «bouche».

péristyle [peʀistil] n. m. ARCHI Colonnade qui entoure un édifice, une cour intérieure, etc. – *Par ext.* Galerie constituée sur une de ses faces par des colonnes et sur l'autre par le mur même du monument. – Lat. *peristylum,* gr. *peristulon.*

périthèce [peʀitɛs] n. m. BOT Organe en forme de bouteille, percé d'un orifice étroit, qui contient les asques de certains champignons, généralement microscopiques (champignons agents de l'ergot de seigle, de l'oïdium, notam.). – De *péri-,* et gr. *thêkê,* «boîte, étui».

péritoine [peʀitwan] n. m. ANAT Membrane séreuse constituée d'un feuillet pariétal appliqué contre les parois abdominale et pelvienne, et d'un feuillet viscéral qui recouvre ou engaine les organes de la cavité abdomino-pelvienne. – Lat. *peritonæum,* du gr. méd. *peritonaion,* «ce qui est tendu autour».

péritonéal, ale, aux [peʀitɔneal, o] adj. ANAT Relatif au péritoine. – Du préc.

péritonite [peʀitɔnit] n. f. MED Inflammation du péritoine. – Lat. méd. *peritonitis.*

perle [pɛʀl] n. f. **1.** Concrétion globuleuse d'un blanc irisé, formée de couches de nacre concentriques extrêmement minces, que certains mollusques lamellibranches sécrètent autour des corps étrangers. *Perle fine, de culture.* **2.** *Par ext.* Petite boule percée en bois, en métal, en verre, etc. *Enfiler des perles pour faire un collier.* ▷ Fig., fam. *Enfiler des perles :* perdre son temps à des futilités. **3.** (Par comparaison.) Ce qui ressemble à une perle, qui est rond et brillant comme une perle. *Perles de sang, de sueur.* ▷ Litt, fig., Vx Dent fine et très blanche. *Son sourire découvrait une rangée de perles.* **4.** ARCHI Petit grain rond, taillé dans une moulure appelée *baguette.* **5.** Fig. Personne, chose sans défaut. *La perle des maris.* ▷ Spécial. *Une perle:* une employée de maison irréprochable. **6.** *Par antiphrase.* Absurdité, ineptie, souvent chargée involontairement d'un sens plus ou moins burlesque. *Perle trouvée dans une copie d'examen.* **7.** ENTOM Insecte plécoptère, de la fam. des perlidés, proche de l'éphémère. – Ital. *perla,* altér. du lat. *perna,* «coquillage».
ENCYCL Les plus belles perles se trouvent dans les huîtres perlières des mers chaudes (méléagrine, notam.) ou dans des moules d'eau douce (mulette). Les perles de culture sont obtenues en introduisant des impuretés (généralement des morceaux de perles de mauvaise qualité) dans le manteau des huîtres. Les couleurs irisées des perles sont dues au fait que les très minces couches de nacre superposées constituent un filtre interférentiel pour la lumière.

perlé, ée [pɛʀle] adj. **1.** Orné de perles. **2.** En forme de perle. *Orge perlé.* ▷ Fig. A la manière dont sont enfilées les perles; successivement. *Grève perlée:* V. grève. **3.** Qui a des reflets nacrés comme la perle. *Coton perlé.* **4.** Litt., fig. *Rire perlé,* frais et clair. – Du préc.

perlèche [pɛʀlɛʃ] ou **pourlèche** [puʀlɛʃ] n. f. MED Ulcération contagieuse de la commissure des lèvres. – De *perlécher,* dial., «pourlécher».

perler [pɛʀle] v. [1] **1.** v. tr. Vieilli Soigner, faire parfaitement. *Perler un ouvrage.* **2.** v. intr. Former des gouttes (en parlant d'un liquide). *Un front où perle la sueur.* – De *perle.*

perlier, ière [pɛʀlje, jɛʀ] adj. Relatif aux perles. *Industrie perlière.* ▷ *Huître perlière,* qui peut produire, sécréter des perles. – De *perle.*

perlimpinpin [pɛʀlɛ̃pɛ̃pɛ̃] n. m. V. poudre. – Onomat., d'orig. incon: 1690.

perlingual, ale, aux [pɛʀlɛ̃gɥal] ou [pɛʀlɛ̃gwal, o] adj. MED Qui est résorbé par la langue. *Médicament absorbé par voie perlinguale,* qu'on laisse fondre sous la langue. – Du lat. *per-,* «à travers», et *lingual.*

permafrost [pɛʀmafʀɔst] n. m. Anglicisme V. pergélisol. – Mot amér. de *perma(nent),* et *frost,* «gel, gelée».

permalloy [pɛʀmalɔj] n. m. METALL Alliage de fer et de nickel, de grande perméabilité magnétique. – Nom déposé; mot angl., de *perm(eable),* et *alloy,* «alliage».

permanence [pɛʀmanɑ̃s] n. f. **1.** Caractère de ce qui est constant, immuable. *Le transformisme nie la permanence des espèces.* **2.** Service assurant le fonctionnement d'un organisme de façon continue; local où il fonctionne. *La permanence d'un poste de police.* **3.** loc. adv. *En permanence :* d'une façon permanente, sans interruption. – Lat. médiév. *permanentia.*

permanent, ente [pɛʀmanɑ̃, ɑ̃t] adj. et n. **I.** adj. **1.** Qui dure sans s'interrompre, ni changer. *Assurer une veille permanente.* Syn. constant, continu. Ant. passager. ▷ *Cinéma, spectacle permanent,* dont les séances se succèdent sans interruption. ▷ *Ondulation permanente,* ou, n. f., *une permanente:* traitement destiné à donner aux cheveux une ondulation durable. **2.** Qui est établi à demeure; qui existe quelle que soit la situation. *Armée permanente. Comité permanent.* Ant. provisoire, extraordinaire. **II.** n. *Un permanent:* membre d'une organisation (en partic., d'un parti, d'un syndicat) qui est rémunéré pour pouvoir s'occuper à plein temps des besognes administratives. – Lat. *permanens,* ppr. de *permanere,* «demeurer jusqu'au bout».

permanganate [pɛʀmɑ̃ganat] n. m. CHIM Sel de l'acide permanganique. – Appos. *Ion permanganate:* ion oxydé du manganèse (MnO_4^-). – *Permanganate de potassium* ($KMnO_4$): oxydant puissant en milieu acide, utilisé comme antiseptique (épuration des eaux, teinturerie, etc.). – De *per-,* et *manganate.*

perméabilité [pɛʀmeabilite] n. f. PHYS Propriété des corps de se laisser traverser par les liquides, les gaz, etc. ▷ *Perméabilité magnétique:* aptitude d'un corps à se laisser traverser par un flux d'induction. ▷ BIOL *Perméabilité membranaire:* perméabilité sélective de la membrane cellulaire, qui ne laisse passer que certaines substances. – De *perméable.*

perméable [pɛʀmeabl] adj. **1.** Qui peut être pénétré ou traversé par un liquide, en partic. par l'eau. *Terrain perméable.* ▷ *Perméable à :* qui se laisse pénétrer, traverser par. *Matière perméable à la lumière.* **2.** Fig. Qui se laisse toucher par une idée, une influence. *Il est perméable aux idées nouvelles.* – Bas lat. *permeabilis,* de *permeare,* «passer à travers».

perméance [pɛʀmeɑ̃s] n. f. ELECTR Pénétrabilité d'un circuit par un flux magnétique. – Du préc.

permettre [pɛʀmɛtʀ] **I.** v. tr. **[68] 1.** Ne pas interdire, ne pas empêcher (qqch). *Permettre qqch à qqn.* ▷ *Permettre de* (+ inf.): donner liberté, pouvoir de. *Permettez-moi de sortir.* – *Permettre que* (+ subj.). *Permettrez-vous qu'il vienne?* ▷ (Dans une formule de politesse.) *Permettez-moi de me retirer.* **2.** (Sujet n. de chose.) Ne pas s'opposer à; rendre possible. *Laisser-aller qui permet tous les excès. Sa fortune lui permettait des caprices coûteux.* ▷ *Permettre de* (+ inf.): donner le moyen, la possibilité de. *Dès que mes affaires me permettront d'aller vous voir...* ▷ Impers. *Il est permis,* possible. *Il est permis de penser qu'il se trompe.* – *Il vous est permis de,* loisible de. **II.** v. pron. **1.** S'accorder, s'allouer. *Il ne se permet que quelques instants de repos.* ▷ S'autoriser. *Elle se permet bien des familiarités.* – (Pour atténuer la formulation d'une observation, d'un reproche.) *Je me permettrai une petite critique.* **2.** Se donner la licence, prendre la liberté de. *Il s'est permis de dire que...* – Lat. *permittere,* sous l'infl. de *mettre.*

permien, ienne [pɛʀmjɛ̃, jɛn] adj. et n. m. GEOL Se dit de la période terminale du Primaire, qui succéda au Carbonifère. – Subst. *Le Permien a duré environ 30 millions d'années.* – De *Perm,* v. de Russie d'Europe, dans une rég. où le terrain formé à cette période est partic. étendu.

permis [pɛʀmi] n. m. Autorisation écrite délivrée par une administration. *Permis de conduire.* – Pp. subst. de *permettre.*

permissif, ive [pɛʀmisif, iv] adj. Qui admet facilement, permet ou tolère des comportements, des pratiques que d'autres réprouveraient ou tendraient à réprimer. – Sur l'angl. *permissive,* «qui permet».

permission [pɛʀmisjɔ̃] n. f. **1.** Action de permettre; son résultat. *Demander, accorder une permission.* **2.** Congé accordé à un militaire. – Temps de ce congé. – Titre qui l'atteste. *Faire signer sa permission.* – Lat. *permissio,* de *permittere,* «permettre».

permissionnaire [pɛʀmisjɔnɛʀ] n. **1.** n. m. Soldat en permission. **2.** n. Porteur d'un permis, d'une permission. – Du préc.

permissivité [pɛʀmisivite] n. f. Fait d'être permissif. – De l'angl. *permissiveness.*

permittivité [pɛʀmitivite] n. f. ELECTR Caractéristique électrique d'un milieu peu conducteur. *Permittivité absolue* (exprimée en farads par mètre): quotient de l'excitation électrique par le champ électrique. *Permittivité relative* (nombre sans dimension): quotient de la permittivité absolue du milieu par celle du vide. – Angl. *permittivity,* de *to permit,* «permettre».

permutabilité [pɛʀmytabilite] n. f. Caractère de ce qui est permutable. – De *permutable.*

permutable [pɛʀmutabl] adj. Qui peut être permuté. ▷ MATH *Éléments permutables,* que l'on peut intervertir sans changer le résultat. – De *permuter.*

permutation [pɛʀmytasjɔ̃] n. f. **1.** Action de permuter; échange d'emploi, de poste, d'heures de service. – *Par ext.* Transposition effectuée entre deux choses. ▷ MATH *Permutation de n objets,* ensemble d'arrangements différents que peuvent prendre ces n objets. *Le nombre de permutations possibles de* n *objets est égal à* n! (factorielle *n:* $1 \times 2 \times 3 \times ... n$). **2.** CHIM *Permutation d'atomes.* – Lat. *permutatio.*

permuter [pɛʀmyte] v. [1] **1.** v. tr. Mettre une chose à la place d'une autre et réciproquement. *Permuter les chiffres d'un nombre.* **2.** v. intr. Échanger son emploi, son poste, ses heures de service, etc. avec qqn. – Du lat. *permutare,* «changer complètement», de *mutare.*

pernicieusement [pɛʀnisjøzmɑ̃] adv. D'une manière pernicieuse. – De *pernicieux.*

pernicieux, ieuse [pɛʀnisjø, øz] adj. **1.** Vx Nocif. *Cela est pernicieux à la santé.* ▷ Mod. Nuisible moralement, malfaisant. *Exemple pernicieux.* **2.** MED Se dit de certaines formes graves de maladies, dues à la nature même de celles-ci. *Fièvre, anémie pernicieuse.* – Lat. *perniciosus,* de *pernicies,* «ruine», de *nex, necis,* «mort violente».

péroné [peʀɔne] n. m. ANAT Os long, situé à la partie externe de la jambe, qui s'articule en haut avec le tibia, en bas avec le calcaneum et l'astragale. – Du gr. *peronê,* propr. «cheville, agrafe».

péronier, ière [peʀɔnje, jɛʀ] adj. et n. m. **1.** adj. ANAT Relatif au péroné. **2.** n. m. Chacun des muscles *(péronier antérieur court* et *péronier latéral long)* qui s'insèrent en haut sur le péroné et en bas sur les métatarsiens. – Du préc.

péronnelle [peʀɔnɛl] n. f. Fam., vieilli Femme sotte, bavarde et impertinente. – Nom d'une héroïne de chanson du XVe s., forme pop. de *Pétronille.*

péronosporacées [peʀɔnospɔʀase] ou **péronosporales** [peʀɔnospɔʀal] n. f. pl. BOT Ordre de champignons, pour la plupart parasites de plantes supérieures. (Ex.: le mildiou.) – Du gr. *peronê,* «agrafe», et *spora,* «semence».

péroraison [peʀɔʀezɔ̃] n. f. Conclusion d'un discours. ▷ *Par ext.* Dernière partie. *Péroraison d'une cantate.* – Lat. *peroratio,* d'ap. *oraison.*

pérorer [peʀɔʀe] v. intr. [1] Parler longuement et avec prétention, emphase. – Lat. *perorare,* «plaider, exposer jusqu'au bout».

péroreur, euse [peʀɔʀœʀ, øz] n. et adj. Personne qui pérore. – Du préc.

pérot [peʀo] n. m. SYLVIC Baliveau âgé de deux fois le temps qui sépare les coupes. – De *père.*

peroxo-. CHIM Préfixe indiquant la présence du groupement -O-O-, appelé *pont peroxo,* dans un composé. (Ex.: acide peroxomonoacétique, de formule CH_3-C-O-O-OH.) – De *per-,* et *oxyde.*

peroxydase [peʀɔksidaz] n. f. BIOCHIM Enzyme qui décompose les peroxydes en libérant de l'oxygène actif (qui se fixe ensuite sur un corps oxydable). – De *per-,* et *oxydase.*

peroxyde [peʀɔksid] n. m. CHIM Composé contenant le pont peroxo. *Peroxyde d'hydrogène* (H_2O_2): eau oxygénée. – De *per-,* et *oxyde.*

peroxyder [peʀɔkside] v. tr. [1] CHIM Transformer (un composé) en peroxyde. – Du préc.

perpendiculaire [pɛʀpɑ̃dikylɛʀ] adj. et n. f. **1.** Qui forme un angle droit. *Droites, plans perpendiculaires.* – *Perpendiculaire à :* qui forme un angle droit avec. *Le garage est perpendiculaire au corps de logis.* ▷ N. f. *Abaisser une perpendiculaire,* une droite perpendiculaire (dite aussi *normale*). **2.** Litt. Perpendiculaire au plan de l'horizon; vertical. *Falaise perpendiculaire.* **3.** ARCHI *Style perpendiculaire :* variété du gothique anglais (XIVe-XVIe s.) caractérisée par la substitution de lignes droites aux courbes du flamboyant. – Lat. *perpendicularis,* de *perpendiculum,* «fil à plomb», de *pendere,* «laisser pendre».

perpendiculairement [pɛʀpɑ̃dikylɛʀmɑ̃] adv. **1.** De façon perpendiculaire. **2.** Verticalement. – Du préc.

perpendicularité [pɛʀpɑ̃dikylaʀite] n. f. État, caractère de ce qui est perpendiculaire. – De *perpendiculaire.*

perpète ou **perpette (à)** [pɛʀpɛt] loc. adv. Pop. À perpétuité, indéfiniment. ▷ Très loin. – Dimin. de *perpétuité.*

perpétration [pɛʀpetʀasjɔ̃] n. f. DR ou litt. Accomplissement (d'un acte malfaisant ou criminel). – Lat. *perpetratio.*

perpétrer [pɛʀpetʀe] v. tr. [16] DR ou litt. Commettre (un acte criminel). *Perpétrer un meurtre.* – Lat. *perpetrare,* «accomplir».

perpétuation [pɛʀpetɥasjɔ̃] n. f. Litt. Action de perpétuer; son résultat. – De *perpétuer.*

perpétuel, elle [pɛʀpetɥɛl] adj. **1.** Qui ne finit jamais, qui ne doit jamais finir; qui ne cesse pas. ▷ *Mouvement perpétuel :* mouvement qui ne cesserait jamais, une fois amorcé; mouvement d'une machine qui produirait autant d'énergie qu'elle en consommerait. **2.** Qui dure toute la vie. *Pension perpétuelle.* ▷ (Personnes.) Qui est tel à vie. *Secrétaire perpétuel.* **3.** Continuel, incessant. *Une perpétuelle hantise de la maladie.* **4.** *Par ext.* (Plur.) Fréquents, qui reviennent sans cesse. *Des reproches perpétuels.* – Lat. *perpetualis,* «universel», de *perpetuus,* «qui dure toujours».

perpétuellement [pɛʀpetɥɛlmɑ̃] adv. **1.** Toujours; sans cesse. *Être perpétuellement inquiet.* **2.** Fréquemment, habituellement. *Ils se disputent perpétuellement.* – De *perpétuel.*

perpétuer [pɛʀpetɥe] **1.** v. tr. [1] Rendre perpétuel, faire durer toujours ou longtemps. *Perpétuer le souvenir de qqn.* **2.** v. pron. Durer, se maintenir. *Coutume qui se perpétue. Espèces qui se perpétuent.* – Lat. *perpetuare.*

perpétuité [pɛʀpetɥite] n. f. Caractère de ce qui est perpétuel; durée perpétuelle ou très longue. ▷ Loc. adv. *À perpétuité :* pour toujours; pour toute la vie. – Lat. *perpetuitas,* «continuité».

perplexe [pɛʀplɛks] adj. Irrésolu, hésitant sur le parti à prendre. *Cette histoire me laisse perplexe.* – Lat. *perplexus,* «embrouillé», de *plectere,* «tresser».

perplexité [pɛʀplɛksite] n. f. État d'une personne perplexe; irrésolution, embarras. – Du bas lat. *perplexitas,* «enchevêtrement», de *perplexus.* (V. préc.).

perquisition [pɛʀkizisjɔ̃] n. f. Recherche opérée dans un lieu (généralement au domicile d'un prévenu) pour trouver des objets, des documents, etc., utiles à une enquête, une instruction. ▷ *Mandat de perquisition:* acte par lequel un tribunal autorise un agent de la paix à procéder à une perquisition, aux conditions qu'il détermine. – Bas lat. *perquisitio,* «recherche».

perquisitionner [pɛʀkizisjɔne] v. intr. [1] Faire une perquisition. – Du préc.

perré [pɛʀe] n. m. CONSTR Revêtement de pierres ou de maçonnerie qui protège un talus, le pied d'un ouvrage, etc., contre l'action de l'eau ou les glissements de terrain. – De *pierre.*

perron [pɛʀɔ̃] n. m. Escalier extérieur se terminant par un palier de plain-pied avec la porte d'entrée d'une maison, d'un édifice. – De *pierre.*

perroquet [pɛʀɔkɛ] n. m. **I. 1.** Grand oiseau percheur (fam. psittacidés) au plumage généralement orné de couleurs éclatantes, au fort bec arqué, capable d'imiter la parole humaine. ▷ Fig. *Un perroquet:* une personne qui répète sans comprendre ce qu'elle a entendu. **2.** Pastis additionné de sirop de menthe. **II.** MAR ANC Voile carrée qui surmonte le hunier. ▷ *Perroquet de fougue:* hunier du mât d'artimon. – De *Paroquet,* n. pr., dimin. de *Perrot,* lui-même dimin. de *Pierre.*

perruche [pɛʀyʃ] n. f. **I. 1.** Oiseau grimpeur des pays chauds, semblable à un petit perroquet. ▷ Fig. Femme bavarde, évaporée et sans cervelle. **2.** Vx Perroquet femelle. **II.** MAR Voile qui surmonte le hunier du mât d'artimon (V. perroquet de fougue). – De l'a. fr. *perrique,* même orig. que *perroquet.*

perruque [pɛʀyk] n. f. **1.** Coiffure postiche. **2.** PECHE Ligne emmêlée, entortillée. **3.** Fig., vx *Vieille perruque :* personne âgée aux idées étroites et rétrogrades. **4.** (France) Pop. *De la perruque :* du travail que l'ouvrier fait en fraude, pour son propre compte, pendant les heures ouvrables ou en dérobant la matière première, les pièces, etc., à son employeur. – *Par ext.* (dans la presse, l'édition, etc.) Travail effectué pour son propre compte au siège de l'entreprise. – Orig. incert.; p.-ê. du lat. *pilus,* «poil», qu'évoque l'esp. *peluca.*

perruquier [pɛʀykje] n. m. Fabricant de perruques, de postiches. – Du préc.

pers, perse [pɛʀ, pɛʀs] adj. Litt. D'une couleur entre le bleu et le vert. *Athéna, la déesse aux yeux pers.* – Du bas lat. *persus,* class. *persicus,* «persan» (plus. colorants étant jadis importés de Perse).

persan, ane [pɛʀsɑ̃, an] adj. et n. **1.** adj. De Perse (de la conquête arabe – VIIe s. – jusqu'en 1935). *Tapis persan. Miniature persane.* – *Chat persan:* chat à longs poils soyeux de couleurs variées, aux yeux orangés, bleus ou verts. ▷ Subst. *Un(e) Persan(e):* un(e) habitant(e) de la Perse. **2.** n. m. *Le persan:* langue de la famille iranienne, issue du moyen perse, ou *pehlvi,* et notée en caractères arabes. *Le persan, langue nationale de l'Iran, est également l'une des deux langues officielles de l'Afghanistan.* – De *Perse* (auj. Iran).

1. perse [pɛʀs] adj. et n. De l'ancienne Perse (av. la conquête arabe). *La civilisation, la religion perses.* ▷ Subst. *Les Mèdes et les Perses.* – Bas lat. *persus.*

2. perse [pɛʀs] n. f. Toile imprimée fabriquée autrefois en Inde (mais supposée persane). – De *perse* 1.

persécuté, ée [pɛʀsekyte] adj. (et n.) **1.** Qui est en butte à des persécutions. **2.** PSYCHO Qui est atteint du délire de la persécution. – Pp. de *persécuter.*

persécuter [pɛʀsekyte] v. tr. [1] **1.** Faire souffrir par des traitements tyranniques et cruels. *Néron persécuta les chrétiens.* **2.** Importuner, harceler. *Ses créanciers le persécutent.* – De *persécuteur.*

persécuteur, trice [pɛʀsekytœʀ, tʀis] adj. et n. Qui persécute; tourmenteur, bourreau. – Bas lat. *persecutor,* de *persequi,* «poursuivre».

persécution [pɛʀsekysjɔ̃] n. f. **1.** Action de persécuter. ▷ Tourment physique ou moral infligé avec opiniâtreté. *Les persécutions subies par les premiers chrétiens.* **2.** *Par ext.* Vexation, méchanceté que l'on fait subir à qqn. *Persécutions mesquines.* **3.** PSYCHO *Délire de persécution:* délire d'interprétation d'une personne qui croit être l'objet de malveillances systématiques. – Bas lat. *persecutio.*

persévérance [pɛʀseveʀɑ̃s] n. f. Constance dans l'effort, dans l'action; qualité d'une personne persévérante. – Lat. *perseverantia.*

persévérant, ante [pɛʀseveʀɑ̃, ɑ̃t] adj. Qui persévère. ▷ Qui a pour habitude de persévérer, de mener à bien ce qu'il a entrepris sans se décourager. – Lat. *perseverans,* et ppr. de *persévérer.*

persévération [pɛʀseveʀasjɔ̃] n. f. MED Persistance d'attitudes qui survivent aux causes physiques ou psychiques qui les ont motivées. – Lat. *perseveratio.*

persévérer [pɛʀseveʀe] v. intr. [16] **1.** Poursuivre avec une longue constance, persister dans une résolution, un sentiment. *Persévérer dans un dessein, dans l'erreur.* – Litt. *Il persévère à nier.* **2.** (Choses.) Vx ou didac. Durer, continuer. *Son mal persévère.* – Lat. *perseverare*, de *severus*, «sévère».

persicaire [pɛʀsikɛʀ] n. f. BOT Renouée *(Polygonum persicaria)* des lieux humides. – Lat. médiév. *persicaria*, de *persicus*, «pêcher, arbre de Perse».

persienne [pɛʀsjɛn] n. f. Contrevent formé d'un châssis muni de lames horizontales disposées de manière à arrêter les rayons directs du soleil tout en laissant l'air circuler. – Fém. de l'anc. adj. *persien*, «de *Perse*».

persiflage [pɛʀsiflaʒ] n. m. Action de persifler; propos, paroles d'une personne qui persifle. – De *persifler*.

persifler [pɛʀsifle] v. tr. [1] Tourner en ridicule sur le ton de la moquerie ou de l'ironie. – Du lat. *per-*, préf. à valeur intensive, et de *siffler*.

persifleur, euse [pɛʀsiflœʀ, øz] n. et adj. Personne qui persifle, qui a l'habitude de persifler. ▷ Adj. *Un ton persifleur.* – Du préc.

persil [pɛʀsil] n. m. Plante odorante (*Petroselinum sativum*, fam. ombellifères) dont les feuilles, très divisées, sont utilisées comme condiment. *Hacher de l'ail et du persil.* – Du lat. pop. *petrosilium*, class. *petroselinum* du gr. *petroselinon*, de *petra*, «roche», et *selinon*, «persil».

persillade [pɛʀsijad] n. f. Assaisonnement à base de persil haché. ▷ Viande de bœuf servie avec cet assaisonnement. – Du préc.

persillé, ée [pɛʀsije] adj. **1.** *Fromage persillé*, dont la pâte est ensemencée d'une moisissure spéciale. ▷ *Viande persillée*, parsemée d'infiltrations graisseuses. **2.** Assaisonné de persil haché. *Pommes vapeur persillées.* – De *persil*.

persillère [pɛʀsijɛʀ] n. f. Récipient, pot où l'on fait pousser du persil en toute saison. – De *persil*.

persique [pɛʀsik] adj. **1.** Vx De la Perse ancienne. ▷ *Le golfe Persique:* vaste golfe de l'océan Indien entre la péninsule arabique (Arabie) et l'Asie occid. (Irak, Iran). **2.** ARCHI *L'ordre persique:* l'un des ordres doriques. – Lat. *Persicus;* gr. *Persikos*.

persistance [pɛʀsistɑ̃s] n. f. **1.** Action de persister. *Sa persistance à nier l'évidence l'accable.* – Fait de persister. *Persistance d'un courant perturbé d'ouest.* **2.** Caractère de ce qui est persistant, durable. *La persistance d'un remords.* – De *persister*.

persistant, ante [pɛʀsistɑ̃, ɑ̃t] adj. Qui dure, qui ne faiblit ou ne disparaît pas. *Bruit persistant.* ▷ *Feuillage persistant*, qui subsiste ou se renouvelle même l'hiver. – Ppr. de *persister*.

persister [pɛʀsiste] v. intr. [1] **1.** *Persister dans un état d'esprit, un sentiment:* continuer de se trouver dans cet état d'esprit, d'éprouver ce sentiment. *Il persiste dans sa résolution.* ▷ *Persister à* (+ inf.): continuer à. *Je persiste à penser que...* – Continuer avec détermination, opiniâtreté à. *«S'il persiste à demeurer chrétien...»* (Corneille). **2.** (Choses.) Durer, subsister. *Toux qui persiste.* – Lat *persistere*, de *sistere*, «être placé, se tenir, s'arrêter».

persona grata [pɛʀsɔnagʀata] Loc. adj. inv. **1.** Se dit d'un représentant diplomatique lorsqu'il est agréé par le pays où il réside ou va résider. Ant. persona non grata. **2.** *Par anal.* En faveur, bien considéré. *Il est persona grata dans la haute finance.* – Mots lat., «personne bienvenue».

personnage [pɛʀsɔnaʒ] n. m. **1.** Personne importante ou célèbre. *Personnage influent.* **2.** Personne fictive d'une œuvre littéraire ou théâtrale; rôle joué par un acteur. *Les personnages de Racine.* ▷ *Jouer un personnage :* adopter un comportement d'emprunt, tenter de se faire passer pour ce qu'on n'est pas. **3.** Personne considérée dans son apparence, son comportement. *Un curieux personnage.* – Péjor. *Grossier personnage!* **4.** BX-A Représentation d'un être humain dans une œuvre d'art. *Personnage allégorique.* – De *personne* 1.

personnalisation [pɛʀsɔnalizasjõ] n. f. Action de personnaliser. – De *personnaliser*.

personnaliser [pɛʀsɔnalize] v. tr. [1] **1.** Adapter à chacun. *Personnaliser le crédit.* **2.** Donner à (ce qui existe à de multiples exemplaires) un caractère personnel, singulier, unique. *Personnalisez votre voiture.* – De *personnel*.

personnalisme [pɛʀsɔnalism] n. m. PHILO Tout système fondé sur la valeur spécifique, absolue ou transcendante de la personne. *Le personnalisme d'E. Mounier.* – De *personnel*.

personnaliste [pɛʀsɔnalist] adj. et n. PHILO Relatif au personnalisme; partisan du personnalisme. – Du préc.

personnalité [pɛʀsɔnalite] n. f. **1.** PSYCHO et cour. Ce qui caractérise une personne, dans son unité, sa singularité et sa permanence. *Troubles de la personnalité :* effets psychiques ou troubles du comportement dus à la dégradation de l'unité du moi. – *Test de personnalité:* test projectif*. **2.** Singularité naturelle ou acquise; originalité de caractère, de comportement. *Avoir une forte personnalité.* **3.** Personnage important (par sa fonction, sa position sociale, etc.). *Une personnalité politique.* **4.** Caractère de ce qui est personnel ou personnalisé. *Personnalité de l'impôt.* **5.** DR *Personnalité juridique:* capacité d'être sujet de droit. – Lat. *personalitas*.

1. personne [pɛʀsɔn] n. f. **1.** Individu, homme ou femme. *Un groupe de dix personnes.* ▷ *Spécial.* Jeune fille, jeune femme. *«Je dévorais d'un œil ardent les belles personnes»* (Rousseau). ▷ *Une (les) grande(s) personne(s) :* un (les) adulte(s). **2.** Individu considéré en lui-même. *«Je chéris sa personne et je hais son erreur»* (Corneille). ▷ Individu considéré quant à son apparence, à sa réalité physique, charnelle. *Il est assez bien fait de sa personne. Attenter à la personne de qqn*, à sa vie. ▷ *En personne :* soi-même (insistant sur la présence réelle, physique de qqn). *J'y étais, en personne.* – *C'est l'avarice en personne*, personnifiée. ▷ *Personne-ressource:* personne ayant acquis des connaissances par l'expérience ou la formation dans un domaine particulier et à laquelle on fait appel pour toute question relevant de ce domaine. *Des personnes-ressources.* **3.** Être humain. *Le respect de la personne.* **4.** THEOL *Les personnes divines :* les trois personnes de la Trinité, Père, Fils et Saint-Esprit. (Cf. hypostase.) **5.** DR Individu ou être moral doté de l'existence juridique. *Personne civile* ou *personne morale:* être moral, collectif ou impersonnel (par opposition à personne *physique*, individu), auquel la loi reconnaît une partie des droits civils exercés par les citoyens. ▷ *Personne raisonnable:* standard utilisé pour analyser objectivement la conduite d'une personne et déterminer si elle a commis une faute qui pourrait engager sa responsabilité civile ou pénale. **6.** GRAM «Indication du rôle que tient celui qui est en cause dans l'énoncé, suivant qu'il parle en son nom (1re personne), qu'on s'adresse à lui (2e personne) ou qu'on parle de lui (3e personne)» (Marouzeau). *Première, deuxième, troisième personne du singulier, du pluriel.* – Lat. *persona*, «masque de théâtre, rôle, caractère, personne», mot d'orig. étrusque.

2. personne [pɛʀsɔn] pron. indéf. m. **1.** Quelqu'un, quiconque. *Il joue mieux que personne.* **2.** Nul, aucun, pas un. *Personne n'est dupe. Qui a sonné? – Personne.* – De *personne* 1.

personnel, elle [pɛʀsɔnɛl] adj. et n. m. **I.** adj. **1.** Qui est propre à une personne; qui la concerne ou la vise particulièrement. *C'est son style personnel. Une attaque personnelle.* **2.** Relatif à la personne, aux personnes en général. *Une créance est un droit personnel* (opposé à *réel*). ▷ THEOL Relatif à la personne divine. **3.** GRAM Se dit des formes du verbe quand elles caractérisent une personne *(il chante)*, par opposition à *impersonnel* (il pleut). ▷ *Pronom personnel*, qui représente l'une des trois personnes. – *Modes personnels :* modes du verbe dont les désinences indiquent les personnes grammaticales (indicatif, impératif, conditionnel, subjonctif). **4.** Vx Égoiste ▷ Mod. *Joueur personnel*, sans esprit d'équipe. **II.** n. m. Ensemble des personnes employées dans un service, un établissement, etc., ou exerçant la même profession. *Le personnel d'une entreprise. Le personnel médical.* – Bas lat. *personalis*, «relatif à la personne».

personnellement [pɛʀsɔnɛlmɑ̃] adv. **1.** En personne. *Contrôler personnellement.* **2.** Quant à (moi, toi, etc.). *Personnellement, je ne le blâme pas.* **3.** À titre personnel. *Une lettre adressée à qqn personnellement.* – Du préc.

personnification [pɛʀsɔnifikasjɔ̃] n. f. **1.** Action de personnifier; ce qui est personnifié. **2.** Type, incarnation. *Il est la personnification du courage.* – De *personnifier*.

personnifié, ée [pɛʀsɔnifje] adj. **1.** Figuré comme une personne. **2.** *Il est la bonté personnifiée*, en personne, incarnée. – Pp. de *personnifier*.

personnifier [pɛʀsɔnifje] v. tr. [1] **1.** Attribuer à (une chose abstraite ou inanimée) la figure, le langage, etc., d'une personne. *Personnifier la mort.* **2.** Constituer en soi le modèle, l'exemple de. *Séraphin personnifie l'avarice.* – De *personne*, et *-fier*.

perspectif, ive [pɛʀspɛktif, iv] adj. Qui représente selon les lois de la perspective. *Dessin perspectif.* – Lat. médiév. *perspectivus*.

perspective [pɛʀspɛktiv] n. f. **1.** Art de représenter les objets en trois dimensions sur une surface plane, en tenant compte des effets de l'éloignement et de leur position dans l'espace par rapport à l'observateur. **2.** Aspect que présente un paysage, des constructions, etc., vus de loin. *Une agréable perspective.* **3.** Fig. Idée que l'on se fait d'un événement à venir. *La perspective de cette rencontre m'est désagréable.* ▷ Loc. adv. *En perspective:* en vue; dans l'avenir. *Avoir une belle situation en perspective.* **4.** Point de vue. *Se placer dans une perspective historique.* – Du lat. médiév. *perspectiva (ars)*, «art perspectif», de *perspectus*, pp. de *perspicere*, «regarder à travers».

perspectivisme [pɛʀspɛktivism] n. m. PHILO Le fait que toute connaissance est «perspective», c.-à-d. relative aux besoins vitaux de l'être connaissant. ▷ Doctrine qui pose l'existence de ce fait. *Le perspectivisme de Nietzsche.* – De *perspectif*.

perspicace [pɛʀspikas] adj. Qui a de la perspicacité. – Lat. *perspicax*, de *perspicere*, «voir clairement».

perspicacité [pɛʀspikasite] n. f. Capacité d'apercevoir, de juger de manière pénétrante, sagace. – Bas lat. *perspicacitas*.

perspiration [pɛʀspiʀasjɔ̃] n. f. PHYSIOL Ensemble des échanges respiratoires qui se font à travers la peau (avec élimination de vapeur d'eau, indépendamment des phénomènes de sudation). – Du lat. *perspirare*, «respirer partout».

persuader [pɛʀsɥade] **1.** v. tr. et tr. indir. [1] Amener (qqn) à croire, à vouloir, à faire qqch. *Je l'ai persuadé de la nécessité d'agir.* ▷ (Au passif.) *Nous en sommes persuadés*, convaincus, certains. **2.** v. pron. (Réfl.) Se faire croire à soi-même, aller s'imaginer. *Elle s'est persuadé(e) qu'on lui mentait.* – Lat. *persuadere*, de *suadere*, «conseiller».

persuasif, ive [pɛʀsɥazif, iv] adj. Qui a le pouvoir de persuader. *Ton, orateur persuasif.* – Bas lat. *persuasivus*.

persuasion [pɛʀsɥazjɔ̃] n. f. **1.** Action de persuader. *Obtenir par la persuasion.* **2.** Don de persuader. *Manquer de persuasion.* **3.** Fait d'être persuadé; conviction. *Persuasion de son infaillibilité.* – Lat. *persuasio*.

persuasivement [pɛʀsɥazivmɑ̃] adv. De façon persuasive. – De *persuasif*.

persulfate [pɛʀsylfat] n. m. CHIM Vieilli Peroxosulfate. Cf. peroxo-. – De *per-*, et *sulfate*.

persulfure [pɛʀsylfyʀ] n. m. CHIM Sulfure plus riche en soufre qu'un sulfure normal. – De *per-*, et *sulfure*.

perte [pɛʀt] n. f. **I. 1.** Fait d'être privé de qqch que l'on avait, que l'on possédait. *Perte d'un droit, d'un membre.* **2.** Dommage pécuniaire; quantité perdue (d'argent, de produits, etc.). *Essuyer des pertes. Perte sèche*, que rien ne vient compenser. *Vendre une marchandise à perte*, à un prix inférieur au prix d'achat ou de revient. **3.** Le fait d'avoir égaré, perdu. *Perte d'un document.* **4.** loc. *À perte de vue:* jusqu'au point extrême où porte la vue. – Fig. *Discourir à perte de vue*, interminablement, vainement. **II. 1.** Fait d'être privé par la mort de la présence d'une personne. *Éprouver une perte cruelle en la personne de...* **2.** Plur. (En parlant de personnes tuées dans une guerre, une catastrophe.) *Ce régiment a subi de grosses pertes.* **III. 1.** Ruine matérielle ou morale. *Courir à sa perte.* ▷ *Jurer la perte de qqn*, sa mort, sa ruine. **2.** Insuccès; issue malheureuse. *Perte d'un procès.* **3.** Mauvais emploi; gaspillage. *Perte de temps et d'argent.* ▷ *En pure perte :* sans utilité, sans résultat. *Se dépenser en pure perte.* **IV. 1.** AERON *Avion en perte de vitesse*, dont la vitesse n'est plus suffisante pour le soutenir dans l'air. **2.** ELECTR *Perte en ligne :* perte d'énergie dans un conducteur, sous forme de chaleur. **3.** MED Plur. *Pertes de sang* ou *pertes:* hémorragie utérine. Syn. métrorrhagie. ▷ *Pertes blanches:* leucorrhée. **4.** PHYS *Perte de charge :* chute de pression dans un fluide en mouvement, due aux frottements. – Lat. pop. **perdita*, f. du pp. de *perdere*, «détruire, perdre».

pertinemment [pɛʀtinamɑ̃] adv. De façon pertinente, judicieuse. – *Je sais pertinemment que*, de façon certaine, en toute connaissance de cause. – De *pertinent*.

pertinence [pɛʀtinɑ̃s] n. f. **1.** Caractère de ce qui est pertinent. **2.** Didac. Caractère d'un trait pertinent. – De *pertinent*.

pertinent, ente [pɛʀtinɑ̃, ɑ̃t] adj. **1.** Qui se rapporte exactement à la question, au fond de la cause. *Faits pertinents.* ▷ Approprié; judicieux. *Remarque pertinente.* **2.** Didac. Se dit de tout trait caractéristique ou fonctionnel (partic. d'une langue) envisagé du point de vue choisi pour l'étude ou la description. – Lat. *pertinens*, ppr. de *pertinere*, «concerner».

pertuis [pɛʀtɥi] n. m. **1.** Vx ou rég. Ouverture, trou. **2.** GEOGR Détroit resserré entre une île et la terre, ou entre deux îles. – De l'anc. v. *pertuiser*, autre forme de *percer*.

pertuisane [pɛʀtɥizan] n. f. HIST Hallebarde à fer long muni de deux oreillons symétriques (XVe-XVIIIe s.). – Alt. de l'ital. *partigiana*, d'ap. *pertuis*.

perturbation [pɛʀtyʀbasjɔ̃] n. f. **1.** Trouble, dérèglement dans l'état ou le fonctionnement d'une chose. ▷ ASTRO *Perturbation d'une planète*, écart entre la position qu'elle occupe réellement et la position qu'elle occuperait si elle était soumise à la seule action du Soleil. *L'étude des perturbations d'Uranus a permis à Le Verrier de découvrir par le calcul la planète Neptune.* ▷ METEO Modification de l'état d'équilibre de l'atmosphère, se manifestant dans nos régions par le passage d'une dépression. **2.** Trouble, bouleversement. *Perturbations sociales. Jeter la perturbation dans les esprits.* – Lat. *perturbatio*.

perturbateur, trice [pɛʀtyʀbatœʀ, tʀis] adj. et n. Qui cause du trouble, du désordre. *Force perturbatrice.* – Bas lat. *perturbator, trix.*

perturber [pɛʀtyʀbe] v. tr. [1] Troubler; empêcher le déroulement ou le fonctionnement normal de. *Perturber une réunion.* – Lat. *perturbare.*

péruvien, ienne [peʀyvjɛ̃, jɛn] adj. et n. Du Pérou. – Esp. *peruviano,* de *Perú,* «Pérou», État d'Amérique latine.

pervenche [pɛʀvɑ̃ʃ] n. f. (et adj. inv.) **1.** Petite plante (genre *Vinca,* fam. apocynacées) aux fleurs tubulaires bleu clair (grande pervenche) ou mauves (petite pervenche). **2.** Couleur bleu-mauve. – Adj. inv. *Des chapeaux pervenche.* – Lat. *pervinca.*

pervers, erse [pɛʀvɛʀ, ɛʀs] adj. et n. **1.** Litt. Porté à faire le mal, méchant. – Qui dénote la perversité. *«Une belle enfant méchante dont les yeux pervers...»* (Verlaine). ▷ Corrompu, dépravé. *Des goûts pervers.* **2.** PSYCHO Atteint de perversion (sens 2). – Subst. *Un(e) pervers(e).* ▷ *Spécial.* Atteint de perversion sexuelle. – Lat. *perversus,* «renversé, vicieux».

perversement [pɛʀvɛʀsəmɑ̃] adv. Avec perversité. – Du préc.

perversion [pɛʀvɛʀsjɔ̃] n. f. **1.** Action de pervertir, fait de se pervertir; changement en mal. *Perversion des mœurs.* **2.** PSYCHO Déviation des tendances, des instincts, qui se traduit par un trouble du comportement. ▷ *Perversion sexuelle:* recherche plus ou moins exclusive de la satisfaction des pulsions sexuelles par des pratiques telles que sadisme, masochisme, fétichisme, exhibitionnisme, etc. – Lat. *perversio,* «renversement».

perversité [pɛʀvɛʀsite] n. f. **1.** Tendance à faire le mal et à en éprouver de la joie; méchanceté. **2.** Action perverse. – Lat. *perversitas,* «dérèglement».

pervertir [pɛʀvɛʀtiʀ] v. tr. [2] **1.** Faire changer en mal. *L'oisiveté et le luxe l'ont complètement perverti.* ▷ v. pron. *«Cet aimable enfant... n'avait pas tardé à se pervertir»* (Aymé). **2.** Dénaturer, altérer. *Interprétation qui pervertit le sens d'un texte.* – Lat. *pervertere,* «renverser, retourner».

pervertissement [pɛʀvɛʀtismɑ̃] n. m. Litt. Action de pervertir, perversion. – De *pervertir.*

pesage [pəzaʒ] n. m. **1.** Action de peser; mesure des poids. **2.** TURF Action de peser les jockeys avant une course. ▷ Enceinte réservée où l'on procède à cette opération. – De *peser.*

pesamment [pəzamɑ̃] adv. **1.** D'une manière pesante, en pesant d'un grand poids. *Sauter pesamment.* **2.** Fig. Avec lourdeur, sans grâce. *Écrire pesamment.* – De *pesant.*

pesant, ante [pəzɑ̃, ɑ̃t] adj. (et n. m.) **1.** Qui pèse, qui est lourd. *Fardeau pesant.* ▷ N. m. *Valoir son pesant d'or :* avoir une grande valeur, être d'un grand prix. **2.** PHYS Qui tend vers le centre de la Terre par l'action de la pesanteur. *Tous les corps sont pesants.* **3.** Lourd, lent. *Une démarche pesante.* – Fig. Qui manque de vivacité, de légèreté. *Des plaisanteries pesantes.* **4.** Fig. Pénible, que l'on a du mal à supporter. *Une atmosphère pesante.* – Ppr. de *peser.*

pesanteur [pəsɑ̃tœʀ] n. f. **1.** Nature de ce qui est pesant. **2.** PHYS Force qui tend à entraîner les corps vers le centre de la Terre. – *Par ext.* Force d'attraction d'un astre quelconque. **3.** Défaut de vivacité, de légèreté, de grâce. *Pesanteur du style.* **4.** Sensation de poids due à une indisposition, à un malaise. *Pesanteur d'estomac.* Syn. lourdeur. – De *pesant.*

pèse. V. pèze.

pèse-acide [pɛzasid] n. m. TECH Aréomètre servant à mesurer la densité des solutions acides. *Des pèse-acide(s).* – De *peser,* et *acide.*

pèse-alcool [pɛzalkɔl] n. m. Syn. de *alcoomètre. Des pèse-alcool* ou *des pèse-alcools.* – De *peser,* et *alcool.*

pèse-bébé [pɛzbebe] n. m. Balance ou bascule conçue pour peser les nourrissons. *Des pèse-bébés.* – De *peser,* et *bébé.*

pesée [pəze] n. f. **1.** Quantité pesée en une fois. **2.** Action de peser, de mesurer un poids. *Double pesée,* permettant de compenser l'une par l'autre d'éventuelles erreurs instrumentales. **3.** Force, pression exercée sur qqch. *Faire pesée sur un levier.* – Pp. fém. subst. de *peser.*

pèse-lait [pɛzlɛ] n. m. inv. Syn. de *lacto-densimètre* et de *galactomètre.* – De *peser,* et *lait.*

pèse-lettre [pɛzlɛtʀ] n. m. Petite balance ou peson servant à peser les lettres. *Des pèse-lettres.* – De *peser,* et *lettre.*

pèse-personne [pɛzpɛʀsɔn] n. m. Petite bascule plate à ressort, munie d'un cadran permettant la lecture directe, sur laquelle on monte pour se peser. *Des pèse-personnes.* – De *peser,* et *personne.*

peser [pəze] **I.** v. tr. [19] **1.** Mesurer le poids de. *Peser des marchandises. Peser un bébé.* ▷ v. pron. *Se peser:* mesurer son propre poids. **2.** Évaluer avec soin par l'esprit, examiner attentivement. *Bien peser une décision.* – Pp. *Tout bien pesé:* tout bien considéré, à la réflexion. **II.** v. intr. **1.** Avoir un certain poids. *Ce paquet pèse trois kilos.* **2.** *Peser sur:* exercer une force, une pression sur. *Peser sur une valise pour la fermer. Transporter qqch. qui pèse sur les épaules. Peser sur un crayon.* – Cour. Appuyer (sans idée de force). *Peser sur un bouton* (fam. *sur un piton*). ▷ Fig. *Cela a pesé sur ma décision,* cela l'a influencée. – *Aliment qui pèse sur l'estomac,* indigeste. **3.** *Peser à (qqn):* être difficile, pénible à supporter pour (qqn). *L'oisiveté lui pèse.* – Lat. pop. **pesare,* de *pendere,* «peser».

pèse-sirop [pɛzsiʀo] n. m. Aréomètre pour mesurer la densité des sirops de sucre. *Des pèse-sirop* ou *des pèse-sirops.* – De *peser,* et *sirop.*

peseta [pezeta] n. f. Unité monétaire espagnole. – Mot esp.

pesette [pəzɛt] n. f. Petite balance de précision pour les monnaies. – De *peser.*

peso [peso] n. m. Unité monétaire de plusieurs États d'Amérique du Sud. – Mot esp. «poids (d'or)».

peson [pəzɔ̃] n. m. Petite balance à levier. – Dispositif à ressort destiné à mesurer les poids, dynamomètre. – De *peser.*

pessaire [pesɛʀ] n. m. MED **1.** Anneau que l'on place dans le vagin pour maintenir la matrice quand celle-ci est déplacée. **2.** Préservatif féminin, diaphragme. – Bas lat. *pessarium,* de *pessum,* gr. *pessos,* «tampon de charpie».

pessimisme [pesimism] n. m. **1.** Tournure d'esprit qui porte à penser que tout va mal, que tout finira mal. **2.** PHILO Doctrine qui soutient que le monde est mauvais, ou que la somme des maux l'emporte sur celle des biens. *Le pessimisme de Schopenhauer.* – Du lat. *pessimus,* superl. de *malus,* «mauvais».

pessimiste [pesimist] adj. et n. **1.** Enclin au pessimisme. **2.** PHILO Qui a rapport au pessimisme (sens 2). – Du préc.

peste [pɛst] n. f. **1.** Maladie infectieuse et épidémique très grave, due au bacille de Yersin. ▷ Loc. fig. *Fuir qqn, qqch comme la peste.* ▷ Vx *Peste soit de...:* maudit soit... – Mod. (juron plaisant). *Peste! C'est une assez jolie somme!* **2.** MED VET *Pestes aviaire, bovine, porcine :* maladies virales des animaux de basse-cour, des bovins, des porcins. **3.** Litt., fig. Chose ou personne pernicieuse, nuisible, dangereuse. *La corruption est la peste de ce pays.* ▷ *Une peste, une petite peste:* une femme, une fillette méchante, sournoise, médisante, etc. – Du lat. *pestis*, «épidémie, fléau».

ENCYCL La peste est une maladie du rat qui se transmet à l'homme par l'intermédiaire d'une puce; elle se transmet également de malade à malade. Due au bacille de Yersin *(Yersinia pestis)*, elle se présente sous trois formes. La *peste bubonique*, la plus fréquente, observée surtout lors de la transmission par piqûre de puce, est marquée par la formation de bubons aux aines et aux aisselles. La *peste pulmonaire*, transmise par contact humain direct, se traduit par une pneumopathie aiguë. La *peste septicémique* produit un état septicémique d'évolution très grave. Le traitement curatif consiste en doses élevées de sérum et d'antibiotiques, mais le pronostic reste préoccupant. Le traitement préventif par la vaccination est efficace. La prophylaxie comprend: mesures d'hygiène, désinfection, et destruction des rats.

pester [pɛste] v. intr. [1] Manifester de la mauvaise humeur par des paroles de mécontentement, des imprécations. *Pester contre le mauvais temps.* ▷ Fam. Absol. Rouspéter. – De l'anc. formule *pester quelqu'un*, «le traiter de peste»; de *peste*.

pesteux, euse [pɛstø, øz] adj. Didac. **1.** De la peste. *Bacille pesteux.* **2.** Contaminé par la peste. *Rat pesteux.* – De *peste*.

pesticide [pɛstisid] n. m. Produit qui empêche le développement des animaux ou des plantes nuisibles, ou qui les détruit. – Mot angl., de *pest*, «insecte, plante nuisible», et *-cide*.

pestiféré, ée [pɛstifeʀe] adj. et n. Infecté de la peste, atteint de la peste. ▷ Subst. *Un(e) pestiféré(e).* – Du lat. *pestifer*, «qui apporte la ruine, pestilentiel».

pestilence [pɛstilɑ̃s] n. f. Odeur infecte, nauséabonde. – Du lat. *pestilentia*, «maladie épidémique».

pestilentiel, elle [pɛstilɑ̃sjɛl] adj. Qui dégage une odeur infecte, nauséabonde. *Vapeurs pestilentielles.* – Du préc.

pet [pɛ] n. m. **1.** Fam. Gaz intestinal qui sort de l'anus avec bruit. **2.** loc. fam. *Ça ne vaut pas un pet (de lapin) :* ça ne vaut rien. – *Il va y avoir du pet:* cela va faire du vilain. *Porter le pet:* porter plainte. – Du lat. *peditum*.

pétant, ante [petɑ̃, ɑ̃t] adj. Fam. *À dix heures pétantes:* à dix heures sonnantes, à dix heures très exactement. – Ppr. de *péter*.

pétale [petal] n. m. Chacune des pièces qui forment la corolle d'une fleur. – Gr. *petalon*, «feuille»; lat. bot. *petalum*.

pétaloïde [petalɔid] adj. BOT Qui a l'aspect d'un pétale. *Sépale pétaloïde.* – De *pétale*, et *-oïde*.

pétanque [petɑ̃k] n. f. Jeu de boules originaire du Midi de la France, dans lequel le but est constitué par une boule plus petite appelée «cochonnet». – Du provenç. *pèd tanco*, «pied fixé» (au sol), d'où *jouer à pétanque*, puis *jouer à la pétanque*.

pétarade [petaʀad] n. f. **1.** Suite de pets accompagnant les ruades de certains animaux. **2.** Série de brèves détonations. *Les pétarades d'une vieille motocyclette.* – De *pet*; par le provenç. *petarrada*.

pétarader [petaʀade] v. intr. [1] Faire entendre une pétarade. – Du préc.

pétard [petaʀ] n. m. **1.** TECH Charge d'explosif que l'on utilise pour faire sauter un obstacle, une roche, etc. *Pétard de dynamite.* ▷ Petit cylindre de papier bourré d'une composition détonante, que l'on s'amuse à faire exploser, notam. lors de réjouissances publiques. **2.** Fam. *Faire du pétard:* faire du bruit, du tapage. – *Être en pétard*, en colère. **3.** Arg. Gros joint*. **4.** Pop. Pistolet. **5.** Pop. Derrière. – De *pet*.

pétase [petaz] n. m. ANTIQ Chapeau à larges bords, rond et bas, porté par les Grecs. – Gr. *petasos*; lat. *petasus*.

pétaudière [petodjɛʀ] n. f. Maison, assemblée où il n'y a ni ordre ni autorité. – De *Pétaud*, roi légendaire du XVIe s., probabl. dér. de *pet*.

pétauriste [petoʀist] n. m. **1.** ANTIQ GR Danseur, sauteur de corde. **2.** ZOOL Marsupial australien (genre *Petaurus*), appelé aussi *écureuil volant*, qui peut exécuter des vols planés grâce à la membrane qui relie ses membres antérieurs et postérieurs. – Du gr. *petauristein*, «danser sur la corde».

pet-de-nonne [pɛd(ə)nɔn] n. m. Beignet soufflé. *Des pets-de-nonne.* – De *pet*, *de*, et *nonne*.

pétéchie [peteʃi] n. f. MED Petite tache cutanée rouge violacé due à une infiltration de sang sous la peau. V. purpura. – Ital. *petecchia*.

péter [pete] v. [16] **I.** v. intr. **1.** Grossier Lâcher un pet. – Loc. fig. *Vouloir péter plus haut que son cul:* avoir des prétentions qui dépassent ses capacités, sa condition. – *Péter dans la soie:* être luxueusement habillé; être riche. **2.** Fam. Exploser, éclater. *Son fusil lui a pété au nez.* **3.** Fam. Se casser. *Le câble était trop faible, il a pété.* **II.** v. tr. Fam. **1.** Casser. *Il a pété la lame de son couteau.* **2.** Fig. *Péter des flammes, péter le feu :* être plein de vivacité, d'enthousiasme, d'entrain. – Lat. *pedere*.

pète-sec [pɛtsɛk] adj. inv. et n. inv. Fam. Personne autoritaire, au ton bref et cassant. – De *péter*, et *sec*.

péteux, euse [petø, øz] n. Fam. **1.** Couard, poltron. **2.** Personne prétentieuse. *Quel petit péteux!* – De *péter*.

pétillant, ante [petijɑ̃, ɑ̃t] adj. Qui pétille. *Boisson pétillante.* – Ppr. de *pétiller*.

pétillement [petijmɑ̃] n. m. **1.** Bruit de ce qui pétille. *Le pétillement du bois vert dans le feu.* **2.** Effervescence d'une boisson qui pétille. *Le pétillement du champagne.* **3.** Fig. (correspondant aux emplois de *pétiller*, sens 3). *Le pétillement d'un regard.* – De *pétiller*.

pétiller [petije] v. intr. [1] **1.** Faire entendre des petits bruits d'éclatement secs et répétés. *Feu, bois qui pétille.* **2.** Dégager des bulles qui éclatent à petit bruit, en parlant d'une boisson gazeuse. **3.** Fig. *Pétiller d'ardeur, de malice, etc. :* manifester une vive ardeur, etc. ▷ *Yeux qui pétillent de joie, d'impatience, etc.*, qui brillent de joie, etc. – De *pet*.

pétiole [petjɔl] n. m. BOT Partie étroite de la feuille qui relie le limbe à la tige. – Lat. *petiolus*, de *pes, pedis*, «pied».

pétiolé, ée [petjɔle] adj. BOT Pourvu d'un pétiole. Ant. sessile. – Du préc.

petiot, ote [pətjo, ɔt] adj. et n. Fam. (Avec une valeur affectueuse.) Petit, tout petit. *Il est vraiment petiot.* ▷ Subst. *Son petiot, sa petiote.* – Dimin. de *petit*.

petit, ite [pəti, it] adj., n. et adv. **A.** adj. **I. 1.** Se dit d'un objet dont les dimensions (hauteur, longueur, surface, volume, etc.) sont inférieures à celles des objets de même espèce. *Une petite table. Un appartement très petit. C'est ce qui se fait de plus petit.* **2.** Dont l'importance en nombre, en intensité, en durée, etc., est faible. *Un petit groupe de gens. Rester encore un petit moment.* – *À petit feu :* à feu doux. – *Le petit jour, le petit matin:* l'aube (quand la lumière est encore faible). ▷ (Grandeurs mesurables.) *Rouler à petite vitesse.* **3.** (Placé avant le nom, pour indiquer l'appartenance de la chose à une catégorie particulière.) *Le petit doigt. Des petits pois.* – *Le petit déjeuner.* ▷ (Qualifiant un objet appartenant à un ensemble au sein duquel la taille permet de distinguer deux classes, deux types.) *Le petit modèle et le grand modèle. Grand l, petit l (L, l); grand a, petit a (A, a).*

II. (Êtres vivants.) **1.** (Se place le plus souvent après le nom, en partic. pour éviter la confusion avec les sens III.) Dont la taille est inférieure à la moyenne. *Une femme petite, très petite. – Sélectionner une race de chevaux plus petits.* ▷ Loc. fig. *Se faire tout petit:* faire en sorte de ne pas se faire remarquer, tâcher de passer inaperçu. **2.** Qui n'a pas encore atteint la taille, et par ext., l'âge adulte; jeune. *Il est trop petit pour comprendre. – Son petit frère, sa petite sœur:* son frère, sa sœur plus jeune. **III.** (Employé avant le nom avec diverses valeurs affectives.) **1.** Se dit de ce qu'on trouve attendrissant, charmant, etc. *Les petits secrets d'un enfant.* ▷ *Avoir de petites attentions, être aux petits soins pour qqn,* l'entourer tout particulièrement d'attentions délicates. **2.** Fam. (Associé à l'idée de plaisir.) *Préparer une bonne petite sauce. Fumer une petite cigarette avant de partir.* **3.** (Après un possessif, marquant l'affection, la familiarité, etc.) *Ma petite femme chérie. Allons-y, mon petit Paul!* **4.** (Dépréciatif.) *Petit monsieur. Petit voyou! Le petit Untel est une vraie fripouille.* **5.** Euph. *C'est son petit ami, sa petite amie,* son amant, sa maîtresse. **IV.** (Dans l'ordre qualitatif.) **1.** (Choses.) Qui a peu d'importance. *Avoir quelques petites choses à régler. Ne pas négliger les petits détails.* **2.** (Personnes.) Dont la situation, la condition est modeste. *Les petites gens. La petite bourgeoisie.* – Dont l'importance est mineure. *Un petit écrivain. Un petit fonctionnaire.* ▷ Subst. *Les petits et les grands de ce monde.* **3.** *Par ext.* Qui manque de grandeur; étriqué, bas, mesquin. – *Ces procédés sont petits. Vous êtes petit!* **B.** n. (sens A, II, 2.) **1.** Enfant encore petit. *Faites d'abord manger les petits.* – Spécial. *Le petit:* l'enfant le plus jeune, dans une famille. *Comment va le petit?* ▷ Enfant par rapport à ses parents. *Les petits Untel.* ▷ Fam. Jeune homme, jeune fille. *Une brave petite.* ▷ Très jeune élève. *La classe des petits.* **2.** Animal qui vient de naître ou qui n'est pas encore adulte. *Le petit d'un animal.* ▷ Loc. *Faire des petits :* mettre bas. – Fig., fam. Croître, multiplier. *Ses économies ont fait des petits.* – Fam., plaisant. *Si tu n'emballes pas cette cruche, elle risque de faire des petits,* de faire des morceaux, de se casser. **C.** adv. **1.** *En petit :* en raccourci, en réduction. **2.** *Petit à petit :* peu à peu. – Prov. *Petit à petit, l'oiseau fait son nid:* c'est progressivement qu'on bâtit une fortune, une renommée, etc. – Lat. pop. **pittitus*, d'un rad. expr. enfantin **pitt-*.

petit-beurre [pətibœʀ] n. m. Gâteau sec, carré ou rectangulaire, au beurre. *Des petits-beurre(s).* – De *petit,* et *beurre.*

petit-bois [pətibwa] n. m. TECH Montant ou traverse en bois d'une fenêtre, qui maintient les vitres. *Des petits-bois.* – De *petit,* et *bois.*

petit-bourgeois [pətibuʀʒwa] **petite-bourgeoise** [pətitbuʀʒwaz] n. et adj. **1.** n. Personne issue des couches les moins fortunées de la bourgeoisie. **2.** adj. Péjor. Qui dénote l'étroitesse d'esprit, le conformisme considérés comme typiques des petits-bourgeois. *Goûts petits-bourgeois. Habitudes petites-bourgeoises.* – De *petit,* et *bourgeois.*

petite-fille. V. petit-fils.

petitement [pətitmɑ̃] adv. **1.** À l'étroit. *Être logé petitement.* **2.** Chichement. *Vivre petitement.* **3.** D'une manière basse, mesquine. *Agir petitement.* – De *petit.*

petite-nièce. V. petit-neveu.

petitesse [pətitɛs] n. f. **1.** Caractère de ce qui est petit. *La petitesse de sa taille. – La petitesse de ses revenus.* **2.** Fig. Caractère mesquin, bas; mesquinerie. *La petitesse de ce procédé.* – De *petit.*

petit-fils [pətifis] n. m., **petite-fille** [pətitfij] n. f. Fils, fille du fils ou de la fille par rapport à un grand-père, une grand-mère. *Des petits-fils. Des petites-filles.* – De *petit,* et *fils, fille.*

petit-gris [pətigʀi] n. m. **1.** Écureuil d'Europe du N. et de Sibérie, dont la fourrure gris argenté est utilisée en pelleterie; cette fourrure. **2.** Escargot *(Helix aspersa)* à la coquille blanc jaunâtre rayée de brun. *Des petits-gris.* – De *petit,* et *gris.*

pétition [petisjɔ̃] n. f. **1.** Demande, plainte ou vœu adressés par écrit à une autorité quelconque par une personne ou un groupe. *Déposer une pétition dans une ambassade.* **2.** *Pétition de principe:* raisonnement erroné consistant à tenir pour vrai ce qu'il s'agit précisément de démontrer. – Lat. *petitio,* du v. *petere,* «chercher à atteindre»; d'abord *peticiun,* «demande, requête», au sens général.

pétitionnaire [petisjɔnɛʀ] n. Personne qui signe, qui présente une pétition. – Du préc.

pétitionner [petisjɔne] v. intr. [1] Rare Faire, présenter une pétition. – De *pétition.*

petit-lait [pətilɛ] n. m. Liquide qui se sépare du lait caillé. *Des petits-laits.* – De *petit,* et *lait.*

petit-maître [pətimɛtʀ], **petite-maîtresse** [pətitmɛtʀɛs] n. Vx ou litt. Jeune élégant(e), aux manières affectées et ridicules. *Des petits-maîtres, des petites-maîtresses.* – De *petit, petite,* et *maître, maîtresse.*

petit-neveu [pətinəvø], n. m., **petite-nièce** [pətitnjɛs] n. f. Fils, fille du neveu, de la nièce, par rapport au grand-oncle ou à la grand-tante. *Des petits-neveux. Des petites-nièces.* – De *petit,* et *neveu, nièce.*

pétitoire [petitwaʀ] adj. et n. m. DR *Action pétitoire* ou *un pétitoire :* action réelle immobilière qui a pour but de vérifier le bien-fondé des titres de propriété, par oppos. à l'action possessoire (cf. ce mot). – Lat. *petitorius,* de *petere,* «demander».

petits-enfants [pətizɑ̃fɑ̃] n. m. pl. Enfants d'un fils ou d'une fille. – De *petit,* et *enfant.*

petit-suisse [pətisɥis] n. m. Petit cylindre de fromage frais. *Des petits-suisses.* – De *petit,* et *suisse.*

peto (in). V. in peto.

pétochard, arde [petɔʃaʀ, aʀd] n. Pop. Personne craintive, pusillanime. ▷ adj. *Il est très pétochard.* – De *pétoche.*

pétoche [petɔʃ] n. f. Pop. Peur. – De *pet* ou de *péter.*

pétocher [petɔʃe] v. intr. [1] Pop. Avoir peur. – De *pétoche.*

pétoire [petwaʀ] n. f. **1.** Arme à feu d'un modèle désuet, qui fait plus de bruit que de mal. **2.** Seringue faite d'une tige de sureau évidée, avec laquelle on lance, par jeu, de petits projectiles. – De *péter.*

peton [pətɔ̃] n. m. Fam. Petit pied. – Dimin. de *pied.*

pétoncle [petɔ̃kl] n. m. Mollusque bivalve comestible (*Chlamys islandica* et *Pecten magellanicus,* fam. pectinidés) dont on consomme le muscle adducteur. – Lat. *pectunculus,* de *pecten,* «peigne».

pétrarquiser [petʀaʀkize] v. intr. [1] LITTER Imiter Pétrarque. *Un poète pétrarquisant.* – De *Pétrarque,* poète et humaniste italien (1304-1374).

pétrarquisme [petʀaʀkism] n. m. LITTER Imitation de Pétrarque dans la poésie. – V. préc.

pétrarquiste [petʀaʀkist] n. et adj. LITTER Imitateur de Pétrarque. – Du préc.

pétré, ée [petʀe] adj. Rare Couvert de pierres, de rochers. ▷ GEOGR *Arabie Pétrée :* partie aride et pierreuse de l'Arabie. – Lat. *petrœus,* de *petra,* «rocher».

pétrel [petʀɛl] n. m. Oiseau marin au bec crochu, aux pieds palmés, qui vit presque exclusivement au large et ne vient à terre que pour nicher. – Angl. *petrel,* de l'anc. *pitteral.*

pétreux, euse [petʀø, øz] adj. ANAT Du rocher, qui appartient au rocher, partie de l'os temporal. – Lat. *petrosus*, de *petra*, «rocher».

pétrifiant, ante [petʀifjɑ̃, ɑ̃t] adj. Qui pétrifie (sens 2). *Fontaine pétrifiante.* – Ppr. de *pétrifier.*

pétrification [petʀifikasjɔ̃] n. f. **1.** Phénomène par lequel les corps organiques plongés dans certaines eaux (calcaires en partic.) se couvrent d'une couche minérale; le corps ainsi pétrifié. **2.** Fig. Immobilisation. – De *pétrifier.*

pétrifier [petʀifje] [1] v. tr. **1.** Changer en pierre. **2.** Imprégner, recouvrir de calcaire, de silice, etc. **3.** Fig. Rendre immobile en causant une émotion violente. *Cette vision l'a pétrifié.* **4.** v. pron. Être changé en pierre. ▷ Fig. S'immobiliser, se raidir. – Du lat. *petra*, «rocher», et *-fier.*

pétrin [petʀɛ̃] n. m. **1.** Coffre dans lequel on pétrit le pain. ▷ *Pétrin mécanique :* appareil pour le pétrissage de la pâte à pain. **2.** Fig., fam. *Être dans le pétrin :* être dans une situation fâcheuse, être dans l'embarras. – Du lat. *pistrinum*, «moulin à blé, boulangerie».

pétrir [petʀiʀ] v. tr. [2] **1.** Malaxer (une substance préalablement détrempée) pour en faire une pâte; brasser, malaxer, travailler (une pâte). *Pétrir de l'argile, de la pâte à pain.* ▷ Fig. Façonner, donner un forme à. – Au pp. *Pétri de:* composé de, formé de. *Être pétri d'orgueil, de contradictions.* **2.** Presser avec force, à plusieurs reprises, entre les mains ou dans la main. *Pour vous dire bonjour, il se croit obligé de vous pétrir les doigts.* – Bas lat. *pistrire*, de *pistrix*, fém. de *pistor*, «boulanger».

pétrissable [petʀisabl] adj. Qui peut être pétri. – Du préc.

pétrissage [petʀisaʒ] n. m. **1.** Action de pétrir. **2.** MED Technique de massage dans laquelle les tissus sont pressés et comme pétris entre les doigts. – De *pétrir;* d'abord *pétrissement.*

pétrisseur, euse [petʀisœʀ, øz] n. **1.** Ouvrier, ouvrière en boulangerie, qui pétrit la pâte. – Appos. *Ouvrier pétrisseur.* **2.** n. f. Machine à pétrir. – De *pétrir.*

pétro-. Préfixe, du gr. *petros*, «pierre».

pétrochimie [petʀɔʃimi] n. f. Branche de l'industrie chimique qui utilise les produits extraits du pétrole et des gaz naturels. – De *pétrole*, et *chimie.*

pétrochimique [petʀɔʃimik] adj. Relatif à la pétrochimie. – Du préc.

pétrodollar [petʀodɔlaʀ] n. m. FIN, ECON Dollar provenant d'un pays exportateur de pétrole, sur le marché des eurodollars. – De *pétro(le)*, et *dollar.*

pétrogale [petʀogal] n. m. ZOOL Petit kangourou appelé aussi *wallaby des rochers.* – De *pétro-*, et du gr. *galê*, «belette».

pétrogenèse [petʀoʒənɛz] n. f. GEOL Formation des roches; étude de ce processus. – De *pétro-*, et *-genèse.*

pétroglyphe [petʀɔglif] n. m. ARCHEOL Gravure sur pierre. – De *pétro-*, et *glyphe.*

pétrographie [petʀogʀafi] n. f. GEOL Science qui étudie les roches et leur formation. – De *pétro-*, et *-graphie.*

pétrographique [petʀogʀafik] adj. GEOL Relatif à la pétrographie. – Du préc.

pétrole [petʀɔl] n. m. Huile minérale d'origine organique, composée d'un mélange d'hydrocarbures. *Gisement de pétrole. Pétrole brut,* non encore raffiné. – L'un des produits de distillation de cette huile. *Lampe à pétrole.* ▷ Appos. *Bleu pétrole:* bleu tirant sur le vert. – Lat. médiév. *petroleum*, de *petra*, «rocher», et *oleum*, «huile»: «huile de pierre».

ENCYCL L'huile minérale est connue depuis l'Antiquité, surtout sous forme de bitume; elle était utilisée pour le calfatage des bateaux et comme combustible à Babylone au premier millénaire av. J.-C. De nombreux auteurs, notam. Hérodote, Plutarque et Pline, font mention du pétrole. L'industrie du pétrole ne date toutefois que du XIXe s. Dès 1857, la ville de Bucarest fut éclairée au pétrole et les premiers pétroles roumains firent leur entrée sur le marché. En Amérique, le premier puits fut foré, en 1859, par Drake en Pennsylvanie. Le pétrole est le résultat de la transformation en hydrocarbures de matières organiques (plancton et substances humiques déposés sur les plateaux continentaux), sous l'action de bactéries anaérobies. Ces hydrocarbures sont contenus dans des roches poreuses et perméables situées dans des configurations géologiques appelées *pièges*, qui favorisent l'accumulation du pétrole (plis anticlinaux, failles, lentilles sableuses, etc.). La *prospection* des gisements est précédée par une étude géologique approfondie. Elle s'effectue notamment en mesurant les variations du champ de la pesanteur (méthode gravimétrique) et en déterminant la nature des terrains au moyen d'ondes provoquées par des explosions (méthode sismique). Le *forage* d'un puits s'effectue à l'intérieur d'un tubage, par rotation d'un trépan entraîné depuis la surface par une table de rotation et relié à celle-ci par des tiges de forage à l'intérieur desquelles est injectée une boue de composition appropriée aux terrains traversés, destinée à lubrifier le trépan et à éviter l'envahissement du forage par le terrain ou les fluides qu'il contient. La boue et les déblais du forage remontent à la surface dans l'espace compris entre le tubage et les tiges. *En mer*, le forage s'effectue à partir de plates-formes fixes (reposant sur le fond) ou flottantes (ancrées au fond), ou au moyen de navires spéciaux équipés d'un dispositif de positionnement automatique. Le développement des techniques de travail sous-marin permet à présent d'effectuer des forages sous une profondeur d'eau de l'ordre de 1 000 m. Les pétroles bruts sont des mélanges d'hydrocarbures dont la masse volumique est inférieure à celle de l'eau (de 760 à 960 kg/m^3). La *distillation* du pétrole permet de séparer les produits légers (essences) des produits lourds (gazoles). Les huiles lourdes sont transformées en produits plus légers par *craquage.* Le *reformage* permet d'élever l'indice d'octane des essences lourdes. Le *raffinage* permet d'éliminer de ces produits certaines substances résiduelles. Il fournit des gaz combustibles, des essences, des gazoles, des fuels, des paraffines, des huiles et des bitumes.Tous les dérivés du pétrole ont une importance considérable (carburants, combustibles, pétrochimie, etc.). Le besoin croissant en produits pétroliers et l'épuisement progressif des gisements exploités entraînent la recherche de nouveaux gisements (plateaux continentaux sous-marins, Alaska, mer du Nord, continent Antarctique) d'exploitation plus onéreuse; cette recherche conduira à la mise en œuvre ou au perfectionnement de techniques nouvelles (extraction des hydrocarbures contenus dans les sables et les schistes bitumineux, activation des gisements pour augmenter le taux de récupération du pétrole en place, qui n'excède pas aujourd'hui 30 à 40 %).Le pétrole constitue, avec le charbon, le gaz naturel et l'uranium, l'une des sources d'énergie les plus utilisées auj. (en 1920, le pétrole ne représentait que 12 % de l'énergie utilisée dans le monde; ce chiffre est auj. de l'ordre de 40 %). Jusqu'en 1973 (guerre du Kippour), le pétrole a été un produit bon marché qui a grandement contribué à la croissance économique des pays industrialisés (développement de l'industrie automobile et de celle des matières plastiques, par ex.). Les grandes compagnies pétrolières avaient conservé jusqu'à cette date le contrôle des cadences de production du pétrole et la maîtrise du prix du brut, parvenant ainsi à ajuster l'offre à la demande sans cesse croissante des sociétés industrielles, et à consacrer une partie suffisante de leurs bénéfices aux investissements de recherche et d'accroissement de la productivité. Cette situation, partic. favorable aux pays développés, s'est inversée en 1973, après la décision des pays membres de l'OPEP (Organisation des pays exportateurs de pétrole) de fixer unilatéralement les prix du pétrole. Ces prix ont ainsi été multipliés près de 20 entre 1971 et 1984. Cette nouvelle situation a accru la dépendance des pays consommateurs (Communauté économique européenne et Japon, en partic.) par rapport aux pays producteurs (75 % de la production de pétrole est en effet consommée dans des pays qui ne possèdent que 10 % des réserves mondiales de pétrole) et a, également, rendu l'appauvrissement des pays du Tiers Monde encore plus important. Les pays producteurs ont par ailleurs pris conscience des avantages que présente pour certains d'entre eux le ralentissement des cadences d'exploitation. Par ce fait, ceux-ci ménagent leur avenir en retardant l'épuisement de leurs réserves. En limitant l'offre, ces pays ont poussé à la hausse des prix tandis que le pétrole resté dans le sol demeure à l'abri des fluctuations monétaires. En outre, le pétrole constitue une arme politique certaine aux mains des pays producteurs. Face à cette menace, les pays industrialisés ont tenté de maintenir l'équilibre de leur balance des paiements, de réduire le gaspillage en énergie et en matières premières, et de développer l'exploitation des gisements sous-marins ainsi que les énergies de remplacement (nucléaire, solaire et géothermique, et, à plus long terme, fusion nucléaire contrôlée). À partir de 1984, cependant, l'indiscipline des pays producteurs a provoqué une très forte baisse du prix du baril, avec des conséquences économiques et politiques importantes (amenuisement de la dette des pays industriels non producteurs, appauvrissement des pays producteurs en voie de développement). Les réserves mondiales de pétrole s'élèvent à env. 100 milliards de tonnes, dont plus de 50 % au Moyen-Orient. Sur la base des chiffres de consommation actuels et futurs, le monde serait menacé de pénurie vers l'an 2000. Cependant, le montant réel des réserves est très difficile à estimer; il dépend, en effet, de la découverte de nouveaux gisements, d'une meilleure exploitation des gisements actuels, de l'utilisation des réserves «non conventionnelles», encore non exploitées (sables, schistes bitumineux) et même du charbon, dont le pétrole peut être extrait par distillation. Le vrai problème réside dans le coût de l'exploitation de toutes ces réserves et dans leur accessibilité.

pétroléochimie [petʀɔleoʃimi], **pétroléochimique** [petʀɔleoʃimik] V. pétrochimie, pétrochimique.

pétrolette [petʀɔlɛt] n. f. Fam. Petite motocyclette. – De *pétrole.*

pétroleuse [petʀɔløz] n. f. (et adj.) HIST Nom donné à des femmes qui auraient allumé des incendies en se servant de pétrole, pendant la Commune de 1871 en France. ▷ *Par ext.* Péj. Femme qui professe des idées politiques résolument progressistes et qui les défend avec ardeur, véhémence. – Adj. *Elle est très pétroleuse.* – De *pétrole.*

pétrolier, ière [petʀɔlje, jɛʀ] adj. et n. m. **1.** adj. Du pétrole, qui a rapport au pétrole. *Industrie pétrolière.* **2.** n. m. Navire aménagé pour transporter du pétrole. ▷ Technicien, industriel du pétrole. – De *pétrole.*

pétrolifère [petʀɔlifɛʀ] adj. Qui contient du pétrole. – De *pétrole,* et *-fère.*

pétulance [petylɑ̃s] n. f. Vivacité, impétuosité, fougue. – Du lat. *petulantia,* «insolence».

pétulant, ante [petylɑ̃, ɑ̃t] adj. Vif, impétueux, fougueux. – Lat. *petulans,* «impudent»; de *petere,* «se jeter sur».

pétun [petœ̃] n. m. Vx Tabac. – Du portug. *petum,* d'orig. brésilienne.

pétuner [petyne] v. intr. [1] Vx Fumer. – Du préc.

pétunia [petynja] n. m. Plante herbacée annuelle (genre *Petunia,* fam. solanacées), à grandes fleurs blanches, roses ou violettes, originaire d'Amérique du S. – De *pétun.*

peu [pø] adv. **I.** (Emploi nominal). Petite quantité, quantité insuffisante. **1.** *Un peu de:* une petite quantité de. *Mangez un peu de soupe. Accordez-lui un peu de temps pour s'habituer.* ▷ *Peu de* (+ comp.). *Expliquez-vous en peu de mots. Dans peu de temps :* bientôt. – *C'est peu de chose:* c'est négligeable, c'est sans grande importance. **2.** *Le peu (de):* la petite quantité (de). *Le peu (de temps) qu'il lui reste à passer ici.* **3.** *C'est peu (que) de :* il ne suffit pas de. *C'est peu (que) de donner, il faut le faire de bon cœur.* **II.** (Emploi adverbial) **1.** En petite quantité, en petit nombre, modérément, faiblement (opposé à *beaucoup*). *Manger peu. Peu s'en faut.* ▷ *Un tant soit peu, un petit peu, quelque peu. Il est quelque peu prétentieux.* ▷ (Par antiphrase.) Trop. *C'est un peu fort!* – (Pour insister, par euph.) Fam. *Un peu, qu'elle est belle!* **2.** loc. adv. *Pour un peu:* un peu plus, et... *Pour un peu il se serait emporté.* ▷ *Peu à peu:* lentement, progressivement. *Il découvrit peu à peu la vérité.* ▷ *Si peu que, pour peu que* (+ subj.). *Si peu que ce soit:* en quelque petite quantité que ce soit. *Il le fera, pour peu que vous lui demandiez,* pourvu que vous lui demandiez. ▷ *À peu près, à peu de chose près:* presque; environ. *Ils sont à peu près du même âge.* – Du lat. pop. *paucum,* neutre adv., du class. *pauci,* «en petit nombre».

peuchère! [pøʃɛʀ] interj. Forme francisée de *pécaïre.* – V. *pécaïre.*

peuh! [pø] interj. (Marquant le scepticisme, le dédain, l'indifférence.) *Peuh! Ça n'a aucun intérêt!* – Onomat.

peuplade [pøplad] n. f. Petit groupe humain dans une société primitive. – De *peuple,* d'ap. l'esp. *poblado.*

peuple [pœpl] n. m. (et adj. inv.) **1.** Ensemble d'êtres humains vivant sur le même territoire ou ayant en commun une culture, des mœurs, un système de gouvernement. *Les peuples d'Extrême-Orient. Le peuple juif.* **2.** Vx Population. *Le peuple de Montréal.* **3.** Ensemble des citoyens d'un État. *Dans une démocratie le peuple gouverne. Lancer un appel au peuple.* **4.** Vieilli Foule, multitude. *Un grand concours de peuple.* – Fam. *Du peuple:* du monde, un grand nombre de personnes. *Quand la famille se rassemble, ça fait du peuple!* ▷ *Il se fout du peuple,* du monde, des gens. **5.** *Le peuple:* les classes laborieuses, ceux qui n'ont pour vivre que leur salaire, par oppos. aux classes privilégiées, à la bourgeoisie. *Un homme, une femme, des gens du peuple. Le petit peuple, le bas peuple :* la partie la plus humble, la plus défavorisée de la population. **6.** adj. inv. Péjor. Commun. *Avoir l'air peuple.* – Lat. *populus;* d'abord *poblo,* puis *pueble, pople.*

peuplé, ée [pø(œ)ple] adj. Où il y a des habitants. *Un pays très peuplé.* – Pp. de *peupler.*

peuplement [pø(œ)pləmɑ̃] n. m. **1.** Action de peupler; fait de se peupler. *Peuplement d'une région. Colonie de peuplement,* où des colons se fixent et font souche. **2.** Manière dont un territoire, un pays est peuplé. *Étude du peuplement d'une région.* **3.** Ensemble des organismes vivants d'une région, d'un milieu déterminés. *Le peuplement d'un étang.* **4.** ECOL Ensemble des espèces (végétaux et animaux) d'un biotope*. *Le peuplement d'une forêt.* – De *peupler.*

peupler [pø(œ)ple] v. [1] **I.** v. tr. **1.** Faire occuper (un endroit) par des végétaux, des animaux. *Peupler un bois, un étang.* **2.** Occuper (un endroit, un territoire), en constituer la population. *Diverses ethnies peuplent cette région.* **3.** Fig. Emplir. *Les événements qui peuplent l'histoire de cette ville.* **II.** v. pron. Devenir habité, peuplé. *Cette bourgade de la côte se peuple surtout en été.* – De *peuple.*

peupleraie [pøplәʀɛ] n. f. Lieu planté de peupliers. – De *peuplier.*

peuplier [pøplije] n. m. Grand arbre (genre *Populus,* fam. salicacées), aux inflorescences en chatons et aux graines cotonneuses. *Peuplier baumier (Populus balsamifera).* – De l'a. fr. *peuple,* «peuplier»; du lat. *populus,* même sens.

peur [pœʀ] n. f. **1.** Crainte violente éprouvée en présence d'un danger réel ou imaginaire. *Une peur panique. En être quitte pour la peur:* n'avoir subi d'autre dommage que d'avoir eu peur. – Fam. *Une peur bleue :* une grande peur. – *Laid à faire peur :* très laid. **2.** (Sens atténué.) Légère crainte, légère appréhension. *J'ai peur qu'il ne vienne pas. N'avoir pas peur des mots :* appeler les choses par leur nom, ne pas craindre de les désigner clairement, au risque de choquer. **3.** loc. prép. *De peur de* (+ inf.): par crainte de. *Il n'est pas sorti de peur d'attraper froid.* ▷ Loc. conj. *De peur que* (+ *ne* + subj.): dans la crainte que. *Couvrez bien cet enfant, de peur qu'il ne prenne froid.* – Du lat. *pavor, pavoris.*

peureusement [pøʀøzmɑ̃] adv. De manière craintive, en manifestant de la peur. *Se blottir peureusement.* – De *peureux.*

peureux, euse [pøʀø, øz] adj. et n. **1.** Craintif, sujet à la peur. *Il est trop peureux pour courir ce risque.* ▷ Subst. *Un peureux, une peureuse.* **2.** Qui dénote la peur. *Un regard peureux.* – De *peur.*

peut-être [pøtɛtʀ] adv. **1.** (Marquant le doute; indiquant que l'on n'évoque un événement, un ordre de fait, qu'à titre de probabilité, d'éventualité douteuse.) *Viendra-t-il? Peut-être. – Peut-être est-il plus riche qu'il ne le dit.* **2.** *Peut-être que:* il peut se faire que. *Peut-être qu'il a raison. Peut-être bien que...* **3.** n. m. *Un peut-être, un grand peut-être:* qqch qui paraît incertain, improbable. – De *pouvoir,* et *être;* ellipse de l'a. fr. *puet ce estre,* «cela peut être».

-pexie. MED Suffixe, du gr. *pêksis,* «fixation», qui sert à former les noms d'opérations destinées à remédier à la mobilité anormale ou à la ptôse d'un organe.

peyotl [pɛjɔtl] n. m. Cactacée des montagnes mexicaines, qui renferme un alcaloïde hallucinogène, la mescaline. – Mot indien du Mexique, par l'angl.

pèze ou **pèse** [pɛz] n. m. Arg. Argent. *Avoir du pèze.* – P.-ê. de *pèse,* mot occitan «pois»; lat. *pisum.*

pézize [peziz] n. f. Champignon discomycète des bois, brun ou orangé, en forme de coupe. *La pézize, bien que comestible, est peu estimée.* – Gr. *pezis.*

pfennig [pfenig] n. m. Monnaie allemande, centième partie du mark. – Mot all.

p.g.c.d. MATH Abrév. de *plus grand commun diviseur.*

ph PHYS symbole du phot.

pH [peaʃ] n. m. CHIM Coefficient caractérisant l'acidité ou la basicité d'une solution. (Le pH d'une solution est le cologarithme décimal de sa concentration en ions H+: $pH = -\log_{10}[H+]$. Une solution est neutre si son pH est égal à 7, acide s'il est inférieur à 7, basique s'il est supérieur à 7.) – Abrév. de *potentiel hydrogène.*

phacochère [fakɔʃɛʀ] n. m. Mammifère suidé des savanes africaines, aux défenses courbes, voisin du sanglier. – Du gr. *phakos,* «lentille», et *khoîros,* «petit cochon».

phaéton [faetɔ̃] n. m. **1.** Vx, plaisant. Cocher, conducteur d'une voiture. **2.** Anc. Petite calèche découverte à quatre roues, haute et légère. ▷ Ancien modèle d'automobile découverte, à deux ou quatre places. **3.** Oiseau pélécaniforme des mers chaudes, à longue queue. Syn. paille-en-queue. – Du nom mythologique de *Phaéton,* fils du Soleil qui périt en conduisant le char de son père.

phag(o)-, -phage, -phagie, -phagique. Éléments, du gr. *phagein,* «manger».

phage [faʒ] n. m. MICROB Bactériophage, virus à A.D.N. capable de provoquer la lyse de certaines bactéries. – Aphérèse de *bactériophage.*

phagédénique [faʒedenik] adj. MED Qui ronge les tissus. *Chancre phagédénique.* – Lat. *phagedænicus;* gr. *phagêdainikos,* de *phagêdaina,* «ulcère rongeur».

phagocytaire [fagɔsitɛʀ] adj. BIOL Qui concerne la phagocytose. *Cellule phagocytaire.* – De *phagocyte.*

phagocyte [fagɔsit] n. m. BIOL Leucocyte apte à la phagocytose. – De *phag(o)-,* et gr. *kutos,* «cellule».

phagocyter [fagɔsite] v. tr. [1] **1.** BIOL Détruire par phagocytose. **2.** Fig. Absorber, faire disparaître en intégrant à soi. *Grosse société qui phagocyte une petite entreprise.* – Du préc.

phagocytose [fagɔsitoz] n. f. **1.** BIOL Capture, ingestion et digestion par un leucocyte polynucléaire ou un macrophage d'une particule étrangère. *La phagocytose constitue le plus important moyen de défense de l'organisme contre l'infection bactérienne.* **2.** Fig. Disparition par absorption évoquant une phagocytose (sens 1). – De *phagocyte,* et *ose* 2.

phalange [falɑ̃ʒ] n. f. **1.** ANTIQ GR Corps d'infanterie de l'armée grecque. **2.** Poét. Armée, troupe. ▷ HIST Mod. *La Phalange :* la formation politique d'extrême droite, fondée en Espagne en 1933 par José Antonio Primo de Rivera et qui, fusionnant en 1937 avec d'autres formations, devint le parti unique destiné à soutenir l'action du général Franco. **3.** ANAT Segment articulé des doigts, des orteils. *Les deux phalanges du pouce. Les trois phalanges de l'index.* – Lat. *phalanx, phalangis,* mot gr.

phalanger [falɑ̃ʒe] n. m. ZOOL Petit marsupial australien dont le corps atteint 40 à 50 cm, qui vit dans les arbres et, par ses allures lentes, évoque le paresseux (sens 3). – De *phalange.*

phalangette [falɑ̃ʒɛt] n. f. ANAT Dernière phalange du doigt et de l'orteil, sur laquelle est implanté l'ongle. – Dimin. de *phalange.*

phalangien, ienne [falɑ̃ʒjɛ̃, jɛn] adj. ANAT Propre aux phalanges. – De *phalange.*

phalangine [falɑ̃ʒin] n. f. ANAT Seconde phalange du doigt, que ne possèdent ni le pouce ni le gros orteil. – De *phalange.*

phalangiste [falɑ̃ʒist] n. HIST Membre de la Phalange, en Espagne. – Adj. *Parti phalangiste.* – De *phalange.* V. *phalange* (sens 2).

phalanstère [falɑ̃stɛʀ] n. m. Didac. **1.** Communauté de travailleurs, dans le système de Fourier; lieu où elle vit. **2.** *Par ext.* Groupe de personnes qui partagent les mêmes aspirations, les mêmes idées, et qui vivent et travaillent ensemble; communauté. – De *phalan(ge),* «groupement», et *(mona)stère.*

phalanstérien, ienne [falɑ̃steʀjɛ̃, jɛn] adj. et n. Didac. **1.** adj. Qui a rapport au phalanstère fouriériste. **2.** n. Habitant, partisan des phalanstères fouriéristes. – Du préc.

phalène [falɛn] n. f. ou m. Beau papillon nocturne ou crépusculaire (fam. géométridés) dont les chenilles s'attaquent aux plantes cultivées et aux arbres. – Gr. *phalaina.*

phalère [falɛʀ] n. f. ZOOL Papillon nocturne, appelé aussi *bucéphale.* – Du gr. *phalaros,* «tacheté de blanc».

phalline [falin] n. f. BIOCHIM Principe toxique complexe, caractéristique de l'amanite phalloïde et de certaines volvaires. – Du rad. de *phalloïde.*

phallique [falik] adj. **1.** Du phallus, qui a rapport au phallus. *Emblème phallique.* **2.** PSYCHAN *Stade phallique :* phase d'organisation de la libido de l'enfant survenant après les stades oral et anal, et précédant l'organisation génitale pubertaire. – Bas lat. *phallicus.*

phallocrate [falɔkʀat] n. et adj. Homme qui cherche à exercer sa domination sur les femmes; tenant de la phallocratie. ▷ Adj. *Ce que tu peux être phallocrate, par moments!* – Abrév. fam. *phallo.* – De *phallus,* et gr. *kratos,* «puissance, pouvoir».

phallocratie [falɔkʀasi] n. f. Domination abusivement exercée par les hommes sur les femmes. – De *phallus,* et gr. *kratos,* «puissance, pouvoir».

phallocratique [falɔkʀatik] adj. Qui a rapport à la phallocratie. Qui participe de l'état d'esprit des phallocrates; qui dénote un tel état d'esprit. *Idéologie, discours phallocratique.* – Du préc.

phalloïde [falɔid] adj. Didac. Qui a la forme d'un phallus. *Amanite phalloïde.* – De *phallus,* et *-oïde.*

phallus [falys] n. m. **1.** ANTIQ Représentation du membre viril en érection, symbole de la force reproductrice de la nature. ▷ Cour. Symbole de l'organe sexuel masculin. **2.** PHYSIOL Organe sexuel masculin en érection. **3.** BOT Champignon basidiomycète formé d'un pied sortant d'une volve et d'un chapeau conique perforé d'alvéoles contenant une substance visqueuse d'odeur repoussante. – Mot lat., du gr. *phallos.*

phanère [fanɛʀ] n. m. Toute production épidermique apparente (plumes, poils, ongles, cornes, etc.). – Du gr. *phaneros,* «visible, apparent».

phanérogame [faneʀɔgam] adj. et n. f. pl. **1.** adj. BOT *Plantes phanérogames :* plantes à fleurs et à graines. **2.** n. f. pl. Embranchement du règne végétal regroupant les plantes à fleurs, les plus évolués des végétaux. – Du gr. *phaneros,* «visible, apparent», et *-game.*

phantasme. V. fantasme.

pharamineux. V. faramineux.

pharaon [faʀaõ] n. m. **1.** ANTIQ Souverain de l'Égypte, dans l'Antiquité. *Le pharaon Ramsès II.* **2.** Jeu de hasard qui se joue avec des cartes et ressemble au baccara. – Lat. *Pharao, Pharaonis,* gr. *Pharao,* de l'égyptien.

pharaonique [faʀaɔnik], **pharaonien, ienne** [faʀaɔnjɛ̃, jɛn] adj. Qui se rapporte aux pharaons, à leur époque. *L'Égypte pharaonique. Dynastie pharaonienne.* – Du préc.

1. phare [faʀ] n. m. **1.** Tour surmontée d'un foyer lumineux, établie le long des côtes, sur certains récifs, etc., pour guider la marche des navires pendant la nuit ou par temps de brume. *Phare à feu fixe, à feu tournant.* **2.** Projecteur placé à l'avant d'un véhicule pour éclairer la route. *Allumer les phares la nuit, dans le brouillard.* **3.** Fig. Ce qui éclaire, guide. *La liberté sera le phare qui éclairera notre combat.* – Lat. *Pharos,* du gr., n. d'une île de la baie d'Alexandrie.

2. phare [faʀ] n. m. Vx Mât d'un navire, avec ses vergues et ses voiles. ▷ Mod. Seulement dans la loc. *gréement à phares carrés:* gréement d'un navire qui porte à tous ses mâts des voiles carrées. – Var. orthographique de *fard* (même orig. que *fardeau, farder.*), adoptée sous l'influence de *phare* 1.

pharillon [faʀijõ] n. m. PECHE Réchaud où brûle un feu vif, suspendu la nuit à l'avant d'un bateau pour attirer le poisson. – De *phare* 1.

pharisaïque [faʀizaik] adj. **1.** HIST RELIG Des pharisiens. **2.** Fig., péjor. Hypocrite. – Lat. ecclés. *pharisaicus* (V. pharisien).

pharisaïsme [faʀizaism] n. m. **1.** Didac Doctrine, caractère des pharisiens. **2.** Fig., péjor. Hypocrisie. Affectation de dévotion, de vertu. – Du préc.

pharisien, ienne [faʀizjɛ̃, jɛn] n. et adj. **1.** HIST RELIG, ANTIQ Membre d'une secte juive contemporaine du Christ. – Adj. *Le formalisme pharisien.* **2.** Vieilli Personne qui pratique une piété tout extérieure. ▷ Mod. Personne qui observe avec une rigueur pointilleuse les préceptes d'une morale étroite et toute formelle, et qui se pose en modèle de moralité, de vertu. – Adj. *Une attitude pharisienne.* – Lat. ecclés. *pharisœus,* gr. *pharisaios,* de l'hébreu *paruchim,* «les séparés, ceux qui sont à part».

pharmaceutique [faʀmasøtik] adj. et n. f. **1.** adj. Qui a rapport à la pharmacie. *Produits pharmaceutiques.* **2.** n. f. Vx Partie de la médecine étudiant la composition des médicaments. – Lat. *pharmaceuticus,* gr. *pharmakeutikos.*

pharmacie [faʀmasi] n. f. **1.** Science de la préparation et de la composition des médicaments. *École de pharmacie.* **2.** Endroit où l'on prépare, conserve, distribue des médicaments. *La pharmacie d'un hôpital.* **3.** Établissement commercial où l'on fait exécuter des ordonnances médicales et où l'on peut se procurer des médicaments en vente libre ainsi que divers articles d'utilité courante (notam. d'hygiène et de toilette). *Aller à la pharmacie pour acheter de l'aspirine, de la pâte à dents.* "Limoilou collectionnait les cartes postales les plus ordinaires, celles que les touristes américains achetaient dans les pharmacies et les tabagies [...]." (Jacques Poulin, *Faites de beaux rêves,* 1974.) **4.** Assortiment de médicaments. *Pharmacie de voyage.* **5.** Armoire à médicaments. *La pharmacie d'une salle de bains.* – Lat. méd. *pharmacia,* gr. *pharmakeia,* de *pharmakon,* "poisson, remède".

pharmacien, ienne [faʀmasjɛ̃, jɛn] n. Personne qui exerce la pharmacie. – Du préc.

pharmacodynamie [faʀmakodinami] n.f. Étude des effets des médicaments sur les êtres vivants. – Du gr. *pharmakon,* «remède», et *-dynamie.*

pharmacodynamique [faʀmakodinamik] adj. Didac. Relatif à l'action des médicaments. – Du préc.

pharmacologie [faʀmakolɔʒi] n. f. Didac. Science qui étudie les médicaments, leur composition, leur mode d'action, leur posologie, etc. – Du gr. *pharmakon,* «remède», et *-logie.*

pharmacologique [faʀmakolɔʒik] adj. Didac. Qui se rapporte à la pharmacologie. – Du préc.

pharmacopée [faʀmakɔpe] n. f. **1.** Didac. Ouvrage énumérant les médicaments, leur composition et leurs effets, naguère appelé *Codex.* **2.** Ensemble des médicaments utilisés par l'art médical. *La pharmacopée chinoise traditionnelle.* – Gr. *pharmakopoïia,* «confection des médicaments».

pharyngal, ale, aux [faʀɛ̃gal, o] adj. et n. f. PHON **1.** adj. Se dit des consonnes articulées avec la langue fortement repoussée vers le pharynx. **2.** n. f. Consonne pharyngale. – De *pharynx.*

pharyngé, ée [faʀɛ̃ʒe] adj. MED Relatif au pharynx. – De *pharynx.*

pharyngien, ienne [faʀɛ̃ʒjɛ̃, jɛn] adj. ANAT Du pharynx, qui a rapport au pharynx. – De *pharynx.*

pharyngite [faʀɛ̃ʒit] n. f. MED Inflammation de la muqueuse pharyngée. – De *pharynx.*

pharyngo-laryngite [faʀɛ̃golaʀɛ̃ʒit] n. f. MED Inflammation du pharynx et du larynx. – De *pharynx,* et *laryngite.*

pharynx [farɛ̃ks] n. m. ANAT Conduit musculomembraneux qui s'étend verticalement de la cavité buccale à l'œsophage, et par lequel les fosses nasales et le larynx communiquent. *Le pharynx est le carrefour des voies de la déglutition et de la respiration.* – Gr. *pharugx, pharuggos,* «gorge».

phase [fɑz] n. f. **1.** ASTRO Aspect variable que présentent la Lune et les planètes du système solaire selon leur position par rapport à la Terre et au Soleil. *Phases de la Lune :* nouvelle Lune, premier quartier, pleine Lune et dernier quartier. **2.** CHIM Chacune des parties homogènes, limitées par des surfaces de séparation, d'un système chimique. *Les deux phases d'une émulsion d'eau et d'huile.* **3.** PHYS *Phase d'un mouvement sinusoïdal :* angle que forment le rayon origine et le rayon vecteur à l'instant t. *Différence de phase:* différence entre les phases de deux mouvements sinusoïdaux de même fréquence. Syn. déphasage. *Mouvements périodiques en phase :* mouvements périodiques de même fréquence dont les élongations sont maximales au même instant. **4.** ELECTR *Conducteur de phase,* ou *phase :* conducteur autre que le neutre, dans un réseau électrique. **5.** Cour. Chacune des périodes marquant l'évolution d'un processus, d'un phénomène. *Les phases d'une maladie.* – Gr. *phasis,* «lever d'une étoile».

phasemètre [fɑzmɛtʀ] n. m. ELECTR Appareil servant à mesurer la différence de phase entre deux courants alternatifs de même fréquence. – De *phase,* et *-mètre.*

phasianidés [fazjanide] n. m. pl. ZOOL Famille de galliformes comprenant notam. les faisans, les perdrix, les paons, les poules. – Du lat. *phasianus,* «faisan».

phasme [fasm] n. m. ZOOL Insecte orthoptère de forme allongée, remarquable par son adaptation mimétique qui lui donne l'aspect d'une brindille ou d'une branche. *Les nombreuses espèces de phasmes constituent l'ordre des phasmidoptères.* – Du gr. *phasma,* «fantôme».

phatique [fatik] adj. LING *Fonction phatique:* fonction du langage dont l'objet est uniquement d'établir et de maintenir le contact entre les interlocuteurs. *Les formules de politesse relèvent de la fonction phatique.* – Du gr. *phatis* «parole».

phelloderme [felɔdɛʀm] n. m. BOT Parenchyme né de la face interne de l'assise phellogène d'une tige ou d'une racine, et constituant en partie l'écorce secondaire. – Du gr. *phellos,* «liège», et *-derme.*

phellogène [felɔʒɛn] adj. BOT Qui produit le liège, en parlant d'un tissu végétal. – Du gr. *phellos,* «liège», et *-gène.*

phénakistiscope [fenakistiskɔp] ou **phénakisticope** [fenakistikɔp] n. m. Didac. Jouet scientifique ou appareil de démonstration destiné à illustrer la persistance des images rétiniennes, composé d'un tambour rotatif sur le pourtour duquel est fixée une série d'images dont le défilement rapide devant les yeux restitue l'impression du mouvement. – Du gr. *phenakizein,* «tromper», et *-scope.*

phénanthrène [fenɑ̃tʀɛn] n. m. CHIM Hydrocarbure cyclique $C_{14}H_{10}$, isomère de l'anthracène, employé dans l'industrie des colorants. – De *phén(ol),* et gr. *anthrax,* «charbon».

phénate [fenat] n. m. Syn. de *phénolate.*

phénicien, ienne [fenisjɛ̃, jɛn] adj. et n. **1.** adj. De la Phénicie. *Comptoirs phéniciens.* – Subst. *Les Phéniciens furent parmi les plus actifs commerçants de la Méditerranée.* **2.** n. m. Langue sémitique du groupe cananéen parlée par les anciens Phéniciens. – De *Phénicie,* n. antique de la bande côtière du littoral syro-libanais.

phénicoptéridés. V. phœnicoptéridés.

phénique [fenik] adj. CHIM Acide phénique: anc. nom du phénol. – De *phénol.*

phéniqué, ée [fenike] adj. CHIM Qui renferme de l'acide phénique. – Du préc.

phénix [feniks] n. m. **1.** MYTHOL Oiseau fabuleux qui, après avoir vécu plusieurs siècles, se brûle lui-même sur un bûcher pour renaître de ses cendres. **2.** Fig. Personne exceptionnelle, unique en son genre. *«Vous êtes le phénix des hôtes de ces bois»* (La Fontaine). **3.** Coq domestique du Japon dont la queue a de longues plumes. **4.** Palmier ornemental. (V. phœnix.) – Lat. *phœnix,* gr. *phoinix.*

phénobarbital [fenobaʀbital] n. m. PHARM Barbiturique utilisé comme antispasmodique. – De *phén(ol),* et *barbit(urique).*

phénol [fenɔl] n. m. CHIM Tout composé dérivant d'un hydrocarbure benzénique par substitution d'un ou plusieurs hydroxyles sur le noyau. *Les phénols sont utilisés pour fabriquer des résines, des colorants, des matières plastiques, des médicaments (aspirine), des insecticides.* ▷ Spécial. *Phénol ordinaire* ou *acide phénique:* dérivé monohydroxylé du benzène, de formule C_6H_5OH. – Du gr. *phainein,* «briller», et suff. *-ol,* de *alcool.*

phénolate [fenɔlat] n. m. CHIM Sel ou ester du phénol. Syn. phénate. – De *phénol,* et *-ate.*

phénologie [fenɔlɔʒi] n. f. Didac. Étude de l'influence des climats sur les phénomènes périodiques de la végétation et du règne animal. – Formation savante, p.-ê. de l'angl. *phenology;* du gr. *pheno(menon),* et *-logie.*

phénoménal, ale, aux [fenɔmenal, o] adj. **1.** Qui tient du phénomène; surprenant, extraordinaire. *Récoltes d'une abondance phénoménale.* **2.** PHILO De l'ordre du phénomène. ▷ Spécial. (chez Kant). *Le monde phénoménal* (opposé à *nouménal*). – De *phénomène.*

phénoménalement [fenɔmenalmɑ̃] adv. **1.** Extraordinairement. **2.** PHILO Du point de vue des phénomènes. – Du préc.

phénoménalisme [fenɔmenalism] n. m. PHILO Doctrine d'après laquelle les phénomènes seuls sont connaissables. – De *phénoménal.*

phénoménalité [fenɔmenalite] n. f. PHILO Caractère du phénomène. – De *phénoménal.*

phénomène [fenɔmɛn] n. m. **1.** Tout fait extérieur qui se manifeste à la conscience par l'intermédiaire des sens; toute expérience intérieure qui se manifeste à la conscience. *Phénomène sensible, affectif. Phénomène d'hystérie collective.* ▷ PHILO Chez Kant, tout ce qui est l'objet d'une expérience possible, par oppos. à ce qui est la chose en soi (ou *noumène*). **2.** Tout ce qui apparaît comme remarquable, nouveau, extraordinaire. *Le succès de ce livre est un phénomène inattendu.* **3.** Être vivant (animal ou humain) qui présente quelque particularité rare, et qu'on exhibe en public. *Phénomène de foire.* **4.** Fam. Personne originale, bizarre, excentrique. *Ah! celui-là, quel phénomène!* – Gr. *phainomena,* «phénomènes célestes», de *phainesthai,* «apparaître».

phénoménisme [fenɔmenism] n. m. PHILO Doctrine d'après laquelle seuls existent des phénomènes, au sens kantien de ce terme. – De *phénomène.*

phénoménologie [fenɔmenɔlɔʒi] n. f. PHILO **1.** Vx Traité, dissertation sur les phénomènes. **2.** *«Phénoménologie de l'esprit»* (Hegel): «science de la conscience», qui prend en compte la manifestation dialectique de l'esprit au travail dans l'histoire. **3.** Chez Husserl, méthode philosophique qui cherche à revenir «aux choses mêmes» et à les décrire telles qu'elles apparaissent à la conscience, indépendamment de tout savoir constitué. *«La phénoménologie répondait exactement à ses préoccupations* (celles de Sartre): *dépasser l'opposition de l'idéalisme et du réalisme, affir-*

mer à la fois la souveraineté de la conscience, et la présence du monde tel qu'il se donne à nous» (S. de Beauvoir). – De *phénomène,* et *-logie.*

phénoménologique [fenɔmenɔlɔʒik] adj. PHILO Qui concerne la phénoménologie. – Du préc.

phénoménologue [fenɔmenɔlɔg] n. PHILO Philosophe qui emploie les méthodes phénoménologiques. – De *phénoménologie.*

phénoplaste [fenɔplast] n. m. CHIM Toute résine artificielle thermodurcissable obtenue par polycondensation de phénols ou de dérivés du phénol avec des aldéhydes ou des cétones. – De *phénol,* et *plast(iqu)e.*

phénotype [fenɔtip] n. m. BIOL Ensemble des caractères somatiques apparents d'un individu, (par oppos. au *génotype*). – De *phéno(mène),* et *-type.*

phénotypique [fenɔtipik] adj. BIOL Qui a trait au phénotype. – Du préc.

phényl-. CHIM Préfixe indiquant la présence du radical phényle dans la molécule d'un composé.

phénylalanine [fenilalanin] n. f. BIOCHIM Acide aminé précurseur de la tyrosine. – De *phényl-,* et *alanine.*

phénylcétonurie [fenilsetɔnyʀi] n. f. MED Maladie héréditaire caractérisée par un déficit en une enzyme, la phénylalanine-hydroxylase, et qui se traduit par des signes neurologiques, des altérations du comportement et un défaut de pigmentation des phanères. Syn. oligophrénie phénylpyruvique. – De *phényl-, cétone,* et *-urie.*

phényle [fenil] n. m. CHIM Radical monovalent C_6H_5– contenu dans le benzène et ses dérivés. – De *phén(ol),* et gr. *hulê,* «bois, matière».

phéophycées [feɔfise] n. f. pl. BOT Embranchement d'algues de couleur brune. – Du gr. *phaios,* «brun», et *phukos,* «algue».

phéro-hormone [feʀoɔʀmɔn], **phérormone** [feʀɔʀmɔn] ou **phéromone** [feʀomɔn] n. f. ZOOL Substance émise par certains insectes, hormone qui joue (en particulier chez les insectes sociaux) un rôle très important dans la régulation de certains comportements (comportement sexuel des papillons; construction des alvéoles chez les abeilles, etc.). – Du gr. *pherô,* «je porte», et *hormone.*

phi [fi] n. m. Vingt et unième lettre de l'alphabet grec (φ , Φ), notant un [p] aspiré en grec ancien, et un [f] en grec moderne. ▷ PHYS φ : symbole de la phase. – Φ: symbole du flux magnétique.

phil(o)-, -phile, -philie. Éléments, du gr. *philos,* «ami», ou *philein,* «aimer».

philanthe [filɑ̃t] n. m. ZOOL Insecte hyménoptère (genre *Philanthus*) long d'une quinzaine de mm, à abdomen rayé jaune et noir, prédateur des abeilles. – De *phil-,* et gr. *anthos,* «fleur».

philanthrope [filɑ̃tʀɔp] n. Vx Ami du genre humain. ▷ Mod. Celui, celle qui contribue par son action personnelle, par des dons en argent, par la fondation d'œuvres, à l'amélioration des conditions de vie des hommes. *Deux lits ont été fondés dans cet hôpital par une généreuse philanthrope.* – Gr. *philanthrôpos,* de *philos,* «ami», et *anthrôpos,* «homme».

philanthropie [filɑ̃tʀɔpi] n. f. Amour de l'humanité. ▷ Activité du philanthrope. – Gr. *philanthrôpia.*

philanthropique [filɑ̃tʀɔpik] adj. Qui a rapport à la philanthropie; inspiré par la philanthropie. *Œuvre philanthropique.* – Gr. *philanthrôpikos.*

philatélie [filateli] n. f. Passe-temps du collectionneur de timbres-poste. Étude des timbres-poste. – De *phil-,* et gr. *ateleia,* «exemption d'impôts», pour «affranchissement», de *telos,* «charge, impôt».

philatélique [filatelik] adj. Qui se rapporte à la philatélie. *Exposition philatélique.* – Du préc.

philatéliste [filatelist] n. Personne qui s'adonne à la philatélie. – De *philatélie.*

-phile. V. phil(o)-.

philharmonie [filaʀmɔni] n. f. **1.** Vx Amour de la musique. **2.** Société musicale. – De *philharmonique.*

philharmonique [filaʀmɔnik] adj. **1.** Vx Qui aime la musique. **2.** *Société philharmonique:* groupe d'amateurs de musique; petit orchestre de musiciens amateurs. *Orchestre philharmonique:* grand orchestre symphonique. – De *phil-,* et gr. *harmonia,* d'ap. l'ital. *filarmonica.*

philhellène [filelɛn] n. et adj. **1.** n. HIST Partisan de l'indépendance grecque. **2.** adj. *Par ext.* Ami de la Grèce. – Gr. *philhellên,* de *Hellên,* «Grec».

philhellénisme [filelenism] n. m. HIST Soutien donné à la Grèce luttant pour son indépendance. – Du préc.

philibeg [filibɛg] n. m. Rare Jupon court des montagnards écossais. – Angl. *filibeg, philibeg,* du gaélique *feileadh-beag,* «petit kilt».

-philie. V. phil(o)-.

philippin, ine [filipɛ, in] adj. et n. Des îles Philippines, archipel et État d'Asie du S.-E.

philippine [filipin] n. f. Jeu dans lequel deux personnes se partagent deux amandes jumelles (la première qui salue l'autre d'un «Bonjour Philippine!» est la gagnante). – Altér., sous l'infl. de *Philippe,* de l'all. *Vielliebchen* [fillibʃen], «bien-aimé».

philippique [filipik] n. f. Litt. Harangue, discours violent dirigé contre qqn. – Du gr. *philippikos (logos),* «discours (de Démosthène) contre Philippe, roi de Macédoine».

philistin, ine [filistɛ̃, in] n. et adj. **1.** n. m. pl. (avec une majuscule). HIST Peuple de l'Antiquité qui s'établit sur la côte S. de la Palestine. *Les Philistins luttèrent contre les Hébreux (dont Samson) qui les asservirent sous le règne de David* (Xᵉ s. av. J.-C.). ▷ n. m. (rare au f.) Mod. Personne peu ouverte à la nouveauté, bornée. **2.** adj. Propre aux Philistins. – Bas lat. ecclés. *Philistini,* de l'hébr.

philo [filo] n. f. Fam. Philosophie. *Un bouquin de philo.* ▷ (France) Anc. classe de philosophie. *Elle a fait philo.* – Abrév. de *philosophie.*

philo-. V. phil(o)-.

philodendron [filodɛ̃dʀɔ̃] n. m. Arbuste (genre *Philodendron,* fam. aracées), originaire d'Amérique centrale, aux feuilles décoratives. – De *philo-,* et gr. *dendron,* «arbre».

philologie [filɔlɔʒi] n. f. Étude d'une langue, de sa grammaire, de son histoire d'après les textes. *Philologie grecque, latine.* – Lat. *philologia,* mot gr., «amour des lettres, érudition».

philologique [filɔlɔʒik] adj. Qui concerne la philologie. – Du préc.

philologue [filɔlɔg] n. Personne spécialiste de philologie. – Lat. *philologus,* gr. *philologos.*

philosophale [filɔzɔfal] adj. f. *Pierre philosophale* : pierre qui, d'après les alchimistes, pouvait transmuter en or les métaux vils. – De *philosophe* au sens anc. de «alchimiste».

philosophe [filɔzɔf] n. et adj. **I.** n. **1.** Personne qui étudie la philosophie, qui s'efforce de découvrir les principes des sciences, de la morale, de la vie en général, et qui tente d'organiser ses connaissances en un système cohérent. **2.** Cour. Personne qui fait preuve d'égalité d'âme, qui supporte tout avec sérénité. *Il a pris en philosophe ce revers de fortune.* **II.** adj. Sage, tolérant, serein. *Savoir être philosophe.* – Lat. *philosophus*, gr. *philosophos*, «ami de la sagesse».

philosopher [filɔzɔfe] v. intr. [1] **1.** Traiter de sujets philosophiques. **2.** Argumenter, raisonner, discuter sur un sujet quelconque. – Lat. *philosophari.*

philosophie [filɔzɔfi] n. f. **1.** Branche du savoir qui se propose d'étudier les principes et les causes au niveau le plus général, d'étudier les fondements des valeurs morales, et d'organiser les connaissances en un système cohérent. **2.** Recherche, étude des principes qui fondent une science, un art. *Philosophie de l'histoire, de la peinture.* **3.** Doctrine philosophique. *La philosophie de Descartes, de Heidegger.* **4.** Cour. Égalité d'humeur, calme, courage. *Supporter une disgrâce avec philosophie.* **5.** Matière d'enseignement comprenant la psychologie, la morale, la logique et la métaphysique. ▷ Anc. (France) Classe où l'on enseigne la philosophie (correspond auj. aux sections A et B de la classe terminale de l'enseignement secondaire). – Abrév. fam.: *philo.* – Lat. *philosophia*, mot gr., «amour de la science».

ENCYCL Chez les Grecs, la philosophie comprenait la dialectique (psychologie, logique et métaphysique), la physique et la morale. Succédant à Platon (IVe s. av. J.-C.), Aristote considère la philosophie comme «la science de certaines causes et de certains principes», ce qui le conduit à étudier la physique, l'histoire naturelle, l'éthique, la cosmologie, etc. Jusqu'à Descartes et Leibniz (XVIIe - déb. XVIIIe s.), la philosophie englobe l'ensemble des sciences et des recherches théoriques, inséparables d'une perspective métaphysique. Constatant les divergences idéologiques des philosophes et la certitude des mathématiques, Kant, à la fin du XVIIIe s., oriente la philosophie vers une théorie de la connaissance. La philosophie devient un retour critique du savoir sur lui-même. Au début du XIXe s., Hegel est le dernier philosophe qui tente une récapitulation du savoir (à l'aide de la dialectique): la philosophie rencontre l'histoire et le devenir. Ses successeurs, néo-kantiens ou jeunes hégéliens, se trouveront face à une triple opposition où Marx, Nietzsche et Freud se proposent de démystifier l'*illusion philosophique*, de mettre à nu ce qu'elle déforme: la justification du système social, la dynamique de la création des valeurs, les déterminations inconscientes de la conscience. Au XXe s., le développement des sciences humaines a amorcé la crise définitive de la philosophie en tant que réflexion totalisante sur le devenir humain. La connaissance de l'homme s'est fractionnée en divers domaines d'investigation, l'homme devenant l'élément structural de totalités partielles.

philosophique [filɔzɔfik] adj. **1.** Qui appartient à la philosophie. *Mener des recherches philosophiques.* **2.** Empreint de sagesse. *La tranquillité philosophique de ceux qui ont beaucoup vécu.* – Bas lat. *philosophicus.*

philosophiquement [filɔzɔfikmɑ̃] adv. **1.** Du point de vue de la philosophie. **2.** À la manière des philosophes, avec sérénité. *Se résigner philosophiquement à la mort.* – Du préc.

philotechnique [filotɛknik] adj. Vieilli *Société philotechnique*, qui a pour objet la diffusion des arts et des sciences. – De *philo-*, et gr. *tekhnê*, «art».

philtre [filtʀ] n. m. Breuvage magique propre à inspirer l'amour. – Lat. *philtrum*, gr. *philtron.*

phimosis [fimozis] n. m. MED Étroitesse anormale du prépuce, qui empêche de découvrir le gland. – Mot gr., «resserrement».

phléb(o)-. Élément, du gr. *phlebs, phlebos*, «veine».

phlébite [flebit] n. f. Thrombose veineuse siégeant en général aux membres inférieurs et survenant le plus souvent chez les cardiaques, les accouchées, les opérés récents. – De *phléb-*, et *-ite.*

phlébologie [flebɔlɔʒi] n. f. MED Branche de la médecine qui étudie les veines et le traitement de leurs affections. – De *phléb(o)-*, et *-logie.*

phlébotome [flebotom] n. m. **1.** CHIR Anc. Lancette utilisée autrefois pour les saignées. **2.** ZOOL Petit moustique (genre *Phlebotomus*) des régions méditerranéennes et tropicales, vecteur de la leishmaniose. – Bas lat. *phlebotomus*, du gr.

phlébotomie [flebotɔmi] n. f. CHIR Incision de la paroi d'une veine. – Du préc.

phlegme, phlegmatique. V. flegme, flegmatique.

phlegmon [flɛgmɔ̃] n. m. Inflammation purulente aiguë du tissu sous-cutané ou du tissu conjonctif d'un organe. *Phlegmon circonscrit, diffus.* – Lat. méd. *phlegmon(e)*, du gr. *phlegein*, «brûler».

phlegmoneux, euse [flɛgmɔnø, øz] adj. MED Qui est de la nature d'un phlegmon. *Pus phlegmoneux.* – Du préc.

phléole. V. fléole.

phlogistique [flɔʒistik] n. m. CHIM Anc. Fluide que les anciens chimistes supposaient contenu dans les corps combustibles, et qui était censé s'en échapper avec la flamme. *La théorie du phlogistique fut ruinée par les travaux de Lavoisier au XVIIIe s.* – Lat. mod. *phlogisticum*, du gr. *phlogistos*, «inflammable».

phlox [flɔks] n. m. Plante ornementale aux fleurs de couleurs variées (genre *Phlox*, fam. polémoniacées, proches des convolvulacées). – Mot gr., «flamme».

phlyctène [fliktɛn] n. f. MED Vésicule sous-cutanée remplie de sérosité transparente. Syn. cour. ampoule. – Gr. *phluktaina*, de *phluzein*, «couler en abondance».

pH-mètre [peaʃmɛtʀ] n. m. TECH Appareil servant à la mesure du pH. – De *pH*, et *-mètre.*

-phobe, -phobie. Éléments, du rad. gr. *phobos*, «crainte».

phobie [fɔbi] n. f. **1.** PSYCHIAT Peur irraisonnée, angoissante et obsédante, de certains objets, de certaines situations. **2.** Cour. Crainte ou aversion. *Il a la phobie du travail.* – Isolé des composés savants en *-phobie.*

phobique [fɔbik] adj. PSYCHIAT **1.** Qui a rapport à la phobie. *Névrose phobique.* **2.** Atteint de phobie. ▷ Subst. *Un, une phobique.* – Du préc.

phocéen, éenne [fɔseɛ̃, eɛn] adj. et n. **1.** ANTIQ GR De Phocée. *Navigateur phocéen.* ▷ Par ext. *Comptoir phocéen.* ▷ Subst. *Les Phocéens.* **2.** Litt. Marseillais. *La cité phocéenne :* Marseille (parce que la ville fut fondée par des Grecs de Phocée v. 550 av. J.-C.). – Lat. *Phocaicus*, gr. *Phôkaikos*, «de Phocée (anc. v. d'Asie Mineure)».

phocidien, ienne [fɔsidjɛ̃, jɛn] adj. et n. ANTIQ GR De la Phocide. *Les Phocidiens. Dialecte phocidien.* – De *Phocide*, n. d'un territoire sacré de l'anc. Grèce, entre la Thessalie et la Béotie.

phocomèle [fɔkɔmɛl] n. et adj. MED Se dit d'un handicapé congénital dont les mains (ou les pieds) sont soudés au tronc, les membres supérieurs (ou inférieurs) faisant défaut. – Du gr. *phôkê*, «phoque», et *mêlos*, «membre».

phœnicoptéridés ou **phénicoptéridés** [fenikɔpteʀide] n. m. pl. ZOOL Famille d'ansériformes comprenant les flamants. – Du gr. *phoinix, phoinikos*, «rouge», de *-ptère*, et de *-idés.*

phœnix [feniks] n. m. BOT Palmier (genre *Phoenix*), dont une espèce, le *phœnix des Canaries*, est cultivé comme plante d'appartement et dont une autre espèce *(Phoenix dactylifera)* est le dattier. – Gr. *phoinix*, «palmier».

pholade [fɔlad] n. f. ZOOL Mollusque lamellibranche siphonné qui vit dans des trous qu'il creuse dans les rochers. – Du gr. *phôlas, phôlados,* «qui vit dans des trous».

pholidotes [fɔlidɔt] n. m. pl. ZOOL Ordre de mammifères qui ne comprend que les pangolins. – Du gr. *pholidôtos,* «couvert d'écailles».

pholiote [fɔljɔt] n. f. BOT Champignon basidiomycète comestible (genre *Pholiota*), à lamelles jaunes ou brunes et à anneau, qui pousse en touffes sur les souches et à la base des vieux arbres. – Lat. bot. *pholiota.*

pholque [fɔlk] n. m. ZOOL Aranéide commune à très longues pattes et à petit corps (fam. des pholicidés). – Du gr. *pholkos,* «bancal, cagneux».

phon-, phono-, -phone, -phonie. Éléments, du gr. *phônê,* «voix, son», ou des composés gr. en *-phônos,* et en *-aphônia.*

phonateur, trice [fɔnatœʀ, tʀis] ou **phonatoire** [fɔnatwaʀ] adj. PHYSIOL, LING Qui a rapport à la phonation. *La fonction phonatoire du larynx.* – De *phonat(ion).*

phonation [fɔnasjɔ̃] n. f. PHYSIOL, LING Production des sons par les organes vocaux. – Du gr. *phônê,* «voix, son».

phone [fɔn] n. m. PHYS Unité sans dimension mesurant l'intensité subjective des sons et des bruits. – De *phon-.*

-phone. V. phon-.

phonématique [fɔnematik] n. f. et adj. LING Partie de la phonologie qui étudie uniquement les phonèmes, excluant de ses analyses les faits d'intonation, d'accentuation, etc. – Adj. *Niveau phonématique,* où les phrases sont perçues comme des suites de phonèmes. – De *phonème.*

phonème [fɔnɛm] n. m. LING Unité fondamentale de la description phonologique, segment indécomposable défini par ceux de ses caractères qui ont valeur distinctive; son du langage. – Gr. *phônêma,* «son de voix».

phonémique [fɔnemik] adj. LING Relatif au phonème. *Émission phonémique.* – Du préc.

phonéticien, ienne [fɔnetisjɛ̃, jɛn] n. Spécialiste de phonétique. – De *phonétique.*

phonétique [fɔnetik] adj. et n. f. LING **1.** adj. Relatif aux sons du langage. *Alphabet phonétique international. Description phonétique.* **2.** n. f. Branche de la linguistique ayant pour objet la description des sons de la parole, indépendamment de leur valeur dans le système de la langue (cf. phonologie). *Phonétique articulatoire,* qui étudie l'émission des sons par les organes de la parole. *Phonétique acoustique,* qui étudie la structure physique des sons. *Phonétique historique,* qui étudie les changements des sons intervenus au cours de l'histoire d'une langue. – Gr. *phônêticos.*

phonétiquement [fɔnetikmɑ̃] adv. Du point de vue de la phonétique. – Du préc.

phoniatre [fɔnjatʀ] n. Didac. Médecin spécialiste de phoniatrie. – De *phoniatrie.*

phoniatrie [fɔnjatʀi] n. f. Didac. Branche de la médecine qui étudie la phonation et le traitement de ses troubles. – De *phon-,* et *-iatrie.*

phonie [fɔni] n. f. RADIOELECTR Transmission des messages par la voix (opposé à *graphie,* transmission par signaux morse). – De *(télé)phonie.*

-phonie. V. phon-.

phonique [fɔnik] adj. Didac. Relatif aux sons ou à la voix. – Du gr. *phônê,* «voix, son».

phono [fɔno] n. m. Fam., vieilli Phonographe, et, par ext., électrophone. – Abrév. de *phonographe.*

phono-. V. phon-.

phonogramme [fɔnɔgʀam] n. m. Didac. Tracé de l'enregistrement des vibrations sonores de la voix humaine. – De *phono-,* et *-gramme.*

phonographe [fɔnɔgʀaf] n. m. Ancien appareil mécanique servant à reproduire les sons, auj. remplacé par l'électrophone. – Abrév. *phono.* – De *phono-,* et *-graphe.*

phonographique [fɔnɔgʀafik] adj. **1.** Vx Qui a rapport au phonographe. **2.** Mod. Qui a rapport à l'enregistrement sonore (notam. à l'enregistrement sur disque). *Droits de reproduction phonographique.* – Du préc.

phonolithe ou **phonolite** [fɔnɔlit] n. m. ou f. GEOL Roche volcanique microlithique qui résonne quand on la frappe. – De *phono-,* et *-lithe.*

phonolithique ou **phonolitique** [fɔnɔlitik] adj. GEOL Qui a rapport à la phonolite, qui est de même nature qu'elle. – Du préc.

phonologie [fɔnɔlɔʒi] n. f. LING Branche de la linguistique qui s'attache à décrire les systèmes phonémiques des langues en termes de différences et de ressemblances fonctionnelles (pertinentes pour la communication). – De *phono-,* et *-logie.*

phonologique [fɔnɔlɔʒik] adj. LING Qui a rapport à la phonologie. – Du préc.

phonologue [fɔnɔlɔg] n. LING Spécialiste de l'étude fonctionnelle des sons du langage, de phonologie. – De *phonologie.*

phonométrie [fɔnɔmetʀi] n. f. TECH Mesure de l'intensité des sons. – De *phono-* et *-métrie.*

phonon [fɔnɔ̃] n. m. PHYS Quantum d'énergie du champ d'agitation thermique des noyaux. (Il transporte l'énergie *hf, h* étant la constante de Planck et *f* la fréquence d'oscillation.) – De *phon-,* sur *photon.*

phonothèque [fɔnɔtɛk] n. f. Établissement où sont conservés des documents sonores (disques, bandes magnétiques, etc.). – De *phono-,* et *-thèque.*

phoque [fɔk] n. m. Mammifère marin (fam. phocidés, ordre des pinnipèdes), amphibie, aux oreilles sans pavillon, à la fourrure rase, qui se déplace difficilement hors de l'eau. *Le phoque commun est cour. appelé loup-marin* (en France, *veau marin*). *Le nouveau-né du phoque du Groenland est appelé blanchon, en raison de son pelage. La chasse aux bébés-phoques.* ▷ Fourrure de cet animal. *Manteau de phoque.* – Lat. *phoca,* gr. *phôkê.*

ENCYCL Les phoques vivent surtout dans les mers froides et se nourrissent de poissons et de crustacés. Grâce à leurs propriétés physiologiques et métaboliques, ils peuvent résister aux grands froids, plonger à de grandes profondeurs et rester immergés jusqu'à une trentaine de minutes. La taille des phoques adultes de l'est du Canada varie de 1,40 m à 2,30 m. Le phoque commun (*Phoca vitulina*), répandu de l'Arctique jusque dans des régions situées bien au sud de la Nouvelle-Angleterre, fréquente les eaux côtières et l'embouchure des fleuves et peut même remonter certains cours d'eau. Le phoque gris (*Halichœrus grypus*), de distribution plus restreinte (à partir du Labrador jusqu'au sud de la Nouvelle-Angleterre), préfère les côtes rocheuses et est, avec le phoque commun, considéré comme nuisible par les pêcheurs parce qu'il endommage les filets. Le phoque du Grœnland (*Pagophilus grœnlandicus*) descend peu à peu vers le sud à partir du mois de septembre pour se reproduire, au printemps, sur la banquise du golfe du Saint-Laurent. C'est à cette occasion que se fait la chasse des nouveaux-nés (blanchons) dont la fourrure blanche est très appréciée, notamment en Europe; cette chasse a suscité une vive opposition, surtout pour des raisons d'ordre éthique, de la part d'associations pour la protection des animaux. Le phoque à capuchon (*Cystophora cristata*), moins abondant que le précédent, est également chassé pour sa peau à la hauteur de Terre-Neuve. Le phoque annelé (*Phoca hispida*) et le phoque barbu (*Erignathus barbatus*) sont plutôt solitaires et se restreignent aux régions les plus nordiques, à partir du sud du Labrador.

-phore. Élément, du gr. *pherein*, «porter».

phormium [fɔʀmjɔm] n. m. BOT Plante vivace (genre *Phormium*, fam. liliacées) dont une espèce, le lin de Nouvelle-Zélande *(Phormium tenax)*, fournit une fibre textile et est également cultivée comme plante ornementale. – Mot lat., «natte», gr. *phormion.*

phoronidiens [fɔʀonidjɛ̃] n. m. pl. ZOOL Classe de lophophoriens sédentaires, vermiformes et marins. – Du n. de *Phoronis*, divinité myth. marine grecque.

phosgène [fɔsʒɛn] n. m. CHIM Gaz très toxique ($COCl_2$) résultant de la combinaison du chlore et de l'oxyde de carbone, fréquemment utilisé pendant la Première Guerre mondiale comme gaz de combat. – Du gr. *phôs*, «lumière», et de *-gène.*

phosphatage [fɔsfataʒ] n. m. AGRIC Action de phosphater le sol. – De *phosphate.*

phosphatase [fɔsfataz] n. f. BIOCHIM Enzyme du groupe des hydrolases qui libère l'acide phosphorique en agissant sur différents substrats. – De *phosphate.*

phosphate [fɔsfat] n. m. **1.** CHIM Anc. Sel ou ester de l'acide phosphorique. ▷ Mod. (Dans la nouvelle nomenclature.) Anion oxygéné du phosphore. **2.** Mélange de phosphates, employé comme engrais, cf. superphosphate. – De *phosph(ore)*, et *-ate.*

phosphaté, ée [fɔsfate] adj. **1.** Didac. Qui est à l'état de phosphate. ▷ Qui renferme des phosphates. *Engrais phosphaté.* **2.** Cour. Se dit de préparations qui contiennent du phosphate de calcium. *Bouillie phosphatée.* – Du préc.

phosphater [fɔsfate] v. tr. **[1]** AGRIC Fertiliser (une terre) avec des phosphates. – De *phosphate.*

phosphaturie [fɔsfatyʀi] n. f. MED Élimination des phosphates par les urines. – De *phosphate*, et *-urie.*

phosphène [fɔsfɛn] n. m. PHYSIOL Sensation lumineuse provoquée par un choc sur le globe oculaire ou par une excitation électrique, la paupière étant fermée. – Du gr. *phôs*, «lumière», et *phainein*, «briller».

phosphite [fɔsfit] n. m. CHIM Sel ou ester de l'acide phosphoreux. – De *phosph(ore)*, et *-ite* 2.

phospholipide [fɔsfolipid] n. m. BIOCHIM Lipide phosphoré présent dans toutes les cellules vivantes, au rôle métabolique très important. *Les lécithines sont des phospholipides.* – De *phospho(re)*, et *lipide.*

phospholipidique [fɔsfolipidik] adj. BIOCHIM Relatif aux phospholipides. – Du préc.

phosphore [fɔsfɔʀ] n. m. Corps simple, non-métal dont il existe plusieurs variétés allotropiques, parmi lesquelles le phosphore blanc, solide de couleur ambrée, translucide et mou, à odeur alliacée, extrêmement vénéneux, qui fond vers 44 °C, et le phosphore rouge, solide violet ou jaune, non toxique, qui est stable dans les conditions normales de température et de pression; élément de numéro atomique $Z = 15$ et de masse atomique 30,97 (symbole P). *Luminescence du phosphore blanc.* Cf. phosphorescence. – Du gr. *phôsphoros*, «lumineux», de *phôs*, «lumière», et *pherein* «apporter».

ENCYCL Le phosphore, extrait de l'urine en 1669 par l'Allemand Brand, est un non-métal solide à la température ordinaire. Le phosphore et ses composés sont des réducteurs énergiques; associée à la variété blanche, la variété rouge modère son activité. Le phosphore rend la fonte cassante et doit en être éliminé (déphosphoration). Les dents et les os en contiennent sous forme de phosphates; il est indispensable à l'organisme, auquel il est apporté par l'alimentation.

phosphoré, ée [fɔsfɔʀe] adj. Additionné de phosphore, qui contient du phosphore. – Du préc.

phosphorer [fɔsfɔʀe] v. intr. **[1]** Fam. Réfléchir intensément; se livrer avec ardeur, opiniâtreté, à un travail intellectuel (cf. *potasser*). – De *phosphore.*

phosphorescence [fɔsfɔʀɛsɑ̃s] n. f. **1.** Cour. Luminescence du phosphore blanc, due à son oxydation spontanée à l'air libre. – *Par ext.* Luminescence d'un corps quelconque. ▷ Luminescence d'un être vivant. *La phosphorescence du ver luisant.* **2.** PHYS Propriété que présentent certains corps d'émettre de la lumière après avoir été soumis à un rayonnement, visible ou non (lumière, rayons ultraviolets, chaleur, etc.). – De *phosphore.*

phosphorescent, ente [fɔsfɔʀɛsɑ̃, ɑ̃t] adj. **1.** Qui émet une lueur dans l'obscurité sans dégagement de chaleur. *Le noctiluque est phosphorescent.* ▷ Qui semble émettre une lueur (en réfléchissant la moindre lumière captée). *Les yeux phosphorescents des chats.* **2.** PHYS Luminescent par phosphorescence (au sens 2). ▷ Cour. Qui évoque la lumière émise par les corps phosphorescents (au sens 2). *Un vert phosphorescent.* – Du préc.

phosphoreux, euse [fɔsfɔʀø, øz] adj. Didac. Qui contient du phosphore. *Fonte phosphoreuse.* ▷ CHIM *Anhydride phosphoreux*, de formule P_2O_3, obtenu lors de la combustion lente du phosphore. – *Acide phosphoreux*, de formule H_3PO_3. – De *phosphore.*

phosphorique [fɔsfɔʀik] adj. CHIM *Anhydride phosphorique*, de formule P_2O_5, obtenu lors de la combustion vive du phosphore. ▷ *Acide phosphorique*, de formule H_3PO_4. – De *phosphore.*

phosphorisme [fɔsfɔʀism] n. m. MED Intoxication par le phosphore. – De *phosphore.*

phosphorite [fɔsfɔʀit] n. f. CHIM Phosphate de calcium naturel. – De *phosphore.*

phosphure [fɔsfyʀ] n. m. CHIM Combinaison du phosphore avec l'hydrogène ou avec un autre métal. – De *phosphore.*

phot [fɔt] n. m. PHYS Unité d'éclairement égale à 10 000 lux, soit 1 lumen par cm^2 (symbole ph). – Du gr. *phôs, phôtos*, «lumière».

-phot, -phote, photo-. Éléments, du gr. *phôs, phôtos*, «lumière».

photo. V. photographie.

photobiologie [fɔtobjɔlɔʒi] n. f. BIOL Étude de l'action de la lumière sur les organismes vivants. – De *photo-*, et *biologie.*

photochimie [fɔtoʃimi] n. f. CHIM Étude des réactions chimiques produites ou favorisées par la lumière. – De *photo-*, et *chimie.*

photochimique [fɔtoʃimik] adj. CHIM Qui a rapport à la photochimie, aux effets chimiques de la lumière. – Du préc.

photochromique [fɔtokʀɔmik] ou **photochrome** [fɔtokʀom] adj. TECH *Verre photochromique:* verre dont la teinte change suivant l'intensité lumineuse, utilisé notam. dans la fabrication de certaines lunettes de soleil. – De *photo-*, et *-chrome.*

photochromisme [fɔtokʀɔmism] n. m. TECH Phénomène caractérisé par une variation réversible du spectre d'absorption d'un corps suivant l'intensité lumineuse qu'il reçoit. – De *photo-, -chrome*, et *-isme.*

photocomposeuse [fɔtokõpozøz] n. f. TECH Appareil pour la photocomposition. – De *photocomposition.*

photocomposition [fɔtokõpozisjõ] n. f. TECH Composition photographique d'un texte destiné à l'impression. – De *photo-,* et *composition.*

photoconducteur, trice [fɔtokõdyktœʀ, tʀis] adj. ELECTR Se dit d'un corps dont la résistivité varie sous l'action d'un rayonnement lumineux. – De *photo-,* et *conducteur.*

photoconduction [fɔtokõdyksjõ] n. f. ELECTR Variation de la résistivité d'un corps sous l'action de la lumière. – De *photo-,* et *conduction.*

photocopie [fɔtokɔpi] n. f. Reproduction photographique d'un document. – De *photo-,* et *copie.*

photocopier [fɔtokɔpje] v. tr. [1] Effectuer la photocopie de. *Photocopier un rapport.* – Du préc.

photocopieur [fɔtokɔpjœʀ] n. m. ou **photocopieuse** [fɔtokɔpjøz] n. f. Appareil pour la photocopie. – Du préc.

photodégradable [fɔtodegʀadabl] adj. TECH Se dit d'une substance qui se dégrade sous l'action de la lumière. – De *photo-,* et *dégradable,* d'après *biodégradable.*

photodégradation [fɔtodegʀadasjõ] n. f. TECH Dégradation de certaines matières plastiques sous l'action des rayons ultraviolets. – De *photo-,* et *dégradation.*

photodiode [fɔtodjɔd] n. f. ELECTRON Diode dans laquelle un rayon lumineux incident provoque une variation du courant électrique et peut, par là, déclencher un mécanisme électronique. *Une photodiode ne dépasse pas quelques mm³ et est utilisée dans l'industrie, notam. pour les systèmes de comptage et systèmes de sécurité divers.* – De *photo-,* et *diode.*

photoélasticimétrie [fɔtoelastisimetʀi] n. f. TECH Étude des lignes de contrainte qui affectent la masse d'une pièce, d'un organe mécanique, etc., par l'observation en lumière polarisée d'une réplique en matière transparente de cette pièce ou de cet organe, soumise aux mêmes efforts. – De *photo-, élasticité,* et *-métrie.*

photoélasticité [fɔtoelastisite] n. f. TECH Propriété qu'ont certaines matières transparentes isotropes de devenir anisotropes sous l'action de contraintes mécaniques. *La photoélasticimétrie est une application de la photoélasticité.* – De *photo-,* et *élasticité.*

photoélectricité [fɔtoelɛktʀisite] n. f. ELECTR Ensemble des phénomènes électriques liés à l'action des radiations (visibles ou non) sur certains corps. ▷ *Spécial.* Photoémission. – De *photo-,* et *électricité.*

photoélectrique [fɔtoelɛktʀik] adj. ELECTR *Effet photoélectrique:* émission d'électrons (photoémission) sous l'effet de la lumière, ou, plus généralement, sous l'action d'un rayonnement électromagnétique. ▷ *Cellule photoélectrique:* dispositif fondé sur l'effet photoélectrique, destiné à mesurer l'intensité d'un flux lumineux. – *Par ext.* Tout dispositif de mesure d'un flux lumineux. – De *photo-,* et *électrique.*

photoémetteur, trice [fɔtoemɛtœʀ, tʀis] ou **photoémissif, ive** [fɔtoemisif, iv] adj. PHYS Qui émet des électrons sous l'action de la lumière. – De *photo-,* et *émetteur, émissif.*

photoémission [fɔtoemisjõ] n. f. PHYS Émission d'électrons sous l'action de la lumière. – De *photo-,* et *émission.*

photoémissivité [fɔtoemisivite] ELECTRON Caractère d'une substance photoémissive. – De *photoémissif.*

photofission [fɔtofisjõ] n. f. PHYS NUCL Fission d'un atome sous l'action de photons. – De *photo-,* et *fission.*

photogène [fɔtoʒɛn] adj. Vx Qui produit de la lumière, luminescent. – De *photo-,* et *-gène.*

photogénie [fɔtoʒeni] n. f. Qualité de ce qui est photogénique. – De *photo-,* et *-génie.*

photogénique [fɔtoʒenik] adj. **1.** Qui donne des images photographiques nettes, de bonne qualité. *Texture, matière photogénique.* **2.** Cour. Dont l'image photographique est plaisante à regarder. ▷ Qui est plus beau en photographie qu'au naturel. *Visage photogénique.* – De *photo-,* et *-génique,* d'après l'angl. *photogenic.*

photogrammétrie [fɔtogʀametʀi] n. f. TECH Ensemble des techniques permettant de mesurer et de situer les objets dans les trois dimensions de l'espace par l'analyse d'images perspectives (le plus souvent photographiques) en deux dimensions. *Traçage des cartes par photogrammétrie à partir de vues aériennes.* – De *photo-, -gramm(e),* et *-(m)étrie.*

photographe [fɔtogʀaf] n. **1.** Personne qui photographie; professionnel de la photographie. *Photographe amateur. Photographe de presse, de mode.* **2.** Commerçant, professionnel qui se charge du développement et du tirage des films qu'on lui confie, de la vente de matériel photographique. – De *photographie.*

photographie [fɔtogʀafi] ou (plus cour.) **photo** [fɔto] n. f. **1.** Art de fixer durablement l'image des objets par utilisation de l'action de la lumière sur une surface sensible. *Les applications de la photographie dans le domaine des sciences. Histoire de la photographie.* – Art et technique de la prise de vue photographique (on dit presque exclusivement *photo,* en ce sens). *Faire de la photo; aimer la photo.* – Par appos. *Appareil(s) photo,* photographique. **2.** Image obtenue par photographie. *Prendre, développer, tirer une photo. Spécial.* Image d'une personne obtenue par photographie. *Photo d'identité. – Prendre une photo de qqn; prendre en photo.* **3.** Fig. Image, reproduction exacte. *Son rapport était une photographie très complète de la situation.* – De *photo-,* et *-graphie.*

ENCYCL Le procédé photographique repose sur deux principes: la formation de l'image dans la chambre noire, et la sensibilité à la lumière des composés halogénés de l'argent. En 1835, Daguerre obtenait une épreuve positive directe (le «daguerréotype») qu'il parvenait à fixer trois années plus tard. En 1841, l'Anglais Fox Talbot faisait breveter son négatif (le «calotype») qui permet de multiples tirages de positifs, alors que le daguerréotype n'offrait qu'une épreuve positive unique. Un appareil photographique se compose essentiellement: d'une chambre noire; d'un objectif avec diaphragme; d'un dispositif de mise au point déplaçant tout ou partie de l'objectif par rapport au plan de la surface sensible; d'un viseur destiné au cadrage et, parfois, au contrôle de la mise au point et des différents réglages; d'un obturateur; éventuellement d'appareils permettant de mesurer l'éclairement du sujet et la distance; enfin d'un dispositif servant à contenir ou à introduire la surface sensible. La photographie, en outre, fonctionne selon d'autres procédés que ceux utilisant les composés halogénés d'argent. – *Les polymères photosensibles* ont la propriété de perdre leur solubilité sous l'action de la lumière ou d'une autre radiation. Ils sont utilisés en photogravure, pour la fabrication des microéléments des circuits imprimés ainsi que pour l'usinage chimique des grandes pièces en aluminium et en alliages légers. – *L'électrophotographie* utilise la photoconductibilité de certaines substances (oxyde de zinc, par ex.), non conducteurs à l'obscurité; l'image se forme sur une surface sensible, chargée par un puissant champ électrique avant son exposition. – Les améliorations techniques apportées aux appareils photographiques (nombreuses possibilités d'adaptation, automatisation, etc.), ainsi que les progrès considérables des surfaces sensibles (couleurs, développement instantané, haute sensibilité, etc.) sont à la base de l'essor de la photographie. Par ses applications à la science, à l'industrie, par ses utilisations dans les media, dans l'enseignement, etc., la photographie est un élément déterminant de l'information. Elle nous permet de comprendre des phénomènes inaccessibles à notre vision (photographie à l'infrarouge, archéologie aérienne, météorologie spatiale, détection des particules ionisantes, astronomie, etc.).

photographier [fɔtogʀafje] v. tr. [1] **1.** Enregistrer l'image de (qqn, qqch) par la photographie. *Photographier un monument.* **2.** Fig. Enregistrer avec précision dans son esprit l'image de (qqn, qqch). ▷ Faire une peinture, une description très minutieuse de. *Balzac a photographié la société de son temps.* – Du préc.

photographique [fɔtogʀafik] adj. Qui appartient, qui sert à la photographie. *Appareil photographique.* – Obtenu par photographie. *Cliché photographique.* ▷ Fig. *Une précision photographique.* – De *photographie.*

photographiquement [fɔtogʀafikmɑ̃] adv. **1.** Par des moyens photographiques. **2.** Fig. Avec la fidélité, l'exactitude de la photographie. – Du préc.

photograveur [fɔtogʀavœʀ] n. m. Spécialiste de la photogravure. – De *photo(gravure),* et *graveur.*

photogravure [fɔtogʀavyʀ] n. f. Ensemble des opérations conduisant à l'obtention, par voie photographique, de clichés dont les éléments imprimants sont en relief, en creux ou à plat, selon le procédé d'impression auquel on les destine; l'image obtenue, reproduite d'après ce cliché. – De *photo-,* et *gravure.*

photo-interprétation [fɔtoɛ̃tɛʀpʀetasjɔ̃] n. f. TECH Analyse de photographies aériennes en vue d'établir des cartes (topographiques, pédologiques, etc.). – De *photo-,* et *interprétation.*

photolithographie [fɔtolitogʀafi] n. f. **1.** Ensemble des procédés de gravure photochimique où la forme imprimante ne comporte ni relief ni creux. **2.** ELECTRON Technique de fabrication de circuits intégrés consistant à créer des parties oxydées sur la surface d'une puce de silicium exposée aux ultraviolets. – De *photo-,* et *lithographie.*

photoluminescence [fɔtolyminɛsɑ̃s] n. f. Didac. Luminescence d'un corps qui renvoie une radiation d'une longueur d'onde différente de celle qu'il absorbe. – De *photo-,* et *luminescence.*

photolyse [fɔtoliz] n. f. CHIM Décomposition chimique sous l'action de la lumière. – De *photo-,* et gr. *lusis,* «dissolution».

photomacrographie [fɔtomakʀogʀafi] n. f. Syn. de *macro-photographie.*

photomaton [fɔtomatɔ̃] n. m. Installation de photographie payante, dotée d'un dispositif mixte pour prendre, développer et tirer automatiquement et instantanément les clichés. – Les clichés ainsi obtenus. – Marque déposée, de *photo(graphie),* et *(au)toma(tique).*

photomécanique [fɔtomekanik] adj. TECH Se dit de tout procédé de reproduction qui permet de créer des clichés, des matrices ou des planches d'impression par des moyens photographiques ou photochimiques. – De *photo-,* et *mécanique.*

photomètre [fɔtomɛtʀ] n. m. TECH Appareil servant à mesurer l'intensité lumineuse. – De *photo-,* et *-mètre.*

photométrie [fɔtometʀi] n. f. PHYS Mesure de l'intensité d'une source lumineuse. – De *photo-,* et *-métrie.*

photométrique [fɔtometʀik] adj. PHYS De la photométrie. – Du préc.

photomicrographie. Syn. de *microphotographie.*

photomontage [fɔtomɔ̃taʒ] n. m. Montage de photographies. – De *photo-,* et *montage.*

photomultiplicateur [fɔtomyltiplikatœʀ] n. m. PHYS Appareil associant un dispositif d'amplification du courant à une cellule photoélectrique, utilisé en particulier en astronomie et en physique nucléaire pour la détection et la mesure des très faibles rayonnements. – De *photo-,* et *multiplicateur.*

photon [fɔtɔ̃] n. m. PHYS Particule de masse et de charge nulles associée à un rayonnement lumineux ou électromagnétique. – De *phot-,* et suff. *-on,* de *(électr)on.*

ENCYCL Les photons se déplacent à la vitesse de la lumière. Leur énergie est égale au produit de la fréquence de l'onde à laquelle ils sont associés, par la constante de Planck.

photonique [fɔtɔnik] adj. PHYS Relatif aux photons. – Du préc.

photopériodisme [fɔtopeʀjɔdism] n. m. BOT Ensemble des phénomènes liés à la succession du jour et de la nuit, qui affectent la vie des plantes. Cf. aussi phytochrome. – De *photopériodique.*

ENCYCL Les *plantes de jours longs* ne fleurissent que lorsque les jours sont plus longs que les nuits; ainsi, à la fin du printemps et en été, le mouron rouge, l'épinard, le blé de printemps, le seigle fleurissent. Les *plantes de jours courts* fleurissent au début du printemps et en automne (tabac, certains chénopodes, etc.). Enfin, l'alternance jour-nuit n'a aucune influence sur la mise à fleur des *plantes indifférentes.* Les plantes de jours courts et de jours longs mises dans des conditions de lumière non conformes à leurs exigences restent indéfiniment végétatives; ces propriétés sont utilisées par les fleuristes pour synchroniser la floraison de diverses espèces.

photophobie [fɔtofɔbi] n. f. MED Crainte pathologique de la lumière, symptôme lié à certaines affections oculaires ou cérébrales. – De *photo-,* et *-phobie.*

photophore [fɔtofɔʀ] n. m. **1.** Lampe à réflecteur. *Photophore de mineur, de spéléologue,* destiné à être fixé au casque. ▷ Lampe portative à manchon incandescent. **2.** Coupe décorative en verre, destinée à recevoir une bougie ou une veilleuse. – De *photo-,* et *-phore.*

photopile [fɔtopil] n. f. TECH Générateur de courant continu qui transforme en électricité l'énergie lumineuse qu'il reçoit, appelé aussi *batterie* (ou *pile*) *solaire. Satellite alimenté en électricité par des photopiles.* – De *photo-,* et *pile.*

photorécepteur, trice [fɔtoʀesɛptœʀ, tʀis] n. m. et adj. BIOL Zone d'un organisme spécialisée dans la réception des ondes lumineuses. ▷ Adj. *Cellule photoréceptrice.* – De *photo-,* et *récepteur.*

photorésistance [fɔtoʀezistɑ̃s] n. f. ELECTR Résistance constituée de semiconducteurs, dont la résistivité diminue lorsque l'éclairement augmente. – De *photo-,* et *résistance.*

photorésistant, ante [fɔtoʀezistɑ̃, ɑ̃t] adj. ELECTR Qui a les propriétés d'une photorésistance. – De *photo-,* et *résistant.*

photosensible [fɔtosɑ̃sibl] adj. TECH Sensible à la lumière, qui peut être impressionné par la lumière. – De *photo-,* et *sensible.*

photosphère [fɔtosfɛʀ] n. f. ASTRO Couche superficielle du soleil, d'où provient la plus grande partie de son rayonnement. – De *photo-,* et *sphère.*

photostat [fɔtosta] n. m. TECH Reproduction obtenue par photocopie. – De *photo-,* et *-stat;* n. déposé.

photostoppeur, euse [fɔtostɔpœʀ, øz] n. Personne qui photographie les passants dans la rue, les lieux publics puis leur propose d'acheter la photo. – De *photo(graphie)*, d'ap. *auto-stoppeur*.

photosynthèse [fɔtosɛ̃tɛz] n. f. BIOL Synthèse de substances organiques effectuées par les plantes vertes exposées à la lumière. – De *photo-*, et *synthèse*. ENCYCL La photosynthèse consiste en la transformation de l'énergie lumineuse en énergie chimique: à partir du gaz carbonique atmosphérique et de l'eau, les plantes vertes réalisent la synthèse de glucides (substances organiques riches en énergie) grâce à l'énergie lumineuse emmagasinée par la chlorophylle, pigment contenu dans les feuilles de ces plantes. V. aussi photopériodisme.

photosynthétique [fɔtosɛ̃tetik] adj. BOT De la photosynthèse, qui a rapport à la photosynthèse. – Du préc.

phototactisme [fɔtotaktism] n. m. BIOL Tactisme commandé par la lumière. – De *photo-*, et *tactisme*.

photothécaire [fɔtotekɛʀ] n. Rare Personne en charge d'une photothèque. – De *photothèque*, d'après *bibliothécaire*.

photothèque [fɔtotɛk] n. f. Lieu où l'on conserve une collection de documents photographiques. ▷ Cette collection elle-même. – De *photo-*, et *-thèque*, sur *bibliothèque*.

photothérapie [fɔtoteʀapi] n. f. MED Utilisation thérapeutique de la lumière. – De *photo-*, et *-thérapie*.

phototropisme [fɔtotʀɔpism] n. m. BOT Tropisme commandé par la lumière. *Phototropisme positif des fleurs et des feuilles des végétaux. Phototropisme négatif des racines*. – De *photo-*, et *tropisme*.

phototype [fɔtotip] n. m. TECH Image photographique obtenue directement à partir du sujet. – De *photo-*, et *-type*.

phototypie [fɔtotipi] n. f. TECH Procédé de reproduction par tirage aux encres grasses, dans lequel on insole une plaque sensible placée sous un phototype. – De *photo-*, et *typie*.

photovoltaïque [fɔtovɔltaik] adj. TECH *Effet photovoltaïque :* apparition d'une différence de potentiel entre deux couches d'une plaquette de semiconducteur dont les conductibilités sont opposées, ou entre un semiconducteur et un métal, sous l'effet d'un flux lumineux. *Cellule photovoltaïque :* générateur, appelé aussi *photopile*, qui utilise l'effet photovoltaïque. – De *photo-*, et *voltaïque*.

phragmite [fʀagmit] n. m. **1.** BOT Plante herbacée (genre *Phragmites*, fam. graminées) dont une espèce est le roseau commun ou roseau à balais. **2.** ZOOL Fauvette des roseaux (genre *Acrocephalus*). – Du gr. *phragmitês*, «qui sert à faire une haie».

phrase [fʀɑz] n. f. **1.** Assemblage de mots, énoncé, qui présente un sens complet. *Phrase correcte, élégante, mal construite, boiteuse. Sujet et prédicat d'une phrase. Phrase ne comportant qu'un mot, ou mot-phrase.* (Ex.: *Cours!*) ▷ Au pl. *Faire des phrases, de grandes phrases:* avoir un langage affecté, tenir des discours vains et prétentieux. – *Sans phrases :* sans ambages, sans détours. **2.** MUS Suite de notes ou d'accords présentant une certaine unité et dont la fin est marquée par un repos (cadence ou silence). – Lat. *phrasis*, mot gr., «élocution».

phrasé [fʀɑze] n. m. MUS Art de phraser; façon de phraser. – Du préc.

phraséologie [fʀazeɔlɔʒi] n. f. **1.** Manière de construire les phrases, particulière à un milieu, à une époque, etc., ou propre à un écrivain. *La phraséologie des notaires.* **2.** Usage de phrases verbeuses, de mots prétentieux et vides de sens. – Du gr. *phrasis*, «élocution», et *-logie*.

phraséologique [fʀazeɔlɔʒik] adj. **1.** Qui a rapport à la phraséologie (sens 1), à une phraséologie déterminée. **2.** Marqué par la phraséologie (sens 2). *Style abscons et phraséologique*. – Du préc.

phraser [fʀɑze] v. [1] **1.** v. intr. Faire des phrases, déclamer. **2.** v. tr. MUS Jouer (un air, un fragment de mélodie) en faisant clairement sentir le développement des phrases musicales, en accentuant correctement celles-ci et en posant les respirations là où elles sont nécessaires. – De *phrase*.

phraseur, euse [fʀɑzœʀ, øz] n. et adj. Personne qui phrase, déclamateur prétentieux. ▷ Adj. *Éloquence phraseuse*. – De *phraser;* d'abord *phrasier*.

phrastique [fʀastik] adj. LING De la phrase; qui a rapport à la phrase. *Analyse phrastique du discours*. – De *phrase;* gr. *phrastikos*.

phratrie [fʀatʀi] n. f. **1.** ANTIQ GR Subdivision de la tribu à Athènes. **2.** ETHNOL Groupe de clans au sein d'une tribu. – Gr. *phratria*.

phréatique [fʀeatik] adj. GEOL *Nappe phréatique:* nappe d'eau souterraine, permanente ou temporaire, alimentée par les eaux d'infiltration. – Du gr. *phreas, phreatos*, «puits».

phrénique [fʀenik] adj. ANAT Du diaphragme, qui a rapport au diaphragme. *Nerf phrénique* ou, n. m., *le phrénique*. – Du gr. *phrên, phrenos*, «diaphragme».

phrénologie [fʀenɔlɔʒi] n. f. Anc. Étude des facultés intellectuelles et du caractère d'après les bosses et les dépressions crâniennes. *La phrénologie, fondée par Gall, est depuis longtemps abandonnée*. – Du gr. *phrên, phrenos*, «intelligence», et *-logie*.

phrénologique [fʀenɔlɔʒik] adj. Anc. Relatif à la phrénologie. – Du préc.

phrygane [fʀigan] n. f. ZOOL Insecte (ordre des trichoptères, super-ordre des névroptéroïdés) dont les larves, aquatiques, se protègent en construisant un fourreau à l'aide de divers matériaux (grains de sable, brindilles, etc.). Syn. cour. traîne-bûches. – Lat. *phryganius*, gr. *phruganion*, «petit bois sec».

phrygien, ienne [fʀiʒjɛ̃, jɛn] adj. **1.** ANTIQ GR De Phrygie; relatif à la Phrygie, à ses habitants. ▷ Subst. *Un Phrygien, une Phrygienne.* **2.** Mod. *Bonnet phrygien*. V. bonnet. – De *Phrygie*, anc. région d'Asie Mineure.

phtalate [ftalat] n. m. CHIM Sel, ester de l'acide phtalique. *Certains phtalates sont utilisés comme plastifiants*. – De *(na)phtal(ène)*, et *-ate*.

phtaléine [ftalein] n. f. CHIM Matière colorante formée par l'union de l'anhydride phtalique et d'un phénol. – De *(na)phtalène*, et *-ine*.

phtalique [ftalik] adj. CHIM *Acide phtalique:* diacide de formule $C_6H_4\ (CO_2H)_2$ utilisé dans la fabrication des résines glycérophtaliques et de certains textiles synthétiques. – De *(na)phtal(ène)*, et *-ique*.

phtiriasis [ftiʀjazis] n. m. ou **phtiriase** [ftiʀjaz] n. f. MED Dermatose due aux poux, appelée aussi *maladie pédiculaire*. – Lat. *phtiriasis*, d'orig. gr., de *phteir*, «pou».

phtisie [ftizi] n. f. Vx Tuberculose pulmonaire. *Phtisie galopante:* tuberculose pulmonaire évoluant très rapidement. – Lat. *phtisis*, mot gr., «consomption».

phtisiologie [ftizjɔlɔʒi] n. f. MED Spécialité médicale qui étudie et traite la tuberculose (et partic. la tuberculose pulmonaire). – De *phtisie*, et *-logie*.

phtisiologue [ftizjɔlɔg] n. MED Médecin spécialiste de phtisiologie. – Du préc.

phtisique [ftizik] adj. Vx Atteint de tuberculose pulmonaire. ▷ Subst. *Un, une phtisique.* – *Lat. phthisicus,* gr. *phthisikos.*

phyco-, -phycées. Éléments, du gr. *phukos,* «algue».

phycologie [fikɔlɔʒi] n. f. BOT Partie de la botanique qui étudie les algues. – De *phyco-,* et *-logie; v. 1841.*

phycomycètes [fikɔmisɛt] n. m. pl. BOT Classe de champignons primitifs à thalle siphonné et cellules reproductrices flagellées, souvent aqua-tiques, généralement parasites, que certains de leurs caractères rapprochent des algues brunes. – De *phyco-,* et *mycète.*

phylactère [filaktɛʀ] n. m. **1.** Vx Amulette. **2.** RELIG Petite boîte contenant un parchemin où sont inscrits des versets de la Bible, que les juifs pieux portent attachée au bras et au front pendant la prière du matin. **3.** BX-A Banderole aux extrémités enroulées, portant la légende du sujet représenté, que certains artistes du Moyen Âge et de la Renaissance faisaient figurer entre les mains des statues, dans les tableaux, etc. ▷ Espace cerné d'un trait, à l'intérieur duquel sont inscrites les paroles que les personnages d'une bande dessinée sont censés prononcer (cf. bulle). – Lat. ecclés. *phylacterium,* gr. *phulaktêrion,* trad. de l'hébr. *tephîlîn.*

phylarque [filaʀk] n. m. ANTIQ GR Chef d'une tribu athénienne. ▷ Officier des troupes auxiliaires, dans l'Empire byzantin. – Lat. *phylarchus,* gr. *phularkhos,* de *phulê,* «tribu».

phylétique [filetik] adj. BIOL Relatif au mode de formation des espèces; relatif à un phylum. – De *phylum.*

phyll-, -phylle, phyllo-. Éléments, du gr. *phullon,* «feuille».

phyllade [filad] n. m. MINER Ardoise grossière, qui se débite en plaques épaisses. – Gr. *phullas, phullados,* «feuillage, lit de feuilles».

phyllie [fili] n. f. ZOOL Insecte orthoptère de Malaisie, remarquable par son adaptation mimétique, qui le fait ressembler à une feuille. – De *phyll-.*

phyllotaxie [filotaksi] n. f. BOT Ordre selon lequel les feuilles sont disposées sur la tige d'une plante. – De *phyllo-,* et *-taxie.*

phylloxéra ou **phylloxera** [filɔkseʀa] n. m. Insecte hémiptère dont une espèce *(Phylloxera vastatrix)* parasite la vigne. ▷ Maladie de la vigne provoquée par cet insecte. – De *phyllo-,* et gr. *xeros,* «sec».

phylloxéré, ée [filɔkseʀe] adj. VITIC Attaqué par le phylloxéra. *Vigne phylloxérée.* – Du préc.

phylloxérien, ienne [filɔkseʀjɛ̃, jɛn] ou **phylloxérique** [filɔkseʀik] adj. VITIC Vx Du phylloxéra; provoqué par le phylloxéra. – De *phylloxéra.*

phylogenèse [filɔʒənɛz] ou **phylogénèse** [filɔʒenɛz] ou **phylogénie** [filɔʒeni] n. f. BIOL Mode de formation des espèces, évolution des organismes vivants. ▷ Science qui étudie cette évolution. – D'ap. l'all., du gr. *phulon,* «race», et *-genèse, -génie.*

phylogénique [filɔʒenik] ou **phylogénétique** [filɔʒenetik] adj. BIOL De la phylogenèse. – Du préc.

phylum [filɔm] n. m. BIOL Série animale ou végétale constituée d'espèces, de genres, de familles, etc., voisins ou descendant les uns des autres selon les lois de l'évolution. – D'ap. l'all., du gr. *phulon,* «race, tribu».

physalie [fizali] n. f. ZOOL Grande méduse des mers chaudes, remarquable par la volumineuse poche d'air qui lui sert de flotteur. – Du gr. *phusaleos,* «gonflé».

physalis [fizalis] n. m. BOT Syn. de *alkékenge.* – Gr. *phusalis,* de *phusân,* «gonfler».

-physe. Élément, du gr. *phusis,* «action de faire naître, formation, production».

physe [fiz] n. f. ZOOL Mollusque gastéropode d'eau douce, à coquille globuleuse senestre. – Du gr. *phusa,* «vésicule».

physicalisme [fizikalism] n. m. PHILO Doctrine empiriste qui fait de la physique et de sa terminologie un modèle pour les sciences humaines. – All. *Physikalismus,* de *physique* 2.

physicien, ienne [fizisjɛ̃, jɛn] n. Spécialiste de physique. – De *physique* 2.

physico-. Élément, de *physique.*

physico-chimique [fizikoʃimik] adj. Qui relève à la fois de la physique et de la chimie. – De *physico-,* et *chimique.*

physico-mathématique [fizikomatematik] adj. et n. **1.** adj. Anc. Qui relève à la fois de la physique et des mathématiques. **2.** n. f. Mod. Physique mathématique. V. physique 2. – De *physico-,* et *mathématique.*

physio-. Élément, du gr. *phusis,* «nature».

physiocrate [fizjɔkʀat] n. et adj. HIST, ECON Partisan de la physiocratie. – De *physiocratie.*

physiocratie [fizjɔkʀasi] n. f. HIST, ECON Doctrine économique du XVIIIe s. qui faisait de la terre et de l'agriculture la principale source de richesse et qui prônait la liberté du commerce et de l'entreprise. *Quesnay, principal représentant de la physiocratie.* – De *physio-,* et *-cratie.*

physiognomonie [fizjɔgnɔmɔni] n. f. Vieilli Art de connaître le caractère des hommes d'après l'examen de leur physionomie. – Lat. scientif. *physiognomonia,* mot gr.

physiognomonique [fizjɔgnɔmɔnik] adj. Vieilli Relatif à la physiognomonie. – Du préc.

physiognomoniste [fizjɔgnɔmɔnist] Vieilli n. Personne qui étudie, qui pratique la physiognomonie. – De *physiognomonie.*

physiologie [fizjɔlɔʒi] n. f. **1.** Science qui étudie les phénomènes dont les êtres vivants sont le siège, les mécanismes qui règlent le fonctionnement de leurs organes, les échanges qui ont lieu dans leurs tissus. *Anatomie et physiologie. Physiologie végétale, animale, humaine.* ▷ *Par ext.* Ces phénomènes, ces mécanismes, ces échanges eux-mêmes. *Physiologie de la respiration. Physiologie du tube digestif.* **2.** HIST LITTER Ouvrage littéraire qui s'attache à la description objective d'un fait humain, et dont le genre fut en grande vogue pendant la première moitié du XIXe s. *«Physiologie du goût ou Méditations de gastronomie transcendante» par Brillat-Savarin (1825).* – Lat. *physiologia,* mot gr., «étude de la nature».

physiologique [fizjɔlɔʒik] adj. **1.** De la physiologie, qui a rapport à la physiologie (branche du savoir). **2.** Qui a rapport à la physiologie, au fonctionnement d'un organisme ou d'un organe. ▷ Qui se manifeste dans le fonctionnement normal de l'organisme (opposé à *pathologique*). *Palpitations physiologiques,* dues à une émotion, un effort violent. – Bas lat. *physiologicus,* «relatif à la physique».

physiologiquement [fizjɔlɔʒikmɑ̃] adv. Du point de vue de la physiologie. – Du préc.

physiologiste [fizjɔlɔʒist] n. et adj. Médecin, chercheur spécialiste de physiologie. – De *physiologie.*

physionomie [fizjɔnɔmi] n. f. **1.** Ensemble des traits, des caractères qui donnent au visage une expression particulière. *Une physionomie douce, spirituelle.* ▷ *Absol.* Vieilli Expression vive, originale qui caractérise un visage. *Avoir de la physionomie.* **2.** Ensemble des traits qui donnent son caractère particulier à une chose, à un lieu, etc. *La physiono-*

mie politique d'un pays. – Lat. *physiognomia*, altér. de *physiognomonia*.

physionomique [fiʒjɔnɔmik] adj. Vieilli De la physionomie, qui a rapport à la physionomie. – Du préc.

physionomiste [fizjɔnɔmist] adj. et n. **I.** adj. Se dit d'une personne qui a la mémoire des visages. **II.** n. **1.** Vieilli Personne qui connaît ou qui prétend connaître le caractère d'après la physionomie. **2.** Mod. Employé d'un casino chargé de reconnaître les personnes auxquelles le règlement ou une mesure d'éviction interdit l'accès aux salles de jeu. – De *physionomie*.

physiopathologie [fizjopatɔlɔʒi] n. f. MED Physiologie pathologique, étude des organismes malades. – De *physio-*, et *pathologie*.

physiothérapie [fizjɔteʀapi] n. f. MED Utilisation thérapeutique des agents physiques (eau, air, lumière, chaleur, froid, etc.). – De *physio-*, et *-thérapie*.

1. physique [fizik] adj. et n. m. **I.** adj. **1.** Qui se rapporte aux corps matériels, à la nature matérielle des corps. *Cause, effet physiques.* **2.** Qui concerne la nature, la matière, à l'exclusion des êtres vivants. *Géographie physique. Sciences physiques:* la chimie et la physique. **3.** Relatif à la physique (par oppos. à *chimique*). *Les propriétés physiques des corps.* **4.** Du corps humain, qui a rapport au corps humain. *Aspect physique d'une personne. – Culture physique.* ▷ Instinctif, incontrôlable. *Une peur physique de l'obscurité.* ▷ Qui concerne les sens. *Plaisir, amour physique.* **II.** n. m. **1.** Constitution, état de santé du corps humain. *Le physique et le moral.* **2.** Apparence, aspect extérieur d'une personne. *Avoir un physique séduisant.* – Lat. *physicus*, gr. *phusikos*.

2. physique [fizik] n. f. Science qui a pour objet l'étude des propriétés de la matière et la détermination des lois qui la régissent. *Expériences de physique. Physique atomique, nucléaire:* partie de la physique qui étudie la structure de l'atome et de son noyau, les propriétés des particules élémentaires et des forces qui s'exercent entre elles (fission*, fusion*, etc.). *Physique expérimentale.* ▷ *Physique de... :* discipline, fondée sur des méthodes physiques, qui s'attache à l'étude de. *Physique des surfaces. Physique du globe*, ou *géophysique. Physique de l'Univers ou astrophysique.* – Lat. *physica*, «connaissance de la nature»; gr. *phusikê*.

ENCYCL La distinction entre physique et chimie est auj. purement conventionnelle, notam. au niveau de la structure de la matière à l'échelle des particules élémentaires. Les frontières s'estompent a fortiori entre les différents chapitres qui subdivisent la physique. La physique moderne tend à faire dériver les lois physiques des lois d'interaction à l'échelle des particules, rendant ainsi intelligible l'infiniment grand par la connaissance de l'infiniment petit. Mais la voie inverse est également possible, qui fait de la physique à notre échelle un cas particulier d'une physique à l'échelle de l'Univers (astrophysique). Ces deux voies sont sans doute complémentaires et l'établissement d'une science unifiée de la matière passe par l'intégration de ces différents niveaux. Les différents chapitres de la physique sont les suivants: métrologie (mesure des grandeurs); mécanique (classique, relativiste et quantique); étude de la structure de la matière (solide, liquide, gaz, plasma); thermodynamique; étude des vibrations et des rayonnements; acoustique; optique (physique et géométrique); électricité (électrostatique, électrocinétique, magnétisme, électromagnétisme, courant alternatif); physique atomique, électronique; physique nucléaire et des particules. La chimie-physique peut être considérée comme une branche de la physique atomique. L'astronomie fait appel à diverses branches de la physique (mécanique, physique nucléaire, etc.). Enfin, la physique mathématique se propose de rendre compte, par une formulation la plus générale possible, du monde matériel et des lois qui le régissent.

physiquement [fizikmɑ̃] adv. **1.** D'une manière réelle et physique; d'un point de vue physique. *C'est physiquement impossible.* **2.** Quant au physique (opposé à *moralement*). *Physiquement, il se porte bien.* – De *physique* 1.

phyt(o)-, -phyte. Éléments, du gr. *phuton*, «plante».

phytéléphas [fitelefas] n. m. BOT Palmier d'Amérique tropicale dont une espèce *(Phytelephas macrocarpa)* produit des graines à l'albumen corné, très dur, utilisé industriellement sous les noms d'*ivoire végétal* et de *corozo*. – De *phyt(o)-*, et gr. *elephas*, «ivoire».

phythormone [fitɔʀmɔn] ou **phytohormone** [fitoɔʀmɔn] n. f. BOT Hormone végétale. *Les phytohormones (auxine, gibbérelline, etc.) favorisent la croissance de la cellule et déterminent sa division.* – De *phyt(o)-*, et *hormone*.

phytobiologie [fitɔbjɔlɔʒi] n. f. BOT Biologie végétale. – De *phyto-*, et *biologie*.

phytochrome [fitɔkʀom] n. m. BOT Pigment doué de propriétés enzymatiques, qui joue un rôle important dans le développement et la floraison des plantes et dans la germination des graines. – De *phyto-*, et *-chrome*.

ENCYCL Le phytochrome, responsable du photopériodisme, existe sous deux formes, l'une active, l'autre inactive; la transformation (réversible) d'une forme en l'autre dépend de l'absorption de la lumière rouge. Dans l'obscurité, la lente réversion spontanée de la forme active en forme inactive permet à la plante de «mesurer» le temps («horloge biologique»). La concentration du phytochrome sous sa forme active conditionne la germination, la morphogenèse ou la floraison des plantes photosensibles. Cette forme active stimule le métabolisme des plantes de jour long *(héméropériodiques)*, mais inhibe celui des plantes de jour court *(nyctipériodiques)*.

phytogéographie [fitoʒeɔgʀafi] n. f. BOT Partie de la géographie qui étudie la répartition des végétaux. – De *phyto-*, et *géographie*.

phytohormone. V. phythormone.

phytoparasite [fitopaʀazit] n. m. Didac. Parasite d'un végétal. – De *phyto-*, et *parasite*.

phytopathologie [fitopatɔlɔʒi] n. f. BOT Partie de la botanique qui étudie les maladies des végétaux. – De *phyto-*, et *pathologie*.

phytophage [fitofaʒ] adj. ZOOL Qui se nourrit de substances végétales. *Insectes phytophages.* – De *phyto-*, et *-phage*.

phytophthora [fitoftɔʀa] n. m. BOT Champignon (ordre des péronosporales) parasite des plantes supérieures, dont une espèce, le *Phytophthora infestans*, est l'agent du mildiou de la pomme de terre. – De *phyto-*, et gr. *phtorios*, «destructeur».

phytoplancton [fitoplɑ̃ktɔ̃] n. m. BIOL Plancton végétal (opposé à *zooplancton*). – De *phyto-*, et *plancton*.

phytosanitaire [fitosanitɛʀ] adj. Qui concerne la préservation de la santé des végétaux. – De *phyto-*, et *sanitaire*.

phytosociologie [fitosɔsjɔlɔʒi] n. f. BOT Étude des associations végétales. – De *phyto-*, et *sociologie*.

phytothérapie [fitoteʀapi] n. f. Traitement de certaines affections par les plantes. – De *phyto-*, et *thérapie*.

phytotron [fitɔtʀɔ̃] n. m. BOT Laboratoire spécialement aménagé et équipé pour l'étude des mécanismes de la vie végétale, ensemble de salles dans lesquelles il est possible de recréer artificiellement et de faire varier les différents facteurs qui gouvernent l'activité biologique des plantes (température, lumière, humidité, etc.). – Mot angl.; de *phyto-*, sur le modèle de *cyclotron.*

phytozoaire [fitozɔɛʀ] n. m. SC NAT Animal dont la symétrie rayonnée évoque l'aspect d'une plante (spongiaires, cnidaires, etc.). Syn. zoophyte. – De *phyto-*, et gr. *zôon*, «animal».

pi [pi] n. m. **1.** Seizième lettre de l'alphabet grec (Π, π), correspondant au p de l'alphabet français. **2.** MATH Nombre transcendant, de symbole π, égal au rapport de la circonférence d'un cercle à son diamètre et dont la valeur approche 3,1416. **3.** PHYS NUCL *Méson* π : V. pion 2.

piaffer [pjafe] v. intr. [1] Frapper la terre avec les pieds de devant sans avancer, en parlant d'un cheval. ▷ Fig. *Piaffer d'impatience :* manifester son impatience par une agitation, une nervosité excessives, en parlant d'une personne; être très impatient. – Orig. incert., p.-ê. onomat.

piaffeur, euse [pjafœʀ, øz] adj. Qui a tendance à piaffer (chevaux). *Jument piaffeuse.* – De *piaffer.*

piaillard, arde. V. piailleur, euse.

piaillement. V. piaillerie.

piailler [pjaje] v. intr. [1] **1.** Pousser de petits cris aigus et répétés, en parlant d'un oiseau. ▷ Par ext., fam. *Bébé qui piaille.* **2.** Fam. Crier, criailler continuellement; récriminer. – Probabl. onomat.

piaillerie [pjajʀi] n. f. ou **piaillement** [pjajmɑ̃] n. m. **1.** Cri d'un oiseau qui piaille. **2.** Criaillerie, récrimination. – Du préc.

piailleur, euse [pjajœʀ, øz] ou **piaillard, arde** [pjajaʀ, aʀd] adj. (et n.) Qui a l'habitude de piailler. ▷ Qui ne cesse de piailler. *Marmot piaillard.* – Subst. *Ces piaillards!* – De *piailler.*

pian [pjɑ̃] n. m. MED Maladie cutanée contagieuse due à un tréponème voisin de celui de la syphilis, mais non vénérienne, qui sévit à l'état endémique dans les pays tropicaux. – D'une langue du Brésil.

pianissimo [pjanisimo] adv. et n. m. MUS **1.** Avec beaucoup de douceur. (Abrév. pp) ▷ N. m. Passage qui doit être joué pianissimo. **2.** Fam. Très doucement. – Mot ital., superl. de *piano* 2.

pianiste [pjanist] n. Musicien qui joue du piano. *Une pianiste virtuose.* – De *piano* 1.

pianistique [pjanistik] adj. Relatif au piano, à l'art de jouer du piano. *Technique pianistique.* – De *piano* 1.

1. piano [pjano] n. m. **1.** Instrument de musique à clavier et à cordes frappées qui a remplacé le clavecin. *Piano droit,* dont les cordes et la table d'harmonie sont placées verticalement. *Piano à queue,* dont les cordes et la table d'harmonie sont disposées horizontalement. *Piano demi-queue, piano quart-de-queue* ou *crapaud,* plus petits que le piano à queue. **2.** Arg. (France) *Passer au piano:* avoir ses empreintes digitales relevées par les services de l'anthropométrie judiciaire. – De l'anc. instrument appelé *piano-forte,* proche du clavecin, mais qui, à la différence de ce dernier, permettait de jouer à volonté *piano,* «doucement», ou *forte,* «fort».

2. piano [pjano] adv. (et n. m.) **1.** MUS Doucement. (Abrév. p.) *Il a exécuté ce morceau piano.* ▷ N. m. Passage qui doit être joué piano. **2.** Fam. Doucement, lentement. *Vas-y piano!* – Mot ital., «doucement».

piano-forte. V. étym. de piano 1.

pianoter [pjanɔte] v. [1] **1.** v. tr. Jouer maladroitement ou distraitement au piano. *Pianoter un air de danse.* ▷ (S. comp.) *Il ne sait pas vraiment jouer, il pianote tout juste.* **2.** v. intr. Tapoter avec les doigts sur un objet comme qqn qui joue du piano (souvent en signe d'énervement, d'impatience). *Il pianotait sur le coin de la table en regardant la pendule.* – De *piano* 1.

piastre [pjastʀ] n. f. **1.** Unité monétaire principale ou monnaie divisionnaire, actuelle ou ancienne, de plusieurs pays. *Piastre égyptienne* (1/100 de la livre). *La piastre espagnole a longtemps eu cours au Canada.* **2.** Fam. Dollar; billet de un dollar. *La piastre canadienne vaut moins que la piastre américaine. Emprunter un dix piastres. Ça coûte une piastre et demie.* – *Signe de piastre:* $. ▷ Loc. fig. *Faire la piastre:* gagner beaucoup d'argent. ▷ *Baise-la-piastre, serre-la-piastre:* avare. Syn. séraphin. Rem. Fréquemment écrit *piasse* pour rendre la prononc. fam. du mot. – Ital. *piastra.*

ENCYCL Le mot *piastre* apparaît dans les documents de la Nouvelle-France vers la fin du XVIIe s. C'est le nom que porte alors une monnaie espagnole qui circule dans les colonies d'Amérique. Sans être légale, cette monnaie est cependant tolérée puisqu'elle supplée à la rareté du numéraire qui sévit à cette époque. En 1683, un arrêt du Conseil supérieur de Québec fixe la valeur de la *piastre entière et pesante* à quatre livres. Après la Conquête, la piastre espagnole fait partie des nombreuses monnaies qui ont cours au Canada. Dans une ordonnance du 14 septembre 1764 visant à établir le cours de ces monnaies, J. Murray, Gouverneur de la province de Québec, décrète que la piastre vaudra désormais six livres françaises ou six chelins anglais. Parallèlement à *piastre espagnole,* on trouve fréquemment à cette époque les appellations *piastre française* et *piastre anglaise,* corespondant à des monnaies qui paraissent avoir eu à peu près la même valeur (fluctuante) que la première; toutes ces appellations spécifiques disparaissent peu à peu au cours du XIXe s. pour laisser la place au simple *piastre* qui s'impose comme l'équivalent français du mot anglais *dollar,* nom de la nouvelle unité monétaire légale du Canada.

Un acte de loi du 10 juin 1857 rendait en effet obligatoire, à compter du 31 décembre de la même année, «la tenue et l'audition des comptes publics [...] en dollars et en cents». Dès 1859, les mots *dollar* et *cent* sont remplacés par *piastre* et *centin* dans les versions françaises des textes de loi. Le caractère officiel de ces appellations est confirmé encore dans une loi sanctionnée le 14 avril 1871: «Les dénominations de la monnaie, d'après le système monétaire du Canada, seront énoncées en piastres, centins et millins, le centin constituant la centième partie d'une piastre, et le millin la dixième partie d'un centin.»

Le mot *piastre* a généralement eu la faveur des observateurs du langage qui l'ont recommandé pour remplacer l'anglicisme *dollar.* Au XIXe s., quelques puristes avaient cependant proposé d'abandonner ce mot au profit de *dollar* en invoquant le fait que ce dernier avait été accepté par l'Académie française en 1835. Au cours du XXe s., le mot *piastre* a pris une connotation familière et a, pour cette raison, peu à peu cédé la place à *dollar* dans l'usage officiel. *Piastre* demeure cependant courant dans la langue de tous les jours.

1. piaule [pjol] n. f. Arg. Chambre; logement. – P.-ê. de l'a. fr. *pier,* «engloutir, boire»; d'abord *piolle,* «cabaret».

2. piaule [pjol] n. f. MAR Arg. Fort vent. *Il y avait une sacrée piaule, quand le bateau a coulé.* – De *piauler.*

piaulement [pjolmɑ̃] n. m. Cri d'un oiseau qui piaule. ▷ Par ext., fam. *Piaulements d'un bébé.* – De *piauler.*

piauler [pjole] v. intr. [1] Crier, en parlant d'un petit oiseau. – *Par ext.,* fam. Marmot qui piaule. ▷ v. impers. MAR Arg. *Ça piaule :* il vente fort. – Onomat.

pible (à) [pibl] loc. adv. MAR *Mât à pible,* formant une seule pièce de la base au sommet (par oppos. aux mâts dits *à brisure* des anciens voiliers). – De l'a. fr. *pible,* «peuplier».

1. pic [pik] n. m. Oiseau grimpeur (ordre des piciformes) doté de pattes robustes, d'ongles puissants et d'un long bec droit et pointu avec lequel il perce l'écorce des arbres pour trouver les insectes et les larves dont il se nourrit. Syn. pic-bois. *Pic chevelu. Pic doré* ou *flamboyant. Pic maculé. Pic mineur. Grand pic. C'est par sa taille plus petite qu'on peut distinguer le pic mineur (Picoides pubescens) du pic chevelu (Picoides villosus).* – Lat. pop. **piccus,* class. *picus;* par l'anc. provenç.

2. pic [pik] n. m. Instrument fait d'un fer pointu muni d'un manche, qui sert à creuser le roc, à abattre le minerai, etc. *Pic de mineur.* – Probabl. fig. de *pic* 1, d'ap. *piquer.*

3. pic [pik] n. m. Montagne élevée, au sommet très pointu. *Les pics enneigés des Rocheuses.* – D'un préroman **pikk,* de formation analogue à celle des dérivés de **pikkare,* «piquer».

4. pic (à) [pik] loc. adv. et n. m. **1.** Verticalement. *Les falaises qui s'élèvent à pic au-dessus de la mer.* – *Couler à pic,* directement au fond de l'eau. ▷ N. m. *Un à-pic :* une pente très abrupte. **2.** Fig., fam. *Tomber, arriver à pic,* à point nommé, très à propos. – De *piquer,* rattaché à *pic* 3.

pica [pika] n. m. MED Perversion du goût qui porte à manger des substances non comestibles. – Mot lat. , «pie», par allus. à la voracité de cet oiseau.

picador [pikadɔʀ] n. m. Cavalier qui, dans les courses de taureaux, attaque et fatigue l'animal avec une pique. *Des picadors.* – Mot esp., même rad. que le fr. *piquer.*

picage [pikaʒ] n. m. MED VET Comportement pathologique des gallinacés, qui les porte à arracher les plumes de leurs congénères. – Du lat. *pica,* «pie».

picaillons [pikajõ] n. m. pl. Pop. Argent. *Avoir des picaillons.* – Mot dial. savoyard; de l'a. fr. *piquar,* «sonner, tinter».

picard, arde [pikaʀ, aʀd] adj. et n. De Picardie. ▷ N. m. *Le picard:* dialecte de la langue d'oïl. – De *Picardie,* rég. du nord-ouest de la France.

picardan(t) [pikaʀdɑ̃] n. m. VITIC Cépage du bas Languedoc fournissant un vin blanc liquoreux *(muscat);* ce vin. – De *piquer* (au goût), et a. fr. *ardant,* «ardent».

picaresque [pikaʀɛsk] adj. LITTER Propre aux *picaros,* aventuriers de la tradition espagnole. *Aventures picaresques.* – Qui met en scène des *picaros. Le roman picaresque :* le genre littéraire (XVIe-XVIIIe s.) d'inspiration réaliste, né en Espagne avec le *Lazarillo de Tormes* (1554). – Esp. *picaresco,* de *picaro,* «aventurier».

pic-bois ou **pique-bois** [pikbwa] n. m. Nom cour. du pic. «[...] il y avait un vieil arbre avec un trou probablement formé par un gros nœud détaché ou par la rage d'un pic-bois démoniaque.» (Réal-Gabriel Bujold, *La Brèche-à-Ninon,* 1983.)

piccolo ou **picolo** [pikɔlo] n. m. **1.** MUS Petite flûte traversière qui sonne à l'octave de la grande flûte. **2.** Pop., vieilli. Vin de pays aigrelet. – Vin rouge ordinaire. – Mot ital., «petit».

pichenette [piʃnɛt] n. f. Chiquenaude, coup donné avec un doigt replié contre le pouce et brusquement détendu. – P.-ê. altér. du provenç. *pichouneto,* «petit».

pichet [piʃɛ] n. m. Petit broc à anse destiné à contenir une boisson. *Pichet en grès.* – Son contenu. *Boire un pichet de cidre.* – A. fr. *pichier, bichier,* du bas lat. *becarius,* du gr. *bikos,* «amphore pour le vin».

picholine [pikɔlin] n. f. Variété de petite olive verte que l'on sert en hors-d'œuvre. – Provenç. *pichoulino,* de *pichon, pitchoun,* «petit».

pichou [piʃu] n. m. **1.** Anc. nom donné au lynx, à sa fourrure. **2.** Général. au plur. Rég. (surtout à l'est de Québec) Nom donné autref. au mocassin confectionné d'une seule pièce dans la peau, souvent garnie de son poil, d'un jarret d'animal sauvage (caribou, orignal, etc.) ou domestique (bœuf, cheval, etc.). – Mod., fam. Chaussure légère et souple. – Mot algonquien.

piciformes [pisifɔʀm] n. m. pl. ZOOL Ordre d'oiseaux, comprenant notam. les pics et les toucans, dont les pattes sont munies de deux doigts dirigés vers l'avant et de deux doigts dirigés vers l'arrière. – Du lat. *picus,* «pivert», et *-forme.*

pickpocket [pikpɔkɛt] n. m. Voleur à la tire. – Mot angl. de *to pick,* «enlever, cueillir», et *pocket,* «poche».

pico-. PHYS Élément (symbole p) qui, placé devant le nom d'une unité, indique que celle-ci est divisée par 10^{12} (soit par un million de millions). – De l'ital. *piccolo,* «petit».

picoler [pikɔle] v. intr. [1] Pop. Boire (de l'alcool, en partic. du vin). – De *piccolo* (sens 2).

picolo. V. piccolo.

picorer [pikɔʀe] **1.** v. intr. [1] Chercher sa nourriture (oiseaux). *Poules qui picorent.* **2.** v. tr. Piquer çà et là avec le bec. *Moineaux qui picorent des miettes.* ▷ Fig. (Personnes.) *Enfant qui picore des grains de raisin.* – De *piquer,* «voler au passage», avec infl. de l'anc. fr. *pecore,* «tête de bétail».

picot [piko] n. m. **1.** TECH Petite pointe restant sur du bois qui n'a pas été coupé net. **2.** TECH Marteau pointu de carrier. – Instrument, pic, pour dégrader les joints de maçonnerie. **3.** Petite dent qui orne le bord d'une dentelle, d'un passement. **4.** PECHE Filet pour la pêche aux poissons plats. – Du rad. de *piquer.*

picotage [pikɔtaʒ] n. m. Action de picoter. – De *picoter.*

picoté, ée [pikɔte] adj. Marqué de petites piqûres, de petits points. *Visage picoté de petite vérole.* – Pp. de *picoter.*

picotement [pikɔtmɑ̃] n. m. Impression de piqûres légères et répétées (sur la peau, sur les muqueuses). – De *picoter.*

picoter [pikɔte] v. tr. [1] **1.** Trouer de nombreuses petites piqûres. ▷ *Spécial.* Becqueter. *Oiseaux qui picotent des fruits.* **2.** Causer des picotements à. *La fumée me picote les yeux.* – De *picot,* ou var. de *piquoter,* de *piquer.*

picotin [pikɔtɛ̃] n. m. Mesure de capacité (env. 3 l) pour l'avoine destinée aux chevaux; son contenu. ▷ Ration d'avoine, de nourriture destinée à une bête de somme. – P.-ê. de *picoter,* «butiner, becqueter».

picr(o)-. Élément, du gr. *pikros,* «amer».

picrate [pikʀat] n. m. **1.** CHIM Sel de l'acide picrique (souvent utilisé comme explosif). **2.** Pop. Vin rouge amer, de mauvaise qualité. – De *picr-,* et *-ate.*

picrique [pikʀik] adj. CHIM *Acide picrique:* acide dérivé du phénol. *L'acide picrique fondu constitue la mélinite, explosif puissant.* – De *picr-.*

pictographique [piktɔgʀafik] adj. Didac. Se dit d'une écriture qui représente les idées par des pictogrammes*. – Du lat. *pictus,* «peint», et *-graphique.*

pictogramme [piktɔgʀam] n. m. **1.** LING Représentation graphique figurative ou symbolique propre aux écritures pictographiques. **2.** Cour. Dessin schématique (souv. normalisé) élaboré afin de guider les usagers et figurant dans divers lieux publics, sur des cartes géographiques, etc. – Du lat. *pictus*, «peint», et *-gramme*.

pictural, ale, aux [piktyʀal, o] adj. Qui a rapport à la peinture. *Art pictural. Œuvre picturale.* – Du lat. *pictura*, «peinture».

pic-vert. V. pivert.

pidgin [pidʒin] n. m. En Asie, système linguistique composite utilisé comme langue de relation et comportant des éléments empruntés d'une part à l'anglais, d'autre part à une langue autochtone. *Pidgin de Chine* (anglais et chinois). *Pidgin mélanésien* ou *bichlamar* (anglais et malais). – *Par ext.* Système linguistique composite (quelles que soient les langues concernées) servant à la communication entre gens de parlers différents (plus complet que le sabir*). – Mot angl., altér. du mot *business* prononcé par les Chinois.

1. pie [pi] n. f. et adj. inv. **I.** n. f. Oiseau noir (ou bleu) et blanc (genre *Pica*, fam. corvidés) à longue queue, au jacassement caractéristique. ▷ Loc. prov. *Bavarder, jaser comme une pie:* être très bavard, parler beaucoup. **II.** adj. inv. **1.** Dont la robe est de deux couleurs (se dit surtout des chevaux et des bêtes à cornes). *Cheval pie. Vaches pie.* **2.** *Voiture pie:* voiture de police blanche et noire. – Du lat. *pica*, fém. de *picus*, «pivert».

2. pie [pi] adj. f. Loc. *Œuvre pie:* œuvre pieuse. – Lat. *pia*, fém. de *pius*, «pieux».

pièce [pjɛs] n. f. **A. I. 1.** Élément d'un assemblage; chacune des parties dont l'agencement forme un tout organisé. *Pièce de charpente* (poutre, poutrelle, etc.). – *Remplacer une pièce défectueuse, dans un mécanisme. Pièces de rechange. Pièces détachées**. **2.** Élément qu'on rapporte (sur un vêtement ou sur la surface d'un objet) pour réparer une déchirure, une coupure. *Mettre des pièces en cuir aux genoux d'un pantalon.* **3.** loc. *Tout d'une pièce:* d'un seul morceau, d'un seul tenant. Fig. *Être tout d'une pièce:* être d'un caractère entier. ▷ *Fait de pièces et de morceaux*, d'éléments hétéroclites, disparates. ▷ *Inventer, forger de toutes pièces (une histoire, un mensonge, etc.)*, l'inventer entièrement, sans s'appuyer sur aucun fondement réel. **II.** Partie déchirée, brisée, d'un tout. *En pièces:* en morceaux, en fragments. *Vase brisé en mille pièces. – Mettre en pièces:* déchirer, briser; fig., démolir, éreinter. *Tailler une armée en pièces*, la défaire entièrement. **B. 1.** Élément d'un ensemble, d'une collection, considéré séparément des autres éléments, et formant un tout par lui-même; unité. *Service à thé de douze pièces. Les pièces d'un jeu d'échecs* (spécial., le roi, la reine, le fou, le cavalier et la tour, par oppos. aux pions). – *C'est une véritable pièce de musée, de collection*, un objet de valeur qui pourrait figurer dans un musée, dans une collection. – *Article vendu à la douzaine ou à la pièce. – Être payé à la pièce*, au nombre d'unités qu'on a produit, fabriqué. ▷ *(Pièces de vêtement.) Costume deux-pièces* (veston, pantalon), *trois-pièces* (avec un gilet). – *Maillot de bain deux-pièces, une pièce.* Ellipt. *Un deux-pièces, un une-pièce.* ▷ HERALD *Pièces honorables:* meubles héraldiques simples couvrant au moins le tiers de l'écu (ex.: bande, chef, chevron, etc.). **2.** Individu (de telle espèce animale). *Pièce de bétail:* tête de bétail. – *Pièce de gibier.* ▷ S. comp. *Chasseur qui revient avec de belles pièces.* **3.** Quantité déterminée d'une matière, considérée comme une unité distincte formant un tout. *Pièce de drap. Pièce de viande.* **4.** *Pièce de terre:* espace continu de terre cultivable. *Pièce de blé, d'avoine, etc.:* pièce de terre vouée, dans une exploitation, à la culture du blé, de l'avoine, etc. ▷ *Pièce d'eau:* petit étang, bassin, dans un jardin, un parc. **5.** Chacune des salles, des chambres que comporte un logement, et spécial. un appartement, à l'exclusion des cuisines, salles d'eau, entrées, couloirs, etc. *Un appartement de trois pièces.* Ellipt. *Un deux-pièces, cuisine, salle de bains.* **6.** *Pièce d'artillerie*, ou simplement *pièce:* bouche à feu; canon, obusier, mortier. *Une pièce de soixante-quinze* (mm). – Unité élémentaire d'une batterie* d'artillerie. **7.** *Pièce de monnaie*, ou simplement *pièce:* morceau de métal plat et circulaire, marqué d'une empreinte caractéristique de sa valeur, servant de monnaie. *Pièce de vingt-cinq cents.* – Loc. *Donner, glisser la pièce à qqn*, lui donner un pourboire. Fig. *Rendre à qqn la monnaie de sa pièce*, user de représailles à son égard, se venger de lui en lui rendant la pareille. **8.** (De *pièce d'écriture.*) Document écrit servant à établir une preuve, un droit. *Pièces justificatives. Pièces d'identité. – Pièce à conviction:* tout objet attestant matériellement la réalité d'un délit, dans un procès. **C.** Ouvrage artistique. **1.** Ouvrage littéraire ou musical. *Une pièce de vers.* ▷ *Spécial.* Morceau (de musique). *Une pièce de Bach.* **2.** Spécial. *Pièce de théâtre*, ou simplement *pièce:* ouvrage dramatique. *Une pièce en cinq actes.* ▷ Fig, vx Farce, mauvais tour. – Mod., dans la loc. *Faire pièce à qqn*, s'opposer à lui, lui faire échec. – Du lat. pop. d'orig. gaul. **pettia*, «pièce de terre»; gallois *peth*, «chose».

piécette [pjesɛt] n. f. Petite pièce de monnaie. – Dimin. du préc.

pied [pje] n. m. **A. I.** (Chez l'homme.) **1.** Partie du membre inférieur qui pose sur le sol, supporte le corps en station debout et sert à la marche. *Pied droit, gauche. – Marcher pieds nus. Être nu-pieds.* – Loc. adv. *À pied sec:* sans se mouiller les pieds. – *Avoir les pieds plats, un pied bot.* – Loc. fig. *Pieds et poings liés*, réduit à l'impuissance. – Loc. *De pied en cap:* entièrement, complètement. – *Coup de pied:* coup donné avec le pied. ▷ Loc. (avec *mettre*). *Je n'y ai jamais mis les pieds:* je n'y suis jamais allé. *Mettre le pied dehors:* sortir. *Mettre pied à terre:* descendre de cheval, de voiture, de bateau, etc. – Fam. *Il ne peut plus mettre un pied devant l'autre:* il est si faible qu'il ne peut même plus marcher. – Fam. *Se mettre les pieds dans les plats:* faire une gaffe; se mettre malgré soi dans une situation embarrassante. ▷ (France) Fam. *Mettre les pieds dans le plat:* parler avec une franchise brutale ou indiscrète d'une question délicate. ▷ Fam. *Avoir les deux pieds dans la même bottine:* être maladroit, lent. ▷ *Aux pieds de qqn*, par terre, juste devant ses pieds. *L'animal gisait à ses pieds. – Se jeter aux pieds de qqn* (pour se prosterner, marquer sa soumission, etc.). – Fig. *Il est à ses pieds*, il lui est complètement soumis. ▷ *À pied:* en marchant, sans l'aide d'un véhicule. *Aimer la marche à pied*, les randonnées pédestres. SPORT *Course à pied* (par oppos. à *course cycliste*, etc.). – *Sauter à pieds joints*, les pieds étant serrés, rapprochés. ▷ *Sur pied:* debout. *À sept heures, il était sur pied. – Dans deux jours ce malade sera sur pied*, il sera rétabli. – *Mettre qqch (une affaire, etc.) sur pied*, l'établir, la constituer, l'organiser. ▷ *Portrait en pied*, où le sujet est représenté entièrement et debout. ▷ Vx *Les gens de pied :* les fantassins. – *Valet de pied.* V. valet. **2.** loc. fam. *Être bête comme ses pieds*, très bête. *Jouer comme un pied*, très mal. Pop. *C'est un pied*, un imbécile. – Fam. *Casser les pieds de qqn*, l'importuner, l'embêter. – *Mettre à pied:* renvoyer. – *Mise à pied. – Marcher sur les pieds de qqn*, empiéter sur son domaine en cherchant à le supplanter; lui manquer d'égards. – *Retomber sur ses pieds:* se tirer avantageusement d'une situation fâcheuse. – *Ne pas savoir sur quel pied danser:* ne pas savoir quel parti prendre, quelle attitude adopter. – *Faire du pied à qqn*, lui toucher le pied avec le sien pour l'avertir, lui signifier un désir amoureux, etc. – *Faire des pieds et des mains:* se démener, essayer tous les moyens possibles. – *Il s'est levé du pied gauche:* il est de fort mauvaise humeur. – *Avoir un pied dans la tombe:* être tout près de la mort. – *De pied ferme. Attendre qqn de pied ferme*, avec l'intention de ne pas céder, de résister énergiquement. ▷ Vx *Lever le pied:* partir, sortir; (mod.) s'enfuir avec la caisse, avec l'argent confié; (dans la conduite automobile) ralentir. – *Au pied levé:* sans préparation. **3.** (Après un verbe et sans article.) *Avoir pied:* pouvoir toucher le fond en gardant la tête hors de l'eau. *À cet endroit de la rivière, il n'y a plus pied, on n'a plus pied.* – *Perdre pied:* n'avoir plus pied; fig., se troubler, ou ne plus pouvoir se sortir d'une situation fâcheuse. – Fig. *Prendre pied:* s'établir solidement. **4.** Pas; manière de marcher. *Aller, marcher du même pied que qqn. Pied à pied:* pas à pas. ▷ Manière de se tenir. *Avoir le pied marin:* être capable de se tenir sur un bateau en mouvement; fig., savoir naviguer, louvoyer, etc. – Loc. fig. *Avoir bon pied, bon œil:* avoir toute sa santé, toute sa vigueur, toute sa lucidité. **5.** *Le pied du lit* (par oppos. à la *tête*, au *chevet*): la partie du lit où reposent les pieds. *S'asseoir au pied du lit.* **II.** (Chez l'animal.) **1.** Extrémité inférieure de la jambe ou de la patte de certains animaux. V. aussi patte. *Pied de cheval.* ▷ Loc. fig. *Faire le pied de grue.* V. grue. **2.** Chez certains mollusques, organe musculeux qui sert à la locomotion. *Le pied d'un escargot.* **3.** VEN Trace (de pas) d'un animal qu'on chasse. **B. 1.** Partie d'un objet par laquelle il repose sur le sol, est en contact avec le sol. *Le pied d'une échelle.* ▷ Fig. *Mettre qqn au pied du mur,* le forcer à prendre parti immédiatement, à agir sur-le-champ. ▷ Partie basse d'un relief. *Un petit village au pied des Alpes.* ▷ Loc. *À pied d'œuvre:* sur le chantier même, à la base de l'ouvrage en construction. Fig. *Après un an d'étude du projet, les voilà maintenant à pied d'œuvre.* **2.** (Végétaux.) *Le pied et le chapeau d'un champignon. Assis au pied d'un chêne.* – *Récolte sur pied,* non encore coupée, cueillie. ▷ Plant (de certains végétaux). *Pied de salade. Pied de vigne* (cep). **3.** Partie d'un objet qui sert à le supporter. *Les pieds d'un meuble. Verre à pied.* ▷ Support qu'on adapte à certains instruments (appareils photo, télescopes, etc.). **C. 1.** Mesure de longueur valant 12 pouces, soit 0,3048 m. *Une verge équivaut à trois pieds. Mesurer cinq pieds dix (pouces). Pied carré. Pied cube.* Loc. fig. *Il voudrait être (à) cent pieds sous terre:* il est si confus, si gêné, qu'il voudrait être caché. **2.** Fig., vx Mesure, base. *«Est-ce au pied du savoir qu'on mesure les hommes?»* (Boileau.) ▷ Loc. mod. *Au petit pied:* en petit, en raccourci. – *Vivre sur le pied de...,* avec le train de vie de... *Vivre sur le pied d'un grand bourgeois. Vivre sur un grand pied,* en faisant beaucoup de dépenses. – *Sur le même pied que:* sur le même plan que. *Sur un pied d'égalité:* d'égal à égal. – *Armée sur le pied de guerre,* préparée, prête à faire la guerre. – *Au pied de la lettre:* littéralement. **3.** *Par ext.,* (France) vx, arg. *Prendre son pied,* sa part (de butin); mod., fam.: éprouver du plaisir; *spécial.:* du plaisir sexuel. *C'est le pied! Ce concert, quel pied!* **4.** *Pied à coulisse:* instrument pour mesurer les épaisseurs et les diamètres, constitué de deux becs à écartement variable et d'un vernier. **D.** En métrique ancienne, ensemble de syllabes constituant une unité rythmique (spondée, dactyle, etc.). ▷ *Abusiv.* Chaque syllabe d'un vers, dans la versification française. – Lat. *pes, pedis.*

pied-à-terre [pjetatɛʀ] n. m. inv. Logement que l'on n'occupe qu'occasionnellement, en passant. – De *pied, à,* et *terre.*

pied-bot. V. bot.

pied-d'alouette [pjedalwɛt] n. m. Delphinium (plante). *Des pieds-d'alouette.* – De *pied, de,* et *alouette.*

pied-de-biche [pjedbiʃ] n. m. **1.** Outil formé d'une barre de fer recourbée et fendue à une extrémité, destiné à servir de levier et, éventuellement, d'arrache-clou. V. monseigneur (pince-monseigneur). ▷ Pièce coudée plate et fendue d'une machine à coudre, qui maintient l'étoffe sur la tablette et entre les deux branches de laquelle l'aiguille monte et descend. **2.** Poignée de sonnette en forme de pied de biche, ou faite d'un véritable pied de biche naturalisé. **3.** Pied de meuble galbé, caractéristique du style Louis XV (et dont l'extrémité était à l'origine sculptée en forme de sabot de biche). *Des pieds-de-biche.* – De *pied, de,* et *biche.*

pied-de-nez. V. nez.

pied-de-poule [pjedpul] n. m. (et adj. inv.) Tissu de laine ou de coton dont les motifs croisés rappellent les empreintes des pattes de poule. *Des pieds-de-poule.* ▷ Adj. inv. *Étoffe pied-de-poule.* – De *pied, de,* et *poule.*

pied-de-mouton. V. hydne.

pied-droit ou **piédroit** [pjedʀwa] n. m. CONSTR **1.** Mur ou pilier qui soutient une voûte, une arcade, le tablier d'un pont. **2.** Jambage d'une porte, d'une fenêtre. *Des pieds-droits* ou *des piédroits.* – De *pied,* et *droit* 2.

piédestal, aux [pjedestal, o] n. m. Massif de maçonnerie qui supporte une colonne. – Support élevé formant le socle d'une statue, d'un vase, etc. ▷ Loc. fig. *Mettre qqn sur un piédestal,* lui vouer de l'admiration (souvent excessive). *Tomber de son piédestal:* perdre son prestige. – Ital. *piedestallo,* de *piede,* «pied», et *stallo,* «support».

pied-fort ou **piéfort** [pjefɔʀ] n. m. TECH Pièce de monnaie épaisse frappée comme modèle. *Des pieds-forts* ou *piéforts.* – De *pied,* et *fort* 1.

piedmont. V. piémont.

pied-noir [pjenwaʀ] n. et adj. Fam. Français d'Algérie. *Un, une pied-noir. Les pieds-noirs.* – Adj. *Il a l'accent pied-noir.* – De *pied,* et *noir.*

piédouche [pjeduʃ] n. m. ARCHI Petit support mouluré formant la base d'un buste sculpté ou d'un balustre. – Ital. *pieduccio,* dimin. de *piede,* «pied».

pied-plat [pjepla] n. m. Vieilli. Individu médiocre, sans valeur. *Des pieds-plats.* – De *pied,* et *plat,* à cause des paysans qui portaient des souliers sans talon.

piédroit. V. pied-droit.

piéfort. V. pied-fort.

piège [pjɛʒ] n. m. **1.** Engin qui sert à prendre des animaux. *Piège à rats.* **2.** Fig. Artifice utilisé pour tromper qqn, ou pour le mettre dans une situation défavorable ou dangereuse. *Tomber dans le piège.* ▷ Difficulté ou danger cachés. *Les pièges d'une traduction. Tendre un piège à un malfaiteur.* **3.** ELECTRON *Piège à ions:* dispositif magnétique utilisé dans certains tubes cathodiques et destiné à empêcher les ions négatifs formés dans le voisinage de la cathode d'aller heurter l'écran. – Du lat. *pedica,* «lien au pied», de *pes, pedis,* «pied».

piégeage [pjeʒaʒ] n. m. **1.** Chasse à l'aide de pièges. **2.** Action de piéger un engin explosif. **3.** Fait de piéger (sens 2). – De *piéger.*

piéger [pjeʒe] v. tr. [13] **1.** Prendre à l'aide de pièges. ▷ *Absol.* Tendre des pièges. **2.** Fig. *Piéger qqn,* le prendre à un piège, le mettre par artifice dans une situation difficile et sans issue. **3.** MILIT *Piéger une mine, une grenade,* la munir d'un dispositif qui provoque son explosion si on la relève ou la manipule. – Par ext. *Piéger une maison, une voiture,* etc., y installer des engins explosifs qui éclatent lorsqu'on y pénètre. – Au pp. *Voiture piégée.* – De *piège.*

piégeur, euse [pjeʒœʀ, øz] n. Celui, celle qui tend des pièges, qui chasse à l'aide de pièges. – Du préc.

pie-grièche [pigʀijɛʃ] n. f. **1.** Oiseau passériforme (genre *Lanius*; fam. laniidés) dont la mandibule supérieure se termine par une dent cornée. *Pie-grièche boréale (Lanius excubitor). Pie-grièche migratrice (Lanius ludovicianus).* **2.** Vx. Femme acariâtre et querelleuse. *Des pies-grièches.* – De *pie* 1, et fém. de l'a. fr. *griois,* «grec».

pie-mère [pimɛʀ] n. f. ANAT La plus interne des méninges, en contact avec la masse cérébrospinale. *Des pies-mères.* – Du lat. médiév. *pia mater,* propr. «pieuse mère», cette membrane enveloppant le cerveau comme une mère son enfant.

piémont ou **piedmont** [pjemɔ̃] n. m. GEOGR Plaine alluviale formant glacis et résultant de l'accumulation, au pied d'une chaîne de montagnes récente, des matériaux arrachés à cette chaîne par l'érosion. – De *pied,* et *mont.*

piéride [pjeʀid] n. m. Papillon (genre *Pieris,* fam. piéridés) aux ailes blanches, tachetées ou non de noir suivant les espèces, dont les chenilles se nourrissent de feuilles de crucifères (chou, navet, etc.). – De *Piérides,* n. pr. que l'on donne parfois aux Muses.

pierre [pjɛʀ] n. f. **1.** *(La pierre.)* Matière minérale solide et dure, qu'on trouve en abondance sur la Terre sous forme de masses compactes, et dont on se sert notam. pour la construction. *Bloc de pierre. Dur comme pierre, comme la pierre,* très dur. Fig. *Un cœur de pierre,* dur et insensible. – *Spécial.* (Matériau.) *Un escalier en pierre. Pierre de taille,* qu'on peut tailler et qu'on utilise pour bâtir. – PALEONT *L'Âge de (la) pierre:* période préhistorique caractérisée par la fabrication d'outils en pierre taillée (Paléolithique) puis polie (Néolithique). ▷ (Variétés diverses de cette matière.) *Pierre ponce.* V. ponce. *Pierre à chaux* (calcaire pur), *à plâtre* (gypse), *à ciment* (marne), *à savon, de savon* (stéatite). *Pierre meulière.* **2.** *(Une pierre.)* Morceau, fragment de cette matière qui peut avoir été façonnée ou non. *Chemin plein de pierres.* Syn. caillou. – *Lancer des pierres. Casser qqch à coup de pierres.* – Fig. *Faire d'une pierre deux coups:* obtenir deux résultats par un même acte. *Jeter la pierre à qqn* (allusion à la femme adultère de l'Évangile, que la foule s'apprêtait à lapider), le blâmer, l'accuser. ▷ *Spécial.* Bloc de pierre servant à la construction. *Les pierres d'un mur. Une pierre de taille,* taillée. *Construction en pierres sèches,* en pierres posées directement les unes sur les autres, sans mortier. *Pierre d'autel:* pierre consacrée, enchâssée dans l'autel et sur laquelle le prêtre officie. *La première pierre d'une construction,* qu'on pose solennellement. ▷ *Par ext.* Monument, stèle, constitués d'une pierre. *Pierre tombale.* – *Pierre levée:* menhir, mégalithe. **3.** Morceau d'une variété de cette matière, qui sert à un usage déterminé. *Pierre à feu, à fusil:* silex qui sert à produire des étincelles. *Pierre à aiguiser. Pierre lithographique.* – Par anal. *Une pierre à briquet* (ferrocérium). **4.** *Pierre précieuse,* ou *pierre:* minéral (souvent cristallin) auquel sa rareté, son éclat, sa beauté confèrent une grande valeur. *Pierre brute. Pierre travaillée,* taillée. – *Spécial.* (en joaillerie.) *Pierres précieuses* (diamant, rubis, saphir et émeraude) et *pierres fines* (les autres gemmes). **5.** Vx Calcul (vésical, en partic.), maladie qui produit ces calculs. *Avoir la pierre.* **6.** Petite concrétion ligneuse se formant dans certains fruits. *Une poire pleine de pierres.* **7.** Se dit de certains composés artificiels. *Pierre infernale* (nitrate d'argent). – Spécial. *Pierre philosophale.* V. philosophal. – Du gr. *petra;* par le lat.

pierrée [pjeʀe] n. f. TECH Conduit en pierres sèches, pour l'écoulement des eaux. – De pierre.

pierreries [pjɛʀʀi] n. f. pl. Pierres précieuses travaillées, utilisées comme ornement. *Diadème serti de pierreries.* – De *pierre.*

pierreux, euse [pjɛʀø, øz] adj. **1.** Plein de pierres. *Chemin pierreux.* ▷ *Une poire pierreuse.* V. pierre (sens 6). **2.** De la nature de la pierre. *Concrétion pierreuse.* – Du lat. *petrosus,* a. fr. *perreus,* refait d'ap. *pierre.*

pierrier [pjɛʀje] n. m. Anc. Machine de guerre lançant des pierres. – Nom donné aux premières bouches à feu, qui lançaient des boulets de pierre. – Petit canon de marine, monté sur un chandelier à pivot. – De *pierre.*

pierrot [pjeʀo] n. m. **1.** (Avec une majuscule.) Nom donné à un personnage de l'anc. comédie italienne et de la pantomime, vêtu de blanc, au visage enfariné. **2.** (Avec une minuscule.) Homme déguisé en pierrot. – Dimin. de *Pierre,* prénom.

pietà [pjeta] n. f. inv. Statue ou tableau représentant la Vierge assise portant sur ses genoux le corps du Christ détaché de la croix. – Mot ital. «pitié».

piétaille [pjetaj] n. f. Péjor. **1.** Vx Infanterie. **2.** Les gens de petite condition, de fonction subalterne. – Plaisant. *Les piétons.* – Lat. pop. **peditalia,* de *pedes, peditis,* «fantassin».

piété [pjete] n. f. **1.** Sentiment de dévotion et de respect pour Dieu, pour les choses de la religion. *Exercices de piété.* **2.** Litt. Sentiment d'affection et de respect. *Piété filiale.* – Lat. *pietas.*

piétement [pjɛtmɑ̃] n. m. Ensemble des pieds d'un meuble et des traverses qui les relient. – De *pied.*

piéter [pjete] **1.** v. intr. **[16]** CHASSE Faire quelques pas en courant, au lieu de s'envoler, en parlant d'une bête à plumes. **2.** v. pron. Litt. Se raidir sur ses pieds, en se haussant ou pour résister. *«Comme une statue qui se piète sur son socle»* (Gautier). – Du bas lat. *peditare,* «aller à pied».

piéteur, euse [pjetœʀ, øz] adj. et n. CHASSE Se dit d'un oiseau qui marche et court au lieu de voler. *La gélinotte huppée est un oiseau piéteur.* – De *piéter.*

piétin [pjetɛ̃] n. m. **1.** MED VET Maladie du pied du mouton caractérisée par une nécrose sous-ongulée. **2.** Maladie cryptogamique des céréales causée par des champignons microscopiques. – De *pied.*

piétinement [pjetinmɑ̃] n. m. Action de piétiner. ▷ Bruit d'une foule qui piétine. – De *piétiner.*

piétiner [pjetine] v. [1] **I.** v. intr. **1.** Remuer, frapper des pieds sur place. *Piétiner d'impatience.* **2.** Remuer des pieds sans avancer ou en avançant très peu. *File d'attente qui piétine.* ▷ Fig. Ne pas progresser. *Les tractations piétinent.* **II.** v. tr. Fouler aux pieds. – De *piéter.*

piétisme [pjetism] n. m. RELIG Doctrine d'un mouvement religieux luthérien (XVIIe s.) préconisant le renouveau de la piété personnelle contre le dogmatisme orthodoxe. – De *piétiste.*

piétiste [pjetist] n. et adj. **1.** n. RELIG Partisan, adepte du piétisme. **2.** adj. Du piétisme, qui a rapport au piétisme. – All. *Pietist,* du lat. *pietas,* «piété».

piéton, onne [pjetɔ̃, ɔn] n. et adj. **1.** n. Personne qui va à pied. **2.** adj. Réservé aux piétons. *Rue piétonne.* Syn. piétonnier. – De *piéter.*

piétonnier, ière [pjetɔnje, jɛʀ] adj. Des piétons. – Réservé aux piétons. *Passerelle piétonnière.* Syn. piéton. – Du préc.

piètre [pjɛtʀ] adj. (Av. le nom.) Médiocre dans son genre. *Un piètre comédien. Avoir piètre mine.* – Du lat. *pedester,* «qui va à pied», souvent péjor., avec infl. de *pire.*

piètrement [pjɛtʀəmɑ̃] adv. Médiocrement. – Du préc.

1. pieu [pjø] n. m. Pièce de bois pointue à un bout, destinée à être enfoncée en terre. *Les pieux d'une clôture.* ▷ CONSTR Élément long que l'on enfonce par battage ou forage (bois, métal) ou que l'on coule (béton) dans le sol pour servir de fondement à un ouvrage. – Forme picarde de *peus,* plur. de l'a. fr. *pel,* lat. *palus,* «pal».

2. pieu [pjø] n. m. Pop. Lit. – P.-ê. forme picarde de *peau* (sur laquelle on dormait).

pieusement [pjøzmɑ̃] adv. **1.** Avec piété. *Vivre pieusement.* **2.** Avec un attachement respectueux. *Conserver pieusement des souvenirs.* – De *pieux.*

pieuter (se) [pjøte] v. pron. **[11]** Pop. Se mettre au lit. – De *pieu* 2.

pieuvre [pjœvʀ] n. f. **1.** Mollusque céphalopode (genre *Octopus*), au corps globuleux, aux huit tentacules munis de ventouses disposés en couronne autour de l'orifice buccal, commun sur les côtes rocheuses. Syn. poulpe. **2.** (Par métaph.) Ce qui enserre, entoure à la manière d'une pieuvre. *«C'est la ville tentaculaire. La pieuvre ardente et l'ossuaire»* (Verhaeren). ▷ Fig. Personne avide, qui ne lâche pas ce dont elle s'est emparée. – *Par métaph.* Pouvoir, entreprise qui étend insatiablement son emprise. – Mot du parler des îles anglo-norm., du lat. *polypus,* «polype», gr. *polupous,* propr. «qui a plusieurs pieds».

pieux, pieuse [pjø, pjøz] adj. **1.** Qui a de la piété. *Homme pieux.* ▷ Qui dénote de la piété. *Acte pieux.* **2.** Animé ou inspiré par une affection respectueuse. *Fils pieux. Devoirs pieux.* – Lat. *pius.*

pièze [pjɛz] n. f. PHYS Unité de pression hors système (symbole pz), pression exercée uniformément sur un mètre carré par une force de 1 sthène. – Du gr. *piezein,* «presser».

piézo-. Élément, du gr. *piezein,* «presser».

piézoélectricité [pjezoelɛktʀisite] n. f. PHYS Phénomène caractérisé par l'apparition de charges électriques à la surface de certains cristaux lorsqu'ils sont soumis à des contraintes méca-niques. – De *piézo-,* et *électricité.*

piézoélectrique [pjezoelɛktʀik] adj. PHYS Relatif à la piézoélectricité; doué de piézoélectricité. *Quartz piézoélectrique.* – Du préc.

ENCYCL L'effet piézoélectrique, sensible dans les cristaux (partic. dans le quartz), a un caractère réversible. Permettant de transformer une force en une différence de potentiel, et inversement, il trouve son application dans de nombreux domaines: mesure des pressions, têtes de lecture des disques, microphones et haut-parleurs, production d'ultrasons (dans les sonars, par ex.), oscillateurs utilisés en radioélectricité et en horlogerie pour la production de fréquences constantes.

piézographe [pjezogʀaf] n. m. PHYS Appareil servant à la mesure des faibles pressions. – De *piézo-,* et *-graphe.*

piézomètre [pjezomɛtʀ] n. m. PHYS Instrument qui sert à mesurer la compressibilité des liquides. – De *piézo-,* et *-mètre.*

piézométrie [pjezometʀi] n. f. PHYS Étude de la compressibilité des liquides. – De *piézo-,* et *-métrie.*

1. pif! [pif] interj. Onomatopée (souvent redoublée ou suivie de *paf!*), imitant un bruit sec (détonation, soufflet, etc.).

2. pif [pif] n. m. Pop. Nez. – Rad. onomat. *piff-.*

pifer ou **piffer** [pife] v. tr. **[1]** Pop. *Ne pas pouvoir pifer (qqn, qqch),* ne pas pouvoir le sentir, le supporter. – Du préc.

pifomètre [pifɔmɛtʀ] n. m. Pop. *Au pifomètre:* à vue de nez, approximativement. – De *pif* 2, et *-mètre.*

1. pige [piʒ] n. f. **1.** Longueur arbitraire prise comme mesure. – Tige graduée servant à mesurer une hauteur, un niveau. **2.** Arg. Année d'âge. *Il a vingt piges.* **3.** Tâche accomplie par un typographe dans un temps donné, et qui sert de base à sa rémunération. ▷ Mode de rémunération d'un journaliste, d'un réviseur, etc., payé à la tâche. – L'article ainsi payé. – Déverbal de *piger* 1.

2. pige [piʒ] n. f. Pop. *Faire la pige à qqn:* faire mieux que lui, le dépasser. – Déverbal de *piger* 2.

pigeon [piʒɔ̃] n. m. **1.** Oiseau (fam. columbidés) au corps trapu, à la poitrine pleine, au plumage épais, au bec pourvu d'une cire (membrane où s'ouvrent les narines). *Pigeons voyageurs,* appartenant à des espèces chez lesquelles la faculté d'orientation est particulièrement développée, et utilisés (surtout autref.) pour rapporter des messages de loin. ▷ *Pigeon vole:* jeu d'enfant dans lequel un meneur de jeu énumère rapidement, en commençant par «pigeon», des noms qu'il fait suivre du mot «vole» (les joueurs doivent lever la main lorsque ce qui est nommé est effectivement susceptible de voler). **2.** Fig., fam. Personne qui se laisse facilement duper, plumer. *Elle a été le pigeon de cette affaire.* **3.** TECH Poignée de plâtre gâché (pour dresser une cloison, etc.). **4.** *Pigeon d'argile:* disque d'argile cuite lancé en l'air au moyen d'un propulseur spécial, et qui sert de cible mobile, dans le tir à la fosse ou *tir au pigeon.* – Du bas lat. *pipio, pipionis,* «pigeonneau».

pigeonnage [piʒɔnaʒ] n. m. CONSTR Action de pigeonner; ouvrage ainsi exécuté. – De *pigeonner* (sens 2).

pigeonnant, ante [piʒɔnɑ̃, ɑ̃t] adj. Fam. Se dit d'une poitrine de femme haute et rebondie. – De *pigeon,* par métaph. (allus. à la gorge de pigeon).

pigeonne [piʒɔn] n. f. Femelle du pigeon. – De *pigeon.*

pigeonneau [piʒɔno] n. m. **1.** Jeune pigeon. **2.** MED Ulcération professionnelle des doigts (notam. chez les mégissiers). – Dimin. de *pigeon.*

pigeonner [piʒɔne] v. tr. **[1] 1.** Fam. Traiter en pigeon (sens 2), plumer, duper. **2.** CONSTR Plâtrer avec des pigeons (sens 3), exécuter avec du plâtre levé à la truelle ou à la main, sans le lancer ni le plaquer. – De *pigeon.*

pigeonnier [piʒɔnje] n. m. Petite construction destinée à abriter des pigeons domestiques. ▷ Fam. Logement exigu et élevé. – De *pigeon.*

1. piger [piʒe] v. tr. **[15]** Mesurer avec une pige. – Du lat. pop. **pinsiare,* class. *pinsare* «fouler»; ou de *pedicare,* de *pes, pedis,* «pied».

2. piger [piʒe] v. tr. **[15]** Pop. **1.** Vx Attraper, prendre. **2.** Mod. Comprendre. *Tu piges la combine?* – Du lat. pop. **pedicus,* «du pied», *pedica,* «piège».

pigiste [piʒist] n. Journaliste, réviseur payé à la pige. ▷ Appos. *Journaliste pigiste.* – De *pige* 1.

pigment [pigmɑ̃] n. m. **1.** BIOL Substance synthétisée par les êtres vivants, qui donne leur coloration aux tissus (notam. à la peau) et aux liquides organiques. ▷ BOT Substance colorante des plantes. **2.** TECH Matière d'origine minérale, organique ou métallique, généralement réduite en poudre et que l'on utilise comme colorant. *Médium et pigments d'une peinture.* – Du lat. *pigmentum,* «couleur pour peindre».

ENCYCL Une substance est un pigment si elle absorbe la lumière visible. On distingue trois sortes de pigments: azotés (les mélanines, la chlorophylle, la flavine), non azotés (carotènes) et divers (indigos, anthocyanes). Les mélanines sont responsables des couleurs sombres; les chlorophylles, de la coloration verte des végétaux; les carotènes donnent des colorations jaune orangé et rouge; les anthocyanes, des colorations bleues; les flavines une coloration jaune vif.

pigmentaire [pigmɑ̃tɛʀ] adj. Relatif aux pigments. – Qui contient des pigments. – Lat. *pigmentarius.*

pigmentation [pigmɑ̃tasjɔ̃] n. f. Didac. **1.** BIOL Formation de pigment; accumulation normale ou pathologique de pigment dans certains tissus. *Pigmentation mélanique.* **2.** TECH Coloration par des pigments. – Du bas lat. *pigmentatus,* «fardé».

pigmenter [pigmɑ̃te] v. tr. **[1]** Colorer par un ou des pigments. – De *pigment.*

pignocher [piɲɔʃe] v. intr. [1] Fam., vieilli **1.** Manger sans appétit, par petits morceaux. **2.** Peindre à petits coups de pinceau, minutieusement. ▷ v. tr. *Pignocher un tableau.* ▷ *Pignocher un travail,* l'exécuter avec minutie. – Altér. du moyen fr. *épinocher,* de *e(s)pinoche,* «petit morceau, bagatelle», du lat. *spina,* «épine».

1. pignon [piɲɔ̃] n. m. Partie supérieure triangulaire d'un mur, sur laquelle portent les pannes d'un toit à deux pentes. ▷ *Avoir pignon sur rue:* posséder en propre une maison, un magasin, etc. – *Par ext.* Être dans une situation notoirement établie, aisée. – Lat. pop. **pinnio, pinnionis,* class. *pinna,* «créneau».

2. pignon [piɲɔ̃] n. m. Roue dentée. ▷ *Spécial.* La plus petite des deux roues d'un engrenage. – De *peigne.*

3. pignon [piɲɔ̃] n. m. *Pin pignon* ou *pignon:* pin parasol. ▷ Graine comestible du pignon. – Anc. provenç. *pinhon.*

pignouf [piɲuf] n. m. Pop. Individu sans éducation. – Mot dial., de l'a. v. *pigner,* «crier, geindre».

pilaf [pilaf] n. m. Plat épicé composé de riz mêlé de viande, de poissons, de coquillages, etc. ▷ Appos. *Riz pilaf.* – Mot turc, du persan *pilaou.*

pilage [pilaʒ] n. m. Action de piler. – De *piler* 1.

pilaire [pilɛʀ] adj. Didac. Qui a rapport aux poils. – Du lat. *pilus,* «poil».

pilastre [pilastʀ] n. m. **1.** Pilier adossé à un mur ou engagé dans celui-ci. **2.** Montant à jour placé dans la travée d'une grille, d'une rampe d'escalier ou d'un balcon pour la renforcer. – Ital. *pilastro,* du lat. *pila,* «pilier».

pilchard [pilʃaʀ(d)] n. m. Grosse sardine. – Mot angl. d'orig. incon.

1. pile [pil] n. f. **I. 1.** Ensemble d'objets placés en ordre les uns sur les autres. *Une pile de livres.* **2.** Massif de maçonnerie servant de support intermédiaire au tablier d'un pont. **II.** Générateur de courant, appareil qui transforme l'énergie dégagée au cours d'une réaction chimique en courant électrique. ▷ *Pile photovoltaïque* ou *pile solaire.* V. photopile. – *Pile thermoélectrique.* V. thermopile. ▷ PHYS NUCL *Pile nucléaire:* réacteur nucléaire utilisé pour la recherche, les essais ou la production de radioéléments. – Lat. *pila,* «pilier, colonne».

2. pile [pil] n. f. **1.** TECH Bac servant à préparer la pâte à papier. **2.** Fam. Volée de coups. – Défaite écrasante. *On va leur flanquer une de ces piles!* – Lat. *pila,* «mortier», de *pinsere,* «broyer».

3. pile [pil] n. et adv. **1.** n. f. Côté d'une pièce de monnaie opposé à la face. *Jouer à pile ou face:* essayer de deviner quel côté présentera une pièce en tombant, après avoir été lancée en l'air. – Décider au hasard. **2.** adv. Fam. *Tomber pile,* juste ou à point. – *S'arrêter pile,* tout d'un coup. – Orig. incert.; désigna en a. fr. le coin inférieur du marteau qui frappait la monnaie.

1. piler [pile] v. tr. [1] **1.** Écraser, broyer en frappant. *Piler des amandes.* **2.** Fig.; fam. Battre (qqn) à un jeu, dans un combat. *Se faire piler.* – Bas lat. *pilare,* «écraser», de *pila,* «mortier».

2. piler [pile] v. intr. [1] Fam. S'arrêter, freiner brusquement. *Conducteur qui pile.* – De *pile* 3 (sens 2).

pilet [pilɛ] n. m. *Canard pilet* ou *pilet (Anas acuta):* canard sauvage des lacs, baies et étangs, à longue queue et à tête brune. *Le canard pilet est le plus répandu des canards nord-américains.* – De *pilon,* par allusion à la longue queue de cet oiseau.

pileur, euse [pilœʀ, øz] adj. et n. Qui pile. – De *piler.*

pileux, euse [pilø, øz] adj. Qui a rapport aux poils, aux cheveux. *Système pileux:* ensemble des poils recouvrant le corps. – Lat. *pilosus,* «poilu».

pilier [pilje] n. m. **1.** Massif de maçonnerie constituant un support, dans un édifice. *Les piliers d'une cathédrale.* ▷ Chacun des supports en fer, en bois, etc. soutenant une construction. *Pilier métallique.* **2.** ANAT Portion d'un muscle ou d'un organe ayant une fonction de soutien. *Les piliers du diaphragme, du voile du palais.* **3.** Fig., péj. Personne fréquentant assidûment quelque lieu. *Pilier de bar.* **4.** Fig. Personne ou chose sur laquelle s'appuie qqch. *Les piliers d'un régime.* – Lat. pop. **pilare,* du class. *pila.*

pilifère [pilifɛʀ] adj. BOT Qui porte des poils. *Assise pilifère.* – Du lat. *pilus,* «poil», et *-fère.*

pillage [pijaʒ] n. m. Action de piller; son résultat. – De *piller.*

pillard, arde [pijaʀ, aʀd] adj. et n. Qui pille, qui a l'habitude de piller. *Des hordes pillardes.* ▷ Subst. *Un (des) pillard(s).* – De *piller.*

piller [pije] v. tr. [1] **1.** S'emparer de vive force des biens qui se trouvent dans (une ville, une maison, etc.). *L'ennemi a pillé ce village.* **2.** Voler (qqch) en saccageant, en ruinant. *Piller les œuvres d'art d'une église.* **3.** Se livrer à des vols, à des détournements, au détriment de. *Les gouverneurs romains pillaient souvent les provinces.* **4.** Fig. Plagier, copier de façon éhontée. *Piller des chapitres entiers dans une œuvre.* – De l'a. fr. *p(e)ille,* «chiffon», lat. *pileus,* «bonnet d'affranchi».

pilleur, euse [pijœʀ, øz] n. Personne qui pille. – Du préc.

pilocarpe [pilɔkaʀp] n. m. BOT Arbrisseau d'Amérique du Sud (fam. rutacées) dont une espèce *(Pilocarpus pinnatifolius)* est le jaborandi. – Lat. bot. *pilocarpus,* du gr. *pilos,* «feutre», et *karpos,* «fruit».

pilocarpine [pilɔkaʀpin] n. f. PHARM Alcaloïde extrait des feuilles de jaborandi, utilisé principalement dans les collyres. – Du préc.

pilon [pilɔ̃] n. m. **1.** Instrument servant à écraser ou tasser. *Broyer des épices, du grain dans un mortier avec un pilon.* – *Marteau-pilon:* V. marteau. ▷ *Mettre un livre au pilon,* en détruire l'édition. **2.** Partie inférieure de la cuisse d'une volaille cuite. **3.** Jambe de bois. – De *piler* 1.

pilonnage [pilɔnaʒ] n. m. Action de pilonner (sens 2); son résultat. – De *pilonner.*

pilonner [pilɔne] v. tr. [1] **1.** Écraser avec un pilon. **2.** MILIT Bombarder (une position ennemie) avec des projectiles de gros calibre. – De *pilon.*

pilori [pilɔʀi] n. m. Poteau auquel était attachée une personne condamnée à être exposée publiquement. ▷ Fig. *Clouer qqn au pilori,* le désigner à l'indignation publique. – Lat. médiév. *pilorium,* probabl. de *pila,* «pilier».

pilo-sébacé, ée [pilosebase] adj. ANAT Qui a rapport au poil et à la glande sébacée qui est à sa base. *Follicule pilo-sébacé.* – Du lat. *pilum,* «poil», et de *sébacé.*

pilosisme [pilozism] n. m. MED Croissance anormale des poils dans un endroit déterminé. – Du lat. *pilosus,* «poilu».

pilosité [pilozite] n. f. Revêtement formé par les poils. – Du lat. *pilosus,* «poilu».

pilot [pilo] n. m. TRAV PUBL Gros pieu servant à faire des pilotis. – De *pile* 1.

pilotage [pilɔtaʒ] n. m. Action, art de piloter un navire, un aéronef. – De *piloter.*

pilote [pilɔt] **I.** n. m. **1.** MAR Celui qui est chargé de diriger un navire dans les passages difficiles, à l'entrée des ports. **2.** AVIAT Personne qui tient les commandes d'un aéronef; spécialiste du pilotage. *Pilote d'essai. Pilote de ligne.* ▷ *Pilote automatique:* dispositif qui corrige automatiquement, par action sur les gouvernes, les mouvements tendant à modifier la stabilité d'un avion, en cap et en altitude. **3.** SPORT Spécialiste de la conduite automobile. *Pilote de course.* **II.** (En apposition à un subst. et souvent uni à lui par un trait d'union.) **1.** *Bateau-pilote,* qui conduit le pilote d'un port à bord du navire qu'il doit guider. **2.** *Poisson pilote:* poisson perciforme *(Naucrates ductor)* qui accompagne les requins, les raies, les navires, en quête de la nourriture que ceux-ci abandonnent. (Ne pas confondre avec le *rémora.*) **3.** Fig. Qui s'engage dans une voie nouvelle, à titre expérimental. *Classe-pilote. Hôpital-pilote.* (Rem.: Au sens I, l'OLF recommande la forme féminine *une pilote.*) – Ital. *piloto, pedoto,* gr. byzant. **pêdotês,* de *pêdon,* «gouvernail».

piloter [pilɔte] v. tr. [1] **1.** Conduire (un navire, un aéronef, une automobile) en tant que pilote. *Piloter un avion.* **2.** Fig. Guider (qqn) dans des lieux qu'il ne connaît pas. *Piloter un étranger dans Montréal.* – De *pilote.*

pilotis [pilɔti] n. m. Ensemble de pieux servant d'assise à un ouvrage construit au-dessus de l'eau ou d'un sol mouvant. – Chacun de ces pieux. *Hutte sur pilotis.* – De *pilot.*

pilou [pilu] n. m. Tissu de coton pelucheux très employé dans la confection des peignoirs. – Anc. franç. et dial. *peloux,* «poilu», lat. *pilosus.*

pilulaire [pilylɛʀ] adj. et n. **1.** adj. PHARM Relatif aux pilules. – *Masse pilulaire:* pâte dont on fait les pilules. **2.** n. m. VETER Instrument utilisé pour administrer des pilules aux animaux. – De *pilule.*

pilule [pilyl] **1.** n. f. PHARM Médicament de forme sphérique qu'on absorbe par voie orale. ▷ Fig. *Dorer la pilule à qqn:* essayer de lui faire prendre pour séduisante une chose désagréable. – *Avaler la pilule:* supporter une chose déplaisante sans réagir. ▷ *Pilule contraceptive* ou, absol., *la pilule:* pilule de substance hormonale bloquant l'ovulation, utilisée comme contraceptif. **2.** Pop. Raclée, volée, défaite (V. pile 2, sens 2). – Lat. *pilula,* dimin. de *pila,* «boule».

pilulier [pilylje] n. m. PHARM Instrument servant à préparer les pilules. – De *pilule.*

pilum [pilɔm] n. m. ANTIQ Javelot des soldats romains. – Mot lat.

pimbêche [pɛ̃bɛʃ] n. f. Femme affectant des airs pincés. – Orig. incon.

pimbina ou **pembina** [pɛ̃binɑ] n. m. Nom cour. de deux variétés indigènes de viornes à fruits rouges comestibles (*Viburnum edule* et *trilobum*); collect. fruits de ces arbrisseaux. *Gelée de pimbina.* – Mot algonquien.

piment [pimɑ̃] n. m. **1.** Plante potagère herbacée (genre *Capsicum,* fam. solanacées) qu'on cultive pour ses fruits utilisés comme condiment (paprika, poivre de Cayenne) ou comme légume (piment doux ou poivron); fruit de cette plante. *Piment rouge, vert.* ▷ *Spécial.* Piment doux, en partic. le vert. *Farcir des piments.* Rem. En France, se dit spécial. du piment fort. **2.** Fig. Ce qui donne de la saveur, du piquant. *Mettre du piment dans un récit.* – Du lat. *pigmentum,* «drogue, suc».

pimenter [pimɑ̃te] v. tr. [1] **1.** Assaisonner avec du piment. *Pimenter un mets.* **2.** Fig. Donner du piquant à. *Pimenter ses propos.* – Du préc.

pimpant, ante [pɛ̃pɑ̃, ɑ̃t] adj. Qui donne une impression de fraîcheur et d'élégance. *Jeune fille pimpante. Robe pimpante.* – De l'anc. provenç. *pimpar,* «parer».

pimprenelle [pɛ̃pʀənɛl] n. f. Petite plante herbacée (genre *Poterium,* fam. rosacées), très commune, aux fleurs en capitules verdâtres ou roses, et dont les feuilles comportent de nombreuses folioles. – A. fr. *piprenelle,* lat. médiév. *pipinella,* p.-ê. de *piper,* «poivre».

pin [pɛ̃] n. m. Grand conifère (genre *Pinus*) au feuillage persistant composé d'aiguilles groupées en faisceaux; bois de cet arbre. *Pin blanc (Pinus strobus). Pin rouge (Pinus resinosa). Pin gris* ou *cyprès (Pinus divaricata). Le pin sylvestre (Pinus silvestris) et le pin noir (Pinus austriaca) sont originaires d'Europe. Cocottes en cônes de pin. Meubles en pin.* – Lat. *pinus.*

pinacle [pinakl] n. m. **1.** Partie la plus haute d'un édifice. **2.** ARCHI Couronnement d'un contrefort gothique. **3.** Fig. *Être sur le pinacle, au pinacle,* au sommet des honneurs. – *Porter qqn au pinacle,* en faire grand cas, le couvrir d'éloges. – Lat. ecclés. *pinnaculum,* de *pinna,* «créneau».

pinacothèque [pinakɔtɛk] n. f. Musée de peinture (en Italie, en Allemagne). *La pinacothèque de Munich.* – Lat. d'orig. gr. *pinacotheca.*

pinaillage [pinajaʒ] n. m. Fam. Action de pinailler. – De *pinailler.*

pinailler [pinaje] v. intr. [1] Fam. Se montrer exagérément minutieux, ergoter sur des riens. – Orig. incert.

pinailleur, euse [pinajœʀ, øz] n. et adj. Fam. Personne qui a l'habitude de pinailler, d'ergoter. – Du préc.

pinard [pinaʀ] n. m. Pop. Vin. – Var. pop. de *pinot.*

pinardier [pinaʀdje] n. m. Fam. **1.** Négociant en vin. **2.** Navire-citerne servant au transport du vin. – De pinard.

pinasse [pinas] n. f. MAR **1.** Anc. Embarcation longue et légère, propre à la course. **2.** Petit bateau de pêche rapide. – Esp. *pinaza,* propr. «bateau en bois de pin».

pinçage [pɛ̃saʒ] n. m. ARBOR Opération consistant à pincer (les bourgeons, les rameaux). – De *pincer.*

pinçard, arde [pɛ̃saʀ, aʀd] adj. VETER *Cheval pinçard,* qui, en marchant, s'appuie sur la pince (sens 3). – De *pince.*

pince [pɛ̃s] n. f. **1.** Instrument composé de deux branches articulées, servant à saisir ou à serrer des objets. *Pince coupante.* **2.** Appendice préhenseur des crustacés, patte antérieure fourchue et articulée qui leur sert à saisir, à pincer. *Pinces de crabe, de homard.* ▷ Pop. Main. *Serrer la pince à qqn.* **3.** Extrémité antérieure du pied des mammifères ongulés. ▷ Pop. Pied. *Faire 10 km à pinces.* **4.** Dent incisive des herbivores, et partic. du cheval. **5.** COUT Pli cousu servant à ajuster un vêtement. *Pinces de taille, de poitrine.* – Déverbal de *pincer.*

pincé, ée [pɛ̃se] adj. **1.** MUS *Cordes pincées,* que l'on fait vibrer en les pinçant avec les doigts (par oppos. à *cordes frappées* et à *cordes frottées*). *Le luth et la guitare, instruments à cordes pincées.* **2.** Serré et mince. *Lèvres pincées.* ▷ *Mine, air pincé,* mécontent, maniéré, distant. – Pp. de *pincer.*

pinceau [pɛ̃so] n. m. **1.** Instrument formé d'un faisceau de poils attaché au bout d'un manche, et qui sert à appliquer les couleurs, la colle, etc. *Pinceau en poils de putois, de blaireau.* **2.** Fig. Manière de peindre d'un artiste. *Ce peintre a le pinceau délicat.* **3.** Étroit faisceau de rayons lumineux. *Le pinceau d'un phare.* **4.** Pop. Pied. – Lat. pop. **penicellus,* class. *penicillus,* de *penis,* «queue».

pincée [pɛ̃se] n. f. Quantité (d'une matière en poudre, en grains) que l'on peut prendre entre l'extrémité de deux doigts. *Une pincée de sel.* – Pp. fém. subst. de *pincer.*

pincelier [pɛ̃səlje] n. m. TECH Récipient comportant un compartiment pour nettoyer les pinceaux et un autre pour mettre l'huile. – De *pincel*, anc. forme de *pinceau*.

pincement [pɛ̃smɑ̃] n. m. **1.** Action de pincer. – Fig. Sensation vive et quelque peu douloureuse. *Le pincement de la faim. Pincement au cœur.* **2.** ARBOR Syn. de *pinçage*. – De *pincer*.

pince-monseigneur. V. monseigneur, pied-de-biche.

pince-nez [pɛ̃sne] n. m. inv. Binocle fixé sur le nez par un ressort. – De *pincer*, et *nez*.

pince-oreille. V. perce-oreille.

pincer [pɛ̃se] v. tr. [14] **1.** Serrer étroitement avec les doigts, une pince, etc. *Pincer une barre de fer avec des tenailles.* ▷ MUS *Pincer les cordes d'un instrument*, les faire vibrer avec les doigts. **2.** Serrer la peau fortement entre les doigts ou autrement, en provoquant une sensation douloureuse. Fig. Produire une sensation vive, semblable à un pincement. *Le froid pince les joues.* – Absol. *Ça pince, ce matin.* **3.** Rapprocher en serrant, pour faire paraître plus mince. *Pincer les lèvres. Corsage pinçant la taille.* ▷ *Pincer un vêtement*, le resserrer à l'aide de pinces (sens 5). **4.** ARBOR *Pincer les bourgeons:* supprimer les bourgeons axillaires pour arrêter la croissance des ramifications. **5.** Fig., fam. Prendre, surprendre. *Pincer qqn la main dans le sac.* ▷ Pop. *Être pincé:* être amoureux. – v. intr. *En pincer pour:* être épris de. – Orig. incert., p.-ê. d'un rad. expressif *pints-*.

pince-sans-rire [pɛ̃ssɑ̃ʀiʀ] n. m. inv. Personne qui plaisante, qui raille tout en restant impassible. – Du jeu de *je te pince sans rire* où l'on devait pincer qqn sans rire.

pincette [pɛ̃sɛt] n. f. ou **pincettes** [pɛ̃sɛt] n. f. pl. **1.** Petite pince. **2.** Longue pince en fer servant à saisir les tisons dans le feu. ▷ Fig., fam. *N'être pas à prendre avec des pincettes :* être de très mauvaise humeur. – De *pince*.

pinçon [pɛ̃sɔ̃] n. m. Trace d'un pincement sur la peau. – De *pincer*.

pindarique [pɛ̃daʀik] adj. LITTER Qui est dans la manière lyrique de Pindare. *Odes pindariques.* – Lat. *pindaricus*, gr. *pindarikos*, de *Pindaros*, «Pindare», poète lyrique (518-438 av. J.-C.).

pinéal, ale, aux [pineal, o] adj. ANAT Relatif à l'épiphyse. ▷ ZOOL *Organe pinéal:* organe céphalique pariétal postérieur, formé d'une vésicule aplatie photosensible. (Présent chez de nombr. vertébrés inférieurs, fossiles ou actuels, cet «œil pinéal» perd, chez les vertébrés supérieurs, les mammifères notam., ses propriétés photosensibles et devient une glande, dite autref. *pinéale:* l'épiphyse.) – Du lat. *pinea*, «pomme de pin».

pineau [pino] n. m. VITIC Vin charentais liquoreux obtenu en ajoutant du cognac au jus de raisin. – De *pinot**.

pinède [pinɛd] n. f. Terrain planté de pins. – Provenç. *pinedo*, lat. *pinetum*.

pingouin [pɛ̃gwɛ̃] n. m. Oiseau charadriiforme marin des régions arctiques (fam. alcidés) au plumage noir et blanc. ▷ Cour. Oiseau de la famille des alcidés (macareux, guillemots). – *Abusiv.* Manchot. – Angl. *pinguin;* d'origine obscure.

ping-pong [piŋpɔ̃ŋ] n. m. Tennis de table. – Nom déposé, onomat.

pingre [pɛ̃gʀ] n. Personne avare, mesquine. ▷ Adj. *Être pingre.* – Orig. incert.

pingrerie [pɛ̃gʀəʀi] n. f. Avarice mesquine. – Du préc.

pinne [pin] n. f. Gros mollusque lamellibranche dont la coquille triangulaire peut atteindre 60 cm de long. (*Pinna pectinata* est le cornet.) Syn. jambonneau. – Lat. *pin(n)a*, mot gr.

pinnipèdes [pinipɛd] n. m. pl. ZOOL Sous-ordre de mammifères carnivores marins dont les membres ont évolué en palettes natatoires (otaries, phoques, morses). – Du lat. *pinna*, «nageoire», et de *-pède*.

pinnotère ou **pinnothère** [pinɔtɛʀ] n. m. ZOOL Petit crabe qui vit en symbiose avec divers bivalves (les moules, notam.). – Lat. *pinoteres;* du grec.

pinnule [pinyl] n. f. **1.** BOT Partie la plus petite du limbe des feuilles divisées (frondes des fougères, notam.). **2.** TECH Plaque percée d'un trou ou d'une fente traversée par un fil, servant à faire des visées topographiques. *Pinnule d'une alidade.* – Du lat. *pinnula*, «petite aile».

pinocytose [pinɔsitoz] n. f. BIOL Mécanisme de capture par une cellule de substances extra-cellulaires sous forme de gouttelettes. – Du gr. *pinein*, «boire», sur le modèle de *phagocytose*.

pinot [pino] n. m. VITIC Cépage constituant en grande partie le vignoble bourguignon. – De *pin*, par anal. de forme entre la grappe et la pomme de pin.

pinscher [pinʃœʀ] n. m. Chien d'agrément, doberman nain. – Mot all.

pinson [pɛ̃sɔ̃] n. m. Petit oiseau migrateur passériforme (fam. embérizidés) ressemblant au moineau par la taille, le bec conique et le plumage strié. *Les pinsons sont granivores, sauf pendant la saison de nidification; certains sont de bons chanteurs. Pinson à gorge blanche (Zonotrichia albicollis)*, surnommé *Frédéric* en raison de son chant qu'on traduit par l'onomat. pop. "Où es-tu, Frédéric, Frédéric, Frédéric?" (ou var.). *Pinson à couronne blanche (Zonotrichia leucophrys)*, plus nordique que le précédent. *Pinson chanteur* (V. rossignol), *familier, vespéral.* Rem. On a récemment suggéré de remplacer *pinson* par *bruant* dans les noms scientif. des espèces américaines. ▷ Loc. *Gai comme un pinson:* très gai. – Lat. pop. **pincio*, probabl. d'orig. onomat.

pintade [pɛ̃tad] n. f. Oiseau galliforme, originaire d'Afrique, au plumage gris perlé de blanc (*Numida meleagris* et espèces voisines), dont la chair est très estimée. – Portug. *pintada*, propr. «tachetée», de *pintar*, «peindre».

pintadeau [pɛ̃tado] n. m. Jeune pintade. – Dimin. du préc.

pintadine [pɛ̃tadin] n. f. Huître perlière. Syn. méléagrine. – Même étym. que *pintade*.

pinte [pɛ̃t] n. f. **1.** Mesure de capacité utilisée surtout pour les liquides valant deux chopines ou un quart de gallon, soit 1,136 l; – par ext. (depuis l'adoption du système métrique) Litre. *Acheter une pinte de lait.* **2.** Récipient contenant une pinte; son contenu. ▷ Loc. fig., fam. *Se payer une pinte de bon sang:* bien s'amuser, bien rire. – Lat. pop. **pincta*, «(mesure) peinte», c.-à-d. «marquée», class. *picta*, de *pingere*, «peindre».

pinter [pɛ̃te] **1.** v. intr. [1] Pop. Boire avec excès. ▷ v. pron. S'enivrer. – *Être pinté*, ivre. **2.** v. tr. Pop. Boire. *Pinter un litre de rouge.* – Du préc.

pin-up [pinœp] n. f. inv. Jolie fille peu vêtue dont on épingle la photo au mur. – *Par ext.* Jolie fille d'allure affriolante. – De l'anglo-amér. *pin up girl*, de *to pin up*, «épingler (au mur)».

pinyin [pinjin] n. m. LING Système de transcription de la langue chinoise en caractères latins, rendu officiel par le gouvernement chinois en 1958. – Mot chinois.

piochage [pjɔʃaʒ] n. m. **1.** Action de piocher. **2.** Travail fait à la pioche. – Fig. Travail acharné. – De *piocher*.

pioche [pjɔʃ] n. f. **1.** Outil formé d'un fer pointu ou plat muni d'un manche, qui sert à creuser la terre. ▷ Fig., fam. *Tête de pioche:* individu têtu et borné. **2.** JEU Tas de dominos non distribués dans lequel on «pioche». – De *pic*, prononcé [pi], et suff. pop. *-oche.*

piocher [pjɔʃe] v. [1] v. tr. **1.** Creuser, remuer avec une pioche. *Piocher une vigne.* **2.** Fig., fam. Préparer avec ardeur, travailler beaucoup sur. *J'avais bien pioché cette question. Piocher un examen.* **3.** v. intr. JEU Puiser dans le tas de dominos non distribués jusqu'à ce que l'on rencontre le domino que l'on peut jouer. ▷ *Par ext.* Puiser dans un tas. – De *pioche.*

piocheur, euse [pjɔʃœʀ, øz] n. **1.** Personne qui se sert d'une pioche. **2.** Fig., fam. Personne qui travaille assidûment. ▷ Adj. *Être piocheur.* Syn. bûcheur. – De *piocher.*

piolet [pjɔlɛ] n. m. Courte pioche utilisée en alpinisme. – Mot du Val d'Aoste, du piémontais *piola,* «petite hache».

1. pion [pjõ] n. m. **1.** Vx Fantassin. **2.** JEU Chacune des huit plus petites pièces du jeu d'échecs, qui se déplacent de case en case vers l'avant, et prennent les pièces adverses en diagonale à une case de distance. ▷ Chacune des pièces du jeu de dames. – Fig. *N'être qu'un pion (sur l'échiquier):* n'avoir aucune prise sur les événements, être manœuvré. – Fig., fam. *Damer le pion à qqn,* prendre l'avantage sur lui. **3.** Arg. Surveillant d'études (fém. *pionne*). ▷ *Par ext.,* péjor. Critique, intellectuel à l'esprit étroit et scolaire. – Du bas lat. *pedo, pedonis,* «qui a de grands pieds».

2. pion [pjõ] n. m. PHYS NUCL Particule de très faible masse associée au champ nucléaire, responsable des interactions entre nucléons. Syn. méson π. – De *pi* (π), et *ion.*

pioncer [pjõse] v. intr. [14] Pop. Dormir. – P.-ê. nasalisation de *piausser,* «dormir sur des peaux».

pionnier, ère [pjɔnje, ɛʀ] n. et adj. **1.** n. Colon qui défriche et cultive des contrées inhabitées. *Les pionniers de l'Amérique du Nord.* ▷ adj. *Les régions pionnières.* – Fig. Personne qui ouvre une voie nouvelle. *Les pionniers de la science.* **2.** En U.R.S.S., enfant faisant partie d'un mouvement de jeunes dirigé par l'État. – De *pion* 1.

pipa [pipa] n. m. Gros crapaud d'Amérique tropicale (genre *Pipa*), dont les œufs se développent, jusqu'à leur éclosion, dans de petites loges situées sur le dos de la femelle. – Mot indigène du Surinam.

pipe [pip] n. f. **1.** Vx Pipeau. **2.** Anc. Mesure de capacité pour liquides. – Grande futaille à eau-de-vie; son contenu. **3.** Ustensile servant à fumer, composé d'un tuyau aboutissant à un fourneau contenant le tabac. *Allumer, fumer sa pipe.* – *Par ext.* Tabac contenu dans le fourneau. *Fumer une pipe.* ▷ Pop. Cigarette. *Un paquet de pipes.* **4.** en loc. Pop. *Casser sa pipe:* mourir. – Fam. *Par tête de pipe:* par personne. *Cela revient à un dollar par tête de pipe.* – Pop. *Se fendre la pipe:* rire de bon cœur. – Fam. *Nom d'une pipe!:* juron marquant l'étonnement, l'indignation. **5.** TECH Élément de tuyauterie, conduit. *Pipe d'aération.* – De *piper;* sens 5, de l'angl. *pipe,* «tuyau».

pipeau [pipo] n. m. **1.** Flûte champêtre, chalumeau. *Danser au son du pipeau.* **2.** CHASSE Syn. d'*appeau.* – Petite branche enduite de glu pour prendre les oiseaux. – Dimin. du préc.

pipée [pipe] n. f. Chasse au pipeau. *Prendre les oiseaux à la pipée.* – Pp. fém. subst. de *piper.*

pipelet, ette [piplɛ, ɛt] n. **1.** Pop. Concierge. **2.** (surtout au fém.) Personne bavarde, commère. – De *Pipelet,* nom d'un ménage de portiers dans *les Mystères de Paris,* d'Eugène Sue.

pipeline [piplin] n. m. Canalisation servant au transport des liquides, des gaz ou des pulvérulents. *Pipeline pour le transport du pétrole* (oléoduc), *du gaz naturel* (gazoduc). – De l'angl. *pipe-line,* de *pipe,* «tuyau», et *line,* «ligne».

piper [pipe] v. [1] **I.** v. intr. Vx Pousser un cri, en parlant d'un oiseau. ▷ Fig., fam. *Ne pas piper:* ne pas dire un mot. *Il obéit sans piper.* **II.** v. tr. **1.** Prendre à la pipée. *Piper des oiseaux.* **2.** Fig., vieilli Tromper, attraper. *Se faire piper.* ▷ Mod. *Piper des dés, des cartes,* les truquer pour tricher au jeu. – Fig. *Les dés sont pipés:* les données du problème ont été truquées, faussées, la situation est faussée au départ. – Lat. pop. **pippare,* class. *pipare,* «glousser».

pipéracées [pipeʀase] n. f. pl. BOT Famille de dicotylédones herbacées ou arbustives des régions chaudes, possédant des propriétés aromatiques, astringentes et narcotiques (*Piper nigrum,* le poivre noir, en est le type). – Du lat. *piper,* «poivre».

piperade [pipeʀad] n. f. CUIS Omelette basque aux tomates et aux poivrons. – Mot du sud-ouest de la France, «piperada», du béarnais *piper,* «poivron», du lat. *piper,* «poivre».

piper-cub [pipəʀkœb] n. m. AVIAT Avion d'observation léger de 2 à 4 places. *Des piper-cubs.* – Mots anglo-amér., du nom de la *Piper Aircraft Corporation,* et *cub,* «petit d'un animal».

piperie [pipʀi] n. f. Vx ou litt. Tromperie, fourberie. – De *piper,* sens II, 2.

pipéronal [pipeʀɔnal] n. m. Syn. de *héliotropine.* – Mot all., de *(aldéhyde) piperonylique.*

pipette [pipɛt] n. f. Tube mince, généralement gradué, utilisé en laboratoire pour prélever des liquides. – Dimin. de *pipe.*

pipeur, euse [pipœʀ, øz] n. et adj. Vx Personne qui triche, qui dupe. – De *piper,* sens II, 2.

pipi [pipi] n. m. Fam. **1.** *Faire pipi:* uriner. **2.** Urine. – Redoublement enfantin de la première syllabe de *pisser.*

pipier, ière [pipje, jɛʀ] n. et adj. **1.** n. Ouvrier, ouvrière qui fabrique des pipes. **2.** adj. Relatif à la fabrication des pipes. *L'industrie pipière du Jura.* – De *pipe.*

pipistrelle [pipistʀɛl] n. f. La plus petite des chauves-souris *(Pipistrellus pipistrellus,* 4 cm de long). *La pipistrelle de l'Est (Pipistrellus subflavus) est la seule pipistrelle d'Amérique du Nord.* – Ital. *pipistrello,* altér. de *vipistrello,* lat. *vespertilio,* propr., «oiseau de nuit».

pipit [pipit] n. m. Petit oiseau passériforme (genre *Anthus*) au plumage terne, de la taille d'un moineau. *Le pipit commun (Anthus spinoletta) niche dans la toundra et dans les prairies alpines.* – Onomat. d'ap. le cri de cet oiseau.

piquage [pikaʒ] n. m. **1.** Action de piquer; son résultat. **2.** TECH Raccordement effectué sur une canalisation. – De *piquer.*

piquant, ante [pikɑ̃, ɑ̃t] adj. et n. **I.** adj. **1.** Qui pique ou peut piquer. *Les épines sont piquantes.* **2.** Qui produit une sensation vive, comparable à une, à des piqûres. *Froid piquant.* **3.** Fig. Mordant, satirique. *Critique piquante.* – Qui plaît par sa finesse, sa vivacité. *Conversation piquante.* **II.** n. m. **1.** SC NAT Appendice acéré de divers organes végétaux (syn. épine), ou d'animaux. *Les piquants d'une châtaigne, d'un hérisson.* **2.** Fig. Ce qui est plaisant, piquant. *Le piquant d'une aventure.* – Ppr. de *piquer.*

1. pique [pik] n. **I.** n. f. Arme d'hast, fer aigu au bout d'une hampe. **II.** n. m. JEU L'une des deux couleurs noires d'un jeu de cartes, représentée par une figure évoquant un fer de pique. *Atout pique. Roi de pique.* – Carte de cette couleur. *Avoir six piques dans sa main.* – Néerl. *pike.*

2. pique [pik] n. f. Propos aigre, malintentionné, destiné à agacer, à vexer. *Envoyer des piques.* – Déverbal de *piquer.*

piqué, ée [pike] adj. et n. **I.** adj. **1.** Cousu par un point de couture. **2.** Parsemé de trous dus à des insectes. *Bois piqué.* ▷ Fam., iron. *Ne pas être piqué des vers, des hannetons:* être parfait dans son genre. **3.** Taché par l'humidité, attaqué par la rouille. *Miroir piqué. Carrosserie piquée.* **4.** Qui s'est aigri sous l'influence de moisissures. *Vin piqué.* **5.** MUS *Notes piquées,* surmontées de points indiquant qu'elles doivent être jouées accentuées et détachées. **6.** Fig. Vexé, dépité. **7.** Fam. Étrange, un peu fou. ▷ Subst. *N'écoute pas cette piquée!* **II.** n. m. **1.** AVIAT Vol descendant, très fortement incliné. *Bombardement en piqué.* **2.** TECH Étoffe dont le tissage forme des dessins en relief. – Pp. de *piquer.*

pique-assiette [pikasjɛt] n. m. et f. inv. Péjor. Personne qui cherche toujours à se faire inviter à la table d'autrui, parasite. – De *piquer,* et *assiette.*

pique-bœuf [pikbœf] n. m. Oiseau passériforme (genre *Buphagus*) d'Afrique, de la taille d'un étourneau, qui se nourrit des petits animaux parasites vivant sur la peau des grands mammifères (bœuf, éléphant, etc.). *Des pique-bœufs* [pikbø]. – De *piquer,* et *bœuf.*

pique-bois. V. pic-bois.

pique-feu [pikfø] n. m. inv. Tisonnier. – De *piquer,* et *feu.*

pique-fleurs [pikflœʀ] n. m. inv. Socle garni de pointes ou demi-sphère percée de trous que l'on pose au fond d'un vase pour maintenir dans la position désirée les tiges des fleurs que l'on pique sur les pointes ou qu'on enfonce dans les trous. – De *piquer,* et *fleur.*

pique-nique [piknik] n. m. **1.** Vx Repas où chacun paie son écot ou apporte sa part. **2.** Repas pris en plein air au cours d'une excursion. *Des pique-niques champêtres.* – De *piquer,* et a. fr. *nique,* «petite chose sans valeur».

pique-niquer [piknike] v. intr. [1] Faire un pique-nique. – Du préc.

pique-niqueur, euse [piknikœʀ, øz] n. Personne qui participe à un pique-nique. – Du préc.

pique-notes [piknɔt] n. m. inv. Accessoire de bureau, tige droite ou courbe servant à réunir des feuilles de notes. – De *piquer,* et *note.*

piquer [pike] v. [1] **I.** v. tr. **1.** Percer, entamer légèrement avec un objet pointu. *Épines qui piquent les doigts.* **2.** Fig. Produire une sensation de piqûre, de picotement, de brûlure, sur. *La fumée pique les yeux.* – Absol. *Moutarde qui pique.* **3.** Ficher (qqch de pointu) dans. *Piquer une épingle dans une pelote.* ▷ Fam. Faire une piqûre à. *Piquer un enfant contre la variole.* – *Piquer un animal,* lui faire une piqûre pour qu'il meure sans souffrance. ▷ Blesser avec un crochet, un dard, un aiguillon (animaux). *Une abeille l'a piqué.* – CUIS Introduire des lardons, de l'ail dans (une viande). *Piquer un gigot.* **4.** Fixer à l'aide d'une pointe, d'une aiguille. *Piquer une gravure au mur.* ▷ Faire des points de couture dans (de l'étoffe). *Piquer à la machine.* **5.** Parsemer de petits trous. *Les vers ont piqué ce meuble.* – Fig. Parsemer de points, de taches. *Pâquerettes qui piquent un gazon.* **6.** Frapper (un animal), le toucher au moyen d'une pointe pour l'exciter. *Piquer un cheval, des bœufs.* ▷ Fig. Produire une vive impression sur, exciter. *Piquer la curiosité de qqn.* – *Ce discours l'a piqué au vif,* l'a blessé dans son amour-propre. **7.** Fig. Séparer, détacher nettement. ▷ MUS *Piquer des notes,* les jouer accentuées et détachées. ▷ Absol. PHOTO *Objectif qui pique,* qui a un grand pouvoir séparateur. **8.** Fig., fam. Manifester brusquement par quelque signe physique. *Piquer une colère. Piquer un fard:* rougir. ▷ *Piquer un cent mètres:* se mettre brusquement à courir, sur cent mètres, sur une courte distance. **9.** Fig., pop. Prendre, voler. *On lui a piqué son portefeuille.* Syn. faucher. – *Se faire piquer:* se faire prendre, se faire arrêter. **II.** v. intr. **1.** AVIAT Effectuer un piqué. ▷ *Piquer sur:* aller tout droit vers. *L'avion piqua sur son objectif.* ▷ Fam. *Piquer du nez:* tomber en avant. **2.** EQUIT *Piquer des deux:* faire sentir les deux éperons à un cheval. – *Fig.* S'élancer rapidement. **III.** v. pron. **1.** *Se piquer au jeu:* s'obstiner à jouer malgré la perte. – *Par ext.* S'obstiner à venir à bout de qqch. **2.** *Se piquer de:* avoir la prétention de. *Se piquer de bien écrire.* **3.** Pop. *Se piquer le nez:* boire, s'enivrer. – Lat. pop. **pikkare*, «piquer, frapper», du rad. expressif *pikk.*

1. piquet [pikɛ] n. m. **1.** Petit pieu que l'on fiche en terre. *Piquet de tente.* ▷ Fam. *Planté comme un piquet,* debout et immobile. **2.** Punition infligée à un élève, consistant à le faire rester debout dans un coin, tourné vers le mur. *Envoyer un chahuteur au piquet.* **3.** MILIT Groupe de soldats prêts à marcher au premier ordre. *Piquet d'incendie.* ▷ Par ext. *Piquet de grève:* groupe de grévistes veillant en partic. à interdire l'accès aux lieux de travail. – De *piquer.*

2. piquet [pikɛ] n. m. Jeu de cartes qui se joue avec trente-deux cartes. – Orig. incert., probabl. du rad. de *piquer.*

piquetage [piktaʒ] n. m. TRAV PUBL Action de piqueter. – De *piqueter.*

piqueter [pikte] v. tr. [23] **1.** Parsemer de points, de petites taches. *Ciel piqueté d'étoiles.* **2.** TRAV PUBL Tracer sur un terrain, à l'aide de piquets, les contours d'un bâtiment, l'emprise d'une route à construire, etc. – De *piquet.*

1. piquette [pikɛt] n. f. Boisson obtenue en jetant de l'eau sur du marc de raisin, ou sur d'autres fruits, et en laissant fermenter. – *Par ext.* Vin aigrelet, sans force ni couleur. – De *piquer.*

2. piquette [pikɛt] n. f. Pop. Volée, raclée; défaite écrasante. *Ils ont pris une sacrée piquette!* – Probabl. de *pique,* «correction», du nom d'une anc. punition militaire.

piqueur, euse [pikœʀ, øz] n. et adj. **A.** n. **I.** n. m. **1.** EQUIT Celui qui surveille les écuries, dans un manège, un élevage. **2.** VEN Valet de chiens qui dirige la meute et suit la chasse à cheval. (Dans ce sens, on dit plus souvent *piqueux.*) **3.** TECH Ouvrier qui travaille au pic ou au marteau pneumatique. **4.** TECH Celui qui surveille les ouvriers sur un chantier de travaux publics. **II.** n. Celui, celle qui pique (des étoffes, des peaux, etc.). *Atelier de piqueuses.* **B.** adj. *Insectes piqueurs,* qui sont capables de piquer. *Le moustique, insecte piqueur.* – De *piquer.*

piqueux. V. piqueur (sens 2).

piquier [pikje] n. m. Anc. Soldat armé d'une pique. – De *pique* 1.

piqûre [pikyʀ] n. f. **1.** Petite plaie faite par un instrument aigu ou par le dard de certains animaux. *Piqûre d'épingle, de guêpe.* **2.** Sensation produite par qqch de piquant. *Ressentir une piqûre.* – Fig. Blessure morale. *Piqûres d'amour-propre.* **3.** MED Injection sous-cutanée, intramusculaire ou intraveineuse faite avec une seringue munie d'une aiguille. **4.** Rang de points servant à assembler des pièces d'étoffe, ou à orner. *Robe garnie de piqûres.* **5.** Petit trou dû à des vers, des insectes, etc. **6.** Tache d'humidité. – TECH Attaque d'un métal par la rouille. **7.** Aigreur produite dans une boisson fermentée par la présence de mycodermes. – De *piquer.*

piranha [piʀaɲa] n. m. Poisson carnivore (genre *Serrasalmus,* ordre des cypriniformes), commun dans les fleuves d'Amérique du Sud. – Mot portug., d'orig. tupi.

piratage [piʀataʒ] n. m. Fait de reproduire et de commercialiser une œuvre de l'esprit sans payer leur dû aux ayants droit. – De *pirater*.

pirate [piʀat] n. m. **1.** Aventurier qui court les mers pour piller les navires dont il parvient à se rendre maître. *Pirates barbaresques.* ▷ Navire monté par des pirates. *Couler un pirate.* **2.** Par ext. *Pirate de l'air:* personne qui détourne par la menace un avion de sa destination. **3.** Fig. Individu sans scrupules qui s'enrichit aux dépens des autres. *Ce commerçant est un vrai pirate.* **4.** (Adj. ou comme second élément de noms composés.) Qui ne respecte pas les lois, les règlements; illicite, clandestin. *Avion-pirate. Radio-pirate. Émission-pirate.* – Lat. *pirata*, gr. *peiratês*, de *peirân*, «tenter, entreprendre».

pirater [piʀate] v. intr. [1] Se livrer à la piraterie; agir en pirate. – Du préc.

piraterie [piʀatʀi] n. f. **1.** Activité de pirate. *Exercer la piraterie.* ▷ *Piraterie aérienne:* capture d'avions commerciaux éventuellement accompagnée de prise d'otages à des fins politiques ou crapuleuses. **2.** Fig. Exaction, escroquerie. – De *pirate*.

pire [piʀ] adj. et n. m. **1.** Comparatif synthétique pouvant remplacer *plus mauvais*, lorsque ce mot n'est pas pris dans le sens de «fâcheux, impropre». *Le remède est pire que le mal.* **2.** Superlatif. (Précédé de l'article défini ou de l'adjectif possessif.) *C'est son pire ennemi. Un gredin de la pire espèce. Ce sont les pires.* ▷ N. m. Ce qu'il y a de plus mauvais. *S'engager pour le meilleur et pour le pire. Les médecins craignent le pire.* – Du lat. *pejor*, comparatif de *malus*, «mauvais».

piriforme [piʀifɔʀm] adj. En forme de poire. – Du lat. *pirum*, «poire», et *-forme*.

pirogue [piʀɔg] n. f. Embarcation longue et étroite, faite d'un tronc d'arbre creusé ou de peaux cousues et que l'on manœuvre à la pagaie ou à la voile. – Esp. *piragua*, mot des Antilles.

piroguier [piʀɔgje] n. m. Celui qui se sert d'une pirogue, la conduit. – Du préc.

pirojok [piʀɔʒɔk] n. m. CUIS Mets russe, petit pâté en croûte, fourré de viande, de poisson, de légumes, servi comme hors-d'œuvre. *Des pirojki.* – Mot russe.

pirouette [piʀwɛt] n. f. **1.** Vx Toupie. **2.** CHOREGR Tour complet sur soi-même exécuté en pivotant sur la pointe du pied d'appui. *Faire une pirouette.* – Fig. Réponse en forme de plaisanterie à une question embarrassante. *S'en tirer par une pirouette.* **3.** Fig. Brusque changement d'opinion. Syn. revirement; volte-face. – Réfection, d'ap. *girouette*, de l'a. fr. *pirouelle*, «toupie», rad. *pir-*, «cheville», d'orig. gr. *peirô*, «je transperce».

pirouetter [piʀwɛte] v. intr. [1] Faire une, des pirouettes. – Du préc.

1. pis [pi] n. m. Mamelle d'une bête d'élevage, surtout de la vache. V. *paire*. – Du lat. *pectus*, «poitrine».

2. pis [pi] adv., adj. et n. **I.** Comparatif synthétique de *mal*. **1.** adv. Plus mal. *Ils sont pis que jamais ensemble.* – Loc. adv. *De mal en pis, de pis en pis:* de mal en plus mal; de plus en plus mal. *Aller de mal en pis.* **2.** adj. (Neutre de *pire*, comme attribut ou complément d'un pronom neutre.) Plus mauvais, plus fâcheux. *Il n'y a rien de pis que cela.* **3.** n. (Sans article.) Chose plus mauvaise, plus fâcheuse. *Il a fait pis que trahir. Dire, penser pis que pendre de qqn. Elle est laide, et, qui pis est, méchante.* **II.** Superlatif de *mal*. La pire chose. *Le pis qui puisse arriver, c'est qu'il n'y parvienne pas. Mettre, prendre les choses au pis.* ▷ Loc. adv. *Au pis aller:* en mettant les choses au pis. – Du lat. *pejus*, neutre de *pejor*, «pire».

3. pis [pi] conj. Fam. Conjonction de coordination liant des parties du discours qui sont de même nature. *Ils sont venus, lui pis elle. Pis ensuite, pis après.* «C'est pas instruit, pis ça veut marier des gérants pis des Anglais.» (Roger Lemelin, *Au pied de la Pente Douce*, 1944.) Rem. **1.** Rend pfs une certaine valeur adv., notam. dans *et pis. Il a mangé, pis il est reparti.* **2.** Souvent employé comme cheville synt., sans signification précise. – Var. de *puis*.

pis-aller [pizale] n. m. inv. Ce dont on doit se contenter faute de mieux. *Cette solution ne peut être qu'un pis aller.* – De *pis* 2, et *aller*.

pisci-. Élément, du lat. *piscis*, «poisson».

piscicole [pisikɔl] adj. Relatif à la pisciculture. – De *pisci-*, et *-cole*.

pisciculteur, trice [pisikyltœʀ, tʀis] n. Personne qui pratique la pisciculture. – De *pisciculture*.

pisciculture [pisikyltyʀ] n. f. Élevage de poissons comestibles. – De *pisci-*, et *culture*.

pisciforme [pisifɔʀm] adj. Didac. Qui a la forme d'un poisson. – De *pisci-*, et *-forme*.

piscine [pisin] n. f. **1.** Dans certaines religions, bassin destiné à des rites lustraux. **2.** Bassin où l'on pratique la natation. *Piscine creusée*, dont le bassin est incorporé au terrain. *Piscine hors terre*, élevée sur un terrain et formée de panneaux rigides auxquels est fixée une toile. – Bâtiment abritant ce bassin. **3.** PHYS NUCL *Pile-piscine:* réacteur nucléaire utilisant l'eau d'un bassin comme modérateur. – Lat. *piscina*, «vivier, piscine», de *piscis*, «poisson».

piscivore [pisivɔʀ] adj. ZOOL Qui se nourrit de poissons. *Animal piscivore.* ▷ N. m. *Un piscivore.* – De *pisci-*, et *-vore*.

pisé [pize] n. m. CONSTR Maçonnerie faite de terre argileuse mêlée de paille, que l'on a comprimée pour la rendre dure et compacte. – Du verbe lyonnais *piser*, «broyer», lat. *pinsare*.

pisiforme [pizifɔʀm] adj. ANAT *Os pisiforme:* quatrième os de la première rangée du carpe. ▷ N. m. *Le pisiforme.* – Du lat. *pisum*, «pois», et *-forme*.

pisolithe ou **pisolite** [pizɔlit] n. f. GEOL Oolithe de la taille d'un pois, qui se forme au griffon de certaines sources calcaires. – Du gr. *pisos*, «pois», et *-lithe*.

pisolithique ou **pisolitique** [pizɔlitik] adj. GEOL Formé de pisolithes. – Du préc.

pissaladière [pisaladjɛʀ] n. f. Tarte en pâte à pain, garnie de purée d'oignons, d'olives noires et d'anchois. – Provenç. *pissaladiera* (Nice), de *pissala*, «poisson salé», du lat. *piscis*, «poisson», et *sal*, «sel».

pissat [pisa] n. m. Urine de certains animaux. *Pissat de cheval.* – De *pisser*.

pisse [pis] n. f. Vulg. Urine. ▷ Vulg. *Chaude-pisse:* blennorragie. – Déverbal de *pisser*.

pisse-copie [piskɔpi] n. inv. Écrivain, journaliste qui écrit beaucoup, sur n'importe quel sujet. – De *pisse*, et *copie*.

pisse-froid [pisfʀwa] n. m. inv. Fam. Homme froid, ennuyeux. – De *pisser*, et *froid*.

pissement [pismɑ̃] n. m. Vulg. Action de pisser. – MED, Rare *Pissement de sang:* hématurie. – De *pisser*.

pissenlit [pisɑ̃li] n. m. Plante (genre *Taraxacum*, fam. composées) à feuilles dentelées, à fleurs jaunes, à fruits groupés en boule duveteuse, que le vent disperse facilement. Syn. dent-de-lion. ▷ Loc. fig. et fam. *Manger les pissenlits par la racine:* être mort et enterré. – De *pisser*, *en*, et *lit*, par allus. aux propriétés diurétiques de cette plante.

pisser [pise] v. [1] **1.** v. intr. Vulg. Uriner. – Loc. pop. *Autant pisser dans un violon:* cela ne sert à rien, c'est absolument inutile. **2.** v. tr. Pop. Évacuer avec l'urine. *Pisser du sang.* ▷ Laisser s'échapper (un liquide). *Blessure qui pisse le sang.* – (S. comp.) *Cette* *vieille bassine pisse par le fond.* – Fig. *Pisser de la copie:* écrire abondamment mais très médiocrement. – Lat. pop. **pissiare*, formation expressive.

pissette [pisɛt] n. f. TECH Appareil en verre ou en matière plastique produisant un petit jet de liquide, utilisé dans les laboratoires. – Du préc.

pisseur, euse [pisœʀ, øz] n. Vx Personne qui pisse. ▷ Fig. péjor. *Pisseur de copie:* mauvais écrivain, journaliste qui produit beaucoup. V. pisse-copie. – De *pisser.*

pisseux, euse [pisø, øz] adj. **1.** Fam. Imprégné d'urine; qui sent l'urine. **2.** Qui a l'aspect de l'urine; d'une couleur jaunâtre, passée. *Ton pisseux.* – De *pisser.*

pissotière [pisɔtjɛʀ] n. f. Fam. Urinoir public, vespasienne. – De *pisser.*

pistache [pistaʃ] n. f. et adj. **1.** n. f. Rare Fruit du pistachier. – Cour. Graine comestible de ce fruit, amande verdâtre qu'on utilise en confiserie, en charcuterie, etc., ou que l'on sert grillée. **2.** adj. inv. *Couleur pistache, vert pistache.* – Lat. d'orig. gr. *pistacium*; ital. *pistaccio.*

pistachier [pistaʃje] n. m. Arbre (*Pistacia vera*, fam. anacardiacées) qui produit la pistache. *Le lentisque et le térébinthe sont des pistachiers.* – Du préc.

pistage [pistaʒ] n. m. Action de pister.

pistard, arde [pistaʀ, aʀd] n. m. Cycliste sur piste (par oppos. à *routier*). – De *piste.*

piste [pist] n. f. **1.** Trace laissée par un homme ou un animal là où il a marché. *Suivre la piste d'un animal.* **2.** Fig. Voie qui conduit à une personne, à une chose que l'on recherche; élément, indice qui permet sa découverte. *Malfaiteur qui brouille les pistes. Être sur la piste d'une découverte.* **3.** Terrain aménagé pour y disputer des courses (de chevaux, de voitures, d'athlètes, etc.). *Piste d'un stade.* – Chaque bande tracée sur laquelle court un concurrent. **4.** Emplacement souvent circulaire servant de scène dans un cirque, d'espace pour danser dans une boîte de nuit, etc. **5.** Chemin réservé (aux cavaliers, aux cyclistes, aux skieurs, etc.). *Piste cyclable.* ▷ Partie d'un terrain d'aviation réservée au décollage et à l'atterrissage des avions. ▷ Voie d'accès aux pompes à essence d'une station-service. **6.** Route de terre, dans les pays en voie de développement. *Piste tracée à travers brousse.* **7.** TECH Ligne continue d'un support magnétique, sur laquelle sont enregistrés des signaux. *Bande magnétique à deux pistes.* – Par ext. *Magnétophone quatre pistes*, qui utilise des bandes à quatre pistes. ▷ *Piste sonore :* partie de la bande d'un film, affectée à l'enregistrement et à la reproduction du son. – Ital. *pista*, var. de *pesta*, de *pestare*, «broyer», bas lat. *pistare*, class. *pinsare.*

pister [piste] v. tr. [1] Suivre la piste de; suivre, filer. *Policier qui piste un suspect.* – Du préc.

pisteur, euse [pistœʀ, oz] n. **1.** Chasseur qui piste le gibier, qui le suit à la trace. **2.** Personne chargée de la surveillance, de l'entretien et de la signalisation des pistes de ski. – Du préc.

pistil [pistil] n. m. Organe reproducteur femelle de la fleur de diverses angiospermes. (Occupant le centre de la fleur, le pistil est formé de *carpelles*; ceux-ci, constitués d'un *ovaire*, d'un *style* et d'un *stigmate*, ont la forme d'un pilon.) Syn. gynécée. – Du lat. *pistillus*, «pilon», par analogie de forme.

pistole [pistɔl] n. f. Anc. Monnaie d'or dont la valeur variait selon les pays (Italie, Espagne). – Emploi transféré de l'anc. *pistole* «arquebuse à rouet», sans doute par anal. de forme; all. *Pistole;* tchèque *pichtal;* ital. *pistola.*

pistolet [pistɔlɛ] n. m. **1.** Arme à feu individuelle à canon court, qui se tient à la main. *Tir au pistolet. Pistolets automatiques à chargeur (browning, lüger, etc.).* – *Pistolet mitrailleur*, par abrév. *P.M.*: arme individuelle automatique à tir par rafales. Syn. mitraillette. **2.** Instrument ou jouet similaire. *Pistolet à air comprimé.* – *Pistolet à eau.* ▷ Instrument servant à planter des clous, des rivets, etc. ▷ Pulvérisateur de peinture. *Peindre au pistolet.* **3.** Planchette à bords découpés qui permet de tracer, en suivant ses contours, toutes sortes de courbes. **4.** Rég. Petit pain au lait. **5.** Syn. fam. de *urinal.* **6.** Fig. Individu bizarre. *Un drôle de pistolet.* – De *pistole.*

piston [pistɔ̃] n. m. **1.** Pièce cylindrique qui coulisse dans le cylindre d'un moteur, dans le corps d'une pompe, et qui sert à produire un mouvement sous l'effet de la pression d'un fluide ou à comprimer un fluide sous l'effet d'un travail mécanique. **2.** MUS Dispositif qui, sur certains instruments à vent, règle le passage de l'air (et donc la hauteur des notes). *Cornet à pistons.* **3.** Fig. Recommandation, protection dont bénéficie une personne pour se faire attribuer une place, un avantage, etc. *Il a eu cette place par piston.* – Ital. *pistone*, de *pestare* (V. piste).

pistonner [pistɔne] v. tr. [1] Fam. Appuyer, recommander (qqn). – Du préc.

pistou [pistu] n. m. Rég. (Provence.) Pâte obtenue après pilage de diverses plantes aromatiques (basilic, notam.) et que l'on utilise pour parfumer la soupe. *Soupe au pistou*, au basilic pilé dans l'huile d'olive. – Mot provenç. (Marseille, Nice), de *pestar, pistar*, «broyer, piler», lat. *pestare.*

pitance [pitɑ̃s] n. f. **1.** Vx Portion donnée à chaque repas dans les communautés religieuses. **2.** Péj. Nourriture. *Une maigre pitance.* – De *pitié.*

pitchoun, e [pitʃun] n. Dial. (Provence.) Petit, petite (pour un enfant). *Qu'il est mignon le pitchoun!* – Mot provençal, d'un rad. *pitš*, "petit".

pite [pit] n. f. Agave du Mexique; matière textile tirée des fibres de cette plante. – Esp. *pita*, mot péruvien.

piteusement [pitøzmɑ̃] adv. D'une manière piteuse. – De *piteux.*

piteux, euse [pitø, øz] adj. **1.** Vieilli Digne de pitié. **2.** Mod. Qui inspire une pitié mêlée de mépris par sa médiocrité ou son aspect misérable. *Il est dans un piteux état.* – Du bas lat. *pietosus*, de *pietas*, «piétié, affection, sympathie».

pithéc(o)-, -pithèque. Éléments, du gr. *pithêkos*, «singe».

pithécanthrope [pitekɑ̃tʀɔp] n. m. PALEONT Hominien fossile *(Homo erectus)* dont le premier exemplaire fut découvert à Java en 1891. (Des formes voisines ont été trouvées en Chine et en Afrique du N.) – Du lat. scientif. *Pithecanthropus (erectus)*, de *pithec-*, et *-anthrope.*

pithiatique [pitjatik] adj. PSYCHIAT Se dit des troubles fonctionnels, à composante hystérique, que l'on peut reproduire ou faire disparaître par suggestion. – Du gr. *peithein*, «persuader», et *iatikos*, «qui guérit».

pithiatisme [pitjatism] n. m. PSYCHIAT Ensemble des troubles de nature pithiatique. – Du gr. *peithein*, «persuader», et *iatos*, «guérissable».

pithiviers [pitivje] n. m. CUIS Gâteau feuilleté à la pâte d'amande. – Du n. de *Pithiviers*, ch.-l. d'arr. dans le Loiret.

pitié [pitje] n. f. **1.** Sentiment de sympathie qu'inspire le spectacle des souffrances d'autrui. *Inspirer la pitié, faire pitié.* ▷ *Par pitié!:* de grâce! Je vous en prie! **2.** Sentiment de dédain, de mépris. – *Par ext.* Ce qui inspire un tel sentiment. *Quelle pitié!:* quelle chose, quel spectacle dérisoire! – Du lat. *pietas*, «piété, affection, sympathie»; souv. confondu avec *piété* en a. fr.

1. piton [pitõ] n. m. Fam. Cheval maigre et efflanqué, affaibli par l'âge. *Un vieux piton.* «Les chevaux avaient le collet fourni et l'oeil clair: "C'est pas des pitons hivernés à la paille", assurait Nérée.» (Françoise Gaudet-Smet, *Racines,* 1959.) – Mot d'orig. incert., p.-ê. du même rad. que *pitchoun.*

2. piton [pitõ] n. m. **I. 1.** Clou, vis dont la tête a la forme d'un anneau, d'un crochet. *L'alpiniste enfonce des pitons dans le roc.* ▷ Vieilli. *À pitons,* à crampons. *Semelles à pitons. Cheval qui a des fers à pitons.* **2.** Pointe, sommet d'une montagne. «Laterrière gravit les trois montagnes [...] avec autant de vigueur que moi, et nous nous assîmes sur le piton de la dernière pour nous reposer.» (Philippe Aubert de Gaspé, *Mémoires,* 1866.) **II.** Fam. **1.** Petite pièce en forme de bouton, dont on se sert dans certains jeux. *Mettre des pitons sur une carte de bingo.* **2.** Bouton, touche servant à actionner un mécanisme, à commander un appareil. *Tourner le piton de la radio, de la télévision. Peser sur les pitons d'un magnétophone, d'un ordinateur, d'une télécommande.* «[...] oh! mon beau tableau de bord avec des pitons, des boutons, des cadrans, je vois de la vie dans tes aiguilles [...].» (Paul Villeneuve, *J'ai mon voyage!,* 1969.) ▷ *Téléphone à pitons,* sur lequel on compose les numéros en appuyant sur des touches (par oppos. à *téléphone à cadran**). **3.** Loc. *Sur le piton:* en forme, plein d'entrain, de vigueur. *Être sur le piton. Remettre qqn sur le piton. – Être de bonne heure sur le piton:* être levé tôt, être en train de bonne heure. – D'un rad. *pitt-,* "pointe".

3. piton [pitõ] n. m. **1.** Anc. Bon émis en guise de monnaie par certaines entreprises pour payer leurs employés, échangeable contre des biens chez des fournisseurs désignés. «Comment se fait-il que dans les villes, à la porte des magasins, il y a des entrepreneurs qui trouvent moyen de ne jamais payer les hommes autrement qu'avec des *pitons* ou des bons, ou des marchandises, et que l'on oblige les malheureux qui reçoivent les bons d'aller dans les magasins indiqués dans ces bons.» (Honoré Mercier, dans *Débats de la législature de la province de Québec,* 1890.) **2.** *Banque à pitons:* système sur lequel reposait un tel mode de paiement. «C'est lui [Peter McLeod] qui fonda ce que l'on a appelé la "Banque à Pitons". Les "pitons" étaient des bons que Price-McLeod émettait pour des montants variant de cinq sous à cinq dollars. On payait les gages des journaliers avec ces papiers qui n'étaient valables que pour les marchandises des magasins de la société.» (Damase Potvin, *Peter McLoed,* 1937.) ▷ Fig., fam. *Je (ne) suis pas la (une) banque à pitons:* je ne dispose pas d'une source inépuisable de revenus, je ne crée pas d'argent. – De *pite,* "petite monnaie de cuivre, valant le quart d'un denier", us. en français du XVe au XVIIIe s., du lat. médiév. *picta,* lui-même formé à partir du même rad. que le mot préc.

pitonnage [pitɔnaʒ] n. m. **1.** En alpinisme, action de poser des pitons. **2.** Fam. Action de pitonner (II). – De *pitonner.*

pitonner [pitɔne] v. [1] **I.** v. intr. En alpinisme, poser des pitons. **II.** Fam. **1.** v. tr. Appuyer sur les touches d'un appareil pour le faire fonctionner. *Pitonner une chanson sur un juke-box.* ▷ *Pitonner un numéro de téléphone,* le composer sur un téléphone à pitons. **2.** v. intr. *Pitonner sur:* appuyer sur le bouton de, sur les touches de (un appareil). *Pitonner sur une sonnette, une calculatrice, un ordinateur.* ▷ (Sans compl. introduit par *sur*) Appuyer sur les touches d'un clavier (une calculatrice, d'une caisse enregistreuse, etc.). *J'ai pitonné toute la journée. – Spécial.* Entrer des données dans un ordinateur. «Par période, je deviens complètement obsédé par mon ordinateur [...]. Je passe des journées entières devant mon écran. Des fois même, je me lève la nuit pour pitonner.» (*Le Devoir,* déc. 1983). – Appuyer sur les touches de la télécommande d'un téléviseur pour sélectionner un canal et, par ext., aller d'un canal à l'autre. «Entre 19h et 21 h, hier soir, j'ai "pitonné" comme on dit maintenant dans le langage technique de la télévision. En un mot, je me suis promené d'un canal à l'autre.» (*Le Soleil,* sept. 1980.) – De *piton* 2.

pitonneur, euse [pitɔnœʀ, øz] n. Fam. Personne qui pitonne (II). *La génération des pitonneurs.* Rem. Au masc., on rencontre aussi la var. *pitonneux.* – De *pitonner.*

pitoyable [pitwajabl] adj. **1.** Vieilli Naturellement enclin à la pitié. **2.** Mod. Digne de pitié. *Sa situation est pitoyable.* **3.** Piteux, lamentable. *Une pitoyable exhibition.* – De *pitié.*

pitoyablement [pitwajabləmɑ̃] adv. D'une manière pitoyable, lamentable. – Du préc.

pitre [pitʀ] n. m. Bouffon. – *Faire le pitre,* le clown; faire des facéties. – Mot franc-comtois, var. dial. de *piètre.*

pitrerie [pitʀəʀi] n. f. Action de pitre; facétie. – Du préc.

pittoresque [pitɔʀɛsk] adj. et n. **I.** adj. **1.** Digne d'être peint; qui frappe par sa beauté originale. *Un site pittoresque.* **2.** Qui dépeint les choses de manière imagée, frappante. *Style pittoresque.* **II.** n. m. Ce qui est pittoresque, caractère pittoresque de qqch. *Rechercher le pittoresque.* – Ital. *pittoresco,* de *pittore,* «peintre».

pittoresquement [pitɔʀɛskəmɑ̃] adv. Litt. D'une manière pittoresque. – Du préc.

pittosporum [pitospɔʀɔm] n. m. BOT Arbuste tropical à fleurs odorantes. – Lat. bot. *pittosporum,* du gr. *pitta,* «poix», et *spora,* «spore».

pituitaire [pitɥitɛʀ] adj. **1.** ANAT *Muqueuse pituitaire,* qui tapisse les fosses nasales. **2.** MED, Vx *Glande pituitaire:* l'hypophyse. – De *pituite.*

pituite [pitɥit] n. f. MED Humeur que certains malades (alcooliques, notam.) rendent le matin à jeun. – Lat. *pituita,* «mucus, humeur».

pityriasis [pitiʀjazis] n. m. MED Dermatose caractérisée par une fine desquamation et parfois par une pigmentation particulière de la peau. – Gr. *pituriasis,* de *pituron,* «son» (de blé).

più [pju] adv. MUS (Placé devant une indication de mouvement.) Plus. *Più forte.* – Mot ital.

pivert [pivɛʀ] n. m. Pic vert et jaune, à tête rouge. Syn. pic-vert. – De *pic,* et *vert.*

pivoine [pivwan] n. f. Plante herbacée vivace (genre *Paeonia,* fam. renonculacées) dont on cultive certaines espèces pour leurs fleurs, rouges, roses ou blanches; la fleur de cette plante. – Loc. fig. *Être rouge comme une pivoine,* très rouge. – Lat. *pœonia,* gr. *paiônia.*

pivot [pivo] n. m. **1.** Extrémité inférieure d'un arbre vertical tournant. *Pivot d'un tour de potier. Support d'un pivot* (V. crapaudine). ▷ Axe vertical fixe autour duquel peut tourner une pièce mobile. *Pivot d'une aiguille de boussole.* **2.** Support d'une dent artificielle enfoncé dans la racine. **3.** BOT Racine principale d'une plante, qui s'enfonce verticalement dans le sol. **4.** MILIT Point autour duquel une troupe effectue une conversion. **5.** Fig. Ce qui sert d'appui, de base. ▷ Principe fondamental. *L'égalité devant la loi, pivot de la démocratie.* ▷ Personne sur qui repose une organisation, une institution. – Orig. incert., p.-ê. du prélatin **puja,* «pointe».

pivotant, ante [pivɔtɑ̃, ɑ̃t] adj. **1.** Qui pivote, qui peut pivoter. *Porte pivotante.* **2.** BOT *Plante pivotante,* qui développe un pivot. – Ppr. de *pivoter.*

pivotement [pivɔtmɑ̃] n. m. Fait de pivoter; mouvement de ce qui pivote. – De *pivoter.*

pivoter [pivɔte] v. intr. [1] **1.** Tourner sur un pivot ou comme sur un pivot. **2.** BOT Développer un pivot. *Les chênes pivotent.* **3.** MILIT Exécuter une conversion. – De *pivot.*

pixel [piksɛl] n. m. INFORM Point représentant le plus petit élément d'une image et représenté sous forme numérique. *Le nombre de pixels d'une image indique la résolution d'une image manipulée point par point par un ordinateur. Chaque pixel peut être éteint, allumé et coloré.* – Mot angl., contract. phonétique de *picture element,* «élément d'image».

pizza [pidza] n. f. Mets d'origine italienne fait de pâte à pain façonnée en galette plate et garnie de tomates, d'olives, d'anchois, de fromage, etc. – Mot ital.

pizzeria [pidzeʀja] n. f. Restaurant où l'on mange des pizzas. *Des pizzerias.* – Mot ital., du préc.

pizzicato [pidzikato] n. m. MUS Manière de produire le son sur les instruments à archet, en pinçant les cordes avec les doigts. Des *pizzicatos* ou *pizzicati.* – Mot ital., propr. «pincé».

pK [peka] n. m. CHIM Constante caractérisant la force d'un électrolyte à une température donnée. – De *K,* notant la constante d'ionisation des électrolytes; sur pH.

Pl PHYS Symbole du poiseuille.

PL/1 [peɛlɛ̃] n. m. INFORM Langage de programmation utilisé pour le calcul scientifique et la gestion. – Abrév. de *Programming language number 1.*

placage [plakaʒ] n. m. **I. 1.** Action de plaquer; opération qui consiste à recouvrir un matériau ordinaire d'une plaque, d'une couche d'un matériau de plus grande valeur. *Placage de l'argent sur le cuivre par cuisson et laminage.* **2.** Le matériau avec lequel on plaque. ▷ *Spécial.* Mince feuille de bois, généralement précieux, avec laquelle on recouvre des bois de moindre valeur. *Placage de palissandre, de bois de rose. Placage déroulé, tranché.* **II.** SPORT V. plaquage. – De *plaquer.*

placard [plakaʀ] n. m. **I.** Renfoncement dans un mur, fermé par une porte et servant d'espace de rangement. *Placard formant penderie.* ▷ *Par ext.* Vaste armoire. **II. 1.** Écrit ou imprimé affiché pour informer le public de qqch. ▷ *Placard publicitaire:* annonce publicitaire occupant un espace relativement important, dans un journal. **2.** IMPRIM Épreuve imprimée d'un seul côté et sans pagination, destinée aux corrections. – De *plaquer.*

placardage [plakaʀdaʒ] n. m. Action de placarder. – De *placarder.*

placarder [plakaʀde] v. tr. [1] **1.** Afficher. *Placardez cet avis à chaque carrefour.* **2.** Couvrir de placards. *Placarder un mur.* **3.** IMPRIM Imprimer en placard. – De *placard* (sens II).

place [plas] n. f. **A. 1.** Dans une ville, une agglomération, large espace découvert, lieu public, qui est le plus souvent entouré de bâtiments et où aboutissent plusieurs rues. *La place de la Concorde, à Paris. Place publique.* Fig. *Crier qqch sur la place publique,* le faire savoir à tout le monde (cf. crier qqch sur les toits). **2.** *Place forte* ou, ellipt., *place:* forteresse; ville protégée par des ouvrages de défense. *Assiéger, prendre une place forte. Le général commandant la place.* ▷ Loc. fig. *Être dans la place :* avoir réussi à s'introduire dans un groupe, un milieu fermé. *Avoir des amis, des complicités dans la place.* **3.** COMM, FIN Ville où se font les opérations boursières, bancaires ou commerciales; corps des négociants, banquiers, etc., d'une ville. *La place de Paris. Il est bien connu sur la place.* – *Faire la place:* aller proposer des marchandises aux divers commerçants d'une ville. **4.** Vx *Place* (de voiture, de fiacre): lieu où stationnent des voitures de louage. – Mod. *Voiture de place,* de louage. **B. I. 1.** Partie d'espace, endroit. *De place en place s'élevaient quelques ruines.* Syn. lieu. **2.** *Spécial.* Lieu où l'on se trouve. Loc. *En place. Ne pas rester, ne pas tenir en place:* être sans cesse en mouvement, être très agité. ▷ *Sur place:* V. sur-place. – Sur les lieux mêmes de l'événement. *En cinq minutes, les pompiers étaient sur place.* **3.** Portion d'espace déterminée, position qu'une chose occupe, peut ou doit occuper. *Ranger chaque chose à sa place.* ▷ Lieu pouvant servir au stationnement d'un véhicule. *Il a trouvé une place juste devant la maison.* ▷ *En place:* à sa place, en ordre. *Tout est en place,* prêt à fonctionner. ▷ Espace où l'on peut mettre une chose. *Objet encombrant qui tient, occupe, prend beaucoup de place. Gagner de la place.* **4.** Portion d'espace déterminée, position (notam. siège), qu'une personne occupe, peut ou doit occuper. *S'asseoir à sa place.* – *Faire place à qqn:* s'effacer pour le laisser passer. – Vieilli *Faites place! Place!* ▷ *Spécial.* Emplacement, siège, dans un véhicule, un moyen de transport, une salle de spectacle, etc. *Places debout et places assises. Réserver, céder sa place.* ▷ *Par ext.* Droit d'occuper une telle place; le titre qui confère ce droit. *Avoir des places gratuites pour un spectacle.* **II.** (Fig. et abstrait.) **1.** Appartenance à un ensemble (conçu comme spatial). *La place de l'homme dans la nature.* ▷ Le fait, pour une personne, d'être présent dans les pensées, les sentiments, etc., de qqn. *Il a toujours une place dans mon cœur.* **2.** Situation, condition dans laquelle se trouve une personne. *Il ne donnerait, ne céderait sa place pour rien au monde.* – *À la place de qqn,* dans sa situation. *Se mettre à la place de qqn,* s'imaginer soi-même dans la situation où il est. ▷ Spécial. *La place de qqn:* la position, la condition qui lui convient ou qu'il se doit de respecter. *Remettre qqn à sa place,* le rappeler aux convenances, aux égards qu'il doit. **3.** Rang, position dans une hiérarchie. *Ce pays occupe une place de premier plan parmi les nations industrialisées.* ▷ Rang obtenu dans un classement. *Terminer une course en bonne place.* **4.** Situation, emploi. *Une place de dactylo. Perdre sa place.* ▷ *Être en place:* avoir une situation qui confère l'autorité, force la considération. *Les gens en place,* haut placés, bien placés. **5.** (Cf. remplacer.) loc. *À la place (de):* au lieu de, en remplacement de. *Partir à la place de qqn. Je n'ai pas trouvé de viande; j'ai acheté des œufs à la place.* ▷ *Faire place à:* être remplacé, suivi par. *Les libéraux firent place aux conservateurs.* – Lat. pop. **plattea*, class. *platea,* «place publique».

placé, ée [plase] adj. **1.** Qui est dans telle position, dans telle situation. *Personnage haut placé. Être bien, mal, placé pour faire qqch:* être en situation, ou non, de le faire. *Vous êtes mal placé pour lui faire des reproches.* **2.** TURF Se dit d'un cheval qui se classe dans les deux premiers (s'il y a de quatre à sept partants) ou dans les trois premiers (s'il y a plus de sept partants). *Jouer un cheval placé.* – Pp. de *placer* 1.

placebo [plasebo] n. m. MED Préparation ne contenant aucune substance active, que l'on substitue à un médicament pour évaluer la part du facteur psychique dans l'action de celui-ci, ou destinée à agir par suggestion. – Mot lat. «je plairai».

placement [plasmɑ̃] n. m. **1.** Action de placer de l'argent; l'argent ainsi placé. *Faire un bon placement, un placement sûr. Intérêts d'un placement.* **2.** Action de procurer une place, un emploi. *Bureau de placement.* – De *placer* 1.

placenta [plasɛ̃ta] n. m. **1.** PHYSIOL Masse charnue d'apparence spongieuse, richement vascularisée, formée par l'imbrication étroite des villosités du chorion (membrane entourant le fœtus) et de la muqueuse utérine, et qui assure chez les mammifères supérieurs (dits *mammifères placentaires*) les échanges entre l'organisme du fœtus et celui de la mère, pendant la gestation. **2.** BOT Partie de la paroi des car-

pelles où s'insèrent les ovules. – Mot lat. «gâteau».
ENCYCL **Bot.** – Suivant la disposition des placentas on distingue trois types de placentations: *axile* lorsque les ovules sont disposés sur un axe central (lis); *pariétale* s'ils sont alignés sur la paroi de l'ovaire (violette); *centrale* s'ils sont insérés sur une masse centrale basale (primevère).
Physiol. – Le placenta, d'une part fixé à la muqueuse utérine et d'autre part irrigué par les vaisseaux ombilicaux, contrôle tous les échanges de matière (oxygène, gaz carbonique, substances nutritives, etc.) qui s'effectuent entre la mère et l'embryon; en outre, il sécrète en abondance des hormones qui assurent le maintien de la gestation et joue un rôle dans la tolérance de la mère à l'embryon. Lors de la parturition, il est éliminé avec les annexes embryonnaires (stade nommé *délivrance*).

placentaire [plasɛ̃tɛʀ] adj. et n. Didac. **1.** adj. Relatif au placenta. **2.** n. m. pl. Sous-classe de mammifères possédant un placenta (tous les mammifères à l'exclusion des monotrèmes* et des marsupiaux*). Syn. euthériens. – Du préc.

placentation [plasɛ̃tasjɔ̃] n. f. **1.** PHYSIOL Formation du placenta. **2.** BOT Disposition des placentas dans les carpelles ou l'ovaire. – De *placenta.*

1. placer [plase] **A.** v. tr. **[14] I.** (Concret.) Mettre qqch ou qqn à une certaine place. **1.** Assigner une certaine place à (qqn). *Placer les convives autour de la table.* **2.** Mettre (qqch) à une certaine place, à un certain endroit, et, spécial., d'une certaine façon. *Placer sa main sur l'épaule de qqn. – Placer artistement des fleurs sur une table.* **II.** (Abstrait.) **1.** Mettre (qqn) dans une certaine situation. *Placer qqn devant le fait accompli,* le mettre dans telle situation sans qu'il ait pu choisir ou décider quoi que ce soit. ▷ Procurer une place, un emploi à (qqn). *Placer qqn comme apprenti.* **2.** Assigner une place, un rang à (qqch). *Placer le courage au-dessus de toutes les qualités.* **3.** Situer dans le temps ou dans l'espace. *Il a placé son roman au XVIIIe siècle.* **4.** *Placer bien, mal, son amitié, sa confiance,* la donner à des gens qui en sont dignes, indignes. – *Placer en qqn tous ses espoirs.* **5.** Raconter, prononcer (dans le cours d'un récit, d'une conversation). *Placer une anecdote, un bon mot.* **6.** Trouver preneur pour (une marchandise); vendre, écouler pour le compte d'autrui. *Placer des billets de tombola.* **7.** Prêter (de l'argent) à intérêt; employer (un capital) pour lui conserver sa valeur ou en tirer un bénéfice. *Placer ses économies à la caisse d'épargne.* **B.** v. pron. **1.** (Personnes.) Prendre une place. *Placez-vous où vous voulez.* ▷ Prendre un emploi (de domestique). *Il s'est placé comme valet de chambre.* **2.** (Choses.) Être placé. – De *place.*

2. placer [plasɛʀ] n. m. Gîte métallifère (d'or, notam.) dû à l'entraînement de métaux par les eaux de ruissellement. – Mot esp.

placette [plasɛt] n. f. Petite place publique. – Dimin. de *place.*

placeur, euse [plasœʀ, øz] n. **1.** Personne qui s'occupe de placer, de conduire à leurs places, les spectateurs d'une salle de spectacle (au fém., on emploie plutôt *ouvreuse*). **2.** Personne qui, dans une cérémonie, est chargée d'indiquer à chacun la place qu'il doit occuper. – De *placer* 1.

placide [plasid] adj. Tranquille, paisible (personnes). ▷ Calme et bonhomme. *Une physionomie placide.* – Lat. *placidus,* de *placere,* «plaire», avec infl. de *pax,* «paix».

placidement [plasidmɑ̃] adv. D'une manière placide, paisiblement, calmement. – Du préc.

placidité [plasidite] n. f. Caractère placide. – Lat. *placiditas.*

placier, ière [plasje, jɛʀ] n. COMM **1.** Personne qui loue les places sur les marchés après les avoir ellemême prises à ferme. **2.** Personne qui fait la place, qui s'occupe de vendre pour le compte d'une maison de commerce. – De *place,* ou *placer* 1.

placodermes [plakɔdɛʀm] n. f. pl. PALEONT Sousclasse de poissons cartilagineux à la tête recouverte de plaques osseuses. *Les placodermes vécurent du Silurien au Permien.* – Du gr. *plax, plakos,* «plaque», et *derma,* «peau».

placotage [plakɔtaʒ] n. m. Fam. **1.** Vieilli Action de piétiner, de barboter dans l'eau ou dans la boue. **2.** Action de bavarder; propos ainsi exprimés. **3.** Action de parler de façon indiscrète; médisance. *Faire du placotage. Le ouï-dire et le placotage. Ne pas se fier aux placotages.* – De *placoter.*

placoter [plakɔte] v. intr. [1] Fam. **I.** Vieilli **1.** Marcher, patauger dans l'eau, la boue. **2.** S'occuper à des riens, faire de petits travaux. **II.** Cour. **1.** Parler de choses et d'autres, bavarder. *Placoter avec qqn, de qqch.* «Il va la perdre, sa job, s'il continue à placoter au restaurant d'en face plutôt que de se tenir prêt à servir le monde.» (Gabrielle Roy, *Bonheur d'occasion,* 1945.) **2.** Parler de façon indiscrète, médire. *Placoter contre qqn.* – Var. de *clapoter,* par métathèse, d'or. dial.

placoteux, euse [plakɔtø, øz] n. et adj. Fam. **1.** Qui parle avec abondance, avec intempérance. «[...] Sam a toujours aimé pérorer – dans le peuple on dirait que Sam est un placoteux, un bavard [...].» (Gabrielle Roy, *Fragiles lumières de la terre,* 1978.) **2.** Qui tient des propos indiscrets, médisants. – De *placoter.*

plafond [plafɔ̃] n. m. **I. 1.** Surface horizontale formant intérieurement la partie supérieure d'une pièce, d'un lieu couvert. *Plafond en plâtre, en stuc. Plafond à caissons. Faux plafond,* en matériau léger, ménagé sous un plafond en maçonnerie pour isoler une pièce, rendre ses proportions plus harmonieuses, etc. ▷ *Le plafond d'une galerie de mine,* sa paroi supérieure. ▷ Loc. fig., fam. *Avoir une araignée au* (ou *dans le*) *plafond:* être fou. **2.** BX-A Peinture décorant un plafond. **3.** METEO *Plafond nuageux* ou, absol., *plafond:* couche nuageuse constituant la limite de visibilité à partir du sol. **II. 1.** Limite supérieure que l'on ne peut ou que l'on ne doit pas dépasser. *Plafond de vitesse, de température.* ▷ Appos. *Prix plafond:* prix maximum. **2.** AVIAT Limite supérieure d'altitude que peut atteindre un aéronef. **3.** FIN Limite légale de la quantité d'émission d'un billet de banque. **4.** JEU Au bridge, partie de la marque où sont inscrits les points ne comptant pas pour les manches. ▷ (Appos.) *Bridge plafond,* dans lequel sont marqués seulement les points fixés par l'annonce (opposé à *bridge contrat*). – De *plat* 1, et *fond.*

plafonnage [plafɔnaʒ] n. m. CONSTR Opération, travail qui consiste à plafonner, à pourvoir d'un plafond. – De *plafonner.*

plafonnement [plafɔnmɑ̃] n. m. Action de plafonner, de limiter. *Le plafonnement des salaires.* – De *plafonner.*

plafonner [plafɔne] **I.** v. tr. [1] **1.** CONSTR Pourvoir d'un plafond. *Plafonner une salle de spectacle avec un matériau isolant.* **2.** Assigner une limite à. *Plafonner les prix, les bénéfices.* **II.** v. intr. **1.** Atteindre une limite maximale. *Les exportations plafonnent.* **2.** AVIAT Atteindre son plafond, en parlant d'un aéronef. – De *plafond.*

plafonneur [plafɔnœʀ] n. m. CONSTR Ouvrier spécialiste de la réalisation et de l'ornementation des plafonds en plâtre. – Du préc.

plafonnier [plafɔnje] n. m. Appareil d'éclairage électrique fixé au plafond. – De *plafond.*

plagal, ale, aux [plagal, o] adj. MUS *Mode plagal:* mode du plain-chant où la quinte est à l'aigu et la quarte au grave. – *Cadence plagale,* qui consiste à passer, à la fin d'un morceau, de l'accord parfait de sous-dominante à l'accord parfait de tonique. – Du lat. ecclés. *plaga,* du gr. *plagios,* «oblique».

plage [plaʒ] n. f. **1.** Partie basse d'une côte, couverte de sable ou de galets, où se brisent les vagues. ▷ *Par ext.* Station balnéaire. **2.** *Par ext.* Partie plate et sableuse de la rive d'un cours d'eau ou d'un lac, où l'on peut se baigner. **3.** MAR Partie dégagée du pont, à l'avant ou à l'arrière d'un navire. *Plage avant, arrière.* **4.** *Plage d'un disque:* ensemble de spires gravées sur une même face et correspondant à une partie ininterrompue d'enregistrement. **5.** *Plage arrière* (d'une automobile): tablette horizontale entre la vitre et la banquette arrière. **6.** Ensemble de valeurs comprises entre deux limites. ▷ Ensemble d'éventualités, de possibilités. – Ital. *piaggia,* «côte, coteau, plage, lieu en pente», du gr. *plagios,* «oblique».

plagiaire [plaʒjɛʀ] n. Personne qui s'approprie les idées d'autrui, qui copie ses œuvres. – Du lat. *plagiarius,* «celui qui vole les esclaves d'autrui»; rac. gr. *plagios,* «oblique, fourbe».

plagiat [plaʒja] n. m. Action du plagiaire. – Du préc.

plagier [plaʒje] v. tr. [1] S'approprier les idées de (qqn), copier (ses œuvres). – De *plagiaire.*

plagioclase [plaʒjɔklaz] n. m. PETROG Feldspath contenant du calcium, du sodium, mais pas de potassium. – Du gr. *plagios,* «oblique», et *klasis,* «cassure».

plagiste [plaʒist] n. Exploitant d'une plage payante. ▷ Concessionnaire ou employé qui, sur une plage, loue des cabines de bains, des parasols, vend des rafraîchissements, etc. – De *plage.*

plaid [plɛd] n. m. **1.** Anc. Couverture de laine à carreaux que les montagnards écossais portaient en guise de manteau. **2.** Mod. Couverture de voyage écossaise. – Mot angl., de l'écoss. *plaide,* mot gaélique, «couverture».

plaidable [plɛdabl] adj. Qui peut être plaidé avec quelque chance de succès. *Cette cause n'est pas plaidable.* – De *plaider.*

plaidant, ante [plɛdɑ̃, ɑ̃t] adj. Qui plaide. *Les parties plaidantes.* – Ppr. de *plaider.*

plaider [plɛde] v. [1] **I.** v. intr. [1] **1.** Porter une affaire devant les tribunaux. *Nous plaiderons si cela est nécessaire. Plaider contre qqn.* **2.** Défendre oralement une cause devant les juges. *Cet avocat plaide pour, contre un tel.* ▷ Par ext. *Plaider en faveur de qqn,* prendre sa défense, tenter de le justifier, de l'excuser. **II.** v. tr. **1.** Défendre en justice. *Plaider une cause, une affaire.* **2.** Invoquer dans un plaidoyer. *L'avocat plaidera la démence de son client.* ▷ Loc. fig. *Plaider le faux pour savoir le vrai:* soutenir ce que l'on sait être faux pour tenter d'obtenir de qqn la vérité. – De l'a. fr. *plaid,* «convention, accord», puis «audience de justice», du lat. *placitum,* pp. de *placere,* «plaire».

plaideur, euse [plɛdœʀ, øz] n. **1.** Personne qui plaide, qui est en procès. **2.** Personne procédurière, qui aime à plaider. *«Les Plaideurs», comédie de Racine (1668).* – Du préc.

plaidoirie [plɛdwaʀi] n. f. DR **1.** Action de plaider. ▷ *Plaidoirie écrite:* ensemble des actes de procédure rédigés par les parties au procès, dans lesquels elles exposent les faits qu'elles entendent prouver lors de l'instruction ainsi que les conclusions qu'elles recherchent. ▷ *Plaidoirie orale:* au terme de la preuve, lors d'un procès, présentation orale par une partie d'une synthèse de ses prétentions en vue de convaincre le tribunal de leur bien-fondé. **2.** Art de plaider. – De l'anc. v. *plaidoyer,* «plaider».

plaidoyer [plɛdwaje] n. m. **1.** DR Acte de procédure par lequel une personne expose ses moyens de fait et de droit à l'encontre des prétentions énoncées par le demandeur dans sa déclaration. Syn. défense. **2.** DR Déclaration de culpabilité ou de non-culpabilité de l'accusé ou présentation par ce dernier des moyens de défense, autorisés par la loi, dans le but de faire rejeter les accusations pesant sur lui. **3.** Fig. Exposé oral ou écrit en faveur d'un système, d'une idée. – Empl. subst. de l'anc. v. *plaidoyer,* «plaider».

plaie [plɛ] n. f. **1.** Toute solution de continuité des parties molles du corps produite par un agent mécanique externe ou une cause pathologique, avec ou sans perte de substance. *Rapprocher les lèvres d'une plaie.* ▷ Loc. fig. *Ne rêver que plaies et bosses:* être très batailleur. **2.** Fig. Déchirement, blessure. *Les plaies du cœur.* ▷ Loc. fig. *Mettre le doigt sur la plaie:* indiquer avec précision la cause du mal. ▷ *Retourner le couteau, le fer dans la plaie:* faire souffrir qqn en évoquant avec insistance un souvenir qui lui est pénible. ▷ Prov. *Plaie d'argent n'est pas mortelle:* une perte pécuniaire peut se réparer. **3.** Vx Fléau. *Les sept plaies d'Égypte* (Bible). ▷ Mod. Chose dangereuse, nuisible ou pénible. *La corruption est la plaie de ce pays.* – Fam. *Quelle plaie! C'est une plaie,* une personne ennuyeuse, pénible à supporter. – Lat. *plaga,* «blessure, coup».

plaignant, ante [plɛɲɑ̃, ɑ̃t] n. DR Personne qui dépose une plainte en justice. ▷ Adj. *La partie plaignante.* – Ppr. de *(se) plaindre.*

plain, plaine [plɛ̃, plɛn] adj. et n. **1.** adj. Vx Plat, uni. **2.** n. m. MAR Le plus haut niveau de la marée. *Aller, se mettre au plain,* s'échouer à marée haute. **3.** loc. adv. *De plain-pied:* sur le même plan. *Pièces situées de plain-pied.* – Fig. *Se sentir de plain-pied avec qqn.* – Lat. *planus.*

plain-chant [plɛ̃ʃɑ̃] n. m. MUS Musique liturgique vocale, monodique, en langue latine, de l'Église catholique. Plur. *Plains-chants.* – De *plain,* et *chant.*

plaindre [plɛ̃dʀ] **I.** v. tr. [61] Témoigner de la compassion à (qqn). *Plaindre un malheureux.* **II.** v. pron. **1.** Manifester sa souffrance, sa douleur. *Se plaindre d'une douleur au côté.* **2.** Témoigner son mécontentement (au sujet de qqn, de qqch). *Se plaindre de son sort.* – Lat. *plangere,* «frapper (sa poitrine), se lamenter».

1. plaine [plɛn] n. f. Grande étendue de terre plate et unie. *Les plaines à blé de l'Ouest canadien.* – Fém. subst. de *plain.*

2. plaine [plɛn] n. f. Nom cour. de certaines variétés d'érables, autres que l'érable à sucre (*Acer spicatum, saccharinum, rubrum*). – Du lat. *platanus.*

plainte [plɛ̃t] n. f. **1.** Gémissement, cri de souffrance. *Les plaintes d'un blessé.* **2.** Récrimination, expression de mécontentement. **3.** DR Acte par lequel une personne porte à la connaissance de la police, du procureur général ou d'une autre autorité, une infraction pénale dont elle a été victime. – De *(se) plaindre.*

plaintif, ive [plɛ̃tif, iv] adj. Qui a l'accent de la plainte. *Chant plaintif.* – Du préc.

plaintivement [plɛ̃tivmɑ̃] adv. D'un ton plaintif. – Du préc.

plaire [plɛʀ] **A.** v. tr. indir. [72] **I. 1.** (Personnes.) *Plaire à qqn,* exercer sur lui un certain attrait, lui procurer de l'agrément. *On ne peut pas plaire à tout le monde. Décidément, vous me plaisez!* – (S. comp.) *Plaire* (aux autres). *Il plaît:* tout le monde le trouve charmant, agréable, etc. *Le désir, le besoin de plaire.* ▷ *Spécial.* Inspirer l'amour. *Homme qui plaît à une femme.* ▷ (Par antiphrase.) Fam. *Il commence à me plaire celui-là!,* à m'ennuyer sérieusement. **2.** (Choses.) Être agréable à, convenir. *Le film documentaire m'a beaucoup plu.* – (S. comp.) *Ça plaît, c'est la mode.*

II. (Impersonnel.) **1.** *Il... plaît. S'il me plaît, si ça me plaît d'y renoncer, j'y renoncerai:* si je veux y renoncer... **2.** *S'il vous (te) plaît:* formule de politesse employée pour une demande, un conseil, un ordre. *Quelle heure est-il, s'il te plaît? Silence! s'il vous plaît.* (*Abrév.* S.V.P.) ▷ Fam. Pour attirer l'attention sur ce qu'on vient de dire. *Il y avait du monde, et du beau monde, s'il vous plaît.* **3.** Vieilli *Plaît-il?:* formule pour faire répéter ce que l'on a mal entendu. **4.** (Au subj.) Litt. *Plaise, plût à Dieu, au ciel que...* (suivi du subj.): formule marquant le souhait ou le regret de qqch. *Plût au ciel qu'il fût encore vivant.* ▷ Vieilli *À Dieu ne plaise que...:* pourvu que cela n'arrive pas. **B.** v. pron. **1.** (Réfl.) Être content, satisfait de soi-même. **2.** (Récipr.) *Jean et Marie se plaisent* (l'un à l'autre). **3.** Se trouver bien (dans un lieu, une situation, une compagnie, etc.). *Elles se sont plu dans ce village.* ▷ (Animaux, végétaux.) *Plante qui se plaît dans les lieux humides*, qui y prospère, qui y pousse bien. **4.** *Se plaire à:* trouver du plaisir, de l'agrément à (une chose). *Se plaire à l'effort. Elles se sont plu à nous taquiner.* – Lat. *placere*; l'inf. *plaire* a remplacé l'anc. inf. *plaisir*, d'ap. *faire*, ou d'ap. le futur *je plairai.*

plaisamment [plɛzamɑ̃] adv. **1.** D'une manière plaisante, agréable. *Un appartement plaisamment arrangé.* **2.** Litt. D'une manière risible, comiquement. *Il était assez plaisamment accoutré.* – De *plaisant.*

plaisance [plɛzɑ̃s] n. f. **1.** Vx Agrément, plaisir. ▷ Loc. adj. Mod. *De plaisance:* destiné à l'agrément, à l'exclusion de toute fonction utilitaire. *Maison, navire de plaisance. Navigation de plaisance*, pratiquée pour le plaisir par des amateurs. **2.** *La plaisance:* la navigation, la marine de plaisance. – De *plaisant.*

plaisancier, ière [plɛzɑ̃sje, jɛʀ] n. Personne qui pratique la navigation de plaisance. – De *plaisance.*

plaisant, ante [plɛzɑ̃, ɑ̃t] adj. et n. **I.** adj. **1.** Qui plaît, agréable. *Un endroit plaisant.* **2.** Qui plaît en faisant rire, amusant. *Une histoire assez plaisante.* **II.** n. m. **1.** Ce qui est plaisant. *Le plaisant de* (ou *dans*) *cette affaire:* le côté plaisant. **2.** Vieilli Celui qui cherche à faire rire. *Faire le plaisant.* ▷ Mod. *Mauvais plaisant:* personne qui fait des plaisanteries de mauvais goût. – Ppr. de *plaire.*

plaisanter [plɛzɑ̃te] **I.** v. intr. [1] **1.** Dire (ou, quelquefois, faire) des choses destinées à faire rire, à amuser. *Il aime bien plaisanter. Plaisanter sur qqch.* **2.** Dire ou faire qqch sans vouloir se faire prendre au sérieux, par jeu. *Il a fait cela pour plaisanter.* – *Ne pas plaisanter avec... :* être intraitable, intransigeant quant à... **II.** v. tr. *Plaisanter qqn*, le railler légèrement, le taquiner. – De *plaisant.*

plaisanterie [plɛzɑ̃tʀi] n. f. **1.** Propos destiné à faire rire, à amuser. *Plaisanterie fine.* **2.** Propos ou acte destinés à se moquer; raillerie. *Être en butte aux plaisanteries de ses collègues.* – (Au sing.) *Il ne comprend pas la plaisanterie:* il s'offense chaque fois qu'on le plaisante. **3.** Chose, parole ridicule, risible tant elle est ou paraît peu sérieuse. *Être prêt dès demain? C'est une plaisanterie !* ▷ Chose dérisoire, très facile. *Ce problème est une aimable plaisanterie.* **4.** Action, fait de plaisanter. *Faire, dire une chose par plaisanterie.* – De *plaisant.*

plaisantin [plɛzɑ̃tɛ̃] n. m. **1.** Celui qui fait des plaisanteries déplacées. **2.** Celui dont les propos, les actes, manquent de sérieux; farceur. ▷ Personne sur qui on ne peut compter. *C'est un plaisantin, on ne peut pas lui faire confiance.* – De *plaisant.*

plaisir [plɛziʀ] n. m. **A. I.** (Affect.) **1.** État affectif lié à la satisfaction d'un désir, d'un besoin, d'une inclination; sensation, sentiment agréable. *Le plaisir et la douleur.* PHILO *Morales du plaisir:* cf. épicurisme, hédonisme. ▷ (Lié à l'exercice d'une fonction ou d'une faculté particulière.) *Plaisir physique, sexuel; plaisir intellectuel, esthétique.* – *Le plaisir de:* le plaisir causé par (qqch). *Le plaisir des sens. Plaisir d'offrir. Prendre, avoir plaisir à une chose, à faire une chose. Faire plaisir:* être agréable (à qqn). *Nous ferez-vous le plaisir de déjeuner avec nous?* – *Spécial.* (Formule d'insistance polie ou menaçante.) *Faites-moi le plaisir d'accepter. Faites-moi le plaisir de vous taire.* ▷ *Le plaisir de qqn*, celui qu'il éprouve. *Prendre son plaisir où on le trouve.* ▷ *Un plaisir, des plaisirs:* émotion agréable; joie, satisfaction. *Accordez-lui ce petit plaisir.* **2.** Spécial. *Le plaisir:* le plaisir des sens; plus partic., le plaisir sexuel. **3.** Distraction agréable. Loc. *Partie de plaisir. Ce n'est pas une partie de plaisir:* ce n'est pas agréable. ▷ (Sens affaibli, partic., dans des formules polies.) *Se faire un plaisir de:* faire (qqch) bien volontiers. *J'ai le plaisir de vous annoncer, de vous faire part de...* ▷ *Avec plaisir. Voulez-vous venir? – Avec plaisir, avec grand plaisir.* – Loc. adv. Par plaisir, pour le plaisir: sans autre raison que l'agrément que l'on en tire; par simple divertissement. *L'argent ne l'intéresse pas, il peint par plaisir, pour son plaisir.* ▷ Iron. *Je vous (lui) souhaite bien du plaisir :* se dit à qqn (ou de qqn) qui va avoir à faire qqch de difficile ou de peu agréable. **II.** *Par ext.* Objet ou action qui cause du plaisir. (Souvent au pl.) **1.** Ce qui procure du plaisir; divertissement, distraction. *Les plaisirs de la vie. Une petite ville où les plaisirs sont rares.* **2.** *Spécial.* Les plaisirs sensuels. *Vie de plaisirs.* **B. 1.** Ce qui est la volonté de qqn, ce qu'il lui plaît de faire. *Tel est notre (bon) plaisir:* formule par laquelle le roi marquait sa volonté dans les édits. – *Le bon plaisir de qqn*, sa volonté arbitraire. **2.** loc. adv. *À plaisir:* comme par caprice; sans motif, sans raison valable. *Se tourmenter à plaisir.* ▷ *Il a inventé, menti, etc., à plaisir:* comme il lui a plu, autant qu'il lui a plu. – Anc. inf. du v. *plaire.*

1. plan [plɑ̃] n. m. **1.** Surface plane. *Plan vertical, horizontal. Plan d'eau:* étendue d'eau calme et unie. – *Plan incliné*, en pente. *Accès en plan incliné.* **2.** GEOM Dans la géométrie euclidienne, surface telle qu'une droite qui y a deux de ses points y est entièrement contenue. *Plans sécants, tangents, perpendiculaires.* – TECH *Plan de tir:* plan vertical qui passe par la ligne de tir. **3.** Chacune des parties d'une image définie par son éloignement (réel ou figuré en perspective) de l'œil. *Au premier plan, figurait un personnage, à l'arrière-plan quelques arbres.* ▷ *Spécial.* Au théâtre, partie de la scène matérialisée par un plan vertical (rideau, décor, toile de fond). **4.** Fig. Importance relative de qqn ou de qqch. *Personnage de premier, de tout premier plan*, d'une importance primordiale. *Mettre deux choses sur le même plan*, sur un pied d'égalité; leur accorder la même importance. ▷ Loc. *Sur le plan* (+ adj.), *sur le plan de* (+ subst.): du point de vue (de). *Mesure bénéfique sur le plan des libertés, néfaste sur le plan politique.* **5.** PHOTO, CINE Image, prise de vue définie par l'éloignement de l'objectif par rapport à la scène représentée, par le cadrage. *Gros plan:* prise de vue rapprochée. **6.** *Par ext.* CINE Suite d'images enregistrée par la caméra en une seule fois. *Découpage d'une séquence plan par plan, dans le scénario. Plan-séquence:* longue séquence consistant en un plan unique. – Subst. de l'adj. *plan.*

2. plan [plɑ̃] n. m. **A. 1.** Représentation graphique (d'une ville, d'un bâtiment, d'une construction, etc.) en projection horizontale. *Lever, dresser, tracer un plan.* ▷ *Par ext.* Représentation graphique (d'une machine, d'un appareil), le plus souvent en projection orthogonale. **2.** Cour. Carte à grande échelle (d'une ville, d'un lieu, etc.). *Plan de Toronto. Plan du métro.* **B. I.** Fig. Disposition des différentes parties d'un ouvrage littéraire, considérée à titre de projet de composition d'un texte à rédiger ou, après coup, dans un travail d'analyse du texte. *Plan d'un roman, d'une dissertation, d'un article.* **II. 1.** Ensemble ordonné de dispositions arrêtées en vue de l'exécution d'un projet. *Arrêter, exécuter un plan d'action.* – ECON *Plan de redressement* (de l'économie). ▷ *Par ext.* Projet supposant une suite d'opérations. *Faire des plans pour l'avenir.* **2.** *Spécial.* ECON Ensemble des directives plus ou moins impératives, planification élaborée par les pouvoirs publics, concernant les orientations, les objectifs et les moyens d'une politique économique sur plusieurs années. *Le Plan:* le plan économique d'une nation. *Les objectifs du Plan.* **III.** *En plan,* loc. fam. **1.** *Laisser qqn en plan,* sur place, sans s'en occuper davantage. **2.** *Rester en plan,* en suspens. – Var. de *plant* (déverbal de *planter*); sens étendu, «assiette d'un édifice», avec infl. de *plain, plan,* devenu «dessin directeur».

3. plan, ane [plɑ̃, an] adj. **1.** (D'une surface.) Qui ne présente aucune inégalité de niveau, aucune aspérité, aucune courbure; plat et uni. *Surface parfaitement plane.* **2.** *Géométrie plane,* qui étudie les figures contenues dans le plan (par oppos. à géométrie *dans l'espace*). ▷ GEOM *Angle plan, courbe plane,* inscrits dans un plan. – Lat. *planus.*

planage [planaʒ] n. m. TECH Action de planer, d'aplanir; son résultat. – De *planer* 1.

planaire [planɛʀ] n. f. ZOOL Petit ver plat des eaux douces (genre *Planaria*), au grand pouvoir de régénération. – Lat. mod. *planarius,* de *planus,* «plat, uni, égal».

planche [plɑ̃ʃ] n. f. **I. 1.** Pièce de bois plate, nettement plus longue que large et relativement peu épaisse. ▷ SPORT *Planche à voile:* planche munie d'une voile sur mât articulé, d'une dérive et d'un aileron, qui permettent de la diriger sur l'eau dans toutes les directions. – *Planche à roulettes:* sport, jeu qui consiste à faire des évolutions sur une planche à roulettes. ▷ *Planche à repasser,* sur laquelle on repasse le linge. ▷ *Planche à dessin:* plateau de bois parfaitement plan sur lequel on fixe les feuilles de papier à dessin. ▷ *Planche à pain,* sur laquelle on coupe le pain. ▷ Loc. fig. *Avoir du pain sur la planche:* V. pain. ▷ (Se dit d'une femme.) *C'est une planche, une planche à pain:* elle est maigre, plate. ▷ *Planche de salut:* dernière ressource, ultime recours. **2.** *Faire la planche:* en natation, se laisser flotter sur le dos. **3.** MAR Pièce de bois, passerelle jetée entre le pont d'un navire et le quai. – *Jours de planche:* temps accordé à un navire pour effectuer le chargement ou le déchargement de son fret. **4.** n. f. pl. *Les planches:* la scène, au théâtre. *Monter sur les planches:* se faire comédien; faire du théâtre. *Brûler les planches:* jouer avec un talent exceptionnel. **5.** IMPRIM Plaque de métal ou de bois préparée pour la gravure, pour la reproduction par impression. ▷ *Par ext.* Estampe tirée sur une planche gravée. – Feuille contenant les illustrations, jointe à un ouvrage. *Planches hors texte en couleur.* **II.** Petit espace de terre cultivée, de forme allongée, dans un jardin. *Une planche de salades.* – Bas lat. *planca,* fém. subst. du class. *plancus,* «aux pieds plats», du gr. *phalanx.*

planchéiage [plɑ̃ʃejaʒ] n. m. TECH Action de planchéier. – De *planchéier.*

planchéier [plɑ̃ʃeje] v. tr. [1] TECH Revêtir de planches. ▷ Pourvoir (une pièce) d'un plancher. – De *planche.*

plancher [plɑ̃ʃe] n. m. **1.** TECH Séparation horizontale entre deux étages. **2.** Cour. Partie supérieure d'un plancher, constituant le sol d'un appartement; ce sol, recouvert d'un assemblage de menuiserie plus grossier qu'un parquet. ▷ *Par ext.* Paroi inférieure de la caisse d'un véhicule, d'un ascenseur, etc. **3.** loc. fig. et fam. *Le plancher des vaches:* la terre ferme (par oppos. à la mer, aux airs). ▷ Fam. *Débarrasser le plancher:* sortir, déguerpir. **4.** Niveau, seuil minimal (par oppos. à *plafond*). *Plancher des cotisations.* – De *planche.*

planchette [plɑ̃ʃɛt] n. f. **1.** Petite planche. *Planchette servant de support.* **2.** TECH Tablette munie d'une alidade, qui sert à lever les plans. – Dimin. de *planche.*

plan-concave [plɑ̃kɔ̃kav] adj. OPT Qui a une face plane et une face concave. *Des lentilles plan-concaves.* – De l'adj. *plan,* et *concave.*

plan-convexe [plɑ̃kɔ̃vɛks] adj. OPT Qui a une face plane et une face convexe. *Des lentilles plan-convexes.* – De l'adj. *plan,* et *convexe.*

plancton [plɑ̃ktɔ̃] n. m. Ensemble des êtres vivants, pour la plupart microscopiques ou de très petite taille, que les eaux marines et les eaux douces entraînent dans leurs mouvements (à la différence du *necton* et du *benthos*). *Le plancton constitue la principale nourriture de nombreux animaux marins. Plancton végétal, ou phytoplancton* (diatomées, sargasses, etc.). *Plancton animal, ou zooplancton* (radiolaires, méduses, œufs de poissons, larves de crustacés, etc.). – All. *Plankton,* du gr. *plagkton,* neutre de *plagktos,* «errant».

planctonique [plɑ̃ktɔnik] adj. Didac. Du plancton. *Animaux et végétaux planctoniques.* – Du préc.

plane [plan] n. f. TECH Outil pour le travail du bois, destiné à être manié des deux mains, constitué par une lame tranchante portant une poignée à chaque extrémité. – Réfect., d'ap. le v. *planer* 1, de l'a. fr. *plaine,* bas lat. *plana.*

plané [plane] adj. m. et n. m. *Vol plané:* vol d'un oiseau, d'un avion qui plane. – Subst. *Un plané.* ▷ Fig., fam. *Faire un vol plané:* faire une chute spectaculaire, tomber de haut avec fracas. *Il a fait un vol plané jusqu'au bas de l'escalier.* – Pp. de *planer* 2.

planéité [planeite] n. f. Didac. Qualité de ce qui est plan. – De l'adj. *plan.*

1. planer [plane] v. tr. [1] TECH Rendre plan. *Planer une tôle.* ▷ Débarrasser de ses irrégularités, de ses aspérités; rendre plat, uni. – Bas lat. *planare,* de *planus,* «plan, plat».

2. planer [plane] v. intr. [1] **1.** En parlant d'un oiseau, se soutenir en l'air sur ses ailes étendues, sans paraître les remuer. ▷ Voler avec le moteur arrêté ou au ralenti, en parlant d'un avion; voler, en parlant d'un avion sans moteur (ou *planeur*). ▷ Être en suspension dans l'air. *Des bancs de brouillard planaient dans le fond des vallées.* **2.** Fig. *Planer au-dessus de :* considérer dans l'ensemble, sans s'arrêter aux détails; survoler, dominer. *Planer au-dessus des contingences.* ▷ (S. comp.) Fam. N'avoir pas le sens des réalités (cf. *n'avoir pas les pieds sur terre*). – Être distrait. **3.** Fam. Se sentir particulièrement bien; éprouver une sensation de détachement et de sérénité euphorique (en partic., sous l'effet d'une drogue). **4.** (Sujet n. de chose.) *Planer sur :* peser comme une menace sur. *Le risque de guerre qui planait sur le monde.* – Du lat. *planus,* «plan».

planétaire [planetɛʀ] adj. et n. **1.** adj. Relatif aux planètes. *Système planétaire.* **2.** Relatif à la Terre, mondial. *Une guerre planétaire.* **3.** n. m. TECH Pignon conique porté par chaque demi-arbre d'un différentiel. – De *planète.*

planétarisation [planetaʀizasjɔ̃] n. f. Rare Fait d'étendre qqch à l'échelle de notre planète. *La planétarisation d'un conflit.* – De *planétaire.*

planétarium [planetaʀjɔm] n. m. Salle de démonstration cosmographique comportant un plafond en coupole qui figure la voûte céleste, sur lequel sont projetés des points lumineux représentant les astres (étoiles, planètes, etc.) et leurs mouvements. – De *planète;* sur *aquarium.*

planète [planɛt] n. f. **1.** Corps céleste dépourvu de lumière propre, de volume assez important (à la différence des *astéroïdes*), décrivant autour du Soleil une orbite elliptique de faible excentricité (à la différence des *comètes*) dont le plan diffère peu, en général, de celui de l'orbite terrestre. ▷ *Par ext.* Tout corps céleste analogue gravitant autour d'une étoile autre que le Soleil. **2.** Vx Astre qui ressemble à une étoile mais qui se déplace de jour en jour de manière notable sur la voûte céleste (opposé à *étoile fixe*). *Les Anciens comptaient sept planètes: la Lune, le Soleil, Mercure, Vénus, Mars, Jupiter et Saturne.* ▷ Mod., ASTROL Chacune des sept planètes des Anciens, supposées exercer une influence sur la destinée humaine. «*Le même cours des planètes règle nos jours et nos nuits*» (Corneille). – Bas lat. *planeta*, du gr. *planêtês*, «errant».

ENCYCL Les planètes du système solaire sont, par ordre de distance croissante à partir du Soleil: Mercure, Vénus, la Terre, Mars (planètes terrestres), Jupiter, Saturne, Uranus, Neptune et Pluton (planètes joviennes). Entre l'orbite de Mars et celle de Jupiter circulent plusieurs milliers d'astéroïdes. Les planètes obéissent aux lois de Kepler. Elles décrivent en particulier des ellipses dont le Soleil occupe l'un des foyers.

planétoïde [planetɔid] n. m. ASTRO **1.** Objet théorique grossi par accrétion de la matière primitive, dont la taille va du mètre au kilomètre. **2.** Vx. Syn. de *petite planète, astéroïde*. – De *planète*, et *-oïde*.

1. planeur, euse [planœʀ, øz] n. TECH **1.** n. m. Ouvrier qui plane les métaux. **2.** n. f. Machine à planer. – De *planer* 1.

2. planeur [planœʀ] n. m. Avion à voilure fixe, sans moteur, à bord duquel on pratique le vol à voile. – De *planer* 2.

planèze [planɛz] n. f. GEOL Plateau de basalte volcanique délimité par des vallées rayonnantes. – Mot dial., du rad. lat. *planus*, «plat».

planifiable [planifjabl] adj. Qui peut être planifié. *Secteur de l'économie planifiable.* – De *planifier*.

planificateur, trice [planifikatœʀ, tʀis] n. et adj. Qui planifie, s'occupe de planification. – Adj. *Une action planificatrice.* – De *planifier*.

planification [planifikasjõ] n. f. ECON Organisation des moyens et des objectifs d'une politique économique pendant un nombre d'années à venir. *La notion de planification est apparue après 1917 en U.R.S.S.* – De *planifier*.

planifier [planifje] v. tr. [1] Organiser, prévoir selon un plan. *Planifier le développement d'une entreprise.* – De *plan* 2, et *-fier*.

planimètre [planimɛtʀ] n. m. TECH Instrument servant à mesurer l'aire d'une surface plane en suivant son contour. – Du lat. *planus*, «plan, plat», et *-mètre*.

planimétrie [planimetʀi] n. f. **1.** TRAV PUBL Représentation d'un terrain, d'une route par sa projection horizontale. **2.** GEOM Partie de la géométrie qui étudie les surfaces planes. – Du lat. *planus*, «plan, plat», et *-métrie*.

planimétrique [planimetʀik] adj. Didac. Qui a rapport à la planimétrie. – Du préc.

planisme [planism] n. m. ECON Doctrine ou ensemble des techniques des planistes. – De *plan* 2.

planisphère [planisfɛʀ] n. m. Carte sur laquelle est représentée en entier la sphère terrestre ou céleste en projection plane. – Du lat. *planus*, «plan, plat», et *sphère*.

planiste [planist] n. ECON Économiste partisan ou spécialiste de la planification. – De *plan* 2.

planoir [planwaʀ] n. m. TECH Outil d'orfèvre, petit ciseau à bout aplati servant à planer les parties que l'on ne peut atteindre avec le marteau. – De *planer* 1.

planorbe [planɔʀb] n. f. ZOOL Mollusque gastéropode pulmoné d'eau douce (genre *Planorbis*), à coquille enroulée dans un plan (à la différence de la *limnée*). – Du lat. *planus*, «plan», et *orbis*, «boule».

plan-plan [plɑ̃-plɑ̃] adv. et adj. Fam., rég. **1.** adv. Doucement, tranquillement. *Tu fais ça plan-plan, sans forcer.* **2.** adj. Tranquille, exempt de complications, de difficultés. *Un petit boulot plan-plan.* – Redoublement de l'anc. provenç. *plan*, du lat. *planus*, «plan».

planque [plɑ̃k] n. f. **1.** Fam. Cachette, lieu où l'on met à l'abri des regards qqch, qqn. **2.** Fam. Poste agréable, peu exposé; place où le travail est peu fatigant. – Déverbal de *planquer*.

planqué [plɑ̃ke] n. m. Celui qui (dans l'armée, l'administration, etc.) est affecté à un poste peu exposé, peu pénible. – Pp. subst. de *planquer*.

planquer [plɑ̃ke] v. tr. [1] Pop. Cacher, dissimuler pour mettre à l'abri. *Planquer le magot.* – *Planquer qqn.* ▷ v. pron. *Il se planque pour être tranquille.* – Var. de *planter*, d'ap. *plaquer*, (sens 6).

plansichter [plɑ̃siʃtɛʀ] n. m. TECH Blutoir mécanique à tamis superposés. – All. *Plan*, «plan», et *Sichter*, «blutoir».

plant [plɑ̃] n. m. **1.** Jeune plante issue d'un semis et destinée à être transplantée. *Acheter des plants de salade*, ou, collect., *du plant de salade.* **2.** Ensemble des plantes de même espèce élevées sur une même parcelle de terrain; cette parcelle. *Un plant d'artichauts.* – Déverbal de *planter*.

plantaginacées [plɑ̃taʒinase] n. f. pl. BOT Famille de dicotylédones gamopétales superovariées. – Du lat. *plantago*, «plantain».

1. plantain [plɑ̃tɛ̃] n. m. Plante herbacée (genre *Plantago*, fam. plantaginacées) à feuille en forme de rosette, à fleurs en épis ou en capitules, dont les graines constituent une nourriture de choix pour les oiseaux de volière. – Lat. *plantago*.

2. plantain [plɑ̃tɛ] n. m. Variété de bananier dont les fruits se consomment cuits. Appos. *Banane plantain.* – P.-ê. de l'esp. *platano*, «bananier».

plantaire [plɑ̃tɛʀ] adj. Qui appartient à la plante du pied. *Voûte plantaire. Verrue plantaire.* – Lat. *plantaris*.

plantation [plɑ̃tasjõ] n. f. **I. 1.** Action de planter ou de repiquer des plantes. *Faire des plantations dans un parc.* **2.** Ensemble des végétaux dont un terrain est planté. **3.** Terrain planté. ▷ *Spécial.* Terrain planté de végétaux d'une même espèce. **4.** Exploitation agricole (champs et bâtiments) pratiquant la monoculture de végétaux de grande taille, dans les pays tropicaux. *Plantation de canne à sucre, d'hévéas.* **II.** Manière dont est plantée la chevelure sur le crâne; limite de la chevelure. *Une plantation drue de cheveux noirs.* – Lat. *plantatio*.

1. plante [plɑ̃t] n. f. *Plante du pied :* face inférieure du pied. – Lat. *planta*.

2. plante [plɑ̃t] n. f. **1.** Tout végétal. *Les plantes et les animaux de la terre.* ▷ *Spécial.* Végétal supérieur. *Plantes alimentaires, potagères, fourragères.* – *Plantes industrielles, textiles, tinctoriales, aromatiques, médicinales.* **2.** Fig. Personne, chose dont la vie, le développement rappellent ceux d'une plante. *Une belle plante:* une personne saine et bien faite (se dit en général d'une jeune fille, d'une jeune femme). *Plante de serre:* personne fragile dont on s'occupe avec beaucoup de soins, d'attention. – Lat. *planta*, «plant», p.-ê. de *plantare*, «planter».

planté, ée [plɑ̃te] adj. **I.** (Personnes.) **1.** *Bien planté:* bien bâti, bien fait. *Un jeune homme bien planté.* **2.** Debout et immobile. *Ne reste pas planté là comme un piquet!* **II.** Posé, disposé d'une certaine manière (en parlant de certaines parties du corps). *Un cou bien planté sur les épaules.* – Pp. de *planter*.

planter [plɑ̃te] **I.** v. tr. [1] **1.** Mettre en terre (une plante) pour qu'elle prenne racine et croisse. *Planter un arbre.* **2.** Mettre (des graines, des tubercules, etc.) en terre. *Planter du blé, des haricots.* **3.** Ensemencer, garnir (une terre, de végétaux). *Planter un champ de pommes de terre. Planter un bois en hêtres.* **4.** Enfoncer, ficher (dans le sol, dans un matériau résistant). *Planter un poteau. Planter des clous dans un mur.* **5.** Fixer, placer droit. *Planter un drapeau au sommet d'un édifice.* **6.** Appliquer avec force, brusquement. *Planter un baiser sur la joue de qqn.* **7.** *Planter là:* abandonner brusquement. *Il s'est soudain souvenu d'un rendez-vous et il m'a planté là.* **II.** v. pron. **1.** (Pass.) *Les arbres se plantent en automne.* ▷ *Le couteau s'est planté à deux centimètres de son pied.* **2.** *Se planter quelque part,* s'y placer et y rester sans bouger. *Venir se planter devant qqn.* **3.** Fam. Avoir un accident (véhicules). *Il s'est planté dans le décor.* ▷ Échouer, se tromper. *Se planter dans ses prévisions.* – Lat. *plantare,* «enfoncer avec la *plante* (du pied)», et, spécial., «enfoncer un végétal».

planteur, euse [plɑ̃tœʀ, øz] n. **I. 1.** Rare Personne qui plante des arbres, des végétaux. **2.** Exploitant d'une plantation (sens I, 4). **II.** n. f. AGRIC Machine servant à planter les tubercules (les pommes de terre, en partic.). – De *planter.*

plantigrade [plɑ̃tigʀad] adj. et n. **1.** adj. ZOOL Qui marche sur la plante des pieds. **2.** n. m. Mammifère qui pose toute la surface du pied sur le sol (opposé à *digitigrade*). – De *plante* 1, et lat. *gradi,* «marcher».

plantoir [plɑ̃twaʀ] n. m. AGRIC Outil conique servant à faire des trous dans le sol pour y repiquer des jeunes plants ou y semer des graines. – De *planter.*

planton [plɑ̃tɔ̃] n. m. **1.** Soldat affecté auprès d'un officier, d'un bureau, pour porter les plis, assurer les liaisons utiles. ▷ Service assuré par le planton. *Être de planton.* **2.** Fig., fam. *Faire le planton, rester de planton :* attendre qqn debout pendant un long moment. – De *planter.*

plantule [plɑ̃tyl] n. f. BOT Embryon végétal qui commence à se développer. – Bas lat. *plantula,* «petite plante».

plantureusement [plɑ̃tyʀøzmɑ̃] adv. Vx De manière plantureuse; abondamment. – De *plantureux.*

plantureux, euse [plɑ̃tyʀø, øz] adj. **1.** Copieux, abondant (en parlant de la nourriture). *Un dîner plantureux.* **2.** *Une femme plantureuse,* grande et bien en chair. **3.** Rare Très fertile. *Un pays plantureux.* – De l'a. fr. *plenté* (écrit *planté*), du lat. *plenitas,* «abondance», de *plenus,* «plein».

plaquage [plakaʒ] n. m. **1.** Dans certains sports, action de plaquer un adversaire. **2.** Fam. Action de plaquer (sens 6), d'abandonner qqn, qqch. – De *plaquer.*

plaque [plak] n. f. **1.** Morceau, de faible épaisseur, d'une matière rigide (métal, bois, verre, etc.). *Plaque de fer, d'argent. Plaques chauffantes d'une cuisinière électrique.* ▷ GEOL *Théorie des plaques,* selon laquelle la lithosphère serait constituée de grandes plaques rigides portant la croûte océanique et la croûte continentale. **2.** *Spécial.* Plaque (sens 1) portant une inscription. *Plaque d'immatriculation,* portant le numéro d'immatriculation d'un véhicule. (En France, plaque minéralogique.) ▷ Insigne de certaines fonctions. *Plaque de policier. La plaque de grand officier de la Légion d'honneur.* **3.** ELECTRON Anode d'un tube électronique. **4.** PHOTO *Plaque sensible :* plaque (à l'orig., en verre, auj. en matière souple) recouverte d'une couche sensible à la lumière. *Appareil à plaques.* **5.** CH de F *Plaque tournante :* plaque métallique circulaire de grand diamètre, mobile sur pivot et portant des rails, qui permet de diriger les locomotives ou les wagons sur l'une ou l'autre des voies qui convergent vers elle. ▷ Fig. Lieu par lequel passent des personnes venues de pays divers pour se rendre ailleurs, par où circulent des marchandises. *Port qui est une plaque tournante du marché de la drogue.* **6.** Tache, lésion superficielle à contour imprécis apparaissant sur la peau ou les muqueuses. *Plaque muqueuse:* lésion syphilitique secondaire qui apparaît à la surface de la peau ou des muqueuses, au voisinage d'un orifice naturel. *Sclérose en plaques:* V. sclérose. **7.** JEU Grand jeton rectangulaire. **8.** loc. fam. *Être à côté de la plaque:* être à côté du sujet, se fourvoyer. – De *plaquer.*

ENCYCL **Géol.** – La théorie des plaques, ou tectonique des plaques, ou nouvelle tectonique globale, confirme la théorie de la dérive des continents, due (1912) à Wegener, qui tenta d'expliquer, notam., l'emboîtement des rives atlant. de l'Afrique et de l'Amérique du S. Auj., les satellites d'observation ont mesuré les distances intercontinentales avec précision et l'exploration des océans a mis en évidence l'existence de chaînes de montagnes (dorsales océaniques, ou rifts) nées de l'apport du magma sous-jacent, solidifié. Exploitant ces données, Vine et Matthews supposèrent qu'un certain renouvellement des fonds océaniques pouvait provoquer le déplacement des continents; rappelons qu'à l'origine il n'existait qu'un seul continent, la Pangée. Autonomes, les diverses plaques continentales (qui se prolongent sous les océans jusqu'aux dorsales) se déplacent, grâce à des courants de convection et à la vitesse de quelques cm par an, sur le magma sous-jacent (ou asthénosphère), doué d'une certaine plasticité à haute température et susceptible d'écoulement. S'appuyant sur le calcul mathématique, de nombr. hypothèses ont étayé cette théorie fondamentale. Xavier Le Pichon estime que la lithosphère est composée de six blocs (d'autres proposent le nombre de vingt), limités par des zones d'activité sismique: les blocs eurasien, indien, pacifique, américain, africain et antarctique. Lorsque deux plaques entrent en collision, l'une peut plonger sous l'autre, entraînant la croûte océanique; de la sorte, se créent des fosses océaniques très profondes; la croûte continentale, beaucoup moins dense, flotte sur l'ensemble et résiste à l'enfoncement comme le ferait un bouchon sur l'eau. Si chaque plaque porte un continent, la collision des deux continents provoque un plissement gigantesque; l'Himalaya résulte de la collision de la plaque indienne avec la plaque asiatique; le début du choc s'est produit il y a env. 10 millions d'années, mais ces deux plaques bougent encore, ce qui explique les nombreux tremblements de terre dans ces régions.

plaqué [plake] **1.** n. m. Métal commun recouvert d'une mince couche de métal précieux. *Bracelet en plaqué or. Montre en plaqué.* **2.** Bois recouvert de placage (sens 2). *C'est du massif ou du plaqué?* – Pp. subst. de *plaquer.*

plaquemine [plakmin] n. f. Rare Fruit du plaqueminier. Syn. kaki, caque du Japon. – De l'algonquien *piakimin.*

plaqueminier [plakminje] n. m. BOT Arbre des régions chaudes à bois très dur (genre *Diospyros,* fam. ébénacées) dont les espèces indiennes et ceylanaises fournissent le bois d'ébène. *Le plaqueminier du Japon a pour fruit le kaki.* – Du préc.

plaquer [plake] v. tr. [1] **1.** Appliquer (une plaque, une feuille mince) sur une surface. *Plaquer de l'acajou sur du chêne.* **2.** Recouvrir (un objet) d'une couche (de métal précieux). *Plaquer un briquet d'argent.* ▷ Fig. Au pp. Artificiel, qui semble surajouté. *Dans cette pièce les situations sont plaquées sur l'intrigue.* **3.** Aplatir, maintenir contre (qqch). *Plaquer une mèche de cheveux sur son front.* **4.** MUS *Plaquer un accord :* frapper simultanément sur le clavier les notes qui le composent (opposé à *arpéger*). **5.** *Plaquer qqn contre, sur qqch,* l'y projeter et l'y maintenir avec force. *Le souffle de l'explosion l'a plaqué au sol.* ▷ v. pron. *Se plaquer contre un arbre.* ▷ SPORT Arrêter un adversaire, l'empêcher d'avancer. **6.** Fam. Quitter, abandonner. *Il a plaqué sa femme.* – Du moy. néerl. *placken,* «rapiécer».

plaquette [plakɛt] n. f. **1.** Petite plaque. *Plaquette de chocolat.* **2.** Mince volume. *Une plaquette de poésie.* **3.** BIOL Élément figuré du sang, dépourvu de noyau, qui joue un rôle important dans la coagulation du sang et l'hémostase primaire. Syn. thrombocyte. – Dimin. de *plaque.*

plaqueur, euse [plakœʀ, øz] n. TECH Bijoutier spécialiste du plaqué. ▷ Ébéniste spécialiste du placage. – De *plaquer.*

plas-, -plasie, -plaste, -plastie. Éléments, du gr. *plasis,* «action de modeler». V. -plaste.

plasma [plasma] n. m. **1.** BIOL Partie liquide du sang, au sein de laquelle les éléments figurés (hématies, leucocytes, plaquettes) sont en suspension. **2.** PHYS Gaz porté à haute température, formé d'un ensemble d'électrons négatifs et d'ions positifs en équilibre avec des molécules ou des atomes non ionisés dont le nombre est d'autant plus faible que la température est plus élevée. – Mot gr., «chose façonnée», de *plassein,* «façonner».

ENCYCL **Phys.** – Un plasma se caractérise par sa *température* (qui peut atteindre plusieurs millions de kelvins, notam. dans les étoiles), par sa *densité* (nombre de particules par unité de volume) et par sa *pression.* Le plasma est un excellent conducteur de l'électricité; on parvient à le confiner au moyen de champs magnétiques («bouteille magnétique»), sa température étant trop élevée pour qu'on puisse le maintenir à l'intérieur d'un récipient. Ses propriétés sont utilisées pour faire fondre, pour souder ou pour découper des matières, même très réfractaires. La possibilité d'aboutir à la fusion thermonucléaire contrôlée repose sur la production de plasmas dont la température, la densité et le temps de confinement seraient suffisamment élevés pour que les réactions de fusion s'entretiennent.

plasmagène [plasmaʒɛn] adj. **1.** BIOL Qualifie une structure cytoplasmique douée de continuité génétique. ▷ N. m. *Un plasmagène.* **2.** PHYS *Gaz plasmagène,* qui sert à produire un plasma. – De *plasma,* et *-gène.*

plasmalemme [plasmalɛm] n. m. BIOL Syn. de *membrane plasmique* (ou *cytoplasmique*). – De *plasma,* et gr. *lêmma,* «accroissement».

plasmatique [plasmatik] adj. BIOL Qui se rapporte au plasma sanguin. – De *plasma.*

-plasme, plasmo-. Éléments, du gr. *plasma,* «chose façonnée», ou du fr. *plasma* (sens 1).

plasmide [plasmid] n. f. BIOL Unité d'A.D.N. indépendante du chromosome, dans une bactérie. – De *cytoplasme,* et *-ide.*

plasmifier [plasmifje] v. tr. [1] PHYS Transformer un gaz en plasma. – De *plasma.*

plasmique [plasmik] adj. BIOL Membrane plasmique ou *cytoplasmique:* membrane lipoprotéique qui limite toutes les cellules (75 angströms d'épaisseur env.). Syn. plasmalemme. – De *plasma.*

plasmo-. V. -plasme.

plasmochimie [plasmɔʃimi] n. f. CHIM Étude des propriétés et des applications chimiques des plasmas. – De *plasmo-,* et *chimie.*

plasmocyte [plasmɔsit] n. m. BIOL Cellule conjonctive pathologique, d'un diamètre de 15 à 20 μm, à noyau excentrique. – De *plasmo-,* et *-cyte.*

plasmocytose [plasmɔsitoz] n. f. MED Prolifération des plasmocytes dans la moelle osseuse ou le sang. – Du préc.

plasmode [plasmɔd] n. m. BIOL Masse cytoplasmique renfermant, sous une seule membrane cellulaire, de nombreux noyaux. *Le thalle des champignons myxomycètes est un plasmode.* – De *(cyto)plasme,* et gr. *eidos,* «forme».

plasmodium [plasmɔdjɔm] n. m. MED Hématozoaire agent du paludisme. – Lat. sav.

plasmolyse [plasmɔliz] n. f. BIOL Perte d'eau, par osmose, d'une cellule placée dans un milieu hypertonique. Ant. turgescence. – De *plasmo-,* et *lyse.*

plasmopara [plasmɔpaʀa] n. m. BOT Champignon oomycète dont une espèce *(Plasmopara viticola)* est l'agent du mildiou de la vigne. – De *plasmo-,* et *para(site).*

plaste [plast] n. m. BOT Organite cellulaire caractéristique de tous les végétaux autres que les champignons. – Du gr. *plassein,* «façonner».

ENCYCL On distingue les *leucoplastes,* dépourvus de pigment, très abondants dans les tissus riches en amidon (et autres glucides de réserve), qu'ils synthétisent, et les *chromoplastes,* riches en divers pigments, notam. en chlorophylle *(chloroplaste).* Les plastes, qui détiendraient leur propre A.D.N., seraient responsables de la transmission non mendélienne de certains caractères *(hérédité cytoplasmique).*

-plaste, -plastie. Éléments, du gr. *plassein,* «modeler».

plastic [plastik] n. m. Explosif brisant ayant la consistance du mastic. – Mot angl., de *plastic explosive.*

plasticage ou **plastiquage** [plastikaʒ] n. m. Action de plastiquer. – De *plastiquer.*

plasticien, ienne [plastisjɛ̃, jɛn] n. **1.** Didac. Artiste qui se consacre aux recherches sur la plastique. **2.** TECH Ouvrier spécialisé dans le travail des matières plastiques. **3.** CHIR Médecin spécialiste de la chirurgie plastique. – De *plastique.*

plasticité [plastisite] n. f. **1.** Aptitude d'une matière à prendre différentes formes. *Plasticité de l'argile.* **2.** Fig. Souplesse morale. *Plasticité du caractère.* – De *plastique.*

plastie [plasti] n. f. CHIR Opération destinée à rétablir un organe dans son fonctionnement ou sa morphologie. – Du gr. *plassein,* «façonner».

plastifiant, ante [plastifjɑ̃, ɑ̃t] adj. et n. m. TECH Se dit d'une substance que l'on introduit dans un mélange pour augmenter sa plasticité et sa résistance à l'humidité et aux agents chimiques. ▷ N. m. *Un plastifiant.* – Ppr. de *plastifier.*

plastifier [plastifje] v. tr. [1] **1.** Rendre plastique par l'utilisation d'un plastifiant. **2.** Recouvrir d'une feuille ou d'un enduit en matière plastique. ▷ Au pp. *Cahier à couverture plastifiée.* – De *plastique,* et *-fier.*

plastiquage. V. plasticage.

plastique [plastik] adj. et n. **A.** Didac. **I.** adj. **1.** Qui a rapport aux formes matérielles et à leur harmonie. ▷ *Chirurgie plastique:* partie de la chirurgie ayant pour but la réparation ou la correction fonctionnelle ou esthétique de certaines malformations, de certaines lésions post-traumatiques. **2.** Qui concerne l'art, les techniques de la forme. *Arts plastiques,* qui ont pour but de reproduire, d'élaborer des formes (modelage, peinture, sculpture, etc.). **3.** De forme harmonieuse. *Pose plastique.* **II.** n. f. **1.** Ensemble des formes (d'une statue, d'un corps) considérées du point de vue de leur harmonie. *La plastique d'une danseuse.* **2.** Art de donner forme à une substance; intelligence de la forme. *La plastique grecque.* **B.** adj. et n. **1.** Qui peut être modelé, qui est malléable. ▷ *Argile plastique,* utilisée en céramique. **2.** *Matière plastique* ou, n. m., *le, du plastique:* produit constitué de substances organiques de grande masse molaire (macromolécules) auxquelles on a ajouté des composés (plastifiants, charges, stabilisants) destinés à améliorer leurs caractéristiques. *Lunettes, sac en plastique.* – Lat. *plasticus*, gr. *plastikos*, «relatif au modelage»; sens A, II, 1, lat. *plastica*, n. f.

ENCYCL **Hist.** – Il faut attendre la seconde moitié du XIXe siècle pour voir apparaître les premières matières plastiques artificielles: le celluloïd fut obtenu une première fois en 1865, puis mis au point en 1869 par les frères Hyatt, à partir du camphre et de la nitrocellulose; la galalithe fut obtenue en 1897 à partir du formol et de la caséine du lait. L'essor des matières plastiques ne devint toutefois considérable qu'à partir de 1945, lorsque les travaux de Standinger, père de la chimie des macromolécules, puis de Ziegler et de Natta reçurent une application industrielle.
Nature et classification. – Les matières plastiques sont constituées de macromolécules auxquelles on a ajouté des *plastifiants*, composés chimiques destinés à leur donner souplesse et plasticité. **1.** Les matières plastiques *naturelles*, telles que la corne, l'écaille et la gélatine, n'ont plus auj. que des applications artisanales. **2.** Les matières plastiques *artificielles* sont obtenues à partir de produits naturels; ex.: la galalithe (caséine et formol) et les plastiques cellulosiques, dérivés de la cellulose comme le nitrate de cellulose, ou nitrocellulose, utilisé pour fabriquer des poudres et des vernis; la cellophane, utilisée pour l'emballage des denrées alimentaires mais auj. concurrencée par le polypropylène. **3.** Les matières plastiques *synthétiques* sont fabriquées à partir de résines synthétiques, tirées des dérivés du pétrole (pétroléochimie) ou du charbon (carbochimie); elles sont constituées de macromolécules à structure linéaire ou tridimensionnelle; les matières *thermoplastiques*, aussi appelées plastomères, sont constituées de macromolécules linéaires obtenues par polymérisation ou polycondensation (polyacryliques, polyamides, polystyrènes, polythènes, polychlorure de vinyle, polyuréthanes, téflon, etc.); les matières *thermodurcissables* ont une structure tridimensionnelle; on les obtient en modifiant la structure de la matière (réticulation) par polycondensation (aminoplastes, phénoplastes, polyesters, résines époxydes, silicones). Les résines thermodurcissables se mettent en œuvre par moulage sous pression. Les résines thermoplastiques sont mises en œuvre par formage, par injection, par extrusion, par calandrage, par soudage ou par frittage. Les matières plastiques, dans de très nombr. applications (industr. électr., auto., industr. aérospatiale, bâtiment, etc.), ont en grande partie remplacé les matériaux traditionnels (bois, métal, textiles naturels, etc.). Toutefois, leur biodégradation pose des problèmes que les matériaux «nobles» (fer, bois, etc.) n'ont jamais posés à la société humaine.

plastiquement [plastikmɑ̃] adv. Du point de vue de la plastique. – Du préc.

plastiquer [plastike] v. tr. [1] Faire sauter avec une, des charges de plastic. – De *plastic*.

plastiqueur, euse [plastikœʀ, øz] n. Auteur d'un plasticage. – Du préc.

plastron [plastʀɔ̃] n. m. **1.** Anc. Partie de la cuirasse protégeant la poitrine. ▷ SPORT En escrime, pièce de cuir matelassée qui protège la poitrine. **2.** Pièce d'étoffe, fixe ou non, appliquée sur le devant d'un corsage ou d'une chemise d'homme. – Ital. *piastrone*, «haubert».

plastronner [plastʀɔne] v. [1] **1.** v. tr. TECH Garnir d'un plastron: protéger avec un plastron. **2.** v. intr. Cour. Bomber la poitrine. ▷ Fig. Prendre des airs avantageux; triompher sans modestie. – Du préc.

plasturgie [plastyʀʒi] n. f. Didac. Production et façonnage des matières plastiques. – De *plastique*, et gr. *ergon*, «ouvrage, travail».

1. plat, plate [pla, plat] adj. et n. **A.** adj. **I. 1.** Se dit d'une surface plane, unie et en partic. horizontale. *Terrain plat. Bateau à fond plat. Pays plat*, qui a peu de relief. **2.** À fond plat (sens 1); peu profond. *Assiette plate* (par oppos. à *creuse*). **3.** Qui n'est pas saillant. *Pommettes plates. Cheveux plats*, ni frisés ni bouclés. *Avoir la poitrine plate*, et par ext. *être plate* (en parlant d'une femme). ▷ GEOM *Angle plat*, de 180°. **4.** Qui a peu d'épaisseur. *Poissons plats* (sole, limande, etc.). – *Sa bourse est plate*, vide. – Qui a peu de hauteur. *Talons plats* (par oppos. à *haut*). Par ext. *Souliers plats.* **5.** loc. adv. *À plat.* Horizontalement, sur la partie la plus large. *Ranger des livres, des disques, à plat.* ▷ *Pneu à plat*, entièrement dégonflé. ▷ *À plat ventre:* couché sur le ventre, la face contre le sol. Fig. *Être à plat ventre devant qqn*, lui être servilement dévoué. *Faire du plat à qqn*, le flatter servilement. ▷ *Faire du plat à une femme*, la courtiser ostensiblement. **II. 1.** Sans qualités marquantes; sans caractère, sans personnalité. *Style plat.* **2.** Fade, insipide. *Un vin plat.* ▷ *Eau plate*, non gazeuse. **3.** Servile, obséquieux. *Être plat devant ses supérieurs.* **B.** n. m. (Ce qui est plat.) **1.** Partie plate de qqch. *Le plat de la main* (par oppos. au dos). *Le plat d'une lame* (par oppos. au tranchant). **2.** En reliure, chacune des deux faces de la couverture d'un livre relié ou, par ext., broché. *Les plats et le dos d'un volume.* **3.** TECH Produit sidérurgique fini de faible épaisseur. – Lat. pop. **plattus*, gr. *platus*, «large, étendu».

2. plat [pla] n. m. **1.** Pièce de vaisselle plus grande que l'assiette, dans laquelle on sert les mets. *Plat à poisson.* ▷ *Œufs au plat, sur le plat*, que l'on casse sur un récipient métallique plat et que l'on fait cuire sans les brouiller. ▷ Loc. fig. *Mettre les petits plats dans les grands:* recevoir à grands frais pour faire honneur à ses invités. – Fam. *Mettre les pieds dans le plat:* commettre une maladresse; ne pas ménager son auditoire, entrer dans le vif du sujet au risque de heurter les bienséances. **2.** Mets contenu dans un plat. *Un plat de frites, de moules.* **3.** Mets d'un menu. *Passons au plat suivant.* – *Plat de viande.* ▷ *Plat garni:* fait de viande (ou de poisson) servie avec des légumes. ▷ *Plat du jour:* mets confectionné pour le jour même et différent chaque jour, dans un restaurant. ▷ *Plat de résistance:* plat principal d'un repas. **4.** Fig., fam. *Faire (tout) un plat d'une chose*, lui donner une importance qu'elle n'a pas. **5.** *Plat à barbe:* bassin creux, ovale et échancré, utilisé autref. par les barbiers. – Du suiv.

platane [platan] n. m. **1.** Arbre de grande taille (genre *Platanus*, fam. platanacées) dont l'écorce blanc verdâtre se détache par larges plaques, à fleurs unisexuées groupées en capitules globuleux. **2.** *Faux platane:* syn. de *sycomore*. – Lat. *platanus*, gr. *platanos*.

plat-bord [plabɔʀ] n. m. MAR Surface horizontale qui termine le bordé d'un navire à sa partie supérieure. *Des plats-bords.* – De *plat*, et *bord*.

plate [plat] n. f. **1.** ARCHEOL Chacune des plaques qui composaient une armure. **2.** Petite embarcation à fond plat. – Subst. fem. de *plat, plate*.

plateau [plato] n. m. **I. 1.** Plaque, tablette en matériau rigide destinée à servir de support. – *Plateaux d'une balance*, où l'on pose les poids et la marchandise à peser. *Plateau d'un pèse-bébé.* **2.** Grand plat de bois, de métal, de porcelaine, etc., pour présenter le café, le thé, l'apéritif, etc. **3.** *Plateau d'un électrophone:* plaque rotative circulaire sur laquelle on pose les disques. **4.** TECH Disque d'un frein, d'un embrayage. ▷ Roue dentée d'un pédalier de bicyclette. ▷ Élément mobile qui reçoit la pièce à usiner, sur une machine-outil. ▷ CH DE F Syn. de *plate-forme* (sens I, 3). **5.** *Le plateau d'un théâtre:* la scène. *Le plateau d'un studio de cinéma, de télévision:* l'espace où sont plantés les décors et où les acteurs évoluent.

▷ Ensemble du personnel, du matériel et des installations nécessaires à la prise de vues en studio ou à la représentation sur scène. *Frais de plateau.* **II. 1.** Grande surface plane située en altitude. *Haut plateau* ou *haut-plateau des Andes.* **2.** *Plateau continental:* haut-fond qui borde un continent. **3.** BIOL Bordure striée des cellules épithéliales. – De *plat;* d'abord *platel,* «écuelle».

plate-bande [platbɑ̃d] n. f. **1.** ARCHI Moulure plate et large. ▷ Architrave ou linteau qui forment une bande horizontale sans ornements. **2.** Bande de terre, entourant un carré de jardin, plantée de fleurs, d'arbustes, etc. ▷ Fig., fam. *Marcher sur les plates-bandes de qqn,* empiéter sur ses droits, sur son domaine. – De *plat,* et *bande.*

1. platée [plate] n. f. TECH Massif de fondation d'un bâtiment. – Lat. *platea,* gr. *plateia.*

2. platée [plate] n. f. Contenu d'un plat (avec une idée d'abondance massive). *Une platée de haricots.* – De *plat.*

plate-forme [platfɔʀm] n. f. **I. 1.** Surface plane horizontale, généralement surélevée et soutenue par de la maçonnerie. *Des plates-formes.* – Couverture d'un bâtiment sans combles, en forme de terrasse. ▷ TRAV PUBL Surface préparée pour établir une route, une voie ferrée. **2.** TECH Surface plate équipée de différents matériels. *Plate-forme de forage,* servant au forage de puits de pétrole en mer. **3.** CH DE F Wagon plat sans ridelles pour le transport des marchandises. **4.** Dans certains pays, partie non close d'un véhicule public où les voyageurs se tiennent debout. *Plate-forme d'un autobus de Paris.* **5.** MILIT Emplacement aménagé pour recevoir du matériel et des hommes. *Une plate-forme de tir.* **II.** GEOGR Plateau. *Plate-forme structurale:* surface d'une couche dure dégagée par l'érosion. **III.** Programme, ensemble d'analyses et de revendications qui servent de point de départ à une politique commune. *Plate-forme électorale d'un parti.* ▷ Document où est consigné un tel programme. – De *plat,* et *forme;* sens III, angl. *platform,* du fr.

platelage [platlaʒ] n. m. CONSTR Plancher de charpente. – De l'a. fr. *platel,* «plateau».

plate-longe [platlɔ̃ʒ] n. f. **1.** Longe servant à maintenir les chevaux difficiles lorsqu'on les ferre. **2.** Pièce de harnais placée sur la croupe des chevaux attelés pour les empêcher de ruer. *Des plates-longes.* – De *plat,* et *longe.*

platement [platmɑ̃] adv. D'une manière plate. *Écrire platement. S'excuser platement.* – De l'adj. *plat.*

plateresque [platʀɛsk] adj. ART *Style plateresque:* style architectural et décoratif de la première Renaissance espagnole, qui combine avec exubérance certains éléments du répertoire ornemental italien et diverses formes gothiques et orientales. – Esp. *plateresco,* de *plata,* «argent».

plathelminthes [platɛlmɛ̃t] n. m. pl. ZOOL Embranchement de vers dont le corps aplati est muni d'un tube digestif en cul-de-sac, dépourvu d'anus (douves, ténias, etc.). ▷ Sing. *Un plathelminthe.* – Du gr. *platus,* «large», et *helmins, helminthos,* «ver».

platinage [platinaʒ] n. m. TECH Action de platiner; son résultat. – De *platiner.*

1. platine [platin] n. f. TECH Pièce plate, support plat. **1.** Plaque sur laquelle est fixé le mécanisme de percussion, dans les armes à feu anciennes. **2.** Plaque métallique qui donne passage à la clef, dans une serrure. **3.** Plaque qui soutient le mécanisme d'un mouvement d'horlogerie. *Platine d'une montre.* **4.** Ensemble constitué par le plateau et les organes moteurs d'un électrophone. **5.** Plateau d'un microscope, sur lequel on place la préparation à examiner. **6.** Disque de verre rodé d'une machine à vide. **7.** Partie de la presse typographique qui foule sur le tympan. – De *plat* 1.

2. platine [platin] n. m. et adj. **1.** n. m. Métal blanc grisâtre, précieux, très ductile, un peu moins malléable que l'or; élément de numéro atomique Z = 78, de masse atomique 195,09 (symbole Pt). **2.** adj. inv. De la couleur du platine. *Cheveux teints en blond platine.* V. platiné. – Esp. *platina,* de *plata,* «argent».
ENCYCL Le platine est un métal très ductile, malléable, très dense (21,4) et inaltérable à l'air; il fond à 1 770 °C et bout à 3 800 °C. C'est, avec l'or, le plus précieux des métaux. On l'utilise dans l'industrie comme catalyseur (mousse de platine) et en bijouterie. Le mètre étalon et ses copies sont en platine iridié, alliage constitué de 90 % de platine et de 10 % d'iridium.

platiné, ée [platine] adj. **1.** AUTO *Vis platinée:* pastille de contact d'un système d'allumage. **2.** Qui rappelle la couleur du platine, d'un blond très pâle. *Cheveux platinés.* – Par ext. *Une blonde platinée,* aux cheveux blond platine. – Pp. de *platiner.*

platiner [platine] v. tr. [1] **1.** TECH Recouvrir de platine. **2.** Donner la teinte du platine à. – De *platine* 2.

platinifère [platinifɛʀ] adj. MINER Qui contient du platine. *Roche platinifère.* – De *platine* 2, et *-fère.*

platinite [platinit] n. m. METALL Alliage de fer et de nickel dont le coefficient de dilatation est très voisin de celui du platine et du verre. – De *platine* 2.

platinoïde [platinɔid] n. m. **1.** CHIM Nom générique des éléments dont les propriétés sont analogues à celles du platine (iridium, osmium, palladium, rhodium et ruthénium), et qui lui sont associés dans les gisements. – *Les platinoïdes:* ces éléments, avec le platine lui-même. **2.** TECH Alliage de maillechort et de tungstène, succédané industriel du platine. – De *platine,* et *-oïde.*

platitude [platityd] n. f. **1.** Défaut de ce qui est plat, sans originalité; acte, propos plat. *Dire des platitudes.* **2.** Vieilli Caractère d'un individu plat, obséquieux. – Acte, comportement servile. *S'abaisser à des platitudes.* **3.** Rare Absence de saveur, de caractère; fadeur (en parlant d'un vin). – De l'adj. *plat.*

platonicien, ienne [platɔnisjɛ̃, jɛn] adj. et n. Relatif à la philosophie de Platon; qui s'inspire du platonisme. ▷ Subst. *La métaphysique des platoniciens.* – Du lat. *platonicus,* «de Platon».

platonique [platɔnik] adj. **1.** PHILO Vx Relatif à la pensée de Platon, partic. à l'idéalisme platonicien. **2.** Mod. Purement idéal. *Amour platonique,* exempt de toute relation charnelle. ▷ Sans résultat pratique, sans efficacité. *Démarche purement platonique.* – De *Platon;* par le lat. *platonicus.*

platoniquement [platɔnikmɑ̃] adv. De manière platonique. *Aimer une femme platoniquement.* – Du préc.

platonisme [platɔnism] n. m. **1.** PHILO Doctrine de Platon et de ses disciples. **2.** Caractère de l'amour platonique. – Du n. de *Platon* (v. 428-348 ou 347 av. J.-C.), philosophe grec.

plâtrage [plɑtʀaʒ] n. m. **1.** Action, façon de plâtrer. **2.** Rare Ouvrage fait de plâtre. – De *plâtrer.*

plâtras [plɑtʀa] n. m. Débris de plâtre ouvré. – De *plâtre.*

plâtre [plɑtʀ] n. m. **1.** Gypse, sulfate de calcium. *Une carrière de plâtre.* **2.** Matériau de construction provenant de la calcination du gypse; poudre blanche qui, mélangée à de l'eau, forme une pâte plastique qui se solidifie rapidement. *Gâcher du plâtre,* le mélanger à de l'eau. ▷ Fig. *Battre qqn comme plâtre,* très fort. **3.** *Les plâtres:* les ouvrages mettant en œuvre du plâtre (enduits intérieurs, plafonds, etc.). *Essuyer les plâtres:* habiter le premier une maison nouvellement bâtie. – Fig. Subir le premier les désavantages d'une situation nouvelle, d'une découverte qui n'est pas encore au point, etc. **4.** *Un plâtre:* un ouvrage moulé en plâtre. *Les plâtres d'une frise.* **5.** MED Appareil de contention, formé de bandelettes plâtrées, utilisé pour le traitement de nombreuses fractures. **6.** Fam. Fromage fermenté, spécial., camembert, qui n'est pas fait (et dont la consistance évoque le plâtre sec). – De *emplâtre,* par analogie d'aspect.

plâtrer [plɑtʀe] v. tr. [1] **1.** Couvrir, enduire de plâtre. **2.** AGRIC *Plâtrer une prairie,* l'amender en y répandant du plâtre. **3.** VITIC *Plâtrer du vin,* le clarifier à l'aide de plâtre. **4.** Mettre (un membre fracturé) dans un plâtre. *Plâtrer un bras.* **5.** v. pron. Fig., fam. *Se plâtrer, plâtrer son visage:* se farder avec excès. – De *plâtre.*

plâtrerie [plɑtʀəʀi] n. f. **1.** Travail du plâtrier. **2.** Usine où l'on prépare le plâtre. Syn. plâtrière. – De *plâtre.*

plâtreux, euse [plɑtʀø, øz] adj. **1.** Qui contient du plâtre (sens 1). **2.** Recouvert de plâtre. **3.** Qui a la couleur blafarde du plâtre. *Teint plâtreux.* ▷ Qui rappelle la consistance du plâtre. *Fromage plâtreux.* – De *plâtre.*

plâtrier, ière [plɑtʀije, jɛʀ] n. Personne qui travaille le plâtre ou qui vend du plâtre. ▷ *Spécial.* Ouvrier spécialisé dans l'exécution des plâtres. – De *plâtre.*

plâtrière [plɑtʀijɛʀ] n. f. **1.** Carrière de gypse. **2.** Four où l'on cuit le plâtre. ▷ Syn. de *plâtrerie* (sens 2). – De *plâtre.*

platy-. Élément, du gr. *platus,* «large».

platycerium [platiseʀjɔm] n. m. BOT Fougère tropicale ornementale. – De *platy-,* et du gr. *keras,* «corne».

platyrhiniens ou **platyrrhiniens** [platiʀinjɛ̃] n. m. pl. ZOOL Sous-ordre de singes du Nouveau Monde vivant dans les forêts et caractérisés par leurs narines écartées et une longue queue souvent préhensile (sakis, sapajous, hurleurs, ouistitis, etc.). – De *platy-,* et gr. *rhis, rhinos,* «nez».

plausibilité [plozibilite] n. f. Didac. Caractère de ce qui est plausible. – De *plausible.*

plausible [plozibl] adj. Qui peut être considéré comme vrai, que l'on peut admettre. *Une explication plausible.* – Lat. *plausibilis,* «digne d'être applaudi».

plausiblement [ploziblәmɑ̃] adv. Didac. D'une manière plausible. – Du préc.

play-back [plɛbak] n. m. inv. Anglicisme V. présonorisation. – Mot angl., de *to play back,* «rejouer».

play-boy [plɛbɔj] n. m. Jeune homme au physique séduisant, connu pour sa vie facile et ses succès féminins. *Des play-boys.* – Mot amér.

P.L.C. n. m. Sigle de *parti libéral du Canada.*

plèbe [plɛb] n. f. **1.** ANTIQ À Rome, la classe populaire (par oppos. à patriciat). **2.** Vieilli, péjor. Le bas peuple. – Lat. *plebs.*

plébéien, ienne [plebejɛ̃, jɛn] n. et adj. **1.** ANTIQ ROM Homme, femme de la plèbe (opposé à *patricien).* ▷ Adj. *Magistrat plébéien.* **2.** Litt. Homme, femme du peuple. ▷ Adj. (souvent péjor.) *Des mœurs plébéiennes.* – Lat. *plebeius.*

plébiscitaire [plebisitɛʀ] adj. POLIT Relatif au plébiscite. – De *plébiscite.*

plébiscite [plebisit] n. m. **1.** ANTIQ Loi votée par l'assemblée de la plèbe romaine. **2.** Mod. Vote direct du peuple, par lequel il est appelé à un choix ou à une approbation. (La notion inclut le référendum*.) – Lat. *plebiscitum,* propr. «décision du peuple».

plébisciter [plebisite] v. tr. [1] Élire, approuver par un plébiscite; élire, approuver à une très forte majorité. *Se faire plébisciter.* – Du préc.

plectre [plɛktʀ] n. m. MUS **1.** ANTIQ Petite baguette de bois, d'ivoire, qui servait à toucher les cordes de la lyre. **2.** Mod. Médiator. – Lat. *plectrum,* gr. *plêktron,* de *plêssein,* «frapper».

-plégie. Élément, du gr. *plêssein,* «frapper».

pléiade [plejad] n. f. **1.** ASTRO (Avec une majuscule) Chacune des sept étoiles formant un groupe dans la constellation du Taureau. **2.** LITT *La Pléiade:* groupe de sept poètes grecs d'Alexandrie (IIIe s. av. J.-C.), Alexandre l'Étolien, Philiscos de Corcyre, Sosithée d'Alexandrie, Sosiphanes de Syracuse, Dionysiades ou AEantides de Tarse, Homère de Bizance et Lycophron de Chalcis; groupe de sept poètes français de la Renaissance. **3.** Groupe de personnes illustres ou remarquables. *Une pléiade de vedettes.* – Du lat. *Pleiades,* n. de la myth. gr, les «Pléiades», filles d'Atlas métamorphosées en étoiles.

plein, pleine [plɛ̃, plɛn] adj., adv., prép. et n. **A.** adj. **I. 1.** Qui contient tout ce qu'il lui est possible de contenir (par oppos. à *vide). Un verre plein, presque plein, à moitié plein.* – (Personnes.) Pop. *Être plein,* ivre. ▷ (Avant le nom.) *Une pleine bassine d'eau.* – (Précédé de *à.*) *Puiser à pleines mains.* **2.** Qui contient toutes les personnes qu'il lui est possible de contenir. *Le stade était plein, plein à craquer.* **3.** (Temps.) *Une journée bien pleine,* bien remplie. **4.** (Sens faible.) *Plein de:* rempli de; qui contient une grande quantité de, qui a beaucoup de. *La place était pleine de gens. Une chemise pleine de taches,* couverte de taches. – (Abstrait.) *Une entreprise pleine de risques.* **5.** Qui porte des petits, en parlant d'une femelle animale. *Cette vache est pleine.* **6.** (Abstrait.) *«Mieux vaut une tête bien faite que bien pleine»* (de connaissances) (Montaigne). *Avoir le cœur plein:* être rempli de tristesse (cf. avoir le cœur gros). ▷ *Être plein de qqch, de qqn,* en être entièrement occupé. *Être plein de son sujet.* – *Être plein de soi:* être infatué de sa personne. **II. 1.** Dont la matière occupe la masse entière (par oppos. à *creux). Brique pleine.* ▷ *Par ext.* (D'une personne.) *Formes pleines,* rondes, replètes. **2.** *Un son plein,* riche, nourri. **III. 1.** Qui est complet, entier; qui est à son maximum. *La lune est pleine, c'est la pleine lune,* sa face visible apparaît éclairée tout entière. *La mer est pleine:* la marée est haute. – *Un jour plein:* vingt-quatre heures. ▷ Loc. adj. *À plein temps:* dont la durée égale celle de la journée légale de travail. *Un travail à plein temps.* n. m. *Un plein temps.* ▷ *Un salarié à plein temps,* dont la durée de travail est un plein temps. ▷ Loc. adv. *Travailler à plein temps.* **2.** Total, entier. *Être en pleine possession de ses moyens.* **3.** loc. adv. *À plein:* entièrement, totalement. *Argument, objection qui porte à plein.* **IV.** *En plein(e)* (+ subst.) **1.** Au milieu (d'un espace, d'une durée). *Perdu en plein désert. En pleine mer:* au large. ▷ Au point, au moment le plus fort (d'un phénomène, d'un état). *Tué en pleine gloire.* **2.** (Renforçant une localisation.) *Façade exposée en plein sud* ou, ellipt., *plein sud,* exactement au sud. ▷ Fam. *En plein sur, en plein dans:* juste, exactement. *En plein dans le mille.* **B.** prép. ou adv. **1.** En prép. Autant qu'il se peut, beaucoup. *Il y avait de l'eau plein la bouteille.* ▷ Loc. prép. *Plein de:* beaucoup. *Il y a plein de gens.* **2.** En adv. Fam. Beaucoup. *Je l'aime tout plein. Il a plein, tout plein d'argent.* **C.** n. m. **1.** Endroit, volume plein. *Les pleins et les vides.* **2.** Partie grasse d'un caractère calligraphié (par oppos. à *délié).* **3.** *Le plein (de):* l'état de ce qui est plein. *Le plein de la mer:* la marée haute. *La mer bat son plein:* elle bat le rivage, la marée étant haute. ▷ Fig. *Battre son plein:* être à son plus haut degré d'intensité. *La fête bat son plein.* **4.** *Faire le plein:*

emplir complètement le réservoir d'une voiture avec du carburant. *Faire le plein d'essence* ou, ellipt., *faire le plein.* – Lat. *plenus.*

pleinement [plɛnmɑ̃] adv. D'une manière pleine, entière; totalement. *Être pleinement satisfait.* – De *plein.*

plein-emploi [plɛ̃nɑ̃plwɑ] n. m. ECON Situation où toute la main-d'œuvre d'un pays peut trouver un emploi. *Économie de plein-emploi.* – De *plein,* et *emploi.*

plein-jeu [plɛ̃ʒø] n. m. **1.** Registre de l'orgue. **2.** Mélange de jeux à l'orgue. – De *plein,* et *jeu.*

plein-vent [plɛ̃vɑ̃] n. m. Arbre fruitier qui croît en plein vent, loin d'un mur. *Des pleins-vents.* – De *plein,* et *vent.*

pléistocène [pleistɔsɛn] n. m. GEOL Première période du Quaternaire*. ▷ Adj. Relatif à cette période. – Du gr. *pleistos,* «beaucoup», et *kainos,* «nouveau».

plénier, ière [plenje, jɛʀ] adj. **1.** *Réunion, assemblée plénière,* à laquelle tous les membres d'un corps sont convoqués. **2.** THEOL *Indulgence plénière:* remise totale des peines attachées aux péchés. – Bas lat. *plenarius,* de *plenus,* «plein».

plénipotentiaire [plenipɔtɑ̃sjɛʀ] n. m. Agent diplomatique investi de pleins pouvoirs, en vue d'une mission particulière. ▷ Adj. *Ministre plénipotentiaire,* de rang immédiatement inférieur à celui d'ambassadeur. – Du lat. *plenus,* et *potentia,* «pouvoir, puissance».

plénitude [plenityd] n. f. **1.** Vx État de ce qui est plein. **2.** État de ce qui est complet; totalité, intégrité. *Conserver la plénitude de ses moyens.* ▷ Litt. Richesse, ampleur. *Plénitude d'un son.* – Lat. *plenitudo,* de *plenus,* «plein».

plenum ou **plénum** [plenɔm] n. m. POLIT Réunion plénière (d'une assemblée, d'un comité, etc.). *Le plénum du comité central d'un parti communiste.* – Angl. *plenum,* du lat. *plenus,* «plein».

pléonasme [pleɔnasm] n. m. LING Emploi de mots ou d'expressions superflus, mais destinés à renforcer l'idée (ex.: *je l'ai vu de mes yeux*), ou qui ne font qu'ajouter, par une répétition fautive, à ce qui vient d'être exprimé (ex.: *descendre en bas*). – Gr. *pleonasmos,* «excès, exagération»; signif. d'abord «mot augmenté d'une lettre ou d'une syllabe».

pléonastique [pleɔnastik] adj. Didac. Qui constitue un pléonasme. – Du préc.

plésiosaure [plezjɔzɔʀ] n. m. PALEONT Grand reptile marin fossile du Secondaire (genre *Plesiosaurus*), atteignant 10 m de long. – Lat. mod. *plesiosaurus,* du gr. *plêsios,* «voisin», et *-saure.*

pléthore [pletɔʀ] n. f. **1.** MED ANC Surabondance d'une substance organique (partic. du sang). **2.** Mod., cour. Abondance excessive. *Il y a pléthore de postulants à cet emploi.* – Gr. *plêthôrê,* «plénitude».

pléthorique [pletɔʀik] adj. **1.** MED ANC Relatif à la pléthore. – Affecté de pléthore. ▷ Subst. *Un, une pléthorique.* **2.** Surabondant. *Un personnel pléthorique,* en nombre excessif. – De *pléthore.*

pleur(o)-. V. pleuro.

pleur [plœʀ] n. m. **1.** Vx Lamentation. – Mod., plaisant. Larme. *Il a versé un pleur.* **2.** plur. Litt. *Essuyer, sécher ses pleurs, ses larmes. «Vois ce visage en pleurs»* (Racine). ▷ Fig. Suintement de sève. *Les pleurs de la vigne.* – Déverbal de *pleurer.*

pleurage [plœʀaʒ] n. m. TECH Déformation d'un son enregistré, due à l'irrégularité de la vitesse de défilement du support, soit à l'enregistrement, soit à la lecture. – De *pleurer.*

pleural, ale, aux [plœʀal, o] adj. ANAT Relatif à la plèvre. – Du gr. *pleura,* «côté, flanc».

pleurant, ante [plœʀɑ̃, ɑ̃t] adj. et n. Vx Qui pleure. ▷ N. m. BX-A Statue funéraire dans l'attitude de la désolation. – Ppr. de *pleurer.*

pleurard, arde [plœʀaʀ, aʀd] adj. et n. Fam. Qui pleure, se plaint souvent et sans motif sérieux. ▷ Par ext. *Un ton pleurard.* – De *pleurer.*

pleurer [plœʀe] v. [1] **I.** v. intr. **1.** Verser des larmes. *Pleurer de joie, de honte.* – *Pleurer de rire,* à force de rire. ▷ Loc. fig. *N'avoir plus que les yeux pour pleurer:* avoir tout perdu. ▷ *Pleurer sur qqn, qqch,* en déplorer l'infortune, la perte, etc. **2.** Fig. Se plaindre; demander qqch avec une insistance plaintive. *Pleurer auprès de qqn pour obtenir une faveur.* – Pop. *Pleurer après une augmentation.* **II.** v. tr. **1.** *Pleurer qqn,* s'affliger de sa perte. ▷ Déplorer; regretter avec affliction. *Pleurer la mort d'un ami.* – *Pleurer ses belles années.* **2.** *Pleurer des larmes,* les laisser couler (dans des loc. telles que *pleurer des larmes amères, des larmes de sang,* etc.). **3.** Fam. (Surtout en tournure négative.) Employer, accorder à regret; ménager. *Il ne pleure pas son argent, ses efforts.* – Lat. *plorare,* «crier, se lamenter, pleurer».

pleurésie [plœʀezi] n. f. Inflammation aiguë ou chronique de la plèvre, avec ou sans épanchement. – Lat. médiév. *pleuresis,* gr. *pleurîtis.*

pleurétique [plœʀetik] adj. et n. MED **1.** Relatif à la pleurésie. – *Souffle pleurétique,* caractéristique d'un épanchement pleural. **2.** Atteint de pleurésie. ▷ Subst. *Un, une pleurétique.* – Lat. médiév. *pleureticus,* gr. *pleuritikos.*

pleureur, euse [plœʀœʀ, øz] adj. et n. **1.** Vieilli Qui pleure facilement, qui a l'habitude de pleurer. **2.** Se dit de certains arbres dont les branches retombent. *Frêne, saule pleureur.* **3.** n. f. Femme payée pour assister à des funérailles et pleurer le défunt, dans certaines sociétés, certaines civilisations. – De *pleurer.*

pleurite [plœʀit] n. f. Pleurésie sèche. – Lat. méd. *pleuritis,* mot gr.

pleurnichage [plœʀniʃaʒ], **pleurnichement** [plœʀniʃmɑ̃] n. m. ou **pleurnicherie** [plœʀniʃʀi] n. f. Fam. Action de pleurnicher. – De *pleurnicher.*

pleurnicher [plœʀniʃe] v. intr. [1] Fam. Pleurer ou feindre de pleurer sans raison; prendre un ton larmoyant. – De *pleurer, -nicher* viendrait d'une forme rég. signif. «morve».

pleurnicheur, euse [plœʀniʃœʀ, øz] ou **pleurnichard, arde** [plœʀniʃaʀ, aʀd] adj. et n. Qui pleurniche sans cesse. *Un enfant pleurnichard.* – Subst. *Un pleurnichard.* ▷ Par ext. *Ton pleurnicheur,* geignard. – De *pleurnicher.*

pleuro-. Élément, du gr. *pleuron,* «côté».

pleuronectes [plœʀɔnɛkt] ou **pleuronectidés** [plœʀɔnɛktide] n. m. pl. ZOOL Genre (pleuronectes) et famille (pleuronectidés) de poissons plats comportant notam. la plie et le carrelet. – De *pleuro-,* et gr. *nêktos,* «nageant».

pleuronectiformes [plœʀɔnɛktifɔʀm] n. m. pl. ZOOL Ordre de poissons téléostéens au corps très aplati, caractérisés par une face ventrale et une face dorsale de colorations différentes (plie, limande, sole, etc.). Syn. poissons plats. – De *pleuronectes,* et *-forme.*

pleuropneumonie [plœʀɔpnømɔni] n. f. MED Pneumonie accompagnée d'une pleurésie. – De *pleuro-,* et *pneumonie.*

pleurote [plœʀɔt] n. m. Champignon (agaric) comestible parasite (genre *Pleurotus*) dont les carpophores en entonnoir se développent sur les troncs d'arbres. – De *pleuro-,* et gr. *oûs, ôtos,* «oreille».

pleutre [pløtʀ] n. m. et adj. Litt. Homme sans courage. Syn. lâche, poltron. – Flam. *pleute,* «chiffon», employé au fig. comme terme d'injure.

pleutrerie [pløtʀəʀi] n. f. Litt. Poltronnerie, lâcheté. – Du préc.

pleuvasser [pløvase] ou **pleuvoter** [pløvɔte] v. impers. [1] Pleuvoir légèrement, à petites gouttes. – Formes dial. de *pleuv(oir)*.

pleuviner [pløvine] ou **pluviner** [plyvine] v. impers. [1] Pleuvoir à fines gouttes, bruiner. – De *pleuvoir*.

pleuvoir [pløvwaʀ] v. impers. [42] Tomber, en parlant de la pluie. *Il pleut à verse, à seaux*, etc., abondamment. – Fam. *Il pleut des cordes, des hallebardes*, abondamment, à grosses gouttes. ▷ v. pers. intr. Tomber en grande quantité. *Les obus pleuvent.* ▷ Fig. *Les punitions pleuvent.* – Bas lat. *plovere*, class. *pluere*.

pleuvoter. V. pleuvasser.

plèvre [plɛvʀ] n. f. ANAT Membrane séreuse enveloppant les poumons et constituée de deux feuillets, le feuillet viscéral, appliqué sur les poumons, et le feuillet pariétal, qui tapisse les côtes, le médiastin et le diaphragme. – Du gr. *pleura*, «côté».

plexiglas [plɛksiglas] n. m. Matière plastique transparente et flexible. – Nom déposé, du lat. *plectere*, «plier», et angl. *glass*, «verre».

plexus [plɛksys] n. m. ANAT Entrelacement de filets nerveux ou de vaisseaux qui s'anastomosent. *Plexus solaire:* centre neurovégétatif de l'abdomen, situé entre l'estomac et la colonne vertébrale. *Des plexus.* – Mot lat. «entrelacement», de *plectere*, «tresser».

pleyon [plɛjõ] ou **plion** [plijõ] n. m. **1.** Brin d'osier qui sert de lien. **2.** Perche de bois flexible. – De *plier*.

1. pli [pli] n. m. **1.** Rabat d'une matière souple sur elle-même, formant une double épaisseur. *Jupe à plis.* **2.** Marque qui reste à l'endroit où une chose a été pliée. *Pli d'un pantalon.* ▷ *Faux pli*, ou *pli:* pli fait à une étoffe là où il ne devrait pas y en avoir. – Fig., fam. *Ça ne fait pas un pli:* cela ne peut manquer de se produire, d'arriver. ▷ Fig. *Prendre un pli:* contracter une habitude. *Il a pris un mauvais pli.* **3.** Chacune des ondulations que fait une étoffe, une draperie. *Les plis d'un rideau.* ▷ *Le pli d'une étoffe:* la manière dont cette étoffe forme naturellement des plis. **4.** GEOL Chacune des articulations que forment une ou plusieurs couches de terrain sous l'action d'une poussée tangentielle et dont l'ensemble constitue un plissement*. *Pli convexe* (anticlinal), *concave* (synclinal). **5.** *Mise en plis:* opération qui consiste à donner une forme aux cheveux mouillés et à les sécher à chaud pour qu'ils la conservent. **6.** Bourrelet ou ride de la peau. *Les plis du front.* ▷ Marque sur la peau à la pliure d'une articulation; creux d'une telle pliure. *Le pli du bras.* **7.** Enveloppe (faite de papier replié) d'une lettre. *Envoyer plusieurs lettres sous le même pli.* ▷ *Par ext.* Lettre *J'ai reçu votre pli.* **8.** Levée, aux cartes. *Faire deux plis.* – De *plier;* d'abord *ploi*, déverbal de *ployer*.

2. pli [pli] n. m. Chacun des feuillets d'un contreplaqué. – De l'angl. *ply*, «couche».

pliable [plijabl] adj. Aisé à plier. – De *plier*.

pliage [plijaʒ] n. m. Action de plier; manière dont une chose est pliée. – De *plier*.

pliant, ante [plijɑ̃, ɑ̃t] adj. et n. **1.** adj. Se dit d'objets spécialement conçus pour pouvoir être pliés en cas de besoin. *Lit pliant.* **2.** n. m. Petit siège de toile pliant, sans bras ni dos. – Ppr. de *plier*.

plie [pli] n. f. Poisson plat, confondu souvent avec la sole. – Du bas lat. *platessa*, «poisson plat».

plié [plije] n. m. CHOREGR Mouvement de danse qui s'exécute en pliant les genoux. – Pp. subst. de *plier*.

plier [plije] v. [1] **A.** v. tr. **I. 1.** Mettre en double une ou plusieurs fois en rabattant sur lui-même (un objet fait d'une matière souple). *Plier une couverture.* – Fam. *Plier ses affaires:* les ranger. ▷ Fig. *Plier bagage:* fuir, s'en aller en emportant ses affaires. **2.** Rabattre les unes sur les autres (les parties articulées d'un objet); fermer (cet objet). *Plier les panneaux d'un paravent. Plier un éventail.* ▷ Accomplir une flexion (d'une articulation). *Plier le bras, les genoux.* **3.** Ployer, courber (une chose flexible). *Plier une branche.* **II.** Assujettir. *Plier qqn à sa volonté.* ▷ v. pron. *Se plier à:* céder, se soumettre à. *Se plier aux exigences de la situation.* **B.** v. intr. **1.** Se courber, ployer. *«L'arbre tient bon, le roseau plie»* (La Fontaine). **2.** (Personnes.) Céder, se soumettre. *Il ne pliera pas devant des menaces.* – Var. de *ployer*, lat. *plicare*.

plieur, euse [plijœʀ, øz] n. **1.** Ouvrier, ouvrière, chargé du pliage. *Plieuse de parachutes.* **2.** n. f. Machine à plier le papier. – De *plier*.

plinthe [plɛ̃t] n. f. **1.** ARCHI Moulure carrée servant de base à une colonne, une statue. **2.** CONSTR Bande (de menuiserie le plus souvent) posée le long des murs ou des cloisons pour masquer le raccord avec le plancher. – Lat. *plinthus*, du gr. *plinthos*, «brique».

pliocène [pliɔsɛn] n. m. GEOL Dernier étage du Tertiaire, qui, succédant au Miocène et précédant le Quaternaire (Pléistocène), a duré env. 10 millions d'années. *Les grands mammifères du Pliocène.* ▷ Adj. *Terrain pliocène.* – Angl. *pliocene*, du gr. *pleiôn*, «plus», et *kainos*, «récent».

plioir [plijwaʀ] n. m. **1.** Instrument servant à plier. **2.** Planchette échancrée sur laquelle on enroule les lignes de pêche. – De *plier*.

plion. V. pleyon.

plissage [plisaʒ] n. m. Action de plisser (une matière souple). – De *plisser*.

plissé, ée [plise] adj. et n. m. Qui comporte des plis; qui a été plissé. ▷ n. m. Aspect des plis de ce qu'on a plissé. *Une jupe au plissé parfait.* – Pp. de *plisser*.

plissement [plismɑ̃] n. m. **1.** Action de plisser. *Un plissement d'yeux.* **2.** GEOL Déformation de l'écorce terrestre qui donne naissance à un système de plis*; ce système lui-même. *Le plissement alpin.* – De *plisser*.

plisser [plise] v. [1] **I.** v. tr. **1.** Orner de plis (une étoffe, du papier, etc.). *Plisser une jupe.* **2.** Marquer de plis en contractant certains muscles. *Plisser le front.* **II.** v. intr. Faire de faux plis. *Doublure d'un vêtement qui plisse.* – De *pli* 1.

plisseur, euse [plisœʀ, øz] n. **1.** Personne chargée du plissage des étoffes. **2.** n. f. Machine à plisser les étoffes. – De *plisser*.

plissure [plisyʀ] n. f. Rare Arrangement de plis. – De *plisser*.

pliure [plijyʀ] n. f. **1.** Action de plier des feuilles de papier (pour le brochage, la reliure, etc.). **2.** Endroit où se forme un pli; marque du pli. – De *plier*.

ploc! [plɔk] interj. Onomatopée du bruit d'une chute dans l'eau.

plocéidés [plɔseide] n. m. pl. ZOOL Famille d'oiseaux passériformes qui bâtissent des nids en boule (moineaux, tisserins, bengalis, etc.). – Du gr. *plokê*, «tressage, tissage».

ploiement [plwamɑ̃] n. m. Action de ployer; son résultat. Fait de ployer. – De *ployer*.

plomb [plõ] n. m. **1.** Métal d'un gris bleuâtre, très dense, d'une grande malléabilité à froid et facilement fusible; élément de numéro atomique Z = 82 et de masse atomique 207,19 (symbole Pb). ▷ *De plomb, en plomb:* très lourd (au propre et au fig.). – Loc. *N'avoir pas de plomb dans la tête, dans la cervelle:* être léger, étourdi. ▷ *Mine de plomb:* graphite, plombagine. **2.** Chacun des petits grains de plomb qui constituent le chargement d'une cartouche de chasse. – (Collectif.) *Du gros plomb* (chevrotine), *du petit plomb*. – Fig. *Avoir du plomb dans l'aile:* être en mauvaise posture, en mauvais état. **3.** *Un plomb:* chacun des petits morceaux de plomb qui lestent une ligne de pêche. ▷ COUT Chacune des petites pastilles qu'on coud dans l'ourlet d'un vêtement, d'un rideau, etc., pour qu'il tombe bien droit. ▷ *Fil à plomb:* V. fil. – Loc. adv. *À plomb:* verticalement, perpendiculairement. **4.** Sceau en plomb. *Les plombs d'un compteur à gaz.* **5.** TECH Chacune des baguettes de plomb qui maintiennent les pièces d'un vitrail. **6.** Coupe-circuit en alliage fusible (le plus souvent à base de plomb). *Un court-circuit a fait sauter les plombs.* **7.** IMPRIM *Le plomb:* l'ensemble des caractères qui forment une composition typographique. *Lire sur le plomb,* sur la composition même. – Lat. *plumbum.*

ENCYCL Le plomb est un métal très dense (11,34), mou, malléable et ductile; il fond à 327,5 °C et bout à 1 740 °C. Il s'allie à la plupart des métaux, et plus partic. à l'étain; cet alliage permet notam. la soudure dite «à l'étain». On utilise le plomb ou les alliages en couverture, en plomberie, pour fabriquer des «plombs» de chasse et des «plombs» typographiques, pour fabriquer des accumulateurs et, du fait de sa grande masse volumique, pour se protéger contre les rayonnements X et gamma. Les minerais exploités sont la galène (PbS), la cérusite ($PbCO_3$), l'anglésite ($PbSO_4$). On trouve dans la nature divers isotopes du plomb, car il constitue le terme final des désintégrations de l'uranium.

plombage [plõbaʒ] n. m. **1.** Action de plomber, de garnir de plomb. **2.** Action de plomber (une dent). ▷ *Par ext.* L'alliage, l'amalgame qui plombe une dent. *Perdre un plombage.* **3.** Action de sceller au moyen d'un plomb (sens 4). – De *plomber.*

plombaginacées [plõbaʒinase] ou **plombaginées** [plõbaʒine] n. f. pl. BOT Famille et ordre de plantes dicotylédones gamopétales voisines des primulacées, dont la plupart des espèces croissent dans les terrains salés. – Du n. de genre d'une de ces plantes, le *plombago,* du lat. *plumbago,* «plomb», dont la racine laisse une trace comparable à celle d'une mine de plomb.

plombagine [plõbaʒin] n. f. TECH Vx Mine de plomb, graphite. Syn. mod. graphite. – Lat. *plumbago, plumbaginis,* de *plumbum,* «plomb».

plombé, ée [plõbe] adj. **1.** Garni de plomb. **2.** Obturé par un plombage. *Dent plombée.* **3.** Scellé par un plomb. **4.** Qui a la couleur grisâtre du plomb. *Teint plombé,* livide. – Pp. de *plomber.*

plombée [plõbe] n. f. **1.** ARCHEOL Masse garnie de plomb, employée comme arme au Moyen Âge. **2.** PECHE Cordage garni de plomb qui sert à lester les filets. – Pp. fém. subst. de *plomber.*

plomber [plõbe] **I.** v. tr. [1] **1.** Garnir de plomb. *Plomber une ligne, un filet.* **2.** Arg. Toucher d'un coup de feu. *J'ai plombé le flic du barrage.* **3.** *Plomber une dent,* en obturer les cavités pathologiques avec un alliage, un amalgame. **4.** Sceller avec un plomb (sens 4). *Plomber un colis.* **5.** Vérifier à l'aide du fil à plomb la verticalité de. *Plomber un mur.* **II.** v. pron. Prendre la couleur du plomb. *Le ciel se plombe.* **III.** v. intr. *Le soleil plombe,* darde ses rayons brûlants. – De *plomb.*

plomberie [plõbʀi] n. f. **I. 1.** Industrie de la fabrication des objets de plomb. **2.** Atelier où l'on coule, où l'on travaille le plomb. **II. 1.** Métier du plombier (pose des canalisations domestiques d'eau et de gaz, des installations sanitaires, des couvertures de plomb ou de zinc). **2.** Ensemble de ces canalisations domestiques. **3.** Atelier d'un plombier. – De *plomb.*

plombier [plõbje] n. m. Ouvrier ou entrepreneur en plomberie. ▷ Spécial. *Plombier-couvreur,* qui pose des couvertures en plomb ou en zinc *(plombier-zingueur).* (Rem.: Comme forme féminine, l'OLF recommande *plombière.*) – De *plomb.*

plombières [plõbjɛʀ] n. f. Dessert glacé aux fruits confits. – De *Plombières-les-Bains* (Vosges, France).

plombifère [plõbifɛʀ] adj. Didac. Qui contient du plomb. *Minerai plombifère.* – De *plomb,* et *-fère.*

plomb-tétraéthyle [plõtetʀaetil] n. m. CHIM Dérivé organométallique du plomb, que l'on ajoute aux carburants pour augmenter leur pouvoir antidétonant. – De *plomb, tétra-,* et *éthyle.*

plombure [plõbyʀ] n. f. TECH Carcasse d'un vitrail, faite de baguettes de plomb. – De *plomb.*

plonge [plõʒ] n. f. *Faire la plonge:* laver la vaisselle, dans un restaurant, une communauté. – Déverbal de *plonger.*

plongeant, ante [plõʒɑ̃, ɑ̃t] adj. Dirigé de haut en bas. *Tir plongeant.* – Ppr. de *plonger.*

plongée [plõʒe] n. f. **1.** Action de s'enfoncer dans l'eau et d'y demeurer un certain temps. *La plongée d'un scaphandrier. Sous-marin en plongée.* **2.** CINE Prise de vues effectuée en dirigeant la caméra vers le bas (opposé à contre-plongée). **3.** MILIT Talus d'une fortification, incliné vers l'extérieur. – Pp. fém. subst. de *plonger.*

plongement [plõʒmɑ̃] n. m. Rare Action de plonger qqch dans un liquide. – De *plonger.*

plongeoir [plõʒwaʀ] n. m. Tremplin utilisé pour faire des plongeons. – De *plonger.*

1. plongeon [plõʒõ] n. m. **1.** Saut dans l'eau la tête la première, accompli d'une certaine hauteur, souvent avec élan. ▷ Loc. fig., fam. *Faire le plongeon:* subir un revers financier important. **2.** Action de plonger (sens II, 3) vers la terre. *Plongeon d'un gardien de but.* – De *plonger.*

2. plongeon [plõʒõ] n. m. ZOOL Oiseau aquatique (genre *Gavia*), long de 60 à 89 cm, aux pattes palmées, plus fréquemment appelé *huard.* – Du bas lat. *plumbio, plumbionis,* de *plumbum,* «plomb» (l'oiseau s'enfonçant dans l'eau comme du plomb).

plonger [plõʒe] v. [15] **I.** v. tr. **1.** Enfoncer dans un liquide. *Plonger du linge dans l'eau.* **2.** Faire pénétrer profondément et d'un seul coup dans qqch. *Plonger un poignard dans la poitrine de qqn.* **3.** Jeter dans telle situation, dans tel état. *Cette nouvelle l'a plongé dans le désespoir.* ▷ *Être plongé dans:* avoir l'esprit entièrement occupé par. *Être plongé dans ses rêveries, dans la lecture.* **II.** v. intr. **1.** S'immerger entièrement en faisant un plongeon ou une plongée. **2.** Suivre une direction de haut en bas. *D'ici, la vue plonge sur la vallée.* **3.** Se jeter à terre avec un mouvement analogue à celui du plongeur qui se jette à l'eau. *Gardien de but qui plonge pour attraper le ballon.* **III.** v. pron. **1.** Immerger son corps en laissant dépasser la tête. *Se plonger dans l'eau.* **2.** Se livrer tout entier (à une occupation). *Se plonger dans son travail.* – Du lat. pop. **plumbicare,* «garnir (des filets) de plomb», de *plumbum,* «plomb».

plongeur, euse [plõʒœʀ, øz] n. **1.** Personne qui plonge, qui fait des plongeons. ▷ Personne qui effectue des plongées. *Plongeur sous-marin.* **2.** Celui, celle qui lave la vaisselle, fait la plonge, dans un restaurant. – De *plonger.*

plot [plo] n. m. ELECTR Petite pièce métallique servant à établir un contact. – Du lat. *plautus,* «plat et large».

plouf! [pluf] interj. Onomatopée imitant le bruit d'un objet qui tombe dans l'eau.

ploutocrate [plutɔkʀat] n. m. Didac. Homme puissant du fait de ses richesses. – De *ploutocratie.*

ploutocratie [plutɔkʀasi] n. f. Didac. Gouvernement par les riches. – Gr. *ploutokratia,* de *ploutos,* «richesse», et *kratos,* «puissance, pouvoir».

ploutocratique [plutɔkʀatik] adj. Didac. Relatif à la ploutocratie. – Du préc.

ployable [plwajabl] adj. Rare Qui peut être ployé facilement. – De *ployer.*

ployage [plwajaʒ] n. m. TECH Action de ployer, opération qui consiste à ployer; son résultat. – De *ployer.*

ployer [plwaje] **1.** v. tr. **[26]** Litt. Courber (qqch). *Ployer une branche. – Ployer les genoux,* les plier. ▷ Fig. *Ployer le dos, l'échine:* se soumettre, céder. **2.** v. intr. Fléchir sous un poids, une pression. *Poutre qui ploie.* ▷ Fig. *Ployer sous la tâche.* – Lat. *plicare,* «plier».

P.L.Q. n. m. Sigle de *parti libéral du Québec.*

pluché. V. peluché.

plucher. V. pelucher.

plucheux. V. pelucheux.

pluie [plɥi] n. f. **1.** Eau qui tombe en gouttes des nuages. *Pluie d'orage. La saison des pluies.* ▷ *Pluies acides:* précipitations qui résultent de la réaction chimique d'émanations industrielles au contact de l'oxygène de l'air et de l'eau présente dans l'atmosphère. ▷ Loc. fig. *Parler de la pluie et du beau temps,* de choses insignifiantes. – *Faire la pluie et le beau temps:* être influent, avoir de vastes possibilités d'action grâce à son influence, sa position. **2.** Ce qui semble tomber du ciel comme la pluie. *Pluie de cendres.* ▷ Fig., litt. *Une pluie de maux.* – Lat. pop. **ploia,* altér. du class. *pluvia,* d'ap. **plovere,* «pleuvoir».

plumage [plymaʒ] n. m. **1.** Ensemble des plumes d'un oiseau. **2.** Action de plumer (un oiseau). – Sens 1: de *plume;* sens 2: de *plumer.*

plumard [plymaʀ] n. m. Pop. Lit. – De *plume.*

plumasserie [plymasʀi] n. f. TECH Industrie, commerce de la plume. – De *plumassier.*

plumassier, ière [plymasje, jɛʀ] n. et adj. TECH Personne qui prépare les plumes, qui fabrique ou vend des garnitures de plumes pour les industries du vêtement, de la mode. ▷ Adj. *Industrie plumassière.* – Du moyen fr. *plumas,* «touffe de plumes (sur les casques)».

plumbicon [plœbikɔ̃] n. m. ELECTRON Tube analyseur d'images dérivé du vidicon, utilisé dans les caméras de télévision en couleur. – N. déposé, du lat. *plumbum,* «plomb», et gr. *eîkon,* «image».

1. plume [plym] n. f. **1.** Production caractéristique de l'épiderme des oiseaux, phanère* composé d'un tuyau transparent (le *calamus*) implanté dans la peau et prolongé par un axe effilé (le *rachis*) sur lequel s'insèrent de très fines lamelles *(les barbes),* réunies les unes aux autres en un plan par de petits crochets cornés (les *barbules*). *Plumes des ailes, ou rémiges. Plumes du corps, ou tectrices. Plumes de la queue, ou rectrices.* ▷ *Plume d'oie,* qui, convenablement taillée, servait autref. à écrire. **2.** Petite pièce métallique fendue dont le bec sert à écrire et à dessiner. *Changer la plume d'un stylo. Mettre une plume dans un porte-plume.* ▷ Loc. fig. *Avoir la plume facile:* écrire volontiers ou facilement. *Vivre de sa plume:* faire profession d'écrivain. **3.** ZOOL Coquille interne du calmar. **4.** SPORT *Catégorie des poids plume :* catégorie de boxeurs pesant de 53 à 57 kg. – Lat. *pluma.*

2. plume [plym] n. m. Pop. Abrév. de *plumard* ou emploi sing. de *(les) plume(s).*

plumeau [plymo] n. m. Petite balayette garnie de plumes que l'on utilise pour l'époussetage. – De *plume* 1.

plumer [plyme] v. tr. **[1] 1.** Dépouiller (un oiseau) de ses plumes. *Plumer un poulet.* **2.** Fig., fam. *Plumer qqn,* le voler, lui faire perdre son argent (en le trompant, au jeu). – De *plume* 1.

plumet [plymɛ] n. m. Bouquet de plumes garnissant certaines coiffures militaires ou servant d'ornement. – De *plume* 1.

plumetis [plymti] n. m. Étoffe légère brodée de petits pois en relief. – De l'a. fr. *plumete,* «petite plume».

plumeux, euse [plymø, øz] adj. Dont l'aspect évoque la plume. *Les grands roseaux plumeux.* – Lat. *plumosus.*

plumier [plymje] n. m. Boîte allongée dans laquelle on range les plumes, les crayons, etc. – De *plume* 1.

plumitif [plymitif] n. m. **1.** DR Registre où sont inscrits tous les actes de procédure et les jugements qui ont rapport à un litige porté devant les tribunaux. **2.** Fam. Commis aux écritures. ▷ Mauvais écrivain. – Altér. de *plumetif,* de *plumeter,* «écrire, noter».

plum-pudding [plɔmpudiŋ] n. m. Gâteau anglais à base de farine, d'œufs, de graisse de bœuf, de raisins secs, etc., le plus souvent aromatisé au rhum. Rem. En France, on dit aussi *pudding.* – Mot angl., de *plum,* «raisin sec», et *pudding.*

plumule [plymyl] n. f. **1.** BOT Première feuille des graminées, lors de la germination. **2.** Didac. Fine plume du duvet. – Lat. *plumula,* «petite plume».

plupart (la) [plypaʀ] n. f. **1.** *La plupart de* (suivi d'un nom plur.): le plus grand nombre, la majorité de. *La plupart des gens en sont persuadés.* ▷ Absol. *La plupart étaient déçus.* **2.** loc. adv. *Pour la plupart:* quant au plus grand nombre. *Ces fruits sont pourris pour la plupart. – La plupart du temps:* le plus souvent, ordinairement. – De *plus,* et *part* 2.

plural, ale, aux [plyʀal, o] adj. Didac. Qui renferme plusieurs unités. ▷ *Vote plural,* dans lequel certains votants disposent de plusieurs voix. – Lat. *pluralis.*

pluralisme [plyʀalism] n. m. **1.** PHILO Doctrine d'après laquelle les êtres qui composent le monde sont multiples, individuels, indépendants et irréductibles à une substance unique. **2.** Tout système fondé sur une pluralité d'éléments. **3.** POLIT Système où sont reconnus les divers organismes représentant les courants d'opinion. – Du lat. *pluralis,* «composé de plusieurs».

pluraliste [plyʀalist] adj. **1.** Qui se rapporte au pluralisme (sens 1). **2.** Qui relève d'un pluralisme, qui a rapport à un pluralisme (sens 2). – Du préc.

pluralité [plyʀalite] n. f. Fait d'exister à plusieurs, de n'être pas unique. *La pluralité des tendances politiques.* ▷ *Expression grammaticale de la pluralité par le pluriel.* – Lat. *pluralitas.*

pluri-. Élément, du lat. *plures,* «plusieurs».

pluriannuel, elle [plyʀianɥɛl] adj. Qui s'étend, qui porte sur plusieurs années. *Programme pluriannuel.* ▷ BOT Qui vit plusieurs années. Syn. vivace. – De *pluri-,* et *annuel.*

pluricellulaire [plyʀiselylɛʀ] adj. et n. BIOL Constitué de plusieurs cellules, en parlant d'un organisme vivant. Ant. unicellulaire. ▷ N. m. *Un pluricellulaire* (V. métazoaire). – De *pluri-,* et *cellulaire.*

pluridisciplinaire [plyʀidisiplinɛʀ] adj. Didac. Qui réunit, porte sur plusieurs disciplines, plusieurs sciences (on dit aussi *interdisciplinaire*). *Enseignement pluridisciplinaire. Équipe pluridisciplinaire.* – De *pluri-,* et *discipline.*

pluridisciplinarité [plyʀidisiplinaʀite] n. f. Didac. Caractère de ce qui est pluridisciplinaire. – Du préc.

pluriel, elle [plyʀjɛl] n. (et adj.) **1.** n. m. Catégorie grammaticale caractérisée par des marques morphologiques déterminées, portant sur certains mots (noms et pronoms, verbes, adjectifs), en général lorsqu'ils correspondent à une pluralité nombrable. *En français, les noms et les adjectifs prennent le plus souvent un «s» au pluriel. – Pluriel de majesté, de modestie (nous* employé pour *je).* **2.** adj. Rare Qui indique le pluriel. *Marques plurielles* (s, x, etc.). – De l'a. fr. *plurier,* lat. *pluralis.*

plurilatéral, ale, aux [plyʀilateʀal, o] adj. DR, POLIT Qui concerne, engage plusieurs parties. – De *pluri-,* et *latéral.*

plurilingue [plyʀilɛ̃g] adj. et n. Didac. Se dit d'une personne ou d'une communauté qui utilise plusieurs langues. – De *pluri-,* et *-lingue,* d'après *(bi)lingue.*

pluripartisme [plyʀipaʀtism] n. m. POLIT Existence simultanée de plusieurs partis. – De *pluri-, parti,* et *-isme.*

plurivalence [plyʀivalɑ̃s] n. f. Didac. Caractère plurivalent. – De *plurivalent.*

plurivalent, ente [plyʀivalɑ̃, ɑ̃t] adj. **1.** CHIM Vieilli Qui a plusieurs valences. Syn. polyvalent. **2.** LOG Se dit des logiques qui admettent plus de deux valeurs de vérité. – De *pluri-,* d'après *polyvalent.*

plus [ply, plys, plyz] adv., n. et conj. **A.** adv. **I. 1.** Comparatif de supériorité. (En règle générale, se prononce [ply] devant consonne, [plyz] devant voyelle ou *h* muet, [plys] ou [ply] en finale.) *Il est plus vieux que moi. Aller plus loin. Pas un mot de plus. – Plus... plus, plus... moins* (indiquant une variation proportionnelle, dans le même sens ou en sens contraire, de deux termes que l'on compare). *Plus je le connais, plus je l'apprécie.* ▷ Loc. adv. Fam. *De plus* [dəply, dəplys]: par surcroît. *Il est paresseux et, de plus, menteur.* Syn. en outre, qui plus est. – *De plus en plus:* en augmentant peu à peu. – *D'autant plus que* (établissant un rapport de degré entre deux membres d'une proposition). *Il est d'autant plus à craindre qu'il est puissant. – Plus ou moins:* un peu plus ou un peu moins (que ce qui est énoncé); d'une manière indéfinie, incertaine, indécise. *Des vêtements plus ou moins propres. – Ni plus ni moins:* exactement. *C'est une trahison, ni plus ni moins. – Tant et plus:* beaucoup; abondamment. – *Sans plus* [sɑ̃ply, sɑ̃plys]: et seulement cela. *Il a été aimable sans plus. – Non plus* [nɔ̃ply] (remplaçant *aussi,* en tournure négative). *Vous n'en voulez pas? Moi non plus.* **2.** Superlatif relatif de supériorité. *La plus belle de toutes. Au plus* [oply, oplys]: au maximum. *Il a 30 ans au plus.* Syn. tout au plus. ▷ *Des plus:* extrêmement. *Un homme des plus loyaux.* **II.** adv. de négation. *Ne... plus* ([nə... ply] devant consonne ou en finale, [nə... plyz] devant voyelle ou *h* muet) indique la cessation d'une action, d'un état, l'absence de qqch que l'on avait auparavant. *N'y pense plus. Il n'est plus malade. Je n'en ai plus.* ▷ *Sans plus:* sans... davantage. *Partons sans plus attendre* [sɑ̃plyzatɑ̃dʀ]. **B.** n. m. **1.** *Le plus* [ləply, ləplys]: le maximum. *Le plus que je puisse faire.* **2.** Signe de l'addition (+). *Un plus.* **C.** conj. Et, en additionnant. *4 plus 2* [plysdø] *égale 6. 2 plus 11* [plysɔ̃z]. – *Il a mangé sa part plus* [plys] *la mienne.* – Mot lat., «une plus grande quantité».

plusieurs [plyzjœʀ] adj. (Indiquant un nombre indéfini, généralement peu important.) *Il faudra plusieurs semaines.* ▷ (En emploi nominal, avec la prép. «de» et un complément.) *Plusieurs d'entre eux.* – (Indéterminé.) *Se mettre à plusieurs pour...* – Lat. pop. **plusiores,* de *pluriores;* class. *plures,* «plus nombreux».

plus-que-parfait [plyskəpaʀfɛ] n. m. GRAM Temps de l'indicatif et du subjonctif marquant le passé par rapport à un temps déjà passé. (Ex.: *J'avais prévu qu'il échouerait.*) ▷ N. B. Le plus-que-parfait du subjonctif peut être employé avec la valeur d'un conditionnel passé. (Ex.: *Qui l'eût cru?*) – Du lat. gram. *plus quam perfectum.*

plus-value [plyvaly] n. f. **1.** Augmentation de la valeur d'un bien qui n'a pas subi de transformation matérielle. *Les plus-values mobilières.* **2.** Excédent de recettes par rapport aux prévisions. **3.** Majoration du prix de certains travaux par rapport au devis initial. **4.** Dans le marxisme, différence, constituant la rémunération du capitaliste, entre le salaire payé au travailleur pour acheter sa force de travail et ce que cette force de travail rapporte. – De *plus,* et a. fr. *value,* «prix».

plutonien, ienne [plytɔnjɛ̃, jɛn] adj. Didac. **1.** Qui a rapport au dieu Pluton, au culte qui lui était rendu. *Mythes plutoniens.* **2.** Qui a rapport à la planète Pluton. *L'orbite plutonienne.* – De *Pluton,* dieu des morts chez les Romains.

plutonigène [plytɔniʒɛn] n. m. PHYS NUCL *Réacteur plutonigène,* destiné à la production de plutonium. – De *plutonium,* et *-gène.*

plutonique [plytɔnik] adj. GÉOL Se dit des roches formées dans le magma. – De *Pluton,* dieu des morts chez les Romains.

plutonisme [plytɔnism] n. m. GEOL Anc. Théorie, en vogue à la fin du XVIIIe s., qui attribuait à l'action du «feu central» la formation des roches et la constitution de la croûte terrestre. – De *Pluton,* dieu des morts chez les Romains.

plutonium [plytɔnjɔm] n. m. CHIM Élément transuranien de nombre atomique Z = 94 et de masse atomique 239 (symbole Pu). – Du n. de la planète *Pluton.*
ENCYCL Le bombardement neutronique de l'uranium 238 conduit à son isotope 239, qui subit deux désintégrations successives avant de donner naissance à un atome de plutonium 239. Plus facile à obtenir que l'uranium 235, il a été utilisé lors des prem. expériences nucléaires françaises. Le plutonium présente un polymorphisme exceptionnel et existe sous six phases solides différentes. Son rayonnement externe n'est pas dangereux du point de vue biologique mais sa manipulation est délicate et son absorption par l'être humain très dangereuse; c'est pourquoi l'usage médical et thérapeutique du plutonium est particulièrement strict.

plutôt [plyto] adv. **I. 1.** De préférence. *Adressez-vous plutôt à ce guichet* (qu'à un autre). *Partons, plutôt que de perdre notre temps.* **2.** Plus exactement, plus précisément. *Il est économe plutôt qu'avare.* **3.** Assez, passablement. *Il est plutôt maigre.* ▷ Fam. (par euph.). Très. *Il est plutôt embêtant.* **II.** Vx Plus tôt. *Il n'eut pas plutôt dit cela qu'il s'en repentit.* – De *plus,* et *tôt.*

pluvial, ale, aux [plyvjal, o] adj. GEOGR De la pluie, qui a rapport à la pluie. *Les eaux pluviales. – Régime pluvial :* régime d'un cours d'eau qui est alimenté principalement par les pluies. – Lat. *pluvialis.*

pluvian [plyvjɑ̃] n. m. Oiseau charadriiforme (genre *Pluvianus*) de la vallée du Nil. – Du lat. *pluvia,* «pluie», d'ap. *pluvier.*

pluvier [plyvje] n. m. Oiseau échassier charadriiforme de taille moyenne, au cou et au bec assez courts, fréquentant les rivages, les lieux humides. *En Europe, le pluvier constitue un gibier très estimé. Pluvier doré d'Amérique. Pluvier à collier. Pluvier kildir* (*Charadrius vociferus*), à double collier, très commun dans les champs. – Lat. pop. **plovarius,* de **plovere,* «pleuvoir», parce que le pluvier arrive en Europe avec la saison des pluies; refait sur *pluvia.*

pluvieux, euse [plyvjø, øz] adj. Caractérisé par l'abondance des pluies. *Saison, région pluvieuse.* Lat. *pluviosus,* de *pluvia,* «pluie».

pluviner. V. pleuviner.

pluvio-. Élément, du lat. *pluvia,* «pluie».

pluviomètre [plyvjɔmɛtʀ] n. m. Instrument servant à mesurer la quantité d'eau de pluie tombée dans un lieu donné. – De *pluvio-*, et *-mètre.*

pluviométrie [plyvjɔmetʀi] n. f. Mesure de la quantité d'eau de pluie tombée. – De *pluvio-*, et *-métrie.*

pluviométrique [plyvjɔmetʀik] adj. Relatif à la pluviométrie. – De *pluviomètre.*

pluvio-nival, ale, aux [plyvjonival, o] adj. GEOGR Qualifie les cours d'eau alimentés par les pluies et par les neiges fondantes. – De *pluvio-*, et *nival.*

pluviôse [plyvjoz] n. m. HIST (France) Cinquième mois du calendrier républicain (du 20 ou 21 janvier au 19 ou 20 février). – Du lat. *pluviosus*, «pluvieux».

pluviosité [plyvjɔzite] n. f. Quantité de pluie tombée dans une région pendant un temps déterminé. – De *pluvieux.*

Pm CHIM Symbole du prométhéum.

p. m. [piɛm] Abrév. (anglaise) de la loc. lat. *post meridiem*, «après midi».

P.M.E. [peɛmœ] n. f. pl. Abrév. de *petites et moyennes entreprises.*

P.N.B. [peɛnbe] n. m. Abrév. de *produit national brut.*

pneu [pnø] n. m. **1.** (Abrév. de pneumatique [sens II, 1]. Bandage pneumatique d'une roue, constitué d'une carcasse en textile et fils d'acier recouverte de caoutchouc, qui le plus souvent enveloppe et protège une chambre à air. *Changer un pneu.* Abrév. de *pneumatique* (sens I, 2). *Des pneus.* **2.** (France) TELECOMM Anc. Abrév. de *pneumatique* (sens I, 2).

pneum(o)-. Élément, du gr. *pneumôn*, «poumon».

pneumat(o)-. Élément, du gr. *pneuma, pneumatos*, «souffle».

pneumatique [pnømatik] adj. et n. **I.** adj. **1.** Relatif à l'air ou aux corps gazeux. ▷ *Machine pneumatique :* appareil de laboratoire servant à faire le vide. **2.** Qui fonctionne à l'air comprimé. *Horloge pneumatique. Marteau pneumatique.* ▷ TELECOMM Anc. *Tube pneumatique*, propulsé par l'air comprimé dans des canalisations souterraines, et permettant d'acheminer la correspondance urgente vers un bureau distributeur. **3.** Rempli, gonflé d'air. *Canot, matelas pneumatique.* **II.** n. m. Vieilli Bandage pneumatique d'une roue (V. pneu, sens 1). – N. m. (France) Missive acheminée par tube pneumatique (Abrév. *pneu*). **III.** n. f. PHYS Vx Partie de la physique qui traite des propriétés de l'air et des gaz. – Lat. *pneumaticus*, gr. *pneumatikos*, rac. *pneuma*, «souffle».

pneumatophore [pnømatofɔʀ] n. m. BOT Excroissance des racines particulière aux arbres de la mangrove qui émerge de l'eau, et qui assure la respiration des parties noyées. – De *pneumato-*, et *-phore.*

pneumectomie [pnømɛktɔmi] ou **pneumonectomie** [pnømonɛktɔmi] n. f. CHIR Excision partielle ou ablation d'un poumon. – De *pneum-*, et *-ectomie.*

pneumo-. V. pneum(o).

pneumoconiose [pnømokɔnjoz] n. f. MED Affection chronique des poumons et des bronches liée à l'inhalation répétée de poussières minérales, métalliques ou organiques. *Pneumoconiose des mineurs, ou anthracose. Pneumoconioses des travailleurs de la silice* (silicose), *de l'amiante* (asbestose), *du fer* (sidérose), *du coton* (byssinose), etc. – De *pneumo-*, gr. *konis*, «poussière», et *-ose* 2.

pneumocoque [pnømokɔk] n. m. MED Bacille affectant la forme d'une flamme de bougie, groupé par paires *(diplocoque)* ou en courtes chaînettes, agent de la pneumonie et de quelques autres infections (méningites et péritonites, notam.). – De *pneumo-*, et gr. *kokkos*, «graine, pépin».

pneumogastrique [pnømogastʀik] adj. et n. m. ANAT *Nerf pneumogastrique* ou *nerf vague:* chacun des deux nerfs sensitifs et moteurs, de la dixième paire crânienne, qui se ramifient vers le larynx, le pharynx, le cœur, l'estomac, les intestins et le foie, et qui constituent la voie principale du système nerveux parasympathique. ▷ N. m. *Le pneumogastrique.* – De *pneumo-*, et *gastrique.*

pneumographie [pnømogʀafi] n. f. MED Enregistrement des mouvements respiratoires. – De *pneumo-*, et *-graphie.*

pneumologie [pnømolɔʒi] n. f. MED Étude du poumon et de ses maladies. – De *pneumo-*, et *-logie.*

pneumologue [pnømɔlɔg] n. MED Spécialiste de pneumologie. – Du préc.

pneumonectomie. V. pneumectomie.

pneumonie [pnømɔni] n. f. Inflammation aiguë du poumon causée par le pneumocoque. ▷ Inflammation du poumon, en général. – Gr. *pneumonia*, de *pneumôn*, «poumon».

pneumonique [pnømɔnik] adj. MED **1.** Relatif à la pneumonie. **2.** Qui est atteint de pneumonie. ▷ Subst. *Un, une pneumonique.* – Gr. *pneumonikos.*

pneumopéritoine [pnømopeʀitwan] n. m. MED Épanchement gazeux dans la cavité péritonéale. – Introduction de gaz dans cette cavité, pour un examen radiologique ou dans un but thérapeutique. – De *pneumo-*, et *péritoine.*

pneumothorax [pnømotɔʀaks] n. m. MED **1.** Épanchement d'air dans la cavité pleurale. **2.** *Pneumothorax thérapeutique:* insufflation d'air dans la cavité pleurale, pratiquée pour immobiliser le poumon et hâter la cicatrisation des lésions tuberculeuses, méthode auj. à peu près abandonnée. – De *pneumo-*, et *thorax.*

p. o. Abrév. de *par ordre.*

Po 1. CHIM Symbole du polonium. **2.** PHYS Symbole de la poise.

pochade [pɔʃad] n. f. **1.** BX-A Peinture exécutée en quelques coups de pinceau. **2.** *Par ext.* Œuvre littéraire sans grande portée, légère et rapidement écrite. – De *pocher.*

pochard, arde [pɔʃaʀd, aʀd] n. Fam. Ivrogne, ivrognesse. – De *poche* (sens I, 2).

pocharder (se) [pɔʃaʀde] v. pron. [11] Fam. S'enivrer. – Du préc.

poche [pɔʃ] n. f. **I. 1.** Partie d'un vêtement (petit sac cousu ou pièce rapportée), destinée à contenir ce que l'on veut porter sur soi. – Par anal. *Poches latérales d'un sac de voyage.* ▷ *Argent de poche*, réservé aux menues dépenses personnelles. ▷ Loc. adj. *De poche:* suffisamment petit pour tenir dans la poche. *Livre de poche* (fam., n. m., *un poche*). *Couteau, mouchoir de poche.* – *Par ext.* Très petit par rapport aux choses de même espèce. *Sous-marin de poche.* ▷ Loc. fig. *Connaître comme sa poche*, parfaitement. – *De sa poche:* avec son argent personnel. *Payer, en être de sa poche.* – *Mettre qqn dans sa poche*, se jouer de lui, le circonvenir. – *N'avoir pas sa langue dans sa poche:* s'exprimer avec aisance et vivacité, avoir de la repartie. – *N'avoir pas les yeux dans sa poche :* être très observateur. **2.** Sac. *Poche de papier, de plastique.* **3.** Filet en forme de poche. **4.** METALL *Poche de coulée:* récipient servant au transport du métal en fusion. **II. 1.** Cavité, creux où une substance s'est accumulée. *Poche d'eau*, dans une mine. *Poche de gaz naturel. Poche de pus d'un abcès.* **2.** MED *Poche des eaux:* saillie que forment les membranes de l'œuf à l'orifice du col utérin, lors de l'accouchement, sous la poussée du liquide amniotique. ZOOL *Poche marsupiale:* V. marsupial. **III.** Renflement que fait un vêtement, un tissu déformé, distendu. *Pantalon défraîchi qui fait des po-*

ches aux genoux. ▷ Par anal. *Avoir des poches sous les yeux.* – Frq. **pokka,* «sac».

poché, ée [pɔʃe] adj. **1.** *Œil poché,* meurtri, tuméfié. **2.** Qu'on a fait pocher. *Œuf, sole pochés.* – Pp. de *pocher.*

pocher [pɔʃe] v. [1] **A.** v. tr. **I. 1.** CUIS *Pocher des œufs,* les faire cuire entiers, sans leur coquille, dans un liquide bouillant. ▷ Faire cuire dans un liquide très chaud. *Pocher un poisson, un fruit.* **2.** Fam. *Pocher l'œil à qqn,* lui donner un coup qui occasionne une meurtrissure, une contusion autour de l'œil. **II.** PEINT Dessiner en quelques coups de pinceau, comme pour exécuter une pochade. **B.** v. intr. Faire une poche, un faux pli, en parlant d'un vêtement. *Cette robe poche dans le dos.* – De *poche.*

pochette [pɔʃɛt] n. f. **1.** Petite poche. *Pochette d'un gilet:* gousset. **2.** *Par ext.* Petit mouchoir fin qui orne la poche de poitrine d'un veston d'homme. **3.** Enveloppe, sachet. *Pochette de disque. Pochette-surprise,* contenant des friandises et de menus objets, et que l'on achète sans en connaître le contenu. **4.** Très petit violon, que les maîtres à danser pouvaient porter dans une poche de leur habit. – Dimin. de *poche.*

pocheuse [pɔʃøz] n. f. CUIS Ustensile servant à pocher les œufs. – De *pocher.*

pochoir [pɔʃwaʀ] n. m. Plaque découpée selon les contours d'un ornement, d'un caractère, etc., et permettant de reproduire celui-ci en frottant avec une brosse, un pinceau imprégné de couleur, les parties ajourées. – De *pocher.*

pochouse. V. pauchouse.

poco [pɔko] adv. MUS Un peu. *Poco presto.* ▷ *Poco a poco :* peu à peu. – Mot ital. «peu».

podagre [pɔdagʀ] adj. Vx Goutteux. ▷ Subst. *Un, une podagre.* – Lat. *podager,* gr. *podagros,* de *podagra,* «piège qui saisit par le pied, goutte».

podaire [pɔdɛʀ] n. f. GEOM *Podaire d'une courbe ou d'une surface relative à un point :* ensemble des projections orthogonales de ce point sur les tangentes à la courbe, sur les plans tangents à la surface. – Du gr. *pous, podos,* «pied».

-pode, podo-. Élément, du gr. *pous, podos,* «pied».

podestat [pɔdɛsta] n. m. HIST Premier magistrat de certaines villes d'Italie et de Provence au Moyen Âge. – Ital. *podestà,* du lat. *potestas,* «pouvoir, puissance».

podium [pɔdjɔm] n. m. **1.** ANTIQ ROM Mur qui entourait l'arène d'un amphithéâtre, d'un cirque; partie élargie de ce mur, formant une tribune où prenaient place les spectateurs de marque. **2.** ARCHEOL Muret à hauteur d'appui, soubassement destiné à servir d'étagère. **3.** Cour. Estrade sur laquelle les sportifs vainqueurs d'une épreuve sont présentés au public et reçoivent leur prix. *Monter sur le podium.* – Mot lat., du gr.

podo-. V. -pode.

podologie [pɔdɔlɔʒi] n. f. MED Étude du pied et de ses maladies. – Du gr. *pous, podos,* «pied», et *-logie.*

podomètre [pɔdɔmɛtʀ] n. m. Appareil qui enregistre le nombre de pas d'un piéton et sert à mesurer, approximativement, la distance parcourue. – De *podo-,* et *-mètre.*

podzol [pɔdzɔl] n. m. GEOL Sol formé sur une roche mère siliceuse couverte d'une végétation acidifiante (résineux, bruyères, etc.). – Mot russe, de *pod,* «sous», et *zola,* «cendre».

podzolique [pɔdzɔlik] adj. GEOL Relatif au podzol. – Du préc.

podzolisation [pɔdzɔlizasjɔ̃] n. f. GEOL Transformation d'un sol en podzol. – De *podzol.*

pœcile [pesil] n. m. ANTIQ GR Portique orné de peintures. – Gr. *Poikilê,* n. p., «le Pœcile», galerie couverte de peintures, à Athènes, puis à Sparte et à Olympie.

pœcilotherme. V. poïkilotherme.

1. poêle [pwal] n. m. Drap noir (blanc, pour un enfant) dont on couvre le cercueil pendant un enterrement. *Les cordons du poêle,* qui sont aux quatre coins et que tiennent les amis, les proches du défunt. – Dér. du lat. *pallium*,* «manteau, tenture, couverture».

2. poêle ou **poëlle** [pwal] n. m. **1.** Appareil de chauffage à foyer clos. *Poêle à bois, à mazout.* **2.** Vx Chambre chauffée. – Du lat. *pensiles (balneæ),* «étuves suspendues»; par l'a. fr. *poille.*

3. poêle [pwal] n. f. Ustensile de cuisine en métal, peu profond, muni d'un long manche, utilisé en partic. pour les fritures. ▷ Fig., fam. *Tenir la queue de la poêle :* avoir la direction d'une affaire. – Du lat. *patella,* «petit plat», et empr. à l'esp. *paella.*

poêlée [pwale] n. f. Contenu d'une poêle. – De *poêle* 3.

poêler [pwale] v. tr. [1] Cuire, passer à la poêle. – De *poêle* 3.

poëlle. V. 2. poêle.

poêlon [pwalɔ̃] n. m. Casserole en terre ou en métal, épaisse, à manche creux, utilisée pour une cuisson lente. – De *poêle* 3.

poème [pɔɛm] n. m. **1.** Ouvrage en vers, de forme fixe (quatrain, sonnet, rondeau, ballade, etc.) ou libre. *«Poèmes antiques et modernes», d'A. de Vigny.* ▷ *Poème en prose:* texte dont le style et l'inspiration relèvent de la poésie, mais qui n'est pas versifié. ▷ MUS *Poème symphonique:* composition orchestrale de forme libre, illustrant un sujet poétique. *«L'Apprenti sorcier», poème symphonique de Paul Dukas inspiré par une ballade de Goethe.* **2.** Litt. Ce qui présente un caractère poétique (sens I, 2); ce que l'on compare à un poème. *L'enfance, ce long poème.* **3.** Fam. *C'est tout un poème,* qqn, qqch d'un pittoresque hors du commun. – Lat. *poema,* du gr. *poiêma,* de *poieîn,* «créer».

poésie [pɔezi] n. f. **1.** Forme d'expression littéraire caractérisée par une utilisation harmonieuse des sons et des rythmes du langage (notam. dans le vers) et par une grande richesse d'images. *Poésie lyrique, épique, didactique.* **2.** Manière particulière dont un poète, une école pratique cet art; ensemble des œuvres où cette manière apparaît. *La poésie de V. Hugo. La poésie classique, romantique, surréaliste.* **3.** Poème. *Un choix de poésies.* **4.** Caractère poétique (sens I, 2) de qqch. *La poésie du soir.* – Lat. *poesis,* gr. *poiêzis,* «création».

poète [pɔɛt] n. m. et adj. **1.** Écrivain qui s'adonne à la poésie. *Les poètes courtois, symbolistes.* ▷ Adj. *Naître poète.* **2.** Personne qui, même si elle n'écrit pas, a une vision poétique des choses. *«Les poètes de sept ans», poème d'A. Rimbaud.* **3.** Personne qui manque de réalisme. *C'est un poète,* un rêveur. (Rem.: Comme forme féminine, l'OLF recommande *une poète.*) – Lat. *poeta,* gr. *poiêtês.*

poétesse [pɔetɛs] n. f. Vieilli Femme poète. (La forme féminine *poétesse* tend à devenir péjorative.) – Du préc.

poétique [pɔetik] adj. et n. **I.** adj. **1.** Qui a rapport à la poésie, qui lui appartient. *Expression, style poétique.* **2.** Qui suscite une émotion esthétique du même ordre que celle qu'inspire la poésie. *Paysage poétique.* **II.** n. f. **1.** Ensemble de préceptes, de règles pratiques concernant la poésie. *Écrire une poétique.* **2.** Conception de la poésie. *La poétique de Mallarmé.* – Lat. *poeticus,* du gr. *poiêtikas.*

poétiquement [pɔetikmɑ̃] adv. D'une manière poétique. – Du préc.

poétiser [pɔetize] v. tr. [1] Rendre poétique, idéaliser. *Poétiser la réalité.* – De *poète.*

pogne [pɔɲ] n. f. Pop. Main. – Var. rég. de *poigne.*

pognon [pɔɲõ] n. m. Pop. Argent. – De l'anc. v. *poigner,* «empoigner».

pogonophores [pɔgɔnɔfɔʀ] n. m. pl. ZOOL Embranchement d'invertébrés marins vermiformes qui vivent en eau profonde dans des tubes chitineux qu'ils sécrètent. – Du gr. *pôgôn, pôgônos,* «barbe», et *-phore.*

pogrom ou **pogrome** [pɔgʀɔm] n. m. Émeute antisémite (d'abord dans la Russie tsariste) souvent accompagnée de pillages et de massacres. – Mot russe, de *po-,* «entièrement», et *gromit,* «détruire».

poids [pwɑ] n. m. **I. 1.** Force qui s'exerce sur un corps soumis à l'attraction terrestre et qui le rend pesant; mesure de cette force. ▷ *Poids brut:* poids d'une marchandise y compris les déchets, l'emballage, etc. (opposé à *poids net*). – *Poids vif:* poids d'un animal de boucherie vivant. – *Poids mort:* poids propre d'une machine, qui en réduit le travail utile. – Fig. Personne ou chose inutile qui entrave une action. – PHYS *Poids volumique* (anc. *spécifique*): poids de l'unité de volume d'un corps homogène. **2.** SPORT Catégorie dans laquelle on classe les boxeurs, les lutteurs, les haltérophiles, etc., selon leur poids. *Poids mouche*, coq*, plume*, légers*, mi-moyens*, moyens*, mi-lourds*, lourds*.* – Par ext. *Un poids moyen :* un boxeur classé dans cette catégorie. ▷ Loc. fig. *Ne pas faire le poids :* ne pas avoir les aptitudes, les qualités requises. **3.** Masse de métal marquée servant à peser. *Assortiment de poids en laiton.* ▷ Loc. fig. *Avoir deux poids, deux mesures:* se montrer partial. **4.** Masse pesante. *Horloge ancienne à poids.* ▷ SPORT Masse métallique d'un poids défini, destinée à être lancée ou soulevée. *Lancer le poids. Poids et haltères.* **5.** *Poids lourd:* véhicule automobile lourd destiné au transport. **II.** (Emplois figurés.) **1.** Ce qui accable, oppresse. *Le poids des années, des soucis. Avoir un poids sur la conscience.* **2.** Importance, force de qqch ou de qqn. *Le poids d'une déclaration. Un homme de poids.* – Du lat. *pensum,* «ce qui est pesé»; a. fr. *peis, pois,* écrit *poids* par infl. du lat. *pondus.*

poignant, ante [pwaɲɑ̃, ɑ̃t] adj. Qui cause une impression vive et pénible; qui étreint le cœur. *Douleur poignante.* – Fig. *Récit poignant,* très émouvant. – De *poindre,* au sens anc. de «piquer».

poignard [pwaɲaʀ] n. m. Arme de main, couteau à lame courte et large, à l'extrémité pointue. ▷ Fig. *Coup de poignard dans le dos :* attaque lâche ou traîtresse. – Réfection de l'a. fr. *poignal,* «que l'on tient à la main», du lat. pop. **pugnalis,* de *pugnus,* «poing».

poignarder [pwaɲaʀde] v. tr. [1] **1.** Frapper, tuer avec un poignard. **2.** Fig. Causer une vive douleur morale à (qqn). – Du préc.

poigne [pwaɲ] n. f. **1.** Force du poignet, de la main. *Avoir une bonne poigne.* **2.** Fig. Autorité, énergie (pour se faire obéir, pour sévir). *Avoir de la poigne. Un homme à poigne.* – De *poing.*

poignée [pwaɲe] n. f. **I. 1.** Quantité que peut contenir la main fermée. *Une poignée de blé.* ▷ *À* (ou *par*) *poignées :* à pleines mains, en grande quantité. **2.** Fig. Petit nombre (de personnes). *Une poignée de fidèles.* **3.** *Poignée de main :* geste de salutation ou d'accord qui consiste à serrer dans sa main la main de qqn. *Ils ont échangé une poignée de main.* **II.** Partie d'un objet destinée à être tenue dans la main fermée. *Poignée d'une porte, d'une valise.* ▷ Pièce ou ustensile permettant de saisir un objet chaud. – De *poing.*

poignet [pwaɲɛ] n. m. **1.** Articulation de l'avant-bras avec la main. *Tir au poignet:* jeu où deux personnes placées face à face s'empoignent la main, paume contre paume, le coude appuyé sur une table, et cherchent à abattre l'avant-bras de l'adversaire par la force des bras et des pressions de la main. *Tirez au poignet, du poignet.* ▷ *À la force du poignet :* à la force des bras. – Fig. À force d'énergie, de travail personnel. **2.** Extrémité de la manche d'un vêtement, qui couvre le poignet. – De *poing.*

poïkilotherme [pɔikilɔtɛʀm] ou **poecilotherme** [pesilɔtɛʀm] adj. ZOOL Dont la température corporelle varie avec celle du milieu ambiant, en parlant de certains vertébrés (poissons, amphibiens et reptiles), dits aussi à *sang froid.* Ant. homéotherme. ▷ N. m. *Un, les poïkilothermes.* – Du gr. *poikilos,* «variable», et *-therme.*

poil [pwal] n. m. **1.** Production filamenteuse de la peau des mammifères. *Poil noir, gris. Poil de chèvre.* **2.** *Le poil:* l'ensemble des poils, le pelage. *Chien à poil ras. Gibier à poil.* ▷ La peau et les poils de certains animaux. *Col en poil de lapin.* **3.** (Chez l'être humain.) Cette production, à l'exception des cheveux. *Poil des bras.* – *Avoir du poil au menton,* de la barbe. *Brave à trois, à quatre poils:* homme très brave. Fam. *N'avoir pas un poil de sec:* être trempé de pluie, de sueur. **4.** loc. diverses. *De tout poil* ou *de tous poils:* de toute nature, de toute espèce, en parlant de personnes. *Gens de lettres, artistes et intellectuels de tout poil.* – Fam. *Un poil:* un peu. *À un poil près:* à peu de chose près. – *Avoir un poil dans la main:* être très paresseux. – *Être de bon, de mauvais poil,* de bonne, de mauvaise humeur. – *Reprendre du poil de la bête:* retrouver ses forces, son ardeur, etc. – Pop. *Tomber sur le poil de qqn,* lui tomber dessus, le malmener en actes ou en paroles. – Fam. *À poil:* tout nu. – Pop. *Au poil:* très bon, parfait. – Pop. *Au poil, au quart de poil:* parfaitement. *Tu arrives au poil,* au bon moment. **5.** *Par anal.* Chacun des filaments très fins dont certaines plantes, ou certaines parties des plantes, sont couvertes. *Les poils des orties. Poils absorbants des racines.* **6.** Partie velue de certaines étoffes. *Le poil d'un velours.* – Lat. *pilus.*

ENCYCL Le poil des mammifères naît d'une invagination de l'épiderme, le *follicule pileux,* auquel sont souvent associées une glande sébacée et une glande sudoripare. Sur le follicule s'insère le muscle horripilateur. Le poil est constitué de trois couches cellulaires concentriques fortement kératinisées (la cuticule, le cortex et la moelle). On distingue: les *poils laineux* (bourre, duvet, laine), les *poils de couverture* (jarres, crins, etc.), les *vibrisses* et les *piquants* des échidnés, des hérissons, etc.

poilant, ante [pwalɑ̃, ɑ̃t] adj. Pop. Très drôle. – Ppr. de *(se) poiler.*

poiler (se) [pwale] v. pron. [11] Pop. Rire. – P.-ê. du rég. *éboeler,* «éventrer», d'ap. *poil.*

poilu, ue [pwaly] adj. et n. **1.** adj. Couvert de poils abondants. Syn. velu. **2.** n. m. Fam. Surnom du combattant français de la guerre de 1914-1918. – A. fr. *pelu,* refait d'ap. *poil.*

poinçon [pwɛ̃sõ] n. m. **1.** Outil de métal, tige à extrémité pointue, conique ou cylindrique, qui sert à percer, découper, emboutir. **2.** Instrument dont une extrémité, gravée, sert à marquer les objets en métal précieux ou soumis à un contrôle; marque produite par cet instrument. *Poinçons de titre et de garantie.* **3.** Modèle original qui sert à fabriquer la matrice d'une monnaie, d'une médaille, ou d'un caractère d'imprimerie. **4.** CONSTR Pièce verticale d'une ferme*, sur laquelle viennent s'assembler les arbalétriers, et qui soutient l'entrait. – Du lat. *punctio, punctionis,* «piqûre».

poinçonnage [pwɛ̃sɔnaʒ] ou **poinçonnement** [pwɛ̃sɔnmɑ̃] n. m. Action de poinçonner; son résultat. – De *poinçonner.*

poinçonner [pwɛ̃sɔne] v. tr. [1] **1.** Marquer au poinçon. *Poinçonner un bijou.* **2.** Percer, découper avec un poinçon, une poinçonneuse. *Poinçonner une* *tôle.* **3.** Perforer, oblitérer (un billet de train, etc.). – De *poinçon.*

poinçonneur, euse [pwɛ̃sɔnœʀ, øz] n. **I. 1.** Personne qui poinçonne les tôles. **2.** n. f. Machine à poinçonner les tôles. **II. 1.** Personne qui poinçonne les billets de train, etc. **2.** n. f. Machine à poinçonner les billets. *Poinçonneuse automatique.* – De *poinçonner.*

poindre [pwɛ̃dʀ] v. **[66] I.** v. tr. **1.** Vx Piquer, blesser. **2.** Fig., litt. et mod. Meurtrir, blesser moralement. *Un regret le poignait.* **II.** v. intr. Commencer à paraître. *Le jour point.* – Lat. *pungere,* «piquer».

poing [pwɛ̃] n. m. Main fermée. *Fermer, serrer le poing:* fermer la main, la tenir serrée. *Donner un coup de poing sur la table. Se battre à coups de poing. Montrer son poing,* le tendre en guise de menace. – Très fam. *Mettre son poing sur la gueule à qqn,* lui porter un coup de poing à la figure. ▷ Loc. fig. *Dormir à poings fermés,* profondément. – *Avoir, être pieds et poings liés:* être dans l'impossibilité d'agir, dans une situation de dépendance totale. – Lat. *pugnus.*

1. point [pwɛ̃] n. m. **I. 1.** Signe de ponctuation (.) marquant la fin d'une phrase. *Point final. Points de suspension* (...). *Point-virgule* (;). ▷ Par ext. *Point d'interrogation* (?), *d'exclamation* (!). **2.** Petite marque ronde (.) placée au-dessus du i et du j minuscules. ▷ Fig., fam. *Mettre les points sur les i:* préciser une chose, l'expliquer de manière à lever toute ambiguïté. **3.** MUS Signe qui, placé après une figure de note ou un silence, prolonge cette note ou ce silence de la moitié de sa durée initiale. ▷ *Point d'orgue :* signe (𝄐) suspendant la mesure et indiquant un repos plus ou moins prolongé sur une note ou un silence. **4.** Corps matériel, objet, dont on ne distingue pas les contours en raison de sa petitesse ou de l'éloignement. *Le bateau n'était plus qu'un point à l'horizon.* ▷ *Point noir :* comédon*. **5.** Très petite quantité, parcelle (de certaines matières). *Fixer une photo avec un point de colle.* **6.** IMPRIM *Point Didot* ou, absol., *point :* unité de mesure des caractères d'imprimerie, équivalant à 0,3759 mm. **II. 1.** Endroit fixe, déterminé. *Point de départ, d'arrivée.* ▷ *Point d'appui:* point sur lequel une chose est appuyée. *Point d'appui d'un levier.* MILIT Place, base sur laquelle s'appuie une armée, une flotte; élément de base d'un dispositif de défense. – *Point d'eau :* endroit où l'on trouve de l'eau (source, puits, mare, etc.). – *Point mort:* V. mort. – *Point de repère:* V. repère. – *Point de mire:* V. mire. **2.** GEOM Lieu sans étendue défini conventionnellement comme la plus petite portion d'espace qu'il soit possible de concevoir. **3.** Lieu sans étendue, considéré quant aux caractéristiques, aux propriétés qui permettent de le situer. ▷ ASTRO *Points équinoxiaux:* points d'intersection de l'écliptique avec l'équateur. – *Point vernal ou point γ: V. gamma.* – *Points solsticiaux:* points où le Soleil atteint sa plus grande déclinaison boréale et australe. ▷ Cour. *Points cardinaux:* V. cardinal. ▷ PHYS *Point événement:* tout phénomène physique ponctuel caractérisé par ses coordonnées d'espace et de temps. **4.** *Mettre au point un instrument d'optique,* le régler de manière que l'image se forme au point voulu et soit ainsi parfaitement nette. ▷ Par ext. *Mettre au point une machine, une mécanique, etc.,* la régler, la mettre en état de fonctionner. – Fig. *Mettre au point un plan d'action.* – Loc. adj. *Au point. Projet bien au point,* entièrement élaboré, prêt à être mis en application. **5.** MAR Position d'un navire en mer. *Faire le point:* déterminer la position du navire. Fig. Examiner la situation dans laquelle on se trouve. **III.** (en loc.) Moment précis, instant. ▷ *Sur le point de:* au moment de. *Être sur le point de partir :* s'apprêter à partir immédiatement. ▷ *À point, à point nommé:* au bon moment, à propos. *Vous arrivez à point.* **IV. 1.** Question, difficulté particulière. *Éclaircir un point d'histoire. Le point capital d'une affaire.* **2.** Division d'un discours, d'un ouvrage. *Ce sera le dernier point de mon exposé.* ▷ *De point en point:* exactement, sans rien omettre. ▷ *De tout point, en tout point :* absolument, parfaitement. *Un ouvrage en tout point remarquable.* **3.** Degré, période dans le cours d'une évolution. *Nous en sommes toujours au même point.* ▷ Loc. adv. *À point:* au degré ou dans l'état qui convient. *Viande cuite à point,* moyennement cuite (ni «saignante», ni «bien cuite»). **4.** Degré dans une hiérarchie, une progression. *Être au plus haut point de la célébrité.* **5.** PHYS *Point critique:* point correspondant à la température et à la pression critiques d'un fluide. – *Point fixe:* température de changement d'état d'un corps pur pour une pression donnée. *Point de fusion, de liquéfaction.* – *Point triple,* correspondant à l'équilibre des trois phases (solide, liquide, gazeuse) d'un même corps pur. **V. 1.** Unité de notation d'un travail scolaire, d'une épreuve d'examen ou de concours. *Il a obtenu cent points à l'écrit.* **2.** Unité qui permet de comptabiliser les avantages de chacun des adversaires ou des concurrents, dans un jeu, une compétition sportive. *Marquer un point. Partie en mille points.* – SPORT *Vainqueur aux points:* à la boxe, vainqueur d'après le décompte des points effectué par les juges (opposé à *par k.-o., par abandon,* etc.). ▷ *Rendre des points à qqn,* lui accorder un avantage qui compense son infériorité. **3.** Unité de calcul, dans un barème. *Points de retraite.* **VI.** Ce qui point (V. poindre), pique. **1.** Chacune des piqûres faite dans une étoffe, dans du cuir, etc., avec une aiguille enfilée. *Coudre à points serrés. Points de suture.* ▷ Façon donnée à ces piqûres, manière de coudre. *Point d'ourlet, de surjet, de croix.* – *Par ext.* Façon donnée aux mailles d'un tricot, manière de tricoter. *Point avant, arrière. Point de jersey.* **2.** Douleur poignante, aiguë et bien localisée. *Point de côté. Avoir un point dans le dos.* **3.** *Point du jour:* moment où le jour point, se lève. – Lat. *punctum,* de *pungere,* «piquer».

2. point [pwɛ̃] adv. Vx ou litt. **1.** (Avec *ne*) Deuxième élément de la négation. *On ne l'aime point.* **2.** (Sans *ne*) *Ici, point de luxe.* – *Point du tout :* nullement. – De *point* 1, au sens de «petite parcelle de».

pointage [pwɛ̃taʒ] n. m. **1.** Action de pointer. ▷ *Spécial.* Action de pointer (une arme, une pièce). *Pointage d'un canon.* **2.** Marque en vue d'un contrôle; ce contrôle lui-même. *Carte de pointage.* – De *pointer* 1.

point de vue [pwɛ̃dvy] n. m. **1.** Lieu où l'on doit se placer pour bien voir qqch. *Vous aurez un meilleur point de vue sur la vallée du haut de la falaise.* ▷ Paysage vu d'un endroit déterminé. *Un joli point de vue.* **2.** Fig. Aspect sous lequel on envisage une question. *Le point de vue politique.* ▷ Loc. prép. *Au* (ou *du*) *point de vue de:* relativement à. *Du point de vue de la moralité, il est irréprochable. Au point de vue philosophique.* – Suivi d'un substantif, sans *de* (tournure critiquée). *Du point de vue finances, ça s'arrange.* **3.** Manière de voir. *Exposer son point de vue.* – De *point* 1, *de,* et *vue.*

pointe [pwɛ̃t] n. f. **I. 1.** Bout piquant, aigu. *La pointe d'une aiguille, d'un couteau, d'une épée.* **2.** Extrémité effilée d'un objet. *Pointe d'asperge.* ▷ *Pointe du pied:* partie opposée au talon. *Marcher sur la pointe des pieds,* sans faire de bruit. – CHOREGR *Faire des pointes:* se tenir, évoluer sur l'extrémité des orteils. Fig. Très petite quantité d'une substance forte ou piquante. *Une pointe d'ail, de vinaigre.* – Touche légère. *Une pointe d'ironie.* **3.** Langue de terre qui avance dans la mer, dans un lac, un cours d'eau. *La pointe du Raz* (en Bretagne). *Pointe-aux-Trembles.* – Fig. Ce qui est le plus en avant, le plus exposé. *Être à la pointe du combat.* – *De pointe:* d'avant-garde. *Techniques de pointe.* **4.** Morceau d'une pâtisserie, d'un plat, en forme de pointe. *Une pointe de tarte, de pâté à la viande.* **5.** loc. adv. *En pointe:* en forme de pointe. *Tailler une baguette en pointe.* **II. 1.** Objet pointu, piquant. *Grille de clôture surmontée de pointes.* ▷ SPORT *Chaussures à* *pointes*, utilisées par les coureurs à pied pour mieux accrocher le sol. – Ellipt. *Mettre des pointes*, des chaussures à pointes. **2.** Clou, avec ou sans tête, de grosseur égale de bout en bout. **3.** TECH Instrument acéré utilisé pour graver, pour tailler, etc. *Pointe à tracer. Pointe de diamant des vitriers. – Pointe sèche:* stylet d'acier servant à graver sur cuivre ou sur zinc. – *Par ext.* Procédé de gravure dans lequel on utilise cet outil. – *Une pointe-sèche:* une gravure à la pointe sèche. **4.** Triangle d'étoffe. – Petit châle triangulaire. **5.** MED *Pointes de feu:* petites brûlures faites avec un cautère en pointe. **6.** Fig. Trait mordant, sarcasme. *Lancer des pointes.* Syn. flèche, pique. **III. 1.** Vx ou litt. Action de poindre. *La pointe du jour.* **2.** Action d'aller en avant (dans les loc. *faire, pousser une pointe*). *Détachement, patrouille qui pousse une pointe de reconnaissance.* **3.** *Par ext.* Accélération momentanée. *Pointe de vitesse. Faire des pointes à 200 à l'heure.* ▷ *Vitesse de pointe*, maximale. – *Par anal.* Moment de plus grande intensité d'un phénomène, d'une activité. *Pointe de consommation du gaz, de l'électricité. Éviter de circuler en ville pendant les heures de pointe.* – Bas lat. *puncta*, de *pungere*, «piquer».

1. pointeau [pwɛ̃to] n. m. TECH **1.** Outil en acier trempé, tige terminée par une pointe conique, sur laquelle on frappe avec un marteau. *Marquer d'un coup de pointeau le centre d'un trou à percer.* **2.** Tige munie d'une pointe qui, en appuyant sur l'épaulement d'une canalisation, permet de régler le débit d'un fluide. *Pointeau d'un carburateur.* – De *pointe.*

2. pointeau [pwɛ̃to] n. m. Employé chargé de vérifier les heures de présence du personnel dans une usine. Syn. pointeur. – De *pointer* 1.

1. pointer [pwɛ̃te] **I.** v. tr. [1] **1.** Marquer d'un point, d'un signe (les mots, les noms d'une liste) en vue de contrôler, de compter, etc. – *Par ext.* Contrôler. *Pointer les entrées et les sorties.* ▷ Absol. *Ouvrier qui pointe à l'entrée de l'usine*, qui se soumet au pointage. *Pointer à sept heures tous les matins.* **2.** MUS Faire suivre (une note, un silence) d'un point qui en augmente de moitié la valeur temporelle. – Pp. *Blanche, croche pointée.* **3.** Diriger vers un point, un but, braquer. *Pointer un canon. Pointer l'index vers qqn.* **4.** Au jeu de boules, lancer la boule le plus près possible du but en la faisant rouler (par oppos. à *tirer*). **II.** v. pron. Pop. Arriver. *Il s'est pointé en retard.* – De *point* 1.

2. pointer [pwɛ̃te] v. [1] **I.** v. tr. **1.** Vx Frapper avec la pointe d'une arme. **2.** TECH Former, façonner la pointe de. *Pointer des aiguilles.* **3.** Dresser en pointe. *Pointer les oreilles.* **II.** v. intr. **1.** Dresser sa pointe. *Pic qui pointe vers le ciel.* **2.** (Pour *poindre.*) Commencer à paraître, à pousser. *Les bourgeons pointent au printemps.* ▷ Fig. *Son génie pointa de bonne heure.* – De *pointe.*

3. pointer [pwɛ̃tœʀ] n. m. Chien d'arrêt de race anglaise. – Mot angl.

pointeur, euse [pwɛ̃tœʀ, øz] n. **1.** Personne qui effectue un pointage, un contrôle. ▷ Adj. *Horloge pointeuse*, ou, n. f., *une pointeuse.* **2.** Aux boules, joueur qui pointe (par oppos. à *tireur*). – De *pointer* 1.

pointillage [pwɛ̃tijaʒ] n. m. Action de pointiller; résultat de cette action. – De *pointiller.*

pointillé [pwɛ̃tije] n. m. **1.** Ligne formée d'une suite de petits points, de petits trous. *Découper suivant le pointillé.* **2.** Dessin exécuté à l'aide de points. – Pp. subst. de *pointiller.*

pointiller [pwɛ̃tije] v. [1] v. tr. **1.** Marquer de points, de pointillé. **2.** v. intr. BX-A Dessiner, peindre, graver par points. – De *point* 1.

pointilleux, euse [pwɛ̃tijø, øz] adj. Qui se montre exigeant jusque dans les moindres détails. *Il est très pointilleux sur l'exactitude.* Syn. minutieux, vétilleux. – Ital. *puntiglioso.*

pointillisme [pwɛ̃tijism] n. m. PEINT Technique picturale qui consiste à juxtaposer des touches très petites, des points de couleurs pures (V. aussi divisionnisme). *Le pointillisme a surtout été utilisé par les néo-impressionnistes.* – De *pointiller.*

pointilliste [pwɛ̃tijist] n. et adj. PEINT Peintre adepte du pointillisme. ▷ Adj. *L'école pointilliste.* – De *pointiller.*

pointu, ue [pwɛ̃ty] adj. **1.** Qui se termine en pointe, qui présente une, des pointes aiguës. *Bâton pointu. Grille pointue.* **2.** (Son, voix.) Qui se développe surtout dans les aigus. ▷ Fig., fam. *Accent pointu :* l'accent parisien, pour les Québécois. **3.** *Esprit, caractère pointu*, qui cherche à subtiliser sur tout, pointilleux à l'excès. – De *pointe.*

pointure [pwɛ̃tyʀ] n. f. Nombre qui indique la taille d'une paire de chaussures ou de gants, d'un chapeau, etc. – Du lat. *punctura*, «piqure», p.-ê. parce qu'on piquait l'empeigne sur une forme.

poire [pwaʀ] n. f. **1.** Fruit comestible du poirier, de forme oblongue, à la chair parfumée. *Éplucher une poire.* ▷ Loc. *Entre la poire et le fromage:* à la fin du repas, lorsque l'atmosphère est détendue. – *Garder une poire pour la soif:* se réserver des ressources, des moyens pour les besoins à venir. – *Couper la poire en deux :* se faire des concessions mutuelles pour régler un différend. **2.** Objet en forme de poire. *Poire en caoutchouc pour les lavements, les injections.* ▷ Interrupteur placé à l'extrémité d'un fil électrique. *Appuyer sur la poire, le bouton de la poire pour allumer une lampe.* **3.** Pop. Tête, figure. *Il a reçu le coup en pleine poire.* **4.** Fam. Personne naïve, qui se laisse abuser, exploiter. *Quelle bonne poire!* ▷ Adj. *Tu es trop poire.* – Lat. pop. *pira*, n. f.; plur. du lat. class. *pirum*, «poire».

poiré [pwaʀe] n. m. Boisson provenant de la fermentation du jus de poire. – Du préc.

poireau [pwaʀo] n. m. Plante potagère (*Allium porrum*, même genre que l'ail, fam. liliacées) à bulbe blanc et à longues feuilles vertes. *Manger le blanc* (le bulbe) *et le vert* (les feuilles) *du poireau.* ▷ Loc. fam. *Faire le poireau :* attendre longtemps. – Altér. de l'a. fr. *porreau*, par attraction de *poire*; lat. *porrum.*

poireauter ou **poiroter** [pwaʀɔte] v. intr. [1] Fam. Attendre, faire le poireau. – De *(faire le) poireau.*

poirée [pwaʀe] n. f. Betterave *(Beta vulgaris)* dont on consomme les feuilles, les côtes et les pétioles. Syn. bette. – A. fr. *porrée*, de *por*, «poireau».

poirier [pwaʀje] n. m. Arbre fruitier (genre *Pirus*, fam. rosacées) originaire de la zone tempérée d'Europe et d'Asie, à feuilles ovales simples et à fleurs blanches. ▷ Bois de cet arbre, rougeâtre, utilisé en lutherie et en ébénisterie. ▷ *Faire le poirier*, se tenir en équilibre, la tête et les mains appuyées sur le sol. – A. fr. *perier*, refait d'ap. *poire.*

pois [pwɑ] n. m. **1.** Plante potagère (genre *Pisum*, fam. papilionacées) dont on consomme les graines vertes ou séchées, pfs les gousses. – Plur. Graines ou gousses de cette plante. *De la soupe aux pois.* ▷ *Petits pois* ou cour. *pois verts*, frais ou en conserve. *Acheter une boîte de pois verts.* ▷ *Pois mange-tout*, dont on consomme la gousse entière. ▷ *Pois cassés :* pois secs écossés et séparés en deux, qui se mangent en purée. ▷ *Pois chiche (Cicer arietinum):* plante voisine du pois, cultivée dans les régions méditerranéennes; la graine comestible de cette plante. **2.** *Pois de senteur:* gesse ornementale *(Lathyrus odoratus)* cultivée pour ses fleurs odorantes, de couleurs variées. **3.** Petit disque d'une couleur différente de celle du fond, sur un tissu, un papier, etc. *Foulard à pois.* – Lat. *pisum.*

poiscaille [pwaskaj] n. f. Pop. Poisson. – A. fr. *pescaille,* «poisson séché».

poise [pwaz] n. f. PHYS Ancienne unité de viscosité, de symbole Po, valant 0,1 poiseuille. – Abrév. de *poiseuille.*

poiseuille [pwazœj] n. m. PHYS Unité de viscosité du système international, de symbole Pl (1 poiseuille = 1 pascal-seconde). – Du n. du phys. fr. J.-L. M. *Poiseuille* (1799-1869).

poison [pwazõ] n. m. **1.** Toute substance qui, introduite dans un organisme vivant, peut le tuer ou altérer ses fonctions vitales. **2.** Fig. Substance préjudiciable à la santé. *L'alcool est un poison.* ▷ Aliment, boisson de goût désagréable. ▷ Litt. Ce qui corrompt ou exerce une influence pernicieuse. *Cet ouvrage est un poison pour l'esprit.* **3.** n. Fam. Personne méchante, acariâtre. *Quelle poison!* ▷ Personne très agaçante, insupportable. *Ce gamin est un vrai poison.* **4.** Activité, tâche ennuyeuse. *Quel poison ces paperasses à remplir!* – Du lat. *potio, potionis* «breuvage médicinal, breuvage empoisonné, philtre».

poissard, arde [pwasaʀ, aʀd] n. et adj. **1.** n. f. Femme aux manières et au langage hardis, grossiers. ▷ (Par attract. de *poisson.*) Vieilli Marchande de poisson. **2.** adj. Litt., vx Qui utilise ou imite le langage du bas peuple. *Le style poissard.* ▷ N. m. Vx *Le poissard:* le genre poissard. – De *poix,* avec infl. de *poisson.*

poisse [pwas] n. f. Pop. **1.** Vx Misère, dénuement. **2.** Malchance, déveine. *Porter la poisse.* – Déverbal de *poisser.*

poisser [pwase] v. tr. [1] **1.** Enduire de poix. *Poisser du fil.* **2.** Salir avec une substance gluante. *La confiture lui poissait les mains.* **3.** Pop. Prendre, arrêter (un malfaiteur, un voleur, etc.). *Il s'est fait poisser.* – De *poix.*

poisseux, euse [pwasø, øz] adj. Collant, gluant comme la poix. – De *poix.*

poisson [pwasõ] n. m. **1.** Vertébré aquatique à respiration branchiale, possédant des nageoires. *Poissons d'eau douce, poissons de mer.* – Collect. *Du poisson. Préférer le poisson à la viande.* ▷ *Poisson de mai:* alose. *Poisson des chenaux:* poulamon. *Poisson blanc:* corégone. *Poisson-chat:* silure. *Poisson-épée:* espadon. *Poisson-lune:* môle. *Poisson rouge:* cyprin doré. *Poissons volants:* exocet et dactyloptère. ▷ *Petit poisson d'argent:* lépisme (insecte). **2.** loc. div. *Être comme un poisson dans l'eau:* être parfaitement à l'aise dans telle ou telle situation. – *Finir en queue de poisson:* avoir une fin qui ne constitue pas un aboutissement véritable. ▷ *Poisson d'avril:* attrape, mystification que l'on fait le 1er avril; petit poisson de papier collé au dos de la personne mystifiée. *Courir le poisson d'avril:* se faire mystifier le 1er avril. – A. fr. *peis, pois,* lat. *piscis.*

ENCYCL Les poissons sont les premiers vertébrés et ils ont donné naissance aux premiers tétrapodes terrestres (V. crossoptérygiens). En fait, ils ne constituent pas une véritable classe: les cyclostomes (lamproies) ne sont plus considérés comme des poissons; on distingue radicalement les *poissons cartilagineux,* ou *chondrichthyens* (requins, raies), et les *poissons osseux,* ou *ostéichthyens,* dont les téléostéens constituent la quasi-totalité. Parmi les fossiles, les *placodermes* (cartilagineux) constituent le groupe le plus import. Les poissons ont tous des nageoires plus ou moins nombreuses et développées; leur corps est généralement couvert d'écailles. Les poissons sont marins ou dulçaquicoles; ils peuvent être herbivores, carnivores ou avoir un régime alimentaire très spécialisé. La respiration se fait par des branchies. Chez quelques rares espèces tropicales *(dipneustes),* une respiration pulmonaire complète la respiration branchiale. La partie du système nerveux assurant les fonctions végétatives (cervelet, bulbe rachidien) est très développée. La reproduction est généralement assurée par une fécondation externe, le mâle inséminant collectivement les œufs pondus par la femelle. Certains poissons construisent des nids et s'occupent de leurs alevins. Les poissons sont sédentaires ou effectuent pour se reproduire des migrations considérables (saumon, anguille). Ils présentent un grand intérêt économique. On pêche chaque année env. 65 millions de tonnes de poissons marins, mais la pollution des océans et l'exploitation outrancière des espèces comestibles posent de graves problèmes; en revanche, le développement de l'aquaculture est plein de promesses.

poissonnerie [pwasɔnʀi] n. f. Magasin où l'on vend du poisson. ▷ Commerce du poisson et des animaux vivant en eau douce ou dans la mer (coquillages, crustacés, etc.). – De *poisson.*

poissonneux, euse [pwasɔnø, øz] adj. Qui abonde en poisson. *Une rivière poissonneuse.* – De *poisson.*

poissonnier, ière [pwasɔnje, jɛʀ] n. Commerçant qui vend du poisson. – De *poisson.*

poissonnière [pwasɔnjɛʀ] n. f. Plat de forme allongée servant à faire cuire le poisson. – De *poisson.*

poitevin, ine [pwatvɛ̃, in] adj. et n. **1.** adj. De Poitiers, du Poitou. *Région poitevine. Race poitevine.* ▷ Subst. *Les Poitevins. Un(e) Poitevin(e).* **2.** n. m. Dialecte d'oc parlé autrefois dans le Poitou. – De *Poitou,* rég. fr. correspondant aux dép. des Deux-Sèvres, de la Vendée et de la Vienne.

poitrail [pwatʀaj] n. m. **1.** Anc. Harnachement fixé sur la poitrine du cheval. **2.** Partie antérieure du corps des équidés, entre les épaules et la base du cou. **3.** TECH Pièce de bois ou de fer formant linteau au-dessus d'une grande baie. – A. fr. *peitral,* «partie du harnais passant sur la poitrine», du lat. *pectorale,* «cuirasse».

poitrinaire [pwatʀinɛʀ] adj. et n. Vieilli Tuberculeux. – De *poitrine.*

poitrine [pwatʀin] n. f. **1.** Partie du tronc qui contient les poumons et le cœur. *Gonfler la poitrine.* – *Voix de poitrine:* voix au son plein (opposé à *voix de tête*). **2.** Devant du thorax. *Poitrine large, étroite.* **3.** Partie antérieure des côtes d'un animal de boucherie, avec la chair qui y adhère. *Poitrine de veau, de mouton.* **4.** Seins de la femme. *Une belle poitrine.* – Lat. pop. **pectorina,* class. *pectus, pectoris.*

poivrade [pwavʀad] n. f. Sauce faite avec du sel, du poivre, du vinaigre, et parfois de l'huile. – De *poivre.*

poivre [pwavʀ] n. m. **1.** Fruit du poivrier; épice de saveur piquante faite de ce fruit séché. *Poivre en grains.* – *Moulin à poivre. Poivre noir* (ou *gris*), formé des graines et de leurs enveloppes. – *Poivre blanc,* dont les grains sont décortiqués. ▷ Fig. *Cheveux poivre et sel,* grisonnants. **2.** Nom courant de diverses plantes dont les graines, utilisées comme épices, ont un goût proche de celui du poivre. *Poivre de Cayenne. Poivre d'Espagne.* – Lat. *piper.*

poivré, ée [pwavʀe] adj. **1.** Assaisonné avec du poivre. ▷ Par ext. *Parfum poivré.* **2.** Fig., pop. D'un prix excessif. **3.** Fig. Licencieux, égrillard. *Une histoire poivrée.* – Pp. de *poivrer.*

poivrer [pwavʀe] **1.** v. tr. [1] Assaisonner avec du poivre. **2.** v. pron. Fam. *Se poivrer :* s'enivrer. – De *poivre.*

poivrier [pwavʀije] n. m. **1.** Arbrisseau grimpant (genre *Piper,* fam. pipéracées) originaire de l'Inde, cultivé dans toutes les régions tropicales, et qui donne le poivre. **2.** Petit récipient où l'on met le poivre, ou qui sert à moudre le poivre. Syn. poivrière. – De *poivre.*

poivrière [pwavʀijɛʀ] n. f. **1.** Boîte où l'on met les épices. ▷ *Spécial.* Ustensile de table pour le poivre, à bouchon perforé. Syn. poivrier. **2.** Plantation de poivriers. **3.** ARCHI Guérite à toit conique située à l'angle d'un bastion. *Tour en poivrière,* surmontée d'une toiture en forme de cône. – De *poivre.*

poivron [pwɑvʀɔ̃] n. m. Fruit du piment, partic. du piment doux, vert, jaune ou rouge, qui se consomme cru ou cuit. Rem. Plus couramment appelé *piment.* – De *poivre.*

poivrot, ote [pwavʀo, ɔt] n. Pop. Ivrogne. – De *poivre,* au sens arg. de «eau-de-vie (qui pique)».

poix [pwa] n. f. Matière résineuse ou bitumineuse provenant d'une distillation, de consistance visqueuse. – Lat. *pix, picis.*

poker [pɔkɛʀ] n. m. **1.** Jeu de cartes d'origine américaine. ▷ Réunion de quatre cartes de même valeur, à ce jeu. *Poker de rois.* Syn. carré. ▷ Partie de poker. **2.** *Poker d'as :* jeu de dés inspiré du poker dans lequel on utilise cinq dés spéciaux dont les faces portent, au lieu des points habituels, des figures de cartes. – Mot amér., p.-ê. du flam. *pokken* (cf. *poquer*); sens 2, corrupt. de l'angl. *poker dice* (*dice,* pl. de *die,* «dé à jouer»).

polack. V. polak (sens 2).

polacre [pɔlakʀ] n. f. MAR ANC Navire à voiles carrées de la Méditerranée. – Orig. incon.

polaire [pɔlɛʀ] adj. et n. f. **1.** adj. Relatif aux pôles, qui est près des pôles. *Régions, terres polaires.* ▷ *L'étoile polaire,* ou, n. f., *la Polaire:* étoile de la Petite Ourse qui indique le Nord. **2.** Qui caractérise les régions voisines des pôles. *Glaces polaires.* – Par ext. *Un froid polaire:* un très grand froid. **3.** GEOM Relatif aux pôles d'une sphère, d'un cercle. – *Coordonnées polaires.* V. encycl. coordonnées. ▷ N. f. *Polaire d'un point P par rapport à un cercle:* droite qui relie les points de contact des deux tangentes menées par P au cercle. **4.** n. f. AVIAT *Polaire d'une aile:* courbe qui représente la portance en fonction de la traînée pour une incidence donnée. **5.** CHIM *Liaison polaire:* syn. de *liaison par électrovalence.* **6.** ELECTR Relatif aux pôles d'un aimant, d'un circuit électrique. – Lat. médiév. *polaris,* de *polus,* «pôle».

polak ou **polaque** ou **polack** [pɔlak] n. m. **1.** HIST Cavalier polonais, mercenaire enrôlé dans les armées françaises au XVIIIe s. **2.** Pop., péjor. Polonais. – Polonais *polak,* «polonais».

polar [pɔlaʀ] n. m. Fam. Roman policier. – De *(roman) policier,* et suff. arg.

polarimètre [pɔlaʀimɛtʀ] n. m. PHYS Appareil servant à mesurer la polarisation rotatoire d'un corps. – Du gr. *polein,* «tourner», et *-mètre.*

polarimétrie [pɔlaʀimetʀi] n. f. PHYS Mesure la rotation du plan de polarisation. – Du gr. *polein,* «tourner», et *-métrie.*

polarisant, ante [pɔlaʀizɑ̃, ɑ̃t] ou **polarisateur, trice** [pɔlaʀizatœʀ, tʀis] adj. PHYS Qui provoque la polarisation. – De *polariser.*

polarisation [pɔlaʀizasjɔ̃] n. f. **1.** PHYS Phénomène par lequel les vibrations lumineuses s'orientent dans un plan. **2.** ELECTR Phénomène dû à une accumulation d'ions, à un dégagement d'hydrogène ou à la formation d'une pellicule résistante sur les électrodes d'une pile et qui se traduit par une augmentation de la résistance interne et une diminution du courant débité. **3.** Fig. Action de polariser; fait de se polariser (sens 2). – De *polariser.*

ENCYCL **Phys.** – Toute lumière réfléchie est partiellement ou totalement polarisée, c.-à-d. que les vecteurs qui représentent la vibration des rayons lumineux sont contenus dans un plan, appelé *plan de polarisation,* perpendiculaire à la direction de propagation. La lumière naturelle peut être considérée comme la superposition de lumières polarisées dans des plans différents, la vibration s'effectuant dans toutes les directions. Lorsqu'un rayon de lumière totalement polarisée tombe sur un autre miroir, l'intensité de la lumière réfléchie varie selon l'angle d'incidence, en passant par un minimum et un maximum. La polarisation de la lumière peut également être obtenue par réfraction dans certains cristaux (quartz, spath). Un rayon lumineux traversant ces substances se dédouble en deux rayons polarisés dans des plans orthogonaux (biréfringence). Diverses substances ont la propriété de ne transmettre les vibrations que dans un plan de polarisation déterminé; cette propriété est utilisée dans les polaroïds. Enfin certaines molécules possèdent également la propriété de faire tourner le plan de polarisation soit vers la droite (dextrogyres) soit vers la gauche (lévogyres), l'angle de rotation étant proportionnel à l'épaisseur traversée *(polarisation rotatoire).* V. encycl. isomérie. Le phénomène de polarisation est utilisé pour étudier les contraintes et les efforts qui se produisent dans une maquette transparente, en plexiglas, par ex. (photoélasticimétrie), et pour supprimer les reflets, en photographie notam.

polariscope [pɔlaʀiskɔp] n. m. PHYS Appareil servant à mesurer le degré de polarisation d'un faisceau lumineux. – Du gr. *polein,* «tourner», et *-scope.*

polarisé, ée [pɔlaʀize] adj. ELECTR, PHYS Qui a subi la polarisation. *Pile polarisée.* – Pp. de *polariser.*

polariser [pɔlaʀize] v. tr. [1] **1.** ELECTR Provoquer la polarisation (d'un appareil, d'un dispositif). – v. pron. *Pile qui se polarise,* qui subit la polarisation. ▷ PHYS Donner la propriété de polarisation (aux rayons lumineux). **2.** Fig. Orienter vers soi, attirer à soi. *Une personnalité fascinante qui polarisait l'intérêt de toute l'assemblée.* ▷ Fam. *Se polariser,* se fixer, se concentrer. *L'attention se polarisa sur cet événement.* – Du gr. *polein,* «tourner», d'ap. *polaire.*

polariseur [pɔlaʀizœʀ] n. m. PHYS Appareil qui polarise la lumière. – De *polariser.*

polarité [pɔlaʀite] n. f. MATH, PHYS État d'un corps, d'un système dans lequel on peut distinguer deux pôles opposés. ▷ PHYS Propriété des aiguilles aimantées de s'orienter selon le méridien magnétique. ▷ BIOL Caractère d'un organite cellulaire, d'une cellule, d'un organe, structurés selon une direction privilégiée de l'espace permettant de distinguer deux pôles d'organisation. – De *polaire.*

polarographie [pɔlaʀɔgʀafi] n. f. CHIM Méthode permettant de déterminer la nature et la concentration d'une substance par utilisation des courbes intensité-tension d'électrolyse de sa solution. – De *polar(isation),* et *-graphie.*

polaroïd [pɔlaʀɔid] n. m. PHYS Polariseur constitué d'une lame transparente qui provoque la polarisation de la lumière. ▷ Cour. Appareil photographique à développement instantané. – Nom déposé, de l'angl. *to polarize,* «polariser», du fr. *polariser,* et suff. *-oïd* (cf. *oïde*).

polatouche [pɔlatuʃ] n. m. Écureuil grisâtre possédant entre ses pattes une membrane qui lui permet de planer sur de courtes distances. *Grand polatouche* (Glaucomys sabrinus). *Petit polatouche* (Glaucomys volans). *Le polatouche, ou écureuil volant, a des mœurs nocturnes.* – Russe *polatouka.*

polder [pɔldɛʀ] n. m. GEOGR Terre située en dessous du niveau de la mer, endiguée et asséchée de manière à permettre sa mise en valeur. *Les polders hollandais.* – Mot néerl.

-pole, -polite. Éléments, du gr. *polis,* «ville».

pôle [pol] n. m. **1.** ASTRO Chacun des points où l'axe imaginaire de rotation de la Terre rencontre la sphère céleste. *Pôle boréal, austral.* ▷ *Pôles de l'écliptique:* points où une perpendiculaire au plan de l'écliptique coupe la sphère céleste. **2.** GEOGR et cour. Chacune des extrémités de l'axe de rotation de la Terre sur elle-même. *Pôle Nord, pôle Sud.* ▷ Région de la Terre située près d'un pôle et limitée par le cercle polaire. *Calotte glaciaire du pôle boréal.* **3.** Fig. *Les deux pôles:* les deux extrêmes. *Être, se trouver aux deux pôles:* être absolument opposés. **4.** Fig. Point qui attire l'attention, l'intérêt. *Pôle d'attraction d'une exposition.* **5.** GEOM Point qui sert à définir des coordonnées polaires. **6.** ELECTR Chacune des bornes d'un circuit électrique. *Pôles d'une pile.* ▷ *Pôles d'un barreau aimanté:* chacune de ses extrémités qui s'orientent, l'une vers le pôle Nord (magnétique), l'autre vers le pôle Sud de la Terre lorsqu'on laisse le barreau pivoter librement. **7.** GEOGR *Pôles magnétiques:* points du globe où l'inclinaison magnétique est de 90°. – Lat. *polus*, gr. *polos*, de *polein*, «tourner».

polémarque [pɔlemaʀk] n. m. ANTIQ GR Officier, magistrat responsable du commandement de l'armée. ▷ Adj. *Archonte polémarque.* – Gr. *polemarkhos*, de *polemos*, «guerre», et *arkhein*, «commander».

polémique [pɔlemik] adj. et n. **1.** adj. Qui appartient à la dispute, à la polémique; qui incite à la dispute, à la discussion par son ton agressif. *Ouvrage polémique.* **2.** n. f. Querelle, débat par écrit. – Gr. *polemikos*, «relatif à la guerre».

polémiquer [pɔlemike] v. intr. [1] Engager une polémique; faire de la polémique. – Du préc.

polémiste [pɔlemist] n. Personne (*spécial.* journaliste) qui a l'habitude de la polémique, qui aime à polémiquer. – De *polémique.*

polémologie [pɔlemɔlɔʒi] n. f. Didac. Étude scientifique de la guerre considérée comme phénomène social (formes, causes, conséquences, etc.). – Du gr. *polemos*, «guerre», et *-logie.*

polenta [pɔlɛnta] n. f. **1.** Bouillie de farine de maïs, en Italie. **2.** Bouillie de farine de châtaignes, en Corse. – Mot ital., du lat. *polenta*, «farine d'orge».

1. poli, ie [pɔli] adj. **1.** Vx Civilisé, raffiné. **2.** Qui respecte les règles de la politesse. *Un homme poli.* **3.** Qui exprime la politesse. *Un ton poli.* – De *polir* au sens fig., avec infl. du lat. *politus*, «cultivé, raffiné».

2. poli, ie [pɔli] adj. et n. m. **1.** adj. Lisse et luisant. *Galets polis.* **2.** n. m. Lustre, éclat (d'une chose que l'on a polie). *Donner du poli à un meuble.* – Pp. de *polir.*

1. police [pɔlis] n. f. **1.** Vx Administration, gouvernement (de la cité). **2.** Maintien de l'ordre public et de la sécurité des citoyens dans un groupe social. *Les pouvoirs des maires en matière de police.* **3.** Administration, ensemble des agents de la force publique chargés du maintien de l'ordre et de la répression des infractions. *Agent, officier de police. Chef de police. Poste de police.* ▷ *La Police montée:* anc. nom de la Gendarmerie royale du Canada. **4.** *Par ext.* Organisme privé chargé d'une mission de surveillance. *Police intérieure d'un grand magasin.* – Lat. *politia*, gr. *politeia*, «gouvernement, participation aux affaires publiques», de *polis*, «cité».

2. police [pɔlis] n. f. **1.** DR Document fixant les conditions générales d'un contrat d'assurance. **2.** TECH Liste de tous les caractères d'imprimerie qui constituent un assortiment. ▷ L'ensemble de ces caractères. – Ital. *polizza*; du gr. byzantin *apodeixis*, «preuve».

policé, ée [pɔlise] adj. Litt. Dont les mœurs sont adoucies; civilisé. – Pp. de *policer.*

policer [pɔlise] v. tr. [14] Litt. Civiliser, adoucir les mœurs (d'un pays). – De *police* 1.

polichinelle [pɔliʃinɛl] n. m. **1.** (Avec une majuscule.) Personnage balourd des farces italiennes. **2.** (Avec une majuscule.) Personnage bossu, aux vêtements grotesques, du théâtre de marionnettes. – *Secret de Polichinelle:* chose que l'on croit secrète mais qui est connue de tous. ▷ (Avec une minuscule.) Jouet, marionnette qui représente Polichinelle. *Offrir un polichinelle à un enfant.* – Vulg. *Avoir un polichinelle dans le tiroir:* être enceinte. **3.** (Avec une minuscule.) Fig. Personnage ridicule, grotesque; personne sans caractère, aux opinions changeantes. *Mener une vie de polichinelle*, une vie déréglée. – Napolitain *Polecenella*, personnage des farces napolitaines, ital. *Pulcinella.*

policier, ière [pɔlisje, jɛʀ] adj. et n. m. **I.** adj. **1.** Relatif à la police (sens 2); qui appartient à la police. ▷ *État policier*, où la police est l'outil principal du pouvoir. **2.** *Roman, pièce, film policiers*, qui mettent en scène principalement des personnages de policiers, de détectives, en lutte contre des gangsters ou des criminels. ▷ N. m. Fam. *Un policier:* un roman, un film policier. **II.** n. m. Personne qui appartient à la police. ▷ Membre d'une police privée. (Rem.: Au sens II, l'OLF recommande la forme féminine *une policière.*) – De *police* 1.

policlinique [pɔliklinik] n. f. Établissement où les malades reçoivent des soins, mais ne sont pas hospitalisés. (Ne pas confondre avec *polyclinique.*) – Du gr. *polis*, «ville», et *clinique.*

poliment [pɔlimɑ̃] adv. D'une manière polie. – De *poli.*

polio [pɔljo] n. Abrév. de *poliomyélite*, ou de *poliomyélitique.*

poliomyélite [pɔljomjelit] n. f. Maladie infectieuse aiguë, due à un virus neurotrope qui, lésant les cornes antérieures motrices de la moelle, provoque des paralysies locales parfois mortelles et des atrophies musculaires souvent irréversibles. Abrév. *polio.* – Du gr. *polios*, «gris», et *muelos*, «moelle».

poliomyélitique [pɔljomjelitik] adj. Qui a rapport à la poliomyélite; atteint de poliomyélite. ▷ Subst. *Un, une poliomyélitique.* Abrév. *Un(e) polio.* – De *poliomyélite.*

poliorcétique [pɔljɔʀsetik] adj. et n. f. ANTIQ Relatif à l'art de faire le siège d'une ville. ▷ N. f. Art de faire le siège d'une ville. – Gr. *poliorkêtikos.*

polir [pɔliʀ] v. tr. [2] **1.** Rendre lisse et luisant à force de frotter. *Polir le marbre.* ▷ v. pron. *Bois qui s'est poli avec le temps, l'usage.* – Fig. S'adoucir, s'affiner. **2.** Fig., litt. Éduquer, former aux bons usages. *Polir l'esprit, le caractère.* **3.** Litt. Corriger avec soin, parfaire (un discours, un écrit, etc.). – Lat. *polire.*

polissable [pɔlisabl] adj. Qui est susceptible d'être poli. – De *polir.*

polissage [pɔlisaʒ] n. m. Opération qui consiste à donner un poli, un brillant poussé. *Polissage du verre.* – De *polir.*

polisseur, euse [pɔlisœʀ, øz] n. **1.** n. Ouvrier, ouvrière qui polit les glaces, les métaux, etc. **2.** n. f. Appareil servant à polir les planchers. *Passer la polisseuse.* – De *polir.*

polissoir [pɔliswaʀ] n. m. Instrument, machine servant à polir. *Les polissoirs utilisés au début du Néolithique étaient en pierre dure.* – De *polir.*

polissoire [pɔliswaʀ] n. f. **1.** Brosse douce pour les chaussures. **2.** Atelier de polissage. – De *polir.*

polisson, onne [pɔlisɔ̃, ɔn] n. et adj. **1.** Vx Gamin malpropre, vagabond. **2.** Fam. Enfant dissipé, espiègle. ▷ Adj. *Un écolier polisson.* **3.** Personne portée à la licence, libertin. ▷ Adj. Égrillard, licencieux. *Chanson polissonne.* – De l'anc. arg. *polir*, «vendre».

polissonner [pɔlisɔne] v. intr. [1] Se comporter en polisson (sens 2 et 3). – Du préc.

polissonnerie [pɔlisɔnʀi] n. f. **1.** Vieilli Acte, propos polisson (sens 3). **2.** Parole, tour d'un enfant polisson. – De *polisson.*

poliste [pɔlist] n. f. ou m. ZOOL Guêpe (genre *Polistes*) qui vit en colonies d'une cinquantaine d'individus dans des nids fixés aux arbres. – Gr. *polistês,* «bâtisseur de ville».

-polite. V. -pole.

politesse [pɔlitɛs] n. f. **1.** Vx Raffinement, délicatesse. *La politesse des mœurs.* **2.** Ensemble des règles, des usages qui déterminent le comportement dans un groupe social, et qu'il convient de respecter. ▷ Observance de ces règles. *La politesse orientale. Manquer de politesse.* **3.** Acte, comportement conforme à ces usages. *Échanger des politesses.* – Ital. *politezza.*

politicaillerie [pɔlitikajʀi] n. f. Fam., péjor. Basse politique. – De *politique* et suff. péjor. *-aillerie.*

politicard, arde [pɔlitikaʀ, aʀd] n. Fam., péjor. Politicien douteux. – De *politic(ien),* et *-ard.*

politicien, ienne [pɔlitisjɛ̃, jɛn] n. et adj. Personne qui s'occupe de politique. *Un jeune politicien plein d'avenir.* – (Souvent péjor.) *Des spéculations de politiciens.* ▷ Adj. *Arguments politiciens.* Péjor. *La politique politicienne.* – Angl. *politician,* de *politics,* du fr. *politique.*

politicologie [pɔlitikolɔʒi] ou **politologie** [pɔlitɔlɔʒi] n. f. Didac. Observation, étude des faits politiques. – De *politico-* et *-logie.*

politicologue [pɔlitikolɔg] ou **politologue** [pɔlitɔlɔg] n. Didac. Spécialiste de politicologie. – Du préc.

politique [pɔlitik] adj. et n. **I.** adj. **1.** Relatif au gouvernement d'un État. *Institutions politiques.* ▷ Relatif aux relations mutuelles des divers États. *Frontières politiques.* **2.** Qui a rapport aux affaires publiques d'un État. *Homme, femme politique. Milieu, monde politique.* **3.** Relatif à une manière de gouverner, à une théorie de l'organisation d'un État. *Parti politique. Doctrines, opinions politiques.* **4.** Qui montre une prudence calculée. *Une conduite très politique.* **II.** n. f. **1.** Science ou art de gouverner un État; conduite des affaires publiques. *Traité de politique. Faire de la politique.* **2.** Ensemble des affaires publiques d'un État, des événements les concernant et des luttes des partis. **3.** Manière de gouverner. *Politique sage, prévoyante. Politique de gauche, de droite.* – *Par ext.* Manière de mener une affaire. *Adopter une politique et s'y tenir.* **4.** Fig. Conduite calculée pour atteindre un but précis. *Il s'est incliné par pure politique.* **III.** n. m. **1.** Personne qui s'applique à la connaissance des affaires publiques, du gouvernement des États. **2.** Personne habile, avisée. *Un fin politique.* – Lat. *politicus,* du gr. *politikos,* «de la cité».

politiquement [pɔlitikmɑ̃] adv. **1.** Du point de vue politique. **2.** Fig. D'une manière fine, adroite. *Agir politiquement.* – Du préc.

politiquer [pɔlitike] v. intr. [1] Péjor. Raisonner sur les affaires publiques. – De *politique.*

politisation [pɔlitizasjɔ̃] n. f. Action de politiser; résultat de cette action. – De *politiser.*

politiser [pɔlitize] v. tr. [1] Donner un caractère politique à. *Politiser un débat.* – De *politique.*

politologie. V. politicologie.

politologue. V. politicologue.

poljé [pɔlje] n. m. GEOL Plaine karstique, dont le fond, tapissé d'argile de décalcification, est souvent accidenté de buttes rocheuses. – Mot slave, «plaine».

polka [pɔlka] n. f. Ancienne danse, d'origine polonaise, à deux temps, d'un rythme vif et enlevé. – Air sur lequel elle se dansait. – Mot polonais.

pollakiurie [pɔlakiyʀi] n. f. MED Fréquence exagérée de mictions peu abondantes. (Ne pas confondre avec *polyurie.*) – Du gr. *pollakis,* «souvent», et *ourein,* «uriner».

pollen [pɔl(l)ɛn] n. m. Poussière colorée, le plus souvent jaune, élaborée dans l'anthère des végétaux phanérogames et dont les grains renferment les noyaux mâles fécondants. – Lat. bot., du class. *pollen,* «farine, poussière fine».

ENCYCL Le grain de pollen, issu d'une méiospore, correspond au prothalle des cryptogames vasculaires. Après germination sur le stigmate, il libère un gamète mâle qui ira féconder l'oosphère. Le diamètre des grains de pollen varie entre 2,5 µm *(myosotis)* et 200 µm (diverses cucurbitacées); ils ont tous des parois très résistantes, d'aspect plus ou moins régulier. V. aussi palynologie.

pollicitation [pɔl(l)isitasjɔ̃] n. f. DR Offre de contracter qui n'a pas encore été acceptée. – Lat. jur. *pollicitatio,* de *polliceri,* «offrir, promettre».

pollinie [pɔl(l)ini] n. f. BOT Masse de pollen compacte qui se forme dans les anthères de certaines orchidées. – De *pollen.*

pollinique [pɔl(l)inik] adj. BOT Relatif au pollen. – De *pollen.*

pollinisation [pɔl(l)inizasjɔ̃] n. f. BOT Transport du pollen depuis l'étamine jusqu'au stigmate de l'ovaire. – De *pollen.*

polluant, ante [pɔl(l)ɥɑ̃, ɑ̃t] adj. et n. Qui pollue. *Civilisation polluante.* – N. m. *Un polluant.* – De *polluer.*

polluer [pɔl(l)ɥe] v. tr. [1] **1.** Vx Souiller, profaner. *Polluer un temple.* **2.** Souiller, rendre malsain ou impropre à la vie. *Fumées qui polluent l'atmosphère.* – Lat. *polluere,* «souiller, profaner».

pollueur, euse [pɔl(l)ɥœʀ, øz] adj. et n. Responsable de pollution (personne, industrie, groupe). *Les industries pollueuses tombent sous le coup de la loi.* – Subst. *Les pollueurs encourent des amendes.* – De *polluer.*

pollution [pɔl(l)ysjɔ̃] n. f. **1.** Vx Profanation. **2.** Souillure, infection contribuant à la dégradation d'un milieu vivant. *Pollution atmosphérique.* – Lat. ecclés. *pollutio.*

ENCYCL La pollution revêt des aspects multiples et conduit à une modification des équilibres biologiques naturels. La pollution de l'air, ou *pollution atmosphérique,* est due aux produits gazeux et solides rejetés dans l'air par les installations de chauffage, les véhicules à moteur et les installations industrielles: oxydes de carbone, de soufre et d'azote, poussières, particules radioactives, produits chimiques (mercure, par ex.). La *pollution des eaux* est due aux substances provenant des effluents industriels et urbains (rejet des eaux usées), des épandages agricoles, etc. Certaines de ces substances peuvent résister aux agents naturels de destruction. Malgré la dilution, l'océan lui-même n'échappe pas à cette pollution. Les polluants chimiques sont très nombreux: hydrocarbures (déballastage des pétroliers, forages en mer, accidents), détergents, pesticides, oxyde de titane, etc. Les microorganismes apportés par les eaux ménagères et les rejets des industries alimentaires peuvent propager des maladies en souillant l'eau de boisson ou en contaminant les animaux marins (huîtres, crustacés, etc.). La *pollution thermique* des eaux (élévation de la température due aux rejets des eaux de refroidissement, notam. par les centrales thermiques et nucléaires) cause d'importants dommages à la faune des cours d'eau. La *pollution des sols* est due à l'infiltration d'eaux elles-mêmes polluées et à l'emploi inconsidéré d'engrais chimiques et de pesticides. La *pollution radioactive* résulte de l'explosion des bombes thermonucléaires et des rejets des centrales nucléaires (déchets radioactifs, partic.). Les radioéléments les plus dangereux sont ceux dont les périodes sont les plus grandes (strontium 90 et cobalt 60, par ex.). Les dangers présentés par la pollution ont amené les autorités publiques à mettre en place une réglementation très sévère concernant le rejet des polluants, à contrôler l'évolution de la pollution de l'air et des eaux, à inciter par des aides financières les industriels et les collectivités à réaliser de nouvelles installations d'épuration (lutte «antipollution»).

polo [pɔlo] n. m. **1.** SPORT Jeu de balle découvert par les Anglais dans l'empire des Indes, se pratiquant à cheval, avec de longs maillets. **2.** Chemise en tricot à col rabattu. – Mot angl., du tibétain.

polochon [pɔlɔʃõ] n. m. Fam. Traversin. *Bataille de polochons.* – P.-ê. du néerl. *poluwe.*

polonais, aise [pɔlɔnɛ, ɛz] adj. et n. **I. 1.** De Pologne. ▷ Subst. Habitant ou personne originaire de Pologne. *Un(e) Polonais(e).* **2.** n. m. *Le polonais:* la langue slave parlée en Pologne. – De *Pologne,* État de l'Europe du N.-E.

polonaise [pɔlɔnɛz] n. f. **1.** Danse nationale de Pologne. – Air à trois temps sur lequel on exécute cette danse. *Les polonaises de Chopin.* **2.** CUIS Gâteau meringué, fourré de crème et de fruits confits et arrosé de kirsch. – De *polonais.*

polonium [pɔlɔnjɔm] n. m. CHIM Élément radioactif de numéro atomique Z = 84 et de masse atomique 210 (symbole Po), appartenant à la famille du radium. *Le polonium a été découvert en 1898 par Pierre et Marie Curie.* – De *Pologne,* pays d'orig. de Marie Curie.

poltron, onne [pɔltʀõ, ɔn] adj. et n. Qui manque de courage. Syn. lâche, peureux, couard. – Ital. *poltrone,* «poulain» empl. au sens fig.

poltronnerie [pɔltʀɔnʀi] n. f. Manque de courage, lâcheté. – Du préc.

poly-. Élément, du gr. *polus,* «nombreux».

polyacétal [pɔliasetal] n. m. CHIM Résine thermoplastique dérivée du phénol. – De *poly-,* et *acétal.*

polyacide [pɔliasid] n. m. CHIM Corps possédant plusieurs fonctions acide. – De *poly-,* et *acide.*

polyacrylique [pɔliakʀilik] adj. CHIM *Résine polyacrylique:* résine thermoplastique obtenue à partir du nitrile acrylique ou de l'acide acrylique (orlon, crylor, plexiglas, par ex.). – De *poly-,* et *acrylique.*

polyaddition [pɔliadisjõ] n. f. CHIM Polymérisation par additions successives d'une même molécule, notam. pour l'obtention de certaines matières plastiques. – De *poly-,* et *addition.*

polyalcool [pɔlialkɔl] ou **polyol** [pɔljɔl] n. m. CHIM Corps possédant plusieurs fonctions alcool. – De *poly-,* et *alcool.*

polyamide [pɔliamid] n. m. CHIM Polymère provenant de la polycondensation de composés organiques comportant un ou plusieurs groupements amine. – De *poly-,* et *amide.*

polyamine [pɔliamin] n. f. CHIM Corps possédant plusieurs fonctions amine. – De *poly-,* et *amine.*

polyandre [pɔliɑ̃dʀ] adj. **1.** Qui a plusieurs époux. **2.** BOT Se dit d'une plante qui a plusieurs étamines. – Gr. *poluandros.*

polyandrie [pɔliɑ̃dʀi] n. f. **1.** Situation d'une femme mariée à plusieurs hommes. **2.** BOT Caractère d'un végétal polyandre. – De *poly-,* et *gr. anêr, andros,* «homme mâle».

polyarthrite [pɔliaʀtʀit] n. f. MED Inflammation portant simultanément sur plusieurs articulations. – De *poly-,* et *arthrite.*

polyatomique [pɔliatɔmik] adj. CHIM Dont la molécule comprend plusieurs atomes. *Corps polyatomique.* – De *poly-,* et *atomique.*

polybutadiène [pɔlibytadjɛn] n. m. CHIM Polymère obtenu par polymérisation du butadiène. – De *poly-,* et *butadiène.*

polycarpique [pɔlikaʀpik] adj. BOT *Plante polycarpique,* dont les fleurs possèdent de nombreux carpelles libres. ▷ N. m. pl. Syn. de *ranales.* – De *poly-,* et gr. *karpos,* «fruit».

polycéphale [pɔlisefal] adj. Didac. Qui a plusieurs têtes. *Dragon polycéphale.* – Gr. *polukephalos.*

polychètes [pɔlikɛt] n. f. pl. ZOOL Classe de vers annélides au corps couvert de poils, qui vivent dans la mer ou les eaux saumâtres. – De *poly-,* et gr. *khaitê,* «chevelure».

polychroïsme [pɔlikʀɔism] n. m. OPT Propriété que possèdent certains cristaux d'apparaître diversement colorés lorsqu'on les examine à travers un analyseur que l'on fait tourner, et qui est due au phénomène de polarisation de la lumière. – De *poly-,* et gr. *khroa,* «teinte».

polychrome [pɔlikʀom] adj. Peint de plusieurs couleurs. *Statue polychrome.* – Gr. *polukhrômos.*

polychromie [pɔlikʀomi] n. f. **1.** État d'un objet polychrome. *La polychromie des bas-reliefs égyptiens.* **2.** Peinture polychrome. – Du préc.

polyclinique [pɔliklinik] n. f. Clinique où l'on soigne diverses sortes de maladies. (N. B. Ne pas confondre avec *policlinique.*) – De *poly-,* et *clinique.*

polycondensation [pɔlikõdɑ̃sasjõ] n. f. CHIM Succession de réactions de condensation donnant naissance à une macromolécule (haut polymère). V. encycl. plastique. – De *poly-,* et *condensation.*

polycopie [pɔlikɔpi] n. f. **1.** Reproduction d'un document par décalque sur une pâte à la gélatine, ou au moyen d'un stencil. **2.** Chacun des exemplaires ainsi reproduits. – De *poly-,* et *copie.*

polycopié, ée [pɔlikɔpje] adj. Reproduit par polycopie. *Tract polycopié.* ▷ N. m. Document polycopié. – Pp. de *polycopier.*

polycopier [pɔlikɔpje] v. tr. [1] Reproduire par polycopie. *Machine à polycopier.* – De *polycopie.*

polycristal, aux [pɔlikʀistal, o] n. m. CHIM Solide formé de plusieurs cristaux. – De *poly-,* et *cristal.*

polycristallin, ine [pɔlikʀistalɛ̃, in] adj. CHIM Formé de plusieurs cristaux. Ant. monocristallin. – De *poly-,* et *cristallin.*

polyculture [pɔlikyltyʀ] n. f. Pratique simultanée de plusieurs cultures dans une même exploitation agricole. *Région de polyculture.* Ant. monoculture. – De *poly-,* et *culture.*

polycyclique [pɔlisiklik] adj. **1.** CHIM *Composé polycyclique,* dont la formule développée contient plusieurs noyaux. **2.** ELECTR Qui concerne plusieurs phénomènes périodiques de fréquences différentes. – De *poly-,* et *cyclique.*

polydactyle [pɔlidaktil] adj. Didac. Qui a des doigts en surnombre. *Main polydactyle.* – De *poly-,* et gr. *daktulos,* «doigt».

polydactylie [pɔlidaktili] n. f. Didac. Fait d'être polydactyle. – Du préc.

polydipsie [pɔlidipsi] n. f. MED Soif excessive. – De *poly-,* et gr. *dipsa,* «soif».

polyèdre [pɔljɛdʀ] n. m. GEOM Solide dont les faces sont des polygones. – *Polyèdre régulier,* dont les faces sont des polygones réguliers égaux. – *Polyèdre convexe*, dont l'une quelconque des faces, prolongée indéfiniment, laisse toute la figure du même côté. ▷ Adj. *Angle polyèdre* (ou *angle solide*): figure formée, dans un polyèdre, par les faces et les arêtes qui ont un sommet commun. – Gr. *poluedros*.

polyembryonie [pɔliɑ̃bʀiɔni] n. f. BIOL Formation de plusieurs embryons à partir d'un même œuf. – De *poly-*, et *embryon*.

polyester [pɔliɛstɛʀ] n. m. Haut polymère obtenu par condensation de polyacides et de polyalcools. – De *poly-*, et *ester*.

polyéthylène [pɔlietilɛn] ou **polythène** [pɔlitɛn] n. m. Matière plastique obtenue par polymérisation de l'éthylène, utilisée notam. pour fabriquer des récipients souples, des tuyaux et des feuilles pour l'emballage. – De *poly-*, et *éthylène*.

polygala [pɔligala] ou **polygale** [pɔligal] n. m. BOT Plante dicotylédone, herbacée ou arbustive, à fleurs zygomorphes, genre type des *polygalacées*. – Mot lat., du gr. *polugalon*, de *polus*, «nombreux», et *gala*, «lait».

polygame [pɔligam] adj. et n. **1.** Qui a plusieurs conjoints. ▷ Subst. *Un, une polygame*. **2.** BOT Qui porte des fleurs hermaphrodites et des fleurs unisexuées. – Gr. *polugamos*, de *polus*, «nombreux», et *gamos*, «mariage, union».

polygamie [pɔligami] n. f. **1.** État d'une personne polygame. **2.** BOT Qualité d'une plante polygame. – Bas lat. *polygamia*, du gr. *polugamos*.

polygamique [pɔligamik] adj. Qui a rapport à la polygamie; où la polygamie est pratiquée. *Société polygamique*. – Du préc.

polygénisme [pɔliʒenism] n. m. ANTHROP Théorie selon laquelle les différentes races humaines actuelles dériveraient de races distinctes à l'origine. – De *poly-*, et gr. *gennân*, «engendrer».

polygéniste [pɔliʒenist] n. Didac. Partisan du polygénisme. – Du préc.

polyglobulie [pɔliglɔbyli] n. f. MED Augmentation du nombre des globules rouges. – De *poly-*, et *globule*.

polyglotte [pɔliglɔt] adj. **1.** Écrit en plusieurs langues. *Dictionnaire polyglotte*. **2.** Qui connaît plusieurs langues. *Un traducteur polyglotte*. ▷ Subst. *Un(e) polyglotte*. – Gr. *poluglôttos*, de *polus* «nombreux», et *glôtta*, «langue».

polygonacées [pɔligɔnase] n. f. pl. BOT Famille de plantes dicotylédones souvent herbacées, parfois arbustives ou volubiles, à petites fleurs peu visibles et à feuilles engainantes, dont les principaux genres sont les renouées *(Polygonum)*, les sarrasins *(Fagopyrum)*, les oseilles *(Rumex)*, les rhubarbes *(Rheum)*. – Du gr. *polugonaton*, de *gonu*, *gonatos*, «genou», par allusion aux nodosités.

polygonal, ale, aux [pɔligɔnal, o] adj. **1.** En forme de polygone. **2.** Dont la base est un polygone. *Prisme polygonal*. – De *polygone*.

polygonation [pɔligɔnasjɔ̃] n. f. TECH Opération de topographie qui consiste à assimiler le contour d'un terrain à un polygone. – De *polygone*.

polygone [pɔligɔn] n. m. **1.** Figure plane limitée par des segments de droite. *Polygone régulier*, dont les angles et les côtés sont égaux. *Polygone convexe, concave*, dont l'un quelconque des côtés, prolongé indéfiniment, laisse, ou non, toute la figure du même côté. **2.** PHYS *Polygone de forces:* construction géométrique qui permet de faire la somme des vecteurs qui représentent un système de forces. **3.** MILIT Figure qui délimite la forme d'une place de guerre. – Lieu où les artilleurs s'exercent au tir. – Lat. *polygonum*, du gr. *polugônos*, propr. «qui a plusieurs angles».

polygraphe [pɔligʀaf] n. (Souvent péjor.) Didac. Auteur qui écrit sur des sujets et dans des genres variés sans en être un spécialiste. – Gr. *polugraphos*.

polyholoside [pɔliɔlɔsid] n. m. BIOCHIM Syn. de *polyoside*. – De *poly-*, et *holoside*.

polymère [pɔlimɛʀ] adj. et n. m. CHIM Composé provenant de la polymérisation des molécules d'un même composé, appelé *monomère*. *Les polystyrènes, polyéthylènes et autres matières plastiques synthétiques sont des polymères*. – De *poly-*, et *-mère*.

polymérie [pɔlimeʀi] n. f. **1.** CHIM Propriété de deux corps possédant la même composition centésimale, mais dont l'un a une masse moléculaire 2, 3 ..., n fois plus grande que celle de l'autre corps. **2.** BIOL Intervention de plusieurs gènes dans la détermination d'un caractère héréditaire. – Du préc.

polymérisation [pɔlimeʀizasjɔ̃] n. f. CHIM Réaction chimique consistant en l'union de molécules d'un même composé (monomères) en une seule molécule plus grosse (macromolécule). – De *polymère*.

ENCYCL La polymérisation proprement dite donne une macromolécule contenant un nombre entier de fois les monomères. La *polycondensation* fournit, en plus des macromolécules, des produits d'élimination. La *polyaddition* s'effectue par additions successives d'une même molécule à une molécule initiatrice. La *copolymérisation* est une polymérisation effectuée à partir de plusieurs monomères distincts. Cf. encycl. plastique.

polymériser [pɔlimeʀize] v. tr. [1] CHIM Effectuer la polymérisation de. – De *polymère*.

polymétallique [pɔlimetalik] adj. Qui comporte, contient plusieurs métaux. *Nodules polymétalliques* (V. nodule). – De *poly-*, et *métallique*.

polyméthacrylate [pɔlimetakʀilat] n. m. CHIM Résine thermoplastique obtenue par polymérisation des esters de l'acide méthacrylique. – De *poly-*, et *méthacryl(ique)*.

polymorphe [pɔlimɔʀf] adj. **1.** CHIM Qui se présente sous plusieurs formes cristallines dont les propriétés physiques sont différentes. **2.** Qui peut prendre plusieurs formes. – De *poly-*, et *-morphe*.

polymorphisme [pɔlimɔʀfism] n. m. **1.** Didac. Caractère de ce qui est polymorphe. **2.** CHIM Caractère des corps polymorphes. **3.** BIOL Caractéristique d'un organisme qui peut se présenter sous diverses formes sans changer de nature. **4.** MED Diversité des symptômes (d'une même maladie). – Du préc.

polynésien, ienne [pɔlinezjɛ̃, jɛn] adj. et n. De Polynésie, ensemble des îles du Pacifique situées à l'E. de l'Australie, de la Micronésie à la Mélanésie.

polynévrite [pɔlinevʀit] n. f. MED Affection d'origine infectieuse ou toxique qui touche de façon bilatérale et symétrique plusieurs nerfs périphériques, et qui provoque des troubles moteurs et sensitifs. – De *poly-*, et *névrite*.

polynôme [pɔlinom] n. m. MATH Somme de monômes. *Le polynôme* $2a^2 + bx - c$ *est la somme des monômes* $+ 2a^2$, $+ bx$ et $- c$. – De *poly-*, et *-nôme*.

polynucléaire [pɔlinykleɛʀ] adj. BIOL *Cellule polynucléaire:* cellule qui comporte plusieurs noyaux. ▷ N. m. MED Cellule sanguine de la lignée blanche, dite *cellule leucocytaire*. – De *poly-*, et *nucléaire*.

polynucléotide [pɔlinykleɔtid] n. m. BIOCHIM Composé constitué d'un grand nombre de nucléotides associés par des liaisons phosphate (A.R.N., A.D.N.). – De *poly-*, et *nucléotide*.

polyol. V. polyalcool.

polyoléfine [pɔliɔlefin] n. f. TECH Résine thermoplastique obtenue par polymérisation des oléfines. – De *poly(mérisation)*, et *oléfine*.

polyoside [pɔliɔsid] n. m. BIOCHIM Composé constitué par la polycondensation d'une grande quantité de molécules d'oses (amidon, cellulose, etc.). Syn. polyholoside; polysaccharide. – De *poly-*, et *oside.*

polype [pɔlip] n. m. **1.** MED Tumeur bénigne pédiculée qui se développe aux dépens d'une muqueuse. **2.** ZOOL Forme fixée des cnidaires, par oppos. à la forme libre ou *méduse.* – Lat. *polypus,* gr. *polupous,* «à plusieurs pieds».

ENCYCL **Zool.** – Le polype a la forme d'un sac dont la paroi est constituée de deux couches de cellules; il comprend un seul orifice, situé à la partie supérieure et entouré de tentacules pourvus de cellules urticantes *(cnidoblastes).* Il se reproduit par bourgeonnement et par voie sexuée, avec formation ou non de la forme méduse.

polypeptide [pɔlipɛptid] n. m. BIOCHIM Molécule composée de plusieurs acides aminés, identiques ou non. – De *poly-,* et *peptide.*

polypeptidique [pɔlipɛptidik] adj. BIOCHIM Relatif aux polypeptides. – Du préc.

polypétale [pɔlipetal] adj. BOT *Fleur polypétale,* à pétales distincts. V. aussi dialypétale. – De *poly-,* et *pétale.*

polypeux, euse [pɔlipø, øz] adj. MED De la nature du polype. – De *polype.*

polyphasé, ée [pɔlifaze] adj. ELECTR Constitué par plusieurs grandeurs sinusoïdales de même nature, de même fréquence et déphasées les unes par rapport aux autres. *Courant polyphasé.* ▷ Par ext. *Réseau polyphasé,* alimenté en courant polyphasé. – De *poly-,* et *phase.*

polyphonie [pɔlifɔni] n. f. MUS Ensemble de voix, d'instruments, ordonnés suivant le principe du contrepoint. – Chant à plusieurs voix. *Les polyphonies des XV*e *et XVI*e *s.* – Gr. *poluphônia.*

polyphonique [pɔlifɔnik] adj. MUS Qui crée une polyphonie. *Musique polyphonique.* – Du préc.

polypier [pɔlipje] n. m. ZOOL Squelette corné ou calcaire des anthozoaires. – De *polype.*

polyplacophores [pɔliplakɔfɔʀ] n. m. pl. ZOOL Syn. d'*amphineures.* – De *poly-,* gr. *plakos,* «plaque», et *-phore.*

polyploïde [pɔliplɔid] adj. BIOL *Cellule polyploïde,* dont les noyaux contiennent plusieurs fois le nombre normal de chromosomes. – De *poly-,* d'ap. *diploïde.*

polyploïdie [pɔliplɔidi] n. f. BIOL Caractéristique d'une cellule polyploïde. – Du préc.

polypode [pɔlipɔd] n. m. BOT Fougère aux longues frondes profondément découpées, dont le rhizome se développe au-dessus du sol. – Lat. *polypodium,* gr. *polupodion.*

polypodiacées [pɔlipɔdjase] n. f. pl. BOT Importante famille de fougères à laquelle appartiennent presque toutes les fougères des pays tempérés. *Le polypode est la plante type de la famille des polypodiacées.* – De *polypode.*

polypore [pɔlipɔʀ] n. m. BOT Champignon basidiomycète coriace (fam. polyporées), dont l'hyménium est formé de petits tubes. *Les polypores parasitent les arbres en infiltrant leur mycélium dans les blessures du tronc.* – Gr. *poluporos,* «qui a de nombreuses ouvertures».

polyprène [pɔlipʀɛn] n. m. CHIM Macromolécule constituant le caoutchouc naturel. – De *poly-,* et *(iso)prène.*

polyptère [pɔliptɛʀ] n. m. ZOOL Poisson actinoptérygien des eaux douces d'Afrique centrale, à la nageoire dorsale très longue et divisée. – Gr. *polupteros,* «aux nombreuses ailes».

polyptyque [pɔliptik] n. m. ART Peinture exécutée sur plusieurs panneaux qui se rabattent ou restent fixes. Cf. diptyque, triptyque. – Lat. *polyptycha,* «registres, polyptyques», du gr. *ptux, ptukhos,* «pli, tablette».

polysaccharide [pɔlisakaʀid] n. m. BIOCHIM Syn. de *polyoside.* – De *poly-,* et *saccharide.*

polysémie [pɔlisemi] n. f. LING Pluralité de sens d'un mot, d'une phrase. (Ex.: le mot *griffe,* qui désigne à la fois l'ongle pointu d'un animal et l'empreinte imitant une signature.) – De *poly-,* et gr. *sêmainein,* «signifier».

polysémique [pɔlisemik] adj. LING Qui a trait à la polysémie. – Qui présente une pluralité de sens. *Mot polysémique.* – Du préc.

polystyle [pɔlistil] adj. ARCHI Dont les colonnes sont nombreuses. *Temple polystyle.* – Gr. *polustulos.*

polystyrène [pɔlistiʀɛn] n. m. CHIM Matière plastique synthétique obtenue par polymérisation du styrène. – De *poly-,* et *styrène.*

polysulfure [pɔlisylfyʀ] n. m. CHIM Sulfure dont la molécule contient plus d'atomes de soufre que celle des composés normaux. – De *poly-,* et *sulfure.*

polysyllabe [pɔlisil(l)ab] adj. (et n. m.) ou **polysyllabique** [pɔlisil(l)abik] adj. GRAM Qui a plusieurs syllabes. *Mot polysyllabe* (ou *polysyllabique*). – N. m. *Un polysyllabe.* – Gr. *polusullabos.*

polysynthétique [pɔlisɛ̃tetik] adj. LING *Langue polysynthétique,* où les formes liées dominent et dans laquelle on ne peut distinguer le mot de la phrase (inuktitut, par ex.). – De *poly-,* et *synthétique.*

polytechnicien, ienne [pɔlitɛknisjɛ̃, jɛn] n. Élève ou ancien élève de Polytechnique. – De *polytechnique.*

polytechnique [pɔlitɛknik] adj. **1.** Vx Qui embrasse, qui concerne plusieurs arts ou plusieurs sciences. **2.** *École polytechnique* ou, n. f., *Polytechnique:* établissement d'enseignement supérieur qui forme des ingénieurs. – De *poly-,* et *technique.*

polythéisme [pɔliteism] n. m. Religion qui admet l'existence de plusieurs dieux. *Le polythéisme grec.* – Du gr. *polutheos,* de *theos,* «dieu».

polythéiste [pɔliteist] adj. Relatif au polythéisme. *Doctrine polythéiste.* ▷ Subst. Adepte d'un polythéisme. – Du préc.

polythène. V. polyéthylène.

polytonal, ale, als [pɔlitɔnal] adj. MUS Qui a rapport à la polytonalité; caractérisé par la polytonalité. *Musique polytonale.* – De *poly-,* et *tonal.*

polytonalité [pɔlitɔnalite] n. f. MUS Indépendance complète des différentes parties d'une polyphonie au point de vue tonal. – De *poly-,* et *tonalité.*

polytraumatisé, ée [pɔlitʀomatize] adj. et n. MED Qui a subi plusieurs traumatismes, plusieurs lésions graves. ▷ Subst. *Les polytraumatisés de la route.* – De *poly-,* et *traumatisé.*

polytric [pɔlitʀik] n. m. BOT Mousse commune (genre *Polytrichum*) à tige dressée d'une dizaine de cm de hauteur. – Lat. bot. *polytrichum,* du gr. *thrix, trikhos,* «cheveu».

polyuréthane [pɔliyʀetan] n. m. CHIM, TECH Matière plastique servant à fabriquer des produits à structure cellulaire de très faible densité. – De *poly-,* et *uréthane.*

polyurie [pɔliyʀi] n. f. MED Émission excessive d'urine. – De *poly-,* et *-urie.*

polyurique [pɔliyʀik] adj. et n. MED **1.** Qui a rapport à la polyurie. **2.** Qui souffre de polyurie. – Du préc.

polyvalence [pɔlivalɑ̃s] n. f. Nature de ce qui est polyvalent. – De *polyvalent.*

polyvalent, ente [pɔlivalɑ̃, ɑ̃t] adj. (et n.) **1.** (Choses.) Qui peut servir à plusieurs usages. **2.** *École polyvalente* (ou n. f. *une polyvalente*): au Québec, école secondaire où sont dispensés à la fois l'enseignement général et l'enseignement professionnel. **3.** (Personnes.) Doué de capacités diverses, de talents variés. **4.** CHIM Dont la valence est supérieure à 1. – De *poly-*, et lat. *valens,* ppr. de *valere,* «valoir».

polyvinyle [pɔlivinil] n. m. CHIM Composé obtenu par polymérisation des composés vinyliques de formule générale $CH_2 = CHX$, dans laquelle X peut représenter un groupe quelconque (chlore, acétyle, acide, ester, etc.). ▷ *Chlorure de polyvinyle:* matière plastique obtenue par polymérisation du chlorure de vinyle, utilisée notam. dans la fabrication de fibres textiles, de tubes et de profilés. (Souvent désignée par l'abrév. *P.V.C.,* de son nom anglo-saxon *polyvinylchloride.*) – De *poly-*, et *vinyle.*

polyvinylique [pɔlivinilik] adj. et n. m. CHIM Se dit d'une matière thermoplastique résultant de la polymérisation d'un composé vinylique. *Résine polyvinylique.* – N. m. *Un polyvinylique.* – Du préc.

pomélo [pɔmelo] n. m. Fruit à chair rose de divers hybrides du pamplemoussier, moins amer que le vrai pamplemousse. – Amér. *pomelo,* du lat. *pomum melo,* «pomme melon».

pomerium ou **pomœrium** [pɔmeʀjɔm] n. m. ANTIQ ROM Espace sacré autour des villes, où il était défendu de construire ou de cultiver. – Mot lat., de *post,* «après», et *murus,* «mur».

pommade [pɔmad] n. f. **1.** Vieilli Cosmétique parfumé. ▷ Mod., fig. *Passer de la pommade à qqn,* le flatter. **2.** Préparation médicamenteuse, pâte obtenue en mélangeant un excipient gras et une substance active, que l'on utilise en onctions locales. – Ital. *pomata,* «onguent aux pommes», de *pomo,* «fruit».

pommader [pɔmade] v. tr. [1] Enduire de pommade. *Pommader ses cheveux.* – Du préc.

pommard [pɔmaʀ] n. m. Vin de Bourgogne de la région de Pommard. – De *Pommard* (comm. de la Côte-d'Or, France.).

pomme [pɔm] n. f. **I. 1.** Fruit comestible du pommier, à la chair croquante et parfumée, à la peau fine et coriace, colorée, selon les variétés, de diverses nuances de rouge, de vert, de jaune ou de gris-brun. *Pomme rouge, verte, blanche. Tarte aux pommes.* ▷ Loc. fam. *Tomber dans les pommes:* s'évanouir. – *Haut comme trois pommes:* tout petit (généralement en parlant d'un enfant). – Péj. *Chanter la pomme à une femme,* lui faire la cour. *Chanteur de pomme(s):* homme qui cherche à séduire par ses flatteries, ses promesses. ▷ France *Aux pommes:* très bien, très soigné. – *Ma (ta, sa,* etc.) *pomme:* moi (toi, lui, etc.). *Les ennuis c'est pour ma pomme.* **2.** *Pomme d'Adam:* saillie du cartilage thyroïde, à la partie antérieure du cou de l'homme. **3.** (France) CUIS *Ellipt.* Pomme de terre. *Des pommes sautées.* **4.** Nom cour. du fruit de divers végétaux. *Pomme d'amour:* tomate. ▷ *Pomme de pin:* cône de pin, constitué d'écailles lignifiées entre lesquelles sont insérées les graines. **II. 1.** Boule compacte formée par les feuilles intérieures du chou, de certaines salades. *Pomme de laitue.* **2.** Ornement en forme de pomme, de boule. *Pomme de lit en cuivre.* **3.** *Pomme de douche:* pièce perforée de multiples trous, qui s'adapte à la tuyauterie d'alimentation d'une douche et qui disperse l'eau en pluie. – *Pomme d'arrosoir:* tête perforée du tuyau d'un arrosoir. – Lat. *poma,* pl. neutre de *pomum,* «fruit».

pommé, ée [pɔme] adj. **1.** Rond et compact comme une pomme, en parlant d'un chou, d'une salade. *Laitue pommée.* **2.** Fig., fam. Achevé, complet, parfait dans son genre. *En fait de sottises, celle-ci est assez pommée!* – Pp. de *pommer.*

pommeau [pɔmo] n. m. **1.** Boule servant de poignée à une canne. **2.** Pièce arrondie à l'extrémité de la poignée d'un sabre, d'une épée. ▷ Extrémité renflée du fût des pistolets anciens. **3.** Éminence arrondie au milieu de la partie antérieure de l'arçon d'une selle. – De l'a. fr. *pom,* masc. de *pomme.*

pomme de terre [pɔmdətɛʀ] n. f. Plante annuelle (*Solanum tuberosum,* fam. solanacées) herbacée, à fleurs blanches, dont la partie souterraine de la tige développe des tubercules comestibles très riches en amidon. ▷ Le tubercule lui-même. *Pommes de terre bouillies, frites.* Syn. (cour.) patate. – «Fruit de terre», trad. de *malum terræ.*

pommelé, ée [pɔmle] adj. **1.** *Cheval pommelé,* dont la robe, à fond blanc, est couverte de taches grises arrondies. **2.** *Ciel pommelé,* couvert de petits nuages arrondis blancs ou grisés. – De *pomme.*

pommeler (se) [pɔmle] v. pron. [22] **1.** Devenir pommelé (ciel). **2.** Rare Pommer (choux, salades). – De *pommelé.*

pommelle [pɔmɛl] n. f. TECH Plaque perforée placée à l'ouverture d'un tuyau d'évacuation pour éviter l'obstruction de la canalisation par les détritus. – De *pomme.*

pommer [pɔme] v. intr. [1] En parlant des choux, des salades, devenir pommé, se former en boule. – De *pomme.*

pommeraie [pɔmʀɛ] n. f. Terrain planté de pommiers. – De *pommier.*

pommeté, ée ou **pommetté, ée** [pɔmte] adj. HERALD Terminé par des pommettes (sens 2). *Croix pommettée.* – De *pommette.*

pommette [pɔmɛt] n. f. **1.** Partie saillante de la joue, au-dessous de l'angle externe de l'œil, due au relief de l'os malaire. **2.** HERALD Ornement en forme de petite pomme, de petite boule. **3.** Plaque arrondie garnissant la crosse d'un pistolet. – Dimin. de *pomme.*

pommier [pɔmje] n. m. **1.** Arbre (*Pirus malus,* fam. rosacées) aux feuilles ovales dentées, aux fleurs blanches plus ou moins rosées, qui produit la pomme. – *Pommier du Japon, de Chine:* variétés exotiques cultivées comme plantes d'ornement. **2.** Bois de cet arbre, au grain très fin, utilisé en ébénisterie. – De *pomme.*

pomœrium. V. pomerium.

pompadour [pɔ̃paduʀ] adj. inv. Se dit du style rococo mis à la mode par Mme de Pompadour. ▷ N. m. *Le pompadour.* – Du n. de la marquise de *Pompadour,* favorite de Louis XV.

pompage [pɔ̃paʒ] n. m. **1.** Action de pomper. **2.** PHYS *Pompage optique:* technique permettant de créer des populations d'ions, d'atomes et de molécules différentes de celles qui correspondent à l'équilibre thermique. *Le pompage optique est utilisé dans les lasers et les horloges atomiques.* – De *pomper.*

1. pompe [pɔ̃p] n. f. **1.** Cérémonial somptueux. *La pompe des triomphes romains.* – Loc. *En grande pompe:* en grande cérémonie. **2.** n. f. pl. *Pompes funèbres:* service chargé des cérémonies funéraires, des enterrements. *Entrepreneur des pompes funèbres.* **3.** Péjor. Emphase, solennité affectée. **4.** RELIG *Renoncer au monde et à ses pompes,* à ses vains plaisirs. *Renoncer à Satan, à ses pompes et à ses œuvres.* – Lat. *pompa,* gr. *pompê,* «procession solennelle».

2. pompe [pɔ̃p] n. f. **1.** Machine mettant un fluide en mouvement, soit pour l'extraire de son gisement naturel ou d'un récipient, soit pour le faire circuler dans une canalisation. *Pompe à eau, à essence. Pompe* *à incendie.* – *Pompe à chaleur:* système de chauffage dont le fonctionnement est analogue à celui d'une machine frigorifique. Syn. thermopompe. **2.** *Serrure à pompe:* serrure de sûreté dans laquelle la clé doit repousser des ressorts avant de faire jouer le pêne. **3.** Pop. Chaussure. ▷ Loc. fam., fig. *Être à côté de ses pompes:* dire n'importe quoi, faire les choses n'importe comment. – *Coup de pompe:* sensation d'épuisement, de grande fatigue (cf. *coup de barre*). **4.** Fam. Exercice de flexion des bras, en station allongée face au sol. *Faire des pompes.* – Néerlandais *pompe;* angl. *pump.*

1. pompéien, ienne [põpejɛ̃, jɛn] adj. HIST Qui se rapporte au général romain Pompée. ▷ Subst. Partisan de Pompée. – Du n. de Cneius *Pompeius* Magnus, «Pompée» (106-48 av. J.-C.).

2. pompéien, ienne [põpejɛ̃, jɛn] adj. ANTIQ De la v. antique de Pompéi. ▷ Subst. Habitant de Pompéi. – De *Pompéi,* v. antique de Campanie (à 25 km au S.-E. de Naples) fondée au VIe s. av. J.-C.

pomper [põpe] v. tr. [1] **1.** Puiser, aspirer ou refouler avec une pompe. *Pomper l'eau d'un puits.* **2.** Aspirer (un liquide) par une voie naturelle. *Mouche qui pompe une goutte de jus de viande.* ▷ Fam. Boire (du vin, de l'alcool). **3.** Absorber (un liquide). *L'éponge pompe l'eau répandue.* ▷ Fig. Attirer à soi, s'emparer de. *Pomper les économies de qqn.* **4.** loc. fam. *Être pompé,* épuisé. ▷ *Il nous pompe l'air:* il nous fatigue, il nous ennuie. **5.** Arg. Copier. *Il a pompé toute sa composition sur son voisin.* – De *pompe* 2.

pompette [põpɛt] adj. Fam. Légèrement ivre. – De *pompette,* «pompon, ornement», sous l'infl. de *pomper* (sens 2).

pompeusement [põpøzmɑ̃] adv. **1.** Vx Avec splendeur et solennité. *«Ma mère Jézabel (...) pompeusement parée...»* (Racine). **2.** Mod., péjor. Avec emphase. *Discourir pompeusement.* – De *pompeux.*

pompeux, euse [põpø, øz] adj. **1.** Vx Fastueux. **2.** Péjor. Emphatique, d'une solennité quelque peu ridicule. – Lat. *pomposus,* de *pompa.* V. pompe 1.

1. pompier [põpje] n. m. Homme faisant partie d'un corps organisé pour combattre les incendies et les sinistres. *Les voitures rouges des pompiers.* (Rem.: Comme forme féminine, l'OLF recommande *pompière.*) – De *pompe* 2.

2. pompier [põpje] adj. et n. Péjor. Conventionnel et emphatique. *Un discours pompier.* ▷ N. m. *Un pompier:* un peintre qui traite avec recherche et réalisme des sujets conventionnels. *Les pompiers du XIXe.* – De *pompe* 1 ou de *pompier,* par allusion aux casques dont les peintres néo-classiques coiffaient les guerriers antiques et que moquaient les élèves des beaux-arts dans leur chanson *«Un masque de pompier/Ça fait presque un guerrier».*

pompiérisme [põpjeʀism] n. m. Péjor. Style conventionnel et emphatique des artistes pompiers. – Du préc.

pompile [põpil] n. m. ZOOL Hyménoptère porte-aiguillon, à l'abdomen rayé de noir. – Lat. *pompilus,* «poisson proche du thon».

pompiste [põpist] n. Personne qui distribue l'essence aux automobilistes, dans une station-service. – De *pompe* 2.

pompon [põpõ] n. m. **1.** Houppe ronde de brins de laine, de soie, etc., qui sert d'ornement. *Pompon rouge des bonnets de marin.* ▷ Appos. *Rose pompon :* variété de roses à petites fleurs globuleuses. **2.** loc. fig., fam. *Avoir le pompon:* l'emporter sur les autres (souvent iron.). *Comme imbécile, il a le pompon!* ▷ Vieilli *Avoir son pompon:* être un peu ivre (cf. *être pompette*). – D'un rad. expressif *pomp-,* ou du rad. lat. *puppa,* «sein».

pomponner [põpɔne] v. tr. [1] Parer avec beaucoup de soin. *Pomponner un petit enfant.* ▷ v. pron. *Elle se pomponne devant la glace.* – De *pompon.*

ponçage [põsaʒ] n. m. Action, manière de poncer. – De *poncer.*

1. ponce [põs] n. f. **1.** Roche poreuse très légère, d'origine volcanique, appelée plus cour. *pierre ponce.* **2.** TECH Petit sachet de toile rempli d'une poudre colorante qui sert à poncer (sens 2) un dessin. – Bas lat. *pomex, pomicis,* lat. class. *pumex.*

2. ponce [põs] n. f. Boisson faite d'eau très chaude, de gin, de sucre ou de miel et de jus de citron, que l'on prend pour lutter contre les refroidissements, faciliter la digestion, le sommeil, etc. *Ponce de gin, au gin. Prendre une bonne ponce.* – Altér. anc. de l'angl. *punch* dans *bowl of punch* devenu *bolleponge,* puis *bonne ponce.*

1. ponceau [põso] n. m. et adj. inv. **1.** n. m. Rég. Coquelicot. **2.** adj. inv. De la couleur rouge vif du coquelicot. *Des robes ponceau.* – De l'a. fr. *pouncel,* «paon».

2. ponceau [põso] n. m. Petit pont à une seule arche. – Du lat. pop. **ponticellus,* lat. class. *ponticulus.*

poncer [põse] v. tr. [14] **1.** Décaper, polir au moyen de la pierre ponce, et, par ext., d'un abrasif quelconque. *Poncer un parquet.* **2.** TECH Reproduire au poncif. *Poncer un dessin.* – De *ponce.*

ponceur, euse [põsœʀ, øz] n. **1.** n. Ouvrier, ouvrière qui opère le ponçage. **2.** n. f. Machine à poncer. – De *poncer.*

ponceux, euse [põsø, øz] adj. MINER Qui est de la nature de la ponce. – De *ponce.*

poncho [põʃo] n. m. Manteau fait d'une couverture percée au centre pour y passer la tête, en usage en Amérique latine chez les gauchos, les paysans. – Mot esp. d'Amérique du S.

poncif [põsif] n. m. **1.** Vx TECH Dessin dont le contour est piqué de multiples trous et que l'on peut reproduire en l'appliquant sur une surface quelconque et en y passant une ponce (sens 2). **2.** Fig. Idée conventionnelle, rebattue; lieu commun, cliché. – De *poncer.*

ponction [põksjõ] n. f. **1.** MED, CHIR Prélèvement d'un liquide dans une cavité du corps, opéré au moyen d'une aiguille creuse, d'un trocart. **2.** Fig. Prélèvement (d'argent, notam.). *La ponction annuelle du fisc.* – Lat. *punctio,* «piqûre», de *pungere,* «piquer».

ponctionner [põksjɔne] v. tr. [1] MED, CHIR Opérer la ponction de, une ponction dans. – Du préc.

ponctualité [põktɥalite] n. f. Exactitude à faire les choses en temps voulu. *Remplir ses obligations avec ponctualité.* – (En parlant de choses.) *La ponctualité d'un paiement.* ▷ *Spécial.* Habitude, fait d'être à l'heure. – De *ponctuel.*

ponctuation [põktɥasjõ] n. f. **1.** Système de signes graphiques permettant de séparer les phrases d'un texte, d'indiquer certains rapports syntaxiques à l'intérieur de celles-ci et de noter divers faits d'intonation. *Signes de ponctuation:* point, virgule, guillemets, etc. **2.** Utilisation de ces signes; action, manière de ponctuer. – De *ponctuer.*

ponctuel, elle [põktɥɛl] adj. **1.** Exact, régulier, qui fait à point nommé ce qu'il doit faire. **2.** OPT Qui se présente comme un point. *Source lumineuse ponctuelle.* **3.** Fig. Qui porte sur un point, une partie seulement, et non sur l'ensemble. *Débrayages ponctuels dans une usine.* – Lat. médiév. *punctualis,* de *punctum,* «point».

ponctuellement [põktɥɛlmɑ̃] adv. Avec ponctualité. – Du préc.

ponctuer [põktɥe] v. tr. [1] **1.** Marquer de signes de ponctuation (un texte). ▷ (S. comp.) *Il ne sait pas* *ponctuer.* **2.** Accompagner, souligner (ses paroles) de gestes, de bruits. *Il ponctuait son discours de coups de poing sur la table.* – Lat. médiév. *punctuare,* de *punctum,* «point».

pondaison [pɔ̃dɛzɔ̃] n. f. Rare Époque de la ponte des oiseaux. – De *pondre.*

pondérable [pɔ̃deʀabl] adj. Didac. Dont le poids peut être déterminé. – Lat. *ponderabilis,* de *ponderare,* «peser».

pondéral, ale, aux [pɔ̃deʀal, o] adj. Relatif au poids. *Analyse pondérale.* – Du bas lat. *ponderale,* «balance publique», de *pondus, ponderis,* «poids».

pondérateur, trice [pɔ̃deʀatœʀ, tʀis] adj. **1.** Qui a une influence modératrice, qui atténue, tempère. *Élément pondérateur.* **2.** MATH, STATIS Qui pondère. *Coefficient pondérateur.* – De *pondérer.*

pondération [pɔ̃deʀasjɔ̃] n. f. **1.** Action, fait de pondérer; son résultat. **2.** Fig. Calme, équilibre, modération. **3.** MATH, STATIS Opération qui consiste à pondérer (une variable). – Du lat. *ponderatio,* «pesée».

pondéré, ée [pɔ̃deʀe] adj. **1.** Qui fait preuve de pondération. *Caractère pondéré.* **2.** MATH, STATIS Qui a subi une pondération (variables). – ECON *Indice pondéré.* – Pp. de *pondérer.*

pondérer [pɔ̃deʀe] v. tr. [16] **1.** Équilibrer (des forces, des tendances). Syn. modérer, tempérer. **2.** MATH, STATIS Affecter (une variable) d'un coefficient qui modifie son incidence sur un résultat. – ECON *Pondérer un indice de prix.* – Lat. *ponderare,* «peser».

pondéreux, euse [pɔ̃deʀø, øz] adj. Se dit d'une matière très pesante. ▷ N. m. *Les pondéreux.* – Lat. *ponderosus.*

pondeur, euse [pɔ̃dœʀ, øz] n. et adj. **1.** n. f. Femelle d'oiseau qui pond. *Une bonne, une mauvaise pondeuse.* ▷ Adj. *Poule pondeuse.* **2.** Subst. Fig., fam. *Un pondeur de romans.* – De *pondre.*

pondoir [pɔ̃dwaʀ] n. m. TECH Nid, panier, case, dispositif industriel où pondent les poules. – De *pondre.*

pondre [pɔ̃dʀ] v. tr. [5] **1.** Expulser, donner (un, des œufs), en parlant des femelles des animaux ovipares. ▷ Absol. *Cette poule pond tous les jours.* **2.** Fig., fam. Mettre au monde (un enfant). *Elle l'a pondu, son marmot?* **3.** Fig., fam. Produire (un texte écrit). *Pondre une lettre* (cf. accoucher). – Du lat. *ponere,* «poser, déposer».

poney [pɔnɛ] n. m. Cheval de petite taille (moins de 1,47 m au garrot), de trait ou de selle. – Angl. *pony,* p.-ê. de l'a. fr. *poulenet,* «petit poulain».

pongé [pɔ̃ʒe] n. m. Étoffe légère, faite de laine et de bourre de soie. – Angl. *pongee,* p.-ê. du chinois *pun-ki, pun-gi,* «métier à tisser», ou de l'angl. *sponge,* «éponge».

pongidés [pɔ̃ʒide] n. m. pl. ZOOL Famille de grands singes dépourvus de queue, aux membres supérieurs plus longs que les membres inférieurs, aux mains et aux pieds préhensiles, qui comprend notam. le gorille, le chimpanzé et l'orang-outan. – Sing. *Un pongidé.* – De *pongo,* mot de l'Angola, «grand singe» (d'Afrique: chimpanzé ou gorille).

pongiste [pɔ̃ʒist] n. SPORT Joueur, joueuse de ping-pong. – De *ping-pong.*

pont [pɔ̃] n. m. **1.** Ouvrage d'art, construction permettant de franchir un obstacle encaissé, un cours d'eau, un bras de mer, etc. – *Pont de glace:* partie glacée d'un cours d'eau aménagée pour passer d'une rive à l'autre. ▷ *Par anal.* Prothèse dentaire qui prend appui sur des dents saines. ▷ *Faire le pont:* se renverser en arrière jusqu'à ce que les mains touchent terre, les pieds restant à plat sur le sol. ▷ *Pantalon à pont,* comportant sur le devant un large pan rectangulaire boutonné. **2.** Fig. Ce qui sert de lien entre deux choses. ▷ Loc. fig. *Couper les ponts avec qqn,* rompre toutes relations avec lui. – *Faire le pont:* ne pas travailler entre deux jours fériés. **3.** Par anal. *Pont aérien:* va-et-vient d'avions destiné à établir une liaison d'urgence pour ravitailler un lieu isolé, apporter une aide, fournir du matériel, etc. **4.** MILIT *Tête de pont:* position conquise sur une rive ou une côte ennemie qui servira de point de départ à des opérations ultérieures. **5.** TECH *Pont roulant:* engin de manutention constitué par un portique roulant sur deux rails et par un chariot, mobile le long de ce portique, muni d'un treuil de levage. **6.** AUTO Ensemble des organes mécaniques servant à transmettre le mouvement du moteur aux roues d'un véhicule. **7.** CHIM Configuration de structure constituée par un atome ou une chaîne atomique non ramifiée reliant deux atomes d'une molécule liés par ailleurs. ▷ *Pont hydrogène:* liaison due aux forces électrostatiques qui s'exercent entre le dipôle électrique formé par un atome d'hydrogène lié à un atome très électronégatif (oxygène, azote), et un atome électronégatif appartenant à la même molécule *(pont hydrogène intramoléculaire* ou *chélation)* ou à une autre *(pont hydrogène intermoléculaire).* ▷ *Pont peroxo:* V. peroxo-. **8.** ELECTR Dispositif à quatre éléments de circuits, dont l'une des diagonales est occupée par une source de courant, et l'autre par un appareil de mesure. **9.** MUS Passage de transition entre deux thèmes. **10.** Ensemble de bordages horizontaux, soutenus par des barrots*, qui couvrent le creux de la coque d'un navire ou qui divisent celle-ci en étages appelés *entreponts.* – Lat. *pons, pontis.*

pontage [pɔ̃taʒ] n. m. **1.** Action de construire un pont. **2.** CHIR Réunion de deux artères à l'aide d'une greffe ou d'une prothèse. **3.** Didac. Réunion d'éléments par un pont (sens 8 et 9). – De *ponter.*

1. ponte [pɔ̃t] n. f. **1.** Action de pondre. ▷ Ensemble des œufs pondus en une seule fois. **2.** PHYSIOL *Ponte ovulaire:* ovulation. – Anc. pp. fém. subst. de *pondre.*

2. ponte [pɔ̃t] n. m. **1.** Personne qui joue contre le banquier, dans les jeux de hasard. **2.** Fam. Personnage important, influent. *Un gros ponte de la finance.* – Déverbal de *ponter* 2.

ponté, ée [pɔ̃te] adj. **1.** MAR Dont le creux de la coque est recouvert par un ou plusieurs ponts, en parlant d'une embarcation. *Canot ponté.* **2.** CHIM Se dit d'une molécule qui comporte un ou plusieurs ponts. – De *ponter* 1.

pontée [pɔ̃te] n. f. MAR Ensemble des marchandises transportées sur le pont supérieur d'un navire. – De *pont.*

1. ponter [pɔ̃te] v. tr. [1] **1.** MAR Munir d'un pont. *Ponter un bateau.* **2.** Réaliser un pontage (sens 2 et 3). – De *pont.*

2. ponter [pɔ̃te] v. intr. [1] Aux jeux de hasard, jouer contre le banquier. – De *pont, ponte,* anc. pp. de *pondre,* «poser», du lat. *ponere,* «mettre au jeu».

pontet [pɔ̃tɛ] n. m. TECH Demi-cercle d'acier qui protège la détente d'un fusil, d'un pistolet, etc. – Dimin. de *pont.*

pontier [pɔ̃tje] n. m. TECH Celui qui manœuvre, conduit un pont roulant. – De *pont.*

pontife [pɔ̃tif] n. m. **1.** ANTIQ Ministre du culte, dans l'ancienne Rome. *Grand pontife,* celui qui avait les plus hautes fonctions religieuses. **2.** Haut dignitaire de l'Église catholique. *Le souverain pontife:* le pape. **3.** Fig., fam. Personne gonflée de son importance, qui se prend très au sérieux. – Lat. *pontifex.*

pontifiant, iante [pɔ̃tifjɑ̃, jɑ̃t] adj. Qui pontifie. – Ppr. de *pontifier.*

pontifical, ale, aux [pɔ̃tifikal, o] adj. et n. m. **I.** adj. **1.** Qui appartient à la dignité de pontife, d'évêque.

2. Qui a rapport au souverain pontife, au pape. *Gardes pontificaux.* – HIST *États pontificaux:* partie de l'Italie placée autref. sous l'autorité temporelle des papes. **II.** n. m. LITURG CATHOL Livre contenant le rituel observé par le pape et les évêques au cours des cérémonies pontificales et épiscopales. – Lat. *pontificalis.*

pontificat [pɔ̃tifika] n. m. **1.** ANTIQ Dignité de grand pontife, chez les anciens Romains. **2.** Dignité de souverain pontife. ▷ Temps pendant lequel un pape occupe le Saint-Siège. – Lat. *pontificatus.*

pontifier [pɔ̃tifje] v. intr. [1] **1.** Rare Officier en qualité de pontife. **2.** Fig., fam. Faire le pontife; discourir de manière solennelle et emphatique. – De *pontife.*

pontil [pɔ̃til] n. m. TECH **1.** Petite glace arrondie qui sert à étendre l'émeri sur la glace que l'on polit. **2.** Masse de verre à demi fondue, utilisée pour fixer un objet de verre en cours de fabrication sur une barre de fer; cette barre de fer elle-même. – De *pont.*

pont-levis [pɔ̃ləvi] n. m. Pont mobile qui, dans un château fort ou un ouvrage fortifié entouré de fossés, permet le passage lorsqu'il est abaissé et ferme la porte d'accès lorsqu'il est levé. *Des ponts-levis.* – De *pont,* et de l'anc. adj. *levis,* «qui se lève».

ponton [pɔ̃tɔ̃] n. m. **1.** Plate-forme flottante servant à divers usages, et notam. à l'amarrage des bateaux, dans un port. *Les pontons d'une marina.* **2.** MAR Anc. Navire désaffecté transformé en dépôt de matériel, en caserne, en prison, etc., dans un port. **3.** TECH Barre de fer articulée permettant de cuber les tas de pierres cassées pour l'empierrement des routes. – Lat. *ponto, pontonis,* «bateau de transport», de *pons, pontis.*

pontonnier [pɔ̃tɔnje] n. m. **1.** MILIT Soldat du génie chargé de la mise en œuvre et de l'entretien des ponts mobiles. **2.** TECH Pontier. – De *ponton.*

pool [pul] n. m. Anglicisme **1.** Vieilli Groupement provisoire de producteurs dont les bénéfices vont à une caisse commune. ▷ Groupement provisoire entre des agents économiques ou des nations, qui a pour but de maîtriser le prix ou la quantité d'un bien sur le marché. **2.** *Pool de dactylos :* groupe de dactylos travaillant pour un même service, dans une entreprise. **3.** BIOL *Pool génétique:* ensemble des caractères génétiques propres à une population. – Mot angl., empr. du fr. *poule* 2.

pop [pɔp] Abrév. de pop music.

pop'art [pɔpaʀ(t)] n. m. ART Anglicisme Mouvement artistique contemporain, mode de création plastique recourant largement aux objets les plus quotidiens, considérés comme significatifs d'une certaine culture populaire, ainsi qu'aux procédés graphiques de la publicité et de la mode, pour évoquer l'environnement urbain propre à la civilisation industrielle. (Né en Angleterre entre 1954 et 1957 avec les œuvres de Richard Hamilton, Richard Smith, etc., le pop'art s'imposa à partir de 1959 aux É.-U.; princ. représentants: Roy Lichtenstein, Andy Warhol, Tom Wesselmann, James Rosenquist, Claes Oldenburg.) – Mot angl., abrév. de *popular art.*

pop-corn [pɔpkɔʀn] n. m. inv. Friandise faite de grains de maïs soufflés à chaud, sucrés ou salés. – Mot amér., de *popped corn,* «maïs éclaté».

pope [pɔp] n. m. Prêtre de l'Église orthodoxe. – Du gr. ecclés. *pappos,* propr. «grand-père» en gr. class., et russe *pop.*

popeline [pɔplin] n. f. **1.** Étoffe à chaîne de soie et trame de laine. **2.** Tissu léger, de soie ou de coton, dont la texture rappelle celle de la popeline proprement dite. – Angl. *poplin,* du franç. *papeline* (p.-ê. ital. *papalina,* de *papalino,* adj., «papal», l'étoffe ayant d'abord été fabriquée dans la ville papale d'Avignon).

poplité, ée [pɔplite] adj. ANAT Du jarret. *Creux poplité:* région postérieure du genou. – Du lat. *poples, poplitis,* «jarret».

pop music [pɔpmyzik] n. f. Anglicisme Musique d'origine anglo-américaine issue pour l'essentiel du rock and roll et enrichie par des apports très divers (jazz, folk, blues, musique savante contemporaine, musique indienne, etc.). – Abrév.: *pop.* ▷ Adj. inv. *Musique pop. Des disques pop.* – Mot anglo-américain, abrév. de *popular music*

popote [pɔpɔt] n. f. et adj. inv. Fam. **I.** n. f. **1.** Cuisine. *Faire la popote.* **2.** Groupe de militaires qui prennent leur repas en commun. **II.** adj. inv. Excessivement attaché à son foyer, à son ménage; casanier et terre à terre. – Onomat. «soupe», ou mot vosgien, «bouillie».

popotin [pɔpɔtɛ̃] n. m. Fam. Fesses, derrière (d'une personne). – Redoubl. de *pot* (sens 4).

populace [pɔpylas] n. f. Péjor. Basses classes du peuple; le peuple lui-même. – Ital. *populaccio,* péjor. de *popolo.*

populacier, ière [pɔpylasje, jɛʀ] adj. Litt. Propre à la populace. – Du préc.

populage [pɔpylaʒ] n. m. Plante herbacée (*Caltha palustris,* fam. renonculacées) des lieux humides, à grosses fleurs jaune doré Syn. cour. souci d'eau. – Lat. bot. *populago,* de *populus,* «peuplier».

populaire [pɔpylɛʀ] adj. **1.** Qui fait partie du peuple. *Les classes populaires.* **2.** Constitué, organisé par le peuple. *Gouvernement populaire. Démocratie populaire:* système politique fondé sur le principe marxiste de la dictature du prolétariat. **3.** Propre au peuple; destiné au peuple. **4.** Qui se concilie l'affection du peuple, qui est connu et aimé du peuple. *Un premier ministre populaire.* – Lat. *popularis.*

populairement [pɔpylɛʀmɑ̃] adv. De manière populaire. ▷ Dans le langage populaire. *Le mot «autobus» est populairement féminin.* – Du préc.

populariser [pɔpylaʀize] v. tr. [1] Rendre populaire, connu. *Les média(s) ont popularisé la notion d'écologie.* – De *populaire.*

popularité [pɔpylaʀite] n. f. Fait d'être populaire, de plaire au plus grand nombre. – Lat. *popularitas.*

population [pɔpylasjɔ̃] n. f. **1.** Ensemble des habitants d'un pays, d'une ville, etc. *Recenser la population.* ▷ Par anal. *La population d'une ruche.* **2.** Ensemble des membres d'une classe, d'une catégorie sociale particulière. *Population rurale, scolaire.* **3.** BIOL Ensemble des individus d'une même espèce animale ou végétale, vivant dans une même région. **4.** STATIS Ensemble d'objets, d'unités sur lesquels portent des observations, ou donnant lieu à un classement statistique. – Bas lat. *populatio,* de *populus,* «peuple».

populeux, euse [pɔpylø, øz] adj. Où la population est nombreuse. *Banlieue populeuse.* – Bas lat. *populosus.*

populisme [pɔpylism] n. m. **1.** HIST Idéologie et mouvement politique russes de la fin du XIXe s., sorte de socialisme fondé sur la transformation des communautés agraires traditionnelles. **2.** POLIT Nom donné à l'idéologie de certains mouvements politiques se référant au peuple mais rejetant la notion de lutte des classes (notam. en Amérique latine depuis le début du XXe s.). **3.** LITTER École littéraire, créée en 1929, qui prônait la description de la vie du petit peuple. ▷ *Par ext.* Courant pictural ou cinématographique qui s'attache à la peinture des petites gens. – Du lat. *populus,* «peuple».

populiste [pɔpylist] adj. et n. Qui a rapport au populisme. *Roman, écrivain populiste.* ▷ Subst. Partisan du populisme. – Du préc.

populo [pɔpylo] n. m. Pop. **1.** *Le populo :* le peuple, les petites gens. *Ces coins-là, c'est pas pour le populo.* **2.** Foule, multitude. *Qu'est-ce qu'il y avait comme populo!* – De *populaire,* sur le modèle de *proprio.*

poquer [pɔke] v. intr. [1] Au jeu de boules, jeter sa boule en l'air, de telle manière qu'elle retombe sans rouler. – Du flam. *pokken,* «frapper».

poquet [pɔkɛ] n. m. AGRIC Trou dans lequel on dépose plusieurs semences. – De *poquer* ou de *poque,* forme picarde de *poche.*

porc [pɔʀ] n. m. **1.** Mammifère domestique omnivore (*Sus scrofa domesticus,* type de la fam. des suidés) au corps trapu couvert de soies, à la tête allongée terminée par un solide groin fouisseur, élevé pour sa chair et secondairement pour son cuir. ▷ *Porc sauvage :* sanglier. **2.** Viande de cet animal. ▷ Cuir de porc. *Agenda relié en porc.* **3.** Fig., fam. Homme malpropre ou grossier. ▷ Homme grossièrement libidineux. – Lat. *porcus.*

ENCYCL Le porc, ou cochon, descend du sanglier d'Eurasie. Ses membres courts se terminent par 4 doigts, dont 2 sont munis de sabots. Les canines, très développées, subissent une croissance continue. Le mâle adulte est le *verrat,* la femelle la *truie* et les petits les *porcelets* ou *cochonnets* ou *gorets.* Omnivore, le porc se nourrit des déchets alimentaires de l'homme; l'élevage industriel fait appel à des techniques plus complexes. La truie peut donner deux portées par an, chacune de 10 à 12 porcelets. On utilise toutes les parties du porc: poils ou *soies* (fabrication de brosses), graisse sous-cutanée ou *lard* (utilisée en cuisine), graisse fondue *(saindoux);* sa chair se consomme fraîche ou en conserve.

porcelaine [pɔʀsəlɛn] n. f. **I.** ZOOL Mollusque gastéropode (genre *Cypraea*), assez commun dans les mers chaudes, dont la coquille vernissée est parsemée de taches colorées. **II.** Par anal. d'aspect. **1.** Produit céramique non coloré, fin et translucide, à pâte non poreuse, recouvert d'une glaçure. *Vase, tasses de porcelaine.* **2.** Objet de porcelaine. *Une porcelaine de Sèvres.* – Ital. *porcellana,* «sorte de coquillage», de *porcella,* «jeune truie», par comparaison entre la forme du coquillage et la vulve d'une truie.

porcelainier, ière [pɔʀsəlenje, jɛʀ] adj. et n. **1.** adj. Relatif à la porcelaine. **2.** n. Celui, celle qui fabrique ou qui vend de la porcelaine. – Du préc.

porcelet [pɔʀsəlɛ] n. m. Jeune porc. – Dimin. de l'a. fr. *porcel,* «pourceau».

porc-épic [pɔʀkepik] n. m. Mammifère rongeur dont le corps est couvert de longs piquants. *Porc-épic d'Amérique (Erethizon dorsatum). Des porcs-épics.* – D'ap. *piquer,* de l'a. fr. *porc espi,* anc. provenç. *porc espin,* ital. *porcospino,* «porc-épine».

porche [pɔʀʃ] n. m. **1.** Avant-corps d'un édifice, donnant accès à la porte d'entrée. *Le porche d'une église.* **2.** Vestibule d'un palais, d'un hôtel. **3.** Embrasure d'une porte cochère. – Du lat. *porticus.*

porcher, ère [pɔʀʃe, ɛʀ] n. Personne qui garde ou qui soigne les porcs. – Du bas lat. *porcarius,* de *porca,* «truie».

porcherie [pɔʀʃəʀi] n. f. **1.** Bâtiment dans lequel on loge, on élève les porcs. **2.** Fig. Lieu très sale. – De *porcher.*

porcin, ine [pɔʀsɛ̃, in] adj. et n. **I.** adj. **1.** Qui a rapport au porc. *La race porcine.* **2.** Dont l'apparence évoque celle du porc. *Visage porcin.* **II.** n. m. *Les porcins:* les porcs domestiques. – *Par ext.* Les suidés. – Lat. *porcinus.*

pore [pɔʀ] n. m. **1.** Chacun des orifices microscopiques, à la surface de la peau, où débouchent les canaux des glandes sudoripares. – Fig. *Suer la vanité, la peur par tous les pores,* en manifester tous les signes. ▷ Par ext. BOT *Pores d'une feuille:* stomates*. **2.** Chacune des très petites cavités que présentent certaines matières minérales. *Les pores de la pierre ponce, de la terre cuite.* – Lat. *porus,* gr. *poros,* «passage».

poreux, euse [pɔʀø, øz] adj. Qui a des pores, qui est perforé de très nombreux petits trous. *Roche poreuse.* – Du préc.

porion [pɔʀjõ] n. m. Contremaître, dans une mine de houille. – Mot picard, orig. incon.

porno [pɔʀno] adj. et n. m. Fam. **1.** adj. Pornographique. **2.** n. m. Pornographie. – *Spécial.* Cinéma pornographique. *Les habitués du porno.* – Film pornographique. *Aller voir un porno.* – Abrév. de *pornographique.*

pornographe [pɔʀnɔgʀaf] n. et adj. Auteur, artiste spécialisé dans les œuvres obscènes. ▷ Adj. Qui produit des œuvres, des objets pornographiques. *Éditeur pornographe.* – Du gr. *pornê,* «prostituée», et de *-graphe.*

pornographie [pɔʀnɔgʀafi] n. f. Production de livres, de films, etc. d'une obscénité à caractère sexuel; caractère obscène de ceux-ci. – Du préc.

pornographique [pɔʀnɔgʀafik] adj. Qui a rapport à la pornographie. – Abrév. fam.: *porno.* – Du préc.

porosité [pɔʀozite] n. f. État d'un corps poreux. *La porosité d'une poterie.* – De *poreux.*

porphyre [pɔʀfiʀ] n. m. Roche d'origine volcanique, très dure, formée d'une pâte feldspathique vitreuse présentant de grosses inclusions cristallines. *Porphyre rouge, vert, bleu, noir.* – Ital. *porfiro,* lat. *porphyrites,* du gr. *porphuritês (lithos),* «(pierre) pourpre».

porphyrie [pɔʀfiʀi] n. f. MED Maladie héréditaire due à un trouble du métabolisme des porphyrines. – Du gr. *porphura,* «pourpre».

porphyrine [pɔʀfiʀin] n. f. BIOL Pigment de structure polycyclique jouant un rôle important dans les phénomènes respiratoires. *Porphyrines ferrugineuses :* hème et hématine. – Du gr. *porphura,* «pourpre».

porphyrique [pɔʀfiʀik] adj. MINER Qualifie une roche microgrenue contenant quelques gros cristaux visibles à l'œil nu. – De *porphyre.*

porphyrogénète [pɔʀfiʀoʒenɛt] adj. ANTIQ Se disait des enfants des empereurs d'Orient nés pendant le règne de leur père. *Constantin VII Porphyrogénète.* – Gr. *porphurogenêtos,* «né dans la pourpre».

porphyroïde [pɔʀfiʀɔid] adj. MINER *Granite porphyroïde,* contenant de grands cristaux de feldspath. – De *porphyr(e),* et *-oïde.*

porrection [pɔʀɛksjõ] n. f. LITURG CATHOL Acte par lequel l'évêque présente à un ordinand les objets attachés à l'exercice de son ministère. – Lat. *porrectio,* de *porrigere,* «tendre».

porridge [pɔʀidʒ] n. m. (France) Bouillie de flocons d'avoine. V. gruau. – Mot anglais, corrupt. du français *potage.*

1. port [pɔʀ] n. m. **1.** Abri naturel ou artificiel aménagé pour recevoir les navires, charger ou décharger leur cargaison, assurer leur entretien, etc. *Port de guerre, de commerce, de pêche, de plaisance. Port d'attache:* port où un navire est immatriculé; *au fig.:* lieu où l'on retourne régulièrement, auquel on est affectivement attaché. ▷ Loc. fig. *Arriver à bon port:* arriver à destination sans accident. **2.** Ville bâtie auprès, autour d'un port. *Halifax est un port important.* **3.** Col, dans les Pyrénées. *Le port d'Envalira.* – Lat. *portus.*

2. port [pɔʀ] n. m. **1.** Action, fait de porter sur soi. *Le port d'un uniforme. Port d'arme.* **2.** Façon de se tenir, maintien. *Un port altier.* **3.** Allure générale d'une plante, d'un arbre, aspect caractéristique que lui donne l'angle d'insertion de ses ramifications sur la tige principale, sur le tronc. *Le port majestueux du chêne.* **4.** Prix du transport d'un colis, d'une lettre. *Port dû*, qui sera payé par le destinataire. *Port payé*, réglé par l'expéditeur. **5.** MAR *Port en lourd:* poids maximal total qu'un navire peut embarquer. – Déverbal de *porter* 1.

portable [pɔʀtabl] adj. **1.** Que l'on peut porter. **2.** DR Se dit d'une dette qui doit être acquittée dans le lieu désigné par une convention ou par une décision de justice (par oppos. à *quérable*). – De *porter* 1.

portage [pɔʀtaʒ] n. m. **1.** Transport d'une charge à dos d'homme. ▷ *Spécial.* Action de transporter une embarcation par terre pour éviter une chute, un rapide ou pour rejoindre une voie navigable. *Il faut faire deux milles de portage pour aller pêcher dans ce lac-là.* **2.** Endroit, généralt sur un cours d'eau, où l'on doit transporter une embarcation, des marchandises. ▷ *Par ext.* Sentier, chemin à travers un bois qui sert pour ce transport. **3.** MAR Partie d'un espar, d'un cordage, etc., qui est soumise à un frottement. *Fourrer une aussière au portage.* – De *porter* 1.

ENCYCL Les voies d'eau très accidentées d'Amérique obligeaient, à certains endroits, à transporter par voie terrestre, le plus souvent à dos d'homme, canots et bagages. C'est ainsi que le mot *portage* a pris au Canada un sens spécifique qu'il n'avait pas en France. L'acception canadienne du mot est consignée dans les dictionnaires français dès la fin du XVIIe s. (Corneille 1694). Elle avait sans doute cours depuis le début du siècle puisqu'elle est attestée dans les Relations des Jésuites dès 1635: «Or quand on approche de ces cheutes ou torrens, il faut mettre pied à terre, et porter au col à travers les bois, ou sur de hautes et fascheuses roches, tous les pacquets et les canots mesmes. Cela ne se fait pas sans beaucoup de travail, car il y a des portages d'une, de deux et de trois lieuës [...].» Il était quelquefois possible d'éviter certains portages. Ainsi, lorsque les rapides étaient peu violents et que la rive le permettait, le canot était plutôt tiré *à la cordelle;* on attachait alors à l'avant du canot, qui restait chargé, une corde que tiraient de la rive des hommes ou des chevaux. *Portage* a pénétré en anglais nord-américain et est l'un des mots les plus usités dans les noms de lieux français et anglais de l'Amérique du Nord. Certains de ces toponymes sont chargés d'histoire. Ainsi *Grand Portage*, qui fait aujourd'hui partie du territoire des États-Unis (à l'ouest du lac Supérieur), était au début du XIXe s. un point stratégique pour les *voyageurs* qui montaient faire le commerce des fourrures dans les pays d'en haut. Dans *Les Engagés du Grand Portage* (1938), véritable fresque historique de cette époque, Léo-Paul Desrosiers a décrit la dure réalité qu'ont dû affronter ces hommes pourtant rompus à la vie dans les bois.

portageage [pɔʀtaʒaʒ] n. m. Action de portager. – De *portager.*

portager [pɔʀtaʒe] v. tr. et intr. [15] **1.** v. intr. Faire du portage. *Portager le long d'un rapide. Portager en raquettes.* ▷ v. tr. Transporter (un fardeau) sur son dos. *Portager un canot.* **2.** v. tr. et intr. Transporter (des provisions, des marchandises) en forêt à l'aide d'un animal ou avec des moyens de fortune. *Portager avec les chevaux.* – De *portage.*

portageur [pɔʀtaʒœʀ] ou **portageux** [pɔʀtaʒø] n. m. Ouvrier affecté au transport des provisions, des fardeaux en forêt. *Collier du portageur. Le ravitaillement des travailleurs était fait par des portageux.* – De *portager.*

portail [pɔʀtaj] n. m. Entrée principale d'un édifice, d'un parc, etc., souvent à caractère monumental. ▷ Porte monumentale d'un édifice religieux. *Portail gothique.* – De *porte* 1; a. fr. *portal*, «grand panneau de bois qui sert de porte».

portal, ale, aux [pɔʀtal, o] adj. ANAT Relatif à la veine porte (V. porte 2). – De *porte* 2.

portance [pɔʀtɑ̃s] n. f. **1.** AERON Composante verticale de la poussée de l'air sur une aile d'avion. **2.** MINES Force à laquelle peut résister un élément de soutènement. **3.** TRAV PUBL Capacité d'un terrain à supporter des charges. – De *porter* 1.

portant, ante [pɔʀtɑ̃, ɑ̃t] adj. et n. m. **I.** adj. **1.** Qui porte, dont le rôle est de porter, de soutenir. *Mur portant.* **2.** *Bien, mal portant:* en bonne, en mauvaise santé. – Subst. *Les bien portants.* **3.** loc. adv. *À bout portant:* l'arme touchant presque la cible. **4.** MAR *Allures portantes*, celles qui sont comprises entre le vent arrière et le vent de travers. **II.** n. m. **1.** Anse d'une malle, d'un coffre, etc. **2.** THEAT Châssis vertical fixe qui soutient les décors mobiles, les appareils d'éclairage. – Ppr. de *porter* 1.

portatif, ive [pɔʀtatif, iv] adj. Conçu pour pouvoir être transporté facilement. *Téléviseur portatif.* – De *porter* 1.

1. porte [pɔʀt] n. f. **I. 1.** Ouverture pratiquée dans un mur, une clôture quelconque, et qui permet d'entrer dans un lieu fermé ou d'en sortir. Loc. fig. *Défendre, consigner sa porte:* refuser de recevoir quiconque. – *Mettre* (fam. *flanquer, foutre*) *qqn à la porte*, le chasser, le renvoyer. **2.** Panneau mobile qui ferme une porte (sens 1), une baie. *Porte en bois, en fer forgé. Porte à deux battants.* **3.** Battant, vantail (fermant une ouverture autre qu'une baie). *Porte de voiture, de réfrigérateur.* **4.** HIST *La Sublime Porte, la Porte:* le gouvernement des anciens sultans turcs; la Turquie elle-même. **II. 1.** Ouverture pratiquée dans l'enceinte d'une ville fortifiée. **2.** Emplacement d'une porte de l'ancienne enceinte, dans une ville moderne; quartier qui l'environne. **III.** SPORT Chacun des couples de piquets qui délimitent, pour le skieur, le passage à emprunter, sur une piste de slalom. – Lat. *porta.*

2. porte [pɔʀt] adj. ANAT *Veine porte*, qui amène au foie le sang provenant des organes digestifs. – De *porte* 1, «veine qui joue le rôle de porte, d'orifice».

porte-. Élément, du verbe *porter.*

porté, ée [pɔʀte] adj. et n. m. **I.** adj. **1.** *Être porté à:* avoir tendance à. *Être porté à médire. Être porté au pessimisme.* ▷ *Être porté sur:* avoir un goût prononcé pour. *Il est porté sur la bonne chère.* **2.** PEINT *Ombre portée*, projetée par un corps sur une surface; représentation picturale d'une telle ombre. **II.** n. m. CHOREGR Mouvement au cours duquel le danseur maintient sa partenaire au-dessus du sol. – Pp. de *porter* 1.

porte-aéronefs [pɔʀtaeʀɔnɛf] n. m. inv. MAR Bâtiment de guerre destiné à recevoir des aéronefs (avions ou hélicoptères). – De *porte-*, et *aéronef*, d'ap. *porte-avions.*

porte-à-faux [pɔʀtafo] n. m. inv. et loc. adj. CONSTR Partie d'un ouvrage qui n'est pas d'aplomb, qui est mal assuré, en position instable. ▷ Loc. adj. *En porte-à-faux:* en position instable; fig. dans une situation mal assurée. – De *porte-*, *à*, et *faux.*

porte-affiche(s) [pɔʀtafiʃ] n. m. Cadre, généralement grillagé, dans lequel on placarde des affiches. *Des porte-affiches.* – De *porte-*, et *affiche.*

porte-aiguille [pɔʀtegɥij] n. m. inv. CHIR Petite pince d'acier qui sert à tenir les aiguilles à sutures. – De porte-, et *aiguille.*

porte-aiguilles [pɔʀtegɥij] n. m. inv. Étui servant à ranger des aiguilles à coudre. – De *porte-*, et *aiguille.*

porte-aiguillon [pɔʀtegɥijɔ̃] n. m. et adj. ZOOL Hyménoptère dont la femelle est munie d'une tarière transformée en aiguillon. ▷ Adj. *Les hyménoptères porte-aiguillon(s)* (abeilles, guêpes, fourmis, etc.) *for-*

ment le sous-ordre des aculéates. – De *porte-*, et *aiguillon.*

porte-amarre [pɔʀtamaʀ] n. m. MAR Appareil qui permet de lancer une amarre. ▷ Appos. *Fusil porte-amarre.* – *Des porte-amarres.* – De *porte-*, et *amarre.*

porte-à-porte [pɔʀtapɔʀt] n. m. inv. Méthode de vente qui consiste à proposer les produits à des particuliers à leur domicile. *Faire du porte-à-porte,* ou *du porte à porte.* – De *porte, à,* et *porte.*

porte-avions [pɔʀtavjõ] n. m. inv. MAR Bâtiment de guerre spécialement aménagé pour transporter des avions de combat et leur permettre de décoller et d'atterrir. – De *porte-*, et *avion.*

porte-bagages [pɔʀt(ə)bagaʒ] n. m. inv. **1.** Filet, grillage, casier, etc., destiné à recevoir les bagages, dans un véhicule de transports en commun. **2.** Petit panneau, le plus souvent à claire-voie, sur lequel on peut assujettir des paquets, des colis, sur une bicyclette, une motocyclette, une voiture, etc. – De *porte-*, et *bagage.*

porte-balais [pɔʀt(ə)balɛ] n. m. inv. TECH Dispositif servant à maintenir les balais d'une machine électrique dans une position convenable. – De *porte-*, et *balai.*

porte-bannière [pɔʀt(ə)banjɛʀ] n. Personne qui porte une bannière. *Des porte-bannière(s).* – De *porte-*, et *bannière.*

porte-barges [pɔʀtəbaʀʒ] n. m. inv. MAR Navire conçu pour transporter des barges, des chalands. *Les porte-barges limitent les ruptures de charge.* – De *porte-*, et *barge.*

porte-bébé [pɔʀt(ə)bebe] n. m. Couffin, panier, siège ou sac (porté sur le dos ou la poitrine) qui sert à transporter un bébé. *Des porte-bébé(s).* – De *porte-* et *bébé.*

porte-billets [pɔʀt(ə)bijɛ] n. m. inv. Portefeuille où l'on range exclusivement les billets de banque. – De *porte-*, et *billet.*

porte-bonheur [pɔʀt(ə)bɔnœʀ] n. m. inv. Objet qui est censé porter chance. – Appos. *Un bracelet porte-bonheur.* – De *porte-*, et *bonheur.*

porte-bouquet [pɔʀt(ə)bukɛ] n. m. Très petit vase à fleurs destiné à être accroché. *Des porte-bouquet(s).* – De *porte-*, et *bouquet.*

porte-bouteilles [pɔʀt(ə)butɛj] n. m. inv. **1.** Casier destiné à ranger des bouteilles horizontalement. **2.** Panier à cases pour le transport des bouteilles. **3.** Égouttoir à bouteilles. – De *porte-*, et *bouteille.*

porte-carte(s) [pɔʀtəkaʀt] n. m. **1.** Petit étui, comportant quelquefois plusieurs pochettes, destiné à protéger les papiers que l'on a habituellement sur soi (documents d'identité, cartes de crédit, titres de transport, etc.). **2.** Étui destiné au rangement de cartes géographiques, routières, etc. *Des porte-cartes.* – De *porte-*, et *carte.*

porte-cigares [pɔʀt(ə)sigaʀ] n. m. inv. Étui, boîte à cigares. – De *porte-*, et *cigare.*

porte-cigarettes [pɔʀt(ə)sigaʀɛt] n. m. inv. Étui, boîte à cigarettes. – De *porte-*, et *cigarette.*

porte-clés ou **porte-clefs** [pɔʀtəkle] n. m. inv. **1.** Vieilli Gardien de prison qui porte les clés. **2.** Anneau ou étui pour porter des clés. – De *porte-*, et *clé* ou *clef.*

porte-conteneurs [pɔʀt(ə)kõtənœʀ] n. m. inv. MAR Navire aménagé pour le transport des conteneurs. – De *porte-*, et *conteneur.*

porte-couteau [pɔʀt(ə)kuto] n. m. Ustensile de table, petit support destiné à empêcher la lame du couteau de salir la nappe. *Des porte-couteau(x).* – De *porte-*, et *couteau.*

porte-crayon [pɔʀt(ə)kʀɛjõ] n. m. Petit tube métallique dans lequel on insère un bout de crayon, un fusain, etc. *Des porte-crayon(s).* – De *porte-*, et *crayon.*

porte-croix [pɔʀtəkʀwa] n. m. inv. RELIG CATHOL Personne qui porte la croix dans une procession ou devant le pape, un légat, un archevêque. – De *porte-*, et *croix.*

porte-documents [pɔʀt(ə)dɔkymɑ̃] n. m. inv. Serviette plate qui sert à porter des papiers, des documents; cartable sans soufflets. – De *porte-*, et *document.*

porte-drapeau [pɔʀt(ə)dʀapo] n. m. **1.** Celui qui porte le drapeau d'un régiment. **2.** Fig. Chef de file et propagandiste actif d'un mouvement, d'une organisation. *Des porte-drapeaux.* – De *porte-*, et *drapeau.*

portée [pɔʀte] n. f. **I. 1.** Distance à laquelle une arme, une pièce d'artillerie peut lancer un projectile. *La portée d'un canon.* **2.** Distance à laquelle on peut voir, se faire entendre, toucher qqch. *Restez à portée de voix.* ▷ *À (la) portée (de), hors de (la) portée (de):* qui peut, qui ne peut pas être atteint (par). **3.** Distance entre les points d'appui d'une pièce qui n'est soutenue que par quelques-unes de ses parties. *Portée d'un pont, d'un arc.* **4.** (Abstrait) *A la portée, hors de portée:* accessible, inaccessible. *Spécial.*, accessible, inaccessible à la compréhension. *Mystères hors de portée de l'esprit humain. Être, se mettre à la portée de qqn,* à son niveau d'intelligence, de culture, de compréhension. **5.** Fig. Importance relative des conséquences (d'une idée, d'un fait). *Invention d'une portée incalculable.* **II. 1.** Ensemble des petits qu'une femelle de mammifère met bas à chaque gestation. *Une portée de porcelets.* **2.** MAR Vx *Portée en lourd:* capacité de charge. **III.** MUS Ensemble des cinq lignes horizontales, équidistantes et parallèles utilisées pour noter la musique. – Pp. fém. subst. de *porter* 1.

porte-enseigne [pɔʀtɑ̃sɛɲ] n. m. inv. Vx Porte-drapeau. – De *porte-*, et *enseigne.*

porte-étendard [pɔʀtetɑ̃daʀ] n. m. Officier qui porte l'étendard d'un régiment de cavalerie. ▷ Pièce de cuir attachée à la selle, où s'appuie le bout de la hampe de l'étendard. *Des porte-étendard(s).* – De *porte-*, et *étendard.*

portefaix [pɔʀtəfɛ] n. m. inv. Anc. Homme de peine qui portait des fardeaux, débardeur. – De *porte-*, et *faix.*

porte-fanion [pɔʀt(ə)fanjõ] n. m. Militaire qui porte le fanion d'un officier général. *Des porte-fanion(s).* – De *porte-*, et *fanion.*

porte-fenêtre [pɔʀt(ə)fənɛtʀ] n. f. Grande porte vitrée qui donne accès à une terrasse de plain-pied, à un balcon, etc. *Des portes-fenêtres.* – De *porte* 1, et *fenêtre.*

portefeuille [pɔʀtəfœj] n. m. **I.** Étui, enveloppe en cuir, en matière plastique, etc., comportant généralement plusieurs poches, et destiné à contenir les papiers et l'argent que l'on porte sur soi. **II. 1.** Vx Serviette pour le rangement des papiers, des documents. **2.** Fonction de direction d'un département ministériel. *Obtenir le portefeuille de l'Éducation. Ministre sans portefeuille,* qui n'est pas à la tête d'un ministère. **3.** Ensemble de valeurs mobilières et d'effets de commerce appartenant à une personne morale ou physique. *Portefeuille d'actions.* ▷ *Société de portefeuille,* dont l'activité consiste à gérer un avoir constitué par des actions, des valeurs mobilières. – De *porte-*, et *feuille* (de papier).

porte-fort [pɔʀtəfɔʀ] n. m. inv. DR Engagement pris par une personne qu'un tiers accomplira tel acte juridique ou telle prestation; personne qui prend cet engagement. – De *porte-*, et *fort.*

porte-greffe(s) [pɔʀtəgʀɛf] n. m. ARBOR Sujet sur lequel on fixe un ou des greffons. *Des porte-greffes.* – De *porte-,* et *greffe.*

porte-hélicoptères [pɔʀtelikɔptɛʀ] n. m. inv. Navire de guerre spécialement aménagé pour le transport, le décollage et l'appontage des hélicoptères. – De *porte-,* et *hélicoptère,* d'ap. *porte-avions.*

porte-jarretelles [pɔʀt(ə)ʒaʀtɛl] n. m. inv. Sous-vêtement féminin, ceinture à laquelle sont fixées les jarretelles. – De *porte-,* et *jarretelle.*

porte-lame [pɔʀtəlam] n. m. TECH Support de lame (d'une moissonneuse ou d'une faucheuse; d'une machine-outil). *Des porte-lame(s).* – De *porte-,* et *lame.*

porte-malheur [pɔʀt(ə)malœʀ] n. m. inv. Personne ou chose qui est censée porter malheur. – De *porte-,* et *malheur.*

portemanteau [pɔʀt(ə)mɑ̃to] n. m. **1.** Applique murale ou support sur pied portant des crochets, des patères, pour suspendre les vêtements. *Des portemanteaux.* **2.** MAR Potence placée sur le pont supérieur d'un navire qui sert à hisser ou à mettre à l'eau les embarcations. – De *porte-,* et *manteau.*

portement [pɔʀtəmɑ̃] n. m. Seulement dans la loc. *portement de croix:* tableau, sculpture qui représente le Christ chargé de la croix. – De *porter* 1.

porte-mine ou **portemine** [pɔʀtəmin] n. m. Instrument pour écrire dans lequel on met des mines de crayon. *Des porte-mine(s)* ou *des portemines.* V. crayon à mine. Rem. Surtout dans la langue de la publicité. – De *porte-,* et *mine.*

porte-monnaie [pɔʀt(ə)mɔnɛ] n. m. inv. Petite pochette, petit sac en cuir, en matière plastique, etc., pour les pièces de monnaie. – De *porte-,* et *monnaie.*

porte-mors [pɔʀtəmɔʀ] n. m. inv. TECH Partie latérale de la bride qui soutient le mors. – De *porte-,* et *mors.*

porte-musc [pɔʀtəmysk] n. m. inv. ZOOL Petit cervidé *(Moschus moschiferus)* d'Asie orientale dont les canines supérieures sont transformées en défenses et dont le mâle possède une poche à musc près de l'ombilic. – De *porte-,* et *musc.*

porte-objet [pɔʀtɔbʒɛ] n. m. TECH Platine d'un microscope. ▷ Lame sur laquelle on place un objet à examiner au microscope. – Appos. *Lame porte-objet.* – *Des porte-objet(s).* – De *porte-,* et *objet.*

porte-outil [pɔʀtuti] n. m. TECH Support de l'outil d'une machine-outil. *Des porte-outil(s).* – De *porte-,* et *outil.*

porte-parapluies [pɔʀt(ə)paʀaplɥi] n. m. inv. Petit meuble qui sert à ranger les parapluies, les cannes. – De *porte-,* et *parapluie.*

porte-parole [pɔʀt(ə)paʀɔl] n. m. inv. Personne qui parle au nom d'une autre, d'un groupe, etc. *Le porte-parole du gouvernement a fait la déclaration suivante...* – De *porte-,* et *parole.*

porte-plume [pɔʀtəplym] n. m. inv. Instrument au bout duquel on fixe une plume à écrire. – De *porte-,* et *plume* (à écrire).

1. porter [pɔʀte] v. [1] **I.** v. tr. **1.** Soutenir, maintenir, soulever (un poids). *Porter un fardeau.* ▷ Fig. *Porter tout le poids, toute la responsabilité de qqch,* en être seul chargé. – Fam. *Porter l'alcool,* en tolérer les effets physiologiques. **2.** Avoir en soi, dans sa matrice (un enfant, un petit), en parlant de la femme et des femelles des mammifères. *Femme qui porte un enfant dans son sein.* – Absol. *La chienne porte neuf semaines.* ▷ Produire (des graines, des fruits), en parlant de plantes. *Vigne qui porte de belles grappes.* **3.** Prendre avec soi et mettre en un lieu déterminé. *Porter ses chaussures chez le cordonnier.* **4.** Inscrire, enregistrer, coucher par écrit. *Vous porterez sur ce registre les noms des absents.* **5.** Avoir sur soi. *Porter un manteau. Porter la barbe.* ▷ Par méton. *Porter les armes, la robe, la soutane:* être militaire, magistrat, ecclésiastique. **6.** Avoir, garder (une trace, une marque). *Billet de loterie qui porte le numéro tant.* ▷ Avoir pour patronyme, pour surnom. *Le nom que je porte.* **7.** Tenir de telle ou telle façon (le corps, une partie du corps). *Porter la tête haute.* **8.** Faire aller (qqch) vers. *Porter des aliments à sa bouche.* ▷ *Porter la main sur qqn, porter un coup à qqn,* le frapper. – (Au sens moral.) *La mort de sa femme lui a porté un rude coup.* ▷ En loc. *Porter un sentiment à qqn,* éprouver à son égard ce sentiment. – *Porter secours à qqn,* le secourir. – *Porter bonheur, malheur:* apporter la chance, la malchance. *Porter préjudice à qqn,* lui nuire. – *Porter témoignage:* apporter, fournir (personnes), constituer (choses) un témoignage. – *Porter un jugement,* l'émettre, l'exprimer. **9.** *Porter à:* inciter, entraîner à. *Ses déboires l'ont porté à se méfier.* **10.** Amener, pousser à un degré d'intensité supérieur; élever à une quantité plus grande. *Porter un métal au rouge cerise. Cette mort porte à vingt-huit le nombre des victimes.* ▷ Élever professionnellement, socialement. *Porter qqn aux plus hautes fonctions.* **II.** v. tr. indir. **1.** *Porter sur:* avoir pour point d'appui, pour support, pour fondement. *Tout l'édifice porte sur ces colonnes.* ▷ *Porter à faux:* ne pas reposer directement sur son support, ou n'avoir pas le centre de gravité à la verticale du point d'appui, en parlant d'une partie de construction, d'un objet quelconque. ▷ *Remarque qui porte sur un point important,* qui a pour objet un point important. ▷ Fam. *Porter sur les nerfs de qqn,* l'irriter, l'exaspérer. **2.** *Porter contre:* aller heurter, entrer rudement en contact avec. *Sa tête a porté contre le pare-brise.* **III.** v. intr. Avoir une portée, en parlant d'une arme à feu, d'une pièce d'artillerie. *Les mortiers ne portent pas jusqu'ici.* – Fig. *Sa critique a porté,* elle a atteint son but. ▷ *Une voix qui porte:* une voix que l'on entend de loin. **IV.** v. pron. **1.** Aller, se diriger. *Son cheval s'est porté brusquement sur la droite.* ▷ Fig. *L'intérêt se portait tout d'un coup sur lui.* **2.** Se laisser aller, en venir (à). *Se porter à des excès.* **3.** Se présenter en tant que. *Se porter candidat à une élection.* **4.** Être habituellement porté (vêtements). *Les robes se portent plus longues cet hiver.* **5.** *Se porter bien, mal:* être en bonne, en mauvaise santé. – Lat. *portare.*

2. porter [pɔʀtɛʀ] n. m. Bière anglaise brune et forte. – Mot angl., de *porter's ale,* «bière de portefaix».

porte-savon [pɔʀtsavɔ̃] n. m. Petit ustensile, petit récipient disposé près d'un lavabo, d'une baignoire, etc., pour recevoir le savon. *Des porte-savon(s).* – De *porte-,* et *savon.*

porte-serviettes [pɔʀtsɛʀvjɛt] n. m. inv. Support muni de tringles destiné à recevoir des serviettes de toilette. – De *porte-,* et *serviette.*

porteur, euse [pɔʀtœʀ, øz] n. et adj. **I.** n. **1.** Personne dont le métier est de porter des fardeaux. ▷ *Spécial.* Celui qui porte les bagages, dans une gare. **2.** n. m. Personne chargée de remettre une lettre. *Donner la réponse au porteur.* **3.** FIN Possesseur (d'un titre). *Porteur d'une action.* ▷ Cour. *Billet, chèque au porteur,* qui peut être encaissé par toute personne qui le détient, qui n'est pas nominatif. **4.** *Porteur de...:* personne qui détient, porte sur soi. *Porteur d'une fausse carte d'identité.* – MED *Porteur de germes* ou *porteur sain:* personne dont l'organisme contient des germes pathogènes, mais qui ne présente les signes cliniques de la maladie correspondante. **II.** adj. **1.** *Gros porteur:* se dit d'un avion, d'un camion de grande capacité. ▷ N. m. *Un gros porteur.* **2.** Qui porte. *Essieux porteurs et essieux moteurs d'une locomotive.* **3.** RADIOÉLECTR *Onde porteuse,* employée pour la transmission d'un signal. – De *porter* 1.

porte-vent [pɔʀtəvɑ̃] n. m. inv. MUS Tuyau qui, dans les orgues, conduit l'air des soufflets jusqu'au sommier. – De *porte-*, et *vent.*

porte-voix [pɔʀtəvwɑ] n. m. inv. Instrument portatif destiné à faire entendre la voix à de grandes distances, constitué d'un grand pavillon tronconique dont l'extrémité la plus étroite enserre étroitement la bouche; appareil électrique affectant la même forme et destiné au même usage. – De *porte-*, et *voix.*

portfolio [pɔʀfɔljo] n. m. TECH Support rigide, assemblage de feuillets mobiles ou non, servant à la présentation d'images photographiques; ces images. – De l'ital. *portafogli.*

portier, ière [pɔʀtje, jɛʀ] n. **1.** Vx Concierge. **2.** n. m. Employé qui garde l'entrée de certains établissements publics (hôtels, notam.). **3.** Personne qui garde la porte d'un couvent. – Appos. *La sœur portière.* **4.** n. m. Anc. Clerc qui avait reçu le premier des quatre ordres mineurs (auj. supprimé). – Bas lat. *portarius,* de *porta,* «porte».

1. portière [pɔʀtjɛʀ] adj. f. AGRIC Se dit d'une femelle en âge de porter des petits. *Vache portière.* – De *porter* 1.

2. portière [pɔʀtjɛʀ] n. f. **1.** Tenture destinée à masquer une porte. **2.** Porte d'automobile, de voiture de chemin de fer. – De *porte* 1.

portillon [pɔʀtijɔ̃] n. m. Porte à battant généralement bas, qui ferme un passage public. *Portillon d'un passage à niveau.* – Dimin. de *porte* 1.

portion [pɔʀsjɔ̃] n. f. **1.** Partie d'un tout divisé. *Une portion de droite. La portion enneigée de l'autoroute.* **2.** Ce qui revient à chacun dans un partage. *Portion d'héritage.* **3.** Quantité d'un mets destinée à un convive, dans un repas. *Servir des portions copieuses.* – Lat. *portio.*

portique [pɔʀtik] n. m. **1.** Galerie à l'air libre dont le plafond est soutenu par des colonnes, des arcades. ▷ PHILO ANC *Le Portique:* la philosophie stoïcienne (qui était enseignée sous un portique, à Athènes). **2.** Support constitué de deux éléments verticaux reliés à leur sommet par un élément horizontal. *Portique de gymnastique,* auquel sont accrochés des agrès. *Portique de levage,* roulant sur des rails et comportant un chariot mobile auquel est accroché un palan. – Lat. *porticus.*

portland [pɔʀtlɑ̃d] n. m. CONSTR Ciment hydraulique obtenu autrefois par la calcination des calcaires silico-alumineux de la presqu'île de Portland et fabriqué auj. avec un mélange d'argile et de carbonate de calcium *(portland artificiel).* – De *Portland,* péninsule du Sud de l'Angleterre.

porto [pɔʀto] n. m. Vin liquoreux, rouge ou blanc, produit à partir de raisin récolté dans le nord du Portugal. – De *Porto,* v. et port du Portugal.

portrait [pɔʀtʀɛ] n. m. **1.** Représentation d'une personne par le dessin, la peinture, la photographie. – *Spécial.* Représentation de son visage. *Portrait en pied,* représentant le corps et le visage. ▷ Loc. fig. *Être le portrait de qqn,* lui ressembler beaucoup. **2.** Pop. Figure, visage. *Il s'est fait esquinter le portrait.* **3.** *Par anal.* Description d'une personne. *On m'a fait de lui un portrait peu flatteur.* ▷ Description d'une chose. *La situation dont vous venez de brosser le portrait.* – Pp. de l'anc. v. *portraire,* «dessiner»; d'abord *portret, pourtrait.*

portraitiste [pɔʀtʀɛtist] n. Artiste spécialisé dans le portrait. – Du préc.

portrait-robot [pɔʀtʀɛʀɔbo] n. m. Portrait d'un individu recherché par la police, réalisé d'après les indications fournies par les témoins. *Des portraits-robots.* – De *portrait,* et *robot.*

portraiturer [pɔʀtʀɛtyʀe] v. tr. **[1]** Litt. Faire le portrait de qqn. ▷ Fig. Décrire (qqn). – De *portrait.*

portuaire [pɔʀtɥɛʀ] adj. Qui a rapport à un port; propre aux ports. *Installations portuaires.* – De *port* 1.

portugais, aise [pɔʀtygɛ, ɛz] adj. et n. **I. 1.** adj. Du Portugal. ▷ Subst. Habitant ou personne originaire de ce pays. **2.** n. m. *Le portugais:* la langue romane parlée au Portugal et au Brésil et dans quelques pays d'Afrique: Angola, Mozambique, notam. **II.** adj. MAR *Amarrage à la* (ou *en*) *portugaise,* ou, n. f., *une portugaise:* amarrage de deux cordages constitué de nombreux tours d'un mince filin. – Du moyen fr. *portingallais.*

portulan [pɔʀtylɑ̃] n. m. MAR Anc. Carte marine des premiers navigateurs (XIIIe-XVIe s.) indiquant principalement la position des ports sur les côtes. ▷ Livre, guide à l'usage des pilotes côtiers. – De l'ital. *portolano,* «pilote», de *porto,* «port».

posada [pɔsada] n. f. Vx Auberge espagnole. – Mot esp.

pose [poz] n. f. **1.** Action de poser; mise en place, montage. *Pose d'un lavabo.* **2.** Attitude que prend un modèle devant un peintre, un sculpteur, un photographe. *Prendre la pose.* ▷ Attitude, maintien du corps. *Une pose gracieuse, indolente.* **3.** Fig. Attitude affectée. *Prendre des poses. Il y a de la pose dans sa manière de s'exprimer.* **4.** PHOTO Exposition à la lumière de la surface sensible; durée de cette exposition. *Temps de pose.* – *Absol.* Exposition de quelque durée (opposé à *instantané*). – Déverbal de *poser.*

posé, ée [poze] adj. **1.** Sérieux, calme, pondéré. *Une jeune fille très posée.* **2.** PHOTO Exposé à la lumière. *Cliché trop posé.* **3.** MUS *Une voix posée:* V. poser, I, 7. – Pp. de *poser.*

posément [pozemɑ̃] adv. D'une façon posée, calmement, tranquillement. – Du préc.

posemètre [pozmɛtʀ] n. m. PHOTO Appareil servant à déterminer le meilleur temps de pose pour une photographie. – De *pose-,* et *mètre.*

poser [poze] v. **[1] I.** v. tr. **1.** Placer, mettre. *Poser un vase sur un meuble.* – (S. comp. de lieu.) Cesser de porter, déposer. *Il posa ses valises.* **2.** Disposer, installer, fixer à l'endroit approprié. *Poser un câble téléphonique.* **3.** Coucher sur le papier, disposer par écrit. *Poser une multiplication.* **4.** Fig. Établir. *Poser en principe. Posons comme hypothèse que...* **5.** *Poser une question,* la formuler, demander qqch. ▷ *Poser un problème à qqn,* être pour lui une cause d'ennui, de désagrément; faire difficulté. *Votre absence risque de nous poser un problème.* **6.** (Sujet n. de chose.) Contribuer à établir la réputation de (qqn), lui conférer importance et prestige. *Le succès de son roman a posé ce jeune auteur.* – Fam. *Des relations comme ça, ça vous pose un homme!* **7.** MUS *Poser sa voix,* bien la contrôler, la faire sonner juste et avec un volume égal dans toutes les tonalités. **8.** Abandonner, déposer. *Poser les armes:* capituler. **II.** v. intr. **1.** Rare Être appuyé, porter sur qqch. *Cette poutre pose sur le mur.* Syn. (cour.) reposer. **2.** Prendre la pose devant un peintre, un sculpteur, un photographe, etc. ▷ Fam., vieilli *Faire poser qqn,* le faire attendre ou l'amuser de vaines promesses. **3.** Fig., péjor. Étudier ses attitudes, ses gestes, chercher à faire de l'effet. *Poser pour la galerie.* ▷ Fam. *Poser à:* tenter de se faire passer pour, jouer les. *Poser au génie méconnu.* **III.** v. pron. **1.** Se placer, se mettre quelque part (personnes). *Il s'est posé sur une chaise et il n'en a plus bougé.* ▷ Loc. fam. *Se poser là:* avoir dans son genre une importance qui n'est pas négligeable, tenir sa place (presque toujours iron.). *Comme imbécile, il se pose là!* **2.** Toucher terre ou se percher, en parlant d'un oiseau. *Moineau qui se pose sur une branche.* ▷ Atterrir, en parlant d'un aéronef. **3.** Requérir une réponse, une solution, en parlant d'une question, d'un problème. *Le problème ne se pose plus.* **4.** *Se poser comme:* s'affirmer en tant que. *Il s'est posé comme un homme conscient de ses devoirs.* ▷ *Se poser en:* se présenter comme, s'ériger en. *Se poser en arbitre des élégances.* – Du lat. pop. **pausare*, «s'arrêter».

poseur, euse [pozœʀ, øz] n. et adj. **1.** n. Personne qui pose, qui met en place (certains matériaux, certains objets). *Poseur de carreaux.* **2.** n. et adj. Fig. Personne qui adopte une attitude affectée et prétentieuse. *Quelle poseuse!* – De *poser.*

posidonie [pozidɔni] n. f. BOT Plante aquatique à longues feuilles, à fleurs verdâtres, qui constitue des herbiers sous-marins. – Lat. bot. *posidonia,* du gr. *poseidônios,* «de Poséidon», dieu de la mer.

1. positif, ive [pozitif, iv] adj. (et n. m.) **I. 1.** Qui exprime une affirmation (par oppos. à *négatif*). *Sa réponse a été positive.* ▷ GRAM *Degré positif de l'adverbe, de l'adjectif,* exprimant une qualité, sans idée de comparaison. – N. m. *Le positif, le comparatif et le superlatif.* **2.** MATH Supérieur à zéro. *Nombres positifs et nombres négatifs. Fonction positive. Strictement positif:* supérieur à zéro et non nul. **3.** PHYS *Électricité positive,* acquise par le verre lorsqu'on le frotte avec une étoffe (et appelée autrefois *électricité vitreuse,* par oppos. à l'*électricité résineuse* – dite auj. *négative* – dont se charge la résine frottée avec une fourrure). *Un corps acquiert une charge positive lorsqu'il perd des électrons.* – Par ext. *La borne positive d'un générateur.* ▷ CHIM *Ion positif* ou *cation.* **4.** Qui se traduit par des effets que l'on peut constater; sensible, manifeste. ▷ MED *Réaction positive,* qui a lieu. *Cuti-réaction positive. Un examen bactériologique positif,* qui décèle la présence du microbe recherché. **5.** PHOTO *Épreuve positive,* ou, cour., n. m., *un positif:* épreuve définitive tirée à partir d'un négatif et sur laquelle les valeurs apparaissent comme dans la réalité (blanc rendu par du blanc, noir rendu par du noir, à l'inverse du négatif). **II. 1.** Certain, constant, assuré. *C'est un fait positif, constaté par plusieurs témoins.* **2.** Qui comporte des éléments constructifs; qui peut amener une évolution favorable, un progrès. *Cet échange de vues a été positif à bien des égards.* ▷ N. m. *Le positif:* ce qui est avantageux, favorable, ce dont on peut espérer tirer profit. *Tout n'a pas été inintéressant dans cette expérience, il y a eu aussi du positif.* **III. 1.** Didac. Fondé sur l'expérience. *Connaissance intuitive et connaissance positive. Sciences positives,* fondées sur l'observation des faits et sur l'expérimentation. ▷ PHILO *Philosophie positive:* positivisme. **2.** (Personnes.) Qui ne tient pour assuré que ce qui a été dûment vérifié, prouvé; qui a pour habitude de chercher la cause des faits inexpliqués plutôt dans l'ordre du naturel que dans celui du surnaturel. *Un esprit positif.* – Par ext. *Le XXe siècle, époque positive.* ▷ PHILO *État positif* ou *scientifique,* succédant, selon Auguste Comte, à l'*état théologique* et à *l'état métaphysique.* **3.** (Personnes.) Qui fait preuve de réalisme, de sens pratique. *Cessons de rêver, soyons positifs.* ▷ Qui est porté à considérer les choses surtout du point de vue du profit, pécuniaire ou autre, que l'on peut en tirer. *Un homme positif et calculateur.* **IV.** Didac. Qui résulte d'une institution, qui a été établi, fondé. (Surtout dans l'expression *droit positif:* ensemble des règles juridiques qui régissent une société donnée à une époque déterminée, par oppos. au *droit naturel.*) – Lat. *positivus,* de *ponere,* «poser».

2. positif [pozitif] n. m. **1.** Anc. Petit orgue transportable conçu pour être posé à terre ou sur un support quelconque. **2.** *Par ext.* Ensemble des jeux* d'un grand orgue qui sont placés dans le dos de l'organiste. ▷ Clavier qui commande ces jeux. – De *poser* I, 1.

position [pozisjɔ̃] n. f. **I. 1.** Situation en un lieu d'une personne, d'une chose; endroit où elle se trouve. *Position d'une ville au débouché d'une vallée.* ▷ Spécial. *Déterminer sa position sur la sphère terrestre en calculant la latitude et la longitude. Position d'un navire, d'un avion.* ▷ *Feux de position,* qui indiquent dans l'obscurité le gabarit d'un véhicule automobile. **2.** Emplacement, zone de terrain qu'un corps de troupes a pour mission de défendre. *Bombarder les positions ennemies. Troupe qui prend position sur une crête.* ▷ Fig. *Prendre position:* faire connaître clairement son attitude, son opinion, dans une controverse, une polémique, un conflit. – *Rester sur ses positions:* refuser toute concession. **3.** Attitude, posture; maintien du corps ou de l'une de ses parties. *Se mettre dans une position commode pour travailler.* ▷ CHOREGR Chacune des cinq manières de poser les pieds ou de tenir les bras définies par les règles de la danse académique. ▷ MUS Façon de placer ses mains, ses doigts, dans le jeu sur un instrument à cordes. ▷ SPORT En escrime, manière de placer la main qui tient l'arme, soit en supination (les ongles dessus), soit en pronation (les ongles dessous). **4.** Ensemble des circonstances dans lesquelles on se trouve, situation. *Être dans une position difficile, critique.* – *Elle n'est pas en position de vous aider:* elle n'est pas en mesure de le faire, n'en a pas la possibilité (étant donné les circonstances). ▷ Situation administrative d'un fonctionnaire ou d'un militaire. *Officier en position d'activité, de disponibilité.* **5.** État de fortune; condition sociale. *Leur position les oblige à avoir un certain train de vie.* ▷ Poste que l'on occupe, fonction que l'on remplit. *Il occupe une position très en vue.* **6.** Place dans un ordre, une série, un rang. *Ce concurrent occupe pour l'instant la première position.* ▷ MUS Place relative des notes qui forment un accord. **7.** Situation débitrice ou créditrice d'un compte bancaire. *Demander sa position.* **II.** Fait ou façon de poser (un problème, une question, un principe, etc.). *Cette position du problème est la seule correcte.* – Lat. *positio,* de *ponere,* «poser».

positionnement [pozisjɔnmɑ̃] n. m. **1.** TECH Opération qui consiste à positionner (une pièce). **2.** COMPTA Mise à jour (d'un compte bancaire). **3.** MILIT Détermination de la position (d'un objectif). – De *positionner.*

positionner [pozisjɔne] v. tr. [1] **1.** TECH Amener automatiquement (une pièce, un dispositif) à la position voulue. **2.** COMPTA Mettre à jour (un compte) en passant en écritures les sommes dont il doit être débité ou crédité. **3.** MILIT Déterminer exactement la position de (un objectif). **4.** PUBL Déterminer la situation d'un produit quant au type de clientèle qu'il vise. – De *position.*

positivement [positivmɑ̃] adv. D'une manière positive. **1.** D'une manière sûre, certaine. *J'en suis positivement persuadé.* ▷ Véritablement, tout à fait. *Son insistance devenait positivement choquante.* **2.** Avec de l'électricité positive. *Corps chargé positivement.* – De *positif* 1.

positivisme [pozitivism] n. m. PHILO **1.** Système philosophique d'Auguste Comte(1798-1857). **2.** *Par ext.* Toute doctrine pour laquelle la vérification de nos connaissances par l'expérience est l'unique critère de vérité. – De *positif* 1.

ENCYCL Le positivisme d'Auguste Comte repose sur deux affirmations essentielles: – nous ne pouvons pas atteindre les choses en elles-mêmes; – c'est sur les phénomènes que nous pouvons porter des jugements certains ayant une valeur universelle. Respectueuse de la spécificité de chaque science, cette philosophie en décrit la hiérarchie, qui épouse celle des objets étudiés et s'élève de l'étude des corps bruts à celle des corps organisés, cette dernière constituant une sociologie, c.-à-d. une théorie scientifique du développement humain.

positiviste [pozitivist] adj. et n. **1.** Relatif au positivisme. **2.** Adepte du positivisme. ▷ Subst. *Littré, Stuart Mill furent des positivistes.* – Du préc.

positon [pɔzitõ] ou rare **positron** [pɔzitʀõ] n. m. PHYS NUCL Électron positif, antiparticule de l'électron. – De *positif* 1, d'ap. *électron.*

posologie [pɔzɔlɔʒi] n. f. PHARM Quantité totale d'un médicament à administrer à un malade, en une ou plusieurs fois, estimée d'après son âge, son sexe, sa constitution, son état. – Du gr. *poson,* «combien», et *-logie.*

possédant, ante [pɔsedɑ̃, ɑ̃t] n. et adj. Personne qui possède des biens (le plus souvent au plur.). *Les possédants:* les nantis, ceux qui détiennent les richesses, les capitaux. ▷ Adj. *La classe possédante.* – Ppr. de *posséder.*

possédé, ée [pɔsede] adj. et n. Habité, subjugué par une puissance diabolique. *Possédé du démon.* – Fig. *Il est possédé par le démon du jeu.* ▷ Subst. *Un(e) possédé(e). Se démener comme un possédé,* violemment. – Pp. de *posséder.*

posséder [pɔsede] v. tr. **[16] 1.** Avoir en sa possession ou à sa disposition, détenir. *Posséder des terres. Posséder une charge.* – Avoir le bénéfice de, jouir de. *Posséder le secret du succès.* ▷ *Posséder une femme,* avoir avec elle des relations sexuelles. ▷ Pop. *Posséder qqn,* le tromper, le duper. Syn. avoir, rouler. **2.** (Personnes.) Avoir (une qualité). *Il possède une grande habileté manuelle.* ▷ (Choses.) Être doué de, avoir (une propriété). *Cette plante possède des vertus sédatives.* **3.** Connaître à fond, savoir parfaitement. *Il possède bien l'anglais.* Syn. maîtriser, dominer. **4.** Dominer, subjuguer, égarer (qqn), en parlant d'une passion, d'une émotion. *La passion du jeu le possède.* ▷ v. pron. Vx ou litt. *Se posséder:* être maître de soi, se dominer (fréquemment en tournure négative). *La fureur l'égarait, il ne se possédait plus.* **5.** S'emparer de l'être, de l'âme de qqn, en parlant d'une puissance diabolique. *Un démon le possède.* – Lat. *possidere.*

possesseur [pɔsɛsœʀ] n. m. Personne qui possède (qqch). *Rendre un bien à son possesseur légitime.* – Lat. *possessor.*

possessif, ive [pɔsɛsif, iv] adj. (et n. m.) **1.** GRAM Qui indique la possession, l'appartenance. *Adjectif, pronom possessif.* ▷ N. m. *Un possessif:* un adjectif ou un pronom possessif. **2.** PSYCHO Qui a, dans le domaine affectif, des sentiments de possession, d'autorité, de propriété envers les autres. *Un père trop possessif.* – Lat. *possessivus.*

possession [pɔsɛsjõ] n. f. **I. 1.** Fait de détenir qqch; faculté d'en disposer, d'en jouir. *Possession d'un bien, d'une charge.* ▷ DR Maîtrise matérielle d'une chose ou d'un droit par une personne qui se comporte comme le propriétaire sans qu'elle le soit nécessairement. (Par opposition à la détention où le détenteur reconnaît que la chose appartient à un autre.) ▷ Abstrait. *Être en possession de tous ses moyens, de toutes ses facultés,* les maîtriser. **2.** RELIG État d'une personne possédée par une puissance diabolique. **3.** PSYCHIAT *Délire de possession:* trouble hallucinatoire qui donne au sujet la sensation d'être habité par une autre personne, un animal, un démon. **II. 1.** Chose possédée. ▷ *Spécial.* Domaine, terres. *Il nous a fait faire le tour de ses possessions.* **2.** Territoire colonial. *Les anciennes possessions de la France en Inde.* – Lat. *possessio.*

possessivité [pɔsɛsivite] n. f. PSYCHO Fait d'être possessif; comportement d'une personne possessive. – De *possessif.*

possessoire [pɔsɛswaʀ] adj. DR Relatif à la possession. – *Actions possessoires:* actions par lesquelles le possesseur d'un immeuble demande au tribunal de faire cesser un trouble à sa possession ou d'ordonner qu'il soit remis en possession d'un bien dont il a été dépossédé. – Lat. *possessorius,* de *possidere,* «posséder».

possibilité [pɔsibilite] n. f. **1.** Caractère de ce qui est possible. **2.** Chose possible. *Évaluer différentes possibilités.* **3.** Ressource, moyen dont on dispose. *Cela dépasse ses possibilités.* – Lat. imp. *possibilitas.*

possible [pɔsibl] adj. et n. m. **I.** adj. **1.** Qui peut être, qui peut exister; qui peut se faire. *Il est possible que je ne vienne pas.* ▷ (Avec ellipse du verbe.) *Si possible:* si c'est possible, si cela peut se faire. – (Marquant la surprise.) *Il est là? Pas possible!* ▷ (Impliquant une idée de limite, supérieure ou inférieure.) *On lui a fait tous les compliments possibles,* tout ce qu'on peut imaginer en fait de compliments. – *Le plus, le moins possible. Prenez le moins possible de risques (possible* reste invariable); *le moins de risques possible(s)* (*possible* reste au sing. ou prend le pluriel selon que l'on considère qu'il se rapporte à un *il* sous-entendu ou au nom). ▷ (Marquant l'éventualité.) *Les chutes de neige, toujours possibles en cette saison...* – Ellipt. (fam.) *Vous viendrez? – Possible! Il est possible que* (+ subj.): il se peut que. *Ellipt.* Fam. *Possible que:* peut-être que. **2.** Fam. Passable, acceptable. *Il fait un mari tout à fait possible.* **II.** n. m. Ce qui est possible. *Le possible et l'impossible.* ▷ Loc. adv. *Au possible:* extrêmement. *Il est stupide au possible.* – Lat. imp. *possibilis,* de *posse,* «pouvoir».

possiblement [pɔsibləmɑ̃] adv. Éventuellement; d'une manière possible; peut-être. – Du préc.

post-. Élément, du lat. *post,* «après».

postage [pɔstaʒ] n. m. Action de poster, d'expédier (le courrier). – De *poster* 1.

postal, ale, aux [pɔstal, o] adj. De la poste; qui a rapport à la poste. *Service postal.* ▷ *Carte postale:* carte dont le recto porte une image, photographique ou autre, et dont le verso est destiné à la correspondance. – De *poste* 1.

postcombustion [pɔstkõbystjõ] n. f. TECH Deuxième combustion provoquée par l'injection de carburant dans la tuyère d'un moteur à réaction et qui permet d'accroître la poussée de celui-ci. – De *post-,* et *combustion.*

postcommunion [pɔstkɔmynjõ] n. f. LITURG CATHOL Anc. Oraison récitée par le prêtre après la communion. – De *post-,* et *communion.*

postcure [pɔstkyʀ] n. f. MED Séjour de convalescence sous surveillance médicale, permettant de consolider la guérison d'un malade. – De *post-,* et *cure.*

postdater [pɔstdate] v. tr. [1] Dater d'une date postérieure à la date réelle. *Postdater un acte, un chèque.* – De *post-,* et *dater.*

1. poste [pɔst] n. f. **1.** Anc. Relais de chevaux placé de distance en distance le long des grandes routes pour le transport des voyageurs et du courrier. *Chevaux de poste.* – *Par ext.* Distance entre deux relais. *Courir trois postes sur le même cheval.* ▷ Vx ou litt. *Courir la poste:* aller très vite; fig., faire très vite ce que l'on fait. **2.** Société d'État chargée d'acheminer le courrier. ▷ Fig., fam. *Passer comme une lettre à la poste,* très facilement. **3.** Bureau de l'administration des Postes ouvert au public. *Aller à la poste.* ▷ *Poste restante:* service permettant le retrait du courrier à un bureau de poste au lieu de le recevoir à domicile. *Écrire poste restante.* – Ital. *posta,* de *porre,* «poser», du lat. *ponere.*

2. poste [pɔst] n. m. **I.** Fonction à laquelle on est nommé; lieu où on l'exerce. *Obtenir, occuper un poste dans l'Administration.* **II. 1.** Lieu où un soldat, une unité reçoit l'ordre de se trouver en vue d'une opération militaire. *Abandon de poste. Poste de commandement* (abrév. *P.C.*), où se trouve un chef, un état-major, pendant le combat. *Être à son poste.* – Fig., fam.

Fidèle au poste: qui ne maque pas à ses obligations. ▷ Ensemble des soldats qui occupent un poste. *Relever un poste.* ▷ *Poste de police:* corps de garde à l'entrée d'une caserne, d'un camp militaire. **2.** *Poste de police* ou, absol., *poste:* corps de garde où des agents de police assurent une permanence. **III.** Emplacement réservé à un usage déterminé. **1.** Endroit où sont rassemblés différents appareils concourant à remplir une même fonction. *Poste d'aiguillage. Poste de pilotage d'un avion. Poste d'essence.* **2.** TECH *Poste de travail:* emplacement où est effectuée une tâche entrant dans une séquence d'opérations. – Durée du travail à un tel emplacement. *Ouvriers qui se relaient par postes de huit heures.* **3.** MAR *Poste à quai d'un navire:* emplacement le long d'un quai où ce navire peut s'amarrer. ▷ *Poste d'équipage:* partie d'un navire où loge l'équipage. *Le poste des maîtres.* ▷ *À poste:* à sa place. *L'ancre est à poste.* **4.** COMPTA Chapitre d'un budget. *Affecter de nouveaux crédits à un poste.* **IV. 1.** Appareil de radio, de télévision. *Poste émetteur. Allumer le poste.* **2.** Chacun des appareils, chacune des lignes que compte une installation téléphonique intérieure. *Numéro de poste.* – Ital. *posto,* masculin de *posta.* V. poste 1.

1. poster [pɔste] v. tr. [1] Mettre à la poste. *Poster le courrier.* – De *poste* 1.

2. poster [pɔste] v. tr. [1] **1.** Assigner un poste à (un soldat, une unité). *Poster des troupes à l'entrée d'un village.* **2.** Placer (qqn) à un endroit où il pourra accomplir une action déterminée. *Poster des espions.* ▷ v. pron. *Se poster à un endroit.* – De *poste* 2.

3. poster [pɔstɛʀ] n. m. Anglicisme Affiche décorative généralement destinée à un usage non publicitaire. – Mot anglo-amér., «affiche».

postérieur, eure [pɔsteʀjœʀ] adj. et n. m. **I.** adj. **1.** Qui suit, qui vient après dans le temps. *Ce testament est postérieur à son mariage.* **2.** Qui est derrière. *Partie postérieure de la tête.* **3.** PHON Se dit d'une voyelle prononcée avec la langue massée à l'arrière de la cavité buccale. *Le «a» postérieur de «pâte»* (noté [ɑ] en alphabet phonétique). Ant. antérieur. **II.** n. m. Fam. Derrière (d'une personne). – Lat. *posterior,* comparatif de *posterus,* «qui vient après».

postérieurement [pɔsteʀjœʀmɑ̃] adv. Après, plus tard. – Du préc.

posteriori (a). V. a posteriori.

postériorité [pɔsteʀjɔʀite] n. f. État, caractère de ce qui est postérieur. – De *postérieur.*

postérité [pɔsteʀite] n. f. **1.** Suite des descendants d'une même origine. *L'innombrable postérité d'Adam.* **2.** Ensemble des générations futures. *Transmettre son nom à la postérité.* – Lat. *posteritas.*

postface [pɔstfas] n. f. Commentaire placé à la fin d'un ouvrage. *Écrire la postface d'un livre.* – De *post-,* et *face,* d'ap. *préface.*

postglaciaire [pɔstglasjɛʀ] adj. et n. m. **1.** adj. GEOL Qui suit une glaciation. *Période postglaciaire.* **2.** n. m. Période qui suit la dernière glaciation quaternaire. – De *post-,* et *glaciaire.*

posthume [pɔstym] adj. **1.** Né après la mort de son père. *Enfant posthume.* **2.** Publié après la mort de son auteur. *Ouvrage posthume.* – Qui se produit après la mort. *Gloire posthume.* – Bas lat. *posthumus,* class. *postumus,* «dernier».

posthypophyse [pɔstipɔfiz] n. f. ANAT Lobe postérieur de l'hypophyse. – De *post-,* et *hypophyse.*

1. postiche [pɔstiʃ] adj. et n. m. **I.** adj. **1.** Fait et ajouté après coup. *Ornements postiches.* **2.** Factice. *Des cheveux postiches.* ▷ Faux, artificiel. – Fig. *Des sentiments postiches.* **II.** n. m. Faux cheveux (perruque, mèche). *Porter un postiche.* – Ital. *posticcio,* autre forme d'*apposticcio* ou *appoticio,* rac. lat. *apponere,* «apposer».

2. postiche [pɔstiʃ] n. f. Boniment de camelot. *Faire la postiche:* rassembler les badauds pour leur vendre qqch; *par ext.,* faire l'article, bonimenter. – Ital. *posteggia,* «boniment»; 1798.

1. posticheur [pɔstiʃœʀ] n. m. Personne qui fabrique ou vend des postiches. – De *postiche* 1 (sens 2).

2. posticheur [pɔstiʃœʀ] n. m. Fam. Bonimenteur. – De *postiche* 2.

postier, ière [pɔstje, jɛʀ] n. Personne employée au service des Postes. – De *poste* 1.

postillon [pɔstijɔ̃] n. m. **1.** Anc. Conducteur d'une voiture de poste (V. poste 1, sens 1). ▷ Homme qui montait sur un des chevaux de devant d'un attelage à quatre ou six chevaux. **2.** Fam. Gouttelette de salive projetée en parlant. – Ital. *postiglione,* de *posta,* «poste».

postillonner [pɔstijɔne] v. intr. [1] Fam. Projeter des postillons (sens 2). – Du préc.; signif. d'abord «courir la poste».

postimpressionnisme [pɔstɛ̃pʀɛsjɔnism] n. m. Courant pictural issu de l'impressionnisme. – De *post-,* et *impressionnisme.*

postimpressionniste [pɔstɛ̃pʀɛsjɔnist] adj. et n. Relatif au postimpressionnisme. – Peintre appartenant à ce courant. – Du préc.

postindustriel, elle [pɔstɛ̃dystʀiɛl] adj. Didac. Qui succède à l'ère industrielle. *Période postindustrielle.* – De *post-,* et *industriel.*

postnatal, ale, als [pɔstnatal] adj. Didac. Qui suit immédiatement la naissance. – De *post-,* et *natal.*

postopératoire [pɔstɔpeʀatwaʀ] adj. MED Qui suit une opération chirurgicale. *Surveillance postopératoire.* – De *post-,* et *opératoire.*

postposer [pɔstpoze] v. tr. [1] GRAM Placer (un mot) après un autre. – Au pp. *Adjectif qualificatif postposé,* placé après le nom auquel il se rapporte. – De *post-,* et *poser.*

postposition [pɔstpozisjɔ̃] n. f. LING Particule venant après un syntagme nominal. – De *post-,* et *position.*

post-scriptum [pɔstskʀiptɔm] n. m. inv. Ce que l'on ajoute à une lettre après la signature (Abrév. P.-S.). – Loc. lat., «écrit après».

postsynchronisation [pɔstsɛ̃kʀɔnizasjɔ̃] n. f. Sonorisation d'un film après son tournage. – De *post-,* et *synchronisation.*

postulant, ante [pɔstylɑ̃, ɑ̃t] n. **1.** Personne qui postule un emploi. **2.** Personne qui sollicite son admission dans une communauté religieuse. – Ppr. subst. de *postuler.*

postulat [pɔstyla] n. m. LOG, MATH Proposition que l'on demande d'admettre comme vraie sans démonstration (V. axiome). *Le postulat* (ou, rare, *postulatum*) *d'Euclide.* – Lat. *postulatum,* «demande».

postuler [pɔstyle] v. [1] **I.** v. tr. **1.** Se porter candidat à, solliciter (un poste, un emploi). *Postuler une charge.* **2.** MATH, LOG Poser comme postulat. ▷ *Par ext.,* cour. Poser comme point de départ d'un raisonnement; supposer au préalable. *Vous postulez l'existence d'une vie dans l'au-delà.* **II.** v. intr. Être chargé d'une affaire en justice, en parlant d'un avocat. *Maître Untel postule pour mon adversaire.* – Lat. *postulare,* «demander».

postural, ale, aux [pɔstyʀal, o] adj. Didac. Relatif à la posture, au maintien du corps. *Sensibilité postu-*

rale, qui renseigne sur les attitudes, les positions du corps. – De *posture*.

posture [pɔstyʀ] n. f. **1.** Position, attitude du corps. ▷ *Spécial.* Position inhabituelle. *Les postures du yoga.* **2.** Fig. Situation (surtout en loc.). *Se trouver en mauvaise posture*, dans une situation fâcheuse. – Ital. *postura*, du lat. *ponere*, «poser, placer».

1. pot [po] n. m. **1.** Récipient à usage domestique, en général destiné à contenir des denrées alimentaires, des produits liquides ou peu consistants. *Pot de terre, de verre, de matière plastique, de métal.* – Fig. *La lutte du pot de terre contre le pot de fer*, du faible contre le puissant (allus. à une fable de La Fontaine). ▷ *Pot à...:* pot destiné à contenir (telle chose). *Pot à eau*, muni d'une anse pour verser. *Pot à fleurs*, contenant (ou destiné à contenir) de la terre, et où l'on cultive des plantes (fleuries ou non). *Pot à lait* (ou, vx, *pot au lait*). – *Pot à tabac:* pot dans lequel on conserve le tabac. Fig. Personne courte et ronde. ▷ *Pot de...:* pot qui contient effectivement (telle chose). *Un pot de miel.* – ▷ *Loc. Être sourd comme un pot*, complètement sourd. – *Payer les pots cassés:* supporter les frais des dommages qui ont été causés. – *Découvrir le pot au rose* (ou *aux roses*), le secret d'une affaire. ▷ *Pot de chambre:* vase de nuit. **2.** Vx. Marmite. *Mettre la poule au pot.* – Loc. mod., fam. *Recevoir à la fortune du pot*, en toute simplicité, sans se mettre en frais. – *Tourner autour du pot:* user de circonlocutions, ne pas aborder franchement le sujet dont on désire parler. **3.** Contenu d'un pot. *Manger un pot de confitures.* ▷ (France) Fam. Rafraîchissement, boisson. *On va prendre un pot?* – Réunion autour d'un pot, cocktail pour fêter un événement. *Être invité à un pot. Le pot de fin d'année.* **4.** (France) Pop. Derrière d'une personne. *Manie-toi le pot:* dépêche-toi. ▷ Chance. *J'ai vraiment eu du pot.* **5.** Totalité des enjeux misés par les joueurs, à certains jeux d'argent (poker, notam.). **6.** *Pot d'échappement:* tube à chicanes adapté au tuyau d'échappement d'un moteur à combustion interne pour détendre progressivement les gaz brûlés et réduire le bruit des explosions. **7.** MAR *Pot au noir* : zone des calmes équatoriaux. – Lat. pop. **pottus, potus*, orig. préceltique.

2. pot [pɔt] n. m. Fam. Marihuana. *Fumer du pot.* – Arg. amér.

potable [pɔtabl] adj. **1.** Que l'on peut boire sans danger pour la santé. *Eau potable.* **2.** Fam. Passable, ni très bon ni franchement mauvais. *Un film potable.* – Lat. *potabilis*, de *potare*, «boire», d'abord terme d'alch.

potache [pɔtaʃ] n. m. (France) Fam. Élève d'un collège, d'un lycée. – P.-ê. de *pot-à-chien*, «chapeau de soie porté dans les collèges», puis «cancre, élève».

potage [pɔtaʒ] n. m. **1.** Bouillon dans lequel ont cuit des aliments solides (légumes, viande, etc.) que l'on a réduits en bouillie (ce qui le distingue de la soupe). – *Par ext.* Début du repas (où l'on sert le potage). *Il est arrivé au potage.* **2.** loc. vieilli ou litt. *Pour tout potage:* comme seul moyen de subsistance; en tout et pour tout. – De *pot*; signif. d'abord «aliments cuits au pot».

potager, ère [pɔtaʒe, ɛʀ] adj. et n. m. **1.** adj. Se dit des plantes utilisées comme légumes. *Herbes, racines potagères.* **2.** n. m. Jardin (ou partie de jardin) réservé à la culture des légumes. ▷ Adj. *Jardin potager.* – De *potage*; signif. d'abord «légumes pour le pot».

potamo-. Élément, du gr. *potamos*, «fleuve».

potamochère [pɔtamɔʃɛʀ] n. m. ZOOL Porc sauvage d'Afrique, au pelage roux vif (genre *Potamochœrus*, fam. suidés), qui vit dans les marécages. – De *potamo-*, et gr. *khoîros*, «petit cochon».

potamot [pɔtamo] n. m. BOT Plante monocotylédone aquatique hermaphrodite (genre *Potamogéton*, fam. potamogétonacées), aux fleurs groupées en épis, dont les feuilles ovales flottent sur les eaux calmes. – De *potamo-*.

potard [pɔtaʀ] n. m. Arg. Bouton, manette. *Tourner, monter le potard.* – De *potentiomètre*.

potasse [pɔtas] n. f. **1.** *Potasse caustique* ou *potasse:* hydroxyde de potassium, de formule KOH, produit basique de couleur blanche, très caustique, soluble dans l'eau et utilisé dans la préparation des savons noirs. **2.** AGRIC Mélange de sels de potassium utilisé comme engrais. – Néerl. *potasch*, all. *Potasche*, «cendre du pot», qui désignait l'alcali non volatil.

potasser [pɔtase] v. tr. [1] Fam. Étudier un sujet, une matière en l'approfondissant. *Potasser un examen, un sujet difficile.* – P.-ê. de *pot*, au sens de «cuisiner», dial.; ou d'une altér. de *potache*, par calembour avec *potasse* (allusion à l'effervescence dans certaines réactions chimiques sur des sels de potassium).

potassique [pɔtasik] adj. CHIM Qui renferme de la potasse, du potassium. – De *potasse*.

potassium [pɔtasjɔm] n. m. Métal alcalin blanc d'argent, mou à la température ordinaire, d'une densité inférieure à celle de l'eau (0,86), très répandu dans la nature sous forme de sels; élément de numéro atomique Z = 19, de masse atomique 39,102 (symbole K, de son anc. nom all. *Kallium*). – Mot angl.; lat. mod., de *potass*, «potasse».

ENCYCL **Chim.** – Le potassium fond à 63,5 °C et bout à 770 °C. Monovalent, comme les autres métaux alcalins, il décompose l'eau à froid, avec formation de potasse caustique. Parmi ses sels, citons le cyanure de potassium (poison violent), le chlorate de potassium (utilisé dans la préparation de certains explosifs, de colorants, et en pharmacie) et le nitrate de potassium (oxydant énergique servant à préparer des mélanges détonants). Le potassium est utilisé en agriculture sous forme d'engrais. Le potassium joue un rôle important dans l'équilibre électrolytique de l'organisme. Absorbé au niveau de l'intestin grêle, il est excrété dans les urines par le rein. L'insuffisance du potassium *(hypokaliémie)* dans le plasma sanguin provoque la fatigue.

pot-au-feu [pɔtofø] n. et adj. **1.** n. m. inv. Plat de viande de bœuf bouillie dans l'eau avec des légumes (navets, carottes, poireaux, oignons, etc.). ▷ Morceau de bœuf avec lequel on prépare ce plat. ▷ Marmite qui sert à le faire cuire. **2.** adj. inv. *Être pot-au-feu:* être terre-à-terre et casanier. – De *(avoir, mettre le) pot au feu*.

pot-bouille [pobuj] n. f. Vx, fam. Menu ordinaire du ménage. *Des pots-bouilles.* – De *pot*, et *bouille*.

pot-de-vin [podvɛ̃] n. m. Somme d'argent que qqn donne en sous-main à la personne qui lui permet d'enlever un marché, de conclure une affaire. *Des pots-de-vin.* – De *pot, de*, et *vin*.

pote [pɔt] n. Fam. Camarade, ami. – Abrév. de *poteau* (sens II).

poteau [pɔto] n. m. **I. 1.** Longue pièce en matériau solide (bois, métal, ciment, etc.), d'assez forte section, fichée verticalement en terre. *Poteau télégraphique.* ▷ Spécial. *Poteau d'exécution*, auquel est attaché le condamné que l'on fusille. – *Untel au poteau!* (cri pour conspuer qqn). ▷ *Poteau de départ, d'arrivée*, marquant le point de départ, d'arrivée d'une course. *Coiffer au, sur le poteau:* dépasser au moment de franchir la ligne d'arrivée. **2.** CONSTR Élément porteur d'une structure. – Pièce de charpente posée verticalement. **II.** Fam., vieilli Ami sûr, bon camarade. Syn. pote. – A. fr. *post, postel*, lat. *postis*, «jambage, poteau».

potée [pɔte] n. f. **1.** Rare Contenu d'un pot. **2.** Plat de viande bouillie avec des légumes, à quoi on ajoute souvent des salaisons. *Potée au chou et au lard.* **3.** TECH *Potée d'étain:* mélange d'oxydes de plomb et d'étain employé pour le polissage des métaux et dans la fabrication des émaux. ▷ *Potée d'émeri:* poudre d'émeri, abrasive. ▷ *Absol.* Mélange à base de terre servant à faire les moules de fonderie. – De *pot.*

potelé, ée [pɔtle] adj. Dodu, dont les formes sont rebondies. *Bras potelé.* – De l'a. fr. *pote,* «patte», puis «gros», probabl. du lat. pop. **pauta.*

potence [pɔtɑ̃s] n. f. **1.** Assemblage de pièces en équerre, servant de support. *Lanterne suspendue à une potence.* **2.** Instrument servant au supplice de la pendaison. ▷ Le supplice lui-même. *Gibier de potence:* personne qui mériterait la potence, individu patibulaire. – Du lat. *potentia,* «puissance», lat. médiév., «béquille, appui».

potencé, ée [pɔtɑ̃se] adj. HERALD *Croix potencée:* croix dont les extrémités des branches se terminent en T. – Du préc.

potentat [pɔtɑ̃ta] n. m. **1.** Personne qui dirige un grand État avec le pouvoir absolu. **2.** Fig. Homme qui exerce un pouvoir absolu. *Les potentats de la finance.* – Du lat. *potens,* «puissant», par le bas lat. *potentatus,* «pouvoir souverain».

potentialisation [pɔtɑ̃sjalizazjɔ̃] n. f. PHARM Action de potentialiser un médicament. – De *potentialiser.*

potentialiser [pɔtɑ̃sjalize] v. tr. [1] PHARM Accroître l'action d'un médicament grâce à une autre substance qui lui permet de développer tous ses effets. – De *potentiel.*

potentialité [pɔtɑ̃sjalite] n. f. **1.** Caractère de ce qui est potentiel ou virtuel. **2.** Chacun des développements qui sont à l'état potentiel. *L'évolution réalise seulement certaines des potentialités phylogénétiques.* – De *potentiel.*

potentiel, elle [pɔtɑ̃sjɛl] adj. et n. m. **I.** adj. **1.** PHILO Qui existe en puissance (opposé à *actuel*). **2.** GRAM Qui indique, exprime la possibilité. ▷ *Mode potentiel,* ou, n. m., *le potentiel.* Expression de l'éventualité d'un fait futur considéré comme hypothétique (par ex. dans la phrase: *j'achèterais cette maison si elle était à vendre*). **3.** PHYS *Énergie potentielle:* énergie d'un système matériel susceptible de fournir de l'énergie cinétique ou du travail. *Énergie potentielle d'un ressort bandé.* **II.** n. m. **1.** Ensemble des ressources dont dispose une collectivité; capacité de travail, de production, d'action. *Potentiel industriel d'une nation.* **2.** PHYS, ELECTR *Potentiel électrique en un point:* énergie mise en jeu pour transporter dans le vide une charge unitaire de l'infini à ce point. ▷ *Différence de potentiel entre deux points d'un circuit* (par abrév.: *d.d.p.*): quotient de la puissance absorbée entre ces points et de l'intensité du courant. *L'unité de d.d.p. est le volt.* **3.** CHIM *Potentiel hydrogène:* V. encycl. acide et pH. – Lat. scolast. *potentialis,* de *potens,* «puissant».

potentiellement [pɔtɑ̃sjɛlmɑ̃] adv. D'une façon potentielle, en puissance. – De *potentiel.*

potentille [pɔtɑ̃tij] n. f. BOT Plante ornementale (genre *Potentilla,* fam. rosacées), voisine du fraisier, à feuilles composées, à fleurs pâles. – Du lat. bot. *potentilla,* dimin. de *potentia,* au sens médicinal de «efficacité».

potentiomètre [pɔtɑ̃sjɔmɛtʀ] n. m. **1.** ELECTR Appareil servant à mesurer les différences de potentiel. **2.** Résistance réglable qui permet de faire varier la valeur d'une tension. – De *potentiel,* et *-mètre.*

poterie [pɔtʀi] n. f. **1.** Fabrication d'objets en terre cuite; objet ainsi fabriqué. *Poteries égyptiennes.* ▷ *Spécial.* CONSTR Élément de canalisation en terre cuite. **2.** TECH Ensemble des récipients, d'usage ménager, faits d'une seule pièce, en métal. *Poterie d'étain.* – De *pot.*

poterne [pɔtɛʀn] n. f. Porte dérobée percée dans la muraille d'une fortification. – Altér. de l'a. fr. *posterle,* bas lat. *posterula,* «porte de derrière», de *posterus,* «qui est après».

potestatif, ive [pɔtɛstatif, iv] adj. DR Qui dépend de la volonté d'une des parties contractantes. *Condition potestative.* – Bas lat. *potestativus,* du class. *potestas,* «puissance».

potiche [pɔtiʃ] n. f. **1.** Grand vase de porcelaine de Chine ou du Japon. **2.** Fig. Personne qui joue un rôle de pure représentation, qui ne dispose d'aucun pouvoir réel. – De *pot;* signif. d'abord «pot à saindoux».

potier, ière [pɔtje, jɛʀ] n. Personne qui fabrique ou qui vend des poteries (sens 1). – De *pot.*

potin [pɔtɛ̃] n. m. **1.** Fam. Commérage, cancan. **2.** Pop. Grand bruit, tapage. *C'est bientôt fini ce potin?* – De *pot,* d'abord «alliage»; dial. «chaufferette (autour de laquelle on bavarde)».

potiner [pɔtine] v. intr. [1] Faire des potins, des commérages. – Du préc.

potinier, ière [pɔtinje, jɛʀ] adj. et n. Vieilli Qui se plaît à potiner, à colporter les potins. – De *potin.*

potion [posjɔ̃] n. f. Médicament liquide destiné à être bu. – Lat. *potio,* «boisson».

potiron [pɔtiʀɔ̃] n. m. Plante potagère *(Cucurbita maxima),* variété de courge, cultivée pour son énorme fruit à la peau et à la chair jaune orange; ce fruit. – P.-ê. du syriaque *pâturtâ,* «morille».

potlatch [pɔtlatʃ] n. m. ETHNOL Fête rituelle observée d'abord dans certaines tribus amérindiennes de la côte ouest des É.-U., au cours de laquelle il est procédé à des échanges de cadeaux. – Par ext. *Système du potlatch:* tout système ritualisé d'échange de biens dans lequel le fait de recevoir un don entraîne l'obligation de faire au donateur un contre-don d'une valeur équivalente ou supérieure. – Mot angl., d'une langue amérindienne.

potomètre [pɔtɔmɛtʀ] n. m. TECH Appareil permettant de mesurer la quantité d'eau absorbée par une plante. – Du gr. *potos,* «boisson», et *-mètre.*

pot-pourri [popuʀi] n. m. **I.** Vx Ragoût composé de diverses sortes de viandes et de légumes. **II. 1.** Vieilli Mélange confus de choses hétéroclites. ▷ Ouvrage littéraire composé de différents morceaux assemblés sans ordre, sans liaison. **2.** Mod. Morceau de musique légère composé de plusieurs airs connus. *Des pots-pourris.* – De *pot,* et *pourri.*

potron-minet [pɔtʀɔ̃minɛ] (vieilli ou plaisant.) ou **potron-jaquet** (vx) [pɔtʀɔ̃ʒakɛ] n. m. *Dès (le) potron-minet:* dès l'aube; de très bonne heure. – De l'a. fr. *poitron, poistron,* «derrière, cul», du lat. *posterio,* et *minet,* «chat» ou *jaquet,* «petit Jacques (nom de l'écureuil)».

pottok, pottokak [pɔtɔk, pɔttɔkak] n. m. Cheval de petite taille, à longue queue et à robe généralement noire, originaire des Pyrénées occidentales. – Mot basque.

pou [pu] n. m. **1.** Insecte (genre *Pediculus*), parasite externe de l'homme et de divers animaux. (V. encycl. ci-après.) ▷ Loc. fig., fam. *Chercher des poux dans la tête de qqn,* lui chercher chicane à propos de rien. **2.** *Pou de San José:* cochenille *(Aspidiotus perniciosus)* qui attaque les arbres fruitiers. – Du lat. pop. **peduculus,* class. *pediculus;* par le pl. *pous, pouz,* des anc. formes *peoil, pouil.*

ENCYCL Les poux constituent deux ordres. **1.** Les *mallophages,* à appareil buccal broyeur, se nourrissent de débris organiques (corne, poils, cellules desquamées, etc.); de petite taille (1,4 mm maximum), ils parasitent surtout les oiseaux. **2.** Les *anoploures,* à appareil buccal piqueur, se nourrissent de sang en piquant les mammifères hôtes; trois espèces parasitent l'homme: le *pou de tête* et le *pou de corps* (genre

Pediculus), dont les œufs, ou *lentes*, se collent aux cheveux et aux poils, et le *pou du pubis* (genre *Phtirius*), vulgairement appelé *morpion*.

pouah! [pwa] interj. Fam. (Pour exprimer le dégoût.) *Pouah, quelle infection!* – Onomat.

poubelle [pubɛl] n. f. Récipient à couvercle destiné à recevoir les ordures ménagères. – De *Poubelle* (1831-1907), nom du préfet de la Seine (France) qui imposa l'usage de ce récipient.

pouce [pus] n. m. **1.** Le plus court et le plus puissant des doigts de la main, opposable aux autres. **2.** *Par ext.* Le gros orteil. (On dit aussi, dans ce sens, *pouce du pied.*) **3.** loc. fig. *Manger sur le pouce*, sans s'asseoir, à la hâte. – *Donner un coup de pouce:* intervenir discrètement pour faire aboutir une affaire, avantager qqn, etc. – Fam. *Se tourner, se rouler les pouces:* ne rien faire, rester oisif. – *Mettre les pouces:* se rendre, céder après une résistance plus ou moins longue. ▷ (France) *Pouce!* interjection (accompagnée du geste de lever le pouce) employée par les enfants pour faire momentanément cesser le jeu, la partie en cours. **4.** Mesure de longueur équivalant au douzième du pied (0,0254 m). ▷ Loc. (au sens de très petite quantité). *Ne pas perdre un pouce de sa taille*, se tenir très droit. *Ne pas bouger d'un pouce*, rester immobile. **5.** Pratique qui consiste à attirer l'attention des automobilistes qui passent en montrant son pouce relevé pour leur faire connaître son désir de voyager gratuitement avec eux. *Faire du pouce. Voyager sur le pouce.* – Lat. *pollex, pollicis*.

poucettes [pusɛt] n. f. plur. Anc. Anneau double qui servait à attacher ensemble les pouces d'un prisonnier (l'équivalent des menottes actuelles). – De *pouce*.

pouceux, euse [pusø, øz] n. Fam. Personne qui fait du pouce. *Faire embarquer des pouceux.* – De *pouce* (sens 5).

poucier [pusje] n. m. **1.** Doigtier pour le pouce. **2.** Pièce d'un loquet sur laquelle on appuie le pouce pour lever la clenche. – De *pouce*.

pou-de-soie, poult-de-soie ou **pout-de-soie** [pudswa] n. m. Étoffe de soie mate à gros grain. *Des poux-, poults-* ou *pouts-de-soie.* – De *pou(lt)*, orig. incert., p.-ê. du lat. *puls*, «bouillie», et *soie*.

pouding. V. pudding.

poudingue [pudɛ̃g] n. m. PETROG Conglomérat de galets et de graviers noyés dans un ciment naturel de composition variable. – Francisation de l'angl. *pudding-stone*, «pierre-pudding».

poudrage [pudʀaʒ] n. m. TECH, AGRIC Action de poudrer. *Poudrage des arbres fruitiers.* – De *poudrer*.

poudre [pudʀ] n. f. **1.** Substance solide réduite en petits grains, en petits corpuscules, par pilage, broyage, etc. *Du sucre en poudre. Poudre d'or.* ▷ *Poudre de riz:* anc. nom du produit cosmétique appelé auj. cour. *poudre.* ▷ (D'après l'angl. *baking powder.*) *Poudre à pâte:* levure chimique utilisée en pâtisserie, à base de bicarbonate de soude. ▷ Péjor. *Poudre de perlimpinpin:* remède de charlatan. **2.** Explosif pulvérulent non brisant (V. encycl.). – Loc. *Rumeur, nouvelle qui se répand comme une traînée de poudre*, très vite. *Il n'a pas inventé la poudre:* il n'est pas très malin. *Ça sent la poudre:* un conflit menace. *Mettre le feu aux poudres:* déclencher un conflit, une manifestation de violence, une catastrophe. *Faire parler la poudre:* employer les armes à feu, faire la guerre. **3.** Substance pulvérulente colorée et parfumée utilisée pour le maquillage. **4.** Vx Poussière, fines particules de boue séchée. *«Ce grand escogriffe... qui remplit de poudre tout mon ménage»* (Molière). ▷ Loc. mod. *Jeter de la poudre aux yeux:* chercher à éblouir par un éclat trompeur, à en faire accroire. – Lat. *pulvis, pulveris*, «poussière»; d'abord *puldre*.

ENCYCL **Tech.** – Les poudres sont des substances explosives déflagrantes. Elles ne détonent donc pas, à l'inverse des explosifs. La combustion d'une poudre s'accompagne d'un dégagement de gaz et de fumées susceptible de propulser un projectile par réaction. La vitesse de combustion d'une poudre est de quelques millimètres à quelques mètres par seconde, d'où son utilisation pour propager une flamme vers des charges explosives.

poudrer [pudʀe] v. [1] **1.** v. tr. Couvrir de poudre. *Poudrer ses joues.* ▷ v. pron. *Se poudrer avec une houppette.* **2.** v. intr. Voler, tourbillonner dans le vent, en parlant de la neige, pfs d'une fine poussière d'eau. *La neige commence à poudrer. L'eau poudrait sur le fleuve comme de la neige.* ▷ Cour. *Il poudre:* il y a de la poudrerie. *Il poudre presque toujours dans la route qui mène au village.* – De *poudre*.

1. poudrerie [pudʀəʀi] n. f. Fabrique de poudre, d'explosifs. – De *poudre*.

2. poudrerie [pudʀəʀi] n. f. Neige fine et sèche que le vent soulève et fait tourbillonner. *La visibilité sur les routes est considérablement réduite par la poudrerie. Aveuglé par la poudrerie. La poudrerie courait sur les bancs de neige.* – De *poudrer*.

ENCYCL *Poudrerie* est un dérivé de *poudrer* au sens, ancien en français, de «dégager de la poussière» et, plus spécialement, de «dégager de la poussière d'eau (en parlant des vagues agitées par le vent)». Le second emploi est connu au Canada, parallèlement à l'emploi proprement canadien de «voler, tourbillonner dans le vent (en parlant de la neige)» (ces deux sens ont été relevés pour la première fois au Canada par le père Potier en 1743).

Le mot *poudrerie* a peut-être été créé en Nouvelle-France même pour désigner un phénomène atmosphérique d'une intensité telle que le mot *poudrin*, bien connu en France dans les régions maritimes, ne suffisait pas à le nommer (on trouve cependant chez un auteur français du XVIe s. une forme *pouldrerie* au sens d'«étendue de terre couverte de poussière»). Le *poudrin*, c'est la fine poussière d'eau que font les vagues en se brisant sur les rochers (que l'on appelle aussi *embruns*). En Normandie, *poudrin* désigne en outre la grêle très fine et la neige que le vent fait tourbillonner; le mot est utilisé avec les mêmes sens au Canada, dans les provinces atlantiques et aux Îles-de-la-Madeleine, où la pluie glacée est plus fréquente que la neige sèche. Ailleurs au Canada français, c'est le mot *poudrerie* qui s'est imposé dès la fin du XVIIe s.

Contrairement à d'autres mots nés ici, *poudrerie* a toujours été bien perçu, même par les puristes, parce qu'il désigne une réalité propre au Canada. Les tentatives de Maguire (1841) et de Gingras (1867) pour proscrire le mot se sont heurtées aux protestations passionnées de ses défenseurs au point que, dès 1880, Oscar Dunn (*Glossaire franco-canadien*) pouvait écrire: «Le mot est pur franco-canadien, et c'est le chef-d'œuvre de *notre* langue», opinion qui fut rarement contestée par la suite.

La nature de la poudrerie et sa violence ont intrigué et impressionné les voyageurs européens qui en parlent fréquemment au XVIIIe s. Au XIXe et au XXe s., on l'a souvent comparée aux tempêtes de sable dans le désert (*le simoun du nord glacial*). Les écrivains québécois ont abondamment décrit les dangers mais aussi la beauté de cette force de la nature. Le mot *poudrerie* se rencontre dans des textes anglais et jusque dans des dictionnaires de l'anglais nord-américain.

poudrette [pudʀɛt] n. f. AGRIC Engrais constitué de matières fécales desséchées et pulvérisées. – Dimin. de *poudre*.

poudreuse [pudʀøz] n. f. **1.** AGRIC Appareil qui sert à répandre sur les plantes des poudres insecticides, fongicides, etc. **2.** Sucrier à couvercle perforé, pour le sucre en poudre. **3.** Meuble servant à la toilette féminine. – De *poudrer*.

poudreux, euse [pudʀø, øz] adj. (et n. f.) **1.** Qui a l'aspect d'une poudre. *Neige poudreuse* ou, n. f., *de la poudreuse*. **2.** Vieilli ou litt. Couvert de poudre (au sens 4), de poussière. *Chemin poudreux*. – De *poudre*.

poudrier [pudʀije] n. m. **1.** Cour. Petit boîtier plat qui renferme de la poudre pour le maquillage (et, le plus souvent, une houppe et un miroir). **2.** TECH Fabricant de poudre, d'explosifs. – De *poudre*; signif. d'abord «boîte pour la poudre à sécher l'encre».

poudrière [pudʀijɛʀ] n. f. **1.** Magasin, entrepôt où l'on garde de la poudre ou des explosifs. **2.** Fig. Endroit, région où des troubles larvés peuvent dégénérer au moindre incident en conflagration générale. – De *poudre*.

poudroiement [pudʀwamɑ̃] n. m. Fait de poudroyer; aspect de ce qui poudroie. – De *poudroyer*.

poudroyer [pudʀwaje] v. intr. **[26] 1.** Produire de la poussière; s'élever en poussière. *La terre sèche du chemin poudroyait sous nos pieds*. **2.** Avoir l'apparence d'une poudre brillant sous un éclairage vif. **3.** Rendre visibles les poussières en suspension dans l'atmosphère, en parlant de la lumière, des rayons solaires, etc. *«Je ne vois rien que le soleil qui poudroie et l'herbe qui verdoie»* (Perrault). – De *poudre*; d'abord *pouldroyer*, «couvrir de poussière, saupoudrer».

pouf! [puf] interj. et n. m. **1.** interj. (Évoquant le bruit sourd d'une chute.) *Et pouf! Il est tombé*. **2.** n. m. Gros coussin qui sert de siège. – Onomatopée.

pouffer [pufe] v. intr. **[1]** *Pouffer de rire* ou (s. comp.) *pouffer*: éclater de rire involontairement et comme en étouffant son rire. – De *pouf*.

pouffiasse [pufjas] n. f. Vulg. **1.** Prostituée. **2.** Injur. Femme grosse et vulgaire. – De *pouf*.

pouillard [pujaʀ] n. m. CHASSE Jeune perdreau. ▷ Jeune faisan. – De l'a. fr. *pouil*, «coq», bas lat. *pullius*.

pouillé [puje] n. m. HIST État des biens et des bénéfices ecclésiastiques d'une abbaye, d'une province, etc., sous l'Ancien Régime en France. – A. fr. *pouille*, *pueille*, «registre de comptes», du plur. lat. *polyptycha*, même sens.

pouillerie [pujʀi] n. f. Fam. Extrême pauvreté. ▷ Apparence miséreuse, sordide, d'une saleté repoussante. ▷ Lieu sale et pouilleux. – De *pouil*, forme anc. de *pou*.

pouilles [puj] n. f. pl. Vx Reproches bruyants, injures. ▷ Loc. mod. et litt. *Chanter pouilles à qqn*. V. chanter, II, 1. – De l'anc. v. *pouiller*, «injurier».

pouilleux, euse [pujø, øz] adj. (et n.) **I. 1.** Qui a des poux; couvert de poux. **2.** Fam. Miséreux (personnes). – Subst. *Un pouilleux, une pouilleuse*. ▷ Sordide, misérable (choses). *Un quartier pouilleux*. **II.** GEOGR *Champagne pouilleuse*: partie aride et nue de la Champagne. – De *pouil*, forme anc. de *pou*.

pouillot [pujo] n. m. Petit oiseau passériforme (genre *Phylloscopus*, fam. sylviidés), insectivore, au plumage terne. – De l'a. fr. *pouil*, «coq», bas lat. *pullius*; d'abord *poillot*, «petit d'un oiseau».

poujadisme [puʒadism] n. m. En France, mouvement de défense des petits commerçants qui se constitua en un parti politique de droite. ▷ *Par ext.* (avec une intention polémique). Attitude revendicatrice étroitement corporatiste associée à un refus de l'évolution économique et sociale; conservatisme petit-bourgeois. – Du n. de Pierre *Poujade* (né en 1920), fondateur de ce mouvement.

poulailler [pulaje] n. m. **1.** Abri pour les poules, enclos où on les élève. **2.** Fam. Galerie supérieure d'un théâtre, où les places sont bon marché. – De *poule* 1.

poulain [pulɛ̃] n. m. **1.** Petit du cheval, mâle ou femelle, de moins de dix-huit mois (cf. pouliche). **2.** Jeune talent, jeune espoir, par rapport à l'aîné, à la personnalité, au groupe, etc., qui l'encourage et qui patronne ses débuts. *Poulain d'un directeur sportif*. **3.** TECH Rampe constituée de deux longues pièces parallèles (madriers, etc.) réunies par des entretoises, servant à la manutention des grosses charges. – Du bas lat. *pullamen*, de *pullus*, «petit d'un animal».

poulaine [pulɛn] n. f. Anc. *Souliers à la poulaine*: chaussures des XIVe et XVe s., à bout long et relevé. ▷ MAR Anc. *Par anal. de forme*. Plate-forme de l'éperon des anciens navires en bois, où se trouvaient les latrines de l'équipage. – Par ext. *Les poulaines*: les cabinets (situés dans la poulaine des anc. navires). – Fém. de l'anc. adj. *poulain*, «polonais».

poulamon [pulamɔ̃] n. m. Poisson ressemblant à une petite morue (*Microgadus tomcod*), répandu dans les eaux salées ou saumâtres de l'est du Canada et des États-Unis, qui vient frayer au milieu de l'hiver dans les rivières recouvertes de glace. *Le poulamon fait l'objet d'une pêche sportive d'hiver, spécial. à Sainte-Anne-de-la-Pérade où il est connu sous le nom de (petit) poisson des chenaux; ailleurs au Québec, il est cour. appelé loche*. – Mot acadien, probabl. d'origine amérindienne.

poularde [pulaʀd] n. f. Jeune poule engraissée pour la table. – De *poule* 1.

poulbot [pulbo] n. m. Enfant pauvre de Montmartre. – Du n. du dessinateur fr. Fr. *Poulbot* (1879-1946) dont les dessins popularisèrent ces enfants.

1. poule [pul] n. f. **I. 1.** Femelle du coq domestique, oiseau de basse-cour au plumage diversement coloré selon les races, aux ailes atrophiées à peu près inaptes au vol, à la tête ornée d'une crête rouge, que l'on élève pour sa chair et pour ses œufs. *La poule glousse, caquète*, chante, pousse son cri. ▷ Loc. fig. *Mère poule*: mère qui entoure ses enfants de trop d'attentions. *Une poule mouillée*: une personne timorée, pusillanime. – *Tuer la poule aux œufs d'or*: tarir la source des bénéfices en voulant les réaliser trop vite (allus. à une fable de La Fontaine). – *Quand les poules auront des dents*, jamais. – *Avoir la chair* de poule*. **2.** Fam. (Terme d'affection.) *Ma poule*: ma petite, ma mignonne. **3.** Pop., vieilli Jeune fille, jeune femme. *Une jolie petite poule*. – (Avec le possessif.) *Sa poule*: sa bonne amie, sa maîtresse. ▷ Vieilli, péjor. Femme entretenue, demi-mondaine. Syn. cocotte. **II. 1.** *Poule faisane*: femelle du faisan. **2.** *Poule d'eau*: oiseau aquatique ralliforme, au plumage noirâtre, commun sur les eaux douces calmes. – Lat. *pulla*, fém. de *pullus*, «poulet».

2. poule [pul] n. f. **1.** SPORT Épreuve dans laquelle chacun des concurrents rencontre successivement chacun de ses adversaires. *Poule à l'épée, au pistolet*. ▷ Groupe d'équipes, de concurrents, destinés à se rencontrer au cours des éliminatoires d'un championnat. *Les vainqueurs de chaque poule se rencontrent en demi-finale*. **2.** JEU Total des mises. *Gagner la poule*. **3.** TURF *Poule d'essai*: épreuve dans laquelle les jeunes chevaux de trois ans courent pour la première fois. – P.-ê. du préc., par allusion au pondoir où plusieurs poules viennent déposer leurs œufs; ou angl. *pool*, «mare», par métaphore.

poulet, ette [pulɛ, ɛt] n. **1.** Jeune coq, jeune poule. ▷ *Spécial.* n. m. Cette volaille cuite, accommodée pour la table. *Poulet basquaise*. **2.** Fam. *Mon poulet, ma poulette*: terme d'affection. **3.** n. m. Pop. Policier. **4.** n. m. Vx ou plaisant. Billet galant. – De *poule* 1.

pouliche [puliʃ] n. f. Jeune jument de plus de dix-huit mois et de moins de trois ans (cf. aussi poulain). – Mot normanno-picard; du lat. *pullinum*, de *pullus*, «petit d'un animal».

poulie [puli] n. f. Roue tournant autour d'un axe et destinée à transmettre un mouvement, un effort, au moyen d'un lien flexible (cordage, bande de cuir ou de toile, chaîne, etc.) appliqué contre sa jante. *Poulie à gorge.* ▷ Ensemble constitué par un rouet ou *réa* (la poulie proprement dite), son axe et sa chape (ou *caisse*). – Gr. tardif **polidion*, de *polos*, «pivot».

pouliner [puline] v. intr. [1] Mettre bas, en parlant d'une jument. – Du lat. *pullinum* (V. pouliche).

poulinière [pulinjɛʀ] adj. *Jument poulinière*, destinée à la reproduction. ▷ N. f. *Une poulinière.* – Du lat. *pullinum* (V. pouliche).

1. pouliot [puljo] n. m. Menthe *(Mentha pulegium)* utilisée en infusion comme stimulant et antispasmodique. – Lat. *puleium*; a. fr. *poliol, puliol, puliel.*

2. pouliot [puljo] n. m. TECH Petit treuil fixé à l'arrière d'une charrette ou d'un camion et servant à tendre le cordage qui maintient le chargement. – De *poulie.*

poulot, otte [pulo, ɔt] n. Fam. (Appellation affectueuse s'adressant à un enfant.) *Ça va, mon gros poulot?* – Dimin. de *poule* 1.

poulpe [pulp] n. m. Syn. de *pieuvre*. – Du lat. *polypus*, «polype du nez, polype de mer».

pouls [pu] n. m. PHYSIOL Battement d'un vaisseau (et, en partic., d'une artère), causé par le passage périodique, au rythme des contractions cardiaques, du flux sanguin. *Pouls lent, faible, rapide.* ▷ Point du corps où ce battement est perceptible; spécial., point d'affleurement de l'artère radiale, à la face interne du poignet. *Prendre le pouls*, compter ses battements. – Fig. *Tâter le pouls de qqn*, chercher à connaître son état d'esprit, ses intentions. – Lat. *pulsus (venarum)*, «battement (des veines)».

poult-de-soie. V. pou-de-soie.

poumon [pumõ] n. m. **1.** Chacun des deux organes thoraciques qui assurent les échanges respiratoires chez l'homme et les animaux respirant l'oxygène de l'air (mammifères, oiseaux, reptiles, amphibiens adultes, poissons dipneustes, etc.). – *Respirer, crier à pleins poumons*, très fort. **2.** *Poumon d'acier:* appareil qui permet d'entretenir artificiellement la respiration d'un sujet en cas de paralysie de la cage thoracique. – Lat. *pulmo, pulmonis;* d'abord *pulmun.*
ENCYCL **Anat.** – Les poumons des vertébrés sont des masses spongieuses, élastiques, enveloppées dans une membrane séreuse, la plèvre. Le poumon droit, un peu plus important, comprend trois lobes; le poumon gauche en comprend deux. Les poumons sont ventilés par les bronches et leurs ramifications, qui constituent l'arbre bronchique; c'est au niveau des alvéoles pulmonaires, où aboutissent les bronchioles, que se font les échanges gazeux respiratoires.

poupard, arde [pupaʀ, aʀd] n. m. et adj. **I.** n. m. **1.** Bébé joufflu et potelé. **2.** Vieilli Poupée figurant un bébé. **II.** adj. Rare Qui évoque un poupard (sens 1); replet, bien en chair. *Figure pouparde.* – De *poupée.*

poupe [pup] n. f. Partie arrière d'un navire (opposé à *proue*, partie avant). ▷ Fig. *Avoir le vent en poupe:* être favorisé par les circonstances, prospérer, réussir. – Provenç. *poppa*, du lat. *puppis.*

poupée [pupe] n. f. **I. 1.** Figurine représentant un être humain (de sexe féminin, le plus souvent). **2.** Fig. Jeune femme, jeune fille qui évoque une poupée par une grâce mièvre et affectée, une mise trop soignée, etc. ▷ Pop. Jeune femme, jeune fille fraîche et jolie. *Mignonne, la poupée!* **3.** Mannequin de modiste, de tailleur. **4.** Fam. Pansement entourant un doigt. **II. 1.** TECH Chacun des deux organes qui, sur un tour, maintiennent la pièce à usiner. *Poupée mobile, poupée fixe.* **2.** MAR Tambour fixé à l'extrémité d'un arbre de treuil, à l'extérieur du bâti de celui-ci, et servant de guindeau*. ▷ Tambour d'un cabestan. – Lat. pop. **puppa*, du class. *pupa*, «petite fille».

poupin, ine [pupɛ̃, in] adj. Dont la rondeur évoque une poupée (visage). *Physionomie poupine.* – Du lat. pop. **puppa* (V. poupée).

poupon [pupõ] n. m. Bébé, très jeune enfant. (Le mot comporte une nuance affective.) ▷ Poupée figurant un bébé. *Un poupon en celluloïd.* Syn. poupard. – De *poupée.*

pouponner [pupɔne] v. [1] **1.** v. tr. Dorloter, cajoler (un petit enfant). **2.** v. intr. S'occuper d'un bébé, d'un très jeune enfant (ou de plusieurs). – Du préc.

pouponnière [pupɔnjɛʀ] n. f. Établissement, lieu où l'on garde les bébés, les enfants en bas âge. – De *poupon.*

pour [puʀ] prép. (et n. m.) **I.** (Devant un nom, un pronom.) **1.** En direction de, à destination de. *Partir pour Rome.* **2.** (Marquant une durée, le terme d'une durée.) *Il est là pour trois jours. Travail à faire pour le lendemain.* **3.** À l'intention de, en faveur de, dans l'intérêt de. *Travailler pour un laboratoire. Livre pour les enfants*, destiné aux enfants. ▷ Envers, à l'égard de. *Être bon pour les animaux.* ▷ (Marquant le but.) *Travailler pour la gloire.* ▷ *Être pour...:* être favorable à, être partisan de... *Qui n'est pas pour moi est contre moi.* Ellipt. Fam. *Tout le monde est pour.* **4.** En remplacement de, à la place de, au nom de. *Il signe pour le directeur.* – (Devant une signature.) *Pour le secrétaire général, par ordre, X.* ▷ En échange de. *Je l'ai eu pour dix dollars.* ▷ En guise de. *N'avoir pour toute arme qu'un bâton.* ▷ (Suivi d'un adj.) *Il fut laissé pour mort*, comme s'il était mort. *Il se donne pour savant*, il fait croire qu'il l'est. **5.** Quant à, en ce qui concerne (qqn). *Pour moi, je crois qu'il a tort*, en ce qui me concerne, à mon avis. ▷ Quant à, en ce qui concerne (qqch). *Pour l'argent, on s'arrangera plus tard.* **6.** Eu égard à, par rapport à. *Il est grand pour son âge.* **7.** (Marquant la conséquence.) *Il s'est trompé, pour son malheur.* **8.** À cause de. *Puni pour ses crimes.* – Loc. *Pour un oui ou pour un non:* sous n'importe quel prétexte, à tout propos. **II.** *Pour* (+ inf.), *pour que* (+ subj.). **1.** (Marquant le but.) *Il lit pour s'instruire. Je vous le dis pour que vous y pensiez.* ▷ *Pour que... ne pas. Il s'enferme pour qu'on ne le dérange pas.* (Fam.: *pour ne pas, pour pas qu'on le dérange.*) **2.** (Introduisant une subordonnée de conséquence.) *Il est trop tard pour que j'y aille. Tu es assez grand pour prendre cette décision tout seul.* **3.** Litt. (Marquant l'opposition, la concession.) *«Pour grands que soient les rois, ils sont ce que nous sommes»* (Corneille). **4.** *Être pour* (+ inf.): être sur le point de. *Nous étions pour nous mettre à table quand vous avez sonné.* **III.** n. m. *Le pour:* ce qui plaide en faveur de qqch, les arguments favorables (surtout dans la loc. *le pour et le contre*). – Du lat. class. *pro*, «devant, en faveur de», par le lat. pop. *por.*

pour-. Élément, du lat. *pro*, «devant», à valeur intensive.

pourboire [puʀbwaʀ] n. m. Gratification qu'un client laisse au personnel, dans un café, un restaurant, une salle de spectacle, etc.; petite somme d'argent offerte en remerciement d'un service. – De *pour*, et *boire.*

pourceau [puʀso] n. m. **1.** Vx ou litt. Porc. **2.** *Par métaph.* Homme sale et glouton. – Litt. *Un pourceau d'Épicure:* un voluptueux, un homme adonné aux plaisirs des sens. – Du lat. *porcellus*, dimin. de *porcus*, «porc»; d'abord *porcel, purcel.*

pourcentage [puʀsɑ̃taʒ] n. m. **1.** Rapport d'une quantité à une autre divisée en cent unités. *Le quart* *des bénéfices, soit, en pourcentage, vingt-cinq pour cent.* **2.** Taux d'un intérêt ou d'une commission; somme perçue ou à percevoir à titre d'intérêt ou de commission. *Il a un pourcentage sur les ventes.* – De *pour*, et *cent*.

pourchasser [puʀʃase] v. tr. [1] Poursuivre sans relâche, avec opiniâtreté, ténacité. *Policier qui pourchasse des malfaiteurs.* – De l'anc. v. *porchacier*, «chercher à obtenir».

pour-compte ou **pourcompte** [puʀkõt] n. m. inv. COMM Acte par lequel on s'engage à vendre pour le compte de l'expéditeur une marchandise qu'on a reçue de lui. – De *pour-*, et *compte*; cf. *laissé-pour-compte*.

pourfendeur [puʀfɑ̃dœʀ] n. m. Celui qui pourfend (souvent iron.). *Redresseurs de torts et pourfendeurs d'injustices.* – De *pourfendre*.

pourfendre [puʀfɑ̃dʀ] v. tr. [5] **1.** Vx Fendre de haut en bas d'un coup de sabre. **2.** Fig., plaisant. Faire subir une défaite écrasante à. *Nos joueurs ont pourfendu l'équipe adverse.* – De *pour-*, et *fendre*.

pourlèche. V. perlèche.

pourlécher [puʀleʃe] v. tr. [16] Vx Lécher tout autour. ▷ Mod., dans la loc. *Se pourlécher les babines:* se passer la langue sur les lèvres, et, fig., se délecter à la pensée d'une bonne chose à manger (*par ext.*, à la pensée d'un plaisir quelconque). – De *pour-*, et *lécher*.

pourparler [puʀpaʀle] n. m. (Rare au sing.) Conférence, discussion visant à régler une affaire, négociation. *Être, entrer en pourparlers.* – De l'anc. v. *pourparler*, «tramer, comploter, discuter», de *pour-*, et *parler*.

pourpier [puʀpje] n. m. Plante herbacée (*Portulaca oleracea*, fam. portulacacées) aux tiges couchées rougeâtres, aux fleurs vivement colorées, aux feuilles épaisses, dont une espèce est cultivée comme légume. (D'autres espèces sont ornementales.) – Altér. de l'a. fr. *poulpié*, du lat. pop. *pulli pes*, «pied de poulet».

pourpoint [puʀpwɛ̃] n. m. Ancien vêtement masculin (XIIIe-XVIIe s.) qui couvrait le corps du cou à la ceinture. – De l'anc. v. *pourpoindre*, de *pour*, et *poindre*, «piquer».

pourpre [puʀpʀ] n. et adj. **A.** n. **I.** n. f. **1.** Matière colorante d'un rouge foncé que les Anciens tiraient d'un mollusque. **2.** Étoffe teinte avec cette matière colorant en rouge foncé, chez les Anciens, marque d'une dignité, d'un rang social élevé. *Toge, manteau de pourpre.* ▷ Fig. Dignité impériale. *Revêtir la pourpre:* se faire proclamer empereur. ▷ *La pourpre romaine, la pourpre cardinalice*, ou, absol., *la pourpre:* la dignité de cardinal. **3.** Fig. et litt. Couleur rouge. *La pourpre du sang.* **II.** n. m. **1.** Rouge foncé tirant sur le violet. ▷ Rougeur. *Le pourpre de la colère.* **2.** PHYSIOL *Pourpre rétinien:* pigment photosensible des bâtonnets rétiniens, qui permet la vision nocturne. **3.** Mollusque gastéropode (genre *Purpura*) dont les Anciens tiraient certaines de leurs pourpres. **B.** adj. De couleur pourpre. *Des étoffes pourpres.* – Lat. *purpura*, gr. *porphura*.

pourpré, ée [puʀpʀe] adj. Litt. Teinté à la pourpre; de couleur pourpre. *Nuages pourprés dans le soleil couchant.* – Du préc.

pourprin, ine [puʀpʀɛ̃, in] adj. et n. m. **1.** adj. Vx Purpurin. **2.** n. m. Couleur pourpre de certaines fleurs. – De *pourpre*.

pourquoi [puʀkwa] adv., conj. et n. m. inv. **I.** adv. et conj. **1.** Pour quelle cause, quel motif. *Il part sans dire pourquoi. Voici pourquoi je ne veux pas le voir.* – Loc. conj. *C'est pourquoi. Il est malade, c'est pourquoi il n'est pas venu*, c'est pour cette raison que... (Dans l'interrogation directe ou indirecte.) *Pourquoi acceptez-vous? Vous feriez cela? – Pourquoi pas?* ou *Pourquoi non? Je lui demanderai pourquoi il ne veut pas y aller.* – (Suivi de l'infinitif.) *Pourquoi se fâcher?* **2.** Vieilli ou litt. Pour lequel, pour laquelle (souvent confondu avec *pour quoi*). *C'est une des raisons pourquoi je suis parti.* **II.** n. m. inv. **1.** Cause, raison. *Savoir le pourquoi d'une affaire.* **2.** Question, interrogation sur les raisons de qqch. *Je vais répondre à tous vos pourquoi.* – De *pour*, et *quoi*.

pourri, ie [puʀi] adj. et n. **I.** adj. **1.** Altéré, attaqué par la décomposition. **2.** Fig. Très humide, en parlant du temps, de la saison, etc. *Un été pourri.* **3.** Fig., fam. Gâté, corrompu. *Un homme moralement pourri.* ▷ Fig., fam. *Pourri de:* plein de. *Il est pourri de bonnes idées, ce garçon.* **II.** n. **1.** n. m. Ce qui est pourri. *Une odeur de pourri.* **2.** n. Pop. et injur. Individu corrompu, méprisable. *C'est un pourri, un vendu!* – Pp. de *pourrir*.

pourridié [puʀidje] n. m. BOT Maladie cryptogamique des végétaux, qui cause leur pourriture. *L'un des pourridiés est dû à l'armillaire, champignon basidiomycète.* – Mot provençal, de *pourrir*.

pourrir [puʀiʀ] v. [2] **I.** v. intr. **1.** Tomber en décomposition, en putréfaction. *Laisser des fruits pourrir.* ▷ Fig. Se détériorer. *Laisser pourrir une situation.* **2.** Fig. et fam. Demeurer longtemps (en un lieu). *Pourrir en prison.* ▷ Demeurer dans une situation dégradante. *Pourrir dans la misère.* Syn. croupir, moisir. **II.** v. tr. **1.** Attaquer en provoquant la décomposition de. *L'eau pourrit le bois.* **2.** Fig. Corrompre, gâter. *Ils sont trop indulgents, ils pourrissent le petit.* – Lat. pop. **putrire*, class. *putrescere*.

pourrissage [puʀisaʒ] n. m. TECH Action d'exposer les pâtes céramiques à l'humidité pour favoriser leur homogénéisation. – De *pourrir*.

pourrissant, ante [puʀisɑ̃, ɑ̃t] adj. Qui est en train de pourrir. – Ppr. de *pourrir*.

pourrissement [puʀismɑ̃] n. m. Dégradation, détérioration. *Le pourrissement d'une situation.* – De *pourrir*.

pourrissoir [puʀiswaʀ] n. m. Litt. Lieu où pourrit qqch. ▷ Fig. *Les prisons, ces pourrissoirs.* – De *pourrir*.

pourriture [puʀityʀ] n. f. **1.** État de ce qui est pourri. *Tomber en pourriture.* Syn. décomposition. **2.** Partie pourrie. *Ôter la pourriture d'une pomme.* **3.** Fig. Décadence morale, corruption. *Sombrer dans la pourriture.* **4.** Pop. et injur. Ignoble individu. **5.** BOT Maladie des végétaux due à des bactéries *(pourriture du tabac)* ou à des champignons (*pourriture noble* du raisin, qui améliore certains vins; *pourriture sèche* de la pomme de terre). – De *pourrir*.

pour-soi [puʀswa] n. m. PHILO Être humain, en tant que sujet conscient (par oppos. à l'en-soi, à l'être). – De *pour*, et *soi*.

poursuite [puʀsɥit] n. f. **1.** Action de poursuivre, de courir après qqch, qqn. *Chien ardent à la poursuite du gibier.* ▷ Fig. Fait de chercher avec opiniâtreté à obtenir qqch. *Poursuite des honneurs.* **2.** SPORT Course cycliste sur vélodrome où deux coureurs (ou équipes) prennent le départ en deux points opposés de la piste, le vainqueur étant celui qui rejoint l'autre ou qui s'en est le plus rapproché en un temps fixé. – En appos. *Course poursuite.* **3.** DR Action en justice intentée en vue de faire valoir un droit ou pour obtenir la punition d'une personne qui a enfreint une loi. ▷ *La poursuite:* désigne en matière pénale le représentant de l'État qui engage les procédures judiciaires contre une personne. **4.** DR *Poursuites sommaires:* recours pénal exercé en vertu d'une loi provinciale par opposition à un recours exercé en vertu du Code criminel. ▷ *Cour des poursuites sommaires:* tribunal qui, en matière pénale, a juridiction pour entendre les infractions punissables par voie de déclaration sommaire de culpabilité. **5.** TECH Contrôle et surveillance, au moyen d'instruments, d'un mobile (d'un engin spatial, en partic.) et de sa trajectoire. *Centre de poursuite de satellites.* – De *poursuivre.*

poursuiteur [puʀsɥitœʀ] n. m. SPORT Cycliste spécialisé dans la poursuite. – Du préc.

poursuivant, ante [puʀsɥivɑ̃, ɑ̃t] n. (et adj.) **1.** Personne qui poursuit qqn. *Distancer ses poursuivants.* **2.** DR Personne qui, en matière pénale, est habilitée à exercer des poursuites judiciaires contre un individu. ▷ Adj. *Créancier poursuivant.* – Ppr. de *poursuivre.*

poursuivre [puʀsɥivʀ] v. tr. **[77] I. 1.** Suivre rapidement pour atteindre. *Animal qui poursuit sa proie.* **2.** Tenter d'obtenir. *Poursuivre des honneurs.* **3.** Fig. Rechercher sans cesse en importunant, ne pas laisser en paix. *Poursuivre une femme de ses assiduités.* ▷ (Sujet n. de chose.) *Le remords le poursuit.* Syn. tourmenter, harceler. **4.** DR Intenter une action en justice contre (qqn). *Poursuivre qqn devant les tribunaux.* **II.** Continuer (ce qu'on a commencé). *Poursuivre ses études.* – *Absol.* Continuer un récit, un exposé. *Laissez-moi poursuivre!* ▷ v. pron. (au sens réfléchi) Être poursuivi. *L'enquête se poursuit.* – Du lat. *prosequi,* même sens; d'ap. *pour-,* et *suivre.*

pourtant [puʀtɑ̃] adv. (Indiquant l'opposition entre deux choses liées, ou entre deux aspects d'une même chose.) *Il avait travaillé, pourtant il a échoué.* Syn. néanmoins, cependant. – De *pour,* et *tant.*

pourtour [puʀtuʀ] n. m. Ligne, partie qui fait le tour d'un objet, d'une surface. *Arbres plantés sur le pourtour d'un terrain.* Syn. tour, contour. – De *pour-,* et *tour.*

pourvoi [puʀvwa] n. m. DR Acte par lequel on demande à une autorité supérieure la réformation ou l'annulation d'une décision judiciaire. – Déverbal de *pourvoir.*

pourvoir [puʀvwaʀ] v. **[43] I.** v. tr. indir. Fournir ce qui est nécessaire. *Il pourvoit à tous nos besoins.* ▷ *Pourvoir à un emploi:* faire cesser sa vacance. Syn. subvenir. **II.** v. tr. dir. **1.** Munir, équiper. *Pourvoir une place de vivres.* ▷ v. pron. *Se pourvoir de bois de chauffage pour l'hiver.* **2.** Mettre (qqn) en possession de. *Pourvoir qqn d'une charge.* ▷ Doter. *La nature l'a pourvue de mille grâces.* **3.** Établir par un emploi, un mariage. *Pourvoir ses enfants.* – Munir du nécessaire, mettre à l'abri du besoin (surtout au pp.). *Des gens pourvus.* Syn. nantir. **III.** v. pron. DR Intenter une action judiciaire devant une juridiction supérieure. *Se pourvoir en appel.* – Du lat. *providere,* d'ap. *pour-,* et *voir;* par l'a. fr. *soi porveoir de,* «examiner», puis «prévoir».

pourvoirie [puʀvwaʀi] n. f. Entreprise qui offre aux chasseurs et aux pêcheurs des installations et des services tels le logement, le transport, la location d'équipements et surtout la possibilité de pratiquer la chasse et la pêche sportives. – De *pourvoir.*

pourvoyeur, euse [puʀvwajœʀ, øz] n. **1.** *Pourvoyeur de:* personne qui fournit, procure (qqch). *Pourvoyeur de drogue.* **2.** Détenteur d'un permis de pourvoirie. *L'association des pourvoyeurs du Québec.* – De *pourvoir.*

pourvu que [puʀvykə] loc. conj. **1.** À condition que. *Tu peux rester, pourvu que tu te taises.* **2.** (Exprimant un souhait.) *Pourvu qu'il fasse beau!* – Pp. de *pourvoir,* «étant donné, assuré», et conj. *que.*

poussage [pusaʒ] n. m. TECH Procédé de navigation fluviale par convoi de barges poussées au moyen d'un bateau spécial (pousseur*). – De *pousser.*

poussah [pusa] n. m. **1.** Figurine grotesque montée sur une boule et lestée de façon à revenir toujours dans la position verticale. *Des poussahs.* **2.** Fig., fam. Homme gros et gras. – Chinois *pou-sa,* «idole bouddhique assise les jambes croisées».

pousse [pus] n. f. **1.** Fait de pousser, de croître. *La pousse des cheveux.* **2.** BOT Partie jeune d'un végétal formée par un bourgeon au cours d'une période de végétation. **3.** MED VET Dyspnée du cheval, caractérisée par un soubresaut de la cage thoracique en fin d'inspiration. **4.** TECH Altération du vin, due à une seconde fermentation. – Déverbal de *pousser.*

pousse-café [puskafe] n. m. inv. Fam. Petit verre d'alcool que l'on prend après le café; cet alcool lui-même. – De *pousser,* et *café.*

poussée [puse] n. f. **1.** Action de pousser; son résultat. **2.** Pression exercée par une force qui pousse. ▷ ARCHI Effort horizontal exercé par une voûte sur ses supports et tendant à écarter ceux-ci. ▷ PHYS Pression qu'un corps pesant exerce sur un autre corps. – Résultante des forces exercées par un fluide sur un objet immergé. **3.** Fig. Manifestation subite. *Une poussée d'imagination.* ▷ Accès. *Une poussée de fièvre.* – Pp. fém. subst. de *pousser.*

pousse-pied. V. pouce-pied.

pousse-pousse [puspus] n. m. inv. Voiture légère à deux roues, à une place, tirée ou poussée par un homme, en Extrême-Orient. – De *pousser.*

pousser [puse] v. **[1] I.** v. tr. **1.** Peser sur, peser contre, pour déplacer, pour faire avancer. *Pousser un meuble. Pousser une brouette.* – Fam. Écarter, mettre de côté. *Pousse tes affaires, elles me gênent.* ▷ v. pron. *Pousse-toi!* **2.** Imprimer un mouvement à (qqch, qqn) en le pressant vivement ou en le heurtant. *Il n'est pas tombé tout seul, qqn l'a poussé.* **3.** Fig. Faire avancer, engager, soutenir (qqn) dans une entreprise, une carrière. *Son père l'a poussé dans ses études.* **4.** Étendre, porter plus loin. *Pousser ses conquêtes jusqu'à la mer.* ▷ Fig. *Pousser la plaisanterie trop loin.* – *Absol.,* pop. Exagérer. *Faut pas pousser!* **5.** Mettre, amener (qqn) dans un certain état, une certaine situation. *Pousser qqn à bout.* **6.** Inciter à, faire agir. *Qu'est-ce qui vous a poussé à écrire ce livre? C'est la haine qui l'a poussé.* **7.** Proférer, exhaler (un cri, un soupir, etc.). *Il a poussé un grand cri.* ▷ Pop. *Pousser une chanson, en pousser une:* chanter une chanson. **8.** Produire, faire sortir de soi (en parlant d'un être vivant, d'un organisme). *L'arbre a poussé des nouvelles feuilles. Bébé qui pousse ses dents.* **II.** v. intr. **1.** Peser, exercer une poussée. *Masse de terre qui pousse sur un mur de soutènement.* **2.** Faire effort pour expulser de son corps le fœtus ou les fèces. **3.** Croître, se développer. *Les feuilles poussent déjà. Cet enfant pousse vite.* **4.** *Pousser plus loin, jusqu'à...:* continuer son chemin, aller jusqu'à. *Ils poussèrent jusqu'à la ville.* – Lat. *pulsare.*

poussette [pusɛt] n. f. **1.** JEU Tricherie consistant à déplacer subrepticement une carte ou une mise sur le tableau gagnant alors que le résultat est connu. **2.** SPORT Fam. Action de pousser un coureur cycliste, pour l'aider dans une côte. **3.** Petite voiture d'enfant. ▷ Petit châssis à roulettes servant à transporter de menues charges. – De *pousser.*

pousseur [pusœʀ] n. m. **1.** TECH Bateau à étrave carrée, spécialement construit pour pousser des barges sur les canaux, les rivières. **2.** En astronautique, propulseur auxiliaire. – De *pousser.*

poussier [pusje] n. m. Poussière de charbon. – *Coup de poussier:* explosion due à l'inflammation de poussières de charbon en suspension dans l'air, survenant dans une houillère. (On dit aussi *coup de poussière.*) ▷ Débris pulvérulents d'une matière quelconque. – Forme masc. de *poussière.*

poussière [pusjɛʀ] n. f. **I. 1.** Terre réduite en poudre très fine; mélange de matières pulvérulentes entraîné par l'air en mouvement et qui se dépose sur les objets. – Fig. *Mordre la poussière:* être jeté à terre dans un combat; fig., subir un échec, une défaite. ▷ Grain de poussière. *Avoir une poussière dans l'œil.* – Loc. fam. *Et des poussières...:* et une quantité, une somme négligeable. *Trois millions et des poussières.* **2.** Matière réduite en particules fines et légères. *Poussière d'or. Poussière de charbon* (V. poussier). **II.** Emplois fig. **1.** Restes mortels, cendres. **2.** Ce qui est en nombre infini, comme les grains de poussière. *La Voie lactée est une poussière d'étoiles.* – De l'a. fr. *pous,* du lat. pop. **pulvus,* class. *pulvis.*

poussiéreux, euse [pusjeʀø, øz] adj. **1.** Couvert de poussière. *Meubles poussiéreux.* **2.** Qui a l'aspect, la couleur de la poussière. *Un gris poussiéreux.* – Du préc.

poussif, ive [pusif, iv] adj. et n. **1.** MED VET Qui a la pousse*, en parlant d'un cheval. **2.** Fig. Qui manque de souffle, qui perd facilement haleine. *Le tabac rend poussif.* ▷ *Par ext.* Qui manque d'inspiration. *Ce fantaisiste devient poussif.* – De *pousser.*

poussin [pusɛ̃] n. m. **1.** Poulet qui vient d'éclore. *Une poule et ses poussins.* ▷ *Par ext.* Oiseau nouvellement éclos. *Les poussins de l'aigle, ou aiglons.* **2.** Fam. (Terme d'affection adressé à un enfant.) *Alors, poussin?* – Lat. pop. **pullicinus,* bas lat. *pullicenus,* de *pullus,* «poulet».

poussinière [pusinjɛʀ] n. f. **1.** Cage où l'on enferme les poussins. **2.** Éleveuse artificielle. – De *poussin.*

poussoir [puswaʀ] n. m. Bouton que l'on presse pour déclencher le fonctionnement d'un mécanisme. – De *pousser.*

pout-de-soie. V. pou-de-soie.

poutine [putin] n. f. **1.** Frites garnies de fromage en grains et recouvertes d'une sauce. *Poutine italienne.* **2.** *Poutine râpée:* mets acadien consistant en une boulette de râpures de pommes de terre que l'on farcit de viande de porc et que l'on met à cuire dans de l'eau bouillante. **3.** Vx ou rég. Pouding. *Une poutine au pain.* – Probabl. d'orig. dial.

poutrage [putʀaʒ] n. m. ou **poutraison** [putʀɛzɔ̃] n. f. TECH Assemblage de poutres; disposition des poutres d'une charpente. – De *poutre.*

poutre [putʀ] n. f. **1.** Grosse pièce de bois équarrie destinée à la construction. *Poutre en chêne, en châtaignier.* ▷ *Par ext.* Élément de charpente allongé et de forte section (quelle qu'en soit la matière). *Poutre en acier, en béton armé.* **2.** SPORT Appareil de gymnastique constitué par une poutre d'une dizaine de cm de large élevée sur deux supports à quelque distance du sol. – Métaph. de l'a. fr. *poustre,* «pouliche»; du lat. pop. **pullitra,* même sens, du class. *pullus,* «petit d'un animal».

poutrelle [putʀɛl] n. f. Petite poutre. – Pièce d'acier réunissant les pièces principales d'une charpente métallique. – Dimin. de *poutre.*

pouture [putyʀ] n. f. AGRIC Nourriture, à base de farineux, donnée aux bovins lorsqu'ils sont à l'étable. – Du lat. *puls, pultis,* «bouillie de céréales»; par l'a. fr. *pou,* «bouillie, légume».

1. pouvoir [puvwaʀ] v. auxil. de mode et v. tr. **[52]** **I.** v. auxil. de mode (régissant l'inf.). **1.** Avoir la faculté, la possibilité de. *La voiture est en panne, ils ne peuvent pas partir.* ▷ (Avec ellipse de l'inf. comp., ou celui-ci remplacé par le pronom *le.*) *Quand on veut, on peut. Comprenez si vous (le) pouvez.* ▷ *N'en pouvoir plus:* être à bout de force. **2.** Avoir le droit, l'autorisation de. *Puis-je m'asseoir? Vous pouvez disposer.* ▷ Être en droit de. *On peut dire qu'il a de la chance.* ▷ Avoir le front, l'audace, etc., de. *Comment pouvez-vous dire une chose pareille?* **3.** Litt. (Au subj., exprimant un souhait.) *«Puissé-je de mes yeux y voir tomber la foudre»* (Corneille). **4.** (Exprimant une éventualité, une possibilité.) *Il peut avoir eu un empêchement.* ▷ (Renforçant une interrogation.) *Où peut-il bien se cacher?* **5.** Impers. *Il peut* (+ inf.): il est possible que. *Il peut pleuvoir.* – Vraisemblablement, peut-être. *Il pouvait être minuit.* ▷ Pron. *Il se peut que:* il est possible que. *Il se peut que j'aie besoin de vous. Il peut se faire que:* il peut arriver que. – Loc. *Autant que faire se peut:* autant qu'il est possible. **II.** v. tr. Avoir l'autorité, la puissance de faire (qqch). *Je ne peux rien pour vous.* ▷ *N'y pouvoir rien, n'en pouvoir mais:* n'être pas responsable de qqch, être impuissant. – Lat. pop. *potere,* réfection du class. *posse,* d'ap. les formes conjuguées en *pot-;* par l'a. fr. *poeir, pooir, povoir.*

2. pouvoir [puvwaʀ] n. m. **1.** Faculté de pouvoir (V. pouvoir 1), puissance, possibilité. *Avoir du pouvoir, un grand pouvoir. Pouvoir d'achat d'un revenu.* **2.** Capacité légale de faire une chose. *Pouvoir de tester.* ▷ Droit, faculté d'agir pour un autre, en vertu du mandat qu'on a reçu. *Fondé de pouvoir(s) d'une société.* – Acte par lequel on donne pouvoir d'agir, procuration. *Pouvoir par-devant notaire.* **3.** Empire, ascendant exercé sur une personne. *Exercer un pouvoir sur qqn.* **4.** (Avec un qualificatif.) Aptitude, propriété d'un corps, d'une substance. *Pouvoir blanchissant d'une lessive.* ▷ PHYS *Pouvoir calorifique, rotatoire d'une substance.* **5.** Autorité. *Pouvoir législatif, exécutif, judiciaire.* ▷ *Les pouvoirs publics:* les autorités constituées. **6.** *Absol.* Autorité souveraine, direction, gouvernement d'un État. *Être au pouvoir. Prendre le pouvoir.* – De *pouvoir* 1.

pouzzolane [puzɔlan] n. f. PETROG Cendre volcanique claire et friable qui forme avec la chaux grasse un bon mortier hydraulique. – Ital. *pozzolana,* de *Pozzuoli,* «Pouzzoles», ville d'Italie (sur le golfe de Naples) près de laquelle cette roche est abondante.

p.p.c.m. MATH Abrév. de *plus petit commun multiple.*

P.Q. n. m. Sigle de *parti québécois.*

Pr CHIM Symbole du praséodyme.

præsidium ou **présidium** [pʀezidjɔm] n. m. Comité directeur d'une institution, dont il exerce collégialement les pouvoirs. *Præsidium du Soviet suprême.* – Mot russe, du lat.

pragmatique [pʀagmatik] adj. (et n. f.) **I. 1.** Qui considère la valeur pratique, concrète des choses. *Il est très pragmatique.* ▷ Susceptible de recevoir une application pratique, adapté à la réalité. *Des idées pragmatiques.* **2.** PHILO Relatif au pragmatisme. **II.** HIST *Pragmatique sanction:* édit promulgué par un souverain pour statuer de manière définitive sur une question fondamentale. ▷ Subst. *La pragmatique de Charles III d'Espagne.* – De *pragmatique (sanction),* calque du lat. jur. *pragmatica sanctio,* du gr. *pragmatikos,* «relatif à l'action», de *pragma,* «action».

pragmatisme [pʀagmatism] n. m. PHILO **1.** Doctrine qui considère l'utilité pratique d'une idée comme le critère de sa vérité. **2.** Doctrine selon laquelle l'idée d'un projet n'est autre que la somme des idées de tous les effets imaginables, pouvant avoir un intérêt pratique quelconque, que nous attribuons à cet objet. *Le pragmatisme de W. James.* – Angl. *pragmatism,* d'ap. all. *Pragmatismus,* du gr. *pragmatikos,* «relatif à l'action».

pragmatiste [pʀagmatist] adj. et n. PHILO **1.** adj. Relatif au pragmatisme. **2.** n. Partisan du pragmatisme. – Du préc.

praire [pʀɛʀ] n. f. Mollusque lamellibranche comestible *(Venus verrucosa)* des sables littoraux, à coquille bivalve striée. – Mot provenç., sens initial «prêtre».

prairial [pʀɛʀjal] n. m. HIST (France) Neuvième mois du calendrier républicain (du 20 ou 21 mai au 19 ou 20 juin). – De *prairie.*

prairie [pʀɛʀi] n. f. **1.** Terrain couvert d'herbes propres à la pâture et à la production de fourrage. **2.** plur. Grandes plaines de l'Ouest nord-américain. *Les prairies canadiennes, américaines.* ▷ *Les provinces des Prairies, ou les Prairies:* Les provinces du Manitoba, de la Saskatchewan et de l'Alberta. – De *pré.*

prâkrit [pʀɑkʀi] n. m. LING Langue commune de l'Inde ancienne, apparentée au sanscrit. *Le pâli, langue des écritures bouddhiques, est un prâkrit. Les prâkrits.* – Sanscrit *prâkr(i)ta,* «dénué d'apprêt, vulgaire».

pralin [pʀalɛ̃] n. m. **1.** Gâteau praliné. **2.** AGRIC Bouillie fertilisante faite de terre et d'engrais. – De *praliner.*

pralinage [pʀalinaʒ] n. m. **1.** Action de praliner, de préparer des pralines. **2.** AGRIC Trempage des racines, de l'extrémité des boutures dans du pralin avant la plantation. – De *praliner.*

praline [pʀalin] n. f. Friandise faite d'une amande rissolée dans du sucre bouillant. – Du nom du duc de *Plessis-Praslin* dont un cuisinier créa cette friandise.

praliné, ée [pʀaline] adj. Garni de pralines pilées. ▷ N. m. Gâteau, bonbon praliné. – Pp. de *praliner.*

praliner [pʀaline] v. tr. [1] **1.** Faire rissoler dans du sucre à la manière des pralines. ▷ Fourrer ou saupoudrer de pralines pilées. **2.** AGRIC Traiter, préparer par pralinage. *Praliner une bouture.* – De *praline.*

prame [pʀam] n. f. MAR **1.** Anc. Bâtiment à fond plat, à rames et à voiles, qui servait autref. à la défense des côtes. **2.** Mod. Petite embarcation à fond plat. *Manœuvrer une prame à la godille.* – Néerl. *praam.*

prandial, ale, aux [pʀɑ̃djal, o] adj. MED Relatif au repas. – Du lat. *prandium,* «déjeuner».

prao [pʀao] n. m. **1.** Voilier monocoque de Malaisie et de Java, long d'une quinzaine de mètres. **2.** Pirogue à balancier simple ou double de Malaisie et de Java. ▷ Voilier de plaisance à balancier simple, dont la construction s'inspire du prao (sens 2) malais. – Mot ital., du malais.

prase [pʀaz] n. m. **1.** MINER Quartz vert. **2.** Cristal de roche teinté, utilisé en joaillerie. – Lat. *prasius,* du gr. *prasinos,* «de la couleur verte du poireau», de *prason,* «poireau».

praséodyme [pʀazeɔdim] n. m. CHIM Métal jaune clair du groupe des terres rares; élément de numéro atomique Z = 59, de masse atomique 140,91 (symbole Pr). – Du gr. *prasinos,* «d'un vert de poireau», à cause de la couleur des sels en solution, et *didumos,* «double».

praticabilité [pʀatikabilite] n. f. Rare État, caractère de ce qui est praticable. – De *praticable.*

praticable [pʀatikabl] adj. et n. m. **1.** Que l'on peut pratiquer, mettre à exécution; qui peut être mis en usage. *Opération praticable.* **2.** Où l'on peut passer. *Sentier praticable.* **3.** THEAT *Porte, fenêtre praticable:* porte, fenêtre réelle (et non pas peinte ou figurée) d'un décor. ▷ N. m. Élément du décor où des acteurs peuvent se tenir, évoluer. – AUDIOV Plate-forme mobile supportant des projecteurs, des caméras et le personnel qui les utilise. – De *pratiquer.*

praticien, ienne [pʀatisjɛ̃, jɛn] n. **1.** Personne qui connaît la pratique de son art, qui y a acquis du savoir-faire. **2.** Membre en exercice d'une profession médicale. ▷ Médecin qui donne des soins, exerce la médecine auprès des malades (et non dans un laboratoire ou dans un service de recherche). – De *pratique* 1.

pratiquant, ante [pʀatikɑ̃, ɑ̃t] adj. et n. Qui observe les pratiques (d'une religion). *Catholique, israélite pratiquant.* – Absol. *Il est très pratiquant.* ▷ Subst. *Un(e) pratiquant(e).* – Ppr. de *pratiquer.*

1. pratique [pʀatik] n. f. **1.** Activité tendant à une fin concrète (opposé à *théorie*). *Savoir tiré de la pratique. Mettre une idée en pratique,* la mettre à exécution, la réaliser. – *En pratique:* en réalité, en fait. ▷ Application des règles et des principes d'un art, d'une science, d'une technique. *La pratique de l'architecture.* **2.** Fait de pratiquer une activité, de s'y adonner habituellement, régulièrement. *La pratique d'un sport.* ▷ Expérience, habitude que cet exercice régulier permet d'acquérir. *Avoir la pratique des affaires.* – Ensemble de procédés, de tours de main; savoir-faire. *Pratique difficile à acquérir.* **3.** Observance d'une règle de conduite, d'un ensemble de prescriptions morales ou philosophiques. *La pratique religieuse.* ▷ (Au plur.) Actes extérieurs de soumission aux règles liturgiques; actes de piété. *La foi et les pratiques.* **4.** Usage, coutume. *C'est la pratique du pays.* **5.** Vx ou litt. Commerce, fréquentation habituelle (de qqn). *La pratique des hommes l'a rendu amer.* **6.** Vieilli *La pratique:* la clientèle. ▷ *Une pratique :* un client. **7.** MAR *Libre pratique:* liberté de débarquer accordée à l'équipage d'un navire par les services de santé d'un port. – Lat. *practice,* gr. *praktikos.*

2. pratique [pʀatik] adj. **1.** Qui a trait à l'action, à la réalisation concrète (opposé à *théorique,* à *spéculatif*). *Quelles sont les conséquences pratiques de cette hypothèse?* ▷ *Travaux pratiques:* exercices d'application, par oppos. aux cours théoriques. (Abrév. cour. *T.P.*) *Travaux pratiques de chimie.* **2.** Qui vise à l'utile. *Le point de vue qui me guidait était essentiellement pratique.* ▷ Qui a le sens des réalités, qui sait s'y adapter, en tirer profit. *Un esprit, un homme pratique.* **3.** Commode, bien adapté à sa fonction. *Un petit système très pratique.* – Bas lat. *practicus,* gr. *praktikos.*

pratiquement [pʀatikmɑ̃] adv. **1.** Dans la pratique; en fait. *Pratiquement, 006ce projet est irréalisable.* **2.** À peu près; presque (emploi critiqué). *Il est pratiquement ruiné.* – Du préc.

pratiquer [pʀatike] v. tr. [1] **I. 1.** Mettre en pratique, mettre à exécution. *Pratiquer une méthode rigoureuse.* **2.** S'adonner, se livrer habituellement à (une activité, une occupation); exercer (un métier). *Pratiquer le tennis, le vol à voile. Pratiquer la médecine.* **3.** Accomplir fidèlement les actes commandés par (une religion). *Pratiquer un culte.* ▷ Absol. *Il est encore croyant mais ne pratique plus.* **4.** Exécuter (une opération concrète, matérielle). *Pratiquer une intervention chirurgicale.* ▷ Réaliser, exécuter (qqch). *Avec la pointe du couteau, vous pratiquez un petit trou.* ▷ Ouvrir, frayer (un passage, un chemin). *Pratiquer un sentier dans un taillis.* **5.** Vx ou litt. Fréquenter (une personne; un lieu). *Je le connais bien pour l'avoir beaucoup pratiqué.* **II.** v. pron. (au pass.) Être en usage, à la mode. *Cette technique se pratique encore.* – De *pratique* 1.

praxie [pʀaksi] n. f. MED Coordination normale des mouvements. Ant. apraxie. – Du gr. *praxis,* «mouvement».

praxique [pʀaksik] adj. PHILO Relatif à la praxis, à l'action. – De *praxis.*

praxis [pʀaksis] n. f. PHILO Dans la terminologie marxiste, ensemble des activités humaines susceptibles de transformer le milieu naturel ou de modifier les rapports sociaux. – Mot all., du lat. mod.; gr. *praxis,* «action».

pré [pʀe] n. m. **1.** Petite prairie, terrain où l'on récolte du fourrage ou qui sert au pâturage. **2.** Anc. fig. *Aller sur le pré,* se battre en duel. – Du lat. *pratum.*

pré-. Élément, du lat. *præ,* «en avant, devant».

préadamisme [pʀeadamism] n. m. RELIG Doctrine du XVIIe s. selon laquelle Adam ne serait pas le premier homme créé, mais seulement l'ancêtre du peuple juif. – De *préadamite.*

préadamite [pʀeadamit] adj. (et n.) RELIG **1.** Qui a précédé la naissance d'Adam. **2.** Relatif au préadamisme. ▷ Subst. Adepte du préadamisme. – De *pré-* et *Adam,* n. du premier homme, dans la Bible.

préalable [pʀealabl] adj. et n. m. **1.** Qui a lieu, qui se dit ou se fait d'abord. *Avertissement préalable.* **2.** Qui doit être examiné, réglé, réalisé avant autre chose. *Condition préalable à un accord.* ▷ EDUC n. m. Cours qui doit en précéder un autre dans le programme d'études d'un élève. ▷ N. m. *Un préalable:* ce qui est mis comme condition à la conclusion d'un accord, à l'ouverture de négociations, etc. *Poser un préalable.* **3.** loc. adv. *Au préalable:* préalablement, auparavant. – De *pré-,* et *allable,* anc. adj.; de *aller.*

préalablement [pʀealabləmɑ̃] adv. Auparavant, avant toute chose. – Du préc.

préalpin, ine [pʀealpɛ̃, in] adj. GEOGR Des Pré-alpes. *Relief préalpin.* – De *Préalpes,* n. des massifs montagneux bordant à l'ouest les Alpes proprement dites.

préambule [pʀeɑ̃byl] n. m. **1.** Avant-propos, introduction, exorde. ▷ DR Partie préliminaire dans laquelle le législateur expose les motifs et l'objet d'un texte de loi. **2.** Fig. Ce qui précède qqch et l'annonce. *Cet incident fut le préambule du conflit.* Lat. *præambulus,* de *præmbulare,* «marcher devant».

préamplificateur [pʀeɑ̃plifikatœʀ] n. m. ELECTR Amplificateur de tension dont les signaux de sortie sont amplifiés par un amplificateur de puissance. (Abrév. cour. *préampli.*) – De *pré-,* et *amplificateur.*

préau [pʀeo] n. m. **1.** Cour d'un cloître, d'une prison, d'un hôpital. **2.** Partie couverte d'une cour d'école. – Dimin. de *pré* 1.

préavis [pʀeavi] n. m. Avis, notification préalable. *Préavis de grève.* ▷ *Spécial.* Notification préalable que l'employeur ou le salarié, prenant l'initiative d'une dénonciation du contrat de travail, doit adresser à l'autre partie. – De *pré-,* et *avis.*

prébende [pʀebɑ̃d] n. f. **1.** DR CANON Revenu attaché à certains titres ecclésiastiques (canonicat, notam.). ▷ Le titre même qui assure ce revenu. **2.** Fig. litt. (souvent péjor.). Revenu tiré d'une charge lucrative. *De grasses prébendes.* – Lat. ecclés. *præbenda,* «ce qui doit être fourni», de *præbere,* «fournir».

prébendé, ée [pʀebɑ̃de] adj. et n. m. RELIG CATHOL Qui jouit d'une prébende. – Du préc.

prébendier [pʀebɑ̃dje] n. m. **1.** RELIG CATHOL Titulaire d'une prébende. **2.** Fig., litt., péjor. Celui qui tire profit d'une charge lucrative. – De *prébende.*

précaire [pʀekɛʀ] adj. **1.** DR Sujet à révocation. *Possession à titre précaire.* – Par ext. *Détenteur précaire.* **2.** Qui est incertain, sans base assurée. *Santé, situation précaire.* – Lat. jur. *precarius,* «obtenu par prière».

précairement [pʀekɛʀmɑ̃] adv. D'une manière précaire. – Du préc.

précambrien, ienne [pʀekɑ̃bʀijɛ̃, jɛn] adj. et n. m. GEOL Syn. d'*antécambrien.* – De *pré-,* et *cambrien.*

précarité [pʀekaʀite] n. f. Caractère, état de ce qui est précaire. – De *précaire.*

précatif, ive [pʀekatif, iv] adj. et n. m. Didac. Sous forme de prière; exprimant une prière. – *Mode précatif,* ou, n. m., *le précatif:* mode qui exprime la prière, dans certaines langues. – Bas lat. *precativus,* de *precatum,* pp. de *precari,* «prier, supplier».

précaution [pʀekosjɔ̃] n. f. **1.** Disposition prise par prévoyance, pour éviter un inconvénient, un risque. *Prenez des provisions, par précaution.* ▷ *Précautions oratoires:* ménagements que l'on prend pour se concilier la bienveillance de l'auditoire. **2.** Circonspection, prudence. *Marcher avec précaution.* – Lat. *præcautio,* de *præcavere,* «prendre garde».

précautionner [pʀekosjɔne] v. tr. [1] Vx Prémunir, mettre en garde (contre qqn ou qqch). ▷ v. pron. Vx ou litt. *Se précautionner contre:* prendre ses précautions en prévision de, se prémunir contre. – Du préc.

précautionneusement [pʀekosjɔnøzmɑ̃] adv. Avec précaution. – De *précautionneux.*

précautionneux, euse [pʀekosjɔnø, øz] adj. **1.** Qui agit avec précaution: prévoyant et circonspect. **2.** Qui dénote la précaution. *Geste précautionneux.* – De *précaution.*

précédemment [pʀesedamɑ̃] adv. Auparavant, antérieurement. – De *précédent.*

précédent, ente [pʀesedɑ̃, ɑ̃t] adj. et n. **1.** Qui précède. *Le chapitre précédent.* – Subst. *Le (la) précédent(e).* **2.** n. m. Fait, événement, qui peut servir d'exemple ou être invoqué comme autorité dans des circonstances analogues. *Cette décision créera un précédent.* ▷ *Sans précédent:* qui n'a pas son pareil dans le passé; extraordinaire. – Lat. *præcedens,* ppr. de *præcedere.*

précéder [pʀesede] v. tr. [16] **1.** Se produire avant (dans le temps); être placé avant, devant (par le rang dans une série ou par la place dans l'espace). *Des averses ont précédé les crues. Vous le précédez au classement général.* ▷ (Personnes.) Arriver avant (qqn). *Je le précède de quelques minutes.* **2.** Aller, marcher devant. *Une voiture de police précédait le cortège.* ▷ Fig. *Son père l'a précédé à la tête de la société.* – Lat. *præcedere,* «marcher devant».

préceinte [pʀesɛ̃t] n. f. MAR Renfort longitudinal de la muraille d'un navire, constitué de bordages plus épais que les autres. – De *pré-,* et lat. *cingere,* «ceindre».

précellence [pʀeselɑ̃s] n. f. Litt. Excellence, supériorité, primauté. – Du lat. *præcellere,* «exceller».

précepte [pʀesɛpt] n. m. Formule énonçant une règle, un principe d'action; cette règle, ce principe. *Les préceptes de la morale.* ▷ *Spécial.* Commandement religieux. *Les préceptes du Décalogue.* – Lat. *præceptum.*

précepteur, trice [pʀesɛptœʀ, tʀis] n. Personne chargée de l'éducation et de l'instruction d'un enfant qui ne fréquente pas un établissement d'enseignement; professeur, maître particulier. – Lat. *præceptor,* «maître qui enseigne».

préceptorat [pʀesɛptɔʀa] n. m. Fonction de précepteur; durée de cette fonction. – Du préc.

précession [pʀesesjɔ̃] n. f. **1.** MECA Mouvement autour d'une position moyenne, selon les génératrices d'un cône, de l'axe de rotation d'un solide. *Précession d'un gyroscope.* **2.** ASTRO Mouvement de rotation de l'axe terrestre selon les génératrices d'un cône dont le sommet est le centre de la Terre. ▷ *Précession des équinoxes:* lent mouvement de rétrogradation des points équinoxiaux, dû à la précession terrestre (V. ci-après). – Du lat. tardif *præcessio,* «action de précéder».

ENCYCL **Astro.** – Les pôles terrestres tournent autour d'un axe perpendiculaire au plan de l'écliptique dans le sens rétrograde (dans le sens inverse du mouvement de révolution apparent du Soleil) et avec une période de 25 765 ans env. Ce mouvement de précession est dû à l'attraction exercée par le Soleil et par la Lune sur le renflement équatorial; en effet, la Terre n'est pas parfaitement sphérique: ses pôles sont aplatis. À ce mouvement s'ajoute celui de la nutation, dont la période est de 18 ans et 8 mois. La précession a pour conséquence un lent déplacement du point γ (point gamma, ou vernal, ou encore équinoxe de printemps) le long de l'écliptique (*précession des équinoxes*) et une variation de la position des astres dans le Ciel; ainsi, l'étoile polaire n'a pas toujours indiqué et n'indiquera pas toujours la direction du

Nord. La précession explique en partic. le décalage des signes du zodiaque (établis il y a 2 000 ans) par rapport aux constellations dont ils portent le nom.

préchambre [pʀeʃɑ̃bʀ] n. f. TECH Cavité supérieure des cylindres d'un moteur Diesel, destinée à améliorer la pulvérisation du combustible. – De *pré-*, et *chambre*.

préchauffage [pʀeʃofaʒ] n. m. TECH Chauffage préalable, destiné à faciliter certaines opérations techniques. *Préchauffage d'une matière à mouler.* – De *pré-*, et *chauffage*.

préchauffer [pʀeʃofe] v. tr. [1] **1.** TECH Pratiquer un préchauffage. **2.** CUIS *Préchauffer un four,* le faire chauffer un certain temps avant d'y introduire le mets à cuire. – De *pré-*, et *chauffer*.

prêche [pʀɛʃ] n. m. **1.** Sermon prononcé par un ministre du culte protestant. – *Par ext.* Sermon prononcé par un prêtre catholique. **2.** Fam. Discours moralisateur. – Déverbal de *prêcher*.

prêcher [pʀɛʃe] v. [1] **I.** v. tr. **1.** Enseigner (la parole divine). *Prêcher l'Évangile.* ▷ Par ext. *Prêcher qqn,* lui donner cet enseignement. (Rare, sauf dans la loc. fig. *prêcher un converti:* chercher à convaincre celui qui est déjà convaincu.) **2.** Engager, exhorter à (une qualité, une vertu). *Prêcher la patience, la modération.* **II.** v. intr. **1.** Faire un, des sermons. *Prêcher en chaire.* **2.** loc. fig. *Prêcher d'exemple, par l'exemple:* être le premier à pratiquer ce que l'on conseille aux autres. – *Prêcher pour sa paroisse, son saint:* parler pour son intérêt. – *Prêcher dans le désert:* faire des recommandations qui ne sont pas écoutées, pas suivies (allusion à l'évangile de Matthieu, III, 3, identifiant Jean Baptiste à la «voix qui chasse dans le désert» d'Isaïe). **3.** Moraliser; faire des remontrances; discourir de façon ennuyeuse. *Il prêche à tout propos.* – Lat. ecclés. *prædicare,* «annoncer, publier».

prêcheur, euse [pʀɛʃœʀ, øz] n. (et adj.) **1.** Vx Prédicateur. ▷ Mod. *Les frères prêcheurs:* les dominicains. **2.** Péjor. Personne qui moralise, sermonne. *Quel prêcheur!* ▷ Adj. *Elle est un peu prêcheuse.* – De *prêcher*.

prêchi-prêcha [pʀɛʃipʀɛʃa] n. m. inv. Fam. Verbiage de sermonneur. – De *prêcher*.

précieusement [pʀesjøzmɑ̃] adv. **1.** Avec grand soin, comme l'on fait d'une chose de prix. *Garder précieusement un objet.* **2.** Avec préciosité. *Parler précieusement.* – De *précieux*.

précieux, euse [pʀesjø, øz] adj. et n. f. **I.** adj. **1.** Qui est de grand prix. *Métaux précieux.* **2.** Qui est d'une haute importance, d'une grande utilité. *Perdre un temps précieux.* **II. 1.** n. f. HIST et LITTER *Les précieuses:* les femmes du monde qui, dans la première moitié du XVIIe s., en réaction contre les mœurs du temps qu'elles jugeaient vulgaires, cherchaient à se distinguer par la délicatesse des manières, l'élégance subtile de l'expression, le raffinement des sentiments. – Par ext. *Une précieuse:* une imitatrice ridicule des précieuses. **2.** adj. Qui a rapport à la préciosité. *Les salons précieux. Langage, style précieux.* ▷ Recherché ou affecté. – Lat. *pretiosus,* de *pretium,* «prix».

préciosité [pʀesjɔzite] n. f. **1.** HIST et LITTER Ensemble des caractères propres au mouvement précieux du XVIIe s., à l'esprit, aux manières qu'il inspirait. **2.** Recherche ou affectation dans le langage, les manières. – Du bas lat. *pretiositas,* «grande valeur».

précipice [pʀesipis] n. m. Anfractuosité profonde du sol, aux bords escarpés; ravin, gouffre. ▷ Fig. *Courir au précipice:* aller au-devant d'un désastre, d'un malheur. – Lat. *præcipitium*.

précipitamment [pʀesipitamɑ̃] adv. Avec précipitation. – De *précipiter*.

précipitation [pʀesipitasjɔ̃] n. f. **I. 1.** Grande hâte. *S'enfuir avec précipitation.* **2.** Excès de hâte. *Maladresse commise par précipitation.* **II. 1.** CHIM Passage à l'état solide du ou de l'un des solutés d'une solution. *Précipitation provoquée par l'addition d'un réactif, par l'abaissement de la température.* **2.** METEO *Précipitations (atmosphériques):* le brouillard, la pluie, la neige, la grêle. – Lat. *præcipitatio*.

précipité, ée [pʀesipite] adj. et n. m. **1.** adj. Rapide, accéléré. *Rythme précipité.* ▷ Qui se fait avec une trop grande hâte, dans la précipitation. *Jugement trop précipité.* **2.** n. m. CHIM Substance solide qui se forme dans une solution par précipitation d'un, du soluté. *Précipité de chlorure d'argent.* – Pp. de *précipiter*.

précipiter [pʀesipite] v. [1] **I.** v. tr. **1.** Jeter d'un lieu élevé ou dans un lieu bas, profond. *Précipiter qqn d'un balcon.* ▷ Fig., litt. *Ces sombres événements nous précipitèrent dans le malheur.* **2.** Pousser violemment. *Une bourrade m'a précipité contre le mur.* **3.** Hâter, accélérer. *Précipiter ses pas.* **4.** CHIM Provoquer la précipitation. *Réactif qui précipite un soluté.* ▷ v. intr. Se former par précipitation. *Lorsqu'on ajoute du nitrate d'argent à une solution de chlorure de sodium, le chlorure d'argent précipite.* **II.** v. pron. **1.** Se précipiter (de): se jeter de haut en bas. *Se précipiter d'une falaise.* **2.** Se jeter, s'élancer. *Se précipiter sur son adversaire.* **3.** Prendre un cours accéléré. *Les événements se précipitent.* – Lat. *præcipitare,* de *præceps, præcipitis,* «qui tombe la tête *(caput)* en avant *(præ)*».

préciput [pʀesipyt] n. m. DR Avantage que le testateur ou la loi accorde à l'un des cohéritiers et en partic. au conjoint survivant; droit de prélever, avant tout partage, une partie de l'actif commun. – Lat. jur. *præcipuum,* de *præcipuus,* «pris en premier»; attract. de *caput,* «capital».

préciputaire [pʀesipytɛʀ] adj. DR Relatif au préciput. – Du préc.

précis, ise [pʀesi, iz] adj. et n. m. **I.** adj. **1.** Qui ne donne lieu à aucune incertitude. *Des indications précises.* ▷ Nettement défini, déterminé. *Donner un rendez-vous en un lieu précis.* **2.** Qui procède avec exactitude, sûreté. *Un homme précis.* ▷ Par ext. *Des gestes précis.* **3.** Exact, juste. *Mesure précise.* **II.** n. m. Livre d'enseignement contenant l'essentiel d'une matière. *Un précis de droit civil.* – Du lat. *præcisus,* pp. de *præcidere,* «couper ras, retrancher».

précisément [pʀesizemɑ̃] adv. **1.** Avec précision, exactement. **2.** Justement. *On a fait précisément ce qu'il fallait éviter.* ▷ (Pour affirmer, confirmer.) *En est-il capable? – Précisément.* ▷ Euph. *Ce n'est pas précisément gai,* pas tellement, pas du tout. – De *précis*.

préciser [pʀesize] v. tr. [1] Déterminer, exprimer, etc., de façon précise ou plus précise. *Préciser une date. Préciser sa pensée.* ▷ v. pron. *La menace se précise,* prend tournure, se confirme. – De *précis*.

précision [pʀesizjɔ̃] n. f. **1.** Caractère de ce qui est précis, qui ne donne pas lieu à équivoque. *Précision d'un mot.* **2.** Exactitude, justesse, sûreté dans l'exécution. *Précision d'un trait, d'un geste.* **3.** Caractère de ce qui est calculé, déterminé, exécuté, etc., de façon précise, exacte. *Précision d'une mesure.* ▷ *Balance, montre,* etc. *de précision,* dont l'incertitude instrumentale est très faible. **4.** (Surtout au plur.) Donnée, explication précise. *Demander des précisions.* – Du lat. *præcisio,* «action de couper».

précité, ée [pʀesite] adj. Didac. Cité précédemment. *On se reportera à l'ouvrage précité.* – De *pré,* et *citer*.

préclassique [pʀeklasik] adj. ART, LITTER Qui précède l'époque classique. – De *pré-*, et *classique*.

précoce [pʀekɔs] adj. **1.** Qui se développe, qui arrive à maturité avant la saison. *Fruit précoce* ▷ Dont la croissance est rapide (animaux); qui donne des produits précoces (espèces végétales). *Haricots, fraises précoces* (ou, subst., *des précoces*). **2.** Fig. Qui se manifeste plus tôt qu'il n'est habituel. *Talent précoce.* ▷ *Enfant précoce,* développé avant l'âge, physiquement ou mentalement. **3.** Qui survient, qui se produit de bonne heure; prématuré. *Printemps précoce.* – Lat. *præcox, præcocis.*

précocement [prekɔsmɑ̃] adv. D'une manière précoce. – Du préc.

précocité [prekɔsite] n. f. Caractère de ce qui est précoce; fait d'être précoce (personnes). – De *précoce.*

précolombien, ienne [prekɔlɔ̃bjɛ̃, jɛn] adj. Didac. Qui, en Amérique, a précédé l'arrivée de C. Colomb (1492). *Les civilisations précolombiennes.* – De *pré-*, et du n. de Christophe *Colomb* (v. 1450-1506).
ENCYCL **Hist.** – Malgré des recherches scientifiquement menées depuis la fin du XIXᵉ s., on n'a pu identifier avec exactitude les peuples qui ont précédé les princ. civilisations précolombiennes reconnues à ce jour, à savoir: olmèque (1200 av. J.-C.-600 ap. J.-C.), maya préclassique (v. 1500 av. J.-C.-300 ap. J.-C.), de Teotihuacán (300 av. J.-C.-1000 ap. J.C.), zapotèque (650 av. J.-C.-1521 ap. J.-C.), mixtèque (300-1521 ap. J.-C.), totonaque (400-1300 ap. J.-C.), toltèque (858-1250 ap. J.-C.), maya classique et postclassique (320-1697 ap. J.-C.), aztèque (1325-1521 ap. J.-C.), mochica (300-900 ap. J.-C.). Ignorant le fer, l'usage de la roue, du tour de potier, ces civilisations parvinrent à inventer une écriture hiéroglyphique, un calendrier, à se doter de systèmes politiques et administratifs complexes et efficaces, à bâtir sanctuaires, temples, pyramides, enceintes, dont l'archi. et son apparat ornemental (mosaïques, bas-reliefs, hauts-reliefs, statues), de dimensions imposantes, furent inspirés par une idéologie militariste et des rites sacrificiels.

précombustion [prekɔ̃bystjɔ̃] n. f. TECH Phase du cycle d'un moteur Diesel qui précède immédiatement l'inflammation du combustible. – De *pré-*, et *combustion.*

précompte [prekɔ̃t] n. m. **1.** COMM, COMPTA Calcul préalable de sommes à déduire. **2.** DR, COMPTA Retenue opérée sur une rémunération. – Déverbal de *précompter.*

précompter [prekɔ̃te] v. tr. [1] **1.** COMM, COMPTA Compter par avance (les sommes à déduire dans un règlement). **2.** DR, COMPTA Prélever sur un salaire, un revenu, une somme pour la reverser à un organisme. *Précompter les cotisations à l'assurance-chômage.* – De *pré-*, et *compter.*

préconception [prekɔ̃sɛpsjɔ̃] n. f. Rare Idée que l'on se fait par avance de qqch., préjugé. – De *pré-*, et *conception.*

préconçu, ue [prekɔ̃sy] adj. Conçu, imaginé d'avance. *Combinaison préconçue.* ▷ Péjor. *Idée, opinion préconçue,* adoptée avant tout examen ou toute expérience; préjugé. – De *pré-*, et *concevoir.*

préconisation [prekɔnizasjɔ̃] n. f. **1.** DR CANON, HIST Acceptation en consistoire de la nomination d'un évêque par l'autorité civile. **2.** Fait de préconiser, de recommander vivement. – De *préconiser.*

préconiser [prekɔnize] v. tr. [1] **1.** DR CANON, HIST Instituer par préconisation. *Préconiser un évêque.* **2.** Vx Vanter (qqn ou qqch). ▷ Mod. Recommander vivement, conseiller d'adopter, de prendre (qqch). *Préconiser une solution, un remède, un produit.* – Bas lat. *præconizare,* «publier», de *præco, præconis,* «crieur public».

préconscient, ente [prekɔ̃sjɑ̃, ɑ̃t] n. m. (et adj.) PSYCHAN Se dit d'un processus mental qui pourrait devenir conscient. – De *pré-*, et *conscient.*

précontraint, ainte [prekɔ̃trɛ̃, ɛ̃t] adj. et n. m. TECH Qui a subi une précontrainte. *Béton précontraint.* ▷ N. m. *Ouvrage en précontraint.* – De *pré-*, et *contraint.*

précontrainte [prekɔ̃trɛ̃t] n. f. TECH Technique consistant à créer artificiellement dans le béton des contraintes de compression supérieures aux contraintes de traction auxquelles celui-ci sera soumis, afin d'accroître sa résistance. – De *pré-*, et *contrainte* (sens 6).

précordial, ale, aux [prekɔrdjal, o] adj. ANAT Qui est situé dans le thorax en avant du cœur; qui a son siège dans cette région. – Lat. *præcordia,* «diaphragme».

précuit, e [prekyi, it] adj. Se dit d'aliments qui ont subi une cuisson préalable à leur conditionnement. – De *pré-*, et *cuit.*

précurseur [prekyrsœr] n. m. et adj. m. **1.** n.m. Celui qui vient avant un autre pour annoncer sa venue. – *Le Précurseur* (du Christ): saint Jean-Baptiste. ▷ Personne dont l'action, l'œuvre, les idées ont ouvert la voie à une autre personne, à un mouvement, etc. *Cézanne, précurseur du cubisme.* **2.** n. m. BIOCHIM Composé qui précède un autre dans une suite de réactions. **3.** adj. m. Qui précède et annonce; avant-coureur. *Les signes précurseurs d'une révolution.* – Lat. *præcursor,* «éclaireur», de *præcurrere,* «courir en avant».

prédateur, trice [predatœr, tris] n. m. et adj. **1.** ZOOL Animal qui vit de proies. *Les prédateurs d'une espèce:* les animaux qui font leur proie des individus de cette espèce. ▷ Adj. *Fourmis prédatrices.* **2.** BOT Plante qui croît aux dépens d'une autre. **3.** Didac. Personne qui se nourrit des produits de la chasse, de la pêche et de la cueillette. – Lat. *prædator,* de *præda,* «proie».

prédation [predasjɔ̃] n. f. Didac. Façon dont les prédateurs assurent leur subsistance. – De *prédateur.*

prédécéder [predesede] v. intr. [16] DR Mourir avant (qqn d'autre). – De *pré-*, et *décéder.*

prédécesseur [predesesœr] n. m. Personne qui a précédé qqn dans un emploi, une dignité. ▷ N. m. pl. Ceux qui ont vécu avant (qqn), les générations antérieures. – Bas lat. *prædecessor,* de *præ-*, «devant», et lat. class, *decedere,* «s'éloigner».

prédelle [predɛl] n. f. BX-A Soubassement d'un retable, habituellement divisé en petits compartiments où est figurée une suite de sujets. – Ital. *predella.*

prédestination [predɛstinasjɔ̃] n. f. **1.** THEOL Dans certains systèmes théologiques: volonté de Dieu qui, par un décret éternel, destinerait chacune de ses créatures à être sauvée ou damnée, sans considération de sa foi ni de ses œuvres (V. encycl. calvinisme et encycl. jansénisme). **2.** Litt. Détermination apparemment fatale des événements. – Bas lat. *prædestinatio.*

prédestiné, ée [predɛstine] adj. (et n.) **1.** THEOL Que Dieu a destiné de toute éternité au salut. ▷ Subst. *Les prédestinés.* **2.** Qui semble destiné par avance (à qqch). *Un homme prédestiné au malheur. Un nom, un lieu prédestiné.* – Pp. de *prédestiner.*

prédestiner [predɛstine] v. tr. [1] **1.** THEOL Destiner de toute éternité à la damnation ou au salut. **2.** *Par ext.* Destiner par avance à (qqch, à un avenir particulier). *Tout son passé le prédestinait à cette brillante carrière.* – Lat. ecclés *prædestinare.*

prédétermination [predetɛrminasjɔ̃] n. f. **1.** PHILO «Détermination d'un fait ou d'un acte par des causes ou des raisons antérieures au moment même qui précède le plus immédiatement ce fait ou cet acte» (Lalande). **2.** THEOL Action par laquelle Dieu meut et détermine la volonté humaine. – De *prédéterminer.*

prédéterminer [predetɛrmine] v. tr. [1] **1.** Déterminer d'avance; produire, faire exister par une détermination antérieure. **2.** THEOL En parlant de Dieu, déterminer par avance (la volonté de l'homme) sans pour cela porter atteinte à sa liberté. – Lat. ecclés. *prædeterminare.*

prédéterminisme [pʀedetɛʀminism] n. m. PHILO Système dans lequel le déroulement des événements est considéré comme résultant de la détermination antérieure de Dieu. – All. *Prædeterminism* (V. préc.).

prédicable [pʀedikabl] adj. LOG Qui peut être appliqué (à un sujet). – Lat. *prædicabilis,* de *prædicare,* «proclamer, déclarer».

prédicant [pʀedikɑ̃] n. m. et adj. **1.** n. m. Vieilli Ministre du culte protestant dont la fonction est surtout de prêcher. **2.** adj. Litt. Austère, moralisateur. – Lat. *prædicans,* de *prædicare,* «prêcher».

prédicat [pʀedika] n. m. **I.** LOG **1.** Second terme d'une énonciation dans laquelle on peut distinguer ce dont on parle (sujet) et ce qu'on en affirme ou nie. ▷ Attribut, affirmé ou nié, d'un sujet. **2.** Mod. Fonction propositionnelle, expression qui contient une ou plusieurs variables et qui est vraie ou fausse selon la valeur qu'on attribue à celles-ci, ou selon les quantificateurs qui les lient. *Calcul des prédicats.* **II.** LING Ce qui, dans un énoncé, est dit de l'objet dont on parle (sujet). Ex.: *Jean* (sujet) *travaille* (prédicat). – *L'homme* (sujet) *est mortel* (prédicat). – Lat. *prædicatum.*

prédicateur [pʀedikatœʀ] n. m. Celui qui prêche. *Bossuet, Bourdaloue furent d'éloquents prédicateurs. Les prédicateurs de l'islam.* ▷ Celui qui enseigne, propage (une doctrine). – Lat. *prædicator,* de *prædicare,* «prêcher».

prédicatif, ive [pʀedikatif, iv] adj. LOG, LING Relatif au prédicat, qui est formé d'un prédicat. *Syntagme prédicatif.* – *Phrase prédicative,* réduite au prédicat. (Ex.: *Terre!*) – Bas lat. *prædicativus,* «qui affirme», de *prædicare.*

prédication [pʀedikasjɔ̃] n. f. Action de prêcher; ministère du prédicateur. ▷ Litt. Discours d'un prédicateur. – Lat. ecclés. *prædicatio,* de *prædicare,* «prêcher».

prédiction [pʀediksjɔ̃] n. f. **1.** Déclaration de ce qui doit arriver, fondée sur la divination, sur un procédé occulte quelconque; prophétie. *Les prédictions des astrologues, des voyantes.* **2.** Déclaration de ce qui doit arriver, fondée sur le raisonnement, l'induction scientifique. *La prédiction du temps par les services de la Météorologie.* **3.** Ce qui a été prédit. *Ses prédictions se sont réalisées.* – Lat. *prædictio.*

prédigéré, ée [pʀediʒeʀe] adj. MED *Aliment prédigéré,* soumis à une digestion artificielle avant son ingestion. – De *pré-,* et pp. de *digérer.*

prédilection [pʀedilɛksjɔ̃] n. f. Préférence d'affection, d'amitié, de goût. *Avoir une prédilection marquée pour qqch, pour qqn.* ▷ *De prédilection,* pour lequel on a une préférence. *C'est son auteur de prédilection.* – De *pré-,* et *dilection.*

prédire [pʀediʀ] v. tr. [64] **1.** Prophétiser, annoncer (ce qui doit arriver) par divination. *Prédire l'avenir.* **2.** Annoncer (ce qui doit arriver) par conjecture, raisonnement, ou d'après des observations scientifiques. *Prédire une éclipse.* – De *pré-,* et *dire,* d'ap. le lat. *prædicere.*

prédisposer [pʀedispoze] v. tr. [1] *Prédisposer à:* mettre dans une situation ou dans des dispositions favorables, propices, pour; préparer à. *Son éducation le prédisposait à cette carrière.* – De *pré-,* et *disposer.*

prédisposition [pʀedispozisjɔ̃] n. f. Disposition marquée, aptitude à (être, faire, devenir qqn, qqch). – Du préc.

prédominance [pʀedɔminɑ̃s] n. f. Fait de prédominer; caractère prédominant de qqch. – De *prédominant.*

prédominant, ante [pʀedɔminɑ̃, ɑ̃t] adj. Qui prédomine. – Ppr. de *prédominer.*

prédominer [pʀedɔmine] v. intr. [1] L'emporter, être le plus important ou le plus fréquent. *C'est l'ambition qui prédomine en lui.* – De *pré-,* et *dominer.*

prééminence [pʀeeminɑ̃s] n. f. **1.** Supériorité de droit, de dignité, de rang. **2.** Avantage, supériorité absolue. – Bas lat. *præminentia.*

prééminent, ente [pʀeeminɑ̃, ɑ̃t] adj. Qui a la prééminence; qui est au-dessus des choses du même genre. – Bas lat. *præminens.*

préemption [pʀeɑ̃psjɔ̃] n. f. DR *Droit de préemption:* droit reconnu légalement ou contractuellement à une personne physique ou morale d'acquérir, avant toute autre et à prix égal, l'objet mis en vente. *Les actionnaires peuvent avoir un droit de préemption sur les actions nouvellement émises par leur société commerciale.* – De *pré-,* et lat. *emptio,* «achat».

préencollé, ée [pʀeɑ̃kɔle] adj. Encollé à l'avance; prêt à coller. – De *pré-,* et pp. de *encoller.*

préétablir [pʀeetabliʀ] v. tr. [2] Établir, fixer par avance. – Surtout au pp. *Programme préétabli.* ▷ PHILO *Harmonie préétablie:* selon Leibniz, accord établi par Dieu entre les substances créées, partic. entre l'âme et le corps. – De *pré-,* et *établir.*

préexcellence [pʀeekselɑ̃s] n. f. Litt. Qualité de ce qui a la supériorité sur tout, perfection absolue. – De *pré-,* et *excellence.*

préexistant, ante [pʀeegzistɑ̃, ɑ̃t] adj. Qui existe avant. – Ppr. de *préexister.*

préexistence [pʀeegzistɑ̃s] n. f. Fait d'exister avant, existence antérieure. – De *pré-,* et *existence.*

préexister [pʀeegziste] v. tr. indir. [1] Exister avant. *Préexister à qqch.* – Lat. scolast. *præexistere.*

préfabrication [pʀefabʀikasjɔ̃] n. f. TECH Action de préfabriquer. – De *pré-,* et *fabrication.*

préfabriqué, ée [pʀefabʀike] adj. et n. m. **1.** Se dit d'un élément de construction fabriqué, usiné avant un montage en dehors de l'atelier ou de l'usine; formé uniquement d'éléments préfabriqués. *Maison préfabriquée.* ▷ N. m. *Du préfabriqué.* **2.** Fig. Artificiel, sans spontanéité. *Des sentiments préfabriqués.* – Pp. de *préfabriquer.*

préfabriquer [pʀefabʀike] v. tr. [1] TECH Fabriquer en atelier, en usine (des éléments à assembler) en vue d'un montage plus rapide sur le chantier. – De *pré-,* et *fabriquer.*

préface [pʀefas] n. f. **1.** Texte de présentation placé en tête d'un livre. **2.** LITURG CATHOL Partie de la messe qui précède le canon. – Lat. *præfatio,* de *præfari,* «dire d'abord».

préfacer [pʀefase] v. tr. [14] Présenter par une préface; écrire la préface de (un livre). – Du préc.

préfacier [pʀefasje] n. m. Auteur d'une préface. ▷ Écrivain qui écrit des préfaces. – De *préface.*

préfectoral, ale, aux [pʀefɛktɔʀal, o] adj. (France) Qui a rapport au préfet. – De *préfet,* d'ap. le lat. *præfectus.*

préfecture [pʀefɛktyʀ] n. f. **1.** ANTIQ ROM Charge de préfet. ▷ Province administrée par un préfet. *La préfecture d'Illyrie.* **2.** Mod. Charge, fonctions d'un préfet; durée de ces fonctions. ▷ Étendue de territoire administrée par un préfet. ▷ Ville où réside un préfet. ▷ Bâtiment, ensemble des bureaux où sont installés les services préfectoraux. ▷ (France) *Préfecture de police:* ensemble des services de police, à Paris; bâtiments, bureaux où ils sont installés. – Lat. *præfectura.*

préférable [pʀefeʀabl] adj. Qui mérite d'être préféré; qui est plus indiqué. *Il est préférable de prendre ce chemin.* – De *préférer.*

préférablement [pʀefeʀabləmɑ̃] adv. Litt. De préférence. *Choisir une robe préférablement à une autre.* – Du préc.

préféré, ée [pʀefeʀe] adj. Que l'on préfère. *C'est mon plat préféré.* ▷ Subst. *La cadette est la préférée de son père.* – Pp. de *préférer.*

préférence [pʀefeʀɑ̃s] n. f. **1.** Fait de préférer, sentiment d'une personne qui préfère une personne, une chose à une autre. ▷ Loc. adv. *De préférence:* plutôt. *Partez le matin de préférence.* **2.** Marque particulière d'affection, d'honneur; avantage accordé à qqn. *Accorder ses préférences à qqn.* – De *préférer.*

préférentiel, ielle [pʀefeʀɑ̃sjɛl] adj. Qui crée une préférence, un avantage, au profit d'une personne, d'un pays, etc. *Tarif préférentiel.* – Du préc.

préférentiellement [pʀefeʀɑ̃sjɛlmɑ̃] adv. De manière préférentielle. – De préc.

préférer [pʀefeʀe] v. tr. [16] Aimer mieux. *Nous préférons partir. Préférer (qqch, qqn) à (qqch, qqn d'autre):* se déterminer en faveur d'une personne ou d'une chose plutôt qu'en faveur d'une autre; marquer une inclination particulière à l'endroit de qqch, de qqn. ▷ Litt. *Préférer mourir à trahir.* Vx *Ils ont préféré de revenir.* ▷ (S. comp.) *Si tu préfères, nous resterons ici. Fais comme tu préfères.* – Lat. *præferre,* «porter en avant».

préfet [pʀefɛ] n. m. **1.** ANTIQ Haut magistrat de la Rome antique. ▷ *Spécial.* Administrateur placé à la tête d'une province de l'Empire. *Le préfet des Gaules.* **2.** RELIG *Préfet apostolique:* prêtre responsable d'un territoire en voie d'organisation, dans un pays de mission. **3.** *Préfet de discipline, préfet des études:* personnes responsables de la discipline, de la surveillance des études, dans un établissement d'enseignement privé. **4.** Personne élue à la tête d'une municipalité* régionale de comté, choisie parmi les maires des municipalités de cette M.R.C. **5.** En France, grade du haut fonctionnaire, commissaire de la République, qui représente le gouvernement dans le département qu'il administre. *Préfet de police:* haut fonctionnaire à qui est confiée la direction de la police à Paris. – Lat. *præfectus,* «préposé», de *præ-,* et *facere,* «faire».

préfète [pʀefɛt] n. f. **1.** Femme d'un préfet. **2.** Femme préfet. – Fém. de *préfet.*

préfiguration [pʀefigyʀasjɔ̃] n. f. Fait de préfigurer; ce qui préfigure qqch. – Lat. *præfiguratio.*

préfigurer [pʀefigyʀe] v. tr. [1] Figurer, être d'avance la représentation de (qqch à venir). – Lat. *præfigurare.*

préfinancement [pʀefinɑ̃smɑ̃] n. m. FIN Ouverture de crédits permettant à une entreprise de réaliser un projet ou de procéder à un investissement et de couvrir une partie des premières dépenses. – De *pré-,* et *financement.*

préfinancer [pʀefinɑ̃se] v. tr. [1] FIN Assurer le préfinancement de. – De *pré-,* et *financer.*

préfix, ixe [pʀefiks] adj. DR ANC Qui est déterminé à l'avance. *Temps préfix.* – Lat. *præfixus.*

préfixal, ale, aux [pʀefiksal, o] adj. LING D'un, des préfixes; qui a rapport aux préfixes. – De *préfixe.*

préfixation [pʀefiksasjɔ̃] n. f. LING Adjonction d'un préfixe; composition de mots nouveaux à l'aide de préfixes. – De *préfixer.*

préfixe [pʀefiks] n. m. Morphème de la catégorie des affixes qui précède le radical et en modifie le sens. *Préfixe inséparable (in* dans *incompréhensible). Préfixes séparables,* qui constituent par ailleurs des mots autonomes (*avant* dans *avant-garde, entre* dans *entremets).* – Du lat. *præ,* «devant», et *fixus,* «fixé».

préfixer [pʀefikse] v. tr. [1] **I.** LING **1.** Joindre (un morphème) comme préfixe. – Surtout au pp. *Élément préfixé.* **2.** Adjoindre un préfixe à (un radical). **II.** DR Fixer par avance (un terme, un délai). – De *préfixe.*

préfixion [pʀefiksjɔ̃] n. f. DR Action de préfixer (un délai); délai préfixé. – De *préfix.*

préfloraison [pʀeflɔʀɛzɔ̃] n. f. BOT Agencement des diverses pièces florales, en partic. du périanthe, dans les boutons floraux. – De *pré-,* et *floraison.*

préfoliation [pʀefɔljasjɔ̃] n. f. BOT Disposition des feuilles dans le bourgeon. – De *pré-,* et *foliation.*

préformage [pʀefɔʀmaʒ] n. m. TECH Opération de mise au galbe des vêtements en tissu synthétique par application à chaud sur une forme pleine. – De *préformer.*

préformation [pʀefɔʀmasjɔ̃] n. f. Formation préalable. ▷ HIST *Théorie de la préformation,* en vogue aux XVIIᵉ et XVIIIᵉ s., qui soutenait que les diverses parties de l'organisme sont déjà formées dans le germe. – De *pré-,* et *formation.*

préformer [pʀefɔʀme] v. tr. [1] Former au préalable. – De *pré-,* et *former.*

préglaciaire [pʀeglasjɛʀ] adj. GEOL Qui est antérieur à une période glaciaire (et, spécial., à la période glaciaire quaternaire). – De *pré-,* et *glaciaire.*

prégnance [pʀɛgn(ɲ)ɑ̃s] n. f. **1.** Litt Qualité de ce qui est prégnant. **2.** PSYCHO *Loi de prégnance:* dans la théorie de la forme, «prédominance d'une forme privilégiée, plus stable et plus fréquente parmi toutes les autres possibles» (Cuvillier). – De *prégnant.*

prégnane [pʀeɲan] n. m. et adj. BIOCHIM Structure carbonée, dite aussi *noyau prégnane,* qui donne naissance aux hormones stéroïdes du placenta et du corps jaune, à la corticostérone, à l'aldostérone, etc.

prégnant, ante [pʀɛgn(ɲ)ɑ̃, ɑ̃t] adj. **1.** Expressif, riche de sens. **2.** PSYCHO *Structure prégnante,* qui prédomine, s'impose avec force à l'esprit. – Lat. *prægnans.*

préhellénique [pʀeɛlienik] adj. HIST Relatif aux civilisations qui se développèrent en mer Égée avant l'invasion dorienne (XIIᵉ s. av. J.-C.). – De *pré-,* et *hellénique.*

préhenseur [pʀeɑ̃sœʀ] adj. m. Didac. Qui sert à la préhension. *Organe préhenseur.* – Du lat. *prehendere,* «saisir».

préhensile [pʀeɑ̃sil] adj. Didac. Qui a la faculté de saisir. *Les pieds préhensiles des singes.* – Du lat. *prehendere,* «saisir».

préhension [pʀeɑ̃sjɔ̃] n. f. Action de prendre, de saisir. *Les mains, organes de préhension.* – Lat. *prehensio,* de *prehendere,* «saisir».

préhilbertien, ienne [pʀe'ilbɛʀtjɛ̃, jɛn] adj. MATH *Espace préhilbertien:* espace vectoriel euclidien, nommé aussi *espace hilbertien.* – De David *Hilbert,* mathématicien all. (1862-1943).

préhistoire [pʀeistwaʀ] n. f. Période de la vie de l'humanité depuis l'apparition d'*Homo Sapiens* (Quaternaire) jusqu'à l'apparition du travail des métaux (caractérisant la *protohistoire).* ▷ Branche du savoir, science qui étudie cette période. – De *pré-,* et *histoire.*

ENCYCL L'étude de la préhistoire a débuté au mil. du XIXᵉ s. avec Boucher de Perthes (1788-1868), et E. Lartet (1801-1871), suivis de l'abbé Breuil (1877-1961) et de nombr. autres. Auj. cette discipline est devenue extrêmement scientifique; elle se fonde: d'une part, sur la fouille minutieuse de gisements renfermant des objets en pierre ou en os façonnés par les hommes préhistoriques, parfois des restes de ces derniers et d'animaux, quelquefois des structures d'habitat; d'autre part, sur l'étude technologique et typologique des industries, replacées dans leur contexte palethnologique. La préhistoire est tributaire des données fournies par: la *géologie stratigraphique,* qui permet l'établissement d'une chronologie relative des couches de terrain superposées où l'on recueille les industries préhistoriques; la *pétrographie,* la *granulométrie,* la *sédimentologie* et la *pédologie,* qui expliquent la genèse des couches archéologiques, le mécanisme du dépôt des sédiments et les conditions climatiques. Au Paléolithique inférieur, la notion d'habitat doit être prise dans le sens de «sol d'habitat», composé d'un lit de galets apprêtés, mêlés de galets aménagés (Éthiopie); la première cabane connue date de l'Acheuléen (Lazaret, dans les Alpes-Marit.). Ensuite, l'intensité du froid de la période würmienne a poussé l'homme à rechercher l'accueil des grottes ou des abris sous roche; toutefois, les hommes du Paléolithique moyen, les Néandertaliens, ont utilisé des campements de plein air, en des endroits abrités du vent (versants des vallées). Au Paléolithique supérieur, *Homo sapiens* occupe souvent les mêmes sites que ceux des Néandertaliens. Les structures d'habitat sont bien individualisées: cabane, tente, hutte, construites au niveau du sol ou demi-souterraines, pavées de galets ou non. Les plus anc. industries lithiques se rencontrent en Afrique. Le gisement d'Olduvai (Tanzanie) a livré, notam., une industrie à galets aménagés: la première invention de l'homme attestant son intelligence est le fait de frapper un galet à l'aide d'un autre galet et de détacher du premier un éclat; notons à ce sujet que l'usage du feu (feu naturel entretenu ou feu provoqué par le frottement de silex) est bien antérieur: les premiers hominiens qui «connurent» le feu appartenaient à l'espèce *Homo erectus* (sinanthropes, pithécanthropes, etc.). L'Acheuléen, stade terminal du Paléolithique inférieur, possède une industrie variée à bifaces, mais une industrie à éclats est toujours présente. En Europe occidentale, le Moustérien typique se reconnaît par la présence de nombreux racloirs, de pointes et de quelques bifaces. Les plus vieilles industries du Paléolithique supérieur comptent de nombreuses formes moustériennes, mais l'évolution est plus rapide qu'aux époques antérieures, les différenciations régionales plus accentuées, l'éventail des types d'outils lithiques plus large. L'homme du Paléolithique supérieur ne s'est pas contenté de fabriquer des objets variés tant en pierre qu'en os, en bois animal ou en ivoire; il a conçu et réalisé des œuvres d'art. Les gravures, pariétales ou mobilières, et les sculptures (au Solutréen) ont été réalisées au burin de silex. La matière colorante des peintures est toujours à base de terres naturelles. Le thème préférentiel de l'art rupestre paléolithique est le monde animal. L'apogée se situe au Magdalénien ancien et moyen avec les grandes fresques polychromes, notam. à Lascaux (Dordogne) et à Altamira (Espagne). Au Néolithique, l'agriculture fait son apparition et les hommes vivent désormais dans des villages, fortifiés ou non; ils savent effectuer le polissage; la céramique connaît une extrême variété de formes et de décors. À la fin du Néolithique, des monuments funéraires gigantesques, les *mégalithes,* sont élevés un peu partout en Europe occidentale. Le travail du silex atteint son ultime splendeur. Un art plus schématique que celui du Magdalénien s'épanouit, notam. en Afrique.

préhistorien, ienne [pʀeistɔʀjɛ̃, jɛn] n. Spécialiste de la préhistoire. – De *pré-,* et *historien.*

préhistorique [pʀeistɔʀik] adj. **1.** Antérieur aux temps historiques. *Hommes préhistoriques.* **2.** Qui a rapport à la préhistoire, à son étude. *Revue des études préhistoriques.* **3.** Fam. Archaïque, démodé. *Un véhicule préhistorique.* – De *pré-,* et *historique.*

préhominiens [pʀeɔminjɛ̃] n. m. pl. PALEONT Sous-famille d'hominiens fossiles dont on ignore s'ils étaient capables de fabriquer des outils. – De *pré-,* et *hominien.*

préjudice [pʀeʒydis] n. m. Tort, dommage. *Causer un préjudice, porter préjudice à qqn,* lui faire subir un dommage. ▷ *Au préjudice de qqn,* contre son intérêt, à son détriment. ▷ *Sans préjudice de:* sans faire tort à, sans renoncer à. *Sans préjudice d'éventuelles poursuites.* ▷ DR *Sans préjudice.* Dans la phraséologie judiciaire, expression signifiant «sans renoncer à ses droits», «sous réserve de modifier ultérieurement ses prétentions». – Du lat. *præjudicium,* «jugement anticipé», de *præjudicare,* «préjuger».

préjudiciable [pʀeʒydisjabl] adj. Nuisible, qui peut causer un préjudice. *Excès préjudiciables à la santé.* – Bas lat. *præjudiciabilis.*

préjudiciaux [pʀeʒydisjo] adj. m. pl. DR *Frais préjudiciaux,* dont un justiciable doit s'acquitter avant l'exercice d'une voie de recours. – Bas lat. *præjudicialis.*

préjudiciel, elle, els [pʀeʒydisjɛl] adj. DR Qui doit précéder le jugement. ▷ *Obligation préjudicielle:* obligation qui doit être exécutée préalablement à toute action en justice. – Bas lat. *præjudicialis.*

préjugé [pʀeʒyʒe] n. m. **1.** Élément qui permet de porter, provisoirement, un jugement. *Préjugé en faveur, en défaveur de qqn.* **2.** Opinion, idée préconçue, adoptée sans examen. *S'affranchir des préjugés.* – Pp. subst. de *préjuger.*

préjuger [pʀeʒyʒe] v. tr. dir. et indir. [15] **1.** *Préjuger qqch* ou, plus cour., *préjuger de qqch:* juger sans examen, donner prématurément une opinion sur qqch. *Préjuger une* (ou d'*une*) *question.* **2.** Conjecturer. *D'après ce qu'on peut préjuger, en préjuger.* – Lat. *præjudicare.*

prélart [pʀelaʀ] n. m. **1.** MAR. TECH Grosse bâche goudronnée dont on recouvre les objets que l'on veut mettre à l'abri sur un navire, un camion, etc. **2.** Cour. Revêtement imperméable pour planchers, de couleur unie ou à motifs, facile d'entretien, fait d'une toile enduite d'un mélange d'huile de lin, de résine et de poudre de liège agglomérée. *Morceau, rouleau de prélart. Prélart de cuisine.* – Orig. incon.

prélasser (se) [pʀelase] v. pron. [11] **1.** Vx Prendre un air de dignité, de nonchalance hautaine. **2.** Se délasser en adoptant une pose alanguie, nonchalante; profiter avec délectation d'un moment de tranquillité, d'oisiveté. *Se prélasser sur un divan.* – De *prélat,* p.-ê. d'ap. *lasser.*

prélat [pʀela] n. m. Dignitaire ecclésiastique qui a reçu la prélature. – Du lat. médiév. *prælatus,* «porté en avant, préféré».

prélatin, ine [pʀelatɛ̃, in] adj. Didac. Antérieur à l'époque, à la civilisation latine, au latin. – De *pré-,* et *latin.*

prélature [pʀelatyʀ] n. f. RELIG CATHOL **1.** Dignité conférée par le pape à titre honorifique, ou attachée à certaines fonctions ecclésiastiques (abbatiale et épiscopale, notam.). **2.** Ensemble des prélats, corps des prélats. *La prélature romaine.* – De *prélat.*

prélavage [pʀelavaʒ] n. m. Lavage préliminaire (du linge) à l'eau tiède ou froide. – De *pré.-,* et *lavage.*

prèle, prêle ou **presle** [pʀɛl] n. f. Plante primitive des lieux humides. – Du lat. pop. **asperella,* de *asper,* «âpre», la tige noueuse de cette plante ayant servi à récurer.

ENCYCL Les prèles (genre *Equisetum*), cryptogames vasculaires, forment l'ordre des équisétales. Elles possèdent des tiges rondes, cannelées, articulées, qui, bien que creuses, demeurent dressées grâce à la présence abondante de silice dans leurs parois. Les tiges chlorophylliennes sont stériles (plus d'un m de haut, parfois). Les tiges fertiles, plus courtes, sont terminées en massue par un épi dont les écailles portent des sporanges sur leur face interne.

prélèvement [pʀelɛvmɑ̃] n. m. **1.** Action de prélever. ▷ CHIR Opération par laquelle on prélève (un morceau d'un tissu, un organe, un liquide organique). *Prélèvement sanguin.* **2.** Ce qui est prélevé. *Classer des prélèvements minéralogiques.* ▷ Spécial. *Prélèvement automatique sur un compte bancaire:* règlement d'une facture, d'une échéance directement sur le compte du débiteur. – De *prélever.*

prélever [pʀelve] v. tr. [19] Soustraire d'un ensemble, ôter d'une masse formant un tout. *Prélever des échantillons de minerai.* – Prendre (une certaine portion sur un total). *Prélever un pourcentage sur les bénéfices.* ▷ *Spécial.* Ôter (un morceau d'un tissu, un organe, etc.), ponctionner (un liquide organique) en vue d'une analyse ou d'un traitement. *Prélever un fragment de peau pour une greffe.* – Bas lat. *prælevare.*

préliminaire [pʀeliminɛʀ] n. m. et adj. **1.** n. m. *Les préliminaires:* l'ensemble des actes, des discussions qui précèdent un traité de paix. ▷ Ce qui précède et prépare qqch d'important; débuts, prélude. **2.** adj. Qui précède, prépare la chose principale. *Remarque préliminaire.* – De *pré-*, et *liminaire.*

préliminairement [pʀeliminɛʀmɑ̃] adv. Rare Préalablement. – Du préc.

prélogique [pʀelɔʒik] adj. **1.** PSYCHO *Stade prélogique,* pendant lequel l'esprit de l'enfant n'observe pas encore les règles logiques de causalité. **2.** ANTHROP Vieilli Se disait des stades de civilisation humaine où les concepts abstraits de la logique n'étaient pas encore apparus. *Mentalité prélogique.* – De *pré-*, et *logique.*

prélude [pʀelyd] n. m. **1.** MUS Introduction musicale précédant un morceau, et partic. une fugue (à l'origine, série de notes jouées ou chantées pour donner le ton, essayer l'instrument ou la voix). *Un prélude de Bach.* ▷ Composition libre, constituant un morceau autonome, écrite pour un instrument ou pour l'orchestre. *Les préludes pour piano de Fauré.* **2.** Fig. Ce qui précède, annonce ou prépare un fait, un événement. – Du lat. *præludere* (V. préluder).

préluder [pʀelyde] v. [1] **I.** v. intr. MUS Exécuter quelques accords préalables dans le ton de ce que l'on va jouer ou chanter. **II.** v. tr. indir. Préluder à. **1.** (Personnes.) Se préparer à (une chose) en en faisant une autre plus facile. *Athlète qui prélude à une course par un échauffement.* **2.** (Choses.) Annoncer en précédant. *Des escarmouches préludèrent à la bataille.* – Lat. *præludere,* «se préparer à jouer».

prématuré, ée [pʀematyʀe] adj. et n. **1.** Qui arrive plus tôt que normalement. *Accouchement prématuré.* ▷ *Enfant prématuré:* enfant né vivant avant la 37ᵉ semaine de gestation. – Subst. *Un(e) prématuré(e).* **2.** Qu'il n'est pas encore temps de commencer, d'engager; qui a été commencé, engagé trop tôt. *Une entreprise prématurée.* – Du lat. *præmaturus,* «mûr avant».

prématurément [pʀematyʀemɑ̃] adv. Avant le temps convenable ou normal. – Du préc.

prématurité [pʀematyʀite] n. f. MED État de l'enfant prématuré. – De *pré-*, et *maturité.*

prémédication [pʀemedikasjɔ̃] n. f. MED Administration de médicaments avant une anesthésie ou certains examens douloureux. *La prémédication prévient les effets secondaires indésirables de l'anesthésique et permet d'administrer celui-ci en quantités moindres.* – De *pré-*, et *médication.*

préméditation [pʀemeditasjɔ̃] n. f. Dessein réfléchi qui a précédé l'exécution d'une action. *Meurtre avec préméditation.* – Lat. *præmeditatio.*

préméditer [pʀemedite] v. tr. [1] Mûrir (un projet) avant de le mettre à exécution; calculer, combiner à l'avance. *Il avait prémédité cette réponse.* – Lat. *præmeditari.*

prémenstruel, elle [pʀemɑ̃stʀyɛl] adj. MED Qui précède les règles. *Syndrome prémenstruel douloureux.* – De *pré-*, et *menstruel.*

prémices [pʀemis] n. f. pl. **1.** ANTIQ Premiers produits de la terre, premiers petits du troupeau, dont on faisait l'offrande à la divinité. **2.** *Par ext.*, litt. Début, commencement. *Les prémices des temps nouveaux.* – Lat. *primitiæ,* de *primus,* «premier».

premier, ière [pʀəmje, jɛʀ] adj. et n. **I.** adj. Qui précède tous les autres. **1.** (Dans le temps.) *Adam fut le premier homme. Enfant qui fait ses premiers pas.* **2.** (Dans l'espace.) *Le premier plan de cette photo est flou. La première porte à droite.* **3.** (Dans un ordre numérique.) *La première page d'un livre. Le premier jour de l'année.* **4.** (Par ordre de mérite, de valeur, d'importance, de qualité, etc.) *Un esprit de premier ordre. Morceau de premier choix. Le premier orateur de son temps. Wagon de première classe.* – (Joint à un titre, pour indiquer la supériorité du rang.) *Premier ministre.* ▷ *Premier rôle:* rôle principal d'une pièce de théâtre, d'un film. **5.** Qui forme la base, le rudiment de qqch. *Des objets de première nécessité. Il n'a pas la première notion de cette science.* ▷ Qui est nécessaire avant tout, qui doit être fait, accompli, etc., avant toute autre chose; primordial, principal. *La charité, première des vertus chrétiennes.* **6.** (Souvent après le nom.) Qui est dans son état original, primitif. *Recouvrer sa santé première.* **7.** PHILO Qui est la cause finale des autres réalités, qui contient en soi leur raison d'être. *Principe premier. Cause première.* ▷ Qui s'impose à l'esprit comme évident, et qui sert de point de départ au raisonnement, à la déduction. *Notion première. Vérité première.* ▷ LOG Se dit d'un terme qui n'est pas défini au moyen d'autres termes, d'une proposition qui n'est pas déduite d'autres propositions. ▷ *Nombre premier:* V. nombre. **II.** n. **1.** Personne qui précède toutes les autres. *Il est le premier de sa classe.* ▷ *Le premier venu:* la première personne qui se présente. – *Par ext.* N'importe qui. *C'est un poste important que l'on ne peut pas confier au premier venu.* **2.** (Avec une valeur adverbiale.) D'abord, en avant. *Arriver, passer le premier. Plonger la tête la première.* **3.** *Jeune premier* (ou, moins cour., n. f., *jeune première*): comédien(ne) qui joue un premier rôle d'amoureux (d'amoureuse). **III.** n. m. **1.** Premier étage. *Habiter au premier.* **2.** Premier jour (du mois). *Nous sommes aujourd'hui le premier.* ▷ *Le premier de l'an.* **3.** loc. adv. *En premier:* d'abord. *Faire passer son travail en premier.* – Dans la première catégorie d'un grade, d'une charge. *Le commandant en premier et le commandant en second d'un navire.* **IV.** n. f. **1.** Première classe, dans un moyen de transport (train et bateau, partic.). *Voyager en première.* **2.** SPORT Première ascension d'une cime vierge. *Tenter une première, une première hivernale.* **3.** Première représentation d'une pièce, d'un spectacle. *Être invité à une première.* **4.** Première vitesse d'un véhicule. *Enclencher la première.* **5.** Couturière à qui est confiée la direction d'un atelier, dans une maison de couture. **6.** Pop. *De première:* de première qualité; excellent, supérieur. *Un petit vin de première.* – Lat. *primarius,* «du premier rang», de *primus,* «premier».

premièrement [pʀəmjɛʀmɑ̃] adv. En premier lieu, d'abord. – Du préc.

premier-né [pʀəmjene], **première-née** [pʀəmjɛʀne] adj. et n. Se dit du premier enfant d'une famille. *Des premiers-nés. Des premières-nées.* – De *premier,* et *né.*

prémisse [pʀemis] n. f. **1.** LOG Chacune des deux premières propositions (majeure et mineure) d'un syllogisme, dont on tire la conclusion. **2.** *Par ext.* Argument, proposition dont découle une conclusion; fondement d'un raisonnement. – Fait considéré dans les conséquences qu'il entraîne. – Du lat. *præmissa (sententia)*, «(proposition) mise en avant».

prémolaire [pʀemɔlɛʀ] n. f. Chacune des huit dents implantées par paires entre les canines et les molaires. – De *pré-*, et *molaire*.

prémonition [pʀemɔnisjɔ̃] n. f. Avertissement que, dans certaines circonstances, notre psychisme serait susceptible de nous donner au sujet d'un événement sur le point de se produire. *Avoir la prémonition d'un malheur, d'un danger.* Syn. pressentiment. – De *pré-*, et lat. *monere*, «avertir».

prémonitoire [pʀemɔnitwaʀ] adj. **1.** Relatif à la prémonition; qui est de la nature de la prémonition. *Rêve prémonitoire.* **2.** MED Se dit de signes qui précèdent parfois l'éclosion d'une maladie infectieuse. – De *pré-*, et lat. *monere*, «avertir», d'ap. *prémonition*.

prémunir [pʀemyniʀ] v. tr. [2] Prendre des précautions pour garantir de. *Prémunir des arbres fruitiers contre la gelée en les paillant.* ▷ v. pron. *Se prémunir contre la disette.* – Lat. *præmunire*, «protéger».

prémunition [pʀemynisjɔ̃] n. f. Action de prémunir, de se prémunir. – Lat. *præmunitio*.

prenable [pʀənabl] adj. Qui peut être pris (ville, place forte, etc.). – De *prendre*.

prenant, ante [pʀənɑ̃, ɑ̃t] adj. **1.** Vx Qui commence. *Carême prenant.* **2.** Qui prend, qui est susceptible de prendre. DR *Partie prenante*, qui reçoit de l'argent. **3.** Préhensile. *Queue prenante des singes américains, des kinkajous, etc.* **4.** Fig. Qui saisit l'esprit, qui captive. *Une intrigue très prenante.* – Ppr. de *prendre*.

prénatal, ale, als [pʀenatal] adj. Qui précède la naissance. – De *pré-*, et *natal*.

prendre [pʀɑ̃dʀ] v. [74] **A.** v. tr. **I.** Saisir, s'emparer de. **1.** Saisir avec la main. *Il prit l'objet qu'on lui tendait.* – Par ext. *Il la prit dans ses bras.* **2.** S'emparer de. *On a pris son portefeuille.* ▷ Se rendre maître de. *Prendre une ville.* ▷ Posséder sexuellement. **3.** Emporter avec soi, sur soi. *Prendre son parapluie. Je n'ai pas pris assez d'argent.* **4.** Tirer, enlever, soustraire (qqch). *Prendre de l'eau à la rivière.* **5.** Attraper. *Prendre un papillon. Prendre des poissons à la ligne.* – Fig. *Se laisser prendre au piège.* Prov. *Tel est pris qui croyait prendre.* ▷ Arrêter (qqn). *Prendre un cambrioleur.* – Loc. prov. *Pas vu, pas pris:* se dit de qqn qui a fait un mauvais coup sans être inquiété. **6.** Surprendre. *Prendre qqn la main dans le sac. Ah! Je vous y prends! Prendre qqn au dépourvu.* **7.** Aller chercher et emmener avec soi. *Je passerai vous prendre vers sept heures.* ▷ Emmener; se charger, s'occuper de (qqn). *Prendre des passagers, des clients, des élèves.* – Fig. *Prendre qqn sous sa protection.* **8.** Se charger de (qqch). *Prendre une affaire en main. Prendre des responsabilités.* ▷ *Prendre sur soi de:* prendre l'initiative de. – Absol. *Prendre sur soi:* se maîtriser, se contrôler. **9.** Demander, exiger. *On m'a pris très cher pour cette réparation. Ce travail prend du temps.* **10.** Manger, boire, ingérer. *Je n'ai rien pris de la journée. Prendre un repas, un médicament.* – (Choses.) Se pénétrer de. *Ses souliers prennent l'eau.* **11.** (Sujet n. de chose.) Saisir, s'emparer de (qqn). *Une forte envie de rire l'a pris.* **II.** Fig. Saisir par l'esprit. **1.** Aborder (qqn), avoir telle ou telle attitude à son égard. *Cette mère ne sait pas prendre son enfant. Prendre qqn à rebrousse-poil.* **2.** Accepter, recevoir. *Prendre les choses comme elles viennent et les gens comme ils sont. Prendre mal la plaisanterie.* **3.** *Prendre pour:* considérer comme. *Prendre qqn pour un imbécile. Prendre une personne, une chose pour une autre:* se tromper sur son identité, sa nature. **III.** Obtenir, se procurer. **1.** Se procurer (en achetant, en louant, en réservant, etc.). *Prendre un billet d'avion. Prendre ses places à l'avance.* ▷ Engager (qqn). *Prendre un domestique.* ▷ *Prendre femme:* se marier. **2.** Se faire donner. *Prendre des leçons. Prendre des ordres.* **3.** Recueillir. *Prendre des notes, des mesures. Prendre des nouvelles de qqn.* ▷ Mesurer. *Prendre la température, la hauteur du soleil.* **4.** Contracter, attraper. *Prendre un rhume. Prendre froid.* **IV.** Adopter. **1.** Adopter (certains moyens). *Prendre des mesures efficaces.* ▷ Faire usage de. *Prendre des précautions.* **2.** Utiliser (un moyen de transport). *Prendre le train, l'avion.* **3.** Choisir, emprunter (un chemin). *Prenez la première rue à droite.* – Absol. *Prenez à droite.* **4.** Acquérir (un certain aspect). *Ouvrage qui prend tournure. Projet qui prend forme.* ▷ (Personnes.) *Prendre du poids, de l'âge, des rides.* **5.** Éprouver (tel sentiment, telle impression). *Prendre intérêt, plaisir à faire qqch.* **B.** v. intr. **1.** Devenir consistant; faire sa prise. *Ciment qui prend en quelques heures.* **2.** S'allumer, s'embraser. *Le feu a pris tout seul.* **3.** Prendre racine, en parlant de végétaux. *Cette bouture a bien pris.* **4.** Produire un effet, une réaction. *Vaccin qui ne prend pas.* – Fig. Réussir. *Le canular a pris.* **C.** v. pron. **1.** (Pass.) Être absorbé. *Ce remède se prend à jeun.* **2.** Se figer, geler. *L'huile se prend. La mer se prend.* Par ext. *Le temps se prend*, se couvre. **3.** (Récipr.) S'attraper, se saisir. ▷ Fig. *Se prendre aux cheveux:* se quereller. **4.** *S'en prendre à (qqn)*, l'attaquer, le provoquer, lui attribuer quelque faute. **5.** *Se prendre à* (+ inf.): se mettre à. *Se prendre à rire.* **6.** *S'y prendre bien, mal:* faire preuve d'adresse, de maladresse dans ce que l'on fait. – Lat. *prehendere*.

preneur, euse [pʀənœʀ, øz] n. et adj. **I.** n. **1.** Rare Personne qui prend, qui a coutume de prendre (qqch). *Un preneur de médicaments.* **2.** Personne qui prend, qui achète; acquéreur. *Trouver preneur.* **3.** DR Personne à qui un effet de commerce est payable. **4.** DR Personne qui contracte une assurance-vie ou une assurance-santé pour son compte ou au profit d'une autre personne. **5.** DR Personne à qui un immeuble est cédé par bail emphytéotique, par opposition au bailleur. **II.** adj. Qui sert à prendre. *Benne preneuse.* – De *prendre*.

prénom [pʀenɔ̃] n. m. Nom particulier joint au patronyme, par lequel on distingue les membres d'une même famille. – Lat. *prænomen*.

1. prénommé, ée [pʀenɔme] adj. et n. DR Nommé précédemment. Syn. susnommé. – De *pré-*, et *nommer*.

2. prénommé, ée [pʀenɔme] n. et adj. Personne qui a tel prénom. *Le prénommé Jean.* – De *prénommer*.

prénommer [pʀenɔme] **1.** v. tr. [1] Donner (tel prénom) à (un enfant). *Ils ont prénommé leur fils Frédéric.* **2.** v. pron. Avoir tel prénom. *Il se prénomme Louis.* – De *prénom*.

prénotion [pʀenɔsjɔ̃] n. f. **1.** PHILO Chez les épicuriens et les stoïciens, connaissance naturelle et spontanée du général, tirée de l'expérience antérieurement à toute réflexion. **2.** Notion formée avant l'étude scientifique des faits. – Lat. *prænotio*.

prénuptial, ale, aux [pʀenypsjal, o] adj. Antérieur au mariage. *Visite médicale prénuptiale.* – De *pré-*, et *nuptial*.

préoccupant, ante [pʀeɔkypɑ̃, ɑ̃t] adj. Qui cause de la préoccupation, de l'inquiétude. – Ppr. de *préoccuper*.

préoccupation [pʀeɔkypasjɔ̃] n. f. **1.** Souci, inquiétude. *C'est pour lui un sujet de préoccupation.* **2.** Disposition d'un esprit occupé par un projet à réaliser, une question à résoudre. – De *préoccuper*.

préoccuper [pʀeɔkype] **I.** v. tr. [1] **1.** Inquiéter. *Sa santé me préoccupe.* **2.** Occuper fortement l'esprit de (qqn). *Cette affaire le préoccupe.* **II.** v. pron. *Se préoccuper de :* se soucier de, porter toute son attention à. *Se préoccuper de son avenir.* – Lat. *præoccupare*, «occuper avant un autre».

préœdipien, ienne [pʀeedipjɛ̃, jɛn] adj. PSYCHAN Relatif à la période antérieure à l'apparition du conflit œdipien*. – De *pré-*, et *œdipien*.

préolympique [pʀeɔlɛ̃pik] adj. Qui se rapporte à la préparation des jeux Olympiques. – De *pré-*, et *olympique*.

préopératoire [pʀeɔpeʀatwaʀ] adj. CHIR Qui précède une intervention chirurgicale. *Traitement préopératoire.* – De *pré-*, et *opératoire*.

prépalatal, ale, aux [pʀepalatal, o] adj. PHON Phonème qui s'articule en avant du palais. *Le* [ʃ] «ch» *et le* [ʒ] «j» *sont des consonnes prépalatales.* – De *pré-*, et *palatal*.

préparateur, trice [pʀepaʀatœʀ, tʀis] n. **1.** Collaborateur d'un chercheur scientifique, d'un professeur de sciences, qui décharge celui-ci d'un certain nombre de besognes matérielles et qui l'aide à préparer ses expériences. **2.** *Préparateur en pharmacie:* employé qui, dans une pharmacie, est chargé de faire des préparations, des analyses, etc. – De *préparer*.

préparatif [pʀepaʀatif] n. m. (Presque toujours au plur.) Dispositions qu'on prend pour préparer une action. *Les derniers préparatifs du départ.* – De *préparer*.

préparation [pʀepaʀasjõ] n. f. **1.** Action de préparer (qqch). *Préparation d'un repas. Ouvrage en cours de préparation.* **2.** Manière de préparer certaines choses pour les garder, les conserver. *La préparation des viandes fumées.* **3.** Opération consistant à préparer les objets qui doivent servir à une observation, à une expérience. ▷ Objet ainsi préparé. *Préparation chimique. Préparation microscopique.* **4.** Action de préparer qqn, de se préparer. *Préparation à un examen.* – Lat. *præparatio*.

préparatoire [pʀepaʀatwaʀ] adj. (et n. f.) Qui prépare. ▷ *Jugement préparatoire:* décision qui, sans préjuger le fond du procès, ordonne certaines mesures (enquêtes, nomination d'un expert). – Bas lat. *præparatorius*.

préparer [pʀepaʀe] **I.** v. tr. [1] **1.** Apprêter, disposer; mettre (une chose) dans l'état qui convient à l'usage envisagé. *Préparer une chambre pour ses invités.* ▷ Constituer, former en rassemblant divers éléments. *Préparer un repas.* **2.** Combiner par avance. *Préparer ses vacances. Il avait soigneusement préparé son coup.* **3.** Ménager, réserver pour l'avenir. *Cela nous prépare de grands malheurs.* **4.** Mettre (qqn) en mesure de supporter ou de faire qqch. *Son éducation ne l'avait pas préparée à une si dure existence. Préparer un élève à un examen.* ▷ Mettre (qqn) dans un certain état d'esprit. *Nous dûmes la préparer à la sinistre nouvelle.* **II.** v. pron. **1.** Se mettre en état de faire. *Se préparer pour sortir. – Se préparer à la guerre.* ▷ Être sur le point de. *Je me préparais à vous le dire.* **2.** Être imminent. *Un orage se prépare.* – Lat. *præparare*.

préphanérogames [pʀefaneʀɔgam] n. f. pl. BOT Groupe de végétaux gymnospermes, actuels et fossiles, chez lesquels la transformation des ovules en graines s'opère indépendamment de la fécondation (cycas, ginkgo). – De *pré-*, et *phanérogame*.

prépondérance [pʀepõdeʀɑ̃s] n. f. Supériorité de ce qui est prépondérant. – De *prépondérant*.

prépondérant, ante [pʀepõdeʀɑ̃, ɑ̃t] adj. Qui domine par le poids, l'autorité, le prestige. *Influence prépondérante.* ▷ *Voix prépondérante,* qui l'emporte en cas de désaccord. – Lat. *præponderans*, de *præponderare*, «peser plus, l'emporter».

préposé, ée [pʀepoze] n. Personne (fonctionnaire, employé, etc.) chargée d'un service particulier. – Spécial. (France) *Préposé à la distribution du courrier,* ou, absol., *un(e) préposé(e).* – Pp. subst. de *préposer*.

préposer [pʀepoze] v. tr. [1] *Préposer qqn à un poste, une fonction, etc.*, les lui confier, l'en charger. ▷ (Plus cour. au pass.) *Il est préposé à la distribution des billets.* – D'ap. *poser*, du lat. *præponere*.

prépositif, ive [pʀepozitif, iv] adj. GRAM Relatif à la préposition; de la nature de la préposition. *Locution prépositive.* – Bas lat. *præpositivus*, «qui est devant».

préposition [pʀepozisjõ] n. f. GRAM Mot invariable reliant un élément de la phrase à un autre élément ou à la phrase elle-même, et marquant la nature du rapport qui les unit. *Les mots «à, de, avec, dans, contre, etc.» sont des prépositions.* – Lat. gram. *præpositio*.

prépositionnel, elle [pʀepɔzisjɔnɛl] adj. Relatif à une préposition; introduit par une préposition. – De *préposition*.

prépuce [pʀepys] n. m. Repli cutané qui recouvre le gland de la verge. – Lat. *præputium*.

préraphaélisme [pʀeʀafaelism] n. m. BX-A Doctrine esthétique des peintres anglais qui, dans la seconde moitié du XIXᵉ s., placèrent l'idéal de leur art dans l'imitation des peintres italiens antérieurs à Raphaël (1483-1520). *John Ruskin se fit l'apôtre du préraphaélisme.* – Angl. *pre-raphaelism*.

préraphaélique [pʀɛʀafaelik] adj. BX-A Qui évoque la manière des prédécesseurs de Raphaël ou des préraphaélites. – De *préraphaélite*.

préraphaélite [pʀeʀafaelit] n. m. et adj. BX-A **1.** Peintre adepte du préraphaélisme. – Adj. *D.G. Rossetti, H. Hunt, J.E. Millais, E. Burne-Jones, peintres préraphaélites.* **2.** Peintre antérieur à l'époque classique. – Angl. *pre-raphaelite*; de *pré-*, et *Raphaël* (1483-1520) peintre et architecte italien.

prérasage [pʀeʀazaʒ] n. m. *Produit de prérasage:* astringent destiné à nettoyer et à préparer la peau avant le rasage. – De *pré-*, et *rasage*.

préréglage [pʀeʀeglaʒ] n. m. TECH Réglage, par le constructeur, d'un poste de radio ou de télévision sur des longueurs d'onde données, qu'on obtient en appuyant sur une touche. – De *pré-*, et *réglage*.

préréglé, ée [pʀeʀegle] adj. TECH Se dit d'un poste de radio ou de télévision qui a subi le préréglage. – De *pré-*, et *réglé*.

prérentrée [pʀeʀɑ̃tʀe] n. f. Rentrée des enseignants dans les établissements scolaires, précédant la rentrée des élèves. – De *pré-*, et *rentrée*.

prérequis [pʀeʀəki] adj. et n. m. (Dans un programme d'études) *Cours prérequis* ou *prérequis:* cours exigé comme condition préalable à un autre cours. *Cours avec, sans prérequis.* Rem. L'OLF recommande d'employer plutôt *préalable*. – De *pré-*, et *requis*, d'ap. l'angl. *prerequisite*.

préretraite [pʀeʀətʀɛt] n. f. Retraite anticipée. – Allocation perçue par une personne partie en retraite avant l'âge légal. – De *pré-*, et *retraite*.

prérévolutionnaire [pʀeʀevɔlysjɔnɛʀ] adj. Se dit de ce qui précède ou annonce une révolution. – De *pré-* et *révolutionnaire*.

prérogative [pʀeʀɔgativ] n. f. Avantage, privilège attaché à une fonction. – *Par ext.* Faculté, avantage dont certains êtres jouissent exclusivement. *La raison est une des prérogatives de l'homme.* – Du lat. jur. *prærogativa*, «(centurie) qui vote la première».

préroman, ane [pʀeʀɔmɑ̃, an] adj. HIST, ARCHI, BX-A Se dit de la production de la période qui a précédé l'art roman entre la fin de l'empire romain d'Occident (Vᵉ s.) et le début du XIᵉ s. – De *pré-*, et *roman*.

préromantique [pʀeʀɔmɑ̃tik] adj. LITTER Qui précède le romantisme, la période romantique. *J.-J.*

Rousseau, Mme de Staël, Chateaubriand, écrivains préromantiques. – De *pré-*, et *romantique.*

préromantisme [pʀeʀɔmɑ̃tism] n. m. LITTER Période pendant laquelle les grandes tendances du romantisme (lyrisme, amour de la nature, exaltation des passions, goût de la couleur locale) commencèrent à se faire jour dans la littérature. – De *pré-*, et *romantisme.*

près [pʀɛ] adv., prép. et n. m. **A.** adv. **1.** Non loin, à une courte distance. *La ville est tout près.* **2.** loc. adv. *De près :* d'une courte distance. *Mettez-vous là pour voir de plus près. Serrer qqn de près.* – Fig. *Surveiller qqn de près :* attentivement. *Il n'y regardera pas de si près. Cette affaire le touche de près,* elle est pour lui d'une grande importance, d'un grand intérêt. ▷ (Dans le temps.) *Les détonations se suivaient de très près,* à des intervalles très courts. **B.** prép. Vx ou ADMIN Auprès de. *Expert près les tribunaux.* **II.** loc. prép. **1.** *Près de.* (Marquant la proximité dans l'espace.) *Venez près de moi.* – Fig. *Rien n'est plus près de l'amour que la haine.* ▷ (Marquant la proximité dans le temps.) *Il est près de midi.* – *Être près de* (+ inf.): être sur le point de. *Une énigme qui n'est pas près d'être résolue.* ▷ (Marquant l'approximation dans une évaluation.) Presque, environ. *Ils sont près d'un millier.* **2.** *À... près* (Indiquant le degré de précision d'une évaluation.) *À un millimètre près.* ▷ *À cela près, à (qqch) près:* excepté cela. *Il est un peu bourru mais, à cela près, c'est un brave homme.* ▷ *À beaucoup près:* de beaucoup; avec un écart, une différence considérable. ▷ *À peu près:* environ. *Ils sont à peu près cinquante.* – Presque. *Il est à peu près guéri.* – N. m. V. à-peu-près. ▷ *À peu de chose près:* avec une petite différence; presque. *Cela coûte trois mille dollars, à peu de chose près.* ▷ MAR *Naviguer au plus près du vent,* aussi près que possible du vent debout, tout en continuant à faire route. – Ellipt. *Naviguer au plus près, au près; au près bon plein:* en gardant les voiles bien pleines, bien gonflées. ▷ N. m. *Les allures du près. Faire un près serré.* – Du bas lat. *presse,* «en serrant» ou *pressus,* pp. de *premere,* «presser, serrer».

présage [pʀezaʒ] n. m. **1.** Signe heureux ou malheureux par lequel on pense pouvoir juger de l'avenir. *Heureux, mauvais présage.* **2.** Conjecture que l'on tire de ce signe. – *Par ext.* Conjecture que l'on tire d'un fait quelconque. – Lat. *præsagium,* de *præ,* «devant, en avant», et *sagire,* «sentir finement».

présager [pʀezaʒe] v. tr. **[15] 1.** Indiquer, annoncer une chose à venir. *Ceci ne présage rien de bon.* Syn. augurer. **2.** Conjecturer ce qui doit arriver dans l'avenir. Syn. prévoir. – Du préc.

pré-salé [pʀesale] n. m. *Mouton de présalé,* ellipt. *pré-salé:* mouton qui a pâturé l'herbe imprégnée de sel, de prairies voisines de la mer *(prés salés).* ▷ La viande d'un tel animal. – De *pré,* et *salé.*

présanctifié, ée [pʀesɑ̃ktifje] adj. et n. LITURG CATHOL Consacré d'avance. ▷ Subst. *Messe des présanctifiés:* messe du vendredi saint, au cours de laquelle le célébrant consommait les saintes espèces (dites *pains présanctifiés*) consacrées la veille. – De *pré-*, et *sanctifier.*

presbyte [pʀɛsbit] adj. et n. Atteint de presbytie. – Du gr. *presbutês,* «vieillard».

presbytéral, ale, aux [pʀɛsbiteʀal, o] adj. RELIG Relatif aux prêtres, à la prêtrise. ▷ *Maison presbytérale:* presbytère. ▷ DR CAN *Conseil presbytéral:* dans l'Église cathol. ensemble des prêtres représentant le clergé du diocèse et ayant voix consultative. ▷ *Conseil presbytéral:* dans l'Église réformée, assemblée de laïcs chargée d'aider le pasteur d'une paroisse dans les tâches administratives et de gestion. – Lat. ecclés. médiév. *presbyteralis.*

presbytère [pʀɛsbitɛʀ] n. m. Maison, habitation du curé, du pasteur, dans une paroisse. – Lat. ecclés. *presbyterium,* de *presbyter,* «prêtre».

presbytérianisme [pʀɛsbiteʀjanism] n. m. RELIG Doctrine (directement issue du calvinisme) et Église des presbytériens, partisans d'un *presbyterium* (corps mixte) unissant ecclésiastiques et laïcs dans la direction des affaires religieuses. – Angl. *presbyterianism,* de *presbyterian,* «presbytérien».

presbytérien, ienne [pʀɛsbiteʀjɛ̃, jɛn] adj. et n. RELIG Du presbytérianisme; qui a rapport au presbytérianisme. ▷ Subst. *Les presbytériens.* – Angl. *presbyterian,* du lat. ecclés. *presbyter,* «prêtre».

presbytie [pʀɛsbisi] n. f. MED Trouble de la vision, difficulté à voir de près due à une diminution, avec l'âge, du pouvoir d'accommodation de l'œil. – De *presbyte.*

prescience [pʀesjɑ̃s] n. f. Connaissance d'événements à venir, du futur. ▷ THEOL *Prescience divine:* connaissance infaillible que Dieu possède des événements futurs. – Lat. ecclés. *præscientia.*

prescient, iente [pʀesjɑ̃, jɑ̃t] adj. Qui possède la prescience. – Lat. *præsciens,* ppr. de *præscire,* «savoir d'avance».

préscolaire [pʀeskɔlɛʀ] adj. Qui précède la scolarité obligatoire. – De *pré-*, et *scolaire.*

prescriptible [pʀɛskʀiptibl] adj. DR Qui peut être prescrit. – De *prescrire.*

prescription [pʀɛskʀipsjɔ̃] n. f. **1.** Ce qui est prescrit, commandé; ordre; précepte. *Suivre les prescriptions d'un supérieur hiérarchique. Les prescriptions de la morale.* ▷ *Spécial.* Recommandation, instruction relative à la santé; ordonnance. *Se conformer aux prescriptions du médecin.* **2.** DR Délai au terme duquel on ne peut plus, soit contester la propriété d'un possesseur *(prescription acquisitive* ou *usucapion),* soit poursuivre l'exécution d'une obligation ou la répression d'une infraction *(prescription extinctive).* – Lat. *præscriptio.*

prescrire [pʀɛskʀiʀ] v. tr. **[65] 1.** Commander, ordonner (qqch); enjoindre expressément de (faire qqch). *Prescrire le silence. Prescrire de se taire.* ▷ *Spécial.* Préconiser (un traitement, un régime, etc.). **2.** (Sujet n. de chose.) Ordonner, exiger. *L'honneur prescrivait qu'on se battît en duel pour laver une offense.* **3.** DR Acquérir (qqch), se libérer de (une obligation) par prescription. *Prescrire une dette.* ▷ v. pron. (Pass.) Être perdu, s'éteindre par prescription. *Ce droit se prescrit par 30 ans.* – Lat. *præscribere,* «écrire en tête».

préséance [pʀeseɑ̃s] n. f. Supériorité, priorité selon l'usage, l'étiquette. – De *pré-*, et *séance.*

présélecteur [pʀeselɛktœʀ] n. m. TECH Mécanisme de présélection. – De *pré(sélection),* et *sélecteur.*

présélection [pʀeselɛksjɔ̃] n. f. **1.** Première sélection. *Opérer une présélection parmi des candidats à un poste au moyen de tests psychotechniques.* **2.** TECH Sélection d'un mode de fonctionnement, d'un circuit, etc., opérée au préalable. *Touche de présélection d'un téléviseur.* – De *pré-*, et *sélection.*

présence [pʀezɑ̃s] n. f. **1.** Fait d'être dans un lieu déterminé. *La présence d'un inconnu intimide cet enfant.* **2.** THEOL *Présence réelle,* celle du Christ dans l'Eucharistie. **3.** En parlant d'un acteur (de théâtre, en partic.): personnalité, tempérament. *Avoir de la présence.* **4.** *Présence d'esprit:* vivacité, à-propos. **5.** Influence exercée par un pays dans une partie du monde; rôle politique, culturel, etc., qu'il y joue. *La présence du Canada dans la francophonie.* ▷ Autorité, influence exercée par un penseur. *Présence de Pascal.* **6.** loc. adv. *En présence:* face à face, en vue. *Deux armées en présence.* ▷ Loc. prép. *En présence de:*

devant, en face de. *Il l'a dit en présence de témoins. Je ne parlerai qu'en présence de mon avocat.* – Lat. *præsentia.*

1. présent, ente [prezɑ̃, ɑ̃t] adj. et n. **I.** adj. **1.** Qui est dans le lieu dont on parle, par oppos. à *absent. Étiez-vous présent à la réunion d'hier?* **2.** Dont l'esprit est en éveil; vigilant, attentif. *Il est présent à tout.* **3.** Dont il est question en ce moment. *La présente lettre.* **4.** Qui existe actuellement, par oppos. à *passé* et *futur. Dans la minute présente.* **II.** n. m. **1.** Partie du temps qui est en train de passer actuellement, par oppos. à *passé* et *futur. Vivre dans le présent,* sans penser au passé ni à l'avenir. **2.** GRAM Temps situant ce qui est énoncé au moment de l'énonciation. – Ensemble des formes verbales exprimant ce temps. *Conjuguer un verbe au présent de l'indicatif, du subjonctif, du conditionnel.* **III.** loc. adv. *À présent :* maintenant, actuellement, en ce moment. – Lat. *præsens, præsentis,* ppr. de *præesse,* «être en avant».

2. présent [prezɑ̃] n. m. Don, cadeau. *Faire un présent, faire présent de qqch à qqn.* – De *présenter.*

présentable [prezɑ̃tabl] adj. (Choses.) Qui a bon aspect. *Ce costume n'est vraiment plus présentable.* ▷ (Personnes.) Qui peut se présenter, se montrer en public; qui a de bonnes manières. – De *présenter.*

présentateur, trice [prezɑ̃tatœr, tris] n. **1.** Personne qui propose une marchandise, un appareil, etc., à la vente en en détaillant les caractéristiques; démonstrateur. *Présentateur au Salon de l'automobile.* **2.** Personne qui présente un spectacle, une émission de radio ou de télévision, etc. **3.** COMM Celui qui présente un effet de commerce. – De *présenter.*

présentation [prezɑ̃tasjɔ̃] n. f. **1.** Action de présenter, de se présenter; fait d'être présenté. **2.** Manière d'exposer à la vue. *Une bonne présentation de la marchandise attire les clients.* **3.** Action de faire voir, de donner en spectacle. *Présentation de modèles de haute couture.* **4.** Maintien, manières; aspect physique. *On exige pour cet emploi une excellente présentation.* **5.** Action de présenter une personne à une autre. *Faire les présentations.* **6.** MED Manière dont le fœtus s'engage au niveau du détroit supérieur du bassin, lors de l'accouchement. *Présentation par le siège.* **7.** RELIG CATHOL *Fête de la Présentation de Jésus au Temple,* célébrée le 2 février. *Fête de la Présentation de la Vierge,* célébrée le 21 novembre. – De *présenter.*

présentement [prezɑ̃tmɑ̃] adv. Cour. En ce moment. – De *présent* 1.

présenter [prezɑ̃te] **I.** v. tr. [1] **1.** Disposer (qqch) à l'intention de qqn et l'inviter à en user; mettre (qqch) sous les yeux de qqn. *Présenter une chaise à une personne âgée. Le maître d'hôtel va vous présenter le menu. Présenter des lettres de créance,* les remettre au chef d'État près duquel on est accrédité. ▷ *Présenter les armes :* exécuter un mouvement spécial de maniement d'armes pour rendre les honneurs. **2.** *Présenter une personne à une autre,* l'introduire auprès d'elle; la lui faire connaître par son nom. *Je vous présente monsieur Untel.* **3.** Montrer. *Présenter un choix de bijoux. Radio-Canada présente un film de ce metteur en scène.* ▷ Offrir au regard (telle apparence, tel aspect); avoir (tel caractère, telle particularité). *La vallée présente un aspect riant. Coffret qui présente des incrustations de nacre.* **4.** Formuler, exprimer, adresser. *Présenter ses excuses, sa défense, une demande.* **5.** (Dans quelques emplois.) Proposer. *Présenter qqn pour un travail, une place. Présenter sa candidature à un poste.* **6.** Exposer, faire connaître ou faire paraître sous tel ou tel jour. *Hier vous avez présenté les faits différemment.* **II.** v. pron. *Se présenter.* **1.** Paraître devant qqn, se montrer. *Un inconnu se présenta, et proposa de débarrasser la ville du fléau.* **2.** Énoncer son nom, dire qui l'on est à une personne que l'on voit pour la première fois. **3.** (Dans quelques emplois.) Se proposer. *Se présenter pour un poste. Se présenter à un examen,* en subir les épreuves. *Se présenter aux élections,* faire acte de candidature. **4.** Apparaître, survenir. *Quand l'occasion s'en présentera. Affaire qui se présente bien,* dont le succès s'annonce probable. *Cette idée s'est présentée à mon esprit.* – Lat. imp. *præsentare,* «rendre présent, offrir».

présentification [presɑ̃tifikasjɔ̃] n. f. PHILO Fait d'être présent dans la conscience, dans la représentation mentale. *La présentification d'un fait marquant dans notre esprit.* – De *présent* 1.

présentoir [prezɑ̃twar] n. m. Support destiné à mettre en valeur les produits exposés dans un magasin. – De *présenter.*

présérie [preseri] n. f. TECH Première série fabriquée après la mise au point du prototype et avant le lancement définitif de la fabrication. – De *pré-,* et *série.*

préservateur, trice [prezɛrvatœr, tris] adj. et n. **1.** adj. Qui préserve. **2.** n. m. Agent chimique qui préserve une denrée périssable de la décomposition, de la putréfaction. – De *préserver.*

préservatif, ive [prezɛrvatif, iv] adj. et n. **1.** adj. Qui préserve. **2.** n. m. Capuchon en caoutchouc très fin, destiné à être adapté au pénis avant un rapport sexuel, pour servir de contraceptif ou pour garantir des maladies transmissibles sexuellement. – De *préserver.*

préservation [prezɛrvasjɔ̃] n. f. Action de préserver; son résultat. – De *préserver.*

préserver [prezɛrve] v. tr. [1] Garantir (de qqch de nuisible). *Préserver une espèce animale de la disparition.* ▷ v. pron. *Se préserver du froid.* – Lat. *præservare,* «observer auparavant».

préside [prezid] n. m. HIST Place forte espagnole, servant de lieu de déportation. *Les présides d'Afrique.* – Esp. *presidio,* du lat. *præsidium,* «protection».

présidence [prezidɑ̃s] n. f. **1.** Fonction, dignité de président. *La présidence de la République, la présidence d'un club sportif.* **2.** Temps pendant lequel qqn exerce la fonction de président. **3.** Résidence habitée par un président. ▷ Ensemble des services administratifs, des bureaux placés sous l'autorité directe d'un président. – De *président.*

président, ente [prezidɑ̃, ɑ̃t] n. **1.** Personne qui préside une assemblée, qui dirige ses débats. *Nommer un président de séance. Le président de l'Assemblée nationale. Le président d'un conseil d'administration.* **2.** Personne, généralement élue, qui dirige, administre. *Président-directeur général d'une société.* ▷ POLIT Chef de l'État, dans une république. *Le président de la République française.* – Lat. *præsidens.*

présidentiable [prezidɑ̃sjabl] adj. et n. Susceptible d'accéder à la fonction de président. – De *présiden*t*(iel),* et *-able.*

présidentialisme [prezidɑ̃sjalism] n. m. POLIT Système, régime présidentiel. – De *présidentiel.*

présidentiel, elle [prezidɑ̃sjɛl] adj. Du (d'un) président; d'une (de la) présidence. *Allocution présidentielle.* – POLIT *Régime présidentiel,* dans lequel le président de la République et, d'une manière générale, l'exécutif disposent de pouvoirs prépondérants (opposé à *régime parlementaire*). ▷ n. f. pl. En France, les élections présidentielles. *Les présidentielles de 1981.* – De *président.*

présider [prezide] **1.** v. tr. [1] Diriger (une assemblée, ses débats). *Qui présidait le Sénat à cette époque?* **2.** v. tr. indir. *Présider à:* veiller sur, diriger. *Présider aux destinées du pays.* ▷ Fig. *La plus franche cordialité présidait à ce banquet.* – Lat. *præsidere,* de *præ,* «avant, devant», et *sedere,* «s'asseoir».

présidial, ale, aux [pʀezidjal, o] n. et adj. n. m. HIST (France) Tribunal chargé des affaires civiles et criminelles d'importance secondaire, de 1552 à 1791. ▷ Adj. *Sentence présidiale.* – Lat. *præsidialis,* de *præses, præsidis,* «gouverneur de province».

présidialité [pʀezidjalite] n. f. HIST (France) Juridiction d'un présidial. – Du préc.

présidium. V. præsidium.

présignalisation [pʀesiɲalizasjõ] n. f. AUTO Signalisation préalable permettant aux véhicules de réduire progressivement leur vitesse. *Triangle de présignalisation.* – De *pré-*, et *signalisation.*

presle. V. prèle.

présomptif, ive [pʀezõptif, iv] adj. DR *Héritier présomptif, héritière présomptive:* personne appelée à hériter un jour de qqn, ou à lui succéder. – Bas lat. *præsumptivus,* de *præsumere,* «présumer».

présomption [pʀezõpsjõ] n. f. **1.** Conjecture, opinion fondée sur des indices et non sur des preuves. *La présomption joue en sa faveur. Il y a seulement présomption de culpabilité.* **2.** Opinion trop avantageuse que qqn a de lui-même; prétention, suffisance. – Lat. *præsumptio,* de *præsumere,* «présumer».

présomptueusement [pʀezõptɥøzmɑ̃] adv. Avec présomption. – De *présomptueux.*

présomptueux, euse [pʀezõptɥø, øz] adj. et n. Qui a de lui-même une opinion trop avantageuse, qui se surestime; prétentieux, suffisant. ▷ Subst. *C'est un petit présomptueux.* – Bas lat. *præsumptuosus.*

présonorisation [pʀesɔnɔʀizasjõ] n. f. AUDIOV Technique qui consiste, pour un acteur, un chanteur, etc., à jouer ou à chanter en synchronisme avec un enregistrement de sa voix effectué préalablement. *Chanter en présonorisation.* – De *pré-*, et *sonorisation.*

presque [pʀɛsk] adv. À peu près. *Il a veillé presque toute la nuit.* – N. B. En principe l'*e* ne s'élide que dans le nom composé *presqu'île. Ils sont arrivés presque ensemble.* – De *près,* et *que.*

presqu'île [pʀɛskil] n. f. Promontoire relié au continent par une étroite bande de terre. *La presqu'île de Forillon.* – De *presque,* et *île.*

pressage [pʀɛsaʒ] n. m. Action de presser. ▷ TECH Fabrication à l'aide d'une presse. *Pressage de disques.* – De *presser.*

pressant, ante [pʀɛsɑ̃, ɑ̃t] adj. **1.** Insistant. *Recommandation pressante.* **2.** Urgent. *Un pressant besoin d'argent.* – Ppr. de *presser.*

presse [pʀɛs] n. f. **1.** Dispositif, machine destinée à comprimer ou à déformer des objets, des pièces ou à y laisser une empreinte. *Presse hydraulique. Presse à cintrer, à estamper, à emboutir.* **2.** Machine à imprimer. *Presse à bras. Mettre un ouvrage sous presse,* commencer à l'imprimer. **3.** Ensemble des journaux. *La presse d'information. Liberté de la presse. Agence de presse,* qui transmet les nouvelles aux journaux. ▷ Loc. *Avoir bonne, mauvaise presse:* recevoir dans la presse un écho favorable, défavorable. Fig. Jouir d'une bonne, d'une mauvaise réputation. **4.** Vieilli Foule dense. *Fendre la presse.* **5.** Nécessité de hâter le travail par suite de l'abondance de la besogne. *Engager du personnel temporaire dans un moment de presse.* – Déverbal de *presser.*

presse-. Élément, du v. *presser.*

presse-bouton [pʀɛsbutõ] adj. inv. Entièrement automatisé. ▷ *Guerre presse-bouton,* qui oppose des adversaires disposant d'armements très perfectionnés (fusées, missiles, etc.) – De *presse-*, et *bouton.*

presse-citron [pʀɛssitʀõ] n. m. inv. Ustensile servant à extraire par pression le jus des citrons, des oranges. – De *presse-*, et *citron.*

pressé, ée [pʀɛse] adj. et n. m. **1.** Que l'on a comprimé, pressé. *Citron pressé.* **2.** Contraint de se hâter. *Faites vite, je suis pressé.* **3.** Urgent. *Affaire pressée.* ▷ N. m. *Aller au plus pressé:* s'occuper d'abord de ce qui est le plus urgent. – Pp. de *presser.*

pressée [pʀɛse] n. f. AGRIC Masse de fruits dont on extrait le jus en une fois. – Pp. fém. subst. de *presser.*

presse-étoupe [pʀɛsetup] n. m. inv. TECH Dispositif assurant l'étanchéité d'une ouverture que traverse un axe ou un câble. *Presse-étoupe de l'arbre d'hélice d'un bateau.* – De *presse-*, et *étoupe.*

presse-fruits [pʀɛsfʀɥi] n. m. inv. Ustensile pour presser les fruits et en extraire le jus. – De *presse-*, et *fruit.*

pressentiment [pʀɛsɑ̃timɑ̃] n. m. Sentiment instinctif d'un événement à venir. Syn. prémonition. *Avoir le pressentiment que le succès est proche.* – De *pressentir.*

pressentir [pʀɛsɑ̃tiʀ] v. tr. [33] **1.** Prévoir confusément. *Pressentir sa fin.* **2.** Sonder les dispositions, les sentiments de. *Pressentir qqn. On l'a pressenti pour ce poste:* on l'a sondé pour savoir s'il serait prêt à l'occuper. – Lat. *præsentire,* de *sentire,* «sentir», et *præ,* «avant».

presse-papiers [pʀɛspapje] n. m. inv. Objet de poids qu'on pose sur des papiers pour qu'ils ne se dispersent pas. – De *presse-*, et *papier.*

presse-purée [pʀɛspyʀe] n. m. inv. Ustensile servant à faire des purées de légumes. – De *presse-*, et *purée.*

presser [pʀɛse] v. [1] **I.** v. tr. **1.** Serrer avec plus ou moins de force, comprimer (qqch) pour en faire sortir du liquide. *Presser une éponge, un citron.* **2.** Soumettre à l'action d'une presse, d'un pressoir, etc.; fabriquer au moyen d'une presse. *Presser des raisins. Presser un disque.* **3.** Appuyer sur. *Presser le bouton de la sonnette.* **4.** Poursuivre sans relâche. *Presser l'ennemi en déroute.* **5.** Hâter, précipiter. *Presser son départ.* ▷ Faire se hâter (qqn). *Qu'est-ce qui vous presse tant?* **6.** Tourmenter. *La faim le presse.* **7.** *Presser qqn de,* l'engager vivement à. *On me presse de conclure.* **II.** v. intr. Être urgent. *Dépêchez-vous, ça presse.* ▷ *Le temps presse:* il y a urgence. **III.** v. pron. **1.** Se serrer. *La foule se presse devant la porte.* **2.** Se hâter. *Se presser de faire qqch.* – Lat. pop. *pressare,* de *pressum,* supin de *premere,* même sens.

presseur, euse [pʀɛsœʀ, øz] adj. et n. **1.** adj. Qui sert à exercer une pression. *Plateau, rouleau presseur.* **2.** n. Ouvrier, ouvrière qui fait marcher une presse. – De *presser.*

pressier [pʀɛsje] n. m. IMPRIM Ouvrier en charge d'une machine à imprimer. – De *presse.*

pressing [pʀɛsiŋ] n. m. Anglicisme (France) Repassage des vêtements au moyen de presses chauffantes à vapeur. – Teinturerie. *Porter un complet au pressing.* – Mot angl. de *to press,* «presser».

pression [pʀɛsjõ] n. f. **1.** Action de presser; force exercée par ce qui presse. *Subir la pression de la foule.* – PHYS Action exercée par une force qui presse sur une surface donnée; mesure de cette force. *Pression atmosphérique,* exercée par l'air atmosphérique (V. encycl.). *Pression artérielle:* pression du sang sur les parois des artères. ▷ *Machine à vapeur sous pression,* qui est prête à fonctionner, la pression de la vapeur étant suffisante. – Fig. (En parlant d'une personne.) *Être sous pression:* être prêt à agir, à partir, etc. Aussi: être tendu nerveusement. *Cette longue attente l'avait mis sous pression.* **2.** Influence plus ou moins contraignante qui s'exerce sur qqn, tentative insistante de le persuader. *On a fait pression sur lui pour qu'il retire sa plainte. Groupe de pression.* – Lat.

pressio, de *premere*.

ENCYCL **Phys.** – Lorsqu'on exerce une force perpendiculairement à une surface, on dit que cette dernière subit une pression moyenne égale au rapport entre l'intensité de cette force et la mesure de cette surface. L'unité S.I. de pression est le pascal (1 Pa = 1 N/m²). On utilise également le bar (1 bar = 10^5 Pa). La pression des gaz et des liquides (due aux chocs des particules constituantes sur les parois) se mesure à l'aide de manomètres. Dans un fluide, on distingue la pression *statique* (pression au repos) et la pression *dynamique* (mesurée au tube* de Pitot) qui diffère de la statique par un terme proportionnel au carré de la vitesse du fluide.
Météo. – La pression atmosphérique, qui se mesure à l'aide d'un baromètre, s'exprime en pascals, en millimètres de mercure ou en hectopascal: 1 hPa = 100 Pa. Elle varie avec l'altitude et la pression: 760 mm de mercure ou 1 013 hPa au niveau de la mer et à 15 °C (pression atmosphérique *normale*); 899 hPa à 1 000 m d'altitude et 8,5 °C; 11 hPa à 30 000 m et –47 °C. Les zones où la pression est plus élevée que la moyenne correspondent à des anticyclones et, inversement, celles où elle est plus faible à des dépressions. Les variations, en un lieu donné, de la pression atmosphérique sont analysées en vue de la prévision du temps.
Méd. – La pression artérielle se mesure avec un sphygmomanomètre. Deux chiffres doivent être considérés: la pression maximale, qui répond à la systole ventriculaire, la pression minimale, qui exprime l'ensemble des résistances vasculaires périphériques pendant la diastole. La pression artérielle n'est pas constante. Elle s'adapte aux états variés de l'organisme. Les chiffres supérieurs moyens au-delà desquels apparaissent des risques d'hypertension, tels que l'Organisation mondiale de la santé les a fixés, sont 16 cm (tension maximale) et 9,5 cm (tension minimale).

pressoir [pʀeswaʀ] n. m. **1.** Presse utilisée pour exprimer le jus ou l'huile de certains fruits (raisins, pommes, oranges, olives, notam.). **2.** Bâtiment, lieu où se trouve le pressoir. – Bas lat. *pressorium*, de *premere*, «presser».

pressurage [pʀesyʀaʒ] n. m. TECH Opération qui consiste à pressurer (une substance; des fruits). – De *pressurer;* d'abord «droit féodal».

pressurer [pʀesyʀe] v. tr. [1] **1.** TECH Écraser au moyen du pressoir. *Pressurer des olives.* **2.** Fig. Accabler par de continuelles extorsions d'argent. *Pressurer le contribuable.* – De *pressoir;* d'abord *pressoirer.*

pressureur, euse [pʀesyʀœʀ, øz] n. **1.** TECH Ouvrier, ouvrière qui utilise un pressoir. **2.** Fig. Personne qui pressure autrui. – De *pressurer.*

pressurisation [pʀesyʀizasjõ] n. f. TECH Action de pressuriser; son résultat. – De *pressuriser.*

pressuriser [pʀesyʀize] v. tr. [1] TECH Maintenir (une enceinte, une installation, etc.) à la pression atmosphérique normale. – Au pp. *Cabine d'avion pressurisée.* – Angl. *to pressurize*, de *pressure*, «pression».

prestance [pʀestɑ̃s] n. f. Maintien imposant, plein d'élégance. *Avoir une belle prestance. Un homme plein de prestance.* – Lat. *præstantia*, «supériorité».

prestant [pʀestɑ̃] n. m. MUS Jeu d'orgue de quatre pieds, l'un des jeux principaux, sur lequel s'accordent tous les autres. – De l'ital. *prestante* «excellent».

prestataire [pʀestatɛʀ] n. m. Personne qui fournit ou qui est soumis à une prestation. ▷ ECON *Prestataire de services:* entreprise ou personne qui fournit une prestation dans le secteur des services*. – De *prestation.*

prestation [pʀestasjõ] n. f. **1.** Action de prêter (serment). *Prestation de serment d'un ministre.* **2.** *Prestation en nature:* corvée à laquelle étaient soumis les villageois pour l'entretien des chemins vicinaux, au XIXe s. **3.** Allocation versée par un organisme officiel. *Prestations de l'assurance-chômage.* **4.** Fig. (Emploi critiqué.) Spectacle que donne un artiste, un sportif lorsqu'il se produit en public. – Lat. jur. *præstatio*, de *præstare*, «fournir».

preste [pʀest] adj. Prompt et agile; vif dans ses déplacements, ses mouvements. – Ital. *presto*, «prompt», du bas lat. *præstus*, «prêt à».

prestement [pʀestəmɑ̃] adv. Vivement, promptement. – Du préc.

prestesse [pʀestes] n. f. Vivacité, agilité, promptitude. – Ital. *prestezza.*

prestidigitateur, trice [pʀestidiʒitatœʀ, tʀis] n. Artiste qui fait des tours de prestidigitation; illusionniste. – De *preste*, et du lat. *digitus*, «doigt».

prestidigitation [pʀestidiʒitasjõ] n. f. Art de produire des illusions au moyen de trucages, de manipulations d'objets que l'on fait apparaître ou disparaître; ces tours eux-mêmes. – De *prestidigitateur.*

prestige [pʀestiʒ] n. m. **1.** Vx Illusion, prodige. **2.** Séduction, attrait qui frappe l'imagination et qui inspire la considération, l'admiration. *Le prestige de la culture. Être sensible au prestige de l'uniforme.* – Lat. *præstigium*, «artifice, illusion».

prestigieux, ieuse [pʀestiʒjø, jøz] adj. **1.** Vx Prodigieux. **2.** Qui a du prestige. *Un artiste prestigieux.* – Bas lat. *præstigiosus.*

prestissimo [pʀestisimo] adv. MUS Très rapidement. – N. m. *Un prestissimo.* – Mot ital., superl. de *presto.*

presto [pʀesto] adv. **1.** MUS Rapidement. – N. m. *Un presto.* **2.** Fam. Vite. *Illico presto, subito presto.* – Mot ital.

présumable [pʀezymabl] adj. Que l'on peut présumer. – De *présumer.*

présumé, ée [pʀezyme] adj. Cru par supposition, censé, réputé. *Rendement présumé d'une machine en construction.* – Pp. de *présumer.*

présumer [pʀezyme] v. tr. [1] **I.** v. tr. dir. **1.** Regarder comme. *La loi présume innocent l'accusé tant qu'il n'est pas déclaré coupable.* **2.** Juger par conjecture, croire, supposer. *Je présume qu'il a raison.* **II.** v. tr. indir. *Présumer de:* avoir une opinion trop avantageuse de. *Présumer de ses forces, de qqn.* – Lat. *præsumere*, «prendre d'avance», fig. «conjecturer».

présupposé, ée [pʀesypoze] adj. Supposé préalablement. ▷ N. m. *Votre raisonnement est fondé sur des présupposés inexacts.* – Pp. de *présupposer.*

présupposer [pʀesypoze] v. tr. [1] **1.** Supposer préalablement. *Vous présupposez l'innocence de l'accusé.* **2.** Nécessiter préalablement ou logiquement. *L'étude de la physiologie présuppose celle de l'anatomie.* – De *pré-*, et *supposer.*

présupposition [pʀesypozisjõ] n. f. Supposition préalable. – De *présupposer.*

présure [pʀezyʀ] n. f. Matière sécrétée par la caillette des jeunes ruminants, contenant une enzyme qui fait cailler le lait; cette enzyme. – Du lat. pop. *pre(n)sura*, de *prendere*, «prendre».

présurer [pʀezyʀe] v. tr. [1] TECH *Présurer du lait*, le faire cailler avec de la présure. – Du préc.

1. prêt [pʀɛ] n. m. **1.** Action de prêter. ▷ DR Cour. Contrat par lequel une chose est prêtée. *Un prêt à long terme.* **2.** La chose prêtée. *Rembourser un prêt.* – Déverbal de *prêter.*

2. prêt, prête [pʀɛ, pʀɛt] adj. Disposé, préparé. *Le dîner est prêt. Il est prêt à partir. Elle est prête à tout* *pour réussir.* – Du lat. pop. *præstus,* class. *præsto,* adv., «à portée de main».

pretantaine. V. prétentaine.

prêt-à-porter [pʀɛtapɔʀte] n. m. Les vêtements de confection, par oppos. aux vêtements *sur mesure. Collection de prêt-à-porter. Des prêts-à-porter.* – De *prêt, à,* et *porter.*

prêté, ée [pʀɛte] adj. et n. **1.** adj. Qui a fait l'objet d'un prêt. *Un objet prêté.* **2.** n. m. Loc. *C'est un prêté (pour un) rendu,* se dit de justes représailles. – Pp. de *prêter.*

prétendant, ante [pʀetɑ̃dɑ̃, ɑ̃t] n. **1.** Personne qui prétend, qui aspire à (qqch). **2.** n. m. Homme qui espère épouser une femme. *Les prétendants de Pénélope.* **3.** Personne qui prétend avoir des droits à un trône. – Ppr. subst. de *prétendre.*

prétendre [pʀetɑ̃dʀ] v. [5] **I.** v. tr. **1.** Demander, revendiquer de. *Il prétend commander ici.* **2.** Affirmer, soutenir (qqch de contestable). *Il prétend que j'ai menti.* **II.** v. tr. indir. *Prétendre à:* aspirer à (ce à quoi l'on estime avoir droit). *Il prétend aux honneurs.* **III.** v. pron. Se donner, se faire passer pour. *Il se prétend malade.* – Du lat. *prætendere,* «tendre en avant, présenter».

prétendu, ue [pʀetɑ̃dy] adj. Que l'on prétend tel; douteux, faux. *Un prétendu malade.* – Pp. de *prétendre.*

prétendument [pʀetɑ̃dymɑ̃] adv. Faussement, à tort. – Du préc.

prête-nom [pʀɛtnɔ̃] n. m. Celui dont le nom apparaît dans un acte où le véritable contractant ne veut pas faire figurer le sien. *Des prête-noms.* – De *prêter,* et *nom.*

prétentaine [pʀetɑ̃tɛn] ou **pretantaine** [pʀətɑ̃tɛn] n. f. Loc. *Courir la prétentaine:* vagabonder; multiplier les aventures galantes. – P.-ê. norm. *pertintaille* (V. prétintaille), et *-taine* (d'après les refrains *tontaine, dondaine*).

prétentieusement [pʀetɑ̃sjøzmɑ̃] adv. D'une façon prétentieuse. – De *prétentieux.*

prétentieux, euse [pʀetɑ̃sjø, øz] adj. et n. Qui a une trop haute opinion de soi-même; présomptueux, vaniteux. *Un parvenu prétentieux.* – Subst. *Quel prétentieux celui-là!* ▷ Plein de prétention; qui dénote la prétention. *Style prétentieux.* – De *prétention.*

prétention [pʀetɑ̃sjɔ̃] n. f. **1.** Droit que l'on a, ou que l'on croit avoir, d'aspirer à une chose; exigence. *Rabattre de ses prétentions.* ▷ Visée, espérance. *Sa prétention à l'élégance est vraiment ridicule.* **2.** Fait d'être prétentieux; présomption, suffisance. *Une autobiographie pleine de prétention.* – Du lat. *prætentus,* pp. de *prætendere,* «mettre en avant».

prêter [pʀete] v. [1] **I.** v. tr. **1.** Remettre (une chose) à (qqn) à condition qu'il la rende; mettre provisoirement à la disposition de (qqn). *Il lui a prêté sa bicyclette.* ▷ Loc. *Prêter aide, secours à qqn,* lui porter assistance. *Prêter main-forte à qqn,* l'aider. *Prêter l'oreille:* écouter. *Prêter attention:* être attentif. *Prêter sa voix, sa plume à qqn,* parler, écrire pour lui. *Prêter serment:* faire serment (devant un tribunal, en partic.). **2.** Attribuer (qqch d'abstrait). *Il lui prête des qualités qu'il n'a pas.* **II.** v. tr. indir. Donner prise, donner matière à. *Prêter à la critique, à la censure, à des interprétations malignes. Son attitude prête à rire.* **III.** v. intr. S'étendre aisément. *Cuir qui prête.* **IV.** v. pron. *Se prêter à.* **1.** Accepter, consentir à. *Prêtez-vous à cet accord.* **2.** Aller bien, convenir à. *Son talent se prête à un tel sujet.* – Lat. *præstare,* «mettre à la disposition», bas lat. «fournir sous forme de prêt».

prétérit [pʀeteʀit] n. m. GRAM Forme verbale qui exprime le passé. *Le prétérit de l'anglais correspond au passé simple et à l'imparfait du français.* – Lat. *præteritum,* de *præterire,* «laisser en arrière, passer».

prétérition [pʀeteʀisjɔ̃] n. f. RHET Figure qui consiste à dire qqch en déclarant que l'on se gardera de le dire. (Ex.: *Inutile de vous dire que... Je n'ai pas besoin de vous présenter monsieur Untel.*) – Bas lat. *præteritio,* «omission», de *præterire.*

préteur [pʀetœʀ] n. m. ANTIQ ROM Magistrat dont le rang venait immédiatement après celui de consul. – Lat. *prætor.*

prêteur, euse [pʀɛtœʀ, øz] n. et adj. Personne qui prête de l'argent. *Un prêteur sur gages.* ▷ Adj. *«La fourmi n'est pas prêteuse» (La Fontaine).* – De *prêter.*

1. prétexte [pʀetɛkst] n. m. Raison alléguée pour cacher le véritable motif d'un dessein, d'une action. *Sous prétexte de:* en donnant comme prétexte, comme motif. – Lat. *prætextus.*

2. prétexte [pʀetɛkst] adj. et n. f. ANTIQ ROM *Toge prétexte,* ou, n. f., *la prétexte:* toge blanche bordée de pourpre portée par les patriciens de moins de seize ans et les magistrats supérieurs. – Du lat. *prætexta (toga),* «(toge) bordée (de pourpre)», de *prætexere,* «border».

prétexter [pʀetɛkste] v. tr. [1] Donner comme prétexte. *Prétexter une maladie.* – De *prétexte* 1.

pretintaille [pʀetɛ̃taj] n. f. Anc. Ornement en découpure que les femmes mettaient sur leurs robes, au XVIIIe s. ▷ Fig., vx Futilité. – Du norm. *pertintaille,* «collier de cheval à grelots».

pretium doloris [pʀesjɔmdɔlɔʀis] n. m. DR Dommages et intérêts accordés par les tribunaux à titre de réparation de la douleur physique ou morale. – Loc. lat., «prix de la douleur».

prétoire [pʀetwaʀ] n. m. **1.** ANTIQ ROM Tente que le général occupait dans un camp. ▷ Tribunal du préteur. ▷ Camp de la garde prétorienne. **2.** Mod. Salle d'audience d'un tribunal. – Lat. *prætorium.*

prétorial, ale, aux [pʀetɔʀjal, o] adj. Qui concerne le prétoire. *Palais prétorial.* – Du préc.

prétorien, ienne [pʀetɔʀjɛ̃, jɛn] adj. et n. m. **1.** ANTIQ ROM adj. Relatif au préteur. *La garde prétorienne.* ▷ N. m. Soldat de la garde prétorienne. **2.** n. m. Fig., péjor. Soldat partisan de la dictature. – Lat. *prætorianus.*

prêtre [pʀɛtʀ] n. m. **1.** Celui qui exerce un ministère sacré, qui préside aux cérémonies d'un culte. ▷ *Grand prêtre* (ou *grand-prêtre*): chef de la caste sacerdotale chez les Hébreux. **2.** Celui qui a reçu le troisième ordre majeur catholique. *Être ordonné prêtre.* – *Prêtre libre,* non attaché à une paroisse. – *Prêtre habitué,* attaché à une paroisse, sans titre canonique. – *Prêtre ouvrier,* auj. *prêtre au travail:* prêtre qui partage intégralement la vie des travailleurs. – Du lat. chrétien *presbyter,* «prêtre», de *presbus,* «âgé»; empr. au gr. *presbuteros,* «ancien».

prêtresse [pʀɛtʀɛs] n. f. Femme, jeune fille célébrant le culte d'une divinité (dans les religions païennes). *Prêtresse de Diane.* – Fém. de *prêtre.*

prêtrise [pʀɛtʀiz] n. f. Dignité de prêtre. ▷ *Spécial.* Troisième ordre majeur de la religion catholique. *L'évêque lui conféra la prêtrise.* – De *prêtre.*

préture [pʀetyʀ] n. f. ANTIQ ROM **1.** Charge de préteur. **2.** Durée de cette charge. – Lat. *prætura.*

preuve [pʀœv] n. f. **1.** Information ou raisonnement destiné(e) à établir la vérité (d'une proposition, d'un fait). *Donner des preuves rigoureuses de ce qu'on avance. Preuves de l'existence de Dieu. Faire la preuve d'une opération,* en vérifier le résultat par une autre opération. *Preuve par neuf.* V. neuf. ▷ DR Démonstration dans les formes requises de l'existence d'un fait ou d'un acte juridique. *Fournir la preuve de* *son innocence. Être acquitté faute de preuves. Jusqu'à preuve du contraire:* en attendant qu'on démontre le contraire. ▷ Fam. *La preuve...* Litt. *À preuve que... Il ne se sent pas bien; la preuve, il n'a pas mangé depuis hier. À preuve qu'il n'a pas mangé...* **2.** Marque, signe. *Chez lui, la colère est une preuve de fatigue. Donner des preuves de sa tendresse.* **3.** *Faire preuve de:* montrer. *Faire preuve d'indifférence.* – *Faire ses preuves:* montrer ses capacités. *Il y a bien longtemps qu'il a fait ses preuves.* – Déverbal de *prouver.*

preux [pʀø] n. m. Vx ou litt. HIST Chevalier. – Adj. m. Brave et vaillant. *Un preux chevalier.* – Du bas lat. *prode,* «utile», de *prodesse,* «être utile».

prévaloir [pʀevalwaʀ] **1.** v. intr. [48] Litt. (Choses.) Être supérieur, meilleur; l'emporter. *Sa solution a prévalu sur les autres.* **2.** v. pron. (Personnes.) Faire valoir (qqch). *Se prévaloir de son expérience pour obtenir des avantages.* – Tirer vanité. *Se prévaloir de ses relations.* – Lat. *prævalere.*

prévaricateur, trice [pʀevaʀikatœʀ, tʀis] DR ou litt. adj. et n. Qui prévarique. *Ministre prévaricateur.* – Lat. *prævaricator.*

prévarication [pʀevaʀikasjõ] n. f. DR ou litt. Fait de prévariquer. *Accuser un fonctionnaire de prévarication,* de détournement de fonds. – Lat. *prævaricatio.*

prévariquer [pʀevaʀike] v. intr. [1] DR, rare Manquer par mauvaise foi, par intérêt, aux devoirs de sa charge. – Lat. jurid. *prævaricari,* «s'écarter de la ligne droite, entrer en collusion avec la partie adverse».

prévenance [pʀevnɑ̃s] n. f. Fait de prévenir les désirs de qqn. *Il est plein de prévenances pour sa famille.* Syn. attentions, délicatesses. – De *prévenant.*

prévenant, ante [pʀevnɑ̃, ɑ̃t] adj. Qui prévient les désirs des autres. *Il est très prévenant avec elle.* – Ppr. de *prévenir* 2.

1. prévenir [pʀevniʀ] v. tr. [39] (Le comp. désigne une personne.) **1.** Informer par avance, avertir. *Préviens-nous de ton arrivée. Il m'avait prévenu qu'il viendrait avec un peu de retard.* **2.** Informer (d'un fait), alerter. *En cas d'accident, prévenir M. Dubé.* **3.** *Prévenir qqn en faveur de, contre (qqn, qqch),* lui donner une opinion favorable, défavorable sur (qqn, qqch). (Surtout au pp.) *Avant même de le connaître, elle était prévenue contre lui.* – Lat. *prævenire,* «prendre les devants».

2. prévenir [pʀevniʀ] v. tr. [39] (Le comp. désigne une chose.) **1.** Prendre des précautions pour empêcher. *Prévenir une attaque ennemie. Prévenir une objection,* y répondre par avance. ▷ S. comp. *Mieux vaut prévenir que guérir.* **2.** *Prévenir les désirs. les souhaits, etc., de qqn,* les satisfaire avant qu'ils n'aient été exprimés. – V. *prévenir* 1.

préventif, ive [pʀevɑ̃tif, iv] adj. **1.** Qui a pour but de prévenir (sens 2), d'empêcher. *Traitement préventif.* **2.** *Détention préventive:* incarcération avant un jugement. Syn. prévention (sens 3). – Du lat. *præventum,* pp. de *prævenire,* «prendre les devants».

prévention [pʀevɑ̃sjõ] n. f. **1.** Ensemble de mesures, organisation, destinés à prévenir certains risques. *Prévention routière.* **2.** Opinion favorable ou (plus souvent) défavorable avant examen. *Avoir des préventions contre qqn.* – Bas lat. *præventio,* «action de devancer».

préventivement [pʀevɑ̃tivmɑ̃] adv. À titre préventif. *Se garantir préventivement contre un risque.* – De *préventif.*

préventorium [pʀevɑ̃tɔʀjɔm] n. m. Établissement où l'on traite les personnes atteintes de primo-infection tuberculeuse et les convalescents relevant de certaines maladies. – Du lat. *præventus,* d'ap. *sanatorium.*

prévenu, ue [pʀevny] n. DR Personne qui comparaît devant un tribunal pour répondre d'un délit ou d'un crime. – Pp. de *prévenir.*

prévisible [pʀevizibl] adj. Qui peut être prévu. *Son échec était prévisible.* – De *prévoir,* d'ap. *visible.*

prévision [pʀevizjõ] n. f. **1.** Action de prévoir. *Lancer un projet sans prévision de ses conséquences.* ▷ *En prévision de :* en prévoyant, parce que l'on prévoit. **2.** Ce qui est prévu. *Prévisions météorologiques. Prévisions économiques.* – Bas lat. *prævisio.*

prévisionnel, elle [pʀevizjɔnɛl] adj. Didac. Fait par prévision. *Budget prévisionnel.* – Du préc.

prévoir [pʀevwaʀ] v. tr. [45] **1.** Se représenter à l'avance (une chose probable). *Qui pouvait prévoir ce qui se passerait après les élections?* **2.** Envisager. *Il prévoit de rentrer le 15 août.* – Prendre des dispositions pour. *Les juristes n'ont pas prévu cette éventualité.* – Organiser à l'avance. *L'organisateur avait tout prévu lui-même.* – Pp. *Tout a été prévu.* Fam. *Tout s'est déroulé comme prévu.* – Lat. *prævidere,* francisé d'ap. *voir.*

prévôt [pʀevo] n. m. **1.** Anc. Titre de certains magistrats. *Prévôt des marchands.* **2.** *Prévôt d'armes :* aide d'un maître d'armes (escrimeur). – Du lat. *præpositus,* «chef, officier, préposé».

prévôté [pʀevote] n. f. Anc. Juridiction de prévôt; territoire où elle s'exerçait. – Du préc.

prévoyance [pʀevwajɑ̃s] n. f. Qualité de celui qui prévoit. *Il a été prudent, il a agi avec prévoyance.* – De l'a. fr. *pourvoyance,* d'ap. *prévoir.*

prévoyant, ante [pʀevwajɑ̃, ɑ̃t] adj. Qui fait preuve de prévoyance. *Un homme d'affaires prévoyant.* – Ppr. de *prévoir.*

priapisme [pʀiapism] n. m. MED Érection prolongée et douloureuse qui est souvent le symptôme d'une maladie (certaines lésions vasculaires, certaines cystites aiguës, etc.). – Gr. *priapismos;* lat. méd. *priapismus,* de *Priapos,* «Priape», dieu de la fécondité.

prie-Dieu [pʀidjø] n. m. inv. Siège bas sur lequel on s'agenouille pour prier et dont le dossier forme accoudoir. – De *prier,* et *Dieu.*

prier [pʀije] v. [1] v. tr. **1.** S'adresser à (Dieu, une divinité, un être surnaturel) par des pensées exprimées ou non, pour l'adorer, lui demander une grâce, etc. *Prier Dieu, les saints, la Vierge Marie, Allah.* – Absol. *Je prie pour que tu réussisses.* ▷ v. intr. *Une femme priait dans la chapelle.* – *Prier pour qqn :* en faveur de qqn. **2.** Supplier vivement (qqn). *Elle m'a prié de tout faire pour retrouver son fils.* ▷ *Se faire prier:* n'accepter de faire qqch qu'après de longues sollicitations. *Il ne se fera pas prier:* il acceptera volontiers. **3.** (Formules de politesse.) *Je vous prie de bien vouloir passer à mon domicile. Approchez-vous, je vous prie,* s'il vous plaît. – *«Merci, vous êtes gentil. – Je vous en prie»,* c'est tout naturel. **4.** Ordonner. *Il le pria de se taire. Cessez, je vous prie.* **5.** Vieilli Inviter. *Prier qqn à déjeuner.* – Du lat. class. *precari,* bas lat. *precare.*

prière [pʀijɛʀ] n. f. **1.** Le fait de prier Dieu, une divinité. *Faire une prière à Vénus.* **2.** Texte convenu que l'on récite pour prier. *Réciter ses prières.* **3.** Litt. Demande faite instamment. *Il est resté sourd à leurs prières.* ▷ *Prière de :* vous êtes prié de. *Prière de ne pas fumer.* – Du lat. médiév. *precaria,* fém. de *precarius,* «donné par complaisance».

prieur, eure [pʀijœʀ] n. Religieux, religieuse qui dirige certains monastères. – Du lat. *prior,* «premier de deux, supérieur», spécialisé en lat. ecclés.

prieuré [pʀijœʀe] n. m. **1.** Communauté religieuse dirigée par un prieur ou une prieure. **2.** Maison d'un prieur. – De *prieur.*

prima donna [pʀimadɔna] n. f. Principale cantatrice d'un opéra. – Plur. inv. *Des prima donna,* ou plur. ital. *Des prime donne.* – Mots ital. «première dame».

primage [pʀimaʒ] n. m. TECH Entraînement de fines gouttelettes d'eau par la vapeur d'une chaudière. – Mot angl., de *to prime,* «amorcer».

primaire [pʀimɛʀ] adj. et n. m. **1.** Qui vient en premier, au commencement, à la base. *Couleur primaire:* V. encycl. couleur. **2.** *Enseignement primaire:* de la première à la sixième année du primaire. ▷ Subst. *Les enfants du primaire.* **3.** Simpliste, un peu borné. *Anticommunisme primaire.* ▷ n. m. *Un primaire:* un individu aux réactions immédiates et impulsives. **4.** GEOL *Ère primaire* ou, n. m., *le Primaire:* la plus ancienne des ères géologiques (approximativement de – 600 millions d'années à – 200 millions d'années), au cours de laquelle se sont formés les terrains sédimentaires contenant les plus anciens fossiles connus. (Cinq étages: *Cambrien, Silurien, Dévonien, Carbonifère* et *Permien.*) **5.** ELECTR *Circuit primaire* ou, n. m., *un primaire:* dans un transformateur, circuit, alimenté par le générateur, qui cède sa puissance au second circuit *secondaire* alimentant le récepteur. **6.** TECH *Circuit primaire,* qui relie la chaufferie aux sous-stations de chauffage. **7.** ECON *Secteur primaire:* ensemble des activités qui produisent des matières premières (agriculture, pêche, extraction de minerais, etc.). – Lat. *primarius,* «du premier rang».

1. primat [pʀima] n. m. PHILO Supériorité. Syn. primauté. *Le primat de la volonté.* – Mot all., du lat. *primatus,* «premier rang, prééminence».

2. primat [pʀima] n. m. RELIG **1.** Anc. Prélat ayant autorité sur plusieurs archevêques. **2.** Mod. Titre honorifique donné à certains archevêques. – Lat. imp. *primas, primatis,* «qui est au premier rang», de *primus,* «premier».

primate [pʀimat] n. m. **1.** ZOOL n. m. plur. Ordre de mammifères placentaires dont les extrémités des membres portent cinq doigts, terminés par des ongles. – Au sing. *Un primate.* **2.** Fam. Homme grossier. – Du lat. imp. *primas, primatis,* «qui est au premier rang».

ENCYCL Les primates se caractérisent par le pouce et le gros orteil opposables, et par des mamelles le plus souvent pectorales. Ce sont les animaux les plus évolués: leur cerveau comporte de nombreuses circonvolutions. Les primates, apparus à l'Éocène, proches des insectivores, ont évolué dans plusieurs directions; l'une d'elles conduisit à l'homme. La plupart des primates actuels, hormis l'homme, sont arboricoles et habitent les régions tropicales, à l'exception du magot de Gibraltar. Les primates se divisent en deux sous-ordres: les *prosimiens* (lémuriens, tarsiens, toupayes, très voisins des insectivores parmi lesquels on les range souvent, et loris) et les *anthropoïdes* (singes et hominiens).

primauté [pʀimote] n. f. Prééminence, premier rang. *La primauté du débat électoral sur les autres nouvelles. – La primauté du pape,* son autorité suprême. – Du lat. *primus,* «premier».

1. prime [pʀim] adj. et n. f. **I.** adj. **1.** loc. *De prime abord :* à première vue. – *La prime jeunesse :* le plus jeune âge. **2.** Se dit d'une lettre affectée d'un signe en forme d'accent supérieur droit. *A'* (A prime). **II.** n. f. **1.** LITURG CATHOL La première des heures canoniales (6 heures). **2.** SPORT En escrime, l'une des positions de l'épée. – Du lat. *primus,* «premier».

2. prime [pʀim] n. f. **1.** Cadeau offert à un acheteur. ▷ *En prime :* en plus. **2.** Somme accordée à titre d'encouragement ou d'indemnité. *Prime de fin d'année. Prime de risque.* ▷ Fig. Encouragement. *Cette mesure fiscale est une prime à la spéculation.* **3.** Somme due par l'assuré à sa compagnie d'assurance. *Prime d'assurance.* **4.** *Prime d'émission :* somme qu'un souscripteur d'actions doit payer en plus du nominal quand il achète des actions nouvellement émises. ▷ *Prime de remboursement :* différence entre la valeur de remboursement d'une obligation et sa valeur de souscription. **5.** *Faire prime :* être très recherché, très estimé. *Ce diplôme fait prime sur le marché du travail.* – Empr. à l'angl. *premium,* du lat. *præmium,* «prix, récompense».

1. primer [pʀime] v. tr. [1] Litt. Être plus important. *L'intérêt de ce travail prime sa rémunération.* ▷ S. comp. *Chez lui, la sensibilité prime.* – De *prime* 1.

2. primer [pʀime] v. tr. [1] Accorder une prime, une récompense à. (Surtout au pass. *Ce taureau a été primé au concours agricole.*) – De *prime* 2.

primesautier, ière [pʀimsotje, jɛʀ] adj. Litt. Qui agit de son premier mouvement, sans réflexion préalable. *Un esprit primesautier.* Syn. spontané. – Réfection de l'a. fr. *prinsaltier, prinsautier;* d'après l'anc. loc. *prime-saut,* «d'un bond», d'où *primesaut,* «action spontanée».

primeur [pʀimœʀ] n. f. Vx ou en loc. Caractère de ce qui est nouveau. *Avoir la primeur de* (qqch): être le premier à recevoir (qqch). *Le ministre a eu la primeur de cette nouvelle.* – De *prime* 1.

primeuriste [pʀimœʀist] n. AGRIC ou COMM Producteur ou grossiste de primeurs. – De *primeurs.*

primeurs [pʀimœʀ] n. f. pl. Fruits et légumes vendus avant la saison normale. – De *primeur.*

primevère [pʀimvɛʀ] n. f. Plante herbacée (genre *Primula,* fam. primulacées) à floraison précoce, dont les feuilles ovales ont un pétiole court et dont les fleurs, de couleurs variées, sont groupées en ombelle. (*Primula officinalis* est le coucou.) – Empl. fig. de l'a. fr. *primevoire,* «printemps», du lat. pop. *prima vera,* class. *primum ver,* «premières manifestations du printemps».

primipare [pʀimipaʀ] adj. et n. f. Qui accouche ou qui met bas pour la première fois. – Lat. *primipara,* de *parere,* «enfanter».

primitif, ive [pʀimitif, iv] adj. et n. **I.** adj. **1.** Qui est le plus ancien, le premier, le plus près de l'origine. *État primitif d'un instrument, d'un appareil. Église primitive. L'homme primitif,* tel qu'il apparut à l'origine. **2.** OPT *Couleurs primitives :* les sept couleurs du spectre de la lumière. **3.** GRAM *Temps primitifs d'un verbe :* formes du verbe dont on peut dériver toutes les autres. **4.** MATH *Fonction primitive* ou, n. f., *la primitive d'une fonction f(x):* fonction F(x) dont la fonction f(x) est la dérivée. *La primitive d'une fonction n'est définie qu'à une constante près.* **5.** ANTHROP Se dit des sociétés, des peuples qui ne connaissent pas l'écriture et ne pratiquent ni culture ni élevage. *Système économique primitif.* ▷ N. Vieilli *Les primitifs d'Amazonie.* **6.** Peu élaboré, fruste. *C'est un raisonnement un peu primitif.* Syn. rudimentaire. *Outil primitif.* **II.** n. m. BX-A Artiste (peintre surtout) de la période qui a précédé immédiatement la Renaissance. *Primitifs italiens.* – Lat. *primitivus,* «qui naît le premier», de *primus.*

ENCYCL **Art.** – La sculpture d'Afrique noire, riche de l'art de cour des roy. d'Ifé et du Bénin, a surtout connu un extraordinaire développement en tant qu'art à fonction cultuelle (animisme, fétichisme) des peuples africains à organisation tribale. Cet art, représenté le plus souvent par des objets sculptés en bois (statuettes, masques), offre une extrême diversité de styles, explicable en raison du très grand morcellement ethnique des populations noires d'Afrique. Parmi les peuples dont la production artistique fut le plus remarquable, il faut citer: au Cameroun, les Bamilékés; en Rép. dém. du Congo, les Bakotas et les Bakongos; au Zaïre, les Bakoubas, notam.; en

Côte-d'Ivoire, les Baoulés, les Dans et les Sénoufos; au Bénin, les Fons et les Yoroubas; au Gabon, les Fangs; au Ghāna, les Achantis; en Guinée, les Bagas et les Kissis; au Burkina, les Bobos; au Mali, les Dogons, les Bambaras et les Sénoufos; au Nigeria, les Ibos et les Yoroubas. Rares sont les objets africains en bois qui remontent à plus de deux siècles; mais il existe des exceptions, par ex. certaines statuettes Tellem (ancêtres des Dogons) que l'on date des XIIIe-XIVe s. On notera que les mouvements de rénovation qui animèrent la poésie et les arts plastiques en Occident dans le prem. quart de ce siècle n'attirèrent pas seulement l'attention sur la sculpt. négro-africaine, ils incitèrent également à prendre en considération l'art des peuples de l'Océanie, aussi varié que leurs ethnies, et qui présente un nombre considérable d'œuvres (mélanésiennes, micronésiennes ou polynésiennes) d'une remarquable qualité esthétique. Au Canada, cet art désigne une forme d'expression commune aux sociétés autochtones (Inuit, Amérindiens de la Côte ouest, des Plaines, de l'Est) particulièrement avant leurs contacts culturels soutenus avec les Blancs. Art indigène, étroitement dérivé des matières brutes et des ressources naturelles de chaque région du pays, il a permis d'exprimer ingénieusement diverses représentations du monde tout en restant associé le plus souvent à une fonction culturelle ou décorative.

primitivement [pʀimitivmɑ̃] adv. À l'origine. – De *primitif* 1.

primitivisme [pʀimitivism] n. m. ANTHROP État, caractère d'une société primitive. – De *primitif.*

primo [pʀimo] adv. En premier lieu, premièrement. – Mot lat., «d'abord», de *primus,* «premier».

primogéniture [pʀimoʒenityʀ] n. f. Priorité de naissance ouvrant droit à certaines prérogatives. *Succession par ordre de primogéniture.* – Du lat. *primogenitus,* «premier-né».

primo-infection [pʀimoɛ̃fɛksjɔ̃] n. f. MED Première infection par un microorganisme (bacille de Koch, notam.). – De *primo,* et *infection.*

primordial, ale, aux [pʀimɔʀdjal, o] adj. Capital, essentiel. *La lumière joue un rôle primordial dans la croissance des plantes.* – Lat. *primordialis,* de *primordium,* «commencement».

primulacées [pʀimylase] n. f. pl. BOT Famille de plantes herbacées dicotylédones gamopétales, comprenant la primevère, le cyclamen, le mouron, etc. – Du lat. sc. *primula,* «primevère», de *primulus* «qui commence», dimin. de *primus.*

prince [pʀɛ̃s] n. m. **1.** Souverain ou membre d'une famille souveraine. *Le prince Édouard d'Angleterre.* – Loc. (hist.) *Le fait du prince:* acte arbitraire du gouvernement. ▷ *Prince du sang:* membre de la proche famille royale. – *Prince consort* (V. ce mot). **2.** Haut titre de noblesse. *Ney, prince de la Moskova.* **3.** loc. fig. *Le prince des ténèbres:* le diable. *Vivre en prince,* richement. – Fig. *Être bon prince:* se montrer généreux. – Du lat. *princeps,* «premier», puis «chef, empereur».

prince-de-galles [pʀɛ̃sdəgal] n. m. inv. Tissu fabriqué selon les mêmes principes que les tissus écossais, mais avec des fils aux teintes peu nombreuses et discrètes. ▷ Appos. *Un costume prince-de-galles.* – De *prince de Galles,* titre du fils aîné du roi d'Angleterre.

Prince-Édouardien, ienne [pʀɛ̃sedwaʀdjɛ̃, jɛn] Subst. Habitant de l'Île-du-Prince-Édouard. – De *Prince-Édouard,* élément constituant du nom de la province canadienne de l'Île-du-Prince-Édouard.

princeps [pʀɛ̃sɛps] adj. Didac. Se dit de l'édition originale d'un ouvrage. *Édition princeps.* – Mot lat., «premier».

princesse [pʀɛ̃sɛs] n. f. **1.** Fille ou femme d'un prince. **2.** Rare Souveraine d'un pays. **3.** Fam. et fig. *Aux frais de la princesse :* tous frais payés par l'État, par une société, etc. – Fém. de *prince.*

princier, ière [pʀɛ̃sje, jɛʀ] adj. **1.** Litt. De prince. *Décision princière.* **2.** Digne d'un prince, somptueux. *Goûts princiers.* – De *prince.*

princièrement [pʀɛ̃sjɛʀmɑ̃] adv. De façon princière. – Du préc.

1. principal, ale, aux [pʀɛ̃sipal, o] adj. et n. **I.** adj. **1.** Qui est le plus important, le plus grand, le premier, etc., parmi d'autres. *Le principal témoin. La raison principale de son départ. La rue principale,* où se trouvent les commerces les plus importants. ▷ N. m. Ce qui est le plus important. *Le principal, c'est que vous veniez.* **2.** GRAM *Proposition principale* ou, n. f., *une principale:* proposition qui ne dépend d'aucune autre et dont dépendent des subordonnées. **3.** PHYS *Axe principal:* axe de révolution d'un système optique centré. ▷ *Axes principaux d'inertie:* axes de l'ellipsoïde d'inertie en un point d'un solide. **II.** n. m. **1.** Vx Le capital d'une dette. **2.** MUS L'un des jeux de l'orgue. – Lat. *principalis,* «principal, du prince», de *princeps.*

2. principal, ale [pʀɛ̃sipal] n. **1.** Vieilli Personne qui dirige une école. Syn. mod. directeur. – De *principal* 1.

principalement [pʀɛ̃sipalmɑ̃] adv. Particulièrement, surtout. *S'il n'est pas sorti, c'est principalement à cause du mauvais temps.* – De *principal* 1.

principauté [pʀɛ̃sipote] n. f. Petit état gouverné par un prince. *La principauté de Monaco. – De prince,* d'ap. l'a. fr. *principaltie,* «puissance».

principe [pʀɛ̃sip] n. m. **I. 1.** Origine, cause première. *Vouloir remonter au principe des choses.* **2.** Loi générale, non démontrée, mais vérifiée expérimentalement. *Le principe de Carnot, en thermodynamique.* – Proposition, donnée fondamentale sur laquelle on établit un système. *Principe du tiers exclu.* **3.** Fondement théorique du fonctionnement d'une chose. *Principe de la machine à vapeur. Reposer sur un principe simple.* **4.** Plur. Premiers rudiments (d'un art, d'une science). *Les principes de la géométrie.* **II. 1.** Règle de conduite. *Principe de morale. Il a pour principe de ne rien demander à personne. Partir du principe que... Faire qqch pour le principe,* pour se conformer à ses principes, indépendamment du résultat. **2.** Plur. Convictions morales. *Être fidèle à ses principes. Avoir des principes:* observer scrupuleusement les règles de conduite qu'on s'est fixées. ▷ Fam. *Être à cheval sur les principes.* **III.** loc. *En principe:* théoriquement. *Par principe:* en vertu d'une décision a priori. – Lat. *principium,* «commencement, origine».

printanier, ière [pʀɛ̃tanje, jɛʀ] adj. **1.** Relatif au printemps. *Le renouveau printanier. Fleurs, feuilles printanières.* **2.** Qui convient au printemps, clair, gai. *Robe printanière.* – De *printemps.*

printanisation [pʀɛ̃tanizasjɔ̃] n. f. AGRIC Syn. rare de *vernalisation.* – De *printemps.*

printemps [pʀɛ̃tɑ̃] n. m. **1.** La première des quatre saisons de l'année, entre l'hiver et l'été, du 21 mars au 21 juin environ dans l'hémisphère Nord. **2.** Litt. *Au printemps de la vie:* dans la jeunesse. **3.** Litt. ou plaisant. Année. *Elle entrait dans son seizième,* (ou, par plaisant.) *dans son soixante-dixième printemps.* – Du lat. *primus tempus* «premier temps».

priori (a). V. a priori.

prioritaire [pʀijɔʀitɛʀ] adj. Qui a la priorité. *Message prioritaire.* ▷ Subst. *Les prioritaires doivent être munis d'une carte.* – De *priorité.*

priorité [pʀijɔʀite] n. f. **1.** Importance qu'on donne à une chose, au point de la faire passer en premier. *La* *priorité sera accordée aux questions diplomatiques.* **2.** Droit de passer avant les autres. *Priorité aux ambulances.* – *Spécial.* (dans la circulation automobile). *Respecter la priorité à droite.* – Lat. scolast. *prioritas.*

pris, prise [pʀi, pʀiz] adj. **1.** Attrapé, saisi. *Pas vu, pas pris.* – Atteint. *Pris de fièvre. Pris de boisson,* ivre. **2.** Qui a épaissi, s'est figé. *Lait pris,* caillé. ▷ Gelé. *La rivière est prise.* **3.** Qui est retenu par ses occupations. *Être pris toute la journée.* – (Choses.) Occupé. *Place prise.* **4.** loc. Vieilli *Avoir la taille bien prise:* être mince et svelte. – Pp. de *prendre.*

prise [pʀiz] n. f. **1.** Action de prendre, de s'emparer de (qqch). *Prise d'une forteresse.* – Fig. *Prise de bec,* dispute en paroles. – *Par ext.* Ce dont on s'est emparé. *Une bonne prise.* **2.** (Abstrait.) Action de prendre, de commencer à avoir. *Prise de conscience, de possession, de contact.* **3.** Moyen de prendre. *On n'a pas prise, il n'y a pas de prise* (pour saisir, se retenir. etc.). *Prise de judo.* – Loc. fig. *Avoir prise sur qqn,* avoir un moyen d'agir sur lui. *Donner prise à,* s'exposer à. – *Être aux prises avec,* lutter contre. **4.** TECH Durcissement. *Ciment à prise rapide.* **5.** (Dispositifs.) AUTO *Prise directe:* dispositif permettant d'accoupler directement l'arbre moteur et l'arbre récepteur. – ELECTR *Prise de terre:* organe ou conducteur qui relie une installation à la terre. – *Prise (de courant):* dispositif permettant de prélever le courant sur un conducteur fixe pour alimenter une installation mobile. – *Prise d'eau:* robinet, système permettant de prendre de l'eau. **6.** AUDIOV *Prise de vue(s):* action de filmer. *Une prise:* une séquence filmée en une fois. – *Prise de son:* action d'enregistrer le son. **7.** *Prise de sang:* prélèvement sanguin. **8.** *Prise d'habit, de voile:* cérémonie pendant laquelle un religieux ou une religieuse prend l'habit de son ordre. – *Prise d'armes:* parade, revue (où des soldats «prennent les armes»). **9.** Pincée (de tabac) à priser. – Pp. fém. subst. de *prendre.*

prisée [pʀize] n. f. Vx Estimation des objets vendus aux enchères. – Pp. fém. subst. de *priser* 2.

1. priser [pʀize] v. tr. [1] Aspirer (du tabac) par le nez. – De *prise* (sens 9).

2. priser [pʀize] v. tr. [1] Litt. Estimer. *Priser une œuvre.* – Pp. cour. *Artiste très prisé du public.* – Du bas lat. *pretiare,* «estimer», de *pretium,* «prix».

priseur. V. commissaire-priseur.

prismatique [pʀismatik] adj. **1.** GEOM En forme de prisme. **2.** TECH Muni de prismes. *Jumelle prismatique.* – De *prisme.*

prisme [pʀism] n. m. **1.** GEOM Solide engendré par la translation rectiligne d'un polygone. *Prisme droit,* dont les arêtes latérales sont perpendiculaires aux bases. *Le volume d'un prisme est égal au produit de l'aire d'une section droite par la longueur des arêtes latérales.* **2.** PHYS Corps transparent présentant deux faces planes ayant une arête commune. *Un rayon lumineux qui pénètre dans un prisme subit deux réfractions successives. Les propriétés dispersives du prisme sont utilisées dans les spectroscopes et les spectrographes.* **3.** loc. fig. *Voir à travers un prisme:* déformer. – Gr. *prisma, prismatos,* propr. «chose sciée», de *prizein,* «scier».

prison [pʀizɔ̃] n. f. **1.** Emprisonnement. *Être condamné à trois mois de prison avec sursis.* **2.** Lieu de détention où sont enfermés les prévenus, les condamnés. ▷ Loc. fam. *Aimable, gai comme une porte de prison:* désagréable, triste. **3.** Fig. Ce qui enferme, retient. – Du lat. pop. *prensio, prensionis,* class. *prehensio, prehensionis,* de *prehendere,* «prendre».

prisonnier, ière [pʀizɔnje, jɛʀ] n. et adj. **I.** n. Personne détenue en prison. *Prisonnier de droit commun. Prisonnier politique. Prisonnier sur parole,* laissé sans surveillance à condition de ne pas sortir d'un lieu. *Prisonnier de guerre,* capturé lors d'une guerre. **II.** adj. **1.** Enfermé, privé de liberté. **2.** Fig. *Prisonnier de...,* aliéné par. *Être prisonnier de ses promesses.* – Du préc.

privat-docent [pʀivatdɔsɛnt] n. m. Didac. En Allemagne, Autriche et Suisse, professeur enseignant à titre privé dans les universités. *Des privat-docents.* – Mot all. calqué sur l'ital. *libero docente,* «enseignant libre».

privatif, ive [pʀivatif, iv] adj. **1.** GRAM Qui marque la privation, la suppression. *Dans «injuste», «in-» est un préfixe privatif.* **2.** DR Qui enlève la jouissance d'un droit. *Peine privative de liberté.* ▷ *Clause privative:* clause insérée dans un texte de loi en vue de soustraire un organisme au pouvoir de surveillance et de contrôle du tribunal de droit commun sur ses procédures et décisions. **3.** Dont on jouit sans être propriétaire. *Jardin privatif.* – Lat. *privativus,* de *privare,* «priver».

privation [pʀivasjɔ̃] n. f. **1.** Perte, suppression. *La privation des droits* civiques. **2.** plur. Besoins non satisfaits; absence de choses souhaitées ou utiles. *S'imposer des privations:* se priver volontairement de certaines choses. – Lat. *privatio,* de *privare,* «priver».

privatiser [pʀivatize] v. tr. [1] ECON Transférer une entreprise du secteur public au secteur privé. – De *privé* (sens 4).

privatisation [pʀivatizasjɔ̃] n. f. ECON Action de privatiser. – De *privatiser.*

privauté [pʀivote] n. f. Familiarité. (Surtout au plur.) *Se permettre des privautés.* – De *privé,* d'ap. *royauté.*

privé, ée [pʀive] adj. et n. m. **1.** Réservé, non ouvert au public. *Propriété privée. Projection privée.* **2.** Personnel. *Vie privée.* ▷ Loc. *En privé:* en dehors de la vie professionnelle, des fonctions officielles. **3.** En simple particulier, sans charge publique. *Déclaration faite à titre privé,* par oppos. à *officiellement.* **4.** Où l'État n'intervient pas. *Secteur privé,* par oppos. à *secteur public.* ▷ N. m. *Travailler dans le privé,* dans le secteur privé. **5.** *Détective privé:* détective chargé d'enquêtes policières privées. – N. m. Fam. *Un privé:* un détective privé. – Lat. *privatus.*

priver [pʀive] **I.** v. tr. [1] Enlever à qqn ce qu'il a, ne pas lui donner ce qu'il espère. *Priver un enfant de dessert. Un avantage dont il a été privé.* **II.** v. pron. **1.** Se refuser un avantage, un plaisir. *Il se prive du nécessaire.* **2.** S'abstenir de. *Il ne se prive pas de critiquer le patron.* **3.** *Absol.* Se refuser des choses agréables ou nécessaires, faire des sacrifices. *Il se prive pour élever ses six enfants.* – Lat. *privare,* «écarter de, dépouiller, priver».

privilège [pʀivilɛʒ] n. m. **1.** Droit exceptionnel ou exclusif, accordé à un individu ou une collectivité de faire qqch, de jouir d'un avantage. *Les privilèges seigneuriaux de l'Ancien Régime en France.* **2.** Acte contenant la concession d'un privilège. **3.** Caractère, qualité unique. *La raison est le privilège de l'être humain.* **4.** DR Droit que la loi reconnaît à un créancier d'être payé en priorité sur les biens de son débiteur ou sur certains d'entre eux, à cause de la nature de sa créance. **5.** Prérogative. *Posséder le privilège d'un grand nom. Privilège de l'âge.* – Lat. jur. *privilegium,* «loi concernant un particulier».

privilégié, ée [pʀivileʒje] adj. et n. Qui bénéficie de privilèges (au pr. et au fig.). *Les classes privilégiées.* – Subst. *Un privilégié.* – Pp. de *privilégier.*

privilégier [pʀivileʒje] v. tr. [1] Accorder un privilège, un avantage à (qqch, qqn). ▷ Donner la primauté, la plus grande importance à. – De *privilège.*

prix [pʀi] n. m. **I. 1.** Valeur de qqch exprimée en monnaie. *Prix élevé. Acheter, vendre à bas prix, au juste prix, au prix fort. Dernier prix,* le plus bas dans un marchandage. *Faire un prix d'ami:* consentir un prix de faveur. *Hors de prix:* très cher. *Sans prix:* inestimable. – *Mettre à prix:* mettre en vente. *Mettre à prix la tête de qqn,* offrir une récompense pour sa capture. **2.** Valeur. *Je mets son estime au plus haut prix.* ▷ *Prix de revient:* ensemble des dépenses nécessaires à la fabrication d'un produit ou à la fourniture d'un service. **3.** Récompense, dans une compétition. *Prix Nobel.* **II.** *Par méton.* **1.** Personne qui a emporté un prix. *Le premier prix du Conservatoire.* **2.** Ouvrage qui a obtenu un prix. *Lire le dernier prix Fémina.* **3.** Compétition qui donne lieu à un prix. *Grand Prix automobile.* **III.** loc. prép. *Au prix de:* moyennant. *Gagner au prix d'efforts inouïs.* – En comparaison de. *Ce service n'est rien au prix de celui qu'il m'a déjà rendu.* – *À tout prix:* coûte que coûte. – Du lat. *pretium.*

pro-. Élément, du gr. ou du lat. *pro,* «en avant; à la place de; en faveur de», entrant dans la composition de nombreux mots *(proposer; prophétie). Pro-,* devant un adjectif, sert à former des composés, avec le sens de «partisan de» *(prochinois).*

pro [pʀo] n. et adj. Fam. Abrév. de *professionnel. Des joueurs pros.*

proarthropodes [pʀoaʀtʀopɔd] n. m. pl. ZOOL Sous-embranchement d'arthropodes comprenant uniquement les trilobites fossiles. – De *pro-,* et *arthropode.*

probabilisme [pʀɔbabilism] n. m. PHILO Doctrine selon laquelle il est impossible d'arriver à la certitude et qui recommande de s'en tenir à ce qui est le plus probable. – Du lat. *probabilis,* «probable».

probabiliste [pʀɔbabilist] n. et adj. **1.** PHILO Partisan du probabilisme. – Adj. Qui concerne le probabilisme. **2.** MATH Spécialiste du calcul des probabilités. – Adj. Relatif aux probabilités. *Univers probabiliste.* – Du préc.

probabilité [pʀɔbabilite] n. f. **1.** Caractère de ce qui est probable, vraisemblable. **2.** MATH Nombre positif et inférieur à 1 qui caractérise l'apparition escomptée d'un événement. ▷ *Calcul des probabilités:* science dont le but est de déterminer la vraisemblance d'un événement. – Lat. *probabilitas.*

ENCYCL Le calcul des probabilités est fondé sur la mesure de l'apparition ou de la non-apparition de certains événements. Il a une importance fondamentale dans tous les problèmes de prévision: jeux de hasard, assurances, météorologie, recherche opérationnelle, pronostics électoraux, mécanique ondulatoire, création de nouveaux produits, etc. Une loi de probabilité est une application sur un ensemble d'événements. Elle fait correspondre à chaque événement un nombre réel positif et inférieur à 1 appelé probabilité. La probabilité d'un événement certain est égal à 1. Celle d'un événement impossible est égale à 0. Lorsque l'on jette un dé (qui a 6 faces), la probabilité de l'événement «obtenir le chiffre 2» est égale à $\frac{1}{6}$, c.-à-d. au rapport entre le nombre de cas favorables et le nombre de cas possibles. La probabilité de la réunion de deux événements indépendants est égale à la somme de leurs probabilités; ainsi, la probabilité de tirer un 2 *ou* un 3 quand on jette un dé est égale à $\frac{1}{6}+\frac{1}{6}=\frac{1}{3}$. La somme des probabilités de deux événements contraires est égale à 1; par ex., la probabilité de tirer pile ou face en lançant une pièce est égale à 1. On définit, en calcul des probabilités, des fonctions numériques, appelées *variables aléatoires,* susceptibles de prendre un certain nombre de valeurs réelles. Il est alors possible d'associer à chacune de ces valeurs sa probabilité (la somme de ces probabilités étant égale à 1) et de tracer la courbe correspondante, appelée courbe de *distribution.* Si l'on cumule les probabilités de chacune des valeurs (le cumul étant égal à 1 pour la dernière valeur), on obtient alors la courbe de *répartition,* qui permet de connaître la probabilité pour que la variable aléatoire prenne une valeur inférieure à une valeur donnée. Il existe un certain nombre de modèles, appelés également lois probabilistes, qui permettent de calculer la probabilité de la variable aléatoire: loi binomiale, loi de Bernouilli, loi de Poisson, loi de Laplace-Gauss, etc. La *loi des grands nombres* pourrait s'exprimer ainsi: si l'on effectue un grand nombre d'expériences, le nombre d'apparitions d'un résultat donné tendra vers la probabilité de ce résultat. Les résultats théoriques obtenus par le calcul des probabilités peuvent parfois être vérifiés par la statistique.

probable [pʀɔbabl] adj., n. m. et adv. **1.** Qui a une apparence de vérité, semble plutôt vrai que faux. *Il est probable qu'il se soit suicidé.* **2.** Dont il est raisonnable de supposer l'existence dans l'avenir, le présent ou le passé; qui a (ou a eu) des chances de se produire. ▷ N. m. Ce qui est probable. *Le probable et le certain.* ▷ Adv. Fam. Sans doute. *Tu crois qu'il va venir? – Probable.* – Lat. *probabilis,* de *probare,* «prouver».

probablement [pʀɔbabləmɑ̃] adv. Vraisemblablement. *Il viendra probablement.* – Du préc.

probant, ante [pʀɔbɑ̃, ɑ̃t] adj. Concluant. *Expérience probante. Ce n'est pas très probant.* – Lat. *probans,* ppr. de *probare,* «prouver».

probation [pʀɔbasjɔ̃] n. f. **1.** Temps d'épreuve imposé à celui qui veut entrer dans un ordre religieux, et, par ext., dans un groupe fermé, une société secrète, etc. **2.** DR Mesure suivant laquelle le tribunal impose, pour une période déterminée, certaines conditions à la mise en liberté d'une personne déclarée coupable d'une infraction pénale. – Lat. *probatio,* de *probare,* «prouver».

probatique [pʀɔbatik] adj. f. ANTIQ *Piscine probatique:* à Jérusalem, réservoir où on lavait les animaux destinés aux sacrifices. – Gr. *probatikos,* «relatif au bétail», par le lat.

probatoire [pʀɔbatwaʀ] adj. Destiné à constater la capacité de qqn. *Examen probatoire.* – Lat. *probatorius,* de *probare* «prouver».

probe [pʀɔb] adj. Litt. Qui a de la probité. – Lat. *probus.*

probité [pʀɔbite] n. f. Droiture, intégrité, honnêteté scrupuleuse. – Lat. *probitas.*

problématique [pʀɔblematik] adj. et n. f. **I.** adj. **1.** Douteux. *Ce résultat est problématique.* **2.** PHILO Chez Kant, qualifie un jugement exprimant une simple probabilité. **II.** n. f. Didac. Ensemble des problèmes concernant un sujet. ▷ Manière méthodique de poser les problèmes. – Bas lat. *problematicus.*

problématiquement [pʀɔblematikmɑ̃] adv. Didac. Selon la problématique. – Du préc.

problème [pʀɔblɛm] n. m. **1.** Question à résoudre, d'après un ensemble de données, dans une science. *Problème de géométrie, de physique théorique. Solution d'un problème.* – Exercice scolaire consistant à résoudre un problème. *Elle n'a pas fini ses problèmes.* **2.** Difficulté; situation compliquée. *Problème des minorités ethniques. Poser un problème; faire problème:* faire difficulté. – Fam. *(Il n'y a) pas de problème!:* c'est facile, évident. *C'est votre problème:* cela vous concerne. – Lat. *problema,* du gr.

proboscidiens [pʀɔbɔsidjɛ̃] n. m. pl. ZOOL Ordre de mammifères ongulés à trompe, comprenant les éléphants. – De l'archaïsme hérald. *proboscide,* «trompe (d'éléphant)».

procaryote [pʀokaʀjɔt] adj. et n. m. pl. BIOL Dont le noyau cellulaire est dépourvu de membrane et ne comporte qu'un chromosome. ▷ N. m. pl. *Les algues* *bleues et les bactéries constituent le groupe des procaryotes.* – De *pro-*, et gr. *karuon*, «noyau».

procédé [pʀɔsede] n. m. **I. 1.** Méthode d'exécution. *Procédé de fabrication.* – Péjor. Technique devenue systématique (en art, etc.). *Son habileté tourne au procédé.* **2.** Manière d'agir. *Des procédés inadmissibles.* – Loc. *Échange de bons procédés*, de services réciproques. **II.** Rondelle de cuir collée à la pointe d'une queue de billard. – Pp. subst. de *procéder*.

procéder [pʀɔsede] v. [16] **I.** v. intr. **1.** *Procéder de:* provenir de. *Procéder d'une tendance, d'une école.* **2.** Agir. *Procéder avec méthode.* **II.** v. tr. indir. *Procéder à:* exécuter en se conformant à des règles techniques, juridiques. *Procéder aux formalités nécessaires.* – Lat. *procedere*, «aller en avant».

procédure [pʀɔsedyʀ] n. f. **1.** Ensemble de règles qu'il faut appliquer strictement, de formalités auxquelles il faut se soumettre, dans une situation déterminée. *Procédure d'atterrissage.* **2.** DR Manière de procéder en justice; ensemble des règles suivant lesquelles un procès est instruit. – Partie du droit qui étudie les formalités judiciaires. *Code de procédure civile.* – De *procéder*.

procédurier, ière [pʀɔsedyʀje, jɛʀ] adj. et n. Qui aime les procès, les querelles juridiques. Syn. chicanier. ▷ Subst. Personne qui aime la procédure. – Du préc.

procellariiformes [pʀoselaʀiifɔʀm] n. m. pl. ZOOL Ordre d'oiseaux carinates, marins, palmipèdes (albatros, pétrels). – Du lat. *procella*, «oiseau des tempêtes, pétrels».

procès [pʀɔsɛ] n. m. **I. 1.** Instance devant un tribunal sur un différend entre deux ou plusieurs parties. *Procès civil, criminel. Le procès de Jeanne d'Arc. Intenter un procès.* ▷ *Procès par jury:* procès criminel dans lequel les questions de droit sont tranchées par le juge et les questions de fait sont laissées à l'appréciation de citoyens ordinaires qui ont été dûment choisis et assermentés et qui agissent collectivement pour rendre un verdict. – Fig. *Faire le procès de:* accuser. – *Faire un procès d'intention à qqn*, le juger en fonction des intentions qu'on lui a prêtées ou que ses actes ont laissé apparaître. **2.** loc. *Sans autre forme de procès:* sans préambule, sans se soucier des formes. **II.** Didac. Processus. – LING Action, état correspondant à la signification du verbe. **III.** ANAT *Procès ciliaire:* peloton vasculaire. – Lat. *processus*, «progression, progrès», de *procedere*, «aller en avant, s'avancer».

procession [pʀɔsesjõ] n. f. **1.** Cortège religieux, marche solennelle accompagnée de chants et de prières. *Les processions de Lourdes.* **2.** Défilé. *Une procession de manifestants.* – Fig. Longue file, succession. *Une procession de voitures.* – Lat. *processio*, «action de s'avancer», de *procedere*, «s'avancer».

processionnaire [pʀɔsesjɔnɛʀ] adj. et n. f. ZOOL Se dit des chenilles de divers papillons qui se déplacent en file régulière. – N. f. *Processionnaires du pin.* – Du préc.

processionnal, aux [pʀɔsesjɔnal, o] n. m. RELIG CATHOL Livre d'église où sont notées les prières des processions. – De *procession*.

processionnel, elle [pʀɔsesjɔnɛl] adj. **1.** LITURG Relatif aux processions. **2.** Litt. Qui tient de la procession. – De *procession*.

processionnellement [pʀɔsesjɔnɛlmɑ̃] adv. Litt. En procession. – Du préc.

processus [pʀɔsesys] n. m. Didac. **1.** Développement temporel de phénomènes marquant chacun une étape. *Le processus d'érosion des falaises. Des processus pathologiques.* **2.** ANAT Prolongement, procès (sens III). – Lat. *processus*, «progression».

procès-verbal, aux [pʀɔsɛvɛʀbal, o] n. m. **1.** Acte par lequel une autorité compétente constate un fait comportant des conséquences juridiques. *Des procès-verbaux. Procès-verbal d'inventaire. Procès-verbal pour excès de vitesse.* **2.** Compte rendu écrit des travaux d'une assemblée. – De *procès*, et *verbal*.

prochain, aine [pʀoʃɛ̃, ɛn] adj. et n. m. **I.** adj. **1.** Qui est près d'arriver, qui est à une courte distance (temporelle ou spatiale). *Le mois prochain. Le prochain village.* – Fam. *À la prochaine (fois)! :* au revoir. **2.** PHILO *Cause prochaine*, immédiate. *Genre prochain*, dans la hiérarchie des concepts, celui dont dépend le plus immédiatement une espèce donnée. *Définition par genre prochain.* **II.** n. m. Être humain considéré dans ses rapports moraux avec autrui. *Tu aimeras ton prochain comme toi-même, dit l'Évangile.* – Du lat. pop. *propeanus*, du lat. class. *prope*, «près de».

prochainement [pʀɔʃɛnmɑ̃] adv. Bientôt. – Du préc.

proche [pʀɔʃ] adj., n. et adv. **I.** adj. **1.** Voisin. *La proche banlieue. Sa maison est toute proche.* **2.** Qui est près d'arriver. *Sa dernière heure est proche.* **3.** Qui a une relation étroite avec. *Proche parent.* ▷ N. m. pl. Parenté. *Très aimé de ses proches.* – Sing. (Rare) *Un(e) proche.* **II.** adv. **1.** *De proche en proche:* graduellement. **2.** Vx Près. *Il demeure ici proche.* – De *prochain*.

prochordés. V. procordés.

proclamateur, trice [pʀɔklamatœʀ, tʀis] n. Litt. Personne qui proclame. – De *proclamer*.

proclamation [pʀɔklamasjõ] n. f. **1.** Action de proclamer. **2.** Écrit, discours contenant ce qu'on proclame. *Afficher une proclamation.* **3.** DR Publication officielle d'une loi qui lui donne force exécutoire. *La loi entrera en vigueur à la date de sa proclamation.* Syn. promulgation. – Bas lat. *proclamatio*, «cris violents, action de réclamer».

proclamer [pʀɔklame] v. tr. [1] **1.** Annoncer avec solennité. *Proclamer sa foi.* **2.** Reconnaître publiquement. *Proclamer qqn roi. Être proclamé vainqueur. Proclamer la république.* – Lat. *proclamare*, «crier fortement, réclamer», de *clamare*, «crier».

proclitique [pʀɔklitik] adj. et n. m. GRAM Dans certaines langues, mot monosyllabique inaccentué qui forme une unité accentuelle avec le mot suivant. *En français l'article est proclitique.* – N. m. *Un proclitique.* – De *pro-*, et *(en)clitique*.

proconsul [pʀɔkõsyl] n. m. **1.** ANTIQ ROM Consul sortant de charge qui recevait une prolongation de ses pouvoirs pour poursuivre une guerre ou gouverner une province. **2.** Litt. Personne exerçant un pouvoir absolu sur un territoire. *Certains commissaires de la Convention ont été qualifiés de proconsuls.* – Mot lat.

proconsulaire [pʀɔkõsylɛʀ] adj. ANTIQ ROM Qui concerne le proconsul, émane de lui. – Lat. *proconsularis*.

proconsulat [pʀɔkõsyla] n. m. ANTIQ ROM **1.** Dignité de proconsul. **2.** Durée des fonctions de proconsul. – Lat. *proconsulatus*.

procordés ou **prochordés** [pʀɔkɔʀde] n. m. pl. ZOOL Groupe systématique réunissant les *céphalocordés (amphioxus)* et les *urocordés* (ou *tuniciers*), dont la corde dorsale est primitive ou absente. *Les procordés, invertébrés, appartiennent au phylum des cordés, vertébrés.* – De *pro-*, et *corde*.

procrastination [pʀɔkʀastinasjõ] n. f. Litt. Tendance à remettre au lendemain. – Lat. *procrastinatio*, «délai», de *pro-*, et *crastinus*, «du lendemain».

procréateur, trice [pʀɔkʀeatœʀ, tʀis] adj. Qui procrée. – Lat. *procreator*, du pp. de *procreare*, «procréer».

procréation [pʀɔkʀeasjɔ̃] n. f. Litt. Action de procréer. – Lat. *procreatio.*

procréer [pʀɔkʀee] v. tr. [1] Litt. Engendrer (un être humain). – Lat. *procreare,* de *creare,* «créer».

proct(o)-. Élément, du gr. *prôktos,* «anus».

proctologie [pʀɔktɔlɔʒi] n. f. MED Partie de la médecine consacrée à la pathologie du rectum et de l'anus. – De *procto-,* et *-logie.*

proctologue [pʀɔktɔlɔg] n. MED Médecin spécialiste de proctologie. – Du préc.

procurateur [pʀɔkyʀatœʀ] n. m. **1.** ANTIQ ROM Magistrat romain chargé de l'administration d'une province qui avait conservé un souverain (au moins nominalement). *Au temps du Christ, Ponce Pilate était procurateur de Judée.* **2.** HIST Au Moyen Âge, haut magistrat de Venise et de Gênes. – Lat. *procurator,* «administrateur», du rad. de *curare,* «prendre soin de...».

procuratie [pʀɔkyʀasi] n. f. HIST À Venise, charge, dignité de procurateur. ▷ N. f. pl. *Les procuraties:* le palais des procurateurs. – De *procurateur.*

procuration [pʀɔkyʀasjɔ̃] n. f. **1.** DR Pouvoir donné à qqn d'agir au nom de son mandant. **2.** Acte sous seing privé ou notarié, par lequel est conféré ce pouvoir. – Lat. *procuratio.*

procure [pʀɔkyʀ] n. f. **1.** Office du procureur dans une communauté religieuse. **2.** Local où il se tient. – Déverbal de *procurer.*

procurer [pʀɔkyʀe] v. tr. [1] **1.** (Sujet nom de personne.) Faire avoir, fournir (qqch à qqn). *Il lui a procuré un emploi.* ▷ v. pron. *Se procurer des fonds.* **2.** (Sujet nom de chose.) Être la cause de. *Cela peut vous procurer certain profit.* – Lat. *procurare,* «s'occuper de».

procureur [pʀɔkyʀœʀ] n. m. **1.** DR Personne qui est autorisée à représenter quelqu'un et à agir à sa place. *Un avocat est un procureur.* **2.** DR *Procureur général:* ministre de la Justice. À titre de représentant de l'État, il est généralement chargé d'agir devant les tribunaux, tant en demande qu'en défense, lorsque les droits du gouvernement sont impliqués ou à titre d'intervenant lorsqu'un litige concerne l'intérêt public. **3.** Religieux chargé des intérêts temporels d'une maison religieuse. – De *procurer.*

procyonidés [pʀɔsjɔnide] n. m. pl. ZOOL Famille de mammifères carnivores fissipèdes, généralement plantigrades et omnivores (ratons laveurs, coatis, kinkajous, pandas). – De *procyon,* nom scientif. du raton laveur.

prodigalité [pʀɔdigalite] n. f. Litt. **1.** Caractère, attitude d'une personne prodigue. **2.** (Surtout plur.) Dépenses exagérées. *Chercher à éblouir par ses prodigalités.* – Bas lat. *prodigalitas,* du class. *prodigus,* «prodigue».

prodige [pʀɔdiʒ] n. m. **1.** Phénomène surprenant qu'on ne peut expliquer et auquel on accorde un caractère surnaturel. – *Qui tient du prodige:* prodigieux. **2.** Action, personne qui se signale par son caractère extraordinaire. *Les prodiges de la médecine. Un petit prodige:* un enfant très doué. ▷ En appos. *Un enfant prodige.* – Lat. *prodigium.*

prodigieusement [pʀɔdiʒjøzmɑ̃] adv. D'une façon prodigieuse. – De *prodigieux.*

prodigieux, euse [pʀɔdiʒjø, øz] adj. Extraordinaire, considérable et presque incroyable. *Une mémoire prodigieuse.* – Lat. *prodigiosus.*

prodigue [pʀɔdig] adj. et n. Litt. **1.** Qui fait des dépenses disproportionnées, par rapport à ses moyens. *Être prodigue de son bien.* ▷ *Enfant, fils prodigue,* dont on fête le retour à la maison paternelle après une longue absence (par allus. à une parabole de l'Évangile). **2.** Fig. *Prodigue de:* qui donne, fournit abondamment (qqch). *Être prodigue de paroles, de promesses:* parler, promettre beaucoup. – Lat. *prodigus.*

prodiguer [pʀɔdige] v. tr. [1] **1.** Dépenser sans mesure. *Prodiguer sa fortune.* **2.** Donner à profusion. *Prodiguer des conseils.* – De *prodigue.*

pro domo [pʀodɔmo] loc. adv. et adj. inv. *Plaider pro domo,* sa propre cause. *Plaidoyer pro domo.* – Mots lat. «pour sa maison», d'ap. le titre d'un discours de Cicéron.

prodrome [pʀɔdʀom] n. m. **1.** Litt. Signe précurseur d'un événement. **2.** MED Ensemble de symptômes qui marquent le début d'une maladie. – Lat. *prodromus,* du gr. *prodromos,* propr. «celui qui court devant».

prodromique [pʀɔdʀɔmik] adj. MED Qui a rapport aux prodromes d'une maladie. – Du préc.

producteur, trice [pʀɔdyktœʀ, tʀis] n. et adj. **1.** Personne, société qui produit des biens ou rend des services. *Le producteur et le consommateur.* ▷ Adj. *Pays producteur de coton.* **2.** SPECT Personne, organisme qui finance une œuvre de l'industrie du spectacle. V. produire (sens 3). *La productrice a choisi son réalisateur.* – De *produire,* d'ap. le lat. *productum,* pp. de *producere,* «mener en avant, faire avancer».

productible [pʀɔdyktibl] adj. Susceptible d'être produit. – De *produire,* d'ap. le lat. *productum* (V. préc.).

productif, ive [pʀɔdyktif, iv] adj. Qui produit une richesse, un profit; qui rapporte beaucoup. *Activité productive. Terre productive.* – De *produire,* d'ap. le lat. *productum* (V. producteur).

production [pʀɔdyksjɔ̃] n. f. **1.** Action de produire des biens; les biens produits. *Production agricole, industrielle.* **2.** Œuvre littéraire ou artistique. *Le peintre expose ses productions dans une galerie.* **3.** Action de produire un film, une émission; le film, l'émission. *Une production franco-canadienne.* **4.** Fait, pour un phénomène, de se produire. *Obtenir la production d'une réaction chimique.* **5.** DR Action de présenter une pièce. *Production d'un passeport.* – De *produire,* d'ap. le lat. *productum* (V. producteur).

productivité [pʀɔdyktivite] n. f. **1.** Capacité de produire, de rapporter plus ou moins. *Augmenter la productivité d'une entreprise.* **2.** Quantité de biens de consommation produite en un temps donné. *Mesurer la productivité.* – De *productif.*

produire [pʀɔdɥiʀ] **I.** v. tr. [71] **1.** Donner l'existence à (un bien, une richesse) par un processus naturel ou par un travail. *Terre qui produit du blé. Produire des objets manufacturés.* – Absol. *Ces arbres commencent à produire.* **2.** Créer (une œuvre). *Cet écrivain a produit de nombreux romans.* **3.** SPECT Assurer l'organisation matérielle et le financement (d'un film, d'une émission de télévision, de radio, d'une pièce de théâtre, d'un disque, etc.) de façon à en permettre la réalisation. **4.** Rapporter, donner (un profit). *Capital qui produit des intérêts.* **5.** Causer, déterminer. *Produire des effets, des résultats inattendus.* **6.** Montrer, présenter (un document). *Produire des pièces justificatives.* ▷ *Produire des témoins,* les faire entendre en justice. **II.** v. pron. **1.** Avoir lieu. *Ce phénomène se produit fréquemment.* **2.** Se présenter dans un spectacle. *Chanteur qui se produit dans telle salle de spectacles.* – Adapt., d'ap. «conduire», du lat. *producere,* «mener en avant, faire avancer».

produit [pʀɔdɥi] n. m. **1.** Ce que rapporte une charge, une terre, etc. *Le produit d'une opération commerciale. Produit brut,* dont on n'a pas déduit les frais. *Produit net:* bénéfice réel. – *Produit intérieur brut (P.I.B.):* production disponible de toutes les branches d'activité d'un pays, somme des valeurs ajoutées par les entreprises. – *Produit national brut*

(P.N.B.): agrégat formé par le produit intérieur brut auquel s'ajoutent les services rendus par les administrations publiques, les organismes financiers et domestiques, ainsi que le solde des échanges extérieurs de services. **2.** Ce qui se crée par un processus naturel ou grâce au travail de l'homme. *Produit animal, chimique, végétal, volcanique.* ▷ *Spécial.* Substance. *Un produit d'apparence naturelle.* ▷ ECON Production concrète, agricole ou industrielle. *Les produits et les services.* **3.** Fig. Résultat de qqch; ce que qqch a créé, engendré. *Le produit d'un mauvais enseignement. Un pur produit de son imagination.* **4.** MATH Résultat d'une multiplication. ▷ *Produit scalaire.* V. scalaire. ▷ *Produit vectoriel:* V. vectoriel. ▷ *Produit cartésien de deux ensembles A et B* ou *produit de A et B:* ensemble associant à tout élément a de A un (et un seul) élément b de B; ensemble dont les éléments sont les couples (a, b). – Pp. subst. de *produire.*

proéminence [pʀɔeminɑ̃s] n. f. Litt. **1.** État de ce qui est proéminent. **2.** Ce qui est proéminent. – De *proéminent.*

proéminent, ente [pʀɔeminɑ̃, ɑ̃t] adj. Qui fait saillie sur ce qui l'environne. *Nez proéminent. Ornement proéminent sur une façade.* – Bas lat. *proeminens,* ppr. de *proeminere,* «être saillant».

prof [pʀɔf] n. Fam. Abrév. de professeur. *C'est ma prof de français.*

profanateur, trice [pʀɔfanatœʀ, tʀis] n. Litt. Personne qui profane qqch. ▷ Adj. *Main profanatrice.* – Lat. ecclés. *profanator.*

profanation [pʀɔfanasjɔ̃] n. f. Action de profaner. – Lat. ecclés. *profanatio.*

profane [pʀɔfan] adj. et n. **1.** RELIG et litt. Qui n'a pas un caractère religieux, sacré. *Amour profane. Les auteurs profanes.* ▷ N. m. *Opposition du profane et du sacré.* ▷ Subst. Personne qui n'est pas initiée à une religion à mystères. **2.** (Personnes.) Qui ignore tout d'un art, d'une science. *En musique, nous sommes complètement profanes.* ▷ Subst. *C'est un profane.* – Lat. *profanus,* propr. «en avant du temple».

profaner [pʀɔfane] v. tr. [1] **1.** RELIG Violer le caractère sacré de. *Profaner un autel.* **2.** Fig. Faire un mauvais usage de (qqch de respectable, de précieux). *Profaner la beauté.* – Lat. *profanare.*

proférer [pʀɔfeʀe] v. tr. [16] Prononcer, dire à haute voix. – Spécial. *Proférer des injures, des blasphèmes, des menaces.* – Lat. *proferre,* «porter en avant».

profès, esse [pʀɔfɛs] adj. et n. RELIG CATHOL Qui s'est engagé dans un ordre religieux par des vœux solennels. – Du lat. *professus,* pp. de *profiteri,* «déclaré ouvertement».

professer [pʀɔfese] v. tr. [1] **1.** Litt. Déclarer, manifester ouvertement (une conviction, un sentiment). *Professer une admiration exagérée pour... Professer la religion chrétienne.* **2.** Vieilli Enseigner publiquement. *Professer la chimie.* – Absol. *Il professe à l'Université.* – De *profession.*

professeur [pʀɔfɛsœʀ] n. m. Personne dont le métier est d'enseigner une science, un art, une technique, notam. dans l'institution pédagogique. *Professeur de physique. Sa fille est professeur de cégep.* ▷ *Spécial.* Titulaire d'un poste dans l'enseignement universitaire (par oppos. à chargé de cours). *Professeur adjoint,* en période de probation. *Professeur agrégé,* rattaché au personnel permanent d'une université, après une période de probation. *Professeur titulaire,* promu à un rang supérieur en raison de sa compétence, de sa réputation. *Professeur émérite,* auquel l'Université permet, en reconnaissance de ses services passés, de garder le titre des fonctions qu'il a exercées jusqu'à la retraite. (Rem.: Comme forme féminine, l'OLF recommande *professeure.*) – Lat. *professor,* du pp. de *profiteri,* «enseigner en public».

profession [pʀɔfesjɔ̃] n. f. **I. 1.** (Dans des expressions.) *Faire profession d'une opinion, d'une religion,* les professer. – *Profession de foi:* déclaration publique de ses convictions religieuses; *par ext.,* déclaration de principes, notam. en matière politique, sociale. **2.** RELIG Acte par lequel une personne s'engage par les vœux de religion. **II. 1.** Activité rémunératrice exercée habituellement par qqn. *Profession: commerçant. Profession libérale.* **2.** Corps constitué par tous ceux qui pratiquent le même métier. *Les membres d'une profession.* **3.** loc. *De profession:* de son métier. *Il est artiste de profession.* Fig. Qui se comporte habituellement comme tel. *Aventurier de profession.* – Lat. *professio, professionis,* «déclaration», puis «métier».

professionnalisme [pʀɔfesjɔnalism] n. m. Caractère professionnel (d'un travail, d'une réalisation). – Statut de professionnel (par oppos. à *amateurisme*). – De *professionnel,* d'ap. l'angl. *professionalism.*

professionnel, elle [pʀɔfesjɔnɛl] adj. et n. **1.** adj. Qui a rapport à une profession. *Obligations professionnelles. Déformation professionnelle. Association professionnelle* (syndicat, etc.). *École professionnelle.* **2.** n. Personne qui pratique une activité comme métier (par oppos. à *amateur*). – Spécial. *Professionnels du sport.* – *Travail de professionnel* (abrév. *pro*), dont la qualité témoigne du savoir-faire de son auteur. ▷ Adj. *Musicien professionnel.* – De *profession.*

professionnellement [pʀɔfesjɔnɛlmɑ̃] adv. D'une façon professionnelle; en ce qui concerne la profession. – Du préc.

professoral, ale, aux [pʀɔfesɔʀal, o] adj. Relatif ou propre aux professeurs. – Du lat. *professor,* «professeur».

professorat [pʀɔfesɔʀa] n. m. Métier de professeur. – Du lat. *professor,* «professeur».

profil [pʀɔfil] n. m. **1.** Contour d'un visage vu de côté. *Un joli profil.* ▷ BX-A *Profil perdu,* qui présente de côté l'arrière de la tête, le visage étant caché aux trois quarts. **2.** Forme ou représentation d'une chose vue de côté, dont le contour caractéristique est mis en valeur. *Le profil d'un monument, d'une ligne de collines.* – Loc. *De profil:* par le côté et de manière à dégager les contours. ▷ *Spécial.* ARCHI Section perpendiculaire d'un bâtiment. *Le profil d'une forteresse.* – TECH Coupe verticale. *Profil en long d'une route,* coupe verticale effectuée le long de son axe. *Profil en travers d'une route,* coupe verticale effectuée perpendiculairement à son axe. – GEOGR, GEOL Coupe selon un axe. *Coupe longitudinale d'un cours d'eau. Coupe d'un terrain.* **3.** PSYCHO Courbe donnant la «physionomie mentale» d'un sujet, dont les éléments sont les résultats de divers tests. – Cour. Ensemble des caractéristiques psychologiques et professionnelles d'un individu. *Candidat dont le profil correspond au poste proposé.* – De l'a. fr. *porfiler,* «border»; *porfil,* «bordure»; ital. *profilo,* déverbal de *profilare,* «dessiner de profil».

profilage [pʀɔfilaʒ] n. m. **1.** TECH Action de donner un profil à une route, à un objet. **2.** Profil aérodynamique (ou hydrodynamique) d'un véhicule. – De *profiler.*

profilé, ée [pʀɔfile] adj. et n. m. Auquel on a donné un certain profil. ▷ N. m. TECH Pièce laminée de section uniforme. – Pp. de *profiler.*

profiler [pʀɔfile] **I.** v. tr. [1] **1.** TECH Représenter en profil. *Profiler un entablement.* **2.** Faire paraître en profil. *La tour profile sa silhouette sur le ciel.* **3.** TECH Donner un contour déterminé à (un objet). **II.** v. pron. Se dessiner avec un contour net. *Un na-*

vire se profile à l'horizon, à contre-jour. – De *profil,* ou empr. de l'ital. *profilare,* «dessiner de profil».

profit [pʀɔfi] n. m. **1.** Gain, bénéfice. *Profits illicites.* ▷ FIN *Compte de pertes et profits:* document comptable sur lequel on reporte le résultat d'exploitation, les opérations déficitaires ou bénéficiaires exceptionnelles (moins-values ou plus-values, par ex.), et l'impôt sur les bénéfices. **2.** ECON Pour une entreprise, bénéfice correspondant à la différence entre le prix de vente et le prix de revient tous frais payés. **3.** Avantage matériel ou moral que l'on retire de qqch. *Il a tiré profit de mes conseils. – Mettre qqch à profit,* l'utiliser au mieux. – *Faire du profit:* être d'un usage économique. – *Faire son profit de qqch,* en tirer un avantage. – *Au profit de:* pour procurer des avantages à. – Du lat. *profectus,* de *proficere,* «progresser, augmenter, être utile».

profitable [pʀɔfitabl] adj. Qui offre un avantage, matériel ou moral. – De *profiter.*

profitablement [pʀɔfitabləmɑ̃] adv. D'une manière profitable. – Du préc.

profiter [pʀɔfite] v. [1] **I.** v. tr. indir. **1.** Tirer profit, avantage (de qqch). *Profiter de la faiblesse de qqn. N'en profite pas. – Profiter de qqch pour:* prendre prétexte pour. **2.** Donner du profit, être utile (à). *Cette expérience lui a profité.* **II.** v. intr. Fam. **1.** Croître, se fortifier. *Son bétail a bien profité.* **2.** Faire du profit. – De *profit.*

profiterole [pʀɔfitʀɔl] n. f. **1.** Chou (sens 3) fourré de crème salée, pour accompagner un gibier, une viande. **2.** n. f. pl. Choux garnis de crème glacée à la vanille, nappés d'une sauce chaude au chocolat. – Dimin. de *profit,* «petit profit», puis «pâte cuite sous la cendre».

profiteur, euse [pʀɔfitœʀ, øz] n. Péjor. Personne qui tire profit de tout, de façon peu scrupuleuse. – De *profiter.*

profond, onde [pʀɔfɔ̃, ɔ̃d] adj., n. m. et adv. **I.** adj. **1.** Dont le fond est éloigné de la surface, de l'ouverture, du bord. *Puits, étang profond.* ▷ *Par anal.* Qui évoque la profondeur. *Nuit profonde,* très obscure. *Sommeil profond,* intense. **2.** Qui est situé très bas par rapport à la surface. *Les zones profondes de la mer.* **3.** Qui pénètre, s'enfonce très avant. *Racine profonde.* **4.** *Voix profonde,* grave. **5.** Fig. Caché au fond de l'être, au fond des choses. *Les intentions profondes de qqn. Le sens profond d'un symbole.* **6.** Qui ne s'arrête pas aux apparences. *Esprit profond.* ▷ Par ext. *Pensées profondes.* **7.** Très grand, très intense. *Profond chagrin.* **II.** n. m. *Le plus profond :* la partie la plus profonde. *Au plus profond d'une mine.* Fig. *Le plus profond de l'être.* **III.** adv. Profondément (sens 1). *Enfoncer un clou très profond.* – Réfection de l'a. fr. *parfont,* d'ap. le lat. *profundus,* de *fundus,* «fond».

profondément [pʀɔfɔ̃demɑ̃] adv. **1.** De façon profonde. *Profondément enterré. – Saluer profondément,* très bas. **2.** Fig. À un haut degré. *Profondément reconnaissant.* – De *profond.*

profondeur [pʀɔfɔ̃dœʀ] n. f. **1.** Étendue d'une chose considérée à partir de la surface, de l'ouverture, du bord jusqu'au fond. *La profondeur d'une tranchée.* ▷ PHOTO, CINE *Profondeur de champ:* distance minimale et maximale à laquelle doit se trouver l'objet photographié pour que son image soit nette. **2.** Plur. Endroit profond. *Les profondeurs d'un abîme.* ▷ Fig. *Les profondeurs de l'âme.* – Vieilli *Psychologie des profondeurs:* psychanalyse. **3.** Qualité de celui qui approfondit les choses. *Écrivain qui manque de profondeur.* – Par ext. *Profondeur des vues de qqn.* **4.** Caractère de ce que l'on ressent profondément. *La profondeur de son attachement.* – De *profond.*

pro forma [pʀofɔʀma] loc. adj. inv. COMPTA *Facture pro forma :* facture non exigible établie à titre indicatif avant la livraison ou l'exécution d'une commande. – Mots lat. «pour la forme».

profus, use [pʀɔfy, yz] adj. Vx., litt. Abondant. *Une générosité profuse.* – Lat. *profusus.*

profusément [pʀɔfyzemɑ̃] adj. Vx., litt. Avec profusion, en abondance. – De *profus.*

profusion [pʀɔfyzjɔ̃] n. f. Abondance extrême (de choses). *Une profusion de compliments.* ▷ Loc. *À profusion :* en grande quantité. – Lat. *profusio,* de *profundere,* «répandre».

progéniture [pʀɔʒenityʀ] n. f. **1.** Litt. Les enfants qu'un homme a engendrés ou l'ensemble des petits d'un animal. **2.** Fam., plaisant. *Admirer sa progéniture,* ses enfants. – Du lat. *genitura.*

progestatif, ive [pʀɔʒɛstatif, iv] adj. et n. m. BIOCHIM Se dit de toute substance qui possède la même action que la progestérone. – De *pro-,* et lat. *gestare,* «porter».

progestérone [pʀɔʒɛsteʀɔn] n. f. BIOCHIM Hormone sexuelle femelle sécrétée par le corps jaune de l'ovaire après l'ovulation et par le placenta pendant la grossesse. *La progestérone prépare la muqueuse utérine à la nidation de l'œuf fécondé et en favorise le développement.* – De *pro-,* lat. *gestare,* «porter», et *(horm)one.*

progiciel [pʀɔzisjɛl] n. m. INFORM Ensemble complet de programmes conçus pour différents utilisateurs et destinés à un même type d'applications ou de fonctions. – De *pro(gramme),* et *(lo)giciel.*

proglottis [pʀɔglɔtis] n. m. ZOOL Chacun des segments du corps des cestodes. – Lat. savant, du gr. *glôttis,* «languette» à cause de sa forme.

prognathe [pʀɔgnat] adj. Se dit d'un être humain dont les mâchoires sont proéminentes. – De *pro-,* et gr. *gnathos,* «mâchoire».

prognathisme [pʀɔgnatism] n. m. Didac. Proéminence d'une ou des deux mâchoires. – Du préc.

programmable [pʀɔgʀamabl] adj. INFORM Que l'on peut programmer et traiter par ordinateur. – De *programmer.*

programmateur, trice [pʀɔgʀamatœʀ, tʀis] n. **1.** Personne chargée d'établir un programme de radio, de cinéma, etc. **2.** n. m. TECH Dispositif commandant les opérations qui composent le programme de fonctionnement d'un appareil. *Programmateur d'un lave-vaisselle.* – De *programmer.*

programmation [pʀɔgʀamasjɔ̃] n. f. **1.** Action de programmer (des films, des émissions). **2.** INFORM Établissement d'un programme. ▷ *Langage de programmation,* utilisé pour la programmation d'un traitement de l'information. V. informatique. – De *programme.*

programme [pʀɔgʀam] n. m. **1.** Texte indiquant ce qui est prévu pour une représentation, une fête; liste des émissions, des films, etc. à venir. – Les spectacles, les émissions ainsi prévues. *Le programme d'un concert.* – Par ext. *Quel est ton programme pour les vacances?* **2.** Ensemble des matières et des sujets sur lesquels doit porter un enseignement ou un examen, un concours. **3.** POLIT Exposé des vues d'un parti, d'un candidat. *Programme électoral.* **4.** Ensemble des actions, des opérations que l'on prévoit de faire selon un ordre et des modalités déterminés. *Programme de production.* **5.** INFORM Suite d'instructions, rédigées dans un langage particulier (Fortran, Cobol, Basic, etc.) et utilisées par l'ordinateur pour effectuer un traitement déterminé. (L'ensemble des programmes et de leur traitement est appelé *logiciel.*) – Gr. *programma,* «ce qui est écrit à l'avance».

programmé, ée [pʀɔgʀame] adj. **1.** *Enseignement programmé :* méthode d'enseignement comportant un programme divisé en séquences brèves dont l'élève dirige lui-même le déroulement en fonction de son rythme d'assimilation. **2.** Muni d'un programmateur. *Machine à coudre programmée.* – Pp. de *programmer.*

programmer [pʀɔgʀame] v. tr. [1] **1.** Mettre (un film, une émission) dans un programme. **2.** INFORM Organiser (des données) selon un programme. – De *programme.*

programmeur, euse [pʀɔgʀamœʀ, øz] n. INFORM Spécialiste de la programmation. – De *programme.*

progrès [pʀɔgʀɛ] n. m. **1.** Avance d'une troupe sur le terrain, au cours d'une opération, d'une campagne. *Arrêter les progrès de l'ennemi.* ▷ Extension dans l'espace. *Les progrès d'un feu de forêt.* Syn. progression. **2.** Fait d'aller plus avant, de s'accroître, de devenir meilleur. *Le progrès des connaissances. Le progrès social.* – *Faire des progrès :* acquérir des connaissances ou des aptitudes nouvelles. **3.** *Absol.* Évolution de la société dans le sens d'une amélioration. *Douter du progrès.* – Lat. *progressus,* «marche en avant».

progresser [pʀɔgʀɛse] v. intr. [1] **1.** Avancer, se rapprocher d'un objectif. *Les rebelles progressent vers la capitale.* **2.** Aller plus avant, s'étendre, s'amplifier, faire des progrès. *Industrie qui progresse. Cet enfant ne progresse pas. Maladie qui progresse,* qui s'aggrave. – De *progrès.*

progressif, ive [pʀɔgʀɛsif, iv] adj. **1.** Qui va en augmentant selon une progression. *Impôt progressif.* Ant. dégressif. **2.** Qui se fait graduellement, de manière continue. *Évolution progressive.* ▷ GRAM *Forme progressive d'un verbe,* qui indique que l'action exprimée est en train de s'accomplir. (Ex.: en anglais: he *is* com*ing.*) – Du lat. *progressus,* pp. de *progredi,* «avancer».

progression [pʀɔgʀɛsjõ] n. f. **1.** Action d'avancer, de progresser (sens 1). *La progression de l'ennemi.* **2.** Fait de se développer. *La progression de la criminalité.* **3.** MATH *Progression arithmétique :* suite de nombres tels que chacun d'eux s'obtient en ajoutant au précédent un nombre constant, appelé *raison de la progression. La suite 1, 4, 7, 10,... est une progression arithmétique de raison 3.* ▷ *Progression géométrique:* suite de nombres tels que chacun d'eux s'obtient en multipliant le précédent par un nombre constant. *La suite 1, 3, 9, 27,... est une progression géométrique de raison 3.* – Lat. *progressio,* «progrès, accroissement».

progressisme [pʀɔgʀɛsism] n. m. Doctrine, conviction progressiste. – De *progressiste.*

progressiste [pʀɔgʀɛsist] adj. et n. Qui professe des opinions politiques avancées; partisan de réformes, souvent radicales, connues comme génératrices d'un progrès politique, social ou économique. Ant. conservateur. *Chrétien progressiste.* – Subst. *Les progressistes.* – De *progrès.*

progressivement [pʀɔgʀɛsivmɑ̃] adv. D'une manière progressive. – De *progressif.*

progressivité [pʀɔgʀɛsivite] n. f. Caractère de ce qui est progressif. – De *progressif.*

prohibé, ée [pʀɔibe] adj. Défendu, interdit légalement. *Armes prohibées,* dont le port, l'usage est interdit. – *Degré prohibé :* degré de parenté proche qui interdit le mariage. – Pp. de *prohiber.*

prohiber [pʀɔibe] v. tr. [1] Défendre, interdire par voie légale. *Prohiber l'importation d'une marchandise.* – Lat. *prohibere,* «tenir à distance».

prohibitif, ive [pʀɔibitif, iv] adj. DR Qui prohibe. ▷ ECON *Droits prohibitifs :* taxes de douane si élevées qu'elles équivalent à la prohibition d'importation ou d'exportation d'une marchandise. – Cour. *Prix prohibitif,* exorbitant. – De *prohiber.*

prohibition [pʀɔibisjõ] n. f. **1.** Action de prohiber qqch. *La prohibition de l'inceste.* **2.** *Absol.* Interdiction des boissons alcoolisées dans un pays, partic. aux É.-U., de 1919 à 1933. – Lat. *prohibitio.*

prohibitionnisme [pʀɔibisjɔnism] n. m. **1.** ECON Système préconisant l'application de droits de douane prohibitifs. **2.** Aux É.-U., système des partisans de l'interdiction des boissons alcoolisées. – De *prohibition.*

prohibitionniste [pʀɔibisjɔnist] n. et adj. Adepte du prohibitionnisme. – De *prohibition.*

proie [pʀwɑ] n. f. **1.** Être vivant dont un animal s'empare pour le manger. *Le lion poursuit, dévore sa proie.* – *Oiseau de proie,* qui se nourrit d'animaux vivants. **2.** Fig. Personne, chose dont on s'empare ou dont on cause la perte, la ruine. *Ces trésors furent la proie du vainqueur.* **3.** *Être en proie à,* tourmenté par. *Il est en proie au remords.* – Lat. *prœda.*

projecteur [pʀɔʒɛktœʀ] n. m. **1.** Appareil qui envoie au loin un puissant faisceau de rayons lumineux. *Projecteurs de scène.* **2.** Appareil permettant de projeter des diapositives, des films. – Du lat. *projectus,* de *projicere,* «jeter en avant».

projectif, ive [pʀɔʒɛktif, iv] adj. **1.** GEOM *Propriétés projectives,* qui se conservent lors de la projection d'une figure. **2.** PSYCHO *Test projectif,* dans lequel le sujet est amené à extérioriser sa personnalité, son affectivité, ses tendances (interprétation de dessins, par ex.). – Du lat. *projectus,* de *projicere,* «jeter en avant».

projectile [pʀɔʒɛktil] n. m. **1.** Corps projeté en direction d'une cible, d'un objectif avec la main ou avec une arme. **2.** Toute chose lancée avec force. ▷ PHYS NUCL Particule utilisée pour produire une réaction nucléaire. – De *projection.*

projection [pʀɔʒɛksjõ] n. f. **1.** Action de projeter un corps, une matière. *Projection de sable.* ▷ *Projections d'un volcan,* les matières qu'il projette. **2.** Action de former une image sur une surface, un écran. *La projection d'une ombre.* – Spécial. *Projection de photos, d'un film. La projection dure 1 h 30.* **3.** GEOM Transformation par laquelle on fait correspondre à tout point d'une surface donnée un point d'une autre surface. – Point obtenu par cette transformation. – Ensemble des points obtenus par projection d'une figure. *La projection d'un cercle sur un plan non parallèle à celui du cercle est une ellipse.* **4.** PSYCHAN Processus inconscient par lequel un sujet attribue à une autre personne des qualités, des tendances, des sentiments qu'il refuse ou méconnaît en lui-même. ▷ PSYCHO Manifestation de la personnalité de qqn dans ses réactions. – Lat. *projectio.*

ENCYCL **Géom.** – La projection *conique,* également appelée *perspective,* s'obtient en prenant l'intersection que fait avec le plan de projection la droite joignant un point fixe (point de vue) au point à projeter. La projection *cylindrique,* également appelée *perspective cavalière,* est une projection effectuée parallèlement à une direction fixe. La projection *orthogonale* est une projection cylindrique dont la direction est perpendiculaire au plan de projection; elle constitue la base de la géométrie descriptive. En cartographie, on utilise: la projection *orthographique* (projection orthogonale de la sphère terrestre sur un plan, généralement perpendiculaire au plan de l'équateur); la projection *stéréographique* (projection conique, le point de vue étant sur la sphère).

projectionniste [pʀɔʒɛksjɔnist] n. Personne dont le métier est de projeter des films. – Du préc.

projet [pʀɔʒɛ] n. m. **1.** Ce qu'on se propose de faire. *Concevoir, exécuter un projet.* **2.** Première rédaction, première étude. *Projet de loi:* texte de loi élaboré par le gouvernement et soumis à l'approbation du pouvoir législatif. – *Projet d'un édifice, d'une machine, etc.:* ensemble d'indications concernant sa réalisation avec dessin et devis. – Déverbal de *projeter.*

projeter [pʀɔʒte] v. tr. [23] **1.** Lancer avec violence. *Projeter de la boue. Projeter une balle. – Il fut projeté sur la chaussée par l'explosion.* **2.** Émettre (une lumière); produire (une image) sur une surface. *Projeter une ombre. Projeter un film.* **3.** GEOM Représenter (un corps) par sa projection sur un plan. **4.** PSYCHAN Prêter, attribuer à autrui (son propre état affectif). *Projeter son angoisse sur qqn.* – Absol. *Il projette.* **5.** Former le projet de. *Projeter un achat.* – De l'a. fr. *porjeter,* «jeter dehors, à terre».

projeteur, euse [pʀɔʒtœʀ, øz] n. TECH Dessinateur, technicien qui établit des projets. – De *projeter.*

prolabé, ée [pʀɔlabe] adj. MED Qualifie un organe déplacé de haut en bas. V. prolapsus. – De *pro-,* et lat. *labi,* «tomber».

prolactine [pʀɔlaktin] n. f. BIOCHIM Hormone sécrétée par le lobe antérieur de l'hypophyse et dont le rôle principal est de déclencher la lactation. – De *pro-,* et lat. *lactus,* «lait».

prolamine [pʀɔlamin] n. f. BIOCHIM Protéine végétale contenue dans diverses graines (blé, riz, orge, maïs). – De *pro(téine),* et *amine.*

prolapsus [pʀɔlapsys] n. m. MED Déplacement pathologique d'un organe vers le bas. ▷ *Prolapsus génital:* ptose de l'utérus vers la vulve. – Mot lat., de *labi,* «tomber».

prolégomènes [pʀɔlegɔmɛn] n. m. pl. Didac. **1.** Longue introduction au début d'un livre, visant à donner les notions indispensables à l'intelligence des matières qui y sont traitées. **2.** Notions préliminaires à l'étude d'une science. – Gr. *prolegomena.*

prolepse [pʀɔlɛps] n. f. RHET Figure de rhétorique consistant à prévoir une objection et à la réfuter par avance. – Lat. *prolepsis,* d'orig. gr., «anticipation».

prolétaire [pʀɔletɛʀ] n. m. et adj. **1.** ANTIQ ROM Citoyen pauvre, exempt d'impôts, qui ne contribuait à la puissance de la République que par les enfants qu'il lui donnait. **2.** Personne qui ne vit que du produit d'une activité salariée manuelle et dont le niveau de vie est en général bas. ▷ Adj. *Masses prolétaires.* – Abrév.: *prolo.* – Lat. *proletarius,* «qui ne compte que par sa descendance», de *proles,* «lignée, descendance».

prolétariat [pʀɔletaʀja] n. m. **1.** Vx Condition du prolétaire. **2.** Classe sociale que constituent les prolétaires, par oppos. à la bourgeoisie et aux capitalistes. – Du préc.

prolétarien, ienne [pʀɔletaʀjɛ̃, jɛn] adj. Qui concerne les (ou défend les intérêts des) prolétaires. *Révolution prolétarienne.* – De *prolétaire.*

prolétarisation [pʀɔletaʀizasjõ] n. f. Fait d'être prolétarisé. – De *prolétariser.*

prolétariser [pʀɔletaʀize] v. tr. [1] Réduire à l'état de prolétaire. – De *prolétaire.*

prolifération [pʀɔlifeʀasjõ] n. f. **1.** BIOL Multiplication, normale ou pathologique, d'une cellule, d'une bactérie, d'un tissu, d'un organisme. **2.** BOT Formation d'un bouton à fleur sur une partie de la plante qui n'en porte pas habituellement. **3.** Fig. Multiplication excessive et rapide. *La prolifération des armes nucléaires.* – De *prolifère.*

prolifère [pʀɔlifɛʀ] adj. BOT Se dit d'une partie d'un végétal qui donne naissance à un organe (feuille, fleur) qu'elle ne porte pas habituellement. – Du lat. *proles,* «descendance», et *-fère.*

proliférer [pʀɔlifeʀe] v. intr. [16] **1.** Engendrer, se reproduire, se multiplier. *Cellules qui prolifèrent. Race qui prolifère.* **2.** Fig. Se multiplier rapidement, exister en grand nombre. *En période de pénurie, les trafiquants ont tendance à proliférer.* – De *prolifère.*

prolifique [pʀɔlifik] adj. **1.** BIOL Qui a la possibilité d'engendrer. **2.** Qui se multiplie, se reproduit rapidement. *Espèces prolifiques.* **3.** Fig. Qui produit, crée en abondance. *Écrivain prolifique.* – Du lat. *proles,* «lignée, descendance», et *facere,* «faire».

proligère [pʀɔliʒɛʀ] adj. BIOL Qui contient des germes. – Du lat. *proles,* «descendance», et *gerere,* «porter».

proline [pʀɔlin] n. f. BIOCHIM Acide aminé qui contribue à la formation des sucres. – All. *Prolin,* dû aux biochimistes *E. Fischer* et *E. Abderhalden* (1901).

prolixe [pʀɔliks] adj. Litt. Qui emploie ou contient un trop grand nombre de mots. *Orateur, style prolixe.* Syn. verbeux. – Du lat. *prolixus,* «allongé».

prolixement [pʀɔliksəmɑ̃] adv. Litt. D'une façon prolixe. – Du préc.

prolixité [pʀɔliksite] n. f. Défaut de ce qui est prolixe, d'une personne prolixe. – Du bas lat. *prolixitas,* «longueur, étendue».

prolo [pʀɔlo] n. m. Fam. Abrév. de *prolétaire.*

prologue [pʀɔlɔg] n. m. **1.** Première partie d'une œuvre littéraire ou dramatique servant à situer les personnages et l'action de l'œuvre. *Prologues du théâtre antique.* Ant. épilogue. **2.** MUS Petit morceau lyrique, sorte d'introduction au premier acte de certains opéras. **3.** Préface, introduction, avant-propos. *Le prologue de l'Évangile selon saint Jean.* – Fig. *Ce meeting est le prologue de la campagne électorale.* Syn. prélude. – Lat. *prologus,* gr. *prologos,* de *logos,* «discours».

prolongateur [pʀɔlõgatœʀ] n. m. TECH Cordon servant à relier une prise de courant et un appareil qui en est trop éloigné. Syn. rallonge. – De *prolongation.*

prolongation [pʀɔlõgasjõ] n. f. **1.** Action de prolonger (dans le temps). **2.** Temps ajouté à une durée déjà fixée. *Une prolongation de congé.* – SPORT Temps ajouté à la fin d'un match pour permettre à deux équipes à égalité de se départager. *Jouer les prolongations.* – Bas lat. *prolungatio.*

prolonge [pʀɔlõʒ] n. f. **1.** MILIT Véhicule servant à transporter des munitions ou du matériel. *Prolonge d'artillerie.* **2.** CH de F Cordage servant à arrimer les marchandises sur un wagon, ou à assurer certaines manœuvres. – Déverbal de *prolonger.*

prolongé, ée [pʀɔlõʒe] adj. Accru en longueur. *Une rue prolongée. Un deuil prolongé.* – Pp. de *prolonger.*

prolongement [pʀɔlõʒmɑ̃] n. m. **1.** Action de prolonger (dans l'espace), accroissement en longueur. *Le prolongement d'une voie ferrée.* Syn. extension. **2.** Ce qui prolonge. *Dans le prolongement de:* dans la direction qui prolonge (qqch). – MATH Structure d'un ensemble induite à partir de la structure d'une partie de cet ensemble. **3.** Fig. Suite, extension. *La guerre fut le prolongement de ce différend.* – De *prolonger.*

prolonger [pʀɔlõʒe] v. tr. [15] Étendre, continuer, faire aller plus loin. **1.** (Dans l'espace.) *Prolonger une avenue.* – Constituer un prolongement. *L'appentis qui prolonge la maison.* ▷ v. pron. *Le jardin se prolonge jusqu'à la rue.* **2.** (Dans le temps.) Faire durer plus longtemps. *Prolonger ses vacances.* ▷ v. pron. *La discussion s'est prolongée fort tard.* – Fig. (Personnes.) Se perpétuer. *Se prolonger dans ses enfants, dans son œuvre.* – Bas lat. *prolongare,* d'ap. *allonger.*

promégaloblaste [pʀɔmegalɔblast] n. m. BIOL Grande cellule à rayon arrondi, cellule souche de la série mégalocytaire, issue directement de l'hémocytoblaste, et qui donne naissance au mégaloblaste. – De *pro-*, et *mégaloblaste*.

promenade [pRɔmnad] n. f. **1.** Action de se promener. *Faire une petite promenade digestive.* **2.** Voie, allée où l'on se promène. *La promenade des Anglais, à Nice.* – De *promener*.

promener [pRɔmne] **I.** v. tr. **[19]** **1.** Conduire, faire aller, faire sortir (un être animé) pour le distraire ou lui faire prendre de l'exercice. *Promener un enfant, un animal.* **2.** Transporter, traîner avec soi (qqch). *Il a promené toute la journée cette lourde valise.* ▷ Fig. *Il promène toujours un air blasé.* **3.** Fig. Faire passer, déplacer doucement çà et là. *Promener les yeux, le regard sur quelqu'un.* **II.** v. pron. **1.** Aller (à pied, en voiture, etc.) pour se distraire ou pour prendre de l'exercice. *Promenons-nous dans les bois.* ▷ Fig., litt. (Choses.) *Le ruisseau se promène à travers les prairies.* – Fam. Circuler. *Ce document s'est promené dans deux ou trois services, par erreur.* **2.** Fam. (Avec ellipse du pron. réfléchi.) *Envoyer promener qqn,* le renvoyer, le rejeter avec impatience. – Abandonner, renoncer à. *Il a tout envoyé promener.* – De l'a. v. *pourmener,* même sens.

promeneur, euse [pRɔmnœR, øz] n. Personne qui se promène. *Les promeneurs sont nombreux quand il fait beau.* – De *promener*.

promenoir [pRɔm(ə)nwaR] n. m. **1.** Lieu couvert destiné à la promenade. **2.** Partie d'un théâtre où les spectateurs se tiennent debout. *Une place au promenoir.* – De *promener*.

promesse [pRɔmɛs] n. f. **1.** Action de promettre, engagement écrit ou verbal de faire, de donner qqch. *Tenir une promesse. J'ai fait la promesse de ne plus le voir.* ▷ Engagement de contracter une obligation, d'accomplir un acte. *Promesse de vente, d'achat.* **2.** Fig. Espérance que l'on conçoit au sujet de qqch ou de qqn. *Jeune poète plein de promesses.* – Lat. *promissa,* pp. pl. neutre de *promittere,* «promettre».

prométhéen, enne [pRɔmeteɛ̃, ɛn] adj. Relatif à Prométhée. *Le mythe prométhéen est lié à la création de l'homme et à l'apparition de la civilisation.* ▷ Litt. Dont le goût est à l'action; qui a foi dans l'homme. – Du nom de *Prométhée*personnage mythologique qui déroba le feu aux dieux pour le donner aux hommes.

prométhium [pRɔmetjɔm] n. m. CHIM Élément radioactif de numéro atomique Z = 61, de masse atomique 145, identifié dans les produits de fission de l'uranium et qui appartient au groupe des terres rares (symbole Pm). – De *Prométhée,* personnage mythologique (V. prométhéen).

prometteur, euse [pRɔmɛtœR, øz] n. et adj. **1.** n. Rare Personne qui promet à la légère ou sans intention de tenir ses promesses. **2.** adj. Plein de promesses. *Un commencement prometteur.* – De *promettre*.

promettre [pRɔmɛtR] **I.** v. tr. **[68]** **1.** S'engager à l'égard de qqn à (faire qqch). *Il m'a promis de venir.* ▷ S'engager à donner (qqch). *Promettre un jouet à un enfant.* **2.** Assurer. *Je vous promets que vous ne le regretterez pas.* ▷ Annoncer comme sûr, prédire. *La météo avait promis du soleil.* **3.** Laisser espérer. *Ce ciel nous promet du beau temps. La soirée promettait d'être réussie.* ▷ *Absol.* Donner, laisser de grands espoirs. *Un jeune homme qui promet.* **II.** v. pron. **1.** S'engager dans une promesse réciproque. *Ils se sont promis de s'épouser.* **2.** Prendre une résolution. *Je me suis promis de ne plus le voir.* **3.** Espérer, envisager. *Je m'étais promis un jour de vacances.* – Lat. *promittere,* d'ap. *mettre*.

promis, ise [pRɔmi, iz] adj. et n. **I.** adj. **1.** Dont on a fait la promesse. ▷ Prov. *Chose promise, chose due:* il faut faire ce qu'on a promis. – RELIG *Terre promise,* la terre de Canaan que Yahvé avait promise au peuple hébreu. ▷ Fig. Pays très fertile. *Par ext.* Ce qu'on cherche à atteindre. **2.** *Promis à:* destiné à. *Il était promis aux plus hautes destinées.* **II.** n. Vx Fiancé, fiancée. *C'est sa promise.* – Pp. de *promettre*.

promiscuité [pRɔmiskɥite] n. f. **1.** Voisinage fâcheux qui gêne ou empêche l'intimité. *Bidonvilles surpeuplés, à la promiscuité intolérable.* **2.** Assemblage; mélange fâcheux de personnes très différentes. – Du lat. *promiscuus,* «mêlé», de *miscere,* «mélanger».

promontoire [pRɔmɔ̃twaR] n. m. Pointe de terre élevée qui s'avance dans la mer ou au-dessus d'une plaine. – Lat. *promuntorium*.

promoteur, trice [pRɔmɔtœR, tRis] n. **1.** Personne qui donne la première impulsion (à qqch). *Luther fut un des promoteurs de la Réforme.* **2.** Homme d'affaires qui fait construire des immeubles en vue de les vendre ou de les louer. **3.** DR CAN *Promoteur de la foi:* juge qui, dans la procédure de béatification ou de canonisation, tient le rôle d'accusateur. (On l'appelle «l'avocat du diable».) **4.** CHIM Substance servant à améliorer l'activité d'un catalyseur. – Bas lat. *promotor,* du class. *promovere,* «pousser en avant, promouvoir».

promotion [pRɔmosjɔ̃] n. f. **1.** Action par laquelle on élève à la fois plusieurs personnes à un même grade, à une même dignité. *Faire des promotions dans l'Ordre du Canada.* – Admission simultanée de candidats à une grande école; ensemble des candidats admis (abrév. fam. *promo*). *Camarades de promotion.* **2.** Nomination d'une ou de plusieurs personnes à un emploi supérieur. *Bénéficier d'une promotion.* Syn. avancement. **3.** *Promotion immobilière:* action de faire construire des immeubles en vue de les vendre ou de les louer. – *Promotion des ventes:* ensemble des techniques utilisées pour améliorer et développer les ventes. – *Article en promotion,* dont le prix de vente constitue une incitation particulière à l'achat. – Bas lat. *promotio,* de *promovere,* «pousser en avant, promouvoir».

promotionnel, elle [pRɔmosjɔnɛl] adj. Destiné à améliorer les ventes. *Prix promotionnels.* – Du préc.

promouvoir [pRɔmuvwaR] v. tr. **[46]** **1.** Élever à une dignité, à un grade supérieur. *On a promu le lieutenant D. au grade de capitaine.* **2.** Favoriser l'expansion, le développement de. *Promouvoir le tourisme dans une région.* – Du lat. *promovere,* «pcusser en avant, faire avancer», d'ap. *mouvoir*.

prompt, prompte [pRɔ̃, pRɔ̃t] adj. **1.** Qui s'effectue rapidement, sans tarder. *Le prompt rétablissement d'un malade.* **2.** Qui montre de la rapidité, de la vivacité dans son comportement, ses réactions. *Avoir l'esprit prompt.* – Par ext. *Avoir l'humeur, la main, la repartie prompte.* Syn. rapide. – Lat. *promptus,* «prêt, disposé à», de *promere,* «tirer, faire sortir».

promptement [pRɔ̃tmɑ̃, pRɔ̃ptəmɑ̃] adv. En peu de temps, sans tarder. – Du préc.

promptitude [pRɔ̃tityd] n. f. **1.** Rapidité. *La promptitude de son retour m'a surpris.* **2.** Vivacité. *Promptitude à réagir.* – Bas lat. *promptitudo*.

promu, ue [pRɔmy] adj. Élevé à une dignité, un grade. *Caporaux promus.* – Pp. de *promouvoir*.

promulgation [pRɔmylgasjɔ̃] n. f. Action de promulguer. ▷ DR Publication officielle d'une loi qui lui donne force exécutoire. Syn. proclamation. – Lat. *promulgatio*.

promulguer [pRɔmylge] v. tr. **[1]** Publier (une loi) dans les formes requises pour rendre exécutoire. – Lat. *promulgare*.

pronaos [pRɔnaɔs] n. m. ARCHI Portique qui, dans les temples grecs et les églises orientales anciennes, précède le naos (ou cella). – Mot gr.

pronateur, trice [pʀɔnatœʀ, tʀis] adj. et n. ANAT Se dit des muscles de l'avant-bras qui servent aux mouvements de pronation. – N. m. *Les pronateurs.* – Bas lat. *pronator,* de *pronus,* «penché en avant».

pronation [pʀɔnasjɔ̃] n. f. PHYSIOL Mouvement du poignet par lequel la main, tournée vers le haut, accomplit une rotation interne de 180°. Ant. supination. – Bas lat. *pronatio,* de *pronus,* «penché en avant».

prône [pʀon] n. m. RELIG CATHOL Instruction chrétienne que le prêtre faisait en chaire à la messe dominicale. (Le concile Vatican II lui a préféré le terme d'*homélie.*) – Du lat. pop. **protinum,* du lat. *protirum,* gr. *prothura,* «couloir allant de la porte d'entrée à la porte intérieure»; d'abord *prosne,* «grille séparant le chœur de la nef».

prôner [pʀone] v. tr. [1] Vanter, louer, recommander (qqch) comme étant ce qu'il y a de meilleur. *Prôner un remède nouveau, une théorie, des idées. Ce médecin prône une vie calme et saine.* Syn. préconiser. Ant. décrier, dénigrer. – De *prône.*

prôneur, euse [pʀonœʀ, øz] n. Litt. Personne qui loue avec excès. – Du préc.

pronom [pʀɔnɔ̃] n. m. GRAM Mot qui, en général, représente un nom *(«Est-ce que Pierre vient? – Oui, il vient»),* un adjectif *(«Est-il discret? – Oui, il* l'*est»),* ou une proposition *(«Vas-tu lire ce livre? – Je suis en train de* le *faire»),* exprimés avant ou après lui dans le contexte. – Dans l'emploi dit *absolu* du pronom, celui-ci ne représente aucun élément contextuel et il s'agit d'un élément nominal. *Tout est fait. Rien n'est dit. Qui va là?* (On distingue les pronoms *personnels, possessifs, démonstratifs, relatifs, interrogatifs* et *indéfinis*). – Lat. *pronomen,* de *pro-,* «à la place de», et *nomen,* «nom».

pronominal, ale, aux [pʀɔnɔminal, o] adj. **1.** Relatif au pronom, de la nature du pronom. *Adjectifs pronominaux,* qui peuvent avoir fonction de pronoms (démonstratifs, interrogatifs et possessifs). *Adverbes pronominaux: en* et *y.* **2.** Qui comporte un pronom. *Verbe pronominal,* qui se conjugue avec deux pronoms de la même personne, l'un sujet, l'autre régime et qui, aux formes composées, demande l'auxiliaire *être.* – *Verbes essentiellement pronominaux:* verbes qui ne s'emploient qu'à la forme pronominale *(s'abstenir).* ▷ *Verbes accidentellement pronominaux,* verbes transitifs qui peuvent être ou non pronominaux. *Ils peuvent être réfléchis* (il se regarde), *réciproques* (ils se battent), *neutres* (le soleil se lève), *à sens passif* (ce vin se boit frais). – Bas lat. *pronominalis,* du class. *pronomen,* «pronom».

pronominalement [pʀɔnɔminalmɑ̃] adv. **1.** En fonction de pronom. *Adverbe employé pronominalement.* **2.** Comme verbe pronominal. – Du préc.

pronominalisation [pʀɔnɔminalizasjɔ̃] n. f. LING Transformation par laquelle on substitue un pronom à un syntagme nominal. ▷ Transformation en phrase à verbe pronominal (*Paul aime Marie et Marie aime Paul* devient: *Marie et Paul s'aiment*). – De *pronominal.*

prononçable [pʀɔnɔ̃sabl] adj. Qui peut se prononcer. Ant. imprononçable. – De *prononcer.*

prononcé, ée [pʀɔnɔ̃se] adj. et n. m. **1.** Déclaré, rendu. *Le divorce n'est pas encore prononcé.* ▷ N. m. Énoncé d'un jugement. *Au prononcé de la sentence, il s'évanouit.* **2.** Marqué. *Un visage aux traits prononcés. Une aversion prononcée.* – Pp. de *prononcer.*

prononcer [pʀɔnɔ̃se] v. [14] **I.** v. tr. **1.** Articuler les sons qui composent les mots, les formes signifiantes d'une langue. *Un mot, une phrase difficile à prononcer.* **2.** Dire, énoncer. *Il n'a pas prononcé un mot depuis son arrivée.* – Réciter, dire. *Prononcer un discours.* **3.** Déclarer en vertu de son autorité. *Prononcer un arrêt. Prononcer un divorce.* **4.** BX-A Bien marquer. *Ce sculpteur prononce trop les muscles de ses figures.* **II.** v. intr. Décider, statuer. *La loi a prononcé.* **III.** v. pron. **1.** Être prononcé, articulé. *Ce mot s'écrit comme il se prononce.* **2.** Se dessiner nettement, être accentué. *Un mieux se prononce dans l'état du malade.* **3.** Prendre une décision explicite, formuler son avis, son intention. *Il est trop tôt pour se prononcer.* – Lat. *pronuntiare.*

prononciation [pʀɔnɔ̃sjasjɔ̃] n. f. **1.** DR Action de prononcer (un jugement). **2.** Manière de prononcer, d'articuler les sons d'une langue. *Bonne, mauvaise prononciation. Un défaut de prononciation.* – Manière dont un ensemble de sons transcrits doit être prononcé. *Indiquer la prononciation des mots en orthographe phonétique.* – Lat. *pronuntiatio.*

ENCYCL Le français du Québec tire son origine du parler des colons français émigrés en Nouvelle-France aux XVIIe et XVIIIe siècles. Ces colons provenaient majoritairement des provinces du nord, du centre-nord (Île-de-France) et de l'ouest de la France, à l'époque, encore fortement dialectalisantes. Sous l'action de divers facteurs, ces différences dialectales semblent s'être atténuées rapidement, pour donner, dès le Régime français, un parler jugé excellent par plusieurs observateurs européens. La rupture avec la France en 1763 et les changements linguistiques amenés dans ce pays par la Révolution de 1789 allaient entraîner par la suite une évolution divergente des parlers français et québécois, en particulier au plan de la prononciation: à partir du début du XIXe siècle, les visiteurs étrangers, surtout français, portent sur le parler québécois des jugements assez sévères, le considérant comme faisant provincial ou encore Ancien Régime.

Dès la prise de conscience de cet état de chose (milieu du XIXe siècle), la norme de Paris devient, au Canada, un objectif à atteindre. Sans trop de succès cependant jusqu'à la Révolution tranquille (vers 1960), car le modèle parisien de prononciation reste purement théorique pour la masse des gens jusqu'à l'avènement de la radio et du cinéma parlant (années 1920), où alors il se présente comme un modèle passif – expérimenté par la seule audition – qui ne réussit pas à se généraliser dans l'usage comme norme de prononciation; c'est un peu plus tard seulement, avec l'avènement de la télévision et avec les exigences de communication, concomitantes à l'ouverture sur le monde des années d'après-guerre et à l'effort de modernisation de la société, que l'élite québécoise juge opportun de s'approprier comme groupe le modèle de prononciation du français de Paris, l'imposant ainsi comme norme de parler public.

L'événement est donc récent. Il laisse entrevoir que certaines habitudes traditionnelles de prononciation et d'élocution restent présentes, contribuant ainsi à donner à la parole québécoise son allure propre sous un vêtement nouveau. À certains égards, l'état actuel, au Québec, de la prononciation et surtout de l'élocution fondamentale (durée, rythme) se trouve être celui du français soigné de Paris dans la deuxième moitié du XIXe siècle (voir les descriptions de Passy et de Rousselot), alors que dès le début du XXe siècle (voir la description de Pernot dans les années 1920), était déjà en train de se développer à Paris le modèle quantitatif, rythmique et articulatoire qui s'est depuis pleinement imposé. D'où l'important décalage qui persiste dans le parler québécois soigné sous l'alignement normatif récent: le rapprochement opéré vers la norme du français de Paris s'est fait en conservant au parler québécois une assise quantitative, rythmique et articulatoire qui lui est propre.

Au plan articulatoire, le rapprochement s'est d'abord opéré par l'emploi, ou la distribution, des voyelles et des consonnes dans les mots. Là, les divergences apparaissaient flagrantes et appelaient une

correction quasi obligée. Signalons, à titre d'exemples, la substitution des voyelles:
– /œ/ à /ø/ dans des mots comme *beurre, peur,* etc.;
– /ɛ/ à /e/ dans des mots comme *père, mère, collège,* etc.;
– /ɛ/ à /a/ dans des mots comme *terme, perte, verte,* etc.;
– /wa/ à /wɛ/ ou /we/ dans les mots où figure la graphie – *oi;*
– /y/ à /œ/ dans des mots comme *brume, plume, lune, enclume,* etc.

Pour les consonnes signalons l'emploi du:
– /t/ à la finale de mots comme *nuit, lit, dret* (droit), *fret* (froid), etc. et de patronymes comme *Paquet, Monet, Rinfret,* etc. (dans ce cas, cette prononciation est souvent maintenue en parler soigné).

Maintes autres prononciations, soit archaïsantes, soit d'origines dialectales, ont ainsi subi, dans un mot ou dans un autre, des alignements analogues sur le français de Paris.

C'est de cette façon que le parler québécois s'est d'abord et avant tout modifié pour se donner une variété soignée en regard du parler traditionnel, en passe de devenir maintenant de plus en plus rural et populaire. Mais autrement, cette variété soignée conserve de nettes attaches prosodiques et articulatoires avec la variété traditionnelle. Il en résulte un modèle de prononciation et d'élocution typiquement québécois, illustré quotidiennement par les annonceurs et les animateurs de Radio-Canada, ou encore, d'une façon plus spontanée et libre, par les participants aux multiples tables rondes et discussions publiques qu'offre aujourd'hui la télévision.

Ces attaches au parler traditionnel constituent cette assise quantitative, rythmique ou articulatoire dont il convient maintenant de détailler la composition. On peut distinguer deux séries d'éléments, les uns ayant trait à la prosodie, les autres à l'articulation des phonèmes.

Les traits caractéristiques de la première catégorie se rapportent aux effets de la répartition de l'énergie articulatoire sur la durée des voyelles par rapport à la durée des consonnes, sur les syllabes initiales et finales des mots et groupes de mots par rapport aux syllabes internes et sur la cohésion syllabique du mot ou du groupe de mots:
– la répartition de l'énergie articulatoire dans les mots et les groupes de mots de plusieurs syllabes favorise la première et la dernière syllabe au détriment des syllabes intermédiaires, qui alors s'abrègent et tendent à s'effacer: *cat(é)chisme, or(e)iller, prof(e)sseur, racc(o)mmoder, c'est c(o)mmode,* etc.; cette tendance rythmique va à l'encontre des habitudes élocutoires du français parisien soigné où... «le rythme le plus caractéristique... est la succession régulière des syllabes... perçues comme égales parce qu'elles ont toutes à peu près la même force (intensité) et toutes la même durée, sauf la dernière (la syllabe accentuée)» (P. Delattre);
– la répartition de l'énergie articulatoire entre les voyelles et les consonnes à l'intérieur du mot favorise les premières aux dépens des secondes, produisant ainsi des consonnes moins nettement articulées qu'en français parisien; aussi les syllabes apparaissent-elles en québécois moins bien délimitées et le mot différemment charpenté;
– à cette énergie articulatoire qui favorise les voyelles, et liée à elle, s'ajoute la tendance très forte à conserver, surtout en syllabe inaccentuée, une durée bien sentie aux voyelles longues par étymologie, telles les voyelles /ɛ/ - /ɑ/ et les nasales, ainsi qu'aux voyelles allongées par les consonnes /ʀ/ - /z/ - /ʒ/ comme dans: *banquet, emprunter, tomber, pinceau, têtu, pâté, maison, neiger,* etc.; ce qui a pour effet de contribuer à faire percevoir comme disjointes les syllabes où se trouvent ces voyelles, au lieu de les lier sans à – coup à la syllabe accentuée, comme en français parisien.

Ces tendances constituent le fondement de l'élocution québécoise traditionnelle et restent sous-jacentes dans le parler soigné: elles font que certains éléments de la parole apparaissent parfois comme détachés, donnant à celle-ci un air d'insistance qui en ralentit l'allure; cependant, plus le mode élocutoire est formalisé, plus ces tendances s'atténuent pour réapparaître dans le langage spontané.

La seconde catégorie de traits caractéristiques se rapporte à l'articulation des phonèmes, ou mieux, à des façons particulières de les produire. Dans certains cas, ces particularités articulatoires sont en rapport avec le mode élocutoire fondamental décrit ci-dessus (par exemple, la désonorisation et la tendance à négliger les voyelles fermées /i/ - /y/ - /u/; l'allongement et l'ouverture des voyelles /ɛ/ et /ɑ/); dans d'autres, elles constituent un héritage, soit dialectal, soit des époques anciennes de la langue, sans qu'on puisse toujours démêler de façon satisfaisante l'écheveau entortillé des origines. Si la plupart de ces particularités n'ont pas de valeur pertinente ou significative, il est deux voyelles cependant qui conservent une prononciation leur permettant de jouer un rôle oppositionnel: ce sont les voyelles /ɛ/ et /ɑ/ (oppositions «fête/faites; pâte/patte).

Parmi les particularités de prononciation non pertinentes ou non significatives, mentionnons: l'ouverture des voyelles /i/ - /y/ - /u/ en syllabe accentuée non allongée par /ʀ/ - /z/ - /ʒ/; la désonorisation des mêmes voyelles lorsqu'elles sont entre consonnes sourdes et en position inaccentuée; la tendance à la diphtongaison des voyelles ouvertes /ɑ/ - /ɔ/ - /ɛ/, des semi-ouvertes /o/ et /e/ et des nasales /ɑ̃/ - /ɛ̃/ - /õ/ - /œ̃/ en syllabe fermée accentuée; la réalisation de voyelles nasales relativement fermées et faiblement nasalisées; l'assibilation des consonnes /t/ et /d/ devant les voyelles /i/, /y/ et les semi-consonnes /j/ et /ɥ/, la palatalisation de /k/ et /g/ devant les voyelles antérieures; l'utilisation, selon les sujets parlants, d'un /ʀ/ apical ou d'un /ʀ/ vélaire souvent à plusieurs battements bien audibles, contrairement au /ʀ/ parisien devenu simplement fricatif. Ces traits articulatoires peuvent être plus ou moins marqués, plus ou moins sensibles à l'oreille selon le niveau de parole; d'une façon générale, on peut dire que certains d'entre eux restent présents à divers degrés dans la prononciation dite soignée, sans que, pour autant, il vaille la peine qu'on en fasse état dans une transcription qui se veut phonologique. Ils contribuent à ce qu'on pourrait appeler «l'accent québécois».

Il en va autrement des voyelles /ɛ/ et /ɑ/ dont la durée et la qualité sonore (le timbre) font la preuve d'un système articulatoire et phonologique (valeur distinctive ou significative) différent de celui du français parisien actuel. L'opposition entre *tête* et *tette, bête* et *bette, bêle* et *belle,* etc., d'une part, et entre *pâte* et *patte, mât* et *ma, tâche* et *tache,* etc., d'autre part, se maintient fermement en français québécois, alors qu'elle est en voie de disparition depuis le début du XXe siècle en français parisien.

La voyelle /E/ possède donc, en français québécois, un double timbre (qualité sonore); l'un, moyennement ouvert, /ɛ/ (dans *tette, bette, belle*), l'autre, très ouvert, /ɛ:/ (dans *tête, bête, bêle*). C'est cette dernière voyelle qui, parfois trop ouverte, tend à se diphtonguer. Le /ɜ/ très ouvert se retrouve dans les mots où cette voyelle est longue pour des raisons historiques (dans ce cas, la voyelle est souvent orthographiée avec un accent circonflexe), ou bien parce qu'elle est suivie des consonnes allongeantes /ʀ/ - /z/ - /ʒ/ (exemple: *frère, seize, neige*) et, dans quelques cas, de la consonne /v/ (*fève, orfèvre*). La différence de timbre entre les deux /E/, ajoutée à la valeur significative qu'elle a dans certaines paires de mots incitent à

faire état de ce système dans la notation phonétique des mots.
Tout comme pour les deux /E/, la distinction entre les deux /ɑ/ tend fortement à s'atténuer en français parisien. Il en va tout autrement en français québécois, où l'on maintient fermement la distinction, établie historiquement, entre le /a/ dit antérieur ou «clair» et le /ɑ/ dit postérieur ou «grave». Ce qui caractérise en outre le français québécois, c'est la qualité sonore du /ɑ/ postérieur: dans le parler traditionnel, il est très grave et son emploi s'étend à plus de mots qu'en français parisien, en particulier comme voyelle finale de nombreux mots: *chat, cadenas, débarras,* etc.; ou encore comme voyelle accentuée suivie de la consonne /ʀ/: *part, quart, tard,* etc., qui, en parler traditionnel, deviennent de parfaits homophones de *port, corps* et *tort.* Ce /ɑ/ postérieur traditionnel qui sonne comme un /o/ ouvert (c'est-à-dire /ɔ/) est aujourd'hui atténué de façon variable dans le parler soigné, où il se présente toujours cependant comme un /ɑ/ nettement postérieur, moyennement grave et tout à fait recevable selon la norme internationale de la prononciation du français. Ainsi, en français québécois, se trouvent fermement maintenues par le truchement des deux /ɑ/ les oppositions phonologiques ou significatives entre les paires de mots mentionnées ci-dessus, alors que ces oppositions se trouvent pratiquement annulées dans le parler courant de Paris. De même, en syllabe inaccentuée, restent très sensibles dans le parler québécois la durée demi-longue et la qualité sonore du /ɑ/ postérieur (*pâté, tâcher, tâtonner,* etc.) alors que ces caractéristiques sont à toutes fins pratiques disparues du parler parisien, modifiant ainsi considérablement le mode élocutoire fondamental de ce parler.
La prononciation québécoise dite soignée se présente aujourd'hui comme un moyen terme entre les habitudes phonétiques héritées du parler traditionnel et l'alignement articulatoire et surtout distributionnel opéré récemment sur le français de Paris. Ce moyen terme paraît être à divers égards une nécessité sociolinguistique, au moins en l'état actuel des choses, où l'on ne veut pas se couper du milieu, tout en concédant l'indispensable aux exigences de la communication internationale en français. Il en résulte une variété de français originale, qui répond actuellement aux besoins d'équilibre linguistique et sociologique des locuteurs québécois.

pronostic [pʀɔnɔstik] n. m. Jugement, conjecture sur ce qui doit arriver. *Faire, établir des pronostics. Écouter les pronostics des courses à la radio.* – MED Prévision du cours et des effets d'une maladie. *Le pronostic se fonde principalement sur le diagnostic.* – Bas lat. *prognosticus,* gr. *prognôstika,* de *progignôskein,* «connaître à l'avance».

pronostique [pʀɔnɔstik] adj. MED Relatif au pronostic. *Signes pronostiques.* – De *pronostic.*

pronostiquer [pʀɔnɔstike] v. tr. [1] **1.** Faire un pronostic. *Il avait pronostiqué la victoire de cette jument dans le Grand Prix.* **2.** Litt. Laisser prévoir, annoncer. *Ce ton menaçant pronostiquait le pire.* – De *pronostic.*

pronostiqueur, euse [pʀɔnɔstikœʀ, øz] n. **1.** Personne qui pronostique, (iron.) qui se mêle de pronostiquer. **2.** Journaliste chargé d'établir des pronostics sportifs. – Du préc.

pronunciamiento [pʀɔnunsjamjɛnto] n. m. En Espagne et en Amérique du Sud, action insurrectionnelle organisée par l'armée. (V. putsch.) – Proclamation, manifeste qui précède cette action. – Mot esp. «déclaration».

prop-. CHIM Préfixe utilisé pour former les noms des composés dont le squelette est constitué par trois atomes de carbone.

propadiène. Syn. de *allène.*

propagande [pʀɔpagɑ̃d] n. f. **1.** Activité tendant à propager, à répandre des idées, des opinions, et surtout à rallier des partisans à une idée, à une cause. *Faire de la propagande. Propagande politique. Propagande antialcoolique. Propagande subversive.* **2** *La Propagande:* nom usuel de la Congrégation de la Propagation de la foi. – Du lat. *propagare,* «propager», d'abord dans l'expression *congregatio de propaganda fide,* «congrégation pour propager la paix».

propagandisme [pʀɔpagɑ̃dism] n. m. Tendance à faire de la propagande. – Du préc.

propagandiste [pʀɔpagɑ̃dist] n. Personne qui fait de la propagande. – De *propagande.*

propagateur, trice [pʀɔpagatœʀ, tʀis] n. Celui, celle qui propage. *Un propagateur de mauvaises nouvelles.* – De *propager.*

propagation [pʀɔpagasjõ] n. f. **1.** Action de se propager. *La propagation de l'espèce.* **2.** Action de se propager, de répandre. *La propagation des idées.* – RELIG CATHOL *Congrégation pour la Propagation de la foi:* congrégation romaine fondée en 1622 dans le but d'évangéliser les territoires non européens dits «pays de mission». **3.** Fait de se propager; extension, progrès. *La propagation d'une maladie.* – PHYS Déplacement dans l'espace d'un phénomène vibratoire. *La propagation des ondes électro-magnétiques.* – Lat. *propagatio.*

propager [pʀɔpaʒe] v. tr. [15] **1.** Multiplier, reproduire par voie de génération. *Propager une espèce.* ▷ v. pron. *Races qui se propagent rapidement.* **2.** Répandre, faire connaître. *Propager la foi. Propager une doctrine.* Syn. diffuser. ▷ v. pron. Se répandre, gagner. *Le feu s'est propagé jusqu'aux immeubles voisins.* **3.** PHYS Assurer la transmission de, conduire. *L'air propage les vibrations acoustiques.* ▷ v. pron. Se déplacer. *Le son se propage dans l'air à la vitesse de 340 m/s.* – Lat. *propagare,* «reproduire par provignement».

propagule [pʀɔpagyl] n. f. BOT Fragment de l'appareil végétatif d'une plante (quels que soient sa taille et son niveau d'organisation), apte à redonner une nouvelle plante identique à la plante souche. – Lat. mod. *propagulum,* du class. *propago,* «bouture», de *propagare* «reproduire par provignement».

propane [pʀɔpan] n. m. CHIM Hydrocarbure saturé de formule CH_3–CH_2–CH_3, gaz incolore se liquéfiant à –44 °C, utilisé comme combustible (pouvoir calorifique 10^5 kJ/m³). – De *(acide) prop(ionique).*

propané, ée [pʀɔpane] adj. TECH Qui contient du propane. ▷ *Air propané:* mélange d'air et de propane utilisé comme combustible. – Du préc.

propanier [pʀɔpanje] n. m. MAR Navire spécialement aménagé pour le transport du propane. – De *propane.*

propanol [pʀɔpanɔl] n. m. TECH Alcool propylique*, utilisé en pharmacie, dans l'industrie des vernis, comme antigel et comme solvant. – De *propane,* et *(alco)ol.*

proparoxyton [pʀɔpaʀɔksitõ] n. m. LING Mot dont l'accent tonique porte sur l'antépénultième syllabe. – De *pro-,* et *paroxyton.*

propédeutique [pʀɔpedøtik] n. f. **1.** Enseignement préparatoire à un enseignement plus complet. **2.** Programme d'études préparatoires à l'inscription à des études universitaires de deuxième ou de troisième cycle. *Être en propédeutique.* – All. *Propädeutik,* du gr. *paideuein,* «enseigner».

propène [pʀɔpɛn] n. m. TECH Nom officiel du propylène. – Angl. *propene;* de *prop-,* et *-ène.*

propension [pʀɔpɑ̃sjɔ̃] n. f. Tendance naturelle. *Propension à mentir, au mensonge.* Syn. disposition, inclination, penchant. – Lat. *propensio,* de *propendere,* «pencher».

propergol [pʀɔpɛʀgɔl] n. m. TECH Ergol ou mélange d'ergols assurant la propulsion des moteurs-fusées. – Mot all., a remplacé *énergol,* nom déposé; de *prop(ulsion),* et *ergol.*

ENCYCL Un propergol est constitué d'une substance ou d'un ensemble de substances contenant un comburant et un combustible. Les propergols liquides comprennent les *monergols* (un seul ergol, comme l'eau oxygénée, l'hydrazine ou le nitrométhane) et les *diergols* (un ergol carburant, comme l'oxygène liquide, et un ergol combustible, comme le kérosène ou l'hydrogène liquide). Les propergols solides, également nommés *poudres,* se présentent sous la forme de blocs aux formes variées. Les *lithergols* sont des propergols hybrides, constitués d'un ergol solide et d'un ergol liquide.

prophase [pʀɔfɑz] n. f. BIOL Première phase de la mitose et de la méiose, caractérisée par l'individualisation des chromosomes, par leur clivage longitudinal (sauf au niveau du centromère) et par la disparition de l'enveloppe nucléaire. – De *pro-,* et *phase.*

prophète, prophétesse [pʀɔfɛt, pʀɔfetɛs] n. **1.** Chez les Hébreux, personne qui, inspirée par Dieu, annonçait au peuple des croyants une vérité cachée, des récompenses ou des châtiments divins. ▷ *Le Prophète-roi:* David. – *Le Prophète:* pour les musulmans, Mahomet. **2.** Personne qui annonce l'avenir, ce qui doit arriver. *Vous avez été bon prophète.* ▷ *Prophète de malheur:* personne qui annonce des choses désagréables. ▷ Prov. *Nul n'est prophète en son pays:* on a moins de succès parmi les siens, qu'ailleurs. – Lat. ecclés. *propheta,* gr. *prophêtês,* «interprète d'un dieu».

ENCYCL La Bible distingue quatre *grands prophètes:* Isaïe, Jérémie, Ézéchiel, Daniel, et douze *petits prophètes:* Osée, Joël, Amos, Abdias, Michée, Jonas, Nahum, Habacuc, Sophonie, Aggée, Zacharie, Malachie; chacun d'eux a donné son nom à un livre de la Bible.

prophétie [pʀɔfesi] n. f. **1.** Révélation des choses cachées, par inspiration divine. **2.** *Par ext.* Toute prédiction. – Lat. ecclés. *prophetia,* gr. *prophêteia.*

prophétique [pʀɔfetik] adj. **1.** Qui appartient au prophète. *Don, inspiration prophétiques.* **2.** Qui tient de la prophétie; dont les prévisions se sont réalisées. *Rêve, paroles prophétiques.* Syn. prémonitoire. – Lat. ecclés. *propheticus,* gr. *prophêtikos.*

prophétiser [pʀɔfetize] v. tr. [1] **1.** Annoncer l'avenir par inspiration surnaturelle. **2.** Prédire, dire d'avance ce qui doit arriver. – Lat. ecclés. *prophetizare,* gr. *prophêtizein.*

prophylactique [pʀɔfilaktik] adj. MED Relatif à la prophylaxie. *La vaccination est une mesure prophylactique.* – Gr. *prophilaktikos,* de *prophulassein,* «veiller sur».

prophylaxie [pʀɔfilaksi] n. f. MED Partie de la médecine qui a pour objet de prévenir l'apparition et le développement des maladies. – Ensemble des mesures prises à cette fin. – De *prophylactique.*

propice [pʀɔpis] adj. **1.** (En parlant des dieux.) Favorable, bien disposé (à l'égard de qqn). Par ext. *Un vent propice.* **2.** (Choses.) Bien adapté, qui convient bien. *L'heure était propice aux confidences.* ▷ Opportun. *Arriver au moment propice.* – Lat. *propitius.*

propiolique [pʀɔpjɔlik] adj. CHIM Se dit de certains composés acétyléniques à trois atomes de carbone. – De *pro-,* gr. *piôn* «gras», *-ol,* et *-ique.*

propionate [pʀɔpjɔnat] n. m. CHIM Sel ou ester de l'acide propionique contenu dans les essences végétales utilisées en parfumerie (essence de jasmin, de bergamote, etc.). – De *pro-,* du gr. *piôn,* «gras», et *-ate.*

propionique [pʀɔpjɔnik] adj. CHIM *Acide propionique:* acide saturé de formule CH_3-CH_2-COOH, produit de fermentation bactérienne du glycérol et de l'alanine. – De *pro-,* gr. *piôn,* «gras», et *-ique.*

propitiation [pʀɔpisjasjɔ̃] n. f. RELIG *Sacrifice de propitiation,* offert à Dieu pour le rendre propice. – Lat. ecclés. *propitiatio,* de *propitius,* «propice».

propitiatoire [pʀɔpisjatwaʀ] n. m. et adj. **1.** n. m. HIST Plaque d'or qui recouvrait l'Arche* d'alliance. **2.** adj. Litt. Qui a la vertu de rendre propice. *Sacrifice propitiatoire.* – Lat. ecclés. *propitiatorius,* de *propitius,* «propice».

propolis [pʀɔpɔlis] n. f. ZOOL Substance résineuse récoltée par les abeilles, notam. sur les bourgeons, et qu'elles utilisent pour boucher les fissures de la ruche, fixer les rayons, etc. – Mot lat., du gr. *propolis,* propr. «entrée d'une ville».

proportion [pʀɔpɔʀsjɔ̃] n. f. **1.** Rapport de grandeur entre les différentes parties d'un tout. *La proportion des membres et du tronc.* – (Au plur.) Ensemble des dimensions qui caractérisent un tout, considérées les unes par rapport aux autres. *Édifice aux belles proportions. Les proportions du château Frontenac.* **2.** *Par ext.* (souv. au pl.). Dimensions. *L'incendie a pris d'énormes proportions.* – Fig. *Ramener les faits à leurs justes proportions.* **3.** Rapport constant entre deux ou plusieurs grandeurs. ▷ MATH Égalité de deux rapports (ex.: $\frac{a}{b}=\frac{c}{d}$). **4.** Rapport quantitatif, pourcentage. *Quelle est la proportion de candidats admis?* – Loc. adv. *À proportion:* proportionnellement. ▷ Loc. prép. *À proportion de:* par rapport à, eu égard à. – Loc. adv. *En proportion:* dans un rapport constant. Syn. proportionnellement. *La hausse sur les matières premières s'est répercutée en proportion sur les produits finis.* ▷ Loc. prép. *En proportion de:* selon, suivant. *Le montant de l'assurance est en proportion des risques encourus.* ▷ *Hors de proportion (avec),* sans rapport (avec), démesuré. – *Toutes proportions gardées:* en tenant compte de la valeur relative, de la différence entre. **5.** Quantité relative (lorsqu'il y a plusieurs éléments). *Elle a mis tous les ingrédients nécessaires, mais s'est trompée dans les proportions.* – Lat. *proportio,* «rapport».

proportionnalité [pʀɔpɔʀsjɔnalite] n. f. **1.** Caractère des choses, des grandeurs proportionnelles entre elles. **2.** Juste répartition. *Proportionnalité de l'impôt.* – Bas lat. *proportionalitas,* de *proportionalis,* «proportionnel».

proportionné, ée [pʀɔpɔʀsjɔne] adj. **1.** Qui est dans un rapport convenable avec. *L'amende est proportionnée au délit.* **2.** Dont les proportions sont respectées. *Ce portrait n'est pas proportionné. Corps bien, mal proportionné.* – Pp. de *proportionner.*

proportionnel, elle [pʀɔpɔʀsjɔnɛl] adj. et n. f. Qualifie une grandeur, une quantité liée à une autre par un rapport déterminé (proportion). *Représentation proportionnelle:* système électoral accordant aux divers partis une représentation proportionnelle aux suffrages obtenus. ▷ *Grandeurs directement, inversement proportionnelles:* V. encycl. proportion. ▷ N. f. Ligne, quantité proportionnelle. – Bas lat. *proportionalis,* du class. *proportio,* «rapport».

proportionnellement [pʀɔpɔʀsjɔnɛlmɑ̃] adv. En proportion. *Proportionnellement à.* – Du préc.

proportionner [pʀɔpɔʀsjɔne] v. tr. [1] Établir un juste rapport, une juste proportion entre (une chose) et une autre. *Proportionner ses dépenses à ses revenus.* – Bas lat. *proportionare,* du class. *proportio,* «proportion».

propos [pʀɔ(o)po] n. m. **1.** Ce que l'on se propose; intention, dessein. *Mon propos n'est pas de vous condamner.* ▷ Loc. prép. *Dans le propos de:* afin de, pour, dans l'intention de. ▷ *Ferme propos:* résolution bien arrêtée. ▷ Loc. adv. *De propos délibéré:* à dessein, intentionnellement. **2.** loc. prép. *À propos de:* au sujet de. *Je veux vous voir à propos de votre fils.* – Loc. adv. *À tout propos:* à chaque instant, à chaque occasion. – Absol. *À propos:* à ce sujet, et, par ext., tant que j'y pense. *À propos, comment va-t-il?* – À point nommé, opportunément. *Arriver à propos, fort à propos.* ▷ *Mal à propos, hors de propos:* d'une façon inopportune, sans raison. *Vous étiez là bien mal à propos.* – Loc. adj. Opportun, convenable. *Il n'a pas jugé à propos de nous le dire. Des liaisons mal à propos. Tout cela est hors de propos.* ▷ N. m. *À-propos :* opportunité; présence d'esprit. *Avoir de l'à-propos. Manquer d'à-propos.* **3.** n. m. pl. Suite de paroles, discours que l'on tient dans une conversation. *Tenir des propos désobligeants.* – Déverbal de *proposer*, d'ap. lat. *propositum*, «plan, dessein».

proposer [pʀɔ(o)poze] v. [1] **I.** v. tr. **1.** Mettre en avant, énoncer (qqch) pour qu'on en délibère; soumettre à l'avis d'autrui. *Proposer un plan d'action. Proposer une loi.* – Suggérer. *Je propose de partir* (ou *qu'on parte*) *avant la nuit.* **2.** Soumettre la candidature de (qqn); présenter, recommander, désigner (qqn) comme apte à. *Proposer qqn pour un poste.* **3.** Offrir, présenter, mettre à la disposition de. *Proposer son aide, ses services.* – Présenter une offre. *Il a proposé de vous accompagner.* **4.** Donner à traiter. *Les sujets proposés cette année à l'examen.* **5.** Offrir (une certaine somme) pour acquérir (qqch). *On m'a proposé mille dollars de ce tableau.* **II.** v. intr. Vx Former un dessein. ▷ Prov. *L'homme propose et Dieu dispose.* **III.** v. pron. **1.** Offrir ses services. *Elle s'est spontanément proposée pour vous aider.* **2.** Avoir comme but. *Se proposer de partir.* – Du lat. *proponere*, «poser devant», d'ap. *poser*.

proposition [pʀɔ(o)pozisjõ] n. f. **1.** Action de proposer un projet, une offre; chose proposée. *Proposition de mariage. C'est une proposition honnête.* Syn. offre. **2.** Énonciation d'un jugement, affirmation. *Soutenir une proposition.* – MATH Énonciation d'une égalité, d'un théorème, etc.; ses termes. ▷ LOG Contenu d'une phrase. – Prédicat. *Calcul des propositions.* V. encycl. logique. ▷ GRAM Mot ou groupe de mots, généralement ordonnés autour d'un verbe, constituant une unité syntaxique, et correspondant soit à une phrase simple *(proposition indépendante)*, soit à un élément de phrase complexe *(proposition principale* ou *proposition subordonnée)*. **3.** MUS Exposition des sujets et des contre-sujets d'une fugue. – Lat. *propositio*.

1. propre [pʀɔpʀ] adj. et n. m. **A.** adj. **I.** (Après le nom.) **1.** Qui appartient exclusivement ou particulièrement à (qqn, qqch); qui caractérise (qqn, qqch). *Le charme propre du style d'un écrivain. Facultés propres à l'homme.* Syn. particulier. ▷ *Sens propre:* sens littéral, non modifié d'un terme (par oppos. à *figuré*). ▷ LING *Noms propres:* noms désignant un objet unique, notamment une personne, un lieu, une entité individuelle. (Ex.: Jean, la France.) *Les noms propres s'écrivent avec une majuscule.* LOG Nom (mot, expression, description) dont la référence est un être individuel. (Ex.: ce chat, le chat de ma voisine.) **2.** Qui convient, correspond parfaitement. *Employer le terme propre. – Une eau propre à la consommation.* Syn. approprié, adéquat. Ant. impropre. **3.** (Personnes.) Vieilli Apte à, capable de. *Il n'est guère propre à cette place, à ce poste.* – Loc. mod. *Propre à rien.* ▷ Subst. *Un propre à rien:* un incapable. **II.** (Après le possessif.) Sert à marquer avec plus de force, d'emphase, le rapport de possession, ou à lever une ambiguïté. *Ce sont ses propres termes.* **B.** n. m. **I.** *Le propre de...* Qualité, caractère particuliers qui appartiennent à un sujet et le distinguent. *Penser, parler est le propre de l'homme.* **II.** DR *Bien propre:* bien appartenant exclusivement à l'un des époux et qui ne tombe pas dans la masse commune des biens prévue par le régime de la communauté de biens ou de la société d'acquêts. **III.** loc. adv. **1.** *En propre:* en propriété exclusive. *Ce qu'elle possède en propre.* **2.** *Au propre:* au sens propre. *Au propre comme au figuré.* – Lat. *proprius*.

2. propre [pʀɔpʀ] adj. et n. m. **I.** adj. **1.** Net, immaculé, sans taches ni souillures. *Avoir les mains propres. Enfiler des vêtements propres.* **2.** Net, soigné, bien ordonné (choses, actions). *Un jardin propre. Un travail propre.* **3.** (Personnes.) Qui a des habitudes de propreté. ▷ (En parlant d'un enfant.) Qui contrôle ses fonctions naturelles. *Il ira à l'école quand il sera propre.* **4.** Fig. De moralité incontestable. *Des gens propres en affaires. Une intrigue pas très propre.* Syn. honnête. Ant. douteux. **II.** n. m. **1.** Ce qui est propre. *Du linge qui sent le propre.* ▷ Par antiphrase. *C'est du propre!:* se dit d'une affaire mal conduite ou malhonnête. **2.** Copie définitive. *Les brouillons et le propre. Recopier au propre.* – Lat. *proprius*.

1. proprement [pʀɔpʀəmɑ̃] adv. **1.** Précisément, exactement. ▷ Loc. adv. *À proprement parler:* pour parler en termes exacts, littéralement. ▷ *Proprement dit :* au sens étroit, restreint. *Le domaine de la philosophie proprement dite.* **2.** De la belle manière, comme il faut. *Il l'a proprement remis en place.* – De *propre* 1.

2. proprement [pʀɔpʀəmɑ̃] adv. **1.** D'une manière propre. *Travailler proprement.* **2.** D'une manière honnête, correcte, régulière. *Il s'est conduit très proprement.* – De *propre* 2.

propret, ette [pʀɔpʀɛ, ɛt] adj. Fam. Coquet, simple et propre. *Un intérieur propret.* – Dimin. de *propre* 2.

propreté [pʀɔpʀəte] n. f. **1.** Caractère, état de ce qui est propre, exempt de saleté. *Draps d'une propreté douteuse. La propreté d'une maison. Un air de propreté.* ▷ Qualité d'une personne propre. *Femme de ménage d'une grande propreté.* **2.** Fig. Qualité de ce qui est honnête, correct, régulier, conforme à la morale. *Propreté morale.* – De *propre* 2.

propréteur [pʀɔpʀetœʀ] n. m. ANTIQ ROM Magistrat (le plus souvent, un ancien préteur) chargé du gouvernement d'une province. – Lat. *proprætor*.

propréture [pʀɔpʀetyʀ] n. f. ANTIQ ROM Dignité, charge de propréteur; durée de cette charge. – Du préc.

propriétaire [pʀɔpʀijetɛʀ] n. et adj. Personne à qui une chose appartient en propriété. *Le propriétaire de cette voiture est prié de se faire connaître.* ▷ Adj. *Être propriétaire de sa maison.* – Plus partic. **1.** Personne qui possède un bien-fonds. *Un riche propriétaire.* **2.** Personne à qui appartient un immeuble loué à des locataires. *Payer le loyer au propriétaire* (abrév. fam. proprio. – Bas lat. *proprietarius*, de *proprietas*, «propriété».

propriété [pʀɔpʀijete] n. f. **I. 1.** Droit de jouir ou de disposer d'une chose que l'on possède en propre de la manière la plus absolue, pourvu qu'on n'en fasse pas un usage prohibé par les lois et règlements. *Titre de propriété. Propriété foncière, mobilière.* **2.** La chose même qui fait l'objet du droit de propriété. *Ceci est ma propriété et vous n'y toucherez pas.* **3.** Bien-fonds possédé par qqn; domaine. *Une propriété de 50 hectares. Propriété de famille.* **II. 1.** Caractère, qualité propre à qqch. *Les propriétés physiques des corps.* **2.** Emploi du terme convenant exactement à l'idée exprimée. *La propriété des termes est nécessaire à la clarté d'un texte.* Ant. impropriété. – Lat. jur. *proprietas*, de *proprius*, «propre».

proprio [pʀɔpʀio] n. Fam. Abrév. de propriétaire.

proprioceptif, ive [pʀɔpʀijosɛptif, iv] adj. PHYSIOL *Sensibilité proprioceptive:* sensibilité nerveuse à divers stimuli (pression, tension, etc.) affectant les muscles, les tendons, les os et les articulations. – De *propre*, et de *(ré)ceptif* ou *(per)ceptif*.

proprio motu. V. motu proprio.

propulser [pʀɔpylse] v. tr. [1] **1.** Faire mouvoir, faire avancer. *Le moteur qui propulse une fusée.* **2.** Fig., fam. Projeter, pousser en avant. ▷ Fam. v. pron. Avancer. – De *propulsion*.

propulseur [pʀɔpylsœʀ] n. m. **1.** TECH Dispositif produisant une force qui pousse un mobile vers l'avant (hélice, réacteur, etc.). ▷ Adj. *Engin propulseur.* V. encycl. fusée et encycl. moteur. – Gaz contenu dans une bombe d'aérosol servant à pousser vers l'extérieur le produit qu'elle contient. **2.** PREHIST Instrument destiné à aider au lancement d'une arme de jet. – De *propulsion*.

propulsif, ive [pʀɔpylsif, iv] adj. TECH Qui exerce une propulsion, partic. en agissant par l'arrière (par oppos. à *tractif*). *Hélice propulsive.* – De *propulsion*.

propulsion [pʀɔpylsjõ] **1.** n. f. Didac. Action de pousser en avant. *La propulsion du sang dans les veines.* **2.** Mouvement qui projette en avant. *Propulsion à réaction.* – Du lat. *propulsus*, pp. de *propellere*, «pousser devant soi».

propyle [pʀɔpyl] n. m. CHIM Radical univalent $CH_3-CH_2-CH_2$, dérivé de l'alcool propylique. – Angl. *propyl*.

propylée [pʀɔpile] n. m. ANTIQ GR **1.** Porte monumentale d'un temple. **2.** Plur. Construction à colonnes érigée pour former l'entrée principale de l'enceinte d'un sanctuaire, d'une citadelle. – Absol. *Les Propylées:* ceux de l'Acropole d'Athènes. – Gr. *propulaion*, propr. «ce qui est devant la porte».

propylène [pʀɔpilɛn] n. m. CHIM Hydrocarbure éthylénique de formule $CH_3-CH{=}CH_2$, dérivé du propane et servant à la fabrication de matières plastiques. (Nom officiel: *propène*.) – De *propane*, d'ap. *éthyle* et suff. *-ène*, indicatif des carbures d'hydrogène.

propylique [pʀɔpilik] adj. CHIM *Alcool propylique*, $CH_3-CH_2-CH_2OH$ ou propanol*. – De *propyle*.

prorata [pʀɔʀata] n. m. inv. **1.** Vx Quote-part. *Distribuer les prorata.* ▷ *Compte-prorata :* partage des frais communs entre les différentes parties prenantes. **2.** loc. adv. et prép. *Au prorata (de) :* proportionnellement (à). *Partager les bénéfices au prorata des mises.* – Du lat. *pro rata (parte)*, «selon la part calculée».

prorogatif, ive [pʀɔʀɔgatif, iv] adj. Qui proroge. *Décret prorogatif.* – Lat. *prorogativus*.

prorogation [pʀɔʀɔgasjõ] n. f. **1.** Délai, prolongation. **2.** POLIT Acte du pouvoir exécutif qui marque la clôture d'une session parlementaire. **3.** DR Prolongation d'un délai à une date postérieure à celle qui avait été convenue dans un contrat ou prescrite dans un texte de loi. – Lat. *prorogatio;* sens 2, angl. *prorogation*.

proroger [pʀɔʀɔʒe] v. tr. [15] **1.** Prolonger le temps, le délai qui avait été accordé, fixé pour. *Proroger un traité, une loi. Proroger une échéance.* **2.** POLIT Suspendre (les séances des chambres parlementaires) et en remettre la continuation à une date ultérieure. – Sens 1, lat. *prorogare;* sens 2, angl. *to prorogue*, sur l'a. v. *proroguer*.

prosaïque [pʀɔzaik] adj. **1.** Qui tient trop de la prose. *Vers prosaïque.* **2.** Fig., mod. Exempt de poésie, d'élévation d'esprit, terre à terre. *Des occupations très prosaïques.* Syn. commun, ordinaire. – Bas lat. *prosaicus*, «écrit en prose», de *prosa*, «prose».

prosaïquement [pʀɔzaikmɑ̃] adv. D'une façon prosaïque. – De *prosaïque*.

prosaïsme [pʀɔzaism] n. m. Didac. Défaut de ce qui est prosaïque. ▷ Fig. *Le prosaïsme du quotidien.* Ant. poésie. – De *prosaïque*.

prosateur [pʀɔzatœʀ] n. m. Auteur qui écrit en prose. – Ital. *prosatore*.

proscenium [pʀɔsenjɔm] n. m. **1.** ANTIQ Scène, plate-forme sur laquelle se tenaient les acteurs; le devant de cette scène. **2.** Mod. Avant-scène. *Des prosceniums.* – Mot lat.; gr. *proskênion*, «avant-scène».

proscripteur [pʀɔskʀiptœʀ] n. m. Didac. Celui qui proscrit. – Lat. *proscriptor*.

proscription [pʀɔskʀipsjõ] n. f. **1.** Action de proscrire; mesure prise pour interdire à un citoyen, généralement pour des raisons politiques, de continuer à résider dans sa patrie. **2.** Fig. Action de rejeter, de condamner. – Lat. *proscriptio*.

proscrire [pʀɔskʀiʀ] v. tr. [65] **1.** ANTIQ ROM Condamner à mort, à l'exil, sans forme judiciaire, en publiant par voie d'affiche le nom des condamnés. **2.** Bannir, exclure, chasser d'un pays, d'une société, d'une communauté. ▷ Fig. Rejeter. *Les tournures archaïques sont à proscrire.* **3.** Interdire, défendre formellement. *La prohibition avait proscrit les boissons alcoolisées.* – Du lat. *proscribere*, «porter sur une liste de proscription», d'ap. *écrire*.

proscrit, ite [pʀɔskʀi, it] adj. et n. Frappé de proscription. – Pp. de *proscrire*.

prose [pʀoz] n. f. **1.** Forme du discours écrit qui n'est pas soumis aux règles prosodiques, rythmiques, euphoniques de la poésie formelle; tout discours oral spontané. *Écrire en prose.* ▷ *Poème en prose, prose poétique :* écrit d'inspiration lyrique où le rythme et les images ne sont pas soumis aux règles de la versification. ▷ Fig. *Faire de la prose sans le savoir:* faire, réussir qqch par hasard et sans dessein. (Allus. à une scène du *Bourgeois gentilhomme* de Molière.) **2.** Manière d'écrire; littérature. *Bonne, mauvaise prose.* ▷ Fam. Lettre, écrit. *J'ai reçu votre prose.* **3.** LITURG Hymne latine, rimée et fortement rythmée, chantée avant l'Évangile à la messe de Pâques, de Pentecôte, du Saint-Sacrement, aux offices funèbres. – Lat. *prosa*, de *prosa (oratio)*, «discours qui va en droite ligne».

prosélyte [pʀɔzelit] n. m. **1.** Chez les Juifs de l'époque hellénistique et du début de l'ère chrétienne, païen converti au judaïsme et ayant été circoncis. **2.** *Par anal.* Personne nouvellement convertie à une religion. **3.** *Par ext.* Partisan gagné depuis peu à un mouvement, à une doctrine; nouvel adepte. – Bas lat. ecclés. *proselytus*, gr. *prosêlutos*, propr. «nouveau venu dans un pays».

prosélytisme [pʀɔzelitism] n. m. Zèle déployé pour faire des prosélytes, de nouveaux adeptes. – Du préc.

prosimiens [pʀɔsimjɛ̃] n. m. pl. ZOOL Syn. de *lémuriens*. – De *pro-*, et *simien*.

prosobranches [pʀɔzɔbʀɑ̃ʃ] n. m. pl. ZOOL Sous-classe de mollusques gastéropodes caractérisés par des branchies situées en avant du cœur (ormeau, patelle, murex). – Du gr. *prosô*, «en avant», et de *branches*, «branchies».

prosodie [pʀɔzɔdi] n. f. **1.** Didac. Étude des règles relatives à la métrique et, partic., étude de la durée, de la hauteur et de l'intensité des sons. **2.** LING Partie de la phonologie qui étudie les faits phoniques qui échappent à l'analyse en phonèmes et traits distinctifs, tels que le ton, l'intonation, l'accent et la durée. **3.** MUS *Prosodie musicale:* règles concernant l'application de la musique à des paroles ou inversement. – Du gr. *prosôdia*, «élément servant à accentuer le langage».

prosodique [pʀɔzɔdik] adj. Didac. Qui appartient à la prosodie. ▷ LING *Trait prosodique:* trait phonique affectant un segment autre que le phonème. – De *prosodie.*

prosopopée [pʀɔzɔpɔpe] n. f. RHET Figure qui consiste à faire agir et parler un mort, une chose personnifiée, une abstraction. – Lat. *prosopopeia,* mot gr. de *prosôpon,* «personne».

1. prospect [pʀɔspɛkt] n. m. Vx Vue étendue d'un site à partir d'un point donné. – Lat. *prospectus,* «vue, perspective».

2. prospect [pʀɔspɛkt] n. m. Anglicisme COMM Client potentiel d'une entreprise. – Mot angl.

prospecter [pʀɔspɛkte] v. tr. [1] **1.** Parcourir et étudier un terrain en vue d'y découvrir des gisements, des richesses exploitables. **2.** COMM Étudier, parcourir (une ville, une région) pour rechercher une clientèle. **3.** Fig. Parcourir et examiner minutieusement. *J'ai prospecté les fichiers.* – Angl. *to prospect.*

prospecteur, trice [pʀɔspɛktœʀ, tʀis] n. **1.** Personne qui prospecte, une région, un terrain. *Prospecteurs d'uranium.* **2.** Fig. et litt. Personne qui cherche à découvrir, qui explore. *Un prospecteur d'idées.* **3.** *Prospecteur-placier,* qui recherche des emplois pour les gens sans travail. – Angl. *prospector.*

prospectif, ive [pʀɔspɛktif, iv] adj. Qui concerne le futur, tel qu'on peut l'imaginer à partir de données et de tendances actuelles. *Recherches prospectives.* – De *prospect* 1.

prospection [pʀɔspɛksjõ] n. f. **1.** Recherche systématique entreprise pour découvrir des richesses naturelles. *Prospection pétrolière.* ▷ Par ext. *Prospection commerciale.* **2.** Fig. Action de prospecter (sens 3). – De *prospecter,* d'après l'angl.

prospective [pʀɔspɛktiv] n. f. Ensemble des recherches qui ont pour objet l'évolution des sociétés dans un avenir prévisible. – De *prospectif.*

prospectus [pʀɔspɛktys] n. m. **1.** Vieilli Brochure informative qui paraît avant la publication d'un ouvrage, d'une collection. **2.** Feuille volante, brochure publicitaire, distribuée pour annoncer au public une vente, un spectacle, vanter un produit, etc. **3.** FIN *Prospectus d'émission:* document juridique qui présente les caractéristiques d'une émission de titres offerte au public. – Mot lat., «vue, aspect», de *prospicere,* «regarder au loin, en avant».

prospère [pʀɔspɛʀ] adj. Qui est dans un état, une situation de succès, de réussite. *Une entreprise prospère.* – Vieilli (Personnes.) *Un financier, un industriel prospère.* – Lat. *prosperus,* «qui répond aux espérances».

prospérer [pʀɔspeʀe] v. intr. [16] **1.** Connaître un sort favorable, avoir des succès, se développer. *Ses affaires prospèrent.* **2.** Croître en abondance, proliférer. *L'olivier prospère en Italie.* – Lat. *prosperare.*

prospérité [pʀɔspeʀite] n. f. État prospère, situation de succès (d'une personne, d'une entreprise). ▷ *Spécial.* État de grande abondance, de richesse. *Une ère de prospérité et d'expansion.* – Lat. *prosperitas.*

prostaglandine [pʀɔstaglɑ̃din] n. f. BIOCHIM Substance dérivée d'un acide spécifique (dit *prostanoïque*), isolée primitivement dans la prostate, mais présente dans de nombreux tissus. *Les prostaglandines jouent un rôle dans la régulation hormonale, l'agrégation des plaquettes sanguines, les contractions musculaires de l'utérus et dans le fonctionnement du système sympathique.* – De *prosta(te), gland(e),* et *-ine.*

prostate [pʀɔstat] n. f. ANAT Glande de l'appareil génital masculin, endocrine et exocrine, située sous la vessie, autour de la partie initiale de l'urètre, et qui sécrète un liquide constituant l'un des éléments du sperme. – Gr. *prostatês,* «qui se tient en avant».

prostatectomie [pʀɔstatɛktɔmi] n. f. CHIR Ablation de la prostate, le plus souvent en cas d'adénome. – De *prostate,* et *-ectomie.*

prostatique [pʀɔstatik] adj. et n. m. **1.** adj. ANAT Relatif à la prostate. **2.** n. m. MED Sujet atteint d'une affection de la prostate. – De *prostate.*

prostatite [pʀɔstatit] n. f. MED Inflammation de la prostate. – De *prostate,* et *-ite* 1.

prosternation [pʀɔstɛʀnasjõ] n. f. Litt. Action de se prosterner. ▷ Fig. Action d'humilité, abaissement. – De *prosterner.*

prosternement [pʀɔstɛʀnəmɑ̃] n. m. **1.** Posture de celui qui est prosterné; le fait de se prosterner. **2.** Fig., litt. Abaissement. – De *prosterner.*

prosterner [pʀɔstɛʀne] **1.** v. tr. [1] Litt. Abaisser jusqu'à terre (son corps, une partie du corps) enprotec de respect ou d'adoration. **2.** v. pron. Cour S'incliner, s'abaisser très bas en signe d'adoration, de respect profond. ▷ Par métaph. *Se prosterner devant qqn,* s'humilier à l'excès devant lui. – Lat. *prosternere,* «étendre, jeter à terre»..

prosthèse [pʀɔstɛz] n. f. LING Adjonction d'un élément à l'initiale d'un mot, sans changement de sens. ▷ La lettre, la syllabe ainsi ajoutée. (Ex.: le *e* de *espérer* ajouté au lat. *sperare;* le *l* de *lierre* pour *l'ierre.* – Lat. *prosthesis,* mot gr.

prosthétique [pʀɔstetik] adj. **1.** LING Relatif à la prosthèse; qui forme une prosthèse. *Voyelle prosthétique.* **2.** BIOCHIM *Groupement prosthétique:* groupement chimique constitutif d'une molécule d'hétéroprotéine et renfermant son radical actif. – De *prosthèse.*

prostitué, ée [pʀɔstitɥe] n. **1.** n. f. Femme qui se prostitue. Syn. grossier putain. **2.** n. m. *Par ext.* Homme qui se livre à la prostitution. – Pp. subst. de *prostituer.*

prostituer [pʀɔstitɥe] v. tr. [1] **1.** Inciter, livrer (qqn) au commerce charnel pour de l'argent, par intérêt. ▷ v. pron. *Jeune femme, jeune homme qui se prostitue.* **2.** Litt. Avilir par intérêt. *Prostituer son talent.* ▷ v. pron. *Écrivain qui se prostitue,* qui écrit ce qui convient à ceux dont il sert les intérêts. Syn. se vendre. – Lat. *prostituere,* «exposer en public», au fig. «déshonorer», de *pro-,* «en avant», et *statuere,* «placer».

prostitution [pʀɔstitysjõ] n. f. **1.** Action de prostituer (qqn), de se prostituer; fait de prêter son corps aux désirs sexuels d'autrui contre rémunération. ▷ Fait social constitué par l'existence des prostitué(e)s. *La misère favorise l'extension de la prostitution.* **2.** Action de prostituer (sens 2); avilissement intéressé. – Lat. *prostitutio,* de *prostituere.* V. prostituer.

prostomium [pʀɔstɔmjɔm] n. m. ZOOL Région antérieure du corps des annélides contenant la bouche. – Lat. savant, de *pro-,* «en avant», et gr. *stoma,* «bouche».

prostration [pʀɔstʀasjõ] n. f. **1.** LITURG Posture qui consiste à s'étendre sur le sol, face contre terre. **2.** MED Affaiblissement extrême des forces musculaires qui accompagne certaines maladies aiguës. ▷ Cour. Abattement profond. – Lat. *prostratio,* de *prostratus,* pp. de *prosternere,* «étendre, jeter à terre».

prostré, ée [pʀɔstʀe] adj. MED et cour. En proie à un abattement profond. – Lat. *prostratus.* V. prostration.

prostyle [pʀɔstil] adj. et n. m. ARCHI Qui présente une rangée de colonnes sur la façade antérieure. *Temple prostyle.* ▷ N. m. Vestibule formé par ces colonnes. – Lat. *prostylos,* mot gr., de *pro-,* «devant», et *stulos,* «colonne».

prot(o)-. V. proto-.

protactinium [pʀɔtaktinjɔm] n. m. CHIM Élément radioactif (symbole Pa) de numéro atomique Z = 91, dont l'isotope de masse 231 se désintègre en donnant de l'actinium. – De *prot(o)-*, et *actinium*.

protagoniste [pʀɔtagɔnist] n. m. 1. LITTER Acteur qui tenait le premier rôle dans une tragédie grecque. 2. Fig. et cour. Personne qui a le premier rôle, ou un des premiers rôles, dans une affaire, une entreprise, un récit. – Gr. *prôtagônistês*, de *prôtos*, «premier», et *agônizesthai*, «combattre, concourir».

protamine [pʀɔtamin] n. f. BIOCHIM Substance polypeptidique de masse molaire élevée, l'un des constituants des nucléoprotéides. – De *prot(éine)*, et *amine*.

protandrie. V. protérandrie.

protase [pʀɔtɑz] n. f. 1. LITTER Vx Partie d'une pièce de théâtre qui constitue l'exposition. 2. LING Proposition qui, dans une phrase, en amorce une autre, dite *apodose**. – Bas lat. gram. *protasis*, du gr.

prote [pʀɔt] n. m. Contremaître d'un atelier typographique. *Le prote et les correcteurs*. – Du gr. *prôtos*, «premier».

protecteur, trice [pʀɔtɛktœʀ, tʀis] n. et adj. I. n. 1. Personne qui protège (qqn, qqch). *Il se pose en protecteur du faible et de l'opprimé*. – *Par euph. ou plaisant*. Homme qui entretient une femme; homme qui vit des revenus d'une prostituée. ▷ Institution, chose qui protège. *La Constitution doit être la protectrice des libertés*. 2. HIST *Protecteur* ou *lord-protecteur* : titre du régent, en Angleterre et en Écosse, du XVe au XVIIe s. II. adj. 1. Qui protège. *Société protectrice des animaux*. ▷ ECON *Système protecteur*. V. protectionnisme. 2. Qui marque une certaine condescendance. *Prendre un air protecteur*. – Bas lat. *protector*.

protection [pʀɔtɛksjɔ̃] n. f. 1. Action de protéger, de se protéger; son résultat. *Bénéficier de la protection d'un haut personnage*. – (Choses.) *La protection d'un appareil par un blindage*. 2. Dispositif, institution qui protège. *Protection civile*, qui vise à protéger les populations civiles en cas de guerre ou de catastrophe nationale. 3. Personne ou chose qui protège. *Une protection efficace*. – Bas lat. *protectio*.

protectionnisme [pʀɔtɛksjɔnism] n. m. ECON Ensemble des mesures (contingentements, droits de douane, etc.) visant à limiter ou à interdire l'entrée des produits étrangers afin de protéger les intérêts économiques nationaux; doctrine économique prônant l'emploi de ces mesures. Ant. libre-échange. – De *protection*.

protectionniste [pʀɔtɛksjɔnist] n. ECON Partisan du protectionnisme. ▷ Adj. *Le système protectionniste*. – Du préc.

protectorat [pʀɔtɛktɔʀa] n. m. 1. Institution établie par un traité international créant une dépendance limitée de l'État protégé à l'égard de l'État protecteur. ▷ L'État dépendant. *La Tunisie était un protectorat français*. 2. HIST Dignité, gouvernement de Protecteur d'Angleterre. *Le protectorat de Cromwell*. – De *protecteur*.

protée [pʀɔte] n. m. 1. Litt. Homme qui change continuellement d'apparence ou d'attitude. 2. ZOOL *Protée* ou *protée anguillard (Proteus anguinus)*: amphibien urodèle cavernicole, à peau dépourvue de pigment, aux membres minuscules et aux yeux atrophiés, qui, adulte, conserve sa forme larvaire. *Le protée possède des branchies externes et des poumons*. – De *Prôteus*, «*Protée*».dieu gr. de la mer; lat. *Proteus*.

protégé, ée [pʀɔteʒe] adj. et n. 1. adj. Qui est à l'abri, que l'on a protégé. *Passage protégé*. 2. n. Personne que l'on protège, à qui l'on apporte son appui. – Pp. de *protéger*.

protège-cahier [pʀɔtɛʒkaje] n. m. Couverture souple et mobile pour protéger la couverture d'un cahier d'écolier. *Des protège-cahiers*. – De *protéger*, et *cahier*.

protège-dents [pʀɔtɛʒdɑ̃] n. m. inv. Appareil que certains athlètes (les boxeurs, en particulier) portent dans la bouche pour protéger leurs dents. – De *protéger*, et *dent*.

protéger [pʀɔteʒe] v. tr. [17] 1. Assister, prêter secours à (qqn) de manière à garantir sa sécurité (physique ou morale). 2. Préserver, garantir l'existence de (qqch). *Protéger la liberté du culte*. 3. Mettre à l'abri, préserver (d'un inconvénient). *Protéger son visage du soleil*. – *Crème qui protège la peau*. ▷ v. pron. *Se protéger la peau à l'aide d'une crème*. 4. Favoriser, encourager le développement de (une activité). *Protéger les arts*. 5. Accorder son soutien, son aide matérielle à (qqn). 6. ECON Encourager le développement économique de (un secteur, un produit) par des mesures protectionnistes. *Protéger l'industrie canadienne de la chaussure*. – Lat. *protegere*, littéralement «couvrir devant».

protège-tibia [pʀɔtɛʒtibja] n. m. Dispositif rembourré qui protège le tibia des joueurs de football, de soccer, etc. *Des protège-tibias*. – De *protéger*, et *tibia*.

protéide [pʀɔteid] n. f. BIOL Tout polymère protéique; spécial., holoprotéine. V. protéine. – Angl. *proteid*, formé sur *protéine*, par substitution de suff.

protéiforme [pʀɔteifɔʀm] adj. Litt. Qui change à chaque instant de forme, se manifeste sous des aspects variés. *Des opinions protéiformes*. – De *protée*, et *-forme*.

protéine [pʀɔtein] n. f. BIOCHIM et cour. Polymère composé d'acides aminés, de masse moléculaire élevée. – De *prot(o)-*, et suff. *-ine*.

ENCYCL Les protéines sont présentes dans tous les tissus de l'organisme sous forme de protéines de structure et d'enzymes; l'hémoglobine, la myoglobine, la fibrine sont aussi des protéines. Leur synthèse *(protéosynthèse)* s'effectue dans les cellules (notam. du foie et des muscles) au niveau des ribosomes; leur structure est déterminée par le code génétique inscrit dans l'A.D.N. et transmis par l'A.R.N. messager. Les protéines peuvent être formées uniquement d'acides aminés (holoprotéines) ou contenir d'autres composés, gluci-diques ou lipidiques *(protéines conjuguées* ou *hétéroprotéines)*. La structure primaire d'une protéine consiste en l'association d'acides aminés, réunis par des liaisons peptidiques; plusieurs chaînes polypeptidiques peuvent être unies par des liaisons non peptidiques. La structure secondaire, ou dans l'espace, a le plus souvent la forme d'une hélice, maintenue telle par des liaisons secondaires faibles. La structure tertiaire, ou forme globale de la protéine, représente un ordre supérieur d'organisation. La dénaturation des protéines peut se faire par chauffage, acidification, addition de solvants. Les enzymes protéolytiques catalysent la rupture de liaisons peptidiques, soit au niveau des acides aminés terminaux, soit au milieu de la chaîne. Les protéines sont apportées par les aliments et sont absorbées par l'intestin sous forme d'acides aminés.

protéinémie [pʀɔteinemi] n. f. BIOL Taux de protéines dans le sang. – De *protéine*, et *-émie*.

protéinurie [pʀɔteinyʀi] n. f. BIOL Présence de protéines dans les urines. – De *protéine*, et *-urie*.

protéique [pʀɔteik] adj. BIOCHIM Qui se rapporte aux protéines, aux protéides. ▷ Relatif aux protides. *Substance protéique*. – De *protéine*.

protèle [pʀɔtɛl] n. m. ZOOL Mammifère carnivore *(Proteles cristatus)* des steppes et des savanes d'Afrique du S., voisin de l'hyène rayée, appelé aussi *loup fouisseur*. – Du gr. *pro*, «avant, devant», et *teléeis*, «accompli, parfait».

protéolyse [pʀɔteɔliz] n. f. BIOCHIM Hydrolyse des protéines permettant leur dégradation et libérant leurs éléments constitutifs. – De *protéine*, et *-lyse*.

protéolytique [pʀɔteɔlitik] adj. BIOCHIM Qui hydrolyse et dédouble les protéines. – Du préc.

protéosynthèse [pʀɔteɔsɛ̃tɛz] n. f. BIOCHIM Synthèse des protéines par l'organisme. – De *protéine*, et *synthèse*.

protérandrie [pʀɔteʀɑ̃dʀi] ou **protandrie** [pʀɔtɑ̃dʀi] n. f. BIOL État d'un être vivant hermaphrodite dont les éléments mâles sont mûrs avant les éléments femelles. – Du gr. *proter(os)*, «antérieur», et de *andros*, «mâle».

protérogyne, protérogynie. V. protogyne, protogynie.

protestant, ante [pʀɔtɛstɑ̃, ɑ̃t] n. et adj. Personne qui appartient à l'une des Églises réformées*. ▷ Adj. *Culte protestant*. – Ppr. *protester*.

protestantisme [pʀɔtɛstɑ̃tism] n. m. Doctrine et culte de la religion réformée. ▷ Ensemble des Églises protestantes, des protestants. – De *protestant*.

ENCYCL La Réforme* était déjà bien engagée lorsque ses partisans (disciples de Luther) reçurent le surnom de «protestants», qui doit être entendu en un double sens: lors de la diète de juin 1529, réunie à Spire par l'empereur Charles Quint, certains princes et certaines villes du parti réformé s'opposèrent à sa volonté d'«unifier» la religion des États allemands et «protestèrent» solennellement leur foi; mais, en s'élevant contre les projets impériaux, ils firent aussi figure de protestataires, et c'est en ce sens que leur surnom fut compris. Les princ. communautés chrétiennes réformées (luthéranisme, calvinisme, anglicanisme, presbytérianisme, auxquels s'ajoutent de nombr. sectes) se lièrent plus tard aux États selon des liens officiels (États du Saint-Empire, Scandinavie) ou n'obtinrent qu'une reconnaissance plus ou moins bien établie (Amérique du N., France). Au point de vue doctrinal, le protestantisme réduit l'orthodoxie à quelques thèmes fondamentaux: le salut par la foi en Jésus-Christ, et non par les œuvres, ni par la médiation de la Vierge et des saints; la prépondérance de l'Écriture (lieu privilégié de la parole de Dieu) sur les prescriptions de la hiérarchie et, par conséquent, la participation de tous les fidèles, inspirés par l'Esprit-Saint, à l'interprétation des Écritures (facilitée par leur diffusion grâce à l'imprimerie et par leur trad. en langue vulgaire). Il en résulte une simplification du *culte* (puisque le salut vient de la foi seule, les sacrements n'en étant plus qu'un symbole) et de l'*organisation ecclésiale* (puisque l'ensemble des fidèles constitue le sacerdoce universel, la hiérarchie devient un simple ministère au service de la communauté). Actuellement, les protestants et anglicans (qui, eux, constituent un cas particulier d'Égl. réformée) sont approximativement 350 millions, répartis sur l'ensemble des cinq continents. C'est en Europe (110 millions) et en Amérique du N. (100 millions) qu'ils sont les plus nombreux.

protestataire [pʀɔtɛstatɛʀ] adj. Qui fait entendre une protestation. ▷ Subst. *Les protestataires*. – De *protester*.

protestation [pʀɔtɛstasjɔ̃] n. f. **1.** Promesse, assurance positive. V. protester I, 1. *Protestations d'amitié*. **2.** Action de protester; paroles par lesquelles on proteste; spécial., déclaration en forme par laquelle on s'élève contre qqch. *Paroles, gestes, cris de protestation. Signer une protestation*. – Bas lat. *protestatio*.

protester [pʀɔtɛste] v. [1] **I.** v. tr. **1.** Vx Attester avec force et solennité. *Protester sa fidélité. Protester sa foi*. V. encycl. protestantisme. **2.** DR *Protester un effet, un billet*, faire dresser un protêt contre cet effet, ce billet. **II.** v. tr. indir. *Protester de*: affirmer avec force, publiquement. *Protester de son innocence, de sa bonne foi*. **III.** v. intr. S'élever avec force (contre qqch), déclarer avec une certaine solennité son refus, son opposition. *Protester contre une atteinte aux libertés*. – Lat. *protestari*, «affirmer, déclarer hautement».

protêt [pʀɔtɛ] n. m. DR COMM Acte dressé par un notaire constatant qu'un effet de commerce n'a pas été payé à échéance ou qu'il a été refusé par le tiré. – Déverbal de *protester*.

proteus [pʀɔteys] n. m. MICROB Bactérie intestinale qui provoque des infections essentiellement urinaires. – Lat. sav., de *Proteus*. V. protée.

prothalle [pʀɔtal] n. m. BOT Chez les fougères, petite plaque de cellules chlorophylliennes issue de la germination d'une spore et sur une face de laquelle se développent les organes reproducteurs. – De *pro-*, et *thalle*.

prothèse [pʀɔtɛz] n. f. Remplacement ou consolidation d'un membre, d'une partie de membre ou d'un organe par un appareillage approprié; cet appareillage. *Prothèse orthopédique, dentaire, auditive*. – Du gr. *prosthesis*, «addition de, application sur».

prothésiste [pʀɔtezist] n. Fabricant de prothèses. – De *prothèse*.

prothétique [pʀɔtetik] adj. Didac. Qui a rapport à la prothèse. – De *prothèse*.

protium [pʀɔtjɔm] n. m. Nom parfois donné à l'hydrogène léger (V. encycl. hydrogène). – Du gr. *prôtos*, «premier».

prothoracique [pʀɔtɔʀasik] adj. Du prothorax. – De *prothorax*.

prothorax [pʀɔtɔʀaks] n. m. ZOOL Premier segment thoracique des insectes. Syn. corselet. – De *pro-*, et *thorax*.

prothrombine [pʀɔtʀɔ̃bin] n. f. BIOL Globuline, facteur de la coagulation sanguine. – De *pro-*, et *thrombine*.

protide [pʀɔtid] n. m. BIOCHIM Composé organique azoté. *Les protides englobent les peptides et les protéides*. – De *protéide*, avec changement de suff.

protidique [pʀɔtidik] adj. BIOCHIM Qui contient des protides; relatif aux protides. *Métabolisme protidique*. – De *protide*.

protistes [pʀɔtist] n. m. pl. BIOL Ensemble des organismes unicellulaires, végétaux (algues unicellulaires chlorophylliennes) et animaux (protozoaires). – Au sing. *L'amibe est un protiste*. – Mot all., du gr. *prôtistos*, «le premier de tous», superl. de *prôtos*, «premier».

proto-. Élément, du gr. *prôtos*, «premier, qui vient en premier».

protobranches [pʀɔtobʀɑ̃ʃ] n. m. pl. ZOOL Sous-classe de mollusques lamellibranches aux branchies plumeuses. – De *proto-*, et *branchie*.

protococcales [pʀɔtɔkɔkal] n. f. pl. BOT Ordre d'algues unicellulaires (genre type *Protococcus*) qui colorent en vert les troncs d'arbres humides, les rochers et les murs. – De *proto-*, et du lat. *coccum*, «grain».

protocolaire [pʀɔtɔkɔlɛʀ] adj. Conforme aux règles du protocole. – *Par ext.* D'une politesse élaborée. *Des manières très protocolaires*. – De *protocole*.

protocole [pʀɔtɔkɔl] n. m. **1.** HIST Formulaire contenant les modèles des actes publics, à l'usage des officiers ministériels. **2.** Ensemble des usages qui régissent les cérémonies et les relations officielles. Syn. étiquette. ▷ Service chargé de faire observer le cérémonial officiel. *Chef du protocole*. **3.** Procès-verbal de déclarations d'une conférence internationale. *Signer un protocole d'accord*. – Empr. au lat. *protocol-*

lum, du gr. *prôtokollon*, «ce qui est collé en premier», de *kollân*, «coller».

protoétoile ou **proto-étoile** [pʀɔtoetwal] n. f. ASTRO Étoile en cours de formation. – De *proto-*, et *étoile*.

protogine [pʀɔtɔʒin] n. m. ou f. PETROG Granite verdâtre de texture grossièrement schisteuse, dans lequel les micas se sont transformés en chlorite. – Du gr. *prôtos*, «premier», et *gi(g)nesthai*, «naître».

protogyne [pʀɔtɔʒin] ou **protérogyne** [pʀɔteʀɔʒin] adj. BIOL Se dit des organismes hermaphrodites dont les gamètes femelles sont développés avant les gamètes mâles. – De *proto-*, et gr. *gunê*, «femme, femelle».

protogynie [pʀɔtɔʒini] ou **protérogynie** [pʀɔteʀoʒini] n. f. BIOL État d'un organisme protogyne. Ant. protérandrie. – Du préc.

protohistoire [pʀɔtoistwaʀ] n. f. Didac. Période intermédiaire entre la préhistoire et l'histoire. – De *proto-*, et *histoire*.

ENCYCL En Europe occidentale, la protohistoire ou âge des métaux (âge du bronze, puis âge du fer) s'étend sur les deux derniers millénaires av. J.-C.; c'est l'histoire des premières civilisations qui utilisèrent le métal sans avoir encore de tradition écrite.

protohistorique [pʀɔtoistɔʀik] adj. Didac. De la protohistoire. – Du préc.

protolyse [pʀɔtɔliz] n. f. CHIM Réaction chimique consistant en un échange de protons. *La réaction acide-base est une protolyse.* – De *proto(n)*, et *-lyse*.

proton [pʀɔtõ] n. m. PHYS NUCL Particule constitutive du noyau de l'atome, dont la charge, positive, est égale à celle de l'électron (de charge négative) et dont la masse est 1 840 fois supérieure à celle de l'électron. V. encycl. noyau. – Mot angl. du gr. *prôton*, neutre de *prôtos*, «premier».

protonéma [pʀɔtɔnema] n. m. BOT Chez les mousses, ensemble des filaments produits par la germination d'une spore, qui donnent naissance à de nouveaux pieds. – De *proto-*, et gr. *nêma*, «fil, filament».

protonique [pʀɔtɔnik] adj. PHYS NUCL Du, des proton(s); qui concerne ou utilise des protons. – De *proton*.

protonotaire [pʀɔtɔnɔtɛʀ] n. m. **1.** RELIG CATHOL *Protonotaire apostolique:* le premier des notaires du Vatican, autref. chargé d'écrire les Actes des martyrs, auj. titulaire d'une simple dignité honorifique. **2.** DR Officier de justice responsable de l'administration du greffe d'un tribunal et qui exerce certains pouvoirs judiciaires, soit à ce titre, soit à la place ou en l'absence du juge. – Lat. ecclés. *protonotarius*, du gr. *prôtos*, «premier», et *notarius*, «secrétaire».

protophyte [pʀɔtɔfit] n. m. BOT Algue unicellulaire (protiste). – De *proto-*, et *-phyte*.

protoplasma [pʀɔtɔplasma] ou **protoplasme** [pʀɔtɔplasm] n. m. BIOL Syn. de *cytoplasme*. – All. *Protoplasma*, du gr. *prôtos*, «premier, primitif», et *plasma*, «chose façonnée».

protoplasmique [pʀɔtɔplasmik] adj. BIOL Qui se rapporte au protoplasme. – Du préc.

protoptère [pʀɔtɔptɛʀ] n. m. ZOOL Poisson africain dipneuste. – De *proto-*, et *-ptère*, à cause de ses nageoires en «ailes rudimentaires».

protothériens [pʀɔtoteʀjɛ̃] n. m. pl. ZOOL Sous-classe de mammifères primitifs, ovipares, ne comprenant auj. que les monotrèmes (ornithorynque). – De *proto-*, et gr. *thêr*, «bête sauvage».

prototype [pʀɔtɔtip] n. m. **1.** Didac. Original, modèle. *Le prototype d'une statue grecque connue par les copies romaines.* **2.** Premier exemplaire d'un produit industriel, essayé et mis au point avant la fabrication en série. *Prototype d'avion.* – Lat. *prototypus*, du gr. *prôtotupos*, «qui est le premier».

protoxyde [pʀɔtɔksid] n. m. CHIM **1.** Vieilli Oxyde le moins oxygéné d'un élément. **2.** Mod. *Protoxyde d'azote:* oxyde azoteux (N_2O). – De *prot(o)-*, et *oxyde*.

protozoaire [pʀɔtɔzɔɛʀ] n. m. Animal unicellulaire. *Les protozoaires et les métazoaires.* – De *proto-*, et gr. *zoarion*, «petit animal».

ENCYCL Les protozoaires sont des cellules très différenciées, remplissant les nombreuses fonctions nécessaires à la vie et comportant des organites complexes: vacuoles pulsatiles, cils, flagelles, etc.; elles sont donc fort différentes de celles qui constituent les tissus des métazoaires. Les protozoaires ont conquis tous les milieux de vie; certains sont parasites. Leur reproduction, sexuée ou asexuée, est extrêmement complexe. On distingue 5 sous-embranchements: **1.** rhizoflagellés (flagellés et rhizopodes, lesquels comprennent les foraminifères); **2.** actinopodes (radiolaires, notam.); **3.** sporozoaires (coccidies, notam.); **4.** cnidosporidies; **5.** infusoires (ciliés, notam.).

protractile [pʀɔtʀaktil] adj. ZOOL Qui peut être étiré vers l'avant. *La langue protractile de la grenouille.* – De *pro-*, et lat. *tractus*, de *trahere*, «tirer».

protubérance [pʀɔtybeʀɑ̃s] n. f. **1.** Saillie. *Le vieux mur présentait des enfoncements et des protubérances.* **2.** ANAT Éminence, saillie d'un organe. **3.** ASTRO Masse gazeuse en forme de filaments recourbés en arches, dépassant souvent 100 000 km, qui se détache de la chromosphère solaire. – De *protubérant*.

protubérant, ante [pʀɔtybeʀɑ̃, ɑ̃t] adj. Qui fait saillie. *Une bosse protubérante.* – Bas lat. *protuberans*, ppr. de *protuberare*, de *tuber*, «excroissance, tumeur».

prou [pʀu] adv. Ne s'emploie que dans la loc. adv. *peu ou prou*, plus ou moins. – A. fr. *proud*, «beaucoup», de *prou*, *preu*, «profit»; lat. pop. *prode*, du class. *prodesse*, «être utile».

proudhonien, ienne [pʀudɔnjɛ̃, jɛn] adj. et n. Didac. **1.** adj. Qui a rapport à Proudhon, à ses théories socialistes. **2.** n. Partisan des théories de Proudhon. – Du n. du philosophie fr. P. J. *Proudhon* (1809-1865).

proue [pʀu] n. f. Avant d'un navire. *Figures de proue sculptées des anciens navires. La proue et la poupe.* – Ital. dial. *proa*, *prua*, du lat. *prora*.

prouesse [pʀuɛs] n. f. **1.** Vx ou litt. Acte de valeur, de courage accompli par un preux. **2.** Iron. Exploit. *Il n'a qu'une heure de retard, quelle prouesse!* – De *preux*.

proustien, ienne [pʀustjɛ̃, jɛn] adj. Propre à M. Proust, à son œuvre. – Digne de cet auteur.– Du n. de l'écrivain fr. Marcel *Proust* (1871-1922).

prouvable [pʀuvabl] adj. Qui peut être prouvé. *C'est prouvable.* – De *prouver*.

prouver [pʀuve] **I.** v. tr. [1] **1.** Établir la vérité, la réalité de (qqch) par le raisonnement, ou par des pièces à conviction faisant preuve. **2.** (Sujet n. de chose.) Constituer une preuve de; indiquer avec certitude. *Cet exposé prouve une bonne connaissance du sujet.* **II.** v. pron. Être prouvé. (Pass.) *Les choses de la foi, du sentiment ne se prouvent pas.* – (Réfléchi.) Exprimer (à soi-même). *Il a voulu se prouver, se prouver à lui-même qu'il était capable d'agir seul.* – (Réciproque.) *Ils se sont prouvé l'un à l'autre qu'ils avaient tort tous les deux.* – Du lat. *probare*, «éprouver»; d'abord *prover*, «établir la vérité de».

provenance [pʀɔvnɑ̃s] n. f. Origine, source. *Marchandise de provenance étrangère.* – Du ppr. de *provenir*.

provençal, ale, aux [pʀɔvɑ̃sal, o] adj. et n. **1.** adj. De la Provence et des régions avoisinantes. *Accent provençal. À la provençale*, à la manière provençale.

Morue à la provençale (appos. *morue provençale*). **2.** n. Natif ou habitant de la Provence. ▷ N. m. Ensemble des parlers occitans de la Provence et des régions voisines; par ext., occitan. – De *Provence,* région du Sud de la France.

provende [pʀɔvɑ̃d] n. f. **1.** Vx Vivres, provisions de bouche. **2.** Préparation nutritive, pour certains animaux d'élevage. – Lat. *prœbenda,* «prébende», avec influence du préf. *pro-.*

provenir [pʀɔvniʀ] v. intr. **[39]** (Sujet n. de chose.) **1.** Venir (d'un lieu). *Ces oranges proviennent d'Espagne.* **2.** Avoir son origine, sa cause initiale dans... *Je me demande d'où provient son hostilité à ce projet.* – Lat. *provenire,* «naître».

proverbe [pʀɔvɛʀb] n. m. **1.** Formule figée, en général métaphorique, exprimant une vérité d'expérience, un conseil, et connue de tout un groupe social. *Un proverbe chinois, arabe. Vers de La Fontaine passé en proverbe.* **2.** Petite comédie qui développe le contenu d'un proverbe. **3.** *Livre des Proverbes:* livre de l'Ancien Testament attribué à Salomon. – Lat. *proverbium.*

proverbial, ale, aux [pʀɔvɛʀbjal, o] adj. **1.** Qui tient du proverbe. *Locution, phrase proverbiale.* **2.** Célèbre; digne d'être cité en modèle. *Sa générosité était proverbiale.* – Lat. impér. *proverbialis,* du class. *proverbium,* «proverbe».

proverbialement [pʀɔvɛʀbjalmɑ̃] adv. D'une manière proverbiale. – Du préc.

providence [pʀɔvidɑ̃s] n. f. **1.** RELIG (Avec une majuscule.) Volonté divine, considérée comme la sagesse qui gouverne le monde. *Les desseins impénétrables de la Providence.* **2.** Fig. Celui, celle qui aide, secourt comme par miracle. *Être la providence des sans-logis.* – Lat. *Providentia,* même sens, de *providere,* «pourvoir».

providentialisme [pʀɔvidɑ̃sjalism] n. m. Didac. Attitude de pensée de ceux qui expliquent la nature et la marche du monde par l'intervention de la Providence. – De *providentiel.*

providentiel, elle [pʀɔvidɑ̃sjɛl] adj. **1.** RELIG Dû à la Providence. **2.** Cour. Dû à un hasard remarquablement heureux. *Rencontre, aide providentielle.* – De *providence.*

providentiellement [pʀɔvidɑ̃sjɛlmɑ̃] adv. D'une manière providentielle. – Du préc.

provignage [pʀɔviɲaʒ] ou **provignement** [pʀɔviɲəmɑ̃] n. m. AGRIC Marcottage de la vigne. – De *provigner.*

provigner [pʀɔviɲe] v. tr. **[1]** AGRIC Replanter un rejet (tige) de vigne. – De *provin.*

provin [pʀɔvɛ̃] n. m. AGRIC Rejet de cep de vigne que l'on a replanté par marcottage. – Du lat. *propaginem,* accus. de *propago,* «marcotte, provin».

province [pʀɔvɛ̃s] n. f. **1.** ANTIQ ROM Pays conquis par Rome, hors de l'Italie, et gouverné selon les lois romaines. *Le gouverneur d'une province.* **2.** Division administrative ou traditionnelle d'un État. *Les anciennes provinces françaises. Les neuf provinces belges.* ▷ Région, partie d'un pays ayant un caractère propre. *C'est sa province d'origine.* **3.** Chacun des dix États fédérés formant le Canada. *La province de Québec* (également appelée *la Belle province*). *La province du Nouveau-Brunswick.* **4.** En France, *la province:* l'ensemble du pays à l'exclusion de la capitale, par oppos. à celle-ci. *Habiter la province, en province. Ville de province.* **5.** DR CANON *Province écclésiastique:* ensemble de diocèses dépendant d'un même archevêque. *Province religieuse:* dans certains ordres religieux, ensemble de maisons placées territorialement sous l'autorité d'un même supérieur. *La province de France, d'Espagne.* – Lat. *provincia,* de *vincere,* «vaincre».

1. provincial, ale, aux [pʀɔvɛ̃sjal, o] adj. et n. **1.** Propre ou relatif à une province canadienne. *Capitale provinciale. Le gouvernement provincial,* ou subst. *le provincial.* ▷ Qui est ou relatif à un gouvernement provincial, qui en émane. *Impôt provincial, lois provinciales.* **2.** Qui concerne une province, une région française. *Une coutume provinciale. Faire revivre les parlers provinciaux.* **2.** En France, de la province (considéré par oppos. à la capitale). *Préférer la vie provinciale à l'agitation parisienne.* ▷ Subst. Habitant de la province. *Un(e) provincial(e).* – Lat. *provincialis.*

2. provincial [pʀɔvɛ̃sjal] n. m. DR CANON Supérieur d'un ordre religieux exerçant son autorité sur une province (sens I, 4). – Du préc.

provincialat [pʀɔvɛsjala] n. m. DR CANON **1.** Dignité de provincial. **2.** Durée de cette fonction. – De *provincial* 2.

provincialisme [pʀɔvɛ̃sjalism] n. m. Locution, mot, emploi appartenant à l'usage linguistique d'une province de France. – De *provincial* 1.

proviseur [pʀɔvizœʀ] n. m. En France, fonctionnaire chargé de l'administration et de la direction d'un lycée. – Lat. *provisor,* «celui qui pourvoit», de *providere.*

provision [pʀɔvizjɔ̃] n. f. **1.** Réserve de choses nécessaires ou utiles pour la subsistance. *Provision de charbon. Faire des provisions, faire provision de qqch:* en acquérir en abondance. **2.** Plur. Vivres. *Placard à provisions.* – Nourriture et produits nécessaires à la vie quotidienne, qu'on achète régulièrement. *Faire les provisions.* **3.** FIN Somme réunie pour servir d'acompte ou pour assurer le paiement d'un titre bancaire. V. approvisionner. – Lat. *provisio,* de *providere,* «pourvoir».

provisionnel, elle [pʀɔvizjɔnɛl] adj. Qui se fait en attendant un règlement. *Partage provisionnel. Tiers provisionnel.* V. tiers. – Du préc.

provisoire [pʀɔvizwaʀ] adj. et n. m. Qui se fait en attendant qqch d'autre; qui remplit momentanément un rôle, une fonction. *Un abri provisoire. Être nommé à titre provisoire. Gouvernement provisoire.* ▷ N. m. Tout ce qui est provisoire, censé ne pas durer. *Il arrive que le provisoire dure.* – Du lat. *provisus,* pp. de *providere,* «pourvoir».

provisoirement [pʀɔvizwaʀmɑ̃] adv. En attendant. *Vous pouvez utiliser provisoirement ma voiture.* – Du préc.

provisorat [pʀɔvizɔʀa] n. m. Fonction de proviseur; durée de cette fonction. – De *proviseur.*

provitamine [pʀɔvitamin] n. f. BIOCHIM Précurseur d'une vitamine. – De *pro-,* et *vitamine.*

provo [pʀɔvo] n. m. Jeune révolté, qui par son attitude provocatrice, défie la société et l'ordre établi. – Mot holl., de *provocation.*

provocant, ante [pʀɔvɔkɑ̃, ɑ̃t] adj. **1.** Qui peut provoquer des sentiments violents, agressifs. **2.** Excitant. *Une femme provocante.* – Du ppr. de *provoquer.*

provocateur, trice [pʀɔvɔkatœʀ, tʀis] n. et adj. Qui provoque à la violence, aux troubles, au conflit. *Agent provocateur* ou, n. m., *un provocateur:* personne chargée de provoquer des troubles, qui donneront à une autorité des raisons d'intervenir. – Lat. *provocator.*

provocation [pʀɔvɔkasjɔ̃] n. f. **1.** Action de provoquer (sens 1 et 2) qqn; situation où une personne en provoque une ou plusieurs autres. *Provocation à la violence, à la révolte.* – Absol. *C'est de la provocation!*

2. Incitation à commettre qqch d'illégal. *Provocation au crime.* – Lat. *provocatio.*

provoquer [pʀɔvɔke] v. tr. [1] **1.** *Provoquer (qqn) à,* l'inciter, le pousser à qqch en le stimulant par un sentiment d'amour-propre, de défi, en développant son agressivité. *Provoquer qqn à l'action, à agir, à la violence, à se battre.* **2.** *Provoquer qqn,* le défier, l'inciter à se battre contre soi. – *Spécial.* Chercher à susciter le désir sensuel, aguicher. ▷ v. pron. Se défier mutuellement. **3.** *Provoquer qqch,* en être la cause, l'origine. *Un court-circuit a provoqué l'incendie.* Syn. causer. – Lat. *provocare,* propr. «appeler *(vocare)* dehors».

proxène [pʀɔksɛn] n. m. ANTIQ GR Magistrat chargé par la cité d'accueillir et de protéger les étrangers. – Gr. *proxenos,* de *xenos,* «étranger».

proxénète [pʀɔksenɛt] n. **1.** Vx Courtier. **2.** n. m. Individu qui vit de la prostitution d'autrui. Syn. souteneur; (pop.) maquereau. – Lat. *proxeneta,* «courtier», gr. *proxenêtês,* «médiateur», de *xenos,* «hôte, étranger».

proxénétisme [pʀɔksenetism] n. m. Délit qui consiste à tirer profit de la prostitution. – Du préc.

proximal, ale, aux [pʀɔksimal, o] adj. ANAT Le plus près d'un centre, d'un axe. – Mot angl., du lat. *proximus,* «très près».

proximité [pʀɔksimite] n. f. **1.** Caractère de ce qui est proche, dans l'espace ou dans le temps. *La proximité d'une ville, d'un fait.* **2.** loc. adv. et adj. *À proximité:* près. – Loc. prép. *À proximité de:* près de. – Lat. *proximitas,* de *proximus,* «très près».

pruche [pʀyʃ] n. f. Conifère (*Tsuga canadensis,* fam. abiétacées) apparenté au sapin, à aiguilles courtes, à cônes petits pendant au bout du rameau; bois de cet arbre. – Var. de *prusse.*

prude [pʀyd] adj. et n. f. **1.** Vx D'une vertu sévère, intransigeante. **2.** Qui affecte ou pratique une vertu, une pudeur extrême, en matière de mœurs. *Une vieille demoiselle très prude.* ▷ N. f. *Une prude faussement effarouchée.* – De *preux,* d'ap. *prudent;* a. fr. *prode femme,* fém. de *prodom,* «prud'homme».

prudemment [pʀydamɑ̃] adv. Avec prudence. *Il conduit très prudemment.* – De *prudent.*

prudence [pʀydɑ̃s] n. f. **1.** Attitude qui fait apercevoir les dangers, prévoir les conséquences fâcheuses d'un acte et pousse à les éviter; refus de courir des risques inutiles. – Prov. *Prudence est mère de sûreté.* **2.** Litt. Acte de prudence. *Des prudences inutiles.* – Lat. *prudentia.*

prudent, ente [pʀydɑ̃, ɑ̃t] adj. **1.** (Personnes.) Qui a de la prudence, en général ou dans une circonstance précise. *Un alpiniste prudent.* **2.** (Choses.) Déterminé par la prudence. *Reposez-vous une semaine, c'est plus prudent.* – Lat. *prudens.*

pruderie [pʀydʀi] n. f. Affectation de vertu, de pudeur. – De *prude.*

prud'homal, ale, aux [pʀydɔmal, o] adj. DR (France) Du conseil des prud'hommes. – De *prud'homme.*

prud'homme [pʀydɔm] n. m. DR (France) *Conseil de prud'hommes:* juridiction compétente pour juger les différends entre employeurs et employés. *Aller aux, devant les prud'hommes,* devant ce Conseil. – De *preux,* et *homme;* var. anc. *prodome, preud(h)omme.*

prudhommesque [pʀydɔmɛsk] adj. Litt À la fois banal, niais et prétentieux. – Du n. de J. *Prudhomme,* personnage de caricature.

pruine [pʀɥin] n. f. BOT Couche poudreuse, blanchâtre, de nature cireuse, qui recouvre divers organes végétaux (prunes, feuilles de choux). – Lat. *pruina,* «gelée blanche».

prune [pʀyn] n. f. et adj. inv. **1.** n. f. Fruit du prunier, sphérique, ou un peu allongé, de petite taille, sucré et juteux. *Variétés de prunes* (mirabelle, quetsche, reine-claude, etc.). *De l'eau-de-vie de prunes;* ellipt. *de la prune.* ▷ loc. fam. *Pour des prunes:* pour rien. **2.** adj. inv. Couleur violet sombre tirant sur le rouge. – Lat. pop. *pruna,* plur. neutre du class. *prunum.*

pruneau [pʀyno] n. m. **1.** Prune séchée au soleil ou à l'étuve pour être conservée. **2.** Pop. Balle de fusil, de revolver. – Du préc.

prunelaie [pʀynlɛ] n. f. Lieu planté de pruniers. – De *prunier.*

1. prunelle [pʀynɛl] n. f. **1.** Petit fruit noir, très âpre, du prunellier. **2.** Eau-de-vie faite avec ces fruits. – Dimin. de *prune.*

2. prunelle [pʀynɛl] n. f. **1.** Pupille de l'œil. *La frayeur dilate la prunelle.* ▷ Loc. *Tenir à qqch, à qqn comme à la prunelle de ses yeux,* y tenir énormément, les considérer comme très précieux. **2.** Fam. L'œil, l'iris. ▷ Loc. *Jouer de la prunelle:* faire des œillades. – De *prunelle* 1, par anal. de forme et de couleur.

prunellier [pʀynelje] n. m. Prunier sauvage, épineux, commun dans les haies. – De *prunelle* 1.

prunier [pʀynje] n. m. Arbre ou arbuste (genre *Prunus,* fam. rosacées) qui produit les prunes. *Le prunier domestique (Prunus domestica) dérive du prunellier.* ▷ Loc. fam. *Secouer (qqn) comme un prunier,* avec force. – De *prune.*

prunus [pʀynys] n. m. BOT **1.** Nom scientifique de la famille des pruniers (abricotiers, pêchers, cerisiers). **2.** Prunier d'ornement. – Lat. scientif. mod.

prurigineux, euse [pʀyʀiʒinø, øz] adj. MED Qui provoque le prurit (sens 1). – Bas lat. *pruriginosus,* du class. *prurigo,* «démangeaison».

prurigo [pʀyʀigo] n. m. MED Dermatose se manifestant par des lésions papuleuses érythémateuses. – Mot lat., «démangeaison».

prurit [pʀyʀit] n. m. **1.** MED Sensation de démangeaison provoquée par une lésion locale, ou symptomatique d'une maladie. **2.** Fig., péjor. Désir violent, irrésistible. *Un prurit de succès, de gloire.* – Lat. *pruritus,* n. m., de *prurire,* «démanger».

prusse [pʀys] n. m. Nom cour. de l'épinette en Acadie. *Prusse blanc. Prusse noir.* Var. (rare): pruce. «Ils nous l'avont grignotée [la terre], bouchée par bouchée, pis ils y avont replanté du pruce pour leu moulin à scie.» (Antonine Maillet, *Évangéline Deusse,* 1975.) – Probabl. de *pin de Prusse* (ou *sapin de Prusse*), en raison de la ressemblance de l'arbre avec celui de Prusse.

prussiate [pʀysjat] n. m. CHIM Syn. anc. de *cyanure.* – De *Prussia,* «Prusse», à cause du *bleu* de Prusse.*

prussien, ienne [pʀysjɛ̃, jɛn] adj. et n. De Prusse; par ext., d'Allemagne (entre 1870 et 1914). – Loc. *Être organisé (manœuvrer,* etc.) *à la prussienne:* avec une discipline stricte. – De *Prusse,* anc. État d'Allemagne.

prussique [pʀysik] adj. m. CHIM Vx *Acide prussique:* acide cyanhydrique. – De *(bleu de) Prusse.*

prytane [pʀitan] n. m. ANTIQ GR Premier magistrat dans certaines cités grecques. – À Athènes, chacun des cinquante délégués choisis chaque année pour diriger successivement les travaux du Conseil des Cinq-Cents. – Gr. *prutanis,* «chef, maître».

prytanée [pʀitane] n. m. **1.** ANTIQ GR Édifice public où étaient logés les prytanes. **2.** Mod. Établissement d'enseignement réservé aux fils de militaires. – Gr *prutaneîon.*

P.S. [peɛs] Abrév. de *post-scriptum.*

psallette [psalɛt] n. f. **1.** MUS, RELIG École où l'on apprenait à chanter aux enfants de chœur. **2.** Les jeunes chanteurs de la maîtrise d'une église. – Du gr. *psalleîn*, «jouer d'un instrument à cordes».

psalliote [psaljɔt] n. m. ou f. BOT Champignon basidiomycète des prairies *(Agaricus campester* ou *Psalliota campestris)* dont une variété, cultivée dans les champignonnières, est appelée *champignon de couche* ou *champignon de Paris*. – Du gr. *psalis*, «voûte, cintre».

psalmiste [psalmist] n. m. RELIG Auteur de psaumes. *Le Psalmiste:* le roi David. – Bas lat. *psalmista*, de *psalmus*, «psaume».

psalmodie [psalmɔdi] n. f. **1.** MUS, RELIG Manière de chanter les psaumes sans inflexion. **2.** Litt. Déclamation monotone. – Lat. chrét. *psalmodia*, gr. *psalmôdia*, de *psalmos*, «action de faire vibrer», et *ôdê*, «chant».

psalmodier [psalmɔdje] **1.** v. intr. [1] MUS, RELIG Chanter les psaumes sans inflexion. **2.** v. tr. Réciter (qqch) sans inflexion. *Psalmodier des prières, des formules magiques.* **3.** v. tr. et intr. Parler, dire, énoncer de manière monotone. *Psalmodier des plaintes.* – Du préc.

psaltérion [psalteʀjɔ̃] n. m. MUS Instrument à cordes pincées en usage chez les anciens Grecs et dans l'Europe du Moyen Âge. – Lat. *psalterium*, gr. *psaltêrion*.

psaume [psom] n. m. **1.** RELIG Chacun des chants sacrés du peuple hébreu qui constituent l'un des livres canoniaux de l'Ancien Testament *(Livre des Psaumes)* et jouent un rôle important dans les cérémonies du culte juif et les liturgies de toutes les confessions chrétiennes. **2.** MUS Pièce vocale composée sur le texte d'un psaume. *Psaume CL*, de César Franck. – Lat. ecclés. *psalmus*, gr. *psalmos*, «action de faire vibrer».

psautier [psotje] n. m. RELIG **1.** Ensemble des psaumes bibliques. **2.** Livre qui les renferme. – Lat. *psalterium*, «psaltérion, puis psautier».

pschent [pskɛnt] n. m. ANTIQ Coiffure (sorte de tiare) des pharaons, symbole de leur souveraineté sur la haute et la basse Égypte. – Égyptien démotique *Skhent*, précédé de l'article *P*.

pseud(o)-. Élément, du gr. *pseudês*, «menteur», impliquant une idée de fausseté, d'approximation, d'apparence trompeuse.

pseudarthrose [psødaʀtʀoz] n. f. MED Fausse articulation qui se forme au niveau d'une fracture dont la consolidation spontanée est impossible. – De *pseud-*, et *arthrose*.

pseudocœlomates [psødoselomat] n. m. pl. ZOOL Métazoaires (rotifères, nématorhynques, némathelminthes, échinodermes) à cavité générale plus primitive que le cœlome des cœlomates. – De *pseudo-*, et *cœlomates*.

pseudo-membrane [psødomɑ̃bʀan] n. f. MED Exsudat pathologique formé de fibrine coagulée et affectant l'aspect d'une membrane, qui se forme à la surface des muqueuses ou des séreuses lors de certaines inflammations. – De *pseudo-*, et *membrane*.

pseudo-membraneux, euse [psødomɑ̃bʀanø, øz] adj. MED *Angine pseudo-membraneuse*, d'origine diphtérique, caractérisée par la formation de pseudomembranes au niveau du larynx et du pharynx. – Du préc.

pseudonyme [psødɔnim] n. m. Faux nom d'une personne qui veut dissimuler sa véritable identité. ▷ *Spécial.* Nom d'emprunt choisi par un artiste, un écrivain, pour signer ses œuvres. *Stendhal, pseudonyme d'Henri Beyle.* – Du gr. *pseudônumos*, adj., «qui porte ou se donne un faux nom».

pseudopode [psødopɔd] n. m. BIOL Prolongement rétractile du cytoplasme, qu'émettent les protozoaires (paramécies, amibes, etc.) et certaines cellules (leucocytes) pour se nourrir et se déplacer. – De *pseudo-*, et *-pode*.

pseudosuchiens [psødɔsykjɛ̃] n. m. pl. ZOOL Reptiles fossiles du Trias, ancêtres des oiseaux. – De *pseudo-*, et gr. *soukhos*, «crocodile».

psi [psi] n. m. Vingt-troisième lettre de l'alphabet grec (ψ, Ψ), qui sert à noter le son [ps]. ▷ PHYS Symbole (Ψ), servant à désigner une phase ou une fonction d'onde en mécanique quantique. ▷ PHYS NUCL Désigne la première particule* charmée découverte.

psilophytales [psilɔfital] ou **psilophytinées** [psilɔfitine] n. f. pl. BOT, PALEONT Cryptogames vasculaires fossiles du Dévonien, qui comptent parmi les premières plantes terrestres connues. – Du gr. *psilos*, «dégarni, nu», et *phuton*, «plante».

psittacidés [psitaside] n. m. pl. ZOOL Unique famille des psittaciformes (perroquets, perruches). – Sing. *Un psittacidé.* – Du lat. *psittakus*, gr. *psittakos*, «perroquet».

psittaciformes [psitasifɔʀm] n. m. pl. ZOOL Ordre d'oiseaux grimpeurs à bec crochu, comprenant de petites espèces cour. nommées *perruches*, et des espèces plus grandes, appelées cour. *perroquets*. – Du lat. *psittakus*, «perroquet», et *-forme*.

psittacisme [psitasism] n. m. PSYCHO Répétition mécanique par un sujet, de mots et de phrases qu'il ne comprend pas. – Du lat. *psittacus*, gr. *psittakos*, «perroquet».

psittacose [psitakoz] n. f. MED Maladie infectieuse des perroquets, transmissible à l'homme, chez qui elle peut provoquer notam. des troubles bronchopulmonaires. V. ornithose. – Du gr. *psittakos*, «perroquet», et suff. *-ose* 2.

psitt! [psit] ou **pst!** [pst] interj. Fam. Petit sifflement destiné à attirer l'attention de quelqu'un. *Psitt! Venez voir!* – Onomat.

psoas [psɔas] n. m. inv. ANAT Chacun des deux muscles unissant la partie antérieure des vertèbres lombaires au petit trochanter. – Gr. *psoa*, «lombes».

psoque [psɔk] n. m. ZOOL Insecte néoptère de petite taille (de 1 à 10 mm), vivant sous les feuilles des arbres ou dans les maisons, muni de pièces buccales broyeuses et, chez certaines espèces, d'ailes membraneuses. (Appelés aussi «poux de livres» ou «poux des poussières», les psoques forment, avec les poux des animaux, le super-ordre des *psocoptéroïdes*.) – Du gr. *psôkhein*, «gratter, broyer».

psoriasis [psɔʀjazis] n. m. MED Dermatose squameuse à évolution chronique, qui affecte principalement les genoux, les coudes et le cuir chevelu. – Gr. méd. *psôriasis, de psôra*, «pustule».

psych(o)-. Élément, du gr. *psukhê*, «âme sensitive».

psychanalyse [psikanaliz] n. f. **1.** Méthode thérapeutique fondée sur l'analyse des processus psychiques profonds et ensemble des théories de Freud et de ses continuateurs. *Les découvertes de la psychanalyse.* **2.** Étude, analyse, interprétation (d'un texte, d'un thème, etc.) inspirée par les théories psychanalytiques. *«La Psychanalyse du feu», de G. Bachelard (1937).* – All. *Psychoanalyse*; de *psycho-*, et *analyse*.
ENCYCL Élaborée à partir de 1885 par S. Freud, la psychanalyse est une méthode de cure de certains troubles psychiques (névroses essentiellement), fondée sur l'investigation des processus mentaux inconscients d'un «malade» qui, au fur et à mesure qu'il avancera dans l'analyse, prendra conscience de l'origine de ses troubles et de la façon dont ceux-ci s'articulent en lui. Ainsi, il pourra affronter (avec un moi fortifié) le conflit dont il a souffert et ce, après avoir

revécu son drame personnel avec ou en la présence (non neutre) de l'analyste (phénomène de transfert). La cure psychanalytique (mieux nommée *analyse*) consiste en une série d'«entrevues» entre l'analyste et l'analysé (souvent nommé *analysant*). Elle peut s'étendre sur plusieurs années, à un rythme hebdomadaire variable. Freud n'a pas inventé la notion d'inconscient, mais il en a entrepris l'exploration, s'attachant à cerner la façon dont celui-ci est structuré. L'équilibre d'un adulte est, selon Freud, intimement lié à un drame infantile: le complexe d'Œdipe. L'universalité de ce complexe, admise par beaucoup, est controversée par d'autres. Aussi Freud s'est-il attaché à définir sa conception des pulsions et de l'appareil psychique. La pulsion (en all. *Trieb*) est une force de nature biologique, mais qui, en fonction des événements ayant marqué la vie d'un sujet, adopte des objets et se choisit des modes de satisfaction très divers. Une première théorie des pulsions oppose la libido aux pulsions du moi, ou pulsions d'autoconservation. La libido désigne l'aspect quasi quantitatif de l'énergie attachée à la pulsion sexuelle, dont la satisfaction se heurte à la résistance des pulsions du moi. Celles-ci obéissent au «principe de réalité» qui subordonne la satisfaction de nos besoins aux exigences de la vie sociale. Freud substitua ensuite au dualisme libido-pulsions du moi un dualisme plus tragique, lequel oppose les pulsions de vie aux pulsions de mort et organise la vie psychique profonde sous le signe de la lutte d'Eros (l'Amour) et de Thanatos (la Mort). Avant 1920, sa première «topique» (schéma) de l'appareil psychique oppose deux systèmes: le système inconscient (ICS) et le système préconscient-conscient (PCS-CS). L'inconscient renferme l'ensemble des données psychiques qui ne sont pas actuellement présentes à la conscience (souvenirs, connaissances, habitudes). Entre l'inconscient et le préconscient se trouve une barrière: la censure, qui refoule les désirs «périlleux»; elle se «dévoile» dans le rêve. Après 1920, Freud, dans une deuxième topique, a distingué trois instances: le *ça*, le *moi* et le *surmoi*. Le *ça* désigne l'ensemble des pulsions inconscientes, innées ou refoulées; il est sans structure, intemporel, indifférent à la pensée logique et soumis à la seule recherche du plaisir. Le *surmoi*, au contraire, est une sorte de juge permanent du moi, d'où émanent interdictions et contraintes (idéal du moi). Le *moi*, différenciation du ça qui se prolonge dans l'inconscient, assure la synthèse de la personnalité par un compromis, toujours remis en question, entre les exigences contradictoires du ça, de la réalité sociale et du surmoi. À partir de 1902, divers médecins et chercheurs rejoignirent Freud, et des sociétés de psychanalyse se fondèrent en Europe occidentale et aux États-Unis. Dès 1910, des dissidences se manifestèrent, qui persistent encore auj. Depuis l'époque où elle fut élaborée, la psychanalyse a marqué l'ethnologie, la sociologie, l'esthétique, l'art, la critique litt. et artistique, la linguistique, etc.

psychanalyser [psikanalize] v. tr. [1] **1.** Traiter par la psychanalyse. *Se faire psychanalyser.* **2.** Interpréter par la psychanalyse. *Psychanalyser les textes littéraires.* – Du préc.

psychanalyste [psikanalist] n. Personne qui pratique la psychanalyse. Syn. analyste. – Spécialiste de la psychanalyse. – De *psychanalyse.*

psychanalytique [psikanalitik] adj. Relatif à la psychanalyse, propre à elle. – De *psychanalyse.*

psychasthénie [psikasteni] n. f. PSYCHOPATHOL Névrose caractérisée principalement par l'aboulie, l'obsession, le doute, le sentiment d'imperfection, les appréhensions irraisonnées. – De *psych-*, et *asthénie.*

psychasthénique [psikastenik] adj. et n. PSYCHOPATHOL Qui a rapport à la psychasthénie; atteint de psychasthénie. ▷ Subst. *Un, une psychasthénique.* – Du préc.

1. psyché [psiʃe] n. f. Grand miroir mobile monté sur châssis et que l'on incline à volonté pour se regarder en pied. – Du n. de *Psyché,* jeune fille de la myth. grecque.

2. psyché [psiʃe] ou **psychè** [psiʃɛ] n. f. PHILO *La psyché:* l'ensemble des phénomènes psychiques qui constituent l'individualité. – Gr. *psukhê,* «âme».

psychédélique [psikedelik] adj. **1.** PSYCHIAT Se dit des effets produits par l'absorption de drogues hallucinogènes et de l'état psychique que cette absorption provoque. **2.** Cour. Qui évoque les visions, les hallucinations de l'état psychédélique. – Angl. *psychedelic,* du gr. *psukê,* «âme», et *dêlos,* «visible, manifeste», propr. «qui manifeste la psyché».

psychédélisme [psikedelism] n. m. **1.** PSYCHIAT État provoqué par certaines drogues hallucinogènes. **2.** Cour. Ensemble des manifestations évoquant l'état psychédélique. – Du préc.

psychiatre [psikjatʀ] n. Médecin spécialiste des maladies mentales. – De *psych-*, et *-iatre.*

psychiatrie [psikjatʀi] n. f. Partie de la médecine qui concerne l'étude et le traitement des maladies mentales, des troubles psychiques. – Du préc.

psychiatrique [psikjatʀik] adj. Relatif à la psychiatrie. *Hôpital psychiatrique.* – Du préc.

psychique [psiʃik] adj. **1.** Qui concerne l'âme, l'esprit, la pensée en tant que principe qui régit la nature humaine et son activité. *L'activité psychique.* **2.** *Abusiv.* Métapsychique ou parapsychique. – Gr. *psukhikos.*

psychisme [psiʃism] n. m. La vie psychique. – *Par ext.* (ou *abusiv.*). Ensemble particulier de faits psychiques. *Le psychisme animal.* – Du préc.

psycho [psiko] n. f. Abrév. de *psychologie.*

psycho-. V. psych(o)-.

psychoanaleptique [psikoanalɛptik] adj. PHARM Qui stimule l'activité psychique. ▷ N. m. *Les psychotoniques (amphétamines) et les antidépresseurs sont des psychoanaleptiques.* – De *psycho-*, et *analeptique.*

psychochirurgie [psikoʃiʀyʀʒi] n. f. Didac. Thérapeutique des troubles mentaux par intervention chirurgicale sur le cerveau. – De *psycho-*, et *chirurgie.*

psychocritique [psikokʀitik] n. f. et adj. LITTER Méthode d'étude des textes littéraires inspirée de la psychanalyse. ▷ Adj. *Méthode psychocritique.* – De *psycho-*, et *critique.*

psychodramatique [psikodʀamatik] adj. PSYCHO Relatif au psychodrame. – De *psychodrame.*

psychodrame [psikodʀam] n. m. PSYCHO Représentation théâtrale thérapeutique organisée sur un thème donné, dans laquelle les participants, supervisés par le(les) thérapeute(s), jouent chacun un rôle à partir duquel se reproduit le schéma des situations conflictuelles que vit chacun d'eux dans la réalité. – Technique de psychothérapie qui s'appuie sur les bases d'un tel jeu théâtral. *Le psychodrame est une psychothérapie de groupe.* – De *psycho-*, et *drame*; emprunté à l'angl.

psychodysleptique [psikɔdislɛptik] adj. et n. MED Qui perturbe l'activité mentale. *Propriétés hallucinogènes des substances psychodysleptiques* (mescaline, L.S.D., etc.). ▷ Subst. *Certains psychodysleptiques sont aussi des psychoanaleptiques* (cocaïne, par ex.). – De *psycho-*, *dys-* et gr. *leptos,* «faible».

psychogène [psikoʒɛn] adj. MED Générateur de troubles psychiques. – Symptomatique de troubles névrotiques ou psychotiques. – De *psycho-*, et *-gène.*

psycholeptique [psikolɛptik] adj. (et n. m.) PHARM Se dit des substances qui réduisent l'activité mentale, abaissent la vigilance et diminuent les réactions émotives. – De *psycho-*, et gr. *leptos*, «faible» (au sens propre «mince»).

psycholinguistique [psikolɛ̃gɥistik] n. f. et adj. Didac. Étude des comportements linguistiques (processus de production et de compréhension des énoncés, de l'acquisition du langage, etc.) dans leurs aspects psychologiques. ▷ Adj. *Études psycholinguistiques.* – De *psycho-*, et *linguistique.*

psychologie [psikɔlɔʒi] n. f. **1.** Étude scientifique des faits psychiques (processus mentaux, perception, mémoire, etc.). Abrév. cour. *psycho.* **2.** Cour. Connaissance empirique des sentiments d'autrui; aptitude particulière à pénétrer les mobiles de la conduite d'autrui. *Manquer de psychologie.* **3.** Litt. Analyse des sentiments, des états de conscience. *La très fine psychologie de Racine dans «Phèdre».* **4.** Mentalité, état d'esprit. *Une psychologie très fruste.* – Lat. savant *psychologica.*

ENCYCL Le terme *psychologie* ne fut d'un emploi courant qu'à partir du XVIIIe s. D'abord liée à la philosophie, la psychologie est devenue scientifique lorsqu'elle a systématiquement utilisé la méthode expérimentale. En découvrant, en 1897, le réflexe conditionné, le physiologiste russe Pavlov montra qu'on pouvait étudier scientifiquement sur l'animal l'équivalent d'une fonction psychologique: la formation d'une habitude. (Notons à ce sujet que l'observation en laboratoire d'animaux tels que le chat, le rat constitue un apport non négligeable à la psychologie humaine.) Peu après, l'Américain Watson accomplissait la «révolution behavioriste*», faisant de la psychologie «l'étude des comportements objectivement observables des êtres humains»: tout comportement est l'ensemble des réactions R (musculaires ou glandulaires) de l'organisme à l'ensemble des stimulations S qui agissent sur lui, à un moment donné, en provenance du milieu. La pensée se réduit au «comportement verbal», aux réactions «laryngobuccales»: à l'origine, le behaviorisme négligeait le rôle de la conscience dans le comportement humain. Dans le même temps naissait la théorie de la forme (en all. *Gestalttheorie*). Alors que le behaviorisme morcelle le comportement en une série de circuits S-R, ensuite additionnés, la Gestalttheorie affirme qu'il n'existe pas de sensation isolée; la plus simple n'est perçue que si elle se détache sur un certain fond (point noir sur la page blanche, par ex.). Tout comportement est une réaction d'ensemble à des «formes» (ou structures), susceptibles de transposition (comme l'est une mélodie, dont la saisie par l'auditeur est quasi globale). Auj., le strict positivisme semble dépassé: la psychologie est à la recherche de modèles théoriques complexes rendant compte de tous les faits et de toutes les lois connues et possédant une valeur explicative, mais elle hésite encore entre des modèles structuralistes et des modèles génétiques. Peut-on envisager un modèle à la fois génétique et structural? Pour le Suisse Piaget, les étapes de l'intelligence chez l'enfant, par ex., mettent en œuvre des structures souples, douées d'autorégulation à la manière des mécanismes biologiques et dont chacune appelle la suivante.

Psychologie différentielle. – Due à l'Allemand Stern (1900), elle porte sur les différences individuelles (dans les aptitudes humaines) et non plus sur le comportement global. En 1905, le Français Binet, en élaborant la première échelle métrique de mesure de l'intelligence, donna naissance à la méthode des tests mentaux. En 1926, l'Anglais Spearman créa l'*analyse factorielle:* la réussite à un test est due non pas à l'intelligence générale mais à l'action simultanée de ce *facteur* général et d'un *facteur* spécifique. L'Américain Thurstone contesta l'importance encore accordée au facteur général et aboutit à une conception non hiérarchisée des «aptitudes mentales» (1938-1945); auj., les «facteurs» de Thurstone sont à la base d'innombrables tests d'orientation scolaire et professionnelle.

Psychologie sociale. – Elle se situe entre la psychologie générale et la sociologie des institutions (d'où son autre nom, peu employé auj., de psychosociologie). Issue des travaux de Tarde, elle fut fondée, notam., par Moreno. Son domaine comprend l'étude des petits groupes, des interactions entre l'individu et les groupes dont il fait partie, et de l'influence exercée par les groupes sociaux sur la perception, la mémoire, l'invention, la motivation, etc. On distingue le groupe d'appartenance, dont le sujet fait effectivement partie, et le groupe de référence, auquel il compare le sien pour l'envier ou le mépriser. La psychologie sociale utilise les méthodes de la sociologie (sondages d'opinion, échelles d'attitudes, interviews) et de la psychologie (tests, notam.). En outre, elle a créé les techniques sociométriques, le psychodrame, le sociodrame, la dynamique de groupe, et les notions d'attitude, de modèle de conduite, de statut et de rôle. L'*attitude*, polarisation durable des conduites d'un sujet, a un aspect unificateur, dynamique. L'expression *modèle de conduite* (ou *pattern*) se réfère à l'attirance très forte exercée par un mode de comportement ou de pensée qui peut concerner tous les aspects de la vie (de la longueur des cheveux aux valeurs morales). Le *statut* est, beaucoup plus que la situation d'un individu dans la hiérarchie sociale, l'ensemble des traitements et faveurs auxquels quelqu'un est en droit de prétendre (en raison de son âge, de son sexe, de sa santé, etc.). Le *rôle*, à l'inverse, est l'ensemble des conduites que les autres ont le droit d'exiger de nous. Comme tout individu possède plusieurs statuts impliquant chacun plusieurs rôles souvent contradictoires, les «conflits de rôle» caractérisent l'homme social.

psychologique [psikɔlɔʒik] adj. **1.** Qui a rapport à la psychologie. *Méthodes psychologiques.* ▷ *Roman psychologique*, qui s'attache essentiellement à l'étude des sentiments, des caractères. **2.** Qui concerne les faits psychiques que la psychologie étudie. *Problèmes psychologiques.* – Du préc.

psychologiquement [psikɔlɔʒikmɑ̃] adv. Du point de vue de la psychologie. – Du préc.

psychologisme [psikɔlɔʒism] n. m. Didac. Tendance à faire prévaloir le point de vue psychologique dans l'étude des faits individuels et sociaux. – De *psychologie.*

psychologue [psikɔlɔg] n. (et adj.) **1.** Spécialiste en psychologie. – Personne qui exerce l'un des métiers issus de la psychologie appliquée ou thérapeutique. **2.** Personne qui fait preuve d'une certaine connaissance empirique des sentiments d'autrui. *C'est un fin psychologue.* ▷ Adj. *Il n'est pas très psychologue.* – De *psychologie.*

psychométricien, ienne [psikometʀisjɛ̃, jɛn] n. Didac. Spécialiste de psychométrie. – De *psychométrie.*

psychométrie [psikometʀi] n. f. PSYCHO Mesure, étude quantitative (durée, fréquence, etc.) des phénomènes psychiques. – De *psycho-*, et *-métrie.*

psychométrique [psikometʀik] adj. PSYCHO Relatif à la psychométrie. *Tests psychométriques.* – Du préc.

psychomoteur, trice [psikomɔtœʀ, tʀis] adj. PHYSIOL Qui a trait à la fois aux fonctions psychiques et motrices. *Troubles psychomoteurs.* – De *psycho-*, et *-moteur.*

psychopathe [psikɔpat] n. MED Vieilli Malade mental. – De *psycho-*, et *-pathe.*

psychopathie [psikɔpati] n. f. MED Vx Maladie mentale. – De *psycho-*, et *pathie.*

psychopathique [psikɔpatik] adj. MED Vieilli Relatif à la psychopathie. – Du préc.

psychopathologie [psikopatɔlɔʒi] n. f. Didac. Étude des troubles mentaux. – De *psycho-*, et *pathologie*.

psychopédagogie [psikopedagɔʒi] n. f. Didac. Psychologie appliquée à la pédagogie. – De *psycho-*, et *pédagogie*.

psychopédagogique [psikopedagɔʒik] adj. Didac. Qui concerne la psychopédagogie. – Du préc.

psychopédagogue [psikopedagɔg] n. Didac. Psychologue spécialiste de la psychopédagogie. – De *psychopédagogie*.

psychopharmacologie [psikofaʀmakɔlɔʒi] n. f. Didac. Science qui étudie le pouvoir, les effets des substances agissant sur le psychisme humain (psychotropes) et les modes d'action thérapeu-tiques qui en découlent. – De *psycho-*, et *pharmacologie*.

psychophysiologie [psikofizjɔlɔʒi] n. f. Didac. Science qui étudie les rapports entre le psychisme et l'activité physiologique. – De *psycho-*, et *physiologie*.

psychophysiologique [psikofizjɔlɔʒik] adj. Didac. Qui a rapport à la psychophysiologie ou aux phénomènes qu'elle étudie. – Du préc.

psychopompe [psikopɔ̃p] adj. MYTH Conducteur des âmes des morts (épithète appliquée à Hermès, Apollon, Charon, Orphée, etc.). – Gr. *psukhopompos*.

psychose [psikoz] n. f. **1.** PSYCHIAT, PSYCHAN Maladie mentale que le sujet est incapable de reconnaître comme telle (contrairement à la névrose) et caractérisée par la perte du contact avec le réel et une grave altération de la personnalité. *La paranoïa et la schizophrénie sont des psychoses. Psychose maniacodépressive.* **2.** Cour. Obsession, angoisse collective. *La psychose de l'espionnage.* – De *psycho-*, d'ap. *névrose*.

psychosensoriel, elle [psikosɑ̃sɔʀjɛl] adj. PSYCHO Qui a trait à la fois aux fonctions psychiques et sensorielles. *Troubles psychosensoriels.* – De *psycho-*, et *sensoriel*.

psycho-sensori-moteur [psikosɑ̃sɔʀimɔtœʀ] adj. PSYCHO Se dit de troubles qui ont trait à la fois aux facultés psychiques (attention, mémoire, etc.), aux organes sensoriels (toucher, ouïe, etc.) et à la motricité. – De *psycho-*, *sensori(el)*, et *moteur*.

psychosociologie [psikosɔsjɔlɔʒi] n. f. Didac. Étude des rapports entre faits sociaux et faits psychiques. Syn. psychologie* sociale. – De *psycho-*, et *sociologie*.

psychosociologique [psikosɔsjɔlɔʒik] adj. Didac. Relatif à la psychosociologie. – Du préc.

psychosociologue [psikosɔsjɔlɔg] n. Didac. Spécialiste de psychosociologie. – De *psychosociologie*.

psychosomaticien, ienne [psikosɔmatisjɛ̃, jɛn] n. Didac. Spécialiste de psychosomatique. – De *psychosomatique*.

psychosomatique [psikosɔmatik] adj. et n. f. Se dit des troubles physiques (organiques et fonctionnels) d'origine psychique. ▷ Par ext. *Médecine psychosomatique*, qui traite les affections psychosomatiques. – N. f. *La psychosomatique.* – De *psycho-*, et *somatique*.

psychotechnicien, ienne [psikotɛknisjɛ̃, jɛn] n. Didac. Spécialiste de la psychotechnique. – De *psychotechnique*.

psychotechnique [psikotɛknik] n. f. et adj. Didac. Discipline régissant l'application aux problèmes humains (organisation du travail, sélection du personnel, etc.) des données de la psychologie expérimentale et de la psychophysiologie. ▷ Adj. *Tests psychotechniques.* – De *psycho-*, et *technique*.

psychothérapeute [psikoteʀapøt] n. Didac. Personne qui pratique la psychothérapie. – De *psycho-*, et *thérapeute*.

psychothérapie [psikoteʀapi] n. f. Toute thérapie par des moyens psychiques. *Psychothérapie analytique*, fondée sur la psychanalyse. *Psychothérapie de groupe*: psychodrame, etc. – De *psycho-*, et *thérapie*.

psychothérapique [psikoteʀapik] adj. Didac. De la psychothérapie. – Du préc.

psychotique [psikɔtik] adj. PSYCHIAT Relatif aux psychoses. – Atteint de psychose. ▷ Subst. *Un(e) psychotique.* – De *psychose*.

psychotonique [psikotɔnik] adj. et n. m. PHARM Se dit de substances qui stimulent l'activité psychique. – N. m. *Un psychotonique.* – De *psycho-*, et *tonique*.

psychotrope [psikotʀɔp] adj. et n. m. PHARM Se dit de toute substance qui agit sur le psychisme: psychoanaleptiques et psychotoniques (stimulants), psycholeptiques (tranquillisants), psychodysleptiques (hallucinogènes, etc.). – N. m. *Un psychotrope.* – De *psycho-*, et *-trope*.

psychromètre [psikʀɔmɛtʀ] n. m. TECH Instrument servant à mesurer le degré hygrométrique de l'air. V. hygromètre. – Du gr. *psukhros*, «froid», et *-mètre*.

psylle [psil] n. m. Litt. Charmeur de serpents, en Orient. – Du lat. *Psylli*, gr. *Psulloi*, peuple de la Cyrénaïque, anc. contrée du nord de l'Afrique, qui forme auj. trois prov. de Libye.

Pt CHIM Symbole du platine.

ptér(o)-, -ptère. Éléments, du gr. *pteron*, «plume d'aile, aile», et (archi.) «aile, colonnade».

ptéranodon [pteʀanɔdɔ̃] n. m. PALEONT Reptile volant au rostre édenté, fossile du Secondaire (Crétacé). *Le ptéranodon fut le plus grand des ptérosauriens* (9 m d'envergure). – De *ptér-*, et gr. *anodous, anodontos*, «édenté».

ptéridophytes [pteʀidɔfit] n. m. pl. BOT Embranchement de végétaux vasculaires comprenant les lycopodes, les sélaginelles, les prêles, les fougères, etc. Syn. cryptogames* vasculaires. – Gr. *pteris, pteridos*, «fougère», et *-phyte*.

ptéridospermales [pteʀidospɛʀmal] ou **ptéridospermées** [pteʀidospɛʀme] n. f. pl. PALEONT Ordre de végétaux fossiles des terrains primaires, dont le feuillage était semblable à celui des fougères actuelles, mais qui portaient des ovules au lieu de sporanges. – De *ptérido(phyte)*, et *sperma(tophyte)*.

ptérodactyle [pteʀɔdaktil] adj. et n. **1.** adj. ZOOL Qui a les doigts reliés par une membrane. **2.** n. m. PALEONT Ptérosaurien (genre *Pterodactylus*) à rostre denté, dépourvu de queue, du Jurassique. – De *ptéro-*, et *-dactyle*.

ptéropodes [pteʀɔpɔd] n. m. pl. ZOOL Ordre de mollusques gastéropodes opisthobranches dont le pied présente deux expansions latérales utilisées pour nager. – De *ptéro-*, et *-pode*.

ptérosauriens [pteʀɔsɔʀjɛ̃] n. m. pl. PALEONT Ordre de reptiles fossiles du Jurassique et du Crétacé adaptés au vol grâce à une membrane alaire tendue entre le quatrième doigt de la main et le corps. (Leurs mâchoires formaient un rostre pourvu ou non de dents; leur vol était vraisemblablement lourd et embarrassé; les princ. furent les ptérodactyles.) – De *ptéro-*, et *saurien*.

ptérygoïde [pteʀigɔid] adj. ANAT *Apophyse ptérygoïde*: apophyse osseuse attenante à la grande aile et à la face inférieure du sphénoïde. – Du gr. *pterugoeidês*, «en forme d'aile».

ptérygoïdien [pteʀigɔidjɛ̃] adj. et n. m. ANAT De l'apophyse ptérygoïde. ▷ *Muscles ptérygoïdiens*: muscles masticateurs qui permettent les déplacements latéraux du maxiliaire inférieur. – N. m. *Les ptérygoïdiens.* – Du préc.

ptérygotes [pteʀigɔt] n. m. pl. ZOOL Sous-classe d'insectes comprenant tous les insectes ailés (la quasi-totalité des espèces), par oppos. aux aptérygotes. – Du gr. *pterugôtos*, «muni d'ailes».

ptolémaïque [ptɔlemaik] adj. Didac. Relatif à Ptolémée 1er Sôter (vers 360-283 av. J.-C.), souverain d'origine macédonienne, et à sa dynastie qui régna sur l'Égypte de 305 à 30 av. J.-C. – Relatif à la civilisation hellénistique de cette période, en Égypte.– Bas lat. *ptolemaïcus*, de *Ptolemæus*, gr. *Ptolemaios*, «Ptolémée», n. de plusieurs souverains d'Égypte.

ptoléméen, enne [ptɔlemeɛ̃, ɛn] ou **ptoloméen, enne** [ptɔlɔmeɛ̃, ɛn] adj. Didac. Relatif à l'astronome grec Ptolémée, à son système. – *Par ext.* Relatif à la cosmogonie qui a précédé les théories de Copernic (XVIe s.). – Du n. de *Ptolémée* ou *Ptolomée* de Thébaïde (v. 90 - v. 168 ap. J.-C.).

ptomaïne [ptɔmain] n. f. BIOCHIM Alcaloïde toxique produit par la putréfaction des matières animales. – Ital. *ptomaina*; du gr. *ptôma*, «cadavre».

ptôse ou **ptose** [ptoz] n. f. MED Descente d'un organe, due au relâchement de ses moyens de fixation. – Du gr. *ptôsis*, «chute».

ptosis [ptozis] n. m. MED Abaissement permanent, d'origine paralytique ou congénitale, de la paupière supérieure. – Mot gr., «chute».

ptyaline [ptialin] n. f. BIOCHIM Amylase salivaire qui joue un rôle dans la digestion de l'amidon. – Du gr. *ptualon*, «salive».

ptyalisme [ptialism] n. m. MED Sécrétion salivaire excessive. – Gr. *ptualismos*, de *ptuein*, «cracher».

Pu CHIM Symbole du plutonium.

puant, ante [pyɑ̃, ɑ̃t] adj. et n. m. **1.** Qui sent mauvais. ▷ VEN *Les bêtes puantes* ou (n. m. pl.) *les puants:* les animaux des bois qui dégagent une odeur forte et repoussante (fouines, putois, renards, etc.). **2.** Fig. Odieux par son impudence, sa vanité. – Ppr. de *puer*.

puanteur [pyɑ̃tœʀ] n. f. Odeur infecte, fétide. – De *puant*.

1. pub [pœb] n. m. En Angleterre, établissement public où l'on consomme des boissons alcoolisées. ▷ *Par ext.* En France, bar, café, etc., dont le cadre évoque les pubs anglais. – Mot angl., abrév. de *public house*, «auberge».

2. pub [pyb] n. f. Fam. Abrév. de *publicité*.

pubère [pybɛʀ] adj. et n. Qui a atteint l'âge de la puberté. – Lat. *puber*.

pubertaire [pybɛʀtɛʀ] adj. Didac. De la puberté. – De *puberté*.

puberté [pybɛʀte] n. f. Ensemble des modifications morphologiques, physiologiques et psychologiques qui se produisent chez l'être humain au moment du passage de l'enfance à l'adolescence; cette période de la vie, marquée par l'apparition de certains caractères sexuels secondaires et par l'acquisition de la capacité de procréer. *La crise de la puberté.* – Lat. *pubertas*.

ENCYCL **Physiol.** – La puberté se produit entre 10 et 14 ans chez la fille, 12 et 16 ans chez le garçon. Précoce dans les pays chauds, dans les régions tempérées elle survient *en général* à 13 ans chez la fille, à 15 ans chez le garçon; elle se caractérise par le développement des organes génitaux et l'apparition des caractères sexuels secondaires (pilosité axillaire et pubienne, modification de la voix chez le garçon, développement mammaire chez la fille). Elle s'accompagne d'une poussée puis d'un arrêt de la croissance, et d'un développement musculaire. Sur le plan biologique, on constate une sécrétion plus importante des gonadotrophines hypophysaires, l'établissement du cycle menstruel chez la fille et la production de spermatozoïdes dans les testicules du garçon. La puberté précoce ou le retard pubertaire à caractère pathologique sont d'origine hypophysaire, surrénalienne ou gonadique.

pubescence [pybɛs(s)ɑ̃s] n. f. BOT État, caractère d'une plante ou d'un organe pubescent. – De *pubescent*.

pubescent, ente [pybɛs(s)ɑ̃, ɑ̃t] adj. BOT Se dit d'un organe, d'une plante, couverts de petits poils ou d'un fin duvet. – Lat. *pubescens*, de *pubescere*, «se couvrir de poils».

pubien, ienne [pybjɛ̃, jɛn] adj. ANAT Du pubis. – De *pubis*.

pubis [pybi] n. m. **1.** ANAT Pièce osseuse formant la partie antérieure de l'os iliaque. **2.** Région inférieure du bas-ventre, qui se couvre de poils à la puberté. – Mot lat., var. de *pubes*.

publi-. Élément tiré de *publicité*.

publiable [pyblijabl] adj. Qui peut être publié; qui est digne de l'être. *Ce roman est à peine publiable.* – De *publier*.

public, ique [pyblik] adj. et n. m. **I.** adj. **1.** Qui appartient au peuple, à la nation, à l'État; qui les concerne. *Le Trésor public:* les caisses de l'État. *Les services publics:* l'Administration. *Édifice, monument public. Ministère de la Santé publique.* **2.** Commun, à l'usage de tous. *Voie publique.* **3.** Manifeste, connu de tous. *Bruit public. De notoriété publique.* **4.** Où tout le monde est admis. *Audience publique.* **II.** n. m. **1.** Les gens en général. *L'intérêt du public.* – *Entrée interdite au public*, aux personnes non habilitées. **2.** Personnes réunies pour assister à un spectacle. *Le public applaudit l'entrée du comédien.* ▷ *Par ext.* Ensemble des gens qui s'intéressent à la vie artistique. *Le grand public. Un public de connaisseurs. Ce chanteur a son public*, ses fidèles. **3.** loc. adv. *En public:* en présence du public, à la vue d'un certain nombre de personnes. *L'audition aura lieu en public.* – Lat. *publicus*.

publicain [pyblikɛ̃] n. m. **1.** ANTIQ ROM Fermier des revenus publics. **2.** Vx Collecteur d'impôts. – Lat. *publicanus*.

publication [pyblikasjɔ̃] n. f. **1.** Action par laquelle qqch est rendu public. ▷ DR Promulgation. *Publication d'une loi.* **2.** Édition. *Date de publication d'un livre.* **3.** Ouvrage publié. ▷ Spécial. *Une publication mensuelle.* – De *publier*.

publiciste [pyblisist] n. **1.** Vx Écrivain politique. **2.** Vieilli Journaliste. **3.** *Abusiv.* Publicitaire. – De *public*.

publicitaire [pyblisitɛʀ] adj. et n. **1.** Qui a un caractère de publicité, qui sert à la publicité (sens 2). *Message publicitaire à la radio.* **2.** Qui s'occupe de publicité. *Agence publicitaire.* ▷ Subst. *Un(e) publicitaire.* – De *publicité*.

publicité [pyblisite] n. f. **1.** Caractère de ce qui est public. *La publicité des débats parlementaires.* **2.** Art de faire connaître un produit, une entreprise, etc., afin d'inciter les consommateurs à acheter ce produit, à utiliser les services de cette entreprise, etc.; ensemble des moyens employés à cet effet. *Campagne de publicité. Entreprise qui fait beaucoup de publicité.* ▷ *Une, des publicité(s):* annonce(s), affiche(s), etc., publicitaire(s). ▷ Abrév. Fam. *pub.* – De *public*.

publier [pyblije] v. tr. [1] **1.** Rendre public. *Publier des bans.* **2.** Faire paraître (un écrit). *Publier un livre.* – Lat. *publicare*.

publipostage [pyblipɔstaʒ] n. m. COMM Prospection, démarchage, publicité ou vente par voie postale. Syn. français de *mailing*. – De *publi-*, et *postage*.

publiquement [pyblikmɑ̃] adv. En public, de manière publique. – De *public*.

puccinia [pyksinja] n. m. ou **puccinie** [pyksini] n. f. BOT Champignon basidiomycète (ordre des urédinales), parasite provoquant la rouille de divers végétaux. – Du nom de T. *Puccini*, savant ital.

puce [pys] n. f. **I. 1.** Insecte brun, sauteur, parasite des êtres humains et de certains mammifères. ▷ Fig., Fam. Personne de petite taille. **2.** loc. fam. *Mettre la puce à l'oreille:* inspirer des inquiétudes, de la méfiance. – *Secouer les puces à qqn*, le réprimander. **3.** *Marché aux puces*, ou, ellipt., *les puces:* marché de brocante et d'objets d'occasion divers. **4.** adj. inv. Brun-rouge foncé. *Des rideaux puce*. **5.** Par anal. *Puce d'eau:* daphnie. ▷ *Puce de mer:* talitre. **II.** INFORM Plaquette de silicium, qui peut être inférieure au millimètre carré, sur laquelle est gravé un microprocesseur. – Lat. *pulex, pulicis;* d'abord *pulce*.
ENCYCL **Zool.** – Les puces, qui constituent l'ordre des siphonaptères (proches de l'ordre des diptères), sont dépourvues d'ailes; cette absence est une régression génétique. Les larves, apodes, se nourrissent de matières animales ou végétales mortes. L'insecte parfait est suceur de sang (hématophage) grâce à ses pièces buccales piqueuses-suceuses. Le corps est comprimé latéralement; les pattes postérieures sont adaptées au saut. La plupart des puces sont des parasites externes de divers mammifères (de l'homme: *Pulex irritans*, du chien et du chat: genre *Ctenocephalides*, notam.); elles sont apparues après ceux-ci au début du Tertiaire. Les puces sont des vecteurs de germes pathogènes (par ex. de la peste).

puceau [pyso] n. m. et adj. m. Fam. Garçon vierge. ▷ Adj. *Il est encore puceau*. – De *pucelle;* d'abord *pucel*.

pucelage [pyslaʒ] n. m. Fam. Virginité. *Perdre son pucelage*. – De *pucelle*.

pucelle [pysɛl] n. f. et adj. f. **1.** Vx ou plaisant. Jeune fille. *La pucelle d'Orléans:* Jeanne d'Arc. **2.** Fam. Fille vierge. ▷ Adj. *Elle est pucelle*. – Du lat. pop. *pullicella*, dimin. de *pullus*, «petit d'un animal»; d'abord *pulcella*.

puceron [pysʀɔ̃] n. m. Insecte homoptère vivant sur les plantes, dont il suce la sève. – De *puce*.
ENCYCL Les pucerons forment le sous-ordre des aphidiens. Leur cycle de vie est très complexe (alternance de générations, avec changements d'hôtes). L'individu qui naît d'un œuf fécondé est une femelle: la *fondatrice*, qui par parthénogenèse donne des femelles vivipares (ailées ou aptères suivant les générations et les espèces), lesquelles donnent à leur tour des femelles, cela pendant dix générations successives. Ce n'est qu'à la fin de la belle saison que paraissent à la onzième et dernière génération des mâles parmi lesquels certains sont ailés et les autres aptères. Ils fécondent les femelles qui pondent alors des œufs d'hiver dont l'éclosion n'aura lieu qu'au printemps suivant. Les espèces sont très nombreuses: puceron du chêne, puceron du rosier, puceron lanigère *(Eriosoma lanigerum)* qui parasite le pommier. Les coccinelles, les syrphes sont des ennemis naturels des pucerons et l'homme cherche à les utiliser pour lutter contre eux (lutte biologique). Les pucerons qui se gorgent de sève élaborée en rejettent (déjections) une grande partie (jusqu'à 90 %); ce miellat est recherché par les abeilles et les fourmis.

pouding [pudiŋ] n. m. Pâte à gâteau cuite au four sur des fruits ou sur une préparation sucrée. *Pouding à la rhubarbe, aux bleuets*. – *Pouding chômeur*, cuit sur un sirop à base de cassonade. – *Pouding au pain*, composé d'une pâte à base de pain rassis, de lait et d'œufs, que l'on sert accompagné d'un sirop. Rem. Le mot s'emploie aussi au fém. dans la langue fam.; l'orthogr. *pudding* est rare. V. poutine. – De l'angl. *pudding*.

pudding. V. pouding et plum-pudding.

puddlage [pydlaʒ] n. m. METALL Ancien procédé d'affinage consistant à décarburer la fonte dans un four à réverbère à l'aide de scories oxydantes, pour obtenir l'acier. – De *puddler*.

puddler [pydle] v. tr. [1] METALL Affiner la fonte par puddlage. – Angl. *to puddle*, «brasser».

puddleur [pydlœʀ] n. m. METALL Ouvrier travaillant au puddlage. – De *puddler*.

pudeur [pydœʀ] n. f. **1.** Tendance à éprouver de la gêne, de la honte devant ce qui touche à la sexualité. **2.** Retenue, réserve. *La pudeur de sentiment*. ▷ Délicatesse. *Il a eu la pudeur de ne pas mentionner ce triste événement*. – Lat. *pudor*.

pudibond, onde [pydibɔ̃, ɔ̃d] adj. Exagérément pudique, ou d'une pudeur affectée. – Lat. *pudibundus*, «honteux».

pudibonderie [pydibɔ̃dʀi] n. f. Affectation de pudeur. – Du préc.

pudicité [pydisite] n. f. Rare Pudeur. – De *pudique*.

pudique [pydik] adj. **1.** Plein de pudeur (sens 1). **2.** Discret, réservé. – Lat. *pudicus*, de *pudere*, «avoir honte».

pudiquement [pydikmɑ̃] adj. D'une manière pudique. – Du préc.

puer [pɥe] **1.** v. tr. [1] Exhaler une odeur désagréable de. *Puer le vin*. **2.** v. intr. Sentir mauvais. – Lat. pop. *putire*, class. *putere;* a. fr. *puir*.

puériculteur, trice [pɥeʀikyltœʀ, tʀis] n. Infirmier, infirmière diplômé(e), spécialiste en puériculture. – De *puériculture*.

puériculture [pɥeʀikyltyʀ] n. f. Ensemble des méthodes propres à assurer le développement de l'enfant, de sa naissance à sa troisième ou quatrième année. – Du lat. *puer*, «enfant», et de *-culture*.

puéril, ile [pɥeʀil] adj. **1.** Vx Qui concerne l'enfance. **2.** Enfantin, qui ne convient pas à un adulte. *Discussion puérile*. – Lat. *puerilis*.

puérilement [pɥeʀilmɑ̃] adv. D'une manière puérile. – Du préc.

puérilisme [pɥeʀilism] n. m. PSYCHO État pathologique caractérisé par la régression de l'esprit d'un adulte au niveau de la mentalité enfantine. – De *puéril*.

puérilité [pɥeʀilite] n. f. Caractère de ce qui est puéril, futile. – Lat. *puerilitas*.

puerpéral, ale, aux [pɥɛʀpeʀal, o] adj. MED Relatif aux femmes en couches ou à l'accouchement et à ses suites immédiates. – *Fièvre puerpérale:* infection à point de départ utérin, consécutive à un accouchement. – Du lat. *puerpera*, «accouchée»; de *puer*, «enfant», et *parere*, «enfanter».

puffin [pyfɛ̃] n. m. ZOOL Oiseau marin migrateur (genres *Puffinus* et voisins, fam. procellariidés) aux longues ailes, voisin du pétrel. – Mot angl.; orig. incert.

pugilat [pyʒila] n. m. **1.** ANTIQ Sport comparable à la boxe, mais dans lequel les combattants portaient au poing un gantelet garni de fer ou de plomb (ceste). **2.** Cour. Rixe à coups de poing. – Lat. *pugilatus*, du rad. *pugnus*, «poing».

pugiliste [pyʒilist] n. m. **1.** ANTIQ Athlète spécialisé dans le pugilat. **2.** Boxeur. – Lat. *pugil*, a. fr. *pugile*.

pugilistique [pyʒilistik] adj. Litt. Relatif au pugilat antique ou à la boxe. – Du préc.

pugnace [pygnas] adj. Litt. Qui aime la lutte; combatif. – Lat. *pugnax, pugnacis.*

pugnacité [pygnasite] n. f. Litt. Goût de la lutte, combativité. – Lat. *pugnacitas.*

puîné, ée [pɥine] adj. et n. Vieilli Cadet. ▷ DR *Juge puîné:* juge autre que le juge en chef ou le juge en chef adjoint ou associé d'un tribunal. – De *puis,* et *né.*

puis [pɥi] adv. **1.** Ensuite, après. *Il dit quelques mots, puis se tut.* **2.** *Et puis:* d'ailleurs, en outre, en plus. *Il l'avait bien mérité... Et puis on ne lui a pas fait bien mal.* – Fam. *Et puis après? Et puis quoi?:* et ensuite, quelle importance? Et alors? *Si je perds, je n'aurai plus rien! Et puis après?* **3.** Plus loin. *Voici un érable, puis un bouleau.* – Du lat. pop. **postius,* «après», class. *post* ou *postea.*

puisage [pɥizaʒ] n. m. Rare ou TECH Action de puiser. – De *puiser.*

puisard [pɥizaʀ] n. m. TECH **1.** Excavation pratiquée dans le sol pour évacuer les eaux de pluie. **2.** Fosse pratiquée dans une chaufferie pour recueillir les eaux de vidange avant de les rejeter à l'égout. – De *puits.*

puisatier [pɥizatje] n. m. Entrepreneur, ouvrier qui creuse ou qui répare les puits. – De *puits.*

puiser [pɥize] v. tr. [1] **1.** Prendre (une portion d'un liquide) au moyen d'un récipient que l'on plonge dans ce liquide. *Puiser de l'eau dans une mare.* ▷ Par anal. *Puiser dans sa bourse* (de l'argent). **2.** Fig. Prendre. *Il a puisé ces renseignements dans les meilleurs ouvrages. Puiser aux sources:* consulter les originaux. – De *puits.*

puisque [pɥisk] conj. de subordination. Du moment que, étant donné que. *Puisqu'il pleut, je reste ici.* (La voyelle *e* de *puisque* ne s'élide que devant *il, elle, on, en, un, une.*) – De *puis,* et *que.*

puissamment [pɥisamɑ̃] adv. **1.** Avec de grands moyens. *Région puissamment défendue.* **2.** Avec une grande autorité, une grande efficacité. *Agir puissamment.* **3.** Fam. Extrêmement. *Puissamment riche.* – De *puissant.*

puissance [pɥisɑ̃s] n. f. **I. 1.** Pouvoir d'exercer une autorité, d'avoir une grande influence. *La puissance royale. Toute-puissance:* puissance absolue. **2.** Pouvoir, autorité (dans la société, etc.). *Asseoir sa puissance sur l'argent.* **3.** Caractère de ce qui exerce une grande influence, de ce qui produit des effets notables. *La puissance de l'habitude.* **4.** PHYS Travail fourni par unité de temps. *La puissance s'exprime en watts.* ELECTR Produit de la tension d'un courant électrique (volts) par son intensité (ampères), qui s'exprime en watts. **5.** Pouvoir d'action (d'un appareil, d'un mécanisme). *Puissance d'un instrument d'optique,* exprimée en dioptries. ▷ *Puissance d'un moteur* (exprimée en watts ou en chevaux). ▷ *Puissance administrative* ou *fiscale d'un véhicule automobile (en France),* établie d'après sa cylindrée pour le calcul de la taxe sur les véhicules automobiles, et qui s'exprime en chevaux fiscaux. **6.** MATH *Puissance n d'un nombre,* ce nombre multiplié n fois par lui-même. **7.** MINES Épaisseur d'une veine de minerai. **II. 1.** PHILO Potentialité, virtualité. **2.** loc. adj. *En puissance:* potentiel, virtuel. **III.** *Une, des puissance(s).* **1.** État souverain. *Les grandes puissances:* les États les plus riches, les plus influents, etc. **2.** Ensemble d'individus, d'entreprises, etc. jouissant d'une grande influence sociale ou politique. *Les puissances d'argent.* – Litt. *Les puissances des ténèbres:* les démons. – De *puissant.*

puissant, ante [pɥisɑ̃, ɑ̃t] adj. et n. **1.** Qui est capable de produire de grands effets. *Un remède puissant.* **2.** Qui peut développer une grande énergie. *Moteur puissant.* **3.** Très robuste, doté d'une grande force physique. *Athlète puissant. Musculature puissante.* **4.** Qui a une grande intensité. *Voix puissante:* voix forte et soutenue. *Lumière puissante.* **5.** Qui a une grande autorité, un grand pouvoir, de grands moyens. *Un roi puissant. Une famille très puissante dans la région. Une nation puissante.* ▷ N. m. *Les puissants et les faibles.* – Anc. ppr. du v. *pouvoir.*

puits [pɥi] n. m. **1.** Profonde excavation creusée dans le sol pour recueillir les eaux d'infiltration. *Tirer de l'eau au puits.* ▷ *Puits artésien:* V. artésien. ▷ *Puits perdu:* puisard. ▷ Fig. *Puits de science, d'érudition:* personne très savante, très érudite. – Prov. *La vérité est au fond d'un puits,* elle est difficile à découvrir. **2.** Excavation pratiquée dans le sol, ouvrage destiné à l'exploitation d'un gisement. *Puits de pétrole.* – *Puits de mine,* qui donne accès aux galeries d'exploitation proprement dites. **3.** CONSTR *Puits de fondation:* fouille dans laquelle on coule du béton, destinée à asseoir les fondations d'un ouvrage. **4.** *Puits d'amour:* gâteau creux garni de crème pâtissière. – Lat. *puteus,* avec infl. du frq. **putti.*

pulicaire [pylikɛʀ] n. f. BOT Plante herbacée (fam. composées), aux fleurs jaunes, qui pousse dans les endroits humides. – Du lat. *pulicaria (herba),* propr. «(herbe) aux puces».

pullman [pylman] n. m. Vieilli Voiture de chemin de fer luxueusement aménagée. *Des pullmans.* – Mot anglo-amér., du nom de l'ingénieur amér. G. *Pullman* (1831-1897).

pullorose [pyl(l)ɔʀoz] n. f. MED VETER Maladie bactérienne *(salmonellose)* des poussins, contagieuse et mortelle. – Du lat. scientif. *(bacterium) pullorum,* «(bactérie) des poulets», et *-ose* 2.

pull-over [pylɔvɛʀ] n. m. Tricot qu'on met en le passant par-dessus la tête; chandail. – Abrév. cour. *pull.* – Mot angl., propr. «tirer par-dessus».

pullulement [pylylmɑ̃] n. m. ou (vx) **pullulation** [pylylasjɔ̃] n. f. Fait de pulluler. – De *pulluler.*

pulluler [pylyle] v. intr. [1] **1.** Se multiplier rapidement et abondamment. **2.** Péjor. Être en abondance, foisonner. *Les mauvais romans pullulent.* – Lat. *pullulare,* de *pullus,* «(animal ou plante) tout petit».

1. pulmonaire [pylmɔnɛʀ] adj. Qui concerne le poumon, ses vaisseaux. *Artère pulmonaire.* ▷ Qui affecte le poumon. *Embolie pulmonaire.* – Lat. *pulmonarius.*

2. pulmonaire [pylmɔnɛʀ] n. f. BOT Plante herbacée (fam. borraginacées), aux feuilles allongées, aux fleurs bleues. – Du bas lat. *pulmonaria (radicula),* propr. «(racine) bonne pour le poumon».

pulmonés [pylmɔne] n. m. pl. ZOOL Sous-classe de mollusques gastéropodes respirant par un poumon (escargot, limace, etc.). – Lat. zool. *pulmonata,* de *pulmo,* «poumon».

ENCYCL Les gastéropodes pulmonés, herbivores, presque tous terrestres, recherchent l'humidité; les espèces aquatiques viennent respirer à la surface de l'eau. Tous les pulmonés, bien qu'hermaphrodites, s'accouplent: il n'y a pas d'autofécondation. On distingue: les pulmonés terrestres, dont les yeux sont situés au sommet de tentacules; les pulmonés aquatiques, dont les yeux sont à la base des tentacules.

pulpe [pylp] n. f. **1.** Tissu charnu de certains fruits. *La pulpe d'une orange.* **2.** *Pulpe des doigts:* extrémité charnue du doigt. *Pulpe dentaire:* tissu conjonctif qui remplit la cavité dentaire. – Lat. *pulpa.*

pulpeux, euse [pylpø, øz] adj. Qui contient de la pulpe; qui a la nature, la consistance, l'aspect de la pulpe. *Des lèvres pulpeuses.* – De *pulpe.*

pulque [pulke] n. m. Boisson mexicaine obtenue en faisant fermenter du suc d'agave. – Mot indien du Mexique; par l'esp.

pulsar [pylsaʀ] n. m. ASTRO Radiosource galactique dont l'émission se caractérise par une succession d'impulsions très brèves et très régulièrement espacées. – Mot angl., de *puls(ating) st(ar)*, «étoile vibrante».

ENCYCL Le rayonnement électromagnétique émis par les pulsars (objets astronomiques dont l'existence n'est connue que par ces émissions, captées depuis 1968 grâce à des radiotélescopes) serait dû à un mouvement de rotation très rapide d'étoiles à neutrons (dernière phase de l'évolution d'une étoile). Faisons une comparaison avec un objet du domaine visible: l'émission (vers un observateur fixe) d'un pulsar est analogue à celle d'un phare. La période des impulsions, généralement comprise entre 30 millisecondes et quelques secondes, est remarquablement constante. La diminution de la période de certains pulsars (certes très faible: moins d'un millionnième de seconde par an) serait due au ralentissement de la rotation de l'étoile.

pulsatif, ive [pylsatif, iv] adj. **1.** Relatif à la pulsation. **2.** MED Se dit d'une douleur provoquée par la pulsation des artères dans une partie enflammée. – Du lat. *pulsare*, «pousser, heurter».

pulsation [pylsasjõ] n. f. **1.** Battement du cœur, des artères. *Rythme des pulsations.* **2.** PHYS Vitesse angulaire (symbole ω) du mouvement circulaire uniforme par lequel on représente une grandeur sinusoïdale. ($\omega = \frac{2\pi}{T}$, T représentant la période de ce mouvement.) – Lat. *pulsatio*, «choc».

pulsé, ée [pylse] adj. TECH Se dit de l'air que l'on envoie, que l'on fait circuler au moyen d'un dispositif spécial. *Chauffage à air pulsé.* – Pp. de *pulser*.

pulser [pylse] v. tr. [1] TECH Envoyer par pression. *Pulser de l'air.* – Lat. *pulsare*, «pousser».

pulsion [pylsjõ] n. f. PSYCHAN Manifestation de l'inconscient qui pousse un individu à agir pour réduire un état de tension. *Pulsions sexuelles.* – De *impulsion* ou du lat. *pulsio*, «action de repousser», du pp. de *pellere*, «remuer, pousser».

pulsionnel, elle [pylsjɔnɛl] adj. PSYCHAN Relatif aux pulsions. – Du préc.

pulsoréacteur [pylsoʀeaktœʀ] n. m. TECH Moteur à réaction fonctionnant par combustion discontinue. – Du lat. *pulsus*, pp. de *pellere*, «pousser», et de *réacteur*.

pultacé, ée [pyltase] adj. MED Qui a l'aspect, la consistance d'une bouillie. – Du lat. *puls, pultis*, «bouillie de farine».

pulvérin [pylveʀɛ̃] n. m. TECH Poudre à canon très fine qui servait à amorcer les armes à feu et qu'on emploie auj. pour les pièces d'artifice. – Ital. *polverino*, «poudre noire», du lat. *pulvis, pulveris*, «poussière».

pulvérisable [pylveʀizabl] adj. Que l'on peut pulvériser. – De *pulvériser*.

pulvérisateur [pylveʀizatœʀ] n. m. Instrument utilisé pour projeter une poudre ou de fines gouttelettes de liquide. – De *pulvériser*.

pulvérisation [pylveʀizasjõ] n. f. **1.** TECH Action de pulvériser un solide. **2.** Cour. Action de projeter une poudre, de pulvériser un liquide. *Pulvérisation d'un insecticide.* – De *pulvériser*.

pulvériser [pylveʀize] v. tr. [1] **1.** Réduire en poudre, en très petits fragments. *Pulvériser du sucre.* **2.** Projeter (un liquide) en fines gouttelettes. *Pulvériser un parfum.* **3.** Fig. Détruire, anéantir. *Pulvériser l'ennemi. Pulvériser une argumentation.* – Fam. *Pulvériser un record*, le battre de beaucoup. – Bas lat. *pulverizare*, de *pulvis, pulveris*, «poudre».

pulvériseur [pylveʀizœʀ] n. m. AGRIC Machine agricole destinée à ameublir superficiellement la terre en brisant les mottes. – Du préc.

pulvérulence [pylveʀylɑ̃s] n. f. État de ce qui est pulvérulent. – De *pulvérulent*.

pulvérulent, ente [pylveʀylɑ̃, ɑ̃t] adj. Qui se présente sous forme de poudre, ou qui peut se réduire facilement en poudre. – Lat. *pulverulentus*, «couvert de poussière».

puma [pyma] n. m. Félin américain *(Felis concolor)* au pelage beige uni, qui chasse la nuit. *Le puma est menacé d'extinction.* Syn. couguar. – Mot esp. empr. au quechua.

puna [pyna] n. f. GEOGR Haute plaine semi-aride, où ne poussent que de maigres touffes de grami-nées, dans les Andes, chaîne montagneuse d'Amérique du Sud. – Mot esp. empr. au quechua.

punaise [pynɛz] n. f. **1.** Petit insecte hétéroptère (*Cimex lectularius*, la punaise des lits) au corps roux et aplati, d'odeur infecte, parasite de l'homme qu'il pique pour se nourrir de son sang. *La punaise transmet le typhus.* ▷ Fam., péjor. *Punaise de sacristie:* bigote. ▷ Pop., rég. *Punaise!* Exclamation de surprise, de dépit. **2.** ZOOL Nom cour. de tous les insectes hétéroptères. **3.** Petit clou à large tête plate et à pointe fine et courte destiné à être enfoncé sans marteau, par simple pression. – De l'anc. adj. *punais*, du lat. pop. **putinasius*, «qui pue du nez».

punaiser [pyneze] v. tr. [1] Fam. Fixer au moyen de punaises (sens 3). *Punaiser une affiche sur le mur.* – Du préc.

1. punch [põʃ] n. m. **1.** Boisson alcoolisée faite de rhum mêlé de divers ingrédients (à l'origine: thé, citron, sucre et cannelle). *Des punchs. – Punch flambé*, dont on fait brûler l'eau-de-vie. **2.** Boisson rafraîchissante souvent alcoolisée, à base de jus de fruits et de boissons gazeuses, qu'on sert comme apéritif dans les réceptions. *Un bol de punch.* – Mot angl., de l'hindi *pânch*, «cinq» (à cause des cinq ingrédients qui le composent).

2. punch [pœnʃ] n. m. **1.** Grande puissance de frappe, pour un boxeur. *Il a du punch.* **2.** Fig., Fam. Énergie, vitalité. – Mot angl. «coup», du lat. *punctio*, «piqûre».

puncheur [pœnʃœʀ] n. m. SPORT Boxeur qui a du punch, qui frappe fort. ▷ Fig., fam. *C'est un puncheur:* il est dynamique, plein d'énergie. – De *punch* 2.

punching-ball [pœnʃiŋbol] n. m. Ballon fixé par des liens élastiques, dans lequel les boxeurs frappent pour s'entraîner. *Des punching-balls.* – Mot angl. de *punching*, «en frappant», et *ball*, «ballon».

puni, ie [pyni] adj. et n. Frappé d'une punition. – Pp. de *punir*.

punique [pynik] adj. HIST Qui a rapport, qui est propre aux Carthaginois. *Les guerres puniques.* ▷ N. m. *Le punique:* la langue punique. – Lat. *punicus*, de *Poeni*, «les Carthaginois».

punir [pyniʀ] v. tr. [2] **1.** Infliger un châtiment à (qqn). *Punir un criminel, un enfant désobéissant. – Punir qqn d'une peine*, la lui infliger. *Punir qqn de prison.* **2.** (Passif.) *Être puni de :* éprouver un désagrément qui résulte de. *Il a été puni de ses mensonges, de sa lâcheté. – Être puni par où l'on a péché :* voir la faute que l'on a commise se retourner contre soi-même. **3.** Sanctionner (une faute) par une peine. *Punir un crime.* – Lat. *punire*.

punissable [pynisabl] adj. Qui mérite punition. – De *punir*.

punisseur, euse [pynisœʀ, øz] adj. et n. Rare Qui punit. – De *punir*.

punitif, ive [pynitif, iv] adj. Dont le but est de punir. *Expédition punitive.* – De *punir*.

punition [pynisjõ] n. f. **1.** Action de punir. *La punition des péchés.* **2.** Châtiment infligé pour une faute relativement légère. *Donner une punition à un élève.* **3.** Mal que l'on éprouve à cause d'une faute, d'un défaut, etc. *Cette indigestion est la punition de sa gourmandise.* – Lat. *punitio*.

punk [pœ̃k] n. et adj. Se dit d'un mouvement social, culturel et musical né en Grande-Bretagne, vers 1975, en réaction contre la société et contre l'évolution alors prise par la pop-music. ▷ Subst. *Un(e) punk. Les punks affichent des dehors volontairement rebutants et provocants et leur musique est un rock and roll agressif et volontairement sommaire.* – Arg. amér., «pouilleux, voyou».

puntarelle [põtaʀɛl] n. f. TECH Petit morceau de corail dont on fait des colliers, des bracelets. – Dimin. d'orig. gasconne, du lat. *puncta*, «pointe».

puntillero [puntijeʀo] n. m. En tauromachie, celui qui est chargé d'achever le taureau estoqué. – Mot esp., de *puntilla*, «poignard».

pupazzo [pupadzo] n. m. Marionnette italienne à gaine. *Des pupazzi.* – Mot ital., dimin. de *pupa*, «poupée».

pupe [pyp] n. f. ZOOL Nymphe des insectes diptères, en forme de tonnelet. – Lat. zool. *pupa*, class. «poupée».

1. pupillaire [pypil(l)ɛʀ] adj. DR Qui a rapport ou appartient au pupille. – Lat. *pupillaris*.

2. pupillaire [pypil(l)ɛʀ] adj. PHYSIOL Relatif à la pupille. *Réflexe pupillaire.* – De *pupille* 2.

1. pupille [pypil] n. Personne mineure qui est sous l'autorité d'un tuteur. – Lat. *pupillus*, dimin. de *pupus*, «petit garçon».

2. pupille [pypij] n. f. Orifice circulaire au centre de l'iris. *L'ouverture de la pupille varie en fonction de l'intensité des rayons lumineux.* – Lat. *pupilla*.

pupinisation [pypinizasjõ] n. f. TELECOM Introduction, dans un circuit téléphonique, de bobines d'induction régulièrement espacées, permettant d'éviter l'affaiblissement des signaux avec la distance. – Du n. du physicien amér. M. I. *Pupin* (1858-1935).

pupipare [pypipaʀ] adj. ZOOL Qualifie les insectes diptères, dont les femelles, au lieu de pondre des œufs, donnent naissance à des pupes. – De *pupe*, et *-pare*.

pupitre [pypitʀ] n. m. **1.** Petit meuble dont la partie supérieure est en plan incliné et qui sert à écrire, à poser des livres, des partitions de musique. *Pupitre d'écolier, de musicien.* **2.** TECH Tableau sur lequel sont regroupés les organes de commande, de contrôle, etc., d'une machine électronique, notam. d'un système informatique. *Pupitre d'un ordinateur.* – Lat. *pulpitum*, «estrade».

pupitreur, euse [pypitʀœʀ, øz] n. INFORM Personne chargée de la commande et de la surveillance du fonctionnement d'un ordinateur. – Du préc.

pur, pure [pyʀ] adj. et n. **I.** adj. **1.** Qui n'est pas mélangé à autre chose, qui n'est pas altéré par un élément étranger. *Or pur.* – *Ciel pur*, sans aucun nuage. ▷ CHIM *Corps pur*, constitué de molécules identiques et caractérisé par la constance de ses caractères physiques. *Les corps simples, tel l'oxygène, dont les molécules sont formées d'atomes identiques, et les corps composés, telle l'eau, dont les molécules sont formées d'atomes différents, sont des corps purs.* **2.** Fig. Exempt de toute souillure morale. *Une jeune fille pure.* **3.** *Par ext.* Qui ne comporte pas d'imperfections, de fioritures. *Style, langage pur. Meuble d'une ligne très pure.* **4.** Envisagé sous un angle théorique, abstrait. *Mathématiques pures* (par oppos. à *mathématiques appliquées*). **5.** Qui est bien tel (et non autre). *Faire souffrir qqn par pure cruauté.* ▷ *Pur et simple :* sans restriction, sans réserve. *Une interdiction pure et simple.* **II.** n. Personne qui, ayant embrassé une doctrine politique, religieuse, dans son intégralité, n'accepte aucune compromission. – Lat. *purus*.

pureau [pyʀo] n. m. CONSTR Partie d'une tuile ou d'une ardoise non recouverte par la tuile ou l'ardoise supérieure. – De l'ancien v. *purer*, «nettoyer».

purée [pyʀe] n. f. **1.** Préparation de légumes cuits dans l'eau et écrasés. *Purée de pois cassés.* – Absol. *De la purée* (de pommes de terre). ▷ Fig., fam. *Purée de pois :* brouillard très épais. **2.** Fam. Misère, situation fâcheuse. *Être dans la purée.* – De l'a. v. *purer*, «purifier, cribler, passer»; bas lat. *purare*.

purement [pyʀmã] adv. Uniquement, exclusivement. *À des fins purement humanitaires.* – *Purement et simplement :* sans réserve et sans condition. *Se soumettre purement et simplement.* – De *pur*.

pureté [pyʀte] n. f. **1.** Qualité de ce qui est pur, sans mélange. *Pureté de l'eau.* ▷ CHIM État d'un corps ne contenant pas de substances étrangères. *Pureté d'un diamant.* **2.** Fig. Qualité de qqn, de qqch qui est pur sur un plan moral. *Pureté des intentions.* ▷ *Par ext.* État de ce qui est sobre, dépourvu de fioritures ou d'imperfections. *Pureté des formes.* – A. fr. *purté*, «pureté morale», lat. *puritas*, de *purus*, «pur».

purgatif, ive [pyʀgatif, iv] adj. et n. m. Se dit d'une substance, d'un médicament qui purge. – Bas lat. *purgativus*.

purgation [pyʀgasjõ] n. f. Vx Action de purger au moyen d'un remède; son résultat. ▷ *Par ext.* Médicament purgatif. – Lat. *purgatio*.

purgatoire [pyʀgatwaʀ] n. m. RELIG CATHOL Lieu ou état de souffrance temporaire dans lequel les âmes des justes achèvent l'expiation de leurs fautes avant d'être admises au Paradis. ▷ Fig. *Faire son purgatoire en ce monde*, y souffrir beaucoup. – Lat. ecclés. *purgatorius*, propr. «qui purifie».

purge [pyʀʒ] n. f. **1.** Syn. de *purgation*. **2.** Action d'évacuer d'une canalisation ou d'un récipient un fluide différent de celui qui doit normalement s'y trouver (air dans le cas d'un chauffage à eau chaude, eau de condensation dans le cas d'un chauffage à la vapeur). *Robinet de purge.* **3.** DR Formalités tendant à affranchir un immeuble des hypothèques qui le grèvent. **4.** Épuration politique. – Déverbal de *purger*.

purger [pyʀʒe] v. tr. [15] **1.** Provoquer l'évacuation des selles de (qqn) au moyen d'un purgatif. *Purger un enfant malade.* **2.** TECH Purifier (une substance). *Purger un métal.* **3.** Effectuer la purge de (une canalisation, un appareil). **4.** Débarrasser (une société) d'individus indésirables. *Purger la ville d'une bande de malfaiteurs.* **5.** *Purger une peine*, subir la peine à laquelle on est condamné. **6.** DR *Purger les hypothèques*, libérer un bien des hypothèques qui le grèvent. – Lat. *purgare*.

purgeur [pyʀʒœʀ] n. m. Dispositif servant à la purge d'un récipient, d'une canalisation. – De *purger*.

purifiant, iante [pyʀifjã, jãt] adj. Qui purifie. – Ppr. de *purifier*.

purificateur, trice [pyʀifikatœʀ, tʀis] adj. et n. **1.** adj. Qui purifie, qui a la vertu de purifier. *Jeûne purificateur.* **2.** n. m. Appareil servant à purifier (un milieu). – De *purifier*.

purification [pyʀifikasjõ] n. f. Action de purifier; son résultat. *La purification de l'air.* ▷ Fig. *La purification du corps imposée par certaines religions est le symbole de la purification de l'âme.* ▷ LITURG CATHOL Moment de la messe où le célébrant essuie le calice avec le purificatoire. – Lat. *purificatio.*

purificatoire [pyʀifikatwaʀ] n. et adj. **1.** n. m. LITURG CATHOL Linge avec lequel le prêtre essuie le calice après la communion. **2.** adj. Litt. Purificateur. *Sacrifice purificatoire.* – Lat. ecclés. *purificatorius.*

purifier [pyʀifje] v. tr. [1] **1.** Débarrasser des éléments étrangers, de ce qui altère. *Purifier l'eau. Purifier l'haleine.* **2.** Laver d'une souillure par des cérémonies religieuses. *Purifier un temple.* **3.** Rendre pur moralement. *La pénitence purifie le pécheur.* – Lat. *purificare.*

purin [pyʀɛ̃] n. m. Liquide s'égouttant du fumier, composé d'urine, d'eau et des produits de décomposition de la litière et des matières fécales animales. *Le purin est un excellent engrais.* – Mot dial., de l'a. fr. *purer,* «passer, égoutter».

purine [pyʀin] n. f. BIOCHIM Base azotée hétérocyclique dont certains dérivés entrent dans la composition des acides nucléiques. – All. *Purin,* dér. sav. du rad. du lat. *purus,* «pur», de *urique,* et *-ine.*

purique [pyʀik] adj. BIOCHIM *Bases puriques:* dérivés de la purine, importants constituants des acides nucléiques et des nucléotides. *Bases puriques et bases pyrimidiques. Les deux principales bases puriques sont la guanine et l'adénine.* – Du préc.

purisme [pyʀism] n. m. **1.** Respect scrupuleux, excessif, de la correction du langage. **2.** BX-A Mouvement plastique néo-cubiste fondé par A. Ozenfant et C.E. Jeanneret (Le Corbusier) en 1918. **3.** Respect scrupuleux d'un idéal, d'une doctrine. – De *puriste.*

puriste [pyʀist] n. et adj. Personne qui s'attache avec excès à la correction, à la pureté du langage; qui respecte scrupuleusement les principes propres à un idéal, une doctrine. ▷ Adj. *Théoricien, propos puristes.* – De *pur.*

puritain, aine [pyʀitɛ̃, ɛn] n. et adj. **I.** n. **1.** HIST, RELIG Membre d'une secte de presbytériens rigoristes qui se constitua en Angleterre, à l'imitation de l'Église d'Écosse, sous les règnes d'Elizabeth Ire et des deux premiers Stuarts. *Persécutés par les Stuarts, les puritains émigrèrent en grand nombre en Amérique.* **2.** Personne qui affecte une grande austérité, un respect sévère et intransigeant des principes moraux. **II.** adj. **1.** Propre aux puritains (sens 1). **2.** Austère, imprégné de puritanisme. – Angl. *puritan,* de *purity,* «pureté», bas lat. *puritas.*

puritanisme [pyʀitanism] n. m. **1.** RELIG Doctrine des puritains. **2.** Rigorisme dans la morale, dans les mœurs. – Angl. *puritanism.*

purot [pyʀo] n. m. AGRIC Fosse dans laquelle s'écoule le purin. – De *purin.*

purotin [pyʀɔtɛ̃] n. m. Pop., vieilli Celui qui est dans la purée, qui est sans ressources. – De *purée.*

purpura [pyʀpyʀa] n. m. MED Épanchement de sang au niveau de la peau ou des muqueuses réalisant un piqueté hémorragique (pétéchies) ou une ecchymose. – Mot lat. «pourpre».

purpurin, ine [pyʀpyʀɛ̃, in] adj. Litt. D'une couleur voisine du pourpre. – Réfection de *pourprin,* d'ap. lat. *purpura,* «pourpre».

purpurine [pyʀpyʀin] n. f. CHIM Un des principes colorants contenus dans la garance. – Du lat. *purpura,* «pourpre».

pur-sang [pyʀsɑ̃] n. m. inv. Cheval de course issu d'une race créée au XVIIIe s. par le croisement d'étalons arabes avec des juments anglaises. – De *pur,* et *sang.*

purulence [pyʀylɑ̃s] n. f. MED État caractérisé par la présence de pus. – Lat. ecclés. *purulentia,* du lat. *purulentus,* «purulent».

purulent, ente [pyʀylɑ̃, ɑ̃t] adj. Qui a la nature ou l'aspect du pus; qui produit du pus. *Kyste, psoriasis purulent.* – Lat. *purulentus.*

pus [py] n. m. Exsudat pathologique, liquide, opaque, généralement jaunâtre, tenant en suspension des leucocytes altérés, des débris cellulaires et nécrotiques, et contenant ou non des germes. – Lat. *pus, puris.*

puseyisme [pyzejism] n. m. RELIG Doctrine de Pusey et de Newman qui tenta de renouveler la spiritualité de l'Église anglicane en rétablissant certains dogmes dans leur forme catholique (donc antérieure à la Réforme) et en introduisant dans la liturgie des rites proches des rites catholiques.– Angl. *puseyism,* du n. du théologien angl. E. *Pusey* (1800-1882).

puseyiste [pyzejist] n. et adj. RELIG Partisan du puseyisme. – Du préc.

pusillanime [pyzillanim] adj. Litt. Qui manque de courage, de caractère; qui fuit les responsabilités. – Bas lat. *pusillanimus,* du class. *pusillus,* «tout petit», et *animus,* «âme, courage».

pusillanimité [pyzillanimite] n. f. Litt. Caractère, comportement d'une personne pusillanime. – Bas lat. *pusillanimitas.*

pustule [pystyl] n. f. **1.** Lésion cutanée, soulèvement circonscrit de l'épiderme contenant du pus. **2.** Petite éminence sur la tige ou les feuilles d'une plante. ▷ Petite protubérance de la peau de certains animaux. *Les pustules du crapaud.* – Lat. *pustula,* de *pus, puris,* «pus».

pustulé, ée [pystyle] adj. Didac. Qui porte des pustules. – De *pustule.*

pustuleux, euse [pystylø, øz] adj. Caractérisé par la présence de pustules; qui a la forme d'une pustule. – Lat. *pustulosus.*

puszta [pusta] n. f. GEOGR Partie de la plaine hongroise (E. et S.-E. du pays), autrefois inculte. – Mot hongrois, «désert».

putain [pytɛ̃] n. f. **1.** Vulg. Prostituée. ▷ Injur. Femme de mœurs faciles. **2.** Pop. *Putain de* (+ subst.) (pour maudire, vouer à l'exécration). *C'est ce putain de truc qui se coince!* ▷ *Putain!:* exclam. marquant la surprise, l'indignation. **3.** adj. Très fam. Complaisant, prêt à n'importe quelle concession. *Il est un peu putain.* – Cas régime de l'a. fr. *pute,* fém. subst. de l'anc. adj. *put,* «puant, vil».

putasser [pytase] v. intr. [1] Vulg. **1.** Faire la putain. **2.** Fréquenter les prostituées. – De *pute.*

putassier, ière [pytasje, jɛʀ] adj. **1.** Vulg. Qui concerne les prostituées; propre aux prostituées. **2.** Fam. Qui cherche à plaire à tout prix, facile et démagogique. *Une éloquence putassière.* – Du préc.

putatif, ive [pytatif, iv] adj. DR Qui juridiquement est réputé être ce qu'il n'est pas en réalité. *Mariage putatif :* mariage nul, mais contracté de bonne foi et dont les effets antérieurement produits subsistent jusqu'à son annulation. – Lat. ecclés. *putativus,* de *putare,* «estimer, supposer».

pute [pyt] n. f. Vulg. Var. de putain. – Fém. subst. de l'anc. adj. *put* (cf. *putain*).

putois [pytwa] n. m. **1.** Mammifère carnivore *(Mustela putorius* ou *Putorius putorius,* fam. mustélidés), long d'une cinquantaine de cm, au pelage brun tacheté de blanc sur la face, à l'odeur désagréable. ▷ Loc. fig. Fam. *Crier comme un putois,* très fort. ▷ Fourrure du putois. *Col en putois.* **2.** TECH Brosse à poil court et doux servant à étendre les couleurs sur la porcelaine. – De l'a. fr. *put,* «puant».

putréfaction [pytʀefaksjɔ̃] n. f. Décomposition des organismes privés de vie sous l'influence d'agents microbiens. – Bas lat. *putrefactio.*

putréfiable [pytʀefjabl] adj. Qui peut se putréfier. – De *putréfier*.

putréfié, ée [pytʀefje] adj. Qui est en putréfaction. Pp. de *putréfier*.

putréfier [pytʀefje] v. tr. [1] Corrompre, faire pourrir. ▷ v. pron. Tomber en putréfaction, pourrir. – Lat. *putrefacere*, de *putris*, «pourri», de *pus, puris*, «pus».

putrescence [pytʀɛsɑ̃s] n. f. Rare État d'un corps en voie de putréfaction. – De *putrescent*.

putrescent, ente [pytʀɛsɑ̃, ɑ̃t] adj. Rare Qui est en cours de putréfaction. – Lat. *putrescens*, ppr. de *putrescere*, «se putréfier».

putrescibilité [pytʀɛsibilite] n. f. Didac. Caractère de ce qui est putrescible. – De *putrescible*.

putrescible [pytʀɛsibl] adj. Didac. Qui peut se putréfier. – Bas lat. *putrescibilis*.

putrescine [pytʀɛsin] n. f. BIOCHIM Diamine du groupe des ptomaïnes, résultant de la putréfaction de la viande. – De *putresc(ent)*, et *-ine*.

putride [pytʀid] adj. **1.** En putréfaction. **2.** Relatif au travail de la putréfaction; produit par la putréfaction. *Exhalaisons putrides*. ▷ Litt., fig. Corrupteur, qui pourrit l'esprit, les mœurs. *Écrits putrides*. – Lat. *putridus*, de *putris* (cf. *putréfier*).

putridité [pytʀidite] n. f. Didac. ou fig. Caractère de ce qui est putride. – Du préc.

putsch [putʃ] n. m. inv. POLIT Coup de force, soulèvement effectué par un groupe armé, généralement peu important, en vue d'une prise de pouvoir devant mener à un changement de régime. – Mot all. d'orig. expressive, propr. «échauffourée».

putschiste [putʃist] n. POLIT Personne qui prend part à un putsch; personne qui prend parti en faveur d'un putsch. ▷ Adj. *Menées putschistes*. – Du préc.

putt [pœt] n. m. Coup de golf joué sur le green avec le putter. – Mot angl.

putter [pœtɛʀ] n. m. Club de golf servant à diriger la balle vers le trou lorsqu'on l'a amenée sur le green. – Mot angl.

putto, putti [pytto, pytti] n. m. BX-A Petit amour peint ou sculpté. – Mot ital.

1. puy [pɥi] n. m. Montagne volcanique, dans le centre de la France. *La chaîne des puys. Le puy de Dôme*. – Du lat. *podium*, «socle, tertre».

2. puy [pɥi] n. m. LITTER Au Moyen Âge, société littéraire placée sous le patronage de la Vierge. *Le puy d'Amiens, de Rouen*. – P.-ê. de *puy* 1, au sens de «estrade», ou de la v. du *Puy. (Haute-Loire)*, où existait une société analogue depuis très longtemps.

puzzle [pœzl] n. m. Jeu de patience formé de petites pièces à contours irréguliers que l'on doit assembler pour former une image. ▷ Fig. *L'Autriche-Hongrie était un puzzle de nations slaves et germaniques*, un État formé de communautés très différentes, difficiles à unir. – Mot angl., de *to puzzle*, «embarrasser».

P.V.C. [pevese] n. m. TECH Polychlorure de vinyle, matière plastique très répandue. *Emballage en P.V.C.* – Sigle de l'angl. *PolyVinylChloride*.

pycnogonides [piknɔgɔnid] n. m. pl. ZOOL Classe d'arthropodes chélicérates dont les yeux sont analogues à ceux des arachnides et la trompe au rostre des acariens. – Du gr. *puknos*, «épais», et *gônia*, «angle».

pycnomètre [piknɔmɛtʀ] n. m. PHYS Récipient servant à mesurer la densité des solides et des liquides. – Du gr. *puknos*, «dense», et de *-mètre*.

pycnose [piknoz] n. f. BIOL Altération du noyau de la cellule consistant en une condensation de la chromatine. – Du gr. *puknôsis*, «condensation».

pyélite [pjelit] n. f. MED Inflammation de la muqueuse du bassinet et des calices du rein. – Du gr. *puelos*, «cavité, bassin», et *-ite*.

pyélonéphrite [pjelɔnefʀit] n. f. MED Atteinte inflammatoire et infectieuse du parenchyme rénal et des voies excrétrices urinaires hautes. – Du gr. *puelos*, «cavité, bassin», et de *néphrite*.

pygargue [pigaʀg] n. m. ZOOL Grand aigle (genre *Haliæetus*) à queue de couleur claire, qui vit près des côtes et des grands lacs et se nourrit d'oiseaux et de poissons. *Le pygargue à tête blanche (Haliæetus leucocephalus) est le plus répandu des grands oiseaux de proie au Canada*. Syn. cour. orfraie, aigle de mer. – Lat. *pygargos*, mot gr., propr. «à derrière blanc».

-pyge, -pygie. Éléments, du gr. *pugê*, «fesse».

pygmée [pigme] n. m. **I.** (Avec une majuscule.) **1.** Individu de très petite taille appartenant à une ethnie africaine vivant dans la forêt équatoriale. **2.** ANTIQ Individu appartenant à un peuple de nains, semi-légendaire, de la région des sources du Nil. **II.** (Avec une minuscule.) **1.** Vx Homme de très petite taille. **2.** Fig. Personnage très médiocre, sans valeur. – Lat. *pygmæus*, du gr. *pugmaios*, propr. «haut d'une coudée», de *pugmê*, «poing».

pyjama [piʒama] n. m. **1.** Vêtement de nuit ou d'intérieur composé d'une veste et d'un pantalon amples. **2.** Pantalon ample, de toile légère, porté par les femmes en Inde. – Angl. *pyjamas*, de l'hindoustani (langue parlée dans le nord de l'Inde) *pâê-jama*, propr. «vêtement de jambes».

pylône [pilon] n. m. **1.** ANTIQ Portail colossal d'un temple égyptien, flanqué de deux piliers massifs en forme de pyramides tronquées. **2.** ARCHI Chacun des piliers quadrangulaires de grande dimension qui ornent l'entrée d'un pont, d'une avenue, etc. **3.** Construction, le plus souvent en charpente métallique ou en béton armé, qui sert de support à des câbles aériens, à une antenne de radio, etc. – Gr. *pulôn*, «porche, vestibule», de *pulê*, «porte».

pylore [pilɔʀ] n. m. ANAT Orifice intérieur de l'estomac faisant communiquer celui-ci avec le duodénum. – Lat. méd. *pylorus*, gr. *pulôros*, propr. «portier».

pylorique [pilɔʀik] adj. ANAT Du pylore. – Du préc.

pyo-. Élément, du gr. *puo-*, de *puon*, «pus».

pyodermite [pjɔdɛʀmit] n. f. MED Lésion suppurative de la peau. – De *pyo-*, *derme*, et *-ite*.

pyogène [pjɔʒɛn] adj. MED Se dit des germes qui entraînent une suppuration. – De *pyo-*, et *-gène*.

pyorrhée [pjɔʀe] n. f. MED Écoulement de pus. *Pyorrhée dentaire*. – Gr. *puorroia*.

pyr-, pyr(o)-. Élément, du gr. *pûr, puros*, «feu». ▷ CHIM Préfixe indiquant une décomposition sous l'action de la chaleur.

pyrale [piʀal] n. f. ZOOL Papillon nuisible, aux vives couleurs. *Pyrale de la vigne*, dont la chenille ronge les feuilles de cette plante. – Du lat. *pyralis*; mot d'orig. gr. «insecte vivant dans le feu».

pyramidal, ale, aux [piʀamidal, o] adj. **1.** En forme de pyramide. **2.** ANAT *Cellules pyramidales:* cellules nerveuses de l'écorce cérébrale. – *Faisceaux pyramidaux:* groupements de fibres motrices contenues dans la substance blanche de la moelle épinière. – *Os pyramidal :* os de la première rangée du carpe. **3.** Vx Étonnant, formidable. – Bas lat. *pyramidalis*.

pyramide [piʀamid] n. f. **1.** ANTIQ Monument à quatre faces triangulaires et à base quadrangulaire qui servait de tombeau aux pharaons d'Égypte. *La Grande Pyramide*, celle de Chéops. **2.** Dans les civilisations précolombiennes d'Amérique, grand monument de forme pyramidale, surmonté d'un temple. *Pyramide de Chichén-Itzá.* **3.** GEOM Solide qui a pour base un polygone et pour faces latérales des triangles dont les sommets se réunissent en un même point. **4.** Entassement en forme de pyramide. *Pyramide de fruits.* ▷ *Pyramide des âges :* représentation graphique de la répartition par classes d'âges d'une population donnée. **5.** ANAT *Pyramide de Malpighi:* petit faisceau conique de tubes urinifères situé dans le rein. – Lat. d'orig. gr. *pyramis, pyramidis.*

pyramidion [piʀamidjɔ̃] n. m. ARCHEOL Petite pyramide quadrangulaire qui surmonte un obélisque. – De *pyramide.*

pyranne [piʀan] n. m. BIOCHIM Composé carboné dont le cycle, hexagonal, comporte un atome d'oxygène. – Du rad. chim. *pyr-.*

pyrannose [piʀanoz] n. m. BIOCHIM Sucre dont la molécule contient un cycle pyranne. – Du préc., et *-ose* 1.

pyrène [piʀɛn] n. m. CHIM Hydrocarbure cyclique $C_{16}H_{10}$ contenu dans les goudrons de houille. – Comp. sav. du rad. chim. *pyr-,* et *-ène.*

pyrénéen, éenne [piʀeneɛ̃, eɛn] adj. et n. Des Pyrénées, chaîne de montagnes qui sépare l'Espagne de la France. – De *Pyrénées.*

pyrénomycètes [piʀenɔmisɛt] n. m. pl. BOT Groupe de champignons ascomycètes caractérisés par des fructifications closes, responsables de nombr. maladies des végétaux supérieurs. – Du gr. *purên, purênos,* «noyau», et de *-mycète.*

pyrèthre [piʀɛtʀ] n. m. BOT Plante (fam. composées), dont diverses espèces donnent une poudre insecticide obtenue par broyage des capitules. – Lat. d'orig. gr. *pyrethrum.*

pyrétique [piʀetik] adj. MED Qui a rapport à la fièvre ou qui la détermine. – Du gr. *puretos,* «fièvre».

pyrex [piʀɛks] n. m. Verre résistant aux chocs thermiques et aux agents chimiques. – Nom déposé, de *pyr-.*

pyridine [piʀidin] n. f. CHIM Composé hétérocyclique aromatique de formule C_5H_5N contenu dans divers goudrons (houille, schistes) et dans le produit de décomposition de certaines substances naturelles (nicotine). – De *pyr-,* et *-ine.*

pyridoxine [piʀidɔksin] n. f. MED Vitamine B_6. – Du rad. chim. *pyrid-* (V. pyrimidine), *ox-,* et *-ine.*

pyrimidine [piʀimidin] n. f. BIOCHIM Noyau azoté de formule brute $C_4H_4N_2$, dont dérivent les bases pyrimidiques. – Du rad. chim. *pyr-, i, (a)mid(e),* et *-ine.*

pyrimidique [piʀimidik] adj. BIOCHIM *Bases pyrimidiques:* bases azotées, importants constituants des acides nucléiques et des nucléotides (les deux principales sont la cytosine et l'uracile). – Du préc.

pyrite [piʀit] n. f. MINER Sulfure de fer (FeS_2) naturel qui cristallise en cubes jaunes et s'oxyde facilement à l'air. ▷ *Pyrite cuivreuse :* chalcopyrite, minerai de cuivre. – Gr. *puritês.*

pyro-. V. pyr-.

pyroélectricité [piʀoelɛktʀisite] n. f. PHYS Apparition de charges électriques sur les faces opposées de certains cristaux sous l'effet de la chaleur. – De *pyro-,* et *électricité.*

pyroélectrique [piʀoelɛktʀik] adj. Relatif à la pyroélectricité. – De *pyro-,* et *électrique.*

pyrogallol [piʀogalɔl] n. m. CHIM Dérivé du benzène utilisé comme révélateur en photographie, et souvent improprement dénommé *acide pyrogallique.* – De *pyro-, gallique,* et *-ol* (de alcool).

pyrogénation [piʀoʒenasjɔ̃] n. f. CHIM Réaction chimique obtenue en soumettant un corps à une température élevée. *Pyrogénation de la houille.* – De *pyro-,* et *(oxy)génation.*

pyrogène [piʀoʒɛn] adj. MED Qui provoque de la fièvre. – De *pyro-* et *-gène.*

pyrographe [piʀogʀaf] n. m. TECH Instrument à pointe chauffante utilisé par les pyrograveurs. – De *pyro-,* et *-graphe.*

pyrogravure [piʀogʀavyʀ] n. f. Procédé de décoration qui consiste à dessiner au moyen d'une pointe métallique chauffée sur un objet de bois, de cuir, etc.; gravure ainsi obtenue. – De *pyro-,* et *gravure.*

pyrograver [piʀogʀave] v. tr. [1] TECH Exécuter (un motif, un dessin) en pyrogravure; décorer par le procédé de la pyrogravure. – De *pyro-,* et *graver.*

pyrograveur, euse [piʀogʀavœʀ, øz] n. TECH Personne qui fait de la pyrogravure. – De *pyrogravure.*

pyroligneux [piʀoliɲø] adj. CHIM *Acide pyroligneux :* acide acétique obtenu par pyrogénation du bois. – De *pyro-,* et *ligneux.*

pyrolyse [piʀoliz] n. f. CHIM Décomposition chimique provoquée par la chaleur. *Pyrolyse des toxines animales.* – De *pyro-,* et *-lyse.*

pyromane [piʀoman] n. Personne atteinte de pyromanie. – De *pyromanie.*

pyromanie [piʀomani] n. f. Didac. Impulsion pathologique qui pousse à allumer des incendies. – De *pyro-,* et *-manie.*

pyromètre [piʀomɛtʀ] n. m. TECH Appareil servant à la mesure des hautes températures. – De *pyro-,* et *-mètre.*

pyrométrie [piʀometʀi] n. f. TECH Mesure des hautes températures. – De *pyro-,* et *-métrie.*

pyrométrique [piʀometʀik] adj. TECH Relatif à la pyrométrie. *Canne pyrométrique.* – Du préc.

pyrosis [piʀozis] n. m. MED Sensation de brûlure remontant de l'estomac à la gorge, accompagnée de renvoi d'un liquide acide. – Mot gr. «inflammation».

pyrotechnicien, ienne [piʀotɛknisjɛ̃, jɛn] n. Rare Spécialiste de la pyrotechnie. – De *pyrotechnique.*

pyrotechnie [piʀotɛkni] n. f. TECH Technique de la fabrication et de la mise en œuvre des pièces d'artifice et des mélanges fusants. – De *pyro-,* et *-technie.*
ENCYCL La pyrotechnie est la technique de la fabrication des feux d'artifice, des signaux lumineux, des fumigènes et, plus généralement, de tout ce qui concerne les dispositifs de mise à feu de charges explosives. Elle connaît auj. un grand développement dans le domaine aérospatial (pulvérisation des verrières des avions militaires avant éjection du siège du pilote, séparation des étages des fusées, etc.).

pyrotechnique [piʀotɛknik] adj. TECH Relatif à la pyrotechnie. ▷ *Composition pyrotechnique:* composition utilisée pour charger des pièces d'artifice ou des dispositifs fumigènes, incendiaires ou éclairants. – Du préc.

pyroxène [piʀɔksɛn] n. m. MINER Minéral constitutif des roches basaltiques et métamorphiques. *Les pyroxènes forment une importante famille de silicates.* – De *pyro-,* et gr. *xenos,* «étranger», c.-à-d. «étranger au feu, non igné».

pyroxyle [piʀɔksil] n. m. CHIM Vieilli Coton-poudre. – De *pyro-,* et gr. *xulon,* «bois».

pyroxylé, ée [piʀɔksile] adj. CHIM Qualifie une poudre sans fumée à base de nitrocellulose. – Du préc.

pyrrhique [piʀik] n. f. ANTIQ GR Danse des Spartiates et des Crétois exécutée par des guerriers en armes. – Lat. d'orig. gr. *pyrrhicha,* du n. de *Purrikhos,* inventeur présumé de cette danse.

pyrrhocoris [pyʀokɔʀis] ou **pyrrhocore** [pyʀokɔʀ] n. m. ZOOL Punaise rouge tachetée de noir qui vit au pied des arbres, des vieux murs. – Du gr. *purrhos*, «rouge, roux», et *koris*, «punaise».

pyrrhonien, ienne [piʀɔnjɛ̃, jɛn] adj. et n. PHILO Qui appartient à l'école de Pyrrhon. ▷ Subst. Adepte de la doctrine de Pyrrhon. – Du n. du philosophe gr. *Pyrrhon* (v. 365 – 275 av. J.-C.) qui, jugeant la vérité inaccessible, prônait l'abstention de tout jugement.

pyrrhonisme [piʀɔnism] n. m. PHILO Doctrine de Pyrrhon. ▷ *Par ext.* Scepticisme radical. – Du n. de *Pyrrhon.* V. pyrrhonien.

pyrrol ou **pyrrole** [piʀɔl] n. m. BIOCHIM Composé hétérocyclique azoté, dont dérivent un certain nombre de pigments (hémoglobine, notam.), dits *pigments pyrroliques.* – Du gr. *purrhos*, «rouge, roux», et *-ol*, de *alcool.*

pyruvique [piʀyvik] adj. BIOCHIM *Acide pyruvique:* acide cétonique, de formule CH_3–CO–COOH, produit lors de la dégradation des sucres et susceptible de se transformer, à l'abri de l'air, en acide lactique. – De *pyr-*, et du lat. *uva*, «raisin».

pythagoricien, ienne [pitagɔʀisjɛ̃, jɛn] adj. et n. PHILO Relatif à la doctrine et à l'école de Pythagore. ▷ Subst. Disciple de Pythagore. – De *pythagorique.*

pythagorique [pitagɔʀik] adj. PHILO Vx Pythagoricien. – Lat. *pythagoricus*, du n. du philosophe et mathématicien gr. *Puthagoras*, «Pythagore» (VIe s. av. J.-C.).

pythagorisme [pitagɔʀism] n. m. PHILO Doctrine de Pythagore. – De *pythagorique.*

pythie [piti] n. f. **1.** ANTIQ GR Prêtresse d'Apollon, qui rendait les oracles à Delphes. **2.** Litt. Devineresse. – Lat. *pythia*, gr. *puthia*, de *Puthô*, anc. nom de Delphes et de sa région.

pythien, ienne [pitjɛ̃, jɛn] adj. Didac. De Delphes. – Du lat. *Pytho*, gr. *Puthô;* v. pythie.

pythique [pitik] adj. (et n. f.) ANTIQ GR Qui se rapporte à la Pythie ou à Apollon pythien, dieu de Delphes. – *Jeux pythiques:* jeux célébrés tous les quatre ans à Delphes en l'honneur d'Apollon et rappelant sa victoire sur le serpent Python. (V. python). ▷ N. f. *Les Pythiques :* recueil d'odes triomphales de Pindare en l'honneur des vainqueurs de ces jeux. – Lat. *pythicus*, «de Delphes». V. pythien.

python [pitɔ̃] n. m. Serpent non venimeux (genres *Python, Morelia, Diasis*, etc.) des régions chaudes d'Afrique, d'Asie et d'Australie, qui vit dans les forêts et tue ses proies en les étouffant grâce à ses puissants anneaux. (Le *python royal* atteint 2 m de long; le *python réticulé*, 9 m; le *python-tigre*, ou *python-molure*, 10 m.) – Du lat. *Python*, gr. *Puthôn*, n. d'un serpent myth. tué par Apollon.

pythonisse [pitɔnis] n. f. **1.** ANTIQ GR Femme qui annonçait l'avenir. **2.** Plaisant. Voyante. – Lat. ecclés. *pythonissa*, du gr. *puthôn, puthônos*, «prophète inspiré par Apollon pythien».

pyurie [pjyʀi] n. f. MED Présence de pus dans les urines. – De *pyo-*, et *-urie.*

pyxide [piksid] n. f. **1.** BOT Capsule dont la partie supérieure s'ouvre à la manière d'un couvercle. *Pyxides du mouron rouge.* **2.** LITURG Anc. Boîte dans laquelle on conservait les hosties consacrées. ▷ Mod. Petite boîte ronde qui sert à porter la communion aux malades. – Lat. d'orig. gr. *pyxis, pyxidis*, «coffret, capsule».

pz PHYS Symbole de la pièze.

Q q

q [ky] n. m. Dix-septième lettre de l'alphabet et treizième consonne. (Le groupe *qu* est prononcé [k]: *quatre,* [kw]: *équateur,* ou [kɥ]: *équidistant.*) ▷ MATH *Q*: symbole du corps des nombres rationnels. ▷ PHYS *Q*: symbole de quantité d'électricité ou de chaleur, de puissance réactive, de facteur de surtension. – *q*: symbole de charge électrique.

QC Abrév. de *Québec.*

Q.G. Abrév. de *quartier général.*

Q.I. Abrév. de *quotient intellectuel.*

quadr-, quadri-, quadru-. Éléments d'orig. lat., même rac. que *quattuor,* «quatre».

quadragénaire [kwadʀaʒenɛʀ] adj. et n. Qui a entre quarante et cinquante ans. ▷ Subst. *Un, une quadragénaire.* – Lat. *quadragenarius.*

quadragésimal, ale, aux [kwadʀaʒezimal, o] adj. LITURG CATHOL Qui appartient au carême. *Jeûne quadragésimal.* – Lat. ecclés. *quadragesimalis.*

quadragésime [kwadʀaʒezim] n. f. **1.** Vx Carême (qui dure quarante jours). **2.** LITURG CATHOL *Dimanche de la Quadragésime,* ou *Quadragésime :* premier dimanche du carême. – Lat. ecclés. *quadragesima,* «carême».

quadrangulaire [kwadʀɑ̃gylɛʀ] adj. Qui a quatre angles (et quatre côtés). ▷ Dont la section est un quadrilatère. *Pylône quadrangulaire.* – Bas lat. *quadrangularis.*

quadrant [kadʀɑ̃] n. m. GEOM Quart de la circonférence, correspondant à un arc de 90 degrés. – Lat. *quadrans,* «quart».

quadratique [kwadʀatik] adj. **1.** MATH Qui est du second degré. ▷ *Moyenne quadratique de deux nombres:* racine carrée de leur produit. **2.** MINER *Système quadratique* ou *tétragonal :* système cristallographique auquel appartiennent les cristaux caractérisés par les éléments de symétrie du prisme droit à base carrée. – Du lat. *quadratus,* «carré».

quadrature [kwadʀatyʀ] n. f. **1.** GEOM Réduction d'une figure quelconque à un carré de surface égale. (La *quadrature du cercle,* qui consiste à construire au moyen de la règle et du compas le côté d'un carré dont la surface serait égale à celle d'un cercle donné, est impossible à cause de la transcendance du nombre π.) ▷ Fig., cour. *C'est la quadrature du cercle:* c'est un problème insoluble. **2.** MATH Calcul d'une intégrale définie quelconque. **3.** ASTRO Position de deux astres dont les directions à partir de la Terre forment un angle de 90 degrés. *La Lune est en quadrature au premier et au dernier quartier.* **4.** PHYS Caractère de deux phénomènes périodiques présentant un déphasage de 90 degrés (soit $\pi/2$). – Bas lat. *quadratura.*

quadrette [kadʀɛt] n. f. Équipe de quatre joueurs, au jeu de boules. – Provenç. *quadretto,* du rad. *quadr-.*

quadri-. V. quadr-.

quadriceps [kwadʀisɛps] n. m. ANAT Muscle de la face antérieure de la cuisse, formé en haut de quatre faisceaux musculaires. – Mot lat., «à quatre têtes».

quadrichromie [kwadʀikʀo(ɔ)mi] n. f. TECH Reproduction des couleurs obtenue par la superposition des trois couleurs primaires (rouge, jaune, bleu) et du noir ou d'une teinte foncée neutre. – De *quadri-,* et *-chromie.*

quadriennal, ale, aux [kwadʀijɛnal, o] adj. Qui dure quatre ans. *Fonction quadriennale.* ▷ Qui se renouvelle tous les quatre ans. *Assolement quadriennal.* – Du lat. *quadriennium,* «espace de quatre ans».

quadrige [kadʀiʒ, kwadʀiʒ] n. m. ANTIQ Char à deux roues, attelé de quatre chevaux de front. – Lat. *quadrigæ.*

quadrijumeaux [kwadʀiʒymo] adj. m. pl. ANAT *Tubercules quadrijumeaux:* petites masses nerveuses situées un peu en avant du bulbe, deux à droite, deux à gauche (ils constituent des relais pour les voies optiques et auditives). – De *quadri-,* et *jumeau.*

quadrilatère [kwadʀilatɛʀ] n. m. Polygone à quatre côtés. *Le trapèze, le parallélogramme, le losange sont des quadrilatères.* – Bas lat. *quadrilaterus,* de *quadrus,* «carré», et *latus, lateris,* «côté».

quadrillage [kadʀijaʒ] n. m. **1.** Réseau de droites perpendiculaires qui s'entrecroisent en formant des carrés ou des rectangles (sur du papier, une étoffe, etc.) **2.** Subdivision topologique d'une zone, d'une région, en petits secteurs indépendants d'un point de vue statistique, stratégique, politique, etc. – De *quadriller.*

quadrille [kadʀij] n. **1.** n. f. Troupe de cavaliers dans un carrousel, de toréros dans une course de taureaux. **2.** n. m. Ancienne danse, très en vogue au XIXe s., qui était dansée par quatre couples de danseurs exécutant des figures; air sur lequel elle se dansait. ▷ Groupe formé par ces quatre couples. – Esp. *cuadrilla,* «réunion de quatre personnes», du lat. *quadrus,* «carré».

quadriller [kadʀije] v. tr. [1] **1.** Tracer un quadrillage sur (sens 1). *Quadriller une feuille blanche.* – Au pp. *Du papier quadrillé.* **2.** Opérer le quadrillage de (sens 2). – De *quadrille,* autref. «point en losange»; de l'esp. *cuadrillo,* du lat. *quadrus,* «carré».

quadrillion. V. quatrillion.

quadrimoteur [k(w)adʀimɔtœʀ] n. m. Avion à quatre moteurs. – De *quadri-,* et *moteur.*

quadripartite [k(w)adʀipaʀtit] adj. Didac. Où sont impliquées quatre parties. *Accord quadripartite.* – Lat. *quadripartitus.*

quadriphonie [kwadʀifɔni] n. f. Procédé d'enregistrement et de restitution des sons utilisant quatre canaux. Syn. tétraphonie. – De *quadri-,* et *-phonie.*

quadriphonique [kwadʀifɔnik] adj. Relatif à la quadriphonie. – Du préc.

quadripolaire [k(w)adʀipɔlɛʀ] adj. Didac. Qui possède quatre pôles. – De *quadri-,* et *polaire.*

quadripôle [k(w)adʀipol] n. m. ELECTR Dispositif comportant quatre pôles, deux pour l'entrée et deux pour la sortie. – De *quadri-,* et *pôle.*

quadrique [kwadʀik] adj. et n. f. GEOM Surface définie par une équation du second degré. *La sphère, l'ellipsoïde, l'hyperboloïde, les paraboloïdes sont des quadriques.* – Du latin *quadrus,* «carré».

quadriréacteur [kwadʀiʀeaktœʀ] n. m. Avion à quatre réacteurs. – De *quadri-,* et *réacteur.*

quadrirème [k(w)adʀiʀɛm] n. f. ANTIQ Galère à quatre rangs de rames. – Lat. *quadriremis.*

quadrisyllabe [k(w)adʀisillab] n. m. Didac. Mot ou vers qui comporte quatre syllabes. – Bas lat. *quadrisyllabus.*

quadrisyllabique [k(w)adʀisillabik] adj. Didac. De quatre syllabes. – Du préc.

quadrivium [kwadʀivjɔm] n. m. HIST Au Moyen Âge, division de l'enseignement des arts libéraux qui comprenait les arts à caractère mathématique (arithmétique, géométrie, musique et astronomie). *Le trivium et le quadrivium.* – Mot bas lat., «carrefour» en lat. class.

quadru-. V. quadr-.

quadrumane [k(w)adʀyman] adj. et n. m. ZOOL Dont chacun des quatre membres est muni d'une main. ▷ N. m. *Le singe est un quadrumane.* – Bas lat. *quadrumanus.*

quadrupède [k(w)adʀypɛd] adj. et n. m. Se dit d'un mammifère qui a quatre pattes. *Animal quadrupède.* ▷ N. m. *Un quadrupède.* – Lat. *quadrupes, quadrupedis.*

quadruple [kwadʀypl] adj. et n. m. Qui vaut quatre fois (la quantité dont on parle). ▷ N. m. *Ses revenus représentent le quadruple des miens.* – Lat. *quadruplex.*

quadrupler [kwadʀyple] **1.** v. tr. [1] Multiplier par quatre. *Quadrupler une allocation.* **2.** v. intr. Se multiplier par quatre. *Ses revenus ont quadruplé en quelques années.* – Bas lat. *quadruplare.*

quadruplés, ées [kwadʀyple] ou **quadruplets, ettes** [kwadʀyple, ɛt) n. pl. Jumeaux, jumelles nés au nombre de quatre d'un même accouchement. – Sing. *Un(e) quadruplé(e).* – Pp. subst. du préc.

quai [kɛ] n. m. **1.** Ouvrage de maçonnerie élevé le long d'un cours d'eau pour l'empêcher de déborder, pour retenir ses berges. ▷ Voie publique sur les berges d'un cours d'eau. *Le quai d'Orsay,* à Paris, où se trouve le ministère des Affaires étrangères. – Spécial. *Le Quai d'Orsay,* fam. *le Quai:* ce ministère. **2.** Ouvrage construit dans un port ou sur la rive d'un fleuve, qui sert à l'amarrage des navires, à l'embarquement et au débarquement des passagers, au chargement et au déchargement des cargaisons. *Les quais du port de Montréal. Bateau à quai,* rangé le long d'un quai. **3.** Plate-forme le long de la voie ferrée, qui, dans une gare, sert à l'embarquement et au débarquement des passagers, des marchandises. *Quai nº 5.* – D'après le lat. médiév. *caiagium,* calque de *quayage,* mot normanno-picard, du gaul. *caio.*

quaker, quakeresse [kwe(ɛ)kœʀ, kwe(ɛ)kʀɛs] n. RELIG Membre d'un mouvement religieux protestant répandu surtout aux É.-U. et en G.-B. – Mot angl. «trembleur; celui qui tremble à la parole de Dieu». ENCYCL Le mouvement des quakers, né au déb. du XVIIe s. en Angleterre, fut organisé v. 1647 par George Fox (1624-1691) sous le nom de *Société des amis.* Ses adeptes ne reconnaissent ni sacerdoce, ni sacrements, mais témoignent surtout leur attachement à l'inspiration de l'Esprit-Saint (plutôt qu'à l'autorité de l'Écriture). Dès l'orig., ils condamnèrent la guerre, et furent ainsi les prem. objecteurs de conscience. Persécutés en Angleterre, les quakers le furent aussi en Amérique, où ils envoyèrent des missionnaires à partir de 1655. À la fin du XVIIe siècle, le mouvement était implanté en Nouvelle-Angleterre, au Maryland, dans la Caroline du Nord, de même qu'à New York et à Philadelphie. On estime à un peu plus de 200 000 le nombre des quakers dans le monde; plus de la moitié d'entre eux vivent aux États-Unis.

quakerisme [kwe(ɛ)kəʀism] n. m. RELIG Doctrine des quakers. – Angl. *quakerism.*

qualifiable [kalifjabl] adj. Qui peut être qualifié (surtout en phrases nég.). *Sa conduite n'est pas qualifiable,* elle est inqualifiable. – De *qualifier.*

qualificatif, ive [kalifikatif, iv] adj. et n. m. **1.** adj. GRAM. Qui sert à exprimer une qualité. *Adjectif qualificatif.* **2.** n. m. Mot qui sert à qualifier qqn ou qqch. *Elle l'abreuva de qualificatifs injurieux.* – De *qualifier.*

qualification [kalifikasjɔ̃] n. f. **1.** Attribution d'une qualité, d'un titre, appellation, nom. ▷ DR Détermination de la nature du fait incriminé, des textes et des tribunaux qui le répriment. **2.** Ensemble de ce qui constitue le niveau de capacité, de formation, reconnu à un ouvrier, à un employé. *Qualifications requises pour occuper cet emploi.* **3.** SPORT Fait d'être qualifié ou de se qualifier pour une épreuve sportive. *Obtenir sa qualification en finale.* – Lat. scolast. *qualificatio.*

qualifié, ée [kalifje] adj. **1.** Qui a les qualités requises (pour). *Vous n'êtes pas qualifié pour juger de cela.* ▷ SPORT Qui a obtenu sa qualification pour une épreuve sportive. **2.** DR Se dit d'un acte qui constitue normalement un délit, mais qui, en raison de circonstances aggravantes définies par la loi (effraction, abus de confiance, etc.), est passible d'une peine criminelle. *Vol qualifié.* – Pp. de *qualifier.*

qualifier [kalifje] v. tr. [1] **1.** Caractériser (une chose, une personne) en la désignant de telle manière. *Une conduite qu'on ne saurait qualifier.* – (Avec un attribut.) *Qualifier qqn d'imposteur.* ▷ Exprimer la qualité de. *L'adjectif qualifie le nom.* **2.** Conférer un titre, une qualité, une qualification à (qqn). *Son expérience le qualifie plus que tout autre pour mener à bien cette mission.* **3.** SPORT Donner une qualification. ▷ v. pron. SPORT Être admis à participer à une compétition après avoir subi avec succès les épreuves éliminatoires. *Il s'est qualifié pour les demi-finales.* – Du lat. scolast. *qualificare.*

qualitatif, ive [kalitatif, iv] adj. (et n. m.). Qui a rapport à la qualité, à la nature des choses (par oppos. à *quantitatif*). – Subst. *Le qualitatif et le quantitatif.* CHIM *Analyse qualitative,* qui s'attache à déterminer la nature des éléments d'un composé ou d'un mélange. – Bas lat. *qualitativus.*

qualitativement [kalitativmɑ̃] adv. Au point de vue qualitatif. – Du préc.

qualité [kalite] n. f. **1.** Manière d'être, bonne ou mauvaise, état caractéristique d'une chose. *Produit de bonne, de mauvaise qualité.* ▷ *Absol.* Bonne qualité. *Les qualités de son style. Voyez la qualité de nos produits!* **2.** Ce qui fait la valeur de qqn; aptitude, disposition heureuse. *Un garçon plein de qualités.* **3.** PHILO Propriété sensible et non mesurable qui détermine la nature d'un objet (par oppos. à *quantité*). *Les qualités constitutives d'un objet.* **4.** (Personnes.) Condition sociale, civile, juridique (telle qu'un acte juridique peut avoir à la formuler pour désigner une personne). *Décliner ses nom, prénom et qualité.* – Vx *Personne de qualité,* noble. – (Donnant certains droits, certains devoirs.) *Qualité de citoyen, de tuteur.* DR *Avoir qualité pour agir.* – Loc. prép. *En qualité de:* à titre de. – Lat. philo. *qualitas,* de *qualis* (interrog.) «quel», formé par Cicéron sur le modèle du gr. *poiotês,* de *poios,* «quel».

quand [kɑ̃], [kɑ̃t] devant voyelle. Conj. et adv. **I.** conj. **1.** (Exprime une relation de correspondance temporelle.) Lorsque, au moment où, toutes les fois que. *Je partirai quand il viendra. Quand il criait, nous avions peur.* ▷ Fam. (Précédé d'une préposition.) *Des souvenirs de quand j'étais jeune. Voici une pomme pour quand tu auras faim.* **2.** (Suivi du conditionnel.) Indique une relation d'opposition entre deux propositions. *Quand vous l'auriez voulu, vous ne l'auriez pas pu.* – Loc. *Quand bien même:* même si. *Quand bien même il le voudrait.* **3.** loc. *Quand même:* malgré tout. *Il l'a fait quand même.* ▷ (Interj. pour marquer l'indignation, l'admiration.) Fam. Tout de même. *Quand même il exagère! C'est* *beau, quand même!* **II.** adv. interrog. sur le temps. *Quand viendra-t-il?* – Fam. *Quand est-ce qu'il vient?* – *Il vient quand? Vous le voulez pour quand?* (tournures critiquées). ▷ En interrogation indirecte. *Je ne me souviens plus quand c'était.* – Lat. *quando.*

quant à [kɑ̃ta] loc. prép. Pour ce qui est de, en ce qui concerne. *Quant à lui, il pourra choisir ce qu'il voudra.* – Lat. *quantum ad.*

quanta. V. quantum.

quant-à-soi [kɑ̃taswa] n. m. inv. Réserve plus ou moins affectée. *Rester sur son quant-à-soi:* garder ses distances. – De *quant, à,* et *soi.*

quantième [kɑ̃tjɛm] adj. et n. **1.** adj. interrog. Vx *Le quantième, la quantième:* lequel, laquelle, dans l'ordre numérique. Syn. pop. (fautif) combientième. **2.** n. m. Le chiffre qui désigne chaque jour du mois. *Préciser le quantième où une échéance mensuelle vient à tomber.* – De l'a. fr. *quant,* «combien nombreux», lat. *quantus,* «combien grand».

quantifiable [kɑ̃tifjabl] adj. Que l'on peut quantifier. – De *quantifier.*

quantificateur [kɑ̃tifikatœʀ] n. m. LOG, MATH Opérateur qui lie une ou plusieurs variables à une quantité; symbole désignant un tel opérateur. *Quantificateur universel* (∀ = «quel que soit...» ou «pour tout...»). *Quantificateur existentiel* (∃ = «il existe au moins un»). – De *quantifier.*

quantification [kɑ̃tifikasjɔ̃] n. f. **1.** LOG Action d'attribuer une certaine quantité à un terme. – *Quantification du prédicat* (Hamilton), qui consiste à attribuer au prédicat une extension indépendante de la qualité de la proposition. **2.** PHYS Fragmentation d'une grandeur physique en quantités discontinues ou quanta. – Mot angl.

quantifié, ée [kɑ̃tifje] adj. PHYS Se dit d'une grandeur qui ne peut varier que par multiples d'un quantum. – Pp. de *quantifier.*

quantifier [kɑ̃tifje] v. tr. [1] **1.** Cour. Déterminer la quantité de, chiffrer. **2.** LOG Faire la quantification de. – Angl. *to quantify,* du lat. médiév. *quantificare.*

quantique [k(w)ɑ̃tik] adj. PHYS Relatif aux quanta; qui repose sur la théorie des quanta. *Mécanique quantique.* ▷ *Nombres quantiques:* ensemble de quatre nombres (nombres quantiques principal, secondaire, magnétique et de spin) définissant complètement l'état de chaque électron d'un atome. – De *quantum.*

quantitatif, ive [kɑ̃titatif, iv] adj. (et n. m.) Qui a rapport à la quantité (oppos. à *qualitatif*). *Changement quantitatif mais non qualitatif.* ▷ N. m. *Le quantitatif et le qualitatif.* ▷ CHIM *Analyse quantitative,* qui permet de déterminer les masses et volumes respectifs de corps mélangés ou combinés. – De *quantité.*

quantitativement [kɑ̃titativmɑ̃] adv. Du point de vue quantitatif. – Du préc.

quantité [kɑ̃tite] n. f. **1.** Collection de choses, portion de matière, considérées du point de vue de la mesure, du nombre d'unités qu'elles représentent. *Une grande, une petite quantité d'assiettes, de pain, d'argent.* ▷ *En quantité:* en grande quantité. – *Une (des) quantité(s) de:* une multitude, un grand nombre, une abondance de. *Il y avait une quantité de réponses possibles.* **2.** Propriété de la grandeur mesurable; ce qui est susceptible d'être mesuré. – PHYS *Quantité de mouvement d'un corps:* produit de sa masse par sa vitesse. *Quantité de lumière:* produit du flux lumineux par sa durée, exprimé en *lumens-seconde. Quantité d'éclairement:* le produit de l'éclairement par sa durée, exprimé en *lux-seconde.* **3.** En versification, durée relative d'une syllabe. ▷ PHON Durée relative d'énonciation d'un phonème (elle permet le classement des voyelles en longues et brèves). **4.** LOG Extension des termes d'une proposition, de la proposition elle-même. – Lat. *quantitas.*

quantum [k(w)ɑ̃tɔm], au pl. **quanta** [k(w)ɑ̃ta] n. m. **1.** Quantité déterminée. *Le quantum des dommages, de l'amende, etc., sera fixé par jugement.* **2.** PHYS Plus petite quantité d'une grandeur physique susceptible d'être échangée. *Théorie des quanta.* – Mot lat., «combien».

quarantaine [kaʀɑ̃tɛn] n. f. **1.** Nombre d'environ quarante. *Une quarantaine de jours.* **2.** Âge de quarante ans, de quarante ans environ. *Le cap de la quarantaine. Il a la quarantaine.* **3.** Isolement de durée variable (jadis quarante jours), imposé à un navire (ou aux personnes, aux marchandises qu'il transporte) provenant d'un pays où sévissent certaines maladies contagieuses. ▷ Par ext. *Mettre qqn en quarantaine,* le mettre à l'écart d'un groupe en refusant de lui parler, d'avoir des rapports avec lui. *Élève mis en quarantaine par ses camarades.* **4.** BOT Crucifère ornementale *(Mathiola annua),* variété de giroflée, dite aussi *giroflée quarantaine.* – De *quarante.*

quarante [kaʀɑ̃t] adj. num. et n. m. inv. **I.** adj. num. **1.** (Cardinal.) Quatre fois dix (40). *Texte de quarante pages.* **2.** (Ordinal.) Quarantième. *La page quarante d'un livre.* **II.** n. m. inv. Le nombre, le numéro quarante. *Trente et dix font quarante. Habiter au quarante de la rue.* ▷ (France) *Les Quarante:* les 40 membres de l'Académie française. – Bas lat. *quaranta,* class. *quadraginta.*

quarantenaire [kaʀɑ̃tnɛʀ] adj. **1.** Qui dure quarante ans. **2.** Relatif à la quarantaine sanitaire. *Mesures quarantenaires.* – De *quarantaine.*

quarantième [kaʀɑ̃tjɛm] adj. et n. **1.** Numéral ordinal de quarante. *C'est sa quarantième traversée.* ▷ Subst. *Il est le quarantième au classement général.* – *Les quarantièmes rugissants* (pour traduire l'angl. *roaring forties*): les quarantièmes degrés de latitude sud, où le gros temps sévit presque en permanence. **2.** Se dit de chaque partie d'un tout divisé en quarante parties égales. – Subst. *Trois quarantièmes.* – De *quarante.*

quarderonner [kaʀdəʀɔne] v. tr. [1] TECH Tailler en quart-de-rond (l'angle d'une solive, d'une pierre, etc.). – De *quart-de-rond.*

quark [kwaʀk] n. m. PHYS NUCL Particule élémentaire hypothétique de charge électrique fractionnaire, qui entre dans la constitution des baryons et des mésons. – Mot emprunté à l'écrivain irlandais James Joyce (1882-1941).

1. quart, quarte [kaʀ, kaʀt] adj. **1.** Vx Quatrième. *Le Quart Livre,* de Rabelais. ▷ MED Anc. *Fièvre quarte:* fièvre paludéenne caractérisée par deux accès en quatre jours, l'un au début, l'autre à la fin de la période. **2.** Mod. *Le quart monde:* l'ensemble des classes les plus défavorisées de la population, dans un pays donné. ▷ L'ensemble des pays les plus pauvres. – Lat. *quartus.*

ENCYCL **Écon.** – L'O.N.U. regroupe les pays du quart monde sous la dénomination globale de «pays les moins avancés» (P.M.A.), selon trois critères: a) revenu par habitant inférieur à 400 dollars; b) contribution du secteur industriel au produit intérieur brut inférieure à 10 %; c) taux d'alphabétisation égal ou inférieur à 20 %.

2. quart [kaʀ] n. m. **1.** Chaque partie d'un tout divisé en quatre parties égales. – MUS *Quart de ton. Quart de soupir :* figure marquant un silence dont la durée est celle d'une double croche. – *Un quart d'heure :* quinze minutes. *Midi et quart, midi un quart* (12 h 15), *midi moins le quart, midi moins un quart* (11 h 45). – *Par ext.* Moment. *Passer un mauvais quart d'heure,* un moment très désagréable. *Le dernier quart d'heure:* le moment décisif. **2.** Quatrième partie d'une mesure, d'un poids, d'une quantité. *Un quart Perrier:* une bouteille d'un quart de litre. – *Les trois quarts du temps:* le plus souvent, presque toujours. *Les trois quarts du temps, il reste sans rien faire.* – *Aux trois quarts:* en grande partie. – *De trois quarts:* le sujet présentant les trois quarts de son visage (intermédiaire entre *de face** et *de profil**). **3.** MAR et cour. Période pendant laquelle une partie de l'équipage, à son tour, est de service. *Prendre son quart. Être de quart. Officier de quart.* ▷ Intervalle entre deux aires de vent, valant 11°15". – Distance angulaire de 11°15". *Navire en vue à deux quarts sur l'arrière du travers.* – Lat. *quartum.*

quartation [kaʀtasjõ] n. f. Syn de *inquart.*

quartaut [kaʀto] n. m. Ancienne mesure de capacité valant 72 pintes (env. 70 l). – De *quart.*

quart-de-rond [kaʀdəʀõ] n. m. TECH Moulure (en architecture ou en menuiserie) ayant le profil d'un quart de cercle. – De *quart* 2, *de,* et *rond.*

quarte [kaʀt] n. f. **1.** Ancienne mesure de capacité valant 2 pintes. **2.** MUS Quatrième degré de la gamme diatonique (ex.: fa dans la gamme d'ut). ▷ *Intervalle de quarte,* ou, absol., *quarte:* intervalle de quatre degrés. **3.** SPORT En escrime, la quatrième position classique des engagements et parades. – Sens 1 et 3: de *quart;* sens 2: de l'ital. *quarta.*

1. quarteron [kaʀtəʀõ] n. m. **1.** Vx Quart d'un cent. *Un quarteron d'œufs.* **2.** TECH Réunion de vingt-cinq feuilles d'or ou d'argent battu. **3.** Fig. (Souvent péjor.) Petit nombre, poignée (de personnes). *Un quarteron d'officiers révoltés.* – De *quartier.*

2. quarteron, onne [kaʀtəʀõ, ɔn] n. Personne née d'un mulâtre et d'une Blanche ou d'un Blanc et d'une mulâtresse. – Esp. *cuarterón,* de *cuarto,* «quart».

1. quartet [kwaʀtɛ] n. m. PHYS NUCL Ensemble de deux neutrons et de deux protons constituant la particule α. – De *quart* 2.

2. quartet [kaʀtɛ] n. m. INFORM Demi-octet, groupe de quatre bits. – D'abord en angl.

quartette [kwaʀtɛt] n. m. Formation de jazz rassemblant quatre musiciens. – Ital. *quartetto;* angl. *quartett.*

quartier [kaʀtje] n. m. **I.** (Quart.) **1.** Portion constituant le quart environ d'une chose, d'un ensemble. *Un quartier de pomme.* – En boucherie, *les quatre quartiers:* les parties antérieure et postérieure d'un animal divisées chacune en deux parties symétriques. *Le cinquième quartier:* les abats et les issues. ▷ Portion; morceau. *Quartier de fromage. Un quartier de viande:* un gros morceau. **2.** Pièce de cuir qui, dans un soulier, emboîte le talon. **3.** *Les quartiers de la Lune:* chacune de ses quatre phases. **4.** HERALD Chacune des quatre parties de l'écu écartelé. ▷ Degré d'ascendance noble. *Avoir quatre quartiers de noblesse.* **II. 1.** Partie d'une ville qui présente certains caractères distinctifs (fonction, fréquentation, population, etc.). *Un quartier très commerçant.* – *Par ext.* Les habitants d'un quartier. *Tout le quartier est au courant.* – *Médecin de quartier,* dont la clientèle est constituée pour l'essentiel d'habitants de son quartier. **2.** MILIT (au pl.) Cantonnement d'un corps de troupe. *Quartiers d'hiver, d'été.* ▷ *Quartier général* (Q.G.): lieu où est établi l'état-major de commandement d'une unité. ▷ Caserne. – Loc. *Avoir quartier libre:* avoir la liberté de sortir de la caserne. **3.** Loc. *Faire quartier,* accorder la vie sauve. *À l'assaut! Et pas de quartier!* – De *quart* 2.

quartile [kaʀtil] n. m. MATH Chacune des trois valeurs qui partagent une distribution statistique en quatre groupes de même effectif; chacun de ces quatre groupes. – Du lat. *quartus,* «quatrième».

quartique [k(w)aʀtik] n. f. GEOM Courbe dont l'équation est du quatrième degré (lemniscate, par ex.). – Du lat. *quartus,* «quatrième».

quarto [kwaʀto] adv. Quatrièmement. (Après *primo, secundo, tertio*) – Mot lat.

quartz [kwaʀts] n. m. Variété très répandue de silice cristallisée. – All. *Quarz.*

ENCYCL Le quartz est un constituant de nombr. roches (granite, sable, grès). Il se caractérise par sa dureté (l'acier ne le raie pas) et, lorsqu'il est pur, par sa limpidité (cristal de roche). Lorsqu'il contient des impuretés, il est violet (améthyste), jaune (citrine), noir (quartz fumé), orangé ou rose et on l'utilise en bijouterie. Cristallisé, il donne des prismes à 6 faces terminés par des pyramides. Les propriétés piézoélectriques du cristal de quartz sont utilisées pour produire des ultrasons, pour stabiliser des émetteurs radio et également en horlogerie (où la précision des montres à quartz est de l'ordre de quelques secondes par mois).

quartzeux, euse [kwaʀtsø, øz] adj. MINER De la nature du quartz. – Du préc.

quartzifère [kwaʀtsifɛʀ] adj. MINER Qui contient du quartz. *Roches quartzifères.* – De *quartz,* et *-fère.*

quartzique [kwaʀtsik] adj. MINER De la nature du quartz. – De *quartz.*

quartzite [kwaʀtsit] n. m. MINER Grès à ciment siliceux dans lequel les grains de quartz, indissociables, ne sont plus discernables. – De *quartz.*

quasar [kazaʀ] n. m. ASTRO Radiosource très intense dont le spectre visible possède des raies d'émission. – Mot angl.-amér., abrév. de *quas(i) (stell)ar (radiosource).*

ENCYCL Les longueurs d'onde des raies des spectres des quasars sont décalées vers le rouge. Les quasars sont des objets célestes qu'on ne peut observer par des moyens optiques simples; en revanche, des radiotélescopes ont pu capter leurs émissions radioélectriques à partir de 1963. Leur diamètre est de 10 à 20 fois inférieur à celui d'une galaxie, mais leur énergie de 100 à 1 000 fois plus élevée. Il est probable que les quasars, qui se trouvent à des distances très importantes, ne sont qu'un cas particulier des galaxies elliptiques géantes.

quasi [kazi] adv. Presque, en quelque sorte; pour ainsi dire. **1.** Devant un adj. *Elle est quasi folle.* **2.** Devant un nom, formant un mot composé, avec un trait d'union. *C'est un quasi-fou. Quasi-délit.* – Mot lat.

quasi-contrat [kazikõtʀa] n. m. DR Acte licite et volontaire qui, sans qu'il y ait eu convention, oblige son auteur envers une autre personne et quelquefois réciproquement (gestion d'affaires, paiement de l'indu, enrichissement sans cause). *Des quasi-contrats.* – De *quasi* 2, et *contrat.*

quasi-délit [kazideli] n. m. DR Acte illicite commis sans intention de nuire, donnant lieu à une action en réparation. *Des quasi-délits.* – De *quasi* 2, et *délit.*

quasiment [kazimɑ̃] adv. Quasi. *Résultats quasiment nuls.* – De *quasi* 2.

quasi-particule [kazipaʀtikyl] n. f. PHYS NUCL Élément se comportant comme une particule. *Les phonons sont des quasi-particules.* – De *quasi* 2, et *particule.*

quassia [kwasja] ou **quassier** [kwasje] n. m. BOT Arbuste d'Amérique tropicale *(Quassia amara,* fam. simarubacées) dont le bois était utilisé en médecine pour la préparation d'un breuvage tonique. – Lat. bot. *quassia,* de *Coissi,* n. d'un Guyanais qui aurait découvert les vertus de cet arbre.

quassine [kwasin] n. f. MED ANC Principe amer, extrait du bois de *Quassia amara.* – Du préc.

quater [kwatɛʀ] adv. Se dit d'un numéro qu'on répète pour la quatrième fois. *10, 10 bis, 10 ter, 10 quater.* – Mot lat.

quaternaire [kwatɛʀnɛʀ] adj. et n. m. **1.** Composé de quatre éléments. CHIM *Composé quaternaire,* contenant quatre éléments différents. **2.** GEOL *L'ère quaternaire,* ou, n. m., *le Quaternaire:* l'ère géologique la plus récente (elle comprend l'époque contemporaine) et la plus brève, marquée par l'apparition de l'homme. ▷ De l'ère quaternaire. *Faune quaternaire.* – Lat. *quaternarius,* de *quaterni,* «quatre à la fois».
ENCYCL Le début du Quaternaire, fixé arbitrairement à l'apparition de l'homme, a sans cesse reculé dans le temps, avec la découverte d'hommes fossiles de plus en plus anciens. On le situe actuellement à environ moins 4 millions d'années. Deux grands phénomènes caractérisent le Quaternaire: les glaciations et les transgressions marines. Quatre glaciations (Günz, Mindel, Riss, Würm) ont déterminé la faune et la flore quaternaires. La plupart des espèces vivantes du Tertiaire disparurent lors de la première glaciation et seules subsistèrent les espèces adaptées aux climats froids (rhinocéros laineux, par ex.); les espèces tropicales furent repoussées vers le sud; elles remontèrent vers le nord à chaque période interglaciaire, mais furent arrêtées par la Méditerranée, ce qui explique la pauvreté de la faune et de la flore européennes. Le Quaternaire est divisé en deux parties extrêmement inégales: **1.** le Pléistocène, qui s'achève (arbitrairement) à la fin du Paléolithique et occupe donc la quasi-totalité du Quaternaire. **2.** l'Holocène, qui se prolonge jusqu'à nos jours et ne compte que quelques milliers d'années.

quaternion [kwatɛʀnjɔ̃] n. m. MATH Quantité complexe (imaginée par Hamilton [1805-1865]), constituée par quatre unités (dont l'une forme la partie scalaire et les trois autres la partie vectorielle) et généralisant la notion traditionnelle de nombre complexe. – Bas lat. *quaternio,* «groupe de quatre».

quatorze [katɔʀz] adj. et n. m. inv. **I.** adj. num. **1.** (Cardinal.) Dix plus quatre (14) *Quatorze cents* (ou mille quatre cents). **2.** (Ordinal.) Quatorzième. *Louis quatorze* (XIV). ▷ Loc. fig. *Chercher midi à quatorze heures :* compliquer inutilement la question. **II.** n. m. inv. Le nombre, le numéro quatorze. *Treize et un font quatorze. Habiter au quatorze de telle rue. Le quatorze du mois.* – Du lat. *quatt(u)ordecim.*

quatorzième [katɔʀzjɛm] adj. et n. **1.** Ordinal de quatorze. *Dans sa quatorzième année.* **2.** Se dit d'une partie d'un tout divisé en quatorze parties égales. ▷ Subst. *Un quatorzième.* – Du préc.

quatorzièmement [katɔʀzjɛmmɑ̃] adv. En quatorzième lieu. – Du préc.

quatrain [katʀɛ̃] n. m. Poème ou strophe de quatre vers. *Le premier quatrain d'un sonnet.* – De *quatre.*

quatre [katʀ] adj. et n. m. inv. **I.** adj. num. **1.** (Cardinal.) Trois plus un (4). *Diviser en quatre.* ▷ Loc. *Monter un escalier quatre à quatre* (en enjambant quatre marches à la fois), précipitamment. – Fig. *Ne pas y aller par quatre chemins:* aller droit au but. – *Dire à qqn ses quatre vérités,* lui dire, avec une franchise brutale, les choses désobligeantes que l'on pense de lui. – *Entre quatre yeux* (fam. *entre quat'z'yeux*): face à face, sans témoin. – Par exag. *Comme quatre* (personnes). *Manger comme quatre.* – Fig. *Couper les cheveux en quatre:* faire des raisonnements exagérément subtils. – *Se mettre en quatre:* s'employer de tout son pouvoir à rendre service. **2.** (Ordinal.) Quatrième. *Henri quatre* (IV). **II.** n. m. inv. Le nombre, le numéro quatre. ▷ Loc. *Aussi vrai que deux et deux font quatre.* ▷ JEU Carte marquée d'un quatre. *Le quatre de trèfle.* ▷ SPORT Bateau de compétition manœuvré par quatre rameurs, avec ou sans barreur. – Lat. *quatt(u)or.*

quatre-cent-vingt-et-un [katsɑ̃vɛ̃teœ̃] ou, cour., **quatre-vingt-et-un** [katvɛ̃teœ̃] n. m. inv. Jeu de dés, proche du zanzi, où la meilleure combinaison des trois dés avec lesquels on joue est composée d'un quatre, d'un deux et d'un as. – N. de nombre.

quatre-de-chiffre [katʀədəʃifʀ] n. m. inv. CHASSE Piège rudimentaire formé d'une pierre en équilibre instable sur trois morceaux de bois disposés en forme de quatre. – De *quatre, de,* et *chiffre.*

quatre-épices [katʀepis] n. m. inv. Nom cour. de la nigelle cultivée, dont les graines broyées produisent une épice rappelant par son goût à la fois le poivre, la cannelle, la muscade et le girofle. – De *quatre,* et *épice.*

quatre-feuilles [katʀəfœj] n. m. inv. ARCHI Ornement à quatre lobes de forme ronde ou lancéolée, très fréquent dans l'architecture gothique. – De *quatre,* et *feuille.*

quatre-huit [katʀəɥit] n. m. inv. MUS Mesure à quatre temps qui a la croche pour unité. – De *quatre,* et *huit.*

quatre-mâts [katʀəmɑ] n. m. inv. Voilier à quatre mâts. – De *quatre,* et *mât.*

quatre-quarts [kat(ʀə)kaʀ] n. m. inv. Gâteau dans la composition duquel il entre un poids égal de beurre, de farine, de sucre et d'œufs. – De *quatre,* et *quart.*

quatre-saisons [kat(ʀə)sɛzɔ̃] n. f. inv. (France) *Marchand(e) des quatre-saisons:* marchand(e) qui vend sur une voiture à bras, dans la rue, des légumes de saison. – De *quatre,* et *saison.*

quatre-temps [katʀətɑ̃] n. m. **1.** Plur. Dans l'année liturgique, période de trois jours de jeûne et de prière qui accompagnait le début de chaque saison. **2.** Nom cour. du cornouiller du Canada, de ses fruits rouges comestibles. – De *quatre,* et *temps.*

quatre-vingt(s) [katʀəvɛ̃] adj. num. et n. m. **I.** adj. num. **1.** (Cardinal.) – *Rem.* Prend un s quand il n'est suivi d'aucun autre adj. num. Huit fois dix (80). *Quatre-vingts millions. Quatre-vingt-quatre.* – *Quatre-vingt-dix* (90): quatre-vingt plus dix. **2.** (Ordinal.) inv. Quatre-vingtième. *Page quatre-vingt.* **II.** n. m. Le nombre, le numéro quatre-vingt. *Habiter au quatre-vingt, dans telle rue.* – De *quatre,* et *vingt,* d'une anc. numération.

quatre-vingt-et-un. V. quatre-cent-vingt-et-un.

quatre-vingtième [katʀəvɛ̃tjɛm] adj. et n. **1.** Ordinal de quatre-vingt. *Être quatre-vingtième.* ▷ Subst. *Le, la quatre-vingtième au classement général.* **2.** Se dit de chaque partie d'un tout divisé en quatre-vingts parties égales. ▷ Subst. *Deux quatre-vingtièmes.* – De *quatre-vingt.*

quatrième [katʀijɛm] adj. num. Ordinal de quatre. ▷ Subst. *Le quatrième* (étage). *Chercher un quatrième* (joueur) *pour faire un bridge.* ▷ n. f. JEU Série de quatre cartes qui se suivent, dans une même couleur. – De *quatre.*

quatrièmement [katʀijɛmmɑ̃] adv. En quatrième lieu. – Du préc.

quatrillion [katʀiljɔ̃] ou **quadrillion** [kadʀiljɔ̃] n. m. Un million de trillions (10^{24}). – De *quatre,* et *(m)illion.*

quattrocento [kwatʀɔtʃɛnto] n. m. Quinzième siècle italien; période de l'histoire de l'art italien correspondant à cette époque. *Les peintres du quattrocento.* – Mot ital. «quatre cents», c.-à-d. années 1400 et suivantes.

quatuor [kwatɥɔʀ] n. m. **1.** MUS Morceau de musique vocale ou instrumentale à quatre parties. *Quatuor à cordes :* œuvre écrite pour deux violons, un alto et un violoncelle. ▷ Formation composée de quatre musiciens. **2.** Fam. Groupe de quatre personnes. – Mot lat., var. de *quattuor*, «quatre».

1. que [kə], **qu'** [k] (devant une voyelle.) pron. **I.** pron. relatif désignant une personne ou une chose, et pouvant avoir les fonctions de: **1.** Complément d'objet direct. *L'homme que vous avez vu. Le livre qu'elle vous donne.* ▷ (Reprenant le pron. démonstratif *ce.*) *Je retire ce que j'ai dit.* **2.** Complément circonstanciel: – de temps. *L'hiver qu'il a gelé si fort.* – de manière. *De la façon que j'ai vécu.* **3.** Attribut. *L'homme qu'il est devenu. Insensé que je suis!* **4.** Sujet (dans certaines locutions figées). *Advienne que pourra!* **II.** pron. interrog. désignant une chose et pouvant avoir les fonctions de: **1.** Complément d'objet direct. *Que mangeons-nous? Qu'allez-vous faire?* ▷ (Dans l'interrog. indirecte.) *Je ne sais que te dire.* **2.** Attribut. *Que devenez-vous?* **3.** Sujet, devant quelques verbes impersonnels. *Que se passe-t-il?* **4.** (Dans les loc. *qu'est-ce que, qu'est-ce qui.*) *Qu'est-ce que vous voulez? Qu'est-ce qui se passe?* – Exclam. Fam. *Qu'est-ce qu'on va prendre!* – Lat. *quem*, accusatif de *qui.*

2. que [kə], **qu'** [k] (devant une voyelle.) conj. **1.** (Introduisant une subordonnée complétive.) *Je dis qu'il fait beau. Nous voulons que vous veniez.* **2.** (Introduisant une proposition circonstancielle.) *Il était à peine sorti que le chahut recommençait.* **3.** (Après le verbe être, introduisant une proposition attribut.) *L'ennui est que nous ne savons pas ce qu'il faut faire.* **4.** (Formant avec un autre élément une locution conjonctive.) *Afin que, après que, de manière que, malgré que,* etc. **5.** (Coordonné à une première conjonction, pour éviter la répétition de celle-ci.) *Avant que tu partes et qu'il ne soit trop tard.* ▷ (Répété, avec la valeur de *soit que.*) *Qu'on me loue ou qu'on me blâme, je le ferai quand même.* **6.** (Employé comme corrélatif de *tel, quel, même, autre.*) *Un orage tel qu'il fallut s'abriter. Quelle que soit ton impatience.* ▷ (Employé comme corrélatif d'un comparatif, d'un adv. de comparaison.) *Ses cheveux sont plus blonds que les miens.* **7.** (En tournure négative, avec le sens restrictif de *si ce n'est, seulement.*) *Je n'ai plus que quelques dollars.* – (Avec une valeur d'insistance.) *On ne les connaît que trop!* **8.** (Introduisant une proposition indépendante dans laquelle le subjonctif exprime un ordre, un souhait, un désir, etc.) *Qu'il se taise!* **9.** (Renforçant l'affirmation ou la négation). *Oh! Que oui! Oh! Que non!* – Lat. médiév. *que*, forme affaiblie de *qui*, simplification de *quia*, employé en bas lat. au sens de *quod*, «le fait que; que».

3. que [kə], **qu'** [k] (devant une voyelle). adv. **1.** interrog. *Que lui sert maintenant sa fortune?*: À quoi...? *Que ne le disiez-vous?*: Pourquoi...? **2.** exclam. *Qu'il est laid!* – Lat. *quid.*

québécisme [kebesism] n. m. LING Fait de langue (prononc., mot, tournure, etc.) caractéristique du français du Québec. (Rem. Le terme canadianisme, qui s'employait autrefois de façon spécifique en parlant d'un fait de langue propre au français du Québec, est aujourd'hui une appellation générale englobant les acadianismes et les québécismes.) – De *Québec*, et *-isme.*

québécois, oise [kebekwa, waz] adj et n. **1.** adj. De la ville ou de la province de Québec. *La chanson québécoise. Le Grand Nord québécois.* Rem. L'adj. est rare en parlant de la ville; on dit plutôt: de Québec. **2.** Subst. Habitant ou personne native de la ville ou de la province de Québec. *Les Québécois forment au sein du Canada une société distincte.* **3.** n. m. Variété de français en usage au Québec. *Le québécois, français québécois ou franco-québécois.* ▷ *Spécial.* Cette variété, considérée dans ses aspects les plus marqués. *Comme on dit en québécois, en bon québécois,...* – De *Québec.*

ENCYCL Mis à part quelques emplois sporadiques antérieurs, le gentilé *Québécois* au sens d'«habitants du Québec» ne s'implanta véritablement dans l'usage qu'à compter des années 1960; avant cette époque, les Québécois se désignaient eux-mêmes par le nom de *Canadiens français*, à valeur ethnologique plutôt que territoriale (v. Canadien). Ce phénomène s'explique pour une bonne part par l'émergence d'un fort sentiment d'identité par rapport aux autres habitants du Canada et par la montée du nationalisme. Cette situation a, par ailleurs, suscité diverses autres dénominations comme *Boréalien, Franconien, Laurentien,* fondées sur la notion d'un authentique et pur Québec re-nommé Boréalie, Franconie ou Laurentie. Ces dénominations n'ont guère dépassé le cercle restreint de quelques groupements nationalisants et ont connu un succès plutôt éphémère.
Pour dénommer les citoyens de la ville, l'appellation *Québécois* est beaucoup plus ancienne (première mention connue: 1754) et est demeurée courante depuis le XVIIIe s. Pour éviter la confusion, on a jadis suggéré de réserver la dénomination *Québécois* aux habitants de la province et de dénommer *Stadaconiens* (de Stadaconé, nom de la bourgade amérindienne installée au début de la colonie dans le Vieux-Québec actuel) les citoyens de la ville, proposition à laquelle on n'a jamais donné suite. Une tentative analogue, qui visait à retenir la graphie *Québécois* pour le gentilé relié à la province et *Québecquois* pour celui relatif à la ville, n'a pas eu davantage de succès.

quebracho [kebʀatʃo] n. m. BOT Arbre d'Amérique tropicale (genre *Quebracho*, fam. apocynacées), à l'écorce fébrifuge et riche en tanin. – Mot esp. d'orig. brésilienne.

quechua [ketʃwa] ou **quichua** [kitʃwa] n. m. et adj. Langue amérindienne parlée dans l'Empire inca et toujours en usage au Pérou et en Bolivie. ▷ Adj. *Tribu quechua.* – Mot indien d'Amérique du Sud.

quel, quelle [kɛl] adj. **I.** adj. interrog. S'emploie pour interroger sur la nature, l'identité, la qualité, la quantité ou le quantième. **1.** (Dans l'interrog. directe.) ▷ (Épithète.) *Quel temps fait-il?* ▷ (Attribut.) *Quel est ce livre dont vous parlez?* **2.** (Dans l'interrog. indirecte.) ▷ (Épithète.) *Je ne sais quelle mouche le pique.* ▷ (Attribut.) *Je me demande quelle sera sa réaction.* **3.** (Avec une valeur exclam.) ▷ (Épithète.) *Quel malheur!* – (Iron.) *Quelle idée!* ▷ (Attribut.) *Quelle fut notre déception...!* **II.** adj. indéf. composé. *Quel que, quelle que* (toujours en fonction d'attribut et construit avec le subj., marquant une supposition ou une concession). *Quelles que soient vos intentions, je veux les ignorer.* – Lat. *qualis.*

quelconque [kɛlkõk] adj. **1.** adj. indéf. Quel qu'il soit, n'importe lequel. *Prendre un prétexte quelconque.* **2.** adj. qualif. Ordinaire, commun, de qualité médiocre. *C'est quelconque. Une personne très quelconque.* – Francisation sur *quel*, du lat. *qualiscumque.*

quelque [kɛlk] adj. et adv. **I.** adj. indéf. **1.** Exprime le nombre ou la quantité d'une manière indéterminée. ▷ (Au sing.) Un, certain. *Cette affaire présente quelque difficulté. – Quelque temps.* ▷ (Au plur.) Un certain nombre de. *Quelques écrivains ont traité ce sujet.* – Un petit nombre de. *Quelques arpents de terre.* **2.** *Quelque... que:* quel (quelle) que soit le (la)... que (marquant une concession, une supposition). *Quelques efforts que vous fassiez, vous ne réussirez pas.* **II.** adv. **1.** (Exprimant une quantité ou un degré de qualité indéterminé.) Un peu, un peu de. *Il possède quelque argent.* **2.** (Devant un adj. num.) Environ. *Ils étaient quelque deux cents hommes.* **3.** (Modifiant un adj. ou un adv.) Si, pour. *Quelque grands qu'ils soient.* **4.** Loc. adv. *Quelque... que:* à quelque point que, à quelque degré que. *Quelque riche qu'il soit.* – De *quel*, et *que* 1.

quelque chose. V. chose.

quelquefois [kɛlkəfwa] adv. **1.** Un certain nombre de fois, de temps en temps. *Il m'est arrivé quelquefois d'y aller.* Syn. parfois. **2.** Fam. Au cas où, par hasard. *Si quelquefois vous le voyez, prévenez-le.* – De *quelque*, et *fois*.

quelque part. V. part 2.

quelqu'un, une [kɛlkœ̃, yn], **quelques-uns, unes** [kɛlkəzœ̃, (z)yn] pron. indéf. **I.** Au sing. **1.** Une personne quelconque, indéterminée. *Quelqu'un est venu.* Syn. on (plur. *des gens*). – (Avec un adj. ou suivi d'une relative.) Une personne. *C'est quelqu'un de très aimable. Quelqu'un qui vous connaît.* **2.** Un personnage important. *Cet homme, c'est quelqu'un. Se prendre pour quelqu'un.* **II.** Au plur. **1.** Plusieurs personnes ou plusieurs choses (parmi d'autres). *On lui a fait de nombreuses critiques, dont quelques-unes étaient fondées.* **2.** *Absol.* Plusieurs personnes (indéterminées); un petit nombre de personnes. *Quelques-uns ont soutenu qu'Homère n'avait pas existé.* – De *quelque*, et *un*.

quémander [kemɑ̃de] v. tr. [1] Demander, solliciter humblement et avec insistance. *Quémander de l'aide, de l'argent.* – De l'a. fr. *caïmand, caymant, quémand*, «mendiant», probabl. en rapport avec *mander*, et p.-ê. *écaille*, au sens de «morceau de pain».

quémandeur, euse [kemɑ̃dœʀ, øz] adj. Qui quémande. ▷ Subst. *Un quémandeur, une quémandeuse.* – Du préc.

qu'en-dira-t-on [kɑ̃diʀatɔ̃] n. m. sing. inv. Les bruits qui courent sur qqn, sur sa conduite; l'opinion des gens. *Se moquer du qu'en-dira-t-on.* – Substantivation de la question *qu'en dira-t-on?*

quenelle [kənɛl] n. f. CUIS Rouleau de viande ou de poisson finement haché avec de la mie de pain ou de la semoule et de l'œuf. *Quenelles de brochet.* – De l'alsacien *Knödel*.

quenotte [kənɔt] n. f. Fam. Petite dent d'un enfant. – Mot normand, de l'a. fr. *canne, kenne, quenne*, «dent, joue», frq. **kinni*, «mâchoire».

quenouille [kənuj] n. f. **1.** Anc. Petit bâton que l'on garnissait de la matière textile destinée à être filée. ▷ Fig., vx et litt. *Tomber en quenouille:* tomber en la possession d'une femme; *par ext.* perdre sa force, sa valeur. **2.** ARBOR Arbre (généralement, arbre fruitier) auquel des tailles successives ont donné la forme effilée d'une quenouille garnie. **3.** Nom cour. d'une plante herbacée aquatique (genre Typha), à rhizome rampant, aux feuilles en forme de ruban et à fleurs unisexuées réunies en épi au sommet de hautes tiges droites. *Les quenouilles abondent le long du Saint-Laurent.* Syn. massette. – Lat. médiév. *conucula*, var. de *colucula*, dimin. du lat. class. *colus*.

quérable [keʀabl] adj. DR Que le créancier doit aller chercher au domicile du débiteur (par oppos. à *portable*). *Rente, créance quérable.* – De *quérir*.

quercitrin [kɛʀsitʀɛ̃] n. m. ou **quercitrine** [kɛʀsitʀin] n. f. TECH Colorant jaune extrait du quercitron. – De *quercitron*.

quercitron [kɛʀsitʀɔ̃] n. m. BOT Chêne *(Quercus tinctoria)* dont l'écorce renferme un colorant jaune. – Du lat. *quercus*, «chêne», et *citron*.

querelle [kəʀɛl] n. f. **1.** Vx Plainte en justice. ▷ *Par ext.*, vx Parti du plaignant. – Mod., dans la loc. *épouser la querelle de qqn*, prendre son parti dans un litige. **2.** Contestation, différend amenant un échange de mots violents. *Chercher querelle à qqn*, le provoquer. – *Querelle d'Allemand:* querelle sans motif. ▷ Controverse, différend intellectuel. *Une querelle de savants.* – Lat. *querela* (ou *querella*), «plainte» et spécial. «plainte en justice», de *queri*, «se plaindre».

quereller [kəʀele] **I.** v. tr. [1] **1.** Attaquer verbalement (qqn). **2.** Réprimander, faire des reproches à (qqn). **II.** v. pron. Avoir une querelle, une dispute. *Les deux frères se sont encore querellés.* Syn. se disputer, (fam.) se chamailler. – Du préc.

querelleur, euse [kəʀɛlœʀ, øz] adj. et n. Qui a tendance à se quereller, à chercher querelle. Ant. conciliant. – Du préc.

quérir [keʀiʀ] v. tr. [38] Vx ou litt. Chercher, avec l'intention de ramener, de rapporter. (Ne s'emploie qu'à l'inf., après les verbes *aller, venir, envoyer, faire.*) *Qu'on l'aille quérir.* – Réfection de l'a. fr. *querre*, du lat. *quærere*, «chercher, demander».

quérulence [keʀylɑ̃s] n. f. PSYCHIAT Tendance pathologique à se plaindre d'injustices dont on se croit victime. – Du lat. *querela* (ou *querella*), «plainte».

questeur [kɛstœʀ] n. m. **1.** ANTIQ ROM *Questeur urbain*, ou absol. *questeur:* magistrat d'abord chargé de la recherche des criminels puis, à partir du IIIe s. av. J.-C., de la gestion des deniers publics. – *Questeur militaire:* magistrat intendant d'un consul aux armées. **2.** (France) Membre d'une assemblée parlementaire responsable de l'administration et de la police intérieure du palais législatif, ainsi que de son budget particulier. – Lat. *quæstor*.

question [kɛstjɔ̃] n. f. **1.** Interrogation adressée à qqn pour obtenir un renseignement. *Poser une, des questions. Question indiscrète.* ▷ *Questions orales*, posées à un ministre en séance par un parlementaire sur un point précis, en dehors d'un débat. *Questions écrites*, posées par écrit à un ministre par un parlementaire, et auxquelles il est répondu par la même voie. *Question de confiance.* V. confiance. ▷ Interrogation adressée à un candidat par un examinateur. *Question difficile.* ▷ *Question fermée, ouverte:* dans un questionnaire question à laquelle la réponse est suggérée (question fermée) ou non (question ouverte). **2.** Sujet, point, problème qui donne lieu à réflexion, à discussion. *Nous avons longuement parlé de cette question.* – *Il est, il n'est pas question de:* il est, il n'est pas envisagé, envisageable de. ▷ *Chose, personne en question*, celle dont on parle, celle qui est en cause. – *Être en question:* faire l'objet d'une discussion, être en cause. *Mettre, remettre en question.* **3.** *Question de:* affaire, matière où (telle chose) est en jeu. *C'est une question de temps, d'argent. Question de goût.* **4.** Torture appliquée autrefois à des accusés ou à des condamnés pour leur arracher des aveux. *Soumettre à la question.* – Lat. *quæstio*.

questionnaire [kɛstjɔnɛʀ] n. m. Série de questions servant de base à une enquête, à un test; formulaire où elles sont écrites. *Remplir un questionnaire.* – Du préc.

questionnement [kɛstjɔnmɑ̃] n. m. Didac. **1.** Fait de susciter la réflexion. *Le questionnement de la recherche en génétique.* **2.** Action de poser un ensemble de questions; l'ensemble de ces questions. – De *questionner*.

questionner [kɛstjɔne] v. tr. [1] **1.** HIST Soumettre à la question (un accusé ou un condamné). **2.** Interroger (qqn); poser une, des questions. – *Questionner un ordinateur.* – Harceler de questions. *Cessez de me questionner.* ▷ Interpeller, pousser à se poser des questions. – De *question*.

questionneur, euse [kɛstjɔnœʀ, øz] n. et adj. Personne qui pose sans cesse des questions. ▷ Adj. *Il est bien questionneur.* – Du préc.

questure [kɛstyʀ] n. f. **1.** ANTIQ ROM Dignité, charge de questeur. – Durée de la charge de questeur. **2.** (France) Mod. Bureau des questeurs d'une assemblée parlementaire. – Lat. *quæstura*.

1. quête [kɛt] n. f. **1.** Vx ou litt. Action d'aller chercher; recherche. *La quête du Saint-Graal.* ▷ Loc. cour. *En quête de:* à la recherche de. *Se mettre en quête de qqch, de qqn.* – VEN Recherche du gibier. **2.** Action de recueillir des aumônes pour des œuvres, collecte; *par méton.* produit, argent ainsi recueilli. *Faire la quête dans la rue.* – Du lat. pop. **quæsita*, fém. du pp. de *quærere*, «chercher».

2. quête [kɛt] n. f. MAR Angle que forme l'étambot avec la quille. – Inclinaison vers l'arrière (d'un mât). – Forme normande de *chette*, anc. var. dial. de *cheeite*, «chute».

quêter [kete] v. tr. [1] **1.** VEN Chercher (le gibier). – Absol. *Ce chien quête bien.* **2.** *Absol.* Faire la quête. *Les enfants des écoles quêteront en faveur des handicapés.* **3.** Fig. Rechercher, demander, solliciter. *Quêter des louanges, des suffrages.* – De *quête* 1.

quêteur, euse [kɛtœʀ, øz] n. **1.** Personne qui fait la quête. ▷ Adj. *Frère quêteur*, dans un ordre mendiant, celui qui est chargé de recueillir les aumônes pour le couvent. **2.** Fig. Personne qui demande, sollicite (qqch). *Quêteur d'affection.* – Du préc.

quetsche [kwɛtʃ] n. f. **1.** Prune de forme allongée, à peau et chair violacées. *Confiture de quetsches.* **2.** Eau-de-vie de quetsches. – Mot alsacien, de l'all. *Zwetsche.*

quetzal [kwɛtzal] n. m. **1.** ZOOL Oiseau trogoniforme d'Amérique centrale (genre *Pharomacrus*), aux très longues plumes d'un vert éclatant. *Le quetzal est l'emblème du Guatemala.* **2.** Unité monétaire du Guatemala. – Mot aztèque.

queue [kø] n. f. **I. 1.** Organe postérieur, plus ou moins long et flexible, prolongement de la colonne vertébrale de nombreux mammifères. *Queue d'un chien, d'un chat. Queue préhensile des singes du Nouveau Monde.* **2.** Ensemble des plumes du croupion, chez les oiseaux. **3.** Extrémité postérieure du corps de certains animaux, de forme allongée ou effilée. *Queue d'un lézard, d'un poisson.* ▷ Fig., fam. *Queue de veau:* personne très affairée, qui ne tient pas en place. ▷ Fig. *Finir en queue de poisson*, d'une manière décevante, sans résultat appréciable. ▷ Loc. adv. *À la queue leu leu.* V. leu. **4.** Vulg. Pénis. **II.** *Par anal.* Prolongement ou partie postérieure de certains objets. **1.** Traîne (d'un manteau, d'une robe); longs pans (d'un vêtement). *Habit à queue.* ▷ Fam. *En queue de chemise*, sans pantalon, à demi habillé. **2.** Tige par laquelle certains organes végétaux tiennent à la plante; pétiole ou pédoncule. *La queue d'une rose, d'une pomme.* – *Queue de violon:* V. violon. **3.** Partie allongée qui sert à saisir certains objets. *La queue d'une casserole.* **4.** Grosse mèche de cheveux noués derrière la tête (V. queue-de-cheval). **5.** Partie d'une lettre que l'on trace sous la ligne d'écriture. *La queue d'un g, d'un p.* ▷ MUS *La queue d'une note:* le trait qui tient au corps de la note, perpendiculaire aux lignes de la portée. **6.** Empennage (d'un avion). *Les ailerons de queue.* **7.** Traînée lumineuse (d'une comète). **8.** *Piano à queue:* V. piano. **III.** Fig. **1.** Bout, extrémité, fin de qqch. *La queue d'une longue phrase. La queue d'un orage.* – PHYS *Queue d'une onde de choc:* partie de l'onde où l'amplitude décroît. ▷ *Spécial.* Dernière partie, derniers rangs d'un groupe. *La queue d'un cortège. Être à la queue, en queue.* – *La queue d'une classe:* les élèves les plus médiocres, les derniers. ▷ *De queue:* qui est situé en bout, à la fin. *Wagon de queue.* – Loc. *Sans queue ni tête*, qui semble n'avoir ni début ni fin, incohérent. **2.** File de personnes alignées les unes derrière les autres; file d'attente. *Faire la queue. Prendre la queue.* **IV.** Au billard, bâton garni d'un procédé (sens II) et dont on se sert pour propulser les billes. *Fausse queue*, quand la queue glisse involontairement sur la bille sans la percuter. – Du lat. *coda*, var. de *cauda*.

queue-d'aronde [kødaʀɔ̃d] n. f. TECH Tenon en forme de trapèze isocèle, s'encastrant dans une entaille de même profil. *Assemblage à queues-d'aronde.* – De *queue, d'*, et *aronde*, anc. nom de l'hirondelle.

queue-de-cheval [kødʃəval] n. f. **1.** Coiffure dans laquelle les cheveux, tirés vers l'arrière et noués haut sur la tête, retombent sur la nuque. *Des queues-de-cheval.* **2.** ANAT Faisceau de cordons nerveux formé autour de l'extrémité inférieure de la moelle par les racines des trois derniers nerfs lombaires et celles des nerfs sacrés et coccygiens. – De *queue, de*, et *cheval.*

queue-de-cochon [kødkɔʃɔ̃] n. f. TECH **1.** Tarière se terminant en vrille. **2.** En ferronnerie, pointe en vrille d'une grille. *Des queues-de-cochon.* – De *queue, de*, et *cochon.*

queue-de-morue [kødmɔʀy] n. f. **1.** TECH Large pinceau plat. **2.** Syn. de *queue-de-pie. Des queues-de-morue.* – De *queue, de*, et *morue.*

queue(-)de(-)pie [kødpi] n. f. Fam. Habit de cérémonie à longues basques étroites. Syn. frac, queue-de-morue (sens 2). *Des queues-de-pie.* – De *queue, de*, et *pie.*

queue(-)de(-)poêlon [kødpwalɔ̃] n. f. Nom cour. du têtard de la grenouille ou du crapaud. – De *queue*, et *poêlon.*

queue(-)de(-)poisson [kødpwasɔ̃] n. f. Manœuvre dangereuse d'une automobile qui se rabat trop vite devant le véhicule qu'elle vient de doubler. *Des queues-de-poisson.* – De *queue, de*, et *poisson.*

queue-de-rat [kødʀɑ(a)] n. f. TECH Lime de section circulaire, longue et fine. *Des queues-de-rat.* – De *queue, de*, et *rat.*

queue-de-renard [kødʀənaʀ] n. f. **1.** Nom cour. des amarantes. **2.** TECH Ciseau à deux biseaux servant à percer. *Des queues-de-renard.* – De *queue, de*, et *renard.*

queusot [køzo] n. m. TECH Tube en verre qui sert à faire le vide dans les ampoules électriques et éventuellement à les remplir d'un gaz inerte. – Dimin. de *queue.*

queuter [køte] v. intr. [21] Au billard, pousser la bille en accompagnant son mouvement avec la queue, au lieu de la frapper. – De *queue* (sens IV).

queux [kø] n. m. Vx ou plaisant. Cuisinier; mod. s'emploie seulement dans la loc. *maître queux.* – Lat. *coquus.*

qui [ki] pron. **I.** pron. relatif **1.** (En fonction de sujet, désignant une personne ou une chose.) ▷ (Précédé de son antécédent.) *L'homme qui travaille. Les enfants qui jouent. Tout ce qui me plaît. C'est moi qui ai parlé.* ▷ (Séparé de son antécédent.) *La pluie tombait, qui inondait les champs.* ▷ (Sans antécédent exprimé.) Celui qui, celle qui, ceux qui, ce qui. *Qui m'aime me suive. Qui plus est:* en outre. **2.** (En fonction de complément, précédé d'une préposition, lorsque l'antécédent est un nom de personne ou d'être personnifié.) *L'homme à qui je parle, pour qui je plaide.* ▷ (Sans antécédent exprimé.) *«À qui venge son père, il n'est rien impossible»* (Corneille). – *Comme qui...* (suivi de l'indic. ou du conditionnel). *Comme qui dirait*, pour ainsi dire. – *À qui...* (exprime la rivalité). *C'est à qui tirera le plus fort.* Loc. *À qui mieux mieux**. **II.** pron. rel. indéf. **1.** *Qui que:* quelque personne que. *Qui que vous soyez. Je le soutiendrai contre qui que ce soit.* **2.** (Répété, en apposition à un pluriel.) Ceux-ci, ceux-là; les uns, les autres. *Ils cherchèrent, qui d'un côté, qui d'un autre.* **III.** pron. interrog. Désigne généralement une personne, dans l'interrogation directe et indirecte, rarement une chose. Il peut être: ▷ Sujet. *Qui est là?* ▷ Attribut. *Qui êtes-vous?* ▷ Complément. *Dites-moi qui vous voyez. Chez qui irez-vous?* – Il est, dans la langue parlée, souvent remplacé par les périphrases: ▷ *Qui est-ce qui.* (Sujet.) *Qui est-ce qui vient?* ▷ *Qui est-ce que* (objet direct et attribut). *Qui est-ce que je vois?* ▷ *À, pour, de*, etc. *qui est-ce que* (compléments). *À qui est-ce que je m'adresse?* – Mot lat. *qui.*

quia (à) [akwija, akɥija] loc. adv. Vx ou litt. *Mettre qqn à quia,* le réduire à ne pouvoir répondre. – Du lat. *quia,* «parce que», l'explication par la cause étant considérée, par les Scolastiques, comme inférieure à la connaissance d'après l'essence.

quiche [kiʃ] n. f. Plat d'origine lorraine fait d'une pâte à tarte garnie d'un mélange de crème, d'œufs et de lardons. – Alsacien *Küchen,* «gâteau», all. *Kuchen.*

quichenotte. V. kichenotte.

quichua. V. quechua.

quiconque [kikɔ̃k] pron. **1.** pron. rel. Qui que ce soit, toute personne qui. *Quiconque l'a vu peut le raconter.* **2.** pron. indéf. Personne, n'importe qui. *Ne le dites à quiconque. Il est aussi capable que quiconque.* – De *qui... qu'oncques,* «qui... jamais», plus tard rapproché du lat. *quicumque.*

quidam [kidam] n. m. Personne dont on ignore ou dont on veut taire le nom; un certain individu, quelqu'un. *Un quidam l'aborde et lui demande l'heure.* – Mot lat., «un certain, qqn».

quiddité [kɥidite] n. f. PHILO Ce qui fait qu'une chose est ce qu'elle est; l'essence de cette chose, en tant qu'elle est exprimée dans sa définition. – Lat. scolast. *quidditas,* de *quid,* «quoi».

quiétisme [kjetism] n. m. RELIG Doctrine mystique du théologien espagnol M. de Molinos (1628-1696), selon laquelle la perfection chrétienne consiste dans un état de contemplation passive et d'absorption en Dieu *(quiétude).* – Lat. ecclés. *quietismus,* de *quies, quietis,* «repos, quiétude».

quiétiste [kjetist] adj. et n. **1.** adj. Relatif au quiétisme. **2.** n. Partisan du quiétisme. – Du préc.

quiet, quiète [kjɛ, kjɛt] adj. Litt. Tranquille, calme, paisible. *Une vie quiète. Une atmosphère quiète et feutrée.* – Lat. *quietus.*

quiétude [kjetyd] n. f. **1.** Tranquillité d'âme, calme, repos. Ant. inquiétude. – Par ext. Litt. *La quiétude d'un lieu.* **2.** THEOL État de contemplation passive, d'absorption en Dieu. – Lat. ecclés. *quietudo.*

quignon [kiɲɔ̃] n. m. Fam. Gros morceau (de pain). – Altér. de l'a. fr. **coignon,* de *coin.*

quillard [kijaʀ] n. m. MAR Voilier muni d'une quille (par oppos. à *dériveur*). – De *quille* 2.

1. quille [kij] n. f. **1.** Chacun des dix éléments du *jeu de quilles;* pièce oblongue en bois tourné (et souvent, auj., en matière moulée) que l'on doit abattre avec une boule lancée d'une certaine distance. *Jouer aux quilles.* ▷ Loc. fig. *Arriver comme un chien dans un jeu de quilles,* mal à propos. **2.** Bouteille de forme mince et allongée. **3.** Pop. Jambe. – De l'anc. haut all. *Kegil,* all. mod. *Kegel.*

2. quille [kij] n. f. MAR Pièce longitudinale, allant de l'étrave à l'étambot et formant la partie inférieure de la charpente de la coque d'un navire. – De l'anc. norois *kilir,* plur. de *kjollr.*

quilleur, euse [kijœʀ, øz] n. Personne qui joue aux quilles. – De *quille.*

quillon [kijɔ̃] n. m. **1.** Chacune des deux branches qui partent de la garde d'une épée. **2.** TECH Petite tige, à l'extrémité du canon d'un fusil, qui permet de former les faisceaux. – De *quille* 1.

quinaire [kinɛʀ] adj. et n. m. **I.** Rare adj. MATH **1.** Divisible par 5. *25 est un nombre quinaire.* **2.** Qui a pour base le nombre 5. *Système de numération quinaire.* **II.** n. m. ANTIQ Pièce d'argent romaine qui valait cinq as. – Lat. *quinarius.*

quinaud, aude [kino, od] adj. Vx Déconfit, penaud. *Il n'a pas eu le dessus et s'est trouvé tout quinaud.* – Du moyen fr. *quin,* «singe».

quincaillerie [kɛ̃kɑjʀi] n. f. **1.** Industrie et commerce des articles en métal (ustensiles de ménage, clouterie, serrurerie pour les bâtiments, etc.); ces articles eux-mêmes. **2.** Magasin où l'on vend de la quincaillerie. **3.** Ramassis d'objets de peu de valeur. ▷ *Spécial.* Bijoux faux; médailles, décorations (avec une idée d'abondance ostentatoire). *Elle en porte, de la quincaillerie!* – De l'a. fr. *clincaille,* de l'anc. v. *clinquer* «faire du bruit».

quincaillier, ière [kɛ̃kɑje, jɛʀ] n. Personne qui vend ou qui fabrique de la quincaillerie. – De l'a. fr. *quincaille* (V. préc.).

quinconce [kɛ̃kɔ̃s] n. m. **1.** Assemblage de cinq objets dont quatre sont disposés à chaque angle d'un quadrilatère et le cinquième au milieu. *Disposition en quinconce.* **2.** Plantation d'arbres disposés en quinconce. – Promenade dont les arbres sont plantés en quinconce. – Lat. *quincunx, quincuncis.*

quindécemvir [k(w)ɛ̃desɛmviʀ] ou **quindécimvir** [k(w)ɛ̃desimviʀ] n. m. ANTIQ ROM Chacun des magistrats (quinze à l'origine) chargés de la garde des livres sibyllins. – Lat. *quindecimviri,* «les quinze hommes».

quinine [kinin] n. f. Alcaloïde extrait de l'écorce du quinquina, utilisé dans le traitement du paludisme. – De *quinquina.*

quinoa [kinɔa] n. m. BOT Céréale d'Amérique centrale (*Chenopodium quinoa,* fam. chénopodiacées), proche du sarrasin. – Mot quechua.

quinoléine [kinɔlein] n. f. CHIM Composé extrait du goudron de houille ou produit par synthèse, qui entre dans la composition de nombreux médicaments synthétiques. – De *quinine,* et du lat. *oleum,* «huile».

quinoléique [kinɔleik] adj. CHIM Se dit des dérivés de la quinoléine. – Du préc.

quinone [kinɔn] n. f. CHIM Composé benzénique dans lequel deux atomes d'hydrogène du noyau sont remplacés par deux atomes d'oxygène. – De *quinine.*

quinqu(a)-. Élément, du lat. *quinque,* «cinq».

quinquagénaire [kɛ̃kaʒenɛʀ] adj. et n. Qui a entre cinquante et soixante ans. ▷ Subst. *Un, une quinquagénaire.* – Lat. *quinquagenarius.*

quinquagésime [kɛ̃kaʒezim] n. f. RELIG CATHOL Cinquantième jour avant Pâques, dimanche qui précède le début du carême. – Du lat. *quinquagesimus,* «cinquantième».

quinquennal, ale, aux [k(ɥ)ɛ̃k(ɥ)enal, o] adj. Qui dure cinq ans, qui s'étend sur cinq ans. *Plan quinquennal.* – Qui se reproduit tous les cinq ans. *Fêtes quinquennales,* à Rome. – Lat. *quinquennalis.*

quinquennat [kɛ̃kena] n. m. Durée d'une fonction, d'un mandat, d'un plan de cinq ans. – De *quinquennal.*

quinquet [kɛ̃kɛ] n. m. **1.** Ancienne lampe à huile à double courant d'air, alimentée par un réservoir placé plus haut que la mèche. **2.** Pop. Œil. *Allumer ses quinquets:* ouvrir l'œil, regarder attentivement. – Du nom du pharmacien A. *Quinquet* (1745-1803), qui fabriqua cette lampe.

quinquina [kɛ̃kina] n. m. **1.** Écorce fébrifuge, tonique et astringente, au goût amer, fournie par de nombreux arbres du genre *Cinchona.* **2.** Arbre originaire d'Amérique du S. (genre *Cinchona,* fam. rubiacées), auj. cultivé en Inde et en Indonésie, qui fournit la quinine. **3.** Vin apéritif au quinquina. – Esp. *quinaquina,* mot quechua.

quint-. Élément, du lat. *quintus,* «cinquième».

quintaine [kɛ̃tɛn] n. f. HIST Poteau fiché en terre, audessus duquel était adapté un mannequin pivotant tenant un bâton, et qui servait de cible aux cavaliers

R r

r [ɛʀ] n. m. **1.** Dix-huitième lettre de l'alphabet servant à transcrire une consonne constrictive sonore, liquide. V. encycl. **2.** MATH *R*, symbole du corps des nombres réels. **3.** PHYS Symbole de la résistance électrique et de la réluctance magnétique. ▷ *R*, symbole de la constante molaire des gaz parfaits (R = 8,3145 J par kelvin et par mole). ▷ Symbole du röntgen.
ENCYCL La consonne *r* est celle qui a la plus haute fréquence dans les mots du français, essentiellement à cause des structures de sa morphologie, qui font que de nombreux mots finissent en *-ère, -aire, -eur, -ard, -oir* (noms et adjectifs surtout), en *-ir* (verbes surtout), et en *-ure* (noms surtout). Ce fait fondamental a des conséquences à plus d'un titre.
Traditionnellement, le *r* du français avait été prononcé à l'avant de la bouche avec la pointe de la langue, c'est-à-dire roulé; en fait foi, par exemple, la forme même du mot *chaise*, qui n'est à l'origine (au XVe s.) qu'une simple variante de *chaire* (attesté pour sa part depuis le XIe s.). Au XVIIe s., cependant, une tendance nouvelle née dans les villes l'a fait progressivement remplacer par une prononciation postérieure, produite cette fois avec le dos de la langue. Avec le temps, la langue standard a adopté la prononciation postérieure comme seule admise, mais plusieurs variétés de français, européennes et américaines, ont conservé la prononciation antérieure plus ancienne, soit uniquement, soit en concurrence avec la nouvelle sous une forme ou sous une autre (dont le *r* dit grasseyé).
En français québécois, par exemple, on considérait jusqu'à récemment que le *r* antérieur (ou roulé) était typique de Montréal et de l'ouest du Québec en général, alors que le *r* postérieur représentait le mieux les parlers de Québec et de l'est en général, avec une frontière mitoyenne passant à peu près à Trois-Rivières. Il se trouve toutefois que la situation est en train de changer, les jeunes Montréalais adoptant de plus en plus une variante postérieure maintenant vue comme plus prestigieuse parce que plus proche de la norme. Comme on peut s'y attendre dans ces situations de transition, on trouve des locuteurs qui pratiquent les deux variantes principales et même plus, en fonction d'un complexe de facteurs dont le registre de discours, la position du *r* dans la syllabe et dans le mot, l'entourage de phonèmes, mais aussi l'âge, l'appartenance sociale, etc.
Cette variation déjà ancienne entre la prononciation antérieure et la prononciation postérieure explique le statut ambivalent du *r* dans la phonétique du français. Une partie des phénomènes le fait regrouper avec *l* (antérieure elle aussi) dans la classe des consonnes liquides. Les tout jeunes enfants, par exemple, prononcent indistinctement [l] à la fois pour les *l* et les *r* de la langue des adultes avant d'en maîtriser l'opposition. D'autre part, le *r* comme le *l* est couramment effacé dans les groupes de consonnes à la fin des mots, ce qui a pour effet d'alléger la syllabe qui les contient: *table, spectacle, possible*, etc., *quatre, autre, permettre*, etc. Cette tendance de la langue parlée usuelle, qui remonte au XVIe s. au moins, est d'ailleurs la seule chose qui permet d'expliquer en retour qu'on remette à l'occasion, par hypercorrection, des *r* où il n'y en a jamais eu, par exemple quand on entend dire *pour réaliser cettre étude* au lieu de *...cette étude*. Ce phénomène complémentaire d'insertion, au moins aussi ancien lui aussi et dû à l'insécurité linguistique des locuteurs, a laissé malgré tout quelques traces dans la langue standard, par exemple les quelques mots *dartre, rustre, pupitre, mulâtre*, qui ne comportaient pas de *r* à l'origine. Si justement c'est *r*, et non sa concurrente *l*, qui est ainsi réintroduite à la fin des mots, c'est que *r* est la plus fréquente des consonnes de toute façon.
À l'opposé, le *r* se regroupe avec les fricatives sonores [z, v, ʒ] pour former la classe des consonnes dites allongeantes (v. diphtongue, encycl.) À ce propos, il faut signaler que les parlers du français qui effacent également le *r* final après une voyelle qu'il a allongée sont en cela les héritiers d'une vieille tendance de la langue populaire qui a donné naissance à des formes comme *menteux, faiseux*, à côté de *menteur, faiseur*, etc. On voit donc que la diversité des réalisations du *r*, indépendamment de ses motivations proprement linguistiques, est l'une des variables de prononciation (comme la prononciation de *oi*, par exemple) qui sont le plus perméables aux influences et aux pressions exercées sur la langue par les structures sociales et leurs changements au cours de l'histoire.

r-, re-, ré-. Éléments (du lat. *re*, indiquant un mouvement en arrière), exprimant la répétition *(redire)*, le renforcement *(revivifier, renfoncement)*, le retour en arrière ou à un état antérieur *(revenir, revisser)*.

ra ou **rra** [ʀa, ʀɑ] n. m. inv. MUS Roulement bref des baguettes sur le tambour. – Onomat.

Ra CHIM Symbole du radium.

rab [ʀab] n. m. Fam. Abrév. de *rabiot*.

rabâchage [ʀabaʃaʒ] n. m. Fam. Fait de rabâcher; redites fastidieuses. – De *rabâcher*.

rabâcher [ʀabaʃe] v. tr. [1] Répéter sans cesse, d'une manière inutile ou fastidieuse. *Il rabâche toujours les mêmes histoires.* ▷ Absol. *Passer son temps à rabâcher.* – Var. de l'a. fr. *raba(s)ter*, «ramener sur sa base».

rabâcheur, euse [ʀabaʃœʀ, øz] n. et adj. Fam. Personne qui rabâche. – De *rabâcher*.

rabais [ʀabɛ] n. m. Diminution du prix, de la valeur primitive d'une chose. *Vendre au rabais*, à moindre prix. – De *rabaisser*.

rabaissement [ʀabɛsmɑ̃] n. m. Rare Action de rabaisser, de déprécier. *Rabaissement des monnaies.* – De *rabaisser*.

rabaisser [ʀabese] **I.** v. tr. [1] **1.** Mettre plus bas, placer au-dessous (surtout au fig.). *Rabaisser l'orgueil de qqn.* **2.** Diminuer, déprécier. *Rabaisser le taux de l'escompte.* **II.** v. pron. S'humilier, s'avilir. – De *r-*, et *abaisser*.

raban [ʀabɑ̃] n. m. MAR Cordage, tresse servant à amarrer, à saisir. *Raban de ferlage.* – Germ. *rabant*.

rabane [ʀaban] n. f. Tissu de fibres de raphia. – Malgache *rebana*.

rabat [ʀaba] n. m. **1.** CHASSE Action de rabattre (le gibier). *La chasse au rabat.* Syn. rabattage. **2.** Anc. Large col qui se rabattait sur la poitrine. ▷ Mod. Morceau d'étoffe, cravate portée par certains magistrats, ecclésiastiques et professeurs d'université en robe. **3.** Partie (d'un vêtement, d'un objet en matière souple) qui peut se rabattre sur une autre. *Sac à rabat.* – Déverbal de *rabattre*.

rabat-joie [ʀabajw(a)ɑ] n. et adj. inv. **1.** Vx Sujet de chagrin qui trouble la joie. **2.** Personne qui par son humeur chagrine, maussade, trouble la joie d'autrui. – Adj. *Qu'ils sont rabat-joie!* – De *rabattre*, et *joie*.

rabattage [ʀabataʒ] n. m. Action de rabattre (le gibier). – De *rabattre*.

rabattement [ʀabatmɑ̃] n. m. GEOM Rotation par laquelle on applique un plan sur l'un des plans de projection, en géométrie descriptive. – De *rabattre.*

rabatteur, euse [ʀabatœʀ, øz] n. **1.** Celui qui rabat le gibier. ▷ Fig. Personne chargée de trouver des clients à un vendeur, d'amener des adhérents à un groupement, etc. **2.** n. f. Partie d'une moissonneuse servant à rabattre les tiges des céréales vers la lame. – De *rabattre.*

rabattre [ʀabatʀ] v. tr. [81] **I. 1.** Rabaisser, faire descendre (ce qui s'élève). *Le vent rabattait la fumée dans la cheminée.* ▷ Fig. Abaisser, rabaisser. *Rabattre l'orgueil de qqn.* **2.** Rabaisser, appliquer (une chose) sur une autre par un mouvement de bas en haut. *Rabattez la tablette.* ▷ v. pron. *Col qui se rabat.* **3.** Aplatir. *Rabattre les coutures d'un habit.* **II. 1.** Obliger à prendre une certaine direction. *Un cordon de policiers rabattait la foule vers la sortie.* – *Rabattre le gibier,* le débusquer pour le faire venir là où les chasseurs l'attendent. ▷ v. pron. Changer de direction par un brusque mouvement latéral. *La voiture s'est rabattue vers le trottoir.* **2.** v. pron. Fig. *Se rabattre sur:* en venir, faute de mieux, à choisir, à accepter (qqch, qqn). *La viande manquant, il s'est rabattu sur le poisson.* **III. 1.** Diminuer, retrancher (une partie du prix demandé). *C'est le juste prix et je n'en rabattrai pas un cent.* ▷ Fig., fam. *En rabattre:* diminuer ses prétentions, ses exigences. **2.** ARBOR *Rabattre un arbre,* tailler ses maîtresses branches. – De *r-,* et *abattre.*

rabbin [ʀabɛ̃] n. m. **1.** RELIG *Rabbin* ou, mieux, *rabbi:* docteur de la Loi juive, dans l'ancienne Palestine. **2.** *Rabbin:* chef spirituel d'une communauté juive; ministre du culte israélite. ▷ *Grand rabbin:* chef d'un consistoire israélite. *Le grand rabbin de New York.* – Lat. médiév. *rabbinus,* araméen *rabbîn,* plur. de *rabb,* «maître».

rabbinat [ʀabina] n. m. **1.** Dignité, fonction de rabbin. **2.** Ensemble des rabbins, dans un pays donné. *Le rabbinat d'Israël.* – Du préc.

rabbinique [ʀabinik] adj. Didac. Relatif aux rabbins. *École rabbinique,* qui forme des rabbins. ▷ *Hébreu rabbinique:* hébreu mêlé d'araméen et d'arabe qu'écrivaient les rabbins du Moyen Âge. – De *rabbin.*

rabbinisme [ʀabinism] n. m. Didac. Enseignement, doctrine des rabbins. – De *rabbin.*

rabbiniste [ʀabinist] n. Didac. Personne qui étudie la littérature rabbinique. – Du préc.

rabdomancie, rabdomancien. V. rhabdomancie, rhabdomancien.

rabelaisien, ienne [ʀablɛzjɛ̃, jɛn] adj. Qui rappelle la verve truculente de Rabelais. *Plaisanterie rabelaisienne.* – Du n. de l'écrivain fr. F. *Rabelais* (1494-1553).

rabibochage [ʀabibɔʃaʒ] n. m. Fam. Action de rabibocher, fait de se rabibocher. – De *rabibocher.*

rabibocher [ʀabibɔʃe] v. tr. [1] Fam. **1.** Raccommoder, réparer sommairement. **2.** Fig. Réconcilier. ▷ v. pron. *Ils se sont rabibochés.* – Mot dial., p.-ê. d'un rad. onomat. *bib-.* Cf. bibelot.

rabiot [ʀabjo] n. m. Fam. Ce qui est donné, fait ou imposé de surplus. *Faire du rabiot:* fournir un supplément de travail. – Abrév. *rab.* – Probabl. du dial. *rabes,* var. *raves,* «œufs de poisson, menu fretin», du lat. *rapum,* «rave».

rabioter [ʀabjɔte] v. [1] Fam. **1.** v. intr. Faire de petits profits supplémentaires. **2.** v. tr. S'approprier indûment et par surcroît. *Il est parvenu à rabioter quelques cigarettes.* – De *rabiot.*

rabique [ʀabik] adj. MED Relatif à la rage; qui est causé par la rage ou la provoque. – Du lat. *rabies,* «rage».

1. râble [ʀɑbl] n. m. TECH Râteau à long manche servant à remuer la braise dans un four, à agiter des bains de teinture, etc. – Lat. *rutabulum,* «fourgon, spatule».

2. râble [ʀɑbl] n. m. Partie du lièvre, du lapin allant du bas des côtes à la naissance de la queue. ▷ Fam. Reins, bas du dos chez l'homme. *Il m'est tombé sur le râble:* il m'a attaqué, agressé (physiquement ou verbalement). – P.-ê. de *râble* 1.

râblé, ée [ʀɑble] adj. Qui a le râble épais. *Lièvre bien râblé.* ▷ (Personnes.) Qui a une forte carrure; trapu et musclé. *Garçon râblé.* – De *râble* 2.

râblure [ʀɑblyʀ] n. f. MAR Rainure triangulaire pratiquée dans la quille, l'étrave et l'étambot des navires en bois et qui sert à loger la rive inférieure de la première virure. – De *râble* 2, par métaph. (les bordages étant comparés aux côtes).

rabot [ʀabo] n. m. Outil de menuisier formé d'un fût à l'intérieur duquel se trouvent un fer, un contrefer et un coin de blocage, pour parfaire le dressage des pièces de bois. ▷ TECH Nom de divers outils servant à aplanir, polir, égaliser, etc. – De *rabotte,* dial., «lapin»; moy. néerl. *robbe.*

rabotage [ʀabɔtaʒ] n. m. Action de raboter; son résultat. – De *raboter.*

raboter [ʀabɔte] v. tr. [1] **1.** Rendre uni, aplanir au rabot. **2.** TECH Usiner au moyen d'une raboteuse. – De *rabot.*

raboteur [ʀabɔtœʀ] n. m. Ouvrier qui rabote (les parquets). – Du préc.

raboteuse [ʀabɔtøz] n. f. TECH Machine-outil servant à raboter le bois, le métal. – Forme fém. du préc.

raboteux, euse [ʀabɔtø, øz] adj. **1.** Noueux, inégal (en parlant d'une surface). *Planche raboteuse.* **2.** Fig. Rude, sans élégance ni fluidité. *Style raboteux.* – De *rabot.*

rabougri, ie [ʀabugʀi] adj. **1.** Mal venu, malingre, en parlant d'une plante. *Arbres rabougris.* **2.** Chétif, malingre, en parlant d'une personne. *Un petit homme tout rabougri.* – Pp. de *rabougrir.*

rabougrir [ʀabugʀiʀ] v. tr. [2] Rare Arrêter ou ralentir la croissance de (une plante). ▷ v. pron. *L'âge venant, il se rabougrit.* – De *bougre,* «chétif, petit».

rabougrissement [ʀabugʀismɑ̃] n. m. Fait de se rabougrir; état d'un végétal, d'une personne rabougrie. – De *rabougrir.*

rabouilleur, euse [ʀabujœʀ, øz] n. Vx ou dial. Personne qui «rabouille» l'eau, c.-à-d. qui la trouble avec une branche pour prendre plus facilement les poissons et les écrevisses. *«La Rabouilleuse», roman de Balzac (1842).* – Du rég. *rabouiller,* du lat. *bullare,* «bouillonner».

rabouter [ʀabute] v. tr. [1] Assembler bout à bout. *Rabouter deux cordages au moyen d'une épissure.* – De *r-,* et *abouter.*

rabrouer [ʀabʀue] v. tr. [1] Traiter avec brusquerie; accueillir ou repousser durement. – De *r-,* et moy. fr. *brouer,* «gronder, écumer», de l'a. fr. *breu,* «écume».

racage [ʀakaʒ] n. m. MAR Collier de boules de bois liant une vergue au mât le long duquel elle doit glisser. – De l'anc. normand *rakki.*

racaille [ʀakaj] n. f. Foule méprisable. ▷ Rebut de la population. – Du normand **rasquer* lat. pop. **rasicare,* «racler, gratter», class. *radere.*

raccommodable [ʀakɔmɔdabl] adj. Qui peut être raccommodé. – De *raccommoder.*

raccommodage [ʀakɔmɔdaʒ] n. m. Action de raccommoder; son résultat. *Raccommodage des chaussettes.* – De *raccommoder.*

raccommodement [ʀakɔmɔdmɑ̃] n. m. Fam. Réconciliation. – De *raccommoder.*

raccommoder [ʀakɔmɔde] v. tr. [1] **1.** Vieilli Réparer, remettre en bon état. *Raccommoder un meuble.* ▷ Mod. Réparer en cousant, ravauder (un vêtement, du linge). *Raccommoder une chemise.* **2.** Fam. Réconcilier. ▷ v. pron. *Ils se sont raccommodés.* – De *r-*, et *accommoder.*

raccommodeur, euse [ʀakɔmɔdœʀ, øz] n. Personne qui raccommode (surtout dans la loc. *raccommodeur de faïences et de porcelaines*). – Du préc.

raccompagner [ʀakɔ̃paɲe] v. tr. [1] Accompagner, reconduire (qqn qui rentre chez lui). – De *r-*, et *accompagner.*

raccord [ʀakɔʀ] n. m. **1.** Liaison que l'on établit entre deux parties contiguës d'un ouvrage qui offrent quelque inégalité, quelque différence. *Faire un raccord de peinture.* **2.** TECH Pièce ou ensemble de pièces qui servent à assembler deux tuyauteries, deux canalisations. **3.** CINE Liaison entre deux plans, entre deux séquences. – Déverbal de *raccorder.*

raccordement [ʀakɔʀdəmɑ̃] n. m. **1.** Action de raccorder. **2.** Jonction (de deux conduits, de deux voies ferrées, etc.). – De *raccorder.*

raccorder [ʀakɔʀde] v. tr. [1] **1.** Relier (deux choses séparées). *Raccorder deux galeries par une rotonde.* ▷ Constituer un raccord entre (deux choses séparées). *Cette rotonde raccorde les deux galeries.* **2.** Mettre en communication avec un réseau, un point de distribution. *Raccorder une installation électrique, un poste téléphonique.* ▷ v. pron. Être raccordé, rattaché. *Ce fil se raccorde à l'ensemble du circuit électrique.* – De *r-*, et *accorder.*

raccourci [ʀakuʀsi] n. m. **1.** Abrégé, résumé. *Un raccourci des faits.* ▷ Loc. adv. *En raccourci:* en abrégé. **2.** PEINT Réduction opérée par le peintre sur une figure ou la partie d'une figure vue en perspective. *Les raccourcis de Michel-Ange.* **3.** Traverse, chemin plus court que le chemin principal. *Prendre un raccourci à travers champs.* – De *raccourcir.*

raccourcir [ʀakuʀsiʀ] v. [2] **1.** v. tr. Rendre plus court. *Raccourcir une jupe.* **2.** v. intr. Devenir plus court. *Les jours raccourcissent.* – De *r-*, et *accourcir.*

raccourcissement [ʀakuʀsismɑ̃] n. m. Action, fait de raccourcir; son résultat. – Du préc.

raccoutumer (se). V. réaccoutumer (se).

raccroc [ʀakʀo] n. m. Vx. Au billard, coup de chance, succès où il y a plus de bonheur que d'adresse. ▷ Loc. adv. Mod. *Par raccroc:* par hasard, par chance. *Gagner par raccroc.* – Déverbal de *raccrocher.*

raccrochage [ʀakʀɔʃaʒ] n. m. Action de raccrocher. ▷ *Spécial.* Racolage. – De *raccrocher.*

raccrochement [ʀakʀɔʃmɑ̃] n. m. Action de se raccrocher (à qqn et, au fig., à qqch). – De *raccrocher.*

raccrocher [ʀakʀɔʃe] **I.** v. tr. [1] **1.** Accrocher de nouveau (ce qui était décroché). *Raccrocher un tableau.* ▷ Spécial. *Raccrocher le combiné d'un appareil téléphonique.* – S. comp. *Raccrochez!* **2.** Rattraper (ce qui semblait perdu). *Raccrocher une affaire.* **3.** Arrêter au passage. *Bonimenteur qui raccroche les badauds.* – *Spécial.* Racoler. **II.** v. pron. *Se raccrocher :* se retenir, se cramponner à (qqch pouvant servir d'appui). ▷ Fig. *Se raccrocher à des prétextes.* – De *r-*, et *accrocher.*

race [ʀas] n. f. **1.** Vx ou litt. L'ensemble des membres d'une grande lignée, les ascendants d'une famille de haute origine, d'un grand peuple. *La race de Clovis.* ▷ Loc. adj. *Fin de race :* décadent. **2.** Fam. (souvent péjor.) Catégorie de personnes qui ont un même comportement, des inclinations semblables ou exercent une même activité. *La race des pédants.* **3.** Division de l'espèce humaine, fondée sur certains caractères héréditaires, physiques (couleur de la peau, forme du crâne, etc.) et physiologiques (groupes sanguins, notam.). *Les races* (ou *grand-races*) *blanche, jaune, noire.* ▷ *Par ext.* Groupe naturel d'hommes qui présentent des caractères physiques et culturels semblables provenant de traditions et d'un passé communs. **4.** BIOL Subdivision de l'espèce zoologique, constituée par des individus ayant des caractères héréditaires communs. *Les différentes races bovines* (charolaise, normande, etc.). ▷ Loc. adj. *De race :* de race pure, non métissée. *Un cheval de race.* ▷ (Personnes.) *Avoir de la race:* être racé. – Ital. *razza,* «sorte, espèce», lat. *ratio,* «ordre des choses, catégorie, espèce», en moy. lat., «descendance».

ENCYCL Chez les animaux domestiques, la race est le résultat d'une mutation sélectionnée par l'homme. Chez les animaux sauvages, les *races locales* (ou *sous-espèces* géographiques) sont les diverses populations, appartenant à une même espèce, qui se partagent l'aire de répartition de cette espèce. Si, par ex., tel mammifère habite l'Europe, les populations de cette espèce qui peuplent l'Italie, les Balkans, l'U.R.S.S., etc., sont des *races locales.* La notion de *race humaine,* classiquement admise, est assez voisine de celle de race locale, mais elle a évolué au cours des âges et elle est auj. contestée: au lieu de se fonder sur des caractéristiques physiques immédiatement apparentes (couleur de peau, aspect de la chevelure, etc.), on se réfère de plus en plus aux différences génétiques qui existent entre les populations humaines (par ex. dans les caractéristiques sanguines).

Hist. – Le concept de race, aujourd'hui contesté, entraîna très vite l'apparition du *racisme.* Déjà, les anciens Grecs considéraient les autres peuples comme des «barbares» et prohibaient toute union avec eux. Plus tard, l'expansion des Blancs à travers le monde se solda par un renforcement de cette attitude (massacres d'Amérindiens par les Espagnols, puis aux É.-U.). En 1853, Gobineau publia son *Essai sur l'inégalité des races humaines;* à l'aide d'arguments sans fondement scientifique, il avançait que toutes les qualités auraient été réunies chez d'anciens habitants de la Perse, les Arians ou Aryens. Cette théorie fut reprise par les nazis qui assimilèrent ces prétendus Aryens aux Allemands et, à un degré moindre, à tous les Blancs d'Europe autres que les Juifs (et les Slaves); ces fantasmes entraînèrent l'extermination de six millions de Juifs.

racé, ée [ʀase] adj. **1.** Qui est de race, a les qualités propres à un animal de race. *Un chien racé.* **2.** (Personnes.) Qui a une distinction, une élégance, une finesse naturelles. *Un homme racé.* – Du préc.

racémeux, euse [ʀasemø, øz] adj. Se dit de végétaux dont les fruits ou les fleurs sont disposés en grappes. – Lat. *racemosus* «en grappes», de *racemus,* «grappe de raisins».

racémique [ʀasemik] adj. CHIM Se dit d'une substance, obtenue par association d'un isomère dextrogyre et d'un isomère lévogyre, qui ne dévie pas le plan de polarisation de la lumière. *Acide tartrique racémique.* – Du lat. *racemus,* «grappe (de raisins)».

rachat [ʀaʃa] n. m. **1.** Action de racheter. **2.** Action de se libérer (d'une obligation) par le versement d'une somme. *Rachat de servitude.* **3.** Action de faire libérer (un prisonnier, un esclave) en payant une rançon. **4.** Fait de se racheter. ▷ RELIG Rédemption. – Déverbal de *racheter.*

rachetable [ʀaʃtabl] adj. Qui peut être racheté (au propre et au fig.). – De *racheter.*

racheter [ʀaʃte] v. tr. [21] **1.** Acheter de nouveau. *Il n'y a plus de pain, il faudra en racheter.* **2.** Rentrer, par achat, en possession de (ce qu'on avait vendu). **3.** Acheter d'occasion à un particulier. *Racheter sa voiture à qqn.* **4.** Se libérer de (une obligation) moyennant le versement d'une somme. *Racheter une rente.* **5.** Faire libérer (qqn) en payant une rançon. *Racheter un esclave, un prisonnier.* **6.** RELIG Sauver par la rédemption. *Le Christ racheta les hommes.* **7.** Obtenir le pardon de (ses fautes, ses péchés). *Racheter ses fautes par la pénitence.* ▷ v. pron. *Se racheter:* Se réhabiliter; faire oublier ses fautes. *Se racheter aux yeux de qqn.* **8.** Compenser, faire oublier. *Son courage d'aujourd'hui rachète ses lâchetés passées.* – De *r-*, et *acheter.*

rachianesthésie [ʀaʃianɛstezi] n. f. MED Méthode d'anesthésie partielle consistant à injecter dans le canal rachidien (le plus souvent au niveau des vertèbres lombaires) une substance qui provoque l'anesthésie des régions innervées par les nerfs sous-jacents. Par abrév. *Faire une rachi.* – De *rachis*, et *anesthésie.*

rachidien, ienne [ʀaʃidjɛ̃, jɛn] adj. ANAT Qui a rapport ou qui appartient à la colonne vertébrale. *Canal rachidien :* canal formé par les trous vertébraux et qui contient la moelle épinière. *Nerfs rachidiens*, qui naissent de la moelle épinière (31 paires chez l'être humain). – De *rachis.*

rachis [ʀaʃis] n. m. **1.** ANAT Colonne vertébrale, épine dorsale. **2.** SC NAT Axe central de divers organes (de la fronde des fougères, de l'épi des graminées, de la plume des oiseaux). – Gr. *rakhis.*

rachitique [ʀaʃitik] adj. Qui est atteint de rachitisme. – Subst. *Un rachitique.* ▷ *Par ext.* Maigre, anormalement peu développé. *Quelques buissons rachitiques.* – Du lat. méd. *rachitis*, de *rachis.*

rachitisme [ʀaʃitism] n. m. MED Maladie de la croissance affectant le squelette, due à un défaut de minéralisation osseuse (trouble du métabolisme du phosphore et du calcium) par carence en vitamine D. – Lat. méd. *rachitis*, de *rachis.*

racial, ale, aux [ʀasjal, o] adj. Relatif à la race (sens 3). *Ségrégation raciale.* – De *race.*

racinage [ʀasinaʒ] n. m. TECH Dessin imitant les veines du bois sur le cuir d'une reliure. – De *raciner.*

racinal, aux [ʀasinal, o] n. m. TECH Grosse pièce de charpente qui en supporte d'autres. – Madrier qui réunit les têtes de pieux, dans un pilotis. – De *racine.*

racine [ʀasin] n. f. **1.** Partie des végétaux (à l'exception des thallophytes et des mousses) qui les fixe au sol et par où ils puisent les matières (eau et sels minéraux) nécessaires à leur nutrition. ▷ Loc. fig. *Prendre racine:* rester trop longtemps en un endroit, ne pas vouloir se retirer. **2.** Fig. Lien, attache solide qui fonde la stabilité de qqch. *Tradition qui a de profondes racines.* ▷ Cause profonde, principe. *L'égoïsme est à la racine de bien des maux. Prendre le mal à la racine*, s'attaquer résolument aux causes du mal. **3.** *Par anal.* Partie par laquelle est implanté un organe. *Racine des ongles, des cheveux, des poils.* – *Racine d'une dent:* partie de la dent implantée dans un alvéole. *Dent à deux, à trois racines.* – ANAT *Racine nerveuse :* chacune des deux branches d'un nerf rachidien à l'émergence de la moelle. **4.** Fig. MATH *Racine carrée d'un nombre A:* nombre, noté $\sqrt{A}$ dont le carré est égal au nombre A. *Racine cubique d'un nombre A:* nombre, noté $\sqrt[3]{A}$ dont le cube est égal au nombre A. *Racine n^ième d'un nombre A*, nombre noté $\sqrt[n]{A}$: nombre B tel que $B^n = A$. (V. irrationnel.) ▷ *Racine d'une équation:* la valeur de l'inconnue qui satisfait à l'équation. **5.** LING Élément irréductible, commun à tous les mots d'une même famille et qui constitue un support de signification. – Bas lat. *radicina*, de *radix, radicis.*

raciner [ʀasine] v. tr. [1] TECH Orner d'un racinage. – De *racine.*

racinette [ʀasinɛt] n. f. Mot recommandé par l'Office de la langue fr. en remplacement de «root beer». – Néol., de *racine.*

racinien, ienne [ʀasinjɛ̃, jɛn] adj. Propre à l'œuvre de Jean Racine. *L'harmonie du vers racinien.* – Digne de cet auteur. – Du n. de l'auteur dramatique français J. *Racine* (16391699).

racisme [ʀasism] n. m. **1.** Théorie fondée sur l'idée de la supériorité de certaines «races» sur les autres; doctrine qui en résulte, prônant notam. la ségrégation entre «races inférieures» et «races supérieures». ▷ Cour. Ensemble des comportements fondés, consciemment ou non, sur cette théorie, sur cette doctrine. *La lutte contre le racisme.* V. encycl. hist. race. **2.** *Par ext.* Hostilité contre un groupe social. *Le racisme anti-jeunes.* – De *race.*

raciste [ʀasist] adj. et n. Inspiré par le racisme, propre au racisme. *Mesure raciste. Propos, arguments racistes.* – *Un(e) raciste.* – Du préc.

racket [ʀakɛt] n. m. Américanisme Organisation de malfaiteurs qui pratiquent l'extorsion de fonds par intimidation, terreur ou chantage. – Activité de ces malfaiteurs. – Mot amér.

raclage [ʀaklaʒ] n. m. Action de racler (pour égaliser, pour nettoyer). *Le raclage des peaux.* – De *racler.*

raclée [ʀa(a)kle] n. f. Volée de coups. ▷ Fig. Écrasante défaite. – Pp. fém. subst. de *racler.*

raclement [ʀa(a)kləmɑ̃] n. m. Action de racler; bruit qui en résulte. *Un raclement de gorge.* – De *racler.*

racler [ʀa(a)kle] v. tr. [1] **1.** Frotter en grattant pour nettoyer, pour égaliser (une surface). *Racler le fond d'une casserole.* ▷ v. pron. *Se racler le fond de la gorge*, la débarrasser de ses mucosités par un mouvement expiratoire approprié. **2.** Frotter rudement et bruyamment. *Roue de vélo décentrée qui racle le garde-boue.* – Fig. Produire une sensation d'âpreté, en parlant d'une boisson. *Un vin qui racle le gosier.* **3.** *Racler du violon*, en jouer maladroitement, sans délicatesse. – Par ext. *Racler un air.* – Anc. provenç. *rasclar*, lat. pop. **ras(i)culare*, class. *rasus*, pp. passif de *radere*, «racler, raser».

raclette [ʀa(a)klɛt] n. f. **1.** Petit outil servant à racler. **2.** Fondue faite avec un quartier de fromage qu'on expose à une flamme et dont on racle la surface au fur et à mesure qu'elle fond; le fromage avec lequel on fait cette fondue. – Dimin. de l'a. fr. *racle*, de *racler.*

racleur, euse [ʀa(a)klœʀ, øz] n. **1.** TECH Ouvrier, ouvrière, chargé du raclage (des peaux, notam.). **2.** Péjor. Personne qui joue maladroitement d'un instrument à cordes. – De *racler.*

racloir [ʀa(a)klwaʀ] n. m. Instrument pour racler. – De *racler.*

raclure [ʀa(a)klyʀ] n. f. **1.** Petite parcelle qu'on enlève d'un corps en le raclant. *Raclures d'ivoire.* **2.** Fig., inj. Déchet. – De *racler.*

racolage [ʀakɔlaʒ] n. m. **1.** Action de racoler. – Anc. *Le racolage des soldats.* ▷ Mod. *Le racolage publicitaire.* **2.** (En parlant d'une personne qui se livre à la prostitution.) *Le racolage sur la voie publique est puni par la loi.* – De *racoler.*

racoler [ʀakɔle] v. tr. [1] **1.** Anc. Enrôler par ruse ou par force (des hommes) pour le service militaire. **2.** Recruter par des moyens plus ou moins honnêtes. *Politicien véreux qui racole ses partisans n'importe où.* **3.** (Avec ou s. comp.) Solliciter un client, en parlant d'une personne qui se livre à la prostitution. – De *r-*, et *accoler.*

par seconde; c'est l'activité d'un gramme de radium. La mesure de l'activité d'un corps radioactif permet de déduire le temps depuis lequel ce corps se désintègre et, en partic., de procéder à la *datation* d'échantillons, à condition que la période du radioélément retenu ne soit pas trop courte par rapport à l'âge à déterminer. Ainsi, le *carbone 14*, dont la période est de 5 600 ans, permet de mesurer des âges allant jusqu'à 50 000 ans et le *potassium 40* jusqu'à 80 millions d'années. Les radionucléides sont utilisés pour étudier la diffusion d'un élément dans un solide ou un liquide (recherches sur le métabolisme, expériences visant à détecter la vie sur la planète Mars, etc.); ils portent alors le nom de *traceurs*. Les corps radioactifs agissent sur l'organisme par irradiation (action des rayonnements) ou par contamination (inhalation, ingestion ou contamination externe). Ils provoquent des ionisations entraînant des modifications biochimiques plus ou moins graves. La dose de rayonnements reçus est exprimée en *röntgens* ou en *rems*. Quelle que soit l'origine de l'irradiation, les lésions dues aux rayonnements apparaissent en général lorsque la dose reçue dépasse 50 rems. Une dose de 500 rems entraîne une probabilité de décès de 50 %. L'effet destructeur des irradiations sur les organismes vivants est mis à profit lors du traitement de certaines tumeurs (radiothérapie), pour stériliser les denrées alimentaires (lait, viande, etc.) et pour créer, par mutation, de nouvelles espèces (horticulture, agronomie). L'homme est soumis à la radioactivité naturelle, à laquelle s'ajoute la radioactivité artificielle (examens radiologiques, retombées radioactives, contamination par les déchets nucléaires, etc.). Une extension non contrôlée des processus donnant naissance à des corps radioactifs (réacteurs nucléaires, explosions nucléaires, etc.) pourrait, à long terme, par le jeu des accumulations des doses reçues et des mutations génétiques qui en découlent, mettre en danger l'espèce humaine.

Hist. – En 1896, H. Becquerel remarque que les sels d'uranium émettent d'une façon continue un faible rayonnement qui impressionne les plaques photographiques et ionise les gaz. P. et M. Curie, ainsi que Rutherford, étudient le phénomène, découvrant également la *radioactivité induite* (radioactivité temporaire d'un corps soumis au rayonnement d'un corps radioactif). En 1898, P. et M. Curie parviennent à isoler le *polonium* et le *radium* du minerai d'uranium. Les travaux des Curie, Rutherford, Debierne, Soddy montrent que la radioactivité s'accompagne d'une *transmutation* de l'élément. En 1919, Rutherford provoque la première transmutation artificielle (de l'azote en oxygène), et en 1934 I. et F. Joliot-Curie obtiennent du radiophosphore à partir de l'aluminium. Aujourd'hui on produit dans les piles nucléaires des centaines d'éléments radioactifs.

radioalignement [ʀadjoaliɲmɑ̃] n. m. AVIAT, MAR Dispositif de matérialisation d'un axe de navigation, comportant deux radiophares qui émettent sur la même fréquence des signaux en morse complémentaires. – De *radio-*, et *alignement.*

radioaltimètre [ʀadjoaltimɛtʀ] n. m. AVIAT Appareil servant à mesurer, au moyen d'ondes radioélectriques, la distance d'un avion par rapport au sol. – De *radio-*, et *altimètre.*

radioamateur [ʀadjoamatœʀ] n. m. Particulier qui émet et reçoit de manière non professionnelle des émissions radio. – De *radio*, et *amateur.*

radioastronomie [ʀadjoastʀɔnɔmi] n. f. ASTRO Branche de l'astronomie consacrée à l'étude des ondes radioélectriques émises par les astres. – De *radio-*, et *astronomie.*

radiobalisage [ʀadjobalizaʒ] n. m. AVIAT Signalisation par radiobalises. – De *radio-*, et *balisage.*

radiobalise [ʀadjobaliz] n. f. AVIAT Radiophare émettant dans un plan vertical et situé en un point du couloir d'approche d'un terrain d'atterrissage ou sur le trajet d'une route aérienne. – De *radio-*, et *balise.*

radiobiologie [ʀadjobjɔlɔʒi] n. f. BIOL Science qui étudie l'action des radiations (X, α, β, γ, ultraviolettes, etc.) sur les êtres vivants. – De *radio-*, et *biologie.*

radiocassette [ʀadjokasɛt] n. f. Appareil combinant un récepteur de radio et un lecteur (ou un lecteur-enregistreur) de cassettes. – De *radio*, et *cassette.*

radiochimie [ʀadjoʃimi] n. f. CHIM Branche de la chimie qui étudie les phénomènes liés à la radioactivité. – De *radio-*, et *chimie.*

radiocompas [ʀadjokɔ̃pa] n. m. Radiogoniomètre, souvent automatique, permettant de guider l'avion ou le navire par rapport aux directions de faisceaux radioélectriques émis par les radiophares. – De *radio-*, et *compas.*

radioconducteur [ʀadjokɔ̃dyktœʀ] n. m. TELECOM Syn. de *cohéreur.* – De *radio-*, et *conducteur.*

radioconductivité [ʀadjokɔ̃dyktivite] n. f. PHYS Conductivité due à l'ionisation acquise sous l'effet des ondes électromagnétiques. – De *radio-*, et *conductivité.*

radiocristallographie [ʀadjokʀistallɔgʀafi] n. f. PHYS Branche de la cristallographie qui a pour objet l'étude de la diffraction des rayons X, des électrons et des neutrons dans les structures cristallines. – De *radio-*, et *cristallographie.*

radiodermite [ʀadjodɛʀmit] n. f. MED Lésion cutanée due à une irradiation par les rayons X. – De *radio-*, et *dermite.*

radiodiagnostic [ʀadjodjagnɔstik] n. m. MED Diagnostic reposant sur l'examen des images radiologiques. – De *radio-*, et *diagnostic.*

radiodiffuser [ʀadjodifyze] v. tr. **[1]** Diffuser au moyen d'ondes électromagnétiques. – Pp. *Discours radiodiffusé.* – De *radio-*, et *diffuser.*

radiodiffusion [ʀadjodifyzjɔ̃] n. f. Mise en onde, transmission de programmes sonores (musique, reportages, etc.) au moyen d'ondes électromagnétiques. – Ensemble des procédés utilisés à cet effet. Cf. encycl. radioélectricité. ▷ *Poste de radiodiffusion* ou *poste (de) radio:* récepteur. – De *radio-*, et *diffusion.*

radiodistribution [ʀadjodistʀibysjɔ̃] n. f. Distribution de programmes radiodiffusés par câbles. – De *radio*, et *distribution.*

radioélectricien, ienne [ʀadjoelɛktʀisjɛ̃, jɛn] n. Physicien(ne) spécialiste de radioélectricité. – De *radioélectrique*, d'ap. *électricien.*

radioélectricité [ʀadjoelɛktʀisite] n. f. ELECTR Partie de l'électricité qui étudie et utilise la transmission de signaux par des ondes électromagnétiques. – De *radio-*, et *électricité.*

ENCYCL La radioélectricité constitue un domaine qui recouvre la production, la transmission et la réception des ondes électromagnétiques dont la fréquence est comprise entre 3 000 hertz (3 kHz) et 300 milliards de hertz (300 GHz ou gigahertz), donc de longueur d'onde comprise entre 100 km et 0,1 cm. Ces ondes sont appelées ondes *hertziennes* ou ondes *radioélectriques* et, suivant leur longueur, on les classe en: ondes kilométriques, dont la longueur d'onde est comprise entre 1 000 et 10 000 m, soit de 300 à 30 kHz; ondes hectométriques, de 100 à 1 000 m, soit de 3 MHz à 300 kHz; ondes décamétriques, de 10 à 100 m, soit de 30 MHz à 3 MHz; ondes métriques, de 1 à 10 m, soit de 300 MHz à 30 MHz; ondes centimétriques et millimétriques, de 0,1 cm à 10 cm, soit de

300 GHz à 3 GHz. Les ondes radioélectriques sont produites naturellement; ainsi, les astres émettent en permanence des ondes radioélectriques. Elles peuvent être produites artificiellement en faisant passer un courant alternatif de fréquence suffisamment grande dans un circuit électrique appelé *antenne*. La puissance rayonnée par une antenne est d'autant plus grande que la fréquence et l'intensité du courant sont grandes. Les ondes radioélectriques se propagent directement, par réflexion sur le sol ou sur les hautes couches de l'atmosphère (ionosphère), ou par diffraction sur les obstacles rencontrés. La détection des ondes radioélectriques s'effectue au moyen d'une antenne qui recueille les signaux émis, grâce au phénomène d'induction électrique (création d'un courant dans le circuit électrique constitué par l'antenne). Les signaux sont alors amplifiés en utilisant le phénomène de résonance. La transmission d'informations par les ondes radioélectriques s'effectue au moyen d'une *onde porteuse* de haute fréquence dont on module l'amplitude, la fréquence ou la phase en fonction des signaux de basse fréquence représentant les informations à transmettre. Les applications de la radioélectricité sont très nombreuses: radiodiffusion, télévision, radionavigation, radioguidage, radar, télécommunications, etc.

radioélectrique [ʀadjoelɛktʀik] adj. ELECTR Relatif à la radioélectricité. – De *radio-*, et *électrique*.

radioélément [ʀadjoelemɑ̃] n. m. PHYS NUCL Élément radioactif. Syn. radio-isotope. – De *radio-*, et *élément*.

radiofréquence [ʀadjofʀekɑ̃s] n. f. TELECOM Fréquence d'une onde radioélectrique. – De *radio-*, et *fréquence*.

radiogalaxie [ʀadjogalaksi] n. f. ASTRO Galaxie connue surtout par les ondes radioélectriques qu'elle émet. – De *radio-*, et *galaxie*.

radiogoniomètre [ʀadjogɔnjomɛtʀ] n. m. TECH Appareil récepteur d'ondes hertziennes permettant de déterminer avec précision le gisement (sens 2) d'un émetteur. (On dit aussi *goniomètre* ou, par abrév. cour. *gonio.*) – De *radio-*, et *goniomètre*.

radiogoniométrie [ʀadjogɔnjometʀi] n. f. TECH Ensemble des procédés utilisés pour déterminer la position d'émetteurs d'ondes radioélectriques. – Du préc.

radiogramme [ʀadjogʀam] n. m. Message transmis par radiotélégraphie. – Contract. de *radiotélégramme*.

radiographie [ʀadjogʀafi] n. f. Ensemble des procédés qui permettent d'obtenir sur une surface sensible l'image d'un objet exposé aux rayons X. (Abrév. fam.: *radio*). ▷ Cliché radiographique. *Une radio de l'estomac.* – Contract. de *radiophotographie*.

ENCYCL Un appareil de radiographie est constitué d'un tube électronique qui émet des rayons X et d'un écran fluorescent sur lequel apparaît l'image de l'objet observé (radioscopie) ou d'un film photographique spécial (radiographie proprement dite). La radiographie, avec sa variante, la *tomographie*, permettent une investigation efficace des organes profonds du corps humain. On distingue: les radiographies simples, consistant à prendre des clichés sous des incidences variables (face, profil, etc.); les radiographies utilisant des moyens de contraste (air, produits iodés, baryte) pour visualiser le tube digestif, les voies urinaires et biliaires, les vaisseaux, diverses cavités de l'organisme. Quant au tomographe, il isole un plan de l'organisme, rendu net, alors que les autres restent flous. Une variante récente (1975) du tomographe est le *scanographe* ou *tomodensitomètre* qui mesure au moyen de cellules photoélectriques l'absorption des rayons X par l'organe observé; les informations recueillies sont traitées par ordinateur et restituées sur un écran de visualisation; l'avantage de ces appareils par rapport aux appareils de radiographie repose sur la possibilité d'examiner les organes compris entre deux plans parallèles et d'identifier ainsi avec certitude la nature d'une lésion. La radiographie, outre le domaine médical, est utilisée dans des disciplines aussi diverses que l'archéologie, la métallurgie, la criminalistique, etc.

radiographier [ʀadjogʀafje] v. tr. [1] Photographier au moyen de rayons X. – Du préc.

radiographique [ʀadjogʀafik] adj. Relatif à la radiographie; obtenu par radiographie. – De *radiographie*.

radioguidage [ʀadjogidaʒ] n. m. Guidage à distance d'un avion, d'un navire, d'un engin, etc., au moyen d'ondes radioélectriques. – De *radio-*, et *guidage*.

radioguider [ʀadjogide] v. tr. [1] Diriger par radioguidage. – De *radio-*, et *guider*.

radio-immunologie [ʀadjoimynɔlɔʒi] n. f. BIOL Ensemble des techniques permettant d'établir un dosage ou un diagnostic à l'aide de méthodes immunologiques en utilisant un isotope comme réactif. – De *radio-*, et *immunologie*.

radio-indicateur [ʀadjoɛ̃dikatœʀ] n. m. TECH, BIOL Syn. de *traceur* radioactif*. – De *radio-*, et *indicateur*.

radio-isotope [ʀadjoizotɔp] n. m. PHYS NUCL Isotope radioactif d'un élément. Syn. radioélément. – De *radio-*, et *isotope*.

radiolaires [ʀadjɔlɛʀ] n. m. pl. ZOOL Classe de protozoaires actinopodes marins à squelettes siliceux. – Lat. zool. *radiolaria*, de *radiolus*, dimin. de *radius*, «rayon».

radiolarite [ʀadjolaʀit] n. f. PETROG Roche constituée de squelettes de radiolaires (jaspe, lydienne, etc.). – Du préc.

radiologie [ʀadjolɔʒi] n. f. Partie de la médecine qui utilise les rayonnements à des fins diagnostiques (radiographie, radiodiagnostic) ou thérapeutiques (radiothérapie). – De *radio-*, et *-logie*.

radiologique [ʀadiolɔʒik] adj. Relatif à la radiologie. – De *radiologie*.

radiologue [ʀadjolɔg] ou **radiologiste** [ʀadjolɔʒist] n. Médecin spécialiste de radiologie. – Du préc.

radiométallographie [ʀadjometalɔgʀafi] n. f. METALL Étude de la structure des métaux et des alliages au moyen des rayons X ou des rayons γ, permettant notam. le contrôle non destructif des pièces métalliques, des soudures, etc. – De *radio-*, et *métallographie*.

radiomètre [ʀadjomɛtʀ] n. m. PHYS Appareil servant à mesurer l'énergie des rayonnements. – Angl. *radiometer*.

radiométrie [ʀadjometʀi] n. f. PHYS Mesure de l'intensité des rayonnements, en partic. des rayons X et γ. – De *radio-*, et *-métrie*.

radionavigateur [ʀadjonavigatœʀ] n. m. MAR, AVIAT Membre de l'équipage chargé du service des appareils de communications par radio à bord d'un navire, d'un aéronef. (Abrév. fam.: *radio.*) – De *radio-*, et *navigateur*.

radionavigation [ʀadjonavigasjɔ̃] n. f. MAR, AVIAT Mode de navigation dans lequel la position est déterminée au moyen d'appareils radioélectriques. – De *radio-*, et *navigation*.

radionécrose [ʀadjonekʀoz] n. f. MED Nécrose (d'un tissu) due aux rayons X ou à des corps radioactifs. – De *radio-*, et *nécrose*.

radionucléide [ʀadjonykleid] ou **radionuclide** [ʀadjonyklid] n. m. PHYS NUCL Nucléide radioactif. (Il est conseillé d'employer *radionucléide* plutôt que *radionuclide,* mot angl.) Cf. noyau. – De *radio-,* et *nucléide.*

radiophare [ʀadjofaʀ] n. m. TELECOM Émetteur d'ondes radioélectriques permettant aux navires et aux aéronefs de déterminer leur position par radiogoniométrie. – De *radio-,* et *phare.*

radiophonie [ʀadjofɔni] n. f. TELECOM Transmission des sons au moyen d'ondes radioélectriques (radiodiffusion, radiotéléphonie). – De *radio-,* et *phonie.*

radiophonique [ʀadjofɔnik] adj. Relatif à la radiophonie et à la radiodiffusion. *Émissions radiophoniques.* – Du préc.

radioprotection [ʀadjopʀɔtɛksjõ] n. f. TECH Ensemble des procédés et des appareils servant à protéger l'homme contre la radioactivité (contrôle des doses reçues, écrans de protection, etc.). – De *radio-,* et *protection.*

radiorécepteur [ʀadjoʀesɛptœʀ] n. m. TECH Récepteur de radiodiffusion. – De *radio-,* et *récepteur.*

radioreportage [ʀadjoʀəpɔʀtaʒ] n. m. Reportage radiodiffusé. – De *radio-,* et *reportage.*

radioreporter [ʀadjoʀəpɔʀtɛʀ] n. Journaliste spécialisé dans les radioreportages. – De *radio-,* et *reporter.*

radiorésistance [ʀadjoʀezistɑ̃s] n. f. MED Résistance d'un tissu vivant à l'action des rayons ionisants auxquels il devient insensible ou peu sensible. – De *radio-,* et *résistance.*

radioréveil [ʀadjoʀevɛj] n. m. Appareil combinant dans un même boîtier un récepteur radio et un réveil. – De *radio,* et *réveil.*

radioscopie [ʀadjoskɔpi] n. f. Observation de l'image formée sur un écran fluorescent par un corps traversé par les rayons X. – De *radio-,* et *-scopie.*

radioscopique [ʀadjoskɔpik] adj. Relatif à la radioscopie. – Du préc.

radiosensibilité [ʀadjossibilite] n. f. Sensibilité des tissus vivants aux rayons ionisants. – De *radio,* et *sensibilité.*

radiosondage [ʀadjosõdaʒ] n. m. **1.** AVIAT Détermination de la hauteur à laquelle se trouve un avion, au moyen d'un altimètre-radar. **2.** METEO Mesure météorologique effectuée en altitude au moyen d'une radiosonde. – De *radio-,* et *sondage.*

radiosonde [ʀadjosõd] n. f. METEO Appareil attaché à un ballon-sonde, qui transmet au sol, au moyen d'ondes radioélectriques, les résultats des mesures qu'il effectue en altitude. – De *radio-,* et *sonde.*

radiosource [ʀadjosuʀs] n. f. ASTRO Objet céleste connu par les ondes radioélectriques qu'il émet de façon permanente. – De *radio-,* et *source.*
ENCYCL Les radiotélescopes ont permis de capter les émissions d'objets qui n'étaient pas visibles optiquement. Parmi les milliards de radiosources, plusieurs milliers d'entre elles ont été identifiées à des objets visibles. On distingue: les radiosources discrètes, dont l'émission provient d'un point déterminé de l'Univers, comme les pulsars, les quasars et les radiogalaxies; les radiosources non discrètes, dont l'émission provient de toutes les directions, comme le rayonnement cosmologique (cf. encycl. rayonnement).

radio-taxi [ʀadjotaksi] n. m. Taxi équipé d'un émetteur-récepteur radioélectrique lui permettant de communiquer avec un standard qui lui transmet les appels d'éventuels clients. *Des radio-taxis.* – De *radio-,* et *taxi.*

radiotechnique [ʀadjotɛknik] n. f. Ensemble des techniques relatives à la radioélectricité et à ses applications. ▷ Adj. Relatif à ces techniques. – De *radio-,* et *technique.*

radiotélégramme [ʀadjotelegʀam] n. m. TELECOM Télégramme transmis par ondes radioélectriques. Syn. radiogramme. – De *radio-,* et *télégramme.*

radiotélégraphie [ʀadjotelegʀafi] n. f. TELECOM Procédé de transmission par ondes radioélectriques de messages traduits en signaux conventionnels (morse, par ex.); télégraphie sans fil. – De *radio-,* et *télégraphie.*

radiotélégraphique [ʀadjotelegʀafik] adj. Relatif à la radiotélégraphie. – Du préc.

radiotélégraphiste [ʀadjotelegʀafist] n. Opérateur de radiotélégraphie (Abrév. fam.: *radio*). – De *radiotélégraphie.*

radiotéléphone [ʀadjotelefɔn] n. m. Téléphone sans fil utilisant des ondes radio. – De *radio-,* et *téléphone.*

radiotéléphonie [ʀadjotelefɔni] n. f. TELECOM Procédé de transmission des sons par ondes radioélectriques; téléphonie sans fil. (Abrév. fam.: *radio*). – De *radio-,* et *téléphonie.*

radiotéléphoniste [ʀadjotelefɔnist] n. Opérateur de radiotéléphonie. – Du préc.

radiotélescope [ʀadjoteleskɔp] n. m. ASTRO Appareil servant à capter les ondes électroma-gnétiques émises par les astres. – De *radio-,* et *télescope.*

radiotélévisé, ée [ʀadjotelevize] adj. AUDIOV Diffusé par radio et télévision. *Émission radiotélévisée.* – De *radio(diffusé),* et *télévisé.*

radiotélévision [ʀadjotelevizjõ] n. f. AUDIOV Ensemble des procédés de diffusion des sons (radiodiffusion) et des images (télévision) au moyen d'ondes radioélectriques. – De *radio(diffusion),* et *télévision.*

radiothérapeute [ʀadjoteʀapøt] n. MED Spécialiste de radiothérapie. – De *radio-,* et *thérapeuthe.*

radiothérapie [ʀadjoteʀapi] n. f. MED Traitement par les radiations ionisantes. – De *radio-,* et *thérapie.*
ENCYCL On distingue: la radiothérapie *externe* (irradiation à distance à l'aide d'une bombe au cobalt, d'un bêtatron ou d'un rayonnement X), la radiothérapie *de contact* (mise en place d'une source radioactive au contact de la tumeur), la radiothérapie *par injection d'un isotope,* cet isotope ayant une affinité particulière avec la tumeur à traiter.

radiothérapique [ʀadjoteʀapik] adj. MED Relatif à la radiothérapie. – De *radiothérapie.*

radis [ʀadi] n. m. **1.** Plante potagère (genre *Raphanus,* fam. crucifères) cultivée pour sa racine comestible. ▷ Cette racine, de couleur rose ou noire et de saveur piquante, que l'on consomme crue. **2.** Syn. de *sou.* – Surtout dans la loc. fam. *ne plus avoir un radis:* n'avoir plus d'argent. – Ital. *radice,* «racine», du lat. *radix, radicis.*

radium [ʀadjɔm] n. m. Élément radioactif de numéro atomique Z = 88, de masse atomique 226,025 (symbole Ra), découvert en 1898 par Pierre et Marie Curie. – De *radio(actif),* et suff. *-ium* des métaux.
ENCYCL Le radium est un métal alcalino-terreux qui fond à 700 °C et bout à 1 140 °C. Très rare dans la nature, il est extrait des minerais d'uranium et de thonium. Depuis le développement de l'industrie atomique, le radium est un sous-produit de la préparation de l'uranium. Sa période s'élève à 1 620 ans. L'activité d'une masse de 1 g de radium est à peu près égale à 1 curie. Le radium, autref. utilisé en radiothérapie, a été remplacé par le cobalt 60 et le césium 137, qui ne sont pas toxiques. La désintégration du

radium engendre le radon, également appelé *émanation du radium.*

radiumthérapie [ʀadjɔmteʀapi] n. f. MED Traitement des tumeurs par le radium. – De *radium,* et *-thérapie.*

radius [ʀadjys] n. m. ANAT Le plus court des deux os de l'avant-bras, situé à la partie externe de celui-ci, et qui s'articule avec l'humérus en haut et avec le carpe en bas. *Le radius tourne autour du cubitus. Des radius.* – Mot lat., «rayon», par comparaison avec un rayon de roue.

radjah. V. rajah.

radôme [ʀadom] n. m. Vaste dôme en matière synthétique abritant une antenne de radar. – Mot angl., de *ra(dar),* et *dome,* «dôme».

radon [ʀadõ] n. m. CHIM Élément radioactif de numéro atomique Z = 86 (Symbole Rn). (On nomme plus partic. *radon* ou *émanation du radium,* l'isotope naturel de masse atomique 222 du radon.) – Rad. de *radium.*

radotage [ʀadɔtaʒ] n. m. Propos tenus par une personne qui radote. – De *radoter.*

radoter [ʀadɔte] v. [1] Fam. **1.** v. intr. Tenir des propos qui dénotent un affaiblissement de l'esprit. *Ce vieillard radote.* **2.** v. tr. Répéter sans cesse. *Radoter les mêmes discours.* Syn. rabâcher. – De *re-,* et rad. germ. *dot,* par le moyen néerl. *doten,* «rêver, tomber en enfance».

radoteur, euse [ʀadɔtœʀ, øz] n. et adj. Personne qui radote. *Un vieux radoteur.* – De *radoter.*

radoub [ʀadu] n. m. MAR Réparation, entretien de la coque d'un navire. *Bassin de radoub,* destiné aux réparations des coques de navire. – Déverbal de *radouber.*

radouber [ʀadube] v. tr. [1] MAR Réparer ou nettoyer (la coque d'un navire). ▷ PECHE *Radouber un filet,* le raccommoder. – De *r-,* et *adouber,* au sens anc. de *«arranger».*

radoucir [ʀadusiʀ] v. tr. [2] **1.** Rendre plus doux. *La pluie a radouci le temps.* ▷ v. pron. *Le temps s'est radouci.* **2.** Fig. Rendre moins rude, apaiser. *Ce petit présent a radouci son humeur.* ▷ v. pron. *Son ton s'est radouci.* – De *r-,* et *adoucir.*

radoucissement [ʀadusismɑ̃] n. m. Fait de se radoucir. – De *radoucir.*

radula [ʀadyla] n. f. ZOOL Lame cornée râpeuse située sur le plancher buccal des mollusques gastéropodes et céphalopodes. – Mot lat., «racloir», de *radere,* «raser».

rafale [ʀafal] n. f. **1.** Coup de vent soudain et violent mais qui dure peu; brusque augmentation de la vitesse du vent. *Vent qui souffle par rafales.* Syn. bourrasque. **2.** Suite de coups tirés à brefs intervalles pendant un temps assez court, par une batterie d'artillerie, une arme automatique, etc. *Rafale de mitraillette. Tir par rafales.* – De *r-,* et *affaler,* «être porté sur la côte et couché par le vent», avec infl. de l'ital. *raffica.*

raffermir [ʀafɛʀmiʀ] v. tr. [2] **1.** Rendre plus ferme, plus dur. *Le soleil a raffermi les chemins. Le sport raffermit la musculature.* **2.** Fig. Remettre dans un état plus stable, plus assuré. *Raffermir sa santé, son autorité.* ▷ v. pron. *Le crédit public se raffermira.* Syn. consolider, fortifier. – De *r-,* et *affermir.*

raffermissement [ʀafɛʀmismɑ̃] n. m. Action de raffermir; fait de se raffermir; son résultat. – Du préc.

raffinage [ʀafinaʒ] n. m. Opération qui consiste à raffiner (un produit). *Raffinage du pétrole.* – De *raffiner.*

raffiné, ée [ʀafine] adj. **1.** Qui a été soumis à un raffinage. *Sucre raffiné.* **2.** Fig. D'une grande délicatesse; fin, subtil. *Personne raffinée. Goûts raffinés.* Ant. fruste, grossier. – Pp. de *raffiner.*

raffinement [ʀafinmɑ̃] n. m. État, qualité de ce qui est raffiné; extrême délicatesse, subtilité. *S'exprimer avec raffinement. Le raffinement d'un décor.* ▷ *Par exag.* Recherche trop poussée, excessive. *Raffinement dans la cruauté.* – De *raffiner.*

raffiner [ʀafine] v. [1] **I.** v. tr. **1.** Soumettre (une matière brute) à une suite d'opérations ayant pour but de l'épurer ou de la transformer en un produit utilisable. *Raffiner du sucre, du pétrole, du papier.* **2.** Fig. Rendre plus fin, plus délicat. *Raffiner ses manières.* ▷ v. pron. Devenir moins fruste (personnes). **II.** v. intr. Mettre un soin excessif à accomplir une tâche; rechercher une subtilité excessive. *Ne raffinez pas tant, cela n'en vaut pas la peine.* Syn. fignoler. – De *r-,* et *affiner.*

raffinerie [ʀafinʀi] n. f. Lieu où l'on raffine (certains produits). *Raffinerie de sucre, de pétrole.* – Du préc.

raffineur, euse [ʀafinœʀ, øz] n. Personne qui dirige une raffinerie ou qui y travaille. – De *raffiner.*

raffle. V. rafle 2.

rafflésiacées [ʀaflezjase] n. f. pl. BOT Famille de dicotylédones apétales (genre type *Rafflesia*), plantes parasites surtout tropicales (Indonésie) aux fleurs gigantesques. (Leur calice pétaloïde peut atteindre 1 m de diamètre et peser 5 kg; leur appareil végétatif est très réduit.) – De *rafflesia,* du nom de sir Thomas Stanford *Raffles,* gouverneur de Sumatra, qui découvrit cette plante.

raffoler [ʀafɔle] v. tr. indir. [1] Fam. *Raffoler de:* aimer à la folie, avoir une prédilection très marquée pour (qqch, qqn). *Il raffole d'opéra.* – De *r-,* et *affoler.*

raffut [ʀafy] n. m. Fam. Tapage, vacarme. *Faire du raffut.* – Du dial. *raffuter,* «rosser, battre, gronder» probabl. de *fuster,* «battre à coups de bâton».

raffûter [ʀafyte] v. tr. Affûter de nouveau. *Raffûter un couteau.* – De *r-,* et *affûter.*

rafiot [ʀafjo] n. m. **1.** MAR, vx Petit navire de la Méditerranée, marchant à la voile et à l'aviron. **2.** *Par ext.,* fam. Mauvais bateau. *Un vieux rafiot.* – Orig. obscure, p.-ê. du rad. germ. *rapt-, raft,* angl. *raft,* «radeau».

rafistolage [ʀafistɔlaʒ] n. m. Fam. Action de rafistoler; son résultat. – De *rafistoler.*

rafistoler [ʀafistɔle] v. tr. [1] Fam. Remettre grossièrement en état, réparer sans grand soin ou avec des moyens de fortune. *J'ai rafistolé la portière avec du fil de fer.* – De *r-,* et *afistoler,* «tromper», puis «arranger», de l'ital. *fistola,* «flûte», lat. *fistula,* «tuyau».

1. rafle [ʀafl] n. f. **1.** Action de rafler, de tout emporter. *Les enfants ont fait une rafle dans le réfrigérateur.* **2.** Arrestation en masse faite à l'improviste par la police. *Il a été pris dans une rafle et il a passé la nuit au poste.* – All. *Raffel,* rad. *raffen,* «emporter vivement».

2. rafle ou **raffle** [ʀafl] n. f. BOT Ensemble formé par l'axe central et les pédoncules des fruits d'une grappe de raisin, de groseille, etc. Syn. râpe. – P.-ê. var. de *râpe* 2, d'ap. *rafle* 1 («grains raflés»).

rafler [ʀafle] v. tr. [1] Fam. Prendre, enlever promptement (tout ce que l'on trouve). *Les voleurs ont tout raflé.* – De *rafle* 1.

rafraîchir [ʀafʀɛʃiʀ] v. [2] **I.** v. tr. **1.** Rendre frais, donner de la fraîcheur à. *Rafraîchir du vin.* **2.** Diminuer la température (du corps); calmer la soif de (qqn). *Buvez, cela vous rafraîchira.* – Absol. *Les boissons acidulées rafraîchissent.* ▷ v. pron. *Se rafraîchir.* Ant. échauffer. **3.** Remettre en état, redonner de la fraîcheur à (ce qui était défraîchi). *Rafraîchir un mur, un tableau.* ▷ Fam. *Rafraîchir la mémoire à qqn,* lui rappeler ce qu'il a ou ce qu'il prétend avoir oublié. **II.** v. intr. Devenir plus frais. *Mettez les fruits à rafraîchir.* (Au pp.: *fruits rafraîchis.*) ▷ v. pron. *Le temps s'est rafraîchi.* – Var. de *refraîchir,* de *re-,* et a. fr. *freschir,* «reposer, restaurer».

rafraîchissant, ante [ʀafʀɛʃisɑ̃, ɑ̃t] adj. **1.** Qui diminue la chaleur de (l'atmosphère, du corps, etc.). *Brise rafraîchissante.* ▷ Qui désaltère. *Boisson rafraîchissante.* **2.** Fig. Qui donne une impression de fraîcheur, de jeunesse. *Des rires clairs, rafraîchissants.* – Ppr. du préc.

rafraîchissement [ʀafʀɛʃismɑ̃] n. m. **1.** Fait de rafraîchir, de se rafraîchir. *Rafraîchissement de la température.* – Fig. *Ce mur a besoin d'un sérieux rafraîchissement.* **2.** Boisson fraîche. *Prendre un rafraîchissement.* ▷ Pl. Boissons, fruits frais, etc., que l'on sert dans les fêtes, les réunions. *Servir les rafraîchissements.* – De *rafraîchir* (sens 2); calque de l'angl. *refreshments.*

rāga [ʀaga] n. m. inv. MUS Pièce mélodique de la musique indienne répondant à une structure établie dans la gamme ascendante et descendante. (Chaque rāga possède son propre motif et traduit un climat correspondant aux différentes saisons et aux différents moments de la journée.) – Mot sanskrit, «prière».

ragaillardir [ʀagajaʀdiʀ] v. tr. [2] Redonner des forces, de la gaieté, de l'entrain à (qqn). *Cette nouvelle l'a ragaillardi.* Syn. revigorer. – De *r-,* et a. fr. *agaillardir,* de *gaillard.*

rage [ʀaʒ] n. f. **I.** Maladie épidémique qui affecte certains mammifères (chien, chat, renard, etc.), lesquels la transmettent à l'homme (par morsure, en général). **II. 1.** Colère, dépit portés au plus haut degré. *Être en rage contre qqn.* Syn. fureur. **2.** Passion portée à l'excès, penchant outré. *La rage d'écrire.* Syn. fureur, manie. ▷ Volonté farouche et passionnée, résolution inflexible. *La rage de vaincre, de survivre.* **3.** loc. *Faire rage:* se manifester avec une grande intensité, une grande violence; être à son paroxysme. *L'incendie faisait rage.* **4.** *Rage de dents:* très violent mal de dents. – Lat. pop. **rabia,* class. *rabies,* «rage, fureur».

ENCYCL **Méd.** – Autref., la rage était surtout transmise par le loup (rage sylvatique) et le chien (rage des rues); auj., elle sévit sous sa forme sylvatique en Amérique (skunks, coyote), en Afrique (chacal, hyène), en Europe (renard, chiens, bovins). Le loup, le blaireau, la mangouste, le furet et les chauves-souris entretiennent également cette maladie à l'état endémique; elle est due au virus rabique, qui se transmet habituellement par morsure. L'incubation varie de 12 jours à 1 an. La maladie peut se présenter soit sous forme d'un abattement profond suivi d'un état d'excitation, avec contracture, photophobie et spasme laryngé hydrophobique très douloureux, soit sous forme de paralysie. La température est élevée: 41 °C, parfois 42 °C au moment de la mort. Les sujets mordus peuvent être vaccinés immédiatement après la morsure (le temps d'incubation de la rage étant long) ou traités par sérothérapie. C'est le 6 juil. 1885 que Pasteur essaya son vaccin pour la première fois sur un jeune Alsacien, Joseph Meister, qu'un chien enragé avait mordu.

rageant, ante [ʀaʒɑ̃, ɑ̃t] adj. Qui fait rager, enrager. Syn. irritant, exaspérant. – Ppr. de *rager.*

rager [ʀaʒe] v. intr. [15] Éprouver un violent dépit. Syn. enrager. – De *rage.*

rageur, euse [ʀaʒœʀ, øz] adj. **1.** Porté à des colères violentes. *Enfant rageur.* **2.** Qui manifeste de la colère, de la rage. *Geste rageur.* – De *rager.*

rageusement [ʀaʒøzmɑ̃] adv. Avec rage, fureur. – Du préc.

raglan [ʀaglɑ̃] n. et adj. **I.** n. m. **1.** Manteau d'homme à pèlerine mis à la mode pendant la guerre de Crimée (1854-1855). **2.** Pardessus ample à manches raglan. **II.** adj. inv. *Manches raglan,* dont l'épaulement remonte jusqu'au col par des coutures biaises. *Veste raglan,* à manches raglan. – Du nom de Lord *Raglan.* (1788-1855), chef de l'armée anglaise en Crimée.

ragondin [ʀagɔ̃dɛ̃] n. m. **1.** Gros rongeur amphibie (*Myocastor coypus,* fam. échimyidés), originaire d'Amérique du S., élevé pour sa fourrure. **2.** Fourrure de cet animal. *Veste en ragondin.* – Orig. obscure; écrit parfois aussi *rat gondin.*

1. ragot, ote [ʀago, ɔt] adj. et n. **I.** adj. **1.** *Cheval ragot, jument ragote,* de taille ramassée et d'encolure très courte. **2.** Vx De petite taille, court et gros (personnes). ▷ Subst. *Un(e) ragot(e).* **II.** n. m. VEN Sanglier mâle de deux à trois ans. – Du rad. expr. *rag-,* cf. bas lat. *ragire,* «crier, grogner, braire».

2. ragot [ʀago] n. m. Fam. Commérage plus ou moins malveillant, cancan. – De *ragoter,* «grogner comme un sanglier», de *ragot* 1.

ragougnasse [ʀaguɲas] n. f. Fam. Plat mal préparé et peu appétissant. – Mauvaise cuisine. – De *ragoût,* avec suff. péjor.

ragoût [ʀagu] n. m. **1.** Vx Assaisonnement. **2.** CUIS Plat de viande coupée en morceaux et cuite dans une sauce épaisse plus ou moins relevée. *Les ragoûts traditionnels sont épaissis à la farine grillée. Ragoût de pattes (de cochon). Ragoût de boulettes,* contenant des boulettes de porc haché. ▷ Plat de viande (ou de poisson) et de légumes, coupés en morceaux et cuits dans une sauce abondante. *Ragoût de mouton.* – De l'a. fr. *ragoûter,* «réveiller l'appétit, le goût».

ragoûtant, ante [ʀagutɑ̃, ɑ̃t] adj. (Le plus souvent en tournure négative.) **1.** Qui excite l'appétit. *Mets peu ragoûtant.* **2.** Fig. Engageant, qui plaît. *Aspect peu ragoûtant.* – De l'a. fr. *ragoûter.* Cf. ragoût.

ragréer [ʀagʀee] v. tr. [1] ARCHI Mettre la dernière main à une construction pour en corriger les petits défauts. ▷ Ravaler. *Ragréer une façade.* – De *r-,* et a. fr. *agréer,* «équiper».

ragtime [ʀagtajm] n. m. MUS Style de musique pour piano qui naquit aux États-Unis à la fin du XIXe s. et qui fut l'une des sources du jazz. *Le ragtime, contrairement au jazz, ne comportait pas d'improvisation.* – Mot amér., de *rag,* «chiffon, lambeau», et *time,* «temps».

raguer [ʀage] v. intr. [1] MAR S'user, s'endommager par frottement. *Écoute qui rague contre une filière.* – Néerl. *ragen,* «brosser».

rahat-loukoum [ʀaatlukum], **rahat-lokoum** [ʀaatlɔkum], **loukoum** [lukum] ou **lokoum** [lɔkum] n. m. Confiserie orientale faite d'une pâte sucrée et parfumée. *Des rahat-loukoums; des loukoums.* – Mots arabes, «repos de la gorge».

rai ou (rare) **rais** [ʀɛ] n. m. Vx ou litt. Rayon (de lumière). – Lat. *radius.*

raid [ʀɛd] n. m. **1.** Rapide opération de reconnaissance ou d'attaque menée par des éléments très mobiles en territoire inconnu ou ennemi. *Raid de parachutistes, de blindés.* ▷ Mission de bombardement aérien visant un objectif lointain. **2.** SPORT Épreuve de vitesse, de résistance et d'endurance effectuée sur une longue distance. *Raid à skis.* – Mot angl., var. écossaise de l'anc. angl. *rad,* «route» (*road* en angl. mod.).

raide [ʀɛd] ou (vx ou litt.) **roide** [ʀwad] adj. et adv. **I.** adj. **1.** Tendu; dépourvu d'élasticité, de souplesse. *Cette amarre n'est pas assez raide.* ▷ *Corde* *raide:* corde très tendue sur laquelle évoluent les funambules. – Fig. *Être, danser sur la corde raide:* être dans une situation dangereuse, difficile. **2.** Qui ne se plie pas, qui reste droit ou plat. *Des cheveux raides.* ▷ (Personnes; corps ou parties du corps.) *Se tenir raide comme un piquet. Des membres, des doigts raides de froid.* **3.** Qui manque de grâce, de souplesse. *Démarche, gestes raides.* – Fig. *Style raide.* **4.** Qui manque de souplesse de caractère. *Attitude, caractère raide.* Syn. dur, rigide. **5.** Abrupt *Pente raide.* Ant. doux. **6.** Fig., fam. Difficile à admettre. *Ça alors! C'est un peu raide!* **7.** Pop. *Être raide:* n'avoir plus d'argent, être totalement démuni; être ivre ou sous l'effet d'une drogue. **II.** adv. **1.** En pente raide. *Escalier qui monte raide.* **2.** Subitement. *Tomber raide mort. Tomber raide.* – Fém. de l'anc. adj. *roit,* lat. *rigidus,* de *rigere,* «avoir durci».

raideur [rɛdœʀ] n. f. **1.** Caractère, état de ce qui est raide, rigide. *Raideur d'une planche.* **2.** Manque de souplesse, de grâce. *Marcher avec raideur.* **3.** Sévérité, rigidité. *Raideur d'un caractère.* ▷ Froideur. *Répondre avec raideur.* **4.** Forte inclinaison (d'une pente). *La raideur d'un escalier.* – Du préc.

raidillon [ʀɛdijɔ̃] n. m. Petite pente raide; court sentier escaladant une pente raide. – De *raide.*

raidir [ʀɛdiʀ] v. [2] **I.** v. tr. Rendre raide; tendre. *Raidir le bras. Raidir un cordage.* **II.** v. intr. Devenir raide. *Le linge humide raidit au gel.* **III.** v. pron. **1.** Devenir raide. *Ses membres se raidissaient.* **2.** Fig. Tenir ferme, résister avec opiniâtreté. *Se raidir contre la douleur.* ▷ Se tendre, devenir moins amical. *Leurs relations se sont raidies.* – De *raide.*

raidissement [ʀɛdismɑ̃] n. m. Fait de raidir, de se raidir; état de ce qui est raidi. – De *raidir.*

raidisseur [ʀɛdisœʀ] n. m. TECH Appareil servant à raidir (un câble, une charpente, une tôle, etc.). – De *raidir.*

1. raie [ʀɛ] n. f. **1.** Trait, ligne. *Faire, tracer une raie sur une feuille.* ▷ Bande mince formant un motif décoratif. *Étoffe à raies noires.* ▷ PHYS *Raie spectrale:* fine bande claire ou sombre que l'on observe sur un spectre et qui correspond à une augmentation de luminosité *(raie d'émission)* ou à une diminution de luminosité *(raie d'absorption)* à une fréquence donnée. **2.** Ligne de séparation entre deux masses de cheveux, laissant apparaître le cuir chevelu. *Raie au milieu, sur le côté.* **3.** AGRIC Entre-deux des sillons; sillon. – Bas lat. d'orig. gaul. *riga.*

2. raie [ʀɛ] n. f. Poisson cartilagineux à fentes branchiales ventrales, dont les fortes nageoires antérieures sont développées en ailerons et soudées à la tête. – Lat. *raia.*

raifort [ʀɛfɔʀ] n. m. Plante potagère (*Cochlearia armoracia,* fam. crucifères) cultivée pour sa racine à saveur piquante. ▷ Cette racine, employée en médecine pour ses propriétés antiscorbutiques. ▷ *Abusiv.* Radis noir d'hiver. – De *raiz fort,* «racine forte», du lat. *radix,* «racine».

rail [ʀɑj] n. m. **1.** Chacune des bandes d'acier profilé fixées les unes à la suite des autres, en deux lignes parallèles, sur des traverses, et qui constituent une voie ferrée. **2.** *Par anal.* Profilé métallique le long duquel une pièce mobile peut glisser. *Rail d'une tringle à rideau.* ▷ *Rail de sécurité:* bordure métallique le long d'une route, d'une autoroute. Syn. glissière. **3.** *Le rail:* le transport ferroviaire. – Mot angl., de l'a. fr. *raille, reille,* «barre»; lat. *regula,* «règle, barre».

railler [ʀɑje] v. [1] pop. **1.** v. tr. Tourner en dérision. *Railler qqn de ridicule.* Syn. moquer, charrier (pop.). **2.** v. intr. Badiner, ne pas parler sérieusement. *Je ne raille point.* Syn. plaisanter. **3.** v. pron. Se moquer. *Se railler de tout.* – Anc. provenç. *ralhar,* «plaisanter», lat. pop. **ragulare,* du bas lat. *ragere,* «braire».

raillerie [ʀɑjʀi] n. f. Litt. **1.** Action de railler; habitude de railler. **2.** Propos railleur, moquerie. – Du préc.

railleur, euse [ʀɑjœʀ, øz] adj. Litt. **1.** Qui raille, qui aime à railler. ▷ Subst. *Les railleurs et les sceptiques.* **2.** Qui exprime la raillerie. *Ton railleur.* Syn. ironique, narquois. – De *railler.*

rainer [ʀɛne] v. tr. [1] TECH Creuser d'une ou de plusieurs rainures. Syn. rainurer. – A. fr. *roisner,* de *roisne,* var. anc. de *rouanne;* refait d'ap. *rainure.*

1. rainette [ʀɛnɛt] n. f. Petite grenouille arboricole dont l'extrémité des doigts porte des pelotes adhésives. – Dimin. de l'a. fr. *raine,* «grenouille», du lat. *rana.*

2. rainette [ʀɛnɛt] n. f. Syn. de *rénette* (sens 2). – De *rainer.*

rainurage [ʀɛnyʀaʒ] n. m. TECH Action de rainurer; son résultat. – De *rainurer.*

rainure [ʀɛnyʀ] n. f. Fente ou entaille longue et étroite de section régulière. *Couvercle qui coulisse dans deux rainures.* – De l'a. fr. *roisner* (cf. rainer).

rainurer [ʀɛnyʀe] v. tr. [1] TECH Syn. de *rainer.* – De *rainure.*

raiponce [ʀɛpɔ̃s] n. f. Nom cour. de diverses campanulacées du genre *Phyteuma.* ▷ *Spécial.* Campanule *(Campanula rapunculus)* dont les racines et les feuilles, comestibles, se consomment en salade. – Ital. *raponzo,* du lat. *rapa,* «rave».

raire [ʀɛʀ] [78] ou **réer** [ʀee] [1] v. intr. VEN Pousser son cri, en parlant du cerf, du chevreuil. Syn. bramer. – Bas lat. *ragere* (cf. railler).

rais. V. rai.

raïs ou **rais** [ʀais] n. m. Chef arabe, leader. ▷ Spécial. *Le raïs:* le président égyptien. – Mot ar. d'Égypte, «tête, chef» (cf. ras 2).

raisin [ʀɛzɛ̃] n. m. **1.** Fruit de la vigne. *Raisin blanc, noir. Raisin de table. Raisins secs.* **2.** *Raisin d'ours:* fruit de la busserole (*Arctostaphylos uva-ursi,* fam. éricacées). **3.** *Raisin de mer:* paquet d'œufs de céphalopodes (seiche, notam.). – Lat. pop. **racimus,* class. *racemus,* «grappe, raisin».

raisiné [ʀɛzine] n. m. Confiture liquide à base de jus de raisin et de divers fruits. – Du préc.

raison [ʀɛzɔ̃] n. f. **I. 1.** Faculté propre à l'homme de connaître et de juger. *Cultiver sa raison.* ▷ Ensemble des facultés intellectuelles. *Perdre la raison.* Syn. esprit, intelligence. **2.** Faculté de distinguer le vrai du faux, le bien du mal, et de régler ainsi sa conduite. *«La parfaite raison fuit toute extrémité»* (Molière). *Âge de raison.* ▷ Ce qui est sage, raisonnable. *Se rendre à la raison. Entendre, parler raison. – Plus que de raison:* plus qu'il n'est raisonnable. – *Se faire une raison:* accepter, se résigner. ▷ Ce qui est le fait d'un raisonnement (par oppos. à *sentiment,* à *instinct,* etc.). *Mariage de raison.* ▷ Ce qui est juste et vrai (par oppos. à *tort*). *Avoir raison. À tort ou à raison.* ▷ Vx, sauf en loc. Ce qui est de droit, de justice. *Rendre raison à qqn. Demander, faire raison d'un affront.* ▷ *Avoir raison de qqn,* triompher, avoir l'avantage sur lui. ▷ *Comme de raison:* comme il est juste. **II. 1.** Sujet, cause, motif. *Pour quelles raisons n'est-il pas venu? «Le cœur a ses raisons que la raison ne connaît point»* (Pascal). ▷ Litt. *Rendre raison de qqch:* l'expliquer, l'expliciter. ▷ *Raison de plus, à plus forte raison:* par un motif d'autant plus fort. ▷ *La raison d'État:* l'ensemble des considérations qui font primer l'intérêt supérieur de l'État sur l'équité à l'égard des individus. **2.** Argument. *Il s'est enfin rendu à ses raisons.* **3.** MATH Rapport de deux quantités. *Raison directe:* rapport de deux quantités dont l'une varie proportionnellement à l'autre. *Raison inverse:* rapport de deux quantités dont l'une varie de manière inversement proportionnelle à l'autre. ▷ *Raison d'une progression arithmétique ou géométrique:* nombre constant auquel on ajoute (ou par lequel on multiplie) un terme de la progression pour obtenir le terme suivant. **4.** loc. prép. *À raison de:* à proportion de. *Payer à raison de vingt dollars l'heure.* ▷ *En raison de:* à cause de, en considération de. *En raison des circonstances.* **III. 1.** Vx Compte. *Livre de raison.* **2.** DR et cour. *Raison sociale:* nom sous lequel une entreprise exerce ses activités. – Lat. *rationem,* accus. de *ratio,* «calcul, compte», par ext. «faculté de calculer, de raisonner», pour traduire le gr. *logos,* «raison, langage».

raisonnable [ʀɛzɔnabl] adj. **1.** Doué de raison. *L'homme est un être raisonnable.* Syn. intelligent, pensant. **2.** Qui pense selon la raison, le bon sens; qui agit d'une manière réfléchie et mesurée. *Vous êtes trop raisonnable pour prendre un tel risque.* ▷ (Choses.) Conforme à la raison, à la sagesse, à l'équité. *Prétentions peu raisonnables.* Syn. sensé, sage. Ant. déraisonnable. **3.** Qui n'est pas excessif, modéré, convenable. *Prix raisonnable. Jouir d'un revenu raisonnable.* – De *raison.*

raisonnablement [ʀɛzɔnabləmɑ̃] adv. **1.** Avec bon sens, raison. *Se conduire, parler raisonnablement.* **2.** D'une manière modérée; suffisamment. *Maison raisonnablement grande.* Ant. exagérément. – Du préc.

raisonné, ée [ʀɛzɔne] adj. **1.** Qui s'appuie sur le raisonnement; fondé sur des preuves, des raisons. *Projet raisonné.* **2.** Qui rend raison des règles d'un art, d'une science; qui explique et illustre. *Grammaire raisonnée.* – Pp. de *raisonner.*

raisonnement [ʀɛzɔnmɑ̃] n. m. **1.** Opération discursive de la pensée qui consiste à enchaîner des jugements selon des principes déterminés et à en tirer une conclusion. *Force, justesse de raisonnement.* **2.** Suite des arguments employés quand on raisonne; enchaînement de raisons préparant une conclusion. – De *raison.*

raisonner [ʀɛzɔne] v. [1] **I.** v. intr. **1.** Se servir de sa raison pour juger, démontrer; conduire un raisonnement. *Raisonner juste, faux.* **2.** Répliquer, alléguer des raisons, des excuses. *Cessez de raisonner et reconnaissez honnêtement votre erreur.* **II.** v. tr. **1.** Soumettre au raisonnement. *Raisonner ses actions.* ▷ Contrôler par le raisonnement, la raison. *Raisonner sa peur.* ▷ v. pron. (passif). *Les sentiments ne se raisonnent pas.* **2.** Chercher à amener (qqn) à la raison. *J'ai tenté de le raisonner et de le calmer.* ▷ v. pron. (réfléchi) *Se raisonner en face du danger.* – De *raison.*

raisonneur, euse [ʀɛzɔnœʀ, øz] n. **1.** Personne qui raisonne. *Un bon raisonneur.* ▷ Adj. *Ton raisonneur.* **2.** Péjor. Personne qui réplique, allègue des excuses, discute les ordres. *«Tu fais le raisonneur»* (Molière). ▷ Adj. *Enfant raisonneur.* – Du préc.

rajah, raja [ʀaʒa] ou **radjah** [ʀadʒa] n. m. inv. Anc. Souverain d'une principauté, en Inde. (Fém. *rani.*) V. aussi maharadjah. – Hindi *raja,* sanskrit *rājā,* «roi», par le portug.

rajeunir [ʀaʒœniʀ] v. [2] **I.** v. tr. **1.** Faire redevenir plus jeune; rendre la jeunesse à (qqn). ▷ Fig. Donner un air de fraîcheur, de nouveauté à. *Rajeunir une maison en la ravalant.* **2.** Faire paraître plus jeune. *Cette coiffure la rajeunit.* **3.** Attribuer à (qqn) un âge moindre que son âge véritable. *Vous me rajeunissez!* ▷ v. pron. Se dire, se faire paraître plus jeune qu'on n'est. **II.** v. intr. Redevenir jeune, reprendre un air de jeunesse. *Il a rajeuni depuis son mariage.* – Fig. *Au printemps la nature rajeunit.* – De *re-,* et *jeune.*

rajeunissant, ante [ʀaʒœnisɑ̃, ɑ̃t] adj. Qui a la propriété de rajeunir. – Ppr. du préc.

rajeunissement [ʀaʒ(ø)œnismɑ̃] n. m. **1.** Action de rajeunir, de donner une vigueur nouvelle. **2.** État de ce qui est, de ce qui paraît rajeuni. – De *rajeunir.*

rajiformes [ʀaʒifɔʀm] n. m. pl. ZOOL Sous-ordre de sélaciens comprenant les raies, par oppos. aux squaliformes (requins). – Lat. *raia,* «raie», et *-forme.*

rajout [ʀaʒu] n. m. Ce qui est rajouté. *Rajouts à un texte. Rajout de la taxe à une facture.* – Déverbal de *rajouter.*

rajouter [ʀaʒute] v. tr. [1] Ajouter de nouveau; ajouter encore, par surcroît. *Rajoutez un peu d'eau à ce thé, il est trop fort.* ▷ Fam. *En rajouter:* exagérer. *Je ne crois pas que tout soit vrai, il a dû en rajouter.* – De *r-,* et *ajouter.*

rajustement [ʀaʒystəmɑ̃] ou **réajustement** [ʀeaʒystəmɑ̃] n. m. Fait de rajuster (sens 2). *Le réajustement des pensions.* – De *rajuster,* ou *réajuster.*

rajuster [ʀaʒyste] ou **réajuster** [ʀeaʒyste] v. tr. [1] **1.** Ajuster de nouveau; remettre en bon ordre. *Rajuster son chapeau, sa toilette.* ▷ v. pron. Remettre ses vêtements en ordre. **2.** Remettre à son juste niveau. *Rajuster les salaires, les prix.* – De *r-,* ou *ré-* et *ajuster.*

raki [ʀaki] n. m. Eau-de-vie parfumée à l'anis des pays du Proche-Orient. – Turc *râqi,* mot ar.

râlant, ante [ʀɑlɑ̃, ɑ̃t] adj. Fam. Qui fait râler. *C'est râlant:* cela fait râler, c'est exaspérant. – Ppr. de *râler.*

1. râle [ʀɑl] n. m. ZOOL Oiseau ralliforme (fam. rallidés) au plumage terne, au corps comprimé latéralement, aux fortes pattes munies de doigts parfois très longs et dont les diverses espèces, peu douées pour le vol, sont adaptées aux conditions de vie des lieux humides et marécageux. *Râle de Virginie (Rallus limicola). Certains râles sont connus sous le nom de marouette en France.* – Du lat. *rasclare,* «racler», à cause du cri de cet oiseau.

2. râle [ʀɑl] n. m. **1.** MED Bruit anormal perçu à l'auscultation, indiquant une lésion broncho-pulmonaire. *Râle bronchique.* **2.** Respiration bruyante de certains moribonds. ▷ Plainte rauque et inarticulée. – De *râler.*

ralenti [ʀalɑ̃ti] n. m. **1.** Bas régime d'un moteur à combustion interne. *Ralenti bien réglé.* – Fig. *Travailler au ralenti.* **2.** CINE Procédé consistant à prendre des vues à une cadence supérieure à celle qui est utilisée pour la projection, et permettant de faire paraître les mouvements plus lents qu'ils ne le sont dans la réalité. – Pp. de *ralentir.*

ralentir [ʀalɑ̃tiʀ] v. [2] **1.** v. tr. Rendre plus lent. *Ralentir sa course. Ralentir la circulation.* ▷ Modérer, diminuer. *Ralentir son ardeur.* – PHYS NUCL *Ralentir une réaction nucléaire.* V. ralentisseur. **2.** v. intr. Réduire sa vitesse. *Le train ralentit avant d'entrer en gare.* ▷ (Personnes.) Ralentir la vitesse de son véhicule. *Chauffeur, ralentissez!* **3.** v. pron. Devenir plus lent. *Mouvement qui se ralentit.* – De *r-,* et anc. v. *alentir,* «rendre lent».

ralentissement [ʀalɑ̃tismɑ̃] n. m. **1.** Fait de ralentir, diminution de la vitesse. *Ralentissement d'une cadence.* **2.** Diminution d'activité. *Le ralentissement des exportations.* – De *ralentir.*

ralentisseur [ʀalɑ̃tisœʀ] n. m. **1.** AUTO Dispositif auxiliaire de freinage destiné à empêcher un véhicule de prendre une vitesse excessive, notam. dans les descentes. *Ralentisseur électrique d'un poids lourd.* **2.** PHYS NUCL Substance qui, dans un réacteur nucléaire, ralentit les neutrons émis lors d'une réaction de fission. – De *ralentir.*

râler [ʀɑle] v. intr. [1] **1.** Faire entendre un râle (2, sens 2). *Blessé qui râle.* **2.** Fam. Se plaindre avec humeur, protester, récriminer. *Dépêchons-nous, sinon elle va encore râler.* – Même rad. que *racler.*

râleur, euse [ʀɑlœʀ, øz] n. Fam. Personne qui a l'habitude de râler, de se plaindre à tout propos. – Du préc.

ralingue [ʀalɛ̃g] n. f. MAR Cordage cousu le long des bords d'une voile pour la renforcer. ▷ *Voile en ralingue,* qui faseye, qui bat dans le vent. – P.-ê. du néerl. *ralijk,* dér. de *élingue,* «corde».

ralinguer [ʀalɛ̃ge] v. **1.** v. tr. MAR *Ralinguer une voile,* la munir d'une ralingue. **2.** v. intr. Être en ralingue, faseyer. *Laisser le foc ralinguer.* – Du préc.

rallidés [ʀalide] n. m. pl. ZOOL Famille d'oiseaux dont le râle est le type et qui comprend notam. les poules d'eau et les foulques. – De *râle* 1.

ralliement [ʀalimɑ̃] n. m. **1.** Action de rallier, fait de se rallier, rassemblement. *Le ralliement des troupes.* ▷ *Point de ralliement:* endroit indiqué par avance aux troupes pour se rallier. – *Par ext.* Lieu de rassemblement. **2.** Fait de se rallier (à un parti, une opinion). – De *rallier.*

rallier [ʀalje] v. tr. [1] **I. 1.** Rassembler des personnes dispersées, des fuyards. **2.** Gagner à un parti, à une opinion. *Rallier des dissidents.* **3.** Rejoindre. *Le navire dut rallier le port de toute urgence.* **II.** v. pron. **1.** Se rassembler. *Les soldats se sont ralliés.* **2.** Rejoindre (un parti); adhérer (à une opinion). *Se rallier à une cause.* – De *r-,* et *allier.*

ralliformes [ʀalifɔʀm] n. m. pl. ZOOL Ordre très diversifié d'oiseaux carinates. Sing. *Un ralliforme.* – Du lat. scientif. mod. *rallus,* «râle», et *-forme..*

rallonge [ʀalɔ̃ʒ] n. f. **1.** Ce qui sert à rallonger. *Ajouter une rallonge à un fil électrique* (Syn. prolongateur). ▷ *Spécial.* Abattant ou planche à coulisse fixée au plateau d'une table et qui permet d'augmenter la longueur de celle-ci. **2.** TECH Pièce métallique horizontale qui sert au soutènement du toit, dans une mine. **3.** Supplément de temps, d'argent, etc. *Rallonge budgétaire.* – Déverbal de *rallonger.*

rallonger [ʀalɔ̃ʒe] v. [15] **1.** v. tr. Rendre plus long. *Rallonger un pantalon. Rallonger un délai.* **2.** v. intr. Devenir plus long. *Les jours rallongent.* – De *r-,* et *allonger.*

rallumer [ʀalyme] v. tr. [1] **1.** Allumer de nouveau. *Rallumer un projecteur.* ▷ v. pron. *L'incendie risque de se rallumer.* **2.** Donner une nouvelle activité à. *Rallumer la sédition.* ▷ v. pron. *Les passions se rallument.* – De *r-,* et *allumer.*

rallye [ʀali] n. m. Épreuve sportive, compétition dans laquelle les concurrents, parfois partis de points différents, doivent rallier un point déterminé après un certain nombre d'étapes. *Rallye pédestre, équestre, automobile.* – De l'angl. *to rally,* «rassembler».

-rama. V. -orama.

ramadan [ʀamadɑ̃] n. m. Neuvième mois de l'année lunaire musulmane, pendant lequel le jeûne est prescrit du lever au coucher du soleil. ▷ Les prescriptions religieuses qui concernent ce mois. *Faire le ramadan.* – Ar. *ramadān.*

ramage [ʀamaʒ] n. m. **1.** plur. Dessins de branchages, de rameaux. *Étoffe, papier à ramages.* **2.** Litt., vieilli Chant des oiseaux. – De l'a. fr. *raim, ram,* «rameau», lat. *ramus.*

ramager [ʀamaʒe] v. [15] **1.** v. intr. Faire entendre son ramage (oiseaux). **2.** v. tr. Couvrir de ramages. *Ramager du velours.* – Du préc.

ramassage [ʀamasaʒ] n. m. Action de ramasser; son résultat. *Le ramassage des feuilles mortes, à l'automne.* – (France) *Ramassage scolaire:* transport quotidien, par autobus, des élèves habitant loin des établissements scolaires. – De *ramasser.*

ramassé, ée [ʀamase] adj. **1.** Épais, trapu. *Une stature ramassée.* **2.** Blotti, pelotonné, recroquevillé. **3.** Qui dit beaucoup en peu de mots, concis. *Un style ramassé.* – Pp. de *ramasser.*

ramasse-miettes [ʀamasmjɛt] n. m. inv. Instrument servant à ramasser les miettes sur une table, à nettoyer la nappe après un repas. – De *ramasser,* et *miette.*

ramasser [ʀamase] v. tr. [1] **I. 1.** Prendre à terre. *Ramasser du bois mort.* ▷ (Objet n. de personne.) *Ramasser un ivrogne, un blessé.* **2.** Fam. Attraper. *Ramasser un rhume, une gifle.* ▷ Pop. *Ramasser une pelle, une bûche:* faire une chute. **II. 1.** Réunir en un amas, en une masse. *Ramasser ses cheveux en chignon.* ▷ v. pron. Ramasser son propre corps, se mettre en boule. *Se ramasser avant de sauter.* **2.** Rassembler (ce qui est épars); réunir (des personnes dispersées). *Ramasser des soldats en déroute.* **3.** Collecter, réunir, recueillir. *Ramasser des dons.* **4.** Fam. S'assurer de la personne de (qqn), l'arrêter. *Il s'est fait ramasser par une ronde de police.* – De *r-,* et *amasser,* de *masse.*

ramasseur, euse [ʀamasœʀ, øz] n. **1.** Personne qui ramasse. *Les ramasseurs de champignons. Les ramasseurs de balles, au tennis.* **2.** Personne qui assure un ramassage, une collecte. *Ramasseur de lait d'une coopérative agricole.* – Du préc.

ramassis [ʀamasi] n. m. Ensemble de choses disparates et sans valeur, de personnes peu estimables. *Un ramassis de vieux bibelots. Un ramassis de petits escrocs.* – De *ramasser.*

rambarde [ʀɑ̃baʀd] n. f. Garde-fou, balustrade, parapet. – Ital. *rambata,* de l'anc. lombard *rammon,* «enfoncer».

ramdam [ʀamdam] n. m. Pop. Tapage, vacarme. *Faire du ramdam.* – De *ramadan,* à cause du bruit qui accompagne chaque soir la rupture du jeûne.

1. rame [ʀam] n. f. Branche plantée en terre pour servir d'appui à une plante grimpante (pois, haricots, etc.). – Du lat. *ramus,* «branche»; a. fr. *raim.*

2. rame [ʀam] n. f. **1.** Ensemble de cinq cents feuilles. *Une rame de papier à lettres.* **2.** TRANSP File de wagons attelés. *Rame de métro.* **3.** TECH Assemblage de deux ou trois tiges de forage. – Esp. *resma,* de l'ar. *rizma,* «ballot, rame de papier».

3. rame [ʀam] n. f. Longue pièce de bois élargie en pelle à l'une de ses extrémités qui sert à propulser une embarcation. Syn. aviron. ▷ Fam. *Ne pas en fiche une rame:* ne rien faire. – Lat. *remus,* d'ap. *ramer.*

ramé [ʀame] adj. m. VEN *Cerf ramé,* dont le bois a commencé à pousser. – De l'a. fr. *rame,* «bois du cerf».

rameau [ʀamo] n. m. **1.** Petite branche d'arbre, d'arbuste. ▷ LITURG *Dimanche des Rameaux* ou *Rameaux:* dernier dimanche avant Pâques, qui commémore l'entrée du Christ à Jérusalem où il fut accueilli par une foule qui agitait des palmes. **2.** ANAT Subdivision (d'un nerf, d'un vaisseau). **3.** Subdivision, dans la représentation en arbre d'un système. *Rameau d'un arbre généalogique.* ▷ *Par ext.* La chose elle-même que représente cette subdivision. *Un rameau éloigné de la maison impériale.* – Cas régime de l'a. fr. *ramel,* lat. pop. *ramellus,* dimin. de *ramus,* «branche».

ramée [ʀame] n. f. **1.** Litt. Ensemble des branches d'un arbre, couvertes de leurs feuilles. *Danser sous la ramée.* **2.** Vx Branches coupées avec leurs feuilles. *«Un pauvre bûcheron, tout couvert de ramée»* (La Fontaine). – De l'a. fr. *ram,* du lat. *ramus,* «branche».

ramender [ʀamɑ̃de] v. tr. [1] TECH **1.** Redorer. *Ramender un cadre.* **2.** Réparer (un filet de pêche). – De *r-,* et *amender.*

ramener [ʀamne] **I.** v. tr. [19] **1.** Amener de nouveau. *Il était déjà venu avec elle et il l'a ramenée.* **2.** Faire revenir (une personne, un animal) en un lieu d'où il était parti. *Ramener qqn chez lui. Ramener les bœufs à l'étable.* – (Sujet n. de chose.) *La nécessité l'a ramené ici.* ▷ Fig. *Ramener le débat à son point de départ. Ramener qqn à la raison.* **3.** Réduire. *Ramener l'inflation à 3 %.* **4.** Faire régner de nouveau, rétablir. *Mesures destinées à ramener l'ordre.* **5.** Amener ou apporter au retour d'un déplacement. *Les bateaux ramenaient des épices et des esclaves.* **6.** Replacer dans sa position initiale. *Ramener une couverture sur ses jambes.* **II.** v. pron. **1.** *Se ramener à:* se réduire à. *La difficulté se ramène à un manque de temps.* **2.** Pop. Arriver, venir. *Voilà l'autre qui se ramène.* – De *r-*, et *amener.*

ramequin [ʀamkɛ̃] n. m. **1.** Pâtisserie au fromage. **2.** Petit récipient allant au four. – Néerl. *rammeken,* dimin. de *ram;* cf. all. *Rahm,* «crème».

1. ramer [ʀame] v. tr. [1] AGRIC Soutenir par une, des rames (des plantes grimpantes). *Ramer des haricots.* – Pp. *Pois ramés.* – De *rame* 1.

2. ramer [ʀame] v. intr. [1] **1.** Manœuvrer les rames pour faire avancer une embarcation. **2.** Fam., fig. Travailler, faire des efforts pour surmonter des obstacles. – Lat. pop. **remare,* de *remus,* «rame».

ramette [ʀamɛt] n. f. TECH Rame de papier de petit format. – Dimin. de *rame* 2 (sens 1).

rameur, euse [ʀamœʀ, øz] n. Personne qui rame. *Canot à huit rameurs.* – De *ramer* 2.

rameuter [ʀamøte] v. tr. [1] **1.** Ameuter de nouveau; regrouper en causant une émotion. *Rameuter la population.* **2.** VEN Regrouper en meute. *Rameuter les chiens.* – De *r-*, et *ameuter.*

rameux, euse [ʀamø, øz] adj. Qui a de nombreux rameaux. *Tige rameuse.* – Lat. *ramosus,* de *ramus,* «branche».

rami [ʀami] n. m. Jeu de cartes qui consiste à rassembler dans sa main des figures telles que séquences, carrés, etc. – Angl. *rummy,* de l'adj. *rummy,* «bizarre, drôle».

ramie [ʀami] n. f. Plante textile (genre *Boehmeria,* fam. urticacées), appelée aussi *ortie de Chine,* cultivée en Extrême-Orient et aux É.-U. pour ses longues fibres très résistantes. – Malais *rami,* ou *ramieh.*

ramier [ʀamje] n. m. et adj. Grand pigeon des champs, au plumage gris et rose, qui porte une tache blanche sur chaque aile et une tache hachurée de chaque côté du cou *(Columba palumbus).* ▷ Adj. *Pigeon ramier.* – De l'anc. adj. *ramier,* «touffu», de l'anc. f. *raim,* du lat. *ramus,* «branche».

ramification [ʀamifikasjɔ̃] n. f. **1.** Division d'un végétal en rameaux; chacune de ces subdivisions, chacun de ces rameaux. *Ramification alterne du tilleul.* ▷ Par anal. *Ramifications d'un nerf, d'un vaisseau.* **2.** Subdivision (d'une science, etc.). *Les ramifications de la zoologie.* **3.** Centre secondaire, dans une organisation. *Ramification d'une société secrète.* – Lat. scolast. *ramificatio.*

ramifié, ée [ʀamifje] adj. Qui comporte des ramifications. ▷ CHIM *Chaîne ramifiée:* structure d'une molécule organique dans laquelle un des atomes de carbone est lié à 3 ou 4 atomes de carbone voisins. – Pp. de *ramifier.*

ramifier (se) [ʀamifje] v. pron [1] Se subdiviser en plusieurs rameaux. *Branche, nerf qui se ramifie.* – Lat. scolast. *ramificare.*

ramille [ʀamij] n. f. **1.** Sing. (sens collectif). Menue ramée, petites branches coupées avec leurs feuilles. **2.** Surtout plur. *Les ramilles:* les plus petites et dernières divisions des rameaux. – Dimin. de l'a. fr. *raim,* du lat. *ramus,* «branche».

ramingue [ʀamɛ̃g] adj. Se dit d'un cheval qui se défend contre l'éperon. – Ital. *ramingo,* de *ramo,* «rameau» (mot d'abord appliqué au faucon qui vole de branche en branche).

ramolli, ie [ʀamɔli] adj. **1.** Devenu mou. **2.** Fam. Sans énergie, sans réaction (personnes). ▷ Devenu faible d'esprit, gâteux. ▷ Subst. *Un vieux ramolli.* – Pp. de *ramollir.*

ramollir [ʀamɔliʀ] v. tr. [2] **1.** Amollir, rendre plus mou. *Ramollir de la cire.* ▷ v. pron. Devenir plus mou. *Matière qui se ramollit à la chaleur.* **2.** Fig. Affaiblir, rendre moins énergique. *L'oisiveté ramollit la volonté.* – De *r-*, et *amollir.*

ramollissant, ante [ʀamɔlisɑ̃, ɑ̃t] adj. Syn. de *émollient.* – Ppr. de *ramollir.*

ramollissement [ʀamɔlismɑ̃] n. m. Fait de se ramollir; état de ce qui est ramolli. ▷ MED *Ramollissement cérébral:* lésion du parenchyme cérébral due à un défaut d'apport sanguin par embolie ou thrombose. – De *ramollir.*

ramollo [ʀamɔlo] adj. Fam. Ramolli (sens 2). *Être tout ramollo.* – Forme plais. de *ramolli.*

ramonage [ʀamɔnaʒ] n. m. Action de ramoner; son résultat. – De *ramoner.*

ramoner [ʀamɔne] v. tr. [1] **1.** Nettoyer (une cheminée, son conduit), en ôter la suie. **2.** ALPIN Faire l'escalade d'une «cheminée», d'un passage étroit entre deux parois très rapprochées. – De l'a. fr. *ramon,* «balai de branchage», de *raim,* lat. *ramus,* «branche».

ramoneur [ʀamɔnœʀ] n. m. Celui dont le métier est de ramoner les cheminées. – De *ramoner.*

rampant, ante [ʀɑ̃pɑ̃, ɑ̃t] adj. **1.** Qui rampe. *Animal rampant. Tige rampante.* ▷ N. m. Arg. (des aviateurs) *Les rampants:* le personnel au sol, qui ne vole pas (mécaniciens, etc.). **2.** Obséquieux, servile. *Courtisan rampant. Manières rampantes.* **3.** ARCHI Incliné, en pente. *Arc rampant,* dont une naissance est plus haute que l'autre. ▷ N. m. Partie disposée en pente. *Les rampants d'un pignon.* – Ppr. de *ramper.*

rampe [ʀɑ̃p] n. f. **1.** Plan incliné destiné à permettre le passage entre deux niveaux, deux plans horizontaux. *Rampe d'accès à une autoroute.* ▷ Portion de route, de voie ferrée, etc., fortement inclinée. *Les poids lourds peinaient dans la rampe.* ▷ *Rampe de lancement:* dispositif assurant le support, le maintien et le guidage d'un engin à réaction, d'une fusée, au moment de son lancement. **2.** Balustrade ou barre, à hauteur d'appui, suivant un escalier. **3.** Rangée de lumières au bord d'une scène de théâtre. *Les feux de la rampe.* – De *ramper,* «grimper».

rampeau [ʀɑ̃po] n. m. JEU Second coup, dans une partie qui n'en compte que deux. ▷ *Faire rampeau :* faire coup nul, en gagnant un nombre de points égal à celui de l'adversaire. – Probabl. altér. de *rappel.*

rampement [ʀɑ̃pmɑ̃] n. m. Rare Reptation. – De *ramper.*

ramper [ʀɑ̃pe] v. intr. [1] **1.** Progresser par ondulations ou par contractions et décontractions successives du corps ou de certaines de ses parties, en parlant des animaux dépourvus de membres. *Limace, couleuvre qui rampe.* **2.** (Personnes.) Progresser en s'aplatissant à terre, ventre contre le sol. *Soldat qui rampe vers une tranchée.* **3.** Croître en s'étalant, sur un support ou à terre, en parlant d'une plante. *Le lierre rampe.* **4.** Fig. (Choses.) Se déplacer lentement au ras du sol. *Un épais brouillard rampait près de la rivière.* ▷ (Personnes.) S'abaisser, s'humilier. *Ramper devant les puissants.* – Rad. germ. *(h)ramp,* «chose crochue»; frq. *(h)rampon,* «grimper avec des griffes».

ramponneau [ʀɑ̃pɔno] n. m. Pop. Coup, bourrade. *Recevoir un ramponneau.* – Du nom d'un cabaretier français du XVIIIe s., J. *Ramponeau*, populaire par sa jovialité et sa corpulence.

ramure [ʀamyʀ] n. f. Ensemble des branches, des ramifications. *La ramure d'un arbre.* ▷ Bois (d'un cervidé). *La ramure d'un orignal.* – De *rame* 1.

ranales [ʀanal] n. f. pl. BOT Ordre de dicotylédones dont les pièces florales, bien différenciées, sont disposées en spirale (magnoliacées ligneuses et renonculacées herbacées). Syn. polycarpiques. – Du lat. *rana*, «grenouille».

ranatre [ʀanatʀ] n. f. ENTOM Punaise d'eau, insecte au corps allongé, terminé par un long siphon respiratoire, dont certaines espèces sont venimeuses. – Du lat. *rana*, «grenouille».

rancard ou **rencard** [ʀɑ̃kaʀ] n. m. **1.** Pop. Rendez-vous. *J'ai un rancard à 3 heures.* **2.** Arg. Renseignement. – Orig. incon.; p.-ê. infl. de *rendez-vous*, ou de *rencontre*.

rancarder. [ʀɑ̃kaʀde] v. tr. [1] **1.** Fam Donner un rendez-vous à. **2.** Fam Renseigner. – De rancard.

rancart ou **rencart** [ʀɑ̃kaʀ] n. m. Loc. fam. *Mettre au rancart:* au rebut. – Altér. de *récarter*, «écarter (les cartes)», ou de *carre*, «coin».

rance [ʀɑ̃s] adj. Qui a pris en vieillissant une saveur âcre et une odeur forte, en parlant des denrées grasses. *Beurre, lard rance.* ▷ N. m. *Un goût de rance.* – Lat. *rancidus*.

ranch, ranchs ou **ranches** [ʀɑ̃tʃ] n. m. Aux É.-U., exploitation agricole, dans la Prairie. – Mot angloamér., «hutte de pionnier», de l'esp. *rancho*, «cabane, cantine, repas en commun».

ranci, ie [ʀɑ̃si] adj. Devenu rance. ▷ N. m. *Beurre qui a un goût de ranci.* – Pp. de *rancir*.

rancio [ʀɑ̃sjo] n. m. Vin de liqueur qui s'est velouté en vieillissant. – Mot esp., du lat. *rancidus*, «rance».

rancir [ʀɑ̃siʀ] v. intr. [2] Devenir rance. *L'huile a ranci.* – De *rance*.

rancissement [ʀɑ̃sismɑ̃] n. m. Fait de devenir rance. – De *rancir*.

rancissure [ʀɑ̃sisyʀ] n. f. État de ce qui a ranci. – De *rancir*.

rancoeur [ʀɑ̃kœʀ] n. f. Amertume tenace due à une injustice, une déception, etc. – Bas lat. *rancor, rancoris*, «rancissure», lat. ecclés. «rancune».

rançon [ʀɑ̃sɔ̃] n. f. **1.** Somme d'argent que l'on donne en échange de la liberté d'une personne captive. **2.** Fig. *La rançon de :* la contrepartie pénible (d'une chose agréable). *Les contraintes de la vie mondaine sont la rançon de la célébrité.* – A. fr. *raençon*, du lat. *redemptio, redemptionis*, «rachat».

rançonner [ʀɑ̃sɔne] v. tr. [1] **1.** Vieilli Ne relâcher que moyennant une certaine somme. *Les corsaires rançonnaient les navires marchands.* **2.** *Par ext.* Extorquer de l'argent à (qqn) sous la menace. ▷ Par exag. *Hôtelier qui rançonne le client*, qui présente des notes trop élevées. – Du préc.

rançonneur, euse [ʀɑ̃sɔnœʀ, øz] n. Personne qui rançonne. – Du préc.

rancune [ʀɑ̃kyn] n. f. Ressentiment profond, accompagné du désir de se venger, que l'on garde d'une offense. *Garder rancune à qqn.* ▷ *Sans rancune!:* oublions nos querelles! – Altér. de l'a. fr. *rancure*, lat. pop. **rancura*, crois. de *rancor*, «rancissure, rancœur», et *cura*, «souci».

rancuneux, euse [ʀɑ̃kynø, øz] adj. Litt., vieilli Qui éprouve de la rancune. – Du préc.

rancunier, ière [ʀɑ̃kynje, jɛʀ] adj. et n. Qui éprouve facilement de la rancune. *Un adversaire rancunier.* ▷ Subst. *Un(e) rancunier(ière).* – De *rancune*.

rand [ʀɑ̃d] n. m. Unité monétaire de la République Sud-Africaine. – Orig. incert.

randomisation [ʀɑ̃domizasjɔ̃] n. f. STATIS Action de randomiser. *Construire un échantillon par randomisation.* – De l'angl. *randomization*, de *at random*, «au hasard».

randomiser [ʀɑ̃domize] v. tr. [1] STATIS Tirer au hasard (les éléments constitutifs d'un échantillon). – Même origine que le préc.

randonnée [ʀɑ̃dɔne] n. f. Longue marche ininterrompue, grande promenade. *Randonnée pédestre, équestre.* – De l'anc. v. *randonner*, «courir vite», de *randon*, «rapidité, impétuosité», frq. **rant*, «course».

randonneur, euse [ʀɑ̃dɔnœʀ, øz] n. Personne qui fait une randonnée, ou qui s'adonne régulièrement à la randonnée. – Du préc.

rang [ʀɑ̃] n. m. **I. 1.** Série (de personnes, de choses identiques) disposées en ligne. *Élèves qui se mettent en rangs.* ▷ Série de sièges placés côte à côte. *Les premiers rangs d'une salle de spectacle.* ▷ Ligne de mailles dans un tricot. *Diminuer tous les deux rangs.* **2.** Suite de soldats placés côte à côte. *Rompre les rangs ennemis.* ▷ *Le rang:* les hommes de troupe d'une armée. *Officier sorti du rang*, qui n'est pas passé par une grande école militaire. **3.** loc. *Les rangs des:* le groupe, l'ensemble des. *Venir grossir les rangs des chômeurs.* ▷ *Être sur les rangs*, en compétition avec d'autres. **II. 1.** Place occupée dans une série. *Être classé par rang d'ancienneté, de taille.* **2.** Position dans une hiérarchie, une échelle de valeurs. *Être reçu dans un concours dans un bon rang.* **3.** loc. *Être au rang de:* compter parmi les. *Prendre rang parmi:* se mettre au nombre de. **III. 1.** Partie du territoire d'une municipalité rurale composée d'une suite de lots agricoles de forme rectangulaire aboutissant à une ligne où est tracé général. un chemin qui les dessert. *Une paroisse comprend un village et plusieurs rangs. Un rang est désigné par un nom propre (par ex. le rang Saint-Pierre) ou par un numéro d'ordre (le premier, le deuxième, le troisième rang). Chemin de rang. École de rang. Rang simple*, dont les lots s'échelonnent d'un seul côté du chemin de front. *Rang double*, formé de deux séries de lots disposés de chaque côté d'un même chemin de front près duquel les propriétaires ont leurs habitations. – *Vivre dans les rangs*, à la campagne. *Avoir été élevé dans les rangs, sur les rangs.* **2.** *Par méton.* Le chemin desservant cette portion de territoire. ▷ Population qui y est établie. «[La grippe] prenait plaisir à espacer ses coups, frappant le haut du troisième rang, reculant dans la Hêtrière, s'arrêtant au village, couchant d'un coup tout le rang des Chutes.» (Marcel Trudel, *Vézine*, 1946.) – All. *Ring*, frq. **hring*, «cercle, anneau».

rangé, ée [ʀɑ̃ʒe] adj. **1.** Mis en rang. – Loc. *Bataille rangée*, livrée par des troupes rangées. **2.** *Une personne rangée*, dont la conduite est sage et exempte de tout excès, qui mène une existence tranquille, sans aventure. – Par ext. *Une vie rangée.* – Pp. de *ranger*.

rangée [ʀɑ̃ʒe] n. f. Suite de choses ou de personnes placées côte à côte sur une même ligne. *Une rangée de sièges, d'arbres. Une rangée de soldats.* – Pp. fém. subst. de *ranger*.

rangement [ʀɑ̃ʒmɑ̃] n. m. **1.** Action de ranger. **2.** Disposition de ce qui est rangé. *Des rangements bien conçus.* – De *ranger*.

1. ranger [ʀɑ̃ʒe] **I.** v. tr. [15] **1.** Mettre en rangs ou en files. *Ranger des soldats en ordre de bataille.* **2.** Disposer en bon ordre. *Ranger ses papiers, la vaisselle.* **3.** Mettre de l'ordre dans. *Ranger sa chambre, un tiroir.* **4.** Classer, faire figurer parmi. *Ranger un* *poète parmi les classiques.* **5.** Mettre de côté. *Ranger un camion le long du trottoir.* **II.** v. pron. **1.** Se mettre en rangs. *Les soldats se rangent par quatre.* **2.** Se mettre de côté. *Les voitures se rangeaient pour laisser passer l'ambulance.* **3.** Se rassembler, se rallier. *Cette organisation s'est rangée sous l'autorité de notre fédération.* **4.** (Personnes.) Devenir rangé (sens 2). *En vieillissant, il commence à se ranger.* – De *rang.*

2. ranger [ʀɑ̃ʒœʀ] n. m. **1.** Soldat d'un corps d'élite de l'armée de terre américaine (notam. de la police montée). **2.** Brodequin muni d'une guêtre de cuir utilisée dans l'armée. – Mot amér., de *to range,* «errer, parcourir».

rani. V. rajah.

ranidés [ʀanide] n. m. pl. ZOOL Famille d'amphibiens anoures dont le type est la grenouille (genre *Rana*). – Du lat. *rana,* «grenouille».

ranimation [ʀanimasjɔ̃] n. f. Syn. de *réanimation.*

ranimer [ʀanime] v. tr. [1] **1.** Faire revenir à la conscience. *Ranimer un électrocuté.* Syn. réanimer. ▷ v. pron. *Se ranimer:* reprendre conscience. **2.** Redonner de la vivacité à. *Ranimer un feu. Ranimer l'ardeur de ses troupes.* ▷ v. pron. *La conversation s'est ranimée à son arrivée.* – De *r-,* et *animer.*

rantanplan. V. rataplan.

ranz [ʀɑ̃(s)z] n. m. Air populaire des bergers suisses. *Le ranz des vaches.* – Mot all., «rang».

rapace [ʀapas] adj. et n. **I.** adj. **1.** Ardent à poursuivre sa proie, en parlant d'un oiseau. *L'aigle rapace.* **2.** Fig. Avide de gain, cupide. *Usurier rapace.* **II.** n. m. pl. Ancien ordre d'oiseaux carnivores divisé auj. en falconiformes (diurnes) et strigiformes (nocturnes). ▷ Sing. *Un rapace.* – Lat. *rapax, rapacis,* «qui s'empare de, ravisseur», de *rapere,* «saisir, ravir».

rapacité [ʀapasite] n. f. **1.** Avidité d'un animal qui se jette sur sa proie. **2.** Fig. Avidité, cupidité. – Lat. *rapacitas.*

râpage [ʀɑpaʒ] n. m. Action de râper. – De *râper.*

rapatrié, ée [ʀapatʀije] adj. et n. Ramené dans sa patrie. – Subst. *Un(e) rapatrié(e).* – Pp. de *rapatrier.*

rapatriement [ʀapatʀimɑ̃] n. m. Action de rapatrier; son résultat. – De *rapatrier.*

rapatrier [ʀapatʀije] v. tr. [1] Faire revenir (qqn) dans son pays, dans sa patrie. *Rapatrier des exilés.* ▷ Par ext. *La constitution canadienne a été rapatriée en 1982.* – De *re-,* et *patrie.*

1. râpe [ʀɑp] n. f. **1.** Lime à grosses aspérités utilisée dans le travail des matières tendres. *Râpe à bois.* **2.** Ustensile de cuisine servant à réduire certaines substances en poudre ou en fragments. *Râpe à fromage.* – Germ. **raspôn,* «rafler», haut all., «gratter».

2. râpe [ʀɑp] n. f. VITIC Syn. de *rafle* 2. – Du germ. **raspôn,* par le lat. *raspa,* «grappe de raisin».

1. râpé, ée [ʀɑpe] adj. et n. **I.** adj. **1.** Usé jusqu'à la corde, en parlant d'une étoffe, d'un vêtement. **2.** Fam. *C'est râpé:* il ne faut pas y compter. **II.** n. m. Fromage (partic., gruyère) passé à la râpe. *Du râpé.* – Pp. de *râper* (avec infl. probable de *raté* pour le sens 2).

2. râpé [ʀɑpe] n. m. Boisson obtenue en mettant des grappes ou du marc de raisin dans un tonneau qu'on remplit d'eau. – De *râpe* 2.

râper [ʀɑpe] v. tr. [1] **1.** Réduire en poudre, en fragments avec une râpe. *Râper du fromage.* **2.** User la surface d'un corps avec une râpe. *Râper du bois.* ▷ Fig. *Alcool qui râpe le gosier.* – De *râpe* 1.

râperie [ʀɑpʀi] n. f. TECH Atelier où l'on opère le râpage (des betteraves à sucre, du bois destiné à la pâte à papier, etc.). – De *râper.*

rapetassage [ʀap(ə)tasaʒ] n. m. Fam. Action de rapetasser. – De *rapetasser.*

rapetasser [ʀap(ə)tase] v. tr. [1] Fam. Raccommoder grossièrement (un vêtement, etc.). – Du provenç. *petassar,* de *petas,* «pièce pour rapiécer», lat. *pittacium,* «pièce sur un vêtement ou une chaussure», du gr. *pittakion.*

rapetissement [ʀap(ə)tismɑ̃] n. m. Action de rapetisser, fait de se rapetisser; son résultat. – De *rapetisser.*

rapetisser [ʀap(ə)tise] v. [1] **I.** v. tr. **1.** Rendre plus petit; faire paraître plus petit. *L'éloignement rapetissait les objets.* ▷ v. pron. Devenir plus petit. *Se rapetisser par usure.* **2.** Fig. Diminuer la valeur, le mérite de (qqn, qqch). *Cette mesquinerie le rapetisse.* **II.** v. intr. Devenir plus petit, plus court. *Dès le mois d'août, les jours rapetissent sensiblement.* – De *r-,* et anc. v. *apetisser, «diminuer».*

râpeux, euse [ʀɑpø, øz] adj. **1.** Rugueux comme une râpe. *La langue des chats est râpeuse.* **2.** Fig. Âpre au goût, à l'oreille. *Cidre râpeux. Voix râpeuse.* – De *râpe* 1.

raphaélique [ʀafaelik] adj. De Raphaël. – Qui évoque l'art de Raphaël. – Du n. du peintre ital. *Raphaël* (1483-1520).

raphé [ʀafe] n. m. ANAT Ligne saillante sur la peau, correspondant à l'entrecroisement de fibres musculaires. *Raphé médian du périnée.* – Gr. *raphê,* «suture».

raphia [ʀafja] n. m. Palmier (genre *Raphia*) d'Afrique et d'Amérique, dont on tire une fibre souple et résistante. – Cette fibre, qu'on emploie comme lien ou pour faire des tissus (rabane), des objets de vannerie, etc. *Natte en raphia.* – Mot malgache.

rapiat, ate [ʀapja, at] adj. et n. Fam. Pingre, cupide. *Elle est drôlement rapiat* (ou, moins cour., *rapiate*). ▷ Subst. *Un vieux rapiat.* – De *râper,* au sens de «amasser de petites choses».

rapide [ʀapid] adj. et n. **I.** adj. **1.** Qui va très vite; qui peut aller très vite. *Voiture puissante et rapide.* **2.** Qui se fait, se produit à une vitesse ou avec une fréquence élevée. *Course rapide. Pouls rapide.* **3.** D'une grande promptitude dans le mouvement, l'action, l'intelligence, etc. *Être rapide en affaires.* **4.** Qui permet d'aller, d'agir, etc., rapidement. *Itinéraire rapide.* ▷ *Descente rapide,* à forte déclivité. **5.** TECH *Acier rapide:* acier spécial, très dur, utilisé pour l'usinage des métaux. ▷ PHOTO *Pellicule rapide,* dont la sensibilité élevée permet un temps de pose bref. **II.** n. m. **1.** Portion du cours d'une rivière, d'un fleuve, où le courant devient rapide et tourbillonnant en raison d'une modification brusque de la pente ou de la largeur du lit. **2.** Train rapide, qui ne s'arrête que dans les villes importantes. – Lat. *rapidus,* «qui entraîne, qui emporte», de *rapere,* «entraîner violemment».

rapidement [ʀapidmɑ̃] adv. D'une manière rapide. – Du préc.

rapidité [ʀapidite] n. f. Grande vitesse, célérité, promptitude. – Lat. *rapiditas.*

rapiéçage [ʀapjesaʒ] ou **rapiècement** [ʀapjɛsmɑ̃] n. m. Action de rapiécer; son résultat. – De *rapiécer.*

rapiécer [ʀapjese] v. tr. [16] Raccommoder en posant une, des pièces. *Rapiécer un habit.* – De *re-,* et *pièce.*

rapière [ʀapjɛʀ] n. f. Anc. Épée de duel longue et effilée, conçue pour frapper d'estoc, en usage du XVe au XVIIe s. – De *râper.*

rapin [ʀapɛ̃] n. m. Fam., vx Apprenti, dans un atelier de peinture. ▷ *Par ext.,* péjor. Peintre. – Orig. incon.

rapine [ʀapin] n. f. Litt. **1.** Action de ravir par violence. ▷ Larcin, pillage; concussion. *Les rapines d'un maraudeur, d'un intendant.* **2.** Ce qui est pris par rapine. *Vivre de rapines.* – Lat. *rapina,* de *rapere,* «prendre».

rapiner [ʀapine] v. tr. et intr. [1] Vieilli Prendre par rapine. – De *rapine.*

rapinerie [ʀapinʀi] n. f. Vieilli Acte de rapine. – De *rapine.*

raplapla [ʀaplapla] adj. inv. Fam. Sans force, très fatigué. *Se sentir tout raplapla.* – De *raplati,* pp. de *raplatir,* ou renforcement plaisant de *à plat.*

raplatir [ʀaplatiʀ] v. tr. [2] Aplatir de nouveau ou davantage. ▷ Pp Fam. *Raplati:* sans force, sans ressort (en parlant d'une personne). – De *r-,* et *aplatir.*

rappareiller [ʀapaʀɛje] v. tr. [1] Rare Réassortir. *Rappareiller les verres d'un service.* – De *r-,* et *appareiller.*

rappariement [ʀapaʀimɑ̃] n. m. Rare Action de rapparier; son résultat. – De *rapparier.*

rapparier [ʀapaʀje] v. tr. [1] Rare Joindre une chose à une autre pareille, pour reformer une paire. *Rapparier des bas.* ▷ Spécial. *Rapparier un bœuf de labour. Rapparier des pigeons.* – De *r-,* et *apparier.*

rappel [ʀapɛl] n. m. **1.** Action de rappeler, de faire revenir. *Rappel d'un ambassadeur.* ▷ MILIT Batterie de tambour ou sonnerie de clairon pour avertir les troupes de se rassembler. – Fig. *Battre le rappel:* réunir les personnes, toutes les ressources nécessaires. ▷ Applaudissements prolongés invitant un artiste à revenir saluer le public. **2.** Fig. *Rappel à...:* action de ramener qqn à... *Rappel à l'ordre:* avertissement à un membre d'une assemblée qui s'est écarté du règlement, des convenances. – *Rappel au bon sens.* **3.** Évocation, remise en mémoire; répétition. *Rappel d'un souvenir, d'une date.* ▷ *Vaccination de rappel,* ou, ellipt., *rappel* : nouvelle administration de vaccin destinée à prolonger l'immunité conférée par une vaccination antérieure. **4.** MAR Mouvement d'un navire qui revient à sa position d'équilibre après un coup de roulis. ▷ Position de l'équipage d'un dériveur qui porte son poids au vent pour limiter la gîte. *Se mettre au rappel.* **5.** Manœuvre de descente utilisée en alpinisme et en spéléologie, qui consiste à se servir d'une corde double, accrochée au point haut sur un piton et récupérée ensuite par traction sur l'un des brins. **6.** TECH *De rappel:* qui ramène à la position de départ ou d'équilibre. *Ressort, vis de rappel.* – Déverbal de *rappeler.*

rappeler [ʀaple] **I.** v. tr. [22] **1.** Appeler de nouveau (partic., par téléphone). *Je vous rappellerai ce soir.* **2.** Appeler pour faire revenir. *Rappeler qqn qui sort.* **3.** Fig. *Rappeler à:* ramener à. *Rappeler qqn à la vie,* le ranimer. – *Rappeler à l'ordre, à la décence.* (V. rappel, sens 2). **4.** Remettre en mémoire. *Rappeler une promesse à qqn.* – (Formule de politesse.) *Rappelez-moi au bon souvenir de...* ▷ Faire penser, par ressemblance ou par analogie, à. *Ce récit m'en rappelle un autre.* **II.** v. pron. Conserver ou retrouver le souvenir de. *Se rappeler un fait. Il se rappelle être venu; il se le rappelle.* ▷ (Réfl.) *Se rappeler à qqn, à son souvenir.* – De *r-,* et *appeler.*

rappliquer [ʀaplike] v. [1] **1.** v. tr. Appliquer de nouveau. **2.** v. intr. Pop. Revenir, arriver. *Il a rappliqué chez moi.* – De *r-,* et *appliquer.*

rappointis [ʀapwɛ̃ti] n. m. TECH Pointe à large tête enfoncée dans un bois pour retenir l'enduit, le plâtre. – De *re-,* et *pointe.*

rapport [ʀapɔʀ] n. m. **I. 1.** Action de rapporter, d'ajouter; son résultat. *Pièce de rapport,* rapportée*. **2.** DR Action par laquelle une somme, un bien reçus par avance sont restitués à la succession, pour être comptés au partage. **3.** Revenu, produit. *Terre d'un bon rapport. Maison de rapport,* dont le propriétaire tire des revenus locatifs. **II.** Compte rendu ou exposé; témoignage, récit. *Rapport financier. Faire un faux rapport.* ▷ MILIT Réunion d'une unité militaire pour la communication de l'ordre du jour, des décisions disciplinaires, etc. *Rassemblement au rapport.* **III. 1.** Relation constatée ou établie entre deux ou plusieurs choses. *Faire le rapport entre deux incidents.* **2.** Conformité, convenance; accord. *Il y a un rapport parfait entre les parties de cet édifice.* **3.** MATH Comparaison de deux grandeurs. *Rapport de deux nombres,* leur quotient. **4.** loc. prép. *Par rapport à:* relativement à, en fonction de. *Juger par rapport à son intérêt.* – Par comparaison avec. *Une taille petite par rapport à la moyenne.* ▷ Pop. *Rapport à:* à cause de. *Il est furieux, rapport à son échec.* ▷ Fam. *Sous le rapport de:* quant à, du point de vue de. *Méthode au point sous le rapport de la rentabilité.* – Loc. adv. *Jeune homme bien sous tous (les) rapports,* à tous égards. **IV.** Relation entre des personnes, des groupes, des États. *Mettre, se mettre en rapport avec qqn.* – (Surtout plur.) *Rapports sociaux.* ▷ *Rapports sexuels.* – Absol. *Avoir des rapports.* – De *rapporter.*

rapportable [ʀapɔʀtabl] adj. Rare Qui peut ou qui doit être rapporté à. ▷ DR *Créance rapportable,* annulable. – De *rapporter.*

rapportage [ʀapɔʀtaʒ] n. m. Fam. (langage des écoliers). Délation, mouchardage. – De *rapporter.*

rapporté, ée [ʀapɔʀte] adj. Se dit d'un élément façonné ajouté à un ensemble par assemblage. *Poche rapportée.* – Fig., fam. *Pièce rapportée:* membre par alliance d'une famille. *Les brus et les gendres sont des pièces rapportées.* – Pp. de *rapporter.*

rapporter [ʀapɔʀte] **A.** v. tr. [1] **I. 1.** Apporter de nouveau. *Rapporter un texte après correction.* Apporter (une chose) au lieu où elle était, la rendre à son propriétaire. *Je vous rapporte vos livres.* **2.** Apporter en revenant d'un lieu. *Rapporter un masque d'Afrique.* ▷ Spécial. *Chien qui rapporte le gibier abattu.* **3.** Ajouter, surajouter (pour compléter, améliorer, orner, etc.). *Rapporter un rabat.* **4.** DR Restituer à la masse d'une succession (ce qu'on a reçu d'avance). **5.** GEOM Tracer sur le papier (une figure semblable à une autre). *Rapporter un angle* (V. rapporteur). **6.** Donner un revenu, un profit; produire. *Commerce qui rapporte beaucoup d'argent.* – Absol. *Ces plantations ne rapportent pas.* **7.** DR Abroger, annuler. *Rapporter un arrêté.* **II. 1.** Faire le compte rendu, le récit de. *Rapporter un fait. Rapporter des paroles,* les redire, les citer. **2.** Répéter par indiscrétion, légèreté ou malice. *Méfiez-vous de lui, il rapporte tout.* ▷ *Absol.,* fam. (langage des écoliers). Se livrer à des dénonciations, moucharder. **III.** *Rapporter... à.* **1.** Faire remonter, rattacher (un fait, une chose) à (un, une) autre par un lien logique. *Rapporter l'effet à la cause.* **2.** Comparer. *Rapporter l'effort fourni au résultat obtenu.* **B.** v. pron. **1.** Avoir rapport, se rattacher à. *Cette question se rapporte au débat.* – GRAM *L'attribut se rapporte à un nom ou à un pronom.* **2.** *S'en rapporter à qqn,* lui faire confiance pour décider, agir. *Je m'en rapporte à votre goût.* – De *r-,* et *apporter,* de *porter.*

rapporteur, euse [ʀapɔʀtœʀ, øz] n. et adj. **1.** Personne qui rapporte (sens II, 2). Syn. fam. mouchard. ▷ Adj. *Il est rapporteur.* **2.** n. m. Personne chargée du compte rendu ou de l'exposé d'un procès, d'une affaire, d'un projet de loi, etc. **3.** n. m. GEOM Demi-cercle gradué, qui sert à mesurer ou à rapporter les angles. – Du préc.

rapprendre. V. réapprendre.

rapprêter [ʀapʀɛte] v. tr. [1] TECH Donner un nouvel apprêt à (une étoffe). – De *r-,* et *apprêter.*

rapproché, ée [ʀapʀɔʃe] adj. **1.** Voisin, proche. *Leurs maisons sont assez rapprochées.* **2.** Qui n'est pas éloigné dans le temps. *Réunions rapprochées.* – Pp. de *rapprocher.*

rapprochement [ʀapʀɔʃmɑ̃] n. m. **1.** Action de rapprocher, fait de se rapprocher; son résultat. *Rapprochement de pièces disjointes.* **2.** Établissement de relations plus étroites. *Rapprochement de deux États.* **3.** Action de rapprocher pour comparer, confronter; son résultat. ▷ FIN *Rapprochement bancaire:* état comptable faisant ressortir les différences entre le solde du compte en banque et le solde du compte banque dans les livres d'une entreprise. – De *rapprocher.*

rapprocher [ʀapʀɔʃe] **I.** v. tr. [1] **1.** Mettre plus près. *Rapprocher sa chaise de l'âtre.* ▷ Fig. *Les jumelles rapprochent les objets,* les font paraître plus proches. **2.** Rendre plus proche dans le temps. *Chaque heure nous rapproche du terme.* **3.** Disposer à l'entente, à l'union, etc.; réconcilier. *Les épreuves subies ensemble les ont rapprochés.* **4.** Mettre en parallèle, confronter pour mettre en évidence les similitudes ou les différences. *Rapprocher des faits, des récits.* **II.** v. pron. **1.** Venir plus près, arriver à proximité. *Se rapprocher de la ville.* **2.** Devenir plus proche. *L'échéance se rapproche.* ▷ Fig. *Se rapprocher de qqn,* entretenir avec lui des rapports plus étroits. **3.** *Se rapprocher de:* être plus ou moins comparable, conforme à. *Ce portrait se rapproche assez du modèle.* – De *r-,* et *approcher.*

rapprovisionnement, rapprovisionner. V. réapprovisionnement, réapprovisionner.

rapsode, rapsodie, et **rapsodique**. V. rhapsode, rhapsodie et rhapsodique.

rapt [ʀapt] n. m. **1.** Enlèvement (d'une personne). *Rapt en vue d'obtenir une rançon.* **2.** PHYS NUCL Réaction nucléaire dans laquelle le projectile enlève un des nucléons du noyau cible. – Lat. *raptus,* de *rapere,* «enlever».

raptus [ʀaptys] n. m. PSYCHIAT Impulsion violente et soudaine qui peut pousser un malade à un acte violent envers lui-même ou autrui. – Mot lat., «enlèvement», de *rapere,* «enlever».

râpure [ʀɑpyʀ] n. f. Ce qu'on enlève avec une râpe (1, sens 1). – De *râpe* 1.

raquette [ʀakɛt] n. f. **1.** Instrument formé d'un cadre ovale garni d'un réseau de cordes en boyau ou en nylon et muni d'un manche, dont on se sert pour lancer une balle, un volant. *Raquette de tennis, de badminton, de squash.* – *Raquette de ping-pong,* constituée d'une petite plaque de bois recouverte de matière élastique sur ses deux faces et munie d'un manche court. **2.** *Par anal.* Large semelle formée d'un cadre de bois ovale garni d'un réseau de lanières de cuir et souvent prolongé à l'arrière en forme de queue, que l'on adapte aux chaussures pour marcher sur la neige sans y enfoncer. *Des raquettes à neige. Une paire de raquettes. Chausser, mettre des raquettes. Course en, de raquettes.* «[...] une garnison de la forêt venait d'être repoussée jusque sur Chateaugay par un détachement de Républicains, qui, à l'instar des Sauvages, usaient de raquettes pour courir sur les neiges.» (Joseph Doutre, *Les fiancés de 1812,* 1844.) ▷ Action de marcher sur la neige avec des raquettes; *spécial.,* le sport qui en est résulté. *Faire de la raquette.* ▷ Vieilli Raquetteur. *Le club des raquettes.* **3.** BOT Plante grasse (*Opuntia vulgaris,* fam. cactacées) nommée aussi *nopal.* – Lat. médiév. *rasceta,* de l'ar. *râhat,* «paume de la main».

ENCYCL Dérivée du mot arabe «rāhat» signifiant «paume de la main», la raquette fut introduite en France avec le jeu de paume au moment des invasions musulmanes. L'instrument, rond ou ovale, et muni d'un manche, permet de lancer une balle, une pelote ou un volant. Au cours du XIXe siècle s'est répandu le jeu de tennis qui fait aussi usage de la raquette; puis, au XXe siècle, apparurent le badmington, le «squash» puis le «racket ball» qui se pratiquent avec des raquettes aux formes particulières, mais à l'intérieur de gymnases.
C'est par analogie que les Français du XVIe siècle nommèrent ainsi les larges semelles rondes ou ovales que les peuples du Nord fixaient à leurs chaussures pour marcher dans la neige sans y enfoncer. Plus ancienne que la roue, l'invention de la raquette aurait même précédé celle du ski qui remonte à l'âge de pierre: à témoin, l'art rupestre norvégien. La plupart des régions montagneuses et neigeuses d'Europe et d'Asie auraient connu l'usage de raquettes primitives qui permettaient aux nomades et aux chasseurs de poursuivre le gibier dans les neiges molles: dans les Pyrénées, les Alpes, les Carpathes, le Caucase, et aussi au Tibet, en Sibérie et dans le Kamtchatka. D'où elle serait passée en Amérique avec les migrations humaines successives qui empruntèrent le détroit de Behring pour ensuite se répandre sur le nouveau continent. Intégrée étroitement à un mode de vie et de survie, la raquette amérindienne fut perfectionnée à son plus haut degré par les occupants de la partie septentrionale du Canada et des États-Unis. Plus de neuf cents modèles ont été observés de l'Atlantique au Pacifique, que l'on peut ramener à quatre formes de base: le disque, la feuille, l'ovale et la pointe de lance. Dans tous les cas, il s'agit d'un fût de bois servant de cadre à un réseau de lanières de peau crue appelée «babiche», quelquefois renforcé par des barres transversales également de bois.
Les premiers Euro-Canadiens adoptèrent vite la raquette qui leur facilita la pénétration et l'occupation du pays. Associée d'abord au commerce des fourrures, la raquette permit aussi aux communautés rurales de vaincre l'isolement de l'hiver avant de devenir, depuis la fin du XIXe siècle jusqu'à nos jours, un sport de plein air accessible à tous.

raquetteur, euse [ʀakɛtœʀ, øz] n. Personne qui fait de la raquette; *spécial.,* adepte de la raquette (en tant qu'activité sportive). *Club de raquetteurs.* «[...] il affichait tous les signes de la déformation physique dont sont victimes ceux qui s'adonnent assez longtemps à un sport pour en être marqués. Le raquetteur fait de longues enjambées, le patineur traîne les pieds, le cow-boy a les jambes cintrées et l'haltérophile s'écartèle à propos de tout et de rien.» (Roger Lemelin, *Les Plouffe,* 1948.) – Du préc.

rare [ʀɑʀ] adj. **1.** Qui n'est pas commun, qui n'existe qu'en petit nombre. *Perles rares.* ▷ Peu nombreux. *Des visiteurs rares.* ▷ CHIM *Gaz rares, terres rares:* Cf. gaz, terre. **2.** Qui n'est pas fréquent. *Incident rare.* ▷ Fam., en parlant d'une personne. *Il devient, il se fait rare:* on le voit moins souvent, très peu. **3.** (Surtout av. le nom.) Exceptionnel, remarquable. *Une rare intelligence.* **4.** Peu dense, clairsemé. *Végétation, barbe rare.* – Lat. *rarus.*

raréfaction [ʀaʀefaksjɔ̃] n. f. Action de raréfier, fait de se raréfier; son résultat. ▷ *Spécial.* Diminution dans l'offre d'une denrée. – Lat. médiév. *rarefactio.*

raréfiable [ʀɑʀefjabl] adj. Susceptible de se raréfier, d'être raréfié. – De *raréfier.*

raréfier [ʀɑʀefje] v. tr. [1] **1.** PHYS Diminuer la densité, la pression de. ▷ v. pron. *Gaz qui se raréfie.* **2.** Rendre rare. *Une chasse trop intensive a raréfié l'espèce.* ▷ v. pron. Devenir rare ou plus rare. *Les baleines se raréfient.* – Lat. *rarefieri,* passif de *rarefacere.*

rarement [ʀɑʀmɑ̃] adv. Peu souvent. – De *rare.*

rarescent, ente [ʀɑʀɛsɑ̃, ɑ̃t] adj. Didac. Qui se raréfie. – Lat. *rarescens,* ppr. de *rarescere,* «se raréfier».

rareté [ʀɑʀte] n. f. **I.** Caractère de ce qui est rare. **1.** Caractère de ce qui est peu commun, peu abondant. *La rareté des choses fait leur valeur.* **2.** Caractère de ce qui est peu fréquent. *Rareté d'un événement.* **II.**

Chose rare, précieuse ou curieuse. *Les raretés d'une collection.* – Lat. *raritas.*

rarissime [ʀaʀisim] adj. Très rare. *Phénomène rarissime.* – Ital. *rarissimo,* lat. *rarissimus,* de *rarus,* «rare».

1. ras, rase [ʀɑ, ʀɑz] adj. **1.** Dont les poils, les brins, etc., sont coupés très court. *Une barbe rase. Un tissu ras.* ▷ Adv. *Couper ras.* **2.** Qui est naturellement court, peu élevé. *Végétation rase.* **3.** En loc. *En rase campagne:* dans une campagne plate, unie; en terrain découvert. ▷ *Table rase:* Cf. table. ▷ Loc. prép. *À ras de, au ras de:* presque au niveau de. *Au ras de l'eau. À ras de terre.* ▷ *À ras bord:* jusqu'au bord. *Pichet rempli à ras bord.* **4.** (Emploi adverbial.) Fam. *En avoir ras le bol:* en avoir assez, être excédé, dégoûté. – Lat. *rasus,* de *radere,* «raser».

2. ras. V. raz.

3. ras [ʀas] n. m. Anc. En Éthiopie, seigneur féodal. – Mot amharique, de l'ar. (cf. raïs), «tête, chef».

4. ras [ʀas] n. m. MAR Radeau servant aux réparations d'un navire près de la flottaison. – Lat. *ratis,* «radeau».

rasade [ʀɑzad] n. f. Contenu d'un verre plein à ras bord. *Rasade de vin.* – De *ras* 1.

rasage [ʀɑzaʒ] n. m. **1.** Action de raser (surtout la barbe). **2.** TECH Opération consistant à égaliser tous les poils des peaux, des étoffes, etc. – De *raser.*

rasant, ante [ʀɑzɑ̃, ɑ̃t] adj. **1.** Qui rase, qui effleure. *Tir rasant.* ▷ Au ras du sol. *Fortifications rasantes.* **2.** Fam. Qui rase, qui ennuie. *Un discours pompeux et rasant.* – Ppr. de *raser.*

rascasse [ʀaskas] n. f. Scorpène, poisson à la tête globuleuse hérissée de piquants, très commun en Méditerranée. – Provenç. *rascasso,* de *rasco,* «teigne».

rase-mottes [ʀɑzmɔt] n. m. inv. Vol au ras du sol. *Avion qui fait du rase-mottes.* – De *raser,* et *motte.*

raser [ʀɑze] v. tr. [1] **1.** Couper tout près de la peau. *Raser la laine des moutons. Raser les cheveux de qqn.* ▷ Couper très court les poils, les cheveux de. *Raser la tête de qqn.* ▷ Faire la barbe à (qqn). – v. pron. *Se raser avant de sortir.* **2.** Abattre (un édifice) à ras de terre. *Raser des fortifications.* **3.** Passer très près de, effleurer. *La balle lui a rasé l'oreille.* **4.** Fam. Ennuyer, fatiguer. *Conférencier qui rase ses auditeurs.* ▷ v. pron. *Je me suis rasé toute la soirée.* – Lat. pop. **rasare,* class. *radere,* «tondre, raser la barbe».

rasette [ʀɑzɛt] n. f. AGRIC Petit soc d'une charrue, fixé en avant du coutre et destiné à couper les mauvaises herbes. – De *raser.*

raseur, euse [ʀɑzœʀ, øz] n. **1.** TECH Ouvrier qui rase les étoffes. – Ouvrier chargé du rasage des peaux. **2.** Fam. Personne ennuyeuse. *Quel raseur!* – De *raser.*

rash [ʀaʃ] n. m. MED Éruption fugace observée parfois pendant la période d'invasion de certaines maladies (variole, varicelle) et au cours de maladies fébriles non éruptives. – Mot angl.

rasibus [ʀɑzibys] adv. Pop. À ras. *La balle lui a frôlé le crâne rasibus.* – De *ras* 1, avec imitation plaisante d'une forme latine.

raskol [ʀaskɔl] n. m. HIST Schisme de l'Égl. russe provoqué, au XVIIe s., par les réformes liturgiques du patriarche Nikon (1605-1681). – Mot russe, «schisme».

ras-le-bol [ʀalbɔl] n. m. inv. Fig., fam. Lassitude, saturation. – De *ras* 1, *le,* et *bol.*

rasoir [ʀɑzwaʀ] n. m. (et adj.) **1.** Instrument qui sert à raser le visage, à faire la barbe. *Rasoir à main. Rasoir électrique.* **2.** Fig., Fam. Personne ennuyeuse. ▷ Adj. *Ce qu'il peut être rasoir! Un bouquin rasoir.* – Lat. pop. *rasorium,* de *radere,* «raser».

raspoutitsa [ʀasputitsa] n. f. GEOGR Dégel du sol, qui entraîne la formation d'une couche de boue gluante rendant les chemins impraticables, en Russie. – Mot russe, propr. «chemin rompu».

rassasier [ʀasazje] v. tr. [1] **1.** Nourrir à satiété, apaiser complètement la faim de. *Rassasier qqn.* – v. pron. *Il s'est rassasié.* **2.** Fig. *Rassasier, repaître* ses yeux d'un spectacle,* le regarder avec avidité sans se lasser. – *Être rassasié de qqch:* en avoir à satiété, en être repu. ▷ v. pron. *Elle ne se rassasie pas de le voir et de l'entendre.* – De *r-,* et a. fr. *assasier,* lat. médiév. *assatiare,* class. *satiare,* de *satis,* «assez».

rassemblement [ʀasɑ̃bləmɑ̃] n. m. **1.** Action de rassembler (des choses éparses, des personnes dispersées); fait de se rassembler. ▷ *Spécial.* Action de rassembler des soldats; fait, pour ceux-ci, de se rassembler. – Sonnerie qui commande cette manœuvre. **2.** Groupe de personnes assemblées, attroupement. *Disperser les rassemblements.* **3.** Union de personnes rassemblées par un dessein commun. *Le Rassemblement pour l'indépendance nationale (RIN).* ▷ Groupement politique rassemblant des tendances diverses. – De *rassembler.*

rassembler [ʀasɑ̃ble] v. tr. [1] **1.** Réunir, regrouper. *Rassembler ses troupes.* ▷ v. pron. *Nous nous rassemblerons à tel endroit.* **2.** Mettre ensemble (des choses). *Rassemblez vos affaires, nous partons.* ▷ (Abstrait.) *Rassembler tout son courage.* **3.** TECH Assembler de nouveau. *Rassembler une charpente démontée.* **4.** EQUIT *Rassembler un cheval,* agir simultanément des mains et des jambes de manière qu'il ait le devant plus libre pour l'exécution des mouvements. – De *r-,* et *assembler.*

rasseoir [ʀaswaʀ] v. tr. [44] **1.** Asseoir de nouveau. *Rasseoir un enfant sur sa chaise..* v. pron. ▷ *Ils se sont rassis.* **2.** Remettre en place. *Rasseoir une statue.* **II.** v. pron. S'asseoir de nouveau. *Ils se sont rassis.* – De *r-,* et *asseoir.*

rasséréner [ʀaseʀene] v. tr. [16] Litt. Faire redevenir serein, calme. *Cette nouvelle l'a rasséréné.* ▷ v. pron. *Elle s'est rassérénée.* – De *re-,* et *serein.*

rassir [ʀasiʀ] v. intr. [2] Devenir rassis. – De *rassis.*

rassis, ise [ʀasi, iz] adj. **1.** *Pain rassis,* qui n'est plus frais, sans être encore dur. *Une baguette rassise* (ou, fam. *rassie*). **2.** Calme, posé, réfléchi. *Un esprit rassis.* – Pp. de *rasseoir.*

rassortiment, rassortir. V. réassortiment, réassortir.

rassurant, ante [ʀasyʀɑ̃, ɑ̃t] adj. Propre à rassurer. *Un avis rassurant.* – Ppr. de *rassurer.*

rassurer [ʀasyʀe] v. tr. [1] Redonner l'assurance, la tranquillité, la confiance à. *Vos raisons me rassurent.* ▷ v. pron. Reprendre confiance. *Rassurez-vous, c'est sans danger.* – De *r-,* et *assurer.*

rasta [ʀasta] ou **rastafari** [ʀastafaʀi] adj. et n. Adepte d'un mouvement mystique et culturel d'origine jamaïcaine. *Les rastas croient qu'ils forment une des tribus perdues d'Israël et que l'ancien empereur d'Éthiopie est le rédempteur divin du peuple noir, dispersé par la traite des esclaves; le reggae est une de leurs manifestations culturelles.* – De l'amharique *ras,* «chef», et de *Tafari* Makkonen, couronné empereur d'Éthiopie en 1930 sous le nom de Haïlé Sélassié Ier et détrôné en 1974.

rastaquouère [ʀastakwɛʀ] n. m. Fam. Étranger qui fait étalage d'un luxe exagéré et suspect. ▷ *Par ext.* Aventurier, individu louche. – Esp. d'Amérique *rastracuero,* «traîne-cuir», désignant les parvenus, p.-ê. par allus. aux jambières de cuir des gauchos.

rat [ʀa] n. m. **1.** Rongeur (fam. muridés) au pelage sombre, à la queue écailleuse, très prolifique, qui vit le plus souvent en commensal de l'homme. – Loc.

Être fait comme un rat: être pris, attrapé (comme un rat dans un piège); être dans une situation fâcheuse et sans issue. **2.** *Rat musqué:* mammifère rongeur (Ondatra zibethicus) dont la taille dépasse celle du rat commun, au pelage brun foncé sur le dos, gris argenté sur le ventre, aux pattes palmées, commun près des petits cours d'eau et dans les marécages où il construit des huttes d'herbes et de roseaux; la fourrure de cet animal. *Manteau de rat musqué. Rat araignée:* musaraigne. *Rat des bois:* mulot. *Rat des champs:* campagnol. ▷ *Rat à crête* (genre *Lophiomys*): rat d'Afrique orientale, long d'une quarantaine de cm, qui porte une crinière dorsale. **3.** (Personnes comparées à des rats.) *Rat de bibliothèque:* personne qui fréquente assidûment les bibliothèques, qui y passe sa vie. – *Rat d'hôtel:* voleur qui opère dans les chambres d'hôtel. – ▷ (Objets.) *Rat de cave:* mince bougie enroulée sur elle-même, que l'on tient à la main. – *Queue*-de-rat.* **4.** Pop. Personne avare. *Un vieux rat.* ▷ Adj. inv. *Elle est drôlement rat!* – P.-ê. de l'all. *ratt-*, onomatopée du bruit du rat qui grignote, ou dérivé roman du lat. *radere*, «ronger».

ratafia [ʀatafja] n. m. Liqueur à base d'eau-de-vie sucrée et de jus de fruits. – P.-ê. du créole des Antilles françaises.

ratage [ʀataʒ] n. m. Fait de rater; échec. Syn. fam. fiasco. – De *rater.*

rataplan [ʀataplɑ̃] ou **rantanplan** [ʀɑ̃tɑ̃plɑ̃] Onomatopée exprimant le bruit du tambour. *Plan, plan, rataplan.*

ratatiné, ée [ʀatatine] adj. **1.** Rapetissé, déformé par l'âge, par le vieillissement; ridé, flétri. *Vieillard ratatiné. Pomme ratatinée.* **2.** Fig., fam. Brisé, démoli, hors d'usage. – Pp. de *ratatiner.*

ratatiner [ʀatatine] v. tr. [1] **1.** Raccourcir, resserrer en déformant, en plissant. *Le froid a ratatiné les feuilles des arbres.* ▷ v. pron. *Cuir moulé qui se ratatine en séchant.* **2.** Pop. Exterminer, massacrer, démolir. *Ils vont se faire ratatiner !* – Orig. incert.

ratatouille [ʀatatuj] n. f. **1.** Fam., vx Ragoût peu appétissant. **2.** Plat provençal fait d'aubergines, de tomates, de courgettes, de poivrons, d'oignons, etc., cuits dans l'huile d'olive. **3.** Fig., fam. Raclée. – De *tatouiller*, et *ratouiller*, formes expressives de *touiller.*

1. rate [ʀat] n. f. Femelle du rat (on écrit aussi *ratte*). – Fém. de *rat.*

2. rate [ʀat] n. f. ANAT Organe lymphoïde fortement vascularisé, de consistance molle et spongieuse, situé dans la partie gauche de la cavité péritonéale, sous le diaphragme. ▷ Fig., fam. *Se dilater la rate:* rire fort et longtemps. – *Ne pas se fouler la rate:* ne se donner aucune peine. – Néerl. *râte*, «rayon de miel», par anal. de forme.

raté, ée [ʀate] n. **I.** n. m. **1.** Fait de rater, pour une arme à feu; coup qui ne part pas. *Raté d'un fusil.* **2.** Bruit produit par un moteur à explosion dont l'allumage est défectueux. ▷ Fig. Petite difficulté, incident. *Les ratés du plan de redressement économique.* **II.** n. Personne qui n'a pas réussi dans sa carrière, qui a échoué dans ses entreprises. *C'est un raté, un aigri.* – Pp. subst. de *rater.*

râteau [ʀɑto] n. m. Instrument à dents de fer ou de bois fixées à une traverse munie d'un long manche, qui sert à ramasser les feuilles, les brindilles, à égaliser la terre fraîchement sarclée, etc. ▷ Instrument de forme analogue, plaquette munie d'un manche avec laquelle le croupier ramasse les mises, à une table de jeu. – A. fr. *ra(s)tel*, lat. *rastellum*, dimin. de *rastrum.*

ratel [ʀatɛl] n. m. ZOOL Mammifère carnivore mustélidé d'Afrique et d'Asie du Sud *(Mellivora)*, long d'une soixantaine de cm, à dos blanc et à ventre noir, très friand de miel. – De *rat.*

râtelage [ʀɑtlaʒ] n. m. AGRIC Action de râteler. – De *râteler.*

râtelée [ʀɑtle] n. f. AGRIC Quantité que l'on peut ramasser en un seul coup de râteau. – Pp. fém. subst. de *râteler.*

râteler [ʀɑtle] v. tr. [22] AGRIC Rassembler au moyen d'un râteau. *Râteler des avoines.* – De *ratel*, anc. forme de *râteau.*

râteleur, euse [ʀɑtlœʀ, øz] n. **1.** Celui, celle qui râtelle. **2.** n. f. Machine à dents qui ramasse le foin. – Du préc.

râtelier [ʀɑtəlje] n. m. **1.** Claie fixée au mur d'une écurie, d'une étable, à la hauteur de la tête des bêtes, et destinée à recevoir le fourrage. ▷ Loc. fam. *Manger à plusieurs* (ou *à tous les*) *râteliers:* tirer profit de plusieurs emplois; servir des partis opposés. **2.** Support destiné au rangement vertical d'objets oblongs. *Râtelier d'armes, de pipes, d'outils.* **3.** Fam. Dentier. – De *râteau*, par anal. de forme.

rater [ʀate] v. [1] **I.** v. intr. **1.** Ne pas partir, en parlant d'une arme à feu. *Pistolet qui rate. «Ne tire pas, va! Ton coup va rater»* (Hugo). **2.** Échouer. *L'affaire a raté.* – *Ça n'a pas raté:* cela n'a pas manqué de se produire. **II.** v. tr. **1.** Ne pas atteindre, ne pas toucher (le but, la cible). *La balle l'a raté de peu.* ▷ Fam. *À la prochaine occasion, je ne te raterai pas*, je ne manquerai pas de te faire subir ce que tu mérites. **2.** Manquer. *Rater un train, un rendez-vous.* **3.** Ne pas réussir, ne pas mener à terme (ce que l'on avait entrepris). *Rater un plat.* – De l'anc. loc. *prendre un rat*, en parlant d'une arme à feu qui ne part pas et, fig., «manquer son coup».

ratiboiser [ʀatibwaze] v. tr. [1] Fam. Rafler (au jeu); *par ext.* prendre frauduleusement. – Au pp. *Être ratiboisé:* être perdu, ruiné. – De *ratisser*, et a. fr. dial. *emboiser*, «tromper», d'orig. germ.

raticide [ʀatisid] n. m. Produit pour la destruction des rats. – De *rat*, et suff. *-cide.*

ratier [ʀatje] n. m. Chien dressé à chasser les rats. ▷ Adj. *Chien ratier.* – De *rat.*

ratière [ʀatjɛʀ] n. f. **1.** Piège à rat. **2.** Mécanisme de commande des lames d'un métier à tisser. – De *rat.*

ratification [ʀatifikasjɔ̃] n. f. **1.** Action de ratifier. – Confirmation dans la forme requise. *Donner sa ratification.* **2.** Document qui atteste une telle confirmation. – Lat. médiév. *ratificatio.*

ratifier [ʀatifje] v. tr. [1] Approuver, confirmer dans la forme requise (ce qui a été fait ou promis). *Ratifier un contrat, un traité.* – Lat. médiév. *ratificare*, de *ratum facere*, «rendre valable».

ratinage [ʀatinaʒ] n. m. TECH Frisure que l'on donne à certains draps (peluches, ratines). – De *ratine.*

ratine [ʀatin] n. f. **1.** Vieilli Étoffe de laine croisée dont le poil est tiré en dehors et frisé de manière à former de petits grains. *Un capot de ratine.* **2.** Cour. Tissu dont les fils dressés ont un grand pouvoir absorbant. *Ratine de coton. Débarbouillette en ratine.* – De l'anc. v. *raster*, «racler, raturer», du lat. pop. *rasitoria*, de *radere*, «raser».

ratiner [ʀatine] v. tr. [1] TECH Soumettre (un drap, une étoffe) à l'opération du ratinage. – Du préc.

ratio [ʀasjo] n. m. FIN Rapport entre deux grandeurs servant d'indicateurs, en contrôle de gestion. *Les ratios de rotation des stocks.* – Mot lat., «calcul, méthode, raison», par l'angl.

ratiocination [ʀasjɔsinasjɔ̃] n. f. Litt. Fait de ratiociner; long raisonnement oiseux. – Du lat. *ratiocinatio*, «calcul, raisonnement».

ratiociner [ʀasjɔsine] v. intr. [1] Litt. Faire des raisonnements oiseux et interminables. – Du lat. *ratiocinari*, «calculer, raisonner».

ratiocineur, euse [ʀasjɔsinœʀ, øz] n. et adj. Litt. Personne qui a l'habitude de ratiociner. – Adj. *Un vieillard ratiocineur.* – Du préc.

ration [ʀasjõ] n. f. **1.** Quantité journalière (de vivres, de boissons) distribuée aux soldats, aux marins. *Ration de pain, de vin.* **2.** Quantité journalière (d'aliments) nécessaire à une personne ou à un animal. *Ration de foin.* ▷ *Ration alimentaire:* quantité et nature des aliments nécessaires à une personne pendant 24 heures. *La ration alimentaire varie suivant l'âge et le mode de vie du sujet.* **3.** Fig. Part, quantité, dose considérée comme normale ou comme suffisante. *J'ai eu ma ration d'ennuis, aujourd'hui!* – Du lat. *ratio*, «compte, évaluation».

rationalisation [ʀasjɔnalizasjõ] n. f. **1.** Action de rationaliser; son résultat. **2.** Organisation selon des principes rationnels d'une entreprise industrielle ou commerciale, d'une activité économique, etc. – De *rationaliser.*

rationaliser [ʀasjɔnalize] v. tr. [1] **1.** Rendre rationnel, conforme à la raison. ▷ *Spécial.* Tenter de comprendre, d'expliquer ou de justifier d'une manière rationnelle, logique (ce qui, par nature, semble échapper à une telle tentative). *Rationaliser le rêve, la poésie.* **2.** Soumettre à la rationalisation (sens 2). *Rationaliser la production.* – Du lat. *rationalis*, «rationnel».

rationalisme [ʀasjɔnalism] n. m. **1.** PHILO Doctrine selon laquelle tout ce qui existe ayant sa raison d'être, il n'est rien qui, en théorie, ne soit intelligible. **2.** PHILO Doctrine selon laquelle toute connaissance certaine est issue de principes a priori, universels et nécessaires (opposé à *empirisme*). *Le rationalisme cartésien.* **3.** Toute doctrine tendant à attribuer à la raison une valeur éminente. ▷ *Spécial.* (Opposé à *mysticisme*, à *spiritualisme*, etc.) Attitude, conviction de ceux qui rejettent toute explication métaphysique du monde. **4.** THEOL Doctrine selon laquelle les dogmes de la foi ne doivent être reçus qu'après avoir été examinés à la lumière de la raison (opposé à *fidéisme*). **5.** BX-A. Doctrine esthétique née au début du XXᵉ s. par réaction contre le modern style et qui subordonnait la beauté des formes à l'adéquation de l'objet ou de l'édifice à sa fonction. – Du lat. *rationalis*,«fondé sur la raison».

rationaliste [ʀasjɔnalist] adj. et n. **1.** Qui se rapporte au rationalisme. **2.** Partisan du rationalisme. ▷ Subst. *Un, une rationaliste.* – Du préc.

rationalité [ʀasjɔnalite] n. f. Caractère de ce qui est rationnel. – Du lat. *rationalis*, «rationnel».

rationnaire [ʀasjɔnɛʀ] n. ADMIN Personne qui a droit à une ration, qui reçoit une ration. – De *ration.*

rationnel, elle [ʀasjɔnɛl] adj. **I. 1.** Fondé sur la raison. *Connaissance rationnelle.* **2.** Conforme à la raison, au sens commun. *Un choix rationnel.* ▷ Mod. Bien conçu et pratique. *Des rangements rationnels.* **II.** MATH *Nombre rationnel* ou *fractionnaire*, qui peut s'exprimer sous la forme d'un rapport de deux entiers. *Le corps Q des nombres rationnels.* V. nombre. – Lat. *rationalis.*

rationnellement [ʀasjɔnɛlmɑ̃] adv. De façon rationnelle. – De *rationnel.*

rationnement [ʀasjɔnmɑ̃] n. m. Action de rationner; son résultat. *Cartes de rationnement.* – De *rationner.*

rationner [ʀasjɔne] v. tr. [1] **1.** Distribuer par rations limitées, contingenter (une denrée, un produit). *Rationner le sucre, l'essence.* **2.** Mettre à la ration, restreindre la quantité d'aliments de (qqn). ▷ V. pron. *Il se rationne autant que possible.* – De *ration.*

ratissage [ʀatisaʒ] n. m. **1.** Action de ratisser (avec un râteau). **2.** Action de ratisser (au cours d'une opération militaire ou de police). – De *ratisser.*

ratisser [ʀatise] v. tr. [1] **1.** Nettoyer, égaliser avec un râteau. *Ratisser une allée.* ▷ Enlever à l'aide d'un râteau. *Ratisser les feuilles mortes.* **2.** Explorer minutieusement (une zone) à l'aide d'éléments très rapprochés, au cours d'une opération militaire ou de police. *Les policiers ont ratissé la région.* **3.** Fig., fam. Soutirer tout son argent à qqn, le ruiner (en partic., au jeu). *Se faire ratisser au poker.* Syn. ratiboiser. – De l'anc. v. *rater*, «râteler», d'ap. *rateau.*

ratites [ʀatit] n. m. pl. ZOOL Sous-classe d'oiseaux coureurs aux ailes réduites et au sternum dépourvu de bréchet (autruche, émeu, nandou, kiwi). – Du lat. *ratis*, «radeau», à cause de la forme plate de leur sternum.

1. raton [ʀatõ] n. m. **1.** Petit du rat. **2.** *Raton laveur:* mammifère carnivore d'Amérique (*Procyon lotor*, fam. procyonidés), bon grimpeur, excellent nageur, facilement reconnaissable à son masque noir bordé de blanc et à sa queue annelée; fourrure de cet animal. *Selon la croyance populaire, le raton laveur laverait sa nourriture avant de la manger. Le raton laveur est aussi connu sous le nom de chat sauvage.* – De *rat.*

2. raton [ʀatõ] n. m. CUIS Tartelette au fromage. – P.-ê. de l'anc. v. **raster*, «racler».

rattachement [ʀataʃmɑ̃] n. m. Action de rattacher, fait de se rattacher; état de ce qui est rattaché. *Le rattachement du Texas aux États-Unis en 1845.* – De *rattacher.*

rattacher [ʀataʃe] v. tr. [1] **1.** Attacher de nouveau. **2.** *Rattacher... à:* relier, établir un lien entre (des choses, des personnes). *Traité qui rattache un territoire à un pays.* ▷ (Avec une idée de dépendance, de hiérarchie.) *Rattacher une question secondaire à un problème général.* – v. pron. (pass.). *Espèce animale qui se rattache à un genre.* – De *r-*, et *attacher.*

rattrapage [ʀatʀapaʒ] n. m. Action de rattraper; action de se rattraper. *Cours de rattrapage*, destinés aux élèves qui ont pris du retard par rapport à la scolarité normale. – De *rattraper.*

rattraper [ʀatʀape] **I.** v. tr. [1] **1.** Reprendre, attraper de nouveau. *Rattraper un prisonnier.* **2.** Rejoindre (qqn, qqch qui a pris de l'avance). *Partez, je vous rattraperai.* **3.** Fig. Regagner, recouvrer (le temps ou l'argent perdu). ▷ Pallier, compenser (les inconvénients d'un retard, d'une erreur). *Rattraper une situation désespérée.* **II.** v. pron. **1.** Se retenir. *Se rattraper à une branche.* **2.** Regagner l'argent que l'on a perdu. *Si je perds, j'espère que je me rattraperai vite.* **3.** Regagner le temps perdu; profiter de ce dont on a longtemps été privé. *Elle n'avait jamais beaucoup voyagé, mais maintenant elle se rattrape.* – De *r-*, et *attraper.*

rature [ʀatyʀ] n. f. Trait dont on barre un ou plusieurs mots pour les annuler, effectuer une correction. – Probl. lat. pop. **raditura*, de *radere*, «racler».

raturer [ʀatyʀe] v. tr. [1] Corriger ou annuler par des ratures. *Raturer une phrase.* – Du préc.

raucité [ʀosite] n. f. Rare Caractère d'un son, d'une voix rauque. – Lat. *raucitas.*

rauque [ʀok] adj. Rude, âpre et comme enrouée, en parlant d'une voix. *Cris rauques.* – Lat. *raucus.*

rauwolfia [ʀovɔlfja] n. f. BOT Plante tropicale (genre *Rauwolfia*, fam. apocynacées) dont on extrait la réserpine, utilisée comme calmant et pour lutter contre l'hypertension. – De *Rauwolf*, botaniste all.

ravage [ʀavaʒ] n. m. (le plus souvent au plur.) **1.** Dégâts du fait de l'homme causés avec violence et rapidité sur une grande étendue de pays. *L'ennemi a fait de grands ravages dans cette région.* **2.** Dommages causés par les fléaux de la nature. *Les ravages causés par un séisme.* ▷ Sing. *Nuée de sauterelles qui fait du ravage dans les récoltes.* **3.** Sing. Territoire forestier où une bande d'animaux sauvages (orignaux, chevreuils) se réfugie pendant l'hiver; chemins battus par ces animaux lors de leurs déplacements. *Il est défendu de chasser les orignaux dans leurs ravages d'hiver. Passer à proximité d'un ravage de chevreuils.* **4.** Désordres physiques, grave altération de la santé. *Les ravages de la drogue.* ▷ Fig., fam. *Faire des ravages:* susciter de nombreuses passions amoureuses. – De *ravir,* au sens littéral de «piller».

ravagé, ée [ʀavaʒe] adj. **1.** Qui a subi des ravages. *Région ravagée par un séisme.* **2.** Marqué, flétri (par l'âge, la maladie, les excès, etc.). *Visage ravagé par l'alcool.* **3.** Fam. Fou, inconscient. *Vous êtes complètement ravagé!* – Pp. de *ravager.*

ravager [ʀavaʒe] v. tr. [15] Dévaster, détériorer gravement. *La grêle a ravagé les récoltes.* ▷ Fig. *La douleur l'a ravagé.* – De *ravage.*

ravageur, euse [ʀavaʒœʀ, øz] adj. (et n.) Qui ravage. – De *ravager.*

ravalement [ʀavalmɑ̃] n. m. **1.** Vieilli Action de ravaler (qqn), avilissement. **2.** TECH Nettoyage, restauration des parements extérieurs d'un immeuble. ▷ Finition du parement d'une façade. **3.** AGRIC Sectionnement des branches d'un arbre à une petite distance du tronc. – De *ravaler.*

ravaler [ʀavale] v. tr. [1] **I. 1.** Avaler de nouveau. *Ravaler sa salive.* **2.** *Par ext.,* fig. Retenir, taire (ce qu'on est sur le point de laisser paraître, d'exprimer). *Ravaler son indignation.* **II. 1.** Vx Faire descendre à nouveau. **2.** Fig. Déprécier, rabaisser. *Ravaler qqn, ses mérites.* ▷ v. pron. *Se ravaler au niveau de la bête.* **3.** Faire le ravalement de (un bâtiment, une façade). **4.** AGRIC Faire le ravalement d'un arbre. – Sens I, de *r-,* et *avaler;* sens II, de *r-,* et a. fr. *avaler,* «descendre», rac. *val.*

ravaleur [ʀavalœʀ] n. m. Ouvrier (maçon, plâtrier, peintre, etc.) qui travaille à un ravalement. – Du préc.

ravaudage [ʀavodaʒ] n. m. **1.** Action de ravauder; son résultat. **2.** Fig. Réparation, travail grossièrement fait. – De *ravauder.*

ravauder [ʀavode] v. tr. [1] **1.** Raccommoder à l'aiguille (des vêtements usagés). **2.** Fig. Réparer, racommoder grossièrement. *Ravauder un texte.* – De l'a. fr. *ravaut,* «sottise», var. de *raval,* «dépréciation».

ravaudeur, euse [ʀavodœʀ, øz] n. Personne qui ravaude. – Du préc.

rave [ʀav] n. f. **1.** Plante potagère à racine comestible. *Le navet, le rutabaga sont des raves.* – Appos. *Céleri-rave.* **2.** Crucifère dont on consomme les racines. – Appos. *Chou-rave. (Brassica rapa rapa).* – A. fr. *rabe,* lat. rapum.

ravenala [ʀavenala] n. m. BOT Plante monocotylédone tropicale (fam. musacées) voisine du bananier, dont une espèce *(Ravenala madagascariensis)* est appelée *arbre du voyageur* à cause de l'eau de pluie qui s'accumule à la base de ses feuilles. – Mot malgache.

ravenelle [ʀavnɛl] n. f. **1.** Radis sauvage. **2.** Giroflée jaune *(Sinapis cheiranthus).* – De l'a. fr. *rafne, ravene,* «radis», du lat. *raphanus,* «radis noir».

ravi, ie [ʀavi] adj. Qui éprouve, qui manifeste un grand contentement. – N. m. *Le ravi:* santon* des crèches provençales à l'expression extatique. – Pp. de *ravir.*

ravier [ʀavje] n. m. Petit plat, généralement oblong, où l'on sert les hors-d'œuvre. – De l'a. fr. *rave,* du lat. *raphanus,* «radis».

ravière [ʀavjɛʀ] n. f. AGRIC Champ planté de raves. – De *rave.*

ravigotant, ante [ʀavigɔtɑ̃, ɑ̃t] adj. Fam. Qui ravigote. – De *ravigoter.*

ravigote [ʀavigɔt] n. f. Vinaigrette mêlée d'œufs durs pilés et relevée d'échalotes. ▷ Appos. *Sauce ravigote.* – Déverbal de *ravigoter.*

ravigoter [ʀavigɔte] v. tr. [1] Fam. Redonner de la vigueur, de la force à (une personne, une bête affaiblie). – Altér. probabl. de l'anc. v. *ravigorer,* «réconforter».

ravilir [ʀaviliʀ] v. tr. [2] Rare Rendre vil, rabaisser. – De *r-,* et *avilir.*

ravin [ʀavɛ̃] n. m. **1.** Lit creusé par les eaux de ruissellement. **2.** Vallée encaissée aux versants abrupts. ▷ Chemin au fond d'un ravin. – Déverbal de *raviner.*

ravine [ʀavin] n. f. **1.** Vieilli Torrent. **2.** Lit creusé par un ruisseau, un torrent; petit ravin. – Du lat. *rapina* «action d'entraîner, d'emporter».

ravinement [ʀavinmɑ̃] n. m. Action de raviner; son résultat. – De *raviner.*

raviner [ʀavine] v. tr. [1] **1.** Creuser (le sol) de ravines. **2.** Fig. Creuser (le visage) de rides, de marques. – Au pp. *Une figure ravinée.* – De *ravine.*

ravioli [ʀavjɔli] n. m. inv. Petit carré de pâte farci de viande hachée. *Manger des ravioli. Un ravioli.* – Mot ital., du lat. *rapum,* «rave».

ravir [ʀaviʀ] v. tr. [2] **I.** Litt. Enlever de force; emporter avec violence ou par ruse. *Ravir une femme. Ravir le bien d'autrui.* ▷ Par ext. *La mort lui a ravi ses proches.* **II. 1.** THEOL Transporter au ciel. ▷ Fig. Transporter hors de soi dans la contemplation (surtout passif). *Être ravi en extase.* **2.** Charmer le cœur, l'esprit de (qqn); transporter d'admiration. *Cette musique m'a ravie.* ▷ Loc. adv. *À ravir :* très bien, admirablement. *Elle chante à ravir.* – Lat. pop. **rapire,* class. *rapere,* «saisir».

raviser (se) [ʀavize] v. pron. [11] Changer d'avis. – De *r-,* et *aviser.*

ravissant, ante [ʀavisɑ̃, ɑ̃t] adj. **1.** Vx Qui ravit, transporte de bonheur. **2.** Mod. Qui charme, qui est plein d'agréments. *La campagne alentour est ravissante. Une femme ravissante,* très jolie. – Ppr. de *ravir.*

ravissement [ʀavismɑ̃] n. m. **1.** Vx Action de ravir, enlèvement. Syn. rapt. **2.** THEOL Fait d'être transporté au ciel. ▷ État d'une âme ravie en extase. **3.** Mouvement de l'esprit, du cœur d'une personne qui est ravie, transportée de joie, d'admiration, etc. – De *ravir.*

ravisseur, euse [ʀavisœʀ, øz] n. **1.** Vx Voleur. **2.** Personne qui commet un rapt. *Les ravisseurs ont fait connaître leurs exigences.* ▷ Adj. Rare *Loup ravisseur.* – De *ravir.*

ravitaillement [ʀavitajmɑ̃] n. m. **1.** Action de ravitailler; le fait de se ravitailler. **2.** Fam. Action de se procurer les aliments nécessaires à la consommation journalière d'un ménage, d'une famille. ▷ Denrées ainsi obtenues. – De *ravitailler.*

ravitailler [ʀavitaje] v. tr. [1] **1.** Faire parvenir des vivres, des munitions à. *Ravitailler une armée.* ▷ *Par ext.* Fournir en vivres (le plus souvent, une communauté). **2.** Alimenter en carburant. *Ravitailler un avion en vol.* – De *r-,* et de l'anc. v. *avitailler,* «pourvoir de nourriture».

ravitailleur [ʀavitajœʀ] n. m. et adj. **1.** Celui qui a la charge du ravitaillement. **2.** MAR, AVIAT Navire, avion spécialement équipé pour ravitailler (sens 2) les bâtiments en mer, les avions en vol. ▷ Adj. *Bâtiment ravitailleur.* – Du préc.

ravivage [ʀavivaʒ] n. m. **1.** Action de redonner à une couleur un éclat plus vif. **2.** TECH Décapage (d'un objet à dorer ou à souder). – De *raviver.*

raviver [ʀavive] v. tr. [1] **1.** Rendre plus vif. *Raviver le feu.* ▷ *Raviver les couleurs,* leur rendre leur premier éclat. **2.** TECH Décaper (un objet à dorer ou à souder). **3.** CHIR *Raviver une plaie,* l'exciser pour accélérer la cicatrisation. **4.** Fig. Ranimer, faire revivre. *Raviver une douleur. Raviver un souvenir.* – De *r-*, et *aviver.*

ravoir [ʀavwaʀ] v. tr. (Ne s'emploie qu'à l'inf.) **1.** Avoir de nouveau, recouvrer. *Ravoir son bien.* **2.** Fam. Redonner à (un objet) son aspect initial, son éclat. *Je suis arrivé à ravoir les cuivres.* – De *r-*, et *avoir.*

rayage [ʀɛjaʒ] ou, vx, **rayement** [ʀɛjmɑ̃] n. m. Action de rayer; son résultat. ▷ TECH Opération par laquelle on raie l'intérieur du canon d'une arme à feu. – De *rayer.*

rayé, ée [ʀɛje] adj. **1.** Couvert, décoré de rayures. *Étoffe rayée.* **2.** Raturé. **3.** Qui porte des cannelures en parlant d'une arme, de son canon. *Fusil rayé.* **4.** Qui porte des raies, des éraflures. *Miroir rayé.* – Pp. de *rayer.*

rayer [ʀɛje] v. tr. [24] **1.** Faire des raies sur. *Rayer une feuille de papier.* ▷ Faire une, des éraflures sur (une surface). *Rayer un disque.* ▷ TECH Creuser (l'intérieur d'une arme à feu) de rayures*. **2.** Barrer d'un trait (un mot, une phrase, etc.). ▷ Fig. Supprimer, exclure (qqch, qqn d'un ensemble). *Il a été rayé de la liste des bénéficiaires.* – De *raie* 1.

rayère [ʀɛjɛʀ] n. f. ARCHI Jour oblong pratiqué verticalement dans le mur d'une tour. – De l'a. fr. *raier,* «émettre des rayons lumineux», lat. *radiare.*

1. rayon [ʀɛjɔ̃] n. m. **I. 1.** Émanation de lumière; ligne droite selon laquelle celle-ci se propage. *Un rayon de soleil. Rayons lumineux. Rayon vert:* bref éclat de couleur verte observable parfois au lever ou au coucher du soleil et qui est dû à l'absorption des rayons solaires par l'atmosphère. ▷ Fig. Ce qui répand la lumière, la joie, etc. *Un rayon d'espérance.* **2.** PHYS Trajectoire que parcourent les particules émises par une source. *Dans un milieu homogène, les rayons sont des lignes droites.* ▷ Cour. *Rayons:* rayonnement. *Rayons* α, β, γ. *Rayons X. Rayons cosmiques:* rayonnement parcourant le milieu interstellaire, constitué de particules de très hautes énergies (75 % de protons, 20 % de noyaux atomiques et 5 % d'autres particules telles qu'électrons, photons et neutrons). ▷ ELECTR *Rayon électronique* ou *cathodique:* faisceau d'électrons. **II. 1.** Chacune des pièces oblongues qui unissent le moyeu d'une roue à sa jante. ▷ Chacun des éléments qui divergent à partir d'un centre commun. – BOT *Rayons médullaires:* lames de tissu reliant l'écorce à la moelle, dans la tige des dicotylédones. **2.** GEOM Segment de droite reliant le centre d'un cercle ou d'une sphère à un point quelconque de sa circonférence, de sa surface. ▷ Loc. cour. *Dans un rayon de dix kilomètres :* à dix kilomètres à la ronde. **3.** AVIAT, MAR *Rayon d'action:* éloignement maximal d'un aéronef ou d'un navire de son point de ravitaillement. ▷ Fig. Zone d'action, d'influence. – De *rai,* lat. *radius.*

2. rayon [ʀɛjɔ̃] n. m. AGRIC Petit sillon. *Semer en rayons.* – De *raie* 1.

3. rayon [ʀɛjɔ̃] n. m. **1.** Gâteau de cire fait par les abeilles pour emmagasiner le miel, le pollen, ou pour loger le couvain. **2.** Planche, tablette horizontale servant au rangement; étagère. *Les rayons d'une bibliothèque.* **3.** Secteur d'un grand magasin où l'on vend des marchandises de même nature. *Le rayon de l'outillage, de la parfumerie.* ▷ Fig., fam. *C'est son rayon:* c'est un domaine qui le concerne, qu'il connaît bien. – Loc. fig. fam. *En connaître un rayon:* bien connaître (la question), être très compétent (en la matière). – De l'a. fr. *ree,* «rayon de miel», frq **hrâta;* cf. néerl. *rata,* «miel vierge».

1. rayonnage [ʀɛjɔnaʒ] n. m. AGRIC Opération qui consiste à tracer des rayons sur un sol. – De *rayon* 2.

2. rayonnage [ʀɛjɔnaʒ] n. m. Ensemble de rayons, d'étagères. *Le rayonnage d'une bibliothèque.* – De *rayon* 3 (sens 2).

rayonnant, ante [ʀɛjɔnɑ̃, ɑ̃t] adj. **1.** Disposé selon des rayons. *Motifs décoratifs rayonnants.* ▷ ARCHI *Gothique rayonnant,* caractérisé par une abondante décoration à motifs circulaires *(rosaces rayonnantes)* et qui s'imposa à partir de la seconde moitié du XIIIe s. **2.** Qui émet des rayons. *Soleil rayonnant.* ▷ Fig. Éclatant, resplendissant. *Un visage rayonnant de santé, de bonheur.* – Ppr. de *rayonner.*

rayonne [ʀɛjɔn] n. f. Fibre textile artificielle à base de cellulose. ▷ Étoffe de rayonne. – Anglo-amér. *rayon,* du fr., à cause du brillant.

rayonné, ée [ʀɛjɔne] adj. Disposé en rayons; orné de rayons. ▷ BIOL *Symétrie rayonnée,* dans laquelle les organes sont placés comme les rayons d'une roue, symétriquement par rapport à un axe. *Symétrie rayonnée de l'oursin, de l'étoile de mer.* – Pp. de *rayonner.*

rayonnement [ʀɛjɔnmɑ̃] n. m. **1.** Fait de rayonner; éclat de ce qui rayonne. *Le rayonnement du soleil.* **2.** PHYS et cour. Propagation d'énergie sous forme de particules *(rayonnement corpus-culaire)* ou de vibrations *(rayonnement thermique, acoustique, électromagnétique).* **3.** Fig. Éclat; influence bienfaisante. *Rayonnement d'une idée, d'une culture.* – De *rayonner.*

rayonner [ʀɛjɔne] v. intr. [1] **1.** Émettre des rayons lumineux, de l'énergie. *Astre qui rayonne.* **2.** Fig. Répandre son éclat, faire sentir au loin son action. *Un esprit qui rayonne.* **3.** Laisser paraître une satisfaction, un bonheur intense. *Rayonner de joie.* **4.** Partir d'un même point dans des directions diverses. *Rayonner autour de Toronto.* – De *rayon* 1.

rayure [ʀɛjyʀ] n. f. **1.** Vx. Manière dont une chose est rayée. **2.** Chacune des lignes, des bandes étroites qui contrastent avec un fond de couleur différente. *Les rayures du zèbre.* **3.** Trace, éraflure laissée sur une surface par un corps pointu ou coupant. **4.** Chacune des cannelures hélicoïdales pratiquées à l'intérieur du canon d'une arme à feu ou d'une pièce d'artillerie pour imprimer au projectile un mouvement de rotation qui le stabilise sur sa trajectoire et augmente sa précision. – De *rayer.*

raz ou **ras** [ʀɑ] n. m. **1.** MAR Courant marin violent, dans un passage resserré. ▷ (Dans des noms propres.) Passage resserré, détroit où règnent des courants violents. **2.** *Raz de marée* ou *raz-de-marée:* très haute vague d'origine sismique ou volcanique qui pénètre dans les terres. ▷ Fig. Bouleversement important. *Un raz-de-marée révolutionnaire.* – Breton *raz,* de l'a. scand. *râs,* «courant d'eau».

razzia [ʀazja] n. f. **1.** Attaque lancée par des pillards pour enlever les troupeaux, les récoltes, etc. **2.** Fam. Fait de tout rafler, de tout emporter. *Faire une razzia sur le marché.* – Mot ar., «préjudice, dommage».

razzier [ʀazje] v. tr. [1] **1.** Exécuter une razzia contre. **2.** Piller, voler lors d'une razzia. – Du préc.

Rb CHIM Symbole du rubidium.

rd PHYS NUCL Symbole du rad.

re-, ré-. V. r-, re-, ré-.

Re CHIM Symbole du rhénium.

ré [ʀe] n. m. Deuxième degré de la gamme d'ut. ▷ Signe figurant cette note. – Première syllabe du lat. *re-*

sonare dans l'hymne à saint Jean-Baptiste (XIe siècle).

réa [ʀea] n. m. MAR, TECH Roue à gorge d'une poulie. – De **rouat*, altér. dial. de *rouet*.

réabonnement [ʀeabɔnmɑ̃] n. m. Action de réabonner, de se réabonner. – De *réabonner*.

réabonner [ʀeabɔne] v. tr. [1] Abonner de nouveau. ▷ v. pron. Renouveler son abonnement. – De *ré-*, et *abonner*.

réabsorber [ʀeabsɔʀbe] v. tr. [1] Absorber de nouveau. – De *ré-*, et *absorber*.

réabsorption [ʀeapsɔʀpsjɔ̃] n. f. Action, fait d'absorber de nouveau; son résultat. – De *ré-*, et *absorption*.

réac [ʀeak] adj. et n. Fam. Abrév. de *réactionnaire*.

réaccoutumer (se) [ʀeakutyme] ou **raccoutumer (se)** [ʀakutyme] v. pron. [11] S'accoutumer à ce dont on était désaccoutumé; reprendre une habitude qu'on avait perdue. – De *ré-*, et *accoutumer*.

réactance [ʀeaktɑ̃s] n. f. ELECTR Impédance d'un dipôle ne contenant que des inductances et des condensateurs. *La réactance d'un condensateur est négative; celle d'une inductance, positive.* – De *réact(ion)*, d'ap. *(impéd)ance*.

réacteur, trice [ʀeaktœʀ, tʀis] n. **I.** Vx Réactionnaire. **II.** n. m. **1.** Moteur à réaction. *Réacteur d'avion.* **2.** TECH Appareil dans lequel s'effectue une réaction. *Réacteur catalytique.* ▷ *Réacteur nucléaire:* appareil qui produit de l'énergie à partir des réactions de fission nucléaire. Syn. pile atomique. – De *réaction*.

réactif, ive [ʀeaktif, iv] adj. et n. m. **1.** adj. Qui réagit, qui fait réagir. **2.** n. m. CHIM Substance que l'on utilise pour déterminer la nature d'un corps en observant la réaction qu'elle produit avec celui-ci. – De *réaction*, d'ap. *actif*.

réaction [ʀeaksjɔ̃] n. f. **I. 1.** Action contraire à une action précédente et provoquée par celle-ci. ▷ Comportement, acte d'une personne en réponse à un événement, à une action. **2.** POLIT Attitude, courant de pensée opposé aux innovations, au progrès social et favorable au maintien ou au rétablissement des institutions héritées du passé. ▷ Ensemble des forces politiques réactionnaires. **II. 1.** PHYS Force qui résulte de l'action mécanique exercée par un corps sur un autre corps qui agit en retour. *Principe d'action et de réaction. Propulsion par réaction* (V. encycl.). – Cour. *Avion à réaction.* **2.** CHIM Réarrangement à l'échelle moléculaire d'un ensemble de corps réagissant (qui forment le «système initial») et qui conduit à un nouvel ensemble de corps, ou *produits de la réaction* (qui forment le «système final»). *Réaction en chaîne.* V. chaîne. *Réaction nucléaire*, mettant en jeu les constituants du noyau de l'atome (cf. noyau). **III.** Processus qui se déclenche dans un organisme vivant en réponse à un stimulus, à une modification du milieu, à une perturbation de l'équilibre physiologique, à une agression, etc. *Le frisson est une réaction au froid.* ▷ PHYSIOL *Réaction auditive.* ▷ PSYCHO et cour. *Réaction affective.* – Lat. scolast. *reactio*, de *actio*, «action».
ENCYCL **Phys.** – *La propulsion par réaction* obéit au *principe physique d'action et de réaction*, c.-à-d. d'égalité de l'action et de la réaction, donc au principe de la conservation de la quantité de mouvement: lorsque deux corps A et B exercent l'un sur l'autre une action mécanique, la force qui représente l'action de A sur B est égale et de sens opposé à celle (réaction) de B sur A. Si un mobile de masse M expulse un fluide, ce principe s'applique au système. En nommant q le débit de matière et V la vitesse d'éjection, l'accélération c communiquée au mobile sera telle que $Mc - qV = f$, où f est la somme des forces qui s'exercent sur la fusée. La force $F = qV$, appelée *poussée*, s'exprime en décanewtons (daN). La *poussée spécifique* est égale au rapport entre la poussée et la masse du propulseur; elle s'exprime en daN/kg. La *consommation spécifique* est égale au rapport du débit de carburant par la poussée; elle s'exprime en kg/h.daN. La propulsion par réaction présente un intérêt considérable dans le domaine des transports aériens, dans celui du lancement et du pilotage des engins spatiaux et dans le domaine militaire. V. engin et moteur-fusée.
Chim. – Une *réaction chimique* est la transformation d'une espèce chimique en une autre. Elle se caractérise par un échange d'atomes, de molécules, d'ions ou d'électrons, avec, dans le cas de réactions photochimiques, émission ou absorption de photons. Pour qu'une réaction chimique puisse se produire, il faut que les liaisons entre les atomes des molécules qui doivent se former soient plus stables que celles des molécules de départ. Sur le plan énergétique, la possibilité d'une réaction se mesure par son *enthalpie libre*, qui varie avec la température et la pression. À température et pression constantes, si son enthalpie libre est négative, la réaction s'effectue spontanément; si elle est positive, il faut fournir de l'énergie pour que la réaction se produise. Au cours d'une réaction, il peut y avoir dégagement de chaleur (réaction *exothermique*) ou, au contraire, absorption de chaleur (réaction *endothermique*). Certaines réactions sont *totales: tous les réactifs utilisés disparaissent pour donner les nouveaux composés, à condition que les premiers soient en proportion stœchiométrique*; c'est le cas des réactions de combustion. En revanche, de nombreuses réactions correspondent à un équilibre: les composés formés se décomposent à leur tour, pour donner à nouveau les produits initiaux; un tel équilibre peut toutefois être déplacé dans un sens ou dans l'autre par une augmentation de température ou de pression. La vitesse d'une réaction peut être modifiée en agissant sur divers facteurs ou en utilisant des catalyseurs. Certaines réactions chimiques présentent une grande importance. Les réactions d'*oxydoréduction* se caractérisent par un échange d'électrons entre les corps en présence. Les réactions *acide-base* mettent en jeu des protons H^+. D'autres réactions aboutissent à la formation de complexes. En chimie organique, les hydrocarbures saturés donnent lieu à des réactions de *substitution*; les carbures insaturés, à des réactions d'*addition*. Les réactions de *polymérisation*, extrêmement importantes, permettent la formation de macromolécules constituant les matières plastiques.

réactionnaire [ʀeaksjɔnɛʀ] adj. et n. Péjor. Propre à la réaction, favorable à la réaction; conservateur. ▷ Subst. *Les réactionnaires.* (Abrév. fam. *réac.*) – Du préc.

réactionnel, elle [ʀeaksjɔnɛl] adj. **1.** CHIM Qui a rapport à une réaction. **2.** MED Relatif à une réaction organique. **3.** PSYCHO, PSYCHAN Qui se produit en réaction à une situation mal assumée. – Se dit d'un trouble apparaissant à la suite d'un choc affectif traumatisant. – De *réaction*.

réactivation [ʀeaktivasjɔ̃] n. f. Action de réactiver. ▷ MED Réapparition provoquée, en vue d'un diagnostic, d'un symptôme disparu. – De *réactiver*.

réactiver [ʀeaktive] v. tr. [1] Activer de nouveau. – De *ré-*, et *activer*.

réactivité [ʀeaktivite] n. f. **1.** CHIM Aptitude d'un corps à réagir. **2.** MED Manière dont un sujet réagit à une injection immunisante. ▷ PSYCHO et PHYSIOL Capacité d'un sujet à réagir aux stimulations externes. – De *réactif*.

réadaptation [ʀeadaptasjɔ̃] n. f. Adaptation nouvelle (à des conditions disparues qui redeviennent actuelles, à de nouvelles conditions). *Réadaptation sociale, professionnelle.* – De *ré-*, et *adaptation*.

réadapter [ʀeadapte] v. tr. [1] Adapter de nouveau. – Spécial. *Réadapter qqn à la vie active après un accident.* ▷ V. pron. *Se réadapter à un nouveau milieu.* – De *ré-*, et *adapter.*

réadmettre [ʀeadmɛtʀ] v. tr. [68] Admettre de nouveau. – De *ré-*, et *admettre.*

réadmission [ʀeadmisjõ] n. f. Nouvelle admission. – De *ré-*, et *admission.*

réaffirmer [ʀeafiʀme] v. tr. [1] Affirmer de nouveau, avec plus de fermeté. – De *ré-*, et *affirmer.*

réagir [ʀeaʒiʀ] v. intr. [2] **I. 1.** PHYS Exercer une action en sens contraire (en parlant d'un corps qui agit sur un autre dont il a éprouvé l'action). *Un corps élastique réagit sur le corps qui le choque.* **2.** MED Avoir une ou des réactions (en parlant du corps, des organes). **3.** PHYSIOL Répondre à un stimulus. **4.** Fig. *Réagir sur:* exercer une action en retour sur. *L'être humain agit sur son environnement et son environnement réagit sur lui.* **5.** Fig. *Réagir à:* manifester une réaction face à, agir en réponse à (un événement, une stimulation, etc.). *Réagir violemment à des insultes, à une provocation.* ▷ (S. comp.) *Il a très bien réagi.* **6.** Fig. *Réagir contre:* s'opposer, résister par une action contraire à. *Réagir contre une influence.* ▷ (S. comp.) Faire un effort pour résister, pour lutter. *Ne vous découragez pas, réagissez!* **II.** CHIM Entrer en réaction, en parlant d'espèces chimiques. – De *ré-*, et *agir.*

réajustement, réajuster. V. rajustement, rajuster.

1. réal, aux [ʀeal, o] n. m. ou **réale** [ʀeal] n. f. Ancienne monnaie d'argent espagnole qui valait le quart de la peseta. – Esp. *real*, propr. «royal».

2. réal, ale, aux [ʀeal, o] adj. et n. HIST *La galère réale:* la principale galère, réservée au roi ou à l'amiral. ▷ N. f. *La réale.* – Esp. *real*, propr. «royal».

réalésage [ʀealezaʒ] n. m. TECH Opération qui consiste à réaléser. – De *réaléser.*

réaléser [ʀealeze] v. tr. [16] TECH Aléser de nouveau. *Réaléser un cylindre.* – De *ré-*, et *aléser.*

réalgar [ʀealgaʀ] n. m. MINER Sulfure naturel d'arsenic, de couleur rouge, le principal minerai d'arsenic. – Altér. de l'ar. *rehj-al-ghar*, «poudre de cave, mort-aux-rats».

réalisable [ʀealizabl] adj. **1.** Qui peut se réaliser, être réalisé. **2.** Que l'on peut convertir en espèces. *Valeurs réalisables.* – De *réaliser.*

réalisateur, trice [ʀealizatœʀ, tʀis] adj. et n. **1.** adj. Qui réalise, qui a des aptitudes pour réaliser. *Une intelligence plus réalisatrice que théoricienne.* ▷ Subst. *Un réalisateur, une réalisatrice.* **2.** n. Personne qui dirige la préparation et le tournage, ou l'enregistrement, d'un film, d'une émission de radio ou de télévision. – De *réaliser.*

réalisation [ʀealizasjõ] n. f. **1.** Action de réaliser; son résultat. **2.** Chose réalisée; ce qui s'est réalisé. **3.** Conversion d'un bien en espèces. **4.** MUS Notation ou exécution complète des accords d'une base chiffrée. **5.** Mise en scène d'un film ou d'une émission télévisée; mise en ondes d'une émission radiodiffusée. – De *réaliser.*

réaliser [ʀealize] **I.** v. tr. [1] **1.** Rendre réel et effectif, faire exister (qqch). *Réaliser un projet.* **2.** Effectuer, accomplir. *Réaliser des prouesses.* ▷ *Réaliser un film*, en assurer la réalisation. **3.** Convertir en espèces. *Réaliser une propriété, des actions.* ▷ Fam. *Réaliser des bénéfices*, en faire. **4.** (Calque de l'angl. *to realize*; emploi critiqué.) Comprendre, saisir, se représenter clairement. *As-tu réalisé ce que tu viens de dire, ce que tu as fait?* **5.** PHILO Donner un caractère de réalité à (une abstraction). **6.** MUS Compléter les accords indiqués par une base chiffrée. **II.** v. pron. **1.** Devenir effectif, réel. *Espérances qui se réalisent.* **2.** (Personnes.) Rendre réel ce qui en soi-même n'était que virtuel; s'accomplir en tant qu'individu. *Il a choisi une carrière où il se réalise pleinement.* – De *réel*, d'ap. le lat. *realis.*

réalisme [ʀealism] n. m. **1.** PHILO Doctrine platonicienne selon laquelle les apparences sensibles et les êtres individuels ne sont que le reflet des véritables réalités, les Idées. (V. idéalisme.) ▷ Doctrine médiévale d'après laquelle les universaux (notions générales) sont réels, ont une existence propre (opposé au conceptualisme, au nominalisme). *Le réalisme de saint Thomas.* ▷ Doctrine selon laquelle le monde extérieur a une existence indépendante du sujet qui le perçoit (opposé à *idéalisme*). **2.** LITTER, BX-A Attachement à représenter le monde, les hommes tels qu'ils sont, et non tels que peuvent les concevoir ou les styliser l'imagination et l'intelligence de l'auteur ou de l'artiste. **3.** Cour. Aptitude à tenir compte de la réalité, à apprécier les données d'une situation avant de prendre une décision, d'agir. *Faire preuve de réalisme.* – De *réel*, d'ap. le lat. *realis.*

réaliste [ʀealist] adj. et n. **1.** Didac. Qui a rapport au réalisme; partisan du réalisme en art, en littérature, en philosophie. ▷ Subst. *Les réalistes.* **2.** Qui fait preuve de réalisme (sens 3). – De *réel*, lat. *realis.*

réalité [ʀealite] n. f. **1.** PHILO et cour. Caractère de ce qui a une existence réelle, de ce qui existe comme chose (et non seulement comme idée, illusion, apparence). *La réalité du monde physique.* **2.** Chose réelle. *Rêve qui devient réalité.* **3.** Chacun des faits, des événements qui constituent la trame de notre existence. *Les dures réalités de la vie.* **4.** loc. adv. *En réalité:* effectivement, réellement. – Bas lat. *realitas.*

réaménagement [ʀeamenaʒmɑ̃] n. m. Modifications apportées à une organisation, à son fonctionnement. – De *ré-*, et *aménagement.*

réaménager [ʀeamenaʒe] v. tr. [15] Aménager de nouveau, sur de nouvelles bases. – De *ré-*, et *aménager.*

réanimateur, trice [ʀeanimatœʀ, tʀis] n. Médecin spécialiste de la réanimation. – De *réanimation.*

réanimation [ʀeanimasjõ] n. f. Ensemble des techniques médicales employées pour remédier aux défaillances d'une ou de plusieurs des grandes fonctions vitales (respiration et circulation, notam.). *Techniques de réanimation:* respiration assistée, entraînement cardiaque, épuration extra-rénale, etc. – De *ré-*, et *animation.*

réanimer [ʀeanime] v. tr. [1] Procéder à la réanimation de, faire revenir à la vie par la réanimation. – De *ré-*, et *animer.*

réapparaître [ʀeapaʀɛtʀ] v. intr. [59] Apparaître de nouveau. – De *ré-*, et *apparaître.*

réapparition [ʀeapaʀisjõ] n. f. Nouvelle apparition. – De *ré-*, et *apparition.*

réapprendre [ʀeapʀɑ̃dʀ] ou **rapprendre** [ʀapʀɑ̃dʀ] v. tr. [74] Apprendre de nouveau. – De *ré-*, et *apprendre.*

réapprovisionnement [ʀeapʀɔvizjɔnmɑ̃] ou **rapprovisionnement** [ʀapʀɔviʒjɔnmɑ̃] n. m. Nouvel approvisionnement. – De *réapprovisionner.*

réapprovisionner [ʀeapʀɔvizjɔne] ou **rapprovisionner** [ʀapʀɔvizjɔne] v. tr. [1] Approvisionner de nouveau. ▷ v. pron. *Il est temps de se réapprovisionner.* – De *ré-*, et *approvisionner.*

réargenter [ʀeaʀʒɑ̃te] v. tr. [1] Argenter de nouveau. *Faire réargenter un service ancien.* – De *ré-*, et *argenter.*

réarmement [ʀeaʀməmɑ̃] n. m. Action de réarmer. ▷ Rénovation et accroissement de la puissance militaire d'un pays. – De *réarmer.*

réarmer [ʀeaʀme] [1] v. tr. v. Armer de nouveau. ▷ v. intr. S'armer de nouveau. *Ce pays réarme.* – De *ré-*, et *armer.*

réarrangement [ʀeaʀɑ̃ʒmɑ̃] n. m. Action d'arranger de nouveau, d'une autre manière. ▷ CHIM Migration de radicaux ou d'atomes à l'intérieur d'une molécule. – De *réarranger.*

réarranger [ʀeaʀɑ̃ʒe] v. tr. [1] Procéder au réarrangement de. – De *ré-*, et *arranger.*

réassigner [ʀeasiɲe] v. tr. [1] Assigner de nouveau. *La mission que la nation vient de nous réassigner.* – De *ré-*, et *assigner.*

réassort [ʀeasɔʀ] n. m. Abrév. de *réassortiment.*

réassortiment [ʀeasɔʀtimɑ̃] ou **rassortiment** [ʀasɔʀtimɑ̃] n. m. Action de réassortir; son résultat. – De *réassortir,* ou de *rassortir.*

réassortir [ʀeasɔʀtiʀ] ou **rassortir** [ʀasɔʀtiʀ] v. tr. [2] Assortir de nouveau; compléter (un assortiment) en remplaçant les éléments manquants. *Réassortir un service de table.* – De *r(é-)*, et *assortir.*

réassurance [ʀeasyʀɑ̃s] n. f. DR Assurance par laquelle un assureur se fait garantir par une autre compagnie pour se couvrir d'une partie des risques. – De *réassurer.*

réassurer [ʀeasyʀe] v. tr. [1] DR Garantir par une réassurance. ▷ v. pron. *Compagnie qui se réassure.* – De *ré-*, et *assurer.*

rebaptiser [ʀ(ə)batize] v. tr. [1] **1.** Conférer une seconde fois le baptême à (qqn). **2.** Donner un nouveau nom à (qqch). *Rebaptiser un navire.* – De *re-*, et *baptiser.*

rébarbatif, ive [ʀebaʀbatif, iv] adj. Qui rebute par son aspect peu avenant. *Visage rébarbatif.* ▷ Fig. *Texte rébarbatif,* d'une lecture difficile et ennuyeuse. – De l'a. v. *rebarber,* «faire face, tenir tête», propr. «barbe contre barbe».

rebâtir [ʀ(ə)bɑtiʀ] v. tr. [2] Bâtir de nouveau (ce qui a été détruit). – De *re-*, et *bâtir.*

rebattement [ʀ(ə)batmɑ̃] n. m. HERALD Répétition des pièces ou des partitions de l'écu. – De *rebattre.*

rebattre [ʀ(ə)batʀ] v. tr. [81] **1.** TECH Battre de nouveau. *Rebattre l'acier après un recuit.* **2.** loc. *Rebattre les oreilles à qqn d'une chose,* le lasser en lui répétant cette chose à toute occasion. – De *re-*, et *battre.*

rebattu, ue [ʀ(ə)baty] adj. Qui a perdu tout intérêt à force d'être répété. *Idée, phrase rebattue.* ▷ Loc. *Avoir les oreilles rebattues d'une chose,* être las d'en entendre parler. – Pp. de *rebattre.*

rebec [ʀəbɛk] n. m. MUS Instrument médiéval à trois cordes et à archet. – Altér. d'ap. *bec,* de l'a. fr. *rebebe,* ar. *rabāb,* «violon à deux cordes».

rebelle [ʀəbɛl] adj. et n. **1.** Qui refuse de se soumettre à une autorité, se révolte contre elle. *Factions rebelles.* Subst. *Un(e) rebelle.* **2.** *Rebelle à:* qui résiste, refuse de se plier à. *Esprit rebelle à toute logique.* ▷ (Choses.) *Maladie rebelle,* qui résiste à tous les traitements. – *Mèches rebelles,* difficiles à coiffer. – Du lat. *rebellis,* «qui recommence la guerre», de *bellum,* «guerre».

rebeller (se) [ʀəbɛle] v. pron. [11] Devenir rebelle, se soulever (contre une autorité). ▷ Fig. Se plaindre, protester. – Du lat. *rebellare,* «reprendre les armes», de *bellare,* «faire la guerre».

rébellion [ʀebɛljɔ̃] n. f. Révolte, résistance ouverte aux ordres de l'autorité. ▷ Ensemble des rebelles. *L'étranger arme la rébellion.* – Lat. *rebellio.*

rebiffer (se) [ʀ(ə)bife] v. pron. [11] Fam. Regimber, refuser vivement une contrainte ou une brimade, y résister en rendant la pareille. *Il a voulu la gifler, mais elle s'est rebiffée.* – Orig. incert.

rebiquer [ʀ(ə)bike] v. intr. [1] Fam. Se redresser, se retrousser en formant un angle. *Épi dans les cheveux qui rebique.* – De *re-*, et *bique* au sens dial. de «corne».

reboisement [ʀ(ə)bwazmɑ̃] n. m. Action de reboiser; son résultat. – De *reboiser.*

reboiser [ʀ(ə)bwaze] v. tr. [1] Planter d'arbres (un terrain déboisé). – De *re-*, et *boiser.*

rebond [ʀ(ə)bɔ̃] n. m. Fait de rebondir; mouvement d'un corps qui rebondit. – Déverbal de *rebondir.*

rebondi, ie [ʀ(ə)bɔ̃di] adj. Rond et charnu. *Des joues bien rebondies.* – Pp. de *rebondir.*

rebondir [ʀ(ə)bɔ̃diʀ] v. intr. [2] **1.** Faire un ou plusieurs bonds après avoir heurté un autre corps. *La balle rebondit.* **2.** Fig. Connaître un, des rebondissements. *L'affaire Untel rebondit.* – De *re-*, et *bondir.*

rebondissement [ʀ(ə)bɔ̃dismɑ̃] n. m. **1.** Rare Rebond. **2.** Fig. Reprise d'une évolution, après un temps d'arrêt; épisode nouveau et inattendu. *Les rebondissements de la conversation.* – De *rebondir.*

rebord [ʀ(ə)bɔʀ] n. m. Bord en saillie. *Le rebord d'une fenêtre.* – Déverbal de *reborder.*

reborder [ʀ(ə)bɔʀde] v. tr. [1] **1.** Mettre un nouveau bord à. *Reborder une jupe.* **2.** Border une seconde fois. *Reborder une couverture, un enfant dans son lit.* – De *re-*, et *border.*

reboucher [ʀ(ə)buʃe] v. tr. [1] **1.** Boucher de nouveau. *Reboucher une bouteille.* **2.** Boucher, obturer, combler. *Reboucher les fentes avec de l'enduit.* – De *re-*, et *boucher.*

rebours [ʀ(ə)buʀ] n. **1.** n. m. Litt. Contrepied, contraire. *C'est tout le rebours de ce que vous dites.* **2.** loc. adv. *À rebours:* en sens contraire, au contraire de ce qu'il faut. *Comprendre à rebours. Caresser un chat à rebours,* à rebrousse-poil. – *Compte à rebours.* V. compte (sens 7). **3.** loc. prép. *À* ou *au rebours de:* contrairement à. – Du bas lat. *reburrus,* «qui a les cheveux rebroussés».

rebouter [ʀ(ə)bute] v. tr. [1] Remettre en place par des procédés empiriques (un membre foulé, luxé, démis, etc.). – De *re-*, et *bouter.*

rebouteur [ʀ(ə)butœʀ] ou **rebouteux, euse** [ʀ(ə)butø, øz] n. Fam. Personne qui fait métier de rebouter. – De *rebouter.*

reboutonner [ʀ(ə)butɔne] v. tr. [1] Boutonner de nouveau. ▷ v. pron. Reboutonner ses vêtements. – De *re-*, et *boutonner.*

rebroussement [ʀ(ə)bʀusmɑ̃] n. m. Action de rebrousser; état de ce qui est rebroussé. ▷ GEOM *Point de rebroussement:* point d'une courbe où s'arrêtent brusquement deux branches de cette courbe tangentes entre elles. – De *rebrousser.*

rebrousse-poil (à) [ʀ(ə)bʀuspwal] loc. adv. **1.** À l'opposé du sens dans lequel le(s) poil(s) se couche(ent) naturellement. *Caresser un chat à rebrousse-poil. Brosser un manteau à rebrousse-poil.* **2.** Fig., fam. À contresens, avec maladresse. *Prendre qqn à rebrousse-poil.* – De *rebrousser,* et *poil.*

rebrousser [ʀ(ə)bʀuse] v. tr. [1] **1.** Relever dans un sens contraire à la direction naturelle, à contre-poil. *Le vent rebroussait sa crinière.* **2.** *Rebrousser chemin:* retourner dans le sens opposé, faire demi-tour. – De *rebours.*

rebuffade [ʀ(ə)byfad] n. f. Mauvais accueil, refus accompagné de paroles dures. *Essuyer, recevoir une rebuffade.* – Ital. *rebuffo,* de *rebbuffare,* «houspiller», rad. onomat. *buff-* exprimant le dédain.

rébus [Rebys] n. m. **1.** Suite de lettres, de mots, de dessins, représentant par homophonie le mot ou la phrase que l'on veut évoquer. *Déchiffrer un rébus.* **2.** Fig. Écriture difficile à lire; chose malaisée à comprendre, énigme. – Mot latin, ablatif de *res,* «chose», propr. «par les choses»; de la formule lat. *de rebus quae geruntur,* «au sujet des choses qui se passent», nom donné aux libelles composés par des clercs de Picardie pendant le carnaval, dont les dessins étaient énigmatiques.

rebut [R(ə)by] n. m. **1.** Ce qu'on a rejeté, ce dont on n'a pas voulu. *On entassait là les rebuts.* ▷ *Mettre au rebut:* mettre à l'écart comme sans valeur, rejeter. ▷ Loc. adj. *De rebut:* qui a été mis au rebut, sans valeur, inutile. *Marchandises de rebut.* **2.** Fig. Ce qu'il y a de plus mauvais, de plus vil. *Le rebut d'une société.* – Déverbal de *rebuter.*

rebutant, ante [R(ə)bytɑ̃, ɑ̃t] adj. Qui rebute, déplaît. *Travail rebutant.* Ant. attrayant, séduisant. – Ppr. de *rebuter.*

rebuter [R(ə)byte] v. tr. [1] **1.** Vieilli ou litt. Rejeter, repousser avec dureté. *Rebuter un solliciteur.* **2.** Décourager, dégoûter par des obstacles. *L'effort le rebute.* ▷ v. pron. Se décourager. *Se rebuter devant les difficultés.* **3.** Décourager toute sympathie, déplaire, choquer. *Sa mine renfrognée a rebuté tout le monde.* – De *re-,* et *but,* propr. «repousser, écarter du but».

recacheter [R(ə)kaʃte] v. tr. [23] Cacheter de nouveau. – De *re-,* et *cacheter.*

recalcification [R(ə)kalsifikasjɔ̃] n. f. Augmentation de la fixation du calcium dans les tissus d'un organisme. – De *re-,* et *calcification.*

récalcitrant, ante [Rekalsitʀɑ̃, ɑ̃t] adj. et n. **1.** Qui résiste avec opiniâtreté à toute espèce de contrainte. *Esprit récalcitrant.* ▷ Subst. *Mater les récalcitrants.* **2.** Qui semble s'entêter à ne pas fonctionner (choses). *S'efforcer de faire démarrer un moteur récalcitrant.* – Du lat. *recalcitrare,* «regimber», de *calcitrare,* «piétiner», de *calx, calcis,* «talon».

recaler [R(ə)kale] v. tr. [1] **1.** Caler de nouveau. **2.** Fam. Refuser à un examen. *Se faire recaler au permis de conduire.* – De *re-,* et *caler* 1.

récapitulatif, ive [Rekapitylatif, iv] adj. et n. Qui sert à récapituler. *Tableau récapitulatif.* ▷ N. m. Texte, état qui récapitule. – De *récapituler.*

récapitulation [Rekapitylasjɔ̃] n. f. Répétition sommaire, résumé. – Lat. *recapitulatio.*

récapituler [Rekapityle] v. tr. [1] Résumer, reprendre sommairement. *Récapituler les points d'un discours.* – Lat. *recapitulare,* de *capitulum,* «chapitre».

recarder [R(ə)kaRde] v. tr. [1] Carder de nouveau. *Recarder un matelas.* – De *re-,* et *carder.*

recaser [R(ə)kaze] v. tr. [1] Fam. Caser, établir de nouveau, dans une nouvelle situation. ▷ v. pron. *Il a perdu son emploi et cherche à se recaser.* – De *re-,* et *caser.*

recauser [R(ə)koze] v. intr. [1] Causer de nouveau. *Nous en recauserons.* – De *re-,* et *causer* 2.

recaver [R(ə)kave] v. pron. [11] **1.** Au poker, remettre en jeu une nouvelle cave (V. cave) lorsqu'on est décavé. **2.** Pop. Se refaire (aux jeux d'argent). – De *re-,* et *caver* 2.

recéder [R(ə)sede] v. tr. [16] **1.** Céder à qqn ce qu'il avait cédé auparavant. Syn. rétrocéder. **2.** Revendre (une chose achetée pour soi-même). *Recédez-moi ce tableau.* – De *re-,* et *céder.*

recel [Rəsɛl] n. m. Action de receler. ▷ DR En matière civile, manœuvre frauduleuse par laquelle un héritier, au détriment de ses cohéritiers, ou un époux au préjudice de son conjoint, cache un bien ou dissimule un droit dans le but de les soustraire du partage d'une succession ou du régime matrimonial. ▷ DR En matière pénale, possession d'un bien par une personne sachant qu'il a été obtenu par la perpétration d'un crime. – Déverbal de *receler.*

receler [Rəsle] [20] ou **recéler** [Rəsele] [16] v. tr. **1.** Détenir et cacher (qqch, ou, en droit, qqn) illégalement. *Receler des bijoux volés.* **2.** Contenir, renfermer. *L'épave du galion recèle un trésor.* – De *re-,* et *celer.*

receleur, euse [Rəs(e)lœR, øz] n. Personne coupable de recel. – Du préc.

récemment [Resamɑ̃] adv. Depuis peu, à une époque récente. *Je l'ai rencontré récemment.* Syn. dernièrement. – De *récent.*

recensement [R(ə)sɑ̃smɑ̃] n. m. Opération consistant à dénombrer des individus (habitants d'une ville, d'un État, etc.). – De *recenser.*

recenser [R(ə)sɑ̃se] v. tr. [1] Effectuer le recensement de. *Recenser la population.* – Lat. *recensere,* «passer en revue», de *censere,* «évaluer».

recenseur [R(ə)sɑ̃sœR] n. m. Personne qui recense; agent employé au recensement. – Du préc.

recension [R(ə)sɑ̃sjɔ̃] n. f. **1.** Vérification du texte d'une édition d'après les manuscrits. **2.** Présentation critique et détaillée d'un ouvrage dans un journal, une revue. – Lat. *recensio.*

récent, ente [Resɑ̃, ɑ̃t] adj. Qui s'est produit, qui existe depuis peu de temps. *Une découverte toute récente.* Syn. nouveau. Ant. ancien. – Lat. *recens, recentis.*

recentrage [Rəsɑ̃tRaʒ] n. m. Action de recentrer. – De *re-,* et *centrage.*

recentrer [Rəsɑ̃tRe] v. tr. [1] Opérer un nouveau centrage. ▷ Fig. *Recentrer une action,* l'adapter à de nouveaux objectifs. – De *re-,* et *centrer.*

recepage [R(ə)s(ə)paʒ] ou **recépage** [R(ə)sepaʒ] n. m. **1.** AGRIC Opération qui consiste à étêter ou à couper près du sol un jeune arbre, pour obtenir des rejets drus et vigoureux. **2.** TRAV PUBL Opération qui consiste à couper à la hauteur convenable des pieux ou des pilotis insuffisamment enfoncés. – De *receper,* ou *recéper.*

receper [R(ə)s(ə)pe] [19] ou **recéper** [R(ə)sepe] [16] v. tr. **1.** AGRIC Soumettre (une vigne, un arbre) au recépage. **2.** TRAV PUBL Égaliser (des pieux, des pilotis) par recépage. – De *re-,* et *cep.*

récépissé [Resepise] n. m. Écrit attestant qu'on a reçu des documents, de l'argent, des objets, etc. Syn. reçu. – Lat. *recepisse,* de *recipere,* «recevoir», dans la loc. *cognosco me recepisse,* «je reconnais avoir reçu».

réceptacle [Resɛptakl] n. m. **1.** Ce qui reçoit, ce qui est destiné à recevoir des choses de provenances diverses. *Ce terrain est le réceptacle des immondices de la ville.* **2.** BOT Extrémité plus ou moins renflée du pédoncule de la fleur sur laquelle sont insérées les pièces florales. – Lat. *receptaculum,* de *receptare,* «retirer, reprendre, recevoir», fréquent. de *recipere* (V. recevoir).

récepteur, trice [Resɛptœr, tRis] n. et adj. **1.** Qui reçoit, dont la fonction est de recevoir. **2.** n. m. LING Destinataire du message linguistique, par oppos. à l'émetteur. **3.** n. m. TECH Appareil qui reçoit de l'énergie électrique et la transforme en énergie calorifique, chimique, mécanique, etc. (opposé à *générateur*). ▷ TECH et cour. Appareil utilisé pour la réception des ondes radioélectriques (opposé à *émetteur*). *Récepteur de radio, de télévision,* etc. – Adj. *Poste récepteur.* **4.** n. m. PHYSIOL Toute structure, tout organe susceptible de recevoir des stimuli et de les transmettre sous forme d'influx nerveux ou de message chimiquement codé. *Récepteurs sensoriels.* ▷ BIOL Structure moléculaire complexe, de nature protéique, disposée en nombre variable à la surface des membranes ou dans le cytoplasme des cellules vivantes et qui accepte (ou non) tel ou tel messager spécifique (hormone par ex.). – Adj. *Site récepteur d'une enzyme.* – Lat. *receptor*, de *receptare* (V. préc.).

réceptif, ive [ʀesɛptif, iv] adj. **1.** Susceptible de recevoir des impressions. ▷ *Réceptif à:* sensible à. *Être réceptif au charme d'un paysage.* **2.** BIOL, MED Susceptible de contracter une infection, une maladie. – Du lat. *receptus*, de *receptare* (V. réceptacle).

réception [ʀesɛpsjɔ̃] n. f. **1.** Action, fait de recevoir (qqch). *Accuser réception d'une lettre.* – Action, fait, manière de recevoir (un signal, des ondes, etc.). *L'émetteur est trop loin pour une bonne réception.* **2.** Action, manière de recevoir (qqn). *Faire une bonne réception à qqn.* Syn. accueil. **3.** Service d'accueil pour les clients d'un hôtel ou d'une entreprise, les usagers d'un service public, etc. *Adressez-vous à la réception.* **4.** Action de recevoir des invités, des visites. *Jour de réception.* ▷ Réunion mondaine. *Organiser, donner une réception.* **5.** Action de recevoir, fait d'être reçu, admis dans une compagnie, dans une charge, etc. *Réception d'un nouveau membre dans un club.* **6.** COMM *Réception de travaux:* acte par lequel le client accepte la livraison d'un ouvrage, d'une installation, etc., après avoir contrôlé sa conformité aux spécifications de la commande. *Prononcer la réception* (V. recette I, 4). – Lat. *receptio*, de *receptare* (V. réceptacle).

réceptionnaire [ʀesɛpsjɔnɛʀ] n. et adj. Qui reçoit une marchandise. ▷ Adj. *Agent réceptionnaire.* – Du préc.

réceptionner [ʀesɛpsjɔne] v. tr. [1] COMM, TECH Accepter (une livraison) après vérification de sa conformité à la commande passée et aux cahiers des charges. – De *réception.*

réceptionniste [ʀesɛpsjɔnist] n. Employé(e) chargé(e) de la réception des clients (en partic. dans un hôtel). – De *réception.*

réceptivité [ʀesɛptivite] n. f. **1.** Fait d'être réceptif; caractère de ce qui est réceptif; aptitude à recevoir des impressions. ▷ Aptitude à recevoir et à assimiler les idées d'autrui, et à s'en imprégner. **2.** MED Disposition à contracter (certaines maladies). – De *réceptif.*

récessif, ive [ʀesesif, iv] adj. BIOL *Gène récessif:* gène qui ne fait apparaître le caractère qui lui est lié que s'il existe sur les deux chromosomes appariés hérités des parents. *Caractère récessif:* caractère héréditaire lié à un gène récessif. – De *récession.*

récession [ʀesesjɔ̃] n. f. **1.** Action, fait de se retirer. ▷ ASTRO *Récession (ou fuite) des galaxies:* éloignement progressif des galaxies, à une vitesse proportionnelle à leur distance. **2.** Fig. Ralentissement de l'activité économique d'un pays. *Période de récession.* – Lat. *recessio;* de *recedere*, «s'en aller».

récessivité [ʀesesivite] n. f. BIOL Caractère récessif. – De *récessif.*

recette [ʀ(ə)sɛt] n. f. **I. 1.** Ce qui est reçu, perçu en argent, en effets de commerce. *Commerçant qui compte sa recette.* ▷ *Faire recette :* rapporter de l'argent; *par ext.*, avoir du succès. *Un film qui fait recette.* **2.** Action de recevoir, de recouvrer ce qui est dû. *Garçon de recettes.* **3.** Vérification de la conformité d'un matériel livré aux spécifications de la commande. **II. 1.** Mode de préparation d'un mets; ensemble des indications qui permettent de le confectionner (liste des ingrédients, temps de cuisson, etc.). *Recette d'un gâteau. Livre de recettes.* ▷ Formule d'une préparation médicamenteuse. **2.** Fig. Moyen, procédé pour réussir qqch. *Une recette pour faire rapidement fortune.* **III.** TECH Dans les mines, partie du carreau où sont reçus les produits extraits. – Du lat. *recepta*, «chose reçue», de *receptare*, fréquent. de *recipere*, «recevoir».

recevabilité [ʀəsəvabilite] n. f. DR Caractère d'une demande en justice qui remplit les conditions requises par la loi pour son examen, au fond, par le juge saisi du litige. – De *recevable.*

recevable [ʀəs(ə)vabl] adj. **1.** Qui peut être reçu. Syn. acceptable, admissible. **2.** DR Qui réunit les conditions légales permettant à la justice, à l'administration d'accueillir une demande. – De *recevoir.*

receveur, euse [ʀəs(ə)vœʀ, øz] n. **1.** Personne chargée de faire ou de gérer une recette (sens I, 3). ▷ *Spécial.* Fonctionnaire recevant les deniers publics. *Le Receveur général du Canada.* **2.** Employé chargé, dans les transports en commun, de percevoir le montant des places. **3.** MED Personne qui reçoit du sang, un fragment de tissu ou un organe, dans une transfusion, une greffe, une transplantation (opposé à *donneur*). ▷ *Receveur universel:* personne du groupe sanguin AB, susceptible de recevoir du sang de tous les groupes sanguins. – De *recevoir.*

recevoir [ʀəsəvwaʀ] **I.** v. tr. **[47] 1.** Se voir donner, envoyer, adresser (qqch). ▷ (Concret.) *Recevoir un legs, un cadeau. Recevoir du courrier.* ▷ (Abstrait.) *Recevoir des ordres, des conseils, des compliments.* – (Sujet n. de chose.) *Ce passage peut recevoir plusieurs interprétations.* **2.** Prendre sur soi, subir. ▷ (Concret.) *Recevoir des coups, une averse.* ▷ (Abstrait.) *Recevoir un affront.* **3.** Laisser entrer; recueillir. *Cette pièce reçoit le soleil du matin. La mer reçoit l'eau des fleuves.* **4.** Accueillir; faire un certain accueil à. *Il nous a bien reçus.* ▷ (Objet n. de chose.) *Comment a-t-il reçu votre proposition?* **5.** Accueillir chez soi. *Recevoir des amis.* – Absol. *Ils ne reçoivent jamais.* ▷ Accueillir pour une entrevue. *Le directeur vous recevra dans un instant.* **6.** Admettre à un examen. *Recevoir un candidat.* ▷ Admettre (qqn) dans une société, l'installer dans une charge avec un certain cérémonial. **7.** Agréer, admettre. *Recevoir une pièce de théâtre.* ▷ Admettre, accepter comme vrai, reconnaître. *Idées toutes faites que l'on reçoit sans examen*, ou *idées reçues.* **8.** RADIOELECTR Capter (des ondes). *Ce poste ne reçoit pas les ondes courtes. Je vous reçois mal.* **II.** v. pron. SPORT Retomber d'une certaine manière (après un saut). *Se recevoir sur les mains.* – Du lat. *recipere*, de *re-*, «en arrière, en retour, de nouveau», et *capere*, «prendre».

rechampir [ʀəʃɑ̃piʀ] ou **réchampir** [ʀeʃɑ̃piʀ] v. tr. [2] TECH Détacher (un ornement) d'un fond, en soulignant les contours par un contraste de couleurs, au moyen de moulures, etc. – De *ré-*, et *champ*, au sens de «fond sur lequel se détache qqch.».

rechampissage [ʀəʃɑ̃pisaʒ] ou **réchampissage** [ʀeʃɑ̃pisaʒ] n. m. TECH Action de réchampir; ouvrage réchampi. – Du préc.

rechange [ʀ(ə)ʃɑ̃ʒ] n. m. **1.** Remplacement d'objets par des objets semblables que l'on tient en réserve (surtout dans la loc. adj. *de rechange*). *Linge de rechange.* – Fig. *Trouver une solution de rechange.* **2.** *Par ext.* Objet (et partic. vêtement) de rechange. *Emporter le rechange d'une pièce difficile à trouver. Elle n'a pas pris beaucoup de rechange en linge.* – Déverbal de *rechanger.*

rechanger [ʀ(ə)ʃɑ̃ʒe] v. tr. [15] Changer de nouveau. – De *re-*, et *changer.*

rechanter [ʀ(ə)ʃɑ̃te] v. tr. [1] Chanter de nouveau. – De *re-*, et *chanter.*

rechapage [ʀ(ə)ʃapaʒ] n. m. Action de rechaper; son résultat. – De *rechaper.*

rechaper [ʀ(ə)ʃape] v. tr. [1] Appliquer une nouvelle couche de gomme sur (un pneumatique usé). – De *re-*, et *chape.*

réchappé, ée [ʀeʃape] n. Litt. Rescapé. *Les réchappés d'une catastrophe.* – Pp. de *réchapper.*

réchapper [ReʃapE] v. intr. [1] Se tirer d'un grand péril. *Il a réchappé de l'accident. Il en a* (ou *il en est*) *réchappé.* – De *r-* et *échapper.*

recharge [R(ə)ʃaRʒ] n. f. **1.** Action de recharger. *Mettre une batterie en recharge.* **2.** Seconde charge d'explosif ajoutée à la première dans une arme, une mine, etc. – *Par ext.* Ce qui sert à recharger. *Recharge de briquet à gaz.* – Déverbal de *recharger.*

rechargeable [R(ə)ʃaRʒabl] adj. Qui peut être rechargé. *Briquet rechargeable.* – De *recharger.*

rechargement [R(ə)ʃaRʒəmɑ̃] n. m. Action de recharger. – De *recharger.*

recharger [R(ə)ʃaRʒe] v. tr. [15] **1.** Charger de nouveau. *Recharger des wagonnets.* **2.** Garnir d'une nouvelle charge. *Recharger une arme après avoir tiré.* – *Recharger une batterie d'accumulateurs.* **3.** TECH Ajouter de la matière à (une pièce usée), notam. par soudage. ▷ Ajouter des pierres sur (une route, le ballast d'une voie ferrée). – De *re-*, et *charger.*

réchaud [Reʃo] n. m. Petit fourneau, généralement portatif, destiné à chauffer ou à réchauffer diverses choses, partic. les aliments. *Réchaud à gaz, électrique.* – A. fr. **réchauf,* déverbal de *réchauffer,* refait d'ap. *chaud.*

réchauffage [Reʃofaʒ] n. m. Action de réchauffer; son résultat. – De *réchauffer.*

réchauffé, ée [Reʃofe] adj. et n. m. **1.** Qui a été réchauffé. *Un dîner réchauffé.* **2.** Fig., péjor. Vieux et trop connu. *Histoires réchauffées.* ▷ N. m. *C'est du réchauffé.* – Pp. de *réchauffer.*

réchauffement [Reʃofmɑ̃] n. m. Fait de se réchauffer. *Réchauffement du temps.* – De *réchauffer.*

réchauffer [Reʃofe] v. tr. [1] **1.** Chauffer (ce qui était froid ou refroidi). *Réchauffer le dîner.* ▷ (Au restaurant) *Réchauffer le café de qqn,* remplir à nouveau sa tasse de café. **2.** Fig. Ranimer, rendre plus chaleureux, plus vivant. *Plaisanteries qui réchauffent l'atmosphère.* **3.** Redonner de la chaleur au corps de (qqn). *Une tasse de thé vous réchauffera.* ▷ v. pron. *Il court pour se réchauffer.* ▷ Fig. Réconforter. *Des paroles qui réchauffent le cœur.* **4.** v. pron. *Le temps se réchauffe:* il commence à faire moins froid. – De *r-*, et *échauffer.*

réchauffeur [Reʃofœr] n. m. TECH Appareil servant à réchauffer (un fluide, une matière). – Du préc.

rechaussement [R(ə)ʃosmɑ̃] n. m. AGRIC Action de rechausser. – De *rechausser.*

rechausser [R(ə)ʃose] v. tr. [1] **1.** Chausser de nouveau. *Rechausser ses skis.* ▷ v. pron. Remettre ses chaussures. *Rechaussez-vous.* **2.** Donner, procurer de nouvelles chaussures à (qqn). *Le bottier m'a rechaussé à neuf.* ▷ *Par ext.* Ferrer un cheval qui a perdu son fer. – Remplacer les pneus usée d'une voiture, d'un camion, etc. par des pneus neufs. **3.** AGRIC Remettre de la terre au pied de (un végétal). *Rechausser un arbre.* ▷ CONSTR Reprendre en sous-œuvre, consolider le pied de (un ouvrage). *Rechausser un mur.* – De *re-*, et *chausser.*

rêche [Rɛʃ] adj. **1.** Rare Âpre au goût. *Pomme rêche.* **2.** Rude au toucher. *Peau rêche.* **3.** Fig. De caractère difficile, peu aimable. *Personne rêche.* Syn. revêche. – Frq. **rubisk,* «rude, âpre».

recherche [R(ə)ʃɛRʃ] n. f. **1.** Action de rechercher pour trouver, découvrir. *Partir, se mettre, se lancer à la recherche de qqn, de qqch. Les recherches de la police n'ont rien donné. Poursuivre, abandonner les recherches.* **2.** Spécial. Travaux de science, d'érudition visant à faire progresser la connaissance; l'ensemble de ces travaux. *Les recherches sur le cancer. Le Conseil de recherches en sciences humaines du Canada. La recherche subventionnée.* – *Faire de la recherche:* s'adonner à de tels travaux. **3.** Action de faire effort pour obtenir qqch, atteindre un but. *La recherche des honneurs, de la gloire.* **4.** Soin, raffinement. *Recherche dans le style, dans la toilette.* – Déverbal de *rechercher.*

recherché, ée [R(ə)ʃəRʃe] adj. **1.** Que l'on recherche, que l'on cherche à obtenir; peu commun. *Des meubles très recherchés.* ▷ (Personnes.) Que l'on cherche à fréquenter. *Des gens très recherchés.* Syn. prisé. **2.** Qui témoigne d'un souci de recherche, de raffinement. *Élégance recherchée.* – Pp. de *rechercher.*

rechercher [R(ə)ʃɛRʃe] v. tr. [1] **1.** Chercher de nouveau. *J'ai dû aller en rechercher.* **2.** Chercher avec soin pour trouver, découvrir. *Rechercher la cause d'un phénomène.* ▷ (Objet n. de personne.) *La police recherche le coupable.* **3.** Tâcher d'obtenir, d'atteindre. *Rechercher les honneurs. Rechercher la perfection.* – De *re-*, et *chercher.*

recherchiste [Rɛʃərʃist] n. Personne spécialisée dans la recherche de la documentation nécessaire pour la réalisation d'une émission de radio, de télévision, ou d'une œuvre imprimée quelconque. – De *recherche.*

rechigner [R(ə)ʃiɲe] v. [1] **1.** v. intr. Manifester sa mauvaise humeur, sa répugnance par un air maussade et de sourdes protestations. *Qu'avez-vous encore à rechigner?* Syn. grogner, (fam.) râler. **2.** v. tr. indir. Témoigner de la répugnance, de la mauvaise volonté pour. *Rechigner au travail.* Syn. renâcler. – De *re-*, et frq. **kînan,* «tordre la bouche».

rechute [Rəʃyt] n. f. **1.** Nouvelle évolution d'une maladie qui semblait en voie de guérison. **2.** RELIG Fait de retomber dans le péché. – De l'anc. v. *rechoir,* «retomber», d'après *chute.*

rechuter [Rəʃyte] v. intr. [1] Tomber malade à nouveau, faire une rechute. – Du préc.

récidive [Residiv] n. f. **1.** MED Réapparition d'une maladie après sa guérison complète. **2.** DR Fait de commettre une nouvelle infraction après une condamnation définitive pour une infraction précédente; cette nouvelle infraction elle-même. **3.** Action de refaire la même faute. – Lat. médiév. *recidiva,* class. *recidivus,* «qui retombe, qui revient».

récidiver [Residive] v. intr. [1] **1.** MED Réapparaître, en parlant d'une maladie qui semblait complètement guérie. **2.** DR Commettre une récidive. **3.** Refaire la même faute. – Lat. médiév. *recidivare,* de *recidiva,* (V. préc.).

récidiviste [Residivist] n. Personne qui commet un crime, un délit, avec récidive. – Du préc.

récif [Resif] n. m. **1.** Rocher ou ensemble de rochers à fleur d'eau dans la mer. ▷ GEOGR *Récif frangeant, récif-barrière.* V. encycl. – Esp. *arrecife,* de l'ar. *rassīf,* «chaussée, levée, digue».

ENCYCL Les récifs coralliens résultent de l'accumulation d'algues calcaires, d'annélides tubicoles, d'huîtres, de coraux, etc. On distingue trois formes: le *récif-barrière,* situé à une certaine distance du rivage; le *récif frangeant,* fixé au littoral; l'*atoll.*

récipiendaire [Resipjɑ̃dɛR] n. **1.** Personne que l'on reçoit dans un corps, dans une compagnie, avec un certain cérémonial. *Discours d'un récipiendaire à l'Académie française.* **2.** Personne qui reçoit un diplôme universitaire. – Du lat. *recipiendus,* «qui doit être reçu».

récipient [Resipjɑ̃] n. m. Tout ustensile destiné à contenir une substance quelconque. – Lat. *recipiens,* ppr. de *recipere,* «recevoir».

réciprocité [ResipRɔsite] n. f. État, caractère de ce qui est réciproque – Bas lat. *reciprocitas.*

réciproque [ResipRɔk] adj. et n. f. **I.** adj. **1.** Que deux personnes, deux choses ont l'une pour l'autre, exercent l'une sur l'autre. *Amour réciproque. In-*

fluence réciproque. Syn. mutuel. **2.** GRAM *Verbes réciproques:* verbes pronominaux indiquant que l'action est réalisée simultanément par deux sujets au moins, chacun d'eux étant à la fois agent et objet de cette action. (Ex.: *Ils se battent.*) **3.** LOG *Propositions réciproques,* où le sujet de l'une peut devenir l'attribut de l'autre, et vice versa. (Ex.: *L'homme est un animal raisonnable* et *Un animal raisonnable est un homme.*) **4.** MATH *Application réciproque* (ou *inverse*) *d'une application f d'un ensemble A dans un ensemble B:* application, notée f^{-1}, de l'ensemble B dans l'ensemble A. ▷ *Propositions* ou *théorèmes réciproques,* tels que l'hypothèse de l'un est la conclusion de l'autre. **II.** n. f. **1.** LOG Proposition réciproque. **2.** *Rendre la réciproque,* la pareille. – Lat. *reciprocus,* «qui revient au point de départ».

réciproquement [ʀesipʀɔkmɑ̃] adv. **1.** Mutuellement. *Se respecter réciproquement.* **2.** loc. adv. *Et réciproquement* (annonçant ou sous-entendant la réciproque d'une proposition). *J'ai mis l'armoire à la place du lit et réciproquement (le lit à la place de l'armoire).* – Du préc.

récit [ʀesi] n. m. **1.** Narration orale ou écrite de faits réels ou imaginaires. *Récit d'aventures. Récit historique.* **2.** LITTER Relation d'événements qui ne sont pas représentés sur la scène, dans le théâtre classique. **3** MUS Vx Récitatif. ▷ L'un des claviers de l'orgue. – Déverbal de *réciter.*

récital, als [ʀesital] n. m. Audition donnée par un artiste qui chante seul ou joue seul d'un instrument. *Récital de violon.* – Par ext. *Récital de danse. Récital poétique.* – Angl. *recital,* de *to recite,* empr. du fr. *réciter.*

récitant, ante [ʀesitɑ̃, ɑ̃t] adj. et n. **1.** adj. MUS Se dit de la voix ou de l'instrument qui exécute seul la partie principale du morceau. ▷ Subst. Celui, celle qui chante un récitatif. **2.** n. Dans une pièce de théâtre, un film, etc., personne qui dit un texte permettant de comprendre l'action. – Ppr. de *réciter.*

récitatif [ʀesitatif] n. m. MUS Dans la musique dramatique, déclamation notée, «manière de chant qui approche beaucoup de la parole» (J.-J. Rousseau). – De *réciter.*

récitation [ʀesitasjɔ̃] n. f. **1.** Action de réciter. **2.** Texte littéraire, poème qu'un écolier doit apprendre par cœur. – Lat. *recitatio,* «lecture publique».

réciter [ʀesite] v. tr. [1] **1.** Prononcer à haute voix (ce qu'on connaît par cœur). *Réciter une leçon, un discours.* **2.** MUS Chanter (un récitatif). – Lat. *recitare,* «lire à haute voix».

réclamant, ante [ʀeklamɑ̃, ɑ̃t] n. Celui, celle qui réclame qqch. – Ppr. de *réclamer.*

réclamation [ʀeklamasjɔ̃] n. f. Action de réclamer pour faire respecter un droit. *Bureau des réclamations.* – Lat. *reclamatio,* «approbation, réclamation manifestée par des cris».

réclame [ʀeklam] n. **I.** n. m. En fauconnerie, cri, signe destiné à faire revenir un oiseau. **II.** n. f. **1.** Petit article de journal où l'on vante les qualités d'un produit dans un dessein commercial. **2.** Publicité commerciale. *Faire de la réclame.* ▷ *Marchandises en réclame,* vendues à prix réduits pour attirer les clients. – En appos. *Vente réclame.* – Sens I: de l'a. fr. *reclaim,* «appel»; sens II: déverbal de *réclamer.*

réclamer [ʀeklame] v. [1] **I.** v. tr. **1.** Demander de façon pressante (qqn, qqch dont on a besoin). *Malade qui réclame de l'eau.* **2.** Fig. (Sujet n. de chose). Nécessiter. *Son état réclame des précautions.* **3.** Demander avec force (ce à quoi l'on a droit). *Réclamer la récompense promise.* **II.** v. intr. Litt. Protester, s'élever contre une injustice *Réclamer en faveur d'un innocent.* **III.** v. pron. *Se réclamer de qqn, de qqch :* s'appuyer sur sa notoriété, son prestige, s'en prévaloir, s'y référer. *Se réclamer d'une tradition séculaire.* – Lat. *reclamare,* «protester hautement».

reclassement [ʀəklasmɑ̃] n. m. Action de reclasser (qqch, qqn). – De *reclasser.*

reclasser [ʀəklase] v. tr. [1] **1.** Classer de nouveau, d'une manière différente. **2.** Affecter (qqn qui ne peut plus exercer son emploi) à un poste ou dans un secteur différent. **3.** Réajuster le traitement de (une catégorie de fonctionnaires). – De *re-,* et *classer.*

reclus, use [ʀəkly, yz] adj. et n. Qui vit enfermé, isolé du monde. *Moine reclus.* ▷ Subst. *Un(e) reclus(e).* – Pp. de l'anc. v. *reclure* , du lat. *recludere,* «ouvrir» en lat. class., puis «enfermer» en lat. imp.

réclusion [ʀeklyzjɔ̃] n. f. Litt. État d'une personne recluse. – De l'anc. v. *reclure,* sur le modèle du lat. *reclusio,* «ouverture» (V. reclus).

récognitif [ʀekɔgnitif] adj. m. DR Se dit d'un acte par lequel on reconnaît ou rectifie une obligation ou un droit en se référant à un acte antérieur. – Du lat. *recognitus,* pp. de *recognoscere,* «reconnaître».

recognition [ʀekɔgnisjɔ̃] n. f. PHILO Action de reconnaître qqn, qqch par la mémoire. – Lat. *recognitio,* «revue, inspection».

recoiffer [ʀ(ə)kwafe] **I.** v. tr. [1] **1.** Coiffer de nouveau. **2.** Remettre un chapeau à (qqn). **II.** v. pron. **1.** Arranger de nouveau ses cheveux. **2.** Remettre son chapeau. – De *re-,* et *coiffer.*

recoin [ʀ(ə)kwɛ̃] n. m. Coin bien caché. *Dissimuler qqch dans un recoin.* ▷ Fig. *Les recoins du cœur, de l'esprit.* – De *re-,* et *coin.*

récolement [ʀekɔlmɑ̃] n. m. Action de récoler. ▷ DR *Vérification faite par l'huissier, avant de procéder à la vente en justice de biens meubles, en vue de s'assurer que tous les objets saisis sont présents. Procès-verbal de récolement.* – De *récoler.*

récoler [ʀekɔle] v. tr. [1] **1.** Didac. Vérifier d'après un inventaire. *Récoler les manuscrits d'une bibliothèque. Récoler les objets saisis:* vérifier, avant la vente, la présence de tous les objets saisis. **2.** DR *Récoler des témoins,* leur lire les dépositions qu'ils ont faites pour s'assurer qu'ils les maintiennent. – Lat. *recolere,* «passer en revue».

recollage [ʀ(ə)kɔlaʒ] n. m. Action de recoller. – De *recoller.*

récollection [ʀekɔlɛksjɔ̃] n. f. RELIG Action de se recueillir; retraite spirituelle. – Lat. médiév. *recollectio,* du pp. de *recolligere,* «recueillir».

recollement [ʀ(ə)kɔlmɑ̃] n. m. Fait de se recoller. – De *recoller.*

recoller [ʀ(ə)kɔle] v. [1] **1.** v. tr. Coller de nouveau; réparer (un objet cassé) avec de la colle. **2.** v. intr. SPORT Se trouver à nouveau dans le peloton après avoir été distancé. – De *re-,* et *coller.*

récollet [ʀekɔlɛ] n. m. RELIG CATHOL Religieux appartenant à la branche réformée des augustins ou à l'une des branches réformées des franciscains. – Lat. médiév. *recollectus,* du pp. de *recolligere,* «recueillir».

récoltable [ʀekɔltabl] adj. Que l'on peut récolter. – De *récolter.*

récoltant, ante [ʀekɔltɑ̃, ɑ̃t] adj. et n. Qui fait lui-même sa récolte. *Propriétaire récoltant.* – Ppr. de *récolter.*

récolte [ʀekɔlt] n. f. **1.** Action de recueillir des produits végétaux; les produits recueillis. *Récolte des betteraves, des fruits.* **2.** Fig. Ce qu'on rassemble au prix d'un certain effort. *Récolte de renseignements.* – Ital. *ricolta,* de *ricogliere,* «ramasser, recueillir», lat. *recolligere.*

récolter [ʀekɔlte] v. tr. [1] **1.** Faire une récolte de. *Récolter des céréales.* ▷ Prov. *Qui sème le vent récolte la tempête.* **2.** Fig. Recueillir, obtenir. *Récolter des mauvaises notes.* – Du préc.

recombinaison [ʀəkõbinɛzõ] n. f. **1.** CHIM Formation d'une entité chimique à partir de fragments qui résultent de la dissociation antérieure de cette entité. **2.** GENET Processus par lequel, à une génération donnée, les gènes se combinent entre eux d'une façon différente de celle de la génération précédente. – De *re-*, et *combinaison.*

recombinant, ante [ʀəkõbinɑ̃, ɑ̃t] n. GENET Individu ou cellule ayant subi une recombinaison. – De *recombinaison.*

recombiner [ʀəkõbine] v. tr. [1] **1.** GENET Pratiquer une recombinaison. **2.** v. pron. CHIM *Molécule dont les éléments se recombinent.* – De *re*, et *combiner.*

recommandable [ʀ(ə)kɔmɑ̃dabl] adj. Digne d'être recommandé, estimé. *Individu peu recommandable.* – De *recommander.*

recommandation [ʀ(ə)kɔmɑ̃dasjõ] n. f. **1.** Conseil sur lequel on insiste. *Faire des recommandations à un enfant.* **2.** Action de recommander qqn. *Lettre de recommandation.* **3.** Formalité par laquelle on recommande une lettre, un colis. – De *recommander.*

recommandé, ée [ʀ(ə)kɔmɑ̃de] adj. et n. *Lettres, colis recommandés*, auxquels s'applique la recommandation postale. ▷ Subst. *Envoi en recommandé.* V. recommander (sens I, 5). – Pp. de *recommander.*

recommander [ʀ(ə)kɔmɑ̃de] **I.** v. tr. [1] **1.** Indiquer, conseiller (qqch) à qqn, dans son intérêt. *Recommander un film. Recommander la prudence à un automobiliste.* **2.** *Recommander de* (+ inf.): faire savoir à qqn (ce qu'on attend de lui) en insistant pour qu'il s'y conforme. *Elle lui a recommandé de veiller sur son frère.* **3.** Demander à une personne d'être favorable à (qqn). *Un candidat que M. Untel me recommande.* ▷ *Recommander son âme à Dieu*, implorer sa pitié au moment de mourir. **4.** *Par méton.* (sujet n. de chose) Rendre digne de considération. *Son talent le recommande.* **5.** *Recommander une lettre, un colis*, s'assurer, en payant une taxe, qu'ils seront remis en main propre au destinataire. **II.** v. pron. **1.** *Se recommander à:* demander aide, protection à. *Se recommander à Dieu.* **2.** *Se recommander de qqn*, invoquer son appui. **3.** Se faire estimer. *Ce restaurant se recommande par ses spécialités régionales.* – De *re-*, et *commander.*

recommencement [ʀ(ə)kɔmɑ̃smɑ̃] n. m. Fait de recommencer. – De *recommencer.*

recommencer [ʀ(ə)kɔmɑ̃se] v. tr. [14] Commencer de nouveau après une interruption; refaire (ce qu'on a déjà fait). *Recommencer un devoir.* ▷ v. tr. indir. (suivi d'un infinitif). *Recommencer à travailler.* ▷ v. intr. *Les cours vont bientôt recommencer.* – Fam. *Recommencer de plus belle*, avec plus d'ardeur, de violence. – De *re-*, et *commencer.*

récompense [ʀekõpɑ̃s] n. f. **1.** Ce qu'on donne à qqn pour un service rendu, un mérite particulier. *Mériter, distribuer des récompenses.* ▷ Iron. *Il aura la récompense de sa méchanceté.* **2.** DR Indemnité due, lors de la dissolution de la société d'acquêts ou de la communauté de biens, soit à la masse commune, soit aux biens propres de l'un des époux, par le conjoint qui s'est enrichi au détriment de l'autre pendant le régime matrimonial. – Déverbal de *récompenser.*

récompenser [ʀekõpɑ̃se] v. tr. [1] Donner une récompense à (qqn). *Récompenser qqn d'une bonne action.* – Par ext. *Récompenser le mérite.* – Lat. *recompensare*, de *compensare*, «compenser».

recomposer [ʀ(ə)kõpoze] v. tr. [1] **1.** Reconstituer (ce qui a été décomposé, séparé en divers éléments). **2.** TYPO Recommencer la composition de (un texte). – De *re-*, et *composer.*

recomposition [ʀ(ə)kõpozisjõ] n. f. Action de recomposer; son résultat. – De *recomposer.*

recompter [ʀ(ə)kõte] v. tr. [1] Compter de nouveau. *Recompter une somme.* – De *re-*, et *compter.*

réconciliateur, trice [ʀekõsiljatœʀ, tʀis] n. et adj. Qui réconcilie. – Lat. *reconciliator.*

réconciliation [ʀekõsiljasjõ] n. f. **1.** Action de réconcilier, de se réconcilier. **2.** LITURG CATHOL Cérémonie au cours de laquelle un apostat, un clerc suspens, un édifice sacré est réconcilié. – Lat. *reconciliatio.*

réconcilier [ʀekõsilje] v. tr. [1] **1.** Remettre d'accord (des personnes brouillées). *Réconcilier des ennemis.* – Fig. *Son professeur l'a réconcilié avec les mathématiques.* ▷ v. pron. (Réfl.) *Il s'est réconcilié avec lui.* (Récipr.) *Ils se sont réconciliés.* **2.** LITURG CATHOL Consacrer de nouveau (une église qui a été profanée). – Réadmettre dans l'Église (un apostat, un clerc suspens). **3.** Fig. Faire s'accorder entre elles (des choses apparemment opposées). *Réconcilier la politique et la morale.* – Lat. *reconciliare*, «remettre en état, rétablir, réconcilier», de *conciliare*, «unir».

reconduction [ʀ(ə)kõdyksjõ] n. f. Action de reconduire (sens 2), de renouveler. ▷ DR Renouvellement d'un contrat. *Tacite reconduction:* renouvellement automatique d'un contrat si l'une des parties n'avise pas l'autre de son intention de le modifier ou d'y mettre fin. – Lat. *reconductio*, du lat. jurid. *reconducere.*

reconduire [ʀ(ə)kõdɥiʀ] v. tr. [71] **1.** Accompagner (qqn qui s'en va). *Reconduire des amis jusqu'à la porte.* **2.** Renouveler, proroger. *Reconduire un contrat.* – Par ext. *Reconduire qqn dans ses fonctions.* **3.** Conduire (I, sens 4) de nouveau. – De *re-*, et *conduire.*

réconfort [ʀekõfɔʀ] n. m. Ce qui réconforte moralement. *Trouver du réconfort dans une lecture.* – Déverbal de *réconforter.*

réconfortant, ante [ʀekõfɔʀtɑ̃, ɑ̃t] adj. Qui réconforte physiquement ou moralement. – Ppr. de *réconforter.*

réconforter [ʀekõfɔʀte] v. [1] **I.** v. tr. **1.** Rendre des forces physiques à (qqn). *Ce bain chaud m'a réconforté.* **2.** Redonner de la force morale, du courage, à une personne éprouvée. *Réconforter des proches par des témoignages d'amitié.* **II.** v. pron. Reprendre des forces, du courage. – De *ré-*, et *conforter.*

reconnaissable [ʀəkɔnɛsabl] adj. Que l'on peut reconnaître. – De *reconnaître.*

reconnaissance [ʀəkɔnɛsɑ̃s] n. f. **I. 1.** Action de reconnaître qqn, qqch; fait de se reconnaître mutuellement. **2.** Aveu, confession. *La reconnaissance de ses erreurs.* **3.** Fait d'admettre pour tel ou de reconnaître la légitimité de. *La reconnaissance d'un gouvernement.* ▷ DR *Reconnaissance d'un enfant:* fait de le reconnaître officiellement pour sien. ▷ Acte écrit par lequel on reconnaît une obligation. *Signer une reconnaissance de dette.* **4.** Action de reconnaître un lieu. ▷ MILIT Opération par laquelle on cherche à déterminer la nature d'un terrain, la position, le nombre des ennemis, etc. *Envoyer des avions en reconnaissance.* **II.** Sentiment qui porte à témoigner qu'on se souvient d'un bienfait reçu. Syn. gratitude. – De *reconnaître.*

reconnaissant, ante [ʀəkɔnɛsɑ̃, ɑ̃t] adj. Qui éprouve, qui manifeste de la reconnaissance. – Ppr. de *reconnaître.*

reconnaître [ʀəkɔnɛtʀ] **I.** v. tr. [59] **1.** Percevoir (qqn, qqch) comme déjà connu, identifier. *Elle ne l'a pas reconnu tellement il a changé. Je reconnais cette odeur.* ▷ Identifier, grâce à un détail, à un trait. *Sur ce tableau, on reconnaît Napoléon à son chapeau.* **2.** Admettre comme vrai, comme certain. *Je recon-*

nais ses mérites. **3.** Avouer, confesser (qqch). *Reconnaître ses fautes.* **4.** Admettre, tenir (qqn) pour tel. *Reconnaître qqn pour roi.* ▷ *Reconnaître un enfant:* déclarer officiellement qu'on est le père ou la mère d'un enfant naturel. ▷ *Reconnaître un gouvernement,* admettre sa légitimité. **5.** Examiner (un lieu) pour le connaître; essayer de déterminer l'emplacement de (qqch). *Reconnaître les lieux. Reconnaître une position ennemie.* **II.** v. pron. **1.** Retrouver son image dans qqch. *Se reconnaître sur une photographie.* – Fig. *Ce grand-père se reconnaît dans son petit-fils.* **2.** Se retrouver, s'orienter. *Je n'arrive pas à me reconnaître dans ces nouveaux quartiers.* **3.** S'avouer comme tel. *Se reconnaître coupable.* – Lat. *recognoscere,* «reconnaître, inspecter, réviser».

reconquérir [ʀ(ə)kõkeʀiʀ] v. tr. [38] Conquérir de nouveau. *Reconquérir une place forte.* ▷ Fig. *Reconquérir l'estime de qqn.* – De *re-,* et *conquérir.*

reconquête [ʀ(ə)kõkɛt] n. f. Action de reconquérir. – De *reconquérir.*

reconsidérer [ʀ(ə)kõsideʀe] v. tr. [16] Réexaminer pour réviser la décision précédemment adoptée. *Reconsidérer une question.* – De *re-,* et *considérer.*

reconstituant, ante [ʀ(ə)kõstitɥɑ̃, ɑ̃t] adj. et n. m. Se dit d'un aliment, d'un médicament qui redonne des forces. – Ppr. de *reconstituer.*

reconstituer [ʀ(ə)kõstitɥe] v. tr. [1] **1.** Constituer, créer de nouveau. *Reconstituer une association dissoute.* **2.** Redonner à (une chose dont il ne reste que des éléments épars, fragmentaires) sa forme primitive. *Reconstituer un vase grec.* **3.** Représenter (un fait, un événement) tel qu'il s'est produit. *Reconstituer une scène historique. Reconstituer un crime* (sur les lieux mêmes où il a été commis, au cours d'une enquête de police). – De *re-,* et *constituer.*

reconstitution [ʀ(ə)kõstitysjõ] n. f. Action de reconstituer; son résultat. – De *reconstituer,* d'ap. *constitution.*

reconstruction [ʀ(ə)kõstʀyksjõ] n. f. Action de reconstruire; son résultat. – De *reconstruire,* d'ap. *construction.*

reconstruire [ʀ(ə)kõstʀɥiʀ] v. tr. [71] Construire de nouveau (ce qui a été détruit). *Reconstruire un édifice.* – De *re-,* et *construire.*

reconvention [ʀ(ə)kõvɑ̃sjõ] n. f. DR Demande que formule le défendeur contre le demandeur, devant le même juge. – Lat. médiév. *reconventio.*

reconventionnel, elle [ʀ(ə)kõvɑ̃sjɔnɛl] adj. DR Qui constitue une reconvention. *Demande reconventionnelle.* – Du préc.

reconventionnellement [ʀ(ə)kõvɑ̃sjɔnɛlmɑ̃] adv. DR D'une manière reconventionnelle. – Du préc.

reconversion [ʀ(ə)kõvɛʀsjõ] n. f. ECON Adaptation de l'économie d'un pays, d'une région, à de nouvelles conditions financières, politiques, économiques. – *Par ext.* Changement radical de la nature des activités d'une entreprise par suite de l'évolution du marché. – Changement de métier d'un travailleur (souvent en raison de la suppression du type d'emploi pour lequel il était qualifié). – De *reconvertir.*

reconvertir [ʀ(ə)kõvɛʀtiʀ] v. [2] **1.** v. tr. ECON Pratiquer, assurer la reconversion de (qqch, qqn). **2.** v. pron. Changer de métier. – De *re-,* et *convertir.*

recopier [ʀ(ə)kɔpje] v. tr. [1] Copier (un texte). *Recopier des citations dans un cahier. Recopier un brouillon,* le mettre au propre. – De *re-,* et *copier.*

record [ʀ(ə)kɔʀ] n. m. **1.** SPORT Exploit sportif surpassant tout ce qui a été fait jusqu'alors. *Record de vitesse, de hauteur.* **2.** *Par ext.* Fait surpassant tout ce qu'on avait vu dans le genre. *Record d'affluence.* Fig. *Il bat tous les records d'avarice.* ▷ *Appos.* Jamais atteint ou enregistré auparavant. *Température record.* – Mot angl., de *to record,* «rappeler, enregistrer», de l'anc. v. *recorder,* «répéter pour apprendre par cœur», lat. *recordari,* «se souvenir».

recordage [ʀ(ə)kɔʀdaʒ] n. m. Action de recorder; son résultat. – De *recorder.*

recorder [ʀ(ə)kɔʀde] v. tr. [1] **1.** Attacher de nouveau avec une corde. **2.** Munir de nouvelles cordes. *Recorder une raquette.* – De *re-,* et *corder.*

recoucher [ʀ(ə)kuʃe] v. tr. [1] Coucher de nouveau. ▷ v. pron. Se remettre au lit. – De *re-,* et *coucher.*

recoudre [ʀ(ə)kudʀ] v. tr. [60] Coudre (une étoffe décousue ou déchirée). – CHIR Coudre (une plaie). – De *re-,* et *coudre.*

recoupage [ʀ(ə)kupaʒ] n. m. TECH Action de recouper (sens I, 1, 2 et II); son résultat. *Recoupage des vins.* – De *recouper.*

recoupe [ʀ(ə)kup] n. f. **1.** AGRIC Seconde coupe de foin sur une prairie dans la même année. **2.** Morceau qui tombe quand on taille, quand on coupe qqch. Syn. chute. **3.** Farine de seconde mouture, de qualité inférieure. **4.** Eau-de-vie faite d'alcool étendu d'eau. – Déverbal de *recouper.*

recoupement [ʀ(ə)kupmɑ̃] n. m. **1.** CONSTR Retraite donnée à chaque assise de pierres pour consolider un bâtiment. **2.** TECH Levé d'un point par l'intersection de lignes qui se coupent en ce point. **3.** Fig. Coïncidence de renseignements venus de sources différentes. – Vérification d'un fait, d'une information par confrontation de données provenant d'autres sources. – De *recouper.*

recouper [ʀ(ə)kupe] v. [1] **I.** v. tr. **1.** Couper de nouveau. **2.** TECH Ajouter divers vins au produit d'un premier coupage. **3.** Fig. Vérifier (une information) par d'autres. *Recouper des renseignements provenant de plusieurs sources.* ▷ v. pron. *Tous les faits se recoupent.* Syn. coïncider. **II.** v. intr. JEU Couper une seconde fois les cartes. – De *re-,* et *couper.*

recourbement [ʀ(ə)kuʀbəmɑ̃] n. m. Rare Action de se recourber, fait d'être recourbé. – De *recourber.*

recourber [ʀ(ə)kuʀbe] v. tr. [1] **1.** Courber une nouvelle fois. **2.** Courber à son extrémité. *Recourber un fer.* ▷ V. pron. *Cils qui se recourbent.* – De *re-,* et *courber.*

recourbure [ʀ(ə)kuʀbyʀ] n. f. **1.** Rare Partie recourbée. **2.** État d'une chose recourbée. – Du préc.

recourir [ʀ(ə)kuʀiʀ] **I.** v. intr. [29] **1.** Courir de nouveau. **2.** Retourner en courant. **II.** v. tr. indir. *Recourir à.* **1.** Demander aide, assistance à (qqn). *Recourir au médecin de famille.* **2.** User de, employer (un moyen, un procédé). *Recourir à certains expédients.* – De *re-,* et *courir.*

recours [ʀ(ə)kuʀ] n. m. **1.** Action de recourir, de faire appel à qqn, à qqch. *Avoir recours à la justice.* **2.** Ce à quoi l'on recourt. *C'est notre unique recours.* Syn. ressource. **3.** DR Action qu'on a contre qqn pour être indemnisé ou garanti. *Voies de recours.* – Démarche auprès d'une juridiction, par laquelle on demande la rétractation, la réformation ou la cassation d'une décision de justice. *Recours en cassation.* ▷ *Recours en grâce:* demande adressée au chef de l'État pour obtenir la remise ou la commutation d'une peine infligée par un jugement. V. pourvoi. ▷ *Recours collectif:* moyen de procédure qui permet à une personne de faire valoir devant les tribunaux non seulement ses droits, mais ceux d'un ensemble d'individus, sans avoir reçu de leur part mandat de les représenter, lorsque leurs revendications se ressemblent suffisamment pour justifier leur regroupement dans un même procès. – Lat. jur. *recursum,* «retour en arrière», pp. de *recurrere,* «revenir (en courant)».
ENCYCL La loi québécoise sur le recours collectif tire

principalement son origine de règles de procédure en vigueur devant les cours fédérales américaines et dans l'État de New York. Il s'agit d'une législation à caractère social qui vise à favoriser l'accès à la justice pour les citoyens qui ont des problèmes juridiques similaires, dont les réclamations sont souvent modestes et qui, en raison des circonstances ou de leur état, n'oseraient ou ne pourraient mettre en marche le processus judiciaire.

Une personne ne peut exercer le recours collectif qu'avec l'autorisation préalable d'un juge de la Cour supérieure et elle doit être représentée par avocat. Cette autorisation pourra être accordée aux conditions suivantes: les recours des membres du groupe sont semblables, l'action que l'on veut intenter paraît sérieuse, ce moyen de procédure semble le plus approprié pour regrouper les membres du groupe et le requérant est en mesure d'assurer une représentation adéquate du groupe.

Si l'autorisation est accordée, le procès se déroule globalement comme une instance ordinaire. Après l'audition des parties et l'examen de la preuve, le tribunal rend jugement et, s'il possède toutes les informations requises, tant sur les questions touchant l'ensemble du groupe que sur celles qui se rapportent aux réclamations individuelles, il tranche l'ensemble du litige; sinon, il prononce sur les questions collectives et demande à chaque membre du groupe de faire ultérieurement la preuve de sa propre réclamation.

La *Loi sur le recours collectif* a prévu la création d'une corporation, le Fonds d'aide aux recours collectifs, qui a pour mission d'assurer le financement de ce type de réclamations. Le représentant qui désire en bénéficier présente au Fonds une demande dans laquelle il expose le fondement de son droit, les faits essentiels de la cause, sa situation financière et celle des membres qu'il connaît. Si le Fonds en vient à la conclusion que, sans son aide, le recours ne peut être exercé valablement, il conclura avec le requérant un contrat dans lequel seront précisées les conditions de son appui. L'aide au recours collectif n'est pas réservée exclusivement aux personnes qui sont économiquement défavorisées.

recouvrable [ʀ(ə)kuvʀabl] adj. FIN Qu'on peut recouvrer. *Impôt recouvrable.* Syn. percevable. – De *recouvrer.*

recouvrage [ʀ(ə)kuvʀaʒ] n. m. TECH Opération qui consiste à recouvrir. *Recouvrage d'un parapluie.* – De *recouvrir.*

1. recouvrement [ʀ(ə)kuvʀəmɑ̃] n. m. **1.** Litt. Action de recouvrer ce qui était perdu. **2.** FIN Perception de sommes dues. *Le recouvrement des impôts.* – De *recouvrer.*

2. recouvrement [ʀ(ə)kuvʀəmɑ̃] n. m. **1.** Rare Recouvrage. **2.** Fait de se recouvrir. *Recouvrement des bardeaux d'un toit.* ▷ MATH *Recouvrement des parties P d'un ensemble E:* famille de parties de E dont la réunion contient P. ▷ GEOL Couche géologique venue recouvrir une autre plus récente. **3.** Toute partie qui en recouvre une autre. *Recouvrement d'une pierre, d'une tuile.* – De *recouvrir.*

recouvrer [ʀ(ə)kuvʀe] v. tr. [1] **1.** Litt. Rentrer en possession de. *Recouvrer la vue.* Syn. récupérer, retrouver. **2.** Recevoir en paiement (des sommes dues). *Recouvrer des créances.* – Du lat. *recuperare,* «récupérer».

recouvrir [ʀ(ə)kuvʀiʀ] v. tr. [35] **1.** Couvrir de nouveau. *Recouvrir un toit.* – (Objet n. de personne.) *Recouvrir un malade qui s'est découvert en dormant.* **2.** Couvrir complètement. *La mer recouvre une grande partie du globe.* ▷ Couvrir en enveloppant. *Recouvrir un meuble avec une housse.* **3.** Fig. Masquer, cacher. *Ses allures nonchalantes recouvrent une volonté inflexible.* **4.** Inclure, comprendre; s'appliquer à; coïncider avec. *Votre exposé recouvre en partie ce que j'allais dire.* – De *re-,* et *couvrir.*

recracher [ʀ(ə)kʀaʃe] **I.** v. tr. [1] Rejeter par la bouche ce qu'on ne veut pas avaler. **II.** v. intr. Cracher de nouveau. – De *re-,* et *cracher.*

récréance [ʀekʀeɑ̃s] n. f. **1.** DR CANON Anc. Jouissance provisionnelle d'un bénéfice en litige. **2.** DR *Lettres de récréance* ou *de rappel,* qu'un gouvernement envoie à un ambassadeur qu'il rappelle pour que celui-ci les présente au gouvernement auprès duquel il était accrédité. – De l'a. v. *recroire,* «rendre, remettre».

récréatif, ive [ʀekʀeatif, iv] adj. Qui récrée, divertit. *Lectures récréatives.* – De *récréer.*

récréation [ʀekʀeasjɔ̃] n. f. **1.** Diversion au travail, délassement, détente. **2.** Temps accordé à des élèves pour se délasser entre les heures de classe. *Cour de récréation.* (Abrév. fam. *récré.*) – Lat. *recreatio,* de *recreare* (V. récréer).

recréer [ʀ(ə)kʀee] v. tr. [1] Créer de nouveau. – Reconstituer; reconstruire mentalement. – De *re-,* et *créer.*

récréer [ʀekʀee] v. tr. [1] Litt. Divertir, détendre, délasser. ▷ v. pron. *Se récréer.* – Lat. *recreare,* «ranimer, réparer, se remettre, se ressaisir».

recrépir [ʀ(ə)kʀepiʀ] v. tr. [2] Crépir de nouveau. *Recrépir un vieux mur.* – De *re-,* et *crépir.*

recrépissage [ʀ(ə)kʀepisaʒ] n. m. Action de recrépir; son résultat. – De *recrépir.*

récrier (se) [ʀekʀije] v. pron. [11] Pousser une vive exclamation sous l'effet de l'étonnement, de la surprise, de l'indignation, etc. *Se récrier d'admiration.* – De *r-,* et *(s')écrier.*

récriminateur, trice [ʀekʀiminatœʀ, tʀis] adj. et n. Qui récrimine, qui est porté à récriminer. – De *récriminer.*

récrimination [ʀekʀiminasjɔ̃] n. f. (Le plus souvent au plur.) Plainte, protestation acerbe et amère, revendication. – Lat. médiév. *recriminatio.*

récriminatoire [ʀekʀiminatwaʀ] adj. Qui a le caractère d'une récrimination, contient une récrimination. *Discours récriminatoire.* – De *récriminer.*

récriminer [ʀekʀimine] v. intr. [1] Se plaindre, protester, critiquer amèrement. – Lat. médiév. *recriminari,* de *crimen,* «accusation».

récrire [ʀekʀiʀ] ou **réécrire** [ʀeekʀiʀ] v. tr. **[65]** **1.** Écrire de nouveau. *Récrire une ligne.* **2.** Rédiger à nouveau, en modifiant. *Récrire un chapitre.* **3.** *Récrire à qqn,* lui écrire une nouvelle lettre ou lui écrire en retour. – De *ré-,* et *écrire.*

recroqueviller [ʀ(ə)kʀɔkvije] v. tr. [1] Replier, tordre en desséchant. *La sécheresse a recroquevillé les feuilles.* Syn. ratatiner, racornir. ▷ v. pron. (Choses) *Des feuilles qui se recroquevillent au soleil.* – (Personnes) Se ramasser sur soi-même. *Se recroqueviller pour avoir moins froid.* Syn. se pelotonner. – De l'anc. v. *recoquiller,* avec infl. de *croc,* et de l'a. fr. *ville,* «vis».

recru, ue [ʀ(ə)kʀy] adj. Litt. Épuisé, harassé. *Être recru de fatigue.* – Pp. de l'a. v. *recroire,* «se rendre», bas lat. *se recredere,* «se remettre à la merci».

recrû [ʀ(ə)kʀy] n. m. SYLVIC **1.** Ce qui a poussé après une coupe. **2.** Pousse annuelle d'un taillis, d'un bois. – De *recroître.*

recrudescence [ʀ(ə)kʀydesɑ̃s] n. f. **1.** MED Exacerbation des signes d'une maladie après une rémission passagère. **2.** *Par anal.* Retour avec accroissement. *Recrudescence de froid.* ▷ Augmentation, développement, intensification. *Recrudescence du banditisme.* – Du lat. *recrudescere,* «devenir plus violent, plus saignant (blessure)», de *crudus,* «saignant».

recrudescent, ente [ʀ(ə)kʀydesɑ̃, ɑ̃t] adj. Qui est en recrudescence, qui reprend de l'intensité. – Du préc.

recrue [ʀ(ə)kʀy] n. f. **1.** Soldat nouvellement incorporé. **2.** Nouveau membre d'une société, d'un groupement, d'une équipe. *Faire de nombreuses recrues.* – Pp. fém. subst. de l'anc. v. *recroître,* «augmenter».

recrutement [ʀ(ə)kʀytmɑ̃] n. m. Action de recruter. *Le recrutement des cadres d'une entreprise.* – De *recruter.*

recruter [ʀ(ə)kʀyte] **I.** v. tr. [1] **1.** Appeler, engager (des recrues). *Recruter une troupe.* **2.** Chercher à engager, engager (du personnel). *Recruter des fonctionnaires.* ▷ Absol. *L'Administration recrute par concours.* ▷ Par ext. *Communauté, association qui recrute des adeptes, des adhérents.* **II.** v. pron. Être recruté. *Corps qui se recrute par concours.* – *Se recruter dans, parmi:* provenir de. *Les membres de ce parti se recrutent parmi les mécontents.* – De *recrue.*

recruteur [ʀ(ə)kʀytœʀ] n. m. Personne qui recrute (des soldats, des partisans, etc.). – De *recruter.*

rect(i)-. Élément, du lat. *rectus,* «droit».

recta [ʀɛkta] adv. Fam. Ponctuellement, exactement. *Payer recta.* – Adv. lat. «tout droit».

rectal, ale, aux [ʀɛktal, o] adj. ANAT, MED Relatif au rectum. – De *rectum.*

rectangle [ʀɛktɑ̃gl] adj. et n. **1.** adj. GEOM Qui possède au moins un angle droit. *Triangle rectangle. Quadrilatère rectangle.* ▷ *Parallélépipède rectangle:* parallélépipède droit dont les bases sont des rectangles. **2.** n. m. Quadrilatère rectangle. – Figure possédant quatre angles droits et quatre côtés égaux deux à deux. – Lat. médiév. *rectangulus,* de *rectus,* «droit», et *angulus,* «angle».

rectangulaire [ʀɛktɑ̃gylɛʀ] adj. **1.** En forme de rectangle. **2.** Qui forme un angle droit. *Droites rectangulaires.* Syn. perpendiculaire. – Du préc.

recteur [ʀɛktœʀ] n. m. **1.** Celui qui est à la tête d'une université. – (France) Fonctionnaire responsable d'une académie* (sens 3). **2.** Anc. Supérieur d'un collège de jésuites. **3.** RELIG CATHOL Supérieur de certaines maisons religieuses. – Prêtre à qui l'évêque confie la charge d'églises de pèlerinage non paroissiales. – Curé d'une paroisse rurale, en Bretagne. – Lat. *rector,* «celui qui gouverne», du pp. de *regere,* «diriger».

rectifiable [ʀɛktifjabl] adj. Qui peut être rectifié. – De *rectifier.*

rectificateur, trice [ʀɛktifikatœʀ, tʀis] n. et adj. **1.** Personne qui rectifie. ▷ Adj. *Manœuvre rectificatrice.* **2.** n. m. CHIM Appareil servant à rectifier les liquides. – De *rectifier.*

rectificatif, ive [ʀɛktifikatif, iv] adj. et n. Qui sert à rectifier (une erreur). *Lettre rectificative.* ▷ N. m. Mention, note rectificative. – De *rectifier.*

rectification [ʀɛktifikasjɔ̃] n. f. **1.** Action de rectifier, de corriger ce qui est inexact. *Rectification d'une erreur.* – *Spécial.* Insertion dans un journal d'un article modifiant le sens d'un article précédemment paru; mise au point. *Envoyer une rectification.* ▷ TECH Opération qui consiste à rectifier une pièce, en partic. une pièce métallique. **2.** Action de rendre droit. ▷ GEOM *Rectification d'un arc de courbe :* opération qui consiste à déterminer la longueur de cet arc. **3.** CHIM Opération qui consiste à rectifier un liquide; nouvelle distillation. – Bas lat. *rectificatio.*

rectifier [ʀɛktifje] v. tr. [1] **1.** Rendre droit. ▷ GEOM *Rectifier une courbe,* opérer sa rectification. **2.** Rendre correct, exact. *Rectifier une procédure. Rectifier une erreur,* la corriger, la faire disparaître. ▷ TECH Mettre (une pièce) à ses dimensions exactes; corriger ses imperfections, lui donner le dernier fini. **3.** *Par ext.* Modifier en améliorant. *Rectifier sa conduite.* **4.** CHIM Distiller à nouveau pour rendre plus pur. *Rectifier de l'alcool.* **5.** Pop. Tuer, assassiner. *Se faire rectifier.* – Bas lat. *rectificare,* «redresser», du class. *rectus,* «droit».

rectifieur, euse [ʀɛktifjœʀ, øz] n. TECH. **1.** Ouvrier, ouvrière qui rectifie les pièces mécaniques ou qui conduit une *rectifieuse.* **2.** n. f. Machine-outil utilisée en métallurgie pour rectifier les pièces en fin d'usinage. – De *rectifier.*

rectiligne [ʀɛktiliɲ] adj. **1.** En ligne droite. *Mouvement rectiligne.* **2.** GEOM Composé de lignes droites, limité par des lignes droites. *Figure rectiligne.* – Bas lat. *rectilineus,* de *rectus,* «droit», et *linea,* «ligne».

rectilinéaire [ʀɛktilineɛʀ] adj. PHOTO *Objectif rectilinéaire,* qui ne déforme pas l'image sur les bords. – De *rect(i)-,* et *linéaire.*

rection [ʀɛksjɔ̃] n. f. LING Fait de régir ou d'entraîner la présence d'une catégorie grammaticale déterminée. *Rection d'un complément d'objet direct par un verbe transitif. Rection du subjonctif par* quel que *dans «quel que* soit le cas». – Lat. *rectio,* de *regere,* «diriger, gouverner».

rectite [ʀɛktit] n. f. MED Inflammation du rectum. – De *rectum,* et *-ite* 1.

rectitude [ʀɛktityd] n. f. **1.** Qualité de ce qui est droit. *Rectitude d'une ligne.* **2.** Qualité de ce qui est juste, conforme à la raison. *Rectitude du jugement.* Syn. exactitude, rigueur. ▷ *Absol.* Honnêteté, rigueur morale. – Lat. *rectitudo,* de *rectus,* «droit».

recto [ʀɛkto] n. m. Première page d'un feuillet (par oppos. à *verso,* l'envers). ▷ Loc. adv. *Recto verso:* au recto et au verso. *Écrire recto verso.* – De la loc. lat. *folio recto,* «sur le feuillet qui est à l'endroit».

recto-colite [ʀɛktokɔlit] n. f. MED Inflammation du rectum et du côlon. – De *rectum,* et *colite.*

rectoral, ale, aux [ʀɛktɔʀal, o] adj. Du recteur, qui émane du recteur ou de ses services. – De *recteur.*

rectorat [ʀɛktɔʀa] n. m. **1.** Charge, dignité de recteur. – Durée de cette charge. **2.** Lieu où le recteur exerce ses fonctions. – De *recteur.*

rectoscope [ʀɛktoskɔp] n. m. MED Endoscope pour l'examen du rectum. – De *rectum,* et *-scope.*

rectoscopie [ʀɛktoskɔpi] n. f. MED Examen du rectum au rectoscope. – De *rectum,* et *-scopie.*

rectrice [ʀɛktʀis] adj. et n. f. ZOOL *Plume* ou *penne rectrice:* chacune des grandes plumes de la queue des oiseaux, servant à diriger le vol. ▷ N. f. *Une rectrice.* – Lat. *rectrix, rectricis,* «directrice».

rectum [ʀɛktɔm] n. m. ANAT Segment terminal du gros intestin, qui fait suite au côlon sigmoïde et aboutit à l'orifice anal. – Lat. méd. pour *rectum intestinum,* «intestin droit».

reçu [ʀ(ə)sy] n. m. Écrit par lequel on reconnaît avoir reçu une somme d'argent, un objet. Syn. acquit, quittance, récépissé. – Pp. subst. de *recevoir.*

recueil [ʀ(ə)kœj] n. m. Volume réunissant des écrits de provenances diverses. *Recueil de morceaux choisis.* – Déverbal de *recueillir.*

recueillement [ʀ(ə)kœjmɑ̃] n. m. Fait de se recueillir; état d'esprit d'une personne recueillie. – De *recueillir.*

recueilli, ie [ʀ(ə)kœji] adj. Qui se recueille, qui est en état de recueillement. *La foule recueillie des fidèles.* – *Par ext.* Qui marque le recueillement. *Air recueilli.* – Pp. de *recueillir.*

recueillir [ʀ(ə)kœjiʀ] **I.** v. tr. [30] **1.** Rassembler (des choses dispersées, éparses). *Recueillir des poèmes dans une anthologie.* **2.** Amasser, collecter en vue d'une utilisation future. *Recueillir des dons en nature pour une œuvre.* **3.** Recevoir, collecter (un fluide). *Chalumeaux pour recueillir la sève de l'érable.* **4.** Remporter, obtenir. *Cette proposition a recueilli un tiers des suffrages.* **5.** Recevoir par héritage. *Recueillir une succession.* **6.** Recevoir chez soi, héberger (une personne dans le besoin, dans le malheur). *Recueillir un orphelin.* **II.** v. pron. **1.** RELIG Détacher son esprit de toute pensée profane, se livrer à de pieuses méditations. **2.** Faire retour sur soi-même, méditer. – Lat. *recolligere.*

recuire [ʀ(ə)kɥiʀ] **1.** v. tr. [71] Cuire une deuxième fois. *Recuire un poulet.* ▷ METALL Soumettre au recuit. **2.** v. intr. Subir une deuxième cuisson. *J'ai mis les légumes à recuire.* – De *re-*, et *cuire.*

recuit [ʀ(ə)kɥi] n. m. METALL Traitement thermique destiné à rendre son homogénéité à un métal dont les caractéristiques ont été modifiées par une action mécanique ou thermique (écrouissage, trempe, etc.). – Pp. de *recuire.*

recul [ʀəkyl] n. m. **1.** Mouvement de ce qui recule. ▷ Spécial. *Recul d'une arme à feu, d'une pièce d'artillerie,* au départ du coup. **2.** Fig. Régression, diminution. *Le recul de la tuberculose.* **3.** Éloignement dans l'espace ou dans le temps. *Prendre du recul pour regarder une toile. Vous manquez de recul pour juger ces événements.* – Déverbal de *reculer.*

reculade [ʀ(ə)kylad] n. f. **1.** Rare Action de reculer, d'aller en arrière. **2.** Cour., péjor. Dérobade de qqn qui s'était trop avancé. – De *reculer.*

reculé, ée [ʀ(ə)kyle] adj. **1.** Lointain, difficile d'accès. *Un quartier reculé.* **2.** Éloigné dans le temps. *À des époques reculées.* – Pp. de *reculer.*

reculer [ʀ(ə)kyle] v. [1] **I.** v. intr. **1.** Aller en arrière. *La police recule sous la poussée de la foule.* ▷ Fig. (Choses.) Perdre en importance, régresser. *Maladie, idée qui recule.* **2.** (Personnes.) Hésiter ou renoncer à agir. *Reculer devant un obstacle imprévu.* – *Ne reculer devant rien:* ne se laisser arrêter par aucune difficulté; n'avoir aucun scrupule. ▷ *Reculer pour mieux sauter:* temporiser inutilement, remettre à plus tard une décision de toute façon inévitable. **II.** v. tr. **1.** Tirer ou pousser en arrière. *Reculer un peu sa chaise.* ▷ v. pron. Se déplacer en arrière. *Reculez-vous un peu.* **2.** Repousser, déplacer en éloignant. *Reculer les frontières d'un État.* **3.** Retarder, différer. *On ne peut plus reculer la date du départ.* – De *re-*, et *cul.*

reculons (à) [ʀəkylõ] loc. adv. En reculant. *Aller, marcher à reculons.* – De *reculer.*

récupérable [ʀekypeʀabl] adj. Qui peut être récupéré. – De *récupérer.*

récupérateur [ʀekypeʀatœʀ] n. m. TECH Tout appareil permettant de récupérer des matières ou de l'énergie. *Récupérateur de chaleur d'un haut fourneau.* ▷ ARTILL Organe d'une arme automatique ou d'une pièce d'artillerie qui emmagasine la force de recul au départ du coup et la restitue en ramenant la culasse mobile ou le canon en position de tir. – De *récupérer.*

récupération [ʀekypeʀasjõ] n. f. Action de récupérer; son résultat. – Lat. *recuperatio.*

récupérer [ʀekypeʀe] v. [16] **I.** v. tr. **1.** Recouvrer, rentrer en possession de (ce dont on avait perdu la jouissance, ce qu'on avait perdu, etc.). *Récupérer des marchandises volées.* ▷ Fam. (Objet n. de personne.) *Elle passe récupérer sa fille à la garderie,* elle va l'y chercher. **2.** Recueillir (ce qui pourrait être mis au rebut, perdu ou détruit) pour l'utiliser. *Récupérer des chiffons, de la ferraille, des vieux papiers.* ▷ Réinsérer (une personne) dans la vie professionnelle, sociale. *Récupérer des délinquants.* **3.** *Récupérer des heures :* compenser par des heures de travail les congés accordés pendant des jours ouvrables. **4.** POLIT Détourner à son profit (un mouvement de remise en cause des valeurs établies) en le dénaturant et en lui ôtant tout caractère subversif. *Le pouvoir a récupéré la contestation.* **II.** v. intr. Recouvrer ses forces, la santé. *Il n'a pas vraiment récupéré depuis sa maladie.* – Lat. *recuperare.*

récurage [ʀekyʀaʒ] n. m. Action de récurer. – De *récurer.*

récurer [ʀekyʀe] v. tr. [1] Nettoyer en frottant. *Récurer la poêle.* – De *r-*, et *écurer.*

récurrence [ʀekyʀɑ̃s] n. f. **1.** Litt. Répétition, retour périodique; caractère de ce qui se répète. *Récurrence des sons dans le rythme.* **2.** MATH, LOG *Raisonnement par récurrence,* qui consiste à étendre à tous les termes d'une série une relation vérifiée pour les deux premiers termes. – De *récurrent.*

récurrent, ente [ʀekyʀɑ̃, ɑ̃t] adj. **1.** ANAT Qui revient en arrière vers son point de départ. *Nerf récurrent.* **2.** MED *Fièvre récurrente,* dont les accès reviennent par intermittences, alternant avec des périodes sans fièvre. **3.** MATH *Suite récurrente,* dont chaque terme est une fonction d'un nombre déterminé de termes précédents. – *Par ext.* Qui a trait à la répétition. *Caractère récurrent de certains rêves.* – Lat. *recurrens,* «qui revient en arrière», ppr. de *recurrere,* «courir en arrière», de *currere,* «courir».

récursif, ive [ʀekyʀsif, iv] adj. **1.** LING Qui peut être répété un nombre infini de fois. *Règles récursives de la grammaire générative.* **2.** LOG *Fonction récursive,* qu'on peut définir à l'aide d'une classe de fonctions élémentaires. – Angl. *recursive,* du lat. *recursus,* pp. de *recurrere,* «courir en arrière».

récursivité [ʀekyʀsivite] n. f. Didac. Caractère de ce qui est récursif. – Du préc.

récusable [ʀekyzabl] adj. Que l'on peut récuser. Ant. irrécusable. – De *récuser.*

récusation [ʀekyzasjõ] n. f. DR Action de récuser (sens I, 1); son résultat. – Lat. *recusatio.*

récuser [ʀekyze] **I.** v. tr. [1] **1.** DR Refuser d'accepter en tant que juré, expert, témoin. *L'avocat de la défense a récusé deux des jurés.* **2.** Contester, n'accorder aucune valeur à. *Récuser l'autorité d'un historien.* **II.** v. pron. Refuser de prendre une responsabilité, d'émettre un avis. – Lat. *recusare.*

recyclage [ʀ(ə)siklaʒ] n. m. **1.** TECH Réintroduction dans un cycle d'opérations complexes. *Recyclage de l'air dans des locaux climatisés.* **2.** Enseignement dispensé à des personnes engagées dans la vie active pour mettre à jour leurs connaissances professionnelles. – De *recycler.*

recycler [ʀ(ə)sikle] v. tr. [1] Soumettre à un recyclage (qqch, qqn). ▷ v. pron. (Personnes.) Suivre un enseignement de recyclage. – De *re-*, et *cycle.*

rédacteur, trice [ʀedaktœʀ, tʀis] n. **1.** Personne dont la profession est de rédiger des textes. *Rédacteur d'une revue.* ▷ *Rédacteur en chef:* journaliste responsable de la coordination de tout ou partie d'une rédaction (sens 3). **2.** Personne qui a écrit un texte. *Le rédacteur de ce chapitre est un savant renommé.* – Du lat. *redactus,* pp. de *redigere,* «ramener».

rédaction [ʀedaksjõ] n. f. **1.** Action, manière de rédiger. *Rédaction d'un traité.* **2.** Devoir scolaire composé sur un sujet donné; narration, composition française. **3.** Ensemble des rédacteurs d'un journal, d'un périodique. – Lieu où ils travaillent. – Du bas lat. *redactio,* «réduction», du pp. de *redigere,* «ramener, réduire à».

rédactionnel, elle [ʀedaksjɔnɛl] adj. Qui a rapport à la rédaction. – Du préc.

redan ou **redent** [ʀ(ə)dɑ̃] n. m. **I.** ARCHI **1.** Ressaut que présente un mur construit sur un terrain en pente. **2.** Ouvrage de fortification constitué de deux murs formant un angle saillant. **3.** Suite d'ornements sculptés formant des dents. **4.** *Toiture à redents,* constituée d'une succession de combles à pentes inégales, dont l'une est généralement vitrée. **II.** MAR Décrochement dans une carène de bateau ou d'hydravion. – De *re-*, et *dent.*

reddition [ʀɛdisjõ] n. f. **1.** Fait de se rendre; capitulation. *La reddition d'une forteresse.* **2.** DR *Reddition de compte:* production d'un état de compte et des pièces justificatives par une personne qui est chargée d'administrer les biens d'autrui pour rendre compte de sa gestion. – Lat. imp. *redditio,* de *reddere,* «rendre».

redécoupage [ʀədekupaʒ] n. m. *Redécoupage électoral:* opération qui consiste à diviser une rég. administrative en nouvelles circonscriptions électorales. – De *re-*, et *découpage.*

redécouvrir [ʀ(ə)dekuvʀiʀ] v. tr. [35] Découvrir de nouveau. – De *re-*, et *découvrir.*

redéfinir [ʀədefiniʀ] v. tr. [2] Définir à nouveau. *Redéfinir les grandes lignes d'un plan.* – De *re-*, et *définir.*

redéfinition [ʀədefinisjõ] n. f. Action de définir à nouveau. *Redéfinition des objectifs économiques.* – De *redéfinir,* d'après *définition.*

redemander [ʀədmɑ̃de] v. tr. [1] **1.** Demander de nouveau. **2.** Réclamer (ce que l'on a donné ou prêté). – De *re-*, et *demander.*

rédempteur, trice [ʀedɑ̃ptœʀ, tʀis] adj. et n. m. RELIG **1.** adj. Qui rachète les péchés. *Supplice rédempteur.* **2.** n. m. *Le Rédempteur :* Jésus-Christ, dont la mort a racheté le genre humain. – Lat. ecclés. *redemptor,* de *redimere,* «racheter».

rédemption [ʀedɑ̃psjõ] n. f. RELIG Rachat des péchés. Spécial. *La Rédemption :* le rachat du genre humain par la mort du Christ. *Le mystère de la Rédemption.* – Lat. ecclés. *redemptio,* de *redemptum,* supin de *redimere,* «racheter».

rédemptoriste, istine [ʀedɑ̃ptɔʀist, istin] n. Membre d'une des congrégations du Très-Saint-Rédempteur, fondées par saint Alphonse de Liguori en 1732. – Du lat. ecclés. *Redemptor,* «le Rédempteur».

redent. V. redan.

redéploiement [ʀədeplwamɑ̃] n. m. **1.** MILIT Action de faire prendre (aux troupes) un nouveau dispositif de combat. **2.** ECON *Redéploiement industriel:* ensemble de mesures destinées à favoriser les industries les plus performantes, notam. les plus concurrentielles sur le plan international. – De *re-*, et *déploiement.*

redéployer [ʀ(ə)deplwaje] v. tr. [26] Opérer un redéploiement. – De *re-*, et *déployer.*

redescendre [ʀ(ə)dɛsɑ̃dʀ] v. [5] **1.** v. intr. Descendre une nouvelle fois. *Redescendre au rez-de-chaussée. Redescendre à un rang inférieur.* **2.** v. tr. Descendre de nouveau. *Redescendre un escalier.* – De *re-*, et *descendre.*

redevable [ʀ(ə)dəvabl, ʀədvabl] adj. **1.** Qui doit de l'argent à qqn. *Il m'est redevable de trois mille dollars.* **2.** Qui a une obligation envers qqn. *Je vous suis redevable de ce service.* – De *re-*, et *devoir.*

redevance [ʀ(ə)dəvɑ̃s, ʀədvɑ̃s] n. f. **1.** Somme versée à échéances déterminées en contrepartie d'un avantage, d'un service, d'une concession. **2.** Somme payée à un auteur, un inventeur, etc. par l'éditeur, l'utilisateur du brevet. – De *re-*, et *devoir.*

redevenir [ʀ(ə)dəvniʀ, ʀədvəniʀ] v. intr. [39] Devenir de nouveau, recommencer à être ce qu'on était auparavant. – De *re-*, et *devenir.*

rédhibition [ʀedibisjõ] n. f. DR Annulation par l'acheteur de la vente d'une marchandise entachée de vice rédhibitoire. – Lat. jur. *redhibitio.*

rédhibitoire [ʀedibitwaʀ] adj. **1.** DR *Vice rédhibitoire :* défaut caché de la chose vendue, qui peut constituer un motif d'annulation de la vente. **2.** Cour. Qui constitue un empêchement absolu, une gêne irrémédiable. *Il est d'une bêtise rédhibitoire.* – Lat. jur. *redhibitorius,* de *redhibere,* «(faire) reprendre une chose vendue».

rediffuser [ʀ(ə)difyze] v. tr. [1] Diffuser une nouvelle fois (sur les ondes, en public, etc.). – De *re-*, et *diffuser.*

rediffusion [ʀ(ə)difyzjõ] n. f. Action de rediffuser. ▷ L'information, l'émission, l'enregistrement rediffusé. – De *re-*, et *diffusion.*

rédiger [ʀediʒe] v. tr. [15] Coucher sur le papier dans la forme prescrite; exprimer par écrit. *Rédiger un procès-verbal, un mémoire, un devoir de français. Rédiger avec facilité.* – Du lat. *redigere,* «ramener, réduire à».

rédimer [ʀedime] v. tr. [1] RELIG Racheter. *Rédimer les péchés des hommes.* – Lat. *redimere.*

redingote [ʀ(ə)dɛ̃gɔt] n. f. **1.** Anc. Veste d'homme à longues basques. **2.** Mod. Manteau de femme cintré à la taille. – De l'angl. *riding-coat,* «manteau *(coat)* pour aller à cheval *(to ride)*».

rédintégration [ʀedɛ̃tegʀasjõ] n. f. PSYCHO Phénomène par lequel un souvenir fait resurgir, lors de sa remémoration, la totalité d'un état de conscience ancien. – Mot angl., lat. *redintegratio,* «renouvellement, rétablissement».

redire [ʀ(ə)diʀ] v. tr. [64] **1.** Répéter; dire plusieurs fois. *Il m'a encore redit de venir le voir.* **2.** Répéter (ce qu'on a appris de qqn). *Redire un secret.* **3.** loc. *Trouver, avoir à redire :* critiquer, avoir des objections à faire. – De *re-*, et *dire.*

redistribuer [ʀ(ə)distʀibɥe] v. tr. [1] Distribuer à nouveau ou selon une répartition différente. *Redistribuer des terres.* – De *re-*, et *distribuer.*

redistribution [ʀ(ə)distʀibysjõ] n. f. Action de redistribuer; son résultat. Fait d'être redistribué, réparti d'une manière différente. *Redistribution des revenus.* – De *redistribuer.*

redite [ʀ(ə)dit] n. f. Répétition inutile dans un texte, un discours. *Élaguez les redites.* – Pp. fém. subst. de *redire.*

redondance [ʀ(ə)dõdɑ̃s] n. f. **1.** Caractère superflu de certains développements, de certaines répétitions dans le discours. *Redondance de l'expression.* ▷ Répétition, redite. *Texte plein de redondances.* **2.** INFORM Augmentation du nombre des symboles d'un message sans accroissement de la quantité d'information. *La redondance est un moyen de contrôle de la transmission d'informations.* – Lat. *redundantia,* de *redundare,* «abonder, déborder».

redondant, ante [ʀ(ə)dõdɑ̃, ɑ̃t] adj. **1.** Superflu. *Épithète redondante.* – Qui comporte des redondances. *Style redondant.* **2.** INFORM Qui emploie plus de symboles que nécessaire pour la transmission d'une information. – Lat. imp. *redundans,* «abondant, superflu».

redonner [ʀ(ə)dɔne] v. [1] **I.** v. tr. **1.** Donner à nouveau. *Redonnez-moi le livre que vous m'aviez prêté.* **2.** Rendre ce qui a été perdu, restituer. *Redonner de l'éclat à un tableau. Redonner du courage.* ▷ (Sujet nom de chose) *Médicament qui redonne de l'appétit.* **II.** v. intr. *Redonner dans:* s'abandonner de nouveau à. *Redonner dans un travers.* – De *re-*, et *donner.*

redorer [ʀ(ə)dɔʀe] v. tr. [1] Dorer de nouveau. *Redorer une grille ancienne.* ▷ Fig. *Redorer son blason :*

épouser une riche roturière, en parlant d'un noble. – De *re-*, et *dorer.*

redoublant, ante [ʀ(ə)dublɑ̃, ɑ̃t] n. Élève qui redouble une classe. – Ppr. de *redoubler.*

redoublé, ée [ʀ(ə)duble] adj. **1.** Répété. *Rime redoublée.* **2.** Répété de plus en plus vite ou de plus en plus fort. *Frapper à coups redoublés.* – Pp. de *redoubler.*

redoublement [ʀ(ə)dubləmɑ̃] n. m. **1.** Action de redoubler; son résultat. **2.** Répétition dans un mot. *«Dada», «lolo», «bébête» présentent un redoublement de syllabe.* **3.** Action d'augmenter, d'accroître. *Redoublement de prudence.* **4.** Fait de redoubler une classe. – De *redoubler.*

redoubler [ʀ(ə)duble] v. [1] **I.** v. tr. **1.** Doubler, répéter. *Redoubler une consonne pour produire une allitération.* **2.** Renouveler avec insistance. *Redoubler ses prières.* ▷ Raviver en augmentant. *La nuit redoublait ses terreurs.* **3.** *Redoubler une classe,* la recommencer, y passer une nouvelle année scolaire. **II.** v. tr. indir. *Redoubler de :* agir avec encore plus de. *Redoubler de vigilance.* **III.** v. intr. **1.** Devenir encore plus fort. *Ma crainte redouble.* **2.** Passer dans la même classe une nouvelle année scolaire. *Élève qui redouble.* – De *re-*, et *doubler.*

redoutable [ʀ(ə)dutabl] adj. Qui est à redouter, qui inspire la crainte. *Un mal redoutable.* – De *redouter.*

redoute [ʀ(ə)dut] n. f. **1.** Anc. Ouvrage de fortification isolé. **2.** Vx Lieu public pour le jeu, la danse, la fête. ▷ Fête publique, bal. – Altér., d'ap. *redouter,* de l'ital. *ridotto,* «réduit, retraite, abri», du lat. *reducere,* «ramener, réduire à».

redouter [ʀ(ə)dute] v. tr. [1] Avoir peur de, craindre. *Redouter qqch, qqn. Il redoute d'arriver en retard.* – De *re-*, et *douter,* au sens anc. de «craindre».

redoux [ʀədu] n. m. Radoucissement de la température après une période de froid. – Mot dial. de la Bourgogne, de *re-*, et *doux.*

redox [ʀedɔks] adj. inv. CHIM *Couple redox,* constitué par les formes oxydée et réduite du même élément. *Potentiel redox,* qui caractérise le pouvoir oxydant d'un couple redox. – De *réd(ucteur),* et *ox(ydant).*

redresse (à la) [ʀ(ə)dʀɛs] loc. adj. Arg. Énergique; qui sait se faire respecter en usant de la force physique. *Un mec à la redresse.* – Déverbal de *redresser.*

redressement [ʀ(ə)dʀɛsmɑ̃] n. m. **1.** Action de redresser ou de se redresser; son résultat. *Redressement d'un châssis faussé.* **2.** Rétablissement de la prospérité, restauration de l'économie et des finances d'un pays. *Plan de redressement.* **3.** ELECTR Transformation d'un courant alternatif en courant continu. **4.** Rare Réparation d'un tort. **5.** Rectification d'un compte erroné. *Redressement fiscal:* rectification de l'imposition fiscale à la suite d'une déclaration erronée. – De *redresser.*

redresser [ʀ(ə)dʀɛse] **I.** v. tr. [1] **1.** Remettre dans une position verticale. *Redresser un arbre, une statue.* **2.** Rendre une forme droite à. *Redresser un axe tordu.* ▷ S. comp. Remettre droites les roues d'un véhicule. *Il a redressé trop tard à la sortie du virage.* **3.** Remettre en bon ordre. *Redresser l'économie d'un pays.* ▷ Vieilli Corriger. *Redresser son jugement.* **4.** ELECTR *Redresser un courant :* transformer un courant alternatif (dont le sens s'inverse périodiquement) en courant continu (de sens constant). **II.** v. pron. **1.** Se remettre debout. *Il s'est redressé tout seul après sa chute.* ▷ Se remettre droit. *Il s'est penché en avant, puis il s'est redressé.* **2.** Fig. Retrouver sa puissance, sa prospérité. *Le pays a eu du mal à se redresser après la crise.* – De *re-*, et *dresser.*

redresseur [ʀədʀɛsœʀ] n. m. et adj. **1.** *Redresseur de torts :* personne qui prétend faire régner la justice autour d'elle. **2.** ELECTR Appareil servant à redresser un courant alternatif. *Les redresseurs à tube électronique sont aujourd'hui remplacés par les redresseurs à semiconducteurs.* ▷ Adj. *Appareil redresseur.* – Du préc.

réducteur, trice [ʀedyktœʀ, tʀis] adj. et n. **I.** adj. CHIM Apte à céder des électrons, à fixer l'oxygène. *L'hydrogène, le carbone, l'oxyde de carbone sont réducteurs.* Ant. oxydant. ▷ N. m. *Un réducteur :* un corps réducteur. **II.** n. m. TECH **1.** Appareil permettant de réduire les dessins. **2.** Dispositif servant à réduire la vitesse de rotation d'un axe. **3.** ETHNOL *Les réducteurs de têtes:* les membres de certaines tribus (notam. Indiens jivaros) ayant pour coutume de couper la tête de leurs ennemis vaincus, dont ils diminuaient le volume en la vidant partiellement de son contenu et qu'ils desséchaient par des méthodes traditionnelles, de manière à pouvoir la conserver comme témoignage de leur victoire. – Lat. *reductor,* de *reducere,* «ramener, réduire à».

réductibilité [ʀedyktibilite] n. f. Caractère de ce qui est réductible. – De *réductible.*

réductible [ʀedyktibl] adj. Qui peut être réduit. **1.** Qui peut être ramené à une forme plus simple. *Fraction réductible.* **2.** CHIM Qui peut subir une réduction. **3.** Qui peut être traité par une réduction (sens 3). *Fracture réductible.* – De *réduire,* d'ap. le lat. *reductum,* de *reducere,* «ramener, réduire à».

1. réduction [ʀedyksjɔ̃] n. f. Action de réduire; son résultat. **1.** Action de rendre plus petit. *Réduction d'une photographie.* ▷ Diminution de tarif. *Avoir une réduction sur les chemins de fer.* **2.** Fait de ramener une chose complexe à une autre plus simple. *Réduction de fractions au même dénominateur.* **3.** Opération par laquelle on remet en place les os luxés ou fracturés, les organes déplacés. *Réduction d'une hernie.* **4.** CHIM Réaction inverse de l'oxydation, au cours de laquelle un *corps réducteur* cède des électrons à un *corps oxydant.* (La réduction est toujours accompagnée d'une oxydation, l'ensemble des deux réactions étant appelé *oxydoréduction.*) – Lat. *reductio,* «action de ramener», de *reducere,* «amener, réduire à».

2. réduction [ʀedyksjɔ̃] n. f. HIST Village chrétien d'Indiens guaranis, crée au Paraguay au XVIᵉ s. par les jésuites missionnaires et organisé en communauté autonome. – Esp. *reduccion,* de *reducir,* «adoucir, civiliser».

réduire [ʀedɥiʀ] **A.** v. tr. [71] **I. 1.** Restreindre, diminuer, rendre plus petit. *Réduire la longueur d'un vêtement. Réduire ses dépenses.* ▷ Reproduire avec des dimensions plus petites et les mêmes proportions. *Réduire un dessin, un document photographique.* **2.** *Réduire... en:* transformer (une substance) par broyage, trituration, pulvérisation, etc. *Réduire le blé en farine. Réduire en poudre, en bouillie.* **3.** *Réduire... à:* amener à (une forme plus simple). *Réduire une fraction à sa plus simple expression.* ▷ Identifier (qqch d'apparemment complexe) à (qqch de plus simple). *Vous avez tort de réduire ce conflit à une simple question de personnes.* ▷ *Réduire à rien, à néant:* anéantir. **4.** *Réduire une luxation, une hernie,* etc.: remettre à leur place des os luxés, des organes qui font hernie, etc. **5.** CHIM Effectuer la réduction de (un composé). **6.** (D'une boisson alcoolisée) Diminuer la teneur en alcool par addition d'eau ou d'un autre liquide. *Réduire le punch.* – (D'une sauce, d'un jus) Rendre plus concentré par une longue cuisson. ▷ v. intr. Épaissir. *Coulis qui réduit à petit feu.* **II. 1.** *Réduire en, à :* amener par la contrainte à (tel état); obliger à. *Réduire un peuple en esclavage. Réduire au silence, à la mendicité.* **2.** Soumettre, mater. *Réduire la résistance, l'opposition.* **B.** v. pron. **1.** *Se réduire à:* se limiter à, consister seulement en. *Nos divergences se réduisent en fait à peu de chose.* **2.** Absol. *Se réduire:* limiter son train de vie, ses dépenses. – Francisation, d'ap. *conduire*, du lat. *reducere*, «ramener, réduire à», de *ducere*, «conduire».

1. réduit, ite [ʀedɥi, it] adj. et n. m. **I.** adj. **1.** Qui a subi une réduction, en dimension, en nombre, etc. *Modèle réduit. Tarif réduit. Rouler à vitesse réduite.* **2.** MATH Qualifie une courbe ou une loi dont l'expression a été simplifiée par un changement de variable. **3.** PHYS *Masse réduite de deux points de masse m_1 et m_2:* masse égale au rapport du produit $m_1.m_2$ de ces masses et de leur somme $m_1 + m_2$. – *Pression réduite d'un gaz:* rapport de la pression de ce gaz et de sa pression critique. (On définit de même la température réduite, le volume réduit.) **II.** n. m. Sève de l'érable à sucre épaissie par évaporation, n'ayant pas atteint le degré de concentration en sucre du sirop. – Pp. de *réduire*.

2. réduit [ʀedɥi] n. m. **1.** Petit local ne recevant en général pas la lumière du jour. *Réduit utilisé comme cellier.* **2.** Recoin dans une pièce. **3.** FORTIF Anc. Petit ouvrage à l'intérieur d'un autre, pouvant servir d'abri. – Lat. pop. **reductum*, «lieu retiré», du pp. de *reducere*, «réduire à».

réduplicatif, ive [ʀedyplikatif, iv] adj. Didac. Propre à exprimer ou qui exprime le redoublement. *Ré- est un préfixe réduplicatif.* ▷ Subst. *«Rééditer» est le réduplicatif de «éditer».* – De *réduplication*.

réduplication [ʀedyplikasjõ] n. f. LING Syn. de *redoublement*. – Répétition d'un mot, d'une syllabe. – Du bas lat. *reduplicatio*, de *reduplicare*, «redoubler», de *duplus*, «double».

réduve [ʀedyv] n. m. Punaise *(Reduvius personatus)* au corps allongé, au rostre court et saillant, qui se nourrit d'insectes et dont les déjections peuvent provoquer chez l'homme une trypanosomiase. – Du lat. zool. *reduvius*, de *reduviæ*, «débris, dépouilles».

réécrire. V. récrire.

réécriture [ʀeekʀityʀ] n. f. Action de réécrire un texte pour en améliorer le style ou le condenser. – De *ré-*, et *écriture*.

réédification [ʀeedifikasjõ] n. f. Litt. Action de réédifier; son résultat. *La réédification d'un empire.* – De *réédifier*.

réédifier [ʀeedifje] v. tr. [1] Litt. Édifier à nouveau (ce qui avait été détruit, ce qui s'était écroulé, au propr. et au fig.). – De *ré-*, et *édifier*.

rééditer [ʀeedite] v. tr. [1] **1.** Éditer de nouveau. *Rééditer un ouvrage.* **2.** Fig. Répéter, refaire. *Rééditer un exploit.* – De *ré-*, et *éditer*.

réédition [ʀeedisjõ] n. f. **1.** Action de rééditer. – Édition nouvelle. **2.** Fig. Répétition (d'une situation, d'une action). – De *ré-*, et *édition*.

rééducation [ʀeedykasjõ] n. f. **1.** Traitement visant à faire recouvrer l'usage d'une fonction lésée à la suite d'un accident, ou d'une maladie. *Rééducation motrice.* **2.** Nouvelle éducation (sociale, morale, idéologique). ▷ Ensemble des mesures judiciaires prises à l'égard de l'enfance délinquante ou en danger, sur le plan social. – De *ré-*, et *éducation*.

rééduquer [ʀeedyke] v. tr. [1] Procéder à la rééducation de. – De *ré-*, et *éduquer*.

réel, elle [ʀeɛl] adj. et n. **I.** adj. **1.** DR Qui concerne les choses (et non les personnes; opposé à *personnel*). **2.** PHILO Qui existe effectivement, et pas seulement à l'état d'idée ou de mot. – THEOL *Dogme de la présence réelle* (du Christ dans l'Eucharistie): dogme de l'Église catholique qui affirme la présence substantielle et effective du Christ dans l'Eucharistie. ▷ MATH *Nombre réel* (par oppos. à *imaginaire*) cf. nombre. **3.** Qui existe, ou a existé en réalité (par oppos. à *fictif, imaginaire, mythique*). *Personnage réel.* – *Faits réels*, authentiques. ▷ PHYS *Gaz réel*, dont les molécules exercent les unes sur les autres des actions non négligeables (opposé à *gaz parfait*). **4.** Véritable, sensible. *Des améliorations réelles*, notables. **II.** n. m. *Le réel :* ce qui est réel, le monde des réalités; les choses, les faits qui existent effectivement. *L'imaginaire et le réel.* – Lat. médiév. *realis*, «relatif à la chose», de *res*, «chose».

réélection [ʀeelɛksjõ] n. f. Action de réélire; fait d'être réélu. – De *ré-*, et *élection*.

rééligibilité [ʀeeliʒibilite] n. f. Aptitude légale à être réélu. – De *ré-*, et *éligibilité*.

rééligible [ʀeeliʒibl] adj. Qui est légalement apte à être réélu. – De *ré-*, et *éligible*.

réélire [ʀeeliʀ] v. tr. [67] Élire de nouveau, reconduire dans une fonction par élection. *Réélire un député.* – Au pp. *Les députés réélus.* – De *ré-*, et *élire*.

réellement [ʀeɛlmɑ̃] adv. **1.** En réalité, effectivement. *Cela a eu lieu réellement.* **2.** Vraiment. *C'est réellement incroyable!* – De *réel*.

réemballer [ʀeɑ̃bale] v. tr. [1] Emballer de nouveau (forme qui tend à remplacer *remballer* au sens concret). – De *ré-*, et *emballer*.

réembarquer. V. rembarquer.

réémetteur [ʀeemetœʀ] n. m. Émetteur de faible puissance servant à retransmettre des signaux provenant d'un émetteur principal. – De *ré-*, et *émetteur*.

réemploi [ʀeɑ̃plwa] ou **remploi** [ʀɑ̃plwa] n. m. **1.** (La forme *réemploi* tend à devenir plus fréquente.) Fait d'employer ou d'être employé de nouveau. *Réemploi du personnel d'une entreprise en liquidation.* **2.** Nouvel emploi des fonds provenant de la vente d'un bien propre. – Déverbal de *réemployer*, ou *remployer*.

réemployer [ʀeɑ̃plwaje] ou **remployer** [ʀɑ̃plwaje] [26] v. tr. Employer de nouveau. – De *ré-*, ou *r-*, et *employer*.

réenfiler. V. renfiler.

réengagement [ʀeɑ̃gaʒmɑ̃], **réengager** [ʀeɑ̃gaʒe]. V. rengagement, rengager.

réensemencement [ʀeɑ̃smɑ̃smɑ̃] n. m. Action de réensemencer. – De *réensemencer*.

réensemencer [ʀeɑ̃smɑ̃se] v. tr. [14] Ensemencer de nouveau (lorsqu'un premier ensemencement n'a rien produit). – De *ré-*, et *ensemencer*.

rééquilibrage [ʀeekilibʀaʒ] n. m. Fait de retrouver ou de redonner un équilibre. – De *rééquilibrer*.

rééquilibrer [ʀeekilibʀe] v. tr. [1] Redonner un équilibre à (ce qui était déséquilibré); donner un nouvel équilibre à. *Rééquilibrer les forces politiques.* – De *ré-*, et *équilibrer*.

réer. V. raire.

réescompte [ʀeɛskõt] n. m. FIN Escompte consenti à un établissement bancaire par un autre établissement bancaire (généralement la Banque centrale), sur des effets de commerce déjà escomptés par le premier. – De *ré-*, et *escompte*.

réescompter [ʀeɛskõte] v. tr. [1] FIN Opérer le réescompte de. – De *ré-*, et *escompter*.

réessayer. V. ressayer.

réévaluation [ʀeevalɥasjõ] n. f. FIN **1.** Évaluation sur de nouvelles bases. *Réévaluation des bilans.* **2.** *Par ext.* Revalorisation (d'une monnaie; par oppos. à *dévaluation*). *La réévaluation du mark.* – De *ré-*, et *évaluation*.

réévaluer [ʀeevalɥe] v. tr. [1] Procéder à la réévaluation de. – De *ré-*, et *évaluer*.

réexamen [ʀeegzamɛ̃] n. m. Fait de réexaminer. – De *réexaminer*.

réexaminer [ʀeegzamine] v. tr. [1] Examiner de nouveau. *Réexaminer un malade.* – *Spécial.* Reconsidérer. *Ils vont réexaminer la situation, le problème, etc.* – De *ré-*, et *examiner.*

réexpédier [ʀeɛkspedje] v. tr. [1] Expédier vers une nouvelle destination. *Réexpédier du courrier.* – *Spécial.* Retourner (un courrier, des marchandises) à l'expéditeur. – De *ré-*, et *expédier.*

réexpédition [ʀeɛkspedisjõ] n. f. Action de réexpédier. – Du préc.

réexportation [ʀeɛkspɔʀtasjõ] n. f. Action de réexporter. – De *réexporter.*

réexporter [ʀeɛkspɔʀte] v. tr. [1] Exporter vers un pays des marchandises qu'on avait précédemment importées d'un autre. – De *ré-*, et *exporter.*

réfaction [ʀefaksjõ] n. f. **1.** Réduction sur les prix des marchandises, à la livraison, quand toutes les conditions convenues ne sont pas réunies. **2.** Diminution d'une base imposable. – Var. de *réfection.*

refaire [ʀ(ə)fɛʀ] **I.** v. tr. [9] **1.** Faire de nouveau (ce qu'on a déjà fait, ou ce qui a déjà été fait). *Refaire un voyage.* ▷ (En apportant de profondes modifications.) *Refaire sa vie.* **2.** Remettre en état, réparer. *Après cette tempête, on a dû refaire le toit.* ▷ Fig. *Refaire ses forces.* **3.** Fam. Duper, attraper. *Ils l'ont refait sur la qualité de la marchandise.* **II.** v. pron. **1.** Rétablir sa fortune après des pertes au jeu. **2.** Se rétablir du point de vue de la santé. *Il se refait lentement grâce au bon air.* **3.** (En phrases négatives.) Changer complètement son caractère, ses habitudes. *À mon âge, on ne se refait pas.* – De *re-*, et *faire.*

réfection [ʀefɛksjõ] n. f. **1.** Action de refaire, de remettre en état. *Travaux de réfection.* **2.** Repas, dans une communauté religieuse. – Lat. *refectio,* «réparation, réconfort», du pp. de *reficere,* «refaire, réparer».

réfectoire [ʀefɛktwaʀ] n. m. Lieu où les membres d'une communauté (couvent, hospice, école, etc.) prennent ensemble leurs repas. – Lat. ecclés. *refectorium,* du bas lat. *refectorius,* «qui refait, restaure».

refend (de) [ʀ(ə)fɑ̃] loc. adj. *Bois de refend,* scié en long. – *Mur de refend :* mur de soutien formant séparation intérieure dans un bâtiment. – Déverbal de *refendre.*

refendre [ʀ(ə)fɑ̃dʀ] v. tr. [5] TECH Fendre ou scier en long. *Refendre des bûches. Scie à refendre.* – De *re-*, et *fendre.*

référé [ʀefeʀe] n. m. DR Moyen de procédure par lequel un débiteur poursuivi devant la Cour provinciale demande que la cause soit continuée devant la division des petites créances de ce tribunal pour qu'elle se déroule conformément aux règles de procédure qui y sont applicables. – Pp. subst. de *référer.*

référence [ʀefeʀɑ̃s] n. f. **I. 1.** Action de se référer à qqch; ce à quoi l'on se réfère pour situer une chose par rapport à une autre, pour fonder l'argument que l'on avance. *Indemnité fixée par référence à tel indice.* **2.** Action de se référer à qqch ou à qqn (dans un texte, dans son discours), ou d'y renvoyer le lecteur, l'auditeur, etc. *Références aux grands classiques.* – *Ouvrages de référence:* ceux auxquels on se rapporte habituellement (dictionnaires, encyclopédies, etc.). ▷ Indication précise des ouvrages, des passages, etc., auxquels on renvoie le lecteur, dans un texte. *Références en bas de page.* **3.** ADMIN, COMM Indication, portée en tête d'une lettre, qui désigne l'affaire, le dossier, etc., concernés par la correspondance, et que le destinataire est prié de rappeler dans sa réponse. – Chiffre, numéro d'un code, qui correspond à un article précis, sur un bon de commande, un catalogue, etc. **4.** Pl. Témoignages de personnes pouvant renseigner sur qqn (qui fait une demande d'emploi, une proposition commerciale, etc.). *Sérieuses références exigées. Références morales, bancaires.* **II.** LING Fonction par laquelle un signe linguistique renvoie au référent. – De *référer.*

référencer [ʀefeʀɑ̃se] v. tr. [14] Indiquer la référence de. Au pp. *Citations soigneusement référencées.* – Du préc.

référendaire [ʀefeʀɑ̃dɛʀ] adj. Relatif à un référendum. – Du bas lat. *referendarius,* du class. *referendus,* «qui doit être rapporté», de *referre,* «rapporter».

référendum [ʀefeʀɛ̃dɔm] n. m. **1.** Vote direct par lequel les citoyens se prononcent sur une proposition de mesure législative ou constitutionnelle émanant du pouvoir exécutif. *Des référendums.* **2.** *Par ext.* Consultation qui s'adresse à tous les membres d'un groupe. *Journal qui organise un référendum auprès de ses lecteurs.* **3.** Demande de nouvelles instructions, qu'un agent diplomatique fait à son gouvernement. – De l'expr. lat. *ad referendum,* propr. «pour rapporter», de *referre,* «rapporter».

référent [ʀefeʀɑ̃] n. m. LING Le ou les objets réels (appartenant à la réalité extra-linguistique) ou imaginaires (constitués comme objets seulement dans l'univers du discours), que désigne un signe linguistique. *«Basset» et «caniche» n'ont pas le même référent; «cabot» et «toutou» ont le même référent* (l'animal «chien») *mais pas le même sens* (le signifié «chien» avec une connotation péjorative dans un cas, affectueuse dans l'autre). *Référent imaginaire* (par ex., celui de *licorne*). V. encycl. linguistique. – De *référence.*

référentiel, ielle [ʀefeʀɑ̃sjɛl] adj. et n. m. LING Qui se rapporte à la référence. *Fonction référentielle du langage.* ▷ n. m. PHYS Système de repérage qui permet de situer un événement dans l'espace et le temps. – De *référence.*

référer [ʀefeʀe] **I.** v. tr. indir. [16] **1.** *En référer à:* en appeler à. *En référer à un juge, un supérieur,* qui tranchera, décidera. **2.** LING En parlant d'un signe linguistique, renvoyer à (l'objet qui constitue son référent). **II.** v. pron. **1.** S'en rapporter à (qqn ou qqch) pour fonder ou appuyer ce que l'on avance. *Je me réfère à vos propres arguments. Se référer à un ouvrage.* **2.** Se rapporter, renvoyer à. *Article qui se réfère à une controverse récente.* – Lat. *referre,* «rapporter».

refermer [ʀ(ə)fɛʀme] v. tr. [1] Fermer (ce qu'on avait ouvert, ou ce qui s'était ouvert). *Refermer la fenêtre.* ▷ v. pron. Se fermer après s'être ouvert. *Plaie qui se referme.* – De *re-*, et *fermer.*

refiler [ʀ(ə)file] v. tr. [1] Pop. Donner (une chose dont on veut se débarrasser) à qqn, en profitant de son ignorance ou de son inattention. *On lui a refilé une fausse pièce.* ▷ Passer, repasser (qqch) à (qqn). *Il m'a refilé son vieux vélo.* – Fig. *Il m'a refilé son rhume.* – De *re-*, et *filer.*

réfléchi, ie [ʀefleʃi] adj. **I. 1.** PHYS Renvoyé. *Rayon réfléchi.* **2.** GRAM *Verbe pronominal réfléchi* (par oppos. à *réciproque*), exprimant une action réalisée par le sujet sur lui-même. (Ex.: je me regarde.) – *Pronom réfléchi:* pronom personnel qui représente en tant que complément, la personne qui est le sujet du verbe et sert à la formation des verbes pronominaux réfléchis. (Ex.: il *se* lave; je *me* suis fâché avec eux.) **II. 1.** Fait ou dit avec réflexion. *Des propositions réfléchies.* **2.** Qui agit avec réflexion. *Une femme réfléchie.* **3.** PSYCHO (Par oppos. à *spontané.*) Dont l'activité comporte une maîtrise volontaire de ses processus. *L'exercice de la pensée réfléchie.* – Pp. de *réfléchir.*

réfléchir [ʀefleʃiʀ] v. [2] **1.** v. tr. Renvoyer par réflexion dans une nouvelle direction. *Miroir qui réfléchit une image.* ▷ v. pron. Être renvoyé. *Son image se réfléchissait sur l'eau.* **2.** v. intr. User de réflexion, penser mûrement. *Réfléchir avant de parler.* ▷ v. tr. indir. *Réfléchir à un problème.* – *Réfléchir que:* s'aviser, à la réflexion, que. – Lat. *reflectere*, «recourber, reporter», refait d'ap. *fléchir*.

réfléchissant, ante [ʀefleʃisɑ̃, ɑ̃t] adj. Qui réfléchit (une onde, partic. la lumière). *Surface réfléchissante. Pouvoir réfléchissant d'une surface.* – Ppr. du préc.

réflecteur [ʀeflɛktœʀ] n. m. Appareil (miroir, prisme, etc.) destiné à réfléchir des rayonnements (lumineux, radioélectriques, etc.). – De *réfléchir*, d'ap. le lat. *reflectere*, «recourber, reporter».

réflectif, ive [ʀeflɛktif, iv] adj. **1.** PHILO Qui concerne la réflexion (sens II). **2.** PHYSIOL Qui se rapporte aux réflexes. – De *réfléchir*, d'ap. le lat. *reflectere*, «recourber, reporter».

réflectivité [ʀeflɛktivite] n. f. PHYSIOL Aptitude d'une partie du corps à réagir par réflexe à un stimulus. – Du préc.

réflectorisé, ée [ʀeflɛktɔʀize] adj. Muni d'un dispositif réfléchissant la lumière. *Les panneaux de signalisation routière sont presque tous réflectorisés.* – De *réflecteur*.

reflet [ʀəflɛ] n. m. **1.** Lumière renvoyée par la surface d'un corps. *Le reflet d'un rayon de soleil sur l'étang. Les reflets du satin.* **2.** Image réfléchie. *Le reflet des peupliers dans l'eau.* ▷ Fig. Reproduction affaiblie. *La beauté de la ville actuelle n'est qu'un pâle reflet de sa splendeur passée.* – Ital. *riflesso*, du bas lat. *reflexus*, pp. de *reflectere*, «recourber, reporter».

refléter [ʀəflete] v. tr. [16] **1.** Renvoyer de manière affaiblie la lumière, l'image de. *La vitre reflétait son visage.* ▷ v. pron. *Le bleu du ciel se reflète dans la mer.* **2.** Indiquer, traduire, exprimer. *Ses lectures reflètent ses préoccupations actuelles.* ▷ v. pron. *La joie se reflétait sur son visage.* – Du préc.

refleurir [ʀəflœʀiʀ] v. [2] **I.** v. intr. **1.** Fleurir de nouveau. *Les lilas refleurissent.* – Fig. *L'espoir refleurit.* **2.** Redevenir florissant. *Le commerce refleurit.* **II.** v. tr. Garnir à nouveau de fleurs. *Refleurir une tombe.* – De *re-*, et *fleurir*.

refleurissement [ʀəflœʀismɑ̃] n. m. Litt. Fait de refleurir, pour une plante. – Du préc.

reflex [ʀeflɛks] adj. inv. et n. PHOTO *Appareil reflex*, appareil photographique dont le viseur présente à l'opérateur, grâce à un dispositif à miroir, une image cadrée exactement comme celle qui va se former sur la surface sensible. – N. m. *Un reflex.* – Mot angl.

réflexe [ʀeflɛks] adj. et n. **I.** adj. OPT Produit par réflexion (sens I). *Image réflexe.* **II.** adj. et n. PHYSIOL **1.** adj. *Arc réflexe :* trajet suivi par l'influx nerveux, du lieu d'excitation d'un organe récepteur (terminaison nerveuse) à celui de la réaction d'un organe effecteur, en passant par un centre nerveux. ▷ Cour. *Mouvement, acte réflexe*, automatique. **2.** n. m. Réaction (motrice, sécrétoire, etc.) immédiate, involontaire et prévisible d'un organe effecteur à un stimulus donné. ▷ Cour. Réaction immédiate et prompte pour répondre à une situation imprévue. *Il a eu le réflexe de se jeter de côté pour éviter la voiture.* – Fig. *Réflexe patriotique.* – Lat. *reflexus*, pp. de *reflectere*, «recourber, reporter».

ENCYCL Les réflexes innés (ou naturels) sont inhérents à la constitution de l'organisme et répondent à un excitant *(stimulus)* qui agit sur les centres nerveux en mettant en jeu des liaisons nerveuses préexistantes. Cet excitant détermine soit une réponse motrice ou sécrétoire élémentaire (par ex. salivation produite par l'excitation des muqueuses gastriques par des aliments), soit une réponse qui fait intervenir des processus plus complexes, propres à déterminer automatiquement tel comportement «instinctif». Les centres nerveux inférieurs (moelle, bulbe, cervelet) interviennent dans les réflexes naturels; leurs arcs réflexes sont localisés (niveau médullaire, notam.). Les réflexes conditionnés mettent en jeu des circuits nerveux beaucoup plus complexes, qui passent tous par l'écorce cérébrale. Ils reposent sur la propriété du système nerveux d'acquérir, par association, de nouvelles liaisons nerveuses. Lorsque la coïncidence entre un stimulus naturel et un stimulus artificiel a été suffisamment répétée, une nouvelle liaison nerveuse est acquise; c'est le cas du chien qui salive à la seule *vue* d'un aliment: l'*image* de cet aliment, associée à sa consommation, est devenue un excitant efficace. Au-delà des réflexes conditionnés provoqués en laboratoire chez les animaux par simple dressage perfectionnant l'instinct, le conditionnement au contact du milieu, l'*apprentissage*, conduit à l'acquisition des réflexes conditionnés complexes qui jouent un très grand rôle dans la vie quotidienne de l'homme (par ex., réactions automatiques, sans intervention de la pensée réfléchie, dans la conduite automobile). L'étude de l'activité réflexe a permis de fonder, avec Pavlov, la psychophysiologie; elle donne aussi les moyens d'une approche expérimentale de la psychologie animale et de certains aspects de la psychologie du comportement humain.

réflexibilité [ʀeflɛksibilite] n. f. PHYS Propriété de ce qui est réflexible. – Angl. *reflexibility*, du lat. sav. *reflexibilis*.

réflexible [ʀeflɛksibl] adj. PHYS Qui peut être réfléchi. – Angl. *reflexible*, du lat. *reflexum*, de *reflectere*, «recourber, reporter».

réflexif, ive [ʀeflɛksif, iv] adj. **1.** PHILO Dont le fondement consiste en une réflexion, en un retour de la conscience sur soi. *Psychologie, analyse réflexive.* **2.** MATH *Relation réflexive*, dans laquelle tout élément est en relation avec lui-même. **3.** LING Transformation réflexive: V. réflexivisation. – Du lat. sav. *reflexivus*, de *reflectere*, «recourber, reporter».

réflexion [ʀeflɛksjɔ̃] n. f. **I.** Changement de direction d'une onde (lumineuse, acoustique, radioélectrique) causé par un obstacle. ▷ PHYS *Lois de la réflexion, énoncées par Descartes.* («Le rayon réfléchi est dans le plan du rayon incident et de la normale à la surface de réflexion au point d'incidence. – L'angle de réflexion est égal à l'angle d'incidence.») **II. 1.** Didac. Retour opéré par la pensée sur elle-même en vue d'une conscience plus nette et d'une maîtrise plus grande de ses processus. *L'être humain est capable de réflexion.* **2.** Cour. Action de la pensée qui considère attentivement une idée, un sujet, un problème. ▷ Pensée exprimée, résultant de cette action. *Des réflexions d'une grande profondeur.* **3.** *Par ext.* Remarque, critique désobligeante. *Il lui a fait une, des réflexions.* – Bas lat. *reflexio*, «action de retourner».

réflexivement [ʀeflɛksivmɑ̃] adv. **1.** D'une manière réflexive. **2.** Au moyen de la réflexion. – De *réflexif* et *réflexion*.

réflexivisation [ʀeflɛksivizasjɔ̃] n. f. LING Transformation qui, à un nom complément identique au sujet, substitue un pronom personnel. (Ex.: *Louis peigne Louis* devient *Louis se peigne.*) – De *réflexif*.

réflexivité [ʀeflɛksivite] n. f. MATH Caractère d'une relation réflexive. – De *réflexif*.

refluer [ʀ(ə)flɥe] v. intr. [1] **1.** Se mettre à couler en sens inverse. *Les eaux refluent.* **2.** Fig. (En parlant d'un flot de personnes, d'une foule.) Être refoulé, retourner vers son point de départ; reculer. *Les policiers firent refluer la foule.* – Lat. *refluere*, «couler en arrière».

reflux [ʀ(ə)fly] n. m. **1.** Mouvement de la mer se retirant du rivage, à marée descendante, après le flux; jusant. ▷ Fig. *Flux et reflux:* va-et-vient. *Un flux et reflux de sentiments divers.* **2.** Mouvement de ce qui reflue (foule, flot de personnes, etc.). – De *re-*, et *flux*.

refondre [ʀ(ə)fɔ̃dʀ] v. tr. [5] **1.** Fondre de nouveau (un métal). ▷ *Spécial.* Fondre (une pièce de métal) une nouvelle fois pour la reformer. *Refondre une médaille.* **2.** Fig. Refaire complètement (un ouvrage) en conservant la même matière, les mêmes éléments. *Nouvelle édition entièrement refondue.* – De *re-*, et *fondre.*

refonte [ʀ(ə)fɔ̃t] n. f. Action de refondre. *Refonte des monnaies.* – Fig. *La refonte d'un ouvrage:* sa réfection. – De *refondre*, d'ap. *fonte.*

réformable [ʀefɔʀmabl] adj. Qui peut ou doit être réformé. – De *réformer.*

reformage [ʀəfɔʀmaʒ] n. m. TECH Procédé thermique ou catalytique de traitement des fractions légères du pétrole, qui permet d'extraire les essences à forts indices d'octane ou à teneur élevée en hydrocarbures aromatiques. – De *reformer.*

réformateur, trice [ʀefɔʀmatœʀ, tʀis] n. et adj. **1.** n. Personne qui réforme, ou qui veut réformer. – RELIG *Les réformateurs :* Luther, Calvin, etc. **2.** adj. Qui réforme. *Une initiative réformatrice.* – Lat. *reformator.*

réformation [ʀefɔʀmasjɔ̃] n. f. **1.** Action de réformer; son résultat. *La réformation du calendrier sous la Révolution.* ▷ RELIG *La Réformation:* la Réforme. **2.** DR *Réformation d'un jugement:* modification par voie d'appel des dispositions d'un jugement. – Lat. *reformatio.*

réforme [ʀefɔʀm] n. f. **I.** Correction apportée en vue d'une amélioration. **1.** RELIG Rétablissement dans sa forme primitive, de la règle qui s'était relâchée, dans un ordre religieux. ▷ HIST *La Réforme:* mouvement religieux dont naquit le protestantisme (V. encycl.). **2.** Changement apporté à une institution en vue de l'améliorer. *Réforme fiscale, agraire, etc.* **II.** Libération d'un soldat des obligations militaires après qu'il a été reconnu physiquement inapte au service; situation de ce soldat. – Déverbal de *réformer.*

ENCYCL **Hist.** – La Réforme, qu'avaient plus ou moins lointainement annoncée les vaudois, Wyclif ou Jean Hus, a déterminé, au XVIe s., une partie de la chrétienté à se détacher de l'Église romaine et à rejeter à la fois ses dogmes et l'autorité du pape. À l'origine, les réformateurs, Luther surtout (le premier d'entre eux), n'envisagent pas de créer des Églises indépendantes: ils espéraient que l'Église accepterait de rétablir un christianisme semblable à celui des origines et, par conséquent, débarrassé de toutes les adjonctions qui, au cours des siècles, l'avaient altéré. La rupture fut consommée avec l'excommunication de Luther (1520) et sa mise au ban de l'Empire (1521). Le luthéranisme se répandit en Allemagne, malgré l'opposition de Charles Quint (car chaque prince jouissait d'une indépendance presque totale dans son État); il prévalut au Brandebourg, en Hesse, en Saxe, au Wurtemberg et dans la plupart des villes libres. Les luthériens présentèrent leur *Confession de foi* (rédigée par Melanchthon) à la diète d'Augsbourg en 1530; ensuite, le principe selon lequel chaque prince pouvait imposer sa religion à ses sujets fut admis à la paix d'Augsbourg (1555). Du vivant de Luther, sa doctrine s'était également répandue dans les pays scandinaves et dans les prov. baltes. Parallèlement à la Réforme prêchée par Luther, mais d'une façon indépendante, un mouvement analogue prit naissance en Suisse sous l'impulsion d'Ulrich Zwingli. Ce dernier mourut prématurément, et le Français Jean Calvin fixa les principes de ce mouvement de réforme distinct du luthéranisme. Le calvinisme (V. ce nom) se répandit en France malgré l'opposition de François Ier et d'Henri II. À la fin du règne de ce dernier, quelque deux mille églises avaient été organisées; un synode clandestin, convoqué à Paris en 1559, adopta une Confession de foi rédigée en grande partie par Calvin. On appelle ce document *Confession de La Rochelle* parce qu'il fut confirmé ultérieurement au synode de La Rochelle (1570). La fin du XVIe s. a été marquée par des guerres dites de Religion, dont l'épisode le plus tragique fut le massacre de la Saint-Barthélemy (24 août 1572). En 1598, par l'édit de Nantes, Henri IV accordait aux protestants le droit de célébrer leur culte. Mais cet édit fut révoqué en 1685 par Louis XIV et ce n'est qu'un siècle plus tard, avec la promulgation de l'édit de tolérance (1787) et les Articles organiques de 1801, que l'existence des Églises réformées put être officiellement consacrée. La Réforme calviniste se répandit assez largement en Europe, en partic. en Hongrie, aux Pays-Bas, au Palatinat et en Écosse, souvent malgré l'opposition des autorités constituées. Une troisième famille protestante vit le jour en Grande-Bretagne sous le règne d'Henri VIII, qui détacha l'Église d'Angleterre de Rome et la soumit au roi en faisant proclamer par le Parlement *l'Acte de suprématie* (1534). Commençant à prendre sa forme définitive sous Édouard VI, successeur d'Henri VIII, l'anglicanisme (V. anglican) fut maintenu par Elizabeth Ire après une brève tentative de réaction cathol. due à la reine Marie Tudor. Depuis l'Angleterre, la Réforme (partic. sous son aspect puritain) se répandit jusque dans le Nouveau Monde (V. baptiste, méthodiste, quaker).

réformé, ée [ʀefɔʀme] adj. et n. **1.** RELIG Né de la Réforme. *Religion réformée:* le protestantisme, appelé au XVIIe s. par les catholiques *religion prétendue réformée* (par abrév. la R.P.R.). – *Églises réformées,* celles qui adhèrent aux doctrines du protestantisme, et plus partic. au calvinisme. ▷ Subst. Adepte de la religion réformée. **2.** MILIT Reconnu inapte au service. *Soldat réformé.* ▷ N. m. *Un réformé.* – Pp. de *réformer.*

réformer [ʀefɔʀme] v. tr. [1] **1.** Vieilli ou litt. Corriger pour ramener à la vertu (une personne, les mœurs, etc.). *Il faudra réformer votre conduite.* ▷ v. pron. *Il vous faut maintenant vous réformer.* **2.** Rétablir dans la forme primitive (la discipline, la règle qui s'était relâchée, corrompue). *Réformer le culte en revenant à l'observance stricte d'un rite.* **3.** Établir dans une forme différente et meilleure (ce qui est institué). *Réformer les lois, la constitution.* **4.** Corriger en supprimant (ce qui est nuisible). *Réformer les abus.* **5.** MILIT *Réformer un appelé reconnu inapte.* – Lat. *reformare.*

reformer [ʀ(ə)fɔʀme] v. tr. [1] Former de nouveau, refaire (ce qui était défait). *Reformez les rangs!* ▷ v. pron. Se former de nouveau, se reconstituer. *Abcès qui se reforme.* – De *re-*, et *former.*

réformisme [ʀefɔʀmism] n. m. Tendance favorable aux réformes. ▷ *Spécial.* Doctrine politique de ceux qui sont partisans non de la révolution mais de transformer la société par la voie légale en faisant aboutir des réformes allant dans le sens d'une plus grande justice sociale. – De *réformiste.*

réformiste [ʀefɔʀmist] n. et adj. Partisan des réformes. ▷ *Spécial.* (Par oppos. à *révolutionnaire.*) Partisan du réformisme. – Repris à l'angl. *reformist.*

refouillement [ʀ(ə)fujmɑ̃] n. m. TECH, SCULP Action de refouiller; évidement pratiqué dans une pierre, une charpente. – De *refouiller.*

refouiller [ʀ(ə)fuje] v. tr. [1] **1.** Fouiller de nouveau. **2.** TECH, SCULP Évider, creuser. *Refouiller une pierre.* – De *re-*, et *fouiller.*

refoulé, ée [ʀ(ə)fule] adj. et n. **I.** adj. Fam. et cour. Se dit d'une personne qui réprime l'expression de sa sexualité. *Il est complètement refoulé.* ▷ Subst. *C'est une refoulée.* **II.** n. m. PSYCHAN *Le refoulé :* ce qui a été rejeté, maintenu dans l'inconscient. *Le «retour du refoulé» s'exprime dans les actes manqués (oublis, lapsus, etc.).* – Adj. *Pulsions, conflits refoulés.* – Pp. de *refouler.*

refoulement [ʀ(ə)fulmɑ̃] n. m. **1.** Action de refouler, de faire reculer, refluer. **2.** PSYCHO Action de s'interdire d'exprimer un désir, un sentiment qu'on porte en soi profondément, ou de leur refuser l'accès à la conscience. ▷ PSYCHAN Processus inconscient par lequel le moi s'efforce de repousser et de maintenir dans l'inconscient des représentations (pensées, images, souvenirs) dont l'émergence au niveau du conscient est incompatible avec les exigences (morales, sociales, etc.) qui constituent l'*idéal du moi*. – De *refouler*.

refouler [ʀ(ə)fule] v. tr. [1] **1.** TECH *Refouler une pièce de métal:* en élargir à chaud la section, en la comprimant. **2.** Faire reculer. *Refouler un train.* – Repousser (un fluide). *Pompe refoulante.* ▷ S. comp. *Cheminée qui refoule* (la fumée), qui l'aspire incomplètement. **3.** Faire reculer, refluer (des personnes). *Refouler les envahisseurs.* **4.** Fig. Faire rentrer en soi (l'expression d'un sentiment, d'un désir). *Refouler ses larmes, sa colère.* **5.** PSYCHAN Rejeter dans son inconscient. *Refouler ses désirs incestueux.* – De *re-*, et *fouler*.

réfractaire [ʀefʀaktɛʀ] adj. et n. m. **1.** Qui refuse de se soumettre, d'obéir. *Être réfractaire à toute hiérarchie.* ▷ HIST *Prêtre réfractaire* ou, n. m., *un réfractaire :* prêtre qui, en France, sous la Révolution, avait refusé de prêter serment à la Constitution civile du clergé (1790). **2.** *Par ext.* Qui est inaccessible, insensible (à qqch). *Il est réfractaire aux conseils qu'on lui prodigue.* **3.** Qui résiste à de très hautes températures. *Brique réfractaire.* – Lat. *refractarius,* «querelleur, rebelle», du pp. de *refringere,* «briser».

réfracter [ʀefʀakte] v. tr. [1] PHYS Produire la réfraction de. *Les prismes réfractent la lumière.* Au pp. *Rayon réfracté.* – Angl. *to refract,* du lat. *refractus,* pp. de *refringere,* «briser».

réfraction [ʀefʀaksjõ] n. f. PHYS Déviation d'un rayon lumineux qui passe d'un milieu transparent à un autre. *Indice de réfraction.* V. ci-après. – Bas lat. *refractio,* de *refringere,* «briser».

ENCYCL **Phys.** – La réfraction est régie par les lois de Descartes: le rayon réfracté se trouve dans le plan d'incidence défini par le rayon incident et la droite perpendiculaire à la surface de réfraction au point d'incidence. L'angle i d'incidence et l'angle r de réfraction sont reliés par la formule $n_1 \sin i = n_2 \sin r$, n_1 étant l'indice absolu du milieu où se propage le rayon incident et n_2 celui dans lequel il est réfracté. L'indice absolu d'une substance est égal au rapport entre la vitesse de la lumière dans le vide et la vitesse de la lumière dans cette substance. Il varie avec la longueur d'onde de la lumière. C'est la raison pour laquelle la lumière se décompose en traversant un prisme.

réfractomètre [ʀefʀaktɔmɛtʀ] n. m. PHYS Appareil servant à mesurer les indices de réfraction. – De *réfract(ion),* et *-mètre.*

réfractométrie [ʀefʀaktɔmetʀi] n. f. PHYS Ensemble des techniques de mesure des indices de réfraction. – De *réfract(ion),* et *-métrie.*

refrain [ʀ(ə)fʀɛ̃] n. m. **1.** Reprise de quelques mots ou de quelques vers à la fin de chaque couplet d'une chanson. *Refrain d'une ballade.* **2.** Fig. Paroles qui reviennent sans cesse. – Altér. de l'a. fr. *refrait,* «mélodie», d'ap. l'anc. v. *refraindre* «briser», lat. *frangere, refringere* (le refrain «brisant» la chanson).

réfrangibilité [ʀefʀɑ̃ʒibilite] n. f. PHYS Propriété de ce qui est réfrangible. – Angl. *refrangibility* (cf. réfrangible).

réfrangible [ʀefʀɑ̃ʒibl] adj. PHYS Susceptible d'être réfracté. – Angl. *refrangible,* du lat. *pop. *refrangere,* pour *refringere,* «briser, se réfracter», de *frangere,* «briser».

refrènement [ʀ(ə)fʀɛnmɑ̃] ou **réfrènement** [ʀefʀɛnmɑ̃] n. m. Vx ou litt. Action de réfréner, ou *réfréner.* – De *refréner.*

refréner [ʀ(ə)fʀene] ou **réfréner** [ʀefʀene] v. tr. [16] Réprimer, mettre un frein à. *Réfréner son ardeur, ses passions, son impatience.* – Lat. *refrenare,* «retenir par un frein *(frenum)*».

réfrigérant, ante [ʀefʀiʒeʀɑ̃, ɑ̃t] adj. **1.** Qui sert à réfrigérer, à produire du froid. *Produit, mélange réfrigérant.* **2.** Fig., fam. Qui refroidit, qui glace. *Un accueil réfrigérant.* – De *réfrigérer.*

réfrigérateur [ʀefʀiʒeʀatœʀ] n. m. Appareil muni d'un organe producteur de froid et destiné à conserver (sans les congeler) des denrées périssables. – De *réfrigérer.*

réfrigération [ʀefʀiʒeʀasjõ] n. f. Abaissement de la température par des moyens artificiels. Cf. encycl. froid. – Lat. *refrigeratio,* «rafraîchissement, fraîcheur».

réfrigérer [ʀefʀiʒeʀe] v. tr. [16] **1.** Refroidir par réfrigération. **2.** Fam. (Au passif.) *Être réfrigéré:* avoir très froid. – Lat. *refrigerare,* «refroidir», de *re-* et *frigus, frigoris,* «froid».

réfringence [ʀefʀɛ̃ʒɑ̃s] n. f. PHYS Propriété de réfracter la lumière. – De *réfringent.*

réfringent, ente [ʀefʀɛ̃ʒɑ̃, ɑ̃t] adj. PHYS Qui a la propriété de réfracter les rayons lumineux, les ondes électromagnétiques. *Milieu, corps réfringent.* – Lat. *refringens,* ppr. de *refringere,* «briser, se réfracter».

refroidir [ʀ(ə)fʀwadiʀ] v. [2] **I.** v. tr. **1.** Rendre froid, plus froid; abaisser la température de (qqch). **2.** Fig. *Refroidir qqn,* diminuer son ardeur, le décourager. *Leur méchanceté l'a refroidi.* – Par ext. *Refroidir l'enthousiasme de qqn.* **3.** Pop. Assassiner. *Ils l'ont refroidi.* **II.** v. intr. Devenir froid ou moins chaud. *Laisser refroidir sa soupe.* **III.** v. pron. **1.** Devenir plus frais, plus froid. *Le temps s'est refroidi.* **2.** (Personnes.) Attraper froid, prendre un refroidissement. **3.** Fig. *Leurs relations se sont refroidies.* – De *re-,* et *froid.*

refroidissement [ʀ(ə)fʀwadismɑ̃] n. m. **1.** Abaissement de la température. **2.** Indisposition causée par une baisse subite de la température ambiante. *Prendre un refroidissement.* **3.** Fig. Diminution de l'enthousiasme, de la chaleur (dans les relations, les sentiments). – Du préc.

refroidisseur [ʀ(ə)fʀwadisœʀ] n. m. et adj. Appareil servant à refroidir, à empêcher un échauffement excessif. ▷ Adj. *Système refroidisseur.* – De *refroidir.*

refuge [ʀ(ə)fyʒ] n. m. **1.** Asile, lieu où l'on se retire pour être en sûreté. *Chercher refuge chez qqn.* ▷ Fig. *Chercher un refuge dans le travail.* **2.** Abri destiné aux excursionnistes, aux alpinistes, en montagne. **3.** Emplacement délimité, au milieu d'une voie très large où la circulation est intense, qui permet aux passants de traverser en deux temps. – Lat. *refugium,* de *refugere,* «s'enfuir, chercher refuge».

réfugié, ée [ʀefyʒje] adj. et n. Se dit d'une personne qui a dû quitter son pays d'origine pour fuir un danger (guerre, invasion, persécutions politiques, catastrophes naturelles, etc.). ▷ Subst. *Un réfugié politique,* à qui l'on a accordé l'asile politique. – Pp. de *réfugier.*

réfugier (se) [ʀefyʒje] v. pron. [11] Se retirer (en un lieu) pour se mettre à l'abri, assurer sa sécurité. ▷ Fig. *Se réfugier dans la rêverie.* – De *refuge.*

refus [ʀ(ə)fy] n. m. **1.** Action, fait de refuser. **2.** EQUIT Désobéissance d'un cheval devant l'obstacle. **3.** Ce qui reste, ce qui ne passe pas dans un tamis. ▷ *Spécial.* Dans une pâture, les herbes que les animaux refusent de manger. – Déverbal de *refuser.*

refuser [ʀ(ə)fyze] v. [1] **I.** v. tr. **1.** Ne pas accepter (ce qui est offert). *Refuser un cadeau, une invitation.* **2.** Ne pas accepter (ce qui est présenté). *Éditeur qui refuse un manuscrit.* ▷ *Refuser le combat,* ne pas accepter de l'engager. – EQUIT *Cheval qui refuse l'obstacle* ou, s. comp., *qui refuse,* qui se dérobe devant l'obstacle. 3. Ne pas accorder (ce qui est demandé). *Refuser une autorisation à qqn.* ▷ *Refuser de* (+ inf.): ne pas consentir à. *Refuser d'obéir.* **4.** Ne pas consentir à reconnaître (une qualité). *On lui refuse toute compétence en la matière.* **5.** Ne pas recevoir (qqn) à un examen. *Refuser un candidat.* ▷ Ne pas laisser entrer (des personnes). *On refuse du monde chaque soir.* **II.** v. pron. **1.** (Passif.) Être refusé, devoir être refusé. *Une telle offre ne se refuse pas.* **2.** (Réfléchi.) Se priver de (le plus souvent en emploi négatif). *Il ne se refuse rien!* **3.** *Se refuser à:* ne pas accepter de. *Se refuser à travailler dans ces conditions.* **4.** *Femme qui se refuse à un homme,* qui refuse de se donner à lui. **III.** v. intr. **1.** TECH *Pieu qui refuse:* qui, ayant rencontré un obstacle, ne peut plus être enfoncé davantage. **2.** MAR *Le vent refuse,* il tourne en se rapprochant de l'avant du navire. Ant. donner. – Lat. pop. **refusare,* croisement du class. *recusare,* «refuser», avec *refutare,* «repousser».

réfutable [ʀefytabl] adj. Qu'on peut réfuter. Ant. irréfutable. – De *réfuter.*

réfutation [ʀefytasjõ] n. f. **1.** Action de réfuter; discours, raisonnement par lequel on réfute. ▷ Fig. Démenti qui s'impose comme une évidence, sans qu'on l'exprime. *Sa conduite est la réfutation sans appel des calomnies portées contre lui.* **2.** RHET Partie du discours où l'on réfute les objections exprimées. – Lat. *refutatio.*

réfuter [ʀefyte] v. tr. [1] Rejeter (ce qui est affirmé par qqn) en en démontrant la fausseté. *Réfuter un argument, un raisonnement, une thèse.* ▷ Par ext. *Réfuter un auteur.* – Lat. *refutare,* «repousser».

refuznik [ʀəfyznik] n. En U.R.S.S., personne qui, désireuse d'émigrer en Israël, a essuyé un refus de la part des autorités. – Mot d'argot russe, de l'angl. *to refuse,* et du suff. russe *-nik* indiquant une appartenance.

reg [ʀɛg] n. m. GEOGR Désert rocheux formé par la déflation. – Mot ar.

regagner [ʀ(ə)gaɲe] v. tr. [1] **1.** Gagner de nouveau (ce qu'on avait perdu). *Regagner le temps perdu.* **2.** Revenir, retourner à (un endroit). *Regagner son domicile.* – De *re-,* et *gagner.*

regain [ʀ(ə)gɛ̃] n. m. **1.** Herbe qui repousse dans une prairie après la première fauchaison. **2.** Fig. *Regain de...:* retour (de ce qui paraissait perdu, fini). *Un regain de jeunesse, d'activité.* – De *re-,* et a. fr. *gain,* du frq. **waida,* «prairie».

régal, als [ʀegal] n. m. **1.** Vx Festin qu'on offrait à qqn. **2.** Mets délicieux. *Ce dessert est un régal, un vrai régal.* **3.** Fig. Grand plaisir causé par qqch. *C'était un régal de les voir.* – De l'a. fr. *gale,* «réjouissance», avec influence probabl. de *rigoler* «se divertir».

régalade [ʀegalad] n. f. *Boire à la régalade:* boire en renversant la tête et en faisant couler la boisson dans la bouche sans que le récipient touche les lèvres. – P.-ê. du mot rég. *galade* et *galet,* «gosier» (lat. *galla*), *boire au galet,* d'ap. *régaler.*

régalage [ʀegalaʒ] ou **régalement** [ʀegalmɑ̃] n. m. TECH Opération qui consiste à égaliser, aplanir un terrain. – De *régaler* 2.

1. régale [ʀegal] n. f. HIST Droit qu'avaient, sous l'Ancien Régime, les rois de France de jouir des revenus des évêchés vacants *(régale temporelle)* et de nommer, pendant cette vacance, les titulaires des bénéfices ecclésiastiques *(régale spirituelle).* – Du lat. médiév. *regalia (jura),* «(droits) royaux», du class. *regalis,* «royal».

2. régale [ʀegal] n. m. MUS Anc. Instrument à vent, à anches battantes et à réservoir d'air, sorte de petit orgue. ▷ Mod. L'un des jeux de l'orgue, à anches, appelé aussi «voix humaine». – P.-ê. du lat. *regalis,* «royal».

3. régale [ʀegal] adj. f. CHIM *Eau régale:* mélange de deux parties d'acide nitrique et d'une partie d'acide chlorhydrique, capable de dissoudre l'or (le «roi des métaux»). – Fém. de l'anc. adj. *régal,* «de roi», lat. *regalis.*

1. régaler [ʀegale] **I.** v. tr. [1] **1.** Vx Donner un régal, offrir qqch d'agréable à (qqn). **2.** Mod. Offrir un bon repas à (qqn). – Fam. (S. comp.) Offrir, payer, à boire ou à manger. *Servez-vous, c'est moi qui régale.* **II.** v. pron. Prendre un grand plaisir à déguster un mets, un repas, etc., délicieux. ▷ Fig. *Le spectacle était d'une grande drôlerie; nous nous sommes régalés.* – De *régal.*

2. régaler [ʀegale] v. tr. [1] TECH Aplanir, niveler (un terrain). – De *r-,* et *égaler.*

régalien, ienne [ʀegaljɛ̃, jɛn] adj. HIST (France) *Droits régaliens,* du roi, inhérents à la royauté. – Du lat. *regalis,* «royal».

regard [ʀ(ə)gaʀ] n. m. **1.** Action de regarder, de porter sa vue, son attention sur. *Porter son regard sur qqch.* ▷ Coup d'œil. *Jeter un regard sur qqch.* **2.** Expression des yeux de qqn. *Un regard franc, intelligent.* **3.** Fig. Action, manière d'observer, d'examiner. *Cet auteur porte un regard critique sur les mœurs de son temps.* **4.** *Droits de regard:* possibilité d'exercer une surveillance, un contrôle. **5.** loc. prép. *Au regard de:* par rapport à. *Au regard de la justice.* **6.** loc. adv. *En regard:* vis-à-vis. *Texte original avec la traduction en regard.* **7.** Ouverture pratiquée pour permettre la visite et le nettoyage d'un conduit (canalisation, égout, etc.), la surveillance des cuissons à l'intérieur d'un four, etc. – Déverbal de *regarder.*

regardant, ante [ʀ(ə)gaʀdɑ̃, ɑ̃t] adj. Qui regarde trop à la dépense; parcimonieux. – Ppr. de *regarder.*

regarder [ʀ(ə)gaʀde] v. [1] **I.** v. tr. **1.** Porter les yeux, la vue sur (qqch ou qqn) en s'appliquant à voir, en faisant preuve d'une certaine attention. *Regarder l'horizon.* – (Suivi d'un inf.) *Nous l'avons regardé partir.* ▷ Loc. *Regarder qqn de travers,* avec mépris ou hostilité. – *Regarder les choses en face,* objectivement, sans chercher à s'abuser. **2.** Fig. Considérer. *Regarder les choses d'un bon œil,* favorablement. **3.** (Sujet n. de chose.) Concerner, avoir rapport à. *Cela ne regarde que moi, cela me regarde.* **4.** (Choses.) Être tourné vers. *Maison qui regarde la mer.* **II.** v. tr. indir. *Regarder à:* considérer avec attention, en faisant attention. *Regarder à la dépense:* hésiter à dépenser, être regardant. – *Y regarder à deux fois :* se méfier, prendre toutes précautions utiles (avant d'agir). *Y regarder de près :* examiner les choses soigneusement (avant de juger, de se décider). **III.** v. pron. **1.** (Réfléchi.) Regarder sa propre image. *Se regarder dans un miroir.* **2.** (Réciproque.) *Se regarder dans les yeux.* ▷ (Choses.) Être vis-à-vis. *Maisons qui se regardent.* **3.** (Passif.) Être regardé; devoir être regardé (de telle manière). *Retournez-le, ce tableau se regarde dans l'autre sens.* – De *re-,* et *garder,* «veiller, prendre garde à».

regarnir [ʀ(ə)gaʀniʀ] v. tr. [2] Garnir de nouveau. – De *re-,* et *garnir.*

régate [ʀegat] n. f. **1.** Course de bateaux, à la voile ou à l'aviron. **2.** Vieilli Cravate rappelant celle que portaient les marins, formée d'un nœud d'où tombent verticalement deux pans superposés (c'est celle qu'on porte le plus habituellement aujourd'hui et qu'on appelle simplement *cravate*). – Vénitien *regata,* «course de gondoles», propr. «défi», de *regatar,* «rivaliser».

régatier [ʀegatje] n. m. Personne qui participe à une régate. – Du préc.

regel [ʀ(ə)ʒɛl] n. m. Gel survenant après un dégel. ▷ PHYS *Phénomène de regel*, par lequel la glace, après avoir subi un début de fusion sous l'effet d'une pression, se reforme aussitôt que cette pression cesse. – Déverbal de *regeler*.

regeler [ʀəʒle, ʀʒəle] v. tr. et impers. [20] Geler de nouveau. ▷ v. impers. *Il regèle*. – De *re-*, et *geler*.

régence [ʀeʒɑ̃s] n. f. **1.** Direction d'un État par un régent. *Conseil de régence*. ▷ Dignité, fonction de régent; durée de cette fonction. ▷ HIST (France) *La Régence:* régence de Philippe d'Orléans pendant la minorité de Louis XV (1715-1723). **2.** *Appos.* Qui appartient à l'époque de la Régence. *Style Régence*. – De *régent*.

régénérateur, trice [ʀeʒeneʀatœʀ, tʀis] adj. et n. m. **1.** adj. Qui régénère. *Principe régénérateur de l'épiderme*. **2.** n. m. TECH Appareil servant à régénérer un catalyseur. ▷ AGRIC Appareil employé pour labourer superficiellement les prairies. – De *régénérer*.

régénératif, ive [ʀeʒeneʀatif, iv] adj. BIOL Qui participe à une régénération, qui régénère. – De *régénération*.

régénération [ʀeʒeneʀasjɔ̃] n. f. **1.** BIOL Reconstitution naturelle d'un tissu ou d'un organe qui avait été détruit. **2.** Fig., litt. Renouvellement moral, renaissance de ce qui était dégénéré. **3.** CHIM Opération qui consiste à régénérer un catalyseur. – Lat. *regeneratio*.

régénérer [ʀeʒeneʀe] v. tr. [16] **1.** RELIG Faire renaître spirituellement. *Le baptême régénère*. **2.** BIOL Reconstituer (ce qui était détruit). ▷ v. pron. *Tissus détruits qui se régénèrent*. **3.** Renouveler moralement (ce qui était dégénéré). *Régénérer les mœurs*. **4.** CHIM Réactiver (un catalyseur). – Lat. ecclés. *regenerare*, «faire renaître», du class. *generare*, «engendrer, produire».

régent, ente [ʀeʒɑ̃, ɑ̃t] n. **1.** Celui, celle qui gouverne l'État pendant la minorité ou l'absence du roi, du souverain. ▷ HIST (France) *Le Régent :* Philippe d'Orléans, régent de France de 1715 à 1723. **2.** Vx Professeur dans un collège. – Lat. *regens*, ppr. de *regere*, «diriger».

régenter [ʀeʒɑ̃te] v. tr. [1] **1.** Vx Diriger (une classe). ▷ Fig. et vieilli Enseigner (qqn) au moyen de préceptes. **2.** Mod. Diriger, ordonner en exerçant une autorité excessive ou abusive. – De *régent*.

reggae [ʀege] n. m. et adj. MUS Style de musique à structure binaire avec décalage du temps fort, spécifique aux Noirs jamaïquains. – Mot angl. de la Jamaïque.

régicide [ʀeʒisid] n. et adj. **1.** Assassin d'un roi. *Le régicide Ravaillac*. – HIST Se dit de ceux qui condamnèrent à mort Charles Ier en Angleterre, Louis XVI en France. ▷ Adj. *Des menées régicides*. **2.** n. m. Assassinat (ou condamnation à mort) d'un roi. – Lat. scolast. *regicida*, du class. *rex, regis*, «roi», et *cædes*, «meurtre»; par anal. avec *homicide*.

régie [ʀeʒi] n. f. **1.** DR Gestion d'une entreprise d'intérêt public par des fonctionnaires de l'État ou d'une collectivité publique. *Régie de l'assurance automobile du Québec. Régie des rentes du Québec. Régie des permis d'alcool du Québec*. **2.** HIST Système de perception directe des impôts par les fonctionnaires royaux (par oppos. au système de la ferme). **3.** Direction du personnel et du matériel d'un théâtre, d'une production de cinéma, de télévision. ▷ AUDIOV Local à partir duquel le réalisateur dirige les prises de vues et de son lorsqu'elles sont effectuées en studio. – Pp. fém. subst. de *régir*.

regimbement [ʀ(ə)ʒɛ̃bmɑ̃] n. m. Litt. Le fait de regimber, de se regimber. – De *regimber*.

regimber [ʀ(ə)ʒɛ̃be] v. intr. [1] **1.** Refuser d'avancer, en ruant. *Cheval qui regimbe*. **2.** Résister en refusant d'obéir. *Regimber contre un ordre*. ▷ v. pron. Résister, se révolter. – A. fr. *regiber*, «ruer», de *giber*, «lutter avec les pieds».

regimbeur, euse [ʀ(ə)ʒɛ̃bœʀ, øz] n. et adj. Rare Se dit d'une personne, d'un animal, qui regimbe. – Du préc.

1. régime [ʀeʒim] n. m. **I. 1.** Ordre, constitution, forme d'un État; manière de le gouverner. *Régime monarchique, féodal*, etc. HIST (France) *L'Ancien Régime*, celui qui précéda la Révolution. *Sous l'Ancien Régime:* avant 1789. *Régime français*, qui a été instauré à l'arrivée des Français en Nouvelle-France et s'est terminé avec la Conquête du pays par les Anglais en 1760. *Régime anglais*, qui a suivi le Régime français, jusqu'à la Confédération (1867). – *Régime libéral, dictatorial, fasciste*, etc. **2.** Ensemble de dispositions réglementaires ou légales qui régissent certaines institutions; organisation de ces institutions. *Le régime des hôpitaux. Régimes matrimoniaux*. ▷ Ensemble des dispositions qui régissent certaines choses. *Régime des vins et spiritueux*. **3.** Règle à suivre dans la manière de vivre (du point de vue de la santé). *Régime d'entraînement sportif*. ▷ (Plus cour.) *Régime alimentaire*, ou absol., *régime:* usage raisonné de la nourriture, en accord avec les règles de la diététique appliquées aux besoins particuliers d'un individu, pour corriger certains troubles ou éviter qu'ils ne se produisent. *Régime sans sel. Régime sec*, dans lequel les boissons alcoolisées sont proscrites. **II.** Manière dont se produisent certains phénomènes. **1.** PHYS Manière dont se produit l'écoulement d'un fluide. *Régime laminaire, turbulent*. **2.** Vitesse de rotation d'un moteur. *Marche d'un moteur à bas régime* (au ralenti), *à plein régime* (au maximum de sa puissance). **3.** GEOGR Mode d'évolution de certains processus hydrologiques et météorologiques cycliques, au cours d'une année. *Régime des vents, des pluies, sur une région*. **III.** LING Mot régi par un autre, dans la phrase. *Régime direct, indirect*. Appos. *Cas régime* (en ancien français): forme que prend un nom, un pronom ou un qualificatif lorsque celui-ci est régi par un autre mot. – Du lat. *regimen*, «action de diriger», de *regere*, «diriger».

2. régime [ʀeʒim] n. m. Grosse grappe que forment les fruits des bananiers et des palmiers dattiers. *Régime de bananes*. – Mot des Antilles, p.-ê. esp. *racimo*, propr. «grappe», lat. *racemus*, d'ap. *régime* 1.

régiment [ʀeʒimɑ̃] n. m. **1.** Corps militaire composé de plusieurs bataillons, escadrons ou groupes. *Régiment d'artillerie, d'infanterie*. ▷ L'ensemble des soldats d'un régiment. **2.** Fig. Multitude. *Un régiment de créanciers*. – Du lat. *regimentum*, «action de diriger».

régimentaire [ʀeʒimɑ̃tɛʀ] adj. Relatif à un régiment; d'un régiment. – Du préc.

réginois, oise [ʀeʒinwa, waz] adj. De Regina (Saskatchewan). ▷ Subst. Habitant de Regina.

région [ʀeʒjɔ̃] n. f. **1.** Grande étendue de pays, possédant des caractéristiques (notam. géographiques et humaines) qui en font l'unité. *Les régions polaires*. **2.** Étendue de pays autour d'une ville, d'un point géographique remarquable. *Avoir une maison dans la région des Mille-Îles*. **3.** Division territoriale administrative. *Régions scolaires. Régions administratives*. **4.** Partie déterminée du corps. *Région pectorale, lombaire, etc.* **5.** Fig. Degré, point où l'on s'élève (en parlant de la philosophie, des sciences, etc.). *Les régions supérieures du savoir*. – Lat. *regio*, «direction; frontière, contrée», de *regere*, «diriger».

régional, ale, aux [ʀeʒjɔnal, o] adj. Relatif à une région. *Cuisine, coutumes, parlers régionaux*. – De *région*.

régionalisation [ʀeʒjɔnalizasjɔ̃] n. f. Décentralisation au niveau des régions (du pouvoir politique, économique, administratif). – De *régionaliser*.

régionaliser [ʀeʒjɔnalize] v. tr. [1] **1.** Décentraliser au niveau des régions. **2.** Fixer par régions. *Régionaliser un programme d'investissement.* – De *régional.*

régionalisme [ʀeʒjɔnalism] n. m. **1.** Système politique ou administratif, tendant à assurer une certaine autonomie aux régions. *Régionalisme et séparatisme.* **2.** Attention particulière portée à la description des mœurs, des paysages d'une région déterminée, dans une œuvre littéraire. *Le régionalisme d'Antonine Maillet.* **3.** Locution, mot, tour propre à une région. – De *régional.*

régionaliste [ʀeʒjɔnalist] adj. et n. **1.** Partisan du régionalisme. *Politique régionaliste.* ▷ Subst. *Régionalistes, autonomistes et séparatistes.* **2.** *Écrivain régionaliste,* dont l'œuvre est empreinte de régionalisme. – Du préc.

régir [ʀeʒiʀ] v. tr. [2] **1.** Vx Diriger, administrer. *Régir une propriété.* **2.** Déterminer, régler, en parlant d'une loi, d'une règle, etc. *La loi régit les rapports entre les hommes.* – *La loi qui régit tel phénomène physique.* – Lat. *regere,* «diriger».

régisseur, euse [ʀeʒisœʀ, øz] n. **1.** Celui ou celle qui régit, gère. **2.** HIST Celui ou celle qui est à la tête d'une régie (sens 1). **3.** *Régisseur d'un théâtre,* qui a la charge de l'organisation matérielle du spectacle. – De *régir.*

registraire [ʀəʒistʀɛʀ] n. Personne qui, dans un établissement d'enseignement, est chargée principalement de l'inscription et de l'admission des élèves ou des étudiants, de la tenue des dossiers et de la publication de l'annuaire et des différents répertoires. *Un, une registraire.* ▷ DR Officier public chargé de tenir les registres des tribunaux et qui, dans certains cas, exerce des pouvoirs judiciaires qui lui sont conférés par la loi. – De l'angl. *registrar.*

registre [ʀ(ə)ʒistʀ] n. m. **I. 1.** Livre public ou privé sur lequel on consigne les actes, les affaires de chaque jour. **2.** DR Cahier où sont consignées, pour chaque cause en appel, les informations permettant d'en suivre le déroulement. ▷ *Registres de l'état civil:* livres où sont inscrits les actes de l'état civil aux fins de constater les naissances, les mariages et les décès. **3.** INFORM Mémoire qui sert à stocker une information élémentaire (résultat d'un calcul, instruction en cours d'exécution, etc.). **II. 1.** MUS Mécanisme qui commande chacun des jeux d'orgue. **2.** Chacune des parties (grave, médiane, aiguë) de l'échelle totale des sons qu'un instrument peut émettre sans changer son timbre. – Étendue totale de l'échelle vocale d'un chanteur. **3.** Fig. Tonalité propre, caractéristique, d'une œuvre, d'un discours. *D'un livre à l'autre, il a changé de registre.* **4.** TECH Pièce coulissante ou pivotante qui masque une ouverture pour régler un débit. – Bas lat. *regesta,* du pp. de *regerere,* «reporter, transcrire»; a. fr. *regest(r)e,* sous l'infl. de *épistre, épître.*

réglable [ʀeglabl] adj. Qu'on peut régler. *Briquet à flamme réglable.* – De *régler.*

réglage [ʀeglaʒ] n. m. Opération par laquelle on règle un appareil, un mécanisme; manière dont un mécanisme est réglé. – De *régler.*

règle [ʀɛgl] n. f. **I.** Instrument allongé qui sert à tracer des lignes droites. *Règle graduée.* ▷ Par anal. *Règle à calcul:* instrument servant à effectuer certains calculs (multiplication, division, extraction de racines, etc.), constitué de deux réglettes à graduation logarithmique, coulissant l'une sur l'autre. **II.** Fig. **1.** Principe qui doit servir de ligne directrice à la conduite; prescription ou ensemble de prescriptions qui portent sur la conduite à tenir dans un cas déterminé. *Les règles de la morale, de la politesse.* ▷ *La règle, les règles du jeu:* l'ensemble des conventions propres à un jeu, à un sport. **2.** loc. *Selon les règles, dans les règles, dans les règles de l'art:* comme il se doit. – *Pour la bonne règle:* pour que la règle soit bien respectée; pour la forme. – *En règle générale:* d'une manière générale, habituellement. ▷ *En règle:* conforme à l'usage qui règle les modalités d'une pratique; conforme à la tradition du genre. *Un duel en règle.* – Conforme aux prescriptions légales. *Papiers en règle.* **3.** Ensemble des préceptes disciplinaires qui régissent la vie des membres d'un ordre religieux. *La règle de saint Benoît.* **4.** ARITH Formule, opération qui permet d'effectuer certains calculs. *Règle de trois:* V. trois. ▷ Vx *Les quatre règles:* l'addition, la soustraction, la multiplication, la division. **III.** Pl. Cour. Écoulement menstruel. *Avoir ses règles. Règles douloureuses* (dysménorrhée). Syn. menstruation, menstrues. – Lat. *regula.*

réglé, ée [ʀegle] adj. **1.** GEOM Engendré par le déplacement d'une droite. *Surface réglée d'un cylindre, d'un cône, etc.* **2.** adj. f. Se dit d'une jeune fille pubère, qui a ses règles (sens III). – Pp. de *régler.*

règlement [ʀɛgləmɑ̃] n. m. **I. 1.** Vx Fait de régler, de soumettre à une discipline. *Le règlement des mœurs.* **2.** DR Acte législatif, posant une règle générale, qui émane d'une autre autorité que le Parlement (du pouvoir exécutif, notam.). *Règlement de police.* **3.** Ensemble de prescriptions que doivent observer les membres d'une société, d'un groupe, d'une assemblée, etc. *Règlement intérieur d'une entreprise.* ▷ Le texte écrit qui contient le règlement. *Afficher le règlement.* **II. 1.** Action de régler une affaire. *Le règlement d'un litige.* **2.** Action de régler un compte. *Règlement d'une dette.* ▷ Fig. *Règlement de compte:* action de vider une querelle avec violence. – De *régler.*

réglementaire [ʀɛgləmɑ̃tɛʀ] adj. **1.** Relatif à un règlement. *Dispositions réglementaires.* **2.** Fixé par règlement; conforme au règlement. *Tenue réglementaire.* – De *règlement.*

réglementairement [ʀɛgləmɑ̃tɛʀmɑ̃] adv. De manière réglementaire; selon le règlement. – Du préc.

réglementation [ʀɛgləmɑ̃tasjɔ̃] n. f. **1.** Action de réglementer. *La réglementation du stationnement.* **2.** Ensemble de mesures légales, de règlements. *Étudier la réglementation de la vente à crédit.* – De *réglementer.*

réglementer [ʀɛgləmɑ̃te] v. tr. [1] Soumettre à des règlements. *Réglementer les importations.* – De *règlement.*

régler [ʀegle] v. tr. [16] **I.** Couvrir de lignes droites parallèles. *Régler du papier à musique,* y tracer des portées. **II. 1.** Litt. Diriger ou modérer suivant des règles. *Régler sa conduite.* ▷ *Régler sa conduite sur qqn,* le prendre pour modèle. – v. pron. *Se régler sur qqn.* **2.** Fixer, déterminer, arrêter d'une manière précise ou définitive. *Régler l'ordre d'une cérémonie.* **3.** *Régler une chose,* la terminer, la résoudre définitivement. *Régler ses affaires.* ▷ v. pron. *Leur différend s'est réglé à l'amiable.* **4.** *Régler un compte,* l'arrêter, payer ce que l'on doit. ▷ Pop., fig. *Régler son compte à qqn,* lui administrer une correction ou le tuer, par vengeance. **5.** *Par ext.* Payer (une dette, un fournisseur). *Régler sa note de restaurant. Régler l'épicier.* ▷ Absol. *Régler en espèces, par chèque.* **6.** Mettre au point (un mécanisme, un appareil), amener (un phénomène) à se produire convenablement, aux conditions voulues. *Régler sa montre,* la mettre à l'heure. *Régler le ralenti d'un moteur. Régler un téléviseur.* – De *règle.*

réglette [ʀeglɛt] n. f. Petite règle. – Dimin. de *règle.*

régleur, euse [ʀeglœʀ, øz] n. Ouvrier, ouvrière spécialisé(e) dans le réglage de machines. – De *régler.*

réglisse [ʀeglis] n. **1.** n. f. Plante (genre *Glycyrrhiza,* fam. papilionacées) dont on utilise la racine (rhizome) pour ses propriétés médicinales. *Réglisse officinale.* **2.** n. m. (ou, plus rare, fém.) La racine de cette plante *(bois de réglisse)*; le suc qu'on en extrait. *Mâcher du (bois de) réglisse. Pâtes pectorales au réglisse.* – Du gr. *glukurrhiza*, propr. «racine douce», par le bas lat. *liquiritia*, a. fr. *ricolice*, p.-ê. altér. sous l'infl. de *règle*.

réglo [reglo] adj. inv. Fam. Correct, régulier, loyal *Rien à craindre, en affaires il est réglo.* – De *réglementaire* (vocabulaire milit.).

réglure [reglyʀ] n. f. TECH Opération par laquelle on règle du papier; manière dont le papier est réglé. *Réglure fine, espacée.* – De *régler*.

régnant, ante [reɲɑ̃, ɑ̃t] adj. **1.** Qui règne, qui exerce le pouvoir souverain. *Prince régnant.* **2.** Fig. Dominant, qui a cours. *L'opinion régnante.* – Ppr. de *régner*.

règne [rɛɲ] n. m. **I. 1.** Gouvernement d'un prince souverain; durée de ce gouvernement. *Le règne de Louis XIV. Sous le règne de François Ier.* ▷ Par ext. *Le règne de tel ministre, de tel chef d'État.* **2.** Pouvoir absolu, domination, influence prédominante (d'une personne, d'un groupe, d'une chose). *Le règne de la justice et de la liberté.* **II.** Chacune des grandes divisions que l'on distinguait autrefois dans la nature. *Règne minéral, végétal et animal.* – Lat. *regnum*, «autorité royale, royaume».

régner [reɲe] v. intr. [1] **1.** Exercer le pouvoir souverain, monarchique. *Louis XIV régna 72 ans.* **2.** (Choses.) Exister plus ou moins durablement; avoir cours, prédominer. *Le mauvais temps qui règne actuellement sur la région.* – Lat. *regnare*.

regonfler [ʀ(ə)gɔ̃fle] v. [1] **1.** v. tr. Gonfler de nouveau (ce qui était dégonflé). *Regonfler un ballon.* ▷ Fig., fam. *Regonfler qqn, lui regonfler le moral*, lui redonner courage. **2.** v. intr. Se gonfler de nouveau, en parlant des eaux. *La rivière a regonflé à cause des pluies.* – De *re-*, et *gonfler*.

regorgement [ʀ(ə)gɔʀʒəmɑ̃] n. m. Rare Épanchement d'un liquide qui déborde. – De *regorger*.

regorger [ʀ(ə)gɔʀʒe] v. [15] **1.** v. intr. Déborder, s'épancher hors de ses limites normales. *Liquide qui regorge par un trop-plein.* **2.** v. tr. indir. *Regorger de...*: avoir en grande abondance. *Ville qui regorge de trésors architecturaux.* – De *re-*, et *gorge*.

regrattage [ʀ(ə)gʀataʒ] n. m. Opération qui consiste à regratter un bâtiment. – De *regratter*.

regratter [ʀ(ə)gʀate] v. tr. [1] Gratter de nouveau, racler la pierre d'un bâtiment pour le nettoyer. *Regratter une muraille.* – De *re-*, et *gratter*.

régresser [regʀɛse] v. intr. [1] Subir une régression. – PSYCHO *Sujet qui régresse.* ▷ Diminuer, reculer. *La délinquance régresse.* – De *régression*, d'ap. *progresser*.

régressif, ive [regʀɛsif] adj. **1.** Qui revient en arrière. ▷ PHILO *Raisonnement, analyse régressive*, qui remonte des faits aux causes, des conséquences aux principes. **2.** Qui constitue une régression, ou procède d'une régression. – BIOL *Forme régressive.* ▷ PSYCHO *Évolution régressive.* **3.** GEOGR *Érosion régressive* (du lit d'un fleuve), qui érode de l'aval vers l'amont. – De *régression*, d'ap. *progressif*.

régression [regʀɛsjɔ̃] n. f. **1.** Retour à un état antérieur. ▷ BIOL Évolution d'un tissu, d'un organe, d'une espèce, etc., qui aboutit à des formes assimilables à un état de développement antérieur (formes moins différenciées, notam.). ▷ PSYCHO, PSYCHAN Retour du sujet à un stade antérieur de son développement (affectif, libidinal, linguistique, etc.), caractéristique des difficultés qu'il éprouve à résoudre certains conflits psychiques. *Fixation et régression.* **2.** *Par ext.* Recul, diminution en force, en intensité ou en nombre. *Les symptômes sont en régression.* **3.** GEOL *Régression marine*: recul de la mer qui abandonne les terres qu'elle avait occupées. – Lat. *regressio*, du pp. de *regredi*, «revenir».

regret [ʀ(ə)gʀɛ] n. m. **1.** Peine, chagrin causé par la perte de qqch ou de qqn. *Avoir le regret du pays natal.* **2.** Mécontentement, chagrin d'avoir ou de ne pas avoir fait une chose. *Être rongé de regrets.* **3.** Contrariété, déplaisir, causé par le fait qu'un désir, un souhait, un projet ne se soit pas réalisé. *Le regret d'avoir échoué.* ▷ Loc. adv. *À regret*: malgré soi, contre son désir. – Déverbal de *regretter*.

regrettable [ʀ(ə)gʀɛtabl] adj. Qu'on regrette; déplorable, fâcheux. *Un incident regrettable.* – De *regretter*.

regrettablement [ʀ(ə)gʀɛtabləmɑ̃] adv. D'une manière regrettable. – Du préc.

regretter [ʀ(ə)gʀete] v. tr. [1] **1.** Éprouver de la peine, du chagrin, au souvenir de (ce qui n'est, ce que l'on n'a plus). *Regretter sa jeunesse.* ▷ *Regretter qqn* (une personne défunte ou durablement absente). – Au pp. *Notre regretté ami*: notre ami défunt. **2.** Éprouver du mécontentement, de la contrariété (d'avoir ou de ne pas avoir fait qqch). *Il regrette amèrement de ne pas l'avoir dit plus tôt.* ▷ *Regretter ses erreurs, ses péchés*, les désavouer, s'en repentir. **3.** Être mécontent de (ce qui s'oppose à la réalisation d'un désir, d'un souhait, d'un projet). *Regretter la présence de qqn. Regretter que qqn soit présent.* **4.** Montrer son mécontentement (d'une action dont on est responsable). *Je regrette de vous avoir causé tout ce mal.* ▷ (Formule de politesse.) *Je regrette, mais je n'en sais rien*: excusez-moi, mais... – P.-ê. de l'anc. scand. *grâta* «pleurer».

regroupement [ʀ(ə)gʀupmɑ̃] n. m. Action de regrouper, de se regrouper; son résultat. – De *regrouper*.

regrouper [ʀ(ə)gʀupe] v. tr. [1] Rassembler en un même lieu ou à une même fin (ce qui était dispersé). ▷ v. pron. *La foule s'est regroupée rapidement.* – De *re-*, et *grouper*.

régularisation [regylaʀizasjɔ̃] n. f. Action de régulariser; son résultat. – De *régulariser*.

régulariser [regylaʀize] v. tr. [1] **1.** Rendre régulier, conforme aux lois; donner une forme légale à. *Régulariser sa situation.* **2.** Rendre régulier (ce qui était inégal, inconstant). *Régulariser un mouvement.* – Du lat. imp. *regularis*, «qui sert de règle».

régularité [regylaʀite] n. f. **1.** Caractère de ce qui est régulier, uniforme, constant. *La régularité d'un mouvement.* **2.** État d'une chose présentant une certaine symétrie, des proportions justes et harmonieuses. *La régularité des traits d'un visage.* **3.** Conformité aux règles. *La régularité d'une procédure, d'une élection.* – Du lat. imp. *regularis*, «qui sert de règle».

régulateur, trice [regylatœʀ, tʀis] adj. et n. **I.** adj. Qui règle, qui régularise. *Action régulatrice d'un thermostat.* ▷ BIOL *Gène régulateur*, qui régularise l'activité d'un autre gène par une action inhibitrice. **II.** n. **1.** n. m. TECH Dispositif qui maintient constante la température, la pression, la vitesse, l'intensité électrique, etc. **2.** n. m. AGRIC Dispositif qui, sur une charrue, sert à régler la position des socs. **3.** n. m. HORL Horloge servant à régler montres et pendules. **4.** Personne qui assure la régulation du trafic. – Du bas lat. *regulare*, «régler».

régulation [regylasjɔ̃] n. f. **1.** Action de régler, de régulariser un mouvement, un débit. *La régulation du trafic sur le réseau routier.* **2.** Action de régler un mécanisme complexe. *Régulation des compas d'un navire.* **3.** Maintien de l'équilibre d'un système complexe et structuré, assurant son fonctionnement correct. *Régulation et autorégulation d'un système, en* *cybernétique* (ex. servomécanismes). ▷ BIOL *Régulation thermique.* **4.** *Régulation des naissances.* V. contraception. – De *régulateur.*

régule [ʀegyl] n. m. TECH Alliage de plomb ou d'étain et d'antimoine, utilisé comme métal antifriction. – Lat. des alchimistes *regulus,* propr. «petit roi».

réguler [ʀegyle] v. tr. [1] Assurer la régulation de (un mouvement; un système). – Bas lat. *regulare,* «régler».

régulier, ière [ʀegylje, jɛʀ] adj. (et n. m.) **I. 1.** Qui ne s'écarte pas des règles, de la norme. *Procédure régulière. Verbes réguliers,* dont la conjugaison ne présente pas d'exception aux règles générales. ▷ Légal; réglementaire. *«Légalement le coup est régulier»* (M. Pagnol). – Fam. (Personnes.) Loyal, probe, sincère. *Il n'a pas été très régulier avec moi.* Syn. franc-jeu; (pop.) réglo. **2.** (Opposé à *séculier.*) Qui concerne les ordres religieux (soumis à la *règle*), qui leur est propre. *Clergé régulier.* **3.** *Troupes régulières,* qui constituent la force armée officielle d'un État (opposé à *partisans, francs-tireurs, supplétifs,* etc.). ▷ N. m. *Un régulier:* un soldat de l'armée régulière. **4.** Conforme aux préceptes de la morale sociale, en parlant de la vie, des mœurs d'une personne. *Conduite régulière.* **II. 1.** Dont la vitesse, le rythme ou l'intensité ne varie pas. *Mouvement régulier. Respiration régulière.* **2.** Qui se reproduit à des intervalles égaux; périodique. *Examens médicaux réguliers.* ▷ Qui se produit de manière habituelle, constante; qui est assuré à jour ou à heure fixe. *Service régulier d'autobus.* **3.** (Personnes.) Exact, ponctuel. *Être régulier dans ses habitudes.* **III. 1.** Qui présente une certaine symétrie; harmonieux dans ses formes, bien proportionné. *Ville bâtie sur un plan régulier. Visage, traits réguliers.* **2.** MATH *Polygone régulier,* dont tous les côtés, tous les angles sont égaux. *Polyèdre régulier,* dont toutes les faces sont des polygones réguliers égaux. **3.** BOT *Fleur régulière,* pourvue d'un axe de symétrie, par oppos. à *fleur irrégulière,* pourvue d'un plan de symétrie. Syn. actinomorphe. Ant. zygomorphe. – Lat. imp. *regularis,* «qui sert de règle», de *regula,* «règle».

régulière [ʀegyljɛʀ] n. f. Pop. Épouse; maîtresse en titre. *Je l'ai croisé avec sa régulière.* – Fém. subst. du préc.

régulièrement [ʀegyljɛʀmɑ̃] adv. De manière régulière; uniformément; normalement. – De *régulier.*

régurgitation [ʀegyʀʒitasjɔ̃] n. f. Retour dans la bouche, sans effort de vomissement, d'aliments non digérés contenus dans l'estomac ou l'œsophage. – De *régurgiter.*

régurgiter [ʀegyʀʒite] v. tr. [1] Rendre par régurgitation. – De *ré-,* et du lat. *gurges, gurgitis,* «gouffre».

réhabilitation [ʀeabilitasjɔ̃] n. f. Action de réhabiliter; son résultat. – De *réhabiliter.*

réhabiliter [ʀeabilite] v. tr. [1] **1.** Rétablir dans ses droits (une personne qui en était déchue par suite d'une condamnation). **2.** Faire recouvrer l'estime d'autrui à. *Cette action l'a réhabilité aux yeux de tous.* ▷ v. pron. *Je désire me réhabiliter à vos yeux.* – De *ré-,* et *habiliter.*

rehausser [ʀəose] v. tr. [1] **1.** Hausser davantage. *Rehausser une muraille.* **2.** Faire valoir, mettre en relief. *Les ombres rehaussent l'éclat des couleurs.* – De *re-,* et *hausser.*

rehaut [ʀəo] n. m. PEINT Touche de couleur ou hachure brillante qui sert à faire ressortir des figures, des ornements, etc. – Déverbal de *rehausser.*

réhydratation [ʀeidʀatasjɔ̃] n. f. Administration thérapeutique d'eau dans un organisme qui en manque. – De *ré-,* et *hydratation.*

réification [ʀeifikasjɔ̃] n. f. PHILO Action, fait de réifier. – De *réifier.*

réifier [ʀeifje] v. tr. [1] PHILO Transformer en chose; constituer en une chose extérieure et autonome (ce qui provient de sa subjectivité). – Du lat. *res,* «chose», et de *-fier.*

réimplantation [ʀeɛ̃plɑ̃tasjɔ̃] n. f. CHIR **1.** Opération consistant à remettre en place un organe sectionné. *La réimplantation d'un doigt.* – Implantation chez le receveur d'un organe prélevé sur un donneur. *Réimplantation cardiaque.* **2.** Remise en place d'une dent dans son alvéole. – De *ré-,* et *implantation.*

réimpression [ʀeɛ̃pʀesjɔ̃] n. f. Nouvelle impression (d'un livre). – De *ré-,* et *impression.*

réimprimer [ʀeɛ̃pʀime] v. tr. [1] Imprimer de nouveau. – De *ré-,* et *imprimer.*

rein [ʀɛ̃] n. m. **1.** Plur. *Les reins :* les lombes, la partie inférieure du dos. *Avoir mal aux reins.* – Loc. fig. *Avoir les reins solides:* être assez puissant, assez prospère pour pouvoir surmonter d'éventuelles difficultés. *Affaire, industriel qui a les reins solides. Casser les reins à qqn,* briser sa carrière. ▷ Litt. La ceinture, la taille. *Se ceindre les reins d'un pagne.* **2.** Sing. Chacun des deux organes qui élaborent l'urine. ▷ *Rein artificiel:* appareil qui se branche en dérivation sur la circulation sanguine d'un malade atteint d'insuffisance rénale majeure et qui assure l'épuration et l'équilibrage ionique du sang (V. dialyse). **3.** ARCHI *Reins d'une voûte :* partie comprise entre la portée et le sommet. – Lat. *renes,* «reins, lombes».

ENCYCL **Physiol.** – Les reins sont deux organes, en forme de haricot, situés de part et d'autre de la colonne vertébrale, en arrière du péritoine. Chaque rein est coiffé par une glande endocrine, la capsule surrénale. Le tissu fonctionnel rénal se compose de deux parties: une zone centrale ou médullaire et une zone corticale périphérique. La zone médullaire est composée de huit à dix structures de forme triangulaire (pyramides de Malpighi) dont les sommets perforés constituent les papilles. De ces dernières partent des canaux (les petits calices) qui se réunissent par trois ou quatre pour former les grands calices. Ceux-ci s'ouvrent dans le bassinet. Chaque sommet d'une pyramide de Malpighi donne accès à un tube urinifère (collecteur d'urine). Ce tube long et contourné s'évase en une capsule, la capsule de Bowmann, qui coiffe un peloton de vaisseaux, le glomérule. L'ensemble du tube urinifère et du glomérule compose un néphron, unité physiologique qui assure l'élaboration de l'urine. Chaque rein possède de un million à un million et demi de néphrons. La totalité de la masse sanguine traversant le rein en quatre ou cinq minutes, 1 700 litres de sang passent chaque jour par l'appareil rénal, qui en effectue l'épuration. Les reins maintiennent l'équilibre du milieu intérieur en épurant le sang des substances toxiques et en compensant les «entrées» dans le milieu intérieur par des «sorties» (sécrétion d'urine). En outre, le rein participe au contrôle de la pression artérielle par la sécrétion de rénine. Le rein peut être le siège de nombreuses affections: lithiase, infections (abcès, pyélonéphrite, tuberculose), tumeur (bénigne ou maligne), malformation congénitale, glomérulo-néphrite. L'absence fonctionnelle des reins entraîne la mort en quelques jours, si une épuration extra-rénale ne peut être faite. La greffe* rénale a pu sauver de nombreux insuffisants rénaux.

réincarnation [ʀeɛ̃kaʀnasjɔ̃] n. f. Nouvelle incarnation (d'une âme) dans un corps différent. V. métempsycose. – De *se réincarner.*

réincarner (se) [ʀeɛ̃kaʀne] v. pron. [11] S'incarner à nouveau. – De *ré-,* et *incarner.*

reine [ʀɛn] n. f. **1.** Épouse d'un roi. ▷ *Reine mère:* mère du souverain régnant. **2.** Souveraine d'un royaume. *La reine d'Angleterre.* – *Un port de reine,* majestueux. **3.** Femme qui l'emporte sur toutes les autres dans une circonstance particulière. *Elle était la reine de la fête*. – *Reine de beauté* (Cf. miss). ▷ (Choses.) Ce qui occupe la première place, qui prévaut sur tout le reste. *La valse, reine des danses. La reine des nuits:* la Lune. – Vieilli ou plaisant. *La petite reine:* la bicyclette. **4.** Celle des pièces du jeu d'échecs qui a la marche la plus étendue (on dit mieux *dame:* V. ce mot). **5.** Femelle pondeuse, chez les insectes sociaux (abeilles, guêpes, termites, fourmis). – Lat. *regina*.

reine-claude [ʀɛnklod] n. f. Prune ronde et verte, à la chair délicate et parfumée, très estimée. *Des reines-claudes*. – Abrév. de *prune de la reine Claude* (1499-1524, femme de François Ier).

reine-des-prés [ʀɛndepʀe] n. f. Spirée (plante). *Des reines-des-prés*. – De *reine, des*, et *prés*.

reine-marguerite [ʀɛnmaʀgəʀit] n. f. Plante proche de la marguerite, originaire de Chine (*Callistephus sinensis*, fam. composées), cultivé pour ses fleurs, qui présentent des formes et des coloris très divers selon les variétés. *Des reines-marguerites*. – De *reine*, et *marguerite*.

reinette [ʀɛnɛt] n. f. Pomme à couteau d'automne ou d'hiver, très parfumée, à peau grisâtre ou tachetée. – Dimin. de *reine*.

réinsérer [ʀeɛ̃seʀe] v. tr. [16] Insérer de nouveau. ▷ Assurer une nouvelle insertion sociale à. *Réinsérer un accidenté du travail*. – De *ré-*, et *insérer*.

réinsertion [ʀeɛ̃sɛʀsjõ] n. f. Fait de réinsérer (socialement, en partic.). *La réinsertion des handicapés*. – De *réinsérer*, d'ap. *insertion*.

réintégration [ʀeɛ̃tegʀasjõ] n. f. Action de réintégrer; son résultat. – De *réintégrer*.

réintégrer [ʀeɛ̃tegʀe] v. tr. [16] **1.** Rétablir (qqn) dans la possession de ce dont il avait été dépouillé. *Réintégrer qqn dans une fonction*. **2.** Rentrer dans. *Réintégrer son domicile*. – Lat. médiév. *reintegrare*, du class. *redintegrare*, «rétablir, remettre en état», de *integer*, «intact».

réitération [ʀeiteʀasjõ] n. f. Action de réitérer; fait d'être réitéré. – De *réitérer*.

réitérer [ʀeiteʀe] v. tr. [16] Répéter, recommencer. *Réitérer une démarche*. – Bas lat. *reiterare*, de *iterare*, de *iterum* «derechef».

reître [ʀɛtʀ] n. m. **1.** Anc. Cavalier mercenaire allemand, au service de la France au XVIe s. **2.** Litt. Soudard; homme brutal et grossier. – All. *Reiter*, «cavalier».

rejaillir [ʀ(ə)ʒajiʀ] v. intr. [2] **1.** Jaillir avec force; jaillir de tous les côtés (liquides). *L'eau rejaillit*. **2.** Fig. Retomber. *Le scandale a rejailli sur ses proches*. – De *re-*, et *jaillir*.

rejaillissement [ʀ(ə)ʒajismɑ̃] n. m. Fait de rejaillir, mouvement de ce qui rejaillit. ▷ Fig. *Le rejaillissement du succès, de la honte*. – De *rejaillir*.

rejet [ʀ(ə)ʒɛ] n. m. **I. 1.** Action de rejeter; fait d'être rejeté. *Rejet des eaux usées. Rejet d'un pourvoi en cassation*. **2.** Membre de phrase étroitement lié, pour le sens, à un vers, mais placé au début du vers suivant. Ex.: *«Et lorsque je la vis au seuil de sa maison/ S'enfuir...»* (Musset). **3.** MED Ensemble des réactions immunitaires qui aboutissent à l'élimination d'un greffon par l'organisme du sujet receveur. **II.** Nouvelle pousse d'une plante. ▷ *Spécial*. Pousse émise par une souche. – Déverbal de *rejeter*.

rejeter [ʀəʒte] v. tr. [23] **I. 1.** Jeter en retour; jeter dans le sens opposé. *Rejeter une balle*. **2.** Jeter (qqch) là où on l'a pris, à l'endroit d'où on l'a tiré. *Rejeter un poisson à la rivière, à la mer*. **3.** Fig. Faire supporter par qqn d'autre (la responsabilité d'une faute, les torts, etc.). *Il rejette la faute sur son associé*. **4.** Restituer, rendre en jetant hors de soi. *La mer a rejeté les débris du naufrage*. ▷ (Personnes.) Laisser échapper de son corps, évacuer, vomir. *Il a rejeté tout son repas*. **II. 1.** Mettre dans un autre endroit; renvoyer, repousser. *Rejeter un paragraphe à la fin d'un chapitre*. ▷ v. pron. *Se rejeter en arrière:* reculer brusquement. **2.** Refuser; ne pas agréer; ne pas admettre. *Rejeter des offres, une candidature, un dogme*. ▷ Éliminer. *Rejeter toutes les pièces qui présentent un défaut*. **3.** Écarter, chasser, exclure (qqn). *On l'avait rejeté de partout*. – Lat. *rejectare*.

rejeton [ʀəʒtõ] n. m. **1.** Nouveau jet que pousse une plante, un arbre, par le pied ou par la souche. **2.** Plaisant. Enfant, fils. *Comment va ton rejeton?* – De *rejeter*, au sens anc. de «pousser de nouveau».

rejoindre [ʀ(ə)ʒwɛ̃dʀ] v. tr. [66] **1.** Aller retrouver (des gens dont on était séparé, un groupe). *Rejoindre un groupe d'amis à la campagne*. ▷ v. pron. Se retrouver. *Les deux cordées doivent se rejoindre au pied du glacier*. **2.** Rattraper (qqn). *Ses concurrents l'ont rejoint dans la ligne droite*. **3.** (Choses.) Se réunir à. *Le sentier rejoint la grand-route un peu plus loin*. ▷ v. pron. *Rues qui se rejoignent*. **4.** Avoir des points communs avec. *Vos affirmations rejoignent les siennes*. – De *re-*, et *joindre*.

rejointoyer [ʀ(ə)ʒwɛ̃twaje] v. tr. [26] CONSTR Jointoyer de nouveau (une maçonnerie dégradée). – De *re-*, et *jointoyer*.

rejouer [ʀ(ə)ʒwe] v. [1] **1.** v. intr. Jouer à nouveau, se remettre à jouer. **2.** v. tr. Jouer une nouvelle fois. *Rejouer un air*. – De *re-*, et *jouer*.

réjouir [ʀeʒwiʀ] **1.** v. tr. [2] Apporter de la joie, faire plaisir à. *Vos succès nous réjouissent*. ▷ Amuser. *Réjouir une assemblée par ses plaisanteries*. **2.** v. pron. Être content. *Je me réjouis à la pensée de te revoir bientôt*. – De *r-*, et a. fr. *esjoïr*, «rendre joyeux».

réjouissance [ʀeʒwisɑ̃s] n. f. Joie collective. *Illuminer les rues en signe de réjouissance*. ▷ Plur. Fête publique. *Réjouissances officielles du 1er juillet*. – De *réjouir*.

réjouissant, ante [ʀeʒwisɑ̃, ɑ̃t] adj. Qui réjouit, qui amuse. *Une anecdote bien réjouissante*. – Ppr. de *réjouir*.

relâche [ʀ(ə)lɑʃ] n. **1.** n. m. ou f. Interruption d'un travail; pause, détente. *Travailler sans relâche*, sans interruption. **2.** n. f. MAR Port d'escale. ▷ Escale. *Faire relâche*. **3.** n. m. ou f. Suspension momentanée des représentations, dans un théâtre, une salle de spectacle. – Déverbal de *relâcher*.

relâché, ée [ʀ(ə)lɑʃe] adj. Qui manque de rigueur. *Morale relâchée*. – Pp. de *relâcher*.

relâchement [ʀəlɑʃmɑ̃] n. m. **1.** État de ce qui est relâché, moins tendu. **2.** Fig. Diminution d'ardeur, d'activité, de zèle. *Le relâchement dans le travail*. – De *relâcher*.

relâcher [ʀ(ə)lɑʃe] v. [1] **I.** v. tr. **1.** Diminuer la tension de; desserrer, détendre. *Relâcher un ressort, des entraves, une courroie*. – Spécial. *Relâcher les intestins, le ventre :* stimuler l'évacuation intestinale. ▷ Fig. *Relâcher son esprit, son attention*. – *Relâcher la discipline*, la rendre moins rigoureuse. **2.** Libérer, élargir. *Relâcher un prisonnier*. **II.** v. pron. **1.** Devenir moins tendu, moins serré. *Étreinte qui se relâche*. **2.** Perdre de sa rigueur, de sa fermeté. *Son zèle s'est un peu relâché*. **III.** v. intr. Faire escale, en parlant d'un navire. – Du lat. *relaxare, même sens*.

relais [ʀ(ə)lɛ] n. m. **1.** VEN Chiens de chasse à courre destinés à remplacer ceux qui sont fatigués. **2.** Anc. Chevaux postés en un lieu déterminé pour remplacer ceux qui sont fatigués; le lieu même où ces chevaux sont postés. **3.** TECH Dispositif destiné à recevoir des signaux radioélectriques et à les émettre à nouveau, éventuellement en les amplifiant. *Relais hertzien.* ▷ Dispositif permettant la commutation à distance d'un circuit électrique. **4.** SPORT *Course de relais,* opposant plusieurs équipes de coureurs ou de nageurs qui se succèdent. ▷ Fig. *Prendre le relais de qqn,* le relayer, lui succéder dans son activité, dans sa tâche. ▷ Fig. *Servir de relais,* d'intermédiaire. – De *relayer,* altéré d'après l'anc. v. *relaisser,* «quitter, abandonner».

relance [ʀ(ə)lɑ̃s] n. f. **1.** JEU Action de relancer. **2.** Nouvel élan donné à qqch. *Relance de l'économie.* – Déverbal de *relancer.*

relancer [ʀ(ə)lɑ̃se] v. **[14] I.** v. tr. **1.** Lancer de nouveau ou en sens inverse. *Relancer le ballon.* **2.** VEN Faire repartir (une bête qui se repose). *Relancer le chevreuil.* **3.** Solliciter avec insistance (qqn), le presser pour en obtenir qqch. *Relancer un débiteur.* **4.** Donner un nouvel élan, une nouvelle vigueur à. *Relancer l'économie d'un pays.* **II.** v. intr. JEU Risquer un enjeu supérieur à celui de l'adversaire. – De *re-,* et *lancer.*

relaps, apse [ʀəlaps] adj. et n. RELIG Qui est de nouveau tombé dans l'hérésie, après l'avoir abjurée. ▷ Subst. *Un(e) relaps(e).* – Lat. ecclés. *relapsus,* du pp. de *relabi,* «retomber», de *labi,* «tomber».

relater [ʀ(ə)late] v. tr. [1] Raconter, rapporter. *Les journaux ont relaté les faits.* – Du lat. *relatus,* supin de *referre,* «rapporter».

relatif, ive [ʀ(ə)latif, iv] adj. **1.** Qui implique une relation, un rapport; qui est de la nature de la relation. *Positions relatives de deux armées:* positions de chacune par rapport à l'autre. ▷ MUS Se dit de deux gammes qui possèdent les mêmes altérations constitutives, mais qui ont une tonique différente, et dont l'une est majeure et l'autre mineure (ex.: do majeur et la mineur). ▷ MATH *Nombre relatif:* tout nombre entier (positif ou négatif). V. nombre. **2.** Qui n'a pas de valeur en soi, mais seulement par rapport à autre chose. *La notion de vérité est toute relative.* **3.** Moyen, incomplet, insuffisant. *Jouir d'une tranquillité très relative.* **4.** *Relatif à:* qui a rapport à. *Les lois relatives au divorce.* **5.** GRAM Se dit des mots qui mettent en relation le nom ou le pronom qu'ils représentent et une proposition (dite *proposition relative*). *Pronoms, adjectifs relatifs.* – Lat. *relativus,* de *relatum,* supin de *referre,* «rapporter».

relation [ʀ(ə)lasjɔ̃] n. f. **I.** Fait de relater; narration, récit. *Témoin qui fait une relation fidèle des événements.* **II. 1.** Rapport (entre des choses). *Relation de cause à effet.* **2.** Rapport (entre des personnes). *Relations amicales, amoureuses, sexuelles, mondaines.* **3.** Personne avec qui on est en relation. *Une simple relation de travail.* ▷ Absol. *Avoir des relations:* connaître des gens influents, haut placés. **4.** Rapport (entre groupes organisés, pays, etc.). *Relations internationales.* ▷ *Relations publiques :* ensemble des moyens mis en œuvre par des organismes publics ou privés pour établir un climat favorable au sein de leur personnel et avec l'extérieur, afin d'informer le public de leurs activités et de favoriser leur rayonnement. **5.** BIOL *Fonctions de relation :* fonctions par lesquelles est assuré le contact entre un être vivant et son milieu. **6.** MATH Liaison déterminée entre des ensembles ou des éléments de ces ensembles. *Relation d'appartenance,* par laquelle un élément appartient à un ensemble. *Relation d'équivalence. Relation binaire,* qui porte sur des couples d'éléments d'un même ensemble. – Lat. *relatio,* «récit, narration».

relationnel, elle [ʀ(ə)lasjɔnɛl] adj. Didac. Qui concerne la relation. *Calcul relationnel.* – Du préc.

relationniste [ʀ(ə)lasjɔnist] n. Personne qui s'occupe des relations publiques dans un organisme public ou privé. *Un, une relationniste.* – De *relation.*

relativement [ʀ(ə)lativmɑ̃] adv. **1.** De manière relative, non absolue. **2.** Par comparaison. ▷ *Relativement à :* à l'égard de, en ce qui concerne. – De *relatif.*

relativisme [ʀ(ə)lativism] n. m. PHILO **1.** Doctrine selon laquelle la connaissance humaine ne peut être que relative. *Le système de Kant est un relativisme subjectif.* **2.** Doctrine selon laquelle les notions de bien et de mal sont fonction des circonstances et n'ont donc rien d'absolu. – De *relatif.*

relativiste [ʀ(ə)lativist] adj. et n. **1.** PHILO Qui adhère au relativisme, le professe. – N. *Les relativistes.* **2.** PHYS Qui a rapport à la théorie de la relativité. *Mécanique relativiste:* V. encycl. mécanique. – Du préc.

relativité [ʀ(ə)lativite] n. f. **1.** Caractère de ce qui est relatif. *Relativité de la connaissance.* **2.** PHYS *Théorie de la relativité.* – De *relatif.*

relaxant, ante [ʀəlaksɑ̃, ɑ̃t] adj. et n. m. Qui procure de la détente, du bien-être. *Bain, massage relaxants.* – N. m. *Un relaxant musculaire.* – Ppr. de *relaxer.*

relaxation [ʀəlaksasjɔ̃] n. f. **1.** MED Relâchement d'une tension musculaire destiné à provoquer une détente psychique. ▷ Cour. Détente, délassement. **2.** ELECTR *Oscillations de relaxation,* fournies par un système qui reçoit en permanence de l'énergie et qui évolue entre un état où son énergie potentielle est minimale et un état où cette énergie est maximale. – Lat. *relaxatio,* «détente, repos».

relaxer [ʀəlakse] **I.** v. tr. [1] MED Mettre en état de relaxation. **II.** v. pron. Se reposer, se détendre. – Lat. *relaxare,* «relâcher, détendre».

relayer [ʀəlɛje] v. tr. **[24] 1.** Remplacer dans un travail, une tâche. *L'équipe de nuit relaye l'équipe de jour.* ▷ v. pron. *Deux équipes se relaient.* **2.** TELECOM Retransmettre (l'émission d'un émetteur principal) en utilisant un relais hertzien, un satellite de télécommunication. – De *re-,* et a. fr. *laier,* «laisser (les chiens)».

relecture [ʀ(ə)lɛktyʀ] n. f. Action de relire; nouvelle lecture. – De *re-,* et *lecture,* d'après *relire.*

reléguer [ʀəlege] v. tr. **[16]** Mettre (qqch dont on ne fait plus cas) à l'écart. *On a relégué ce tableau dans l'antichambre.* ▷ Fig. Envoyer dans un lieu retiré; confiner dans une situation, un emploi peu importants. *Reléguer qqn au second plan.* – Lat. *relegare,* «bannir».

relent [ʀəlɑ̃] n. m. Mauvaise odeur. *Relents de friture.* ▷ Fig. Trace; apparence qui permet de supposer l'existence de qqch. *Il y a dans ce récit un relent de mauvaise foi.* – De l'anc. adj. *relent, relente,* «qui a un goût écœurant», et du lat. *lentus,* «tenace, humide».

relevable [ʀəlvabl, ʀləvabl] adj. Qu'on peut relever. *Panneau relevable.* – De *relever.*

relevage [ʀəlvaʒ, ʀləvaʒ] n. m. TECH Action de relever; son résultat. – De *relever.*

relevailles [ʀəlvɑj, ʀləvɑj] n. f. pl. RELIG CATHOL Anc. Cérémonie de bénédiction, à l'église, d'une femme relevée de couches. ▷ Vx Le fait de relever de couches. – De *relever.*

relève [ʀ(ə)lɛv] n. f. Remplacement d'une personne, d'un groupe, dans une occupation, une tâche. *Prendre la relève.* ▷ Les personnes de relève. *La relève est au complet.* – Déverbal de *relever.*

relevé, ée [ʀəlve, ʀləve] adj. et n. **I.** adj. **1.** Disposé, ramené vers le haut. *Sourcils relevés.* **2.** Fig. Élevé, au-dessus du commun. *Propos relevés. Une société relevée,* choisie. **II.** n. m. État, liste. *Relevé des sommes dues.* ▷ *Relevé d'un plan.* – Pp. de *relever.*

relèvement [ʀ(ə)lɛvmɑ̃] n. m. **1.** Action de relever, de remettre debout ou vertical. *Relèvement d'un mât.* ▷ Fig. *Relèvement d'un pays.* **2.** Action de relever, d'augmenter; hausse, majoration. – *Relèvement des loyers.* **3.** MAR Détermination de la position d'un point; azimut dans lequel se trouve un objet. *Compas de relèvement.* **4.** GEOM Mouvement inverse du rabattement*. – De *relever.*

relever [ʀəlve, ʀləve] v. [19] **I.** v. tr. **1.** Remettre debout (qqn); remettre dans sa position naturelle, remettre à la verticale (qqch). *Elle était tombée, je l'ai relevée. Relever un siège.* ▷ *Relever un mur en ruine,* le reconstruire. – Fig. *Relever l'économie d'un pays.* **2.** Ramasser. *Relever des copies d'examen.* – Fig. *Relever le gant:* accepter un défi. **3.** Noter, constater, signaler en bien ou en mal. *Relever une erreur.* ▷ Inscrire, copier. *Relever les noms des absents. Relever un plan.* – Par ext. *Relever un compteur,* les chiffres qu'il indique. ▷ MAR Déterminer l'azimut de. *Relever un amer:* cf. amer 2. **4.** Mettre ou remettre en position haute; hausser. *Relever une manette. Relever la tête,* la redresser. Fig. Retrouver son courage ou sa fierté. – *Relever ses jupes, ses manches,* les retrousser. ▷ Fig. *Relever les salaires,* les augmenter. **5.** Donner plus de relief, plus d'éclat à. *Fards qui relèvent un teint pâle.* ▷ CUIS Donner un goût plus prononcé, plus piquant à, en ajoutant un assaisonnement, des épices. *Relever une sauce avec du piment.* **6.** Remplacer (une personne, un groupe) dans une occupation; relayer. *Relever une sentinelle.* **7.** Libérer (d'une obligation). *Relever un religieux de ses vœux.* ▷ *Relever qqn de ses fonctions,* le révoquer. **II.** v. intr. **1.** *Relever de:* ne plus être tenu alité par, se rétablir de. *Relever de maladie, de couches.* **2.** Dépendre de; être du ressort, du domaine de. *Cette affaire relève de la justice.* **III.** v. pron. **1.** Se remettre debout. *Aider qqn à se relever.* – Fig. *Se relever de ses ruines.* ▷ Sortir de nouveau du lit. *Se relever plusieurs fois dans la nuit.* **2.** (Choses.) Se redresser, remonter. *Chapeau dont les bords se relèvent.* – De *re-,* et *lever.*

releveur, euse [ʀəlvœʀ, ʀləvœʀ, øz] adj. et n. **I.** adj. Qui relève. *Chaîne releveuse,* dans les mines, chaîne sans fin à laquelle sont accrochées les berlines. ▷ ANAT *Muscle releveur.* – Subst. *Un releveur.* **II.** n. **1.** n. m. TECH Tout instrument qui sert à relever. – MAR Engin, navire utilisé pour relever, renflouer les objets immergés. *Releveur de mines.* **2.** n. Personne qui relève, collecte ou fait des relevés. *Releveur de compteurs.* – Du préc.

relief [ʀəljɛf] n. m. **1.** Saillie que présente une surface. *Reliefs d'une paroi rocheuse. Caractères en relief de l'écriture Braille.* **2.** BX-A Ouvrages de sculpture dont le sujet ou certains éléments font plus ou moins saillie sur un fond plan. V. bas-relief, haut-relief. **3.** Ensemble des inégalités de la surface du sol. *Relief terrestre. Un relief tourmenté.* **4.** Aspect d'une image organisée en plans et restituant l'impression de la profondeur, de la perspective; cette impression elle-même. *Peinture qui a du relief. La sensation du relief.* ▷ Par anal. *Relief acoustique, sonore,* perception auditive de l'espace. **5.** Fig. Caractère marqué, accentué que prend une chose par opposition ou par contraste avec une autre. *La modestie donne du relief au mérite.* – *Mettre en relief:* mettre en évidence, accentuer. – De l'ital. *relievo,* de *rilevare,* de *ri-,* et *levare* «lever».

reliefs [ʀəljɛf] n. m. pl. Restes d'une table servie. *Des reliefs de volaille.* – De *relever* «enlever, relever» d'ap. l'anc. forme tonique (*je relief,* etc.).

relier [ʀəlje] v. tr. [1] **1.** Assembler (notam. par couture) les feuillets d'un livre, et les munir d'une couverture. **2.** Rattacher, joindre. *Corde qui relie deux alpinistes.* ▷ Fig. Établir un lien, un rapport entre. *Relier des faits, des idées.* **3.** Faire communiquer. *Pont qui relie deux berges.* – De *re-,* et *lier.*

relieur, euse [ʀəljœʀ, jøz] n. Personne qui fait métier de relier les livres. – De *relier.*

religieusement [ʀ(ə)liʒjøzmɑ̃] adv. **1.** Conformément à sa religion; selon les rites religieux. *Se marier religieusement.* **2.** Avec une exactitude scrupuleuse. *Préserver religieusement un secret.* **3.** Avec recueillement. *Écouter religieusement.* – De *religieux.*

religieux, euse [ʀ(ə)liʒjø, øz] adj. et n. **I.** adj. **1.** Relatif à la religion, propre à une religion. *La pensée religieuse. Une cérémonie religieuse.* ▷ Conforme aux règles d'une religion. *Mener une vie religieuse.* **2.** Pieux, croyant. *Esprit religieux.* **3.** Qui a rapport aux ordres réguliers. *Congrégation religieuse.* **4.** Fig. Qui tient de la vénération, du respect qui se manifestent dans les pratiques de la religion. *Un soin religieux.* – *Un silence religieux,* respectueux et recueilli. **II.** n. Personne qui s'est engagée par des vœux à suivre une certaine règle approuvée par l'Église. *Un religieux cistercien.* ▷ Par ext. *Religieux bouddhistes.* **III.** n. f. Pâtisserie faite de deux boules de pâte à choux de tailles différentes, fourrées de crème au beurre, au café ou au chocolat. – Lat. *religiosus.*

ENCYCL Sous le Régime français, plusieurs communautés religieuses d'hommes et de femmes œuvrèrent sur ce qui correspond maintenant au territoire canadien. Les *jésuites* séjournèrent d'abord en Acadie (1611-13) et à Québec (1625-29); de retour sur le Saint-Laurent en 1632, ils se consacrèrent surtout à l'évangélisation des Amérindiens et à l'enseignement dans leur collège de Québec. Les *récollets,* qui y avaient exercé leur ministère à l'époque de Champlain (1615-29), s'établirent définitivement au Canada en 1670, se dévouant dans les paroisses, comme curés ou desservants, et dans les forts, comme aumôniers; au XVIIIe siècle, il s'en trouva aussi dans l'île du Cap-Breton. Dans les années 1630, des *capucins* s'installèrent en Acadie, bientôt remplacés par des jésuites et des prêtres séculiers. Au XVIIIe siècle, des *frères de la Charité* dirigèrent l'hôpital de Louisbourg. À Montréal, à partir de 1694, les *frères hospitaliers de Saint-Joseph et de la Croix* (ou frères Charon), fondés par un Canadien, François Charon de La Barre, prirent charge de l'hôpital-général; mais cette communauté s'éteignit dans le premier quart du XVIIIe siècle. Les communautés religieuses de femmes ne furent pas moins nombreuses, et leur apport confère à l'Église canadienne du Régime français un caractère certain d'originalité. En 1639, en effet, débarquaient à Québec les *ursulines,* qui y enseignèrent aux petites filles, et les *hospitalières augustines,* qui y prirent charge de l'Hôtel-Dieu. C'étaient les premières femmes missionnaires dans l'Église universelle. À la fin du XVIIe siècle, les hospitalières assumèrent en outre la direction de l'hôpital-général de Québec, et les ursulines celle de l'hôpital de Trois-Rivières. À Montréal, le soin de l'Hôtel-Dieu fut confié aux *hospitalières de Saint-Joseph,* arrivées en 1659. Ces trois communautés de femmes étaient cloîtrées. Or, une Française, Marguerite Bourgeoys, allait fonder, à Montréal, à partir de 1670, la *Congrégation de Notre-Dame,* première communauté de religieuses non cloîtrées dans l'histoire de l'Église. Vouées à l'enseignement, les sœurs de la Congrégation ouvrirent des écoles dans toute la colonie canadienne, et même à Louisbourg. Une deuxième communauté de «filles séculières» (non cloîtrées) fut fondée, dans les années 1730, par la Canadienne Marguerite d'Youville: les sœurs de la Charité, dites *Sœurs Grises,* qui prirent la relève des frères Charron à l'hôpital-général de Montréal.

À la Conquête, les communautés d'hommes se virent interdire tout recrutement: le dernier jésuite mourut en 1801, et le dernier récollet en 1813. Au Canada, toutes les communautés religieuses d'hommes, et toutes les communautés de femmes autres que celles qui existaient en 1760, sont arrivées ou ont été fondées à partir des années 1840.

religion [ʀ(ə)liʒjõ] n. f. **1.** Ensemble de croyances ou de dogmes et de pratiques cultuelles qui constituent les rapports de l'homme avec la puissance divine (monothéisme) ou les puissances surnaturelles (polythéisme, panthéisme). *Religion chrétienne, musulmane, shintoïste.* **2.** Foi, piété, croyance. *Avoir de la religion.* **3.** État des personnes engagées par des vœux au service de Dieu, de leur Église. *Entrer en religion.* **4.** *Par anal.* Sentiment de vénération profonde pour qqch, foi en un idéal. *Avoir la religion du progrès.* **5.** Loc. fig. *Éclairer la religion de qqn,* lui apprendre ce qu'il ignorait sur une affaire. ▷ *Ma religion est faite:* je sais à quoi m'en tenir. – Lat. *religio,* «attention scrupuleuse, vénération», de *relegere,* «recueillir, rassembler».

religiosité [ʀ(ə)liʒjozite] n. f. Disposition religieuse, liée ou non à une religion particulière. *La religiosité est plutôt de l'ordre de la sensibilité que de la foi.* – Du lat. *religiosus,* «religieux».

reliquaire [ʀ(ə)likɛʀ] n. m. Boîte, coffret où l'on conserve des reliques (sens 1). – De *relique.*

reliquat [ʀ(ə)lika] n. m. Ce qui reste dû après l'arrêté d'un compte. – Lat. *reliqua* «ce qui reste (à payer)».

relique [ʀ(ə)lik] n. f. **1.** RELIG Ce qui reste du corps d'un saint; objet qui lui a appartenu ou qui a servi à son martyre. – *Garder comme une relique,* avec vénération, très soigneusement. **2.** Fig. Objet auquel on est particulièrement attaché par le souvenir. **3.** BIOL Espèce vivante appartenant à un groupe ancien, animal ou végétal, dont les autres représentants ont disparu. *La limule est une relique.* Syn. fossile vivant. – Lat. *reliquiae,* «restes».

relire [ʀ(ə)liʀ] v. tr. [67] **1.** Lire de nouveau. **2.** Lire (ce qu'on a écrit) pour le corriger au besoin. ▷ v. pron. *Se relire sur épreuves.* – De *re-,* et *lire.*

relish [ʀəliʃ] n. f. Condiment vinaigré et épicé, à base de cornichons hachés fin. *La relish sert à garnir les hot-dogs et les hamburgers.* – Mot angl.

reliure [ʀəljyʀ] n. f. **1.** Art, métier du relieur. **2.** Manière dont un livre est relié; couverture rigide d'un livre. – De *relier.*

relogement [ʀ(ə)lɔʒmɑ̃] n. m. Action de reloger; fait d'être relogé. – De *reloger.*

reloger [ʀ(ə)lɔʒe] v. tr. [15] Procurer un nouveau logement à (qqn). – De *re-,* et *loger.*

relouer [ʀəlwe] v. tr. [1] Louer de nouveau. – De *re-,* et *louer* 1.

réluctance [ʀelyktɑ̃s] n. f. ELECTR Aptitude d'un circuit à s'opposer à la pénétration d'un flux magnétique. Ant. perméance. *La réluctance s'exprime en henry à la puissance moins un* (H^{-1}) *et la perméance en henrys.* – Du lat. *reluctare,* «résister».

reluire [ʀ(ə)lɥiʀ] v. intr. [71] Luire en réfléchissant la lumière, briller. *Parquet qui reluit.* – Du lat. *relucere.*

reluisant, ante [ʀ(ə)lɥizɑ̃, ɑ̃t] adj. **1.** Qui reluit. *Chrome reluisant.* – *Visage reluisant de sueur,* que la sueur fait reluire. **2.** Fig. (en tournure négative). *Ce n'est pas très reluisant:* c'est médiocre, mauvais. – Ppr. de *reluire.*

reluquer [ʀ(ə)lyke] v. tr. [1] Fam. Lorgner avec curiosité ou convoitise. *Reluquer une femme.* ▷ Fig. Avoir des vues sur. *Reluquer un héritage.* – De *re-,* et moyen fr. *luquer,* «loucher»; mot picard empr. au wallon *rilouki,* moy. néerl. *loeken* (cf. angl. *to look,* «regarder»).

rem [ʀɛm] n. m. PHYS, BIOL Unité qui sert à mesurer la quantité de rayonnement absorbée par l'organisme. – Sigle de l'angl. *Röntgen Equivalent Man,* «équivalent-homme de Röntgen».

remâcher [ʀ(ə)mɑʃe] v. tr. [1] **1.** Mâcher de nouveau. **2.** Fig. Repasser dans son esprit, ressasser. *Remâcher son dépit.* – De *re-,* et *mâcher.*

remaillage, remailler. V. remmaillage, remmailler.

rémanence [ʀemanɑ̃s] n. f. PHYS Persistance d'un phénomène (lumineux, magnétique, etc.) après la disparition de la cause qui l'a provoqué. ▷ PHYSIOL, PSYCHO Propriété de certaines sensations de subsister après que l'excitation a disparu. *Rémanence des images visuelles.* – De *rémanent.*

rémanent, ente [ʀemanɑ̃, ɑ̃t] adj. Qui présente le phénomène de rémanence. ▷ PHYS *Aimantation rémanente.* ▷ PHYSIOL, PSYCHO *Image rémanente.* – Lat. *remaneus,* de *remanere,* «demeurer, durer».

remaniement [ʀ(ə)manimɑ̃] n. m. Action de remanier; son résultat. – De *remanier.*

remanier [ʀ(ə)manje] v. tr. [1] Retoucher, modifier par un nouveau travail. *Remanier un roman.* – *Remanier un ministère,* en changer la composition. – De *re-,* et *manier.*

remaquiller [ʀ(ə)makije] v. tr. [1] Maquiller de nouveau. ▷ v. pron. *Se remaquiller à la hâte.* – De *re-,* et *maquiller.*

remarcher [ʀ(ə)maʀʃe] v. intr. [1] **1.** Marcher de nouveau (après une maladie, etc.). **2.** (Choses.) Fonctionner de nouveau (après une panne, etc.). – De *re-,* et *marcher.*

remariage [ʀ(ə)maʀjaʒ] n. m. Nouveau mariage. – De *re-,* et *mariage.*

remarier [ʀ(ə)maʀje] v. tr. [1] Marier de nouveau. ▷ v. pron. *Il pense à se remarier.* – De *re-,* et *marier.*

remarquable [ʀ(ə)maʀkabl] adj. Digne d'être remarqué, par sa singularité ou sa qualité. *Un événement, un homme remarquable.* ▷ MATH *Identités remarquables:* V. encycl. identité. – De *remarquer.*

remarquablement [ʀ(ə)maʀkabləmɑ̃] adv. De manière remarquable. – Du préc.

remarque [ʀ(ə)maʀk] n. f. **1.** Action de remarquer, de noter. *Fait digne de remarque.* **2.** Observation orale ou écrite. *Remarque pertinente.* **3.** BX-A Petite gravure dans la marge d'une estampe. – Déverbal de *remarquer.*

remarqué, ée [ʀ(ə)maʀke] adj. Qui attire l'attention, qui fait l'objet de commentaires. *Une intervention très remarquée.* – Pp. de *remarquer.*

remarquer [ʀ(ə)maʀke] v. tr. [1] **I.** Rare Marquer de nouveau. *Remarquer du bétail.* **II. 1.** Faire attention à, constater, noter. *Remarquer le moindre défaut.* ▷ v. pron. (Pass.) *Ces taches se remarquent.* **2.** *Remarquer que:* dire, sous forme de remarque, que; constater que. *L'un des convives remarqua qu'on était treize à table.* **3.** Distinguer parmi des personnes ou des choses. *Remarquer un visage dans la foule.* ▷ *Se faire remarquer:* attirer l'attention. – Péjor. Manquer de tenue. – De *re-,* et *marquer.*

remballage [ʀɑ̃balaʒ] n. m. Action de remballer; nouvel emballage. – De *remballer.*

remballer [ʀɑ̃bale] v. tr. [1] Emballer de nouveau (ce qu'on a déballé). Syn. cour. réemballer ▷ Fig., fam. *Remballez vos boniments:* gardez-les pour vous, dispensez-m'en. – De *r-,* et *emballer.*

rembarquement [ʀɑ̃baʀkəmɑ̃] n. m. Action de rembarquer, de se rembarquer. – De *rembarquer.*

rembarquer [ʀɑ̃baʀke] ou **réembarquer** [ʀeɑ̃baʀke] v. [1] **1.** v. tr. Embarquer de nouveau. **2.** v. intr. et v. pron. S'embarquer de nouveau. *Il a rembarqué. Il s'est rembarqué.* – De *r-,* et *embarquer.*

rembarrer [ʀɑ̃baʀe] v. tr. [1] Fam. Repousser vivement (qqn) par des paroles rudes ou désobligeantes. – De *r-*, et *embarrer*, «enfoncer».

remblai [ʀɑ̃blɛ] n. m. **1.** Action de remblayer. *Niveler par remblai.* **2.** Masse de matériaux rapportés pour élever un terrain, combler un creux; ouvrage fait de matériaux rapportés. *Remblai de voie ferrée.* – Déverbal de *remblayer.*

remblaiement [ʀɑ̃blɛmɑ̃] n. m. GEOL Colmatage alluvial. – De *remblayer.*

remblaver [ʀɑ̃blave] v. tr. [1] AGRIC Faire un nouvel emblavage. – De *r-*, et *emblaver.*

remblayage [ʀɑ̃blɛjaʒ] n. m. Action de remblayer; son résultat. ▷ Matériaux servant à remblayer. – De *remblayer.*

remblayer [ʀɑ̃blɛje] v. tr. [24] Apporter des matériaux pour hausser ou combler. *Remblayer une chaussée.* – De *r-*, et a. fr. *emblayer* «ensemencer de blé».

remblayeuse [ʀɑ̃blɛjøz] n. f. TECH Engin de terrassement pour les travaux de remblai. – De *remblayer.*

remboîtage [ʀɑ̃bwataʒ] n. m. TECH Opération qui consiste à remettre un livre réparé dans son ancienne couverture ou dans une nouvelle. – De *remboîter.*

remboîtement [ʀɑ̃bwatmɑ̃] n. m. Action de remboîter; son résultat. – De *remboîter.*

remboîter [ʀɑ̃bwate] v. tr. [1] **1.** Remettre en place (ce qui était déboîté). **2.** TECH Procéder au remboîtage de (un livre). – De *r-*, et *emboîter.*

rembourrage [ʀɑ̃buʀaʒ] n. m. Action de rembourrer; matière servant à rembourrer. – De *rembourrer.*

rembourrer [ʀɑ̃buʀe] v. tr. [1] Garnir de bourre, de crin, etc. *Rembourrer un matelas.* – De *r-*, et *embourrer.*

rembourrure [ʀɑ̃buʀyʀ] n. f. TECH Matière servant à rembourrer. – De *rembourrer.*

remboursable [ʀɑ̃buʀsabl] adj. Qui peut ou doit être remboursé. – De *rembourser.*

remboursement [ʀɑ̃buʀsəmɑ̃] n. m. Action de rembourser, son résultat. – *Envoi contre remboursement*, contre paiement à la livraison. – De *rembourser.*

rembourser [ʀɑ̃buʀse] v. tr. [1] Rendre à (qqn) (l'argent qu'il a déboursé ou avancé). *Rembourser un emprunt. Rembourser qqn de ses frais.* ▷ v. pron. Rentrer dans ses débours. – De *r-*, *em-*, et *bourse* 1.

rembrunir (se) [ʀɑ̃bʀyniʀ] v. pron. [2] Prendre un air sombre, soucieux. *Il s'est rembruni.* – De *r-*, *em-*, et *brun*, au sens anc. de «sombre».

rembrunissement [ʀɑ̃bʀynismɑ̃] n. m. Fait de se rembrunir. – Du préc.

rembucher [ʀɑ̃byʃe] v. tr. [1] VEN Faire rentrer (la bête) dans le bois. ▷ v. pron. *Orignal qui se rembuche.* – De *r-*, et anc. v. *embucher*, même sens.

remède [ʀ(ə)mɛd] n. m. **1.** Substance, moyen employés pour combattre une maladie. *Remède préventif.* Syn. (plus cour.) médicament. *Remède de bonne femme*, de tradition populaire. **2.** Fig. Tout ce qui sert à prévenir, apaiser, faire cesser un mal quelconque. *Le travail, remède à* (ou *contre*) *l'ennui.* – Lat. *remedium.*

remédiable [ʀ(ə)medjabl] adj. Rare À quoi l'on peut remédier. – Lat. *remediabilis*, «guérissable».

remédier [ʀ(ə)medje] v. tr. indir. [1] Porter remède à. *Remédier à des malaises.* ▷ Fig. *Remédier à une défaillance.* – Lat. *remediare*, «guérir».

remembrement [ʀ(ə)mɑ̃bʀəmɑ̃] n. m. Opération consistant à regrouper, par échanges ou redistribution, des propriétés rurales morcelées, pour en faire des domaines facilement exploitables. – De *re-*, et *membre*, d'ap. *démembrement.*

remembrer [ʀ(ə)mɑ̃bʀe] v. tr. [1] Opérer le remembrement de. – De *remembrement*, d'apr. *démembrer.*

remémoration [ʀ(ə)memɔʀasjɔ̃] n. f. Action de remémorer, de se remémorer. – Bas lat. *rememoratio*, «commémoration».

remémorer [ʀ(ə)memɔʀe] v. tr. [1] Litt. Remettre en mémoire. *Je lui ai remémoré sa promesse.* ▷ v. pron. *Se remémorer une date.* – Bas lat. *rememorari*, de *re-*, et *memorare*, «rappeler».

remerciement [ʀ(ə)mɛʀsimɑ̃] n. m. Action de remercier; témoignage de gratitude. *Paroles, lettre de remerciement.* – De *remercier.*

remercier [ʀ(ə)mɛʀsje] v. tr. [1] **1.** Exprimer sa gratitude à (qqn), lui dire merci. *Remercier qqn de* (ou *pour*) *son hospitalité.* ▷ (Pour exprimer un refus poli.) *Servez-vous. – Je vous remercie, je n'en veux plus.* **2.** *Par euphém.* Congédier. *Remercier un employé.* – De *re-*, et anc. v. *mercier*, même sens, de *merci.*

réméré [ʀemeʀe] n. m. DR *Clause de réméré:* clause d'une vente permettant au vendeur de racheter la chose vendue, dans un certain délai, au prix de vente, augmenté des frais de l'acquisition. – Du lat. médiév. *reemere*, lat. class. *redimere*, «racheter».

remettre [ʀ(ə)mɛtʀ] **A.** v. tr. [68] **I. 1.** Mettre (une chose) à l'endroit où elle était auparavant. *Remettre un livre à sa place.* ▷ Fig. *Remettre qqn à sa place*, le rappeler aux convenances; le rabrouer. **2.** Rétablir dans sa position ou dans son état antérieur. *Remettre en ordre. Remettre en état:* réparer, restaurer. ▷ *Remettre en marche:* rétablir dans son fonctionnement. ▷ Rétablir la santé, les forces de (qqn). *Cette cure l'a remis.* **3.** Mettre de nouveau (un vêtement). *Remettre son manteau.* **4.** Mettre de nouveau, en plus. *Remettre de l'eau dans un vase.* **5.** Fig. *Remettre une chose en mémoire à qqn*, la lui rappeler. ▷ *Remettre qqn*, le reconnaître. *Je vous remets bien.* **6.** Pop. *Remettre ça:* recommencer. **II. 1.** *Remettre à:* mettre en la possession de, livrer; confier. *Remettre une lettre à son destinataire.* **2.** Faire grâce de (une obligation). *Remettre une dette à qqn.* ▷ Pardonner, absoudre. *Remettre les péchés.* **3.** Ajourner, différer. *Remettre une tâche au lendemain.* **B.** v. pron. **1.** Se mettre de nouveau. *Se remettre en route.* **2.** *Se remettre à:* recommencer à. *Se remettre à boire.* **3.** Recouvrer la santé; rétablir sa situation. *Se remettre d'une maladie.* ▷ Retrouver son calme, ses esprits. *Se remettre d'une émotion, d'une grande frayeur.* – Absol. *Remettez-vous.* **4.** *S'en remettre à qqn, à son avis, etc.*, lui faire confiance, se reposer sur lui. – Lat. *remittere*, «renvoyer, laisser».

remeubler [ʀəmøble] v. tr. [1] Meubler de nouveau; garnir de nouveaux meubles. ▷ v. pron. *Remeubler sa maison, son logement.* – De *re-*, et *meubler.*

remeuil [ʀmœj] n. m. (Acadie) Mamelles d'une bête d'élevage, surtout de la vache. V. *paire* 2. – Mot de l'ouest et du centre de la France, du lat. **molliare.*

rémige [ʀemiʒ] n. f. Chacune des grandes plumes rigides des ailes des oiseaux. – Du lat. *remex, remigis*, «rameur»; d'abord adj. *plumes rémiges.*

remilitarisation [ʀ(ə)militaʀizasjɔ̃] n. f. Action de remilitariser. – De *remilitariser.*

remilitariser [ʀ(ə)militaʀize] v. tr. [1] Militariser de nouveau. – De *re-*, et *militariser.*

réminiscence [ʀeminisɑ̃s] n. f. **1.** PSYCHO Rappel à la mémoire d'un souvenir qui n'est pas reconnu comme tel. **2.** Emprunt plus ou moins conscient fait par l'auteur d'une œuvre artistique ou littéraire à d'autres créateurs. *Poésie pleine de réminiscences romantiques.* **3.** Souvenir vague et confus. *Réminiscences lointaines de la première enfance.* – Bas lat. *reminiscentia,* du class. *reminisci,* «se souvenir».

remisage [ʀ(ə)mizaʒ] n. m. Action de remiser, de mettre à l'abri. – De *remiser.*

remise [ʀ(ə)miz] n. f. **I. 1.** Action de remettre dans le lieu ou dans l'état d'origine. *Remise en place d'un tableau. Remise à neuf d'un vêtement.* **2.** Action de donner, de livrer qqch à qqn. *Remise d'un mandat.* **3.** Réduction, diminution. *Consentir une remise à ses clients. – Condamné qui obtient une remise de peine.* ▷ Commission, ristourne. **II.** Local destiné à abriter des voitures; garage. ▷ *Par ext.* Local, débarras où l'on range des instruments, des outils, etc. – Pp. fém. subst. de *remettre.*

remiser [ʀ(ə)mize] v. tr. [1] **1.** Placer sous une remise. *Remiser une voiture.* **2.** Ranger pour quelque temps. *J'ai remisé les skis au sous-sol.* – De *remise.*

rémission [ʀemisjɔ̃] n. f. **1.** Pardon (des péchés). ▷ Grâce, remise de peine. – *Sans rémission:* sans qu'on puisse espérer une quelconque grâce; sans délai. **2.** Diminution, atténuation temporaire (d'une maladie, de ses symptômes). – Lat. ecclés. *remissio,* de *remittere,* «remettre».

rémittence [ʀemitɑ̃s] n. f. MED Caractère rémittent (d'une affection). ▷ Rémission. – De *rémittent.*

rémittent, ente [ʀemitɑ̃, ɑ̃t] adj. MED Qui présente des rémissions. *Fièvre rémittente.* – Lat. *remittens,* de *remittere,* «remettre».

rémiz [ʀemiz] n. f. ZOOL Oiseau passériforme (genres *Remiz, Anthoscopus,* etc.) voisin de la mésange, qui construit des nids suspendus. – Probabl. du polonais *remiz,* «oiseau romain».

remmaillage [ʀɑ̃majaʒ] ou **remaillage** [ʀ(ə)majaʒ] n. m. **1.** Action de remmailler; son résultat. **2.** Montage des pieds de bas, des coutures des tricots, dans la couture industrielle. – De *remmailler,* ou *remailler.*

remmailler [ʀɑ̃maje] ou **remailler** [ʀ(ə)maje] v. tr. [1] Relever, réparer les mailles usées ou rompues. *Remmailler des bas.* – De *re-,* et *mailler.*

remmener [ʀɑ̃m(ə)ne] v. tr. [19] Emmener (qqn ou qqch qui a été amené). – De *r-,* et *emmener.*

remodelage [ʀ(ə)mɔdlaʒ] n. m. Action de remodeler; son résultat. – De *re-,* et *modelage.*

remodeler [ʀ(ə)mɔdle] v. tr. [1] **1.** Donner une nouvelle forme à (qqch) en le refaçonnant. **2.** Modifier plus ou moins profondément. *Remodeler un secteur de l'économie par des réformes de structure.* – De *re-,* et *modeler.*

remontage [ʀ(ə)mɔ̃taʒ] n. m. **1.** Action de remonter un ressort, un mécanisme. *Remontage des pendules.* **2.** Action de remonter ce qui a été démonté. *Démontage et remontage de l'appareil.* – De *remonter;* signif. d'abord «remontée d'un fleuve par un bateau».

remontant, ante [ʀ(ə)mɔ̃tɑ̃, ɑ̃t] adj. et n. m. **1.** HORTIC Se dit de plantes qui donnent des fleurs ou des fruits à l'arrière-saison. *Rosier remontant.* **2.** Qui remonte, qui redonne des forces. ▷ N. m. Boisson, médicament qui remonte. *Prendre un remontant.* – Ppr. de *remonter.*

remonte [ʀ(ə)mɔ̃t] n. f. TECH **1.** Action de remonter un cours d'eau. ▷ *Spécial.* Action de remonter une rivière au moment du frai, en parlant des poissons. **2.** Fourniture de chevaux pour l'armée. – Déverbal de *remonter.*

remontée [ʀ(ə)mɔ̃te] n. f. **1.** Action, fait de remonter. *Remontée d'une rivière à la nage.* **2.** *Remontée mécanique:* dispositif qui permet de remonter des skieurs en haut d'une pente. – Pp. fém. subst. de *remonter.*

remonte-pente [ʀ(ə)mɔ̃tpɑ̃t] n. m. Appareil comportant un câble mobile muni de perches, qui permet aux skieurs de gravir une pente enneigée sans quitter leurs skis. *Des remonte-pentes.* – De *remonter,* et *pente.*

remonter [ʀ(ə)mɔ̃te] v. [1] **I.** v. intr. **1.** (Personnes.) Monter de nouveau. *Remonter à son appartement. Remonter à (sur sa) bicyclette.* **2.** (Choses.) S'élever de nouveau. *Le soleil remonte sur l'horizon. La rue descend un peu, puis remonte jusqu'au carrefour.* ▷ (Abstrait.) *Remonter dans l'estime de qqn.* **3.** (Choses.) S'accroître de nouveau. *La valeur de nos actions remonte.* **4.** Aller vers la source d'un cours d'eau. – Fig. Aller vers l'origine. *Remonter jusqu'au début d'une affaire.* ▷ MAR Aller contre le vent; louvoyer. *Bateau qui remonte bien.* **5.** (Choses.) Avoir son origine. *L'invention de l'imprimerie remonte au XV*e *siècle.* ▷ *Remonter au déluge:* être très ancien. **II.** v. tr. **1.** Monter de nouveau. *Remonter l'escalier.* **2.** Aller contre le cours de. *Remonter une rivière en canoë. – Machines à remonter le temps des romans d'anticipation.* **3.** Porter de nouveau à un niveau supérieur. *Remonter du vin de la cave.* **4.** Mettre plus haut. *Remonter une étagère dans un meuble.* **5.** Retendre le ressort de. *Remonter une montre.* **6.** Remettre ensemble les pièces de (ce qui était démonté). *Démonter puis remonter un poste de radio.* **7.** Redonner de la vigueur, de la vivacité, de l'énergie à. *On lui a donné un cordial qui l'a remonté.* ▷ v. pron. *Se remonter.* **8.** Pourvoir à nouveau des choses nécessaires. *Remonter à neuf sa garde-robe.* – De *re-,* et *monter.*

remonteur [ʀ(ə)mɔ̃tœʀ] n. m. TECH Ouvrier qui procède au montage de certains appareils. – De *remonter.*

remontoir [ʀ(ə)mɔ̃twaʀ] n. m. Organe qui permet de remonter (au sens II, 5) un ressort, un mécanisme. – De *remonter.*

remontrance [ʀ(ə)mɔ̃tʀɑ̃s] n. f. **1.** (Surtout au plur.) Observations, reproches. *Faire des remontrances à un enfant.* **2.** HIST Sous l'Ancien Régime, en France, discours adressé au roi par les parlements et autres cours souveraines, et dans lequel étaient exposés les inconvénients d'un édit. – De *remontrer.*

remontrant [ʀ(ə)mɔ̃tʀɑ̃] n. m. RELIG Syn. de *arminien.* – De *remontrer,* à cause de remontrances que firent les arminiens au synode de Dordrecht (1618) qui les avait condamnés.

remontrer [ʀ(ə)mɔ̃tʀe] v. tr. [1] **1.** Montrer de nouveau. **2.** Vieilli Exprimer à qqn qu'il a eu ou aurait tort de faire qqch. *On lui remontra la folie de sa conduite.* ▷ Mod. *En remontrer à qqn,* se montrer supérieur à lui; lui faire la leçon. *Il en remontrerait à un professionnel.* – De *re-,* et *montrer;* d'abord *se remonstrer,* «se signaler avec éclat».

rémora [ʀemɔʀa] n. m. ZOOL Poisson *(Echeneis naucrates)* des mers chaudes, long d'une soixantaine de cm, possédant sur la tête un disque adhésif qui lui permet de se faire transporter par d'autres poissons, par des cétacés, des tortues, etc. Cf. pilote (II, sens 2). – Du lat. *remora,* «retardement», de *remorari,* «arrêter, retarder», parce que les Anciens croyaient que ce poisson pouvait arrêter le navire auquel il s'attachait.

remords [ʀ(ə)mɔʀ] n. m. Malaise moral dû au sentiment d'avoir mal agi. *Avoir des remords, du remords.* – De l'anc. v. *remordre,* «faire souffrir par des reproches».

remorquage [ʀ(ə)mɔʀkaʒ] n. m. Action de remorquer. *Entreprise de remorquage.* – De *remorquer.*

remorque [ʀ(ə)mɔʀk] n. f. **1.** Câble qui sert au remorquage. **2.** Véhicule sans moteur tiré par un autre. *Remorque d'un camion.* **3.** loc. *Prendre en remorque:* remorquer. ▷ Fig. *Être à la remorque de qqn,* se laisser diriger, mener par lui. – Déverbal de *remorquer.*

remorquer [ʀ(ə)mɔʀke] v. tr. [1] **1.** Tirer (un navire) au moyen d'une remorque. ▷ Tirer (un véhicule) au moyen d'un câble, d'une chaîne, etc. *Remorquer une voiture accidentée.* **2.** Fam. Traîner à sa suite. *Remorquer toute une cour de parasites.* – Bas lat. *remulcare,* de *remulcum,* «corde de halage»; ital. *remorchiare.*

remorqueur [ʀ(ə)mɔʀkœʀ] n. m. Navire qui en remorque un autre. ▷ Navire spécialement construit pour le remorquage. *Remorqueur de haute mer.* – De *remorquer.*

remorqueuse [ʀəmɔʀkøz] n. f. Voiture de garage spécial. équipée pour remorquer les véhicules en panne. *Faire venir la remorqueuse.* – De *remorquer.*

rémoulade [ʀemulad] n. f. Sauce piquante froide à base d'huile et de moutarde et que l'on sert avec des légumes froids ou de la viande froide. ▷ Appos. *Céleri rémoulade,* accommodé avec cette sauce. – P.-ê. du picard *rémola, ramolas,* «radis noir», avec suff. *-ade,* d'ap. *salade.*

rémouleur [ʀemulœʀ] n. m. Ouvrier, artisan qui aiguise les couteaux, les outils tranchants ou pointus. – De l'a. v. *rémoudre,* de *ré-* et *moudre,* «aiguiser sur la meule».

remous [ʀ(ə)mu] n. m. **1.** Tourbillon dû à un obstacle qui s'oppose à l'écoulement d'un fluide. *Remous du sillage d'un bateau.* **2.** Agitation confuse. *Remous de la foule.* ▷ Trouble. *Remous des passions.* – Anc. provenç. *remou.*

rempaillage [ʀɑ̃pajaʒ] n. m. Opération qui consiste à rempailler un siège; son résultat. – De *rempailler.*

rempailler [ʀɑ̃paje] v. tr. [1] Garnir (un siège) d'une nouvelle paille. *Rempailler des chaises.* – De *r-,* et *empailler.*

rempailleur, euse [ʀɑ̃pajœʀ, øz] n. Personne qui fait métier de rempailler les sièges. – De *rempailler.*

rempart [ʀɑ̃paʀ] n. m. **1.** Muraille entourant et protégeant une place fortifiée. **2.** Fig. Ce qui sert de défense. *Faire un rempart de son corps à qqn.* – De *r-,* et *emparer.*

rempiétement [ʀɑ̃pjɛtmɑ̃] n. m. CONSTR Opération qui consiste à rempiéter (une construction). – De *rempiéter.*

rempiéter [ʀɑ̃pjete] v. tr. [16] **1.** CONSTR Reprendre en sous-œuvre (un mur, un édifice; leurs fondations). **2.** Refaire le pied de. *Rempiéter un bas.* – De *r-, em-,* et *pied.*

rempiler [ʀɑ̃pile] v. [1] v. tr. Empiler de nouveau. *Rempiler des assiettes.* – De *r-,* et *empiler.*

remplaçable [ʀɑ̃plasabl] adj. Qui peut être remplacé. – De *remplacer.*

remplaçant, ante [ʀɑ̃plasɑ̃, ɑ̃t] n. Personne qui en remplace une autre dans ses fonctions. – Ppr. subst. de *remplacer.*

remplacement [ʀɑ̃plasmɑ̃] n. m. Action, fait de remplacer qqch ou qqn; son résultat. *Vous assurerez le remplacement de M. Untel.* – De *remplacer.*

remplacer [ʀɑ̃plase] v. tr. [14] **1.** Mettre (qqn, qqch) à la place de (qqn, qqch d'autre). *Remplacer du mobilier démodé.* **2.** Prendre la place de, succéder à. *Il a remplacé son père à la tête de la firme.* **3.** Prendre momentanément la place de, faire provisoirement fonction de; tenir lieu de. *Je le remplace pendant son absence.* – De *r-,* et anc. v. *emplacer,* «mettre en place».

remplage [ʀɑ̃plaʒ] n. m. **1.** CONSTR Blocage de moellons, ou de briques et de mortier, dont on remplit l'intervalle entre les deux parements d'un mur de pierre. **2.** ARCHI Armature de pierre dans la baie d'une fenêtre gothique. – De *remplir.*

rempli [ʀɑ̃pli] n. m. COUT Pli que l'on fait à une étoffe pour la rétrécir ou la raccourcir sans la couper. – De *remplier,* «faire un rempli», de *r-, em-,* et *pli.*

remplir [ʀɑ̃pliʀ] v. tr. [2] **I. 1.** Emplir de nouveau. **2.** Rendre plein (un récipient, un espace, un temps vide). *Remplir un verre à ras bord. Il a rempli quinze pages sur ce sujet. Bien remplir ses journées.* ▷ v. pron. pass. *Le fossé s'est rempli d'eau.* **3.** Occuper entièrement. *Ses projets d'avenir remplissent son esprit.* ▷ *Remplir de (un sentiment):* rendre plein de. *Cette nouvelle l'a rempli de joie, de terreur.* **4.** Compléter. *Remplir une fiche d'inscription.* **II. 1.** Accomplir, exécuter. *Remplir une tâche, son devoir.* **2.** Occuper, exercer. *Remplir un emploi, une charge.* **3.** Satisfaire à. *Remplir une condition.* – De *r-,* et *emplir.*

remplissage [ʀɑ̃plisaʒ] n. m. **1.** Action de remplir; son résultat. *Remplissage d'un bassin.* **2.** Passage qui n'exprime rien d'important et qui sert seulement à donner une certaine longueur à un texte. – De *remplir.*

remploi, remployer. V. réemploi, réemployer.

remplumer (se) [ʀɑ̃plyme] v. pron. [11] **1.** Se couvrir de plumes nouvelles, en parlant des oiseaux. **2.** Fam. Reprendre du poids. *Convalescent qui se remplume.* **3.** Fam. Rétablir sa situation financière. – De *r-,* et *emplumer.*

rempocher [ʀɑ̃pɔʃe] v. tr. Remettre dans sa poche. – De *r-,* et *empocher.*

remporter [ʀɑ̃pɔʀte] v. tr. [1] **1.** Repartir avec ce qu'on avait apporté. **2.** Gagner; obtenir. *Remporter la victoire.* – De *r-,* et *emporter.*

rempoter [ʀɑ̃pɔte] v. tr. [1] Changer (une plante) de pot, la mettre dans un pot plus grand. – De *r-,* et *empoter.*

remuant, ante [ʀəmɥɑ̃, ɑ̃t] adj. Qui s'agite sans cesse. *Un enfant très remuant.* – Ppr. de *remuer.*

remue-ménage [ʀ(ə)mymenaʒ] n. m. inv. Bruit accompagnant une agitation désordonnée. *Faire du remue-ménage.* ▷ Trouble, agitation due à des changements subits. – De *remuer,* «transporter», et *ménage.*

remuement [ʀ(ə)mymɑ̃] n. m. Action de remuer; mouvement de ce qui remue. – De *remuer.*

remuer [ʀəmɥe] v. [1] **I.** v. tr. **1.** Faire changer de place. *Remuer des meubles.* **2.** Faire bouger (une partie du corps). *Remuer la main, la tête.* **3.** Mouvoir, mélanger les parties constitutives, les éléments de. *Remuer un mélange. Remuer la salade.* ▷ *Remuer ciel et terre:* employer toutes sortes de moyens. ▷ *Remuer de l'argent à la pelle:* faire beaucoup d'affaires. **4.** Émouvoir. *L'orateur a remué l'auditoire.* **II.** v. intr. **1.** Bouger. *Reste tranquille, cesse de remuer.* **2.** Être travaillé par l'agitation sociale, politique. *Les syndicats remuaient.* **III.** v. pron. **1.** Bouger, se mouvoir. *Il ne peut plus se remuer.* **2.** Fam. Se donner de la peine, agir pour faire aboutir qqch. *Se remuer pour arriver à son but.* – De *re-,* et *muer.*

remugle [ʀ(ə)mygl] n. m. Litt. Odeur de renfermé. – De *re-,* et de l'anc. nordique *mygla,* «moisissure».

rémunérateur, trice [ʀemyneʀatœʀ, tʀis] adj. Qui procure de l'argent. *Travail rémunérateur.* – Lat. ecclés. *remunerator,* de *remunerare,* «rémunérer».

rémunération [ʀemyneʀasjɔ̃] n. f. Paiement, rétribution. *Rémunération d'un service.* – Lat. *remuneratio.*

rémunératoire [ʀemyneʀatwaʀ] adj. Qui a un caractère de récompense. – De *rémunérer.*

rémunérer [ʀemyneʀe] v. tr. [16] Payer, rétribuer. *Rémunérer un travail.* – Lat. *remunerare,* rac. *munus, muneris,* «cadeau, présent».

renâcler [ʀənɑkle] v. intr. [1] **1.** Renifler de colère, avec bruit, en parlant d'un animal. **2.** Témoigner de la répugnance, rechigner. *Renâcler à une démarche.* – Altér., par croisement avec *renifler,* de l'anc. v. *renaquer,* de *re-,* et a. fr. *naquer,* «flairer», du lat. *nasicare,* rac. *nasus,* «nez».

renaissance [ʀənɛsɑ̃s] n. f. **I. 1.** Nouvelle naissance. *La réincarnation, ou renaissance sur terre d'individus défunts.* ▷ THEOL *La renaissance de l'homme en Jésus-Christ,* sa régénération spirituelle. **2.** Nouvel essor, renouveau. *La renaissance de la pensée philosophique.* **II.** HIST *La Renaissance:* le renouveau intellectuel et artistique qui suivit le Moyen Âge (V. ci-après). ▷ Appos. *Mobilier Renaissance,* de cette époque. ▷ *Par anal.* Période de renouveau de la civilisation. *La renaissance carolingienne.* – De *renaître,* d'ap. *naissance.*

ENCYCL **Hist.** – *La Renaissance* correspond à une période de transformation et de renouvellement socioculturel des États de l'Europe occid. qui s'étend de la fin du XVe s. au déb. du XVIIe s. Ce renouveau, qui eut son point de départ dans les cités-États d'Italie, a pris des formes diverses: empruntant aux Italiens les principes du droit romain, les moyens autoritaires de gouvernement, le faste de la vie de cour, le goût de la fête et des œuvres d'art, chaque peuple a adapté ces principes à son génie propre, à ses traditions. On ne peut parler de rupture brutale avec le Moyen Âge, qui a fourni les linéaments de ces transformations, mais les changements dans l'économie ont engendré des mutations sociales qui ont accéléré la transformation des monarchies féodales en États tendant à l'absolutisme. L'apparition de la notion d'État reste la caractéristique essentielle de la Renaiss., dont les autres traits princ. sont: l'accroissement démographique, l'essor des tech. (développement de l'imprim.) et des échanges, l'urbanisation, la naissance d'une bourgeoisie d'affaires, l'éclat culturel. En ce qui concerne la culture, la Renaiss. présente deux aspects fondamentaux: l'un, intellectuel, le néoplatonisme, intègre le culte du Beau à la pensée chrétienne; l'autre, plastique, se caractérise par l'abandon définitif de l'esthétique byzantine et par l'instauration du modelé et du réalisme. Si la Rome de Jules II et de Léon X est bien le centre à partir duquel, sous l'impulsion de Bramante, da Sangallo et Peruzzi, s'élabore l'architecture nouvelle, les conceptions romaines (inspirées de l'Antiquité) trouvent bientôt leurs applications à Florence (Vasari), Venise (I. Sansovino), Mantoue (J. Romain), Gênes (G. Alessi). Avec Palladio et ses disciples, l'archi. ital., v. 1550, atteint à une perfection classique qui, au cours des XVIIe et XVIIIe s., servira de modèle à l'Europe entière. Dans les domaines de la peint. et de la sculpt., les noms de Vinci, Raphaël et Michel-Ange sont souvent associés pour qualifier l'art de la Renaiss. à son apogée. Les prem. années de l'activité de Vinci (né en 1452) le rattachent pourtant à la fin du Quattrocento (siècle de I. della Quercia, Brunelleschi, L. Ghiberti, Donatello, Fra Angelico, Uccello, L. della Robbia, Masaccio, Alberti, Piero della Francesca, Mantegna, Verrocchio, Bellini, Botticelli), traditionnellement regardé, il est vrai, comme la prem. période de la Renaiss. Au XVIe s., la peint. ital. s'épanouit non seulement à Milan et à Rome, mais aussi à Parme (le Corrège) et surtout à Venise (Carpaccio, Giorgione, Titien, le Tintoret, Véronèse). En France, la Renaiss., un peu plus tardive, a été une conséquence des guerres d'Italie et brilla de son plus vif éclat sous le règne de François Ier (décoration de Fontainebleau par le Rosso et le Primatice, fondation du Collège de France et de l'Imprimerie nationale, etc.). Elle incarne des temps où l'humanisme et la Réforme se confondent souvent; elle représente aussi l'époque de Marguerite de Navarre, de Rabelais, de Clément Marot, de Ronsard et du groupe de la Pléiade, de La Boétie et de Montaigne. Ses plus grands artistes sont: les architectes P. Delorme, P. Lescot, J. Bullant; les sculpteurs P. Bontemps, J. Goujon, G. Pilon; les peintres J. Cousin, J. et F. Clouet, A. Caron; le céramiste B. Palissy.

renaissant, ante [ʀənɛsɑ̃, ɑ̃t] adj. **1.** Qui renaît, qui se renouvelle. *Besoins toujours renaissants.* **2.** Qui appartient à la Renaissance. *La sculpture renaissante.* – Ppr. de *renaître.*

renaître [ʀənɛtʀ] v. intr. [70] **1.** Naître de nouveau; revivre. *Le phénix renaît de ses cendres.* – *Renaître à:* retrouver (tel état). *Renaître à la vie:* recouvrer la santé, la joie de vivre, après avoir été durement éprouvé, physiquement ou moralement. *Renaître au bonheur.* ▷ THEOL Recouvrer l'état de grâce perdu. **2.** Croître de nouveau, repousser. *Feuillages qui renaissent au printemps.* **3.** Reparaître, se montrer de nouveau. *Le jour renaît.* – De *re-,* et *naître.*

rénal, ale, aux [ʀenal, o] adj. ANAT, MED Qui a rapport, qui appartient aux reins. *Insuffisance rénale.* – Bas lat. *renalis,* du class. *rên,* «rein».

renard [ʀ(ə)naʀ] n. m. **1.** Mammifère carnivore canidé à la fourrure épaisse, au museau pointu, à la queue longue et touffue, répandu dans le monde entier. *Renard arctique (Alopex lagopus). Renard roux (Vulpes vulpes).* **2.** Fourrure faite avec la peau de cet animal. *Veste de renard.* **3.** Homme rusé. *Un vieux renard.* **4.** TECH Fente, trou par lequel fuit l'eau d'un réservoir. – *Renart,* n. pr., du frq. *Reginhart,* donné à l'animal dans le *Roman de Renart* (fin XIIe, déb. XIIIe s.); a éliminé *goupil.*

renarde [ʀ(ə)naʀd] n. f. Femelle du renard. – Fém. de *renard.*

renardeau [ʀ(ə)naʀdo] n. m. Jeune renard. – Dimin. de *renard.*

renardière [ʀ(ə)naʀdjɛʀ] n. f. Tanière du renard. – De *renard.*

renauder [ʀ(ə)node] v. intr. [1] Pop. Vieilli Se plaindre avec mauvaise humeur, maugréer. – P.-ê. de *Renaud,* comme l'anc. v. *arnauder* «chercher noise», du prénom *Arnaud;* ou dér. de *renard,* d'ap. le cri de l'animal, par la loc. anc. *parler renaud,* «parlez du nez», *regnaut* étant le cri du renard.

rencaissage [ʀɑ̃kɛsaʒ] n. m. HORTIC Action de rencaisser une plante. – De *rencaisser.*

rencaissement [ʀɑ̃kɛsmɑ̃] n. m. FIN Action de rencaisser une somme. – De *rencaisser.*

rencaisser [ʀɑ̃kɛse] v. tr. [1] **1.** FIN Remettre (une somme) dans une caisse. **2.** HORTIC Mettre (une plante) dans une nouvelle caisse. *Rencaisser des palmiers.* – De *r-,* et *encaisser.*

rencard. V. rancard.

rencarder. V. rancarder.

rencart. V. rancart.

renchérir [ʀɑ̃ʃeʀiʀ] v. [2] **I.** v. tr. Rendre plus cher. *Renchérir des denrées.* **II.** v. intr. **1.** Augmenter de prix. *L'essence a renchéri.* **2.** *Renchérir sur qqn,* en dire ou en faire encore plus que lui. – De *r-,* et *enchérir,* qu'il tend à remplacer.

renchérissement [ʀɑ̃ʃeʀismɑ̃] n. m. Hausse de prix. *Le renchérissement des matières premières.* – De *renchérir.*

rencogner [ʀɑ̃kɔɲe] Fam. **1.** v. tr. [1] Pousser, serrer (qqn) dans un coin. **2.** v. pron. Se cacher dans un coin. – De *r-, en,* et *cogner.*

rencontre [rɑ̃kɔ̃tʀ] n. I. n. f. 1. Fait de se rencontrer, pour des personnes. *Ma rencontre avec lui.* ▷ *Aller à la rencontre de qqn*, au-devant de lui. 2. Combat entre deux corps de troupes peu importants. ▷ Duel. ▷ Compétition sportive. 3. Fait de se toucher ou de se heurter (choses). *La rencontre de deux routes. La rencontre des deux trains n'a provoqué que des dégâts matériels.* II. n. m. HERALD Tête d'animal se présentant de face. – Déverbal de *rencontrer*.

rencontrer [rɑ̃kɔ̃tʀe] I. v. tr. [1] 1. Se trouver en présence de (qqn avec qui on fait connaissance ou qu'on connaît déjà) de façon fortuite ou non. *Rencontrer un ami par hasard. Chercher à rencontrer qqn.* – Par ext. *Rencontrer les yeux de qqn.* ▷ SPORT *Rencontrer un adversaire dans une compétition.* 2. Trouver (qqch) ou se heurter à (qqch), par hasard. *Une plante qu'on rencontre rarement. Le navire a rencontré un écueil.* ▷ Fig. *Rencontrer de la méfiance.* II. v. pron. 1. Se trouver en présence l'une de l'autre (personnes). *Nous nous sommes déjà rencontrés.* 2. Fig. Avoir les mêmes pensées sur le même sujet. – Loc. *Les grands esprits se rencontrent.* 3. Se toucher, se heurter (choses). *Les deux véhicules se sont rencontrés dans un virage.* 4. (Pass.) Exister, se trouver. *Cela peut se rencontrer.* – De *r-*, et de l'anc. v. *encontrer*, «venir en face», de *encontre*.

rendement [rɑ̃dmɑ̃] n. m. 1. Produit proportionnel que donne qqch. *Rendement d'une affaire*, rapport entre les capitaux qui y sont engagés et ce qu'elle rapporte. ▷ AGRIC Ce que produit une surface déterminée de terrain. *Rendement du blé à l'hectare.* ▷ PHYS Rapport entre l'énergie utile restituée par un appareil ou une machine et l'énergie absorbée. *Un rendement est toujours inférieur à 1 par suite de la dégradation de l'énergie en chaleur.* ▷ CHIM *Rendement d'une réaction:* rapport entre le nombre de moles réellement obtenues et le nombre de moles correspondant à la réaction totale. 2. Rapport entre le temps que qqn passe à faire un travail, l'effort qu'il fournit et le résultat obtenu. *Cet ouvrier a un bon rendement.* – De *rendre*.

rendez-vous [rɑ̃devu] n. m. inv. 1. Rencontre ménagée à l'avance entre plusieurs personnes et par elles-mêmes. *Recevoir sur rendez-vous.* 2. Lieu où l'on est convenu de se rencontrer. – Lieu où des personnes se retrouvent habituellement. *Ce restaurant est le rendez-vous des journalistes.* – De *se rendre* à l'impér.

rendormir [rɑ̃dɔʀmiʀ] v. tr. [33] Faire dormir de nouveau. *Rendormir un bébé.* ▷ v. pron. *Se rendormir.* – De *r-*, et *endormir*.

rendosser [rɑ̃dɔse] v. tr. [1] Remettre sur son dos (un vêtement). *Rendosser l'uniforme.* – De *r-*, et *endosser*.

rendre [rɑ̃dʀ] A. v. tr. [5] I. 1. Remettre, restituer à son possesseur. *Rendre ce qu'on a emprunté. – Rendre la monnaie.* 2. Remettre à la disposition de qqn (ce qu'il a offert, cédé). *Rendre un présent. Rendre un article qui ne convient pas.* – Loc. fig. *Rendre sa parole à qqn*, le dégager d'une promesse. 3. Redonner à qqn (ce qu'il avait perdu). *Le grand air lui a rendu des forces. Rendre l'espoir à qqn.* 4. Donner en contrepartie. *Rendre une invitation.* 5. S'acquitter de (certains devoirs). *Rendre les honneurs funèbres. Rendre justice à qqn:* reconnaître son droit, sa valeur. 6. *Rendre les armes:* capituler. 7. Vomir. *Rendre tout ce qu'on a mangé. – Absol.* Vomir. ▷ Fig. *Rendre l'âme, le dernier soupir:* mourir. 8. Produire, donner. *Instrument qui rend un son harmonieux.* ▷ *Absol.* Avoir un certain rendement. *Ce champ rend bien.* – Loc. fam. *Cela n'a pas rendu* : cela n'a pas eu le résultat escompté. II. Faire devenir. *Le chagrin l'a rendu fou.* III. 1. Exprimer, représenter par le moyen du langage, de l'art. *Chercher les mots exacts pour rendre sa pensée. Rendre le velouté d'une pêche dans une nature morte.* 2. Traduire. *Expression idiomatique impossible à rendre en français.* B. v. pron. 1. Aller, se diriger vers. *Se rendre à son travail. – Se rendre à l'appel de qqn*, y répondre. 2. Céder, se soumettre. *Se rendre à la raison, à l'évidence.* 3. S'avouer vaincu. *La garnison assiégée s'est rendue.* 4. Devenir de son propre fait. *Se rendre odieux, ridicule.* – Lat. pop. **rendere*, lat. class. *reddere*, avec infl. de *prendre*.

rendu, ue [rɑ̃dy] adj. et n. m. I. adj. 1. Vieilli Exténué. *L'attelage était rendu.* 2. Arrivé. *Vous voilà rendus.* II. n. m. 1. loc. *Un prêté pour un rendu:* un mauvais tour que l'on joue à qqn pour lui rendre la pareille. 2. Représentation exacte de la réalité dans une œuvre d'art. *Le rendu d'une chevelure.* – Pp. de *rendre*.

rendzine [rɑ̃dzin] n. f. PEDOL Sol carbonaté, calcique, alcalin, peu épais, qui renferme des cailloux calcaires et possède une structure grenue. – Mot polonais.

rêne [rɛn] n. f. Courroie fixée au mors d'un cheval et par laquelle on le conduit. ▷ Fig. *Tenir les rênes de l'État, d'une affaire*, en avoir la direction. – Du lat. pop. **retina*, du class. *retinere*, «retenir».

renégat, ate [r(ə)nega, at] n. 1. Celui, celle qui a renié sa religion. 2. Personne qui a abjuré ses opinions, trahi son parti ou sa patrie, etc. – Anc. provenç. *renegat*, «apostat»; ital. *rinnegato*, de *rinnegare*, «renier».

rénette [renɛt] n. f. TECH 1. Instrument utilisé pour couper la corne du sabot des chevaux. 2. Syn. de *rainette*. – De *roisne*, anc. forme de *rouanne*.

renfermé, ée [rɑ̃fɛʀme] adj. et n. m. 1. adj. Qui n'est pas ouvert, communicatif. *Enfant renfermé.* 2. n. m. Mauvaise odeur d'un local non aéré. *Pièce qui sent le renfermé.* – Pp. de *renfermer*.

renfermer [rɑ̃fɛʀme] I. v. tr. [1] 1. Enfermer de nouveau. 2. Contenir, comprendre en soi. *Sa bibliothèque renferme des livres rares.* ▷ Fig. *Ce texte renferme des idées intéressantes.* II. v. pron. *Se renfermer en soi-même:* ne pas extérioriser ses sentiments. – De *r-*, et *enfermer*.

renfiler [rɑ̃file] ou **réenfiler** [reɑ̃file] v. tr. [1] Enfiler de nouveau. – De *r-* ou *ré-*, et *enfiler*.

renflé, ée [rɑ̃fle] adj. Dont le diamètre est plus grand à certains endroits. *Colonne renflée*, plus grosse dans sa partie médiane. – Pp. de *renfler*.

renflement [rɑ̃fləmɑ̃] n. m. 1. État de ce qui est renflé. 2. Partie renflée. – De *renfler*.

renfler [rɑ̃fle] v. tr. [1] Augmenter le volume de (qqch) en lui donnant une forme arrondie. *Rondeurs qui renflent les vêtements.* ▷ v. pron. *Bourgeon qui se renfle.* – De *r-*, et *enfler*.

renflouage [rɑ̃fluaʒ] ou **renflouement** [rɑ̃flumɑ̃] n. m. Action de renflouer (sens 1 et 2). – De *renflouer*.

renflouer [rɑ̃flue] v. tr. [1] 1. Remettre à flot (un navire échoué, coulé). 2. Fig. Procurer des fonds à (qqn, une entreprise), pour rétablir sa situation financière. – De *r-*, *en*, et *flouée*, var. normande de *flot*, «marée».

renfoncé, ée [rɑ̃fɔ̃se] adj. Profondément enfoncé. *Yeux renfoncés.* – Pp. de *renfoncer*.

renfoncement [rɑ̃fɔ̃smɑ̃] n. m. Partie d'une construction qui est en retrait. – De *renfoncer*.

renfoncer [rɑ̃fɔ̃se] v. tr. [14] Enfoncer de nouveau ou plus avant. *Renfoncer un bouchon.* – De *r-*, et *enfoncer*.

renforçateur [rɑ̃fɔʀsatœʀ] n. m. PHOTO Bain servant au renforcement. – De *renforcer*.

renforcement [rɑ̃fɔʀs(ə)mɑ̃] n. m. Action de renforcer; son résultat. ▷ PHOTO Opération corrective destinée à augmenter les contrastes d'une image. – De *renforcer*.

renforcer [ʀɑ̃fɔʀse] v. tr. [14] **1.** Accroître la force, le nombre de (un groupe). *Renforcer une troupe.* **2.** Rendre plus solide, plus résistant. *Renforcer un mur.* **3.** Donner plus d'intensité, plus de force à (qqch). *Renforcer un éclairage, un effet.* ▷ Fig. *Cela renforce mes convictions.* **4.** v. pron. Devenir plus fort. – De *r-*, et anc. v. *enforcier,* «prendre de la force».

renfort [ʀɑ̃fɔʀ] n. m. **1.** Effectifs, matériel qui viennent renforcer un groupe et, spécial., une armée. *Réclamer du, des renfort(s).* ▷ *De renfort,* qui renforce. *Des armes de renfort.* **2.** TECH Pièce servant à augmenter la solidité d'une autre. ▷ Partie du canon où l'épaisseur est la plus importante. **3.** loc. prép. *À grand renfort de:* en se servant d'une grande quantité de. – De *renforcer.*

renfrogné, ée [ʀɑ̃fʀɔɲe] adj. Qui laisse voir de la mauvaise humeur. *Visage renfrogné.* – Pp. de *renfrogner.*

renfrogner (se) [ʀɑ̃fʀɔɲe] v. pron. [11] Prendre une expression de mécontentement. – De *re-*, et anc. v. *frogner,* «froncer le nez», gaul. **frogna,* «nez».

rengagé [ʀɑ̃gaʒe] adj. et n. m. Militaire qui s'est rengagé. – Pp. de *rengager.*

rengagement [ʀɑ̃gaʒmɑ̃] ou **réengagement** [ʀeɑ̃gaʒmɑ̃] n. m. Action de rengager, de se rengager. – De *rengager,* ou *réengager.*

rengager [ʀɑ̃gaʒe] ou **réengager** [ʀeɑ̃gaʒe] v. [1] **1.** v. tr. Engager de nouveau. **2.** v. pron. *se rengager* ou, v. intr., *rengager:* renouveler son engagement dans l'armée. – De *r(é)-*, et *engager.*

rengaine [ʀɑ̃gɛn] n. f. **1.** Banalité répétée de façon lassante. **2.** Chanson qu'on entend sans cesse. *Rengaine à la mode.* – Déverbal de *rengainer.*

rengainer [ʀɑ̃gɛne] v. tr. [1] **1.** Remettre dans la gaine, dans le fourreau. *Rengainer une épée.* **2.** Fig., fam. Ne pas dire, ne pas achever (ce qu'on avait envie de dire). *Rengainer un compliment.* – De *r-*, et *engainer.*

rengorger (se) [ʀɑ̃gɔʀʒe] v. pron. [15] **1.** Faire ressortir sa gorge en rejetant la tête en arrière (oiseaux). *Paon qui se rengorge.* **2.** Fig. Prendre des airs importants, avantageux. – De *r-*, *en-*, et *gorge.*

rengraisser [ʀɑ̃gʀɛse] v. intr. [1] Redevenir gros. – De *r-*, et *engraisser.*

rengrénement [ʀɑ̃gʀɛnmɑ̃] n. m. TECH Action de rengréner. – De *rengréner.*

1. rengréner [ʀɑ̃gʀene] v. tr. [16] TECH Remplir de nouveau (une trémie de grain). – De *r-*, et *engrener* 1.

2. rengréner [ʀɑ̃gʀene] v. tr. [19] Engrener de nouveau entre les dents d'une roue. – De *r-*, et *engrener* 2.

reni [ʀəni] n. m. Vx. Fait de renier. – Déverbal de *renier.*

reniement [ʀ(ə)nimɑ̃] n. m. Action de renier. – De *renier.*

renier [ʀənje] **I.** v. tr. [1] **1.** Nier, en dépit de la vérité, qu'on connaît qqn. *Saint Pierre a renié Jésus.* **2.** Refuser de reconnaître (qqn, qqch) comme sien. *Renier ses amis. Renier ses origines.* **3.** Abandonner, abjurer (qqch). *Renier sa religion, ses opinions.* **II.** v. pron. Désavouer ses opinions, ses choix antérieurs. – Du lat. pop. **renegare,* du class. *negare,* «nier».

reniflard [ʀ(ə)niflaʀ] n. m. TECH Conduit qui met en communication avec l'atmosphère le carter d'huile d'un moteur. – De *renifler.*

reniflement [ʀ(ə)nifləmɑ̃] n. m. Action de renifler. – De *renifler.*

renifler [ʀ(ə)nifle] v. [1] **I.** v. intr. Aspirer par le nez avec bruit. *Enfant enrhumé qui renifle.* **II.** v. tr. **1.** Aspirer par le nez. *Renifler une prise de tabac.* **2.** Fig. et fam. Pressentir (cf. flairer). *Renifler un mauvais coup.* – De *re-*, et anc. v. *nifler,* all. *niffeln,* «flairer».

réniforme [ʀenifɔʀm] adj. Didac. En forme de rein, de haricot. – Du latin *ren, renis,* «rein», et de *forme.*

rénine [ʀenin] n. f. BIOCHIM Substance protéique sécrétée par le rein et qui provoque indirectement l'hypertension artérielle. – Du lat. *ren, renis,* «rein», et *-ine.*

rénitence [ʀenitɑ̃s] n. f. MED État de ce qui est rénitent. – De *rénitent.*

rénitent, ente [ʀenitɑ̃, ɑ̃t] adj. MED Qui, à la palpation, offre une certaine résistance élastique. – Lat. *renitens,* ppr. de *reniti,* «résister».

renne [ʀɛn] n. m. Cervidé (genre *Rangifer*) des régions arctiques, aux andouillers aplatis, à la robe grisâtre. *Le renne et le caribou ne forment qu'une seule espèce.* – All. *Reen,* du scand.

renom [ʀ(ə)nɔ̃] n. m. Opinion (généralement favorable) répandue sur qqn, qqch. *Un restaurant de grand renom.* – Déverbal de *renommer.*

renommé, ée [ʀ(ə)nɔme] adj. Qui a un renom étendu. *Vin renommé.* – Pp. de *renommer.*

renommée [ʀ(ə)nɔme] n. f. Renom. *La renommée d'un écrivain.* – Pp. fém. subst. de *renommer.*

renommer [ʀənɔme] v. tr. [1] Vx, litt. Célébrer; citer souvent et de façon élogieuse. – De *re-*, et *nommer.*

renonce [ʀ(ə)nɔ̃s] n. f. JEU Aux cartes, absence d'une couleur. – Déverbal de *renoncer.*

renoncement [ʀ(ə)nɔ̃smɑ̃] n. m. Action de renoncer. *Renoncement aux plaisirs.* – Absol. *Mener une vie de renoncement.* – De *renoncer.*

renoncer [ʀənɔ̃se] v. tr. indir. [14] *Renoncer à:* abandonner (un bien, un pouvoir, une prétention, un droit). *Renoncer à la couronne, à une succession.* – Abandonner (une action entreprise, une habitude, une pratique). *Il ne renonce pas à ce projet.* ▷ Absol. *Trop difficile! Je renonce!* ▷ *Renoncer aux biens, aux plaisirs de ce monde,* s'en détacher volontairement. – Du lat. jur. *renuntiare,* «annoncer en réponse».

renonciataire [ʀ(ə)nɔ̃sjatɛʀ] n. Celui, celle en faveur de qui on renonce à qqch. – De *renoncer.*

renonciateur, trice [ʀ(ə)nɔ̃sjatœʀ, tʀis] n. Celui, celle qui renonce à qqch en faveur de qqn. – De *renoncer.*

renonciation [ʀ(ə)nɔ̃sjasjɔ̃] n. f. **1.** Vx ou litt. Action de renoncer à qqch. **2.** DR Action de renoncer à un droit. – Acte par lequel on renonce à un droit. *Signer une renonciation.* – Lat. *renuntiatio.*

renonculacées [ʀ(ə)nɔ̃kylase] n. f. pl. BOT Famille importante de ranales, le plus souvent herbacées, dont de nombreuses espèces sont ornementales. – De *renoncule.*

renoncule [ʀ(ə)nɔ̃kyl] n. f. Plante herbacée (fam. renonculacées) dont l'espèce la plus commune est le *bouton-d'or (Ranunculus acris),* aux fleurs jaune d'or. ▷ *Renoncule aquatique* ou *grenouillette (Ranunculus aquatilis),* aux fleurs blanches, qui flotte à la surface des eaux calmes. – Lat. *ranunculus,* «petite grenouille», nom donné à la renoncule aquatique.

renouée [ʀənwe] n. f. Plante herbacée (fam. polygonacées) à feuilles entières et à fleurs verdâtres. *Le blé noir, ou sarrasin, est une renouée.* – Pp. fém. subst. de *renouer.*

renouement [ʀənumɑ̃] n. m. Vieilli Action de renouer. – De *renouer.*

renouer [ʀənwe] v. [1] **I.** v. tr. 1. Nouer (une chose dénouée). *Renouer une ficelle.* – Fig. *Renouer une ami-*

tié. **2.** Reprendre (ce qui a été interrompu). *Renouer la conversation.* **II.** v. tr. ind. Entrer de nouveau en relation avec (qqn). *Renouer avec d'anciennes connaissances.* – De *re-*, et *nouer.*

renouveau [ʀ(ə)nuvo] n. m. **1.** Litt. Printemps, saison nouvelle. **2.** Caractère nouveau (de qqch); renaissance. *Le renouveau du romantisme.* – Déverbal de *renouveler,* d'après *nouveau.*

renouvelable [ʀ(ə)nuvlabl] adj. Qui peut être renouvelé. – De *renouveler.*

renouvelant, ante [ʀ(ə)nuvlɑ̃, ɑ̃t] n. RELIG CATHOL Anc. Celui, celle qui renouvelait sa profession de foi, un an après sa communion solennelle. – Ppr. subst. de *renouveler.*

renouveler [ʀ(ə)nuvle] **I.** v. tr. [22] **1.** Rendre nouveau en remplaçant qqch par qqch de semblable, ou des personnes par d'autres. *Renouveler l'armement. Renouveler une équipe.* **2.** Donner un caractère nouveau à (qqch). *Renouveler son style.* **3.** Faire de nouveau. *Renouveler une erreur, une proposition.* **4.** Rendre valable, reconduire pour une nouvelle période. *Renouveler un bail, un abonnement.* **5.** Litt. Ranimer, raviver (qqch). *Renouveler l'ardeur des combattants.* **II.** v. pron. **1.** Être renouvelé, remplacé. *Les techniques se renouvellent.* **2.** Changer fréquemment de style, d'inspiration, en matière artistique ou littéraire. *Cinéaste qui se renouvelle souvent.* **3.** Se reproduire, se répéter. *Fait qui se renouvelle.* – De *re-*, et a. fr. *noveler,* de *novel,* «nouveau».

renouvellement [ʀ(ə)nuvɛlmɑ̃] n. m. **1.** Remplacement d'une chose, de personnes. *Le renouvellement du corps enseignant.* **2.** Action de donner un caractère nouveau à qqch. *Le renouvellement d'un genre littéraire.* **3.** Action de renouveler, de reconduire. *Renouvellement d'un contrat.* – De *renouveler.*

rénovateur, trice [ʀenɔvatœʀ, tʀis] n. et adj. Qui rénove. – Bas lat. *renovator,* du class. *renovare,* «rénover».

rénovation [ʀenɔvasjɔ̃] n. f. **1.** Action de rénover, de transformer en mettant à jour. *Rénovation des méthodes pédagogiques.* **2.** Action de remettre à neuf. *Rénovation d'un quartier.* – Lat. *renovatio.*

rénover [ʀenɔve] v. tr. [1] **1.** Donner une forme nouvelle à (qqch). *Rénover les structures administratives.* **2.** Remettre à neuf. *Rénover un immeuble.* – Lat. *renovare.*

renseignement [ʀɑ̃sɛɲmɑ̃] n. m. **1.** Ce qu'on fait connaître à qqn en le renseignant. *Donner des renseignements.* **2.** *Spécial.* Information d'intérêt national, dans les domaines militaire, économique, politique. *Service de renseignements.* – De *renseigner.*

renseigner [ʀɑ̃seɲe] **1.** v. tr. [1] Fournir à (qqn) des indications, des précisions sur qqn, qqch. *Renseigner un collaborateur sur une affaire.* **2.** v. pron. Prendre des renseignements. *Se renseigner sur qqn.* – De *r-*, et *enseigner*; signif. d'abord «mentionner dans un compte», puis «enseigner de nouveau».

rentabilisation [ʀɑ̃tabilizasjɔ̃] n. f. Fait de rentabiliser ou de devenir rentable. – De *rentabiliser.*

rentabiliser [ʀɑ̃tabilize] v. tr. [1] Assurer la bonne rentabilité de (une opération, une entreprise). – De *rentable.*

rentabilité [ʀɑ̃tabilite] n. f. Caractère de ce qui est rentable. – De *rentable.*

rentable [ʀɑ̃tabl] adj. Qui produit une rente, un bénéfice. – *Par ext.* Qui rapporte. *Une affaire rentable.* – De *rente.*

rente [ʀɑ̃t] n. f. **1.** Revenu régulier que l'on tire d'un bien, d'un capital. *Vivre de ses rentes.* **2.** Paiement annuel résultant soit d'un titre de créance, soit d'un contrat, soit d'un jugement. *Rente d'une terre,* son revenu naturel, considéré indépendamment du revenu provenant du travail. *Rente viagère:* pension payable à qqn sa vie durant. – Du lat. pop. *rendita,* pp. fém. du lat. pop. *rendere,* «rendre», du class. *reddere.*

rentier, ière [ʀɑ̃tje, jɛʀ] n. Celui, celle qui a des rentes, qui vit de ses rentes. – De *rente.*

rentoilage [ʀɑ̃twalaʒ] n. m. Action de rentoiler; son résultat. – De *rentoiler.*

rentoiler [ʀɑ̃twale] v. tr. [1] *Rentoiler un tableau,* coller sa toile sur une toile neuve, ou transporter sa peinture sur une toile neuve. – De *r-*, et *entoiler.*

rentoileur, euse [ʀɑ̃twalœʀ, øz] n. Celui, celle qui fait des rentoilages. – De *rentoiler.*

rentrant, ante [ʀɑ̃tʀɑ̃, ɑ̃t] adj. GEOM *Angle rentrant,* dont le sommet est tourné vers l'intérieur d'une figure. Ant. saillant. – Ppr. de *rentrer.*

rentré, ée [ʀɑ̃tʀe] adj. et n. m. **1.** adj. Que l'on ne peut ou que l'on ne veut extérioriser. *Colère rentrée.* **2.** n. m. COUT Repli du tissu maintenu vers l'intérieur par une couture. – Pp. de *rentrer.*

rentrée [ʀɑ̃tʀe] n. f. **1.** Action de rentrer dans un lieu. *La rentrée des travailleurs dans l'usine.* **2.** Reprise des activités des travaux après les vacances; époque où elle a lieu. *La rentrée parlementaire. La rentrée des classes,* ou, absol., *la rentrée. La rentrée d'un acteur,* sa réapparition sur scène après une absence. **3.** Action de mettre dans un lieu fermé ou couvert ce qui était dehors (produits agricoles, notam.). *Rentrée des foins, de la récolte.* **4.** Somme que l'on recouvre. *Compter sur des rentrées régulières.* – Pp. fém. subst. de *rentrer.*

rentrer [ʀɑ̃tʀe] v. [1] **I.** v. intr. **1.** Entrer, revenir dans un lieu après en être sorti. *Rentrer dans sa cachette. Rentrer du travail.* – Absol. *Quand rentre-t-il?* **2.** Reprendre ses fonctions. *Les écoles rentrent aujourd'hui.* **3.** Fig. (En loc.) Entrer de nouveau en possession de. *Rentrer dans ses droits. Rentrer en grâce:* être pardonné. *Rentrer dans ses frais,* en être remboursé, en avoir la compensation. – *Les choses sont rentrées dans l'ordre,* elles ont retrouvé leur cours normal. ▷ *Rentrer en soi-même:* réfléchir, méditer sur soi-même. **4.** Être compris (dans qqch). *Cela rentre dans vos attributions.* **5.** Être reçu, perçu (argent). *Les loyers rentrent mal.* **6.** Pénétrer, s'emboîter. *La valise ne rentre pas dans le coffre.* **7.** Fam. (emploi critiqué.) Entrer violemment en contact avec qqn, entrer en collision avec qqch. *La voiture est rentrée dans un camion.* **8.** *Abus.* et cour. Entrer. *Rentrer dans une boutique.* **II.** v. tr. **1.** Amener, transporter à l'intérieur, mettre à l'abri. *Rentrer ses moutons, du bois.* **2.** Ne pas extérioriser (un sentiment). *Rentrer sa haine.* – De *r-*, et *entrer.*

renversant, ante [ʀɑ̃vɛʀsɑ̃, ɑ̃t] adj. Qui stupéfie. *Une nouvelle renversante.* – Ppr. de *renverser.*

renverse [ʀɑ̃vɛʀs] n. f. **1.** MAR Changement de direction de 180° du courant ou *(plus rare)* du vent. **2.** loc. adv. *À la renverse:* sur le dos (empl. surtout dans la loc. *tomber à la renverse*). – Déverbal de *renverser.*

renversé, ée [ʀɑ̃vɛʀse] adj. **1.** Inversé par rapport à la position habituelle. *Cette lentille donne une image renversée.* ▷ CUIS *Crème renversée:* crème cuite, à base d'œufs et de lait, assez ferme et que l'on démoule en la renversant sur un plat. ▷ Loc. fig. *C'est le monde renversé:* cela va contre l'ordre habituel, contre le bon sens. **2.** Qui est tombé. *Une statue renversée.* – Pp. de *renverser.*

renversement [ʀɑ̃vɛʀsəmɑ̃] n. m. **1.** Action de renverser de haut en bas. ▷ TECH *Appareil à renversement,* qui fonctionne quand on le renverse (bombe, extincteur). **2.** Fig. Chute, destruction. *Le renversement de la royauté.* **3.** Changement de direction de 180°. *Renversement de la marée, du courant.* **4.** Inversion d'un ordre. *Renversement des termes d'une proposition.* ▷ MUS Interversion des rapports qu'on a établis entre les sons. *Renversement des intervalles, des accords.* **5.** Fig. Changement total dans le sens inverse. *Renversement des alliances, des opinions.* – De *renverser.*

renverser [ʀɑ̃vɛʀse] v. tr. [1] **1.** Retourner (qqch) de façon que ce qui était en haut soit en bas. *Renverser un moule pour démouler un gâteau. – Renverser la tête:* la rejeter en arrière. **2.** Jeter à terre, faire tomber (qqn, qqch). *Il s'est fait renverser par une voiture. – Renverser de l'eau.* ▷ Fig., fam. *Cela me renverse:* me stupéfie. **3.** Fig. Provoquer la chute, la destruction de (qqch). *Renverser un régime. – Renverser un ministère,* le mettre en minorité pour l'obliger à démissionner (cf. motion de censure). **4.** Mettre ou faire aller en sens inverse. *Renverser les termes d'un rapport. Renverser la vapeur,* la faire agir sur l'autre face du piston pour changer le sens de la marche d'une machine à vapeur. Fig. Changer totalement sa façon d'agir. – De *r-*, et a. fr. *enverser,* de *envers,* «à la renverse».

renvoi [ʀɑ̃vwa] n. m. **1.** Action de renvoyer; son résultat. *Renvoi de la balle. Renvoi de l'ascenseur.* ▷ Retour à l'envoyeur. *Renvoi d'un colis.* **2.** Licenciement, exclusion. *Je lui ai signifié son renvoi.* **3.** DR Décision suivant laquelle une affaire est déférée à la juridiction compétente pour qu'elle soit soumise à son examen. **4.** DR Acte par lequel le législateur demande un avis à un tribunal d'appel sur une question d'intérêt général et à caractère juridique. **5.** Marque renvoyant le lecteur à des notes, à d'autres passages. ▷ MUS Signe qui indique une reprise. **6.** Remise, ajournement. *Renvoi à huitaine.* **7.** Éructation. **8.** TECH *Renvoi d'angle:* organe qui transmet un mouvement en en changeant la direction. – Déverbal de *renvoyer;* a. fr. *faire renvoy,* «avoir recours».

renvoyer [ʀɑ̃vwaje] v. tr. [27] **1.** Faire retourner (qqn) au lieu d'où il est parti. *Renvoyer un malade à l'hôpital.* **2.** Mettre (qqn) dans l'obligation de quitter un lieu, une situation. *Renvoyer des visiteurs indésirables. Renvoyer un employé.* **3.** Faire reporter à qqn (ce qu'il avait envoyé, prêté, perdu). *Renvoyer un objet oublié.* **4.** Lancer (qqch) en retour. *Renvoyer une balle.* **5.** Réfléchir (des ondes lumineuses, sonores). *L'écho renvoie les sons.* **6.** Adresser (qqn, qqch) à la personne, à l'endroit qui convient. *Être renvoyé de bureau en bureau. Renvoyer une affaire à telle commission.* **7.** Remettre à plus tard. *Renvoyer l'examen d'une affaire au lendemain.* – De *r-*, et *envoyer.*

réoccupation [ʀeɔkypasjɔ̃] n. f. Action de réoccuper. – De *réoccuper.*

réoccuper [ʀeɔkype] v. tr. [1] Occuper de nouveau. – De *ré-*, et *occuper.*

réorchestration [ʀeɔʀkɛstʀaʃjɔ̃] n. f. MUS Nouvelle orchestration. – De *réorchestrer.*

réorchestrer [ʀeɔʀkɛstʀe] v. tr. MUS Concevoir une orchestration différente pour une même pièce. – De *ré-*, et *orchestrer.*

réorganisation [ʀeɔʀganizasjɔ̃] n. f. Action d'organiser de nouveau; son résultat. – De *réorganiser.*

réorganiser [ʀeɔʀganize] v. tr. [1] Organiser de nouveau ou d'une autre manière. – De *ré-*, et *organiser.*

réorientation [ʀeɔʀjɑ̃tasjɔ̃] n. f. Action de réorienter. – De *ré-*, et *orientation.*

réorienter [ʀeɔʀjɑ̃te] v. tr. [1] Donner une nouvelle orientation à. – De *ré-*, et *orienter.*

réouverture [ʀeuvɛʀtyʀ] n. f. **1.** Action de rouvrir un établissement qui a été fermé. *Réouverture d'un café.* **2.** DR *Réouverture d'enquête:* mesure par laquelle le juge qui a pris une cause en délibéré ordonne que les débats soient repris pour des motifs qu'il détermine. – De *ré-*, et *ouverture.*

repaire [ʀ(ə)pɛʀ] n. m. Lieu où se réfugient des animaux sauvages. ▷ Fig. *Repaire de brigands.* – Déverbal de *repairer.*

repairer [ʀ(ə)pɛʀe] v. intr. [1] VEN Être au repaire, au gîte. – A. fr. *repairier;* du bas lat. *repatriare,* «rentrer chez soi», de *patria,* «patrie».

repaître [ʀəpɛtʀ] **1.** v. tr. [59] Litt. Rassasier. *Repaître ses yeux d'un spectacle,* le regarder avec avidité jusqu'à s'en rassasier. **2.** v. pron. Litt. Se nourrir, se rassasier. *Tigre qui se repaît de la chair d'une proie.* ▷ Fig. *Se repaître de commérages.* – De *re-*, et *paître.*

répandre [ʀepɑ̃dʀ] **I.** v. tr. [5] **1.** Verser, laisser tomber (qqch qui s'étale, se disperse). *Répandre un liquide, des graviers. – Répandre des larmes:* pleurer. *Répandre son sang:* être blessé. **2.** Envoyer au loin (qqch qui émane de soi). *Répandre de la chaleur, une odeur.* **3.** Distribuer généreusement. *Répandre ses bienfaits.* **4.** Faire naître (un sentiment) chez de nombreuses personnes. *Répandre la gaieté.* **5.** Faire connaître à un vaste public. *Répandre une nouvelle, une doctrine.* **II.** v. pron. **1.** S'écouler en s'étalant. *Café qui se répand sur la nappe.* **2.** Être émis et s'étendre (lumière, odeur, chaleur, etc.). **3.** Se disperser en occupant un lieu (personnes). *Les invités se répandent dans le jardin.* **4.** Se propager. *Idée, mode qui se répand.* **5.** *Se répandre en paroles, en invectives, en compliments, etc.:* parler, invectiver, complimenter longuement. – De *r-*, et *épandre.*

répandu, ue [ʀepɑ̃dy] adj. **1.** Communément admis, pratiqué. *Opinion, coutume répandue.* **2.** Abondant. *Ce mollusque est très répandu sur le littoral atlantique.* **3.** Litt. *Être répandu dans le monde,* le fréquenter assidûment, y avoir de nombreuses relations. – Pp. de *répandre.*

réparable [ʀepaʀabl] adj. Qu'on peut réparer. – De *réparer.*

reparaître [ʀ(ə)paʀɛtʀ] v. intr. [59] Paraître de nouveau. – De *re-*, et *paraître.*

réparateur, trice [ʀepaʀatœʀ, tʀis] n. et (adj.) **1.** Personne qui répare ce qui est endommagé. ▷ Adj. *Sommeil réparateur.* **2.** RELIG CATHOL *Religieuse réparatrice:* religieuse appartenant à la congrégation des franciscaines réparatrices de Jésus-hostie ou à une des deux congrégations de réparatrices du Sacré-Cœur. – Lat. tardif. *reparator,* de *reparare,* «réparer».

réparation [ʀepaʀasjɔ̃] n. f. **1.** Action de réparer une chose matérielle; travail qu'il faut faire pour la réparer. *Route en réparation. Les réparations de la toiture coûteront cher.* ▷ Fig. *Réparation des forces.* **2.** Action de réparer un tort, une erreur, etc. – Bas lat. *reparatio,* du class. *reparare,* «réparer».

réparer [ʀepaʀe] v. tr. [1] **1.** Remettre (qqch) en bon état, en état de fonctionnement. *Réparer un toit, une machine.* ▷ Fig. *Réparer ses forces,* les rétablir. **2.** Faire disparaître par une réparation. *Réparer un accroc.* **3.** Compenser les effets de (une faute, un dommage). *Réparer une maladresse.* – Lat. *reparare.*

reparler [ʀ(ə)paʀle] v. intr. [1] **1.** Parler de nouveau (de qqch, de qqn). *Nous en reparlerons.* **2.** Adresser de nouveau la parole (à qqn) après une brouille. – De *re-*, et *parler.*

repartie [ʀə(e)paʀti] n. f. Vive réplique. *Avoir l'esprit de repartie.* – Déverbal de *repartir* 1.

1. repartir [ʀə(e)paʀtiʀ] v. tr. [33] Vx, litt. (sauf aux temps composés). Répliquer, répondre vivement. *Il lui a reparti aussitôt ceci.* – De *re-*, et *partir* 1.

2. repartir [ʀ(ə)paʀtiʀ] v. intr. [33] **1.** Partir de nouveau. **2.** Retourner à l'endroit d'où l'on vient. *Il repart pour Edmonton.* – De *re-*, et *partir* 2.

répartir [repartir] I. v. tr. [2] 1. Distribuer les parts de (qqch qu'on a partagé suivant certaines règles). *Répartir des biens.* 2. Mettre dans divers endroits. *Répartir des objets dans une vitrine.* 3. *Par ext.* Échelonner. *Répartir un plan sur deux ans.* 4. Classer. *Répartir les races dans une espèce.* II. v. pron. (Pass.) Être réparti. *Les charges doivent se répartir.* – De *re-*, et *partir*, «partager», *ré-* pour éviter la confusion avec *repartir.*

répartiteur [repartitœr] n. m. 1. Litt. Personne qui fait une répartition. 2. Celui qui assure la répartition de certains impôts. 3. TELECOM Dispositif où aboutissent des lignes téléphoniques principales qu'il répartit entre les utilisateurs. – De *répartir.*

répartition [repartisjõ] n. f. 1. Partage, division, distribution. *Répartition du travail.* ▷ Manière dont une chose est répartie. *La répartition inégale des fortunes.* 2. Action de répartir, de se répartir dans l'espace; son résultat. *Répartition géographique d'une espèce animale.* 3. Classement. 4. MATH *Fonction de répartition:* fonction qui donne la probabilité pour qu'une variable aléatoire soit inférieure à une valeur donnée. – De *répartir.*

repas [rəpa] n. m. Nourriture que l'on prend chaque jour à des heures régulières. *Faire trois repas par jour.* – De l'a. fr. *past*, «pâtée, pâture», d'ap. *repaître.*

repassage [r(ə)pasaʒ] n. m. 1. Action d'aiguiser un couteau, des ciseaux. 2. Action de repasser du linge. – De *repasser.*

repasser [r(ə)pase] v. [1] I. v. intr. Passer de nouveau. *Je repasserai chez vous.* II. v. tr. 1. Traverser de nouveau. *Repasser le fleuve.* 2. Faire passer de nouveau (qqch). *Repasser le plat aux convives. Repasser un disque.* 3. Revenir sur (qqch qu'on a étudié, appris). *Repasser sa leçon.* 4. Aiguiser (des couteaux, des ciseaux) sur une meule. 5. Défroisser (du linge, un vêtement) en passant dessus un fer chaud. – De *re-*, et *passer.*

repasseur [r(ə)pasœr] n. m. Ouvrier qui aiguise les lames. Syn. rémouleur. – De *repasser.*

repasseuse [r(ə)pasøz] n. f. 1. Celle dont le métier est de repasser du linge. 2. Machine à repasser le linge, composée de cylindres chauffés. – De *repasser.*

repavage [r(ə)pavaʒ] ou **repavement** [r(ə)pavmɑ̃] n. m. Action de remplacer le pavage. – De *repaver.*

repaver [r(ə)pave] v. tr. [1] Paver de nouveau. – De *re-*, et *paver.*

repêchage [r(ə)pɛʃaʒ] n. m. 1. Action de sortir de l'eau. 2. Fig. *Repêchage d'un candidat. Épreuve de repêchage.* – De *repêcher.*

repêcher [r(ə)pɛʃe] v. tr. [1] 1. Retirer de l'eau (ce qui y est tombé). 2. Fig., fam. *Repêcher un candidat à un examen*, l'admettre bien qu'il n'ait pas obtenu la moyenne requise. – De *re-*, et *pêcher* 1.

repeindre [r(ə)pɛ̃dr] v. tr. [73] Peindre de nouveau. – De *re-*, et *peindre.*

repeint [r(ə)pɛ̃] n. m. Partie d'un tableau qui a été couverte d'une nouvelle couche de peinture. – Pp. subst. de *repeindre.*

repenser [r(ə)pɑ̃se] v. [1] 1. v. intr. Penser, réfléchir de nouveau (à qqch). 2. v. tr. Revenir sur le fond, la conception même de (qqch). *Repenser un article.* – De *re-*, et du v. *penser.*

repentance [r(ə)pɑ̃tɑ̃s] n. f. Litt. Repentir (sens 1). – De *repentir.*

repentant, ante [r(ə)pɑ̃tɑ̃, ɑ̃t] adj. Qui se repent de ses fautes. – Ppr. de *repentir.*

repenti, ie [r(ə) pɑ̃ti] adj. Qui s'est repenti. – Pp. de *repentir.*

1. repentir (se) [r(ə)pɑ̃tir] v. pron. [33] 1. Éprouver un regret sincère (du mal qu'on a fait). *Se repentir de ses fautes.* 2. Regretter (ce qu'on a fait) à cause de ses conséquences fâcheuses. *Je me repens de lui avoir prêté de l'argent.* – Bas lat. *repœnitere*, du lat. *pœnitere*, «mécontenter», altéré en *pœnitire*, à cause de *pœna*, «peine».

2. repentir [r(ə)pɑ̃tir] n. m. 1. Sentiment de celui qui se repent d'une faute. *Le repentir du pécheur.* 2. PEINT Correction effectuée par l'artiste sur le tableau qu'il est en train de peindre. – Emploi subst. du verbe *(se) repentir.*

repérable [r(ə)perabl] adj. Qu'il est possible de repérer. ▷ PHYS *Grandeur repérable et non mesurable*, dont on peut définir l'égalité, mais sur laquelle on ne peut effectuer d'opération (la température, par ex.). – De *repérer.*

repérage [r(ə)peraʒ] n. m. 1. Action de repérer. 2. Signes indiquant l'endroit où des dessins en feuillets séparés doivent s'ajuster. 3. IMPRIM Action de faire coïncider, grâce à des signes portés sur la feuille, les diverses plages colorées dont la superposition permet d'obtenir un document en couleurs. 4. CINE Reconnaissance des lieux précédant un tournage en décors naturels. – De *repérer.*

répercussion [repɛrkysjõ] n. f. 1. Fait, pour un son, de se répercuter. 2. Fig. Suite, contrecoup. *Les répercussions d'un échec.* – Du lat. *repercussio*, «réflexion de la lumière».

répercuter [repɛrkyte] I. v. tr. [1] 1. Renvoyer (un son). *Cri qui est répercuté par l'écho.* 2. Fig. Faire payer (une charge) à d'autres. *Répercuter l'augmentation des salaires sur les prix.* 3. Fam. Transmettre d'une personne à une autre. *Répercuter des directives.* II. v. pron. 1. Être répercuté (son). 2. Fig. Agir par contrecoup (sur qqch). *Le renchérissement des matières premières s'est répercuté sur les prix des produits finis.* – Lat. *repercutere.*

reperdre [r(ə)pɛrdr] v. tr. [5] 1. Perdre de nouveau. 2. Perdre ce qu'on vient de gagner. – De *re-*, et *perdre.*

repère [r(ə)pɛr] n. m. 1. Marque faite sur une pièce, qui permet de l'ajuster avec précision ou de la remettre exactement à la même place. ▷ Signe indiquant un alignement, une distance, un niveau. 2. *Point de repère:* ce qui sert à se retrouver, à situer qqch dans l'espace, dans le temps, dans un ordre. 3. MATH, PHYS Ensemble d'axes par rapport auxquels on définit la position d'un point par ses coordonnées. – De *repaire*, d'ap. le lat. *reperire*, «trouver».

repérer [r(ə)pere] I. v. tr. [16] 1. Marquer, indiquer au moyen d'un repère. *Repérer une hauteur.* 2. Déterminer avec précision la position de (qqch). *Repérer un avion à l'aide de radars.* 3. Fam. Découvrir, remarquer (qqch, qqn). *Repérer un individu bizarre.* ▷ *Se faire repérer:* attirer fâcheusement l'attention sur soi. II. v. pron. Fam. Se retrouver grâce à des points de repère. – De *repère.*

répertoire [repɛrtwar] n. m. 1. Inventaire, recueil où les matières sont rangées dans un ordre qui permet de les retrouver facilement. *Consigner des adresses sur un répertoire.* 2. Recueil. *Répertoire de droit.* 3. Liste des pièces qui sont jouées habituellement dans un théâtre déterminé. ▷ *Par ext.* Ensemble des pièces qui forment une catégorie. *Le répertoire classique.* 4. Ensemble des œuvres qu'un comédien, un chanteur, etc., interprète. ▷ Fig., plaisant. *Il a un répertoire d'injures très étendu.* – Lat. *repertorium*, de *reperire*, «trouver».

répertorier [repɛrtɔrje] v. tr. [1] Porter sur un répertoire. – Du préc.

répéter [repete] I. v. tr. [16] 1. Dire (ce qu'on a déjà dit ou ce qu'un autre a dit). *Répéter inlassablement la même chose.* 2. Refaire, recommencer (qqch). *Répéter* *une expérience.* **3.** Dire ou faire plusieurs fois (qqch) pour mieux le savoir. *Répéter une leçon.* ▷ *Absol.* Participer à, faire une répétition (sens 3). **4.** Reproduire (qqch) à certains intervalles dans l'espace ou dans le temps. *Répéter un motif sculpté. Répéter des signaux.* **II.** v. pron. **1.** Redire les mêmes choses inutilement. *Romancier qui se répète.* **2.** Être répété, reproduit. *Le même vers se répète à chaque strophe.* **3.** Se produire à plusieurs reprises. *Phénomène qui se répète.* – Lat. *repetere,* «chercher à atteindre, reprendre».

répéteur [ʀepetœʀ] n. m. TELECOM Dispositif amplificateur servant à retransmettre les signaux qu'il reçoit. – Du préc.

répétiteur, trice [ʀepetitœʀ, tʀis] n. **1.** (France) Vieilli Celui, celle qui donne des explications complémentaires aux élèves et surveille leur travail. **2.** n. m. TECH Appareil qui reproduit les indications d'un autre appareil. – Lat. *repetitor.*

répétitif, ive [ʀepetitif, iv] adj. Qui se répète. *Travail répétitif.* – De *répétition.*

répétition [ʀepetisjõ] n. f. **1.** Retour du même mot, de la même idée. *Texte plein de répétitions.* **2.** Action de faire plusieurs fois la même chose. *La répétition des mêmes actes.* ▷ *Armes à répétition,* qui permettent de tirer plusieurs coups en ne les chargeant qu'une seule fois. **3.** Action de jouer, sans public, une pièce, une partition, etc., pour mettre au point son interprétation. *Répétition d'un ballet.* ▷ *Répétition générale:* V. général 1 (sens 3). **4.** (France) Vieilli Leçon complémentaire donnée à un, à des élèves. **5.** Reproduction de qqch. *Répétition des mêmes ornements.* – Lat. *repetitio.*

repeuplement [ʀ(ə)pœpləmɑ̃] n. m. Action, fait de repeupler. – De *repeupler.*

repeupler [ʀ(ə)pœple] v. tr. [1] Peupler de nouveau. *Repeupler une région d'habitants.* ▷ v. pron. *Le village s'est repeuplé.* ▷ Regarnir d'animaux. *Repeupler un parc de gibier.* ▷ AGRIC Regarnir de végétation. *Repeupler une forêt.* – De *re-,* et *peupler.*

repiquage [ʀ(ə)pikaʒ] n. m. Action de repiquer; son résultat. – De *repiquer.*

repiquer [ʀ(ə)pike] v. tr. [1] **1.** Transplanter (un jeune plant issu d'un semis). *Repiquer des salades.* **2.** Piquer de nouveau. **3.** PHOTO Retoucher. **4.** Enregistrer sur un nouveau support. *Repiquer un disque sur une bande magnétique.* **5.** Fig., pop. Attraper, surprendre une nouvelle fois. *Si je vous repique à rôder par ici...* – De *re-,* et *piquer.*

répit [ʀepi] n. m. Arrêt de qqch de pénible; détente, repos. *S'accorder un moment de répit.* – *Sans répit:* sans arrêt, sans relâche. – Lat. *respectum,* «regard en arrière» puis «délai, répit».

replacement [ʀ(ə)plasmɑ̃] n. m. Action de replacer; son résultat. – De *replacer.*

replacer [ʀ(ə)plase] v. tr. [14] **1.** Remettre en place ou placer ailleurs (qqch). **2.** Fournir un nouvel emploi à (qqn). – De *re-,* et *placer.*

replanter [ʀ(ə)plɑ̃te] v. tr. [1] Planter de nouveau. – De *re-,* et *planter.*

replat [ʀəpla] n. m. GEOGR Épaulement en terrasse au flanc d'un versant. – De *re-,* et *plat* 1.

replâtrage [ʀ(ə)plɑtʀaʒ] n. m. **1.** Réparation faite avec du plâtre. **2.** Fig., fam. Réparation sommaire; arrangement de fortune. ▷ Réconciliation précaire. – De *replâtrer.*

replâtrer [ʀ(ə)plɑtʀe] v. tr. [1] **1.** Plâtrer de nouveau. **2.** Fig., fam. Arranger sommairement, grossièrement. – De *re-,* et *plâtrer.*

replet, ète [ʀəplɛ, ɛt] adj. Gras, dodu. – Lat. *repletus,* «rempli».

réplétif, ive [ʀepletif, iv] adj. MED *Injection réplétive,* qui sert à remplir. – Du lat. *repletus,* «rempli».

réplétion [ʀeplesjõ] n. f. Didac. État d'un organe (spécial., de l'estomac) rempli. – Bat. lat. *repletio,* «action de remplir».

repli [ʀəpli] n. m. **I. 1.** Rebord plié. **2.** Ondulation. *Détachement posté derrière un repli de terrain.* **3.** Fig. Ce qui est caché, secret. *Les plis et les replis de l'âme humaine.* **4.** MILIT Recul sur des positions moins avancées effectué sur ordre. *Repli stratégique.* **II.** Fait de se replier sur soi-même. – Déverbal de *replier.*

réplication [ʀeplikasjõ] n. f. BIOCHIM Mécanisme par lequel une molécule d'acide désoxyribonucléique est synthétisée dans le noyau cellulaire par copie d'une molécule préexistante. – Angl. *replication,* du lat. *replicatio,* «répétition».

repliement [ʀəplimɑ̃] n. m. Action de replier; fait de se replier sur soi-même. – De *replier.*

replier [ʀəplije] **I.** v. tr. [1] **1.** Plier (ce qui avait été déplié, déployé). *Replier ses ailes.* **2.** Faire opérer un mouvement de repli à. *Replier des troupes.* ▷ v. pron. *Armée qui se replie.* **II.** v. pron. Rentrer en soi-même, se fermer. *Se replier sur soi-même.* – De *re-,* et *plier.*

réplique [ʀeplik] n. f. **I. 1.** Réponse, repartie. *Avoir la réplique facile.* **2.** Ce qu'un acteur répond à un autre. *Lancer sa réplique.* **3.** DR Dans une instance civile, acte de procédure écrite produit par le défendeur, avec la permission du juge, en riposte à la réponse du demandeur. **II.** Copie, double. *Réplique en bronze d'une statue en pierre.* – Déverbal de *répliquer.*

répliquer [ʀeplike] v. tr. [1] **1.** Répondre. **2.** Répondre vivement, dans une conversation, une discussion. ▷ *Absol.* Protester contre un ordre, répondre vivement à une observation. *Enfant qui réplique.* – Lat. *replicare,* «replier, plier en arrière», fig. «renvoyer».

reploiement [ʀəplwamɑ̃] n. m. Litt. Action de reployer; son résultat. – De *reployer.*

replonger [ʀ(ə)plõʒe] v. tr. [15] Plonger de nouveau. *Replonger une pièce à nettoyer dans du décapant.* – Fig. *Cette nouvelle les a replongés dans l'inquiétude.* ▷ v. intr. *Il a replongé du haut d'un rocher.* ▷ v. pron. *Se replonger dans la lecture du journal.* – De *re-,* et *plonger.*

reployer [ʀəplwaje] v. tr. [26] Litt. Replier. – De *re-,* et *ployer.*

repolir [ʀ(ə)pɔliʀ] v. tr. [2] Polir de nouveau. – De *re-,* et *polir.*

repolissage [ʀ(ə)pɔlisaʒ] n. m. Action de repolir. – De *repolir.*

répondant, ante [ʀepõdɑ̃, ɑ̃t] n. **1.** Caution, garant. *Il a accepté d'être mon répondant.* ▷ Loc. fam. *Avoir du répondant,* de l'argent en réserve. **2.** LITURG CATHOL Vx Celui, celle qui répond la messe. – Ppr. subst. de *répondre.*

répondeur, euse [ʀepõdœʀ, øz] adj. et n. **1.** adj. Rare Qui répond vivement aux remontrances. **2.** n. m. *Répondeur téléphonique:* appareil automatique qui, en réponse à un appel téléphonique, fait entendre un message préalablement enregistré sur bande magnétique. *Répondeur-enregistreur:* répondeur téléphonique qui peut enregistrer, en outre, le message du correspondant. – De *répondre.*

répondre [ʀepõdʀ] v. tr. dir. et indir. [5] **1.** Faire réponse à ce qui a été dit, demandé. *On vous appelle, répondez vite. Répondre par écrit. Répondre une sottise.* **2.** LITURG CATHOL *Répondre la messe:* faire à l'officiant les réponses liturgiques. **3.** *Répondre à:* correspondre à.

La seconde partie du livre ne répond pas à la première. **4.** Donner en retour. *Répondre à l'affection des siens.* **5.** *Répondre de, pour qqn,* lui servir de garant, de caution. **6.** Réagir à l'action des commandes (véhicules, machines, mécanismes, etc.). *L'avion répond bien. Les freins ne répondaient plus.* **7.** Fam. *Je vous en réponds:* je vous l'assure, je vous le garantis. – Lat. *respondere,* d'abord «s'engager en retour».

répons [ʀepɔ̃] n. m. LITURG CATHOL Chant dont les paroles sont extraites des Écritures et qui est exécuté tour à tour par une voix et par le chœur. – Lat. ecclés. *responsum,* pp. neutre de *respondere,* «répondre».

réponse [ʀepɔ̃s] n. f. **1.** Ce qui est dit en retour à la personne qui a posé une question, qui s'est adressée à vous. *Donner une réponse. Je n'ai pas obtenu de réponse. Avoir réponse à tout:* ne jamais être à bout d'arguments, savoir affronter toutes sortes de difficultés. **2.** Lettre écrite pour répondre. **3.** Solution, explication. *Réponse à un problème.* **4.** PHYSIOL Réaction à un stimulus. **5.** *Droit de réponse:* droit appartenant à toute personne mise en cause dans un périodique d'obtenir l'insertion dans celui-ci d'une réponse rectificative. **6.** DR Dans une instance civile, acte de procédure écrite produit par le demandeur en riposte à la défense du défendeur. – Lat. *responsum.*

repopulation [ʀ(ə)pɔpylasjɔ̃] n. f. Vx Repeuplement. ▷ Mod. Retour à l'accroissement de la population après une période de déficit démographique. – De *re-,* et *population.*

report [ʀ(ə)pɔʀ] n. m. **1.** FIN Opération qui consiste à reporter à la liquidation suivante l'exécution d'une opération à terme. **2.** Renvoi à plus tard. **3.** Action de reporter (qqch) d'un document sur un autre, de transcrire ailleurs. ▷ POLIT *Le report des voix.* – Déverbal de *reporter* 1.

reportage [ʀ(ə)pɔʀtaʒ] n. m. **1.** Article ou suite d'articles écrits par un journaliste à partir d'informations recueillies sur place. – Par ext. *Reportage radiodiffusé, filmé, télévisé.* **2.** Métier de reporter. – De *reporter* 2.

1. reporter [ʀ(ə)pɔʀte] **A.** v. tr. **[1]** **I. 1.** Porter (une chose) là où elle se trouvait auparavant. **2.** Transporter par la pensée à une époque antérieure. *Ce récit nous reporte à la fin du Moyen Âge.* ▷ v. pron. *Se reporter à son enfance.* **II.** Placer dans un autre lieu. **1.** Transcrire ailleurs. *Reportez le total en haut de la colonne suivante.* **2.** Renvoyer à une date ultérieure, différer. *Reporter une nomination.* **3.** *Reporter (sur qqch, qqn):* faire un report. *Elle a reporté toute son affection sur cet enfant.* **B.** v. pron. Se référer. *Se reporter à la préface.* – De *re-,* et *porter.*

2. reporter [ʀ(ə)pɔʀtɛʀ] n. m. Journaliste qui fait des reportages. – *Reporter d'images:* journaliste qui effectue des reportages filmés ou télévisés. – Mot angl., du v. *to report,* «relater», d'orig. fr.

repos [ʀ(ə)po] n. m. **1.** Immobilité. *Ne pas demeurer en repos un instant.* **2.** Fait de se reposer, de se délasser. *Prendre du repos.* ▷ *Par euphém.* Mort. *Le champ du repos:* le cimetière. *Le repos éternel:* la béatitude des bienheureux. **3.** Congé; interruption du travail. *C'est mon jour de repos.* **4.** MILIT Position du soldat qui abandonne le garde-à-vous. *Garde à vous! ... Repos!* **5.** Césure dans un vers. – Déverbal de *reposer* 1.

reposant, ante [ʀ(ə)pozɑ̃, ɑ̃t] adj. Qui repose, délasse. – Ppr. de *reposer* 1.

repose [ʀ(ə)poz] n. f. TECH Action de remettre en place (ce qui avait été enlevé auparavant). – De *re-,* et *pose.*

reposé, ée [ʀ(ə)poze] adj. Qui a pris du repos; qui n'est plus fatigué. ▷ Fig. *À tête reposée:* en prenant le temps de réfléchir au calme. – Pp. de *reposer* 1.

reposée [ʀ(ə)poze] n. f. CHASSE Lieu où une bête se repose. – Pp. fém. subst. de *reposer* 1.

repose-pied ou **repose-pieds** [ʀ(ə)pozpje] n. m. inv. Support, sur une motocyclette, pour le pied. – De *reposer* 1, et *pied.*

1. reposer [ʀ(ə)poze] v. **[1]** **I.** v. tr. **1.** Appuyer. *Reposer sa tête sur un oreiller.* **2.** Dissiper la fatigue, la tension de; délasser. *Activité qui repose l'esprit.* **II.** v. intr. **1.** Dormir. *Chut! il repose.* **2.** Être étendu ou enterré (en parlant d'un mort). *Ici repose...* **3.** Se décanter, en parlant des liquides. *Cette eau est trouble, il faut la laisser reposer un moment.* **4.** *Reposer sur:* être fondé sur. *Cet édifice repose sur le roc.* – Fig. *Un raisonnement qui ne repose sur rien.* **III.** v. pron. **1.** Se délasser en cessant toute activité fatigante ou pénible. **2.** *Se reposer sur qqn,* lui faire confiance. *Se reposer sur qqn du soin d'une affaire,* s'en remettre à lui pour la conduite de cette affaire, lui en laisser la responsabilité. – Bas lat. *repausare,* du class. *pausa,* «cessation».

2. reposer [ʀ(ə)poze] v. tr. **[1]** **1.** Poser de nouveau (ce qu'on avait enlevé). *Reposer une vitre.* **2.** Poser de nouveau (ce qu'on avait soulevé). *Reposer un verre sur la table.* **3.** Poser de nouveau (une question). – De *re-,* et *poser.*

repose-tête [ʀ(ə)poztɛt] n. m. inv. Partie supérieure du dossier d'un siège destinée à servir d'appui pour la tête. – De *reposer* 1, et *tête.*

reposoir [ʀ(ə)pozwaʀ] n. m. Autel élevé sur le parcours d'une procession, destiné à recevoir le saint sacrement. – De *reposer* 1.

repoudrer [ʀəpudʀe] v. tr. **[1]** Poudrer de nouveau. ▷ v. pron. Remettre de la poudre sur son visage. – De *re-,* et *poudrer.*

repoussage [ʀ(ə)pusaʒ] n. m. TECH Façonnage à froid, à l'aide d'un marteau et d'un outil d'emboutissage, de pièces métalliques minces ou de cuir pour obtenir un relief ou des ornements. – De *repousser* 1.

repoussant, ante [ʀ(ə)pusɑ̃, ɑ̃t] adj. Qui inspire de l'aversion, du dégoût. *Odeur repoussante.* – Ppr. de *repousser* 1.

repousse [ʀ(ə)pus] n. f. Nouvelle pousse. – Déverbal de *repousser* 2.

repoussé, ée [ʀ(ə)puse] n. m. et adj. **1.** n. m. Métal ou cuir décoré par repoussage. ▷ Adj. *Cuir repoussé.* – Pp. de *repousser* 1.

1. repousser [ʀ(ə)puse] v. tr. **[1]** **1.** Faire reculer, pousser en arrière (qqn). *Repousser l'ennemi.* **2.** Pousser (qqch) en arrière ou loin de soi. *Repousser des objets gênants du revers de la main.* **3.** TECH Travailler (le métal, le cuir) par repoussage. **4.** Ne pas agréer, rejeter. *Repousser une demande. Repousser les tentations,* ne pas y céder. **5.** Remettre à plus tard. *Repousser un délai de livraison.* – De *re-,* «en arrière», et *pousser.*

2. repousser [ʀ(ə)puse] v. **[1]** v. intr. Pousser de nouveau. *Herbe qui repousse après la fenaison.* ▷ v. tr. Rare Produire de nouveau (végétaux). *Racine qui repousse des drageons.* – De *re-,* «de nouveau», et *pousser.*

repoussoir [ʀ(ə)puswaʀ] n. m. **1.** TECH Petit ciseau utilisé dans le travail du repoussage. **2.** PEINT Élément très coloré ou ombré placé au premier plan d'un tableau pour faire paraître par contraste les autres éléments plus éloignés. ▷ Fig. Chose ou personne qui en fait valoir une autre par contraste. – Personne laide. *C'est un repoussoir.* – De *repousser* 1.

répréhensible [ʀepʀeɑ̃sibl] adj. Digne de blâme. – Bas lat. *reprehensibilis,* de *reprehendere,* «blâmer».

reprendre [ʀ(ə)pʀɑ̃dʀ] v. **[74]** **I.** v. intr. **1.** Se remettre à pousser. *Cet arbre reprend bien.* **2.** Recommencer. *Le froid a repris.* **II.** v. tr. **1.** Prendre de nouveau. *Reprendre une ville. Reprendre un fugitif.* ▷ Fam. *On ne m'y reprendra plus:* je ne me laisserai plus tromper. ▷ Retrouver. *Reprendre haleine. Reprendre courage.* **2.** Prendre (ce qu'on avait donné), retirer. *Reprendre sa parole:* se délier d'une promesse. **3.** Continuer (qqch), après une interruption. *Reprendre son travail.* **4.** Redire, répéter. *Reprendre un refrain en chœur.* ▷ Revenir sur. *Reprenons l'histoire au début.* **5.** Améliorer par un nouveau travail; réparer, raccommoder. *Reprendre les détails d'un projet. Reprendre un mur, en sous-œuvre.* **6.** *Reprendre qqn,* attirer son attention sur une erreur qu'il a faite, le corriger. **III.** v. pron. **1.** Se corriger, rectifier ce que l'on a dit. **2.** Retrouver ses esprits. – Lat. *reprehendere,* ou de *re-,* et *prendre.*

représailles [ʀ(ə)pʀezaj] n. f. pl. **1.** Mesure qu'un État prend à l'égard d'un autre État pour riposter à ce que celui-ci lui aurait infligé en premier. **2.** Vengeance. *Les témoins se taisent par peur des représailles.* ▷ Sing. Rare *Esprit de représaille et de revanche.* – Lat. médiév. *represalia.*

représentable [ʀ(ə)pʀezɑ̃tabl] adj. Qui peut être représenté. – De *représenter.*

représentant, ante [ʀ(ə)pʀezɑ̃tɑ̃, ɑ̃t] n. **1.** Personne qui représente qqn, qui peut agir en son nom. ▷ Personne désignée par un groupe pour agir en son nom. *Le représentant du syndicat.* ▷ Personne qui représente des électeurs dans une assemblée parlementaire. **2.** Personne qui représente un État auprès d'un autre. **3.** Type, modèle. *Elle est la parfaite représentante de la femme d'affaires.* **4.** Personne qui voyage et fait des affaires pour une maison de commerce. *Représentant de commerce.* **5.** En Belgique et aux États-Unis, membre de la Chambre des représentants. *Le Sénat et la Chambre des représentants forment le Congrès, aux États-Unis.* – Ppr. subst. de *représenter.*

représentatif, ive [ʀ(ə)pʀezɑ̃tatif, iv] adj. **1.** Qui représente (qqch). **2.** Qui a rapport à la représentation des électeurs par des personnes élues. *Gouvernement représentatif.* **3.** PSYCHO Qui a rapport à la représentation mentale. **4.** Qui représente bien les choses ou les personnes de même sorte, de même catégorie; caractéristique. *Il est très représentatif de son époque, de sa classe sociale.* – De *représenter.*

représentation [ʀ(ə)pʀezɑ̃tasjɔ̃] n. f. **1.** Le fait de représenter (qqch) par une image, un signe, un symbole. *La représentation, à l'intention des touristes, des monuments par des pictogrammes est d'usage récent.* ▷ Fig. *Une représentation idéaliste de l'histoire.* **2.** Image, signe, symbole qui représente. *Cette peinture est la représentation d'une tempête.* **3.** Image fournie à la conscience par les sens, la mémoire. **4.** Action de représenter une pièce de théâtre. *Être invité à la centième représentation d'une pièce.* **5.** Vieilli Reproche, observation, remontrance que l'on fait avec égards, avec mesure. **6.** Train de vie imposé par une grosse situation. *Frais de représentation.* **7.** DR Le fait de tenir la place de qqn, de parler en son nom. **8.** Pouvoir législatif exercé par les représentants élus. *La représentation nationale.* **9.** Métier de représentant de commerce. **10.** Le fait de représenter un État à l'étranger. – Lat. *repræsentatio,* «action de mettre sous les yeux».

représentativité [ʀ(ə)pʀezɑ̃tativite] n. f. Caractère représentatif. *Représentativité d'une organisation syndicale.* – De *représentatif.*

représenter [ʀ(ə)pʀezɑ̃te] **I.** v. tr. [1] **1.** Présenter de nouveau. **2.** Faire venir à l'esprit, évoquer le souvenir de qqch, qqn. *Son imagination lui représente ce triste événement.* **3.** Rendre présent à la vue par des images. *La scène représente une forêt.* **4.** Jouer (une pièce) en public. *La troupe représentera une tragédie de Racine.* **5.** Exprimer par la parole. **6.** Personnifier, symboliser. *Cet auteur représente bien l'esprit de son époque.* **7.** Équivaloir à. *Cette dépense représente pour eux des sacrifices importants.* **8.** Tenir la place de (une ou plusieurs personnes) pour exercer ou défendre un droit. *Ce député représente telle circonscription. Le ministre s'est fait représenter par son adjoint parlementaire.* **9.** Être représentant de commerce de (une ou plusieurs marques). *Représenter une gamme de produits.* **II.** v. pron. **1.** Se présenter à nouveau. *Le député sortant se représentera devant les électeurs.* **2.** *Se représenter qqch,* se l'imaginer. – Lat. *repræsentare,* «rendre présent», de *præsens,* «présent».

répresseur [ʀepʀɛsœʀ] n. m. et adj. BIOCHIM Substance qui régule l'activité génétique en empêchant soit la transcription du DNA en RNA, soit la synthèse des protéines au niveau des ribosomes. – De *répression.*

répressible [ʀepʀɛsibl] adj. Qui peut être réprimé. – De *répression.*

répressif, ive [ʀepʀɛsif, iv] adj. Qui réprime. *Loi répressive. De répressive, la société moderne tend à être permissive.* – Du rad. de *répression.*

répression [ʀepʀɛsjɔ̃] n. f. **1.** Action de réprimer. *Répression des crimes.* **2.** PSYCHO Inhibition volontaire d'une motivation ou d'une conduite consciente. – Lat. médiév. *repressio,* de *reprimere,* «réprimer».

réprimande [ʀepʀimɑ̃d] n. f. Blâme, admonestation. – Du lat. *reprimanda (culpa),* «faute qui doit être réprimée».

réprimander [ʀepʀimɑ̃de] v. tr. [1] Blâmer, admonester. – Du préc.

réprimer [ʀepʀime] v. tr. [1] **1.** Arrêter l'action, l'effet de (qqch). *Réprimer une sédition.* **2.** Dominer. *Réprimer ses passions.* **3.** Empêcher (qqch de nuisible) de se développer. *Réprimer les injustices.* – Lat. *reprimere,* de *re-,* et *premere,* «presser».

reprisage [ʀ(ə)pʀizaʒ] n. m. Raccommodage au moyen de reprises. – De *repriser.*

repris de justice [ʀ(ə)pʀidʒystis] n. m. inv. Homme qui a subi une ou plusieurs condamnations pénales. *Des repris de justice.* – De *reprendre,* «corriger», *de,* et *justice.*

reprise [ʀ(ə)pʀiz] n. f. **1.** Action de prendre de nouveau. *Reprise d'une place forte.* **2.** Continuation (de ce qui a été interrompu). *Reprise des combats. Reprise d'une pièce de théâtre,* que l'on rejoue après une interruption. *À deux, à trois, à plusieurs, à maintes reprises:* deux, trois, plusieurs, de nombreuses fois. ▷ Regain d'activité dans les affaires financières, économiques. *La reprise économique s'amorce.* ▷ DR *Reprise d'instance:* moyen de procédure visant à la remise en marche d'une instance qui a été interrompue par le décès ou le changement d'état d'une partie ou par l'acquisition par un tiers du droit en litige. **3.** MUS Fragment d'un morceau que l'on doit rejouer. ▷ Signe qui indique le début d'un tel fragment. **4.** Réfection d'une construction ou de l'une de ses parties. *Reprise d'un mur en sous-œuvre.* **5.** Réparation à l'aiguille d'une étoffe trouée, avec reconstitution des fils de trame et de chaîne. *Faire une reprise à un drap.* **6.** Leçon d'équitation. **7.** Chacune des parties d'un combat de boxe, d'un assaut d'escrime. **8.** Accélération rapide dans la rotation d'un moteur, permettant d'obtenir un accroissement de puissance important dans un temps relativement bref. *Voiture qui a de bonnes reprises.* **9.** Ensemble des objets mobiliers, des aménagements rétrocédés par le locataire sortant au locataire entrant. ▷ Somme payée pour une telle rétrocession. **10.** Le fait de reprendre (sens I, 1). *La reprise d'une bouture.* – Pp. fém. subst. de *reprendre.*

repriser [ʀ(ə)pʀize] v. tr. [1] Faire une, des reprises (sens 5) à. – De *reprise.*

réprobateur, trice [ʀepʀɔbatœʀ, tʀis] adj. Qui exprime la réprobation. – De *réprobation.*

réprobation [ʀepʀɔbasjɔ̃] n. f. Action, fait de réprouver. **1.** THEOL Damnation d'un pécheur par Dieu. **2.** Blâme sévère. *Encourir la réprobation d'un supérieur.* ▷ Vive désapprobation. – Lat. *reprobatio,* de *reprobare,* «réprouver».

reprochable [ʀ(ə)pʀɔʃabl] adj. **1.** Rare Qui mérite des reproches. **2.** DR Récusable, en parlant d'un témoin. – De *reprocher.*

reproche [ʀ(ə)pʀɔʃ] n. m. **1.** Blâme, remontrance adressée à qqn sur sa conduite. *Il m'a fait des reproches amers. – Sans reproche(s):* à qui l'on ne peut rien reprocher, parfait. **2.** DR *Reproche d'un témoin,* sa récusation. – Déverbal de *reprocher.*

reprocher [ʀ(ə)pʀɔʃe] v. tr. [1] **1.** *Reprocher à quelqu'un une attitude, une parole, une action,* lui en faire grief, l'en blâmer. ▷ v. pron. (Réfl.) *Je me reproche mon ingratitude.* – (Récipr.) *Ils se reprochent mutuellement leurs mensonges.* **2.** DR *Reprocher des témoins,* les récuser. – Du lat. pop. *repropriare,* «rapprocher, mettre devant les yeux», et par ext., «remontrer»; d'abord *reprochier,* «rappeler une chose désagréable».

reproducteur, trice [ʀ(ə)pʀɔdyktœʀ, tʀis] adj. et n. **I. 1.** adj. Qui reproduit. **2.** n. m. Animal destiné à la reproduction. **II.** n. f. TECH Machine électromécanique qui effectue la duplication de cartes perforées. – De *reproduction.*

reproductibilité [ʀ(ə)pʀɔdyktibilite] n. f. Faculté d'être reproduit; caractère de ce qui peut être reproduit. – De *reproductible.*

reproductible [ʀ(ə)pʀɔdyktibl] adj. Qui peut être reproduit. – Du rad. de *reproduction.*

reproductif, ive [ʀ(ə)pʀɔdyktif, iv] adj. Qui a rapport à la reproduction. – De *reproduction.*

reproduction [ʀ(ə)pʀɔdyksjɔ̃] n. f. **1.** Processus par lequel un être vivant produit d'autres êtres semblables à lui-même par la génération. **2.** Action de reproduire, d'imiter. *Reproduction photographique.* ▷ Résultat de cette action; imitation, copie, réplique. *Une reproduction de «la Joconde».* – De *reproduire,* d'ap. *production.*

ENCYCL **Biol.** – *La reproduction asexuée* chez les végétaux s'effectue à partir d'un seul individu, soit par fragmentation naturelle ou accidentelle, soit par bourgeonnement, essaimage. Elle aboutit à la production de plusieurs individus rigoureusement semblables génétiquement à l'individu initial. Ce mode de reproduction est répandu chez les bactéries, les végétaux, les invertébrés inférieurs, et n'existe chez les animaux supérieurs que dans quelques rares cas de polyembryonie. Dans la *reproduction sexuée,* répandue chez de nombreux végétaux et chez la plupart des animaux, il y a fusion (fécondation) des équipements génétiques de deux cellules et association des gènes portés par des individus différents.

reproduire [ʀ(ə)pʀɔdɥiʀ] **I.** v. tr. [71] **1.** Répéter, copier, représenter exactement. *Reproduire un paysage dans un tableau.* ▷ Imiter (qqn, son comportement). *Reproduire les tics d'une célébrité.* **2.** Créer une réplique (d'un ouvrage). *Gravure qui reproduit un tableau de maître.* **3.** Être la réplique de. *Maquette qui reproduit une ville en petit.* **II.** v. pron. **1.** Se perpétuer par la génération. *Cette espèce se reproduit rapidement.* **2.** Se produire à nouveau. *Les mêmes événements se sont reproduits.* – De *re-,* et *produire.*

reprographie [ʀəpʀɔgʀafi] n. f. TECH Ensemble des techniques de reproduction des documents écrits. – De *repro(duction),* et *-graphie.*

réprouvé, ée [ʀepʀuve] n. **1.** Personne rejetée par la société. *Les exclus, les réprouvés.* **2.** THEOL Pécheur exclu par Dieu du nombre des élus. – Pp. de *réprouver.*

réprouver [ʀepʀuve] v. tr. [1] **1.** Rejeter, blâmer, condamner (qqch). *Réprouver une action vile.* **2.** THEOL Exclure du nombre des élus. – Lat. *reprobare,* «rejeter, condamner», de *re,* indiquant un mouvement en arrière, et *probare* «approuver».

reps [ʀɛps] n. m. Tissu d'ameublement de soie, de laine ou de coton à côtes perpendiculaires aux lisières. – Orig. incert.

reptation [ʀɛptasjɔ̃] n. f. Action de ramper. ▷ Mode de locomotion des animaux rampants. – Lat. *reptatio.*

reptile [ʀɛptil] n. m. **1.** ZOOL n. m. pl. Classe de vertébrés tétrapodes, vraisemblablement issue des amphibiens et à l'origine des oiseaux et des mammifères. ▷ Sing. *Un reptile.* **2.** *Spécial.,* cour. Serpent. – Lat. ecclés. *reptile,* neutre de *reptilis,* «rampant».

ENCYCL Les reptiles constituent une classe de vertébrés tétrapodes. Leur œuf, pondu à terre, est pourvu d'un amnios; ce sont donc des amniotes. Leur corps est couvert d'écailles épidermiques. Les reptiles sont pour la plupart terrestres, mais on compte bon nombre d'espèces aquatiques; ils abondent surtout dans les régions chaudes. Leur crâne se caractérise par une disparition fréquente des os de la région temporale; il se forme alors, suivant les groupes, une ou deux fosses temporales. Un palais secondaire existe chez les crocodiles et les reptiles mammaliens. Le membre, de type tétrapode, s'est transformé en aile ou en nageoire chez diverses lignées fossiles; les serpents et les lézards apodes ont «perdu» leurs membres. Les glandes salivaires des serpents sont souvent devenues des glandes à venin. Les poumons sont peu développés chez de nombreux lézards; chez certaines espèces, seul le poumon droit se développe. Le cœur des reptiles comprend généralement deux oreillettes et un seul ventricule. L'encéphale comporte surtout des voies olfactives (cf. rhinencéphale). La plupart des reptiles sont carnivores; quelques tortues et lézards sont herbivores. La fécondation des reptiles peut être retardée, car les spermatozoïdes sont susceptibles de rester longtemps vivants: un serpent peut pondre cinq ans après son dernier accouplement. Les reptiles sont, dans leur immense majorité, ovipares: quelques-uns sont ovovivipares (vipères) ou vivipares (certains lézards). Ils vivent en général longtemps (cent ans, voire le double, pour les tortues). Leur mue constitue un phénomène caractéristique. Les grands serpents (pythons, boas, anacondas) atteignent au moins 10 m. Le varan de Komodo peut mesurer 3,50 m et peser 200 kg; la tortue-luth, 2 m et 750 kg. Les reptiles fossiles furent beaucoup plus grands (jusqu'à 30 m pour les sauropodes). On considère que les reptiles dérivent des amphibiens stégocéphales. Les plus anciens datent du Carbonifère. La classe se diversifie au Secondaire et envahit terres, mers et airs: c'est l'époque des dinosaures, des ptérodactyles, des plésiosaures, des ichtyosaures, etc. Toutes ces lignées s'éteignirent au plus tard au Crétacé, mais pendant des millions d'années leur importance freina considérablement l'expansion des mammifères. Deux lignées de reptiles ont une importance partic.: celle des reptiles mammaliens, qui conduit aux mammifères, et celle des dinosaures avipelviens, dont certains sont les ancêtres de l'archéoptéryx, et donc des oiseaux. La vaste classe des reptiles comprend donc surtout des groupes disparus; elle est divisée en deux sous-classes. La première groupe des espèces archaïques dont seuls subsistent les chéloniens (tortues). La seconde comprend notam.: l'ordre des reptiles mammaliens; l'ordre qui comprend le sphénodon; l'ordre des squamates, divisé en 2 sous-ordres, les sauriens (lézards) et les ophidiens (serpents); l'ordre des crocodiles; celui des reptiles volants; les ordres qui englobent les divers dinosaures; les ordres qui correspondent aux lignées marines (plésiosaures, ichtyosaures). En fait, les reptiles sont aujourd'hui considérés comme un ensemble hétérogène: les dinosaures tendent à être unis aux oiseaux et les reptiles mammaliens aux mammifères.

reptilien, ienne [ʀɛptiljɛ̃, jɛn] adj. ZOOL Qui se rapporte aux reptiles. – Du préc.

repu, ue [ʀəpy] adj. Qui a satisfait son appétit, rassasié. ▷ Fig. *Être repu de plaisirs.* – Pp. de *repaître;* d'abord *repeu de,* «garni de».

républicain, aine [ʀepyblikɛ̃, ɛn] adj. et n. **I.** adj. **1.** De la république. *Calendrier républicain.* **2.** Favorable à la république. *Esprit laïc et républicain.* ▷ Subst. *Un(e) républicain(e).* **3.** Un des deux grands partis, aux États-Unis. *Le parti républicain a été fondé à Pittsburg en 1856.* **II.** n. m. Oiseau passériforme (genre *Philetairus*) d'Afrique tropicale qui construit de grands nids communautaires. – De *république.*

république [ʀepyblik] n. f. **1.** Vx La chose publique. **2.** État gouverné par des représentants élus pour un temps et responsables devant la nation. *Ce pays est une république.* ▷ Forme de gouvernement, régime d'un tel pays. *Être en république.* – HIST *La République française.* **3.** Fig. *La république des lettres:* les gens de lettres. – Lat. *res publica,* «chose publique».

répudiation [ʀepydjasjɔ̃] n. f. **1.** Action de répudier (son épouse). **2.** DR Renonciation à (un droit). **3.** Rejet, abandon (d'un sentiment, d'une idée, etc.). – Lat. *repudiatio.*

répudier [ʀepydje] v. tr. [1] **1.** Dans certains pays ou à certaines époques, renvoyer (son épouse) selon les formes légales. *Tibère répudia sa femme Vipsania Agrippina.* **2.** DR Renoncer à. *Répudier une succession.* **3.** Rejeter, abandonner (une opinion, un sentiment, etc.). *Répudier une croyance.* – Lat. *repudiare;* a. fr. *répuier,* «repousser».

répugnance [ʀepyɲɑ̃s] n. f. **1.** Aversion, dégoût. **2.** Hésitation, embarras, manque d'empressement. – Lat. *repugnantia.*

répugnant, ante [ʀepyɲɑ̃, ɑ̃t] adj. Qui inspire le dégoût, la répugnance. *Une saleté répugnante.* ▷ (Sens moral.) *Il s'est conduit de manière répugnante.* – Ppr. de *répugner.*

répugner [ʀepyɲe] v. tr. [1] Dégoûter. *Son aspect me répugne.* ▷ *Répugner à:* éprouver de la répugnance pour. *Répugner à la violence.* ▷ (+ inf.) *Répugner à mentir.* – Du lat. *repugnare,* «lutter contre, être en contradiction avec».

répulsif, ive [ʀepylsif, iv] adj. **1.** Qui provoque de la répulsion. **2.** PHYS Qui repousse. – Du lat. *repulsus,* pp. de *repellere,* «repousser».

répulsion [ʀepylsjɔ̃] n. f. **1.** Aversion, dégoût, répugnance instinctive. **2.** PHYS Action réciproque de deux systèmes qui tendent à s'éloigner l'un de l'autre. *Répulsion des pôles de même signe de deux aimants.* – Lat. tardif *repulsio,* de *repellere,* «repousser»; signif. d'abord «action de repousser l'ennemi».

réputation [ʀepytasjɔ̃] n. f. **1.** Opinion commune sur qqch, sur qqn. *Bonne, mauvaise réputation.* **2.** *Absol.* Bonne opinion, considération dont jouit qqn. *Tenir à sa réputation.* **3.** Estime, renom. *Œuvre de grande réputation.* – Lat. *reputatio,* littéralement «compte, évaluation».

réputé, ée [ʀepyte] adj. Qui jouit d'un grand renom. *Médecin réputé. Région réputée pour ses fraises.* – Pp. de *réputer.*

réputer [ʀepyte] v. tr. [1] Rare (Suivi d'un adj.) Présumer, tenir pour. *On le répute fort riche.* ▷ Cour. *Être réputé* (+ adj.): passer pour, être considéré comme. *Elle est réputée fort compétente.* – Lat. *reputare,* «compter, évaluer».

requérant, ante [ʀəkeʀɑ̃, ɑ̃t] adj. et n. Qui requiert, qui demande en justice. – Ppr. de *requérir.*

requérir [ʀəkeʀiʀ] v. tr. [38] **1.** Mander, demander, réclamer. *Requérir la force armée,* en faire la réquisition légale. **2.** Demander (qqch) en justice. *Requérir des dommages-intérêts.* ▷ *Absol.* Prononcer un réquisitoire. **3.** Exiger. *Cela requiert tous vos soins.* – D'ap. *quérir;* bas lat. *requærere,* lat. *requirere;* a. fr. *requerre,* «prier qqn».

requête [ʀəkɛt] n. f. **1.** Demande, prière. **2.** DR Acte de procédure par lequel une personne introduit un recours en justice ou formule une demande en cours d'instance. *Requête pour pension alimentaire.* ▷ Demande orale à un juge. **3.** loc. prép. *À, sur la requête de:* à la demande de. – De l'a. fr. *requerre* (V. requérir).

requiem [ʀekwijɛm] n. m. inv. **1.** LITURG CATHOL Prière, chant pour le repos des morts. *Messe de requiem.* **2.** Morceau de musique composé pour la messe des morts. *Le requiem de Mozart, de Berlioz, de Fauré, de Verdi.* – Premier mot lat. de la prière *«Requiem æternam dona eis Domine»,* «Seigneur, donne-leur le repos éternel».

requin [ʀ(ə)kɛ̃] n. m. **1.** Poisson cartilagineux sélacien, au corps fuselé, au museau pointu, dont certaines espèces sont dangereuses pour l'homme. **2.** Fig. Personne cupide, dure en affaires. *Les requins de la finance.* – Orig. incon.; p.-ê. du normanno-picard *rechin,* «grincheux», de *réchigner,* l'animal «montrant les dents».

requinquer [ʀ(ə)kɛ̃ke] v. tr. [1] Fam. Redonner de l'énergie, de la vitalité à (qqn). *Ce séjour à la mer l'a requinqué.* ▷ v. pron. *Se requinquer:* reprendre des forces. – Pour *reclinquer,* «redonner du clinquant», de *re-,* et *clinquer, clincher,* du lat. *clinicare,* «faire pencher, incliner».

requis, ise [ʀəki, iz] adj. et n. **1.** adj. Demandé, exigé. *Posséder les diplômes requis.* **2.** n. m. *Requis, requis civil:* personne requise par l'autorité pour effectuer un travail déterminé. – Pp. de *requérir.*

réquisition [ʀekizisjɔ̃] n. f. **1.** DR Action de requérir. ▷ *Réquisition écrite:* dans une instance civile, acte de procédure écrite par lequel une personne demande à un officier de justice d'émettre un bref. **2.** Fait, pour une autorité civile ou militaire, d'imposer à une personne ou à une collectivité une prestation de services ou la remise de certains biens. – *Réquisition de la force armée,* faite par une autorité civile en vue de maintenir l'ordre ou de rétablir le fonctionnement d'un service public. – Lat. *requisitio,* de *requirere* «requérir».

réquisitionner [ʀekizisjɔne] v. tr. [1] Se faire remettre (qqch), requérir les services de (qqn) par voie de réquisition légale. *Réquisitionner des véhicules, des ouvriers.* – Plaisant. *Il m'a réquisitionné pour l'aider à déménager.* – Du préc.

réquisitoire [ʀekizitwaʀ] n. m. **1.** DR (France) Acte de réquisition écrit établi par le magistrat qui remplit auprès d'un tribunal les fonctions de ministère public. ▷ Discours prononcé à l'audience par le ministère public. **2.** Fig. Thèse développée contre qqn, qqch. *Ce livre est un réquisitoire contre la guerre.* – Du lat. *requisitus,* pp. de *requirere,* «requérir».

réquisitorial, ale, aux [ʀekizitɔʀjal, o] adj. DR Qui tient du réquisitoire. – Du préc.

rescapé, ée [ʀɛskape] adj. et n. Qui a échappé à un danger, un accident. *Les rescapés d'un tremblement de terre.* – Forme rég. (Belgique) pour *réchappé,* mot entendu sur les lieux de la catastrophe minière de Courrières (1906) et diffusé par la presse.

rescindable [ʀəsɛ̃dabl] adj. DR Qui peut être rescindé. – De *rescinder*.

rescindant, ante [ʀəsɛ̃dɑ̃, ɑ̃t] adj. et n. DR Qui entraîne la rescision. ▷ N. m. Demande tendant à faire annuler un acte, un jugement. – Ppr. de *rescinder*.

rescinder [ʀəsɛ̃de] v. tr. [1] DR Annuler un acte, un contrat pour cause de lésion. *Rescinder un contrat.* – Lat. jur. *rescindere*, «annuler», rac. *scindere*, «couper».

rescision [ʀesizjɔ̃] n. f. DR Action de rescinder. – Bas lat. *rescissio*, de *rescindere*, «annuler».

rescisoire [ʀesizwaʀ] DR adj. et n. Qui donne lieu à la rescision. ▷ N. m. Objet principal pour lequel on s'est pourvu contre un acte ou un jugement, et restant à juger une fois l'acte ou le jugement annulé. – Lat. *rescissorius*, de *rescissio* (V. rescision).

rescousse (à la) [ʀɛskus] loc. adv. *Aller, appeler à la rescousse*, au secours. – D'ap. l'anc. v. *rescourre*, «délivrer qqn», de *escourre*, «recouvrer», lat. *excutere*, «faire sortir ou tomber en secouant».

rescrit [ʀɛskʀi] n. m. **1.** DR ROM Réponse écrite faite par l'empereur à ceux (magistrats, gouverneurs de province, etc.) qui lui soumettaient un cas particulier à résoudre. **2.** Bulle ou monitoire du pape. **3.** Ordonnance de certains souverains. *Rescrit impérial.* – Lat. *rescriptum*, rac. *scribere*, «écrire».

réseau [ʀezo] n. m. **1.** Entrelacement de fils, de lignes, etc. *Un réseau de fils de fer barbelés, de vaisseaux sanguins.* Fig. *Un réseau d'intrigues.* ▷ PHYS *Réseau cristallin:* arrangement dans l'espace des entités élémentaires (ions, molécules, atomes) qui constituent les corps cristallisés. **2.** Fond de certaines dentelles. **3.** Ensemble de voies, de canalisations, de conducteurs reliés les uns aux autres. *Réseau routier. Réseau de voies ferrées. Réseau électrique, téléphonique.* ▷ INFORM *Réseau d'ordinateurs:* ensemble d'ordinateurs connectés entre eux et reliés à des terminaux. **4.** PHYS *Réseau optique:* ensemble de fentes parallèles équidistantes et très voisines servant à diffracter un faisceau lumineux en produisant des interférences, utilisé en analyse spectrale. **5.** Ensemble de personnes, d'organismes, d'établissements, etc., qui concourent au même but, qui sont en relation pour agir ensemble. *Réseau de courtage. Réseau de succursales. Réseau de stations météorologiques. Réseau de résistance.* – De *rets* ou, par substit. de suff., de l'a. fr. *reseuil*, lat. *retiolum*, «petit filet», dimin. de *retis;* d'abord *resel*, «filet pour prendre certains animaux».

résection [ʀesɛksjɔ̃] n. f. CHIR Opération qui consiste à enlever un fragment ou la totalité d'un organe ou d'un tissu. – Lat. *resectio, «taille de la vigne».*

réséda [ʀezeda] n. m. Plante dicotylédone dialypétale (genre *Reseda*, fam. résédacées) aux petites fleurs blanches ou jaunes groupées en une inflorescence dense. *Le réséda (Reseda odorata) est cultivé pour ses fleurs parfumées.* – Lat. *reseda*, de *resedare*, «calmer», en raison des propriétés médicinales qu'on attribuait à cette plante.

réséquer [ʀeseke] v. tr. [16] CHIR Opérer la résection de. – Lat. *resecare*, «enlever en coupant».

réserpine [ʀesɛʀpin] n. f. PHARM Alcaloïde extrait d'une plante tropicale, la rauwolfia*, utilisé dans le traitement de l'hypertension artérielle et de certains troubles nerveux pour ses propriétés sédatives. – Du lat. sav. *Ra(uwolfia) serp(ent)ina.*

réservataire [ʀezɛʀvatɛʀ] adj. et n. m. DR *Héritier réservataire*, qui a droit à la réserve légale (V. réserve, sens I, 4). – Subst. *Un réservataire.* – Du lat. *reservatus*, pp. de *reservare*, «réserver».

réservation [ʀezɛʀvasjɔ̃] n. f. Action de réserver (une place dans le train ou l'avion, une chambre à l'hôtel, etc.). – Angl. *reservation.*

réserve [ʀezɛʀv] n. f. **I. 1.** Quantité de choses accumulées pour être utilisées en cas de besoin. *Réserves de nourriture, de médicaments.* ▷ Loc. adv. *En réserve:* à part, de côté. ▷ FIN *Réserves monétaires:* ensemble des avoirs d'un pays, en or et en devises. ▷ PHYSIOL Ensemble des substances nutritives stockées dans les tissus animaux et végétaux. *Réserves lipidiques (graisses), glucidiques (sucre, amidon), protéiques (gluten, etc.).* **2.** Quantité de richesses minérales que l'on peut tirer de la terre. *Réserves pétrolières.* **3.** Ensemble des citoyens mobilisables en cas de besoin pour renforcer l'armée active. ▷ Plur. Forces disponibles que le commandement peut engager à tout moment dans la bataille. **4.** DR Part d'un patrimoine réservée par la loi à certains héritiers, dits réservataires. (On dit aussi *réserve héréditaire, réserve légale.*) ▷ *Réserve légale:* fonds que toute société doit constituer au moyen de prélèvements sur les bénéfices. **II. 1.** Endroit, local où sont stockées des marchandises. *La réserve d'un magasin.* **2.** Territoire soumis à des mesures spéciales visant la conservation de la flore, de la faune, etc. *Réserve naturelle. Réserve faunique, forestière. Réserve de chasse, de pêche.* **3.** Territoire réservé aux Amérindiens et soumis à un régime particulier. **III. 1.** DR Clause que l'on ajoute pour éviter qu'un texte soit interprété dans un sens que l'on ne souhaite pas. *Les réserves d'un contrat.* **2.** Restriction nuançant un jugement, ou réfutant par avance une appréciation hâtive de la situation. *Les médecins émettent de très sérieuses réserves sur l'état de santé du blessé.* ▷ Loc. adv. et adj. *Sans réserve:* sans restriction. *Une adhésion sans réserve.* ▷ Loc. adv. *Sous toutes réserves:* sans préjuger de ce qui peut survenir, sans garantie. **IV.** Discrétion, retenue, circonspection. *Garder une prudente réserve.* – Déverbal de *réserver.*

réservé, ée [ʀezɛʀve] adj. **I. 1.** Destiné exclusivement (à qqn, qqch). *Parcage réservé aux voitures officielles.* **2.** Retenu à l'avance. *Place réservée.* **3.** DR CANON *Cas réservés:* péchés d'une gravité telle que seul le pape ou l'évêque peut les absoudre. **II.** Qui montre de la réserve (sens IV). *Une jeune personne très réservée.* – Pp. de *réserver.*

réserver [ʀezɛʀve] **I.** v. tr. [1] **1.** Mettre (qqch) de côté dans l'attente d'une meilleure occasion pour l'utiliser, ou à l'intention de qqn. *Réserver de l'argent pour les vacances. Nous vous avons réservé votre part. Réserver son jugement*, le suspendre jusqu'à plus ample informé. **2.** Retenir à l'avance (une place, une chambre, etc.). **3.** Destiner (qqch) à une personne en particulier, à l'exclusion de toute autre. *Je vous ai réservé cette tâche.* **4.** Destiner. *Ce voyage me réservait bien des déceptions.* **II.** v. pron. **1.** Mettre de côté pour soi. *Se réserver les meilleurs morceaux.* **2.** *Se réserver* (+ inf.). Attendre le moment opportun pour (faire qqch). *Je me réserve d'intervenir ultérieurement.* – Lat. *reservare.*

réserviste [ʀezɛʀvist] n. m. Celui qui fait partie de la réserve (sens I, 3) de l'armée. – De *réserve.*

réservoir [ʀezɛʀvwaʀ] n. m. Cavité, bassin, récipient dans lequel un liquide ou un gaz est accumulé ou gardé en réserve. *Réservoir d'un barrage. Réservoir d'essence d'un véhicule.* – De *réserver.*

résidant, ante [ʀezidɑ̃, ɑ̃t] adj. et n. Qui réside, demeure. ▷ *Membres résidants d'une association*, qui habitent la localité où cette association a son siège, par oppos. aux membres correspondants. – Lat. *residens*, ppr. de *residere.*

résidence [ʀezidɑ̃s] n. f. **1.** Fait de résider dans un lieu; ce lieu. *Avoir sa résidence à Saint-Bruno.* ▷ DR Lieu où l'on réside de fait (par oppos. à *domicile*, lieu où l'on réside de droit). ▷ *Résidence secondaire,* lieu d'habitation fixe mais où l'on ne demeure que pendant les vacances, les fins de semaine (par oppos. à résidence principale). ▷ *Résidence forcée:* lieu de séjour imposé à qqn par mesure administrative. **2.** Séjour obligé d'un fonctionnaire, d'un ecclésiastique, dans le lieu où il exerce ses fonctions. **3.** Fonction ou lieu d'habitation d'un résident (sens 2). **4.** Bâtiment d'habitation très confortable, luxueux. – Lat. médiév. *residentia,* du class. *residere.*

résident, ente [ʀezidɑ̃, ɑ̃t] n. **1.** Titre de certains agents diplomatiques. **2.** Anc. *Résident général:* haut fonctionnaire placé par une nation auprès du chef d'un État soumis au protectorat de cette nation. **3.** Personne qui réside ailleurs que dans son pays d'origine. – Lat. *residens,* ppr. de *residere.*

résidentiel, elle [ʀezidɑ̃sjɛl] adj. Se dit des zones urbaines où dominent les immeubles et maisons d'habitation et, en partic., les habitations cossues. *Quartiers résidentiels. Banlieue résidentielle.* – De *résidence.*

résider [ʀezide] v. intr. [1] **1.** ADMIN Demeurer, habiter dans tel endroit. *Résider dans l'Estrie.* **2.** Fig. Se trouver, exister (dans qqn, qqch). *Là réside la difficulté.* – Lat. *residere.*

résidu [ʀezidy] n. m. Ce qui reste. ▷ Déchet, détritus. *Résidus industriels.* ▷ CHIM Ce qui reste d'une substance soumise à une opération physique ou chimique. *Résidus de combustion.* ▷ LOG *Méthode des résidus,* qui consiste à retrancher d'un phénomène les effets auxquels on peut assigner des causes connues et à examiner le reste pour tenter d'en découvrir l'explication. – Lat. *residuum.*

résiduaire [ʀezidɥɛʀ] adj. Didac. Résiduel. – Du préc.

résiduel, elle [ʀezidɥɛl] adj. Qui constitue un résidu. ▷ GEOGR *Relief résiduel,* qui n'a pas subi d'érosion. – De *résidu.*

résignation [ʀeziɲasjɔ̃] n. f. **1.** DR Abandon (d'une charge, d'un bénéfice) (en partic., en faveur d'une personne désignée). **2.** État d'esprit d'une personne qui se résigne. *Supporter ses souffrances avec résignation.* – Lat. médiév. *resignatio,* de *resignare* (V. résigner).

résigner [ʀeziɲe] **1.** v. tr. [1] DR Abandonner volontairement (une charge, un bénéfice). **2.** v. pron. *Se résigner à :* accepter, se soumettre sans révolte à. *Se résigner à son sort.* – Lat. *resignare,* «décacheter», «annuler» en lat. médiév., de *signum,* «sceau».

résiliable [ʀeziljabl] adj. DR Que l'on peut résilier. – De *résilier.*

résiliation [ʀeziljasjɔ̃] n. f. DR Action de résilier; son résultat. – De *résilier.*

résilience [ʀeziljɑ̃s] n. f. METALL Résistance d'un métal aux chocs. – Angl. *resilience.*

résilient, ente [ʀeziljɑ̃, ɑ̃t] adj. METALL Qui offre une certaine résilience. – Angl. *resilient,* du lat. *resiliens.*

résilier [ʀezilje] v. tr. [1] DR Mettre fin à (un acte, un contrat) par la volonté des parties ou à la suite d'un événement fortuit (décès, par ex.) *Résilier un bail.* – Lat. *resilire,* «sauter en arrière», et, fig., «se rétracter»; d'abord *résilir de,* «se dédire».

résille [ʀezij] n. f. **1.** Filet qui sert à envelopper les cheveux. **2.** TECH Armature en plomb d'un vitrail. – De *réseau,* d'ap. l'esp. *redecilla.*

résine [ʀezin] n. f. **1.** Substance complexe, visqueuse et odorante, sécrétée par divers végétaux (conifères, rutacées, légumineuses, etc.). **2.** GEOL, PALEONT Substance végétale fossile riche en carbone, provenant probablement d'une oxygénation d'hydrocarbures. *L'ambre est une résine.* **3.** CHIM Toute substance organique de masse molaire élevée servant de point de départ à la fabrication d'une matière plastique. **4.** TECH *Résine échangeuse d'ions :* V. échangeur (sens 3). – Lat. *resina.*

résiné, ée [ʀezine] adj. et n. m. Se dit d'un vin qui contient de la résine. *Le vin résiné grec.* ▷ N. m. *Boire du résiné.* – De *résine.*

résiner [ʀezine] v. tr. [1] TECH **1.** Extraire la résine de (un arbre). **2.** Enduire de résine. – De *résine.*

résineux, euse [ʀezinø, øz] adj. et n. m. **1.** Qui contient, qui produit de la résine. ▷ N. m. pl. Cour. *Les résineux :* les conifères, riches en résine. – Sing. *Le pin est un résineux.* **2.** De la nature de la résine, qui rappelle la résine. *Odeur résineuse.* – Lat. *resinosus.*

résinier, ière [ʀezinje, jɛʀ] n. et adj. **1.** n. Ouvrier, ouvrière qui pratique les saignées dans les pins et recueille la résine. **2.** adj. Qui a rapport à la résine. *Industrie résinière.* – De *résine.*

résinifère [ʀezinifɛʀ] adj. Didac. Qui produit de la résine. – De *résine,* et *-fère.*

résipiscence [ʀesipisɑ̃s] n. f. RELIG Pour les chrétiens, reconnaissance de sa faute suivie d'amendement. *Venir à résipiscence.* – Lat. ecclés. *resipiscentia,* de *resipiscere,* «revenir à la raison», rac. *sapere,* «avoir de l'intelligence».

résistance [ʀezistɑ̃s] n. f. **I. 1.** Action ou propriété d'un corps qui résiste. *Résistance d'un métal à la déformation. Résistance d'un tiroir qu'on veut ouvrir.* ▷ PHYS Force qui s'oppose à un mouvement. *Résistance de frottement. Résistance de l'air.* **2.** ELECTR Grandeur (exprimée en ohms) qui traduit la plus ou moins grande aptitude d'un corps à s'opposer au passage d'un courant électrique. ▷ Conducteur qui résiste au passage du courant, utilisé notam. pour produire de la chaleur. **3.** TECH *Résistance des matériaux:* V. encycl. **4.** *Plat de résistance:* plat principal d'un repas. **5.** Aptitude à supporter la fatigue, les privations, etc. **6.** Action de résister à une attaque. *Opposer une résistance farouche à l'ennemi.* **7.** Fait de ne pas céder à la volonté de qqn. *Résistance à un ordre.* **II.** HIST *La Résistance:* nom donné à l'action clandestine menée en France et dans divers pays d'Europe par des organisations et des réseaux dont le but était de s'opposer à l'occupation allemande durant la Seconde Guerre mondiale. – De *résister.*

ENCYCL **Tech.** – La résistance des matériaux est une discipline technologique qui détermine les dimensions optimales des éléments de construction pour que ceux-ci résistent aux diverses contraintes sans déformation permanente (c.-à-d. sans dépasser le domaine des déformations élastiques), aux efforts auxquels ils seront soumis (traction, compression, flexion, cisaillement). Les calculs de résistance des matériaux tiennent compte de la façon dont les matériaux se comportent sous ces efforts. Dans la pratique, on adopte une section pour chaque élément dont on doit fixer les dimensions et on vérifie, d'une part, que les contraintes restent inférieures aux contraintes admissibles pour le matériau considéré et, d'autre part, que les déformations restent dans des limites acceptables. Ces calculs sont auj. facilités par l'utilisation de l'ordinateur.

résistant, ante [ʀezistɑ̃, ɑ̃t] adj. et n. **I.** adj. **1.** (Choses.) Qui résiste, qui présente une certaine résistance. *Matière résistante.* **2.** (Personnes.) Qui résiste à la fatigue, à la maladie. *Il est très résistant.* **II.** HIST n. Personne ayant pris part à la Résistance pendant la Seconde Guerre mondiale. – Ppr. de *résister.*

résister [ʀeziste] v. tr. indir. [1] *Résister à.* **1.** (Sujet n. de chose.) Ne pas céder, ne pas se détériorer sous l'action de. *Matériaux qui résistent aux chocs, aux acides.* ▷ Fig. *Leur amitié a résisté aux années.* **2.** (Sujet n. de personne.) Avoir les forces nécessaires pour supporter (ce qui affaiblit). *Résister à la maladie.* **3.** Se défendre contre, s'opposer par la force à. *Les assiégés résistent aux assauts. Résister à l'occupant.* –

Absol. Pendant la Seconde Guerre mondiale, ceux qui résistaient risquaient leur vie. **4.** Ne pas se plier à la volonté de (qqn). *Personne n'ose lui résister.* – Par ext. *Résister aux affectueuses sollicitations de ses proches.* **5.** Tenir ferme contre (ce qui porte vers qqn, qqch). *Résister à une impulsion.* – Lat. *resistere,* rac. *sistere,* «s'arrêter».

résistivité [ʀezistivite] n. f. ELECTR Résistance spécifique d'un conducteur, exprimée en ohms-mètres. – Angl. *resistivity,* de *resistive,* «résistant».

résistor [ʀezistɔʀ] n. m. ELECTR Dipôle qui obéit à la loi d'Ohm. Syn. résistance. (Ce terme permet de distinguer le conducteur nommé *résistance* de sa propriété mesurable, également nommée *résistance.*) – De *résistance,* d'ap. *transistor.*

résolu, ue [ʀezɔly] adj. Qui ne se laisse pas détourner d'une décision prise; déterminé, hardi. – Pp. de *résoudre.*

résoluble [ʀezɔlybl] adj. **1.** Didac., Vx Qu'il est possible de résoudre. *Problème aisément résoluble.* Syn. soluble. **2.** Que l'on peut décomposer et exprimer sous la forme de ses éléments constitutifs. – Bas lat. *resolubilis,* de *resolvere,* «résoudre».

résolument [ʀezɔlymɑ̃] adv. Avec résolution, détermination; hardiment, courageusement. – De *résolu.*

résolutif, ive [ʀezɔlytif, iv] adj. MED Se dit des médicaments qui font disparaître les inflammations et déterminent la résolution des engorgements. – Du lat. *resolutum,* de *resolvere,* «résoudre».

résolution [ʀezɔlysjɔ̃] n. f. **1.** Fait, pour un corps, de se résoudre. *Résolution de la glace en eau.* **2.** MED Disparition sans suppuration d'une inflammation ou d'un engorgement. ▷ *Résolution musculaire :* diminution ou disparition des contractions musculaires que l'on observe dans l'anesthésie ou la paralysie. **3.** DR Annulation d'un contrat pour inexécution des conditions. **4.** PHYS *Pouvoir de résolution d'un instrument d'optique :* distance minimale (réelle ou angulaire) entre deux points qui apparaissent distincts lorsqu'on les observe à l'aide de cet instrument. **5.** Action, fait de résoudre un problème. ▷ MATH *Résolution d'une équation,* détermination de la valeur de ses inconnues. **6.** Décision fermement arrêtée. *Sa résolution est inébranlable.* ▷ POLIT Proposition retenue par une assemblée. **7.** Litt. Qualité d'une personne résolue. *Manquer de résolution.* – Lat. *resolutio,* de *resolvere,* «résoudre».

résolutoire [ʀezɔlytwaʀ] adj. DR Qui a pour effet de résoudre (sens I, 3) un acte. *Convention, clause résolutoire.* – Bas lat. *resolutorius,* de *resolutum,* supin de *resolvere.*

résonance ou vieilli **résonnance** [ʀezɔnɑ̃s] n. f. **1.** Propriété qu'ont certains objets, certains lieux, de résonner; modification du son qu'ils provoquent. *Résonance d'une église. Résonances produites par la vibration des cordes d'un instrument.* ▷ *Caisse de résonance :* enceinte close où se produisent des phénomènes de résonance. **2.** PHYS Accroissement de l'amplitude d'une vibration lorsque la période des vibrations imposées devient égale à la période propre du système. ▷ PHYS NUCL *Résonance nucléaire :* phénomène de résonance à l'intérieur du noyau, dû aux transitions entre niveaux d'énergie. ▷ PHYS, MED et CHIM *Résonance magnétique nucléaire (R.M.N.).* ▷ CHIM Phénomène présenté par des composés qui réagissent comme s'ils possédaient plusieurs structures atomiques, dû à une variation de la répartition des électrons de liaison. – Lat. *resonantia,* «écho».

résonateur [ʀezɔnatœʀ] n. m. PHYS Appareil qui entre en vibration sous l'influence d'oscillations dont la période correspond à celle de sa résonance. – De *résonner.*

résonnant, ante ou **résonant, ante** [ʀezɔnɑ̃, ɑ̃t] adj. Qui résonne; qui est le siège d'un phénomène de résonance. – Ppr. de *résonner.*

résonner [ʀezɔne] v. intr. [1] **1.** Réfléchir le son en le renforçant ou en le prolongeant. *Local qui résonne.* **2.** Rendre un son vibrant. *Faire résonner un tambour.* **3.** Être renforcé ou prolongé (son). *Les voix résonnaient dans la salle vide.* – Lat. *resonare.*

résorber [ʀezɔʀbe] **I.** v. tr. [1] **1.** Opérer la résorption de (une tumeur, un épanchement, etc.). **2.** Fig. Faire disparaître peu à peu (ce qui gêne, ce qui est en excès). *Résorber l'excédent de la production.* **II.** v. pron. Disparaître par résorption (produit organique). ▷ Fig. *Sa colère a fini par se résorber.* – Lat. *resorbere,* «avaler de nouveau».

résorcine [ʀezɔʀsin] n. f. ou **résorcinol** [ʀezɔʀsinɔl] n. m. CHIM Dérivé du benzène utilisé dans l'industrie chimique (colles, colorants) et pharmaceutique (antiseptiques). – De *rés(ine),* et *orcine;* de *orcinx,* nom sav. de l'*orseille.*

résorption [ʀezɔʀpsjɔ̃] n. f. **1.** MED Disparition plus ou moins totale d'un tissu dégénéré, d'un produit pathologique ou d'un corps étranger, qui est détruit et assimilé par les tissus avoisinants. **2.** Fig. Action de faire disparaître peu à peu, son résultat. *Résorption d'un déficit.* – Du lat. *resorbere,* «avaler de nouveau».

résoudre [ʀezudʀ] **I.** v. tr. [55] **1.** Donner une solution à. *Résoudre un problème, un conflit.* ▷ MATH *Résoudre une équation,* en déterminer les inconnues. **2.** Dissocier en ses éléments, faire passer d'un état à un autre. *Le froid condense les nuages et les résout en pluie.* **3.** MED Faire disparaître peu à peu (une tumeur, une inflammation). **4.** Décider (un acte). *On résolut la destruction de la ville.* – (+ inf.) *Il résolut d'attendre.* **II.** v. pron. **1.** Être décomposé, transformé en. **2.** (Suivi de l'inf.) *Se résoudre à :* se déterminer, se décider à. *Se résoudre à partir.* – Lat. *resolvere,* d'ap. l'a. fr. *soudre,* «payer».

respect [ʀɛspɛ] n. m. **1.** Considération que l'on a pour qqn et que l'on manifeste par une attitude déférente envers lui. *Manquer de respect à qqn.* ▷ Loc. *Sauf votre respect,* se dit quand on veut exprimer qqch qui pourrait choquer. **2.** Souci de ne pas porter atteinte à qqch. *Le respect des lois, de la vie.* **3.** *Respect humain :* crainte du jugement d'autrui. **4.** *Tenir qqn en respect,* le contenir, le tenir à distance en lui inspirant de la crainte. **5.** Plur. (Formule de politesse.) *Je vous présente mes respects.* – Lat. *respectus,* «regard en arrière»; fig. «considération»; de *respicere,* «regarder en arrière, prendre en considération».

respectabilité [ʀɛspɛktabilite] n. f. Caractère respectable de qqn, de qqch. – De *respectable.*

respectable [ʀɛspɛktabl] adj. **1.** Qui mérite du respect. *Famille respectable.* **2.** Assez important pour être pris en considération (quantité, grandeur). *Avoir un nombre respectable de décorations.* – De *respecter.*

respecter [ʀɛspɛkte] **I.** v. tr. [1] **1.** Éprouver du respect pour (qqn). *Respecter un maître à penser.* **2.** Observer (une prescription, une interdiction, un ensemble d'usages ou de règles). *Respecter la loi, les règlements.* ▷ Ne pas porter atteinte à (qqch). *Respecter la propriété.* **II.** v. pron. Avoir une conduite en rapport avec sa condition; se conduire de manière à garder l'estime de soi. *Agir en homme du monde qui se respecte.* – De *respect.*

respectif, ive [ʀɛspɛktif, iv] adj. Qui concerne chaque chose, chaque personne en particulier. *Les chances respectives de deux adversaires.* – Lat. scolast. *respectivus,* de *respectus,* «respect».

respectivement [ʀɛspɛktivmɑ̃] adv. Chacun en ce qui le concerne. *Leurs deux fils ont respectivement quinze et vingt ans.* – Du préc.

respectueusement [ʀɛspɛktɥøzmɑ̃] adv. Avec respect. – De *respectueux*.

respectueux, euse [ʀɛspɛktɥø, øz] adj. Qui témoigne, qui marque du respect. ▷ *Se tenir à distance respectueuse*, assez loin de qqn ou de qqch que l'on respecte ou que l'on craint. – De *respect*.

respirable [ʀɛspiʀabl] adj. Que l'on peut respirer. – Bas lat. *respirabilis*, de *respirare*, «respirer».

respirateur [ʀɛspiʀatœʀ] n. m. MED Appareil destiné à assurer la ventilation artificielle d'un sujet. – De *respirer*.

respiration [ʀɛspiʀasjɔ̃] n. f. **1.** Action de respirer. ▷ MED *Respiration artificielle:* ensemble des méthodes permettant d'assurer la ventilation pulmonaire en cas de défaillance de celle-ci (insufflations, bouche-à-bouche*, procédés manuels produisant le mouvement thoracique, etc.). Syn. ventilation artificielle. – *Respiration assistée:* aide respiratoire apportée par l'anesthésiste à une personne sous anesthésie générale et qui consiste à presser sur le sac respiratoire en suivant le rythme du sujet. – *Respiration contrôlée:* substitution à la respiration naturelle d'un sujet sous anesthésie d'un rythme artificiel commandé par l'anesthésiste. **2.** Fonction qui préside aux échanges gazeux entre un être vivant et le milieu extérieur, et qui assure l'oxydation des substances organiques. – Lat. *respiratio*.

ENCYCL Toute cellule aérobie, c.-à-d. toute bactérie, tout protiste aérobie, toute cellule végétale, toute cellule animale, respire: ses mitochondries absorbent de l'oxygène, qui oxyde les diverses substances cellulaires (lipides, glucides, protéines); le dioxyde de carbone (CO_2) ainsi produit est alors rejeté. L'énergie dégagée par les réactions d'oxydation est utilisée par la cellule pour entretenir son existence, grossir, se diviser, etc. Chez les organismes rudimentaires (protistes, vers, etc.), l'oxygène (de l'air ou de l'eau) atteint toutes les cellules par simple diffusion à travers la membrane cellulaire et, s'il y a lieu, les tissus. Chez les organismes doués d'une taille et d'une activité métabolique importantes, les appareils respiratoires peuvent être de 3 types: **1.** les branchies, qui servent à puiser l'oxygène dissous dans l'eau (poissons, têtards, etc.); **2.** les poumons, qui puisent l'oxygène gazeux de l'atmosphère (poissons dipneustes, amphibiens adultes, reptiles, oiseaux, mammifères); **3.** les trachées, longs tubes ramifiés dans tout le corps des insectes et des myriapodes. Chez les plantes chlorophylliennes, la photosynthèse est la fonction inverse de la respiration: le carbone est fixé par ces plantes et l'oxygène est rejeté. Chez les animaux munis de poumons, donc chez l'homme, la respiration est caractérisée par deux temps: l'*inspiration*, active (durant laquelle l'air pénètre dans les voies respiratoires), est produite par une contraction du diaphragme et des muscles intercostaux qui dilate la cage thoracique et par suite les poumons; l'*expiration*, passive (où l'air est expulsé), est due à l'élasticité de la cage thoracique et des poumons. Ces mouvements sont automatiques et sous la dépendance du centre respiratoire bulbaire. Chez l'adulte au repos, la fréquence respiratoire est en moyenne de 11 à 14 respirations par minute. On distingue, dans la ventilation, les volumes et les capacités: notam. le volume courant (V.C.), constitué pendant la respiration normale par l'air qui entre et sort (0,5 l), le volume résiduel (V.R.), qui reste dans les poumons à la fin d'une expiration normale (1,5 l), la capacité totale, quantité d'air contenu dans les poumons à la fin d'une inspiration maximale, etc. Les échanges gazeux se font au niveau des alvéoles pulmonaires entre l'air inspiré et le sang veineux: c'est le phénomène de l'*hématose*, par lequel l'oxygène, qui a diffusé à travers la paroi des alvéoles, parvient au sang, où il se combine, pour la plus grande partie, à l'hémoglobine pour former l'oxyhémoglobine; le sang oxygéné, rouge vif, parvenu aux tissus, leur abandonne son oxygène et se charge à nouveau de gaz carbonique. La respiration peut présenter des troubles du rythme: *dyspnée* (ou gêne), *polypnée* (accélération). Les maladies des voies respiratoires modifient, en général, le murmure vésiculaire (bruit respiratoire normal entendu à l'auscultation).

respiratoire [ʀɛspiʀatwaʀ] adj. De la respiration; qui sert à la respiration. *Voies respiratoires. Mouvements respiratoires.* ▷ *Quotient respiratoire:* rapport entre la quantité de gaz carbonique produite et la quantité d'oxygène absorbée pendant la respiration. – Bas lat. *respiratorius*.

respirer [ʀɛspiʀe] v. [1] **I.** v. intr. **1.** Absorber de l'oxygène et rejeter du gaz carbonique (êtres vivants). ▷ Spécial. *Ce blessé respire encore*, est encore en vie. **2.** Fig. Avoir un moment de répit, éprouver une impression de calme, de tranquillité. *Laissez-moi respirer.* **II.** v. tr. **1.** Aspirer par les organes respiratoires. *Respirer un air vicié, un parfum.* **2.** Fig. Donner tous les signes extérieurs de. *Respirer l'honnêteté.* – Lat. *respirare*, de *spirare*, «souffler».

resplendir [ʀɛsplɑ̃diʀ] v. intr. [2] Briller avec beaucoup d'éclat. *Astres qui resplendissent.* ▷ Fig. *Il resplendit de bonheur.* – Lat. *resplendere*.

resplendissant, ante [ʀɛsplɑ̃disɑ̃, ɑ̃t] adj. Qui resplendit. *Soleil resplendissant. – Beauté resplendissante.* – Ppr. de *resplendir*.

resplendissement [ʀɛsplɑ̃dismɑ̃] n. m. Litt. État de ce qui resplendit. – De *resplendir*.

responsabiliser [ʀɛspɔ̃sabilize] v. tr. [1] Rendre responsable, habituer à assumer des responsabilités. *Responsabiliser tous les participants.* – De *responsable*.

responsabilité [ʀɛspɔ̃sabilite] n. f. Fait d'être responsable. *La responsabilité suppose la possibilité d'agir en connaissance de cause. – Fuir les responsabilités.* ▷ Par ext. *Avoir un poste de responsabilité*, où l'on est amené à prendre des décisions importantes. ▷ DR *Responsabilité civile:* obligation de réparer les dommages que l'on a causés à autrui de son propre fait ou de celui de personnes, d'animaux, de choses dont on est responsable. – *Responsabilité pénale:* obligation de subir la peine prévue pour l'infraction dont on est l'auteur ou le complice. ▷ *Responsabilité ministérielle:* dans un régime parlementaire, obligation faite à l'ensemble des ministres, au gouvernement, de démissionner, quand le Parlement lui retire sa confiance. – De *responsable*.

responsable [ʀɛspɔ̃sabl] adj. **1.** Qui est tenu de répondre de ses actes ou, dans certains cas, de ceux d'autrui. *Être responsable devant la loi, devant sa conscience.* **2.** Qui est la cause de. *L'alcool est responsable de nombreux accidents.* **3.** Qui a le pouvoir de prendre des décisions dans un groupe organisé. ▷ Subst. *Demander à voir un responsable.* – Du lat. *responsus*, pp. de *respondere*, «répondre».

resquille [ʀɛskij] n. f. ou **resquillage** [ʀɛskijaʒ] n. m. Action de resquiller. – De *resquiller*.

resquiller [ʀɛskije] v. tr. et intr. [1] Profiter, par son adresse, de qqch, sans y avoir droit, sans le payer. – Provenç. *resquilia*, «glisser», du rad. germ. *kegil*, «quille».

resquilleur, euse [ʀɛskijœʀ, jøz] n. et adj. Qui resquille. – De *resquiller*.

ressac [ʀəsak] n. m. Retour des vagues sur elles-mêmes après avoir frappé un obstacle, le rivage, etc. – Esp. *resaca*, du lat. *saccus*, «sac».

ressaigner [ʀəseɲe] v. intr. [1] Saigner de nouveau. – De *re-*, et *saigner*.

ressaisir [ʀəseziʀ] **1.** v. tr. [2] Saisir de nouveau, reprendre. *La passion du jeu l'a ressaisi.* **2.** v. pron. Reprendre possession de soi-même. *L'émotion passée, il se ressaisit.* – De *re-*, et *saisir.*

ressasser [Rəsase] v. tr. [1] **1.** Revenir sans cesse en esprit sur. *Ressasser de vieilles rancunes.* **2.** Répéter à satiété. *Ressasser les mêmes histoires.* – De *re-*, et *sasser*, de *sas*, «tamis»; d'abord propr. «repasser au sas».

ressasseur, euse [RəsasœR, øz] n. Personne qui ressasse, qui répète toujours les mêmes choses. – De *ressasser.*

ressaut [Rəso] n. m. Saillie que fait une partie horizontale d'une construction par rapport à un plan vertical. *Le ressaut d'une corniche.* – Par ext. *Alpiniste qui se repose sur le ressaut d'une paroi rocheuse.* – De l'anc. v. *ressaillir*, ou de *re-*, et du lat. *saltare*, «sauter».

ressauter [Rəsote] v. tr. et intr. [1] Sauter de nouveau. – De *re-*, et *sauter.*

ressayer [Resɛje] ou **réessayer** [Reesɛje] v. tr. [24] Essayer de nouveau. – De *r-*, ou *ré-*, et *essayer.*

ressemblance [R(ə)sɑ̃blɑ̃s] n. f. Fait de ressembler (à qqn, qqch), ou de se ressembler. *Association d'idées par ressemblance.* – De *ressembler.*

ressemblant, ante [R(ə)sɑblɑ̃, ɑ̃t] adj. Qui ressemble à un modèle. – Ppr. de *ressembler.*

ressembler [R(ə)sɑ̃ble] **1.** v. tr. indir. [1] Avoir avec (qqn, qqch) des traits communs (nature, aspect). *Votre fils vous ressemble. Portrait qui ressemble au modèle.* – Loc. *Cela ne vous ressemble pas:* cela n'est pas conforme à votre caractère. **2.** v. pron. Présenter une ressemblance mutuelle. *Elles se ressemblent.* ▷ Prov. *Les jours se suivent et ne se ressemblent pas:* à une situation en succède une autre. – *Qui se ressemble s'assemble:* ce sont leurs ressemblances qui rapprochent les individus. – De *re-*, et *sembler.*

ressemelage [R(ə)səmlaʒ] n. m. Action de ressemeler; son résultat. – De *ressemeler.*

ressemeler [R(ə)səmle] v. tr. [22] Mettre de nouvelles semelles à (des chaussures). – De *re-*, et *semelle.*

ressemer [Rəs(ə)me, R(ə)səme] **1.** v. tr. [19] Semer de nouveau. **2.** v. pron. Donner naissance à de nouveaux plants par ses graines, sans intervention de l'homme (végétaux). – De *re-*, et *semer.*

ressentiment [R(ə)sɑ̃timɑ̃] n. m. Souvenir que l'on garde d'offenses, de torts que l'on n'a pas pardonnés. Syn. rancœur. – De *ressentir.*

ressentir [R(ə)sɑ̃tiR] **1.** v. tr. [33] Éprouver (une sensation physique, un état affectif, un sentiment). *Ressentir une vive douleur. Ressentir de l'affection pour qqn.* **2.** v. pron. *Se ressentir de:* subir les effets, les conséquences de. *Il se ressent encore de sa maladie.* – De *re-*, et *sentir.*

resserre [RəsɛR] n. f. Endroit où l'on range des outils, du bois, etc.; remise. – Déverbal de *resserrer.*

resserrement [RəsɛRmɑ̃] n. m. Action de resserrer, fait de se resserrer; son résultat. – De *resserrer.*

resserrer [R(ə)sɛRe] **I.** v. tr. [1] **1.** Serrer davantage (ce qui est desserré). *Resserrer un nœud, des écrous.* ▷ Fig. *Resserrer les liens de l'amitié.* **2.** Réduire les dimensions de (qqch). *Le froid resserre les pores.* ▷ Fig. *Resserrer l'action d'une tragédie.* **II.** v. pron. Devenir plus serré, plus étroit. *Filet qui se resserre. Le défilé se resserre à cet endroit.* – De *re-*, et *serrer.*

resservir [R(ə)sɛRviR] v. [33] **1.** v. intr. Servir de nouveau. *Cette robe pourra resservir.* **2.** v. tr. Servir (qqch) une nouvelle fois. *Resservir un plat.* – De *re-*, et *servir.*

1. ressort [R(ə)sɔR] n. m. **1.** Pièce élastique qui tend à reprendre sa forme initiale dès que cesse l'effort qui s'exerce sur elle. *Ressort à boudin.* ▷ *Faire ressort:* manifester des propriétés semblables à celles d'un ressort. **2.** Fig. Activité, force, énergie; cause motrice. *L'intérêt est un puissant ressort.* ▷ *Manquer de ressort*, d'énergie, de vitalité (personnes). – Déverbal de *ressortir* 1.

2. ressort [R(ə)sɔR] n. m. DR **1.** Étendue d'une juridiction. *Le ressort d'une cour d'appel.* **2.** Limite de compétence d'un corps judiciaire. *Affaire du ressort de tel tribunal.* ▷ Cour. *Cela n'est pas de mon ressort*, n'est pas de ma compétence. **3.** *Juger en dernier ressort*, sans appel possible. ▷ Cour. *En dernier ressort:* en définitive, en fin de compte. – Déverbal de *ressortir* 2.

1. ressortir [R(ə)sɔRtiR] v. [33] **I.** v. intr. **1.** Sortir peu de temps après être entré. **2.** (Choses.) Se distinguer nettement par contraste. *Ce tableau ressortirait mieux sur un fond clair.* – *Faire ressortir qqch*, le mettre en relief, en évidence. **3.** v. impers. *Il ressort de tout cela que :* si l'on examine tout cela, il apparaît que. **II.** v. tr. Sortir de nouveau. *J'ai ressorti mon vieux manteau.* ▷ Fam., fig. Répéter. *Il nous ressort toujours les mêmes histoires.* – De *re-*, et *sortir;* d'abord *resortir*, «rebondir, reculer».

2. ressortir [R(ə)sɔRtiR] v. tr. indir. [2] *Ressortir à.* **1.** DR Être du ressort de (une juridiction). *Cette affaire ressortit au juge de paix.* **2.** Fig. Relever de. *Cette question ressortit à la philosophie.* – De *ressortir* 1.

ressortissant, ante [R(ə)sɔRtisɑ̃, ɑ̃t] n. Personne qui ressortit à la législation d'un pays, du fait de sa nationalité. – Ppr. de *ressortir* 2.

ressouder [R(ə)sude] v. tr. [1] Souder de nouveau. – De *re-*, et *souder.*

ressource [RəsuRs] n. f. **I. 1.** Moyen employé pour se tirer d'embarras. *N'avoir d'autre ressource que la fuite.* **2.** Pl. Moyens pécuniaires. *Être sans ressources*, dans la misère. ▷ Richesses, produits naturels, biens, moyens matériels dont dispose un pays. *Ressources minières.* – Fig. *Ressources humaines.* **3.** Fig. Pl. Moyens d'action, réserves de forces, d'habileté, etc. *Les ressources du courage.* – Au sing. Fam. *Avoir de la ressource:* n'être pas à bout de forces, d'expédients. **II.** AVIAT Manœuvre de redressement d'un avion, mettant fin à un piqué. – De l'anc. v. *resourdre*, «rejaillir», et fig. «se rétablir», lat. *resurgere.*

ENCYCL Les *ressources naturelles* sont menacées d'épuisement de par leur utilisation et consommation croissantes par l'homme. La notion de ressources est étroitement liée à celle de *réserves*, c.-à-d. à ce qu'il est économiquement possible de prélever. Certaines ressources (produits agricoles, forêts) se renouvellent au bout d'un certain temps. D'autres (minerais, pétrole) ne se renouvellent pas ou se caractérisent par un cycle de formation sans commune proportion avec celui des réalisations humaines (plusieurs millions d'années pour le charbon ou le pétrole). *Les ressources agricoles* dépendent de la surface des terres cultivables (le quart des surfaces émergées dont la moitié seulement est actuellement cultivée) et du rendement de ces terres. *Les ressources en eau douce* sont renouvelables; 4 % du stock disponible étant actuellement consommés chaque année, on envisage qu'aucun problème grave ne se posera avant l'an 2015 pour l'ensemble de la planète, mais la consommation d'eau douce sur le globe est très inégalement répartie: en moyenne, un Canadien consomme 2 000 m^3 d'eau par an, un Français 600 m^3, un hab. d'un pays aride du tiers monde 20 m^3. *Les ressources en énergie et en minerais* sont partic. limitées: on prévoit quelques dizaines d'années pour le pétrole, le gaz naturel, l'uranium, le cuivre; la durée est moindre encore pour le mercure, le plomb, le zinc, l'étain. *Les ressources de la mer* sont très variées et difficiles à dénombrer (sels, iode, minerais, pétrole). Elles sont actuellement difficilement exploitables au-delà d'une profondeur de quelques centaines de mètres. L'épuisement progressif des ressources naturelles appelle, en vue de leur préservation, diverses mesures à l'échelle planétaire: lutte contre la pollution (en partic. celle des océans), réduction du gaspillage (encore fort important dans les pays industriels), recyclage de l'eau et des matières premières et développement de sources d'énergie nouvelles: énergie solaire, géothermie, énergie thermonucléaire contrôlée, etc.

ressouvenir (se) [ʀ(ə)suvniʀ] v. pron. [39] Litt. Se souvenir de nouveau. – De *re-*, et *(se) souvenir.*

ressuage [ʀəsɥaʒ] n. m. **1.** TECH Fait de ressuer. **2.** METALL Opération qui consiste à faire ressuer un métal. – De *ressuer.*

ressuer [ʀ(ə)sɥe] v. intr. [1] **1.** TECH Rendre son humidité. *Crépi qui ressue.* **2.** METALL *Faire ressuer un métal,* en extraire les substances hétérogènes par fusion partielle. – De *re-*, et *suer.*

ressui [ʀesɥi] n. m. VEN Lieu où le gibier se retire pour se sécher après la pluie ou après la rosée du matin. – Déverbal de *ressuyer.*

ressurgir. V. resurgir.

ressusciter [ʀesysite] v. [1] **I.** v. intr. **1.** Revenir de la mort à la vie. **2.** Fig. Renaître, se ranimer. – Guérir d'une maladie grave. **II.** v. tr. **1.** Ramener de la mort à la vie. **2.** Fig. Faire revivre. *Ressusciter une coutume.* – Lat. *resuscitare,* «ranimer».

ressuyage [ʀesɥijaʒ] n. m. **1.** Action de ressuyer; son résultat. **2.** AGRIC Action d'enlever la terre restée sur les légumes après leur arrachage. – De *ressuyer.*

ressuyer [ʀesɥije] v. tr. [25] Rare Essuyer de nouveau. ▷ Sécher. *Ressuyer la pierre à chaux.* – De *r-*, et *essuyer.*

restant, ante [ʀɛstɑ̃, ɑ̃t] adj. et n. m. **1.** adj. Qui reste. *L'argent restant.* ▷ *Poste restante:* V. poste 1. **2.** n. m. Reste. *Prenez le restant.* – Ppr. de *rester.*

restaurant [ʀɛstoʀɑ̃] n. m. Établissement public où l'on sert des repas moyennant paiement. – Ppr. subst. de *restaurer* 2; d'abord «boisson réconfortante» en provençal.

1. restaurateur, trice [ʀɛstoʀatœʀ, tʀis] n. et adj. **1.** n. Spécialiste en restauration d'objets, de pièces anciennes. *Restaurateur de vitraux.* **2.** Adj. *Chirurgie restauratrice:* chirurgie plastique pratiquée en cas de lésion ou de malformation. – Lat. *restaurator,* de *restaurare,* «fortifier».

2. restaurateur, trice [ʀɛstoʀatœʀ, tʀis] n. Personne qui tient un restaurant. – De *restaurer* 2.

1. restauration [ʀɛstoʀasjɔ̃] n. f. **1.** Action de réparer, de restaurer; son résultat. *Restauration d'un édifice.* ▷ Fig. *La restauration des finances publiques.* **2.** Rétablissement d'une ancienne dynastie sur le trône. – Lat. *restauratio,* «renouvellement».

2. restauration [ʀɛstoʀasjɔ̃] n. f. Métier de restaurateur (2); ce secteur d'activités. – De *restaurer* 2.

1. restaurer [ʀɛstoʀe] v. tr. [1] Réparer, remettre en son état premier. *Restaurer un monument.* ▷ Fig. Rétablir. *Restaurer une coutume.* – Lat. *restaurare,* «rebâtir, réparer, refaire»; d'abord *restaurar,* «guérir».

2. restaurer [ʀɛstoʀe] **1.** v. tr. [1] *Restaurer qqn:* lui rendre ses forces, lui donner à manger. **2.** v. pron. Rétablir ses forces en mangeant. – Lat. *restaurare,* «rebâtir, réparer, refaire».

reste [ʀɛst] n. m. **I. 1.** Ce qui demeure d'un tout (relativement à la partie retranchée, considérée, etc.). *Payer le reste d'une dette.* – Fig. *Ne pas demander son reste:* s'en tenir là, ne pas insister. ▷ *Le reste du temps:* tous les autres moments. **2.** *Absol.* Ce qu'il y a encore à faire, à dire. *Nous lirons le reste demain.* ▷ Ce qu'il y a en outre. *Inutile de préciser, vous imaginez le reste.* – (Après une énumération.) *Et (tout) le reste:* et cætera. **3.** *Être en reste:* demeurer débiteur (le plus souvent au fig.). *Pour ne pas être en reste, les autres se sont joints au chœur.* **4.** loc. adv. *De reste:* plus qu'il n'est nécessaire. ▷ *Au reste, du reste:* au surplus, d'ailleurs. **II. 1.** (Surtout plur.) Ce qui subsiste d'un tout détruit, perdu, consommé, etc. *Les restes d'un naufrage. Les restes d'un repas.* ▷ *Les restes de qqn,* son cadavre, ses ossements. ▷ Ce qui a été dédaigné. *N'avoir que les restes.* ▷ Petite quantité. *Un reste de jour, de vertu.* **2.** MATH Différence de deux nombres, dans une soustraction. ▷ Ce qui demeure du dividende, et qui est inférieur au diviseur. – Déverbal de *rester.*

rester [ʀɛste] v. intr. [1] **I. 1.** Continuer d'être (à tel endroit; dans tel état). *Rester chez soi. Rester calme.* – *Restez (à) dîner.* – Fam. *Il risque d'y rester,* d'y laisser la vie. **2.** Persister, durer. *Cette œuvre restera.* **3.** *En rester à:* s'arrêter à, s'en tenir à. *Restons-en là.* **4.** *Rester sur une impression,* ne pas vouloir ou ne pas pouvoir l'oublier. ▷ *Rester, être resté sur sa faim:* n'avoir pas mangé à sa faim. Fig. Ne pas voir ses aspirations, ses désirs pleinement satisfaits. **5.** (Choses.) *Rester à qqn,* continuer d'être sien, lui demeurer attaché. *Ce surnom lui est resté.* **II. 1.** Subsister (par rapport à d'autres éléments qui ne sont plus ou qui ont disparu). *Ruines qui restent d'un édifice. Voyons ce qui reste à faire. Ceux qui s'en vont et ceux qui restent:* allus. aux morts par rapport aux vivants. – Ellipt. *Reste à savoir si...* **2.** *Il reste que* (+ indic.): il est néanmoins vrai que. – Lat. *restare.*

restituable [ʀɛstitɥabl] adj. Que l'on doit restituer. *Prêt restituable à la demande du créancier.* – De *restituer.*

restituer [ʀɛstitɥe] v. tr. [1] **1.** Rendre (ce qui est possédé indûment). *Restituer des terres.* **2.** Rétablir dans son état premier. *Restituer un texte.* **3.** Rendre, libérer (ce qui a été accumulé, absorbé). *Les accumulateurs restituent l'énergie électrique qu'ils ont emmagasinée.* ▷ Reproduire un son enregistré. – Lat. *restituere.*

restitution [ʀɛstitysjɔ̃] n. f. Action de restituer. **1.** Action de rendre ce que l'on détient indûment (ou ce qui, de droit, revient à qqn d'autre). *Restitution d'une somme.* **2.** Action par laquelle on remet une chose dans son état primitif; son résultat. *Restitution d'une fresque.* – Lat. *restitutio.*

restoroute [ʀɛstoʀut] n. m. (France) Restaurant situé sur une autoroute ou sur une route à grande circulation. – Nom déposé; de *restau(rant),* et *route.*

restreindre [ʀɛstʀɛ̃dʀ] **1.** v. tr. [73] Réduire, limiter. *Restreindre un droit.* **2.** v. pron. Devenir moins étendu. *Le nombre des choix s'est restreint.* ▷ *Absol.* Réduire sa dépense. *Être amené à se restreindre.* – Lat. *restringere,* «resserrer».

restrictif, ive [ʀɛstʀiktif, iv] adj. Qui restreint. *Clause restrictive.* – Du lat. *restrictus,* de *restringere,* «resserrer».

restriction [ʀɛstʀiksjɔ̃] n. f. **1.** Action de restreindre. **2.** Condition qui restreint. *Faire des restrictions:* émettre des réserves, des critiques. ▷ *Sans restriction:* entièrement, sans condition. ▷ *Restriction mentale:* réserve faite à part soi d'une partie de ce qu'on pense, pour tromper l'interlocuteur. **3.** Plur. Mesures destinées à limiter la consommation; rationnement. *Restrictions imposées en temps de guerre.* – Lat. *restrictio,* de *restringere,* «resserrer».

restructuration [ʀ(ə)stʀyktyʀasjɔ̃] n. f. Action de restructurer; son résultat. – De *restructurer.*

restructurer [ʀ(ə)stʀyktyʀe] v. tr. [1] Donner une nouvelle structure à; réorganiser. – De *re-*, et *structurer.*

resucée [Rəsyse] n. f. Fam. 1. Quantité supplémentaire (de boisson). *Vous prendrez bien une petite resucée?* 2. Reprise, répétition sans intérêt. *On a tiré de la pièce d'Untel une médiocre resucée cinématographique.* – De *resucer*, «sucer de nouveau».

résultant, ante [Rezyltɑ̃, ɑ̃t] adj. et n. I. adj. Qui résulte. *Force résultante.* II. n. f. 1. PHYS *Résultante dynamique:* somme (représentée par un vecteur unique) des forces appliquées sur un objet, sur un point. *Résultante cinétique:* somme des quantités de mouvement. 2. Cour. Effet découlant de plusieurs causes convergentes; résultat. – Ppr. de *résulter.*

résultat [Rezylta] n. m. 1. Ce qui résulte (d'une action, d'un fait). *Le résultat d'une enquête.* ▷ MATH *Résultat d'une opération:* produit, quotient, reste, somme. 2. Succès ou échec à un examen, un concours, une compétition, etc. *Proclamation des résultats.* 3. Plur. COMPTA Bénéfices ou pertes, dans l'exploitation d'une entreprise. – Lat. *resultatum*, pp. de *resultare*, «résulter».

résulter [Rezylte] v. intr. [1] S'ensuivre; être l'effet, la conséquence de; découler de. ▷ *Cette conclusion résulte de vos propres déclarations.* ▷ v. impers. *Il résulte de ce débat que...* – Lat. *resultare*, «rebondir»; «retentir», puis «résulter» en lat. scolast.; de *re-*, et *saltare*, «sauter».

résumé [Rezyme] n. m. 1. Présentation succincte. *Le résumé d'une conférence.* 2. Précis, abrégé. *Un résumé de chimie.* 3. loc. adv. *En résumé:* pour récapituler brièvement, en bref. – Pp. subst. de *résumer.*

résumer [Rezyme] I. v. tr. [1] Exprimer en moins de mots, de manière plus brève. *Résumer un exposé trop long.* ▷ Fig. Être l'image en petit de, présenter en raccourci. *Cette anecdote résume le personnage.* II. v. pron. 1. Reprendre brièvement ce que l'on a dit, écrit. 2. (Pass.) Être résumé. *Cela se résume en une phrase.* – Lat. *resumere*, «reprendre».

résurgence [RezyRʒɑ̃s] n. f. GEOL Eaux résurgentes. ▷ Fig. Réapparition. *Résurgence d'une mode.*– De *résurgent.*

résurgent, ente [RezyRʒɑ̃, ɑ̃t] adj. GEOL Se dit des eaux d'infiltration qui, après un trajet souterrain, resurgissent en surface. – Lat. *resurgens*, de *resurgere*, «rejaillir»; signif. d'abord «ressuscité».

resurgir ou **ressurgir** [R(ə)syRʒiR] v. intr [2] Surgir de nouveau. – De *re-*, et *surgir.*

résurrection [RezyRɛksjɔ̃] n. f. 1. Retour de la mort à la vie. *La résurrection de Lazare.* ▷ *Absol.* (avec une majuscule). *La Résurrection*, celle du Christ; la fête qui la célèbre. 2. Œuvre d'art représentant la résurrection du Christ. 3. Fig. Réapparition; nouvel essor. *Résurrection d'un art ancien.* – Lat. ecclés. *resurrectio*, de *resurgere*, «se relever».

retable [Rətabl] n. m. Panneau vertical (que l'on plaçait derrière un autel), le plus souvent peint et richement orné. ▷ Décoration, tableau qui orne cette partie. – De *re-*, «en arrière», et *table.*

rétablir [RetabliR] I. v. tr. [2] 1. Établir de nouveau. *Rétablir la paix. Rétablir qqn dans ses fonctions.* ▷ Remettre en fonctionnement. *Rétablir le téléphone.* 2. Remettre (qqch) en bon état. *Rétablir ses finances.* ▷ *Rétablir les faits*, en rectifiant une version inexacte. 3. Redonner la santé à (qqn). *Cette thérapeutique l'a rétabli.* II. v. pron. 1. Revenir à son état premier. *Le pouls se rétablit.* 2. Recouvrer la santé. 3. Faire un rétablissement. *Se rétablir sur les avant-bras.* – De *r-*, et *établir.*

rétablissement [Retablismɑ̃] n. m. 1. Action de rétablir; son résultat. 2. Retour à la santé. 3. Mouvement qui consiste, lorsqu'on est suspendu par les mains, à se hisser après traction sur les bras tendus. – De *rétablir.*

retaille [Rətaj] n. f. TECH Partie qu'on retranche d'une chose en la façonnant. – Déverbal de *retailler.*

retailler [Rətaje] v. tr. [1] Tailler de nouveau. *Retailler un arbre.* – De *re-*, et *tailler.*

rétamage [Retamaʒ] n. m. Action de rétamer; son résultat. – De *rétamer.*

rétamer [Retame] v. tr. [1] 1. Étamer de nouveau. 2. Fam. Battre (au jeu, dans une compétition). *Se faire rétamer.* ▷ *Être rétamé*, épuisé. – De *r-*, et *étamer.*

rétameur, euse [RetamœR, øz] n. Ouvrier, ouvrière qui rétame. – De *rétamer.*

retapage [R(ə)tapaʒ] n. m. Fam. Action de retaper; son résultat. – De *retaper.*

retape [R(ə)tap] n. f. Pop. 1. *Prostituée qui fait la retape*, qui racole. 2. Fig. *Faire la retape*, une publicité ou une propagande outrancière, essayer de recruter des adhérents, etc. – Déverbal de *retaper*; signif. d'abord «action de racoler pour voler».

retaper [R(ə)tape] v. tr. [1] 1. Redonner sa forme (*d'abord*, en tapant) à. *Retaper un lit.* 2. Fam. Remettre sommairement en état; rendre l'aspect du neuf à. *Retaper une vieille ferme.* 3. Fam. Rétablir les forces, la santé de. *Cordial qui retape.* ▷ v. pron. *Il s'est bien retapé.* – De *re-*, et *taper.*

retard [R(ə)taR] n. m. 1. Le fait d'arriver, de se produire, après le moment fixé; temps écoulé entre le moment où qqch ou qqn aurait dû arriver et le moment où il arrive réellement. *Être en retard. Un retard d'une heure. – Le train a du retard.* 2. Différence de temps (et par ext. de distance) qui résulte d'une lenteur relative. *Être en retard sur qqn* (dans une action). *Combler son retard.* ▷ TECH *Le retard d'une pendule:* le mécanisme qui sert à régler son mouvement. 3. Action de retarder, de différer. *Se décider après bien des retards et des atermoiements.* ▷ Loc. adv. *Sans retard:* sans délai, rapidement. ▷ MED Prolongation de l'action d'un médicament par adjonction de produits qui en diffèrent l'élimination. – Appos. *Insuline retard.* ▷ MUS Prolongation d'une note d'un accord sur l'accord suivant. ▷ TECH Fait de fonctionner avec un certain décalage dans le temps. *Retard à l'admission, à l'échappement* (dans un moteur). 4. Fig. État de celui qui est moins avancé, par rapport aux autres ou par rapport à la normale, dans son savoir, son développement, etc. *Ce pays a un siècle de retard.* – Déverbal de *retarder.*

retardataire [R(ə)taRdatɛR] adj. et n. 1. Qui arrive en retard. *Des élèves retardataires.* ▷ Subst. *Les retardataires.* 2. Qui a du retard (sens 4). *Mœurs retardataires.* – De *retarder.*

retardateur, trice [R(ə)taRdatœR, tRis] adj. et n. Qui retarde, qui provoque un ralentissement. *Forces de frottement retardatrices.* – MILIT *Action retardatrice*, destinée à ralentir la progression de l'ennemi. ▷ N. m. CHIM Corps qui ralentit une réaction. – De *retarder.*

retardé, ée [R(ə)taRde] adj. (et n.) *Enfant retardé*, qui est en retard dans ses études, dont le développement physique ou intellectuel est en retard. – Subst. *Un(e) retardé(e).* – Pp. de *retarder.*

retardement [R(ə)taRdəmɑ̃] n. m. 1. Vieilli Action de retarder. 2. loc. adj. *À retardement:* se dit d'un mécanisme dont l'action est différée au moyen d'un compteur ou d'une horloge intégrés. *Obus à retardement.* ▷ Loc. adv. Fam. Après coup. *Réagir à retardement.* – De *retarder.*

retarder [R(ə)taRde] v. [1] I. v. tr. 1. Mettre en retard. ▷ v. pron. *Ne l'attends pas, tu vas te retarder.* ▷ *Retarder une montre*, lui faire indiquer une heure moins avancée. 2. Différer. *Retarder son départ.* II. v. intr. 1. Aller trop lentement, indiquer une heure déjà passée, en parlant d'une montre, d'une pendule, etc. *Ce réveil retarde.* – Par ext., fam. *Je retarde de dix minutes. Elle, malade? Mais tu retardes, elle est guérie depuis deux mois.* **2.** *Retarder sur son temps, son époque, etc.:* manifester des idées, des attitudes dépassées, rétrogrades. – Lat. *retardare,* rac. *tardus,* «lent».

reteindre [ʀ(ə)tɛ̃dʀ] v. tr. [73] Teindre de nouveau ou d'une couleur différente. – De *re-,* et *teindre.*

retendoir [ʀ(ə)tɑ̃dwaʀ] n. m. TECH Clé utilisée par les facteurs de pianos pour régler la tension des cordes. – De *retendre.*

retendre [ʀ(ə)tɑ̃dʀ] v. tr. [5] Tendre de nouveau, tendre (ce qui s'est détendu). *Retendre les haubans d'une tente.* – De *re-,* et *tendre.*

retenir [ʀ(ə)t(ə)niʀ] v. tr. [39] **I. 1.** Garder (ce qui est à autrui). *Retenir des marchandises en gage.* ▷ Prélever, déduire d'une somme. *Retenir une cotisation.* **2.** Garder dans sa mémoire. *Retenir sa leçon.* – Fam. *Je vous retiens!:* je ne risque pas d'oublier la façon dont vous avez agi. ▷ ARITH *Retenir un chiffre* (dans une opération), le réserver pour l'ajouter aux chiffres de la colonne suivante, vers la gauche. **3.** Réserver. *Retenir une place d'avion.* **4.** Garder (un chef d'accusation, etc.). *Le délit de vol a été retenu contre lui.* ▷ Cour. Considérer favorablement; agréer. *Retenir une candidature.* **II. 1.** Faire demeurer en un lieu. *Retenir qqn à dîner. La fièvre le retient alité.* **2.** Maintenir en place, contenir. *Barrage qui retient l'eau.* – Fig. *Retenir l'attention.* **3.** Empêcher d'agir ou de se manifester. *La prudence l'a retenu. Retenir ses larmes.* **4.** Saisir, maintenir pour empêcher d'aller, de tomber, etc. *Retenir qqn au bord d'une pente.* **III.** v. pron. **1.** Saisir qqch pour ne pas tomber, se rattraper. *Se retenir à une branche.* **2.** S'empêcher de, réprimer l'envie de (faire qqch). *Se retenir de rire.* ▷ *Absol.* Différer de satisfaire un besoin naturel. – De *re-,* et *tenir;* lat. *retinere.*

rétention [ʀetɑ̃sjɔ̃] n. f. **1.** Action de retenir, de conserver. ▷ DR *Droit de rétention,* qui autorise un créancier à retenir un bien reçu en gage jusqu'au paiement complet de ce qui lui est dû. **2.** MED Accumulation (d'une substance destinée à être évacuée). *Rétention d'urine.* **3.** GEOGR Immobilisation (glaciaire, nivale, etc.) de l'eau des précipitations. – Lat. *retentio.*

retentir [ʀ(ə)tɑ̃tiʀ] v. intr. [2] **I. 1.** Faire entendre un son puissant, éclatant. *Les trompettes retentirent.* ▷ (En parlant du son lui-même.) *Le coup de tonnerre a retenti dans toute la vallée.* **2.** *Retentir de:* être rempli par (un son, un bruit). *La maison retentissait de coups de marteaux.* **II.** *Retentir sur:* avoir un retentissement, des répercussions sur. *La fatigue retentit sur le caractère.* – De *re-,* et a. fr. *tentir;* lat. pop. **tinnitire,* class. *tinnire,* «résonner».

retentissant, ante [ʀ(ə)tɑ̃tisɑ̃, ɑ̃t] adj. **1.** Qui retentit; sonore, éclatant. *Voix retentissante.* **2.** Qui a un grand retentissement, dont on parle beaucoup. *Échec retentissant.* – Ppr. de *retentir.*

retentissement [ʀ(ə)tɑ̃tismɑ̃] n. m. **1.** Litt. Fait de retentir; bruit, son renvoyé avec éclat. **2.** Contrecoup, répercussion. **3.** Fait de se répandre avec beaucoup de bruit auprès d'un public nombreux. *Retentissement d'une nouvelle.* – De *retentir.*

retenue [ʀət(ə)ny, ʀ(ə)təny] n. f. **I.** Le fait de retenir, de garder. *Retenue de marchandises par la douane.* – Prélèvement qu'un employeur fait sur la rémunération d'un employé pour répondre à certaines obligations légales ou conventionnelles. – FISC *Retenue à la source:* prélèvement fiscal sur un revenu, avant paiement de celui-ci. ▷ ARITH Chiffre qu'on retient (sens I, 2), dans une opération. **II. 1.** Le fait de retenir (de l'eau); masse d'eau que l'on retient. *Lac de retenue d'un barrage.* **2.** MAR Cordage servant à retenir. *Retenue de bôme.* **3.** Punition scolaire consistant à retenir un élève après les heures de cours ou un jour de congé. **III.** Attitude, qualité d'une personne discrète, réservée. – Pp. fém. subst. de *retenir;* d'abord «action de retenir prisonnier».

rétiaire [ʀetjɛʀ] n. m. ANTIQ ROM Gladiateur armé d'un trident, d'un poignard et d'un filet avec lequel il devait prendre son adversaire (un mirmillon, le plus souvent). – Lat. *retiarius,* de *rete,* «filet».

réticence [ʀetisɑ̃s] n. f. **1.** Omission volontaire d'une chose qu'on devrait dire; cette chose même. ▷ RHET Figure consistant à interrompre sa phrase, en laissant entendre ce qui n'est pas dit. **2.** Attitude de réserve, de désapprobation manifestée par le refus de donner un accord, de s'engager nettement. – Lat. *reticentia,* «silence obstiné», de *reticere,* rac. *tacere,* «taire».

réticent, ente [ʀetisɑ̃, ɑ̃t] adj. **1.** Qui use de réticences (sens 1). *Témoignage réticent.* **2.** Qui manifeste de la réticence (sens 2). *Être réticent à l'égard d'un projet.* – Du préc.

réticulaire [ʀetikylɛʀ] adj. Didac. En forme de réseau. *Tissu réticulaire.* – Du lat. *reticulum,* «réseau».

réticulation [ʀetikylasjɔ̃] n. f. **1.** Didac. État d'une surface réticulée. **2.** CHIM Formation de liaisons transversales entre des chaînes macromoléculaires linéaires, entraînant des modifications profondes des propriétés de ces macromolécules. – De *réticule.*

réticule [ʀetikyl] n. f. **1.** OPT Système de fils croisés servant à définir l'axe de visée d'un instrument d'optique. **2.** ANTIQ Filet pour les cheveux. **3.** Mod. Petit sac de femme. – Lat. *reticulum,* dimin. de *rete* «filet».

réticulé, ée [ʀetikyle] adj. Didac. Qui figure un réseau; qui comporte un réseau (notam. de nervures). *Feuille réticulée.* ▷ *Porcelaine réticulée,* dont l'enveloppe extérieure est découpée à jour. ▷ ANAT *Substance réticulée:* réseau dense de fibres nerveuses situé dans la partie centrale du tronc cérébral, sur toute sa hauteur, et jouant un rôle important dans la coordination et la synthèse de nombreuses fonctions. ▷ ARCHI Se dit d'un type de maçonnerie à petits moellons carrés ou rectangulaires régulièrement disposés, caractéristique de l'architecture romaine. – De *réticule.*

réticuline [ʀetikylin] n. f. BIOCHIM Protéine qui entre dans la composition des fibres élastiques du tissu conjonctif. – De *réticulum.*

réticulo-endothélial, ale, aux [ʀetikyloɑ̃dotejal, o] adj. BIOL *Système réticulo-endothélial:* ensemble de cellules disséminées dans l'organisme, aptes à la phagocytose et jouant un rôle de défense prépondérant. ▷ *Tissu réticulo-endothélial:* tissu qui constitue la trame de nombreux organes (foie, rate, ganglions lymphatiques, glandes endocrines, etc.). – De *réticulé,* et *endothélium.*

réticulosarcome [ʀetikylosaʀkom] n. m. MED Tumeur maligne développée aux dépens du tissu réticulo-endothélial. – De *réticulaire,* et *sarcome.*

réticulum [ʀetikylɔm] n. m. ANAT Réseau fibreux ou vasculaire. ▷ BIOL *Réticulum endoplasmique:* prolongement réticulé de la membrane nucléaire dans le cytoplasme, qui enserre les ribosomes. Syn. ergastoplasme. – Mot lat., «réseau, résille».

rétif, ive [ʀetif, iv] adj. **1.** Se dit d'une monture qui refuse d'obéir. *Cheval, mulet rétif.* **2.** Fig. Difficile à conduire, à persuader. *Caractère rétif.* – Lat. pop. *restivus,* de *restare,* «rester, résister».

rétine [ʀetin] n. f. Membrane du fond de l'œil, tapissant la choroïde et sensible à la lumière. (Elle est composée d'une couche épithéliale interne et d'une couche cellulaire externe qui enserre les cellules nerveuses sensorielles: cônes et bâtonnets, dont les prolongements constituent le nerf optique.) – Lat. médiév. *retina,* de *rete,* «filet, réseau».

rétinien, ienne [ʀetinjɛ̃, jɛn] adj. De la rétine; qui a rapport à la rétine. *Pourpre* rétinien.* – Du préc.

rétinite [ʀetinit] n. f. MED Inflammation de la rétine. – De *rétine,* et *-ite* 1.

rétique. V. rhétique.

retirage [ʀ(ə)tiʀaʒ] n. m. Nouveau tirage d'un livre, d'une gravure. – De *retirer.*

retiration [ʀ(ə)tiʀasjɔ̃] n. f. IMPRIM Opération consistant à imprimer le verso d'une feuille. *Presse à retiration,* qui imprime en une seule opération les deux faces d'une feuille. – De *retirer.*

retiré, ée [ʀ(ə)tiʀe] adj. **1.** Situé à l'écart, peu fréquenté (lieux). *Petite bourgade retirée.* **2.** Qui vit loin du monde (personnes). *Vivre retiré de la société.* – Par ext. *Mener une vie retirée.* ▷ Qui a abandonné ses occupations professionnelles. *Être retiré des affaires. Un banquier retiré.* – Pp. de *retirer.*

retirement [ʀ(ə)tiʀmɑ̃] n. m. Rare **1.** Action de retirer, fait de se retirer; retrait. **2.** Raccourcissement, contraction. *Retirement d'un tendon.* – De *retirer.*

retirer [ʀ(ə)tiʀe] v. tr. [1] **I. 1.** Tirer en arrière (ce qu'on avait poussé, porté en avant). *Retirer sa main.* **2.** Ne pas maintenir (ce qu'on avait dit, formulé). *Je retire ce que j'ai dit. Retirer une plainte.* **3.** *Retirer qqch à qqn,* reprendre (ce qu'on lui avait donné, accordé; l'en priver). *On lui a retiré son permis de conduire. Retirer sa confiance, son amitié.* **4.** Faire sortir, tirer (une chose, une personne) du lieu où elle se trouvait. *Retirer un seau du puits. Il a retiré son fils de cette école.* ▷ Se faire remettre, prendre. *Retirer de l'argent à la banque.* **5.** Enlever, ôter (un vêtement). *Retirer son manteau, ses chaussures.* **6.** Extraire. *L'huile que l'on retire de certaines graines.* ▷ Recueillir, obtenir. *Qu'avez-vous retiré de cette expérience? – Spécial.* Recueillir (un profit). *Il a retiré un gros bénéfice de l'opération.* **II.** Tirer de nouveau. **1.** (Avec une arme.) *L'archer retira une flèche.* **2.** (Idée de tirage.) *L'ouvrage est épuisé, l'éditeur va en faire retirer dix mille exemplaires.* **3.** (Idée de traction.) *Retirer sur la corde.* **III.** v. pron. **1.** Partir, prendre congé. *Il est temps que je me retire.* – (Avec un comp. de lieu.) *Se retirer dans ses appartements.* **2.** Abandonner une place, une position; reculer, s'éloigner. *Se retirer en lieu sûr. Se retirer loin du monde.* **3.** *Se retirer de:* quitter (une activité, une profession). *Se retirer d'un jeu. Se retirer du barreau.* ▷ *Absol.* Prendre sa retraite. *Il s'est retiré fortune faite.* **4.** Rentrer dans son lit, en parlant d'un cours d'eau. *La rivière se retire.* ▷ Refluer. *Aux grandes marées, la mer se retire à plusieurs kilomètres.* **5.** Rétrécir. *Cette toile se retire au blanchissage.* – De *re-,* et *tirer.*

rétiveté [ʀetivte] ou **rétivité** [ʀetivite] n. f. Rare Caractère d'une monture rétive, d'une personne rétive. – De *rétif.*

retombée [ʀ(ə)tɔ̃be] n. f. **1.** ARCHI Naissance d'une voûte, d'une arcade. **2.** Plur. Ce qui retombe. PHYS NUCL *Retombées radioactives:* retour dans les basses couches de l'atmosphère et à la surface du globe des substances radioactives libérées à haute altitude lors d'une explosion nucléaire. – *Par ext.,* fig. Conséquences, effets à plus ou moins long terme d'un événement, d'une situation, d'une recherche, d'une découverte. *Les retombées médicales de la recherche spatiale.* – Pp. fém. subst. de *retomber.*

retomber [ʀ(ə)tɔ̃be] v. intr. [1] **I.** Tomber de nouveau. **1.** Faire une nouvelle chute. *Tomber, se relever et retomber encore.* **2.** *Retomber dans:* retourner dans (une certaine position), revenir à (la situation antérieure). *Tout était rentré dans l'ordre, sa vie retomba dans la monotonie.* – (Personnes.) *Retomber dans les mêmes défauts.* ▷ (Avec un attribut.) *Retomber malade.* **3.** *Retomber sur:* rencontrer, trouver par hasard, une nouvelle fois. *Tu ne retomberas plus sur une aussi bonne occasion.* **II.** Tomber d'une certaine hauteur. **1.** Atteindre le sol après avoir accompli une certaine trajectoire ou après un saut, un rebond. *La balle est retombée dans le jardin voisin.* – (Êtres animés.) Se recevoir lors d'une chute, d'un saut. *Chat qui retombe sur ses pattes.* ▷ Fig. (Personnes.) *Savoir retomber sur ses pattes:* être habile à se tirer sans dommage de situations fâcheuses. **2.** Tomber après s'être élevé. *La fusée est retombée par suite d'une panne de réacteurs.* – Fig. *Après une légère hausse, le cours de l'or est retombé.* ▷ Mollir, devenir moins intense, moins soutenu. *L'enthousiasme est retombé.* **3.** S'abaisser, s'abattre en restant maintenu par le haut; se déployer verticalement. *Le store retomba avec fracas.* ▷ (Sans idée de mouvement.) Prendre, s'étendre de haut en bas. *La tenture retombe en plis gracieux.* **4.** *Retomber sur:* peser sur, incomber à (qqn). *Toute la responsabilité retombera sur vous.* – De *re-,* et *tomber.*

retondre [ʀ(ə)tɔ̃dʀ] v. tr. [5] Tondre de nouveau. – De *re-,* et *tondre.*

retordage [ʀ(ə)tɔʀdaʒ] ou **retordement** [ʀ(ə)tɔʀdəmɑ̃] n. m. TECH Opération qui consiste à retordre des fils; son résultat. – De *retordre.*

retordeur, euse [ʀ(ə)tɔʀdœʀ, øz] n. TECH Personne qui effectue l'opération du retordage. – De *retordre.*

retordre [ʀətɔʀdʀ] v. tr. [5] **1.** Tordre de nouveau. **2.** TECH Tordre ensemble (des fils). *Retordre des fils de lin, du lin.* ▷ Fig. *Donner du fil à retordre à qqn,* lui causer des difficultés, des soucis, lui résister. – Du lat. *retorquere,* même évolution que *tordre.*

rétorquer [ʀetɔʀke] v. tr. [1] **1.** Vx ou litt. Retourner contre son adversaire (les arguments mêmes dont il s'est servi). *Je pourrais rétorquer l'accusation contre vous.* **2.** Répondre, répliquer. *Il lui a rétorqué que ce n'était pas son affaire.* – Lat. *retorquere,* propr. «retordre».

retors, orse [ʀ(ə)tɔʀ, ɔʀs] adj. et n. m. **1.** TECH Qui a été retordu. *Fil retors,* ou, n. m., *du retors.* **2.** Fig. Rusé, artificieux. *Personnage retors.* – Anc. pp. de *retordre.*

rétorsion [ʀetɔʀsjɔ̃] n. f. **1.** Vx ou litt. Action de rétorquer, emploi que l'on fait, contre son adversaire, des arguments dont il s'est servi. *Argument sujet à rétorsion.* **2.** DR INTERN Acte de représailles consistant pour un État à employer à l'égard d'un autre des mesures analogues à celles que ce dernier a employées contre lui. ▷ Cour. *Mesures de rétorsion,* de représailles. – Du lat. médiév. *retorsio,* de *retorquere.*

retouche [ʀ(ə)tuʃ] n. f. **1.** Dernière façon donnée à une œuvre pour en corriger les défauts. ▷ Partie retouchée. *On voit les retouches dans ce tableau.* **2.** Rectification apportée à un vêtement. – Déverbal de *retoucher.*

retoucher [ʀ(ə)tuʃe] v. tr. [1] Corriger, modifier par des retouches. *Retoucher une photo, un vêtement.* – De *re-,* et *toucher.*

retoucheur, euse [ʀ(ə)tuʃœʀ, øz] n. Personne qui effectue des retouches (partic. en photographie, en couture). – De *retoucher.*

retour [ʀ(ə)tuʀ] n. m. **I. 1.** Action de retourner, de revenir à son point de départ. *Billet d'aller et retour.* ▷ Loc. *Être sur le retour:* commencer à vieillir. **2.** Arrivée au lieu d'où l'on était parti. *Je vous écrirai à mon retour, dès mon retour.* ▷ *Être de retour:* être revenu. **3.** Fait de revenir à un état, un stade antérieur. *Retour au calme, à la normale.* **4.** Réapparition d'une chose qui revient périodiquement. *Retour du printemps. Retour d'un motif musical.* ▷ PHILO *Doctrine du retour éternel:* doctrine stoïcienne (reprise par Nietzsche) selon laquelle l'histoire du monde est l'histoire du retour cyclique des mêmes êtres, des mêmes événements (V. palingénésie). **5.** Action de repartir en arrière, d'aller dans le sens inverse de celui qui avait été amorcé. *Retour en arrière.* – CINE *Retour en arrière:* séquence cinématographique qui évoque une période antérieure à celle de l'action. (En anglais, *flash-back.*) ▷ *Retour sur soi-même:* réflexion sur soi-même, sur sa propre conduite, sa propre vie. ▷ *Retour d'âge:* ménopause. ▷ MILIT *Retour offensif:* mouvement par lequel on attaque l'ennemi devant lequel on se retirait. ▷ TECH Mouvement brutal en sens inverse du sens normal. *Retour de manivelle. Retour de flamme.* **6.** Fig. Changement brusque, revirement. *Un retour de fortune.* **7.** Action de retourner, de renvoyer qqch à qqn. *Retour d'un colis à l'envoyeur.* ▷ Livres invendus que le libraire retourne à l'éditeur. ▷ COMM *Retour d'un effet,* renvoi au tireur d'un effet impayé à l'échéance. **8.** *En retour (de):* en échange, en contrepartie (de). *Combien me donnerez-vous en retour?* **II.** TECH **1.** ARCHI Coude formé par une partie de construction qui fait saillie en avant d'une autre. **2.** MAR Partie d'une manœuvre, d'un cordage sur laquelle on exerce l'effort de traction. – De *retourner.*

retournage [ʀ(ə)tuʀnaʒ] n. m. Action de retourner (un vêtement). *Retournage d'un manteau.* – De *retourner.*

retourne [ʀ(ə)tuʀn] n. f. **1.** JEU Carte que l'on retourne et qui décide de l'atout. **2.** IMPRIM Dans un journal, suite imprimée sur l'une des pages intérieures d'un article dont le début figure en première page. – Déverbal de *retourner.*

retournement [ʀ(ə)tuʀnəmɑ̃] n. m. **1.** Action de retourner qqch; son résultat. **2.** Revirement, volte-face. *Retournement de l'opinion.* **3.** Changement complet, radical, dans une situation. *Les retournements de l'intrigue, dans un vaudeville.* – De *retourner.*

retourner [ʀ(ə)tuʀne] v. [1] v. **I.** v. tr. **1.** Faire tourner (une chose) sur elle-même de manière à mettre en avant la partie qui était en arrière, ou à mettre au-dessus la partie qui était au-dessous; mettre à l'envers. *Retourner une crêpe. Retourner un matelas. Retourner une carte à jouer,* en faire voir la figure. *Retourner un vêtement,* le rénover en tournant vers l'extérieur sa face intérieure. ▷ Fig., fam. *Retourner sa veste:* changer radicalement d'opinion, de camp (par désaffection ou par opportunisme). – *Retourner qqn,* le faire changer d'avis. *On le retourne comme un gant.* ▷ *Retourner le sol, la terre,* les travailler de manière à exposer à l'air une couche profonde. ▷ Fam. Mettre en désordre, sens dessus dessous. *Il a retourné toute la bibliothèque pour trouver ce livre.* **2.** Tourner plusieurs fois, dans divers sens. *Il tournait et retournait le rébus sans comprendre.* – Loc. fig. *Retourner le fer, le couteau dans la plaie:* raviver une souffrance morale en évoquant sa cause, les circonstances qui l'ont fait naître. ▷ Fig. Examiner sous tous les angles. *Retourner un problème dans sa tête.* **3.** Fig., fam. Troubler, émouvoir fortement. *La nouvelle l'a retourné.* Pp. *J'en étais toute retournée.* Syn. bouleverser. **4.** Diriger dans le sens opposé. *Son forfait accompli, l'assassin a retourné l'arme contre lui-même.* ▷ Renvoyer. *Retourner une lettre à son expéditeur. Retourner un compliment.* **II.** v. intr. **1.** Aller de nouveau dans un lieu où l'on a déjà été. *Retourner dans son village natal.* **2.** Revenir, rentrer du lieu où l'on est allé. *Retourner chez soi.* **3.** *Retourner à:* revenir, être rendu à (qqn). *Ces biens retourneront à leur légitime possesseur.* – Reprendre, retrouver (un état antérieur, initial); revenir vers. *Animal domestique qui retourne à l'état sauvage. Retourner à ses premières amours.* **III.** v. pron. **1.** Se tourner d'un autre côté. *Il s'est retourné pour ne pas avoir à nous saluer.* ▷ Tourner la tête, le regard en arrière. *Partir sans se retourner.* **2.** Changer de position. *Se retourner dans son lit.* **3.** Adopter une autre manière d'agir, changer les dispositions qu'on avait prises. *Il saura bien se retourner. Laisse-lui le temps de se retourner.* **4.** *S'en retourner:* aller vers le lieu d'où l'on vient, revenir. *S'en retourner chez soi.* **5.** *Se retourner contre:* s'opposer à, s'attaquer à, devenir défavorable à (après avoir été favorable). *Se retourner contre ses alliés. Ses arguments se sont retournés contre lui.* **IV.** v. impers. *De quoi il retourne :* de quoi il s'agit, de quoi il est question. *J'ignore de quoi il retourne.* – De *re-,* et *tourner.*

retracer [ʀ(ə)tʀase] v. tr. [14] **1.** Tracer de nouveau (ce qui s'est effacé). *Retracer la ligne médiane d'une route.* **2.** Fig. Raconter, décrire des événements passés. *Retracer les exploits d'un héros.* – De *re-,* et *tracer;* d'abord «rechercher la trace de».

rétractable [ʀetʀaktabl] adj. Que l'on peut rétracter. – De *rétracter* 1.

rétractation [ʀetʀaktasjɔ̃] n. f. Action de rétracter, de se rétracter; propos, écrit par lequel qqn se rétracte. Syn. désaveu, reniement. – Lat. *retractatio.*

1. rétracter [ʀetʀakte] v. tr. [1] Nier, désavouer (une chose qu'on avait dite ou écrite). *Rétracter des aveux.* ▷ v. pron. Déclarer faux ce qu'on avait affirmé précédemment. *Témoin qui se rétracte.* – Lat. *retractare,* «retirer»

2. rétracter [ʀetʀakte] v. tr. [1] Retirer, faire rentrer en dedans, raccourcir par traction. *Le chat rétracte ses griffes pour faire patte de velours.* ▷ v. pron. Se contracter. *Muscle qui se rétracte.* – De *retractum,* supin de *retrahere,* «tirer en arrière».

rétractif, ive [ʀetʀaktif, iv] adj. Didac. Qui produit une rétraction. – Du lat. *retractum,* supin de *retrahere,* «tirer en arrière».

rétractile [ʀetʀaktil] adj. Qui peut se rétracter. *Griffes rétractiles des félins.* – Du lat. *retractum,* supin de *retrahere,* «tirer en arrière».

rétractilité [ʀetʀaktilite] n. f. Didac. Caractère rétractile (de qqch). – Du préc.

rétraction [ʀetʀaksjɔ̃] n. f. Raccourcissement par contraction. *Rétraction d'un tendon, d'un tissu.* – Lat. *retractio,* de *retrahere,* «tirer en arrière».

retraduire [ʀ(ə)tʀadɥiʀ] v. tr. [71] **1.** Traduire de nouveau. **2.** Traduire (un texte qui est lui-même une traduction). – De *re-,* et *traduire.*

1. retrait, aite [ʀ(ə)tʀɛ, ɛt] adj. **1.** AGRIC Se dit d'une céréale dont les grains ont mûri sans se remplir et en se recroquevillant. *Blé retrait.* **2.** TECH *Bois retrait :* bois coupé dont les fibres ont raccourci en séchant. – Pp. de l'anc. v. *retraire,* «se retirer».

2. retrait [ʀ(ə)tʀɛ] n. m. **1.** Action de se retirer, de s'éloigner. *Le retrait des troupes.* **2.** Action de reprendre, de retirer. *Retrait d'un dépôt. Retrait d'un projet de loi.* **3.** DR Acte par lequel un tiers exerce la faculté de se substituer à l'acquéreur d'un bien ou d'un droit moyennant remboursement de ce qu'il a déboursé pour en faire l'acquisition. **4.** DR Droit en vertu duquel une personne peut racheter, dans un délai déterminé, son immeuble qui a été vendu pour taxes, moyennant remboursement à l'adjudicataire du prix d'acquisition et des frais encourus. **5.** loc. adv. *En retrait :* en arrière d'un alignement. *Construction en retrait.* Fig. *Rester en retrait:* ne pas se mettre en avant, rester discret. **6.** TECH Contraction d'un matériau qui fait sa prise, qui sèche ou qui se refroidit. *Retrait du béton, du bois, du métal moulé.* – Pp. subst. de l'anc. v. *retraire,* «se retirer».

retraitant, ante [ʀ(ə)tʀɛtɑ̃, ɑ̃t] n. RELIG Personne qui fait une retraite. – De *retraite* 1.

retraite [ʀ(ə)tʀɛt] n. f. **A.** Fait de se retirer. **I.** Mouvement de repli en bon ordre effectué par des troupes qui ne peuvent tenir une position. *Battre en retraite.* **II. 1.** Isolement, repos. *Son talent s'est mûri dans la retraite.* **2.** Période d'éloignement de la vie active, consacrée à la méditation religieuse, au recueillement, à la prière. **3.** Situation d'une personne qui n'exerce plus de profession et qui touche une pension. *Être à la retraite. Prendre sa retraite.* ▷ Cette pension elle-même. *Cotisations qui donnent droit à une retraite.* **B.** Lieu où l'on se retire, où l'on se réfugie. *Une paisible retraite. «La retraite de vos amours»* (Gautier). **C.** ARCHI Diminution d'épaisseur d'un mur à partir du pied. – Pp. fém. subst. de l'anc. v. *retraire,* «se retirer».

retraité, ée [ʀ(ə)tʀɛte] adj. et n. Qui est à la retraite. *Militaire retraité.* ▷ Subst. *Un(e) retraité(e):* qui a cessé son activité professionnelle et touche une pension de retraite. – Pp. de l'anc. v. *retraiter,* «mettre à la retraite».

retraitement [ʀ(ə)tʀɛtmɑ̃] n. m. Action de retraiter. ▷ PHYS NUCL *Retraitement du combustible* : traitement du combustible nucléaire après son utilisation dans un réacteur pour en extraire les matériaux utiles (fissiles, notam.) qu'il contient encore. – De *re-,* et *traitement.*

retranchement [ʀ(ə)tʀɑ̃ʃmɑ̃] n. m. **1.** Action de retrancher, de supprimer. *Faire des retranchements dans un texte.* **2.** Obstacle naturel ou artificiel utilisé pour se mettre à couvert, pour se protéger des attaques ennemies et y résister. ▷ Fig. *Forcer, pousser qqn dans ses derniers retranchements,* réfuter ses ultimes arguments, le mettre à quia*. – De *retrancher.*

retrancher [ʀ(ə)tʀɑ̃ʃe] v. tr. [1] **I. 1.** Enlever, supprimer (une partie) d'un tout. *Retrancher les redites d'un texte.* **2.** Soustraire (une partie) d'une quantité. *De douze retrancher huit. Retrancher du salaire brut le montant des cotisations.* Syn. déduire, défalquer. **3.** Fig. Exclure. *Retrancher qqn du nombre des participants.* ▷ v. pron. *Se retrancher volontairement de la société.* **II. 1.** Vx Protéger par un retranchement, par des fortifications. *Retrancher une ville.* – Au pp., mod. *Camp retranché.* **2.** v. pron. Se fortifier, se mettre à l'abri. *Se retrancher derrière un mur.* Fig. *Se retrancher dans un mutisme absolu.* – De l'a. fr. *retrenchier,* «tailler de nouveau».

retranscription [ʀ(ə)tʀɑ̃skʀipsjɔ̃] n. f. Nouvelle transcription. – De *re-,* et *transcription.*

retranscrire [ʀ(ə)tʀɑ̃skʀiʀ] v. tr. [65] Transcrire de nouveau. – De *re-,* et *transcrire.*

retransmettre [ʀ(ə)tʀɑ̃smɛtʀ] v. tr. [68] **1.** Transmettre de nouveau. **2.** Transmettre par relais (une émission de radio, de télévision); diffuser sans enregistrement préalable. *Retransmettre un match de rugby.* – De *re-,* et *transmettre.*

retransmission [ʀ(ə)tʀɑ̃smisjɔ̃] n. f. Action de retransmettre (une émission de radio, de télévision); l'émission retransmise. – Du préc.

retravailler [ʀ(ə)tʀavaje] v. [1] **1.** v. intr. Travailler de nouveau. *Maintenant qu'elle a élevé ses enfants, elle désire retravailler.* **2.** v. tr. Travailler de nouveau, reprendre pour améliorer. *Retravailler un discours.* – De *re-,* et *travailler.*

retraverser [ʀ(ə)tʀavɛʀse] v. tr. [1] Traverser de nouveau; traverser en sens inverse. – De *re-,* et *traverser.*

rétréci, ie [ʀetʀesi] adj. **1.** Devenu, rendu plus étroit. *Chaussée rétrécie.* **2.** Fig. Étroit, borné. *Vues rétrécies.* – Pp. de *rétrécir.*

rétrécir [ʀetʀesiʀ] v. [2] **1.** v. tr. Rendre plus étroit. *Rétrécir un vêtement.* ▷ Fig. *Ces découvertes ont rétréci leur champ d'investigations.* **2.** v. intr. Devenir plus étroit, plus petit, plus court; diminuer dans ses proportions. *Cette toile rétrécit au lavage.* **3.** v. pron. Devenir plus étroit, de plus en plus étroit. *La galerie se rétrécit en un boyau inexploitable.* – De *r-,* et anc. v. *étrécir,* «rendre plus étroit».

rétrécissement [ʀetʀesismɑ̃] n. m. **1.** Action de rétrécir; fait de se rétrécir. *Rétrécissement de la chaussée.* **2.** MED Diminution permanente du calibre d'un canal, d'un vaisseau, d'un orifice. *Rétrécissement mitral, aortique, urétéral.* – Du préc.

rétreindre [ʀetʀɛ̃dʀ] v. tr. [73] TECH Réduire par martelage la surface ou le diamètre de (une pièce, un tube). – Forme de *restreindre.*

rétreint [ʀetʀɛ̃] n. m. ou **rétreinte** [ʀetʀɛ̃t] n. f. TECH Opération par laquelle on rétreint. – Pp. subst. de *rétreindre.*

retrempe [ʀ(ə)tʀɑ̃p] n. f. TECH Nouvelle trempe d'un métal, d'un alliage. – Déverbal de *retremper.*

retremper [ʀ(ə)tʀɑ̃pe] **I.** v. tr. [1] Tremper de nouveau. **1.** Plonger de nouveau dans un liquide. *Retremper une étoffe dans un bain de teinture.* **2.** TECH Faire subir de nouveau le traitement de la trempe. *Retremper de l'acier pour le rendre plus résistant.* ▷ Fig. Endurcir. *Cette épreuve lui aura retrempé le caractère.* **II.** v. pron. Se tremper de nouveau. *Se retremper dans l'eau.* ▷ Fig. *Se retremper dans une ambiance de travail.* – De *re-,* et *tremper.*

rétribuer [ʀetʀibɥe] v. tr. [1] **1.** Donner un salaire en échange de (un travail, un service). *Notre société rétribuera votre collaboration.* **2.** *Rétribuer qqn:* le payer, lui verser un salaire. Syn. rémunérer. – Lat. *retribuere,* «attribuer en retour».

rétribution [ʀetʀibysjɔ̃] n. f. **1.** Salaire reçu pour un travail, un service rendu. **2.** RELIG Récompense accordée aux justes, punition infligée aux maudits. – Bas lat. *retributio,* de *retribuere,* «attribuer en retour».

retriever [ʀətʀivœʀ] n. m. Chien de chasse dressé pour rapporter le gibier. – Mot angl., de *to retrieve,* «rapporter».

rétro-. Élément, du lat. *retro,* «en arrière».

1. rétro [ʀetʀo] n. m. et adj. inv. **1.** n. m. Au billard, coup consistant à frapper la boule par-dessous pour qu'elle revienne en arrière après avoir touché la boule visée. *Faire un rétro.* **2.** adj. inv. Qui fait référence au sens esthétique, aux modes d'un passé récent (Libération, entre-deux-guerres, «belle époque», etc.). *Style rétro. Chanson rétro.* ▷ N. m. *La vogue du rétro.* – Abrév. de *rétrograde.*

2. rétro [ʀetʀo] n. m. Fam. Abréviation de *rétroviseur.*

rétroactif, ive [ʀetʀoaktif, iv] adj. **1.** Qui est considéré par convention comme étant entré en vigueur avant la date de sa publication, de sa promulgation. *Une loi avec effet rétroactif.* **2.** Qui exerce une action sur ce qui est situé antérieurement dans l'enchaînement des causes et des effets. – Du lat. *retroactus,* pp. de *retroagere,* «ramener en arrière».

rétroaction [ʀetʀoaksjɔ̃] n. f. **1.** Effet rétroactif. **2.** TECH Action exercée, après une perturbation, sur les valeurs d'entrée d'un système cybernétique par les valeurs de sortie, et qui rétablit les valeurs initiales. ▷ BIOCHIM Action en retour exercée par un mécanisme biochimique sur lui-même et qui assure son autorégulation. – Du lat. *retroactus,* pp. de *retroagere,* d'ap. *action.*

rétroactivement [ʀetʀoaktivmɑ̃] adv. D'une manière rétroactive. – De *rétroactif.*

rétroactivité [ʀetʀoaktivite] n. f. Caractère rétroactif. *La rétroactivité d'une loi.* – De *rétroactif.*

rétroagir [ʀetʀoaʒiʀ] v. intr. [2] Produire un effet rétroactif. – Du lat. *retroagere,* d'ap. *agir.*

rétrocéder [ʀetʀɔsede] v. [16] **I.** v. tr. **1.** Rendre à qqn ce qu'il avait précédemment cédé. *Rétrocéder un droit.* **2.** Céder, vendre à qqn (une chose que l'on a achetée pour soi-même). ▷ Céder à qqn (tout ou partie d'une recette). *Rétrocéder des honoraires.* **II.** v. intr. MED Disparaître, en parlant d'une affection. – Lat. médiév. *retrocedere,* «reculer».

rétrocession [ʀetʀɔsɛsjɔ̃] n. f. **1.** Acte par lequel on rétrocède qqch à qqn. **2.** MED Régression d'un processus pathologique. *Rétrocession d'un exanthème.* – Bas lat. *retrocessio,* de *retrocedere,* «reculer».

rétrofléchi, ie [ʀetʀofleʃi] adj. BOT, MED Qui fléchit, qui se courbe en arrière. – De *rétro-,* et *fléchi,* pp. de *fléchir.*

rétroflexe [ʀetʀoflɛks] adj. LING Se dit d'un phonème articulé avec la pointe de la langue repliée vers l'arrière. – Lat. *retroflexum,* pp. de *retroflectere,* «plier en arrière».

rétroflexion [ʀetʀoflɛksjɔ̃] n. f. MED Flexion en arrière de la partie supérieure d'un organe. *Rétroflexion de l'utérus.* – De *retro-,* et *flexion.*

rétrofusée [ʀetʀofyze] n. f. ESP Moteur-fusée dont la poussée s'exerce dans le sens du déplacement d'un engin et qui sert à ralentir celui-ci. – De *rétro-,* et *fusée.*

rétrogradation [ʀetʀogʀadasjɔ̃] n. f. **1.** ASTRO Phase du mouvement apparent d'une planète qui, après avoir décrit un mouvement d'ouest en est, se déplace dans le sens inverse. **2.** Litt. Action de rétrograder. Syn. recul, régression. **3.** Mesure disciplinaire consistant à faire redescendre qqn à un échelon inférieur de la hiérarchie. *Rétrogradation d'un fonctionnaire, d'un militaire.* – Bas lat. *retrogradatio,* de *retrogradare,* «rétrograder».

rétrograde [ʀetʀogʀad] adj. **1.** Qui va en arrière, qui s'effectue vers l'arrière. *Marche rétrograde.* ▷ ASTRO *Sens rétrograde :* sens de rotation inverse du sens direct ou trigonométrique. *La rotation de Vénus sur elle-même s'effectue dans le sens rétrograde* (c.-à-d. dans le sens des aiguilles d'une montre). **2.** Fig. Qui fait preuve d'un attachement excessif au passé, qui s'oppose à toute innovation, à tout progrès. *Politique rétrograde. Idées rétrogrades.* Syn. conservateur. Ant. novateur. – Lat. *retrogradus,* de *gradi,* «marcher».

rétrograder [ʀetʀogʀade] v. [1] **I.** v. intr. **1.** ASTRO Avoir un mouvement de rétrogradation. **2.** Revenir, retourner en arrière. **3.** Fig. Retourner à un stade antérieur, perdre ce qu'on a acquis. *Il avait fait des progrès, mais maintenant il rétrograde.* Syn. régresser. **4.** AUTO Passer à une vitesse inférieure. *Rétrograder de troisième en deuxième pour ralentir.* **II.** v. tr. Frapper de rétrogradation. *Rétrograder un militaire.* – Lat. *retrogradare,* de *gradi,* «marcher».

rétrogression [ʀetʀogʀɛsjɔ̃] n. f. Rare Mouvement en arrière. Syn. recul. – De *rétro-,* et du lat. *gressus,* «marche», d'ap. *progression.*

rétropédalage [ʀetʀopedalaʒ] n. m. Action de pédaler en arrière. *Frein de bicyclette à rétropédalage.* – De *rétro-,* et *pédalage.*

rétropropulsion [ʀetʀopʀɔpylsjɔ̃] n. f. ESP Freinage par une, des rétrofusées. – De *rétro-,* et *propulsion.*

rétrospectif, ive [ʀetʀɔspɛktif, iv] adj. et n. f. **1.** Qui regarde en arrière, qui concerne le passé. *Documentaire rétrospectif.* **2.** *Exposition rétrospective,* qui réunit les œuvres d'un artiste, d'une école, d'une époque. ▷ N. f. *Rétrospective cinématographique.* – Par ext. *Rétrospective des événements de l'année.* **3.** Se dit d'un sentiment éprouvé dans le présent à l'égard d'un fait passé. *Peur rétrospective.* – De *rétro-,* et du lat. *spectare,* «regarder».

rétrospection [ʀetʀɔspɛksjɔ̃] n. f. Regard en arrière, vers le passé. – Du préc.

rétrospectivement [ʀetʀɔspɛktivmɑ̃] adv. D'une manière rétrospective; après coup. *L'évocation de ce souvenir le met rétrospectivement en fureur.* – De *rétrospectif.*

retroussé, ée [ʀ(ə)tʀuse] adj. Replié vers le haut. *Manches retroussées.* ▷ *Nez retroussé,* au bout relevé. – Pp. de *retrousser.*

retroussement [ʀ(ə)tʀusmɑ̃] n. m. Action de retrousser, de se retrousser. – De *retrousser.*

retrousser [ʀ(ə)tʀuse] v. tr. [1] Replier, ramener vers le haut. *Retrousser sa jupe. Retrousser ses manches,* les replier sur son bras. Fig. Se mettre au travail. ▷ v. pron. Se relever vers l'extérieur. *Le pan de son manteau s'est retroussé.* – Vieilli Relever sa jupe. *Se retrousser jusqu'aux genoux.* – De *re-,* et *trousser.*

retroussis [ʀ(ə)tʀusi] n. m. Partie retroussée (d'une pièce d'habillement, en partic.); revers. *Bottes à retroussis.* – De *retrousser.*

retrouvailles [ʀ(ə)tʀuvaj] n. f. pl. Fam. Fait, pour des personnes, de se retrouver après une séparation. *Fêter des retrouvailles.* – De *retrouver.*

retrouver [ʀ(ə)tʀuve] **I.** v. tr. [1] **1.** Trouver, découvrir de nouveau. *Retrouver une formule, un théorème.* **2.** Rencontrer de nouveau. *C'est une idée qu'on retrouve dans son deuxième livre.* **3.** Trouver (ce qui était perdu, ce que l'on cherchait). *Retrouver son portefeuille. On a retrouvé des traces de son passage ici.* – (Abstrait.) *Retrouver du travail. Aidez-moi à retrouver son nom.* ▷ Fig. Avoir de nouveau. *Retrouver son sourire, ses forces.* **4.** Être à nouveau en présence de (qqn, qqch). *Elle avait hâte de retrouver ses amis.* ▷ Rejoindre. *Venez nous retrouver quand vous aurez terminé.* **5.** Découvrir, trouver dans un certain état, une certaine situation. *Il a retrouvé son appartement dévasté.* ▷ Revoir sous un certain aspect. *Il avait laissé un enfant, il retrouva un homme.* – Reconnaître. *Avec ce sourire, je te retrouve.* **II.** v. pron. **1.** Être à nouveau réunis, se revoir. *Nous nous retrouverons un jour.* **2.** Retrouver son chemin, s'orienter. *Après bien des détours, j'ai fini par me retrouver.* – Fig. *Ses comptes sont dans un tel désordre qu'il ne peut s'y retrouver.* ▷ Fam. *S'y retrouver,* rentrer dans ses frais; faire un bénéfice. **3.** Litt. Rentrer en soi-même pour remettre ses idées en place. *Il avait besoin de réfléchir, de se retrouver.* **4.** Être, se trouver de nouveau (dans un endroit, une situation). *Se retrouver au même point qu'avant.* ▷ Être, se trouver malgré soi ou subitement (dans un endroit, une situation). *Il se retrouva dehors avant d'avoir pu dire un mot.* – De *re-,* et *trouver.*

rétroversion [ʀetʀovɛʀsjɔ̃] n. f. MED Renversement pathologique vers l'arrière. *Rétroversion de l'utérus.* – De *rétro-,* et lat. *vertere,* «tourner».

rétroviseur [ʀetʀovizœʀ] n. m. Miroir qui permet au conducteur d'un véhicule de voir la route derrière lui sans avoir à se retourner. Abrév. fam. *rétro.* – De *rétro-,* et *viseur.*

rets [ʀɛ] n. m. **1.** Vx Filet, réseau de cordes pour prendre des fauves, des oiseaux, des poissons. **2.** Fig., litt. Piège. *Prendre qqn dans ses rets.* – Lat. *retis,* var. de *rete;* d'abord *rei, raiz, reis.*

réunification [ʀeynifikasjɔ̃] n. f. Action de réunifier; résultat de cette action. – De *réunifier.*

réunifier [ʀeynifje] v. tr. [1] Restaurer l'unité de. *Réunifier un pays, un parti politique.* – De *ré-,* et *unifier.*

réunion [ʀeynjɔ̃] n. f. **1.** Action de réunir des parties qui avaient été séparées. ▷ Fig. Réconciliation. **2.** Action de joindre une chose à une autre. Syn. Adjonction, rattachement. **3.** Action de rassembler divers éléments. MATH *Réunion de deux ensembles A et B:* ensemble E, noté A ∪ B («A union B»), dont chaque élément appartient à l'un au moins des deux ensembles A et B. **4.** Groupement, assemblée de personnes. *La réunion se tiendra à la mairie. Organiser une réunion.* ▷ Temps pendant lequel se tient une assemblée. *La réunion se prolongea fort tard.* – De *réunir,* d'ap. *union.*

réunir [ʀeyniʀ] **I.** v. tr. [2] **1.** Unir de nouveau, rapprocher (ce qui était séparé). *Réunir par un nœud les deux extrémités d'un fil rompu.* ▷ Fig. Réconcilier. *Travailler à réunir les esprits.* **2.** Unir, former un lien entre (des choses). *La galerie réunit les deux ailes du château.* – (Objet n. de personne.) *La passion pour leur métier les a réunis.* **3.** Rassembler, grouper (plusieurs choses) pour former un tout. *Réunir plusieurs corps d'armée en un seul.* ▷ Joindre (un élément) à une totalité. *Réunir un territoire à un État.* **4.** Rassembler, regrouper (ce qui était dispersé, épars). *Réunir des preuves.* **5.** Rassembler (plusieurs personnes) en un même lieu. *Réunir sa famille, ses amis.* ▷ *Spécial.* Convoquer (un corps, un groupe) à une assemblée. *Réunir le conseil d'administration.* **6.** Comporter, avoir (plusieurs choses) en soi. *Il réunit toutes les qualités requises pour ce poste.* **II.** v. pron. **1.** Se rejoindre. *Routes qui se réunissent près d'un village.* **2.** Se rassembler, tenir une assemblée. *Ils se réunissent une fois par semaine.* – De *ré-,* et *unir.*

réunissage [ʀeynisaʒ] n. m. TECH Assemblage des fils dans les filatures. – De *réunir.*

réussi, ie [ʀeysi] adj. **1.** Exécuté, accompli (de telle manière). *Ce n'est qu'à demi réussi.* **2.** Bien exécuté, bien fait; qui a du succès, qui reçoit un accueil favorable. *La sauce est réussie. Soirée réussie.* – Pp. de *réussir.*

réussir [ʀeysiʀ] v. [2] **I.** v. intr. **1.** *Réussir bien, mal:* avoir une issue favorable, défavorable (choses); obtenir ou non le résultat recherché, avoir du succès ou non dans ce qu'on entreprend (personnes). **2.** (Sans adv.) Avoir une issue satisfaisante, heureuse (choses). *Expérience qui réussit.* ▷ Obtenir le résultat recherché; avoir du succès dans ce que l'on entreprend, voir ses efforts aboutir (personnes). *Il a réussi à la première tentative. Réussir à un examen.* – (S. comp.) Avoir du succès dans sa carrière, dans ses affaires. *C'est un homme qui a réussi.* ▷ *Réussir à* (+ inf.): parvenir à. *Vous ne réussirez pas à me convaincre.* **3.** *Réussir à qqn,* lui valoir des succès, lui être favorable. *Son aplomb lui a toujours réussi.* **II.** v. tr. Mener à bien, faire avec succès. *Elle réussit tout ce qu'elle entreprend. Réussir un plat.* – Ital. *riuscire,* propr. «ressortir», de *uscire,* «sortir».

réussite [ʀeysit] n. f. **1.** Heureuse issue; résultat favorable. *Réussite d'un projet. Fêter sa réussite à un examen.* ▷ Fait de réussir, d'avoir réussi dans la vie. *Réussite sociale. Les signes extérieurs de la réussite.* **2.** Jeu solitaire consistant à combiner ou à retourner des cartes suivant certaines règles, utilisé parfois comme procédé de divination. – Ital. *riuscita,* de *riuscire,* «réussir».

réutilisable [ʀeytilizabl] adj. Que l'on peut réutiliser. – De *réutiliser.*

réutiliser [ʀeytilize] v. tr. [1] Utiliser de nouveau. – De *ré-,* et *utiliser.*

revaloir [ʀ(ə)valwaʀ] v. tr. [48] *Revaloir qqch à qqn,* lui rendre la pareille, en bien ou en mal. *Je vous revaudrai cela.* – De *re-,* et *valoir.*

revalorisation [ʀ(ə)valɔʀizasjɔ̃] n. f. Action de revaloriser; son résultat. – De *revaloriser.*

revaloriser [ʀ(ə)valɔʀize] v. tr. [1] Rendre sa valeur, donner une valeur plus grande à. *Revaloriser une monnaie.* – Fig. *Revaloriser le travail manuel.* – De *re-,* et *valoriser.*

revanchard, arde [ʀ(ə)vɑ̃ʃaʀ, aʀd] adj. et n. Qui nourrit un désir de revanche (et partic., de revanche militaire) outrancier. ▷ Subst. *Les revanchards.* – De *revanche.*

revanche [ʀ(ə)vɑ̃ʃ] n. f. **1.** Fait de rendre le mal qu'on a reçu, de reprendre un avantage perdu. *Prendre sa revanche. Il a eu une belle revanche.* **2.** Nouvelle partie, nouveau match, etc., permettant au perdant de tenter de nouveau sa chance. ▷ loc. *À charge de revanche:* sous condition de rendre la pareille. **3.** Loc. adv. *En revanche :* en compensation, en contrepartie. – De l'anc. v. *revancher,* de *re-,* et var. anc. de *venger.*

rêvasser [ʀɛvase] v. intr. [1] S'abandonner à de vagues rêveries. – De *rêver.*

rêvasserie [ʀɛvasʀi] n. f. Action de rêvasser; rêverie inconsistante. – Du préc.

rêvasseur, euse [ʀɛvasœʀ, øz] adj. et n. Qui rêvasse. – De *rêvasser.*

rêve [ʀɛv] n. m. **1.** Combinaison d'images, de représentations résultant de l'activité psychique pendant le sommeil. *Faire un rêve.* ▷ *Le rêve:* cette activité psychique elle-même. **2.** Production idéale ou chimérique de l'imagination. *Poursuivre, caresser un rêve.* ▷ *De rêve :* qui semble relever du rêve, qui est aussi beau, aussi parfait qu'on peut le rêver. *Une créature de rêve. C'est la maison de ses rêves.* – Déverbal de *rêver.*

ENCYCL **Psycho. et psychan.** – L'Antiquité (biblique, classique, extrême-orientale) voyait, dans les images des rêves, des symboles mais les interprétait de façon mystique. Abandonnant toute spéculation de cet ordre, la psychologie classique (XIXe – déb. XXe s.) étudia les rapports du rêve avec l'activité de veille et avec les autres fonctions mentales ou physiologiques. La parution en 1900 de l'ouvrage de Freud, *Die Traumdeutung (l'Interprétation des rêves),* marque un tournant décisif: sous les images plus ou moins cohérentes du rêve tel que le dormeur le rapporte *(contenu manifeste),* se dissimule un autre contenu, dans lequel s'exprime le psychisme profond du sujet (le *contenu latent*). Tout rêve exprime un ou plusieurs désirs profonds, de manière claire ou voilée. Chez l'adulte, le rêve apparaît parfois comme un amas d'images hétéroclites, absurdes ou contradictoires auquel il a du mal à donner une signification; ce sont en fait des désirs qui ne sauraient se manifester sans déguisement à la conscience claire. Le *travail du rêve* opère ce déguisement; le *travail d'analyse* puis d'*interprétation* consiste à décrypter le récit des rêves pour mettre au jour le désir déguisé. Le rêveur puise ses matériaux dans sa mémoire (événements vécus, proches ou lointains) et, sur ces matériaux, le rêve opère par un travail de *dramatisation* (un spectacle où le désir déguisé se trouve réalisé), de *condensation* (un élément du rêve renvoie à plusieurs idées), de *déplacement* (les détails apparemment les plus insignifiants se trouvent être porteurs des significations latentes essentielles), enfin de *symbolisation* (la montée ou la descente d'un escalier pouvant symboliser, par ex., l'acte sexuel). Le rêve permet au désir de se frayer (malgré la *censure*) une voie jusqu'à la conscience. Il est aussi «gardien du sommeil», puisqu'il permet au désir de se réaliser en l'absence de la répression exercée par la conscience et la réalité durant l'état de veille.

rêvé, ée [ʀɛve] adj. **1.** Imaginé, souhaité. **2.** Idéal, parfait. *C'est le coin rêvé pour pêcher le brochet.* – Pp. de *rêver.*

revêche [ʀəvɛʃ] adj. Peu traitable, rude, rébarbatif. *Personne, ton revêche.* – Orig. incert., p.-ê. du frq. **hreubisk,* «âpre, rude».

réveil [ʀevɛj] n. m. **I. 1.** Passage du sommeil à l'état de veille. ▷ MILIT Batterie de tambour, sonnerie de clairon qui annonce l'heure du lever. *Battre, sonner le réveil.* **2.** Fig. Retour à l'activité. *Le réveil de la nature au printemps.* **3.** Fig. Fin d'une illusion; retour à la réalité. *Tous ses rêves se sont écroulés: le réveil a été* *rude.* **II.** Abrév. de *réveille-matin.* – Déverbal de *réveiller.*

réveille-matin [ʀevɛjmatɛ̃] n. m. inv. Petite pendule de chevet dont la sonnerie se déclenche à une heure réglée à l'avance. (On dit plus cour. *réveil.*) **2.** Nom cour. de l'euphorbe hélioscopique. – De *réveiller,* et *matin.*

réveiller [ʀevɛ(e)je] v. tr. [1] **1.** Tirer (qqn) du sommeil. ▷ v. pron. Sortir du sommeil. **2.** Fig. Tirer de sa torpeur, de son inaction; ranimer, faire renaître. *Réveiller des souvenirs.* ▷ v. pron. *Le pays se réveille.* – De *re-* (à valeur de renforcement), et *éveiller.*

réveillon [ʀevɛjɔ̃] n. m. Souper de fête des nuits de Noël et du Nouvel An; la fête elle-même. – De *réveiller.*

réveillonner [ʀevɛjɔne] v. intr. [1] Faire un réveillon. – Du préc.

révélateur, trice [ʀevelatœʀ, tʀis] adj. et n. m. **1.** adj. Qui révèle. *Signe, lapsus révélateur.* **2.** n. m. PHOTO Composition chimique qui rend visible l'image latente. – Bas lat. ecclés. *revelator,* de *revelare,* «révéler».

révélation [ʀevelasjɔ̃] n. f. **1.** Action de révéler (sens 1); ce qui est révélé. *Faire des révélations.* **2.** Manifestation de Dieu, d'une volonté surnaturelle, faisant connaître aux hommes des vérités inaccessibles à leur simple raison; ces vérités. ▷ THEOL *La révélation divine* ou, absol., *la Révélation.* **3.** Expérience intérieure au cours de laquelle on éprouve des sensations, des sentiments jusqu'alors ignorés ou qui permet de prendre subitement conscience de qqch. *Cette rencontre a été pour moi une révélation.* ▷ Découverte soudaine de qqch qu'on avait jusque-là méconnu ou ignoré. *Avoir la révélation de l'opéra.* **4.** Personne que l'on découvre, dont le talent, les dons se révèlent subitement. *Ce joueur a été la révélation du match.* – Bas lat. ecclés. *revelatio,* de *revelare,* «révéler».

révéler [ʀevele] **I.** v. tr. [16] **1.** Faire connaître (ce qui était inconnu ou secret). *Révéler ses intentions, un complot.* **2.** Faire connaître par une inspiration surnaturelle. *Les mystères que le Christ a révélés.* **3.** Laisser apparaître, montrer, témoigner de (choses). *Ce tableau révèle toute la maîtrise du peintre.* **4.** PHOTO Faire apparaître (l'image latente) sur une plaque, un film, etc. **II.** v. pron. Apparaître, devenir connu, manifeste. *La vérité se révèle petit à petit.* ▷ (Avec un attribut.) *Cela s'est révélé exact.* – Lat. impér. *revelare,* «découvrir», de *velum,* «voile».

revenant, ante [ʀəv(ə)nɑ̃, ʀ(ə)vənɑ̃, ɑ̃t] n. **1.** n. m. Esprit d'un mort qu'on suppose revenir de l'autre monde. **2.** *Par exag.* Fam. Personne qui revient après une longue absence. – Ppr. subst. de *revenir.*

revendeur, euse [ʀ(ə)vɑ̃dœʀ, øz] n. Personne qui achète pour revendre. – De *revendre.*

revendicateur, trice [ʀ(ə)vɑ̃dikatœʀ, tʀis] adj. et n. Qui revendique. – De *revendication.*

revendicatif, ive [ʀ(ə)vɑ̃dikatif, iv] adj. Qui exprime une, des revendications. *Exposé revendicatif.* – De *revendication.*

revendication [ʀ(ə)vɑ̃dikasjɔ̃] n. f. Action de revendiquer; ce qu'on revendique (partic. en matière politique, sociale). – Du lat. *rei vindicatio,* de *res, rei,* «chose», et *vindicatio,* de *vindicare,* «revendiquer en justice».

revendiquer [ʀ(ə)vɑ̃dike] v. tr. [1] **1.** Réclamer (ce que l'on considère comme son droit, son bien, son dû). *Revendiquer une succession.* **2.** Fig. S'imputer pleinement, assumer. *Revendiquer une responsabilité.* – De *re-,* et de l'anc. v. *vendiquer,* du lat. *vindicare* «réclamer en justice».

revendre [ʀ(ə)vɑ̃dʀ] v. tr. [5] **1.** Vendre ce qu'on a acheté; vendre de nouveau. **2.** *Avoir de qqch à revendre,* en avoir en abondance. – Fig. *Il a de l'optimisme à revendre.* – De *re-,* et *vendre.*

revenez-y [ʀəv(ə)nezi, ʀ(ə)vənezi] n. m. inv. Fam. Regain, nouvel élan. *Un revenez-y de tendresse.* ▷ Chose qui, par le plaisir qu'elle procure, donne envie d'y revenir. *Un goût de revenez-y.* – De *revenir,* à l'impér., et *y* 2.

revenir [ʀ(ə)vəniʀ, ʀəv(ə)niʀ] v. intr. [39] **I. 1.** Venir de nouveau. *Il est revenu trois jours plus tard.* **2.** Retourner au lieu d'où l'on est parti. *Revenir au pays.* – Litt. *S'en revenir.* **3.** *Revenir sur ses pas:* rebrousser chemin. ▷ Fig. *Revenir sur une chose,* y prêter de nouveau attention, intérêt; en reparler. *Il n'y a pas à revenir là-dessus, à y revenir.* – *Revenir sur une décision,* la reconsidérer, l'annuler. *Revenir sur sa promesse,* s'en dédire. **4.** (Choses.) Retourner au point de départ; apparaître, se produire de nouveau. *Le questionnaire est revenu sans avoir été rempli. Le soleil revient.* **II.** *Revenir à.* **1.** Reprendre (ce qu'on a quitté). *Revenir à ses habitudes.* – *N'y revenez pas:* ne recommencez pas; n'insistez pas. **2.** Être rapporté à. ▷ v. impers. *Il m'est revenu certains propos.* **3.** *Revenir à soi:* sortir d'un évanouissement. **4.** (D'un état, d'une faculté, etc.) Être recouvré par (qqn). *L'appétit lui est revenu.* **5.** Se présenter de nouveau à l'esprit de (qqn). *Cela me revient:* je m'en ressouviens. **6.** Échoir, être dévolu à. *Cette part lui revient.* ▷ v. impers. *C'est à vous qu'il revient de trancher.* **7.** Équivaloir à. *Cela revient à dire que vous l'approuvez.* – *Cela revient au même:* le résultat est le même. **8.** Coûter. *Cela me revient cher.* **9.** Inspirer confiance à. *Sa tête ne me revient pas.* **III.** *Revenir de.* **1.** Rentrer. *Revenir de voyage.* – Litt. *S'en revenir de guerre.* **2.** Quitter (tel état). *Revenir d'une maladie,* en guérir. *Revenir de loin:* avoir échappé à un grand péril. ▷ *Je n'en reviens pas:* je suis stupéfait. ▷ *Revenir d'une erreur, d'une illusion:* s'en débarrasser, s'en affranchir. – *Il est revenu de tout:* il est blasé. **IV.** CUIS *Faire revenir un aliment:* le faire cuire superficiellement, dans une matière grasse, le faire dorer. – De *re-,* et *venir.*

revente [ʀ(ə)vɑ̃t] n. f. Action de revendre; son résultat. – De *revendre,* d'après *vente.*

revenu [ʀəv(ə)ny, ʀ(ə)vəny] n. m. **1.** Ce que perçoit une personne physique ou morale au titre de son activité (salaire, etc.) ou de ses biens (rentes, loyers, etc.). *Impôt sur le revenu,* qui frappe les revenus annuels des contribuables. *Revenu national :* ensemble des revenus annuels en rapport avec la production nationale des biens et des services. ▷ *Revenus publics, de l'État:* ce que l'État retire des contributions ou de ses biens. **2.** METALL Réchauffage de l'acier après la trempe, suivi d'un refroidissement lent, destiné à en augmenter la résilience. – Pp. subst. de *revenir.*

revenue [ʀəv(ə)ny, ʀ(ə)vəny] n. f. SYLVIC Jeune bois qui repousse sur une coupe de taillis. – Pp. fém. subst. de *revenir.*

rêver [ʀɛve] v. **I.** v. intr. [1] **1.** Faire un, des rêves. *J'ai rêvé toute la nuit.* **2.** Laisser aller son imagination; s'abandonner à des idées vagues et chimériques. *Il reste là des heures, à rêver.* – *On croit rêver:* on n'arrive pas à le croire; il y a de quoi être stupéfait, indigné. **II.** v. tr. indir. **1.** *Rêver de (qqn, qqch):* voir en rêve. *J'ai rêvé de vous.* ▷ *Rêver de qqch:* penser souvent à (qqch que l'on désire faire, accomplir, posséder). *Il rêve de voyages.* – (+ inf.) *Je rêve d'y parvenir.* **2.** *Rêver à (qqch):* songer à, méditer sur. *À quoi rêvez-vous?* **III.** v. tr. **1.** (Avec un comp. indéterminé.) Concevoir, imaginer, au cours du rêve; voir en rêve. *J'ai rêvé cela il y a longtemps.* ▷ *Rêver que. Rêver qu'on vole.* **2.** Se représenter en rêvant (sens I, 2), imaginer de manière plus ou moins chimérique. *Rêver l'aventure sans oser la vivre.* ▷ (Sans article.) Souhaiter vivement, désirer (une chose dont la pensée occupe plus ou moins exclusivement l'esprit). *Rêver fortune.* – Loc. *Ne rêver que plaies et bosses:* être belliqueux, bataillleur. – Probabl. de *r-*, et d'un anc. v. *esver*, gallo-roman *esvo*, «vagabond», lat. pop. **exvagus*, de *vagus*, «vagabond».

réverbération [ʀevɛʀbeʀasjɔ̃] n. f. **1.** Réflexion de la lumière, de la chaleur, du son. *La réverbération du soleil sur la neige.* **2.** Persistance du son dans une salle par réflexion sur les parois, après son émission. – De *réverbérer.*

réverbère [ʀevɛʀbɛʀ] n. m. **1.** Miroir réflecteur. *Four à réverbère,* dont la voûte réfléchit le rayonnement thermique sur les matières à traiter. **2.** Appareil d'éclairage de la voie publique. – Déverbal de *réverbérer.*

réverbérer [ʀevɛʀbeʀe] v. tr. **[16]** Renvoyer, réfléchir (la lumière, la chaleur). ▷ v. pron. *Le soleil se réverbère sur les vitres.* – Lat. *reverberare,* «repousser».

reverdir [ʀ(ə)vɛʀdiʀ] v. tr. **[2] 1.** Rendre sa couleur verte, sa verdure à. *Le printemps reverdit les arbres.* ▷ v. intr. Redevenir vert. *Les bois reverdissent.* **2.** TECH Tremper les peaux avant le tannage. – De *re-,* et *verdir.*

reverdissage [ʀ(ə)vɛʀdisaʒ] n. m. TECH Action de reverdir les peaux. – Du préc.

reverdissement [ʀ(ə)vɛʀdismɑ̃] n. m. Fait de reverdir (végétation). – De *reverdir.*

révérence [ʀeveʀɑ̃s] n. f. **1.** Respect profond. ▷ Fam. *Révérence parler :* sauf votre respect. **2.** Salut respectueux qu'on fait en fléchissant les genoux plus ou moins. ▷ Fam. *Tirer sa révérence à qqn,* le saluer en le quittant; s'en aller. – Lat. *reverentia.*

révérenciel, elle [ʀeveʀɑ̃sjɛl] adj. Vx Inspiré par la révérence (sens 1). ▷ Mod., litt. *Crainte révérencielle:* tendance, chez les adolescents, à l'obéissance peureuse à l'égard de leurs parents, empêchant le libre choix de leur condition de vie. – Du préc.

révérencieusement [ʀeveʀɑ̃sjøzmɑ̃] adv. Litt. D'une manière révérencieuse. – De *révérencieux.*

révérencieux, ieuse [ʀeveʀɑ̃sjø, jøz] adj. Litt. Qui manifeste de la révérence (sens 1). *Un hôte, un ton révérencieux.* – De *révérence.*

révérend, ende [ʀeveʀɑ̃, ɑ̃d] adj. et n. **1.** *Le (mon) Révérend Père, la (ma) Révérende Mère:* titres d'honneur donnés par les catholiques à un religieux prêtre, à une religieuse de chœur. ▷ Subst. Plaisant *Le (mon) révérend.* **2.** n. m. Titre donné par les anglicans aux pasteurs de la plupart des églises réformées. *Le révérend Smith, pasteur à X...* – Lat. *reverendus,* «qui doit être révéré, vénérable».

révérendissime [ʀeveʀɑ̃disim] adj. RELIG CATHOL Épithète honorifique réservée aux abbés mitrés*, aux abbesses et aux supérieurs généraux de certains ordres religieux masculins et féminins. *Le* (ou *mon) révérendissime Père.* – Bas lat. ecclés. *reverendissimus.*

révérer [ʀeveʀe] v. tr. **[16]** Honorer, traiter avec révérence. – Lat. *revereri.*

rêverie [ʀɛvʀi] n. f. **1.** État de l'esprit qui s'abandonne à des évocations, des pensées vagues; ces évocations, ces pensées. **2.** Idée vaine, chimérique. – De *rêver.*

revers [ʀ(ə)vɛʀ] n. m. **1.** Côté opposé au côté principal ou au côté le plus apparent; envers. *Le revers de la main,* le côté opposé à la paume, le dos. ▷ *Prendre à revers,* par le flanc ou par-derrière. **2.** Côté d'une monnaie, d'une médaille opposé à celui qui porte la figure principale. *L'avers et le revers.* ▷ Fig. *Le revers de la médaille:* le mauvais côté d'une chose. **3.** Partie d'un vêtement repliée en dehors. *Les revers d'un pantalon. Bottes à revers.* **4.** Coup porté avec le revers de la main. ▷ Au tennis, renvoi de la balle avec la raquette tenue dos de la main en avant. **5.** Fig. *Revers de fortune* ou *revers :* échec, vicissitude fâcheuse survenant après une période de succès ou de prospérité. – Du lat. *reversus,* pp. de *revertere,* «retourner».

réversal, ale, aux [ʀevɛʀsal, o] adj. *Lettres réversales* ou, n. f. pl., *des réversales:* en diplomatie, lettres par lesquelles on fait une concession en retour d'une autre. – Du lat. *reversus,* pp. de *revertere,* «retourner».

reversement [ʀəvɛʀs(ə)mɑ̃, ʀ(ə)vɛʀsəmɑ̃] n. m. FIN Action de reverser (sens 3). – De *reverser.*

reverser [ʀ(ə)vɛʀse] v. tr. **[1] 1.** Verser de nouveau. *Reverser à boire à qqn.* **2.** Remettre dans un récipient (un liquide). **3.** FIN Reporter. *Reverser une somme sur un compte.* – De *re-,* et *verser.*

reversi ou **reversis** [ʀ(ə)vɛʀsi] n. m. Jeu de cartes où gagne celui qui fait le moins de levées. – Altér. d'ap. *revers,* de l'ital. *rovescino,* de *rovescio,* «à rebours».

réversibilité [ʀevɛʀsibilite] n. f. Caractère de ce qui est réversible. – De *réversible.*

réversible [ʀevɛʀsibl] adj. **1.** Qui peut s'effectuer en sens inverse. ▷ CHIM *Réaction réversible,* dans laquelle les corps formés réagissent les uns sur les autres pour redonner en partie les substances initiales. ▷ PHYS *Transformation réversible :* transformation idéale, infiniment lente, constituée par une succession d'états d'équilibre, et qui peut se produire en sens inverse. **2.** Se dit d'un tissu, d'un vêtement utilisable à l'envers comme à l'endroit. – Du lat. *reversus,* pp. de *revertere,* «retourner».

réversion [ʀevɛʀsjɔ̃] n. f. BIOL Retour au phénotype primitif après deux mutations. – Lat. *reversio,* «action de faire demi-tour, réapparition».

reversoir [ʀ(ə)vɛʀswaʀ] n. m. TECH Syn. de *déversoir.* – De *reverser.*

revêtement [ʀ(ə)vɛtmɑ̃] n. m. TECH Ce dont on recouvre une chose pour l'orner, la protéger, la consolider, etc. *Revêtement d'un mur, d'une chaussée.* – De *revêtir.*

revêtir [ʀ(ə)vɛtiʀ] v. tr. **[36] I. 1.** Mettre à (qqn) un vêtement particulier (habit d'apparat, uniforme, etc.). *On l'avait revêtu d'un manteau de cérémonie.* ▷ v. pron. *Se revêtir d'un habit.* **2.** Fig. Investir. *Revêtir qqn d'un pouvoir.* **3.** Garnir d'un revêtement. *Revêtir une piste de bitume.* **4.** Pourvoir (un acte, etc.) d'une marque de validité. *Revêtir d'un visa, d'une signature.* **II. 1.** Mettre sur soi (un vêtement particulier). *Revêtir l'uniforme.* **2.** Prendre tel aspect, telle forme. *Cette déclaration revêt un caractère politique.* – De *re-,* et *vêtir.*

rêveur, euse [ʀɛvœʀ, øz] adj. et n. **1.** Qui est porté à la rêverie; qui dénote un esprit porté à la rêverie. *Des yeux rêveurs.* ▷ Subst. *C'est un rêveur,* une personne qui n'a pas le sens des réalités. **2.** *Cela me laisse rêveur,* perplexe. – De *rêver.*

rêveusement [ʀɛvøzmɑ̃] adv. D'une manière rêveuse. – Du préc.

revif [ʀ(ə)vif] n. m. **1.** MAR Période entre la morte-eau et la vive-eau, pendant laquelle l'amplitude de la marée va croissant. **2.** Litt. Regain. *Un revif de jeunesse.* – De *re-,* et *vif.*

revigorer [ʀ(ə)vigɔʀe] v. tr. **[1]** Redonner de la vigueur à. – De *re-,* et lat. *vigor,* «vigueur».

revirement [ʀ(ə)viʀmɑ̃] n. m. Changement brusque et complet. *Revirement d'opinion.* – De l'anc. v. *revirer,* de *re-,* et *virer.*

révisable [ʀevizabl] adj. Qui peut être révisé. – De *réviser.*

réviser [ʀevize] v. tr. **[1] 1.** Examiner de nouveau pour corriger, modifier, mettre au point. *Réviser une loi. Réviser son jugement.* **2.** Vérifier le bon fonctionnement de, remettre en bon état, en état de marche.

Réviser une machine. **3.** Relire pour se remettre en mémoire. *Réviser ses leçons.* – Lat. *revisere,* «revenir voir».

réviseur [ʀevizœʀ] n. m. Personne qui révise (partic. des épreuves typographiques). (Rem.: Comme forme féminine, l'OLF recommande *réviseure.*) – Du préc.

révision [ʀevizjõ] n. f. Action de réviser; son résultat. *Révision de la constitution. Révision d'un moteur. Faire ses révisions en vue d'un concours.* ▷ DR Nouvel examen et éventuellement annulation, par une juridiction supérieure, de la décision d'une autre juridiction. *Révision d'un procès.* – Bas lat. *revisio.*

révisionnel, elle [ʀevizjɔnɛl] adj. Didac. Relatif à une révision. *Procédure révisionnelle.* – Du préc.

révisionnisme [ʀevizjɔnism] n. m. POLIT Position de ceux qui remettent en cause les bases fondamentales d'une doctrine (partic. du marxisme). – De *révision,* d'ap. le russe.

révisionniste [ʀevizjɔnist] n. et adj. POLIT **1.** Partisan d'une révision (partic. constitutionnelle). **2.** Partisan du révisionnisme. – De *révision.*

revitalisant, ante [ʀəvitalizɑ̃, ɑ̃t] adj. Qui revitalise. *Lotion revitalisante.* – Ppr. de *revitaliser.*

revitalisation [ʀəvitalizasjõ] n. f. Action de revitaliser; son résultat. – De *revitaliser.*

revitaliser [ʀəvitalize] v. tr. [1] Redonner de la vitalité à. *Revitaliser la peau.* ▷ Fig. *Revitaliser une région.* – De *re-,* et *vital,* d'ap. l'angl. *to revitalize,* «rendre sa vitalité à».

revivification [ʀ(ə)vivifikasjõ] n. f. Litt. Action de revivifier; son résultat. – De *revivifier.*

revivifier [ʀ(ə)vivifje] v. tr. [1] Litt. Vivifier de nouveau. – De *re-,* et *vivifier.*

reviviscence [ʀ(ə)vivisɑ̃s] ou **réviviscence** [ʀevivisɑ̃s] n. f. **1.** Litt. Le fait de reprendre vie. **2.** BIOL Propriété que présentent certains animaux inférieurs et certains végétaux de reprendre vie après avoir été desséchés, lorsqu'ils se trouvent en présence d'eau. – Bas lat. *reviviscentia,* du class. *reviviscere,* «revenir à la vie».

reviviscent, ente [ʀ(ə)vivisɑ̃, ɑ̃t] adj. Litt. Capable de revivre. ▷ BIOL Doué de reviviscence. – Lat. *reviviscens,* ppr. de *reviviscere,* «revivre, revenir à la vie».

revivre [ʀ(ə)vivʀ] v. [80] **I.** v. intr. **1.** Revenir à la vie; ressusciter. ▷ *Revivre dans qqn,* se continuer en lui. **2.** Recouvrer sa santé, sa vigueur; retrouver l'espérance, la joie. *Se sentir revivre.* **3.** (Choses.) Renaître, se renouveler. *Croyances qui revivent.* **4.** *Faire revivre une chose,* la remettre en usage, en honneur. ▷ *Faire revivre un personnage,* le représenter à l'imagination, lui redonner vie par l'art. **II.** v. tr. Vivre, éprouver de nouveau. *Revivre une angoisse. Revivre son passé.* – Du lat. *revivere.*

révocabilité [ʀevɔkabilite] n. f. DR Caractère de ce qui est révocable. – De *révocable.*

révocable [ʀevɔkabl] adj. DR et cour. Qui peut être révoqué. – Lat. *revocabilis,* de *revocare,* «rappeler».

révocation [ʀevɔkasjõ] n. f. Action de révoquer; son résultat. ▷ DR Acte par lequel une personne est destituée de ses fonctions. *Révocation d'un fonctionnaire.* ▷ DR Annulation d'un acte juridique, d'un droit, d'une libéralité résultant d'une décision personnelle ou judiciaire. *Révocation d'un testament.* – Lat. *revocatio,* «rappel».

révocatoire [ʀevɔkatwaʀ] adj. Qui révoque. *Décision révocatoire.* – Bas lat. *revocatorius,* «destiné à rappeler».

revoici [ʀ(ə)vwasi], **revoilà** [ʀ(ə)vwala] prép. ou adv. Fam. Voici, voilà de nouveau. – De *re-,* et *voici, voilà.*

revoir [ʀ(ə)vwaʀ] v. tr. [49] **I. 1.** Voir de nouveau. *Revoir un parent.* ▷ v. pron. *Nous nous sommes revus hier.* ▷ *Au revoir:* formule de politesse pour prendre congé de qqn que l'on pense revoir. – N. m. *Ce n'est pas un adieu, c'est un au revoir.* **2.** Revenir, retourner dans (un lieu). *Revoir son pays, son village.* **3.** Voir de nouveau en esprit, se représenter par la mémoire. *Je le revois enfant.* **II.** Examiner de nouveau, réviser. *Ce texte est à revoir. Revoir un programme d'examen.* – De *re-,* et *voir.*

1. revoler [ʀ(ə)vɔle] v. intr. [1] **1.** Voler de nouveau. *Le petit oiseau revole.* **2.** Rare Revenir en volant. ▷ Fig. Revenir rapidement. – De *re-,* et *voler* 1.

2. revoler [ʀ(ə)vɔle] v. tr. [1] Dérober de nouveau. – De *re-* et *voler 2.*

révoltant, ante [ʀevɔltɑ̃, ɑ̃t] adj. Qui révolte, indigne. – Ppr. de *révolter.*

révolte [ʀevɔlt] n. f. **1.** Soulèvement contre l'autorité établie. **2.** Opposition violente à une contrainte; refus indigné de ce qui est éprouvé comme intolérable. *Un sentiment de révolte.* – Déverbal de *révolter.*

révolté, ée [ʀevɔlte] adj. et n. Qui est en révolte; qui est rempli d'indignation. – Pp. de *révolter.*

révolter [ʀevɔlte] v. tr. [1] **I. 1.** Rare Porter à la révolte. **2.** Indigner, choquer vivement. *Propos qui révoltent.* **II.** v. pron. **1.** Se soulever contre une autorité; refuser de plier devant qqn, qqch. *Se révolter contre ses chefs.* **2.** S'indigner contre. *Je me suis révolté devant cette injustice.* – De l'ital. *rivoltare,* «échanger, retourner», de *rivolgere,* lat. *revolvere,* «rouler en arrière, dérouler».

révolu, ue [ʀevɔly] adj. Achevé, accompli. *Avoir trente ans révolus.* – Du lat. *revolutus,* pp. de *revolvere,* «rouler en arrière, dérouler».

révolution [ʀevɔlysjõ] n. f. **I. 1.** Mouvement d'un mobile (partic. d'un astre) accomplissant une courbe fermée; durée de ce mouvement. *La révolution de la Terre autour du Soleil.* **2.** GEOM Mouvement d'un corps autour de son axe. *Axe de révolution d'une surface :* axe autour duquel une ligne (dite *génératrice*) de forme invariable engendre, par rotation, une surface (dite *de révolution*). *Axe de révolution d'un solide :* axe autour duquel une surface de forme invariable engendre, par rotation, un solide (dit *de révolution*). *Cône, cylindre, etc., de révolution.* ▷ Cour. Tour complet (d'une chose tournant autour d'un axe). **II. 1.** Évolution, changement importants (dans l'ordre moral, social, etc.). *Révolution scientifique.* ▷ *Spécial.* Bouleversement d'un régime politique et social, le plus souvent consécutif à une action violente. *La Révolution française de 1789.* ▷ *Révolution d'Octobre:* V. octobre. ▷ *Révolution culturelle:* nom donné à la lutte idéologique *(grande révolution culturelle prolétarienne)* amorcée en Chine en 1966 par Mao Zedong (Mao Tsö-Tong ou Mao Tse-toung) et qui se prolongea jusqu'en 1969. ▷ *Par ext.* Les événements, les actions qui aboutissent ou tendent à aboutir à ce bouleversement. *Révolution qui éclate.* **2.** Fam. Agitation, effervescence. *Tout l'immeuble était en révolution.* – Bas lat. *revolutio.*

révolutionnaire [ʀevɔlysjɔnɛʀ] adj. et n. **I.** adj. **1.** Relatif à une révolution (II, 1); qui en est issu. *Assemblée révolutionnaire.* **2.** Qui favorise ou apporte des changements radicaux dans un domaine quelconque. *Méthode révolutionnaire.* **II.** n. Partisan, instigateur, acteur d'une révolution. – De *révolution.*

révolutionnairement [ʀevɔlysjɔnɛʀmɑ̃] adv. Par des moyens révolutionnaires. – Du préc.

révolutionner [ʀevɔlysjɔne] v. tr. [1] 1. Agiter, troubler vivement. *Révolutionner les esprits.* 2. Transformer profondément. *Révolutionner une science.* – De *révolution.*

revolver [ʀevɔlvɛʀ] n. m. 1. Arme de poing à répétition, dont le magasin est un barillet. 2. TECH Mécanisme tournant porteur de divers outils ou accessoires, dans certains appareils. *Microscope à revolver.* – Appos. *Tour revolver.* – Mot anglo-amér. *revolver,* de *to revolve,* «tourner».

révolvériser [ʀevɔlveʀize] v. tr. [1] Fam. Tuer, blesser avec un revolver. – Du préc.

révoquer [ʀevɔke] v. tr. [1] I. 1. Destituer d'une fonction. *Révoquer un fonctionnaire.* 2. DR Annuler. *Révoquer un mandat.* II. Litt. *Révoquer en doute:* mettre en doute. – Lat. *revocare,* «rappeler, faire revenir».

revoyure [ʀ(ə)vwajyʀ] n. f. Fam. *À la revoyure:* au revoir. – De *revoir.*

revue [ʀ(ə)vy] n. f. I. 1. Examen détaillé, élément par élément. *Faire la revue de ses livres.* ▷ *Revue de presse:* lecture de la presse du jour ou de la semaine, permettant d'embrasser l'ensemble des points de vue, des opinions sur l'actualité; compte rendu, composé en général d'extraits d'articles, proposant la synthèse d'une telle lecture. 2. Inspection des troupes ou du matériel, dans l'armée. *Revue de détail:* examen des détails de tenue, d'équipement, etc. ▷ *Spécial.* Inspection en grande cérémonie, par un officier général ou par une personnalité, de troupes formant la haie ou défilant. *La revue du 1er juillet. Passer des troupes en revue.* – Loc. fig. *Passer en revue:* examiner dans le détail, point par point. *Passer en revue les clauses d'un contrat.* II. Publication périodique consacrée le plus souvent (mais non nécessairement) à un domaine particulier. *Revue scientifique. Revue d'art et de littérature.* III. 1. Spectacle (pièce, suite de sketches, etc.) satirique sur des sujets d'actualité. *Revue de chansonniers.* 2. Spectacle de variétés. *Revue de music-hall.* IV. Fam. *Nous sommes de revue:* nous devons nous revoir, nous rencontrer encore. – Pp. fém. subst. de *revoir.*

revuiste [ʀ(ə)vɥist] n. Auteur de revues (au sens III). – De *revue.*

révulsé, ée [ʀevylse] adj. Retourné, bouleversé. *Des yeux révulsés.* – Pp. de *révulser.*

révulser [ʀevylse] v. tr. [1] 1. MED Produire une révulsion. 2. Retourner, bouleverser (le visage, les yeux). ▷ v. pron. *Traits qui se révulsent.* – Du lat. *revulsus,* pp. de *revellere,* «arracher».

révulsif, ive [ʀevylsif, iv] adj. et n. m. MED Qui produit une révulsion. – Du lat. *revulsum,* supin de *revellere,* «arracher».

révulsion [ʀevylsjõ] n. f. MED Afflux sanguin que l'on provoque (par cautère, ventouse, etc.) dans une partie de l'organisme pour faire cesser une inflammation ou une congestion voisine. – Lat. *revulsio,* «action d'arracher».

rez-de-chaussée [ʀedʃose] n. m. inv. Partie d'une habitation dont le plancher est au niveau du sol. – De *rez,* var. de *ras* (adj.), *de,* et *chaussée.*

rez-de-jardin [ʀedʒaʀdɛ̃] n. m. inv. Partie d'une construction dont le sol est de plain-pied avec un jardin. – De *rez-de-(chaussée),* et *jardin.*

rH [ɛʀaʃ] n. m. BIOCHIM Indice représentant quantitativement la valeur du pouvoir réducteur ou oxydant d'un milieu. – De *r(éduction),* et *H,* symb. de l'hydrogène.

Rh BIOL Abrév. de *facteur rhésus* (ou *rhésus**).

Rh CHIM Symbole du rhodium.

rhabdomancie ou **rabdomancie** [ʀabdɔmɑ̃si] n. f. Didac. Recherche de nappes d'eau, de gisements de métaux, etc., au moyen d'une baguette. V. aussi radiesthésie. – Du gr. *rhabdos,* «baguette», et de *mancie.*

rhabdomancien, enne ou **rabdomancien, enne** [ʀabdɔmɑ̃sjɛ̃, ɛn] n. Personne qui pratique la rhabdomancie. – Du préc.

rhabillage [ʀabijaʒ] n. m. 1. TECH Réparation, remise en état. ▷ *Spécial.* Réparation d'horlogerie. 2. Action de rhabiller, de se rhabiller. – De *rhabiller.*

rhabiller [ʀabije] v. tr. [1] 1. TECH Réparer, remettre en état. *Rhabiller une montre, une meule.* 2. Habiller de nouveau. *Rhabiller un enfant.* ▷ v. pron. *Il se dépêche de se rhabiller.* – Loc. fam. *Il peut aller se rhabiller:* il ne fait pas l'affaire, il n'est pas à la hauteur. – De *r-,* et *habiller.*

rhamnacées [ʀamnase] n. f. pl. Famille de dicotylédones dialypétales, arbres ou arbustes souvent épineux, à petites fleurs peu visibles (nerprun, jujubier, etc.). – Du lat. *rhamnus,* gr. *rhamnos,* n. scientif. du nerprun.

rhapsode ou **rapsode** [ʀapsɔd] n. m. ANTIQ GR Chanteur qui allait de ville en ville en récitant des extraits de poèmes épiques (notam. de poèmes homériques). – Gr. *rhapsôdos,* propr. «qui ajuste des chants», de *rhaptein,* «coudre», et *ôdê,* «chant».

rhapsodie ou **rapsodie** [ʀapsɔdi] n. f. 1. ANTIQ GR Suite d'extraits de poèmes épiques que récitaient les rhapsodes. 2. Mod. Composition musicale de forme libre, d'inspiration souvent populaire. – Gr. *rhapsôdia,* «récitation d'un poème». Cf. *rhapsode.*

rhapsodique ou **rapsodique** [ʀapsɔdik] adj. De la rhapsodie. – Du préc.

rhème [ʀɛm] n. m. LING Syn. de *commentaire.* – Gr. *rhêma,* «mot, parole».

rhénan, ane [ʀenɑ̃, an] adj. Du Rhin, qui a rapport au Rhin, à la Rhénanie. – Lat. *rhenanus,* de *Rhenus,* «le Rhin».

rhénium [ʀenjɔm] n. m. CHIM Métal rare de densité élevée, blanc brillant, dont les propriétés sont voisines de celles du manganèse; élément de numéro atomique $Z = 75$, de masse atomique 186,2 (symbole Re). – All. *Rhenium,* formation savante, de *Rhenus,* n. lat. du Rhin.

rhéo-. Élément, du gr. *rheô, rhein,* «couler».

rhéobase [ʀeɔbaz] n. f. PHYSIOL Intensité minimale de courant continu nécessaire pour obtenir une réponse d'une structure organique excitable. Cf. chronaxie. – De *rhéo-,* et *base.*

rhéologie [ʀeɔlɔʒi] n. f. PHYS Branche de la mécanique qui étudie les rapports entre la viscosité, la plasticité et l'élasticité de la matière, et les comportements de celle-ci sous l'influence des pressions (phénomènes d'écoulement, réactions aux contraintes, etc.). – Angl. *rheology..*

rhéomètre [ʀeɔmɛtʀ] n. m. TECH Appareil qui mesure la vitesse d'écoulement des fluides. – De *rhéo-,* et *-mètre.*

rhéostat [ʀeɔsta] n. m. Appareil dont on peut faire varier la résistance et qui, intercalé dans un circuit électrique, permet de régler l'intensité du courant. – Angl. *rheostat.*

rhéostatique [ʀeɔstatik] adj. Relatif au rhéostat. – Du préc.

rhésus [ʀezys] n. m. 1. ZOOL Macaque de l'Inde et de la Chine du S., au pelage gris-roux, qui vit en troupes nombreuses. (Ce singe, qui servit de sujet d'expériences dans des recherches sur le sang humain, a donné son nom au *facteur Rhésus.*) 2. MED *Facteur Rhésus,* ou, absol., *rhésus:* agglutinogène existant dans les hématies de 85 % des sangs humains *(rhésus positif)* et créant une incompatibilité sanguine envers ceux qui en sont dépourvus *(rhésus négatif).* – Du lat. *Rhesus*, gr. *Rhêsos*, n. d'un roi légendaire de Thrace.

ENCYCL Chez les individus qui ne possèdent pas le *facteur Rhésus*, et qui sont donc dits «Rhésus négatif», la transfusion d'hématies comportant un rhésus positif (Rh+) détermine la fabrication d'anticorps anti-Rh responsables d'accidents de transfusion. De même, les femmes enceintes appartenant au groupe Rh– peuvent fabriquer des anticorps dirigés contre les hématies Rh+ de leur enfant. Cette incompatibilité entre le fœtus et la mère est responsable de nombreuses maladies hémolytiques du nouveau-né; on évite auj. ces accidents en administrant un traitement préventif.

rhéteur [ʀetœʀ] n. m. **1.** ANTIQ Maître de rhétorique. **2.** LITT Orateur ou écrivain qui use d'une vaine rhétorique; phraseur. – Lat. *rhetor*, gr. *rhêtôr* «orateur».

rhétique ou **rétique** [ʀetik] adj. et n. m. De la Rhétie, qui a rapport à la Rhétie, anc. contrée de la Gaule cisalpine (E. de la Suisse, Tyrol, N. de la Lombardie). ▷ N. m. LING Rhéto-roman. – Lat. *rhæticus*, de *Rhætia* «Rhétie».

rhétoricien, ienne [ʀetɔʀisjɛ̃, jɛn] n. Spécialiste de rhétorique. – De *rhétorique.*

rhétorique [ʀetɔʀik] n. f. **1.** Art de bien parler; ensemble des procédés qu'un orateur emploie pour persuader, convaincre. *Figures de rhétorique* (V. figure). **2.** Péjor. Pompe, emphase. – Lat. *rhetorica*, du gr. *rhêtorikê*, de *rhêtôr*, «orateur».

rhétoriqueur [ʀetɔʀikœʀ] n. m. LITTER *Grands rhétoriqueurs:* nom que se donnaient, à la fin du XVe et au déb. du XVIe s., les poètes des cours de France, de Bourgogne, de Bretagne et de Flandre, qui attachaient une grande importance aux artifices de style et aux raffinements de la versification. – De *rhétorique.*

rhéto-roman, ane [ʀetoʀɔmɑ̃, an] adj. et n. m. LING Se dit des parlers romans de la Suisse orient., du Tyrol et du Frioul. ▷ N. m. *Le rhéto-roman.* – De *rhétique*, et *roman.*

rhexistasie [ʀeksistazi] n. f. GEOL Période au cours de laquelle, la végétation étant détruite, une érosion intense décape les sols et enrichit les mers en dépôts détritiques. Ant. biostasie. – Du gr. *rhêxis*, «cassage», et *stasis*, «stabilité».

rhin(o)-. Élément, du gr. *rhis, rhinos*, «nez».

rhinanthe [ʀinɑ̃t] n. m. BOT Plante à fleurs jaunes (genre *Rhinanthus*, fam. scrofulariacées), semi-parasite des racines de divers végétaux, dont une variété est cour. appelée *crête-de-coq et «graines de Boston» par les Acadiens des îles de la Madeleine.* – Lat. *rhinanthus*, propr. «fleur en forme de nez», du gr. *rhis, rhinos*, «nez», et *anthos*, «fleur».

rhinencéphale [ʀinɑ̃sefal] n. m. ANAT Partie la plus ancienne, d'un point de vue phylogénétique, du cortex cérébral, dont le rôle est important dans la régulation des comportements émotionnels et instinctifs, et dans les processus de mémorisation. – De *rhin-*, et *encéphale.*

rhingrave [ʀɛ̃gʀav] n. **1.** n. m. HIST Titre de dignité de certains princes de l'Empire dont les domaines étaient situés sur les bords du Rhin. **2.** n. f. Haut-de-chausse fort ample, à la mode au XVIIe s. – All. *Rheingraf*, «seigneur du Rhin».

rhinite [ʀinit] n. f. MED Inflammation de la muqueuse nasale. – De *rhin-*, et *-ite* 1.

rhinocéros [ʀinɔseʀɔs] n. m. Grand mammifère périssodactyle herbivore d'Asie et d'Afrique, aux formes massives et trapues, à la peau très épaisse et peu poilue, qui porte une ou deux cornes à l'extrémité du museau. *Les rhinocéros forment la famille des rhinocérotidés.* – Lat. *rhinoceros*, gr. *rhinokerôs*, de *rhis, rhinos*, «nez», et *keras*, «corne».

ENCYCL Les rhinocéros sont, après les éléphants, les plus grands mammifères terrestres. Ils sont devenus extrêmement rares, à l'exception du rhinocéros noir d'Afrique *(Diceros bicornis)*, bicorne. En Afrique, vit également le rhinocéros blanc *(Ceratotherium simum)*, bicorne, bossu, qui atteint 4 m de long et 3 tonnes. En Asie, vivent le petit rhinocéros (2,80 m de long) de Sumatra *(Dicerorhinus sumatrensis)* bicorne, et les diverses espèces du genre *Rhinoceros*, unicornes et à la peau mince.

rhinolophe [ʀinolɔf] n. m. ZOOL Chauve-souris commune en Europe, en Asie et en Afrique, appelée cour. *fer-à-cheval* à cause de la membrane semi-circulaire qu'elle porte à la base du nez. – De *rhino-*, et du gr. *lophos*, «crête».

rhinopharyngite [ʀinofaʀɛ̃ʒit] n. f. MED Inflammation de la muqueuse du rhinopharynx. – De *rhinopharynx.*

rhinopharynx [ʀinofaʀɛ̃ks] n. m. ANAT Partie haute du pharynx, en arrière des fosses nasales. – De *rhino-*, et *pharynx.*

rhinoplastie [ʀinoplasti] n. f. CHIR Remodelage fonctionnel ou esthétique du nez. – De *rhino-*, et *-plastie.*

rhinoscopie [ʀinoskɔpi] n. f. MED Examen des fosses nasales, par les narines avec un spéculum *(rhinoscopie antérieure)*, ou à l'aide d'un miroir placé derrière le voile du palais *(rhinoscopie postérieure).* – De *rhino-*, et *-scopie.*

rhipidistiens [ʀipidistjɛ̃] n. m. pl. PALEONT Sous-ordre de poissons crossoptérygiens dont les nageoires ressemblaient à des pattes et qui vécurent en eau douce du Dévonien au Permien. (Ils donnèrent naissance aux stégocéphales.) – Du gr. *rhipidion*, «petit soufflet», ces amphibies étant probablement munis de petites structures pulmonées.

rhizo-, -rhize. Éléments, du gr. *rhiza*, «racine».

rhizobium [ʀizobjɔm] n. m. BIOL Bactérie symbiotique qui se développe dans les racines de certains végétaux supérieurs, notam. dans celles des légumineuses. – Lat. sav., de *rhizo-*, et gr. *bios*, «vie».

rhizoctone [ʀizoktɔn] n. m. ou **rhizoctonie** [ʀizoktɔni] n. f. BOT Champignon dépourvu de spores, saprophyte ou parasite des racines de nombreux végétaux supérieurs (betterave, luzerne, etc.). – De *rhizo-*, et gr. *kteinein*, «tuer».

rhizoflagellés [ʀizoflaʒɛlle] n. m. pl. ZOOL Sous-embranchement de protozoaires comprenant les rhizopodes et les flagellés. – De *rhizo(podes)*, et *flagellés.*

rhizome [ʀizom] n. m. Tige souterraine de certaines plantes (fougères, iris, etc.), dont la face inférieure donne naissance à des racines adventives, et dont la face supérieure émet des bourgeons qui se transforment en tiges aériennes. – Gr. *rhizôma*, «touffe de racines».

rhizophage [ʀizɔfaʒ] adj. ZOOL Qui se nourrit de racines. – Gr. *rhizophagos.*

rhizopodes [ʀizɔpɔd] n. m. pl. ZOOL Super-classe de protozoaires caractérisés par leur aptitude à émettre des pseudopodes locomoteurs et préhensiles (amibes, radiolaires et foraminifères). – De *rhizo-*, et *-pode.*

rhizostome [ʀizɔstɔm] n. m. ZOOL Méduse géante (genre *Rhizostoma*) dépourvue de tentacules périphériques. – De *rhizo-*, et gr. *stoma*, «bouche».

rhô [ʀo] n. m. Lettre grecque (Ρ, ρ), correspondant au *r* de l'alphabet latin.

rhod(o)-. Élément, du gr. *rhodon*, «rose» (la fleur) ou *rhodeos*, «rose» (la couleur).

rhodamine [ʀɔdamin] n. f. CHIM Matière colorante, d'un rouge vif fluorescent. – De *rhod-*, et *-amine*.

rhodanien, ienne [ʀɔdanjɛ̃, jɛn] adj. Du Rhône; qui a rapport au Rhône, à sa région. – Du lat. *Rhodanus*, «Rhône».

rhodésien, enne [ʀɔdeʒjɛ̃, ɛn] n. Anc. De la Rhodésie (auj. le Zimbabwe, État d'Afrique australe). – De *Rhodésie*.

rhodite [ʀɔdit] n. m. ZOOL Cynips (insecte) agent du bédégar* du rosier. – Du gr. *rhodon*, «rose».

rhodium [ʀɔdjɔm] n. m. Métal rare dont l'éclat blanc rappelle l'aluminium, résistant à l'action des acides et que l'on utilise dans l'industrie sous forme d'alliage avec d'autres métaux, dont il améliore beaucoup les propriétés mécaniques; élément de numéro atomique $Z = 45$, de masse atomique 102,9 (symbole Rh). – De *rhod-* (à cause de la couleur rose de ses dérivés).

rhododendron [ʀɔdɔdɛ̃dʀɔ̃] n. m. Plante arbustive des montagnes (genre *Rhododendron*, fam. éricacées) à feuillage persistant, à fleurs blanches, roses, pourpres ou violacées, dont de nombreuses espèces sont cultivées pour l'ornement. – Lat. *rhododendron*, mot gr. de *rhodon*, «rose», et *dendron*, «arbre».

rhodoïd [ʀɔdɔid] n. m. Matière plastique à base d'acétate de cellulose. – Nom déposé, de *Rhod(anus)*, «Rhône», élément entrant dans les noms déposés de certains produits de la firme Rhône-Poulenc (France), et de *(cellul)oïd*.

rhodonite [ʀɔdɔnit] n. f. MINER Silicate de manganèse. – Du gr. *rhodon*, «rose (couleur)», et *-ite* 3.

rhodophycées [ʀɔdɔfise] n. f. pl. BOT Important groupe d'algues, marines pour la plupart, cour. appelées «algues rouges» à cause des plastes violacés qui les colorent. – De *rhodo-*, et gr. *phûkos*, «algue».

rhomb(o)-. Élément, du gr. *rhombos*, «toupie, losange».

rhombe [ʀɔ̃b] n. m. (et adj.) **1.** Vx Losange. ▷ Adj. *Cristal rhombe*. **2.** MUS Instrument de musique primitif, dont l'usage est lié aux cérémonies rituelles (en Océanie, en Afrique noire, chez les Indiens d'Amérique du Sud), formé d'une pièce de bois que l'on fait ronfler dans l'air en lui imprimant un mouvement de rotation rapide au moyen d'une cordelette. – Lat. *rhombus*, «objet de forme circulaire ou losangée, ou tournant, rouet de magicien», du gr. *rhombos*.

rhombencéphale [ʀɔ̃bɑ̃sefal] n. m. ANAT Partie postérieure de l'encéphale des vertébrés. – De *rhomb-*, et *encéphale*.

rhombique [ʀɔ̃bik] adj. Qui a la forme d'un losange. – De *rhombe*.

rhombo-. V. rhomb(o)-.

rhomboèdre [ʀɔ̃bɔɛdʀ] n. m. GEOM Parallélépipède dont les faces sont des losanges. ▷ MINER Cristal à six faces en forme de losanges égaux. – De *rhombo-*, et *-èdre*.

rhomboédrique [ʀɔ̃bɔedʀik] adj. GEOM Qui a la forme d'un rhomboèdre. ▷ MINER *Maille rhomboédrique*. – Du préc.

rhomboïdal, ale, aux [ʀɔ̃bɔidal, o] adj. Qui a la forme d'un losange ou d'un rhomboèdre. – De *rhomboïde*.

rhomboïde [ʀɔ̃bɔid] n. m. et adj. **1.** Vx Parallélogramme. **2.** ANAT Muscle dorsal, élévateur de l'omoplate, en forme de losange. ▷ Adj. *Muscle rhomboïde*. – De *rhomb-*, et *-oïde*.

rhotacisme [ʀɔtasism] n. m. **1.** MED Vice de prononciation caractérisé par la difficulté ou l'impossibilité de prononcer les *r*. **2.** LING Substitution de la consonne *r* à une autre consonne. – De *rhô*, sur le modèle de *iotacisme*.

rhovyl [ʀɔvil] n. m. Tissu synthétique fait de chlorure de polyvinyl. – Nom déposé, du lat. *Rho(danus)*, «Rhône» (élément entrant dans la formation de noms déposés par la Société Rhône-Poulenc, France), et de *v(in)yl*; V. rhodoïd.

rhubarbe [ʀybaʀb] n. f. Plante potagère (*Rheum rhabarbarum*, fam. polygonacées) aux fleurs groupées en panicules, aux larges feuilles vertes, dont les épais pétioles charnus se consomment cuits et sucrés (tarte, compote, confiture). – Bas lat. *rheubarbarum*, propr. «racine barbare».

rhum [ʀɔm] n. m. Eau-de-vie obtenue par fermentation alcoolique et distillation des produits extraits de la canne à sucre (jus, sirops ou mélasses). – Angl. *rum*, abrév. de *rumbullion*, «grand tumulte», par allus. aux effets de cette boisson.

rhumatisant, ante [ʀymatizɑ̃, ɑ̃t] adj. et n. Atteint de rhumatisme. – De *rhumatisme*.

rhumatismal, ale, aux [ʀymatismal, o] adj. De la nature du rhumatisme; causé par les rhumatismes. – De *rhumatisme*.

rhumatisme [ʀymatism] n. m. Affection douloureuse, aiguë ou chronique, essentiellement articulaire et périarticulaire. ▷ *Rhumatisme articulaire aigu:* polyarthrite aiguë fébrile déclenchée, souvent dès l'enfance, par une infection streptococcique, et dont la gravité tient au risque de complications cardiaques. – Emprunté au lat. *rheumatismus*, gr. *rheumatismos* «écoulement d'humeurs», de *rhein*, «couler».

rhumatoïde [ʀymatɔid] adj. MED D'apparence rhumatismale. – De *rhumat(isme)*, et *-oïde*.

rhumatologie [ʀymatɔlɔʒi] n. f. Partie de la médecine qui traite des rhumatismes et, en général, des affections articulaires. – De *rhumatisme*, et *-logie*.

rhumatologue [ʀymatɔlɔg] n. Médecin spécialiste en rhumatologie. – Du préc.

rhumb ou **rumb** [ʀɔ̃b] n. m. MAR Intervalle angulaire entre chacune des trente-deux aires de vent de la rose (V. rose, sens II, 4). – Du lat. *rhombus* (V. rhombe); angl. *rhumb*, esp. *rumbo*.

rhume [ʀym] n. m. Inflammation aiguë des muqueuses des voies respiratoires. ▷ *Rhume de cerveau* ou, absol., *rhume:* inflammation aiguë de la muqueuse des fosses nasales. Syn. coryza. ▷ *Rhume des foins** – Bas lat. *rheuma*, mot gr. «écoulement d'humeur».

rhumerie [ʀɔmʀi] n. f. **1.** Distillerie de rhum. *Les rhumeries de la Martinique*. **2.** Café où l'on sert surtout du rhum et des boissons à base de rhum. – De *rhum*.

r(h)ynch(o)-, r(h)ynqu(o)- ou **-r(h)ynque.** Éléments, du gr. *rhugkhos*, «groin, bec».

rhynchite ou **rynchite** [ʀɛ̃kit] n. m. AGRIC Charançon nuisible aux arbres fruitiers (genre *Rhynchites*) ou à la vigne (genre *Byctiscus*). – De *r(h)ynch-*, et *-ite*.

rhynchocéphales [ʀɛ̃kɔsefal] n. m. pl. ZOOL Ordre de reptiles apparu au Trias et qui n'est plus représenté auj. que par le sphénodon. – De *rhyncho-*, et *-céphale*.

rhynchonelle [ʀɛ̃kɔnɛl] n. f. ZOOL Brachiopode (genre *Rhynchonella*), très abondant au Primaire et au Secondaire, et dont quelques espèces subsistent dans les mers polaires. – De *rhyncho-*, et dimin. *elle*.

rhyolite [ʀijɔlit] n. f. PETROG Lave granitique à inclusions de quartz. – Du gr. *rhuô*, de *rhein*, «couler», et *-lithe*.

rhythm and blues [ʀitmɛ̃ndbluʒ] n. m. MUS Musique de danse des Noirs américains, sorte de blues* orchestré et recourant à l'amplification électrique. – Expression anglo-américaine.

rhytidome [ʀitidom] n. m. BOT Ensemble des tissus périphériques morts d'un arbre, constituant la partie de l'écorce qui s'exfolie. – Du gr. *rhutidôsis*, «contraction puissante des rides, rugosité».

rhytine [ʀitin] n. f. ZOOL Grand sirénien nommé cour. *vache de mer*, qui vivait en troupeaux sur les côtes et les îles de Sibérie orientale, et dont l'espèce s'est éteinte au XVIIIe s. – Du gr. *rhutis*, «ride».

rhyton [ʀitõ] n. m. ANTIQ GR Coupe à boire en forme de corne (à l'orig., corne de bœuf véritable). – Gr. *rhuton*, de *rhein*, «couler».

ria [ʀja] n. f. Vallée fluviale envahie par la mer. Cf. aber. – Mot esp., «baie».

rial [ʀjal] n. m. Unité monétaire de l'Arabie saoudite, de la république arabe du Yemen, du Qatar, d'Oman et de l'Iran. *Des rials*. – Mot iranien.

riant, riante [ʀijɑ̃, ʀijɑ̃t] adj. **1.** Qui montre de la joie, de la gaieté. *Air, visage riant.* **2.** Qui invite à la gaieté. *Paysage riant.* ▷ Plaisant, engageant. *Perspective riante.* – Ppr. de *rire*.

ribambelle [ʀibɑ̃bɛl] n. f. Longue suite de personnes (et, spécial., d'enfants) ou de choses. – Orig. incert., p.-ê. croisement de *rîban*, forme dial. de «ruban», et rad. express. *bamb-*, évoquant le balancement.

ribaud, aude [ʀibo, od] adj. et n. f. Vx Luxurieux, débauché. ▷ N. f. Vieilli, plaisant. Femme de mœurs légères; prostituée. – De l'a. fr. *riber*, «se livrer à la débauche», de l'anc. haut all. *rîban*, «frotter, être en chaleur».

ribaudequin [ʀibodkɛ̃] n. m. Anc. Machine de guerre médiévale, à l'origine grosse arbalète, puis rangée de pièces d'artillerie de petit calibre montées sur deux roues. – Anc. néerl. *ribaudekijn*, dimin. de l'a. fr. *ribaude*, «canon».

riblon [ʀiblõ] n. m. METALL Déchet de fer ou d'acier utilisé comme produit d'addition dans les fours* Martin. – Du rad. germ. *rîban*, «frotter».

ribo-. Élément, du rad. de *ribose*.

riboflavine [ʀiboflavin] n. f. BIOCHIM Vitamine B_2, composé hydrosoluble de couleur jaune appartenant à la classe des flavines et agissant comme coenzyme dans de nombreuses réactions de déshydrogénation. – De *ribo-*, et *flavine*.

ribonucléase [ʀibonykleaz] n. f. BIOCHIM Enzyme du groupe des phosphatases qui hydrolyse l'acide ribonucléique. – De *ribo-* et *nucléase*.

ribonucléique [ʀibonykleik] adj. BIOCHIM *Acide ribonucléique* : acide nucléique formé par une chaîne de nucléosides triphosphates dont l'ose est le ribose et les bases azotées l'adénine, la cytosine, l'uracile et la guanine. – De *ribo-*, et *nucléique*.

ENCYCL Il existe 3 types d'acide ribonucléique (acide désigné par son sigle français: A.R.N., ou anglosaxon: R.N.A.). **1.** L'A.R.N. de transfert (A.R.N.*t*) transporte les acides aminés jusqu'aux ribosomes; il existe au moins un A.R.N.*t* spécifique de chaque acide aminé. **2.** L'A.R.N. messager (A.R.N.*m*) transporte l'information génétique contenue dans l'A.D.N. chromosomique vers les ribosomes où cette information, déchiffrée, commande l'assemblage des acides aminés en protéines (protéosynthèse). **3.** L'A.R.N. ribosomique se trouve au niveau des ribosomes où s'effectue la synthèse protéique. Dans la cellule, l'A.R.N. est localisé dans le noyau, dans les mitochondries, dans le cytoplasme et dans les ribosomes.

ribose [ʀiboz] n. f. BIOCHIM Sucre (pentose) qui, combiné avec des bases azotées (puriques ou pyrimidiques) forme les acides ribonucléiques. – De l'anc. mot *arabinose*, «sorte de sucre», de *(gomme) arabique*.

ribosome [ʀibɔzom] n. m. BIOL Organite cellulaire, particule approximativement sphérique, de très petite taille, qui décode les séquences d'A.R.N. messager et assemble les acides aminés en chaînes protéiques. – De *ribo-*, et *-some*.

ribote [ʀibɔt] n. f. Vx ou plaisant. Excès de table ou de boisson. *Faire ribote.* – *Être en ribote:* être ivre. – De l'anc. v. *riboter*, altér. de *ribauder*, de *ribaud*.

ribouldingue [ʀibuldɛ̃g] n. f. Pop. *Faire la ribouldingue:* faire la fête, la noce. – De l'anc. v. *ribouldinguer*, «faire la noce», crois. de l'anc. v. *ribouler*, «vagabonder», et de *dinguer*.

ricanement [ʀikanmɑ̃] n. m. Action de ricaner. – De *ricaner*.

ricaner [ʀikane] v. intr. [1] Rire à demi, avec une intention moqueuse ou méprisante. ▷ Rire sottement, sans raison. – De l'a. fr. *recaner*, «braire», frq. **kinni*, «mâchoire», refait d'ap. *rire*.

ricaneur, euse [ʀikanœʀ, øz] n. Personne qui ricane. ▷ Adj. *Un air ricaneur.* – Du préc.

riccie [ʀitʃi] n. f. BOT Hépatique à thalle des terrains humides. – Du n. de P.F.R. *Ricci*, botaniste ital.

ricercare [ʀitʃɛʀkaʀ(e)] n. m. MUS Pièce instrumentale libre pour orgue, clavecin ou luth. – Mot ital., «rechercher».

richard, arde [ʀiʃaʀ, aʀd] n. Fam., péjor. Personne riche. – De *riche*.

riche [ʀiʃ] adj. et n. **I.** adj. **1.** Qui a de l'argent, des biens en abondance. *Il est très riche.* ▷ Par ext. *Faire un riche mariage:* épouser une personne riche. **2.** Somptueux, de grand prix. *Un riche ameublement.* **3.** *Riche en, riche de:* qui possède, renferme en abondance (telle chose). *Une bibliothèque riche en incunables.* **4.** Abondant, profus, plantureux. *De riches moissons. Un sol riche*, fécond, fertile. – Fam. *Une riche idée :* une excellente idée. *Une riche nature*, personne pleine de vitalité. **II.** n. **1.** *Un riche:* un homme riche. *Les riches et les pauvres.* **2.** *Une nouvelle riche:* une femme récemment enrichie, qui montre sa fortune avec ostentation et manque de goût. – Frq. **rîki*, «puissant».

richelieu [ʀiʃəljø] n. m. Chaussure de ville, basse, à lacets. – De *Richelieu*, n. de plus. pers. célèbres.

richement [ʀiʃmɑ̃] adv. **1.** Avec richesse, luxueusement. *Maison richement meublée.* **2.** Avec munificence, libéralité. *Marier richement ses filles.* – De *riche*.

richesse [ʀiʃɛs] n. f. **I. 1.** Possession en abondance d'argent ou de biens, opulence; situation, état d'une personne riche. **2.** Caractère de ce qui est riche (sens I, 4). *Richesse d'un gisement. Richesse de l'imagination.* ▷ *Richesse en:* abondance en. *Richesse en métal d'un minerai.* **3.** Magnificence, somptuosité. *La richesse d'une parure.* **II. 1.** Plur. *Les richesses:* les biens matériels, l'argent. *Aimer les richesses.* ▷ Choses précieuses (avec une idée de grand nombre). *Les richesses d'un musée.* **2.** (Souvent plur.) Ressources. *Richesses minières. Le tourisme est la seule richesse du pays.* – De *riche*.

richi. V. rishi.

richissime [ʀiʃisim] adj. Extrêmement riche. – Superl. de *riche*.

ricin [ʀisɛ̃] n. m. BOT Plante herbacée de très grande taille (genre *Ricinus*, fam. euphorbiacées) à feuilles palmées, à fleurs en grappes, originaire d'Asie. ▷ *Huile de ricin*, tirée des graines de cette plante, utilisée comme purgatif et, parfois, dans l'industrie, comme lubrifiant. – Lat. *ricinus*.

rickettsie [rikɛtsi] n. f. MICROBIOL Microorganisme intermédiaire entre les bactéries et les virus, de très petite taille (1 μm), parasite des animaux et de l'homme. – Du n. de H.T. *Ricketts*, biologiste amér.

rickettsiose [rikɛtsjoz] n. f. MED Maladie causée par des rickettsies. (Ex.: typhus exanthématique, fièvre pourprée des montagnes Rocheuses.) – Du préc.

ricocher [rikɔʃe] v. intr. [1] Faire ricochet, rebondir. – De *ricochet*.

ricochet [rikɔʃɛ] n. m. Rebond d'un objet plat lancé obliquement sur la surface de l'eau, ou d'un projectile rebondissant sur une surface dure. *Le ricochet d'une rondelle de hockey.* ▷ Loc. fig. *Par ricochet:* indirectement, par contrecoup. – De l'anc. *chanson du Ricochet,* où le mot *coq* revient constamment.

ric-rac [rikrak] loc. adv. Fam. Avec une exactitude rigoureuse (souvent avec une idée de parcimonie). *C'est compté ric-rac.* ▷ Tout juste, de justesse. *Il est passé ric-rac.* – Onomat.

rictus [riktys] n. m. **1.** MED Contraction spasmodique des muscles du visage. *Rictus du tétanos.* **2.** Cour. Contraction des lèvres produisant un sourire forcé et grimaçant. *Rictus sarcastique.* – Mot lat., «ouverture de la bouche», de *ringi*, «grogner en montrant les dents».

ride [rid] n. f. **1.** Sillon, pli qui se forme sur la peau, et partic. sur la peau du visage et du cou, généralement par l'effet de l'âge. – Par anal. *Les rides d'une pomme.* **2.** Ondulation, strie. *Le vent forme des rides sur le sable des déserts.* – Déverbal de *rider*.

rideau [rido] n. m. **1.** Pièce d'étoffe destinée à intercepter la lumière, à masquer qqch ou à décorer. *Poser des rideaux aux fenêtres. Tringle, anneaux de rideau.* ▷ Loc. fig. *Tirer le rideau sur une chose,* ne plus s'en occuper, ne plus en parler. – Fam. *Rideau!* c'est fini, il n'en est plus question. **2.** Toile peinte, draperie que l'on tire ou que l'on abaisse pour dissimuler la scène ou l'écran aux spectateurs, dans une salle de spectacle. **3.** *Rideau de fer:* fermeture métallique d'une devanture de magasin. ▷ Rideau métallique permettant de séparer la scène d'un théâtre de la salle, en cas d'incendie. ▷ Fig. Frontière entre les États socialistes d'Europe de l'Est et les États d'Europe occidentale. (L'expression est due à W. Churchill qui, en 1946, désigna ainsi la coupure entre les zones d'influence soviétique en Europe et les zones d'influence des démocraties occidentales.) **4.** Assemblage mobile de lames métalliques fermant le devant d'une cheminée. Syn. tablier. **5.** Ce qui forme écran; ce qui masque, dissimule. *Un rideau d'arbres, de verdure.* – De *rider*, «plisser», le *rideau* formant des plis.

ridée [ride] n. f. CHASSE Filet pour prendre les alouettes. – Pp. fém. subst. de *rider,* au sens anc. de «tordre».

ridelle [ridɛl] n. f. Chacun des deux côtés d'une charrette, d'un camion, etc., servant à maintenir le chargement. – Du moyen haut all. *reidel*, «rondin».

rider [ride] v. tr. [1] **1.** Faire, causer des rides à. *L'âge a ridé ses joues.* ▷ v. pron. Devenir ridé. *Son visage s'est ridé.* **2.** Creuser de rides (sens 2), dessiner des ondulations sur. *Le vent ride la surface de l'eau.* **3.** MAR Raidir (une manœuvre* dormante). *Rider un hauban.* – De l'anc. haut all. *rîdan*, «tordre».

1. ridicule [ridikyl] adj. et n. m. **I.** adj. **1.** Digne de risée, de moquerie. *Chapeau ridicule. Vous êtes ridicule.* **2.** Très petit, insignifiant. *Je l'ai eu pour une somme ridicule.* **II.** n. m. **1.** Ce qui est ridicule, ce qui excite le rire, la moquerie. *Se couvrir de ridicule. Tourner en ridicule,* en dérision. ▷ Caractère de ce qui est ridicule, aspect ridicule. *Elle ne mesure pas le ridicule de sa situation.* **2.** Comportement, défaut ridicule, qui prête à rire. *Humoriste qui moque les ridicules de ses contemporains.* – Lat. *ridiculus,* «plaisant, ridicule», de *ridere*, «rire».

2. ridicule [ridikyl] n. m. Vx Syn. de *réticule.* – Altération de *réticule.*

ridiculement [ridikylmɑ̃] adv. **1.** D'une manière ridicule. *Il se conduit ridiculement.* **2.** Dans des proportions ridicules. *Un prix ridiculement bas.* – De *ridicule* 1.

ridiculiser [ridikylize] v. tr. [1] Rendre ridicule, tourner en ridicule. ▷ v. pron. *Taisez-vous, vous vous ridiculisez.* – De *ridicule.*

ridoir [ridwar] n. m. MAR Dispositif intercalé entre une manœuvre dormante et son point d'ancrage et permettant d'en régler la tension. *Ridoir hydraulique, à vis.* – De *rider.*

ridule [ridyl] n. f. Petite ride. – De *ride.*

rien [rjɛ̃] pron. indéf., n. m. et adv. **A.** pron. indéf. nominal. **I.** (Sens positif.) Quelque chose, quoi que ce soit. **1.** (Dans une phrase interrogative.) *Y a-t-il rien de si beau qu'un coucher de soleil?* **2.** (Après une principale à sens négatif.) *Il est impossible de rien faire.* ▷ (Après *avant, avant que, sans, sans que, trop,* etc.) *Il est parti sans rien dire.* **II.** (Sens négatif, quelquefois renforcé par *du tout.*) **1.** (En corrélation avec l'adv. de négation *ne.*) Nulle chose, néant. *Il ne fait rien du tout. Cela ne fait rien, ne sert à rien. Il ne me gêne en rien.* ▷ Fam. *Ce n'est pas rien:* c'est important, difficile, pénible. *Un tel travail, ce n'est pas rien!* ▷ Loc. adv. *Comme si de rien n'était:* comme s'il ne s'était rien passé; en feignant l'inattention ou l'indifférence. *Il a continué son chemin comme si de rien n'était.* ▷ *Rien que... :* seulement. *Je demande mon dû, et rien que mon dû.* – Fam., iron. *Trois millions, rien que ça!* ▷ Loc. *Rien moins que.* Vieilli (sens négatif). Tout plutôt que. *«Ma comédie n'est rien moins que ce qu'on veut qu'elle soit»* (Molière). Mod. (sens positif). Bel et bien. *Il ne voulait rien moins qu'assassiner son rival.* ▷ *Rien de moins que* (sens positif): réellement, bel et bien. *Il n'est rien de moins qu'un escroc.* **2.** Employé sans négation. ▷ (En tournure elliptique.) Nulle chose. *Je veux tout ou rien.* – En réponse à une question. *Que fait-il? – Rien. À quoi pensez-vous? – À rien.* ▷ Chose, quantité, valeur, utilité nulle ou négligeable. *Travailler pour rien. Se contenter de rien. C'est trois fois rien.* ▷ *De rien, de rien du tout:* insignifiant, sans valeur. *Une petite erreur de rien du tout.* – (Personnes.) Péjor. *De rien:* de basse extraction; méprisable. *Un homme de rien. Une fille de rien,* dépravée. **B.** n. m. **1.** Peu de chose. *Un rien le fâche.* ▷ *Un rien de:* très peu de, un soupçon de. *Ajoutez un rien de sel. En un rien de temps.* ▷ Loc. adv. *Un rien:* légèrement. *C'est un rien trop cuit.* **2.** Chose sans importance, sans valeur. *S'amuser à des riens.* **C.** n. *Un, une moins que rien; un, une rien du tout:* une personne sans importance, sans valeur, sans vertu. **D.** adv. Pop. (Par antiphrase.) Très. *C'est rien moche!* – Du lat. *rem*, accus. de *res*, «chose».

riesling [rislinŋ] n. m. Cépage blanc cultivé surtout en Alsace et en Rhénanie. ▷ Vin blanc sec fabriqué avec ce cépage. – Mot all.

rieur, rieuse [r(i)jœr, r(i)jøz] n. et adj. **I.** n. Personne qui rit. ▷ Loc. *Mettre les rieurs de son côté:* faire rire aux dépens de son contradicteur, dans une discussion, un débat. **II.** adj. **1.** Qui aime à rire, à s'amuser. *Une fille très rieuse.* **2.** Qui dénote la gaieté. *Une voix, une expression rieuse.* **3.** *Mouette rieuse d'Amérique:* mouette blanche *(Larus atricilla),* au bec et aux pattes rouges, très commune sur les côtes, et dont le cri évoque un éclat de rire. – De *rire.*

riffe ou **rif** [rif] n. m. Arg. **1.** Vx Feu. *«Le riffe du rabouin»* (V. Hugo): le feu du diable. **2.** Vieilli Guerre, front. *Monter au rif.* ▷ Bagarre. – Arg. ital. *ruffo*, «feu», lat. *rufus*, «rouge, roux».

rififi [rififi] n. m. Arg. Dispute violente tournant à la bagarre, règlement de comptes. *Il va y avoir du rififi.* – De *riffe* (sens 2).

1. riflard [riflaʀ] n. m. **1.** Laine la plus longue et la plus avantageuse d'une toison. **2.** TECH Grand rabot dégrossisseur à fer légèrement convexe. ▷ Couteau de plâtrier à lame triangulaire. ▷ Grosse lime à métaux, employée pour dégrossir. – De *rifler*.

2. riflard [riflaʀ] n. m. Pop., vieilli. Parapluie. – Du nom d'un personnage de *la Petite Ville* (1801), comédie de L. B. Picard.

rifler [ʀifle] v. tr. [1] TECH Aplanir avec un riflard ou un rifloir. – De l'anc. haut all. *riffilôn*, «déchirer en frottant».

rifloir [ʀiflwaʀ] n. m. TECH Râpe, lime aux extrémités recourbées, que l'on tient par le milieu. – Du préc.

rift [ʀift] n. m. GEOGR Grand fossé d'effondrement le long d'une fracture de l'écorce terrestre. – Abrév. de l'angl. *rift valley*, «fossé d'effondrement».

rigaudon [ʀigodɔ̃] ou **rigodon** [ʀigɔdɔ̃] n. m. Danse gaie et animée, à la mode aux XVIIe et XVIIIe s.; air à deux temps sur lequel on la dansait. – Orig. incert.; p.-ê. de l'anc. v. *gaudir*, «se réjouir», du lat. *gaudere*.

rigide [ʀiʒid] adj. **1.** D'une sévérité, d'une austérité inflexible. *Moraliste rigide.* **2.** Raide, peu flexible. *Une barre rigide. Papier rigide.* – Fig. Qui manque de souplesse. *Système trop rigide.* – Lat. *rigidus*.

rigidement [ʀiʒidmɑ̃] adv. Avec rigidité. – Du préc.

rigidifier [ʀiʒidifje] v. tr. [1] TECH Rendre rigide. – De *rigide*, et *-fier*.

rigidité [ʀiʒidite] n. f. **1.** Caractère de ce qui est rigide; grande sévérité, grande austérité. *Rigidité d'une morale, d'une religion.* **2.** Caractère de ce qui est rigide, raide. *Rigidité d'un barreau métallique.* ▷ ELECTR *Rigidité diélectrique:* V. diélectrique. – Lat. *rigiditas*.

rigodon. V. rigaudon.

rigolade [ʀigɔlad] n. f. Fam. **1.** Partie de plaisir, moment d'amusement, de joie. *Quelle rigolade!* **2.** Plaisanterie. *Prendre qqch à la rigolade.* ▷ Chose qui ne peut être prise au sérieux; chose sans gravité, sans importance. *C'est une vraie rigolade, ce projet.* – De *rigoler*.

rigolage [ʀigɔlaʒ] n. m. TECH Action de creuser des rigoles (pour l'écoulement des eaux, pour planter). – De *rigole*.

rigolard, arde [ʀigɔlaʀ, aʀd] adj. Fam. Qui rigole; qui exprime la gaieté ou la moquerie. *Un ton rigolard.* – De *rigoler*.

rigole [ʀigɔl] n. f. **1.** Petit fossé étroit pratiqué dans la terre, rainure creusée dans la pierre pour l'écoulement des eaux. **2.** Filet d'eau de ruissellement. **3.** AGRIC Petite tranchée destinée à recevoir des plants. ▷ CONSTR Tranchée étroite servant aux fondations d'un ouvrage. – Du moyen néerl. *regel*, «ligne droite», lat. *regula*, «règle».

rigoler [ʀigɔle] v. intr. [1] Fam. **1.** Rire, se divertir. *On a bien rigolé.* **2.** Plaisanter. *Je ne rigole pas, c'est sérieux !* – Orig. incert.

rigolo, ote [ʀigɔlo, ɔt] adj. et n. **I.** adj. **1.** Qui fait rigoler, amusant. *Une histoire rigolote.* **2.** Inattendu, surprenant. *C'est rigolo de vous retrouver ici.* Syn. drôle. **II.** n. **1.** Personne qui sait faire rire; amuseur, boute-en-train. **2.** Péjor. Personne peu sérieuse en qui on ne peut avoir confiance. *Vous n'êtes qu'un rigolo, un petit rigolo.* – De *rigoler*.

rigorisme [ʀigɔʀism] n. m. Sévérité, austérité extrême en matière de religion ou de morale. – De *rigoriste*.

rigoriste [ʀigɔʀist] n. et adj. Personne qui fait preuve de rigorisme. ▷ Adj. *Morale rigoriste.* – De *rigueur*.

rigoureusement [ʀiguʀøzmɑ̃] adv. **1.** Avec rigueur, sévérité. *Punir rigoureusement.* Syn. durement. **2.** De façon stricte, formelle. *C'est rigoureusement défendu.* ▷ De façon incontestable. *Rigoureusement vrai.* Syn. absolument. **3.** Avec une grande précision. *Une longueur rigoureusement mesurée.* – De *rigoureux*.

rigoureux, euse [ʀiguʀø, øz] adj. **1.** Rude, âpre, dur à supporter. *Hiver rigoureux.* **2.** Sévère, draconien. *Un arrêt rigoureux.* ▷ (Personnes.) Qu'on ne saurait fléchir; rigide, inflexible. *Juges rigoureux.* **3.** D'une grande précision, d'une grande rigueur (sens 3). *Démonstration rigoureuse. Soyez plus rigoureux dans vos raisonnements.* ▷ Strict. *Application rigoureuse des règles.* – De *rigueur*.

rigueur [ʀigœʀ] n. f. **1.** Sévérité, austérité. *Traiter ses enfants avec trop de rigueur.* – (Choses.) Dureté, âpreté. *La rigueur d'un climat.* ▷ Loc. *Tenir rigueur à qqn de qqch*, lui en vouloir, lui en garder rancune. **2.** Litt. Acte de sévérité. *Les rigueurs d'un tyran.* – Fig. *Les rigueurs de l'hiver.* **3.** Grande exactitude, grande fermeté dans la démarche logique. *Rigueur d'un raisonnement.* ▷ Sûreté, précision. *Son style manque de rigueur.* **4.** loc. *À la rigueur:* au pis aller, à tout prendre. ▷ *De rigueur:* imposé, rigoureusement nécessaire; imposé par les usages, les règlements. *Précautions de rigueur.* – Lat. *rigor*, «raideur, sévérité».

rikiki. V. riquiqui.

rillettes [ʀijɛt] n. f. pl. Charcuterie faite de viande de porc ou d'oie coupée en petits morceaux et cuite longuement dans sa graisse. *Rillettes du Mans, de Tours.* – Dimin. de l'a. fr. *rille*, «longue barde de lard», var. dial. de *reille*, «planchette»; lat. *regula*.

rillons [ʀijɔ̃] n. m. pl. (France) Rég. **1.** Cubes de chair de porc cuits dans la graisse. **2.** Résidu de porc ou d'oie dont on a fait fondre la graisse. V. grattons. – Mot dial. de l'ouest de la France. (V. rillettes.)

rilsan [ʀilsɑ̃] n. m. Matière plastique polyamide obtenue à partir de l'huile de ricin; fibre textile légère, résistante et infroissable. – Marque déposée.

rimailler [ʀimaje] v. intr. [1] Péjor. Faire de mauvaises rimes, de mauvais vers. – De *rimer*.

rimailleur, euse [ʀimajœʀ, øz] n. Personne qui rimaille, mauvais poète. – Du préc.

rimbaldien, ienne [ʀɛ̃baldjɛ̃, jɛn] adj. et n. **1.** adj. De Arthur Rimbaud. *La poésie rimbaldienne.* **2.** n. Admirateur ou spécialiste de l'œuvre de Rimbaud. – Du n. du poète français A. *Rimbaud* (1854-1891).

rime [ʀim] n. f. **1.** Retour des mêmes sons à la fin de deux périodes rythmiques ou de deux vers. *Rimes pauvres*, où l'identité porte seulement sur la voyelle accentuée *(passé/chanté)*. *Rimes riches*, où l'identité porte à la fois sur la voyelle accentuée, sur la consonne qui la suit et sur celle qui la précède *(cheval/rival)*. *Rimes féminines, rimes masculines*, terminées ou non par un *e* muet. ▷ *Rime pour l'œil:* identité graphique, sans homophonie *(aimer/amer)*. **2.** loc. *Sans rime ni raison:* d'une manière absurde, inexplicable, dénuée de sens. *Cela n'a ni rime ni raison.* – P.-ê. du frq. *rîm*, «rang».

rimer [ʀime] v. [1] **I.** v. intr. **1.** Constituer une rime. *Ces deux mots ne riment pas.* ▷ Fig. *Cela ne rime à rien:* cela est dépourvu de sens, de raison. **2.** Employer des rimes; faire des vers. *Je m'amusais autrefois à rimer.* **II.** v. tr. Mettre en vers. *Rimer un conte.* – De *rime*.

rimeur, euse [ʀimœʀ, øz] n. Poète médiocre, qui se borne à aligner des rimes. – De *rimer*.

rimmel [ʀimɛl] n. m. Fard pour les cils. – Marque déposée.

rinçage [rɛ̃saʒ] n. m. Action de rincer; son résultat. – *Spécial.* Fait de rincer les cheveux avec un produit laissant des reflets. – De *rincer.*

rinceau [rɛ̃so] n. m. ARCHI Ornement peint ou sculpté, figurant des branchages, des rameaux stylisés, disposés en enroulement. – Du lat. pop. **ramuscellus*, bas lat. *ramusculus*, dimin. de *ramus*, «branche», par l'a. fr. *rainsel*, «rameau».

rince-bouche [rɛ̃sbuʃ] n. m. inv. **1.** Anc. Récipient rempli d'eau tiède aromatisée, que l'on utilisait pour se rincer la bouche à la fin des repas. **2.** Liquide médicamenteux dont on fait usage pour se rincer la bouche. – De *rincer*, et *bouche.*

rince-bouteilles [rɛ̃sbutɛj] n. m. inv. Machine à rincer les bouteilles. – De *rincer*, et *bouteille.*

rince-doigts [rɛ̃sdwa] n. m. inv. Petit récipient rempli d'eau tiède, qui sert à se rincer les doigts au cours ou à la fin d'un repas. – De *rincer*, et *doigt.*

rincée [rɛ̃se] n. f. **1.** Pop., vieilli. Réprimande. Volée de coups. ▷ Fig. Défaite. **2.** Fam. Averse. *Quelle rincée!* – Pp. fém. subst. de *rincer.*

rincer [rɛ̃se] v. tr. [14] **1.** Nettoyer, laver à l'eau. *Rincer des bouteilles.* **2.** Passer à l'eau claire pour éliminer un produit de lavage. *Rincer du linge.* ▷ Fig., fam. *Se faire rincer:* se faire tremper par la pluie. ▷ v. pron. Fig., pop. *Se rincer l'œil:* regarder avec plaisir un spectacle (généralement osé). ▷ Fig., pop. *Se rincer le gosier, la dalle:* boire. **3.** Pop. Offrir à boire. *C'est moi qui rince.* **4.** Pop. Dépouiller (au jeu); ruiner. *Il s'est fait rincer au baccara.* – De l'anc. v. *recincier*, lat. pop. **recentiare*, «rafraîchir», de *recens*, «frais».

rincette [rɛ̃sɛt] n. f. Fam. Eau-de-vie qu'on boit dans la tasse après le café. – De *rincer* (pour *rincer* la tasse).

rinceur, euse [rɛ̃sœʀ, øz] n. **1.** Personne qui rince (la vaisselle). **2.** n. f. Rince-bouteilles. – De *rincer.*

rinçure [rɛ̃syʀ] n. f. **1.** Eau qui a servi à rincer. **2.** Vin très étendu d'eau. ▷ *Par ext.* Mauvais vin. – De *rincer.*

rinforzando [rinfɔʀdzando] adv. MUS En renforçant (indique le passage du *piano* au *forte*). – Mot ital., de *rinforzare*, «renforcer».

1. ringard [rɛ̃gaʀ] n. m. TECH Longue barre métallique servant à remuer une matière en fusion. – De l'all. dial. *Rengel*, «rondin»; wallon *ringuèle*, «levier».

2. ringard, arde [rɛ̃gaʀ, aʀd] n. m. et adj. **1.** SPECT Arg. Vieil acteur sans talent. ▷ Acteur sans talent, quel que soit son âge. **2.** Fam., cour. Personne médiocre, sans capacités. ▷ Adj. *Un photographe ringard.* – (Choses) Démodé, de mauvaise qualité. *Une publicité ringarde.* – Orig. obscure, p.-ê. n. pr.

ringarder [rɛ̃gaʀde] v. tr. [1] TECH Remuer avec le ringard (une matière en fusion). – De *ringard* 1.

ripage [ripaʒ] n. m. **I.** TECH **1.** Polissage, grattage à la ripe. **2.** Action de riper, de déplacer (qqch) par glissement. **II.** Fait de riper. ▷ MAR *Ripage d'une caisse mal amarrée.* – De *riper.*

ripaille [ripaj] n. f. Fam. Bonne chère, débauche de table. *De joyeuses ripailles. Faire ripaille.* – De *riper*, «gratter», au fig.

ripailler [ripaje] v. intr. [1] Faire ripaille. – Du préc.

ripaton [ripatɔ̃] n. m. Pop. Pied. – De l'arg. *ripatonner*, «ressemeler, réparer», sans doute de *patte.*

ripe [rip] n. f. TECH Outil de sculpteur et de tailleur de pierre constitué d'une tige recourbée en S dont les deux extrémités, aplaties et affûtées, servent à gratter et à polir. – Déverbal de *riper.*

riper [ripe] v. [1] **I.** v. tr. **1.** TECH Polir, gratter avec la ripe. **2.** Déplacer (un fardeau) en le faisant glisser sur le sol ou sur son support. *Riper une charge à la main.* **II.** v. intr. **1.** MAR Glisser en frottant avec force (notam. en parlant d'un cordage, d'une chaîne). ▷ Se déplacer sous l'action du roulis, en parlant d'un objet lourd, de la cargaison. **2.** Cour. Glisser en frottant, déraper. *L'échelle a ripé.* **3.** Pop. Partir. – Moy. néerl. *rippen*, «tirailler».

ripolin [ripɔlɛ̃] n. m. (France) Peinture laquée, très brillante, à l'origine à base d'huile de lin. – Nom déposé; du n. de *Riep*, l'inventeur, et *-ol.*

ripoliner [ripɔline] v. tr. [1] (France) Peindre au ripolin. – Du préc.

riposte [ripɔst] n. f. **1.** Réponse vive, prompte repartie à une attaque verbale, à une raillerie. **2.** SPORT En escrime, attaque portée immédiatement après une parade. **3.** Contre-attaque. – Ital. *riposta*, pp. de *rispondere*, «répondre», lat. *respondere.*

riposter [ripɔste] v. intr. [1] **1.** Répondre avec vivacité à un contradicteur, un railleur. **2.** SPORT Porter une riposte, en escrime. **3.** Contre-attaquer. *Riposter à coups de poing.* – De *riposte.*

ripuaire [ripɥɛʀ] adj. HIST Propre ou relatif aux tribus franques qui stationnaient au Vᵉ s. autour de Cologne et jusqu'à la haute Moselle. – Bas lat. *ripuarius*, de *ripa*, «rive».

riquiqui ou **rikiki** [rikiki] adj. inv. Fam., péjor. Trop petit, mesquin. *Un bouquet bien riquiqui.* – Rad. *ric, rik*, onomat. désignant ce qui est petit, médiocre.

1. rire [riʀ] v. [76] **I.** v. intr. **1.** Marquer la gaieté qu'on éprouve par un mouvement de la bouche et des muscles du visage, accompagné d'expirations saccadées plus ou moins sonores. *Rire aux éclats. Rire jaune**. *Rire sous cape**. **2.** Se divertir, se réjouir. *Aimer à rire.* Prov. *Plus on est de fous, plus on rit.* **3.** Badiner, railler; ne pas parler, ne pas agir sérieusement. *Vous voulez rire? C'était pour rire* (pop.: *pour de rire*). **4.** *Rire de:* se moquer de. *Les gens rient de lui.* **II.** v. pron. *Se rire de.* **1.** Vieilli, litt. Se moquer de (qqn). **2.** Mod. Venir facilement à bout de, triompher aisément de (ce qui s'oppose à l'action). *Se rire des obstacles, des difficultés.* – Du lat. *ridere.*

2. rire [riʀ] n. m. Action de rire. *Éclater, pouffer de rire. Rire énorme, homérique**. – Loc. *Fou rire:* rire incoercible, incontrôlable. – Emploi subst. de *rire* 1.

1. ris [ri] n. m. Vx Rire. *Les ris d'un enfant.* – Lat. *risus.*

2. ris [ri] n. m. MAR Chacune des bandes horizontales d'une voile (en général au nombre de deux ou trois), que l'on peut serrer sur la vergue (anc.) ou sur la bôme (mod.) pour les soustraire à l'action du vent. *Prendre un, deux ris. Larguer les ris.* – P.-ê. plur. de l'anc. scand. *rif*, «dispositif pour raccourcir».

3. ris [ri] n. m. *Ris de veau, d'agneau:* thymus (comestible) de ces animaux. – Orig. incert.

risberme [risbɛʀm] n. f. TECH Talus ménagé à la base d'une jetée, des piles d'un pont, etc. pour protéger les fondations de l'action de l'eau. – Néerl. *rijsberme*, de *rijs*, «branchages», et *berme*, «digue».

1. risée [rize] n. f. Moquerie collective aux dépens de qqn (seulement dans quelques loc.). *Attirer la risée publique. Être la risée de:* être un objet de moquerie pour. *Il est la risée du village.* – De *ris* 1.

2. risée [rize] n. f. MAR Augmentation passagère de la force du vent. – De *ris* 2.

risette [rizɛt] n. f. **1.** Sourire d'un enfant. *Une jolie risette de bébé. Fais risette!* **2.** Sourire de circonstance. *Je n'ai aucune envie de lui faire des risettes et des courbettes.* – Dimin. de *ris* 1.

rishi ou **richi** [riʃi] n. m. inv. RELIG Sage, saint, dans l'hindouisme. – Mot sanskrit.

risible [rizibl] adj. **1.** Vx Propre à faire rire. **2.** Digne de moquerie. *Cette prétention est tout à fait risible.* – Bas lat. *risibilis,* «capable de rire, de faire rire».

risiblement [riziblәmɑ̃] adv. D'une manière risible. – Du préc.

risorius [rizɔrjys] n. m. ANAT Muscle de la commissure des lèvres contribuant à l'expression du rire. – Adj. lat. «riant».

risotto [rizɔto] n. m. Plat italien à base de riz cuit avec de la tomate et coloré au safran. *Des risottos.* – Mot ital., de *riso,* «riz».

risque [risk] n. m. **1.** Danger dont on peut jusqu'à un certain point mesurer l'éventualité, que l'on peut plus ou moins prévoir. *Cette mission comporte de gros risques. Courir, prendre un risque,* s'y exposer. ▷ Loc. *À ses risques et périls:* en prenant sur soi tous les risques, en les assumant totalement. – *Au risque de:* en s'exposant au danger de. *Je refuse, au risque de paraître ridicule.* **2.** Perte, préjudice éventuels garantis par une compagnie d'assurances moyennant le paiement d'une prime. *Assurance tous risques.* – Ital. *risco,* du lat. pop. **resecum,* «ce qui coupe».

risqué, ée [riske] adj. Qui comporte des risques, hasardeux. *Entreprise risquée.* ▷ Osé, trop libre. *Plaisanteries risquées.* – Pp. de *risquer.*

risquer [riske] v. [1] **I.** v. tr. **1.** Mettre en danger. *Risquer sa vie, son honneur, sa fortune.* Prov. *Qui ne risque rien n'a rien.* – Loc. *Risquer le tout pour le tout:* jouer son va-tout. ▷ Exposer (au risque d'être vu, blessé, etc.). *Il risqua une main dans l'étroite ouverture.* **2.** Essayer, sans être assuré du résultat. *On peut risquer l'aventure. Risquer le coup.* ▷ Émettre (une parole, une opinion) en courant le risque d'être désapprouvé, mal compris, etc. *Risquer une plaisanterie, un avis.* **3.** S'exposer à (un danger, une peine). *Il risque la mort, une forte amende.* ▷ *Risquer de* (+ inf.): courir le risque de. *Tu risques de te faire mal.* – *Par ext.* Avoir une chance de. *Cette opération risque de réussir.* **II.** v. pron. Se hasarder. *Se risquer dans une affaire douteuse.* – De *risque.*

risque-tout [riskәtu] n. et adj. inv. Personne audacieuse, qu'aucun danger n'arrête. – De *risquer,* et *tout.*

rissole [risɔl] n. f. Petit morceau de pâte feuilletée, fourré d'un hachis de viande ou de poisson, que l'on fait cuire dans la friture. – Du lat. pop. **russeola,* de *russeolus,* «rougeâtre».

rissoler [risɔle] v. [1] v. tr. Cuire, rôtir (un aliment) de façon à lui donner une couleur dorée. *Rissoler des côtelettes.* ▷ v. intr. *Mettre des oignons à rissoler.* – De *rissole* 1.

ristourne [risturn] n. f. **1.** Remise faite par un courtier, un commerçant, à un client. ▷ Bonification ou commission plus ou moins licite. **2.** Part de bénéfice qui, dans une coopérative de consommation ou dans une société d'assurance mutuelle, revient aux acheteurs ou aux associés en fin d'exercice. – Ital. *ristorno.*

ristourner [risturne] v. tr. [1] Accorder comme ristourne. *Je vous ristournerai dix pour cent de cette somme.* – Du préc.

ritardando [ritardɑ̃do] adv. MUS En retardant l'arrivée du thème (indication du mouvement). – Mot ital.

rite [rit] n. m. **1.** Ensemble des cérémonies en usage dans une religion; ensemble des règles qui régissent la pratique d'un culte particulier. *Rites des Églises chrétiennes d'Orient. Rites protestants.* **2.** Détail des prescriptions en vigueur pour le déroulement d'un acte cultuel; l'acte cultuel lui-même. *Le rite du baptême.* – Par ext. *Les rites maçonniques.* ▷ Pratique à caractère sacré (symbolique ou magique). **3.** SOCIOL Pratique sociale habituelle, coutume. *Le rite du sapin de Noël.* ▷ Usage auquel la force de l'habitude a fait prendre la valeur d'un rite (sens 2). *Après le dîner, il fume un cigare, c'est un rite.* – Lat. *ritus.*

ritournelle [riturnɛl] n. f. **1.** Courte phrase instrumentale jouée à la fin de chacun des couplets d'une chanson. ▷ Chanson à refrain; refrain. **2.** Fig. Propos rabâché, rebattu. – Ital. *ritornello,* de *ritorno,* «retour».

ritualiser [ritɥalize] v. tr. [1] Rendre rituel. ▷ v. pron. Fig. Devenir rituel. *Gestes quotidiens qui se ritualisent.* – De *rituel.*

ritualisme [ritɥalism] n. m. **1.** RELIG Mouvement religieux né en Grande-Bretagne au XIXe s., qui tendait à restaurer, au sein de l'Église anglicane, certains des rites catholiques romains. **2.** Attachement étroit aux rites, formalisme religieux. – De *rituel.*

ritualiste [ritɥalist] adj. **1.** RELIG Qui a rapport au ritualisme (sens 1). ▷ Subst. Partisan du ritualisme. **2.** Attaché au respect des rites. – De *rituel.*

rituel, elle [ritɥɛl] adj. et n. m. **I.** adj. **1.** Qui a valeur de rite, qui constitue un rite. *Prières rituelles.* ▷ Fig. *Les jurés apprécièrent «en leur âme et conscience», selon la formule rituelle.* **2.** Habituel, coutumier. *C'était l'heure de sa promenade rituelle.* **II.** n. m. **1.** Livre liturgique de l'Église catholique, qui contient le détail des rites, des cérémonies et des prières qui les accompagnent. **2.** Ensemble des rites. *Le rituel du vaudou.* – Du lat. *rituales (libri),* «livres traitant des rites», de *ritus,* «rite».

rituellement [ritɥɛlmɑ̃] adv. D'une manière rituelle; selon un rite. – Du préc.

rivage [rivaʒ] n. m. Bande de terre qui limite une étendue d'eau, et plus partic. d'eau marine. (N.B. On emploie plutôt le mot *rive* à propos d'une étendue d'eau douce.) – De *rive.*

rival, ale, aux [rival, o] n. et adj. **I.** n. **1.** Personne qui prétend au même but, au même succès qu'un ou plusieurs autres concurrents. *Supplanter ses rivaux. Un rival dangereux.* ▷ *Spécial.* Personne qui dispute à qqn l'amour de qqn d'autre. **2.** (Avec une négation.) Personne susceptible de faire aussi bien qu'une autre. *Il n'a pas de rival.* ▷ (Choses.) *Ce vin est sans rival pour accompagner le gibier.* **II.** adj. Concurrent. *Nations, entreprises rivales.* – Lat. *rivalis,* métaph. de *rivales* «riverains» (qui tirent leur eau du même cours d'eau), de *rivus,* «ruisseau».

rivaliser [rivalize] v. intr. [1] *Rivaliser avec qqn:* s'efforcer de l'égaler, de le surpasser. *Rivaliser d'adresse, d'esprit.* – Du préc.

rivalité [rivalite] n. f. Fait de rivaliser; situation de deux ou de plusieurs personnes rivales. *Rivalité amoureuse.* – Par anal. *Rivalité entre deux villages.* – Lat. *rivalitas.*

rive [riv] n. f. **I. 1.** Bord d'un cours d'eau, d'un lac. *La rive droite, gauche d'un fleuve* (en regardant vers l'aval). *La rive sud du Saint-Laurent.* **2.** Bord de mer. *Les rives de la mer Noire.* **II.** TECH Bord rectiligne d'une pièce de bois, de métal. ▷ *Rive d'un four :* bord d'un four, près de la gueule. – Du lat. *ripa.*

rivelaine [rivlɛn] n. f. TECH Pic de mineur à deux pointes. – D'un rad. néerl. *riven,* par le wallon.

river [rive] v. tr. [1] **1.** Assujettir (un rivet, une pièce métallique oblongue) par matage*. *«On rivait à grands coups de marteau... le boulon de son carcan»* (V. Hugo). ▷ *River un clou,* en rabattre la pointe sur l'objet traversé. – Fig. *River son clou à qqn,* le faire taire par un argument irréfutable. **2.** Fixer, assembler au moyen de rivets. *River des tôles.* Syn. riveter.

▷ Fig. Immobiliser. *La maladie l'a rivé au lit une semaine.* – De *rive*, «bord».

riverain, aine [ʀivʀɛ̃, ɛn] n. et adj. Personne qui possède ou qui habite une propriété située le long d'un cours d'eau, d'un lac, etc. – Par ext. *Les riverains d'une rue.* ▷ Adj. *Propriétés riveraines.* – De *rivière.*

rivet [ʀivɛ] n. m. Courte tige cylindrique en métal dont une extrémité est renflée en une tête tronconique ou hémisphérique et dont l'extrémité opposée est destinée à être matée sur la pièce à assembler. ▷ *Rivet tubulaire*, en deux parties, l'une mâle, l'autre femelle. – De *river.*

rivetage [ʀivtaʒ] n. m. TECH **1.** Action de riveter; son résultat. **2.** Ensemble des rivets qui maintiennent des pièces assemblées. *Rivetage en cuivre.* – De *riveter.*

riveter [ʀivte] v. tr. **[23]** TECH Fixer au moyen de rivets. – De *rivet.*

riveteuse [ʀivtøz] n. f. TECH Machine à riveter, à river. Syn. riveuse. – De *riveter.*

riveur, euse [ʀivœʀ, øz] n. TECH **1.** n. Ouvrier, ouvrière qui rive, qui pose des rivets. **2.** n. f. Syn. de *riveteuse.* – De *river.*

rivière [ʀivjɛʀ] n. f. **I. 1.** Cours d'eau de moyenne importance. ▷ *Spécial.* Cours d'eau qui se jette dans un autre cours d'eau (à la différence du *fleuve*). **2.** SPORT Pièce d'eau que doit sauter le cheval dans une course d'obstacles. **3.** Fig. *Rivière de...*: grande quantité de (liquide qui coule, s'épanche). *Rivière de sang, de larmes.* **II.** *Rivière de diamants:* collier de diamants montés dans des chatons. – Du lat. pop. **riparia*, «région proche d'un cours d'eau», de *ripa*, rive.

rivoir [ʀivwaʀ] n. m. TECH **1.** Marteau utilisé pour river. **2.** Machine à river. (On dit et on écrit aussi *rivoire*, n. f.) – De *river.*

rivure [ʀivyʀ] n. f. TECH **1.** Assemblage réalisé au moyen de rivets. **2.** Partie du rivet aplatie après rivetage. – De *river.*

rixdale [ʀiksdal] n. f. HIST Ancienne monnaie d'argent qui avait cours dans différents pays d'Europe orientale et septentrionale. – Néerl. *rijksdaaler*, propr. «thaler du royaume».

rixe [ʀiks] n. f. Querelle violente accompagnée de coups. *Rixe au couteau.* – Lat. *rixa.*

riz [ʀi] n. m. **1.** Graminée céréalière (genre *Oryza*) des régions chaudes. **2.** Grain (caryopse*) comestible de cette plante. *Riz blanchi* (décortiqué), *complet* (avec son enveloppe). *Riz à grains longs, courts.* – *Poudre de riz:* V. poudre. – Ital. *riso*, du lat. *oryza*, mot gr. d'orig. orient.

ENCYCL Le riz est une céréale très nutritive à cause de sa richesse en glucides (75 %). Il existe plusieurs riz, mais l'espèce la plus importante économiquement est le riz blanc d'Asie *(Oryza sativa).* La culture du riz à grain rouge *(Oryza glaberrima)* est uniquement africaine. Le riz blanc, originaire de l'Inde, est une graminée annuelle herbacée, atteignant 1 m de haut, dont les longues feuilles glabres et les fleurs sont groupées en panicules. Le caryopse du riz, quand il est encore entouré des glumelles, est le *riz paddy* ou complet; décortiqué et poli pour la consommation, il perd ainsi des matières azotées et sa vitamine B, contenues dans les enveloppes et couches externes; aussi l'usage exclusif de grains décortiqués peut-il entraîner le *béri-béri* chez les peuples sous-alimentés. Depuis longtemps, le riz est cultivé dans toute l'Asie du S. et de l'E., où il trouve la chaleur et l'humidité (terrains inondés ou inondables) nécessaires à sa croissance. Semé directement dans ces terrains ou repiqué après semis en pépinière, le riz est moissonné 4 ou 5 mois après. Les 300 variétés actuelles de riz sont cultivées dans tous les pays chauds (Asie, Proche-Orient, Amérique, bassin méditerranéen).

rizerie [ʀizʀi] n. f. TECH Usine de traitement du riz. – De *riz.*

rizicole [ʀizikɔl] adj. Où l'on cultive le riz. *Région rizicole.* – De *riz*, et *-cole.*

riziculteur, trice [ʀizikyltœʀ, tʀis] n. Cultivateur de riz. – De *riziculture.*

riziculture [ʀizikyltyʀ] n. f. Culture du riz. – De *riz*, et *culture.*

rizière [ʀizjɛʀ] n. f. Terrain inondable où l'on cultive le riz; plantation de riz. – De *riz.*

R.M.N. Abrév. de *résonance magnétique nucléaire.*

Rn CHIM Symbole du radon.

R.N.A. Voir A.R.N. et ribonucléique.

1. rob [ʀɔb] n. m. PHARM Suc de fruit épaissi par évaporation jusqu'à consistance de miel. – De l'ar. *robub* ou *robob*, d'orig. persane.

2. rob [ʀɔb] ou **robre** [ʀɔbʀ] n. m. Au whist et au bridge, chacune des parties (en deux ou trois manches) jouées avec un partenaire différent de la table. – De l'angl. *rubber.*

robage [ʀɔbaʒ] ou **robelage** [ʀɔblaʒ] n. m. TECH Action de rober. – De *rober.*

robe [ʀɔb] n. f. **I.** Vêtement féminin avec ou sans manches, comportant un corsage et une jupe d'un seul tenant. **II. 1.** Vêtement long et ample, enveloppant le corps jusqu'aux pieds, porté par les hommes chez les Anciens, et auj. en Orient. **2.** Long vêtement porté par certains magistrats, par les professeurs d'université dans les cérémonies officielles. ▷ Anc. *La robe:* la magistrature, sous l'Ancien Régime en France. *Noblesse de robe.* **3.** *Robe de chambre:* vêtement d'intérieur à manches, long et ample, porté par les deux sexes. ▷ *Pommes de terre en robe de chambre*, cuites avec leur peau. (On dit aussi *en robe des champs.*) **III. 1.** Pelage de certains animaux (cheval et bœuf, notam.). **2.** Enveloppe de certains légumes, de certains fruits. *La robe d'un oignon.* **3.** Feuille de tabac constituant l'enveloppe extérieure d'un cigare. Syn. cape. **4.** Couleur (d'un vin). – Du germ. **rauba*, «butin» (cf. *dérober*), d'où «vêtement dont on a dépouillé qqn».

robelage. V. robage.

rober [ʀɔbe] v. tr. **[1]** TECH **1.** *Rober la garance:* écorcer sa racine. **2.** Envelopper (un cigare) de sa robe. – De *robe.*

robine [ʀɔbin] n. f. Fam. Mauvais alcool de fabrication clandestine; liquide alcoolisé impropre à la consommation. – De l'angl. *rubbing (alcohol).*

robinet [ʀɔbinɛ] n. m. Dispositif qui permet de régler ou de suspendre l'écoulement d'un fluide dans une canalisation, hors d'un réservoir, etc. *Robinet d'eau, de gaz. Robinet d'incendie.* – Ellipt. *Tourner le robinet*, la clef du robinet. ▷ Fig., fam. *Un robinet d'eau tiède :* une personne très bavarde qui dit des choses sans intérêt. – Dimin. du moyen fr. *robin*, «fontaine», de *Robin* (nom donné au mouton, au Moyen Âge), les premiers robinets affectant souvent la forme d'une tête de mouton.

robinetier [ʀɔbinetje] n. m. Fabricant ou marchand de robinets. – Du préc.

robinetterie [ʀɔbinɛtʀi] n. f. **1.** Industrie, commerce des robinets. ▷ Usine où l'on fabrique des robinets. **2.** Ensemble des robinets d'un appareillage, d'une installation. – De *robinet.*

robineux, euse [ʀɔbinø, øz] n. Fam. Celui, celle qui boit du mauvais alcool; ivrogne, clochard. «[...] on est tenté de tout quitter, de vivre comme ces robineux qui nous font douter de nos mesquines sécurités de citoyens.» (André Major, La chair de poule, 1965.) – De *robine.*

robinier [ʀɔbinje] n. m. BOT Arbre (genre *Robinia,* fam. papilionacées) donc toutes les espèces sont originaires d'Amérique du N., aux rameaux épineux, aux feuilles pennées, aux fleurs disposées en grappes. *Le robinier faux-acacia (Robinia pseudo-acacia) est souvent appelé improprement «acacia».* – Lat. mod. *robinia,* du n. de J. *Robin* (1550-1629), botaniste fr.

robinson [ʀɔbɛ̃sɔ̃] n. m. Personne qui vit dans la nature, en solitaire. (Le féminin *robinsonne* [ʀɔbɛsɔn] est virtuel.) – De *Robinson* Crusoé, héros d'un roman de Daniel Defoe (v. 1660-1731).

roboratif, ive [ʀɔbɔʀatif, iv] adj. Litt. Fortifiant. – De l'anc. v. *reborer,* du lat. *roborare,* «fortifier».

robot [ʀɔbo] n. m. **1.** Machine à l'aspect humain, capable de se mouvoir, de parler et d'agir. **2.** Machine automatique dotée d'une mémoire et d'un programme, capable de se substituer à l'homme pour effectuer certains travaux. ▷ *Robot culinaire, robot de cuisine:* appareil électroménager utilisant un couteau rotatif tournant à haute vitesse pour hacher, malaxer, broyer les aliments. **3.** Personne agissant comme un automate. **4.** *Portrait-robot:* V. portrait. – Du tchèque *robota,* «travail forcé», pour désigner des «ouvriers artificiels», dans une pièce de K. Čapek (1890-1938).

robotique [ʀɔbɔtik] n. f. TECH Étude et mise au point des machines automatiques qui peuvent remplacer ou prolonger les fonctions de l'homme. – De *robot.*

robotisation [ʀɔbɔtizasjɔ̃] n. f. Action de robotiser; son résultat. – De *robotiser.*

robotiser [ʀɔbɔtize] v. tr. [1] **1.** Transformer (un être humain) en robot; faire perdre certains caractères propres aux humains au profit de comportements mécaniques. **2.** TECH Équiper de robots, automatiser. *Robotiser une chaîne de montage.* – De *robot.*

robre. V. rob 2.

robuste [ʀɔbyst] adj. Fort, solide, résistant. *Un homme robuste. Un mécanisme robuste.* ▷ Fig. *Une robuste confiance en soi.* – Lat. *robustus,* «de chêne, vigoureux», de *robur,* «chêne, force».

robustement [ʀɔbystəmɑ̃] adv. D'une manière robuste. *Un garçon robustement bâti.* – Du préc.

robustesse [ʀɔbystɛs] n. f. Qualité de ce qui est robuste. – De *robuste.*

1. roc [ʀɔk] n. m. Masse de pierre très dure qui fait corps avec le sol; matière rocheuse. ▷ *Par métaph.* Symbole de solidité. *C'est un roc. Bâtir sur le roc :* faire œuvre solide, durable. – Forme masc. de *roche.*

2. roc. V. rock 1.

rocade [ʀɔkad] n. f. **1.** MILIT Voie de communication parallèle à la ligne de feu. **2.** Voie routière de dérivation, qui relie deux voies importantes. – De *roquer,* par comparaison avec le mouvement au jeu d'échecs.

rocaillage [ʀɔkajaʒ] n. m. TECH Travail, décoration, revêtement en rocaille (sens 2). – De *rocaille.*

rocaille [ʀɔkaj] n. et adj. inv. **I.** n. f. **1.** Étendue jonchée de pierres, de cailloux; pierraille. **2.** Dans un jardin, décor de pierres entre lesquelles poussent des plantes, des fleurs. **3.** Ouvrage fait de pierres cimentées ou brutes, incrustées de coquillages, de cailloux. *Grotte en rocaille.* **II.** adj. inv. *Style rocaille:* style décoratif aux formes imitées des coquillages, des plantes, des rochers, en vogue sous Louis XV. *Meuble rocaille.* ▷ N. m. *Le rocaille:* le style rocaille. – De *roc* 1.

rocailleux, euse [ʀɔkajø, øz] adj. **1.** Pierreux, caillouteux. **2.** Fig. Dur, heurté; rauque. *Style rocailleux. Voix rocailleuse.* – Du préc.

rocambole [ʀɔkɑ̃bɔl] n. f. Ail doux *(Allium schorodoprasum),* appelé aussi *échalote d'Espagne.* – All. *Rockenbolle,* de *Rocken,* «quenouille», et *Bolle,* «bulbe».

rocambolesque [ʀɔkɑ̃bɔlɛsk] adj. Extravagant, plein de péripéties qui paraissent invraisemblables. *Une aventure rocambolesque.* – De *Rocambole,* personnage de romans-feuilletons de Ponson du Terrail (1829-1871).

rochage [ʀɔʃaʒ] n. m. **1.** TECH Action de rocher (2, sens I). **2.** METALL Formation d'excroissances et d'aspérités à la surface de certains métaux (argent, platine, etc.) en cours de solidification, due au dégagement des gaz préalablement dissous. – De *rocher* 2.

roche [ʀɔʃ] n. f. **1.** Bloc ou masse de pierre dure. *Eau de roche,* qui sourd d'une roche, très limpide. – Fig. *Clair comme de l'eau de roche:* facile à comprendre, évident. ▷ *La roche:* la pierre, le roc. *Abri creusé dans la roche.* **2.** Cour. Morceau, fragment de pierre très dure. *Lancer* (fam. *tirer) des roches. Avoir une petite roche dans son soulier.* **3.** GEOL Toute matière minérale d'origine terrestre. – *Roche(-)mère,* partie inférieure du sol minéral; site de formation d'hydrocarbures. – Lat. pop.* *rocca.*

ENCYCL Les roches peuvent être classées selon des critères plus ou moins arbitraires: roches liquides (pétrole, etc.), meubles (sable, faluns, etc.), tendres (craie, etc.), dures (granite, grès, etc.); leur composition: roches calcaires, siliceuses, carbonées, etc.; leur origine: roches sédimentaires, volcaniques, métamorphiques, etc. L'étude des roches constitue la *pétrographie,* ou *pétrologie,* que l'on doit distinguer de la minéralogie. En effet, les roches sont généralement constituées de plusieurs minéraux, dont chacun est étudié par la minéralogie*.

1. rocher [ʀɔʃe] n. m. **I.** Masse de pierre, ordinairement élevée, escarpée. *Le rocher Percé en Gaspésie.* ▷ *Le rocher :* la pierre, le roc. **II. 1.** ANAT Pièce osseuse qui forme la partie interne de l'os temporal. **2.** Pâtisserie ou confiserie qui a l'aspect d'un rocher. *Rocher à la noix de coco, au chocolat.* – De *roche.*

2. rocher [ʀɔʃe] v. [1] **I.** v. tr. TECH Recouvrir de borax (des pièces métalliques) avant de les souder ou de les braser. **II.** v. intr. **1.** METALL Se couvrir d'excroissances au cours du rochage. **2.** TECH Mousser, en parlant de la bière qui fermente. – De *roche.*

1. rochet [ʀɔʃɛ] n. m. Surplis des évêques, des abbés, des chanoines. – Du frq. *hrokk,* «habit».

2. rochet [ʀɔʃɛ] n. m. **1.** TEXT Bobine où l'on enroule les fils de soie. **2.** MECA *Roue à rochet:* roue dentée munie d'un cliquet, qui ne peut tourner que dans un sens. – Du germ. *rukka,* «quenouille».

rocheux, euse [ʀɔʃø, øʒ] adj. Couvert, formé de roches, de rochers. *Les montagnes Rocheuses,* s'étendant de l'Alaska au Mexique. – De *roche.*

rochier [ʀɔʃje] ou **rouquier** [ʀukje] n. m. N. cour. de plusieurs poissons téléostéens des zones rocheuses. – De *roche.*

1. rock ou **roc** [ʀɔk] n. m. Oiseau fabuleux et gigantesque des contes orientaux. – Ar. *rokh.*

2. rock [ʀɔk] n. m. et adj. inv. Abrév. cour. de *rock and roll.* ▷ Adj. *Le style rock.*

rock and roll [ʀɔkɛnʀɔl] n. m. Danse à quatre temps sur la musique de ce nom. ▷ Musique populaire née aux États-Unis v. 1955, participant à la fois du *rythm and blues* (blues* urbain s'adressant surtout au public noir) et de la musique folklorique anglo-américaine, et caractérisée par un large recours à l'amplification électrique, une accentuation vigoureuse, soulignée par la batterie, des deuxième et quatrième temps de la mesure, et la recherche de timbres inhabituels et violemment expressifs. – Mot angl., de *to rock*, «balancer» et *to roll*, «rouler, tourner».

rococo [ʀɔkoko] adj. inv. et n. m. **1.** Se dit d'un style rocaille très surchargé, en vogue au XVIIIe s. *Vase rococo.* ▷ N. m. *Le rococo:* ce style. **2.** *Par ext.* Passé de mode et un peu ridicule. *Des chapeaux rococo.* – Formation plaisante, d'ap. *rocaille.*

rocou [ʀɔku] n. m. Colorant d'un rouge orangé tiré de la gelée enveloppant les graines du rocouyer. – Altér. de *urucū*, mot tupi.

rocouer [ʀɔkue] v. tr. [1] TECH Teindre avec du rocou. – Du préc.

rocouyer [ʀɔkuje] n. m. BOT Arbuste d'Amérique du Sud (genre *Bixa*) dont les graines fournissent le rocou. – De *rocou.*

rocquer. V. roquer.

rodage [ʀɔdaʒ] n. m. **1.** TECH Action de roder (une pièce). *Rodage de soupape.* **2.** Fait de faire fonctionner une machine, un moteur neufs, etc., à vitesse réduite, pour permettre un ajustage progressif, par polissage mutuel, des pièces mobiles en contact; temps nécessaire pour que cet ajustage se fasse. *Voiture en rodage.* **3.** Fig. Adaptation progressive. *Un service en période de rodage.* – De *roder.*

rôdailler [ʀodaje] v. intr. [1] Fam. Rôder, vagabonder, traîner. – De *rôder.*

rodéo [ʀɔdeo] n. m. **1.** Fête donnée à l'origine à l'occasion du marquage du bétail, aux É.-U., et au cours de laquelle les cowboys rivalisent dans des jeux, notam. celui qui consiste à maîtriser une bête (cheval ou taureau) non domestiquée; ce jeu lui-même. **2.** Fam. Poursuite, séance tumultueuse. – Amér. *rodeo* de l'esp. *rodeo*, «encerclement, emplacement où l'on marque le bétail».

roder [ʀɔde] v. tr. [1] **1.** TECH User par frottement (une pièce) pour qu'elle s'adapte parfaitement à une autre. *Roder le bouchon en verre d'un flacon contre le goulot. Poudre à roder.* **2.** Procéder au rodage de (un moteur, une automobile, une machine). **3.** Fig. Adapter progressivement à sa fonction; mettre au point. *Roder une organisation.* ▷ v. pron. (Personnes.) *Il a besoin de se roder.* – Lat. *rodere*, «ronger, user».

rôder [ʀode] v. intr. [1] **1.** Aller et venir çà et là, avec des intentions suspectes. **2.** Errer, marcher sans but. – Anc. provenç. *rodar*, du lat. *rotare*, «faire tourner».

rôdeur, euse [ʀodœʀ, øz] n. et adj. **1.** Individu suspect qui rôde à la recherche d'un mauvais coup. **2.** Personne qui rôde, flâneur. ▷ Adj. *Bêtes rôdeuses.* – De *rôder.*

rodoir [ʀɔdwaʀ] n. m. TECH Outil servant à roder (sens 1). – De *roder.*

rodomont [ʀɔdɔmɔ̃] n. m. et adj. Litt., vieilli Fanfaron, faux brave. – De *Rodomonte*, personnage de l'Arioste (1474-1533).

rodomontade [ʀɔdɔmɔ̃tad] n. f. Litt. Fanfaronnade. – Du préc.

roentgen, roentgenthérapie. V. röntgen, röntgenthérapie.

rogations [ʀɔgasjɔ̃] n. f. pl. RELIG CATHOL Prières publiques accompagnées de processions, pendant les trois jours qui précèdent immédiatement l'Ascension, destinées à attirer la bénédiction divine sur le bétail, les récoltes, les travaux des champs. – Lat. ecclés. *rogationes*, plur. de *rogatio*, «demande, prière».

rogaton [ʀɔgatɔ̃] n. m. **1.** Vx, fam. Objet de rebut. *De vieux rogatons.* **2.** Mod., fam. (Surtout au plur.) Reste de nourriture. *Finir des rogatons.* – Du lat. médiév. *rogatum*, «demande», de *rogare*, «demander».

rognage [ʀɔɲaʒ] n. m. TECH Action de rogner; son résultat. – De *rogner* 1.

1. rogne [ʀɔɲ] n. f. TECH Coupe au massicot d'un livre imprimé. ▷ Ligne selon laquelle le papier est coupé. – Déverbal de *rogner* 1.

2. rogne [ʀɔɲ] n. f. Fam. Mauvaise humeur, colère. *Être en rogne.* – Déverbal de *rogner* 2.

1. rogner [ʀɔɲe] v. tr. [1] **1.** Couper sur les bords. *Rogner les pages d'un livre au massicot.* **2.** Fig. Retrancher une petite partie de (qqch). *Ces dépenses imprévues ont rogné mes économies.* ▷ *Rogner les ailes, les ongles à qqn*, diminuer son pouvoir, son autorité, sa liberté. – Du lat. pop. **rotundiare*, «couper en rond», de *rotundus*, «rond».

2. rogner [ʀɔɲe] v. intr. [1] Fam. Être en rogne. – Orig. onomat.

rogneur, euse [ʀɔɲœʀ, øz] n. TECH Personne dont le travail consiste à rogner (le papier, etc.). – De *rogner* 1.

rognon [ʀɔɲɔ̃] n. m. **1.** Rein comestible de certains animaux. *Rognon de veau, de porc. Rognons au madère.* **2.** MINER Concrétion rocheuse plus ou moins régulière, sans angle vif, incluse originellement dans une roche de nature différente. *Rognons de silex.* – Du lat. pop. *renio*, class. *renes*, «reins».

rognonner [ʀɔɲɔne] v. intr. [1] Fam. Grommeler, bougonner. – De *rogner* 2.

rognure [ʀɔɲyʀ] n. f. Ce que l'on retranche en rognant, déchet restant après un rognage. *Rognures d'ongles.* – De *rogner* 1.

rogomme [ʀɔgɔm] n. m. Vx, pop. Liqueur forte, eau-de-vie. ▷ Fam. *Voix de rogomme*, enrouée par l'abus d'alcool. – Orig. obscure.

1. rogue [ʀɔg] adj. Rude et hautain, arrogant, plein de morgue. *Un petit homme rogue. Un ton rogue.* – P.-ê. anc. scand. *hrókr*, «arrogant».

2. rogue [ʀɔg] n. f. **1.** PECHE Œufs de poissons salés utilisés comme appât pour la pêche des sardines. **2.** Œufs de poisson en général. – Breton *rog*, d'un rad. germ. *hrogn.*

rogué, ée [ʀɔge] adj. PECHE Qui porte des œufs, en parlant d'une femelle de poisson. *Hareng rogué* (par oppos. à *hareng laité*, mâle, qui a de la *laitance*). – De *rogue* 2.

rohart [ʀɔaʀ] n. m. TECH Ivoire tiré des défenses de morse ou des dents d'hippopotame. – De l'anc. scand. *hrosshvalr.*

roi [ʀwa] n. m. **1.** Chef d'État qui exerce, généralement à vie, le pouvoir souverain, en vertu d'un droit héréditaire ou, plus rarement, électif. *Roi absolu. Roi constitutionnel. Le roi des Belges. Le roi d'Angleterre.* – HIST *Le Roi des Rois:* le roi des Perses. *Le roi très chrétien:* le roi de France. *Les rois catholiques:* Ferdinand d'Aragon et Isabelle de Castille. ▷ Loc. *Être heureux comme un roi*, très heureux. – *Un morceau de roi:* un mets délicieux (dans un autre sens: une très belle femme). – *Travailler pour le roi de Prusse*, sans profit. – *Le roi n'est pas son cousin :* il se prend pour un personnage extraordinaire. ▷ *Les rois mages:* V. mage 1. *Le jour, la fête des Rois* (ou absol. *les Rois*): l'Épiphanie. – *Galette, gâteau des Rois:* pâtisserie que l'on partage entre les convives à l'occasion de l'Épiphanie, contenant une fève et un pois pour le choix de la reine et du roi de la fête. *Tirer les Rois:* se réunir pour manger cette pâtisserie. ▷ (En appos). *Bleu roi*, très vif, outremer. **2.** Celui qui est le premier de son espèce; celui qui règne, domine. *Le roi des animaux:* le lion. *Le chêne, roi de la forêt. L'homme est le roi de la création.* – Fam. *Le roi des im-*

béciles. ▷ Celui qui s'est assuré la prépondérance dans un secteur industriel ou commercial. *Le roi de l'étain, du pétrole.* **3.** Principale pièce du jeu d'échecs, qui peut se mouvoir d'une case à la fois dans tous les sens. *Échec au roi.* ▷ Chacune des quatre cartes figurant un roi, dans un jeu. *Roi de trèfle, de cœur.* – Du lat. *rex, regis.*

roide. V. raide.

roie [ʀwa] n. f. PECHE Grand filet pour la pêche aux harengs et aux poissons allant par banc. – A. fr. *rei,* du lat. *rete,* «filet».

roitelet [ʀwatlɛ] n. m. **1.** Péjor. ou plaisant. Petit roi, roi d'un très petit État. **2.** Oiseau passériforme insectivore (genre *Regulus*), de très petite taille (10 cm env.), au plumage olivâtre égayé d'une calotte jaune ou orange, hôte habituel des forêts de conifères. – De l'a. fr. *roitel,* dimin. de *roi.*

rôle [ʀol] n. m. **I. 1.** DR Liste, établie selon l'ordre chronologique, des causes qui doivent être plaidées devant un tribunal. ▷ Loc. fig. *À tour de rôle:* l'un après l'autre, chacun à son tour. **II. 1.** Ensemble des répliques qui doivent être prononcées par le même acteur, dans une œuvre dramatique. *Bien savoir son rôle.* ▷ Le personnage même joué par l'acteur. *Jouer le rôle d'Harpagon dans «l'Avare» de Molière.* **2.** Ensemble des conduites qui constituent l'apparence sociale de qqn, image qu'une personne veut donner d'elle-même et qui ne correspond pas à sa véritable personnalité. *Il est comique, dans son rôle de grand séducteur.* ▷ Loc. *Avoir le beau rôle,* la tâche facile (où l'on peut se montrer à son avantage). **3.** Fonction, emploi. *Quel est votre rôle dans l'entreprise? Le rôle social du médecin.* ▷ PSYCHO *Jeu de rôles:* technique de groupe, dérivée du psychodrame, visant à l'analyse du comportement interindividuel en fonction des rôles sociaux. ▷ Action, influence exercée. *Les femmes ont joué un grand rôle dans sa vie.* – Du lat. médiév. *rotulus,* «parchemin roulé», du class. *rota,* «roue».

rollier [ʀɔlje] n. m. ZOOL Oiseau coraciadiforme de l'Ancien Monde dont une espèce *(Coracias garrulus)* a un plumage bleu-vert, une grosse tête et un fort bec. – De l'all. *Roller* par l'angl.

rollmops [ʀɔlmɔps] n. m. Petit hareng roulé conservé dans du vin blanc. – Mot all., de *rollen,* «enrouler».

romain, aine [ʀɔmɛ̃, ɛn] adj. et n. **I.** adj. **1.** Relatif à l'ancienne Rome. *L'Empire romain.* ▷ *Chiffres romains et chiffres arabes.* **2.** Relatif à la Rome moderne. **3.** Relatif à Rome, en tant que siège de la papauté et capitale spirituelle de l'Église catholique. *Église catholique, apostolique et romaine.* **4.** *Caractère romain:* caractère d'imprimerie dont les jambages, parallèles entre eux, sont perpendiculaires à l'alignement des caractères. **II.** n. **1.** Citoyen, sujet de la Rome antique, de l'Empire romain. *Le temps des Romains.* ▷ Fig. *Travail de Romain :* travail gigantesque et de longue haleine. **2.** Habitant de la Rome moderne. **3.** n. m. Écriture en caractères romains. *Le romain remplaça le gothique. Le romain et l'italique.* – Lat. *romanus.*

1. romaine [ʀɔmɛn] n. f. Balance composée d'un fléau aux bras inégaux, dont le plus court comporte un crochet auquel on suspend l'objet à peser, et dont le plus long, gradué, est muni d'une masse pesante mobile que l'on déplace jusqu'à ce que la position d'équilibre soit atteinte. – Adj. *Balance romaine.* – Ar. *rūmmânāh,* «peson»; par l'anc. provenç. ou par l'esp. *romana.*

2. romaine [ʀɔmɛn] n. f. Laitue à feuilles allongées et croquantes (appelée aussi *chicon*). ▷ Loc. fam. *Être bon comme la romaine:* vieilli, être d'une trop grande bonté ; mod. être dans la position de victime. – De *(laitue) romaine,* importée d'Italie.

1. roman, ane [ʀɔmɑ̃, an] n. et adj. **I.** LING n. m. *Le roman:* la langue populaire issue du latin, parlée en France avant l'ancien français (c.-à-d. av. le IXe s.). ▷ Adj. Vieilli *La langue romane:* le roman (à distinguer de: *une langue romane.* V. ci-après). **II.** adj. **1.** *Langues romanes :* langues issues du latin populaire parlé dans la *Romania* (ensemble des pays romanisés). *Le français, le romanche, l'occitan, le catalan, l'italien, l'espagnol, le portugais, le roumain sont des langues romanes.* ▷ Qui a rapport aux langues romanes. *Linguistique romane.* **2.** BX-A Se dit de la forme d'art et, partic., d'art architectural, répandue dans les pays d'Europe occidentale aux XIe et XIIe s., avant l'apparition du gothique. *Architecture romane.* ▷N. m. *Le roman:* l'art, le style roman. **3.** LITTER *École romane:* école littéraire néo-classique fondée vers 1891 et dont les représentants les plus notables furent Moréas et Ch. Maurras. – Du lat. pop. **romanice,* «à la façon des Romains», du class. *romanus,* «romain».

2. roman [ʀɔmɑ̃] n. m. **1.** LITTER Récit médiéval en vers ou en prose, écrit en langue populaire (en *roman,* et non en latin). *Le Roman de Renart.* **2.** Récit de fiction en prose, relativement long (à la différence de la nouvelle), qui présente comme réels des personnages dont il décrit les aventures, le milieu social, la psychologie. *Les romans de Balzac, de Dickens, de Dostoïevski, de Germaine Guèvremont. Roman policier. Roman de cape* et d'épée. Roman à l'eau de rose,* d'une sentimentalité un peu fade. – *Roman-fleuve:* V. fleuve. – *Roman-feuilleton:* V. feuilleton. – *Roman-photo:* histoire romanesque racontée sous la forme d'une suite de photographies, comportant le plus souvent un dialogue intégré à l'image dans des bulles* semblables à celles de la bande dessinée (on dit aussi *photo-roman*). *Des romans-photos (ou des photos-romans).* ▷ Nouveau Roman. V. nouveau. ▷ (En tant que genre littéraire.) *Réussir également dans l'essai et dans le roman.* **3.** Fig. Suite d'aventures extraordinaires. *Sa vie est un vrai roman.* **4.** Histoire inventée, mensonge. *Tout ce qu'il vous raconte n'est que du roman.* Syn. fable, fiction. – De *roman* 1; a. fr. *romanz,* «langue commune».

romance [ʀɔmɑ̃s] n. **I.** n. m. LITTER Poème espagnol en vers de huit syllabes. **II.** n. f. **1.** LITTER Composition poétique de forme très simple sur un sujet sentimental, destinée à être chantée, en vogue à la fin du XVIIIe et au début du XIXe s. ▷ Air sur lequel on la chantait. **2.** Mod. Chanson sentimentale. – Mot esp., du provenç. *romans,* de *roman* 1.

romancer [ʀɔmɑ̃se] v. tr. [14] Traiter, présenter comme un roman, en ajoutant des détails imaginés. – Pp. *Biographie romancée.* – De *roman* 2.

romancero [ʀɔmɑ̃seʀo] n. m. LITTER Recueil de romances espagnols d'inspiration épique. *Le romancero du Cid.* – Mot esp.

romanche [ʀɔmɑ̃ʃ] n. m. LING Parler d'origine romane des Grisons, du Tyrol et du Frioul, devenue, en 1938, la quatrième langue off. de la Suisse. – Du lat. *romanice.* V. roman 1.

romancier, ière [ʀɔmɑ̃sje, jɛʀ] n. Auteur de romans. – De *roman* 2.

romand, ande [ʀɔmɑ̃, ɑ̃d] adj. et n. Se dit de la partie francophone de la Suisse, et de ses habitants. – N. m. *Le romand,* dialecte franco-provençal parlé en Suisse. – Même mot que *roman* 1, *d* par anal. avec *allemand.*

romanée [ʀɔmane] n. m. Vin rouge de Bourgogne très estimé. – Du nom de *Vosne-Romanée* (Côte-d'Or, France).

romanesque [ʀɔmanɛsk] adj. et n. m. **1.** Qui tient du roman, merveilleux comme les aventures d'un roman. *Une histoire très romanesque.* ▷ N. m. *Cela a mis un peu de romanesque dans sa vie.* **2.** (Personnes.)

Qui a tendance à concevoir la vie comme un roman; imaginatif, rêveur. *Une jeune fille romanesque.* **3.** Litt. Qui a rapport au roman, au genre littéraire qu'il constitue, qui est propre à ce genre. *Technique romanesque.* – De *roman* 2.

romani. V. tzigane.

romanichel, elle [ʀɔmaniʃɛl] n. **1.** Vieilli Tzigane, bohémien nomade. **2.** *Par ext.* Péj. Vagabond. – Var. de *romani*, mot tzigane d'Allemagne, de *rom*, «tzigane».

romanisant, ante [ʀɔmanizɑ̃, ɑ̃t] adj. (et n.) **1.** RELIG Qui a tendance à se rapprocher des rites de l'Église romaine, en parlant d'un autre culte chrétien. *Église orientale romanisante.* **2.** LING Qui s'occupe de linguistique romane. *Philologue romanisant.* ▷ Subst. *Un(e) romanisant(e).* – Ppr. de *romaniser.*

romanisation [ʀɔmanizasjɔ̃] n. f. Action de romaniser (sens II, 1); fait de se romaniser. *La romanisation de la Gaule.* – De *romaniser.*

romaniser [ʀɔmanize] v. [1] **I.** v. intr. RELIG Être fidèle à la foi de l'Église catholique romaine. **II.** v. tr. **1.** HIST Faire adopter la civilisation, la langue romaines à (des peuples non italiens). **2.** Transcrire en caractères latins. *Romaniser un texte chinois.* – Du lat. *romanus*, «romain».

1. romaniste [ʀɔmanist] n. **I.** RELIG Partisan de l'Église de Rome, du pape. **II. 1.** DR Juriste spécialiste du droit romain. **2.** n. m. BX-A Peintre flamand du XVIe s. inspiré par l'art italien de son temps. – De *romain.*

2. romaniste [ʀɔmanist] n. LING Philologue, linguiste spécialisé dans l'étude des langues romanes. – De *roman* 1.

romano [ʀɔmano] n. Péjor. Romanichel. – De *romanichel.*

roman-photo. V. roman.

romantique [ʀɔmɑ̃tik] adj. et n. **I.** Vx Romanesque. **II. 1.** ART Qui a rapport au romantisme, qui lui est propre. *Période romantique. Littérature romantique. Les poètes, les peintres romantiques.* ▷ N. m. *Les romantiques du XIXe s.* **2.** Qui évoque les thèmes du romantisme. *Site romantique.* **3.** Cour. (Personnes.) Qui a un caractère sentimental et passionné. *Jeune fille romantique.* – Angl. *romantic*, de *romance*, «roman» (jusqu'à l'emploi de *novel*).

romantisme [ʀɔmɑ̃tism] n. m. **1.** Ensemble de mouvements artistiques et littéraires qui s'épanouirent en Europe au XIXe s. sur la base d'un rejet du rationalisme et du classicisme. ▷ Forme de sensibilité esthétique particulièrement cultivée par les romantiques, telle qu'elle peut s'exprimer chez les auteurs d'autres époques. *Le romantisme de Mme de Sévigné.* **2.** Sensibilité, esprit, caractère romantique. – Du préc.

ENCYCL Le romantisme ne voit le jour qu'au terme d'une lente gestation d'un demi-siècle, avant de se développer en Europe dans la première moitié du XIXe s. Les précurseurs, ou «préromantiques», apparaissent en Angleterre avec Young (*les Nuits*, poème) et Samuel Richardson (*Clarisse Harlowe*, roman) et en Écosse avec Macpherson («traduction» d'Ossian) et Robert Burns (poésies en dialecte). En Allemagne, le mouvement du *Sturm und Drang* (Schiller, et surtout Goethe, dont le *Werther* sera lu dans l'Europe entière) est largement suivi. En France, au siècle des Lumières, Diderot et surtout Rousseau (*la Nouvelle Héloïse*, 1761) participent déjà de la sensibilité romantique, qui s'affirmera après la Révolution avec Nodier, Senancour, Chateaubriand, de Staël (*De l'Allemagne*). Où qu'il soit apparu, le romantisme se caractérise par le libre cours donné à l'imagination et à la sensibilité individuelles et qui le plus souvent traduisent un désir d'évasion et de rêve. En réaction contre le classicisme français, rationnel et impersonnel, qui avait marqué toute l'Europe, l'Allemagne et l'Angleterre retournent à leurs sources poétiques nationales. À travers les constantes du romantisme européen (réveil de la poésie lyrique, rupture avec les règles et les modèles, retour à la nature, recherche de la beauté dans ses aspects originaux et particuliers), chaque nation laisse éclater son génie propre. Le romantisme anglais s'incarne essentiellement dans les romans historiques de Walter Scott et dans l'œuvre poétique de Wordsworth et Coleridge, puis de Keats, Byron et Shelley. Très marquée par la philosophie (Schelling, Fichte), la poésie romantique allemande (les frères Schlegel, Novalis, Tieck, Hölderlin, Heine) ne doit pas faire oublier le théâtre (Kleist, Werner) et surtout les contes et récits en prose (les frères Grimm, Jean-Paul Richter, Hoffmann). En France, le romantisme, préfiguré par Chateaubriand, n'apparaît qu'en 1820, avec la publication des *Méditations* de Lamartine, que suivront les premiers poèmes de Vigny et de Hugo, puis de Musset et de Gautier. Dans la patrie du classicisme, il prend la forme d'une véritable révolution littéraire. Groupés en cénacles, les écrivains romantiques lutteront pendant dix ans pour faire prévaloir leur conception de la littérature (préface de *Cromwell*, par Hugo, 1827). En 1830, la bataille d'*Hernani* leur apporte une victoire éclatante: «Le romantisme, c'est le libéralisme en littérature», proclame Hugo dans la préface d'*Hernani*. Dès lors, le mouvement romantique, dépassant le cadre de la sensibilité individuelle, prend un caractère plus social, et une «littérature d'opposition» voit le jour. En dehors de la poésie lyrique, il s'épanouit dans le théâtre (A. Dumas), le roman (George Sand, Stendhal, Mérimée, Balzac), l'histoire (Michelet, A. Thierry). Puissante figure, Victor Hugo, poète, dramaturge, romancier, sera le seul à prolonger le romantisme jusqu'à la fin du siècle. Dès 1843 (échec des *Burgraves* de Hugo), le mouvement perd de sa vigueur initiale et certains de ses traits (mission sociale du poète, goût de la vérité, etc.) annoncent déjà l'évolution de la littérature et de l'art vers le réalisme. Plus. peintres français, dont les conceptions s'opposaient à un néo-classicisme étroit issu de David, sont considérés comme les maîtres de l'art romantique: Gros, Géricault, Delacroix. Constable et Turner introduisent dans l'école anglaise un certain romantisme visionnaire. Les romantiques de l'école allemande sont plutôt des «petits maîtres»: A. Rethel, O.P. Runge, K. Blechen, C.D. Friedrich. Si l'on excepte Berlioz, Liszt et Chopin, le romantisme musical est princ. le fait des grands compositeurs allemands et autrichiens: Beethoven (en partie), Weber, Schubert, Schumann et Brahms.

romarin [ʀɔmaʀɛ̃] n. m. Arbrisseau odorant des garrigues (*Rosmarinus officinalis*, fam. labiées), aux petites fleurs bleues, aux feuilles longues et étroites employées comme condiment et en infusion. – Lat. *rosmarinus*, propr. «rosée de mer».

rombière [ʀɔ̃bjɛʀ] n. f. Pop. Femme d'un certain âge prétentieuse et ennuyeuse. – P.-ê. du rad. *rom-*, de *grommeler*, et du lorrain *romber*, «bougonner».

rompre [ʀɔ̃pʀ] v. [5] **I.** v. tr. **1.** Briser, casser, faire céder. *Rompre le pain. Le fleuve a rompu les digues.* – Fig. *Applaudir à tout rompre*, avec transport. ▷ v. pron. *Les amarres se sont rompues.* **2.** Faire cesser, mettre fin à. *Rompre un enchantement.* ▷ Annuler. *Rompre un marché. Rompre des fiançailles.* ▷ Cesser de respecter (un engagement). *Rompre ses vœux, un contrat.* **3.** Défaire, déranger, troubler dans son ordre ou sa régularité. *Rompre la monotonie, le silence. Rompre le rythme.* ▷ *Rompre les rangs:* se disperser, en parlant d'une troupe rangée en ordre serré. **4.** *Rompre qqn à*, lui donner par la répétition, l'habitude, une aisance parfaite en matière de. *Des leçons d'escrime fréquentes l'ont rompu au maniement des armes.* **II.** v. intr. **1.** Se casser, se briser, céder. *La passerelle a rompu sous le poids.* **2.** Renoncer à l'amitié, aux relations qu'on avait avec qqn. *Elle a rompu avec son ami. Ils ont rompu.* ▷ *Rompre avec une habitude, une pratique,* y renoncer. – Lat. *rumpere.*

rompu, ue [ʀɔ̃py] adj. **1.** Cassé, brisé. *Des liens rompus.* ▷ Loc. fig. *Parler à bâtons rompus.* V. bâton. – *Être rompu de fatigue* ou, absol., *être rompu,* extrêmement fatigué. **2.** *Rompu à:* parfaitement exercé à. *Être rompu aux exercices physiques.* – Pp. de *rompre.*

romsteck, rumsteck ou **rumsteak** [ʀɔmstɛk] n. m. BOUCH (Coupe française) Morceau du bœuf pris dans le haut de la culotte. – Mot angl. de *rump,* «croupe», et *steak,* «tranche».

ronce [ʀɔ̃s] n. f. **1.** Plante ligneuse (genre *Rubus,* fam. rosacées), épineuse, aux longues tiges emmêlées, aux feuilles composées de folioles dentées et aux fleurs blanches ou roses, que l'on trouve à l'état sauvage dans les bois, les haies, les terrains incultes. – *Fruit de la ronce :* mûre, mûron. ▷ TECH *Ronce artificielle :* fil de fer barbelé. **2.** Irrégularité dans le veinage de certains bois (orme et noyer, notam.). ▷ Le bois même qui présente une telle irrégularité, recherché en ébénisterie pour son effet décoratif. – Du lat. *rumex, rumicis,* «dard».

ronceraie [ʀɔ̃sʀɛ] n. f. Endroit où prolifèrent les ronces; fourré de ronces. – Du préc.

ronceux, euse [ʀɔ̃sø, øz] adj. **1.** Plein de ronces (sens 1). *Chemin ronceux.* **2.** Qui présente des ronces (sens 2). *Bois ronceux.* – De *ronce.*

ronchon [ʀɔ̃ʃɔ̃] ou **ronchonneur, euse** [ʀɔ̃ʃɔnœʀ, øz] adj. et n. Qui ronchonne sans cesse. Subst. *C'est une ronchon.* – De *ronchonner.*

ronchonnement [ʀɔ̃ʃɔnmɑ̃] n. m. Paroles, grommellement d'une personne qui ronchonne. – De *ronchonner.*

ronchonner [ʀɔ̃ʃɔne] v. [1] v. intr. Fam. Manifester de la mauvaise humeur en maugréant, en grognant. ▷ v. tr. indir. *Ronchonner après qqn.* – Du lat. *roncare,* «ronfler».

roncier [ʀɔ̃sje] n. m. ou **roncière** [ʀɔ̃sjɛʀ] n. f. Buisson de ronces. – De *ronce.*

rond, ronde [ʀɔ̃, ʀɔ̃d] adj. et n. m. **I.** adj. **1.** De forme circulaire, sphérique ou cylindrique. *Table ronde. Tube rond.* **2.** De forme courbe, arrondie. *Sommet rond.* ▷ *Homme rond,* gros et court. **3.** *Chiffre rond,* qui ne comporte pas de décimales; qui se termine par un ou plusieurs zéros. *Neuf cent quatre-vingt-dix-sept, disons mille en chiffres ronds. Compte rond.* **4.** Fig. Sans détours, franc. *Être rond en affaires.* **5.** Pop. Ivre. *Il est complètement rond.* **6.** adv. *Tourner rond :* fonctionner régulièrement, sans à-coups, normalement. *Le moteur tourne rond.* ▷ (Personnes.) Fam. *Ne pas tourner rond:* aller mal, être déséquilibré. **II.** n. m. **1.** Figure circulaire. *Tracer un rond.* ▷ Loc. adv. *En rond:* en cercle. *Danser en rond.* **2.** Objet de forme circulaire, cylindrique. *Rond de serviette:* anneau dans lequel on roule une serviette de table. ▷ CONSTR *Rond à béton:* fer rond torsadé servant à réaliser les armatures des ouvrages en béton armé. ▷ Pop. Sou. *Ça coûte trois ronds. Par ext.* Argent. *N'avoir pas le rond.* ▷ Loc. fam. *Rester comme deux ronds de flan:* rester ébahi, stupéfait. *En baver des ronds de chapeau:* être soumis à rude traitement. ▷ *Spécial.* Tranche ronde. *Rond de saucisson.* Syn. rondelle. **3.** ANAT Nom de certains muscles. *Grand rond et petit rond de l'épaule.* **4.** BOT *Rond de sorcière:* tache circulaire dans un pré, un bois, due au mycélium de champignons dont les carpophores* apparaissent à la périphérie. **5.** CHOREGR *Rond de jambe:* mouvement en demi-cercle d'une jambe, l'autre reposant à terre. ▷ Fig. *Faire des ronds de jambe,* des amabilités affectées. – Lat. pop. *retundus,* class. *rotundus,* «qui a la forme d'une roue», de *rota,* «roue»; par l'a. fr. *roont.*

rondache [ʀɔ̃daʃ] n. f. HIST Bouclier circulaire des fantassins en usage aux XVe et XVIe s. – Ital. *rondaccio,* du fr. *rond.*

rond-de-cuir [ʀɔ̃dkɥiʀ] n. m. Fam., péj. Employé de bureau. (Par allus. au coussin de cuir qui garnissait les sièges de bureau.) *Des ronds-de-cuir.* – De *rond, de,* et *cuir.*

1. ronde [ʀɔ̃d] n. f. **1.** Danse dans laquelle plusieurs personnes forment un cercle et tournent en se tenant par la main; chanson que l'on chante en dansant une ronde. **2.** Inspection effectuée autour d'une place, et, par ext., dans un camp, une ville, etc., pour s'assurer que tout est en ordre et que les consignes sont respectées. *Gardien qui fait sa ronde. – Chemin de ronde:* chemin ménagé au sommet des remparts d'une forteresse, d'une place, pour les rondes. ▷ Visite de sécurité, de surveillance, effectuée selon un circuit. ▷ Personne, groupe qui fait une ronde. *La ronde passe.* **3.** MUS Figure de note ronde, sans queue, qui vaut deux blanches. **4.** Famille de caractères manuscrits à jambages arrondis. *Titres en ronde.* **5.** loc. adv. *À la ronde:* alentour. *Être visible d'une lieue à la ronde.* ▷ Tour à tour, pour des personnes placées en cercle. *Boire à la ronde.* – De *rond* (sens I, 1).

2. ronde [ʀɔ̃d] n. f. BOUCH (Coupe nord-amér.) Morceau du bœuf correspondant à la partie inférieure de la cuisse. *Un steak de ronde.* V. gîte. – Probabl. de l'amér. *round.*

rondeau [ʀɔ̃do] n. m. **I. 1.** TECH Disque de bois, de métal, etc., servant de support dans divers métiers. **2.** Rouleau de bois pour aplanir la terre ensemencée. **II.** LITTER Poème de forme fixe en vogue au Moyen Âge, généralement sur deux rimes et composé de sept à quinze vers dont certains sont répétés. ▷ Genre poétique et musical où alternent un refrain et des couplets divers. – De *rond* (sens 2); d'abord *rondel.*

ronde-bosse [ʀɔ̃dbɔs] n. f. Sculpture en plein relief, qui représente le sujet sous ses trois dimensions (par oppos. à *bas-relief* et *haut-relief*). *Des rondes-bosses.* ▷ Loc. (Sans trait d'union.) *En ronde bosse.* – De *rond* (sens I, 1), et *bosse.*

rondel [ʀɔ̃dɛl] n. m. Vx Rondeau (sens II). – De *rond;* anc. forme de *rondeau.*

rondelet, ette [ʀɔ̃dlɛ, ɛt] adj. Qui a un peu d'embonpoint. *Homme, ventre rondelet.* ▷ *Une somme rondelette,* assez importante. – Dimin. de *rond.*

rondelle [ʀɔ̃dɛl] n. f. **1.** Petite pièce circulaire peu épaisse, petit disque. *Rondelle de feutre, de caoutchouc.* SPORT (Hockey) Disque épais en caoutchouc durci qu'on lance vers le but. ▷ *Spécial.* Petit disque percé que l'on intercale, sur un boulon, entre l'écrou et la pièce à serrer pour répartir régulièrement la pression. **2.** TECH Ciseau arrondi de sculpteur. **3.** Petite tranche ronde. *Concombre coupé en rondelles.* – De *rond.*

rondement [ʀɔ̃dmɑ̃] adv. **1.** Avec vivacité, décision. *Mener rondement une affaire.* **2.** Franchement, sans façon. *Répondre rondement.* – De *rond;* signif. d'abord «circulairement».

rondeur [ʀɔ̃dœʀ] n. f. **1.** Caractère de ce qui est rond, forme ronde de qqch. *Rondeur d'un fruit.* **2.** Chose, forme ronde; partie ronde (spécial.: partie du corps). *Rondeurs féminines.* **3.** Fig. Franchise sans façon; bonhomie. *Parler avec rondeur.* – De *rond.*

rondier. V. ronier.

rondin [ʀɔ̃dɛ̃] n. m. **1.** Morceau de bois cylindrique, non refendu. **2.** Tronc utilisé en construction, dans les travaux de soutènement, etc. *Abri, cabane en rondins.* – De *rond.*

rondo ou **rondeau** [Rõdo] n. m. Pièce musicale, vocale ou, le plus souvent, instrumentale, caractérisée par l'alternance d'un refrain et de plusieurs couplets. *Un rondo de Mozart.* – Ital. *rondo*, du franc. *rondeau* (sens II).

rondouillard, arde [Rõdujaʀ, aʀd] adj. Fam. Qui a de l'embonpoint; grassouillet. – Dimin. de *rond*; d'abord arg. d'atelier, «dessinateur maladroit qui procède par masse ronde».

rond-point [Rõpwɛ̃] n. m. Place circulaire où aboutissent plusieurs avenues, plusieurs voies. *Des ronds-points.* – De *rond*, et *point*, au sens de «emplacement».

ronéo [Rɔneo] n. f. Machine à reproduire les textes ou les dessins au moyen de stencils. – Nom déposé.

ronéoter [Rɔneɔte] ou **ronéotyper** [Rɔneɔtipe] v. tr. [1] Reproduire à la ronéo. – Du préc.

ronflant, ante [Rõflɑ̃, ɑ̃t] adj. **1.** Qui produit un bruit sourd et continu. *Poêle ronflant.* – MED *Râle ronflant.* **2.** Fig. Emphatique; enflé et grandiloquent. *Phrases ronflantes.* – Ppr. de *ronfler*.

ronflement [Rõfləmɑ̃] n. m. **1.** Bruit produit par une personne qui ronfle. **2.** Bruit d'une chose qui ronfle. – De *ronfler*.

ronfler [Rõfle] v. intr. [1] **1.** Faire un bruit particulier de la gorge et du nez en respirant pendant le sommeil. ▷ Fam. Dormir. **2.** Faire un bruit sourd et continu. *Feu qui ronfle.* – De l'a. fr. *ronchier*, même sens, du bas lat. *roncare*, d'ap. *souffler*.

ronfleur, euse [Rõflœʀ, øz] n. **1.** Personne qui ronfle, qui a l'habitude de ronfler. **2.** n. m. ELECTR Dispositif avertisseur électromagnétique, à lame vibrante, qui produit un ronflement, une sonnerie sourde. – De *ronfler*.

rongement [Rõʒmɑ̃] n. m. Rare Action de ronger; son résultat. – De *ronger*.

ronger [Rõʒe] v. tr. [15] **1.** Entamer, user peu à peu à petits coups de dents. *Chien qui ronge un os. Se ronger les ongles.* ▷ *Par anal.* Entamer, attaquer, percer, en parlant des vers, des insectes. *Larves qui rongent le bois.* **2.** Détruire par une action lente, progressive; corroder, miner. *La rouille ronge le fer.* ▷ Fig. *Le chagrin le ronge.* – Pop. *Se ronger les sangs*, ou, ellipt., *se ronger:* se tourmenter, se faire beaucoup de soucis. – Du lat. *rumigare*, «ruminer», croisé avec le v. *ro(u)gier*, dial., du lat. pop *rodicare*, «ronger»; a. fr. *rungier*.

rongeur, euse [Rõʒœʀ, øz] adj. et n. m. **1.** adj. Qui ronge. *Animal, tourment rongeur.* **2.** n. m. pl. ZOOL Ordre de mammifères (V. ci-après). – Sing. *Un rongeur.* – Du préc.

ENCYCL **Zool.** – Les rongeurs se caractérisent par une paire d'incisives à croissance continue et par un espace libre (barre) à chaque maxillaire entre les incisives et les molaires; en effet, ils n'ont ni canines ni prémolaires. Les lagomorphes (lapins, par ex.) forment un ordre à part car ils possèdent deux incisives à chaque demi-maxillaire supérieur. La taille des rongeurs varie de celle du rat (12 cm) à celle du cabiai (1 m); il existe une ou plusieurs espèces adaptées à chaque milieu (forêt, rivière, désert, ville, etc.). Leur grand nombre (ils comptent autant d'espèces que tous les autres ordres de mammifères euthériens réunis), leur cosmopolitisme expliquent leur importance et les nuisances dont ils sont la cause: ravages des récoltes, des réserves alimentaires; parasites (puces, poux, moustiques, etc.) qui peuvent être les vecteurs de graves maladies (peste, typhus, etc.). Les écureuils, marmottes, castors, loirs, rats, souris, porcs-épics, sont les rongeurs les plus connus. Apparus à l'Éocène, ils se multiplièrent à l'Oligocène durant lequel apparurent des formes géantes.

ronier [Rɔnje], **rônier** [Ronje] ou **rondier** [Rõdje] n. m. BOT Palmier *(Borassus flabelliformis)* d'Afrique occidentale et de l'Inde, qui fournit du bois de construction et un vin de palme. – De *rond*, à cause des feuilles, arrondies en éventail.

ronron [RõRõ] n. m. **1.** Fam. Bruit, bourdonnement continu, sourd et régulier. *Le ronron d'une machine.* ▷ Fig. Routine monotone. *Le ronron de la vie quotidienne.* **2.** Petit grondement régulier du chat, par lequel il manifeste son contentement. – Onomat.

ronronnement [RõRɔnmɑ̃] n. m. Ronron. – De *ronronner*.

ronronner [RõRɔne] v. intr. [1] **1.** Produire un bourdonnement sourd et régulier. *Moteur qui ronronne.* **2.** Faire entendre son ronronnement, en parlant du chat. – De *ronron*.

röntgen ou **roentgen** [Rœntgɛn] n. m. PHYS NUCL Dose de rayonnement ionisant telle que la charge de tous les ions (d'un même signe) produits dans l'air, lorsque les électrons et les positons libérés par les photons incidents de façon uniforme dans une masse d'air égale à 1 kg, sont complètement arrêtés dans l'air, est égale en valeur absolue à $2,58.10^{-4}$ coulombs. (Symbole R: $1\ R = 2,58.10^{-4}$ C/kg.) – Du n. de W. C. *Röntgen* (1845-1923), physicien allemand qui découvrit les rayons X en 1895.

röntgenthérapie ou **roentgenthérapie** [Rœntgenterapi] n. f. MED Traitement par les rayons X. – De *röntgen*, et *-thérapie*.

roof. V. rouf.

rookerie. V. roquerie.

root beer [Rutbiʀ] n. f. Boisson gazeuse à base d'extraits de racines, d'épices, etc. Rem. L'Office de la langue fr. recommande de remplacer ce mot par *racinette.* – Mot amér.

roque [Rɔk] n. m. JEU Aux échecs, coup qui consiste à roquer. – Déverbal de *roquer*.

roquefort [Rɔkfɔʀ] n. m. Fromage de lait de brebis, ensemencé d'une moisissure spéciale, fabriqué en France. – De *Roquefort* (Massif central).

roquer ou **rocquer** [Rɔke] v. intr. [1] JEU **1.** Aux échecs, mettre, en un seul coup, l'une de ses tours auprès du roi, et faire passer ce dernier de l'autre côté de la tour. **2.** Au croquet, pousser à la fois la boule d'un adversaire et sa propre boule après avoir amené celle-ci à toucher la première. – De *roc*, anc. nom de la tour au jeu d'échecs; arabo-persan *rokh*, littéral. «éléphant monté par des archers».

roquerie [Rɔkʀi] ou **rookerie** [Rukʀi] n. f. Didac. Rassemblement de corbeaux freux et, *par ext.*, d'oiseaux de mer. – Angl. *rookery* , dér. de *rook*, «freux».

roquet [Rɔkɛ] n. m. Cour. Petit chien hargneux. ▷ Fig. Personne hargneuse, mais peu redoutable. – Du v. dial. *roquer*, «craquer, croquer, heurter».

roquette [Rɔkɛt] n. f. Projectile autopropulsé, utilisé notam. comme arme antichar. – Francisation de l'angl. *rocket*, du germ. *rukka*, «quenouille».

roquille [Rɔkij] n. f. Mesure de capacité pour les liquides valant la moitié du demiard ou le huitième de la pinte, soit 0,148 l. *Une roquille de mélasse.* – Orig. incert.

rorqual [RɔRkal] n. m. Mammifère cétacé (*Balænoptera physalus*) voisin des baleines, à tête large et aplatie, qui vit surtout dans les eaux arctiques et antarctiques et effectue de grandes migrations. Syn. balénoptère. *Les rorquals visitent le golfe du Saint-Laurent au printemps.* – De l'anc. norv. *raudh-hwalr*, de *raudh*, «rouge», et *hwalr*, «baleine».

rosace [Rozas] n. f. **1.** Figure circulaire composée d'éléments radiaux équidistants. *Rosace à sept bran-*

ches. ▷ ARCHI Ornement, moulure ainsi composés. *Rosaces de plafond.* **2.** Rose (sens II, 1). *Les rosaces gothiques.* **3.** Ornement circulaire qui sert à masquer la tête d'un clou, d'une vis. – De *rose* 1, d'ap. lat. *rosaceus.*

rosacé, ée [ʀozase] adj. et n. f. **1.** adj. Semblable à la rose. **2.** n. f. pl. BOT Famille de plantes dicotylédones dialypétales, comprenant de très nombreuses espèces. **3.** MED *Acné rosacée* ou, n. f., *la rosacée:* couperose*. – Du lat. *rosaceus,* «de rose».

rosaire [ʀozɛʀ] n. m. RELIG CATHOL Grand chapelet comportant quinze dizaines de petits grains (correspondant aux Avé) dont chacune est précédée d'un grain plus gros (correspondant à un Pater). ▷ Récitation de ce chapelet. *Dire son rosaire.* – Du lat. médiév. *rosarium,* «guirlande de roses dont on couronnait la Vierge», du class. *rosarius,* «de rose».

rosalbin [ʀozalbɛ̃] n. m. ZOOL Cacatoès d'Australie *(Cacatua roseicapilla),* gris et rose. – Du lat. mod., *rosalbus,* de *rosa,* «rose», et *albus,* «blanc».

rosales [ʀozal] n. f. pl. BOT Ordre de plantes dont les rosacées forment la princ. famille. – De *rose* 1.

rosaniline [ʀozanilin] n. f. CHIM Base organique obtenue en oxydant un mélange de toluidine et d'aniline, et dont les dérivés constituent des colorants (fuchsine, vert de méthyle, etc.). – De *rose* 2, et *aniline.*

rosat [ʀoza] adj. inv. Se dit d'une préparation où il entre des roses. *Miel rosat.* – Calque du lat. *rosatum (oleum).*

rosâtre [ʀozɑtʀ] adj. D'un rose indécis ou sale. – De *rose* 2.

rosbif [ʀɔzbif] n. m. Morceau de bœuf à rôtir (ou rôti), généralement coupé dans l'aloyau et ficelé dans de la barde en un cylindre plus ou moins régulier. – Angl. *roast-beef,* de *to roast,* «rôtir», et *beef,* «bœuf»; d'abord *ros de bif.*

1. rose [ʀoz] n. f. **I. 1.** Fleur du rosier. *Rose-thé,* d'un ocre pâle. ▷ *Eau de rose:* essence de roses étendue d'eau. – Fig. *À l'eau de rose:* d'une sentimentalité mièvre et convenue. *Un roman à l'eau de rose.* ▷ Loc. *Être frais comme une rose:* avoir le teint frais et vermeil. ▷ *Ne pas sentir la rose:* sentir mauvais. ▷ *Envoyer qqn sur les roses,* l'envoyer promener, le rembarrer. **2.** Nom de diverses fleurs. *Rose d'Inde:* tagète*. – *Rose de Jéricho (Anastatica hierochuntina):* crucifère reviviscente des régions sablonneuses du Moyen-Orient. – *Rose de Noël:* ellébore noir. – *Rose trémière*.* **II.** *Par anal.* **1.** Grande baie circulaire, ornée de vitraux, des églises et des cathédrales gothiques. **2.** Diamant taillé en facettes, à culasse plane. **3.** *Rose des sables:* concrétion siliceuse formée de lamelles régulièrement disposées, évoquant les pétales d'une rose, que l'on trouve dans les déserts sableux. **4.** *Rose des vents:* étoile représentée sur les compas, les cartes marines, etc., dont les trente-deux branches (dites *aires de vent*) donnent les points cardinaux et intermédiaires, divisant la circonférence en trente-deux rhumbs de 11°15' chacun. **5.** *Bois de rose:* bois précieux de plusieurs arbres d'Amérique du Sud, palissandre d'un jaune doré veiné de rose, utilisé en ébénisterie et en marqueterie. – Lat. *rosa.*

2. rose [ʀoz] adj. et n. m. **I.** adj. **1.** De la couleur, entre rouge et blanc, de la rose commune. *Des robes roses.* – *Rose bonbon* (fam. *rose nanane*), d'un rose vif. **2.** Fig. *Ce n'est pas rose:* ce n'est pas réjouissant. **II.** n. m. **1.** *Le rose:* la couleur rose. **2.** Fig. *Voir la vie en rose, voir tout en rose* : être très optimiste. – Du préc.

rosé, ée [ʀoze] adj. Teinté de rose ou de rouge clair. *Vin rosé.* ▷ N. m. *Du rosé:* du vin rosé, vin de couleur rouge claire, obtenu par macération légère de jus de raisin noir. – De *rose* 2.

roseau [ʀozo] n. m. Plante à long chaume (fam. graminées) croissant au bord des eaux. *Roseau à balais (Phragmites communis). Roseau des étangs, ou massette.* – De l'a. fr. *raus, ros,* germ. **raus;* var. *roisel.*

rose-croix [ʀozkʀwa] n. **1.** n. f. *La Rose-Croix:* secte d'illuminés qui se constitua en Allemagne au déb. du XVIIᵉ s. et dont la philosophie occulte se fonde sur une interprétation du christianisme inspirée par les doctrines théosophiques et alchimiques. ▷ N. m. inv. *Un rose-croix:* un membre de cette secte. **2.** n. m. inv. *Un rose-croix:* dans la franc-maçonnerie, titre du titulaire d'un grade supérieur à celui de maître. – Trad. de l'all. *Rosenkreutz.*

rosé-des-prés [ʀozedepʀe] n. m. Nom cour. de la psalliote à lames roses, appelée aussi *agaric champêtre,* champignon comestible. *Des rosés-des-prés.* – De *rosé, de(s),* et *pré(s).*

rosée [ʀoze] n. f. Condensation de la vapeur d'eau des couches inférieures de l'atmosphère en gouttelettes, au contact des corps froids exposés à l'air; ces gouttelettes. *La rosée matinale.* ▷ PHYS *Point de rosée:* température à laquelle une vapeur se condense. – Du lat. pop. *rosata,* class. *ros, roris.*

roselet [ʀozlɛ] n. m. Hermine portant sa fourrure d'été; cette fourrure, d'un jaune tirant sur le roux. – Dimin. de *rose* 2.

roselier, ière [ʀozəlje, jɛʀ] adj. et n. f. **1.** adj. Qui produit des roseaux; où croissent des roseaux. *Marais roselier.* **2.** n. f. Lieu où croissent des roseaux. – De *roseau.*

roséole [ʀozeɔl] n. f. MED Éruption cutanée de petites macules rose pâle, disparaissant en quelques jours, que l'on observe dans certaines maladies infectieuses (fièvre typhoïde, typhus, syphilis) et lors de certaines intoxications. – De *rose* 2, d'ap. *rougeole.*

roser [ʀoze] v. tr. [1] Donner une teinte rose à. *Le grand air avait rosé ses joues.* – De *rose* 2.

roseraie [ʀozʀɛ] n. f. Terrain, jardin planté de rosiers. – De *rosier.*

rosette [ʀozɛt] n. f. **1.** Ornement en forme de petite rose. **2.** Nœud à deux boucles qui se défait lorsqu'on tire sur l'un des deux bouts libres. **3.** Insigne d'officier dignitaire de divers ordres civils ou militaires français, que l'on porte à la boutonnière. *Rosette de la Légion d'honneur.* – Absol. *La rosette,* celle de la Légion d'honneur. **4.** BOT Ensemble des feuilles, étalées au ras du sol, chez certaines plantes. *La rosette du pissenlit.* – Dimin. de *rose* 1; d'abord «petite rose».

roseur [ʀozœʀ] n. f. Rare Couleur de ce qui est rose, rosé. – De *rose* 2.

rosicrucien, ienne [ʀozikʀysjɛ̃, jɛn] adj. De la Rose-Croix. ▷ N. m. Membre de la Rose-Croix. – De *rose-croix.*

rosier [ʀozje] n. m. Arbrisseau épineux (genre *Rosa,* fam. rosacées), sauvage ou ornemental, dont il existe de très nombreuses variétés, aux fleurs *(roses)* odoriférantes délicatement colorées. – De *rose* 1.

rosiériste [ʀozjeʀist] n. Horticulteur spécialisé dans la culture des rosiers, des roses. – De *rosier.*

rosir [ʀoziʀ] v. [2] **1.** v. intr. Prendre une teinte rose. *Son visage a rosi de plaisir.* **2.** v. tr. Rendre rose. *Le soleil couchant rosissait les nuages.* Syn. roser. – De *rose* 2.

rossard, arde [ʀɔsaʀ, aʀd] n. et adj. Fam. **1.** Vieilli Paresseux, fainéant. **2.** Mod. Personne dure, médisante ou caustique. ▷ Adj. *Elle est drôlement rossarde.* – De *rosse.*

rosse [ʀɔs] n. f. et adj. Fam. **1.** Vieilli Mauvais cheval. *Vieille rosse.* V. piton 1. **2.** Fig. Personne sévère, dure, jusqu'à la méchanceté. *Quelle rosse!* ▷ Adj. Mordant, caustique. *Ce que vous êtes rosse! Une plaisanterie* *très rosse.* – All. *Ross*, «cheval, coursier»; d'abord *ros*, masc.

rossée [ʀɔse] n. f. Fam. Volée de coups. – Pp. fém. subst. de *rosser*.

rosser [ʀɔse] v. tr. [1] Fam. Battre (qqn) violemment. *Il a rossé son frère.* – De l'a. fr. *roissier*, lat. pop. **rustiare*, de **rustia*, «gaule, branche», lat. class. *rustum*, avec infl. de *rosse*.

rosserie [ʀɔsʀi] n. f. **1.** Méchanceté voulue. **2.** Propos, acte rosse. *Dire, faire des rosseries.* Syn. pop. vacherie. – De *rosse*.

rossignol [ʀɔsiɲɔl] n. m. **1.** Petit oiseau passériforme (fam. turdidés), commun en Europe, au plumage terne, au chant particulièrement mélodieux et puissant. ▷ Fig. *Voix de rossignol*, très pure. ▷ Nom cour. du pinson chanteur. **2.** Instrument coudé pour forcer les serrures, passe-partout. **3.** Fam. Objet démodé; marchandise invendable. *Brader des rossignols.* – Anc. provenç. *rossinhol*, du lat. pop. **lusciniolus*, dimin. du class. *luscinia*, *r* par dissimilation du *l* initial.

rossinante [ʀɔsinɑ̃t] n. f. Vx ou litt. Rosse, mauvais cheval. – Altér., d'ap. *rosse*, de l'esp. *Rocinante*, nom du cheval de Don Quichotte.

1. rossolis [ʀɔsɔli] n. m. BOT Syn. de *droséra*. – Du lat. médiév. *ros solis*, «rosée du soleil».

2. rossolis [ʀɔsɔli] n. m. Anc. Liqueur obtenue par macération, dans l'eau-de-vie, de roses et de fleurs d'oranger. – Ital. *rosoli*, d'orig. incon., devenu *rosolio*, et compris comme «huile *(oleo)* de rose *(rosa)*».

rostral, ale, aux [ʀɔstʀal, o] adj. ANT ROM Orné d'éperons de navires. *Colonne rostrale*, qui célébrait une victoire navale. – De *rostre*.

rostre [ʀɔstʀ] n. m. **1.** ANTIQ ROM Éperon qui armait la proue des navires de guerre. ▷ *Les Rostres:* tribune aux harangues à laquelle étaient fixés, en guise de trophées, les éperons enlevés aux navires ennemis. ▷ ARCHI Ornement en forme d'éperon. **2.** ZOOL Appendice plus ou moins rigide et effilé de divers animaux. ▷ Partie de la carapace de certains crustacés qui fait saillie entre les yeux. – Ensemble des pièces buccales, allongées en stylet, de certains insectes. – Épée de l'espadon. – Lat. *rostrum*, «bec, éperon».

-rostre. Élément du lat. *rostrum*, «éperon, bec».

1. rot [ʀo] n. m. Pop. Émission plus ou moins bruyante, par la bouche, de gaz stomacaux. – Du lat. *ructus* (cf. éructer), altéré en bas lat. en *ruptus*, de *rumpere*, «rompre».

2. rot [ʀɔt] n. m. AGRIC Maladie cryptogamique de certaines plantes. *Rot brun des pommes, des poires*, provoqué par la monilia. *Rot gris:* mildiou (vigne). – Mot angl., «pourriture».

rôt [ʀo] n. m. Vx ou litt. Rôti. – Déverbal de *rôtir*.

rotacé, ée [ʀɔtase] adj. BOT En forme de roue. *Corolle rotacée.* – Du lat. *rota*, «roue».

rotang [ʀɔtɑ̃g] n. m. BOT Palmier (genre *Calamus*) d'Asie qui fournit le rotin. – Mot de Malaisie.

rotangle. V. rotengle.

rotateur, trice [ʀɔtatœʀ, tʀis] adj. Qui fait tourner. *Muscles rotateurs.* – Bas lat. *rotator*, du class. *rotare*, «tourner».

rotatif, ive [ʀɔtatif, iv] adj. Qui agit en tournant. – TECH *Moteur à piston rotatif:* moteur à explosion, constitué principalement d'un rotor triangulaire tournant à l'intérieur d'une chambre, et entraînant l'arbre moteur sans embiellage. **2.** Qui correspond à une rotation. *Mouvement rotatif.* – De *rotation*.

rotation [ʀɔtasjɔ̃] n. f. **1.** Mouvement d'un corps qui tourne autour d'un axe. *Rotation d'un astre sur lui-même.* ▷ Cour. Mouvement de ce qui pivote. *Rotation du buste.* **2.** GEOM Transformation ponctuelle qui, à un point M, associe un point M' situé sur un cercle de centre O et de rayon OM, l'angle orienté MOM' restant constant. (Dans le plan, O est le *centre de rotation*; dans l'espace, le plan contenant le cercle de centre O et de rayon OM est perpendiculaire en O à l'axe de rotation.) *La rotation conserve les longueurs, les angles et les orientations.* **3.** Série de permutations dans laquelle chacun des éléments d'un ensemble prend successivement toutes les places occupées précédemment par les autres éléments. *La rotation des équipes permet aux ouvriers de se familiariser avec tous les postes de travail.* ▷ Renouvellement; roulement. *Rotation du stock, du capital.* **4.** Succession, alternance cyclique d'opérations. ▷ AGRIC Alternance ou succession méthodique des cultures sur un même sol. – Lat. *rotatio*.

rotationnel [ʀɔtasjɔnɛl] n. m. MATH Champ de vecteurs qui opère une dérivation d'une fonction vectorielle. – De *rotation*.

rotative [ʀɔtativ] n. f. TECH Presse à formes cylindriques utilisées en partic. pour l'impression des journaux et périodiques. – De *rotatif*.

rotativiste [ʀɔtativist] n. TECH Spécialiste de la conduite d'une rotative. – De *rotative*.

rotatoire [ʀɔtatwaʀ] adj. Qui tourne, qui décrit un cercle. *Mouvement rotatoire.* ▷ PHYS *Pouvoir rotatoire:* pouvoir d'un corps de faire tourner le plan de polarisation de la lumière. – De *rotation*.

1. rote [ʀɔt] n. f. MUS Instrument du Moyen Âge, à cordes pincées. – Germanique *hrotta*.

2. rote [ʀɔt] n. f. RELIG CATHOL Tribunal ecclésiastique établi à Rome, qui s'occupe notam. d'instruire les demandes d'annulation de mariage. – Lat. ecclés. *rota*, «roue», par allusion à l'examen successif d'une cause par les sections de ce tribunal.

rotengle ou **rotangle** [ʀɔtɑ̃gl] n. m. ZOOL Poisson d'eau douce (*Scardinius erythrophtalmus*, fam. cyprinidés), aux nageoires rouge vif, proche parent du gardon blanc. Syn. gardon rouge. – All. *Rotengel*, «œil *(Engel)* rouge *(rot)*».

roténone [ʀɔtenɔn] n. f. PHARM Substance insecticide extraite de la racine de certaines légumineuses tropicales. – Angl. *rotenone*, du jap. *roten*, nom de la plante d'où ce produit fut d'abord extrait (1902).

roter [ʀɔte] v. intr. [1] Pop. Faire un, des rots. – Du lat. *ructare*.

rotifères [ʀɔtifɛʀ] n. m. pl. ZOOL Embranchement de métazoaires acœlomates microscopiques, en général d'eau douce, pourvus à leur extrémité antérieure d'un organe cilié, le plus souvent en forme de couronne (organe rotateur). – Sing. *Un rotifère.* – Du lat. *rota*, «roue», et *-fère*.

rôti, ie [ʀɔ(o)ti] adj. et n. **I.** adj. Cuit à feu vif ou au four. *Poulet rôti.* **II.** n. **1.** n. m. Pièce de viande rôtie, et partic. morceau de viande bardé et ficelé, destiné à être rôti. *Rôti de bœuf, de porc.* – *Graisse de rôti:* gelée obtenue à partir du jus de cuisson d'un rôti de porc. **2.** n. f. Tranche de pain grillée. Rem. Surtout pour éviter l'angl. *toast.* – Pp. de *rôtir*.

rotin [ʀɔtɛ̃] n. m. Tige du rotang, utilisée dans la fabrication de meubles légers, et dont l'écorce, découpée en lanières, sert au cannage des sièges. – De *rotang*, par le hollandais.

rôtir [ʀɔ(o)tiʀ] **I.** v. tr. [2] Faire cuire (une viande) sans sauce, à feu vif ou au four. *Rôtir un gigot, un poulet à la broche.* **II.** v. intr. **1.** Cuire à feu vif ou au four. *Mettre un rosbif à rôtir.* **2.** Fig., fam. Subir une chaleur très vive. *Ne restez pas si près du feu, vous allez rôtir.* ▷ v. pron. *Se rôtir au soleil.* – P.-ê. du frq. *raustjan*.

rôtissage [ʀɔ(o)tisaʒ] n. m. Action de rôtir (une viande); son résultat. – De *rôtir.*

rôtisserie [ʀɔ(o)tisʀi] n. f. **1.** Restaurant où l'on mange des viandes rôties à la broche ou au gril. **2.** Boutique où l'on vend des viandes rôties. – De *rôtisseur.*

rôtisseur, euse [ʀɔ(o)tisœʀ, øz] n. Commerçant, restaurateur qui tient une rôtisserie. – De *rôtir.*

rôtissoire [ʀɔ(o)tiswaʀ] n. f. Ustensile servant à rôtir la viande à la broche. ▷ Appareil électrique permettant la cuisson à la broche ou au gril. – De *rôtir.*

roto [ʀɔto] n. f. Fam. Rotative. – Abrév. de *rotative.*

rotonde [ʀɔtɔ̃d] n. f. **1.** Édifice de forme circulaire. *Spécial.* Pavillon circulaire à dôme et à colonnes. **2.** CH de F Édifice circulaire ou semi-circulaire équipé en son centre d'une plaque tournante, pour le remisage des locomotives. – Ital. *Rotonda,* n. de l'anc. Panthéon, à Rome, du lat. *rotunda,* fém. de *rotundus,* «rond».

rotondité [ʀɔtɔ̃dite] n. f. **1.** Caractère de ce qui est rond, sphérique. *Rotondité de la Terre.* **2.** Fam. (Le plus souv. au plur.) Formes rondes d'une personne corpulente. Syn. rondeur. – Lat. *rotunditas.*

rotor [ʀɔtɔʀ] n. m. **1.** ELECTR Partie tournante des machines électriques (par oppos. à *stator,* partie fixe). **2.** TECH Partie mobile d'une turbine. **3.** AVIAT Voilure tournante. *Le rotor d'un hélicoptère.* – Contract. du lat. *rotator,* «celui qui fait tourner».

rotrouenge [ʀɔtʀuɑ̃ʒ] ou **rotruenge** [ʀɔtʀyɑ̃ʒ] n. f. LITTER Pièce de poésie lyrique des XIIe et XIIIe s., composée de strophes et se terminant par un refrain. – De l'anc. fr. *retrover,* «répéter», ou de *retro,* adv. indiquant le retour du refrain.

rotule [ʀɔtyl] n. f. **1.** Petit os plat et mobile situé à la partie antérieure du genou. – Loc. fig. *Être sur les rotules,* épuisé de fatigue. **2.** TECH Articulation formée d'une pièce sphérique tournant dans un logement, permettant la rotation dans toutes les directions des deux pièces qu'elle relie. – Lat. *rotula,* dimin. de *rota,* «roue».

rotulien, ienne [ʀɔtyljɛ̃, jɛn] adj. ANAT, PHYSIOL Qui a rapport à la rotule. *Réflexe rotulien:* réflexe ostéotendineux provoqué par la percussion du tendon rotulien. – Du préc.

roture [ʀɔtyʀ] n. f. **1.** État d'une personne ou d'un héritage qui n'est pas noble. **2.** Collect. *La roture:* les roturiers. – Du lat. *ruptura,* «rupture», en lat. pop. «terre défrichée (rompue)», par ext. «redevance due au seigneur pour une terre à défricher», d'où «propriété non noble».

roturier, ière [ʀɔtyʀje, jɛʀ] adj. et n. Qui ne fait pas partie de la noblesse. *Anoblir un roturier.* – Du préc.

rouage [ʀwaʒ] n. m. **1.** Chacune des pièces circulaires tournantes (roues dentées, pignons, etc.) d'un mécanisme. *Les rouages d'une pendule.* **2.** Fig. Chacun des éléments nécessaires au fonctionnement d'un ensemble organisé. *Les rouages d'une administration.* – De *roue.*

rouan, anne [ʀwɑ̃, an] adj. (et n.) Didac. *Cheval rouan, jument rouane,* aubère*, avec la crinière et la queue noire. Subst. *Un(e) rouan(ne)* – Esp. *roano,* du lat. *ravidus,* «gris jaunâtre».

roublard, arde [ʀublaʀ, aʀd] adj. et n. Fam. Rusé et peu scrupuleux dans la défense de ses intérêts. – Subst. *Un roublard.* – P.-ê. de l'arg. *roublion,* «feu», de l'ital. *robbio,* «rouge».

roublardise [ʀublaʀdiz] n. f. Fam. Caractère, action d'un roublard. – Du préc.

rouble [ʀubl] n. m. Unité monétaire de l'Union soviétique. – Mot russe.

roucoulade [ʀukulad] n. f. Action de roucouler. – De *roucouler.*

roucoulement [ʀukulmɑ̃] n. m. **1.** Cri plaintif et caressant du pigeon et de la tourterelle. **2.** Fig. Paroles tendres et langoureuses. – De *roucouler.*

roucouler [ʀukule] v. [1] v. intr. **1.** Faire entendre son cri (roucoulement) en parlant du pigeon, de la tourterelle. **2.** Fig. Tenir des propos tendres. *Jeunes mariés qui roucoulent.* ▷ v. tr. *Roucouler des mots doux.* – Onomat., ou du lat. *raucus,* «enroué».

roue [ʀu] n. f. **1.** Pièce rigide, de forme circulaire, qui tourne autour d'un axe perpendiculaire à son plan de symétrie et qui permet la sustentation d'un véhicule ou l'entraînement d'un organe mécanique. *Les roues d'une automobile. Roue de gouvernail,* qui commande le gouvernail d'un navire par l'intermédiaire des drosses*. ▷ *Roue libre:* dispositif permettant de suspendre l'action de l'organe moteur sur la roue menée, qui peut ainsi tourner librement. *Roue libre d'une bicyclette. Descendre une côte en roue libre.* ▷ ADMIN et cour. *Deux roues:* véhicule à deux roues. *Voie interdite aux deux roues.* ▷ Loc. fig. *Être la cinquième roue du carrosse:* être inutile. – *Pousser à la roue:* aider qqn à réussir ce qu'il entreprend. – *Mettre des bâtons dans les roues.* V. bâton. **2.** Tambour en forme de roue contenant des numéros, ou grand disque monté sur pivot d'une loterie. ▷ *Grande roue:* attraction foraine en forme de roue dressée. Fig. *La roue de la Fortune,* allégorie des vicissitudes humaines. **3.** *Faire la roue:* en parlant du paon, du dindon, déployer sa queue en éventail. – Fig. En parlant d'une personne, se pavaner. ▷ SPORT Effectuer un tour complet sur soi-même latéralement, en prenant appui sur les mains puis sur les pieds. **4.** *Supplice de la roue,* qui consistait à briser les membres et les reins d'un condamné attaché à une roue sur laquelle on le laissait mourir. – De l'a. fr. *rode;* lat. *rota.*

roué, ée [ʀwe] adj. et n. **I.** adj. Qui a subi le supplice de la roue. ▷ Fig. *Roué de coups:* battu violemment. **II.** n. et adj. Personne rusée qui ne s'embarrasse pas de scrupules. – Adj. *Méfiez-vous, elle est rouée.* – Pp. de *rouer.*

rouelle [ʀwɛl] n. f. CUIS **1.** Tranche coupée dans un fruit ou un légume rond, rondelle. *Couper des carottes en rouelles.* **2.** Partie de la cuisse de veau coupée en travers. – Par anal. *Rouelle de porc.* – Du bas lat. *rotella,* dimin. du class. *rota,* «roue».

rouer [ʀwe] v. tr. [1] Faire subir à (qqn) le supplice de la roue. ▷ Fig. *Rouer qqn de coups,* lui donner des coups nombreux et violents. – De *roue.*

rouerie [ʀuʀi] n. f. Attitude, acte d'une personne rouée (sens II, 2). – De *roué.*

rouet [ʀwɛ] n. m. **1.** Machine à filer comportant une roue actionnée par une pédale. **2.** Anc. Petite roue d'acier d'une arquebuse, qui mettait le feu à l'amorce en frottant contre un silex. – Dimin. de *roue.*

rouf ou **roof** [ʀuf] n. m. MAR Superstructure élevée sur le pont supérieur d'un navire et n'occupant pas toute la largeur de celui-ci. – Néerl. *roef.*

rouflaquette [ʀuflakɛt] n. f. Fam. **1.** Mèche de cheveux recourbée en accroche-cœur sur la tempe. **2.** Favori, patte* de lapin. – P.-ê. argotisme tiré du dialectal *roufle,* «gifle», par synonymie avec *baffe,* «gifle» et «favori».

rouge [ʀuʒ] adj., adv. et n. **I.** adj. **1.** De la couleur du sang, du coquelicot. *Foulard rouge. Fleurs rouges. Drapeau rouge,* des partis révolutionnaires. **2.** Favorable aux partis qui ont pour emblème le drapeau rouge; qui professe des opinions politiques d'extrême gauche. ▷ *L'Armée rouge:* l'armée soviétique. – Subst. *Les rouges:* les révolutionnaires, les communistes. *C'est un rouge.* **3.** Fam. Qui est membre ou partisan du parti libéral fédéral ou provincial (par oppos.

à *bleu*). *Ils sont tous rouges dans la famille.* – Subst. *Les rouges:* le parti libéral. *Les rouges ont pris le pouvoir.* – Adj. Relatif, propre à ce parti. *Propagande rouge.* **4.** Qui a le visage coloré par un afflux de sang. *Être rouge de colère.* **5.** Qui a pris la couleur du feu par élévation de température. *Fer rouge.* **6.** D'un roux très vif, en parlant des cheveux ou du pelage d'un animal. **II.** adv. **1.** *Se fâcher tout rouge:* devenir rouge de colère. – *Voir rouge:* entrer dans une violente colère. **2.** *Voter rouge:* voter pour le parti libéral (en France pour les communistes, pour l'extrême gauche). **III.** n. m. **1.** Couleur rouge. *Le rouge correspond aux plus grandes longueurs d'onde du spectre visible. Le rouge mélangé au jaune donne de l'orangé. Un rouge vif. Un rouge vin,* très foncé. **2.** Substance colorante rouge. *Rouges organiques.* **3.** Fard rouge pour le maquillage. *Rouge à lèvres, à joues.* **4.** Fam. Vin rouge. *Un petit coup de rouge. Gros rouge:* vin rouge ordinaire. **5.** Coloration rouge du visage, due à la honte, à la colère, etc. *Le rouge lui est monté au front.* **6.** Couleur du métal porté à incandescence. *Fer chauffé au rouge.* – Du lat. *rubeus,* «rougeâtre, roux», de *ruber,* «rouge».

rougeâtre [ʀuʒɑtʀ] adj. Qui tire sur le rouge. – De *rouge.*

rougeaud, aude [ʀuʒo, od] adj. (et n.) Qui a le visage haut en couleur; rubicond. – Subst. *Un gros rougeaud.* – De *rouge.*

rouge-gorge [ʀuʒgɔʀʒ] n. m. **1.** Petit oiseau passériforme (*Erithacus rubecula,* fam. turdidés), commun dans toute l'Europe, long d'une douzaine de cm et caractérisé par la couleur rouge sombre de sa gorge et de sa poitrine. *Des rouges-gorges.* **2.** Nom cour. du merle d'Amérique. – De *rouge,* et *gorge.*

rougeoiement [ʀuʒwamɑ̃] n. m. Fait de rougeoyer. – De *rougeoyer.*

rougeole [ʀuʒɔl] n. f. **1.** Maladie virale aiguë, endémique et épidémique, très contagieuse, immunisante. **2.** BOT Mélampyre des champs. *Rougeole du seigle.* – Altér. de l'anc. fr. *rougeule,* d'ap. le lat. pop. **rubeola,* fém. subst. de *rubeolus,* dimin. de *rubeus,* «rouge».

ENCYCL **Méd.** – La rougeole touche essentiellement les enfants. L'incubation est de 10 jours, suivie d'une période d'invasion marquée par un catarrhe oculonasal. La période d'état qui lui succède est caractérisée par l'éruption généralisée de taches rougeâtres. Généralement bénigne en Europe, la rougeole demeure la princ. cause de mortalité infantile en Afrique noire. Les complications sont nombreuses: otite, laryngite, broncho-pneumonie, méningite, encéphalite. La maladie peut être atténuée par la sérothérapie spécifique. La vaccination est efficace.

rougeoleux, euse [ʀuʒɔlø, øz] adj. et n. Atteint de la rougeole; relatif à la rougeole. – Du préc.

rougeoyant, ante [ʀuʒwajɑ̃, ɑ̃t] adj. Qui rougeoie. – Ppr. de *rougeoyer.*

rougeoyer [ʀuʒwaje] v. intr. **[26]** Se colorer de diverses nuances de rouge, avoir des reflets rouges et changeants. *Ciel qui rougeoie au soleil couchant.* – De *rouge.*

rouge-queue [ʀuʒkø] n. m. Petit oiseau passériforme (genre *Phœnicurus,* fam. turdidés) à la queue roussâtre. *Des rouges-queues.* – De *rouge,* et *queue.*

rouget [ʀuʒɛ] n. m. **1.** Nom cour. de divers poissons comestibles de couleur rose à rouge vif, notam. du *grondin rouget* et des *rougets barbet, surmulet* et *doré* (tous trois du genre *Mullus*), qui vivent en Méditerranée et dans l'Atlantique N. **2.** MED VET Maladie infectieuse du porc, très contagieuse et transmissible à l'homme. – Dimin. de *rouge.*

rougeur [ʀuʒœʀ] n. f. **1.** Teinte rouge, rougeâtre. *La rougeur de certaines terres.* **2.** Coloration rouge du visage, provoquée par une émotion. *La rougeur de la honte.* **3.** Tache rouge qui apparaît sur la peau. – De *rouge.*

rougi, ie [ʀuʒi] adj. Qui a pris une teinte rouge. ▷ *Eau rougie,* additionnée de vin. – Pp. de *rougir.*

rougir [ʀuʒiʀ] v. **[2]** **I.** v. tr. Donner une couleur rouge à. *Les veilles ont rougi ses yeux.* **II.** v. intr. **1.** Devenir rouge. *Les cerises commencent à rougir.* ▷ (Personnes.) *Rougir de confusion.* **2.** Avoir honte, être confus. *Vous devriez rougir de vos mensonges.* – De *rouge.*

rougissant, ante [ʀuʒisɑ̃, ɑ̃t] adj. Qui devient rouge. *Fruits rougissants.* – *Personne rougissante,* qui rougit d'émotion. – Ppr. de *rougir.*

rougissement [ʀuʒismɑ̃] n. m. Fait de rougir. – De *rougir.*

rouille [ʀuj] n. et adj. inv. **I.** n. f. **1.** Substance pulvérulente brun orangé, constituée principalement d'hydroxyde ferrique, dont se couvrent le fer et l'acier corrodés par l'humidité. **2.** Nom cour. de nombreuses maladies cryptogamiques de végétaux supérieurs. **3.** CUIS Aïoli additionné de piment rouge que l'on sert avec la bouillabaisse et la soupe de poisson. **II.** adj. inv. De la couleur de la rouille. *Des vêtements rouille.* – Lat. pop. **robicula,* class. *robigo, robiginis,* de *robus,* «roux».

ENCYCL **Agric.** – La rouille n'est qu'un symptôme: les feuilles et la tige de la plante (céréales, buis, lis, poirier, etc.) se tachent plus ou moins de rougeâtre. La plupart des rouilles sont dues à des champignons de l'ordre des urédinales. Ainsi, la rouille du blé est due à *Puccinia graminis;* le cycle débute sur les feuilles d'épine-vinette puis se termine sur le blé, dont les grains sont littéralement bourrés de spores noires, qui résisteront à la sécheresse de l'été et à l'hiver; ce fléau a été presque entièrement vaincu par l'arrachage systématique de l'épine-vinette.

rouillé, ée [ʀuje] adj. **1.** Attaqué, rongé par la rouille. *Clé rouillée.* **2.** Atteint de la maladie de la rouille (végétal). **3.** Fig. Qui a perdu une partie de ses capacités par manque d'exercice. *Jambes rouillées. Mémoire rouillée.* – Pp. de *rouiller.*

rouiller [ʀuje] v. **[1]** **1.** v. tr. Rendre rouillé. *L'eau rouille le fer.* ▷ Fig. *L'inactivité rouille le corps et l'esprit.* **2.** v. intr. Devenir rouillé. ▷ v. pron. *Se rouiller.* – De *rouille.*

rouillure [ʀujyʀ] n. f. **1.** Effet de la rouille sur un métal. **2.** Effet de la rouille sur une plante. – De *rouiller.*

rouir [ʀwiʀ] v. **[2]** **1.** v. tr. TECH Faire tremper dans l'eau (du lin, du chanvre) afin que les fibres textiles se séparent de la partie ligneuse. **2.** v. intr. Être soumis au rouissage. *Ce lin rouit mal.* – Du frq. **rotjan.*

rouissage [ʀwisaʒ] n. m. TECH Opération consistant à rouir du lin, du chanvre. – De *rouir.*

rouissoir [ʀwiswaʀ] n. m. TECH Endroit où se fait le rouissage. – De *rouir.*

roulade [ʀulad] n. f. **1.** MUS Ornementation mélodique, suite de notes légères et rapides chantées sur une seule syllabe. *Faire des roulades.* **2.** CUIS Tranche de viande roulée et farcie. **3.** Mouvement de qqn qui roule sur lui-même. ▷ SPORT En gymnastique, culbute. – De *rouler.*

roulage [ʀulaʒ] n. m. **1.** Transport des marchandises par véhicules automobiles (anc.: hippomobiles). *Manutention par roulage,* dans laquelle les véhicules qui ont assuré le transport par route d'une marchandise embarquent à bord du navire qui doit en assurer ensuite le transport par mer. *La manutention par roulage permet d'éviter les ruptures de charge.* **2.** TECH En papeterie, déformation d'une feuille ayant tendance à s'enrouler en forme de cylindre. **3.** MINES

Transport du minerai par berlines. **4.** AGRIC Opération qui consiste à passer le rouleau sur un champ labouré pour briser les mottes.

roulant, ante [ʀulɑ̃, ɑ̃t] adj. et n. **1.** Qui peut rouler; monté sur roues, sur roulettes. *Table roulante.* ▷ CH de F *Matériel roulant:* les locomotives, les voitures et les wagons. – Par ext. *Personnel roulant,* qui effectue son service à bord d'un train ou d'un véhicule de transports en commun. – Subst. *Les roulants.* ▷ MILIT *Cuisine roulante* ou, n. f., *roulante:* cuisine ambulante employée par les armées en campagne. **2.** Se dit d'un engin de manutention ou de transport des personnes sur de courtes distances dont le mouvement se fait par roulement sur des galets ou des rouleaux. *Pont, tapis roulant. Trottoir, escalier roulant.* **3.** *Feu roulant:* tir continu d'armes à feu. ▷ Fig. *Un feu roulant de questions.* – Ppr. de *rouler.*

roule [ʀul] n. m. TECH Cylindre de bois que l'on glisse sous un corps pour le déplacer. – Du bas lat. *rotulus,* «cylindre».

roulé, ée [ʀule] adj. **1.** Dont on fait un rouleau. *Couverture roulée.* – *Épaule roulée:* (en boucherie) épaule désossée et parée en forme de rouleau. ▷ N. m. En pâtisserie, gâteau dont la pâte est enroulée sur elle-même. *Roulé au chocolat.* **2.** Fam. *Fille bien roulée,* bien faite. **3.** PHON *R roulé* ou *apical,* prononcé avec la pointe (apex) de la langue, par oppos. au *r grasseyé* ou *vélaire,* prononcé du fond de la gorge (r dit *parisien*). – Pp. de *rouler.*

rouleau [ʀulo] n. m. **1.** Morceau d'une matière souple enroulé sur lui-même et formant un cylindre. *Rouleau de papier.* ▷ Fig. *Être au bout de son (du) rouleau (de parchemin):* n'avoir plus rien à écrire, à dire, et, *par ext.,* ne plus avoir de ressources (physiques, financières, etc.). ▷ Par anal. de forme. *Rouleau de pâte à modeler. Rouleau de pièces de monnaie:* pile de pièces entourée d'un papier. **2.** Cylindre en matière dure (bois, métal, etc.) destiné à presser, à aplatir. *Rouleau à pâtisserie.* – AGRIC Instrument utilisé pour aplanir un terrain, écraser les mottes de terre. ▷ *Rouleau compresseur:* engin de travaux publics utilisé pour aplanir les revêtements des voies. **3.** *Rouleau de peintre:* ustensile constitué d'un cylindre de matière absorbante pivotant librement sur un axe emmanché, utilisé dans la peinture en bâtiment pour la mise en couleur des grandes surfaces. **4.** Bigoudi constitué par un cylindre. ▷ Masse de cheveux enroulés en cylindre, derrière la tête (coiffure féminine). **5.** Lame qui brise près d'une plage, et qui a la forme d'un rouleau (sens 1). **6.** SPORT Technique de saut en hauteur consistant à faire tourner le corps au-dessus de la barre dans une position proche de l'horizontale. *Rouleau ventral, dorsal.* – De *rôle,* et de *rouler.*

roulé-boulé [ʀulebule] n. m. SPORT Technique de réception au sol employée notam. par les parachutistes, consistant à se ramasser sur soi-même et à se laisser rouler à terre comme une boule. *Des roulés-boulés.* – De *rouler,* et *bouler.*

roulement [ʀulmɑ̃] n. m. **1.** Mouvement de ce qui roule. *Roulement d'un véhicule, d'une bille.* **2.** TECH Organe servant à réduire les frottements entre des pièces dont l'une est en rotation, constitué de deux bagues entre lesquelles tournent des billes, des rouleaux ou des aiguilles. *Roulement à billes.* **3.** Bruit sourd et continu produit par qqch qui roule. *Le roulement du train couvrait sa voix.* ▷ Par anal. *Roulement du tonnerre, de tambours.* **4.** *Roulement d'yeux:* mouvement des yeux qui tournent dans leurs orbites. **5.** FIN *Fonds de roulement:* ensemble des capitaux et des valeurs dont dispose une entreprise pour son exploitation courante. **6.** Succession, alternance de personnes qui se remplacent pour effectuer certains travaux, certaines tâches. *Le roulement des équipes. Établir un roulement.* – De *rouler.*

rouler [ʀule] v. [1] **I.** v. tr. **1.** Pousser (une chose) en la faisant tourner sur elle-même. *Rouler un tonneau.* ▷ Loc. fig., fam. *Rouler sa bosse:* mener une existence vagabonde. **2.** Déplacer (un objet comportant une, des roues). *Rouler une brouette.* – Par ext. *Rouler un invalide dans son fauteuil.* **3.** Enrouler (qqch), en faire un rouleau ou une boule. *Rouler une couverture.* – *Rouler une cigarette,* la confectionner en façonnant en rouleau une pincée de tabac enveloppée de papier mince. **4.** *Rouler les épaules, les hanches,* les balancer en marchant. (N.B. On emploie aussi la construction intr.: *rouler des épaules, des hanches.*) – *Rouler les yeux,* les tourner de côté et d'autre en un mouvement circulaire. ▷ Loc. fig. fam. *Rouler les mécaniques:* faire étalage de sa force physique, faire le fier-à-bras. – *Se rouler les pouces:* se tourner les pouces (V. pouce). *Se les rouler:* ne rien faire. **5.** Aplanir au rouleau. *Rouler un champ.* **6.** Fig. Envisager sous tous les angles, examiner en tournant et en retournant dans son esprit. *Rouler des projets, des pensées dans sa tête.* **7.** Fam. Duper (qqn). *Se faire rouler. Il vous a bien roulé.* **8.** *Rouler les r,* les prononcer en faisant vibrer la pointe de la langue contre le palais. **9.** BOT Provoquer la roulure*. **II.** v. intr. **1.** Avancer, se déplacer en tournant sur soi-même, en parlant d'un objet de forme ronde. *Boule qui roule.* – Prov. *Pierre qui roule n'amasse pas mousse.* V. mousse. **2.** Avancer sur des roues. *Train qui roule à grande vitesse.* – Par ext. *Nous avons roulé toute la nuit.* ▷ Loc. fig. *Rouler sur l'or:* être très riche. – Fam. *Ça roule:* tout va bien. **3.** IMPRIM Commencer le tirage après que toutes les vérifications ont été faites. *Le livre va sortir, l'imprimeur a commencé à rouler.* **4.** MAR Être balancé par le roulis. *Navire qui tangue et qui roule.* **5.** Circuler rapidement (argent). *Fonds qui roulent.* **6.** Errer sans se fixer. *Passer sa vie à rouler.* **7.** Faire entendre un son sourd et prolongé. *«Comme un bruit de foule qui tonne et qui roule»* (V. Hugo). **8.** Porter sur tel ou tel sujet, en parlant de la conversation. *La discussion roulait sur un problème important.* **III.** v. pron. **1.** Se tourner de côté et d'autre, étant couché. *Se rouler dans l'herbe.* – Par exag. *Se rouler par terre (de rire).* **2.** *Se rouler dans* (qqch qui couvre le corps), s'en envelopper. *Se rouler dans son manteau pour dormir.* **3.** Ramasser le corps sur lui-même, se mettre en boule. *Le hérisson se roule sur lui-même lorsqu'il est effrayé.* De l'a. fr. *rouelle,* «roue», confondu avec les dérivés du lat. **rotulare* (anc. provenç. *rotlat*).

roulette [ʀulɛt] n. f. **1.** Chacune des petites roues qui permettent de faire rouler l'objet auquel elles sont fixées. *Fauteuil à roulettes.* ▷ Fig, fam. *Cela marche comme sur des roulettes,* sans aucune difficulté. **2.** Instrument de relieur, de cordonnier, de pâtissier, etc., muni d'une petite roue dentée et qui sert à faire des marques, des empreintes, à découper, etc. ▷ Fam. *Roulette de dentiste:* fraise. **3.** Jeu de hasard dans lequel une petite boule, lancée dans un plateau tournant comportant trente-sept cases numérotées (de 0 à 36) rouges ou noires, désigne, en retombant, le numéro, la parité (pair ou impair), la couleur (rouge ou noir) et la série (*manque* de un à dix-huit, *passe* de dix-neuf à trente-six) qui déterminent les pertes et les gains des joueurs. – *Roulette russe**. **4.** GEOM Nom anc. de la cycloïde. – De l'a. fr. *rouelle,* «roue», d'abord *ruelette,* «petite roue».

rouleur, euse [ʀulœʀ, øz] n. **1.** n. m. Vx Ouvrier qui roule des tonneaux, transporte des charges à la brouette. **2.** n. Ouvrier, ouvrière qui va d'atelier en atelier. **3.** n. SPORT Cycliste endurant et rapide dont les qualités se révèlent surtout dans les courses de plat (opposé à *grimpeur*). **4.** n. f. Fam. Cigarette faite à la main. – De *rouler.*

roulier [ʀulje] n. m. **1.** Anc. Voiturier chargé du transport des marchandises. **2.** MAR Navire spécialement aménagé pour la manutention par roulage. – De *rouler*.

roulis [ʀuli] n. m. Oscillation d'un navire d'un bord sur l'autre sous l'effet de la houle. *Roulis et tangage.* ▷ Oscillation comparable d'un avion ou d'un véhicule routier. *Mouvements de roulis et de lacet.* – De *rouler*.

roulotte [ʀulɔt] n. f. **1.** Voiture servant de logement aux forains, aux nomades. ▷ *Par ext.* Véhicule aménagé pour servir de logement de camping. Syn. Caravane. **2.** Fam. *Vol à la roulotte:* vol d'objets dans des véhicules. – De *rouler*.

roulotté [ʀulɔte] n. m. COUT Ourlet constitué d'un rouleau très fin. – Réfection, d'après *roulotter*, de l'anc. forme *rouleauté*, de *rouleau*.

roulotter [ʀulɔte] v. tr. [1] COUT Ourler en faisant un rouleau très fin sur le bord du tissu. – De *rouler*.

roulure [ʀulyʀ] n. f. **1.** BOT Maladie des arbres qui provoque la séparation et l'enroulement des couches ligneuses. **2.** Grossier, injur. Femme de mauvaise vie, prostituée. – De *rouler*.

roumain, aine [ʀumɛ̃, ɛn] adj. et n. **1.** adj. De la Roumanie. ▷ Subst. Habitant de la Roumanie. **2.** n. m. *Le roumain:* la langue romane parlée en Roumanie. – De *Roumanie*, pays de l'Europe orientale; d'après *romain*.

roumi [ʀumi] n. m. Chrétien, Européen, pour les musulmans. – Ar. *rūmī*, «byzantin», altér. de *romain*, l'empire byzantin étant l'empire *romain* d'Orient, par ext. «chrétien européen».

1. roupie [ʀupi] n. f. Unité monétaire de l'Inde, de Sri Lanka, de l'île Maurice, du Népal, de l'Indonésie, des îles Maldives et du Pakistan. – Portug. *rupia*, de l'hindoustani *rûpîya*, «argent».

2. roupie [ʀupi] n. f. Vx Humeur qui coule du nez par gouttes. ▷ Mod., fam. *Roupie de sansonnet:* chose sans importance, sans intérêt. *Ses romans, c'est de la roupie de sansonnet.* – P.-ê. var. dial. de l'a. fr. *reupie* «crachat».

roupiller [ʀupije] v. intr. [1] Pop. Dormir. – P.-ê. onomat.; ou de l'esp. *ropilla*, «robe, manteau» dont on s'enveloppait pour dormir.

roupillon [ʀupijɔ̃] n. m. Pop. Petit somme. *Piquer un roupillon.* – Du préc.

rouquier. V. rochier.

rouquin, ine [ʀukɛ̃, in] adj. et n. **1.** adj. Fam., Qui a les cheveux roux. ▷ Subst. *Un(e) rouquin(e).* **2.** n. m. Pop. Vin rouge. *Un coup de rouquin.* – Altér. arg. de *rouge* ou *roux*.

rouscailler [ʀuskaje] v. intr. [1] Pop. Réclamer, protester bruyamment. – Des anc. v. *rousser*, «gronder», et **cailler*, «bavarder».

rouspétance [ʀuspetɑ̃s] n. f. Fam. Protestation de qqn qui rouspète. – De *rouspéter*.

rouspéter [ʀuspete] v. intr. [16] Fam. Protester avec vigueur, réclamer. – P.-ê. de l'anc. v. *rousser* (cf. rouscailler), et *péter*, au sens de «faire du pétard».

rouspéteur, euse [ʀuspetœʀ, øz] n. (et adj.) Fam. Personne qui rouspète fréquemment, grincheux. – De *rouspéter*.

roussâtre [ʀusɑtʀ] adj. Qui tire sur le roux. – De *roux*, et *-âtre*.

rousserolle [ʀusʀɔl] n. f. Petit oiseau passériforme (genre *Acrocephalus*), proche parent des fauvettes, au plumage beige, qui vit généralement dans les roseaux. – Du germ. *rusk*, «jonc».

roussette [ʀusɛt] n. f. **1.** Grande chauve-souris frugivore ou insectivore d'Afrique et d'Asie (genres *Eidolon, Roussetus, Pteropus*, etc.). **2.** Petit requin à peau tachetée, commun dans les mers d'Europe. – Fém. subst. de l'anc. adj. *rousset*, de *roux*.

rousseur [ʀusœʀ] n. f. Couleur rousse. ▷ *Tache de rousseur:* petite tache pigmentaire jaune orangé, fréquente sur la peau du visage des personnes blondes ou rousses. Syn. éphélide. – De *roux*.

roussi [ʀusi] n. m. Odeur de ce qui a commencé à brûler. *Ça sent le roussi!* – Fig., fam. *Sentir le roussi*, se dit d'une situation, d'une affaire qui risquent de se gâter, de mal tourner. – Pp. subst. de *roussir*.

roussin [ʀusɛ̃] n. m. Vx Cheval entier un peu épais, employé autref. à la guerre. ▷ Par plaisant. *Roussin d'Arcadie:* âne. – A. fr. *roncin*, «cheval de charge», infl. par *roux*; bas lat. **runcinus*.

roussir [ʀusiʀ] v. [2] **1.** v. tr. Rendre roux (spécial. en brûlant superficiellement). *Roussir un mouchoir en le repassant.* **2.** v. intr. Devenir roux. *Les feuillages roussissent en automne.* – De *roux*.

roussissement [ʀusismɑ̃] n. m. ou **roussissure** [ʀusisyʀ] n. f. Action, fait de roussir. – De *roussir*.

rouste [ʀust] n. f. Pop. Volée de coups, correction. *Prendre une rouste.* – Orig. incert.; p.-ê. de *rosser*.

routage [ʀutaʒ] n. m. Groupage en liasses, et par destination, d'imprimés, de journaux, etc., en vue de leur acheminement. – De *router*.

routard, arde [ʀutaʀ, aʀd] n. Fam. Jeune voyageur désargenté qui prend la route à pied ou en auto-stop. – De *route*, et *-ard*.

route [ʀut] n. f. **1.** Voie terrestre carrossable d'une certaine importance. ▷ Absol. *La route:* l'ensemble des routes, des moyens de transport qui utilisent les routes. *Code de la route. Le rail et la route.* **2.** Direction à prendre pour aller quelque part, itinéraire. *Perdre sa route. Les grandes routes maritimes.* – *Faire fausse route:* aller dans la mauvaise direction, se fourvoyer. Fig. Se tromper, faire erreur. ▷ Direction suivie par un navire ou un aéronef. *Faire valoir la route:* corriger le cap mesuré de la déclinaison et de la déviation. **3.** Parcours, chemin, voyage. *Fleuve qui reçoit six affluents sur sa route. Bonne route! Faire la route à pied.* – *Faire route:* marcher; voyager. ▷ *Par métaph.* Fig. Chemin, voie. *Nos routes se sont croisées*, nos destins. *La route est toute tracée:* on ne peut douter de la conduite à suivre. **4.** *Mettre en route:* faire démarrer (un moteur, une machine, etc.). *Mettre les rotatives en route.* ▷ Par ext. *Mettre une affaire en route.* – Lat. médiév. *rupta*, ellipse de *via rupta*, «route revêtue de pierre concassée», du lat. class. *rumpere viam*, «ouvrir une voie, un passage».

ENCYCL **Trav. publ.** – Une route est caractérisée par son *implantation*, c.-à-d. son tracé en plan, par ses *profils en long* et *en travers*. Son profil en long est la courbe qui donne les différents niveaux de l'axe de la route le long de son tracé. Ses profils en travers sont les sections verticales perpendiculaires à son axe. L'implantation et le profil en long sont adaptés aux nécessités du trafic et au *terrain naturel*, souvent au prix de mouvements de terre et d'ouvrages d'art importants. Le profil en travers a aujourd'hui la forme d'un dièdre (sauf dans les virages, où l'on préfère une pente unique vers le centre). Il est complété par les accotements et les fossés. La *chaussée* est la surface de la route où circulent les véhicules. Elle est constituée de trois couches successives: la couche de fondation, le corps de chaussée et la couche de roulement.

router [ʀute] v. tr. [1] Faire le routage de. *Router des prospectus.* – De *route*.

1. routier [ʀutje] n. m. **1.** HIST *Les routiers:* les soldats pillards, organisés en grandes compagnies, qui désolèrent la France du Moyen Âge. **2.** Mod. *Un vieux routier :* un homme qui a beaucoup d'expérience (souvent avec une idée de finesse retorse). – De l'a. fr.

route, «bande de soldats», pp. fém. subst. de *rout*, «rompu», anc. pp. de *rompre*. V. route.

2. routier, ière [ʀutje, jɛʀ] adj. et n. **I.** adj. Qui a rapport aux routes, à la route. *Trafic routier. Carte routière.* **II.** n. **1.** n. m. Chauffeur de poids lourds qui effectue de longs trajets. **2.** n. SPORT Cycliste spécialisé dans les épreuves sur route (opposé à *pistard*). **3.** n. m. Scout âgé de plus de seize ans. **4.** n. f. Automobile conçue principalement pour faire de longs parcours sur route (et non pour circuler en ville). – De *route;* d'abord *rotier*, «qui vole sur les routes».

routine [ʀutin] n. f. **1.** Habitude d'agir et de penser toujours de la même manière. *Être esclave de la routine.* **2.** *Par ext.* Action(s) quotidienne(s), accomplie(s) machinalement et avec une certaine monotonie. **3.** loc. adj. *De routine:* ordinaire, habituel. *Enquête de routine.* – De *route.*

routinier, ière [ʀutinje, jɛʀ] adj. (et n.) **1.** Qui agit par routine, par habitude; qui marque de la répugnance à l'endroit de tout changement, de toute nouveauté. ▷ Subst. *C'est un routinier et un timoré.* **2.** Qui se fait par routine. *Travail routinier.* – Du préc.

rouverin ou **rouverain** [ʀuvʀɛ̃] adj. m. TECH *Fer rouverin :* fer cassant, difficile à travailler. – Altér. de l'a. fr. *rovelent*, «rougeâtre», lat. *rubellus.*

rouvieux [ʀuvjø] n. et adj. MED VET **1.** n. m. Gale du chien, du cheval. **2.** adj. Atteint de cette gale. – Norm. *rouvieu*, masc. de l'anc. dial. *rougeule*, «rougeole».

rouvre [ʀuvʀ] n. m. Chêne *(Quercus robur)* dont il existe deux sous-espèces, l'une aux glands pédonculés, l'autre aux glands sessiles. – Appos. *Chêne rouvre.* – Du lat. pop. **robor*, class. *robur.*

rouvrir [ʀuvʀiʀ] v. **[35] 1.** v. tr. Ouvrir de nouveau. *Rouvrir une valise.* – Fig. *Rouvrir une discussion.* **2.** v. intr. Être de nouveau ouvert. *L'école rouvre demain.* – De *r-*, et *ouvrir.*

roux, rousse [ʀu, ʀus] adj. et n. **1.** D'une couleur entre le jaune orangé et le rouge. *Vache rousse.* – (En parlant de la chevelure, des poils de qqn.) *Tignasse rousse.* ▷ N. m. *Le roux:* la couleur rousse. *Cheveux d'un roux sombre.* **2.** Qui a les cheveux roux. *Une fille rousse.* ▷ Subst. Personne rousse. *Un roux, une rousse.* **3.** *Beurre roux*, fondu et cuit jusqu'à devenir roux. ▷ N. m. CUIS Préparation faite avec de la farine et du beurre roussis sur le feu, que l'on utilise pour lier une sauce. – Lat. *russus.*

royal, ale, aux [ʀwajal, o] adj. et n. f. **I.** adj. **1.** Qui appartient, qui a rapport à un roi. *Palais royal. Autorité, famille royale.* **2.** Qui est digne d'un roi. *Magnificence royale. Un accueil royal.* **3.** Qualifie certaines races ou variétés d'animaux, de végétaux, remarquables par leur beauté, leur taille. *Tigre royal.* **II.** n. f. **1.** Touffe de poils sous la lèvre inférieure (plus longue que la mouche). **2.** CUIS *Lièvre à la royale*, préparé avec du vin rouge, de l'ail, des oignons et des échalotes. – Lat. *regalis.*

royalement [ʀwajalmɑ̃] adv. **1.** De façon royale. *On l'a reçu royalement.* **2.** Fam. *Je m'en moque royalement*, complètement. – De *royal.*

royalisme [ʀwajalism] n. m. Attachement à la royauté, à la monarchie. – De *royal.*

royaliste [ʀwajalist] adj. et n. Partisan du roi, de la royauté. ▷ Loc. fig. *Être plus royaliste que le roi:* prendre à cœur les intérêts de qqn plus qu'il ne le fait lui-même. – De *royal.*

royalty [ʀwajalti] n. f. Anglicisme (France) Redevance payée à un inventeur, un auteur, un éditeur, un propriétaire de gisement de pétrole, etc. *Des royalties.* V. redevance. – Mot angl., «royauté», d'où «impôt payé au roi», et «droit payé au propriétaire d'une mine».

royaume [ʀwajom] n. m. État gouverné par un roi. ▷ *Royaume de Dieu:* le paradis. – De l'a. fr. *reiame*, lat. *regimen*, «direction, gouvernement», par croisement avec *royal.*

royauté [ʀwajote] n. f. **1.** Dignité de roi. *Renoncer à la royauté.* **2.** Régime monarchique. *Le déclin de la royauté.* – De *royal.*

rra. V. ra.

-rragie ou (vx) **-rrhagie.** Éléments, du gr. *-rragia*, d'ap. *erragên*, de *rhêgnumi*, «briser», au pass. «jaillir».

-rr(h)ée. Élément, du gr. *-rroia*, de *rhein*, «couler».

ru [ʀy] n. m. Vx Petit ruisseau. – Du lat. *rivus.*

Ru CHIM Symbole du ruthénium.

ruade [ʀɥad] n. f. Action de ruer, mouvement d'une bête qui rue. *Lancer une ruade.* – De *ruer.*

ruban [ʀybɑ̃] n. m. **1.** Bandelette de tissu, mince et étroite. *Abat-jour orné d'un ruban de soie.* **2.** Petit morceau de tissu que l'on porte à la boutonnière comme insigne de décoration. **3.** Bande étroite (de métal, de tissu, etc.). *Ruban d'une machine à écrire. Scie à ruban. Ruban d'arpenteur.* – Du moyen néerl. *ringhband*, «collier».

rubanerie [ʀybanʀi] n. f. Industrie, commerce des rubans. – De *rubanier.*

rubanier, ière [ʀybanje, jɛʀ] n. et adj. **1.** n. Fabricant, marchand de rubans. **2.** adj. Qui a rapport à la fabrication des rubans. *Industrie rubanière.* – De *ruban.*

rubato [ʀubato] adj. MUS *Tempo rubato*, très libre, sans pulsion rythmique marquée. ▷ Adv. *Jouer rubato.* ▷ Subst. *Un rubato.* – Mot ital., propr. «dérobé, volé».

rubéfaction [ʀybefaksjɔ̃] n. f. MED Rougissement de la peau, congestion provoquée dans un but thérapeutique (par frictions, révulsifs, sinapismes, etc.). – De *rubéfier.*

rubéfiant, ante [ʀybefjɑ̃, ɑ̃t] adj. MED Qui produit la rubéfaction. ▷ N. m. *Un rubéfiant.* – Ppr. de *rubéfier.*

rubéfier [ʀybefje] v. tr. [1] MED Provoquer la rubéfaction de. – Du lat. *rubeus*, «rouge», et *-fier.*

rubellite [ʀybɛl(l)it] n. f. MINER Variété de tourmaline souvent rouge. – Du lat. *rubellus*, «rouge», et *-ite* 3.

rubéole [ʀybeɔl] n. f. Maladie infectieuse, épidémique et contagieuse, due à un virus, fréquente chez l'enfant. *La rubéole de la femme enceinte peut provoquer des malformations fœtales.* – Du lat. *rubeus*, «rouge», sur le modèle de *rougeole, roséole.*

rubescent, ente [ʀybɛsɑ̃, ɑ̃t] adj. Didac. Qui devient rouge. *Les feuilles rubescentes d'automne.* – Lat. *rubescens, rubescentis.*

rubiacées [ʀybjase] n. f. pl. BOT Famille de plantes dicotylédones gamopétales aux feuilles opposées et munies de stipules, et dont le gynécée possède deux carpelles. *La garance, le gaillet, le caféier, le quinquina sont des rubiacées.* – Du lat. *rubia*, «garance».

rubican [ʀybikɑ̃] adj. m. Didac. *Cheval rubican*, à robe noire, baie ou alezane semée de poils blancs. – De l'esp. *rabicano*, «à queue grise».

rubicond, onde [ʀybikɔ̃, ɔ̃d] adj. Très rouge de teint. *Visage rubicond.* – Lat. *rubicundus*, de *rubeus*, «rouge».

rubidium [ʀybidjɔm] n. m. CHIM Métal blanc brillant, très réducteur (il attaque l'eau à froid) dont les propriétés sont proches de celles du potassium; élément de numéro atomique Z = 37, de masse atomique 85,47, de densité 1,53, fusible à 39 °C (symbole Rb). – Du lat. *rubidus*, «rouge brun», à cause des raies rouges de son spectre.

rubigineux, euse [ʀybiʒinø, øz] adj. Didac. **1.** Couvert de rouille. **2.** Qui a la couleur de la rouille. – Lat. *rubiginosus*, de *robigo, robiginis*, «rouille».

rubis [ʀybi] n. m. **1.** Pierre précieuse rouge, variété de corindon coloré par l'oxyde de chrome. – Bijou fait avec cette pierre. **2.** Pierre rouge semi-précieuse. *Le rubis de Bohême est un grenat.* **3.** HORL Monture de pivot en pierre dure, dans un rouage de montre, d'horlogerie. **4.** Fig. *Payer rubis sur l'ongle:* payer comptant tout ce qu'on doit. – Lat. médiév. *rubinus*, du lat. *rubeus*, «rouge»; d'abord *rubi*, le plur. *rubis* s'est généralisé.

rubrique [ʀybʀik] n. f. Ensemble d'articles publiés régulièrement par un périodique, traitant d'un même domaine. *La rubrique des faits divers, la rubrique diplomatique.* ▷ *Sous telle rubrique:* sous tel titre, dans telle catégorie. *Vous trouverez les bottes à la rubrique «vêtements» du catalogue.* – Du lat. *rubrica*, «terre rouge, ocre», puis «titre en rouge des lois».

ruche [ʀyʃ] n. f. **1.** Habitation des abeilles, naturelle ou construite par l'homme. *Ruche en paille, en bois.* ▷ Ensemble formé par l'habitation et la colonie. *Ruche orpheline*, qui n'a plus de reine. *Ruche bourdonneuse*, dont le couvain ne comporte que des œufs de mâles. **2.** Fig. Lieu où règne une activité intense. *Les fins de semaine, cette station de ski est une ruche.* **3.** Bande plissée de tulle, de dentelles, etc., qui sert de garniture à une collerette, un bonnet, etc. – Du bas lat. *rusca*, «écorce», les prem. ruches ayant été faites en écorce.

ruché [ʀyʃe] n. m. COUT Étoffe plissée en ruche (sens 3). – Pp. subst. de *rucher* 1.

ruchée [ʀyʃe] n. f. Population d'une ruche. – De *ruche.*

1. rucher [ʀyʃe] v. tr. [1] COUT Plisser en ruches (sens 3). – De *ruche.*

2. rucher [ʀyʃe] n. m. Ensemble des ruches d'une même exploitation. – De *ruche.*

rudbeckie [ʀydbeki] n. f. BOT Plante (fam. composées) originaire d'Amérique du N., cultivée pour ses grands capitules jaune et brun. – De *Rudbeck.* n. d'un botaniste suédois (1630-1702).

rude [ʀyd] adj. **I.** (Choses.) **1.** Dont le contact est dur, désagréable. *Barbe, étoffe rude.* ▷ *Esprit rude.* V. esprit (sens III). **2.** Difficile à supporter, pénible. *Hiver rude. Une rude épreuve. Métier rude.* **3.** Dur, sévère. *Une règle bien rude.* **II.** (Personnes.) **1.** Fruste, mal dégrossi. *Un homme rude.* **2.** Endurci par des conditions d'existence difficiles. *Un rude montagnard.* **3.** Sévère et brutal. *Il est très rude avec ses enfants.* – Fam. Considérable, très grand. *Une rude chance.* 4. (Toujours avant le nom.) Redoutable. *Un rude joueur.* – Lat. *rudis*, «brut, inculte, grossier».

rudement [ʀydmɑ̃] adv. **1.** De façon rude. *Être rudement traité.* **2.** Fam. Beaucoup, très. *J'ai rudement faim. Elle est rudement belle.* – De *rude.*

rudenté, ée [ʀydɑ̃te] adj. ARCHI Orné de rudentures. *Pilastre rudenté.* – Du lat. *rudens, rudentis*, «cordage».

rudenture [ʀydɑ̃tyʀ] n. f. ARCHI Ornement en forme de câble ou de baguette, au bas des cannelures d'une colonne, d'un pilastre. – Du préc.

rudéral, ale, aux [ʀydeʀal, o] adj. BOT Qui pousse dans les décombres (à cause de leur richesse en azote). *L'ortie est une plante rudérale.* – Du lat. *rudus, ruderis*, «décombres».

rudération [ʀydeʀasjɔ̃] n. f. TECH Pavage en cailloux ou en petites pierres. – Lat. *ruderatio.*

rudesse [ʀydɛs] n. f. **1.** Caractère de ce qui est rude. *Rudesse d'une matière.* **2.** Caractère d'une personne rude; brutalité, dureté. *La rudesse de ses manières.* – De *rude.*

rudiment [ʀydimɑ̃] n. m. **1.** Plur. Premières notions d'une science, d'un art. *Les rudiments de la chimie.* **2.** BIOL Forme ébauchée ou atrophiée d'un organe. *Rudiment d'aile.* – Lat. *rudimentum*, «apprentissage, premier élément».

rudimentaire [ʀydimɑ̃tɛʀ] adj. **1.** Peu développé. *Savoir rudimentaire.* ▷ Sommaire. *Confort rudimentaire.* **2.** BIOL À l'état de rudiment (sens 2). *Organe rudimentaire.* – Du préc.

rudistes [ʀydist] n. m. pl. PALEONT Sous-ordre de mollusques lamellibranches fossiles (Jurassique et Crétacé). – De *rude*, à cause des aspérités de leurs coquilles.

rudoiement [ʀydwamɑ̃] n. m. Litt. Action de rudoyer. – De *rudoyer.*

rudoyer [ʀydwaje] v. tr. **[26]** Traiter rudement (qqn). – De *rude.*

1. rue [ʀy] n. f. **1.** Voie bordée de maisons, dans une agglomération. ▷ *Être à la rue:* être sans domicile; être dans la misère. – *L'homme de la rue:* le citoyen ordinaire, l'homme moyen. **2.** Les habitants d'une rue. *Toute la rue était aux balcons.* **3.** *La rue:* les manifestations, l'émeute, par oppos. au pouvoir légal. *La rue alors imposait sa loi.* **4.** Espace, passage en couloir. ▷ THEAT Espace entre deux coulisses. – Du lat. *ruga*, «ride», et, par métaph., «chemin».

2. rue [ʀy] n. f. BOT Plante herbacée (genre *Ruta*, fam. rutacées), vivace, à fleurs jaunes, malodorante, dont certaines variétés sont officinales. – Du lat. *ruta.*

ruée [ʀɥe] n. f. Action de se ruer; fait de se précipiter en nombre vers un même lieu. *La ruée des skieurs vers les stations de sports d'hiver.* – Pp. fém. subst. de *ruer.*

ruelle [ʀɥɛl] n. f. **1.** Petite rue étroite. **2.** Espace laissé entre un lit et le mur ou entre deux lits. ▷ LITTER Aux XVIe et XVIIe s., chambre à coucher, alcôve où l'on tenait salon. – Dimin. de *rue* 1.

ruer [ʀɥe] **1.** v. intr. **[1]** Lancer en l'air avec force les pieds de derrière (en parlant d'un cheval, d'un âne, etc.). ▷ Loc. fig. *Ruer dans les brancards:* se rebeller (personnes). **2.** v. pron. Se lancer vivement, impétueusement. *Se ruer sur qqn, à l'attaque, vers la sortie.* – Du bas lat. *rutare*, intensif de *ruere*, «pousser».

ruffian ou **rufian** [ʀyfjɑ̃] n. m. **1.** Vx Entremetteur, souteneur. **2.** Mod., litt. Homme audacieux et sans scrupule, qui vit d'expédients. – Ital. *ruffiano*, du rad. germ. *hruf*, «croûte», pour qualifier, par métaph., la rudesse, la grossièreté.

rugby [ʀygbi] n. m. En Europe, sport qui oppose deux équipes de quinze joueurs et qui consiste à porter un ballon ovale, joué au pied ou à la main, derrière la ligne de but adverse, ou à le faire passer d'un coup de pied entre les poteaux de but, au-dessus de la barre transversale. V. football (sens 1). – Mot angl., de *Rugby*, n. d'une école où ce jeu fut conçu.

rugine [ʀyʒin] n. f. CHIR Instrument formé d'une plaque d'acier aux bords taillés en biseau, qui sert à racler les os. – Bas lat. *rugina*, class. *runcina*, «rabot».

ruginer [ʀyʒine] v. tr. **[1]** CHIR Racler (un os) avec la rugine. – Du préc.

rugir [ʀyʒiʀ] v. **[2]** **I.** v. intr. **1.** Pousser un rugissement (sens 1). ▷ Fig. *La tempête rugit.* **2.** Hurler, vociférer. *Rugir de colère.* **II.** v. tr. Dire en criant, en menaçant. *Rugir des imprécations, des insultes.* – Lat. *rugire.*

rugissant, ante [ʀyʒisɑ̃, ɑ̃t] adj. Qui rugit. – Ppr. de *rugir.*

rugissement [ʀyʒismɑ̃] n. m. **1.** Cri du lion et, par ext., de bêtes féroces. ▷ Fig. *Le rugissement des flots.* **2.** Cri, hurlement d'une personne. *Des rugissements de fureur.* – De *rugir.*

rugosité [ʀygɔzite] n. f. **1.** Petite aspérité sur une surface. **2.** Caractère d'une surface rugueuse. – De *rugueux.*

rugueux, euse [ʀygø, øz] adj. Qui est rude au toucher; qui présente des rugosités. – Lat. *rugosus,* de *ruga,* «ridé».

ruiler [ʀɥile] v. tr. [1] CONSTR Combler au mortier (l'intervalle entre un mur et un toit). – Du lat. *regula,* «règle»; d'abord «régler du papier», «gâcher le mortier».

ruine [ʀɥin] n. f. **1.** (Surtout au plur.) Débris d'une ville, d'un édifice détruits. *Les ruines de Carthage.* **2.** Dégradation, écroulement d'un édifice. *Château qui menace ruine, tombe en ruine.* **3.** Fig. Effondrement, destruction. *La ruine d'un État.* – *Être la ruine de:* être la cause même de l'effondrement, de la destruction, de la perte de. *Cette faute sera la ruine de son crédit.* **4.** Perte des biens, de la fortune. *Ruine d'un banquier, d'une entreprise.* **5.** Personne dans un état de grande dégradation physique ou morale. *Cet homme n'est plus qu'une ruine.* – Lat. *ruina,* de *ruere,* «tomber, s'écrouler».

ruine-de-Rome [ʀɥindəʀɔm] n. f. BOT Syn. de *cymbalaire.* – De *ruine, de,* et *Rome.*

ruiner [ʀɥine] v. tr. [1] **1.** Ravager, détruire. *L'averse a ruiné la moisson.* **2.** Fig. Causer la ruine (sens 3) de. *Ruiner une carrière.* – *Il se ruine la santé.* ▷ Infirmer, réduire à rien. *Ruiner une hypothèse.* **3.** Faire perdre sa fortune à (qqn). *Le krach l'a ruiné.* ▷ v. pron. *Il s'est ruiné par amour du jeu.* – Dépenser trop. *Il se ruine en voyages.* – De *ruine.*

ruineusement [ʀɥinøzmɑ̃] adv. De façon ruineuse, coûteuse. – De *ruineux.*

ruineux, euse [ʀɥinø, øz] adj. Qui cause la ruine, qui entraîne à des dépenses excessives. *Plaisirs ruineux.* – Du lat. *ruinosus,* «qui menace ruine».

ruiniforme [ʀɥinifɔʀm] adj. GEOL Se dit des roches ou des reliefs auxquels l'érosion a donné un aspect de ruines. – De *ruine,* et *-forme.*

ruiniste [ʀɥinist] n. BX-A Peintre de ruines. *Hubert Robert est un ruiniste.* – Adj. *Peintre ruiniste.* – De *ruine.*

ruinure [ʀɥinyʀ] n. f. TECH Entaille faite sur le côté d'une solive pour donner prise à la maçonnerie. – Var. de l'a. fr. *royneure,* «rainure».

ruisseau [ʀɥiso] n. m. **1.** Petit cours d'eau. **2.** *Ruisseau de:* flot de liquide qui coule, s'épanche. *Des ruisseaux de larmes.* **3.** Eau qui coule au milieu d'une rue ou le long des trottoirs; caniveau où elle coule. ▷ Fig. Origine misérable, situation avilissante. *Tirer qqn du ruisseau.* – Du lat. pop. **rivuscellus,* dimin. de *rivus;* var. anc. *ruissel.*

ruisselant, ante [ʀɥislɑ̃, ɑ̃t] adj. Qui ruisselle. *Manteau ruisselant de pluie.* – Ppr. de *ruisseler.*

ruisseler [ʀɥisle] v. intr. [22] **1.** Couler en filets d'eau. *Larmes qui ruissellent.* **2.** *Ruisseler de:* avoir sur soi (un liquide qui coule, ruisselle). *Ruisseler de sueur.* ▷ Fig. *Ruisseler de lumières.* – De *ruissel,* var. anc. de *ruisseau.*

ruisselet [ʀɥislɛ] n. m. Petit ruisseau. – Dimin. de *ruissel,* var. anc. de *ruisseau.*

ruissellement [ʀɥisɛlmɑ̃] n. m. **1.** Fait de ruisseler. ▷ Fig. *Un ruissellement de lumières.* **2.** GEOL Écoulement des eaux pluviales sur une pente. *Ruissellement en nappe. Eaux de ruissellement.* – De *ruisseler.*

rumb. V. rhumb.

rumba [ʀumba] n. f. Danse d'origine afro-cubaine; air sur lequel on la danse. – Mot esp. des Antilles.

rumen [ʀymɛn] n. m. ZOOL Premier estomac des ruminants, appelé aussi *panse.* – Mot bas latin.

rumeur [ʀymœʀ] n. f. **1.** Bruit confus de voix. *Rumeur d'un auditoire.* ▷ *Par anal.* Bruit sourd, lointain. *La rumeur de la mer.* **2.** Bruit, nouvelle qui court dans le public. *Ce n'est encore qu'une rumeur. Nouvelle répandue par la rumeur publique.* **3.** Murmure de mécontentement. *Rumeurs diverses dans la salle.* – Lat. *rumor, rumoris,* «bruit qui court».

ruminant, ante [ʀyminɑ̃, ɑ̃t] adj. et n. m. **1.** adj. Qui rumine. *Mammifère ruminant.* **2.** n. m. pl. Sous-ordre de mammifères artiodactyles pourvus d'un appareil digestif propre à la rumination (bovidés, camélidés, cervidés, girafidés). – Sing. *Un ruminant.* – Ppr. de *ruminer.*

rumination [ʀyminasjɔ̃] n. f. Chez les ruminants, action de ramener les aliments, après une première déglutition, de la panse dans la bouche pour les mâcher de nouveau. ▷ Fig. Fait de ressasser. – Lat. *ruminatio.*

ENCYCL **Zool.** – Grâce à la rumination, les ruminants peuvent utiliser la cellulose, constituant majeur des végétaux. Ne possédant pas d'enzyme destructrice de la cellulose, ils broient l'herbe grossièrement avec leurs dents puis l'avalent et la stockent dans la panse, où elle est soumise à l'action de bactéries et de protozoaires ciliés capables de digérer la cellulose. Ensuite, le tout remonte dans la bouche et subit une deuxième mastication, avant d'être avalé et digéré. Les ruminants ont, comme tous les herbivores, des *dents à croissance continue:* incisives coupantes, canines réduites ou nulles, molaires munies de crêtes longitudinales.

ruminer [ʀymine] v. tr. [1] Opérer la rumination. ▷ Fig. Penser et repenser à (qqch), ressasser. *Ruminer un dessein.* – Lat. *ruminare,* de *rumen,* «rumen».

rumsteck ou **rumsteack.** V. romsteck.

rune [ʀyn] n. f. Didac. Caractère des anciens alphabets germaniques et scandinaves. – Mot norv.; suéd. *runa;* got. *runa,* «secret, écriture secrète».

runique [ʀynik] adj. Didac. Relatif aux runes; écrit en runes; propre aux peuples qui les utilisaient. *Écriture runique.* – De *rune.*

ruolz [ʀɥɔls] n. m. TECH Alliage blanc, composé de cuivre, de nickel et d'argent. – Du n. du comte de *Ruolz* (1808-1887), chimiste français.

rupestre [ʀypɛstʀ] adj. **1.** BOT Qui croît sur les rochers. *Plante rupestre.* **2.** Exécuté sur ou dans des rochers. *Tombe rupestre.* ▷ *Peintures rupestres:* peintures préhistoriques sur les parois des cavernes. – Lat. mod. *rupestris,* du lat. class. *rupes,* «rocher».

rupiah [ʀypja] n. f. Unité monétaire de l'Indonésie. – Mot indonésien, «roupie».

rupicole [ʀypikɔl] n. m. ZOOL Oiseau passériforme (genre *Rupicola*), au plumage orange vif, appelé aussi *coq de roche.* – Du lat. *rupes,* «rocher», et *-cole.*

rupin, ine [ʀypɛ̃, in] adj. et n. Pop. Riche. – *C'est drôlement rupin,* luxueux. – De l'arg. *rupe, ripe,* «dame», p.-ê. du moyen fr. *ripe,* «gale», de *riper,* «gratter», moyen néerl. *rippen.*

rupteur [ʀyptœʀ] n. m. ELECTR Appareil d'ouverture et de fermeture du circuit primaire dans une bobine d'induction (utilisé notam. pour produire l'étincelle aux bougies d'un moteur). – Du lat. *ruptor,* «celui qui rompt», de *rumpere,* «rompre».

rupture [ʀyptyʀ] n. f. **1.** Action de rompre, fait de se rompre; son résultat. *Rupture d'une branche, d'un câble.* ▷ MED Déchirure subite d'un vaisseau, d'un organe. *Rupture d'anévrisme.* **2.** Cessation, changement brusque. *Rupture d'équilibre, de rythme. En rupture de stock:* les marchandises d'un stock étant devenues insuffisantes pour satisfaire les commandes. – *Rupture de pente:* modification brutale de la pente d'un terrain. – *Rupture de charge:* transbordement des marchandises d'un véhicule à un autre. ▷ Fait de rompre, d'annuler (un engagement, un projet, etc.). *Rupture de contrat.* **3.** Séparation de personnes qui étaient liées. – Lat. imp. *ruptura,* de *rumpere,* «rompre».

rural, ale, aux [ʀyʀal, o] adj. Relatif à la campagne, aux personnes qui l'habitent. *Vie rurale. Monde rural.* ▷ Subst. (surtout au plur.) Habitant de la campagne. *Les ruraux.* – Lat. tardif *ruralis,* de *rus, ruris,* «campagne».

ruse [ʀyz] n. f. **1.** Artifice, moyen habile dont on se sert pour tromper. *Ruse de guerre:* stratagème pour tromper l'ennemi. **2.** Habileté à tromper, à feindre, à agir de façon artificieuse. *Vaincre par la ruse.* – De l'a. v. *reüser,* «repousser, faire reculer», du lat. *recusare.*

rusé, ée [ʀyze] adj. **1.** Qui a de la ruse. ▷ Subst. *C'est une rusée.* **2.** Qui dénote la ruse. *Air rusé.* – De *ruse.*

ruser [ʀyze] v. intr. [1] Agir avec ruse, employer des ruses. – A. fr. *reusen;* du lat. *recusare,* «refuser», puis «repousser». V. ruse.

russe [ʀys] adj. et n. **1.** De l'ancien Empire russe ou de la R.S.F.S. de Russie. – *Abusiv.* Soviétique. ▷ Subst. Sujet de l'ancien Empire russe ou citoyen de la R.S.F.S. de Russie. – *Abusiv.* Citoyen soviétique. ▷ *Les Russes blancs:* les Russes hostiles à la révolution, qui combattirent celle-ci (1917-1922) ou qui émigrèrent. ▷ N. m. *Le russe:* la langue slave qui est la langue officielle de l'U.R.S.S. **2.** *Montagnes russes.* V. montagne. – *Roulette russe:* duel (ou jeu suicidaire) dans lequel on tire une fois (éventuellement plus, selon les conventions) sur l'adversaire (ou sur soi-même) avec un revolver dont on fait tourner le barillet chargé d'une seule balle qui vient (ou non) se placer à l'entrée du canon. – *Salade russe:* V. salade. – De *Russie.*

russien, enne [ʀysjɛ̃, ɛn] adj. et n. Vx Russe, originaire de Russie. *Grand-russien:* russe proprement dit. *Petit-russien:* d'Ukraine. *Blanc-russien:* de Biélorussie. – De *Russie.*

russification [ʀysifikasjɔ̃] n. f. Action de russifier, fait de se russifier; son résultat. – De *russifier.*

russifier [ʀysifje] v. tr. [1] Faire adopter les mœurs, les institutions, la langue russes à. – De *russe,* et *-fier.*

russophile [ʀysɔfil] adj. et n. Rare Qui aime les Russes, la Russie. – De *russo,* et *-phile.*

russule [ʀysyl] n. f. BOT Agaric (genre *Russula*) au chapeau jaune-vert, rouge ou brun violacé, dont plusieurs espèces sont comestibles. – Lat. bot. *russula,* du class. *russulus,* «rougeâtre».

rustaud, aude [ʀysto, od] adj. et n. Qui manque de délicatesse, d'usages; balourd, mal dégrossi. – De *rustre.*

rustauderie [ʀystodʀi] n. f. Rare Manière d'être ou d'agir d'un rustaud. – Du préc.

rusticage [ʀystikaʒ] n. m. TECH Action, opération qui consiste à rustiquer une pierre, un mur; son résultat. ▷ Mortier clair servant à rustiquer les murs. – De *rustiquer.*

rusticité [ʀystisite] n. f. **1.** Simplicité ou grossièreté rustique (sens 1). **2.** Caractère d'une plante, d'un animal rustique (sens 4). – Lat. *rusticitas,* de *rusticus,* «rustique».

rustine [ʀystin] n. f. Rondelle adhésive de caoutchouc qui sert à réparer les chambres à air. – De *Rustin,* nom d'un industriel; marque déposée.

1. rustique [ʀystik] adj. et n. m. **1.** Litt. De la campagne; des gens de la campagne. *Bâtiment, vie rustique.* ▷ D'une simplicité rude. *Manières rustiques.* **2.** D'un style provincial traditionnel, ou imité de ce style (ameublement). *Meuble rustique.* ▷ Subst. *Aimer le rustique.* **3.** ARCHI Fait de pierres brutes, naturelles ou imitées et ornées de bossages. *L'ordre rustique* ou, n. m., *le rustique.* **4.** AGRIC Qui s'adapte à toutes les conditions climatiques. *Plante, animal rustique.* – Lat. *rusticus,* de *rus, ruris,* «campagne».

2. rustique [ʀystik] n. m. TECH Outil de tailleur de pierre, marteau à deux tranchants crénelés. – De *rustiquer.*

rustiquer [ʀystike] v. tr. [1] TECH **1.** Donner par la taille un aspect brut à (une pierre). **2.** Donner par façonnage ou par un crépi grossier un aspect brut à (un mur). – De *rustique* 1.

rustre [ʀystʀ] n. m. et adj. Homme grossier, qui manque d'éducation. – Adapt. du lat. *rusticus,* «rustique».

rut [ʀyt] n. m. État physiologique des animaux, partic. des mammifères, qui les pousse à l'accouplement. ▷ Fig., fam. Excitation sexuelle (en parlant des humains). – Du lat. *rugitus,* «rugissement».

rutabaga [ʀytabaga] n. m. Variété de navet à racine tubérisée comestible. Rem. Connu surtout sous les noms de navet et de chou de Siam. – Du suéd. *rotabaggar,* «chou-rave».

rutacées [ʀytase] n. f. pl. BOT Famille de plantes dicotylédones dialypétales, qui comprend notam. les agrumes et les rues*. – Du lat. *ruta,* «rue (plante)».

ruthénium [ʀytenjɔm] n. m. CHIM Métal blanc, dur et cassant, de la mine de platine; élément de numéro atomique $Z = 44$, de masse atomique 101,07, de densité 12,2, fondant vers 2 500 °C (symbole Ru). – Du lat. médiév. *Ruthenia,* «Ruthénie» (Ukraine subcarpatique) où fut découvert ce métal.

rutilance [ʀytilɑ̃s] n. f. ou **rutilement** [ʀytilmɑ̃] n. m. Litt. État, éclat de ce qui est rutilant. – De *rutilant.*

rutilant, ante [ʀytilɑ̃, ɑ̃t] adj. **1.** D'un rouge ardent. **2.** Qui brille d'un vif éclat. – Lat. *rutilans,* de *rutilare,* «teindre en rouge» et aussi «briller», de *rutilus,* «d'un rouge ardent».

rutile [ʀytil] n. m. MINER Oxyde naturel de titane (TiO_2). – Du lat. *rutilus,* «rouge ardent».

rutilement. V. rutilance.

rutiler [ʀytile] v. intr. [1] Être rutilant; briller d'un vif éclat. – Lat. *rutilare.* V. rutilant.

rydberg [ʀidbɛʀg] n. m. PHYS NUCL Unité d'énergie (symbole Ry) égale à l'énergie d'ionisation de l'atome d'hydrogène telle qu'elle est calculée dans le cadre du modèle de Bohr (soit 13,6 électronvolts). – Du n. de J.R. *Rydberg,* physicien suédois, (1854.1919).

rye [ʀaj] n. m. Whisky à base de grains de seigle. *Une bouteille de rye.* V. whisky. – Mot amér., ellipt. de *rye whisky.*

rynch-, ryncho-, -rynque. V. rhynch(o)-.

rynchite. V. rhynchite.

rythme [ʀitm] n. m. **1.** Distribution constante, retour périodique des temps forts et des temps faibles (sons, syllabes, césures, etc.) dans une phrase musicale, un vers, une période oratoire, etc. **2.** *Par anal.* Distribution des éléments constitutifs d'une œuvre picturale, architecturale, etc. *Le rythme des volumes.* **3.** Alternance régulière. *Le rythme des saisons.* ▷ Mouvement périodique ou cadencé. *Rythme cardiaque.* ▷ Allure d'un mouvement, d'une action, d'un processus quelconque. *Vivre au rythme de son temps.* – Lat. *r(h)ythmus,* gr. *rhuthmos.*

rythmé, ée [ʀitme] adj. Qui a un rythme. – Du préc.

rythmer [ʀitme] v. tr. [1] **1.** Donner un rythme à. *Rythmer un air.* **2.** Soumettre à un rythme; marquer le rythme de. *Rythmer du pied une chanson.* – Du préc.

rythmicien, ienne [ʀitmisjɛ̃, ɛn] n. Didac. **1.** Spécialiste de la rythmique grecque ou latine. **2.** Poète habile dans l'utilisation des rythmes. **3.** Musicien spécialisé dans les instruments rythmiques. – De *rythmique.*

rythmique [ʀitmik] adj. et n. f. **I.** adj. **1.** Relatif au rythme. *Harmonie rythmique.* **2.** Qui est soumis à un rythme, qui se fait selon un rythme. *Mouvements rythmiques. Gymnastique, danse rythmique.* ▷ *Versification rythmique*, fondée sur la distribution des accents toniques (et non sur le nombre ou la durée des syllabes). **3.** Qui donne le rythme. *Section rythmique.* **II.** n. f. **1.** Vx Loi des rythmes en musique. **2.** Didac. Science des rythmes en prose ou en poésie (partic. dans les vers grecs ou latins). – Bas lat. *rhythmicus*, gr. *rhutmikos.*

rythmiquement [ʀitmikmɑ̃] adv. Avec rythme, en cadence. – Du préc.

S s

s [ɛs] n. m. **1.** Dix-neuvième lettre et quinzième consonne de l'alphabet notant une fricative dentale ou sifflante. Le *s* est sourd [s] (par ex. dans *sac*) ou sonore [ʒ] (par ex. dans *case*). **2.** Par anal. *Route en S,* en lacet. ▷ ANAT *S iliaque,* dernière portion du côlon. **3.** S: abrév. de *Sud.* ▷ s: symbole de la seconde. ▷ PHYS S: symbole du siemens. ▷ CHIM S: Symbole du soufre.

sa, adj. poss. V. son (1).

S.A. [ɛsa] En France, sigle de *société* anonyme.*

sabayon [sabajõ] n. m. Crème à base de vin, d'œufs, de sucre et d'aromates. – Ital. *zabaione.*

sabbat [saba] n. m. **1.** Repos que la loi de Moïse prescrit aux juifs d'observer le samedi, septième jour de la semaine, consacré au culte divin. **2.** Assemblée nocturne de sorciers et de sorcières, dans les croyances médiévales. **3.** Fig. Désordre bruyant. – Lat. ecclés. *sabbatum,* de l'hébreu *schabbat,* «repos», par le gr. *sabbaton.*

sabbathien, ienne [sabatjɛ̃, jɛn] n. HIST Membre d'une secte chrétienne fondée par Sabbathius au XIVe s., qui célébrait la Pâque le même jour que les juifs. – Du n. de *Sabbathius.*

sabbatique [sabatik] adj. **1.** Relatif au sabbat (sens 1). **2.** ANTIQ *Année sabbatique,* qui revenait tous les sept ans et pendant laquelle les juifs, conformément à la loi mosaïque, laissaient les terres en jachère et ne devaient pas exiger les créances. – Mod. Aux États-Unis et au Canada, année de congé d'études ou de recherche, accordée aux universitaires ou à des cadres d'entreprise. – De *sabbat.*

1. sabéen, éenne [sabeɛ̃, eɛn] n. et adj. ANTIQ Du pays de Saba. – De *Saba,* Royaume de l'Antiquité au S.-O. de l'Arabie (Yémen).

2. sabéen, éenne [sabeɛ̃, eɛn] n. et adj. RELIG **1.** Membre d'une secte judéo-chrétienne (probabl. celle des mandéens. Cf. mandéisme), mentionnée dans le Coran. **2.** Membre d'une secte d'adorateurs des astres de Harran, en Turquie (disparue au XIe s.). – De l'araméen *ç'ba,* «baptiser», rattaché à l'hébreu *çaba,* «armée (du ciel)».

sabéisme [sabeism] n. m. Religion des sabéens (1 et 2). – De *sabéen.*

sabelle [sabɛl] n. f. ZOOL Annélide polychète sédentaire marin (genre *Sabella*), qui vit dans un tube d'où sort un panache de branchies. – Lat. zool. *sabella,* p.-ê. du class. *sabulum,* «sable».

sabellianisme [sabɛljanism] n. m. RELIG Doctrine de Sabellius selon laquelle la Trinité forme une seule personne se manifestant sous trois aspects. – Du n. de *Sabellius,* hérésiarque chrétien (IIIe s.).

sabellique [sabɛlik] n. m. LING Groupe de parlers italiques localisés à l'E. du Latium, dont le sabin faisait partie et qui ont été éliminés par le latin. – Du lat. *Sabelli,* nom des montagnards de l'Apennin.

sabin, ine [sabɛ̃, in] adj. et n. ANTIQ ROM D'un peuple d'Italie centrale, qui vivait dans une région voisine de Rome. ▷ Subst. *L'enlèvement des Sabines. Le sabin:* langue du groupe sabellique parlée par les Sabins. – Lat. *sabinus.*

sabine [sabin] n. f. Genévrier de l'Europe méridionale *(Juniperus sabina)* dont les feuilles ont des propriétés médicinales. – Lat. *sabina (herba),* «herbe des Sabins».

sabir [sabiʀ] n. m. **1.** Mélange d'arabe, d'espagnol, de français, d'italien, parlé autref. en Afrique du Nord et dans le Levant par des groupes de langues maternelles différentes. **2.** LING Langue mixte, généralement à usage commercial, parlée par des communautés voisines de langues différentes. (N.B. Ce sens technique ne comporte pas de nuance péjorative.) **3.** *Par ext.,* péjor. Langue formée d'éléments hétéroclites; charabia. – De l'esp. *saber,* «savoir».

sablage [sablaʒ] n. m. Action de sabler (sens 1 et 3); son résultat. – De *sabler.*

1. sable [sɑbl] n. et adj. **I.** n. m. **1.** Roche détritique meuble composée de petits grains de nature et d'origine variables. *Sables siliceux, calcaires, coquilliers. Les lapilli sont des sables non détritiques. Sables mouvants:* sable humide, sans consistance, où le pied enfonce avec risque d'enlisement; sable sec que les vents déplacent dans les régions désertiques. **2.** Loc. fig. *Bâtir sur le sable:* entreprendre qqch sur des bases très fragiles. ▷ Fam. *Être sur le sable:* être sans argent, ruiné, ou sans emploi. ▷ *Bâti à chaux et à sable:* d'une grande résistance, d'une santé à toute épreuve. **II.** adj. inv. Couleur de sable, beige clair. *Des vestes sable.* – Adapt., d'ap. *sablon,* du lat. *sabulum.*

2. sable [sɑbl] n. m. HERALD Noir. – Lat. médiév. *sabellum,* polonais *sabol,* ou russe *sobol,* «zibeline».

sablé, ée [sable] n. m. et adj. **1.** n. m. Petit gâteau sec à pâte sablée. **2.** adj. *Pâte sablée,* pâte friable, à forte proportion de beurre. – De *Sablé-sur-Sarthe.*

sabler [sable] v. tr. [1] **1.** Couvrir de sable. *Sabler une allée.* **2.** TECH Couler dans un moule de sable. ▷ Fig., vx Boire d'un trait. – Mod. *Sabler le champagne:* boire du champagne pour fêter un événement. **3.** TECH Décaper, dépolir, etc., à l'aide d'un jet de sable, d'une sableuse. – De *sable* 1.

sablerie [sabləʀi] n. f. TECH Partie d'une fonderie où l'on fait les moules de sable. – De *sable* 1.

sableur, euse [sablœʀ, øz] n. **I.** n. **1.** Ouvrier d'une sablerie. **2.** Ouvrier qui travaille à la sableuse. **II.** n. f. Machine qui projette un jet de sable fin sur des corps durs pour les décaper, les dépolir, etc. – De *sabler.*

sableux, euse [sablø, øz] adj. De la nature du sable; qui contient du sable. *Terrain sableux.* – De *sable* 1.

sablier [sablije] n. m. Appareil composé de deux ampoules dont l'une contient du sable qui s'écoule dans l'autre par un étroit conduit, utilisé (surtout autref.) pour la mesure du temps. – De *sable* 1.

sablière [sablijɛʀ] n. f. (et adj.) **I.** TECH Longue poutre horizontale, sur laquelle s'appuient les autres pièces d'une charpente. ▷ Adj. *Panne* sablière.* **II. 1.** Carrière de sable. **2.** CH de F Réservoir à sable (utilisé contre le patinage des roues motrices). – De *sable* 1.

sablon [sablõ] n. m. Sable très fin. – Lat. *sabulo, sabulonis,* de *sabulum,* «sable».

sablonner [sablɔne] v. tr. [1] **1.** Récurer avec du sablon. **2.** TECH Répandre, avant soudure, du sable fin sur (du fer chaud). – Du préc.

sablonneux, euse [sablɔnø, øz] adj. Où le sable abonde. – De *sablon.*

sablonnière [sablɔnjɛʀ] n. f. Lieu d'où l'on extrait le sable, le sablon. – De *sablon.*

sabord [sabɔʀ] n. m. MAR Ouverture quadrangulaire dans la muraille d'un navire pour donner passage à la volée d'un canon. – *Sabord de charge,* pour embarquer des marchandises, etc. – *Sabord de décharge,* pour l'évacuation de l'eau embarquée sur le pont. ▷ Fam. *Mille sabords!* Juron prêté aux marins. – P.-ê. de *bord.*

sabordage [sabɔʀdaʒ] ou, rare, **sabordement** [sabɔʀdəmɑ̃] n. m. Action de (se) saborder. – De *saborder.*

saborder [sabɔʀde] v. tr. [1] **1.** *Saborder un navire,* percer des voies d'eau sous la flottaison pour le couler. ▷ v. pron. *Se saborder:* couler son propre navire (pour qu'il ne tombe pas aux mains de l'ennemi). **2.** Fig. Mettre volontairement fin à l'existence (économique, politique, etc.) de. *Saborder son entreprise.* ▷ v. pron. *Régime qui se saborde.* – De *sabord.*

sabot [sabo] n. m. **1.** Chaussure de bois (faite en une seule pièce ou constituée d'une semelle de bois et d'un dessus en une autre matière). – Loc. fig. *Je le vois venir avec ses gros sabots:* je devine facilement ses intentions. **2.** Enveloppe cornée de la dernière phalange des doigts, chez les ongulés. **3.** TECH Garniture d'ornement ou de protection, en bois ou en métal, à l'extrémité d'un pied de meuble, d'un pieu, etc. ▷ *Sabot de Denver:* grosse pince utilisée par les services de police pour bloquer l'une des roues d'un véhicule en stationnement illicite. ▷ *Sabot de frein:* pièce mobile qui vient s'appliquer contre le bandage d'une roue pour la freiner. **4.** Anc. Toupie d'enfant qu'on faisait tourner en la fouettant. Vx *Le sabot dort,* tourne sur place tout en semblant immobile. – Fig. *Dormir comme un sabot,* profondément. **5.** *Baignoire sabot:* petite baignoire courte dans laquelle l'on se tient assis. **6.** Fam. Mauvais outil, instrument, véhicule, etc. ▷ *Travailler comme un sabot,* très mal. – Probabl. de *savate,* et de l'a. fr. *bot,* «objet massif, mal dégrossi»; ou (sens 4) de l'a. fr. *çabot,* «toupie».

sabotage [sabɔtaʒ] n. m. **1.** TECH Action de saboter (un pieu, une traverse, etc.). **2.** Action de saboter (un travail). **3.** Acte visant à détériorer ou détruire une machine, une installation, à désorganiser un service, etc. ▷ Fig. *Sabotage d'un plan de paix.* – De *saboter.*

saboter [sabɔte] v. tr. [1] **1.** TECH Garnir d'un sabot. *Saboter un pilot.* ▷ CH de F Entailler (les traverses d'une voie ferrée) à l'emplacement des coussinets qui recevront les rails. **2.** Faire vite et mal. *Saboter un travail.* **3.** Procéder au sabotage (sens 3) de. *Saboter une machine.* ▷ Fig. *Saboter une négociation.* – De *sabot.*

saboterie [sabɔtʀi] n. f. Fabrique de sabots. – De *sabot.*

saboteur, euse [sabɔtœʀ, øz] n. Personne qui sabote un travail. ▷ Auteur d'un sabotage (sens 3). – De *saboter.*

sabotier, ière [sabɔtje, jɛʀ] n. Personne qui fabrique ou qui vend des sabots (sens 1). – De *sabot.*

sabra [sabʀa] n. Citoyen israélien né en Israël. – Du judéo-arabe *Barbari* «figue de Barbarie», transcrit en deux syllabes hébraïques, *sa* et *bra.*

sabrage [sabʀaʒ] n. m. TECH Opération consistant à débarrasser de ses impuretés la laine des toisons. – De *sabrer.*

sabre [sɑbʀ] n. m. **1.** Arme blanche à lame droite ou recourbée, tranchante d'un seul côté. ▷ Loc. *Traîneur de sabre:* militaire qui fanfaronne. **2.** TECH Tringle qui sert au sabrage. ▷ Instrument pour tondre les haies. ▷ Fam. Rasoir à main, à longue lame. – Hongr. *szablya;* all. *Sabel,* var. de *Säbel.*

sabrer [sɑbʀe] v. tr. [1] **1.** Frapper à coups de sabre. **2.** Fig. Marquer, rayer vigoureusement. *Sabrer une page.* ▷ Biffer, amputer largement (un texte). *Sabrer un article.* ▷ Fam. *Sabrer qqn,* le congédier; le refuser à un examen, à un poste. ▷ Fam. *Sabrer un travail,* le faire vite et mal. **3.** TECH Nettoyer par l'opération du sabrage. – De *sabre.*

sabretache [sabʀətaʃ] n. f. Anc. Sac plat que les cavaliers portaient à côté du sabre. – All. *Säbeltasche,* «poche de sabre».

sabreur [sɑbʀœʀ] n. m. **1.** Militaire ou escrimeur qui se sert du sabre. **2.** Fam. Celui qui sabre le travail. – De *sabrer.*

sabreuse [sɑbʀøz] n. f. TECH Machine utilisée pour le sabrage. – De *sabrer.*

saburral, ale, aux [sabyʀal, o] adj. MED Se dit de la langue lorsqu'elle est recouverte d'un enduit blanc jaunâtre. – De l'anc. mot *saburre,* «lest, résidu gastrique», du lat. *saburra,* «lest», en parlant de l'estomac; de *sabulum,* «sable».

1. sac [sak] n. m. **I. 1.** Poche en toile, en papier, en cuir, etc., ouverte seulement par le haut. *Sac à blé:* sac destiné à contenir du blé. *Sac de blé,* plein de blé. ▷ *Course en sac,* où les concurrents, enfermés dans un sac jusqu'au cou, doivent avancer en sautant. – Fig. (du sac où l'on enfermait les malfaiteurs pour les noyer). *Homme de sac et de corde:* canaille, scélérat. ▷ *Sac à malice(s):* sac d'où les escamoteurs tirent les objets de leurs tours. – Fig. *Avoir plus d'un tour dans son sac:* être fertile en expédients. **2.** loc. fig. *Mettre dans le même sac:* confondre dans la même appréciation, dans la même réprobation. ▷ *Prendre qqn la main dans le sac,* en flagrant délit. ▷ Fam. *Sac à vin:* ivrogne. *Sac de nœuds, d'embrouilles:* affaire inextricable. **II. 1.** Nom de divers objets en matière souple, servant de contenant. *Sac de voyage, à provisions. Sac à dos:* sac de voyage que l'on porte sur le dos, maintenu par deux bretelles. – *Sac à main:* sac de femme, servant à contenir les papiers, les fards, etc. – *Sac à ouvrage,* où l'on range les travaux de couture, de tricot, etc., en cours. – *Sac d'école:* serviette, sacoche dans laquelle les écoliers mettent leurs livres, leurs cahiers, etc. ▷ *Sac de couchage* : sac en toile ou en matériau isolant, dans lequel on se glisse pour dormir, utilisé par les campeurs, les alpinistes, etc. **2.** Vx Dossier contenant les pièces d'un procès. ▷ Loc. fig. *L'affaire est dans le sac,* le succès en est assuré. – Loc. fam. *Vider son sac:* dire tout ce qu'on pense, ce qu'on a sur le cœur, ce qu'on tenait caché. **III.** Contenu d'un sac. *Gâcher un sac de plâtre.* **IV.** ANAT Cavité, enveloppe organique. *Sac lacrymal, herniaire.* ▷ BOT *Sac embryonnaire:* partie de l'ovule des angiospermes qui contient le gamette femelle. ▷ ZOOL *Sacs aériens:* réservoirs d'air qui prolongent les bronches d'un oiseau. – Lat. *saccus,* gr. *sakkos,* d'orig. sémitique, «sac, étoffe grossière».

2. sac [sak] n. m. Pillage. *Le sac d'une ville. Mettre à sac un magasin,* le piller. – Ital. *sacco,* dans l'expr. *mettere a sacco;* de l'all. *Sakman,* «pillard, brigand», de *Sak,* «sac».

saccade [sakad] n. f. **1.** Secousse brusque donnée aux rênes d'un cheval monté ou attelé. **2.** Mouvement brusque et irrégulier. *Avancer, parler par saccades.* – De *saquer,* «tirer», forme dial. de l'a. fr. *sachier;* esp. *sacar,* «retirer d'un récipient».

saccadé, ée [sakade] adj. Qui va, qui est fait par saccades. *Marche saccadée.* ▷ Fig. *Débit saccadé.* – Pp. de *saccader.*

saccader [sakade] v. tr. [1] **1.** EQUIT Donner des saccades à un cheval. **2.** Rendre saccadé. *Émotion qui saccade la voix.* – De *saccade.*

saccage [sakaʒ] n. m. Pillage, dévastation; bouleversement. – Déverbal de *saccager.*

saccager [sakaʒe] v. tr. **1.** Mettre à sac; dévaster. *Saccager un pays.* **2.** Bouleverser (avec ou sans destructions). *Saccager un appartement.* – Ital. *saccheggiare,* de *sacco.* (Cf. sac 2).

saccageur, euse [sakaʒœʀ, øz] n. et adj. Personne qui saccage. – De *saccager.*

sacchar(i)-, sacchar(o)-. Éléments, du lat. *saccharum,* du gr. *sakkharos,* «sucre».

saccharase [sakaʀɑz] n. f. BIOCHIM Syn. de *invertase.* – De *sacchar-,* et *(diast)ase.*

saccharate [sakaʀat] n. m. CHIM Sel de l'acide saccharique. – De *sacchar-,* et *-ate.*

saccharifère [sakaʀifɛʀ] adj. Didac. Qui produit, renferme du sucre. – De *sacchari-,* et *-fère.*

saccharification [sakaʀifikasjõ] n. f. BIOCHIM Transformation des substances amylacées ou cellulosiques en sucres simples. – De *saccharifier.*

saccharifier [sakaʀifje] v. tr. [1] BIOCHIM Transformer en sucre. – De *sacchari-,* et *-fier.*

saccharimètre [sakaʀimɛtʀ] n. m. CHIM Appareil servant à doser ou à déterminer la concentration en sucre d'une solution. – De *sacchari-,* et *-mètre.*

saccharimétrie [sakaʀimetʀi] n. f. CHIM Ensemble des procédés qui permettent de déterminer la quantité et la nature des sucres contenus dans une solution. ▷ MED Dosage du sucre contenu dans un liquide organique (partic. l'urine). – De *sacchari-,* et *-métrie.*

saccharimétrique [sakaʀimetʀik] adj. Relatif à la teneur en sucre d'une solution. – Du préc.

saccharin, ine [sakaʀɛ̃, in] adj. Didac. De la nature du sucre; relatif au sucre, à sa fabrication. – De *sacchar-,* et *-in.*

saccharine [sakaʀin] n. f. CHIM et cour. Substance blanche (imide sulfobenzoïque) utilisée comme succédané du sucre. – Du préc.

sacchariné, ée [sakaʀine] adj. Cour. Édulcoré à la saccharine. – De *saccharine.*

saccharique [sakaʀik] adj. CHIM *Acide saccharique,* obtenu par action de l'acide nitrique sur le saccharose, le glucose, le lactose et l'amidon. – De *sacchar-,* et *-ique.*

saccharo-. V. sacchar-.

saccharoïde [sakaʀɔid] adj. Didac. Qui a l'aspect du sucre. *Gypse saccharoïde.* – De *sacchar-,* et *-oïde.*

saccharolé [sakaʀɔle] n. m. PHARM Médicament à base de sucre. – De *saccharol* (Vx), «sucre employé comme excipient», de *sacchar-,* et *-ol.*

saccharomyces [sakaʀomisɛs] n. m. pl. BOT Nom scientifique des levures qui décomposent les sucres. Sing. *Un saccharomyces.* – De *saccharo-,* et gr. *mukê,* «champignon».

saccharomycétales [sakaʀomisetal] n. m. pl. BOT Groupe de champignons ascomycètes dont le saccharomyces est le genre type. – Du préc.

saccharose [sakaʀoz] n. m. BIOCHIM Sucre alimentaire, constitué de glucose et de fructose. – De *sacchar-,* et *-ose* 1.

saccharure [sakaʀyʀ] n. m. PHARM Saccharolé solide. – De *sacchar-,* et *-ure.*

saccule [sakyl] n. m. ANAT Vésicule de l'oreille interne, à la partie inférieure du vestibule. – Du lat. *sacculus,* «petit sac».

sacculine [sakylin] n. f. ZOOL Crustacé cirripède *(Sacculina carcini)* parasite du crabe, qui prend, après fixation, l'aspect d'un sac appendu à l'abdomen de l'hôte, dans le corps duquel il développe ses filaments nourriciers. – Du lat. *sacculus,* «petit sac».

sacerdoce [sasɛʀdɔs] n. m. **1.** Dignité et fonction du ministre d'un culte. **2.** Fig. Toute fonction qui requiert haute conscience et abnégation. – Lat. *sacerdotium,* de *sacerdos, sacerdotis,* «prêtre», de *sacer,* «sacré».

sacerdotal, ale, aux [sasɛʀdɔtal, o] adj. Propre au sacerdoce, au prêtre. *Habits sacerdotaux.* – Lat. *sacerdotalis.*

sachée [saʃe] n. f. Rare Contenu d'un sac. – De *sac* 1.

sachem [saʃɛm] n. m. Vieillard faisant partie du conseil de la tribu, chez les Amérindiens. – Mot iroquois.

sachet [saʃɛ] n. m. Petit sac. *Sachet de thé, de lavande.* – De *sac* 1.

sacoche [sakɔʃ] n. f. Sac de cuir, de toile, etc., muni d'une poignée, d'une bandoulière, d'attaches, etc. *Sacoche d'écolier. Sacoche de bicyclette.* ▷ *Spécial.* Sac à main (de femme). – Ital. *saccoccia,* de *sacco,* «sac».

sacolève [sakɔlɛv] n. m. ou **sacoléva** [sakɔleva] n. f. MAR Voilier utilisé par les Grecs et les Turcs pour la pêche des éponges. – Gr. mod. *sagolaiphea,* du gr. anc. *sakos,* ou *sakkos* «étoffe grossière», et *laiphos* ou *laiphê,* «voile de vaisseau».

sacome [sakom] n. m. ARCHI Moulure en saillie. – Ital. *sacoma,* du gr.

sacquer ou **saquer** [sake] v. tr. [1] Fam. Congédier, renvoyer. ▷ Refuser (à un examen). *Sacquer un candidat.* – Terme de compagnonnage, «rendre son sac à...», de *sac* 1.

sacral, ale, aux [sakʀal, o] adj. Que l'on a revêtu d'un caractère sacré; devenu sacré. – Lat. médiév. *sacralis.*

1. sacralisation [sakʀalizasjõ] n. f. Fait de sacraliser, de rendre sacré; son résultat. – De *sacraliser.*

2. sacralisation [sakʀalizasjõ] n. f. MED Anomalie caractérisée par la soudure de la cinquième vertèbre lombaire et du sacrum. – Angl. *sacralization,* de *sacral,* «relatif au sacrum».

sacraliser [sakʀalize] v. tr. [1] Rendre sacré. – De *sacral.*

sacramentaire [sakʀamɑ̃tɛʀ] n. et adj. **I.** n. m. **1.** Anc. Livre contenant les prières que le prêtre récitait quand il célébrait la messe et administrait les sacrements. **2.** HIST Nom donné au XVIe s. par les luthériens aux protestants qui niaient la présence réelle dans l'Eucharistie. **II.** adj. Relatif aux sacrements. *Théologie sacramentaire.* – Sens I, 1, lat. ecclés. *sacramentarium;* sens I, 2 et II, lat. ecclés. *sacramentarius.*

sacramental, aux [sakʀamɑ̃tal, o] n. m. LITURG CATHOL Rite sacré auquel sont attachés des effets particuliers d'ordre spirituel. – Lat. *sacramentalis.*

sacramentel, elle [sakʀamɑ̃tɛl] adj. **1.** THEOL Qui appartient à un sacrement. *Onction sacramentelle.* **2.** Fig. Qui a un caractère solennel, rituel. *Prononcer les paroles sacramentelles pour conclure une affaire.* – A remplacé l'anc. adj. *sacramental.*

1. sacre [sakʀ] n. m. **1.** Cérémonie religieuse par laquelle un souverain reçoit le caractère sacré lié à sa fonction. *Le sacre de Napoléon.* **2.** Cérémonie religieuse par laquelle un prêtre reçoit la plénitude du sacerdoce et devient évêque. **3.** Fig. Consécration solennelle. *Cet écrivain reçut le sacre du prix Nobel.* – Déverbal de *sacrer.*

2. sacre [sakʀ] n. m. Faucon *(Falco cherrug)* d'Europe et d'Asie centrale, employé autrefois pour la chasse. – Ar. *çaqr.*

1. sacré, ée [sakʀe] adj. et n. **I.** adj. **1.** Qui concerne la religion, le culte d'un dieu ou de Dieu (par oppos. à *profane*). *Musique sacrée. Livres sacrés.* ▷ *Le Sacré Collège:* l'ensemble des cardinaux de l'Église romaine. ▷ *Feu sacré,* qui brûlait sur les autels ou dans le temple de Vesta. – Fig. *Avoir le feu sacré:* V. feu (sens I, 1). ▷ Consacré par une cérémonie religieuse. *Vases sacrés.* **2.** Qui appelle un respect absolu; digne de vénération. *Devoir sacré.* **3.** Pop. (Devant le nom.) Maudit, exécré. *Je ne peux pas ouvrir cette sacrée porte. Sacré nom d'une pipe!* – (Renforçant le subst. qualifié.) *Il a eu une sacrée chance,* une chance peu commune. **II.** n. m. Ce qui est sacré. *Le sacré et le profane.* – Pp. de *sacrer,* pour trad. l'adj. lat. *sacer.*

2. sacré, ée [sakʀe] adj. ANAT Relatif au sacrum. *Vertèbres sacrées.* – De *sacrum.*

sacré-cœur [sakʀekœʀ] n. m. RELIG CATHOL Le cœur de Jésus-Christ, symbole de l'amour divin pour les hommes. – De *sacré* (sens 1), et *cœur.*

sacrebleu! [sakʀəblø] interj. Juron, euph. pour *sacredieu.*

sacredieu! [sakʀədjø] interj. Juron blasphématoire. – De *sacré,* et *Dieu.*

sacrement [sakʀəmɑ̃] n. m. Dans les religions catholique romaine et orthodoxe, signe concret et efficace de la grâce, institué par le Christ pour sanctifier les hommes. *Administrer les sacrements.* – *Le saint sacrement :* l'eucharistie. – *Mourir muni des sacrements de l'Église,* après avoir reçu le sacrement des malades. – Lat. *sacramentum,* «serment», puis «objet ou acte sacré» en lat. ecclés.

ENCYCL Dans l'Église catholique, il existe sept sacrements: le baptême, la confirmation, l'eucharistie, le mariage, l'ordre, la pénitence et le sacrement des malades (dit av. 1963 extrême-onction). Les Églises réformées, dans leur majorité, n'ont retenu que deux sacrements: le baptême et l'eucharistie, auxquels elles n'attribuent pas les mêmes effets que les catholiques et les orthodoxes.

sacrément [sakʀemɑ̃] adv. Fam. Extrêmement, diablement. – De *sacré* 1.

1. sacrer [sakʀe] v. tr. [1] **1.** Conférer, par une cérémonie religieuse, un caractère sacré à (un souverain). *Sacrer un roi.* **2.** (Avec un attribut.) Déclarer solennellement tel. *Elle fut sacrée meilleure actrice de sa génération.* – Lat. *sacrare,* «consacrer à une divinité».

2. sacrer [sakʀe] v. intr. [1] Fam. Prononcer des jurons, des imprécations. Syn. jurer. – De *sacré* 1, sens I, 3.

sacret [sakʀɛ] n. m. Sacre mâle. – De *sacre* 2.

sacrificateur, trice [sakʀifikatœʀ, tʀis] n. ANTIQ Prêtre, prêtresse qui offrait les sacrifices. ▷ *Grand sacrificateur:* grand prêtre des Hébreux. – Lat. *sacrificator.*

sacrificatoire [sakʀifikatwaʀ] adj. Vx ou didac. Relatif à un sacrifice. – Du lat. *sacrificator,* «sacrificateur».

sacrifice [sakʀifis] n. m. **1.** Oblation, faite à une divinité, d'une victime ou d'autres présents. *Immoler un taureau en sacrifice à Zeus. Sacrifice humain.* ▷ RELIG CATHOL *Le saint sacrifice:* la messe (qui renouvelle, sur l'autel, le sacrifice de Jésus sur la croix). **2.** Fig. Renoncement, privation que l'on s'impose ou que l'on accepte par nécessité. *Sacrifice que les circonstances exigent. Faire le sacrifice de sa vie.* ▷ Privation matérielle. *Les études de leurs enfants leur ont imposé de grands sacrifices.* – Lat. *sacrificium,* de *sacrificare,* «sacrifier».

sacrificiel, elle [sakʀifisjɛl] adj. Qui relève d'un sacrifice religieux. *Acte sacrificiel.* – De *sacrifice.*

sacrifier [sakʀifje] **I.** v. tr. [1] **1.** Offrir, immoler en sacrifice à une divinité. *Sacrifier un agneau.* **2.** Fig. Renoncer à, abandonner, négliger (au profit d'une personne, d'une chose). *Il sacrifie sa famille à son travail.* **3.** (Sans comp. d'attribution.) Abandonner, détruire par nécessité et à regret. *On a dû sacrifier quelques répliques pour raccourcir la pièce.* ▷ *Sacrifier des marchandises,* les céder à bas prix. **II.** v. tr. indir. *Sacrifier à (qqch),* s'y conformer. *Sacrifier à la mode.* **III.** v. pron. **1.** S'offrir en sacrifice. *Le Christ s'est sacrifié pour sauver les hommes.* **2.** Fig. Consentir à des privations; se dévouer sans réserve. *Se sacrifier pour ses enfants.* – Lat. *sacrificare,* de *sacrum facere,* «faire un acte sacré».

sacrilège [sakʀilɛʒ] n. et adj. **I.** n. m. **1.** Profanation impie de ce qui est sacré. **2.** Outrage à une personne, à une chose particulièrement digne de respect. *Abattre cet arbre serait un sacrilège.* Syn. outrage, profanation. **II.** adj. **1.** Qui a le caractère du sacrilège. *Action, pensée sacrilège.* **2.** Qui commet, a commis un sacrilège. *Main sacrilège.* ▷ N. m. Personne coupable de sacrilège. Syn. profanateur. – Sens I, lat. *sacrilegium,* «vol d'objets sacrés, profanation»; sens II, lat. *sacrilegus,* «profanateur».

sacripant [sakʀipɑ̃] n. m. Fam. Mauvais sujet. Syn. vaurien, chenapan. – Ital. *Sacripante,* nom d'un faux brave de l'*Orlando innamorato* de Boiardo (v. 1441-1494).

sacristain [sakʀistɛ̃] n. m. **1.** Personne qui a la charge de la sacristie d'une église. **2.** n. m. Gâteau de pâte feuilletée en forme de rouleau. – A. fr. *secrestain,* lat. ecclés. *sacristanus.*

sacristaine [sakʀistɛn] ou **sacristine** [sakʀistin] n. f. Religieuse (ou, auj., surtout laïque) chargée de la sacristie d'un couvent, d'une église. – Du préc.

sacristi! [sakʀisti] interj. Syn. de *sapristi!* – Altér. euph. de *sacré.*

sacristie [sakʀisti] n. f. Salle, attenante à une église, où l'on range les vases sacrés et les ornements sacerdotaux. ▷ Fig., fam. *Punaise de sacristie:* bigote. – Lat. ecclés. *sacristia.*

sacro-saint, -sainte [sakʀɔsɛ̃, sɛ̃t] adj. Qui fait l'objet d'un respect absolu. *À Rome, les tribuns étaient sacro-saints.* – Iron. *On ne pouvait échapper à la sacro-sainte promenade dominicale.* Syn. inviolable, intouchable. – Lat. *sacrosanctus,* de *sacer,* «sacré», et *sanctus,* «saint».

sacrum [sakʀɔm] n. m. ANAT Os symétrique et triangulaire constitué par 5 vertèbres soudées (dites *sacrées*) situées au bas de la colonne vertébrale. *Le sacrum s'articule avec les os iliaques.* – *Des sacrums.* – Lat. *os sacrum,* «os sacré» (parce qu'il était offert aux dieux dans les sacrifices d'animaux).

sadducéen, enne ou **saducéen, enne** [sadyseɛ̃, ɛn] n. et adj. ANTIQ Membre d'une secte juive recrutée parmi les classes riches qui niait la résurrection future et l'immortalité de l'âme. – Orig. incert., p.-ê. de *Zadok,* nom d'un grand prêtre qui aurait fondé cette secte.

sadique [sadik] adj. et n. Qui témoigne, qui fait preuve de sadisme. *Joie sadique.* – (Personnes.) *Bourreau sadique.* ▷ Subst. *Un, une sadique.* – De *sadisme.*

sadique-anal, ale, aux [sadikanal, o] adj. PSYCHAN *Stade sadique-anal* ou *anal,* deuxième phase de l'évolution libidinale (entre 2 et 5 ans), où l'enfant fait l'apprentissage et tire satisfaction de la maîtrise anale. – De *sadique,* et *anal.*

sadiquement [sadikmɑ̃] adv. D'une manière sadique. – De *sadique.*

sadisme [sadism] n. m. **1.** PSYCHIAT Perversion sexuelle dans laquelle la satisfaction dépend de la souffrance physique ou morale infligée à autrui. **2.** Cour. Goût, complaisance à faire ou à voir souffrir autrui. *Il savait que la question la gênait, mais il insista avec sadisme.* Syn. cruauté. – Du nom du marquis de *Sade* (1740-1814).

sadomasochisme [sadomazɔʃism] n. m. PSYCHIAT Association de sadisme et de masochisme chez le même individu. – De *sadique,* et *masochisme.*

sadomasochiste [sadomazɔʃist] adj. et n. PSYCHIAT Qui est à la fois sadique et masochiste. – Du préc.

saducéen, enne. V. sadducéen, enne.

safari [safaʀi] n. m. Expédition de chasse aux grands fauves en Afrique. ▷ *Safari-photo:* excursion au cours de laquelle on photographie les bêtes sauvages. *Des safaris-photos.* – Mot souahéli, «bon voyage», de l'ar. *safora,* «voyager».

1. safran [safʀɑ̃] n. m. (et adj.) **1.** Nom cour. du crocus (*Crocus sativus,* fam. iridacées). ▷ *Safran des prés, safran bâtard,* nom cour. du colchique d'automne. **2.** Poudre confectionnée avec les stigmates floraux du crocus séchés et réduits en poudre, utilisée comme condiment et comme colorant. *Poulet au safran.* ▷ Adj. inv. De la couleur jaune du safran. *Étoffe safran.* – Lat. médiév. *safranum,* de l'arabopersan *za'farān.*

2. safran [safʀɑ̃] n. m. MAR Pièce plate qui constitue la partie essentielle du gouvernail (par oppos. à la barre, à la mèche*, aux ferrures, etc.). – Ar. *za'frān.*

safrané, ée [safʀane] adj. **1.** De couleur safran, jaune. *Teint safrané.* **2.** Assaisonné ou coloré avec du safran. – De *safran* 1.

safranière [safʀanjɛʀ] n. f. Rare Plantation de safran. – De *safran* 1.

safre [safʀ] n. m. CHIM Oxyde bleu de cobalt; verre coloré avec cet oxyde, qui imite le saphir. Syn. smalt. – P.-ê. var. de *saphir.*

saga [saga] n. f. **1.** Conte ou légende du Moyen Âge scandinave. *Saga norvégienne, islandaise.* ▷ Longue histoire évoquant les sagas scandinaves. **2.** *Par ext.* Cycle romanesque. – Anc. nord. *saga,* «dit, conte»; cf. all. *Sagen,* angl. *to say,* «dire».

sagace [sagas] adj. Doué de sagacité. *Esprit sagace.* Syn. clairvoyant, perspicace, subtil. Ant. obtus. – Lat. *sagax, sagacis,* «qui a l'odorat subtil; qui a de la sagacité».

sagacement [sagasmɑ̃] adj. Litt. D'une manière sagace, avec sagacité. – De *sagace.*

sagacité [sagasite] n. f. Pénétration, finesse, vivacité d'esprit. Syn. perspicacité. – Lat. *sagacitas.*

sagaie [sagɛ] n. f. Javelot dont une extrémité est munie d'un fer de lance ou d'une arête de poisson, utilisé par diverses peuplades primitives. – Esp. *azagaia,* de l'ar. *az-zaghāya,* d'orig. berbère.

sagamité [sagamite] n. f. Mets amérindien à base de farine de maïs bouillie. – Mot d'orig. algonquienne.

sage [saʒ] adj. et n. **I.** adj. **1.** Modéré, prudent, raisonnable. *Les années l'ont rendu sage. De sages conseils.* **2.** Rangé dans sa conduite, dans ses mœurs. *Un jeune homme sage.* **3.** Tranquille, obéissant, qui ne fait pas de sottises, en parlant d'un enfant. *Tu vas être bien sage. Il est sage comme une image.* **4.** (Choses.) Qui évite les excès. *Une mode sage.* **II.** n. m. **1.** Vx ou litt. Savant, philosophe. **2.** Mod. Celui qui évite de se tourmenter pour ce qui n'en vaut pas la peine, celui que son art de vivre met à l'abri des passions, des inquiétudes, de l'agitation. *Un vieux sage.* **3.** *Les sages:* nom donné à certains experts chargés d'étudier une question politique ou économique et de proposer des solutions. *Comité des sages.* – P.-ê. lat. pop. *sapius, *sabius,* du class. *sapidus,* «qui a du goût», puis «vertueux».

sage-femme [saʒfam] n. f. Celle dont la profession est d'accoucher les femmes. *Des sages-femmes.* – De *sage,* et *femme.*

sagement [saʒmɑ̃] adv. D'une manière sage, prudente. *Parler sagement. Reste sagement où tu es!* – De *sage.*

sagesse [saʒɛs] n. f. **1.** Modération, prudence, circonspection. *Il a eu assez de sagesse pour ne pas se fâcher.* ▷ *La sagesse des nations:* les proverbes, les dictons populaires. **2.** Conduite du sage (sens II, 1). ▷ Conduite de l'homme qui allie modération et connaissance. **3.** Réserve dans la conduite, dans les mœurs. *Une jeune fille d'une sagesse exemplaire.* **4.** Tranquillité, docilité. *La sagesse de cet enfant est remarquable.* – De *sage.*

sagittaire [saʒitɛʀ] n. **1.** n. m. *Le Sagittaire,* constellation zodiacale, neuvième signe du zodiaque (22 novembre-22 décembre). **2.** n. f. BOT *La sagittaire:* plante aquatique (genre *Sagittaria,* fam. alismatacées) aux feuilles lancéolées. – Lat. *sagittarius,* de *sagitta,* «flèche».

sagittal, ale, aux [saʒital, o] adj. Didac. **1.** En forme de flèche; orienté comme une flèche. **2.** MATH *Schéma sagittal,* constitué de flèches qui figurent des relations (entre les éléments d'un ensemble, notam.). **3.** PHYS *Focale sagittale:* l'une des focales de Sturm (V. focal, sens II, 1). **4.** ANAT Médian et orienté dans le sens antéro-postérieur. *Coupe sagittale. Suture sagittale,* qui réunit les pariétaux du crâne. *Plan sagittal:* plan vertical de symétrie. – Du lat. *sagitta,* «flèche».

sagitté, ée [saʒite] adj. Didac. Qui est en forme de fer de flèche. – Lat. *sagittatus.*

sagou [sagu] n. m. Fécule alimentaire extraite de la moelle de certains palmiers. – Mot malais, par le portug.

sagouin, ouine [sagwɛ̃, win] n. **1.** n. m. Vx Petit singe d'Amérique du Sud. **2.** n. Fam. Personne, enfant malpropre ou sans soin. *La Sagouine, roman d'Antonine Maillet.* – Du portug. *sagui(m),* var. *sagui,* du tupi *sahy.*

saharien, ienne [saaʀjɛ̃, jɛn] adj. et n. **1.** Du Sahara. *Tribus sahariennes.* ▷ N. Habitant du Sahara. **2.** Digne du Sahara. *Chaleur saharienne,* torride. **3.** n. f. Veste de toile légère, à manches courtes et à grandes poches plaquées. – De *Sahara.*

sahel [saɛl] n. m. **1.** Région côtière formée de collines sableuses, en Afrique du Nord. ▷ Absol. *Le Sahel:* le Sahel algérien. **2.** Région des steppes de la bordure S. du Sahara, caractérisée par une courte saison des pluies. – De l'ar. *sāhil,* «rivage».

sahélien, ienne [saeljɛ̃, jɛn] adj. et n. **1.** Du Sahel. ▷ N. Habitant du Sahel. **2.** n. m. Formation géologique entre le miocène et le pliocène. – De *Sahel.*

sahib [saib] En Inde, titre de respect à l'adresse d'un homme. – Mot indien, de l'arabe *sāhib,* «possesseur de, maître de, ami».

sahraoui, ie [saʀawi] n. et adj. Habitant, le plus souvent nomade, du Sahara occidental. *Un(e) Sahraoui(e), les Sahraouis.* ▷ Adj. *Le peuple sahraoui.* – Mot arabe.

saï [sai] n. m. Petit singe d'Amérique du Sud du genre sajou. – Mot tupi.

saie [sɛ] n. m. ANTIQ Manteau court des soldats romains et gaulois. – Lat. *sagum.*

saïga [saiga] n. m. ZOOL Antilope d'Asie occidentale et d'Europe orientale, au pelage beige clair, au très long museau, aux cornes en lyre. – Mot russe.

saignant, ante [sɛɲɑ̃, ɑ̃t] adj. **1.** Qui saigne. *Blessure saignante.* **2.** Fig. Dur, féroce, impitoyable (propr., «qui fait saigner»). *Des reproches saignants.* **3.** *Viande saignante:* très peu cuite. – Ppr. de *saigner.*

saignée [sɛɲe] n. f. **1.** Opération ayant pour objet d'extraire des vaisseaux une certaine quantité de sang. **2.** Pli formé par le bras et l'avant-bras, où se pratique la saignée. **3.** Fig. Prélèvement abondant. *Saignée fiscale.* ▷ Grande perte d'hommes. *L'effroyable saignée de la guerre de 1939-1945.* **4.** TECH Rigole, tranchée pratiquée pour établir un drainage. ▷ Longue entaille. *Saignée pratiquée dans un mur pour le passage des fils électriques.* – Pp. fém. subst. de *saigner.*

saignement [sɛɲmɑ̃] n. m. Épanchement de sang. *Saignement de nez.* ▷ *Temps de saignement:* temps nécessaire à l'arrêt du saignement, avant coagulation. – De *saigner.*

saigner [sɛɲe] v. [1] **I.** v. intr. **1.** Perdre du sang. *Saigner du nez. Blessure qui saigne beaucoup.* **2.** Fig., litt. *Le cœur lui saigne:* il éprouve une grande douleur morale. **II.** v. tr. **1.** Tirer du sang à (qqn) en ouvrant une veine. *Saigner un malade.* **2.** Vider (un animal) de son sang pour le tuer. *Saigner un porc.* **3.** Pratiquer une saignée dans (un arbre) pour en recueillir la résine ou le latex. *Saigner un pin, un hévéa.* **4.** Fig. Épuiser en soutirant toutes les ressources. *La guerre a saigné ce pays, l'a saigné à blanc.* ▷ v. pron. *Il s'est saigné aux quatre veines pour élever ses enfants,* il a fait pour cela tous les sacrifices possibles. – Lat. *sanguinare,* de *sanguis,* «sang».

saigneur, euse [sɛɲœʀ, øz] n. et adj. TECH Rare Personne qui saigne les animaux de boucherie, ou pratique des saignées dans les arbres. *Un saigneur de cochons. Un saigneur de caoutchouc.* – De *saigner.*

saignoir [sɛɲwaʀ] n. m. TECH Couteau à saigner les bêtes. – De *saigner.*

saillant, ante [sajɑ̃, ɑ̃t] adj. et n. **1.** Qui avance, qui fait saillie. *Corniche saillante.* – GEOM *Angle saillant,* dont le sommet est tourné vers l'extérieur de la figure. Ant. rentrant. ▷ N. m. Partie qui fait saillie. *Le saillant d'une corniche.* **2.** Fig. Qui appelle l'attention, marquant. *Les faits saillants de l'actualité.* – Ppr. de *saillir.*

saillie [saji] n. f. **1.** Partie (d'un édifice) qui avance par rapport à une autre dans le plan vertical. *Saillies d'une façade. Balcon qui forme saillie.* **2.** Action de saillir une femelle. **3.** Vx, litt. Trait d'esprit brillant et imprévu. – Pp. fém. subst. de *saillir.*

saillir [sajiʀ] v. [31] **1.** v. intr. Être en saillie, former un relief. *Les veines de son front saillaient à chaque effort.* **2.** v. tr. Couvrir la femelle, en parlant de certains animaux. – Lat. *salire,* «sauter, bondir, couvrir une femelle».

saïmiri [saimiʀi] n. m. ZOOL Petit singe arboricole d'Amérique du S. à longue queue non préhensile. – Portug. du Brésil *saimirim,* du tupi *sahy,* «singe», et *miri,* «petit».

sain, saine [sɛ̃, sɛn] adj. **1.** (Êtres animés.) En bonne santé physique, d'une constitution robuste. *Un enfant sain.* ▷ *Revenir sain et sauf,* en bonne santé, sans avoir subi de dommage physique. – (Choses.) Qui n'est pas abîmé, gâté. *Fruit sain.* – Solide. *Roche saine.* **2.** Qui a une bonne santé mentale. *Un homme sain de corps et d'esprit.* ▷ Juste, sensé, conforme à la raison. *Jugement sain.* **3.** Favorable à la santé. *Une alimentation saine et équilibrée.* **4.** MAR Exempt de danger, d'écueil. *Une côte saine.* **5.** Qui ne comporte pas de faiblesse, de vices cachés. *Une affaire saine.* – Lat. *sanus.*

sain-bois [sɛ̃bwa] n. m. Syn. de *garou.* – De *sain,* et *bois.*

saindoux [sɛ̃du] n. m. Graisse de porc fondue. – De l'a. fr. *saïm,* puis *sain,* «graisse» (lat. pop. *sagimen,* class. *sagina,* «pâture; embonpoint»), et *doux.*

sainement [sɛnmɑ̃] adv. D'une manière saine (sur le plan physique, intellectuel, moral). *Se nourrir sainement. Apprécier sainement un problème.* – De *sain.*

sainfoin [sɛ̃fwɛ̃] n. m. Plante herbacée (*Onobrychis sativa,* fam. papilionacées) dont une espèce est cultivée comme fourrage. – De *sain,* et *foin.*

saint, sainte [sɛ̃, sɛ̃t] n. et adj. **I.** n. **1.** THEOL En parlant de Dieu, parfait, pur. *La Sainte-Trinité.* **2.** Loc. *La Saint-...* mention suivie du nom d'un(e) saint(e): ▷ Le jour où l'on fête ce saint. *La Saint-Joseph.* Personne qui, ayant porté à un degré exemplaire la pratique héroïque de toutes les vertus chrétiennes, a été reconnue par l'Église, après sa mort, comme digne d'un culte (culte de dulie*) et donc canonisée*. (La canonisation, réservée au pape dans l'église catholique romaine, n'est pas exactement vécue de la même manière dans les églises d'Orient; les églises réformées se méfient fortement du culte des saints et ne le pratiquent guère.) *Actes, vies des saints.* ▷ adj. (devant le nom d'un(e) saint(e).) *Les saints Innocents. La Sainte Vierge. Le culte de sainte Bernadette.* ▷ Prov. *Il vaut mieux s'adresser à Dieu qu'à ses saints,* au supérieur qu'à ses subalternes. – Loc. *Ne pas savoir à quel saint se vouer:* ne pas savoir à quel moyen recourir (pour résoudre un problème). ▷ *Par méton.* Représentation, statue d'un saint. *Des saints de bois polychrome.* **2.** Personne qui mène une vie exemplaire. *Votre mère était une sainte.* **3.** n. m. *Le saint des saints:* la partie la plus sacrée du Temple de Salomon, où se trouvait l'Arche d'alliance. – Fig. Lieu secret, impénétrable. **II. 1.** Qui mène une vie conforme aux lois de l'Église, de la religion. *Un saint homme.* **2.** Qui appartient à la religion, consacré. *La sainte table, les saintes huiles. Être enterré en terre sainte,* dans un lieu bénit. – *Le Saint-Père:* le pape. – *La Terre sainte:* la Palestine. *Les lieux saints,* où vécut le Christ. – *Le lundi (mardi,* etc.) *saint:* chacun des jours de la *semaine sainte,* qui précède Pâques. **3.** Fam. *Toute la sainte journée:* tout le jour, sans arrêt. **4.** Inspiré par la piété, le sentiment religieux. *Il a fait là œuvre sainte.* **5.** Qui a un caractère vénérable, qui ne peut être transgressé. *Au nom de la sainte liberté.* – Lat. *sanctus,* «consacré, vénéré».

saint-bernard [sɛ̃bɛʀnaʀ] n. m. inv. Chien de montagne de grande taille, à tête massive, au poil long, blanc taché de roux, généralement dressé pour le sauvetage des personnes perdues en montagne. ▷ Fig. *C'est un vrai saint-bernard,* une personne qui porte secours aux autres. – D'ap. *Grand-Saint-Bernard,* n. d'un col des Alpes près duquel se trouvait un hospice fondé au Xe s. par saint Bernard de Menthon et dont les moines élevaient des chiens pour porter secours aux voyageurs égarés.

saint-cyrien [sɛ̃siʀjɛ̃] n. m. En France, élève ou ancien élève de l'École militaire de Saint-Cyr. *Des saint-cyriens.* – De *Saint-Cyr,* auj. com. des Yvelines, où l'école avait été installée à l'origine.

sainte-barbe [sɛ̃tbaʀb] n. f. MAR Soute à poudre des anciens navires à voiles. *Des saintes-barbes.* – De *sainte Barbe,* patronne des artilleurs.

saintement [sɛ̃tmɑ̃] adv. D'une manière sainte. – De *saint.*

saint-émilion [sɛ̃temiljɔ̃] n. m. inv. Vin rouge de la région de *Saint-Émilion.* – Nom d'une commune de Gironde, en France.

sainte nitouche [sɛ̃tnituʃ] n. f. Fam. Personne qui affecte des airs d'innocence ou de pruderie. *Une petite sainte nitouche. Des saintes nitouches.* – De *saint,* et *n'y touche (pas).*

sainteté [sɛ̃tte] n. f. **1.** Qualité d'une personne ou d'une chose sainte. *Sainteté d'un lieu.* ▷ *En odeur de sainteté.* V. odeur. **2.** *Sa Sainteté:* titre donné au pape et à quelques hauts dignitaires dans certaines églises d'Orient. – Réfection de l'a. fr. *sainté,* d'ap. le lat. *sanctitas.*

saint-frusquin [sɛ̃fʀyskɛ̃] n. m. inv. Fam, vieilli Ce que l'on possède; l'avoir en général. ▷ *Spécial.,* mod. Les effets et les bagages. *Arriver avec son saint-frusquin.* ▷ (À la fin d'une énumération.)... *et tout le saint-*

frusquin: ... et tout le reste. – De *saint,* et arg. *frusquin,* «habit» (p.-ê. de l'a. fr. *frisque,* «alerte, vif»).

saint-germain [sɛ̃ʒɛʀmɛ̃] n. m. inv. Grosse poire fondante et sucrée. – Abrév. de *poire de Saint-Germain* (du n. d'une local. de la Sarthe, en France).

saint-glinglin (à la) [sɛ̃glɛ̃glɛ̃] loc. adv. Fam. Dans un avenir lointain; jamais. *On risque de se revoir à la saint-glinglin.* – Probabl. altér. de *seing* (lat. *signum,* «signal», puis «sonnerie de cloche», d'où «cloche»), et du dial. *glinguer,* «sonner» (all. *klingen*).

saint-honoré [sɛ̃tɔnɔʀe] n. m. inv. Gâteau garni de crème Chantilly et formé d'une couronne de pâte garnie de petits choux. – De *saint Honoré,* patron des boulangers.

saint-père [sɛ̃pɛʀ] n. m. *Le Saint-Père:* le pape. – De *saint,* et *père.*

saint-pierre [sɛ̃pjɛʀ] n. m. inv. Poisson des mers tempérées, à la chair estimée, qui porte sur chaque flanc une tache noire (trace, selon la légende, des doigts de saint Pierre, qui tira de la bouche de ce poisson le statère destiné au cens). – Abrév. de *poisson Saint-Pierre.*

Saint-Sépulcre. V. sépulcre.

Saint-Siège. V. siège.

saint-simonien, ienne [sɛ̃simɔnjɛ̃, jɛn] n. et adj. Partisan des idées de Saint-Simon. *Les saint-simoniens.* ▷ Adj. Qui a rapport à Saint-Simon ou à sa doctrine. *L'école saint-simonienne.* – Du nom de *Saint-Simon* (1760-1825), philosophe et économiste fr.

saint-simonisme [sɛ̃simɔnism] n. m. Doctrine de Saint-Simon et de ses disciples. – Du nom de *Saint-Simon* (V. préc.).

Saint-Synode. V. synode.

saisi, ie [sezi] adj. et n. DR Qui fait l'objet d'une saisie. *Tiers saisi:* personne entre les mains de qui est saisi un bien appartenant à autrui. ▷ N. m. *Le saisi:* personne qui fait l'objet d'une saisie (sens 1). – Pp. de *saisir.*

saisie [sezi] n. f. **1.** DR Mesure par laquelle le créancier fait mettre sous l'autorité de la justice des biens appartenant à son débiteur afin d'assurer le paiement de sa créance. ▷ *Saisie-arrêt:* saisie pratiquée entre les mains d'un tiers, par un créancier détenteur d'un jugement exécutoire, de biens ou de sommes d'argent appartenant à son débiteur. ▷ *Saisie-exécution:* saisie par un créancier détenteur d'un jugement exécutoire des biens de son débiteur en vue de les faire vendre à l'enchère et d'appliquer au paiement de sa créance le produit de leur vente. **2.** INFORM *Saisie de données:* enregistrement de données par un ordinateur en vue de leur traitement. – Pp. fém. subst. de *saisir.*

1. saisine [sɛzin] n. f. DR **1.** Droit reconnu par la loi à une personne d'être mise en possession du patrimoine d'un individu et d'en exercer les droits. *Saisine d'un héritier, d'un syndic.* **2.** Formalité par laquelle un plaideur porte un litige à la connaissance d'un tribunal afin qu'il se prononce sur le bien-fondé de ses prétentions. – De *saisir.*

2. saisine [sɛzin] n. f. MAR Cordage utilisé pour amarrer un objet et l'immobiliser. – De *saisir.*

saisir [seziʀ] **I.** v. tr. [2] **1.** Prendre, attraper vivement. *Saisir qqn à bras le corps, aux épaules.* **2.** Mettre immédiatement à profit. *Saisir l'occasion, le moment.* ▷ *Saisir un prétexte,* s'en servir (cf. fam. *sauter sur*). **3.** Prendre, attraper (un objet). *Saisir une bassine par les anses.* **4.** Comprendre, sentir. *Il saisit tout de suite le ridicule de sa situation.* **5.** Litt. (Choses.) S'emparer de (qqn). *La fièvre l'a saisi hier soir.* ▷ (En parlant d'un sentiment, d'une émotion.) *L'effroi le saisit. Être saisi d'admiration.* **6.** Exposer peu de temps à un feu vif (un aliment). *Saisir une viande.* **7.** DR Opérer la saisie de. *Saisir des meubles.* **8.** DR *Saisir un tribunal d'une affaire,* la porter devant ce tribunal. **9.** INFORM Effectuer une saisie (sens 2). **II.** v. pron. *Se saisir de:* s'emparer, se rendre maître de. *Troupes qui se saisissent d'une place.* – Bas lat. *sacire,* «prendre possession».

saisissable [sɛzisabl] adj. **1.** Qui peut être saisi, perçu. **2.** DR Qui peut faire l'objet d'une saisie. – De *saisir.*

saisissant, ante [sɛzisɑ̃, ɑ̃t] adj. et n. **1.** Qui fait une vive impression, qui saisit (sens 5). *Un tableau saisissant.* **2.** DR Qui pratique une saisie. ▷ N. m. *Le saisissant.*– Ppr. de *saisir.*

saisissement [sɛzismɑ̃] n. m. Émotion soudaine causée par une impression vive. *Il s'évanouit de saisissement.* – De *saisir.*

saison [sɛzɔ̃] n. f. **1.** Période de l'année caractérisée par la constance de certaines conditions climatiques et par l'état de la végétation. *La belle (la mauvaise) saison,* l'époque de l'année où le temps est chaud, ensoleillé (froid, pluvieux). *L'arrière-saison:* l'automne, le début de l'hiver. *Morte-saison:* temps où la terre ne produit rien (*par ext.,* période de ralentissement d'une activité économique, industrielle ou commerciale). ▷ *La saison de:* la saison pendant laquelle on trouve en abondance (tel produit naturel, telle denrée), ou pendant laquelle on peut se livrer à (telle activité liée au rythme de la nature). *La saison des fraises, des pommes, des huîtres. La saison de la chasse.* – *Fruits de saison,* propres à la saison où l'on se trouve. **2.** Chacune des quatre grandes divisions de l'année, dont deux commencent aux solstices et deux aux équinoxes (V. encycl.). *Les quatre saisons* (hiver, printemps, automne, été). **3.** Période de l'année où une activité bat son plein. *La saison sportive.* – *Absol.* Période d'affluence des vacanciers, saison touristique. *Il est moniteur de ski pendant la saison. Saison d'hiver et saison d'été. Haute saison:* période pendant laquelle l'affluence est la plus grande. **4.** loc. *Être de saison:* être approprié aux circonstances, venir à propos. ▷ *Hors de saison:* mal à propos, déplacé. – Probabl. lat. *satio, sationis,* «semailles», d'où «saison des semailles».

ENCYCL **Astro.** – L'alternance des saisons (sens 2) est due aux diverses positions qu'occupe la Terre au cours de sa révolution annuelle autour du Soleil. Lors de cette révolution, l'axe de la Terre reste parallèle à lui-même mais fait avec le plan de l'écliptique (plan de l'orbite décrite par la Terre) un angle de 66° 33'; cette inclinaison est responsable des variations de l'éclairement solaire des régions du globe au cours de l'année. Au moment des deux équinoxes, le cercle d'éclairement de la Terre passe par les pôles et la durée du jour est égale à celle de la nuit. Au moment des deux *solstices,* l'inégalité de la durée du jour et de celle de la nuit est maximale. Au *solstice d'été* (été de l'hémisphère Nord et hiver de l'hémisphère Sud), vers le 21 juin, les rayons du Soleil sont perpendiculaires au tropique du Cancer. C'est le début de l'été dans l'hémisphère Nord (de l'hiver dans l'hémisphère Sud). L'*équinoxe d'automne,* vers le 23 sept., correspond au début de l'automne dans l'hémisphère Nord (du printemps dans l'hémisphère Sud). Les rayons solaires sont à midi perpendiculaires à l'équateur. Le *solstice d'hiver,* vers le 21 déc., correspond au début de l'hiver dans l'hémisphère Nord; l'*équinoxe de printemps,* vers le 21 mars, au début du printemps.

Météo. – La distinction du printemps et de l'été, de l'automne et de l'hiver n'existe que pour les zones tempérées. Dans les pays tropicaux, il n'y a que deux saisons: la saison sèche et la saison des pluies (dont la détermination n'est pas soumise aux lois astronomiques ci-dessus exposées). En se rapprochant de l'équateur, on voit apparaître deux périodes de sécheresse inégales, séparées par deux périodes pluvieuses, plus ou moins rapprochées. De même, les régions polaires ne connaissent pas de saisons intermédiaires: à l'été succède brutalement l'hiver, et inversement.

saisonnier, ière [sɛzɔnje, jɛʀ] adj. et n. **1.** Qui est lié à l'alternance des saisons; qui caractérise une saison. *Pluies saisonnières.* **2.** Qui ne dure que l'espace d'une saison. *Travail saisonnier.* ▷ N. *Un saisonnier:* un ouvrier qui fait du travail saisonnier. – De *saison.*

sajou [saʒu] n. m. Petit singe des forêts vierges d'Amérique du S., à longue queue préhensile, au pelage brun avec une calotte sombre *(capuce). Des sajous.* Syn. sapajou, capucin. – Mot tupi.

saké [sake] n. m. Boisson alcoolisée japonaise, obtenue par fermentation du riz. – Mot jap.

saki [saki] n. m. ZOOL Petit singe (genre *Pithecia,* fam. cébidés) d'Amérique du Sud à grande queue et à longs poils gris. – Tupi *çahy, sahy,* «singe».

sakièh [sakjɛ] n. f. Noria égyptienne dont la roue est mue par des bœufs qui tournent en manège. – Ar. *saqiya,* rad. *saga,* «irriguer».

salace [salas] adj. Qui recherche, d'une manière excessive ou déplaisante, les rapprochements sexuels. *Un homme salace.* Syn. lubrique. ▷ Par ext. *Plaisanteries salaces,* grivoises, licencieuses. – Lat. *salax, salacis,* «lubrique», de *salire,* «saillir».

salacité [salasite] n. f. Litt. Fait d'être salace, lubricité. – Lat. *salacitas.*

1. salade [salad] n. f. **1.** Mets composé principalement de feuilles d'herbes potagères crues, assaisonnées de vinaigrette. *Brasser, mélanger, remuer la salade. Plat à salade:* saladier. – *Une salade verte,* composée uniquement de feuilles de laitue. ▷ (Avec un compl. de n. ou un adj.) Mets froid composé de légumes crus ou cuits, de viande, de crustacés, de poissons, assaisonnés d'une vinaigrette ou de mayonnaise. *Salade de chou, de tomates, de patates. Salade au poulet, au thon. Salade niçoise,* à base de légumes crus, assaisonnée d'huile, sans vinaigre. ▷ *Salade russe:* macédoine de légumes cuits (petits pois, haricots, carottes et pommes de terre en très petits morceaux, etc.) assaisonnée à la mayonnaise. ▷ *Salade de fruits:* mélange de fruits coupés en morceaux, servis avec du sirop. **2.** Plante potagère dont les feuilles entrent dans la composition de ce mets (laitue, endive, mâche, etc.). ▷ *Spécial.,* cour. Laitue. *Une pomme de salade.* **3.** Fig., fam. Situation confuse et compliquée. *Quelle salade!* Syn. brouillamini. **4.** Fig., fam. Hâblerie, discours mensonger. *Raconter des salades.* Syn. baratin, boniment. – Provenç. *salada,* «mets salé», rad. *sal,* «sel».

2. salade [salad] n. f. HIST Casque de cavalerie porté du XVe au XVIIe s. – Ital. *celata,* rad. lat. *cælum,* «ciel, coupole», à cause de sa forme ronde.

saladier [saladje] n. m. Jatte dans laquelle on sert la salade. ▷ Son contenu. *Un saladier de tomates.* – De *salade* 1.

salage [salaʒ] n. m. **1.** Action de saler; son résultat. *Le salage du jambon.* **2.** Action de répandre du sel sur une chaussée pour faire fondre la neige ou le verglas. – De *saler.*

salaire [salɛʀ] n. m. **1.** Rémunération d'un travail payée régulièrement par l'employeur à l'employé dans le cadre d'un contrat de travail. Syn. appointements, traitement. *Salaire à la journée, à la pièce. Salaire brut:* avant toute retenue que ce soit (impôts, cotisations syndicales, assurance-chômage, etc.). *Salaire minimum,* en deçà duquel aucun salarié ne peut être rémunéré. *Au Québec, le taux de salaire minimum est fixé par règlement du gouvernement.* **2.** Fig. Récompense ou punition méritée pour une action. *Recevoir le salaire de ses crimes.* – Prov. *Toute peine mérite salaire.* – Lat. *salarium,* rad. *sal,* «sel», à l'orig. «ration de sel» (indemnité du soldat).

salaison [salɛzɔ̃] n. f. **1.** Action de saler (des aliments) pour les conserver. *La salaison du porc.* **2.** Aliment conservé par le sel. *Les marins d'autrefois se nourrissaient de salaisons.* – De *saler.*

salamalecs [salamalɛk] n. m. pl. Fam. Politesses exagérées. *Faire des salamalecs.* – De l'ar. *salām alaïk,* «paix sur toi».

salamandre [salamɑ̃dʀ] n. f. **1.** Petit amphibien urodèle (genre princ. *Salamandra*) terrestre, vivipare, dont la peau noire marbrée de jaune sécrète une humeur corrosive et auquel une ancienne croyance prêtait la faculté de vivre dans le feu. **2.** Appareil de chauffage à feu continu qui se place dans une cheminée. – Lat. *salamandra.*

salami [salami] n. m. Gros saucisson sec d'origine italienne, fait de porc haché fin. – Plur. de l'ital. *salame,* «viande salée».

salangane [salɑ̃gan] n. f. Martinet des côtes de l'Extrême-Orient, à longues ailes et à courte queue, dont les nids, faits de salive et d'algues, sont consommés dans la cuisine chinoise sous le nom de «nids d'hirondelles». – De *salamga,* mot des Philippines.

salant [salɑ̃] adj. et n. m. **1.** adj. m. Qui produit, qui contient du sel. *Puits salant. Marais salant:* bassin peu profond, situé en bord de mer, où l'on recueille le sel, après évaporation de l'eau. **2.** n. m. Terrain proche de la mer où apparaissent des efflorescences salines. – Ppr. de *saler.*

salarial, ale, aux [salaʀjal, o] adj. Relatif au salaire. ▷ *Masse salariale:* montant des salaires versés dans une entreprise, dans un pays, etc. – De *salaire.*

salariat [salaʀja] n. m. **1.** Condition du salarié. **2.** Mode de rémunération du travail par le salaire. **3.** Ensemble des salariés. *Le salariat et le patronat.* – De *salarié.*

salarié, ée [salaʀje] adj. et n. Rémunéré par un salaire. *Travailleur, emploi salarié.* ▷ N. Personne qui reçoit un salaire. – Pp. de *salarier.*

salarier [salaʀje] v. tr. [1] Rétribuer par un salaire. – De *salaire.*

salaud [salo] n. m. (et adj.) Pop. Homme moralement méprisable. *C'est un beau salaud. Une bande de salauds.* – (Non injur.) *Tu en as de la chance, mon salaud!* ▷ Adj. Qui se conduit mal. *Il a été salaud avec nous. C'est salaud d'agir comme ça!* V. salope, salopard. – De *sale.*

sale [sal] adj. **1.** Qui est malpropre, dont la pureté est visiblement altérée par une substance étrangère. *De l'eau sale.* ▷ *Une couleur sale,* peu franche, ternie. ▷ (Personnes.) Mal lavé, crasseux. *Il est sale comme un cochon! Avoir les mains sales.* **2.** Qui peut avoir des conséquences fâcheuses; mauvais, désagréable ou dangereux. *Il s'est engagé dans une sale affaire. Faire un sale travail.* – *Sale temps:* mauvais temps. ▷ Pop. *Faire une sale tête, une sale gueule:* avoir l'air contrarié. **3.** Fam. (Personnes.) Méprisable, détestable. (Avant le nom.) *Un sale type.* – (Sens atténué.) *Mais où sont encore passés ces sales gosses?* – Frq. *salo,* «trouble, terne, sale».

salé [sale] n. m. Viande de porc salée. *Autrefois, les paysans ne connaissaient guère d'autre viande que le salé.* ▷ *Petit salé:* morceau de porc légèrement salé destiné à être bouilli. *Petit salé aux lentilles.* – Pp. subst. de *saler.*

salé, ée [sale] adj. **1.** Fig. Licencieux, grivois. *Plaisanterie salée.* **2.** Fig., fam. Exagéré, excessif; dont le montant est trop élevé (prix). *Addition salée.* – Pp. de *saler.*

salement [salmɑ̃] adv. **1.** D'une manière sale. *Manger salement.* **2.** Pop. Grandement, beaucoup, très. *Il a été salement déçu.* Syn. rudement. – De *sale.*

saler [sale] v. tr. [1] **1.** Assaisonner avec du sel. *Saler une sauce.* – Imprégner de sel, pour conserver. *Saler le cochon.* **2.** Fig., fam. Punir sévèrement. *Il s'est fait saler!* – De *sel,* lat. *sal.*

saleron [salʀɔ̃] n. m. Godet d'une salière. ▷ Petite salière individuelle. – Dimin. de *salière.*

salésien, ienne [salezjɛ̃, jɛn] adj. RELIG CATHOL Qui se rapporte à saint François de Sales. *Doctrine salésienne.* ▷ Subst. Prêtre, religieuse de l'une des congrégations de saint François de Sales, fondées par saint Jean Bosco en 1859 et 1872. – De saint François de *Sales* (1567-1622).

saleté [salte] n. f. **I. 1.** État de ce qui est sale. *Les rues sont d'une saleté répugnante.* **2.** Chose sale. *Balayer les saletés.* Syn. crasse, ordure. **II.** Fig. **1.** Obscénité. *Raconter des saletés.* **2.** Action basse, méprisable, malhonnête. *Il m'a fait une saleté.* Syn. fam. crasse. **3.** Fam. Objet sans valeur, laid ou déplaisant. *Pourquoi collectionne-t-il ces saletés dans son appartement?* – De *sale.*

saleur, euse [salœʀ, øz] n. **1.** Personne dont le métier consiste à faire des salaisons. ▷ N. m. Marin-pêcheur qui sale le poisson, à bord d'un bateau de pêche. **2.** n. f. Véhicule utilisé pour le salage des chaussées enneigées ou verglacées. – De *saler.*

salicacées [salikase] n. f. pl. BOT Famille de plantes du groupe des amentiflores, à fleurs en chatons, comprenant les peupliers *(Populus)* et les saules *(Salix).* – Du lat. *salix, salicis,* «saule».

salicaire [salikɛʀ] n. f. BOT Plante herbacée *(Lythrum salicaria)* à tige anguleuse et à fleurs rouges, dont une variété, la *salicaire commune,* abonde au bord des eaux et dans les lieux humides. – Lat. bot. *salicaria,* de *salix, salicis,* «saule».

salicole [salikɔl] adj. Didac. Qui a trait à l'extraction et à la production du sel. – Du lat. *sal, salis,* «sel», et suff. *-cole.*

salicorne [salikɔʀn] n. f. Plante (genre *Salicornia,* fam. chénopodiacées) des zones littorales, aux feuilles réduites à des écailles, aux fleurs en épis serrés, qui pousse sur les vases salées. – Altér., d'ap. *corne,* de *salicor,* de l'ar. *salcoran.*

salicylate [salisilat] n. m. CHIM, PHARM Sel ou ester de l'acide salicylique. *Salicylate de sodium, pour le traitement des rhumatismes. Salicylate de phényl:* syn. de *salol.* – De *salicylique,* et *-ate.*

salicylique [salisilik] adj. CHIM *Acide salicylique:* acide phénol utilisé comme antithermique, antiseptique et antirhumatismal. (L'un de ses esters, l'*acide acétyl-salicylique,* est l'aspirine.) – Orig. incert.

salien, ienne [saljɛ̃, jɛn] adj. HIST Propre ou relatif aux Saliens, peuplades franques établies dans ce qui est auj. la rég. de l'Overijssel aux Pays-Bas. *Les Francs Saliens.* V. encycl. salique.) – Bas lat. *Salii,* n. de ces peuplades.

salière [saljɛʀ] n. f. **1.** Petit récipient destiné à contenir du sel. **2.** Fig. Dépression arrondie au-dessus de l'œil du cheval. ▷ Fam. Enfoncement en arrière de chaque clavicule, chez les personnes maigres. – De *sel,* lat. *sal.*

salifère [salifɛʀ] adj. GEOL Qui contient du sel. *Argile salifère.* – Du lat. *sal, salis,* «sel», et *-fère.*

salifiable [salifjabl] adj. CHIM Qui peut être salifié. *Base salifiable.* – De *salifier.*

salification [salifikasjɔ̃] n. f. CHIM Formation d'un sel par réaction d'un acide sur la base correspondante. – De *salifier.*

salifier [salifje] v. tr. [1] CHIM Transformer en sel par la réaction d'un acide sur une base. – Du lat. *sal, salis,* «sel», et *facere,* «faire».

saligaud, aude [saligo, od] n. (le fém. est très rare) Pop. **1.** Personne malpropre. *Ces saligauds ont tout cochonné!* ▷ Par plaisant. *Petit saligaud!* **2.** Fig. Personne ignoble, moralement répugnante. Syn. salaud. – De *Saligot,* n. pr. et surnom en wallon et en picard; probabl. du frq. **salik,* «sale», et suff. péjor. *-ot.*

salin, ine [salɛ̃, in] adj. et n. **1.** adj. Qui contient du sel; qui est formé de sel. *Solution saline. Roches salines,* qui contient du sel gemme, du gypse, des sels de potassium. **2.** n. m. Marais salant. – Sens 1, lat. *salinus;* sens 2, lat. *salinum..*

saline [salin] n. f. Entreprise industrielle de production de sel (gemme ou marin). ▷ Cour. Marais salant. – Lat. *salinæ.*

salinier, ière [salinje, jɛʀ] adj. et n. **1.** adj. *Production salinière.* **2.** n. Personne qui pratique l'extraction du sel. – De *saline.*

salinité [salinite] n. f. Proportion de sel en solution. *Salinité de l'eau de mer.* – De *salin.*

salique [salik] adj. HIST Relatif aux Francs Saliens*. *Terres saliques. Loi salique.* – Lat. médiév. *salicus,* de *Salii,* nom des Saliens.

ENCYCL Les terres saliques étaient les domaines distribués aux Francs à mesure qu'ils s'établissaient en Gaule. La loi salique fut rédigée à l'époque de Clovis. Un de ses articles excluait les femmes de la succession à la terre salique; il fut invoqué pour justifier l'accession au trône de Philippe VI de Valois (1328) et fut considéré comme loi fondamentale de la monarchie française.

salir [saliʀ] v. tr. [2] **1.** Rendre sale; souiller, maculer. *Salir son tablier.* **2.** Fig. *Salir la réputation, la mémoire de qqn,* y porter atteinte en la diffamant, en la flétrissant. ▷ Avilir. – v. pron. *Il s'est sali dans ce scandale.* – De *sale.*

salissant, ante [salisɑ̃, ɑ̃t] adj. **1.** Qui salit. *Matières salissantes. Travail salissant.* **2.** Qui se salit facilement. *Le blanc est une couleur salissante.* **3.** AGRIC *Plantes salissantes,* dont la culture favorise la pousse des mauvaises herbes (les céréales, par ex.). – Ppr. de *salir.*

salissure [salisyʀ] n. f. Ordure, souillure qui rend sale. – De *salir.*

salivaire [salivɛʀ] adj. ANAT Qui a rapport à la salive. *Sécrétion salivaire.* – *Les trois glandes salivaires* (sublinguale, sous-maxillaire, parotide). – Du lat. *salivarius,* «qui ressemble à la salive», de *saliva,* «salive».

salivant, ante [salivɑ̃, ɑ̃t] adj. Qui provoque la salivation. – Ppr. de *saliver.*

salivation [salivasjɔ̃] n. f. Production de salive. – Bas lat. *salivatio.*

salive [saliv] n. f. Liquide sécrété par les glandes salivaires et contenant plusieurs enzymes (une amylase, notam.) actives dans la digestion, qui humecte toute la bouche. ▷ Fig., fam. *Dépenser beaucoup de salive:* parler beaucoup et inutilement. – *Perdre sa salive:* parler en vain. – Lat. *saliva.*

saliver [salive] v. intr. [1] Sécréter de la salive. – Lat. *salivare.*

salle [sal] n. f. **1.** Anc. Vaste pièce de réception d'un château, d'une grande demeure. **2.** (Qualifié.) Pièce d'un appartement, d'une maison, destinée à un usage particulier. *Salle à manger. Salle de bains. Salle de séjour.* **3.** Local affecté à un usage particulier, dans un établissement ouvert au public. *Salle de lecture d'une bibliothèque. Salle d'attente d'une gare.* ▷ (Dans un hôpital.) *Salle commune. Salle d'opération, de pansements.* **4.** Spécial. *Salle de spectacle. Les* *salles obscures:* les cinémas. ▷ *La salle et la scène d'un théâtre.* – Les spectateurs qui sont dans la salle, le public. *«La salle frissonna de complicité et d'enthousiasme; les applaudissements crépitèrent»* (Sartre). – Du frq. **sal*, all. *Saal.*

salmigondis [salmigɔ̃di] n. m. **1.** Vx Ragoût fait avec des restes réchauffés de plusieurs viandes. **2.** Mod., fig. Mélange de choses disparates; propos incohérents. – Moyen fr. *salmine,* «plat de poissons», du rad. *sal,* «sel», et a. fr. *condir,* lat. *condire,* «assaisonner».

salmis [salmi] n. m. Ragoût de pièces de gibier ou de volaille préalablement cuites à la broche, servi avec une sauce au vin, dite *sauce salmis. Salmis de perdreaux.* – Abrév. de *salmigondis.*

salmonella [salmɔnɛlla] n. f. inv., ou **salmonelle** [salmɔnɛl] n. f. MED Bacille (genre *Salmonella*), agent des salmonelloses. – Du n. du médecin amér. D.E. *Salmon* (1850-1914).

salmonellose [salmɔnɛlloz] n. f. MED Infection due à une salmonella. – Du préc., et *-ose* 2.

ENCYCL Trois types de salmonelloses peuvent frapper l'être humain: fièvre typhoïde et fièvres paratyphoïdes, qui sont des infections généralisées; intoxications alimentaires, purement digestives; gastroentérites épidémiques du nourrisson (en milieu hospitalier). Les équidés, les bovins, les porcins peuvent être atteints de salmonellose, affection souvent responsable d'avortements; d'autres formes de cette maladie touchent les volailles.

salmoniculture [salmɔnikyltyʀ] n. f. TECH Pisciculture des salmonidés (truites, notam.). – De *salmoni(dés),* et *-culture.*

salmoniculteur, trice [salmɔnikyltœʀ, tʀis] n. Pisciculteur spécialisé dans l'élevage des salmonidés. – D'après *salmoniculture.*

salmonidés [salmɔnide] n. m. pl. ZOOL Famille de poissons téléostéens marins et fluviaux au corps oblong, caractérisés par une nageoire dorsale à rayons mous, suivie d'une seconde plus petite, adipeuse et sans rayons. *Les salmonidés* (saumons, truites, ombles, ombres, éperlans, etc.) *sont très appréciés pour leur chair savoureuse.* – Du lat. *salmo, salmonis,* «saumon».

saloir [salwaʀ] n. m. Récipient dans lequel on met à saler les denrées, et en partic. les viandes. – De *saler.*

salol [salɔl] n. m. CHIM **1.** Tout dérivé de l'acide salicylique dont la fonction acide est estérifiée par un phénol. **2.** Ester de formule $Ho\text{-}C_6H_4COO\text{-}C_6H_5$. Syn. salicylate de phényle. *Le salol est notam. employé pour ses propriétés antiseptiques.* – Contract. de *salicylphénol, de salicyl(ique),* et *phénol.*

salon [salɔ̃] n. m. **1.** Pièce de réception d'un appartement, d'une maison privée. **2.** *Par ext.* Maison où l'on reçoit régulièrement des gens en vue, des personnes de la société cultivée, des artistes, etc.; les gens qui s'y réunissent, la société mondaine. *Tenir salon. Fréquenter les salons. Les salons littéraires du XVIIe et du XVIIIe s.* **3.** Local où l'on reçoit la clientèle, dans certains commerces. *Salon de coiffure.* – *Salon de thé:* pâtisserie où l'on sert des consommations. ▷ *Salon funéraire* ou *mortuaire:* entreprise de pompes funèbres. *Les Salons funéraires X.* – *Spécial.* Maison réservée à l'exposition des morts, où l'on va pour rendre un dernier hommage à un défunt et pour offrir ses condoléances aux parents et aux proches de celuici. «Quant madame Côté perdit son mari, elle le pleura avec sincérité dans le fond de son âme et le secret de sa maison. Elle le pleura aussi avec ostentation au salon funéraire.» (Madeleine Ferron, *Le chemin des dames,* 1977.) **4.** (Avec une majuscule.) Exposition périodique d'œuvres d'art et, par ext., de produits de l'industrie. *Le Salon du livre. Le Salon de l'automobile.* – Ital. *salone,* augmentatif de *sala,* «salle».

salonnard, arde [salɔnaʀ, aʀd] n. Péjor. Habitué des salons mondains; personne qui ne doit ses succès qu'à ses relations mondaines. – De *salon.*

salonnier, ière [salɔnje, jɛʀ] adj. Relatif aux salons mondains, à leur esprit. – De *salon.*

saloon [salun] n. m. Américanisme Bar du Far West américain. – Mot amér.

salop [salo] n. m. Vx Syn. de *salaud.* – D'après *salope.*

salopard [salɔpaʀ] n. m. Pop. Salaud. – De *salop.*

salope [salɔp] n. f. (et adj.) Grossier et injur. **1.** Femme que sa conduite dévergondée fait tenir pour méprisable. **2.** (Péjoratif sans coloration sexuelle; correspond aux emplois de *salaud.*) Femme malfaisante, méprisable. ▷ (En parlant d'un homme; adressé à un homme.) Individu infâme, abject. – Probabl. de *sale,* et *hoppe,* forme dial. de «huppe», oiseau connu pour sa saleté.

saloper [salɔpe] v. tr. [1] Fam. Effectuer sans soin (un travail). *Saloper le boulot.* ▷ Salir, gâter. *Il a salopé l'entrée avec ses bottes boueuses.* – De *salope.*

saloperie [salɔpʀi] n. f. Pop. **1.** Grande malpropreté. **2.** Discours, propos orduriers. *Dire une, des saloperies.* **3.** Mauvais procédé, vilenie à l'égard de qqn. *Il m'a fait une belle saloperie.* **4.** Objet, marchandise de mauvaise qualité. *Vendre de la saloperie.* – De *salope.*

salopette [salɔpɛt] n. f. Vêtement de travail qui se porte par-dessus les autres vêtements pour les protéger. ▷ Vêtement composé d'un pantalon prolongé d'un plastron à bretelles. – De *salope.*

salpêtrage [salpɛtʀaʒ] n. m. Action de salpêtrer. – Formation du salpêtre. – De *salpêtrer.*

salpêtre [salpɛtʀ] n. m. **1.** Nom cour. de certains nitrates, spécial. du nitrate de potassium (KNO_3), obtenu par l'action du nitrate de sodium (dit aussi *salpêtre du Chili*) sur le chlorure de potassium. **2.** Efflorescences de nitrates (princ. de nitrate de calcium), qui se forment sur les murs humides. – Lat. médiév. *salpetræ,* propr. «sel de pierre».

salpêtrer [salpɛtʀe] v. tr. [1] **1.** Couvrir d'efflorescences de salpêtre. – Au pp. *Murs salpêtrés.* **2.** Répandre du salpêtre sur (un terrain). *Salpêtrer un chemin,* pour durcir la terre et la rendre imperméable. – Du préc.

salpêtreux, euse [salpɛtʀø, øz] adj. Rare Couvert de salpêtre. *Mur salpêtreux.* – De *salpêtre.*

salpêtrière [salpɛtʀijɛʀ] n. f. Vx Fabrique de salpêtre, utilisé pour préparer la poudre à canon. – De *salpêtre.*

salpicon [salpikɔ̃] n. m. CUIS Préparation (viande coupée en petits dés, champignons, truffes, etc.) garnissant un vol-au-vent ou une timbale, ou servie comme accompagnement d'une pièce de boucherie. – Mot esp., de *sal,* «sel».

salping(o)-. Élément, du grec. *salpigx,* «trompe», des mots du vocabulaire médical concernant les trompes de Fallope ou d'Eustache.

salpingite [salpɛ̃ʒit] n. f. MED Inflammation aiguë ou chronique de l'une ou des deux trompes utérines (trompes de Fallope). ▷ Inflammation de la trompe d'Eustache. – De *salping-,* et *-ite* 1.

salsa [salsa] n. f. MUS Genre et courant musical latino-américain, parfois appelé afro-cubain, qui mêle des orchestrations proches du jazz à des rythmes d'origine africaine. – Mot esp. (de Cuba et Porto Rico), «sauce».

salsepareille [sals(ə)paʀɛj] n. f. Arbrisseau épineux à tiges volubiles (*Smilax aspera,* fam. liliacées), dont les racines ont des propriétés dépuratives. – Esp. *zarzaparrilla*, de *zarza*, «ronce» (ar. *scharac*), et *parrilla*, p.-ê. dimin. de *parra*, «treille».

salsifis [salsifi] n. m. **1.** Plante potagère (genre *Tragopogon*, fam. composées) dont une espèce *(salsifis blanc)* est cultivée pour ses racines comestibles; ces racines. **2.** *Salsifis noir:* scorsonère. – Ital. *salsifica*, d'orig. incert.

salsolacées [salsɔlase] n. f. pl. BOT Groupe de dicotylédones parmi lesquelles certains auteurs distinguent la famille des chénopodiacées et quelques familles de moindre importance (nyctaginacées, amarantacées, etc.), et que d'autres auteurs identifient avec les chénopodiacées. – Du lat. bot. *salsola*, «soude».

saltation [saltasjõ] n. f. **1.** ANTIQ ROM Art des mouvements du corps (danse, pantomime, etc.). **2.** Didac. Déplacement par sauts successifs des particules charriées par un fluide en mouvement. – Lat. *saltatio*, de *saltare*, «danser».

saltatoire [saltatwaʀ] adj. Didac. Qui sert au saut. *Appareil saltatoire de la puce.* – Lat. *saltatorius*, «de danse».

saltimbanque [saltɛ̃bɑ̃k] n. Personne qui fait des tours d'adresse en public. – Ital. *saltimbanco*, propr. «(celui qui) saute sur l'estrade».

salubre [salybʀ] adj. Qui est favorable à la santé. *Air, climat salubre.* – Lat. *salubris*.

salubrité [salybʀite] n. f. Qualité de ce qui est salubre. ▷ Spécial. *Mesures de salubrité publique*, prises dans l'intérêt de l'hygiène publique. – Lat. *salubritas*.

saluer [salɥe] v. tr. [1] **1.** Donner une marque extérieure de civilité, de respect, à (qqn que l'on rencontre, que l'on aborde ou que l'on quitte). ▷ *Ne manquez pas de saluer votre mère pour moi*, de lui présenter mes hommages, mes respects. – Absol. *Comédien qui salue à la fin d'une représentation.* **2.** Rendre hommage à (qqch) par des marques extérieures réglées par l'usage. *Saluer le drapeau.* **3.** Accueillir par des manifestations (de joie, de mépris, etc.). *Saluer l'arrivée d'une personne par des applaudissements, par des quolibets.* **4.** Fig. *Saluer qqn comme...:* lui rendre hommage en reconnaissant en lui (une personne estimable, glorieuse, etc.). *Saluer qqn comme un bienfaiteur; saluer en lui le bienfaiteur.* – Lat. *salutare*.

salure [salyʀ] n. f. Didac. Caractère de ce qui est salé. – Taux de sel contenu dans un corps. V. salinité. – De *saler*.

1. salut [saly] n. m. **1.** Action de saluer; geste ou parole de civilité, de respect, qu'on adresse à une personne que l'on salue. *Faire, rendre un salut. Salut de la main. Les acteurs se sont fait siffler au salut.* **2.** Fam. (Formule exclamative d'accueil ou d'adieu.) *Salut! Ça va? Allez! Salut! Il faut que je rentre.* **3.** Cérémonie par laquelle on salue qqch. *Le salut au drapeau.* ▷ RELIG CATHOL Office en l'honneur du saint sacrement. – Lat. *salus, salutis*, «santé, salut, action de saluer».

2. salut [saly] n. m. **1.** Fait d'échapper à un danger, de se sauver ou d'être sauvé. *Ne devoir son salut qu'à la fuite. Planche de salut:* ultime moyen qui permet de se sauver. **2.** Félicité éternelle, fait d'échapper à la damnation que peut entraîner l'état de péché. *Prier pour le salut de l'âme d'un défunt.* ▷ *Armée du salut:* association religieuse, d'origine méthodiste, qui unit le prosélytisme à l'action charitable et sociale. – Lat. *salus, salutis* (cf. salut 1).

salutaire [salytɛʀ] adj. Qui exerce une action bénéfique; bienfaisant, profitable. *Remède salutaire. Avis, conseils salutaires.* – Lat. *salutaris*, de *salus, salutis*.

salutairement [salytɛʀmɑ̃] adv. Litt. D'une manière salutaire. – Du préc.

salutation [salytasjõ] n. f. **1.** RELIG CATHOL *Salutation angélique:* prière à la Vierge, dont le texte est constitué par les paroles de l'ange Gabriel: *Ave, Maria...*, «je vous salue, Marie...». V. Annonciation. **2.** Action de saluer avec des marques ostentatoires de respect, d'empressement, etc. *Faire une grande salutation.* **3.** Au plur. (Formules de politesse pour terminer une lettre.) *Salutations distinguées.* – Lat. *salutatio*.

salutiste [salytist] n. et adj. Celui, celle qui fait partie de l'Armée du salut*. – Adj. De l'Armée du salut. *Un défilé salutiste.* – De *salut*.

salvateur, trice [salvatœʀ, tʀis] adj. et n. Litt. Qui sauve. – Lat. ecclés. *salvator, salvatrix*.

salve [salv] n. f. **1.** Décharge simultanée de plusieurs armes à feu. *Salve d'artillerie. Feu de salve.* ▷ Par anal. *Une salve d'applaudissements.* **2.** PHYS NUCL Apparition brusque de paires d'ions dans une chambre d'ionisation. ▷ Multiplication brutale du nombre des neutrons dans un réacteur, due à une divergence mal maîtrisée. – Probabl. du lat. *salve*, «salut» (coup de canon pour saluer).

samare [samaʀ] n. f. BOT Akène* ailé (semence de l'orme, du frêne, de l'érable, etc.). – Du lat. *samara*, ou *samera*, «graine d'orme».

samaritain, aine [samaʀitɛ̃, ɛn] adj. HIST, RELIG De Samarie, anc. ville et région de Palestine. ▷ Subst. *Les Samaritains:* nom donné après 721 av. J.-C. (fin du royaume d'Israël) à la population du district de Samarie, composée d'Israélites et de colons importés par les Assyriens, et dont la religion ne se référait qu'au Pentateuque. ▷ *Le bon Samaritain:* personnage généreux d'une parabole de l'Évangile selon saint Luc (X, 29-37). – Loc. fig. (souvent iron.). *Faire le bon Samaritain:* se montrer secourable, prêt à aider autrui. – De *Samarie*.

samarium [samaʀjɔm] n. m. CHIM Métal du groupe des terres rares; élément de numéro atomique Z = 62, de masse atomique 150,35 (symbole: Sm). – Métal découvert dans la *samarskite* (minerai), du nom du chimiste russe V. E. *Samarski*.

samba [sɑ̃mba] n. f. Danse populaire brésilienne sur un rythme à deux temps. – Mot brésilien.

samedi [samdi] n. m. Jour de la semaine qui précède le dimanche. *Samedi saint:* le samedi qui précède le jour de Pâques. – Lat. pop. **sambati dies*, de *sambatum*, var. de *sabbatum*, «sabbat».

samizdat [samizdat] n. m. Édition et diffusion clandestines en URSS de textes interdits par la censure; ces textes eux-mêmes. – Mot russe, «auto-édition», de *sam*, «auto-», d'ap. *gosizdat*, «édition d'État».

samouraï ou **samurai** [samuʀaj] n. m. Membre de la classe des guerriers au service d'un seigneur (daïmyo), dans le Japon féodal (jusqu'en 1868). – Mot jap., propr. «serviteur».

samovar [samɔvaʀ] n. m. Ustensile utilisé pour faire bouillir l'eau destinée à la préparation du thé, composé d'un réchaud à charbon de bois surmonté d'une petite chaudière munie d'un robinet dans le bas. – Mot russe, «qui bout» *(varit)*, «par soi-même» *(samo)*.

samoyède [samɔjɛd] n. et adj. *Les Samoyèdes:* tribus d'origine mongole, qui habitent la toundra sibérienne entre le cours infér. de l'Ob et la presqu'île de Taïmyr, et vivent princ. de l'élevage du renne. ▷ Adj. *Les traditions samoyèdes.* – *Chien samoyède:* chien de traîneau, blanc, à fourrure épaisse. ▷ N. m. Groupe de langues finno-ongriennes. – Mot russe.

sampan ou, vieilli, **sampang** [sɑ̃pɑ̃] n. m. Bateau non ponté, à fond plat, des côtes chinoises et japonaises, d'une taille allant de celle de la simple embarcation à celle du navire de charge, marchant à l'aviron ou à la voile, et comportant en général en son centre un abri en bambou tressé soutenu par des arceaux. – Mot chinois, propr. «trois bords».

sampi [sɑ̃pi] n. m. Lettre numérale grecque valant 900. – Caractère figurant à la fois un *san*, nom dorien du *sigma* (σ), et un *pi* (π).

sampot [sɑ̃po] n. m. Pièce d'étoffe drapée enveloppant la taille et les cuisses à la manière d'un caleçon, portée par les hommes dans certains pays du Sud-Est asiatique (Kampuchéa, Laos, Thaïlande). – Orig. incert.

samuraï. V. samouraï.

sana [sana] n. m. Fam. Sanatorium. *Des sanas.* – Abrév. de *sanatorium.*

sanatorium [sanatɔʀjɔm] n. m. Établissement de cure situé dans un site climatique déterminé (montagne, mer), destiné au traitement de la tuberculose. *Des sanatoriums.* – Mot angl., du bas lat. *sanatorius,* «propre à guérir».

san-benito [sɑ̃benito] n. m. inv. HIST Casaque jaune dont étaient revêtus ceux que l'Inquisition avait condamnés au bûcher. – Mot esp. «saint Benoît», ce vêtement rappelant celui des bénédictins.

sancerre [sɑ̃sɛʀ] n. m. Vin blanc, rosé ou rouge de la région de Sancerre. – Du n. de *Sancerre* (centre de la France).

sanctifiant, ante [sɑ̃ktifjɑ̃, ɑ̃t] adj. RELIG Qui sanctifie. *Grâce sanctifiante.* – Ppr. de *sanctifier.*

sanctificateur, trice [sɑ̃ktifikatœʀ, tʀis] n. et adj. RELIG Personne qui sanctifie. *Le Sanctificateur:* l'Esprit-Saint. ▷ Adj. *Action sanctificatrice,* sanctifiante. – Lat. ecclés. *sanctificator,* de *sanctificare,* «sanctifier».

sanctification [sɑ̃ktifikasjɔ̃] n. f. RELIG ou litt. Action de sanctifier; son résultat. – Lat. ecclés. *sanctificatio,* de *sanctificare,* «sanctifier».

sanctifier [sɑ̃ktifje] v. tr. [1] **1.** RELIG Rendre saint. *La grâce qui sanctifie les âmes.* **2.** RELIG Honorer comme saint, comme il se doit pour ce qui est saint. *«Que ton nom soit sanctifié.»* (Phrase du *Notre Père.*) ▷ Célébrer comme le veut l'Église. *Sanctifier le dimanche.* **3.** Litt. Considérer, révérer comme saint. – Lat. ecclés. *sanctificare,* de *sanctus,* «saint».

sanction [sɑ̃ksjɔ̃] n. f. **1.** Approbation, ratification. *Sanction de l'emploi d'un mot par l'usage.* **2.** Conséquence naturelle. *Ses difficultés actuelles sont la sanction de son imprévoyance.* **3.** DR Peine ou récompense qu'une loi porte pour assurer son exécution. *Sanction pénale.* **4.** Mesure répressive prise par une autorité. *Prononcer des sanctions sévères.* – Lat. *sanctio,* de *sancire,* «prescrire».

sanctionner [sɑ̃ksjɔne] v. tr. [1] **1.** Confirmer par une sanction. *Sanctionner un règlement.* ▷ *Emploi d'une expression sanctionné par l'usage.* **2.** (Emploi critiqué.) Réprimer, punir par des sanctions. *Sanctionner une faute.* – Du préc.

sanctuaire [sɑ̃ktɥɛʀ] n. m. **1.** Endroit le plus saint d'un temple, d'une église, généralement interdit aux simples fidèles. – Dans le temple juif, le Saint des Saints. **2.** *Par ext.* Édifice sacré; endroit où l'on célèbre un culte. *Sanctuaires bouddhiques.* **3.** Fig. et litt. Lieu secret, intime. *Le sanctuaire de son âme, de son cœur.* – Lat. ecclés. *sanctuarium,* de *sanctus,* «saint».

sanctus [sɑ̃ktus] n. m. LITURG CATHOL Chant latin qui commençait par les mots *Sanctus, sanctus, sanctus Dominus* («Saint, saint, saint est le Seigneur»). – Partie de la messe dite en latin, entre la préface et le canon, au cours de laquelle on chantait cet hymne. – Musique composée sur les paroles de cet hymne. – Mot lat. «saint».

sandale [sɑ̃dal] n. f. Chaussure légère formée d'une simple semelle qui s'attache au pied par des cordons, des lanières. – Lat. *sandalium,* gr. *sandalion.*

sandalette [sɑ̃dalɛt] n. f. Sandale légère à empeigne basse. – Dimin. de *sandale.*

sandaraque [sɑ̃daʀak] n. f. Didac. Résine jaune pâle, extraite d'une variété de thuya et entrant dans la préparation de certains vernis. – Du lat. *sandaraca,* gr. *sandarakê,* «réalgar»; d'abord *landarache.*

sandiniste [sɑ̃dinist] n. et adj. Membre du mouvement nicaraguayen se réclamant de César Sandino, patriote qui dirigea au Nicaragua la guérilla contre les troupes américaines d'occupation, lesquelles organisèrent son assassinat. ▷ Adj. *Le mouvement sandiniste.* – Du nom de César *Sandino* (1895-1934).

sandjak [sɑ̃dʒak] n. m. Anc. subdivision territoriale, en Turquie. – Mot turc, propr. «bannière»; d'abord *sensaque, sangiac, sanjak.*

sandow [sɑ̃do] n. m. Cordon élastique constitué de plusieurs fils de caoutchouc juxtaposés sous une gaine textile et qui sert notam. à fixer des colis sur un support (galerie de toit, porte-bagages). – Marque déposée; n. pr. d'un athlète célèbre.

sandre [sɑ̃dʀ] n. m. ou f. Poisson d'eau douce (genre *Sander*), voisin de la perche, que l'on rencontre de l'Est de la France jusqu'en Europe centrale. – All. *Zander,* mot d'orig. néerl.; d'ap. lat. zool. *sandra.*

sandwich [sɑ̃dwitʃ] n. m., ou fam. [sanwitʃ] n. f. **1.** Mets constitué de deux tranches de pain beurrées entre lesquelles on a placé des aliments froids (viande, fromage, œufs, légumes, etc.). *Un sandwich aux tomates, au jambon. Des sandwiches, des sandwichs.* ▷ *Pain (à) sandwich:* pain au lait coupé en tranches. V. club-sandwich. **2.** TECH Matériau composite constitué d'une âme épaisse et légère prise entre deux plaques minces et résistantes. *Sandwich polyester.* **3.** Loc. adv. Fam. *En sandwich:* comprimé, coincé entre deux objets, deux personnes. *Voiture prise en sandwich entre deux autres.* – Mot angl., tiré du nom du comte de *Sandwich,* dont le cuisinier inventa ce mets pour lui épargner de quitter sa table de jeu.

sang [sɑ̃] n. m. **1.** PHYSIOL et cour. Liquide rouge, visqueux, qui circule dans tout l'organisme par un système de vaisseaux et y remplit de multiples fonctions essentielles (nutritive, respiratoire, excrétoire, immunisante, etc.). *Sang artériel, veineux. Transfusion de sang. Maladies du sang.* ▷ ZOOL Vieilli *Animaux à sang chaud* ou, mod., *homéothermes**; animaux à sang froid* ou, mod., *poïkilothermes**. **2.** MED Anc. Humeur qui commande le comportement, les passions. **3.** Loc. cour. et fam. *Coup de sang:* congestion, apoplexie. *Par exag.* Accès de violente colère. – *Mordre, fouetter, pincer jusqu'au sang,* au point de faire saigner. – Fam., fig. *Suer sang et eau:* se donner beaucoup de peine; faire de gros efforts. **4.** Loc. fig. *Avoir le sang chaud:* être fougueux, ardent, prompt à la colère. – *Avoir du sang dans les veines:* être courageux, prompt à l'action. *Avoir du sang de navet:* être sans vigueur, lâche. – *Fouetter le sang:* stimuler, exciter. – *Spectacle qui glace le sang:* qui laisse interdit d'épouvante. – *Se faire du mauvais sang, un sang d'encre;* au plur. (fam.), *se ronger, se tourner les sangs:* être dans l'inquiétude, dans l'angoisse (en parlant d'une activité, d'une passion). *Il a ça dans le sang,* c'est un instinct, une qualité innée. ▷ Spécial. *Verser, répandre, faire couler le sang:* commettre une (des) action(s) meurtrière(s). *Verser son sang pour la patrie:* donner sa vie pour elle. *Laver un outrage dans le sang:* se venger en tuant ou en blessant grièvement. *Mettre un pays à feu et à sang,* y perpétrer toutes sortes de crimes. – *Avoir les mains tachées, couvertes de sang:* avoir la responsabilité de nombreux crimes. ▷ RELIG *Le Précieux Sang:* le sang du Christ, versé pour les hommes.

sans-faute [sɑ̃fot] n. n. m. inv. SPORT Épreuve accomplie sans erreur. Fig. *Son parcours politique est un sans-faute.* – De *sans* et *faute.*

sans-filiste [sɑ̃filist] n. Opérateur (professionnel ou amateur) de radiotélégraphie. *Des sans-filistes.* – De *(télégraphie) sans fil* (T.S.F.).

sans-gêne [sɑ̃ʒɛn] n. et adj. inv. **1.** n. m. Habitude d'agir sans s'imposer aucune gêne, de s'affranchir des formes habituelles de la politesse; désinvolture inconvenante. **2.** N. Personne qui agit sans s'imposer de gêne, sans se préoccuper des autres. *Un, une sans-gêne.* ▷ Adj. inv. *Être sans-gêne.* – Par ext. *Des façons sans-gêne.* – De *sans,* et *gêne.*

sanskrit, ite ou **sanscrit, ite** [sɑ̃skʀi, it] n. et adj. **1.** n. m. Ancienne langue de l'Inde, de la famille indoeuropéenne, qui cessa d'être parlée aux approches de l'ère chrétienne, mais qui continue d'être utilisée en tant que langue littéraire et langue sacrée de la religion brahmanique. **2.** adj. Qui a rapport à cette langue. *Alphabet sanskrit. Études sanskrites.* – Sanskrit *samskr(i)ta,* «parfait».

sanskritisme ou **sanscritisme** [sɑ̃skʀitism] n. m. Didac. Ensemble des disciplines qui étudient le sanskrit. – Du préc.

sanskritiste ou **sanscritiste** [sɑ̃skʀitist] n. Didac. Spécialiste du sanskrit. – De *sanskrit.*

sans-le-sou [sɑ̃lsu] n. inv. Fam. Personne qui n'a pas d'argent. – De *sans, le,* et *sou.*

sans-logis [sɑ̃lɔʒi] n. inv. (Surtout au plur.) Personne sans domicile fixe; personne logée dans un lieu qui n'est pas destiné à cet usage. – De *sans,* et *logis.*

sansonnet [sɑ̃sɔnɛ] n. m. Étourneau commun. – Dimin. de *Samson,* n. pr.

sans-parti [sɑ̃paʀti] n. inv. Personne qui n'est inscrite à aucun parti. – De *sans,* et *parti.*

sans-souci [sɑ̃susi] adj. et n. inv. Vieilli Qui est léger, insouciant. – Du nom d'une célèbre troupe de bouffons du XVe s., les *Enfants Sans-Souci;* de *sans,* et *souci.*

santal [sɑ̃tal] n. m. **1.** Petit arbre d'Asie tropicale (*Santalum album,* fam. santalacées), parasite des racines d'autres végétaux, cultivé pour son bois (bois de santal), à l'odeur douce et pénétrante. *Des santals.* ▷ Ce bois, de couleur blanche ou jaune, utilisé en ébénisterie, en marqueterie et pour fabriquer des parfums. ▷ Essence qui en est extraite. **2.** *Santal rouge:* papilionacée qui fournit une matière colorante rouge. – Lat. médiév. *sandalum,* ar. *sāndāl;* du sanskrit *candana.*

santaline [sɑ̃talin] n. f. TECH Matière colorante du santal rouge. – De *santal.*

santé [sɑ̃te] n. f. **1.** État de l'être vivant, et, en partic., de l'être humain, chez lequel le fonctionnement de tous les organes est harmonieux et régulier; bon état physiologique. *Visage qui respire la santé. Être plein de santé et de vigueur.* – *Boire à la santé de qqn:* boire en formant des vœux pour sa santé; boire en son honneur. *À votre santé!* ▷ Équilibre mental, fonctionnement harmonieux du psychisme. *Santé de l'esprit.* – *Maison de santé:* établissement médical privé où l'on soigne les maladies nerveuses et mentales. **2.** État de l'organisme, fonctionnement habituel du corps. *Avoir bonne, mauvaise santé.* Fam. *Avoir une petite santé:* être de constitution délicate, fragile. – Lat. *sanitas, sanitatis.*

santiag [sɑ̃tjag] n. f. Botte courte de style américain, décorée de piqûres, à talon oblique. – P.-ê. du n. de la v. de *Santiago.*

santoline [sɑ̃tɔlin] n. f. BOT Arbrisseau méditerranéen (*Santolino chamæcyparissus,* fam. composées) aux fleurs jaunes et aux feuilles finement dentelées. – Var. de *santonine.*

santon [sɑ̃tõ] n. m. Chacune des figurines de terre cuite, souvent enluminées, qui ornent la crèche de Noël, en Provence. – Du provenç. *santoun,* «petit saint», de *sant,* «saint».

santonine [sɑ̃tɔnin] n. f. Principe actif du *semen-contra,* utilisé autrefois comme purgatif et vermifuge. – Lat. *santonica (herba),* «herbe de *Saintonge*».

saoudien, ienne [saudjɛ̃, jɛn] ou **séoudien, ienne** [seudjɛ̃, jɛn] adj. et n. D'Arabie Saoudite; qui a rapport à ce pays. – Subst. *Les Saoudiens ou Séoudiens.* – De *Arabie Saoudite* ou *Séoudite,* du n. de Abd al-Aziz ibn *Sa'ūd* (1887-1953), fondateur de l'État.

saoul, saoule, saouler. V. soûl.

sapajou [sapaʒu] n. m. **1.** Syn. de *sajou.* **2.** Fig., fam. Homme très laid. – Mot tupi.

1. sape [sap] n. f. **1.** Tranchée creusée pour se rapprocher d'un ennemi. ▷ Boyau, galerie creusée sous une construction, une fortification, pour la faire écrouler. **2.** Action de saper. *Faire un travail de sape.* Fig. Menée, intrigue souterraine. – Déverbal de *saper* 1.

2. sape [sape] n. f. Pop. *Les sapes:* les vêtements. *La sape:* les vêtements pris dans leur ensemble. *Au supermarché, toute la sape est au premier étage.* – De *saper* 2.

saper [sape] v. tr. [1] **1.** Détruire les fondements de (une construction) pour la faire tomber. *Saper une muraille.* – Par ext. *La mer sape les falaises.* **2.** Fig. Travailler à détruire (une chose) en l'attaquant dans ses principes, miner. *Saper les fondements de la civilisation. Saper le moral de qqn.* – Ital. *zappare,* de *zappa,* «hoyau, pioche», bas lat. *sappa.*

saperde [sapɛʀd] n. f. ENTOM Insecte coléoptère longicorne parasite du saule, du tremble et du peuplier. – Lat. *saperda,* d'orig. gr., «poisson salé».

saperlotte! [sapɛʀlɔt], **saperlipopette!** [sapɛʀlipɔpɛt] interj. Vieilli Jurons familiers. – Altér. de *sacrelotte,* de *sacré (nom de Dieu).*

sapeur [sapœʀ] n. m. Soldat du génie employé à la sape. ▷ *Fumer comme un sapeur:* fumer beaucoup. – De *saper* 1.

sapeur-pompier [sapœʀpõpje] n. m. (France) ADMIN Pompier. *Des sapeurs-pompiers.* – De *sapeur,* et *pompier.*

saphène [safɛn] n. f. ANAT Chacune des deux veines qui collectent le sang des veines superficielles du membre inférieur. *Grande et petite saphènes.* ▷ Adj. *Veine saphène. Nerf saphène péronier et nerf saphène tibial:* subdivisions de deuxième ordre du nerf sciatique. – Ar. *sāfin,* p.-ê. du gr. *saphênês,* «apparent».

saphique [safik] adj. **1.** Qui appartient à Sappho, à sa poésie. *Vers saphique:* vers grec ou latin composé de trois trochées, deux iambes et une syllabe, qu'aurait inventé Sappho. **2.** Relatif au saphisme. *Mœurs saphiques.* – Lat. *sapphicus,* gr. *sapphikos,* de *Sappho* (vers 620-580 av. J.-C.), poétesse grecque qui tenait une école féminine de poésie et de musique à Lesbos.

saphir [safiʀ] n. m. **1.** Pierre précieuse, variété de corindon de couleur bleue transparente. **2.** Petite pointe de saphir ou d'une autre matière dure, qui constitue l'élément principal d'une tête de lecture d'électrophone. – Bas lat. *sapphirus,* gr. *sappheiros,* orig. sémitique.

saphisme [safism] n. m. Litt. Homosexualité féminine. – De *Sappho.* (V. saphique).

sapide [sapid] adj. Didac. Qui a de la saveur. Ant. insipide. – Lat. *sapidus.*

sapidité [sapidite] n. f. Didac. Qualité de ce qui est sapide. – Du préc.

sapience [sapjɑ̃s] n. f. Vx Sagesse et science. – Lat. *sapientia*, de *sapiens*, «sage».

sapiential, ale, aux [sapjɛ̃sjal, o] adj. et n. *Les livres sapientiaux:* les livres de la Bible (Ancien Testament) qui renferment surtout des maximes morales: les Proverbes, le Livre de Job, l'Ecclésiaste, l'Ecclésiastique, la Sagesse. (On y joint les Psaumes et le Cantique des cantiques.) ▷ N. m. pl. *Les sapientiaux.* – Lat. médiév. *sapientialis*, de *sapientia*, «sapience».

sapin [sapɛ̃] n. m. **1.** Conifère du genre *Abies*, caractérisé par ses cônes dressés sur les branches et par ses aiguilles plates insérées isolément, marquées à leur face inférieure de deux lignes blanches longitudinales; bois de cet arbre. *Bois, gomme de sapin. Sapin de Noël. La résine du sapin baumier* (Abies balsamea) *a été employée en médecine populaire comme antiscorbutique et comme antiseptique.* V. aussi baume (du Canada). ▷ *Abusiv.* Conifère apparenté au sapin (épinette, etc.). *Sapin traînard:* if du Canada. **2.** Loc. fam. *Passer un sapin à qqn*, le duper. – *Se faire passer un sapin.* ▷ (France) *Sentir le sapin* (c.-à-d. le bois dont on fait les cercueils): n'avoir plus longtemps à vivre. – Lat. *sappinus*, gaul. **sappus*, croisé avec *pinus*, «pin».

sapindacées [sapɛ̃dase] n. f. pl. BOT Famille de dicotylédones (ordre des térébinthales) comprenant des arbres, des arbustes et des lianes. (Ex.: savonnier, litchi.) – Du lat. bot. *sapindus*, «savonnier», de *sapo*, «savon», et *indus*, «indien».

sapine [sapin] n. f. **1.** Planche, solive en sapin. **2.** TECH Charpente verticale (autref. en bois) munie à son sommet d'un engin de levage. – De *sapin.*

sapinette [sapinɛt] n. f. (France) Nom cour. donné à certains pins d'Amérique du N. et à l'épinette. – De *sapin.*

sapinière [sapinjɛʀ] n. f. Bois où abonde le sapin. – De *sapin.*

sapon-. Élément, du lat. *sapo, saponis*, «savon».

saponacé, ée [sapɔnase] adj. Didac. Qui a les caractères du savon. – De *sapon-*, et suff. *-acé.*

saponaire [sapɔnɛʀ] n. f. BOT Plante (genre *Saponaria*, fam. caryophyllacées) à fleurs jaunes ou roses, dont une espèce, la *saponaire officinale*, est particulièrement riche en saponines. – Lat. bot. *saponaria;* a. fr. *erbe savoniere.*

saponifiable [sapɔnifjabl] adj. Qui peut être saponifié. – De *saponifier.*

saponification [sapɔnifikasjɔ̃] n. f. CHIM, TECH **1.** Conversion d'un ester en alcool et en sel de l'acide correspondant sous l'action d'une base (la soude, le plus souvent), réaction utilisée dans la fabrication des savons. **2.** Réaction qui donne un sel minéral à partir d'une base et d'un autre corps. – De *saponifier.*

saponifier [sapɔnifje] v. tr. [1] CHIM, TECH Transformer (un ester) en sel de l'acide correspondant. ▷ *Spécial.* Transformer (un corps gras) en savon. – De *sapon-*, d'ap. les v. en *-fier.*

saponine [sapɔnin] n. f. CHIM Nom générique d'hétérosides, à l'origine extraits de la saponaire, qui ont la propriété de faire mousser l'eau. (Les saponines entrent dans la composition des lessives, des shampooings, etc.) – De *sapon-*, et suff. *-ine.*

sapotacées [sapɔtase] n. f. pl. BOT Famille de dicotylédones, gamopétales tropicaux, comportant des arbres et des arbustes riches en produits de sécrétion variés (chiclé, gutta-percha, etc.). – De *sapote.*

sapote [sapɔt] ou **sapotille** [sapɔtij] n. f. Fruit du sapotier. – De l'aztèque *tzapotl;* esp. *zapote, zapotillo* (dimin.)

sapotier [sapɔtje] ou **sapotillier** [sapɔtilje] n. m. Arbre des Antilles (*Achras sapota*, fam. sapotacées), au fruit (sapote) comestible, dont on tire le chiclé. – De *sapote.*

sapristi! [sapʀisti] interj. Fam. Juron exprimant l'irritation, l'étonnement. – Corrupt. de *sacristi.*

sapro-. Élément, du gr. *sapros*, «pourri, putride».

saprophage [sapʀɔfaʒ] adj. et n. m. ZOOL Qui se nourrit de matières organiques en décomposition. – De *sapro-*, et *-phage.*

saprophyte [sapʀɔfit] adj. et n. m. **1.** BIOL Se dit d'un être vivant qui tire des matières organiques en décomposition les substances qui lui sont nécessaires. *Bactérie, champignon saprophyte.* ▷ N. m. *Un saprophyte.* **2.** MED Se dit de tout microbe qui vit dans l'organisme sans être pathogène. – De *sapro-*, et *-phyte.*

saquer. V. sacquer.

sarabande [saʀabɑ̃d] n. f. **1.** Danse populaire espagnole à trois temps, en grande vogue du XVIe au XVIIIe s. – Danse française postérieure, plus lente et grave, proche du menuet. ▷ Air de ces danses; composition musicale dans le caractère de ces danses. **2.** Fig. Agitation vive, bruyante. *Faire la sarabande.* – Esp. *zarabanda.*

sarbacane [saʀbakan] n. f. Tuyau à l'aide duquel on lance, par la force du souffle, des projectiles légers. – Esp. *zebratana, zarbatana*, transmis par l'arabe *zārābātānāh*, pour *zābātānāh*, mot d'orig. malaise.

sarcasme [saʀkasm] n. m. Raillerie acerbe, insultante; trait mordant d'ironie. – Lat. *sarcasmus*, gr. *sarkasmos*, de *sarkazein*, «mordre la chair» *(sarx, sarkos).*

sarcastique [saʀkastik] adj. Qui tient du sarcasme. *Ton sarcastique.* ▷ Qui use volontiers du sarcasme. *Polémiste mordant et sarcastique.* – Du préc., avec infl. d'*ironique.*

sarcastiquement [saʀkastikmɑ̃] adv. D'une façon sarcastique. – Du préc.

sarcelle [saʀsɛl] n. f. Petit canard sauvage, au vol très rapide, dont deux espèces sont communes en Amérique du Nord: la sarcelle à ailes vertes (*Anas crecca*), très petite, et la sarcelle à ailes bleues (*Anas discor*). – Du lat. pop. *cercedula*, class. *querquedula*, d'orig. gr.

sarcine [saʀsin] n. f. MICROB Bactérie saprophyte (genre *Sarcina*), qui forme des colonies cubiques, agent de la gangrène pulmonaire. – Lat. *sarcina*, «paquet, fardeau».

sarclage [saʀklaʒ] n. m. Opération qui consiste à sarcler; son résultat. – De *sarcler.*

sarcler [saʀkle] v. tr. [1] Arracher (les mauvaises herbes) au moyen d'un outil. ▷ Débarrasser (un terrain, une culture) des mauvaises herbes. *Sarcler des plates-bandes. Sarcler les laitues.* – Au pp. *Plante sarclée*, qui exige une terre tenue constamment meuble et propre par des sarclages. – Bas lat. *sarculare;* de *sarculum*, «houe».

sarcloir [saʀklwaʀ] n. m. Outil servant à sarcler, houe à deux dents. – De *sarcler.*

sarco-. Élément, du gr. *sarx, sarkos*, «chair».

sarcoïde [saʀkɔid] n. f. MED Petite tumeur cutanée rappelant les nodules sarcomateux ou tuberculeux, mais de nature bénigne. – De *sarco(me)*, et *-oïde.*

sarcomateux, euse [saʀkɔmatø, øz] adj. MED De la nature du sarcome. – De *sarcome.*

sarcome [saʀkom] n. m. MED Tumeur maligne qui se développe aux dépens du tissu conjonctif. Cf. encycl. cancer. – Lat. *sarcoma*, mot gr.

sarcophage [saʀkɔfaʒ] n. **I.** n. m. **1.** Cercueil de pierre. ▷ *Par ext.* Cercueil de bois, à forme humaine, des momies égyptiennes. **2.** Représentation du cercueil, dans une cérémonie funèbre ou sur un monument funéraire. **II.** n. f. Mouche grise de la viande. – Lat. *sarcophagus*, du gr. *sarkophagos*, «qui mange, détruit les chairs».

sarcophile [saʀkɔfil] n. m. ZOOL Marsupial carnivore de Tasmanie, dit cour. *diable de Tasmanie*, qui ressemble à un ourson. – De *sarco-*, et *-phile*.

sarcoplasma [saʀkɔplasma] ou **sarcoplasme** [saʀkɔplasm] n. m. BIOL Cytoplasme qui entoure les fibrilles des fibres musculaires. – De *sarco-*, et *plasma*.

sarcopte [saʀkɔpt] n. m. Acarien (genre *Sarcoptes*) parasite de l'homme et de divers mammifères, dont la femelle creuse des galeries sous la peau et y dépose ses œufs, occasionnant la gale. – De *sarco-*, et du gr. *koptein*, «couper».

sardane [saʀdan] n. f. Danse catalane dans laquelle les danseurs se tiennent par la main et forment un cercle; air sur lequel on la danse. – Mot catalan.

sarde [saʀd] adj. et n. **1.** adj. De la Sardaigne. ▷ Subst. Habitant ou personne originaire de la Sardaigne. **2.** n. m. *Le sarde:* l'ensemble des parlers romans en usage en Sardaigne. – Du lat. *Sardus*, gr. *Sardô*, «Sardaigne».

sardine [saʀdin] n. f. **1.** Poisson pélagique des eaux tempérées (fam. clupéidés) long d'une vingtaine de cm, au ventre argenté, au dos bleu-vert, qui se déplace par bancs et qui fait l'objet d'une pêche intensive lorsqu'il vient, à la belle saison, pondre près des côtes atlantiques et méditerranéennes. *Sardine d'Europe (Sardina pilchardus). Sardines fraîches. Sardines à l'huile, en boîte.* **2.** Piquet de tente. – Lat. *sardina*, gr. *sardênê, sardinê*, «(poisson) de Sardaigne».

sardinelle [saʀdinɛl] n. f. Sardine de petite taille. – Dimin. de *sardine*.

sardinerie [saʀdinʀi] n. f. Usine où l'on met les sardines en boîtes. – De *sardine*.

sardinier, ière [saʀdinje, jɛʀ] adj. et n. **I.** adj. Qui a rapport à la pêche à la sardine, à l'industrie alimentaire qui s'y rattache. *Industrie sardinière. Navire sardinier.* **II.** n. **1.** n. m. Pêcheur de sardines. ▷ Bateau armé pour la pêche à la sardine. **2.** Personne employée dans une sardinerie. – De *sardine*.

sardoine [saʀdwan] n. f. Variété de calcédoine rouge-brun. – Lat. *sardonyx*, mot gr., «onyx de Sardaigne».

sardonique [saʀdɔnik] adj. **1.** MED *Rictus sardonique*, dû à un spasme des muscles de la face et qui fait croire à un rire forcé et grimaçant. **2.** *Rire, ricanement sardonique*, méchant, sarcastique. – Gr. *sardanios*, ou *sardonios*; orig. incert., rattaché à *herba sardonia*, «renoncule de Sardaigne», dont l'ingestion provoque une intoxication se manifestant par un rictus.

sargasse [saʀgas] n. f. Algue brune (genre *Sargassum*), fixée ou libre, à thalle coriace. – Portug. *sargaço*, du lat. *salicaceus*, de *salix*, «saule».

sari [saʀi] n. m. Costume féminin de l'Inde, fait d'une longue pièce d'étoffe drapée. – Mot hindi.

sarigue [saʀig] n. f. Mammifère de la famille des marsupiaux, dont l'opossum est l'espèce la plus connue. – Mot portug., du tupi *sarigé*.

sarisse [saʀis] n. f. ANTIQ GR Très longue pique des soldats de la phalange macédonienne. – Lat. *sarissa*, mot gr.

sarment [saʀmɑ̃] n. m. **1.** Branche de vigne de l'année. **2.** *Par ext.* Toute tige ou branche ligneuse et grimpante. – Lat. *sarmentum*.

sarmenteux, euse [saʀmɑ̃tø, øz] adj. **1.** *Vigne sarmenteuse*, dont les sarments sont abondants. **2.** BOT *Plante sarmenteuse*, à tige longue, flexible et grimpante comme un sarment. – Lat. *sarmentosus*.

sarong [saʀɔŋ] n. m. Pagne long et étroit porté par les Malais des deux sexes. – Mot malais.

saros [saʀos] n. m. ASTRO Période de 223 lunaisons (18 ans et 11 jours), dite aussi *période chaldéenne*, au bout de laquelle les 43 éclipses de Soleil et les 43 éclipses de Lune se reproduisent dans le même ordre. – Lat. scientif., d'orig. assyro-babylonienne.

saroual [saʀwal] ou **séroual** [seʀwal] n. m. Pantalon de toile, très large et à entrejambe bas, porté dans certaines régions du Maghreb. *Des sarouals, des sérouals.* – Ar. *sirwal*.

sarracenia [saʀasenja] n. m. ou **sarracénie** [saʀaseni] n. f. BOT Plante carnivore (genre *Sarracenia*, type de la fam. des sarracéniacées) des marécages d'Amérique du N., dont les feuilles disposées en rosettes sont des pièges à insectes. *La sarracénie pourpre (Sarracenia purpurea) est l'emblème floral de Terre-Neuve.* – Mot créé par Tournefort (1656-1708), du nom de *Sarrasin*, médecin français installé au Canada, qui lui avait envoyé cette plante.

sarrancolin [saʀɑ̃kɔlɛ̃] n. m. Marbre des Pyrénées, à fond gris veiné de rouge et de rose, parfois jaune. – De *Sarrancolin*, com. des Htes-Pyrénées.

1. sarrasin, ine [saʀazɛ̃, in] n. et adj. *Les Sarrasins:* nom donné au Moyen Âge aux musulmans. ▷ Adj. Des Sarrasins, qui a rapport aux Sarrasins. ▷ *Architecture sarrasine*, caractérisée par l'arc brisé en fer à cheval. – Bas lat. *Saraceni*, n. d'un peuple de l'Arabie, ar. *charqiyīn*, pl., «orientaux».

2. sarrasin [saʀazɛ̃] n. m. Céréale (fam. polygonacées) appelée aussi *blé noir*, aux feuilles en forme de fer de lance, dont les graines sont riches en amidon et qui peut pousser sur des sols très pauvres. ▷ Farine faite avec les graines du sarrasin. *Galette de sarrasin.* – De *blé sarrasin*, à cause de la couleur noire du grain, par comparaison avec le teint des Maures.

sarrasine [saʀazin] n. f. ARCHEOL Herse qui pouvait être abaissée en arrière du pont-levis d'un château fort. – De *herse sarrasine*.

sarrau [saʀo] n. m. Blouse courte et ample portée par-dessus les vêtements. – Moyen haut all. *sarrok*, «vêtement militaire».

sarrette [saʀɛt] n. f. BOT Syn. de *serratule*. – Du lat. *serra*, «scie».

sarriette [saʀjɛt] n. f. Plante herbacée (*Satureia hortensis*, fam. labiées), aux feuilles très odorantes, utilisées comme condiment. – Dimin. de l'a. fr. *sarriee*, lat. *satureia*.

sarrois, oise [saʀwa, waz] adj. et n. De la Sarre. ▷ Subst. Habitant ou personne originaire de la Sarre. – De *Sarre*, région d'Allemagne.

sarrussophone [saʀysɔfɔn] n. m. MUS Instrument de musique à vent de la famille des cuivres, à anche double, dont le timbre rappelle celui du saxophone. – De *Sarrus*, musicien militaire à qui fut dédié l'instrument, et *-phone*.

sas [sɑs] n. m. **1.** Tamis formé d'un tissu tendu sur un cadre de bois. **2.** Bassin compris entre les deux portes d'une écluse (sur un canal ou à l'entrée d'un port, d'un bassin de marée). **3.** Compartiment étanche qui permet de passer d'une enceinte close, où doivent être maintenues certaines conditions physiques (de pression, notam.), au milieu extérieur, et inversement. *Sas d'un sous-marin, d'un engin spatial, d'un local climatisé, pressurisé.* – Du lat. médiév. *setacium*, class. *seta*, «soie de porc, crin de cheval».

saskatchewanais, aise [saskatʃəwanɛ, ɛz] adj. et n. De la province canadienne de Saskatchewan. – Subst. *Un(e) Saskatchewanais(e).*

sassafras [sasafʀa] n. m. BOT Arbre d'Amérique du N. (genre *Sassafras,* fam. lauracées) dont les feuilles et les racines, riches en substances aromatiques, sont utilisées respectivement comme condiment et en parfumerie. *Le sassafras officinal (Sassafras albidum) est aussi appelé laurier-sassafras.* – Esp. *sasafras,* d'une langue indienne d'Amérique du S.

sassanide [sasanid] adj. et n. HIST De la dynastie perse (IIIe-VIIe s.) qui créa l'empire sassanide. ▷ Subst. *Les Sassanides:* les rois sassanides. – Lat. médiév. *sassanidæ,* du persan *Sāsān,* ancêtre éponyme de la dynastie.

sassement [sa(a)smɑ̃] n. m. TECH Action de sasser (aux sens 1 et 2). – De *sasser.*

sasser [sase] v. tr. [1] **1.** TECH Passer au sas ou au sasseur, tamiser. **2.** MAR Faire passer (un bateau) d'un bief ou d'un bassin à un autre par un sas. – De *sas.*

sasseur, euse [sasœʀ, øz] n. TECH **1.** Ouvrier, ouvrière qui sasse. **2.** n. m. Instrument destiné à séparer par criblage différents produits grâce à l'action d'un courant d'air. – Du préc.

satané, ée [satane] adj. Fam. (Devant un nom.) Sacré, maudit. *C'est encore une de vos satanées inventions!* – De *Satan.*

satanique [satanik] adj. **1.** Qui a rapport à Satan, inspiré par Satan. *Culte satanique.* **2.** Digne de Satan, diabolique. *Orgueil satanique.* – De *Satan.*

satanisme [satanism] n. m. **1.** Culte rendu à Satan. **2.** Esprit, caractère satanique. – De *satanique.*

satellisation [satɛlizasjɔ̃] n. f. **1.** ESP Mise sur orbite d'un engin. **2.** POLIT Fait de satelliser, de rendre dépendant; sujétion. – De *satelliser.*

satelliser [satɛlize] v. tr. [1] **1.** Mettre sur orbite autour d'un corps céleste, transformer en satellite. *Satelliser un engin spatial.* **2.** Transformer en satellite (sens II, 2), rendre dépendant, assujettir. *Métropole qui satellise les villes voisines.* – De *satellite.*

satellite [satɛllit] n. m. **I. 1.** Astre qui gravite autour d'une planète. *La Lune est le satellite de la Terre. Les satellites de Mars, de Jupiter, de Saturne.* ▷ *Satellite artificiel* ou *satellite:* engin mis en orbite par l'homme autour de la Terre ou d'une autre planète, ou autour d'un satellite naturel (V. encycl. ci-après). **2.** MECA Chacun des pignons coniques fixés sur la couronne d'un différentiel d'automobile et sur lesquels s'engrènent les planétaires*. **3.** ANAT (Appos.) *Veine satellite d'une artère,* qui suit le même trajet que celle-ci. **II. 1.** Vx Homme de main, spadassin à gages. **2.** Personne, ville, nation qui est sous la dépendance d'une autre, plus puissante qu'elle. *Petit pays devenu le satellite d'une grande puissance.* – Appos. *État satellite.* – Lat. *satelles, satellitis,* «garde du corps, compagnon».

ENCYCL Le premier satellite artificiel, Spoutnik 1, a été lancé le 4 oct. 1957 par les Soviétiques. Les Américains devaient accomplir peu après, le 1er fév. 1958, le même exploit avec Explorer 1. On réserve le nom de satellites aux engins spatiaux non habités qui gravitent autour d'une planète. Lorsque ces engins sont occupés par l'homme, on les appelle le plus souvent *station, compartiment* ou *laboratoire orbital;* s'il s'agit d'engins destinés à un vol non orbital, on parle de *véhicules spatiaux.* Un satellite qui gravite autour de la Terre décrit une ellipse dont le centre de la Terre est un des foyers. Lorsqu'il a effectué un tour complet autour de la Terre, on dit qu'il a accompli une *révolution.* Le temps nécessaire à une révolution est appelé *période de révolution.* La quasi-totalité des satellites sont lancés vers l'est, pour profiter de la vitesse initiale que communique la rotation de la Terre au lanceur spatial, et leur orbite est donc parcourue dans le sens de la rotation de la Terre (inverse des aiguilles d'une montre). La vitesse minimale à atteindre pour satelliser un corps lancé de la Terre, appelée première vitesse cosmique, s'élève à 7,9 km/s. La deuxième vitesse cosmique (libération de l'attraction de la Terre) s'élève à 11,2 km/s et la troisième vitesse cosmique (évasion du système solaire) à 16,6 km/s. On distingue: les satellites *géosynchrones,* dont la période de révolution est égale à celle de la rotation de la Terre; les satellites *géostationnaires,* satellites géosynchrones qui décrivent une orbite circulaire dans le plan équatorial et qui paraissent immobiles à un observateur terrestre; les satellites *héliosynchrones,* dont le plan de l'orbite fait un angle sensiblement constant avec la droite Terre-Soleil et qui passent à une latitude donnée sensiblement à la même heure locale (l'ascension droite de chacun des deux nœuds de leur orbite dérive de 360° par an dans le sens direct). La durée de vie d'un satellite dépend de l'altitude de son périgée (point le plus rapproché de la Terre). Cette altitude doit être supérieure à 150 km pour que le satellite accomplisse plus d'une révolution, à cause du frottement atmosphérique qui tend à réduire la vitesse et donc à rapprocher le satellite de la Terre. La durée de vie est de l'ordre de la semaine à une altitude de 200 km et de l'ordre du mois à 300 km. Les satellites géostationnaires, qui sont placés à une altitude de l'ordre de 36 000 km, ont donc une durée de vie très élevée. Les satellites sont utilisés pour les *télécommunications* et constituent le plus souvent des relais amplificateurs. Le premier satellite de télécommunications, Echo 1 (É.-U.), lancé en août 1960, était un satellite passif, simple réflecteur des ondes radioélectriques. Les satellites de télécommunications sont généralement du type géostationnaire. Ils sont utilisés à des fins pacifiques, comme les satellites français Symphonie, ou à des fins militaires. Les satellites *météorologiques* transmettent des images de la couverture nuageuse de la Terre, rendant possible le repérage des ensembles nuageux et la détection des cyclones. Les satellites permettent également d'améliorer nos connaissances en géodésie (mesure de la dérive des continents, prévision des tremblements de terre, mesure de la forme de la Terre), de découvrir des ressources terrestres (détection des sites de pétrole ou de minerais et des ressources en eau, identification des sols arables) et d'étudier la pollution. Les satellites d'*observation astronomique* ont fait faire des progrès considérables à notre connaissance du Soleil, des étoiles et des planètes, les observations n'étant pas affaiblies et perturbées par l'atmosphère terrestre. Les satellites de *reconnaissance* et de *surveillance* sont utilisés à des fins civiles (détection des incendies) ou militaires (détection des lancements de fusées, de missiles, de sous-marins et des explosions nucléaires). Les satellites d'*aide à la navigation* émettent des signaux hertziens qui facilitent la navigation des avions, des navires et des sous-marins.

satī [sati] n. **1.** n. f. HIST Veuve qui suivait son mari dans la mort en montant sur le bûcher funéraire, en Inde. **2.** n. m. Ce rite. *Le satī fut légalement aboli en 1829.* – Mot hindi, fém. de *sat,* «sage», par l'angl.

satiété [sasjete] n. f. État d'une personne complètement rassasiée. *Manger, boire à satiété, jusqu'à satiété.* ▷ Dégoût qui suit l'usage immodéré de qqch. *La satiété des plaisirs. Il en avait à satiété.* ▷ *Répéter une chose à satiété:* jusqu'à fatiguer son interlocuteur. – Lat. *satietas,* rac. *satis,* «assez».

satin [satɛ̃] n. m. Étoffe de soie fine, douce et lustrée. – Par compar. *Une peau de satin,* très douce. ▷ Étoffe offrant l'aspect du satin. *Satin de laine.* – Ar. *Zāy tunī,* propr. «de la ville de Zāytun» (Tsia Toung, en Chine).

satinage [satinaʒ] n. m. TECH Opération qui consiste à satiner le papier, le tissu, etc. – De *satiner.*

satiné, ée [satine] adj. Qui a le poli, le brillant du satin; lustré, glacé. *Papier satiné.* – Fig. *Peau satinée,* douce comme le satin. ▷ Subst. *Le satiné de ce tissu.* – De *satin.*

satiner [satine] v. tr. [1] Donner l'aspect lustré du satin à (une étoffe, un papier). – De *satin.*

satinette [satinɛt] n. f. Étoffe (coton, ou coton et soie) qui imite le satin. – Dimin. de *satin.*

satire [satiʀ] n. f. **1.** LITTER Ouvrage généralement en vers, dans lequel l'auteur moque les ridicules de ses contemporains ou censure leurs vices. *Satires d'Horace, de Juvénal, de Boileau.* **2.** Mod. Pamphlet, écrit ou discours piquant qui raille qqn, qqch. ▷ Critique railleuse. *Une amusante satire des milieux artistiques.* – Lat. *satira,* propr. «macédoine, mélange».

satirique [satiʀik] adj. **1.** Qui appartient à la satire, qui constitue une satire. *Poète satirique. Écrits satiriques.* **2.** Porté à la satire, à la raillerie caustique. *Esprit satirique.* – De *satire.*

satiriquement [satiʀikmɑ̃] adv. D'une manière satirique. – Du préc.

satiriser [satiʀize] v. tr. [1] Rare Railler par la satire. – De *satire.*

satiriste [satiʀist] n. Auteur d'une satire, de satires. – Écrivain, orateur, polémiste qui recourt volontiers à des traits de satire. – De *satire.*

satisfaction [satisfaksjɔ̃] n. f. **1.** État d'esprit de qqn dont les besoins, les désirs, les souhaits sont satisfaits; contentement, plaisir. *Ce succès lui a procuré une profonde satisfaction. À la satisfaction générale, de tous.* – *Une satisfaction:* une occasion d'être satisfait, un plaisir. *Cela n'a pas été une mince satisfaction.* ▷ Loc. *Donner satisfaction à :* être un sujet de contentement pour. *Cet élève donne satisfaction à ses maîtres.* **2.** Action par laquelle qqn obtient réparation d'une offense qui lui a été faite. ▷ THEOL Pénitence sacramentelle, peine imposée par le confesseur en réparation des péchés commis. **3.** Fait d'accorder à qqn ce qu'il demande. *Je n'ai pu lui donner satisfaction.* – Lat. *satisfactio,* «disculpation» et «réparation juridique».

satisfaire [satisfɛʀ] v. tr. [9] **I.** v. tr. dir. **1.** Contenter, donner un sujet de contentement à. *On ne peut satisfaire tout le monde. Satisfaire des créanciers,* leur payer leur dû. ▷ (Sujet n. de chose.) *Cette solution nous satisfait,* nous convient. **2.** Contenter (un besoin); assouvir (un désir). *Satisfaire sa soif. Satisfaire un besoin naturel.* ▷ v. pron. *Se satisfaire:* contenter ses désirs, le désir qu'on a de qqch. – *Spécial.* Assouvir un désir sexuel. **II.** v. tr. indir. *Satisfaire à :* faire ce qui est exigé par (qqch). *Satisfaire à son devoir, à ses obligations.* ▷ (Sujet n. de chose.) *La livraison ne satisfait pas aux clauses du contrat.* – Lat. *satisfacere,* «s'acquitter de, donner satisfaction», de *satis,* «assez», et *facere,* «faire».

satisfaisant, ante [satisfəzɑ̃, ɑ̃t] adj. Qui satisfait; qui est correct, acceptable. *Réponse satisfaisante.* – Ppr. de *satisfaire.*

satisfait, aite [satisfɛ, ɛt] adj. Dont les désirs sont comblés; content. *Il est satisfait. Être satisfait de son sort.* ▷ Assouvi. *Besoin, désir satisfait.* – Pp. de *satisfaire.*

satisfecit [satisfesit] n. m. inv. Vx Billet par lequel un maître témoigne qu'il est satisfait d'un élève. ▷ Mod., litt. Témoignage de satisfaction. *Décerner un satisfecit.* – Mot lat., «il a satisfait».

satrape [satʀap] n. m. **1.** HIST Gouverneur d'une satrapie. **2.** Fig., litt. Homme puissant et despotique vivant dans les plaisirs. – Lat. *satrapes,* mot gr. emprunté à l'anc. perse.

satrapie [satʀapi] n. f. ANTIQ Chacune des divisions administratives de l'Empire perse (dont le nombre varia entre 20 et 35), gouvernée par un satrape. – Lat. *satrapia,* gr. *satrapeia,* de *satrapes* (V. préc.).

saturabilité [satyʀabilite] n. f. CHIM Caractère de ce qui est saturable. – De *saturable.*

saturable [satyʀabl] adj. CHIM Que l'on peut saturer. – De *saturer.*

saturant, ante [satyʀɑ̃, ɑ̃t] adj. Propre à saturer. ▷ PHYS *Vapeur saturante:* vapeur d'un liquide en équilibre avec ce liquide. *La tension de vapeur saturante d'un corps est la valeur maximale de la pression de la vapeur de ce corps, en équilibre avec sa phase liquide, à une température donnée.* – Ppr. de *saturer.*

saturateur [satyʀatœʀ] n. m. Récipient contenant de l'eau, placé contre un appareil de chauffage, pour humidifier l'atmosphère. – Bas lat. *saturator,* «celui qui rassasie».

saturation [satyʀasjɔ̃] n. f. **1.** CHIM Action de saturer; état d'un corps saturé. **2.** Fig. État de celui qui (ou de ce qui) ne peut recevoir davantage de qqch. *En avoir jusqu'à saturation. La saturation du marché est réalisée lorsque la demande est totalement satisfaite.* **3.** ELECTR État correspondant à la valeur maximale que peut atteindre une grandeur (tension, intensité, etc.). ▷ *Saturation magnétique:* état d'une substance ferromagnétique dont l'intensité d'aimantation n'augmente plus avec celle du champ magnétique. – Bas lat. *saturatio,* «rassasiement.

saturé, ée [satyʀe] adj. **1.** CHIM Se dit d'une substance arrivée à saturation. *Solution saturée.* ▷ *Hydrocarbure saturé,* dont les atomes de carbone ne peuvent plus fixer d'autres atomes d'hydrogène et qui ne peut être modifié que par substitution ou décomposition. *Le méthane est un hydrocarbure saturé.* **2.** *Saturé de:* qui ne saurait recevoir davantage de. *Terre saturée d'eau.* Fig. *Le public est saturé d'annonces publicitaires.* – Pp. de *saturer.*

saturer [satyʀe] v. tr. [1] **1.** CHIM *Saturer un liquide:* dissoudre un corps dans ce liquide jusqu'au degré de concentration maximal. ▷ *Saturer un corps* (dont les atomes sont liés par une liaison multiple): fixer des éléments sur ce corps de telle sorte que ses atomes se trouvent liés par une liaison simple. *On sature l'éthylène $H_2C{=}CH_2$ en fixant un atome d'hydrogène sur chacun des deux atomes de carbone, pour obtenir l'éthane* $H_3C\text{-}CH_3$. **2.** Fig. Rassasier jusqu'au dégoût. *Saturer qqn de poésie.* – Lat. *saturare,* de *satur,* «rassasié», de *satis,* «assez».

saturnales [satyʀnal] n. f. pl. **1.** ANTIQ ROM Fêtes célébrées à Rome pour commémorer l'âge d'or où Saturne régnait sur le Latium, au cours desquelles les esclaves prenaient la place de leurs maîtres. **2.** Fig., litt. Fête, temps où règne la licence, le désordre. – Lat. *saturnalia.*

saturne [satyʀn] n. m. Plomb en alchimie. – Lat. *Saturnus,* nom d'un dieu et d'une planète, parce que le plomb était considéré par les alchimistes comme le métal froid, de même que Saturne était la planète froide.

saturnien, ienne [satyʀnjɛ̃, jɛn] adj. **1.** Relatif au dieu Saturne. ▷ Relatif à la planète Saturne. **2.** Fig., litt. Sombre et mélancolique. *«Poèmes Saturniens», de Verlaine.* – De *Saturne,* la planète.

saturnin, ine [satyʀnɛ̃, in] adj. MED Qui concerne le plomb, est produit par le plomb. – De *saturne.*

saturnisme [satyʀnism] n. m. MED Intoxication aiguë ou chronique par le plomb ou par ses dérivés. – De *saturne.*

satyre [satiʀ] n. m. **1.** MYTH GR Demi-dieu champêtre de la suite de Dionysos, figuré avec des cornes, des oreilles pointues et des jambes de bouc. *Satyre pour-*

suivant une nymphe. **2.** Fig., fam. Homme lubrique attiré notam. par les très jeunes filles; exhibitionniste, voyeur. **3.** Papillon diurne aux grandes ailes brun-noir. – Lat. *satyrus,* mot gr. *saturos.*

satyriasis [satiʀjazis] n. m. Didac. Exacerbation pathologique du désir sexuel chez l'homme. – Lat. méd. *satyriasis,* mot grec.

satyrique [satiʀik] adj. **1.** MYTH Qui a rapport aux satyres. ▷ ANTIQ *Danse satyrique:* danse licencieuse. **2.** *Drame satyrique:* pièce tragi-comique du théâtre grec antique. (N.B. À distinguer de *satirique.*) – Lat. *satyricus,* gr. *saturikos.*

sauce [sos] n. f. **1.** Assaisonnement liquide ou semi-liquide accompagnant certains mets. *Sauce à la menthe. Sauce mousseline.* ▷ Fig., fam. *La sauce fait passer le poisson, le merlan:* l'accessoire vaut mieux que le principal et le rend acceptable. – *Mettre qqn à toutes les sauces,* l'employer à des tâches très diverses. – *À quelle sauce serai-je mangé? :* quel sera mon sort (de toute manière fâcheux)? **2.** Fam. Pluie abondante. **3.** TECH Crayon très tendre, pour l'estompe. **4.** TECH Liquide qui contient un métal précieux en solution. – Lat. pop. *salsa,* «chose salée»; lat. class. *salsus,* «salé».

saucé, ée [sose] adj. **1.** TECH Se dit d'une ancienne pièce de cuivre recouverte d'une mince couche d'argent. **2.** Fam. Trempé par la pluie. – Pp. de *saucer.*

saucée [sose] n. f. Fam. Averse. – Pp. fém. subst. de *saucer.*

saucer [sose] v. tr. [14] **1.** Rendre net de sauce en se servant de pain que l'on mange. *Saucer son assiette.* **2.** Fig., fam. *Se faire saucer:* se faire mouiller copieusement par la pluie. – De *sauce.*

saucier [sosje] n. m. CUIS Cuisinier spécialisé dans la préparation des sauces. – De *sauce.*

saucière [sosjɛʀ] n. f. Récipient à bec utilisé pour servir les sauces. – De *sauce.*

saucisse [sosis] n. f. **1.** Charcuterie faite d'un boyau rempli de viande hachée et assaisonnée, qui se mange généralement chaude. *Saucisse fumée.* – Fig., fam. *Ne pas attacher son chien avec des saucisses:* être très regardant à la dépense. **2.** Fig. Ballon captif de forme allongée, servant à l'observation. – Du lat. pop. **salsicia,* du class. *salsicius,* de *salsus,* «salé».

saucisson [sosisõ] n. m. Grosse saucisse assaisonnée, cuite ou séchée, que l'on sert tranchée. *Des rondelles de saucisson. Du saucisson à l'ail. Saucisson de Bologne.* ▷ Fig., fam. *Être ficelé comme un saucisson,* attaché avec des liens très serrés ou habillé n'importe comment. – Ital. *salsicionne,* de *salsiccia,* «saucisse», du lat. (V. préc.).

saucissonné, ée [sosisɔne] adj. Fam. À l'étroit dans ses vêtements. – De *saucisson.*

saucissonner [sosisɔne] v. intr. [1] Fam. Se restaurer sommairement avec du saucisson, des plats froids, des sandwichs. – De *saucisson.*

sauf, sauve [sof, sov] adj. et prép. **I.** adj. Hors de péril. *Sain et sauf. Avoir la vie sauve.* ▷ Fig. *L'honneur est sauf,* est demeuré intact. **II.** prép. **1.** Sans aller à l'encontre de. *Sauf le respect que je vous dois.* **2.** Hormis, excepté. *J'ai lu tous ces livres, sauf un.* **3.** (Introduisant une restriction.) *Attendez-le, sauf contrordre. Sauf erreur ou omission.* ▷ Loc. conj. *Sauf que* (+ indicatif): en écartant le fait que. – Du lat. *salvus,* «bien portant, intact».

sauf-conduit [sofkõdɥi] n. m. Pièce délivrée par l'autorité compétente, permettant d'aller ou de séjourner quelque part sans être inquiété. *Des sauf-conduits.* – De *sauf,* et *conduit.*

sauge [soʒ] n. f. Plante (genre *Salvia,* fam. labiées) des régions chaudes ou tempérées, aux propriétés médicinales et aromatiques. – Du lat. *salvia,* de *salvus,* «sauf», à cause des propriétés médicinales de cette plante.

saugrenu, ue [sogʀəny] adj. D'une bizarrerie, d'une absurdité déroutante et un peu ridicule. *Une idée saugrenue.* – A. fr. *saugreneux, de sau,* forme de *sel,* et *grain,* refait d'ap. *grenu.*

saulaie [solɛ] ou **saussaie** [sosɛ] n. f. Lieu planté de saules. – De *saule* ou de l'a. fr. *saus,* «saule».

saule [sol] n. m. Arbre ou arbuste (genre *Salix,* comprenant soixante-quinze espèces nord-américaines, type de la fam. des salicacées) aux feuilles généralement allongées et aux fleurs en chatons, qui croît dans les lieux humides. *Saule noir (Salix nigra). Saule discolore (Salix discolor).* – Frq. **salha;* a éliminé l'a. fr. *saus,* du lat. *salix, salicis.*

saumâtre [somɑtʀ] adj. Qui a le goût salé de l'eau de mer. *Eau saumâtre.* ▷ Loc. fig., fam. *La trouver saumâtre:* trouver que qqch est difficilement acceptable. – Du lat. pop. **salmaster,* class. *salmacidus.*

saumon [somõ] n. m. et adj. inv. **1.** Poisson (genre *Salmo,* fam. salmonidés) à la chair rose orange très estimée. ▷ Adj. inv. De la couleur de la chair du saumon. *Étoffe saumon.* **2.** TECH Masse de métal brute de fonderie, lingot (de métal non précieux). – Lat. *salmo, salmonis.*

ENCYCL **Zool.** – Le *saumon de l'Atlantique (Salmo salar)* était autref. courant dans l'Atlantique N. et les rivières d'Europe. Il naît et vit peu de temps dans le bassin supérieur des fleuves, puis le tacon (nom du jeune), dès qu'il a atteint 30 cm, migre vers la mer où il achève sa croissance; il peut parcourir de très grandes distances, mais, parvenu à l'état adulte, il retourne exactement sur son lieu de naissance pour y frayer; à l'âge de trois ans, il peut atteindre 1 m de long et peser 13 kg. Le *saumon du Pacifique* (genre *Oncorhynchus)* diffère des *Salmo* par ses petites écailles et sa longue nageoire caudale.

saumoné, ée [somɔne] adj. Se dit de poissons dont la chair est rose comme celle du saumon. *Truite saumonée.* – Du préc.

saumoneau [somɔno] n. m. Rare Petit saumon. – Dimin. de *saumon.*

saumurage [somyʀaʒ] n. m. Action de saumurer des aliments. – De *saumure.*

saumure [somyʀ] n. f. **1.** Solution salée utilisée pour conserver des aliments. *Poisson en saumure.* **2.** Toute solution saline concentrée. – Bas lat. **salmuria,* du lat. class. *sal, salis,* «sel», et *muria,* «saumure».

saumuré, ée [somyʀe] adj. Qui a séjourné dans la saumure. – Du préc.

saumurer [somyʀe] v. tr. [1] Mettre (une denrée) dans la saumure. – De *saumure.*

sauna [sona] n. m. ou f. Établissement où l'on prend des bains de chaleur sèche à la manière finlandaise. – Ce bain lui-même. – Mot finnois.

saunage [sonaʒ] n. m., ou **saunaison** [sonɛzõ] n. f. **1.** TECH Extraction du sel marin dans un marais salant. **2.** Vx Vente du sel marin. – De *sauner.*

sauner [sone] v. intr. [1] TECH Produire du sel (marais salant). – Lat. pop. **salinare.*

saunier, ière [sonje, jɛʀ] n. **1.** Ouvrier travaillant à l'extraction du sel. **2.** Vx Marchand de sel. – Du lat. pop. **salinarius,* «relatif aux salines».

saupiquet [sopikɛ] n. m. CUIS Sauce ou ragoût à la saveur piquante. – D'un anc. v. **saupiquer,* de *sau,* forme atone de *sel,* et *piquer.*

saupoudrage [sopudʀaʒ] n. m. Action de saupoudrer. – De *saupoudrer.*

saupoudrer [sopudʀe] v. tr. [1] **1.** Recouvrir (qqch) d'une matière réduite en poudre. *Saupoudrer des fraises de sucre.* **2.** Fig. Parsemer. *Saupoudrer un discours de citations.* – De *sau,* forme atone de *sel,* et *poudrer.*

saupoudreur, euse [sopudʀœʀ øz] adj. et n. f. **1.** adj. Servant à saupoudrer. *Bouchon saupoudreur.* **2.** n. f. Flacon muni d'un couvercle percé de trous, qui sert à saupoudrer. – De *saupoudrer.*

saur [sɔʀ] adj. m. Salé et fumé (en parlant d'un poisson). *Hareng saur.* – Moyen néerl. *soor,* «séché».

-saure, -saurien. Éléments, du gr. *sauros* ou *saura,* «lézard».

saurer [soʀe] v. tr. [1] TECH Faire sécher à la fumée. *Saurer un jambon.* – De *saur.*

saurien, ienne [soʀjɛ̃, jɛn] adj. et n. ZOOL **1.** adj. Qui a rapport au lézard. **2.** n. m. pl. Sous-ordre de reptiles squamates comprenant les lézards. – Sing. *Un saurien.* – Du gr. *sauros* ou *saura,* «lézard».

ENCYCL Les sauriens, les plus nombreux représentants de la classe des reptiles, sont des tétrapodes (à l'exception de l'*orvet,* apode). Leur corps est recouvert d'écailles cornées; leur bouche, largement fendue, est garnie de nombreuses dents; leurs tympans sont à fleur de peau (pas d'oreilles externe et moyenne). Ils sont généralement ovipares. Ce sont les *lézards, geckos, varans, iguanes,* etc.

saurin [soʀɛ̃] n. m. TECH Hareng saur laité. – De *saur.*

sauripelviens [soʀipɛlvjɛ̃] n. m. pl. PALEONT Ordre de reptiles fossiles caractérisés par un bassin de type reptilien, comprenant les dinosaures. *Apparus au Trias, les premiers sauripelviens étaient petits alors que les derniers, qui s'éteignirent au Crétacé, étaient énormes (tyrannosaure, diplodocus).* – De *sauri(en),* et *pelvien.*

saurir [soʀiʀ] v. tr. [2] Syn. de *saurer.* – De *saur.*

sauris [soʀi] n. m. TECH Saumure de harengs. – De *saurir.*

saurissage [soʀisaʒ] n. m. TECH Action de saurer. – De *saurir.*

saurisserie [soʀisʀi] n. f. TECH Lieu où l'on procède au saurissage. – De *saurir.*

saurisseur, euse [soʀisœʀ, øz] n. TECH Personne qui est chargée du saurissage. – De *saurir.*

sauropsidés [sɔʀopside] n. m. pl. Vaste groupe de vertébrés tétrapodes, comprenant les reptiles et les oiseaux, ayant des caractéristiques communes dont un condyle occipital unique. (V. aussi allantoïde). – De *saur(ien),* et du gr. *ops, opsis,* «vue, aspect».

saussaie. V. saulaie.

saut [so] n. m. **1.** Mouvement brusque d'extension par lequel le corps se projette en haut, en avant, etc., en quittant le sol. *Le saut en longueur et en hauteur, le triple saut et le saut à la perche sont pratiqués en tant que disciplines olympiques.* – *Saut périlleux,* au cours duquel le corps fait un tour complet sur lui-même, en l'air. ▷ Loc. *Au saut du lit:* au sortir du lit. *Faire un saut:* sursauter. *Tu m'as fait faire un saut.* – Fig. *Faire un saut quelque part:* y passer rapidement. **2.** Fait de se laisser tomber d'un endroit élevé. *Saut d'un parachutiste.* ▷ Loc. fig. *Faire le saut:* se déterminer à une action risquée. **3.** Fig. Mouvement brusque et discontinu. *Sa pensée procède par sauts.* **4.** Vx. Chute d'eau sur le cours d'une rivière, d'un fleuve. Rem. Se maintient dans des toponymes général. sous l'orthogr. anc. *sault. Sault-Sainte-Marie.* **5.** INFORM Syn. de *branchement.* – Lat. *saltus,* du pp. de *salire,* «sauter».

saut-de-lit [sodli] n. m. Peignoir féminin léger. *Des sauts-de-lit.* – De *saut de,* et *lit.*

saut-de-loup [sodlu] n. m. Fossé creusé à l'extrémité d'une allée, d'un jardin, pour en empêcher l'accès. *Des sauts-de-loup.* – De *saut de,* et *loup.*

saut-de-mouton [sodmutõ] n. m. TECH Ouvrage qui permet d'éviter le croisement à niveau de plusieurs routes ou de plusieurs voies ferrées. *Des sauts-de-mouton.* – De *saut de,* et *mouton.*

saute [sot] n. f. Changement subit. *Saute de vent, de courant électrique. Saute d'humeur.* – Déverbal de *sauter.*

sauté, ée [sote] adj. et n. CUIS **1.** adj. Cuit à feu vif dans une petite quantité de matière grasse. *Des rognons sautés.* **2.** n. m. Viande sautée. *Un sauté de lapin.* – Pp. de *sauter.*

saute-mouton [sotmutõ] n. m. inv. *Jeu de saute-mouton:* jeu de groupe dans lequel on saute successivement par-dessus tous ses partenaires penchés en avant, en appuyant les mains sur leur dos. *Jouer à saute-mouton.* – De *sauter,* et *mouton.*

sauter [sote] v. [1] **I.** v. intr. **1.** Faire un saut, des sauts. *Sauter par-dessus un mur. Sauter à pieds joints.* – *Sauter à bas de son lit,* en sortir vivement. ▷ Fig., fam. *Sauter au plafond:* avoir un accès de colère; être très surpris. **2.** Se jeter dans le vide. *Il a sauté du pont dans la rivière.* **3.** S'élancer sur qqn, qqch. *Le chien lui a sauté à la gorge. Sauter au cou de qqn,* l'embrasser avec empressement. ▷ Fig. *Sauter aux yeux:* être manifeste, évident. **4.** Passer sans transition d'une idée à une autre. *Sauter d'un sujet à l'autre.* **5.** Être envoyé brusquement en l'air. *Faire sauter un bouchon.* ▷ Fig. *Faire sauter qqn,* lui faire perdre son poste. **6.** Exploser, voler en éclats. *La poudrière a sauté.* – *Faire sauter la cervelle à qqn,* lui briser la tête d'un coup de feu. ▷ *Faire sauter les plombs,* les faire fondre, causer un court-circuit. ▷ Fam. *Et que ça saute! :* et que cela se fasse vite! **7.** CUIS *Faire sauter de la viande, des légumes,* les faire cuire à feu vif, avec un corps gras. **II.** v. tr. **1.** Franchir en s'élevant au-dessus du sol. *Sauter une barrière.* ▷ Loc. fig. *Sauter le pas:* prendre une décision, après avoir longtemps hésité. **2.** Omettre, passer. *Sauter une ligne en recopiant.* – *Sauter une classe:* être admis dans la classe supérieure (d'une école, etc.) sans passer par la classe intermédiaire. **3.** Grossier Posséder sexuellement. *Sauter une fille.* – Du lat. *saltare,* «sautiller, danser», de *saltum,* supin de *salire,* «sauter».

sautereau [sotʀo] n. m. TECH Petite lame de bois que la touche d'un clavecin fait sauter pour faire vibrer la corde. – De *sauter.*

sauterelle [sotʀɛl] n. f. **1.** Insecte orthoptère qui se déplace en sautant à l'aide de ses longues pattes postérieures. **2.** Fig., fam. Femme, fille maigre et dégingandée. **3.** TECH Fausse équerre. ▷ Transporteur muni d'une courroie inclinée qui sert au chargement ou au déchargement de marchandises. – De *sauter.*

sauterie [sotʀi] n. f. Fam. Petite soirée dansante entre intimes. – De *sauter.*

sauternes [sotɛʀn] n. m. Vin blanc liquoreux de la région de Sauternes. – Du n. de *Sauternes,* village de la Gironde en France.

saute-ruisseau [sotʀɥiso] n. m. inv. (France) Vx Petit clerc de notaire, d'avoué, chargé de faire les courses. ▷ *Par ext.* Litt. Jeune garçon de courses. – De *sauter,* et *ruisseau.*

sauteur, euse [sotœʀ, øz] n. et adj. **I.** n. **1.** Athlète qui pratique le saut. **2.** Cheval dressé à sauter. **3.** Fig., fam. Personne qui prend ses engagements à la légère, en qui on ne peut avoir confiance. **II.** adj. Se dit des animaux qui se déplacent par sauts. *Insecte sauteur.* – De *sauter.*

sauteuse [sotøz] n. f. CUIS Casserole large et plate utilisée pour faire sauter les aliments. – De *sauteur.*

sautillant, ante [sotijɑ̃, ɑ̃t] adj. Qui sautille. ▷ Fig. *Style sautillant,* formé de phrases courtes et décousues. – Ppr. de *sautiller.*

sautillement [sotijmɑ̃] n. m. Action de sautiller. – De *sautiller.*

sautiller [sotije] v. intr. [1] Effectuer des petits sauts, sur place ou en progressant. – Dimin. de *sauter.*

sautoir [sotwaʀ] n. m. **I. 1.** Long collier ou longue chaîne que l'on passe autour du cou. *Porter un ordre en sautoir,* en porter le cordon à la manière d'un collier. **2.** HERALD Pièce honorable formée de la combinaison de la barre et de la bande. ▷ *Objets placés en sautoir,* de façon à former une croix de Saint-André. **II.** Endroit où les athlètes s'exercent au saut. – De *sauter.*

sauvage [sovaʒ] adj. et n. **I. 1.** (Animaux.) Qui vit dans la nature, loin des hommes; qui n'est pas domestiqué. *Les bêtes sauvages de la jungle. Un canard sauvage.* **2.** (Plantes.) Qui croît naturellement, sans intervention humaine. *Pommier sauvage.* **3.** GENET Se dit de la souche, du caractère, du gène pris conventionnellement comme référence pour une étude. Ant. mutant. **4.** Inculte, inhabité et peu accueillant. *Des monts sauvages.* **5.** (Emploi critiqué.) Qui se fait indépendamment de toute organisation officielle, sans plan, spontanément. *Grève sauvage.* **II.** adj. **1.** Vieilli Qui vit en dehors de la civilisation. *Des tribus sauvages.* ▷ Subst. *Les sauvages.* **2.** Vieilli Relatif aux autochtones d'Amérique. Syn. indien. – *Soulier sauvage:* mocassin fait à la façon des Amérindiens. – *Traîne sauvage:* traîneau sans patins fait de planches minces recourbées à l'avant. V. tabagane et toboggan. ▷ Subst. *Les Sauvages du Canada.* – *S'asseoir en sauvage,* sur ses jambes repliées. ▷ Fam. *Partir en sauvage, comme un sauvage:* partir sans saluer ni avertir. – *Attendre les sauvages:* attendre un enfant, être sur le point d'accoucher. **3.** Fig. Qui évite les contacts humains, recherche la solitude. *Cet enfant est très sauvage.* Ant. sociable. ▷ Subst. *Vivre en sauvage.* **4.** Très rude, brutal, féroce. *Une cruauté sauvage.* ▷ Subst. *Agir comme un sauvage.* – Du bas lat. *salvaticus,* altér. du lat. class. *silvaticus,* de *silva,* «forêt».
ENCYCL *Sauvage* est utilisé dès 1534 par Cartier pour désigner les autochtones de l'Amérique du Nord. Le mot entre alors dans les récits de voyage et les divers autres textes de l'époque de la Nouvelle-France; il demeurera en usage jusqu'à la fin du XIXe s., aussi bien dans la langue générale que dans la langue administrative (documents, textes de loi). À partir de cette époque, il devient péjoratif et sera graduellement remplacé par *Indien,* employé lui-même dès le début de la colonisation du pays mais de façon moins courante; à l'époque actuelle, *Indien* tend à son tour à être remplacé par *Amérindien,* du moins dans les textes officiels et la langue écrite en général. En France, le mot *sauvage* s'appliquait, dans un sens large, à des peuples primitifs. Le mot a donc pris en Nouvelle-France un sens spécifique et s'est enrichi de connotations nouvelles. Bien adaptés au climat et au territoire de leur pays, les autochtones ont joué un rôle vital dans la vie des premiers Européens venus au Canada, qu'ils ont initiés aux réalités nord-américaines. Un bon nombre de ceux-ci, devenus coureurs de bois, ont même adopté le mode de vie des Amérindiens et sont, avec les explorateurs et les *voyageurs,* à l'origine des Métis du Canada. Le mot *sauvage* figure dans de nombreux noms de lieux et de nombreuses expressions de la langue courante qui témoignent de l'influence que les Amérindiens ont exercée sur les immigrants européens. Le féminin *sauvagesse* est attesté dès 1632 chez Champlain et Sagard.

sauvagement [sovaʒmɑ̃] adv. D'une manière sauvage, cruelle. *Massacrer sauvagement des otages.* – Du préc.

sauvageon, onne [sovaʒɔ̃, ɔn] n. **1.** n. m. ARBOR Jeune arbre provenant d'une graine et non greffé. **2.** n. m. et f. Enfant au caractère sauvage ou qui vit à l'état sauvage. – De *sauvage.*

sauvagerie [sovaʒʀi] n. f. Caractère sauvage (sens II, 2 et 3) de qqn, de qqch. *La sauvagerie d'un misanthrope. La sauvagerie d'un crime.* – De *sauvage.*

sauvagesse [sovaʒɛs] n. f. Vx Femme amérindienne. – *Par ext.* Litt. Femme peu civilisée. – De *sauvage.*

sauvagin, ine [sovaʒɛ̃, in] adj. et n. m. Se dit du goût, de l'odeur propre à quelques oiseaux aquatiques. – De *sauvage.*

sauvagine [sovaʒin] n. f. (Sing. collectif.) **1.** CHASSE Oiseaux dont la chair a le goût sauvagin (oiseaux aquatiques). **2.** TECH Pelleteries non apprêtées provenant de petits animaux sauvages (écureuils, renards, etc.); ces animaux. – De *sauvage.*

sauvegarde [sovgaʀd] n. f. **I. 1.** Protection accordée par une autorité. *Se placer sous la sauvegarde des autorités consulaires.* **2.** Ce qui assure une protection; ce qui sert de garantie, de défense contre un danger. **II.** MAR Chaîne ou cordage frappé (fixé) sur un objet qui risque de se détacher ou d'être enlevé par la mer. – De *sauve,* fém. de *sauf,* et *garde* 1.

sauvegarder [sovgaʀde] v. tr. [1] Assurer la sauvegarde de, défendre, protéger. *Sauvegarder les institutions.* – Du préc.

sauve-qui-peut [sovkipø] n. m. inv. Panique générale où chacun essaie de se sauver comme il le peut. – De *sauver, qui,* et *pouvoir,* propr. «que se sauve celui qui le peut».

sauver [sove] **I.** v. tr. [1] **1.** Tirer (qqn) du péril, mettre (qqn) hors de danger. *Sauver une personne qui se noie.* **2.** Préserver (qqch) de la destruction. *La ville a été sauvée.* ▷ Fig. *Sauver les apparences:* faire en sorte que personne ne puisse soupçonner que qqch de fâcheux s'est produit. **3.** Procurer le salut à (qqn). *Dieu a envoyé son fils pour sauver tous les hommes.* **II.** v. pron. **1.** S'enfuir devant un danger. *Il s'est sauvé à toutes jambes.* **2.** Fam. S'en aller rapidement. *Il est l'heure, il faut que je me sauve.* **3.** Fam. Déborder en bouillant. *Le lait se sauve.* – Lat. ecclés. *salvare,* de *salvus,* «sauf».

sauvetage [sovtaʒ] n. m. Action de sauver (qqn) d'un danger. *Les pompiers ont organisé le sauvetage des riverains bloqués par l'inondation. Bouée, canot de sauvetage.* – De *sauver,* par l'intermédiaire de *sauveté.*

sauveté [sovte] n. f. HIST FEOD Au Moyen Âge, bourgade franche, jouissant d'une immunité, fondée à l'initiative d'un monastère, dans le midi de la France. – De *sauf.*

sauveteur [sovtœʀ] n. m. Personne qui participe à un sauvetage. – Du rad. de *sauvetage.*

sauvette (à la) [a la sovɛt] loc. adv. **1.** *Vente à la sauvette:* vente sur la voie publique, sans autorisation. **2.** Fig., fam. Avec précipitation, en cachette. *Contrat signé à la sauvette.* – De *(se) sauver.*

sauveur [sovœʀ] n. m. et adj. **1.** Personne qui sauve, libérateur. *Le sauveur de la patrie.* ▷ Adj. *Le geste sauveur* (au fém.: *salvatrice*). **2.** *Le Sauveur:* Jésus-Christ. – Du bas lat. *salvator.*

sauvignon [soviɲɔ̃] n. m. Cépage blanc du centre et du sud-ouest de la France. ▷ Vin de ce cépage. – Orig. incon.

savamment [savamɑ̃] adv. **1.** En faisant montre d'une grande érudition. *Discourir savamment.* **2.** Habilement, dans les règles de l'art. *Il fait cela savamment.* – De *savant.*

savane [savan] n. f. **1.** Plaine herbeuse, aux arbres rares, des régions tropicales. ▷ *Savane arborée,* qui comprend également des arbres et des arbustes isolés. **2.** Au Canada, terrain marécageux, humide. – Esp. *sabana,* d'une langue d'Haïti.

savant, ante [savɑ̃, ɑ̃t] adj. et n. **I.** adj. **1.** (Personnes.) Qui sait beaucoup de choses, qui possède une grande érudition. *Il est très savant en botanique.* **2.** (En fonction d'épithète.) Dressé à faire des tours (animaux). *Chien savant.* **3.** (Choses.) Qui suppose des connaissances que tout le monde n'a pas, difficile. *Un raisonnement savant.* ▷ Habile, bien calculé. *Une manœuvre savante.* **4.** *Société savante,* qui regroupe des savants. **II.** n. **1.** Vx Personne qui possède de grandes connaissances. **2.** Mod. Personne qui a une notoriété scientifique. *Ce physicien est un grand savant. Congrès de savants.* – Anc. ppr. de *savoir.*

savarin [savaʀɛ̃] n. m. CUIS Grand baba en forme de couronne, imbibé de sirop à la liqueur et servi avec des fruits confits ou de la crème. – Du n. du gastronome et écrivain fr. J. A. *Brillat-Savarin* (1755-1826).

savart [savaʀ] n. m. PHYS Unité d'intervalle tonal égale à 1 000 fois le logarithme décimal du rapport des fréquences de deux sons (1 octave = 301 savarts). – Du n. du phys. fr. F. *Savart* (1791-1841).

savate [savat] n. f. **1.** Vieille pantoufle, vieux soulier très usé. ▷ Fam. *Traîner la savate:* vivre misérablement. **2.** Fam. Personne maladroite. *Il joue du violon comme une savate. Quelle savate!* **3.** Méthode de combat comportant des coups de pied, en vogue au déb. du XIXᵉ s., et qui a donné naissance à la boxe française. – P.-ê. métaphore sur le n. du *crapaud,* donné à des objets grossiers (V. sabot).

savetier [savtje] n. m. Vx Raccommodeur de souliers, cordonnier. – Du préc.

saveur [savœʀ] n. f. **1.** Impression que produit un corps sur l'organe du goût. *Saveur salée, amère, sucrée, piquante.* **2.** Fig. Qualité de ce qui est agréable, plaisant à l'esprit. *Ironie pleine de saveur.* – Lat. *sapor, saporis,* de *sapere,* «avoir du goût».

1. savoir [savwaʀ] v. tr. [50] **I. 1.** Connaître, être informé de. *Tu sais la nouvelle? C'est tout ce que nous savons d'elle.* ▷ (Avec une subordonnée.) *On ne savait pas qui était son père. J'ai su par hasard que vous étiez là aujourd'hui. Reste à savoir s'il en a vraiment envie.* ▷ v. pron. (Pass.) *Tout finit par se savoir,* par être su, connu. **2.** Avoir présent dans la mémoire. *Il sait sa leçon par cœur.* **3.** Avoir une bonne connaissance de. *Ils savent tous le grec. Elle croit tout savoir.* ▷ (S. comp.) *Si jeunesse savait.* **4.** (Avec un inf.) Être capable de. *Elle ne saura jamais danser. Un ami qui sait écouter.* ▷ (Au conditionnel, et avec une nég.) Pouvoir. *On ne saurait tout prévoir.* **5.** Avoir conscience de. *Il ne savait plus ce qu'il faisait.* **II.** Loc. *À savoir, savoir:* c'est-à-dire. ▷ *Que je sache:* pour autant que je puisse en juger. *Personne n'est venu, que je sache.* ▷ *Savoir si:* on peut se demander si. *Il est parti, savoir s'il arrivera!* ▷ (Renforçant une affirmation.) *Je crois qu'il est sincère, tu sais.* ▷ *Ne rien vouloir savoir:* se refuser à faire qqch. *J'ai essayé de l'emmener, mais il n'a rien voulu savoir.* ▷ *Il est sorti avec je ne sais qui, pour je ne sais combien de temps.* – *Un je ne sais quoi:* qqch d'indéfinissable. *Un je ne sais quoi qui séduit.* – Du lat. *sapere,* «avoir du goût, du jugement, comprendre, savoir».

2. savoir [savwaʀ] n. m. Ensemble des connaissances acquises par l'apprentissage ou l'expérience. *Un homme d'un grand savoir.* – Empl. subst. de *savoir* 1.

savoir-faire [savwaʀfɛʀ] n. m. inv. Habileté à mettre en œuvre son expérience et ses connaissances; compétence, adresse. – De *savoir,* et *faire.*

savoir-vivre [savwaʀvivʀ] n. m. inv. Connaissance des règles de politesse, des usages à respecter en société; bonne éducation. *Manquer de savoir-vivre.* – De *savoir,* et *vivre.*

savon [savɔ̃] n. m. **1.** Produit, obtenu par action d'un agent alcalin sur des corps gras naturels, employé pour le blanchiment et le nettoyage. *Savon de toilette,* auquel on incorpore des parfums, de la lanoline, etc. *Un savon,* un morceau, un pain de ce produit. ▷ CHIM Nom générique des sels d'acides gras. **2.** Fam., fig. Semonce, réprimande. *Passer un savon à qqn.* – Lat. *sapo, saponis,* mot d'orig. germ.

savonnage [savɔnaʒ] n. m. Action de savonner. – De *savonner.*

savonner [savɔne] v. tr. [1] **1.** Laver au savon. *Savonner du linge.* – v. pron. *Il est difficile de se savonner le dos.* **2.** Fig., fam. *Il s'est fait savonner la tête,* réprimander. – De *savon.*

savonnerie [savɔnʀi] n. f. Usine où l'on fabrique du savon. – De *savon.*

savonnette [savɔnɛt] n. f. Petit savon pour la toilette. – Dimin. de *savon.*

savonneux, euse [savɔnø, øz] adj. **1.** Qui contient du savon dissous. *Eau savonneuse.* **2.** Qui tient du savon; qui rappelle le savon par sa mollesse, son onctuosité, etc. – De *savon.*

savonnier, ière [savɔnje, jɛʀ] n. m. et adj. **1.** Ouvrier ou industriel qui fabrique du savon. ▷ Adj. Qui concerne le savon. *L'industrie savonnière.* **2.** Porte-savon. **3.** Arbre des régions tropicales (genre *Sapindus,* fam. sapindacées), dont les fruits et le bois sont riches en saponine. – De *savon.*

savourer [savuʀe] v. tr. [1] **1.** Déguster, absorber lentement pour mieux goûter. *Savourer un vin, un mets.* **2.** Jouir de (qqch) avec lenteur, s'en délecter. *Savourer une vengeance. Savourer un compliment.* – De *saveur.*

savoureusement [savuʀøzmɑ̃] adv. Rare De façon savoureuse. *Une sauce savoureusement mitonnée.* – De *savoureux.*

savoureux, euse [savuʀø, øz] adj. **1.** Qui a une saveur, un goût agréable. **2.** Fig. Qui stimule agréablement l'intérêt. *Un récit savoureux.* – Du bas lat. *saporosus,* du lat. class. *sapor,* «saveur».

savoyard, arde [savwajaʀ, aʀd] ou, rare, **savoisien, ienne** [savwazjɛ̃, jɛn] adj. et n. De la Savoie. *La sylviculture savoyarde.* ▷ Subst. *Un(e) Savoyard(e).* – De *Savoie,* rég. de France.

saxatile [saksatil] adj. BOT Qualifie une plante qui pousse entre les rochers. – Lat. *saxatilis,* de *saxum,* «roc».

saxe [saks] n. m. Porcelaine de Saxe. *Un service de saxe.* ▷ Objet fait de cette porcelaine (bibelot, statuette, etc.). *De jolis saxes.* – De *Saxe,* n. d'une rég. d'Allemagne.

saxhorn [saksɔʀn] n. m. MUS Instrument à vent de la famille des cuivres, à embouchure et à pistons. – Du n. de l'inventeur belge A. *Sax* (1814-1894), et de l'all. *Horn,* «cor».

saxi-. Élément, du lat. *saxum,* «rocher, pierre».

saxicole [saksikɔl] adj. BOT Qui croît sur les rochers. – De *saxi-,* et *-cole.*

saxifragacées [saksifʀagase] n. f. pl. BOT Fam. de dicotylédones dialypétales des climats tempérés ou froids, proches des crassulacées, comprenant des plantes arbustives ou herbacées, aux fleurs régulières pentamères, dont le fruit est une capsule ou une baie (*saxifrage, hortensia, seringa,* etc.). Sing. *Une saxifragacée.* – De *saxifrage.*

saxifrage [saksifʀaʒ] n. f. BOT Plante herbacée (genre *Saxifraga*), dont certaines espèces *(désespoir des peintres)* sont cultivées pour l'ornement. – Lat. *saxifraga,* propr. «qui brise les rochers».

saxon, onne [saksõ, ɔn] **I.** adj. et n. **1.** adj. Des Saxons (V. encycl.). *Les royaumes saxons.* **2.** n. m. *Le vieux saxon:* la forme la plus archaïque du bas allemand. **II.** adj. De la Saxe. *Le climat saxon.* ▷ Habitant ou personne originaire de cette région. *Un(e) Saxon(ne).* – Bas lat. *Saxo, Saxonis.*

ENCYCL **Hist.** – Peuple germanique établi v. le IIe s. à l'embouchure de l'Elbe, les Saxons essaimèrent vers le S. et vers l'O., la branche frisonne s'implantant au Ve s. dans le S. de l'Angleterre. Après plus. campagnes difficiles, Charlemagne les soumit (797) et leur imposa le christianisme.

saxophone [saksɔfɔn] n. m. Instrument de musique à vent en cuivre, à clefs et à anche simple, pourvu d'un bec identique à celui d'une clarinette. *Saxophone soprano, alto, ténor, baryton.* (Abrév. *saxo.*) – De *Sax* (V. *saxhorn*), et *-phone.*

saxophoniste [saksɔfɔnist] n. Personne qui joue du saxophone. (Abrév. *saxo.*) – Du préc.

saynète [sɛnɛt] n. f. **1.** LITTER Petite pièce bouffonne du théâtre espagnol. **2.** Vieilli Sketch. – Esp. *sainete,* propr. «morceau de graisse qu'on donne aux faucons quand ils reviennent», d'où «assaisonnement», rattaché à *scène.*

sayon [sɛjõ] n. m. ANTIQ Casaque portée par les soldats gaulois et romains. – Esp. *sayón,* de *saya,* «manteau», lat. *sagum.*

Sb CHIM Symbole de l'antimoine (en lat. *stibium*).

sbire [sbiʀ] n. m. Péjor., litt. Policier. – Homme de main. – Bas lat. *burrus, birrus,* gr. *purros,* «roux»; par l'ital. *sbirro, birro,* «agent de police», à cause de la couleur de l'uniforme, ou de la valeur péjor. de *roux.*

Sc CHIM Symbole du scandium.

scabieuse [skabjøz] n. f. BOT Plante herbacée (genre *Scabiosa,* fam. dipsacacées) à fleurs violettes, roses ou blanches, groupées en capitules, entourées d'un involucre. – Lat. méd. *scabiosa,* du lat. *scabiosus,* «galeux», cette plante passant pour guérir la gale.

scabieux, euse [skabjø, øz] adj. MED Relatif à la gale; qui a l'aspect des lésions occasionnées par la gale. – Lat. *scabiosus,* «rugueux, galeux».

scabreux, euse [skabʀø, øz] adj. **1.** Qui comporte des risques, des difficultés. *Entreprise scabreuse. Problème scabreux.* **2.** Qui choque la décence. *Plaisanterie scabreuse.* – Bas lat. *scabrosus,* lat. *scaber,* «rude, raboteux».

scaferlati [skafɛʀlati] n. m. Tabac haché en lanières minces pour la cigarette ou la pipe. – Orig. incon.

1. scalaire [skalɛʀ] n. m. ZOOL Poisson dont le corps très aplati, souvent rayé de noir, affecte la forme d'un disque flottant verticalement. – Lat. *scalaris,* «d'escalier», de *scalæ, scalarum,* «escalier».

2. scalaire [skalɛʀ] adj. MATH *Grandeur scalaire,* dont la mesure s'exprime par un nombre seul (par oppos. aux *grandeurs vectorielles* qui comportent en plus une direction et un sens). ▷ *Produit scalaire de deux vecteurs* $\vec{V}_1$ (de composantes x_1, y_1, z_1) et $\vec{V}_2$ (de composantes x_2, y_2, z_2): nombre noté $\vec{V}_1.\vec{V}_2$, égal à $x_1x_2 + y_1y_2 + z_1z_2$. (Dans le plan, le produit scalaire de deux vecteurs est égal au produit de leur module par le cosinus de l'angle qu'ils forment: $\vec{V}_1.\vec{V}_2 = |V_1||V_2|.\cos\alpha$.) – Du lat. *scalaris,* par l'angl. *scalar.*

scalde [skald] n. m. LITTER Ancien poète scandinave. *Les poésies des scaldes, d'abord transmises oralement, furent recueillies par écrit et forment l'Edda et les Sagas.* – Scand. *skald,* «poète».

scalène [skalɛn] adj. et n. m. **1.** adj. GEOM *Triangle scalène,* dont les trois côtés sont inégaux. **2.** n. m. ANAT Chacun des trois muscles de la région sus-claviculaire, qui s'insèrent sur les premières côtes et les apophyses des premières vertèbres cervicales, et qui servent à l'inspiration. – Lat. *scalenus,* gr. *skalênos,* «boiteux», d'où «inégal, impair».

scalp [skalp] n. m. **1.** Action de scalper. ▷ Chevelure d'un ennemi conservée comme trophée. **2.** MED Arrachement traumatique d'une surface plus ou moins grande du cuir chevelu. – Mot angl.

scalpel [skalpɛl] n. m. Bistouri à lame fixe utilisé pour la dissection. – Du lat. *scapellum,* de *scalprum,* rac. *scalpere,* «graver, tailler».

scalper [skalpe] v. tr. [1] **1.** Découper circulairement la peau du crâne de (qqn) et l'arracher ensuite avec sa chevelure. **2.** Arracher accidentellement la peau du crâne. – Angl. *to scalp,* de *scalp,* «calotte crânienne».

scampi [skɑ̃pi] n. m. pl. Grosses crevettes *(Nepticops norvegicus)* servies généralement frites à la mode italienne. *Les langoustines (Nephrops norvegicus) sont souvent improprement appelées scampis.* – Mot ital., d'abord dial. vénitien, du gr. *hippocampos,* «cheval marin».

scandale [skɑ̃dal] n. m. **1.** RELIG Occasion de tomber dans le péché, donnée par de mauvais exemples, des discours corrupteurs. *Malheur à celui par qui le scandale arrive.* **2.** Effet que suscite un acte, un événement qui choque les habitudes, la morale. *Ses paroles ont fait scandale. Une telle injustice risque de causer un grand scandale.* ▷ Indignation causée par un tel acte. *Au grand scandale de ses auditeurs.* **3.** Événement, fait révoltant. *C'est un scandale!* **4.** Affaire malhonnête qui arrive à la connaissance du public. *Le scandale des pots-de-vin.* **5.** Bruit, désordre. *Faire du scandale. Scandale sur la voie publique.* – Lat. ecclés. *scandalum,* du bas lat.; du gr. *skandalon,* «obstacle, pierre d'achoppement».

scandaleusement [skɑ̃daløzmɑ̃] adv. D'une manière scandaleuse. – De *scandaleux.*

scandaleux, euse [skɑ̃dalø, øz] adj. **1.** Qui crée du scandale. *Une affaire scandaleuse.* **2.** Très choquant. *Une désinvolture scandaleuse.* – Bas lat. *scandalosus,* de *scandalum* (V. scandale).

scandaliser [skɑ̃dalize] v. tr. [1] Sembler scandaleux à. *Ces exactions scandalisèrent l'opinion publique.* ▷ v. pron. S'indigner. *Personne ne s'en est scandalisé, bien au contraire.* – Bas lat. ecclés. *scandalizare,* de *scandalum* (V. scandale).

scander [skɑ̃de] v. tr. [1] **1.** *Scander un vers,* en marquer les mètres. **2.** Prononcer en appuyant sur chaque syllabe. – Lat. *scandere,* propr. «escalader».

scandinave [skɑ̃dinav] adj. et n. De la Scandinavie. ▷ Subst. Habitant de la Scandinavie. ▷ *Langues scandinaves:* langues germaniques parlées en Scandinavie. ▷ *Alpes scandinaves:* chaîne de montagnes qui se formèrent au début du Tertiaire, grâce à une nouvelle surrection (surtout sensible en Norvège) de la chaîne calédonienne. – Du lat. *Scandinavia, Scadinavia,* ou *Scandia* «Scandinavie», d'un anc. germanique *skadinanja.*

scandium [skɑ̃djɔm] n. m. CHIM Métal gris clair brillant appartenant au groupe des terres rares; élément de numéro atomique Z = 21, de masse atomique 44,956 (symbole Sc). – D'ap. le lat. *Scandia,* «Scandinavie».

scanner [skanɛʀ] n. m. Anglicisme **1.** TECH Appareil de sélection utilisé en photogravure pour la reproduction des couleurs et qui analyse par rayon lumineux, point par point, le document à reproduire. **2.** MED Syn. de *scannographe* et *tomodensitomètre.* – Mot angl., de *to scan,* «examiner».

scannographe ou **scanographe** [skanɔgʀaf] n. m. MED Appareil de radiographie par rayon X permettant d'obtenir des séries de tomographies* traitées par ordinateur. Syn. (déconseillé) scanner. – De *scanner,* et *-graphe.*

scannographie ou **scanographie** [skanɔgʀafi] n. f. Technique, application du scannographe. – De *scanner,* et *-graphie.*

scansion [skɑ̃sjɔ̃] n. f. Didac. Action ou manière de scander un vers. – Lat. *scansio.*

scaphandre [skafɑ̃dʀ] n. m. Équipement isolant individuel des plongeurs subaquatiques, des astronautes, etc. – Du gr. *skaphê,* «barque», et *anêr, andros,* «homme»; propr. «homme-barque».

ENCYCL Le scaphandre classique, constitué par un casque relié à la surface par deux tubulures, l'une par laquelle on envoie de l'air comprimé et l'autre par laquelle on évacue l'air vicié, est auj. remplacé par le scaphandre *autonome,* dans lequel l'air ou le mélange respiratoire (hélium-oxygène, par ex.) est stocké sous pression dans des bouteilles placées sur le dos du plongeur (homme-grenouille). Les scaphandres *spatiaux* comprennent une enveloppe étanche isolée thermiquement et munie de systèmes de pressurisation, de climatisation et d'alimentation en oxygène. Les scaphandres sont aussi utilisés lors de la lutte contre les incendies et pour se déplacer dans une atmosphère contaminée.

scaphandrier [skafɑ̃dʀije] n. m. Plongeur équipé d'un scaphandre. – Du préc.

scaphite [skafit] n. m. PALEONT Ammonite du Crétacé, à spire déroulée. – Du gr. *skaphê,* «barque».

scaphoïde [skafɔid] adj. et n. m. ANAT En forme de nacelle. *Os scaphoïde* ou, n. m., *le scaphoïde:* petit os de la rangée supérieure des os du carpe et de la rangée antérieure des os du tarse. – Gr. *skaphoeidês,* «en forme de barque».

scaphopode [skafɔpɔd] n. m. ZOOL Mollusque marin ovipare, à pied allongé, à coquille en forme de cornet, tel que les dentales, vivant dans le sable ou la vase. – Du gr. *scaphê,* «barque», en raison de la forme de la coquille, et *-pode.*

scapulaire [skapylɛʀ] n. m. et adj. **I.** n. m. **1.** Vêtement porté par certains religieux, fait d'une pièce d'étoffe qui tombe, depuis les épaules, devant et derrière. **2.** Objet de dévotion composé de deux petits morceaux d'étoffe bénie, réunis par des rubans qui s'attachent autour du cou. **3.** CHIR Large bande de toile passée sur les épaules pour soutenir un bandage. **II.** adj. ANAT De l'épaule. *Artère scapulaire. Ceinture scapulaire:* squelette de l'épaule. – Du lat. *scapulæ,* «épaules».

scapulo-huméral, ale, aux [skapylɔymeʀal, o] adj. ANAT Qui concerne l'omoplate et l'humérus. – Du rad. de *scapulaire,* et *huméral.*

scarabée [skaʀabe] n. m. **1.** Insecte coléoptère aux élytres colorés à reflets métalliques. **2.** Pierre égyptienne gravée, en forme de scarabée. – Lat. *scarabæus,* du gr. *karabos.*

scarabéidés [skaʀabeide] n. m. pl. ENTOM Famille de coléoptères lamellicornes comprenant plus de vingt mille espèces (scarabées, bousiers, hannetons, cétoines, etc.) (Les larves sont des vers blancs; les adultes sont phytophages – et souvent très nuisibles – ou coprophages.) – Du préc., et suff. *-idés.*

scare [skaʀ] n. m. ZOOL Poisson aux couleurs vives appelé aussi *perroquet de mer.* – Lat. *scarus,* gr. *skaros,* propr. «bondissant».

scarieux, euse [skaʀjø, øz] adj. BOT Se dit d'un organe mince, sec et semi-transparent. – Lat. sav. *scariosus,* du lat. médiév. *scaria,* «bouton, lèpre», du gr. *eskhara,* «croûte».

scarifiage [skaʀifjaʒ] n. m. AGRIC Action de scarifier. – De *scarifier.*

scarificateur [skaʀifikatœʀ] n. m. **1.** MED Appareil permettant de faire une scarification. **2.** AGRIC Cadre muni de dents monté à l'arrière d'un tracteur pour scarifier le sol. – De *scarifier.*

scarification [skaʀifikasjɔ̃] n. f. **1.** MED Incision non sanglante de l'épiderme, pratiquée notam. pour une vaccination. ▷ Dans certains groupes ethniques, marquage rituel symbolisant l'appartenance au groupe, obtenu en introduisant un pigment ou une substance irritante dans une ou plusieurs incisions. **2.** ARBOR Incision sur l'écorce d'un arbre, destinée à arrêter la circulation de la sève au voisinage des fruits. – Lat. *scarificatio.*

scarifier [skaʀifje] v. tr. [1] **1.** MED Pratiquer une scarification sur. **2.** AGRIC Labourer légèrement au scarificateur. **3.** ARBOR Faire une incision sur (l'écorce d'un arbre). – Bas lat. *scarificare,* du gr. *skariphos,* «stylet».

scarlatine [skaʀlatin] n. f. et adj. f. Maladie infectieuse avec fièvre et éruption érythémateuse. – Adj. f. *Fièvre scarlatine.* – Du lat. médiév. *scarlatum.* Cf. écarlate.

ENCYCL La scarlatine a pour agent un streptocoque. Après une incubation de deux à sept jours, elle débute brutalement, par une forte fièvre et une angine rouge; l'éruption, qui apparaît en 24 heures, est caractérisée par: un exanthème sur le tronc, la racine des membres, la base du cou, les plis de flexion, qui se généralise; un énanthème de la muqueuse buccale, la langue devenant de couleur framboise. Alors se produit la desquamation: l'épiderme se ride et se décolle en lambeaux plus ou moins larges. Le traitement par la pénicilline permet d'éviter les complications rénales, rhumatismales et infectieuses auxquelles la maladie devait autref. sa gravité.

scarlatiniforme [skaʀlatinifɔʀm] adj. MED Qui ressemble à la scarlatine. – Du préc, et *-forme.*

scarole [skaʀɔl] ou **escarole** [ɛskaʀɔl] n. f. Chicorée aux longues feuilles peu dentées. – Ital. *scariola,* bas lat. *escariola,* «endive», du class. *escarius,* «qui est bon à manger», de *esca,* «nourriture».

scat [skat] n. m. MUS Style de jazz vocal dans lequel une partie au moins des paroles est remplacée par des onomatopées. *Louis Armstrong, Ella Fitzgerald, grands virtuoses du scat.* – Mot amér., onomatopée.

scato-. Élément, du gr. *skatos,* génitif de *skôr,* «excrément».

scatologie [skatɔlɔʒi] n. f. Propos, écrits portant sur les excréments. – Caractère de tels propos, de tels écrits. – De *scato-,* et *-logie.*

scatologique [skatɔlɔʒik] adj. De la nature de la scatologie. – De *scatologie.*

scatophile [skatɔfil] adj. SC NAT Qui vit, qui pousse sur les excréments. – De *scato-,* et *-phile.*

sceau [so] n. m. **1.** Cachet gravé en creux dont on fait des empreintes avec de la cire sur des actes pour les rendre authentiques ou les clore de façon inviolable. ▷ *Garde des Sceaux:* ministre de la Justice en France. **2.** Empreinte ainsi obtenue. *Apposer son sceau.* **3.** Fig. Caractère inviolable. *Confier sous le sceau du secret.* **4.** Fig. Marque, signe. *Le sceau du génie.* – Du lat. pop. **sigellum,* class. *sigillum,* de *si-*

gnum, «marque, signe, empreinte»; *c* ajouté pour le distinguer de *seau*.

sceau-de-salomon [sod(ə)salɔmɔ̃] n. m. Plante des bois (*Polygonatum vulgare*, fam. liliacées), aux fleurs blanc verdâtre, dont le rhizome porte des empreintes semblables à un sceau. *Des sceaux-de-salomon*. – De *sceau*, et *Salomon*, n. propre.

scélérat, ate [seleʀa, at] adj. et n. **1.** Vx Coupable ou capable de crimes, d'actions malhonnêtes. ▷ Subst. Vieilli *Un scélérat*. **2.** Litt. Infâme. – Lat. *sceleratus*, «criminel», rac. *scelus, sceleris*, «crime».

scélératesse [seleʀatɛs] n. f. Vx ou litt. Façon d'agir d'un scélérat. – Du préc.

scellage [sɛlaʒ] n. m. TECH Action de sceller. – De *sceller*.

scellé [sele] n. m. DR Bande d'étoffe ou de papier fixée à ses extrémités par de la cire, apposée par autorité de justice sur les ouvertures d'un meuble ou d'un local pour assurer la conservation de ce qu'il renferme. *Mettre, apposer les scellés*. – Pp. subst. de *sceller*.

scellement [sɛlmɑ̃] n. m. CONSTR **1.** Action de sceller; résultat de cette action. **2.** Extrémité scellée dans la maçonnerie d'une pièce de bois, de métal, etc. – De *sceller*.

sceller [sele] v. tr. [1] **1.** Appliquer un sceau sur (qqch). *Sceller une lettre*. **2.** Apposer les scellés sur. *Sceller un coffre*. **3.** Fermer hermétiquement. *Sceller une bouteille*. **4.** CONSTR Fixer l'extrémité d'une pièce dans un mur avec du plâtre, du ciment. **5.** Fig. Confirmer, ratifier comme avec un sceau. *Sceller une alliance*. – Du lat. pop. **sigellare*, de *sigillare*, «empreindre, sceller», du class. *sigillum* (V. sceau).

scénario [senaʀjo] n. m. **1.** Canevas d'une pièce de théâtre. *Des scénarios*, ou, vieilli, *des scenarii*. ▷ Par ext. *Scénario d'un roman*. **2.** Description détaillée des différentes scènes d'un film; sujet, intrigue d'un film. *Adapter un scénario original*. **3.** Fig. Déroulement préétabli, concerté, de qqch; plan d'action. *L'enlèvement a été perpétré selon un scénario soigneusement mis au point*. – Ital. *scenario*, propr. «décor», de *scena*, «scène», mot lat.

scénariste [senaʀist] n. Auteur de scénarios pour le cinéma et la télévision. – De *scénario*.

scène [sɛn] n. f. **1.** Partie du théâtre où jouent les acteurs. *Il entre en scène au deuxième acte. Mettre en scène une pièce*, en régler la représentation (jeu des acteurs, effets sonores et de lumière, décor, etc.). **2.** Le théâtre. *Cet acteur est passé de la scène à l'écran*. **3.** Lieu où se passe l'action. *La scène est à Paris*. ▷ Décor. *La scène représente le palais d'Auguste*. **4.** Chacune des parties d'une pièce de théâtre. *Les pièces sont divisées en actes et les actes en scènes*. **5.** Action offrant qqch de remarquable, d'émouvant. *Être témoin d'une scène attendrissante*. **6.** Querelle. *Scène de ménage. Faire une scène à qqn*. – Lat. *scæna*, gr. *skênê*, «cabane, tréteau, scène».

scénique [senik] adj. **1.** Adapté aux exigences du théâtre. *Lieu scénique*. **2.** Qui a rapport à la scène, au théâtre. *Art scénique*. – Lat. *scœnicus*, gr. *skênikos*.

scéniquement [senikmɑ̃] adv. D'un point de vue scénique, théâtral. – Du préc.

scénographie [senɔgʀafi] n. f. **1.** Technique des aménagements intérieurs des théâtres, et en partic. de la scène. **2.** Art de représenter en perspective (les sites, les édifices). – Lat. *scenographia*, gr. *skênographia*.

scénologie [senɔlɔʒi] n. f. Didac. Science de la mise en scène. – De *scène*, et *-logie*.

scepticisme [sɛptisism] n. m. **1.** PHILO Doctrine philosophique qui conteste à l'esprit la possibilité d'atteindre avec certitude à la connaissance et érige le doute en système. *Le scepticisme a été représenté dans l'Antiquité par Pyrrhon*. **2.** Incrédulité, doute. *Ses paroles ont été accueillies avec scepticisme*. – De *sceptique*.

sceptique [sɛptik] adj. et n. **1.** PHILO Qui professe le scepticisme; qui se rapporte à cette doctrine. **2.** Incrédule, non croyant. **3.** Non convaincu. *Je reste sceptique quant à l'aboutissement du projet*. – Gr. *skeptikos*, propr. «observateur», de *skeptesthai*, «observer».

sceptiquement [sɛptikmɑ̃] adv. D'une manière sceptique. – Du préc.

sceptre [sɛptʀ] n. m. **1.** Bâton de commandement, symbole de l'autorité monarchique. **2.** Fig. Pouvoir souverain. *Un sceptre de fer*: une autorité despotique. **3.** Fig. Supériorité, prééminence en quelque domaine. *Tenir bien haut le sceptre de...* – Lat. *sceptrum*, gr. *skêptron*.

schabraque. V. chabraque.

schāh, shāh ou **chāh** [ʃa] n. m. Titre des souverains d'Iran. – Mot persan, «roi, empereur».

schako. V. shako.

schappe [ʃap] n. m. ou f. TECH Fils obtenus par filature des déchets de soie. – Mot germ., dial. de Suisse.

schapska. V. chapska.

scheidage [ʃedaʒ] n. m. TECH Triage à la main du minerai. – De l'all. *scheiden*, «séparer».

scheikh. V. cheik.

schelem. V. chelem.

schéma [ʃema] n. m. **1.** Représentation simplifiée d'un objet, destinée à expliquer sa structure, à faire comprendre son fonctionnement. *Schéma d'un moteur, de la circulation sanguine*. ▷ Dessin, diagramme représentant un ensemble de relations. *Schéma de l'organisation d'une entreprise, ou organigramme*. – *Schéma directeur*, fixant le développement de l'urbanisation d'une région. **2.** Plan sommaire (d'un ouvrage de l'esprit). **3.** DR CANON Proposition soumise à un concile. – Lat. *schema*, gr. *skhêma*, «manière d'être, figure».

schématique [ʃematik] adj. **1.** Qui constitue un schéma, une représentation simplifiée. *Coupe schématique de l'œil*. **2.** Péjor. Sommaire, rudimentaire, sans nuance. *Conceptions trop schématiques*. – De *schéma*.

schématiquement [ʃematikmɑ̃] adv. **1.** D'une manière schématique. **2.** Sommairement. – Du préc.

schématisation [ʃematizasjɔ̃] n. f. Action, fait de schématiser; son résultat. – De *schématiser*.

schématiser [ʃematize] v. tr. [1] **1.** PHILO Considérer (les objets) comme des schèmes. **2.** Représenter d'une manière schématique. – De *schème, schéma*.

schématisme [ʃematism] n. m. **1.** PHILO Usage des schèmes, chez Kant. **2.** Caractère schématique. – Péjor. Simplification excessive. – Lat. *schematismus*, du gr. *skhêmatismos*, de *skhêma*, «manière d'être, figure».

schème [ʃɛm] n. m. **1.** PHILO Chez Kant, représentation qui assure un rôle d'intermédiaire entre les catégories de l'entendement et les phénomènes sensibles. *Le schème pur de la quantité est le nombre*. **2.** Didac. Disposition, forme, structure. – Lat. *schema, schematis*, «figure».

scherzando [skɛʀdzɑ̃do] adv. MUS Avec légèreté et gaieté (indication de mouvement). – Mot ital., propr. «en badinant».

scherzo [skɛʀdzo] n. m. et adv. MUS Morceau de caractère vif et brillant. ▷ Adv. Dans le mouvement du scherzo. – Mot ital., propr. «badinage».

schibboleth [ʃibɔlɛt] n. m. Rare Test, épreuve décisive. – Mot hébreu, «épi», d'après le récit biblique selon lequel les gens de Galaad reconnaissaient ceux d'Éphraïm en fuite à leur façon de prononcer ce mot.

schiedam [skidam] n. m. Eau-de-vie de Belgique et des Pays-Bas, parfumée au genièvre. – De *Schiedam*, v. de Hollande.

schilling [ʃiliŋ] n. m. Unité monétaire de l'Autriche. – Mot all., du moyen néerl. *schellinc*, même rac. que l'angl. *shilling*.

schismatique [ʃismatik] adj. et n. Qui fait schisme. *Secte schismatique*. – De *schisme*.

schisme [ʃism] n. m. **1.** Séparation amenant la rupture de l'unité des fidèles, dans une religion. **2.** Division, scission dans un mouvement, un groupe, un parti. – Lat. ecclés. *schisma*, gr. *skhisma*, «séparation», de *skhizein*, «fendre».

ENCYCL **Relig. cathol.** – On distingue le schisme, rupture de la communion fraternelle, et l'hérésie, rupture de la cohésion doctrinale. Le premier, du point de vue juridique, se manifeste par un refus d'obéissance au pape, à la communauté chrétienne ou à l'évêque (lequel est en communion avec le pape, évêque de Rome). Les princ. schismes de l'histoire de l'Église catholique sont: celui des donatistes, au IVe s.; le schisme d'Orient, au XIe s., provoqué par les désaccords qui opposaient, dès le IVe s., le clergé byzantin au clergé romain et, en partic., par le refus du patriarche de Constantinople de se soumettre au pape; le grand schisme d'Occident, qui divisa l'Église de 1378 à 1417 et la remit en cause gravement, donnant lieu à l'élection de plusieurs papes siégeant simultanément, certains à Rome, d'autres à Avignon. Le schisme se termina, lors du concile de Constance (1414-1418), avec la reconnaissance de Martin V comme seul pape (1417).

schiste [ʃist] n. m. Roche sédimentaire de structure feuilletée, provenant de la transformation des argiles par déshydratation et action de pressions orientées. *Schiste vert. Schiste à grenats, micacé, schiste bitumineux**. – Du lat. *schistus (lapis)*, propr. «pierre séparée», du gr. *skhistos*, «qu'on peut fendre» (V. aussi schisme).

schisteux, euse [ʃistø, øz] adj. MINER De la nature du schiste. *Roche schisteuse*. – Du préc.

schistoïde [ʃistɔid] adj. MINER Qui a la structure feuilletée du schiste. – De *schiste*, et *-oïde*.

schistosoma [ʃistozoma] n. m. Syn. de *bilharzie*. – Du gr. *skhistos*, «fendu».

schizo-. Élément, du gr. *skhizein*, «fendre».

schizogamie [skizogami] n. f. BIOL Mode de reproduction asexuée par division de l'organisme. – De *schizo-*, et *-gamie*.

schizoïde [skizɔid] adj. et n. PSYCHIAT Atteint de schizoïdie. – De *schiz(ophrène)*, et *-oïde*.

schizoïdie [skizɔidi] n. f. PSYCHIAT Constitution mentale prédisposant à la schizophrénie, caractérisée par le repli sur soi-même, la prépondérance de la vie intérieure, l'inaptitude à s'extérioriser. – Du préc.

schizophrène [skizɔfʀɛn] n. et adj. Malade atteint de schizophrénie. – De *schizophrénie*.

schizophrénie [skizɔfʀeni] n. f. PSYCHIAT Psychose caractérisée par une dissociation des différentes fonctions psychiques et mentales, accompagnée d'une perte de contact avec la réalité et d'un repli sur soi du malade (autisme). – Mot all., de *schizo-*, et du gr. *phrên, phrenos*, «esprit».

schlague [ʃlag] n. f. Punition corporelle (coups de baguette) en usage dans les anciennes armées allemandes. ▷ Fig. *Mener, conduire à la schlague*, d'une manière autoritaire et brutale. – All. *Schlag*, «coup».

schlamm [ʃlam] n. m. MINES Poudre fine, produit du concassage d'un minerai. – Mot all., propr. «boue».

1. schlass ou **schlasse** [ʃlas] adj. inv. Pop. Ivre. *Il est complètement schlass*. – All. *schlass*, «très fatigué».

2. schlass [ʃlas] n. m. Pop. Couteau. – Angl. *slasher*, «arme blanche».

schlinguer. V. chelinguer.

schnaps [ʃnaps] n. m. Eau-de-vie de pomme de terre ou de grain fabriquée dans les pays germaniques. ▷ Fam. Eau-de-vie. – Mot all., de *schnappen*, «happer, aspirer».

schnauzer [ʃnozɛʀ] n. m. Chien à poil dru, proche du griffon. – Mot suisse all., de l'all. *Schnauz*, «moustache».

schnock ou **schnoque** [ʃnɔk] adj. inv. et n. Fam. Imbécile, un peu fou. *Un vieux schnock*. – Orig. incert.

schnorchel ou **schnorkel** [ʃnɔʀkɛl] n. m. MAR Dispositif permettant à un sous-marin en plongée périscopique de rester en communication avec l'atmosphère et d'utiliser ses diesels pour assurer sa propulsion et recharger ses batteries, utilisé pour la première fois sur les sous-marins allemands en 1943-1944. – Mot all., «renifleur».

schnouf ou **chnouf** [ʃnuf] n. f. Arg. vieilli Cocaïne en poudre (drogue). – Par ext. Drogue, en général. – De l'all. *Schnupf (tabak)*, «tabac à priser».

scholie, scholiaste. V. scolie, scoliaste.

schooner [skunœʀ] ou [ʃunœʀ] n. m. MAR Vieilli Goélette. – Mot néerl.

schorre [ʃɔʀ] n. m. GEOMORPH Partie haute de la zone vaseuse d'un estuaire et du littoral proche, où croissent des plantes halophiles. *Le schorre constitue le début de la formation des polders*. – Mot flamand, du néerl. *schor*, «alluvion».

schrapnel. V. shrapnel.

schuss [ʃus] n. m. et adv. SPORT Au ski, descente en trace directe suivant la ligne de la plus grande pente. ▷ Adv. *Descendre schuss*. – D'ap. l'all. *Schussfahrt*, «descente à ski en ligne droite».

sciage [sjaʒ] n. m. Opération, travail consistant à scier. *Sciage du bois, de la pierre, du métal*. – De *scier*.

scialytique [sjalitik] n. m. et adj. Didac. Appareil d'éclairage muni d'un réflecteur à miroirs éliminant les ombres portées, utilisé dans les salles de chirurgie. – Adj. *Lampe scialytique*. – Nom déposé, d'ap. le gr. *skia*, «ombre», et *luein*, «délier, dissoudre».

sciatique [sjatik] adj. et n. **1.** adj. ANAT De la hanche, qui a rapport à la hanche. *Petite et grande échancrures sciatiques de l'os iliaque*. ▷ *Nerf grand sciatique* ou, n. m., *le sciatique*: nerf sensitivo-moteur, branche terminale du plexus sacré, qui innerve le bassin, la fesse et la face postérieure de la cuisse, où il se divise en *sciatiques poplités*, externe et interne, qui innervent la jambe et le pied. **2.** n. f. MED Affection douloureuse due à l'irritation du nerf sciatique ou de ses racines. – Lat. *sciaticus*, «qui souffre de sciatique», du gr. *iskhiadikos*, de *iskhion*, «hanche».

ENCYCL Selon la racine du nerf sciatique irritée, on distingue la sciatique L5 (5e racine lombaire) et la sciatique S1 (1re racine sacrée), qui diffèrent par la topographie de la douleur et par leurs signes cliniques. Les sciatiques ont des causes diverses (hernie discale, notam.) et leur traitement est essentiellement fondé sur le repos au lit, l'emploi d'analgésiques, puis, si nécessaire, l'infiltration locale de corticoïdes, des manipulations, des tractions vertébrales, la radiothérapie; la chirurgie est parfois indiquée.

scie [si] n. f. **I. 1.** Instrument dont la partie essentielle est une lame d'acier munie de dents et dont on se sert pour diviser les matières dures. *Scie égoïne**.

Scie circulaire. Scie à métaux. ▷ MUS *Scie musicale:* instrument de musique burlesque affectant la forme d'une scie égoïne dont on met la lame en vibration au moyen d'un archet. **2.** Fig., fam. Chose dont la monotonie fatigue; personne ennuyeuse. *Quelle scie!* ▷ Chanson, refrain dont la répétition fatigue; rengaine. **II.** ZOOL Poisson sélacien (raie ou requin) au museau prolongé par un long rostre aplati hérissé de chaque côté de dents pointues et tranchantes. ▷ Appos. *Poisson scie,* raie* au corps allongé (genre *Pristis*) des eaux tropicales. – Déverbal de *scier.*

sciemment [sjamɑ̃] adv. En sachant ce que l'on fait; de propos délibéré, volontairement. *Commettre une faute sciemment.* – De l'anc. adj. *sciiens,* «instruit», lat. *sciens, scientis,* ppr. de *scire,* «savoir».

science [sjɑ̃s] n. f. **I. 1.** Vx ou dans certaines loc. figées. Connaissance que l'on a d'une chose. *La science du bien et du mal.* ▷ *Avoir la science infuse:* savoir les choses par une inspiration surnaturelle. Plaisant Prétendre tout connaître sans avoir étudié. **2.** Savoir, ensemble de connaissances que l'on acquiert par l'étude, l'expérience, l'observation, etc. *Cet homme est un puits de science.* **3.** Savoir-faire, compétence, habileté. *La science d'un peintre. Mentir avec science.* **II. 1.** Branche du savoir; ensemble, système de connaissances sur une matière déterminée. *La science historique. Les sciences occultes*.* **2.** Corps de connaissances constituées, articulées par déduction logique et susceptibles d'être vérifiées par l'expérience. *Les mathématiques, la physique sont des sciences. Sciences expérimentales. Sciences humaines.* ▷ Absol. *Les sciences:* les sciences fondées essentiellement sur le calcul et l'observation (mathématiques, physique, chimie, etc.). *Faculté des sciences. Les sciences et les lettres.* **3.** *La science:* l'activité humaine tendant à la découverte des lois qui régissent les phénomènes; l'ensemble des sciences (sens II, 2). *Les progrès de la science.* – Lat. *scientia,* «connaissance», de *scire,* «savoir».

science-fiction [sjɑ̃sfiksjɔ̃] n. f. Anglicisme Genre romanesque qui cherche à décrire une réalité à venir, à partir des données scientifiques du présent ou en extrapolant à partir de celles-ci. *Jules Verne est considéré comme l'initiateur de la science-fiction française. Récit de science-fiction, ou d'anticipation.* – Par ext. *Film de science-fiction.* – Abrév. Fam. *S.F.* – De *science,* et *fiction,* d'ap. l'angl. *science fiction,* «fiction scientifique».

sciène [sjɛn] n. f. ZOOL Grand poisson perciforme de l'Atlantique *(Sciæna aquila),* comestible, prédateur des sardines et des maquereaux. – Lat. *sciæna,* gr. *siaina.*

scientificité [sjɑ̃tifisite] n. f. Caractère de ce qui est scientifique. *Scientificité d'une approche.* – De *scientifique.*

scientifique [sjɑ̃tifik] adj. et n. **I.** adj. **1.** Qui concerne la science ou les sciences. *Recherches, découvertes scientifiques.* **2.** Conforme aux procédés rigoureux, aux méthodes précises des sciences. *Observation scientifique.* **II.** n. Personne qui étudie les sciences; spécialiste d'une science. *Les littéraires et les scientifiques.* – Bas lat. *scientificus.*

scientifiquement [sjɑ̃tifikmɑ̃] adv. D'une manière scientifique. *Théorie scientifiquement démontrée.* – Du préc.

scientisme [sjɑ̃tism] n. m. Attitude intellectuelle, tendance de ceux qui pensent trouver dans la science la solution des problèmes philosophiques. – De *scientiste.*

scientiste [sjɑ̃tist] adj. et n. Qui relève du scientisme; qui adhère au scientisme. *Idéologie scientiste.* – Subst. *Un scientiste convaincu.* – Du lat. *scientia,* «connaissance».

scier [sje] v [1] **I.** v. tr. **1.** Fendre, couper avec une scie. *Scier du bois, du métal.* **2.** Fig., fam. Fatiguer, ennuyer. *Elle me scie avec ses lamentations perpétuelles.* **3.** Fig., pop. Surprendre, étonner fortement. *Cette histoire m'a scié.* **II.** v. intr. EQUIT Tirer alternativement la rêne droite et la rêne gauche. *Scier du bridon.* – Du lat. *secare,* «couper».

scierie [siʀi] n. f. Usine où l'on scie le bois à la machine. – De *scier.*

scieur [sjœʀ] n. m. Personne dont le travail consiste à scier. – Surtout dans la loc. *scieur de long* (anc.): ouvrier qui débitait des troncs d'arbres, de grandes pièces de bois, etc., dans le sens de la longueur. – De *scier.*

scille [sil] n. f. BOT Plante liliacée (genre *Scilla*) aux fleurs bleues, violettes ou jaunes, dont certaines espèces possèdent des propriétés tonicardiaques et diurétiques. – Lat. *scilla,* gr. *skilla.*

scinder [sɛ̃de] v. tr. [1] Couper, diviser, fractionner (une chose abstraite; un groupe). ▷ v. pron. *Ce parti s'est scindé en deux.* – Lat. *scindere,* «fendre, diviser».

scinque [sɛ̃k] n. m. ZOOL Reptile saurien (genres *Scincus* et voisins, constituant la fam. des scincidés, riche de plus de 800 espèces) vivant dans les régions sableuses désertiques. – Lat. *scincus,* gr. *skigkos.*

scintigramme [sɛ̃tigʀam] ou **scintillogramme** [sɛ̃tillɔgʀam] n. m. MED Document obtenu au moyen d'un scintigraphe. – De *scinti(llation),* et *-gramme.*

scintigraphe [sɛ̃tigʀaf] ou **scintillographe** [sɛ̃tillɔgʀaf] n. m. MED Appareil servant à explorer l'organisme par scintigraphie. – De *scinti(llation),* et *-graphe.*

scintigraphie [sɛ̃tigʀafi] ou **scintillographie** [sɛ̃tillɔgʀafi] n. f. MED Procédé de diagnostic consistant à suivre le cheminement dans l'organisme d'un isotope radioactif émetteur de rayons gamma. Syn. gammagraphie. – De *scinti(llation),* et *-graphie.*
ENCYCL L'isotope radioactif dont on veut suivre le cheminement dans l'organisme est introduit par voie buccale, intraveineuse ou sous-cutanée. Le rayonnement qu'émet cet isotope est enregistré par un compteur à scintillations et reporté sur un document qui donne des renseignements topographiques sur l'organe observé, sur son intégrité, sur ses modifications tissulaires, etc.

scintillant, ante [sɛ̃tijɑ̃, ɑ̃t] adj. **1.** Qui scintille. *Étoile scintillante.* **2.** Fig. Litt. Pétillant, brillant. *Conversation scintillante.* – Ppr. de *scintiller.*

scintillation [sɛ̃tijasjɔ̃] ou [sɛ̃tillasjɔ̃] n. f. **1.** Variation de l'éclat apparent des étoiles, due à la réfraction de la lumière à travers des couches d'air inégalement réfringentes. ▷ *Par anal.* ASTRO Variation du rayonnement électromagnétique émis par les radiosources (pulsars, en partic.) sous l'effet du vent* solaire. **2.** PHYS Luminescence de faible durée. *Compteur à scintillations.* **3.** Variation rapide d'éclat, vibration lumineuse. Syn. scintillement. – Lat. *scintillatio,* «éblouissement».

scintillement [sɛ̃tijmɑ̃] n. m. **1.** Fait de scintiller; éclat de ce qui scintille. **2.** ELECTR Effet parasite provoqué par une variation de la vitesse de défilement d'une bande magnétique. – Scintillation, vibration de l'image d'un écran de télévision. – De *scintiller.*

scintiller [sɛ̃tije] v. intr. [1] **1.** Briller d'un éclat irrégulier et tremblotant. *Les étoiles scintillent.* **2.** Briller en jetant des éclats comparables à des étincelles. *Ce diamant scintille.* Syn. étinceler. – Lat. *scintillare,* de *scintilla,* «étincelle».

scintillogramme, scintillographe, scintillographie. V. scintigramme, scintigraphe, scintigraphie.

scion [sjõ] n. m. **1.** Jeune rameau mince et flexible. ▷ ARBOR Très jeune arbre greffé dont le greffon n'est pas encore ramifié. **2.** PECHE Brin très fin qui termine une canne à pêche. – Du frq. **kith*, «rejeton», et suff. dimin. *-on.*

sciotte [sjɔt] n. f. TECH **1.** Scie légère employée surtout pour le tronçonnage des billes de bois. **2.** Scie servant à tailler la pierre ou le marbre. – Dimin. de *scie.*

scirpe [siʀp] n. m. BOT Plante herbacée (genre *Scirpus*, fam. cypéracées) des terrains marécageux dont une espèce, cour. nommée *jonc des tonneliers*, est utilisée en vannerie. – Lat. *scirpus*, «jonc».

scissile [sisil] adj. Didac. Qui peut être fendu, séparé en lamelles. *L'ardoise est scissile.* Syn. fissile. – Bas lat. *scissilis*, «qui se partage en lames», du pp. de *scindere*, «fendre».

scission [sisjõ] n. f. **1.** Action, fait de se scinder (groupes). *Une scission s'est produite dans le parti.* Syn. division, schisme. **2.** BIOL, PHYS Séparation, division, fission. – Lat. *scissio*, de *scindere*, «fendre, diviser».

scissionnisme [sisjɔnism] n. m. POLIT Tendance scissionniste. – De *scission.*

scissionniste [sisjɔnist] adj. et n. Didac. Qui fait, qui provoque une scission dans un groupe. ▷ Subst. *Des scissionnistes.* Syn. dissident. – De *scission.*

scissipare [sisipaʀ] adj. BIOL Qui se reproduit par scissiparité. – Du lat. *scissum*, de *scindere*, «diviser», et *-pare.*

scissiparité [sisipaʀite] n. f. BIOL Mode de reproduction asexuée (des protozoaires, notam.) par division en deux. – Du préc.

scissure [sisyʀ] n. f. ANAT Sillon à la surface de certains organes (poumons, hémisphères cérébraux). – Lat. *scissura*, de *scindere*, «fendre, diviser».

sciure [sjyʀ] n. f. Poussière résultant du travail de la scie. *Sciure de bois, de marbre. – Absol.* Sciure de bois. – De *scier.*

sciuridés [sjyʀide] n. m. pl. ZOOL Famille de mammifères rongeurs dont le type est l'écureuil (genre *Sciurus*). – Du lat. *sciurus*, gr. *skiouros*, «écureuil».

sclér(o)-. Élément, du gr. *sklêros*, «dur».

scléral, ale, aux [skleʀal, o] adj. ANAT Relatif à la sclérotique. – Du rad. de *sclérotique.*

sclérenchyme [skleʀɑ̃ʃim] n. m. BOT Tissu végétal formé de cellules aux parois fortement lignifiées. – De *sclér-*, et *(par)enchyme.*

scléreux, euse [skleʀø, øz] adj. MED Atteint de sclérose. – Du gr. *sklêros*, «dur».

sclérification [skleʀifikasjõ] n. f. BOT Durcissement des parois cellulaires, d'un organe, etc., par dépôt de sels minéraux, de lignine, etc. – De *sclér-*, sur le modèle de *(oss)ification.*

sclérifié, ée [skleʀifje] adj. BOT Qui a subi une sclérification. – Du préc.

sclérodermie [skleʀodɛʀmi] n. f. MED Affection cutanée caractérisée par une induration profonde de la peau, parfois accompagnée de lésions viscérales. – De *scléro-*, et *-dermie.*

scléroprotéine [skleʀopʀɔtein] n. f. BIOCHIM Protéine du tissu conjonctif et des os. – De *scléro-*, et *protéine.*

sclérose [skleʀoz] n. f. **1.** MED Durcissement pathologique d'un organe ou d'un tissu, dû à une hypertrophie du tissu conjonctif accompagnée d'une formation abondante de collagène. *Sclérose des artères, ou artériosclérose. – Sclérose en plaques:* maladie caractérisée par des lésions disséminées dans tout le système nerveux central et intéressant surtout la substance blanche, dont la myéline se dégrade progressivement. – *Sclérose latérale amyotrophique:* maladie liée à des lésions de la moelle et caractérisée par des phénomènes de paralysie spasmodique et une atrophie musculaire progressive. **2.** Fig. État d'un esprit, d'une institution, etc., sclérosés. *Sclérose des mentalités. Sclérose d'une administration.* – Du gr. *sklêrôsis*, «durcissement», de *sklêros*, «dur».

sclérosé, ée [skleʀoze] adj. **1.** MED Atteint de sclérose. **2.** Fig. Qui a perdu ses facultés d'adaptation, de développement, d'évolution. *Esprit sclérosé par la routine.* – Pp. de *scléroser.*

scléroser [skleʀoze] v. tr. [11] **1.** Durcir artificiellement. *Scléroser une varice.* ▷ v. pron. Être progressivement atteint de sclérose (sens 1). *Artères qui se sclérosent.* **2.** v. pron. Fig. Cesser d'évoluer, se figer. *Une société qui se sclérose est une société qui meurt.* – De *sclérose.*

sclérotique [skleʀotik] n. f. ANAT Membrane fibreuse blanche, résistante, qui forme l'enveloppe externe du globe oculaire. – Lat. médiév. *sclerotica*, du gr. *sklêrotês*, «dureté», de *sklêros*, «dur».

scolaire [skɔlɛʀ] adj. et n. **I.** adj. **1.** Relatif à l'école, aux écoles. *Livres scolaires. Âge scolaire:* âge légal à partir duquel un enfant doit fréquenter l'école. *Année scolaire:* période qui s'étend de la rentrée à la fin des classes. **2.** Qui évoque un devoir d'écolier; laborieux et conventionnel. *Un discours très scolaire.* **II.** n. m. *Les scolaires:* les enfants et les adolescents d'âge scolaire. *Un jour par semaine la piscine est réservée aux scolaires.* – Bas lat. *scholaris*, de *schola*, «école».

scolarisable [skɔlaʀizabl] adj. Qui est apte à recevoir un enseignement scolaire. – De *scolariser.*

scolarisation [skɔlaʀizasjõ] n. f. Action, fait de scolariser. – De *scolariser.*

scolariser [skɔlaʀize] v. tr. [1] **1.** Pourvoir d'établissements scolaires. *Scolariser un pays.* **2.** Mettre, envoyer à l'école. *Scolariser un enfant.* – De *scolaire.*

scolarité [skɔlaʀite] n. f. **1.** Fait de fréquenter l'école. *Au Québec, la scolarité est obligatoire de 6 à 16 ans.* **2.** Études suivies dans une école; durée de ces études. *Prolonger la scolarité.* – Lat. médiév. *scholaritas*, de *schola*, «école».

scolasticat [skɔlastika] n. m. RELIG CATHOL Maison dépendant d'un couvent, où les jeunes religieux complètent leurs études après le noviciat. ▷ Durée de ces études. – De *scolastique.*

scolastique [skɔlastik] n. et adj. **I.** n. **1.** n. f. Enseignement de la philosophie et de la théologie donné dans les universités médiévales. **2.** n. m. Théologien, philosophe scolastique. **3.** n. m. RELIG CATHOL Étudiant d'un scolasticat. **II.** adj. **1.** Qui a rapport à la scolastique. *Théologie, philosophie scolastique.* **2.** Péjor. Qui évoque le formalisme étroit, le verbalisme et le traditionalisme de la scolastique décadente. – Lat. *scholasticus*, gr. *skholastikos*, «qui concerne l'école», de *skholê*, «école».

ENCYCL **Philo.** – L'enseignement de la philosophie et de la théologie dispensé entre le IXe et le XVIIe s., et inspiré de la philosophie d'Aristote (surtout à partir du XIIe s.), utilisait la méthode de la logique formelle et du syllogisme (en raison de l'importance qu'il fallait donner à la mémoire à une époque où le livre, encore manuscrit, était rare). Les plus grands scolastiques furent Scot Érigène, saint Anselme, Abélard, saint Albert le Grand, saint Thomas d'Aquin, Duns Scot, Guillaume d'Occam et Raymond Lulle. Étroitement liée à la théologie chrétienne, la scolastique chercha un accord entre la raison et la révélation telle que celle-ci est rapportée dans les Écritures et commentée par les Pères de l'Église.

scolex [skɔlɛks] n. m. ZOOL Segment antérieur des vers cestodes (ténias, etc.) à partir duquel bourgeonnent les anneaux. Syn. cour. tête. – Du gr. *skôlêx*, «ver, larve».

scoliaste ou **scholiaste** [skɔljast] n. m. Didac. Auteur de scolies (sens 1). – De *scolie*.

scolie ou **scholie** [skɔli] n. Didac. **1.** n. f. Note philologique ou critique pour servir à l'explication d'un auteur ancien. **2.** n. m. Note, remarque ayant trait à une proposition ou à un théorème précédemment énoncé. – Du gr. *skholion*, «explication», de *skholê*, «école».

scoliose [skɔljoz] n. f. MED Déviation latérale de la colonne vertébrale. – Du gr. *skoliôsis*, «action de rendre oblique», de *skolios*, «tourné de côté».

scoliotique [skɔljotik] adj. (et n.) MED Qui a rapport à la scoliose; qui est atteint de scoliose. – Du préc.

1. scolopendre [skɔlɔpɑ̃dʀ] n. f. BOT Fougère de grande taille (genre *Scolopendrium*) aux frondes entières, commune sur les vieux murs, sur les rochers humides et ombragés. – Lat. *scolopendrium*, gr. *skolopendrion*.

2. scolopendre [skɔlɔpɑ̃dʀ] n. f. ENTOM Mille-pattes carnassier (genre *Scolopendra*, possédant 21 paires de pattes) à la morsure venimeuse, courant dans les régions tropicales. – Lat. *scolopendra*, mot gr.

scolyte [skɔlit] n. m. ENTOM Insecte coléoptère xylophage cosmopolite (genre *Scolytes*), qui creuse des galeries entre le bois et l'écorce des arbres. – Lat. scientif. *scolytus*, d'orig. incert., p.-ê. du gr. *skôlêx*, «ver».

scombridés [skɔ̃bʀide] n. m. pl. ZOOL Famille de poissons perciformes dont le maquereau est le type. Sing. *Un scombridé*. – Du lat. *scomber*, gr. *skombros*, «maquereau».

sconse [skɔ̃s] n. m. Nom donné en France à la fourrure de la mouffette. (Rem. Var. orthogr.: *sconce, scons, skons, skunks, skuns.*) – Plur. de l'angl. *skunk*, «mouffette», de l'algonquien *segankw*.

-scope, -scopie, -scopique. Éléments, du gr. *-skopos* et *-skopia*, de *skopein*, «regarder, observer».

scopolamine [skɔpɔlamin] n. f. CHIM Alcaloïde tiré des solanacées, voisin de l'atropine, aux propriétés antispasmodiques. – De *Scopoli*, naturaliste ital. du XVIIIe s., et *amine*.

scorbut [skɔʀbyt] n. m. MED Maladie provoquée par une carence en vitamine C et caractérisée par de l'anémie, des hémorragies, des troubles gastro-intestinaux, le déchaussement des dents et une cachexie progressive, souvent mortelle. – De l'anc. scand. *skyr-bjūgr*, propr. «œdème provenant d'un abus de lait caillé», refait sur le lat. méd. *scorbutus*.

scorbutique [skɔʀbytik] adj. et n. MED Qui a rapport au scorbut; atteint du scorbut. – Du préc.

score [skɔʀ] n. m. **1.** Décompte des points marqués par chacun des adversaires ou chacune des équipes au cours d'une partie, d'un match. Syn. marque. ▷ Par comparaison. *Score électoral:* décompte des voix obtenues par les candidats. **2.** PSYCHO Résultat chiffré d'un test. – Mot angl., «décompte».

scoriacé, ée [skɔʀjase] adj. Didac. Qui a le caractère, l'apparence des scories. *Matières scoriacées*. – De *scorie*.

scorie [skɔʀi] n. f. (Surtout au plur.) **1.** Résidu solide résultant de la combustion de certaines matières, de la fusion des minerais, de l'affinage de métaux, etc. *Scories de déphosphoration*, produites lors de la déphosphoration de la fonte et qui constituent un engrais phosphaté. **2.** GEOL *Scories volcaniques:* projections ou produits de surface des coulées de lave, dont l'aspect rappelle les scories industrielles. **3.** Fig. Partie à éliminer, déchet. – Du lat. *scoria*, gr. *skôria*, «écume du fer».

scorpène [skɔʀpɛn] n. f. ZOOL Rascasse (poisson). – Lat. *scorpæna*, gr. *skorpaina*, «scorpion de mer», de *skorpios*, «scorpion».

scorpénidés [skɔʀpenide] n. m. pl. ZOOL Famille de poissons téléostéens perciformes à grosse tête, pourvus d'épines venimeuses (poissons-scorpions, rascasses, sébastes, etc.). Sing. *Un scorpénidé*. – Du préc., et *-idés*.

scorpion [skɔʀpjɔ̃] n. m. **1.** Arachnide dont l'abdomen est terminé par un aiguillon venimeux recourbé. **2.** *Scorpion d'eau:* V. nèpe. **3.** ASTRO Constellation zodiacale que le Soleil parcourt du 23/24 octobre au 22/23 novembre. ▷ ASTROL Huitième signe du zodiaque. – Lat. *scorpio*, gr. *skorpios*.

scorsonère [skɔʀsɔnɛʀ] n. f. BOT Plante (fam. composées) à fleurs jaunes, dont plusieurs espèces aux racines comestibles sont cultivées sous le nom de *salsifis noirs*. – Ital. *scorzonera*, de *scorzone*, «serpent venimeux» dont on soignait la morsure avec cette plante.

scotch [skɔtʃ] n. m. Whisky écossais. *Des scotches*. – Mot angl., «écossais».

scotch-terrier. V. scottish-terrier.

scotie [skɔti] n. f. ARCHI Moulure concave placée à la base d'une colonne, entre les tores. – Lat. *scotia*, mot gr., de *skotos*, «ténèbres».

scotome [skɔtom] n. m. MED Lacune dans le champ visuel, due à l'absence de perception dans une zone localisée de la rétine. – Gr. *skotôma*, «obscurcissement».

scotomisation [skɔtɔmizasjɔ̃] n. f. PSYCHAN Acte inconscient par lequel le sujet élimine du champ de sa conscience une réalité affectivement pénible. – Du préc.

scotomiser [skɔtɔmize] v. tr. [1] PSYCHAN Éliminer une réalité du champ de sa conscience. – De *scotomisation*.

scottish [skɔtiʃ] n. f. Vx Danse voisine de la polka, sur un rythme à quatre temps. – Mot angl., «écossais».

scottish-terrier [skɔtiʃteʀje] ou **scotch-terrier** [skɔtʃteʀje] n. m. Terrier d'Écosse, au poil dru et rude. *Des scottish-terriers. Des scotch-terriers*. – De l'angl. *scottish* ou *scotch*, «écossais», et *terrier*.

scout, e [skut] n. et adj. **I.** n. Jeune garçon ou fille, adolescent(e) qui adhère à un mouvement de scoutisme. **II.** adj. **1.** Qui a rapport aux scouts, au scoutisme. *Insignes scouts*. **2.** Péjor. Naïvement idéaliste. *Il est un peu scout*. – De l'angl. *boy-scout*.

scoutisme [skutism] n. m. Mouvement éducatif, fondé en 1909 par Lord Baden-Powell, qui se propose de développer «le caractère, la santé, le savoir-faire, l'idée de service et la moralité» chez les enfants et les jeunes gens des deux sexes, notam. par la vie en commun et la pratique des activités de plein air. – Du préc.

scrabble [skʀab(ə)l] n. m. Anglicisme Jeu de société consistant à former des mots sur une grille, à l'aide de jetons portant une lettre. – Mot angl., de *to scrabble*, «griffonner».

scrabbleur, euse [skʀablœʀ, øz] n. Joueur, joueuse de scrabble. – De *scrabble*.

scramasaxe [skʀamasaks] n. m. ARCHEOL Grand poignard de guerre des Francs. – Frq. **scramsachs*, de *sachs*, «couteau».

scriban [skʀibɑ̃] ou **scribain** [skʀibɛ̃] n. m. AMEUB Sorte de secrétaire dont le pupitre peut être escamotable, et parfois surmonté d'un corps de bibliothèque ou d'armoire. – Du lat. *scribere*, «écrire».

scribe [skʀib] n. m. **1.** ANTIQ Lettré qui avait la charge de rédiger ou de copier les actes publics, les textes liturgiques, etc. **2.** ANTIQ Docteur qui enseignait et interprétait la loi de Moïse. **3.** Mod., péjor. Employé aux écritures, copiste. – Lat. *scriba*, «greffier», de *scribere*, «écrire».

scribouillard, arde [skʀibujaʀ, aʀd] n. Fam., péjor. Employé aux écritures. – De *scribe*, d'ap, *gribouiller*, et suff. péjor. *-ard*.

1. script [skʀipt] n. m. Type d'écriture manuscrite proche des caractères d'imprimerie. *Écrire en script.* – Appos. *Écriture script.* – Angl. *script*, du lat. *scriptum*, «écrit».

2. script [skʀipt] n. m. Anglicisme AUDIOV Scénario écrit (d'un film, d'une émission télévisée ou radiodiffusée) comportant le plan de découpage et les dialogues. V. texte, sens 5. – Mot angl., propr. «écrit». (V. script 1.)

scripte [skʀipt] n. f. AUDIOV Assistante du réalisateur chargée de noter tous les détails des prises de vues afin d'assurer la continuité de la réalisation. ▷ N. m. Rare *Un scripte.* – Francisation proposée de l'angl. *script(-girl)*.

scriptes [skʀipt] n. f. pl. IMPRIM Caractères typographiques imitant l'écriture manuscrite. – De *script* 2.

scripteur [skʀiptœʀ] n. m. **1.** RELIG CATHOL Officier de la Chancellerie pontificale, qui écrit les bulles. **2.** Didac. Personne qui écrit, qui a écrit un texte (opposé à *lecteur*, et aussi à *locuteur*). – Lat. *scriptor*, «celui qui écrit».

scripturaire [skʀiptyʀɛʀ] adj. Didac. **1.** Relatif aux Écritures sacrées. **2.** Relatif à l'écriture. – Du lat. *scriptura*, «écriture».

scriptural, ale, aux [skʀiptyʀal, o] adj. FIN *Monnaie scripturale:* tout moyen de paiement fondé sur des écritures comptables (comptes en banque, effets de commerce, etc.). – Du lat. *scriptura*, «écriture».

scrofulaire [skʀɔfylɛʀ] n. f. BOT Plante herbacée (genre *Scrofularia*, fam. scrofulariacées) dont une espèce, la *scrofulaire noueuse*, était appelée *herbe aux écrouelles*. – Lat. médiév. *scrofularia*, de *scrofulæ*, «scrofules», que cette plante passait pour guérir.

scrofulariacées [skʀɔfylaʀjase] n. f. pl. BOT Famille de dicotylédones gamopétales superovariées, voisine des solanacées, à fleur zygomorphe et à fruit capsulaire (scrofulaires, digitales, linaires, etc.). Sing. *Une scrofulariacée.* – Du préc.

scrofule [skʀɔfyl] n. f. MED Vx Écrouelles. – *Par ext.* Toute lésion chronique (cutanée, ganglionnaire, osseuse, etc.) évoluant vers la fistulisation (et la plupart du temps d'origine tuberculeuse ou syphilitique.) – Bas lat. *scrofulæ*, de *scrofa*, «truie».

scrofuleux, euse [skʀɔfylø, øz] adj. et n. MED Vx Qui a rapport à la scrofule; atteint de scrofule. – Du préc.

scrotal, ale, aux [skʀɔtal, o] adj. ANAT Relatif au scrotum. – De *scrotum*.

scrotum [skʀɔtɔm] n. m. ANAT Enveloppe cutanée des testicules. – Mot lat.

1. scrupule [skʀypyl] n. m. Anc. Poids valant un vingt-quatrième de l'once (env. 1,14 g). – Lat. *scrupulum*, même fam. que *scrupulus*. V. scrupule 2.

2. scrupule [skʀypyl] n. m. **1.** Trouble de conscience, doute, hésitation d'ordre moral. *Se faire (un) scrupule de qqch, avoir des scrupules.* **2.** Souci extrême du devoir, grande délicatesse morale. *Être exact jusqu'au scrupule.* ▷ Exigence, souci (de rigueur intellectuelle). *Un scrupule d'objectivité, de vérité historique caractérise cet exposé.* – Lat. *scrupulus*, «petit caillou», et, au fig. «embarras, scrupule», de *scrupus*, «pierre pointue».

scrupuleusement [skʀypyløzmɑ̃] adv. D'une manière scrupuleuse. – De *scrupuleux*.

scrupuleux, euse [skʀypylø, øz] adj. **1.** Sujet à avoir des scrupules. **2.** D'une grande minutie, d'une grande exactitude. *Une recherche scrupuleuse.* – De *scrupule*, d'ap. lat. *scrupulosus*.

scrutateur, trice [skʀytatœʀ, tʀis] adj. et n. **1.** adj. Qui scrute. *Regard scrutateur.* **2.** n. Personne chargée du dépouillement, de la vérification d'un scrutin. – Lat. *scrutator*, de *scrutari*, «fouiller».

scruter [skʀyte] v. tr. [1] Examiner très attentivement, en cherchant à découvrir ce qui se discerne mal, ce qui est caché. *Scruter l'horizon.* – Fig. *Scruter les tréfonds de sa conscience.* – Lat. *scrutari*, «fouiller».

scrutin [skʀytɛ̃] n. m. **1.** Vote émis au moyen de bulletins (de boules, etc.) que l'on dépose dans une urne, d'où on les tire ensuite pour les compter. **2.** Opération par laquelle sont désignés des représentants élus. *Ouverture du scrutin.* ▷ (Qualifié.) Mode de scrutin. *Scrutin uninominal*, dans lequel on désigne un seul candidat (par oppos. à *scrutin de liste*). – *Scrutin majoritaire*, dans lequel le candidat qui recueille le plus grand nombre de suffrages est élu (Cf. majorité, sens 3). – *Scrutin proportionnel*, dans lequel les sièges à pourvoir dans chaque circonscription sont attribués à chacun des partis proportionnellement au nombre de suffrages qu'il a réunis. – Du lat. *scrutinium*, «action de fouiller, de scruter», de *scrutari*, «fouiller».

sculpter [skylte] v. tr. [1] **1.** Tailler (une figure, un ornement) dans une matière dure. **2.** Travailler, façonner (une matière dure) pour obtenir une figure, un ornement. *Sculpter le bois, la pierre.* ▷ (S. comp.) Pratiquer la sculpture. *Il sculpte mieux qu'il ne peint.* – Lat. *sculpere*.

sculpteur [skyltœʀ] n. m. Artiste qui pratique la sculpture. ▷ Appos. *Femme sculpteur.* (Rem.: Comme forme féminine, l'OLF recommande *sculpteure*.) – Bas lat. *sculptor*.

sculptural, ale, aux [skyltyʀal, o] adj. **1.** BX-A Qui a rapport à la sculpture; qui constitue une sculpture. *Ornement sculptural.* **2.** Qui évoque une sculpture par sa beauté plastique. *Corps aux formes sculpturales.* – De *sculpture*.

sculpture [skyltyʀ] n. f. **1.** Art de sculpter. *Les chefs-d'œuvre de la sculpture grecque.* **2.** Ouvrage d'un sculpteur; pièce sculptée. *Une sculpture de Rodin.* – Lat. *sculptura*.

scutellaire [skytelɛʀ] n. f. BOT Plante herbacée (genre *Scutellaria*, fam. labiées) aux fleurs roses, pourpres ou bleues, des lieux humides. – Du lat. *scutella*, «petite coupe, plateau».

scutum [skytɔm] n. m. **1.** ANTIQ Long bouclier rectangulaire et bombé, en bois recouvert de cuir, des légionnaires romains. **2.** ZOOL Pièce dorsale du thorax des insectes. *Des scuta* ou *des scutums.* – Mot lat., «bouclier».

scyllare [silaʀ] n. m. ZOOL Crustacé décapode macroure (genre *Scyllarus*), aux antennes en forme de plaques, nommé cour. *cigale de mer.* – Gr. *skullaros*, «sorte de crabe».

scyphoméduses [sifɔmedyz] n. f. pl. ZOOL Syn. de *acalèphes*. Sing. *Une scyphoméduse.* – Du gr. *skuphos*, «coupe», et *méduse*.

scythe [sit] adj. et n. ANTIQ Propre ou relatif aux Scythes, peuple indo-européen, apparenté aux branches iranienne et slave. *L'art scythe.* – Lat. *Scytha*, gr. *Skuthês*.

S.D.N. Sigle de *Société* des Nations*.

se [sə] pron. pers. Forme atone du pron. pers. réfl. de la 3e pers. des deux genres et des deux nombres, toujours employé comme comp. d'un v. tr. dir. ou indir., et toujours placé avant le verbe; s'élide en *s'* devant une voyelle ou un *h* muet. **1.** (Comp. d'objet d'un v. pron. réfl.) *Il se couche tôt. – Elle se laisse aller.* ▷ (Comp. indir.) *Il se fait du mal. Elle s'accorde une heure de repos.* ▷ (Employé avec la valeur d'un possessif devant un nom désignant une partie du corps, une fonction, etc.) *Il se gratte le dos:* il gratte son dos. *Il se fatigue la vue:* il fatigue sa vue. **2.** (Comp. dir, d'un v. pron, récipr.) *Ils se battent.* ▷ (Comp. indir.) *Ils se sont dit des injures.* **3.** (Avec un v. pron. de sens passif.) *Ça ne s'était encore jamais vu. Ce produit se vend bien.* **4.** (Avec un v. essentiellement pronominal.) *Il s'abstient. Elle se repent.* ▷ (Avec un v. pron. impers.) *Il s'en est fallu de peu. Il se pourrait que...* – Lat. *se*, en position atone.

Se CHIM Symbole du sélénium.

S.E. Abrév. de *Son Excellence*.

séance [seɑ̃s] n. f. **1.** Vx Fait de prendre place dans une assemblée, un conseil, d'y siéger. **2.** Réunion des membres d'un conseil, d'une assemblée qui siège pour mener à bien ses travaux; durée d'une telle réunion. *Salle des séances. Ouvrir, lever la séance. Tenir séance.* ▷ Loc. adv. *Séance tenante:* pendant que la séance se tient, au cours de la séance. Fig. Immédiatement, sans délai. **3.** Temps que l'on passe à une activité déterminée avec une ou plusieurs personnes. *Séance de pose chez un peintre. Séance de spiritisme.* **4.** Représentation d'un spectacle (à un horaire et d'une durée déterminés). *Séance de cinéma.* – De *séant*, ppr. de *seoir*, «fait d'être assis».

1. séant [seɑ̃] n. m. Litt. **1.** *Se mettre sur son séant:* passer de la position étendue à la position assise. **2.** Fam. vx Derrière de l'homme. *Posez donc votre séant sur ce fauteuil.* – Ppr. de *seoir*.

2. séant, ante [seɑ̃, ɑ̃t] adj. Litt. Qui sied, qui est convenable. – Ppr. subst. de *seoir*.

seau [so], tradit. ou fam. [sjo] n. m. Récipient tronconique ou cylindrique muni d'une anse, qui sert à puiser, à recueillir ou à transporter les liquides et certaines matières concassées ou pulvérulentes. *Seau à eau. Seau à charbon. Seau à champagne*, servant à garder les bouteilles de champagne (ou d'autres vins) au frais, dans de la glace pilée. ▷ Contenu d'un seau. – *Spécial.* Petit seau dont se servent les enfants pour jouer avec du sable. *Une pelle et un seau.* – Par exag. *Il pleut à seaux* ou fam. *à siaux:* très fort, à verse. *Mouiller* à siaux.* – Du lat. pop. **sitellus*, class. *sitella*, var. de *situla*.

ENCYCL La var. *siau* est une survivance d'une ancienne tendance phonétique dialectale qui a eu cours aussi en français du XIIIe au XVIIe s. Cette var. est le résultat d'une évolution particulière de la finale lat. *-ellus* qui a abouti normalement au son [o] en français, après avoir passé par un stade de triphtongue [eao] (ce que rappelle l'orthogr. *-eau*, par ex. dans *beau, chapeau, marteau*). Dans de nombreux dialectes cependant et même dans le parler parisien, cette triphtongue a connu une réduction moindre, d'où la prononciation [jo] plutôt que [o]. C'est ce qui explique les formes *bediau, chapiau, ruissiau, sio d'iau*, etc. que signalent les grammairiens jusqu'au XVIIe s. Des formes semblables ont été relevées en France encore fréquemment au XXe s. dans des parlers locaux ou dans le français populaire de Paris, notam. la forme *siau*. Le français de France n'a retenu officiellement de cette tendance que les mots *affûtiaux* et *fabliau*, qui ont supplanté les anciens *affuteaux* et *fableau*. Des prononc. en *-iau* sont attestées de façon sporadique en français du Québec (et aussi en français acadien) aux XVIIe et XVIIIe s. (par ex. *cassiot* pour *cassot, morsiau* pour *morceau, ridiau* pour *rideau*; elles ont disparu depuis cette époque, sauf dans les mots *auripiaux* «oreillons», auj. vieilli, et *siau*, qui demeure la seule survivance usuelle de cette tendance (on trouve aussi quelques formes en *-iau* figées dans la chanson folklorique *L'apprenti pastouriau* dont le refrain *Troupiaux, troupiaux* est encore bien connu). La rareté de ces prononc. en français québécois ancien est surprenante compte tenu que *-iau* s'est maintenu jusqu'au XXe s. en France dans des régions qui ont fourni de forts contingents d'immigrants, notam. en Normandie. Cette rareté traduit p.-ê. le fait que cette prononc. était en recul dans la région parisienne même, dont le parler a joué un rôle important dans la formation du français québécois. Si la forme *siau* s'est mieux maintenue, c'est sans doute parce que le mot est particulièrement fréquent chez les ruraux, dont le parler est plus conservateur.

sébacé, ée [sebase] adj. Didac. Qui a rapport au sébum, de la nature du sébum. *Matière sébacée. – Glandes sébacées*, annexées à la base des poils et qui sécrètent le sébum. – Lat. *sebaceus*, de *sebum*, «suif».

sébaste [sebast] n. m. ZOOL Poisson perciforme (fam. scorpénidés) des mers froides et tempérées. – Orig. incon.

sébile [sebil] n. f. Petit récipient rond et creux. *Sébile de bureau* (pour mettre des trombones, des élastiques, etc.). – Loc. *Tendre la sébile:* mendier. – Orig. incon., p.-ê. de l'ar. *sabīl*, «aumône».

séborrhée [sebɔʀe] n. f. MED Augmentation pathologique de la sécrétion des glandes sébacées, qui rend la peau grasse et luisante. – De *sébum*, «suif», et *-rrhée*.

séborrhéique [sebɔʀeik] adj. MED Relatif à la séborrhée. – Du préc.

sébum [sebɔm] n. m. PHYSIOL Substance grasse sécrétée par les glandes sébacées, qui protège et lubrifie la peau. – Lat. *sebum*, «suif».

sec, sèche [sɛk, sɛʃ] adj., n. et adv. **A.** adj. **I. 1.** Qui est peu ou qui n'est pas humide; aride. *Terrain sec. La saison sèche a succédé à la saison des pluies.* **2.** Dont on a laissé l'eau s'évaporer, qui a séché. *Fossé sec.* ▷ *Légumes, fruits secs* (par oppos. à *verts, frais*). *Raisins secs.* ▷ MAR *Cale sèche:* bassin pour le carénage des bateaux. **3.** Qui n'est plus imprégné de liquide, qui n'a pas son humidité naturelle. *Toux sèche*, sans mucosité. – *Avoir la gorge sèche:* avoir soif. *Des yeux secs*, sans larmes. ▷ *Mur de pierres sèches*, assemblées sans mortier. ▷ PHYS *Vapeur sèche*, dont la température est supérieure au point de rosée. ▷ *Nourrice sèche*, qui n'allaite pas le nourrisson qu'elle soigne. **II. 1.** (Personnes.) Maigre, nerveux, peu charnu. *Un homme sec. –* Fam. *Être sec comme un coup de trique.* **2.** Fig. Peu sensible; dépourvu de chaleur humaine, de bienveillance. *Un cœur sec.* **3.** Sans moelleux, sans douceur. *Des contours secs.* ▷ *Un coup sec*, bref et percutant. ▷ *Ton sec*, sans aménité. *Réplique sèche.* ▷ *Un vin sec*, très peu sucré. **4.** Dénué de charme, de grâce, d'agrément. *Style sec. Morale sèche et rebutante.* **5.** Que rien n'accompagne, qui n'est pas suivi d'autre chose. *Pain sec. – Boire un alcool sec*, sans eau. – *Régime sec*, sans boisson alcoolique. – *Perte sèche*, sans aucune compensation. – Loc. adv. fig. *En cinq sec :* brièvement, rapidement. **6.** Fig., fam. *Rester sec*, ne pas pouvoir répondre à une question. **B.** n. m. **1.** Ce qui est sec, sans humidité. *La sensation du sec et du mouillé. À conserver au sec*, à l'abri de l'humidité. ▷ Loc. adv. *À sec:* sans eau. *Mettre un étang à sec. – Nettoyage à sec*, à l'aide de solvants très volatils. ▷ Fig., fam. Sans ressources. *Être à sec. Avoir la bourse à sec.* **2.** MAR *Naviguer à sec de toile*, sans aucune voile (par vent très fort). **C.** adv. **1.** *Boire sec*, sans ajouter d'eau à son vin. ▷ Fig. *Il boit sec*, beaucoup. **2.** Avec rudesse, brièvement. *Ré-*

pondre sec, parler sec à qqn. **3.** loc. adv. Fam. *Aussi sec :* sans attendre un instant, immédiatement. *Il lui a répondu aussi sec!* – Lat. *siccus, sicca.*

sécable [sekabl] adj. Didac. Qui peut être coupé, divisé. – Bas lat. *secabilis,* de *secare,* «couper».

sécant, ante [sekɑ̃, ɑ̃t] adj. et n. f. **1.** adj. GEOM Qui coupe une courbe ou une surface. *Plan sécant.* ▷ N. f. *Une sécante,* une droite sécante. **2.** MATH n. f. Inverse du cosinus d'un angle ($\sec \theta = \dfrac{1}{\cos \theta}$).– Latin *secans,* ppr. de *secare,* «couper».

sécateur [sekatœʀ] n. m. Outil de jardinier, gros ciseaux à ressort, dont une seule branche est tranchante. – Du lat. *secare,* «couper».

sécession [sesesjɔ̃] n. f. Fait pour une population, une région, de se séparer de la collectivité nationale pour former une entité politique autonome. *L'ancienne province orientale du Pakistan est devenue par sécession l'État du Bangladesh.* – HIST *Guerre de Sécession.* – Lat. *secessio,* de *secedere,* «se retirer».

ENCYCL **Hist.** – *La guerre de Sécession,* guerre civile (1861-1865) au cours de laquelle s'affrontèrent les États du N. des États-Unis, partisans de l'abolition de l'esclavage, et ceux du S., dont l'écon. reposait sur la main-d'œuvre constituée par les esclaves noirs, éclata après l'élection (1860) de Lincoln, adversaire de l'esclavagisme, à la présidence des É.-U. Onze États du S. quittèrent l'Union pour former une confédération auton. Malgré des effectifs moindres, les sudistes (ou confédérés), dirigés brillamment par Lee, Bragg, Johnston, furent tout d'abord victorieux à Richmond et à Fredericksburg (1862), mais les nordistes (ou fédéraux), sous la conduite de Grant et de Sherman, les battirent à Gettysburg, Vicksburg (1863) et Atlanta (1864), tandis que leur flotte s'emparait de La Nouvelle-Orléans. Supérieurs en nombre et soutenus par une industr. puissante, les nordistes finirent par l'emporter: capitulation de Lee à Appomattox et de Johnston à Durham (avr. 1865). Cette guerre peut être considérée comme la première des guerres modernes, par l'importance et la nouveauté du matériel utilisé (sur terre comme sur mer) et par les pertes qu'elle entraîna (plus de 600 000 morts).

sécessionniste [sesesjɔnist] adj. et n. Qui a fait sécession; qui est partisan de la sécession. ▷ Subst. *Les sécessionnistes.* – Du préc.

séchage [seʃaʒ] n. m. Action de sécher, fait de sécher; opération consistant à réduire par évaporation la quantité d'eau, de liquide que contient une matière. *Le séchage du linge, d'une peinture. Le séchage des fruits, du tabac.* – De *sécher.*

1. sèche [sɛʃ] n. f. MAR Écueil à fleur d'eau à marée basse. – Fém. subst. de *sec.*

2. sèche [sɛʃ] n. f. (France) Fam. Cigarette. – P.-ê. du fém. de *sec.*

sèche-cheveux [sɛʃʃəvø] n. m. inv. Appareil électrique produisant un courant d'air chaud, qui sert à sécher les cheveux après un shampooing. ▷ Appareil à rayonnement infra-rouge qui remplit la même fonction. Syn. séchoir. – De *sécher,* et *cheveux.*

sèche-linge [sɛʃlɛ̃ʒ] n. m. inv. (France) Syn. de *sécheuse.* – De *sécher,* et *linge.*

sèchement [sɛʃmɑ̃] adv. **1.** D'une manière sèche; avec force et brièveté. *Taper sèchement.* **2.** Avec dureté, froideur. *Répondre sèchement.* **3.** D'une manière dépourvue de charme, de grâce. *Écrire sèchement.* – De *sèche,* fém. de *sec.*

sécher [seʃe] v. [16] **I.** v. tr. **1.** Rendre sec. *Le soleil aura vite séché vos vêtements.* **2.** Éliminer (un liquide) par absorption ou évaporation. *Sécher l'encre avec un buvard.* **3.** Arg. (des écoles) *Sécher un cours,* ne pas y assister volontairement. **II.** v. intr. **1.** Devenir sec. *Les arbres sèchent sur pied.* **2.** Arg. (des écoles). Ne pas savoir répondre. *Il a séché en géométrie.* – Du lat. *siccare,* de *siccus,* «sec».

sécheresse [seʃʀɛs] n. f. **1.** État, caractère de ce qui est sec. ▷ *Spécial.* Temps très sec; absence ou insuffisance des précipitations. *Année de sécheresse.* **2.** Fig. Défaut de sensibilité, froideur, dureté. *Sécheresse de cœur.* **3.** Caractère de ce qui manque de grâce, de charme, d'agrément. *Sécheresse du style.* – De *sécher.*

sécherie [sɛʃʀi] n. f. Lieu où l'on fait sécher des matières humides. ▷ *Spécial.* Lieu (installation, usine, etc.) où l'on fait sécher le poisson. – De *sécher.*

sécheur, euse [seʃœʀ, øz] n. **1.** n. m. TECH Appareil, dispositif pour le séchage. **2.** n. f. Cour. Machine à sécher le linge. *Sécheuse automatique.* – De *sécher.*

séchoir [seʃwaʀ] n. m. **1.** Lieu où s'opère le séchage des matières humides. *Séchoir à bois.* **2.** Dispositif à tringles ou à fils sur lequel on dispose ce que l'on veut faire sécher. *Séchoir à linge.* **3.** Appareil pour le séchage. ▷ *Spécial.* Sèche-cheveux. – De *sécher.*

second, onde [s(ə)gɔ̃, ɔ̃d] adj. et n. **A.** adj. **1.** Qui vient après le premier (dans une succession ou une hiérarchie). *La seconde partie d'un spectacle. Un hôtel de seconde catégorie.* ▷ Loc. adv. *En second:* après ce qui est le plus important. *Venir en second.* **2.** Autre, nouveau. *C'est un second César.* ▷ *Don de seconde vue:* faculté qu'auraient certaines personnes de percevoir par l'esprit, par l'intuition, les choses qui échappent à la vue. **3.** *État second:* état anormal et passager de qqn qui agit sans avoir conscience de ce qu'il fait et n'en conserve aucun souvenir. **B.** n. **I.** Personne, chose qui vient après la première. *Le second de la rangée. Elle est la seconde de la liste.* **II.** n. m. **1.** Second étage d'une maison. **2.** Adjoint, collaborateur immédiat. *C'est son fidèle second. Un brillant second.* ▷ Officier de marine qui, dans la hiérarchie du bord, vient immédiatement après le commandant, et qui est chargé le cas échéant de le suppléer. **III.** n. f. **1.** Seconde classe, dans certains transports en commun. *Billet de seconde.* **2.** Seconde vitesse d'une automobile. *Passer en seconde.* **3.** SPORT En escrime, position de la main du tireur, les ongles dessous et la lame dirigée vers la ligne du dehors. **4.** MUS Intervalle de deux degrés. *Seconde mineure* (par ex. de *ut* à *ré* bémol). *Seconde majeure (ut-ré). Seconde augmentée* (*ut-ré* dièse). – Lat. *secundus,* «suivant», de *sequi,* «suivre».

secondaire [s(ə)gɔ̃dɛʀ] adj. et n. **1.** Qui passe en second, qui n'est pas de première importance. *Question secondaire.* **2.** (Surtout dans des empl. spéciaux.) Qui vient après un autre (dans le temps ou dans un enchaînement logique). *Enseignement secondaire* ou, n. m., *le secondaire:* l'enseignement du second degré. ▷ GEOL, PALEONT *L'ère secondaire* ou, n. m., *le Secondaire:* l'ère qui succède au Primaire et précède le Tertiaire, divisée en trois périodes: *le Trias, le Jurassique et le Crétacé.* V. encycl. ci-après. ▷ PSYCHO Se dit en caractérologie des sujets chez lesquels les réactions affectives ne s'expriment pas de manière immédiate, mais exercent une action profonde et durable. – Subst. *Un, une secondaire.* ▷ MED Qualifie la deuxième période de certaines maladies. *Syphilis secondaire.* ▷ BOT *Tissus ou formations secondaires* (bois, liber, liège), qui sont mis en place par les assises génératrices et assurent la croissance en diamètre des dicotylédones et des gymnospermes. ▷ CHIM Se dit d'un atome de carbone ou d'azote relié à deux autres atomes de carbone et, par ext., d'une fonction portée par un tel atome. *Amine secondaire.* ▷ ELECTR *Circuit secondaire* ou, n. m., *un secondaire:* cf. primaire. ▷ ECON *Le secteur secondaire,* celui des activités de transformation des matières premières; l'industrie et les activités qui s'y rattachent. – Lat.

secundarius, «de second rang».

ENCYCL **Paléont.** – L'ère secondaire s'étend, approximativement, de moins 230 millions à moins 75 millions d'années env. Elle est caractérisée par l'apparition et par le développement foudroyant des reptiles, qui acquièrent des formes géantes (tyrannosaure, diplodocus, etc.) et conquièrent tous les milieux de vie, ainsi que par l'apparition des premiers mammifères (insectivores, notam.). Chez les végétaux, les gymnospermes atteignent leur apogée et les angiospermes apparaissent.

secondairement [s(ə)gõdɛʀmɑ̃] adv. D'une manière secondaire. – Du préc.

seconde [s(ə)gõd] n. f. **1.** Soixantième partie de la minute; unité fondamentale de temps (de symbole s), égale à la 86 400e partie du jour solaire moyen et définie légalement comme «la durée de 9 192 631 770 périodes de la radiation correspondant à la transition entre les deux niveaux hyperfins de l'état fondamental de l'atome de césium 133». ▷ *Par ext.* Laps de temps très court. *Je reviens dans une seconde.* **2.** GEOM 60e partie de la minute d'angle, 3 600e partie du degré (symbole "). – Du lat. *minutum secundum*, propr. «partie menue résultant d'une seconde division de l'heure ou du degré».

secondement [s(ə)gõdmɑ̃] adv. En second lieu. Syn. Deuxièmement. – De *second.*

seconder [s(ə)gõde] v. tr. [1] **1.** Aider (qqn) dans ses activités, son travail; être son collaborateur, son second. **2.** Favoriser, servir. *Leur négligence a secondé nos desseins.* – De *second.*

secouement [s(ə)kumɑ̃] n. m. Rare Action de secouer. – De *secouer.*

secouer [s(ə)kwe] **I.** v. tr. [1] **1.** Remuer, agiter fortement. *Secouer un arbre, un vêtement.* – *Secouer la tête*, faire un mouvement de tête pour exprimer le refus, le doute. ▷ Fig., fam. *Secouer qqn, secouer les puces à qqn*, le réprimander ou le presser de sortir de son inertie. **2.** Éliminer par des mouvements vifs. *Secouer la poussière.* ▷ Fig. *Secouer le joug:* s'affranchir d'une domination. **3.** Fig. Ébranler physiquement ou moralement. *Cet accident, cette épreuve l'a secoué.* **II.** v. pron. Fam. Réagir (contre la fatigue, l'abattement, la paresse). *Secouez-vous donc un peu!* – De l'a. fr. *sequeurre*, lat. *succutere* «agiter par dessous».

secoueur [s(ə)kwœʀ] n. m. TECH Élément d'une batteuse qui secoue la paille pour la débarrasser des grains qu'elle pourrait entraîner. – Du préc.

secourable [s(ə)kuʀabl] adj. Qui porte volontiers secours à autrui. – De *secourir.*

secourir [s(ə)kuʀiʀ] v. tr. [29] Aider, assister (une personne dans une situation critique ou dans le besoin). *Secourir qqn qui se noie. Secourir des sinistrés.* – Lat. *succurrere*, de *sub*, «sous, vers», et *currere*, «courir»; adapt. d'ap. *courir*, de l'a. fr. *succurre.*

secourisme [s(ə)kuʀism] n. m. Assistance de premier secours aux blessés, aux accidentés, aux malades, etc. – Ensemble de connaissances qu'une telle assistance exige. *Prendre des cours de secourisme.* – De *secouriste.*

secouriste [s(ə)kuʀist] n. **1.** Membre d'une société de secours aux blessés. **2.** Personne qui pratique le secourisme. – De *secours.*

secours [s(ə)kuʀ] n. m. **1.** Aide, assistance dans le besoin, le danger. *Porter secours à qqn. Au secours!:* cri pour appeler à l'aide. **2.** Ce qui sert à secourir. – *Spécial.* Somme d'argent allouée en cas de besoin urgent. *Envoyer un secours par mandat télégraphique.* **3.** Soins qui doivent être donnés rapidement à un blessé, à un malade. *Porter les premiers secours aux victimes d'un accident. Poste de secours*, équipé de tout ce qui est nécessaire pour donner les premiers soins. **4.** Troupe de renfort. *Envoyer des secours aux assiégés. Colonne de secours.* **5.** loc. adj. *De secours:* qui sert en cas d'insuffisance ou de défaillance de la chose en service. *Porte de secours*, qui permet d'évacuer rapidement une salle en cas d'incendie. *Roue, frein de secours*, qui peut remplacer la roue, le frein normal en cas de besoin. – Lat. pop. *succursum*, de *succurrere*, «secourir».

secousse [s(ə)kus] n. f. **1.** Mouvement qui secoue. *Les fruits tomberont à la première secousse.* – *Secousse tellurique:* tremblement de terre. Syn. séisme. **2.** Fig. Émotion très vive, choc émotif. *Il n'est pas encore remis de cette secousse.* – De l'anc. v. *secourre*, «secouer».

1. secret, ète [səkʀɛ, ɛt] adj. **1.** Qui n'est pas ou qui ne doit pas être connu d'autrui, du grand nombre. *Dossiers secrets.* ▷ *Services secrets. Agent secret.* **2.** Dissimulé au regard, dérobé, en parlant d'un lieu, de certains objets. *Escalier, tiroir secret.* **3.** Qui n'apparaît pas, qui ne révèle pas son existence par des signes manifestes; invisible, caché. *Les sentiments secrets de qqn.* **4.** (Personnes.) Qui ne parle pas de soi, qui ne se livre pas facilement. *Un garçon très secret.* – Lat. *secretus*, «séparé, secret», de *secernere*, «écarter».

2. secret [s(ə)kʀɛ] n. m. **1.** Ce que l'on ne doit dire à personne, ce qui doit rester secret, caché. *Confier, garder, révéler un secret.* – *Secret de Polichinelle.* V. ce nom. *Secret d'État:* chose qui doit être tenue secrète dans l'intérêt de l'État. – *Être dans le secret:* être au courant d'une chose confidentielle. **2.** Discrétion absolue, silence sur une chose dont on a été informé. *Je vous demande le secret. Le secret de la confession. Secret professionnel:* obligation pour un avocat, un médecin, etc., de ne pas révéler les secrets (sens 1) dont il se trouve dépositaire par suite de l'exercice de sa profession. **3.** Moyen, procédé connu seulement d'une personne ou de quelques-unes. *Secret de fabrication.* ▷ Fig. Moyen particulier en vue d'un résultat. *Le secret de la réussite. Avoir le secret de plaire.* **4.** Ce qu'il y a de caché, de mystérieux dans qqch. *Le secret de l'univers. Dans le secret de son cœur:* au plus profond de son cœur. *Avoir, trouver le secret de qqch*, l'explication. **5.** *Au secret:* en un lieu où il est impossible de communiquer avec quiconque. *Mise au secret d'un prisonnier.* **6.** (Dans la loc. adj. *à secret.*) Mécanisme dont le fonctionnement n'est connu que de quelques personnes. *Serrure à secret.* **7.** loc. adv. *En secret:* sans témoin, secrètement. *Je lui ai parlé en secret.* – Lat. *secretum*, neutre de *secretus*, «séparé, secret».

secrétaire [s(ə)kʀetɛʀ] n. **I. 1.** Personne dont l'emploi consiste à écrire ou à rédiger pour qqn. ▷ *Spécial.* Employé(e) dont le travail consiste à rédiger et à classer le courrier de qqn, à prendre ses communications téléphoniques, à noter ses rendez-vous, etc. *Secrétaire de direction. Secrétaire bilingue.* **2.** Personne chargée de certains travaux de rédaction ou de certaines tâches administratives. ▷ *Secrétaire de séance:* membre du bureau d'une assemblée chargé de rédiger les comptes rendus des séances. ▷ *Secrétaire d'ambassade:* agent du corps diplomatique. ▷ *Secrétaire général:* personne chargée de l'organisation générale du travail dans l'Administration ou dans une grande entreprise privée. ▷ *Premier secrétaire, secrétaire général d'un parti politique, d'un syndicat:* personne qui est à la tête des instances supérieures de ces organisations. ▷ *Secrétaire de rédaction:* personne qui seconde le rédacteur en chef d'un journal, d'une revue, en ce qui concerne la technique, la mise en pages, la fabrication. **3.** *Secrétaire d'État:* Membre du gouvernement placé sous l'autorité d'un ministre et qui a la charge d'un département ministériel. – Aux É.-U. et au Vatican, ministre des Affaires étrangères. **II.** n. m. Meuble à tiroirs pour le rangement des papiers, comportant un panneau abattant qui sert de table à écrire. **III.** n.

m. ZOOL Serpentaire (oiseau). – Lat. *secretarium*, «lieu retiré», de *secretus*, «séparé, secret».

secrétairerie [sәkRetɛRRi] n. f. RELIG CATHOL Ensemble des services dirigés par le cardinal secrétaire d'État du Vatican. – Du préc.

secrétariat [s(ә)kRetaRja] n. m. **1.** Poste, fonction de secrétaire. *Secrétariat général d'une société.* ▷ Temps durant lequel qqn exerce cette fonction. **2.** Bureau, service où travaillent des secrétaires, dans une entreprise; ensemble des secrétaires. *Le chef du secrétariat.* **3.** Travail, métier de secrétaire. *Apprendre le secrétariat et la comptabilité.* – De *secrétaire.*

secrète [sәkRɛt] n. f. LITURG CATHOL Nom donné naguère à l'oraison que le prêtre disait à la fin de l'offertoire. – P.-ê. du lat. *secretio*, «séparation», parce que cette prière était récitée sur les offrandes à consacrer, séparées des offrandes à bénir.

secrètement [sәkRɛtmɑ̃] adv. D'une manière secrète. – De *secret* 1.

sécréter [sekRete] v. tr. **[16]** Produire par sécrétion. *Les glandes qui sécrètent la salive.* ▷ Fig. *Son discours sécrète l'ennui.* – Du rad. de *sécrétion.*

sécréteur, trice [sekRetœR, tRis] adj. PHYSIOL Qui produit une sécrétion. *Cellules sécrétrices.* – Du préc.

sécrétine [sekRetin] n. f. BIOCHIM Hormone polypeptidique sécrétée par le duodénum et le jéjunum, et qui stimule la sécrétion exocrine du pancréas. – De *sécréter.*

sécrétion [sekResjõ] n. f. **1.** PHYSIOL Phénomène par lequel certains tissus peuvent produire une substance qui est déversée dans le sang (sécrétion endocrine) ou évacuée par un canal excréteur (sécrétion exocrine). ▷ BOT *Sécrétion du latex, de la résine.* **2.** Substance ainsi produite (hormone, suc, sébum, sérosité, etc.). ▷ BOT *Les sécrétions végétales.* – Lat. *secretio*, «séparation, dissolution».

sécrétoire [sekRetwaR] adj. PHYSIOL Qui a rapport à la sécrétion. – Du rad. de *sécrétion.*

sectaire [sɛktɛR] n. et adj. Personne qui fait preuve d'intolérance en matière de philosophie, de politique, de religion. ▷ Adj. *Esprit sectaire.* – De *secte.*

sectarisme [sɛktaRism] n. m. Attitude d'une personne ou d'un groupe sectaire. – Du préc.

sectateur, trice [sɛktatœR, tRis] n. **1.** Litt. ou didac. Adepte d'une secte. **2.** Vieilli Personne qui adhère à une doctrine philosophique ou religieuse. – Lat. *sectator.*

secte [sɛkt] n. f. **1.** Groupe de personnes, notam. d'hérétiques, qui, à l'intérieur d'une religion, professent les mêmes opinions particulières. *La secte des anabaptistes.* ▷ Mod. Groupe idéologique et mystique dont les membres vivent en communauté, sous l'influence d'un guide spirituel. **2.** Péjor. Ensemble de personnes étroitement attachées à une doctrine. – Lat. *secta*, de *sequi*, «suivre».

secteur [sɛktœR] n. m. **1.** GEOM Portion de plan comprise entre un arc de cercle et les deux rayons qui le délimitent. ▷ *Secteur sphérique:* solide engendré par la rotation d'un secteur de cercle autour de l'un de ses rayons. **2.** MILIT Partie du front de bataille ou d'un territoire, occupée par une unité. **3.** Fam. Endroit, lieu quelconque. *Il n'y a personne dans le secteur*, dans les environs, dans le coin. **4.** Subdivision d'une zone urbaine, d'une région. ▷ *Spécial.* Subdivision du réseau de distribution de l'électricité. *Panne de secteur.* – Par ext. *Le secteur:* ce réseau. *Appareil qui marche sur piles et sur le secteur.* **5.** Ensemble d'activités économiques de même nature. *Secteur primaire*, secondaire*, tertiaire*. Secteur public:* ensemble des entreprises qui dépendent de l'État (opposé à *secteur privé*). – Lat. *sector*, «coupeur», puis terme de géom., de *secare*, «couper».

section [sɛksjõ] n. f. **I. 1.** Surface que présente une chose à l'endroit où elle est coupée transversalement. *Section ronde, carrée. Section franche, nette, irrégulière.* ▷ Cette surface considérée d'un point de vue théorique (sans qu'il y ait effectivement coupure). *Câble de deux centimètres carrés de section.* **2.** Représentation théorique, selon un plan transversal, d'un objet, d'une machine, d'un édifice; coupe. **3.** GEOM Lieu de l'espace où deux lignes, deux surfaces se coupent. *La section de deux plans est une droite. Section droite d'un prisme, d'un cylindre:* section perpendiculaire aux arêtes de ce prisme, aux génératrices de ce cylindre. **4.** PHYS NUCL *Section efficace:* grandeur (exprimée en barns) homogène à une surface, qui mesure la probabilité de capture, de diffusion, etc., des particules d'un rayonnement par les noyaux des atomes d'une cible. **II. 1.** Division, dans une administration, une organisation. *Section syndicale d'entreprise. Section d'un parti politique.* **2.** Portion d'une voie de communication; division du parcours de certains véhicules de transport en commun. *Section d'autoroute. Les sections d'une ligne d'autobus.* **3.** Subdivision d'un ouvrage. *Livre en trois sections.* **4.** MUS *Section rythmique d'un orchestre de jazz:* ensemble des instruments qui assurent le soutien rythmique de l'orchestre. – *Spécial.* Le groupe formé par le piano, la basse et la batterie. – Lat. *sectio*, de *secare*, «couper, diviser».

sectionnement [sɛksjɔnmɑ̃] n. m. Action de sectionner. – De *sectionner.*

sectionner [sɛksjɔne] v. tr. **[1] 1.** Couper net, trancher. *Un éclat de verre a sectionné la veine.* **2.** Diviser en sections. *Sectionner un service administratif.* – De *section.*

sectionneur [sɛksjɔnœR] n. m. ELECTR Appareil servant à isoler une ou plusieurs sections d'une ligne électrique. – De *sectionner.*

sectoriel, ielle [sɛktɔRjɛl] adj. Didac. Qui concerne plus particulièrement un ou plusieurs secteurs (dans le domaine économique, notam.). *Chômage sectoriel.* – De *secteur.*

sectorisation [sɛktɔRizasjõ] n. f. ADMIN, ECON Division, organisation en secteurs. – De *secteur.*

sectoriser [sɛktɔRize] v. tr. **[1]** ADMIN, ECON Répartir, diviser en secteurs. – De *sectorisation.*

séculaire [sekylɛR] adj. **1.** Qui a lieu une fois par siècle. *Les jeux séculaires de la Rome antique.* ▷ *Année séculaire*, qui termine un siècle. **2.** Qui existe depuis un siècle. *Un chêne deux fois séculaire.* ▷ Qui existe depuis plusieurs siècles; très ancien. *Tradition séculaire.* – Lat. *sæcularis*, de *sæculum*, «siècle».

séculairement [sekylɛRmɑ̃] adv. Litt. Depuis des siècles; de toute antiquité. – Du préc.

sécularisation [sekylaRizasjõ] n. f. Action, fait de séculariser; son résultat. – De *séculariser.*

séculariser [sekylaRize] v. tr. **[1]** RELIG **1.** Faire passer de l'état régulier à l'état séculier. *Séculariser un religieux.* **2.** Faire passer du domaine ecclésiastique au domaine laïc. *Séculariser l'enseignement.* – De *séculier*, d'ap. le lat. relig. *sæcularis*, «du siècle, séculier».

sécularité [sekylaRite] n. f. RELIG État du clergé séculier. – Du lat. relig. *sæcularis*, «séculier».

séculier, ière [sekylje, jɛR] adj. et n. m. **1.** HIST Qui appartenait au siècle, au monde laïque, et non à l'Église. *Les autorités séculières. Bras séculier:* autorité temporelle. **2.** Se dit des ecclésiastiques qui ne sont pas soumis (comme les *réguliers*) à la règle d'un ordre religieux. *Le clergé séculier.* ▷ N. m. *Un séculier.* – Lat. relig. *sæcularis*, «du siècle, profane», de *sæculum*, «siècle».

séculièrement [sekyljɛʀmɑ̃] adv. D'une manière séculière. – De *séculier.*

secundo [səgɔ̃do] adv. Secondement, en second lieu (abrév. 2°). – Mot lat.

sécurisant, ante [sekyʀizɑ̃, ɑ̃t] adj. Qui sécurise. – Ppr. de *sécuriser.*

sécuriser [sekyʀize] v. tr. [1] Donner un sentiment de sécurité à (qqn), apaiser, rassurer. – Du rad. de *sécurité.*

sécuritaire [sekyʀitɛʀ] adj. Qui offre des garanties de sécurité, d'absence relative de danger pour un usager. *Des pneus sécuritaires.* – De *sécurité.*

sécurité [sekyʀite] n. f. **1.** Tranquillité d'esprit de celui qui pense qu'aucun danger n'est à craindre. *Avoir un sentiment de sécurité.* **2.** Situation dans laquelle aucun danger n'est à redouter. *Assurer la sécurité des personnes et des biens, la sécurité publique.* ▷ *Compagnies républicaines de sécurité* (C.R.S.): en France, formations mobiles relevant du ministère de l'Intérieur et chargées du maintien de l'ordre. – *Sécurité routière:* ensemble des mesures visant à assurer la sécurité des usagers de la route. – *Conseil de sécurité de l'O.N.U.* (Organisation des Nations Unies). **3.** (France) *Sécurité sociale :* organisation officielle visant à assurer la sécurité matérielle des travailleurs et de leur famille en cas de maladie, d'accident du travail, de maternité, etc., et à leur garantir une retraite. **4.** TECH Organe qui empêche de manœuvrer la détente d'une arme à feu. **5.** loc. adj. *De sécurité,* qui assure la sécurité, qui protège contre un risque. *Dispositif de sécurité.* – Lat. *securitas,* de *securus,* «sûr»; doublet sav. de *sûreté.*

sedan [sədɑ̃] n. m. Drap fin fabriqué à l'origine à Sedan. – De *Sedan,* v. des Ardennes, France.

sédatif, ive [sedatif, iv] adj. et n. m. MED Qui modère l'activité fonctionnelle d'un organe ou d'un système. ▷ N. m. *Un sédatif:* un remède sédatif, un calmant. – Lat. médiév. *sedativus,* du class. *sedatum,* de *sedare,* «calmer».

sédation [sedasjɔ̃] n. f. MED Action de calmer; effet produit par un sédatif. – Lat. *sedatio.*

sédentaire [sedɑ̃tɛʀ] adj. (et n.) **1.** Qui sort rarement de chez soi. *Vieillard sédentaire.* **2.** Fixe, attaché à un lieu. *Peuples sédentaires.* Ant. nomade. *Troupes sédentaires et troupes mobiles.* **3.** Qui se passe, s'exerce dans un même lieu. *Vie, emploi sédentaire.* – Lat. *sedentarius,* de *sedere,* «être assis».

sédentairement [sedɑ̃tɛʀmɑ̃] adv. D'une façon sédentaire. – Du préc.

sédentarisation [sedɑ̃taʀizasjɔ̃] n. f. Fait de rendre sédentaire, de devenir sédentaire. – De *sédentariser.*

sédentariser [sedɑ̃taʀize] v. tr. [1] Rendre sédentaire, fixer. *Sédentariser des populations nomades.* ▷ v. pron. *Se sédentariser.* – De *sédentaire.*

sédentarité [sedɑ̃taʀite] n. f. État de celui, de ce qui est sédentaire. – De *sédentaire.*

sedia gestatoria [sedjaʒɛstatɔʀja] n. f. LITURG CATHOL Chaise à porteurs dont le pape fait usage dans certaines cérémonies. – Mots ital.

sédiment [sedimɑ̃] n. m. **1.** Didac. Dépôt formé par la précipitation de substances en suspension dans un liquide. *Sédiment des urines.* **2.** GEOL Dépôt abandonné par les eaux, les glaces ou le vent. *Sédiments argileux, calcaires. Sédiments lacustres, glaciaires, marins.* – Lat. *sedimentum,* «dépôt», de *sedere,* «être assis, séjourner».

sédimentaire [sedimɑ̃tɛʀ] adj. GEOL Qui a le caractère d'un sédiment; qui est produit par un sédiment. ▷ *Roche sédimentaire,* qui provient d'un sédiment et n'a subi que des transformations peu importantes (à la différence des roches métamorphiques). – Du préc.

sédimentation [sedimɑ̃tasjɔ̃] n. f. GEOL Formation d'un sédiment, des sédiments. ▷ MED *Sédimentation globulaire :* dépôt des cellules du sang rendu incoagulable et laissé au repos dans un tube à essais. *La vitesse de sédimentation des hématies est accrue dans tous les processus infectieux ou inflammatoires.* – De *sédiment.*

sédimentologie [sedimɑ̃tɔlɔʒi] n. f. GEOL Branche de la géologie qui étudie les sédiments et leur mode de formation. – De *sédiment,* et *-logie.*

séditieusement [sedisjøzmɑ̃] adv. Rare D'une manière séditieuse. – De *séditieux.*

séditieux, euse [sedisjø, øz] adj. et n. **1.** Qui participe ou qui est prêt à participer à une sédition. *Des groupes séditieux.* ▷ Subst. *Un, des séditieux.* **2.** Qui a le caractère de la sédition, qui incite à la sédition. *Écrit séditieux.* – Lat. *seditiosus.*

sédition [sedisjɔ̃] n. f. Révolte, soulèvement prémédités contre l'autorité établie. *Les meneurs d'une sédition.* – Lat. *seditio.*

séducteur, trice [sedyktœʀ, tʀis] n. et adj. **1.** Personne qui a de nombreux succès galants. **2.** Personne qui sait plaire, charmer. ▷ Adj. *Un discours séducteur.* – *L'esprit séducteur:* le diable. – Lat. ecclés. *seductor,* de *seducere* (V. séduire).

séduction [sedyksjɔ̃] n. f. **1.** Action de séduire. **2.** Attrait puissant qui se dégage de qqn, de qqch. *Pouvoir de séduction. La séduction des plaisirs.* – Lat. *seductio.*

séduire [sedɥiʀ] v. tr. [71] **1.** Vieilli ou plaisant (Souvent avec connotation d'abus.) En parlant d'un homme, amener (une femme) à lui accorder ses faveurs hors mariage. *Séduire une jeune fille.* ▷ Au pp. *Séduite et abandonnée.* ▷ Mod. (Sans connotation défavorable.) Plaire à (qqn) et obtenir amour ou faveurs. *Avec son physique, il séduira les filles!* **2.** Conquérir l'admiration, l'estime, la confiance de (qqn). *Ce chanteur a séduit le public.* ▷ Convaincre par le charme, la persuasion, le savoir-faire, fût-ce en créant l'illusion. *L'escroc avait réussi à séduire plusieurs hommes d'affaires.* **3.** Captiver, charmer. *La beauté de ce petit village nous a séduits.* – Du lat. *seducere,* «emmener à l'écart».

séduisant, ante [sedɥizɑ̃, ɑ̃t] adj. Qui séduit, qui attire, qui plaît. *Une femme séduisante. Un projet séduisant.* – Ppr. de *séduire.*

sedum [sedɔm] n. m. BOT Orpin, plante herbacée (genre *Sedum,* fam. crassulacées) aux feuilles charnues, aplaties ou cylindriques, très courante sur les vieux murs et dans les décombres. – Mot. lat., «joubarbe».

séfarade, ades [sefaʀad] ou **sefardi, dim** [sefaʀdi, dim] n. et adj. **I.** n. **1.** HIST Au Moyen Âge, juif vivant en Espagne ou au Portugal. **2.** Mod. Juif descendant des juifs d'Espagne expulsés de ce pays en 1492 par les Rois Catholiques. (La plupart d'entre eux s'établirent sur le pourtour méditerranéen.) *Les sefardim et les ashkenazim* (juifs d'Europe centrale et septentrionale). **II.** adj. Des séfarades. *Les coutumes séfarades.* – De l'hébreu *Sepharad,* «Espagne», d'abord n. d'un site d'une colonie d'exilés (IXe s. av. J.-C.) de Jérusalem, identifié comme étant Sardis (Sardes), cap. de la Lydie.

ségala [segala] n. m. AGRIC Terre ensemencée en seigle. – Mot dial. mérid., du rad. de *seigle.*

segment [sɛgmɑ̃] n. m. **1.** GEOM Portion, partie. *Segment de droite:* portion de droite comprise entre deux points. – *Segment de cercle:* surface comprise entre un arc de cercle et sa corde. – *Segment sphérique:* volume compris entre la surface d'une sphère et un plan sécant ou deux plans parallèles coupant cette sphère. ▷ MATH Ensemble des éléments d'un ensemble ordonné qui sont compris dans un intervalle. **2.** ZOOL Chacun des articles* du corps des annélides et des arthropodes. **3.** TECH Bague d'étanchéité, sur un piston. – *Segment de frein:* pièce en forme de croissant comportant une garniture rivée qui vient s'appliquer contre le tambour du frein. – Lat. *segmentum*, de *secare*, «couper».

segmentaire [sɛgmɑ̃tɛʀ] adj. Formé de segments; relatif à un segment. – Du préc.

segmentation [sɛgmɑ̃tasjɔ̃] n. f. **1.** Action de segmenter, fait de se segmenter; son résultat. **2.** BIOL Ensemble des premières divisions cellulaires que subit l'œuf fécondé. – De *segmenter*.

segmenter [sɛgmɑ̃te] v. tr. [1] Diviser en segments. Syn. fractionner. ▷ v. pron. *Une cellule qui se segmente.* – De *segment*.

ségrais [segʀɛ] n. m. SYLVIC Bois séparé des grands bois, qu'on exploite à part. – Du lat. *secretum*, «lieu secret».

ségrégatif, ive [segʀegatif, iv] adj. Qui tend à établir une ségrégation. *Mesures ségrégatives.* – De *ségrégation*.

ségrégation [segʀegasjɔ̃] n. f. **1.** Action de mettre à part, de séparer d'un tout, d'une masse. **2.** *Ségrégation raciale:* discrimination organisée, réglementée, entre les groupes raciaux (notam. entre Noirs et Blancs), dans certains pays (V. apartheid). ▷ *Par ext.* Discrimination de droit ou de fait entre les individus ou entre les collectivités qui composent un groupe humain, fondée sur des critères autres que raciaux (âge, sexe, niveau de fortune, mœurs, religion, etc.). **3.** METALL Séparation, au sein d'un alliage en cours de solidification, des parties de compositions chimiques différentes. – Lat. *segregatio*, de *segregare*, propr. «séparer du troupeau».

ségrégationnisme [segʀegasjɔnism] n. m. Système de ceux qui sont favorables à la ségrégation raciale. – De *ségrégation*.

ségrégationniste [segʀegasjɔnist] n. et adj. **1.** n. Partisan du ségrégationnisme. **2.** adj. Qui a rapport à la ségrégation raciale. *Théories ségrégationnistes.* – De *ségrégation*.

séguedille [segədij] n. f. Danse espagnole sur un rythme rapide à trois temps; air sur lequel on la danse. – Esp. *seguidilla*, de *seguida*, «suite».

seguia [segja] n. f. Canal d'irrigation, en Afrique du Nord. – Mot ar., var de *sakièh**.

1. seiche [sɛʃ] n. f. Mollusque céphalopode marin (genre *Sepia*) comestible, au corps bordé d'une nageoire continue, qui, lorsqu'il est menacé, rejette par l'entonnoir de sa poche ventrale une encre noire qui camoufle sa fuite (V. sépia). – Du lat. *sepia*, gr. *sêpia*.

2. seiche [sɛʃ] n. f. GEOGR Variation subite du niveau de certains lacs, souvent causée par une modification locale de la pression atmosphérique. – De *sèche* 1.

séide [seid] n. m. Fanatique qui obéit aveuglément à un chef. – Francisation de l'ar. *Zayd*, personnage de *Mahomet*, tragédie de Voltaire.

seigle [sɛgl] n. m. Céréale (*Secale cereale*, fam. graminées) panifiable, aux épis barbus, très résistante au froid, poussant sur les terrains pauvres et arides. *Variétés céréalières et fourragères du seigle. Maladies du seigle:* ergot* (champignon), rouille, charbon. – Lat. *secale* ou anc. provenç. *segle*.

seigneur [sɛɲœʀ] n. m. **1.** FEOD Possesseur d'un fief, d'une terre. **2.** Titre honorifique donné autref. à des personnes de haut rang. **3.** (Avec une majuscule.) *Le Seigneur:* Dieu. – *Notre Seigneur:* Jésus-Christ. *Le jour du Seigneur:* le dimanche. **4.** Celui qui détient la puissance, l'autorité (surtout dans l'expr. *seigneur et maître*). ▷ Fam., plaisant. *Mon seigneur et maître:* mon mari. – Du lat. *senior, senioris*, «aîné».

seigneuriage [sɛɲœʀjaʒ] n. m. FEOD Droit d'un seigneur. ▷ *Spécial.* Droit de battre monnaie. – De *seigneur*, d'ap. l'anc. franç. *seignorage*.

seigneurial, iale, iaux [sɛɲœʀjal, jo] adj. Propre à un seigneur; relatif à un seigneur, à une seigneurie. *Domaine seigneurial. Forêt seigneuriale. Manoir seigneurial. Régime, droit seigneurial.* – De *seigneur*, d'ap. *seigneurie*.

seigneurie [sɛɲœʀi] n. f. **1.** Autorité du seigneur sur sa terre et sur les personnes qui relevaient de lui. **2.** HIST Terre octroyée par le roi de France ou l'État à un individu (seigneur) à charge d'y installer des colons et d'y concéder à son tour des terres moyennant des redevances annuelles. **3.** Titre honorifique donné autref. aux pairs de France et auj. aux membres de la Chambre des lords de Grande-Bretagne. *Votre Seigneurie.* – De *seigneur*.

ENCYCL Depuis la fondation de la Nouvelle-France jusqu'à l'abolition du régime seigneurial en 1854, presque tous les habitants ont vécu sur une terre concédée originalement par un seigneur envers lequel ils avaient encore des devoirs à accomplir et des redevances à payer. Ce mode d'occupation de l'espace était inspiré du régime féodal français, mais son application dans la colonie ne comportait plus que des formes extérieures de la dépendance juridique d'un censitaire envers son seigneur. Le roi octroyait à un seigneur (noble, administrateur, officier militaire, négociant ou communauté religieuse, etc.) une portion de terre aux fins d'y établir des colons et de favoriser le peuplement.

Du XVIIe siècle au milieu du XIXe siècle, le roi concéda ainsi quelque 250 seigneuries, presque toutes durant le Régime français. À l'époque de la conquête britannique, en 1760, 80 pour cent de la population vivait surtout de l'agriculture dans environ 8 000 censives (terres). Celles-ci étaient réparties dans 200 seigneuries de part et d'autre du fleuve Saint-Laurent, surtout entre Montréal et Québec, mais aussi et de plus en plus le long des principaux affluents navigables et loin en aval de Québec sur la rive sud du fleuve. En somme, le système seigneurial a occupé les basses terres riveraines, plus accessibles et généralement de meilleure qualité.

Les volontés politiques tout autant que les pratiques sociales et les exigences économiques ont fait que le système se caractérisait par la concession d'une terre à une famille. Le tenancier de cette censive devait tenir feu et lieu, c'est-à-dire résider sur sa terre, la défricher et la mettre en valeur. Il pouvait la transmettre directement à ses enfants ou la vendre à la condition, dans ce dernier cas, de payer au seigneur un douzième du prix de vente. Il devait aussi remettre chaque année au seigneur un quatorzième du produit de sa terre en redevance et un léger cens qui confirmait sa dépendance envers le seigneur.

Une terre mesurait en moyenne trois sur trente arpents, soit environ 180 sur 1 800 mètres. Ce découpage en longues bandes rectangulaires étroites procurait à chacun un accès au fleuve ou à la rivière qui constituait la principale voie de communication et d'échange. Cette superficie permettait d'assurer les besoins essentiels de la famille et, dans un certain nombre de cas, de produire des surplus destinés à l'approvisionnement de la ville ou à l'exportation. L'agriculteur consacrait environ le tiers de sa terre à la culture des céréales – en particulier le blé qui, transformé en farine, assurerait le pain quotidien. Un autre tiers servait aux bâtiments, au potager et aux pâturages. Le reste constituait la réserve de bois de chauffage et de charpente.

Le système seigneurial a perduré de bien des façons. Dans certains cas, le paiement des droits seigneuriaux, devenu moins lourd que celui des taxes foncières, ne s'est définitivement arrêté qu'en 1952. Mais surtout, par son modèle géographique et par les rapports interpersonnels qu'il a générés, le système seigneurial a puissamment contribué à façonner une image devenue un peu stéréotypée du Québécois; celle d'un habitant autosuffisant, caractérisé par sa stabilité, ses valeurs morales et conservatrices. La terre a été vue comme une unité économique de survie familiale. Elle constituait un héritage et un patrimoine transmis de génération en génération. Les recherches récentes révèlent toutefois un monde rural beaucoup plus dynamique et complexe qu'on ne le connaissait. Par contre, encore aujourd'hui, une vue du haut des airs ou un parcours routier à la campagne laisse clairement voir la trame ancienne dans le paysage actuel.

seime [sɛm] n. f. MED VET Fente verticale pathologique affectant le sabot du cheval. – De l'anc. provenç. *sem*, «incomplet, imparfait», du bas lat. *semus*, de *semis*, «moitié».

sein [sɛ̃] n. m. **1.** Chacune des deux mamelles de la femme, qui renferment les glandes mammaires. ▷ Vx Poitrine (de la femme). – Mod. *Nourrir un enfant au sein.* **2.** Litt. Partie antérieure de la poitrine humaine, où sont les mamelles. *Presser sur son sein.* **3.** Litt. Le ventre de la femme, en tant qu'il contient les organes de la gestation. *Porter un enfant dans son sein.* **4.** Fig., litt. La partie intérieure, centrale. *Le sein de la terre.* – *Le sein de l'Église:* la communion des fidèles dans le catholicisme. ▷ Loc. prép. *Au sein de:* à l'intérieur de, au milieu de, dans. – Du lat. *sinus*, «pli, courbe», d'où «pli de la toge en travers de la poitrine», et fig. «poitrine».

seine. V. senne.

seing [sɛ̃] n. m. DR Signature qui rend un acte valable. – *Seing privé :* signature d'un acte qui n'a pas été reçu par un officier public. *Acte sous seing privé* (opposé à *acte authentique*). – *Blanc-seing:* papier signé que l'on confie à qqn pour qu'il le remplisse à sa volonté. *Des blancs-seings.* – Du lat. *signum*, «signe, marque».

séism(o)-. Anc. forme de sism(o)-*.

séismal, séismicité, séismique, séismographe. V. sismal, sismicité, sismique, sismographe.

séisme [seism] n. m. Didac. Secousse ou série de secousses plus ou moins brutales qui ébranlent le sol; tremblement de terre. – Gr. *seismos*, du v. *seiein*, «secouer».

ENCYCL L'étude des séismes permet de définir l'*épicentre*, point de la surface terrestre où l'ébranlement présente le maximum d'intensité, et l'*hypocentre*, point situé en profondeur (généralement à la verticale de l'épicentre) d'où part l'onde d'ébranlement à la suite du mouvement et du frottement de deux *plaques* de l'écorce terrestre l'une contre l'autre. (V. encycl. plaque.) L'étude de la répartition des séismes permet de définir deux types de régions: **1.** les séismes sont rares dans les régions centrales des plaques et dans les régions où les jonctions entre diverses plaques sont stabilisées; il s'agit de régions dépourvues de chaînes de montagnes récentes (formées durant le Tertiaire); **2.** les séismes sont nombreux dans la ceinture «de feu» du Pacifique, dans la région méditerranéenne, prolongée par l'Himalaya, et dans les rides médio-océaniques, qui correspondent aux zones de frottement des plaques. On distingue, selon la profondeur de l'hypocentre, les séismes superficiels (profondeur inf. à 50 km), les séismes intermédiaires (compris entre 50 et 300 km) et les séismes profonds (profondeur supérieure à 300 km), rares. Les hypocentres peu profonds correspondent au frottement de deux plaques; les hypocentres profonds à une zone où une plaque plonge sous une autre. Il existe plusieurs échelles servant à déterminer l'intensité des séismes suivant leurs effets (appréciés par les dégâts et destructions des habitations); en outre, l'échelle de Richter mesure (en joules) l'énergie libérée par un séisme.

seize [sɛz] adj. et n. m. inv. **I.** adj. num. **1.** adj. num. cardinal. Dix plus six (16). **2.** adj. num. ordinal. (Dans quelques empl.) Seizième. *Chapitre seize.* **II.** n. m. inv. Le nombre, le numéro seize. ▷ *Le seize du mois:* le seizième jour du mois. – Du lat. *sedecim*, de *sex*, «six», et *decem*, «dix».

seizième [sɛzjɛm] adj. et n. **I.** adj. **1.** (Ordinal de seize.) Qui vient après le quinzième. *La seizième fois.* **2.** *Seizième partie:* partie d'un tout divisé en seize. ▷ N. m. *Cela ne représente qu'un seizième du total.* **II.** n. Personne, chose qui occupe la seizième place. *Elle est la seizième.* – Du préc.

seizièmement [sɛzjɛmmɑ̃] adv. En seizième lieu. – Du préc.

séjour [seʒuʀ] n. m. **1.** Fait de séjourner, de résider plus ou moins longtemps dans un lieu. *Permis de séjour:* autorisation écrite de séjourner dans un pays pour une période déterminée. ▷ Temps pendant lequel on séjourne dans un lieu. *Un long séjour à la campagne.* **2.** *Salle de séjour:* où l'on se tient habituellement. **3.** Lieu où l'on séjourne. *Séjour champêtre.* – De *séjourner.*

séjourner [seʒuʀne] v. intr. [1] Demeurer quelque temps dans un lieu. *Séjourner à l'hôtel.* ▷ (Choses) *Ornières où l'eau séjourne.* – Du lat. pop. **subdiurnare*, bas lat. *diurnare*, «vivre longtemps, durer», de *diurnus*, «de jour».

sel [sɛl] n. m. **I.** Cour. **1.** Substance cristallisée, blanche, d'origine marine ou terrestre *(sel gemme)*, de saveur piquante, utilisée pour assaisonner ou conserver les aliments. *Le sel est constitué de chlorure de sodium plus ou moins pur. Sel fin, gros sel.* – *Bœuf gros sel:* bœuf bouilli servi avec du gros sel. **2.** Fig. Ce qu'il y a de piquant ou de spirituel dans une situation, un propos, un récit, etc. *Le sel d'une anecdote.* **II. 1.** Vx Tout corps cristallin soluble dans l'eau. ▷ Loc. mod. *Sel ammoniac:* chlorure d'ammonium. *Sel d'Angleterre* ou *de magnésie:* sulfate de magnésium. *Sel de Glauber:* sulfate de sodium. *Sel de Vichy:* bicarbonate de sodium. – *Sels de bain:* cristaux parfumés qu'on dissout dans l'eau du bain. ▷ Absol., plur. Sels volatils (carbonate d'ammonium, en partic.), qu'on donnait à respirer à une personne évanouie pour la ranimer. *Flacon de sels. Respirer des sels.* **2.** CHIM, mod. Composé provenant du remplacement d'un ou de plusieurs atomes d'hydrogène d'un acide par un ou plusieurs atomes d'un métal. – Lat. *sal.*

ENCYCL Certains sels sont très abondants dans la nature, où on les trouve à l'état solide: carbonate de calcium, import. constituant des roches sédimentaires; phosphates (notam. de calcium); sulfures de zinc, de plomb, de mercure, d'argent, etc., utilisés comme minerais; nitrates, dont on tire des engrais azotés; chlorure de sodium, le plus abondant et le plus important pour l'homme, dit cour. *sel.* À la température ordinaire, les sels sont des solides généralement bien cristallisés. Tous les cristaux, fondus ou en solution aqueuse, sont très bons conducteurs d'électricité. Un grand nombre de sels possèdent de l'eau de cristallisation. Lorsque cette eau s'évapore, les cristaux se brisent: il y a *efflorescence.* D'autres sels peuvent absorber l'eau atmosphérique et s'y dissoudre; ils sont *déliquescents.* Le chlorure de sodium (le *sel*) provient de l'eau des océans, dont il représente en moyenne 3,5 % (soit 35 g pour 1 l d'eau de mer). Le sel est retiré soit des océans (marais salants), soit, et surtout, de mines de sel gemme. En effet, l'évaporation d'anc. mers a laissé dans les terrains sédimentaires des dépôts considérables (couches de 200 m d'épaisseur, parfois) de chlorure de sodium presque pur, dit *sel gemme*. Le sel est connu depuis toujours. Il a servi de monnaie d'échange (V. salaire). En France, il fit l'objet d'un impôt (V. gabelle). Le chlorure de sodium, soluble dans l'eau, fond à 801 °C et bout à 1 413 °C. Un mélange eutectique composé de 30 % de sel dissous dans l'eau possède une température de fusion de -21 °C; cette propriété est utilisée pour dégeler, par salage, les routes verglacées ou enneigées. Le sel est un aliment indispensable à l'homme mais une absorption trop import. peut provoquer une hypertension artérielle. Suivant les conditions choisies, l'électrolyse du chlorure de sodium fournit du chlore, de l'hydrogène, du sodium, de la soude; une telle production joue un rôle majeur dans l'industrie chimique.

sélaciens [selasjɛ̃] n. m. pl. ZOOL Ordre de poissons cartilagineux, comprenant les requins (sous-ordre des squales, aux fentes branchiales latérales) et les raies (sous-ordre des rajiformes, aux fentes branchiales ventrales). – Sing. *Un sélacien.* – Du gr. *selakhos*, «poisson cartilagineux».

sélaginelle [selaʒinɛl] n. f. BOT Plante cryptogame vasculaire, à l'aspect de mousse, proche des lycopodes par son organisation. – Du lat. *selago, selaginis*, «plante inconnue».

select (inv.) ou **sélect, ecte** [selɛkt] adj. Choisi, distingué. *Des gens sélects. Une réunion très sélecte.* – Angl. *select*, «choisi», du lat. *selectus*.

sélecter [selɛkte] v. tr. [1] TECH Opérer la sélection de. – De *sélection* ou angl. *to select*.

sélecteur, trice [selɛktœʀ, tʀis] adj. et n. m. **1.** adj. Qui sélectionne ou qui sélecte. **2.** n. m. TECH Dispositif de sélection. ▷ Commutateur à plusieurs directions. ▷ MECA Pédale de changement de vitesse d'une motocyclette. – Levier de changement de vitesse, sur une voiture à embrayage automatique. – De *sélection*.

sélectif, ive [selɛktif, iv] adj. **1.** Qui opère une sélection, un choix. *Examen, classement sélectif.* **2.** TELECOM Se dit d'un récepteur qui opère une séparation satisfaisante des ondes de fréquences voisines. – De *sélection* ou de l'angl. *selective*.

sélection [selɛksjɔ̃] n. f. **I. 1.** Choix entre des personnes ou des choses, en fonction de critères déterminés. *Faire une sélection entre des projets.* – SPORT *Épreuve de sélection.* ▷ Ensemble des personnes ou des choses ainsi retenues. – SPORT *Sélection régionale, nationale.* **2.** TECH Action de sélecter; son résultat. **II. 1.** Choix des types reproducteurs pour la perpétuation d'espèces. *Sélection des juments poulinières et des étalons.* **2.** *Sélection naturelle:* dans le darwinisme, survivance d'une espèce animale ou végétale par ses individus les plus aptes à subsister et à se reproduire. – Lat. *selectio*; sens II, 1, repris de l'angl. *selection*.

sélectionné, ée [selɛksjɔne] adj. et n. **1.** adj. Qui a subi une sélection. ▷ *Par ext.* De bonne qualité. *Fruits sélectionnés.* **2.** n. Sportif, sportive choisis parmi d'autres pour participer à une compétition, à un match dans lesquels ils représenteront leur club, leur pays. – Pp. de *sélectionner*.

sélectionner [selɛksjɔne] v. tr. [1] Choisir par sélection. *Sélectionner des plantes. Sélectionner des athlètes.* – De *sélection*.

sélectionneur, euse [selɛksjɔnœʀ, øz] n. Personne qui procède à une sélection. ▷ *Spécial.* Personne qui sélectionne des sportifs en vue d'une compétition. – De *sélectionner*.

sélectivement [selɛktivmɑ̃] adv. De façon sélective. – De *sélectif*.

sélectivité [selɛktivite] n. f. Fait d'être sélectif; propriété de ce qui est sélectif. ▷ TELECOM Propriété de n'amplifier que le signal correspondant à une onde de fréquence donnée. – De *sélectif*.

séléniate [selenjat] n. m. CHIM Sel de l'acide sélénique. – De *séléni(um)*, et *-ate*.

sélénien, ienne [selenjɛ̃, jɛn] adj. et n. Syn. de *sélénite* (1, sens 2) – Dér. savant du gr. *Sélênê*, «Lune».

sélénieux [selenjø] adj. m. CHIM Se dit de l'acide H_2SeO_3 et de l'anhydride correspondant. – De *sélénium*.

sélénique [selenik] adj. m. Se dit de l'acide H_2SeO_4 et de l'anhydride correspondant. – De *sélénium*.

1. sélénite [selenit] n. et adj. **1.** n. Anc. Habitant supposé de la Lune. **2.** adj. Relatif à la Lune. Syn. sélénien. – Du gr. *Sélênê*, «Lune».

2. sélénite [selenit] n. m. CHIM Sel de l'acide sélénieux. – De *sélénium*.

séléniteux, euse [selenitø, øz] adj. CHIM Vx Qui contient du sulfate de calcium. – De *sélénite*, anc. nom du gypse.

sélénium [selenjɔm] n. m. CHIM Élément de numéro atomique Z = 34, de masse atomique 78,96 (symbole Se). – Du gr. *Sélênê*, «Lune», à cause de sa ressemblance avec le tellure, tiré de *tellus*, nom lat. de la Terre dont la Lune est le satellite.

ENCYCL Le sélénium est un élément peu abondant dans la croûte terrestre; ses propriétés chimiques sont voisines de celles du soufre. C'est un semiconducteur; sa conductivité électrique augmente fortement lorsqu'on l'éclaire. Il est utilisé pour fabriquer des redresseurs de courant et des dispositifs photoélectriques.

séléniure [selenjyʀ] n. m. CHIM Composé du sélénium avec un autre corps simple. *Séléniure de cadmium.* – De *sélénium*.

séléno-. Élément, du gr. *Sélênê*, «Lune».

sélénodonte [selenɔdɔ̃t] adj. ZOOL Se dit des molaires des ruminants dont les tubercules sont en forme de croissant. ▷ Par ext. *Artiodactyles sélénodontes:* les ruminants. – De *sélén(o)-*, et du gr. *odous, odontos*, «dent».

sélénographie [selenɔgʀafi] n. f. ASTRO Description de la Lune. – De *séléno-*, et *-graphie*.

sélénographique [selenɔgʀafik] adj. ASTRO Relatif à la sélénographie. – Du préc.

sélénologie [selenɔlɔʒi] n. f. ASTRO Étude de la Lune. – De *séléno-*, et *-logie*.

sélénologue [selenɔlɔg] n. Didac. Personne spécialisée en sélénologie. – De *séléno-*, et *-logue*.

selle [sɛl] n. f. **I. 1.** Petit siège, fait le plus souvent de cuir, que l'on sangle sur le dos d'une bête de somme (en partic. d'un cheval) pour la monter commodément. *Cheval de selle*, dressé pour être monté. ▷ Fig. *Être bien en selle:* être affermi dans son poste. *Se remettre en selle:* rétablir ses affaires. **2.** Siège d'une bicyclette, d'une motocyclette, d'un scooter. **3.** *Selle d'agneau, de chevreuil:* morceau pris entre le gigot et la première côte. **II.** Trépied à plateau pivotant des sculpteurs, sur lequel on place l'objet à travailler. **III. 1.** Vx Chaise percée, garde-robe. ▷ Loc. mod. *Aller à la selle*, aux cabinets. **2.** Plur. *Les selles:* les matières fécales. – Lat. *sella*, «siège», en lat. pop. «selle de cheval».

seller [sele] v. tr. [1] Munir (une monture) d'une selle. – De *selle*.

sellerie [sɛlʀi] n. f. **1.** Art, industrie, commerce du sellier; ouvrages du sellier. **2.** Ensemble des selles et des harnais; lieu où on les range. – De *selle*.

sellette [selɛt] n. f. **1.** Petit siège sur lequel devait s'asseoir l'accusé qu'on interrogeait. ▷ Fig. *Être sur la sellette:* être interrogé; être la personne en cause (en bien ou en mal). *Mettre qqn sur la sellette*, le harceler de questions. **2.** Petite selle de sculpteur. ▷ Table étroite et haute sur laquelle on pose une plante, une statue, etc. **3.** Pièce de harnais supportant les courroies qui portent les brancards. **4.** TECH Petit siège, suspendu à une corde à nœuds, des ouvriers du bâtiment. **5.** TECH *Sellette d'attelage:* pièce de l'attelage d'un semi-remorque, solidaire du tracteur. – Dimin. de *selle*.

sellier [sɛlje] n. m. Celui qui fabrique ou qui vend des selles, des harnais, des coussins et des garnitures pour voitures, etc. – De *selle*.

selon [səlõ] prép. **1.** Suivant, conformément à. *Agir selon l'usage. – Déplacement selon une courbe.* ▷ En proportion de. *Vivre selon ses moyens.* **2.** D'après; au jugement, au dire de. *Selon la formule. Selon cet auteur. – Selon moi:* à mon avis. ▷ À en croire, à se fonder sur. *Selon toute vraisemblance.* ▷ *Évangile selon saint Marc*, de saint Marc. **3.** Relativement à. *Selon les cas.* ▷ Loc. conj. *Selon que:* eu égard au fait que. *«Selon que vous serez puissant ou misérable...»* (La Fontaine). ▷ Fam. *C'est selon:* cela dépend (ou dépendra) des circonstances. *Viendrez-vous? – C'est selon.* – P.-ê. du lat. pop. **sublongum*, «le long de».

selva [sɛlva] ou **selve** [sɛlv] n. f. GEOGR Forêt vierge équatoriale (partic., forêt amazonienne). – Portug. *selva*, lat. *silva*.

S. Em. Abrév. de *Son Éminence*.

semailles [səmɑj] n. f. pl. **1.** Action de semer. *Hâter les semailles.* **2.** Les graines semées. *Semailles germées.* **3.** Époque où l'on sème. – Dériv. de *semer* ou du lat. *seminalia*, plur. neutre de *seminalis*, de *semen*, «semence».

semaine [s(ə)mɛn] n. f. **1.** Période de sept jours décomptée du dimanche (ou du lundi) au samedi (ou au dimanche). – *La semaine sainte*, celle qui précède Pâques. **2.** Cette période, envisagée relativement au temps du travail, aux jours ouvrables. *Semaine de trente-cinq heures. Semaine anglaise:* semaine de travail qui, selon l'usage d'abord anglais, s'arrête le samedi à midi ou le vendredi soir. – *En semaine:* un jour de la semaine (sens 2), un jour ouvrable (excluant, selon les cas, soit le dimanche, soit le samedi et le dimanche). **3.** Période de sept jours consécutifs. *Le transport prendra une semaine.* ▷ Vx *Prêter à la petite semaine*, à très court terme et à taux usuraire. – Mod. *À la petite semaine*, en improvisant; au moyen d'expédients. *S'organiser à la petite semaine.* ▷ *Être de semaine:* assurer des fonctions exercées, à tour de rôle, pendant une semaine. **4.** Rémunération d'un travail payé à la semaine. *Toucher sa semaine.* – Du lat. ecclés. *septimana*, fém. de *septimanus*, «relatif au nombre sept», de *septem*, «sept».

semainier, ière [səmɛnje, jɛʀ] n. **I.** Personne qui assure un service déterminé pendant une semaine dans une communauté. **II.** n. m. **1.** Agenda de bureau. **2.** Commode à sept tiroirs. **3.** Bracelet à sept anneaux. Syn. bracelet-semaine. – Du préc.

sémantème [semɑ̃tɛm] n. m. LING Élément de mot porteur du contenu sémantique, par oppos. à *morphème* et à *phonème*. (Par ex.: *bord*, dans *border, bordure, aborder*, etc.) – De *sémantique*.

sémanticien, ienne [semɑ̃tisjɛ̃, jɛn] n. Didac. Spécialiste de la sémantique. – De *sémantique*.

sémantique [semɑ̃tik] n. f. et adj. LING **1.** n. f. Étude du langage du point de vue du sens (polysémie, synonymie, changements de sens, relations unissant les unités signifiantes, etc.). *Sémantique structurale, générative. Sémantique des énoncés.* **2.** adj. Relatif à la sémantique ou au sens. ▷ *Phrase sémantique*, qui a un sens (par oppos. à *asémantique*). – Gr. *sêmantikos*, «qui signifie», de *sêmainein*, «signifier».

sémaphore [semafɔʀ] n. m. **1.** Poste d'observation du trafic maritime établi sur la côte et à partir duquel il est possible de communiquer par signaux optiques avec les navires. **2.** CH de F Mât équipé d'un bras mobile, qui indique si une voie est libre ou non. – Du gr. *sêma*, «signe», et *-phore*.

sémaphorique [semafɔʀik] adj. TECH Relatif au sémaphore. – Du préc.

sémasiologie [semazjɔlɔʒi] n. f. LING Science qui étudie les significations en partant des mots (à l'inverse de l'*onomasiologie*). – Gr. *sêmasia*, «signification», et *-logie*; mot all.

semblable [sɑ̃blabl] adj. et n. **I.** adj. **1.** De même apparence, de même nature. *Cas semblables. Être semblable à son frère.* **2.** (Avec le nom.) Tel, pareil. *Pourquoi tenir de semblables propos?* **3.** GEOM *Figures semblables*, dont les angles sont égaux deux à deux et dont les côtés homologues sont proportionnels. **II.** n. Personne, chose comparable. *Il n'a pas son semblable.* ▷ Être humain, considéré par rapport aux autres. *Secourir ses semblables* (V. prochain). – De *sembler*.

semblablement [sɑ̃blabləmɑ̃] adv. Pareillement. – Du préc.

semblant [sɑ̃blɑ̃] n. m. **1.** Apparence. *Un semblant de vérité. – Faux-semblant :* apparence trompeuse. **2.** *Faire semblant de:* feindre de. – Ellipt. *Il n'en croit rien, il fait semblant. – Ne faire semblant de rien:* feindre l'indifférence. – Ppr. subst. de *sembler*.

sembler [sɑ̃ble] **I.** v. intr. [1] Avoir l'air, paraître; donner l'impression de. *Ce fruit semble mûr. L'air semble frémir.* **II.** v. impers. **1.** (Avec un attribut.) *Il me semble vain d'espérer.* ▷ *Si bon lui semble, comme bon vous semblera:* s'il lui plaît, comme il vous plaira. **2.** *Il semble que:* il apparaît que, on dirait que. *Il semble que vous avez raison.* – (Avec le subj., s'il y a doute, ou dans les phrases nég. ou interrog.) *Il semble que le pari soit perdu.* – Ellipt. *Il peine, semble-t-il.* **3.** *Il me (te, etc.) semble que:* je (tu, etc.) crois que. – (Avec l'inf.) *Il me semble le voir.* – (En incise.) *Ce me semble, me semble-t-il:* à mon avis. **4.** Loc. *Que vous en semble? :* qu'en pensez-vous? – *Que vous semble de cette affaire?* – Du bas lat. *similare*, «ressembler» de *similis*, «semblable».

sème [sɛm] n. m. LING Trait sémantique constituant l'unité minimale de signification. (Par ex.: «humain», «jeune» et «mâle», dans le mot *garçon*.) – De *sémantique*, d'ap. *phonème, morphème*, etc.

séméio-, séméiologie, séméiotique. Voir sémio-, sémiologie, sémiotique.

semelle [s(ə)mɛl] n. f. **1.** Pièce constituant le dessous de la chaussure. – Fam. *C'est de la semelle*, se dit d'une viande coriace. ▷ Pièce découpée à la forme du pied que l'on met à l'intérieur de la chaussure. *Semelle de feutre protégeant du froid.* ▷ Dessous du pied d'un bas, d'une chaussette. – *Par anal.* Dessous d'un ski. **2.** Vx En escrime, longueur du pied. – Fig. *Ne pas reculer d'une semelle:* tenir ferme en place. *Ne pas quitter qqn d'une semelle*, le suivre partout. *Battre* la semelle.* **3.** TECH Pièce plate qui répartit sur le sol les efforts transmis par une pièce pesante, une machine, une construction. – Orig. incert.; p.-ê. du lat. *lamella*, «petite lame».

semence [s(ə)mɑ̃s] n. f. **1.** Organe ou partie d'organe végétal qui se sème (graines, noyaux, pépins, etc.). **2.** *Par anal.* Liquide séminal, sperme. **3.** *Semence de diamants, de perles:* ensemble de très petits diamants, de très petites perles. **4.** TECH Clou à tête large et à tige courte. *Semence de rembourreur*, à pointe pyramidale. – Bas lat. *sementia*, du class. *sementis*, «semailles, semence».

semen-contra [semɛnkõtʀa] n. m. inv. PHARM Capitules d'une armoise *(Artemisia maritima)*, riches en santonine et employés comme vermifuge. – Mots lat., propr. «semence contre» (les vers).

semer [s(ə)me] v. tr. **[19] 1.** Épandre des semences sur une terre préparée; mettre en terre (des semences). *Semer du blé.* ▷ Rare Ensemencer (une terre). *Semer un champ.* **2.** Litt. Jeter, répandre çà et là. *Semer les rues de fleurs.* ▷ Fam. Laisser tomber (de petits objets) sans s'en rendre compte. *Alors, tu sèmes tes sous!* ▷ Fig. Répandre, propager. *Semer de faux bruits. Semer la discorde.* **3.** *Semer qqn,* s'en débarrasser en lui faussant compagnie, en le devançant. – Lat. *seminare.*

semestre [s(ə)mɛstʀ] n. m. **1.** Période de six mois consécutifs. **2.** EDUC Division de l'année scolaire d'une durée approximative de six mois. – Période correspondant à la moitié de l'année scolaire. – Lat. *semestris,* adj.

semestriel, elle [səmɛstʀijɛl] adj. Qui se fait, qui a lieu, qui paraît chaque semestre. *Revue semestrielle.* – De *semestre.*

semestriellement [səmɛstʀijɛlmɑ̃] adv. Tous les six mois. – Du préc.

semeur, euse [s(ə)mœʀ, øz] n. **1.** Personne qui sème. ▷ Fig. *Semeur, semeuse de zizanie.* **2.** n. f. Machine agricole servant à semer. – De *semer.*

semi-. Préfixe, du lat. *semi,* «à demi», employé surtout au sens de «en partie, presque».

semi-argenté, ée [s(ə)miaʀʒɑ̃te] adj. TECH Se dit du verre recouvert d'une mince couche d'argent, dont le facteur de réflexion est voisin de 0,5. – De *semi-,* et *argenté.*

semi-aride [s(ə)miaʀid] adj. GEOGR Qui n'est pas complètement aride. (Se dit des zones situées en bordure des déserts.) – De *semi-,* et *aride.*

semi-automatique [səmiɔtɔmatik] adj. Qui n'est pas entièrement automatique. *Arme semi-automatique,* dont le chargement est automatique, mais qui requiert l'intervention du tireur pour le départ de chaque coup (à la différence des armes automatiques: mitrailleuse, pistolet-mitrailleur, etc.). – De *semi-,* et *automatique.*

semi-balistique [səmibalistik] adj. MILIT *Engin semi-balistique,* dont la trajectoire combine le vol balistique et le vol plané. – De *semi-,* et *balistique.*

semi-chenillé, ée [səmiʃ(ə)nije] adj. TECH *Véhicule semi-chenillé,* muni de chenilles à l'arrière et de roues directrices à l'avant. V. half-track. – De *semi-,* et *chenillé.*

semi-circulaire [səmisiʀkylɛʀ] adj. Qui a la forme d'un demi-cercle. ▷ ANAT *Canaux semicirculaires.* V. canal. – De *semi-,* et *circulaire.*

semiconducteur ou **semi-conducteur, trice** [səmikõdyktœʀ, tʀis] adj. et n. m. ELECTR Matériau solide dont la résistivité, intermédiaire entre celle des métaux et des isolants, varie sous l'influence de facteurs tels que la température, l'éclairement, le champ électrique, etc. – De *semi-,* et *conducteur.*
ENCYCL Les principaux semiconducteurs sont le germanium, le silicium et le sélénium. À froid, un semiconducteur comporte très peu d'électrons libres et sa conductibilité électrique est suffisamment faible pour qu'on puisse le comparer à un isolant. Une élévation de température entraîne une libération d'électrons, une diminution de la résistivité et l'apparition de lacunes, dites «trous», aux emplacements laissés vides par les électrons. Si l'on applique une tension électrique à un semiconducteur, les électrons se déplacent en sens inverse du champ électrique et les trous dans le sens du champ. Les semiconducteurs sont appelés *intrinsèques* s'ils sont constitués de corps purs, et *extrinsèques* si on les a *dopés* par addition d'impuretés (antimoine, indium, par ex.) qui viennent s'insérer dans le réseau cristallin à la place d'un atome de la substance semiconductrice. Un semiconducteur extrinsèque est: de *type N* (négatif) s'il comporte un grand nombre de porteurs de charges négatives (les atomes de l'impureté introduite sont des donneurs d'électrons); de *type P* (positif) dans le cas, inverse, où les atomes du corps étranger sont des accepteurs d'électrons. Les semiconducteurs de type N et de type P sont surtout intéressants lorsqu'ils sont associés dans un même monocristal; la surface de contact des deux zones, appelée *jonction P-N,* présente une conductibilité électrique très grande de la zone P vers la zone N et très faible dans le sens inverse. Cette propriété est utilisée dans de très nombreux composants électroniques (diodes, thyristors, transistors, redresseurs, etc.). Le développement de composants à structure complexe permet auj. d'assurer, à l'aide de semiconducteurs, toutes les fonctions de l'électronique moderne: redressement, amplification, commutation, automatismes, calcul informatique.

semi-consonne [səmikõsɔn] n. f. Syn. de *semi-voyelle. Des semi-consonnes.* – De *semi-,* et *consonne.*

semi-fini, ie [səmifini] adj. TECH Se dit d'un produit qui a subi une transformation mais doit en subir d'autres avant d'être livré sur le marché (par oppos. aux produits finis et aux matières premières). – De *semi-,* et *fini.*

sémillant, ante [semijɑ̃, ɑ̃t] adj. Pétulant, plein de vivacité, de gaieté, d'entrain. *Jeune homme, esprit sémillant.* – Dér. probable de *semer,* «lancer la semence», d'où «s'agiter».

sémillon [semijõ] n. m. VITIC Cépage blanc sucré cultivé notam. dans la Gironde (France). – Mot rég. du Midi, dimin. de l'a. fr. *seme,* «semence»; lat. *semen.*

semi-lunaire [səmilynɛʀ] adj. et n. m. Qui est en forme de demi-lune. ▷ N. m. *Le semi-lunaire:* l'un des os de la deuxième rangée du carpe. – De *semi-,* et *lunaire.*

semi-métal [səmimetal] n. m. CHIM Élément de transition entre les métaux et les non-métaux (silicium, germanium, polonium, etc.). Syn. métalloïde. – De *semi-,* et *métal.*

séminaire [seminɛʀ] n. m. **1.** Établissement religieux où sont formés les jeunes gens qui se destinent à l'état ecclésiastique *(grand séminaire). – Petit séminaire:* école religieuse d'enseignement secondaire fréquentée par des élèves qui ne deviendront pas nécessairement des ecclésiastiques. V. encycl. **2.** Groupe d'études animé et dirigé par un professeur ou un assistant, et au sein duquel chaque étudiant mène un travail personnel de recherche, dans l'enseignement supérieur. ▷ Groupe de spécialistes réunis pour étudier certaines questions particulières touchant leur spécialité. *Séminaire d'ingénieurs électroniciens, de médecins anesthésistes.* – Lat. chrétien *seminarium,* propr. «pépinière», de *semen,* «semence».
ENCYCL Au point de vue religieux, *séminaire* désigne d'abord certaines sociétés de prêtres séculiers, fondées pour la plupart au XVIIe siècle, comme le Séminaire de Saint-Sulpice et le Séminaire de Québec. Les *grands séminaires,* maisons de formation pour les futurs prêtres, ont été institués en 1563 par le Concile de Trente, qui faisait à chaque évêque l'obligation d'en établir un dans son diocèse. Dans le même esprit, les *petits séminaires* accueillaient les jeunes gens qui se destinaient au sacerdoce, et les préparaient à entrer au grand séminaire. Au Québec, à l'exception du petit séminaire de Québec sous le Régime français, les *Séminaires* (de Nicolet, de Trois-Rivières, de Québec après la Conquête, par

exemple), bien que sous l'autorité diocésaine, étaient ouverts à tout étudiant, candidat ou non au sacerdoce – en quoi ils ne différaient pas des collèges (de Sainte-Anne-de-la-Pocatière, de Lévis, etc.). Au Canada français, de nombreuses communautés religieuses se dotèrent de maisons de formation pour leurs propres sujets: scolasticats ou stutendats pour les études philosophiques et théologiques, juniorats ou juvénats pour les humanités.

séminal, ale, aux [seminal, o] adj. **1.** BOT Vieilli Qui a rapport à la semence, à la graine. **2.** BIOL Qui a rapport au sperme. *Vésicules séminales:* vésicules (au nombre de deux) placées au-dessus de la prostate et où le sperme est emmagasiné. – Lat. *seminalis.*

séminariste [seminaʀist] n. m. Élève d'un séminaire (sens 1). – De *séminaire.*

séminifère [seminifɛʀ] adj. BIOL Qui conduit ou porte le sperme. *Tubes séminifères:* fins canaux constitutifs du tissu testiculaire, où se forment les spermatozoïdes. – Du lat. *semen, seminis,* «semence», et *-fère.*

semi-nomade [səminɔmad] adj. et n. ANTHROP Qui pratique le semi-nomadisme. ▷ Subst. *Des semi-nomades.* – De *semi-,* et *nomade.*

semi-nomadisme [səminɔmadism] n. m. ANTHROP Genre de vie qui combine élevage nomade et agriculture, pratiqué en particulier en bordure des déserts. – De *semi-,* et *nomadisme.*

sémio- ou **séméio-.** Élément, du gr. *sêmeion,* «signe».

semi-occlusif, ive [səmiɔklyzif, iv] adj. et n. f. PHON Se dit d'un son qui résulte d'une articulation complexe, combinant une occlusive* et une fricative*. (Ex.: le [tʃ] de l'esp. *mucho.*) ▷ N. f. *Une semi-occlusive.* – De *semi-,* et *occlusif.*

sémiologie [semjɔlɔʒi] ou (rare) **séméiologie** [semejɔlɔʒi] n. f. **1.** MED Partie de la médecine consacrée à l'étude des signes des maladies. **2.** LING Science qui étudie les signes et les systèmes de signes au sein de la vie sociale (langues naturelles, codes, systèmes de signaux ou de symboles, etc.). – De *semio-,* et *-logie.*
ENCYCL F. de Saussure, qui introduisit le terme de «sémiologie» dans la linguistique moderne, donne comme exemple de tels systèmes de signes les rites symboliques, l'alphabet des sourds-muets, les formules de politesse, les signaux militaires et la langue elle-même. En ce sens, la linguistique est la branche privilégiée de la sémiologie car la langue est le plus important de ces systèmes. De son côté, le logicien E. Cassirer, qui voyait dans la faculté de symbolisation le propre de l'homme et posait que les formes symboliques ne servent pas à nommer ou à imiter une réalité préexistante mais à la structurer et à l'articuler, a étudié les systèmes symboliques (mythes, art, science, langage, etc.) et les lois qui les régissent. Plus tard, des linguistes tels que Jakobson, Hjelmslev, Benveniste ont tenté de déterminer la place que le langage occupe au sein des autres systèmes de signes. Des sémiologues comme R. Barthes ou des ethnologues comme Cl. Lévi-Strauss ont étudié des manifestations et des structures sociales (mythes, systèmes de parenté, mode, coutumes culinaires) fonctionnant comme un langage.

sémiologique [semjɔlɔʒik] adj. Didac. Qui a rapport à la sémiologie. – Du préc.

sémioticien, ienne [semjɔtisjɛ̃, jɛn] n. Didac. Spécialiste de sémiotique. – Du préc.

sémiotique [semjɔtik] n. et adj. Didac. **1.** n. f. Théorie générale des signes* et des systèmes de significations, linguistiques et non linguistiques. *La sémiotique picturale n'est pas une analyse des discours sur la peinture mais des structures formelles et sémantiques d'une œuvre peinte.* **2.** Système signifiant. *La sémiotique d'un texte.* **3.** adj. Qui a rapport à la sémiotique. *Analyse sémiotique.* – Angl. *semiotics,* du gr. *sêmeiôtikê,* de *sêmeion,* «signe».

semi-ouvré, ée [səmiuvʀe] adj. TECH Syn. de *semi-fini.* – De *semi-,* et *ouvré.*

semi-perméable [səmipɛʀmeabl] adj. PHYS, BIOL *Membrane, cloison semi-perméable,* qui, séparant deux solutions d'un même solvant, laisse diffuser le solvant mais arrête le soluté. Cf. osmose. *La membrane des cellules vivantes est semi-perméable.* – De *semi-,* et *perméable.*

semi-produit [səmipʀɔdɥi] n. m. TECH Matière première ayant subi une première transformation. *Des semi-produits.* – De *semi-,* et *produit.*

sémique [semik] adj. LING Relatif aux sèmes. *Analyse sémique.* – De *sème.*

semi-remorque [s(ə)miʀəmɔʀk] n. **1.** n. f. Remorque pour le transport routier, dont l'avant, dépourvu de roues, vient reposer sur la sellette d'attelage d'un tracteur. **2.** n. m. Ensemble constitué par la semi-remorque et son tracteur. *Des semi-remorques.* – De *semi-,* et *remorque.*

semis [s(ə)mi] n. m. **I. 1.** Action de semer. **2.** Plant venant de graines qui ont été semées. *Repiquer des semis.* **3.** Terrain où poussent ces plants. **II.** Fig. Ornement fait d'un motif de petite dimension répété de façon régulière. – De *semer.*

sémite [semit] adj. et n. **1.** Se dit des peuples originaires d'Asie occidentale, que la tradition fait descendre de Sem, fils de Noé, et qui parlent les langues dites *sémitiques.* **2.** *Abusiv.* Juif. – Du nom de *Sem.*

sémitique [semitik] adj. *Langues sémitiques:* langues d'Asie occidentale et d'Afrique du Nord, caractérisées notam. par la richesse du système consonantique, par des racines renfermant pour la plupart trois consonnes («racines trilittères») et par la prise en charge par les voyelles des éléments de signification accessoires du mot (Ex: en ar., la racine *ktb* exprime la notion d'écriture, *kātib* signifie «écrivain», *kitāb,* «livre», etc.). *Groupe sémitique oriental* (akkadien), *occidental du Nord* (araméen, cananéen, phénicien, hébreu), *occidental du Sud* (arabe, amharique). – De *Sem.* V. sémite.

sémitisme [semitism] n. m. **1.** Didac. Caractères propres aux Sémites (civilisation, langues, etc.). **2.** *Abusiv.* Caractères et influences des Juifs (cf. antisémitisme). – De *sémite.*

semi-voyelle [səmivwajɛl] n. f. LING Phonème intermédiaire entre la consonne et la voyelle. *Le* [j] *de* [pje] (pied), *le* [ɥ] *de* [tɥe] (tuer), *le* [w] *de* [fwɛ] (fouet) *sont des semi-voyelles.* Syn. semi-consonne. – De *semi-,* et *voyelle.*

semnopithèque [sɛmnɔpitɛk] n. m. ZOOL Singe cercopithèque asiatique, à la face et aux extrémités des membres noirs, qui vit en bande dans les arbres et qui se nourrit de fruits et de pousses. (L'espèce principale est l'entelle.) – Du gr. *semnos,* «majestueux», et *-pithèque.*

semoir [səmwaʀ] n. m. Machine agricole destinée à semer les graines. *L'utilisation du semoir assure une répartition régulière des semences et améliore les rendements.* ▷ Par anal. *Semoir à engrais.* – De *semer;* d'abord «sac où le semeur place son grain».

semonce [s(ə)mɔ̃s] n. f. **1.** Avertissement mêlé de reproches, réprimande. *Une verte semonce.* **2.** MAR *Coup de semonce:* coup tiré à blanc pour ordonner à un navire d'arborer ses couleurs, et éventuellement de stopper. – Pp. fém. substantivé de l'a. fr. *somondre,* lat. *submonere,* «avertir en secret».

semoncer [səmɔ̃se] v. tr. [14] **1.** Rare Réprimander. **2.** MAR Faire une semonce à un navire. – Du préc.

semoule [s(ə)mul] n. f. Farine granulée obtenue par broyage grossier du blé dur. – Par ext. *Semoule de riz, de maïs.* ▷ *Sucre semoule:* sucre en poudre à gros grains. – Ital. *semola,* lat. *simila,* «fleur de farine».

semoulerie [s(ə)mulʀi] n. f. TECH. Usine où l'on fabrique de la semoule; cette fabrication. – De *semoule.*

semper virens [sɛ̃pɛʀvirɛ̃s] adj. inv. Se dit des plantes à feuillage persistant. – Mots lat. «toujours vert».

sempiternel, elle [sɑ̃pitɛʀnɛl] adj. Continuel, perpétuel (avec une idée de répétition lassante). *De sempiternelles remontrances.* – Lat. *sempiternus,* «qui dure toujours», de *semper,* «toujours», et *æternus,* «éternel».

sempiternellement [sɑ̃pitɛʀnɛlmɑ̃] adv. Perpétuellement, sans cesse. – Du préc.

sen [sɛn] n. m. Unité monétaire divisionnaire de plusieurs pays d'Extrême-Orient, notam. du Japon. – Mot jap.

sénat [sena] n. m. **1.** HIST Nom donné aux assemblées politiques les plus importantes, chez divers peuples, à diverses époques. *Le Sénat de la Rome antique avait, sous la république, un pouvoir souverain. Le Sénat d'Athènes, de Sparte. Le Sénat de Venise.* **2.** Une des deux assemblées délibérantes de certaines nations (Canada, France, É.-U., Italie, etc.). **3.** Édifice où siège cette assemblée. *Les portes du Sénat.* – Lat. *senatus,* de *senex,* «vieillard».

ENCYCL Le Sénat canadien constitue la seconde chambre ou chambre haute du Parlement canadien. Il a été créé par la *Loi constitutionnelle de 1867,* sur le modèle de la Chambre des Lords, en Angleterre, mais il a emprunté son nom aux institutions politiques américaines. À l'origine, il comprenait soixante-douze sièges répartis également entre le Québec, l'Ontario et les provinces maritimes. Au gré de l'apparition des nouvelles provinces, il a atteint le nombre de 102 sièges.

Les sénateurs sont nommés par le gouverneur général sur recommandation du gouvernement. Un sénateur doit avoir trente ans, être domicilié dans la province pour laquelle il est nommé, posséder des biens-fonds d'une valeur d'au moins 4 000 $ et, dans le cas des sénateurs du Québec, avoir son domicile ou posséder ses biens-fonds dans la circonscription pour laquelle il est nommé. Il est cependant bien connu que l'une des premières «qualités» requises est généralement d'appartenir au parti qui détient le pouvoir. Les sénateurs étaient autrefois nommés à vie et quelques-uns d'entre eux sont décédés centenaires; les sénateurs nommés depuis 1965 le demeurent jusqu'à l'âge de soixante-quinze ans. Le Sénat est présidé par un sénateur nommé par le gouverneur général, sur recommandation du gouvernement.

Contrairement à la Chambre des Lords, le Sénat canadien a conservé tous ses pouvoirs: il peut s'opposer à toute mesure adoptée par la Chambre des communes. Il étudie les lois, parfois en premier lieu, mais généralement lorsqu'elles lui parviennent de la Chambre des communes. L'une de ses activités importantes consiste à examiner les projets de loi d'intérêt privé. En outre, certains de ses comités d'enquête ont produit des rapports remarqués.

Souvent critiqué, qualifié notamment d'«hospice politique» et de «cinquième roue du char de l'État», le Sénat n'a jamais été véritablement menacé de disparition, la Chambre des communes n'ayant pas été appelée à se prononcer sur son sort. S'il était finalement entériné par les provinces et le Parlement fédéral, l'accord du lac Meech (1987) apporterait une modification au processus de nomination des sénateurs, mais il laisserait cette institution pratiquement telle qu'elle fut conçue au XIXe siècle.

sénateur [senatœʀ] n. m. Membre d'un sénat. ▷ Loc. fam. *Train de sénateur:* démarche lente et solennelle. (Rem.: Comme forme féminine, l'OLF recommande *sénatrice.*) – Lat. *senator.*

sénatorial, ale, aux [senatɔʀjal, o] adj. De sénateur; relatif aux sénateurs. ▷ HIST *Ordre sénatorial:* classe dans laquelle se recrutaient les sénateurs de la Rome antique. – Du lat. *senatorius,* «de sénateur».

sénatus-consulte [senatyskɔ̃sylt] n. m. HIST Décision du Sénat, dans la Rome antique. *Des sénatus-consultes.* – Lat. *senatus consultum,* «décision du sénat».

sendériste [sɑ̃deʀist] n. Membre du mouvement maoïste péruvien «Sentier lumineux» né dans le département misérable d'Ayacucho, prônant l'encerclement des villes par les campagnes, et dont l'action armée (notam. sabotages, dynamitages, exécutions sommaires) a débuté en 1980. – De l'esp. *sendero (luminoso),* «Sentier lumineux».

séné [sene] n. m. **1.** Nom cour. de divers arbrisseaux d'Afrique tropicale (genre *Cassia,* fam. césalpiniacées) aux feuilles pennées et dont le fruit est en forme de gousse. **2.** Pulpe des gousses de ces arbrisseaux, aux propriétés laxatives. ▷ Loc. fig. Litt. *Passez-moi la rhubarbe, je vous passerai le séné:* rendez-moi service, je vous le revaudrai. – Lat. médiév. *sene,* ar. *senâ.*

sénéchal, aux [seneʃal, o] n. m. HIST **1.** Officier de cour présentant les plats au roi. ▷ Officier chargé de gouverner la maison d'un prince. **2.** À l'époque franque et sous les premiers Capétiens, officier royal aux pouvoirs étendus. **3.** Titre donné à des officiers royaux possédant des attributions judiciaires et financières, au S. de la Loire. – Frq.* *siniskalk,* propr. «serviteur le plus âgé».

sénéchaussée [seneʃose] n. f. HIST **1.** Étendue de la juridiction d'un sénéchal. **2.** Lieu où se tenait le tribunal d'un sénéchal; ce tribunal lui-même. – Du préc.

séneçon [sɛnsɔ̃] n. m. BOT Plante adventive (genre *Senecio,* fam. composées), répandue partout dans le monde. (Certaines espèces sont des mauvaises herbes que l'on trouve princ. dans les champs et les jardins; plusieurs espèces africaines sont arborescentes; d'autres, tel *Senecio cineraria,* la cinéraire, sont ornementales.) – Du lat. *senecio,* dimin. de *senex,* «vieux, vieillard» à cause des poils blancs de la plante au printemps.

sénégalais, aise [senegalɛ, ɛz] adj. et n. Du Sénégal. – De *Sénégal,* mot indigène, nom d'un pays et d'un fleuve d'Afrique occidentale.

senelle. V. cenelle.

senellier. V. cenellier.

sénescence [senɛsɑ̃s] n. f. Affaiblissement des capacités physiques et intellectuelles d'un individu, provoqué par le vieillissement. – Du lat. *senescere,* «vieillir».

sénescent, ente [senɛsɑ̃, ɑ̃t] adj. Qui présente les caractères de la sénescence. – Lat. *senescens,* ppr. de *senescere,* «vieillir».

senestre [sənɛstʀ] ou **sénestre** [senɛstʀ] adj. **1.** HERALD *Le côté senestre,* ou, n. f., *la senestre:* le côté gauche de l'écu, pour celui qui le porte (c.-à-d. le côté droit pour l'observateur). **2.** ZOOL Se dit d'une coquille de mollusque qui présente un enroulement vers la gauche. *Coquille sénestre.* – Lat. *sinister.*

sénestrochère [senɛstʀɔʃɛʀ] n. m. HERALD Bras gauche représenté sur l'écu. – De *senestre,* et gr. *kheir,* «main».

sénevé [senve] n. m. Moutarde des champs *(Sinapis arvensis)*; graine de cette plante. – Du lat. *sinapi*, mot gr.

sénile [senil] adj. Qui est dû à la vieillesse ou qui s'y rapporte. *Démence sénile.* – Lat. *senilis*, de *senex*, «vieux, vieillard».

sénilité [senilite] n. f. État d'une personne âgée ou prématurément vieillie, dont les fonctions organiques sont diminuées. – De *sénile*.

senne ou **seine** [sɛn] n. f. PECHE Long filet que l'on traîne sur les fonds sableux en eau peu profonde. – Du lat. *sagena*, mot gr.

1. sens [sɑ̃s] n. m. **I. 1.** Faculté d'éprouver des sensations d'un certain ordre (visuelles, auditives, tactiles, olfactives, gustatives) et, en conséquence, de percevoir les réalités matérielles. *Les organes des sens.* – *Le sixième sens:* l'intuition. – Fig. *Cela tombe sous le sens:* c'est évident. ▷ RELIG *Peine du sens:* peine du feu, pour les damnés (par oppos. à *peine du dam*). **2.** Plur. *Les plaisirs des sens:* les plaisirs liés aux sensations physiques, spécial. dans le sens du plaisir sexuel. ▷ *L'éveil des sens*, de la sexualité. **3.** *Le sens de.* Connaissance spontanée, intuitive. *Avoir le sens des nuances, de l'hospitalité, du commerce.* – *Sens pratique:* habileté à résoudre les problèmes de la vie quotidienne. **4.** *Bon sens:* capacité de bien juger. *Un homme de bon sens.* **5.** Manière de juger, de voir les choses. *Abonder dans le sens de qqn. À mon sens:* à mon avis. ▷ *Sens commun:* ensemble des jugements communs à tous les hommes. *Cela choque le sens commun.* **II. 1.** Idée, concept représenté par un signe ou un ensemble de signes. *Sens d'une phrase, d'un geste. Sens propre, sens figuré d'un mot. Mot à double sens.* **2.** Caractère intelligible de qqch, permettant de justifier son existence. *S'interroger sur le sens de la vie.* – Lat. *sensus*.

2. sens [sɑ̃s] n. m. **1.** Orientation donnée à une chose. *Disposer une couverture dans le sens de la longueur.* ▷ Loc. *Sens dessus dessous:* de manière que ce qui devrait être dessus se trouve dessous; *par ext.*, dans un grand désordre. – *Sens devant derrière:* de façon que ce qui devrait être devant se trouve derrière. **2.** Axe suivant lequel on exerce une action sur une chose, et qui est défini par rapport à un ou à plusieurs éléments de cette chose. *Couper du tissu dans le sens des fils.* **3.** Orientation d'un déplacement. *Nager dans le sens du courant. Le sens de la marche d'un train.* – *Sens unique:* voie sur laquelle la circulation n'est autorisée que dans un seul sens. ▷ MATH Orientation d'un vecteur le long de son support. – *Sens direct* ou *sens trigonométrique:* sens inverse de celui des aiguilles d'une montre. ▷ Fig. *Toutes ces recherches vont dans le même sens. Le sens de l'histoire.* – Du germ. *sinno*, «direction», avec infl. de *sens* 1.

sensass [sɑ̃sas] Abrév. de sensationnel. *Un film sensass.*

sensation [sɑ̃sasjɔ̃] n. f. **1.** Phénomène psychique élémentaire provoqué par une excitation physiologique. *Les sensations peuvent être externes (sensations tactiles, thermiques, visuelles, etc.) ou internes (sensations de faim, de fatigue, de vertige, etc.).* **2.** Émotion. *Ce concert nous a procuré des sensations inoubliables.* ▷ *Faire sensation:* produire une vive impression sur le public, dans une assemblée, etc. ▷ *Événement, nouvelle à sensation:* sensationnel (sens 1). – Bas lat. *sensatio*, «fait de comprendre», de *sentire*, «percevoir, sentir».

sensationnalisme [sɑ̃sasjɔnalism] n. m. Tendance à rechercher ce qui est sensationnel, qui produit une forte impression. – De *sensationnel*.

sensationnel, elle [sɑ̃sasjɔnɛl] adj. **1.** Qui produit une forte impression. *Un article sensationnel.* **2.** Fam. Extraordinaire, remarquable. *Un type sensationnel.* (Abrév. fam. *sensass.*) – De *sensation*.

sensé, ée [sɑ̃se] adj. Qui a du bon sens ou qui dénote le bon sens. *Un homme, un discours sensé.* – Du lat. *sensatus*.

sensément [sɑ̃semɑ̃] adv. Vx D'une manière sensée. – De *sensé*.

sensibilisateur, trice [sɑ̃sibilizatœʀ, tʀis] adj. et n. **1.** BIOL Se dit d'une substance qui peut provoquer une sensibilisation de l'organisme dans lequel elle est introduite, qui se manifeste par une allergie ou une réaction d'hypersensibilité lors d'une nouvelle administration. **2.** PHOTO Qui sensibilise, peut sensibiliser. ▷ N. m. *Sensibilisateur chromatique:* substance utilisée pour rendre une émulsion sensible à certaines couleurs. – De *sensibilisation*.

sensibilisation [sɑ̃sibilizasjɔ̃] n. f. **1.** BIOL Mécanisme immunologique de réponse de l'organisme mis en présence d'un antigène ou d'une substance sensibilisatrice. *Les réactions allergiques et anaphylactiques, ainsi que les défenses immunitaires, sont les manifestations cliniques d'une sensibilisation.* **2.** PHOTO Opération qui consiste à sensibiliser une émulsion, une plaque. **3.** Fig. Action de sensibiliser qqn. – De *sensible*.

sensibiliser [sɑ̃sibilize] v. tr. [1] **1.** BIOL Produire la sensibilisation de l'organisme. **2.** PHOTO Rendre sensible (une plaque, une émulsion). **3.** Fig. *Sensibiliser qqn à une chose*, la lui rendre sensible, la lui faire percevoir, comprendre. *Sensibiliser l'opinion publique au sort des sans-abri.* – De *sensible*.

sensibilité [sɑ̃sibilite] n. f. **1.** Caractère d'un être sensible physiquement. *Sensibilité à la douleur.* ▷ *Spécial.* PHYSIOL Ensemble des fonctions sensorielles. **2.** Propriété d'un élément anatomique d'être excité par des stimuli. *Sensibilité d'un tissu organique.* **3.** Caractère d'une personne sensible, au point de vue affectif, esthétique, moral. *Avoir peu, beaucoup de sensibilité.* **4.** Propriété d'un instrument, d'une chose sensible. *Sensibilité d'une balance.* ▷ PHOTO *Sensibilité d'une émulsion photographique:* la plus ou moins grande rapidité avec laquelle une image peut être enregistrée par cette émulsion. ▷ PHYS Rapport entre la variation de la grandeur de sortie d'un appareil et la variation correspondante de la grandeur d'entrée. *Sensibilité d'une cellule photoélectrique.* – Bas lat. *sensibilitas*.

sensible [sɑ̃sibl] adj. **1.** Qui éprouve des sensations. *L'homme et les animaux sont des êtres sensibles.* ▷ *Sensible à:* qui est susceptible d'éprouver (telle sensation). *Être sensible au froid.* **2.** Qui a la propriété de réagir à certains stimuli (tissus, organes vivants). *L'œil est sensible à la lumière.* ▷ Absol. *Avoir l'oreille sensible.* **3.** Qui devient facilement douloureux. *Point sensible.* **4.** Qui ressent vivement certaines impressions morales, esthétiques. *Être sensible à la misère d'autrui, à la beauté, aux compliments.* – Absol. *Une personne sensible*, sensible à toutes les impressions. – *Un cœur sensible*, compatissant. **5.** Qui réagit à de faibles variations (instruments, appareils). *Balance sensible au milligramme*, qui peut mesurer des variations de masse de 1 mg. ▷ PHOTO *Plaque, papier, émulsion sensible*, qui peut enregistrer une image photographique. **6.** MUS *Note sensible*, ou, absol., *la sensible:* note placée à un demi-ton au-dessous de la tonique. **7.** PHILO Qui peut être perçu par les sens (par oppos. à *intelligible*). *Le monde sensible.* **8.** Perceptible, appréciable, notable. *Faire des progrès sensibles.* – Lat. *sensibilis*, «qui peut être senti».

sensiblement [sɑ̃sibləmɑ̃] adv. **1.** De façon perceptible, appréciable. *La ville s'est sensiblement agrandie.* **2.** À peu de chose près. *Ils sont sensiblement du même âge.* – De *sensible*.

sensiblerie [sɑ̃sibləʀi] n. f. Sensibilité puérile, outrée. – De *sensible*.

sensitif, ive [sɑ̃sitif, iv] adj. et n. **1.** adj. PHYSIOL Qui a rapport aux sensations, qui les transmet. *Nerfs sensitifs.* **2.** Sensible aux moindres impressions. – Subst. *C'est une sensitive.* – Lat. médiév. *sensitivus.*

sensitive [sɑ̃sitiv] n. f. Arbre (*Mimosa pudica*, fam. légumineuses) originaire du Brésil, dont les feuilles composées se replient au moindre attouchement. – Abrév. de *herbe sensitive*, de *sensitif.*

sensitivo-moteur, trice [sɑ̃sitivomɔtœʀ, tʀis] adj. PHYSIOL Qui concerne à la fois la sensibilité et la motricité. *Nerf sensitivo-moteur.* – De *sensitif*, et *moteur.*

sensitomètre [sɑ̃sitɔmɛtʀ] n. m. PHOTO Appareil servant à impressionner un cliché avec lequel on mesure la sensibilité d'une émulsion photographique. – Du rad. de *sensible*, et *-mètre.*

sensitométrie [sɑ̃sitɔmetʀi] n. f. PHOTO Étude de la sensibilité d'une émulsion photographique. – De *sensitomètre.*

sensitométrique [sɑ̃sitɔmetʀik] adj. PHOTO Relatif à la sensitométrie. *Courbe sensitométrique.* – Du préc.

sensoriel, elle [sɑ̃sɔʀjɛl] adj. Relatif aux sens, aux organes des sens. *Nerfs sensoriels.* – Du bas lat. *sensorium*, «organe d'un sens».

sensualisme [sɑ̃sɥalism] n. m. PHILO Doctrine selon laquelle toute connaissance dérive de la sensation. *Le sensualisme de Condillac.* – Du lat. *sensualis*, «des sens».

sensualiste [sɑ̃sɥalist] n. et adj. PHILO **1.** n. Celui, celle qui professe le sensualisme. **2.** adj. Qui se rapporte au sensualisme. *Doctrine sensualiste.* – Du préc.

sensualité [sɑ̃sɥalite] n. f. Caractère, inclination d'une personne sensuelle. – Bas lat. *sensualitas.*

sensuel, elle [sɑ̃sɥɛl] adj. **1.** Qui a rapport aux sens (sens 1, I, 2). *Une jouissance toute sensuelle.* **2.** Se dit de personnes attachées aux plaisirs des sens (et notam. aux plaisirs sexuels). ▷ Subst. *C'est un sensuel.* **3.** Qui donne ou exprime une émotion de caractère charnel. *Une voix chaude et sensuelle.* – Bas lat. *sensualis*, «sensible, relatif aux sens».

sente [sɑ̃t] n. f. Litt. Sentier. – Du lat. *semita.*

sentence [sɑ̃tɑ̃s] n. f. **1.** DR Jugement imposant une peine à une personne déclarée coupable par un tribunal criminel. ▷ *Sentence arbitrale:* décision rendue par un arbitre. **2.** Vieilli Formule énonçant généralement une règle de morale, d'une façon plus ou moins solennelle. *Parler par sentences.* – Lat. *sententia.*

sentencieusement [sɑ̃tɑ̃sjøzmɑ̃] adv. D'une façon sentencieuse. – De *sentencieux.*

sentencieux, euse [sɑ̃tɑ̃sjø, øz] adj. **1.** Péjor. Qui s'exprime fréquemment par sentences (sens 2). *Il est pédant et sentencieux.* – Par ext. *Un ton sentencieux:* d'une gravité affectée. **2.** Vx Qui contient des sentences, est exprimé sous forme de sentence. – Lat. *sententiosus*, «rempli d'idées, de pensées».

senteur [sɑ̃tœʀ] n. f. Litt. Odeur, parfum. *Des senteurs de fleurs.* – De *sentir.*

senti, ie [sɑ̃ti] adj. **1.** Qui dénote sensibilité et authenticité. *Une œuvre bien sentie.* **2.** Exprimé avec force et conviction. *Des remarques bien senties.* – Pp. de *sentir.*

sentier [sɑ̃tje] n. m. Chemin étroit. ▷ Fig., litt. *Les sentiers de la vertu.* – Du rad. de *sente.*

sentiment [sɑ̃timɑ̃] n. m. **1.** Tendance affective relativement durable, liée à des émotions, des représentations, des sensations; état qui en résulte. ▷ *Absol.* Ensemble des phénomènes affectifs. *Être déterminé plus par le sentiment que par la réflexion.* – Fam. *Faire du sentiment:* manifester une sentimentalité hors de propos. *Tu ne m'auras pas au sentiment*, par des démonstrations sentimentales. **2.** État affectif d'origine morale. *Avoir le sentiment de l'honneur.* ▷ Plur. (Dans des formules de politesse.) *Veuillez agréer l'expression de mes sentiments distingués.* **3.** Dispositions altruistes. *Ne pas s'embarrasser de sentiments dans les affaires.* **4.** Conscience, connaissance intuitive. *Avoir le sentiment de son infériorité. J'ai le sentiment d'être observé, que je suis observé.* **5.** Litt. Faculté d'apprécier qqch. *Avoir le sentiment de la nature.* **6.** Litt. Opinion, avis. *Quel est votre sentiment sur sa conduite?* – De *sentir.*

sentimental, ale, aux [sɑ̃timɑ̃tal, o] adj. et n. **1.** Relatif à la vie affective et spécial. à l'amour. *La vie sentimentale de qqn. L'attachement sentimental à son pays.* **2.** Empreint d'une tendance à l'émotion facile, un peu mièvre. *Une chanson sentimentale.* **3.** Se dit d'une personne dont la sensibilité est romanesque, vive et souvent un peu naïve. – Subst. *Un(e) sentimental(e).* – Mot angl., dérivé de *sentiment.*

sentimentalement [sɑ̃timɑ̃talmɑ̃] adv. D'une manière sentimentale. – Du préc.

sentimentalisme [sɑ̃timɑ̃talism] n. m. Tendance à manifester une sentimentalité excessive dans sa conduite. – De *sentimental.*

sentimentalité [sɑ̃timɑ̃talite] n. f. Fait d'être sentimental (personnes); caractère de ce qui est sentimental. – De *sentimental.*

sentine [sɑ̃tin] n. f. **1.** MAR ANC Partie basse de la cale d'un navire, où s'amassaient les eaux. **2.** Litt. Endroit malpropre. – Lat. *sentina.*

sentinelle [sɑ̃tinɛl] n. f. Soldat armé qui fait le guet, qui assure la garde d'un camp, d'une caserne, etc. ▷ *Être en sentinelle:* accomplir la mission d'une sentinelle; guetter, épier. – Ital. *sentinella*, de *sentire*, «percevoir, entendre, sentir».

sentir [sɑ̃tiʀ] v. **[33] A.** v. tr. **I. 1.** Percevoir par le moyen des sens (ne se dit pas pour la vue, ni pour l'ouïe; s'empl. spécial. pour le toucher et l'odorat). *Sentir une douleur. En tâtant ici, vous sentirez une bosse. On sentait l'odeur des foins.* ▷ Fam. *Ne pas pouvoir sentir qqn:* ne pas pouvoir le supporter, ressentir de l'aversion à son égard. **2.** Respirer volontairement l'odeur de. *Sentez cette rose!* **3.** Exhaler, répandre une odeur de. *Cela sent le brûlé.* ▷ v. intr. *Cela sent bon.* – Fig., fam. *Cela sent mauvais:* se dit d'une affaire qui prend mauvaise tournure. – *Absol.* Sentir mauvais. *Qu'est-ce qui sent comme ça?* **4.** Fig. Révéler, trahir. *Ces pages sentent l'effort.* **II.** Fig. **1.** Être conscient de, se rendre compte de. *Sentir le ridicule d'une situation.* ▷ *Faire sentir qqch à qqn*, lui en faire prendre conscience. – *Se faire sentir:* se manifester. *Les effets du médicament se feront bientôt sentir.* **2.** Être sensible à (qqch) du point de vue esthétique. *Sentir les beautés d'un poème.* **3.** Percevoir intuitivement. *Je sens que tu te trompes à son égard.* **4.** Être affecté par qqch ou qqn., éprouver, ressentir. *J'ai senti le pouvoir de cet homme.* **B.** v. pron. **1.** (Suivi d'un attribut.) Avoir conscience d'être. *Se sentir soulagé. Je ne me sens pas bien.* – (Suivi d'un inf.) *Elle se sentit défaillir.* – *Ne pas se sentir de joie:* être envahi, égaré par une joie extrême. **2.** Se rendre compte qu'on a (telle disposition intérieure). *Vous sentez-vous le courage de continuer?* **3.** Fam. (Récipr.) *Ils ne peuvent pas se sentir:* ils ont de l'aversion l'un pour l'autre. **4.** Être senti, perçu (chose). – Lat. *sentire.*

seoir [swaʀ] v. intr. **[44]** Litt. Aller bien (à), être convenable (pour). *Cette robe vous sied.* ▷ v. impers. *Il ne vous sied guère de me faire des remarques.* – Du lat. *sedere*, au sens de «être fixé» (dans l'esprit).

séoudien. V. saoudien.

sep ou **cep** [sɛp] n. m. Partie de la charrue qui porte le soc. – Lat. *cippus*, «pieu».

sépale [sepal] n. m. BOT Chacune des pièces du calice d'une fleur. *Généralement verts, les sépales peuvent être colorés* (lis, tulipe). – Lat. bot. *sepalum*, du gr. *skepê*, «enveloppe».

sépaloïde [sepalɔid] adj. BOT Qui ressemble à un sépale. *Pétale sépaloïde.* – Du préc., et *-oïde.*

séparable [separabl] adj. Qui peut être séparé. ▷ LING *Particule séparable*, qui, dans une phrase, peut être détachée du mot dont elle fait partie (en allemand, par ex.). – Lat. *separabilis.*

séparateur, trice [separatœr, tris] adj. et n. **1.** adj. Qui a la propriété de séparer. ▷ PHYS *Pouvoir séparateur d'un instrument d'optique*, sa capacité à donner des images séparées de points ou d'objets rapprochés. **2.** n. m. TECH Appareil servant à séparer des éléments d'un mélange hétérogène. *Séparateur magnétique.* ▷ Cloison isolante placée entre les plaques d'un accumulateur. – Lat. *separator.*

séparation [separasjõ] n. f. **1.** Action de séparer, de se séparer; son résultat. *Séparation des pouvoirs:* principe constitutionnel en vertu duquel les pouvoirs législatif, exécutif et judiciaire sont séparés. ▷ DR *Séparation de biens:* régime matrimonial dans lequel chacun des époux gère ses propres biens. – *Séparation de corps:* état résultant d'une décision de justice, dans lequel se trouvent deux époux qui, tout en restant mariés et soumis aux autres obligations du mariage, vivent séparément. ▷ PHYS NUCL *Séparation isotopique :* V. encycl. isotope. **2.** Chose qui sépare un espace, un objet d'un autre. ▷ Fig. Délimitation. *La séparation commune entre bien et mal.* – Lat. *separatio.*

séparatisme [separatism] n. m. Opinion de ceux qui souhaitent une sécession politique entre leur région, leur province, et l'État dont celle-ci fait partie. – De *séparatiste.*

séparatiste [separatist] n. et adj. Partisan du séparatisme. – Angl. *separatist.*

séparé, ée [separe] adj. **1.** Différent, distinct. *Chambres séparées.* **2.** Se dit de personnes qui ne vivent plus ensemble. *Époux séparés.* – Pp. de *séparer.*

séparément [separemã] adv. À part l'un de l'autre, isolément. *On les a interrogés séparément.* – Du préc.

séparer [separe] **I.** v. tr. **[1] 1.** Faire en sorte que cesse de former un tout (ce qui est joint ou mêlé). *Séparer le minerai de sa gangue. Séparer les différentes substances d'un mélange.* ▷ Fig. *Séparer les propositions à retenir de celles qui sont à rejeter.* **2.** Faire en sorte que cessent d'être ensemble (des personnes, des êtres vivants). *Séparer les membres d'une même famille.* – *Séparer deux adversaires:* les empêcher de se battre en les éloignant l'un de l'autre. ▷ Fig. *Un malentendu a séparé les deux amis.* **3.** Diviser (un espace) en plusieurs parties. *Cet appartement a été séparé en deux.* **4.** (Sujet n. de chose.) Former une séparation entre (deux choses, deux êtres vivants). *Le mur qui sépare ces deux maisons.* ▷ Fig. *La raison sépare l'homme de l'animal. Tout sépare ces deux personnes:* elles sont totalement différentes. **II.** v. pron. **1.** Devenir séparé. *Nos chemins se séparent ici.* **2.** Se quitter. *Nous devons nous séparer.* **3.** S'éloigner de; ne plus vivre avec. *Se séparer à regret de ses amis. Il s'est séparé de sa femme.* – Lat. *separare.*

sépia [sepja] n. f. **1.** ZOOL Matière colorante brunâtre sécrétée par la seiche pour se dérober à la vue de ses prédateurs. Syn. encre. **2.** Liquide colorant brun foncé dans la composition duquel entrait cette matière (remplacée auj. par d'autres colorants). **3.** Dessin, lavis exécuté avec ce produit. – Ital. *seppia*, lat. *sepia*, «seiche, encre».

sépiolite [sepjɔlit] n. f. Écume de mer. – All. *Sepiolith*, du gr. *sêpion*, «os de seiche».

seps [sɛps] n. m. ZOOL Reptile saurien méditerranéen (genre *Chalcides*) ovovivipare, au corps fusiforme long d'une vingtaine de cm et aux pattes réduites. – Mot lat. d'orig. gr.

sept [sɛt] adj. et n. **I.** adj. num. **1.** (Cardinal.) Six plus un (7). **2.** (Ordinal.) Septième. *Page sept.* **II.** n. m. inv. *Le nombre sept.* ▷ Le chiffre correspondant (7). *Tracer un sept.* ▷ Le septième jour du mois. *Nous sommes le sept.* ▷ JEU Carte portant sept marques. *Le sept de cœur.* – Lat. *septem.*

septain [sɛptɛ̃] n. m. Poème ou strophe de sept vers. – De *sept.*

septante [sɛptɑ̃t] adj. num. cardinal. *Acadie (vieilli), Suisse, Belgique.* Soixante-dix. ▷ N. m. pl. RELIG *Les Septante:* les soixante-douze ou soixante-dix docteurs juifs qui traduisirent l'Ancien Testament en grec. *La version des Septante aurait été réalisée à Alexandrie au IIIe ou au IIe s. av. J.-C. sur l'ordre de Ptolémée II.* – Lat. pop. **septanta*, du class. *septuaginta*, «soixante-dix».

septantième [sɛptɑ̃tjɛm] adj. num. ordin. Vx ou dial. Soixante-dixième. – De *septante.*

septembre [sɛptɑ̃bʀ] n. m. Neuvième mois de l'année. – Lat. *september* (septième mois de l'année romaine).

septemvir [sɛptɛmviʀ] n. m. ANTIQ ROM Magistrat qui appartenait à un collège de sept membres. – Mot latin, de *septem*, «sept», et *vir*, «homme».

septennal, ale, aux [sɛptenal, o] adj. Qui dure sept ans; qui se produit tous les sept ans. – Bas lat. *septennalis.*

septennalité [sɛptenalite] n. f. Rare Caractère de ce qui est septennal. – Du préc.

septennat [sɛptena] n. m. Durée de sept ans d'une fonction. ▷ *Spécial.* Mandat septennal du président de la République française. – De *septennal.*

septentrion [sɛptɑ̃tʀijõ] n. m. Litt., vieilli *Le septentrion:* le nord. – Lat. *septentrio, septentrionis*; propr. «les sept bœufs de labour», et aussi «l'Ourse polaire, le vent du nord».

septentrional, ale, aux [sɛptɑ̃tʀijɔnal, o] adj. Didac. Du nord; qui est situé au nord. *Les peuples septentrionaux.* – Lat. *septentrionalis.*

septicémie [sɛptisemi] n. f. MED Infection générale grave causée par la dissémination dans le sang de germes pathogènes à partir d'un foyer primitif (abcès, anthrax, etc.). – De *septique*, et *-émie.*

septicémique [sɛptisemik] adj. MED Relatif à la septicémie. – Du préc.

septicité [sɛptisite] n. f. Didac. Caractère de ce qui est septique, infectieux. – De *septique.*

septième [sɛtjɛm] adj. et n. **I.** adj. Nombre ordinal de sept. *Être au septième rang.* ▷ *Septième partie*, chacune des parties égales d'un tout divisé en sept. ▷ *Le septième art:* le cinéma. – Fig. *Être au septième ciel:* être dans le ravissement. **II.** n. **1.** Personne ou chose qui occupe le septième rang. **2.** n. m. Septième partie d'un tout. **3.** n. m. Septième étage d'une maison. **4.** n. f. MUS Intervalle de sept degrés. – Septième degré de la gamme diatonique. – De *sept.*

septièmement [sɛtjɛmmɑ̃] adv. En septième lieu. – De *septième.*

septilien, ienne [sɛtiljɛ̃, jɛn] adj. et n. De Sept-Îles, sur la Côte-Nord québécoise. – Subst. *Un(e) Septilien(ne).*

septime [sɛptim] n. f. SPORT En escrime, position de la main du tireur, les ongles dessus et la lame dirigée vers la ligne du dessous. – Lat. *septimus*, «septième».

septimo [sɛptimo] adv. Rare Septièmement. – Mot latin.

septique [sɛptik] adj. **1.** MED Qui provoque ou peut provoquer l'infection. ▷ Contaminé ou provoqué par des germes pathogènes. *Instrument, inflammation septique.* **2.** *Fosse septique:* fosse d'aisances dans laquelle les matières organiques se décomposent par fermentations anaérobie et aérobie. – Lat. *septicus,* gr. *sêptikos,* de *sêpein,* «pourrir».

septuagénaire [sɛptɥaʒenɛʀ] adj. et n. Qui a entre soixante-dix et quatre-vingts ans. – Bas lat. *septuagenarius.*

septuagésime [sɛptɥaʒezim] n. f. LITURG Premier des trois dimanches précédant le carême. – Lat. ecclés. *septuagesima (dies),* «soixante-dixième (jour avant Pâques)».

septum [sɛptɔm] n. m. ANAT, SC NAT Cloison qui sépare deux cavités, deux parties d'un organe. *Septum nasal.* – Mot lat., «cloison».

septuor [sɛptɥɔʀ] n. m. MUS Composition pour sept voix ou sept instruments. ▷ Ensemble vocal ou instrumental de sept exécutants. – De *sept,* d'ap. *quatuor.*

septuple [sɛptypl] adj. Qui vaut sept fois autant. *Valeur septuple.* ▷ N. m. *Mise qui rapporte le septuple.* – Bas lat. *septuplus.*

septupler [sɛptyple] v. [1] **1.** v. tr. Didac. Rendre sept fois plus grand. *Septupler son revenu.* **2.** v. intr. Devenir septuple. *Les prix ont septuplé.* – Du préc.

sépulcral, ale, aux [sepylkʀal, o] adj. **1.** Vx Relatif, propre au sépulcre. **2.** Fig. Qui fait penser au tombeau, à la mort. *Voix sépulcrale,* caverneuse. – Lat. *sepulcralis.*

sépulcre [sepylkʀ] n. m. Litt. Tombeau. ▷ *Le Saint-Sépulcre:* le tombeau du Christ à Jérusalem. – Les constructions érigées à Jérusalem sur cette tombe et celles proches du lieu où il fut crucifié. – Lat. *sepulcrum.*

sépulture [sepyltyʀ] n. f. **1.** Vx ou litt. Inhumation et cérémonies qui l'accompagnent. ▷ RELIG *Sépulture ecclésiastique, chrétienne:* derniers devoirs (prières, honneurs, etc.) rendus, au moment de leur inhumation, aux chrétiens morts. **2.** Lieu où l'on enterre un mort; monument funéraire. – Lat. *sepultura.*

séquelle [sekɛl] n. f. **1.** Péjor., vx Suite de gens attachés aux intérêts de qqn, d'un parti. **2.** MED (Surtout au plur.) Manifestation pathologique qui persiste après une maladie, un accident, etc. ▷ Fig. Suites fâcheuses d'un état, d'un événement, etc. *Les séquelles de la crise économique.* – Sens 1, lat. *sequel(l)a,* «conséquence», de *sequi,* «suivre»; sens 2, angl. *sequel,* lat. méd. *sequela.*

séquence [sekɑ̃s] n. f. **1.** LITURG Chant rythmé qui suit le verset de l'alléluia ou le trait dans certaines messes solennelles. **2.** JEU Suite d'au moins trois cartes de même couleur. – Au poker, suite de cinq cartes de couleur quelconque. **3.** LING Suite ordonnée d'éléments. **4.** CINE, AUDIOV Suite de plans constituant une des divisions du récit cinématographique. **5.** INFORM Suite de phases d'un automatisme séquentiel. **6.** Didac. Suite d'opérations, d'éléments ordonnés ou enchaînés. – Bas lat. *sequentia.*

séquenceur [sekɑ̃sœʀ] n. m. INFORM Organe de commande d'un automatisme séquentiel. – De *séquence.*

séquentiel, elle [sekɑ̃sjɛl] adj. Relatif à une séquence (sens 6). ▷ INFORM Qui commande une suite ordonnée d'opérations. ▷ *Accès séquentiel:* mode d'accès qui nécessite l'exploration préalable d'une suite d'informations (par oppos. à *accès direct*). – De *séquence.*

séquestration [sekɛstʀasjɔ̃] n. f. Action de séquestrer; son résultat. ▷ *Spécial.* Délit ou crime consistant, pour un particulier, à tenir une personne séquestrée arbitrairement. – Lat. jurid. *sequestratio.*

séquestre [sekɛstʀ] n. m. **1.** DR Dépôt d'une chose litigieuse entre les mains d'un tiers, lorsque le tribunal l'estime nécessaire pour la conservation des droits des parties pendant l'instance, à charge pour le dépositaire de la remettre à la partie qui y aura droit en vertu du jugement. ▷ Acte par lequel un État en guerre s'empare des biens ennemis situés sur son territoire. **2.** DR Personne à qui sont confiés les biens mis sous séquestre. **3.** DR *Ordonnance de séquestre:* jugement qui déclare une personne en état de faillite. **4.** CHIR Portion d'os nécrosée détachée du reste de l'os. – Lat. *sequestrum,* «dépôt»; sens 2, lat. *sequester,* adj., «médiateur».

séquestrer [sekɛstʀe] v. tr. [1] **1.** DR Mettre sous séquestre. **2.** Cour. Tenir (qqn) enfermé. ▷ *Spécial.* Tenir (qqn) enfermé arbitrairement et illégalement. – Lat. *sequestrare.*

sequin [səkɛ̃] n. m. Ancienne monnaie d'or de Venise qui avait cours en Italie et dans le Levant. – Ital. vénitien *zecchino,* ar. *sikki,* «pièce de monnaie».

séquoia [sekɔja] n. m. Conifère géant (plus de 100 m de haut) de Californie. (*Sequoia gigantea* et *sequoia sempervirens* sont les survivants du genre *Sequoia,* prospère au Secondaire et au Tertiaire et dont certains individus pouvaient vivre 2 000 ans.) Syn. wellingtonia. – Lat. bot. *sequoia,* du chef amérindien *See-Quayah,* ou *Sequoyah* (1760-1843), inventeur d'une écriture syllabique notant la langue amérindienne cherokee.

sérac [seʀak] n. m. GEOL Bloc ou amas de blocs de glace dû à la fragmentation d'un glacier aux ruptures de pente. – Du savoyard et suisse romand *serai, serat,* «fromage blanc compact», du lat. *serum,* «petit-lait».

sérail [seʀaj] n. m. **1.** Palais du sultan, d'un gouverneur de province, dans la Turquie ottomane. – L'ensemble des services administratifs, politiques, militaires, du sultan, d'un gouverneur. ▷ Fig. *Avoir été nourri dans le sérail:* avoir une longue expérience (d'un milieu, d'une organisation, etc.); allusion au vers de Racine, dans *«Bajazet» «Nourri dans le sérail, j'en connais les détours»* (Racine). **2.** *Abusiv.* Vx Harem; ensemble des femmes d'un harem. – Ital. *serraglio,* turco-persan *sarâi,* «palais».

sérançage [seʀɑ̃saʒ] n. m. TECH Action de sérancer. – De *sérancer.*

sérancer [seʀɑ̃se] v. tr. [14] TECH Peigner le lin, le chanvre. – De *séran,* «peigne».

sérancolin [seʀɑ̃kɔlɛ̃] n. m. Syn. de *sarrancolin.*

serapeum, peums ou **pea** [seʀapeɔm, pea] n. m. ARCHEOL En Égypte, nécropole des taureaux Apis, devenus Osiris à leur mort. ▷ En Grèce et dans l'Empire romain, temple de Sérapis. – Mot lat., du gr. *serapeion.*

1. séraphin [seʀafɛ̃] n. m. Ange de la première hiérarchie (décrit par Isaïe avec trois paires d'ailes). – Lat. ecclés. *seraphim,* plur. du mot hébreu *sārāf,* «serpent ardent» ou «serpent volant», n. donné aux êtres à six ailes qui se tiennent devant le trône de Dieu.

2. séraphin, ine [seʀafɛ̃, in] n. et adj. Personne avare, avaricieuse, économe à outrance. «Comme il était séraphin sur les bords et sur les rebords, il avait fini par conclure que l'électricité, ça devenait un solution coûteuse.» (Réal-Gabriel Bujold, *La Brèche-à-Ninon,* 1983.) Rem. Pfs orthogr. avec *S* majuscule. – Du prénom de l'avare notoire d'*Un homme et son péché,* roman de Claude-Henri Grignon paru en 1933.

séraphique [seʀafik] adj. **1.** THEOL Relatif aux séraphins. ▷ *Le Docteur séraphique:* saint Bonaventure (qui appartenait à l'ordre franciscain, dit *ordre séraphique* par allusion à une vision d'un séraphin crucifié qu'eut François d'Assise, son fondateur, peu avant sa mort). **2.** Fig. Angélique, éthéré. *Grâce séraphique.* – Lat. ecclés. *seraphicus,* de *seraphim* (V. séraphin 1).

serbe [sɛʀb] adj. et n. **1.** adj. De Serbie. ▷ Subst. *Un(e) Serbe.* **2.** n. m. *Le serbe:* la variante du serbo-croate parlée en Serbie. – De *Servie,* anc. nom. de la Serbie (république de Yougoslavie); serbe *srp.*

serbo-croate [sɛʀbokʀɔat] adj. et n. **1.** adj. Relatif à la Serbie et à la Croatie. **2.** n. m. Langue slave parlée en Serbie, en Croatie, en Bosnie-Herzégovine et dans le Monténégro, auj. langue principale de la Yougoslavie. *Le serbo-croate s'écrit soit en alphabet cyrillique (Serbie, Monténégro), soit en alphabet latin (Croatie, Bosnie-Herzégovine).* – De *serbe,* et *croate.*

serdāb [sɛʀdab] n. m. ARCHEOL Petite salle où étaient placées les statues du mort, dans les tombes égyptiennes. – Du persan *sard-āb,* «eau fraîche», par ext. «salle souterraine».

serdeau [sɛʀdo] n. m. Anc. Officier de bouche à la cour des rois de France. – Altér. de *sert d'eau,* «celui qui sert de l'eau».

1. serein, eine [səʀɛ̃, ɛn] adj. **1.** (Conditions atmosphériques) Pur et calme. *Ciel serein. Nuit sereine.* **2.** Fig. Exempt de trouble, d'inquiétude. *Des jours sereins. Un esprit serein. – Un jugement serein,* non entaché de passion, de partialité. – Lat. *serenus.*

2. serein [səʀɛ̃] n. m. Humidité ou fraîcheur qui tombe par temps clair, les soirs d'été. – Lat. *serenus,* avec infl. de *serum,* «heure tardive».

sereinement [səʀɛnmɑ̃] adv. D'une manière sereine (sens 2). – De *serein* 1.

sérénade [seʀenad] n. f. **1.** Concert de voix ou d'instruments donné la nuit sous les fenêtres de qqn (le plus souvent d'une femme, pour lui faire hommage). **2.** Composition instrumentale ou vocale en plusieurs mouvements. **3.** Fam. Charivari. – Ital. *serenata,* d'abord «nuit sereine», du lat. *serenus,* «serein».

sérénissime [seʀenisim] adj. Titre honorifique donné à certains princes. *Altesse sérénissime.* ▷ HIST *La sérénissime république:* la république de Venise. – Ital. *serenissimo,* «très serein», superl. de *sereno,* «serein».

sérénité [seʀenite] n. f. **1.** État serein (d'une personne, de son apparence, etc.). *Sérénité du visage.* ▷ Caractère d'un jugement serein, impartial. **2.** Litt. État du temps (d'un ciel, etc.) serein. – Lat. *serenitas.*

séreux, euse [seʀø, øz] adj. et n. f. MED Qui a les caractères de la sérosité, du sérum. ▷ *Membrane séreuse* ou, n. f., *une séreuse:* membrane qui tapisse les cavités closes de l'organisme (plèvre, péricarde, etc.). – Du lat. *serum,* «petit-lait, liquide séreux».

serf, serve [sɛʀ(f), sɛʀv] n. et adj. **1.** n. FEOD Personne attachée à une terre et vivant dans la dépendance d'un seigneur. **2.** adj. Relatif aux serfs, à leur état. *Condition serve.* ▷ Fig., litt. Sans indépendance; servile. *Des esprits serfs.* – Lat. *servus,* «esclave».

serfouette [sɛʀfwɛt] n. f. AGRIC Petite pioche dont le fer comporte d'un côté une langue et de l'autre une fourche ou une houe. – De *serfouir.*

serfouir [sɛʀfwiʀ] v. tr. [2] AGRIC Ameublir, gratter superficiellement (le sol) à la serfouette. – Du lat. pop. **circumfodire,* class. *circumfodere,* «creuser autour».

serfouissage [sɛʀfwisaʒ] n. m. AGRIC Action de serfouir. – De *serfouir.*

serge [sɛʀʒ] n. f. Tissu de laine sec et serré à armure de sergé. – Du lat. pop. **sarica,* du lat. class. *serica,* plur. neutre de *sericum,* «étoffes de soie».

sergé [sɛʀʒe] n. m. TEXT L'une des armures fondamentales utilisées dans le tissage, qui forme des côtes obliques. – Appos. *Armure sergé.* – Du préc.

sergent [sɛʀʒɑ̃] n. m. **1.** Anc. Huissier de justice. **2.** Sous-officier du grade au-dessus de caporal. *Sergent d'armes:* fonctionnaire chargé de la protection des parlementaires et du service d'ordre à l'Assemblée nationale du Québec. **3.** TECH Serre-joint de menuisier. – Du lat. *serviens, servientis,* ppr. de *servire,* «être au service de».

sergette [sɛʀʒɛt] n. f. Serge légère. – De *serge.*

sérici-. Élément, du lat. *sericus,* «de soie», gr. *sêrikos,* de *Sêres,* «les Sères», nom donné dans l'antiquité gréco-latine à un peuple de Chine.

séricicole [seʀisikɔl] adj. TECH Relatif à la sériciculture. *Industrie séricicole.* – De *sérici-,* et *-cole.*

sériciculteur, trice [seʀisikyltœʀ, tʀis] n. TECH Personne qui s'occupe de sériciculture. – De *sériciculture.*

sériciculture [seʀisikyltyʀ] n. f. TECH Élevage des vers à soie; production de la soie. – De *sérici-,* et *culture.*

séricigène [seʀisiʒɛn] adj. Didac. Qui produit la soie. *Glandes séricigènes du bombyx du mûrier.* – De *sérici-,* et *-gène.*

séricite [seʀisit] n. f. MINER Variété de mica blanc (silicate d'aluminium et de potassium), d'aspect soyeux. – De *séric(i)-,* et *-ite* 3.

série [seʀi] n. f. **1.** MATH Suite de termes se succédant ou se déduisant les uns des autres suivant une loi. ▷ CHIM Ensemble de composés ayant des propriétés communes et une même formule générale. *Série cyclique:* ensemble des composés organiques qui comportent au moins un cycle dans leur molécule. ▷ PHYS *Série spectrale:* ensemble de raies correspondant aux transitions entre deux niveaux d'énergie d'un atome. **2.** Cour. Suite, succession (de choses analogues et constituant un ensemble). *Une série de portraits, de lois, de dates.* ▷ *Série noire:* suite de malheurs, de revers, etc. ▷ MUS Base de la musique atonale dodécaphonique, qui se compose d'une suite des douze demi-tons de la gamme chromatique. **3.** Catégorie; groupe correspondant à une division ou à une sélection, dans un classement. *Élèves de la série A.* ▷ SPORT Chaque groupe de concurrents, dans une épreuve qualificative; l'épreuve elle-même. *Séries éliminatoires.* **4.** ELECTR *En série* : se dit d'un montage de conducteurs ou d'appareils qui, placés bout à bout, sont traversés par le même courant (par oppos. à *en parallèle*). **5.** *Fabrication en série:* fabrication normalisée et en grand nombre d'un produit. *La fabrication en série réduit le prix de revient unitaire.* ▷ Fig. *Hors série:* hors du commun; exceptionnel. – Lat. *series.*

sériel, elle [seʀjɛl] adj. Relatif à une série; constitué en série(s). *Un classement sériel.* ▷ MUS *Musique sérielle,* fondée sur l'utilisation de séries. V. dodécaphonisme. – De *série.*

sérier [seʀje] v. tr. [1] Classer par séries; classer pour examiner tour à tour. *Sérier les difficultés.* – De *série.*

sérieusement [seʀjøzmɑ̃] adv. **1.** De manière sérieuse, appliquée. *Travailler sérieusement.* **2.** Sans plaisanter. *Parler sérieusement.* **3.** Gravement. *Être sérieusement blessé.* **4.** Réellement, vraiment, très. *Il en a sérieusement besoin.* – De *sérieux.*

sérieux, euse [seʀjø, øz] adj. et n. **I.** adj. **1.** Se dit d'une personne (ou de son attitude, de son travail, etc.) réfléchie, conséquente, appliquée. *Un employé, un auditoire sérieux. Un ton sérieux. Une enquête sé-*

rieuse. **2.** À qui (ou à quoi) l'on peut se fier. *Un associé sérieux. Une proposition sérieuse.* **3.** Qui ne manifeste pas de gaieté; grave. – Fam. *Sérieux comme un pape,* très sérieux. **4.** Rangé dans sa conduite, dans ses mœurs. *Jeune fille sérieuse.* **5.** (Choses.) Important, digne de considération. *Une affaire sérieuse.* ▷ Considérable (en valeur ou en quantité). *Il a fait de sérieux progrès.* – *Des raisons sérieuses,* valables, fondées. ▷ Qui peut avoir des suites fâcheuses. *Un incident sérieux.* ▷ Qui n'est pas destiné à amuser, à distraire. *Musique sérieuse.* **II.** n. m. **1.** État, attitude d'une personne qui ne rit ni ne plaisante. *Conserver, tenir son sérieux.* **2.** Qualité d'une personne réfléchie, appliquée. *Faire preuve de sérieux, manquer de sérieux.* **3.** Caractère d'une chose digne de considération, de crédit, ou faite avec soin. *Le sérieux d'une offre, d'un travail.* **4.** *Prendre qqch au sérieux,* y attacher de l'importance; y croire. – *Prendre qqn au sérieux,* attacher de l'importance à ce qu'il dit ou à ce qu'il fait; avoir pour lui de la considération. – *Se prendre au sérieux :* attacher une importance excessive à sa propre personne, à ses actions, etc. – Lat. médiév. *seriosus,* class. *serius.*

sérigraphie [seʀigʀafi] n. f. TECH Procédé d'impression fondé sur le principe du pochoir et utilisant des écrans de soie dont les mailles ne laissent passer la couleur qu'aux endroits conservés nus. ▷ Image, épreuve obtenue par ce procédé. – De *séri(ci)-,* et *-graphie.*

serin [s(ə)ʀɛ̃] n. m. **1.** Petit oiseau passériforme (genre *Serinus* ou *Carduelis,* fam. fringillidés) dont une espèce, le serin des Canaries (V. canari), possède un plumage jaune vif. ▷ Par appos. *Jaune serin* : jaune vif. **2.** Fam. Niais, nigaud. *Quel serin!* – Orig. incert.; p.-ê. du gallo-roman *cerinus,* «jaune».

serine [s(ə)ʀin] n. f. Femelle du serin. – Du préc.

1. sérine [seʀin] n. f. Syn. (contesté) de *sérum-albumine.* – De *sér(um),* et *(album)ine.*

2. sérine [seʀin] n. f. BIOCHIM Acide aminé possédant une fonction alcool, présent dans les protéines. – De *séricine,* «matière gélatineuse tirée de la soie brute».

seriner [s(ə)ʀine] v. tr. [1] **1.** Vx Instruire (un serin, un oiseau), lui apprendre à chanter au moyen de la serinette. **2.** Fig. Faire apprendre (une chose) en la répétant. *Seriner une leçon à un enfant.* – De *serin.*

serinette [s(ə)ʀinɛt] n. f. Vx Petit orgue mécanique pour apprendre des airs aux oiseaux. – De *serin.*

seringage [s(ə)ʀɛ̃gaʒ] n. m. AGRIC Action de seringuer (sens 2). – De *seringuer.*

seringa ou **seringat** [s(ə)ʀɛ̃ga] n. m. Arbrisseau (genre *Philadelphus,* fam. saxifragacées) cultivé pour ses fleurs blanches odorantes. – Lat. *syringa,* d'orig. gr., de *syrinx, syringis,* «roseau».

seringue [s(ə)ʀɛ̃g] n. f. **1.** Petite pompe servant à injecter des liquides dans l'organisme, ou à en extraire, en prélever. **2.** Instrument de jardinier, petite pompe destinée aux arrosages légers et aux projections d'insecticide. **3.** Arg. Arme automatique à tir rapide. – Du bas lat. *syringa,* de *syrinx, syringis,* «roseau, flûte de roseau».

seringuer [s(ə)ʀɛ̃ge] v. tr. [1] **1.** Injecter avec une seringue. **2.** AGRIC Arroser des plantes avec une seringue (sens 2). **3.** Arg. Tirer sur (qqn) avec une arme à feu, mitrailler. – De *seringue.*

seringuero [seʀing(w)eʀo] n. m. Au Brésil, récolteur du latex des hévéas. – Mot portug., de *seringa,* nom portug. de certains hévéas.

sérique [seʀik] adj. MED Qui a rapport à un sérum, au sérum. – De *sérum.*

serment [sɛʀmɑ̃] n. m. **1.** Attestation, en prenant comme témoin Dieu ou ce que l'on considère comme sacré, de la vérité d'une affirmation, de la sincérité d'une promesse. *Prêter serment. Témoigner sous la foi du serment.* – *Serment professionnel,* celui par lequel on jure de remplir strictement les fonctions dont on est investi. – *Serment d'allégeance,* par lequel une personne promet d'être fidèle et d'obéir à l'autorité dont elle relève. – *Serment d'Hippocrate:* serment énonçant les principes de la déontologie médicale prononcé par tout médecin avant de pouvoir exercer. **2.** Promesse formelle. *Serment d'amour, de fidélité.* – Fam. *Serment d'ivrogne,* qui n'est jamais tenu. – Du lat. *sacramentum,* de *sacrare,* «consacrer, rendre sacré».

sermon [sɛʀmɔ̃] n. m. **1.** Discours prononcé en chaire pour instruire et exhorter les fidèles. *Les sermons de Bossuet.* **2.** Péjor. Discours ennuyeux et moralisateur; remontrance. – Lat. *sermo, sermonis.*

sermonnaire [sɛʀmɔnɛʀ] n. m. **1.** Auteur de sermons. **2.** Recueil de sermons. – De *sermon.*

sermonner [sɛʀmɔne] v. tr. [1] Adresser un sermon (sens 2), des remontrances à. *Sermonner un enfant.* – De *sermon.*

sermonneur, euse [sɛʀmɔnœʀ, øz] n. Personne qui sermonne, qui a tendance à sermonner. ▷ Adj. *Il est sermonneur.* – De *sermonner.*

séro-. Élément, de *sérum.*

sérodiagnostic [seʀodjagnɔstik] n. m. MED Méthode de diagnostic fondée sur la mise en évidence d'anticorps spécifiques dans le sérum du sujet. – De *séro-,* et *diagnostic.*

sérologie [seʀɔlɔʒi] n. f. BIOL Étude des sérums, de leurs propriétés (notam. immunologiques). – De *séro-,* et *-logie.*

sérologique [seʀɔlɔʒik] adj. BIOL Relatif à la sérologie. – Du préc.

sérosité [seʀozite] n. f. PHYSIOL Liquide analogue au sérum sanguin, qui se forme dans les séreuses; liquide des hydropisies, des œdèmes, des phlyctènes, etc. – Du rad. de *séreux.*

sérothérapie [seʀoteʀapi] n. f. MED Emploi thérapeutique d'un sérum provenant d'un sujet (humain ou animal) immunisé. *Sérothérapie antitétanique.* – De *séro-,* et *thérapie.*

sérothérapique [seʀɔteʀapik] adj. MED Relatif à la sérothérapie. – Du préc.

sérotonine [seʀotɔnin] n. f. BIOCHIM Amine, sécrétée notam. par l'hypothalamus, qui joue un rôle de vasoconstricteur et de médiateur du système nerveux au niveau des synapses. – Mot angl. *serotonin;* de *séro-, ton(ique),* et *-ine.*

séroual. V. saroual.

sérovaccination [seʀovaksinasjɔ̃] n. f. MED Immunisation par l'action associée d'un sérum et d'un vaccin. – De *séro-,* et *vaccination.*

serpe [sɛʀp] n. f. Outil tranchant à large lame recourbée, utilisé pour tailler les arbres, fendre du bois, etc. ▷ Fig. *Visage taillé à la serpe, à coups de serpe,* aux traits anguleux. – Lat. pop. **sarpa,* de *sarpere,* «tailler».

serpent [sɛʀpɑ̃] n. m. **1.** Reptile au corps allongé, dépourvu de membres, et qui se déplace par reptation (V. ophidien). *Serpent à lunettes :* le naja. *Serpent à sonnette:* le crotale. *Serpent d'eau:* couleuvre aquatique. *Serpent de verre* (saurien): l'orvet. ▷ Fig. *Réchauffer un serpent dans son sein:* favoriser les débuts dans la vie d'une personne qui plus tard nuira à son bienfaiteur. ▷ *Serpent de mer:* monstre marin hypothétique dont les apparitions, signalées par des témoins plus ou moins dignes de foi, fournissent périodiquement des sujets d'articles aux journalistes à court d'inspiration. ▷ *Le Serpent:* le démon tentateur, dans les Écritures. **2.** Personne perfide, mauvaise. ▷ *Une langue de serpent:* une personne médisante. **3.** MUS Ancien instrument à vent, en forme de S. **4.** ECON, FIN *Serpent monétaire européen :* système qui fixe la fluctuation autorisée des cours du change de monnaies liées entre elles sans intervention obligatoire des banques centrales. – Lat. *serpens, serpentis,* propr. «rampant».

serpentaire [sɛʀpɑ̃tɛʀ] n. **1.** n. f. Nom de diverses plantes, notam. d'une aracée *(Arum dracunculus).* **2.** n. m. ZOOL Oiseau falconiforme huppé d'Afrique tropicale (genre *Sagittarius*), haut sur pattes, qui se nourrit de serpents. – Sens 1, lat. *serpentaria, serpentarius,* dér. de *serpens,* «rampant»; sens 2, lat. scientif. *serpentarius.*

serpenteau [sɛʀpɑ̃to] n. m. **1.** Jeune serpent. **2.** Fusée d'artifice à mouvement sinueux. – Dimin. de *serpent.*

serpentement [sɛʀpɑ̃tmɑ̃] n. m. Rare Action, fait de serpenter. – De *serpenter.*

serpenter [sɛʀpɑ̃te] v. intr. [1] Former des ondulations, des sinuosités. *Chemin qui serpente.* – De *serpent.*

serpentin, ine [sɛʀpɑ̃tɛ̃, in] adj. et n. **I.** adj. **1.** Qui tient du serpent par sa forme, son mouvement. *Ligne, danse serpentine.* **2.** Marqué de taches comme la peau de serpent. *Marbre serpentin:* ophite. **II.** n. m. **1.** Tuyauterie sinueuse ou en hélice (dans les appareils de chauffage, de distillation, etc.). **2.** Petit rouleau étroit de papier de couleur vive, qu'on déroule en le lançant. *Serpentins et confettis.* – Lat. *serpentinus,* «de serpent».

serpentine [sɛʀpɑ̃tin] n. f. MINER Silicate de magnésium hydraté de couleur verte, présent dans les roches métamorphiques. – Du préc.

serpette [sɛʀpɛt] n. f. Petite serpe. – Dimin. de *serpe.*

serpigineux, euse [sɛʀpiʒinø, øz] adj. MED Se dit des affections cutanées qui se déplacent de façon sinueuse, guérissant en un point et s'étendant sur un autre. – Du moyen fr. *serpigine,* du lat. pop. **serpigo,* bas lat. *serpedo,* «dartre, érysipèle».

serpillière [sɛʀpijɛʀ] n. f. **1.** Grosse toile servant à emballer des marchandises. **2.** Torchon fait de cette toile, utilisé pour laver les sols. – Probabl. de *charpie.*

serpolet [sɛʀpɔlɛ] n. m. Thym sauvage *(Thymus serpyllum).* – Dimin. de l'anc. provenç. *serpol,* lat. *serpullum* ou *serpyllum.*

serpule [sɛʀpyl] n. f. ZOOL Ver annélide polychète marin (genre *Serpula*) vivant dans un tube calcaire qu'il sécrète. – Lat. zool. *serpula,* «petit serpent» en lat. class.

serrage [sɛʀaʒ] n. m. Action de serrer; son résultat. *Le serrage des freins.* – De *serrer.*

serran [sɛʀɑ̃] n. m. ZOOL Poisson marin (genre *Serranus,* fam. serranidés) carnivore, très vorace, appelé aussi *perche de mer.* – Mot dial., du lat. *serra,* propr. «scie».

serrate [sɛʀat] adj. Didac. Se dit d'une monnaie à bord dentelé. – Lat. *serratus,* «en dents de scie».

serratule [sɛʀatyl] n. f. BOT Plante annuelle (fam. composées) à feuilles finement dentées, dont une espèce *(Serratula tinctoria)* fournit un colorant jaune. – Lat. *serratula,* propr. «petite scie».

serre [sɛʀ] n. f. **1.** Abri clos à parois translucides (en verre ou en plastique) destiné à protéger les végétaux du froid. *Les serres chaudes abritent les plantes tropicales et équatoriales.* **2.** Plur. Griffes puissantes des rapaces. **3.** TECH Action de serrer, de presser du raisin ou d'autres fruits. *Première serre.* **4.** MAR Pièce longitudinale de la charpente d'un navire, perpendiculaire aux couples. – Déverbal de *serrer.*

serre-câbles [sɛʀkɑbl] n. m. inv. Dispositif servant à relier deux câbles bout à bout par serrage. – De *serrer* et *câble.*

serré, ée [sɛʀe] adj. et adv. **I.** adj. **1.** Dont les éléments sont étroitement rapprochés. *Un gazon dru et serré. Cheval serré du devant, du derrière,* dont les membres antérieurs, postérieurs sont trop rapprochés. ▷ CINE, AUDIOV *Montage serré,* comportant des plans très courts. **2.** Fig. Qui dénote la rigueur, la vigilance. *Raisonnement serré. Jeu serré,* qui laisse peu de prise à l'adversaire. **3.** Gêné par des difficultés financières. ▷ Fam. Qui n'aime pas dépenser son argent, qui est peu généreux. **4.** *Café serré,* fait avec beaucoup de poudre de café et peu d'eau bouillante. **II.** adv. En serrant les éléments. *Tricoter serré.* ▷ Fig. *Jouer serré.* – Pp. de *serrer.*

serre-file [sɛʀfil] n. m. MAR Dernier bâtiment d'une ligne de file ou d'un convoi. *Des serre-files.* – De *serrer,* et *file.*

serre-fils [sɛʀfil] n. m. inv. ELECTR Raccord servant à connecter deux fils par serrage. – De *serrer,* et *fil.*

serre-frein ou **serre-freins** [sɛʀfʀɛ̃] n. m. inv. Syn. de *garde-frein.* – De *serrer,* et *frein.*

serre-joint ou **serre-joints** [sɛʀʒwɛ̃] n. m. inv. TECH Instrument utilisé pour assurer le serrage d'un joint collé pendant le temps de prise de la colle. – De *serrer,* et *joint.*

serre-livres [sɛʀlivʀ] n. m. inv. Chacun des deux objets lourds et d'assise solide entre lesquels on dispose des livres debout sur leur tranche inférieure. – De *serrer,* et *livre.*

serrement [sɛʀmɑ̃] n. m. **1.** Action de serrer. *Serrement de main:* poignée de main. ▷ Fig. *Serrement de cœur:* sensation pénible provoquée par l'angoisse, la tristesse. **2.** Dans une mine, barrage étanche destiné à empêcher l'envahissement des galeries par les eaux. – De *serrer.*

serrer [sɛʀe] **I.** v. tr. [1] **1.** Tenir, entourer en exerçant une pression. *Serrer qqn, qqch contre soi. Serrer le bras de qqn avec un garrot. Serrer la main de qqn,* pour le saluer, pour prendre congé. ▷ Fig. *Cela serre le cœur,* excite la compassion, le chagrin. *L'émotion lui serrait la gorge,* l'oppressait, l'empêchait de parler. **2.** (Sujet nom de chose.) Gainer très, trop étroitement. *Col qui serre le cou.* **3.** Rendre très étroit (un lien, un nœud). *Serrer la ficelle autour d'un paquet.* **4.** Appliquer fortement (une chose) contre une autre en tournant, en pressant. *Serrer un écrou, un frein.* – Fig., fam. *Serrer la vis à qqn,* se montrer rigoureux, sévère à son égard. **5.** Rapprocher (des personnes, des choses espacées). *Serrer les rangs.* – *Serrer les dents:* crisper les mâchoires. Fig. Rassembler son énergie pour résister à qqch de pénible. **6.** (En parlant d'un véhicule.) Longer de très près. *Serrer le trottoir.* – Absol. *Serrer à droite.* – MAR *Navire qui serre la terre. Serrer le vent:* naviguer au plus près du vent. ▷ *Serrer qqn de près,* le suivre à faible distance. **7.** Remiser, ranger. *Serrer ses skis. Serrer la vaisselle.* **II.** v. pron. **1.** Entourer une partie de son corps en la comprimant. *Se serrer la taille.* – Fam., fig. *Se serrer la ceinture,* réduire sa consommation de nourriture; *par ext.* restreindre ses dépenses. **2.** Se rapprocher les uns des autres. *Serrez-vous pour nous faire un peu de place.* ▷ *Se serrer contre qqn.* – Lat. pop. **serrare,* altér. du bas lat. *serare,* du class. *sera,* «barre, verrou».

serre-tête [sɛʀtɛt] n. m. inv. Ruban, bandeau, etc., qui retient la chevelure. – De *serrer,* et *tête.*

serriste [sɛʀist] n. TECH Agriculteur, horticulteur spécialisé dans la culture en serres. – De *serre* 1 (sens 1).

serrure [sɛʀyʀ] n. f. Dispositif mécanique fixe qui permet de bloquer une porte, un panneau pivotant ou coulissant, un tiroir, etc., en position fermée au moyen d'une clé. *Faire jouer le pêne* d'une serrure dans la gâche**. – De *serrer*, «fermer».

serrurerie [sɛʀyʀʀi] n. f. **1.** Cour. Art, métier du serrurier. **2.** TECH Confection d'ouvrages en fer pour le bâtiment (grilles, balcons, rampes d'escaliers, ferrements d'huisseries, etc.). – Du préc.

serrurier [sɛʀyʀje] n. m. Celui qui fabrique, pose, vend des serrures et des ouvrages en fer. (Rem.: Comme forme féminine, l'OLF recommande *serrurière*.) – De *serrure*.

serte [sɛʀt] n. f. TECH Sertissage (des pierres précieuses). – Déverbal de *sertir*.

sertir [sɛʀtiʀ] v. tr. [2] **1.** Enchâsser (une pierre) dans un chaton. **2.** TECH Fixer, assujettir (une pièce métallique) par pliage à froid. – *Sertir une cartouche:* refouler son extrémité en formant un bourrelet sur la rondelle de carton qui maintient les plombs. – Du lat. pop. **sartire*, class. *sarcire*, «réparer».

sertissage [sɛʀtisaʒ] n. m. Action de sertir; son résultat. – De *sertir*.

sertisseur, euse [sɛʀtisœʀ, øz] n. **1.** Personne dont le métier est de sertir. **2.** n. m. Appareil à sertir les cartouches. – De *sertir*.

sertissure [sɛʀtisyʀ] n. f. TECH **1.** Manière dont une pierre précieuse est sertie. **2.** Partie du chaton dans laquelle la pierre est sertie. – De *sertir*.

sérum [seʀɔm] n. m. **1.** Vx Partie aqueuse du lait, se séparant de celui-ci par coagulation. **2.** *Sérum sanguin* ou, absol., *sérum:* partie liquide du sang, plasma débarrassé de la fibrine et de certains agents de la coagulation. ▷ *Sérum thérapeutique:* sérum prélevé sur un animal immunisé ou sur un sujet convalescent ou récemment vacciné et que l'on injecte par voie sous-cutanée ou intramusculaire, à titre préventif ou curatif contre une maladie infectieuse ou contre les effets d'une substance toxique ou d'un venin. *Sérum antidiphtérique, antitétanique, antiphalloïdien.* **3.** *Sérum physiologique:* solution à 9 ‰ de chlorure de sodium, isotonique au plasma sanguin, administrée notam. en cas de déperdition saline avec déshydratation. **4.** *Sérum de vérité:* composé barbiturique employé en narco-analyse pour obtenir l'abaissement de la vigilance d'un sujet, dans un but d'investigation non thérapeutique. – Lat. *serum*, «petit-lait, liquide séreux».

sérum-albumine [seʀɔmalbymin] n. f. BIOL Protéine du sérum, qui joue un rôle important dans le transport de certaines substances (bilirubine, hématine, acides gras, etc.). *Des sérum-albumines.* – Angl. *serum albumin.*

sérum-globuline [seʀɔmglɔbylin] n. f. Protéine sérique du groupe des globulines. *Des sérum-globulines.* – Angl. *serum globulin.*

servage [sɛʀvaʒ] n. m. **1.** HIST État de serf (V. ce mot). *Le servage dans la société féodale.* **2.** Fig. Servitude morale; entrave à la liberté de penser, d'agir. – De *serf.*

serval, als [sɛʀval] n. m. Petit mammifère félidé africain *(Felis serval)*, haut d'une cinquantaine de cm au garrot, recherché pour son pelage moucheté. – Portug. *cerval*, «cervier», de *cervo*, «cerf».

servant [sɛʀvɑ̃] adj. et n. m. **I.** adj. m. **1.** RELIG CATHOL *Frère servant:* frère convers qui sert les moines. **2.** *Cavalier, chevalier servant:* compagnon empressé et galant d'une femme. **II.** n. m. **1.** RELIG CATHOL Clerc ou laïque qui sert une messe basse. **2.** Artilleur chargé d'approvisionner une pièce pendant le tir. **3.** SPORT Celui qui sert la balle. Syn. serveur. – Ppr. de *servir.*

servante [sɛʀvɑ̃t] n. f. **1.** Vieilli Employée de maison, domestique. **2.** Vieilli Table utilisée comme desserte. **3.** TECH Support réglable utilisé pour soutenir les pièces longues dont on travaille une extrémité sur l'établi. *Servante de menuisier, de serrurier.* – Ppr. fém. subst. de *servir.*

serve. V. serf.

serveur, euse [sɛʀvœʀ, øz] n. **1.** Personne qui sert les repas ou les consommations, dans un restaurant, un café, etc. **2.** SPORT Personne qui sert la balle. Syn. servant. **3.** INFORM Organisme exploitant un système informatique permettant à un demandeur la consultation et l'utilisation directes d'une ou plusieurs banques de données. – De *servir.*

serviabilité [sɛʀvjabilite] n. f. Qualité d'une personne serviable. – De *serviable.*

serviable [sɛʀvjabl] adj. Qui rend volontiers service; obligeant. – De *servir.*

service [sɛʀvis] n. m. **I. 1.** Fonction, travail des gens de maison, du personnel hôtelier. *Entrer au service de qqn.* ▷ Manière dont ce travail est effectué. *Restaurant où le service est irréprochable.* – Gratification laissée par le client pour ce travail; pourboire. *Service compris, non compris.* ▷ *Escalier de service*, affecté aux employés de maison, aux fournisseurs, etc. ▷ (Formule de civilité.) *Je suis à votre service; ma voiture est à votre service*, à votre disposition. **2.** (Dans *en service, hors service.*) Marche, fonctionnement, activité. *Mettre une machine en service. Ascenseur momentanément hors service.* **II.** Fait de servir en vertu d'une obligation morale. *Être au service de son pays.* ▷ *Service religieux:* célébration de l'office divin. ▷ *Service militaire* ou *service national:* temps qu'un citoyen doit passer sous les drapeaux. ▷ *Service d'ordre:* ensemble des personnes préposées au maintien de l'ordre lors de rassemblements, de manifestations, etc. **III. 1.** Fait de s'acquitter de ses obligations envers un employeur. *Avoir vingt ans de service dans une entreprise. Prendre son service à 8 h. Être de service:* être tenu d'exercer ses fonctions à un moment précis; être en train de les exercer. *Être en service commandé:* accomplir une tâche qui découle de ses fonctions. ▷ Plur. Travail rémunéré. *Être satisfait des services de qqn.* – *États de services:* relevé des postes occupés par un fonctionnaire, un militaire. **2.** Division administrative de l'État, d'une organisation publique ou privée, correspondant à une branche d'activité. *Le service de cardiologie d'un hôpital. Service commercial d'une entreprise.* ▷ *Service public:* organisme ayant une fonction d'intérêt public (postes, transports, etc.); cette fonction. **3.** n. m. pl. ECON Avantages ou satisfactions, à titre onéreux ou gratuit, fournis par les entreprises ou par l'État: activités économiques qui ne produisent pas directement des biens concrets. *Société de services. Prestataire* de services.* **IV.** Ce qu'on fait bénévolement pour être utile à qqn. *Rendre (un) service.* ▷ Fig. *Ses jambes lui refusent tout service:* il ne peut plus marcher. **V. 1.** Envoi, fourniture. *Faire le service gratuit d'un journal à qqn.* – *Service de presse:* distribution gratuite d'exemplaires d'un ouvrage aux critiques, aux journalistes; ces exemplaires. **2.** *Service après vente:* ensemble des opérations nécessitées par la pose, l'entretien, la réparation d'une machine, d'un appareil, qui sont assurées par le vendeur. **3.** SPORT Action de servir* la balle. **VI. 1.** Chacune des séries de repas servies dans un wagon-restaurant, une cantine, etc. *Premier, deuxième service.* **2.** Assortiment de vaisselle, de linge de table. *Service de porcelaine. Service constitué d'une nappe et de douze serviettes.* – Du lat. *servitium*, «esclavage».

serviette [sɛʀvjɛt] n. f. **1.** Linge qu'on utilise à table ou pour la toilette. ▷ *Serviette hygiénique*, utilisée comme protection périodique*. **2.** Sac rectangulaire à rabat dans lequel on transporte des livres, des documents, etc. – De *servir.*

serviette-éponge [sɛʀvjɛtepɔ̃ʒ] n. f. Serviette de toilette en tissu éponge. *Des serviettes-éponges.* – De *serviette,* et *éponge.*

servile [sɛʀvil] adj. **1.** Qui appartient à l'état d'esclave, de serf. *Tâches serviles.* ▷ HIST Qui concerne les serfs, le servage. *Les guerres serviles, révoltes d'esclaves armés et organisés, secouèrent le monde romain à trois reprises: v. 134-132, v. 104-101 et en 73-71 av. J.-C.; la dernière révolte fut menée par Spartacus et écrasée par Crassus et Pompée.* **2.** Fig. Qui s'abaisse de façon dégradante devant ceux dont il dépend. *Il est servile.* – Par ext. *Complaisance servile.* **3.** Qui ne prend pas assez de liberté à l'égard d'un modèle. *Traducteur servile.* – Lat. *servilis,* de *servus,* «esclave».

servilement [sɛʀvilmɑ̃] adv. D'une manière servile (sens 2 et 3). – De *servile.*

servilité [sɛʀvilite] n. f. Fait d'être servile (personnes); caractère de ce qui est servile (sens 2 et 3). – De *servile.*

servir [sɛʀviʀ] **I.** v. tr. **[33] 1.** Remplir les fonctions d'employé de maison auprès de (qqn). *Le vieux valet de chambre avait servi le duc pendant trente ans.* **2.** S'acquitter de devoirs, d'obligations envers. *Servir le roi. Servir l'État.* ▷ *Absol.* Combattre, être militaire. *Il avait servi sous Montcalm.* **3.** Apporter son aide, son appui à (qqn, qqch). *Servir son prochain. Servir la cause de la paix.* – Fig. *Les circonstances l'ont bien servi,* aidé. **4.** *Servir la messe:* assister le prêtre durant la messe. **5.** Fournir (un client). *Ce boucher nous sert bien.* **6.** Présenter ou donner (un mets, une boisson) à un convive. *Servir un plat. Servir à boire à qqn.* **7.** Mettre (certaines choses) à la disposition de qqn. *Servir des cartes,* en distribuer aux joueurs. – SPORT *Servir la balle* ou, absol., *servir,* la mettre en jeu. – *Servir une rente,* la payer régulièrement. **8.** Mettre (une pièce d'artillerie, une arme à tir rapide) en état de fonctionner. *Servir une pièce d'artillerie,* l'alimenter en munitions. **II.** v. tr. indir. **1.** (Sujet n. de chose.) *Servir à:* être destiné (à un usage); être utile, bon (à qqch, pour qqn). *Cela ne sert à rien.* ▷ Impers. (suivi de la prép. *de* et de l'inf.) *À quoi sert (-il) de continuer.* Litt. *Que sert (-il) de...* **2.** *Servir à qqn de:* tenir lieu, faire office de. *Il m'a servi de professeur. Cela lui sert de prétexte.* **III.** v. pron. **1.** (Personnes) Prendre soi-même ce dont on a besoin ou envie, à table, chez un hôte, un commerçant. *Si vous voulez qqch, servez-vous. Elle se sert chez vous,* elle se fournit chez vous. **3.** Faire usage de, utiliser. *Se servir d'un outil. Se servir de qqn pour arriver à ses fins.* **4.** (Choses) Être servi habituellement. *Ce plat se sert avec une garniture.* – Lat. *servire,* «être esclave, être soumis ou dévoué à».

serviteur [sɛʀvitœʀ] n. m. **1.** Vieilli Celui qui est au service de qqn; domestique. ▷ Litt. *Serviteur de...:* celui qui sert (qqn, qqch envers qui ou envers quoi il a des obligations). *Serviteur de l'État.* **2.** *Votre très humble et très obéissant serviteur:* anc. formule de politesse. ▷ Mod. *Votre serviteur:* moi qui vous parle. – Bas lat. *servitor.*

servitude [sɛʀvityd] n. f. **1.** HIST État du serf; esclavage. ▷ Mod. État d'une personne ou d'un peuple privés de leur indépendance. *Réduire un pays en servitude.* **2.** Entrave à la liberté d'action; contrainte, assujettissement. *Tout métier comporte ses servitudes.* **3.** DR Charge imposée sur une propriété *(fonds servant),* pour l'usage et l'utilité d'une autre *(fonds dominant)* appartenant à un propriétaire différent. Elle peut résulter de la situation des lieux ou être établie par la loi ou par convention entre les propriétaires. **4.** MAR *Bâtiment de servitude,* qui assure les services d'un port, d'une rade, d'un arsenal. – Bas lat. *servitudo.*

servo-. Élément, du lat. *servus,* «esclave», impliquant une idée d'asservissement* (sens 3).

servocommande [sɛʀvokɔmɑ̃d] n. f. TECH Dispositif qui amplifie un effort et le transmet à un organe pour en commander le fonctionnement. – De *servo-,* et *commande.*

servodirection [sɛʀvodiʀɛksjɔ̃] n. f. AUTO Servocommande qui actionne les organes de direction d'un véhicule (constituant ainsi une direction assistée). – De *servo-,* et *direction.*

servofrein [sɛʀvofʀɛ̃] n. m. AUTO Servocommande agissant sur les organes de freinage. – De *servo-,* et *frein.*

servomécanisme [sɛʀvomekanism] n. m. TECH Dispositif qui réalise automatiquement un asservissement. – De *servo-,* et *mécanisme.*

ENCYCL – Un servomécanisme a pour fonction de régler automatiquement une grandeur quelconque (position, vitesse de rotation, pression, température, etc.) après affichage d'une valeur de consigne. Le fonctionnement d'un servomécanisme repose sur la mesure de l'écart entre la valeur de la grandeur réglée et la valeur de consigne, appelé *signal d'erreur,* ainsi que sur la commande de l'organe à régler en fonction de cet écart.

servomoteur [sɛʀvomɔtœʀ] n. m. TECH Moteur servant au réglage d'un organe dans un servomécanisme. – De *servo-,* et *moteur.*

servovalve [sɛʀvovalv] n. f. TECH Soupape, vanne actionnée par un servomoteur. – De *servo-,* et *valve.*

ses, adj. poss. V. son (1).

sésame [sezam] n. m. **1.** Plante dicotylédone gamopétale *(Sesamum indicum)* originaire de l'Inde et cultivée pour ses graines dont on extrait une huile alimentaire. **2.** Fig., litt. Ce qui permet d'atteindre un but, comme par enchantement. *Votre lettre a servi de sésame.* – Lat. *sesamum,* gr. *sêsamon;* sens 2, par allusion à la formule magique *Sésame, ouvre-toi,* du conte «Ali Baba et les quarante voleurs», dans «les Mille et Une Nuits».

sésamoïde [sezamɔid] adj. ANAT *Os sésamoïdes:* petits os du carpe et du tarse. – Gr. *sêsamoeidês,* «qui ressemble au (grain de) sésame».

sesbania [sɛsbanja] ou **sesbanie** [sɛsbani] n. f. BOT Arbuste indien (*Sesbania cannabina,* fam. papilionacées) dont les tiges produisent une filasse utilisée pour fabriquer du papier à cigarette. – Arabo-persan *sisabân.*

sesquioxyde [sɛskɥiɔksid] n. m. CHIM Anc. Oxyde qui contient une fois et demie l'oxygène contenu dans le protoxyde, pour une même quantité de l'élément oxydé (ex. Fe_2O_3 sesquioxyde de fer). – Du lat. *sesqui,* «un demi en plus», et de *oxyde.*

sessile [sesil] adj. SC NAT Qui s'insère sur un organe sans être porté par un pédoncule. *Fleur, feuille sessile.* – Du lat. *sessilis,* «sur quoi on peut s'asseoir», de *sedere,* «être assis».

session [sɛsjɔ̃] n. f. **1.** Temps pendant lequel siège un corps délibérant, un tribunal, etc. *Session parlementaire. Session de printemps.* **2.** EDUC Période, de durée variable, correspondant à une division administrative dans les établissements d'enseignement. – Du lat. *sessio,* «fait d'être assis».

sesterce [sɛstɛʀs] n. m. ANTIQ ROM Monnaie d'argent romaine, dont la valeur était de deux as et demi. – Lat. *sestertius.*

set [sɛt] n. m. Sport Manche d'une partie de tennis, de tennis de table, de volley-ball. – Mot angl., «ensemble, suite, etc.».

sétacé, ée [setase] adj. SC NAT Qui a la forme, l'aspect d'une soie de porc. – Du lat. *sœta,* «soie, poil».

setier [sətje] n. m. Ancienne mesure de capacité pour les grains et les liquides, de valeur très variable selon les régions (entre 150 et 300 l). – Du lat. *sextarius*, «sixième partie».

séton [setõ] n. m. **1.** MED Anc. Mèche de linge ou de coton ou faisceau de crins que l'on passait sous la peau par deux ouvertures, pour entretenir un exutoire*; cet exutoire lui-même. **2.** *Blessure en séton:* blessure superficielle faite par une arme blanche ou un projectile qui ont cheminé sous les chairs en faisant deux orifices. – Lat. médiév. *seto*, anc. provenç. *sedon*, de *seda*, lat. *sœta*, «soie».

setter [setɛʀ] n. m. Grand chien d'arrêt à longs poils doux et ondulés. *Setter irlandais*, à la robe acajou brillant. – Mot angl., de *to set*, «s'arrêter».

seuil [sœj] n. m. **1.** Partie inférieure de l'ouverture d'une porte, généralement constituée par une dalle de pierre ou une pièce de bois. **2.** Entrée d'une maison; emplacement devant la porte, à proximité immédiate de celle-ci. *Prendre le soleil sur le seuil.* ▷ Fig., litt. *Le seuil de:* le début, le commencement de. *Le seuil de la vie. Au seuil de la vieillesse, il s'assagit.* **3.** GEOGR Élévation d'un fond marin ou fluvial; exhaussement de terrain séparant deux régions d'altitudes comparables. **4.** Valeur à partir de laquelle un phénomène produit (ou, plus rarement, cesse de produire) un effet. ▷ PHYS NUCL *Seuil d'énergie d'une particule:* énergie minimale nécessaire pour que cette particule déclenche la réaction nucléaire. ▷ PHYSIOL Valeur minimale en deçà de laquelle un stimulus ne produit pas d'effet. *Seuil d'audibilité.* – Du lat. *solea*, «sandale», et «plancher» en bas latin; d'abord *sueil*.

seul, seule [sœl] adj. et n. **A.** adj. **I.** (Attribut ou épithète placés après le nom, souvent renforcé par *tout*.) **1.** Qui est momentanément sans compagnie. *Se promener seul, tout seul. Ils restèrent tous (les) trois seuls après le départ des invités.* ▷ *Seul à seul:* en tête à tête. (Inv. dans l'usage anc. Mod. *Il parle seul à seule avec sa femme.*) **2.** Qui est généralement isolé, qui vit sans amis. *Il vivait seul dans une maison en dehors du village. C'est un garçon très seul. Il est seul au monde:* il n'a pas de famille. **II.** (Épithète placée avant le nom.) Un, unique. *Le seul bien qui lui reste. Une seule raison nous pousse à agir.* **III.** (Avec une valeur d'adverbe.) Seulement. (En apposition.) *Spectacle que seuls les enfants apprécient. La seule annonce de sa venue a soulevé l'enthousiasme.* **B.** n. *Un seul, une seule:* une personne unique. *Le pouvoir d'un seul.* – *Le seul, la seule:* la seule personne. *Elle est la seule à pouvoir tenter cette démarche.* – Lat. *solus*.

seulement [sœlmɑ̃] adv. **1.** Sans rien de plus; et pas davantage. *Ils sont seulement trois dans le secret. Je vous demande seulement de partir.* ▷ (Avec un complément de temps.) *Il arrive seulement dans huit jours*, pas avant huit jours. *Il vient seulement de partir:* il vient tout juste de partir. **2.** *Pas seulement:* pas même. *Sans seulement:* sans même. *Il est parti sans seulement dire au revoir. Si seulement...:* si au moins... *Si seulement il faisait un effort !* **3.** (Introduisant une proposition.) À la seule condition que. *Venez quand vous voudrez, seulement prévenez-moi.* – De *seul*.

sève [sɛv] n. f. **1.** Liquide nourricier des végétaux. **2.** Fig. Force, vigueur, énergie. *La sève de la jeunesse.* – Du lat. *sapa*, «vin cuit, réduit».

ENCYCL La *sève brute* est une solution aqueuse, diluée, de sels minéraux absorbés par les racines et dont l'ascension s'effectue dans le bois primaire, qui apporte aux feuilles, fleurs, etc., les substances minérales nécessaires à leur croissance. La *sève élaborée* est une solution concentrée et visqueuse riche en sucres, en acides aminés et en diverses substances plus ou moins complexes, synthétisés dans les feuilles, à partir de la sève brute (l'énergie nécessaire étant fournie par la lumière) et apportés à toute la plante par le *liber*. Divers échanges de substances minérales et organiques ont lieu entre le courant ascendant de la sève brute et le courant descendant de la sève élaborée.

sévère [sevɛʀ] adj. **1.** Qui ne tolère pas les fautes, les erreurs; dépourvu d'indulgence. *Un maître, un juge sévère.* **2.** Qui exprime la dureté, la rigueur. *Ton, air sévère.* **3.** (Choses.) Dur, rigoureux. *Punition sévère.* ▷ Strict. *Des mesures sévères.* **4.** Litt. Sans ornements; régulier et sobre. *Un style sévère. Une femme d'une beauté sévère.* **5.** (Emploi critiqué.) Important, grave. *L'aviation ennemie a subi des pertes sévères.* – Lat. *severus*.

sévèrement [sevɛʀmɑ̃] adv. **1.** D'une manière sévère, rigoureuse. *Punir sévèrement un enfant.* **2.** Gravement. *Les malheurs l'ont sévèrement éprouvé.* – De *sévère*.

sévérité [seveʀite] n. f. **1.** Fait d'être sévère (personnes); caractère de ce qui est sévère. *La sévérité d'un juge, d'une sentence.* **2.** Litt. Austérité de l'aspect, des formes. *Sévérité d'une architecture.* – Lat. *severitas*.

sévices [sevis] n. m. pl. Violences corporelles, mauvais traitements, exercés contre une personne sur laquelle on a autorité ou qu'on a sous sa garde. – Lat. *sævitia*.

sévir [seviʀ] v. intr. [2] **1.** Se comporter durement. Punir, réprimer avec rigueur. *Sévir contre un abus.* **2.** (Choses.) Causer de gros dégâts. *La tempête sévit depuis trois jours sur Terre-Neuve.* – *Par ext.* Exercer (de façon durable) une action néfaste, pénible. *Le charlatanisme sévit toujours.* Plaisant *Ce professeur sévit toujours.* – Lat. *sævire*.

sevrage [səvʀaʒ] n. m. **1.** Remplacement progressif de l'allaitement par une alimentation plus solide. **2.** *Par ext.* Action de priver un toxicomane de drogue, dans une cure de désintoxication. – De *sevrer*.

sevrer [səvʀe] v. tr. [1] **1.** Procéder au sevrage de (un enfant, un petit animal). **2.** Litt. Priver (d'un plaisir). – Du bas lat. *seperare*, class. *separare*, «séparer».

sèvres [sɛvʀ] n. m. Porcelaine fabriquée à la manufacture nationale de Sèvres. *Un vieux sèvres.* – Du n. de *Sèvres*, ch.-l. de cant. des Hauts-de-Seine, France.

sexagénaire [sɛksaʒenɛʀ] adj. et n. Âgé de soixante à soixante-dix ans. – Lat. *sexagenarius*.

sexagésime [sɛgzaʒezim] n. f. RELIG CATHOL Dimanche qui précède de deux semaines le premier dimanche du carême, environ soixante jours avant Pâques. – Lat. *sexagesima*, «soixantième».

sex-appeal [sɛksapil] n. m. Anglicisme Attrait sensuel qu'exerce une personne (se dit surtout à propos d'une femme). – Mot anglo-amér., «attrait du sexe».

sexe [sɛks] n. m. **1.** Ensemble des caractéristiques physiques qui permettent de différencier le mâle de la femelle, l'homme de la femme. *Enfant du sexe féminin.* ▷ *Sexe gonadique:* caractère sexuel primaire déterminé par la nature des gonades dont le sujet est porteur (testicules chez l'homme, ovaires chez la femme). *Sexe chromosomique:* caractère sexuel primaire déterminé par les chromosomes sexuels de l'individu. **2.** Ensemble des individus (êtres humains ou animaux) du même sexe. *Sexe masculin. Sexe féminin.* Plaisant *Le sexe fort:* les hommes. *Le deuxième sexe, le beau sexe:* les femmes. **3.** Sexualité. *Les problèmes du sexe.* **4.** Organes génitaux externes. – Lat. *sexus*, rad. *sectus*, «séparation, distinction».

ENCYCL **Biol.** – Il faut distinguer: le *sexe apparent*, c.-à-d. l'aspect d'un individu, qui ne résulte que d'un processus de différenciation cellulaire contrôlé par diverses hormones; le *sexe génétique*, déterminé dès la fécondation. Ainsi, la dernière paire chromosomique de l'homme est constituée de deux chromosomes sexuels distincts (XY), alors que chez la femme ils sont semblables (XX). Diverses anomalies peuvent produire des individus génétiquement mâles (XY) qui ont une morphologie (sexe apparent) femelle, ou vice versa (V. free-martin). En outre, on distingue les *caractères sexuels primaires*, visibles dès la naissance (détermination du sexe, par ex.) et les *caractères sexuels secondaires*, qui n'apparaissent qu'à la maturité sexuelle, tels que mue de la voix et développement de la barbe chez l'homme, de la poitrine chez la femme.

sexisme [sɛksism] n. m. Attitude de discrimination fondée sur le sexe, s'exerçant presque toujours à l'encontre des femmes. – De *sexe*, d'ap. *racisme*.

sexiste [sɛksist] adj. et n. Qui fait preuve de sexisme. ▷ Subst. *Un sexiste.* – De *sexisme*.

sexologie [sɛksɔlɔʒi] n. f. Étude scientifique des problèmes physiologiques et psychologiques relatifs à la sexualité humaine. – De *sexe*, et *-logie*.

sextant [sɛkstɑ̃] n. m. ASTRO, MAR Instrument utilisé pour mesurer des distances angulaires et des hauteurs d'astres au-dessus de l'horizon, et qui comporte un limbe de soixante degrés (un sixième de circonférence). – Du lat. scientif. *sextans, sextantis*, «le sixième».

sexte [sɛkst] n. f. LITURG CATHOL Heure canoniale qui se récite à la sixième heure du jour (vers midi). – Du lat. *sexta (hora)*, «sixième (heure)».

sexto [sɛksto] adv. Rare En sixième lieu, sixièmement (après *primo, secundo*, etc.). – Mot lat.

sextolet [sɛkstɔlɛ] n. m. MUS Groupe de six notes jouées deux fois plus rapidement qu'un triolet. – Du lat. *sex*, «six», d'ap. *triolet*.

sextuor [sɛkstɥɔʀ] n. m. MUS Morceau écrit pour six voix ou pour six instruments. – Ensemble instrumental ou vocal formé de six interprètes. – Du lat. *sex*, «six», d'ap. *quatuor*.

sextuple [sɛkstypl] adj. et n. m. Qui vaut six fois autant. ▷ N. m. *Le sextuple.* – Bas lat. *sextuplus*.

sextupler [sɛkstyple] v. [1] **1.** v. tr. Multiplier par six. **2.** v. intr. Être multiplié par six. – De *sextuple*.

sexualité [sɛksɥalite] n. f. Ensemble des caractères physiques, physiologiques et psychologiques qui différencient l'individu mâle de l'individu femelle. ▷ Tendances particulières qui en résultent; ensemble des comportements liés à l'instinct sexuel. – De *sexuel*.

ENCYCL **Psychan.** – Selon Freud, la sexualité ne désigne pas seulement les activités et le plaisir qui dépendent du fonctionnement de l'appareil génital, mais aussi un mode de satisfaction non directement lié à la génitalité et qui s'exprime dès l'enfance. La sexualité infantile évolue en plusieurs étapes: le stade oral (1re année), la zone érogène étant la bouche; le stade sadique-anal (2e et 3e années), où la zone érogène est l'anus; le stade phallique (4e et 5e années), où la zone érogène est le pénis, ou le clitoris, le plaisir pouvant être provoqué par la masturbation; la fin de ce stade (lié à la prise de conscience non ambiguë de la différenciation des sexes) coïncide avec la liquidation du complexe d'Œdipe. De l'âge de 6 ans à la puberté se déroule une période de latence, les pulsions sexuelles diminuant d'intensité, l'énergie se tournant vers des sentiments sociaux et moraux. À la puberté, le stade génital proprement dit s'exprime.

sexué, ée [sɛksɥe] adj. BIOL **1.** Pourvu d'organes sexuels. *Les animaux supérieurs sont sexués.* **2.** *Reproduction sexuée*, dans laquelle il y a conjonction des deux sexes. – De *sexe*.

sexuel, elle [sɛksɥɛl] adj. **1.** BIOL Qui se rapporte au sexe ou qui est déterminé par lui. ▷ *Caractères sexuels:* ensemble des caractères (morphologie, couleur, comportement, etc.) qui différencient les animaux mâles des femelles. Cf. aussi dimorphisme. **2.** (Pour les êtres humains.) Qui se rapporte au sexe, à l'accouplement. *Instinct, rapports sexuels.* – Bas lat. *sexualis*.

sexuellement [sɛksɥɛlmɑ̃] adv. D'un point de vue sexuel. – De *sexuel*.

seyant, ante [sɛjɑ̃, ɑ̃t] adj. Qui va bien à qqn, qui flatte son apparence. *Une coiffure seyante.* – Var. mod. de *séant*, de *seoir*, d'ap. les formes de l'imparf. *seyait*.

sforzando [sfɔʀdzɑ̃ndo] adv. MUS En passant assez rapidement de piano à forte. *Jouez ce passage sforzando.* – Mot ital., de *sforzare*, de *forza*, «force».

sfumato [sfumato] n. m. BX-A Modelé estompé, vaporeux. – Mot ital., «brumeux».

sgraffite [zgʀafit] n. m. BX-A Ancien procédé de peinture de fresque consistant à appliquer sur un fond sombre un enduit clair qu'on supprime partiellement en le hachurant avec une pointe. – Ital. *sgraffito*, «égratigné».

shāh. V. schāh.

shakespearien, ienne [ʃekspiʀjɛ̃, jɛn] adj. De Shakespeare; qui rappelle les passions tumultueuses et tragiques peintes par Shakespeare. – De William *Shakespeare* (1564-1616), auteur dramatique angl.

shako [ʃako] n. m. Coiffure militaire rigide à visière, de forme tronconique. – Hongrois *csákò*.

shampooing ou **shampoing** [ʃɑ̃pwɛ̃] n. m. **1.** Lavage des cheveux. **2.** Produit liquide utilisé pour ce lavage. – Mot angl., propr. «massage», de *to shampoo*, «masser»; hindi *châmpo*.

shampooiner ou **shampouiner** [ʃɑ̃pwine] v. tr. [1] Faire un shampooing à. – De *shampooing*.

shampooineur, euse ou **shampouineur, euse** [ʃɑ̃pwinœʀ, øz] n. **1.** Employé(e) d'un salon de coiffure qui fait surtout les shampooings. **2.** n. f. Appareil servant à nettoyer les sols, en partic. les moquettes. – Du préc.

shantung. V. chantoung.

shekel [ʃekɛl] n. m. Unité monétaire de l'État d'Israël. – Mot hébreu.

sherbrookois, oise [ʃɛʀbʀukwa, waz] adj. De Sherbrooke en Estrie. *L'accent sherbrookois est légèrement anglicisé.* ▷ Subst. Citoyen de Sherbrooke. *L'originalité des Sherbrookois se révèle dans l'architecture locale.*

shérif [ʃeʀif] n. m. **1.** DR Officier de justice qui a pour principale fonction, au civil, de procéder à la vente en justice des immeubles en exécution des jugements et, au pénal, de dresser la liste des jurés choisis pour entendre les procès par jury. **2.** Aux É.-U., chef de la police d'un comté. – Mot angl., de *shire*, «comté».

ENCYCL Dès l'an 900, le royaume d'Angleterre fut divisé en comtés et le shérif, qui était un officier nommé par le roi, avait pour mission de le représenter et d'y défendre ses intérêts. Après la conquête normande, les pouvoirs du shérif se sont accrus de telle sorte qu'il est devenu une espèce de vice-roi dans le comté où il œuvrait, avec prérogatives de gouvernement très étendues. À la longue, ses pouvoirs judiciaires se sont atténués.

La fonction de shérif est apparue au Québec avec le régime anglais; le premier fut nommé en 1776. Il avait alors, sur le plan judiciaire, des pouvoirs similaires à ceux de son homonyme anglais: assignation de jurés, exécution de jugements en matière civile, y compris la garde des effets saisis et le paiement des sommes provenant des ventes en justice. Il était en outre responsable des prisons dans le district où il exerçait ses fonctions.

Aujourd'hui, son rôle est limité. En matière criminelle, il a pour tâche de dresser le tableau des jurés chaque fois qu'il y a lieu d'assigner un jury. En matière civile, c'est à lui que revient l'exécution forcée des jugements lorsqu'il y a vente d'immeuble; toutefois, la loi lui permet de désigner pour cette fin un huissier qui agira alors à sa place et qui devra répondre de ses actes devant lui.

sherpa [ʃɛʀpa] n. m. Porteur, guide de montagne, dans l'Himalaya. – Mot du Népal, nom d'une population pastorale transhumante.

sherry [ʃeʀi] n. m. Xérès. – Mot angl., transcription de *Jerez*, n. de la v. d'Espagne, dans la prov. de Cadix, où ce vin est produit.

shetland [ʃɛtlɑ̃d] n. m. Laine d'Écosse. *Pull en shetland.* – Du n. des îles *Shetland*, au nord de l'Écosse.

shilling [ʃiliŋ] n. m. Anc. unité monétaire anglaise valant un vingtième de la livre sterling, ou douze pence. *Le shilling a eu cours officiel au Canada jusqu'à l'établissement d'un système décimal.* Rem. Fréquemment écrit *chelin.* ▷ Unité monétaire de divers pays (Ouganda, Kenya, Somalie, Tanzanie). – Mot angl.

shimmy [ʃimi] n. m. Anc. Danse d'origine américaine, en vogue vers 1920, qui s'exécutait en sautillant et en secouant les épaules et les hanches. ▷ Air sur lequel on l'exécutait. *Des shimmies.* – Mot arg. amér., altér. du fr. *chemise.*

shintō [ʃinto] ou **shintoïsme** [ʃintɔism] n. m. Didac. Religion officielle du Japon jusqu'en 1945, fondée essentiellement sur le culte des ancêtres (ancêtres de la race, de la lignée impériale, de la famille) et sur la vénération des forces de la nature. – Mot jap., «voie des dieux».

shintoïste [ʃintɔist] adj. et n. Didac. Du shintō. *Culte shintoïste.* ▷ Subst. *Un(e) shintoïste.* – Du préc.

shōgun ou **shogoun** [ʃɔgun] n. m. HIST Nom donné aux chefs militaires qui, sous l'autorité nominale de l'empereur, détinrent au Japon le pouvoir effectif de 1192 à 1868. *Des shōgun* ou *des shogouns.* – Mot jap.

shōgunal ou **shogounal, ale, aux** [ʃɔgunal, o] adj. HIST Qui se rapporte à un shōgun, au shōgunat. *Les dynasties shogounales.* – Du préc.

shōgunat ou **shogounat** [ʃɔguna] n. m. HIST **1.** Pouvoir, dignité d'un shōgun; temps pendant lequel il exerçait ce pouvoir. **2.** Temps pendant lequel les shōgun ont exercé le pouvoir au Japon. – De *shōgun.*

shopping [ʃɔpiŋ] n. m. Anglicisme (France) *Faire du shopping:* courir les magasins, faire du lèche-vitrines avec intention d'achat. V. magasinage. – Mot angl.

short [ʃɔʀt] n. m. Culotte courte portée pour faire du sport, en vacances, etc. – Angl. *shorts*, de *short*, «court».

shortcake [ʃɔʀtkek] n. m. Gâteau à pâte blanche, garni de crème fouettée et de fruits frais. *Un shortcake aux fraises.* – Mot amér.

shortening [ʃɔʀtniŋ] n. m. Graisse alimentaire, souvent d'origine végétale. Rem. Surtout dans le vocabulaire publicitaire. – Mot amér.

show [ʃo] n. m. Anglicisme Spectacle de variétés. – Mot angl., «spectacle, exposition publique».

show-business [ʃobiznɛs] ou **showbiz** (fam.) [ʃobiz] n. m. Anglicisme Ensemble des métiers du spectacle; industrie du spectacle. (Équivalent préconisé: industrie du spectacle.) – De l'angl. *show*, «spectacle», et *business*, «affaires».

shrapnel(l) [ʃʀapnɛl] n. m. Obus portant une charge de balles, qu'il projette en explosant. – Mot angl., du n. de l'inventeur.

shunt [ʃœ̃t] n. m. **1.** ELECTR Résistance placée en dérivation entre les bornes d'une portion de circuit afin de réduire le courant qui traverse celle-ci. **2.** MED Communication pathologique entre deux cavités, deux vaisseaux dont l'un contient du sang veineux et l'autre du sang artériel. – Mot angl., de *to shunt*, «dériver».

shuntage [ʃœ̃taʒ] n. m. ELECTR Action de shunter un circuit; son résultat. – De *shunter.*

shunter [ʃœ̃te] v. tr. [1] ELECTR Munir d'un shunt. – De *shunt.*

Si CHIM Symbole du silicium.

SI Abrév. de *Système international* (d'unités).

1. si [si] conj. et n. m. inv. (*Si* s'élide en *s'* devant *il, ils.*) **I.** conj. (Introduisant une proposition subordonnée conditionnelle.) **1.** (Suivi de l'indicatif présent ou passé, avec une principale à l'indicatif, ou à l'impératif, pour indiquer le caractère réalisable de la condition.) *Si le prix des fraises baisse, j'en achèterai. Si tu veux la paix, prépare la guerre.* **2.** (Suivi de l'imparfait de l'indicatif, avec une principale au conditionnel, pour indiquer le caractère irréalisé dans le présent ou irréalisable dans l'avenir de la condition.) *Si j'étais en vacances, j'irais me baigner.* **3.** (Suivi du plus-que-parfait de l'indicatif ou du subjonctif, avec une principale au conditionnel, pour indiquer l'irréalité de la condition dans le passé.) *Si la nuit avait été plus claire, on l'aurait vu s'enfuir.* **4.** (Dans une phrase exclamative.) *Et s'il t'arrive un accident!* (sous-entendu: *que se passera-t-il?*). – Fam. Combien, comme. *Vous pensez s'ils étaient contents!* **II.** conj. (Introduisant une proposition non conditionnelle.) **1.** Chaque fois que. *Si le matin je reçois une lettre, je suis de bonne humeur pour la journée.* **2.** Bien que. *Si mes dépenses ne changent pas, mes ressources, elles, diminuent.* **3.** (En corrélation avec *c'est que.*) *S'il n'est pas chez lui, c'est qu'il est au cinéma.* **4.** (Introduisant une proposition complétive ou une interrogative indirecte.) *Excusez-moi si je vous dérange. Je verrai si ce que tu dis est vrai.* **III.** En loc. **1.** *Si tant est que* (+ subj.): en admettant que. *Il s'en repentira, si tant est qu'il soit le responsable.* **2.** loc. conj. *Si ce n'est que:* sauf que. *Il vous ressemble, si ce n'est qu'il est beaucoup plus grand.* **3.** *Si ce n'est:* excepté. *Il ne reste rien, si ce n'est quelques charpentes carbonisées.* **IV.** n. m. inv. Supposition. *Assez de si et de mais.* – Lat. *si.*

2. si [si] adv. **I.** adv. d'affirmation (en réponse à une phrase négative). *Il n'était pas là hier. – Si, je l'ai vu. Ça ne t'intéresse pas? – Si!* **II.** (Adv. d'intensité.) **1.** Tellement. *C'est si triste!* **2.** (Avec une proposition consécutive.) *Elle était si impatiente qu'elle ne tenait plus en place.* ▷ Loc. conj. *Si bien que:* de sorte que. *J'en avais assez, si bien que je suis partie.* **III.** (Adv. de comparaison.) Aussi. *Je n'avais jamais rien vu de si beau.* **IV.** loc. conj. *Si... que* (pour introduire une proposition concessive). *Si petit qu'il soit.* – Du lat. *sic*, «ainsi».

3. si [si] n. m. inv. Septième note de la gamme d'*ut*; signe qui la représente. – Des initiales de *Sancte Iohannes*, dans l'hymne à saint Jean Baptiste (XIe s.).

sial [sjal] n. m. GEOL Vieilli Écorce terrestre, riche en silicate d'aluminium. – De *si(licium)*, et *al(uminium).*

sialorrhée [sjalɔʀe] n. f. MED Exagération de la sécrétion salivaire. – Du gr. *sialon*, «salive», et *-rrhée.*

siamois, oise [sjamwa, waz] adj. et n. **1.** Vx Du Siam. **2.** *Chat siamois*, ou n. m., *un siamois:* chat svelte, aux yeux bleus et au pelage clair. **3.** *Frères siamois, sœurs siamoises:* jumeaux, jumelles qui naissent attachés l'un à l'autre par une partie du corps. – De *Siam*, anc. n. de la Thaïlande.

sibérien, enne [sibeʀjɛ̃, ɛn] adj. et n. De Sibérie. Fig. *Froid sibérien:* très grand froid. – De *Sibérie*, région septentrionale d'U.R.S.S.

sibilant, ante [sibilɑ̃, ɑ̃t] adj. MED *Râles sibilants:* râles bronchiques sifflants entendus à l'auscultation lors d'une crise d'asthme. – Lat. *sibilans, sibilantis,* ppr. de *sibilare,* «siffler».

sibylle [sibil] n. f. ANTIQ Femme qui passait pour avoir reçu d'une divinité le don de prédire l'avenir. *La sibylle de Cumes.* – Lat. d'orig. gr., *Sibylla,* une des dix femmes qui, dans la mythologie, avaient le don de prophétie.

sibyllin, ine [sibilɛ̃, in] adj. **1.** D'une sibylle. *Oracles sibyllins.* **2.** Obscur comme les prophéties des sibylles. *Il s'est exprimé en termes sibyllins.* ▷ ANTIQ ROM *Livres sibyllins:* recueil d'oracles attribués à la sibylle de Cumes. – Lat. *sibyllinus,* de *Sibylla* (V. préc.).

sic [sik] adv. Se met entre parenthèses à la suite d'un passage ou d'un mot pour indiquer qu'il a été cité textuellement, quelles que soient les erreurs ou les bizarreries qu'il contient. – Mot lat., «ainsi».

sicaire [sikɛʀ] n. m. Vx ou litt. Assassin à gages. – Lat. *sicarius,* de *sica,* «poignard».

sicav [sikav] n. f. inv. (France) FIN Société ayant pour objet de gérer collectivement un portefeuille de valeurs mobilières et dont le capital varie suivant les souscriptions et les retraits des actionnaires. (Rem.: Au Canada, société de fonds mutuels.) – Acronyme de *société d'investissement à capital variable.*

siccatif, ive [sikatif, iv] adj. TECH Se dit d'une substance qui facilite le séchage d'une peinture en accélérant l'oxydation à l'air de son médium*. ▷ N. m. *Un siccatif.* – Bas lat. *siccativus,* de *siccare,* «sécher».

siccité [siksite] n. f. Didac. État de ce qui est sec. – Lat. *siccitas,* de *siccus,* «sec».

sicilien, ienne [sisiljɛ̃, jɛn] adj. et n. **1.** adj. De Sicile. ▷ Subst. Habitant ou personne originaire de Sicile. **2.** n. f. Danse de caractère pastoral, sur une mesure à six-huit, en vogue au XVIIIe s.; air sur lequel elle se dansait. – Lat. médiév. *sicilianus,* de *Sicilia,* «Sicile», île ital. de la Méditerranée.

sicle [sikl] n. m. METROL ANC Unité de poids (6 grammes) et monnaie d'argent des Hébreux de l'Antiquité. V. shekel. – Lat. ecclés. *siclus,* du gr. *siklos,* de l'hébreu *cheqel.*

sida [sida] n. m. MED Syndrome constitué par une ou plusieurs maladies révélant un déficit immunitaire de l'organisme, qui est dû à un agent viral transmissible. – Acronyme de *Syndrome d'Immuno-Dépression Acquise* (ou d'*Immuno-Déficit Acquis,* ou *Immuno-Déficitaire Acquis).*

sidatique [sidatik], **sidaïque** [sidaik] ou **sidéen, sidéenne** [sideɛ̃, sideɛn] n. et adj. MED Atteint du sida. – De *sida.*

side-car [sajdkaʀ ou sidkaʀ] n. m. Petite nacelle munie d'une roue, qui se fixe sur le côté d'une motocyclette; ensemble formé par la motocyclette et la nacelle. *Des side-cars.* – Mot angl., de *side,* «côté», et *car,* «voiture».

1. sidér(o)-. Élément, du lat. *sidus, sideris,* «astre».

2. sidér(o)-. Élément, du gr. *sidêros,* «fer».

sidéral, ale, aux [sideʀal, o] adj. Didac. ou litt. Qui a rapport aux astres; des astres. ▷ ASTRO *Révolution sidérale d'une planète :* mouvement de cette planète entre ses deux passages consécutifs au point vernal, supposé fixe; durée de ce mouvement. ▷ *Année* sidérale.* ▷ *Jour* sidéral.* – Lat. *sideralis.*

sidérant, ante [sideʀɑ̃, ɑ̃t] adj. Fam. Stupéfiant. – Ppr. de *sidérer.*

sidération [sideʀasjɔ̃] n. f. MED Anéantissement subit des fonctions vitales, avec arrêt respiratoire et état de mort apparente, produit par certains chocs et attribué jadis aux influences astrales. – Lat. *sideratio,* «action funeste des astres».

sidérer [sideʀe] v. tr. [16] Fam. Stupéfier, étonner fortement. *Votre conduite me sidère.* – Du lat. *siderari,* «subir l'influence funeste des astres».

sidérite [sideʀit] n. f. MINER Carbonate naturel de fer ($FeCO_3$). – Lat. *sideritis,* du gr., «pierre de fer».

sidéro-. V. sidér(o)-.

sidérolithique ou **sidérolitique** [sideʀɔlitik] adj. GEOL Se dit de terrains tertiaires riches en minerai de fer. – De *sidéro-* 2, et *-lithique.*

sidérose [sideʀoz] n. f. **1.** MED Pneumoconiose due à l'inhalation prolongée de poussières de fer. **2.** MINER Syn. de *sidérite.* – De *sidér-* 2, et *-ose* 2.

sidérostat [sideʀɔsta] n. m. ASTRO Appareil à miroir qui annule le mouvement apparent d'un astre en renvoyant dans une direction déterminée et constante les rayons lumineux qui en émanent, et qui permet l'observation de cet astre avec un instrument à poste fixe. – De *sidéro-* 1, d'ap. *héliostat.*

sidéroxylon [sideʀɔksilɔ̃] n. m. BOT Arbre tropical (fam. sapotacées) au bois très dur, appelé *bois de fer.* – De *sidéro-* 2, et du gr. *xulon,* «bois».

sidérurgie [sideʀyʀʒi] n. f. Métallurgie du fer et de ses alliages (production de la fonte en haut fourneau, affinage et transformation de l'acier). – Du gr. *sidêrourgos,* «forgeron».

sidérurgique [sideʀyʀʒik] adj. Relatif à la sidérurgie. – Du préc.

sidérurgiste [sideʀyʀʒist] n. Métallurgiste spécialisé dans la sidérurgie. – De *sidérurgie.*

siècle [sjɛkl] n. m. **1.** Durée de cent ans. *Il a vécu plus d'un siècle.* **2.** Durée de cent ans comptée à partir d'un moment arbitrairement choisi. *Le troisième siècle après Jésus-Christ.* **3.** Période historique de plusieurs dizaines d'années marquée par tel événement, tel personnage. *Le siècle de Louis XIV. Le siècle des Lumières.* **4.** Très longue période. *Pendant des siècles, la civilisation a progressé très lentement.* ▷ Fam. *Il y a des siècles que je ne suis venu ici!* **5.** RELIG La vie dans le monde (séculière), par oppos. à la vie religieuse (régulière). *Vivre dans le siècle.* – Du lat. *sæculum,* «génération, race, époque, durée de cent ans».

siège [sjɛʒ] n. m. **I. 1.** Meuble fait pour s'asseoir. *Offrir un siège. Prenez un siège:* asseyez-vous. – Partie de ce meuble sur laquelle on s'assied. **2.** Place occupée dans une assemblée d'élus. – Fonction de celui qui occupe cette place. *Être candidat à un siège vacant. Notre parti a gagné trois sièges aux dernières élections.* **II.** Derrière de l'homme. *Bain de siège.* ▷ OBSTETR *Présentation du fœtus par le siège,* par les fesses, lors d'un accouchement. **III. 1.** Lieu où réside une autorité. *Siège d'un tribunal. Siège d'un parti. Siège social d'une société,* son domicile légal. ▷ RELIG. Dignité de pontife, d'évêque. *Siège pontifical. Siège épiscopal. Le Saint-Siège:* la cour de Rome, la papauté, et, par ext., l'administration du siège pontifical. **2.** Fig. Endroit d'où part, où se fait sentir (un phénomène). *Le siège d'une douleur.* **IV.** Opération militaire qui consiste à installer des troupes autour d'une place forte pour la prendre. *Faire le siège d'une ville. Lever le siège.* ▷ *État de siège:* régime exceptionnel sous lequel la responsabilité du maintien de l'ordre passe à l'autorité militaire. – Du lat. pop. **sedicum,* de **sedicare,* de *sedere,* «être assis».

siéger [sjeʒe] v. intr. [17] **1.** (Assemblées.) Tenir séance. *Le Parlement siège jusqu'au 14.* **2.** (Personnes.) Avoir un siège (dans une assemblée). *Beaucoup de femmes siègent à l'Assemblée nationale.* **3.** *Siéger à, dans :* avoir pour lieu de réunion, de séance. *Le gouvernement fédéral siège à Ottawa.* **4.** Se produire, se situer, se localiser. *La douleur siège à cet endroit.* – De *siège.*

siemens [simɛns] n. m. PHYS Unité de conductance électrique du système SI, inverse de l'ohm (symbole S). – Du n. de l'ingénieur all. W. von *Siemens* (1816-1892).

sien, sienne [sjɛ̃, sjɛn] adj. et pron. poss. de la troisième personne. **1.** adj. Litt. Qui est à lui, à elle. *Un sien cousin. Il faisait siennes les opinions de son père.* **2.** pron. Celui, celle qui lui appartient. *Tu vois cette maison blanche? C'est la sienne.* **3.** n. *Y mettre du sien:* faire des efforts. ▷ Fam. *Il a encore fait des siennes,* des erreurs, des sottises. ▷ Plur. *Les siens:* les membres de sa famille, ses amis. – De l'accusatif lat. *suum;* a. fr. *suon.*

sierra [sjɛʀ(ʀ)a] n. f. Chaîne de montagnes, dans les pays de langue espagnole. – Mot esp., d'un mot prélatin, avec infl. du lat. *serra,* «scie».

sieste [sjɛst] n. f. Repos que l'on prend après le repas de midi. – Esp. *siesta,* du lat. *sexta (hora),* «sixième (heure), midi».

sieur [sjœʀ] n. m. Vx ou DR Monsieur. *Le sieur X contre la dame Y.* ▷ Mod., péjor. ou plaisant *Le sieur Untel n'a pas daigné s'excuser.* – Anc. cas régime de *sire.*

sievert [sivɛʀ] n. m. Unité SI équivalant à 100 rems. – Du n. de R. *Sievert* (1896-1966), physicien suédois.

sifflant, ante [siflɑ̃, ɑ̃t] adj. (et n. f.) Qui produit un sifflement ou qui est accompagné d'un sifflement. – PHON Se dit des consonnes fricatives caractérisées par un sifflement ([s, z]). *Une consonne sifflante,* ou, n. f., *une sifflante.* – Ppr. de *siffler.*

sifflement [sifləmɑ̃] n. m. **1.** Son produit par qqn ou par qqch qui siffle. **2.** Son aigu analogue à un sifflement (sens 1). *Le sifflement d'une balle.* – De *siffler.*

siffler [sifle] v. [1] **I.** v. intr. Produire un son aigu, en chassant l'air par une ouverture étroite (dents, lèvres, ou à l'aide d'un sifflet, d'un appeau, etc.). ▷ Par anal. *Le vent siffle.* **II.** v. tr. **1.** Moduler (un air) en sifflant. *Siffler une rengaine.* **2.** *Siffler qqn, un animal,* l'appeler en sifflant. ▷ Conspuer, huer (qqn) par des coups de sifflet, par des sifflets. *Siffler un acteur.* **3.** Indiquer par un coup de sifflet. *L'arbitre a sifflé la fin du match.* **4.** Fam. Avaler d'un trait. *Siffler un verre.* – Bas lat. *sifilare,* class. *sibilare.*

sifflet [siflɛ] n. m. **1.** Petit instrument de bois, de métal, de matière plastique, etc., formé d'un étroit canal terminé par une embouchure taillée en biseau, avec lequel on siffle. *Sifflet d'arbitre.* – *Le sifflet d'une locomotive.* – *Coup de sifflet:* son bref produit avec un sifflet. **2.** Par anal. *Taillé en sifflet,* en biseau. **3.** Marque de désapprobation faite en sifflant. *Acteur accueilli par des sifflets.* **4.** Pop. Gosier. – Fam. *Couper le sifflet à qqn,* l'interloquer, le mettre hors d'état de répondre. – De *siffler.*

siffleur, euse [sifl œʀ, øz] adj. et n. **1.** adj. Qui siffle. *Les oiseaux siffleurs.* **2.** n. Personne qui siffle (un spectacle, etc.). – De *siffler.*

siffleux [siflø] n. m. Nom cour. de la marmotte. «Un siffleux traversa la route et s'engouffra dans les hautes herbes poussiéreuses du fossé, qui longtemps tressaillirent.» (Robert Choquette, *La pension Leblanc,* 1927.) – De *siffler.*

sifflotement [siflɔtmɑ̃] n. m. Action de siffloter; le son qui en résulte. – De *siffloter.*

siffloter [siflɔte] v. intr. [1] Siffler doucement ou distraitement. ▷ v. tr. *Siffloter un air.* – De *siffler.*

sifilet [sifilɛ] n. m. Paradisier (genre *Parotia*) de Nouvelle-Guinée, dont le mâle porte sur la tête six longues plumes fines, élargies à leur extrémité. – De *six,* et *filet.*

sigillaire [siʒil(l)ɛʀ] adj. et n. f. **1.** adj. Relatif aux sceaux, à l'étude des sceaux. ▷ Muni, marqué, d'un sceau. **2.** n. f. PALEONT Arbre fossile du Carbonifère (genre *Sigillaria,* ordre des lycopodiales), dont le tronc porte des marques régulières (insertions foliaires) rappelant la forme des sceaux. – Lat. bot. *sigillaria,* du class. *sigillum,* «cachet, sceau».

sigillé, ée [siʒil(l)e] adj. Didac. Marqué d'un sceau. – *Vases sigillés,* décorés de marques et de poinçons. – Du lat, *sigillatus,* «orné de figurines, ciselé».

sigillographie [siʒil(l)ɔgʀafi] n. f. Didac. Science de la description et de l'interprétation des sceaux. – Du lat. *sigillum,* «cachet, sceau», et *-graphie.*

sigillographique [siʒilɔgʀafik] adj. Didac. Relatif à la sigillographie. *Études sigillographiques.* – Du préc.

sigisbée [siʒisbe] n. m. Vx ou plaisant Chevalier servant. – Ital. *cicisbeo,* d'orig. obscure.

siglaison [siglɛzɔ̃] n. f. Didac. Formation d'un sigle. – De *sigle.*

sigle [sigl] n. m. Ensemble de lettres initiales servant d'abréviation (par ex. *O.N.U.,* pour *Organisation des Nations Unies*). – Lat. jur. *sigla,* «signes abréviatifs».

sigma [sigma] n. m. **1.** Dix-huitième lettre de l'alphabet grec (σ, ζ, Σ), correspondant à notre *s.* **2.** PHYS NUCL *Particules sigma:* famille de particules comprenant deux baryons chargés et un baryon neutre. **3.** CHIM *Liaison sigma:* liaison forte (V. encycl. liaison) dans laquelle le recouvrement des orbitales atomiques est axial. – Mot grec.

sigmoïde [sigmɔid] adj. ANAT Qui a la forme d'un sigma majuscule (Σ). *Côlon sigmoïde* ou, n. m., *le sigmoïde:* portion ilio-pelvienne du côlon, en amont du rectum. – Gr. *sigmoeidês.*

signal, aux [siɲal, o] n. m. **1.** Signe convenu utilisé pour servir d'avertissement, pour provoquer un certain comportement. *Au signal, tout le monde se leva.* – *Donner le signal de,* déclencher. *Sa sortie donna le signal du départ.* ▷ *Par ext.* Fait qui annonce une chose ou la détermine, qui marque le début d'un processus. *La prise de la Bastille fut le signal de la Révolution française.* **2.** PSYCHO Signe qui sert d'avertissement et déclenche une conduite. *Le chien qui accourt quand il entend le bruit des pas de son maître réagit à un signal.* **3.** Signe conventionnel qui sert à transmettre une information. *Signal optique, sonore. Pavillons de signaux d'un navire. Apprendre les signaux du code de la route.* ▷ TECH Forme physique d'une information véhiculée dans un système; cette information. *Signaux perturbés par le bruit. Théorie du signal en cybernétique.* – Réfection, d'ap. *signe,* de l'a. fr. *seignal,* du lat. pop. *signale,* neutre subst. de *signalis.*

signalé, ée [siɲale] adj. Litt. (Dans certaines expressions seulement; toujours avant le nom.) Remarquable. *Un signalé service.* – Francisation de l'ital. *segnalato,* pp. de *segnalare,* «rendre illustre».

signalement [siɲalmɑ̃] n. m. Description des caractères physiques d'une personne, établie pour la faire reconnaître. *Donner le signalement d'un malfaiteur.* – De *signaler.*

signaler [siɲale] v. [1] **I.** v. tr. **1.** Annoncer par un signal, par des signaux. *Sonnerie qui signale l'arrivée du train.* **2.** Appeler l'attention sur, faire remarquer. *On m'a signalé cette particularité. La critique signala le jeune romancier à l'attention du public.* **3.** Mentionner, désigner. *Les références de cette citation sont signalées en bas de page.* **II.** v. pron. Se faire remarquer (en bien ou en mal) par sa conduite, ses actions. *Se signaler par son courage.* – De *signal.*

signalétique [siɲaletik] adj. Qui donne un signalement. – De *signaler.*

signalisation [siɲalizasjõ] n. f. **1.** Action d'utiliser un, des signaux. **2.** Ensemble des signaux par lesquels la circulation est réglée sur les routes, les voies ferrées, aux abords des ports, etc.; leur disposition. *Signalisation ferroviaire, routière.* – De *signaliser.*

signaliser [siɲalize] v. tr. [1] Pourvoir (une voie de communication) d'une signalisation. – De *signal,* d'après l'angl. *to signalize.*

signataire [siɲatɛʀ] n. Personne qui a signé. *Les signataires d'une pétition.* – De *signer,* d'ap. *signature.*

signature [siɲatyʀ] n. f. **1.** Nom d'une personne, écrit de sa main sous une forme qui lui est particulière et constante, servant à affirmer la sincérité d'un écrit, l'authenticité d'un acte, etc., à en assumer la responsabilité. *Apposer sa signature en bas de page.* **2.** Action de signer. *La signature d'un traité. La signature du courrier.* **3.** IMPRIM Lettre ou numéro apposé sur chacune des feuilles d'un ouvrage, facilitant leur groupement en vue du brochage. – De *signer.*

signe [siɲ] n. m. **1.** Chose qui est l'indice d'une autre, qui la rappelle ou qui l'annonce. *La fièvre est souvent le signe d'une infection. C'est bon signe, c'est mauvais signe :* c'est de bon, de mauvais augure. – *Ne pas donner signe de vie:* sembler mort; *par ext.,* ne donner aucune nouvelle. ▷ *Signes extérieurs de richesse de qqn,* ses biens visibles tels que propriétés, automobiles, yachts, etc. **2.** Ce qui permet de reconnaître une chose ou une personne, de la distinguer d'une autre. *Signes caractéristiques, particuliers.* **3.** Geste, démonstration qui permet de faire connaître qqch à qqn. *Signes de dénégation. Faire de grands signes avec les bras.* – Par ext. *Faire signe à qqn,* prendre contact avec lui. **4.** Fait matériel perçu qui peut être pris pour tenir lieu d'un autre, non perçu. *Signes verbaux et non verbaux.* ▷ *Spécial.* Ce qui est utilisé conventionnellement pour représenter, noter, indiquer. *Signes de ponctuation* (virgule, point, tiret, etc.). ▷ MATH Symbole servant à indiquer: une égalité (=); une addition (+); une soustraction ou un nombre négatif (–); une multiplication (×); une division (÷); une inégalité (< ou >); etc. **5.** LING Entité linguistique formée par l'association d'un concept appelé signifié*, et d'une image appelée signifiant*. *La langue est un système de signes.* **6.** ASTROL *Les signes du zodiaque:* les douze divisions du zodiaque. *Être né sous le signe du Capricorne.* ▷ Fig. *Sous le signe de:* sous les auspices, avec la marque de. *Une réunion placée sous le signe de la bonne humeur.* – Lat. *signum.*

signer [siɲe] v. [1] **I.** v. tr. **1.** Revêtir de sa signature. *Signer une lettre, un contrat.* ▷ Sans comp. *Veuillez signer ici.* **2.** TECH Marquer (une pièce d'orfèvrerie) au poinçon, pour indiquer le titre légal. **3.** Attester, reconnaître la paternité de (une œuvre) en y apposant sa signature, son nom. *Signer un tableau. Signer un roman.* – Fig. *Signer une action.* **II.** v. pron. *Se signer:* faire le signe de la croix. – Lat. *signare,* d'ap. *signe.*

signet [siɲɛ] n. m. Petit ruban fixé au dos d'un livre et passant sous la tranchefile de tête, qui sert à marquer l'endroit où l'on a interrompu sa lecture. – Dimin. de *signe.*

signifiant, iante [siɲifjɑ̃, jɑ̃t] adj. et n. m. **1.** adj. Qui est chargé de sens. *Unité, système signifiant.* **2.** n. m. LING Terme constituant du signe avec le signifié; partie du signe qui en est la manifestation matérielle (sous la forme d'une suite de sons, image acoustique; de lettres; de caractères), forme qui constitue le support d'un sens. – Ppr. de *signifier.*

significatif, ive [siɲifikatif, iv] adj. **1.** Qui exprime nettement, précisément; révélateur. *Il a fait un choix très significatif de son caractère.* **2.** MATH *Chiffres significatifs,* qui ont une valeur absolue, indépendante de leur position dans le nombre (à la différence du zéro). – Bas lat. *significativus.*

signification [siɲifikasjõ] n. f. **1.** Ce que signifie une chose. *Je ne saisis pas la signification de son geste.* Ce que signifie un signe, un mot. *Chercher la signification d'un mot dans le dictionnaire. La signification d'un symbole.* **2.** LING Relation nécessaire qu'entretiennent le signifiant et le signifié. ▷ GRAM *Degrés de signification des adjectifs et des adverbes:* le positif, le comparatif et le superlatif. **3.** DR Formalité par laquelle une partie à un procès civil porte à la connaissance d'une autre, par huissier ou par courrier, un acte de procédure ou un jugement. – Lat. *significatio.*

signifié [siɲifje] n. m. LING Contenu du signe, manifesté concrètement par le signifiant. – Pp. subst. de *signifier.*

signifier [siɲifje] v. tr. [1] **1.** Être le signe de (qqch). *L'expression de son visage signifiait sa déception.* **2.** *Par ext.* Équivaloir à, devoir être considéré comme étant. *La liberté ne signifie pas l'anarchie.* **3.** (Mots, signes.) Avoir pour sens, vouloir dire. *Le mot latin «puer» signifie «garçon» en français.* **4.** Notifier (qqch à qqn) de manière expresse ou par voie de droit. *Signifier son congé à qqn. – Signifier son inculpation à qqn.* – Lat. *significare.*

sikh [sik] n. (et adj.) Adepte d'une secte religieuse indienne fondée par Nānak Dev (Talvandī, Lahore, 1469 – Kartarpur, 1539) et florissante surtout au Pendjab, où se trouve Amritsar, sa cité sainte. – Du sanskrit *çishya,* «disciple».

ENCYCL La doctrine des sikhs s'inspire à la fois du brahmanisme et de l'islam; leur liturgie et leur credo sont contenus dans le *Granth.* Ils ont formé, dès la fin du XVIIe s., une sorte de théocratie militaire. Remarquables soldats, ils s'illustrèrent dans des guerres contre l'islam (de 1738 à 1780) et des campagnes contre les Anglais (de 1845 à 1849). Auj., ils sont plus de 20 millions, dont 17 en Inde: leurs signes distinctifs sont le port du turban, de la barbe et de la chevelure entières, d'un bracelet d'acier et d'un couteau. Les aspirations à l'indépendance des Sikhs les plus radicaux entraînent des affrontements avec les autorités de l'Union indienne. Le massacre, en 1984, par l'armée indienne, d'une secte extrémiste sikh retranchée dans le temple sacré d'Amritsar, provoqua l'attentat meurtrier qui mit fin à la vie d'Indira Gandhi (1917-1984), premier ministre de l'Inde.

sil [sil] n. m. ANTIQ Terre ocreuse dont les Anciens faisaient des poteries rouges ou jaunes. – Mot latin.

silence [silɑ̃s] n. m. **1.** Fait de se taire, de s'abstenir de parler. *Garder le silence. Silence!* **2.** Le fait de ne pas parler d'une chose, de ne rien dire, de ne rien divulguer. *Passer qqch sous silence,* ne pas en parler. *Conspiration du silence.* **3.** Absence de bruit. *Le silence de la nuit.* **4.** MUS Interruption du son d'une durée déterminée; signe qui indique, dans la notation musicale, cette interruption et sa durée (pause, demi-pause, soupir, demi-soupir, etc.). – Lat. *silentium.*

silencieusement [silɑ̃sjøzmɑ̃] adv. D'une manière silencieuse. – De *silencieux.*

silencieux, ieuse [silɑ̃sjø, jøz] adj. et n. m. **I.** adj. **1.** Où l'on n'entend aucun bruit. *Un endroit très silencieux.* **2.** Qui a lieu, qui se fait sans bruit; qui fonctionne sans bruit. *Moteur silencieux.* **3.** Qui garde le silence, qui s'abstient de parler. *Rester silencieux.* ▷ Qui ne parle guère, qui est peu communicatif. *Un garçon calme et silencieux.* Syn. (litt.) taciturne. **II.** n. m. TECH Dispositif adapté à l'échappement d'un moteur à explosion, pour le rendre moins bruyant. ▷ Dispositif que l'on adapte au canon d'une arme à feu pour étouffer le bruit de la détonation. – Lat. *silentiosus.*

silène [silɛn] n. m. BOT Plante herbacée (fam. caryophyllacées) dont une espèce, le *silène à bouquet (Silena armeria)*, est cultivée pour ses fleurs pourpres ou roses. – De *Silène*, n. d'un demi-dieu mythol. qu'on représentait avec un ventre gonflé, comme le calice de cette fleur.

silex [silɛks] n. m. Roche siliceuse très dure constituée de calcédoine presque pure, qui se casse en formant des arêtes tranchantes et qui, frappée contre une roche riche en fer ou contre un morceau d'acier, produit des étincelles. *Le silex forme des rognons disposés en lit, dans certaines roches calcaires.* – Mot lat.

silhouette [silwɛt] n. f. **1.** Dessin représentant un profil tracé d'après l'ombre que projette un objet, un visage. ▷ *Par ext.* Toute forme sombre se profilant sur un fond clair. *La silhouette des montagnes à l'horizon.* **2.** Aspect général que la corpulence et le maintien donnent au corps. *Une silhouette élégante.* – De É. de *Silhouette* (1709-1767), homme polit. fr., ministre des Finances, dont les mesures fiscales impopulaires furent brocardées par le port d'habits étriqués, dits *à la silhouette*.

silhouetter [silwete] v. tr. **[1]** Dessiner la silhouette de. ▷ v. pron. *Se silhouetter :* se profiler. – De *silhouette*.

silicate [silikat] n. m. MINER, CHIM Minéral formé par l'anion SiO_4^{4-} (dit *anion silicate*) et par un cation généralement métallique. *Les silicates sont les minéraux les plus nombreux sur la Terre (micas, feldspaths, argiles, grenats, amphiboles, péridots, quartz, etc.).* – De *silice*.

silice [silis] n. f. MINER, CHIM Dioxyde de silicium (SiO_2), corps solide très abondant dans la nature. – Du lat. *silex, silicis*.

ENCYCL La silice fond à 1 710 °C et bout vers 2 600 °C. Ses utilisations sont nombreuses: le *verre de silice*, obtenu par chauffage et refroidissement de la silice gélatineuse (silice hydratée), transparent aux ultraviolets, est utilisé en optique; en outre, les *gels de silice* jouent un rôle dans l'industr. chim. à cause de leurs propriétés absorbantes. Sous sa forme impure de sables, la silice entre dans la composition des verres à vitre.

siliceux, euse [silisø, øz] adj. MINER, CHIM Qui est formé de silice ou qui en contient. *Roche siliceuse.* – De *silice*.

silicico- ou **silico-.** CHIM Éléments, du rad. de *silice*, servant à marquer la présence de silicium dans un composé (ex.: silico-aluminate).

silicicole [silisikɔl] adj. BOT Se dit des plantes qui poussent particulièrement bien sur les terrains siliceux (châtaignier, bruyère, prêle, etc.). – De *silice*, et *-cole*.

silicique [silisik] adj. CHIM Vieilli Se dit de l'anhydride SiO_2 (silice) et de certains de ses dérivés. – De *silice*.

silicium [silisjɔm] n. m. CHIM Élément de numéro atomique Z = 14, de masse atomique 28,086 (symbole Si). – De *silice*.

ENCYCL **Chim.** – Le silicium est, après l'oxygène, l'élément le plus répandu de la lithosphère; il se trouve surtout dans la silice et les silicates. Il fond vers 1 420 °C et bout vers 2 350 °C. Le silicium brûle dans l'oxygène pour donner la silice par une réaction fortement exothermique. Il résiste aux acides, sauf à l'acide fluorhydrique, et est attaqué par les bases pour donner les silicates. Le silicium est un semiconducteur. On l'utilise également comme désoxygénant dans la préparation de l'acier.

siliciure [silisjyʀ] n. m. CHIM Combinaison de silicium avec un métal. – Du préc.

silico. V. silicico.

silicone [silikon] n. f. CHIM Matière plastique dont les molécules contiennent des atomes de silicium et d'oxygène. *Utilisation industrielle des silicones* (comme hydrofuges, isolants électriques, composants de peintures et de vernis, etc.). – De *silicium*.

silicose [silikoz] n. f. MED Maladie professionnelle due à l'inhalation prolongée de poussières de silice, qui détermine des lésions pulmonaires irréversibles. – De *silice*, et *-ose* 2.

silicotique [silikɔtik] adj. et n. MED Relatif à la silicose; atteint de silicose. *Un mineur silicotique.* ▷ Subst. *Un(e) silicotique.* – Du préc.

silicule [silikyl] n. f. BOT Silique courte. – Lat. *silicula*.

silique [silik] n. f. BOT Fruit sec, spécifique des crucifères, qui, à maturité, s'ouvre par quatre fentes de déhiscence. – Lat. *siliqua*.

sillage [sijaʒ] n. m. Trace qu'un navire en marche laisse derrière lui à la surface de l'eau. – Loc. fig. *Marcher dans le sillage de qqn*, suivre sa trace, son exemple. – Du rad. de *sillon*.

sillet [sijɛ] n. m. MUS Petit morceau de bois ou d'ivoire fixé sur le haut du manche de certains instruments, et qui maintient les cordes éloignées de la touche. – De l'ital. *ciglietto*, dimin. de *ciglio*, lat. *cilium*, «cil».

sillon [sijõ] n. m. **1.** Longue tranchée que le soc de la charrue fait dans la terre qu'on laboure. ▷ Litt. (Au plur.) Les campagnes, les champs cultivés. *«Qu'un sang impur abreuve nos sillons»* (la Marseillaise). **2.** Rainure. – ANAT Rainure que présente la surface de certains organes. *Sillon labial.* ▷ TECH Rainure en forme de spirale, gravée à la surface d'un disque, et dont les irrégularités sont constituées par les informations enregistrées. – Probabl. d'un rad. gaul. **selj*, a. fr. *silier*, «rejeter de la terre», lat. pop. *seliare*.

sillonner [sijɔne] v. tr. **[1] 1.** Rare Creuser, labourer en faisant des sillons. – Au pp. (plus cour.) *Champs régulièrement sillonnés.* **2.** (Surtout au pp.) Marquer d'un (de plusieurs) sillon(s). *Visage sillonné de rides.* **3.** *Par ext.* Traverser en tous sens. *Un réseau d'autoroutes sillonne le pays.* ▷ Parcourir en tous sens. *Des patrouilles de police sillonnent la région.* – De *sillon*.

silo [silo] n. m. **1.** Réservoir servant à conserver des produits agricoles. **2.** MILIT Construction souterraine servant au stockage et au lancement des missiles stratégiques. – Lat. d'orig. gr. *sirus*; esp. *silo*, et anc. provençal *sil*.

silotage [silɔtaʒ] n. m. TECH Ensilage. – De *silo*.

silphe [silf] n. m. ZOOL Insecte coléoptère des régions froides et tempérées, proche du nécrophore et dont certaines espèces phytophages sont nuisibles. – Gr. *silphê*.

silure [silyʀ] n. m. ZOOL Grand poisson de mer et d'eau douce (genre *Silurus*), à peau nue, dont la tête porte de longs barbillons. *Le poisson-chat est un silure.* – Lat. d'orig. gr. *silurus*.

silurien, ienne [silyʀjɛ̃, jɛn] adj. et n. m. GEOL *Période silurienne*, ou, n. m., *le Silurien:* seconde période de l'ère primaire (après le Cambrien), caractérisée par l'apogée des trilobites et l'apparition des premiers vertébrés (poissons cuirassés). ▷ De cette période; qui a rapport à cette période. *La faune silurienne.* – Sur l'angl. *Silurian*, du lat. *Silures*, n. d'une anc. peuplade d'Angleterre, où ce terrain fut découvert (rég. du Shropshire).

silvaner [silvanɛʀ] n. m. VITIC Cépage blanc cultivé dans l'Est de la France, en Allemagne, en Suisse et en Autriche. – Vin préparé à partir de ce cépage. – Mot all.

silves [silv] n. f. pl. LITTER Recueil de petits poèmes légers, en latin, sur des sujets divers. – Du lat. *silvæ*, propr. «forêts», titre de recueils, notam. les *Silves* de Stace.

sima [sima] n. m. GEOL Vieilli Zone située sous le sial*, caractérisée par la présence de silicium et de magnésium. – De *si(lice)*, et *ma(gnésium)*.

simagrée [simagʀe] n. f. (Surtout au plur.) Manières affectées, minauderies. Syn. chichis, manières. – Orig. incert.

simarre [simaʀ] n. f. Anc. Robe ample, d'homme ou de femme, portée aux XVe et XVIe s. – Soutane d'intérieur. – Ital. *zimarra*.

simaruba [simaʀyba] n. m. BOT Arbre de l'Amérique tropicale, dont l'écorce a des propriétés médicinales. – Mot guyanais.

simarubacées [simaʀybase] n. f. pl. BOT Famille de plantes dicotylédones dialypétales arborescentes, comprenant notam. le simaruba, le quassia et l'ailante. Sing. *Une simarubacée*. – Du préc.

simien, enne [simjɛ̃, ɛn] adj. et n. m. pl. Qui concerne le singe, qui appartient au singe. ▷ ZOOL N. m. pl. *Les simiens:* sous-ordre de mammifères primates comprenant les singes. – Sing. *Un simien*. – Du lat. *simius*, «singe».

simiesque [simjɛsk] adj. Qui rappelle le singe. *Une grimace, une agilité simiesque*. – Du lat. *simius*, «singe».

simil(i)-. Élément, du lat. *similis*, «semblable», exprimant l'idée d'imitation.

similaire [similɛʀ] adj. À peu près de même nature; analogue. – Du latin *similis*, «semblable».

simili [simili] n. **1.** n. m. Imitation (d'une matière). *Ce n'est pas de l'argent, c'est du simili.* **2.** n. f. Abrév. de *similigravure*. – De *simili-*.

similigravure [similigʀavyʀ] n. f. TECH Procédé de photogravure qui permet de reproduire une image à modelé continu en la transformant en un réseau d'éléments géométriques (points ou lignes) très fins, au moyen de trames intercalées dans l'appareil photographique entre l'objectif et la surface sensible. – Cliché ainsi obtenu. Abrév. *La simili* (procédé); *une simili* (cliché). – De *simili-*, et *gravure*.

similitude [similityd] n. f. **1.** Rapport qui unit des choses semblables; analogie. **2.** GEOM Caractère de deux figures semblables. *Similitude de deux triangles*. – Lat. *similitudo*.

simoniaque [simɔnjak] adj. et n. Didac. Coupable de simonie; entaché de simonie. – Lat. ecclés. *simoniacus*.

simonie [simɔni] n. f. RELIG Convention illicite par laquelle on donne ou reçoit une rétribution pécuniaire ou une récompense temporelle en échange de valeurs spirituelles ou saintes (sacrements, dignités ecclésiastiques, etc.). – Lat. ecclés. *simonia*, de *Simon le Magicien*, qui voulut acheter les apôtres Pierre et Paul.

simoun [simun] n. m. Vent violent, brûlant et sec, qui souffle sur les régions désertiques du Moyen-Orient et du Sahara. – Ar. *samūn*.

simple [sɛ̃pl] adj. et n. **A.** (Choses.) **I. 1.** PHILO Qui n'est pas composé et qui ne peut donc pas être analysé. **2.** Qui n'est pas composé de parties et qui est donc indivisible. ▷ CHIM *Corps simple*, dont la molécule est composée d'atomes identiques. **3.** Qui n'est pas composé d'éléments divers. *Temps simple d'un verbe*, qui se conjugue sans auxiliaire (par oppos. à *composé*). *Passé simple*. ▷ Qui n'est pas double ou multiple. *Nœud simple*. – BOT *Fleur simple*, dont la corolle n'a qu'un seul rang de pétales. ▷ N. m., dans la loc. *du simple au double*. ▷ SPORT *Match simple* (ou n. m. *un simple*): partie de tennis qui n'oppose que deux adversaires (par oppos. à *double*). **4.** (Avant le nom.) Qui est seulement cela, sans rien de plus. *Une simple lettre vous suffira pour l'obtenir.* **II.** Qui comporte un nombre restreint d'éléments. *Une opération simple.* **III.** Qui n'est pas compliqué. **1.** Qui est facile à comprendre, à employer, à exécuter. *C'est un appareil très simple*. – Fam. *Simple comme bonjour:* extrêmement simple. **2.** Qui est dénué d'ornements, de fioritures, qui est sans luxe. *Une maison toute simple.* **B.** (Personnes.) **1.** Qui agit sans vanité, sans affectation, sans ostentation. *Il est resté très simple.* **2.** Litt. Qui est d'une droiture et d'une honnêteté naturelles, candides. ▷ Qui est naïf, crédule, qui se laisse facilement abuser. – *Simple d'esprit*, dont l'intelligence est débile. ▷ Subst. *Un(e) simple d'esprit.* **IV.** n. m. *Les simples:* les plantes médicinales. *Soigner par les simples.* – Lat. *simplex, simplicis*.

simplement [sɛ̃pləmɑ̃] adv. **1.** D'une manière simple, sans ostentation, sans affectation. **2.** Seulement. *C'est simplement un problème d'argent.* – De *simple*.

simplet, ette [sɛ̃plɛ, ɛt] adj. Fam. Qui est d'une simplicité niaise. – Dimin. de *simple*.

simplexe [sɛ̃plɛks] n. m. MATH Ensemble formé par les parties d'un ensemble. – *Méthode du simplexe*, utilisée en recherche opérationnelle. – De *simple*.

simplicité [sɛ̃plisite] n. f. **1.** Caractère d'une chose simple, facile à comprendre, à exécuter. ▷ Caractère d'une chose dépourvue d'éléments superflus. *La simplicité de sa tenue.* **2.** Qualité d'une personne simple, sans affectation. – Lat. *simplicitas*.

simplifiable [sɛ̃plifjabl] adj. Qui peut être simplifié. – De *simplifier*.

simplificateur, trice [sɛ̃plifikatœʀ, tʀis] adj. Qui simplifie. *Méthode simplificatrice*. – De *simplifier*.

simplification [sɛ̃plifikasjɔ̃] n. f. Action de simplifier; son résultat. – De *simplifier*.

simplifier [sɛ̃plifje] v. tr. [1] Rendre plus simple; faciliter. *Appareil qui simplifie les tâches ménagères.* ▷ MATH *Simplifier une fraction:* diviser ses deux termes par le même nombre entier. ▷ v. pron. *Avec le temps, nos rapports se sont simplifiés.* – Lat. médiév. *simplificare*.

simplisme [sɛ̃plism] n. m. Caractère d'une personne, d'un raisonnement, d'un argument simplistes. – De *simpliste*.

simpliste [sɛ̃plist] adj. et n. Qui simplifie à l'excès les choses, qui ne voit pas ou ne représente pas le réel dans sa complexité. *Pensées simplistes.* – De *simple*.

simulacre [simylakʀ] n. m. **1.** Vx Idole, image. **2.** Apparence qui se donne pour une réalité. – *Spécial.* Illusion, apparence dérisoire. *Un simulacre de bonheur. Un simulacre de justice.* **3.** Objet qui imite un autre objet. **4.** Action simulée. *Un simulacre de combat.* – Lat. *simulacrum*.

simulateur, trice [simylatœʀ, tʀis] n. **1.** Personne qui simule. ▷ *Spécial.* Personne qui simule la maladie ou la folie. **2.** n. m. TECH Appareil, installation qui permet de reproduire très exactement les conditions de fonctionnement d'un système (dispositif, machine, etc.) et qui peut servir à l'instruction du personnel débutant ou à certaines études de fonctionnement. *Simulateur de vol, de tir*, etc. – Lat. *simulator*.

simulation [simylasjɔ̃] n. f. **1.** Action de simuler. *Simulation d'une maladie.* **2.** TECH Reproduction expérimentale des conditions réelles dans lesquelles devra se produire une opération complexe. **3.** PHYS Établissement d'un modèle mathématique destiné à l'étude d'un système. – Lat. *simulatio*.

ENCYCL **Tech.** – Lors de la préparation des vols spatiaux, une simulation des conditions existant dans l'espace (radiations, apesanteur, etc.) est absolument indispensable, pour des raisons économiques et pour des raisons de sécurité. L'ordinateur a largement étendu le domaine de la simulation: les relations à étudier (croissance économique, circulation urbaine, etc.) sont représentées par un modèle mathématique dont on fait varier les divers paramètres.

simuler [simyle] v. tr. [1] **1.** Feindre, faire paraître comme réelle (une chose qui ne l'est pas). *Simuler la folie.* **2.** TECH Procéder à la simulation de. *Simuler un vol spatial.* – Lat. *simulare.*

simulie [simyli] n. f. ENTOM Insecte diptère (genre *Melusina*), moustique dont la femelle seule est piqueuse et peut infliger des piqûres parfois mortelles pour le bétail. *Certaines simulies sont les vecteurs de l'onchocercose.* – Lat. zool. *simulia*, p.-ê. du rad. de *simulare.*

simultané, ée [simyltane] adj. Qui se produit en même temps, dans le même temps. *Mouvements simultanés des bras et des jambes.* – Lat. médiév. *simultaneus*, du class. *simul*, «en même temps, ensemble».

simultanéisme [simyltaneism] n. m. LITTER Procédé narratif qui consiste à présenter sans transition les événements vécus simultanément en des lieux différents par les personnages du récit. *Le simultanéisme de Dos Passos.* – De *simultané.*

simultanéité [simyltaneite] n. f. Caractère de ce qui est simultané; existence simultanée de plusieurs choses. – De *simultané.*

simultanément [simyltanemɑ̃] adv. En même temps. – De *simultané.*

sin(o)-. Élément, du lat. médiév. *Sina*, «Chine».

sin TRIGO Abrév. de *sinus.*

sinanthrope [sinɑ̃tʀɔp] n. m. Didac. Fossile hominien de l'espèce *Homo erectus*, appelé aussi *homme de Pékin.* – De *sin-*, et *-anthrope.*

ENCYCL C'est dans le site de Chou-kou-tien, à 40 km de Pékin, qu'ont été découverts entre 1921 et 1939 les ossements d'une quarantaine d'individus (dits sinanthropes) présentant de nombreuses ressemblances avec les squelettes des pithécanthropes. Le sinanthrope possédait un outillage lithique et connaissait l'usage du feu. Il aurait vécu il y a env. 500 000 ans.

sinapisé, ée [sinapize] adj. Qui contient de la farine de moutarde. *Cataplasme sinapisé.* – Lat. méd. *sinapizatus*, du gr. *sinapi*, «moutarde».

sinapisme [sinapism] n. m. Médication externe à base de farine de moutarde, appliquée sous forme de cataplasme et destinée à produire une révulsion. – *Par ext.* Ce cataplasme lui-même. – Lat. d'orig. gr. *sinapismus.*

sincère [sɛ̃sɛʀ] adj. **1.** Qui exprime ses véritables pensées, ses véritables sentiments (sans les déguiser, sans vouloir tromper). ▷ Qui est réellement pensé ou senti. *Sentiments, paroles sincères.* **2.** Non altéré, non truqué. *Document sincère. Élections sincères.* – Du lat. *sincerus*, «pur, intact».

sincèrement [sɛ̃sɛʀmɑ̃] adv. D'une manière sincère. *Être sincèrement désolé.* – De *sincère.*

sincérité [sɛ̃seʀite] n. f. **1.** Qualité d'une personne ou d'une chose sincère. **2.** Caractère de ce qui n'est pas altéré, truqué. *La sincérité d'une consultation électorale.* – Du lat. *sinceritas*, «pureté, intégrité».

sincipital, ale, aux [sɛ̃sipital, o] adj. ANAT Du sinciput. – De *sinciput.*

sinciput [sɛ̃sipyt] n. m. ANAT Partie supérieure de la voûte crânienne. – Mot lat.

sinécure [sinekyʀ] n. f. Place qui procure des ressources, une rémunération sans exiger beaucoup de travail. ▷ Fam. *Ce n'est pas une sinécure:* ce n'est pas une affaire de tout repos. – Angl. *sinecure*, du lat. *sine cura*, abrév. de *beneficium sine cura animarum*, «bénéfice ecclésiastique ne comportant pas de ministère proprement pastoral».

sine die [sinedje] loc. adv. DR, ADMIN Sans fixer de date pour la reprise d'une discussion, pour une prochaine réunion. *Renvoyer un débat sine die.* – Mots lat., «sans jour (fixé)».

sine qua non [sinekwanɔn] loc. adv. *Condition sine qua non:* obligatoire, indispensable. – Mots du lat. des écoles, littéral. «(condition) sans laquelle non».

singalette [sɛ̃galɛt] n. f. Mousseline de coton employée pour préparer la gaze apprêtée et la gaze hydrophile. – De *Saint-Gall*, ville suisse, important centre de fabrication de mousseline.

singe [sɛ̃ʒ] n. m. **1.** Mammifère primate anthropoïde à la face glabre, aux pieds et aux mains préhensiles, muni d'un cerveau développé. ▷ *Spécial.* Le mâle de l'espèce (par oppos. à la *guenon*). **2.** loc. *Laid, malin, adroit comme un singe.* – *Payer en monnaie de singe*, en paroles creuses, en contrepartie sans valeur (comme les montreurs de singes qui s'acquittaient en faisant faire des tours à leur animal). **3.** Celui qui imite les gestes, les mimiques, les attitudes, les actions d'un autre. **4.** Pop. *Le singe:* le patron. – Du lat. *simius.*

ENCYCL Les singes, ou simiens, se divisent en deux groupes: les *platyrhiniens* ou *singes du Nouveau Monde* (tamarins, etc.) et les *catarhiniens* ou *singes de l'Ancien Monde* (cercopithèques, pongidés, etc.). Les premiers singes apparurent à l'Oligocène. Les singes actuels de l'Ancien Monde de même que les hommes résultent de l'évolution de rameaux parallèles issus de singes primitifs de l'Ancien Monde.

singer [sɛ̃ʒe] v. tr. [15] **1.** Imiter, contrefaire maladroitement. *Enfant qui veut singer les grandes personnes.* ▷ Contrefaire (qqn) avec malice, pour se moquer de lui. **2.** Affecter, feindre (une attitude, un sentiment). *Singer la vertu.* – De *singe.*

singerie [sɛ̃ʒʀi] n. f. **1.** Grimace, tour de malice. *Faire des singeries.* ▷ *Par ext.* (Au plur.) Simagrées. **2.** Cage des singes, dans une ménagerie. *La singerie d'un zoo.* – De *singe.*

singleton [sɛ̃glətɔ̃] n. m. **1.** JEU Au whist, au bridge, carte se trouvant seule de sa couleur dans la main d'un joueur. **2.** MATH Ensemble qui ne comprend qu'un seul élément. – Mot angl., de *single*, «seul».

singulariser [sɛ̃gylaʀize] v. tr. [1] Rendre singulier, extraordinaire. ▷ v. pron. *Se singulariser:* se faire remarquer par quelque chose d'extraordinaire. – De *singulier*, d'ap. le lat. *singularis.*

singularité [sɛ̃gylaʀite] n. f. **1.** Fait d'être singulier, unique, irremplaçable. *La singularité de chaque être humain.* **2.** Ce qui rend une chose singulière; chose, manière singulière. *C'est une des singularités de son caractère.* – Lat. *singularitas.*

singulet [sɛ̃gylɛ] n. m. ELECTRON Électron unique pouvant réaliser une liaison chimique entre deux atomes. – Dérivé scientif. du lat. *singulus*, d'après *octet.*

singulier, ère [sɛ̃gylje, ɛʀ] adj. et n. m. **I. 1.** Qui est individuel. *Combat singulier*, qui oppose un seul adversaire à un seul autre. **2.** Qui se rapporte à une seule chose, à une seule personne. ▷ N. m. *Le singulier:* catégorie grammaticale qui exprime l'unité. *Le singulier et le pluriel.* **II.** Qui se distingue des autres; étonnant, extraordinaire. *Un personnage singulier. Son comportement est, pour le moins, singulier.* – Lat. *singularis*, «seul, unique, isolé».

singulièrement [sɛ̃gyljɛʀmɑ̃] adv. **1.** Particulièrement, principalement. *Ils se sont tous révolté, lui singulièrement.* **2.** Beaucoup, extrêmement. *Il est singulièrement déçu.* **3.** D'une manière singulière, bizarre. *Il se comporte singulièrement.* – De *singulier.*

sinigrine [sinigʀin] n. f. ou **sinigroside** [sinigʀɔzid] n. m. CHIM Principe actif de la farine de moutarde. – Du rad. du gr. *sinapi*, «moutarde».

sinisation [sinizasjõ] n. f. Didac. Action de siniser, fait de se siniser; son résultat. – De *siniser*.

siniser [sinize] v. tr. [1] Didac. Rendre chinois. **1.** Faire adopter la civilisation, la langue, les mœurs chinoises à (une population). ▷ v. pron. *Se siniser.* **2.** Adapter à la culture, aux modes de pensée chinois. – Du lat. médiév. *Sina*, «Chine».

1. sinistre [sinistʀ] adj. **1.** Qui fait craindre quelque malheur. *Un sinistre présage.* **2.** Qui par son aspect fait peser un sentiment d'effroi ou d'accablement. *L'ombre sinistre des grands bois.* – (Sens affaibli.) Triste; qui fait naître l'ennui. *Cette soirée était sinistre.* **3.** Méchant, pernicieux. *Un sinistre individu.* – Du lat. *sinister*, «qui est à gauche» (côté néfaste, chez les Romains).

2. sinistre [sinistʀ] n. m. **1.** Catastrophe qui cause des pertes considérables. **2.** Tout fait qui entraîne une indemnisation. *Règlement d'un sinistre.* – Ital. *sinistro*, «malheur», même orig. que *sinistre* 1.

sinistré, ée [sinistʀe] adj. et n. Qui a subi un sinistre. *Région sinistrée.* ▷ Subst. Personne qui a eu à souffrir d'un sinistre. – De *sinistre* 2.

sinistrement [sinistʀəmɑ̃] adv. D'une manière sinistre. – De *sinistre* 1.

sino-. V. sin(o)-.

sinologie [sinɔlɔʒi] n. f. Didac. Étude de la langue, de la culture et de l'histoire de la Chine. – De *sino-*, et *-logie*.

sinologue [sinɔlɔg] n. Didac. Spécialiste de sinologie. – De *sino-*, et *logue*.

sinon [sinõ] conj. **1.** Autrement, sans quoi. *Ce document doit être certifié, sinon il n'est pas valable.* **2.** (Exprimant une exception, une restriction.) Si ce n'est. *Il ne s'intéresse à rien sinon à la musique.* ▷ Loc. conj. *Sinon que:* si ce n'est que. **3.** (Marquant une concession ou une restriction.) *Faites-le, sinon aujourd'hui, du moins demain.* **4.** (Pour surenchérir sur une affirmation.) Et même. *Cela m'est indifférent, sinon désagréable.* – De *si* 1, et *non*.

sinople [sinɔpl] n. m. HERALD Couleur verte représentée en gravure par des lignes diagonales descendant de gauche à droite. – Du lat. *sinopis*, gr. *sinôpis*, «terre rouge de *Sinope* (ville sur la mer Noire)».

sinoque [sinɔk] adj. et n. Fam. Fou. – P.-ê. rég. *sinoc*, n. m., «bille à jouer», cf. *bille*, au sens de «tête».

sinueux, euse [sinɥø, øz] adj. **1.** Qui forme des courbes nombreuses. *Sentier sinueux.* **2.** Fig. Qui procède par détours, de façon indirecte; tortueux. *Une approche sinueuse.* – Lat. *sinuosus*, de *sinus*, «courbure».

sinuosité [sinɥozite] n. f. **1.** Chacune des courbes d'une ligne sinueuse. *Les sinuosités d'une rivière.* **2.** Caractère sinueux. *La sinuosité d'un contour.* ▷ Fig. *La sinuosité de la phrase.* – De *sinueux*.

1. sinus [sinys] n. m. ANAT **1.** Cavité irrégulière à l'intérieur de certains os (os du crâne et de la face, en partic.). *Sinus frontal, maxillaire, sphénoïdal.* **2.** Partie dilatée de certains vaisseaux. *Sinus carotidien, coronaire.* – Mot lat., «courbe».

2. sinus [sinys] n. m. TRIGO Ordonnée de l'extrémité d'un arc porté sur le cercle trigonométrique. – *Sinus d'un angle aigu d'un triangle rectangle*, rapport entre le côté opposé à cet angle et l'hypoténuse (abrév. *sin*). *Fonction sinus.* – Lat. médiév. *sinus*, modification par confusion avec *sinus* 1, de l'ar. *djayb*, «demi-corde de l'arc double» propr. «pli ou ouverture d'un vêtement».

sinusite [sinyzit] n. f. Atteinte inflammatoire ou infectieuse des muqueuses des sinus de la face. – De *sinus* 1, et *-ite* 1.

sinusoïdal, ale, aux [sinys(z)ɔidal, o] adj. GEOM Relatif à la sinusoïde. ▷ PHYS *Mouvement sinusoïdal:* mouvement d'un point matériel dont l'élongation est une fonction sinusoïdale du temps. – De *sinusoïde*.

sinusoïde [sinys(z)ɔid] n. f. GEOM Courbe qui traduit les variations de la fonction $y = \sin x$ et, d'une manière générale, celles des fonctions $y = a \sin (\omega t + \varphi)$ et $y = a \cos (\omega t + \varphi)$. – De *sinus* 2, et *-oïde*.

sionisme [sjɔnism] n. m. HIST Mouvement, doctrine qui visait à la restauration d'un État juif indépendant en Palestine, et qui fut à l'origine de la fondation de l'État d'Israël. ▷ *Par ext.* Idéologie des partisans de l'État d'Israël. – De *Sion*, n. d'une colline de Jérusalem.

ENCYCL – Associé à l'idée d'avènement messianique, le retour du peuple juif en Palestine est le fondement du sionisme. Des bases solides lui furent données par T. Herzl, qui organisa à Bâle le premier congrès sioniste (1897). Il rencontra de nombr. oppositions au sein même des Juifs de la Diaspora mais fut l'espoir des communautés persécutées d'Europe orientale. La déclaration Balfour (1917) admit la création en Palestine d'un *Foyer juif*, dont le développement suscita de grandes difficultés et des luttes armées entre Juifs, Arabes et Anglais. La création officielle de l'État d'Israël date de mai 1948.

sioniste [sjɔnist] adj. et n. **1.** adj. Relatif au sionisme. **2.** n. Partisan du sionisme. – Du préc.

sioux [sju] n. (et adj.) inv. Membre d'une ethnie indienne d'Amérique du N. *Après l'arrivée des colons, les Sioux furent contraints d'émigrer vers l'Ouest.* ▷ N. m. *Le sioux:* la langue des Sioux. ▷ Loc. fam. *Des ruses de Sioux*, particulièrement astucieuses. – Appellation donnée aux Sioux par les Chippewa (tribu indienne du groupe algonquin).

siphoïde [sifɔid] adj. TECH Qui a la forme d'un siphon. – De *siph(on)*, et *-oïde*.

siphomycètes [sifɔmisɛt] n. m. pl. BOT Ensemble des champignons dont le mycélium est formé de tubes continus. Sing. *Un siphomycète.* – De *siphon*, et *-mycète*.

siphon [sifõ] n. m. **1.** Tube recourbé permettant de faire passer par gravité un liquide d'un niveau donné à un niveau inférieur en l'élevant d'abord au-dessus du niveau le plus haut. *Amorçage d'un siphon.* **2.** Dispositif (tube recourbé en S, en partic.) intercalé entre un appareil sanitaire et son tuyau de vidange pour empêcher la remontée des mauvaises odeurs. **3.** TECH Conduite, ou ensemble de conduites, permettant de faire passer des eaux d'alimentation ou d'évacuation sous un cours d'eau. **4.** En spéléologie, galerie ou boyau inondés. **5.** Bouteille à parois épaisses, munie d'un bouchon mécanique à levier et contenant de l'eau sous pression, gazéifiée par du gaz carbonique. **6.** ZOOL Canal qui traverse les cloisons et fait communiquer entre elles les diverses loges de certaines coquilles. – Tube prolongeant les orifices d'entrée et de sortie de l'eau respiratoire, chez certains lamellibranches fouisseurs. ▷ BOT Cellule en forme de tube allongé, constitutive du thalle de divers champignons et algues. – Lat. *sipho, siphonis*; gr. *siphôn*.

siphonaptères [sifɔnaptɛʀ] n. m. pl. ENTOM Ordre d'insectes dépourvus d'ailes, dont les nombr. espèces sont appelées cour. puces. Sing. *Un siphonaptère.* – De *siphon* (à cause de leur trompe), et *aptère*.

siphonné, ée [sifɔne] adj. Fam. Un peu fou. – Propr. «vidé de son esprit», pp. de *siphonner*.

siphonner [sifɔne] v. tr. [1] Transvaser (un liquide) au moyen d'un siphon. – De *siphon*.

siphonophores [sifɔnɔfɔʀ] n. m. pl. ZOOL Classe de cnidaires hydrozoaires qui forment, en haute mer, des colonies où les individus (polypes ou méduses) restent attachés les uns aux autres. Sing. *Un siphonophore.* – De *siphon*, et *-phore.*

sir [sœʀ] Titre d'un *baronet* et d'un *knight* (chevalier) en Angleterre. *Sir Wilfrid Laurier.* – Mot angl., du fr. *sire.*

sirdār [siʀdaʀ] n. m. HIST Titre porté par l'officier général britannique qui commandait les troupes du khédive en Égypte. – Persan *serdar*, de *ser*, «tête», et *dar*, «qui possède».

sire [siʀ] n. m. **1.** HIST Titre donné d'abord à certains seigneurs féodaux et, plus tard, à de simples roturiers. ▷ Loc. mod. *Un triste sire:* un individu peu digne de confiance ou de considération. **2.** Titre que l'on donne à un souverain lorsqu'on s'adresse à lui. – Du lat. *senior*, propr. «plus vieux».

sirène [siʀɛn] n. f. **I. 1.** Être mythique, femme à queue de poisson dont le chant mélodieux attirait les navigateurs sur les écueils. **2.** Fig., litt. Femme très séduisante, au charme dangereux. **II.** Appareil de signalisation sonore utilisé notam. pour alerter les populations (lors d'un bombardement ou d'une catastrophe) ou pour signaler sa présence (navires, voitures de police). – Bas lat. *sirena*, class. *siren*, gr. *seirên.*

siréniens [siʀenjɛ̃] n. m. pl. ZOOL Ordre de mammifères aquatiques proches des ongulés. Sing. *Un sirénien.* – De *sirène*, les anciens marins ayant cru identifier leur silhouette aperçue de loin à celle d'une sirène.

ENCYCL Les siréniens, herbivores, vivent dans les eaux marines côtières et les fleuves où la végétation aquatique est abondante. Massifs, ils peuvent atteindre 4 m de longueur et peser 360 kg; leurs membres antérieurs sont transformés en nageoires; les membres postérieurs se sont transformés en une nageoire caudale. On distingue les lamantins et les dugongs. La rhytine du détroit de Behring (8 m de long) s'est éteinte au XVIIIᵉ s. Les siréniens les plus anciens datent de l'Éocène moyen. Le dugong femelle, avec ses mamelles pectorales, est sans doute à la base de la légende grecque des sirènes.

sirex [siʀɛks] n. m. ENTOM Insecte hyménoptère au dimorphisme sexuel très marqué, dont la femelle perfore l'écorce des conifères pour y pondre. – Mot lat. scientif.

sirocco [siʀoko] n. m. Vent du sud-est, chaud et sec, chargé de poussière, qui vient des déserts africains et souffle en Algérie, en Tunisie, en Sicile. – Ital. *scirocco*, p.-ê. de l'ar. *charqūī*, «(vent) oriental».

sirop [siʀo] n. m. **1.** Solution de sucre pure ou aromatisée, additionnée ou non de substances médicamenteuses. *Sirop à base d'eau, de jus de fruits. Sirop contre la toux.* **2.** Liquide à forte concentration en sucre, obtenu par le traitement de substances naturellement sucrées (jus de canne à sucre, de betterave, etc.). – *Sirop d'érable*, obtenu par évaporation de la sève de l'érable à sucre. – *Sirop de maïs, de blé d'Inde*, obtenu par hydrolyse de fécules de maïs. – Lat. médiév. *syrupus, sirupus*, de l'ar. *charāb*, propr. «boisson».

siroter [siʀɔte] v. tr. [1] Fam. Boire à petites gorgées, en prenant son temps. *Siroter une citronnade.* – De *sirop.*

sirupeux, euse [siʀypø, øz] adj. Qui a le caractère, la consistance du sirop. ▷ Fig., péjor. D'une douceur mièvre. *Musique sirupeuse.* – De *sirop.*

sirventès [siʀvɛ̃tɛs] ou **sirvente** [siʀvɑ̃t] n. m. LITTER Au Moyen Âge, poème de circonstance, souvent satirique, en langue d'oc. – Du provençal *sirvent*, «serviteur».

sis, sise [si, siz] adj. Litt. Situé. *Un domaine sis dans telle commune.* – Pp. de *seoir.*

sisal [sizal] n. m. Agave *(Agave sisalana)* cultivé notam. au Yucatán (Mexique) et en Afrique dont les feuilles donnent une fibre textile très résistante. ▷ Cette fibre elle-même. – De *Sisal*, port du Yucatán.

sism(o)-. Élément, du gr. *seismos*, «secousse, tremblement».

sismicité [sismisite] ou (vieilli) **séismicité** [seismisite] n. f. GEOL Fréquence et intensité des séismes dans une région donnée. – De *sismique*, ou de *séismique.*

sismique [sismik] ou (vieilli) **séismique** [seismik] adj. Qui a rapport aux séismes, aux tremblements de terre. – De *sism(o)-*, ou de *séisme.*

sismogramme [sismɔgʀam] n. m. Enregistrement graphique donné par le sismographe. – De *sismo-*, et *-gramme.*

sismographe [sismɔgʀaf] ou (vieilli) **séismographe** [seismɔgʀaf] n. m. Appareil enregistrant la fréquence et l'amplitude des mouvements sismiques en un point donné du globe. – De *sismo-*, ou de *séisme*, et *-graphe.*

sismologie [sismɔlɔʒi] ou (vieilli) **séismologie** [seismɔlɔʒi] n. f. Partie de la géologie qui étudie les séismes. – De *sismo-*, ou de *séisme*, et *-logie.*

sistre [sistʀ] n. m. ANTIQ Instrument de musique des anciens Égyptiens, composé d'un manche et d'un cadre métallique supportant des tiges mobiles, qui produisait un son perçant lorsqu'on l'agitait. – Lat. *sistrum*, gr. *seîstron*, de *seîein*, «agiter».

sisymbre [sizɛ̃bʀ] BOT n. m. Plante herbacée (fam. crucifères) aux fleurs jaunes et aux feuilles profondément découpées. – Lat. *sisymbrium*, gr. *sisumbrion.*

sitar [sitaʀ] n. m. Instrument de musique à cordes pincées, long manche et caisse de résonnance hémisphérique originaire du N. de l'Inde. – Mot hindi.

site [sit] n. m. **1.** Lieu, tel qu'il s'offre aux yeux de l'observateur; paysage, envisagé quant à sa beauté. *Majesté d'un site. Site classé.* **2.** Configuration, envisagée du point de vue pratique, économique, du lieu où est édifiée une ville. ▷ ARCHEOL Lieu où se trouvent des vestiges. **3.** BIOL Partie d'un gène séparable des éléments voisins et susceptible, en cas de modification de sa structure moléculaire, de produire une mutation de l'organisme. **4.** ARTILL, TECH *Angle de site*, formé par l'horizontale et la direction visée. – Lat. *situs*, «situation, emplacement».

sit-in [sitin] n. m. inv. Anglicisme Manifestation non violente dans laquelle les participants occupent un endroit public en s'asseyant par terre. – Mot angl., de *to sit in*, «s'installer».

sitôt [sito] adv. **I. 1.** Vx Aussi promptement. *«Quoi donc, elle devait périr sitôt!»* (Bossuet). ▷ Mod., litt. *Sitôt... sitôt. Sitôt dit, sitôt fait.* Syn. (cour.) aussitôt. **2.** Loc. adv. *Pas de sitôt:* pas avant longtemps. *On ne le reverra pas de sitôt.* (On écrit aussi plus fréquemment *pas de si tôt.*) **II. 1.** Loc. conj. *Sitôt que* (+ indic.): dès que. *Prévenez-moi sitôt que vous serez prêt.* **2.** (Employé comme préposition.) Fam. *Sitôt mon arrivée je lui téléphonerai.* – De *si*, et *tôt.*

sittelle [sitɛl] n. f. ZOOL Oiseau passériforme grimpeur (genre *Sitta*), qui niche dans des trous d'arbres. *Sittelle à poitrine blanche (Sitta carolinensis). Sittelle à poitrine rousse (Sitta canadensis).* – Du lat. scientif. *sitta*, du gr. *sittê*, «oiseau analogue au pic, pivert».

situ. V. in situ.

situation [sitɥasjɔ̃] n. f. **1.** Position, emplacement (se dit surtout en parlant d'une ville, d'une maison, d'un terrain). **2.** Ensemble des conditions dans lesquelles se trouve qqn à un moment donné. *Être dans une situation difficile. Situation pécuniaire, familiale.* ▷ Loc. adv. *En situation:* dans des circonstances réelles et concrètes, et non dans l'abstrait. *La vraie psychologie est celle qui étudie l'homme en situation.* ▷ *Être en situation de* (+ inf.): pouvoir. *Je ne suis pas en situation de vous aider.* **3.** Emploi (surtout: emploi qui confère une position sociale assez élevée). *Avoir une belle situation.* **4.** État des affaires; conjoncture. *La situation économique, politique.* **5.** FIN Tableau indiquant l'actif et le passif d'une entreprise à une date donnée. **6.** Moment important de l'action, dans une œuvre littéraire. *Les situations dramatiques d'une pièce de théâtre.* – De *situer.*

situationnisme [sitɥasjɔnism] n. m. Mouvement de contestation philosophique, esthétique et politique, se voulant héritier du marxisme et du surréalisme, qui affirme que l'idéologie capitaliste se réalise dans un spectacle auquel participent toutes ses institutions et tous les rôles sociaux qu'elle impose. – De *situation.*

situationniste [sitɥasjɔnist] n. et adj. Du situationnisme; partisan du situationnisme. – Du préc.

situer [sitɥe] v. tr. [1] **1.** (Surtout au pp.) Placer dans un certain endroit ou d'une certaine manière. *La maison est située près de la rivière.* **2.** Déterminer par la pensée la place de (qqch, qqn), dans l'espace, dans le temps, dans un ensemble organisé. *Où situez-vous cette ville? Situer un événement dans le temps.* ▷ v. pron. *Ce roman se situe à Charlevoix. Se situer politiquement.* – Lat. médiév. *situare,* du class. *situs,* «situation».

sivaïsme ou **shivaïsme** [ʃivaism] n. m. RELIG Ensemble des doctrines, courants spirituels et sectes hindouistes dans lesquels le dieu Siva est l'Être suprême. – De *Siva* ou *Shiva,* dieu hindou.

six [sis] adj. et n. m **I.** adj. num. **1.** (Cardinal) Cinq plus un. **2.** (Ordinal) Sixième. *Charles six* (VI). **II.** n. m. **1.** Le chiffre 6, le nombre six. *Tracer un six.* **2.** Le sixième jour du mois. *Le six janvier.* **3.** JEU Carte, face de dé ou côté de domino portant six marques. *Le six de cœur. Double-six.* – Lat. *sex.*

six-huit [sisɥit] n. m. inv. MUS *Mesure à six-huit* (6/8): mesure ternaire à deux temps ayant la noire pointée (ou trois croches) pour unité de temps. – De *six,* et *huit.*

sixième [sizjɛm] adj. et n. **I.** adj. Ordinal de six. *Le sixième rang. Sixième partie:* chaque partie égale d'un tout divisé en six. **II.** n. **1.** Personne ou chose qui occupe le sixième rang. ▷ Le sixième étage d'une maison. **2.** n. m. La sixième partie d'un tout. *Le sixième d'une somme.* – De *six.*

sixièmement [sizjɛmmɑ̃] adv. En sixième lieu. – De *sixième.*

six-quatre-deux (à la) [alasiskatdø] loc. adv. Fam. À la hâte, sans soin. Syn. à la va-vite. – De *six, quatre,* et *deux.*

sixte [sikst] n. f. **1.** MUS Intervalle de six degrés. – Sixième degré d'une gamme diatonique. **2.** SPORT En escrime, parade avec la lame dirigée vers la ligne du dessus. – Du lat. *sextus,* d'ap. *six.*

sizain ou (rare) **sixain** [sizɛ̃] n. m. **1.** LITTER Strophe de six vers construite sur deux ou trois rimes. **2.** JEU Paquet de six jeux de cartes. – De *six.*

sizerin [sizʀɛ̃] n. m. Petit oiseau granivore (genre *Carduelis,* fam. fringillidés) à bec trapu, ayant une tache rouge vif sur le dessus de la tête. – Du flamand *sijsje,* «serin».

skate-board [sketbɔʀd] n. m. Anglicisme V. *planche* à roulettes.* – Mot angl., de *to skate,* «patiner», et *board,* «planche».

sketch [skɛtʃ] n. m. Petite scène, généralement gaie, jouée au théâtre, dans un music-hall, etc. – *Film à sketches,* composé de courtes œuvres différentes, d'un ou de plusieurs auteurs. – Mot angl., propr. «esquisse».

ski [ski] n. m. **1.** Long patin de bois, de fibre de verre, etc., à l'extrémité antérieure *(spatule)* relevée, utilisé pour glisser sur la neige. *Aller à skis.* **2.** Locomotion à skis; sport pratiqué sur skis. *Faire du ski. Ski de fond,* pratiqué sur de longues distances et sur des terrains de faible dénivellation. ▷ *Ski alpin,* pratiqué sur des pistes aménagées, en pente raide (V. encycl. ci-dessous). ▷ *Ski nautique:* sport dérivé de l'aquaplane*, qui se pratique sur un ou sur deux skis. – Norvég. *ski.*

ENCYCL Les disciplines de ski alpin sont: la descente; le slalom spécial; le slalom géant. Le combiné alpin est le classement des concurrents par addition des résultats obtenus dans les trois précédentes épreuves. Les sauts (petit et grand tremplin) sont des épreuves à part. Les disciplines nordiques comprennent: la course de fond; une épreuve qui combine la course de fond et le tir au fusil; le saut. Le combiné nordique comprend une épreuve de saut et une course de fond.

skiable [skjabl] adj. Où l'on peut skier. *Pente, neige skiable.* – De *skier.*

skiascopie [skjaskɔpi] n. f. MED Examen de l'ombre portée par la pupille sur la rétine, qui permet de déterminer le degré de réfraction de l'œil. – Du gr. *skia,* «ombre», et de *-scopie.*

skier [skje] v. intr. [1] Aller à skis, pratiquer le ski. – De *ski.*

skieur, euse [skjœʀ, øz] n. Personne qui va à skis, qui pratique le ski. – De *ski.*

skiff [skif] n. m. Bateau de course, long et très étroit, pour un seul rameur. – Mot angl., empr. au fr. *esquif,* lombard **skif.*

skye-terrier [skajtɛʀje] n. m. Anglicisme Chien terrier à longs poils. *Des skye-terriers.* – Mot angl., du nom de l'île de *Skye* (archipel des Hébrides), et *terrier.*

slalom [slalɔm] n. m. **1.** SPORT Descente à skis sur un parcours sinueux jalonné de piquets (qui figurent des *portes*). *Slalom géant,* sur un parcours relativement long. *Slalom spécial,* sur un parcours plus court, avec des portes plus rapprochées, et couru en deux manches. **2.** *Par anal.* Parcours sinueux entre des obstacles. *Un cycliste faisait du slalom entre les voitures.* – Mot norvég.

slalomer [slalɔme] v. intr. [1] Faire un slalom (surtout au sens 2). – Du préc.

slalomeur, euse [slalɔmœʀ, øz] n. Skieur, skieuse qui pratique le slalom. – De *slalom.*

slave [slav] adj. et n. Qui appartient aux peuples de même famille linguistique habitant l'Europe centrale et orientale. ▷ *Langues slaves:* langues indoeuropéennes parlées dans l'est et une partie du centre de l'Europe (bulgare, croate, polonais, russe, serbe, slovaque, slovène, tchèque, etc.). – Lat. médiév. *Sclavus, Slavus.*

slavisant, ante [slavizɑ̃, ɑ̃t] n. et adj. Didac. **1.** n. Linguiste spécialiste des langues slaves. **2.** adj. Dont certains traits, caractères sont slaves, propres aux cultures slaves. – De *slave.*

slaviser [slavize] v. tr. [1] Didac. Rendre slave (par la langue, les mœurs). – De *slave.*

slaviste [slavist] n. Didac. Spécialiste des civilisations, des langues slaves. – De *slave.*

slavistique [slavistik] n. f. Didac. Science des langues slaves. – De *slaviste.*

slavon [slavɔ̃] n. m. LING Chacune des langues liturgiques nationales des orthodoxes slaves, dérivées du vieux slave. *Le slavon russe. Le slavon bulgare. Le slavon serbe.* – De *Slavonie,* anc. rég. de Yougoslavie, auj. en Croatie.

slikke [slik] n. f. GEOMORPH Vase maritime déposée aux niveaux inférieur et moyen de la zone de balancement des marées; partie du littoral où elle se dépose (par oppos. au *schorre*). – Néerl. *slijk,* «limon».

1. slip [slip] n. m. MAR Plan incliné destiné à tirer au sec des navires de faible tonnage. – Mot angl., de *to slip,* «glisser».

2. slip [slip] n. m. Culotte très courte et ajustée servant de sous-vêtement ou de culotte de bain. – Mot angl., «combinaison de femme», de *to slip,* «plisser».

sloche V. slush.

slogan [slɔgɑ̃] n. m. Formule brève et frappante utilisée par la publicité, la propagande politique, etc. – Mot écossais, «cri de guerre d'un clan», du gaélique *sluagh,* «troupe», et *gairm,* «cri».

sloop [slup] n. m. MAR Bateau à voiles à un mât ne gréant qu'un foc à l'avant (à la différence du cotre, qui grée foc et trinquette). – Néerl. *sloep* (même rac. que *chaloupe*).

sloughi [slugi] n. m. Lévrier d'Afrique à poil ras. – Ar. d'Afrique du N. *slugi.*

slovaque [slɔvak] adj. et n. **1.** adj. De Slovaquie, l'une des deux républiques fédérées de Tchécoslovaquie. ▷ Subst. Habitant ou personne originaire de la Slovaquie. **2.** n. m. Langue slave parlée en Slovaquie. – De *Slovaquie.*

slovène [slɔvɛn] adj. et n. **1.** De Slovénie, l'une des six républiques fédérées de Yougoslavie. ▷ Subst. Habitant ou personne originaire de Slovénie. **2.** n. m. Langue slave des Slovènes, apparentée au serbo-croate. – De *Slovénie.*

slow [slo] n. m. Danse à pas glissés, sur une musique lente à deux ou quatre temps; cette musique. – Mot angl., «lent».

slush ou **sloche** [slɔʃ] n. f. Fam. Mélange plus ou moins liquide de neige fondante, de sable ou de sels (de sodium ou de calcium). *Marcher dans la slush.* «La première neige est tombée. La ville est presque déserte sous cette peau de chagrin, les rares passants sautillent dans la «slush» comme des oiseaux englués.» (Charles Bay, J'ai osé..., 1973) – Mot anglais.

Sm CHIM Symbole du samarium.

smala ou **smalah** [smala] n. f. **1.** Ensemble des tentes abritant les personnes (famille, serviteurs, équipages) qui suivent un chef arabe dans ses déplacements. **2.** Fam. Famille, suite nombreuse. – Mot arabe.

smalt [smalt] n. m. MINER Silicate bleu de cobalt. ▷ TECH Verre coloré en bleu par l'oxyde de cobalt. – Ital. *smalto,* propr. «émail».

smaltine [smaltin] n. f. MINER Arséniure naturel de cobalt. – De *smalt,* et *-ine.*

smaragdin, ine [smaʀagdɛ̃, in] adj. Litt. D'un vert émeraude. – Du lat. *smaragdus,* du gr. *smaragdos,* «émeraude».

smaragdite [smaʀagdit] n. f. MINER Hornblende vert émeraude. – Du préc.

smash [smaʃ] n. m. Anglicisme Au tennis, au ping-pong, au volley-ball, coup violent qui rabat au sol une balle haute. *Des smashes.* – Mot angl., de *to smash,* «écraser, briser».

smectique [smɛktik] adj. **1.** PETROG *Argile smectique:* terre à foulon utilisée pour dégraisser la laine. **2.** PHYS, CHIM Se dit d'un des états mésomorphes* de certains cristaux liquides. – Gr. *smêktikos,* rac. *smêgma,* «savon».

smille [smij] n. f. CONSTR Marteau à deux pointes des tailleurs de pierre. – P.-ê. lat. *smila,* gr. *smilê,* «ciseau».

smiller [smije] v. tr. [1] Piquer, tailler du moellon, du grès, à la smille pour le dégrossir (opération du *smillage*). – Du préc.

smithsonite [smitsɔnit] n. f. MINER Carbonate naturel de zinc. – Du nom du chimiste anglais J. *Smithson* (1765-1829), qui avait analysé ce corps en 1803.

smocks [smɔks] n. m. pl. COUT Ornements constitués de fronces à plusieurs rangs rebrodées sur l'endroit. *Robe à smocks.* – Mot angl.

smog [smɔg] n. m. Brouillard épais et mêlé aux pollutions atmosphériques, caractéristique des régions industrielles de l'Angleterre. – Mot angl., croisement de *sm(oke),* «fumée», et *(f)og,* «brouillard».

smoked(-)meat [smokmit] n. m. Viande de bœuf prise dans la poitrine, marinée, cuite et fumée légèrement; sandwich fait avec cette viande coupée en tranches fines. – Mot amér., «viande fumée».

smoking [smɔkiŋ] n. m. (France) Costume habillé comportant une veste à revers de soie et un pantalon garni sur chaque jambe d'une bande de même tissu. – De l'angl. *smoking-jacket,* «veste d'intérieur», propr. «pour fumer».

snack-bar [snakbɑʀ] n. m. Anglicisme Fam. Petit restaurant qui offre des mets rapides et des rafraîchissements. *Des snack-bars.* Syn. casse-croûte. – Mot amér., de *snack,* «repas léger et rapide».

snob [snɔb] n. et adj. Personne qui affecte les manières, le mode de vie et le parler d'un milieu qui lui semble plus distingué, plus original ou plus à la mode que le sien, qu'elle prend comme modèle de distinction et qu'elle imite sans discernement. ▷ Adj. *Elle est un peu snob. Ils sont snobs.* – Mot angl. «cordonnier»; en arg. de l'Université de Cambridge «toute personne qui n'est pas de l'université».

snober [snɔbe] v. tr. [1] Traiter de haut, avec mépris (comme le ferait un snob). *Snober qqn.* – De *snob.*

snobinard, arde [snɔbinaʀ, aʀd] n. et adj. Fam., péjor. Snob. – De *snob.*

snobisme [snɔbism] n. m. Fait d'être snob; attitude d'une personne snob. – Angl. *snobism;* de *snob.*

sobre [sɔbʀ] adj. **1.** Tempérant dans le boire et le manger. – Par ext. *Une vie sobre.* ▷ *Spécial.* Qui consomme peu d'alcool, ou qui n'en consomme pas. **2.** Litt. Qui fait preuve de discrétion, de retenue. *Être sobre en paroles.* **3.** Qui ne comporte pas de fioritures; dépouillé. *Style sobre.* – Lat. *sobrius.*

sobrement [sɔbʀəmɑ̃] adv. **1.** Avec sobriété. *User sobrement de la boisson.* **2.** Avec retenue, discrétion. – De *sobre.*

sobriété [sɔbʀijete] n. f. **1.** Fait d'être sobre; frugalité, tempérance. **2.** Retenue, réserve, modération. **3.** Dépouillement, absence d'ornementation. *La sobriété de l'art cistercien.* – Lat. *sobrietas.*

sobriquet [sɔbʀikɛ] n. m. Surnom familier, donné souvent par dérision. – Orig. incert.

soc [sɔk] n. m. **1.** Fer triangulaire d'une charrue, qui creuse le sillon. **2.** BOUCH (Coupe nord-amér.) Morceau de viande de porc pris dans l'épaule. – Du gaul. **succos.*

soccer [sɔkœʀ] n. m. Sport opposant deux équipes de onze joueurs et consistant à faire pénétrer un ballon dans les buts adverses par un coup de pied, de tête ou de toute autre partie du corps, mais sans le toucher ou toucher l'adversaire avec les mains. *Joueur de soccer. Inscrire son enfant au soccer pour* *l'été. Le soccer s'est répandu au Canada à partir de 1876.* V. football (sens 2). – Mot angl., de *football association,* d'ap. le groupe *-soc-* du deuxième mot.

sociabilité [sɔsjabilite] n. f. **1.** Aptitude à vivre en société. **2.** Fait d'être sociable, caractère d'une personne sociable. – De *sociable.*

sociable [sɔsjabl] adj. **1.** Qui est fait pour vivre avec ses semblables. *L'homme est naturellement sociable.* **2.** Qui aime à fréquenter autrui, à vivre en société; ouvert et accommodant. *Être sociable. Avoir un caractère sociable.* – Lat. *sociabilis,* de *sociare,* «associer».

social, ale, aux [sɔsjal, o] adj. **I.** Qui a rapport à la société. **1.** Qui concerne la vie en société, qui la caractérise. *Vie sociale. Morale sociale.* ▷ N. m. *Le naturel et le social.* ▷ *Sciences sociales,* qui étudient les structures et le fonctionnement des groupes humains, leurs relations, leurs activités (sociologie, psychologie sociale, droit, économie, histoire, géographie humaine, etc.). **2.** Qui vit en société. *L'homme, animal social. Insectes sociaux (fourmis, abeilles, termites, etc.) et insectes solitaires.* **3.** Qui concerne l'organisation de la société. *Changement social.* ▷ *Spécial.* Qui concerne l'organisation de la société en ensembles plus ou moins hiérarchisés. *Couches, classes sociales.* **4.** Relatif au monde du travail, aux conditions de vie des travailleurs, des citoyens. *Conflits sociaux. Bien-être social.* V. encycl. sécurité. ▷ N. m. *Le social:* les questions sociales. **II.** Qui a rapport à une société commerciale. *Raison sociale. Capital social.* – Lat. *socialis,* «fait pour la société».

social-démocrate [sɔsjaldemɔkʀat] adj. et n. POLIT Partisan de la social-démocratie. *Les partis sociaux-démocrates.* (Au fém. *social* est invariable.) *Les formations social-démocrates.* ▷ Subst. *Un(e) social-démocrate.* – All. *sozial-demokrat.*

social-démocratie [sɔsjaldemɔkʀasi] n. f. POLIT Dans certains pays (Allemagne et pays scandinaves, notam.), doctrine des socialistes appartenant à l'Internationale socialiste. – Du préc.

socialement [sɔsjalmɑ̃] adv. Relativement à la société; du point de vue de l'organisation de la société. – De *social.*

socialisant, ante [sɔsjalizɑ̃, ɑ̃t] adj. Qui a des sympathies, des tendances socialistes. – Pp. de *socialiser.*

socialisation [sɔsjalizasjɔ̃] n. f. **1.** Didac. Ensemble des processus par lesquels l'individu s'intègre pendant l'enfance à la société; apprentissage de la vie de groupe par l'enfant. **2.** Appropriation des moyens de production et d'échange par la collectivité. – De *socialiser.*

socialiser [sɔsjalize] v. tr. [1] **1.** Didac. Rassembler (des individus) en un groupe socialement organisé, développer les relations sociales entre eux. ▷ Opérer la socialisation (sens 1) de (un individu). **2.** Réaliser la socialisation (sens 2) de (un bien, un moyen de production). – De *social.*

socialisme [sɔsjalism] n. m. **1.** Doctrine économique et politique qui préconise la disparition de la propriété privée des moyens de production et l'appropriation de ceux-ci par la collectivité. ▷ Système, organisation sociale et politique qui tend à l'application de cette doctrine. **2.** Dans la théorie marxiste, période qui succède à la destruction du capitalisme et qui précède l'instauration du communisme et la disparition de l'État. **3.** Ensemble des doctrines, des partis de la gauche non marxiste. *Socialisme réformiste. Socialisme radical.* – De *social.*

ENCYCL – Engels, théoricien avec Marx du communisme, stade suprême du socialisme, distingue deux formes: le socialisme utopique et le socialisme scientifique. Au premier se rattachent toutes les tentatives philosophiques, sociales ou économiques d'organisation de la société sur des bases égalitaires. Les prédécesseurs sont nombreux: Platon, More, Morelly, Rousseau, Diderot, Mably, Fichte, Owen, Saint-Simon, Fourier, Babeuf, Cabet, Blanqui. Le socialisme scientifique ou révolutionnaire, élaboré par Marx et Engels, parachevé par Lénine, Rosa Luxemburg, Gramsci, Trotski, Mao Tsé-toung, découle d'une analyse précise du capitalisme international. Le mouvement socialiste se développe dans la seconde moitié du XIXe s. au sein d'un prolétariat urbain né de la grande industrie. Jusqu'à la Première Guerre mondiale, l'influence des idées socialistes progresse avec la démocratisation croissante des institutions (élargissement du droit de vote et développement de l'instruction publique, notam.). Mais, en s'affirmant davantage, le socialisme se diversifie. Apparaissent, en effet, des modèles distincts de sociétés politiques qui mettent en pratique le socialisme, les uns, qualifiés de communistes (U.R.S.S., Chine, par ex.), les autres de socialistes (modèle suédois, nombreux pays du tiers monde). En fait, les pays dits communistes n'en sont pas au stade de la société communiste (sans classes, sans État, sans disparité de revenus) mais à celui de la socialisation des moyens de production; dans les pays scandinaves, la propriété des moyens de production est en grande partie privée; certains États du tiers monde qui se proclament socialistes ne retiennent, bien souvent, du modèle soviétique que le régime du parti unique. L'existence dans les pays capitalistes de partis communistes et socialistes distincts ajoute à l'extraordinaire complexité de la situation et aux divergences du «camp» socialiste, sinon sur les buts à atteindre, du moins sur les moyens d'y parvenir. On notera que l'appellation *parti communiste* a été adoptée après la révolution russe de 1917 par les fractions révolutionnaires des partis socialistes pour bien se démarquer de ceux-ci; en outre, ces fractions affirmaient leur attachement à la jeune U.R.S.S.

socialiste [sɔsjalist] adj. et n. **1.** Qui concerne le socialisme. **2.** Qui est favorable au socialisme, qui cherche à instaurer le socialisme. *Parti socialiste.* ▷ Subst. Membre d'un parti socialiste; partisan du socialisme. – De *social.*

sociétaire [sɔsjetɛʀ] adj. et n. Qui fait partie de certaines sociétés ou associations. – Spécial. (France) *Les sociétaires de la Comédie française.* – De *société.*

sociétariat [sɔsjetaʀja] n. m. Didac. Qualité de sociétaire. – De *sociétaire.*

société [sɔsjete] n. f. **A. 1.** Vx Commerce que les hommes entretiennent entre eux. **2.** Vieilli ou litt. Commerce, relations habituelles que l'on a avec qqn. *Trouver plaisir à la société de qqn.* **3.** DR Contrat par lequel deux ou plusieurs personnes conviennent de mettre en commun leurs efforts ou leurs ressources en vue de partager les bénéfices et les pertes qui pourraient résulter de leur activité. ▷ *Société anonyme:* société commerciale sans nom, sans raison sociale. Elle rend les associés de fait responsables vis-à-vis les tiers comme s'ils œuvraient dans une société en nom collectif. ▷ *Société civile:* société dont les activités ne sont pas de nature lucrative (par opposition à la société commerciale). **B. I.** État des êtres qui vivent en groupe organisé. *La vie en société.* ▷ Ensemble d'individus unis au sein d'un même groupe par des institutions, une culture, etc. *La société industrielle.* **II.** Ensemble d'individus unis par des goûts, une activité, des intérêts communs. **1.** Réunion de personnes qui s'assemblent pour le plaisir, la conversation, le jeu. *Une brillante société.* **2.** Ensemble des classes sociales favorisées. *Faire ses débuts dans la société.* – *La haute société.* **III.** Groupe organisé de personnes unies dans un dessein déterminé. *Société protectrice des animaux.* ▷ HIST *La Société des Nations (S.D.N.):* organisme international créé en 1919 par le traité de Versailles (sur l'initiative du président des États-

Unis Wilson et dont le siège fut fixé à Genève); son objectif était de garantir la paix et la sécurité internationales ainsi que de développer la coopération entre les nations, dans tous les domaines; elle transmit sa mission à l'Organisation des Nations Unies en 1946 et disparut légalement le 31 juillet 1947. – Lat. *societas,* «association», de *socius,* «compagnon, allié».

socinianisme [sɔsinjanism] n. m. RELIG Doctrine de Socin et de ses partisans, qui rejette les dogmes de la divinité de Jésus-Christ et de la Trinité. – Du n. fr. du réformateur siennois Lelio *Sozzini,* en fr. *Socin* (1525-1562).

socio-. Élément, du rad. de *social, société.*

socioculturel, elle [sɔsjokyltyʀɛl] adj. Didac. Qui concerne à la fois une société ou un groupe social et la culture qui lui est propre. – De *socio-,* et *culturel.*

sociodrame [sɔsjodʀam] n. m. PSYCHO Syn. de *psychodrame.* – Mot angl., de *socio-,* et *drame.*

socio-économique [sɔsjoekɔnɔmik] adj. Didac. Qui concerne à la fois le domaine social et le domaine économique, ou leurs relations. – De *socio-,* et *économique.*

sociogramme [sɔsjogʀam] n. m. PSYCHO, SOCIOL Schéma qui vise à représenter les relations interindividuelles au sein d'un groupe, ou les relations entre plusieurs groupes au sein d'une institution. – De *socio-,* et *gramme.*

sociolinguiste [sɔsjolɛ̃gɥist] n. Didac. Spécialiste de sociolinguistique. – Du préc.

sociolinguistique [sɔsjolɛ̃gɥistik] n. f. (et adj.) Didac. Partie de la linguistique ayant pour objet l'étude du langage et de la langue sous leur aspect socioculturel. – De *socio-,* et *linguistique,* d'ap. l'angl.

sociologie [sɔsjɔlɔʒi] n. f. Science humaine qui a pour objet l'étude des phénomènes sociaux. *Sociologie générale. Sociologie du langage.* ▷ *Sociologie animale :* étude de la vie sociale chez les animaux. – De *socio-,* et *-logie* (mot créé par A. Comte en 1830).

sociologique [sɔsjɔlɔʒik] adj. Relatif à la sociologie; qui concerne les phénomènes étudiés par la sociologie. – Du préc.

sociologiquement [sɔsjɔlɔʒikmɑ̃] adv. Du point de vue de la sociologie. – Du préc.

sociologisme [sɔsjɔlɔʒism] n. m. PHILO Doctrine selon laquelle la sociologie suffit à rendre compte de la totalité des faits sociaux indépendamment de toute autre science (biologie, psychologie, etc.). – De *sociologie.*

sociologue [sɔsjɔlɔg] n. Spécialiste de sociologie. – De *sociologie.*

sociométrie [sɔsjometʀi] n. f. Didac Ensemble des méthodes d'évaluation quantitative des relations entre individus au sein des groupes. – De *socio-,* et *-métrie.*

socioprofessionnel, elle [sɔsjopʀɔfɛsjɔnɛl] adj. *Catégories socioprofessionnelles:* catégories sociales définies par l'appartenance à une profession, à un secteur économique. *Organisations socioprofessionnelles* (syndicats, chambres des métiers, etc.). – De *socio-,* et *professionnel.*

socle [sɔkl] n. m. **1.** Base (soubassement, massif, pierre taillée) sur laquelle repose un édifice, une colonne, une statue, etc. **2.** GEOL, GEOGR Ensemble de terrains granitiques ou schisteux anciens, souvent recouverts de sédiments, qui forment le soubassement des continents. *Socle hercynien.* – Ital. *zoccolo,* lat. *socculus,* dimin. de *soccus,* «socque».

socque [sɔk] n. m. **1.** ANTIQ ROM Chaussure basse des acteurs comiques. ▷ *Par méton.* Litt., vieilli *Le socque:* la comédie, le genre comique (opposé au *cothurne,* symbolisant la tragédie). **2.** Chaussure à semelle de bois, galoche. – Lat. *soccus.*

socquette [sɔkɛt] n. f. Chaussette très courte. – Nom déposé; de l'angl. *sock* ou du lat. *soccus,* «socque», et dimin. fr. *-ette* comme dans *chaussette.*

socratique [sɔkʀatik] adj. Qui appartient à Socrate: qui évoque Socrate. *Pensée socratique.* ▷ Par euph. Litt. *Mœurs socratiques:* pédérastie. – Du n. du philosophe grec *Socrate* (V. 380 - V. 450).

1. soda [sodɑ] n. m. Boisson gazeuse parfois aromatisée aux fruits. *Soda à l'orange.* Appos. *Whisky soda: whisky à l'eau gazeuse.* – Abrév. de l'angl. *soda-water;* cf. a. fr. *soda,* «soude».

2. soda [sodɑ] n. m. *Soda à pâte,* ou absol. *soda:* bicarbonate de soude pouvant être utilisé comme levure chimique en pâtisserie. – De l'angl. *(baking) soda.*

sodé, ée [sɔde] adj. CHIM Qui contient de la soude ou du sodium. – De *sodium.*

sodique [sɔdik] adj. Qui a rapport à la soude ou au sodium. ▷ Qui contient du sodium. – De *sodium.*

sodium [sɔdjɔm] n. m. CHIM Métal à l'éclat blanc, malléable et mou, très abondant dans la nature sous forme de chlorure; élément de numéro atomique $Z = 11$, de masse atomique 22,99 (symbole Na, de son nom anc. *natrium*). *Hydroxyde de sodium* (soude caustique). *Bicarbonate de sodium* (sel de Vichy). *Borate de sodium* (borax). – Du lat. *soda,* «soude»; par l'angl.

ENCYCL **Chim.** – Le sodium s'oxyde facilement à l'air, fond à 97,8 °C et bout à 880 °C. On le trouve dissous dans la mer, sous forme de chlorure de sodium, ou à l'état solide dans le sel gemme (V. sel.). Le sodium communique aux flammes une couleur jaune orangé caractéristique. Il est le plus employé des métaux alcalins, entre dans la composition de la soude, du peroxyde de sodium et de l'hypochlorite de sodium ou eau de Javel. Le sodium liquide sert de fluide caloporteur dans certains réacteurs nucléaires. Les lampes à vapeur de sodium sont utilisées pour l'éclairage public. Le sodium joue un rôle biochimique important; il est présent à l'état d'ions dans les liquides extracellulaires; la substance osseuse contient une réserve considérable de sodium, qui peut être utilisée en cas de carence.

sodoku [sɔdɔky] n. m. MED Maladie infectieuse due à un spirille et transmise par la morsure du rat; elle se manifeste par des accès de fièvre et une inflammation de la plaie suivie d'une éruption de plaques rouges. *Le sodoku est répandu en Extrême-Orient.* – Du jap. *so,* «rat», et *doku,* «poison».

sodomie [sɔdɔmi] n. f. Pratique du coït anal. – Bas lat. ecclés. *sodomia,* de *Sodoma, Sodome,* ville de l'anc. Palestine célèbre pour les mœurs dissolues de ses habitants.

sodomiser [sɔdɔmize] v. tr. [1] Se livrer à la sodomie sur (qqn). – De *sodomie.*

sodomite [sɔdɔmit] n. m. Celui qui pratique la sodomie. – De *sodomie.*

sœur [sœʀ] n. f. **1.** Celle qui est née de même père et de même mère qu'une autre personne, ou de l'un des deux seulement. *Sœur germaine,* née du même père et de la même mère. *Sœur consanguine:* demi-sœur née du même père. *Sœur utérine:* demi-sœur née de la même mère. ▷ Loc. pop. *Et ta sœur?* (pour enjoindre à qqn de se mêler de ce qui le regarde ou de mettre fin à ses vantardises). **2.** *Sœur de lait:* celle qui a eu la même nourrice qu'une autre personne. **3.** Titre donné aux religieuses dans certains ordres. – Fam. *Bonne sœur:* religieuse. **4.** (Désignant des personnes de sexe féminin se trouvant dans la même situation, les mêmes conditions que la personne considérée.)

Ses sœurs d'infortune. ▷ Terme d'affection. *Mon amie, ma sœur.* **5.** (Désignant des choses qui ont beaucoup de points communs.) *La poésie et la musique sont sœurs.* ▷ *Âme sœur:* se dit d'une personne qui semble prédestinée à s'entendre avec une autre personne dans une relation quasi fraternelle. – Lat. *soror.*

sœurette [sœʀɛt] n. f. (Terme d'affection.) Petite sœur. – Dimin. de *sœur.*

sofa [sɔfa] n. m. **1.** Anc. Estrade élevée couverte de tapis et de coussins, en Orient. **2.** Lit de repos à trois appuis pouvant être utilisé comme siège. – Ar. *soffah,* «estrade, banquette».

soffioni [sɔfjɔni] n. m. pl. GEOL Jets de vapeur d'eau qui sortent du sol (en Toscane, notam.) à des températures qui peuvent atteindre 150 °C. – Mot ital., «grands souffles».

soffite [sɔfit] n. m. ARCHI **1.** Dessous d'un larmier, d'un linteau, etc. **2.** Plafond orné de compartiments, de caissons, de rosaces. – Ital. *soffitto,* lat. pop. **suffictus,* class. *suffixus,* de *suffigere,* «fixer par-dessous, suspendre».

software [sɔftwɛʀ] n. m. Anglicisme INFORM Ensemble des règles et des programmes relatifs au fonctionnement d'un ordinateur (opposé à *hardware,* dont l'équivalent français recommandé est «matériel»). Rem.: L'équivalent français recommandé de *software* est «logiciel». – Mot amér., arg. des ingénieurs, de *soft,* «doux, mou», et *ware,* qui désigne des articles fabriqués.

soi [swa] pron. et n. m. **A.** pron. pers. réfl. des deux genres et des deux nombres, pouvant se rapporter à des personnes ou à des choses. **I.** (Se rapportant à des personnes.) **1.** Litt. (Employé à la place de *lui, elle, eux, elles,* pour renvoyer à un sujet déterminé.) *Il n'était plus maître de soi.* ▷ Cour. (Pour éviter une ambiguïté.) *Elle laissa sa fille s'occuper de soi.* **2.** Cour. (Renvoyant à un sujet indéterminé.) ▷ (En fonction d'attribut.) *N'être plus soi. Rester soi, soi-même:* avoir une attitude, un comportement en accord avec sa personnalité, ne pas forcer son caractère. ▷ (En fonction de complément d'objet direct, avec *ne... que.*) *Au fond, chacun n'aime que soi.* ▷ (En fonction de complément prépositionnel.) *Chacun travaille pour soi. À part soi:* dans son for intérieur. *Chez soi :* dans sa propre demeure. *À sept heures, tout le monde rentre chez soi. Sur soi :* sur sa personne. *Avoir ses papiers sur soi.* – Loc. *Prendre qqch sur soi,* en assumer la responsabilité. *Prendre sur soi:* vaincre sa répugnance, sa crainte, ses hésitations, etc. **II.** (Se rapportant à des choses.) **1.** (Complément prépositionnel.) *Le bateau laissait après soi un sillage blanc.* ▷ Loc. *Cela va de soi:* c'est tout naturel. **2.** *En soi :* de par sa nature; à s'en tenir à la chose elle-même. *Ce n'est pas tant la faute en soi qui est blâmable que l'inconscience de son auteur.* – PHILO *La chose en soi :* la chose telle qu'elle est dans sa réalité dernière, le noumène, par oppos. au phénomène. ▷ N. m. *L'en-soi* et le pour-soi*.* **III.** *Soi-même* (forme renforcée de *soi*). **1.** (Renforçant *se.*) *Se louer soi-même.* **2.** En personne. *Prendre une décision soi-même.* **B.** n. m. **1.** *Le soi :* la personnalité de chacun, le moi de tout être humain. *Analyser le soi par l'introspection.* **2.** PSYCHAN (Utilisé par certains traducteurs de Freud pour rendre l'all. *(das) Es.*) Syn. de *ça**. – Du lat. *se* en position accentuée (cf. se).

soi-disant [swadizɑ̃] adj. inv. **1.** Qui se dit tel ou telle. *Des soi-disant savants.* – *Par ext.* Prétendu (emploi critique). *«Un soi-disant contre-poison»* (Hugo). **2.** loc. adv. Prétendument. *Il venait tous les jours, soi-disant pour la distraire.* ▷ Loc. conj. Pop. *Il était en retard, soi-disant qu'il avait manqué son train,* parce que, prétendait-il... – De *soi,* et ppr. de *dire.*

1. soie [swa] n. f. **I. 1.** ZOOL Substance protéique fibreuse sécrétée et filée par divers arthropodes, notam. par les araignées, et par les chenilles de certains papillons. **2.** Cour. Fibre textile souple et brillante obtenue à partir du cocon du bombyx du mûrier ou *ver à soie. Fil, étoffe de soie.* – Tissu de soie. *Robe de soie.* ▷ *Soie sauvage,* produite par les chenilles de bombyx autres que le bombyx du mûrier. *Soie végétale,* fabriquée avec les soies (sens II, 2) d'une plante du Proche-Orient. **3.** Par anal. *Papier de soie:* papier mince, translucide et brillant. ▷ HIST *Route de la soie:* voie commerciale qui réunissait la Chine (productrice de soie) et l'Occident, passant notam. par le Turkestan chinois et le nord de la Perse. (Suivie par les caravaniers du IIe s. av. J.-C. jusqu'au IXe s. de notre ère, elle joua un rôle important dans la diffusion des croyances, des idées, de la culture.) **II. 1.** Poil long et rude de certains mammifères (porc, sanglier). **2.** BOT Poil raide et isolé, au sommet des feuilles ou des enveloppes florales de certaines graminées. – Du lat. *seta,* var. de *sæta.*

ENCYCL **Tech.** – La soie provient du cocon dans lequel les chenilles du bombyx s'enferment pour se transformer en papillons. L'élevage du ver à soie, ou sériciculture*, qui remonte aux temps les plus reculés, constitue, avec l'apiculture, l'un des rares cas où l'homme élève des insectes. La soie grège, ou soie écrue, obtenue après ébouillantage et dévidage des cocons, subit une cuisson et un blanchiment avant moulinage des fils. Très concurrencée par les textiles artificiels et surtout synthétiques, la soie naturelle est devenue auj. une fibre de luxe.

2. soie [swa] n. f. TECH Partie du fer d'une épée, d'un couteau, d'une lime, etc., qui entre dans la poignée, dans le manche. – Orig. incert.

soierie [swaʀi] n. f. **1.** Étoffe de soie. **2.** Industrie, commerce de la soie. – De *soie* 1.

soif [swaf] n. f. **1.** Désir de boire, sensation de sécheresse de la bouche et des muqueuses liée à un besoin de l'organisme en eau. *Étancher sa soif.* ▷ Fig., fam. *Garder une poire pour la soif :* avoir qqch en réserve, en cas de besoin. **2.** Fig. Désir avide. *La soif des honneurs.* – Du lat. *sitis,* p.-ê. d'ap. des mots du type *noif,* cas régime de *nois,* «neige».

soiffard, arde [swafaʀ, aʀd] adj. et n. Pop. Qui a toujours soif, qui a toujours envie de boire (de l'alcool). – De *soif.*

soigner [swaɲe] **I.** v. tr. [1] **1.** Exécuter (qqch) avec soin, application; accorder un soin particulier à. *Soigner son style.* Syn. fam. fignoler, lécher. **2.** Prendre soin de, s'occuper de (qqn, qqch). *Soigner un enfant. Soigner des fleurs.* **3.** Administrer des soins médicaux à, traiter. *Soigner un malade.* **II.** v. pron. **1.** Prendre soin de sa propre personne, de son apparence physique ou de son bien-être. **2.** Suivre un traitement médical. **3.** (Passif.) *Une maladie qui se soigne,* qui peut être soignée et guérie. – Du bas lat. *soniare,* frq. **sunnjôn,* «s'occuper de».

soigneur [swaɲœʀ] n. m. SPORT Personne qui soigne, masse un athlète, un sportif (boxeur, partic.). – De *soigner.*

soigneusement [swaɲøzmɑ̃] adv. Avec soin. – De *soigneux.*

soigneux, euse [swaɲø, øz] adj. **1.** Qui apporte soin et attention à ce qu'il fait; qui est propre et ordonné. *Ouvrier, écolier soigneux.* – *Soigneux de:* qui prend soin de. *Soigneux de sa personne, de sa santé.* **2.** Fait avec soin, précision. *Recherches soigneuses.* – De *soigner.*

soin [swɛ̃] n. m. **1.** Attention, application que l'on met à faire qqch. *Travailler avec soin.* ▷ *Prendre, avoir soin de* (+ inf.): être attentif à, bien veiller à. *Prenez soin de fermer la porte à clé.* ▷ *Prendre, avoir soin de (qqch, qqn):* veiller à la conservation, à la réussite de (qqch), au bien-être de (qqn). *Prenez soin de votre santé. Prendre soin d'un enfant.* **2.** (Dans des expr. telles que *laisser, confier le soin de...*) Charge, devoir de s'occuper de qqch ou de qqn, ou d'accomplir quelque action. *Il lui a laissé le soin de ses affaires. Je vous confie le soin de leur parler.* **3.** Plur., dans quelques loc. Actions par lesquelles on prend soin de qqch, de qqn. – Vieilli *Les soins du ménage.* – Mod. *Être aux petits soins pour qqn,* avoir pour lui des attentions délicates. *Aux bons soins de,* formule qu'on inscrit sur l'enveloppe d'une lettre pour que la personne mentionnée la fasse parvenir au destinaire. **4.** Plur. Actions, moyens hygiéniques ou thérapeutiques visant à l'entretien du corps et de la santé, ou au rétablissement de celle-ci. *Soins corporels. Prodiguer des soins à un malade.* – De *soigner,* d'abord *soign.*

soir [swaʀ] n. m. **1.** Les dernières heures du jour; la tombée de la nuit. *Les fleurs s'ouvrent le matin pour se fermer le soir.* ▷ Fig., litt. *Le soir de la vie,* la vieillesse. **2.** Dans le décompte des heures, moment de la journée qui va de midi à minuit (opposé à *matin*). ▷ Moment de la journée entre la fin de l'après-midi (vers cinq ou six heures) et minuit. *Cours du soir.* – Du lat. *sero,* «tard», de *serus,* «tardif».

soirée [swaʀe] n. f. **1.** Espace de temps compris entre le déclin du jour et le moment où l'on se couche. *Il passe ses soirées à lire.* **2.** Assemblée, réunion qui a lieu le soir. *Donner une soirée. Soirée dansante.* ▷ *Tenue de soirée:* tenue habillée, de cérémonie. **3.** Séance de spectacle donnée le soir. *La pièce sera jouée en matinée et en soirée.* – De *soir.*

soit [swa] conj. et adv. **I.** conj. **1.** À savoir, c'est-à-dire, *Trois objets à dix francs, soit trente francs.* **2.** (Marquant une supposition, une hypothèse.) *Soit un triangle rectangle. Soit* (parfois *soient*) *deux droites parallèles.* **3.** *Soit... soit* (marquant l'alternative) *Soit l'un, soit l'autre.* ▷ Loc. conj. *Soit que... soit que* (+ subj.) *Il s'abstint de venir, soit qu'il eût peur, soit qu'il se désintéressât de l'affaire. Soit que les cours montent, soit qu'ils baissent, les intermédiaires sont gagnants.* **II.** *Soit* [swat] adv. d'affirmation (Pour marquer que l'on fait une concession.) *Vous partez? Soit, mais au moins soyez prudents.* – 3e pers. du sing. du prés. du subj. du v. *être.*

soixantaine [swasɑ̃tɛn] n. f. **1.** Nombre de soixante ou environ. *Une soixantaine de kilomètres.* **2.** *Absol.* Âge de soixante ans. *Atteindre la soixantaine.* – De *soixante.*

soixante [swasɑ̃t] adj. et n. m. inv. **I. 1.** adj. num. card. Six fois dix. **2.** adj. num. ord. *La page soixante.* **II.** n. m. Le nombre soixante. – Du lat. *sexaginta.*

soixante-dix [swasɑ̃tdis] adj. et n. m. inv. **I. 1.** adj. num. card. adj. et n. inv. **1.** Sept fois dix. Syn. (vx ou rég.) septante. **2.** adj. num. ord. *La page soixante-dix.* **II.** n. m. Le nombre soixante-dix. – De *soixante,* et *dix.*

soixante-dixième [swasɑ̃tdizjɛm] adj. et n. m. **1.** Adj. numéral ordinal de soixante-dix. **2.** Fraction d'un tout divisé en soixante-dix parties égales. ▷ N. m. *Un soixante-dixième de la récolte.* – Du préc.

soixantième [swasɑ̃tjɛm] adj. et n. m. **1.** Adj. num. ord. de soixante. *La soixantième page.* **2.** Fraction d'un tout divisé en soixante parties égales. *La soixantième partie.* ▷ N. m. *Recevoir le soixantième d'un héritage.* – De *soixante.*

soja [sɔʒa] n. m. Plante grimpante (genre *Glycine,* fam. papilionacées) originaire des régions chaudes d'Extrême-Orient, dont la graine est une fève oléagineuse. *Huile de soja. Les germes de soja sont très utilisés dans la cuisine chinoise.* – Mandchou *soya.*
ENCYCL Le soja a une grande importance écon.: ses graines oléagineuses contiennent en abondance des protéines et des glucides et constituent un aliment très riche pour l'homme et les animaux. Cultivé d'abord dans les pays d'Extrême-Orient, le soja prit, à partir de 1940, une importance considérable dans toute l'Amérique du N. (É.-U. plus gros producteur mondial avec une production cinq fois supérieure à celle de la Chine) et du Sud (Brésil).

1. sol [sɔl] n. m. Forme anc. de sou. – Du bas lat. *solidus,* «pièce d'or, ducat».

2. sol [sɔl] n. m. **1.** Surface sur laquelle on se tient, on marche, on bâtit, etc. *Coucher sur le sol, à même le sol. Revêtements de sol. Gymnastique au sol.* – MILIT loc. adj. *Missile sol-sol, sol-air,* tiré du sol vers un objectif terrestre, aérien. ▷ (Considéré en tant qu'étendue d'un territoire, d'un pays déterminé.) *Le sol natal.* – (En tant qu'objet susceptible d'appropriation.) *Posséder le sol et les murs.* **2.** Terrain considéré quant à sa nature ou à ses qualités productives. *Sol fertile.* **3.** GEOL Couche superficielle, meuble, d'épaisseur variable, résultant de l'altération des roches superficielles (roches mères) par divers processus (physiques, chimiques, biologiques) et de l'accumulation des produits d'altération. *Étude des sols* (cf. pédologie). – Lat. *solum.*

3. sol [sɔl] n. m. inv. MUS Cinquième degré de la gamme d'*ut.* – Signe par lequel on représente cette note. – Première syllabe de *solve,* dans l'hymne à saint Jean-Baptiste.

4. sol [sɔl] n. m. CHIM Solution colloïdale dépourvue de rigidité (à la différence des *gels*), constituée d'une phase discontinue ou dispersée (les micelles*) et d'un liquide disperseur. – Abrév. de *solution.*

solaire [sɔlɛʀ] adj. **1.** Relatif au Soleil. *Système solaire :* V. encycl. ci-après. *Jour, heure solaire.* V. jour, heure. **2.** Qui est dû au Soleil, à ses rayonnements. *Chaleur, lumière, énergie solaire.* ▷ Qui utilise la lumière, la chaleur du soleil. *Cadran solaire. Four, cuisinière, batterie solaire.* **3.** Qui protège du soleil. *Crème solaire.* **4.** ANAT *Plexus solaire:* plexus* nerveux situé au creux de l'estomac. ▷ MED *Syndrome solaire:* syndrome douloureux traduisant une irritation du plexus solaire. – Lat. *solaris,* de *sol, solis,* «soleil».
ENCYCL **Phys.** – L'énergie solaire parvient sur le sol terrestre après avoir été en partie absorbée par l'atmosphère. Elle augmente donc légèrement avec l'altitude et varie bien davantage avec la latitude: l'énergie solaire reçue en 24 h sous les tropiques est env. le triple de l'énergie reçue aux pôles. Elle peut être captée: – par *effet de serre,* ce qui permet d'obtenir des températures d'environ 200 °C; – à l'aide de miroirs orientables, les *héliostats,* qui dirigent le rayonnement solaire vers un point fixe, situé par ex. en haut d'une tour; – à l'aide de miroirs disposés le long d'une surface en forme de paraboloïde, qui concentrent également le rayonnement vers le point à chauffer, où l'on peut obtenir des températures de 2 000 à 3 500 °C. L'énergie solaire est une énergie *douce* (c.-à-d. non polluante), partic. intéressante dans les pays à fort ensoleillement. Elle peut être utilisée pour le chauffage des habitations et la production d'eau chaude sanitaire, pour le dessalement de l'eau de mer et des eaux saumâtres, pour la métallurgie à haute température (fours solaires) et pour la production d'électricité. Celle-ci peut s'effectuer directement, au moyen de piles* solaires ou de photopiles, dont le rendement est de l'ordre de 10 à 15 % et qui sont notamment utilisées pour produire l'énergie à bord des satellites. Dans les centrales solaires, la production d'électricité s'effectue indirectement: on chauffe un fluide caloporteur (sels fondus, par ex.) qui échange sa chaleur avec un circuit eau-vapeur, lequel actionne un turboalternateur; le rendement global est voisin de 20 %.
Astro. – Le système solaire est constitué par le Soleil et par l'ensemble des objets qui tournent autour de lui (les planètes principales et leurs satellites, les pe-

tites planètes ou astéroïdes, les comètes), par les météorites et par une très forte quantité de poussières. Physiquement, les planètes se partagent en deux groupes: les planètes terrestres, les plus proches du Soleil (Mercure, Vénus, la Terre et Mars), ont des dimensions modestes mais de fortes densités (5,5 pour la Terre); elles ont des atmosphères assez ténues ou quasi inexistantes; elles tournent lentement sur elles-mêmes et ont peu de satellites. Les planètes joviennes, ou grosses planètes (Jupiter, Saturne, Uranus et Neptune), sont très volumineuses mais de faibles densités (Saturne a une densité de 0,7); elles ont des atmosphères très épaisses, tournent rapidement sur elles-mêmes et ont de nombreux satellites. Ces deux groupes sont séparés par l'essaim des astéroïdes. Pluton échappe à cette classification. Les orbites planétaires sont pratiquement circulaires et leur plan, sauf pour Pluton, est voisin de celui de l'écliptique. Toutes ces orbites sont parcourues dans le même sens, celui de la rotation des planètes (Vénus et Uranus exceptées) sur elles-mêmes. Les distances des planètes au Soleil croissent à peu près en progression géométrique (loi de Bode-Titius). Les distances moyennes des planètes au Soleil varient entre 59 millions de km pour Mercure et 6 milliards de km pour Pluton (150 millions de km pour la Terre). Le Soleil et son cortège de planètes ont vraisemblablement été formés (il y a 5 à 10 milliards d'années) à partir d'une nébuleuse primitive essentiellement constituée d'hydrogène, d'un peu d'hélium et de faibles quantités d'éléments lourds.

solanacées [sɔlanase] ou **solanées** [sɔlane] n. f. pl. BOT Grande famille de plantes dicotylédones gamopétales (genre type *Solanum*), des régions tempérées et tropicales. Sing. *Une solanacée.* – Du lat. *solanum,* «morelle».

ENCYCL Herbacées ou arbustives, les solanacées renferment des alcaloïdes, qui leur confèrent souvent des propriétés médicamenteuses (belladone, notam.). De nombr. espèces sont alimentaires (tomate, aubergine, pomme de terre, etc.); d'autres, ornementales (pétunia) ou industrielles (tabac). Les espèces du genre *Solanum* sont parfois appelées *morelles*; ainsi, la pomme de terre est la *morelle tubéreuse.*

solarigraphe [sɔlaʀigʀaf] n. m. TECH Appareil servant à mesurer le rayonnement solaire. – Du lat. *solaris,* «solaire», et de *-graphe.*

solarisation [sɔlaʀizasjõ] n. f. PHOTO Insolation d'une surface sensible en cours de développement, que l'on utilise pour obtenir certains effets spéciaux. – De *solariser.*

solariser [sɔlaʀize] v. tr. [1] Soumettre à la solarisation. – De *solaris,* «solaire».

solarium [sɔlaʀjɔm] n. m. **1.** ANTIQ ROM Terrasse surmontant certaines maisons. **2.** Établissement d'héliothérapie. **3.** Lieu où l'on prend des bains de soleil. *Des solariums.* – Mot lat., «lieu exposé au soleil».

soldanelle [sɔldanɛl] n. f. BOT **1.** Plante herbacée montagnarde (genre *Soldanella,* fam. primulacées) à fleurs violettes. **2.** Rég. Liseron à fleurs roses *(Convolvulus soldanella)* commun sur les sables et les rochers littoraux. – Du provenç. *soldana,* p.-ê. de l'ital. *soldo,* «sou», en raison de la forme des feuilles.

soldat [sɔlda] n. m. **1.** Tout homme qui sert dans une armée; militaire. *Soldat de métier. Soldat appelé, engagé.* **2.** *Partic.* Militaire non gradé des armées de terre et de l'air; homme de troupe. *Soldats et officiers. Soldat Untel.* **3.** Fig., litt. *Soldat de:* celui qui se bat pour (une cause, un idéal). *Soldats de la foi.* – Ital. *soldato,* de *soldare,* «payer une solde».

soldate [sɔldat] n. f. Femme soldat. – Fém. du préc.

soldatesque [sɔldatɛsk] adj. et n. f. **1.** adj. Péjor. Propre aux soldats. *Des manières soldatesques.* **2.** n. f. (Sens collectif.) Péjor. Soldats brutaux et indisciplinés. *Les excès de la soldatesque.* – Esp. *soldadesco.*

1. solde [sɔld] n. f. **1.** Rémunération versée aux militaires et à certains fonctionnaires assimilés. *Toucher, dépenser sa solde.* **2.** loc. fig. Péjor. *Être à la solde de:* être payé et dirigé par. *Des provocateurs à la solde de l'étranger.* – De l'ital. *soldo,* «sou».

2. solde [sɔld] n. m. **1.** COMPTA Différence entre le débit et le crédit d'un compte. *Solde débiteur, créditeur.* ▷ COMM Somme restant à payer pour s'acquitter d'un compte; payement de cette somme. *Pour solde de tout compte.* **2.** COMM *Solde de marchandises:* marchandises invendues ou défraîchies que l'on écoule au rabais. *Vendre en solde.* – Plur. Articles vendus au rabais. – Déverbal de *solder* 2.

1. solder [sɔlde] v. tr. [1] Vx, péjor. Payer (qqn) en échange de certains services. *Solder des hommes de main.* – De *solde* 1.

2. solder [sɔlde] v. tr. [1] **1.** COMPTA Arrêter, clore (un compte) en en établissant le bilan. ▷ v. pron. Fig. (Au passif) Avoir pour conclusion, résultat final. *La campagne se solda par un échec.* **2.** Acquitter entièrement (un compte) en payant ce qui reste dû. **3.** Vendre en solde. *Solder des fins de série.* Syn. brader. – Ital. *saldare,* «arrêter un compte», avec influence de *solde* 1, et de *souder.*

soldeur, euse [sɔldœʀ, øz] n. Personne qui fait commerce d'articles en solde. – De *solde* 2.

1. sole [sɔl] n. f. **I.** Partie cornée concave formant le dessous du sabot des ongulés. **II. 1.** CONSTR Pièce de bois posée à plat et servant d'appui. **2.** Partie horizontale d'un four, destinée à recevoir les produits à traiter, à cuire. – Lat. pop. **sola,* du class. *solea,* par attract. de *solum,* «sol».

2. sole [sɔl] n. f. Poisson téléostéen (genre *Solea*), de forme aplatie et oblongue, à la chair très estimée. – De *sole* 1 (sens 1).

3. sole [sɔl] n. f. AGRIC Partie d'un domaine cultivé soumise à l'assolement. – De *sole* 1.

soléaire [sɔleɛʀ] adj. ANAT *Muscle soléaire:* muscle de la partie postérieure de la jambe, extenseur du pied. ▷ N. m. *Le soléaire.* – Bas lat. *solearis,* «en forme de sandale», du class. *solea,* «sole, sandale».

solécisme [sɔlesism] n. m. GRAM Faute de syntaxe. (Ex.: *L'affaire que je m'occupe* – pour *dont je m'occupe.*) *Solécismes et barbarismes.* – Lat. *solœcismus,* gr. *soloikismos,* «façon de parler incorrecte», de *Soloi,* «Soles», v. de Cilicie (région de la Turquie d'Asie) dont les colons athéniens parlaient un grec très incorrect.

soleil [sɔlɛj] n. m. **1.** *Le Soleil :* l'astre qui produit la lumière du jour. *La distance de la Terre au Soleil.* ▷ Par ext. *Un soleil :* un astre rayonnant d'une lumière propre, au centre d'un système. **2.** Le disque lumineux du Soleil, l'aspect de cet astre pour un observateur terrestre. *Le soleil se lève à l'est et se couche à l'ouest. Soleil de minuit:* le soleil, visible à l'horizon vers minuit, dans les régions polaires. **3.** Rayonnement, chaleur, lumière du soleil. *Il fait soleil, du soleil. Se protéger du soleil. S'exposer au soleil.* – *Coup de soleil:* brûlure causée par les rayons du soleil. ▷ Loc. *Avoir du bien au soleil:* posséder des terres, des propriétés. – *Une place au soleil:* une place en vue, une bonne situation. – *Il n'y a rien de nouveau sous le soleil:* dans le monde, tout est un perpétuel recommencement. – *Le soleil luit pour tout le monde:* il est des avantages dont tout le monde peut jouir. **4.** Cercle entouré de rayons divergents, représentant le soleil. *Le soleil, emblème de Louis XIV.* **5.** Grande fleur à pétales jaune d'or, appelée aussi *hélianthe.* Syn. tournesol. **6.** SPORT Grand tour exécuté le corps droit et les bras tendus, à la barre fixe. **7.** Pièce d'artifice tournante. – Du lat. pop. **soliculus,* class.

sol, solis.

ENCYCL **Astro.** – Le Soleil est situé sur le plan médian de la Galaxie à 30 000 années de lumière de son centre (soit 285 millions de milliards de km). Il participe à la rotation galactique et parcourt, en 250 millions d'années, une orbite de 170 000 années de lumière. À ce mouvement de rotation s'ajoute le mouvement propre du Soleil, qui l'entraîne à 20 km/s vers la constellation d'Hercule. Le rayon du disque visible du Soleil est de 700 000 km. Comme toutes les étoiles, le Soleil tourne sur lui-même; cette rotation s'effectue entre 25 et 32 jours, suivant la latitude. Observé visuellement, le Soleil semble limité par un bord absolument net. Cette apparence est due au fait que l'épaisseur d'atmosphère solaire observable est faible (moins de 300 km). Cette mince couche, qui émet la lumière visible, est la *photosphère,* sa température est voisine de 6 000 K. Le disque solaire que nous voyons est la projection sur le fond du ciel de la photosphère. Au-dessus, l'atmosphère est si transparente que le regard la traverse sans la voir. Au-dessous, la matière est si dense que le regard ne peut y pénétrer. Au-dessus de la photosphère, on rencontre la *chromosphère*; d'une épaisseur de 8 000 km, elle est visible lors des éclipses de Soleil et apparaît sous la forme d'un mince anneau rose. Plus audessus commence la *couronne solaire:* nuage d'électrons, d'atomes ionisés et de poussières portés à une très haute température (un million de K). À grande distance du Soleil, les poussières prédominent, la température tombe, la couronne devient de plus en plus ténue et finit par se perdre dans le milieu interplanétaire. Observées depuis le début du XVIIe s., les taches solaires ont été longtemps les seules traces connues de l'activité du Soleil. On le sait maintenant, elles sont uniquement la manifestation la plus facilement observable de ce que l'on appelle un *centre actif:* ensemble de régions ayant des propriétés provisoirement différentes de celles de l'atmosphère environnante. Une tache apparaît, petite plage sombre sur la photosphère brillante. Souvent, une autre tache se forme près de la première. Les deux taches se développent en quelques jours et peuvent atteindre 100 000 km de long; elles sont le siège d'un champ magnétique intense et leur température est voisine de 5 000 K. Quand une tache approche du bord solaire, on voit que, sur son pourtour, vibre un réseau de crêtes brillantes: les *facules.* Soudain un jet de matière jaillit, des filaments s'arrachent de la surface du Soleil, s'élèvent au-dessus de la chromosphère, gagnent la couronne et retombent en une immense arche. Ces *protubérances* ont une existence très éphémère, alors que les taches auxquelles elles sont associées peuvent évoluer pendant plusieurs mois. Tous ces phénomènes sont l'émergence de l'activité intense qui règne au centre du Soleil, là où la température atteint 15 millions de K, là où des réactions thermonucléaires transforment l'hydrogène, principal constituant du Soleil, en hélium. L'activité du Soleil n'est pas uniforme dans le temps: elle passe par un maximum tous les 11 ans.

solen [sɔlɛn] n. m. ZOOL Mollusque lamellibranche comestible (genre *Solen*), à coquille très allongée, vivant enfoui verticalement dans le sable des plages. Syn. cour. couteau (sens 4). – Mot lat., du gr. *sôlên,* «canal, conduit, tuyau».

solennel, elle [sɔlanɛl] adj. **1.** Célébré par des cérémonies publiques. *Fête solennelle.* – *Par ext.* Qui se fait avec beaucoup d'apparat, de cérémonies. *Audience solennelle. Faire une entrée solennelle.* **2.** Accompagné de formalités ou de cérémonies publiques qui lui confèrent une grande importance. *Contrat solennel. Vœu solennel.* **3.** Empreint de gravité. *Instant solennel. Paroles solennelles.* – Péjor. D'une gravité outrée. *Prendre un ton, des airs solennels.* – Lat. relig. *solennis,* class. *sollemnis,* «qui n'a lieu qu'une fois l'an», de *sollus,* «entier, unique», et *annus,* «an».

solennellement [sɔlanɛlmɑ̃] adv. De manière solennelle. – Du préc.

solenniser [sɔlanize] v. tr. [1] Rendre solennel. – Bas lat. *sollemnizare.*

solennité [sɔlanite] n. f. **1.** Fête solennelle. **2.** (Surtout au plur.) Formalités qui rendent un acte solennel (sens 2). **3.** Caractère solennel, gravité. *Il fut reçu avec solennité.* – Péjor. Pompe, emphase, gravité outrée. *Parler avec solennité.* – Lat. imp. *sollemnitas.*

solénodonte [sɔlenɔdɔ̃t] n. m. ZOOL Mammifère insectivore des Antilles (genre *Solenodon*) en voie de disparition (détruit par les mangoustes), au museau allongé en forme de trompe. – Du gr. *sôlên,* «canal», et *odous, odontos,* «dent».

solénoïde [sɔlenɔid] n. m. ELECTR Bobine formée par un conducteur enroulé autour d'un cylindre, et qui produit un champ magnétique lorsqu'elle est parcourue par un courant. *Les solénoïdes ont les mêmes propriétés que les aimants.* – Du gr. *sôlên,* «étui, tuyau», et *-oïde.*

soleret [sɔlʀɛ] n. m. HIST Partie articulée de l'armure, qui protégeait la face antérieure du pied. – De l'a. fr. *soller,* «soulier».

solfatare [sɔlfataʀ] n. f. GEOL Terrain volcanique d'où sortent des fumerolles sulfureuses chaudes. *Les solfatares de Pouzzoles, en Italie.* – De l'ital. *Solfatara,* n. d'un volcan éteint près de Pouzolles, de *solfo,* «soufre».

solfège [sɔlfɛʒ] n. m. **1.** Lecture de la musique; étude des premiers éléments de la théorie musicale. ▷ Manuel servant à cette étude; recueil de morceaux de musique vocale à solfier. – Ital. *solfeggio,* du v. *solfeggiare,* «solfier», du lat. médiév. *solfa,* «gamme», de *sol 3,* et *fa.*

solfier [sɔlfje] v. tr. [1] Chanter (un morceau de musique) en nommant les notes. *Solfier un cantique.* – Du lat. médiév. *solfa,* «gamme», de *sol 3,* et *fa.*

solidage [sɔlidaʒ] n. f. BOT Plante herbacée (genre *Solidago,* fam. composées), aux capitules jaunes groupés en longues grappes dressées, appelée plus cour. *verge d'or.* – Lat. *solidago.*

solidaire [sɔlidɛʀ] adj. **1.** DR Qui implique pour chacun la responsabilité totale d'un engagement commun. *Obligation, acte solidaires.* – (Personnes.) Qui est lié par un acte solidaire. **2.** Se dit de personnes liées entre elles par une dépendance mutuelle d'intérêts. **3.** Se dit de choses qui dépendent les unes des autres, qui vont ensemble. ▷ TECH Qui est fixé à un autre organe. *Le guidon est solidaire de la fourche, dans une bicyclette.* Ant. indépendant. – Du lat. jur. *in solidum,* «pour le tout».

solidairement [sɔlidɛʀmɑ̃] adv. D'une manière solidaire. – De *solidaire.*

solidariser [sɔlidaʀize] **1.** v. tr. [1] Rendre solidaire. **2.** v. pron. Se déclarer solidaire de qqn; se déclarer mutuellement solidaires. – De *solidaire.*

solidarité [sɔlidaʀite] n. f. **1.** DR Modalité d'une obligation selon laquelle, lorsqu'il y a plusieurs créanciers d'une même créance, chacun peut en exiger l'exécution en entier du débiteur ou, lorsqu'il y a plusieurs débiteurs d'une même dette, chacun peut être contraint de l'exécuter en entier. **2.** Sentiment de responsabilité mutuelle entre plusieurs personnes, plusieurs groupes; lien fraternel qui oblige tous les êtres humains les uns envers les autres. *Agir par solidarité.* – De *solidaire.*

solide [sɔlid] adj. et n. **I. 1.** adj. Qui présente une consistance ferme, qui n'est pas fluide. *Aliments solides et aliments liquides.* ▷ PHYS Se dit d'un corps dont les atomes ou les molécules occupent des positions moyennes invariantes. *Corps solide. États solide, liquide et gazeux de la matière.* **2.** n. m. *Un solide:* un corps solide. *Physique des solides.* – GEOM Figure indéformable à trois dimensions, limitée par une surface fermée. *Le cône, la pyramide sont des solides.* **II.** adj. **1.** Qui résiste à l'effort, aux chocs, à l'usure. *Un matériau très solide.* **2.** (Personnes.) Vigoureux, robuste. *Un solide gaillard.* – Loc. fig. fam. *Solide au poste:* présent à son poste, à son travail, malgré les circonstances, l'âge, le mauvais temps, etc. ▷ Stable, ferme. *Être solide sur ses jambes.* **3.** Positif, durable; sur quoi l'on peut compter. *Une solide amitié. Une fortune solide.* **4.** Stable, sérieux, rationnel. *Un esprit plus solide que brillant.* **5.** Fam. Considérable, fort. *Il s'est fait flanquer une solide correction.* – Lat. *solidus,* «massif».

solidement [sɔlidmɑ̃] adv. De façon solide. – De *solide.*

solidification [sɔlidifikasjɔ̃] n. f. Action de solidifier, fait de se solidifier. ▷ PHYS Passage d'un corps de l'état liquide à l'état solide. Ant. fusion. – De *solidifier.*

solidifier [sɔlidifje] v. tr. [1] Rendre solide (ce qui était gazeux, liquide). ▷ v. pron. Passer de l'état liquide à l'état solide. – De *solide,* et *-fier.*

solidité [sɔlidite] n. f. **1.** Rare État d'un corps solide (sens I, 1). **2.** Qualité de ce qui est solide, résistant. *Éprouver la solidité d'un cordage.* – Fig. *La solidité d'une amitié.* **3.** Fig. Qualité de ce qui repose sur des bases sérieuses et bien assises. *La solidité d'un raisonnement.* – Lat. *soliditas.*

solifluxion [sɔliflyksjɔ̃] n. f. GEOL Glissement en masse du sol superficiel le long d'une pente. *Solifluxion d'un sol gorgé d'eau sous l'action du gel et du dégel.* – Angl. *solifluction,* du lat. *solum,* «sol», et *fluctio,* «écoulement».

soliloque [sɔlilɔk] n. m. Discours qu'une personne se tient à elle-même. Syn. monologue. – Bas lat. *soliloquium,* de *solus,* «seul», et *loqui,* «parler».

soliloquer [sɔlilɔke] v. intr. [1] Parler tout seul, se parler à soi-même. – Du préc.

solin [sɔlɛ̃] n. m. CONSTR Garnissage en plâtre ou en mortier destiné à combler un espace vide, à raccorder deux surfaces, à assurer l'étanchéité d'un joint. – De *sole* 1 (sens II).

solipède [sɔlipɛd] adj. ZOOL Dont les membres se terminent par un seul doigt muni d'un sabot (par oppos. à *fissipède*). ▷ N. m. pl. Ancien nom des équidés. – Du lat. *solidipes,* de *solidus,* «compact», et *pes, pedis,* «pied», contracté sous l'infl. de *solus,* «unique».

solipsisme [sɔlipsism] n. m. PHILO Idéalisme poussé à l'extrême, le sujet pensant ne reconnaissant d'autre réalité que lui-même. – Du lat. *solus,* «seul», *ipse,* «même», et *-isme.*

soliste [sɔlist] n. Instrumentiste, chanteur qui exécute un solo, ou à qui est habituellement confiée l'exécution de morceaux comportant des solos. ▷ Adj. *Violoniste soliste.* – Ital. *solista,* de *solo.*

solitaire [sɔlitɛʀ] adj. et n. **A.** adj. **1.** Qui est seul; qui aime à vivre seul. – Par ext. *Humeur solitaire.* ▷ ZOOL Qui vit seul (opposé à *social*). *Guêpes solitaires et guêpes sociales.* – Cour. *Ver solitaire:* ténia*. **2.** Que l'on fait seul, qui a lieu dans la solitude. *Une randonnée solitaire* – Loc. *Plaisir solitaire:* masturbation. **3.** Isolé et peu fréquenté. *Un manoir solitaire.* **B.** n. **I. 1.** Personne qui reste volontairement à l'écart du monde. **2.** Religieux qui vit dans la solitude. **II.** n. m. **1.** VEN Vieux sanglier mâle sorti de la compagnie. **2.** Diamant monté seul. **3.** Jeu de combinaisons auquel on joue seul, avec un plateau percé de trous où l'on déplace des fiches ou des billes selon des règles précises, jusqu'à élimination de toutes sauf une ou jusqu'à la formation de figures particulières. – Lat. *solitarius.*

solitairement [sɔlitɛʀmɑ̃] adv. D'une manière solitaire. – Du préc.

solitude [sɔlityd] n. f. **1.** Fait d'être solitaire, état d'une personne solitaire. *Rechercher, supporter la solitude.* **2.** Sentiment d'être seul moralement. *Éprouver douloureusement sa solitude dans la foule.* **3.** Litt. Lieu désert. *Les solitudes infinies de ces pays.* ▷ Caractère d'un lieu solitaire. *La solitude de la lande.* – Lat. *solitudo.*

solive [sɔliv] n. f. Pièce de charpente horizontale sur laquelle sont posées les lambourdes d'un plancher. – De *sole* 1 (sens II).

soliveau [sɔlivo] n. m. Petite solive. – Dimin. du préc.

sollicitation [sɔllisitasjɔ̃] n. f. Action de solliciter qqn. *Céder aux sollicitations pressantes de ses amis.* – Lat. *sollicitatio,* du pp. de *sollicitare* (V. solliciter).

solliciter [sɔllisite] v. tr. [1] **1.** Prier instamment (qqn) en vue d'obtenir qqch. *Démarcheur qui sollicite des clients à domicile.* (Au pp.) *Il est très sollicité.* ▷ Prier d'accorder (qqch) dans les formes établies par l'usage. *Solliciter une audience auprès du ministre.* **2.** Attirer (l'attention, la curiosité, l'intérêt, etc.). *Spectacle qui sollicite le regard.* ▷ (Objet n. de personne.) *Des tentations multiples le sollicitaient.* – Lat. *sollicitare,* propr. «remuer totalement», de *sollus,* «tout», et *ciere,* «mouvoir».

solliciteur, euse [sɔllisitœʀ, øz] n. **1.** Personne qui sollicite un emploi, une faveur. **2.** POLIT. *Solliciteur général:* ministre d'État qui remplit le rôle de conseiller juridique du gouvernement et qui s'occupe de l'administration de la justice. *Le solliciteur général du Canada est responsable de la Gendarmerie royale du Canada, de la Commission nationale des libérations conditionnelles et du Service correctionnel canadien. Le ministère du Solliciteur général du Québec, créé en 1986.* – Du préc.

sollicitude [sɔllisityd] n. f. Prévenance que l'on a pour qqn, ensemble des égards, des soins attentifs dont on l'entoure. *La sollicitude maternelle.* ▷ Témoignage de cette prévenance, de ces soins. – Lat. *sollicitudo.*

solo [sɔlo] n. m. **1.** MUS Morceau ou passage exécuté par un seul musicien (chanteur ou instrumentiste), avec ou sans accompagnement. ▷ Plur. Des *solos* ou (rare) des *soli.* – *Jouer en solo,* seul. – *Appos.* Qui joue sans accompagnement. *Violon solo.* **2.** *Par anal.* Partie de ballet dansée par un seul artiste. – Mot ital., «seul», lat. *solus.*

solstice [sɔlstis] n. m. Époque de l'année à laquelle la hauteur du Soleil au-dessus du plan équatorial (déclinaison), dans son mouvement apparent sur l'écliptique, est maximale (solstice d'été, vers le 21 juin dans l'hémisphère Nord) ou minimale (solstice d'hiver, vers le 21 décembre dans l'hémisphère Nord). – Lat. *solstitium,* de *sol,* «soleil», et *stare,* «s'arrêter».

solsticial, ale, aux [sɔlstisjal, o] adj. ASTRO Du solstice; qui a rapport aux solstices. – Lat. *solstitialis.*

solubilisation [sɔlybilizasjɔ̃] n. f. Action de solubiliser. – De *solubiliser.*

solubiliser [sɔlybilize] v. tr. [1] Rendre soluble (une substance). – De *soluble.*

solubilité [sɔlybilite] n. f. Propriété de ce qui est soluble. – De *soluble.*

soluble [sɔlybl] adj. **1.** Qui peut se dissoudre dans un liquide, un solvant. **2.** Qui peut être résolu. *Ce problème n'est pas soluble.* Ant. insoluble. – Bas lat. *solubilis,* de *solvere,* «délier, dissoudre».

soluté [sɔlyte] n. m. **1.** PHARM Liquide contenant un médicament dissous. **2.** CHIM Corps dissous dans un solvant. – Du lat. *solutum,* pp. de *solvere,* «dissoudre».

solution [sɔlysjõ] n. f. **I. 1.** Résultat d'une réflexion, permettant de résoudre un problème, de venir à bout d'une difficulté. *Apporter une solution à un problème technique.* ▷ MATH *Solution d'une équation :* être mathématique (nombre, par ex.) pour lequel cette équation est vérifiée. **2.** Dénouement, conclusion, issue. *S'acheminer vers la solution d'un conflit.* **II.** CHIM **1.** Processus par lequel un corps se dissout dans un liquide. **2.** Mélange homogène de deux ou plusieurs corps. *Solution liquide* ou, absol. (plus cour.), *solution. Solution solide:* mélange homogène en phase solide. – Cour. Liquide contenant un corps dissous, solvant d'une solution. **III.** *Solution de continuité:* séparation, rupture de la continuité entre des choses qui sont habituellement jointes; scission, division dans ce qui forme habituellement un tout continu. – Lat. *solutio,* de *solvere,* «dissoudre».

solutionner [sɔlysjɔne] v. tr. [1] (Mot critiqué) Apporter une solution à, résoudre (une difficulté). – De *solution.*

solutréen, enne [sɔlytʀeɛ̃, ɛn] adj. et n. m. PALEONT De la période du Paléolithique supérieur au cours de laquelle les techniques de taille de la pierre atteignirent leur plus grande perfection. ▷ N. m. *Le Solutréen.* – Du n. du site préhistorique de *Solutré,* en Saône-et-Loire.

solvabilité [sɔlvabilite] n. f. État d'une personne solvable. – De *solvable.*

solvable [sɔlvabl] adj. Qui a de quoi payer ce qu'il doit. *Débiteur solvable.* – Du lat. *solvere,* «délier, payer».

solvant [sɔlvɑ̃] n. m. Substance, en général liquide, dans laquelle d'autres substances peuvent être dissoutes. Syn. dissolvant. ▷ Celui des composants d'une solution dans lequel l'autre ou les autres composants *(solutés)* sont dissous. – Du lat. *solvere,* «dissoudre».

solvatation [sɔlvatasjõ] n. f. CHIM Association des molécules du solvant et du soluté, dans une solution. – De *solvant.*

solvolyse [sɔlvɔliz] n. f. CHIM Réaction chimique qui se produit entre un soluté et un solvant polaire et au terme de laquelle on obtient un composé d'addition, résultant de la rupture d'une ou plusieurs liaisons de la molécule du solvant. – De *solv(ant),* et *(hydr)olyse.*

soma [sɔma] n. m. BIOL Ensemble des cellules non reproductrices d'un organisme (opposé à *germen*). – Gr. *sôma,* «corps».

somali, e [sɔmali] ou **somalien, enne** [sɔmaljɛ̃, ɛn] adj. et n. De Somalie, État d'Afrique orientale. ▷ N. m. Langue parlée par les Somalis, en Somalie.

somation [sɔmasjõ] n. f. BIOL Variation du soma d'un organisme, mise en évidence ou provoquée par les modifications de l'environnement et n'atteignant pas le germen (et par conséquent non héréditaire, à la différence de la mutation). – De *soma.*

somatique [sɔmatik] adj. **1.** MED, PSYCHO Qui concerne le corps, n'appartient qu'au corps (opposé à *psychique*). **2.** BIOL Relatif au soma (opposé à *germinal, germinatif*). – Gr. *sômatikos.*

somatisation [sɔmatizasjõ] n. f. MED, PSYCHO Fait de somatiser. – De *somatiser.*

somatiser [sɔmatize] v. tr. [1] MED, PSYCHO et cour. Convertir (des troubles psychiques) en symptômes somatiques, en parlant du sujet atteint de ces troubles. – De *somatique.*

somato-, -some. Éléments, du gr. *sôma, sômatos,* «corps».

somatostatine [sɔmatostatin] n. f. BIOCHIM Hormone, constituée d'un polypeptide, sécrétée par l'hypothalamus, et probablement aussi par le pancréas, qui, notam., inhibe la sécrétion de somatotrophine. – De *somato(troph)ine, -stat,* et *-ine.*

somatotrope [sɔmatotʀɔp] adj. BIOCHIM *Hormone somatotrope:* somatotrophine. – De *somato-,* et *-trope.*

somatotrophine [sɔmatotʀɔfin] n. f. BIOCHIM Hormone, constituée d'un polypeptide, sécrétée par le lobe antérieur de l'hypophyse, qui joue un rôle important dans le mécanisme de la croissance (et, à ce titre, appelée également *hormone de croissance*). – De *somato-,* et du gr. *trophê,* «nourriture».

sombre [sõbʀ] adj. **I. 1.** Où il y a peu de lumière. *Une pièce sombre.* Syn. obscur. – *Il fait sombre.* ▷ *Coupe sombre:* V. coupe. **2.** Tirant sur le noir (couleurs). *Un tissu sombre. Un vert sombre.* Syn. foncé. **II.** Fig. **1.** Qui manifeste de la tristesse, de l'inquiétude. *Personne, humeur sombre.* **2.** Marqué par le malheur, l'inquiétude, le désespoir (choses). *Une sombre journée.* **3.** Fam. Qui n'a pas été tiré au clair, en parlant d'une affaire louche, criminelle. *Un sombre drame.* **4.** Fam. (Pour renforcer un terme péjor.) *Sombre crétin!* – Du bas lat. *subumbrare,* «faire de l'ombre», de *umbra,* «ombre».

sombrer [sõbʀe] v. intr. [1] **1.** S'engloutir, couler, en parlant d'un navire. *Sombrer corps et biens.* **2.** Fig. Disparaître, se perdre. *Sombrer dans le désespoir.* – De l'anc. v. *soussoubrer,* de l'esp. *zozobrar,* ou du portug. *sossobrar,* «se renverser».

sombrero [sõbʀeʀo] n. m. Chapeau à larges bords porté dans certains pays hispaniques. – Mot esp., de *sombra,* «ombre».

-some. V. somato-.

somesthésie [sɔmɛstezi] n. f. Didac. Domaine relatif à l'ensemble des sensibilités cutanées et internes (non sensorielles). – Du gr. *sôma,* «corps», et *-esthésie.*

sommable [sɔm(m)abl] adj. MATH Dont on peut calculer la somme. – De *sommer* 1.

sommaire [sɔmmɛʀ] adj. et n. m. **I.** adj. **1.** Abrégé, peu développé. *Exposé sommaire.* **2.** Réduit à l'essentiel. *Toilette sommaire.* ▷ Trop simplifié; simpliste. *Vues sommaires.* **3.** Expéditif, rapide; sans formalités, sans jugement. *Exécution sommaire.* ▷ DR *Matières sommaires:* affaires jugées selon une procédure simplifiée. ▷ DR *Poursuite sommaire, cour des poursuites sommaires:* v. poursuite. **II.** n. m. Résumé d'un livre, d'un chapitre. – Lat. *summarium,* rac. *summa,* «somme».

sommairement [sɔm mɛʀmɑ̃] adv. D'une façon sommaire. – Du préc.

1. sommation [sɔmmasjõ] n. f. **1.** MATH Opération consistant à calculer la somme de plusieurs quantités. ▷ Calcul de la valeur d'une intégrale définie. **2.** PHYSIOL Phénomène par lequel deux stimulations isolément non efficaces le deviennent lorsqu'elles sont associées. – De *sommer* 1.

2. sommation [sɔmmasjõ] n. f. **1.** Action de sommer. ▷ MILIT Appel réglementaire d'une sentinelle enjoignant de s'arrêter et de se faire connaître («Halte!»; «Halte ou je tire!»). – *Spécial.* Injonction précédant une charge de policiers pour disperser les participants d'un rassemblement illicite sur la voix publique. **2.** DR Ordre de comparaître délivré par un juge de paix afin de contraindre un accusé d'être présent devant le tribunal pour répondre de l'infraction dont il est inculpé. – De *sommer* 2.

1. somme [sɔm] n. f. **1.** MATH Résultat d'une addition. ▷ *Somme d'une famille d'ensembles:* réunion de ces ensembles. ▷ *Signe somme:* signe utilisé pour représenter une somme de termes (Σ) ou l'intégrale d'une fonction ($\int$). **2.** *Somme d'argent* ou, absol., *somme:* quantité d'argent. *Une somme de trois cents dollars. Dépenser de grosses sommes.* **3.** Ensemble de choses considérées globalement. *La somme de nos efforts.* ▷ Loc. adv. *En somme, somme toute:* en conclusion, en résumé, tout compte fait. **4.** Ouvrage rassemblant et résumant tout ce qu'on connaît sur un sujet. *La «Somme théologique» de saint Thomas d'Aquin.* – Lat. *summa,* de *summus,* «qui est le plus haut».

2. somme [sɔm] n. f. *Bête de somme:* animal (cheval, âne, bœuf, etc.) employé à porter des fardeaux (opposé à *bête de trait*). – Loc. fig. *Travailler comme une bête de somme,* très durement. – Du bas lat. *sagma,* devenu *sauma,* «bât, charge».

3. somme [sɔm] n. m. *Faire un somme, un petit somme:* dormir un moment. – Lat. *somnus.*

sommeil [sɔmɛj] n. m. **1.** Suspension périodique et naturelle de la vie consciente, correspondant à un besoin de l'organisme. *Avoir le sommeil léger:* se réveiller au moindre bruit. *Un sommeil de plomb,* très profond. – Fig., litt. *Le dernier sommeil, le sommeil éternel:* la mort. ▷ PSYCHO, PHYSIOL *Sommeil paradoxal:* phase du sommeil pendant laquelle apparaissent les rêves. – MED *Maladie du sommeil:* trypanosomiase*. – *Cure de sommeil:* méthode de traitement de certaines affections mentales qui consiste à procurer au patient un sommeil artificiel de 15 à 18 h par jour. **2.** Besoin de dormir. *Avoir sommeil.* **3.** Fig. État provisoire d'inactivité, d'inertie. *Le sommeil hivernal de la nature.* ▷ Loc. adj. et adv. *En sommeil:* en état d'inactivité, de latence ou d'activité réduite. – Du bas lat. *somniculus,* de *somnus,* «sommeil».

sommeiller [sɔmeje] v. intr. [1] **1.** Dormir d'un sommeil léger. **2.** Fig. Exister de manière potentielle, latente, sans se manifester. *Les désirs qui sommeillent en chacun de nous.* – Du préc.

sommeilleux, euse [sɔmɛjø, øz] adj. et n. **1.** Litt. Somnolent. **2.** MED Atteint de la maladie du sommeil. ▷ Subst. *Un sommeilleux.* . – De *sommeil.*

sommelier, ière [sɔməlje, jɛʀ] n. **1.** Anc. Personne qui avait la charge de la table et des provisions de bouche dans une grande maison. **2.** Mod. Personne chargée du service des vins et des liqueurs, et de l'approvisionnement de la cave, dans un restaurant. – Anc. provenç. *saumalier,* de *saumada,* «charge d'une bête de somme», du bas lat. *sagmarius,* «bête de somme».

sommellerie [sɔmɛlʀi] n. f. 1. Charge de sommelier. 2. Lieu où le sommelier garde les boissons dont il a la charge. – Du préc.

1. sommer [sɔmme] v. tr. [1] MATH Calculer la somme de (plusieurs quantités). – De *somme* 1.

2. sommer [sɔmme] v. tr. [1] Intimer à (qqn), dans les formes établies, l'ordre de faire qqch. *Sommer qqn de quitter les lieux.* – Du lat. médiév. *summare,* de *summa,* «résumé, conclusion».

sommet [sɔmmɛ] n. m. **I. 1.** Partie la plus élevée de certaines choses. *Le sommet d'une montagne, d'un mur.* ▷ Fig. Plus haut degré. *Le sommet de la gloire, de la perfection.* **2.** *Une conférence au sommet* ou, ellipt., *un sommet:* une conférence à laquelle ne participent que des chefs d'État ou de gouvernement. **II.** GEOM *Sommet d'un angle:* point où se coupent ses deux côtés. ▷ *Sommet d'un triangle, d'un polyèdre:* sommet d'un des angles de cette figure. – De l'a. fr. *som,* lat. *summum;* de *summus,* « qui est le plus élevé».

sommier [sɔmje] n. m. **I.** Partie d'un lit sur laquelle repose le matelas. **II. 1.** ARCHI Pierre qui reçoit la retombée d'une voûte ou d'un arc. **2.** CONSTR Pièce de charpente servant de linteau. **3.** Partie de l'orgue qui reçoit l'air venant des soufflets. – Du bas lat. *sagmarius,* «bête de somme».

sommité [sɔmmite] n. f. **1.** Didac. Extrémité d'une tige, d'une branche, d'une plante dressée. **2.** Fig. Personne qui se distingue particulièrement par sa position, son talent, son savoir. *Les sommités de la science, de la littérature.* – Bas lat. *sommitas, summitas,* de *summus,* «le plus haut».

somnambule [sɔmnɑ̃byl] n. (et adj.) **1.** Personne qui effectue de manière automatique, pendant son sommeil, certains mouvements accomplis ordinairement à l'état de veille (marche notam.). – Adj. *Il est somnambule.* **2.** Personne qui, une fois plongée dans le sommeil hypnotique, peut agir ou parler. – *Spécial.* Personne qui prédit l'avenir en sommeil hypnotique. – Du lat. *somnus,* «sommeil», et *ambulare,* «marcher».

somnambulique [sɔmnɑ̃bylik] adj. Qui a rapport au somnambulisme. – Du préc.

somnambulisme [sɔmnɑ̃bylism] n. m. Fait d'être somnambule; état d'une personne somnambule. – De *somnambule.*

somnifère [sɔmnifɛʀ] adj. et n. m. Didac. Qui provoque le sommeil. *Le pavot est somnifère.* ▷ N. m. Cour. *Prendre un somnifère.* – Lat. *somnifer,* de *somnus,* «sommeil», et *ferre,* «porter».

somnolence [sɔmnɔlɑ̃s] n. f. **1.** État intermédiaire entre le sommeil et la veille. ▷ Disposition à l'assoupissement, au sommeil. **2.** Fig. Mollesse, engourdissement. – Bas lat. *somnolentia.*

somnolent, ente [sɔmnɔlɑ̃, ɑ̃t] adj. **1.** Engourdi de sommeil, qui dort à moitié. **2.** Fig. Engourdi, sans énergie, peu actif. *Vie somnolente. Volonté somnolente.* – Lat. imp. *somnolentus,* de *somnus,* «sommeil».

somnoler [sɔmnɔle] v. intr. [1] **1.** Dormir peu profondément, être assoupi. **2.** Fig. Être somnolent (sens 2). – De *somnolent.*

somptuaire [sɔ̃ptɥɛʀ] adj. Didac. ou vx Relatif à la dépense. – Spécial. *Loi, règlement, impôt somptuaire,* qui a pour objet de réglementer ou de restreindre les dépenses, de taxer le luxe. ▷ Mod. (Emploi pléonastique critiqué, sous l'influence de *somptueux.*) *Des dépenses somptuaires:* des prodigalités, des dépenses excessives. – Lat. *sumptuarius,* «qui concerne la dépense», de *sumptus,* «dépense».

somptueusement [sɔ̃ptɥøzmɑ̃] adv. D'une manière somptueuse; avec somptuosité. *Traiter somptueusement ses hôtes.* – De *somptueux.*

somptueux, euse [sɔ̃ptɥø, øz] adj. Dont le luxe, la magnificence ont nécessité de grandes dépenses. *Des présents somptueux.* ▷ *Par ext.* Superbe. – Lat. *sumptuosus,* de *sumptus,* «dépense», du pp. de *sumere,* «s'approprier».

somptuosité [sɔ̃ptɥɔzite] n. f. Litt. Caractère de ce qui est somptueux; magnificence, luxe coûteux. – Bas lat. *sumptuositas.*

1. son [sɔ̃], **sa** [sa], **ses** [se], adj. poss. de la 3e pers. du sing. (Rem. *Son* remplace *sa* devant un n. ou un adj. fém. commençant par une voyelle ou un *h* muet: *son avarice, son habileté*) . De lui, d'elle, de soi. **I. 1.** (Personnes.) *Son livre. Sa barbe. Son chapeau. Son bon caractère.* ▷ (Devant certains titres.) *Sa Majesté. Son Éminence.* **2.** (Choses.) *La maison et son jardin. Le soleil darde ses rayons.* **3.** (Se rapportant à un pron. indéf.) *À chacun sa vérité. Comme on fait son lit, on se couche.* ▷ (Se rapportant à un sujet sous-entendu.) *Aimer son prochain comme soi-même.* **II. 1.** (Marquant l'appartenance à un groupe, à un ensemble.) *Il a rejoint son régiment.* ▷ (Marquant un rapport de parenté.) *Son père. Sa fille.* **2.** (Marquant l'habitude, la répétition.) *Prendre son verre de fine avec son café. Enfant qui fait sa colère.* – Forme atone des adj. lat. *suus, sua, suos, suas.*

2. son [sõ] n. m. Sensation auditive engendrée par une vibration acoustique; cette vibration elle-même. *Son grave, aigu, rauque, flûté.* ▷ *Son pur*, produit par une vibration acoustique sinusoïdale (opposé à son *complexe**). – *Ingénieur du son*, qui s'occupe de l'enregistrement du son et de sa reproduction. ▷ *Spécial.* Émission de voix utilisée pour communiquer, son du langage. *Classement, étude des sons par la phonétique.* ▷ *Son musical*, d'une hauteur déterminée dans l'échelle tonale. – A. fr. *suen*, lat. *sonus*.

ENCYCL Tout son résulte d'une vibration mécanique. Les particules du milieu placées au contact du système vibrant entrent elles-mêmes en vibration. La vitesse de propagation du son varie suivant les milieux: 331 m/s dans l'air à 0 °C (vitesse, dite *vitesse du son*, qui sert de référence en aérodynamique); 1 435 m/s dans l'eau à 8 °C; 5 000 m/s dans l'acier. Un son *pur* est produit par une vibration sinusoïdale (sa fréquence est constante). La plupart des sons sont *complexes* et peuvent être considérés comme la superposition d'un son *fondamental*, de fréquence donnée, et de ses *harmoniques*, dont les fréquences sont des multiples de la fréquence du son fondamental. Un son, en tant que phénomène physiologique, est caractérisé par son *intensité* (exprimée en décibels), par sa *hauteur* (directement liée à sa fréquence) et par son *timbre*, qui dépend du nombre, de la hauteur et de l'intensité de ses harmoniques*. V. aussi encycl. acoustique.

3. son [sõ] n. m. Déchet de la mouture du blé, des céréales, formé par les enveloppes des graines. ▷ Fig. *Taches de son:* taches de rousseur, éphélides. – A. fr. *seon*, «rebut», du lat. *secundus*, «qui suit, secondaire».

sonar [sɔnaʀ] n. m. MAR Appareil émetteur et récepteur d'ondes ultrasonores, utilisé pour la détection des objets immergés. – Mot angl., contract. de *So(und) Na(vigation) R(anging)*.

sonate [sɔnat] n. f. MUS **1.** Pièce de musique instrumentale comportant trois ou quatre mouvements et écrite pour un ou deux instruments, quelquefois trois. **2.** *Forme sonate:* exposition, développement et nouvelle exposition d'un thème, dans la sonate classique. – Ital. *sonata*, de *sonare*, «jouer d'un instrument, résonner».

sonatine [sɔnatin] n. f. Petite sonate, en général d'exécution facile. – Ital. *sonatina*, dimin. de *sonata*, «sonate».

sondage [sõdaʒ] n. m. **1.** Action de sonder; son résultat. ▷ TECH Opération qui consiste à forer le sol pour déterminer la nature, l'épaisseur et la pente des couches qui le constituent, ou pour rechercher des nappes d'eau, de pétrole, etc. **2.** Fig. Enquête, investigation discrète pour obtenir des renseignements. *Pratiquer un sondage dans les milieux politiques.* ▷ *Enquête par sondage*, ou *sondage d'opinion:* enquête menée auprès d'un certain nombre de personnes considérées comme représentatives d'un ensemble social donné (consommateurs, usagers, électeurs, etc.) en vue de déterminer leur opinion ou d'obtenir des renseignements statistiques sur une question définie. – De *sonder*.

sonde [sõd] n. f. **1.** Instrument constitué d'une masse pesante attachée au bout d'une ligne, servant à mesurer la profondeur de l'eau et à déterminer la nature du fond. ▷ Mesure de la profondeur obtenue par sondage. **2.** CHIR Instrument tubulaire cylindrique et allongé, présentant ou non un canal central, destiné à pénétrer dans un conduit naturel ou pathologique, à des fins diagnostiques ou thérapeutiques (introduction ou évacuation de liquide ou de gaz). *Sondes vésicale, œsophagienne, urétérale.* **3.** TECH Appareil servant à forer le sol. **4.** Instrument servant à prélever un échantillon d'un produit pour en vérifier la qualité. *Sonde à fromage.* **5.** ESP *Sonde spatiale:* engin non habité utilisé pour transmettre des renseignements sur la haute atmosphère terrestre ou sur les planètes du système solaire. ▷ METEO *Sonde aérienne:* ballon* -sonde. – De l'anc. nordique *sund*, «mer, détroit», dans *sundgyrd*, «perche à sonder».

sonder [sõde] v. tr. [1] **1.** TECH et cour. Explorer, reconnaître au moyen d'une sonde; pratiquer le sondage de. *Sonder une mer, une rivière.* – *Sonder un terrain.* ▷ Par métaph. *Sonder le terrain:* examiner avec soin (une affaire) avant de s'engager. **2.** Explorer avec une sonde l'intérieur, la masse de. *Sonder un mur.* ▷ CHIR Introduire une sonde dans. *Sonder une plaie.* – Par ext. *Sonder un malade.* **3.** Fig. Chercher à pénétrer, à reconnaître. *Sonder du regard la profondeur d'un ravin.* – *Sonder le cœur, les intentions de qqn, sonder qqn:* chercher à pénétrer, à deviner ses intentions, son état d'esprit. – De *sonde*.

sondeur, euse [sõdœʀ, øz] n. **I.** Personne qui effectue des sondages. **II.** TECH **1.** n. m. Appareil servant à déterminer la profondeur de l'eau et la nature du fond. *Sondeur à ultrasons.* **2.** n. f. Appareil utilisé pour les forages à faible profondeur. – De *sonder*.

songe [sõʒ] n. m. **1.** Litt. Rêve, association d'idées et d'images qui se forment pendant le sommeil. – *En songe:* en rêve, pendant le sommeil. **2.** Litt. Chimère, produit de l'imagination pendant l'état de veille. – Du lat. *somnium*, «rêve, chimère».

songe-creux [sõʒkʀø] n. m. inv. Personne qui nourrit son esprit de projets chimériques, de songes vains. – De *songer*, et *creux*.

songer [sõʒe] v. tr. indir. [15] **I.** Vx ou litt. Rêver, faire un songe. *J'ai songé que je volais.* ▷ (S. comp.) Se livrer à la rêverie, laisser aller son imagination. **II. 1.** *Songer à:* penser à; envisager de. *Il faut songer au départ, à partir.* ▷ Avoir l'intention de. *Il songe à se marier.* **2.** (Suivi d'une interrog. indir. ou d'une complétive.) Considérer, faire attention au fait que. *Songez qu'il y va de votre vie.* **3.** *Songer à:* se préoccuper de, faire attention à. *Songez à lui, ne l'abandonnez pas.* – *Songer à l'avenir.* **4.** *Songer à:* évoquer par la pensée. *Songer au passé, à ceux qui ont disparu.* – Du lat. *somniare*.

songerie [sõʒʀi] n. f. Rêverie; état d'une personne qui songe. – De *songer*.

songeur, euse [sõʒœʀ, øz] n. et adj. **1.** n. Litt. Personne qui songe, qui se livre à la rêverie. **2.** adj. Absorbé dans une rêverie, pensif. *Vous semblez songeuse.* – De *songer*.

sonique [sɔnik] adj. Relatif au son. ▷ PHYS Relatif aux phénomènes qui se produisent aux vitesses voisines de celle du son. – De *son* 2.

sonnaille [sɔnaj] n. f. Clochette attachée au cou des bêtes lorsqu'elles paissent ou voyagent. ▷ (Surtout pl.) Son produit par une sonnaille, par des cloches. – De *sonner*, et *-aille*.

1. sonnailler [sɔnaje] n. m. Animal qui, dans un troupeau, marche en tête avec la sonnaille. – Du préc.

2. sonnailler [sɔnaje] v. intr. [1] Rare Sonner, tinter, de façon désordonnée, désagréable. – Dimin. de *sonner*.

sonnant, ante [sɔnɑ̃, ɑ̃t] adj. Qui sonne. **1.** Qui rend un son clair et distinct. *Métal sonnant.* ▷ *Espèces sonnantes:* monnaie d'or et d'argent, ou, cour., monnaie métallique. **2.** Qui annonce les heures en sonnant. *Horloge, réveil sonnant.* ▷ *À midi sonnant:* à midi exactement, quand midi est en train de sonner. – Ppr. de *sonner*.

sonné, ée [sɔne] adj. **1.** Annoncé par le son d'une cloche, d'une sonnerie, *Messe sonnée.* – Spécial. *Il est minuit sonné*, minuit passé. ▷ Fig., fam. *Il a la cinquantaine bien sonnée.* **2.** Fam. Abruti, assommé par les coups. *Boxeur sonné.* **3.** Fig., fam. Fou. – Pp. de *sonner*.

sonner [sɔne] v. [1] **A.** v. intr. **I. 1.** Rendre un son, retentir sous l'effet d'un choc. *Cristal qui sonne.* ▷ *Spécial.* (En parlant d'une cloche ou d'un instrument à percussion apparenté, d'un appareil muni d'un timbre.) *Les cloches sonnaient à toute volée. Le réveil a sonné.* **2.** Émettre un son, en parlant de certains instruments de cuivre à embouchure. *Clairon qui sonne.* **3.** Être annoncé par une sonnerie. *Huit heures ont sonné. Les matines sonnent.* ▷ Fig. *Sa dernière heure a sonné,* est arrivée. **II.** Être articulé, prononcé clairement. *Faire sonner la consonne finale dans un mot.* ▷ *Mot qui sonne bien, mal,* qui est harmonieux, agréable à l'oreille, ou non. ▷ Fig. *Sonner faux:* donner une impression de fausseté, sembler incrédible. *Récit, promesses qui sonnent faux.* **III.** Actionner une sonnette, une sonnerie (spécial. pour se faire ouvrir, appeler ou prévenir). *Le facteur a sonné. Entrez sans sonner.* **B.** v. tr. **1.** Faire rendre un, des sons à un instrument, une cloche. *Sonner le cor. Sonner les cloches**. ▷ v. tr. indir. *Sonner de la trompette.* **2.** Annoncer, indiquer par le son d'un instrument, d'une sonnerie. *Sonner la diane, la charge. L'horloge sonne minuit.* **3.** Appeler (qqn) avec une sonnette. *Sonner la femme de chambre.* ▷ Pop. *On ne vous a pas sonné:* on ne vous a pas appelé, on ne vous a pas demandé votre avis. **4.** Fam. Assommer, abrutir *La nouvelle de cette catastrophe l'a sonné.* – Lat. *sonare,* de *sonus,* «son».

sonnerie [sɔnʀi] n. f. **1.** Son produit par des cloches ou par un timbre. *Sonnerie d'un carillon.* **2.** Air joué par un instrument de cuivre à embouchure. *Une sonnerie de trompe, de clairon.* **3.** *Par méton.* Ensemble des cloches d'une église, des pièces qui permettent à une horloge, à un réveil, etc., de sonner. *Réparer la sonnerie d'une pendulette.* **4.** Appareil d'appel ou d'alarme actionné par l'électricité. – Du préc.

sonnet [sɔnɛ] n. m. LITTER Pièce de quatorze vers de même mesure, en deux quatrains à rimes embrassées et deux tercets. *Les sonnets de Ronsard, de Hérédia.* – Ital. *sonetto,* de l'a. fr. *sonet,* «chansonnette».

sonnette [sɔnɛt] n. f. **1.** Clochette dont on se sert pour avertir, pour appeler. *Tirer sur le cordon de la sonnette.* ▷ Sonnerie (sens 4) que l'on peut déclencher à distance; son émis par cette sonnerie. **2.** *Serpent à sonnette:* crotale. **3.** TECH Engin constitué d'un mouton (sens 5) qui descend entre des glissières. *Sonnette à enfoncer les pieux.* – De *sonner.*

sonneur [sɔnœʀ] n. m. Celui qui sonne les cloches. ▷ Celui qui sonne de la trompette, du cor. – De *sonner.*

sono-. Élément, du lat. *sonus,* «son».

sono [sɔno] n. f. Fam. Abrév. de *sonorisation* (sens 2).

sonomètre [sɔnɔmɛtʀ] n. m. TECH **1.** Anc. Appareil à cordes vibrantes servant à l'étude des sons. **2.** Appareil utilisé pour la mesure des niveaux d'intensité acoustique des bruits (machines, avions, etc.). – De *sono-,* et *-mètre.*

sonore [sɔnɔʀ] adj. **1.** Qui est susceptible de produire un, des sons; qui produit un son. *Les corps sonores.* **2.** Dont le son est puissant, éclatant. *Une voix sonore.* ▷ PHON *Phonème sonore,* dont l'émission s'accompagne d'une vibration des cordes vocales. *Consonnes sonores,* ou, n. f., *les sonores* (par oppos. aux *sourdes:* [b], [v], [d], [z], [g], [ʒ], en français. **3.** Qui résonne, où le son retentit. *Couloir sonore.* **4.** Didac. Qui a rapport au son. *Ondes sonores.* ▷ CINE et cour. *Film sonore,* dont les images sont accompagnées de sons (dialogues, bruits, musique), par oppos. à *film muet.* – Lat. *sonorus,* de *sonare,* «résonner».

sonorisation [sɔnɔʀizasjɔ̃] n. f. **1.** Action de sonoriser (un lieu); son résultat. **2.** Ensemble des appareils utilisés pour sonoriser un lieu (salle de spectacle, etc.). – Abrév. fam. *sono. Une bonne sono.* **3.** *Sonorisation d'un film :* opération consistant à reporter l'enregistrement du son sur la bande portant les images. **4.** PHON Acquisition du trait de sonorité par un phonème. – De *sonoriser.*

sonoriser [sɔnɔʀize] v. tr. [1] **1.** Équiper (une salle de spectacle, un lieu quelconque) de tous les appareils nécessaires à l'amplification et à la diffusion du son (micros, amplificateurs, haut-parleurs, etc.). *Sonoriser une salle de concert, un champ de foire.* **2.** Effectuer la sonorisation de (un film). **3.** PHON Rendre sonore (une consonne sourde). – De *sonore.*

sonorité [sɔnɔʀite] n. f. **1.** Caractère de ce qui est sonore (sens 1). **2.** Propriété qu'ont certains lieux de répercuter les sons. *La sonorité d'une nef de cathédrale.* **3.** Qualité du son (d'un instrument de musique, d'un appareil électro-acoustique). *Sonorité d'un violon, d'un électrophone.* ▷ Plur. Sons d'une voix. *Un timbre aux sonorités rauques.* **4.** PHON Trait phonétique dû à la vibration des cordes vocales lors de l'émission des phonèmes sonores. – Bas lat. *sonoritas.*

sonothèque [sɔnɔtɛk] n. f. Lieu où sont conservés des enregistrements de bruits, de fonds sonores divers. – De *sono-,* et *-thèque.*

sophisme [sɔfism] n. m. Raisonnement valide en apparence, mais dont un des éléments est fautif (et, généralement, fait avec l'intention de tromper). – Lat. *sophisma,* mot gr.

sophiste [sɔfist] n. **1.** n. m. ANTIQ GR Maître de philosophie, de rhétorique. **2.** n. Personne qui use de sophismes. – Lat. *sophista,* gr. *sophistês.*
ENCYCL **Philo.** – Les sophistes développèrent la dialectique dans un sens relativiste et sceptique. Professant une philosophie empiriste et sensualiste, ils firent donc la critique des croyances religieuses de la Grèce antique. Les plus célèbres sophistes furent Protagoras, Prodicos, Gorgias, Hippias, Antiphon, Critias. Platon, qui les a attaqués avec insistance tout au long de son œuvre, a contribué à leur discrédit.

sophistication [sɔfistikasjɔ̃] n. f. **1.** Vieilli Action de sophistiquer, de falsifier. **2.** Anglicisme Caractère de ce qui est sophistiqué (sens II). – Sens 1, de *sophistiquer;* sens 2, angl.-amér. *sophistication,* de *to sophisticate,* «sophistiquer».

sophistique [sɔfistik] adj. et n. f. **1.** adj. Didac. Qui est de la nature du sophisme; captieux, spécieux. *Arguments sophistiques.* ▷ Qui est porté au sophisme. *Un esprit sophistique.* **2.** n. f. PHILO Mouvement de pensée représenté par les sophistes grecs; art des sophistes. – Lat. imp. *sophisticus.*

sophistiqué, ée [sɔfistike] adj. **I.** Vx Altéré, frelaté. *Vin sophistiqué.* **II.** Cour. **1.** Extrêmement recherché, qui laisse peu de place au naturel (notam. en parlant de l'apparence physique et du comportement). Maquillage très sophistiqué. Public mondain et sophistiqué. **2.** Extrêmement perfectionné; qui fait appel à des techniques de pointe. *Matériel sophistiqué.* – Fig. *Raisonnement sophistiqué,* très élaboré, complexe ou compliqué. – Sens I, pp. de *sophistiquer;* sens II, calque de l'anglo-amér. *sophisticated.*

sophistiquer [sɔfistike] v. tr. [4] **I.** Vx Frelater, falsifier (une substance). *Sophistiquer une liqueur.* **II.** Cour. **1.** Soigner à l'extrême (qqch), rendre sophistiqué (sens II, 1). *Sophistiquer sa coiffure.* **2.** Perfectionner par des techniques de pointe, rendre sophistiqué (sens II, 2). – Sens I, du bas lat. *sophisticari,* «déployer une fausse habileté»; sens II, calque de l'anglo-amér. *to sophisticate.*

sophora [sɔfɔʀa] n. m. BOT Grand arbre (*Sophora japonica,* fam. papilionacées) originaire d'Asie. – Mot du lat. scientif., ar. *sophera.*

sophrologie [sɔfʀɔlɔʒi] n. f. MED Étude des changements d'états de conscience de l'homme obtenus par des moyens psychologiques, et de leurs possibilités d'application thérapeutique (rêve, relaxation, hypnose, etc.). – Du gr. *sôs*, «harmonie», *phrên*, «esprit», et de *-logie*.

soporifique [sɔpɔʀifik] adj. et n. m. **1.** Qui fait naître le sommeil. ▷ N. m. Substance dont l'absorption entraîne le sommeil. *L'opium est un soporifique.* **2.** Fig., fam. Ennuyeux à faire dormir. *Sermon soporifique.* – Du lat. *sopor, soporis*, «sommeil profond».

soprane. V. soprano.

sopraniste [sɔpʀanist] n. m. MUS Chanteur adulte qui a une voix de soprano. – De *soprano*.

soprano [sɔpʀano] ou **soprane** [sɔpʀan] n. **1.** n. m. La plus haute des voix (voix de femme ou de jeune garçon). ▷ N. m. et f. Chanteur, chanteuse qui a cette voix. *Un(e) soprano. Des sopranos* (ou *des soprani*). **2.** n. m. (En appos., pour caractériser celui des instruments d'une famille qui a la tessiture la plus élevée.) *Saxophone soprano.* – Ellipt. *Jouer du soprano.* – Mot ital., littéralement «qui est au-dessus».

sorbe [sɔʀb] n. m. Fruit du sorbier, baie rouge orangé en forme de petite poire. Syn. corme. – Lat. *sorbum*.

sorbet [sɔʀbɛ] n. m. **1.** Anc. Boisson glacée à base de sucre et de jus de fruit battus avec du lait et des œufs. **2.** Mod. Glace aux fruits, confectionnée sans crème. – Ital. *sorbetto*, du turc *chorbet*, ar. *charbāt*, «boisson, sirop».

sorbetière [sɔʀbətjɛʀ] n. f. Récipient, appareil pour préparer les glaces, les sorbets. – Du préc.

sorbier [sɔʀbje] n. m. Arbre (genre *Sorbus*, fam. rosacées) à feuilles composées, à fleurs en corymbes. *Le sorbier des oiseleurs (Sorbus aucuparia) est une variété ornementale. Le sorbier indigène (Sorbus americana) est connu sous le nom de cormier et de mascouabina.* – De *sorbe*.

sorbitol [sɔʀbitɔl] n. m. PHARM Polyalcool préparé industriellement à partir de glucose, employé comme édulcorant et également comme stimulant de l'excrétion biliaire. – De *sorb(ier)* (dont on l'extrayait), *-ite* 2, et *-ol*.

sorbonnard, arde [sɔʀbɔnaʀ, aʀd] n. Fam., péjor. ou plaisant. Enseignant ou étudiant de la Sorbonne. – De *Sorbonne*, établissement public d'enseignement supérieur, situé à Paris au Quartier latin.

sorcellerie [sɔʀsɛlʀi] n. f. Pratiques occultes des sorciers; résultat de ces pratiques. ▷ Par exag. *C'est de la sorcellerie:* c'est prodigieux, inexplicable. – A. fr. *sorcerie*; de *sorcier*.

sorcier, ière [sɔʀsje, jɛʀ] n. (et adj.) **1.** Personne qui est réputée avoir pactisé avec les puissances occultes afin d'agir sur les êtres et les choses au moyen de charmes et de maléfices. ▷ *Rond* de sorcière* ▷ Fig. *Apprenti* sorcier* ▷ *Chasse aux sorcières:* poursuite systématique, par un régime politique, de ses opposants, s'accompagnant de vexations ou de persécutions plus ou moins graves. (S'est dit en partic. à propos de la politique anticommuniste pratiquée aux É.-U., à l'époque de la guerre de Corée sous l'impulsion du sénateur Mc Carthy, par allusion aux femmes condamnées au bûcher, comme sorcières, dans l'Angleterre et l'Amérique puritaines du XVIIe s.) ▷ *Vieille sorcière:* vieille femme à l'air méchant. **2.** adj. Fam. *Ce n'est pas sorcier:* ce n'est pas compliqué, c'est facile. – Du lat. pop. **sortiarius*, «diseur de sorts», du lat. *sors, sortis*, «sort, oracle».

sordide [sɔʀdid] adj. **1.** Dont la saleté dénote une grande pauvreté. *Quartier sordide.* **2.** Méprisable, ignoble. *Des calculs sordides. Un crime sordide.* – Lat. *sordidus*, de *sordes*, «saleté, ordure, bassesse».

sordidement [sɔʀdidmɑ̃] adv. D'une manière sordide. – De *sordide*.

sordidité [sɔʀdidite] n. f. Litt. Caractère de ce qui est sordide. – De *sordide*.

sore [sɔʀ] n. m. BOT Chacun des amas de sporanges de la face inférieure des frondes de fougères. – Du gr. *sôros*, «tas».

sorgho ou **sorgo** [sɔʀgo] n. m. Céréale (genre *Sorghum*) originaire de l'Inde, dite aussi *gros mil*, abondamment cultivée dans les pays chauds pour ses grains et comme fourrage. *Le sorgho commun est appelé aussi, millet à balais, parce que ses panicules servaient à faire des balais.* – Ital. *sorgo*, probabl. du lat. *syricus*, «de Syrie».

soricidés [sɔʀiside] n. m. pl. ZOOL Famille de petits mammifères insectivores, comprenant notam. les musaraignes. – Du lat. *sorex, soricis*, «souris».

sorite [sɔʀit] n. m. LOG Raisonnement consistant en une suite de propositions liées de telle sorte que l'attribut de chacune d'elles soit aussi le sujet de la suivante, et que la conclusion ait pour sujet le sujet de la première, et pour attribut l'attribut de l'avant-dernière. *A est B, B est C, C est D, D est E,..., Y est Z, donc A est Z.* – Du gr. *sôreitês*, propr. «formé par accumulation», de *sôros*, «tas».

sornette [sɔʀnɛt] n. f. Fam. (Surtout au plur.) Propos frivole, bagatelle, bêtise. – Peut-être du moyen fr. *sorne*, «raillerie», de l'anc. provenç. *sorn*, «sombre».

sororal, ale, aux [sɔʀɔʀal, o] adj. Didac. De la sœur, des sœurs. *Héritage sororal.* – Du lat. *soror*, «sœur».

sororat [sɔʀɔʀa] n. m. ETHNOL Système social qui oblige le mari veuf à prendre pour épouse la sœur de sa femme. Cf. aussi lévirat. – Du lat. *soror*, «sœur».

sororité [sɔʀɔʀite] n. f. Rare Lien, solidarité entre femmes. – Du lat. *soror*, «sœur», d'après *fraternité*.

sort [sɔʀ] n. m. **1.** Hasard, destin. *Les caprices du sort.* **2.** Effet du hasard, de la rencontre fortuite des événements bons ou mauvais; situation d'une personne, destinée. *Il est satisfait de son sort.* ▷ Loc. *Faire un sort à une chose*, lui assigner une destination; *par ext.*, faire valoir cette chose, la mettre en valeur ou en faire usage. – Fam., plaisant. *Faire un sort à un pâté*, le manger. **3.** Décision soumise au hasard. *Tirer au sort:* faire désigner par le hasard. – *Le sort en est jeté:* la décision est prise irrévocablement. **4.** Maléfice. *Jeter un sort à qqn.* – Lat. *sors, sortis*.

sortable [sɔʀtabl] adj. Fam. Que l'on peut sortir, montrer en public. *Cette robe n'est plus sortable.* ▷ Fam. Avec qui l'on peut sortir, qui est bien élevé. *Vous n'êtes vraiment pas sortable.* – De *sortir*.

sortant, ante [sɔʀtɑ̃, ɑ̃t] adj. (et n.) **1.** Qui sort d'un lieu. ▷ Subst. *Les entrants et les sortants.* **2.** Tiré par hasard. *Numéro sortant.* **3.** Dont le mandat vient d'expirer, en parlant d'un membre d'une assemblée. *Député sortant.* – Ppr. de *sortir*.

sorte [sɔʀt] n. f. **1.** Espèce, genre. *Diverses sortes d'animaux.* **2.** Ensemble des traits caractéristiques qui distinguent une chose; manière d'être. *Cette sorte d'affaires.* ▷ Loc. adv. *De la sorte:* de cette manière. **3.** *Une sorte de...*, se dit d'une chose qu'on ne peut caractériser que par rapport à une autre à laquelle elle ressemble, sans toutefois lui être absolument semblable. *Une sorte de casquette qui tient du béret et du képi.* **4.** loc. *Toutes sortes de:* beaucoup de. – *En quelque sorte:* presque, pour ainsi dire. – *Faire en sorte que* (+ subj.), *faire en sorte de* (+ inf.): agir de manière à. ▷ *De sorte que* ou, vieilli, *en sorte que:* de telle façon que. *De (telle) sorte que:* si bien que. – Du lat. *sors, sortis*, «sort», puis «manière».

sortie [sɔʀti] n. f. **I. 1.** Action de sortir. *C'est sa première sortie depuis sa maladie.* ▷ *Spécial.* Action de quitter la scène. *Régler la sortie d'un acteur. Fausse sortie*, suivie d'un retour immédiat. ▷ Action de quitter son domicile pour se distraire. **2.** Moment où l'on sort. *La sortie des spectacles.* **3.** Porte, issue. *Cette maison a plusieurs sorties.* **4.** Transport de marchandises hors d'un pays. **5.** INFORM Donnée qui sort de l'ordinateur après traitement. *États de sortie fournis par une imprimante.* **6.** Somme dépensée. *Les entrées et les sorties.* **7.** Attaque faite pour sortir d'une place investie. *Les assiégés tentèrent une sortie.* ▷ AVIAT Envol d'un appareil, d'une escadrille, etc., pour une mission de guerre. *Cette unité a effectué cent sorties.* **8.** Fig. Brusque emportement contre qqn. *Faire une sortie.* ▷ Incongruité, parole déplacée que qqn laisse échapper en public. **9.** Le fait d'être rendu public, publié, mis en vente. *Sortie d'un film.* **II.** Vieilli *Sortie de bal:* manteau mis sur une robe de bal. – *Sortie de bain:* peignoir. – Pp. fém. subst. de *sortir.*

sortilège [sɔʀtilɛʒ] n. m. Maléfice; action magique. – Lat. médiév. *sortilegium,* du lat. *sortilegus,* «qui lit le sort, devin», de *sors, sortis,* «sort».

1. sortir [sɔʀtiʀ] v. [33] **I.** v. intr. **1.** Passer du dedans au dehors. *Sortir de chez soi.* **2.** Commencer à paraître, pousser. *Il lui est sorti une dent. Les bourgeons sortent.* **3.** Dépasser à l'extérieur. *Le rocher sort de l'eau.* **4.** S'échapper, s'exhaler. *La fumée sort de la cheminée.* **5.** Aller hors de chez soi pour se distraire, se promener. *Il sort tous les soirs.* **6.** Paraître, être publié, mis en vente, présenté au public. *Ce film sort le mois prochain.* **7.** Être désigné par le hasard, dans un tirage au sort, dans un jeu. *C'est le neuf qui sort.* **8.** Cesser d'être dans (tel état, telle situation). *Sortir de la misère. Sortir de maladie.* ▷ Fam. *Je sors d'en prendre:* je viens d'en faire la désagréable expérience. **9.** Être issu de. *Sortir d'une famille d'avocats.* **10.** Être le produit de, avoir pour provenance. *Complet qui sort de chez le bon faiseur.* **II.** v. tr. **1.** Conduire dehors (qqn). *Sortir des enfants.* ▷ Fam. Emmener (qqn) quelque part pour le distraire. **2.** Mettre dehors. *Sortir un cheval de l'écurie.* **3.** Tirer. *Sortir qqn d'un mauvais pas.* **4.** Publier, mettre en vente, faire paraître, rendre public. *Sortir un roman, un film.* **5.** Fam. Dire. *Il en sort de bonnes.* **III.** v. pron. *Se sortir de:* se tirer de. *Comment se sortir de ce mauvais pas.* – P.-ê. de *sortir* 3 ou du lat. pop. **surctus,* lat. class. *surrectus,* de *surgere,* «jaillir».

2. sortir [sɔʀtiʀ] n. m. *Au sortir de:* au moment où l'on sort de, à l'issue de. *Au sortir de l'hiver.* – Subst. de *sortir* 1.

S.O.S. [ɛsoɛs] n. m. Signal de détresse radiotélégraphique consistant en l'émission continue de trois points (lettre S, en morse) suivis de trois traits (lettre O). *Capter un S.O.S.* ▷ *Par ext.* Tout signal de détresse, tout appel à l'aide. *Ses yeux lançaient des S.O.S.* – Lettres choisies pour la simplicité du signal (l'étym. anc.: initiales des mots anglais *Save Our Souls,* «sauvez nos âmes [Seigneur]», est fantaisiste).

sosie [sɔzi] n. m. Personne qui ressemble parfaitement à une autre. *Avoir un sosie.* – De *Sosie,* nom de l'esclave d'Amphitryon dont Mercure prend l'aspect, dans l'«Amphitryon» (1669) de Molière.

sostenuto [sɔstenuto] adv. MUS En jouant de façon soutenue. – Mot ital., «soutenu»

sot, sotte [so, sɔt] adj. et n. **1.** (Personnes.) Qui est sans intelligence ni jugement. ▷ Subst. *«Un sot savant est sot plus qu'un sot ignorant»* (Molière). **2.** (Choses.) Qui dénote la sottise. *Une sotte idée.* **3.** n. m. LITTER Bouffon, personnage de sotie. – Orig. incon.

sotériologie [sɔteʀjolɔʒi] n. f. Didac. Doctrine du salut de l'homme par un rédempteur. – Du gr. *sôtêrion,* «salut», et *-logie.*

sotie ou **sottie** [sɔti] n. f. LITTER Farce satirique, aux XIVe et XVe s. – De *sot.*

sot-l'y-laisse [solilɛs] n. m. inv. Morceau d'une saveur délicate, au-dessus du croupion des volailles. – De *(le) sot l'y laisse.*

sottement [sɔtmɑ̃] adv. D'une manière sotte. – De *sot.*

sottie. V. sotie.

sottise [sɔtiz] n. f. **1.** Manque d'intelligence et de jugement. ▷ Action, parole qui dénote la sottise. *Dire des sottises.* **2.** Action déraisonnable d'un enfant, bêtise. *Quelle sottise a-t-il encore inventée?* – De *sot.*

sottisier [sɔtizje] n. m. Recueil de bévues d'auteurs célèbres, de sottises relevées dans la presse, les devoirs d'élèves, etc. – De *sottise.*

sou [su] n. m. **1.** Anc. Vingtième partie de la livre française, valant douze deniers. ▷ Anc. pièce de cinq centimes créée sous la Révolution française. **2.** Centième partie du dollar; pièce ayant cette valeur. *Ça m'a coûté 75 sous.* – *Un cinq, dix, vingt-cinq, cinquante sous,* une pièce de cinq, dix... cents. Fam. *Un trente-sous,* une pièce de vingt-cinq cents. Rem. Le mot *cent* (ou *cenne*), au fém., est perçu comme plus fam. que *sou,* sauf dans *un trente-sous* qui est fam. comparativement à *un vingt-cinq cents.* **3.** Loc. *Appareil, machine à sous,* jeu de hasard où l'on gagne des pièces de monnaie. – *N'avoir pas le sou, pas un sou vaillant; être sans le sou:* ne pas avoir d'argent; être dans le besoin. – *D'un sou, de quat(re) sous:* sans valeur. *«Ce bijou d'un sou»* (Verlaine). – *Propre comme un sou neuf,* très propre. – *Sou à sou, sou par sou:* par très petites sommes. – Plur. Fam. *Des sous:* de l'argent. Fam. *Être près de ses sous,* avare. – *C'est une affaire de gros sous,* dans laquelle ce sont les questions d'argent, d'intérêts qui sont en jeu. – Du bas lat. *soldus,* «pièce d'or», de *solidus,* «massif».

ENCYCL Le mot *sou,* qui est de nos jours un synonyme de *cent* (ou *cenne*), s'est appliqué d'abord à une monnaie qui avait cours sous le Régime français. Le sou (généralement orthographié *sol* dans les textes anciens) valait le vingtième de la livre. Au début du Régime anglais, on a dû redéfinir le cours des diverses monnaies en circulation au Canada, notamment celui de la piastre, monnaie d'origine espagnole. En 1764, le Gouverneur Murray en fixe le cours à 6 livres françaises (ou 6 chelins anglais), ce qui équivaut à 120 sous ancien cours. À la suite de nombreuses fluctuations dans le cours des monnaies, le dollar devient l'unité monétaire légale du Canada en 1858. Cette nouvelle unité, appelée *piastre* dès 1859 dans les textes officiels en français, se compose de 100 cents (ou centins, terme qui est utilisé dans les textes de loi au XIXe s.). La loi impose le nouveau système monétaire dans les comptes publics mais permet de faire figurer les montants selon l'ancien système dans une colonne séparée. On continue donc, pendant de nombreuses années, à compter selon le système d'avant 1858 dans l'usage de tous les jours. On maintient notamment, surtout dans les campagnes, l'habitude de donner à la piastre la valeur de 120 sous anciens, d'où les expressions *six sous, douze sous, trente sous,* qui «se disent communément pour cinq centins, dix centins, vingt-cinq centins» (S. Clapin, *Dictionnaire canadien-français,* 1894). De cet usage ancien, on conserve encore aujourd'hui l'expression *trente-sous,* désignant une pièce de vingt-cinq cents. V. piastre et cent.

soubassement [subasmɑ̃] n. m. **1.** Partie inférieure d'un édifice, reposant sur les fondations. **2.** GEOL Socle sur lequel reposent des couches de terrain. – De *sous,* et *bas* 1.

soubresaut [subʀəso] n. m. **1.** Mouvement brusque et inopiné. *Les soubresauts d'une carriole.* **2.** Mouvement spasmodique, tressaillement. *Ses jambes étaient agitées de soubresauts.* – Provenç. *sobresaut,* de *sobre,* «par-dessus», et *saut.*

soubrette [subʀɛt] n. f. **1.** LITTER Servante de comédie. **2.** Vx ou plaisant. Femme de chambre avenante et délurée. – Provenç. *soubreto*, de *soubret*, «affecté»; de l'anc. provenç. *sobrar*, «être de trop», du lat. *superare*.

soubreveste [subʀəvɛst] n. f. ANC. Vêtement militaire sans manches qui se portait par-dessus les autres vêtements. – Anc. provenç. *sobravesta*, ital. *sopravesta*, propr. «vêtement de dessus».

souche [suʃ] n. f. **1.** Partie d'un arbre (bas du tronc et racines) qui reste en terre après l'abattage. ▷ Loc. *Demeurer, dormir, rester comme une souche*, tout à fait immobile. **2.** Personne dont descend une famille. *Faire souche:* être le premier d'une suite de descendants. ▷ Par ext. *Les crossoptérygiens constituent la souche commune des vertébrés tétrapodes.* **3.** CONSTR Massif de maçonnerie ou de béton qui traverse une toiture et qui contient les conduits de fumée. **4.** Partie d'un carnet, d'un registre, qui reste quand on en a détaché les feuilles, et qui permet d'éventuels contrôles. *La souche d'un chéquier.* – Gaul. **tsukka*; cf. all. *Stock*, «bâton».

1. souchet [suʃɛ] n. m. BOT Plante herbacée des lieux humides (fam. cypéracées). – De *souche*, à cause des rhizomes de la plante.

2. souchet [suʃɛ] n. m. Canard *(Anas clypeata)* à la tête verte et au large bec. – P.-ê. de *souche*, d'après l'aspect du bec.

souchette [suʃɛt] n. f. Sorte de collybie poussant sur les souches. – Dimin. de *souche*.

souchong [suʃɔ̃ŋ] n. m. Thé noir de Chine. – Du chin. *siao-chung*, par l'angl.

1. souci [susi] n. m. **1.** Préoccupation, contrariété. *Vivre sans souci au jour le jour.* **2.** Ce qui contrarie, préoccupe. ▷ Loc. *C'est le cadet, le dernier, le moindre de mes soucis:* cela me laisse indifférent, je ne m'en occupe pas. –Déverbal de *soucier*.

2. souci [susi] n. m. Plante herbacée ornementale (fam. composées) aux fleurs jaunes ou orange. – *Souci d'eau:* populage*. – Altér. d'ap. *souci* 1, de l'a. fr. *soussie*, «tournesol», bas lat. *solsequia*, propr. «qui suit le soleil».

3. souci [susi] n. m. Rare Papillon diurne aux ailes orangé et noir. – De *souci* 2, par anal. de couleur.

soucier [susje] v. tr. [1] Vx Préoccuper. *Cela le soucie.* ▷ v. pron *Se soucier de:* se préoccuper de. *Ne vous souciez de rien.* – Du lat. *sollicitare*. V. solliciter.

soucieusement [susjøzmɑ̃] adv. D'une manière soucieuse. – De *soucieux*.

soucieux, euse [susjø, øz] adj. **1.** Inquiet, préoccupé. **2.** *Soucieux de:* qui prend intérêt, qui fait attention à. *Être soucieux de sa santé.* – De *soucier*.

soucoupe [sukup] n. f. **1.** Petite assiette qui se place sous une tasse. **2.** *Soucoupe volante:* objet volant non identifié en forme de disque. – Sens 1, de l'ital. *sottocoppa*, d'ap. *sous*, et *coupe;* sens 2, calque de l'amér. *flying saucer*.

soudable [sudabl] adj. Qui peut être soudé. – De *souder*.

soudage [sudaʒ] n. m. Action de souder; son résultat. *Soudage à l'arc.* – De *souder*.

ENCYCL **Tech.** – Le soudage, qui peut s'effectuer avec ou sans métal d'apport, nécessite une source de chaleur, que l'on dirige sur les bords des pièces à souder. Le *soudage oxyacétylénique* s'effectue au moyen d'un chalumeau alimenté en oxygène et en acétylène (température de 3 100 °C). Dans le *soudage à l'arc*, la chaleur est obtenue par un arc électrique qui s'établit entre l'électrode de soudage et la pièce à souder (température pouvant dépasser 6 000 °C). Le *soudage par résistance*, très utilisé dans l'industrie, en partic. dans l'industr. auto. (soudage par points ou continu, à l'aide d'une molette), consiste à faire passer un courant de grande intensité entre les pièces à souder. Le soudage s'effectue aussi par bombardement électronique, par jet de plasma, par laser.

soudain, aine [sudɛ̃, ɛn] adj. et adv. **1.** adj. Subit, brusque. *Départ soudain.* **2.** adv. Tout à coup. *Soudain il s'écria...* – Du bas lat. *subitanus*, class. *subitaneus*, de *subitus* (V. subit).

soudainement [sudɛnmɑ̃] adv. Subitement, tout d'un coup. – Du préc.

soudaineté [sudɛnte] n. f. Caractère de ce qui est soudain, brusque. – De *soudain*.

soudanais, aise [sudanɛ, ɛz] adj. et n. **1.** De l'État africain du Soudan. **2.** De la zone climatique qui va du Sénégal au Soudan. *Le climat soudanais.* **3.** *Langues soudanaises* ou *le soudanais:* langues africaines parlées de l'Éthiopie au Tchad et du sud de l'Égypte à l'Ouganda et à la Tanzanie. – De l'ar. *sudān*, «(les) Noirs», de *aswad*, «noir».

soudant, ante [sudɑ̃, ɑ̃t] adj. METALL *Blanc soudant :* blanc éclatant du fer suffisamment chauffé pour pouvoir être soudé. – Ppr. de *souder*.

soudard [sudaʀ] n. m. **1.** HIST Mercenaire. **2.** Péjor. Soldat grossier et brutal. – De l'a. fr. *soudoier*, «homme d'armes», de *soute*, «solde».

soude [sud] n. f. **I.** Plante (fam. des chénopodiacées) des terrains côtiers dont on tirait autref. le carbonate de sodium. **II. 1.** CHIM Hydroxyde de sodium, de formule NaOH, base très forte et caustique, utilisée notam. dans la fabrication de la pâte à papier et en savonnerie. **2.** PHARM Sodium. *Bicarbonate de soude.* **3.** *Cristaux de soude :* carbonate de sodium cristallisé utilisé notam. pour le nettoyage et la désinfection des sanitaires. – Lat. médiév. *soda*, ar. *suwwād*, «soude» (sens I).

souder [sude] v. tr. [1] **1.** Joindre à chaud (des pièces de métal, de matière fusible) de manière à former un tout continu. *Fer à souder:* outil constitué d'une masse métallique fixée à une tige emmanchée, que l'on chauffe pour faire fondre l'alliage d'étain utilisé dans les soudures ordinaires. *Lampe* à souder.* **2.** Unir étroitement, joindre, agréger. ▷ v. pron. *Groupe qui se soude*, dont les membres deviennent solidaires. – Du lat. *solidare*, «affermir», de *solidus*, «dense, massif».

soudeur, euse [sudœʀ, øz] n. **1.** n. Personne qui soude; ouvrier qualifié spécialiste du soudage. **2.** n. f. TECH Machine à souder. – De *souder*.

soudier, ière [sudje, jɛʀ] n. TECH **1.** n. f. Usine où l'on fabrique de la soude. **2.** n. m. Ouvrier employé dans une soudière. – De *soude*.

soudoyer [sudwaje] v. tr. [26] S'assurer le secours, la complaisance de (qqn) à prix d'argent (le plus souvent avec une intention malhonnête). *Soudoyer des témoins.* – De *solde* 1.

soudure [sudyʀ] n. f. **1.** Composition métallique utilisée pour souder. *Soudure à l'étain, à l'argent.* **2.** Soudage. ▷ Manière dont des pièces sont soudées; partie soudée. **3.** Union, adhérence étroite de deux éléments voisins. *Soudure des os du crâne.* **4.** *Faire la soudure :* assurer l'approvisionnement entre deux récoltes, deux livraisons, etc. *Les stocks ne suffirent pas à faire la soudure.* – De *souder*.

soue [su] n. f. Étable à porcs. – Anc. mot dial.; du bas lat. *sutis*.

soufflage [suflaʒ] n. m. Opération par laquelle on souffle le verre. – De *souffler*.

soufflant, ante [suflɑ̃, ɑ̃t] adj. et n. **1.** adj. Qui sert à souffler. *Machine soufflante. Bombe soufflante*, qui agit par effet de souffle. **2.** n. f. METALL Ventilateur qui pulse l'air vers les tuyères d'un haut fourneau. – Ppr. de *souffler*.

soufflard [suflaʀ] n. m. GEOL Jet de vapeur d'eau dans une région volcanique. – De *souffler.*

souffle [sufl] n. m. **1.** Mouvement de l'air que l'on expulse par la bouche ou par le nez. ▷ Loc. *Le dernier souffle :* le dernier soupir. – *Avoir le souffle coupé,* la respiration interrompue. – *Manquer de souffle:* s'essouffler facilement. – *Être à bout de souffle:* être très essoufflé, être hors d'haleine. – *Second souffle:* regain d'activité. **2.** Fig. Inspiration. *Le souffle du génie.* **3.** Agitation de l'air causée par le vent. *C'est le calme plat, il n'y a pas un souffle.* **4.** MED Bruit anormal, évoquant le souffle, perçu à l'auscultation de l'appareil respiratoire ou circulatoire. *Souffle systolique,* perçu pendant la systole. **5.** Ensemble des effets de surpression dus à l'onde de choc que produit une explosion. – Déverbal de *souffler.*

soufflé, ée [sufle] adj. et n. **1.** adj. Gonflé par la cuisson. – *Maïs soufflé:* pop-corn. **2.** n. m. Mets à base de blancs d'œufs battus, cuit au four, et dont la pâte gonfle beaucoup. *Soufflé au fromage, au chocolat.* – Pp. de *souffler.*

soufflement [sufləmɑ̃] n. m. Rare Action de souffler. – De *souffler.*

souffler [sufle] v. [1] **I.** v. intr. **1.** Expulser de l'air par la bouche ou le nez, volontairement. *Souffler dans une trompette.* **2.** Respirer avec effort. *Souffler comme un bœuf.* **3.** Reprendre haleine, se reposer. *Souffler un moment.* **4.** Agiter l'air. *La vent souffle.* **5.** TECH Actionner une soufflerie. *Souffler à l'orgue.* **II.** v. tr. **1.** Envoyer un courant d'air sur (qqch). *Souffler une bougie,* l'éteindre en soufflant dessus. **2.** Fig., fam. *Souffler qqch à qqn,* le lui subtiliser. ▷ JEU *Souffler un pion, une dame,* l'ôter à son adversaire, aux dames, parce qu'il a négligé de s'en servir pour prendre. *Souffler n'est pas jouer,* l'action de souffler ne compte pas pour un coup. **3.** Envoyer de l'air, du gaz dans (qqch). *Souffler le verre:* insuffler de l'air dans une masse de verre au moyen d'un tube métallique, pour la façonner. – Gonfler. *Souffler un ballon, un pneu.* **4.** Dire tout bas. *Souffler qqch à l'oreille de qqn. Ne pas souffler mot:* ne rien dire. *Souffler son texte à un comédien.* ▷ Fig. Suggérer. *Quelqu'un lui en a soufflé l'idée.* **5.** Détruire par effet de souffle. *L'explosion a soufflé les vitres.* **6.** Fam. Étonner fortement. *Son aplomb m'a toujours soufflé.* – Lat. *sufflare,* «souffler sur», de *sub,* «sur», et de *flare,* «souffler».

soufflerie [sufləʀi] n. f. Appareillage destiné à souffler de l'air, un gaz. *Soufflerie d'un orgue.* ▷ *Spécial.* Installation destinée aux essais aérodynamiques, constituée par un tunnel dans lequel on souffle de l'air (ou, plus rarement, un autre gaz) à grande vitesse. *Essais en soufflerie d'un prototype d'avion, d'automobile.* – De *souffler.*

soufflet [suflɛ] n. m. **I. 1.** Instrument destiné à souffler de l'air sur un foyer, constitué en général d'une poche de matière souple (cuir, etc.) fixée entre deux plaques rigides que l'on éloigne et que l'on rapproche alternativement pour expulser de l'air à travers un conduit. **2.** *Par anal.* Ce qui se replie comme le cuir d'un soufflet. *Une serviette à soufflets. Soufflets entre deux wagons de chemin de fer.* **II.** Litt. Coup du plat ou du revers de la main sur la joue, gifle. ▷ Fig. Affront. – De *souffler.*

souffleter [sufləte] v. tr. [23] Litt. Donner un soufflet à (qqn). – De *soufflet.*

souffleur, euse [suflœʀ, øz] n. **I. 1.** Personne qui souffle. *Un souffleur de ballons.* ▷ *Spécial.* Ouvrier qui souffle le verre. **2.** Au théâtre, personne qui souffle leur texte aux comédiens si besoin est. *Le trou du souffleur.* **II.** n. m. **1.** Nom donné autref. à certains cétacés. **2.** Vieilli ou rural Instrument destiné à souffler de l'air sur un foyer. Syn. soufflet. **III.** n. f. Lourd véhicule automobile muni à l'avant d'un dispositif à mouvement hélicoïdal qui entraîne la neige dans un puissant système de soufflerie en vue de la projeter hors des voies de circulation. *Souffleuse à neige.* «Au coin du boulevard Saint-Joseph, une souffleuse dévorait un banc de neige dans un vacarme infernal. Un puissant projecteur était installé sur le toit de la souffleuse pour éclairer le pointeur qui marchait à reculons devant la machine en dirigeant avec de grands gestes le conducteur qui ne voyait pas grand-chose, ni du côté des bancs de neige qui disparaissaient dans les mâchoires circulaires pour ensuite être broyés, soufflés, projetés en un puissant jet par un long tuyau recourbé dans la cuvette des camions, ni du côté de ces camions qui avançaient parallèlement et s'approchaient parfois un peu trop près, risquant de provoquer un dangereux frottement ou même un accident.» (Michel Tremblay, *La duchesse et le roturier,* 1982.) Rem. On dit aussi *souffleur.* ▷ *Par ext.* Appareil automoteur muni d'un dispositif de déneigement similaire, conduit à l'aide de mancherons. *Passer la souffleuse dans la cour.* – De *souffler.*

soufflure [suflyʀ] n. f. METALL Cavité à l'intérieur d'une pièce moulée due à un dégagement de gaz lors de la solidification. – De *souffler.*

souffrance [sufʀɑ̃s] n. f. **1.** Le fait de souffrir, physiquement ou moralement. *Supporter courageusement ses souffrances.* **2.** loc. *En souffrance:* en attente, en suspens. *Laisser une affaire en souffrance.* – Lat. imp. *sufferentia,* du class. *sufferre,* «supporter».

souffrant, ante [sufʀɑ̃, ɑ̃t] adj. **1.** Litt. Qui souffre. – Spécial. *L'Église souffrante:* les âmes du purgatoire. **2.** Légèrement malade. *M. Untel, souffrant, s'est fait excuser.* – Ppr. de *souffrir.*

souffre-douleur [sufʀədulœʀ] n. m. inv. Personne en butte au mépris et aux mauvais traitements des autres. – De *souffrir,* et *douleur.*

souffreteux, euse [sufʀətø, øz] adj. De constitution débile, maladive. *Un petit être pâle et souffreteux.* – De l'a. fr. *suffraite,* «dénuement, privation», avec infl. de *souffrir;* lat. pop. **suffracta,* fém. subst. de *suffractus,* pp. de *suffringere,* propr. «briser par le bas».

souffrir [sufʀiʀ] v. [35] **I.** v. intr. **1.** Éprouver une sensation douloureuse ou pénible. *Souffrir du froid.* – (Sens moral.) *Il a beaucoup souffert de cette séparation.* **2.** Éprouver un dommage. *Les vignes ont souffert de la gelée.* **II.** v. tr. **1.** Endurer, éprouver, supporter. *Cette maladie lui fait souffrir le martyre.* – Cour. (Avec comp. de personne). *Ne pas souffrir qqn:* ne pas pouvoir le supporter, l'exécrer. ▷ v. pron. *Ils ne peuvent se souffrir,* se supporter. **2.** Litt. Permettre. *Souffrez que je vous dise...* ▷ Tolérer, admettre. *Ne souffrez pas de tels caprices.* – (Sujet n. de chose.) *Affaire qui ne peut souffrir aucun retard.* – Du lat. pop. **sufferire,* class. *sufferre,* «supporter».

soufisme [sufism] n. m. RELIG Doctrine ésotérique de l'islam, mystique et ascétique. – De *soufi,* «mystique de l'islam»; de l'ar. *souf,* «laine», à cause du vêtement de ces ascètes.

soufrage [sufʀaʒ] n. m. Action de soufrer. – De *soufrer.*

soufre [sufʀ] n. m. et adj. inv. **1.** Solide jaune et cassant, non conducteur, qui brûle en dégageant une odeur suffocante; élément non métallique de numéro atomique $Z = 16$, de masse atomique 32,064 (symbole: S). ▷ *Fleur de soufre:* soufre pulvérulent. ▷ Adj. inv. De la couleur jaune clair du soufre. **2.** loc. fig. *Sentir le soufre:* avoir qqch de diabolique. – Lat. *sulphur, sulfur.*

soufré, ée [sufʀe] adj. **1.** Enduit de soufre. *Allumettes soufrées.* **2.** Qui évoque l'odeur piquante du soufre en combustion. *Senteur soufrée.* **3.** De la couleur jaune clair du soufre. – De *soufre.*

soufrer [sufʀe] v. tr. [1] **1.** Enduire de soufre. **2.** AGRIC Saupoudrer de fleur de soufre. *Soufrer une vigne.* – De *soufre.*

soufreur, euse [sufʀœʀ, øz] n. **1.** n. TECH Celui, celle qui soufre les vignes. **2.** n. f. Appareil utilisé pour soufrer les vignes. – De *soufrer.*

soufrière [sufʀijɛʀ] n. f. Lieu d'où l'on retire du soufre. – De *soufre.*

souhahéli. V. swahili.

souhait [swɛ] n. m. **1.** Désir d'obtenir qqch qu'on n'a pas. *Quels sont vos souhaits pour l'avenir?* ▷ Loc. fam. *À vos souhaits!* (à qqn qui éternue). **2.** Vœu que l'on formule à l'adresse de qqn. *Souhaits de bonne année.* **3.** loc. adv. *À souhait:* aussi bien que l'on peut souhaiter; parfaitement. *Un poulet doré à souhait.* – Déverbal de *souhaiter.*

souhaitable [swɛtabl] adj. Qui est à souhaiter. – De *souhaiter.*

souhaiter [swɛte] v. tr. [1] Désirer, former un, des souhaits pour. *Je souhaite votre succès. Je vous souhaite une bonne année.* – Fam., plaisant. *Je vous en souhaite :* je prévois des désagréments que vous ne soupçonnez pas. – Du gallo-roman (dialecte roman parlé en Gaule) *subtushaitare,* du lat. *subtus,* «sous», et du frq. *haitan,* «ordonner, promettre».

souillard [sujaʀ] n. m. Trou percé dans une pierre, dans un mur, et qui assure l'écoulement des eaux ménagères ou pluviales. – De l'a. fr. *souil* ou *soil* (V. souiller).

souille [suj] n. f. **1.** VEN Bourbier où se vautre le sanglier. **2.** MAR Enfoncement que forme dans la vase ou le sable un navire échoué. – De l'a. fr. *soil* (V. souiller).

souiller [suje] v. tr. [1] **1.** Litt. Salir. *Souiller ses habits.* – *Spécial.* Cour. Salir d'excréments. *Souiller son lit.* ▷ v. pron. *Se souiller les mains.* **2.** Fig., litt. *Souiller le nom, la réputation de qq.* – De l'a. fr. *soil,* «abîme de l'enfer, bourbier»; du lat. *solium,* «siège, cuve, baquet».

souillon [sujõ] n. f. Vx Servante malpropre. ▷ *Par ext.* Femme peu soigneuse. – De *souiller.*

souillure [sujyʀ] n. f. **1.** Rare Tache, saleté. **2.** Fig. Flétrissure morale. – De *souiller.*

souï-manga ou **souïmanga** [swimɑ̃ga] n. m. Petit oiseau passériforme d'Afrique tropicale, au plumage coloré. – Mot malgache.

souk [suk] n. m. **1.** Marché, dans les pays arabes. **2.** Fig., fam. Grand désordre. *Qu'est-ce que c'est que ce souk?* – Mot ar.

soûl, soûle ou, vieilli, **saoul, saoule** [su, sul] adj. **1.** Vx Pleinement repu. ▷ Mod. Loc. adv. *Tout son (mon, ton, notre, votre, leur) soûl:* autant qu'il suffit, autant qu'on veut. *Dormir, manger tout son soûl.* **2.** Ivre. ▷ Fig. *Soûl de:* grisé par. *Soûl de paroles, de musique.* – Du lat. *satullus,* de *satur,* «rassasié».

soulagement [sulaʒmɑ̃] n. m. **1.** Fait de soulager; chose, fait qui soulage. *Son départ a été pour moi un soulagement.* **2.** État d'une personne soulagée. *Soupir de soulagement.* – De *soulager.*

soulager [sulaʒe] **I.** v. tr. [15] **1.** Débarrasser (qqn) d'une partie d'un fardeau, d'une charge. *Soulager une bête de somme.* – Plaisant *Soulager qqn de son argent,* en le lui volant. ▷ (Objet n. de chose.) *Soulager une poutre.* **2.** Débarrasser (qqn) d'une partie de ce qui pèse sur lui, de ce qui lui pèse (souffrance, angoisse, misère, etc.). *Soulager un malade. Soulager les malheureux.* **3.** Rendre (qqch) moins pénible à supporter. *Cette piqûre doit soulager ses douleurs.* **II.** v. pron. Fam. Satisfaire un besoin naturel. – Du lat. pop. **subleviare,* class. *sublevare,* «soulever, lever, exhausser».

soûlant, ante [sulɑ̃, ɑ̃t] adj. Fam. Fatigant, assommant. *Il est soûlant, avec ses histoires.* – Ppr. de *soûler.*

soûlard, arde [sulaʀ, aʀd], **soûlaud, aude** [sulo, od] ou **soûlot, ote** [sulo, ɔt] n. Pop. Ivrogne, ivrognesse. – De *soûl.*

soûlerie [sulʀi] n. f. Fam. Partie de débauche où l'on s'enivre, beuverie. – De *soûler.*

soûler ou, vieilli, **saouler** [sule] v. tr. [1] **1.** Fam. Enivrer. ▷ v. pron. *Il se soûle pour oublier sa peine.* **2.** Fig. Griser. ▷ v. pron. *Se soûler de mots.* **3.** Fam. Ennuyer, fatiguer. *Tu nous soûles, avec tes jérémiades.* – De *soûl.*

soulèvement [sulɛvmɑ̃] n. m. **1.** Fait de se soulever, d'être soulevé (choses). *Soulèvement de terrain,* qui produit un plissement. **2.** Vaste mouvement de révolte. *Le soulèvement fut durement réprimé.* – De *soulever.*

soulever [sulve] v. tr. [19] **I.** (Concret.) **1.** Lever à une faible hauteur. *Soulever un meuble pour le déplacer.* **2.** Relever (une chose qui en couvre une autre). *Soulever un voile.* **3.** Mettre en mouvement, faire s'élever. ▷ v. pron. *La poussière se soulevait sous l'effet du vent.* ▷ Loc. fig. *Soulever le cœur de, à qqn,* susciter son dégoût. *Ce spectacle me soulève le cœur.* **4.** Pop. Voler, dérober. *Il s'est fait soulever sa montre.* **II.** (Abstrait.) **1.** Exciter, provoquer (un sentiment, une réaction). *Ces propos soulèvent l'indignation générale, l'admiration de tous... Soulever un tonnerre d'applaudissements.* **2.** *Spécial.* Provoquer la colère, l'indignation de (qqn). *Ces mesures avaient soulevé l'opinion contre lui.* ▷ Pousser à la révolte. *Soulever les travailleurs.* ▷ v. pron. Se dresser dans un mouvement de révolte. *Trois provinces se sont déjà soulevées.* **3.** *Soulever une question, un problème,* les évoquer afin qu'ils soient débattus, discutés. – De *sous-,* et *lever.*

soulier [sulje] n. m. Chaussure solide, à semelle rigide, couvrant le pied et, éventuellement, la cheville. *De gros souliers de marche.* ▷ (Avec un qualificatif ou un comp.) Chaussure légère. *Des souliers vernis. Des souliers de daim.* ▷ Loc. fig. Fam. *Être dans ses petits souliers:* se sentir mal à l'aise, dans une situation embarrassante. – Du lat. *subtel,* «courbe de la plante du pied»; d'abord *soller.*

soulignage [suliɲaʒ] ou **soulignement** [suliɲmɑ̃] n. m. Action de souligner; trait dont on souligne. – De *souligner.*

souligner [suliɲe] v. tr. [1] **1.** Tirer une ligne, un trait, sous (un ou plusieurs mots sur lesquels on veut attirer l'attention). *Vous soulignerez tous les verbes en rouge.* ▷ Au pp. *Une phrase soulignée.* **2.** Faire ressortir, mettre en valeur. *Modèle de robe qui souligne la taille.* ▷ Faire remarquer en insistant. *Souligner l'importance d'une démarche.* – De *sous-,* et *ligne.*

soûlographie [sulɔgʀafi] n. f. Fam. Ivrognerie. – De *soûler,* et *-graphie.*

soulte [sult] n. f. DR Somme versée pour compenser les inégalités de valeur entre des biens qui sont l'objet d'un échange ou d'un partage. – De *sout,* pp. de l'anc. v. *soldre,* «payer», du lat. *solvere.*

soumettre [sumɛtʀ] **I.** v. tr. [68] **1.** Mettre dans un état de dépendance, ramener à l'obéissance. *Soumettre des rebelles.* **2.** Assujettir à une loi, un règlement, astreindre à une obligation. *Soumettre les revenus à l'impôt.* **3.** Exposer (qqn, qqch) à une action, à un effet; faire subir (qqch à qqn). *Le médecin l'a soumis à un régime sévère.* **4.** Proposer (qqch) à l'examen, au jugement de. *Le problème a été soumis à la commission.* **II.** v. pron. **1.** Revenir à l'obéissance; se rendre. *Les mutinés se sont soumis.* **2.** Accepter un fait, une décision, consentir. *Vous ne pouvez plus que vous sou-*

mettre. – Du lat. *submittere,* «envoyer dessous, placer sous».

soumis, ise [sumi, iz] adj. Qui fait preuve de soumission; docile, obéissant. *Un enfant soumis.* – *Attitude soumise.* – Pp. de *soumettre.*

soumission [sumisjõ] n. f. **I. 1.** Disposition à obéir, à se soumettre. **2.** Fait de se soumettre, d'être soumis. *La soumission d'une décision à l'approbation d'une assemblée.* **3.** Action de se rendre, de se soumettre après avoir combattu. **II.** Acte écrit par lequel un entrepreneur se propose, aux conditions qu'il indique, pour conclure un marché par adjudication. – Lat. *submissio.*

soumissionnaire [sumisjɔnɛʀ] n. Personne qui fait une soumission (sens II). – De *soumission.*

soumissionner [sumisjɔne] v. tr. [1] Briguer par soumission (sens II). *Soumissionner une fourniture de matériels.* – De *soumission.*

soupane [supan] n. f. Vx ou rég. (notam. à l'ouest de Québec) Bouillie de flocons d'avoine ou de farine de maïs. – Mot d'orig. algonquienne.

soupape [supap] n. f. **1.** Obturateur mobile destiné à empêcher ou à régler la circulation d'un fluide, qui s'ouvre sous l'effet d'une pression déterminée et reste fermée quand cette pression est insuffisante. *Soupape d'admission, soupape d'échappement* (dans un moteur à explosion). ▷ *Soupape de sûreté d'une machine à vapeur,* disposée sur la chaudière pour empêcher l'explosion. – Fig. Exutoire. **2.** ELECTR Dispositif qui, dans un circuit, ne laisse passer le courant que dans un sens. – De *sous-,* et a. fr. *pape,* «mâchoire», de l'anc. v. *paper,* «manger», du lat. *pap(p)are*; probabl. fig. de l'a. fr. *souspape,* «coup sous le menton».

soupçon [supsõ] n. m. **1.** Opinion fondée sur certaines apparences et par laquelle on attribue à qqn des actes ou des intentions blâmables. *Avoir des soupçons. Éveiller, dissiper les soupçons. Être au-dessus de tout soupçon.* **2.** Litt. Conjecture; idée, opinion. *J'ai le soupçon qu'il arrivera le premier.* **3.** Très petite quantité (qui laisse juste l'apparence d'une chose). *Ajoutez un soupçon de cannelle.* – Du lat. imp. *suspectio, suspectionis,* class. *suspicio.*

soupçonnable [supsɔnabl] adj. Rare Qui peut être soupçonné. – De *soupçonner.*

soupçonner [supsɔne] v. tr. [1] **1.** Avoir des soupçons sur (qqn). *On l'a soupçonné de meurtre.* **2.** Pressentir (qqch) d'après certaines apparences. *Cela fait soupçonner l'escroquerie.* – De *soupçon.*

soupçonneux, euse [supsɔnø, øz] adj. Enclin aux soupçons. *Un policier soupçonneux.* – Par ext. *Un air soupçonneux.* – De *soupçon.*

soupe [sup] n. f. **1.** Vx Tranche de pain sur laquelle on versait du bouillon. *Tremper la soupe.* ▷ Mod. *Être trempé comme une soupe,* complètement trempé. **2.** Bouillon auquel on a incorporé divers aliments solides (légumes, viande, pâtes alimentaires, etc.). *Soupe aux légumes, aux pois.* – *Tremper la soupe,* la servir. – Fam. *Un gros plein de soupe:* un homme très gros. ▷ Fam. *Marchand de soupe:* V. marchand. – Loc. fig. *Monter comme une soupe au lait, être soupe au lait:* se mettre facilement en colère. **3.** Plat plus ou moins liquide qui constituait le repas du soldat. – Ce repas. *Corvée de soupe.* – Fam. *À la soupe!:* À table! ▷ Fig. *Aller à la soupe,* là où l'on obtiendra toutes sortes d'avantages. ▷ *Soupe populaire:* repas gratuit servi aux indigents; lieu où l'on sert ces repas; institution qui les distribue. – Bas lat. *suppa,* «tranche de pain trempée dans du bouillon».

soupente [supɑ̃t] n. f. Réduit pratiqué dans la hauteur d'une pièce ou sous un escalier. – De l'anc. v. *souspendre,* du lat. *suspendere,* «suspendre».

1. souper [supe] n. m. **1.** Repas du soir; mets composant ce repas. *Préparer le souper. Un souper léger. Un souper aux chandelles.* **2.** (France) Repas qu'on prend tard dans la soirée, après le spectacle. V. lunch. – Emploi subst. du v. *souper.*

2. souper [supe] v. intr. [1] **1.** Prendre le repas du soir. *Aller souper au restaurant. Souper en famille.* **2.** (France) Prendre un repas tard dans la soirée. V. luncher. **3.** Fig., fam. *En avoir soupé d'une chose,* en avoir assez, en être excédé. – De *soupe.*

soupeser [supəze] v. tr. [19] **1.** Soulever et tenir dans la main pour juger approximativement du poids. *Soupeser un melon.* **2.** Fig. Peser, évaluer. *Soupeser un argument.* – De *sous,* et *peser.*

soupière [supjɛʀ] n. f. Récipient large et profond dans lequel on sert la soupe, le potage; son contenu. – De *soupe.*

soupir [supiʀ] n. m. **1.** Expiration ou respiration plus ou moins forte qui accompagne certains états émotionnels. *Pousser un soupir de soulagement. Soupir de découragement.* ▷ Litt., vieilli Soupir amoureux. *L'objet de ses soupirs:* la personne dont il est amoureux. **2.** loc. *Rendre le dernier soupir:* mourir. **3.** MUS Silence d'une durée égale à celle d'une noire; signe qui l'indique. *Un quart de soupir.* – Déverbal de *soupirer.*

soupirail, aux [supiʀaj, o] n. m. Ouverture pratiquée à la partie inférieure d'un édifice pour donner de l'air ou du jour à une cave, à une pièce en sous-sol. – Probabl. de *soupirer.*

soupirant [supiʀɑ̃] n. m. Plaisant. ou vieilli Amoureux. – Ppr. masc. subst. de *soupirer.*

soupirer [supiʀe] v. [1] **I.** v. intr. **1.** Pousser des soupirs. *Soupirer et se plaindre.* – *Soupirer d'aise.* **2.** Litt., vieilli *Soupirer* (d'amour) *pour qqn,* (d'envie) *après qqch. Soupirer après les honneurs,* aspirer à les obtenir. **II.** v. tr. Dire en soupirant. – Du lat. *suspirare,* «respirer profondément, exhaler».

souple [supl] adj. **A.** (Choses.) **1.** Qui se courbe ou se plie aisément, sans rompre ni se détériorer. *Un plastique souple.* Ant. rigide. **2.** (Membres, articulations, corps.) Qui peut se mouvoir, jouer, avec aisance, facilement. *Avoir le poignet très souple.* ▷ Loc. fig. *Avoir l'échine souple:* être trop docile, se soumettre trop facilement. **B.** (Personnes.) **1.** Dont le corps est souple. *Les enfants sont très souples.* **2.** (Abstrait.) Qui est capable de s'adapter à des situations très diverses. *Un esprit souple. Une nature souple et conciliante.* – Du lat. *supplex, supplicis,* «suppliant».

souplesse [suplɛs] n. f. **1.** Caractère de ce qui est souple. *La souplesse d'un cuir.* **2.** Qualité d'une personne dont le corps est souple. *Un gymnaste d'une grande souplesse.* **3.** Capacité d'adaptation. *Souplesse intellectuelle.* **4.** Docilité, complaisance. *Il s'est montré d'une souplesse coupable.* **5.** loc. adv. *En souplesse:* sans effort, avec aisance, facilité. – De *souple.*

souquer [suke] MAR v. [1] **1.** v. tr. Serrer très fort (un nœud, un amarrage). ▷ v. pron. *Nœud qui se souque.* **2.** v. intr. Tirer fort sur les avirons. *Souquez ferme!* – Provenç. *souca,* orig. incert.

sourate. V. surate.

source [suʀs] n. f. **1.** Eau qui jaillit du sol. – Point d'émergence d'une eau souterraine à la surface du sol. *Source thermale.* – Spécial. *Source d'un fleuve,* qui donne naissance à un fleuve. *Le Mississippi prend sa source près des Grands Lacs.* ▷ Loc. fig. *Cela coule de source:* cela se déduit aisément de ce qui précède. **2.** Fig. Point de départ (d'une chose). *La source d'un malentendu.* **3.** Origine (d'une information). *On apprend de source sûre,* par des personnes bien informées. *Puiser aux sources,* consulter les documents originaux. ▷ Œuvre antérieure qui a fourni à un écrivain un thème, une idée, etc. **4.** PHYS et cour. Système, objet, etc., générateur d'ondes lumineuses électriques, sonores, etc.; lieu de provenance de ces ondes. *Source lumineuse, électrique, sonore.* – Fém. de *so(u)rs*, anc. pp. de *sourdre.*

sourcier, ière [suʀsje, jɛʀ] n. Personne à qui l'on attribue le talent de découvrir des sources (à l'aide d'un pendule, d'une baguette). Cf. radiesthésiste. – De *source.*

sourcil [suʀsi] n. m. Éminence arquée, garnie de poils, au-dessus de l'orbite de l'œil. *S'épiler les sourcils.* – *Froncer les sourcils,* en signe de mécontentement. – Du lat. *supercilium.*

sourcilier, ière [suʀsilje, jɛʀ] adj. ANAT Relatif aux sourcils. *Arcade sourcilière.* – De *sourcil.*

sourciller [suʀsije] v. intr. [1] (Seulement en tournure négative.) *Ne pas sourciller:* ne pas laisser paraître son trouble, son mécontentement (ne pas froncer les sourcils). – De *sourcil.*

sourcilleux, euse [suʀsijø, øz] adj. Litt. Sévère, pointilleux. – Lat. *superciliosus* avec infl. de *sourcil.*

sourd, sourde [suʀ, suʀd] adj. et n. **I. 1.** Qui n'entend pas les sons ou les perçoit mal. *Un vieillard un peu sourd.* – Loc. *Sourd comme un pot:* complètement sourd. *Faire la sourde oreille:* feindre de ne pas entendre. ▷ Subst. *Un sourd, une sourde.* – Loc. *Crier, cogner, comme un sourd,* à toute force. *Dialogue de sourds,* dans lequel les interlocuteurs ne se comprennent absolument pas. **2.** Fig. *Sourd à...:* indifférent, insensible à. *Rester sourd aux supplications de qqn.* **II.** (Choses.) **1.** Qui manque de sonorité. *Un bruit sourd. Une voix sourde.* ▷ PHON *Consonnes sourdes* (par oppos. à *sonores*), émises sans vibration des cordes vocales (en français: [p], [k], [t], [f], [s], [ʃ]). **2.** Sans éclat, peu lumineux. *Des teintes sourdes.* ▷ *Lanterne sourde:* V. lanterne. **3.** Diffus, qui ne se manifeste pas nettement. *Douleur sourde.* – Fig. Une *lutte sourde,* cachée, secrète. – Lat. *surdus.*

sourdement [suʀdəmɑ̃] adv. **1.** Avec un bruit sourd. **2.** D'une manière sourde, cachée. – De *sourd.*

sourdine [suʀdin] n. f. Appareil que l'on adapte à certains instruments de musique pour assourdir leur son. *Sourdine de violon, de cor.* – Par ext. *Jouer en sourdine,* en atténuant la sonorité, très doucement. ▷ Loc. fig. *Mettre une sourdine à :* manifester (un sentiment, une attitude, etc.) avec moins de véhémence. *Mettre une sourdine à ses revendications.* – Ital. *sordina.*

sourdingue [suʀdɛ̃g] adj. et n. Fam., péj. Sourd. – De *sourd,* et suff. arg. *-ingue.*

sourd-muet, sourde-muette [suʀmɥɛ, suʀdəmɥɛt] n. et adj. Personne atteinte à la fois de surdité et de mutité (surdi-mutité). *Des sourds-muets. Des sourdes-muettes.* ▷ Adj. *Un enfant sourd-muet.* – De *sourd,* et *muet.*

sourdre [suʀdʀ] v. intr. [5] Litt. (Ne s'emploie plus qu'à l'inf. et à la troisième pers. de l'indic. prés. et imparf.). Jaillir, sortir de terre, en parlant de l'eau. ▷ Fig. Naître, commencer à se développer. *Le désespoir qui sourdait en lui.* – Du lat. *surgere.*

souriant, ante [suʀjɑ̃, ɑ̃t] adj. Qui sourit, dont les traits sont gais. *Une personne souriante. Un visage souriant.* – Ppr. de *sourire.*

souriceau [suʀiso] n. m. Petit de la souris. – Dimin. de *souris.*

souricière [suʀisjɛʀ] n. f. **1.** Piège à souris. **2.** Fig. Piège tendu par la police (qui cerne un lieu où doit se rendre qqn). – De *souris.*

1. sourire [suʀiʀ] v. intr. [76] **1.** Prendre une expression rieuse par un léger mouvement de la bouche et des yeux. *Sourire à qqn,* lui adresser un sourire. *Sourire de qqch,* s'en amuser (avec mépris, avec dédain, etc.). *Cela fait sourire:* cela ne peut pas être pris au sérieux. **2.** (Choses.) Être agréable (à qqn). *Cette idée ne lui sourit guère.* – Être favorable. *La chance avait cessé de lui sourire.* – Du lat. *subridere.*

2. sourire [suʀiʀ] n. m. Action de sourire; expression d'un visage qui sourit. *Faire un sourire à qqn.* – Loc. *Garder le sourire:* rester souriant malgré une déception, un échec.– Emploi substantivé de *sourire 1.*

souris [suʀi] n. f. **1.** Petit mammifère rongeur formant avec le rat la famille des muridés et dont l'espèce la plus courante est *Mus musculus,* la souris domestique, au pelage gris plus ou moins sombre. ▷ *Souris blanche:* variété albinos de souris, élevée pour servir de sujet à des expériences médicales et biologiques. ▷ Loc. fig. *La montagne a accouché d'une souris:* un projet ambitieux annoncé à grand bruit a abouti à un résultat insignifiant. – *On le ferait entrer dans un trou de souris:* se dit d'une personne peureuse ou très timide. **2.** *Gris souris:* variété de gris. **3.** Pop. Jeune fille, jeune femme. *Il est venu avec une souris.* **4.** En boucherie, muscle charnu à l'extrémité de l'os du gigot. **5.** INFORM Petit dispositif électronique de commande, manuel et mobile, permettant de repérer et de pointer sur l'écran un point d'image que l'on souhaite traiter. – Lat. pop. **sorix, soricis,* class. *sorex, soricis.*

sournois, oise [suʀnwa, waz] adj. (et n.). Qui dissimule ses véritables sentiments ou intentions, le plus souvent par malveillance. – Par ext. *Manœuvre sournoise.* ▷ Subst. *Méfiez-vous de lui, c'est un sournois.* – Probabl. du provenç. *sourne,* anc. provenç. *sorn,* «sombre».

sournoisement [suʀnwazmɑ̃] adv. De façon sournoise; (fam.) par en-dessous. *Agir sournoisement.* – De *sournois.*

sournoiserie [suʀnwazʀi] n. f. **1.** Caractère d'une personne sournoise. **2.** Action faite sournoisement. – De *sournois.*

1. sous [su] prép. **I.** Marque une position inférieure, par rapport à ce qui est au-dessus ou à ce qui enveloppe, avec ou sans contact. **1.** (Le complément désignant la chose qui est en contact avec celle qui est au-dessous d'elle.) *Sous une couche de peinture.* ▷ *Sous l'eau, sous la mer, sous la terre:* sous la surface de l'eau, de la mer, du sol. *Abri construit à plusieurs mètres sous terre.* **2.** (Le complément désignant ce qui enveloppe.) *Mettre une lettre sous pli.* ▷ Fig. Derrière (telle apparence); en adoptant (un autre nom, un autre visage, une autre identité). *Il écrit ce livre sous tel nom.* – *Sous prétexte* de, sous couleur* de.* **3.** (Le complément désignant ce qui est en haut, ce qui surplombe, sans contact avec ce qui est en dessous.) *Passer sous les fenêtres de qqn. Dormir sous la tente.* **4.** Devant; exposé à. *Cela s'est passé sous mes yeux. Sous le feu, sous la mitraille.* **II.** Fig. **1.** (Marquant un rapport de dépendance, de subordination.) *Travailler sous la direction de qqn. Avoir des hommes sous ses ordres. Être sous le coup d'une inculpation.* – *Sous contrôle judiciaire.* ▷ Sous l'action, sous l'influence de. *Malade sous antibiotiques.* **2.** (Valeur temporelle.) Pendant le règne de, à l'époque de. *Sous Louis XIII.* ▷ Avant tel délai. *Sous huitaine. Sous peu.* **3.** (Valeur causale.) Par l'effet, du fait de. *Branche qui ploie sous le poids des fruits. Blêmir sous l'affront. S'effondrer sous le choc.* **4.** (Introduisant un compl. de manière.) *Voir les choses sous tel angle, sous tel aspect.* – Du lat. *subtus.*

2. sous-. Préfixe à valeur de préposition *(sous-main)* ou d'adverbe *(sous-jacent),* marquant la position *(sous-sol),* la subordination *(sous-préfet),* la subdivision *(sous-classe),* la médiocre qualité *(sous-littérature),* l'insuffisance *(sous-alimenté).* Cf. aussi hypo-, infra-, sub-.

sous-alimentation [suzalimɑ̃tasjɔ̃] n. f. Insuffisance alimentaire, susceptible à long terme de nuire gravement à la santé de l'homme; état qui en résulte. – De *sous-*, et *alimentation.*

sous-alimenté, ée [suzalimɑ̃te] adj. Insuffisamment nourri; victime de la sous-alimentation. *Enfants sous-alimentés.* – De *sous-*, et pp. de *alimenter.*

sous-arbrisseau [suzaʀbʀiso] n. m. BOT Plante de petite taille (moins de 1 m de haut) dont la base est ligneuse et dont les rameaux sont herbacés. *Des sous-arbrisseaux.* – De *sous-*, et *arbrisseau.*

sous-barbe [subaʀb] n. f. **1.** Partie postérieure de la mâchoire inférieure du cheval, sur laquelle porte la gourmette. **2.** MAR Chaîne ou cordage placé sous le beaupré pour équilibrer la tension de l'étai ou des étais. *Des sous-barbes.* – De *sous-*, et *barbe.*

sous-bois [subwa] n. m. inv. **1.** Végétation qui pousse sous les arbres d'un bois; partie du bois où elle pousse. **2.** BX-A Tableau représentant un bois. – De *sous-*, et *bois.*

sous-calibré, ée [sukalibʀe] adj. MILIT Se dit d'un projectile dont le calibre est inférieur à celui du canon qui le tire. – De *sous-*, et pp. de *calibrer.*

sous-chef [suʃɛf] n. m. Celui qui vient immédiatement après celui qui, dans une hiérarchie administrative ou professionnelle, a le titre de chef. *Des sous-chefs.* – De *sous-*, et *chef.*

sous-classe [suklas] n. f. SC NAT Division de la classe. *Des sous-classes.* – De *sous-*, et *classe.*

sous-clavier, ière [suklavje, jɛʀ] adj. et n. f. ANAT Situé sous la clavicule. *Artère sous-clavière.* – n. f. *La sous-clavière.* – De *sous-*, et rad. de *clavicule.*

sous-commission [sukɔmisjɔ̃] n. f. Commission secondaire formée parmi les membres d'une commission. *Des sous-commissions.* – De *sous-*, et *commission.*

sous-comptoir [sukɔ̃twaʀ] n. m. Succursale d'un comptoir commercial. *Des sous-comptoirs.* – De *sous-*, et *comptoir.*

sous-consommation [sukɔ̃sɔmasjɔ̃] n. f. ECON Consommation inférieure à la normale, à la moyenne. ▷ *Spécial.* Consommation insuffisante par rapport à la production. – De *sous-*, et *consommation.*

sous-continent [sukɔ̃tinɑ̃] n. m. GEOGR Vaste partie, délimitée, d'un continent. *Le sous-continent indien. Des sous-continents.* – De *sous-*, et *continent.*

souscripteur, trice [suskʀiptœʀ, tʀis] n. **1.** Personne qui souscrit (un effet de commerce). **2.** Personne qui prend part à une souscription (pour une édition, un emprunt, etc.). – Lat. *subscriptor.*

souscription [suskʀipsjɔ̃] n. f. Action de souscrire (sens II); la somme versée par le souscripteur. *Ouvrir, clore une souscription. – Souscription de tel montant.* – A. fr. *subscription*; lat. *subscriptio.*

souscrire [suskʀiʀ] **I.** v. tr. **[65]** Signer (un acte) pour l'approuver. *Souscrire un contrat.* ▷ Signer (un engagement à payer). *Souscrire des traites.* **II.** v. tr. indir. **1.** Donner, ou s'engager à donner, une somme pour une dépense commune. *Souscrire à l'édification d'une stèle.* ▷ *Souscrire à une publication*, s'engager (en général sur acompte) à l'acquérir à sa parution. – *Souscrire à un emprunt*, en acquérir des titres au moment de son émission. **2.** Fig. Adhérer, consentir à. *Souscrire à un propos, une décision.* – Lat. *subscribere*, «écrire dessous».

sous-cutané, ée [sukytane] adj. ANAT, MED Situé ou pratiqué sous la peau. *Injection sous-cutanée.* – De *sous-*, et *cutané.*

sous-développé, ée [sudevlɔpe] adj. Se dit d'un pays dont l'économie est insuffisamment développée relativement aux besoins de sa population. (On tend auj. à préférer l'expr. *en voie de développement.*) – Par ext. *Les économies sous-développées.* – De *sous-*, et pp. de *développer*, d'ap. l'angl. *underdeveloped.*

sous-développement [sudevlɔpmɑ̃] n. m. État d'un pays sous-développé. – De *sous-développé*, d'après *développement.*

sous-diaconat [sudjakɔna] n. m. RELIG CATHOL Dans l'anc. hiérarchie, le premier des ordres majeurs, au-dessous du diaconat et de la prêtrise. (Il a été supprimé en 1972.) – De *sous-*, et *diaconat*, d'après le lat. ecclés. *subdiaconatus.*

sous-diacre [sudjakʀ] n. m. RELIG CATHOL Celui qui était promu au sous-diaconat. *Des sous-diacres.* – De *sous-*, et *diacre*, d'ap. le lat. ecclés. *subdiaconus.*

sous-directeur, trice [sudiʀɛktœʀ, tʀis] n. Directeur, directrice en second. *Des sous-directeurs, des sous-directrices.* – De *sous-*, et *directeur.*

sous-dominante [sudɔminɑ̃t] n. f. MUS Quatrième degré de la gamme diatonique (*fa* dans la gamme de *do*). *Des sous-dominantes.* – De *sous-*, et *dominante.*

sous-embranchement [suzɑ̃bʀɑ̃ʃmɑ̃] n. m. SC NAT Division de l'embranchement. *Des sous-embranchements.* – De *sous-*, et *embranchement.*

sous-emploi [suzɑ̃plwa] n. m. ECON Emploi d'une partie seulement des travailleurs disponibles. Ant. plein-emploi. – De *sous-*, et *emploi.*

sous-ensemble [suzɑ̃sɑ̃bl] n. m. MATH Ensemble contenu dans un autre ensemble. *Des sous-ensembles.* – De *sous-*, et *ensemble.*

sous-entendre [suzɑ̃tɑ̃dʀ] v. tr. **[75]** Ne pas exprimer dans le discours (une chose qu'on a dans l'esprit), laisser entendre, faire comprendre (une chose) sans la dire expressément. *Qu'est-ce que vous sous-entendez, quand vous dites cela?* ▷ Au pp. *Dans: «dormir toute la journée», «pendant» est sous-entendu.* – De *sous-*, et *entendre.*

sous-entendu [suzɑ̃tɑ̃dy] n. m. Action de sous-entendre; ce qui est sous-entendu. *Des assertions pleines de sous-entendus.* – Pp. m. subst. de *sous-entendre.*

sous-entrepreneur [suzɑ̃tʀəpʀənœʀ] n. m. Entrepreneur sous-traitant. *Des sous-entrepreneurs.* – De *sous-*, et *entrepreneur.*

sous-épidermique [suzepidɛʀmik] adj. Situé sous l'épiderme. – De *sous-*, et *épidermique.*

sous-équipé, ée [suzekipe] adj. ECON Dont l'équipement industriel est insuffisant. – De *sous-*, et pp. de *équiper.*

sous-équipement [suzekipmɑ̃] n. m. ECON Fait d'être sous-équipé. – De *sous*, et *équipement.*

sous-espèce [suzɛspɛs] n. f. SC NAT Division de l'espèce, nommée aussi *race* ou *variété. Des sous-espèces.* – De *sous-*, et *espèce.*

sous-estimation [suzestimasjɔ̃] n. f. Action de sous-estimer. *Des sous-estimations.* – De *sous-*, et *estimation.*

sous-estimer [suzestime] v. tr. **[1]** Estimer au-dessous de sa valeur, de son importance. *Sous-estimer ses adversaires.* – De *sous-*, et *estimer.*

sous-évaluer [suzevalɥe] v. tr. **[1]** Évaluer au-dessous de sa valeur marchande. – De *sous-*, et *évaluer.*

sous-exposer [suzekspoze] v. tr. **[1]** PHOTO Soumettre (une pellicule, un film) à un temps de pose insuffisant. – Au pp. *Photographie sous-exposée.* – De *sous-*, et *exposer.*

sous-exposition [suzekspozisjɔ̃] n. f. PHOTO Action de sous-exposer; son résultat. – De *sous-*, et *exposition.*

sous-famille [sufamij] n. f. SC NAT Division de la famille. *Des sous-familles.* – De *sous-*, et *famille.*

sous-fifre [sufifʀ] n. m. Fam. Celui qui occupe une situation très subalterne. *Des sous-fifres.* – De *sous-*, et *fifre*, anc. sens pop. «homme maladroit», abrév. de *fifrelin.*

sous-garde [sugaʀd] n. f. TECH Pièce semi-circulaire protégeant la détente d'une arme à feu. *Des sous-gardes.* Syn. pontet. – De *sous-*, et *garde.*

sous-gorge [sugɔʀʒ] n. f. inv. EQUIT Courroie qui passe sous la gorge du cheval et réunit les deux côtés de la têtière. *Des sous-gorges.* – De *sous-*, et *gorge.*

sous-gouverneur [suguvɛʀnœʀ] n. m. Gouverneur en second (partic., d'une banque). *Le sous-gouverneur de la Banque du Canada. Des sous-gouverneurs.* – De *sous-*, et *gouverneur.*

sous-groupe [sugʀup] n. m. MATH Partie stable d'un groupe, qui est elle-même un groupe pour la loi induite. ▷ Cour. Division d'un groupe quelconque. *Des sous-groupes.* – De *sous-*, et *groupe.*

sous-homme [suzɔm] n. m. Péjor. Homme inférieur, selon certaines théories racistes. ▷ Homme diminué dans sa condition, dans sa dignité d'être humain. *Des sous-hommes.* – De *sous-*, et *homme.*

sous-ingénieur [suzɛ̃ʒenjœʀ] n. m. Technicien supérieur secondant un ingénieur. *Des sous-ingénieurs.* – De *sous-*, et *ingénieur.*

sous-intendant, ante [suzɛ̃tɑ̃dɑ̃, ɑ̃t] n. Intendant(e) en second. *Des sous-intendants.* – De *sous-*, et *intendant.*

sous-jacent, ente [suʒasɑ̃, ɑ̃t] adj. Situé audessous. *Couche sous-jacente.* ▷ Fig. Qui n'est pas clairement manifesté; caché, latent. *Motivations sous-jacentes.* – Du lat. *subjacere*, «être placé dessous»; d'abord *subjacent.*

sous-lieutenant [suljøtnɑ̃] n. m. Officier du grade le moins élevé dans les armées de terre et de l'air. *Des sous-lieutenants.* – De *sous-*, et *lieutenant.*

sous-locataire [sulɔkatɛʀ] n. Personne occupant un local sous-loué. *Des sous-locataires.* – De *sous-*, et *locataire.*

sous-location [sulɔkasjɔ̃] n. f. Action de sous-louer. ▷ Contrat de sous-location. *Ces conditions sont incluses dans la sous-location. Des sous-locations.* – De *sous-*, et *location.*

sous-louer [sulwe] v. tr. [1] **1.** Donner à loyer (tout ou partie d'une maison, d'une terre, etc., dont on est soi-même locataire). **2.** Prendre à loyer, occuper en sous-locataire (une maison, une terre, etc.) du locataire principal. – De *sous-*, et *louer.*

sous-main [sumɛ̃] n. m. inv. Support plan (en cuir, en carton, etc.) posé sur un bureau et sur lequel on place le papier où l'on écrit. ▷ Loc. adv. *En sous-main:* en secret, clandestinement. *Recevoir de l'argent en sous-main.* – De *sous-*, et *main.*

sous-marin, ine [sumaʀɛ̃, in] adj. et n. m. **I.** adj. **1.** Qui est dans ou sous la mer. *Relief sous-marin.* **2.** Qui a lieu, qui est utilisé sous la surface de la mer. *Navigation sous-marine. Fusil sous-marin.* **II.** n. m. **1.** Navire capable de naviguer en plongée. *Sous-marin à propulsion nucléaire. Des sous-marins.* ▷ Fig., fam. Personne qui agit clandestinement. – **2.** (D'après l'amér. *submarine.*) Petit pain de forme allongée et fendu sur le côté, garni de charcuterie, de fromage et de laitue. – *Sous-marin libanais,* fait avec du pain pita. De *sous-*, et *marin.*

ENCYCL Le *Gymnote*, dû au Français Gustave Zédé (1825-1891), est considéré comme le premier sous-marin (1887), mais c'est le submersible, inventé par le Français Laubeuf (1864-1939), qui eut la faveur des marines de l'époque (1904); équipé d'un périscope, il fonctionnait à la vapeur et effectuait de brèves plongées avec une propulsion électrique. Pendant la Première Guerre mondiale les submersibles furent engagés en grand nombre; la propulsion Diesel avait remplacé la vapeur. Le sous-marin classique dispose d'une propulsion mixte: en plongée, il utilise des moteurs électriques alimentés par une batterie d'accumulateurs; en surface, et pour la charge des batteries, il utilise les moteurs Diesel; ceux-ci, alimentés en air par un schnorchel, que l'on hisse à l'immersion périscopique (15 m), peuvent aussi fonctionner en plongée (depuis 1944). Le sous-marin possède: une coque intérieure épaisse conçue pour résister à la pression de l'immersion; une coque extérieure mince, qui assure l'hydrodynamisme. Des ballasts sont situés entre les deux coques; leur manœuvre (introduction ou chasse de l'eau de mer) permet de faire plonger ou remonter le sous-marin. En plus du radar, sur mât hissable, utilisé à l'immersion périscopique, et du sonar, le sous-marin dispose de nombr. moyens de détection: les périscopes de veille et d'attaque, les détecteurs de radar, qui le protègent contre les radars aéroportés, et surtout les appareils d'écoute microphonique. Les armes du sous-marin sont les torpilles et, parfois, des missiles aérodynamiques ou balistiques. Dans un sous-marin nucléaire, l'appareil moteur est constitué d'un réacteur à uranium enrichi dont le modérateur est l'eau. Cette eau réfrigère le cœur du réacteur et vaporise, dans un échangeur, de l'eau qui circule dans un circuit indépendant. La vapeur obtenue actionne des turbines classiques. Le fonctionnement en vase clos et la grande longévité du réacteur permettent au sous-marin nucléaire de rester indéfiniment en plongée. La navigation est assurée par des centrales inertielles. Les liaisons avec la terre se font, comme pour les sous-marins classiques, en utilisant les ondes à très basse fréquence, qui pénètrent de quelques mètres sous la surface. On distingue: les sous-marins lanceurs d'engins qui appartiennent aux forces de dissuasion; les sous-marins de chasse, destinés à détruire les autres sous-marins (lutte anti-sous-marine ou lutte ASM), et les bâtiments de surface (lutte anti-surface ou lutte ASF).

sous-marinier [sumaʀinje] n. m. Membre de l'équipage d'un sous-marin. *Des sous-mariniers.* – De *sous-*, et *marinier.*

sous-maxillaire [sumaksil(l)ɛʀ] adj. ANAT Qui est situé sous la mâchoire. *Glande sous-maxillaire:* l'une des glandes salivaires. – De *sous-*, et *maxillaire.*

sous-ministre [suministʀ] n. m. Haut fonctionnaire auquel un ministre confie l'administration de son ministère. *Rencontrer le sous-ministre de l'Agriculture.* – De *sous*, et *ministre.*

sous-multiple [sumyltipl] n. m. MATH Quantité qui est contenue un nombre entier de fois dans une autre. *7 et 2 sont des sous-multiples de 14.* ▷ Adj. *Nombres, grandeurs sous-multiples.* – De *sous-*, et *multiple.*

sous-nappe [sunap] n. f. Molleton, tissu protecteur qu'on met sur une table, sous la nappe. *Des sous-nappes.* – De *sous-*, et *nappe.*

sous-normale [sunɔʀmal] n. f. GEOM Projection, sur un axe, du segment de la normale en un point d'une courbe comprise entre ce point et son intersection avec l'axe considéré. *Des sous-normales.* – De *sous-*, et *normale.*

sous-occipital, ale, aux [suzɔksipital, o] adj. ANAT, MED Situé ou pratiqué sous l'os occipital. *Ponction sous-occipitale.* – De *sous-*, et *occipital.*

sous-oeuvre [suzœvʀ] n. m. **1.** Fondement d'une construction. **2.** loc. adj. *En sous-œuvre,* se dit d'un travail qu'on fait sous un bâtiment (notam. pour reprendre ses fondations). ▷ Fig. *Reprendre un travail en sous-œuvre,* le reprendre à la base, pour le corriger ou le compléter. – De *sous-,* et *œuvre.*

sous-officier [suzɔfisje] n. m. Militaire ayant un grade qui en fait un auxiliaire de l'officier. *Des sous-officiers.* ▷ Par abrév., fam. *Un sous-off, des sous-offs.* – De *sous-,* et *officier.*

sous-orbitaire [suzɔʀbitɛʀ] adj. ANAT Situé sous l'orbite. – De *sous-,* et *orbitaire.*

sous-ordre [suzɔʀdʀ] n. m. **1.** Employé subalterne. *Ses sous-ordres ne l'apprécient guère.* ▷ Loc. adv. *En sous-ordre:* de façon subalterne. **2.** SC NAT Division de l'ordre. *Des sous-ordres.* – De *sous-,* et *ordre.*

sous-palan (en) [supalɑ̃] loc. adj. COMM MARIT Se dit d'une marchandise qui doit être livrée au port prête pour l'embarquement. – De *sous-,* et *palan.*

sous-payer [supɛje] v. tr. **[24]** Payer au-dessous de la normale, payer trop peu. *Sous-payer les ouvriers.* ▷ Pp. *Travailleurs sous-payés.* – De *sous-,* et *payer.*

sous-peuplé, ée [supœple] adj. Trop peu peuplé. *Région sous-peuplée.* – De *sous-,* et *peupler.*

sous-peuplement [supœpləmɑ̃] n. m. Fait d'être trop peu peuplé, pour une région, un pays. – De *sous-,* et *peuplement.*

sous-pied [supje] n. m. Bande passant sous le pied pour garder tendus une guêtre, un pantalon. *Des sous-pieds.* – De *sous-,* et *pied.*

sous-production [supʀɔdyksjɔ̃] n. f. Production insuffisante. – De *sous-,* et *production.*

sous-produit [supʀɔdɥi] n. m. **1.** Produit secondaire obtenu lors de la fabrication d'un autre produit. *Les sous-produits* de la distillation du pétrole. ▷ Produit qui n'est pas l'objet principal d'une activité industrielle ou commerciale. *Les abats sont des sous-produits par rapport à la viande de boucherie.* **2.** Fig., péjor. Mauvaise imitation. ▷ Produit de qualité médiocre. *Des sous-produits.* – De *sous-,* et *produit.*

sous-programme [supʀɔgʀam] n. m. INFORM Programme particulier intégré dans un programme plus vaste. *Des sous-programmes.* – De *sous-,* et *programme.*

sous-prolétaire [supʀɔletɛʀ] adj. et n. Personne appartenant au sous-prolétariat. *Des sous-prolétaires.* – De *sous-,* et *prolétaire.*

sous-prolétariat [supʀɔletaʀja] n. m. Partie la plus défavorisée du prolétariat. – De *sous-,* et *prolétariat.*

sous-race [suʀas] n. f. **1.** ANTHROP Division secondaire d'une race. **2.** Péjor. Race inférieure, dans les théories racistes. *Des sous-races.* – De *sous-,* et *race.*

sous-secrétaire [sus(ə)kʀetɛʀ] n. m. (France) *Sous-secrétaire d'État:* membre d'un gouvernement adjoint à un secrétaire d'État ou à un ministre. *Des sous-secrétaires d'État.* – De *sous-,* et *secrétaire.*

sous-secrétariat [sus(ə)kʀetaʀja] n. m. (France) Fonction, administration d'un sous-secrétaire d'État. *Des sous-secrétariats d'État.* – De *sous-,* et *secrétariat.*

soussigné, ée [susiɲe] adj. et n. Dont la signature est ci-dessous. *Je, soussigné Untel, déclare... Les personnes soussignées.* ▷ Subst. *Les soussignés.* – Pp. de l'anc. v. *sous-signer.*

sous-sol [susɔl] n. m. **1.** Ensemble des couches du sol situées au-dessous de la couche arable. *L'exploitation des richesses du sous-sol.* **2.** Étage inférieur au niveau du sol; partie aménagée d'un bâtiment, située au-dessous du rez-de-chaussée. *Garage en sous-sol. Un sous-sol sans air et sans lumière. Des sous-sols.* – De *sous-,* et *sol.*

sous-station [sustasjɔ̃] n. f. TECH Station secondaire dans un réseau de transport, de distribution d'électricité. *Des sous-stations.* – De *sous-,* et *station.*

sous-tangente [sutɑ̃ʒɑ̃t] n. f. GEOM Projection, sur un axe, du segment de la tangente en un point d'une courbe compris entre ce point et l'intersection de la tangente avec l'axe considéré. *Des sous-tangentes.* – De *sous-,* et *tangente.*

sous-tasse ou **soutasse** [sutɑs] n. f. Syn. de *soucoupe.* – De *sous,* et *tasse.*

sous-tendre [sutɑ̃dʀ] v. tr. **[5]** **1.** GEOM Constituer la corde de (un arc). **2.** Fig. Constituer les fondements, les bases de (un raisonnement). – De *sous-,* et *tendre,* d'ap. l'a. fr. *sous-tendante,* n. f., «corde d'un arc», d'après le lat. scientif. *subtendens.*

sous-tension [sutɑ̃sjɔ̃] n. f. ELECTR Tension inférieure à la normale. – De *sous-,* et *tension.*

sous-titrage [sutitʀaʒ] n. m. **1.** Action de sous-titrer. **2.** Ensemble des sous-titres. – De *sous-titre.*

sous-titre [sutitʀ] n. m. **1.** Second titre d'un livre ou d'une pièce de théâtre. (Par ex.: *Julie-ou la Nouvelle Héloïse, le Misanthrope-ou l'Atrabilaire amoureux.*) **2.** Dans un film en version originale, traduction du dialogue, qui apparaît en surimpression au bas de l'image. *Des sous-titres.* – De *sous-,* et *titre.*

sous-titrer [sutitʀe] v. tr. **[1]** Mettre des sous-titres à (un film). – Au pp. *Version originale sous-titrée.* – Du préc.

soustractif, ive [sustʀaktif, iv] adj. MATH Relatif à la soustraction. – De *soustraction.*

soustraction [sustʀaksjɔ̃] n. f. **1.** Action de dérober qqch. *La soustraction d'un document.* **2.** Opération inverse de l'addition, dans laquelle deux quantités A et B étant données, on en cherche une troisième, C, telle que A soit la somme de B et de C. – A. fr. *subtraction,* bas lat. *subtractio.*

soustraire [sustʀɛʀ] v. tr. **[78]** **1.** Dérober (qqch). *Soustraire des documents compromettants.* **2.** Faire échapper (qqn) à. *Soustraire qqn à l'influence d'un mauvais milieu.* ▷ v. pron. *Se soustraire à une obligation.* **3.** Retirer par soustraction. – Du lat. *subtrahere,* propr. «tirer par-dessous».

sous-traitance [sutʀɛtɑ̃s] n. f. **1.** Travail, marché confié par l'entrepreneur principal à un sous-traitant. **2.** Concession d'un marché à des sous-traitants. *Travaux donnés, effectués, en sous-traitance.* – De *sous-,* et *traitance.*

sous-traitant [sutʀɛtɑ̃] n. m. Celui qui exécute, pour le compte de l'entrepreneur principal et sous sa responsabilité, certaines tâches concédées à ce dernier. *Des sous-traitants.* – Ppr. masc. subst. de *sous-traiter.*

sous-traiter [sutʀete] v. **[1]** **1.** v. intr. Prendre en charge des marchés conclus en sous-traitance. ▷ v. tr. Exécuter (un travail, un marché) à titre de sous-traitant. **2.** Concéder en partie ou en totalité (un marché, une affaire) à un sous-traitant. – De *sous-,* et *traiter.*

sous-ventrière [suvɑ̃tʀijɛʀ] n. f. Courroie attachée aux deux limons d'une voiture et qui passe sous le ventre du cheval. *Des sous-ventrières.* ▷ Pop. Loc. fig. *Manger à s'en faire péter la sous-ventrière:* manger beaucoup, avec excès. – De *sous-,* et *ventre.*

sous-verge [suvɛʀʒ] n. m. inv. Cheval non monté attelé à la droite du cheval monté par le conducteur, dans un attelage. – De *sous-,* et *verge,* «fouet».

sous-verre [suvɛʀ) n. m. inv. Gravure, photographie placée entre une plaque de verre et un carton rigide; cet encadrement. – De *sous-*, et *verre.*

sous-vêtement [suvɛtmɑ̃] n. m. Vêtement de dessous. *Des sous-vêtements.* – De *sous-*, et *vêtement.*

sous-virer [suviʀe] v. intr. [1] AUTO Déraper par les roues avant dans un virage, l'axe du véhicule se déplaçant vers l'extérieur du virage (par oppos. à *survirer*). – De *sous-*, et *virer.*

sous-vireur, euse [suviʀœʀ, øz] adj. AUTO Se dit d'un véhicule qui a tendance à sous-virer. – Du préc.

soutache [sutaʃ] n. f. Tresse, galon qui servait autrefois d'ornement distinctif pour les uniformes et qui orne aujourd'hui certains vêtements. – Hongr. *sujtas.*

soutacher [sutaʃe] v. tr. [1] Orner de soutaches. – Du préc.

soutane [sutan] n. f. Longue robe noire boutonnée par-devant que portaient la plupart des prêtres catholiques séculiers jusque vers 1960, et qu'ils ne portent auj. que dans certaines circonstances. (L'obligation du port de la soutane a été abolie le 1er juillet 1962; les clercs sont astreints à porter un vêtement ecclésiastique correct choisi par leurs conférences épiscopales.) – Ital. *sottana*, propr. «vêtement de dessous», de *sotto*, «sous».

soutanelle [sutanɛl] n. f. Anc. redingote courte à collet droit et sans revers remplaçant la soutane dans certains pays. – Dimin. de *soutane.*

soutasse. V. sous-tasse.

soute [sut] n. f. Magasin situé dans le fond d'un navire. *Soute à charbon.* ▷ Par anal. *Les soutes d'un avion*, où l'on place la cargaison. *Soute à bagages.* – Anc. provenç. *sota*, du lat. pop. **subta*, class. *subtus.*

soutenable [sutnabl] adj. (Surtout en emploi négatif.) **1.** Qui peut être soutenu par des raisons valables. *Son idée n'est guère soutenable.* **2.** Supportable. *Ce bruit n'est pas soutenable. – De soutenir.*

soutenance [sutnɑ̃s] n. f. Action de soutenir une thèse de doctorat. *Être prêt pour la soutenance.* – De *soutenir.*

soutènement [sutɛnmɑ̃] n. m. **1.** Dispositif destiné à soutenir; contrefort, appui. *Mur de soutènement.* **2.** DR *Soutènement d'un compte:* ensemble des moyens et des documents réunis pour prouver la sincérité de ce compte. – De *soutenir.*

souteneur [sutnœʀ] n. m. Proxénète. – De *soutenir.*

soutenir [sutniʀ] v. tr. [39] **1.** Tenir (qqch) par-dessous, pour supporter, pour servir d'appui. *Les colonnes qui soutiennent la voûte.* **2.** Empêcher (qqn) de tomber. *Soutenir un malade.* **3.** Empêcher (qqn) de défaillir; réconforter. *Cette bonne nourriture le soutient.* **4.** Encourager, aider. *Je l'ai soutenu dans son épreuve.* ▷ Aider financièrement. ▷ *Spécial.* Appuyer, prendre parti pour. *Soutenir un candidat aux élections.* ▷ v. pron. (Récipr.) Se prêter mutuellement assistance. **5.** Faire valoir, défendre (un point de vue) en s'appuyant sur des arguments fondés. *Soutenir une opinion.* – Spécial. *Soutenir une thèse (de doctorat)*, la défendre devant le jury compétent, subir l'épreuve de la soutenance. ▷ *Soutenir que:* affirmer, prétendre que. *Je soutiens qu'il a tort.* **6.** Maintenir, faire durer, empêcher la défaillance, le relâchement de (une chose abstraite). *Soutenir son effort. Soutenir le moral de qqn.* **7.** Subir sans fléchir. *Soutenir un siège. Soutenir le regard de qqn*, le regarder en face sans se troubler, sans baisser les yeux. – Lat. pop. **sustenire*, class. *sustinere.*

soutenu, ue [sutny] adj. **1.** Qui ne se relâche pas, qui ne faiblit pas. *Effort, rythme soutenu.* **2.** Accentué, prononcé. *Couleur soutenue.* **3.** Élevé, noble, en parlant de discours. *Style soutenu. Langue soutenue*, très soignée, évitant toute familiarité. – Pp. de *soutenir.*

souterrain, aine [suteʀɛ̃, ɛn] adj. et n. m. **1.** adj. Qui est sous terre. *Conduit souterrain.* ▷ Fig. Caché, secret. *Menées souterraines.* **2.** n. m. Galerie ou ensemble de galeries souterraines, naturelles ou creusées par l'homme. – De *sous*, et *terre*, d'ap. le lat. *subterraneus.*

souterrainement [suteʀɛnmɑ̃] adv. Par un chemin souterrain. ▷ Fig. En secret. – Du préc.

soutien [sutjɛ̃] n. m. **1.** Ce qui soutient, supporte. *Ce pilier est le soutien de la voûte.* **2.** Action de soutenir (financièrement, politiquement, moralement, etc.); aide, appui. *Vous pouvez compter sur notre soutien.* ▷ *Soutien de famille:* jeune homme, jeune fille qui se trouvent seuls à faire vivre leur famille. – Déverbal de *soutenir.*

soutien-gorge [sutjɛ̃gɔʀʒ] n. m. Sous-vêtement féminin servant à soutenir la poitrine. *Des soutiens-gorge.* – De *soutien*, et *gorge.*

soutier [sutje] n. m. Matelot qui travaille dans les soutes (spécial., anc., dans la soute à charbon, à bord d'un navire à vapeur). – De *soute.*

soutirage [sutiʀaʒ] n. m. Action de soutirer (sens 1). – De *soutirer.*

soutirer [sutiʀe] v. tr. [1] **1.** Transvaser un liquide, un fluide d'un récipient dans un autre de manière à éliminer les dépôts. **2.** Fig. *Soutirer qqch à qqn*, l'obtenir par tromperie, en usant d'artifice. *Soutirer de l'argent à qqn.* Syn. extorquer. – De *sous-*, et *tirer.*

soûtra ou **sûtra** [sutʀa] n. m. Didac. **1.** En Inde, tout recueil retraçant un épisode édifiant de la vie de Bouddha. **2.** Recueil d'aphorismes, de préceptes, concernant les règles de la morale, du rituel, etc. – Mot sanskrit.

souvenance [suvnɑ̃s] n. f. Litt. Souvenir. – De *souvenir* 1.

1. souvenir [suvniʀ] v. intr. [39] et pron. **I.** Litt. v. impers. *Il me souvient que...*, il me revient à la mémoire que... **II.** v. pron. **1.** Avoir de nouveau à l'esprit (qqch appartenant au passé). *Se souvenir de son enfance. Se souvenir qu'on a un rendez-vous.* **2.** Garder à la mémoire (avec rancune ou avec reconnaissance). *Je m'en souviendrai!* **3.** (Employé avec l'impératif.) Ne pas oublier; ne pas perdre de vue. *Souvenez-vous de mon affaire.* – Lat. *subvenire*, «se présenter à l'esprit».

2. souvenir [suvniʀ] n. m. **1.** Mémoire. *Cela s'était effacé de son souvenir.* **2.** Fait de se souvenir. *Conserver, perdre le souvenir de qqch.* **3.** Image, idée, représentation que la mémoire conserve. *Souvenirs de collège. Évoquer de vieux souvenirs communs.* ▷ (Au plur.) Livre de souvenirs. *Écrire ses souvenirs.* **4.** (Dans les formules de politesse.) *Mon meilleur, mon affectueux souvenir à vos parents.* **5.** *En souvenir de:* pour conserver le souvenir de. *J'ai gardé cela en souvenir de lui.* – Absol. *Il me l'a donné en souvenir.* **6.** (Objets concrets.) Ce qui rappelle la mémoire (de qqn, de qqch). *Cette photo est un souvenir de lui.* ▷ *Spécial.* Bibelot qu'on vend aux touristes comme souvenir. *Marchand de souvenirs.* – Emploi subst. de *souvenir* 1.

souvent [suvɑ̃] adv. **1.** Fréquemment, plusieurs fois. *Je vais souvent le voir.* **2.** loc. Pop. *Plus souvent qu'à son tour:* plus fréquemment qu'il ne devrait le faire ou que cela ne devrait lui arriver. **3.** D'ordinaire, en général. *Dans cette famille, les enfants sont souvent blonds aux yeux bleus.* – *Le plus souvent:* dans la plupart des cas. – Du lat. *subinde.*

1. souverain, aine [suvʀɛ̃, ɛn] adj. et n. **I.** adj. **1.** Suprême. *Le souverain bien.* **2.** De la plus grande efficacité. *Un remède souverain.* **3.** Qui possède l'autorité suprême. *Puissance souveraine. État souverain,* dont le gouvernement n'est pas soumis à la tutelle d'un autre gouvernement. – *Le souverain pontife,* le pape. ▷ DR *Cour souveraine,* qui juge en dernier ressort. **4.** Supérieur. *Beauté souveraine.* **II.** n. **1.** Monarque. **2.** Celui, celle qui possède l'autorité suprême. *En démocratie, le souverain, c'est le peuple.* – Du lat. médiév. *superanus,* lat. class. *superus,* «supérieur».

2. souverain [suvʀɛ̃] n. m. Ancienne monnaie d'or anglaise. – Angl. *sovereign.*

souverainement [suvʀɛnmɑ̃] adv. **1.** Suprêmement. *Elle est souverainement belle.* ▷ Extrêmement. *Il est souverainement ennuyeux.* **2.** De manière souveraine. *Juger souverainement.* – Du préc.

souveraineté [suvʀɛnte] n. f. **1.** Autorité suprême. ▷ Fig. *La souveraineté de la raison.* **2.** Principe d'autorité suprême. ▷ Caractère d'un État souverain. *Souveraineté nationale.* – De *souverain.*

souverainiste [suvʀɛnist] n. et adj. Partisan de la souveraineté d'un État. *Les souverainistes québécois.* ▷ Propre ou relatif aux souverainistes, à leur mouvement politique. – De *souverain.*

soviet [sɔvjɛt] n. m. **1.** HIST Conseil d'ouvriers ou de militaires, pendant les révolutions russes de 1905 et de 1917. **2.** Nom de deux assemblées élues en U.R.S.S., le *Soviet de l'Union* (un député pour un certain nombre d'hab.) et le *Soviet des nationalités* (un certain nombre de députés par république fédérée, territoire ou district), dont la réunion forme le *Soviet Suprême,* qui élit un Présidium. – Mot russe, «conseil».

soviétique [sɔvjetik] adj. et n. **I.** adj. **1.** Relatif aux soviets de 1917. **2.** Relatif à l'État socialiste qui a succédé à l'empire des tsars. *Union des Républiques Socialistes Soviétiques.* **II.** n. Habitant de l'U.R.S.S. – De *soviet.*

soviétisation [sɔvjetizasjɔ̃] n. f. Action de soviétiser. – De *soviétiser.*

soviétiser [sɔvjetize] v. tr. [1] Soumettre à l'influence politique de l'U.R.S.S. – De *soviétique.*

sovkhoze [sɔvkoz] n. m. Grande ferme d'État, en U.R.S.S., dont les ouvriers sont payés par l'État. Cf. aussi kolkhoze. – Russe *sovkhoz,* abrév. de *sov(ietskoïé) khoz(iaïstvo),* «entreprise soviétique».

soya. V. soja.

soyeux, euse [swajø, øz] adj. et n. m. **1.** adj. Doux et fin comme de la soie. *Cheveux soyeux.* **2.** n. m. Fabricant de soieries, à Lyon. – De *soie.*

spacieusement [spasjøzmɑ̃] adv. Rare De manière spacieuse. *Être logé spacieusement.* – De *spacieux.*

spacieux, euse [spasjø, øz] adj. Où il y a de l'espace; grand, vaste. *Pièce spacieuse.* – Lat. *spatiosus.*

spadassin [spadasɛ̃] n. m. Litt., vieilli Assassin à gages. – Ital. *spadaccino,* de *spada,* «épée».

spadice [spadis] n. m. BOT Sorte d'épi à axe charnu, enveloppé d'une grande bractée. *Les spadices de l'arum.* – Du lat. *spadix, spadicis,* «branche de palmier»; du gr.

spaghetti [spageti] n. m. **1.** Pâte alimentaire fine et longue. *Une recette de spaghetti. De la sauce à spaghetti.* **2.** En appos. Plaisant CINE *Western spaghetti:* western* italien, caractérisé par une reprise systématique des poncifs du genre western. – Mot ital., dimin. de *spago,* bas. lat. *spacus,* «ficelle».

spahi [spai] n. m. Anc. Cavalier des corps auxiliaires d'indigènes de l'armée fr. en Afrique du N. *Les premières unités de spahis furent créées en 1834 en Algérie; leur recrutement s'élargit par la suite aux Français de la métropole, les derniers escadrons de spahis furent dissous en 1962, au lendemain de la guerre d'Algérie.* – Du turc *sipâhi,* «cavalier».

spalax [spalaks] n. m. ZOOL Rongeur (genre *Spalax*) à fourrure, long de 15 à 30 cm, adapté à la vie sous terre, sans queue ni oreilles externes et qui habite les steppes d'Europe orientale et d'Asie Mineure. – Mot gr., «taupe».

spallation [spalasjɔ̃] n. f. PHYS NUCL Fragmentation d'un noyau atomique sous l'action d'un bombardement corpusculaire. – Mot angl., de *to spall,* «éclater».

spalter [spaltœʀ] n. m. TECH Brosse plate utilisée pour peindre une surface en imitant l'aspect du bois. – De l'all. *spalten,* «fendre, crevasser».

sparadrap [spaʀadʀa] n. m. Bande adhésive servant à fixer un pansement. – Lat. médiév. *sparadrapum,* p.-ê. du lat. class. *spargere,* «étendre», et de *drap.*

spardeck [spaʀdɛk] n. m. MAR Pont léger, reposant sur des montants, qui s'étend sans interruption de l'avant à l'arrière d'un navire et qui ne comporte ni dunette ni gaillards. – Mot angl., de *spar,* «barre», et *deck,* «pont».

sparganier [spaʀganje] n. m. BOT Plante monocotylédone aquatique (fam. sparganiacées), appelée cour. *ruban d'eau.* – Lat. bot. *sparganium,* du gr. *sparganion.*

sparidés [spaʀide] n. m. pl. ZOOL Famille de poissons téléostéens que l'on trouve dans toutes les mers chaudes et tempérées, dont font partie la dorade, le bogue, etc. – Du lat. *sparus,* «dorade», et *-idés.*

spart ou **sparte** [spaʀt] n. m. BOT Nom de diverses papilionacées, notam. des genêts et de l'alfa. – Lat. *spartum,* gr. *sparton.*

spartéine [spaʀtein] n. f. PHARM Alcaloïde extrait du genêt, utilisé comme ocytocique. – De *spart.*

sparterie [spaʀt(ə)ʀi] n. f. **1.** Confection d'objets en fibres végétales. **2.** Objet ainsi confectionné. – De *spart(e).*

spartiate [spaʀsjat] adj. et n. **I.** ANTIQ GR adj. **1.** De Sparte, relatif à Sparte, anc. v. de Grèce (autref. la rivale d'Athènes). Syn. lacédémonien. ▷ Subst. Habitant de Sparte. **2.** Digne de la réputation d'austérité et de courage stoïque des anciens Spartiates. **II.** n. f. pl. Sandales à lanières de cuir. – Lat. *Spartiatæ,* du gr. *Spartiatês,* de *Spartê,* «Sparte».

spasme [spasm] n. m. Contraction musculaire involontaire, intense et passagère. – Lat. d'orig. gr. *spasmus.*

spasmodique [spasmɔdik] adj. Accompagné de spasmes. *Sanglots spasmodiques.* – Du gr. *spasmôdês.*

spatangue [spatɑ̃g] n. m. ZOOL Oursin (genre *Spatangus*), en forme de cœur, des sables vaseux littoraux. – Bas lat. *spatangius,* gr. *spataggês.*

spath [spat] n. m. **1.** *Spath d'Islande:* calcite biréfringente très pure en gros cristaux. **2.** *Spath fluor:* fluorine. – Mot all.

spathe [spat] n. f. **1.** ARCHEOL Courte épée des Gaulois, à lame lourde et massive. **2.** BOT Grande bractée enveloppant le spadice, inflorescence de certaines plantes. – Lat. *spatha,* gr. *spathê.*

spathique [spatik] adj. MINER Qui ressemble au spath; qui contient du spath. – De *spath.*

spatial, ale, aux [spasjal, o] adj. **1.** De l'espace, dans l'espace; relatif à notre perception, notre représentation de l'espace. *Configuration spatiale. Coordonnées spatiales.* **2.** De l'espace interplanétaire ou interstellaire. *Vaisseau spatial. Sonde* spatiale.* – Du lat. *spatium,* «espace».

spatialisation [spasjalizasjõ] n. f. **1.** PSYCHO Action de spatialiser. **2.** Adaptation aux conditions de l'espace interplanétaire. – De *spatialiser.*

spatialiser [spasjalize] v. tr. [1] **1.** PSYCHO Percevoir dans l'espace les rapports de positions, de distances, de grandeurs, de formes, etc. **2.** ESP Adapter aux conditions de l'espace interplanétaire. *Spatialiser un matériel.* – De *spatial.*

spatialité [spasjalite] n. f. Didac. Caractère de ce qui est spatial (sens 1). – De *spatial.*

spationaute [spasjɔnot] n. ESP Voyageur de l'espace, cosmonaute. – De *spatial,* d'ap. *aéronaute.*

spationautique [spasjonotik] n. f. ESP Science et technique des voyages dans l'espace, astronautique. – De *spatial,* d'ap. *aéronautique.*

spationef [spasjonɛf] n. m. ESP Engin capable d'évoluer dans l'espace, vaisseau spatial. – Du rad. de *spatial,* et *nef,* d'après *aéronef.*

spatio-temporel, elle [spasjotɑ̃pɔʀɛl] adj. Didac. Relatif à la fois à l'espace et au temps. *Coordonnées spatio-temporelles.* – Du rad. de *spatial,* et *temporel.*

spatule [spatyl] n. f. **I. 1.** Instrument ayant une extrémité arrondie et l'autre aplatie ou comportant une lame plate et souple, qui sert à remuer, étendre, modeler une matière pâteuse. *Spatule de mouleur. Spatule à beurre.* **2.** Extrémité antérieure d'un ski, recourbée vers le haut. **II.** Oiseau ciconiiforme (genre *Platalea*) au bec aplati et élargi à son extrémité, qui niche dans les roseaux des marais littoraux. – Bas lat. *spat(h)ula,* du class. *spatha,* «battoir».

spatulé, ée [spatyle] adj. Dont l'extrémité s'élargit en s'aplatissant. – De *spatule.*

1. speaker [spikœʀ] n. m. Président de la Chambre des Communes, en G.-B. – Président de la Chambre des représentants aux États-Unis. – Mot angl., propr. «celui qui parle», «orateur».

2. speaker [spikœʀ], **speakerine** [spikʀin] n. Anglicisme (France) V. annonceur. – V. préc.

spécial, ale, aux [spesjal, o] adj. **1.** Qui correspond, qui s'applique exclusivement à une chose, à une personne, à une espèce, à une activité. *Lessive spéciale pour les lainages. Diction spéciale aux acteurs. Emploi qui exige une formation spéciale.* – (Avec ellipse de la préposition introduisant le complément, dans le langage de la publicité, de la mode.) *Shampooing spécial cheveux gras.* ▷ METALL *Aciers spéciaux:* aciers alliés possédant des qualités particulières de dureté, de résistance, d'inoxydabilité, etc. **2.** Exceptionnel, qui sort de l'ordinaire. *Édition spéciale. Pouvoirs spéciaux. N'avoir rien de spécial à dire.* **3.** Qui est particulier dans son genre et quelque peu déconcertant. *Sa façon de travailler est spéciale! Une musique très spéciale.* ▷ *Mœurs spéciales:* mœurs sexuelles qui ne correspondent pas à la norme sociale traditionnelle; homosexualité. – Lat. *specialis.*

spécialement [spesjalmɑ̃] adv. D'une manière spéciale; particulièrement. *Tous les savants, et plus spécialement les chimistes.* ▷ Fam. *Pas spécialement:* pas particulièrement, pas très. *Ce n'est pas spécialement beau.* – Du préc.

spécialisation [spesjalizasjõ] n. f. Action, fait de spécialiser, de se spécialiser. *La spécialisation industrielle.* – De *spécialiser.*

spécialisé, ée [spesjalize] adj. Qui se consacre ou qui est consacré à un domaine déterminé d'activité, de connaissance. *Archéologue spécialisé en égyptologie. Enseignement spécialisé.* – Pp. de *spécialiser.*

spécialiser [spesjalize] v. tr. [1] Rendre spécialisé. ▷ v. pron. *Libraire qui se spécialise dans la vente d'ouvrages anciens.* – De *spécial.*

spécialiste [spesjalist] n. Personne qui s'est spécialisée dans un domaine, qui y a acquis une compétence, des connaissances particulières. *Un spécialiste de la restauration de tableaux.* – Par plaisant. *C'est un spécialiste du canular.* ▷ MED Médecin exerçant une spécialité* médicale. – De *spécial.*

spécialité [spesjalite] n. f. **1.** Domaine d'activité, de connaissance dans lequel qqn est spécialisé. ▷ *Spécialité médicale:* branche de la médecine dans laquelle un médecin possède des connaissances approfondies, acquises au cours d'études spéciales qu'il a accomplies après avoir soutenu sa thèse de doctorat (cardiologie, urologie, radiologie, réanimation, etc.). ▷ Fam., iron. *Il est arrivé avec une heure de retard, c'est sa spécialité.* **2.** Produit résultant d'une activité spécialisée. ▷ CUIS Mets originaire d'une région ou que qqn a le secret d'accommoder. *La soupe à la gourgane est une spécialité du Saguenay – Lac-Saint-Jean. Les spécialités d'un restaurant.* ▷ *Spécialités pharmaceutiques:* préparations pharmaceutiques industrielles. – Bas lat. *specialitas,* du class. *specialis,* «spécial».

spéciation [spesjasjõ] n. f. BIOL Formation d'espèces nouvelles par individualisation. – Du lat. *species,* «espèce, type», par l'angl.

spécieusement [spesjøzmɑ̃] adv. De façon spécieuse. – De *spécieux.*

spécieux, euse [spesjø, øz] adj. Qui, sous une apparence de vérité, est faux ou est destiné à tromper. *Raisonnement spécieux* (cf. sophisme). – Du lat. *speciosus,* «de bel aspect».

spécification [spesifikasjõ] n. f. **1.** Fait de spécifier, d'indiquer avec précision. **2.** Désignation précise des éléments devant obligatoirement entrer dans la fabrication d'une chose. *Les spécifications de l'adjudicateur sont consignées au cahier des charges.* – Bas lat. *specificatio.*

spécificité [spesifisite] n. f. Qualité de ce qui est spécifique. – De *spécifique.*

spécifier [spesifje] v. tr. [1] Exprimer, indiquer de façon précise. *Spécifier par télégramme la date et l'heure de son retour.* – Bas lat. *specificare,* de *species,* «espèce, type», et *facere,* «faire».

spécifique [spesifik] adj. Propre à une espèce, à une chose donnée. *Les caractères spécifiques distinguent entre elles les espèces d'un même genre. – Droits de douane spécifiques:* droits fixes établis selon la nature des objets. ▷ MED *Remède spécifique,* qui agit uniquement sur une affection ou un organe donné. ▷ PHYS *Chaleur spécifique:* syn. anc. de *chaleur massique. – Masse spécifique, poids spécifique:* syn. anc. de *masse volumique, poids volumique.* – Bas lat. *specificus.*

spécifiquement [spesifikmɑ̃] adv. D'une manière spécifique. – Du préc.

spécimen [spesimɛn] n. m. **1.** Être vivant, objet considéré en tant qu'il possède les caractéristiques de l'espèce à laquelle il appartient. *De beaux spécimens d'une variété de roses.* **2.** Exemplaire d'un livre, d'une revue ou partie d'un tel exemplaire donnés gratuitement, à titre publicitaire. – En appos. *Un numéro spécimen.* – Lat. *specimen,* «échantillon».

spéciosité [spesjɔzite] n. f. Rare Caractère de ce qui est spécieux. – De *spécieux.*

spectacle [spɛktakl] n. m. **1.** Ce qui attire le regard, l'attention. *Jouir du spectacle de la nature.* – Loc. péjor. *Se donner en spectacle:* se faire remarquer. ▷ Loc. prép. *Au spectacle de:* à la vue de. **2.** Représentation donnée au public (pièce de théâtre, film, ballet, etc.). *Un spectacle de variétés.* ▷ Ensemble des activités théâtrales, cinématographiques, etc. *Le monde du spectacle.* **3.** *Pièce, film à grand spectacle,* à la mise en scène fastueuse. – Lat. *spectaculum.*

spectaculaire [spɛktakylɛʀ] adj. Qui surprend, étonne, frappe l'imagination de ceux qui en sont témoins. *Une chute spectaculaire. Des progrès spectaculaires.* – De *spectacle.*

spectateur, trice [spɛktatœʀ, tʀis] n. **1.** Personne qui est témoin oculaire d'un événement, d'une action. **2.** Personne qui assiste à un spectacle théâtral, cinématographique, etc. – Lat. *spectator.*

spectral, ale, aux [spɛktʀal, o] adj. **1.** Qui tient du spectre, du fantôme. **2.** PHYS Relatif à un spectre (lumineux, solaire, magnétique, etc.) *Analyse spectrale d'une substance:* analyse de son spectre. V. encycl. spectre. – De *spectre.*

spectre [spɛktʀ] n. m. **1.** Fantôme, apparition surnaturelle d'un défunt, d'un esprit. ▷ Fig. *Le spectre de:* la perspective effrayante de. *Le spectre de la famine, de la guerre.* ▷ *Par métaph.* Personne très maigre et très pâle. *Ce n'est plus qu'un spectre.* **2.** PHYS Bande composée d'une succession de raies ou de plages lumineuses, traduisant la répartition des fréquences qui constituent un rayonnement électromagnétique. *Spectre solaire, stellaire.* V. encycl. ▷ Matérialisation des lignes de force d'un champ, des trajectoires des éléments d'un fluide en mouvement. *Spectre magnétique, aérodynamique.* ▷ Représentation des composantes d'une grandeur électrique ou acoustique. – Lat. *spectrum.*

ENCYCL **Phys.** – Lorsqu'un pinceau de lumière blanche traverse un prisme, il se décompose en rayons de diverses couleurs et donc de fréquences différentes, dont on peut observer sur un écran le *spectre continu,* constitué d'une succession de plages lumineuses. Certains spectres sont constitués d'un fond continu sur lequel se superposent un certain nombre de raies de couleur claire (raies d'émission) ou sombre (raies d'absorption), caractéristiques des rayonnements étudiés. Ces raies sont dues à l'émission ou à l'absorption de rayonnement par un électron, lorsqu'il abandonne une trajectoire pour une autre. Lorsque l'électron se rapproche du noyau atomique, son énergie décroît en se transformant en un photon dont la fréquence est proportionnelle à la diminution d'énergie. Inversement, en absorbant l'énergie d'un photon, un électron peut s'éloigner du noyau. Les appareils de spectroscopie comprennent un dispositif qui dirige les rayons à étudier sur un appareil dispersif qui produit le spectre. Cet ensemble est accompagné d'un appareil d'observation (spectroscope) ou d'enregistrement (spectrographe). Les spectroscopes permettent de mesurer avec précision la longueur d'onde des rayonnements, de déceler des éléments contenus à l'état de traces dans une substance (analyse spectrale), d'étudier la structure des cristaux et des métaux (cristallographie). Grâce à l'étude des spectres des rayonnements émis par les astres, on a pu déterminer leur composition chimique, leur température, leur vitesse par rapport à la Terre, etc. Lorsqu'un astre s'éloigne de la Terre, la fréquence de son rayonnement diminue par effet Doppler-Fizeau et son spectre est décalé vers le rouge; inversement, si l'astre se rapproche de la Terre, son spectre se décale vers le violet (le rouge correspond à une fréquence inférieure de moitié à celle du violet).

spectrochimique [spɛktʀoʃimik] adj. CHIM *Analyse spectrochimique,* reposant sur l'étude du spectre (sens 2) de la substance à analyser. – De *spectre,* et *chimique.*

spectrogramme [spɛktʀogʀam] n. m. PHYS Image spectrographique. – De *spectre,* et *-gramme.*

spectrographe [spɛktʀogʀaf] n. m. PHYS Appareil servant à former et à enregistrer le spectre d'un rayonnement. ▷ *Spectrographe de masse:* appareil permettant de séparer des particules de masses voisines (isotopes, notam.) au moyen de champs électriques et magnétiques. – De *spectre,* et *-graphe.*

spectrographie [spɛktʀogʀafi] n. f. PHYS Enregistrement des spectres des rayonnements. – Du préc.

spectrographique [spɛktʀogʀafik] adj. PHYS Relatif à la spectrographie. – De *spectrographie.*

spectrohéliographe [spɛktʀoeljogʀaf] n. m. ASTRO Spectrographe servant à l'étude de l'atmosphère solaire. – De *spectre,* et *héliographe.*

spectromètre [spɛktʀomɛtʀ] n. m. PHYS Spectroscope permettant de mesurer les longueurs d'onde des raies d'un spectre. – De *spectre,* et *-mètre.*

spectrométrie [spɛktʀometʀi] n. f. PHYS Étude quantitative des spectres. – Du préc.

spectrométrique [spɛktʀometʀik] adj. PHYS Relatif à la spectrométrie. – Du préc.

spectrophotomètre [spɛktʀofɔtomɛtʀ] n. m. PHYS Appareil composé d'un spectroscope et d'un photomètre, qui sert à comparer un spectre à un spectre étalon. – De *spectre,* et *photomètre.*

spectroscope [spɛktʀɔskɔp] n. m. PHYS Appareil servant à l'étude des spectres. – De *spectre,* et *-scope.*

spectroscopie [spɛktʀɔskɔpi] n. f. PHYS Étude du spectre d'un rayonnement, de l'absorption ou de l'émission énergétique qui caractérise un rayonnement en fonction de sa fréquence. – De *spectre,* et *-scopie.*

spectroscopique [spɛktʀɔskɔpik] adj. PHYS Relatif à la spectroscopie. – Du préc.

spéculaire [spekylɛʀ] adj. et n. f. **1.** Didac. D'un, du miroir, qui a rapport au miroir. *Image spéculaire.* ▷ *Écriture spéculaire* ou *en miroir,* tracée de droite à gauche (semblable à l'écriture réfléchie dans un miroir), que l'on observe dans certaines affections mentales. **2.** MINER Se dit de certains minéraux composés de lames brillantes. *Le mica est un minéral spéculaire.* **3.** n. f. BOT Plante dicotylédone (fam. des campanulacées) dont une variété, cour. appelée *miroir de Vénus,* est cultivée pour ses fleurs violettes. – Lat. *specularis,* de *speculum,* «miroir».

spéculateur, trice [spekylatœʀ, tʀis] n. Personne qui fait des spéculations (sens 2). – Du lat. *speculator,* «observateur».

spéculatif, ive [spekylatif, iv] adj. **1.** Qui se livre ou a rapport à la spéculation (sens 1). *Esprit spéculatif. Sciences spéculatives.* **2.** Qui concerne la spéculation (sens 2). *Valeurs spéculatives.* – Du bas lat. *speculativus,* de *speculari,* «observer».

spéculation [spekylasjɔ̃] n. f. **1.** PHILO Étude, recherche purement théorique. *Spéculations métaphysiques.* **2.** Opération financière ou commerciale par laquelle on joue sur les fluctuations des cours du marché. *Spéculations hasardeuses.* – Du bas lat. *speculatio,* «observation», de *speculari,* «observer».

spéculer [spekyle] v. intr. [1] **1.** PHILO Faire des spéculations (sens 1). *Spéculer sur l'origine de la vie.* **2.** Faire des spéculations (sens 2). *Spéculer sur l'or.* **3.** Fig. Tabler (sur qqch) pour parvenir à ses fins. *Spéculer sur la crédulité de qqn.* – Lat. *speculari,* «observer, surveiller».

spéculum [spekylɔm] n. m. MED Instrument destiné à écarter l'orifice externe d'une cavité naturelle pour en faciliter l'exploration. *Spéculum vaginal, nasal. Des spéculums.* – Lat. *speculum,* «miroir».

speiss [spɛs] n. m. METALL Minerai de nickel ou de plomb qui a subi un premier grillage. – All. *Speiss* ou *Speise.*

spéléologie [speleɔlɔʒi] n. f. Science qui a pour but l'étude des cavités naturelles (grottes, gouffres) et des cours d'eau souterrains. ▷ Exploration scientifique ou sportive de ces cavités, de ces cours d'eau. – Abrév. fam. *spéléo.* – Du gr. *spêlaion,* «caverne», et de *-logie.*

spéléologique [speleɔlɔʒik] adj. Qui se rapporte à la spéléologie. – Du préc.

spéléologue [speleɔlɔg] n. Personne spécialisée en spéléologie. – Personne qui explore les gouffres. – Abrév. fam. *spéléo.* – De *spéléologie.*

spencer [spɛnsœʀ] n. m. Veste s'arrêtant à la ceinture. – Dolman court et très ajusté. – Mot angl., du nom de Lord *Spencer* (1782-1845), qui le mit à la mode.

spéos [speɔs] n. m. ARCHEOL Temple souterrain de l'Égypte ancienne. – Mot gr., «caverne».

spergule [spɛʀgyl] n. f. BOT Plante herbacée (genre *Spergula,* fam. caryophyllacées) à petites fleurs roses et aux feuilles linéaires, caractéristique des terrains sableux. – Lat. médiév. *spergula,* du lat. *asparagus,* «asperge».

spermacéti [spɛʀmaseti] n. m. Substance blanche huileuse appelée également *blanc de baleine, ambre blanc,* que l'on retire d'une poche cérébrale du cachalot et qui entre dans la composition de pommades, de cosmétiques, etc. – Lat. scientif. *spermaceti,* du bas lat. *sperma,* mot gr. «semence», et *cetus,* «baleine».

spermaphytes [spɛʀmafit] ou **spermatophytes** [spɛʀmatɔfit] n. f. pl. BOT Ensemble des plantes (gymnospermes supérieures et angiospermes) possédant une vraie graine. – De *sperm(o)-, spermato-,* et *-phyte.*

spermat(o)-, -sperme, spermo-. Éléments, du gr. *sperma, spermatos,* «semence, graine».

spermatique [spɛʀmatik] adj. BIOL Du sperme, qui a rapport au sperme. ▷ ANAT *Cordon spermatique:* cordon auquel est appendu le testicule et qui renferme le canal déférent des vaisseaux (*veines* et *artères spermatiques*) et des nerfs. – Bas lat. d'orig. gr. *spermaticus.*

spermato-. V. spermat(o)-.

spermatogenèse [spɛʀmatɔʒənɛz] n. f. BIOL Formation des gamètes mâles. – De *spermato-,* et *-genèse.*

spermatophytes. V. spermaphytes.

spermatozoïde [spɛʀmatɔzɔid] n. m. BIOL Cellule reproductrice mâle comportant un renflement («tête») constitué par le noyau, un segment intermédiaire à la base de ce renflement et un filament grêle, effilé et flexible («flagelle»). – De *spermato-,* et gr. *zôoeidês,* «semblable à un animal».

sperme [spɛʀm] n. m. Liquide visqueux, blanchâtre, émis par le mâle lors de l'accouplement, et qui est composé de spermatozoïdes et d'une substance nutritive sécrétée par les différentes glandes génitales (vésicules séminales, prostate, glandes de Cowper). – Bas lat. *sperma,* mot gr.

-sperme. V. spermat(o)-.

spermicide [spɛʀmisid] adj. et n. m. PHARM, MED Se dit d'un produit contraceptif qui détruit les spermatozoïdes. – De *sperme,* et *-cide.*

spermo-. V. spermat(o)-.

spermogramme [spɛʀmɔgʀam] n. m. MED Examen quantitatif et qualitatif du sperme. – De *spermo,* et *-gramme.*

spermophile [spɛʀmɔfil] n. m. ZOOL Petit rongeur aux bajoues volumineuses, qui se nourrit de graines et vit le plus souvent dans des terriers. *Le spermophile de Richardson (Spermophilus richardsonii) est commun dans les Prairies.* – Lat. zool. *spermophilus,* «qui aime les graines»; du gr. *sperma,* «graine», et *philos,* «qui aime».

sphacèle [sfasɛl] n. m. MED Fragment de tissu nécrosé. – Du gr. *sphakelos,* «gangrène».

sphagnales [sfagnal] n. f. pl. BOT Ordre de mousses ne comprenant que les sphaignes. – De *sphaigne.*

sphaigne [sfɛɲ] n. m. BOT Mousse des marais (genre *Sphagnum*) dont la décomposition continue est à l'origine de la tourbe. – Lat. bot. *sphagnum,* du gr. *sphagnos,* «mousse».

sphénisciformes [sfenisifɔʀm] n. m. pl. ZOOL Ordre d'oiseaux comprenant les seuls manchots (fam. sphéniscidés). – Du lat. *spheniscos,* mot gr., «petit coin pour fendre», et de *-forme.*

sphénodon [sfenɔdɔ̃] n. m. ZOOL Reptile de Nouvelle-Zélande ressemblant à un grand lézard, dont la crête dorsale porte une rangée d'épines. V. rhynchocéphales. Syn. hatteria. – Du gr. *sphên, sphênos,* «coin» (outil), et *odous, odontos,* «dent».

sphénoïdal, ale, aux [sfenɔidal, o] adj. ANAT Relatif au sphénoïde. – De *sphénoïde.*

sphénoïde [sfenɔid] n. m. ANAT Os de la tête qui forme le plancher central de la boîte crânienne. – Du gr. *sphênoeidês,* propr. «en forme de coin».

sphère [sfɛʀ] n. f. **1.** MATH Ensemble des points situés à égale distance d'un point appelé *centre* (dans un espace à 3 dimensions). *La sphère des mathématiciens est une surface, qui délimite un volume appelé «boule».* (R étant le rayon de la boule, la surface est $4\pi R^2$ et le volume de la boule $\frac{4}{3}\pi R^3$.) ▷ ASTRO *Sphère céleste:* sphère fictive ayant pour centre l'œil de l'observateur et à la surface de laquelle semblent situés les corps célestes. **2.** Cour. Corps sphérique. *Une sphère de métal. La sphère terrestre:* le globe terrestre. ▷ *Spécial.* Représentation de la sphère céleste, de la sphère terrestre. *Sphère armillaire.* **3.** Fig. Étendue, domaine du pouvoir, de l'activité de qqn, de qqch. *Les hautes sphères de la finance. La sphère des connaissances humaines.* – *Sphère d'influence d'un État:* ensemble des pays sur lesquels il exerce un certain contrôle politique, économique. – Lat. *sphæra,* gr. *sphaira;* d'abord terme d'astronomie.

sphéricité [sfeʀisite] n. f. Caractère sphérique d'une chose. – De *sphérique.*

sphérique [sfeʀik] adj. **1.** Qui a la forme d'une sphère. **2.** GEOM Qui a rapport à la sphère, qui est de la nature de la sphère. – *Anneau sphérique:* volume engendré par un segment de cercle tournant autour d'un diamètre qui ne le traverse pas. – *Triangle sphérique:* portion de la surface d'une sphère, comprise entre trois grands cercles. – Bas lat. *sphæricus,* du gr.

sphéroïdal, ale, aux [sfeʀɔidal, o] adj. Didac. De forme plus ou moins sphérique; qui se rapporte à un sphéroïde. – De *sphéroïde.*

sphéroïde [sfeʀɔid] n. m. Didac. Solide dont la forme est proche de celle d'une sphère. – Lat. d'orig. gr. *sphæroides.*

sphéromètre [sfeʀɔmɛtʀ] n. m. TECH Instrument servant à mesurer le rayon des surfaces sphériques (verres d'optique, par ex.). – De *sphère,* et *-mètre.*

sphérule [sfeʀyl] n. f. Didac. Petite sphère; petit objet en forme de sphère. – Lat. *sphærula.*

sphex [sfɛks] n. m. ZOOL Guêpe fouisseuse (genre *Sphex*), prédatrice des criquets notam. – Gr. *sphêx,* «guêpe».

sphincter [sfɛ̃ktɛʀ] n. m. ANAT Ensemble de fibres musculaires lisses ou striées contrôlant l'ouverture d'un orifice naturel. *Sphincter anal.* – Mot lat. d'orig. gr.

sphinctérien, ienne [sfɛ̃kteʀjɛ̃, jɛn] adj. Didac. Relatif à un sphincter. – Du préc.

sphinge [sfɛ̃ʒ] n. f. Rare Sphinx à tête et buste de femme. – Forme féminine de *sphinx*.

sphingidés [sfɛ̃ʒide] n. m. pl. ZOOL Famille de grands papillons nocturnes ou crépusculaires nommés cour. *sphinx. La longue trompe des sphingidés et leur aptitude à voler sur place leur confèrent un rôle important dans la pollinisation de certaines fleurs.* – Du lat. *sphinx, sphingis,* «sphinx».

sphingolipide [sfɛ̃gɔlipid] n. m. BIOCHIM Lipide contenant un alcool azoté. *Sphingolipides non phosphorés, ou cérébrosides, du tissu cérébral. Sphingolipides phosphorés de la gaine myélinique des nerfs* – Du gr. *sphiggein,* «enserrer étroitement», et de *lipide.*

sphinx [sfɛ̃ks] n. m. **1.** MYTHOL Monstre hybride, surtout présent dans la légende d'Œdipe sous l'aspect d'un lion ailé à buste et tête de femme, qui soumet une énigme aux voyageurs se rendant à Thèbes, les dévore s'ils ne peuvent la résoudre, et se tue devant la réponse exacte d'Œdipe. ▷ Fig. Personnage énigmatique, impénétrable. **2.** BX-A Figure monstrueuse de lion couché à tête d'homme, de bélier ou d'épervier. **3.** Papillon nocturne ou crépusculaire (V. sphingidés). – *Sphinx tête-de-mort:* l'un des plus grands papillons d'Europe, qui pille les rayons de miel des ruches. *Les sphinx du genre «Hemaris» sont diurnes.* – Lat. d'orig. gr. *sphinx, sphingis.*

sphygmogramme [sfigmɔgʀam] n. m. MED Enregistrement du pouls. – Du gr. *sphugmos,* «pouls, pulsation», et de *-gramme.*

sphygmographe [sfigmɔgʀaf] n. m. MED Appareil permettant d'enregistrer le pouls. – Du gr. *sphugmos,* «pouls», et de *-graphe.*

sphygmomanomètre [sfigmomanɔmɛtʀ] ou **sphygmotensiomètre** [sfigmotɑ̃sjɔmɛtʀ] n. m. MED Appareil destiné à la mesure de la pression artérielle. – Du gr. *sphugmos,* «pouls», et de *manomètre* ou *tensiomètre.*

sphyrène [sfiʀɛn] n. f. ZOOL Poisson marin extrêmement vorace, au corps allongé et à la mandibule proéminente. *Le barracuda des Antilles ou sphyrène barracuda peut dépasser 2 m.* – Lat. *sphyræna,* d'orig. gr.

spi [spi] n. m. Abrév. de *spinnaker.*

spic [spik] n. m. Lavande *(Lavandula latifolia)* à fleurs bleues, dont on extrait une huile odorante. – Du lat. médiév. *spicus,* «épi, herbe odoriférante».

spica [spika] n. m. MED Bandage croisé appliqué à la racine d'un membre. – Mot lat., «épi».

spiccato [spikato] adv. MUS Indique que les notes, exécutées d'un seul coup d'archet, doivent être détachées les unes des autres. – Mot ital., «détaché».

spicilège [spisilɛʒ] n. m. Didac. Recueil d'actes, de pensées, de maximes, etc. – Du lat. *spicilegium,* «glanage», de *spica,* «pointe, épi», et de *legere,* «recueillir».

spicule [spikyl] n. m. **1.** ZOOL Chacun des éléments siliceux, calcaires ou organiques, de forme variable, qui constituent le squelette des spongiaires. **2.** ASTRO Ensemble de jets de matière qui s'élèvent au-dessus de la photosphère solaire. – Du lat. *spiculum,* «dard».

spiegel [spigəl] n. m. METALL Fonte à forte teneur en carbone contenant jusqu'à 25 % de manganèse, utilisée en partic. pour enrichir en carbure certains aciers au moment de la coulée. – Abrév. de l'all. *Spiegeleisen,* propr. «fer à miroir», à cause de la cassure miroitante de cet alliage.

spin [spin] n. m. PHYS NUCL Mouvement de rotation des particules élémentaires sur elles-mêmes. ▷ *Nombre quantique de spin:* nombre qui détermine les valeurs possibles du moment cinétique (σ) propre d'une particule. (Pour l'électron, le proton et le neutron, de spin 1/2, on a $\sigma = h/2$, h désignant la constante de Planck réduite.) – Mot angl.

spina-bifida [spinabifida] n. m. MED Malformation liée à une absence congénitale de l'arc postérieur des vertèbres sacrées ou lombaires et qui peut se compliquer d'une hernie des méninges et de la moelle épinière. – Mots lat., «épine (dorsale) bifide».

spinal, ale, aux [spinal, o] adj. ANAT Qui appartient au rachis ou à la moelle épinière. *Muscles spinaux. Nerf spinal.* – Bas lat. *spinalis,* du class. *spina,* «épine (dorsale)».

spina-ventosa [spinavɛntoza] n. m. MED Tuberculose osseuse de la main (phalanges) ou du pied (os longs). – Mots lat., propr. «épine venteuse», à cause de l'aspect boursouflé de l'os.

spinelle [spinɛl] n. m. MINER Oxyde métallique double, de formule X_2YO_4 (X élément métallique trivalent, par ex.: Al, Cr, Fe, etc.; Y élément métallique bivalent, par ex.: Mg, Fe, Zn, etc.), dont la couleur est d'autant plus sombre qu'il est plus riche en fer. ▷ *Spécial.* Oxyde double d'aluminium et de magnésium (Al_2MgO_4). – Ital. *spinella,* du lat. *spina,* «épine».

spinnaker [spinekœʀ] n. m. MAR Voile triangulaire d'avant, très creuse et de grande surface, qui est utilisée sur les yachts. – Abrév. cour. *spi. Envoyer, amener le spi.* – Mot angl.

spinozisme [spinɔzism] n. m. Didac. Doctrine philosophique de Spinoza. – De B. *Spinoza* (1632-1677), philosophe hollandais.

spinoziste [spinɔzist] adj. et n. Didac. Qui se rapporte au spinozisme. ▷ Subst. Partisan ou spécialiste du spinozisme. – Du préc.

spiracle [spiʀakl] n. m. ZOOL Orifice réduit situé en avant des fentes branchiales des têtards. – Du lat. *spiraculum,* «soupirail».

spiral, ale, aux [spiʀal, o] adj. et n. **1.** adj. (surtout en loc.) En forme de spirale *Galaxie spirale.* **2.** n. m. TECH Ressort en forme de spirale qui assure les oscillations du balancier d'une montre. – Lat. scolast. *spiralis,* de *spira,* «spire».

spirale [spiʀal] n. f. **1.** GEOM Courbe qui s'éloigne de plus en plus d'un point central *(pôle)* à mesure qu'elle tourne autour de lui. *Spirale d'Archimède. Spirale logarithmique.* **2.** Courbe en forme d'hélice. *Spirales des vrilles de la vigne.* – Abrév. de *ligne spirale.*

spiralé, ée [spiʀale] adj. BOT Enroulé en spirale. – Du préc.

spirant, ante [spiʀɑ̃, ɑ̃t] adj. et n. f. PHON Se dit d'une consonne dont l'émission comporte un resserrement du chenal expiratoire donnant lieu à des résonances plutôt qu'à un frottement. (Ex.: le [d] espagnol entre deux voyelles.) – Lat. *spirans, spirantis,* «respirant, soufflant».

spire [spiʀ] n. f. **1.** GEOM Partie d'une hélice correspondant à un tour complet sur le cylindre générateur. ▷ Arc d'une spirale correspondant à un tour complet autour du pôle. **2.** TECH et cour. Chacun des tours d'un enroulement, d'un bobinage. *Les spires d'un solénoïde.* – Lat. *spira,* gr. *speira,* «tore».

spirée [spiʀe] n. f. **1.** BOT Arbuste ou arbrisseau à fleurs (genre *Spiræa,* fam. rosacées) dont diverses espèces sont ornementales. **2.** Autre nom de la *reine-des-prés,* ou *ulmaire* (*Filipendula ulmaria,* fam. rosacées). – Lat. d'orig. gr. *spiræa.*

spirifer [spiʀifɛʀ] n. m. PALEONT Brachiopode fossile du Dévonien. – Lat. zool., propr. «qui porte des spires».

spirille [spiʀij] n. m. MICROB Bactérie de forme spiralée, hôte des eaux souillées, dont certaines espèces sont pathogènes. – Du lat. *spira*, «spire».

spirillose [spiʀil(l)oz] n. f. MED Maladie due à un spirille. – De *spirille*, et *-ose* 2.

spirite [spiʀit] adj. et n. **1.** adj. Qui a rapport au spiritisme. **2.** n. Adepte du spiritisme. – De l'angl. *spirit*, dans l'expr. *spirit-rapper*, «esprit frappeur».

spiritisme [spiʀitism] n. m. Doctrine qui affirme la survivance de l'esprit après la mort et admet la possibilité de communication entre les vivants et les esprits des défunts. – De *spirite*.

spiritualisation [spiʀitɥalizasjɔ̃] n. f. Fait de spiritualiser. – Résultat de cette action. – De *spiritualiser*.

spiritualiser [spiʀitɥalize] v. tr. [1] Litt. Donner une marque, un caractère de spiritualité à. *Ce peintre spiritualise les visages.* – De *spirituel*.

spiritualisme [spiʀitɥalism] n. m. PHILO Doctrine qui considère comme deux substances distinctes la matière et l'esprit et proclame la supériorité de celui-ci. Ant. matérialisme. – De *spirituel*.

spiritualiste [spiʀitɥalist] adj. et n. PHILO Qui se rapporte au spiritualisme. ▷ Subst. Adepte du spiritualisme. – Du préc.

spiritualité [spiʀitɥalite] n. f. **1.** PHILO Qualité de ce qui est de l'ordre de l'esprit. *La spiritualité de l'âme.* **2.** THEOL Ce qui a trait à la vie spirituelle. *Spiritualité monastique.* – Lat. imp. *spiritualitas*.

spirituel, elle [spiʀitɥɛl] adj. **I. 1.** PHILO Qui est de la nature de l'esprit, qui est esprit. *Nature spirituelle de Dieu.* **2.** Qui a rapport à la vie de l'âme. *Exercices spirituels.* **3.** RELIG Qui regarde la religion, l'Église. *Pouvoir temporel et pouvoir spirituel.* **II. 1.** D'un esprit vif et fin, plein de drôlerie. *Un convive très spirituel.* – *Un regard spirituel et pénétrant.* **2.** Amusant, piquant, malicieux. *Une réponse spirituelle.* – Lat. ecclés. *spirit(u)alis*, du class. *spiritus*, «esprit»; sens II, correspond à *esprit* au sens II, 4.

spirituellement [spiʀitɥɛlmɑ̃] adv. Avec esprit, humour. – De *spirituel* (sens II).

spiritueux, euse [spiʀitɥø, øz] adj. ADMIN Qui contient de l'alcool. ▷ N. m. Boisson qui contient une grande quantité d'alcool. *Commerce des vins et spiritueux.* – Du lat. *spiritus*, «esprit».

spirochète [spiʀɔkɛt] n. m. MICROB Bactérie non pathogène vivant dans l'eau. ▷ *Les spirochètes:* ancien groupe de bactéries qui comprenait les leptospires et les tréponèmes (pathogènes). – Du gr. *speira*, «spire», et *khaitê*, «longs cheveux, crinière».

spirochétose [spiʀɔketoz] n. f. MED Affection due à un leptospire ou à un tréponème. – Du préc.

spirographe [spiʀɔgʀaf] n. m. ZOOL Ver marin sédentaire qui vit dans un tube membraneux qu'il sécrète. – Lat. zool. *spirographis*, de *spira*, «spire», et *graphis*, «pinceau», à cause de ses fines branchies étalées en panache.

spiroïdal, ale, aux [spiʀɔidal, o] adj. Didac. En spirale, proche de la forme d'une spirale. – Gr. *speiroeidês*, de *speira*, «spire».

spiromètre [spiʀɔmɛtʀ] n. m. MED Instrument servant à mesurer la capacité respiratoire des poumons. – Du lat. *spirare*, «respirer», et de *-mètre*.

spirorbe [spiʀɔʀb] n. m. ZOOL Ver marin sédentaire, annélide polychète de petite taille, qui vit dans un tube calcaire spiralé fixé sur des algues, des cailloux, etc. – Du lat. zool. *spirorbis*, de *spira*, «spire», et *orbis*, «cercle».

spiruline [spiʀylin] n. f. Algue bleue des eaux peu profondes d'Afrique noire et du Mexique, à forte teneur en protéines. – Lat. bot. *spirulina*.

splanchnique [splɑ̃knik] adj. ANAT *Nerfs splanchniques* ou, n. m., *les splanchniques:* nerfs du système végétatif qui innervent les viscères. – Gr. *splagkhnikos*, de *splagkhnon*, «viscère».

splanchnologie [splɑ̃knɔlɔʒi] n. f. Didac. Partie de l'anatomie qui traite des viscères. – Du gr. *splagkhnon*, «viscère», et de *-logie*.

spleen [splin] n. m. Litt. Ennui que rien ne paraît justifier, neurasthénie. *Avoir le spleen.* – Mot angl., propr. «rate», parce que les Anciens en faisaient le siège de la mélancolie; lat. d'orig. gr. *splen*.

splendeur [splɑ̃dœʀ] n. f. **1.** Beauté d'un grand éclat, magnificence. *La splendeur d'une décoration.* ▷ Plein essor, gloire éclatante (d'un pays, d'une époque, etc.). *La splendeur du règne de Louis XIV.* **2.** Chose splendide. *Ce palais est une splendeur.* – Lat. *splendor*.

splendide [splɑ̃did] adj. **1.** Très beau, d'une beauté éclatante. Syn. superbe. *Un soleil splendide. Un splendide athlète.* **2.** Somptueux, luxueux. *Une réception splendide.* – Lat. *splendidus*.

splendidement [splɑ̃didmɑ̃] adv. Litt. Avec splendeur, magnifiquement. – Du préc.

splénectomie [splenɛktɔmi] n. f. CHIR Ablation de la rate. – Du gr. *splên*, «rate», et de *-ectomie*.

splénique [splenik] adj. ANAT Qui se rapporte à la rate. – Lat. *splenicus*, du gr. *splên*, «rate».

splénite [splenit] n. f. MED Inflammation de la rate. – Du gr. *splên*, «rate», et de *-ite* 1.

splénomégalie [splenɔmegali] n. f. MED Augmentation du volume de la rate. – Du gr. *splên*, «rate», et de *-mégalie*.

spoliateur, trice [spɔljatœʀ, tʀis] adj. et n. Qui spolie. *Mesure spoliatrice. Les spoliateurs de la Pologne.* – Lat. *spoliator*.

spoliation [spɔljasjɔ̃] n. f. Action de spolier; résultat de cette action. – Lat. *spoliatio*.

spolier [spɔlje] v. tr. [1] Dépouiller, déposséder par force ou par fraude. – Lat. *spoliare*.

spondaïque [spɔ̃daik] adj. POET *Hexamètre spondaïque* ou, n. m., *un, le spondaïque:* hexamètre grec ou latin dont le 5ᵉ pied est un spondée. – Bas lat. *spondaicus*, du class. *spondeus*, «spondée».

spondée [spɔ̃de] n. m. POET Pied composé de deux syllabes longues. – Lat. d'orig. gr. *spondeus*.

spondias [spɔ̃djas] n. m. BOT Arbre tropical (genre *Spondias*, fam. thérébinthacées), aux feuilles composées, dont certaines espèces portent des fruits comestibles. – Mot gr. «prunier sauvage».

spondylarthrite [spɔ̃dilaʀtʀit] n. f. MED *Spondylarthrite ankylosante:* affection rhumatismale chronique se traduisant par une ankylose douloureuse de la colonne vertébrale. – Du lat. *spondylus*, «vertèbre», et de *arthrite*.

spondyle [spɔ̃dil] n. m. Vx Vertèbre. – Lat. d'orig. gr. *spondylus*.

spongiaires [spɔ̃ʒjɛʀ] n. m. pl. ZOOL Embranchement d'animaux pluricellulaires primitifs comprenant les éponges. – Du lat. *spongia*, «éponge».

spongieux, euse [spɔ̃ʒjø, øz] adj. **1.** Qui rappelle l'éponge par sa consistance, son aspect. *Matière, corps spongieux.* **2.** Qui s'imbibe d'eau comme une éponge. *Sol spongieux.* – Lat. *spongiosus*.

spongille [spɔ̃ʒil] n. f. ZOOL Éponge d'eau douce (genre *Spongilla*). – Lat. scientif. mod. *spongilla*, du class. *spongia*, «éponge».

spongiosité [spɔ̃ʒjɔzite] n. f. Caractère de ce qui est spongieux. – De *spongieux*.

spontané, ée [spõtane] adj. **1.** Que l'on fait librement, volontairement, sans y être contraint. *Aveu spontané.* **2.** Qui agit, parle sous l'impulsion de ses pensées, de ses sentiments, sans calcul ni réflexion. *Un enfant spontané.* – Par ext. *Un rire spontané.* **3.** Qui se produit, qui existe de soi-même, sans avoir été provoqué. *Théorie de la génération* spontanée.* – BOT *Végétation spontanée,* qui pousse sans avoir été semée par l'homme. – Bas lat. *spontaneus,* du class. *spons, spontis,* «volonté».

spontanéisme [spõtaneism] n. m. POLIT Doctrine de certains groupes d'extrême gauche qui font essentiellement confiance à la spontanéité révolutionnaire des masses. – De *spontané.*

spontanéité [spõtaneite] n. f. Caractère de ce qui est spontané. – De *spontané.*

spontanément [spõtanemɑ̃] adv. De façon spontanée. – De *spontané.*

sporadicité [spɔʀadisite] n. f. Didac. Caractère de ce qui est sporadique. – De *sporadique.*

sporadique [spɔʀadik] adj. **1.** MED Se dit d'une maladie qui touche quelques individus isolément (par oppos. à *épidémique, endémique*). **2.** SC NAT *Espèces sporadiques,* dont les individus sont épars. **3.** *Par ext.,* cour. Qui apparaît, se produit par cas isolés, d'une manière irrégulière. *Phénomène sporadique.* – Gr. *sporadikos,* de *sporas,* «épars», de *speirein,* «semer».

sporadiquement [spɔʀadikmɑ̃] adv. D'une manière sporadique. – De *sporadique.*

sporange [spɔʀɑ̃ʒ] n. m. BOT Organe des végétaux cryptogames, à paroi pluricellulaire, où se forment les spores. V. sporocyste. – De *spore,* et du gr. *aggos,* «vase».

spore [spɔʀ] n. f. BIOL Élément reproducteur de la plupart des végétaux cryptogames (algues, champignons, mousses, etc.), de divers protozoaires et bactéries. *Spores unicellulaires, pluricellulaires.* – Gr. *spora,* «semence».

sporifère [spɔʀifɛʀ] adj. BOT Qui porte des sporanges ou des sporocystes. – De *spore,* et *-fère.*

sporocyste [spɔʀɔsist] n. m. BOT Cellule dont l'enveloppe, contrairement au sporange, est uniquement constituée par la paroi de la cellule mère des spores et qui donne des spores par méiose – De *spore,* et *-cyste.*

sporogone [spɔʀɔgɔn] n. m. BOT Appareil producteur des spores, chez les mousses, qui se développe en parasitant le gamétophyte. – De *spore,* et *-gone.*

sporophyte [spɔʀɔfit] n. m. BOT Individu végétal diploïde, issu du développement de l'œuf fécondé et qui donne, à maturité, des spores haploïdes. Ant. gamétophyte. – De *spore,* et *-phyte.*

sporozoaires [spɔʀɔzɔɛʀ] n. m. pl. ZOOL Sous-embranchement de protozoaires (coccidies, notam.) dépourvus d'appareil locomoteur à l'état adulte, parasites des cellules animales. – De *spore,* et *-zoaire.*

sport [spɔʀ] n. et adj. inv. **I.** n. m. **1.** Activité physique, qui a pour but la compétition, l'hygiène ou la simple distraction. *Pratiquer un sport. Faire du sport.* ▷ *De sport:* conçu pour le sport. *Terrain de sport. Chaussures de sport.* **2.** Ensemble des disciplines sportives impliquant certaines règles et pratiquées par des amateurs ou des professionnels. *La part du budget de l'État consacrée au sport.* ▷ Chacune de ces disciplines. *Sports d'équipe et sports individuels. Sports d'hiver. Sports de combat.* **3.** Fig., fam. Chose, entreprise difficile, qui demande une grande dépense de forces. *C'est du sport de le faire travailler!* ▷ Agitation, bagarre. *Il va y avoir du sport!* **II.** adj. inv. **1.** Se dit d'un style de vêtements confortables et pratiques. *Tenue sport et tenue habillée.* **2.** *Être sport:* se montrer loyal, beau joueur. *Il est très sport en affaires.* – Mot angl., de l'a. fr. *desport, déport,* «amusement», de l'anc. v. *se déporter,* «s'amuser».

sportif, ive [spɔʀtif, iv] adj. et n. **1.** Relatif au sport, à un sport. *Compétition sportive. Association sportive.* ▷ Qui implique une certaine activité, un certain effort physique. *La pêche l'ennuie, il trouve que ce n'est pas assez sportif.* **2.** Qui aime le sport, qui pratique le sport. *Une femme sportive.* – Subst. *Alimentation des sportifs.* ▷ Par ext. *Allure sportive,* de qqn qui pratique ou semble pratiquer un sport. **3.** (Sens moral.) Qui respecte les règles du sport, qui est beau joueur. *Comportement sportif.* – De *sport.*

sportivement [spɔʀtivmɑ̃] adv. Avec un esprit sportif (sens 3). *Admettre sportivement sa défaite.* – De *sportif.*

sportivité [spɔʀtivite] n. f. Esprit sportif, qualité d'une personne qui se montre sportive (sens 3). – De *sportif.*

sportule [spɔʀtyl] n. f. ANTIQ Don en espèce ou en nature fait quotidiennement à Rome par les patrons (sens I, 1) à leurs clients (sens 3). – Du lat. *sportula,* dimin. de *sporta,* «panier».

sporulation [spɔʀylasjõ] n. f. BIOL Ensemble des phénomènes conduisant à la formation de spores. – De *sporule.*

sporuler [spɔʀyle] v. intr. [1] BIOL Produire des spores. – Du préc.

springbok [spʀiŋbɔk] n. m. Antilope *(Antidorcas marsupialis)* d'Afrique du S., excellente sauteuse, aux cornes en forme de lyre. – Mot holl., «bouc sauteur».

sprint [spʀint] n. m. **1.** Accélération de l'allure à la fin d'une course à pied, d'une course cycliste; fin d'une course. *Réserver ses forces pour le sprint final.* ▷ Fam. *Piquer un sprint:* courir à toute allure sur une courte distance (cf. *piquer un cent mètres*). **2.** Course de vitesse sur une petite distance. – Mot angl.

sprinter [spʀintœʀ] n. m. **1.** Coureur de sprint. **2.** Coureur à pied, coureur cycliste qui donne le meilleur de lui-même au sprint, à la fin de la course. – Mot anglais.

sprue [spʀy] n. f. MED Maladie chronique de l'intestin, accompagnée de diarrhée. *Sprue tropicale,* d'origine parasitaire et carentielle. – Mot angl.

spumescent, ente [spymɛsɑ̃, ɑ̃t] adj. Didac. Qui produit de l'écume; qui en a l'aspect. – Lat. *spumescens, spumescentis,* de *spumescere,* «devenir écumeux», de *spuma,* «écume».

spumeux, euse [spymø, øz] adj. Didac. Qui a l'aspect de l'écume. – Lat. *spumosus,* «écumeux».

spumosité [spymɔzite] n. f. Didac. Caractère de ce qui est spumeux. – De *spumeux.*

S.Q. Sigle de *Sûreté du Québec.*

squale [skwal] n. m. Didac. Requin. – Lat. *squalus.*

squaliformes [skwalifɔʀm] n. m. pl. ZOOL Sous-ordre de sélaciens comprenant les requins (par oppos. aux *rajiformes:* les raies). – De *squale,* et *-forme.*

squame [skwam] n. f. **1.** SC NAT Écaille. **2.** MED Lamelle qui se détache de la peau. – Lat. *squama,* «écaille».

squameux, euse [skwamø, øz] adj. **1.** Qui est formé ou recouvert d'écailles. **2.** MED Caractérisé par la présence de squames. – Du préc.

squamule [skwamyl] n. f. SC NAT Petite écaille. *Squamules des ailes des papillons.* – Lat. *squamula,* dimin. de *squama,* «écaille».

square [skwaʀ] n. m. Jardin public généralement entouré d'une grille. – Mot angl., «carré», de l'a. fr. *esquarre*, «carré».

squash [skwaʃ] n. m. Sport qui se pratique avec une petite balle de caoutchouc et une raquette à manche long et mince, dans une salle fermée où les deux joueurs utilisent les murs pour le rebond. – Mot angl.

squaw [skwo] n. f. Vieilli Femme mariée, chez les Amérindiens d'Amérique du N. – Mot amérindien, transmis par l'amér.

squelette [skəlɛt] n. m. **1.** Ensemble des éléments qui constituent la charpente du corps de l'homme et des animaux. *Le squelette humain pèse de 3 à 6 kg et comprend 198 os. Squelette externe des mollusques, des insectes:* exosquelette*. ▷ Ensemble des os d'un corps mort et décharné. **2.** Fig., fam. *Par comparaison.* Personne très maigre. *C'est un vrai squelette, un squelette ambulant.* **3.** CHIM Ensemble d'atomes formant une chaîne dans une molécule. *Squelette carboné des molécules organiques.* **4.** Fig. Armature, charpente, carcasse. *Le squelette d'un navire, d'un avion.* ▷ Plan général (d'une œuvre). *Squelette d'un exposé, d'un roman.* – Gr. *skeleton*, de l'adj. *skeletos*, «desséché».

squelettique [skəlɛtik] adj. **1.** ANAT Relatif au squelette. **2.** À qui la maigreur donne l'aspect d'un squelette. *Sa maladie l'a rendu squelettique.* **3.** Fig. D'une concision excessive. *Un rapport squelettique.* – De *squelette.*

squille [skij] n. f. ZOOL Crustacé comestible caractérisé par une tête soudée au thorax et un abdomen hypertrophié, dont les diverses espèces forment un ordre de malacostracés. (La taille des squilles va de celle d'une crevette à celle d'un homard.) – Lat. *squilla.*

squirre ou **squirrhe** [skiʀ] n. m. MED Épithélioma accompagné d'une sclérose et d'une rétraction locales, qui touche surtout le sein. – Gr. *skirrhos.*

squirreux ou **squirrheux, euse** [skiʀø, øz] adj. MED Qui est de la nature du squirre, qui en présente l'aspect. – Du préc.

sr PHYS Symbole du stéradian.

Sr CHIM Symbole du strontium.

1. S.S. [ɛsɛs] Initiales de Sa Sainteté, ou de Sa Seigneurie.

2. S.S. [ɛsɛs] n. **1.** n. f. HIST Organisation de police militarisée de l'Allemagne national-socialiste. ▷ *La Waffen S.S.:* ensemble des unités composées de membres de la S.S., qui combattaient sur le front, comme les troupes de l'armée régulière. **2.** n. m. Membre de cette organisation. *Un S.S., les S.S.* – Initiales de l'all. *Schutz-Staffel*, «échelon de protection».

stabilisant, ante [stabilizɑ̃, ɑ̃t] adj. CHIM Se dit d'un additif servant à ralentir une réaction. ▷ N. m. *Un stabilisant.* – Ppr. de *stabiliser.*

stabilisateur, trice [stabilizatœʀ, tʀis] adj. **1.** Qui donne de la stabilité. ▷ n. m. TECH Appareil servant à améliorer la stabilité d'un engin, d'un véhicule, à assurer la permanence d'un fonctionnement. *Un stabilisateur de tirage.* **2.** CHIM Syn. de *stabilisant.* – De *stabiliser.*

stabilisation [stabilizasjɔ̃] n. f. Action de stabiliser; son résultat. – De *stabiliser.*

stabiliser [stabilize] v. tr. [1] Rendre stable. *Stabiliser une monnaie.* ▷ TRAV PUBL *Stabiliser un sol,* augmenter sa dureté, sa résistance par l'adjonction de liants ou par compactage. *Accotements stabilisés.* – De *stable.*

stabilité [stabilite] n. f. **1.** Qualité de ce qui est stable, solide. *Stabilité d'un édifice.* ▷ Fig. Qualité de ce qui est durable, bien assis. *La stabilité des institutions.* **2.** Suite dans les idées, constance. *Un esprit qui manque de stabilité.* **3.** PHYS, CHIM Caractéristique d'un système en état d'équilibre stable. – Lat. *stabilitas.*

stable [stabl] adj. **1.** Qui a une base ferme, solide. *Édifice stable. Cet escabeau n'est pas stable.* **2.** Qui est et demeure dans le même état, la même situation. *Valeurs stables.* Syn. constant, permanent, durable. **3.** CHIM *Composé stable,* qui conserve ses caractéristiques dans un large éventail de température et de pression. **4.** MATH *Partie stable d'un ensemble E* (pour une loi de composition donnée): partie de E telle que le composé de tout couple d'éléments de cette partie appartient encore à cette partie. – Lat. *stabilis.*

stabulation [stabylasjɔ̃] n. f. Didac. Séjour des animaux à l'étable. – Lat. *stabulatio*, de *stabulum*, «séjour, étable».

staccato, atos ou **ati** [stakato, ati] adv. MUS En détachant les notes. Ant. legato. ▷ n. m. Passage devant être joué en détachant les notes. (Le plur. *staccat* est vieilli.) – Mot ital., «détaché».

stade [stad] n. m. **I. 1.** ANTIQ GR Mesure de longueur valant environ 180 m. ▷ Enceinte comprenant une piste d'un stade de cette longueur, sur laquelle on disputait des courses à pied. **2.** Mod. Terrain spécialement aménagé pour la pratique des sports, généralement entouré de gradins. **II. 1.** MED Phase dans l'évolution d'une maladie, d'un processus biologique. ▷ PSYCHAN Phase dans l'évolution de la libido de l'enfant. *Stade oral, sadique-anal* (ou *anal*), *génital.* V. encycl. sexualité. **2.** *Par ext.* Période, phase d'une évolution. *Les stades d'une carrière.* – Lat. *stadium*, gr. *stadion.*

stadhouder. V. stathouder.

stadia [stadja] n. m. TECH Mire graduée des géomètres, des arpenteurs. – Probabl. du fém. du gr. *stadios*, «qui se tient debout, tout droit».

staff [staf] n. m. TECH Matériau fait de plâtre à modeler, armé d'une matière fibreuse (filasse, toile de jute) et servant à réaliser des décors (moulures, corniches, faux plafonds, etc.). – Mot all. de *staffieren*, «garnir», de l'anc. fr. *estoffer*, «rembourrer».

staffer [stafe] v. tr. [1] TECH Construire en staff. – De *staff.*

staffeur [stafœʀ] n. m. TECH Plâtrier spécialisé dans la pose des ouvrages en staff. – De *staffer.*

stage [staʒ] n. m. **1.** Anc. Temps de résidence imposé à un nouveau chanoine avant qu'il pût jouir des revenus attachés à sa prébende. **2.** Période d'études pratiques dont les aspirants à certaines professions doivent justifier pour être admis à les exercer. *Stage pédagogique.* **3.** Période de travail salarié dans une entreprise ou un service, qui a pour but la formation ou le perfectionnement dans une spécialité. – Lat. médiév. *stagium*, a. fr. *estage*, «séjour».

stagflation [stagflasjɔ̃] n. f. ECON Situation économique où coexistent la stagnation de l'activité économique et l'inflation. – Mot amér. formé par coupe syllabique de *stag(nation)*, et *(in)flation.*

stagiaire [staʒjɛʀ] adj. et n. Qui fait un stage. *Avocat stagiaire. Employer des stagiaires.* – De *stage.*

stagnant, ante [stagnɑ̃, ɑ̃t] adj. **1.** Qui ne coule pas, qui forme marécage. *Eaux stagnantes.* **2.** Fig. Qui ne marque aucune activité, aucune évolution; qui ne fait aucun progrès. – Lat. *stagnans, stagnantis*, de *stagnare*, «stagner».

stagnation [stagnasjɔ̃] n. f. Fait de stagner; état d'un fluide stagnant. *Stagnation des eaux.* ▷ Fig. État d'inertie, d'inactivité, d'immobilité de ce qui stagne. *Stagnation des idées.* – Du lat. *stagnatum*, de *stagnare*, «stagner».

stagner [stagne] v. intr. [1] **1.** Ne pas s'écouler, en parlant d'un fluide. *Eaux qui stagnent.* **2.** Fig. Ne marquer aucune activité. *Les affaires stagnent.* – Lat. *stagnare.*

stakhanovisme [stakanɔvism] n. m. HIST En U.R.S.S. et dans les pays socialistes, méthode, appliquée de 1930 à 1950 environ, destinée à augmenter le rendement du travail, fondée sur le principe d'émulation. – Du nom du mineur russe *Stakhanov* (1905-1977), qui, en août 1935, parvint à extraire 102 t de charbon en un peu moins de 6 heures.

stakhanoviste [stakanɔvist] adj. et n. **1.** adj. Relatif au stakhanovisme. **2.** n. Adepte de cette méthode. – Du préc.

stakning [staknin] n. m. SPORT En ski de fond, façon de se propulser en avant en plantant simultanément les deux bâtons. – Mot norvégien.

stalactite [stalaktit] n. f. **1.** Concrétion calcaire pendante. *Les stalactites se forment sur le plafond des grottes, en région calcaire.* **2.** ARCHI Ornement en forme de stalactite. – Du gr. *stalaktos,* «qui coule goutte à goutte».

stalag [stalag] n. m. Camp de prisonniers en Allemagne, réservé aux hommes de troupe et aux sous-officiers, pendant la guerre de 1940-1945. *Des stalags.* – Mot all., abrév. de *Stammlager,* propr. «camp d'origine».

stalagmite [stalagmit] n. f. GEOL Concrétion calcaire conique, dressée, qui se forme sur le sol d'une grotte, sous une stalactite. *Les stalagmites, à la différence des stalactites, sont dépourvues de canal central.* – Du gr. *stalagmos,* «écoulement goutte à goutte».

stalagmomètre [stalagmɔmɛtʀ] n. m. PHYS Instrument constitué essentiellement d'un tube capillaire, qui sert à mesurer la tension superficielle des liquides. – Du gr. *stalagmos,* «écoulement goutte à goutte», et de *-mètre.*

stalagmométrie [stalagmɔmetʀi] n. f. PHYS Mesure de la tension superficielle des liquides à l'aide du stalagmomètre. – Du préc.

stalinien, ienne [stalinjɛ̃, jɛn] adj. et n. Relatif à Staline, au stalinisme. ▷ n. Partisan de Staline et du stalinisme. – Du n. de *Staline* (V. ci-dessous).

stalinisme [stalinism] n. m. Mode de gouvernement despotique tel qu'il fut pratiqué en U.R.S.S. sous Staline. – Du n. de *Staline* (1879-1953), homme d'État soviétique.

stalle [stal] n. f. **1.** Chacun des sièges de bois à haut dossier disposés sur les deux côtés du chœur d'une église, et réservés au clergé. **2.** Chacun des compartiments distincts assignés aux chevaux, dans une écurie. – *Par ext.* Compartiment destiné au parcage d'une automobile. – Lat. médiév. *stallum,* latinisation de l'a. fr. *estal,* frq **stal.*

staminal, ale, aux [staminal, o] adj. BOT Relatif aux étamines. *Filet staminal.* – Du lat. *stamen, staminis,* «étamine».

staminé, ée [stamine] adj. BOT *Fleur staminée,* pourvue d'étamines. – Du lat. *stamen, staminis,* «étamine».

staminifère [staminifɛʀ] adj. BOT Qui porte des étamines. – Du lat. *stamen, staminis,* «étamine», et de *-fère.*

stance [stɑ̃s] n. f. **1.** LITTER Vx Groupe de vers formant un système de rimes complet. Syn. mod. strophe. **2.** Plur. Pièce de poésie composée de stances (sens 1), d'inspiration philosophique, religieuse ou élégiaque. – Ital. *stanza.*

1. stand [stɑ̃d] n. m. *Stand de tir* ou *stand:* lieu aménagé pour le tir à la cible. – Mot suisse all.

2. stand [stɑ̃d] n. m. **1.** Dans une exposition, espace réservé à un exposant, à une catégorie de produits. **2.** *Stand de ravitaillement:* dans un circuit de course automobile, emplacement réservé pour le ravitaillement et les réparations. – Mot angl.

1. standard [stɑ̃daʀ] n. m. et adj. inv. **I.** n. m. **1.** Modèle, type, norme de fabrication. **2.** *Standard de vie* (calque de l'angl. *standard of living*): niveau de vie. **II.** adj. inv. Qui fait partie d'une production d'éléments normalisés; de série courante. *Modèle standard.* ▷ Fig. Qui ne se distingue pas par un trait d'originalité particulier; ordinaire, courant. *Un visage et une silhouette standard.* – Mot angl., «étalon, type, degré, niveau», de l'a. fr. *estandard,* du frq. *standhard,* «inébranlable».

2. standard [stɑ̃daʀ] n. m. Dispositif permettant de brancher les différents postes d'une installation téléphonique intérieure de quelque importance (entreprises, administrations, etc.) sur le réseau urbain, ou de mettre ces postes en communication entre eux. – Mot angl. «support, panneau».

standardisation [stɑ̃daʀdizasjɔ̃] n. f. Unification, uniformisation de tous les éléments d'une production. Cf. normalisation. – De *standardiser.*

standardiser [stɑ̃daʀdize] v. tr. [1] **1.** Rendre conforme à un standard; normaliser. **2.** Fig. Uniformiser. – Au pp. *Comportements sociaux standardisés.* – De *standard* 1.

standardiste [stɑ̃daʀdist] n. Téléphoniste assurant le service d'un standard. – De *standard* 2.

stannate [stanat] n. m. Sel d'un acide stannique. – Du bas lat. *stannum,* «étain».

stanneux, euse [stanø, øz] adj. CHIM Se dit des composés de l'étain au degré d'oxydation 2 (*stannates II,* dans la nomenclature actuelle). – Du bas. lat. *stannum,* «étain».

stannifère [stanifɛʀ] adj. MINER Qui contient de l'étain. – Du bas lat. *stannum,* «étain», et de *-fère.*

stannique [stanik] adj. CHIM Se dit des composés de l'étain au degré d'oxydation 4 (*stannates IV,* dans la nomenclature actuelle). – Du bas lat. *stannum,* «étain», et *-ique.*

staphisaigre [stafizɛgʀ] n. f. BOT Delphinium vénéneux (fam. renonculacées) des régions méditerranéennes. – Lat. *staphis agria,* mots gr., propr. «raisin sauvage».

staphylier [stafilje] n. m. BOT Arbuste *(Staphylæ pinnata)* à grappes de fleurs blanches, à fruits rouges comestibles. – Du gr. *staphulê,* «grappe de raisin mûr».

1. staphylin [stafilɛ̃] n. m. ZOOL Insecte coléoptère (genres *Staphylinus* et voisins) aux élytres courts, à l'abdomen découvert souvent relevé pendant la marche. – Du gr. *staphulinos,* de *staphulê,* «grappe de raisin mûr», par analogie de forme.

2. staphylin, ine [stafilɛ̃, in] adj. ANAT De la luette, qui a rapport à la luette. – Du gr. *staphulê,* «luette».

staphylinidés [stafilinide] n. m. pl. ZOOL Vaste famille de coléoptères (26 000 espèces) répandue dans le monde entier, dont le staphylin est le type. – De *staphylin* 1.

staphylococcie [stafilokɔksi] n. f. MED Infection à staphylocoques. *Principales staphylococcies: furoncle, anthrax, phlegmon du rein, abcès du poumon, pleurésie, septicémie à staphylocoques.* – De *staphylocoque.*

staphylocoque [stafilokɔk] n. m. MED et cour. Bactérie de forme ronde, dont les individus sont groupés en amas évoquant des grappes de raisin; ce sont les agents de diverses infections, notam. cutanées. – Lat.

scientif. *staphylococcus,* du gr. *staphulê,* «grappe de raisin mûr».

staphylome [stafilom] n. m. MED Saillie pathologique de la cornée, due en général à une inflammation ou à un traumatisme. – Bas lat. d'orig. gr. *staphyloma.*

star [staʀ] n. f. Anglicisme Vedette de cinéma. *Une super-star.* – Mot angl., propr. «étoile».

starets [staʀɛts] ou **stariets** [staʀjɛts] n. m. HIST Dans l'ancienne Russie, religieux contemplatif, ascète rempli des lumières de l'Esprit-Saint, qui jouait le rôle de guide spirituel. – Mot russe, «vieillard».

starlette [staʀlɛt] n. f. Jeune actrice de cinéma (qui espère devenir une star). – Dimin. de *star.*

staroste [staʀɔst] n. m. HIST **1.** En Pologne, seigneur qui tenait en fief un domaine de la couronne, contre redevance. **2.** Chef de l'administration du mir*, dans la Russie tsariste. – Polonais *starosta.*

starter [staʀtœʀ] n. m. **1.** SPORT ou TURF Personne qui donne le signal du départ dans une course. **2.** TECH Dispositif, petit moteur électrique auxiliaire qui sert à lancer un moteur principal. Rem. Appliqué à une automobile, remplacé par *démarreur* dans le langage soutenu. ▷ (France) Dispositif qui facilite le démarrage d'un moteur à explosion en enrichissant temporairement le mélange gazeux en carburant. V. étrangleur. – Mot angl., de *to start,* «démarrer».

stase [stɑz] n. f. MED Ralentissement important ou arrêt de la circulation d'un liquide dans l'organisme. – Gr. *stasis,* «arrêt».

-stat. Élément, du gr. *statos,* «stable».

statère [statɛʀ] n. m. ANTIQ GR Monnaie d'argent (2 ou 4 drachmes). ▷ *Statère d'or:* monnaie macédonienne. – Bas lat. *stater,* d'orig. gr.

stathouder [statudɛʀ] ou **stadhouder** [stadudɛʀ] n. m. HIST Gouverneur de province, dans les Pays-Bas espagnols. ▷ Chef d'une ou de plusieurs provinces des Provinces-Unies, après la proclamation de l'indépendance. *La fonction de stathouder fut illustrée par la maison d'Orange qui, à partir de 1573, exerça le stathoudérat général, déclaré plus tard héréditaire dans sa famille.* – Mot néerl., «gouverneur»; de *houder* «qui tient»; et *stas* «la place».

stathoudérat [statudeʀa] n. m. HIST Titre, fonction de stathouder; temps pendant lequel cette fonction était exercée. – Du préc.

station [stasjõ] n. f. **1.** Action, fait de s'arrêter au cours d'un déplacement; pause en un lieu. *Faire une longue station devant une vitrine.* ▷ *Station du chemin de la croix:* chacun des quatorze arrêts de Jésus pendant sa montée au Calvaire. – Tableau représentant l'une de ces scènes. **2.** Fait de se tenir (de telle façon); fait de se tenir (debout, dressé). *La station debout est pénible.* **3.** Lieu spécialement aménagé pour l'arrêt des véhicules. *Une station de taxis, d'autobus.* **4.** Lieu de villégiature, de vacances. *Station thermale, balnéaire, de sports d'hiver.* **5.** Installation, fixe ou mobile, destinée à effectuer des observations. *Station météorologique, spatiale, orbitale habitée.* **6.** Ensemble d'installations émettrices. *Station de radio, de télévision.* **7.** ASTRO *Planète en station,* qui, pour l'observateur terrestre, apparaît immobile sur la sphère céleste. **8.** Lieu de vie d'une espèce animale ou végétale. – Lieu groupant les conditions requises pour l'existence d'une espèce donnée. – Lat. *statio,* de *stare,* «se tenir debout, s'arrêter».

stationnaire [stasjɔnɛʀ] adj. et n. m. **I.** adj. **1.** Qui arrête son mouvement et reste un certain temps à la même place. ▷ PHYS *Système d'ondes stationnaires:* système vibratoire qui résulte de l'interférence d'ondes se propageant en sens contraire et caractérisé par des points d'amplitude nulle *(nœuds)* et des points d'amplitude maximale *(ventres).* **2.** Qui ne change pas, n'évolue pas. *L'état du blessé reste stationnaire.* **II.** n. m. Bâtiment de guerre qui assure une mission de surveillance sur une étendue de mer déterminée. – Lat. imp. *stationarius.*

stationné, ée [stasjɔne] adj. **1.** MILIT Qui séjourne quelque part, sans être engagé dans la bataille ou dans la manœuvre. *Les militaires canadiens stationnés en Allemagne.* **2.** Cour. Qui est garé, dont le véhicule est garé. *Une auto stationnée dans une rue. Tu est mal stationné: tu risques d'avoir une contravention.* – Pp. de *stationner.*

stationnement [stasjɔnmɑ̃] n. m. **1.** Action, fait de stationner un véhicule automobile. *Stationnement interdit. Espace, terrain, parc de stationnement. Vignette de stationnement.* **2.** *Par ext.* Espace où l'on peut stationner un véhicule. *Chercher un stationnement dans une rue. Louer un stationnement pour l'hiver.* ▷ Terrain, endroit spécial. aménagé pour y stationner de nombreux véhicules. *Le stationnement d'un centre d'achats. Stationnement intérieur, souterrain.* – De *stationner.*

stationner [stasjɔne] v. [1] **I.** v. intr. **1.** MILIT Séjourner quelque part, sans être engagé dans la bataille ou dans la manœuvre. *Des troupes qui stationnent dans le Grand Nord.* **2.** Faire une station, un arrêt temporaire. *Un autobus qui stationne en bordure d'une route.* **II.** v. tr. Ranger temporairement (un véhicule) à l'écart de la circulation automobile, le long d'une voie ou dans un endroit prévu à cette fin. *Stationner son auto dans la rue.* ▷ *Absol.* Garer son véhicule. *Stationner à deux pas du bureau. Défense de stationner.* ▷ Pron. *Se stationner:* garer son véhicule. – De *station.*

station-service [stasjõsɛʀvis] n. f. Poste de distribution d'essence où sont également assurés les travaux d'entretien courant des véhicules automobiles. *Des stations-service.* – D'ap. l'angl. *service station.*

statique [statik] n. f. et adj. **I.** n. f. PHYS Partie de la mécanique qui étudie les conditions auxquelles doit satisfaire un corps ou un système de corps pour rester immobile dans un repère donné (opposé à *dynamique*). **II.** adj. **1.** Relatif à l'équilibre des forces. ▷ *Électricité* statique.* **2.** Qui demeure dans le même état, qui n'évolue pas. *Société statique.* – Gr. *statikos.*

statiquement [statikmɑ̃] adv. D'une manière statique. – De *statique.*

statisticien, ienne [statistisjɛ̃, jɛn] n. Spécialiste de la statistique. – De *statistique.*

statistique [statistik] n. f. et adj. **I.** n. f. **1.** MATH Branche des mathématiques appliquées qui a pour objet l'étude des phénomènes mettant en jeu un grand nombre d'éléments. **2.** Ensemble de données numériques concernant l'état ou l'évolution d'un phénomène qu'on étudie au moyen de la statistique (au sens 1). *Statistiques socio-économiques.* **3.** PHYS Loi qui décrit le comportement des systèmes de particules à l'aide des mathématiques statistiques. *Statistique de Fermi-Dirac.* **II.** adj. **1.** Qui se rapporte aux opérations et aux moyens de la statistique. *Évaluations statistiques.* **2.** PHYS *Mécanique statistique,* qui applique à l'étude des systèmes de particules les lois de la statistique. – Du lat. mod. *statisticus,* «relatif à l'État», probabl. d'ap. l'ital. *statista,* «homme d'État».
ENCYCL La statistique repose sur l'étude de *populations,* constituées par un ensemble d'*individus,* ou *unités statistiques* (habitants d'un pays, pièces d'un lot, passages de voitures à un endroit déterminé, etc.). Lorsque la population statistique à étudier est trop nombreuse, on prélève sur celle-ci un lot ou *échantillon,* sur lequel portent les observations. On définit les *caractères* de la population à étudier, caractères qualitatifs (marque d'une automobile, par ex.) ou quantitatifs (taille d'un individu, par ex.). Les

caractères quantitatifs, appelés aussi *variables statistiques*, peuvent être classés en variables *discrètes* (nombre de pièces d'un logement, par ex.) ou, à l'inverse, *continues* (âge d'une personne, par ex.). Les observations statistiques sont analysées soit au moyen de *distributions* donnant les effectifs ou les fréquences pour chacune des classes qui constituent la population, soit au moyen de fonctions de répartition, correspondant au cumul des effectifs ou des fréquences. Une distribution peut être caractérisée par un certain nombre de valeurs (le mode, la médiane et la moyenne), qui permettent de comparer plusieurs distributions, et par sa dispersion, que l'on caractérise généralement par la *variance* ou par la racine carrée de cette variance appelée *écart-type*. Lorsqu'une série statistique possède plusieurs caractères, on peut rechercher, par une étude de *corrélation*, si certains de ces caractères sont liés les uns aux autres. Dans le cas où le nombre des caractères est très élevé, on utilise d'autres méthodes, par ex. l'analyse en composantes principales, qui consiste à réduire le nombre de caractères, ou l'analyse factorielle. Les statistiques présentent auj. un intérêt considérable, compte tenu du grand nombre des données (présentant toujours un caractère aléatoire) qu'il est nécessaire de traiter (à l'aide de l'ordinateur, dans la quasi-totalité des cas) en économie, en sociologie, en démographie, en gestion, dans l'industrie (contrôle de fabrication), en physique des particules, en astrophysique, dans la science de l'espace, etc. (V. aussi probabilité).

statistiquement [statistikmɑ̃] adv. D'après les statistiques, du point de vue de la statistique. – De *statistique.*

statocyste [statɔsist] n. m. ZOOL Chez de nombreux animaux, organe du sens de l'équilibre, constitué d'une vésicule tapissée intérieurement de cellules sensibles et contenant des granules dont la sédimentation renseigne les centres nerveux sur la position du corps par rapport à la verticale. – Du gr. *statos,* «stable», et *kustis,* «vessie».

stator [statɔʀ] n. m. TECH Partie fixe de certaines machines (moteurs électriques, turbines, etc.), par oppos. à la partie tournante, dite *rotor.* – Du lat. *status,* «fixé», d'ap. *rotor.*

statoréacteur [statoʀeaktœʀ] n. m. AVIAT Moteur à réaction sans organe mobile, constitué d'une entrée d'air, d'une chambre de combustion et d'une tuyère. – Du lat. *status,* «fixé», et de *réacteur.*

statuaire [statɥɛʀ] adj. et n. **I.** adj. Utilisé pour faire des statues. *Bronze statuaire.* **II.** n. **1.** n. f. Art de faire des statues. *La statuaire médiévale.* **2.** n. m. Sculpteur qui fait des statues. – Lat. *statuarius.*

statue [staty] n. f. Figure sculptée représentant en entier un être vivant. *Dresser, ériger une statue. La statue de la Liberté, par Bartholdi.* – Lat. *statua.*

statuer [statɥe] v. [1] **1.** v. tr. Vx Ordonner. **2.** v. intr. *Statuer sur:* prendre une décision quant à. *Statuer sur un cas particulier.* – Lat. *statuere.*

statuette [statɥɛt] n. f. Statue de petite taille. *Statuette de Tanagra.* – Dimin. de *statue.*

statufier [statyfje] v. tr. [1] Fam. Élever une statue à (qqn), le représenter par une statue. – De *statue,* et *-fier.*

statu quo [statyko] n. m. inv. Situation actuelle, état actuel des choses. *Maintenir le statu quo.* – De la loc. lat. *in statu quo ante,* «dans l'état où (les choses étaient) auparavant».

stature [statyʀ] n. f. **1.** Taille d'une personne. *Haute stature.* **2.** Fig. Importance (de qqn). *La stature de ce philosophe domine la vie intellectuelle.* – Lat. *statura.*

statut [staty] n. m. **1.** DR Vx Loi, règlement, ordonnance. **2.** DR Plur. Texte qui fixe la réglementation applicable à un groupe. *Les statuts d'une association.* **3.** DR Plur. Ensemble des textes législatifs et réglementaires qui composent le système juridique d'un État. **4.** DR Plur. *Statuts de constitution:* renseignements qu'une société par actions doit transmettre au gouvernement concernant son identité et ses pouvoirs ainsi que les personnes qui la composent et l'administrent. **5.** Situation personnelle résultant de l'appartenance à un groupe régi par des dispositions juridiques ou administratives particulières. *Bénéficier du statut de fonctionnaire.* ▷ *Par ext.* (Emploi critiqué.) Situation personnelle au sein d'un groupe, d'un ensemble social. *Avoir un statut privilégié.* – Bas lat. *statutum.*

statutaire [statytɛʀ] adj. Conforme aux statuts d'une société, d'un groupe. – De *statut.*

statutairement [statytɛʀmɑ̃] adv. Conformément aux statuts. – De *statutaire.*

staurothèque [stoʀɔtɛk] n. f. Didac. Reliquaire renfermant une parcelle de bois supposée provenir de la croix du Christ. – Du gr. *stauros,* «croix», et de *-thèque.*

stavug ou **stawug** [stavyg] n. m. SPORT Façon de se déplacer à skis combinant la marche et le stakning*, utilisée par les skieurs de fond. – Mot norvégien.

steak [stɛk] n. m. Tranche de viande (bœuf, jambon, saumon, gros gibier, etc.) grillée, à griller. ▷ *Spécial.* Tranche de bœuf. *Steak au poivre.* ▷ *Steak haché,* viande de bœuf hachée. – Mot angl.

stéar(o)-, stéat(o)-. Éléments, du gr. *stear, steatos,* «graisse».

stéarate [steaʀat] n. m. CHIM Sel ou ester de l'acide stéarique. – De *stéar-,* et *-ate.*

stéarine [steaʀin] n. f. CHIM Ester du glycérol et de l'acide stéarique. ▷ Cour. Solide blanc et translucide constitué d'un mélange d'acide stéarique et de paraffine, utilisé notam. dans la fabrication des bougies. – De *stéar-,* et *-ine.*

stéarinerie [steaʀinʀi] n. f. TECH Fabrique de stéarine. – Du préc.

stéarinier [steaʀinje] n. m. TECH Fabricant de stéarine. – De *stéarine.*

stéarique [steaʀik] adj. CHIM *Acide stéarique:* acide gras saturé, abondant dans le suif de mouton et de bœuf. – De *stéarine.*

stéatite [steatit] n. f. MINER Silicate naturel de magnésium, onctueux au toucher, utilisé comme craie par les tailleurs et les couturières et servant à fabriquer les pastels. *La stéatite est appelée cour. pierre à savon ou pierre de savon.* – Lat. *steatitis,* mot gr., de *stear, steatos,* «lard, graisse».

stéato-. V. stéar(o).

stéatopyge [steatɔpiʒ] adj. Didac. Dont les fesses sont le siège d'importantes localisations graisseuses; qui a de très grosses fesses. *Les femmes hottentotes et boschimanes sont stéatopyges.* – De *stéato-,* et *-pyge.*

stéatopygie [steatɔpiʒi] n. f. Didac. Développement des localisations graisseuses de la fesse et du haut de la cuisse. – Du préc.

stéatose [steatoz] n. f. MED Accumulation de granulations graisseuses dans les cellules d'un tissu. *Stéatose hépatique de l'alcoolique.* – De *stéat-,* et *-ose* 2.

steenbock. V. steinbock.

steeple-chase [stipəlʃɛz] ou **steeple** [stipəl] n. m. Anglicisme **1.** TURF *Steeple-chase* ou *steeple:* course d'obstacles pour chevaux. **2.** SPORT *Trois mille mètres steeple:* course à pied de 3 000 m, sur piste, au cours de laquelle les concurrents doivent franchir un certain nombre d'obstacles. *Des steeple-chases.* – Mot angl. «course *(chase)* au clocher *(steeple)*».

stégo-. Élément, du gr. *stegos,* «toit».

stégocéphales [stegosefal] n. m. pl. PALEONT Ordre d'amphibiens fossiles qui furent les premiers vertébrés à venir vivre sur la terre ferme. – De *stégo-,* et *-céphale* à cause du développement important des os de leur crâne.

stegomyie [stegomii] ou **stegomyia** [stegomija] n. f. ZOOL Moustique dont une espèce est le vecteur de la fièvre jaune. – Lat. sav. *stegomya,* du gr. *stegos,* «toit», et *muia,* «mouche».

stégosaure [stegozɔʀ] ou **stegosaurus** [stego zɔʀys] n. m. PALEONT Dinosaure qui atteignait six mètres de long et portait deux rangées de plaques osseuses dressées le long de l'épine dorsale. – De *stégo-,* et *-saure.*

steinbock [stejnbɔk] ou **steenbock** [stinbɔk] n. m. Petite antilope d'Afrique du Sud. – Anc. haut all. *steinboc* (cf. bouquetin), mot repris à l'afrikaans.

stèle [stɛl] n. f. Monument monolithe (obélisque, colonne tronquée, pierre plate dressée, etc.) où figure une inscription. *Stèle funéraire.* – Lat. *stela,* gr. *stêlê.*

1. stellaire [stɛllɛʀ] adj. **1.** Didac. Des étoiles, qui a rapport aux étoiles. *Astronomie stellaire.* **2.** ANAT *Ganglion stellaire* (ou *étoilé),* formé par la réunion de deux ganglions sympathiques. – Bas lat. *stellaris,* de *stella,* «étoile».

2. stellaire [stɛllɛʀ] n. f. BOT Plante herbacée (genre *Stellaria,* fam. caryophyllacées) dont les fleurs blanches ont des pétales divisés en deux. *Le mouron des oiseaux est une stellaire.* – Du bas lat. *stellaris,* de *stella,* «étoile».

stelléroïdes [stɛlleʀɔid] n. m. pl. ZOOL Classe d'échinodermes comprenant les astéries (étoiles de mer) et les ophiures. – Du lat. *stella,* «étoile».

stellite [stɛl(l)it] n. m. METALL Alliage de cobalt, de chrome, de tungstène et de silicium, particulièrement dur, utilisé notam. pour fabriquer les soupapes de moteurs. – Nom déposé, probabl. du lat. *stella,* et *-ite* 3.

stem, stemm [stɛm] ou **stem-christiana** [stɛmkʀistjana] n. m. SPORT Technique de virage basée sur le transfert du poids du corps d'un ski à l'autre. – Mots norvégiens.

stén(o)-. Élément, du gr. *stenos,* «étroit».

stencil [stɛnsil] n. m. Papier paraffiné servant, après perforation à la machine à écrire ou à la main, à la reproduction d'un texte ou d'un dessin au moyen d'un duplicateur. – Mot angl. «pochoir», du v. *to stencil,* du fr. *étinceler.*

stenciliste [stɛnsilist] n. TECH Personne qui prépare les stencils. – Du préc.

stendhalien, ienne [stɑ̃daljɛ̃, jɛn] adj. LITTER De Stendhal, qui a rapport à Stendhal. *La prose stendhalienne.* – Du n. de l'écrivain fr. Henri Beyle dit *Stendhal* (1783-1842).

sténo [steno] n. m. et f. Abrév. de *sténographe, sténographie, sténodactylo.*

sténodactylo [stenodaktilo] n. Personne qui pratique la sténographie et la dactylographie à titre professionnel. – De *sténo-,* et *dactylo(graphe).*

sténodactylo(graphie) [stenodaktilogʀafi] n. f. Emploi combiné de la sténographie et de la dactylographie. – De *sténo-,* et *dactylo(graphie).*

sténographe [stenɔgʀaf] n. Personne qui pratique la sténographie à titre professionnel. – De *sténographie.*

sténographie [stenɔgʀafi] n. f. Procédé d'écriture très simplifié, grâce auquel on peut noter un texte aussi vite qu'il est prononcé. – De *sténo-,* et *-graphie.*

sténographier [stenɔgʀafje] v. tr. [1] Écrire en sténographie. *Sténographier un débat.* – Du préc.

sténographique [stenɔgʀafik] adj. Qui a rapport à la sténographie. *Signes sténographiques.* – De *sténographie.*

sténographiquement [stenɔgʀafikmɑ̃] adv. Par la sténographie; en écriture sténographique. – Du préc.

sténohalin, ine [stenoalɛ̃, in] adj. BIOL Se dit d'un organisme qui ne peut vivre que dans un milieu d'une concentration saline déterminée. Ant. euryhalin. – De *sténo-,* et gr. *hals,* «sel».

sténopé [stenɔpe] n. m. PHOTO Très petit trou percé dans la paroi d'une chambre noire et faisant office d'objectif photographique. – De *sténo-,* et gr. *opê,* «trou, ouverture».

sténose [stenoz] n. f. MED Rétrécissement pathologique d'un conduit, d'un orifice, d'un organe. – Gr. *stenôsis,* «étroitesse».

sténosé, ée [stenoze] adj. MED Qui présente une sténose. – Du préc.

sténotype [stenɔtip] n. f. Machine à clavier qui permet de noter très rapidement la parole sous forme phonétique, en utilisant un alphabet simplifié. – De *sténo-,* et *-type.*

sténotypie [stenɔtipi] n. f. Technique de la notation de la parole au moyen d'une sténotype. – Du préc.

sténotypiste [stenɔtipist] n. Personne qui connaît et pratique la sténotypie. – De *sténotype.*

stentor [stɑ̃tɔʀ] n. m. **1.** *Voix de stentor :* voix forte, retentissante. ▷ *Un stentor:* un homme possédant une telle voix. **2.** ZOOL Protozoaire cilié d'eau douce en forme de trompe. – De *Stentor,* personnage de *l'Iliade,* à la voix puissante.

steppage [stɛpaʒ] n. m. MED Démarche particulière (flexion accentuée de la cuisse sur le bassin à chaque pas) des malades atteints de paralysie des muscles péroniers et extenseurs des orteils. – De l'angl. *to step* «trotter».

steppe [stɛp] n. f. GEOGR Formation végétale caractéristique des zones semi-arides, constituée par une couverture discontinue de graminées xérophiles dont les intervalles peuvent être occupés par des formes diverses (plantes annuelles ou vivaces, sous-arbrisseaux, etc.). ▷ GEOGR et cour. Vaste plaine couverte par une telle végétation. *La steppe sibérienne.* – Russe *step.*

ENCYCL **Art.** – L'art des steppes est un art ornemental (haches, poignards, bijoux, mors, décorations de harnais, etc.) créé par les peuples nomades qui, entre le troisième millénaire av. J.-C. et le troisième siècle ap. J.-C., occupèrent les immenses territoires de la steppe eurasiatique, du Danube à la Mongolie. Une culture originale, apparue en Sibérie orientale v. 1000 av. J.-C., inaugure la période préclassique (XIe-VIIIe s. av. J.-C.). L'art de la période classique (VIIIe-IIIe s. av. J.-C.) est dominé par les productions des Scythes, qui mêlent avec vigueur réalisme et fantastique. La période post-classique (IIIe s. av. J.-C.-IIIe s. ap. J.-C.) est illustrée par les Sarmates.

steppique [stepik] adj. Didac. De la steppe; caractéristique de la steppe. *Végétation steppique.* – Du préc.

stéradian [steʀadjɑ̃] n. m. PHYS Unité d'angle solide, égale à l'angle solide qui découpe, sur une sphère centrée au sommet de cet angle, une surface égale à celle d'un carré ayant pour côté le rayon de la sphère (symbole sr). – Du gr. *ster(eos),* «solide», et de *radian.*

1. stercoraire [stɛʀkɔʀɛʀ] n. m. ZOOL Gros oiseau des régions polaires (genre *Stercorarius*), au bec crochu, qui attaque les autres oiseaux pour leur prendre leur proie. Syn. labbe. – Lat. *stercorarius*, de *stercus, stercoris*, «excrément, fumier».

2. stercoraire [stɛʀkɔʀɛʀ] adj. Didac. **1.** SC NAT Qui se nourrit d'excréments, qui croît sur les excréments (V. coprophage, scatophile). **2.** MED Qui a rapport aux excréments. *Fistule stercoraire.* ▷ Par ext. *Littérature stercoraire*, scatologique. – V. stercoraire 1.

stercoral, ale, aux [stɛʀkɔʀal, o] adj. Didac. Qui a rapport aux excréments. – Du lat. *stercus, stercoris*, «excrément».

sterculiacées [stɛʀkyljase] n. f. pl. BOT Famille de plantes arborescentes tropicales (genre type *Sterculia*) à laquelle appartiennent notam. le cacaoyer et le kolatier. – De *sterculie*.

sterculie [stɛʀkyli] n. f. Nom générique d'une centaine d'espèces de plantes arborescentes tropicales de la famille des sterculiacées. – Du lat. *stercus*, «excrément», à cause de l'odeur de certaines espèces.

stère [stɛʀ] n. m. Unité de volume (symbole st) égale au mètre cube, utilisée pour les bois de charpente et de chauffage. – Du gr. *stereos*, «solide».

stéréo-. Élément, du gr. *stereos*, «solide, ferme», impliquant une idée de volume.

stéréo [steʀeo] n. f. ou adj. Abrév. de *stéréophonie, stéréophonique*.

stéréobate [steʀeobat] n. m. ARCHI Soubassement sans moulure d'un édifice, d'une colonne. – Lat. *stereobata*, du gr. *stereos*, «solide», et *batêr*, «seuil».

stéréochimie [steʀeoʃimi] n. f. CHIM Partie de la chimie qui étudie les rapports entre les propriétés des corps et la configuration spatiale dans l'espace des atomes de leurs molécules. – De *stéréo-*, et *chimie*.

stéréocomparateur [steʀeokɔ̃paʀatœʀ] n. m. En topographie, appareil permettant d'effectuer des mesures précises sur des clichés de levés de plans photographiques, par observation stéréoscopique. – De *stéréo-*, et *comparateur*.

stéréognosie [steʀeognɔzi] n. f. PHYSIOL Fonction sensorielle permettant de reconnaître la forme et le volume des objets qu'on palpe. – De *stéréo-*, et *-gnosie*.

stéréographie [steʀeogʀafi] n. f. Didac. Représentation des solides par leurs projections sur des plans. – Lat. mod. *stereographia*, du gr. *stereos*, «solide», et *graphein*, «écrire».

stéréographique [steʀeogʀafik] adj. Didac. *Projection stéréographique:* projection de la sphère, utilisée en cartographie, dans laquelle l'observateur se trouve à l'antipode du point de tangence du plan de projection. – Du préc.

stéréoisomérie ou **stéréo-isomérie** [steʀeoizomeʀi] n. f. CHIM Isomérie* de corps dont les molécules diffèrent par la position relative dans l'espace des liaisons d'un ou de plusieurs des atomes, sans modification de nature d'aucune de ces liaisons. – De *stéréo-*, et *isomérie*.

stéréométrie [steʀeometʀi] n. f. TECH Branche de la géométrie pratique qui a pour objet la mesure des solides. ▷ *Spécial.* Mesure approximative des volumes des corps usuels (troncs d'arbres, tonneaux, tas de sable, etc.). – Gr. *stereometria*, de *stereos*, «solide», et *metreîn*, «mesurer».

stéréométrique [steʀeometʀik] adj. TECH Qui a rapport à la stéréométrie. – Du préc.

stéréophonie [steʀeofɔni] n. f. Procédé de reproduction des sons utilisant plusieurs canaux différents branchés sur des enceintes acoustiques distinctes et restituant ainsi un relief sonore. *Émission en stéréophonie.* Ant. monophonie. ▷ Abrév. cour. *stéréo. Disque en stéréo.* – De *stéréo-*, et *-phonie*.

stéréophonique [steʀeofɔnik] adj. Qui restitue un relief sonore par la stéréophonie; en stéréophonie. *Enregistrement stéréophonique.* – Abrév. cour. *stéréo. Chaîne stéréo.* – Du préc.

stéréoscope [steʀeoskɔp] n. m. TECH Instrument d'optique restituant l'impression du relief à partir de deux images planes fusionnées d'un même sujet. – De *stéréo-*, et *-scope*.

stéréoscopie [steʀeoskɔpi] n. f. TECH Procédé qui permet de restituer l'impression du relief à partir du fusionnement d'un couple d'images planes; utilisation du stéréoscope. – Du préc.

ENCYCL La stéréoscopie consiste à fusionner (par la vision binoculaire) deux images prises par un appareil photographique dont les deux objectifs sont écartés d'une distance équivalente à celle séparant les deux yeux. Seule l'observation de ces images avec les deux yeux permet d'obtenir l'effet de relief. La stéréoscopie offre de nombreuses applications, aux jumelles, aux télémètres, aux microscopes, etc.

stéréoscopique [steʀeoskɔpik] adj. TECH Relatif au stéréoscope ou à la stéréoscopie. – Du préc.

stéréospondyliens [steʀeospɔ̃diljɛ̃] n. m. pl. PALEONT Ancien nom des labyrinthodontes (V. ce mot). – De *stéréo-*, et *spondyle*.

stéréotaxie [steʀeotaksi] n. f. CHIR Méthode de localisation dans l'espace d'une structure nerveuse cérébrale à partir de repères osseux du crâne. – De *stéréo-*, et *-taxie*.

stéréotomie [steʀeotɔmi] n. f. TECH Art de la coupe des pierres, des matériaux de construction. – De *stéréo-*, et *-tomie*.

stéréotype [steʀeotip] adj. et n. m. **1.** adj. IMPRIM Vx Imprimé avec des planches clichées. *Édition stéréotype.* **2.** n. m. Idée toute faite, poncif, banalité. Syn. cliché. – De *stéréo-*, et *-type*.

stéréotypé, ée [steʀeotipe] adj. Qui a le caractère convenu d'un stéréotype (sens 2), qui est banal, sans originalité. *Plaisanteries stéréotypées.* – Du préc.

stéréotypie [steʀeotipi] n. f. MED Exagération de l'automatisme, tendance à répéter les mêmes paroles ou les mêmes attitudes, observée chez certains malades mentaux. – De *stéréotype*.

stérer [steʀe] v. tr. [16] TECH Évaluer en stères (un volume de bois). – De *stère*.

stéride [steʀid] n. m. BIOCHIM Lipide résultant de l'estérification d'un stérol par un acide gras. – De *stér(ol)*, et *-ide*.

stérile [steʀil] adj. **1.** Qui n'est pas apte à la reproduction. *Animal, fleur stérile.* **2.** Exempt de tout germe. *Pansement stérile.* **3.** Qui ne produit rien, ne rapporte rien. *Une terre stérile.* **4.** Qui n'aboutit à rien, qui ne donne pas de résultat. *Discussion stérile. Travail stérile.* – Lat. *sterilis*.

stérilement [steʀilmɑ̃] adv. Litt. De façon stérile. *Palabrer stérilement.* – Du préc.

stérilet [steʀilɛ] n. m. Dispositif anticonceptionnel intra-utérin. – De *stérile*.

stérilisation [steʀilizasjɔ̃] n. f. **1.** Suppression de la faculté de reproduction. *Stérilisation d'une femme par ligature des trompes.* **2.** Destruction des germes présents dans un milieu. *Stérilisation par les antiseptiques.* – De *stériliser*.

stériliser [steʀilize] v. tr. [1] **1.** Rendre inapte à la reproduction. **2.** Rendre exempt de germes. *Stériliser du lait.* – De *stérile*.

stérilité [steʀilite] n. f. **1.** Fait d'être stérile, inaptitude à se reproduire. **2.** État de ce qui ne produit rien. *Stérilité d'un sol.* ▷ Fig. *Stérilité d'un débat.* – Lat. *sterilitas.*

stérique [steʀik] adj. CHIM *Empêchement stérique:* impossibilité ou ralentissement de certaines réactions, dus à la présence, au sein de la molécule intéressée, de radicaux carbonés dont le volume empêche l'accès du réactif au groupement fonctionnel de cette molécule. – Du gr. *stereos,* «solide».

sterlet [stɛʀlɛ] n. m. Esturgeon d'Europe orientale et d'Asie occidentale *(Acipenser ruthenus),* dont les œufs servent à préparer le caviar. – Russe *sterlyadi.*

sterling [stɛʀliŋ] adj. inv. *Livre sterling:* monnaie de compte de Grande-Bretagne. ▷ Par ext. *La zone sterling:* la zone monétaire de la livre sterling. – Mot angl., p.-ê. de l'anc. angl. *steorling,* «monnaie d'argent marquée d'une étoile», de *steorra,* «étoile».

sternal, ale, aux [stɛʀnal, o] adj. ANAT Qui a rapport au sternum. – De *sternum.*

sterne [stɛʀn] n. f. ZOOL Oiseau proche des mouettes (fam. laridés) aux ailes longues et étroites, à la queue souvent fourchue, au plumage clair avec une calotte noire sur la tête, parfois appelé *hirondelle de mer.* – De l'anc. angl. *stern,* lat. savant *sterna.*

sterno-. Élément, de *sternum,* gr. *sternon.*

sterno-claviculaire [stɛʀnoklavikylɛʀ] adj. ANAT Qui se rapporte au sternum et à la clavicule. – De *sterno-,* et *claviculaire.*

sterno-cleïdo-mastoïdien [stɛʀnokleidomastɔidjɛ̃] n. m. ANAT Muscle du cou qui s'insère sur le sternum, la clavicule et l'apophyse mastoïde. – De *sterno-,* du gr. *kleis, kleidos,* «clavicule», et de *mastoïdien.*

sternum [stɛʀnɔm] n. m. Os plat de la face antérieure du thorax, sur lequel s'articulent les côtes et les clavicules. – Lat. médiév. *sternum,* gr. *sternon.*

sternutation [stɛʀnytasjõ] n. f. MED Action d'éternuer. – Lat. *sternutatio,* du pp. de *sternutare,* «éternuer souvent».

sternutatoire [stɛʀnytatwaʀ] adj. MED Qui provoque l'éternuement. *Poudre sternutatoire.* – De *sternutation.*

stéroïde [steʀɔid] adj. et n. m. BIOCHIM Se dit de certaines substances (et, spécial., de certaines hormones) dérivées d'un stérol. ▷ n. m. *Un stéroïde.* – De *stér(ol),* et *-oïde.*

stérol [steʀɔl] n. m. BIOCHIM Nom générique des alcools dérivés du noyau phénanthrène cyclique, auquel s'ajoute une chaîne latérale plus ou moins longue, et qui jouent un rôle fondamental dans l'organisme comme constituants essentiels des hormones génitales et surrénales. – Aphérèse de *cholestérol.*

stertor [stɛʀtɔʀ] n. m. MED Respiration bruyante et profonde qui survient notam. au cours de certains comas. – Du lat. *stertere,* «ronfler».

stertoreux, euse [stɛʀtɔʀø, øz] adj. MED *Respiration stertoreuse:* respiration bruyante, accompagnée de ronflement. – Du lat. *stertere,* «ronfler».

stéthoscope [stetɔskɔp] n. m. MED Instrument permettant l'auscultation des bruits à travers les parois du corps («auscultation médiate»). – Du gr. *stêthos,* «poitrine», et de *-scope.*

sthène [stɛn] n. m. PHYS Anc. unité de force (symbole Sn) égale à 1 000 newtons. – Du gr. *sthenos,* «force».

sthénie [steni] n. f. MED État de pleine activité physiologique. Ant. asthénie. – Du gr. *sthenos,* «force».

sthénique [stenik] adj. MED Qui s'accompagne de tonus, d'énergie; relatif à la sthénie. – Du préc.

stibié, ée [stibje] adj. PHARM Qui contient de l'antimoine. – Du lat. *stibium,* «antimoine».

stibine [stibin] n. f. MINER Sulfure naturel d'antimoine (Sb_2S_3), principal minerai d'antimoine. – Du lat. *stibium,* «antimoine».

stichomythie [stikɔmiti] n. f. LITTER Dialogue tragique dans lequel les interlocuteurs se répondent vers pour vers. – Du gr. *stikhos,* «vers», et *muthos,* «récit».

stigmate [stigmat] n. m. **I. 1.** Litt. Marque que laisse une plaie; cicatrice. *Les stigmates de la variole.* **2.** Anc. Marque au fer rouge que l'on imprimait sur l'épaule de certains délinquants (voleurs, notam.). ▷ Litt., péjor. Marque, trace honteuse. *Les stigmates du vice.* **3.** n. m. pl. RELIG CATHOL Marques des cinq plaies du Christ visibles sur le corps de certains mystiques. *Les stigmates de saint François d'Assise.* **II. 1.** BOT Renflement terminal du style, qui reçoit le pollen. **2.** ZOOL Orifice externe des trachées des arthropodes trachéates. – Lat. *stigmata,* plur. de *stigma,* «marque d'infâmie», mot gr. «piqûre, point».

stigmatique [stigmatik] adj. PHYS Se dit d'un système optique qui donne d'un point une image ponctuelle. Ant. astigmatique. – De *(a)stigmatique,* ou angl. *stigmatic.*

stigmatisation [stigmatizasjõ] n. f. **1.** RELIG CATHOL Le fait de recevoir les stigmates. **2.** Litt. Action, fait de stigmatiser, de blâmer publiquement. – De *stigmatiser.*

stigmatiser [stigmatize] v. tr. [1] **1.** RELIG CATHOL Marquer des stigmates. **2.** Fig. Blâmer, flétrir publiquement. *Satiriste qui stigmatise les vices de son temps.* – De *stigmate.*

stigmatisme [stigmatism] n. m. PHYS Caractère d'un système optique stigmatique. – De *(a)stigmatisme,* ou angl. *stigmatism.*

stilb [stilb] n. m. PHYS Unité C.G.S. de luminance; symbole sb (1 sb = 10 000 nits). – Du gr. *stilbein,* «briller».

stil-de-grain [stildəgʀɛ̃] n. m. inv. TECH Matière colorante jaune verdâtre. – Altér. du néerl. *schijtgroen,* propr. «vert *(groen)* d'excrément *(schijt)*».

stillation [stil(l)asjõ] n. f. Didac. Écoulement goutte à goutte d'un liquide. – Bas lat. *stillatio,* de *stillare,* «tomber goutte à goutte», de *stilla,* «goutte».

stillatoire [stil(l)atwaʀ] adj. Didac. Qui tombe goutte à goutte. – De *stillation.*

stilligoutte [stil(l)igut] n. m. Didac. Compte-gouttes. – De *still(ation),* et *goutte.*

stimulant, ante [stimylɑ̃, ɑ̃t] adj. et n. m. **1.** Qui stimule, incite à l'action, motive. *Résultats stimulants.* **2.** Qui stimule l'activité physiologique ou psychique. *Remède stimulant.* ▷ n. m. *Un stimulant.* – Ppr. de *stimuler.*

stimulateur, trice [stimylatœʀ, tʀis] adj. et n. **1.** adj. Litt. Qui stimule, excite. **2.** n. m. MED *Stimulateur cardiaque* (pour traduire l'angl. *pace-maker*): appareil électrique qui émet des impulsions rythmées provoquant les contractions du cœur, et que l'on utilise pour pallier certaines insuffisances cardiaques. – Bas lat. *stimulator,* de *stimulare,* «stimuler».

stimulation [stimylasjõ] n. f. **1.** Action de stimuler. **2.** PHYSIOL, PSYCHO Action déclenchée par un stimulant ou par stimulus. – Lat. *stimulatio.*

stimuler [stimyle] v. tr. [1] **1.** Inciter à l'action, encourager, motiver. *Stimuler qqn. Ce succès a stimulé son ardeur. Stimuler une industrie.* **2.** Exciter, réveiller une activité (physiologique). *Pilules pour stimuler la digestion.* – Lat. *stimulare,* de *stimulus,* «aiguillon».

stimuline [stimylin] n. f. PHYSIOL Hormone hypophysaire qui stimule le fonctionnement des glandes endocrines. *Les stimulines forment une très importante famille d'hormones.* – De *stimuler.*

stimulus [stimylys] n. m. PHYSIOL Facteur (externe ou interne) susceptible de déclencher la réaction d'un système physiologique ou psychologique. *Des stimulus* ou *des stimuli.* – Mot lat., propr. «aiguillon».

stipe [stip] n. m. BOT Tige aérienne droite, sans ramification, terminée par un bouquet de feuilles, des palmiers et des fougères arborescentes. – Lat. *stipes,* «tige, souche».

stipendier [stipɑ̃dje] v. tr. [1] Litt. Payer (qqn) pour l'exécution de mauvais desseins. *Stipendier des espions.* – Pp. *Assassin stipendié.* – Lat. *stipendiari,* «toucher une solde», de *stipendium,* «solde».

stipité, ée [stipite] adj. BOT Porté par un stipe. – Du lat. *stipes, stipitis,* «tige, souche».

stipulaire [stipylɛʀ] adj. BOT Relatif aux stipules. – De *stipule.*

stipulation [stipylasjɔ̃] n. f. **1.** DR Clause, condition stipulée dans un contrat. **2.** Mention expresse. – Lat. *stipulatio.*

stipule [stipyl] n. f. BOT Petit appendice foliacé ou membraneux, à la base du pétiole de certaines feuilles. – Lat. *stipula,* «paille, tige».

stipulé, ée [stipyle] adj. BOT Pourvu de stipules. – Du préc.

stipuler [stipyle] v. tr. [1] **1.** DR Formuler comme condition dans un contrat. **2.** Spécifier, mentionner expressément. – Lat. jur. *stipulare,* lat. *stipulari.*

stochastique [stɔkastik] adj. et n. f. Didac. **I.** adj. **1.** Qui est dû au hasard, qui relève du hasard. Syn. aléatoire. **2.** MATH Qui relève du domaine du calcul des probabilités. **II.** n. f. Branche des mathématiques qui traite de l'exploitation des statistiques par le calcul des probabilités. – Du gr. *stokhastikos,* «conjectural».

stock [stɔk] n. m. **1.** Quantité de marchandises en réserve. *Stock d'un magasin. Vendre le fonds et le stock.* ▷ Fam. Réserve. *Le stock de chocolat est dans le tiroir.* **2.** Grande quantité de choses que l'on possède. *Il a chez lui un véritable stock d'étains anciens.* **3.** COMPTA *Les stocks* : l'ensemble des matières premières, des produits en cours de fabrication et des produits finis qu'une entreprise détient à une date donnée. **4.** BIOL *Stock chromosomique:* génome*. – Mot angl., propr. «souche».

stockage [stɔkaʒ] n. m. Mise en stock. ▷ INFORM *Le stockage des informations,* leur mise en mémoire. – De *stocker.*

stock-car [stɔkkaʀ] n. m. Anglicisme Vieille automobile, à protection renforcée, utilisée dans des courses où collisions, chocs volontaires, etc., sont autorisés. *Course de stock-cars.* – Mot angl. «voiture de série gardée en stock».

stocker [stɔke] v. tr. [1] Mettre en stock, emmagasiner. – De *stock.*

stockfisch [stɔkfiʃ] n. m. **1.** Poisson salé et séché. **2.** Morue séchée à l'air et non salée. – Moyen néerl. *stocvisch,* «poisson *(visch)* séché sur des bâtons *(stoc)* ».

stockiste [stɔkist] n. COMM Commerçant, industriel qui détient en magasin les marchandises disponibles d'un fabricant. ▷ Réparateur détenant les pièces détachées des machines ou des véhicules d'une marque donnée. – De *stock.*

stoechiométrie [stekjɔmetʀi] n. f. CHIM Étude des rapports de quantité selon lesquels les composés se combinent entre eux; ces rapports eux-mêmes. – Du gr. *stoikheion,* «élément», et de *-métrie.*

stœchiométrique [stekjɔmetʀik] adj. CHIM Relatif à la stœchiométrie. – Du préc.

stoïcien, ienne [stɔisjɛ̃, jɛn] n. et adj. **I.** n. **1.** PHILO Partisan du stoïcisme. *Le stoïcien Chrysippe.* ▷ adj. *Philosophe stoïcien.* **2.** Personne stoïque. **II.** adj. Du stoïcisme, qui a rapport au stoïcisme. *Maxime stoïcienne.* – Lat. *stoïcus,* gr. *stôïkos,* de *stoa* «portique» (du Pœcile, lieu où enseignait le philosophe grec Zénon de Citium).

stoïcisme [stɔisism] n. m. **1.** PHILO Doctrine du philosophe grec Zénon de Citium (v. 335 – v. 264 av. J.-C.) et de ses disciples. **2.** Cour. Fermeté d'âme devant la douleur ou l'adversité. – De *stoïque.*

ENCYCL Mouvement philosophique fondé en Grèce au IVe s. av. J.-C. par Zénon de Citium, Cléante d'Asson et Chrysippe de Soli, le stoïcisme s'étendit jusqu'à Sénèque, Épictète et l'empereur Marc Aurèle, au II$_{e}$ s. ap. J.-C., et inspira, bien au-delà, les conduites morales de l'Occident. Il implique, surtout en ses débuts, une connaissance de la nature, fondatrice d'une sagesse à la fois spéculative et pratique. Il est naturaliste puisqu'il repose sur une physique, c.-à-d. une science concrète de l'Univers compris comme un tout organique. Immanente et corporelle, la connaissance est à l'image de ce qu'elle connaît. De même la morale, reflet de la physique, préconise que l'homme suive sa nature, expression de la nature universelle. Il lui incombe, donc, de réfréner ses passions, puisque sa nature est raison. Étrangère à un code abstrait de devoirs, la morale permet à chacun de participer à l'ordre naturel. Le dernier stoïcisme, dit impérial, développa principalement la morale, considérée comme guide de la vie spirituelle, permettant de surmonter les difficultés de la vie politique (par ex. la tyrannie romaine) et privée, tout en s'accommodant des choses «qui ne dépendent pas de nous» (Épictète).

stoïque [stɔik] adj. **1.** Vx Stoïcien. **2.** Qui rappelle la fermeté d'âme prônée par les stoïciens. *Attitude ferme et stoïque.* – (Personnes.) *Demeurer stoïque dans la souffrance.* ▷ Subst. *Un(e) stoïque:* une personne stoïque. – Lat. *stoicus,* gr. *stôïkos,* de *stoa,* «portique». V. stoïcien.

stoïquement [stɔikmɑ̃] adv. D'une manière stoïque, courageusement. *Supporter stoïquement les souffrances.* – Du préc.

stokes [stɔks] n. m. PHYS Anc. unité de viscosité cinématique (symbole St). (L'unité SI de viscosité dynamique est le mètre carré par seconde: 1 stokes = 1 $cm^2/s = 10^{-4}\ m^2/s$.) – Du n. du phys. irlandais G. G. *Stokes* (1819-1903).

stolon [stɔlɔ̃] n. m. **1.** BOT Tige adventive rampante qui développe à son extrémité des racines et des feuilles, formant ainsi un nouveau pied. *Les stolons du fraisier.* **2.** ZOOL Long bourgeon qui, chez certains animaux marins inférieurs, donne naissance à un nouvel individu. – Lat. *stolo, stolonis,* «rejeton».

stomacal, ale, aux [stɔmakal, o] adj. MED Vieilli Relatif à l'estomac. – Du lat. *stomachus,* «estomac».

stomachique [stɔmaʃik] adj. et n. m. MED Qui facilite la digestion gastrique. – Bas lat. *stomachicus,* gr. *stomakhikos.*

stomat(o)-. Élément, du gr. *stoma, stomatos,* «bouche».

stomate [stɔmat] n. m. BOT Organe épidermique des parties aériennes des végétaux, constitué de deux cellules (souvent courbées en forme de haricot) se touchant par leurs extrémités et ménageant entre elles une ouverture (l'ostiole). *Les variations de diamètre des stomates règlent les échanges gazeux de la* *plante avec le milieu extérieur.* – Du gr. *stoma, stomatos,* «bouche, ouverture».

stomatite [stɔmatit] n. f. MED Inflammation de la muqueuse buccale. – De *stomat(o)-,* et *-ite* 1.

stomatologie [stɔmatɔlɔʒi] n. f. Didac. Branche de la médecine qui traite des affections de la bouche et des dents. – De *stomato-,* et suff. *-logie.*

stomatologiste [stɔmatɔlɔʒist] ou **stomatologue** [stɔmatɔlɔg] n. Docteur en médecine spécialiste de stomatologie. – Abrév. fam. *stomato.* – Du préc.

stomatoplastie [stɔmatɔplasti] n. f. CHIR **1.** Restauration par autoplastie des malformations congénitales ou accidentelles de la cavité buccale. **2.** Restauration par autoplastie de l'orifice du col utérin. – De *stomato-,* et *-plastie.*

stomocordés [stɔmɔkɔʀde] n. m. pl. ZOOL Syn. d'*hémicordés.* Sing. *Un stomocardé.*– De *stom(ato)-,* et *cordés.*

stomoxe [stɔmɔks] ou **stomoxys** [stɔmɔksis] n. m. ZOOL Mouche piqueuse, vecteur de nombreuses maladies du bétail (charbon et streptococcies, notam.). – De *stom(ato)-,* et du gr. *oxos,* «aigu».

stop! [stɔp] interj. et n. m. **I.** interj. **1.** Marque un ordre, un signal d'arrêt. **2.** Marque la fin des phrases dans les télégrammes. **II.** n. m. **1.** Signal routier ordonnant d'immobiliser un instant son véhicule, à un croisement. Syn. arrêt. – *Par ext.,* fam. Action de respecter ce signal. *Faire son stop.* **2.** Signal lumineux à l'arrière des véhicules, commandé par le frein. V. feu rouge arrière. **3.** (France) Fam. Auto-stop. *Faire du stop.* V. pouce (sens 4). – Mot angl., "arrêt".

1. stoppage [stɔpaʒ] n. m. Vieilli Action d'arrêter un véhicule ou une machine. – De *stopper* 1.

2. stoppage [stɔpaʒ] n. m. Action de stopper, raccommoder; son résultat. – De *stopper* 2.

1. stopper [stɔpe] v. [1] **I.** v. tr. **1.** Faire cesser d'avancer, de fonctionner (un véhicule, une machine). **2.** Fig. Arrêter le mouvement, la progression de (qqn, qqch). *Stopper une attaque ennemie.* **II.** v. intr. S'arrêter (véhicule, machine). – Angl. *to stop.*

2. stopper [stɔpe] v. tr. [1] Raccommoder (une étoffe déchirée) fil par fil. – A. fr. *estoper,* néerl. *stoppen,* «repriser».

1. stoppeur, euse [stɔpœʀ, øz] n. Fam. (France) Celui, celle qui fait du stop, de l'auto-stop. – De *stop,* sens II, 3.

2. stoppeur, euse [stɔpœʀ, øz] n. Personne qui effectue le stoppage. – De *stopper* 2.

storax. V. styrax.

store [stɔʀ] n. m. Rideau ou panneau souple placé devant une fenêtre, une ouverture, et qui, le plus souvent, s'enroule horizontalement. *Store vénitien,* composé de lamelles orientables. – Ital. *stora,* dial. pour *stuoja,* du lat. *storea,* «natte».

stoûpa. V. stûpa.

stout [stawt] n. m. ou f. Bière anglaise brune et forte. – Mot angl., propr. «fort, vigoureux».

strabique [stʀabik] adj. et n. Didac. Affecté de strabisme. – De *strabisme.*

strabisme [stʀabism] n. m. Défaut de parallélisme des yeux, déviation de l'un ou des deux yeux vers l'intérieur *(strabisme convergent)* ou vers l'extérieur *(strabisme divergent).* V. loucher. – Gr. *strabismos,* de *strabos,* «louche».

stradiot, stradiote. V. estradiot.

stradivarius [stʀadivaʀjys] n. m. inv. Violon, alto ou violoncelle fabriqué par Stradivarius. – Abrév. fam. *Un strad.* – Du n. du luthier ital. A. *Stradivarius* (v. 1646-1737).

stramoine [stʀamwan] n. f. BOT Datura (*Datura stramonium*) dont certains alcaloïdes sont utilisés en thérapeutique pour leur action sédative et antispasmodique. – Lat. bot. *stramonium,* orig. incon.

strangulation [stʀɑ̃gylasjɔ̃] n. f. Action d'étrangler qqn; son résultat. *Le cou de la victime portait des marques de strangulation.* – Lat. *strangulatio,* de *strangulare,* «étrangler».

strapontin [stʀapɔ̃tɛ̃] n. m. **1.** Siège qu'on peut relever ou abaisser à volonté et qui est utilisé dans certains véhicules, dans les salles de spectacle, etc. **2.** Fig. Place d'importance secondaire, dans une assemblée, dans un groupe hiérarchisé. – Ital. *strapontino,* de *strapunto,* «matelas», var. de *trapunto,* «piqué à l'aiguille».

strass [stʀas] n. m. Variété de verre très réfringent, utilisé pour imiter les pierres précieuses. – Du nom du joaillier all. G. *Strass.*

stratagème [stʀataʒɛm] n. m. Tour d'adresse conçu dans le dessein de tromper; ruse. *Recourir à un stratagème.* – Lat. *strategema,* mot gr., «ruse de guerre».

strate [stʀat] n. f. GEOL Chacune des couches parallèles qui constituent un terrain (partic. un terrain sédimentaire). ▷ Par ext. BIOL *Strates de cellules d'un tissu animal, végétal.* ▷ STATIS Échantillon qui réunit des unités homogènes. – Lat. *stratum,* «couverture, pavage», du pp. de *sternere,* «étendre».

stratège [stʀatɛʒ] n. m. **1.** ANTIQ GR Magistrat élu chaque année pour exercer le commandement de l'armée, dans certaines cités grecques (Athènes, notam.). **2.** Personne compétente en matière de stratégie. *Ce général est un excellent stratège.* – Lat. *strategus,* gr. *stratêgos,* «chef d'armée, général», de *stratos,* «armée», et *agein,* «conduire».

stratégie [stʀateʒi] n. f. **1.** Partie de l'art militaire consistant à organiser l'ensemble des opérations d'une guerre, la défense globale d'un pays. **2.** Art de combiner des opérations pour atteindre un objectif. *Stratégie électorale. Stratégie commerciale.* – Gr. *stratêgia,* «commandement d'une armée», de *stratêgos* (V. préc.).

stratégique [stʀateʒik] adj. Qui a rapport à la stratégie; qui offre un intérêt militaire. *Plan stratégique. Point stratégique.* – De *stratège.*

stratégiquement [stʀateʒikmɑ̃] adv. Selon la stratégie. – Du préc.

stratification [stʀatifikasjɔ̃] n. f. GEOL Disposition de matériaux en strates. *La stratification des terrains sédimentaires.* ▷ Par ext. BIOL *Stratification des cellules d'un tissu. Les stratifications sociales.* – Lat. médiév. *stratificatio, stratificationis.*

stratifié, ée [stʀatifje] adj. et n. m. **1.** GEOL Qui est constitué de strates. *Épithélium stratifié.* **2.** TECH Se dit d'un matériau constitué de plusieurs couches d'une matière souple (papier, toile) imprégnées de résines artificielles. ▷ N. m. *Du stratifié.* – Pp. de *stratifier.*

stratifier [stʀatifje] v. tr. [1] Disposer en couches superposées. – Lat. médiév. *stratificare,* de *stratum* (V. strate), et *-fier.*

stratigraphie [stʀatigʀafi] n. f. **1.** GEOL Partie de la géologie consacrée à l'étude des strates constitutives des terrains. **2.** MED Procédé de tomographie dans lequel le tube émetteur reste fixe. – De *stratifier,* et *-graphie.*

stratigraphique [stʀatigʀafik] adj. GEOL Qui a rapport aux strates, à la stratigraphie. – Du préc.

strato-cumulus [stʀatokymylys] n. m. inv. METEO Banc, nappe ou couche de nuages gris à ombres propres, situés en général à une altitude comprise entre

1 000 et 2 000 m et présentant la forme de dalles, de galets ou de rouleaux. – Du lat. *stratus*, «étendu», et *cumulus*.

stratopause [stʀatopoz] n. f. METEO Limite supérieure de la stratosphère. – Du lat. *stratus*, «étendu», et du gr. *pausis*, «cessation, fin».

stratosphère [stʀatɔsfɛʀ] n. f. Didac. Couche de l'atmosphère située entre la troposphère et la mésosphère (c.-à-d. entre 10 et 50 km d'altitude). – Du lat. *stratus*, «étendu», et *sphère*.

stratosphérique [stʀatɔsfeʀik] adj. Didac. **1.** Relatif à la stratosphère. **2.** Conçu pour se déplacer dans la stratosphère. *Ballon stratosphérique*. – Du préc.

stratus [stʀatys] n. m. METEO Nuage bas en couche grise assez uniforme pouvant donner de la brume ou de la neige fine. *Des stratus*. – Mot lat. «étendu».

strelitzia [stʀelitsja] n. m. BOT Plante ornementale originaire d'Afrique australe (fam. musacées), aux vastes inflorescences orangées et violettes s'ouvrant en éventail. – Probabl. de *Strelitz*, n. propr.

strelitz, strelits [stʀelits] ou **strelsy** [stʀɛltsi] n. m. pl. HIST Soldat d'un corps russe de fantassins, créé en 1550 par Ivan le Terrible. (Les streltsy formèrent la garde des tsars et se révoltèrent à plus. reprises, notam. en 1682 et en 1696; Pierre le Grand les anéantit en 1698.) – Russe *strielets*, «archer».

streptococcémie [stʀɛptɔkɔksemi] n. f. MED Présence de streptocoques dans le sang. – De *streptocoque*, et *-émie*.

streptococcie [stʀɛptɔkɔksi] n. f. MED Infection due à un streptocoque. – De *streptocoque*.

streptococcique [stʀɛptɔkɔksik] adj. MED Qui se rapporte aux streptocoques. – Du préc.

streptocoque [stʀɛptɔkɔk] n. m. MED Bactérie de forme arrondie (genre *Streptococcus*), dont les individus se groupent en chaînettes caractéristiques. – Du gr. *streptos*, «contourné, recourbé», et *kokkos*, «grain».

streptomyces [stʀɛptɔmisɛs] n. m. BOT Mycobactérie aérobie dont de nombreuses espèces synthétisent des antibiotiques. – Du gr. *streptos*, «contourné, recourbé», et *mukês*, «champignon».

streptomycine [stʀɛptɔmisin] n. f. MED Antibiotique actif sur un grand nombre de bactéries (bacille de Koch, notam.), produit par *Streptomyces griseus*. – Du préc., et *-ine*.

stress [stʀɛs] n. m. inv. Anglicisme Didac. Ensemble des perturbations physiologiques et métaboliques provoquées dans l'organisme par des agents agresseurs variés (choc traumatique, chirurgical, émotion, froid, etc.). Syn. (recommandé) agression. ▷ Cour. Action brutale produite par l'un de ces agents sur l'organisme. – Mot angl. «effort intense, tension».

stressant, ante [stʀɛsɑ̃, ɑ̃t] adj. Anglicisme Qui provoque le stress. – Ppr. de *stresser*.

stresser [stʀese] v. tr. [1] Anglicisme Perturber par un stress. v. intr. *Par ext.* Cour., fam. S'angoisser. – De *stress*.

strette [stʀɛt] n. f. MUS Partie d'une fugue qui précède la conclusion et dans laquelle on resserre les motifs du sujet. – Ital. *stretta*, «étreinte, resserrement».

striation [stʀijasjɔ̃] n. f. Action de strier; son résultat. – De *strier*.

strict, e [stʀikt] adj. **1.** Qui doit être rigoureusement observé. *Morale stricte. Consignes strictes.* ▷ MATH Se dit d'une inégalité dans laquelle l'égalité est exclue. **2.** Qui est rigoureusement conforme à une règle; qui est d'une exactitude ou d'une valeur absolue. *C'est mon droit le plus strict. La stricte vérité. Mot pris dans son sens strict.* **3.** Intransigeant, sévère. *Ses parents sont très stricts.* **4.** D'une sobriété un peu sévère. *Tailleur strict.* – Lat. *strictus*, «serré, étroit, rigoureux», pp. de *stringere*, «serrer».

strictement [stʀiktəmɑ̃] adv. **1.** D'une manière stricte. *Strictement interdit.* **2.** Au sens strict, absolument. *Je n'entends strictement rien.* ▷ MATH En excluant l'égalité. *Strictement inférieur, supérieur à.* – Du préc.

striction [stʀiksjɔ̃] n. f. Action de serrer. ▷ MED Constriction. ▷ PHYS Diminution de la section d'un échantillon (*éprouvette**) de métal soumis à un effort de traction, à la fin de la phase de déformation et avant sa rupture. – Lat. *strictio*, «pression», du pp. de *stringere*, «serrer».

stricto sensu [stʀiktosɛ̃sy] adv. Au sens étroit, restreint. – Loc. latine.

stridence [stʀidɑ̃s] n. f. Rare et litt. Caractère d'un son strident. – De *strident*.

strident, ente [stʀidɑ̃, ɑ̃t] adj. Aigu et perçant (sons). *Cris stridents.* – Lat. *stridens, stridentis*, ppr. de *stridere*, «produire un bruit aigu».

stridor [stʀidɔʀ] n. m. MED Bruit inspiratoire aigu, observé notam. dans certaines affections du larynx. – Mot lat., «son aigu».

stridulant, ante [stʀidylɑ̃, ɑ̃t] adj. Didac. Qui stridule. *Insecte stridulant.* – Ppr. de *striduler*.

stridulation [stʀidylasjɔ̃] n. f. Didac. Bruit aigu, lancinant que produisent certains insectes (cigales, criquets, etc.). – Du lat. *stridulus* (V. striduler).

striduler [stʀidyle] v. intr. [1] Didac. Produire une stridulation. – Du lat. *stridulus*, «qui rend un son aigu», de *stridere*, «siffler, grincer».

striduleux, euse [stʀidylø, øz] adj. MED *Bruit striduleux:* bruit respiratoire aigu et sifflant. – Du lat. *stridulus* (V. préc.).

strie [stʀi] n. f. **1.** Ligne très fine, en creux ou en relief, parallèle, sur une surface, à d'autres lignes semblables. *Les stries d'une coquille.* Syn. rainure, sillon. ▷ GEOL *Stries glaciaires.* **2.** ARCHI Filet ou listel séparant deux cannelures d'une colonne, d'un pilastre. – Lat. *stria*, «sillon, cannelure».

strié, ée [stʀije] adj. Qui présente des stries. ▷ GEOL *Roche striée.* ▷ ANAT *Corps strié:* double masse de substance grise située à l'union du cerveau intermédiaire et des deux hémisphères. – *Muscles striés:* V. encycl. muscle. – Du lat. *striatus*.

strier [stʀije] v. tr. [1] Marquer, orner de stries. – De *strie*.

strige ou **stryge** [stʀiʒ] n. f. LITTER Être chimérique, sorte de vampire, à la fois femme et chienne, des légendes médiévales. – Lat. *strix, strigis*, mot gr.

strigidés [stʀiʒide]n. m. pl. ZOOL Famille d'oiseaux rapaces nocturnes comprenant les chouettes et les hiboux (mais non les effraies).

strigiformes [stʀiʒifɔʀm] [n. m. pl. ZOOL Ordre d'oiseaux rapaces nocturnes (chouettes, effraies, hiboux), caractérisés par des yeux tournés vers l'avant et des serres emplumées. Sing. *Un strigiforme.* – Du lat. *strix, strigis*, «strige».

strigile [stʀiʒil] n. m. **1.** ANTIQ ROM Racloir utilisé par les Romains pour se nettoyer la peau après les exercices à la palestre. **2.** ARCHI Cannelure en forme de S. *Les strigiles des sarcophages antiques.* – Lat. *strigilis*, de *stringere*, «serrer, raser».

strioscopie [stʀijɔskɔpi] n. f. TECH Procédé optique d'observation des irrégularités d'indice d'un milieu transparent, utilisé notam. pour déceler les défauts des miroirs et des objectifs, et pour visualiser l'écoulement des fluides. – De *strie*, et *-scopie*.

ENCYCL La strioscopie consiste à observer les variations d'éclairement provoquées par la déviation des rayons lumineux sous l'effet d'une variation des caractéristiques d'un milieu. On l'utilise surtout en hydrodynamique et en aérodynamique (visualisation des ondes de choc, du sillage des projectiles ou des ailes d'avions aux vitesses supersoniques, etc.).

strioscopique [stʀijɔskɔpik] adj. Didac. Relatif à la strioscopie. – Du préc.

stripage [stʀipaʒ] n. m. PHYS NUCL Réaction nucléaire dans laquelle un noyau d'un projectile cède un nucléon à la cible contre laquelle il a été projeté et continue sa course, presque dans sa direction initiale. – D'ap. l'angl. *stripping.*

stripping [stʀipiŋ] n. m. Anglicisme V. éveinage. – Mot angl., de *to strip,* «dépouiller».

strip(-)tease [stʀiptiz] n. m. Anglicisme Déshabillage progressif et suggestif d'une ou plusieurs femmes sur un fond musical au cours d'un spectacle de cabaret. Syn. effeuillage. – Ce spectacle. – Cabaret où l'on donne ce genre de spectacle. *Des strip-teases.* – Mot angl. de *to strip,* «déshabiller», et *to tease,* «effiler, effilocher (un tissu), taquiner».

strip-teaseuse [stʀiptizøz] n. f. Celle dont la profession est d'exécuter des strip-teases. – Du préc.

striure [stʀijyʀ] n. f. Ensemble de stries. *Striure d'une colonne, d'une coquille.* – Du lat. *striatura.*

strobile [stʀɔbil] n. m. **I.** BOT **1.** Épi qui porte les sporanges, chez les prêles. **2.** Inflorescence, cône mâle des gymnospermes. **II.** ZOOL **1.** Chaîne d'anneaux (proglottis) formant le corps des cestodes. **2.** Polype fixé constituant l'un des états larvaires des méduses. – Lat. *strobilus,* «pomme de pin», gr. *strobilos,* propr. «objet conique».

strobo-. Élément, du gr. *strobos,* «rotation, tournoiement».

stroboscope [stʀɔbɔskɔp] n. m. TECH Appareil qui émet des éclats lumineux selon une fréquence réglable et qui permet d'observer et de mesurer la fréquence des mouvements périodiques rapides. – De *strobo-,* et *-scope.*

stroboscopie [stʀɔbɔskɔpi] n. f. TECH Méthode d'observation des mouvements périodiques rapides au moyen du stroboscope. – Du préc.

ENCYCL Si l'on éclaire un disque tournant à l'aide d'un appareil qui fournit des éclairs, ce disque semble immobile lorsque sa fréquence de rotation est égale à celle des éclairs ou à un multiple entier de cette fréquence. Lorsque la fréquence des éclairs est un peu plus petite, le mouvement semble s'effectuer, mais lentement, dans le même sens; inversement, lorsqu'elle est un peu plus grande, le sens du mouvement apparent est inverse de celui du mouvement réel. Ainsi, au cinéma, les roues des automobiles peuvent sembler tourner à l'envers. Dans l'industrie, le phénomène de stroboscopie permet de déterminer ou de contrôler une vitesse de rotation, d'étudier la déformation des organes tournants.

stroboscopique [stʀɔbɔskɔpik] adj. TECH Qui a rapport au stroboscope ou à la stroboscopie. – De *stroboscope.*

stroma [stʀɔma] n. m. BIOL Ensemble des éléments cartilagineux formant la charpente de certains organes, de certains tissus ou de certaines tumeurs. – Gr. *strôma,* «tapis, couverture».

strombe [stʀɔ̃b] n. m. ZOOL Mollusque gastéropode tropical (genre *Strombus*), dont la coquille présente des prolongements en forme d'ailes. – Lat. *strombus,* gr. *strombos,* propr. «ce qui tourne», de *strephein,* «tourner».

strombolien, ienne [stʀɔ̃bɔljɛ̃, jɛn] adj. Relatif au Stromboli. ▷ GEOL *Volcan strombolien:* type de volcan caractérisé par des éruptions violentes, avec projection de débris, et une lave fluide. – De *Stromboli,* n. d'une île volcanique ital.

strongle [stʀɔ̃gl] ou **strongyle** [stʀɔ̃ʒil] n. m. ZOOL Nématode (genre *Strongylus*), très long, effilé, parasite des poumons et des intestins des mammifères. - De *strongyle.*

strongylose [stʀɔ̃ʒiloz] n. f. MED VET Parasitose due au strongle. – Du gr. *stroggulos,* «rond».

strontiane [stʀɔ̃sjan] n. f. CHIM **1** VX minerai de strontium. **2.** Mod Oxyde ou hydroxyde de strontium. Mot angl., de *Strontian,* village d'Écosse près duquel ce minerai fut découvert.

strontium [stʀɔ̃sjɔm] n. m. CHIM Élément de numéro atomique Z = 38, de masse atomique 87,62 (symbole Sr); le corps simple est un métal blanc, de la famille des alcalino-terreux, qui fond à 800 °C, bout vers 1 360 $_{o}$C et dont la densité est 2,5. (Le strontium 90, produit radioactif libéré lors de la fission nucléaire, est dangereux en raison de sa longue période radioactive et de son aptitude à se fixer dans l'organisme.) – Mot angl., de *Strontiane.*

strophantine [stʀɔfɑ̃tin] n. f. PHARM Substance tirée du strophantus, et proche, par ses propriétés, de la digitaline. – De *strophantus.*

strophantus [stʀɔfɑ̃tys] n. m. BOT Liane (fam. des apocynacées) d'Afrique tropicale, dont les graines contiennent diverses substances cardiotoniques. *Des strophantus.* – Mot lat. bot., du gr. *strophos,* «torsade», et *anthos,* «fleur».

strophe [stʀɔf] n. f. **1.** Didac. Première partie de l'ode grecque. *Strophe, antistrophe et épode.* **2.** Groupe de vers libres formant un système de rimes complet. – Lat. *stropha,* gr. *strophê,* propr. «action de tourner, évolution du chœur», de *strephein,* «tourner».

strophoïde [stʀɔfɔid] n. f. MATH Courbe du 3_{e} degré affectant la forme d'une boucle. – Du gr. *strophos,* «torsade», et *-oïde.*

structural, ale, aux [stʀyktyʀal, o] adj. Didac. **1.** Relatif à une structure. **2.** Qui concerne les structures (sens 4); qui relève des méthodes du structuralisme. *Analyse structurale.* – De *structure.*

structuralisme [stʀyktyʀalism] n. m. Didac. Théorie et méthode d'analyse qui conduit à considérer un ensemble de faits comme une structure (sens 4). – De *structural.*

ENCYCL Le terme de structuralisme désigne à l'origine diverses méthodes linguistiques ayant en commun de considérer la langue comme un ensemble structuré. Auj., le terme s'applique de façon plus large au courant de pensée qui, issu de ces travaux, s'est étendu aux sciences humaines. F. de Saussure fut l'initiateur du structuralisme linguistique; pour lui, la langue constitue un système dont chaque élément dépend de tous les autres (V. encycl. linguistique.). Dans les sciences humaines, deux principes caractérisent la démarche structuraliste: **1.** tout fait humain est analogue à un fait de langage, l'être humain «codant» la nature et la société dans laquelle il vit à l'aide d'un réseau de symboles; **2.** les réalités humaines, en tant qu'ensembles symboliques, constituent des systèmes que le chercheur doit déchiffrer. Ainsi, les méthodes structuralistes ont été appliquées avec succès à l'ethnologie (notam. par Lévi-Strauss) et d'une façon plus générale à la sociologie (anthropologie structurale), mais également à la critique littéraire et artistique. Le structuralisme consistant à décoder un système caché, l'analogie entre cette démarche et celle de la psychanalyse s'impose; ainsi, pour Lacan, l'inconscient est structuré comme un langage et le but de l'analyse est l'appropriation de ce langage par le patient.

structuraliste [stʀyktyʀalist] adj. et n. **1.** Du structuralisme. *Les théories structuralistes.* **2.** Partisan du structuralisme. *Les linguistes structuralistes.* ▷ Subst. *Les structuralistes.* – Du préc.

structurant, ante [stʀyktyʀɑ̃, ɑ̃t] adj. Qui suscite une structuration. ▷ URBAN *Éléments structurants:* voies ou équipements constituant l'axe ou le centre d'une ville et autour desquels celle-ci est organisée. – Ppr. de *structurer.*

structuration [stʀyktyʀasjɔ̃] n. f. Action, fait de structurer, de se structurer; son résultat. – De *structurer.*

structure [stʀyktyʀ] n. f. **1.** Manière dont un édifice est construit. *Ce palais est d'une belle structure.* ▷ Cour. Ce qui soutient qqch, lui donne forme et rigidité; ossature. *La structure métallique d'un fauteuil.* **2.** Agencement, disposition, organisation des différents éléments d'un tout concret ou abstrait. *Structure d'un organisme, d'une plante. Structure du relief terrestre, de l'atome. Structure d'une phrase, d'un discours, d'une langue. Structure d'une société.* Syn. constitution, contexture, forme. **3.** Organisation complexe. *Structures administratives.* **4.** PHILO et didac. Système, ensemble solidaire dont les parties sont unies par un rapport de dépendance. **5.** MATH Propriété d'un ensemble qui satisfait à une ou plusieurs lois de composition. – Lat. *structura,* de *struere,* «construire».

structuré, ée [stʀyktyʀe] adj. Qui possède une structure. Syn. organisé. – Pp. de *structurer.*

structurel, elle [stʀyktyʀɛl] adj. Didac. **1.** Structural. **2.** Qui relève des structures économiques (opposé à *conjoncturel*). *Chômage structurel.* – De *structure.*

structurer [stʀyktyʀe] v. tr. [1] Donner une structure à. ▷ v. pron. *Se structurer.* – De *structure.*

strume [stʀym] n. f. MED **1.** Vx Scrofule. **2.** Goître. – Lat. *struma,* «scrofule».

struthionidés [stʀytjɔnide] n. m. pl. ZOOL Famille de struthioniformes comprenant seulement l'autruche. Sing. *Un struthionidé.* – Du lat. *struthio, struthionis,* «autruche».

struthioniformes [stʀytjɔnifɔʀm] n. m. pl. ZOOL Ordre d'oiseaux comprenant tous les ratites sauf les aptéryx. Sing. *Un struthioniforme. – Du lat. struthio, struthionis,* «autruche», et *-forme..*

strychnine [stʀiknin] n. f. PHARM Alcaloïde très toxique extrait de la noix vomique. – Du lat. bot. *strychnos.*

strychnos [stʀiknɔs] n. m. BOT Arbre tropical (genre *Strychnos*) dont une espèce *(vomiquier)* produit la noix vomique. – Mot du lat. bot., du gr.

stryge. V. strige.

stuc [styk] n. m. Composition de chaux éteinte et de poudre de marbre, d'albâtre ou de craie, servant à exécuter divers ouvrages décoratifs. – Ital. *stucco.*

stucage [stykaʒ] n. m. TECH Application de stuc; son résultat. – Du préc.

stucateur [stykatœʀ] n. m. TECH Ouvrier qui prépare ou qui applique le stuc. – Ital. *stuccatore.*

studieusement [stydjøzmɑ̃] adv. De façon studieuse, avec application. – De *studieux.*

studieux, euse [stydjø, øz] adj. **1.** Qui aime l'étude, qui s'y applique. *Élève studieux.* **2.** Consacré à l'étude. *Des vacances studieuses.* – Lat. *studiosus,* de *studium,* «étude, zèle».

studio [stydjo] n. m. **1.** Logement constitué d'une pièce unique, à laquelle s'ajoutent le plus souvent une cuisine et un cabinet de toilette ou une salle de bains. *Il habite un petit studio.* **2.** Endroit aménagé pour le tournage de films, d'émissions de radio ou de télévision. *Film tourné en studio.* **3.** Atelier d'artiste, de photographe. – Didac. Cabinet de travail. **4.** (France) (Le plus souvent dans des noms propres.) Salle de spectacle où sont donnés des films d'art et d'essai. – Mot ital., «atelier d'artiste», du lat. *studium,* «étude».

stûpa ou **stoûpa** [stupa] n. m. Monument funéraire bouddhique, formé d'un hémisphère de maçonnerie monté sur un piédestal. *Des stûpa* ou *des stoûpas.* – Mot hindī.

stupéfaction [stypefaksjɔ̃] n. f. Étonnement qui laisse sans réaction. Syn. stupeur. – Bas lat. *stupefactio.*

stupéfait, aite [stypefɛ, ɛt] adj. Étonné au point de ne pouvoir réagir. Syn. interdit. *Elle ne put dire un mot tant elle était stupéfaite.* – Lat. *stupefactus.*

stupéfiant, ante [stypefjɑ̃, ɑ̃t] adj. et n. m. **1.** adj. Qui stupéfie, qui cause la stupéfaction. **2.** n. m. Substance médicamenteuse ayant un effet analgésique ou euphorisant et dont l'usage entraîne une dépendance et des troubles graves. *L'opium, la morphine, la cocaïne sont des stupéfiants.* Abrév. fam. *stup.* – Ppr. de *stupéfier.*

stupéfier [stypefje] v. tr. [1] Causer un grand étonnement à (qqn), rendre stupéfait. *La nouvelle de sa mort nous a stupéfiés.* – Lat. *stupefieri,* «être stupéfié», passif de *stupefacere,* «étourdir, paralyser».

stupeur [stypœʀ] n. f. **1.** MED Engourdissement des facultés intellectuelles avec immobilité et physionomie étonnée ou indifférente, que l'on observe dans certaines affections psychiques. **2.** Cour. Étonnement profond qui ôte toute possibilité de réaction. Syn. stupéfaction. *Être frappé de stupeur. Rester muet de stupeur.* – Lat. *stupor,* «engourdissement, paralysie».

stupide [stypid] adj. **1.** Qui manque d'intelligence, de jugement. ▷ Par ext. *Un air stupide.* **2.** Qui dénote un manque d'intelligence, ou de réflexion. *Un comportement, une réponse stupides.* Syn. absurde, idiot, insensé. **3.** Litt. Frappé de stupeur. Syn. stupéfait. *Il restait là, immobile et stupide.* – Lat. *stupidus.*

stupidement [stypidmɑ̃] adv. De façon stupide. *Répondre stupidement.* – Du préc.

stupidité [stypidite] n. f. **1.** Caractère d'une personne, d'une chose stupide. *Stupidité d'un raisonnement.* Syn. bêtise, idiotie. **2.** Parole, action stupide. *Dire des stupidités.* Syn. sottise. – Lat. *stupiditas.*

stupre [stypʀ] n. m. Litt. Débauche avilissante; luxure. – Lat. *stuprum.*

stuquer [styke] v. tr. [1] TECH Enduire de stuc. – De *stuc.*

sturnidés [styʀnide] n. m. pl. ZOOL Grande famille d'oiseaux de l'Ancien Monde (ordre des passériformes) comprenant notam. l'étourneau et le mainate. *L'étourneau sansonnet, introduit en Amérique du Nord à la fin du XIXᵉ s., appartient à la famille des sturnidés.* – Du lat. *sturnus,* «étourneau».

1. style [stil] n. m. **I. 1.** Manière d'utiliser les moyens d'expression du langage, propre à un auteur, à un genre littéraire, etc. *Style clair, précis, élégant; obscur, ampoulé. Style burlesque, oratoire, lyrique. Style administratif, juridique.* **2.** Manière de s'exprimer agréable et originale. *Orateur qui tourne ses phrases avec style.* **3.** GRAM *Style direct*, indirect*.* **II. 1.** Ensemble des traits caractéristiques des œuvres d'un artiste, d'une époque, d'une civilisation. *Une décoration de style Régence.* ▷ *De style:* d'un style particulier, propre à une époque ancienne. *Une salle à manger de style.* **2.** Caractère d'une œuvre originale. *Tableau qui a du style.* **III. 1.** Ensemble des comportements habituels de qqn. *Adopter un certain style de vie. C'est tout à fait son style:* c'est bien digne de lui. Syn. genre. **2.** Façon particulière de pratiquer un sport alliant les impératifs de l'esthétique à ceux de l'efficacité. *Ce boxeur doit améliorer son style.* **3.** loc. adj. *De grand style :* qui se fait sur une vaste échelle ou qui est fait avec brio. *Offensive de grand style. Une critique de grand style.* – Lat. *stylus,* altér. graphique de *stilus,* propr. «poinçon servant à écrire», sous l'infl. du gr. *stûlos,* «colonne».

2. style [stil] n. m. **1.** ANTIQ Poinçon métallique servant à écrire sur les tablettes enduites de cire. **2.** BOT Partie, souvent filiforme, du pistil qui surmonte l'ovaire. **3.** Tige d'un cadran solaire, dont l'ombre donne l'heure. – Lat. *stilus.* V. style 1.

stylé, ée [stile] adj. Vieilli Formé aux usages. ▷ Mod. *Domestique stylé,* qui accomplit son service dans les règles. – De *style* 1.

stylet [stilɛ] n. m. **1.** Poignard à petite lame aiguë. **2.** ZOOL Partie saillante et effilée de certains organes. – Ital. *stiletto,* lat. *stilus,* «poinçon».

stylisation [stilizasjɔ̃] n. f. Action de styliser, fait d'être stylisé. – De *styliser.*

styliser [stilize] v. tr. [1] Représenter en simplifiant les formes, dans un but décoratif. *Styliser une fleur.* – Au pp. *Animal stylisé.* – De *style 1.*

stylisme [stilism] n. m. **1.** LITTER Excès de recherche dans le style. **2.** Activité, art, profession du styliste. – De *style* 1.

styliste [stilist] n. **1.** Écrivain qui apporte un très grand soin à son style. **2.** Personne dont le métier est de définir le style d'un produit, dans les domaines de l'industrie, de créer des modèles dans le domaine de la mode, de l'ameublement. – De *style* 1.

stylisticien, ienne [stilistisjɛ̃, jɛn] n. Didac. Spécialiste de la stylistique. – De *stylistique.*

stylistique [stilistik] adj. et n. f. Didac. **1.** adj. Qui a rapport au style. *Analyse stylistique.* **2.** n. f. Étude du style (au sens I, 1). – All. *Stylistik.*

stylite [stilit] n. m. Didac. Ermite qui vivait au sommet d'une colonne, d'une tour, d'un portique. ▷ Appos. *Saint Siméon stylite.* – Du gr. *stûlos,* «colonne».

stylo [stilo] ou (vx) **stylographe** [stilɔgʀaf] n. m. Porte-plume à réservoir d'encre. Syn. Stylo à encre. ▷ *Stylo à bille:* stylo à encre épaisse, dans lequel la plume est remplacée par une bille. – Angl. *stylograph,* du lat. *stylus,* pour *stilus* (V. style 1), et du gr. *graphein,* «écrire».

stylobate [stilɔbat] n. m. ARCHI Soubassement formant un piédestal continu et portant une rangée de colonnes. – Lat. *stylobata,* gr. *stulobatês,* de *stûlos,* «colonne», et *bainen,* «monter».

stylo-feutre [stiloføtʀ] n. m. Stylo ayant une pointe en feutre ou en nylon en guise de plume. – De *stylo,* et *feutre.*

styloïde [stilɔid] adj. ANAT Se dit d'apophyses osseuses longues et minces. *Apophyse styloïde du péroné, du cubitus.* – Gr. *stuloeidês,* «qui ressemble à une colonne».

stylommatophores [stilɔmatɔfɔʀ] n. m. pl. ZOOL Ordre de mollusques gastéropodes pulmonés terrestres, possédant sur la tête deux paires de tentacules rétractiles dont l'une porte les yeux. *Les escargots, les limaces sont des stylommatophores.* Sing. *Un stylommatophore.* – Du gr. *stûlos,* «colonne, soutien», *omma, ommatos,* «œil», et *-phore.*

styrax [stiʀaks] ou (vx) **storax** [stɔʀaks] n. m. **1.** BOT Arbre tropical (ordre des ébénales), qui fournit une résine solide et odorante; cette résine (le benjoin). **2.** Résine grise sirupeuse extraite des arbres du genre *Liquidembar,* et utilisée dans la confection de sirops, de pommades et de parfums. – Lat. *styrax,* gr. *sturax.*

styrène [stiʀɛn], **styrol** [stiʀɔl] ou **styrolène** [stiʀɔlɛn] n. m. CHIM Carbure éthylénique et benzénique utilisé comme matière première dans l'industrie des plastiques. V. polystyrène. – De *styrax.*

su, sue [sy] adj. et n. m. **1.** adj. Que l'on sait, que l'on a appris. **2.** n. m. Connaissance que qqn a de qqch (seulement dans la loc. *au su de qqn). Au vu et au su de tout le monde:* sans rien cacher. – Pp. de *savoir.*

suaire [sɥɛʀ] n. m. Litt. Linceul. ▷ *Saint Suaire:* linge, conservé à Turin, portant l'empreinte du corps nu d'un homme jeune et barbu enseveli dans ce linceul au début du Ier siècle de notre ère et dans lequel la piété pop. catholique a, dès le XIIIe s., reconnu le corps du Christ. – Lat. *sudarium,* «linge pour essuyer la sueur», de *sudare,* «transpirer».

suant, ante [sɥɑ̃, ɑ̃t] adj. **1.** Fig.,fam. Qui sue. *Un front suant.* **2.** Fam. Pénible, ennuyeux, qui fait suer. – Ppr. de *suer.*

suave [sɥav] adj. Litt. D'une douceur agréable aux sens. *Une odeur, une musique suave.* ▷ Par ext. *Un plaisir suave.* Syn. délicieux, exquis. – Lat. *suavis,* «doux, agréable».

suavement [sɥavmɑ̃] adv. Avec suavité. – Du préc.

suavité [sɥavite] n. f. Caractère de ce qui est suave. – Lat. *suavitas.*

sub-. Élément, du lat. *sub,* «sous».

subaigu, uë [sybɛgy] adj. MED Qui a les caractères de l'état aigu sans en avoir la gravité. *Maladie subaiguë.* – De *sub-,* et *aigu.*

subalterne [sybaltɛʀn] adj. et n. Dont la position est inférieure, subordonnée. *Officier, fonction subalterne. Une fonction subalterne,* secondaire. ▷ Subst. *Un(e) subalterne.* – Lat. *subalternus,* de *sub,* «sous», et *alternus,* rac. *alter,* «autre».

subcarpatique [sybkaʀpatik] adj. Que dominent les Carpates. ▷ *Spécial.* S'est dit de la partie de l'Ukraine (Ruthénie) située au pied des Carpates. – De *sub-,* et *carpatique,* des *Carpates,* chaîne de montagnes d'Europe centrale.

subcellulaire [sybselylɛʀ] adj. BIOL Se dit de ce qui est situé en-deçà de l'unité cellulaire; à l'intérieur de la cellule. – De *sub-,* et *cellulaire.*

subconscient, ente [sybkɔ̃sjɑ̃, ɑ̃t] adj. et n. m. **1.** adj. Dont on n'est pas clairement conscient. **2.** n. m. Cour. Inconscient*. (Terme vieilli en psychanalyse; ne fait pas partie du vocabulaire freudien.) – De *sub-,* et *conscient.*

subdélégué [sybdelege] n. m. HIST Officier du roi chargé d'administrer une subdivision de l'intendance *(subdélégation),* aux XVIIe et XVIIIe s. – Pp. subst. de *subdéléguer.*

subdéléguer [sybdelege] v. tr. [16] ADMIN Commettre (qqn) pour accomplir une fonction dont on a été chargé par une autorité supérieure. – De *sub-,* et *déléguer.*

subdiviser [sybdivize] v. tr. [1] Diviser (un tout en parties; ces parties elles-mêmes). *Un bataillon est divisé en compagnies, elles-mêmes subdivisées en sections.* – De *sub-,* et *diviser.*

subdivision [sybdivizjɔ̃] n. f. **1.** Action de subdiviser; fait d'être subdivisé. *La subdivision d'une région en zones.* **2.** Partie d'un tout divisé. *Les subdivisions d'un exposé.* – Bas lat. *subdivisio.*

subduction [sybdyksjɔ̃] n. f. GEOMORPH Glissement des plaques* tectoniques océaniques sous les plaques voisines. – De *sub-,* et du lat. *ductio,* «action de tirer, de conduire».

subéquatorial, ale, aux [sybekwatɔʀjal, o] adj. GEOGR Qui est proche de l'équateur. – Propre aux régions proches de l'équateur. *Flore subéquatoriale.* – De *sub-*, et *équatorial.*

suber [sybɛʀ] n. m. BOT Nom scientif. du liège. – Mot lat.

subéreux, euse [sybeʀø, øz] adj. BOT Qui est de la nature du liège; qui rappelle le liège par son aspect, sa consistance. *Tissu subéreux.* – Du préc.

subérifié, ée [sybeʀifje] adj. BOT Transformé en tissu subéreux. – De *suber.*

subérine [sybeʀin] n. f. BOT Substance lipidique qui imprègne les parois des cellules du liège. – De *suber.*

subintrant, ante [sybɛ̃tʀɑ̃, ɑ̃t] adj. MED Se dit de l'accès d'un mal périodique qui survient avant que le précédent soit terminé. – Lat. *subintrans*, ppr. de *subintrare*, «entrer subrepticement».

subir [sybiʀ] v. tr. [2] **1.** Supporter involontairement (ce qui est imposé par qqn ou par qqch). *Subir la loi du vainqueur. Pays qui subit le contrecoup de la crise économique mondiale.* ▷ (Choses) *Métal qui subit une déformation.* **2.** Se soumettre volontairement à. *Il a dû subir une opération assez grave.* – Lat. *subire*, «aller *(ire)* sous, supporter, se présenter».

subit, ite [sybi, it] adj. Qui arrive tout à coup, de façon rapide et imprévue. *Une attaque subite.* Syn. soudain. – Lat. *subitus*, pp. de *subire*, «se présenter».

subitement [sybitmɑ̃] adv. De façon subite, brusquement. *Il est mort subitement.* – Du préc.

subito [sybito] adv. Fam. Subitement. *Partir subito. Subito presto :* soudainement et rapidement. – Mot lat., «tout à coup».

subjectif, ive [sybʒɛktif, iv] adj. **1.** Qui a rapport au sujet pensant. *Expérience subjective.* ▷ MED *Trouble subjectif*, qui n'est perçu que par le malade. **2.** Qui exprime une certitude tout individuelle, qui ne peut être étendue à tous. *Approche subjective d'un problème.* ▷ Influencé par la personnalité, l'affectivité du sujet; partial. *Jugement subjectif.* Ant. objectif. – Lat. scolast. *subjectivus*, du class. *subjectus*, «sujet».

subjectile [sybʒɛktil] n. m. PEINT Surface qui reçoit une couche de peinture, qui sert de support à une peinture. – Du lat. *subjectus*, «placé dessous», et *-ile*, d'ap. *projectile.*

subjectivement [sybʒɛktivmɑ̃] adv. D'une façon subjective. Ant. objectivement. – De *subjectif.*

subjectivisme [sybʒɛktivism] n. m. **1.** PHILO Système qui n'admet d'autre réalité que celle du sujet pensant. **2.** Propension à la subjectivité (sens 2). – De *subjectif.*

subjectiviste [sybʒɛktivist] adj. et n. Qui se rapporte au subjectivisme. *Théories subjectivistes.* ▷ Subst. Partisan du subjectivisme. – Du préc.

subjectivité [sybʒɛktivite] n. f. **1.** PHILO Caractère de ce qui est subjectif, de ce qui n'appartient qu'au sujet. (Opposé à *objectivité.*) *Subjectivité d'un raisonnement.* **2.** État de celui qui, dans ses jugements de valeur, donne la primauté aux états de conscience que les phénomènes suscitent en lui. **3.** Ensemble des réalités subjectives (la conscience, le moi). – De *subjectif.*

subjonctif [sybʒɔ̃ktif] n. m. Mode personnel du verbe, exprimant notam. l'indécision, le doute, l'éventualité. *Temps du subjonctif :* présent *(Il faut que nous partions)*, imparfait *(J'aurais aimé qu'il vînt)*, passé *(Il craint que nous n'ayons fini à temps)*, plus-que-parfait *(Il craignait que nous n'eussions fini).* – Du bas lat. *subjunctivus*, propr. «qui sert à lier», du pp. de *subjungere*, «subordonner».

subjuguer [sybʒyge] v. tr. [1] **1.** Exercer un ascendant absolu sur (qqn); conquérir, charmer. *Il subjugue tous ceux qui l'approchent.* **2.** Vx ou litt. Soumettre par la force, asservir. *Subjuguer une province.* – Bas lat. *subjugare*, «faire passer sous le joug», de *jugum*, «joug».

sublimation [syblimasjɔ̃] n. f. **1.** PHYS Passage direct de l'état solide à l'état gazeux. **2.** Fig. Action d'élever, de purifier (un sentiment, un acte). ▷ PSYCHAN Mécanisme, généralement inconscient, par lequel des pulsions socialement réprouvées, génératrices de conflits intérieurs (pulsions sexuelles, agressives, etc.), sont détournées de leur objet premier et orientées vers des buts considérés par le sujet comme plus conformes aux normes morales qu'il reconnaît. – Bas lat. *sublimatio.*

sublime [syblim] adj. et n. m. **I.** adj. **1.** Très beau, très grand, très haut placé dans l'échelle des valeurs esthétiques ou morales. Syn. admirable, parfait. *Un spectacle sublime. Une vertu, un acte sublimes.* **2.** (Personnes) Qui s'élève aux sommets de l'esprit, de la vertu. *Un génie sublime. Un héros sublime.* **II.** n. m. **1.** Ce qu'il y a de plus grand dans l'échelle des valeurs morales, esthétiques. *Il y a du sublime dans cette action.* **2.** LITTER L'un des styles distingués par la rhétorique classique et destiné à frapper l'esprit du lecteur. **3.** HIST *Sublime Porte:* V. porte 1, sens I, 4. – Lat. *sublimis*, propr. «élevé dans les airs, haut».

sublimé [syblime] n. m. CHIM Produit obtenu par sublimation. ▷ *Sublimé corrosif :* chlorure mercurique, antiseptique puissant et toxique. – Pp. de *sublimer.*

sublimement [sybliməmɑ̃] adv. De manière sublime. – De *sublime.*

sublimer [syblime] v. [1] **1.** v. tr. PHYS Faire passer directement (un corps) de l'état solide à l'état gazeux. **2.** Fig. Élever, purifier. **3.** v. intr. PSYCHAN Transformer les pulsions par la sublimation, les faire passer sur un plan supérieur de réalisation. – Lat. *sublimare*, «élever».

subliminal, ale, aux [sybliminal, o] adj. PSYCHO Qui ne dépasse pas le seuil de la conscience. – De *sub-*, et du lat. *limen, liminis*, «seuil».

sublimité [syblimite] n. f. Litt., rare Qualité de ce qui est sublime. – Lat. *sublimitas*, «élévation».

sublingual, ale, aux [syblɛ̃gwal, o] adj. **1.** ANAT Situé sous la langue. *Glandes sublinguales.* **2.** Qui s'effectue sous la langue. *Médicament d'absorption sublinguale.* – De *sub-*, et *lingual.*

sublunaire [syblynɛʀ] adj. Vx Qui est plus bas que la Lune, qui est entre Terre et Lune. – De *sub-*, et *lunaire.*

submerger [sybmɛʀʒe] v. tr. [15] **1.** Couvrir complètement d'eau, de liquide; inonder. *Le fleuve en crue a submergé ses rives.* **2.** Fig. Envahir, déborder. *La foule a submergé le service d'ordre.* – Pp. *Être submergé de travail.* – Lat. *submergere*, de *sub-*, et *mergere*, «plonger».

submersible [sybmɛʀsibl] adj. et n. m. **1.** adj. Qui peut être submergé. *Terres submersibles des Pays-Bas.* **2.** n. m. Sous-marin. – Dér. sav. du lat. *submersus*, pp. de *submergere*, «submerger», et *-ible.*

submersion [sybmɛʀsjɔ̃] n. f. Action de submerger; son résultat. – Bas lat. *submersio.*

subnarcose [sybnaʀkoz] n. f. MED État d'abaissement de la vigilance obtenu par l'injection de barbiturique afin de faciliter l'investigation psychologique. – De *sub-*, et *narcose.*

subodorer [sybɔdɔʀe] v. tr. [1] Pressentir, deviner. *Je subodore de la malhonnêteté dans cette proposition.* – De *sub-*, et du lat. *odorari*, «sentir, flairer».

subordination [sybɔʀdinasjɔ̃] n. f. **1.** Dépendance (d'une personne à l'égard d'une autre). **2.** Fait, pour une chose, de dépendre d'une autre. *Subordination de l'effet à la cause.* **3.** GRAM (Opposé à *coordination*, à *juxtaposition.*) Rapport syntaxique entre une proposition et une autre à laquelle elle est subordonnée. ▷ *Conjonction de subordination :* conjonction réunissant la proposition subordonnée à la proposition principale. *Les conjonctions si, quand, comme, puisque sont des conjonctions de subordination.* – Lat. médiév. *subordinatio.*

subordonné, ée [sybɔʀdɔne] adj. et n. **1.** *Subordonné à :* qui dépend de. *Les prix sont subordonnés à la quantité des récoltes.* – Qui est hiérarchiquement inférieur à. ▷ Subst. *Il est courtois avec ses subordonnés.* **2.** GRAM *Proposition subordonnée* ou, n. f., *une subordonnée :* proposition qui se trouve dans une relation syntaxique de dépendance par rapport à une autre proposition (dite *principale*) et ne peut à elle seule former une unité syntaxique complète. – Pp. de *subordonner.*

subordonner [sybɔʀdɔne] v. tr. [1] **1.** Mettre (une personne) dans une situation hiérarchiquement inférieure à une autre (surtout au passif). *Les prêtres sont subordonnés aux évêques.* **2.** Considérer (une chose) comme secondaire par rapport à une autre. *Il subordonne tout à des questions d'intérêt.* ▷ Faire dépendre (une chose) d'une autre. *Il subordonne son départ à la réussite de cette négociation.* – Lat. médiév. *subordinare,* francisé d'ap. *ordonner.*

suborner [sybɔʀne] v. tr. [1] Détourner du devoir. – Vieilli *Suborner une jeune fille,* la séduire. – Mod. *Suborner un témoin,* le corrompre, l'acheter. – Lat. *subornare,* de *sub-,* et *ornare,* «équiper, orner».

suborneur, euse [sybɔʀnœʀ, øz] n. et adj. Vieilli ou plaisant Celui qui détourne (qqn) du devoir. – *Spécial.* Celui qui suborne (une femme), séducteur. – Du préc.

subrécargue [sybʀekaʀg] n. m. MAR Représentant de l'affréteur ou de l'armateur, embarqué sur un navire pour veiller à la gestion de la cargaison. – Esp. *sobrecargo,* de *sobrecargar,* de *sobre,* «sur», et *cargar,* «charger».

subreptice [sybʀɛptis] adj. **1.** DR CANON Qui est obtenu sur la foi d'un faux exposé. *Grâce subreptice.* **2.** Litt. Qui est fait furtivement, illicitement, à l'insu des personnes concernées. *Machinations subreptices.* – Lat. *subrepticius,* «clandestin», de *subrepere,* «ramper dessous».

subrepticement [sybʀɛptismɑ̃] adv. De façon subreptice, en se cachant. – Du préc.

subrogation [sybʀɔgasjɔ̃] n. f. DR Acte par lequel on subroge. *Subrogation de personnes, de choses. Paiement avec subrogation.* – Bas lat. *subrogatio.*

subrogatoire [sybʀɔgatwaʀ] adj. DR *Acte subrogatoire,* qui a pour effet de subroger. – De *subroger.*

subrogé, ée [sybʀɔʒe] adj. et n. *Subrogé tuteur:* personne chargée par le conseil de famille de défendre les droits du mineur quand les intérêts de celui-ci et ceux du tuteur sont opposés. ▷ Subst. *Le subrogé:* celui qui devient titulaire de la créance en lieu et place du créancier. – Pp. de *subroger.*

subroger [sybʀɔʒe] v. tr. [15] DR Mettre à la place de (qqn). *Je vous ai subrogé en mes droits.* – Lat. *subrogare,* «proposer un magistrat à la place d'un autre».

subséquemment [sybsekamɑ̃] adv. À la suite ou en conséquence de quoi. – Du lat. *subsequens* (V. subséquent).

subséquent, ente [sybsekɑ̃, ɑ̃t] adj. **1.** Qui suit, qui vient après. *Un testament subséquent annule le premier.* **2.** GEOGR *Cours d'eau subséquent,* qui suit le pied d'un relief. – Lat. *subsequens, subsequentis,* ppr. de *subsequi,* «suivre de près».

subside [sybsid] n. m. Aide financière accordée par un État à un autre, par une organisation ou une personne à une autre. – Lat. *subsidium,* «renfort, ressources», de *subsidere,* propr. «se poser *(sidere)* dessous *(sub)*».

subsidence [sybsidɑ̃s] n. f. GEOL Mouvement d'enfoncement du fond d'une dépression. *Le poids des sédiments peut accentuer la subsidence mais il n'en est pas la cause première.* – Lat. *subsidentia,* «sédiment, dépôt», de *subsidere* (V. préc.).

subsidiaire [syb(p)zidjɛʀ] adj. **1.** Qui s'ajoute au principal pour le renforcer, le compléter. *Moyens subsidiaires.* – *Question subsidiaire:* question qui sert à départager des concurrents ex æquo. **2.** DR *Conclusion subsidiaire:* dans un acte de procédure, conclusion secondaire qu'une partie soumet au tribunal pour adjudication au cas où celui-ci n'accueillerait pas la conclusion principale. – Lat. *subsidiarius,* «de réserve» (en parlant de troupes).

subsidiairement [syb(p)sidjɛʀmɑ̃] adv. D'une manière subsidiaire, en second lieu. – Du préc.

subsistance [sybzistɑ̃s] n. f. Fait de subvenir à ses besoins, aux besoins de qqn; nourriture et entretien d'une personne. *Pourvoir à la subsistance de qqn.* – De *subsister.*

subsistant, ante [sybzistɑ̃, ɑ̃t] adj. Qui subsiste (sens 1). – De *subsister.*

subsister [sybziste] v. intr. [1] **1.** Exister encore. *Cette coutume subsiste.* ▷ v. impers. *Ville dont il ne subsiste que des vestiges.* **2.** Subvenir à ses besoins essentiels. *Son maigre salaire lui suffit à peine pour subsister.* – Lat. *subsistere,* «s'arrêter, rester».

subsonique [sypsɔnik] adj. TECH Inférieur à la vitesse du son (opposé à *supersonique,* à *transsonique*). – De *sub-,* et *sonique.*

substance [sypstɑ̃s] n. f. **1.** PHILO Ce qui est en soi; réalité permanente qui sert de support aux attributs changeants. **2.** Matière, corps. *Substance minérale, liquide. Substance fondamentale des os* (l'osséine). **3.** Ce qu'il y a d'essentiel dans un discours, un écrit. *La substance d'un livre.* ▷ Loc. adv. *En substance:* en se bornant à l'essentiel, en résumé. *Voici, en substance, ce dont il s'agit.* – Lat. *substantia,* de *substare,* «se tenir *(stare)* dessous *(sub),* tenir bon».

substantialisme [sypstɑ̃sjalism] n. m. PHILO Doctrine qui admet l'existence d'une substance, soit matérielle, soit spirituelle (par oppos. à *phénoménisme*). – De *substance.*

substantialiste [sypstɑ̃sjalist] adj. et n. PHILO Relatif au substantialisme. ▷ Subst. Partisan du substantialisme. – Du lat. *substantialis.*

substantialité [sypstɑ̃sjalite] n. f. PHILO Caractère de ce qui est une substance, fait de consister en une substance. – Bas lat. *substantialitas.*

substantiel, elle [sypstɑ̃sjɛl] adj. **1.** PHILO Qui appartient à la substance. *L'âme est la forme substantielle du corps.* **2.** Nourrissant. *Un plat substantiel.* ▷ Fig. Qui constitue une nourriture abondante pour l'esprit. *Les passages les plus substantiels d'un ouvrage.* **3.** Important, non négligeable. *Il a obtenu des avantages substantiels.* – Lat. *substantialis.*

substantiellement [sypstɑ̃sjɛlmɑ̃] adv. **1.** PHILO Quant à la substance. **2.** D'une manière substantielle. – Du préc.

substantif, ive [sypstɑ̃tif, iv] n. et adj. **1.** n. m. Unité lexicale pouvant se combiner avec certains morphèmes (articles, adjectifs démonstratifs et possessifs, marques du genre et du nombre) et se référant à un objet (matériel ou non). Syn. nom. **2.** adj. GRAM Relatif au substantif. *Proposition substantive,* qui a valeur de nom. – Bas lat. *substantivus,* de *substantia,* «substance».

substantifier [sypstɑ̃tifje] v. tr. [1] PHILO Donner (à qqch) une forme concrète que l'esprit peut mieux concevoir. *Ses propos substantifient l'impression vague que nous avions eue.* – De *substantif.*

substantifique [sypstɑ̃tifik] adj. Litt. Ce qu'un texte contient d'enrichissant pour l'esprit. – Du lat. *substantia,* «substance».

substantivation [sypstɑ̃tivasjɔ̃] n. f. GRAM Transformation en substantif (d'un adjectif, d'un verbe). – De *substantiver.*

substantivement [sypstɑ̃tivmɑ̃] adv. GRAM En qualité de substantif. *Adjectif employé substantivement.* – De *substantif.*

substantiver [sypstɑ̃tive] v. tr. [1] GRAM Prendre (un verbe, un adjectif) comme substantif. – De *substantif.*

substituabilité [sypstitɥabilite] n. f. Didac. Caractère de ce qui est substituable. – De *substituable.*

substituable [sypstitɥabl] adj. Qui peut être substitué. – De *substituer.*

substituer [sypstitɥe] **I.** v. tr. [1] **1.** Mettre (une personne, une chose) à la place d'une autre. *Substituer une copie à l'original.* **2.** DR Appeler (qqn) à une succession après un autre héritier ou à son défaut. **II.** v. pron. Se mettre à la place de. *Son oncle s'est substitué à son père.* – Lat. *substituere,* «mettre sous, à la place de».

substitut [sypstity] n. m. **1.** DR *Substitut du procureur général:* avocat au service du gouvernement, chargé de représenter l'État dans les causes criminelles. **2.** Personne, chose qui remplit une fonction à la place d'une autre. (Rem.: Comme forme féminine, l'OLF recommande *une substitut.*) – Lat. *substitutus.*

substitutif, ive [sypstitytif, iv] adj. Qui peut se substituer à qqch, le remplacer. – De *substitut.*

substitution [sypstitysjɔ̃] n. f. **1.** Action de substituer. *Substitution d'enfant.* ▷ CHIM Remplacement, dans une molécule, d'un atome ou d'un groupe d'atomes par un atome ou un groupe différent. *Réactions de substitution et réactions d'addition.* ▷ MATH Remplacement d'un des éléments d'une suite par un autre. Syn. permutation. **2.** DR Disposition par laquelle un tiers est appelé à recueillir un don ou un legs au cas où le premier bénéficiaire institué n'en profiterait pas. – Bas lat. *substitutio.*

substrat [sypstʀa] ou (vieilli) **substratum** [syps tʀatɔm] n. m. **1.** PHILO Ce qui, présent derrière les phénomènes, leur sert de support. **2.** LING Langue qui, dans une communauté linguistique, a été éliminée au profit d'une autre mais qui a néanmoins exercé une influence sur cette dernière. *Influence du substrat préhellénique sur le grec.* **3.** BIOCHIM Molécule sur laquelle agit une enzyme. **4.** GEOL Couche inférieure ou antérieure existant sous une couche plus récente. – Lat. *substratum,* de *substernere,* «étendre sous».

subsumer [sypsyme] v. tr. [1] PHILO Penser (un élément particulier) comme compris dans un ensemble plus vaste (l'individu dans l'espèce, l'espèce dans le genre, le fait dans la loi, etc.). – Lat. mod. *subsumere,* de *sub,* «dessous», et *sumere,* «prendre comme prémisses».

subterfuge [syptɛʀfyʒ] n. m. Moyen détourné et artificieux pour se tirer d'embarras. *User de subterfuges.* Syn. stratagème. – Bas lat. *subter-fugium,* de *subterfugere,* «fuir *(fugere)* en cachette».

subtil, ile [syptil] adj. **1.** Qui a une finesse, une ingéniosité remarquable; qui dénote ces qualités. *Esprit subtil. Argument subtil.* **2.** Difficile à saisir pour l'esprit, les sens. *Nuance subtile.* – Lat. *subtilis,* «fin, délié», de *sub,* «dessous», et *tela,* «toile, trame».

subtilement [syptilmɑ̃] adv. D'une manière subtile. – Du préc.

subtilisation [syptilizasjɔ̃] n. f. Action de subtiliser (sens 2). – De *subtiliser.*

subtiliser [syptilize] v. [1] **1.** v. intr. Tenir des raisonnements très subtils, subtils à l'excès. *Subtiliser sur des questions de morale.* **2.** v. tr. Voler habilement (qqch). *On lui a subtilisé son porte-monnaie.* – De *subtil.*

subtilité [syptilite] n. f. **1.** Caractère d'une personne, d'une chose subtile. *Subtilité d'un tacticien, d'une manœuvre.* **2.** Raffinement dans le raisonnement, dans la pensée. *Les subtilités de ce développement m'échappent.* – Lat. *subtilitas.*

subtropical, ale, aux [sybtʀɔpikal, o] adj. Situé sous les tropiques. ▷ METEO *Zones subtropicales:* zones de hautes pressions dont la latitude est comprise entre 25 et 35 degrés et où se forment les anticyclones. – De *sub-,* et *tropical.*

subulé, ée [sybyle] adj. SC NAT Allongé et pointu comme une alène. – Du lat. *subula,* «alène, poinçon».

suburbain, aine [sybyʀbɛ̃, ɛn] adj. Qui se trouve dans les environs d'une ville. – Lat. *suburbanus,* de *sub,* «sous», et *urbs, urbis,* «ville».

suburbicaire [sybyʀbikɛʀ] adj. RELIG CATHOL Se dit des sept diocèses de la périphérie de Rome. *Évêque suburbicaire.* – Bas lat. *suburbicarius,* de *sub,* «sous», et *urbs,* «la ville» (de Rome).

subvenir [sybvəniʀ] v. tr. indir. [39] *Subvenir à:* pourvoir à (des besoins matériels, financiers). *Il ne peut subvenir à cette dépense.* – Réfection de l'anc. v. *sovenir,* «secourir», d'ap. le lat. *subvenire,* «venir au secours de».

subvention [sybvɑ̃sjɔ̃] n. f. Somme versée à fonds perdus par l'État, une collectivité locale, un organisme, un mécène à une collectivité publique, une entreprise, un groupement, une association, un individu, pour lui permettre d'entreprendre ou de poursuivre une activité d'intérêt général. *Demander une subvention pour un équipement scolaire.* – Bas lat. *subventio,* «secours, aide».

subventionné, ée [sybvɑ̃sjɔne] adj. Qui reçoit des subventions. *Théâtre subventionné.* – Pp. de *subventionner.*

subventionnel, elle [sybvɑ̃sjɔnɛl] adj. Qui a le caractère d'une subvention. – De *subvention.*

subventionner [sybvɑ̃sjɔne] v. tr. [1] Aider par une, des subventions. – De *subvention.*

subversif, ive [sybvɛʀsif, iv] adj. Qui tend à provoquer la subversion. *Menées subversives.* – *Guerre subversive,* qui vise à détruire la cohésion et la capacité de résistance d'un État en ne recourant pas aux moyens militaires classiques mais à la propagande, aux attentats, aux sabotages, etc. – Du lat. *subversum,* pp. de *subvertere* (V. subversion).

subversion [sybvɛʀsjɔ̃] n. f. Renversement de l'ordre existant, des valeurs établies (surtout dans le domaine politique). *Mouvement de subversion.* – Lat. *subversio,* «renversement, destruction», du pp. de *subvertere,* «mettre sens dessus dessous».

subversivement [sybvɛʀsivmɑ̃] adv. D'une façon subversive. – De *subversif.*

subvertir [sybvɛʀtiʀ] v. tr.[2] Vx ou didac. Bouleverser (un ordre, un équilibre). – Lat. *subvertere.*

suc [syk] n. m. **1.** Liquide organique susceptible d'être extrait d'un tissu animal ou végétal. *Le suc de la viande.* ▷ PHYSIOL Produit de la sécrétion de certaines glandes digestives. *Suc gastrique, pancréatique.* **2.** Fig. Ce qu'il y a de plus profitable, de plus substantiel. *Le suc d'un ouvrage.* – Lat. *sucus* (ou *succus).*

succédané [syksedane] n. m. **1.** Produit qu'on peut substituer à un autre dans certaines de ses utilisations. *Les succédanés du café.* Syn. ersatz. ▷ MED Médicament qui, possédant des propriétés proches d'un autre, peut être utilisé à sa place. **2.** Fig. Ce qui remplace qqch. – Lat. *succedaneus*, de *succedere*, «remplacer».

succéder [syksede] **I.** v. tr. indir. **[16] 1.** Venir après (qqn) et le remplacer dans une charge, un emploi, etc. *Louis XIV a succédé à Louis XIII.* **2.** Venir après (qqch) dans le temps, dans l'espace. *Le printemps succède à l'hiver. À la route carrossable succédait un chemin de terre.* **3.** DR Recueillir l'héritage de (qqn). **II.** v. pron. Venir l'un après l'autre. *Les générations qui se sont succédé jusqu'à ce jour.* – Lat. *succedere*, «venir sous, à la place de».

succenturié [syksɑ̃tyʀje] adj. m. ZOOL *Ventricule succenturié:* partie antérieure de l'estomac des oiseaux, dans laquelle est sécrété le suc gastrique. – Lat. *succenturiatus*, pp. de *succenturiare*, «tenir en réserve».

succès [syksɛ] n. m. **1.** Heureuse issue d'une opération, d'une entreprise. *Succès d'une expédition militaire.* **2.** Bon résultat obtenu par qqn. *Succès scolaires.* **3.** Fait de gagner la faveur du public. *Acteur, film qui a du succès.* – *À succès:* qui obtient du succès, le plus souvent par des moyens faciles. *Chanteur, chanson à succès.* ▷ Fam. *Un succès:* une chose qui a du succès, qui est à la mode. *Il a lu tous les succès du moment.* **4.** Fait de susciter l'intérêt amoureux, d'attirer les personnes du sexe opposé. *Avoir encore beaucoup de succès malgré son âge.* ▷ Plur. Aventures amoureuses. *Il se vante impudemment de ses succès.* – Lat. *successus*, «approche, réussite», pp. de *succedere*, «venir sous, à la place de».

successeur [syksɛsœʀ] n. m. **1.** Personne qui succède ou qui est appelée à succéder à une autre dans ses fonctions, ses biens. **2.** MATH Élément d'un ensemble ordonné qui en suit un autre (par oppos. à *antécédent*). *Dans un treillis, 2 est le successeur de 1 et l'antécédent de 3.* – Lat. *successor*, de *succedere*, «venir sous, à la place de».

successibilité [syksɛsibilite] n. f. DR Droit de succéder. – Ordre dans lequel se fait la succession. – De *successible*.

successible [syksɛsibl] adj. DR **1.** Qui a capacité légale pour recueillir une succession. **2.** Qui rend apte à succéder. *Il est parent du défunt au degré successible.* – De *succession*.

successif, ive [syksɛsif, iv] adj. **1.** Vieilli Qui forme une suite ininterrompue. *L'ordre successif des jours et des nuits.* **2.** Qui se succèdent, qui viennent à la suite les uns des autres. *Des découvertes successives. Les locataires successifs d'une maison.* – Lat. *successivus*, «qui succède».

succession [syksɛsjɔ̃] n. f. **1.** Fait de succéder à qqn en ce qui concerne ses fonctions, sa charge. *Succession du fils au père à la tête d'une entreprise.* **2.** Ensemble de personnes ou de choses qui se succèdent. *Une succession d'admirateurs. Une succession de catastrophes.* **3.** DR Transmission par voie légale des biens et des droits d'une personne décédée à une personne qui lui survit. **4.** DR Biens dévolus aux successeurs. *Le partage d'une succession.* – Lat. *successio*.

ENCYCL Les sources du droit successoral québécois sont le droit français et le droit anglais; c'est ce dernier qui a introduit au Québec la liberté absolue de tester, en ce sens que le testateur peut léguer ses biens à la personne ou aux personnes de son choix, sans être tenu d'en réserver une partie à des membres de sa famille.

Une succession est dite *ab intestat* lorsque la transmission des biens s'effectue selon des règles déterminées par la loi, en l'absence de testament. Elle est dite *testamentaire* lorsqu'elle procède de la volonté du défunt, telle qu'il l'a exprimée dans son testament. Selon le législateur, cette dernière a préséance sur la première.

Les successions *ab intestat* sont déférées aux héritiers légitimes, dans l'ordre prescrit par la loi; à défaut d'héritiers, les biens sont remis à l'État. La filiation naturelle légalement établie confère les mêmes droits successoraux que la filiation légitime.

La loi prévoit des règles précises concernant l'ordre de succession selon qu'il y a un époux survivant successible, des descendants, des ascendants ou des collatéraux. Ainsi, par exemple, lorsque le défunt laisse un époux successible et une postérité, le premier recevra un tiers des biens et les enfants se partageront à parts égales les deux autres tiers.

Les successibles ont la faculté d'accepter purement et simplement la succession, d'y renoncer ou de l'accepter sous bénéfice d'inventaire; dans ce dernier cas, l'héritier n'est tenu des dettes du défunt qu'à concurrence de l'actif recueilli.

successivement [syksɛsivmɑ̃] adv. L'un après l'autre. – De *successif*.

successoral, ale, aux [syksɛsɔʀal, o] adj. DR Qui a rapport aux successions. – De *successeur*.

succin [syksɛ̃] n. m. Didac. Ambre jaune. – Lat. *succinum*.

succinct, incte [syksɛ̃, ɛ̃t] adj. **1.** Bref, court (discours, écrit). *Description succincte.* – Par ext. *Je serai succinct.* **2.** Fam. *Un repas succinct*, peu copieux. – Lat. *succinctus*, «retroussé, court-vêtu», du pp. de *succingere*, «retrousser son vêtement».

succinctement [syksɛ̃tmɑ̃] adv. D'une façon succincte. – Du préc.

succinique [syksinik] adj. CHIM *Acide succinique:* diacide, présent dans divers végétaux, indispensable au processus d'oxydoréduction cellulaire. – De *succin*.

succion [sy(k)sjɔ̃] n. f. Action de sucer, d'aspirer avec la bouche ou avec certains appareils. – Pour *suction*, lat. *suctum*, de *sugere*, «sucer».

succomber [sykɔ̃be] v. [1] **1.** v. intr. Fléchir (sous un fardeau). *Succomber sous la charge.* – Fig. *Succomber sous le poids des soucis.* **2.** v. tr. indir. *Succomber à:* céder à (qqch). *Succomber à la fatigue, à la tentation.* **3.** Litt. Avoir le dessous dans une lutte. *Face à cet adversaire trop puissant, il succomba.* **4.** Mourir. *Succomber à la suite d'un accident.* – Lat. *succumbere*, propr. «tomber sous».

succube [sykyb] n. m. Démon qui prendrait la forme d'une femme pour séduire un homme pendant son sommeil. Cf. incube. – Du lat. imp. *succuba*, «concubine», de *sub*, «sous», et *cubare*, «coucher».

succulence [sykylɑ̃s] n. f. Litt. Fait d'être succulent, caractère de ce qui est succulent. – De *succulent*.

succulent, ente [sykylɑ̃, ɑ̃t] adj. **1.** Très savoureux. *Mets succulent.* **2.** BOT *Plante succulente*, aux feuilles et à la tige gorgées d'eau (dites plus cour. plantes grasses). **3.** MED Qui a l'aspect caractéristique d'un organe infiltré par un œdème lymphatique. – Lat. imp. *succulentus*, «plein de suc», de *sucus*, «suc».

succursale [sykyʀsal] n. f. et adj. **1.** Établissement subordonné à un autre et qui concourt au même objet. *Les succursales d'une grande librairie. Magasin à succursales multiples:* société qui exploite un grand nombre de magasins. **2.** Église qui supplée à l'insuffisance d'une église paroissiale. ▷ Adj. *Église succursale.* – Du lat. médiév. *succursus*, «secours», de *succurrere*, «aider, secourir».

succursalisme [sykyʀsalism] n. m. COMM Forme de commerce dans laquelle une seule grande entreprise possède de nombreuses succursales dispersées en de nombreux points, qui se présentent comme des magasins semblables à ceux des petits détaillants. – Du préc.

suce [sys] n. f. Embouchure en caoutchouc qui s'adapte à un biberon et que tète le nourrisson. ▷ Objet en caoutchouc de même forme qu'on donne à un bébé, un jeune enfant pour qu'il satisfasse son besoin de téter. – Déverbal de *sucer,* d'orig. dial.

sucement [sysmɑ̃] n. m. Rare Action de sucer (sens 2). – De *sucer.*

sucer [syse] v. tr. [14] **1.** Attirer (un liquide) dans sa bouche en aspirant. *Sucer le venin d'une plaie.* – Fig. *Sucer une doctrine (un sentiment, etc.) avec le lait,* en être imprégné très jeune. **2.** Presser avec les lèvres et la langue en aspirant. *Sucer un bonbon, ses doigts.* ▷ Fig., pop. *Sucer qqn jusqu'à la moelle:* obtenir peu à peu de lui tout ce qu'il a. – Fam. *Se sucer la pomme:* s'embrasser. – Du lat. pop. *suctiare,* class. *sugere,* rac. *succus,* «suc».

sucette [sysɛt] n. f. **1.** Fam. Marque laissée sur la peau par une succion longue et forte. **2.** Objet en forme de tétine qu'on donne à sucer aux bébés pour les occuper. V. suce. **3.** (France) V. suçon, sens 1. – De *sucer.*

suceur, euse [sysœʀ, øz] adj. et n. **I.** adj. Qui suce, qui exerce une succion. *Drague suceuse.* ▷ ZOOL *Les insectes suceurs* (papillons, puces, poux). **II.** n. **1.** n. m. Embout qui s'adapte au tube d'un aspirateur, permettant d'obtenir une vitesse d'aspiration élevée. **2.** n. f. TECH Tuyau aspirant servant à la manutention pneumatique des produits en vrac. ▷ Drague aspirante. – De *sucer.*

suçoir [syswaʀ] n. m. BOT Organe que certains végétaux parasites implantent dans les cellules de leur hôte pour en digérer le contenu. – De *sucer.*

suçon [sysõ] n. m. **1.** Bonbon fixé au bout d'un bâtonnet. **2.** (France) V. sucette, sens 1. – De *sucer.*

suçoter [sysɔte] v. tr. [1] Fam. Sucer à petits coups. – Dimin. de *sucer.*

sucrage [sykʀaʒ] n. m. **1.** Action de sucrer. ▷ TECH *Sucrage des vins:* opération consistant à additionner le moût de sucre afin d'augmenter la proportion d'alcool développée par la fermentation. V. chaptalisation. **2.** Fam. Friandises ou mets très sucrés. *Manger trop de sucrage. Être fort sur le sucrage.* – De *sucrer* 1.

sucrant, ante [sykʀɑ̃, ɑ̃t] adj. Qui sucre. *Produit sucrant.* – De *sucrer.*

sucrate [sykʀat] n. m. BIOCHIM Syn. de *saccharate.* – De *sucre* 1.

1. sucre [sykʀ] n. m. **I. 1.** Substance alimentaire de saveur douce que l'on tire principalement de la betterave et de la canne à sucre. *Sucre raffiné. Sucre blanc, sucre brun. Sucre en poudre.* (France) *Sucre glace,* en poudre très fine. (France) *Sucre semoule,* en poudre grossière. *Carré, morceau de sucre.* – *Vin de sucre,* obtenu par la fermentation de marcs additionnés d'eau sucrée. ▷ Fam. Morceau de sucre. ▷ Loc. fig. *Casser du sucre sur le dos de qqn:* dire du mal de lui. – *Être tout sucre et tout miel,* très doucereux. – Fam. *Cet enfant n'est pas en sucre!,* il n'est pas si délicat, si fragile. **2.** *Sucre à la crème:* confiserie fondante traditionnelle à base de sucre et de crème, qu'on sert découpée en carrés. *Un plateau, un morceau de sucre à la crème.* – *Sucre d'orge:* sucre aromatisé roulé en bâton. **3.** CHIM Glucide*. **II.** (Dans le voc. de l'exploitation de l'érable à sucre.) **1.** *Sucre (d'érable)* (vx *sucre du pays*): sucre doré obtenu par évaporation de la sève de l'érable à sucre. *Pain* de sucre. Moule à sucre. Cœur de sucre, en sucre.* – *Sucre de sève,* de couleur et de goût plus prononcés, obtenu à partir de la sève recueillie après le dégel de l'arbre. – *Sucre mou,* maintenu dans un état crémeux. **2.** Loc. *Cabane à sucre:* bâtiment situé dans une érablière, où l'on procède à l'évaporation de la sève d'érable, à la fabrication du sirop, de la tire et du sucre d'érable. *La cabane à sucre moderne comprend souvent une vaste salle destinée à accueillir des groupes de personnes venues déguster les produits de l'érable et se divertir.* – *Faire les sucres:* exploiter une érablière; participer à cette exploitation. – *Le temps, la saison des sucres* (ou ellipt. *les sucres*), la période printanière où la sève de l'érable peut être récoltée. – *Aller aux sucres:* se rendre à la cabane à sucre pour déguster les produits de l'érable et se divertir. – *Partie de sucre:* fête organisée à la cabane à sucre et centrée sur la dégustation des produits de l'érable. – Ital. *zucchero,* de l'ar. *sŭkkăr,* d'une langue indienne, sanscrit **çarkarâ,* gr. *sakkhar, sakkaros, saccharum.*

2. sucre [sykʀ] n. m. Unité monétaire de l'Équateur, divisée en 100 centavos. – Du n. de A. J. de *Sucre* (1795-1830), patriote vénézuélien, émancipateur de l'Amérique du Sud hispanique.

sucré, ée [sykʀe] adj. et n. **1.** Qui contient du sucre, qui a le goût du sucre. *Boisson sucrée. Ce raisin est très sucré.* **2.** Fig. D'une douceur peu naturelle; doucereux, mielleux. *Prendre un ton sucré.* ▷ Subst. *Faire le sucré.* – De *sucre* 1.

sucrer [sykʀe] **I.** v. tr. [1] **1.** Mettre du sucre, une substance sucrante dans. *Sucrer son café.* **2.** (France) Fig., fam. Supprimer (qqch). *Sucrer une permission à un soldat.* **II.** v. pron. **1.** Fam. Additionner ses aliments ou sa boisson de sucre. – *Se sucrer le bec:* manger une friandise. **2.** Fig., fam. S'octroyer une bonne part de bénéfices, d'avantages matériels, etc. – De *sucre* 1.

sucrerie [sykʀəʀi] n. f. **1.** Établissement où l'on fabrique le sucre, où on le raffine. **2.** Produit de confiserie. *Aimer les sucreries.* – De *sucre* 1.

sucrier, ère [sykʀije, jɛʀ] adj. et n. **I.** adj. Qui fournit du sucre, qui en fabrique. *Betterave, industrie sucrière.* **II.** n. m. **1.** Pièce de vaisselle dans laquelle on sert le sucre. **2.** Propriétaire, ouvrier d'une sucrerie. – De *sucre* 1.

sucrin [sykʀɛ̃] adj. Se dit d'une variété de melon très sucré. ▷ N. m. *Un sucrin.* – De *sucre* 1.

sud [syd] n. m. et adj. inv. **1.** L'un des quatre points cardinaux (opposé au nord). **2.** (Avec une majuscule.) Partie du globe terrestre, d'un continent, d'un pays, etc., qui s'étend vers le sud. *Le Sud de l'Italie.* ▷ Adj. *Le pôle Sud.* – De l'anc. angl. *suth.*

sud-africain, aine [sydafʀikɛ̃, ɛn] adj. et n. De la République d'Afrique du Sud. ▷ Subst. *Des Sud-Africains.* – De *sud,* et *africain.*

sud-américain, aine [sydameʀikɛ̃, ɛn] adj. et n. D'Amérique du Sud. ▷ Subst. *Des Sud-Américains.* – De *sud,* et *américain.*

sudation [sydasjõ] n. f. MED Forte transpiration due à un effort physique, à la chaleur, à la fièvre. ▷ Transpiration. – Lat. *sudatio,* de *sudare,* «suer».

sudatoire [sydatwaʀ] adj. MED Accompagné de sudation. – Lat. *sudatorius,* de *sudare,* «suer».

sud-coréen, enne [sydkɔʀeɛ̃, ɛn] adj. et n. De la République de Corée (Corée du Sud). ▷ Subst. *Les Sud-Coréens.* – De *sud,* et *coréen.*

sud-est [sydɛst] n. m. et adj. inv. **1.** Point de l'horizon situé à égale distance entre le sud et l'est. **2.** Partie d'un pays, d'une région, qui s'étend vers le sud-est. ▷ Adj. *La région Sud-Est.* – De *sud,* et *est.*

sudète [sydɛt] adj. De la région située sur le pourtour de la Bohême, en Tchécoslovaquie; de la population de cette région. – De *Sudètes,* nom d'un massif montagneux de Tchécoslovaquie.

sudiste [sydist] n. et adj. HIST Partisan des États esclavagistes du Sud des États-Unis, pendant la guerre de Sécession (V. encycl. sécession). *Les Nordistes et les Sudistes.* ▷ Adj. *L'armée sudiste.* – De *sud.*

sudoral, ale, aux [sydɔʀal, o] adj. MED Relatif à la sueur. – Du lat. *sudor, sudoris,* «sueur».

sudorifère [sydɔʀifɛʀ] adj. ANAT Qui conduit la sueur. – Lat. méd. *sudorifer,* de *sudor,* «sueur», et *-fère.*

sudorifique [sydɔʀifik] adj. et n. m. MED Qui augmente la transpiration. *Médicaments sudorifiques.* – Du lat. *sudor,* «sueur», et *facere,* «produire».

sudoripare [sydɔʀipaʀ] adj. ANAT Qui sécrète la sueur. *Glandes sudoripares.* – Du lat. *sudor,* «sueur», et *-pare.*

sud-ouest [sydwɛst] n. m. et adj. inv. **1.** Point de l'horizon situé à égale distance entre le sud et l'ouest. (Cf. suroît.) **2.** Partie d'un pays, d'une région, qui s'étend vers le sud-ouest. ▷ Adj. *La région Sud-Ouest.* – De *sud,* et *ouest.*

sudra ou **çudra** [sudʀa] n. m. inv. Membre de la cartz brahmanique qui inclut ouvriers, paysans et artisans. – Mot sanscrit.

suède [sɥɛd] n. m. Peau dont le côté chair est à l'extérieur, utilisé notam. dans la fabrication des gants. – De *Suède,* pays d'origine de ce cuir.

suédé, ée [sɥede] adj. Se dit d'un tissu, d'un papier qui évoque le suède par son aspect. – Du préc.

suédine [sɥedin] n. f. Tissu qui imite le suède. – De *suède.*

suédois, oise [sɥedwa, waz] adj. et n. **1.** adj. De Suède. ▷ Subst. Un(e) Suédois(e). – *Allumettes suédoises:* allumettes de sûreté (les plus courantes auj.), fabriquées à l'origine exclusivement en Suède. – *Gymnastique suédoise* : méthode d'éducation physique due au Suédois Per Henrik Ling (1776-1839) et fondée sur la répétition de mouvements simples destinés à faire travailler tous les muscles du corps. 2. n. m. *Le suédois:* la langue nordique parlée en Suède et en certains points du littoral finlandais (archipel d'Åaland, golfe de Finlande, golfe de Botnie). – De *Suède, État de Scandinavie.*

suée [sɥe] n. f. Fam. Transpiration abondante (à cause d'un travail, d'une émotion pénible). *Piquer une suée.* – Pp. fém. subst. de *suer.*

suer [sɥe] v. [1] **I.** v. intr. **1.** Rejeter de la sueur par les pores. *Suer à grosses gouttes.* **2.** Fam. Se donner beaucoup de peine pour faire qqch. *J'ai bien sué sur cet ouvrage.* **3.** Fam. *Faire suer qqn,* l'ennuyer, l'impatienter. ▷ *Se faire suer:* s'ennuyer. **4.** (Sujet n. de chose.) Rendre de l'humidité. *Murs qui suent.* **II.** v. tr. **1.** Rejeter par les pores. *Suer du sang.* – Fig. *Suer sang et eau:* se donner beaucoup de mal. **2.** Fig. Dégager une impression de, exhaler. *Suer l'ennui, la peur.* – Du lat. *sudare.*

suette [sɥɛt] n. f. MED *Suette miliaire:* maladie d'origine encore mal connue, caractérisée par une forte fièvre, des sueurs abondantes et une éruption, au cou, de petites vésicules claires s'étendant progressivement au tronc et aux poignets. – De *suer.*

sueur [sɥœʀ] n. f. **1.** Liquide salé, d'odeur caractéristique, de la transpiration cutanée. *Visage ruisselant de sueur.* – *Sueur froide,* accompagnée de frissons et d'une sensation de froid, causée par la fièvre, la peur, etc. ▷ Loc. *Gagner son pain à la sueur de son front,* à force de travail et de peine. **2.** Fig., dans certaines loc. Travail, peine. *S'engraisser, s'enrichir de la sueur des autres.* – Lat. *sudor, sudoris.*

suffète [syfɛt] n. m. ANTIQ Chacun des deux principaux magistrats de la République de Carthage. – Lat. *sufes, sufetis,* mot punique; cf. hébr. *shôfet,* «juge».

suffire [syfiʀ] **I.** v. tr. indir. [83] **1.** (Sujet n. de chose.) *Suffire à:* être en quantité satisfaisante, avoir les qualités requises pour. *Cette somme suffit à nos besoins. Votre parole me suffit.* ▷ Absol. *Cela suffit:* c'est assez. **2.** (Sujet n. de personne.) Pouvoir satisfaire à soi seul aux exigences de (qqch, qqn). *Il ne suffit pas à la tâche. Un seul secrétaire lui suffit.* **II.** v. impers. *Il suffit de:* il faut seulement. *Il suffit d'y aller.* – (Suivi de *que* et du subj.) *Il suffit que vous le désiriez.* **III.** v. pron. *Se suffire à soi-même:* n'avoir pas besoin de l'assistance des autres. – Réfection de l'a. fr. *soufire* d'ap. le lat. *sufficere,* «mettre sous, à la place de, suffire».

suffisamment [syfizamɑ̃] adv. Assez. – De *suffisant.*

suffisance [syfizɑ̃s] n. f. **1.** Vieilli Quantité qui suffit. ▷ Loc. adv. *À suffisance, en suffisance:* en quantité suffisante. *Avoir de la nourriture en suffisance.* **2.** Caractère d'une personne suffisante. *Un air plein de suffisance.* – De *suffisant.*

suffisant, ante [syfizɑ̃, ɑ̃t] adj. **1.** (Choses) Qui suffit. *Ration suffisante.* **2.** (Personnes) Trop satisfait et trop sûr de soi. *Je le trouve très suffisant.* – Ppr. de *suffire.*

suffixal, ale, aux [syfiksal, o] adj. LING Qui a rapport aux suffixes, à un suffixe. – De *suffixe.*

suffixation [syfiksasjɔ̃] n. f. LING Dérivation à l'aide d'un, de plusieurs suffixes. – De *suffixe.*

suffixe [syfiks] n. m. LING Affixe placé après le radical d'un mot ou de la base de celui-ci et lui conférant une signification particulière (ex.: fort*ement*, agri*cole*, télé*graphie*). – Lat. *suffixus,* «fixé dessous, après», pp. de *suffigere.*

suffixé, ée [syfikse] adj. LING Formé avec un suffixe. – De *suffixe.*

suffocant, ante [syfɔkɑ̃, ɑ̃t] adj. Qui suffoque. *Gaz suffocants.* ▷ Fig. *Il a une audace suffocante.* – Ppr. de *suffoquer.*

suffocation [syfɔkasjɔ̃] n. f. Fait de suffoquer. ▷ MED Asphyxie par étouffement. – Lat. *suffocatio.*

suffoquer [syfɔke] v. [1] **I.** v. tr. **1.** (Sujet n. de chose.) Gêner la respiration de (qqn) au point de produire une sensation d'étouffement. *Être suffoqué par les gaz d'échappement des voitures.* ▷ Absol. *Air brûlant qui suffoque.* **2.** Fig., fam. Stupéfier (qqn) (souvent par une conduite, des propos choquants). *Son aplomb m'a suffoqué.* **II.** v. intr. Avoir du mal à respirer sous l'effet d'une cause physique ou d'une émotion. *Suffoquer après avoir avalé de travers. Suffoquer d'indignation.* – Lat. *suffocare,* «étrangler», de *fauces,* n. f. pl., «gorge».

suffragant, ante [syfʀagɑ̃, ɑ̃t] adj. m. et n. **1.** Adj. m. DR CANON Se dit d'un évêque placé sous l'autorité archevêque métropolitain. *L'évêque de Vannes est suffragant de l'archevêque de Rennes.* ▷ Se dit d'un ministre du culte protestant qui assiste le pasteur. **2.** n. Personne ayant droit de suffrage dans une assemblée. – Bas lat. ecclés. *suffraganeus.*

suffrage [syfʀaʒ] n. m. **1.** Avis, et spécial. avis favorable, que l'on donne dans une élection, une délibération. *Recueillir de nombreux suffrages.* **2.** Système électoral particulier. *Suffrage restreint,* dans lequel seuls les citoyens répondant à certaines conditions sont électeurs. *Suffrage universel,* où sont électeurs et éligibles tous les citoyens parvenus à un certain âge et jouissant de leurs droits civiques. *Suffrage direct,* où un candidat est élu par les électeurs eux-mêmes. *Suffrage indirect,* dans lequel l'élu est désigné par certains électeurs qui ont eux-mêmes été élus. **3.** Fig. Opinion, jugement favorable. *Cette pièce a mérité tous les suffrages.* – Lat. *suffragium,* de *suffragari* «voter pour», de *frangere,* «briser» (le vote s'effectuant avec des morceaux de poterie).

suffragette [syfʀaʒɛt] n. f. Citoyenne britannique qui militait pour que le droit de vote fût accordé aux femmes. *Les suffragettes commencèrent à avoir une action militante en 1903.* – Mot angl.

suffusion [syfyzjõ] n. f. MED Infiltration diffuse d'un liquide dans un tissu. *Suffusion hémorragique, séreuse.* – Lat. *suffusio*, de *sub*, «sous», et *fundere*, «verser».

suggérer [sygʒeʀe] v. tr. [16] Faire venir à l'esprit. *Suggérer une idée à qqn. – Image qui suggère la tristesse.* – Lat. *suggerere*, «porter *(gerere)* sous *(sub)*».

suggestibilité [sygʒɛstibilite] n. f. État d'une personne suggestible. – De *suggestible.*

suggestible [sygʒɛstibl] adj. Que l'on peut facilement suggestionner. – De *suggestion.*

suggestif, ive [sygʒɛstif, iv] adj. Qui a le pouvoir de suggérer des idées, des images, des sentiments (d'ordre érotique, en partic.). *Un déshabillé suggestif.* – Angl. *suggestive*, du lat. *suggerere*, «suggérer».

suggestion [sygʒɛstjõ] n. f. **1.** Action de suggérer; chose suggérée. *Faire qqch sur la suggestion de qqn.* **2.** PSYCHO Fait, pour un sujet, d'accepter certaines croyances, d'accomplir certains actes sous l'effet d'une influence extérieure, en dehors de sa volonté ou de sa conscience. *Suggestion hypnotique.* – Lat. *suggestio*, du pp. de *suggerere*, «suggérer».

suggestionner [sygʒɛstjɔne] v. tr. [1] Inspirer des idées, des actes à (qqn) par suggestion. – De *suggestion.*

suggestivité [sygʒɛstivite] Rare Caractère de ce qui est suggestif. – De *suggestif.*

suiboku [sɥiboky] n. m. BX-A Technique picturale japonaise dérivée du lavis monochrome chinois et fondée sur l'emploi d'une encre fortement additionnée d'eau. – Mot japonais.

suicidaire [sɥisidɛʀ] adj. et n. **1.** Qui tend, mène au suicide. *Conduite suicidaire.* **2.** Que ses dispositions psychiques semblent pousser au suicide. *Un malade mental suicidaire.* ▷ Subst. *Un, une suicidaire.* – De *suicide.*

suicide [sɥisid] n. m. **1.** Action de se donner volontairement la mort. ▷ Fig. Fait d'exposer dangereusement sa vie (par imprudence, inconscience, etc.). *C'est un suicide de conduire à cette vitesse.* **2.** Fig. Fait de se détruire soi-même, autodestruction. – Du lat. *sui*, «de soi», et suff. *-cide*, d'après *homicide.*

suicidé, ée [sɥiside] adj. et n. Qui s'est donné volontairement la mort. – Ppr. de *(se) suicider.*

suicider (se) [sɥiside] v. pron. [11] Se tuer volontairement. – De *suicide.*

suidés [sɥide] n. m. pl. ZOOL Famille de mammifères artiodactyles non ruminants (porc, sanglier, phacochère, etc.) à l'aspect trapu, dont la tête, plus ou moins allongée en cône, se termine par un nez cartilagineux (le groin) et dont les canines sont le plus souvent allongées en forme de défenses. – Du lat. *sus, suis*, «porc», et *-idés.*

suie [sɥi] n. f. Matière noirâtre provenant de la décomposition des combustibles et que la fumée dépose dans les conduits de cheminée. – Mot gallo-romaim, probabl. du gaul. **sudia.*

suif [sɥif] n. m. Graisse des ruminants. *Suif de mouton, de bœuf.* ▷ TECH *Vis à tête goutte de suif*, dont la tête est fraisée et légèrement bombée. – Du lat. *sebum.*

suiffer [sɥife] v. tr. [1] Enduire de suif. – Du préc.

suiffeux, euse [sɥifø, øz] adj. De la nature du suif. – De *suif.*

sui generis [sɥiʒeneʀis] loc. adj. Caractéristique de l'espèce, qui n'appartient qu'à elle. *Couleur sui generis.* ▷ Plaisant *Odeur sui generis:* mauvaise odeur. – Loc. lat., «de son espèce».

suint [sɥɛ̃] n. m. Matière grasse sécrétée par les animaux à laine et qui imprègne leurs poils. – De *suer.*

suintant, ante [sɥɛ̃tɑ̃, ɑ̃t] adj. Qui suinte. *Murs suintants.* – Ppr. de *suinter.*

suintement [sɥɛ̃tmɑ̃] n. m. Fait de suinter; lent écoulement d'un liquide qui suinte. – De *suinter.*

suinter [sɥɛ̃te] v. intr. [1] **1.** S'écouler presque imperceptiblement (liquide). *Sang qui suinte d'une plaie.* **2.** Laisser échapper un liquide très lentement (récipient, paroi). *Vase poreux qui suinte.* – De *suint.*

suisse [sɥis] adj. et n. **I.** adj. (fém. suisse). De la Suisse. ▷ Subst. *Un Suisse, une Suissesse.* ▷ HIST *Les Cent-Suisses* : compagnie de Suisses qui veilla à la sûreté personnelle des rois de France, à partir de 1496. *Gardes suisses* ou *suisses:* soldats de la garde pontificale. (Les gardes suisses des rois de France, supprimés de 1792 à 1816, disparurent en 1830. Les gardes suisses du pape, institués en 1505, existent toujours.) **II.** n. m. **1.** Anc. Portier d'une maison particulière. ▷ Loc. mod. *Boire, manger en suisse*, seul, sans inviter ses amis. **2.** Employé en uniforme chargé de la garde d'une église et qui précède le clergé dans les processions. **III.** n. m. Petit écureuil, rayé sur la longueur, qui vit dans l'est de l'Amérique du Nord. *Vif comme un suisse.* Rem. Le suisse (*Tamias striatus* Linné) est également désigné par le nom de *tamia* dans les travaux des zoologistes. **IV.** *Petit-suisse* ou *suisse:* petit fromage blanc enrichi en matière grasse, de forme cylindrique. – De l'all. *Schweiz.*

ENCYCL Dès leur arrivée en Amérique du Nord, au début du XVIIe s., les Français ont donné le nom d'*écureuil suisse* à un animal qu'ils ne connaissaient pas et qui les a frappés à la fois par sa ressemblance et sa différence avec l'écureuil européen. Dans l'ouest de l'Europe, il n'existe qu'une espèce d'écureuils (*Sciurus vulgaris* Linné), alors que dans l'est de l'Amérique du Nord, il y en a quatre: l'écureuil roux, l'écureuil gris (ou noir), l'écureuil volant (ou polatouche) et le suisse. «La seconde espece [d'écureuils] qu'ils appellent *Ohihoin*, & nous Suisses, à cause de la beauté & diversité de leur poil, sont ceux qui sont rayez & barrez depuis le devant jusques au derriere, d'une barre ou raye blanche, puis d'une rousse, grise & noirastre tout à l'entour du corps [...].» (1632, Sagard). Le suisse, au museau étroit et allongé, est plus petit que l'écureuil européen. Il n'en a pas non plus la longue queue en panache; la sienne est de longueur moyenne, en forme de brosse aplatie. À cause de ces caractéristiques, jointes au fait qu'il se promène plus souvent sur le sol que dans les arbres, on l'a parfois comparé à un petit rat mignon et sympathique. Ceux qui l'observent dans son habitat naturel, la forêt, ou aux abords des maisons, où il est bien accueilli, sont séduits par sa vivacité et le petit air espiègle que lui donnent ses yeux brillants et sa façon de tenir ses pattes de devant repliées sur la poitrine. En automne, on ne se lasse pas de le regarder bourrer ses abajoues protubérantes de graines et de noix qu'il transporte et emmagasine dans son terrier pour l'hiver (il peut faire jusqu'à sept litres de provisions). Il entre dans une semi-hibernation à partir du mois de novembre et ressort en mars, à l'époque de la cabane à sucre. En raison de ces activités, le suisse est à l'origine de nombreuses tournures comparatives: *gras, joufflu, gourmand, plein comme un suisse*, ou encore *être prévoyant, ramasser comme un suisse. Mon petit suisse* est un terme d'affection que l'on adresse parfois à un enfant vif et espiègle. Le nom de *suisse* donné au tamia rayé vient de ce que le pelage de cet écureuil rappelle l'uniforme bigarré des mercenaires suisses qui servaient autrefois en France, de même que celui des soldats suisses de la garde pontificale. On désignait déjà du même nom, en France, certains animaux dont les rayures rappellent cet uniforme, telle la salamandre. Au Québec, le nom de *suisse* a été donné aussi, par analogie, à une longue veste que portaient les collégiens et les séminaristes; elle était de couleur marine à passepoil blanc et serrée à la taille par une ceinture bleue ou verte.

suite [sɥit] n. f. **1.** (Dans qq emplois.) Fait, façon de suivre, de venir après qqch ou qqn. *Banquet qui fait suite à une cérémonie. Prendre la suite de qqn,* lui succéder. ▷ Loc. prép. *À la suite de:* derrière (dans l'espace); après (dans le temps). ▷ Loc. adv. *De suite:* l'un après l'autre, sans interruption. *Marcher deux jours de suite. Ainsi de suite: en continuant de la même manière.* – *Tout de suite:* immédiatement. **2.** L'ensemble de ceux qui suivent un haut personnage dans ses déplacements. *La suite d'un prince.* **3.** Ce qui vient après, ce qui continue qqch. *La suite d'un roman publié par épisodes.* - COMM *Sans suite:* se dit d'un article dont le réapprovisionnement n'est pas assuré. ▷ Loc. adv. *Dans la suite, par la suite:* plus tard. **4.** Ensemble de personnes ou de choses qui se suivent dans l'espace, dans le temps, dans une série. *Une suite d'immeubles identiques. Une suite d'ancêtres illustres.* ▷ MATH Fonction numérique définie sur l'ensemble des entiers naturels. – *Suite arithmétique,* telle que la différence entre deux termes consécutifs est constante. – *Suite géométrique,* telle que le rapport de deux termes consécutifs est constant. **5.** Dans certains hôtels de luxe, série de pièces communicantes louée à un même client. **6.** MUS Composition instrumentale se développant en plusieurs morceaux (introduction, allemande, courante, sarabande, menuet ou bourrée et gigue, pour la suite classique) de même tonalité mais de caractères différents. **7.** Conséquence d'un événement. *Mourir des suites d'un accident.* ▷ Loc. prép. *Par suite de:* en conséquence de. **8.** Enchaînement logique, cohérent, d'éléments qui se succèdent. *Marmonner des phrases sans suite.* ▷ Loc. *Avoir de la suite dans les idées, avoir l'esprit de suite:* être persévérant. **9.** DR *Droit de suite:* droit qu'a le propriétaire d'un bien de le revendiquer entre les mains d'un détenteur quelconque. – *Par anal.* Droit du créancier hypothécaire sur l'immeuble hypothéqué même après aliénation par son débiteur. – Du lat. pop. **sequitus.*

suitée [sɥite] adj. f. *Jument suitée,* suivie d'un poulain. *Laie suitée,* suivie de ses marcassins. – De *suite.*

suivant, ante [sɥivɑ̃, ɑ̃t] adj., n. et prép. **I.** adj. **1.** Qui vient tout de suite après un autre élément, dans une série, une succession. *Le client, le mois suivant.* ▷ Subst. *Au suivant!* **2.** Qui va être cité, énoncé immédiatement. *Il raconta l'histoire suivante.* **II.** n. f. Anc. Dame de compagnie. **III.** prép. *Suivant.* **1.** Conformément à, selon. *Suivant vos directives. Suivant les circonstances.* – *Suivant qqn:* selon son opinion. **2.** À proportion de. *Travailler suivant ses forces.* **3.** loc. conj. *Suivant que:* selon que. – Ppr. de *suivre.*

suiveur, euse [sɥivœʀ, øz] n. **1.** n. m. Vieilli Celui qui suit les femmes dans la rue. **2.** n. Chacun de ceux qui font partie de l'escorte officielle d'une course cycliste. **3.** n. Personne qui se borne à suivre, à faire comme tout le monde, notam. en politique. – De *suivre.*

suivez-moi-jeune-homme [sɥivemwaʒœnɔm] n. m. inv. Fam., vieilli Ruban d'un chapeau de femme, qui pend sur la nuque. – De *suivre, moi,* et *jeune homme.*

suivi, ie [sɥivi] adj. et n. m. **I.** adj. **1.** Qui intéresse de nombreuses personnes. *Une émission très suivie.* **2.** Continu, sans interruption. *Un travail suivi.* **3.** COMM *Article suivi,* dont le réapprovisionnement est assuré. **4.** Dont les parties sont liées de façon cohérente. *Raisonnement suivi.* **II.** n. m. Fait de suivre, de contrôler sans interruption pendant un temps donné. *Le suivi d'une procédure, d'un projet.* – Pp. de *suivre.*

suivisme [sɥivism] n. m. Attitude de ceux qui suivent aveuglément une autorité, un parti, etc. – De *suiveur.*

suivre [sɥivʀ] v. tr. [77] **I. 1.** Marcher, aller derrière (qqn). *Il la suivait pas à pas.* ▷ Loc. *Suivre qqn, qqch des yeux,* le regarder s'éloigner. ▷ *Faire suivre:* formule inscrite sur une lettre afin qu'elle soit expédiée à la nouvelle adresse du destinataire. **2.** Accompagner (qqn) dans ses déplacements. *Je l'ai suivi dans tous ses voyages.* ▷ Fig. *Sa réputation l'a suivi jusqu'ici.* **II. 1.** Être, venir après, dans l'espace, dans le temps, dans une série. *Le nom qui suit le mien sur la liste.* ▷ v. pron. *Ces numéros se suivent.* – Prov. *Les jours se suivent et ne se ressemblent pas.* **2.** Avoir lieu après (qqch), comme sa conséquence. *La répression qui suivit l'insurrection.* **III. 1.** Aller dans une direction tracée. *Suivre un chemin.* ▷ Fig. *Suivre la filière.* **2.** Longer. *La route qui suit la voie ferrée.* **3.** Se laisser conduire par (ce qui pousse intérieurement). *Suivre son idée, sa fantaisie.* **4.** Se conformer à. *Suivre la mode, la règle.* – Loc. fam. *Suivre le mouvement:* faire comme les autres. ▷ Fig. *Suivre qqn:* adopter sa façon de voir, sa ligne de conduite. *Suivre un homme politique jusqu'au bout.* **5.** Être assidu dans (une occupation). *Suivre des cours de commerce.* ▷ *Suivre un article,* en continuer la fabrication et la vente. ▷ *À suivre:* mention indiquant au lecteur qu'il trouvera la suite d'un récit dans le numéro suivant d'un périodique. **6.** Porter un intérêt soutenu à (qqch, qqn). *Suivre les cours de la Bourse. Maître qui suit son élève.* **7.** Comprendre (qqch) dans son enchaînement logique. *Suivre un raisonnement.* ▷ *Suivre (qqn),* son raisonnement. – *Vous me suivez?:* vous comprenez ce que je veux dire? – Refait sur *il suit,* métathèse de *siut,* du lat. pop. *sequit, sequere,* class. *sequi.*

1. sujet, ette [syʒɛ, ɛt] adj. et n. **I.** adj. (Suivi de la prép. *à* et d'un nom ou d'un inf.) **1.** Qui, par sa nature, est exposé à, susceptible de. *Être sujet aux rhumes, à s'emporter.* **2.** loc. *Sujet à caution,* dont il vaut mieux se méfier. **II. 1.** n. Personne dominée par une autorité souveraine. *Roi qui tyrannise ses sujets.* **2.** Ressortissant de certains États (monarchiques, notam.), même si ce sont des démocraties. *Elle est sujette britannique.* – Lat. *subjectus,* pp. de *subjicere,* «mettre sous, soumettre».

2. sujet [syʒɛ] n. m. **1.** Ce qui donne lieu à la réflexion, à la discussion; ce qui constitue le thème principal d'une œuvre intellectuelle, artistique. *Sujet de conversation. Le sujet d'une thèse, d'un tableau. Il est plein de son sujet,* entièrement occupé par lui. – Loc. prép. *Au sujet de:* à propos de, sur. ▷ MUS Thème, phrase mélodique à développer. *Le sujet d'une fugue.* **2.** Motif, raison (d'un sentiment, d'une action). *Un sujet de querelle. Avoir sujet de se plaindre. Sans sujet:* sans raison. **3.** LOG Ce dont on parle, par oppos. à ce que l'on en affirme. *Le sujet et le prédicat.* **4.** LING *Sujet grammatical:* terme d'une proposition qui confère ses marques (personne, nombre) au verbe. ▷ *Sujet logique ou réel:* agent de l'action dans la réalité extra-linguistique. *Dans la proposition «Abel a été tué par Caïn», le sujet grammatical (Abel) ne correspond pas au sujet réel (Caïn).* **5.** PHILO L'être connaissant, par oppos. à l'*objet* (l'être connu). **6.** Être vivant sur lequel portent des observations, des expériences. *Sujet guéri.* **7.** *Bon, mauvais sujet:* personne qui a une bonne, une mauvaise conduite. – *Un brillant sujet:* un élève très doué. – Bas lat. *subjectum,* «ce qui est soumis, subordonné à».

sujétion [syʒesjɔ̃] n. f. **1.** Situation d'une personne, d'une nation qui dépend d'une autorité souveraine. *Tenir un peuple dans la sujétion.* **2.** Fig. Contrainte imposée par qqch. *C'est une sujétion d'entretenir une* *maison aussi grande.* – Lat. *subjectio,* de *subjicere* (V. sujet 1).

sulf(o)-. CHIM Élément, du lat. *sulfur, sulfuris,* «soufre».

sulfamide [sylfamid] n. m. MED Substance caractérisée par la présence d'un groupement $R–SO_2–NH_2$ et utilisée comme anti-infectieux. Sulfamide hypoglycémiant: produit de synthèse utilisé comme antidiabétique oral. – De *sulf-,* et *-amide.*

sulfatage [sylfataʒ] n. m. Action de sulfater. *Le sulfatage de la vigne.* – De *sulfater.*

sulfate [sylfat] n. m. CHIM Sel ou ester de l'acide sulfurique). – De *sulf-,* et *-ate.*

sulfaté, ée [sylfate] adj. **1.** Qui contient un sulfate. **2.** Qui a subi un sulfatage. – De *sulfate.*

sulfater [sylfate] v. tr. [1] **1.** Répandre du sulfate sur (un terrain). (Notam. du sulfate ferreux, pour compenser une carence en fer, ou du sulfate d'ammonium, comme engrais.) **2.** Vaporiser sur (des cultures) une solution de sulfate de cuivre pour les protéger des maladies cryptogamiques (mildiou, etc.). *Sulfater la vigne, les tomates.* **3.** *Sulfater le vin,* y ajouter du plâtre. – De *sulfate.*

sulfateur, euse [sylfatœʀ, øz] n. **1.** n. Personne qui sulfate. **2.** n. f. Appareil servant à sulfater les vignes. ▷ Arg. Mitraillette. – De *sulfater.*

sulfhydrique [sylfidʀik] adj. CHIM *Gaz sulfhydrique:* gaz (H_2S) très toxique, à l'odeur d'œuf pourri, qui se dégage de toute matière organique sulfurée en fermentation. Syn. mod. sulfure d'hydrogène. ▷ *Acide sulfhydrique:* solution obtenue par dissolution dans l'eau du gaz sulfhydrique. – De *sulf-,* et *hydrique.*

sulfinisation [sylfinizasjõ] n. f. METALL Cémentation des alliages ferreux à la surface desquels on diffuse du soufre afin d'améliorer leur résistance au frottement. – Du lat. *sulfur,* «soufre».

sulfitage [sylfitaʒ] n. m. TECH Emploi de l'anhydride sulfureux comme décolorant, désinfectant, etc. *Sulfitage des vins.* – De *sulfiter.*

sulfite [sylfit] n. m. CHIM Sel de l'acide sulfureux). – De *sulf-,* et *-ite* 2.

sulfiter [sylfite] v. tr. [1] TECH Soumettre à l'action de l'anhydride sulfureux (une substance). – De *sulfite.*

sulfo-. V. sulf(o)-.

sulfobactéries, sulfobactériales. V. thiobactériales.

sulfocarbonique [sylfokaʀbɔnik] adj. CHIM *Acide sulfocarbonique:* acide dérivé de l'acide carbonique par substitution du soufre à l'oxygène. – De *sulfo-,* et *carbonique.*

sulfochromique [sylfokʀɔmik] adj. CHIM Se dit d'un mélange oxydant contenant du bichromate de potassium et de l'acide sulfurique. – De *sulfo-,* et *chromique.*

sulfonation [sylfɔnasjõ] n. f. CHIM Action de transformer (un corps) en dérivé sulfonique. – De *sulfon(ique).*

sulfone [sylfɔn] n. m. CHIM Composé dont la molécule comporte deux radicaux carbonés reliés au groupement $–SO_2–$. *Certains sulfones sont employés avec succès dans le traitement de la lèpre.* – Du lat. *sulfur,* «soufre».

sulfonique [sylfɔnik] adj. CHIM *Dérivé sulfonique,* dont la molécule contient un ou plusieurs groupes $–SO_3H$ fixés sur un atome de carbone ou d'azote. – Du lat. *sulfur,* «soufre».

sulfurage [sylfyʀaʒ] n. m. AGRIC Traitement de la vigne par injection de sulfure de carbone dans le sol. – De *sulfurer.*

sulfuration [sylfyʀasjõ] n. f. CHIM Action de combiner, fait de se combiner avec le soufre. – De *sulfure.*

sulfure [sylfyʀ] n. m. **1.** CHIM Sel de l'acide sulfhydrique. ▷ Combinaison de soufre avec un autre élément. *Sulfure de zinc:* blende. **2.** Objet décoratif constitué d'un morceau de cristal en forme de boule, d'œuf, etc., décoré dans la masse. – Du lat. *sulfur,* «soufre».

sulfuré, ée [sylfyʀe] adj. CHIM À l'état de sulfure; combiné avec le soufre. – Lat. *sulfuratus,* «soufré», de *sulfur,* «soufre».

sulfureux, euse [sylfyʀø, øz] adj. **1.** Relatif au soufre. ▷ Qui contient des dérivés du soufre. *Eau sulfureuse.* **2.** *Anhydride sulfureux:* dioxyde de soufre, de formule SO_2. ▷ *Acide sulfureux:* acide de formule H_2SO_3, non isolé, mais dont on connaît des sels. **3.** Fig. Lié à l'enfer; démoniaque. *Un charme sulfureux.* – Lat. *sulfurosus.*

sulfurique [sylfyʀik] adj. CHIM *Anhydride sulfurique:* trioxyde de soufre, de formule SO_3. ▷ *Acide sulfurique:* acide de formule H_2SO_4 commercialisé sous le nom d'*huile de vitriol.* – Du lat. *sulfur,* «soufre».

sulfurisé, ée [sylfyʀize] adj. *Papier sulfurisé,* rendu imperméable par trempage dans l'acide sulfurique dilué et utilisé notam. pour l'emballage des produits alimentaires. – De *sulfure.*

sulidés [sylide] n. m. pl. ZOOL Famille d'oiseaux pélécaniformes comprenant les fous. – Du lat. zool. *sula,* n. de genre des fous (V. fou 2).

sulky [sylki] n. m. TURF Voiture légère à deux roues pour les courses de trot. *Des sulkies* [sylki]. – Mot angl., de l'adj. *sulky,* «boudeur», parce que cette voiture n'a qu'une place.

sulpicien, ienne [sylpisjɛ̃, jɛn] adj. et n. **1.** De la compagnie des prêtres de Saint-Sulpice. ▷ N. m. *Un sulpicien:* un membre de cette compagnie. **2.** Qualifie les œuvres d'art religieux mièvres et grandiloquentes vendues autref. essentiellement dans le quartier de Saint-Sulpice à Paris. – De saint *Sulpice,* nom du patron de la congrégation.

sultan [syltɑ̃] n. m. **1.** Hist Souverain de l'Empire ottoman. **2.** Mod. Titre de certains princes musulmans. *Le sultan d'Oman.* – Arabo-turc *soltân.*

sultanat [syltana] n. m. **1.** Dignité de sultan. **2.** État gouverné par un sultan. – Du préc.

sultane [syltan] n. f. Chacune des épouses du sultan turc. – Fém. de *sultan.*

sumac [symak] n. m. BOT Plante ou arbuste du genre *Rhus* dont certaines espèces sécrètent des gommes servant à la fabrication de vernis, de colorants et de laques. *L'herbe à puce et le vinaigrier sont les représentants américains les plus nordiques de la famille essentiellement tropicale des sumacs.* – Ar. *soumâq.*

sumérien, ienne [symeʀjɛ̃, jɛn] adj. et n. **1.** adj. HIST De Sumer. *La brillante civilisation sumérienne, élaborée entre 3500 et 2000 av. J.-C., servit de point de départ à celle de l'empire babylonien.* **2.** n. m. *Le sumérien:* la plus ancienne langue connue. – De *Sumer,* anc. rég. de basse Mésopotamie.

sumiye [symije] n. m. BX-A Technique picturale japonaise dérivée du lavis monochrome chinois et fondée sur l'emploi d'une encre peu diluée dans l'eau. – Mot japonais.

summum [sɔm(m)ɔm] n. m. Plus haut point, plus haut degré. Syn. apogée, faîte. *Le summum de la gloire.* – Mot lat., neutre substantivé de *summus,* «le plus haut».

sumo [sumo; symo] n. m. inv. Lutte japonaise traditionnelle, qui oppose des lutteurs de poids très élevé (200 kg et plus). – Mot jap.

sundae [sɔnde] n. m. Crème glacée garnie de fruits, de noix, de sauce aromatisée, servie dans une coupe. *Un sundae au chocolat.* – Mot amér.

sunna [syn(n)a] n. f. RELIG Tradition de l'islam rapportant les faits, gestes et paroles *(hadith*)* du prophète, considérée comme complétant le Coran et constituant immédiatement après lui la source de la Loi; orthodoxie musulmane. – Mot ar. *sunnāh,* «loi traditionnelle».

sunnite [syn(n)it] adj. et n. RELIG Qui se conforme à la sunna. *Musulman sunnite.* ▷ Subst. *Les sunnites et les chiites. Les sunnites constituent le groupe religieux le plus important de l'Islam.* – Du préc.

1. super-. **1.** Élément, du lat. *super,* «au-dessus, sur» (V. aussi *supra-, sus-*). **2.** Préfixe intensif servant à former des noms *(supercarburant)* et des adjectifs *(supercarré).*

2. super [sypɛʀ] n. m. Abrév. fam. de *supercarburant. Le plein de super, s'il vous plaît!*

3. super [sypɛʀ] adj. inv. Fam. Extraordinaire, admirable. Syn. extra, chouette. *C'était super, hier soir. Une fille super.* – De *super-.*

1. superbe [sypɛʀb] n. f. Litt. Allure, maintien orgueilleux et plein d'assurance. Syn. fierté. *Un homme plein de morgue et de superbe.* – Lat. *superbia,* «orgueil».

2. superbe [sypɛʀb] adj. **1.** Vx Plein d'orgueil. *Homme, air superbe.* **2.** D'une grande beauté, magnifique. *Une femme superbe. Un temps superbe. Une ville superbe.* Syn. splendide. **3.** Excellent, éminent, remarquable. *C'est une affaire superbe.* – Lat. *superbus,* «orgueilleux, magnifique».

superbement [supɛʀbəmɑ̃] adv. De manière superbe. *Être superbement vêtu. Une maison superbement placée.* – De *superbe* 2.

supercarburant [sypɛʀkaʀbyʀɑ̃] n. m. Carburant dont l'indice d'octane est supérieur à celui de l'essence ordinaire et qui permet des taux de compression plus élevés. – Abrév. fam. *super.* – De *super-,* et *carburant.*

supercarré [sypɛʀkaʀe] adj. m. AUTO Se dit d'un moteur dont la course du piston est plus courte que le diamètre d'alésage du cylindre. – De *super-,* et *carré.*

supercherie [sypɛʀʃəʀi] n. f. Tromperie, fraude. *On a essayé de lui vendre ce tableau pour un Krieghoff, mais il a découvert à temps la supercherie.* – Ital. *soperchieria,* «excès, affront», de *soperchio,* «surabondant», du lat. pop. **superculus,* «excessif».

superciment [sypɛʀsimɑ̃] n. m. TECH Ciment Portland artificiel à prise rapide et à haute résistance. – De *super-,* et *ciment.*

supercritique [sypɛʀkʀitik] adj. AVIAT *Aile supercritique:* aile dont le profil est presque plat au-dessus, bombé et à double courbure dessous, ce qui permet d'obtenir une diminution de la traînée et donc autorise une importante économie de carburant. – De *super-,* et *critique.*

supère [sypɛʀ] adj. BOT *Ovaire supère,* situé audessus du point d'insertion du périanthe (tulipe, coquelicot, etc.). Ant. infère. – Lat. *superus,* «qui est audessus».

supérette ou **superette** [sypeʀɛt] n. f. COMM (France) Magasin d'alimentation en libre-service, à la surface de vente comprise entre 120 et 400 m². – Mot amér., de *super(market),* et suff. dimin. *-ette.*

superfétation [sypɛʀfetasjɔ̃] n. f. **1.** BIOL Fécondation de deux ovules opérée en deux coïts, dans des périodes d'ovulation différentes, que l'on observe chez quelques espèces animales. **2.** Litt. Redondance, double emploi dans la pensée, l'expression; ajout superflu. – Du lat. *superfetare,* «concevoir de nouveau», de *super,* «sur», et *fetare,* «pondre, féconder».

superfétatoire [sypɛʀfetatwaʀ] adj. Litt. Superflu, qui vient s'ajouter sans nécessité. – Du préc.

superficialité [sypɛʀfisjalite] n. f. Fait d'être superficiel; état de ce qui est superficiel. *La superficialité d'un comportement mondain.* – De *superficiel.*

superficie [sypɛʀfisi] n. f. **1.** Étendue d'une surface. – Nombre qui exprime l'aire d'une surface. *Une superficie de 10 hectares.* **2.** Fig. Apparence extérieure. *Je ne connais le problème qu'en superficie.* Ant. fond, profondeur. – Lat. *superficies,* de *super,* «sur», et *facies,* «forme extérieure».

superficiel, elle [sypɛʀfisjɛl] adj. **1.** Qui ne concerne que la surface, qui est à la surface. *Plaie superficielle. Les veines superficielles.* ▷ PHYS *Tension superficielle.* V. tension, sens 4. **2.** Fig. Qui ne concerne que l'apparence; qui n'est pas sincère, authentique. *Sentiments superficiels.* ▷ (Personnes) Futile, qui manque de profondeur. *Un garçon superficiel. Un esprit superficiel.* – Bas lat. *superficialis,* propr. «relatif aux surfaces».

superficiellement [sypɛʀfisjɛlmɑ̃] adv. De manière superficielle; en surface. – Du préc.

superfinition [sypɛʀfinisjɔ̃] n. f. TECH Polissage très soigné de la surface d'une pièce métallique, réalisé par des moyens mécaniques ou électrolytiques. – De *super-,* et *finition.*

superflu, ue [sypɛʀfly] adj. et n. m. **1.** Qui vient en plus du nécessaire, dont on pourrait se passer. *Richesses superflues.* ▷ N. m. *S'offrir le superflu après le nécessaire.* **2.** Qui est en trop. *Ornements superflus d'un décor. Paroles superflues.* – Lat. imp. *superfluus,* du class. *superfluere,* «déborder», de *super,* «sur», et *fluere,* «couler».

superfluide [sypɛʀflɥid] adj. PHYS De viscosité presque nulle. *Hélium superfluide (à très basse température).* – De *super-,* et *fluide.*

superfluité [sypɛʀflyite] n. f. Vx ou didac. Caractère de ce qui est superflu; action, parole, chose superflue. – Bas lat. *superfluitas,* de *superfluus* (V. superflu).

supergéante [sypɛʀʒeɑ̃t] adj. et n. f. ASTRO Se dit des étoiles dont le volume est le plus considérable et la densité la plus faible. ▷ N. f. *Antarès est une supergéante.* – De *super-,* et *géant(e).*

super-grand [sypɛʀgʀɑ̃] n. m. Fam. Très grande puissance (se dit surtout à propos des É.-U. et de l'U.R.S.S.). *Les deux super-grands.* – De *super-,* et *grand.*

superhétérodyne [sypɛʀeteʀɔdin] n. m. et adj. RADIO-ELECTR Récepteur de signaux modulés en amplitude dans lequel des signaux fournis par un amplificateur haute fréquence sont mélangés à ceux que fournit un oscillateur local de façon à obtenir des signaux de moyenne fréquence, qu'on amplifie. ▷ Adj. *Récepteur superhétérodyne.* – De *super-,* et *hétérodyne.*

super-huit [sypɛʀɥit] adj. et n. m. inv. CINE *Film super-huit,* de huit mm de largeur, perforations comprises. – Par ext. *Caméra super-huit.* ▷ N. m. *Tourner en super-huit. Le super-huit.* – De *super-,* et *huit (millimètres).*

supérieur, eure [sypeʀjœʀ] adj. et n. **I.** adj. **1.** Situé au-dessus, en haut. *Extrémité, face supérieure.* **2.** Qui est situé plus haut, plus vers l'amont. *Cours supérieur d'un fleuve.* **3.** ASTRO *Planètes supérieures,* plus éloignées du Soleil que la Terre. **4.** *Supérieur à:* plus élevé que (dans l'ordre numérique, mesurable). *Camion d'un poids supérieur à 3 tonnes.* ▷ MATH *Limite supérieure d'une fonction:* borne supérieure de l'ensemble des valeurs de cette fonction. *Borne supérieure d'une partie d'un ensemble ordonné:* plus petit élément de l'ensemble des majorants de cette partie. **5.** Placé au-dessus, du point de vue qualitatif, hiérarchique, etc. *Officiers supérieurs. Un concurrent très supérieur aux autres. Enseignement supérieur,* dispensé dans les grandes écoles et les facultés. ▷ *Plantes, animaux supérieurs,* les plus évolués. **6.** Qui dénote une haute opinion de soi-même. *Air, ton supérieur.* **II.** n. **1.** Personne qui exerce son autorité sur des subordonnés. *Je dois en référer à mes supérieurs.* **2.** Celui, celle qui dirige un monastère, un couvent, une communauté religieuse. – Appos. *La Mère supérieure.* – Lat. *superior,* compar. de *superus,* «qui est en haut».

supérieurement [syperjœrmɑ̃] adv. D'une manière supérieure. *Être supérieurement intelligent.* – De *supérieur.*

supériorité [syperjɔrite] n. f. Fait d'être supérieur; caractère d'une chose, d'une personne supérieure. *Supériorité numérique, intellectuelle. Complexe de supériorité.* – Lat. médiév. *superioritas,* du class. *superior,* «supérieur».

superlatif, ive [sypɛrlatif, iv] n. m. et adj. **I.** n. m. **1.** Degré de signification, expression d'une qualité à un très haut degré, à son plus haut degré. *Superlatif absolu,* qui n'implique pas de comparaison. (Ex.: *un très bon élève.*) *Superlatif relatif,* qui implique une comparaison avec les choses ou les personnes appartenant au même ensemble. (Ex.: *le meilleur élève de la classe.*) **2.** Mot qui exprime le superlatif. *«Ultime», «suprême», «richissime», sont des superlatifs.* ▷ Terme emphatique, hyperbolique. *Un dithyrambe farci de superlatifs.* **II.** adj. Qui exprime le superlatif (sens I, 1). *Adjectif, adverbe superlatif.* – Bas lat. *superlativus,* de *superferre,* «porter au-dessus».

superlativement [sypɛrlativmɑ̃] adv. Fam., vieilli Extrêmement. – Du préc.

superléger [sypɛrleʒe] adj. et n. m. SPORT Boxeur pesant entre 60 et 63,5 kg. – N. m. Un *superléger.* – De *super* 1, et *léger.*

superman, men [sypɛrman, mɛn] n. m. Anglicisme Héros qui met sa force colossale et ses pouvoirs surhumains au service du bien (d'abord, nom propre d'un personnage de bandes dessinées). *Les vengeurs masqués, les justiciers et les supermen.* – Mot amér., propr. «surhomme».

supermarché [sypɛrmarʃe] n. m. Magasin en libre-service, à grande surface de vente. – De *super-,* et *marché,* d'ap. l'angl. *supermarket.*

supermolécule [sypɛrmɔlekyl] CHIM Assemblage tridimentionnel d'atomes pouvant transformer une cavité susceptible d'accepter un ion ou une molécule. – De *super-,* et *molécule.*

supernova, supernovæ [sypɛrnɔva, sypɛrnɔve] n. f. ASTRO Étoile dont l'éclat augmente brutalement, et devient de beaucoup supérieur (jusqu'à deux mille fois) à celui d'une nova*. – De *super-,* et *nova.*

ENCYCL L'explosion des supernovæ dégage une énergie plusieurs milliers de fois supérieure à celle que rayonne le Soleil. Après l'explosion, l'étoile se transforme en naine blanche ou en étoile à neutrons. La nébuleuse du Crabe constitue le reste de l'explosion d'une supernova, observée en Extrême-Orient v. l'an 1054. Les restes d'explosion d'une supernova constituent des sources de rayonnement électromagnétique et se regroupent en structures filamenteuses.

superordre [sypɛrɔrdr] n. m. SC NAT Unité systématique regroupant plusieurs ordres au sein d'une classe, d'une sous-classe. *Le superordre des ongulés.* – De *super-,* et *ordre.*

supérovarié, ée ou **superovarié, ée** [sypɛr ɔvarje] adj. BOT Se dit des plantes dont les fleurs ont un ovaire supère. – De *super-,* et *ovarié.*

superpétrolier [sypɛrpetrɔlje] n. m. MAR Navire pétrolier de très grande capacité (100 000 t et plus). – De *super-,* et *pétrolier;* trad. de l'angl. *supertanker.*

superphosphate [sypɛrfɔsfat] n. m. CHIM Engrais constitué essentiellement de phosphate calcique additionné de sulfate de calcium. – De *super-,* et *phosphate.*

superposable [sypɛrpozabl] adj. Que l'on peut superposer. – De *superposer.*

superposer [sypɛrpoze] v. tr. [1] Poser (des choses) les unes sur les autres. *Superposer des caisses. Superposer à:* mettre par-dessus, au-dessus de. ▷ v. pron. *Couches stratigraphiques qui se superposent.* – (Passif) *Éléments de rangement qui se superposent,* qui peuvent être superposés. ▷ Pp. *Lits superposés.* – Lat. *superponere;* d'ap. *poser.*

superposition [sypɛrpozisjɔ̃] n. f. Action de superposer, fait de se superposer; son résultat. – Bas lat. *superpositio,* du pp. de *superponere,* «superposer».

superproduction [sypɛrprɔdyksjɔ̃] n. f. Film à grand spectacle, tourné avec de gros moyens matériels et financiers. – De *super-,* et *production.*

superpuissance [sypɛrpɥisɑ̃s] n. f. Très grande puissance, État dont l'importance politique, militaire, économique est prépondérante. – De *super-,* et *puissance.*

supersonique [sypɛrsɔnik] adj. et n. m. **1.** *Vitesse supersonique,* supérieure à celle du son. ▷ *Par ext.* Qui se produit, qui survient aux vitesses supersoniques. *Bang supersonique.* **2.** *Avion supersonique:* qui peut voler à une vitesse supersonique. ▷ N. m. *Le supersonique «Concorde».* – De *super-,* et *sonique.*

superstar [sypɛrstar] n. f. Anglicisme Vedette particulièrement célèbre. – Par ext. *Une superstar de l'art, de la politique.* – De *super-,* et *star.*

superstitieusement [sypɛrstisjøzmɑ̃] adv. D'une manière superstitieuse. – De *superstitieux.*

superstitieux, euse [sypɛrstisjø, øz] adj. et n. **1.** Où il entre de la superstition. *Culte superstitieux. Croyance, pratique superstitieuse.* **2.** Qui montre de la superstition, qui est attaché à des superstitions. *Il est très superstitieux.* ▷ Subst. *Un superstitieux, une superstitieuse.* – Lat. *superstitiosus.*

superstition [sypɛrstisjɔ̃] n. f. **1.** Attachement étroit et formaliste à certains aspects du sacré; croyance religieuse considérée comme non fondée. **2.** Fait de croire que certains actes, certains objets annoncent ou attirent la chance ou la malchance; cette croyance elle-même. *La superstition du chiffre 13. Vieilles superstitions.* **3.** Attachement excessif et irrationnel à qqch. *Avoir la superstition de l'exactitude.* – Lat. *superstitio,* de *superstare,* «se tenir dessus», de *super,* «dessus», et *stare,* «se tenir debout», pour désigner ceux qui prient pour que leurs enfants leur survivent.

superstrat [sypɛrstra] n. m. LING Ensemble des traces qu'a laissées dans une langue donnée la langue disparue d'un peuple d'envahisseurs; cette langue disparue elle-même. Cf. substrat. – De *super,* d'ap. *substrat.*

superstructure [sypɛrstryktyr] n. f. **1.** Partie (d'une construction) située au-dessus du terrain naturel. ▷ Plur. Constructions édifiées au-dessus du pont supérieur d'un navire. **2.** PHILO Ensemble formé par les idées (politiques, juridiques, philosophiques, religieuses, morales, artistiques, etc.) et les institutions, dans la terminologie marxiste (opposé à *infrastructure**). – De *super-,* et *structure.*

superviser [sypɛrvize] v. tr. [1] Contrôler, vérifier (un travail) dans ses grandes lignes. – Angl. *to supervise,* du bas lat. *supervidere* «inspecter».

superviseur [sypɛʀvizœʀ] n. m. **1.** Celui qui supervise. **2.** INFORM Programme particulier qui contrôle les traitements successifs de plusieurs autres programmes. (Rem.: Comme forme féminine, l'OLF recommande *superviseure.*) – Angl. *supervisor;* senti comme dér. de *superviser.*

supervision [sypɛʀvizjɔ̃] n. f. Action de superviser. – Mot angl., de *to supervise,* «superviser».

superwelter [sypɛʀwɛltɛʀ] adj. et n. m. SPORT Boxeur pesant entre 67 et 71 kg. – N. m. *Un superwelter.* – De *super-,* et *welter.*

supin [sypɛ̃] n. m. GRAM Forme nominale du verbe latin, dont le radical sert à former le participe passé. – Lat. scolast. *supinum,* de *supinus,* «renversé en arrière».

supinateur [sypinatœʀ] adj. et n. m. ANAT *Muscles supinateurs:* muscles de l'avant-bras qui permettent la supination. ▷ N. m. *Les supinateurs.* – Du lat. *supinatum,* pp. de *supinare,* «renverser en arrière».

supination [sypinasjɔ̃] n. f. PHYSIOL Mouvement de rotation de la main amenant la paume vers le haut; position de la main paume vers le haut. Ant. pronation. – Bas lat. *supinatio,* «fait d'être renversé en arrière».

supplanter [syplɑ̃te] v. tr. [1] Prendre la place de (qqn qu'on a réussi à surpasser en crédit, en prestige). *Supplanter un rival.* ▷ (Sujet n. de chose.) *Le sucre de betterave a supplanté le sucre de canne.* – Lat. *supplantare,* «faire un croc-en-jambe à, renverser», de *sub,* «sous», et *plantare,* «planter, former».

suppléance [sypleɑ̃s] n. f. Fait de suppléer qqn ou qqch; fonction de suppléant. – De *suppléer.*

suppléant, ante [sypleɑ̃, ɑ̃t] n. et adj. Personne qui en remplace une autre dans ses fonctions. ▷ Adj. *Professeur suppléant.* – Ppr. de *suppléer.*

suppléer [syplee] v. [13] **I.** v. tr. **1.** Litt. Parer à l'insuffisance de; compléter. *Suppléer le nombre des volontaires par des désignations d'office.* **2.** Faire cesser (une insuffisance, un manque) en complétant, en remplaçant. *Suppléer une lacune.* **3.** Remplacer; être utilisé à la place de. *Le vice-premier ministre supplée le premier ministre en son absence. L'offset supplée aujourd'hui de plus en plus la typographie.* **II.** v. tr. indir. *Suppléer à.* **1.** Porter remède à (une insuffisance, un manque); compenser. *Le courage supplée à la faiblesse numérique.* **2.** Avoir la même fonction ou le même usage que; remplacer. *La mémoire supplée chez lui au raisonnement.* – Lat. *supplere.*

supplément [syplemɑ̃] n. m. **1.** Ce qui vient en plus, ce qui est ajouté. *Un supplément d'argent de poche.* **2.** Dans les transports, au théâtre, au restaurant, etc., somme payée en plus pour obtenir un avantage spécial. *Payer un supplément pour la réservation d'une place.* **3.** Ce qui est ajouté à une publication pour la compléter, la mettre à jour ou pour toute autre raison. *Supplément à la première édition d'un ouvrage.* **4.** GEOM *Supplément d'un angle, d'un dièdre:* angle, dièdre qu'il faut lui ajouter pour obtenir deux droits. – Lat. *supplementum,* de *supplere,* «compléter, suppléer».

supplémentaire [syplemɑ̃tɛʀ] adj. **1.** Qui vient en supplément, en plus. *Train supplémentaire.* – *Heures supplémentaires:* heures de travail accomplies en plus de l'horaire normal. **2.** GEOM *Angles supplémentaires,* dont la somme est égale à deux droits. ▷ MATH Se dit de deux sous-espaces vectoriels E' et E" dont la somme directe constitue l'espace vectoriel E. – Du préc.

supplétif, ive [sypletif, iv] adj. Qui complète, qui supplée. *Conclusions supplétives.* – Du lat. *suppletum,* pp. de *supplere,* «suppléer».

suppliant, ante [sypliјɑ̃, ɑ̃t] adj. et n. Qui supplie. *Paroles suppliantes.* ▷ Subst. *Une foule de suppliants.* – Ppr. de *supplier.*

supplication [syplikasjɔ̃] n. f. **1.** Action de supplier; prière instante et soumise. *Rester insensible aux supplications.* **2.** RELIG CATHOL Prière solennelle. **3.** HIST (Plur.) Remontrances orales faites au roi par les parlements. – Lat. *supplicatio.*

supplice [syplis] n. m. **1.** Punition corporelle grave, entraînant souvent la mort, ordonnée par la justice. *Le supplice de la croix. Condamner qqn au dernier supplice,* à la peine de mort. **2.** Ce qui cause une vive souffrance physique ou morale. *Le supplice de la soif, de l'attente.* – Lat. *supplicium,* propr. «action de ployer les genoux»; même rac. que *supplier.*

supplicié, ée [syplisje] n. Personne qui subit ou qui a subi un supplice, le dernier supplice. – Pp. de *supplicier.*

supplicier [syplisje] v. tr. [1] Faire subir un supplice, le dernier supplice à. *Supplicier un criminel.* ▷ Fig., litt. *Cette pensée le suppliciait.* – De *supplice.*

supplier [syplije] v. tr. [1] Prier (qqn) avec instance et soumission. *Je vous supplie d'avoir pitié de moi.* ▷ Par exag. *Je vous supplie de vous taire.* – Du lat. *supplicare,* propr. «se plier (sur les genoux)», de *plicare,* «plier».

supplique [syplik] n. f. Litt. Requête par laquelle on demande une grâce à une autorité officielle. *Présenter une supplique.* – Du lat. *supplicare,* «supplier».

support [sypɔʀ] n. m. **1.** Ce sur quoi porte le poids de qqch; objet conçu pour en supporter un autre. *Ce pilier est le support de la voûte.* **2.** Objet matériel qui sert à l'enregistrement d'informations (carte perforée, disque ou bande magnétique, etc.). **3.** Ce qui sert à porter, à transmettre une chose immatérielle par nature. *Les mots servent de support à la pensée.* ▷ *Support publicitaire:* moyen matériel choisi (affiche, radiodiffusion) pour la diffusion d'un message ou d'une campagne publicitaire. – Déverbal de *supporter.*

supportable [sypɔʀtabl] adj. **1.** Que l'on peut supporter. *Le froid est encore supportable.* **2.** Que l'on peut tolérer. *Votre attitude n'est pas supportable.* – De *supporter.*

supporter [sypɔʀte] v. tr. [1] **1.** Servir de support à, soutenir. *Les poutres qui supportent le toit.* **2.** Subir, endurer les effets de. *Il supporte mal la douleur.* ▷ *Absol.* Subir, endurer sans faiblir. *Supporter le froid, les privations.* **3.** Tolérer (un comportement désagréable, pénible) sans manifester d'impatience, d'irritation, de colère, etc. *Supporter l'impertinence de qqn.* – Par ext. *Comment pouvez-vous supporter cet individu?* ▷ v. pron. (récipr.) *Ils se supportent mal.* **4.** Opposer la résistance voulue à (une action destructrice); être à l'épreuve de. *Poterie qui supporte le feu.* ▷ Fig. *Cette théorie ne supporte pas l'examen.* **5.** Avoir toute la charge, tous les inconvénients résultant de. *J'ai eu à supporter de gros frais.* Lat. *supportare,* de *sub-,* «sous», et *portare,* «porter».

supporteur [sypɔʀtœʀ] n. m. Anglicisme Celui qui encourage un concurrent, une équipe sportive, un homme ou un parti politique, qui lui apporte son appui. *Ses supporteurs sont venus nombreux pour l'acclamer.* – De l'angl. *supporter,* «celui qui apporte son appui».

supposable [sypozabl] adj. Rare Qui peut être supposé. – De *supposer.*

supposé, ée [sypoze] adj. **1.** Admis par supposition. *Cette condition supposée.* **2.** Qui n'est pas authentique, qui est faux. *Nom supposé.* – Pp. de *supposer.*

supposer [sypoze] v. tr. [1] **I.** **1.** Poser, imaginer comme établi, pour servir de base à un raisonnement. *Supposons deux droites parallèles.* **2.** Tenir pour probable. *On suppose qu'il est mort.* **3.** (Sujet n. de chose.) Impliquer comme condition nécessaire ou préalable. *La bonne entente suppose le respect mutuel.* **II.** DR Présenter comme authentique (qqch de faux). *Supposer un testament.* – Francisation d'ap. *poser*, du lat. *supponere*, «mettre sous, substituer».

supposition [sypozisjõ] n. f. **1.** Vieilli Proposition que l'on suppose vraie. ▷ Pop. *Une supposition (que):* en supposant que. **2.** Opinion reposant sur de simples probabilités. *Supposition gratuite,* non fondée. – Du lat. *suppositio,* «action de placer dessous».

suppositoire [sypozitwaʀ] n. m. Présentation médicamenteuse solide, de forme conique ou ovoïde, que l'on administre par voie rectale. – Lat. méd. *suppositorium,* de *supponere,* «mettre au-dessous».

suppôt [sypo] n. m. Litt., péjor. *Suppôt de:* partisan acharné de (qqn, et, par ext., qqch que l'on considère comme nuisible, néfaste). *Un dangereux suppôt de la subversion.* – Loc. *Suppôt de Satan, du diable:* démon; (fig. fam.) personne méchante, nuisible. – Lat. *suppositus.* «placé au-dessous».

suppression [sypʀɛsjõ] n. f. Action de supprimer. *La suppression d'une clôture, d'une clause, de la censure.* – Lat. *suppressio,* «détournement, étouffement», du pp. de *supprimere* (V. supprimer).

supprimable [sypʀimabl] adj. Qui peut être supprimé. – De *supprimer.*

supprimer [sypʀime] v. tr. [1] **1.** Faire disparaître (qqch). *Supprimer une ligne de chemin de fer. En supprimant la cause, on supprime les effets.* **2.** Retrancher (un élément d'un ensemble). *Supprimer un paragraphe.* **3.** Abolir (ce qui est institué). *Supprimer une cérémonie.* **4.** Assassiner (qqn). *Supprimer des témoins gênants.* ▷ v. pron. Se suicider. – Lat. *supprimere,* «enfoncer, étouffer», rac. *premere,* «presser».

suppurant, ante [sypyʀɑ̃, ɑ̃t] adj. Qui suppure. – Ppr. de *suppurer.*

suppuration [sypyʀasjõ] n. f. Formation et écoulement de pus. – Lat. *suppuratio.*

suppurer [sypyʀe] v. intr. [1] Produire du pus (organes, plaies); laisser écouler du pus. – Lat. *suppurare,* de *pus, puris,* «pus».

supputation [sypytasjõ] n. f. Action de supputer, évaluation, estimation. – Lat. *supputatio,* «calcul».

supputer [sypyte] v. tr. [1] Évaluer à partir de certains éléments, de certains indices. *Supputer à combien s'élèvera une dépense. Supputer ses chances de réussite.* – Lat. *supputare,* de *putare,* «évaluer, penser».

supra [sypʀa] adv. Ci-dessus. *«Cf. supra »:* formule invitant le lecteur à se reporter à un passage antérieur. – Mot lat., «au-dessus».

supra-. Préfixe, du lat. *supra,* «au-dessus».

supraconducteur, trice [sypʀakõdyktœʀ, tʀis] adj. et n. m. PHYS Qui présente le phénomène de supraconductivité. – De *supra-,* et *conducteur.*

supraconductivité [sypʀakõdyktivite], **supraconductibilité** [sypʀakõdyktibilite] ou **supraconduction** [sypʀakõdyksjõ] n. f. PHYS Conductivité très élevée que présentent certains corps aux températures voisines du zéro absolu. – De *supra-,* et *conductivité, conductibilité, conduction.*

ENCYCL La supraconductivité est liée à la modification de l'arrangement des électrons libres entre atomes aux très basses températures; on a observé ce phénomène pour un très grand nombre de métaux et d'alliages métalliques. La température de transition, au-dessous de laquelle ces métaux deviennent supraconducteurs, varie entre 0,14 K pour l'iridium et 11,2 K pour le technétium (le zéro absolu, 0 kelvin, correspond à –273,15 °C). La température de transition de certains alliages (niobium-germanium-aluminium) peut atteindre 21 K, température très légèrement supérieure à celle de l'hydrogène liquide (20,45 K). Les corps supraconducteurs ne présentent plus de résistance électrique et donc ne s'échauffent plus lorsqu'ils sont traversés par un courant électrique à une température inférieure à celle de leur température de transition. Cette propriété est utilisée pour produire des champs magnétiques très intenses et pour fabriquer des appareils de mesure sensibles aux champs magnétiques très faibles, des éléments de sustentation magnétique et des câbles servant au transport de puissances très élevées.

supranational, ale, aux [sypʀanasjɔnal, o] adj. Qui dépasse les souverainetés nationales, qui se place au-dessus d'elles. *Europe supranationale.* – De *supra-,* et *national.*

supranationalisme [sypʀanasjɔnalism] n. m. POLIT Doctrine des partisans d'un pouvoir supranational. – Du préc.

supranationalité [sypʀanasjɔnalite] n. f. ADMIN Caractère de ce qui est supranational. – De *supra-,* et *nationalité.*

suprasegmental, ale, aux [sypʀasɛgmɑ̃tal, o] adj. LING *Trait suprasegmental:* trait phonique qui concerne plusieurs unités minimales d'analyse (ou *segments*). *L'intonation, l'accent sont des traits suprasegmentaux.* – De *supra-,* et *segment,* d'ap. l'angl.

suprasensible [sypʀasɑ̃sibl] adj. Que les sens ne peuvent percevoir. *Réalités suprasensibles.* – De *supra-,* et *sensible.*

supraterrestre [sypʀatɛʀɛstʀ] adj. Qui n'appartient pas à notre monde, qui appartient à l'au-delà. *Esprit supraterrestre.* – De *supra-,* et *terrestre.*

suprématie [sypʀemasi] n. f. **1.** Supériorité de puissance, de rang. *Suprématie économique d'un pays.* Syn. hégémonie, prééminence. **2.** Excellence, maîtrise. *Il prétend à la suprématie dans son art.* – Angl. *supremacy,* de *supreme,* du fr. *suprême.*

suprématisme [sypʀematism] n. m. BX-A Terme choisi par le peintre soviétique K. S. Malevitch pour désigner la forme d'art abstrait géométrique (peinture, projet d'architecture) qu'il pratiqua et théorisa à partir de 1913. (Affirmant que l'expression picturale de «la sensibilité de l'absence d'objet» devait primer sur la représentation de tout objet, le suprématisme eut rapidement une influence considérable sur de nombr. peintres russes d'avant-garde.). – Du préc., d'ap. le russe.

1. suprême [sypʀɛm] adj. **1.** Qui est au-dessus de tous dans son genre, dans son espèce. *Le pouvoir suprême. Le Soviet suprême.* RELIG L'Être* suprême. **2.** Le plus grand, le plus haut, dans la hiérarchie des valeurs. *Le plaisir suprême de revoir un être cher.* – Très grand. *Il a une suprême facilité à apprendre.* ▷ *Au suprême degré:* au plus haut point. **3.** Dernier, ultime. *Faire une suprême tentative. L'instant, l'heure suprême,* celui, celle de la mort. *Honneurs suprêmes:* funérailles. – Lat. *supremus,* superl. de *superus,* «qui est au-dessus».

2. suprême [sypʀɛm] n. m. Filets de volaille ou de poisson accompagnés d'un coulis. ▷ *Sauce suprême:* mélange de consommé de volaille et de crème. – De *suprême* 1.

suprêmement [sypʀɛmmɑ̃] adv. Au suprême degré, à l'extrême. *Une femme suprêmement intelligente.* – De *suprême* 1.

1. sur [syʀ] prép. **I.** Marque la situation de ce qui est plus haut par rapport à ce qui est en dessous, avec ou sans contact. **1.** (Avec contact, sans mouvement.) *La tasse est sur la soucoupe.* ▷ Contre (une surface verticale). *Coller du papier sur les murs. La clé est sur la porte.* ▷ *Sur soi:* sur le corps; avec soi. *Il avait sur lui une gabardine grise. Je n'ai pas mes papiers sur moi.* ▷ (Avec une idée d'accumulation, de répétition.) *Entasser pierre sur pierre. Coup* sur coup.* ▷ (Dans certaines loc. indiquant l'état, la manière.) *Se tenir sur ses gardes. Si tu le prends sur ce ton.* **2.** (Avec contact, avec mouvement.) *Passer la main sur une étoffe. Tomber sur le trottoir.* ▷ (Le complément désignant une surface modifiée par l'action.) *Graver sur la pierre. Tirage sur papier mat.* ▷ (Marquant un rapport de supériorité.) Fig. *L'emporter sur qqn.* **3.** (Sans contact, sans mouvement.) Au-dessus de. *Les nuages s'amoncellent sur la plaine. Le viaduc sur la rivière.* **4.** (Sans contact, avec mouvement.) *Une voiture déboucha sur notre gauche. Faire cap sur Terre-Neuve.* **II.** Marque différents rapports abstraits. **1.** D'après, en fonction de, en prenant pour fondement. *Juger sur les apparences. Se régler sur autrui. Attestation sur l'honneur.* ▷ (Le complément désignant l'objet d'un travail, le sujet d'une étude, etc.) *Voilà deux heures que je m'échine sur ce moteur. Un essai sur Corneille.* **2.** (Indiquant un rapport de proportionnalité.) *Sur dix, il n'en revint pas un seul. Il a quinze sur vingt à sa composition.* **3.** (Avec une valeur temporelle.) Au moment même de; immédiatement après. *Sur le coup, il est resté interloqué! Il embrassa sa famille; sur ce, le train s'ébranla.* ▷ (Marquant l'approximation.) Vers. *Il est arrivé sur les dix heures.* – Du lat. *super,* ou *supra;* la forme *sur* vient d'un croisement avec *sus.*

2. sur, sure [syʀ] adj. Qui a un goût légèrement acide, aigre. *Pommes sures.* – Frq. **sur.*

3. sur-. Élément, du lat. *super,* «au-dessus de» (cf. *surélever, surtout,* etc.), «en plus de, outre» (cf. *surabondance, surhomme,* etc.) (V. sur 1).

sûr, sûre [syʀ] adj. **I. 1.** Qui ne présente aucun risque; où aucun risque, aucun danger n'est à redouter. *La région, infestée de bandes armées, n'est pas sûre. Mettre qqn, qqch en lieu sûr.* ▷ Loc. *C'est le plus sûr :* c'est la manière d'agir qui présente le moins de risque. **2.** Digne de confiance; sur qui ou sur quoi l'on peut faire fond, s'appuyer, tabler; qui ne risque pas de faillir. *Un ami sûr. Je le sais de source sûre. Un matériel très sûr.* ▷ Ferme, assuré. *Avoir une main sûre,* une main aux gestes précis, qui ne tremble pas. – D'une grande justesse, d'une grande rigueur. *Avoir le jugement sûr:* discerner avec exactitude, bien juger. **II. 1.** (Choses) Qu'on ne peut mettre en question, dont la vérité ne saurait être contestée. *Je pars demain, c'est sûr.* Syn. certain. ▷ Loc. adv. *Bien sûr!:* évidemment, bien entendu. *Je viendrai, bien sûr!* Pop. *Pour sûr.* **2.** (Personnes) *Sûr de.* ▷ Qui ne doute pas de (un événement à venir). Syn. certain, convaincu. *Il est sûr de sa réussite.* – *Sûr de soi:* qui a confiance en soi, en ses capacités. ▷ Qui sait de façon certaine. *Être sûr de son fait,* de ce qu'on affirme. – Du lat. *securus,* «libre de tout souci».

surabondamment [syʀabɔ̃damɑ̃] adv. Plus qu'il n'est nécessaire. – De *surabondant.*

surabondance [syʀabɔ̃dɑ̃s] n. f. Très grande abondance. *Surabondance de blé.* Syn. profusion. – De *sur-,* et *abondance.*

surabondant, ante [syʀabɔ̃dɑ̃, ɑ̃t] adj. Qui surabonde. – Ppr. de *surabonder.*

surabonder [syʀabɔ̃de] v. intr. [1] **1.** Être plus abondant qu'il n'est nécessaire. *Cette année, les pommes surabondent.* **2.** *Surabonder de, en:* posséder (qqch) au-delà de ses besoins. *Région qui surabonde de blé.* Syn. regorger (de). – De *sur-,* et *abonder.*

suractivé, ée [syʀaktive] adj. Dont l'activité est accrue par un traitement spécial. *Décapant suractivé.* – De *sur-,* et pp. de *activer.*

suraigu, uë [syʀegy] adj. **1.** Très aigu. *Cri suraigu. Voix suraiguë.* **2.** MED Très aigu et qui évolue brutalement, et rapidement. *Inflammation suraiguë.* – De *sur-,* et *aigu.*

surajouter [syʀaʒute] v. tr. [1] Ajouter en plus, à ce qui est déjà fini. *Pages surajoutées à un livre.* – De *sur-,* et *ajouter.*

suralimentation [syʀalimɑ̃tasjɔ̃] n. f. **1.** Alimentation plus abondante, plus riche que la normale. **2.** TECH Alimentation d'un moteur à combustion interne avec de l'air porté à une pression supérieure à la pression atmosphérique. *La suralimentation permet d'augmenter la puissance des moteurs.* – De *sur-,* et *alimentation.*

suralimenter [syʀalimɑ̃te] v. tr. [1] *Suralimenter qqn,* lui fournir une alimentation plus abondante ou plus riche que la normale. ▷ *Par ext.* TECH *Suralimenter un moteur.* – De *sur-,* et *alimenter.*

suranné, ée [syʀane] adj. Démodé, désuet, vieillot. *Des toilettes surannées.* ▷ Archaïque, retardataire. *Conceptions surannées.* – De *sur,* et *an.*

surate ou **sourate** [suʀat] n. f. Chapitre du Coran. – Ar. *sūrāh.*

surbaissé, ée [syʀbese] adj. **1.** ARCHI *Arc, voûte surbaissés* (ou *en anse de panier*), dont la flèche est inférieure à la moitié de la largeur. **2.** AUTO *Carrosserie surbaissée,* très basse. – De *sur-,* et pp. de *baisser.*

surboum [syʀbum] n. f. Fam., vieilli Surprise-partie. – De *sur(prise-partie),* et *boum.*

surcapitalisation [syʀkapitalizasjɔ̃] n. f. FIN Situation d'une entreprise dont le capital est trop élevé par rapport à ses activités. – De *sur-,* et *capitalisation.*

surcharge [syʀʃaʀʒ] n. f. **1.** Charge ajoutée à la charge habituelle. *Une surcharge de responsabilités.* **2.** Excédent de charge, de poids par rapport à ce qui est autorisé. *Surcharge de passagers. Rouler en surcharge.* ▷ CONSTR Effort supplémentaire que peut avoir à supporter une construction. *Calcul des surcharges.* **3.** Fait d'être trop chargé de matière, trop abondant. *La surcharge des programmes scolaires.* **4.** Mot écrit au-dessus d'un autre pour le remplacer. ▷ *Surcharge d'un timbre-poste:* impression surajoutée, modifiant sa valeur. – Déverbal de *surcharger.*

surcharger [syʀʃaʀʒe] v. tr. [1] **1.** Charger de façon excessive. *Surcharger un camion.* ▷ Au pp. *Étagère surchargée de pots de fleurs.* – Fig. *Être surchargé d'impôts, de travail.* **2.** Faire une surcharge à (un texte). *Surcharger une ligne.* ▷ *Timbre surchargé.* – De *sur-,* et *charger.*

surchauffe [syʀʃof] n. f. **1.** PHYS, TECH Action de surchauffer (un liquide, de la vapeur). **2.** ECON Déséquilibre économique provenant d'une expansion mal maîtrisée entraînant une inflation importante. – Déverbal de *surchauffer.*

surchauffé, ée [syʀʃofe] adj. **1.** Trop chaud. *Air surchauffé.* ▷ Trop chauffé (locaux). *Salle surchauffée.* **2.** Fig. Ardent, exalté, enthousiaste. *Un auditoire surchauffé.* – Pp. de *surchauffer.*

surchauffer [syʀʃofe] v. tr. [1] **1.** Chauffer excessivement. **2.** PHYS Porter (un liquide) au-dessus de son point d'ébullition sans qu'il se vaporise. ▷ TECH *Surchauffer de la vapeur,* élever sa température pour augmenter sa tension. – De *sur-,* et *chauffer.*

surchauffeur [syʀʃofœʀ] n. m. TECH Appareil destiné à surchauffer la vapeur. *Surchauffeur des anciennes locomotives à vapeur.* – De *surchauffer.*

surchoix [syʀʃwa] adj. inv. De première qualité. *Entrecôte surchoix.* – De *sur-,* et *choix.*

surclassé, ée [syʀklase] adj. SPORT Qui se mesure à des concurrents d'une classe, d'une catégorie supérieure. – De *sur-*, et pp. de *classer*.

surclasser [syʀklase] v. tr. [1] **1.** SPORT Dominer très nettement (un adversaire), s'imposer en face de lui par une nette supériorité de classe. **2.** (Choses) Être d'une qualité bien supérieure à. *Ce produit surclasse tous les autres.* (Personnes) *Ce peintre surclasse nettement ses contemporains.* – De *sur-*, et *classer*.

surcomposé, ée [syʀkõpoze] adj. GRAM *Temps surcomposé*, formé d'un auxiliaire à un temps composé et du participe passé. (Ex.: *quand j'ai eu terminé...*) – De *sur-*, et *composé*.

surcompression [syʀkõpʀesjõ] n. f. Action de surcomprimer; son résultat. – De *sur-*, et *compression*.

surcomprimé, ée [syʀkõpʀime] adj. Qui subit une surcompression. ▷ *Moteur surcomprimé*, dans lequel le mélange détonant est soumis à la compression maximale. – De *sur-*, et pp. de *comprimer*.

surcomprimer [syʀkõpʀime] v. tr. [1] Comprimer davantage (un gaz déjà comprimé). – De *sur-*, et *comprimer*.

surconsommation [syʀkõsɔmasjõ] n. f. Consommation au-delà des besoins et des possibilités d'un état économique. – De *sur-*, et *consommation*, d'ap. *surproduction*.

surcontre [syʀkõtʀ] n. m. JEU Au bridge, enchère du camp qui maintient son annonce malgré le contre des adversaires. – Déverbal de *surcontrer*.

surcontrer [syʀkõtʀe] v. tr. [1] JEU Opposer un surcontre à (un adversaire qui contre). – De *sur-*, et *contrer*.

surconvertisseur [syʀkõvɛʀtisœʀ] n. m. PHYS NUCL Surrégénérateur* produisant une matière fissile différente de celle qu'il consomme. – De *sur(régénérateur)*, et *convertisseur*.

surcot [syʀko] n. m. HIST Au Moyen Âge, vêtement porté sur la cotte, paletot cintré fermé sur le devant. – De *sur-*, et *cotte*, sens I.

surcouper [syʀkupe] v. tr. [1] JEU Aux cartes, couper avec un atout plus fort que celui avec lequel un autre joueur vient de couper. – De *sur-*, et *couper*.

surcoût [syʀku] n. m. Coût supplémentaire. – De *sur-*, et *coût*.

surcreusement [syʀkʀøzmɑ̃] n. m. GEOL Creusement s'exerçant sur des vallées qui ont déjà subi une érosion. – De *sur-*, et *creusement*.

surcroît [syʀkʀwa] n. m. Ce qui vient s'ajouter à qqch, ce qui vient en plus. *Sa promotion lui a valu un surcroît de travail.* Syn. supplément. ▷ Loc. adv. *De surcroît, par surcroît:* de plus, en outre. – Déverbal de l'anc. v. *surcroître*, «croître au-delà de la mesure ordinaire», de *sur-*, et *croître*.

surdétermination [syʀdetɛʀminasjõ] n. f. **1.** PSYCHO Caractère de ce qui, dans l'ordre psychologique, est déterminé par plusieurs causes à la fois. **2.** PSYCHAN Caractère des productions de l'inconscient (images des rêves, notam.), dont le contenu manifeste renvoie en même temps à plusieurs contenus latents. **3.** LING Restriction du sens d'un terme par un contexte. – De *sur-*, et *détermination*.

surdi-mutité [syʀdimytite] n. f. Didac. État du sourd-muet. – De *surdi(té)*, et *mutité*, d'ap. *sourd-muet*.

surdité [syʀdite] n. f. Affaiblissement ou disparition du sens de l'ouïe, fait d'être sourd. ▷ Par ext. *Surdité psychique* ou *mentale* ou *verbale* ou *agnosie auditive:* impossibilité, due à une lésion cérébrale, d'interpréter correctement les messages sensoriels perçus par l'oreille (et, notam., de comprendre les mots). – Lat. *surditas*.

surdosage [syʀdozaʒ] n. m. MED Dosage abusif. – De *sur-*, et *dosage*.

surdose [syʀdoz] n. f. Absorption d'une trop forte dose de drogue, provoquant d'importants désordres physiologiques (évanouissement, coma, etc.). *Mort par surdose.* – De *sur-*, et *dose*.

surdoué, ée [syʀdwe] adj. et n. *Enfant surdoué*, qui présente un développement intellectuel exceptionnel. ▷ Subst. *Un(e) surdoué(e).* – De *sur-*, et *doué*.

sureau [syʀo] n. m. Arbuste (genre *Sambucus*, fam. caprifoliacées) dont les fleurs, hermaphrodites et regroupées en corymbe, donnent un fruit noir ou rouge et dont le bois renferme un large canal médullaire. – A. fr. *seür*, du lat. *sabucus, sambucus*.

surélévation [syʀelevasjõ] n. f. Action de surélever, fait d'être surélevé; son résultat. – De *surélever*, d'ap. *élévation*.

surélever [syʀelve] v. tr. [19] **1.** Donner plus de hauteur à... *Surélever un bâtiment de deux étages.* **2.** Placer plus haut. *Surélever une lampe.* **3.** (Abstrait) Augmenter de nouveau. *Surélever les cotisations.* – De *sur-*, et *élever*.

sûrement [syʀmɑ̃] adv. **1.** Sans risque. *De l'argent sûrement placé.* **2.** Avec régularité et constance, sans faillir. *Progresser lentement mais sûrement.* **3.** Certainement, selon toute probabilité. *Il arrivera sûrement en retard.* – De *sûr*.

surémission [syʀemisjõ] n. f. FIN Émission excessive de papier-monnaie. – De *sur-*, et *émission*.

suremploi [syʀɑ̃plwa] n. m. ECON Demande de main-d'œuvre supérieure à celle disponible sur le marché. *Le suremploi survient le plus souvent dans des secteurs économiques spécialisés et en expansion.* – De *sur-*, et *emploi*.

surenchère [syʀɑ̃ʃɛʀ] n. f. **1.** Enchère supérieure à la précédente. **2.** Proposition, promesse faite pour renchérir sur celle d'un autre. *La surenchère électorale.* – De *sur-*, et *enchère*.

surenchérir [syʀɑ̃ʃeʀiʀ] v. intr. [2] **1.** Faire une surenchère. **2.** Aller plus loin que les autres (dans une affirmation, etc.). **3.** Devenir plus cher, enchérir de plus belle. – Du préc., d'ap. *enchérir*.

surenchérissement [syʀɑ̃ʃeʀismɑ̃] n. m. Fait de surenchérir; augmentation d'un, des prix. – De *surenchérir*.

surentraînement [syʀɑ̃tʀɛnmɑ̃] n. m. SPORT Entraînement trop poussé (d'un sportif) qui risque d'avoir des effets néfastes sur sa condition physique, sa santé. – De *sur-*, et *entraînement*.

surentraîner [syʀɑ̃tʀene] v. tr. [1] SPORT Soumettre (un sportif) à un surentraînement. – De *sur-*, et *entraîner*.

suréquipement [syʀekipmɑ̃] n. m. Équipement supérieur aux besoins. – De *sur-*, et *équipement*.

suréquiper [syʀekipe] v. tr. [1] Équiper plus qu'il n'est nécessaire. – De *sur-*, et *équiper*.

surestarie [syʀɛstaʀi] n. f. DR MARIT Retard apporté dans le chargement ou le déchargement d'un navire frété. ▷ *Par ext.* Somme que doit verser l'affréteur à l'armateur, en raison de ce retard. – De l'esp. *sobrestaria*, de *sobre*, «sur», et *estar*, «se tenir».

surestimation [syʀɛstimasjõ] n. f. Fait de surestimer; son résultat. – De *surestimer*.

surestimer [syʀɛstime] v. tr. [1] Estimer au-dessus de sa valeur réelle. *Je pense que vous surestimez ce timbre.* – Fig. *Surestimer ses forces.* ▷ v. pron. *Il se surestime.* – De *sur-*, et *estimer*.

suret, ette [syʀɛ, ɛt] adj. Rég. Légèrement sur. *Lait suret.* – Dimin. de *sur* 2.

sûreté [syʀte] n. f. **I. 1.** Fait d'être sûr; caractère d'un lieu où l'on ne risque rien. *Sûreté d'une région.* **2.** Fermeté, efficacité, précision (des gestes, des perceptions sensorielles, etc.). *Sûreté de l'oreille d'un musicien.* ▷ Rigueur, justesse dans l'exercice des facultés intellectuelles, dans les jugements esthétiques, etc. *Je me fie à la sûreté de votre goût. Avoir une grande sûreté de jugement.* **3.** Assurance, garantie donnée à qqn. *Je lui ai donné toutes les sûretés qu'il me demandait.* – DR *Sûreté personnelle:* garantie résultant pour le créancier de l'adjonction à son débiteur d'autres débiteurs, répondant sur leur patrimoine de l'exécution de l'obligation. *Sûreté réelle:* garantie résultant pour le créancier de l'affectation spéciale d'un bien de son débiteur au paiement de la dette. **4.** Rare, sauf dans certains emplois quasi figés et en loc. État de qqn, de qqch, qui ne court aucun risque, qui n'est pas menacé par un danger; sécurité. *Garantir la sûreté des personnes et des biens.* ▷ *De sûreté:* spécialement conçu pour assurer la sûreté. *Épingles de sûreté. Serrure de sûreté. Soupape de sûreté.* ▷ *Une sûreté:* un dispositif de sûreté. *Mettre une sûreté à sa porte. Mettre une arme à la sûreté, en position de sûreté.* **5.** Vx Mesure de précaution. Prov. *Deux sûretés valent mieux qu'une.* **6.** Fait d'être sûr de soi; caractère, état d'une personne sûre d'elle. *Ils montrent une grande sûreté d'eux-mêmes.* **II.** Nom donné à divers corps policiers. *Sûreté du Québec.* – En France, *Sûreté nationale,* devenue Police nationale en 1966. – De *sûr.*

surévaluation [syʀevalɥasjõ] n. f. Fait de surévaluer; son résultat. – De *surévaluer.*

surévaluer [syʀevalɥe] v. tr. [1] Évaluer (qqch) au-delà de sa valeur. *Surévaluer un rendement.* – De *sur-,* et *évaluer.*

surexcitable [syʀɛksitabl] adj. Susceptible d'être surexcité. – De *surexciter.*

surexcitation [syʀɛksitasjõ] n. f. État d'une personne surexcitée, très grand énervement. – De *sur-,* et *excitation.*

surexciter [syʀɛksite] v. tr. [1] Exciter au plus haut point. Syn. enfiévrer, enflammer. *Procès qui surexcite l'opinion.* ▷ Au pp. *Enfant surexcité,* très nerveux, très agité. – De *sur-,* et *exciter.*

surexposer [syʀɛkspoze] v. tr. [1] PHOTO Exposer trop longtemps (une surface sensible). ▷ Au pp. *Photographie surexposée.* – De *sur-,* et *exposer.*

surexposition [syʀɛkspozisjõ] n. f. PHOTO Fait de surexposer; son résultat. – Du préc.

surf [sœʀf] n. m. Anglicisme Sport nautique, d'origine polynésienne, qui consiste à se laisser pousser vers une plage par les rouleaux qui viennent y déferler, en se maintenant en équilibre sur une planche spécialement conçue et façonnée à cet usage. – Abrév. de l'amér. *surf-board,* de *surf,* «ressac», et *board,* «planche».

surfaçage [syʀfasaʒ] n. m. TECH Opération qui consiste à surfacer. – De *surfacer.*

surface [syʀfas] n. f. **1.** Partie extérieure, visible, d'un corps, qui constitue la limite de l'espace qu'il occupe. *La surface de la Terre. Surface brillante d'un meuble.* ▷ *Spécial.* (en loc.) Étendue horizontale qui sépare l'atmosphère d'un volume de liquide. *Bulles qui éclatent à la surface d'un moût en fermentation. Sous-marin qui fait surface,* qui émerge. – Fig. *Il a refait surface après une retraite de plusieurs années:* il est réapparu, on l'a revu après... – CHIM *Agent de surface:* composé chimique (détergent, mouillant, émulsionnant) dont les solutions, même très diluées, modifient, à leur contact, les propriétés des surfaces. **2.** Étendue d'une surface; aire, superficie. *Cet appartement a une surface de 100 m².* *Surface de vente d'un magasin.* ▷ Fig., fam. *Avoir de la surface:* avoir du crédit, de l'influence, une situation sociale importante. **3.** GEOM Ensemble de points de l'espace dont les coordonnées x, y, z sont reliées par une équation de la forme f(x, y, z) = 0. *Une surface n'a que deux dimensions et peut être considérée comme engendrée par le déplacement d'une courbe. Surface réglée,* engendrée par le déplacement d'une droite suivant une loi déterminée (cône, par ex.). – De *sur-,* et *face,* d'ap. le lat. *superficies* (V. superficie).

surfacer [syʀfase] v. tr. et intr. [14] TECH Donner un aspect régulier à une surface, la polir. – De *surface.*

surfaceuse [syʀfasøz] n. f. TECH Machine à surfacer. – De *surfacer.*

surfactant, ante [syʀfaktɑ̃, ɑ̃t] n. m. et adj. CHIM Substance qui augmente les propriétés mouillantes d'un liquide en abaissant la tension superficielle de celui-ci. *Les détergents domestiques sont des surfactants.* – adj. *Produit surfactant.* ▷ PHYSIOL *Surfactant pulmonaire:* matière lipoprotidique qui forme un film mince à la surface des alvéoles pulmonaires et qui assure au tissu pulmonaire l'essentiel de son élasticité, empêchant le plasma sanguin de passer dans les alvéoles. – De *surface,* et *(tensio-)actif.*

surfaire [syʀfɛʀ] v. tr. [9] Litt. Demander un prix trop élevé pour. *Surfaire une marchandise.* ▷ Fig. Surestimer. – De *sur-,* et *faire.*

surfait, aite [syʀfɛ, ɛt] adj. Trop vanté, qui n'est pas à la hauteur de sa réputation. – Pp. du préc.

surfaix [syʀfɛ] n. m. TECH Sangle qui sert à fixer une couverture sur le dos d'un cheval, à attacher une selle ou à retenir une charge sur le dos d'une bête. – De *sur-,* et *faix.*

surfer [sœʀfe] v. intr. [1] Pratiquer le surf. – De *surf.*

surfeur, euse [sœʀfœʀ, øz] n. SPORT Personne qui pratique le surf. – De *surf.*

surfil [syʀfil] n. m. COUT Action de surfiler (sens 1). – De *surfiler.*

surfilage [syʀfilaʒ] n. m. Action de surfiler (sens 1 et 2). – De *surfiler.*

surfiler [syʀfile] v. tr. [1] **1.** COUT Passer un fil sur les bords de (un tissu) pour éviter qu'il ne s'effiloche. *Surfiler une couture.* **2.** TECH Augmenter la torsion d'un fil. – De *sur-,* et *filer.*

surfin, ine [syʀfɛ̃, in] adj. D'une très grande qualité. *Petits pois surfins.* – De *sur-,* et *fin.*

surfondu, ue [syʀfõdy] adj. PHYS En état de surfusion. – De *sur-,* et pp. de *fondre.*

surfusion [syʀfyzjõ] n. f. PHYS État d'un corps qui reste liquide au-delà de sa température de solidification. – De *sur-,* et *fusion.*

surgélation [syʀʒelasjõ] n. f. Opération qui consiste à surgeler. – De *surgeler,* d'ap. *congélation.*

surgelé, ée [syʀʒəle] n. m. et adj. Produit qui a subi la surgélation. *Acheter des surgelés. L'industrie des surgelés.* ▷ Adj. *Légumes surgelés.* – Pp. de *surgeler.*

surgeler [syʀʒəle] v. tr. [20] Congeler à très basse température et en un temps réduit (une denrée périssable). – De *sur-,* et *geler.*

surgénérateur [syʀʒeneʀatœʀ] n. m. Contraction de sur(ré)générateur.

surgeon [syʀʒõ] n. m. ARBOR Rejeton qui naît du collet ou de la souche d'un arbre. – Altér., d'ap. lat. *surgere,* «surgir», de l'a. fr. *sorjon,* de *sourjant,* anc. ppr. de *sourdre.*

surgir [syʀʒiʀ] v. intr. [2] Apparaître brusquement. *Un acteur a surgi des coulisses. Une nouvelle ville a surgi en quelques mois.* ▷ Fig. Se manifester brusquement. *Faire surgir une difficulté, un conflit.* – Lat. *surgere.*

surgissement [syʀʒismɑ̃] n. m. Action de surgir. – Du préc.

surhaussement [syʀosmɑ̃] n. m. Action de surhausser; son résultat. ▷ ARCHI Caractère d'un arc, d'une voûte surhaussés; mesure de la différence entre la moitié de l'ouverture et la flèche. – De *surhausser.*

surhausser [syʀose] v. tr. [1] Rare Surélever. ▷ ARCHI *Surhausser un arc, une voûte,* leur donner une flèche supérieure à la moitié de l'ouverture. ▷ Au pp. *Berceau surhaussé.* – De *sur-,* et *hausser.*

surhomme [syʀɔm] n. m. **1.** PHILO Chez Nietzsche, type d'homme supérieur auquel l'humanité donnera naissance quand elle se développera selon la «volonté de puissance» et que rend possible «la mort de Dieu». **2.** Homme qui dépasse, intellectuellement ou physiquement, la mesure normale de la nature humaine. – De *sur-,* et *homme,* trad. de l'all. *Übermensch.*

surhumain, aine [syʀymɛ̃, ɛn] adj. Au-dessus des forces, des qualités et des aptitudes de l'homme normal. *Effort surhumain. Entreprise surhumaine. Vertu surhumaine.* – De *sur-,* et *humain.*

surimposer [syʀɛ̃poze] v. tr. [1] Frapper d'une majoration d'impôt ou d'un impôt excessif. – De *sur-,* et *imposer.*

surimposition [syʀɛ̃pozisjɔ̃] n. f. Action de surimposer, surcroît d'imposition. – De *sur-,* et *imposition.*

surimpression [syʀɛ̃pʀesjɔ̃] n. f. PHOTO, CINE, VIDEO Opération qui consiste à superposer sur un même support deux ou plusieurs images, pour produire certains effets spéciaux. – De *sur-,* et *impression.*

surinfection [syʀɛ̃fɛksjɔ̃] n. f. MED Infection survenant chez un sujet présentant déjà une maladie infectieuse. – De *sur-,* et *infection.*

surintendance [syʀɛ̃tɑ̃dɑ̃s] n. f. HIST Charge ou résidence d'un surintendant. – De *surintendant.*

surintendant [syʀɛ̃tɑ̃dɑ̃] n. m. HIST Nom de divers officiers chargés de la surveillance d'une administration, sous l'Ancien Régime en France. *Surintendant des Finances:* titre du ministre des Finances, en France, jusqu'en 1661. – Lat. médiév. *superintendens,* de *super,* altéré ensuite en *sur,* et ppr. de *intendere,* «diriger».

surintensité [syʀɛ̃tɑ̃site] n. f. ELECTR Intensité supérieure à l'intensité maximale que peut supporter un appareillage sans être détérioré. – De *sur-,* et *intensité.*

surir [syʀiʀ] v. intr.[19] Devenir sur, aigre. *Le lait a suri.* – De *sur* 2.

surjalé, ée [syʀʒale] adj. MAR *Ancre surjalée,* dont la ligne de mouillage fait un ou plusieurs tours sur le jas. – De *sur-,* et *jas 1.*

surjection [syʀʒɛksjɔ̃] n. f. MATH Application telle que tout élément de l'ensemble d'arrivée est l'image d'au moins un élément de l'ensemble de départ. – De *sur-,* d'ap. *injection, bijection.*

surjective [syʀʒɛktiv] adj. f. MATH *Application surjective :* surjection. – Du préc.

surjet [syʀʒɛ] n. m. COUT Couture qui réunit deux pièces d'étoffe bord à bord, par un point qui les chevauche. *Point de surjet.* – Déverbal de *surjeter.*

surjeter [syʀʒəte] v. tr. [23] COUT Coudre en surjet. – De *sur-,* et *jeter.*

sur-le-champ. V. champ.

surlendemain [syʀlɑ̃d(ə)mɛ̃] n. m. Jour qui suit le lendemain. – De *sur-,* et *lendemain.*

surlier [syʀlje] v. tr. [1] MAR Faire une surliure à (un cordage). – De *sur-,* et *lier.*

surliure [syʀljyʀ] n. f. MAR Enroulement de ligne fine autour de l'extrémité d'un cordage, destiné à éviter que les torons de celui-ci ne se défassent. – De *surlier,* d'ap. *liure.*

surlonge [syʀlɔ̃ʒ] n. f. BOUCH (Coupe nord-amér.) Morceau de bœuf d'excellente qualité pris dans la partie arrière de la longe. *Steak de surlonge.* – (Coupe française) Morceau de l'échine du bœuf (à la hauteur des premières vertèbres dorsales), utilisé pour les pot-au-feu et les ragoûts. – De *sur-,* et *longe* 1.

surmenage [syʀmənaʒ] n. m. Fait d'être surmené, de se surmener. ▷ MED Ensemble des troubles résultant d'un travail excessif de l'organisme. – De *surmener.*

surmener [syʀmene] v. tr. [19] Fatiguer à l'excès. *Surmener une bête. Il surmène ses collaborateurs.* – Au pp. *Homme d'affaires surmené.* ▷ v. pron. *Il se surmène avant ses examens.* – De *sur-,* et *mener.*

surmodelé, ée [syʀmɔdle] adj. ETHNOL Se dit de restes humains, ou de mannequins à forme humaine recouverts d'une substance plastique (argile le plus souvent) modelée à la ressemblance de la personne représentée. *«Crânes surmodelés à la ressemblance faciale du mort»* (J. Guiart). – De *sur-,* et pp. de *modeler.*

surmoi ou **sur-moi** [syʀmwa] n. m. PSYCHAN Élément du psychisme qui se constitue dans l'enfance par identification au modèle parental, et qui exerce un rôle de contrôle et de censure. *Les trois instances de la personnalité sont le ça, le moi et le surmoi.* – De *sur-,* et *moi,* trad. de l'all. *Überich,* de *über,* «sur», et *ich,* «moi».

surmoïque [syʀmɔik] adj. PSYCHAN Du surmoi, qui émane du surmoi. *Le défi surmoïque.* – Du préc.

surmontable [syʀmɔ̃tabl] adj. Qui peut être surmonté. – De *surmonter.*

surmonter [syʀmɔ̃te] v. tr. [1] **1.** Être placé audessus de. *Une statue surmonte la colonne.* **2.** Venir à bout de, triompher de (ce qui fait obstacle). *Surmonter une difficulté.* ▷ Dominer, maîtriser (une sensation, un sentiment, une émotion qui empêche d'agir). *Surmonter sa douleur, son dégoût, sa colère.* – De *sur-,* et *monter.*

surmortalité [syʀmɔʀtalite] n. f. STATIS Mortalité plus importante dans un groupe donné (par rapport à un autre, à d'autres pris comme référence). *La surmortalité masculine.* – De *sur-,* et *mortalité.*

surmulet [syʀmylɛ] n. m. Rouget de roche *(Mullus surmuletus).* – De l'anc. adj. *sor,* «jaune brun», et *mulet* (sens 2).

surmulot [syʀmylo] n. m. Gros rat *(Rattus norvegicus),* originaire d'Asie, commun dans presque toutes les parties du monde, appelé aussi *rat d'égout, rat gris.* – De *sur-,* et *mulot.*

surmultiplication [syʀmyltiplikasjɔ̃] n. f. AUTO Action de surmultiplier. – De *surmultiplier,* d'apr. *multiplication.*

surmultiplier [syʀmyltiplie] v. tr. [15] AUTO Donner à l'arbre de transmission une vitesse supérieure à celle du moteur qui travaille ainsi à un régime plus bas (le véhicule conservant sa rapidité élevée). – De *sur-,* et *multiplier.*

surnager [syʀnaʒe] v. intr. [15] **1.** Se maintenir à la surface d'un liquide. *Il ne restait du navire naufragé que quelques épaves qui surnageaient.* **2.** Fig. Subsister, persister. *De vagues souvenirs surnageaient dans sa mémoire.* – De *sur-,* et *nager.*

surnatalité [syʀnatalite] n. f. Natalité trop forte par rapport aux ressources. – De *sur-,* et *natalité.*

surnaturel, elle [syʀnatyʀɛl] adj. et n. m. **1.** Qui semble échapper aux lois de la nature, se situer au-dessus d'elles. *Une puissance surnaturelle.* – RELIG *Vérités surnaturelles,* que l'on ne peut connaître que par la foi. *Événement surnaturel:* miracle. *Impulsion surnaturelle:* grâce. ▷ N. m. *Le surnaturel:* les phénomènes surnaturels. **2.** Qui ne paraît pas naturel, qui tient du prodige. Syn. extraordinaire. *Une intelligence surnaturelle.* – De *sur-,* et *naturel.*

surnom [syʀnɔ̃] n. m. Nom que l'on donne à une personne en plus de son nom véritable et qui, généralement, rappelle un trait de son aspect physique ou de sa personnalité, ou une circonstance particulière de sa vie. *Une verrue sur le nez valut à Marcus Tullius son surnom de «Cicero»* («pois chiche»; en fr., *Cicéron*). ▷ Cour. Désignation familière, sobriquet. – De *sur-,* et *nom.*

surnombre [syʀnɔ̃bʀ] n. m. Rare Quantité qui dépasse le nombre fixé. ▷ Loc. adv. Cour. *En surnombre:* en excédent, en surplus. *Voyageurs en surnombre.* – De *sur-,* et *nombre.*

surnommer [syʀnɔme] v. tr. [1] Donner un surnom à. *On l'avait surnommé la Ficelle.* – De *sur-,* et *nommer.*

surnuméraire [syʀnymeʀɛʀ] adj. et n. Qui est en surnombre. *Employé surnuméraire.* – Lat. *supernumerarius,* de *super,* «au-dessus, sur», et *numerus,* «nombre».

suroffre [syʀɔfʀ] n. f. Offre renchérissant sur une première offre. – De *sur-,* et *offre.*

suroît [syʀwa] n. m. **1.** Vent du sud-ouest. **2.** Chapeau imperméable qui descend bas sur la nuque. – Du normand *surouet, surouest,* altération de *sud-ouest,* d'ap. *norois* ou *noroît.*

surpassement [syʀpasmɑ̃] n. m. Litt. Action de surpasser, de se surpasser. – De *surpasser.*

surpasser [syʀpase] v. tr. [1] Être supérieur à, l'emporter sur. *Il a nettement surpassé les autres concurrents.* Syn. surclasser. ▷ v. pron. Faire mieux qu'à l'ordinaire. *Il est déjà très amusant d'habitude, mais ce soir, il s'est surpassé.* – De *sur-,* et *passer.*

surpayer [syʀpeje] v. tr. [24] Payer qqn au-delà de ce qui est habituel; acheter qqch. trop cher. *Surpayer un salarié, un travail. Surpayer une denrée alimentaire.* – De *sur-,* et *payer.*

surpeuplé, ée [syʀpœple] adj. Qui souffre de surpopulation. *Région surpeuplée.* ▷ Où il y a trop de monde. *Amphithéâtres surpeuplés.* – De *sur-,* et *peuplé.*

surpeuplement [syʀpœpləmɑ̃] n. m. État d'une région, d'un pays, d'une ville, etc., qui souffre de surpopulation. – De *surpeuplé,* d'ap. *peuplement.*

surpiqûre [syʀpikyʀ] n. f. COUT Piqûre apparente, souvent décorative, sur un tissu ou du cuir. – De *sur-,* et *piqure.*

surplis [syʀpli] n. m. RELIG CATHOL Tunique blanche plissée de toile légère, à manches amples, portée par les prêtres et les enfants de chœur lors des cérémonies religieuses. – Lat. médiév. *superpellicium,* propr. «ce qui est sur la pelisse».

surplomb [syʀplɔ̃] n. m. **1.** CONSTR Partie d'un bâtiment qui dépasse par le sommet la ligne d'aplomb. **2.** *En surplomb:* dont le haut s'avance plus que la base, formant une saillie. *Rocher en surplomb.* – Déverbal de *surplomber.*

surplomber [syʀplɔ̃be] v. [1] **1.** v. intr. CONSTR Former un surplomb. ▷ *Ce mur surplombe,* n'est pas bien d'aplomb, bien vertical. **2.** v. tr. Dominer en formant une saillie au-dessus de. *La falaise surplombe une petite plage.* – De *sur-,* et *plomb.*

surplus [syʀply] n. m. **1.** Ce qui dépasse une quantité fixée. *Vous me paierez le surplus demain.* Syn. excédent. ▷ Stock de produits invendus qui tendent à faire baisser les cours. **2.** Loc. conj. ou adv. *Au surplus:* au reste, d'ailleurs. – De *sur-,* et *plus.*

surpopulation [syʀpɔpylasjɔ̃] n. f. GEOG Population qui surpasse les moyens mis à sa disposition par son niveau de développement, d'équipement et de ressources. – De *sur-,* et *population.*

surprenant, ante [syʀpʀənɑ̃, ɑ̃t] adj. **1.** Qui surprend, qui étonne. *Une aventure surprenante. Il a changé de façon surprenante.* **2.** Étonnant par son importance, remarquable. *Les résultats ont été surprenants.* – Ppr. de *surprendre.*

surprendre [syʀpʀɑ̃dʀ] **I.** v. tr. [74] **1.** Prendre (qqn) sur le fait, le trouver dans un état où il ne s'attendait pas à être vu. *Surprendre un voleur en flagrant délit.* ▷ Découvrir (ce qui était tenu caché, secret). *Surprendre des menées subversives.* **2.** Arriver sur (qqn) inopinément. *L'orage les a surpris à découvert.* ▷ Attaquer à l'improviste. *Des francs-tireurs ont surpris la patrouille.* ▷ Arriver chez (qqn) sans avoir prévenu. *Il nous a surpris alors que nous partions.* **3.** Étonner. *Tu me surprends en disant cela.* ▷ Au pp. *Il resta surpris.* **4.** loc. *Surprendre la confiance, la bonne foi de qqn,* l'abuser, le tromper. **II.** v. pron. *Se surprendre à:* s'apercevoir soudain qu'on est en train de. *Je me suis surpris à parler tout seul.* – De *sur-,* et *prendre.*

surpression [syʀpʀesjɔ̃] n. f. TECH Pression plus élevée que la pression normale. – De *sur-,* et *pression.*

surprise [syʀpʀiz] n. f. **1.** État d'une personne étonnée par qqch d'inattendu. *Une profonde surprise. À la surprise générale.* **2.** Chose qui surprend. *Quelle bonne surprise!* **3.** Loc. adv. *Par surprise:* en prenant au dépourvu. *Il m'a attaqué par surprise.* ▷ Appos. *Grève surprise:* grève sans préavis. **4.** Cadeau, plaisir inattendu. *Faire une surprise à qqn pour sa fête.* ▷ *Pochette-surprise.* V. pochette. – Pp. fém. subst. de *surprendre.*

surprise-partie ou, vieilli, **surprise-party** [syʀpʀiz paʀti] n. f. **1.** Vieilli Partie de plaisir improvisée chez une personne non prévenue, et où chacun apporte à boire et à manger. **2.** Mod. Réunion dansante privée, qui réunit des jeunes gens. *Des surprises-parties.* Syn. (fam., vieilli) surboum. – Angl. *surprise-party.*

surproducteur, trice [syʀpʀɔdyktœʀ, tʀis] adj. Qui produit trop. *Industrie surproductrice.* – De *surproduction,* d'ap. *producteur.*

surproduction [syʀpʀɔdyksjɔ̃] n. f. Production trop forte par rapport aux besoins, aux possibilités d'écoulement sur le marché. *Surproduction agricole.* – De *sur-,* et *production.*

surproduire [syʀpʀɔdɥiʀ] v. tr. [71] Produire en excès. – De *surproduction,* d'ap. *produire.*

surréalisme [syʀ(ʀ)ealism] n. m. Mouvement littéraire et artistique qui se constitua v. 1922-1923 sur la base d'un rejet systématique de toutes les constructions logiques de l'esprit et visant à soustraire au contrôle de la raison les différentes forces psychiques dont l'expression peut contribuer à un renversement libérateur des valeurs sociales, intellectuelles et morales. – De *sur-,* et *réalisme.*

ENCYCL Le surréalisme, qui dérive du mouvement Dada, naquit en 1919 (premier numéro de la revue *Littérature,* fondée et dirigée par Breton, Aragon et Soupault), mais la rupture avec Dada ne se produira officiellement qu'en 1922. En 1924, le *Manifeste du surréalisme* de Breton affirma l'existence du mouvement, fondamentalement défini par référence à l'écriture automatique et à la «toute-puissance du désir». Le surréalisme réunira de nombr. poètes (P. Éluard, B. Péret, R. Crevel, R. Desnos), peintres (M.

Ernst, S. Dali, Y. Tanguy), photographes (Man Ray), cinéastes (L. Buñuel), etc., mais brouilles et scissions se multiplieront; la revue *la Révolution surréaliste* cessa de paraître en 1929. En 1930, dans un deuxième *Manifeste*, Breton flétrit les transfuges et décrivit l'échec du rapprochement entre son mouvement et le parti communiste. En 1938, une exposition internationale rassembla des œuvres venues de quatorze pays; mais c'était le chant du cygne. La guerre, en 1939, dispersa les surréalistes et le mouvement, la paix revenue, apparut comme une survivance.

surréaliste [syʀ(ʀ)ealist] adj. et n. Relatif au surréalisme. *Poème surréaliste. Peinture surréaliste.* ▷ Subst. Artiste appartenant au mouvement surréaliste. – Du préc.

surrection [syʀ(ʀ)ɛksjõ] n. f. GEOL Fait de surgir, de se soulever (pour un sol, un socle, un rocher, etc.). *La surrection de la chaîne alpine.* – Lat. *surrectio*, de *surgere*, «surgir».

surréel, elle [syʀʀeɛl] adj. Litt. Qui se situe au-delà du réel (dans le vocabulaire des surréalistes). ▷ N. m. *Le surréel.* – De *sur-*, et *réel.*

surrégénérateur [syʀʀeʒeneʀatœʀ] n. m. PHYS NUCL Réacteur nucléaire qui produit plus de matière fissile qu'il n'en consomme. Syn. surgénérateur. – De *sur-*, et *régénérateur.*

surrénal, ale, aux [syʀ(ʀ)enal, o] adj. et n. f. Qui est situé au-dessus des reins. *Glandes, capsules surrénales*, ou, n. f., *les surrénales:* glandes à sécrétions internes qui coiffent les reins et dont la partie centrale, la *médullosurrénale**, sécrète l'adrénaline et le cortex, la *corticosurrénale**, des hormones dont certaines jouent un rôle dans le métabolisme des glucides et des protides. – De *sur-*, et *rénal.*

surréservation [syʀ(ʀ)ezɛʀvasjõ] n. f. TRANSP Fait d'enregistrer plus de réservations que de places offertes, en prévision d'éventuelles défections. – De *sur-*, et *réservation.*

sursalaire [syʀsalɛʀ] n. m. ECON Supplément au salaire. – De *sur-*, et *salaire.*

sursaturant, ante [syʀsatyʀɑ̃, ɑ̃t] adj. PHYS Qui produit la sursaturation. *Vapeur sursaturante.* – Ppr. de *sursaturer.*

sursaturation [syʀsatyʀasjõ] n. f. PHYS État d'équilibre métastable d'une solution dans laquelle la substance dissoute, bien qu'en proportion plus élevée que celle qui correspond à la saturation, ne se dépose pas. ▷ État d'une phase gazeuse dans laquelle il ne se produit pas encore de condensation, bien que la pression soit supérieure à celle de la vapeur saturante. – De *sursaturer*, d'ap. *saturation.*

sursaturé, ée [syʀsatyʀe] adj. PHYS En état de sursaturation. *Solution sursaturée.* ▷ Fig. *Sursaturé de:* lassé à l'extrême, excédé de. *Je suis sursaturé de ce travail.* – Pp. de *sursaturer.*

sursaturer [syʀsatyʀe] v. tr. [1] PHYS Provoquer la sursaturation de. – De *sur-*, et *saturer.*

sursaut [syʀso] n. m. **1.** Mouvement brusque du corps occasionné par une sensation subite et violente. ▷ Loc. adv. *En sursaut:* d'un mouvement brusque; avec une soudaineté brutale. *Être réveillé en sursaut.* **2.** Fig. Nouvel élan qui survient brusquement. *Un sursaut d'énergie.* – De *sur-*, et *saut.*

sursauter [syʀsote] v. intr. [1] Avoir un sursaut, tressaillir violemment. *La détonation l'a fait sursauter.* – De *sursaut.*

sursemer [syʀsəme] v. tr. [19] AGRIC Semer (une terre déjà ensemencée). – De *sur-*, et *semer.*

surseoir [syʀswaʀ] v. tr. indir. [44] (N.B. *Surseoir* n'a pas de formes en *-ie* et *-ey*, et garde le *e* de l'infinitif au futur et au conditionnel.) DR *Surseoir à:* remettre à plus tard, différer. *Surseoir à une exécution.* – De *sur-*, et *seoir*, d'ap. le lat. *supersedere*; d'abord «s'abstenir, se dispenser de».

sursis [syʀsi] n. m. **1.** DR *Sursis de peine:* mesure par laquelle le tribunal suspend l'exécution de la sentence imposée à une personne condamnée pour une infraction pénale. – *Sursis de sentence:* mesure par laquelle le tribunal ne prononce pas de sentence contre une personne condamnée, mais se réserve le droit de lui en imposer une si elle ne se conforme pas à l'ordonnance de probation qui accompagne cette mesure. **2.** Délai que l'on obtient avant d'accomplir une chose pénible. *On lui a accordé un mois de sursis avant son licenciement.* – Pp. m. subst. de *surseoir.*

sursitaire [syʀsitɛʀ] adj. et n. Qui a obtenu un sursis. *Condamné sursitaire.* – N. *Un(e) sursitaire.* – De *sursis.*

sursoufflage [syʀsuflaʒ] n. m. METALL Alimentation forcée en air d'un convertisseur, après la combustion du carbone, destinée à déphosphorer l'acier. – De *sur-*, et *soufflage.*

surtaxe [syʀtaks] n. f. Taxe qui s'ajoute à une autre; nouvelle taxe plus forte que la précédente. ▷ *Spécial.* Taxe dont est frappé un envoi postal insuffisamment affranchi. – De *sur-*, et *taxe.*

surtaxer [syʀtakse] v. tr. [1] Frapper d'une surtaxe. – De *sur-*, et *taxer.*

surtension [syʀtɑ̃sjõ] n. f. ELECTR Tension anormalement élevée. – De *sur-*, et *tension.*

1. surtout [syʀtu] adv. **1.** Principalement, plus que toute autre chose. *Il est intelligent, mais surtout très retors.* **2.** (Pour insister sur un ordre, un souhait.) *Il ne faut surtout pas qu'il vienne.* **3.** Loc. conj. (Emploi critiqué.) *Surtout que:* d'autant plus que. *Je préfère rouler de nuit, surtout qu'il fait très chaud dans la journée.* – De *sur-*, et *tout.*

2. surtout [syʀtu] n. m. **1.** Vx Vêtement que l'on passe par-dessus les autres. **2.** Grande pièce de vaisselle ou d'orfèvrerie qui orne le milieu d'une table. – De *sur-*, et *tout*, propr. «ce qui se place par-dessus tout».

surveillance [syʀvɛjɑ̃s] n. f. **1.** Action de surveiller; son résultat. *Exercer une surveillance discrète.* **2.** Fait d'être surveillé, situation d'une personne surveillée. *Être sous surveillance médicale.* – De *surveiller.*

surveillant, ante [syʀvɛjɑ̃, ɑ̃t] n. Personne dont la fonction est de surveiller. *Surveillant des travaux. Surveillant de prison.* ▷ *Spécial.* Personne chargée de surveiller les élèves, de veiller au respect de la discipline, dans un établissement scolaire. – Ppr. de *surveiller.*

surveiller [syʀveje] v. tr. [1] **1.** Observer attentivement pour contrôler, vérifier; observer les faits et gestes de (qqn), pour s'assurer qu'il ne fait rien d'interdit, de dangereux, etc. *Surveiller de jeunes enfants.* **2.** Contrôler, suivre le déroulement de. *Surveiller un travail.* **3.** Veiller à (ce que l'on fait, ce que l'on dit). *Surveiller ses paroles, sa conduite.* ▷ v. pron. *Il n'est jamais naturel, il se surveille trop.* – De *sur-*, et *veiller.*

survenir [syʀvəniʀ] v. intr. [39] **1.** Arriver de façon imprévue, brusquement. *Un orage survint. Un changement est survenu.* ▷ v. impers. *Et s'il survenait qqn, que ferions-nous?* **2.** DR *Survenir à:* s'ajouter à. *Les améliorations survenues à l'immeuble.* – De *sur-*, et *venir.*

survenue [syʀvəny] n. f. Litt. Fait de survenir. *Survenue d'un symptôme.* – Pp. fém. subst. de *survenir.*

survêtement [syʀvɛtmɑ̃] n. m. Vêtement d'étoffe souple et chaude, composé d'un blouson et d'un pantalon, que l'on met par-dessus une tenue de sport légère (short, etc.). – De *sur-*, et *vêtement.*

survie [syʀvi] n. f. **1.** Fait de survivre. *Chances de survie d'un blessé.* **2.** Vie dans l'au-delà, prolongement de l'existence après la mort. *La survie de l'âme.* – De *sur-*, et *vie.*

survirage [syʀviʀaʒ] n. m. AUTO Fait de survirer. – De *survirer.*

survirer [syʀviʀe] v. intr. [1] AUTO Déraper des roues arrière dans un virage, l'axe du véhicule s'orientant vers le centre du virage. Ant. sous-virer. – De *sur-*, et *virer.*

survireur, euse [syʀviʀœʀ, øz] adj. AUTO Qui a tendance à survirer. – De *survirer.*

survivance [syʀvivɑ̃s] n. f. **1.** Litt. Survie. *La survivance de l'âme.* **2.** Persistance de ce que l'évolution sociale, historique, etc., aurait pu faire disparaître. *La survivance d'une vieille coutume.* – De *survivre.*

survivant, ante [syʀvivɑ̃, ɑ̃t] n. (et adj.) Personne qui survit. *Les survivants d'un naufrage.* – Adj. *Les héritiers survivants.* – Ppr. de *survivre.*

survivre [syʀvivʀ] v. [80] **I.** v. tr. indir. *Survivre à.* **1.** (Personnes.) Demeurer en vie après la mort de (qqn), après la disparition, la fin de (qqch). *Survivre à ses enfants. Elle a survécu à l'Empire.* **2.** (Choses.) Rester après la disparition de. *Ses œuvres lui survivront longtemps.* **3.** (Personnes.) Rester en vie après (un événement qui a entraîné de nombreuses morts). *Il a seul survécu à cet accident.* **4.** (Personnes.) Rester en vie après (un événement très éprouvant moralement). *Il n'a pu survivre à son chagrin.* **5.** (Choses.) Résister à ce qui pourrait entraîner une disparition. *La religion a survécu au communisme.* **II.** v. intr. **1.** Continuer à vivre après un événement qui aurait pu entraîner la mort. *Seuls trois passagers ont survécu.* **2.** Vivre dans des conditions difficiles. *Un salaire qui lui permet à peine de survivre.* **III.** v. pron. **1.** *Se survivre dans ses enfants, dans ses œuvres:* laisser après sa mort des enfants, des œuvres qui perpétuent son souvenir. **2.** Continuer à vivre alors qu'on a perdu l'usage de ses facultés. *Comment va-t-il? Il se survit.* – De *sur-*, et *vivre.*

survol [syʀvɔl] n. m. Fait de survoler (sens 1 et 2).. – Déverbal de *survoler.*

survoler [syʀvɔle] v. tr. [1] **1.** Voler au-dessus de. *L'appareil survole actuellement Madrid.* **2.** Fig. Voir rapidement, superficiellement. *Je n'ai pas réellement lu ce chapitre, je l'ai seulement survolé. Survoler un livre, un problème.* – De *sur-*, et *voler.*

survoltage [syʀvɔltaʒ] n. m. ELECTR Dépassement de la tension sous laquelle un appareil doit normalement être alimenté. – De *sur-*, et *voltage.*

survolté, ée [syʀvɔlte] adj. **1.** ELECTR Dont la tension est plus élevée que la normale. **2.** Fig. Très nerveux; surexcité, tendu. *Il est survolté.* – Pp. de *survolter.*

survolter [syʀvɔlte] v. tr. [1] ELECTR Soumettre à une tension supérieure à la normale. – De *survoltage.*

survolteur [syʀvɔltœʀ] n. m. ELECTR **1.** Appareil servant à augmenter une tension. **2.** *Survolteur-dévolteur:* appareil destiné à régulariser une tension soumise à des fluctuations. *Des survolteurs-dévolteurs.* – De *survolter.*

sus [sy(s)] adv. **1.** Vx *Courir sus à l'ennemi*, l'attaquer. **2.** Loc. prép. *En sus de:* en plus de. *Il a touché une prime en sus de son salaire* (adv.: *... son salaire et une prime en sus*). – Du lat. *susum*, var. de *sursum*, «vers le haut».

sus-. Élément, de l'adv. *sus*, avec le sens de «au-dessus» (cf. *susnommé, suspendre*, etc.).

susceptance [sysɛptɑ̃s] n. f. ELECTR Admittance d'un dipôle ne comportant que des inductances et des condensateurs. – Du lat. *susceptum*, supin de *suscipere* (V. susceptible).

susceptibilité [sysɛptibilite] n. f. **1.** Caractère d'une personne qui s'offense facilement. *Vous risquez de froisser sa susceptibilité.* ▷ *Il a une grande susceptibilité d'auteur:* il se montre très susceptible dans le domaine de sa création littéraire. *Vous froissez ma susceptibilité familiale*, celle qui est chez moi propre au domaine familial. **2.** PHYS *Susceptibilité magnétique:* rapport de l'intensité d'aimantation d'une substance à l'intensité du champ magnétisant. – De *susceptible.*

susceptible [sysɛptibl] adj. **I.** (Personnes.) Qui se froisse, s'offense facilement. *Elle est très susceptible.* **II.** *Susceptible de.* **1.** Qui peut présenter (certaines qualités), subir (certaines modifications). *Une affirmation susceptible de plusieurs interprétations.* **2.** (Suivi d'un inf.) Éventuellement capable de. *Est-il susceptible de vous remplacer?* – Bas lat. *susceptibilis*, de *susceptum*, supin de *suscipere*, «prendre par-dessous, subir», de *sub*, «sous», et *capere*, «prendre».

susciter [sysite] v. tr. [1] **1.** Litt. Faire naître (qqn ou qqch de favorable ou de défavorable), déterminer l'existence de. *Susciter des ennemis.* **2.** Faire se produire (qqch de fâcheux). *Susciter un scandale.* **3.** Faire naître dans le cœur, dans l'esprit. *Susciter l'enthousiasme, l'indignation.* – Lat. *suscitare*, de *sub*, «sous», et *citare*, fréquent. de *ciere*, «mouvoir».

suscription [syskʀipsjɔ̃] n. f. Adresse écrite sur le pli extérieur ou l'enveloppe d'une lettre. – Du bas lat. *superscriptio*, «inscription».

suscrire [syskʀiʀ] v. tr. [65] **1.** Vx Écrire au-dessus de la ligne. **2.** Rare. Écrire un nom et une adresse sur une enveloppe. – De *suscription*, d'ap. *écrire.*

susdit, ite [sy(s)di, it] adj. et n. DR ou Didac. Indiqué, cité ci-dessus. – De *sus-*, et *dit.*

sus-dominante [sy(s)dɔminɑ̃t] n. f. MUS Sixième degré de la gamme diatonique (*la* dans la gamme de *do*). – De *sus-*, et *dominante.*

sus-hépatique [syzepatik] adj. ANAT Qui est au-dessus du foie. – De *sus-*, et *hépatique.*

susmentionné, ée [sy(s)mɑ̃sjɔne] adj. Mentionné ci-dessus. – De *sus-*, et *mentionné.*

susnommé, ée [sy(s)nɔme] adj. et n. DR, ADMIN Nommé plus haut. – De *sus-*, et *nommé.*

suspect, ecte [syspɛ, ɛkt] adj. et n. **1.** Qui inspire la méfiance, éveille les soupçons. *Cet homme m'est suspect. Une conduite suspecte.* – *Suspect de:* que l'on soupçonne de. *Cet homme est suspect de trahison.* ▷ Subst. *La police interroge un suspect.* – **2.** D'une qualité douteuse. *Une viande suspecte.* – Lat. *suspectus*, de *suspicere*, «regarder de bas en haut».

suspecter [syspɛkte] v. tr. [1] Soupçonner, tenir pour suspect. *Vous le suspectez à tort.* – De *suspect.*

suspendre [syspɑ̃dʀ] v. [5] **I.** v. tr. **1.** Attacher, fixer par un point de manière à laisser pendre. *Suspendre une lampe au plafond, un vêtement dans une penderie.* **2.** Interrompre momentanément le cours de. *Suspendre ses pas, sa marche. Suspendre des travaux en raison du mauvais temps.* ▷ Différer, remettre à plus tard. *Suspendre une séance, un jugement.* ▷ COMM *Suspendre ses paiements:* se déclarer hors d'état de payer ce qu'on doit aux échéances. **3.** Supprimer, interdire momentanément l'usage, l'exercice, l'action de. *Suspendre une loi. Suspendre un permis de conduire.* **4.** Démettre momentanément d'une fonction, d'une charge. *Suspendre un fonctionnaire.* **II.** v. pron. Se pendre, être suspendu. *Les chauves-souris se suspendent par les pattes pour dormir.* – De *sus-*, et *pendre*, de l'a. fr. *soupendre, souspendre*, «interrompre, arrêter»; lat. *suspendere.*

suspendu, ue [syspɑ̃dy] adj. **1.** Attaché en l'air de manière à pendre. *Jambons suspendus au plafond.* ▷ *Pont suspendu,* dont le tablier ne repose pas sur des piles. – Fig. *Enfants suspendus aux jupes de leur mère.* ▷ Loc. *Être suspendu aux lèvres de qqn,* être attentif à ses paroles. **2.** Situé en hauteur. *Jardin suspendu.* ▷ *Voiture suspendue,* supportée par des ressorts réunissant la caisse aux essieux. *Voiture bien, mal suspendue,* dont la suspension est bonne, mauvaise. **3.** Interrompu. *Travaux suspendus.* – (Personnes.) Privé pour un temps de ses fonctions. *Fonctionnaire suspendu.* – Pp. de *suspendre.*

suspens [syspɑ̃] adj. et n. **1.** adj. m. DR CANON *Prêtre suspens,* frappé de suspense. V. suspense 1. **2.** Loc. adv. *En suspens:* qui n'a pas encore été débattu ou réglé. *Laisser une affaire en suspens.* – Dans l'incertitude, l'indécision. *Tenir son auditoire en suspens.* ▷ En suspension. *Sa vue était troublée par de la fumée en suspens.* – Lat. *suspensus,* pp. de *suspendere.*

1. suspense [syspɑ̃s] n. f. DR CANON Censure frappant un ecclésiastique, le privant de l'exercice de son ministère ou de l'office qui lui a été confié. – A. fr. *souspense,* «suspension de droits».

2. suspense [syspɛns] n. m. Anglicisme Dans un film, un roman, etc., circonstances de l'action amenées et combinées en vue de tenir l'esprit en suspens, dans l'attente anxieuse de ce qui va arriver. *Film à suspense. Ménager un suspense.* – *Par ext.* Attente anxieuse. – Mot angl., du fr. *suspens.*

suspenseur [syspɑ̃sœʀ] adj. et n. **1.** adj. m. ANAT *Ligament suspenseur,* qui soutient. *Ligament suspenseur du foie, de l'ovaire.* **2.** n. m. BOT Ensemble de cellules dont une partie donne la radicule de l'embryon, l'autre partie servant à absorber les substances nécessaires à sa croissance. – Bas lat. *suspensor.*

suspensif, ive [syspɑ̃sif, iv] adj. **1.** DR Qui suspend, qui interrompt le cours de l'exécution d'une décision de justice ou d'un contrat. *Appel suspensif.* **2.** GRAM *Points suspensifs* (vx) ou *de suspension.* V. suspension, sens 7. – Lat. médiév. *suspensivus,* de *suspendere,* «suspendre».

suspension [syspɑ̃sjɔ̃] n. f. **1.** Action de suspendre; état d'une chose suspendue. **2.** Support suspendu au plafond, *spécial.* appareil d'éclairage. **3.** CHIM Dispersion de fines particules dans un liquide. *Particules en suspension.* – Ces particules. *Suspension colloïdale.* **4.** TECH Dispositif situé entre le châssis et les roues d'un véhicule pour atténuer les trépidations dues au contact des roues avec le sol, et pour améliorer la stabilité et la tenue de route de ce véhicule. *Suspension hydraulique.* **5.** Action d'interrompre. *Suspension de séance.* – *Suspension d'armes:* arrêt momentané des combats. – Cessation temporaire d'opération. *Suspension de paiements.* **6.** Fait de retirer ses fonctions (à un agent de la fonction publique). **7.** RHET Figure consistant à tenir l'auditeur en suspens. – GRAM *Points de suspension,* signe de ponctuation (...) marquant une interruption de l'énoncé ou remplaçant l'une de ses parties. – Lat. *suspensio,* «voûte», puis «interruption».

suspensoir [syspɑ̃swaʀ] n. m. CHIR Bandage, dispositif destiné à soutenir un organe (scrotum, testicules, notam.). – Lat. scolast. *suspensorium.*

suspente [syspɑ̃t] n. f. **1.** MAR Anc. Chaîne ou cordage amarré au mât, qui supporte la vergue en son milieu. **2.** AERON Chacun des cordages réunissant la nacelle d'un ballon au filet, ou la voilure d'un parachute au harnais. **3.** TECH Tout élément (câble, barre, poutre, etc.) travaillant en traction verticale. *Les suspentes d'un pont suspendu.* – Altér. de *soupente,* de l'anc. v. *souspendre,* avec infl. de *suspendre.*

suspicieux, ieuse [syspisjø, jøz] adj. Rempli de suspicion. Syn. soupçonneux. – Lat. *suspiciosus.*

suspicion [syspisjɔ̃] n. f. Action, fait de tenir pour suspect. *Il nous tient en suspicion.* Syn. défiance. – Lat. *suspicio,* «soupçon», de *suspicere,* «suspecter».

sustentateur, trice [systɑ̃tatœʀ, tʀis] adj. AVIAT Qui assure la sustentation. – Bas lat. *sustentator,* de *sustentare,* «nourrir».

sustentation [systɑ̃tasjɔ̃] n. f. **1.** Vx Action de sustenter, de nourrir. **2.** Fait de maintenir en équilibre, de soutenir. ▷ AVIAT Fait, pour un appareil, de se soutenir en l'air (grâce à la portance de la voilure, à la poussée verticale de réacteurs) ou au-dessus du sol (véhicules à coussin d'air). ▷ PHYS *Polygone* (ou *base*) *de sustentation:* polygone circonscrit à la surface d'appui d'un corps, à l'intérieur duquel doit se trouver la projection verticale du centre de gravité pour qu'il y ait équilibre. – Lat. *sustentatio.*

sustenter [systɑ̃te] v. tr. [1] Vieilli Soutenir les forces de (qqn) au moyen d'aliments. *Sustenter un malade.* ▷ v. pron. Plaisant. Se nourrir. – Lat. *sustentare,* de *sustinere,* «soutenir».

sus-tonique [sy(s)tɔnik] n. f. MUS Deuxième degré de la gamme diatonique (*ré* dans la gamme de *do*). *Des sus-toniques.* – De *sus-,* et *tonique.*

susurration [sysyʀasjɔ̃] n. f. et **susurrement** [sysyʀmɑ̃] n. m. Action de susurrer; bruit ainsi produit. – Bas lat. *susurratio,* de *susurrare,* «murmurer».

susurrer [sysyʀe] v. [1] v. intr. Parler doucement, à voix basse. ▷ v. tr. *Susurrer un secret à l'oreille de qqn.* Syn. murmurer, chuchoter. – Bas lat. *susurrare,* onomat.

susvisé, ée [sy(s)vize] adj. ADMIN Visé ci-dessus. – De *sus-,* et *visé.*

sutra. V. soutra.

sutural, ale, aux [sytyʀal, o] adj. SC NAT Relatif aux sutures. – De *suture.*

suture [sytyʀ] n. f. **1.** CHIR Réunion à l'aide de fils des lèvres d'une plaie ou des bords d'un organe sectionné. *Points de suture. Suture aux fils, aux agrafes.* **2.** ANAT Articulation immobile dont les pièces osseuses sont réunies par un tissu fibreux (os du crâne). **3.** BOT Ligne de soudure de différentes parties d'un organe ou d'un organisme. *Ligne de suture des carpelles.* ▷ ZOOL *Ligne de suture d'une coquille:* ligne d'insertion des cloisons transversales. – Lat. méd. *sutura,* de *suere,* «coudre».

suturé, ée [sytyʀe] adj. Qui présente une (des) suture(s). – Du préc.

suturer [sytyʀe] v. tr. [1] CHIR Réunir par une suture. *Suturer les lèvres d'une plaie.* Syn. coudre, recoudre. – De *suture.*

suzerain, aine [syzʀɛ̃, ɛn] n. et adj. **1.** n. FEOD Seigneur dont dépendaient des vassaux. **2.** adj. Se dit d'un État qui exerce sur un autre une autorité protectrice. *Puissance suzeraine.* Ant. vassal. – Pour *suserain,* de l'adv. *sus,* «au-dessus», et d'ap. *souverain.*

suzeraineté [syzʀɛnte] n. f. **1.** FEOD Qualité de suzerain; pouvoir de suzerain; territoire sur lequel ce pouvoir s'étendait. **2.** Fig. Pouvoir d'une puissance protectrice sur un État protégé. – Du préc.

svastika ou **swastika** [svastika] n. m. Croix aux branches égales, coudées à angle droit dans le même sens, vers la droite ou vers la gauche, symbole sacré de l'Inde. *Le svastika (branches coudées vers la droite) fut utilisé comme emblème par les nazis.* – Mot sanscrit «de bon augure», de *svasti,* «salut».

svelte [svɛlt] adj. Qui a un aspect mince, élancé, délié. *Taille svelte.* – Ital. *svelto,* de *svellere, svegliere,* «arracher, dégager».

sveltesse [svɛltɛs] n. f. Caractère de ce qui est svelte. *La sveltesse de la ligne.* – Ital. *sveltezza.*

S.V.P. Abrév. de *s'il vous plaît.*

swahili, ie [swaili] ou **souaheli** [swaeli] n. m. et adj. Langue bantoue parlée en Tanzanie (langue nationale) et au Kenya (langue officielle). Adj. *La langue swahilie, qui s'écrivait en caractères arabes, utilise auj. l'alphabet latin.* – De l'arabe *sawāhil,* par l'angl.

swastika. V. svastika.

sweepstake [swipstɛk] n. m. Loterie combinée à une course de chevaux. – Mot angl., de *to sweep,* «enlever, rafler», et *stake,* «enjeu».

swing [swiŋ] n. et adj. **A.** n. SPORT **1.** À la boxe, coup de poing porté latéralement par un mouvement de bras très ample allant de l'extérieur vers l'intérieur. **2.** Au golf, mouvement de balancement du tronc qui accompagne la frappe de la balle. **B.** n. MUS **1.** Traitement du tempo et de l'accentuation propre au jazz, qui confère à cette musique un balancement rythmique caractéristique. **2.** Style de jazz pratiqué dans les années 1930 (opposé à *Nouvelle-Orléans, be-bop, cool*). *Le clarinettiste et chef d'orchestre Benny Goodman fut l'un des plus éminents représentants du swing.* ▷ Musique de danse plus ou moins inspirée de ce style de jazz; danse que l'on dansait sur cette musique, à la mode entre 1940 et 1945. – Mot angl., de *to swing,* «balancer».

sybarite [sibaʀit] adj. et n. Litt. Se dit d'une personne qui mène une vie molle et voluptueuse. Ant. ascète. – Du lat. *sybarita,* gr. *subaritês,* «habitant de Sybaris», ville de la Grèce antique, célèbre pour son luxe et la mollesse de ses habitants.

sybaritique [sibaʀitik] adj. Rare Propre au sybarite. – Lat. *sybariticus.*

sybaritisme [sibaʀitism] n. m. Litt. Mollesse et délicatesse raffinée dans la manière de vivre. – De *sybarite.*

sycomore [sikɔmɔʀ] n. m. Érable *(Acer pseudoplatanus)* à grappes de fleurs jaune verdâtre pendantes. Syn. érable sycomore, faux platane. – Lat. *sycomorus,* mot gr., de *sûkon,* «figue», et *moron,* «mûre».

sycophante [sikɔfɑ̃t] n. m. **1.** ANTIQ Dénonciateur professionnel, à Athènes. **2.** Vieilli, litt. Délateur. ▷ *Par ext.* Homme fourbe. – Lat. *sycophanta,* mot gr., propr. «dénonciateur des voleurs de figues des figuiers consacrés, des exportateurs de figues en contrebande».

sycosis [sikɔzis] n. m. MED Infection cutanée, associée au système pileux, provoquée par des staphylocoques. – Gr. *sukôsis,* «tumeur en forme de figue», de *sûkon,* «figue».

syénite [sjenit] n. f. MINER Roche magmatique grenue dépourvue de quartz cristallisé. – Lat. *syenites,* mot gr. «de Syène» (auj. *Assouan* en Égypte), ville célèbre pour son granite rouge.

syl-. V. syn-.

syllabaire [sillabɛʀ] n. m. Didac. Livre destiné à l'apprentissage de la lecture, présentant les mots décomposés en syllabes. – De *syllabe.*

syllabation [sillabasjɔ̃] n. f. LING Lecture des mots en les divisant par syllabes (par oppos. à *épellation*). – De *syllabe.*

syllabe [sillab] n. f. **1.** Unité phonétique fondamentale qui se prononce d'une seule émission de voix. *Prononcer en détachant toutes les syllabes.* ▷ *Syllabe ouverte,* terminée par une voyelle: [ba]. ▷ *Syllabe fermée,* terminée par une consonne: [baʀ]. **2.** Fig. Mot, parole. *On ne put lui arracher une seule syllabe.* – Lat. *syllaba,* gr. *sullabê,* de *sullambanein,* «rassembler».

syllabique [sillabik] adj. Relatif aux syllabes. ▷ *Écriture syllabique,* dans laquelle chaque syllabe est représentée par un seul caractère. ▷ *Versification syllabique,* dans laquelle le vers (dit *vers syllabique*) se définit par un nombre déterminé de syllabes, indépendant de la quantité longue ou brève de ces syllabes et du nombre d'accents toniques. *La versification française est syllabique.* – Bas lat. gram. *syllabicus,* du class. *syllaba,* «syllabe».

syllabisme [sillabism] n. m. LING Système d'écriture dans lequel la syllabe est représentée par un seul signe. – De *syllabe.*

syllabus [sillabys] n. m. RELIG CATHOL Liste de propositions émanant de l'autorité ecclésiastique. – Partic. *Le Syllabus:* document publié en 1864 par le pape Pie IX et condamnant un certain nombre de thèses et de doctrines contemporaines (naturalisme, rationalisme, etc.). – Mot lat. ecclés. «sommaire, table», altér. de *syllibus,* du gr. *sillubos,* «bande portant le titre d'un volume».

syllepse [sylɛps] n. f. GRAM Accord d'un mot selon le sens plutôt que selon les règles grammaticales. *Syllepse du nombre* (ex.: il est six heures.) *Syllepse du genre* [ex.: *«Charmant objet, vous n'êtes point tombée en de barbares mains»* (Voltaire)]. – Lat. *syllepsis,* gr. *sullêpsis,* «compréhension».

sylleptique [silɛptik] adj. GRAM Relatif à la syllepse. – Du préc.

syllogisme [sillɔʒism] n. m. **1.** LOG Type de déduction formelle telle que, deux propositions étant posées *(majeure, mineure),* on en tire une troisième *(conclusion)* qui est logiquement impliquée par les deux précédentes. (Ex.: *Tous les hommes sont mortels; or, Socrate est un homme; donc Socrate est mortel.*) **2.** Péjor. Raisonnement formel sans rapport avec le réel. – Lat. *syllogismus,* mot gr. «calcul, raisonnement».

syllogistique [sillɔʒistik] adj. et n. LOG **I.** adj. Relatif au syllogisme. *Méthode syllogistique.* **II.** n. f. Partie de la logique traitant du syllogisme. – Lat. *syllogisticus.*

sylphe [silf] n. m. Génie de l'air, dans la mythologie gauloise et germanique. (Cf. elfe.) – Lat. *sylphus,* «génie», p.-ê. orig. gaul.

sylphide [silfid] n. f. **1.** Sylphe féminin. **2.** Fig., litt. Femme très gracieuse. – Fém. de *sylphe.*

sylvain [silvɛ̃] n. m. Génie des forêts dans la mythologie romaine. – Lat. *silvanus,* de *silva,* «forêt».

sylv(i)-. Élément, du lat. *silva,* «forêt».

sylvaner [silvanœʀ] n. m. Cépage blanc d'Alsace et de l'est de la France (également de Suisse, d'Allemagne, etc.). ▷ Vin de ce cépage. – Orig. incon.

sylve [silv] n. f. Poét. Forêt. – A. fr. *silve, selve,* lat. *silva,* «forêt».

sylvestre [silvɛstʀ] adj. Litt. Relatif aux bois, aux forêts. – BOT Qui croît en forêt. *Pin sylvestre.* – Lat. *sylvestris.*

sylvi-. V. sylv(i)-.

sylvicole [silvikɔl] adj. **1.** SC NAT Qui habite les forêts. **2.** Relatif à la sylviculture. – De *sylvi-,* et *-cole.*

sylviculteur, trice [silvikyltœʀ, tʀis] n. Personne qui pratique la sylviculture. – De *sylviculture.*

sylviculture [silvikyltyʀ] n. f. Culture des arbres et arbrisseaux forestiers. – De *sylvi-,* et *culture,* d'après *agriculture.*

sylviidés [silviide] n. m. pl. ZOOL Famille de passériformes au bec fin et au plumage terne dont les fauvettes sont le type. – Du lat. scientif. *Sylvia,* nom de genre de nombr. fauvettes.

sylvine [silvin] ou **sylvite** [silvit] n. f. MINER Chlorure de potassium naturel. – De *Sylvius,* nom latinisé de Jacques *Dubois,* méd. fr. du XVIe.

sylvinite [silvinit] n. f. MINER, AGRIC Mélange de chlorure de potassium et de chlorure de sodium extrait de gisements alsaciens (potasse d'Alsace) et qui sert d'engrais naturel. – De *sylvine*, et *-ite* 2.

sym-. V. syn-.

symbiose [sɛ̃bjoz] n. f. **1.** BIOL Association de deux êtres vivants d'espèces différentes, qui est profitable à chacun d'eux. *Symbiose des champignons et des algues dans les lichens.* **2.** Fig. Union étroite. – Gr. *sumbiôsis*, de *sumbioun*, «vivre ensemble», par l'angl. ou l'all.

symbiote [sɛ̃bjɔt] n. m. BIOL Chacun des êtres vivants associés dans une symbiose. – Gr. *sumbiôtês*.

symbiotique [sɛ̃bjɔtik] adj. BIOL Relatif à la symbiose. – Gr. *sumbiôtikos*.

symbole [sɛ̃bɔl] n. m. **1.** RELIG CATHOL Formulaire contenant les principaux articles de la foi catholique. *Symbole des apôtres, de Nicée.* **2.** Représentation figurée, imagée, concrète d'une notion abstraite. *Le blanc, symbole de pureté.* – Emblème. *Le sceptre, symbole de l'autorité suprême.* **3.** Fig. Personne qui incarne, personnifie (qqch). *Salomon est le symbole d'une certaine justice.* **4.** Signe conventionnel. Partic. ▷ CHIM Lettre ou ensemble de deux lettres désignant un élément chimique. (Ex.: O, l'*oxygène*; Au, l'*or*.) ▷ PHYS, MATH Signe ou ensemble de signes utilisés par convention pour représenter une unité, une grandeur, un opérateur, pour comparer des grandeurs, etc. (Ex.: V., le *volt*; Pa, le *pascal*; ×, signe de la multiplication, etc.) ▷ TECH *Symboles graphiques:* signes utilisés pour faciliter la représentation de machines, d'organes, etc. – Lat. chrét. *symbolum*, «symbole de foi», du class. *symbolus*, «signe de reconnaissance», du gr. *sumbolon*, d'abord «morceau d'un objet partagé entre deux personnes pour servir entre elles de signe de reconnaissance».

symbolique [sɛ̃bɔlik] adj. et n. **I.** adj. **1.** Qui constitue un symbole, qui en présente les caractères. *Représentation symbolique.* **2.** Qui n'a de valeur que par ce qu'il exprime, ce à quoi il renvoie. *Geste symbolique.* **II.** n. f. **1.** Ensemble des symboles propres à une religion, une culture, une époque, un système, etc. *La symbolique bouddhique.* **2.** Science des symboles. – Bas lat. *symbolicus*.

symboliquement [sɛ̃bɔlikmɑ̃] adv. De manière symbolique. – Du préc.

symbolisation [sɛ̃bɔlizasjɔ̃] n. f. Action de symboliser. – De *symboliser*.

symboliser [sɛ̃bɔlize] v. tr. [1] **1.** Représenter par des symboles. **2.** Être le symbole de. *La brebis symbolise la patience.* – Lat. médiév. *symbolizare*, sur le moyen fr. *symbole*.

symbolisme [sɛ̃bɔlism] n. m. **1.** Système de symboles destinés à rappeler des faits ou à exprimer des croyances. **2.** LITTER Mouvement littéraire de la fin du XIXe s. – De *symbole*.

symboliste [sɛ̃bɔlist] adj. et n. **1.** Relatif au symbolisme. *Poème symboliste.* **2.** Partisan du symbolisme. ▷ N. *Les symbolistes.* – Du préc.

symétrie [simetʀi] n. f. **1.** Vx Disposition harmonieuse des différentes parties d'une construction. **2.** Litt. Régularité et harmonie dans l'ordonnance des parties d'un tout, ou dans la disposition d'éléments concourant à donner une impression d'ensemble. *Tableaux disposés avec symétrie.* **3.** Similitude plus ou moins complète des deux moitiés d'un espace (surface ou volume), de part et d'autre d'un axe ou d'un plan; répétition régulière de la même disposition d'éléments autour d'un centre. *La symétrie des jardins à la française. Symétrie du corps humain.* – SC NAT *Symétrie rayonnée des fleurs actinomorphes, des astéries.* ▷ MATH Correspondance point à point de deux figures, telle que les points correspondants de l'une et de l'autre soient à égale distance de part et d'autre d'un point, d'un axe ou d'un plan (dits *point, axe, plan de symétrie*). – Lat. *symmetria*, mot gr.

symétrique [simetʀik] adj. **1.** Qui présente une certaine symétrie (sens 1 et 2). *Bâtiment, visage symétrique.* **2.** Qui est disposé de manière à former une symétrie; qui possède un axe ou un plan de symétrie. *Parterres symétriques.* ▷ *Symétrique de:* qui forme une symétrie avec (un élément homologue). *Ce bâtiment est symétrique* (ou, n. m., *le symétrique*) *de l'autre.* **3.** MATH *Relation symétrique R*, telle que, pour tout couple (x, y), $x R y = y R x$. – Du préc.

symétriquement [simetʀikmɑ̃] adv. Avec symétrie. – Du préc.

symétrisable [simetʀizabl] adj. MATH Qualifie un élément x d'un ensemble muni d'une loi de composition interne notée ⊥ et possédant un élément neutre e, si l'on peut trouver un élément y, appelé *symétrique* de x, tel que $x \perp y = y \perp x = e$. (Ex.: -5 a pour symétrique $+5$ dans le cas de l'addition, car $-5 + 5 = 0$; $+5$ a pour symétrique $\frac{1}{5}$, dans le cas de la multiplication, car $5 \times \frac{1}{5} = 1$.) – De *symétrique*.

sympathectomie [sɛ̃patɛktɔmi] n. f. CHIR Section de nerfs ou de ganglions sympathiques pratiquée à des fins thérapeutiques. – De *sympath(ique)*, et *-ectomie*.

sympathie [sɛ̃pati] n. f. **1.** Part que l'on prend aux peines et aux plaisirs d'autrui. *Croyez à toute ma sympathie* (formule de politesse). **2.** Sentiment spontané d'attraction à l'égard de qqn. *Éprouver une vive sympathie pour qqn.* Syn. attirance, inclination, penchant. Ant. antipathie. **3.** Approbation, bienveillance à l'égard de qqn, de qqch. *Cette doctrine a toutes mes sympathies.* **4.** Vx Rapport de concordance que certaines choses ont entre elles. *Il y a une sympathie naturelle entre certains sons et les émotions de notre âme.* Syn. affinité, correspondance. – Lat. *sympathia*, «fait d'éprouver les mêmes sentiments», gr. *sumpatheia*, «participation à la souffrance d'autrui».

sympathique [sɛ̃patik] adj. (et n. m.) **I.** Qui détermine, qui inspire la sympathie; qui plaît. *Personne sympathique.* – (Choses.) Fam. Très agréable. *Endroit sympathique.* (Abrév. fam. *sympa.*) **II. 1.** Vx Qui opère par sympathie à distance. ▷ *Encre sympathique:* encre incolore qui ne noircit que sous l'action de la chaleur ou de certains réactifs. **2.** MED Se dit d'affections dues au retentissement des troubles morbides d'un organe sur un ou plusieurs autres. ▷ *Ophtalmie sympathique* : inflammation d'un œil sain survenant à la suite d'une lésion de l'autre œil. **3.** ANAT, PHYSIOL *Système nerveux sympathique* ou *végétatif.* Partie du système nerveux dont dépendent les fonctions végétatives. ▷ N. m. *Le sympathique.* V. aussi parasympathique et encycl. nerf. ▷ *Nerf sympathique:* du système sympathique. – Du préc.

sympathiquement [sɛ̃patikmɑ̃] adv. D'une manière sympathique. – Du préc.

sympathisant, ante [sɛ̃patizɑ̃, ɑ̃t] adj. et n. Qui, sans adhérer à un parti, en partage les idées. – Ppr. de *sympathiser*.

sympathiser [sɛ̃patize] v. intr. [1] Éprouver une sympathie réciproque; s'entendre. *Ces personnes ne sympathisent pas. Sympathiser avec qqn.* – De *sympathie*.

sympatholytique [sɛ̃patɔlitik] n. m. PHARM Substance exerçant une action inhibitrice sur le système nerveux sympathique. – De *sympath(ique)*, et *-lytique*.

sympathomimétique [sɛ̃patɔmimetik] n. m. PHARM Substance ayant une action stimulante sur le système sympathique ou capable de reproduire l'action des médiateurs chimiques de ce système. – De *sympath(ique)* et *mimétique*.

symphonie [sɛ̃fɔni] n. f. MUS **1.** Vx Accord consonant. **2.** Anc. Morceau de musique ancienne (XVIIe – déb. XVIIIe s.) composé pour des instruments concertants. (On dit aussi *ouverture française* ou *sinfonia.*) ▷ Mod. Composition pour un grand orchestre. **3.** Fig., cour. Ensemble harmonieux. *Symphonie de couleurs.* – Lat. *symphonia*, du gr. *sumphônia*, «accord, ensemble de sons»; d'abord «instrument de musique».

ENCYCL Le terme de symphonie ne désigna, jusqu'au milieu du XVIIIe s., qu'une pièce instrumentale. Vers 1750, la symphonie s'organisa selon le même processus que la sonate; à ce titre, on peut la considérer comme une véritable sonate pour orchestre dont la coupe classique en plusieurs mouvements est la suivante: allegro; adagio, largo ou andante; menuet ou scherzo; finale.

symphonique [sɛ̃fɔnik] adj. Qui se rapporte à la symphonie. *Concert symphonique.* – Du préc.

symphoniste [sɛ̃fɔnist] n. **1.** Compositeur de symphonies. **2.** Exécutant d'une symphonie. – De *symphonie*.

symphorine [sɛ̃fɔʀin] n. f. BOT Arbuste ornemental (*Symphoricarpus racemosus*, fam. caprifoliacées), originaire d'Amérique du N., aux grosses baies sphériques blanches. – Du lat. bot. *symphoricarpus*, du gr. *sumphoros*, «qui accompagne».

symphyse [sɛ̃fiz] n. f. **1.** ANAT Articulation fibreuse peu mobile réunissant deux os. *Symphyse pubienne.* **2.** MED Adhérence pathologique des deux feuillets d'une séreuse. – Gr. *sumphusis*, «union, cohésion».

symposium [sɛ̃pɔzjɔm] n. m. **1.** ANTIQ GR Seconde partie d'un repas, au cours de laquelle les convives buvaient. **2.** Mod. Réunion d'étude, congrès, où différents spécialistes traitent un même sujet. *Des symposiums.* – Mot lat., du gr. *sumposion*, «banquet».

symptomatique [sɛ̃ptɔmatik] adj. **1.** MED Relatif aux symptômes; qui évoque ou accompagne une maladie. ▷ *Médecine symptomatique*, qui vise les symptômes d'une maladie et non les causes. **2.** Fig. Qui est l'indice, le signe de qqch. – Lat. *symptomaticus*, du gr.

symptomatologie [sɛ̃ptɔmatɔlɔʒi] n. f. MED Étude des symptômes, des signes cliniques des maladies. Syn. sémiologie. – De *symptôme*, et *-logie*.

symptôme [sɛ̃ptom] n. m. **1.** Manifestation pathologique décrite par le malade ou observée par le médecin. *Présenter des symptômes de pleurésie.* **2.** Fig. Indice, présage, signe. *Les symptômes d'une révolution.* – Lat. méd. *symptoma*, gr. *sumptôma*.

syn-, syl-, sym-. Éléments, du gr. *sun*, «avec».

synagogue [sinagɔg] n. f. **1.** Lieu de prière et de réunion des juifs. **2.** Didac. Ensemble de la communauté religieuse juive. *L'Église et la Synagogue.* ▷ ANTIQ Communauté juive d'une localité, d'une ville ou d'un quartier. – Lat. chrét. *synagoga*, gr. *sunagôgê*, «assemblée, réunion».

synalèphe [sinalɛf] n. f. GRAM Réunion de deux syllabes en une seule dans la prononciation. (Ex.: *quelqu'un*, pour *quelque un.*) – Lat. gram. *synalœpha*, gr. *sunaloiphê*, «fusion».

synallagmatique [sinalagmatik] adj. DR Se dit d'un contrat qui contient une obligation réciproque entre les parties. Ant. unilatéral. – Gr. *sunallagmatikos*, de *sunallagma*, «contrat».

synanthéré, ée [sinɑ̃teʀe] adj. et n. BOT Se dit des fleurs dont les étamines sont soudées par leurs anthères. ▷ N. f. pl. Vx Syn. de *composées*. – De *syn-*, et *anthère*.

synapse [sinaps] n. f. BIOL Zone de contact entre deux cellules nerveuses (neurones). *C'est au niveau des synapses qu'est polarisée la conduction de l'influx nerveux.* V. encycl. nerf. – Gr. *sunapsis*, «liaison, point de jonction»; angl. *synapsis*.

synarchie [sinaʀʃi] n. f. Didac. Gouvernement simultané de plusieurs chefs qui administrent chacun une partie d'un État. – Autorité détenue par plusieurs personnes à la fois. – Gr. *sunarkhia*.

synarthrose [sinaʀtʀoz] n. f. ANAT Articulation fixe entre deux os. – Gr. *sunarthrôsis*, de *arthron*, «articulation».

synchrocyclotron [sɛ̃kʀosiklɔtʀɔ̃] n. m. PHYS NUCL Accélérateur circulaire de particules dérivé du cyclotron, dans lequel la fréquence de la tension accélératrice, au lieu de rester constante, est adaptée à la période de rotation. – De *synchro(ne)*, et *cyclotron*.

synchromisme [sɛ̃kʀomism] n. m. BX-A Mouvement d'art abstrait, fondé à Paris en 1912-1913 par les peintres américains MacDonald Wright et Morgan Russell. *Le synchromisme procède pour une large part de l'orphisme* de R. Delaunay.* – De *syn-*, et gr. *khrôma*, «couleur».

synchrone [sɛ̃kʀon] adj. Qui se fait dans le même temps, ou à des intervalles de temps égaux. *Oscillations synchrones de deux pendules.* ▷ ELECTR *Moteur synchrone:* moteur dont la vitesse de rotation est telle qu'il tourne en synchronisme avec la fréquence du courant. – Gr. *sugkhronos*; lat. tardif *synchronus*, «contemporain».

synchronie [sɛ̃kʀɔni] n. f. LING Ensemble des faits qui concernent un système linguistique donné à une époque précise (opposé à *diachronie*). – Du préc.

synchronique [sɛ̃kʀɔnik] adj. Qui étudie des événements, des faits qui se sont produits au même moment dans des lieux différents. ▷ LING *Linguistique synchronique*, qui étudie un système linguistique à un moment donné sans tenir compte de son évolution dans le temps. Ant. diachronique. – De *synchrone*.

synchronisation [sɛ̃kʀɔnizasjɔ̃] n. f. Fait de synchroniser, ou d'être synchronisé. – AUDIOV *Synchronisation d'un film:* synchronisation du son avec les images. ▷ *Par ext.* Service qui s'occupe de la synchronisation. Abrév. fam. *Synchro.* – De *synchroniser*.

synchronisé, ée [sɛ̃kʀɔnize] adj. Qui a lieu au même moment. *Mouvements synchronisés de deux personnes.* ▷ AUTO *Vitesses synchronisées*, munies d'un dispositif qui rend progressif le couplage des engrenages. – Pp. de *synchroniser*.

synchroniser [sɛ̃kʀɔnize] v. tr. [1] **1.** Rendre synchrones (des phénomènes physiques). *Synchroniser des oscillations périodiques.* ▷ AUDIOV Rendre synchrones la bande des images et la piste sonore d'un film. **2.** Faire accomplir en même temps par plusieurs groupes de personnes (la même action, ou des actions successives). *Synchroniser un défilé.* – De *synchrone*.

synchroniseur, euse [sɛ̃kʀɔnizœʀ, øz] n. **I.** n. m. **1.** ELECTR Dispositif permettant de coupler automatiquement deux alternateurs au moment du synchronisme. **2.** AUTO Dispositif de vitesses synchronisées. Abrév. fam. *Synchro.* **II.** n. f. AUDIOV Appareil qui sert à synchroniser l'image et le son. – De *synchroniser*.

synchronisme [sɛ̃kʀɔnism] n. m. **1.** TECH Qualité de ce qui est synchrone. *Synchronisme de deux pendules.* ▷ ELECTR Égalité de fréquence de deux grandeurs sinusoïdales. *Vitesse de synchronisme.* **2.** Caractère d'événements qui se produisent en même temps. – Gr. *sugkhronismos*.

synchrotron [sɛ̃kʀotʀɔ̃] n. m. PHYS NUCL **1.** Accélérateur de particules circulaire, dérivé du synchrocyclotron*, dans lequel les particules sont accélérées par un champ électrique de fréquence variable et sont maintenues dans une trajectoire circulaire par un champ magnétique. *Le synchrotron communique aux protons une vitesse proche de celle de la lumière.* **2.** Appos. *Rayonnement synchrotron:* rayonnement électromagnétique produit par des électrons qui se déplacent à grande vitesse dans un champ magnétique. – De *synchro(ne)*, et de *(cyclo)tron*.

synclinal, ale, aux [sɛ̃klinal, o] n. et adj. GEOL **1.** n. m. Partie concave d'un pli simple (opposé à *anticlinal*). **2.** adj. Relatif à un synclinal. – Mot angl., du gr. *sun*, «avec», et *klinein*, «incliner, plier».

syncopal, ale, aux [sɛ̃kɔpal, o] adj. MED Relatif à une syncope. – Accompagné de syncopes. – De *syncope*.

syncope [sɛ̃kɔp] n. f. **1.** Suspension subite ou ralentissement des battements du cœur, avec perte de connaissance et interruption plus ou moins complète de la respiration. **2.** MUS Élément sonore accentué sur un temps faible de la mesure, et prolongé sur un temps fort. – Lat. *syncopa*, gr. *sugkopê*, de *sugkoptein*, «briser».

syncopé, ée [sɛ̃kɔpe] adj. *Musique syncopée*, caractérisée par l'usage fréquent de la syncope. – Pp. de *syncoper*.

syncoper [sɛ̃kɔpe] v. [1] MUS **1.** v. tr. Unir en formant une syncope (une note à la suivante). *Syncoper une note.* **2.** v. intr. Former une syncope. *Une note qui syncope.* – De *syncope*.

syncrétique [sɛ̃kʀetik] adj. Didac. Relatif au syncrétisme (sens 1 et 2). – De *syncrétisme*.

syncrétisme [sɛ̃kʀetism] n. m. **1.** Didac. Combinaison de plusieurs systèmes de pensée. *Syncrétisme religieux.* ▷ ETHNOL Fusion de plusieurs éléments culturels hétérogènes. **2.** PSYCHO Perception globale et confuse, dont les éléments hétérogènes ne sont pas distingués en tant que tels. – Gr. *sugkrêtismos*, «union des Crétois», lesquels avaient chez les Anciens Grecs, une réputation de fourberie et de fausseté.

syncrétiste [sɛ̃kʀetist] adj. et n. Didac. Relatif au syncrétisme (sens 1). ▷ N. m. Partisan d'un syncrétisme (sens 1). – De *syncrétisme*.

syndactyle [sɛ̃daktil] adj. MED Qui présente une syndactylie. – De *syn-*, et *dactyle*.

syndactylie [sɛ̃daktili] n. f. MED Malformation congénitale consistant en une soudure de deux ou de plusieurs doigts ou orteils. – De *syn-*, et *dactyle*.

synderme [sɛ̃dɛʀm] n. m. TECH Substance imitant le cuir, obtenue par agglomération de fibres de cuir liées par un latex. – De *syn(thétique)*, et gr. *derma*, «peau».

syndic [sɛ̃dik] n. m. Auxiliaire de justice qui, à titre de représentant de l'ensemble des créanciers, est chargé d'administrer les biens d'un débiteur en faillite et de procéder à leur liquidation. – Du gr. *sundikos*, «celui qui assiste qqn en justice»; lat. tardif *syndicus*.

syndical, ale, aux [sɛ̃dikal, o] adj. **1.** Relatif à un syndicat de salariés. *Revendications syndicales.* **2.** Relatif à un syndicat (sens 2). *Association syndicale de propriétaires.* – De *syndic*.

syndicalisable [sɛ̃dikalizabl] adj. Susceptible d'être syndicalisé, de faire partie d'un syndicat. – De *syndicaliser*.

syndicalisation [sɛ̃dikalizasjɔ̃] n. f. Pénétration syndicale au sein d'un groupe, d'une profession, etc. *La syndicalisation de l'industrie du vêtement.* – De *syndicaliser*.

syndicaliser [sɛ̃dikalize] v. tr. [1] Recruter des membres pour un syndicat; organiser en syndicat. – De *syndical*.

syndicalisme [sɛ̃dikalism] n. m. **1.** Activité des syndicats de salariés. – Doctrine sociale, politique de ces syndicats. **2.** Fait de militer dans un syndicat de salariés. *Faire du syndicalisme.* – Du préc.

syndicaliste [sɛ̃dikalist] n. et adj. Personne qui milite dans un syndicat de salariés. ▷ Adj. Relatif au syndicalisme. *Mouvement syndicaliste.* – De *syndicalisme*.

syndicat [sɛ̃dika] n. m. **1.** Association de personnes ayant pour but la protection d'intérêts communs, spécialement dans le domaine professionnel. *Syndicat ouvrier.* ▷ Spécial. *Les syndicats:* les syndicats de salariés. **2.** Association ayant pour but de gérer, de défendre des intérêts communs à plusieurs personnes ou plusieurs groupes. *Syndicat financier:* groupement de personnes physiques ou morales qui étudient ou réalisent une opération financière (création d'une société, placement de titres, etc.). ▷ (France) *Syndicat d'initiative:* organisme chargé des problèmes du tourisme dans un village, une région; bureau d'information de cet organisme. – De *syndic*.

syndicataire [sɛ̃dikatɛʀ] adj. Qui concerne un syndicat de propriétaires ou un syndicat financier. ▷ Subst. Membre d'un tel syndicat. – De *syndicat*.

syndication [sɛ̃dikasjɔ̃] n. f. FIN Technique bancaire de regroupement de diverses banques engagées dans des opérations financières importantes, à l'occasion d'emission de titres, notam., de manière à diminuer les risques courus par chacun de ces établissements. – De *syndicat*.

syndiqué, ée [sɛ̃dike] adj. et n. Qui appartient à un syndicat de salariés. – Pp. de *syndiquer*.

syndiquer [sɛ̃dike] v. tr. [11] **1.** Organiser (une profession, des personnes) en syndicat. **2.** v. pron. Se réunir en syndicat. ▷ S'inscrire à un syndicat. – De *syndic*.

syndrome [sɛ̃dʀom] n. m. MED Ensemble de signes, de symptômes qui appartiennent à une entité clinique, mais dont les causes peuvent être diverses. – Gr. *sundromê*, «réunion».

synecdoque [sinɛkdɔk] n. f. RHET Figure consistant à prendre la partie pour le tout (ex.: *un toit* pour *une maison*), la matière pour l'objet (ex.: *une fourrure* pour *un manteau de fourrure*), le contenant pour le contenu (ex.: *boire un verre*), etc. – Du lat. *synecdoche*, gr. *sunekdokhê*, «compréhension simultanée».

synérèse [sineʀɛz] n. f. PHON Réunion en une seule syllabe de deux voyelles qui se suivent dans un mot. (Ex.: miel [mjɛl]). Ant. diérèse. – Du lat. *synæresis*, gr. *sunairesis*, «rapprochement».

synergie [sinɛʀʒi] n. f. Didac Ensemble d'éléments, matériels ou non, qui forment un tout organisé et concourent au même résultat. – *Spécial.* MED Association de plusieurs organes, de plusieurs substances dans l'accomplissement d'une fonction. – Gr. *sunergia*, «coopération».

synergique [sinɛʀʒik] adj. Didac. Relatif à la synergie. *Muscles synergiques.* – Du préc.

synesthésie [sinɛstezi] n. f. MED Trouble sensoriel caractérisé par la perception supplémentaire d'un stimulus dans une région du corps autre que celle sur laquelle le stimulus agit. – Gr. *sunaisthêsis*, «perception simultanée».

syngnathe [sɛ̃gnat] n. m. ZOOL Poisson marin (genre *Syngnathus*) au corps long et grêle, au museau allongé. Syn. aiguille de mer. – Gr. *sun*, «avec», et *gnathos*, «mâchoire»; lat. savant *syngnatus*.

synodal, ale, aux [sinɔdal, o] adj. RELIG Qui a rapport à un synode. *Réunion synodale.* – Bas lat. ecclés. *synodalis.*

synode [sinɔd] n. m. Assemblée religieuse. **1.** RELIG CATHOL *Synode diocésain:* assemblée d'ecclésiastiques réunie par un évêque. ▷ *Synode des évêques:* organisme central de l'Église catholique, créé par Paul VI en 1965. **2.** Réunion de pasteurs et de laïcs protestants. **3.** *Synode israélite:* conseil composé de rabbins et de laïcs. **4.** *Saint-Synode:* conseil suprême de l'Église russe orthodoxe. – Gr. *sunodos,* «assemblée»; lat. *synodus.*

synodique [sinɔdik] adj. et n. m. **1.** RELIG CATHOL Qui émane d'un synode. *Lettre synodique.* ▷ N. m. Ouvrage où sont écrites les décisions des synodes. **2.** ASTRO *Révolution synodique:* durée comprise entre deux passages consécutifs d'une planète ou d'un satellite à un même point (fixe par rapport au Soleil). ▷ *Mois synodique:* durée d'une révolution synodique de la Lune, comprise entre deux nouvelles lunes (29,5 jours). ▷ *Année synodique:* temps que la Terre met pour se retrouver à la longitude d'une planète déterminée. – Gr. *sunodikos,* lat. *synodicus.*

synonyme [sinɔnim] adj. et n. **1.** adj. Qui a un sens identique, ou très voisin, au moins dans certains emplois. *Mots, expressions synonymes. «Captif» est synonyme de «prisonnier».* ▷ Fig. *Être synonyme de:* signifier, impliquer. *Pour lui, le bord de la mer est synonyme de vacances.* **2.** n. m. Mot qui a approximativement le même sens qu'un autre dans un même système linguistique. – Lat. gram. *synonymus,* du gr.

synonymie [sinɔnimi] n. f. Relation qui existe entre deux synonymes. – Fait linguistique que constitue l'existence des synonymes. – Lat. gram. *synonymia,* gr. *sunônumia.*

synonymique [sinɔnimik] adj. Didac. Relatif à la synonymie. – De *synonymie.*

synopse [sinɔps] n. f. Didac. Recueil des évangiles présentés de manière parallèle de manière à faire apparaitre les concordances. – Du gr. *sunopsis;* v. synopsis.

synopsis [sinɔpsis] n. **1.** n. f. Didac. Vue d'ensemble d'une science ou de l'un de ses chapitres. **2.** n. m. AUDIOV Récit bref constituant le schéma d'un scénario. – Gr. *sunopsis.*

synoptique [sinɔptik] adj. **1.** Qui permet de saisir d'un seul coup d'œil les diverses parties d'un ensemble. *Tableau synoptique.* **2.** RELIG *Évangiles synoptiques:* les trois évangiles (de Luc, Marc et Matthieu) qui présentent les plus grandes concordances dans la relation de la vie de Jésus. – Gr. *sunoptikos,* «qui embrasse d'un seul coup d'œil».

synovial, ale, aux [sinɔvjal, o] adj. et n. f. Relatif à la synovie. ▷ *Membrane synoviale:* membrane séreuse tapissant l'intérieur des capsules articulaires. ▷ N. f. *La synoviale.* – De *synovie.*

synovie [sinɔvi] n. f. Liquide sécrété par la membrane synoviale, qui a un rôle de lubrifiant. *Épanchement de synovie:* hydarthrose*. – Lat. mod. *synovia,* d'orig. incon.

synovite [sinɔvit] n. f. MED Inflammation d'une membrane synoviale. – De *synovie.*

syntacticien, ienne [sɛ̃taktisjɛ̃, jɛn] n. Didac. Spécialiste de la syntaxe. – De *syntactique.*

1. syntactique [sɛ̃taktik] adj. Syn. de *syntaxique.* – Gr. *suntaktikos.*

2. syntactique [sɛ̃taktik] n. f. LOG Syntagmatique logique. – Mot allemand, du gr.; V. syntactique 1.

syntagmatique [sɛ̃tagmatik] adj. et n. f. LING Relatif au syntagme, à la succession des mots dans le discours (s'oppose à *paradigmatique*). ▷ N. f. *La syntagmatique:* l'étude des syntagmes. – De *syntagme.*

syntagme [sɛ̃tagm] n. m. LING Groupe de mots qui se suivent et forment une unité fonctionnelle (et sémantique) dans une phrase. *Syntagme verbal, nominal.* – Du gr. *suntagma,* «ordre, disposition».

syntaxe [sɛ̃taks] n. f. **1.** Partie de la grammaire qui étudie les règles régissant les relations entre les mots ou les syntagmes à l'intérieur d'une phrase. **2.** Étude descriptive des relations qui existent entre les mots, les syntagmes, et de leurs fonctions dans la phrase. **3.** Ouvrage qui traite des relations entre les mots dans le discours. – Lat. gram. *syntaxis,* mot gr., de *sun,* «avec», et *taxis,* «ordre».

syntaxique [sɛ̃taksik] adj. Qui a rapport à la syntaxe, à la construction des phrases. – De *syntaxe.*

synthèse [sɛ̃tɛz] n. f. **1.** Opération mentale qui consiste à regrouper des faits épars et à les structurer en un tout. ▷ Exposé méthodique de l'ensemble (d'une question). *Faire une rapide synthèse de la situation.* **2.** PHILO Opération intellectuelle qui permet d'aller du simple au composé, de l'élément à l'ensemble. Ant. analyse. **3.** CHIM Opération physique qui consiste à combiner des corps, simples ou composés, pour obtenir des corps plus complexes. **4.** *Synthèse des sons:* création, reconstitution de sons à partir de leurs éléments constitutifs (fréquence, durée, etc.) – Gr. *sunthesis,* «réunion, composition».

ENCYCL **Chim.** – La synthèse chimique permet la fabrication de produits utilitaires et de produits nouveaux. Elle a une importance considérable dans l'industrie chimique, pharmaceutique, dans la recherche scientifique, etc. Parmi les produits synthétiques, les matières plastiques représentent certainement le groupe le plus remarquable.Dans un autre domaine, les organismes vivants réalisent également de nombreuses synthèses, sans lesquelles la vie ne serait pas possible. Ainsi, grâce à la photosynthèse*, les végétaux synthétisent les composés organiques dont se nourriront, notam., les animaux; ces derniers synthétisent les protéines à partir des acides aminés, etc.

synthétique [sɛ̃tetik] adj. **1.** Qui réalise une synthèse intellectuelle, ou qui en est tiré. *Méthode synthétique.* Ant. analytique. ▷ *Esprit synthétique,* capable de synthèse. **2.** Obtenu par synthèse de composés chimiques (par oppos. à *artificiel,* obtenu à partir de produits naturels). *Le nylon, fibre textile synthétique.* **3.** *Musique synthétique,* obtenue par synthèse des sons. – Gr. *sunthetikos.*

synthétiquement [sɛ̃tetikmɑ̃] adv. D'une manière synthétique. – Du préc.

synthétiser [sɛ̃tetize] v. tr. [1] **1.** Réunir par synthèse. *Synthétiser des faits.* **2.** CHIM Faire la synthèse de. *Synthétiser une molécule.* – De *synthèse.*

synthétiseur [sɛ̃tetizœʀ] n. m. ELECTROACOUST Appareil électronique permettant de créer, de reproduire des sons à partir de leurs éléments constitutifs (fréquence, durée, etc.) – Du préc.

syntone [sɛ̃tɔn] adj. PSYCHO Dont les tendances sont en harmonie. Ant. schizoïde. – Gr. *suntonos,* «qui résonne d'accord».

syntonie [sɛ̃tɔni] n. f. **1.** ELECTR État de systèmes qui oscillent à la même fréquence. **2.** PSYCHO Caractère d'un sujet syntone. – Du gr. *suntonos,* «qui résonne d'accord».

syntonisation [sɛ̃tɔnizasjɔ̃] n. f. ELECTR Réglage d'un récepteur permettant de n'amplifier que les ondes d'une fréquence donnée. – Du préc.

syntoniseur [sɛ̃tɔnizœʀ] n. m. TECH Élément d'une chaîne haute fidélité destiné à la seule réception des émissions de radio (notam. en modulation de fréquence). – De *syntonie*.

syphiligraphie [sifiligʀafi] n. f. MED Étude de la syphilis. – De *syphilis*, et *-graphie*.

syphilis [sifilis] n. f. Maladie vénérienne contagieuse, dont l'agent est un tréponème *(Treponema pallidum)*. Syn. pop. vérole. – Lat. mod. *syphilis*, de *Syphilus*, n. pr., altér. de *Sipylus*, personnage d'Ovide. ENCYCL On distingue plusieurs stades évolutifs de la syphilis: stade primaire, caractérisé par le chancre syphilitique; stade secondaire, pendant lequel des signes cutanés et de la fièvre se manifestent; stade tertiaire, tardif, marqué par des lésions viscérales graves et irréversibles (système nerveux, appareil cardio-vasculaire). Le diagnostic de la syphilis repose sur la recherche du tréponème et sur diverses réactions sérologiques (notam. de Bordet-Wassermann). Le traitement exige que la pénicilline soit administrée à forte dose; entrepris à temps, il est très efficace.

syphilitique [sifilitik] adj. et n. **1.** Qui se rapporte à la syphilis. *Chancre syphilitique.* **2.** Atteint de syphilis. ▷ Subst. *Un(e) syphilitique.* – De *syphilis*.

syriaque [siʀjak] n. m. Langue sémitique (groupe araméen) parlée notam. par les premiers chrétiens du royaume d'Édesse et de Perse et qui demeure la langue liturgique de certaines églises d'Orient. ▷ Adj. *Langue syriaque.* – Lat. *syriacus*, du gr.

syrien, ienne [siʀjɛ̃, jɛn] adj. et n. De Syrie, État d'Asie occidentale.

syring(o)-. Élément, du gr. *surigx, suriggos*, «canal, tuyau».

syringomyélie [siʀɛ̃gɔmjeli] n. f. MED Affection neurologique chronique caractérisée par l'existence et le développement d'une cavité centrale dans la moelle épinière et entraînant la perte des sensations tactiles et douloureuses. – De *syringo-*, et gr. *muelos*, «moelle».

syrinx [siʀɛ̃ks] n. f. **1.** ANTIQ GR Flûte de Pan. **2.** ZOOL Organe du chant situé à la bifurcation des bronches, chez les oiseaux. – Mot lat.; gr. *surigx*, «tuyau, flûte».

syrphe [siʀf] n. m. ENTOM Mouche, dite *mouche à fleurs* (genre *Syrphus*), rayée de jaune et de noir, dont les larves se nourrissent de pucerons. – Gr. *surphos*, «mouche».

systématicien, ienne [sistematisjɛ̃, jɛn] n. Naturaliste qui s'occupe de systématique (sens II). – De *systématique*.

systématique [sistematik] adj. et n. **I.** adj. **1.** Qui obéit à un système; qui témoigne de rigueur, de méthode. *Recherche systématique.* **2.** Péjor. Qui a ou qui dénote l'esprit de système, le parti pris. *Opposition systématique.* **II.** n. f. SC NAT Science de la classification des êtres vivants (en embranchements, classes, ordres, etc.). – Lat. *systematicus*, gr. *sustêmatikos*.

systématiquement [sistematikmɑ̃] adv. De manière systématique. *Fouiller systématiquement une maison. Il refuse systématiquement de m'aider.* – Du préc.

systématisation [sistematizasjɔ̃] n. f. Action de systématiser. – De *systématiser*.

systématisé, ée [sistematize] adj. Qui constitue un système, qui est organisé en système. – Pp. de *systématiser*.

systématiser [sistematize] v. tr. [1] Organiser (des éléments) en système. – De *systématique*.

système [sistɛm] n. m. **1.** Ensemble cohérent de notions, de principes liés logiquement et considérés dans leur enchaînement. *Le système d'Aristote. Un système théologique.* ▷ Péjor. *Esprit de système:* tendance à tout ramener à un système préconçu au détriment d'une juste appréciation de la réalité. **2.** Classification méthodique. *Le système de Linné.* **3.** Ensemble organisé de règles, de moyens tendant à une même fin. *Système économique. Système pénitentiaire.* – *Système monétaire:* relation établie entre la monnaie en circulation et la monnaie de compte. *Système socialiste, capitaliste.* ▷ *Absol.* Organisation sociale, dans la mesure où elle est considérée comme aliénante pour l'individu. *Être prisonnier du système.* **4.** Fam. Moyen ingénieux. *Trouver un système pour se tirer d'embarras.* – *Système D* (par abrév. de *débrouillard*), de celui qui sait se débrouiller. **5.** Ensemble d'éléments formant un tout structuré, ou remplissant une même fonction. *Système de transmission.* ▷ ANAT Ensemble de structures organiques analogues. *Système cardio-vasculaire. Système nerveux.* – Loc. fam. *Porter, taper sur le système:* agir sur le système nerveux, sur les nerfs; agacer, irriter. ▷ METEO *Système nuageux:* ensemble des nuages qui accompagnent une perturbation. ▷ PHYS Ensemble de grandeurs de même nature. *Système de forces.* – *Système matériel:* ensemble de points matériels. – *Système d'unités:* V. encycl. unité. – Gr. *sustêma*, «assemblage, composition».

systémique [sistemik] adj. et n. f. Didac. **I.** adj. **1.** Relatif à un système dans son ensemble. **2.** MED Relatif à la grande circulation. *Cavités, ventricule systémiques:* cavités et ventricule gauches du cœur qui reçoivent le sang des veines pulmonaires et l'envoient dans l'aorte. **II.** n. f. Technique, procédure scientifique utilisant un système. – De *système*.

systole [sistɔl] n. f. PHYSIOL Phase de contraction du cœur. *Systole auriculaire*, des oreillettes. *Systole ventriculaire*, des ventricules. Ant. diastole. – Lat. *systole*, gr. *sustolê*, «contraction».

systolique [sistɔlik] adj. PHYSIOL, MED Relatif à la systole. *Souffle systolique* : bruit anormal perçu lors de la systole d'un malade cardiaque. – *Bruit systolique:* premier bruit du cœur, perçu à l'auscultation lors de la fermeture des valvules. – Du préc.

systyle [sistil] n. m. et adj. ARCHI Ordonnance où les colonnes sont séparées par une distance égale au double de leur diamètre.– Adj. *Édifice systyle.* – Lat. *systylos*, mot gr., «aux colonnes rapprochées».

syzygie [siziʒi] n. f. ASTRO Conjonction ou opposition d'une planète ou de la Lune avec le Soleil. *Les marées de vives eaux ont lieu quand le Soleil et la Lune sont en syzygie.* – Lat. *syzygia*, mot gr., «assemblage, réunion».

T t

t [te] n. m. **I. 1.** Vingtième lettre de l'alphabet français. *Un grand T, un petit t.* ▷ Consonne occlusive dentale sourde [t]. **2.** Par anal. *En T,* en forme de T majuscule. *Impasse en T.* ▷ *Règle en forme de T:* voir té 3. **II. 1.** *t* PHYS Abrév. de *tonne;* symbole du temps. ▷ Abrév. de *tome.* **2.** *T* PHYS Symbole de la période, de la température absolue, du tesla. ▷ METROL Symbole de téra-. ▷ CHIM Symbole du tritium. ▷ MUS Abrév. de *tutti* ou de *tons.* **3.** *T', t',* forme élidée de *te, toi* ou, fam., *tu. Il t'admire. – Garde-t'en bien.* – «T'aurais pu en profiter pour rouler...» (Claude Jasmin, *Pleure pas Germaine.*)

ta, adj. poss. V. ton (1).

Ta CHIM Symbole du tantale.

1. tabac [taba] n. m. **1.** Plante herbacée (*Nicotina tabacum,* fam. solanacées) de grande taille (de 1 à 2 m), dont les larges feuilles sont riches en nicotine et en composés aromatiques. **2.** Préparation obtenue avec les feuilles de cette plante, séchées et partiellement fermentées. *Tabac à fumer, à chiquer,* coupé en fines lamelles. *Tabac à priser,* réduit en poudre pour priser. *Rapporté du Portugal par J. Nicot, le tabac se répandit en Europe vers 1560. Tabac brun à odeur forte et tabac blond léger.* **3.** *Couleur tabac* ou, adj. inv., *tabac:* brun tirant sur le roux ou sur le jaune. *Du velours tabac.* **4.** Fig., fam. *C'est toujours le même tabac,* toujours la même chose. – Esp. *tabaco,* de l'arawak (langue amérindienne) *tsibatl.*

2. tabac [taba] n. m. **1.** Fig., fam. *Passer qqn à tabac,* le rouer de coups. **2.** MAR *Coup de tabac:* grain, tempête. **3.** Fam. *Faire un tabac:* remporter un grand succès, collectif ou individuel, au théâtre, au cinéma, etc. – De *tabasser,* écrit *tabac,* d'ap. *tabac* 1, par homonymie et à cause de l'idée de «coup» contenue dans «prise (de tabac)».

tabacomanie [tabakɔmani] n. f. Didac. Abus du tabac. – De *tabac* 1, et *-manie.*

tabagane [tabagan] ou **tobagane** [tɔbagan] n. f. Traîneau sans patins, long et étroit, fait de planches minces et dont l'avant est recourbé vers l'arrière. *Glisser en tabagane.* «Les voyageurs devaient parcourir la première partie de la route sur des *raquettes,* traîner les vivres et le bagage sur des *tabaganes.*» (J.-B.-A. Ferland, *Cours d'histoire du Canada,* 1865.) Syn. traîne sauvage. – Attesté depuis la fin du XVIIe s., d'une langue algonquienne, cf. algonquin *otabagan;* le mot amérindien a été emprunté aussi en anglais sous la forme *toboggan,* reprise par la suite en français (v. ce mot).

tabagie [tabaʒi] n. f. **I.** HIST Chez les Amérindiens, festin au cours duquel on haranguait les convives. Loc. *Faire tabagie.* «À Québec, Champlain trouva ses hommes pleins de santé. Là aussi, il était attendu par les sauvages, qui lui firent *tabagie,* suivant les coutumes du pays, pour l'engager à aller combattre les Iroquois.» (Abbé J.-B.-A. Ferland, *Cours d'histoire du Canada,* 1861.) **II. 1.** Vx Lieu où l'on allait fumer du tabac. V. fumoir. **2.** *Par ext.,* rare Lieu rempli de fumée de tabac; atmosphère de ce lieu. **3.** Cour. Petit commerce spécialisé dans la vente des produits du tabac et des articles de fumeurs, habituellement assorti d'un comptoir de journaux et de revues. «On est entrés dans la tabagie Reynald Perreault. On a regardé les images des derniers Paris-Match, Plexus, Historia, Vie des Arts, Allô Police.» (Réjean Ducharme, *L'hiver de force,* 1973.) – De l'algonquin *tabaguia,* "festin", rattaché ensuite à *tabac 1.*

tabagique [tabaʒik] adj. **1.** Vx Propre à une tabagie. **2.** MED Qui concerne le tabagisme. *Une bronchite tabagique.* – Du préc.

tabagisme [tabaʒism] n. m. MED Intoxication aiguë ou chronique due à l'abus du tabac. Syn. nicotinisme. – De *tabagie.*

tabard ou **tabar** [tabaʀ] n. m. HIST Manteau serré à la taille et ouvert sur les côtés que les chevaliers du Moyen Âge portaient par-dessus leur armure. – Orig. incon.

tabassage [tabasaʒ] n. m. Fam. Action de tabasser. – De *tabasser.*

tabassée [tabase] n. f. Pop. Volée de coups. – Pp. fém. subst. de *tabasser.*

tabasser [tabase] v. tr. [1] Fam. Frapper (qqn) à coups violents et répétés. – D'un radical onomatopéique *tabb-,* idée de «frapper», par croisement avec *tabac* 1.

tabatière [tabatjɛʀ] n. f. **1.** Petite boîte pour le tabac à priser. **2.** CONSTR *Châssis, fenêtre à tabatière,* qui pivote autour de son montant supérieur et a, en position fermée, la même inclinaison que le toit. ▷ Par ext. *Ouvrir, fermer la tabatière.* **3.** ANAT *Tabatière anatomique:* fossette située à la face externe du poignet. – De *tabac* 1.

tabellaire [tabel(l)ɛʀ] adj. TYPO *Impression tabellaire,* que l'on exécutait au moyen de planches gravées (avant que soient inventés les caractères mobiles). – De *tabelle* (vx), lat. *tabella,* «tablette».

tabellion [tabɛljõ] n. m. **1.** Vx Officier qui délivrait les grosses de certains actes dont les notaires dressaient les minutes. ▷ Officier public qui remplissait les fonctions de notaire. **2.** Litt., plaisant ou péjor. Notaire. – Lat. jurid. *tabellio,* propr. «qui écrit sur des tablettes».

tabernacle [tabɛʀnakl] n. m. **1.** RELIG Tente dressée par les Hébreux pour abriter l'Arche d'alliance, avant la construction du Temple. ▷ *Fête des Tabernacles,* célébrée par les juifs après la moisson pour commémorer le séjour (sous des tentes) dans le désert, qui suivit la sortie d'Égypte. **2.** RELIG CATHOL Petit coffre fermant à clef, placé sur l'autel et abritant les saintes espèces. **3.** TECH Espace ménagé autour d'un robinet enterré afin qu'on puisse le manœuvrer. – Lat. *tabernaculum,* «tente».

tabes ou **tabès** [tabɛs] n. m. MED Manifestation neurologique tardive de la syphilis, caractérisée par une ataxie, une hypotonie globale, une abolition des réflexes et des douleurs violentes. – Du lat. *tabes,* «écoulement; langueur, consomption»; repris à l'all.

tabétique [tabetik] adj. et n. MED Qui se rapporte, propre au tabès; atteint de tabès. ▷ Subst. *Un(e) tabétique.* – Du préc.

tabla [tabla] n. m. Paire de petits tambours que l'on frappe avec les doigts et la paume de la main, utilisés en Inde. *Des tablas.* – Mot hindi.

tablature [tablatyʀ] n. f. MUS Figuration graphique de la musique propre à certains instruments. *La tablature ancienne pour le luth.* – Lat. médiév. *tabulatura,* de *tabula,* «table».

table [tabl] n. f. **A. I.** Meuble formé d'une surface plane posée sur un ou plusieurs pieds et servant à divers usages. Loc. fig. *Table ronde.* V. table ronde. **1.** Meuble à usage domestique ou professionnel, formé d'une surface plane et d'un ou plusieurs pieds et comportant quelquefois des compartiments de rangement. *Table de nuit, de chevet. Table de toi-*

lette. Table à repasser. Table à dessin. ▷ Loc. fig. *Jouer cartes sur table:* annoncer clairement ses conditions, être franc. – *Dessous de table:* somme que l'acheteur verse clandestinement au vendeur. **2.** Meuble formé d'une surface plane et d'un ou plusieurs pieds, destiné à prendre les repas. *Table de salle à manger. Réserver une table au restaurant.* ▷ *Dresser, mettre la table:* disposer sur la table tout ce qui est nécessaire pour prendre les repas (couverts, vaisselle, linge, etc.). ▷ *De table:* qui sert pour les repas. *Linge de table. Service de table.* ▷ *Se mettre à table:* commencer le repas. ▷ Fig., pop. Finir par avouer. **3.** *La table:* la nourriture, les mets servis à table. *Aimer la table. Les plaisirs de la table.* **4.** Ensemble des convives réunis autour d'une table. *Toute la table a ri.* **II.** Partie plate de certains objets; surface plane. **1.** RELIG *Table d'autel:* partie horizontale de l'autel. ▷ *La sainte table:* la balustrade fermant le chœur, recouverte d'une nappe, devant laquelle les fidèles venaient s'agenouiller pour recevoir la communion (elle a souvent disparu dans la nouvelle liturgie). *S'approcher de la sainte table:* recevoir la communion. **2.** (Seulement dans certains emplois.) Surface plane de marbre, de métal, etc., sur laquelle on peut écrire, graver. ▷ Loc. fig. *Faire table rase du passé, des idées reçues,* les rejeter après un examen critique, de manière à repartir sur des bases entièrement nouvelles. ▷ RELIG *Les Tables de la Loi:* les deux tables de pierre sur lesquelles étaient gravés les préceptes de la Loi, et que Dieu, selon la Bible, donna à Moïse sur le Sinaï. ▷ ANTIQ ROM *Les Douze Tables:* le code publié à Rome par les décemvirs et gravé sur douze tables de bronze (v. 450 av. J.-C.). **3.** TECH Partie plate et horizontale d'un instrument, d'une machine. *Table d'une raboteuse, d'une enclume.* **4.** MUS *Table d'harmonie:* partie de la caisse d'un instrument sur laquelle les cordes sont tendues. **5.** Surface plane naturelle. *Table glaciaire.* **6.** TECH Surface plane de la partie supérieure d'une pierre précieuse. **B.** Tableau, panneau où sont regroupées diverses données. **1.** Tableau qui indique les matières traitées dans un livre. *Table des matières. Table analytique.* **2.** Recueil de données disposées de manière à en faciliter la lecture, l'usage. *Table de multiplication. Table de logarithmes.* ▷ INFORM *Table de vérité:* tableau à entrées multiples donnant exhaustivement toutes les configurations d'entrée et de sortie d'un circuit logique. ▷ MILIT *Table de tir,* qui précise les éléments de la trajectoire des projectiles. – Du lat. *tabula,* «planche, tablette».

tableau [tablo] n. m. **A. 1.** Ouvrage de peinture exécuté sur un panneau de bois, sur un morceau de toile tendu sur un châssis, etc. *Tableaux de Raphaël, de Manet.* **2.** Scène, spectacle qui attire le regard, qui fait impression. *Un charmant tableau.* ▷ Fam., iron. *Voyez le tableau! Quel tableau!* **3.** Fam., fig. *Vieux tableau:* personne âgée d'une coquetterie excessive, ridicule; vieille femme trop fardée. **4.** *Tableau de chasse:* ensemble des pièces abattues au cours d'une partie de chasse, disposées avec symétrie. ▷ Fig., fam. *Le tableau de chasse d'un séducteur,* les femmes qu'il a séduites. **5.** *Tableau vivant:* scène historique ou mythologique figurée par des personnes d'après un tableau ou une mise en scène réglée. **6.** Représentation, évocation par un récit oral ou écrit. *Faire, brosser le tableau de la vie des habitants au XVIII*e *siècle.* **7.** THEAT Subdivision d'un acte correspondant à un changement de décor. *Une pièce en trois actes et dix tableaux.* **B. I. 1.** *Tableau noir* ou *tableau:* panneau sur lequel on écrit à la craie, dans une classe, un amphithéâtre, etc. **2.** Panneau, cadre qu'on fixe au mur pour y afficher des actes publics, des renseignements, des avis. *Tableau d'affichage.* **3.** TECH Panneau sur lequel sont regroupés des dispositifs, des appareils de mesure, de contrôle et de signalisation. *Tableau de bord d'un véhicule. Tableau de commande d'un appareil électrique.* **II.** Liste, ensemble de données réunies sur un tableau (sens B, I, 2.). **1.** Liste des personnes composant une compagnie, un ordre, un corps. *Tableau de l'ordre des avocats.* – *Tableau d'avancement,* indiquant l'ordre selon lequel se fera l'avancement. **2.** Ensemble de renseignements regroupés et rangés méthodiquement de manière à pouvoir être lus d'un bref coup d'œil. *Tableau synoptique, chronologique. Tableau des verbes irréguliers.* ▷ CHIM *Tableau de la classification périodique des éléments.* V. pages annexes de l'ouvrage. – De *table.*

tableautin [tablotɛ̃] n. m. Petit tableau. – Dimin. de *tableau.*

tablée [table] n. f. Réunion de personnes assises autour d'une table (le plus souvent, pour un repas). – De *table.*

tabler [table] v. intr. [1] **1.** Vx Tenir table, être à table. **2.** *Tabler sur qqch:* compter, faire fond sur qqch. – De *table.*

table ronde [tablərɔ̃d] n. f. Assemblée de personnes réunies en vue de discuter d'une question, d'un problème commun, en l'absence de tout rapport hiérarchique, de toute préséance. *Ce congrès comprend plusieurs tables rondes.* – D'ap. l'angl. *round table (conference).*

tabletier, ière [tabletje, jɛʀ] n. TECH Artisan qui fabrique des échiquiers, des damiers, de petits objets d'ivoire, d'ébène, d'écaille, etc. – De *table,* au sens de «tablier de jacquet, échiquier, damier».

tablette [tablɛt] n. f. **I. 1.** Petite table; planche disposée pour recevoir des objets. **2.** Pièce de marbre, de bois, de pierre, etc., de faible épaisseur posée à plat sur le chambranle d'une cheminée, l'appui d'une fenêtre, etc. **3.** Aliment présenté sous la forme d'une plaquette. *Tablette de chocolat.* ▷ PHARM Médicament solide en forme de plaquette. **II.** ARCHEOL Planchette de bois enduite de cire sur laquelle écrivaient les Anciens. ▷ Fig., mod. *Écrire qqch sur ses tablettes:* le noter afin de s'en souvenir. – Dimin. de *table.*

tabletterie [tablɛtʀi] n. f. TECH, COMM Industrie, commerce du tabletier. ▷ Produits de cette industrie. – De *tabletier.*

tableur [tablœʀ] n. m. INFORM Progiciel permettant des calculs interactifs sur plusieurs nombres affichés simultanément sur un écran de visualisation. – De *table* (de calcul).

tablier [tablije] n. m. **1.** Vêtement fait d'une pièce de toile, de cuir, etc., que l'on met devant soi pour préserver ses vêtements en travaillant. *Tablier de forgeron.* ▷ Loc., fig. *Rendre son tablier:* cesser son service, quitter son emploi (d'abord en parlant d'une employée de maison). **2.** Rideau métallique qui ferme l'ouverture d'une cheminée. **3.** TRAV PUBL Partie horizontale d'un pont, qui reçoit la chaussée ou la voie ferrée. **4.** AUTO Cloison qui sépare le moteur de l'intérieur de la carrosserie. – De *table.*

tabou [tabu] n. m. et adj. **1.** n. m. Interdit d'ordre religieux ou rituel qui frappe une personne, un animal ou une chose, considérés comme sacrés ou impurs, et dont la transgression entraîne un châtiment surnaturel. ▷ Fig. Ce dont on n'a pas le droit de parler sans encourir la réprobation sociale. **2.** adj. (inv. ou accordé). Qui est marqué d'un tabou, frappé d'un interdit. *Animal tabou.* ▷ Fig. Dont on ne doit pas parler; qu'on n'a pas le droit de critiquer. *La politique et la religion étaient pour lui deux sujets tabous. Un personnage tabou.* – Angl. *taboo,* du polynésien *tapu,* «interdit, sacré».

taboulé [tabule] n. m. CUIS Mets d'origine syro-libanaise, hors-d'œuvre à base de blé concassé (ou, souvent, de semoule), de persil, de tomates hachées, de feuilles de menthe, assaisonné à l'huile d'olive et au citron. – Mot ar. (fém.), «assaisonnée, détrempée».

tabouret [tabuʀɛ] n. m. **1.** Petit siège à pied(s) sans bras ni dossier. *Tabouret de piano.* **2.** Petit support sur lequel on pose les pieds lorsqu'on est assis. – De l'a. fr. *tabour,* «tambour», à cause de sa forme ronde.

tabulaire [tabylɛʀ] adj. Didac. **1.** En forme de table. *Relief tabulaire.* **2.** Qui est disposé en tables, en tableaux. *Logarithmes tabulaires.* – Du lat. *tabularis,* «propre aux planches», de *tabula,* «table».

tabulateur [tabylatœʀ] n. m. TECH Dispositif équipant une machine de bureau (machine à écrire, à calculer, etc.) et qui permet d'aligner des caractères sur une même colonne. – Du lat. *tabula,* «table».

tabulatrice [tabylatʀis] n. f. INFORM Machine mécanographique capable de lire des informations enregistrées sur des cartes perforées, de les trier et d'en imprimer la liste ou les totaux. – Fém. de *tabulateur.*

tac [tak] interj. et n. m. **1.** Bruit sec. *Produire plusieurs tacs successifs.* **2.** En escrime, bruit du fer qui heurte le fer. *Riposter du tac au tac,* au premier choc. ▷ Fig., cour. *Répondre du tac au tac,* aussitôt, par un mot vif à un mot vif. – Onomat.

tacaud [tako] n. m. Petit poisson comestible (genre *Gadus,* fam. gadidés), commun dans l'Atlantique. – Du breton *takohed.*

tacca [taka] n. m. BOT Plante herbacée tropicale, voisine des amaryllidacées, utilisée comme ornement et dont une espèce tahitienne fournit un arrow-root. – Malais *takah,* «dentelé».

tacet [tasɛt] n. m. MUS Silence d'une partie, noté *tacet* sur la partition. – Mot lat. «il se tait»

tache [taʃ] n. f. **I. 1.** Salissure, marque qui salit. *Tache d'encre, d'huile sur un vêtement.* ▷ *Faire tache:* faire un contraste choquant dans un ensemble. ▷ Fig. *Faire tache d'huile:* s'étendre, se répandre de proche en proche et rapidement. **2.** Ce qui souille l'honneur, la réputation de qqn. *Une vie, une réputation sans tache.* **II.** Espace de couleur différente sur une surface unie. *Spécial.* **1.** Marque sur la peau, le poil ou le plumage d'un être vivant, sur certaines parties des végétaux. *Chien blanc à taches noires.* – *Taches de rousseur.* ▷ ANAT *Tache jaune:* point le plus sensible de la rétine* qui ne comporte que des cônes. **2.** ASTRO *Tache solaire:* région sombre de la photosphère, de température plus basse. – Probabl. du gothique *taikns,* «signe»; d'abord *teche,* «caractère, qualité».

tâche [tɑʃ] n. f. **1.** Ouvrage déterminé qui doit être exécuté dans un temps donné. *Donner une tâche à un artisan.* ▷ Loc. adj. et adv. *À la tâche:* en fonction du travail accompli et sans tenir compte du temps employé. *Travail à la tâche. Payer à la tâche.* ▷ Fig., litt. *Prendre à tâche de:* s'attacher à, s'efforcer de. **2.** Obligation que l'on doit remplir, par devoir ou par nécessité. – Du lat. médiév. *taxa,* «prestation rurale», du class. *taxare,* «toucher, blâmer, évaluer, taxer».

taché, ée [taʃe] adj. **1.** Souillé, d'une ou de plusieurs taches. *Vêtement taché.* **2.** Marqué de tache(s) (sens II). *Un chat à robe grise tachée de blanc.* – Pp. de *tacher.*

tachéo-. Élément, du gr. *takheos,* «vite».

tachéographe [takeɔgʀaf] n. m. TECH Appareil servant à faire les cartes et les plans. – De *tachéo-,* et *-graphe.*

tachéomètre [takeɔmɛtʀ] n. m. TECH Appareil de topographie servant à effectuer le levé d'un terrain en altimétrie et en planimétrie. – De *tachéo-,* et *-mètre.*

tachéométrie [takeɔmetʀi] n. f. TECH Méthode de levé des terrains au moyen du tachéomètre. – Du préc.

tacher [taʃe] **I.** v. tr. [1] **1.** *Faire une tache sur,* salir de taches. *Tacher sa robe.* ▷ Fig. *Une faute qui tache sa réputation.* ▷ S. comp. (Choses.) *Les framboises tachent.* **2.** Colorer, marquer de taches (sens II). **II.** v. pron. **1.** Salir ses vêtements de taches. *Cet enfant se tache sans cesse.* **2.** (Passif.) Se salir en se couvrant de taches. *Un tissu clair qui se tache facilement.* – De *tache.*

tâcher [tɑʃe] **1.** v. tr. indir. [1] *Tâcher de* (+ inf.): faire des efforts pour. *Tâcher de donner satisfaction.* – *Tâche de te tenir tranquille!* ▷ Vx ou litt. *Tâcher à.* **2.** v. tr. dir. *Tâcher que* (+ subj.) Faire en sorte que. *Tâchez qu'il réussisse.* – De *tâche.*

tâcheron [tɑʃʀõ] n. m. **1.** Petit entrepreneur à qui un entrepreneur principal concède sa tâche. **2.** Ouvrier agricole qui travaille à la tâche. **3.** Péjor. Personne qui exécute sur commande des tâches ingrates, sans intérêt; personne qui travaille beaucoup, mais sans faire montre d'initiative. – De *tâche.*

tacheté, ée [taʃte] adj. Marqué de nombreuses petites taches (sens II). – De l'a. fr. *tachele, tachete,* «petite tache».

tacheter [taʃte] v. tr. [23] Marquer de petites taches (sens II). – Du préc.

tacheture [taʃtyʀ] n. f. Rare Ensemble des marques de ce qui est tacheté. – Du préc.

tachine [taʃin] n. m. (parfois fém.). ZOOL Grosse mouche de couleur sombre, vivant sur les fleurs et dont les larves sont des parasites internes d'autres insectes. – Lat. zool. *tachina,* du gr. *takinos,* «rapide».

tachisme [taʃism] n. m. PEINT **1.** Vx Pointillisme. **2.** Mouvement pictural non figuratif représenté par des peintres dont l'art, plus ou moins gestuel, combine généralement le dynamisme du signe et les effets d'écrasement de la matière. – De *tachiste.*

ENCYCL Le mot tachisme a été introduit dans le vocabulaire de la critique d'art contemp. par Pierre Guégen, en 1951. Son emploi concurrença les termes d'*art informel* et d'*abstraction lyrique.* V. abstrait et informel. Des peintres de tempérament très différent ont été qualifiés de *tachistes* par la critique des années 1950, notam. les Français C. Bryen, J. Fautrier, le Canadien J.-P. Riopelle, les Américains C. Still, S. Francis, W. De Kooning, l'Allemand Wols, l'Espagnol A. Tapiés, l'Anglais A. Davie.

tachiste [taʃist] adj. et n. PEINT Qui se rapporte au tachisme. ▷ Subst. Peintre dont les œuvres relèvent du tachisme. – De *tache.*

tachistoscope [takistoskɔp] n. m. TECH Appareil servant à mesurer la rapidité de la perception visuelle au moyen d'images lumineuses projetées devant le sujet. – Du gr. *takhistos* «très rapide», et de *-scope.*

tachy-. Élément, du gr. *takhus,* «rapide».

tachyarythmie [takiaʀitmi] n. f. MED Rythme cardiaque rapide et irrégulier. – De *tachy(cardie),* et *arythmie.*

tachycardie [takikaʀdi] n. f. MED Accélération permanente ou paroxystique du rythme cardiaque. – De *tachy-,* et du lat. *cardia,* «cœur».

tachygenèse [takiʒənɛz] n. f. BIOL Développement embryonnaire accéléré de certains invertébrés dû à l'absence de certains des stades qui marquent le développement des embryons des espèces voisines. *Tachygenèse de l'escargot.* – De *tachy-,* et *-genèse.*

tachygraphe [takigʀaf] n. m. TECH Appareil qui mesure et enregistre une vitesse. – De *tachy-,* et *-graphe.*

tachymètre [takimɛtʀ] n. m. TECH Appareil servant à mesurer la vitesse de rotation d'une machine, d'un moteur. – De *tachy-,* et *-mètre.*

tachyon [takjõ] n. m. PHYS NUCL Particule hypothétique dont la vitesse serait supérieure à celle de la lumière et dont la masse s'exprimerait par un nombre complexe. – De *tachy-*, et *(i)on.*

tachyphémie [takifemi] n. f. MED Trouble de la parole qui se manifeste par une accélération paroxystique du débit. – De *tachy-*, et gr. *phêmê*, «parole».

tachyphylaxie [takifilaksi] n. f. MED Méthode consistant à injecter des doses progressives et répétées d'un antigène, en l'espace de quelques minutes, de manière à éviter un accident anaphylactique (V. anaphylaxie). – De *tachy-*, et *(pro)phylaxie.*

tacite [tasit] adj. Qui n'est pas formellement exprimé; sous-entendu. *Consentement tacite.* ▷ DR *Tacite reconduction.* V. reconduction. Syn. implicite. – Lat. *tacitus*, de *tacere*, «se taire».

tacitement [tasitmɑ̃] adv. De façon tacite. – Du préc.

taciturne [tasityʀn] adj. Litt. Qui est de nature ou d'humeur à parler peu. *Un homme taciturne. Un caractère taciturne.* ▷ n. m. HIST *Le Taciturne*, surnom de Guillaume Ier d'Orange. – Lat. *taciturnus.*

taciturnité [tasityʀnite] n. f. Litt. Humeur, caractère d'une personne taciturne. – Lat. *taciturnitas.*

tacon, taquon [takɔ̃] ou **tocan** [tɔkɑ̃] n. m. Jeune saumon avant sa descente en mer. – Probabl. mot gaul.

tacot [tako] n. m. Fam. Vieille voiture. Syn. guimbarde, bazou. – De *tac.*

tact [takt] n. m. **1.** PHYSIOL Sens du toucher; celui des cinq sens qui correspond à la perception des stimuli mécaniques (grâce à la déformation de la peau par la pression qu'exerce l'objet). **2.** Cour., fig. Discernement, délicatesse dans les jugements, les rapports avec autrui. *Manquer de tact. Aborder une question avec tact.* Syn. doigté. – Lat. *tactus*, de *tangere*, «toucher».

tacticien, ienne [taktisjɛ̃, jɛn] n. Personne qui manœuvre habilement. *Tacticien parlementaire.* ▷ MILIT Expert en tactique. *Habile tacticien.* – De *tactique.*

tactile [taktil] adj. PHYSIOL Du toucher, propre au toucher, au tact. *Sensibilité tactile.* – Lat. *tactilis*, de *tactus*, «action de toucher, sens du toucher, tact».

tactique [taktik] n. f. et adj. **I.** n. f. **1.** MILIT Art de conduire une opération militaire limitée dans le cadre d'une stratégie. **2.** Fig. Ensemble des moyens que l'on emploie pour atteindre un objectif; conduite que l'on adopte pour obtenir qqch. *Tactique parlementaire. Changez de tactique: il est sourd à vos arguments.* **II.** adj. Relatif à la tactique. *Mission, opération tactique.* – Gr. *taktikê*, «art de ranger, de disposer», de *taktikos*, «qui concerne l'organisation d'une troupe».

tactisme [taktism] n. m. BIOL Réaction d'orientation d'un être vivant provoquée par un facteur externe (lumière, chaleur). V. tropisme. – Du lat. *tactus*, «tact», et aussi «action du Soleil, de la Lune» et *-isme.*

tadorne [tadɔʀn] n. m. ZOOL Oiseau anatidé migrateur (genre *Tadorna*), proche à la fois des canards et des oies. – Du lat. scientif. *anas* («canard») *tadorna*, même sens.

tael [taɛl] n. m. Ancienne unité monétaire chinoise. – Du malais *tahil, tail*, par le portug.

taenia. V. ténia.

taffetas [tafta] n. m. Étoffe de soie mince tissée comme la toile. ▷ *Taffetas gommé:* sparadrap servant à rapprocher les lèvres d'une coupure. – Ital. *taffeta*, du turco-persan *taftâ*, «tissé».

tafia [tafja] n. m. Vieilli Eau-de-vie fabriquée avec les mélasses de canne à sucre. *La plupart des rhums du commerce sont des tafias.* – Mot créole, de *ratafia.*

tagal [tagal] ou **tagalog** [tagalɔg] n. m. LING Langue officielle de la Rép. des Philippines. *Le tagalog est la langue des Tagals, population philippine d'origine malaise.* – Du malais *taga*, «indigène».

tagète ou **tagette** [taʒɛt] n. m. BOT Plante ornementale (genre *Tagetes*, fam. composées), dont la rose d'Inde et l'œillet d'Inde sont des espèces. – De *Tages*, divinité étrusque.

tagliatelle [taljatɛl] n. f. (Rare au sing.) Pâte alimentaire en forme de lamelles longues et minces. – Mot ital., «petites tranches», de *tagliare*, «découper».

tahitien, enne [taisjɛ̃, ɛn] adj. et n. De Tahiti, la plus importante des îles de la Société (archipel de la Polynésie française).

taï chi [tajtʃi] ou **taï chi chuan** [tajʃiʃyan] n. m. Gymnastique chinoise, pratique liée au taoïsme, dont le but est l'équilibre intérieur et la libération de l'énergie. – Mot chinois.

taie [tɛ] n. f. **1.** Enveloppe de tissu dont on recouvre un oreiller ou un traversin. **2.** MED Opacité cicatricielle de la cornée. – Du lat. *theca*, gr. *thêkê*, «étui, fourreau».

taïga [tajga] n. f. Forêt de conifères du Nord du Canada et de l'Eurasie. – Mot russe.

taillable [tajabl] adj. HIST Sujet à la taille (sens I, 5). Fig. *Taillable et corvéable* à merci:* bon pour toutes les corvées. – De *taille.*

taillade [tajad] n. f. **1.** RARE Coupure, entaille dans les chairs. *Se faire une taillade au menton.* Syn. estafilade. **2.** Anc. Fente en long dans un vêtement. *Pourpoint à taillades.* – Ital. *tagliata*, même rac. que *tailler.*

taillader [tajade] v. tr. [1] Faire des taillades à, sur. – Du préc.

taillage [tajaʒ] n. m. TECH Usinage (de certaines pièces). *Taillage d'engrenages.* – De *taille.*

taillanderie [tajɑ̃dʀi] n. f. Industrie, commerce du taillandier; produits de cette industrie. – De *taillandier.*

taillandier, ière [tajɑ̃dje, jɛʀ] n. Vx Personne qui fabrique ou qui vend des outils à tailler (haches, marteaux, etc.). – Du ppr. de *tailler.*

taille [taj] n. f. **I. 1.** Vx Tranchant d'une épée. ▷ *Frapper d'estoc et de taille*, de la pointe et du tranchant. **2.** Action de couper, de tailler; manière dont certaines choses sont taillées. *Taille d'une pierre.* ▷ ARCHI, CONSTR *Pierre de taille*, pierre taillée pour être employée dans une construction. ▷ BOT Coupe de branches d'arbres ou d'arbustes effectuée pour leur donner une certaine forme, pour améliorer la production des fruits, pour favoriser leur croissance, etc. *Taille des arbres fruitiers.* **3.** Coupure, incision. ▷ BX-A Incision faite au burin sur une planche de cuivre, de bois. *Laisser peu d'encre au fond des tailles.* ▷ CHIR *Taille vésicale:* intervention destinée à extraire les calculs de la vessie. **4.** BOT Bois qui commence à repousser après avoir été coupé. *Une taille de deux ans.* **5.** Anc. Morceau de bois sur lequel certains marchands (boulangers, notam.) marquaient par des encoches la quantité de marchandise qu'ils vendaient à crédit. ▷ HIST (Parce que les collecteurs marquaient sur une *taille* ce qu'ils avaient perçu.) Impôt qui était dû par les roturiers sous l'Ancien Régime en France. **6.** Syn. anc. de *ténor.* **II. 1.** Dimensions du corps de l'homme ou des animaux, et partic. sa hauteur; stature. *À vingt-cinq ans, l'homme a atteint sa taille adulte. Personne de grande taille.* ▷ Fig. *Être de taille à:* être capable de. *Être de taille à se défendre, à lutter.* – Absol. *Abandonnez, vous n'êtes pas de taille.* **2.** Dimensions d'un objet; format. *Des grêlons de la taille d'un œuf de pigeon.* ▷ Fam. *De taille*, de grande dimension, important. *Il y a une erreur, et de* *taille !* **3.** Dimensions normalisées d'un vêtement, correspondant à un type de stature. *Cet article n'existe pas en grandes tailles. Tailles 40, 42.* **4.** Vx Conformation du corps depuis les épaules jusqu'à la ceinture; buste. – Partie où le corps s'amincit sous les dernières côtes avant de s'élargir aux hanches. *Taille fine, épaisse. Tour de taille.* – Vieilli. *Sortir en taille,* sans manteau ni veste. ▷ Fig. *Taille de guêpe,* très fine. – Partie d'un vêtement qui marque cette partie du corps. *La mode est aux tailles basses.* – Déverbal de *tailler.*

taille-crayon ou **taille-crayons** [tajkʀɛjõ] n. m. Petit instrument à lame(s), servant à tailler les crayons. Rem. On dit plus cour. *aiguise-crayon.* – De *tailler,* et *crayon.*

taille-douce [tajdus] n. f. Gravure faite au burin dans une plaque généralement en cuivre (opposé à *eau-forte*). – Estampe tirée sur une plaque ainsi travaillée. *Des tailles-douces.* – De *taille,* et *doux.*

taillé, ée [taje] adj. **1.** Coupé d'une certaine façon. *Haies taillées. Diamant taillé en rose.* **2.** Qui a une certaine taille, une certaine stature. *Être taillé en hercule.* **3.** Fig. *Taillé pour:* fait pour; capable de. *Il est taillé pour réussir.* – Pp. de *tailler.*

tailler [taje] v. [1] **I.** v. tr. **1.** Vx Couper, trancher. ▷ Mod. *Tailler en pièces une armée,* l'anéantir. **2.** Couper, retrancher les parties superflues de (une chose) pour lui donner une certaine forme, pour la rendre propre à un usage. *Tailler une pierre, un diamant. Tailler une haie. Tailler un crayon. Tailler en biseau.* **3.** Prélever à l'aide d'un instrument tranchant (une partie d'un tout) selon la forme, les dimensions voulues. *Le boucher taillait d'épaisses tranches dans le filet.* ▷ Cour. *Tailler un vêtement,* couper dans l'étoffe les morceaux qui le formeront. ▷ Fig., fam. *Tailler une bavette**. **II.** v. intr. Faire une, des entailles. *Tailler dans le vif.* **III.** v. pron. **1.** Prendre, obtenir pour soi. *Il s'est taillé un vif succès. Se tailler la part du lion.* **2.** Fam. Partir rapidement, s'enfuir. *Viens, taillons-nous!* – Du lat. pop. *taliare,* propr. «tailler des boutures», du class. *talea,* «bouture, scion».

taillerie [tajʀi] n. f. TECH Art de tailler les pierres précieuses. ▷ Atelier où on les taille. – De *taille.*

tailleur [tajœʀ] n. m. **1.** *Tailleur de:* ouvrier, artisan qui taille (un objet, un matériau). *Tailleur de pierre.* **2.** *Absol.* Ouvrier, artisan qui confectionne des costumes masculins sur mesure. *Tailleur-couturier.* ▷ *Assis en tailleur:* assis les jambes repliées et croisées à plat, avec les genoux écartés (position dans laquelle les tailleurs avaient l'habitude de travailler). **3.** *Costume tailleur,* ou simpl. *tailleur:* costume féminin, composé d'une jupe et d'une veste du même tissu. – De *tailler.*

tailleuse [tajøz] n. f. TECH Machine servant à tailler des engrenages. – De *tailleur.*

taillis [taji] n. m. Dans un bois, une forêt, etc., ensemble de très jeunes arbres provenant des drageons ou des rejets des souches d'arbres abattus quelques années auparavant. ▷ *Pratiquer un taillis:* effectuer des coupes rapprochées dans le temps. – De *tailler.*

tailloir [tajwaʀ] n. m. ARCHI Partie supérieure du chapiteau d'une colonne, sur laquelle repose l'architrave ou la retombée des voûtes. – De *tailler.*

tain [tɛ̃] n. m. TECH Amalgame d'étain dont on revêt l'envers d'une glace pour qu'elle réfléchisse la lumière. – Altér. d'*étain.*

taire [tɛʀ] **I.** v. tr. [72] **1.** Ne pas dire. *Taire un secret.* **2.** Fig. Ne pas manifester, ne pas exprimer. *Taire sa douleur.* **II.** v. pron. **1.** Garder le silence, s'abstenir de parler. *Taisez-vous, votre bavardage me fatigue.* – Ne pas révéler, passer sous silence. *Se taire sur un point.* **2.** (Sujet n. de chose.) Cesser de se faire entendre. *Les canons se sont tus.* **3.** (Avec ellipse du pron.) *Faire taire:* imposer le silence à. – Fig. Empêcher de s'exprimer, de se manifester. *Une indemnisation a fait taire le mécontentement.* – Réfection de l'anc. v. *taisir,* du lat. *tacere,* «taire».

tajine [taʒin] n. m. CUIS Mets marocain, ragoût de viande, cuit à l'étouffée dans un récipient en terre à couvercle conique; ce récipient lui-même. – Mot ar.

taïwanais, aise [tajwanɛ, ɛz] adj. et n. De *Taïwan,* autre nom de Formose, île au S.-E. de la Chine continentale.

talc [talk] n. m. Silicate hydraté naturel de magnésium; poudre de ce minéral, onctueuse au toucher, utilisée dans les soins de la peau. – Ar. *talq.*

taled [talɛd], **taleth, talleth** [tal(l)ɛt] ou **tallit** [tal(l)it] n. m. RELIG Châle dont les juifs se couvrent les épaules lorsqu'ils récitent les prières à la synagogue. – Mot hébreu *tallith,* de *tatal,* «couvrir».

talent [talɑ̃] n. m. **I.** ANTIQ Poids (26 kg env. pour le talent de Solon) et monnaie de compte en usage dans la Grèce antique. *Talent d'or, d'argent.* **II. 1.** Disposition, aptitude naturelle ou acquise. *Vous devriez exploiter vos talents de comédien. Le talent de plaire.* Syn. don, capacité. **2.** *Absol.* Aptitude remarquable dans un domaine, partic. dans les domaines artistique ou littéraire. *Avoir du talent.* **3.** Personne qui a du talent. *Cet éditeur cherche des talents nouveaux.* – Lat. *talentum,* gr. *talanton,* «plateau de balance».

talentueux, euse [talɑ̃tɥø, øz] adj. Qui a beaucoup de talent. – Du préc.

taleth. V. taled.

talion [taljõ] n. m. DR ANC Châtiment, infligé à un coupable, correspondant au tort qu'il a commis ou voulu commettre (cf. «œil pour œil, dent pour dent»). *Loi du talion:* code reposant sur ce type de sanctions. – Lat. *talio,* de *talis,* «tel».

talipot ou **tallipot** [talipo] n. m. BOT Grand palmier *(Borassus flabellifer)* de Ceylan et du sud de l'Inde, dont les larges feuilles palmées furent utilisées autrefois pour l'écriture. – De l'hindi *talpat.*

talisman [talismɑ̃] n. m. **1.** Objet sur lequel sont gravés des signes consacrés, auquel on attribue des vertus magiques. Syn. amulette, porte-bonheur, grigri. **2.** Fig. Atout, pouvoir infaillible. *Son charme est pour elle un puissant talisman.* – Ar. *tilsam, tilasm,* du bas gr. *telesma,* «rite religieux».

talismanique [talismanik] adj. Rare Qui a rapport aux talismans; qui a les vertus d'un talisman. – Du préc.

talitre [talitʀ] n. m. ZOOL Petit crustacé dont une espèce, *Talitrus saltator,* dite cour. *puce de mer,* vit sous les algues échouées. – Lat. zool. *talytrus,* de *talitrum,* «chiquenaude», à cause du saut de l'animal.

talkie-walkie. V. walkie-talkie.

tallage [talaʒ] n. m. AGRIC Émission de talles, notam. au printemps, par les céréales. – De *taller.*

talle [tal] n. f. AGRIC **1.** Groupe dense de plantes, d'arbres ou d'arbustes de la même espèce poussant dans un endroit donné. *Une talle de bleuets, de framboises. Une talle d'épinettes.* **2.** Tige adventive qui se développe au pied d'une tige principale. – Lat. *thallus,* gr. *thallos,* «rameau, pousse».

taller [tale] v. intr. [1] AGRIC Émettre des talles. *Le blé talle.* – De *talle.*

talleth. V. taled.

tallipot. V. talipot.

tallit. V. taled.

Talmud [talmud] n. m. (avec une majuscule) Transcription de la tradition orale juive, ouvrage fondamental destiné à servir de code du droit judaïque, canonique et civil. ▷ Livre contenant les textes du Talmud. *Un talmud ancien.* – Mot hébreu, propr. «étude, enseignement».

ENCYCL Le *Talmud* comprend deux parties: la *Mishna*, étude des principes religieux, et son commentaire en vue des applications pratiques: la *Gemara.* Il comporte deux versions: l'une, produite par les académies rabbiniques de Palestine, est le *Talmud de Jérusalem* (déb. IIIe s.). L'autre, mise en forme par les académies de Mésopotamie, ou *Talmud de Babylone* (IVe-VIe s.), plus complète, distingue avec netteté la *Halakha* (lois religieuses, civiles) et la *Haggadah* (tradition exégétique, morale, philosophique, ésotérique, historique). Très complexe dans son système de références, prenant toujours la Bible pour base, le Talmud est au cœur de l'enseignement du judaïsme.

talmudique [talmydik] adj. Qui appartient, se rapporte au Talmud. *Recueil talmudique.* – De *Talmud.*

talmudiste [talmydist] n. m. Didac. Érudit versé dans l'étude du Talmud. – De *Talmud.*

1. taloche [talɔʃ] n. f. Fam. Gifle. *Le gamin a reçu une taloche, il ne l'avait pas volée .* – De *taler.*

2. taloche [talɔʃ] n. f. TECH Planche emmanchée utilisée pour l'exécution des enduits. – Spécialisation de l'a. fr. *talevaz,*, «bouclier», p.-ê. d'orig. gaul. avec infl. de *taloche* 1.

talocher [talɔʃe] v. tr. [1] Fam. Donner une taloche à. – De *taloche* 1.

talon [talɔ̃] n. m. **1.** Partie postérieure du pied dont le squelette est formé par le calcanéum. ▷ Loc. fig. *Avoir l'estomac dans les talons:* avoir grand-faim. – *Être sur les talons de qqn,* le suivre de près. – *Montrer, tourner les talons,* s'enfuir. – ▷ Loc. fig. *C'est son talon d'Achille,* son point vulnérable (par allus. à la flèche avec laquelle Pâris atteignit Achille au talon, seul endroit vulnérable de son corps). ▷ MED VETER Point du sabot des ongulés où la paroi se replie postérieurement pour se porter en dedans. *Cheval relevé de talon.* **2.** Partie d'un soulier, d'un bas dans laquelle se loge le talon. *Chaussettes, bas à talons renforcés.* ▷ Pièce saillante en hauteur ajoutée en cet endroit sous la semelle. *Talons hauts, plats.* **3.** Dans un registre, un carnet à souche, partie inamovible, par oppos. aux feuillets détachables. *Conserver les talons de chèques.* **4.** Ce qui reste d'une chose entamée. *Un talon de saucisson, de pain.* **5.** JEU Ce qui reste de cartes après la distribution à chaque joueur. **6.** ARCHI Moulure à double courbure, concave en bas, convexe en haut. **7.** TECH Extrémité inférieure ou postérieure de divers objets. ▷ MAR Extrémité postérieure de la quille d'un navire. – Lat. pop. **talo, talonis,* class. *talus.*

talonnage [talɔnaʒ] n. m. MAR Fait de talonner, de heurter le fond. – De *talonner.*

talonnement [talɔnmɑ̃] n. m. Action de talonner (un animal). ▷ Fig. Harcèlement. – De *talonner.*

talonner [talɔne] v. [1] **I.** v. tr. **1.** Suivre, poursuivre (qqn) de très près. *Les ennemis les talonnaient.* **2.** *Talonner un cheval,* l'éperonner. ▷ Fig. Presser sans répit, harceler. *Les créanciers le talonnent.* **II.** v. intr. MAR En parlant d'un navire, heurter le fond avec l'arrière de la quille, mais sans s'échouer. – De *talon.*

talonnette [talɔnɛt] n. f. **1.** Petite plaque de cuir, de liège, placée sous le talon du pied, à l'intérieur d'une chaussure. **2.** Partie de tricot renforçant le talon d'une chaussette, d'un bas. **3.** Ruban de tissu très résistant que l'on coud à l'intérieur des bas de pantalons pour les renforcer. – Dimin. de *talon.*

talonnière [talɔnjɛʀ] n. f. MYTH Chacune des ailes que Mercure porte aux talons. – De *talon.*

talquer [talke] v. tr. [1] Enduire, saupoudrer de talc, frotter avec du talc. – De *talc.*

talqueux, euse [talkø, øz] adj. MINER Qui est formé de talc, ou en contient. *Schiste talqueux.* – De *talc.*

1. talus [taly] n. m. **1.** Terrain en pente formant le côté d'une terrasse, le bord d'un fossé, etc. ▷ GEOGR *Talus continental:* brusque rupture de pente, qui interrompt du côté du large la partie sous-marine de la plate-forme continentale. **2.** TECH Inclinaison, pente donnée à des élévations de terre, à des constructions verticales pour qu'elles se soutiennent mieux. *Talus d'une muraille.* – Du lat. *talutium,* du gaul. *talo,* «front».

2. talus [taly] adj. m. MED *Pied talus,* pied bot qui, exagérément fléchi sur la jambe, ne touche le sol que par le talon. – Mot lat.

talweg ou **thalweg** [talvɛg] n. m. GEOGR Ligne imaginaire qui joint les points les plus bas d'une vallée et suivant laquelle s'écoulent les eaux. ▷ *Par anal.* METEO Vallée barométrique, prolongement d'une zone de basses pressions entre deux zones de hautes pressions. Ant. dorsale. – Mot all., de *Tal,* «vallée», et *Weg,* «chemin».

tamandua [tamɑ̃dɥa] n. m. ZOOL Petit fourmilier à queue préhensile *(Tamandua tetradactyla),* xénarthre non cuirassé d'Amérique du S. et centrale, mi-terrestre, mi-arboricole. – Mot tupi, par le portug.

tamanoir [tamanwaʀ] n. m. Grand fourmilier *(Myrmecophaga tridactyla)* d'Amérique du S., à la fourrure abondante, à la queue en panache. *Le tamanoir attrape les fourmis dont il se nourrit avec sa longue langue visqueuse.* – De *tamanoa,* mot d'une langue amérindienne des Antilles, même rac. que *tamandua.*

1. tamarin [tamaʀɛ̃] n. m. Fruit (gousse) du tamarinier, aux propriétés laxatives. ▷ *Par ext.* Tamarinier. – Lat. médiév. *tamarindus,* ar. *thamar hindi,* «datte de l'Inde».

2. tamarin [tamaʀɛ̃] n. m. ZOOL Petit singe omnivore d'Amérique du S., à longue queue non préhensile, vivant en troupes nombreuses dans les forêts tropicales. – Mot amérindien d'Amazonie.

tamarinier [tamaʀinje] n. m. Grand arbre à fleurs en grappes (*Tamarindus indica,* fam. césalpiniacées), haut de 20 à 25 m, originaire des régions sèches du sud du Sahara et de l'Inde, cultivé dans toutes les régions chaudes pour son magnifique ombrage et ses fruits. – De *tamarin* 1.

tamaris [tamaʀis] ou **tamarix** [tamaʀiks] n. m. Arbre ou arbuste ornemental (genre *Tamarix*), à feuilles écailleuses, étroitement serrées sur des rameaux mous, et à petites fleurs roses en épi, qui croît dans les sables littoraux. – Bas lat. *tamariscus,* probabl. de l'ar. V. tamarin 1.

tambouille [tɑ̃buj] n. f. Fam. **1.** Mauvaise cuisine. **2.** Plaisant Cuisine en général. *Faire la tambouille.* – P.-ê. abrév. de *pot-en-bouille,* var. de *pot-bouille.*

tambour [tɑ̃buʀ] n. m. **I. 1.** MUS Instrument à percussion, cadre cylindrique sur lequel sont tendues deux peaux et que l'on fait résonner au moyen de deux baguettes. *Battre du tambour.* ▷ Loc. *Tambour battant:* au son du tambour. ▷ Fig. *Mener une affaire tambour battant,* rondement, avec énergie. – Fig., fam. *Raisonner comme un tambour* (par jeu de mots avec résonner), d'une façon absurde. – Fig., fam. *Sans tambour ni trompette,* discrètement, sans bruit. ▷ *Tambour de basque:* petit cerceau de bois garni de grelots, dont une face est recouverte d'une peau tendue sur laquelle on frappe avec les doigts. **2.** Personne qui bat du tambour. *Tambour de ville:* crieur public qui faisait diverses annonces au son du tambour. **II.** (Par anal. de forme.) **1.** TECH Pièce de forme cylindrique. *Tambour d'un treuil, d'un enregistreur de température. Frein à tambour,* dans lequel les garnitures viennent s'appliquer contre une partie cylindrique, solidaire de la roue. ▷ INFORM *Tambour magnétique:* cylindre magnétique sur lequel on enregistre les informations et qui équipe certains ordinateurs. ▷ Petit métier en forme d'anneau sur lequel on tend une étoffe pour la broder à l'aiguille. **2.** ARCHI Chacune des pierres cylindriques constituant le fût d'une colonne. **3.** CONSTR À l'entrée d'un grand édifice, enceinte de menuiserie à porte vitrée tournante, ou petit vestibule comprenant plusieurs portes, destinées à garantir contre le froid et les courants d'air. – P.-ê. du persan *tabir,* nasalisé sous l'infl. de l'ar. *tŭnbŭr, tănbŭr,* sorte de guitare.

tambourin [tɑ̃burɛ̃] n. m. **1.** MUS Tambour de forme allongée que l'on bat d'une seule baguette, en s'accompagnant quelquefois du galoubet ou d'une flûte. *Tambourin provençal.* ▷ Cour., *abusiv.* Tambour de basque. **2.** Anc. Cercle de bois tendu de peau, avec lequel on joue à se renvoyer des balles. **3.** Anc. Air de danse assez vif dont on marque la mesure sur le tambourin. – De *tambour.*

tambourinage [tɑ̃burinaʒ] n. m. Action de tambouriner. – De *tambouriner.*

tambourinaire [tɑ̃burinɛr] n.**1.** Personne qui joue du tambourin provençal. **2.** Joueur de tambour, de tam-tam. Syn. tambourineur. – Mot provenç.

tambourinement [tɑ̃burinmɑ̃] n. m. Roulement de tambour. ▷ *Par ext.* Bruit semblable au roulement du tambour. *Le tambourinement de la pluie sur une verrière.* – De *tambouriner.*

tambouriner [tɑ̃burine] v. [1] **I.** v. intr. [1] **1.** Battre le tambour ou le tambourin. **2.** Produire (avec les doigts, par ex.) des roulements semblables à ceux du tambour. *Tambouriner sur une table avec ses doigts.* **II.** v. tr. **1.** Jouer sur le tambour ou sur le tambourin. *Tambouriner la charge.* **2.** Fig. Annoncer à grand bruit. *Elle tambourina partout la nouvelle.* – De *tambourin.*

tambourineur, euse [tɑ̃burinœr, øz] n. Personne qui joue du tambour, du tam-tam. – De *tambouriner.*

tamia [tamja] n. m. Petit écureuil au pelage rayé sur la longueur qui vit en Amérique du Nord et en Russie. – *Tamia rayé* (*Tamias striatus* Linné), qui vit dans l'est de l'Amérique du Nord où il est mieux connu sous le nom de *suisse* (v. ce mot). – *Tamia mineur* (*Entamias minimus* Bachman), dont l'aire de dispersion s'étend de l'Ontario jusqu'à la Colombie-Britannique et au Yukon. – Lat. mod., p.-ê. du grec *tamias,* «économe».

tamier [tamje] n. m. BOT Plante grimpante, vivace (genre *Tamus,* fam. dioscoréacées), à baies rouges charnues, commune dans les haies et les bois. – Du lat. *taminia (uva),* «(raisin) sauvage», confondu avec *thamnum,* du gr. *thamnos,* «buisson, arbrisseau».

tamil. V. tamoul.

tamis [tami] n. m. **1.** Instrument formé d'un tissu treillagé de crin, de soie, de fil de fer, monté sur un cadre généralement cylindrique et destiné à trier des matières pulvérulentes ou à passer des liquides épais. **2.** Fig. *Passer au tamis:* passer au crible, vérifier, contrôler méticuleusement. *Passer au tamis le passé de qqn.* – Lat. pop. **tamisium,* probabl. d'orig. gaul.

tamisage [tamizaʒ] n. m. Action de tamiser. – De *tamiser.*

tamiser [tamize] v. [1] **I.** v. tr. **1.** Faire passer dans un tamis. *Tamiser du sable.* ▷ Fig. Soumettre à un contrôle sévère. *Tamiser les investissements étrangers.* **2.** Laisser passer en adoucissant. *Tamiser les sons, la lumière.* ▷ Au pp. *Lumière tamisée.* **II.** v. intr. TECH Subir le tamisage. *Sable qui tamise facilement.* – De *tamis.*

tamiserie [tamizri] n. f. TECH Fabrique, commerce de tamis, de sas, de cribles. – De *tamis.*

tamiseur, euse [tamizœr, øz] n. **1.** Personne spécialisée dans le tamisage de certaines matières. **2.** n. m. Instrument utilisé pour tamiser les cendres. **3.** n. f. Machine à tamiser (utilisée en partic. dans l'industrie alimentaire). – De *tamiser.*

tamisier, ière [tamizje, jɛr] n. TECH Personne qui fabrique, qui vend des tamis. – De *tamis.*

tamoul, e [tamul] ou **tamil, e** [tamil] adj. et n. Qui se rapporte aux Tamouls, peuple mélano-indien de l'Inde du S.-E. et de Ceylan (auj. le *Sri Lanka*). ▷ Subst. *Les Tamouls.* ▷ N. m. Langue dravidienne parlée dans le sud de l'Inde et à Ceylan. – De *davila* en pali; *dramila* en sanskrit.

tamouré [tamure] n. m. Danse de Polynésie. – Mot polynésien.

tampico [tɑ̃piko] n. m. Crin végétal provenant des feuilles d'un agave du Mexique, utilisé pour la fabrication des cordes et la confection des matelas. – Du nom de la ville de *Tampico,* d'où provient ce crin.

tampon [tɑ̃pɔ̃] n. m. **I.** Pièce découpée dans une matière dure, ou masse de matière souple comprimée, servant à boucher une ouverture, à étancher un liquide. *Tampon de bois, de liège, de tissu.* **1.** Pièce de bois, de fibre, etc., dont on garnit un trou pratiqué dans un mur, ou dans un objet quelconque, pour y enfoncer un clou, une vis. **2.** TECH Cylindre servant à contrôler les dimensions d'un trou alésé ou fileté. **3.** CONSTR Dalle, plaque qui obture un regard, un orifice. **4.** CHIR Morceau d'ouate, de gaze roulé en boule, servant à étancher le sang. ▷ Cour. *Tampon périodique,* ou *hygiénique,* placé dans le vagin pendant les règles. **5.** Boule de tissu, morceau d'étoffe pressée servant à frotter un corps, à étendre un liquide. *Vernir au tampon.* **6.** *Tampon encreur:* petite masse de matière spongieuse imprégnée d'encre grasse et servant à encrer un timbre gravé ou un cachet en caoutchouc; ce timbre, ce cachet. *Tampon apposé sur une carte.* **II. 1.** CH de F Disque métallique monté sur ressort, placé par paires à l'avant et à l'arrière d'une voiture, d'un wagon et destiné à amortir les chocs. ▷ Fig. Ce qui sert à amortir les chocs, à éviter les affrontements. *Servir de tampon entre deux adversaires. État tampon,* placé entre deux États en conflit, pour éviter le conflit armé. **2.** *Appos.* CHIM *Solution tampon:* solution obtenue par mélange d'un acide ou d'une base faible avec l'un de ses sels et dont le pH n'est pas sensiblement modifié par l'addition d'une base ou d'un acide fort. – Var. nasalisée de *tapon,* d'abord «cylindre de bois servant pour les canons», frq. **tappo,* «bouchon, tampon».

tamponnage [tɑ̃pɔnaʒ] n. m. Action de tamponner, d'appliquer ou d'étancher un liquide au moyen d'un tampon. – De *tamponner.*

tamponnement [tɑ̃pɔnmɑ̃] n. m. **1.** Action de tamponner; son résultat. **2.** CHIR Introduction de mèches dans une cavité naturelle ou dans une plaie, destinée à arrêter une hémorragie. **3.** Heurt violent d'un véhicule contre un autre. – De *tamponner.*

tamponner [tɑ̃pɔne] **I.** v. tr. [1] **1.** Boucher avec un tampon. **2.** Placer un tampon (sens I, 1) dans. *Tamponner un mur.* **3.** Heurter avec les tampons (sens II, 1). ▷ *Par ext.* Heurter violemment. **4.** Étendre, appliquer un liquide sur (qqch) au moyen d'un tampon (sens I, 5). **5.** Étancher, essuyer à l'aide d'un tampon d'ouate, de gaze. ▷ CHIR Effectuer le tamponnement de (une cavité, une plaie). **6.** CHIM *Tamponner une solution,* la transformer en solution tampon*. **7.** Apposer un tampon, un cachet sur. *Tamponner une carte.*

II. v. pron. Se heurter violemment (véhicules). – De *tampon.*

tamponneur, euse [tɑ̃pɔnœʀ, øz] adj. et n. **1.** adj. Qui a tamponné (un autre véhicule). *Train tamponneur.* ▷ *Autos tamponneuses:* petites voitures électriques garnies sur leur pourtour de pare-chocs caoutchoutés, qui se déplacent et se heurtent sur une piste. **2.** n. Personne qui tamponne (des documents). – De *tamponner.*

tamponnoir [tɑ̃pɔnwaʀ] ou, rare, **tamponnier** [tɑ̃pɔnje] n. m. TECH Pointe d'acier très dur servant à percer les murs, pour y loger un tampon, une cheville, etc. – De *tamponner.*

tam-tam [tamtam] n. m. **I.** MUS **1.** Instrument d'origine chinoise fait d'une plaque ronde en métal suspendue à la verticale dans un cadre et que l'on frappe avec une mailloche. *Des tam-tams.* **2.** Tambour africain. **II.** Fig., péjor. Bruit, tapage; réclame tapageuse. *Faire du tam-tam autour d'une affaire.* – Onomat. d'orig. indienne.

tan [tɑ̃] n. m. Écorce de chêne séchée et pulvérisée, employée pour le tannage des cuirs. V. tanin. – P.-ê. gaul. **tann*, «chêne».

tanagra [tanagʀa] n. m. ou f. Figurine, statuette de terre cuite (IVe – IIIe s. av. J.-C.), d'un travail très fin, représentant une femme ou un enfant. ▷ Fig. Adolescente, jeune femme remarquable par sa grâce et sa finesse. – De *Tanagra,* nom du village de Grèce (Béotie), d'où provenaient ces statuettes découvertes à la fin du XIXe s.

tanaisie [tanɛzi] n. f. BOT Plante odorante (genre *Tanacetum,* fam. composées) aux fleurs jaunes vermifuges. – Du lat. pop. **tanacita;* orig. prélatine.

tancer [tɑ̃se] v. tr. [14] Litt. Réprimander, admonester. *Tancer vertement un enfant.* – Du lat. pop. **tentiare,* de *tentus,* pp. de *tendere,* «tendre, combattre».

tanche [tɑ̃ʃ] n. f. Poisson d'eau douce européen, comestible (*Tinca tinca,* fam. cyprinidés), à la peau vert sombre ou dorée, qui vit sur les fonds vaseux. *La tanche a été introduite en Amérique du Nord, notamment dans le fleuve Columbia.* – Du bas lat. *tinca,* mot gaul.

tandem [tɑ̃dɛm] n. m. **1.** Anc. Cabriolet à deux chevaux attelés l'un derrière l'autre ▷ *Attelage en tandem.* **2.** Bicyclette à deux places. **3.** Fig., fam. Association de deux personnes, de deux groupements; couple. *Tandem de fantaisistes de music-hall.* – Mot angl., du lat. *tandem,* «enfin», pris au sens de «à la longue, en longueur».

tandis que [tɑ̃di(s)kə] loc. conj. **1.** (Marquant la simultanéité.) Pendant le temps que, pendant que. *Tandis que nous marchions, minuit sonna au clocher.* ▷ (Marquant l'opposition au sein d'un rapport de simultanéité.) *Tandis qu'il pleuvait à Montréal, le soleil inondait Miami.* **2.** (Marquant l'opposition.) Au lieu que, alors qu'au contraire. *Il aime la société, tandis que son frère recherche la solitude.* – Du lat. *tamdiu,* «aussi longtemps», avec *s* adverbial, et *que.*

tangage [tɑ̃gaʒ] n. m. Mouvement oscillatoire d'un navire dans le plan longitudinal (par oppos. au roulis) sous l'action des vagues. ▷ *Par ext.* Mouvement oscillatoire autour d'un axe transversal d'un avion ou d'un véhicule terrestre. – De *tanguer.*

tangara [tɑ̃gaʀa] n. m. ZOOL Oiseau passériforme (genre princ. *Tangara*) d'Amérique tropicale au bec généralement court et épais, et au plumage éclatant. – Mot tupi, par l'esp.

tangence [tɑ̃ʒɑ̃s] n. f. GEOM Position de ce qui est tangent. *Point de tangence.* – De *tangente.*

tangent, ente [tɑ̃ʒɑ̃, ɑ̃t] adj. et n. f. **I.** adj. **1.** GEOM Qui n'a qu'un point de contact avec une courbe, une surface. *Plan tangent à une sphère.* **2.** Fig. Qui se produit de justesse. *Il a été reçu à son examen, mais c'était tangent.* **II.** n. f. **1.** GEOM Ligne droite qui touche une ligne courbe sans la couper. ▷ Loc. fig. Fam. *Prendre la tangente:* éviter, contourner habilement une difficulté, une situation pénible; s'esquiver. **2.** MATH Quotient du sinus d'un arc par son cosinus (*symb.* tg.). – Lat. *tangens, tangentis,* de *tangere,* «toucher».

tangentiel, elle [tɑ̃ʒɑ̃sjɛl] adj. **1.** GEOM Relatif à la tangente, au plan tangent. **2.** PHYS *Accélération tangentielle,* représentée par la projection du vecteur accélération sur la tangente à la trajectoire (par oppos. à *accélération normale*). ▷ *Force tangentielle,* projection d'une force sur une tangente ou un plan tangent. – De *tangente.*

tangentiellement [tɑ̃ʒɑ̃sjɛlmɑ̃] adv. Didac. D'une manière tangentielle. – Du préc.

tangerine [tɑ̃ʒ(ə)ʀin] n. f. Fruit de goût acidulé, obtenu par hybridation (oranger et citronnier), ayant la forme du citron et la couleur de l'orange. – Mot angl., propr. «de Tanger», v. du Maroc.

tangibilité [tɑ̃ʒibilite] n. f. Didac. Caractère de ce qui est tangible. – De *tangible.*

tangible [tɑ̃ʒibl] adj. **1.** Qui peut être touché, perçu par le toucher. *Une réalité tangible.* **2.** Fig. Évident, manifeste. *Une vérité tangible. Des preuves tangibles.* – Bas lat. *tangibilis,* de *tangere,* «toucher».

tangiblement [tɑ̃ʒibləmɑ̃] adv. Didac. D'une manière tangible. – De *tangible.*

tango [tɑ̃go] n. m. et adj. inv. **I.** n. m. **1.** Danse d'origine argentine, sur un rythme à deux temps; air sur lequel on la danse. *Jouer, écouter un tango.* **2.** Verre de bière mélangée à une petite quantité de grenadine. *Tango panaché* (bière, limonade et grenadine). **II.** adj. inv. Couleur rouge orangé très vive. *Des rubans tango.* – Mot esp. d'Argentine.

tangon [tɑ̃gɔ̃] n. m. MAR Long espar disposé perpendiculairement à la coque, à l'extérieur d'un navire, pour amarrer les embarcations et les tenir débordées. ▷ *Par ext.* Espar servant à déborder une voile d'avant. *Tangon de spinnaker.* – P.-ê. du moyen néerl. *tange,* «tenailles»; a. fr. *tanque.*

tanguer [tɑ̃ge] v. intr. [1] Être animé d'un mouvement de tangage (en parlant d'un bateau). ▷ Par ext. *Train qui tangue.* – *Avion qui tangue,* qui subit de courtes et fréquentes variations d'altitude dans une atmosphère turbulente. – P.-ê. de l'anc. nordique *tangi,* «pointe»; a. fr. *tangre.*

tanière [tanjɛʀ] n. f. **1.** Caverne, lieu abrité servant d'abri à une bête carnivore. *Un loup dans sa tanière.* **2.** *Par ext.* Logis misérable, taudis. **3.** Habitation où l'on se retire, on mène une vie solitaire. *Rester dans sa tanière.* – Du lat. pop. *taxonaria,* du gaul. *taxo,* «blaireau»; a. fr. *tainiere.*

tanin ou **tannin** [tanɛ̃] n. m. **1.** Substance astringente très abondante dans l'écorce de certains arbres (chêne, châtaignier) et utilisée dans le traitement des peaux pour les rendre imperméables et imputrescibles. **2.** *Tanin du vin,* fourni par les pellicules, les rafles, et les pépins de raisin (antiseptique qui facilite la conservation et le vieillissement). – De *tan.*

tanisage ou **tannisage** [tanizaʒ] n. m. TECH Action de taniser. – De *tan(n)iser.*

taniser ou **tanniser** [tanize] v. tr. [1] TECH **1.** Mettre du tan dans (une poudre, un liquide). **2.** Ajouter du tanin à (un vin, un moût). – De *tan.*

tank [tɑ̃k] n. m. **1.** Grand réservoir servant à l'irrigation, en Inde. **2.** Vieilli Char de combat, blindé. – Mot angl. *tank,* «réservoir».

1. tanka [tɑ̃ka] n. m. inv. Didac. Bannière peinte du culte tantrique, au Népal et au Tibet. – Mot sanskrit.

2. tanka [tɑ̃ka] n. m. Didac. Dans la littérature japonaise, poème court, formé de 31 syllabes. *«Tanka(s) et haïku(s) constituent toute la poésie japonaise»* (René Sieffert). – Mot jap.

tanker [tɑ̃kœʀ] n. m. Anglicisme V. navire-citerne, pétrolier, butanier. – Mot angl., de *tank*, «réservoir».

tannage [tanaʒ] n. m. Ensemble des opérations ayant pour but de transformer les peaux en cuir en utilisant des tanins. *Tannage végétal. Tannage minéral* (au chrome, notam.). – De *tanner.*

tannant, ante [tanɑ̃, ɑ̃t] adj. **1.** TECH Qui sert à tanner les peaux. *L'alun de chrome est une substance tannante.* **2.** Fig., fam. Qui importune, lasse par son insistance. *Des demandes tannantes. Un enfant tannant.* – Ppr. de *tanner.*

tanne [tan] n. f. **1.** TECH Marque brune qui reste sur une peau après le tannage. **2.** Kyste dû à l'accumulation de matières graisseuses dans les glandes sébacées. Syn. pop. de *kyste sébacé.* – Déverbal de *tanner.*

tanné, ée [tane] adj. et n. f. **I.** adj. **1.** Qui a été tanné. *Peaux tannées.* **2.** Qui a pris une couleur brun clair, semblable à celle du tan. ▷ *Visage tanné* (par la vie au grand air). **3.** Qui ressemble au cuir. *Mains à la peau tannée.* **4.** Fatigué, à bout de patience. *Être tanné de traverser la ville tous les matins aux heures de pointe.* **II.** n. f. **1.** TECH Tan ayant servi au tannage et dépourvu de son tanin. **2.** Pop. Volée de coups. ▷ Fig. *Recevoir une tannée:* essuyer une défaite. – Pp. de *tanner.*

tanner [tane] v. tr. **[1] 1.** Préparer (les peaux) avec du tan ou des substances analogues, pour les transformer en cuir. ▷ Abusiv. *Tanner des cuirs.* – Fig., fam. *Tanner le cuir à qqn,* le battre. **2.** Donner à (la peau du corps) la couleur brune du tan. **3.** Fig., fam. Lasser, agacer, harasser. *Cet enfant me tanne avec ses questions!* – De *tan.*

tannerie [tanʀi] n. f. **1.** Lieu où l'on tanne les peaux. **2.** Métier, commerce du tanneur. – De *tanner.*

tanneur, euse [tanœʀ, øz] n. Personne qui tanne les peaux, ou qui vend des peaux tannées. – De *tanner.*

tannin. V. tanin.

tannique [tanik] adj. CHIM, TECH Qui contient du tanin. *Acide tannique.* – De *tan.*

tannisage, tanniser. V. tanisage, taniser.

tanrec ou **tenrec** [tɑ̃ʀɛk] n. m. ZOOL Petit mammifère insectivore de Madagascar au nez en forme de trompe (genre *Centetes*), qui tient du hérisson et de la musaraigne. – De *tandraka,* var. dial. de *trandraka,* n. malgache de l'animal.

tant [tɑ̃] adv. **I.** adv. de quantité. **1.** Tellement, en si grande quantité. *C'est le jour où il a tant plu. – Il a tant mangé!* ▷ *Tant de. Il a tant de peine. Un de ces hommes comme il y en a tant.* – Fam. *Tu m'en diras tant!* : tout devient clair après ce que tu viens de me dire. **2.** *Tant... que:* tellement... que, à un point tel que. *Il a tant couru qu'il est essoufflé.* – Loc. prov. *Tant va la cruche à l'eau qu'à la fin elle se casse.* ▷ *Tant de... que:* tellement de... que, une si grande quantité de... que. *Il a tant de richesses qu'on ne saurait les compter.* **3.** *Emploi nominal.* Quantité non précisée, supposée connue des interlocuteurs. *Son bien se monte à tant. – Recevoir tant pour cent.* ▷ *Le tant:* tel jour du mois. *Il est parti le tant.* ▷ *Tant de. Ce costume coûte tant de dollars.* ▷ *Tant et plus:* autant et plus qu'il n'en faut. *Des amis, il en a tant et plus !* **II.** *Tant que...* **1.** (Marquant la distance.) Aussi loin que. **2.** (Marquant la durée.) Aussi longtemps que. **III.** (Marquant la comparaison.) **1.** (Dans une prop. nég.) *Tant que:* autant que. *«Rien ne pèse tant qu'un secret.»* **2.** (Dans une prop. affirmative.) *Tant que:* autant que. *Il crie tant qu'il peut.* ▷ Par ext. *Tant que* (+ le v. *pouvoir*): énormément, autant qu'on peut l'imaginer. *Avare tant qu'il pouvait.* – Pop. *Il gèle tant que ça peut.* ▷ Fam. *Tant que ça:* tellement, à un tel point. *Tu travailles tant que ça?* **3.** *Tant... tant...* (généralement suivi du v. *valoir*). *Tant vaut l'homme, tant vaut la terre.* **4.** *Tant... que...:* que ce soit... que ce soit, aussi bien que... *Les partis, tant de droite que de gauche, ont protesté.* **5.** *Tant qu'à* (+ inf.) (emploi critiqué): puisqu'il est nécessaire de. *Tant qu'à partir, partons loin. Tant qu'à faire, j'aime mieux attendre ici.* **IV.** loc. **1.** loc. adv. *Tant mieux, tant pis* (pour marquer la satisfaction et le regret, le dépit.) *Tant mieux pour vous. S'il échoue, tant pis !* ▷ *Tant bien que mal:* ni bien ni mal, médiocrement. ▷ *Tant soit peu:* si peu que ce soit. *Si vous étiez tant soit peu perspicace...* **2.** loc. conj. *Tant s'en faut que:* il est très peu probable que (+ subj.). *Tant s'en faut qu'elle y consente.* ▷ *Si tant est que:* même en supposant que. ▷ *En tant que:* dans la mesure où; en qualité de, comme. – Lat. *tantum.*

1. tantale [tɑ̃tal] n. m. CHIM Métal blanc réfractaire qui fond à 2 850 °C et bout à 6 000 °C; élément de numéro atomique Z = 73, de masse atomique 180,947 (symbole Ta). – De *Tantale,* n. d'un roi de la myth. grecque, condamné par les dieux à la soif et à la faim perpétuelles, en présence d'eau et de fruits inaccessibles, par allus. à la difficulté de saturer ce métal par l'acide.

ENCYCL Présentant beaucoup d'analogie avec le niobium, avec lequel il forme un alliage supraconducteur, le tantale est utilisé pour la fabrication d'appareillages scientifiques, à cause de sa résistance à la corrosion, et dans les implants chirurgicaux, car il provoque peu de phénomènes de rejet.

2. tantale [tɑ̃tal] n. m. ZOOL Grande cigogne (genre *Ibis* d'Afrique et d'Asie, genre *Mycteria* d'Amérique du Nord) aux rémiges et à la queue noires. – Du lat. scientif. mod. *tantalus loculator.*

1. tante [tɑ̃t] n. f. Sœur du père ou de la mère. ▷ *Tante par alliance* ou *tante:* femme de l'oncle. ▷ *Grand-tante:* sœur de l'aïeul ou de l'aïeule; femme du grand-oncle. – Du lat. *amita,* «tante paternelle»; altér. de l'a. fr. *ante* (*ta ante;* cf. m'amie).

2. tante [tɑ̃t] ou **tantouse, tantouze** [tɑ̃tuz] n. f. Pop., péjor. Homosexuel très maniéré et efféminé. – De *tante* 1, par métaph.

tantième [tɑ̃tjɛm] adj. et n. m. **1.** adj. Vx Qui représente tant d'une grandeur déterminée. *La tantième partie d'un bénéfice.* **2.** n. m. Tant sur une quantité déterminée. ▷ FIN Quote-part des bénéfices distribuée aux administrateurs d'une société. – De *tant.*

tantine [tɑ̃tin] n. f. (Langage enfantin) Tante, ma tante (sens 1). – Dimin. de *tante.*

tantinet [tɑ̃tinɛ] n. m. *Un tantinet de:* une toute petite quantité de. ▷ Loc. adv. *Un tantinet:* un peu, légèrement. *Être un tantinet fâché.* – Dimin. de *tant.*

tantôt [tɑ̃to] adv. **1.** Vx Bientôt, presque. *Il est tantôt nuit. Voici tantôt huit jours que je l'ai vu.* **2.** Dans peu de temps ou il y a peu de temps (dans une même journée). *À tantôt:* au revoir, à tout à l'heure. **3.** Cet après-midi, dans l'après-midi. *Si je ne pars pas ce matin, je partirai tantôt.* **4.** *Tantôt..., tantôt...* (marquant une alternance, une opposition): à tel moment..., à un autre moment. *Il se porte tantôt bien, tantôt mal.* – De *tant,* et *tôt.*

tantouse ou **tantouze.** V. tante 2.

tāntra ou **tantra** [tɑ̃tʀa] n. m. Didac. Livre ésotérique de l'Inde, sorte de manuel contenant des formules sacramentelles. (Les tāntra, ou tantras, ont été rédigés en sanskrit à une date incertaine, p.-ê. entre le Xe et le XIIIe s.) – Mot sanscr., «trame» (d'un tissu), puis «doctrine, règle».

tantrique [tɑ̃tʀik] adj. Didac. Qui se rapporte au tantrisme, aux tantras. *Peinture tantrique*, inspirée par des relations de signes propres au tantrisme. – De *tantra*.

tantrisme [tɑ̃tʀism] n. m. Ensemble de doctrines et de rites appartenant soit à l'hindouisme, soit au bouddhisme et dont les textes canoniques *(tantras)* exposent le culte de la Çakti, qui est l'aspect féminin de Çiva. – De *tantra*.

tanzanien, enne [tɑ̃zanjɛ̃, ɛn] adj. et n. De Tanzanie, État d'Afrique orientale.

tao [taɔ] n. m. Principe (englobant de nombreuses notions) à l'origine de la vie et régulant toutes choses dans l'Univers, pour les taoïstes. – Mot chinois.

taôisme ou **taoïsme** [taɔism] n. m. Système philosophique et religieux de la Chine, l'un des deux grands courants de la pensée chinoise avec le confucianisme. – De *tao*.

ENCYCL Le taoïsme est attribué à Lao-tseu, l'auteur supposé, v. le VIe ou le Ve s. av. J.-C., du *Tao-tö-king*. Cet ouvrage est un «recueil d'aphorismes» sur le tao et sur l'idéal du sage qui, diminuant chaque jour son activité extérieure et mentale, parvient à ne plus intervenir dans le cours des choses. À partir du IIe s. ap. J.-C. s'est développé, autour du taoïsme, une sorte de syncrétisme magico-religieux qui recouvre un ensemble de croyances et de pratiques auxquelles président un nombre considérable de dieux et de génies. V. aussi encycl. yin.

taôiste ou **taoïste** [taɔist] n. et adj. Personne qui pratique le taoïsme. ▷ Adj. Qui concerne le taoïsme, les taoïstes. – Du préc.

taon [tɑ̃] n. m. Insecte diptère dont la femelle pique les mammifères pour sucer leur sang. – Du bas lat. *tabo, tabonis*, class. *tabanus*.

tapa [tapa] n. m. ETHNOL Étoffe faite en général avec de l'écorce de mûrier battue, d'une texture assez semblable à celle du papier, utilisée par certains peuples d'Océanie, et, plus rarement, d'Afrique et d'Amérique. – Mot polynésien.

tapage [tapaʒ] n. m. **1.** Bruit accompagné de désordre. *Tapage nocturne.* **2.** Grand retentissement que connaît une affaire, émotion qu'elle suscite dans le public; éclat, scandale *La nouvelle a fait du tapage. Sortie d'un film, annoncée à grand tapage.* – De *taper*.

tapageur, euse [tapaʒœʀ, øz] adj. **1.** Qui fait du tapage (sens 1). *Noctambules tapageurs.* **2.** Qui provoque le tapage (sens 2); qui suscite un certain scandale par son caractère inhabituel ou provocant. *Réclame tapageuse. Conduite tapageuse.* ▷ Trop voyant, criard. *Élégance tapageuse.* – De *tapage*.

tapageusement [tapaʒøzmɑ̃] adv. De façon tapageuse. – Du préc.

tapant, ante [tapɑ̃, ɑ̃t] adj. **1.** *À une (deux, trois, etc.) heure(s) tapante(s)*: à cette heure exactement, au moment précis où l'heure sonne. **2.** Rare Qui tape. *Soleil tapant.* – Ppr. de *taper*.

1. tape [tap] n. f. MAR Tampon, bouchon. *Tape d'écubier.* – Anc. provenç. *tap.*, du germ. **tappon*, néerl. *tap*, «bouchon».

2. tape [tape] n. f. Coup donné avec la main ouverte. *Une tape amicale.* – Déverbal de *taper*.

tapé, ée [tape] adj. **1.** Vx. *Fruits tapés*, aplatis et séchés au four. ▷ Mod. Trop mûr. **2.** Se dit d'un visage marqué par la fatigue, l'âge. **3.** Fam. Dit avec à-propos, particulièrement bien venu. *Une réponse tapée. Ça, comme lettre, c'est tapé!* **3.** Fam. Fou. *Mais il est tapé, celui-là!* (Cf. frappé, toqué.) – Pp. de *taper*.

tape-à-l'œil [tapalœj] adj. et n. m. inv. Fam. Trop voyant, qui attire trop le regard; qui cherche à éblouir par son caractère ostentatoire. *Couleurs tape-à-l'œil. Un luxe tape-à-l'œil.* Ant. Sobre, discret. ▷ N. m. inv. *Parvenu qui aime le tape-à-l'œil.* – De *taper, à*, et *œil*.

tapecul ou **tape-cul** [tapky] n. m. **1.** Porte à bascule qui s'abaisse pour fermer l'entrée d'une barrière. *Des tapeculs* ou *des tape-culs.* **2.** Balançoire constituée par une poutre reposant par le milieu sur un point d'appui. **3.** ÉQUIT Exercice de trot sans étriers. *Faire du tape-cul.* **4.** Petit tilbury à deux places. **5.** *Par ext.* Voiture dont la suspension est mauvaise. **6.** MAR Voile aurique ou triangulaire établie tout à fait à l'arrière de certains bateaux et dont la bôme déborde largement la poupe. *Cotre à tapecul* ou *yawl.* – De *taper*, et *cul*.

tapée [tape] n. f. Fam. Grand nombre. *Une tapée d'enfants.* – Pp. fém. subst. de *taper*.

tapement [tapmɑ̃] n. m. Rare Action de taper; bruit fait en tapant. – De *taper*.

tapenade [tapnad] n. f. CUIS Spécialité provençale à base d'olives noires, d'anchois, de câpres, pilés ou écrasés, additionnés d'huile d'olive, de citron et parfois d'ail. – Provençal *tapenado*, de *tapeno* «câpre».

taper [tape] v. [1] **I.** v. tr. **1.** Donner une, des tapes à. *Taper un animal rétif.* – *Par ext.* Frapper, cogner. *Le ballon a tapé la barre transversale du but.* ▷ Loc. fam. *Taper le carton:* jouer aux cartes. **2.** Produire (un son) en frappant. *Taper des notes sur un piano.* **3.** *Taper à la machine*, ou, ellipt., *taper:* dactylographier. *Taper une lettre.* **4.** Fam. Emprunter de l'argent à (qqn). *Il m'a tapé (de) cinquante dollars.* **II.** v. intr. **1.** Donner une, des tapes. *Taper sur l'épaule de qqn.* – Donner un, des coups. *Taper avec un marteau. Taper du pied.* ▷ Loc. fig. Fam. *Taper sur qqn:* en dire du mal. – Fam. *Taper dans l'œil de qqn*, le séduire d'emblée. – *Soleil qui tape*, qui darde ses rayons, qui chauffe. **2.** Fam. *Taper dans:* prélever sur, se servir de. *Taper dans ses économies. Tapez sans vous gêner dans les petits gâteaux!* **III.** v. pron. **1.** (Récipr.) Se frapper mutuellement. **2.** (Réfl.) Fam. *S'en taper:* s'en moquer, rester indifférent. *Si tu pouvais savoir ce que je m'en tape!* **3.** Fam. S'offrir (qqch d'agréable). *Se taper un bon petit dîner.* ▷ Fam. Avoir des relations sexuelles avec. *Se taper une fille, un garçon.* **4.** Fam. Faire (qqch de pénible). *Se taper une corvée.* **5.** Pop. *Tu peux toujours te taper:* ce n'est pas la peine d'y compter. – Onomat., ou du moyen néerl. *tappe*, «patte».

tapette [tapɛt] n. f. **I.** Petite tape. *Le premier de nous deux qui rira aura une tapette* (comptine accompagnant un jeu enfantin). **II. 1.** Palette d'osier tressé, à long manche, pour battre les tapis. ▷ Palette souple à manche, pour tuer les mouches. **2.** Souricière, ratière à ressort, qui tue les rongeurs en les assommant. **3.** Jeu de billes dans lequel on fait taper les billes contre un mur. **4.** Fig. Langue. *Faire marcher sa tapette. Avoir une fière tapette:* avoir la langue bien pendue, être très bavard. ▷ *Par ext.* Personne très bavarde. **5.** Syn. pop de *tante, tantouse.* – Dimin. de *tape*.

tapeur, euse [tapœʀ, øz] n. Fam. Personne qui emprunte facilement de l'argent, qui «tape» (sens I, 4) souvent autrui. – De *taper*.

tapin [tapɛ̃] n. m. **1.** Fam., vx Celui qui bat du tambour. **2.** Arg. *Faire le tapin:* racoler, en parlant d'une prostituée; faire le trottoir. ▷ *Par ext.*, n. m. *Un tapin:* une prostituée qui fait le trottoir. – De *taper*.

tapiner [tapine] v. intr. [1] Arg. Faire le tapin, se prostituer en racolant dans la rue. – Du préc.

tapineuse [tapinøz] n. f. Arg. Prostituée qui tapine, qui racole dans la rue. – Du préc.

tapinois (en) [tapinwa] loc. adv. À la dérobée, en cachette, sournoisement. – De l'a. fr. *en tapin*, même rac. que *(se) tapir.*

tapioca [tapjɔka] n. m. Fécule extraite de la racine de manioc, séchée et réduite en flocons. *Potage au tapioca.* – Mot tupi-guarani *tipioca*, de *tipi* «résidu, lie», et *ok*, «presser».

tapir [tapiʀ] n. m. **1.** Mammifère herbivore et frugivore (genre *Tapirus*) d'Amérique tropicale et de Malaisie, dont la tête se prolonge par une courte trompe mobile. – Mot tupi.

tapir (se) [tapiʀ] v. pron. [2] Se cacher en se ramassant sur soi-même, en se blottissant. – P.-ê. frq. **tappjan*, «fermer».

tapis [tapi] n. m. **I. 1.** Pièce d'étoffe épaisse, de forme régulière, destinée à être étendue sur le sol d'un local d'habitation et à constituer un élément de décoration. *Tapis de Turquie, d'Iran. Tapis de haute laine.* ▷ Toute pièce de matière souple destinée à être posée sur le sol (notam. pour constituer une protection). *Tapis de bain en caoutchouc.* – *Spécial.* Natte épaisse utilisée dans certains sports pour amortir les chutes. *Tapis d'une salle de judo* (V. tatami), *d'un ring. Boxeur qui va au tapis*, qui est envoyé au sol par un coup violent. ▷ *Tapis-brosse*, placé sur un seuil, pour s'essuyer les pieds. Syn. paillasson. ▷ *Tapis de selle:* petite couverture que l'on interpose entre la selle et le dos du cheval. **2.** Pièce de tissu épais qui recouvre un meuble, une table (et, en partic., une table de jeu ou la table d'une salle de réunions). *Mettre une grosse mise sur le tapis. Le conseil d'administration réuni autour du tapis vert.* ▷ Loc. fig. *Amuser le tapis:* jouer de petites mises. – *Par ext.* Éviter d'aborder un sujet épineux en entretenant ses interlocuteurs de choses sans grand intérêt. – *Mettre une affaire sur le tapis*, susciter une discussion à son sujet, en parler. **3.** *Tapis roulant.* V. roulant. **II.** *Par compar.* Ce qui recouvre une surface à la manière d'un tapis. *Un tapis de fleurs.* – Gr. byzantin *tapêtion*, «petit tapis».

tapisser [tapise] v. tr. [1] **1.** Revêtir (une pièce, ses murs) de tapisserie, de papier peint, etc. *Tapisser un couloir.* **2.** (Sujet n. de chose.) Recouvrir en une couche mince et régulière (une surface, une paroi). *Affiches qui tapissent un mur. Membrane qui tapisse l'estomac.* – De *tapis*, au sens anc. de «tenture, étoffe».

tapisserie [tapisʀi] n. f. **1.** Pièce d'étoffe utilisée comme décoration murale, tenture de tapisserie (sens 2 ou 3). – Loc. fig. *Être derrière la tapisserie:* être informé de ce qui est tenu secret. – *Faire tapisserie:* rester le long du mur sans bouger. (Se dit en partic. d'une jeune fille, d'une jeune femme que, dans un bal, l'on n'invite pas à danser.) ▷ *Par ext.* Ce qui tapisse un mur (papier peint collé, tissu agrafé, etc.). **2.** Ouvrage tissé au métier à main, et dans lequel le dessin résulte de la façon dont les fils de trame *(duites)* sont entrecroisés avec les fils de chaîne; grande pièce d'un tel ouvrage, grand panneau destiné à revêtir et à parer une muraille. *Tapisseries de haute lice* des Gobelins. Tapisseries de basse lice de Beauvais et d'Aubusson. Carton de tapisserie:* maquette peinte d'après laquelle est exécutée une tapisserie. ▷ Art de la fabrication de tels ouvrages. **3.** Ouvrage à l'aiguille, broderie effectuée avec des fils de laine, de soie, etc., d'après un dessin tracé d'avance, sur un canevas spécialement destiné à cet usage. *Fauteuil recouvert de tapisserie.* ▷ Art de la confection de tels ouvrages. – De *tapis*, au sens anc. de «tenture, étoffe».

tapissier, ière [tapisje, jɛʀ] n. **I.** n. **1.** Personne qui fait des tapisseries (sens 2 et 3). **2.** Personne qui vend, qui pose les tissus qui garnissent certains meubles ou sont utilisés dans la décoration intérieure des maisons. **II.** n. m. Celui qui vend, qui pose le papier peint, le tissu qui revêt les murs. – De *tapis.*

tapon [tapɔ̃] n. m. Morceau d'étoffe, de papier, de matière souple, roulé en bouchon. – Frq. **tappo.* Cf. tampon.

tapotement [tapɔtmɑ̃] n. m. Action, fait de tapoter; son résultat. ▷ *Spécial.* Massage par petits coups répétés donnés avec les doigts, les mains, les poings. – De *tapoter.*

tapoter [tapɔte] v. tr. [1] Taper à petits coups répétés sur. *Tapoter les joues d'un enfant.* ▷ *Tapoter du piano*, en jouer mal ou négligemment. – De *taper.*

taquer [take] v. tr. IMPRIM **1.** Mettre au même niveau (les caractères, les lignes) au moyen du taquoir. **2.** Égaliser (une rame de papier) en tapant sa tranche sur une surface plane de manière à superposer exactement les feuilles. – P.-ê. de *tac*, onomat.

taquet [takɛ] n. m. **1.** TECH Petite pièce en matière dure (bois, métal) servant de cale, de butoir, de tampon, de repère, etc. **2.** MAR Pièce à deux oreilles solidement fixée en un point du navire ou de son gréement, et que l'on utilise pour amarrer des cordages. *Tourner une drisse au taquet.* **3.** TECH Plateau horizontal qui se fixe aux barreaux d'une échelle ou qui se pose sur les marches d'un escalier, utilisé notam. par les peintres en bâtiment. – De l'anc. normand *(es)taque*; frq. **stakka*, «poteau».

taquin, ine [takɛ̃, in] adj. et n. **1.** adj. Qui se plaît à taquiner autrui. *Un enfant taquin.* **2.** n. m. *Jeu de taquin* ou ellipt., *un taquin*, fait de plaquettes mobiles portant des numéros ou les lettres de l'alphabet, et qu'il faut ranger dans l'ordre convenable. – P.-ê. de même rac. que l'a. fr. *taquehan*, «émeute», moyen néerl. *takehan.*

taquiner [takine] v. tr. [1] **1.** S'amuser à agacer (qqn) par de petites moqueries sans gravité. *Elle le taquine sans cesse.* – *Taquiner la muse:* écrire des vers. ▷ v. pron. (récipr.) *Cessez de vous taquiner!* **2.** (Sujet n. de chose.) Contrarier quelque peu; faire légèrement souffrir. *Cette histoire me taquine. Il a une dent qui le taquine.* – Du préc.

taquinerie [takinʀi] n. f. **1.** Rare Caractère d'une personne taquine. **2.** Action, parole de celui qui taquine; fait de taquiner qqn. – De *taquin.*

taquoir [takwaʀ] n. m. IMPRIM Morceau de bois qui sert à taquer (sens 1). – De *taquer.*

taquon. V. tacon.

tarabiscot [taʀabisko] n. m. TECH Cavité peu profonde entre deux moulures sur bois. ▷ Rabot qui sert à creuser cette cavité. – Orig. incon.

tarabiscoté, ée [taʀabiskɔte] adj. Surchargé d'ornements compliqués. *Décors tarabiscotés.* ▷ Fam. Compliqué à l'extrême. *Esprit, raisonnement, style tarabiscoté.* – Du préc.

tarabiscoter [taʀabiskɔte] v. tr. [1] Rendre tarabiscoté. – Du préc.

tarabuster [taʀabyste] v. tr. [1] **1.** Importuner en harcelant. *Tarabuster qqn pour obtenir qqch.* **2.** (Sujet n. de chose.) Tracasser. *Cette pensée me tarabuste.* – Du provenç. *tarabustar*, croisement de *tabustar*, «faire du bruit», et *rabasta*, «querelle, bruit».

tarage [taʀaʒ] n. m. Action de tarer. – De *tarer.*

tarama [taʀama] n. m. CUIS Hors-d'œuvre à base d'œufs de cabillaud salés mêlés à de la mie de pain détrempée ou à de la purée de pomme de terre et montés avec de l'huile en émulsion. – Mot roumain.

tarare [taʀaʀ] n. m. AGRIC Appareil servant à vanner et à cribler les grains mécaniquement. – Orig. incert.

tarasque [taʀask] n. f. Animal fabuleux, dragon amphibie vivant autref. dans le Rhône, selon certaines légendes provençales. ▷ Représentation de ce monstre qu'on promenait dans certaines villes du

Midi (dont Tarascon), le jour de la sainte Marthe et de la Pentecôte. – Du provenç. *tarasco*, n. de ce monstre dompté par sainte Marthe (Ier s. ap. J.-C.), évangélisatrice de *Tarascon* (Bouches-du-Rhône, France).

taratata! [taʀatata] interj. **1.** Fam. (Pour marquer l'incrédulité, le doute.) *Tu as eu un empêchement? Taratata! tu avais bel et bien oublié!* **2.** Onomatopée évoquant le son de la trompette de cavalerie, du clairon. – Onomat.

taraud [taʀo] n. m. TECH Outil servant à fileter les alésages. – Altér. de l'a. fr. **tareau*, var. de *tarel*, de *tarrere*, «tarière».

taraudage [taʀodaʒ] n. m. TECH Opération consistant à tarauder; son résultat. – Filetage pratiqué au moyen d'un taraud. – De *tarauder*.

tarauder [taʀode] v. tr. [1] **1.** TECH Fileter au moyen d'un taraud. **2.** Fig. Tourmenter, torturer. *Les remords le taraudent.* – De *taraud*.

taraudeuse [taʀodøz] n. f. TECH Machine-outil servant à tarauder mécaniquement. – De *tarauder*.

tarbouch ou **tarbouche** [taʀbuʃ] n. m. Coiffure tronconique sans bords, en feutre rouge orné d'un gland de soie, porté autref. par les Ottomans notam. – Mot arabe.

tard [taʀ] adv. adj. et n. m. **1.** Après le temps déterminé, voulu ou habituel. *Arriver trop tard.* – Prov. *Mieux vaut tard que jamais.* – *Tôt ou tard:* dans un avenir indéterminé, mais inévitablement. **2.** Vers la fin d'une période de temps déterminée. *Il a neigé tard dans l'année.* – *Spécial.* Vers la fin de la journée ou de la nuit. *Rentrer tard. Se coucher tard.* ▷ Adj. *Il se fait tard.* **3.** n. m. *Sur le tard:* vers la fin de la soirée. – Fig. À un âge qui n'est plus celui de la jeunesse; vers la fin de sa vie. *Il s'est pris sur le tard d'une passion pour la peinture.* – Lat. *tarde*, «lentement», d'où «tardivement».

tarder [taʀde] **I.** v. intr. [1] **1.** *Tarder à* (+ inf.): différer de (faire qqch), mettre longtemps pour. *Tarder à partir.* **2.** Mettre du temps à venir, se faire attendre. *Sa réponse n'a pas tardé.* **II.** v. impers. *Il me tarde de* (+ inf.): j'ai hâte de. *Il me tarde de te voir. Il leur tarde de partir.* – Lat. *tardiare*, de *tardus*, «qui tarde».

tardif, ive [taʀdif, iv] adj. **1.** Qui vient, qui se fait tard. *Coucher tardif. Repentir tardif.* **2.** Se dit des végétaux comestibles qui arrivent à maturité après les autres de même espèce. *Haricots tardifs. Fraises tardives.* ▷ Subst. plur. *Des tardifs, des tardives.* – Bas lat. *tardivus*, du class. *tardus*, «qui tarde».

tardigrades [taʀdigʀad] n. m. pl. ZOOL **1.** Vx Sous-ordre de mammifères xénarthres comprenant les paresseux. – Sing. *Un tardigrade.* **2.** Classe de métazoaires de petite taille (moins de 1 mm), proches des arthropodes, qui vivent dans l'eau ou dans les végétaux humides (mousses, lichens, etc.) et qui, en cas de sécheresse, entrent en état de vie ralentie et peuvent s'y maintenir pendant plusieurs années. – Lat. *tardigradus*, «qui marche lentement»; d'abord nom savant de la tortue.

tardivement [taʀdivmɑ̃] adv. D'une manière tardive. – De *tardif*.

tare [taʀ] n. f. **1.** Poids de l'emballage vide d'une marchandise, que l'on doit défalquer du poids brut pour obtenir le poids net. ▷ Poids que l'on met dans l'un des plateaux d'une balance pour équilibrer la charge de l'autre plateau, dans la méthode de la double pesée. *Faire la tare.* (Remarque: la tare est une masse.) **2.** Défaut qui entraîne une diminution de la valeur commerciale d'une marchandise, de l'objet d'une transaction. *Bois d'œuvre sans tares.* **3.** Défectuosité, physique ou psychique, diminuant les capacités fonctionnelles de l'organisme, ou affaiblissant sa résistance aux maladies. *Tares héréditaires.* **4.** Fig. Grave défaut, vice d'une personne; défectuosité, imperfection majeure (dans l'ordre des choses humaines). *Les tares d'une société.* – Ital. *tara*, de l'ar. *tărh*, «déduction, soustraction».

taré, ée [taʀe] adj. et n. **1.** Qui présente une tare (sens 2, 3 et 4). **2.** Fam. (Personnes) Fou, ridicule (par le comportement), stupide. *Il est complètement taré.* – De *tare*.

tarentelle [taʀɑ̃tɛl] n. f. Danse populaire du Sud de l'Italie, au rythme rapide. – Air accompagnant cette danse. – Ital. *tarantella*, «danse de *Tarente*» (V. tarentin).

tarentin, ine [taʀɑ̃tɛ̃, in] adj. De Tarente. ▷ Subst. Habitant ou personne originaire de cette ville. – De *Tarente*, v. du sud de l'Italie.

tarentule [taʀɑ̃tyl] n. f. Grosse araignée *(Lycosa tarentula)* appelée aussi *araignée-loup*, commune dans le sud de l'Italie et dont la piqûre passait autrefois pour déterminer un état morbide caractérisé par une alternance d'accès de torpeur et d'excitation. ▷ Fig., vieilli *Être piqué de la tarentule:* être en proie à une violente excitation, à une passion anxieuse. – Ital. *tarantola*, de *Taranto*, «Tarente», v. du sud de l'Italie.

tarer [taʀe] v. tr. [1] Peser (un emballage, un contenant) pour pouvoir calculer le poids net d'une marchandise. – De *tare*.

taret [taʀɛ] n. m. Mollusque lamellibranche (genre *Teredo*) des eaux marines, au corps vermiforme, à la coquille réduite, qui occasionne d'importants dégâts aux ouvrages en bois immergés (pilots de brise-lames, coques de navires, etc.) en y forant ses galeries. – De *tarière*.

targe [taʀʒ] n. f. ARCHEOL Petit bouclier bombé en usage au Moyen Âge. – Frq. **targa*.

targette [taʀʒɛt] n. f. Petit verrou constitué d'un pêne plat ou cylindrique coulissant sur une plaquette. – Dimin. de *targe*.

targuer (se) [taʀge] v. pron. [1] Litt. *Se targuer de:* se prévaloir avec ostentation de. *Se targuer de ses diplômes.* ▷ (+ inf.) Se faire fort de. *Il se targue de tenir la gageure.* – De *targe*; a. fr. *se targer*, littéral. «se couvrir d'une targe»; *se targer de qqn*, «se mettre sous sa protection».

targui. V. touareg.

tarière [taʀjɛʀ] n. f. **1.** TECH Outil de charpentier affectant la forme d'une très grande vrille et servant à forer des trous dans le bois. ▷ Instrument servant à forer dans le sol des trous peu profonds (pour planter des piquets, couler des pieux en ciment, etc.). **2.** ZOOL Organe térébrant au moyen duquel certaines femelles d'insectes introduisent leurs œufs dans le milieu le plus favorable à la croissance de leurs larves (bois, terre, corps d'autres insectes, etc.). Syn. oviscapte. – Du bas lat. *taratrum*, d'orig. gaul.; *tarrere*, n. m., devenu *tarière* sous l'infl. de l'anc. v. *tarier*, «forer».

tarif [taʀif] n. m. Tableau indiquant le prix de certaines marchandises, le montant de certains services ou de certains droits; ces montants eux-mêmes. *Tarif douanier. Billet à tarif réduit. Fournisseur qui relève ses tarifs.* – Ital. *tariffa*, de l'ar. *ta'rīf*, «notification».

tarifaire [taʀifɛʀ] adj. Qui concerne un tarif. – Du préc.

tarifer [taʀife] ou **tarifier** [taʀifje] v. tr. [1] Fixer à un montant déterminé le prix de. *Tarifer des marchandises.* ▷ Au pp. Dont le prix est fixé par un tarif. *Services tarifés.* – De *tarif*.

tarification [taʀifikasjɔ̃] n. f. Fait de tarifer; son résultat. ▷ Ensemble de tarifs. – De *tarifer*.

tarin [taʀɛ̃] n. m. Oiseau passériforme (*Carduelis spinus*, fam. fringillidés) au plumage jaune verdâtre rayé de noir sur les ailes, hôte habituel des bois de conifères. *Le tarin est appelé chardonneret au Canada.* – Orig. incert.

tarir [taʀiʀ] v. [2] **I.** v. tr. Mettre à sec, faire cesser de couler. *La sécheresse avait tari les sources et les puits.* ▷ Fig., litt. *Tarir les larmes de qqn.* **II.** v. intr. **1.** Être mis à sec; cesser de couler. *Cette source n'a jamais tari.* **2.** Fig. *Ne pas tarir sur un sujet,* en parler sans cesse. *Ne pas tarir d'éloges sur qqn:* faire des éloges continuels de qqn. **III.** v. pron. Cesser de couler. *La rivière s'est tarie.* ▷ Fig. *Inspiration qui se tarit.* – Frq. **tharrjan,* «sécher».

tarissement [taʀismɑ̃] n. m. Action de tarir; fait de se tarir; état de ce qui est tari. – De *tarir.*

tarlatane [taʀlatan] n. f. Étoffe de coton au tissage lâche, très apprêtée. – Portug. *tarlatana,* du fr. *tiretaine.*

tarmacadam [taʀmakadam] n. m. TRAV PUBL Vx Revêtement constitué de pierres concassées agglomérées avec du goudron. Abrév. *tarmac.* – Mot angl., de *tar,* «goudron», et *macadam.*

taro [taʀo] n. m. BOT Plante des pays chauds (*Colocasia esculenta,* fam. aracées) cultivée en Afrique tropicale et en Polynésie pour son tubercule comestible riche en amidon; ce tubercule. – Mot polynésien.

tarot [taʀo] n. m. **1.** Carte à jouer de grand format également utilisée en cartomancie pour dire la bonne aventure. *Jeu de tarots,* ou ellipt., *un tarot:* jeu de soixante-dix-huit cartes qui, outre les quatre couleurs habituelles (trèfle, carreau, cœur, pique), augmentées chacune d'une figure supplémentaire (le *cavalier*), comporte une série de cartes spéciales numérotées de un à vingt-et-un (les *atouts*) et un joker (l'*excuse*). **2.** Jeu qui se joue avec ces cartes. – Ital. *tarocco,* d'orig. incon., p.-ê. de l'ar. *tărh,* «déduction, soustraction».

taroté, ée [taʀɔte] adj. JEU *Cartes tarotées,* dont les dos sont imprimés de grisaille en compartiments, comme les tarots. – Du préc.

tarpan [taʀpɑ̃] n. m. Cheval sauvage d'Asie occidentale, dont les deux espèces, le tarpan des forêts et le tarpan des steppes, se seraient éteintes au XIXᵉ s. – Mot kirghiz (V. turc 1 sens II, 1).

tarpon [taʀpɔ̃] n. m. ZOOL Gros poisson marin (genre *Megalops,* fam. clupéidés) répandu surtout près de l'embouchure des rivières de Floride. – Mot angl. d'orig. incon.

tarse [taʀs] n. m. et adj. **I.** ANAT **1.** Massif osseux formant la partie postérieure du pied de l'homme et des mammifères et comprenant une rangée postérieure constituée de deux os superposés, l'astragale et le calcanéum, et une rangée antérieure constituée de cinq os juxtaposés, le cuboïde, le scaphoïde et les trois cunéiformes. **2.** Cartilage qui forme le bord libre de la paupière. – Adj. *Cartilage tarse.* **II. 1.** ZOOL Dernier segment de la patte des insectes, composé de plusieurs articles (5 au maximum). **2.** Troisième article du pied des oiseaux. – Gr. *tarsos,* «claie», d'où «plat du pied», et «le pied lui-même».

tarsien, ienne [taʀsjɛ̃, jɛn] adj. et n. **1.** adj. ANAT Du tarse. **2.** n. m. pl. ZOOL, PALEONT Sous-ordre de primates, nombreux à l'ère tertiaire, dont l'unique représentant actuel est le tarsier. – Sing. *Un tarsien.* – Du préc.

tarsier [taʀsje] n. m. ZOOL Petit primate arboricole de l'Asie insulaire, carnivore, de mœurs nocturnes, remarquable par ses yeux très développés et ses longues pattes postérieures adaptées au saut. – De *tarse.*

tarsoptôse [taʀsɔptoz] n. f. MED Affaissement de la voûte plantaire. *Avoir une tarsoptôse:* avoir les pieds plats. – De *tarse,* et *ptôse.*

1. tartan [taʀtɑ̃] n. m. **1.** Étoffe de laine à bandes de couleur se coupant à angle droit, en Écosse. *Autrefois, les dessins du tartan servaient à distinguer les clans.* ▷ *Par ext.* Vêtement fait de cette étoffe. **2.** Tissu à dessin écossais. *Manteau de pluie à doublure de tartan rouge et vert.* – Mot écoss. d'orig. incon.

2. tartan [taʀtɑ̃] n. m. TECH Revêtement de sol très résistant, à base de résine polyuréthane, utilisé notam. pour les installations sportives (pistes d'athlétisme, salles de gymnastique, etc.). – Nom déposé.

tartane [taʀtan] n. f. Petit voilier gréé d'une voile à antenne et d'un beaupré, très répandu autref. en Méditerranée. – Ital. *tartana,* p.-ê. de l'anc. provenç. *tartana,* «buse».

tartare [taʀtaʀ] adj. et n. **1.** Se disait des peuples nomades de l'Asie centrale, et particulièrement des tribus mongoles. ▷ Subst. *Un, une Tartare* (V. tatar). **2.** CUIS *Sauce tartare:* mayonnaise additionnée d'oignons verts et de ciboulette. ▷ *Steak tartare:* viande hachée crue mêlée d'un jaune d'œuf et d'un assaisonnement relevé (par allusion à la légende qui faisait des Huns – de même origine que les tribus tartares – des mangeurs de viande crue). ▷ N. m. *Un tartare.* – Mot d'orig. turco-mongole, en russe *Tatary,* «Tatars», altéré sous l'infl. du lat. *Tartarus,* «enfer; prison des dieux vaincus».

tartarin [taʀtaʀɛ̃] n. m. Fam. Vantard, hâbleur, fanfaron. – De *Tartarin,* personnage d'Alphonse Daudet.

tarte [taʀt] n. et adj. **I.** n. f. **1.** Pâtisserie faite d'un fond de pâte brisée ou feuilletée garni d'une préparation sucrée, souvent à base de fruits, que l'on peut recouvrir d'une abaisse. *Une tarte aux pommes, aux bleuets, au sucre. Une pointe de tarte. Une assiette à tarte.* ▷ Fig. *Tarte à la crème:* argument, thème, exemple qui revient à tout propos et qui a perdu tout intérêt, toute signification. (Allus. à une scène de *la Critique de l'École des Femmes,* de Molière.) ▷ Loc. fig. Fam. *C'est pas de la tarte:* c'est difficile. **2.** (France) Pop. Gifle. *Je vais finir par lui flanquer des tartes.* **II.** adj. Fam. Niais et ridicule. *Ce que tu peux être tarte! Elle est tarte, ta robe!* – P.-ê. même origine que *tourte,* avec infl. du lat. médiév. *tartarum,* «tartre».

tartelette [taʀtəlɛt] n. f. Petite tarte. – Dimin. de *tarte.*

tartempion [taʀtɑ̃pjɔ̃] n. m. Fam., péjor. (Le plus souvent avec une majuscule.) Untel*. *Vous vous adressez à la maison Tartempion, qui vous envoie un devis. Un tartempion quelconque.* – Nom burlesque, de *tarte,* et *pion.*

tartignolle ou **tartignol** [taʀtiɲɔl] adj. Fam. Niais et ridicule. *Une robe tartignole.* – De *tarte* (sens II), et suff. (p.-ê. lyonnais) *-gnolle* ou *-gnol.*

tartine [taʀtin] n. f. **1.** Tranche de pain sur laquelle on a étalé du beurre, de la confiture, etc. **2.** Fig., fam. *Une tartine, des tartines:* un discours, un texte de peu d'intérêt, qui s'étend sur un sujet (comme très peu de beurre étalé sur une tranche de pain). *Il en a écrit des tartines.* – De *tarte.*

tartiner [taʀtine] v. tr. [1] **1.** Étaler (du beurre, de la confiture, etc.) sur une tranche de pain. **2.** Fig., fam. Écrire des tartines (sens 2). – Du préc.

tartrate [taʀtʀat] n. m. CHIM Sel ou ester de l'acide tartrique. – De *tartre,* et *-ate.*

tartre [taʀtʀ] n. m. **1.** Dépôt calcaire laissé par l'eau sur les parois internes des chaudières, des bouilloires, etc. **2.** Dépôt produit par le vin dans un récipient. **3.** Sédiment constitué de phosphate de calcium, qui se forme sur les dents. – Bas lat. *tartarum;* orig. obscure.

tartré, ée [taʀtʀe] adj. TECH Additionné de tartre (sens 2). – Du préc.

tartreux, euse [taʀtʀø, øz] adj. **1.** De la nature du tartre. **2.** Couvert de tartre; contenant du tartre. – De *tartre.*

tartrique [taʀtʀik] adj. CHIM *Acide tartrique:* composé possédant deux fonctions acide et deux fonctions alcool, contenu dans le tartre et les lies du vin. – De *tartre.*

tartufe ou **tartuffe** [taʀtyf] n. m. Vieilli Faux dévot. ▷ Mod. Hypocrite, personne qui affiche de grands principes moraux auxquels elle ne se conforme pas. – Adj. *Je vous trouve assez tartufe.* – De *Tartufo,* personnage de la comédie italienne repris par Molière en 1664.

tartuferie ou **tartufferie** [taʀtyfʀi] n. f. Conduite, façon d'agir d'un tartufe. *C'est une imposture et une tartuferie.* – Du préc.

tas [tɑ] n. m. **1.** Accumulation de choses mises les unes sur les autres; amas, monceau. *Tas de sable, de fagots.* **2.** Fig., fam. Grande quantité (de choses). *Il a un tas d'anecdotes amusantes à raconter.* ▷ Grand nombre (de personnes). *Il a un tas, des tas d'amis.* – *Tirer dans le tas,* sur un groupe, sans viser qqn en particulier. **3.** CONSTR Masse d'un bâtiment en construction. *Tailler les pierres sur le tas,* sur les lieux mêmes où elles doivent être utilisées, et non à la carrière. ▷ *Par ext.,* cour. *Sur le tas:* sur le lieu de travail. *Grève sur le tas.* – Fam. *Faire son apprentissage sur le tas,* par la pratique, en travaillant. **4.** ARCHI *Tas de charge:* assises de pierre placées horizontalement sur un support et servant d'appui aux arcs doubleaux, aux ogives et aux formerets. **5.** TECH Petite masse d'acier parallélépipédique servant d'enclume d'établi. *Tas de bijoutier.* – Frq. **tas,* cf. néerl. *tas,* «tas de blé».

tasmanien, ienne [tasmanjɛ̃, jɛn] adj. et n. De Tasmanie, État d'Australie.

tassage [tɑsaʒ] n. m. **1.** Action de tasser. **2.** SPORT Action de tasser (un concurrent). – De *tasser.*

tasse [tɑs] n. f. **1.** Récipient à boire muni d'une anse. *Tasse de porcelaine.* **2.** Contenu de ce récipient. *Prendre une tasse de café.* ▷ Fig., fam. *Boire la tasse, une tasse:* avaler de l'eau sans le vouloir, en nageant, en tombant à l'eau. **3.** Mesure de capacité équivalent à 8 onces liquides (soit 227 millilitres). *Deux tasses de farine. Une demi-tasse de sucre.* ▷ *Tasse à mesurer:* récipient en forme de tasse, transparent et gradué (en fractions, en onces, en millilitres), servant à mesurer les ingrédients d'une recette. – Ar. *tāss.*

tasseau [tɑso] n. m. Pièce de bois de faible section, le plus souvent carrée ou rectangulaire, qui sert de cale ou de support. – Lat. pop. **tassellus,* crois. du lat. class. *taxillus,* «petit dé à jouer», et de *tessella,* «carreau, cube, dé».

tassement [tɑsmɑ̃] n. m. Action de tasser, fait de se tasser; son résultat. *Tassement des vertèbres, d'un terrain.* – De *tasser.*

tasser [tɑse] **I.** v. tr. **[1] 1.** Diminuer le volume de (qqch) en serrant, en pressant; serrer (des éléments) de façon qu'ils occupent peu de place. *Tasser de la paille.* ▷ Au pp. Loc. fam. *Bien tassé:* servi avec abondance, en remplissant bien le verre (boissons). *Un cognac bien tassé.* – Servi avec peu d'eau, fort. *Un whisky bien tassé.* **2.** SPORT Contraindre irrégulièrement (un coureur concurrent) à serrer le bord de la piste. **II.** v. pron. **1.** S'affaisser sur soi-même. *Construction qui se tasse. Vieillard qui se tasse.* **2.** Se presser, se serrer les uns contre les autres. *On se tassera un peu pour vous faire de la place.* **3.** Fam. *Ça se tassera:* ça finira par s'arranger. – De *tas.*

tassette [tɑsɛt] n. f. ARCHEOL Chacune des plaques d'acier qui descendaient du bas de la cuirasse sur les cuisses. – Dimin. de l'a. fr. *tasse,* «poche, bourse».

tassili [tasili] n. m. GEOGR Grand plateau gréseux, au Sahara (dans le Nord, en partic.). – Mot berbère, «plateau».

taste-vin [tastəvɛ̃] ou **tâte-vin** [tɑtvɛ̃] n. m. inv. Petite coupe en métal ou pipette dont on se sert pour déguster le vin. – De *tâter,* «goûter», et *vin;* d'abord «ivrogne».

tata [tata] n. f. **1.** Fam. (Langage enfantin) Tante. **2.** Pop. Homosexuel très efféminé, tante (sens 3). – De *tante;* redoublement enfantin.

tatami [tatami] n. m. **1.** Natte en paille de riz utilisée comme tapis au Japon. **2.** SPORT Tapis de paille de riz de 2 m sur 1 m et 6,5 cm d'épaisseur, destiné à amortir les chutes dans la pratique des arts martiaux. ▷ Unité de surface correspondant aux dimensions de ce tapis. *Une salle de judo de seize tatamis.* – Mot jap.

tatane [tatan] n. f. Pop. Chaussure. – Var. de *titine,* diminutif de «bottine».

tatar, e [tataʀ] adj. et n. Des Tatars, peuple de nomades turco-mongols qui occupa l'Ouest de l'actuelle Mongolie dès le VIIIe s. ▷ N. m. Langue turque des Tatars d'U.R.S.S. – Mot turco-mongol; V. tartare.

ENCYCL Les Tatars furent écrasés par Gengis Khān en 1202, mais les Européens nommèrent longtemps «Tartares» tous les envahisseurs mongols, puis diverses populations turques de Russie. De nos jours, on distingue essentiellement les Tatars de la Volga et les Tatars de Crimée. Ces derniers, déportés par Staline à la fin de la Seconde Guerre mondiale, luttent toujours pour regagner leur territoire national.

tâter [tɑte] **I.** v. tr. **[1] 1.** Toucher avec les doigts, évaluer, apprécier par le tact. *Tâter un fruit. Tâter le pouls de qqn.* ▷ Loc. fig. *Tâter le terrain:* étudier discrètement les dispositions des personnes, la situation, avant d'entreprendre qqch. **2.** Fig. Essayer de connaître les capacités, les intentions de (qqn). *Tâter l'ennemi.* **II.** v. tr. ind. *Tâter de qqch,* l'essayer, en faire l'expérience. *Il a tâté d'un peu de tous les métiers.* **III.** v. pron. Fig. Délibérer longuement en soi-même, hésiter avant de prendre une décision. – Lat. pop. **tastare,* class. *taxare,* «toucher».

tâteur [tɑtœʀ] n. m. TECH Appareil de contrôle mécanique de certaines machines agricoles. – Du préc.

tâte-vin. V. taste-vin.

tatillon, onne [tatijɔ̃, ɔn] adj. Qui s'attache à tous les petits détails avec une minutie exagérée. *Il est maniaque et tatillon.* – De *tâter.*

tâtonnement [tɑtɔnmɑ̃] n. m. Fait de tâtonner (sens 1 et 2). – De *tâtonner.*

tâtonner [tɑtɔne] v. tr. **1. [1]** Chercher sans pouvoir utiliser le sens de la vue, en tâtant les objets autour de soi. *Elle tâtonnait pour retrouver ses cigarettes sur la table de nuit.* **2.** Fig. Essayer successivement divers moyens dont on n'est pas sûr, procéder par essais et corrections des erreurs, sans être guidé par une méthode. *Les médecins ne savent pas ce qu'il a, ils tâtonnent.* – Dimin. de *tâter.*

tâtons (à) [tɑtɔ̃] loc. adv. En tâtonnant. *Marcher à tâtons.* ▷ Fig. *Chercher la vérité à tâtons.* – De *tâter.*

tatou [tatu] n. m. Mammifère xénarthre d'Amérique tropicale (genres *Dasypus, Tolypeutes, Priodontes, Euphractus,* etc., formant la fam. des dasypodidés), fouisseur et insectivore, pourvu d'une carapace osseuse et cornée qui l'enveloppe complètement lorsqu'il se roule en boule, et dont la taille varie d'une dizaine de centimètres à un mètre selon les espèces. – Mot tupi.

tatouage [tatwaʒ] n. m. Action de tatouer; résultat de cette action. *Tatouage rituel. Tatouage par piqûre.* – De *tatouer.*

tatouer [tatwe] v. tr. [1] Tracer sur (une partie du corps) un dessin indélébile (généralement en introduisant des pigments sous la peau au moyen d'une fine aiguille). *Il s'était fait tatouer une ancre de marine sur le biceps.* – Par ext. *Tatouer des initiales.* – De l'angl. *to tattoo,* du tahitien *tatou.*

tatoueur, euse [tatwœʀ, øz] n. Personne qui fait des tatouages. – De *tatouer.*

tau [to] n. m. **1.** Lettre grecque correspondant au t français (T, τ). **2.** HERALD Meuble de l'écu en forme de t majuscule, appelé aussi *croix de St-Antoine.* **3.** PHYS NUCL Particule élémentaire appartenant à la famille des leptons, dont la masse est égale à environ 4 000 fois celle de l'électron et dont la durée de vie est évaluée à cinq millièmes de nanoseconde.

taud [to] n. m. MAR Enveloppe, housse de protection en grosse toile. *Taud d'un canot de sauvetage.* – De l'anc. normand *tjald,* «tente»; a. fr. *tialz.*

taudis [todi] n. m. Logement misérable, insalubre. ▷ Par ext. *C'est un vrai taudis,* une maison mal tenue. – De l'a. fr. *se tauder,* «s'abriter», de l'a. normand *tjald,* «tente».

taulard, arde [tolaʀ, aʀd] n. Pop. Personne qui est en taule, qui fait de la prison. – De *taule.*

taule ou **tôle** [tol] n. f. **1.** Arg. Prison. *Sortir de taule.* **2.** Fam. Chambre d'hôtel; chambre, en général. *Sa taule est au sixième. – Par ext.* Maison, lieu d'habitation. *On ne retrouve jamais rien, dans cette taule.* **3.** Pop. Société, entreprise, maison. *Sa taule a fait faillite* (cf. aussi boîte). – De *tôle,* «fer en lames», les deux graphies étant des formes dial. de *table.*

taulier, ière ou **tôlier, ière** [tolje, jɛʀ] n. Pop. **1.** Patron d'un hôtel, d'un restaurant. **2.** Pop. Patron d'une taule (sens 3). *Tu n'es payé que ça? Il est drôlement rat, ton taulier!* – De *taule.*

taupe [top] n. f. **I. 1.** Petit mammifère insectivore au corps trapu, aux pattes antérieures fouisseuses robustes, au pelage brun-noir ras et velouté, qui vit dans des galeries qu'il creuse sous terre. *La taupe, dont l'œil est atrophié, est presque aveugle.* ▷ Par compar. *Myope comme une taupe:* très myope. – Fig., injur. *Vieille taupe:* vieille femme désagréable, d'esprit mesquin et borné. **2.** Fourrure faite avec la peau de cet animal. *Toque de taupe.* **3.** Lamie* (poisson). **4.** TRAV PUBL Engin de terrassement utilisé pour creuser les tunnels, travaillant à pleine section et en continu. **II.** Fam. Agent secret infiltré dans un organisme de son pays et espionnant pour le compte d'une puissance étrangère. – Lat. *talpa;* sens II, d'ap. *taupin.*

taupé, ée [tope] n. et adj. **1.** n. m. Variété de feutre ressemblant à la fourrure de la taupe. *Du taupé.* ▷ Coiffure faite avec ce tissu. **2.** adj. *Du feutre taupé.* – Du préc.

taupe-grillon [topgʀijõ] n. m. Syn. de *courtilière. Des taupes-grillons.* – De *taupe,* et *grillon,* d'ap. le lat. sav. *grillo talpa.*

taupier [topje] n. m. Celui qui procède à la destruction des taupes. – De *taupe.*

taupière [topjɛʀ] n. f. Piège à taupes. – De *taupe.*

taupin [topɛ̃] n. m. **1.** Insecte coléoptère qui, posé sur le dos, peut se projeter en l'air grâce à un appendice épineux du prothorax. *La larve du taupin.* **2.** Vx Sapeur, soldat qui creusait des galeries de mine. – De *taupe.*

taupinière [topinjɛʀ] n. f. Petit monticule de terre constitué par les déblais qu'une taupe rejette en creusant ses galeries. – De *taupe.*

taure [tɔ(o)ʀ] n. f. Génisse. – Lat. *taura.*

taureau [tɔ(o)ʀo] n. m. **1.** Bovin mâle non castré, mâle de la vache. *Taureau reproducteur. Taureau de combat.* – Par compar. *Cou de taureau,* court, épais et très musclé. ▷ Loc. fig. *Prendre le taureau par les cornes:* affronter une difficulté, y faire face et tenter de la résoudre en l'abordant précisément par son côté dangereux ou fâcheux. **2.** ASTRO Constellation zodiacale de l'hémisphère boréal. ▷ ASTROL Deuxième signe du zodiaque (21 avril-20 mai). – De l'a. fr. *tor,* lat. *taurus,* gr. *tauros.*

taurides [tɔ(o)ʀid] n. f. pl. ASTRO Essaim de météorites qui semblent provenir de la constellation du Taureau. – De *taureau.*

taurillon [tɔ(o)ʀijõ] n. m. Jeune taureau. – Dimin. de *taureau.*

taurin, ine [tɔ(o)ʀɛ̃, in] adj. Du taureau; qui a rapport au taureau. *Culte taurin.* – Lat. *taurinus.*

taurobole [tɔ(o)ʀɔbɔl] n. m. ANTIQ Sacrifice expiatoire offert à Cybèle (déesse de la fécondité) et à Mithra (dieu, maître des troupeaux de bœufs), au cours duquel on arrosait le prêtre du sang d'un taureau égorgé. – Autel sur lequel on pratiquait ce sacrifice. – Lat. *taurobolium,* gr. *taurobolos,* «où l'on frappe le taureau».

tauromachie [tɔ(o)ʀɔmaʃi] n. f. **1.** Vx Course de taureaux. **2.** Art de combattre les taureaux dans l'arène. *Les règles de la tauromachie. Amateur de tauromachie.* – De *taureau,* et *-machie.*

tauromachique [tɔʀɔmaʃik] adj. Qui a rapport à la tauromachie. – Du préc.

tauto-. Élément, du gr., signif. «le même».

tautochrone [totokʀon] adj. PHYS Qui a lieu en des temps égaux. *Vibrations tautochrones.* Syn. isochrone. – De *tauto-,* et *-chrone.*

tautologie [totolɔʒi] n. f. LOG **1.** Caractère redondant d'une proposition dont le prédicat énonce une information déjà contenue dans le sujet. – Relation d'identité établie entre des éléments formellement identiques. (Ex.: *A = A; un chat est un chat;* etc.) V. truisme. **2.** Formule de calcul propositionnel qui reste toujours vraie lorsqu'on remplace les énoncés qui la composent par d'autres. (V. aussi encycl. logique.) – Bas lat. *tautologia,* mot gr.

tautologique [totolɔʒik] adj. LOG Qui concerne une tautologie, qui en a le caractère. – Du préc.

tautomère [totomɛʀ] adj. et n. m. **1.** ANAT *Organe tautomère,* entièrement situé du même côté du corps. **2.** CHIM Se dit d'une substance caractérisée par sa tautomérie. *Deux substances tautomères ont la même formule brute, les migrations d'atomes ou de groupements non carbonés ne modifiant pas le squelette carboné.* ▷ N. m. *Un (des) tautomère(s).* – De *tauto-,* et *-mère.*

tautomérie [totomeʀi] n. f. CHIM Propriété qu'ont certains composés d'exister sous plusieurs formes en équilibre. – Du préc.

taux [to] n. m. **1.** Prix officiel de certains biens, de certains services. *Taux des actions cotées en Bourse. Taux des salaires.* **2.** Rapport entre des sommes d'argent, exprimé en pourcentage. *Taux de l'impôt:* pourcentage déterminé servant à calculer le montant de l'impôt d'après la base imposable. *Taux d'intérêt:* pourcentage annuel auquel les intérêts sont réglés. *Taux de change d'une monnaie:* V. cours 1, sens II, 2. **3.** Rapport quantitatif, proportion, pourcentage. *Taux d'albumine dans le sang. – Taux d'invalidité:* importance d'une invalidité relativement à l'incapacité qu'elle entraîne. ▷ STATIS *Taux de natalité, de mortalité:* chiffre moyen (pour mille habitants) du nombre total de naissances ou de morts d'une population donnée. – De l'a. fr. *tauxer,* var. de *taxer.*

tavelé, ée [tavle] adj. Moucheté, tacheté. *Mains tavelées de taches brunes.* – De l'a. fr. *tavel,* n. m. du lat. *tabella,* «tablette».

taveler [tavle] 1. v. tr. [22] Parsemer de petites taches. 2. v. pron. Devenir tavelé. ▷ Être marqué par la tavelure (fruits). – Du préc.

tavelure [tavlyʀ] n. f. 1. État de ce qui est tavelé. 2. BOT Maladie des arbres fruitiers due à diverses moisissures et qui se manifeste par des taches brunes et des crevasses sur les fruits et les feuilles. – De *taveler*.

taverne [tavɛʀn] n. f. 1. Anc. Établissement public où l'on servait à boire et parfois à manger. Syn. auberge. 2. (Surtout dans des noms commerciaux.) Café, restaurant dont le décor évoque celui des anciennes tavernes. *La Taverne du Dauphin vert.* – Lat. *taberna.*

tavernier, ière [tavɛʀnje, jɛʀ] n. Anc. Personne tenant une taverne. ▷ Mod., plaisant. *Holà, tavernier!* – Du lat. *tabernarius,* «boutiquier».

taxable [taksabl] adj. Que l'on peut taxer. ▷ DR *Frais taxables:* se dit des frais judiciaires dont on peut se faire rembourser par la partie qui a été condamnée aux dépens. – De *taxer.*

taxacées [taksase] n. f. pl. BOT Famille de gymnospermes arborescentes dont le type est l'if. – Du lat. *taxus,* «if».

taxateur, trice [taksatœʀ, tʀis] n. Personne qui taxe. ▷ Adj. *Juge taxateur,* qui taxe les dépens. – De *taxer.*

taxation [taksasjõ] n. f. 1. Action de fixer, de façon impérative, le prix de certaines marchandises ou de certains services. 2. Action de frapper d'un impôt. – Lat. *taxatio.*

taxaudier. V. taxodium.

taxe [taks] n. f. 1. Part d'imposition prélevée sur les biens acquis ou possédés. *Taxe fédérale, provinciale de vente,* prélevée par l'État au moment de l'achat de certains biens ou services. *Taxes municipales,* prélevées par les municipalités sur la base de l'évaluation des propriétés et incluant les *taxes foncières* et diverses taxes de service (pour l'enlèvement des ordures ménagères, pour l'approvisionnement en eau, etc.). *Taxes scolaires,* prélevées par les commissions scolaires d'après l'évaluation foncière. 2. Détermination du montant des frais de justice, des droits dus à des officiers publics. – Déverbal de *taxer.*

taxer [takse] v. tr. I. [1] 1. DR, ADMIN Fixer en tant qu'autorité compétente le prix de. 2. Faire payer un impôt, une taxe sur. *Taxer les signes extérieurs de richesse. Taxer les boissons alcoolisées.* II. Fig. 1. *Taxer qqn de,* l'accuser de (tel défaut). *Au risque qu'on me taxe d'outrecuidance.* 2. Désigner péjorativement sous le nom de. *Sa bonté, que certains taxent de faiblesse.* – Lat. *taxare,* du gr. *taxis,* de *tassein,* «ranger, fixer».

taxi-, taxo-, -taxie. Éléments, du gr. *taxis,* «arrangement, ordre».

taxi [taksi] n. m. Automobile munie d'un taximètre et conduite par un chauffeur professionnel, qu'on loue en général pour des trajets relativement courts. – Abrév. de *voiture à taximètre.*

taxiarque [taksjaʀk] n. m. ANTIQ GR Chacun des dix officiers (élus chaque année) qui commandaient l'infanterie athénienne. – Gr. *taxiarkhos.*

taxidermie [taksidɛʀmi] n. f. Art de préparer les animaux morts pour les conserver sous leur forme naturelle. (V. empaillage, naturalisation.) – De *taxi-,* et gr. *derma,* «peau».

taxidermiste [taksidɛʀmist] n. Spécialiste de la naturalisation des animaux, empailleur. – Du préc.

taxie [taksi] n. f. BIOL Syn. de *tropisme.* – Du gr. *taxis,* «arrangement».

taximètre [taksimɛtʀ] n. m. 1. Compteur indiquant la somme à payer pour un trajet en taxi, d'après la distance parcourue et le temps d'occupation de la voiture. 2. MAR Couronne graduée portant une alidade, qui sert à prendre des relèvements. – All. *Taxameter,* refait d'ap. *taxi-,* et *-mètre.*

taxinomie [taksinɔmi] ou **taxonomie** [taksɔnɔmi] n. f. Didac. 1. Science de la classification des êtres vivants. ▷ Cette classification elle-même. 2. *Par ext.* Science de la classification, en général. ▷ Classification d'éléments. – De *taxi-, taxo-,* et *-nomie.*

taxinomique [taksinɔmik] ou **taxonomique** [taksɔnɔmik] adj. Didac. De la taxinomie, qui a rapport à la taxinomie. – Du préc.

taxo-. V. taxi-.

taxodium [taksɔdjɔm], **taxaudier** ou **taxodier** [taksodje] n. m. BOT Grand conifère ornemental (genre *Taxodium*) originaire des marais de Virginie et de Floride, appelé cour. *cyprès chauve.* – Lat. scientif. *taxodium,* du gr. *taxos,* «if».

taxon [taksõ] ou **taxum** [taksɔm] n. m. Didac. Unité systématique (espèce, genre, famille, etc.) Plur. *Des taxons, des taxums* ou *des taxa.* – Du gr. *taxis,* «arrangement».

taxonomie, taxonomique. V. taxinomie, taxinomique.

taylorisation [tɛlɔʀizasjõ] n. f. ECON Application du taylorisme. – De *tayloriser.*

tayloriser [tɛlɔʀize] v. tr. [1] ECON Appliquer le taylorisme à. *Tayloriser la production.* – De *taylorisme.*

taylorisme [tɛlɔʀism] n. m. ECON Ensemble des méthodes d'organisation scientifique du travail industriel (utilisation optimale de l'outillage, parcellisation des tâches, élimination des gestes inutiles) mises au point et préconisées par Taylor. – Du n. de Frederick Winslow *Taylor* (1856-1915), ingénieur américain.

Tb CHIM Symbole du terbium.

T-bone [tibon] n. m. BOUCH (Coupe nord-amér.) Steak de bœuf pris dans la longe, comportant un os en forme de T, un morceau de filet et un morceau de contre-filet. – Mot amér.

Tc CHIM Symbole du technétium.

tchadien, ienne [tʃadjɛ̃, jɛn] adj. et n. Du Tchad, État d'Afrique centrale.

tchador [tʃadɔʀ] n. m. Voile recouvrant la tête et en partie le visage, porté par des musulmanes chiites, en Iran notam. – Mot persan.

tch'an [tʃan] n. m. RELIG Secte bouddhique dont la doctrine fut introduite en Chine au VIe s. par Bodhidharma, moine indien de l'école contemplative du *dhyana,* état de recueillement où l'esprit est totalement absorbé dans l'objet de la méditation. – Doctrine de cette secte. *Le tch'an pénétra à la fin du XIIe s. au Japon, où il se répandit sous le nom de zen.* – Mot chinois, du sanscrit *dhyana,* avec attraction du chinois *chan,* «méditation».

ENCYCL *Le tch'an* rejette les *Écritures,* les rituels traditionnels et considère que l'être du Bouddha, qui habite tous les aspects de la nature, est «sans figure». Celui qui s'en réclame se détache du monde tout en s'abandonnant à l'ordre du monde; il s'absorbe dans la méditation pour faire en lui-même l'expérience du vide. L'esprit du *tch'an* exerça une influence considérable sur la peinture en Chine, puis au Japon. Il exige en effet que le peintre soit capable de représenter un «moment de vérité visuelle» de la nature, dans un mouvement d'appréhension instantanée, inséparable de la nature elle-même. On doit notam. à ce courant les œuvres «sans contrainte» des Chinois Leang K'ai et Mou-k'i. V. aussi encycl. zen.

tchécoslovaque [tʃekɔslɔvak] adj. De la Tchécoslovaquie, rép. féd. d'Europe centrale. – De *tchèque*, et *slovaque*.

tchèque [tʃɛk] adj. et n. **I.** adj. **1.** De la région de Tchécoslovaquie qui comprend la Bohême, la Moravie et la Silésie. ▷ Subst. Habitant ou personne originaire de cette région. **2.** *Par ext.* Tchécoslovaque. ▷ Subst. *Un(e) Tchèque.* **II.** n. m. *Le tchèque:* la langue slave du groupe occidental parlée en Bohême, en Moravie, en Slovaquie et dans une partie de la Silésie et qui est avec le slovaque (dont il est très proche) l'une des deux langues officielles de la Tchécoslovaquie. – Tchèque *cezky*.

tchernoziom. V. chernozem.

tchin-tchin! [tʃintʃin] interj. Interjection dont on accompagne le heurt des verres, lorsqu'on trinque. – Du pidgin de Canton *tsing-sing*, «salut».

te [tə] pron. pers. Forme atone du pron. pers. de la 2e pers. du sing. des deux genres, employé comme complément, toujours placé avant le verbe; s'élide en *t'* devant une voyelle ou un *h* muet. **1.** (Comp. d'objet direct) *Je te quitte.* **2.** (Comp. d'objet d'un v. réfl.) *Tu te fatigues.* **3.** (Comp. indir.) À toi. *Tu te donnes beaucoup de peine.* **4.** (Employé avec la valeur d'un possessif devant un nom désignant une partie du corps, une fonction, etc.) *Tu te ronges les ongles. Tu te pervertis le goût.* **5.** (Avec un v. essentiellement pronominal) *Tu te repens.* **6.** (Devant un présentatif) *Enfin, te voilà!* – Accus. lat. *te*.

Te CHIM Symbole du tellure.

té [te] n. m. *En té:* en forme de t majuscule (T). *Fer profilé en té.* ▷ *Té de dessinateur:* règle plate en forme de T. – Nom de la lettre *T*.

technétium [tɛknesjɔm] n. m. CHIM Métal radioactif produit artificiellement, aux propriétés voisines de celles du rhénium, et utilisé en médecine dans les explorations d'organes par scintigraphie*; élément de numéro atomique $Z = 43$ (symbole Tc). (L'isotope de masse atomique 99 a une période de l'ordre de 10^6 années.) – Du gr. sav. *tekhnêtos*, «artificiel».

technicien, ienne [tɛknisjɛ̃, jɛn] n. **1.** Personne qui connaît une technique déterminée. *Technicien du froid.* **2.** Spécialiste de l'application des sciences au domaine de la production. *Faire appel à des techniciens étrangers.* **3.** Professionnel spécialisé qui, sous les directives d'un ingénieur, dirige les ouvriers dans une entreprise. – De *technique*, d'ap. *physicien*.

technicité [tɛknisite] n. f. Caractère technique. – De *technique*.

technico-commercial, ale, aux [teknikokɔmɛʀsjal, o] adj. Qui concerne à la fois le domaine technique et le domaine commercial. *Service technico-commercial d'une entreprise. Agent technico-commercial.* – Subst. *Un(e) technico-commercial(e).* – De *technique-*, et *commercial*.

-technie, -technique. Éléments, du gr. *tekhnê*, «art, métier», et de l'adj. correspondant *tekhnikos*.

technique [tɛknik] n. et adj. **I.** n. f. Moyen ou ensemble de moyens adaptés à une fin. **1.** Procédé particulier que l'on utilise pour mener à bonne fin une opération concrète, pour fabriquer un objet matériel ou l'adapter à sa fonction. *La technique de la pierre taillée, de la pierre polie. Techniques primitives. On emploie encore cette technique artisanale dans certains petits ateliers.* ▷ *Par ext.* Procédé particulier utilisé dans une opération non matérielle. *La technique stylistique qui consiste à mêler le discours direct et le discours indirect.* **2.** Ensemble des moyens, des procédés mis en œuvre dans la pratique d'un métier, d'un art, d'une activité quelconque. *La technique de la peinture sur soie, de la composition sérielle, de la pêche au lancer.* ▷ Maîtrise plus ou moins grande, connaissance plus ou moins approfondie d'un tel ensemble de procédés. *Ce violoniste a une bonne technique, mais il manque de sensibilité. Boxeur qui perfectionne sa technique.* **3.** *La technique:* l'ensemble des applications des connaissances scientifiques à la production (et, en partic., à la production industrielle) de biens et de produits utilitaires. *La science et la technique.* ▷ *Les techniques:* ces applications, considérées dans leurs domaines respectifs. *Le prodigieux développement des techniques, amorcé au XIXe s. et poursuivi au XXe. La technique aéronautique. La technique du forage pétrolier.* **II.** adj. **1.** Qui a rapport à la mise en œuvre d'une technique (sens 1), qui concerne l'utilisation d'objets ou de procédés concrets; relatif au matériel ou à son emploi (et non à la valeur, aux capacités des utilisateurs). *Incident technique. Problèmes techniques et problèmes humains.* ▷ *Par ext.* (sens non concret). *La perfection technique de l'écriture romanesque dans «la Chartreuse de Parme».* **2.** Qui a trait à l'exercice d'un métier, à la pratique d'un art ou d'une activité quelconque; qui est propre à ce métier, à cet art, à cette activité. *Termes techniques de musique, de philosophie.* **3.** Qui a rapport à la technique, aux techniques (sens I, 3). *Avancement technique d'un pays. Revues techniques. L'enseignement technique* (ou, n. m., *le technique. Orienter un élève vers le technique*). – Lat. *technicus*, gr. *tekhnikos*; de *tekhnê*, «art, métier».

techniquement [tɛknikmɑ̃] adv. Du point de vue de la technique. – De *technique*.

techno-. Élément, du gr. *tekhnê*, «art, métier».

technocrate [tɛknɔkʀat] n. (Souvent péjor.) Personne à qui de grandes compétences dans un domaine particulier ont permis d'accéder à de hautes responsabilités dans la gestion ou l'administration des affaires publiques et qui, dans l'exercice du pouvoir privilégie les aspects techniques des problèmes au détriment des aspects humains. – De *technocratie*.

technocratie [tɛknɔkʀasi] n. f. Didac. Système d'organisation politique et sociale dans lequel les techniciens exercent une influence prépondérante. ▷ Péjor. Pouvoir des technocrates. – De *techno-*, et *-cratie*, d'ap. l'angl. *technocracy*.

technocratique [tɛknɔkʀatik] adj. Didac. Relatif aux technocrates, propre à une technocratie. *Conception technocratique d'une gestion.* – De *technocratie*.

technologie [tɛknɔlɔʒi] n. f. Étude des techniques industrielles (outillage, méthodes de fabrication, etc.), considérées dans leur ensemble ou dans un domaine particulier. *Technologie générale. Technologie de spécialité.* – *Abusiv.* Technique complexe, élaborée. – Gr. *tekhnologia*.

technologique [tɛknɔlɔʒik] adj. De la technologie; qui a rapport à la technologie. – Du préc.

teck ou **tek** [tɛk] n. m. BOT **1.** Arbre des régions tropicales du genre *Tectona* (fam. verbénacées). **2.** Bois très dur et très dense fourni surtout par un arbre des régions tropicales, le tectona, apprécié en ébénisterie pour sa couleur rouge-brun et la diversité de son veinage, et en construction navale pour son imputrescibilité et sa résistance aux tarets. – Portug. *teca*, de *tekku*, mot de Malabar, rég. du S.-O. de l'Inde.

teckel [tekɛl] n. m. Basset allemand à pattes courtes et à poil ras ou long. – Mot all., «chien pour la chasse au blaireau», diminutif de *Dachs*, «blaireau».

tectonique [tɛktɔnik] n. f. et adj. GEOL Étude de la structure acquise par les roches et les couches de terrain après leur formation, par suite des mouvements de l'écorce terrestre. ▷ *Par ext.* L'ensemble de ces mouvements. *Tectonique des plaques.* V. encycl. plaque. – Adj. *Mouvements tectoniques.* – All. *Tektonik*, gr. *tektonikos*, «propre au charpentier» *(tektôn)*.

tectrice [tɛktʀis] n. f. ZOOL Plume du corps et de la partie antérieure de l'aile des oiseaux. ▷ Adj. *Plume tectrice.* – Du lat. *tectus,* «couvert».

Te Deum [tedeɔm] n. m. inv. RELIG CATHOL Cantique d'action de grâces; cérémonie solennelle au cours de laquelle on chante ce cantique. – Composition musicale sur les paroles latines du *Te Deum. Le Te Deum de Verdi.* – Des mots *Te Deum laudamus,* «nous te louons, Dieu» par lesquels commence ce cantique.

tee-shirt, ou **T-shirt** [tiʃœʀt] n. m. Anglicisme Maillot de coton à manches courtes. *Des T-shirts* ou *tee-shirts.* – Mot anglo-amér., *T(ee),* «T», et *shirt,* «chemise» (chemise en forme de T).

téfillim. V. tephillim.

téflon [teflɔ̃] n. m. Matière plastique, polymère du tétrafluoréthylène, d'une grande résistance aux agents chimiques et à la chaleur, utilisée notam. dans la fabrication des joints d'étanchéité et dans celle des ustensiles ménagers (poêles, etc.). – Nom déposé, d'ap. *té(tra)fl(uoréthylène)* et suff. *-on* des matières plastiques.

tégénaire [teʒenɛʀ] n. f. ZOOL Grande araignée tubitèle à longues pattes, commune dans les caves, les greniers, etc. – Lat. zool. *tegenaria,* d'ap. lat. médiév. *tegenarius,* de *tegetarius,* «fabricant de nattes, couvertures».

tégument [tegymɑ̃] n. m. ANAT Tissu (peau, plumage, écailles, etc.) qui constitue l'enveloppe du corps d'un animal. *Le derme et l'épiderme, téguments des mammifères.* ▷ BOT Enveloppe protectrice d'une graine, d'un ovule. – Lat. *tegumentum,* de *tegere,* «couvrir».

tégumentaire [tegymɑ̃tɛʀ] adj. Didac. Qui constitue un tégument; qui a rapport à un, aux téguments. – Du préc.

teigne [tɛɲ] n. f. **1.** Petit papillon aux couleurs ternes (genre *Tinea*) dont la chenille, très nuisible, se nourrit de matières organiques d'origine végétale ou animale. *Teigne du colza, de la farine. Teigne domestique,* ou *mite.* **2.** Dermatose du cuir chevelu due à des champignons, et pouvant entraîner la chute des cheveux. ▷ Fig. Personne méchante, malveillante. *Quelle teigne!* – Lat. *tinea.*

teigneux, euse [tɛɲø, øz] adj. **1.** Atteint de la teigne. ▷ Subst. *Un teigneux, une teigneuse.* **2.** Hargneux, mauvais, méchant. ▷ Subst. *C'est un querelleur et un teigneux.* – Lat. *tineosus.*

teillage [tɛjaʒ] ou **tillage** [tijaʒ] n. m. TECH Opération par laquelle on teille le chanvre ou le lin. – De *t(e)iller.*

teille [tɛj] ou **tille** [tij] n. f. TECH **1.** Liber du tilleul. **2.** Écorce de la tige du chanvre. – Lat. *tilia,* «écorce de tilleul», et par ext., «écorce».

teiller [tɛje] ou **tiller** [tije] v. tr. [1] TECH *Teiller le chanvre, le lin:* séparer les fibres de la plante des parties ligneuses. – Du préc.

teindre [tɛ̃dʀ] v. tr. [73] **1.** Imprégner d'une matière colorante. *Teindre la laine. Rénover un vieux manteau en le teignant. – Se teindre les cheveux;* au pp. *cheveux teints.* **2.** Litt. (Sujet n. de chose.) Colorer. *Le sang teignait l'eau en rouge.* ▷ v. pron. *Le paysage s'est teint de rose et de mauve.* – Lat. *tingere.*

teint [tɛ̃] n. m. **1.** (Dans les loc. *bon teint, grand teint.*) Manière de teindre. *Étoffe grand teint,* dont la teinture est solide, résiste au lavage, à l'ébullition. ▷ Plaisant. (Personnes.) *Bon teint,* dont les opinions sont solidement établies. *Un conservateur, un progressiste bon teint.* **2.** Couleur, carnation du visage. *Avoir le teint pâle, bilieux, hâlé, rose, rubicond.* – Pp. m. subst. de *teindre.*

teinte [tɛ̃t] n. f. **1.** Nuance qui résulte du mélange de deux ou plusieurs couleurs. *Teinte jaune verdâtre.* **2.** Degré d'intensité d'une couleur. *Teinte faible, forte.* **3.** Fig. Légère apparence, trace, ombre. *Une teinte de mélancolie.* – Pp. fém. subst. de *teindre.*

teinter [tɛ̃te] v. tr. [1] Donner une teinte à, colorer légèrement. *Teinter son eau d'un peu de vin.* – Au pp. *Une fleur blanche teintée de rose.* ▷ v. pron. *La forêt se teintait de bruns et d'ors.* – Fig. *Son refus se teinta de tristesse.* – De *teinte;* lat. médiév. *tinctare,* class. *tingere,* «teindre».

teinture [tɛ̃tyʀ] n. f. **1.** Opération qui consiste à teindre; son résultat. *Procédés de teinture.* **2.** Matière colorante utilisée pour teindre. *La laine s'imprègne de teinture dans de grandes cuves.* ▷ Fig. Connaissance toute superficielle. *Il a une vague teinture de philosophie* (cf. *vernis*). **3.** PHARM Solution d'un ou de plusieurs produits actifs dans l'alcool. *Teinture d'iode, d'anis, d'eucalyptus.* – Lat. *tinctura,* de *tingere,* «teindre».

teinturerie [tɛ̃tyʀʀi] n. f. **1.** Métier du teinturier. **2.** Commerce, boutique de teinturier. – De *teinturier.*

teinturier, ière [tɛ̃tyʀje, jɛʀ] n. **1.** TECH Personne qui connaît les techniques de teinture et qui procède à la mise en couleur de diverses matières (étoffes et cuirs, en partic.). **2.** Cour. (France) Personne, commerçant qui se charge du nettoyage des vêtements, et, éventuellement, de leur teinture. *Donner une veste de daim à dégraisser chez le teinturier.* – De *teinture.*

tek. V. teck.

tel, telle [tɛl] adj. et pron. **A.** adj. (Indiquant la similitude, l'identité.) **1.** De cette sorte. Syn. pareil, semblable. *Une telle conduite vous honore. Je n'ai rien vu de tel. Tels furent ses propos.* ▷ *Pour tel, comme tel:* possédant cette qualité. *Objet ancien, ou vendu comme tel. C'est peut-être le meilleur livre de l'année; moi, je le tiens pour tel. En tant que tel:* dans sa nature propre. ▷ *Tel père, tel fils:* le fils est comme le père. **2.** *Tel quel:* dans son état initial, sans modification. *Tu l'avais laissé sur la table, je l'ai trouvé tel quel.* (*Tel que* est ici un emploi critiqué.) **3.** *Tel que...:* comme. *Bêtes féroces telles que le tigre, la panthère. Un homme tel que lui.* **B.** pron. **I.** (Indéfini.) **1.** (Pour éviter de désigner de façon précise.) Un certain. *Admettons qu'il arrive tel jour, avec tel ami pour faire telle chose.* **2.** Litt. Une certaine personne. *Tel est pris qui croyait prendre.* **3.** *Untel* ou *Un tel* (mis pour un nom de personne): cf. untel. **II.** (Valeur intensive.) **1.** Si grand, d'une si grande importance. *Avec un tel enthousiasme, il est sûr de réussir.* **2.** *Tel... que* (Introduisant une subordonnée de conséquence.) *Tel est le caractère des hommes qu'ils ne sont jamais satisfaits.* **3.** loc. conj. *De telle manière, de telle sorte, de telle façon que.* (Servant à introduire une subordonnée de conséquence, ou de but.) *Il s'y prend de telle manière qu'il a peu de chance d'y parvenir.* – Lat. *talis.*

tél(o)-. V. téléo-.

télamon [telamɔ̃] n. m. ARCHI Statue d'homme qui supporte une corniche. Syn. atlante. – Lat. *telamon,* mot grec, de *talân,* «supporter».

1. télé [tele] n. f. Fam. Abrév. de *télévision. C'est passé à la télé. Regarder le feuilleton à la télé.* ▷ Abrév. de *téléviseur. Il s'est acheté une nouvelle télé.*

2. télé-. Élément, du gr. *têle,* «au loin».

télébenne [telebɛn]; **télécabine** [telekabin] n. f. Téléphérique à un seul câble comportant de nombreuses petites cabines; chacune de ces cabines. *Une télébenne, une télécabine.* – (Souvent employé au masc. sous l'infl. de *téléphérique, télésiège, téléski.*) *Prendre le télébenne, le télécabine.* – De *télé-,* et *benne, cabine.*

télécinéma [telesinema] n. m. Appareil qui permet de transmettre par télévision un film cinématographique; service chargé de la diffusion des films, à la télévision. – De *télé-*, et *cinéma*.

télécommande [telekɔmɑ̃d] n. f. Commande à distance d'un appareillage; dispositif qui permet cette commande à distance. *Télécommande mécanique* (au moyen de tringles, de câbles, etc.), *hydraulique ou pneumatique* (canalisations d'eau, d'huile, d'air comprimé), *électrique* (relais, servomécanismes), *radioélectrique* (ondes hertziennes). – De *télé-*, et *commande*.

télécommander [telekɔmɑ̃de] v. tr. [1] Actionner, déclencher, guider par télécommande. *Télécommander l'autodestruction d'un satellite.* ▷ Au pp. *Engin télécommandé.* – Fig. *Menées subversives télécommandées de l'étranger.* – De *télé-*, et *commander*.

télécommunication [telekɔmynikasjɔ̃] n. f. (surtout au plur.). *Les télécommunications:* les procédés de communication et de transmission à distance de l'information (V. encycl. ci-après). *Télécommunications spatiales.* – De *télé-*, et *communication*.

ENCYCL De très nombr. techniques ont donné leur essor aux télécommunications modernes: télégraphie, téléphone, télévision, etc. Comme le réseau téléphonique, le réseau télégraphique entre abonnés, appelé *télex*, est équipé d'autocommutateurs spéciaux qui permettent d'établir automatiquement des liaisons entre les abonnés. Chaque abonné possède un téléimprimeur, utilisé pour l'envoi et pour la réception des messages. La frappe de chaque lettre sur le clavier du téléimprimeur se traduit par l'émission d'impulsions électriques qui sont transmises par les mêmes procédés que les signaux téléphoniques. Les liaisons par ondes radioélectriques, qui permettent de s'affranchir de la sujétion des câbles, s'effectuent par ondes courtes (radiotéléphonie, par ex.) ou par ondes ultracourtes (faisceaux hertziens). Un *faisceau hertzien* est constitué d'un ensemble de relais séparés les uns des autres par une distance de 50 à 80 km. Les capacités de transmission des faisceaux hertziens peuvent atteindre plusieurs milliers de voies téléphoniques. Les *satellites de télécommunications* servent de relais hertziens. On utilise généralement des satellites géostationnaires; trois satellites suffisent pour que deux points quelconques de la surface terrestre puissent être mis en communication. Parmi les autres moyens de transport des informations, citons les *guides d'ondes*, cylindres à l'intérieur desquels les ondes ultracourtes se propagent par réflexions successives, bientôt remplacés par les *fibres* optiques*, qui permettent de transporter des signaux lumineux avec une capacité de transmission très supérieure à celle des câbles ou des faisceaux hertziens. Ces signaux lumineux, émis par des *lasers*, sont en fait des ondes radioélectriques cent mille fois plus courtes que les ondes ultracourtes. Les télécommunications se développent également beaucoup pour relier les ordinateurs, diffuser et transporter à longue distance les données informatiques: c'est le domaine de la *télématique**.

téléconférence [telekɔ̃ferɑ̃s] n. f. TELECOM Conférence dans laquelle plus de deux interlocuteurs sont reliés par des moyens de télécommunication. – De *télé-*, et *conférence*.

télécopie [telekɔpi] n. f. TELECOM Procédé de reproduction à distance de documents utilisant notam. le réseau téléphonique. – De *télé-*, et *copie*.

télécopieur [telekɔpjœr] n. m. TELECOM Appareil de télécopie. – De *télé-*, et *copieur*.

télédétection [teledetɛksjɔ̃] n. f. Détection à distance. *Télédétection des ressources terrestres par satellites.* – De *télé-*, et *détection*.

télédiffuser [teledifyze] v. tr. [1] Diffuser par la télévision (surtout au pp. adj.). – De *télé-*, et *diffuser*.

télédiffusion [teledifyzjɔ̃] n. f. Diffusion par télévision. – De *télé-*, et *diffusion*.

télédistribution [teledistribysjɔ̃] n. f. TECH Diffusion par câbles d'émissions de télévision. V. câblodistribution. – De *télé-*, et *distribution*.

téléenseignement ou **télé-enseignement** [teleɑ̃sɛɲ(ə)mɑ̃] n. m. Enseignement à distance utilisant la radio et la télévision. – De *télé-*, et *enseignement*.

téléférique. V. téléphérique.

téléfilm [telefilm] n. m. Film tourné spécialement pour la télévision. – De *télé*, et *film*.

téléga [telega] ou **télègue** [telɛg] n. f. Charrette à quatre roues utilisée en Russie. – Mot russe.

télégénique [teleʒenik] adj. Qui est flatté par l'image télévisée, dont le visage est agréable à regarder à la télévision. – De *télé-(vision)*, d'ap. *photogénique*.

télégramme [telegram] n. m. Dépêche transmise par télégraphie électrique ou radioélectrique. ▷ Teneur de cette dépêche. ▷ Feuille sur laquelle elle est transcrite. – De *télé-*, et *-gramme*.

télégraphe [telegraf] n. m. Dispositif, système permettant de transmettre rapidement et au loin des nouvelles, des dépêches. *Télégraphe optique de Chappe.* ▷ *Spécial.* Dispositif de transmission à distance des dépêches par liaison électrique ou radioélectrique, utilisant un code de signaux. *Télégraphe Morse.* – De *télé-*, et *-graphe*.

télégraphie [telegrafi] n. f. Technique de la transmission par télégraphe; transmission par télégraphe. ▷ *Télégraphie sans fil:* cf. T.S.F. – Vx Radiodiffusion. – Du préc.

ENCYCL Les télécommunications se sont développées à partir de la télégraphie optique. Le premier télégraphe fut mis au point par Chappe en 1793. Il était constitué d'un ensemble de stations distantes de 9 à 12 km; chacune émettait des signaux optiques au moyen d'un indicateur mobile fixé en haut d'un mât. Après avoir fait l'objet de plusieurs tentatives, le premier système de télégraphie électrique fut inventé par Morse en 1843. La première liaison télégraphique par câble sous-marin à travers l'Atlantique date de 1866. Aujourd'hui les liaisons télégraphiques entre abonnés sont effectuées par *télex*.

télégraphier [telegrafje] v. tr. [1] Transmettre par télégraphie ou sous forme de télégramme. *Télégraphiez-moi les résultats dès que vous les connaîtrez.* ▷ *Absol.* Envoyer un télégramme. *Il m'a télégraphié.* – Du préc.

télégraphique [telegrafik] adj. **1.** Du télégraphe; qui a rapport au télégraphe. **2.** Transmis par télégraphe. *Mandat télégraphique.* **3.** *Style télégraphique*, dans lequel ne sont conservés que les mots essentiels à la compréhension du texte, comme dans les télégrammes. – De *télégraphe*.

télégraphiquement [telegrafikmɑ̃] adv. Par télégramme. *Il a été prévenu télégraphiquement.* – Du préc.

télégraphiste [telegrafist] n. Personne qui transmet les dépêches par télégraphie. – De *télégraphe*.

télègue. V. téléga.

téléguidage [telegidaʒ] n. m. TECH Guidage de mobiles à distance, notam. par ondes hertziennes. – De *télé-*, et *guidage*.

téléguider [telegide] v. tr. [1] **1.** Commander par téléguidage. ▷ Au pp. *Voiture téléguidée.* **2.** Fig. Manipuler, inspirer par un pouvoir éloigné. *Intervention diplomatique téléguidée.* – De *télé-*, et *guider*.

téléimprimeur [teleɛ̃pʀimœʀ] n. m. TECH Appareil télégraphique qui permet l'envoi de textes au moyen d'un clavier dactylographique, et leur réception en caractères typographiques sans l'intervention d'un opérateur. – De *télé-*, et *imprimeur.*

téléinformatique [teleɛ̃fɔʀmatik] n. f. INFORM Ensemble de procédés qui permettent l'utilisation à distance de l'ordinateur (par l'intermédiaire de lignes spéciales, des réseaux de télécommunication). – De *télé-*, et *informatique.*

télékinésie [telekinezi] n. f. Didac. Phénomène paranormal qui consisterait en la mise en mouvement à distance d'objets pesants, sans contact, par la seule intervention d'une énergie immatérielle. – De *télé-*, et gr. *kinêsis*, «mouvement».

télémanipulateur [telemanipylatœʀ] n. m. TECH Dispositif qui permet de manipuler à distance des produits dangereux (radioactifs, en partic.), consistant essentiellement en une ou deux pinces articulées. – De *télé-*, et *manipulateur.*

télématique [telematik] n. f. et adj. INFORM Ensemble des techniques associant les télécommunications et les matériels informatiques (connexion par le réseau téléphonique d'un ordinateur central et d'un terminal mis à la disposition d'un usager privé, consultation par le public des grandes banques de données, etc.). ▷ adj. *Les services télématiques.* – De *télé(communication)*, et *(infor)matique.*

télémesure [telem(ə)zyʀ] n. f. TECH Transmission à distance des résultats de mesures au moyen d'un signal électrique ou radioélectrique. – De *télé-*, et *mesure.*

ENCYCL Les télémesures sont d'un emploi courant dans l'industrie (contrôle du fonctionnement d'un réacteur nucléaire, par ex.), dans les laboratoires de recherche, en météorologie (mesures atmosphériques par ballons-sondes) et dans les laboratoires d'études et de recherches spatiales.

télémètre [telemɛtʀ] n. m. TECH Appareil servant à mesurer la distance d'un point éloigné par un procédé optique ou radioélectrique. – De *télé-*, et *-mètre.*

ENCYCL Les télémètres *optiques* sont constitués par un tube qui porte deux miroirs à ses extrémités. Les images du point visé sont reprises par un oculaire situé au milieu du tube, la distance à mesurer étant déterminée par la position des images finales ou par leur mise en coïncidence. Le télémètre à *laser* comporte un laser à impulsions dont le faisceau se réfléchit sur un miroir porté par la cible. Les *radars* sont des télémètres radioélectriques.

télémétrie [telemetʀi] n. f. TECH Mesure des distances par télémètre. – De *télémètre.*

télencéphale [telɑ̃sefal] n. m. ANAT Vésicule antérieure de l'encéphale embryonnaire des vertébrés, dont le développement aboutit à la formation des hémisphères cérébraux. – De *tel(o)-*, et *encéphale.*

téléo-, tél(o)-. Éléments, du gr. *telos, teleos*, «fin, but», et de *teleios*, «complet, achevé».

téléobjectif [teleɔbʒɛktif] n. m. PHOTO, CINÉ Objectif photographique de distance focale supérieure à la focale dite «normale» et dont le champ embrassé est réduit, utilisé pour photographier des objets éloignés. – De *télé-*, et *objectif.*

téléologie [teleɔlɔʒi] n. f. PHILO Étude de la finalité. – Doctrine selon laquelle le monde obéit à une finalité. – De *téléo-*, et *-logie.*

téléologique [teleɔlɔʒik] adj. PHILO Qui a rapport à la téléologie. *Preuve téléologique de l'existence de Dieu.* – Du préc.

téléostéens [teleɔsteɛ̃] n. m. pl. ZOOL Superordre de poissons osseux dont le squelette est entièrement ossifié. – Du lat. zool. *teleostei;* du gr. *teleios*, «achevé», et *osteon*, «os».

ENCYCL Les téléostéens apparurent à la fin du Jurassique. Ce superordre comprend la plupart des poissons actuels. Leur corps est couvert d'écailles imbriquées comme les tuiles d'un toit. Ils sont divisés en trente ordres, dont les princ. sont: les *anguilliformes* (anguille, murène, etc.), les *salmoniformes* (saumon, brochet, anchois, etc.), les *cypriniformes* (piranha, gardon, goujon, loche, etc.), les *gadiformes* (lotte, morue, merlan, merlu, etc.), les *perciformes* (perche, mérou, rouget, labre, maquereau, thon, etc.), etc.

télépathe [telepat] n. et adj. Qui pratique la télépathie. – De *télépathie.*

télépathie [telepati] n. f. Communication à distance par la pensée, transmission de pensée. – Angl. *telepathy*, d'ap. *télé-*, et *-pathie.*

télépathique [telepatik] adj. Propre à la télépathie. – Du préc.

téléphérage [telefeʀaʒ] n. m. TECH Transport par câble aérien. *Téléphérage des grumes dans une exploitation forestière de montagne.* – Angl. *telpherage*, du gr. *pherein*, «porter».

téléphérique ou **téléférique** [telefeʀik] adj. et n. **1.** adj. TECH Qui a rapport au téléphérage. *Câble téléphérique.* **2.** n. m. Moyen de transport des personnes par cabine suspendue à un câble aérien. *Prendre le téléphérique.* – Du préc.

téléphone [telefɔn] n. m. **1.** Ensemble des dispositifs qui permettent de transmettre le son, et en partic. la parole, à longue distance. *Abonné au téléphone. Appareil de téléphone.* ▷ Fam. *Donner un coup de téléphone à qqn*, l'appeler au téléphone. ▷ Fig., fam. *Téléphone arabe* : transmission rapide, de bouche à oreille, des nouvelles, des ragots. **2.** Appareil, poste téléphonique. *Téléphone à cadran**, *à pitons**. – De *télé-*, et *-phone.*

ENCYCL Le principe du téléphone consiste à transformer les vibrations sonores de la voix en signaux électriques qui sont transmis au destinataire après avoir été amplifiés pour compenser les pertes en ligne. À la réception, les signaux électriques sont transformés en vibrations sonores. Comme la reproduction d'une conversation ne nécessite pas de transmettre fidèlement tous les sons, la bande de fréquences utilisée correspond à un intervalle de 300 à 3 400 Hz (alors que la gamme de fréquences audibles s'étend de 20 à 20 000 Hz), ce qui permet d'acheminer un très grand nombre de communications par le même câble. Un *poste téléphonique* comprend un microphone, un écouteur et des organes accessoires, en partic. une sonnerie, un cadran ou un clavier d'appel, et un transformateur, appelé aussi bobine d'induction, qui permet d'améliorer le rendement de l'ensemble poste-ligne. Le poste est généralement alimenté en courant continu à partir d'un central téléphonique, l'appel d'un correspondant s'effectue par des impulsions que provoque l'interruption de ce courant. La *commutation* téléphonique (c.-à-d. la mise en communication de deux abonnés) s'effectue auj. automatiquement au moyen d'autocommutateurs électromécaniques ou électroniques qui établissent la liaison. Les systèmes de commutation électronique comprennent un ordinateur qui travaille en temps réel et qui optimise le choix des liaisons à établir. La transmission téléphonique s'effectue par câbles ou par ondes radioélectriques. Elle fait de plus en plus appel aux satellites de télécommunications. (V. encycl. satellite.) L'association du téléphone et de la télévision constitue la *visiophonie:* les interlocuteurs voient l'image de leur correspondant sur un écran de télévision. Chaque poste comprend un appareil téléphonique, un récepteur de télévision et une caméra de télévision, réunis à un central où les signaux de télévision arrivent simultanément.

téléphoner [telefɔne] **1.** v. tr. [1] Transmettre par téléphone. *Téléphone-lui ses résultats.* – Pp. *Message téléphoné.* **2.** v. tr. indir. Parler au téléphone. *Téléphoner à un ami.* ▷ Absol. *Il déteste téléphoner.* – Du préc.

téléphonie [telefɔni] n. f. TECH Transmission des sons à distance. – Ensemble des techniques qui concernent le téléphone. ▷ *Téléphonie sans fil.* V. radiotéléphonie. – De *téléphone.*

téléphonique [telefɔnik] adj. Du téléphone; qui concerne le téléphone. *Appel téléphonique. Cabine téléphonique.* – De *téléphone.*

téléphoniste [telefɔnist] n. Personne dont le métier est d'assurer le service du téléphone. – De *téléphone.*

téléprompteur [telepʀɔ̃ptœʀ] n. m. Syn. de *télésouffleur.* – De télé-, et angl. *prompter,* «souffleur».

téléradiographie [teleʀadjogʀafi] ou **téléradio** [teleʀadjo] n. f. Radiographie à distance (1,50 à 3 m) qui permet d'obtenir une image dont la déformation est négligeable. – De *télé-,* et *radiographie.*

téléroman [teleʀɔmɑ̃] n. m. Feuilleton québécois tourné (général. en studio) pour la télévision et diffusé aux heures de grande écoute. "[...] il me fixait comme si j'étais une momie évadée de son musée, un personnage de téléroman sorti de sa télévision.» (Claude Charron, *Désobéir,* 1983.) – De *télé,* et *roman.*

télescopage [teleskɔpaʒ] n. m. Fait de télescoper, de se télescoper. – De *télescoper.*

télescope [telɛskɔp] n. m. TECH, ASTRO Instrument d'optique destiné à l'observation des objets lointains (des astres, notam.), et dont l'objectif est un miroir. ▷ Cour. Tout instrument d'optique (télescope au sens strict ou lunette*) destiné à l'observation d'objets lointains. – De *télé-*1, et *-scope.*

ENCYCL **Phys.** – L'objectif d'un télescope est un miroir concave, généralement parabolique, qui donne une image réelle parfaite d'un point situé à l'infini sur l'axe du miroir et que l'on peut observer avec une loupe servant d'oculaire. Les miroirs des télescopes sont, à l'inverse des lentilles des lunettes, parfaitement achromatiques et ils ont des dimensions bien supérieures: le télescope sov. de Zelentchouk, dans le Caucase, possède un objectif de 6 m de diamètre. Les *radiotélescopes* servent à détecter les ondes radioélectriques émises par les astres; totalement différents des télescopes optiques, ils sont constitués d'une antenne de grande dimension et d'un appareillage qui effectue l'analyse des signaux reçus. Les *télescopes électroniques,* dont la puissance est nettement supérieure à celle des télescopes optiques, comprennent un amplificateur électronique d'images associé à un télescope optique.

télescoper [teleskɔpe] v. tr. [1] Heurter violemment, enfoncer. *Le semi-remorque a télescopé la camionnette.* ▷ v. pron. *Les deux trains se sont télescopés.* – Fig. *Idées qui se télescopent,* qui empiètent l'une sur l'autre en créant la confusion. – Amér. *to telescope,* de l'angl. *telescope,* «lunette d'approche à tubes emboîtés».

télescopique [telɛskɔpik] adj. **1.** Qui se fait avec le télescope. *Mesures télescopiques.* ▷ *Planète télescopique,* que l'on ne peut observer qu'au moyen d'un instrument. **2.** Dont les différents éléments s'insèrent les uns dans les autres comme les tubes d'une lunette d'approche. *Pied télescopique d'une caméra.* – De *télescope.*

téléscripteur [teleskʀiptœʀ] n. m. Appareil télégraphique qui assure à la réception l'impression directe des dépêches. – De *télé-*1, et lat. *scriptor.*

télésiège [telesjɛʒ] n. m. Remontée mécanique, en général à l'usage des skieurs, constituée d'un câble unique sans fin auquel sont suspendus des sièges à une ou deux places. – De *télé(phérique),* et *siège.*

téléski [teleski] n. m. Remonte-pente. – De *télé(phérique),* et *ski.*

télésouffleur [telesuflœʀ] n. m. Appareil qui permet de lire un texte, tout en fixant une caméra. Syn. téléprompteur. – De *télé,* et *souffleur.*

téléspectateur, trice [telespɛktatœʀ, tʀis] n. Personne qui regarde la télévision. – De *télé-,* et *spectateur.*

télésurveillance [telesyʀvɛjɑ̃s] n. f. TECH Surveillance effectuée à distance à l'aide de moyens électroniques et notam. d'une caméra vidéo. – De *télé,* et *surveillance.*

télétex [teletɛks] n. m. INFORM Norme internationale pour la transmission sur réseaux publics de textes composés et archivés par des machines de traitement de texte capables de communiquer entre elles *(terminaux télétex). Le service international télétex est appelé à succéder au télex.* – Abrév., de *télé,* et (traitement de) *tex(te).*

télétexte [teletɛkst] INFORM Syn. de *vidéographie diffusée.*

téléthèque [teletɛk] n. f. Didac. Endroit, local où sont conservés les enregistrements d'émissions télévisées (bandes magnétoscopiques, etc.); ensemble de ces enregistrements. – De *télé-,* et *-thèque,* d'apr. *bibliothèque.*

télétoxique [teletɔksik] adj. BIOL Se dit des substances toxiques sécrétées par les êtres vivants et qui se répandent dans le milieu. – De *télé-,* et *toxique.*

télétraitement [teletʀɛtmɑ̃] n. m. INFORM Traitement à distance des données, notam. au moyen de terminaux reliés à des ordinateurs. V. télématique. – De *télé-,* et *traitement.*

télétransmission [teletʀɑ̃smisjɔ̃] n. f. TECH Transmission à distance de signaux (télégraphiques, vidéo, etc.). – De *télé-,* et *transmission.*

télétype [teletip] n. m. Téléimprimeur. – Mot angl., de *teletype(writer),* «machine à écrire *(typewriter)* à distance»; marque déposée.

téléviser [televize] v. tr. [1] Transmettre des images par télévision. – Pp. *Reportage télévisé.* – De *télévision.*

téléviseur [televizœʀ] n. m. Appareil récepteur de télévision. – De *télévision.*

télévision [televizjɔ̃] n. f. **1.** Transmission des images à distance par ondes hertziennes (ou par câble); ensemble des techniques mises en œuvre dans ce type de transmission. (Abrév. fam. *télé.*) **2.** *Par ext.* Organisme qui produit et diffuse des émissions par télévision. *Travailler à la télévision.* **3.** Fam. Téléviseur. *Ils ont acheté une nouvelle télévision.* – De *télé-,* et *vision.*

télévisuel, elle [televizɥɛl] adj. Didac. Relatif à la télévision. – De *télévision.*

télex [telɛks] n. m. Système de télégraphie utilisant un réseau distinct du réseau téléphonique et permettant la transmission de messages au moyen de téléimprimeurs. V. encycl. télécommunication. – Mot amér.

télexer [telekse] v. tr. [1] Transmettre par télex. – De *télex.*

télexiste [telɛksist] n. TECH Personne dont le travail consiste à assurer des liaisons par télex. – De *télex.*

tell [tɛl] n. m. ARCHEOL Colline artificielle formée par l'accumulation de ruines, de déblais au cours des âges. – Mot ar., «colline».

tellement [tɛlmɑ̃] adv. **1.** (Valeur intensive.) Si, aussi. *Il est tellement jeune!* ▷ (Devant une comparaison). *Ce serait tellement mieux! Il est tellement plus riche que moi!* ▷ Fam. *Pas tellement:* pas beaucoup. *Je n'ai pas tellement apprécié son attitude.* ▷ (Introduisant une proposition de cause.) *On ne pouvait respirer tellement il y avait de monde.* Syn. tant. **2.** Fam. *Tellement de:* tant de. *J'ai tellement de travail en retard!* **3.** Loc. conj. *Tellement... que.* (Introduisant une subordonnée de conséquence.) *Il a tellement vu de choses que plus rien ne l'étonne.* – De *tel.*

tellure [te(ɛ)l(l)yʀ] n. m. CHIM Corps simple qui présente de nombr. analogies avec le soufre et le sélénium; élément de numéro atomique $Z = 52$, de masse atomique 127,60 (symbole Te) situé à la frontière des métaux et des non-métaux. – Lat. mod. *tellurium,* de *tellus, telluris,* «terre».

1. tellurique [te(ɛ)l(l)yʀik] ou **tellurien, ienne** [te(ɛ)l(l)yʀjɛ̃, jɛn] adj. Didac. De la terre; qui a rapport à la terre, qui en provient. *Mouvements telluriens. Chaleur tellurique.* – Du lat. *tellus, telluris,* «terre».

2. tellurique [te(ɛ)l(l)yʀik] adj. CHIM Se dit de l'anhydride (TeO_3) et de l'acide (H_2TeO_4) dérivés du tellure. – De *tellure.*

télo-. V. téléo-.

télolécithe [telɔlesit] ou **télolécithique** [telɔlesitik] adj. BIOL *Œuf télolécithe* ou *télolécithique,* dont le vitellus, très abondant, est localisé à l'un des pôles (œufs des reptiles, des oiseaux et de la plupart des poissons). – De *télo-,* et gr. *lekithos,* «jaune d'œuf».

télophase [telɔfaz] n. f. BIOL Dernière phase de la mitose*, caractérisée par la reconstitution des noyaux et par la formation d'une membrane séparant les deux cellules filles. – De *télo-,* et *phase.*

télougou ou **telugu** [telugu] adj. et n. Relatif aux populations de l'Āndhra Pradesh (Inde du S.). ▷ N. m. Langue dravidienne de l'Āndhra Pradesh. – Mot indigène.

telson [tɛlsɔ̃] n. m. ZOOL Dernier segment abdominal des arthropodes, qui ne porte pas d'appendice articulé. – Mot gr., «limite».

telugu. V. Télougou.

temenos [temenɔs] n. m. ANTIQ GR Terrain sacré d'un sanctuaire fermé par le péribole. – Mot gr.

téméraire [temeʀɛʀ] adj. et n. **1.** Hardi jusqu'à l'imprudence. *Alpiniste téméraire.* **2.** Qui dénote la témérité. *Action téméraire.* ▷ *Jugement téméraire,* avancé sans preuves suffisantes. – Lat. *temerarius,* «accidentel», d'où «inconsidéré», de *temere,* «au hasard».

témérairement [temeʀɛʀmɑ̃] adv. D'une façon téméraire. – De *téméraire.*

témérité [temeʀite] n. f. Fait d'être téméraire (personnes); caractère de ce qui est téméraire (actions, paroles). – Lat. *temeritas.*

témoignage [temwaɲaʒ] n. m. **1.** Action de rapporter un fait, un événement en attestant sa réalité, sa vérité. *Témoignage historique.* ▷ *Porter témoignage:* produire un témoignage, faire une déclaration ayant valeur de témoignage. ▷ *Spécial.* Déposition d'un témoin devant la justice. *Faux témoignage:* déposition mensongère. **2.** Fig. Preuve, marque (d'un sentiment). *Témoignage d'estime.* – De *témoigner.*

témoigner [temwaɲe] v. [1] **I.** v. intr. **1.** Être témoin, porter témoignage, spécial. devant la justice. *Témoigner en faveur de qqn ou contre qqn.* **II.** v. tr. indir. *Témoigner de:* constituer le signe ou la preuve de; marquer, dénoter. *Ce choix témoigne de son discernement.* **III.** v. tr. **1.** Marquer, manifester. *Témoigner sa joie.* **2.** *Témoigner que* ou *témoigner* (+ inf.). Certifier la réalité, la vérité de. *Elle a témoigné qu'elle l'a entendu, l'avoir entendu.* – De *témoin.*

témoin [temwɛ̃] n. m. **1.** Personne qui voit, entend qqch et peut éventuellement le rapporter. *Être témoin d'un événement. Cela s'est passé sans témoins. Témoin oculaire,* qui rend témoignage de ce qu'il a vu. ▷ Loc. *Prendre qqn à témoin:* invoquer son témoignage, lui demander de témoigner. **2.** Personne appelée à faire connaître en justice ce qu'elle sait d'une affaire. *Entendre, produire des témoins. Témoins à charge, à décharge,* qui témoignent contre un accusé ou en sa faveur. *Faux témoin:* celui qui fait un faux témoignage. **3.** Personne qui en assiste une autre dans certains actes, pour servir de garant de leur authenticité, de leur sincérité. *Servir de témoin à un mariage. Dans un duel, les combattants étaient assistés de témoins.* **4.** Personne qui observe son milieu, la société et rend compte de ses observations. *Un chroniqueur témoin de son temps.* **5.** Personne qui, par ses actes, porte témoignage de l'existence de qqn, de qqch. *Les martyrs, témoins du Christ, de la foi.* **6.** Ce qui prouve l'existence, la réalité de qqch. *Ces vestiges, témoins d'une civilisation disparue.* ▷ (En tête de proposition.) *C'est un grand général, témoin ses victoires,* comme ses victoires en sont la preuve. **7.** (En appos. ou en second élément d'un subst. composé). Se dit de ce qui permet une comparaison, un contrôle avec une chose analogue. *Villa-témoin, appartement-témoin. Lampe-témoin d'un appareil électrique,* indiquant si celui-ci est branché, en état de marche, etc. – GEOGR *Butte témoin:* V. butte. ▷ CONSTR Plaquette de plâtre appliquée de part et d'autre d'une fissure et permettant de constater un éventuel élargissement de celle-ci. ▷ BIOL Sujet animal ou végétal sur lequel on n'a pas fait d'expérience et que l'on compare à celui ayant servi de cobaye. ▷ SPORT Bâton que se passent les équipiers d'une course de relais. – Du lat. *testimonium,* «témoignage» de *testis,* «témoin».

1. tempe [tɑ̃p] n. f. Région latérale de la tête, entre l'œil et le haut de l'oreille. – Lat. pop. **tempula,* class. *tempora,* «les tempes».

2. tempe [tɑ̃p] n. f. TECH En boucherie, pièce de bois maintenant écartés les deux côtés du ventre d'une bête ouverte. – P.-ê. du lat. *templum,* «traverse».

tempera (a) [tɑ̃peʀa] loc. adj. et adv. PEINT Se dit d'une couleur délayée dans de l'eau mêlée à un agglutinant (jaune d'œuf, gomme, etc.), et de la technique d'utilisation de cette peinture. – Mots ital. «à détrempe».

tempérament [tɑ̃peʀamɑ̃] n. m. **I. 1.** Ensemble des caractères physiologiques propres à un individu. *Un tempérament robuste.* **2.** Ensemble des dispositions psychologiques de qqn. *Un tempérament calme.* ▷ Loc. fam. *Avoir du tempérament:* manifester une forte personnalité; *spécial.* manifester une forte inclination pour l'amour physique, le plaisir sexuel. **II. 1.** *Acheter à tempérament,* en payant par tranches successives la somme due. – *Vente à tempérament,* à crédit. **2.** MUS Altération que, dans certains instruments, on fait subir à la proportion rigoureuse des intervalles pour que deux sons enharmoniques (par ex.: ré dièse et mi bémol) puissent être rendus par le même organe (corde, tuyau, touche, etc.). – Lat. imp. *temperamentum,* «combinaison proportionnée», de *temperare,* «combiner, mélanger, unir dans de justes proportions» et, au fig., «adoucir, modérer».

tempérance [tɑ̃peʀɑ̃s] n. f. **1.** Modération. **2.** RELIG CATHOL Modération dans les désirs, dans les plaisirs des sens. *La tempérance est l'une des vertus cardinales.* **3.** Cour. Modération dans les plaisirs de la table. ▷ *Spécial.* Modération dans l'usage des boissons alcoolisées. – Lat. *temperantia.*

tempérant, ante [tɑ̃peʀɑ̃, ɑ̃t] adj. Qui fait preuve de tempérance; sobre. – Lat. *temperans, temperantis.*

température [tɑ̃peʀatyʀ] n. f. **1.** État de l'air, de l'atmosphère en un lieu, considéré du point de vue de la sensation de chaleur ou de froid que l'on y éprouve et dont la mesure objective est fournie par le thermomètre. *Température d'une chambre. Température moyenne d'un pays.* **2.** Degré de chaleur d'un corps quelconque. *Température d'ébullition d'un liquide.* **3.** Degré de chaleur d'un organisme animal ou humain. *Prendre sa température. Feuille de température. Animaux dont la température reste constante:* homéothermes, *varie:* poïkilothermes. ▷ Absol. *Avoir, faire de la température:* être fiévreux. ▷ Fig., plaisant. *Prendre la température:* se renseigner sur l'état d'esprit (d'une ou de plus. personnes). *Prendre la température de l'opinion publique.* – Lat. *temperatura.*

ENCYCL **Phys.** – La température d'un corps est une mesure de l'agitation microscopique des particules qui le constituent. Lorsqu'on fournit de l'énergie à un corps, cette agitation thermique s'accroît et la température augmente. Si cette agitation dépasse un certain seuil, les liaisons qui maintiennent la structure du corps peuvent se rompre et l'on observe un changement d'état (fusion ou vaporisation, par ex.). Si l'on refroidit un corps, son agitation thermique diminue. L'état particulier pour lequel cette agitation est minimale correspond à l'origine de l'échelle Kelvin, le *zéro absolu,* ainsi nommé parce qu'il correspond à un état limite vers lequel on tend sans pouvoir l'atteindre. Au voisinage du zéro absolu se produisent certains phénomènes particuliers, notam. la supraconductivité*. Pour déterminer la température d'un corps, on choisit de mesurer une des grandeurs (dilatation, variation de pression ou de résistance électrique, etc.) dont les variations accompagnent celles de l'agitation thermique, après avoir défini la relation entre la température et la grandeur mesurée. L'échelle de température légale, celle du Système International (SI), est l'*échelle thermodynamique,* encore appelée échelle absolue. Dans cette échelle, la température s'exprime en kelvins (symbole K); la température du *point triple de l'eau* (état d'équilibre entre la glace, l'eau liquide et la vapeur d'eau) est, par définition, égale à 273,16 K. Dans la vie courante, on utilise l'échelle Celsius, définie par la relation: n °C = n K – 273,15; ex.: la température du point triple de l'eau est 273,16 K = 0,01 °C; le zéro absolu (0 K) correspond à - 273,15 °C. En pratique, l'échelle Celsius diffère extrêmement peu de l'ancienne *échelle centésimale,* dont les points de repère 0 et 100 correspondent respectivement aux points de fusion et d'ébullition de l'eau pure à la pression normale. En astrophysique, on mesure la température superficielle des étoiles, qui varie généralement entre 5 000 et 30 000 K, en comparant l'énergie émise dans une gamme de longueurs d'onde à celle du corps noir, ou en mesurant l'énergie totale, rayonnée dans toutes les longueurs d'onde. La température à l'intérieur des étoiles est toutefois beaucoup plus élevée que celle de l'atmosphère qui l'entoure; elle peut atteindre plusieurs millions de kelvins, température des réactions de fusion nucléaire. Pour parvenir à la fusion nucléaire contrôlée, il faudrait porter un plasma à une température de l'ordre de celle des étoiles pendant une durée suffisante. (V. encycl. fusion et encycl. plasma.)

Méd. – La température du corps humain peut être évaluée par mesure de la température rectale, buccale ou axillaire; dans ces 2 derniers cas, la température mesurée est inférieure de 0,5 °C à la température rectale. Celle-ci est normalement inférieure à 37 °C le matin avant le lever (entre 36,5 ° et 37 °C); elle est plus élevée le soir. Au cours du cycle menstruel la température est plus élevée pendant la seconde partie du cycle (influence de la progestérone). La température centrale du corps s'élève au cours de nombreux états pathologiques (infectieux, notam.).

tempéré, ée [tɑ̃peʀe] adj. **1.** Ni très chaud, ni très froid. *Climat tempéré.* **2.** Modéré, qui a de la mesure. *Un esprit tempéré.* ▷ *Monarchie tempérée,* dans laquelle le pouvoir du souverain est limité par certaines institutions. **3.** MUS *Gamme tempérée:* V. tempérament (sens II, 2). – Pp. de *tempérer.*

tempérer [tɑ̃peʀe] v. tr. **[16]** **1.** Adoucir. *La brise tempère l'ardeur du soleil.* **2.** Fig. et litt. Modérer, atténuer. *Tempérer sa fougue.* – Lat. *temperare,* «mélanger», et au fig., «adoucir, modérer».

tempête [tɑ̃pɛt] n. f. **1.** Violente perturbation atmosphérique, très fort vent souvent accompagné de pluie et d'orage. – *Spécial.* Une telle perturbation, sur une étendue d'eau ou sur les côtes. *Digue battue par la tempête.* Cour. *Tempêté (de neige):* vent violent accompagné de chutes de neige, souvent abondantes, et de poudrerie. – *Tempête de sable:* vent violent qui soulève des tourbillons de sable. ▷ METEO, MAR Vent qui a une vitesse comprise entre 80 et 102 km/h (force 10 Beaufort) ou *(«violente tempête»),* entre 103 et 117 km/h (force 11). **2.** Fig. Trouble violent, agitation. *«Une tempête sous un crâne»* (V. Hugo). – Loc. *Une tempête dans un verre d'eau:* une grande agitation à propos d'une bagatelle. ▷ Suite de malheurs, de calamités qui s'abattent sur qqn. ▷ Trouble violent dans un État. *Les tempêtes de la Révolution.* **3.** Fig. Manifestation soudaine et violente; bruit qui évoque celui d'une tempête. *Une tempête d'imprécations.* – Lat. pop. **tempesta.*

tempêter [tɑ̃pɛte] v. intr. [1] Exprimer bruyamment son mécontentement. *Crier et tempêter.* – De *tempête.*

tempétueusement [tɑ̃petɥøzmɑ̃] adv. De façon tempétueuse (sens 2); avec fougue ou avec violence. – De *tempétueux.*

tempétueux, euse [tɑ̃petɥø, øz] adj. Litt. **1.** Vx ou litt. Où règne la tempête; exposé aux tempêtes. *Mer tempétueuse.* **2.** Fig. Agité, tumultueux. *Une réunion tempétueuse.* – Bas lat. *tempestuosus.*

temple [tɑ̃pl] n. m. **I. 1.** ANTIQ Édifice consacré au culte d'une divinité. *Le temple d'Apollon à Delphes.* ▷ Litt. ou plaisant. (Par compar.) *Le temple de:* le lieu où l'on rend honneur (comme par un culte) à. *Un temple de la gastronomie, de la mode.* **2.** Édifice consacré au culte israélite (syn. synagogue). **3.** Édifice consacré au culte protestant. **II.** (Avec une majuscule.) *Le Temple.* **1.** Le temple que Salomon avait bâti à Jérusalem. *Jésus chassa les marchands du Temple.* **2.** HIST L'ordre des chevaliers du Temple ou Templiers (V. ci-après). – Lat. *templum.*

ENCYCL **Hist.** – L'ordre religieux et militaire des Templiers ou chevaliers du Temple fut créé en 1119 par Hugues de Payns pour protéger les pèlerins en Terre sainte. Le Temple, qui reçut une règle relativement ascétique en 1128, s'enrichit rapidement grâce à de nombreux dons. Il se dota très vite d'une organisation internationale: le grand maître, assisté du chapitre général, dirigeait, depuis Jérusalem, les commandeurs d'Orient latin et d'Occident; en fait, chaque établissement templier était une seigneurie, appelée commanderie (on en a dénombré jusqu'à 9 000). Lors de la chute de l'Orient latin, les Templiers se replièrent en Europe, où leur richesse fit d'eux les trésoriers du roi de France et du pape. En 1307, Philippe le Bel, accusant l'ordre de corruption et voulant s'en approprier les richesses, ordonna l'arrestation de 138 Templiers et fit pression sur le pape Clément V qui prononça la dissolution du Temple (3 avril 1312). Les biens immobiliers de l'ordre se trouvèrent dévolus aux Hospitaliers de Saint-Jean-de-Jérusalem. Le grand maître Jacques de Molay et plusieurs de ses compagnons, torturés, puis condamnés à l'issue d'un long procès (1307-1314), moururent sur le bûcher (1314).

tempo [tɛmpo] n. m. MUS Mouvement dans lequel doit être joué un morceau (inclut à la fois la rapidité du rythme et le caractère à donner à l'interprétation). *Tempo rubato, furioso.* ▷ *Spécial.* Rapidité plus ou moins grande du rythme. *Tempo lent, rapide.* – Mot ital., «temps».

temporaire [tɑ̃pɔʀɛʀ] adj. Dont la durée est limitée. *Travail temporaire.* – Lat. *temporarius.*

temporairement [tɑ̃pɔʀɛʀmɑ̃] adv. De façon temporaire; durant un certain temps. – De *temporaire.*

temporal, ale, aux [tɑ̃pɔʀal, o] adj. et n. m. ANAT Qui a rapport à la tempe, aux tempes. *Os temporal,* ou, n. m., *le temporal,* formé de l'écaille, de l'os tympanal et du rocher. – Bas lat. *temporalis,* du class. *tempus, temporis,* «tempe».

temporalité [tɑ̃pɔʀalite] n. f. Caractère de ce qui se déroule dans le temps. – Lat. *temporalitas.*

temporel, elle [tɑ̃pɔʀɛl] **I.** adj. **1.** Qui passe avec le temps. Ant. Éternel. ▷ *Par ext.* Qui concerne les choses matérielles. *Les biens temporels et les biens spirituels.* – *Pouvoir temporel des papes,* leur pouvoir en tant que chefs d'État. **2.** GRAM Qui a rapport à l'expression du temps. *Proposition temporelle.* **3.** Qui se rapporte au temps, qui se déroule dans le temps. **II.** n. m. *Le temporel:* la puissance temporelle. – Lat. ecclés. *temporalis,* «du monde», lat. class. «temporaire».

temporellement [tɑ̃pɔʀɛlmɑ̃] adv. Du point de vue temporel (sens I, 1 et 3). – Du préc.

temporisateur, trice [tɑ̃pɔʀizatœʀ, tʀis] n. **1.** Personne qui temporise, qui a l'habitude de temporiser. ▷ Adj. *Politique temporisatrice.* **2.** n. m. TECH Dispositif qui introduit un retard dans l'exécution d'une opération. – De *temporiser...*

temporisation [tɑ̃pɔʀizasjɔ̃] n. f. Action, fait de temporiser; son résultat. – De *temporiser.*

temporiser [tɑ̃pɔʀize] v. intr. [1] Retarder le moment d'agir dans l'attente d'une occasion favorable. – Lat. médiév. *temporizare,* «passer le temps».

temps [tɑ̃] n. m. **I. 1.** Celle des dimensions de l'Univers selon laquelle semble s'ordonner la succession irréversible des phénomènes. *Le temps et l'espace.* «*Le mouvement et le temps sont relatifs l'un à l'autre*» (Pascal). ▷ Fig. «*L'ennemi vigilant et funeste, le temps*» (Baudelaire). **2.** Mesure du temps. *L'unité de temps est la seconde.* **3.** Espace de temps. *Temps de cuisson. Cela n'aura qu'un temps,* ne durera pas. *Demander du temps pour payer,* un délai. *Cet habit a fait son temps,* il ne peut plus servir. ▷ *Spécial.* SPORT Performance d'un sportif dans une épreuve de vitesse. *Il a réalisé un temps médiocre.* **4.** Durée (considérée du point de vue de l'activité de qqn). *Avoir le temps, du temps devant soi:* ne pas être pressé. *Ne pas avoir le temps de,* le loisir de. – *Perdre son temps:* ne rien faire, faire des choses inutiles. *Prendre son temps:* ne pas se dépêcher, agir sans hâte. **5.** (Souv. plur.) Époque, période envisagée par rapport à ce qui l'a précédée ou suivie. *Les temps modernes. De mon temps:* à l'époque de ma jeunesse. *Au bon vieux temps:* à une époque lointaine où la vie passe pour avoir été simple et facile. **6.** Période considérée par rapport à l'état, aux mœurs d'une société. *En temps de guerre, de crise.* – Fam. *Par les temps qui courent:* dans les circonstances actuelles. – *Signe des temps:* fait, circonstance qui caractérise les mœurs de l'époque dont on parle. *Être de son temps:* se conformer aux idées, aux usages de son époque. – Prov. *Autre temps, autres mœurs.* **7.** *Le temps de* : la saison, la période de l'année caractérisée par. *Le temps des fraises, des pommes.* **8.** Moment, occasion de faire, d'agir. *Il y a (un) temps pour tout. Il est temps de partir. Il est grand temps de, que:* il est très urgent de, que. **9.** GRAM Chacune des différentes séries des formes du verbe marquant un rapport déterminé avec la durée, le déroulement dans le temps. *Conjuguer un verbe à tous les modes et à tous les temps: présent, passé, futur. Temps, mode et aspect.* **10.** MUS Chacune des divisions de la mesure servant à régler le rythme. *Mesure à trois, à quatre temps. Temps fort, faible.* **11.** TECH Chacune des phases d'un cycle de moteur à explosion. *Moteur à deux, à quatre temps.* **12.** loc. adv. *À temps:* dans les limites du temps fixé, convenable. *Arriver à temps.* ▷ *En même temps:* simultanément. *Partir en même temps.* ▷ *De tout temps:* depuis toujours. ▷ *En temps et lieu:* au moment et dans le lieu convenables. ▷ *De temps en temps, de temps à autre:* à des moments éloignés les uns des autres; quelquefois. ▷ *Quelque temps:* pendant un certain temps. – *Il y a quelque temps que:* un certain temps s'est écoulé depuis que. ▷ *Tout le temps:* sans cesse. **II.** État de l'atmosphère. *Temps orageux. Beau temps.* – MAR *Gros temps:* mauvais temps, vent fort et mer agitée. *Petit temps:* vent faible et mer calme. ▷ Loc. fig. *Parler de la pluie et du beau temps. Faire la pluie et le beau temps:* avoir beaucoup d'influence, détenir de vastes possibilités d'action, de manœuvres. – Lat. *tempus, temporis.*

ENCYCL **Phys.** – Le temps n'est pas, à proprement parler, une grandeur physique. Il constitue plutôt, au même titre que l'espace, une grandeur par rapport à laquelle le monde évolue. Comme il est impossible de réaliser un étalon de temps, la mesure du temps doit être rattachée à un phénomène simple qui se reproduit périodiquement. L'*unité de temps* du système SI est la *seconde,* qui est définie à partir des vibrations de l'atome de césium. Elle doit être distinguée de l'*échelle de temps,* qui permet d'assigner des dates à des événements. Un intervalle de temps est limité par deux dates dans l'échelle de temps. En physique, à la notion de *temps absolu* doit être substituée celle de *temps relatif.* Deux événements qu'un observateur juge simultanés ne le seront pas pour un autre observateur en mouvement par rapport au premier s'ils se produisent en des points distincts de l'espace. V. encycl. relativité.

Astro. – L'échelle de *temps universel* (T.U., par abrév.) se déduit de la rotation de la Terre autour de son axe et de son mouvement autour du Soleil. Le *temps solaire vrai* est égal à l'angle horaire du Soleil: il est 0 h vraie lorsque le Soleil traverse le méridien. Le *temps solaire moyen* est calculé en supposant un Soleil fictif dont l'angle horaire varie uniformément, ce qui n'est pas le cas du Soleil réel, compte tenu de l'obliquité de l'écliptique en partic. Au temps solaire moyen on substitue le *temps civil,* par addition de 12 heures. Le jour civil commence donc à minuit. Le *temps universel* est par définition égal au temps civil de Greenwich. Les *temps légaux* dérivent du temps universel suivant le système des fuseaux horaires. Il existe un deuxième temps astronomique, le *temps des éphémérides,* dont l'échelle se déduit du mouvement de la Terre autour du Soleil. Sa période fondamentale est l'année. On distingue: l'année *tropique,* qui sépare deux passages consécutifs du Soleil par l'équinoxe de printemps (365,242 jours moyens); l'année *sidérale,* qui sépare deux conjonctions du Soleil avec une même étoile (365,256 jours moyens); l'année *anomalistique,* qui sépare deux passages au périgée (365,259 jours moyens). Le temps *atomique* international a été défini à partir de la vibration de l'atome de césium. Il constitue l'échelle de temps officielle. Cette échelle coïncidait avec l'échelle de temps universel le 1er janvier 1958; l'écart entre ces deux temps est de l'ordre d'une seconde par an. Pour parvenir fictivement à réduire cet écart tout en ayant un temps aussi uniforme que possible, on a défini le temps *universel coordonné,* que l'on obtient en ajoutant chaque année une seconde au temps atomique, l'écart avec le temps universel restant alors inférieur à une seconde.

tenable [tənabl] adj. (Souvent en tournure négative) Que l'on peut tenir, défendre; supportable. *Battues par l'artillerie ennemie, leurs positions n'étaient plus tenables. À l'ombre, c'est à peu près tenable.* – De *tenir.*

tenace [tənas] adj. **1.** Qui adhère fortement, qui est difficile à ôter. *Une couche tenace de rouille et de cambouis.* – Par anal. *Odeur tenace,* qui persiste longtemps. ▷ *Métal tenace,* qui résiste bien aux efforts de traction. ▷ Fig. Difficile à faire disparaître. *Une migraine tenace. Superstitions tenaces.* **2.** Qui ne renonce pas facilement à ses idées, à ce qu'il entreprend. *Un chercheur tenace.* – Lat. *tenax, tenacis,* de *tenere,* «tenir».

tenacement [tənasmɑ̃] adv. Avec ténacité. – Du préc.

ténacité [tenasite] n. f. **1.** Caractère de ce qui est tenace. ▷ Résistance à la rupture (d'un métal). **2.** Caractère d'une personne tenace. – Lat. *tenacitas.*

tenaille [tənɑj] n. f. (Surtout au plur.) **1.** Outil composé de deux leviers articulés, pince servant à saisir et à serrer divers objets pendant qu'on les travaille. *Tenailles de forgeron. Tenailles de menuisier,* à mors biseautés, destinées principalement à l'arrachage des clous. ▷ Fig. *Prendre l'ennemi en tenaille,* l'attaquer de deux côtés à la fois. **2.** Anc. Instrument de torture en forme de tenailles. ▷ Fig. *Les tenailles de la peur, de la jalousie.* – Du bas lat. *tenacula,* plur. neutre de *tenaculum,* «lien, attache», de *tenere,* «tenir».

tenaillement [tənɑjmɑ̃] n. m. Fait de tenailler, d'être tenaillé; souffrance, tourment. – De *tenailler.*

tenailler [tənɑje] v. tr. [1] Anc. Supplicier avec les tenailles (sens 2). ▷ Mod., fig. Faire souffrir cruellement; tourmenter. *Le remords le tenaille.* – De *tenaille.*

tenancier, ière [tənɑ̃sje, jɛʀ] n. **1.** FEOD Personne qui occupait en roture des terres dépendantes d'un fief. ▷ Mod. Fermier d'une petite exploitation agricole dépendant d'une ferme plus importante. **2.** Personne qui gère un établissement soumis à une réglementation ou à une surveillance des pouvoirs publics. *Tenancier d'un bar, d'un hôtel.* – De l'a. fr. *tenance,* «tenure», de *tenir.*

tenant, ante [tənɑ̃, ɑ̃t] adj. et n. **A.** adj. Dans la loc. *séance tenante:* aussitôt, sur-le-champ. **B.** n. **I.** *Tenant(e) d'un titre:* personne qui détient un titre sportif. *Le challenger a battu le tenant du titre.* **II.** n. m. **1.** Anc. Chevalier qui, dans un tournoi, s'offrait à jouter contre quiconque voulait se mesurer à lui. ▷ Fig. Personne qui soutient, défend une opinion (ou, moins cour., qqn). *Les tenants d'une théorie.* **2.** HERALD Ornement extérieur de l'écu, figure humaine qui soutient celui-ci. **3.** DR *Les tenants et les aboutissants d'un fonds de terre,* les diverses pièces de terre qui le bornent. ▷ Fig. *Connaître les tenants et les aboutissants* d'une affaire.* ▷ Loc. *D'un seul tenant:* sans solution de continuité. *Cent hectares d'un seul tenant.* – Ppr. de *tenir.*

tendance [tɑ̃dɑ̃s] n. f. **1.** Composante de la personnalité d'un individu, qui le prédispose ou qui le pousse spontanément à certains comportements. *Tendance à la rêverie, à l'étourderie, à la mégalomanie.* Syn. disposition, inclination, propension, penchant. ▷ (Personnes) *Avoir tendance à* (+ inf.): être enclin à. *Avoir tendance à mentir.* ▷ (Choses) *Avoir tendance à* (+ inf.): tendre à, en venir à, être en voie de. *Souvenirs qui ont tendance à s'estomper.* **2.** Orientation politique, intellectuelle, artistique, etc. *Les tendances littéraires actuelles.* – *Les différentes tendances d'un parti politique,* les divers courants d'opinion au sein de ce parti. **3.** Évolution probable dans un sens déterminé par l'évolution antérieure. *Tendance des cours à la hausse.* – De *tendre* 2.

tendancieusement [tɑ̃dɑ̃sjøzmɑ̃] adv. De façon tendancieuse. – De *tendancieux.*

tendancieux, ieuse [tɑ̃dɑ̃sjø, jøz] adj. Péjor. Qui, manifeste une tendance (sens 2); qui ne présente pas les faits avec objectivité. *Propos tendancieux.* – De *tendance.*

tender [tɑ̃dɛʀ] n. m. CH de F Fourgon contenant l'eau et le combustible nécessaires à l'alimentation d'une locomotive à vapeur. – Mot angl., propr. «serviteur».

tenderie [tɑ̃dʀi] n. f. CHASSE Chasse au moyen de pièges (que l'on tend). ▷ Terrain où sont tendus les pièges. – De *tendre* 2.

tendeur, euse [tɑ̃dœʀ, øz] n. m. **1.** Personne qui tend qqch. *Tendeur de pièges.* **2.** Appareil, dispositif servant à tendre, à raidir. *Tendeur pour les fils métalliques des clôtures.* **3.** Cordon élastique muni d'un crochet à chaque extrémité, servant notam. à fixer des colis sur un support (porte-bagages, galerie d'automobile, etc.). Syn. sandow. – De *tendre* 2.

tendineux, euse [tɑ̃dinø, øz] adj. **1.** ANAT Qui appartient à un tendon; qui est constitué d'un tissu analogue à celui des tendons. **2.** Qui contient des tendons. *Viande tendineuse.* – De *tendon.*

tendinite [tɑ̃dinit] n. f. MED Inflammation d'un tendon, d'origine traumatique ou rhumatismale. – De *tendon,* et *-ite* 1.

tendon [tɑ̃dɔ̃] n. m. Extrémité fibreuse et blanche d'un muscle, de forme cylindrique ou aplatie, par laquelle il s'insère sur un os. ▷ *Tendon d'Achille:* réunion des tendons des muscles jumeaux et du soléaire, qui s'insère sur la face postérieure du calcanéum. – Du lat. médiév. *tendo, tendinis,* p.-ê. du gr. *tenôn, tenontos,* avec infl. de *tendre* 2.

1. tendre [tɑ̃dʀ] adj. et n. **I.** adj. **1.** Qui peut être facilement entamé, coupé. *Du bois tendre. De la viande tendre.* ▷ Fig. *La tendre enfance:* la première enfance. *L'âge tendre:* l'enfance. **2.** Clair et délicat (couleurs). *Un bleu tendre.* **3.** Affectueux; doux et délicat. *Un père tendre. Des paroles, des gestes tendres.* – Subst. *Un(e) tendre.* **II.** n. m. LITTER *Carte du Tendre:* carte du Pays de Tendre (c.-à-d.: du pays des sentiments amoureux) imaginée en 1653 par Mlle de Scudéry, et montrant les différents chemins qui mènent à l'amour. – Du lat. *tener, teneri,* «frêle, jeune, voluptueux».

2. tendre [tɑ̃dʀ] **I.** v. tr. [5] **1.** Tirer en écartant les extrémités d'une pièce afin qu'elle présente une certaine rigidité. *Tendre une corde, une bâche.* ▷ Fig. *Tendre son esprit:* se concentrer sur qqch. **2.** Préparer, disposer (un piège). *Tendre un filet.* ▷ Fig. *Tendre un piège à qqn:* chercher à lui faire commettre une erreur fâcheuse sans qu'il s'en doute. **3.** *Tendre un mur, une pièce,* la tapisser. – (Sujet n. de personne.) *Elle a tendu sa chambre de toile imprimée.* – (Sujet n. de chose.) *La tapisserie qui tendait la muraille.* **4.** Présenter (qqch) en l'avançant. *Tendre la main. Tendre un objet à qqn.* ▷ Loc. fig. *Tendre la main:* mendier. *Tendre la main à qqn,* lui offrir son aide. *Tendre l'oreille:* écouter avec attention. **II.** v. tr. indir. **1.** *Tendre à, vers (qqch).* Avoir pour objectif, chercher à atteindre. *Propos qui tendent à l'apaisement général. Tendre à la perfection.* **2.** *Tendre à* (+ inf.): être en voie de, en venir à, avoir tendance à. *Déficit qui tend à se résorber. Cette mode tend à se généraliser.* **3.** Se rapprocher d'une valeur limite. *Tendre vers zéro.* **III.** v. pron. **1.** Être tendu. *Sa main se tend vers toi.* **2.** Fig. Devenir tendu, difficile. *Leurs relations se sont tendues.* – Du lat. *tendere.*

tendrement [tɑ̃dʀəmɑ̃] adv. Avec tendresse. – De *tendre* 1.

tendresse [tɑ̃dʀɛs] n. f. **1.** Caractère, attitude, sentiments d'une personne tendre. *Aimer avec tendresse.* **2.** Plur. Actes, paroles tendres. *Dire mille tendresses à qqn.* – De *tendre* 1.

tendreté [tɑ̃dʀəte] n. f. Qualité d'une denrée tendre. *Tendreté d'une côtelette.* – De *tendre* 1.

tendron [tɑ̃dʀɔ̃] n. m. **1.** Morceau de la partie inférieure du thorax du veau ou du boeuf. **2.** Fam., vieilli Très jeune fille, par rapport à un homme beaucoup plus âgé qu'elle. *Il a épousé un tendron de dix-huit ans.* – Du lat. pop. **tenerumen*, de *tener*, «tendre»; par l'a. fr. *tenrun, tendrun.*

tendu, ue [tɑ̃dy] adj. **1.** Qui subit une tension. *Ressort tendu.* ▷ Fig. *Avoir l'esprit tendu. Être tendu nerveusement.* **2.** Rendu difficile par la mauvaise entente. *Rapports tendus. Situation tendue.* **3.** LING Se dit de sons articulés avec une grande tension des organes. *Consonne tendue.* – Pp. de *tendre* 2.

ténèbres [tenɛbʀ] n. f. plur. **1.** Obscurité épaisse. *Il ne pouvait se guider dans ces ténèbres.* ▷ Fig. *Le prince, l'ange des ténèbres:* Satan. *L'empire des ténèbres:* l'enfer. **2.** Fig. État de ce qui est étranger à la raison, à la connaissance, aux «lumières». *Les ténèbres de l'ignorance.* – Lat. *tenebrœ.*

ténébreux, euse [tenebʀø, øz] adj. **1.** Litt. Où règnent les ténèbres. *Des ruelles ténébreuses.* **2.** Fig. Difficile à comprendre, à débrouiller. *Une ténébreuse affaire.* **3.** Sombre et mélancolique. ▷ N. m. (Souvent par plaisant.) *Un beau ténébreux:* un beau garçon grave et taciturne (allus. au roman de chevalerie espagnol *Amadis de Gaule*). – Lat. *tenebrosus*, de *tenebrœ*, «ténèbres».

ténébrion [tenebʀijɔ̃] n. m. ENTOM Insecte coléoptère (genre *Tenebrio*, fam. ténébrionidés), noir, aux élytres striés, qui vit dans les lieux sombres et dont les larves, dites *vers de farine, vers de riz*, s'attaquent à ces denrées. – Du lat. *tenebrio.* «ami des ténèbres».

ténesme [tenɛsm] n. m. MED Tension douloureuse du sphincter anal ou vésical avec sensations de brûlure et envies continuelles d'aller à la selle ou d'uriner. – Lat. *tenesmus*, gr. *tênesmos*, de *teinein*, «tendre».

1. teneur [tənœʀ] n. f. **1.** Contenu, sens général (d'un écrit, d'un discours). *Je ne saurais vous répéter ses paroles mot pour mot, mais je peux vous en résumer la teneur.* **2.** Proportion d'une substance dans un corps, dans un mélange. *La teneur de l'air en gaz carbonique.* – Lat. jur. *tenor*, «contenu (d'un acte)».

2. teneur, euse [tənœʀ, øz] n. **1.** Personne qui tient (une boutique, une maison). **2.** COMPTA *Teneur de livres:* personne qui tient les livres de comptabilité. – De *tenir.*

ténia ou **tænia** [tenja] n. m. Ver plat (plathelminthe) cestode (genre *Tænia*), parasite de l'homme et des vertébrés. – Du lat. *tænia*, gr. *tainia*, propr. «bandelette».

ENCYCL Le *ténia armé* ou *ver solitaire (Tænia solium)* parasite l'homme; il mesure de 2 à 8 m de long; sa tête *(scolex)* porte 4 ventouses et une double couronne de crochets, par lesquels il s'accroche à la paroi de l'intestin grêle. Le scolex bourgeonne sans cesse des anneaux *(proglottis)* bourrés d'œufs, qui se détachent et sont rejetés avec les excréments. Ingérés par un porc, les œufs donnent des larves qui s'enkystent dans les muscles (notam. sous la langue); le porc est dit ladre et, si sa viande est consommée insuffisamment cuite, la larve (nommée cysticerque à cause de son enkystement) achève son développement dans l'intestin grêle de l'homme, où elle devient adulte. Le *ténia inerme*, ou *ténia du bœuf (Tænia saginata)*, est plus fréquent encore. D'autres ténias parasitent les vertébrés: *Tænia serrata* (dont le cysticerque se forme chez le lapin) vit à l'état adulte dans l'intestin du chien, ainsi que *Tænia cœnurus*, dont le cysticerque produit par bourgeonnement de nombreux scolex dans l'encéphale du mouton, provoquant des troubles de l'équilibre (tournis).

ténifuge [tenifyʒ] adj. MED Qui provoque l'expulsion des ténias. ▷ N. m. *Prendre un ténifuge.* – De *ténia*, et *-fuge* 2.

tenir [təniʀ] v. [39] **I.** v. tr. **1.** Avoir à la main, dans les bras, etc. *Tenir un objet. Tenir qqn par le cou.* **2.** (Sujet n. de chose.) Maintenir fixé. *La sangle qui tient la charge.* **3.** Parvenir à avoir ou à garder en son pouvoir, sous son contrôle. *Nous tenons le coupable. Tenir son cheval.* – Loc. *Tenir sa langue:* savoir se taire. ▷ Fig. *La fièvre le tient.* **4.** Avoir, posséder. *Je tiens la solution.* – Prov. *Mieux vaut tenir que courir:* il vaut mieux se contenter de ce qu'on a que de rechercher qqch d'incertain. **5.** *Tenir une chose d'une personne*, l'avoir eue, être entré en sa possession par l'intermédiaire de cette personne. *Je tiens ces documents d'un confrère. – De qui tenez-vous la nouvelle?* **6.** Occuper (un espace). *Ce meuble tient trop de place.* ▷ Loc. *Tenir lieu* de.* **7.** Avoir la charge de; être occupé à. *Tenir un restaurant. Tenir la caisse. – Tenir compte* de. – Tenir conseil:* s'assembler pour délibérer. ▷ *Tenir tel discours, tel propos:* s'exprimer, parler de telle manière. **8.** Maintenir dans la même position, la même situation. *Tenir les yeux baissés. Tenir une chose secrète. Tenir qqn en haleine, en respect.* **9.** Garder, conserver. *Tenir son sérieux. – Tenir rigueur à qqn:* persister dans son ressentiment envers lui. ▷ *Instrument qui tient l'accord*, qui reste longtemps accordé. **10.** (Sujet n. de chose.) Pouvoir contenir. *Ce réservoir tient vingt litres.* **11.** Rester dans (un lieu); conserver (une direction). *Tenir la chambre, le lit. Tenir un cap.* ▷ *Bateau qui tient bien la mer*, qui peut affronter sans risque le mauvais temps, qui est stable et sûr. – Par anal. *Voiture qui tient la route.* **12.** Être fidèle à (un engagement). *Tenir sa parole.* **13.** *Tenir qqch, qqn pour*, le considérer comme. *Tenir une chose pour vraie. Je le tiens pour un lâche.* ▷ Fam. *Se tenir qqch pour dit*, ne pas avoir besoin qu'on vous le rappelle (souvent dans une formule d'avertissement, de menace). *C'est interdit, tiens-le-toi pour dit!* **II.** v. intr. **1.** Rester à la même place, dans la même position, sans se détacher, sans tomber. *Ce clou, ce pansement tient mal.* **2.** Subsister sans changement. *Ce projet tient-il toujours?* ▷ Fig. Être cohérent, valable, digne de considération, crédible. (Cf. aussi v. pron. ci-après: IV, 7.) *Ses arguments ne tiennent pas* ou (fam.) *ne tiennent pas debout.* **3.** (Sujet n. de personne.) Résister. *Ils ne pourront pas tenir longtemps.* – Tenir bon (même sens). *Tenir bon contre une attaque, contre l'adversité. On ne peut pas tenir dans une pièce aussi enfumée:* on ne peut supporter d'y rester. ▷ *N'y plus tenir:* ne plus pouvoir se dominer, se contrôler. **4.** Pouvoir être compris dans un certain espace, dans certaines limites. *On ne peut pas tenir tous ici.* – Fig. *Toute sa philosophie tient en une maxime.* **III.** v. tr. indir. **1.** Adhérer, être attaché (à). *Affiche qui tient au mur avec des punaises, de la colle.* ▷ Fig. *Tenir à qqn, à qqch*, y être attaché. – *Cela lui tient à cœur*, il y porte un grand intérêt. ▷ (Suivi de l'inf. ou du subj.) Désirer à tout prix. *Je tiens à le rencontrer, à ce que tu le rencontres.* **2.** Être contigu à. *Ma maison tient à la sienne.* **3.** Dépendre, provenir (de). *La maladresse tient parfois à l'inexpérience.* ▷ v. impers. *Il ne tient qu'à vous que cela réussisse*, cela ne dépend que de vous. – *Qu'à cela ne tienne:* que cela ne soit pas un empêchement. **4.** *Tenir de :* avoir une certaine ressemblance avec. *Il tient de son père. Cela tient de la folie.* **5.** Vieilli ou litt. *Tenir pour* (une opinion), la défendre. – Mod. Considérer comme. *Je vous tiens pour responsable de cette situation.* **IV.** v. pron. **1.** (Récipr.) Se tenir mutuellement. *Ils se tenaient par la main.* **2.** Se retenir, s'accrocher à (qqch). *Se tenir d'une main au trapèze.* **3.** Se trouver, demeurer (dans un certain lieu, une certaine position, un certain état.) *Elle se tenait sur le pas de la porte. Se tenir accroupi. Se tenir caché. Se tenir sur ses gardes.* ▷ *Se tenir bien, mal:* avoir un bon, un mauvais maintien; faire preuve d'une bonne, d'une mauvaise éducation. – (Absol.) *Il sait se tenir:* (sous entendu) bien se tenir, bien se comporter. **4.** Avoir lieu. *La réunion se tiendra dans mon bureau.* **5.** *S'en tenir à:* rester dans les limites de (qqch d'arrêté). *S'en tenir aux ordres. – Tenons-nous-en là*, n'en disons, n'en faisons pas davantage. – *Savoir à quoi s'en tenir:* être bien renseigné, être fixé sur qqch. **6.** *Se tenir pour:* se considérer comme. *Se tenir pour satisfait.* **7.** Fig. (Absol.) Présenter une certaine cohérence; être vraisemblable, crédible. *Son récit se tient.* **V.** loc. interj. *Tiens! Tenez!:* Prends! Prenez! *Tiens, voilà pour toi!* ▷ (Pour attirer l'attention, marquer l'étonnement.) *Tenez, je vais vous le montrer. Tiens, il pleut!* (Rem. *Tiens!* s'emploie aussi avec le vouvoiement.) *Tiens! Vous voilà!* – Lat. pop. **tenire*, class. *tenere.*

tennis [tenis] n. m. **1.** Sport pratiqué par deux ou quatre joueurs qui se renvoient une balle au moyen de raquettes, sur un terrain *(court)* séparé en deux camps par un filet. ▷ *Chaussures de tennis,* ou, ellipt., m. plur., *des tennis:* chaussures légères à empeigne de toile et à semelle de caoutchouc, que l'on met pour pratiquer le tennis ou un autre sport. **2.** Emplacement aménagé pour ce jeu. *Un tennis grillagé.* **3.** *Tennis de table* ou *ping-pong:* jeu analogue au tennis dans son principe, mais qui se joue sur une table spéciale avec des raquettes en bois revêtues de caoutchouc et des balles creuses en matière dure et élastique. – Mot angl., «jeu de paume», du fr. *tenez,* forme conjuguée de *tenir.*

tenon [tənõ] n. m. TECH Partie en relief d'un assemblage, façonnée selon une forme régulière (parallélépipédique, en général) et destinée à être enfoncée dans la partie creuse correspondante: la mortaise*. – De *tenir.*

ténor [tenɔʀ] n. m. **1.** Voix d'homme la plus haute (dite autref. *taille*). ▷ Adj. Se dit des instruments à vent dont la tessiture correspond à celle de la voix de ténor. *Saxophone ténor* ou, n. m., *un ténor.* **2.** Chanteur qui a cette voix. ▷ Fig. Personne connue pour son grand talent dans l'activité qu'elle exerce. *Les ténors du barreau.* – Ital. *tenore;* du lat. *tenor,* de *tenere,* «tenir».

ténorino [tenɔʀino] n. m. MUS Ténor léger, qui chante en voix de fausset, dans l'aigu. – Mot ital., dimin. de *ténor.*

ténorisant, ante [tenɔʀizɑ̃, ɑ̃t] adj. MUS Qui se rapproche de la voix du ténor. *Baryton ténorisant.* – Ppr. de *ténoriser.*

ténoriser [tenɔʀise] v. intr. [1] MUS Chanter d'une voix qui se rapproche de celle du ténor. – De *ténor.*

ténotomie [tenɔtɔmi] n. f. CHIR Section d'un tendon. – *Par ext.* Section des brides fibreuses cicatricielles. – Du gr. *tenôn,* «tendon», et *-tomie.*

tenrec. V. tanrec.

tenseur [tɑ̃sœʀ] adj. et n. m. **1.** adj. ANAT Qui sert à tendre. *Le muscle tenseur,* ou n. m., *le tenseur. Le tenseur de l'aponévrose crurale.* **2.** n. m. MATH Élément d'un espace vectoriel qui présente des propriétés particulières et généralise la notion de vecteur dans les espaces à plus de trois dimensions. Syn. produit tensoriel. (Le tenseur de deux vecteurs $\vec{x}$ et $\vec{y}$ se représente ainsi: $\vec{x} \times \vec{y}$, et se lit: «x tenseur y».) – Du lat. *tensum,* de *tendere,* «tendre».

tensio-actif, ive [tɑ̃sjoaktif, iv] adj. CHIM Qui modifie (partic., en la diminuant) la tension superficielle. *Les détergents sont tensio-actifs.* ▷ N. m. Corps tensio-actif. (Cf. agent de surface*.) – Du lat. *tensio,* et *actif.*

tension [tɑ̃sjõ] n. f. **1.** Action de tendre, état de ce qui est tendu. *Hauban, câble sous tension. Tension des muscles.* **2.** PHYSIOL Résistance opposée par une paroi aux liquides ou aux gaz contenus dans la cavité ou le conduit qu'elle limite. *Tension de la paroi abdominale. Tension vasculaire* (artérielle ou veineuse). ▷ *Absol.* Pression du sang, équilibrée par la tension vasculaire. *Mesure de la tension au moyen du sphygmomanomètre.* – Cour. *Avoir de la tension,* une pression sanguine trop élevée. **3.** ELECTR Différence de potentiel. *Une tension de trois mille volts. Haute, moyenne, basse tension.* **4.** PHYS Force expansive, pression d'une vapeur, d'un gaz. *Tension de vapeur saturante:* pression maximale à laquelle un liquide se vaporise, à une température donnée. ▷ *Tension superficielle:* résultante des forces de cohésion intermoléculaires qui s'exercent au voisinage de toute surface de séparation liquide-gaz, liquide-solide ou solide-gaz, perpendiculairement à celle-ci. (Ce sont les forces de tension superficielle qui sont responsables de la forme des surfaces de raccordement des liquides et des parois solides, des phénomènes de capillarité, de la forme sphérique des gouttes et des bulles liquides, etc.) **II. 1.** Forte concentration de l'esprit appliqué à un seul objet. *Tension d'esprit.* ▷ *Tension nerveuse:* nervosité. **2.** Discorde, hostilité plus ou moins larvée entre des personnes, des groupes, des États. *Il y a une certaine tension entre les deux chefs de service. Tension diplomatique.* – Lat. *tensio.*

tenson [tɑ̃sõ] n. f. LITTER Au Moyen Âge, débat entre des personnages, présenté sous forme de dialogue en vers. – Du lat. pop. *tentio,* «querelle».

tensoriel, elle [tɑ̃sɔʀjɛl] adj. MATH Relatif aux tenseurs. *Calcul tensoriel.* – De *tenseur.*

tentaculaire [tɑ̃takylɛʀ] adj. **1.** Qui a rapport aux tentacules. **2.** Fig. Qui cherche à étendre son emprise de tous côtés. *Entreprise tentaculaire.* – De *tentacule.*

tentacule [tɑ̃takyl] n. m. ZOOL Appendice allongé et mobile, plus ou moins armé, dont sont munis divers invertébrés (cnidaires, cténaires, céphalo-podes, etc.), et qui leur sert d'organe tactile, préhensile, locomoteur, etc. – Lat. mod. *tentaculum,* de *tentare,* «tâter, toucher».

tentant, ante [tɑ̃tɑ̃, ɑ̃t] adj. Qui tente, qui provoque l'envie, le désir. *Une occasion tentante.* – Ppr. de *tenter.*

tentateur, trice [tɑ̃tatœʀ, tʀis] n. et adj. Qui cherche à entraîner au mal. *L'esprit tentateur, le Tentateur:* le démon. – Du lat. *temptator,* «séducteur».

tentation [tɑ̃tasjõ] n. f. **1.** Ce qui pousse à enfreindre une loi morale, religieuse; action d'un tentateur. *La tentation de la chair.* **2.** Fait d'être attiré par, d'avoir envie de, de désirer (une chose, une action), ressenti comme une mise à l'épreuve de soi. – Action ou chose suscitant un tel sentiment. *Céder à la tentation d'acheter qqch. Résister à de nombreuses tentations.* – Lat. *temptatio.*

tentative [tɑ̃tativ] n. f. Action par laquelle on cherche à atteindre un but; fait de tenter, d'essayer. *Tentative d'assassinat.* – Du lat. scolast. *tentativa,* «épreuve universitaire».

tente [tɑ̃t] n. f. **1.** Abri provisoire de forte toile que l'on peut transporter et dresser facilement. *Camper sous la tente.* ▷ Loc. fig. (Allus. à la colère d'Achille contre Agamemnon.) *Se retirer sous sa tente:* ne plus vouloir soutenir une cause par dépit. **2.** ANAT *Tente du cervelet:* prolongement de la dure-mère formant une cloison entre la face supérieure du cervelet et la face inférieure des lobes occipitaux. – De *tenta* (ou *tendita*), fém. de *tentus* (ou **tenditus*), pp. de *tendere,* «tendre».

tente-abri [tɑ̃tabʀi] n. f. Tente individuelle très légère. *Des tentes-abris.* – De *tente,* et *abri.*

tente-caravane [tɑ̃tkaʀavan] n. f. Type de caravane pliante dont les parois, et parfois le toit, sont en toile. – De *tente,* et *caravane* 2.

tenter [tɑ̃te] v. tr. [1] **I. 1.** Entreprendre (qqch de plus ou moins hasardé) avec le désir de réussir. *Tenter une ascension périlleuse. Tenter l'impossible.* – *Tenter sa chance :* prendre un risque dans l'espoir de réussir. ▷ (Suivi de l'inf.) *Tenter de prouver qqch.* **II. 1.** Faire naître, provoquer (chez qqn) le désir, l'envie de (qqch). *Ce gâteau, cette offre me tente. N'essaie pas de me tenter!* ▷ Au passif. *Être tenté de* (suivi de l'inf.): éprouver l'envie de. *J'étais tenté de tout lui dire.* **2.** Inciter à pécher, à faire le mal. *Méphistophélès tenta Faust.* ▷ Loc. fam. *Tenter le diable:* soumettre qqn à une tentation à laquelle il n'est que trop enclin à céder. – Du lat. *temptare,* «examiner, essayer, mettre à l'épreuve» confondu avec *tentare,* «agiter», fréquentatif de *tendere,* «tendre».

tenthrède [tɑ̃tʀɛd] n. f. ENTOM Insecte hyménoptère aux couleurs vives, appelé cour. *mouche à scie.* – Lat. scientif. *tenthredo,* du gr. *tenthrêdôn,* «sorte de guêpe».

tenture [tɑ̃tyʀ] n. f. **1.** (Sing. collect.) Ensemble de pièces de tapisserie, d'étoffe, ordinairement de même dessin, destinées à tendre les murs d'une chambre, d'une salle. *Tenture des Gobelins.* **2.** Élément de garniture murale en tissu, en papier, etc. *Tenture de velours. Tentures noires pour un service funèbre.* – De *tendre* 2, d'ap. *tente.*

tenu, ue [təny] adj. et n. m. **I.** adj. **1.** *Être tenu à qqch, de faire qqch,* y être contraint, obligé. *Être tenu à la discrétion.* **2.** *Bien, mal tenu:* dont l'entretien, la propreté sont satisfaisants, non satisfaisants. *Maison bien tenue.* **II.** n. m. Dans certains sports (basketball et handball, notam.), faute commise par un joueur qui conserve irrégulièrement le ballon, qui le tient trop longtemps. *Pénalité infligée pour un tenu.* – Pp. de *tenir.*

ténu, ue [teny] adj. Très mince, très fin, grêle. *Fils ténus. Son, souffle ténus.* – Lat. *tenuis.*

tenue [təny] n. f. **1.** Temps pendant lequel certaines assemblées se tiennent. *La tenue des assises.* **2.** Action de bien se tenir; manière de se conduire, de se présenter. *Manquer de tenue. Avoir une mauvaise tenue.* ▷ Manière de s'habiller; costume que l'on porte dans certaines occasions. *Une tenue débraillée. Tenue de soirée. Grande tenue:* grand uniforme, habit de parade. **3.** Action de tenir en ordre. *La tenue d'une maison.* ▷ *Tenue de livres:* action, manière de tenir des livres de comptes. **4.** *Tenue de route:* aptitude d'une automobile à suivre exactement et en toutes circonstances la direction que son conducteur entend lui donner. **5.** MUS Action de soutenir une note pendant un certain temps. – Pp. fém. subst. de *tenir.*

ténuirostre [tenɥiʀɔstʀ] adj. et n. m. pl. ZOOL Se dit des oiseaux qui ont le bec grêle. ▷ N. m. pl. Ancien groupe d'oiseaux qui réunissait les oiseaux ténuirostres. Sing. *Un ténuirostre.* – Du lat. *tenuis,* «ténu», et *-rostre.*

ténuité [tenɥite] n. f. Litt. Caractère de ce qui est ténu. – Lat. *tenuitas.*

tenure [tənyʀ] n. f. DR FEOD Manière dont une terre est concédée. *Tenure féodale :* concession d'une terre, d'un fief, par un noble à un autre noble. – Cette terre, ce fief. ▷ Dépendance d'un fief par rapport à un autre. – De *tenir.*

tenuto [tenuto] adv. MUS Tenu. (Mot placé audessus de certains motifs pour indiquer que les sons doivent être soutenus tout au long de leur émission.) – Abrév. *ten.* – Mot ital., «tenu».

téocalli [teɔkali] n. m. ARCHEOL Pyramide tronquée surmontée d'un temple, édifiée par les Aztèques. – Mot nahuatl (langue de la littérature aztèque), de *teotl,* «dieu», et *calli,* «maison».

téorbe v. théorbe.

tep [tɛp] n. f. TECH Acronyme de *tonne équivalent pétrole,* unité permettant de comparer l'énergie contenue dans des combustibles de nature différente. *Une tep correspond à une masse de combustible renfermant la même énergie calorifique qu'une tonne de pétrole.*

tephillim ou **téfillim** [tefil(l)im] ou **tephillin** [tefil(l)in] n. m. pl. RELIG Syn. de *phylactère* (V. ce mot, sens 2). – Hébreu *t'phillim,* plur. de *t'phillah,* «prière».

tepidarium ou **tépidarium** [tepidaʀjɔm] n. m. ANTIQ ROM Salle des thermes à température tiède. – Mot lat., de *tepidus,* «tiède».

tequila [tekila] n. f. Alcool mexicain, obtenu par fermentation du jus d'agave. – De *(l'agave) tequilana,* du district de *Tequila* au Mexique.

ter [tɛʀ] adv. Trois fois. ▷ MUS Indique que le même passage doit être exécuté trois fois. ▷ Cour. *Numéro 8 ter d'une rue,* troisième numéro huit (cf. bis et quater). – Mot lat.

téra-. Élément, du gr. *teras, teratos,* «monstre», que l'on place devant une unité pour la multiplier par 10^{12}, soit un million de millions (symbole T).

téraspic [teʀaspik] n. m. Syn. de *thlaspi** (plante). – Altér. de *thlaspi,* d'ap. *aspic.*

térato-. Élément, du gr. *teras, teratos,* «chose monstrueuse, monstre».

tératogène [teʀatɔʒɛn] adj. BIOL Qui provoque le développement d'organes ou d'organismes (végétaux ou animaux) anormaux, monstrueux. – De *térato-,* et *-gène.*

tératogenèse [teʀatoʒənɛz] n. f. BIOL Développement de formes anormales ou monstrueuses chez les espèces végétales ou animales. – De *térato-,* et *genèse.*

tératologie [teʀatɔlɔʒi] n. f. BIOL Partie de la biologie qui étudie les anomalies et monstruosités chez les êtres vivants. – De *térato-,* et *-logie.*

tératologique [teʀatɔlɔʒik] adj. BIOL Relatif à la tératologie. – Du préc.

tératologue [teʀatɔlɔg] ou **tératologiste** [teʀatɔlɔʒist] n. Didac. Spécialiste de tératologie. – De *tératologie.*

terbine [tɛʀbin] n. f. Hydroxyde de terbium $Tb(OH)_3$. – De *terbium.*

terbium [tɛʀbjɔm] n. m. CHIM Élément de numéro atomique Z = 65, de masse atomique 159 (symbole Tb); métal du groupe des terres rares et de la famille des lanthanides. – Mot créé par le Suédois Mosander (1843); de *Ytterby,* nom de la local. suédoise où fut découvert le minerai contenant l'oxyde de ce métal *(terbine).*

tercer [14], terser [1] [tɛʀse] ou **tiercer [14]** [tjɛʀse] v. tr. AGRIC Labourer (une terre) pour la troisième fois. *Tercer une vigne.* – De *tierce.*

tercet [tɛʀsɛ] n. m. Strophe de trois vers. – De l'ital. *terzetto,* de *terzo,* «troisième, tiers».

térébelle [teʀebɛl] n. f. ZOOL Ver marin sédentaire (genre *Terebella*) porteur de branchies arborescentes, qui vit dans un tube qu'il sécrète. – Lat. mod. *terebella (terebellum),* dimin. de *terebra (terebrum),* «tarière».

térébellum [teʀebe(ɛ)l(l)ɔm] n. m. ZOOL Mollusque gastéropode prosobranche, abondant au Tertiaire, et dont une seule espèce, subsiste dans l'océan Indien. – Même étym. que *térébelle.*

térébenthène [teʀebɑ̃tɛn] n. m. CHIM Carbure terpénique, principal constituant de la térébenthine. – De *térébenthine.*

térébenthine [teʀebɑ̃tin] n. f. TECH Résine semiliquide de certains végétaux (térébinthacées et conifères), dont on extrait par distillation l'*essence de térébenthine,* liquide à odeur aromatique utilisé pour la préparation de vernis et de siccatifs. ▷ *Ellipt.,* cour. *De la térébenthine:* de l'essence de térébenthine. – Du lat. *terebenthina (resina),* «(résine) de térébinthe», du gr. *terebinthos,* «térébinthe».

térébinthacées [terebɛ̃tase] n. f. pl. BOT Famille de plantes dicotylédones dialypétales dont le térébinthe est le type, et qui comprend des arbres à suc résineux (anacardier, manguier, pistachier, etc.). Sing. *Une térébinthacée.* – De *térébinthe.*

térébinthales [terebɛ̃tal] n. f. pl. Ordre de plantes dicotylédones dialypétales auquel appartiennent les térébinthacées. – De *térébinthe.*

térébinthe [terebɛ̃t] n. m. BOT Pistachier résineux des bords de la Méditerranée. – Lat. *terebinthus,* gr. *terebinthos.*

térébrant, ante [terebrɑ̃, ɑ̃t] adj. **1.** ZOOL Qui perce, qui perfore. *Mollusques térébrants (tarets, etc.). L'oviscapte, appendice térébrant de certaines femelles d'insectes.* **2.** MED Qui tend à gagner les tissus en profondeur. *Tumeur, ulcération térébrante.* ▷ *Douleur térébrante,* profonde et poignante. – Lat. *terebrans,* ppr. de *terebrare,* «percer avec une tarière *(terebra)*».

térébratule [terebratyl] n. f. ZOOL Brachiopode articulé répandu dans toutes les mers, qui présente une coquille lisse à contour ovale, articulée par une charnière. – Lat. mod. *terebratula,* à cause du crochet perforé de la valve ventrale, de *terebra,* «tarière».

téréphtalique [tereftalik] adj. CHIM *Acide téréphtalique :* diacide benzène paradicarboxylique, isomère de l'acide phtalique utilisé dans la fabrication de certains textiles synthétiques (tergal, notam.). – De *téré(benthine),* et *phtalique.*

térésien, ienne [terezjɛ̃, jɛn] adj. De Sainte-Thérèse dans la région de Laurentides-Lanaudière au Québec. *Les élus municipaux térésiens.* ▷ Subst. Citoyen de Sainte-Thérèse. *Un(e) Térésien(ne).* – De *(Sainte)-T(h)érèse.*

ENCYCL La très grande majorité des multiples exemples relevés de ce gentilé ne comportent pas de *h,* graphie remontant, pour le dérivé adjectival, à la fin du XIXe s. Au XVIIe s., on orthographiait le nom de la sainte *Terese,* hispanisme graphique, car *Thérèse* en espagnol a pour forme Teresa et la municipalité a été placée sous le patronage de la carmélite espagnole Thérèse d'Ávila. On peut observer, au cours des dernières années, une nette remontée de la graphie *Thérésien,* notamment dans les raisons sociales et les dénominations d'organismes, forme davantage en harmonie avec le nom de la municipalité.

1. tergal, ale, aux [tɛrgal, o] adj. ZOOL De la région dorsale. – Du lat. *tergum,* «dos».

2. tergal, als [tɛrgal] n. m. Fibre synthétique de ténacité élevée; tissu fait avec cette fibre. – Nom déposé, d'ap. (acide) *téréphtalique.*

tergiversation [tɛrʒivɛrsasjõ] n. f. Fait de tergiverser; hésitation, faux-fuyant, détour. – Lat. *tergiversatio.*

tergiverser [tɛrʒivɛrse] v. intr. [1] User de détours, de faux-fuyants, pour éluder une décision; atermoyer, hésiter. – Du lat. *tergiversari,* littéral. «tourner *(versare)* le dos *(tergum)*».

terme [tɛrm] n. m. **I. 1.** Limite, fin (dans le temps). *Le terme de la vie. Toucher à son terme:* être près de sa fin. *Mener à terme:* mener à bonne fin, accomplir. *Au terme de:* à la fin de. *Au terme de notre étude, nous constatons...* ▷ *Spécial.* Moment de l'accouchement, neuf mois après la conception, dans l'espèce humaine. *Enfant né à terme, avant terme.* **2.** DR Moment où expire un délai; espace de temps fixé pour l'exécution d'une obligation. *Vente à terme,* dans laquelle l'acheteur ne paye son créancier qu'après un certain laps de temps. ▷ Fig. *À court, à long terme:* dans un avenir proche, lointain (cf. *à brève, à lointaine échéance).* ▷ FIN *Marché à terme,* relatif à des opérations boursières dont le règlement a lieu à une époque plus ou moins éloignée du moment de la négociation, mais toujours fixée d'avance. **3.** Temps fixé pour le paiement d'un loyer. *Payer à terme échu.* **4.** Plur. (dans *en ... termes.*) Relations que l'on entretient avec une personne. *Être en bons, en mauvais termes avec qqn. En quels termes êtes-vous?* **II. 1.** Mot, tournure, expression. *Terme propre, figuré. Je ne connaissais pas ce terme.* ▷ Plur. Mots dont on use pour parler de qqch, de qqn. *Parler de qqn en bons termes,* avec éloge. *Ce sont là ses propres termes,* les mots mêmes qu'il a employés. *Les termes d'un contrat,* les stipulations qu'il contient. ▷ Mot appartenant au vocabulaire particulier d'un métier, d'un art, d'une activité quelconque. *Terme technique. Termes de palais.* **2.** LOG Chacun des éléments liés par une relation. *La majeure, la mineure et la conclusion, termes du syllogisme. Moyen terme,* celui qui est au milieu. – Fig., cour. *Chercher, trouver un moyen terme,* une solution intermédiaire. ▷ GRAM *Le sujet et l'attribut (ou prédicat), termes de la proposition.* **3.** MATH Chacun des éléments appartenant à un rapport, à une suite, à une équation. *Les termes d'une fraction:* le dénominateur et le numérateur. ▷ COMM *Termes de l'échange,* rapport de l'indice des prix à l'importation et de l'indice des prix à l'exportation. **III.** ANTIQ Statue dont la partie inférieure se termine en gaine (comme les bornes romaines représentant le dieu Terminus). – Lat. *terminus,* «borne, limite, fin», et en lat. scolast. «définition, expression, mot».

terminaison [tɛrminɛzõ] n. f. **1.** Rare Action de terminer; fait de se terminer. *Terminaison d'une maladie.* **2.** Ce qui termine qqch; fin ou extrémité. *Les terminaisons nerveuses.* ▷ LING Fin d'un mot, manière dont il se termine. *Terminaisons masculines, féminines.* – *Spécial.* Désinence variable, par oppos. au radical. – Du lat. *terminatio.*

terminal, ale, aux [tɛrminal, o] adj. et n. **I.** adj. **1.** Qui termine, qui constitue la fin ou l'extrémité de qqch. *L'opération entre dans sa phase terminale. Bourgeons terminaux des troncs de conifères.* **II.** n. m. Anglicisme **1.** Point où aboutit une ligne de transport ou de communication. **2.** Aérogare d'un centre urbain, terminus de toutes les liaisons avec le ou les aéroports. **3.** Ensemble des installations de pompage et de stockage de l'extrémité d'un pipe-line. **4.** INFORM Organe d'entrée-sortie relié à un ou plusieurs ordinateurs par une ligne de transmission de données. – Bas lat. *terminalis;* sens II, sur l'angl. *terminal* (n. m.), «terminus».

terminer [tɛrmine] v. tr. [1] **1.** Limiter, marquer la fin de. *Citation qui termine un discours.* **2.** Achever, finir. *Terminer un travail.* ▷ v. pron. *L'affaire s'est bien terminée,* a bien fini, bien tourné. (Sens intr.) *Verbe dont l'infinitif se termine en «er».* – Lat. *terminare,* de *terminus,* «fin, terme, limite, borne».

terminographe [tɛrminɔgraf] n. Didac. Spécialiste en terminographie. *Terminographe en informatique.* – De *terminographie.*

terminographie [tɛrminɔgrafi] n. f. Terminologie descriptive ou appliquée. – De *terminologie,* d'ap. *(lexico)graphie.*

terminologie [tɛrminɔlɔʒi] n. f. **1.** Didac. Ensemble des termes techniques propres à une activité particulière, à ceux qui l'exercent. *La terminologie du blason, des chemins de fer, de l'informatique. La terminologie de Heidegger.* ▷ Vocabulaire propre à un groupe, à un courant de pensée. *La terminologie révolutionnaire.* **2.** Étude des terminologies, des vocabulaires techniques. – Du lat. scolast. *terminus,* «mot», et *-logie.*

terminologique [tɛrminɔlɔʒik] adj. Didac. De la terminologie. – Du préc.

terminologue [tɛrminɔlɔg] n. Didac. Spécialiste en terminologie. – Appos. *Lexicographe terminologue.* – De *terminologie.*

terminus [tɛʀminys] n. m. Dernière station d'une ligne de chemin de fer, d'autobus. – Mot angl., du lat. *terminus,* «fin».

termite [tɛʀmit] n. m. Insecte social (ordre des isoptères) appelé aussi *fourmi blanche,* fréquent surtout dans les pays chauds, où il cause de grands dégâts aux habitations en creusant ses galeries dans le bois d'œuvre. – Bas lat. *termes, termitis,* class. *tarmes, tarmitis.*

ENCYCL Les termites se caractérisent par des pièces buccales broyeuses, par un abdomen relié au thorax et par une métamorphose imparfaite (les larves ressemblent à l'adulte). D'un couple naissent des larves qui, après plusieurs mues, donnent des «ouvriers» et des «soldats». D'autres larves deviennent des nymphes d'où sortent des individus adultes capables de se reproduire. Les ouvriers creusent et nettoient les galeries, recueillent les œufs pondus par la reine et apportent la nourriture. Les soldats pourvus de mandibules mordent; d'autres ont une trompe avec laquelle ils projettent sur l'ennemi une substance visqueuse. La termitière est composée de loges reliées par des galeries. Les *termites inférieurs* possèdent des protozoaires flagellés intestinaux qui décomposent la cellulose, ce qui leur permet de construire leur nid dans du bois (arbres, charpentes). Les *termites supérieurs* utilisent des champignons ou des bactéries pour décomposer la cellulose et construisent sous terre leur nid parfois prolongé en hauteur par un monticule de terre gâchée (la *termitière*) qui peut atteindre 3 ou 4 m.

termitière [tɛʀmitjɛʀ] n. f. Nid de termites. – *Spécial.* Grand nid en terre gâchée construit par certaines espèces de termites. ▷ Fig. Lieu où s'activent un grand nombre de gens. – Du préc.

ternaire [tɛʀnɛʀ] adj. Qui est fondé sur le nombre trois, sur l'existence ou la présence de trois éléments. ▷ MATH *Système de numération ternaire,* à base trois. ▷ CHIM *Composé ternaire,* formé de trois éléments. ▷ MUS *Mesure, rythme ternaire,* dont chaque temps est composé de trois croches. – Lat. *ternarius.*

1. terne [tɛʀn] n. m. **1.** JEU Coup qui amène deux trois, aux dés. ▷ Groupe de trois numéros gagnants sur une même ligne horizontale, au loto. **2.** ELECTR Ensemble de trois conducteurs d'une ligne triphasée. – Lat. *ternas,* fém. plur. de *terni,* «par trois».

2. terne [tɛʀn] adj. **1.** Qui manque de luminosité, d'éclat. *Couleurs ternes.* **2.** Qui manque d'originalité, qui est sans mouvement ni imagination. *Style terne.* ▷ (Personnes) Médiocre, insignifiant. *Un bonhomme assez terne.* –De *ternir.*

ternir [tɛʀniʀ] v. tr. [2] Rendre terne, faire perdre de son éclat à. *L'humidité avait piqué et terni le tain des miroirs.* ▷ Fig. Porter moralement atteinte à. *Ce scandale a quelque peu terni sa réputation.* – v. pron. *Le cuivre se ternit rapidement.* – Probabl. d'orig. germ.; cf. anc. haut all. *tarnjan,* «cacher, obscurcir».

ternissement [tɛʀnismɑ̃] n. m. Rare Action de ternir, fait de se ternir. – De *ternir.*

ternissure [tɛʀnisyʀ] n. f. Rare État de ce qui est terni. – De *ternir.*

terpène [tɛʀpɛn] n. m. CHIM Hydrocarbure aromatique naturel, composé cyclique ou acyclique de formule $(C_5H_8)_n$. *Les terpènes entrent dans la composition de nombreuses essences végétales.* – All. *Terpene,* de *Terpentin,* «térébenthine».

terpénique [tɛʀpenik] adj. CHIM Se dit des terpènes et de leurs dérivés. *Série terpénique.* – De *terpène.*

terpine [tɛʀpin] n. f. CHIM Composé terpénique utilisé en pharmacie comme expectorant et comme diurétique. – De l'angl. *turp(en)tine,* «térébenthine».

terpinol [tɛʀpinɔl] ou **terpinéol** [tɛʀpineɔl] n. m. CHIM Composé terpénique utilisé en parfumerie. – Du préc.

terrage [tɛʀaʒ] n. m. DR FEOD Redevance en nature prélevée par certains seigneurs sur le blé et les légumes. Syn. champart (sens 1). – De *terre.*

terrain [tɛʀɛ̃] n. m. **1.** Espace de terre déterminé. *Terrain de sport. Terrain vague:* espace vide et non construit au milieu d'habitations. **2.** (Toujours au sing.) Endroit où se déroulent une bataille, un affrontement. – Anc. *Aller sur le terrain:* se battre en duel (cf. *Aller sur le pré).* – Fig. Endroit où se déroule une activité, souvent concurencielle. *Les représentants sont sur le terrain,* en train de visiter la clientèle. – Loc. *Un homme de terrain,* qui préfère les tâches concrètes aux spéculations intellectuelles, aux fonctions sédentaires. Loc. fig. *Ménager le terrain:* agir prudemment. *Gagner, perdre du terrain:* avancer, reculer. *Être sur son terrain, en terrain connu:* se trouver dans un domaine familier. *Chercher un terrain d'entente,* un moyen de conciliation. *Tâter le terrain:* étudier la situation avant d'agir. **3.** Sol. *Terrain caillouteux.* **4.** GEOL Couche de l'écorce terrestre. *Terrains quaternaires.* **5.** loc. adj. *Tout(-)terrain* (ou *tous(-)terrains*): qui peut rouler partout (véhicule). ▷ Subst. *Faire du tout(-)terrain ou du tous(-)terrains.* **6.** MED *Le terrain,* tout ou partie de l'organisme considéré dans son état général, préexistant à l'apparition d'une affection donnée. – Du lat. *terrenum,* de *terrenus,* «formé de terre».

terramare [tɛʀamaʀ] n. f. AGRIC Terre riche en matières azotées, utilisée comme engrais, en partic. en Italie. – Mot ital., de *terra,* «terre», et *amara,* «amère».

terraplane [tɛʀaplan] n. m. TECH Véhicule tous terrains à coussin d'air. – Nom déposé; de *terre,* d'ap. *aquaplane.*

terraqué, ée [tɛʀake] adj. Vx ou litt. Fait de terre et d'eau. *Le globe terraqué:* la Terre. – Bas lat. *terraqueus,* de *terra,* et *aqua,* «eau».

terrarium [tɛʀaʀjɔm] n. m. SC NAT Enceinte close dans laquelle est reconstitué le milieu naturel d'un petit animal terrestre, permettant son élevage et l'étude de ses mœurs (cf. aussi vivarium). – De *terre,* d'ap. *aquarium.*

terrasse [tɛʀas] n. f. **I. 1.** Levée de terre, ordinairement soutenue par de la maçonnerie, formant une plate-forme destinée à la promenade et au plaisir de la vue. ▷ *Cultures en terrasses,* sur des retenues de terre s'étageant par degrés à flanc de colline, de montagne. *Rizières en terrasses.* **2.** GEOGR Dans une vallée fluviale, nappe alluviale horizontale dans laquelle le cours d'eau s'est encaissé par suite d'une modification de son profil d'équilibre. **3.** Toiture horizontale. ▷ Dans certains immeubles, plate-forme ménagée par la construction d'un étage en retrait de façade par rapport à l'étage inférieur. ▷ Grand balcon. **4.** Partie du trottoir devant un café, où sont disposées des tables et des chaises. *Prendre une bière en (à la) terrasse. Terrasse vitrée.* **II.** TECH **1.** Partie d'un marbre, d'une pierre, trop tendre pour recevoir le poli. **2.** Partie horizontale du socle d'une statue ou d'une pièce d'orfèvrerie. – De l'a. fr. *terrace,* «sol, torchis», de *terre.*

terrassement [tɛʀasmɑ̃] n. m. **1.** Travail de fouille, de nivelage, de déblaiement et de remblai effectué sur un terrain. **2.** Ouvrage fait de terre amoncelée et consolidée. – De *terrasser.*

terrasser [tɛʀase] v. tr. [1] **1.** AGRIC Vx Creuser. **2.** Procéder au terrassement d'un terrain, d'un sol. **3.** Renverser, jeter à terre (qqn). *Terrasser un adversaire.* **4.** Fig. Abattre. *La maladie l'a terrassé.* – De *terrasse.*

terrassier [tɛʀasje] n. m. Ouvrier travaillant à des travaux de terrassement. – De *terrasse.*

terre [tɛʀ] n. f. **I.** (Avec une majuscule.) *La Terre:* la troisième planète du système solaire, habitée par l'espèce humaine. *La distance de la Terre au Soleil. La Lune, satellite de la Terre.* ▷ *Par méton.* Ceux qui habitent la Terre, les hommes. *Ce conquérant rêvait de soumettre toute la Terre.* – Par exag. *Toute la terre:* un grand nombre de personnes; le public, l'opinion (cf. *tout le monde*). *Toute la terre le sait.* **II.** Portion de la surface du globe qui n'est pas recouverte par les eaux marines; étendue de sol. **1.** (Opposé à *mer.*) *La terre ferme. Terre!* ▷ *À terre* (opposé à *à bord*). *L'équipage est descendu à terre.* ▷ *L'armée de terre,* par oppos. à la marine et à l'aviation. **2.** Région, pays. *Les terres boréales, australes. La Terre sainte:* les lieux où vécut Jésus-Christ. **3.** Domaine, fonds rural. *Vendre, acheter une terre.* ▷ (Considérée quant aux façons qu'elle reçoit.) *Une terre labourée, en friche.* **III.** Sol. **1.** (En tant que surface sur laquelle on marche, on se déplace, on construit des édifices, etc.) *Tremblement de terre. Oiseau qui vole en rasant la terre.* – Fig. *Avoir les pieds sur terre:* avoir le sens des réalités concrètes, ne pas se perdre dans de vaines abstractions, dans de vaines chimères. ▷ Loc. *À terre, par terre:* sur le sol. *Tomber à terre.* – Fig. *Aller, courir ventre à terre,* très vite. – *Mettre pied à terre:* descendre de cheval, de bicyclette. ▷ *Terre à terre:* qui manque d'élévation de pensée, d'originalité; commun, prosaïque. **2.** (En tant que surface cultivable.) *Le retour à la terre,* à la culture. – Litt. *Les biens, les fruits de la terre,* ce qu'elle produit; les récoltes. ▷ *Plante cultivée en pleine terre,* qui pousse ses racines dans le sol même (opposé à *en pot, en bac,* etc.). **3.** (En tant que lieu de sépulture.) *Porter un mort en terre* (cf. enterrer). **4.** ELECTR *La terre:* le sol, en tant que conducteur de potentiel électrique nul. *Prise de terre.* ▷ *Par ext.* Conducteur ou ensemble de conducteurs qui établissent une liaison avec le sol. *Mettre à la terre le bâti d'une machine.* **IV. 1.** Matière de composition variable, de texture granuleuse ou pulvérulente, qui constitue le sol. *Terre végétale, terre arable.* – (Considérée quant à sa composition.) *Terre calcaire, argileuse.* – (Considérée quant aux usages auxquels on l'emploie ou auxquels elle est propre.) *Terre à foulon, à porcelaine.* – TECH *Terre armée:* terre amoncelée en remblais renforcés d'armatures (généralement métalliques). *Barrage en terre armée.* ▷ Anc. L'un des quatre éléments distingués par l'ancienne alchimie. *La terre, l'air, le feu et l'eau.* ▷ CHIM *Terres rares* : oxydes métalliques très peu abondants dans la nature, qui correspondent aux éléments de numéro atomique 21 *(scandium),* 39 *(yttrium),* 57 *(lanthane)* et 58 à 71 *(lanthanides).* ▷ *Par ext.* Ces éléments. **2.** *Terre cuite:* terre argileuse façonnée et durcie au feu. ▷ Par ext. *Une terre cuite:* un objet en terre cuite. *Collection de terres cuites de Tanagra.* **V.** (Opposé à *ciel,* à *au-delà,* etc.) Lieu où vivent les hommes. – *Spécial.* Lieu où ils passent leur existence corporelle. *La vie sur terre et la vie dans les cieux.* ▷ Fig. *Remuer ciel et terre:* se donner beaucoup de peine, de mal, utiliser tous les moyens possibles pour parvenir à ses fins. – Lat. *terra.*

ENCYCL **Astro.** – La Terre est la troisième planète par ordre de distance croissante au Soleil, et la sixième par sa grandeur. Elle a un unique satellite, la Lune. La Terre tourne sur elle-même en 23 h 56 mm 4 s; elle tourne autour du Soleil à une distance moyenne de 149 600 000 km. En un an, elle parcourt une orbite de 940 millions de km à la vitesse de 30 km/s. L'axe de rotation de la Terre fait avec le plan de sa trajectoire autour du Soleil un angle de 23°27'. Au cours de sa révolution, la Terre ne se présente pas toujours au Soleil sous le même angle, d'où le phénomène des saisons. La Terre a la forme d'un globe à peu près sphérique, appelé *géoïde.* Les pôles sont légèrement aplatis, ce qui contribue à l'augmentation de l'accélération de la pesanteur quand on se rapproche des pôles. L'équateur, par ailleurs, est légèrement elliptique. La Terre a donc la forme générale d'un ellipsoïde dont les 3 axes sont très légèrement inégaux. Le rayon de la Terre varie entre 6 356 et 6 378 km.

Géol. et **géoph.** – La Terre est vieille d'au moins 5 milliards d'années; on estime que sa formation s'est achevée il y a 4,5 milliards d'années. La propagation des ondes sismiques prouve qu'il existe diverses couches concentriques. La plus superficielle est la *croûte* (ou *écorce*) *terrestre;* la croûte océanique, de 15 km d'épaisseur, est composée de plaques qui supportent les continents. Ensuite, le *manteau* est séparé du *noyau* par la discontinuité de Gutenberg, située à 2 900 km de profondeur. Le noyau contient une graine limitée par une discontinuité située à 5 150 km de profondeur. La nature du noyau, très riche en nickel et en fer, a été confirmée par l'étude des météorites, que l'on considère comme des restes de planètes explosées.

terreau [tɛʀo] n. m. Terre riche en matières organiques d'origine végétale ou animale. – De *terre.*

terreautage [tɛʀotaʒ] n. m. AGRIC Action de terreauter. – De *terreauter.*

terreauter [tɛʀote] v. tr. [1] AGRIC Recouvrir, amender avec du terreau. – De *terreau.*

terre-neuvas [tɛʀnœvɑ] n. m. inv. ou vieilli **terre-neuvier** [tɛʀnœvje] n. m. **1.** Bateau armé pour la pêche à la morue sur les bancs de Terre-Neuve. ▷ Appos. *Navires terre-neuvas* ou *terre-neuviers.* **2.** Marin-pêcheur qui fait la grande pêche sur ces bancs. *Un terre-neuvas.* – Rem. On dit, on écrit aussi *terre-neuvien.* – Du n. de l'île de *Terre-Neuve,* au sud-est du Labrador.

terre-neuve [tɛʀnœv] n. m. inv. Gros chien, à la tête forte et large, au pelage noir, fin et ras sur la tête, long et ondulé sur le corps et les membres, dont la race est originaire de Terre-Neuve. *On dresse les terre-neuve au sauvetage des personnes tombées à l'eau.* ▷ Fig. et plaisant Personne d'un grand dévouement, toujours prête à aider autrui. – Ellipse de *chien de Terre-Neuve* (V. terre-neuvas).

terre-neuvien, ienne [tɛʀnœvjɛ̃, jɛn] adj. et n. **1.** De Terre-Neuve. **2.** Syn. rare de *terre-neuvas.* – De *Terre-Neuve* (V. terre-neuvas).

terre-plein [tɛʀplɛ̃] n. m. **1.** Surface plane et unie d'une levée de terre. – Cette levée de terre, généralement soutenue par de la maçonnerie. **2.** *Terre-plein central (d'une voie):* bande qui sépare les deux chaussées d'une route à grande circulation, d'une autoroute. – De l'ital. *terrapieno,* «rempli de terre»; de *pieno,* «plein», attract. de sens de *plain,* «plat».

terrer [tɛʀe] **I.** v. tr. [1] **1.** AGRIC *Terrer un arbre, une vigne,* mettre de la nouvelle terre à leur pied. **2.** TECH *Terrer une étoffe,* la dégraisser en l'enduisant de terre à foulon. **II.** v. pron. Se cacher dans son terrier (animaux). ▷ Fig. Se cacher comme dans un terrier (personnes). – De *terre.*

terrestre [tɛʀɛstʀ] adj. **1.** De la Terre. *La surface terrestre.* **2.** Qui a rapport, qui appartient à la vie sur Terre; qui n'est pas de nature spirituelle. *Les biens terrestres.* **3.** Qui vit sur la terre ferme. *Plante, animal terrestre.* **4.** Qui se déplace sur le sol (par oppos. à *aérien* ou *maritime*). *Transport terrestre.* – Lat. *terrestris.*

terreur [tɛʀœʀ] n. f. **1.** Sentiment de peur incontrôlée qui empêche d'agir en annihilant la volonté. *Être saisi de terreur, paralysé par la terreur.* **2.** Ensemble de mesures arbitraires et violentes par lesquelles certains régimes établissent leur autorité en brisant toute velléité d'opposition; peur générale que de telles mesures font régner dans une population. *Pren-*

dre le pouvoir, gouverner par la terreur. **3.** *La terreur de:* celui qui inspire la terreur à. *Le preux Roland, terreur des infidèles.* ▷ Fam. *Une terreur:* un homme qui se fait craindre par la violence, la force physique. Plaisant *Jouer les terreurs.* – (Sens atténué.) Personne qui fonde son autorité sur la crainte qu'elle inspire. *Dans sa classe, c'est une vraie terreur!* – Lat. *terror, terroris.*

terreux, euse [tɛʀø, øz] adj. Mêlé de terre; de la nature, de la couleur de la terre. – Du lat. *terrosus.*

terri. V. terril.

terrible [tɛʀibl] adj. **I.** Vieilli ou litt. Qui inspire la terreur. **II.** Mod. (sens atténués). **1.** Fort, violent, intense. *Il faisait une chaleur terrible.* **2.** (Personnes.) Qui occasionne de la gêne, du dérangement à autrui (en partic., en s'entêtant dans une résolution inopportune). *Vous êtes terrible, quand vous vous y mettez!* **3.** Très turbulent, très remuant, en parlant d'un enfant. *Enfant terrible.* – Fig. (En parlant d'un adulte.) *Un enfant terrible:* une personne qui perturbe et remet en question, par un comportement hors du commun, les habitudes et les façons de penser du milieu où elle exerce son activité. *M. X s'est fait une réputation d'enfant terrible de la classe politique. Y, c'est un peu l'enfant terrible du sport français.* **4.** Fam. Propre à inspirer un engouement très vif, une admiration enthousiaste; très beau, très bien fait, très commode, etc. *Elle est terrible, cette moto.* – (Personnes.) *C'est un type terrible, mon copain.* ▷ Extraordinaire, tout à fait étonnant. – Lat. *terribilis.*

terriblement [tɛʀibləmɑ̃] adv. **1.** Vx De manière à inspirer la terreur. **2.** Extrêmement, excessivement. *Il est terriblement égoïste.* – De *terrible.*

terricole [tɛʀikɔl] adj. ZOOL Qui vit dans la terre ou dans la vase. *Le lombric, ver terricole.* – Du lat. *terra,* «terre», et *-cole.*

terrien, ienne [tɛʀjɛ̃, jɛn] adj. et n. **1.** adj. Qui possède des terres. **2.** adj. et n. De la terre, de la campagne, (par oppos. à *citadin*). **3.** adj. et n. De la terre (par oppos. à *marin*). **4.** n. Habitant de la planète Terre. – De *terre.*

terrier [tɛʀje] n. m. **1.** Trou dans la terre creusé par un animal. *Terrier de lapin.* **2.** Chien employé pour la chasse des animaux à terrier (blaireaux, renards, etc.). *Le teckel est un terrier* (V. fox-terrier). – De *terre.*

terrifiant, ante [tɛʀifjɑ̃, ɑ̃t] adj. **1.** Qui terrifie. **2.** *Par exag.* Très intense, très fort, très violent. *Ce boxeur a un crochet du gauche terrifiant.* – Ppr. de *terrifier.*

terrifier [tɛʀifje] v. tr. [1] Inspirer la terreur à, épouvanter. – Lat. *terrificare.*

terrigène [tɛʀiʒɛn] adj. GEOL *Dépôts terrigènes:* dépôts marins apportés à la mer par les fleuves. – Lat. *terrigena.*

terril ou **terri** [teʀi(l)] n. m. Éminence, colline formée par l'amoncellement des déblais d'une mine. – De *terre*; mot du Nord-Est.

terrine [tɛʀin] n. f. **1.** Récipient en terre (et, *par ext,* en porcelaine, en métal, etc.), aux bords évasés vers le haut; son contenu. *Une terrine de crème.* **2.** Pâté cuit dans une terrine et servi froid. *Terrine de canard.* – Fém. subst. de l'anc. adj. *terrin,* «de terre».

terrir [tɛʀiʀ] v. intr. [2] Didac. Venir près de la côte, en parlant des poissons, des tortues marines. – De *terre.*

territoire [tɛʀitwaʀ] n. m. **1.** Étendue de terre qu'occupe un groupe humain. – *Spécial.* Étendue de terre qui dépend d'un État, d'une juridiction. *Les Territoires du Nord-Ouest. Le Territoire du Yukon.* ▷ Aménagement du territoire. V. encycl. aménagement. **2.** ZOOL Zone où vit un animal, qu'il interdit à ses congénères. **3.** MED Région déterminée. *Douleur dans le territoire du nerf sciatique.* – Lat. *territorium.*

territorial, ale, aux [tɛʀitɔʀjal, o] adj. D'un territoire. *Limites territoriales.* ▷ *Eaux territoriales,* où s'exerce la souveraineté d'un État. – Bas lat. *territorialis.*

territorialement [tɛʀitɔʀjalmɑ̃] adv. En ce qui concerne le territoire. – Du préc.

territorialité [tɛʀitɔʀjalite] n. f. Caractère juridique de ce qui appartient à un territoire. *Territorialité de l'impôt.* – De *territorial.*

territorien, ienne [tɛʀitɔʀjɛ̃, jɛn] adj. et n. Des Territoires du Nord-Ouest du Canada. – Subst. *Un(e) Territorien(ne).*

terroir [tɛʀwaʀ] n. m. **1.** Région, considérée du point de vue de la production agricole (vinicole, en partic.). *Terroir bon pour le blé. Le terroir de ce grand cru est très peu étendu.* **2.** Par ext. *Le terroir:* la campagne, les régions rurales. *Produit qui a le goût du terroir,* qui semble venir directement de la région productrice, qui est naturel, non frelaté. ▷ Fig. *Du terroir, de terroir:* qui est enraciné dans les mœurs, dans la civilisation rurale. *Expression du terroir.* – Du lat. pop. **terratorium,* altér. gallo-romaine. du class. *territorium,* «territoire».

terrorisant, ante [tɛʀɔʀizɑ̃, ɑ̃t] adj. Qui terrorise. – Ppr. de *terroriser.*

terroriser [tɛʀɔʀize] v. tr. [1] **1.** Frapper de terreur, épouvanter. *L'orage terrorise cet enfant.* **2.** Soumettre (une population) à un régime de terreur. – De *terreur.*

terrorisme [tɛʀɔʀism] n. m. **1.** Usage systématique de la violence (attentats, destructions, prises d'otages, etc.) auquel recourent certaines organisations politiques pour favoriser leurs desseins. – *Terrorisme d'État;* recours systématique à des mesures d'exception, à des actes violents, par un gouvernement agissant contre ses propres administrés et, *par ext.,* contre les populations d'un État ennemi. **2.** Fig. Attitude d'intimidation, d'intolérance dans le domaine intellectuel. *Le terrorisme de l'avant-garde.* – De *terreur.*

terroriste [tɛʀɔʀist] n. et adj. **1.** Personne qui pratique le terrorisme (sens 1). **2.** adj. Qui relève du terrorisme (sens 1). *Pratiques terroristes.* – Du préc.

terser. V. tercer.

tertiaire [tɛʀsjɛʀ] adj. et n. **I.** adj. **1.** GEOL *Ère tertiaire* ou, n. m., *le Tertiaire:* ère géologique succédant à l'ère secondaire et précédant l'ère quaternaire. ▷ *Par ext.* De l'ère tertiaire. *Les plissements tertiaires.* **2.** ECON et cour. *Secteur tertiaire:* secteur de l'économie dont l'activité n'est pas directement liée à la production de biens de consommation (administrations, sociétés de services, etc.). **3.** MED Qui appartient au troisième stade de l'évolution d'une maladie. *Accidents tertiaires de la syphilis.* **II.** n. Membre d'un tiers* ordre religieux. – Du lat. *tertiarius,* «d'un tiers», de *tertius,* «troisième», sur le modèle de *primaire.*

ENCYCL **Géol.** – Le Tertiaire est une ère géologique courte: env. 70 millions d'années si on y inclut le Quaternaire, phase finale (4,1 millions d'années) arbitrairement détachée. Le Tertiaire est divisé en quatre systèmes, regroupés deux par deux: l'*Éocène* et l'*Oligocène* forment le *Paléogène* ou *Nummulitique* (de –70 à –37 millions d'années); le *Miocène* et le *Pliocène* forment le *Néogène* (–37 à –4 millions d'années). Ces limites sont très floues. Au Tertiaire, l'histoire de la faune est marquée par la multiplication des espèces de mammifères (avec une tendance au gigantisme analogue à celui des reptiles du Secondaire) et par l'abondance des nummulites au Paléogène. Dans le règne végétal, les monocotylédones entreprennent leur extension.

fait un demi-tour complet sur lui-même. – De *tête, à,* et *queue.*

tête-à-tête ou **tête à tête** [tɛtatɛt] n. m. inv. et loc. adv. **I.** n. m. inv. **1.** Situation de deux personnes seules l'une avec l'autre. *Je ne veux pas troubler un si charmant tête-à-tête.* **2.** Petit canapé à deux places et double dossier. **3.** Service à café ou à thé pour deux personnes. *Un tête-à-tête en porcelaine.* **II.** loc. adv. (Sans trait d'union.) *Être tête à tête,* ou *en tête à tête avec qqn,* seul avec lui. *Repas en tête à tête.* – De *tête.*

têteau [tɛto] n. m. ARBOR Extrémité d'une branche maîtresse. – De *tête.*

tête-bêche [tɛtbɛʃ] adv. Dans la position de deux personnes couchées côte à côte en sens inverse, l'une ayant la tête du côté où l'autre a les pieds. ▷ Par compar. (objets) *Disposer des bouteilles tête-bêche dans une caisse.* – Altér. de la loc. anc. *à tête bêchevet,* renforcement de *bêchevet,* propr. «double tête», de *bes, bis,* «deux fois», et *chevet,* qui n'était plus compris.

tête-de-clou [tɛtdəklu] n. f. ARCHI Motif ornemental en forme de petite pyramide quadrangulaire, caractéristique de l'architecture romane. *Des têtes-de-clou.* – De *tête, de,* et *clou.*

tête-de-loup [tɛtdəlu] n. f. TECH Brosse ronde à long manche pour le nettoyage des plafonds. *Des têtes-de-loup.* – Par anal. d'aspect avec la *tête* velue du *loup.*

tête-de-nègre [tɛtdənɛgʀ] adj. et n. m. inv. Couleur brun très foncé (V. nègre, II). – De *tête, de,* et *nègre.*

tétée [tete] n. f. **1.** Action de téter. *L'heure de la tétée.* **2.** Quantité de lait prise par un nourrisson en une seule fois. – Pp. fém. subst. de *téter.*

téter [tete] v. tr. **[16]** **1.** Sucer en aspirant (la mamelle ou le sein; un biberon) pour en tirer le lait; tirer (le lait) de la mamelle, du sein, d'un biberon, par succion. *Cabri qui tète la mamelle d'une chèvre. Enfant qui tète son lait.* – Par ext. *Veau qui tète encore sa mère.* **2.** *Par ext.,* fam. Sucer. *Il tétait un énorme cigare.* – De *tette.*

téterelle [tetʀɛl] n. f. MED Petit appareil qu'on place au bout du sein pour le protéger lors de l'allaitement ou pour tirer le lait. – De *téter.*

têtière [tɛtjɛʀ] n. f. **1.** EQUIT Partie de la bride qui passe derrière les oreilles. **2.** Pièce d'étoffe ou coussinet protégeant la partie d'un fauteuil, d'un canapé, où s'appuie la tête. **3.** MAR ANC Partie supérieure d'une voile, partic. d'une voile carrée. ▷ Mod. Renfort du point de drisse d'une voile triangulaire, consistant le plus souvent en une double plaque en alliage léger ou en matière plastique. **4.** TYPO Garniture placée en tête des pages lors de l'imposition. – De *tête.*

tétine [tetin] n. f. **1.** Mamelle des mammifères. ▷ Pis de la vache ou de la truie. **2.** Capuchon en caoutchouc qui s'adapte à l'ouverture du biberon et que tète le nourrisson. Objet en caoutchouc de même forme qu'on donne aux enfants pour satisfaire leur besoin de succion. V. suce. – De *tette.*

téton [tetɔ̃] n. m. **1.** Fam. Sein (sens 1). ▷ Mamelon du sein. **2.** TECH Partie saillante d'une pièce qui s'emboîte dans la partie creuse d'une autre pièce. – De *tette.*

tétr(a)-. Élément, du gr. *tetra,* de *tessares* (en attique *tettares),* «quatre».

tétrachlorure [tetʀaklɔʀyʀ] n. m. CHIM Composé qui contient quatre atomes de chlore. *Tétrachlorure de carbone* (CCl_4), *utilisé comme détachant.* – De *tétra-,* et *chlorure.*

tétracorde [tetʀakɔʀd] n. m. ANTIQ **1.** Lyre à quatre cordes. ▷ Gamme des anciens Grecs fondée sur une échelle de quatre sons. **2.** Mod. Chacune des deux moitiés homologues, comportant quatre degrés, de la gamme diatonique majeure (*do, ré, mi, fa* et *sol, la, si, do,* pour la gamme d'ut majeur). – De *tétra-,* et *corde,* d'ap. le lat. *tetrachordon,* mot gr.

tétracycline [tetʀasiklin] n. f. MED Antibiotique à large spectre d'activité, bactériostatique et peu toxique. – De *tétra-, cycle,* et *-ine.*

tétradactyle [tetʀadaktil] adj. ZOOL Qui a quatre doigts. – De *tétra-,* et *-dactyle.*

tétrade [tetʀad] n. f. **1.** BOT Groupe de quatre cellules issues d'une méiose (grains de pollen, méiospores, etc.). **2.** ZOOL Ensemble de quatre chromatides issues du clivage, au cours de la prophase de la méiose, d'une paire de chromosomes homologues appariés. – Du gr. *tetras, tetrados,* groupe de «quatre».

tétraèdre [tetʀaɛdʀ] n. m. GEOM Solide à quatre faces triangulaires; pyramide triangulaire. ▷ *Tétraèdre régulier,* formé de quatre triangles équilatéraux. – De *tétra-,* et *-èdre.*

tétraédrique [tetʀaedʀik] adj. GEOM Qui a rapport au tétraèdre; qui a la forme d'un tétraèdre. – De *tétraèdre.*

tétraéthyle [tetʀaetil] adj. CHIM Qui possède quatre groupements éthyle. *Plomb tétraéthyle.* – De *tétra-,* et *éthyle.*

tétrafluorure [tetʀaflyɔʀyʀ] n. m. CHIM Composé qui contient quatre atomes de fluor. *Tétrafluorure d'uranium.* – De *tétra-,* et *fluorure.*

tétragone [tetʀagon] n. f. Plante herbacée annuelle *(Tetragonia expansa)* appelée aussi *épinard d'été,* originaire de Nouvelle-Zélande, que l'on cultive pour ses feuilles comestibles. – Du lat. *tetragonus,* gr. *tetragônos,* «carré» (à cause de la forme de ses graines).

tétragramme [tetʀagʀam] n. m. Ensemble des quatre lettres hébraïques *yod* (Y), *hé* (H), *vaw* (V), *hé* (H) qui représentent le nom de Dieu, dans la Bible. – De *tétra-,* et *-gramme.*

tétralogie [tetʀalɔʒi] n. f. **I. 1.** ANTIQ GR Ensemble de quatre pièces (trois tragédies et un drame satyrique) que les poètes grecs présentaient dans les concours d'art dramatique. **2.** ART Ensemble de quatre œuvres (musicales, littéraires, picturales, etc.) présentant une certaine unité. ▷ Spécial. *La Tétralogie:* les quatre opéras de R. Wagner formant le cycle de *l'Anneau des Nibelungen: l'Or du Rhin, la Walkyrie, Siegfried, le Crépuscule des dieux.* **II.** MED *Tétralogie de Fallot:* malformation cardiaque associant une sténose pulmonaire, une déviation de l'aorte vers la droite, une communication entre les ventricules et une hypertrophie ventriculaire droite. – Gr. *tetralogia.*

tétramère [tetʀamɛʀ] adj. ZOOL Constitué de quatre parties. *Torse tétramère* (de certains insectes). – Gr. *tetramerês.*

tétraphonie [tetʀafɔni] n. f. TECH Procédé de reproduction du son fondé sur le même principe que la stéréophonie*, mais dans lequel on utilise quatre canaux* au lieu de deux. Syn. quadriphonie. – De *tétra-,* et *-phonie.*

tétraplégie [tetʀapleʒi] n. f. MED Paralysie des quatre membres. – De *tétra-,* et *-plégie.*

tétraploïde [tetʀaplɔid] adj. BIOL *Cellule tétraploïde,* dans laquelle le nombre normal, diploïde (V. ce mot, et *haploïde*), de chromosomes se trouve doublé. *Organisme tétraploïde,* dont les cellules présentent cette anomalie. – Du gr. *tetraplous,* «quadruple», et *-oïde.*

tétrapode [tetʀapɔd] adj. et n. m. pl. ZOOL Qui a quatre membres. ▷ n. m. pl. *Les tétrapodes:* les amphibiens, les reptiles, les oiseaux et les mammifères, dont le squelette comporte deux paires de membres, apparents ou réduits à l'état de vestiges. Sing. *Un tétrapode.* – Gr. *tetrapous, tetrapodos.*

tétrarchat [tetʀaʀka] n. m. ANTIQ Dignité de tétrarque. – Durée des fonctions d'un tétrarque. – De *tétrarque.*

tétrarchie [tetʀaʀʃi] n. f. ANTIQ **1.** Division, gouvernée par un tétrarque, d'un territoire partagé en quatre parties. ▷ *Par ext.* Toute division territoriale dont le gouverneur portait le titre de tétrarque (et qui ne correspondait donc pas nécessairement à une partition en quatre). **2.** Mode de gouvernement instauré par Dioclétien et qui plaçait l'Empire romain sous l'autorité de quatre empereurs. – De *tétrarque.*

tétrarque [tetʀaʀk] n. m. ANTIQ Gouverneur d'une tétrarchie. *Hérode, tétrarque de Judée.* – Lat. *tetrarches,* gr. *tetrarkhês.*

tétras [tetʀa] n. m. ZOOL Oiseau galliforme (fam. phasianidés), voisin de la perdrix, dont les pattes sont emplumées jusqu'aux doigts, commun dans les forêts de conifères. *Tétras des savanes* ou *du Canada. Le coq de bruyère européen est un tétras.* V. perdrix. – Bas lat. *tetrax* (ou *tetrao*), gr. *tetrax, tetraôn.*

tétrastyle [tetʀastil] adj. ARCHI Dont la façade comporte quatre colonnes. *Temple tétrastyle* ou, n. m., *un tétrastyle.* – Lat. *tetrastylus,* du gr.

tétrasyllabe [tetʀasil(l)ab] ou **tétrasyllabique** [tetʀasil(l)abik] adj. LITTER Formé de quatre syllabes. *Vers tétrasyllabe* ou, n. m., *un tétrasyllabe.* – Lat. gram. *tetrasyllabus,* du gr.

tétravalence [tetʀavalɑ̃s] n. f. CHIM Caractère des corps tétravalents. – De *tétra-,* et *valence.*

tétravalent, ente [tetʀavalɑ̃, ɑ̃t] adj. CHIM Qui possède la valence 4. *Le carbone est tétravalent.* – De *tétra-,* et *-valent.*

tétrodon [tetʀɔdɔ̃] n. m. ZOOL Poisson des mers chaudes (genre *Tetraodon*) auquel un diverticule gastrique pouvant se remplir d'eau confère la faculté de gonfler son corps en un globe hérissé d'épines, notam. lorsqu'il est menacé par un prédateur. Syn. poisson-globe. – De *tétra-,* et du gr. *odous, odontos,* «dent».

tétrose [tetʀoz] n. m. CHIM Sucre simple (ose) comprenant quatre atomes de carbone. – De *tétr(a)-,* et *-ose* 1.

tette [tɛt] n. f. Rare Bout de la mamelle des animaux. – Du germ. occid. **titta,* «sein de femme».

têtu, ue [tety] adj. et n. **1.** adj. (Personnes.) Qui est porté par son caractère à s'attacher à l'idée qu'il a en tête et à n'en pas vouloir démordre; opiniâtre, obstiné. Syn. entêté. ▷ Subst. *C'est un(e) têtu(e).* – (Animaux.) Qui refuse d'obéir. *Un âne têtu.* **2.** n. m. CONSTR Lourd marteau qui sert à dégrossir les pierres irrégulières. – De *tête.*

teuf-teuf [tœftœf] n. m. Onomat. imitant le bruit des moteurs à explosion et notam. de ceux des premiers véhicules automobiles. ▷ Fam. *Un teuf-teuf:* une voiture datant des premiers temps de l'automobile. *Exposition de teuf-teuf* ou *de teufs-teufs.* (N. B. On trouve parfois le mot au fém.: *une vieille teuf-teuf.*) – Onomat.

teuton, onne [tøtɔ̃, ɔn] adj. et n. **1.** HIST Relatif aux Teutons, anc. peuple germanique des bords de la Baltique. **2.** Péjor. Allemand. ▷ Subst. *Les Teutons.* – Lat. *Teutoni* ou *Teutones.*

teutonique [tøtɔnik] adj. **1.** HIST Relatif aux anciens Teutons, aux régions qu'ils habitaient; germanique. *La hanse teutonique. – Ordre teutonique, des chevaliers teutoniques:* ordre de chevalerie, fondé en 1128 et sécularisé au XVIe s. **2.** Péjor. ou plaisant Allemand. – Lat. *teutonicus,* «des Teutons».

tex [tɛks] n. m. TEXT Unité de mesure (exprimée en grammes) de 1 000 mètres de fil. *Le tex sert à titrer les différents fils.* – Abrév. de *textile.*

texan, ane [tɛxɑ̃, an] adj. et n. Du Texas. *Les ranchs, le pétrole texans.* ▷ Subst. Habitant ou personne originaire du Texas, État du sud des États-Unis d'Amérique. – Empr. à l'anglo-amér.

texte [tɛkst] n. m. **1.** Ensemble des mots, des phrases qui constituent un écrit. *Le texte d'un roman. Le texte de la Constitution.* ▷ (*Le texte,* par oppos. aux notes, aux commentaires.) *Des gloses marginales éclairent le texte.* – Loc. *Dans le texte:* dans la langue originelle, sans utiliser de traduction. *Lire Shakespeare dans le texte.* ▷ Tout écrit imprimé ou manuscrit. *Texte mal composé. Les photographies sont accompagnées de textes explicatifs.* **2.** *Spécial.* Ensemble de phrases, de paroles destinées à être récitées ou chantées. *Le texte d'une chanson, d'un opéra. Comédien qui apprend son texte.* **3.** Œuvre littéraire. *Étudier les textes classiques et modernes.* ▷ Extrait, fragment d'une œuvre littéraire. *Textes choisis. Commentaire, analyse de texte.* **4.** Sujet d'un devoir, d'un exercice scolaire. *Texte d'une dissertation.* **5.** AUDIOV Document écrit, scénario d'un film, d'une émission radiodiffusée ou télévisée, accompagné du découpage et des dialogues. (Terme recommandé pour remplacer *script.*) – Lat. *textus,* «tissu, trame», d'où «enchaînement d'un récit, texte», de *texere,* «tisser».

textile [tɛkstil] adj. et n. m. **1.** Qui peut être divisé en filaments propres à être tissés. *Plantes textiles.* ▷ N. m. Fibre, matière textile. *Textiles naturels, artificiels, synthétiques.* **2.** Relatif à la fabrication des tissus. *Industrie textile.* ▷ N. m. Industrie textile. *La crise du textile.* – Lat. *textilis,* de *texere,* «tisser».
ENCYCL **Tech.** – On distingue les textiles *naturels* (coton, laine, lin, jute, soie, etc.) et les textiles *chimiques.* Parmi ces derniers, on distingue les textiles *artificiels,* obtenus à partir de produits naturels comme la cellulose, et les textiles *synthétiques,* constitués de macromolécules synthétisées. Deux opérations sont nécessaires pour préparer les textiles naturels: la *filature* a pour fonction d'obtenir, à partir de fibres discontinues, un fil qui présente des qualités suffisantes; le *tissage* consiste à entrecroiser deux nappes de fils, constituant l'une la chaîne et l'autre la trame du tissu. Les textiles artificiels sont préparés par tissage à partir de fibres préalablement filées ou directement à partir de fils. Les princ. textiles artificiels sont obtenus à partir de la cellulose; ce sont: les viscoses, qui portent le nom de *rayonne* lorsqu'elles sont sous forme de fils, et de *fibranne* dans le cas de fibres; les acétates; les triacétates. Les textiles synthétiques comprennent: les *polyamides,* par ex. les nylons; les *fibres polyesters,* obtenues à partir d'un dérivé du glycol et utilisées dans l'ameublement, dans la chemiserie et dans la confection de tissus de plein air, etc.; les *fibres polyvinyliques,* constituées de polychlorure de vinyle; les *fibres acryliques,* obtenues à partir du nitrile acrylique*, qui sont caractérisées par leur légèreté et leur pouvoir isolant (crylor, orlon, dralon); les *fibres de verre,* utilisées pour fabriquer des isolants électriques, des tissus enduits, etc. Les *non-tissés* sont des textiles constitués de fibres assemblées par des moyens autres que le tricotage et le tissage; obtenus par agglomération de fibres naturelles, artificielles ou synthétiques, ils servent à fabriquer des articles d'hygiène qu'on jette après usage, du linge, des revêtements muraux, etc.

textuel, elle [tɛkstɥɛl] adj. **1.** Exactement conforme au texte. *Citation, traduction textuelle.* Syn. littéral. **2.** Didac. Du texte, qui concerne le ou les textes. *Critique textuelle.* – Lat. médiév. *textualis.*

textuellement [tɛkstɥɛlmɑ̃] adv. D'une manière textuelle; conformément au texte. *Recopier textuellement. Il a rapporté textuellement les paroles entendues,* telles qu'elles ont été dites. – Du préc.

texturation. V. texturisation.

texture [tɛkstyʀ] n. f. **1.** Vx État, aspect de ce qui est tissé. **2.** Disposition, arrangement des parties élémentaires d'une substance. *Texture d'une roche, des sols. Texture des tendons.* Syn. structure, constitution. **3.** Fig. Disposition, agencement des différentes parties d'un tout. *Texture d'un ouvrage, d'un poème.* – Lat. *textura.*

texturer. V. texturiser.

texturisation [tɛkstyʀizasjõ] ou **texturation** [tɛkstyʀasjõ] n. f. TECH Ensemble d'opérations (torsion, écrasement, compression, etc.) destinées à donner à une fibre synthétique les caractéristiques les plus adaptées à l'usage auquel on la destine. – De *texturiser* ou *texturer.*

texturiser [tɛkstyʀize] ou **texturer** [tɛkstyʀe] v. tr. [1] TECH Soumettre à la texturisation. – De *texture.*

th PHYS Symbole de la thermie.

Th CHIM Symbole du thorium.

thaï, ïe [tai] adj. et n. **1.** adj. Des Thaïs, qui a rapport aux Thaïs, groupe ethnique mongoloïde qui peuple le Laos, la Thaïlande, les parties montagneuses du Viêt-nam du N. et certaines régions de la Chine du Sud et de la Birmanie. **2.** n. m. Groupe de langues à plusieurs tons parlées en Thaïlande, au Laos, en Birmanie et de part et d'autre de la frontière sino-vietnamienne. – Mot indigène.

thaïlandais, aise [tajlɑ̃dɛ, ɛz] adj. et n. De Thaïlande. – De *Thaïlande,* État de l'Asie du S.-E., du thaï *Muang T'haï,* «pays des hommes libres».

thalamique [talamik] adj. ANAT Du thalamus. – De *thalamus.*

thalamus [talamys] n. m. ANAT Couple de volumineux noyaux de substance grise situés de part et d'autre du troisième ventricule du cerveau antérieur et qui servent de relais pour les voies sensitives. – Du lat. sav. *thalami nervorum opticorum,* «lits (couches) des nerfs optiques», du gr. *thalamos,* «lit».

thalassémie [talasemi] n. f. MED Anomalie héréditaire de la synthèse de l'hémoglobine, fréquente dans les régions méditerranéennes, qui se traduit par une anémie plus ou moins grave. – De *thalass(o),* et *-émie.*

thalassi-, thalasso-. Éléments, du gr. *thalassa,* «mer».

thalassocratie [talasokʀasi] n. f. Vx Empire des mers. ▷ Mod., didac. Grande puissance maritime. *Venise était une thalassocratie.* – De *thalasso-,* et *-cratie.*

thalassothérapie [talasoteʀapi] n. f. MED Cure marine, méthode de traitement de nombreuses maladies utilisant le climat marin, l'eau et les boues marines. – De *thalasso-,* et *-thérapie.*

thalassotoque [talasotɔk] adj. ZOOL Se dit des poissons migrateurs qui vivent dans les eaux douces et se reproduisent en mer. *L'anguille est thalassotoque.* – Gr. *thalassotokos,* «reproduction, enfantement *(tokos)* dans la mer *(thalassa)*».

thaler [talɛʀ] n. m. Ancienne monnaie d'argent allemande. – Mot all., abrév. de *Joachimsthaler,* de *Joachimsthal* (auj. Jáchymov, Tchécoslovaquie), ville de Bohême où elle était frappée.

thalidomide [talidɔmid] n. f. PHARM Tranquillisant dont l'utilisation par les femmes enceintes s'est révélée responsable de malformations fœtales graves (retiré du marché en 1962). – Nom déposé, de *(acide ph)tal(ique), -ide,* et *(i)mide.*

thalle [tal] n. m. BOT Appareil végétatif très simple des plantes non vasculaires (champignons, algues, lichens), où l'on ne peut distinguer ni racine, ni tige, ni feuille. – Du gr. *thallos,* «rameau, pousse».

thallium [taljɔm] n. m. CHIM Métal mou et gris, ressemblant au plomb, dont les sels colorent la flamme en vert émeraude; élément de numéro atomique Z = 81, de masse atomique 204,37 (symbole Tl). – Mot angl., du gr. *thallos,* «rameau vert», à cause de la raie verte caractéristique de son spectre.

thallophytes [talɔfit] n. f. pl. BOT Important groupe réunissant tous les végétaux dont l'appareil végétatif est un thalle. – Sing. (m. ou f.) *Un(e) thallophyte.* – De *thalle,* et *-phyte.*

thalweg. V. talweg.

thanato-. Élément, du gr. *thanatos,* «mort».

thanatologie [tanatɔlɔʒi] n. f. Didac. Étude scientifique de la mort; théorie de la mort, de ses causes, de ses signes, de sa nature. – De *thanato-,* et *-logie.*

thanatopraxie [tanatopʀaksi] n. f. Didac. Technique de l'embaumement des cadavres. – De *thanato-,* et *praxie.*

thaumaturge [tomatyʀʒ] n. m. **1.** Didac. Personne qui fait ou prétend faire des miracles. **2.** Litt. Faiseur de miracles; magicien. – Gr. *thaumatourgos,* «faiseur de tours», de *thaûma, thaûmatos,* «objets d'étonnement».

thaumaturgie [tomatyʀʒi] n. f. Didac. Pouvoir, action du thaumaturge. – Gr. *thaumatourgia.*

thé [te] n. m. **1.** BOT Rare Arbre à thé. *Plantation de thés.* Syn. (cour.) théier*. ▷ Cour. Les feuilles séchées du théier, après fermentation dans le cas du *thé noir,* sans fermentation dans le cas du *thé vert. Un paquet de thé.* **2.** Infusion préparée avec ces feuilles, servie le plus souvent chaude. *Une tasse de thé.* **3.** Collation où l'on sert du thé. ▷ Réception donnée l'après-midi et où l'on sert du thé, des gâteaux, etc. *Être invité à un thé. Thé dansant.* – Du chinois dial. *t'e* ou du malais *teh,* par le néerl.

théacées [tease] n. f. pl. BOT Famille de végétaux dicotylédones, dont le thé est le type. Sing. *Une théacée.* – De *thé.*

théâtral, ale, aux [teɑtʀal, o] adj. **1.** De théâtre; qui appartient au théâtre, est propre au théâtre. *Représentation théâtrale.* **2.** Fig. péjor. Exagéré, artificiel, qui vise à l'effet. *Un ton théâtral.* – Lat. *theatralis.*

théâtralement [teɑtʀalmɑ̃] adv. **1.** Du point de vue du théâtre, de ses règles. **2.** D'une manière théâtrale, outrée. – Du préc.

théâtraliser [teɑtʀalize] v. tr. [1] Action de rendre théâtral ou spectaculaire par une recherche d'effets. *Théâtraliser une décoration intérieure.* – De *théâtral.*

théâtralité [teɑtʀalite] n. f. Qualité de ce qui est théâtral. *La théâtralité d'un jeu d'acteurs, d'un décor.* – De *théâtral.*

théâtre [teɑtʀ] n. m. **A. I. 1.** Édifice où l'on représente des œuvres dramatiques, où l'on donne des spectacles. *Architecture, acoustique d'un théâtre.* **2.** Cet édifice, en tant que lieu où est représenté un spectacle donné; ce spectacle lui-même. *Aller au théâtre. Billets de théâtre.* **3.** Ensemble du personnel et des comédiens attachés à un établissement théâtral; troupe, compagnie. *Théâtre ambulant.* **4.** Vieilli *Le théâtre:* l'emplacement où jouent les acteurs, la scène. *Le devant, le fond du théâtre.* **5.** Par anal. *Théâtre de marionnettes:* castelet*. *Théâtre d'ombres.* **II.** Fig. Lieu où se passe (tel événement). *Cette maison a été le théâtre d'un fait divers sanglant. Le théâtre des opérations militaires.* **B. I. 1.** Genre littéraire qui consiste en la production d'œuvres destinées à être jouées par des acteurs; art d'écrire pour la scène. *Aborder avec un égal bonheur le roman et le théâtre.* ▷ *Coup de théâtre:* rebondissement imprévu dans l'action d'une pièce; péripétie. – Fig. Événement imprévu entraînant des changements importants; retournement de situation. **2.** Ensemble des œuvres dramatiques d'un pays, d'une époque, d'un auteur. *Le théâtre russe. Le théâtre médiéval. Le théâtre de Racine.* **II. 1.** Art de la représentation de telles œuvres; art dramatique. *Faire du théâtre. Un homme de théâtre.* ▷ *De théâtre,* destiné au théâtre, à la scène. *Costume, maquillage de théâtre.* – Fig. Théâtral (sens 2); artificiel et outré. *Des gestes de théâtre.* **2.** Manière particulière de traiter cet art, propre à un pays, à une époque, à un metteur en scène, etc. *Le théâtre égyptien consistait surtout en des ballets chantés et dansés. Le théâtre de Bertolt Brecht, de Charles Dullin.* – Lat. *theatrum,* gr. *theatron.*

théâtreux, euse [teɑtʀø, øz] n. Fam. Personne qui fait du théâtre. – De *théâtre.*

thébaïde [tebaid] n. f. Litt. Retraite solitaire. – Du lat. *Thebais,* n. d'une contrée de l'anc. Égypte, où vécurent nombre d'anachorètes des premiers temps du christianisme.

thébaïne [tebain] n. f. BIOCHIM Alcaloïde très toxique contenu dans l'opium. – De *thébaïque,* et *-ine.*

thébaïque [tebaik] adj. Qui contient de l'opium, à base d'opium. *Extrait, sirop thébaïque.* – Lat. *Thebaicus,* mot gr., «de Thèbes» (où s'effectuait autref. le commerce de l'opium).

thébaïsme [tebaism] n. m. Didac. Intoxication par l'opium. Syn. opiomanie. – Du préc.

-thée. Élément, du gr. *theos,* «dieu».

théier, ière [teje, jɛʀ] adj. et n. **I.** adj. Relatif au thé. *Industrie théière.* **II.** n. **1.** n. m. BOT Arbre ou arbrisseau *(Thea sinensis)* à fleurs blanches des montagnes d'Asie tropicale, cultivé pour ses feuilles qui, une fois séchées, servent à préparer une boisson tonique et désaltérante. **2.** n. f. Récipient dans lequel on fait infuser le thé. – De *thé.*

théine [tein] n. f. BIOCHIM Alcaloïde du thé, d'une constitution chimique analogue à celle de la caféine. *La théine est un tonicardiaque et un diurétique.* – De *thé.*

théisme [teism] n. m. Didac. Doctrine selon laquelle le principe d'unité de l'Univers est un Dieu personnel, cause de toute chose. – Angl. *theism,* rad. gr. *theos,* «dieu».

théiste [teist] n. Didac. Personne qui professe le théisme. ▷ Adj. Relatif au théisme. – Du préc.

thélytoque [telitɔk] adj. BIOL *Parthénogenèse thélytoque,* qui ne donne que des femelles. Ant. arrhénotoque. – Du gr. *thêlutokos,* «reproduction *(tokos)* des petits de sexe féminin *(thêlus)*».

thématique [tematik] adj. et n. f. **I.** adj. **1.** MUS Qui a rapport à un, à des thèmes musicaux. *Catalogue, table thématiques d'un opéra.* **2.** Cour. Organisé, conçu à partir de thèmes. *Index thématique ou index alphabétique.* **3.** GRAM, LING Relatif au thème d'un mot. ▷ GRAM *Verbe thématique,* qui intercale une voyelle de liaison (dite *thématique*) entre le radical et la désinence personnelle. **II.** n. f. Didac. Ensemble organisé de thèmes. *La thématique de la littérature romantique.* – Gr. *thematikos.*

thème [tɛm] n. m. **1.** Sujet, matière, proposition que l'on entreprend de traiter dans un ouvrage, un discours. *Quel est le thème de cet essai?* ▷ Ce à quoi s'applique la pensée de qqn; ce qui constitue l'essentiel de ses préoccupations. *Thème de réflexion.* Syn. sujet. **2.** MUS Mélodie, motif mélodique sur lequel on compose des variations. ▷ *Spécial.* En jazz, mélodie dont les accords fournissent la trame harmonique des improvisations. *Thème en trente-deux mesures.* **3.** Exercice scolaire consistant à traduire un texte dans une langue étrangère. *Le thème et la version. Thème latin.* ▷ *Fort en thème,* très bon élève. – Péjor. Élève, et, par ext., personne, qui fait preuve de zèle et d'application sans montrer d'intelligence véritable. **4.** ASTROL *Thème céleste* ou *astral:* représentation de l'état du ciel au moment de la naissance de qqn, qui sert de base à l'établissement de son horoscope. **5.** GRAM Partie du nom ou du verbe (radical et voyelle thématique) à laquelle s'ajoutent les désinences casuelles ou personnelles, dans certaines langues à flexions. **6.** LING Syn. de *topique. Dans «Ottawa est la capitale du Canada» et «Paul travaille bien en ce moment», «Ottawa» et «Paul» sont les thèmes.* – Lat. *thema,* mot gr.

thénar [tenaʀ] n. m. ANAT Saillie formée à la partie externe de la paume de la main par un groupe de muscles du pouce. – En appos. *Éminence thénar.* – Gr. *thenar,* «paume».

théo-. Élément, du gr. *theos,* «dieu».

théobromine [teɔbʀɔmin] n. f. BIOCHIM Alcaloïde extrait du cacao et existant en faible quantité dans le thé, la noix de kola et le café. *La théobromine est un diurétique et un vasodilatateur des artères coronaires.* – Du lat. scientif., *theobroma,* «cacaoyer», du gr. *theos,* «dieu», et *brôma,* «nourriture».

théocratie [teɔkʀasi] n. f. Didac. Forme de gouvernement dans laquelle l'autorité est exercée soit par les représentants d'une caste sacerdotale, soit par un souverain, au nom d'un dieu ou de Dieu. – Du gr. *theokratia,* «gouvernement de Dieu».

théocratique [teɔkʀatik] adj. Didac. Relatif à la théocratie, qui en a le caractère. – Du préc.

théodicée [teɔdise] n. f. PHILO **1.** Justification de la Providence fondée sur la réfutation des arguments tirés de l'existence du mal. *«Essais de théodicée» de Leibniz* (1710). **2.** Vx L'une des quatre parties de la philosophie telle qu'elle était enseignée en France entre 1840 et 1880, et qui traitait de l'existence de Dieu, de ses attributs et de ses rapports avec l'humanité. *La psychologie, la logique, la morale et la théodicée.* – Mot créé par Leibniz (1646-1716), d'ap. *théo-,* et le gr. *dikê,* «justice».

théodolite [teɔdɔlit] n. m. TECH Instrument de visée constitué d'une lunette mobile autour d'un axe vertical et d'un axe horizontal et de deux cercles gradués perpendiculaires à ces axes, servant en astronomie à mesurer l'azimut et la hauteur des astres, en topographie à effectuer des levés, en astronautique à poursuivre les satellites. – Lat. scientif. *theodolitus* , orig. incon.

théogonie [teɔgɔni] n. f. Didac. Chez les peuples polythéistes, généalogie des dieux, historique de leur naissance. *La «Théogonie» d'Hésiode.* – Gr. *theogonia.*

théogonique [teɔgɔnik] adj. Didac. Qui appartient à la théogonie. – Du préc.

théologal, ale, aux [teɔlɔgal, o] adj. et n. **I.** adj. RELIG CATHOL Relatif à Dieu. ▷ *Les trois vertus théologales:* la foi, l'espérance et la charité. **II.** n. m. Anc. Prêtre chargé de l'enseignement de la théologie. – De *théologie.*

théologie [teɔlɔʒi] n. f. **1.** Étude des questions religieuses, réflexion sur Dieu et sur le salut de l'homme s'appuyant essentiellement sur l'Écriture et la Tradition. *Théologie chrétienne.* ▷ Par ext. *Théologie judaïque, islamique.* **2.** Doctrine théologique. *La théologie de saint Thomas.* **3.** Recueil des ouvrages théologiques d'un auteur. **4.** Études théologiques. *Faire sa théologie.* – Lat. ecclés. *theologia,* mot gr.

théologien, enne [teɔlɔʒjɛ̃, ɛn] n. Personne qui étudie la théologie, qui écrit sur la théologie. – Du préc.

théologique [teɔlɔʒik] adj. Qui concerne la théologie. – Lat. ecclés. *theologicus.*

théologiquement [teɔlɔʒikmɑ̃] adv. Didac. Du point de vue de la théologie; selon les principes de la théologie. – Du préc.

théophanie [teɔfani] n. f. THEOL Manifestation de la divinité sous une forme sensible. – Gr. *theophania,* de *phainein,* «rendre visible».

théophilanthrope [teofilɑ̃tʀɔp] n. HIST Adepte de la théophilanthropie. – De *théo-,* et *philanthrope.*

théophilanthropie [teofilɑ̃tʀɔpi] n. f. HIST Doctrine philosophico-religieuse d'inspiration déiste dont les adeptes tentèrent de remplacer le culte catholique par une religion de l'Être suprême, sous le Directoire. – Du préc.

théophilanthropique [teofilɑ̃tʀɔpik] adj. HIST Relatif à la théophilanthropie. – Du préc.

théophylline [teɔfilin] n. f. BIOCHIM Alcaloïde contenu dans les feuilles de thé, isomère de la théobromine, utilisé en thérapeutique comme diurétique et comme dilatateur des bronches (notam. dans l'asthme) et des artères coronaires. – De *thé, -phylle,* et *-ine.*

théorbe ou **téorbe** [teɔʀb] n. m. MUS Anc. Instrument à cordes pincées, grand luth à deux chevilliers en usage aux XVIe et XVIIe s., d'une sonorité plus grave que celle du luth ordinaire. – Ital. *tiorba.*

théorématique [teɔʀematik] adj. Didac. Qui est de la nature du théorème, qui constitue un théorème. ▷ *Sciences théorématiques,* qui ont pour objet la découverte des lois qui lient les effets aux causes, par oppos. aux sciences normatives et aux sciences historiques. – Gr. *theôrêmatikos.*

théorème [teɔʀɛm] n. m. Proposition démontrable qui découle de propositions précédemment établies. – Lat. imp. *theorema,* mot gr., «objet d'étude, principe», de *theôreîn,* «observer».

théorétique [teɔʀetik] adj. PHILO **1.** Qui vise, qui a rapport à la connaissance conceptuelle, non à l'action. *Sciences théorétiques:* la mathématique, la physique et la théologie (chez Aristote). **2.** n. f. Étude de la connaissance philosophique. – Bas lat. *theoreticus,* gr. *theôrêtikos,* «spéculatif».

théoricien, ienne [teɔʀisjɛ̃, jɛn] n. **1.** Personne qui connaît la théorie d'une science, d'un art (opposé à *praticien*). **2.** Personne qui s'attache à la connaissance abstraite, spéculative (opposé à *expérimentateur,* à *technicien*). **3.** Auteur d'une théorie. *Les théoriciens du socialisme.* – De *théorie.*

1. théorie [teɔʀi] n. f. **1.** Ensemble d'opinions, d'idées sur un sujet particulier. *Théorie sociale, artistique.* **2.** Connaissance abstraite, spéculative. *La théorie et la pratique.* ▷ *En théorie:* dans l'abstrait; en principe. *Chacun est libre en théorie.* **3.** Système conceptuel organisé sur lequel est fondée l'explication d'un ordre de phénomènes. *Théorie de la gravitation.* **4.** MILIT Principes de la manœuvre. *Leçons de théorie.* – Lat. ecclés. *theoria,* mot gr. «observation, contemplation».

2. théorie [teɔʀi] n. f. **1.** ANTIQ GR Députation d'une cité à certaines fêtes solennelles. **2.** Litt. Suite de personnes s'avançant en procession; longue file. *Une théorie de voitures.* – Gr. *theôria,* «députation des villes aux fêtes solennelles».

théorique [teɔʀik] adj. **1.** Qui est du domaine de la théorie. *Physique théorique et physique expérimentale.* **2.** Cour. (Parfois péjor.) Qui n'est conçu, qui n'existe qu'abstraitement, hypothétiquement. *Pouvoir théorique.* – Bas lat. *theoricus,* gr. *theôrikos.*

théoriquement [teɔʀikmɑ̃] adv. De façon théorique (sens 1 et 2). *Procéder théoriquement. Nous sommes théoriquement égaux.* – Du préc.

théorisation [teɔʀizasjɔ̃] n. f. Didac. Action de théoriser (sens 2); son résultat. – De *théoriser.*

théoriser [teɔʀize] v. [1] **1.** v. intr. Didac. Exprimer une, des théories. *Théoriser sur la politique.* **2.** v. tr. Mettre en théorie. *Théoriser la création poétique.* – De *théorie.*

théosophe [teɔzɔf] n. Adepte de la théosophie. *Louis-Claude de Saint-Martin* (1743-1803), *Swedenborg* (1688-1772), *sont des théosophes.* – Gr. *theosophos,* «qui connaît les choses divines».

théosophie [teɔzɔfi] n. f. Didac. Système philosophique, d'inspiration mystique et ésotérique reposant sur la croyance que l'esprit, tombé de l'ordre divin dans l'ordre naturel, cherche, à travers des transformations successives, à se dégager de la matière pour réintégrer le sein de Dieu. – Gr. *theosophia,* «connaissance des choses divines».

théosophique [teozɔfik] adj. Relatif à la théosophie. – *Société théosophique,* fondée à New York en 1875 et qui, faisant une sorte de synthèse de la spiritualité indienne, se donne pour but la fraternité universelle, l'étude des mystères de la nature, des pouvoirs latents de l'homme. – Du préc.

-thèque. Élément, du gr. *thêkê,* «loge, boîte, armoire».

thèque [tɛk] n. f. **1.** BIOL Coque résistante qui protège certains êtres unicellulaires. **2.** ANAT Enveloppe du follicule ovarien. – Du gr. *thêkê,* «boîte».

thérapeute [teʀapøt] n. **1.** ANTIQ Ascète juif d'Égypte (Ier s. av. J.-C.). **2.** Mod., didac. Personne qui soigne les malades. ▷ *Spécial.* Psychothérapeute. – Du gr. *therapeuthês,* «qui prend soin».

thérapeutique [teʀapøtik] adj. et n. f. **I.** adj. Relatif au traitement, à la guérison des maladies; propre à guérir. *Action, produit thérapeutique.* **II.** n. f. **1.** *La thérapeutique:* la médecine qui traite des moyens propres à guérir ou à soulager les maladies. *Thérapeutique somatique.* **2.** *Une thérapeutique:* un traitement. *Une thérapeutique énergique.* – Gr. *therapeutikos,* de *therapeuein,* «soigner».

thérapie [teʀapi] n. f. **1.** Syn. de *thérapeutique* (II, 2). **2.** PSYCHO, PSYCHAN Syn. de *psychothérapie* (sans distinction des méthodes ou techniques). *Être en thérapie. Faire une thérapie de groupe.* – Gr. *therapeia,* «soin».

-thérapie. Élément, du gr. *therapeia,* «soin, cure».

thériaque [teʀjak] n. f. MED Anc. Électuaire riche en opium employé comme antidote aux venins. – Gr. *thêriakos,* de *thêrion,* «bête sauvage».

therm(o)-, -thermane, -therme, -thermie, -thermique. Éléments, du gr. *thermos,* «chaud», ou *thermainein,* «chauffer».

thermal, ale, aux [tɛʀmal, o] adj. **1.** Se dit des eaux minérales chaudes aux propriétés thérapeutiques. **2.** Où l'on fait usage d'eaux médicinales (chaudes ou non). *Station, cure thermale.* – De *thermes.*

thermalisme [tɛʀmalism] n. m. Usage des eaux thermales et industrie qui s'y rapporte. ▷ *Par ext.* Organisation et exploitation des stations thermales. – Du préc.

thermalité [tɛʀmalite] n. f. Didac. Qualité, nature, propriété d'une eau thermale. – De *thermal.*

-thermane, -therme. V. therm(o)-.

thermes [tɛʀm] n. m. pl. **1.** ANTIQ, ARCHEOL Établissement de bains publics. **2.** Mod. Établissement thermal. – Lat. *thermæ,* «bains chauds», du gr. *thermos,* «chaud».

thermicien, ienne [tɛʀmisjɛ̃, jɛn] n. et adj. Didac. Spécialiste de la thermique. – De *thermique.*

thermicité [tɛʀmisite] n. f. PHYS Propriété d'un système d'échanger de la chaleur avec le milieu extérieur lors d'une transformation physicochimique. – De *thermique.*

thermidor [tɛʀmidɔʀ] n. m. HIST (France) Onzième mois du calendrier républicain (du 19 juillet au 18 août). – Du gr. *thermê*, «chaleur», et *dôron*, «présent».

-thermie. V. therm(o)-.

thermie [tɛʀmi] n. f. PHYS Unité de quantité de chaleur dont l'emploi a été officiellement abandonné le 31 déc. 1977 (symbole th). (L'unité SI de quantité de chaleur est le joule.) – Du gr. *thermos*, «chaud», d'après *(calor)ie*.

thermique [tɛʀmik] adj. et n. f. Didac. **1.** adj. Qui a rapport à la chaleur, à l'énergie calorifique. – *Machine thermique*, qui transforme l'énergie calorifique en une autre forme d'énergie. *Centrale thermique*, dans laquelle l'électricité est produite à partir de la chaleur de combustion du charbon, du gaz ou du pétrole. **2.** n. f. PHYS Étude de la chaleur et des phénomènes calorifiques (thermométrie, calorimétrie, étude des combustions, etc.). – Du gr. *thermos*, «chaud».

-thermique. V. therm(o)-.

thermisation [tɛʀmizasjõ] n. f. TECH Traitement thermique du lait de fromagerie, destiné à en réduire la flore microbienne. – De *therm(ique)*.

thermistance [tɛʀmistɑ̃s] n. f. ou **thermistor** [tɛʀmistɔʀ] n. m. ELECTR, ELECTRON Résistance constituée d'un matériau semiconducteur dont la conductivité varie très rapidement en fonction de la température. – De *thermo-*, d'ap. *(rés)istance* ou *(trans)istor*.

thermite [tɛʀmit] n. f. TECH Mélange d'oxyde de fer et de poudre d'aluminium, utilisé notam. pour la soudure autogène. – Du gr. *thermê*, «chaleur», et *-ite* 3.

thermo-. V. therm(o)-.

thermocautère [tɛʀmokotɛʀ] n. m. MED Instrument qui sert à faire des cautérisations ignées, des pointes de feu. – De *thermo-*, et *cautère*.

thermochimie [tɛʀmoʃimi] n. f. Didac. Science ayant pour objet la mesure des quantités de chaleur mises en jeu dans les réactions chimiques ainsi que l'étude des relations entre ces grandeurs et la constitution des corps. – De *thermo-*, et *chimie*.

thermochimique [tɛʀmoʃimik] adj. Didac. Relatif à la thermochimie. – De *thermochimie*.

thermocinétique [tɛʀmosinetik] n. f. PHYS Étude des lois de propagation de la chaleur. – De *thermo-*, et *cinétique*.

thermoconduction [tɛʀmokɔ̃dyksjɔ̃] n. f. PHYS Conduction de la chaleur. – De *thermo-*, et *conduction*.

thermocouple [tɛʀmokupl] n. m. PHYS Syn. de *couple* thermoélectrique*. – De *thermo-*, et *couple* 2.

thermodurcissable [tɛʀmodyʀsisabl] adj. TECH Se dit de résines plastiques qui durcissent de façon irréversible à partir d'une certaine température. V. thermoplastique. – De *thermo-*, et *durcir*.

thermodynamicien, ienne [tɛʀmodinamisjɛ̃, jɛn] n. Didac. Spécialiste en thermodynamique. – De *thermodynamique*.

thermodynamique [tɛʀmodinamik] n. f. PHYS Partie de la physique qui étudie les lois qui président aux échanges d'énergie, et notam. les transformations de l'énergie calorifique en énergie mécanique. ▷ Adj. *Température thermodynamique*. – De *thermo-*, et *dynamique*.

thermoélectricité [tɛʀmoelɛktʀisite] n. f. PHYS Électricité produite par la conversion de l'énergie thermique; ensemble des phénomènes liés à cette conversion. – De *thermo-*, et *électricité*.

thermoélectrique [tɛʀmoelɛktʀik] adj. PHYS Relatif à la thermoélectricité. *Effet thermoélectrique. Couple* thermoélectrique* ou *thermocouple*. – De *thermo-*, et *électrique*.

thermoélectronique [tɛʀmoelɛktʀɔnik] adj. PHYS *Émission thermoélectronique:* émission d'électrons par une cathode sous l'effet de la chaleur. (On dit aussi, improprement, *émission thermoionique*.) – De *thermo-*, et *électronique*.

thermoformage [tɛʀmofɔʀmaʒ] n. m. TECH Formage, modelage d'un matériau ou d'une pièce par chauffage. – De *thermo-*, et *formage*.

thermogène [tɛʀmɔʒɛn] adj. Didac. Qui produit de la chaleur. – De *thermo-*, et *-gène*.

thermogenèse [tɛʀmoʒənɛz] n. f. PHYSIOL Production de chaleur par les êtres vivants, dans la thermorégulation*. – De *thermo-*, et *-genèse*.

thermogramme [tɛʀmogʀam] n. m. TECH Courbe inscrite sur le tambour du thermographe. – De *thermo-*, et *-gramme*.

thermographe [tɛʀmogʀaf] n. m. TECH Thermomètre enregistreur. – De *thermo-*, et *-graphe*.

thermographie [tɛʀmogʀafi] n. f. TECH Ensemble des procédés de mesure de la température fondés sur la propriété qu'ont les rayons infrarouges d'impressionner les surfaces sensibles. ▷ Spécial. *Thermographie médicale*, utilisée dans le dépistage de certaines affections (cancer du sein, notam.). – Du préc.

thermogravimétrie [tɛʀmogʀavimetʀi] n. f. PHYS Technique analytique de mesure par laquelle on détermine les variations de masse d'un corps simple ou composé en fonction de la température. – De *thermo-*, et *gravimétrie*.

thermoionique ou **thermo-ionique** [tɛʀmojɔnik] adj. PHYS Syn. de *thermoélectronique*. – De *thermo-*, et *ionique* 1.

thermolabile [tɛʀmolabil] adj. CHIM, BIOCHIM Se dit d'une substance qui est détruite ou qui perd ses propriétés à une température déterminée. – De *thermo-*, et *labile*.

thermoluminescence [tɛʀmolyminɛsɑ̃s] n. f. PHYS Luminescence provoquée par la chaleur. – De *thermo-*, et *luminescence*.

thermoluminescent, ente [tɛʀmolyminɛsɑ̃, ɑ̃t] adj. PHYS Qui devient luminescent sous l'effet de la chaleur; relatif à la thermoluminescence. – De *thermo-*, et *luminescent*.

thermolyse [tɛʀmoliz] n. f. **1.** CHIM Décomposition d'un corps par la chaleur. **2.** PHYSIOL Déperdition de chaleur par les organismes vivants. – De *thermo-*, et *-lyse*.

thermomagnétique [tɛʀmomaɲetik] adj. PHYS Relatif au thermomagnétisme. – De *thermo-*, et *magnétique*.

thermomagnétisme [tɛʀmomaɲetism] n. m. PHYS Ensemble des phénomènes magnétiques liés à l'élévation de température d'un corps. – De *thermo-*, et *magnétisme*.

thermomécanique [tɛʀmomekanik] adj. **1.** TECH Se dit d'un traitement mécanique utilisant les propriétés du traitement thermique. **2.** PHYS Relatif aux effets mécaniques de la chaleur. – De *thermo-*, et *mécanique*.

thermomètre [tɛʀmomɛtʀ] n. m. **1.** Instrument qui permet la mesure des températures, en général par la dilatation d'un liquide ou d'un gaz. – *Thermomètre médical*, qui permet de mesurer la température maximale interne du corps. **2.** Fig. Ce qui permet de connaître, d'évaluer les variations de qqch. *Les investissements sont le thermomètre du climat politique*. – De *thermo-*, et *-mètre*.

ENCYCL Il existe un très grand nombre de thermomètres. Les plus simples reposent sur le fait que les corps (mercure, hélium, etc.) se dilatent quand la température augmente: thermomètres à liquide (mercure ou alcool), à gaz (hélium, hydrogène, pentane) et à bilames. Le principe des thermomètres électriques (à résistances ou thermistances) repose sur une variation de la résistance électrique suivant la température. Les thermocouples et les pyromètres sont utilisés au-delà de 800 °C. Aux très basses températures, on mesure la susceptibilité magnétique, qui varie avec la température.

thermométrie [tɛʀmometʀi] n. f. Didac. Mesure des températures. – De *thermo-*, et *-métrie*.

thermométrique [tɛʀmometʀik] adj. Didac. Relatif au thermomètre, à la thermométrie. *Échelle thermométrique.* – De *thermomètre*.

thermonucléaire [tɛʀmonykleɛʀ] adj. PHYS Qui a rapport à la fusion* des noyaux atomiques. *Réaction thermonucléaire,* mise en jeu dans la fabrication des armes thermonuclaires (ou à hydrogène). – *Arme thermonucléaire,* qui, par la fusion de noyaux d'atomes légers, dégage une énergie considérable. *Fusion thermonucléaire contrôlée.* – De *thermo-*, et *nucléaire*.

thermopériodisme [tɛʀmopeʀjɔdism] n. m. BOT Ensemble des phénomènes végétatifs liés aux variations de température résultant de l'alternance du jour et de la nuit et de la succession des saisons. – De *thermo-*, et *périodisme*.

thermopile [tɛʀmopil] n. f. Didac. Dispositif de conversion des rayonnements calorifiques en énergie électrique, constitué d'un ou de plusieurs thermocouples. Syn. pile thermoélectrique. – De *thermo-*, et *pile*.

thermoplastique [tɛʀmoplastik] adj. CHIM, TECH Se dit de résines synthétiques qui conservent indéfiniment leurs propriétés de plasticité à chaud (résines acryliques et vinyliques, polyuréthanes, polyamides, etc.). V. thermodurcissable. ▷ N. m. *Un thermoplastique.* – De *thermo-*, et *plastique*.

thermopompe [tɛʀmopɔ̃p] n. f. TECH Système de chauffage dont le fonctionnement est analogue à celui d'une machine frigorifique. Syn. pompe à chaleur. – De *thermo-*, et *pompe*.

thermopropulsion [tɛʀmopʀɔpylsjɔ̃] n. f. TECH Propulsion obtenue directement par l'énergie thermique d'une combustion (comme dans les statoréacteurs*). – De *thermo-*, et *propulsion*.

thermorégulateur, trice [tɛʀmoʀegylatœʀ, tʀis] adj. et n. m. **1.** adj. BIOL Relatif à la thermorégulation. **2.** n. m. TECH Dispositif servant à régler automatiquement la température, dans certains appareils. V. thermostat. – De *thermo-*, et *régulateur*.

thermorégulation [tɛʀmoʀegylasjɔ̃] n. f. BIOL Régulation de la température interne du corps, chez les animaux homéothermes (oiseaux, mammifères). – De *thermo-*, et *régulation*.

thermorémanence [tɛʀmoʀemanɑ̃s] n. f. Propriété que possèdent certaines substances de conserver la trace du champ magnétique dans lequel elles ont été placées lorsqu'on les refroidit brusquement après les avoir portées à une haute température. – De *thermo-*, et *rémanence*.

thermorémanent, ente [tɛʀmoʀemanɑ̃, ɑ̃t] adj. Qui a rapport à la thermorémanence. *Aimantation thermorémanente des corps ferromagnétiques.* – De *thermo-*, et *rémanent*.

thermorésistant, ante [tɛʀmoʀezistɑ̃, ɑ̃t] adj. Didac. Qui résiste à la chaleur. *Matière plastique thermorésistante.* ▷ *Spécial.* BIOL Dont les mécanismes vitaux ne sont pas affectés par des températures assez élevées. *Bactéries thermorésistantes.* – De *thermo-*, et *résistant*.

thermos [tɛʀmos] n. m. ou f. Bouteille isolante qui permet de conserver un liquide à la même température durant plusieurs heures. *Emporter du café chaud dans un(e) thermos.* – Appos. *Bouteille thermos.* – Nom déposé; apocope de *thermostatique*.

thermosensible [tɛʀmosɑ̃sibl] adj. TECH Dont les propriétés peuvent être changées par des variations de température. – De *thermo-*, et *sensible*.

thermosiphon [tɛʀmosifɔ̃] n. m. TECH Dispositif (appareil de chauffage ou de refroidissement, notam.) dans lequel la circulation d'un liquide est assurée par les différences de température entre les parties du circuit que parcourt celui-ci. – De *thermo-*, et *siphon*.

thermosphère [tɛʀmosfɛʀ] n. f. METEO Région de l'atmosphère, située au-delà de 80 km, dans laquelle la température croît régulièrement avec l'altitude. – De *thermo-*, et *sphère*.

thermostable [tɛʀmostabl] ou **thermostabile** [tɛʀmostabil] adj. BIOCHIM Se dit d'une substance qui n'est pas altérée par une élévation modérée de la température. *Enzyme thermostable.* – De *thermo-*, et *stable* ou *stabile*.

thermostat [tɛʀmosta] n. m. Dispositif automatique de régulation destiné à maintenir la température entre deux valeurs de consigne dans une enceinte fermée. *Thermostat d'un four, d'un radiateur.* – De *thermo-*, et *-stat*.

thermostatique [tɛʀmostatik] adj. Didac. Qui sert à maintenir constante une température. *Robinet thermostatique.* – Du préc.

thermotropisme [tɛʀmotʀɔpism] n. m. BIOL Tropisme lié aux variations de température. – De *thermo-*, et *tropisme*.

thésaurisation [tezɔʀizasjɔ̃] n. f. Didac. Action de thésauriser; son résultat. – De *thésauriser*.

thésauriser [tezɔʀize] v. [1] v. intr. Amasser de l'argent sans le faire fructifier. ▷ v. tr. *Thésauriser des pièces d'or.* – Bas lat. *thesaurizare*, de *thesaurus*, «trésor».

thésauriseur, euse [tezɔʀizœʀ, øz] n. Personne qui thésaurise. – Du préc.

thesaurus ou **thésaurus** [tezɔʀys] n. m. inv. **1.** Lexique exhaustif de philologie, d'archéologie. **2.** INFORM, LING Recueil documentaire alphabétique de termes scientifiques, techniques, etc., servant de descripteurs pour analyser un corpus. – Mot lat. «trésor».

thèse [tɛz] n. f. **1.** Proposition ou opinion qu'on s'attache à soutenir, à défendre. – *Roman à thèse,* dans lequel l'auteur tente d'illustrer la vérité d'une thèse philosophique, politique, etc. **2.** Ouvrage présenté devant un jury universitaire pour l'obtention d'un titre de doctorat (thèse d'État, de troisième cycle). *Soutenir une thèse.* – *Par ext.* Cet ouvrage imprimé. **3.** PHILO Chez Hegel, premier terme d'un raisonnement dialectique, par oppos. à l'antithèse* et à la synthèse*. – Lat. *thesis*, mot gr., propr. «action de poser».

thesmophories [tɛsmofɔʀi] n. f. pl. ANTIQ GR Fêtes en l'honneur de Déméter et de sa fille Corée, célébrées par les Athéniennes. – Gr. *thesmophoria,* de *thesmophora,* «législatrice», appellation de la déesse Déméter.

thesmothète [tɛsmɔtɛt] n. m. ANTIQ GR Magistrat athénien (à l'époque classique, archonte) chargé de réviser et de coordonner les lois. – Gr. *thesmothetês,* propr. «qui propose les lois *(thesmos)*».

thessalien, ienne [tɛsaljɛ̃, jɛn] adj. et n. De Thessalie, rég. de Grèce centrale.

thêta [tɛta] n. m. Huitième lettre de l'alphabet grec (Θ, θ), à laquelle correspond *th* dans les mots français issus du grec. – Mot grec.

thétique [tetik] adj. PHILO Relatif à une thèse (sens 3). ▷ Syn. de *thématique*. – *Jugement thétique:* chez Fichte, jugement qui pose une chose en tant que telle, sans liens à d'autres. – *Conscience thétique:* chez Husserl, conscience spontanée, par oppos. à la conscience réfléchie. – Lat. *theticus*, gr. *thetikos*, dér. de *tithenai*, «poser».

théurgie [teyʀʒi] n. f. Didac. Magie qui prétend faire appel aux esprits célestes et utiliser leurs pouvoirs. – Lat. tardif *theurgia*; gr. *theourgia*, propr. «opération divine».

théurgique [teyʀʒik] adj. Didac. Relatif à la théurgie. – Bas lat. *theurgicus*, gr. *theourgikos*.

thiamine [tjamin] n. f. BIOCHIM Syn. de *vitamine B1*. – De *thi(on)-*, et *amine*.

thiazine [tjazin] n. f. CHIM Nom générique des composés possédant, pour un noyau, une chaîne fermée à six atomes (dont un de soufre et un d'azote). ▷ Nom générique des colorants bleus ou violets possédant cette structure. *Le bleu de méthylène est une thiazine*. – Du gr. *theîon*, «soufre», *azote*, et suff. *-ine*.

thiazole [tjazɔl] n. m. CHIM Composé hétérocyclique à chaîne pentagonale possédant pour mailles un atome de soufre et un atome d'azote (formule: C_3H_3NS). – De *thi(o)-*, *azo(te)*, et *-ol*.

thibaude [tibod] n. f. Molleton qu'on place entre le sol et un tapis, une moquette. – De *Thibaud*, nom traditionnel de berger, la thibaude étant généralement faite de laine grossière.

thio(n)-. Élément, du gr. *theîon*, «soufre».

thioacide [tjoasid] n. m. CHIM Composé résultant du remplacement d'un atome d'oxygène par un atome de soufre dans un acide organique. – De *thio-*, et *acide*.

thioalcool [tjɔalkɔl] ou **thiol** [tjɔl] n. m. CHIM Alcool dont un atome d'oxygène a été remplacé par un atome de soufre. Syn. mercaptan*. – De *thio-*, et *alcool*.

thiobactériales [tjɔbakteʀjal] n. m. pl. MICROB Classe de bactéries capables de fixer le soufre. Syn. sulfobactéries ou sulfobactériales. Sing. *Une thiobactériale*. – De *thio-*, et *bactérie*.

thiofène ou, vieilli **thiophène** [tiɔfɛn] n. m. CHIM Composé monosulfuré (C_4H_4S) associé au benzène dans les produits de distillation du goudron de houille. – De *thio-*, et *phénol*.

thiol. V. thioalcool.

thion. V. thio(n).

thionine [tjɔnin] n. f. CHIM Matière colorante du groupe des thiazines, appelée aussi *violet de Lauth*. – De *thion-*, et *-ine*.

thionique [tjɔnik] adj. CHIM Se dit des acides contenant du soufre, et de leurs dérivés. – Du gr. *theîon*, «soufre».

thiophène. V. thiofène.

thiosulfate [tjɔsylfat] n. m. CHIM Syn. de *hyposulfite*. – De *thio-*, et *sulfate*.

thiosulfurique [tjɔsylfyʀik] adj. CHIM Syn. de *hyposulfureux*. – De *thio-*, et *sulfurique*.

thio-urée [tjɔyʀe] n. f. CHIM Dérivé sulfuré de l'urée, utilisé notam. dans l'industrie des matières plastiques. – De *thio-*, et *urée*.

thixotrope [tiksotʀɔp] adj. PHYS Se dit d'un gel qui devient liquide quand on l'agite et qui reprend son état initial au repos. – De *thixotropie*.

thixotropie [tiksotʀɔpi] n. f. PHYS Propriété de certains colloïdes de se comporter comme des gels* ou comme des sols* selon les contraintes auxquelles ils sont soumis. – Du gr. *thixis*, «action de toucher», et *-tropie*.

thixotropique [tiksotʀɔpik] adj. TECH Qui possède la propriété de thixotropie. *Peinture thixotropique*. – Du préc.

thlaspi [tlaspi] n. m. BOT Plante herbacée (genre *Thlaspi*, fam. crucifères) à fleurs blanches ou purpurines, commune dans les champs et les lieux incultes. Syn. téraspic. – Lat. *thlaspi*, mot gr.

tholos [tɔlɔs] n. f. **1.** ARCHEOL Sépulture préhistorique ou protohistorique à coupole. **2.** ANTIQ GR Temple, édifice circulaire. – Mot gr.

thomise [tɔmiz] n. m. ENTOM Araignée des champs, de taille moyenne, qui ne tisse pas de toile mais tend des fils isolés. – Lat. zool. *thomisus*, du lat. *thomix*, gr. *thômigx*, «corde, fil».

thomisidés [tɔmiside] n. m. pl. ENTOM Famille d'araignées dont le thomise est le type, appelées cour. *araignées-crabes* parce qu'elles se déplacent latéralement. Sing. *Un thomisidé*. – Du préc.

thomisme [tɔmism] n. m. PHILO Doctrine théologique et philosophique de saint Thomas d'Aquin. – De *thomiste*.

thomiste [tɔmist] adj. et n. PHILO Relatif, propre au thomisme. ▷ N. Partisan du thomisme. – Du nom du philosophe et théologien ital. saint *Thomas* d'Aquin (1225-1274).

thon [tõ] n. m. Grand poisson comestible (genres *Thynnus* et voisins, fam. scombridés) des mers chaudes et tempérées pouvant atteindre 4 m et peser 500 kg. *Thon commun (Thynnus vulgaris)*, au dos noir bleuté et au ventre argenté. *Thon blanc* ou *germon (Thynnus alalunga)*, de taille plus réduite. – Lat. *thunnus*, gr. *thunnos*.

thonaire [tɔnɛʀ] n. m. PECHE Série de filets pour pêcher le thon. – De *thon*.

thonier, ière [tɔnje, jɛʀ] n. et adj. **1.** n. m. Bateau armé pour la pêche au thon. ▷ Pêcheur de thon. **2.** adj. *La production thonière*. – De *thon*.

Thora. V. Torah.

thoracentèse [tɔʀasɛ̃tɛz] ou **thoracocentèse** [tɔʀakosɛ̃tɛz] n. f. CHIR Ponction de la paroi thoracique, destinée à évacuer un épanchement pleural. – De *thorax*, et du gr. *kentêsis*, «action de piquer».

thoracique [tɔʀasik] adj. ANAT Du thorax, qui a rapport au thorax. *Cage thoracique :* squelette du thorax, constitué, en arrière par la partie dorsale de la colonne vertébrale, en avant par le sternum, latéralement par les côtes et les cartilages costaux. – Gr. *thôrakikos*.

thoracoplastie [tɔʀakoplasti] n. f. CHIR Opération destinée à modifier la structure de la cage thoracique et, par suite, le fonctionnement pulmonaire par résection d'une ou de plusieurs côtes. ▷ Abrév. fam. *Une thoraco*. – De *thorax*, et *-plastie*.

thoracotomie [tɔʀakotɔmi] n. f. CHIR Ouverture chirurgicale de la cage thoracique. – De *thorax*, et *-tomie*.

thorax [tɔʀaks] n. m. ANAT Partie supérieure du tronc, limitée par les côtes et le diaphragme. *Le thorax contient l'œsophage, la trachée, le cœur et les poumons*. ▷ ZOOL Région intermédiaire du corps des insectes et des crustacés supérieurs. (Chez les insectes, il est constitué de trois métamères: prothorax, mésothorax et métathorax; chez les crustacés, il est soudé à la tête: V. céphalothorax.) – Mot lat., du gr. *thôrax*, *thôrakos*.

thorine [tɔʀin] n. f. CHIM Oxyde de thorium ThO_2, corps réfractaire utilisé comme catalyseur. – De *Thor*, n. d'un dieu scandinave, parce que le Thorium* a été isolé par le chimiste suédois Jacob Berzelius (1779-1848).

thorite [tɔʀit] n. f. MINER Silicate hydraté de thorium. – De *thorium*, et *-ite* 2.

thorium [tɔʀjɔm] n. m. CHIM Élément de numéro atomique Z = 90, de masse atomique 232,038 (symbole Th), appartenant à la famille des actinides; l'isotope 232 du thorium se transforme en uranium 233 et est utilisé dans les réacteurs à haute température; le corps simple est un métal faiblement radioactif. – Même origine que *thorine*.

thoron [tɔʀɔ̃] n. m. CHIM Isotope du radon, de masse atomique 220, obtenu par désintégration du thorium X (isotope de masse atomique 224 du radium), corps radioactif qui se désintègre en émettant des rayons α. Syn. émanation du thorium. – De *thor(ium)*, et *(rad)on*.

thrace [tʀas] adj. et n. HIST Des Thraces. – Subst. *Les Thraces.* ▷ Mod. De la Thrace. *La plaine thrace.* – Du lat. *Thrax, Thracis*, gr. *Thrax, Thrakos*, «Thrace», contrée occupée au IIe millénaire av. J.-C. par un peuple d'origine indo-européenne, les Thraces, et dont les restes furent partagés entre la Turquie de l'Ouest et la Grèce du N.-E. entre 1919 et 1923.

thrène [tʀɛn] n. m. ANTIQ GR Chant funèbre. – Bas lat. *threnus*, du gr.

thréonine [tʀeɔnin] n. f. BIOCHIM Acide aminé possédant une fonction alcool, dont les propriétés sont proches de celles de la sérine. – De l'angl. *threonin*.

thridace [tʀidas] n. f. PHARM Extrait sec de suc de laitue, utilisé comme calmant et soporifique léger. – Lat. *thridax, thridacis*, du gr., «laitue».

thrips [tʀips] n. m. ENTOM Insecte de très petite taille (genre *Thrips*, nombreuses espèces) aux quatre ailes longues et étroites, qui vit en parasite sur les plantes et sous l'écorce des arbres. *Thrips des céréales, de l'olivier.* – Mot gr. «ver du bois.»

thromb(o)-. Élément, du gr. *thrombos*, «caillot».

thrombine [tʀɔ̃bin] ou **thrombase** [tʀɔ̃baz] n. f. BIOCHIM Enzyme qui provoque la coagulation du sang en transformant le fibrinogène en fibrine. – De *thromb-*, et suff. *-ine*, ou *-ase*.

thrombocyte [tʀɔ̃bosit] n. m. BIOL Élément figuré du sang. Syn. de *plaquette*. (V. encycl. sang). – De *thrombo-*, et *-cyte*.

thrombocytopénie [tʀɔ̃bositopeni] ou **thrombopénie** [tʀɔ̃bopeni] n. f. MED Diminution du nombre des plaquettes sanguines. – De *thrombo(cyte)*, et *-pénie*, du gr. *penia*, «indigence».

thrombocytose [tʀɔ̃bositoz] n. f. MED Augmentation du nombre des plaquettes sanguines. – De *trombocyte*, et *-ose* 2.

thrombo-élastogramme [tʀɔ̃boelastɔgʀam] n. m. MED Tracé (obtenu au moyen d'un *thrombo-élastographe*) qui met en évidence la vitesse de coagulation du sang et les caractéristiques d'élasticité du caillot formé. *Le thrombo-élastogramme permet de détecter les anomalies de la coagulation sanguine.* – De *thrombo-*, *élast(icité)*, et *-gramme*.

thromboplastine [tʀɔ̃boplastin] n. f. BIOCHIM Enzyme nécessaire à la coagulation du sang, transformant la prothrombine en thrombine. – De *thrombo-*, *-plaste*, et *-ine*.

thrombose [tʀɔ̃boz] n. f. MED Formation d'un caillot *(thrombus)* dans un vaisseau sanguin ou dans une cavité du cœur; troubles qu'elle entraîne. – Du lat. mod. *thrombus*, du gr. *thrombôsis*, «coagulation».

thug [tyg] n. m. et adj. RELIG Adepte d'une ancienne secte religieuse de l'Inde (XIIe-XIXe s.) dont les membres, adorateurs de la déesse Kālī, étaient des voleurs de grand chemin et pratiquaient le meurtre rituel par strangulation. ▷ Adj. *Rite thug.* – Mot angl., du hindi *thag*, «malfaiteur»; le nom antérieur est *p'hansigar*, «étrangleur».

thulium [tyljɔm] n. m. CHIM Élément métallique de numéro atomique Z = 69, de masse atomique 168,934 (symbole Tm), de la famille des lanthanides. – Nom donné par le chimiste suédois Clève, du lat. *Thule*, n. d'un pays mal défini, situé par les Anciens aux confins septentrionaux de l'Europe.

thuriféraire [tyʀifeʀɛʀ] n. m. **1.** LITURG Clerc qui porte l'encensoir. **2.** Fig., litt. Flatteur, adulateur. – Lat. ecclés. *thuriferarius*, lat. *t(h)urifer*, propr. «qui porte *(ferre)* l'encens *(tus, turis)*».

thurne. V. turne.

thuya [tyja] n. m. Conifère nord-américain ou asiatique à feuilles en forme d'écailles, à petits cônes ligneux. *Le thuya occidental est connu sous le nom de cèdre ou cèdre blanc.* – Gr. *thuia*.

thyade [tijad] n. f. MYTH GR Bacchante. – Lat. *thyas, thyadis*, gr. *thuias, thuiados*.

thylacine [tilasin] n. m. ZOOL Mammifère marsupial carnivore *(Thylacinus cynocephalus)*, de la taille d'un loup, au pelage tigré, appelé aussi *tigre de Tasmanie* et *loup marsupial*. (Considéré comme disparu, il survivrait en Tasmanie et peut-être en Australie du S.-E.) – Lat. zool. *thylacinus*, du gr. *thulakos*, «poche».

thym [tɛ̃] n. m. Petite plante aromatique (fam. labiées), souvent ligneuse, des garrigues méditerranéennes, aux feuilles petites et entières, aux fleurs roses ou blanchâtres. *Thym sauvage* ou *serpolet (Thymus serpyllum)*, aux petites fleurs violet-rose. *Thym ordinaire (Thymus vulgaris)*, utilisé comme condiment et plante médicinale (propriétés stomachiques, diurétiques, etc.). – Lat. *thymum*, gr. *thumon*.

thyméléacées [timelease] n. f. pl. Famille de plantes dicotyledones dialypétales dont le type est le daphné. Sing. *Une thyméléacée.* – Lat. bot. *thumelaia*, de *thymus*, «thym».

thymidine [timidin] n. f. BIOCHIM Nucléoside constitué par l'association de la thymine et d'un pentose, le ribose. (Son dérivé, la thymidine-phosphate, est un constituant spécifique de l'acide désoxyribonucléique.)

-thymie, -thymique. Éléments, du gr. *-thumia*, de *thumos*, «cœur, affectivité».

thymie [timi] n. f. PSYCHO Rare Humeur, état affectif. – V. préc.

thymine [timin] n. f. BIOCHIM Base pyrimidique, constituant normal de l'acide désoxyribonucléique. (La thymine dérive métaboliquement d'une autre base pyrimidique, l'uracile.) – De *thymus*, et *-ine*.

1. thymique [timik] adj. PSYCHO Relatif à la thymie, à l'affectivité. *Perturbation thymique.*– De *thymie*.

2. thymique [timik] adj. Du thymus; relatif au thymus. – De *thymus*.

thymol [timɔl] n. m. CHIM Phénol contenu dans les essences de certaines labiées (dont le thym) et ombellifères, et qu'on utilise comme antiseptique. – De *thym*, et *(phén)ol*.

thymus [timys] n. m. ANAT Organe ovoïde situé à la base du cou, en arrière du sternum et qui joue un rôle endocrinien et immunitaire (production de lymphocytes, notam.). *Le thymus, très développé chez l'enfant, régresse après la puberté.* ▷ *Thymus de veau:* V. ris. – Gr. *thumos*, méd., «excroissance charnue».

thyratron [tiʀatʀõ] n. m. ELECTR Triode à gaz utilisée notam. comme redresseur de courant alternatif. – Marque déposée; du gr. *thura*, «porte», et *-tron*, de *élec(tron)*.

thyr(é)ostimuline [tiʀ(e)ostimylin] n. f. BIOCHIM Hormone thyréotrope. – De *thyroïde*, et *stimuline*.

thyréotrope [tiʀeotʀɔp] adj. BIOCHIM *Hormone thyréotrope:* hormone sécrétée par la partie antérieure de l'hypophyse, qui stimule la sécrétion des hormones thyroïdiennes. – De *thyroïde*, et *-trope*.

thyristor [tiʀistɔʀ] n. m. ELECTR Composant semiconducteur à trois électrodes, permettant d'obtenir un courant de même sens et d'intensité réglable dans un circuit alimenté par une source alternative. *Les thyristors sont utilisés comme interrupteurs* (relais statiques) *et comme redresseurs* (variateurs de tension). – De *thyr(atron)*, et *(trans)istor*.

thyrocalcitonine [tiʀokalsitɔnin] n. f. BIOCHIM Hormone sécrétée par la thyroïde, inhibitrice du catabolisme osseux, qui joue un rôle important dans la régulation de la calcémie. – De *thyro(ïde)*, *calc(ium)*, *-ton(ique)*, et *-ine*.

thyroglobuline [tiʀoglɔbylin] n. f. BIOCHIM Protéine qui assure le transport des hormones thyroïdiennes de la glande sécrétrice jusqu'aux organes où elles sont utilisées. – De *thyroïde*, et *globuline*.

thyroïde [tiʀɔid] adj. et n. f. ANAT **1.** *Cartilage thyroïde:* principal cartilage du larynx, qui forme chez l'homme la saillie appelée pomme d'Adam. **2.** *Glande, corps thyroïde* ou, n. f., *la thyroïde:* glande endocrine située en avant du larynx, composée de deux lobes allongés, richement vascularisés, réunis par un isthme. – Calque du gr. *thuroeidês*, «en forme de porte», altér. de *thureoeidês*, «en forme de bouclier».

thyroïdectomie [tiʀoidɛktɔmi] n. f. CHIR Ablation totale ou partielle de la thyroïde. – De *thyroïde*, et *-ectomie*.

thyroïdien, ienne [tiʀoidjɛ̃, jɛn] adj. ANAT, MED Relatif, propre à la thyroïde. – De *thyroïde*.

thyronine [tiʀonin] n. f. BIOCHIM Acide aminé monoiodé, précurseur des hormones thyroïdiennes. – De *thyroïde*, et *(am)ine*.

thyroxine [tiʀoksin] n. f. BIOCHIM Principale hormone thyroïdienne, qui existe sous deux formes, la thyroxine 4, la plus abondante, formée de deux molécules de thyronine, et la thyroxine 3, formée d'une molécule de thyronine et d'une molécule de tyrosine. – De *thyr(oïde)*, *ox(yde)*, et *-ine*.

ENCYCL Les deux hormones *(thyroxines)* que sécrète la thyroïde ont pour fonctions princ. d'augmenter le métabolisme basal et de favoriser la croissance. Leur synthèse s'effectue en quatre étapes: **1.** transport actif de l'iode plasmatique par captation dans les vésicules thyroïdiennes; **2.** réaction d'oxydation de l'iode par une peroxydase; **3.** formation de tyrosines; **4.** réactions de condensation des tyrosines, aboutissant à la formation des deux thyroxines. Le dysfonctionnement de la thyroïde correspond, soit à la diminution de la sécrétion et de l'excrétion des hormones thyroïdiennes (hypothyroïdie), soit à un hyperfonctionnement de la glande (hyperthyroïdie). La thyroïde peut être également le siège de tumeurs, bénignes ou malignes. Son hypertrophie forme un goitre.

thyrse [tiʀs] n. m. **1.** ANTIQ Long bâton entouré de lierre ou de rameaux de vigne et surmonté d'une pomme de pin, un des attributs de Bacchus et des bacchantes. **2.** BOT Panicule rameuse et dressée de certaines plantes. *Thyrses du lilas.* – Lat. *thyrsus*, gr. *thursos*.

thysanoures [tizanuʀ] n. m. pl. ENTOM Ordre de petits insectes aptères, sans métamorphoses, vivant dans les endroits humides (*lépisme* ou *poisson d'argent*, etc.). Sing. *Un thysanoure.* – Lat. zool. *thysanuros*, du gr. *thusanos*, «frange», et suff. *-oure*.

Ti CHIM Symbole du titane.

tiare [tjaʀ] n. f. **1.** HIST Haute coiffure à triple couronne que portait le pape dans certaines cérémonies solennelles. (Le dernier à l'avoir portée – et une seule fois: le jour de son couronnement – fut Paul VI.) ▷ Fig. *Coiffer la tiare:* être investi de la dignité pontificale, devenir pape. **2.** HIST Ornement de tête des souverains, chez certains peuples de l'Orient ancien. – Lat. *tiara*, d'orig. persane.

tibétain, aine [tibetɛ̃, ɛn] adj. et n. **1.** adj. et n. Du Tibet. **2.** n. m. Langue du groupe tibéto-birman parlée au Tibet, au Népal et au Bhoutan. – De *Tibet*, rég. auton. du S.-E. de la Chine.

tibia [tibja] n. m. **1.** Le plus gros des deux os de la jambe, qui forme la partie interne de celle-ci. V. péroné. **2.** ZOOL Article* de la patte faisant suite au fémur chez les arthropodes. – Lat. *tibia*, propr. «flûte».

tibial, ale, aux [tibjal, o] adj. Du tibia; relatif au tibia. – De *tibia*.

tic [tik] n. m. **1.** VETER Chez le cheval, aérophagie éructante accompagnée de contractions musculaires (mouvements de la tête, de l'encolure, etc.). **2.** Cour. et MED Mouvement convulsif, répété automatiquement (contraction musculaire locale, geste réflexe ou automatique). **3.** Fig. Habitude, manie. *Un tic de langage.* – Formation onomatopéique; cf. ital. *ticchio*, «caprice».

tichodrome [tikɔdʀom] n. m. ZOOL Oiseau passériforme (genre *Tichodroma*) gris aux ailes rouges, qui grimpe le long des rochers de haute montagne. – Lat. zool., du gr. *teikhos*, «muraille», et *-drome*.

1. ticket [tikɛ] n. m. **1.** Billet d'acquittement d'un droit d'entrée, de transport, d'un achat, etc. *Ticket de caisse.* **2.** *Ticket modérateur :* quote-part de frais médicaux et pharmaceutiques qu'un organisme de sécurité sociale laisse à la charge de l'assuré. **3.** Pop. *Avoir un* (ou *le*) *ticket avec qqn*, lui plaire, en termes de séduction galante. – Mot angl., de l'a. fr. *estiquet*, «billet de logement».

2. ticket [tikɛ] n. m. Américanisme Aux É.-U., équipe formée par les deux candidats (à la présidence et à la vice-présidence) d'un même parti qui se présentent ensemble aux élections présidentielles. – Mot amér.

tic-tac ou **tictac** [tiktak] n. m. inv. Bruit sec et cadencé d'un mécanisme, d'un mouvement d'horlogerie. – Onomat.

tictaquer [tiktake] v. intr. [1] Faire entendre un tictac. *Montre qui tictaque.* – Du préc.

tiédasse [tjedas] adj. Péjor. D'une tiédeur (sens 1) désagréable. *Café tiédasse.* – De *tiède*, et *-asse*.

tiède [tjɛd] adj., adv. et n. **1.** Qui est entre le chaud et le froid; légèrement chaud. *Une eau, un air tièdes.* ▷ Adv. *Boire tiède.* **2.** Qui manque d'ardeur, de ferveur ou de conviction. *Partisan tiède. Foi tiède.* ▷ Subst. *C'est un tiède.* – Du lat. *tepidum*.

tièdement [tjɛdmɑ̃] adv. Avec tiédeur (sens 2), sans entrain. – Du préc.

tiédeur [tjedœʀ] n. f. **1.** État de ce qui est tiède. *La tiédeur de l'haleine.* ▷ Litt. (surtout au plur.) Douceur ambiante. *Les tiédeurs printanières.* **2.** Fig. Manque d'ardeur, de zèle. *Tiédeur d'un accueil.* – De *tiède*.

tiédir [tjediʀ] v. [2] **1.** v. intr. Devenir tiède. *Le vent tiédit.* ▷ Fig. *Sa passion a tiédi.* **2.** v. tr. Rendre tiède: chauffer légèrement. *Tiédir du lait.* – De *tiède*.

tiédissement [tjedismɑ̃] n. m. Action, fait de tiédir. – Du préc.

tien, tienne [tjɛ̃, tjɛn] adj. et pron. poss. de la 2ᵉ pers. du sing. **I.** adj. poss. À toi. *Une tienne connais-*

sance. Ce livre est tien. **II.** pron. poss. Ce qui est à toi; la personne qui t'est liée (par tel rapport qu'indique la phrase). *J'ai mes soucis; tu as les tiens. Mon patron et le tien.* – Fam. *À la tienne! :* À ta santé! **III.** Subst. **1.** *Le tien :* ton bien (opposé à *le mien*). *Disputer sur le mien et le tien,* sur des questions de propriété. ▷ (Partitif) *Mets-y du tien:* fais un effort, des concessions. **2.** *Les tiens:* tes parents, tes amis, tes alliés. *Adresse-toi aux tiens.* **3.** *Des tiennes:* de tes sottises, de tes folies habituelles. *Tu as encore fait des tiennes!* – Du lat. *tuum,* devenu *toon, toen, tuen,* puis *tien,* d'ap. *mien.*

tierce [tjɛʀs] n. f. **1.** MUS Intervalle de trois degrés. *Tierce majeure* (par ex., de *do* à *mi* naturel). *Tierce mineure* (de *do* à *mi* bémol). **2.** Vieilli Soixantième partie d'une seconde. **3.** RELIG CATHOL Prière récitée à la troisième heure après prime (c.-à-d. vers 9 h du matin). **4.** JEU Suite de trois cartes de la même couleur. **5.** SPORT En escrime, position de la main du tireur, les ongles dessous et la lame dirigée dans la ligne du dessus. **6.** TYPO Dernière épreuve après le bon à tirer. – Fém. subst. de *tiers.*

tiercé, ée [tjɛʀse] adj. et n. m. **1.** *Pari tiercé* ou, n. m., *un, le tiercé:* forme de pari dans laquelle il faut désigner les trois premiers chevaux d'une course. *Tiercé dans l'ordre, dans le désordre.* **2.** HERALD Se dit d'un écu divisé en trois parties. **3.** AGRIC Qui a subi un troisième labour. **4.** VERSIF *Rime tiercée:* V. terza rima. – Pp. de *tiercer,* «diviser en trois».

tiercefeuille [tjɛʀsəfœj] n. f. HERALD Motif décoratif figurant une feuille à trois folioles. – De *tierce,* et *feuille.*

tiercelet [tjɛʀsəlɛ] n. m. En fauconnerie, mâle de certains oiseaux de proie, plus petit que la femelle d'un tiers environ. – Dimin. de l'a. fr. *tercuel,* même sens, de *tertius,* «troisième».

tiercer. V. tercer.

tierceron [tjɛʀsəʀɔ̃] n. m. ARCHI Nervure supplémentaire d'une voûte de style gothique flamboyant qui relie la lierne à la naissance des arcs. – De *tiers.*

tiers, tierce [tjɛʀ, tjɛʀs] n. m. et adj. **I.** n. m. **1.** Troisième personne. *N'en parlez pas devant un tiers !* – Loc. fam. *Se moquer du tiers comme (ou, et) du quart,* de tout le monde. **2.** Partie d'un tout divisé en trois parties égales. *Le tiers de neuf est trois.* **3.** DR Personne qui n'est pas partie à une convention. – Ayant cause à titre particulier. **II.** adj. **1.** loc. *Une tierce personne:* une troisième personne. **2.** *Tiers état,* ou, ellipt., *le tiers:* sous l'Ancien Régime en France, fraction de la population n'appartenant ni à la noblesse ni au clergé. **3.** RELIG CATHOL *Tiers ordre régulier :* institut religieux, de statut identique à celui d'un ordre, groupant des clercs ou des religieuses. *Tiers ordre séculier,* rassemblant des catholiques vivant dans le monde et soucieux de se perfectionner en s'inspirant de la spiritualité de tel ou tel ordre religieux. **4.** *Tiers arbitre:* arbitre désigné pour départager les arbitres précédemment nommés. **5.** MED *Fièvre tierce:* fièvre intermittente dont les accès reviennent tous les trois jours, observée dans certaines crises de paludisme. **6.** *Tiers monde* ou *Tiers-Monde:* l'ensemble des pays en voie de développement, par oppos. aux pays développés ressortissant respectivement aux deux blocs d'économies libérale et collectiviste. – Du lat. *tertius,* «troisième», de *ter,* «trois fois».

tiers-mondisme [tjɛʀmɔ̃dism] n. m. Solidarité avec le Tiers monde. – De *Tiers monde.*

tiers-mondiste [tjɛʀmɔ̃dist] adj. et n. **1.** adj. Qui se rapporte au tiers-mondisme. **2.** n. Qui se sent solidaire du Tiers monde, partisan du tiers-mondisme. – Du préc.

tiers-point [tjɛʀpwɛ̃] n. m. **1.** ARCHI Point d'intersection de deux arcs brisés inscriptibles dans un triangle équilatéral. **2.** TECH Lime à section triangulaire. – De *tiers,* et *point.*

tif ou **tiffe** [tif] n. m. Fam. Cheveu. – De l'a. fr. *ti(f)fer,* «parer, coiffer».

tifinagh [tifinaʀ] n. m. Didac. Alphabet touareg*. – Mot berbère.

tige [tiʒ] n. f. **1.** Partie aérienne des végétaux supérieurs, qui porte les feuilles, les bourgeons et les organes reproducteurs. ▷ HORTIC *Arbre à* (ou *de*) *haute tige,* dont on laisse la tige s'élever (opposé à *arbre de basse tige*). ▷ Fig. *Tige d'un arbre généalogique:* ancêtre dont sont issues les branches d'une famille. **2.** Pièce longue et mince, souvent cylindrique. *Tige métallique.* ▷ Partie allongée et mince de certains objets. *Tige d'une clé,* entre l'anneau et le panneton. *La tige d'une colonne,* son fût. **3.** Partie d'une chaussure, d'une botte, qui enveloppe la cheville, la jambe. – Du lat. pop. *tibia,* «tige», class., «flûte, tibia».

ENCYCL **Bot.** – Sur l'origine de la tige des phanérogames, deux théories s'opposent: certains la considèrent comme un organe qui développe feuilles, bourgeons et fleurs; d'autres estiment que les feuilles sont les organes primordiaux et que la tige résulte de l'accumulation des bases foliaires. Cette seconde théorie est la plus vraisemblable. La tige comporte les mêmes tissus que les feuilles; ce sont, de la périphérie vers le centre: les tissus de protection *(épiderme* ou *liège);* un *parenchyme cortical;* les tissus conducteurs, dont le plus central est le *parenchyme médullaire* ou *cœur.*

tigelle [tiʒɛl] n. f. BOT Tige de la plantule. – Du préc.

tigette [tiʒɛt] n. f. ARCHI Tige ornée de feuilles d'où s'échappent les volutes dans le chapiteau corinthien. – Dimin. de *tige.*

tiglon. V. tigron.

tignasse [tiɲas] n. f. Péjor. Chevelure touffue, mal peignée. – De *tigne,* dial. de *teigne,* par compar. avec la chevelure du *teigneux.*

tigre, esse [tigʀ, ɛs] n. **1.** Grand félin (*Panthera tigris,* fam. félidés) d'Asie et d'Indonésie, au pelage jaune rayé transversalement de noir. *Feulement du tigre.* **2.** n. m. Fig., litt. Homme cruel, sanguinaire. ▷ Fig. n. f. Femme très jalouse, au comportement agressif. **3.** n. m. ENTOM *Tigre du poirier:* hétéroptère nuisible. – Lat. *tigris,* mot gr., d'orig. iranienne.

ENCYCL Le tigre est le plus grand et le plus puissant des félins. Le tigre de Sibérie atteint 3 m de long (queue comprise). Le tigre supporte la grande chaleur et le froid: au N. il habite les vastes forêts de Sibérie orientale et les sous-bois montagneux, au S. les forêts tropicales humides, les jungles sèches. Les huit sous-espèces de tigres sont rares et partout menacées. La chasse intense dont il a été l'objet explique sa disparition de nombr. régions d'Asie du S. et du S.-E., où il est auj. confiné dans des réserves.

tigré, ée [tigʀe] adj. Rayé comme un tigre. *Chat tigré.* – Du préc.

tigresse. V. tigre.

tigridie [tigʀidi] n. f. BOT Plante bulbeuse d'Amérique du Sud (fam. iridacées) dont certaines espèces sont cultivées pour l'ornement. – Lat. bot. *tigridia,* du gr. *tigris,* et *-eidos,* «forme».

tigron, onne [tigʀɔ̃, ɔn] ou **tiglon, onne** [tiglɔ̃, ɔn] n. m. ZOOL Félidé hybride d'un tigre et d'une lionne. – De *tigre,* et *lion.*

tilbury [tilbyʀi] n. m. Anc. Cabriolet léger à deux places, ordinairement découvert. *Des tilburys.* – Mot angl., du nom du carrossier qui le fabriqua.

tilde [tilde] n. m. En espagnol, signe (~) que l'on met au-dessus de la lettre *n* pour lui donner le son mouillé [ɲ]. – Mot esp.

tiliacées [tiljase] n. f. pl. BOT Famille de dicotylédones dont le type est le tilleul. Sing. *Une tiliacée.* – Du lat. *tilia,* «tilleul»; bas lat. *tiliaceus.*

tillac [tijak] n. m. MAR Anc. Pont supérieur d'un navire. – De l'anc. scand. *thilja,* «planche au fond d'un bateau».

tillage. V. teillage.

tillandsie [tilɑ̃dsi] ou **tillandsia** [tilɑ̃dsja] n. f. BOT Plante d'Amérique tropicale, qui fournit un crin végétal. – Lat. scientif. *tillandsia,* du nom du botaniste suédois Elias *Tillands* (1640-1693).

tille, tiller. V. teille, teiller.

tilleul [tijœl] n. m. **1.** Arbre (genre *Tilia,* fam. tiliacées) des régions tempérées et subtropicales de l'hémisphère Nord, aux fleurs jaunes odorantes. *Le tilleul est cour. appelé bois blanc.* **2.** Inflorescences séchées du tilleul, employées pour préparer une tisane sédative. *Sachet de tilleul.* ▷ Cette boisson. *Une tasse de tilleul.* **3.** Bois tendre et de grain régulier du tilleul utilisé dans la fabrication des crayons, des allumettes et pour certains ouvrages de sculpture ou de lutherie. *Coffret en tilleul.* – Lat. pop. **tiliolus,* du class. *tilia.*

timbale [tɛ̃bal] n. f. **1.** MUS Instrument à percussion constitué d'un bassin hémisphérique en cuivre couvert d'une peau dont on règle la tension au moyen de vis, et qui donne des sons d'une hauteur définie dans l'échelle tonale. **2.** Gobelet à boire en métal. *Timbale en argent, en vermeil.* ▷ Loc. *Décrocher la timbale,* propr., l'enlever en haut d'un mât de cocagne. Fig. Triompher d'un obstacle, réussir dans une entreprise difficile. Iron. *Il a décroché la timbale* (on dit aussi: *il a gagné*): il a fini par s'attirer des désagréments à cause de sa maladresse. **3.** CUIS Moule cylindrique haut; mets contenu dans ce récipient. – Altér., d'ap. *cymbale,* de *tamballe,* lui-même altér. de l'esp. *atabal* (mot arabo-persan), d'ap. *tambour.*

timbalier [tɛ̃balje] n. m. MUS Joueur de timbales. – Du préc.

timbrage [tɛ̃bʀaʒ] n. m. Action de timbrer. – De *timbrer.*

timbre [tɛ̃bʀ] n. m. **I. 1.** MUS Caractère, qualité sonore spécifique d'une voix, d'un instrument. *Une voix au timbre argentin. Corde de timbre* ou *timbre:* corde tendue contre la peau inférieure d'un tambour pour en modifier la résonance. **2.** Petite cloche métallique sans battant, frappée par un marteau extérieur. ▷ Fig., fam. et vieilli *Avoir le timbre fêlé:* être un peu fou. **II.** Anc. Partie du casque qui recouvrait le dessus et l'arrière de la tête. ▷ HERALD Ensemble des pièces placées au-dessus d'un écu pour désigner la qualité de celui qui le porte. **III.** (Marque, empreinte.) **1.** Marque d'une administration, d'une maison de commerce. **2.** Instrument servant à apposer une marque. *Timbre humide:* cachet enduit d'encre. *Timbre sec,* qui marque en relief par pression. **3.** Empreinte obligatoire apposée au nom de l'État sur le papier de certains actes et portant l'indication de son prix. **4.** Marque de la poste indiquant sur une lettre le lieu, le jour, l'heure de départ. Syn. cachet. **5.** Cour. *Timbre-poste* (pl. *des timbres-poste*), ou *timbre:* petite vignette servant à affranchir les lettres et les paquets confiés à la poste. *Un timbre de trente-sept cents. Acheter un carnet de timbres. Faire collection de timbres.* **6.** Vignette constatant le paiement d'une cotisation. **7.** TECH Marque (plaque, empreinte, etc.) apposée sur une chaudière et indiquant la pression qu'elle peut supporter; valeur de cette pression. – Gr. byzantin *tumbanon,* gr. class. *tumpanon,* «sorte de tambour». Cf. tympan.

timbré, ée [tɛ̃bʀe] adj. **1.** Qui a tel timbre. *Voix agréablement timbrée.* **2.** Qui porte un timbre-poste. *Enveloppe timbrée.* **3.** Fam. Un peu fou. – De *timbre.*

timbrer [tɛ̃bʀe] v. tr. [1] **1.** Imprimer une marque légale sur. *Timbrer un passeport.* **2.** Coller un timbre-poste sur. *Timbrer une lettre.* **3.** ADMIN *Timbrer un document,* écrire en tête sa nature, sa date, son sommaire. **4.** HERALD Mettre un timbre au-dessus de (un écu). – De *timbre.*

timide [timid] adj. et n. Qui manque de hardiesse, d'assurance. *Personne timide. Approche timide.* ▷ Subst. *Un(e) timide.* – Lat. *timidus,* de *timere,* «craindre».

timidement [timidmɑ̃] adv. Avec timidité. – Du préc.

timidité [timidite] n. f. Manque d'assurance, de hardiesse. *Il voudrait vous parler, mais sa timidité l'en empêche.* – Lat. *timiditas.*

timon [timɔ̃] n. m. **1.** Pièce de bois du train avant d'un véhicule, d'une charrue, à laquelle on attelle une bête de trait. **2.** MAR Vx Barre du gouvernail. – Lat. pop. *timo, timonis,* class. *temo,* «flèche d'un char».

timonerie [timɔnʀi] n. f. **1.** TECH Ensemble des organes de transmission qui commandent la direction ou le freinage dans un véhicule. **2.** Partie couverte de la passerelle de navigation d'un navire. **3.** MAR Ensemble des timoniers; service qu'ils accomplissent. – De *timonier.*

timonier [timɔnje] n. m. **1.** Cheval mis au timon. **2.** MAR Homme de barre. ▷ Matelot spécialiste chargé principalement du service des pavillons et des projecteurs de signalisation, qui seconde sur la passerelle l'officier de quart. – De *timon.*

timoré, ée [timɔʀe] adj. et n. **1.** Vieilli Très scrupuleux. **2.** Mod. Craintif, méfiant. *Il est trop timoré.* ▷ Subst. *Un(e) timoré(e).* – Bas lat. *timoratus,* «qui craint Dieu», de *timor,* «crainte».

tin [tɛ̃] n. m. MAR Chacune des pièces de bois qui supportent la quille d'un navire en construction. – Du moy. fr. *tin, tind;* orig. incon.

tinamou [tinamu] n. m. ORNITH Oiseau d'Amérique tropicale, qui niche sur le sol. – De *tinamu,* mot. des Caraïbes.

tincal [tɛ̃kal] n. m. MINER Borax brut. – Malais *tingkal,* var. *tinkal.*

tinctorial, ale, aux [tɛ̃ktɔʀjal, o] adj. Didac. **1.** Qui sert à teindre. *Plantes tinctoriales.* **2.** Relatif à la teinture. – Du lat. *tinctorius,* de *tingere,* «teindre».

tinéidés [tineide] n. m. pl. ENTOM Famille de petits papillons comprenant les teignes. ▷ Sing. *Un tinéidé.* – Du lat. *tinea,* «teigne».

tinette [tinɛt] n. f. Grand récipient mobile placé dans un lieu d'aisance ne comportant ni fosse, ni tout-à-l'égout. – Dimin. de *tine,* «tonneau, baquet», lat. *tina,* «vase pour le vin».

tintamarre [tɛ̃tamaʀ] n. m. Grand bruit accompagné de confusion et de désordre. Syn. tapage. – De *tinter,* et suff. d'orig. obscure.

tintement [tɛ̃t(ə)mɑ̃] n. m. **1.** Son clair, musical que rendent une cloche qui tinte, des objets que l'on frappe ou qui s'entrechoquent, etc. *Le tintement cristallin des verres sur un plateau.* **2.** *Tintement d'oreilles:* bourdonnement d'oreilles évoquant le son d'une cloche qui tinte. – De *tinter.*

tinter [tɛ̃te] v. [1] **I.** v. intr. **1.** Sonner lentement par coups espacés, en parlant d'une cloche dont le battant ne frappe que d'un côté. **2.** Faire entendre un tintement. *Pièces de monnaie qui tintent.* ▷ Fam. *Les oreilles ont dû lui tinter:* se dit d'une personne dont on a beaucoup parlé en son absence. **II.** v. tr. **1.** Faire tinter. *Tinter une cloche.* **2.** Annoncer en tintant. *Tinter la messe.* – Bas lat. *tinnitare,* fréquent. de *tinnire.*

tintin! [tɛ̃tɛ̃] interj. Fam. Rien du tout: rien à faire. Loc. fam. *Faire tintin:* être privé de qqch. – Onomatopée.

tintinnabuler [tɛ̃tinabyle] v. intr. [1] Litt. Sonner, résonner comme une clochette, un grelot. – Du lat. *tintinnabulum,* «clochette», même rac. que *tinter.*

tintouin [tɛ̃twɛ̃] n. m. Fam. **1.** Vacarme, tintamarre. **2.** Fig. Embarras, souci que cause une affaire. *Donner du tintouin à qqn.* – De *tinter.*

tipi [tipi] n. m. Tente des Indiens d'Amérique du Nord. – D'une langue amérindienne, par l'angl.

tipule [tipyl] n. f. ENTOM Grand moustique qui vit sur les fleurs et dont les larves rongent les racines des plantes. – Lat. *tippula,* «araignée d'eau».

tique [tik] n. f. Acarien (genre *Ixodes*) suceur de sang, parasite de la peau des mammifères (chien, notam.). Syn. ixode. – Moyen néerl. *tike,* p.-ê. par l'angl. *tick.*

tiquer [tike] v. intr. [1] **1.** MED VET (Au sujet d'un cheval) Avoir un tic. **2.** Fig. Avoir un bref mouvement de physionomie qui laisse paraître l'étonnement, la contrariété. *Ces propos l'ont fait tiquer.* – De *tic.*

tiqueté, ée [tikte] adj. Didac. Marqué de petites taches. *Un œillet tiqueté.* Syn. piqueté. – Du néerl. *tik,* «piqûre légère, point».

tiqueture [tiktyʀ] n. f. Didac. État de ce qui est tiqueté. – Du préc.

tiqueur, euse [tikœʀ, øz] adj. MED VET Qui a contracté un tic. *Cheval tiqueur.* – De *tiquer.*

tir [tiʀ] n. m. **1.** Art de tirer au moyen d'une arme. *Tir à l'arbalète, au fusil. Tir au pigeon d'argile.* **2.** Manière de tirer. *Tir précis, rapide.* ▷ Trajectoire suivie par le projectile. *Tir rasant, plongeant.* **3.** Action de tirer; coup, ensemble de coups tirés. *Tir d'artillerie.* **4.** SPORT Au soccer, au hockey et dans beaucoup d'autres sports, action de tirer, d'envoyer avec force le ballon, la rondelle vers le but. – Déverbal de *tirer.*

tirade [tiʀad] n. f. **1.** Développement assez long d'un sujet. **2.** Au théâtre, suite de phrases, de vers qu'un acteur débite sans interruption. *La tirade d'Auguste dans «Cinna».* Syn. monologue. **3.** Longue phrase. ▷ Péjor. Longue phrase pompeuse. – De *tirer.*

tirage [tiʀaʒ] n. m. **1.** Action, fait de mouvoir en tirant. *Cordons de tirage d'un rideau.* ▷ *Il y a du tirage:* vx les chevaux tirent avec peine; fig., mod., il y a des difficultés et, par ext., des frictions. **2.** Action d'étirer, d'allonger. *Tirage des métaux. Tirage de la soie.* **3.** Action, fait de tirer, de prendre au hasard. *Tirage d'une loterie.* ▷ *Tirage* au sort: V. tirer sens 2. **4.** TECH Action d'imprimer des feuilles; épreuve ainsi obtenue. *Tirage à part :* V. tiré* à part. ▷ Ensemble, quantité d'exemplaires tirés en une seule fois. *Journal à grand tirage.* – *Par anal.* Ensemble des copies d'un disque obtenues à partir du même original. ▷ PHOTO, BX-A Action d'obtenir une épreuve définitive à partir d'un cliché négatif, d'une gravure, etc.; épreuve ainsi obtenue. *Tirage photo en noir et blanc. Tirage numéroté.* **5.** Mouvement ascensionnel des gaz chauds dans un conduit de fumée. **6.** MED Dépression des parties molles du thorax observée lors de l'inspiration en cas d'obstruction des voies respiratoires ou d'insuffisances respiratoires graves. **7.** *Tirage d'une lettre de change, d'un chèque:* leur émission. ECON *Droits de tirage spéciaux* ou *D.T.S.:* crédits accordés par le Fonds monétaire international aux États membres en cas de déficit de leur balance des paiements. – De *tirer.*

tiraillement [tiʀajmɑ̃] n. m. **1.** Action, fait de tirailler, d'être tiraillé. – Sensation interne pénible. *Tiraillements d'estomac.* **2.** Fig. Contestation, conflit. *Ce sont des tiraillements continuels.* – De *tirailler.*

tirailler [tiʀaje] v. [1] **I.** v. tr. **1.** Tirer (sens A, I, 1) par petits coups, à diverses reprises. **2.** Fig. Poursuivre de ses instances, solliciter dans des sens contradictoires. (Surtout au passif.) *Il est tiraillé entre ses obligations familiales et ses obligations professionnelles.* **II.** v. intr. MILIT Tirer des coups irréguliers et répétés. **III.** v. pron. Rare Se disputer, ne pas s'entendre. *Ils se tiraillent sans arrêt.* – De *tirer.*

tiraillerie [tiʀajʀi] n. f. Rare MILIT Action de tirailler; tir, feu prolongé des tirailleurs. – De *tirailler.*

tirailleur [tiʀajœʀ] n. m. MILIT **1.** Soldat tiraillant en avant du gros de la troupe, afin de harceler l'ennemi. **2.** (France) Anc. Soldat de certaines formations d'infanterie recrutées hors de la métropole. *Tirailleurs algériens, sénégalais.* – De *tirailler.*

tirant [tiʀɑ̃] n. m. **1.** Pièce destinée à exercer un effort de traction. *Les tirants d'une bourse, d'une botte.* – TECH, ARCHI Pièce de charpente soumise à un effort de traction. **2.** Partie tendineuse et jaunâtre dans la viande. **3.** MAR *Tirant d'eau* ou absol. *tirant :* distance verticale entre la ligne de flottaison d'un navire et le point le plus bas de sa quille. – *Tirant d'air:* hauteur maximale des superstructures d'un navire; hauteur libre sous un pont. – Ppr. subst. de *tirer.*

tirasse [tiʀas] n. f. MUS Dispositif permettant de coupler le pédalier d'un orgue aux claviers. – Anc. provenç. *tirassar,* «traîner par terre», de *tirer.*

1. tire [tiʀ] n. f. **1.** *Vol à la tire,* consistant à tirer des poches leur contenu. – *Voleur à la tire.* Syn. pickpocket. **2.** (France) Arg. Voiture automobile. – Sens 1, déverbal de *tirer* sens B, I, 1; sens 2, de *tirer* sens C, I.

2. tire [tiʀ] n. f. Confiserie de texture souple, obtenue par la cuisson d'un sirop (mélasse, sirop de cassonade, etc.) et après une étape d'étirage. *Manger de la tire de la Sainte-Catherine.* «[...] une dernière fois la pâte fut étirée à la grosseur du doigt et coupée avec des ciseaux, à grand effort, car elle était déjà dure. La tire était faite.» (Louis Hémon, *Maria Chapdelaine,* 1916.) ▷ *Tire (d'érable):* confiserie d'une consistance voisine de celle du miel, obtenue par évaporation du sirop d'érable. – *Tire sur la neige:* sirop d'érable épaissi que l'on verse encore chaud sur de la neige et que l'on déguste, à peine figé, à l'aide d'une petite spatule de bois. – Déverbal de *tirer,* sens A, I, 3.

tiré [tiʀe] n. m. **1.** IMPRIM *Un tiré à part:* un article extrait d'un ensemble (revue, thèse de recherche, etc.), dont on fait un tirage indépendant et que l'on broche. **2.** CHASSE Coup tiré au fusil. *Faire un beau tiré.* **3.** COMM Personne sur laquelle on tire une lettre de change. – Pp. de *tirer.*

tire-au-flanc. V. flan.

tire-bonde [tiʀbɔ̃d] n. m. TECH Outil servant à retirer la bonde d'un tonneau. *Des tire-bondes.* – De *tirer,* et *bonde.*

tire-botte [tiʀbɔt] n. m. **1.** Petite planche où l'on emboîte le talon de la botte, pour se débotter seul. **2.** Crochet que l'on passe dans le tirant d'une botte pour la chausser. *Des tire-bottes.* – De *tirer,* et *botte.*

tire-bouchon [tiʀbuʃɔ̃] n. m. **1.** Vis hélicoïdale munie d'un manche, servant à déboucher les bouteilles. *Des tire-bouchons.* **2.** loc. adv. *En tire-bouchon:* en forme de spirale, d'hélice. *Cheveux en tire-bouchon.* – De *tirer,* et *bouchon.*

tire-bouchonner [tiʀbuʃɔne] v. intr. [1] Se rouler en tire-bouchon, faire des plis. *Pantalon, chaussettes qui tire-bouchonnent.* ▷ v. pron. Se tordre en forme de tire-bouchon, d'hélice. – Fig., fam. Se tordre de rire. – Du préc.

tire-bouton [tiʀbutɔ̃] n. m. Vx Crochet utilisé pour faire entrer les boutons (de bottines, de guêtres, etc.) dans les boutonnières. *Des tire-boutons.* – De *tirer,* et *bouton.*

tire-clou [tiʀklu] n. m. TECH Outil servant à arracher les clous. *Des tire-clous.* – De *tirer,* et *clou.*

tire-d'aile(s) (à) [atiʀdɛl] loc. adv. **1.** Avec de vigoureux battements d'ailes, en parlant d'un oiseau. **2.** Fig. Très rapidement. *S'enfuir à tire-d'ailes.* – De *tire,* n. f., «le fait de voler», et *aile.*

tire-fesses [tiʀfɛs] n. m. inv. Fam. Téléski, remonte-pente. – De *tirer,* et *fesse.*

tire-filet [tiʀfilɛ] n. m. TECH Outil servant à tracer des filets sur le bois, le métal, etc. *Des tire-filets.* – De *tirer,* et *filet.*

tire-fond [tiʀfõ] n. m. inv. **1.** Anneau fixé au plafond pour y suspendre une lampe, un lustre, etc. **2.** TECH Vis à bois de grand diamètre, à tête carrée. – De *tirer,* et *fond.*

tire-laine [tiʀlɛn] n. m. inv. Vx et litt. Rôdeur qui s'attaque aux passants pour les voler. – De *tirer la laine,* «voler les vêtements».

tire-lait [tiʀlɛ] n. m. inv. Appareil servant à aspirer le lait du sein. – De *tirer,* et *lait.*

tire-larigot (à) [atiʀlaʀigo] loc. adv. Fam. Beaucoup. *Boire, manger à tire-larigot.* – De *tirer,* «aspirer», et *larigot.*

tire-ligne [tiʀliɲ] n. m. TECH Petit instrument terminé par deux becs dont l'écartement est réglable, et qui sert à tracer des lignes d'épaisseur constante. *Des tire-lignes.* – De *tirer,* et *ligne.*

tirelire [tiʀliʀ] n. f. **1.** Boîte, objet creux pouvant affecter des formes diverses et qui comporte une fente par laquelle on glisse la monnaie que l'on veut économiser. ▷ Fig. *Casser sa tirelire,* dépenser toutes ses économies. **2.** Fam. Estomac, ventre. *On s'en est mis plein la tirelire.* **3.** Fam. Tête, visage. *Il a pris un coup sur la tirelire.* – Probabl. même mot que *tire-lire,* «refrain de chanson», p.-ê. à cause du bruit des pièces de monnaie, ou à rapprocher de *turelure,* «cornemuse», d'où «petit sac, poche».

tire-l'œil [tiʀlœj] n. m. inv. Vieilli Ce qui attire le regard, l'attention. – De *tirer,* et *œil.*

tire-pied [tiʀpje] n. m. TECH Courroie de cuir dont se servent les cordonniers pour fixer l'ouvrage sur leurs genoux. *Des tire-pieds.* – De *tirer,* et *pied.*

tirer [tiʀe] v. [1] **A. I.** v. tr. Faire mouvoir vers soi. **1.** Faire mouvoir, amener vers soi. *Tirer un tiroir.* ▷ Traîner, tracter derrière soi. *Chiens qui tirent un traîneau.* – v. intr. Produire, développer une certaine puissance de traction. *Ce moteur tire bien.* **2.** Mouvoir en faisant glisser, coulisser. *Tirer le verrou. Tirer des rideaux.* **3.** Faire un effort pour tendre, allonger. *Tirer un cordon, une sonnette. Tirer ses bas. Tirer ses cheveux en arrière.* ▷ TECH *Tirer l'or, l'argent,* les allonger en fils déliés. – v. intr. *Tirer sur une corde. Tirer de toutes ses forces.* **4.** Donner un aspect tendu, fatigué à. *La maladie a tiré ses traits.* **5.** Attirer. *Tirer l'œil, le regard.* **II.** v. intr. Aspirer fortement. *Tirer sur sa cigarette.* ▷ *Absol.* Être parcouru par un courant d'air qui active la combustion. *Cheminée, pipe qui tire bien, mal.* **B.** Prendre, ôter, extraire. **I.** v. tr. **1.** Faire sortir, enlever, ôter d'un endroit, d'une situation. *Tirer l'épée du fourreau. Tirer de l'eau d'un puits, du vin d'un tonneau.* – (Comp. d'objet n. de personne.) *Tirer qqn de prison.* – Délivrer, dégager. *Tirer d'embarras.* ▷ v. pron. *Se tirer de* (qqch) ou *s'en tirer:* sortir heureusement d'une maladie, d'une situation difficile; en réchapper. **2.** Prendre au hasard. *Tirer une carte. Tirer les numéros d'une loterie,* et par ext., *tirer une loterie.* ▷ v. intr. *Tirer au sort :* prendre une décision, effectuer un choix, en s'en remettant au sort (en lançant une pièce en l'air, *tirer à pile ou face;* en faisant choisir des brins de paille d'inégales longueurs, *tirer à la courte-paille,* etc.). **3.** Extraire, exprimer. *Substance que l'on tire des plantes.* – Obtenir, recueillir. *Tirer profit, avantage de qqch.* ▷ *Tirer qqch de qqn,* obtenir, soutirer qqch de lui par un moyen quelconque. ▷ COMM *Tirer une lettre de change:* faire un effet de commerce par lequel on charge un correspondant de payer la somme énoncée au porteur de cette lettre. **4.** *Tirer de:* trouver l'origine de qqch dans, emprunter à. *D'où tire-t-il cette arrogance? Les mots que le français tire du grec.* **5.** Déduire, conclure. *Tirer des conclusions de certains faits.* **II.** v. pron. Fam. S'enfuir, se sauver. *Il s'est tiré en vitesse.* **C. I.** v. intr. **1.** Aller vers, s'acheminer. *Tirer au large. Voiture qui tire à gauche, à droite.* ▷ (Dans le temps.) *Tirer à sa fin. Tirer en longueur:* se prolonger indéfiniment. **2.** *Tirer sur:* tendre vers, avoir une certaine ressemblance avec, parlant d'une couleur. *Vert qui tire sur le bleu.* **II.** v. tr. **1.** MAR *Tirer un bord:* franchir une certaine distance sous la même amure. *Tirer des bords:* louvoyer. **2.** Fam. Avoir (tel laps de temps) à passer dans des circonstances pénibles, fâcheuses. *Encore six mois à tirer.* **D.** v. tr. et intr. **1.** Tracer. *Tirer un trait, une ligne.* ▷ *Tirer un plan,* le dessiner. – *Par ext.,* fig. *Tirer des plans:* élaborer, mûrir des projets. **2.** Imprimer. *Tirer un ouvrage sur papier bible.* ▷ v. intr. Être reproduit, imprimé, gravé. *Journal qui tire à un million d'exemplaires.* ▷ PHOTO Faire un tirage*. – Loc. fam. *Tirer le portrait à qqn,* faire son portrait, sa photographie. **E.** v. tr. et intr. **1.** Lancer (un projectile) au moyen d'une arme. *Tirer une flèche, une roquette.* – (En parlant de l'arme.) *Le fusil qui a tiré cette balle.* ▷ v. intr. Se servir d'une arme; pratiquer l'art du tir. *Tirer à blanc*. Tirer au revolver, à l'arbalète.* **2.** v. intr. Faire feu. *Tirer à bout portant, en l'air. Tirer sur qqn.* – *Par ext.* v. tr. *Tirer un oiseau, un lièvre.* **3.** Faire partir (une arme à feu, un explosif). *Tirer le canon. Tirer un feu d'artifice.* **4.** v. intr. SPORT (Quilles, soccer, etc.) Lancer la boule, le ballon. *Tirer au but.* À la pétanque, lancer la boule en visant le cochonnet ou une autre boule pour les déplacer. – P.-ê. réduction de l'a. fr. *martirier,* «torturer»; ou d'un germ. *teri,* p.-ê. par le néerl.

tire-sou [tiʀsu] n. m. Vieilli Personne avide du moindre gain. *Des tire-sous.* Syn. grippe-sou. – De *tirer,* et *sou.*

tiret [tiʀɛ] n. m. Petit trait horizontal (–) servant à couper un mot interrompu en fin de ligne, à séparer deux membres de phrase ou à indiquer un changement d'interlocuteur. – De *tirer.*

tiretaine [tiʀtɛn] n. f. Anc. Droguet, drap grossier, moitié laine et moitié fil. – Probabl. de l'a. fr. *tiret,* de *tire,* «étoffe de soie», du lat. *tyrius,* «étoffe de Tyr», et suff. *-aine,* d'ap. *futaine.*

tirette [tiʀɛt] n. f. **1.** Vx Cordon de tirage. **2.** Dispositif de commande manuelle par tirage. **3.** Tablette horizontale coulissante d'un meuble. – De *tirer.*

tireur, euse [tiʀœʀ, øz] n. **I.** n. **1.** Personne qui tire (qqch). *Tireur d'or.* ▷ *Tireuse de cartes,* femme qui prédit l'avenir d'après les combinaisons des cartes à jouer. **2.** Personne qui se sert d'une arme à feu. *Être bon, mauvais tireur. Tireur d'élite.* ▷ MILIT Soldat qui tire au fusil, au fusil-mitrailleur, etc. *Position du tireur couché.* **3.** COMM Celui qui émet une lettre de change sur une autre personne (appelée tiré). **II.** n. f. **1.** TECH Machine servant à effectuer des tirages photographiques. **2.** Appareil servant au remplissage des bouteilles. – De *tirer.*

tire-veille [tiʀvɛj] n. m. MAR **1.** Cordage mis en pendant pour aider à monter à bord par une échelle de coupée ou pour servir de sauvegarde au personnel d'une embarcation que l'on hisse. **2.** Cordage servant à manœuvrer la barre d'un gouvernail. *Des tire-veilles.* – Altér. de *tire-vieille.*

tiroir [tiʀwaʀ] n. m. **1.** Casier coulissant, s'emboîtant dans un meuble, et que l'on tire au moyen d'un bouton, d'une clé, etc. *Tiroirs d'une commode.* ▷ Fig. *Pièce, roman à tiroirs:* œuvre dans laquelle des scènes, des épisodes indépendants les uns des autres viennent se greffer sur l'action principale. Fam. *Nom à tiroirs:* nom en plusieurs parties (souvent nobiliaire). **2.** TECH Organe mobile qui règle l'admission de vapeur dans le cylindre d'une machine à vapeur. – De *tirer;* d'abord *tyroire,* «outil de tonnelier».

tiroir-caisse [tiʀwaʀkɛs] n. m. Tiroir contenant la caisse d'un commerçant. *Des tiroirs-caisses.* – De *tiroir,* et *caisse.*

tisane [tizan] n. f. Boisson obtenue en faisant macérer ou infuser des plantes médicinales dans de l'eau. – Bas lat. *tisana,* class. *ptisana,* gr. *ptisanê,* «orge mondé».

tisanière [tizanjɛʀ] n. f. Pot à infusion qu'on peut laisser sur une veilleuse. – Du préc.

tison [tizɔ̃] n. m. Reste encore brûlant d'une bûche, d'un morceau de bois à moitié consumés. – Lat. *titio, titionis.*

tisonné, ée [tizɔne] adj. Se dit du poil d'un cheval marqué de longues taches noires. – Pp. de *tisonner.*

tisonner [tizɔne] v. [1] v. intr. Remuer les tisons pour attiser, ranimer le feu. ▷ v. tr. *Tisonner le feu.* – De *tison.*

tisonnier [tizɔnje] n. m. Tige de fer qui sert à tisonner. – De *tison.*

tissage [tisaʒ] n. m. **1.** Action, art de tisser. **2.** Établissement où on fait des tissus. – De *tisser.*

tisser [tise] v. tr. [1] **1.** Fabriquer (un tissu) en entrecroisant les fils de chaîne et les fils de trame. *Métier à tisser. Tisser de la toile.* ▷ *Tisser une matière textile,* en faire un tissu. *Tisser du coton.* **2.** Fig. Former, constituer (qqch) par un assemblage patient d'éléments. *C'est lui qui a tissé* (ou, vx *tissu*) *cette intrigue.* Syn. ourdir. – De l'anc. v. *tistre,* d'ap. *tissu;* lat. *texere.*

tisserand, ande [tisʀɑ̃, ɑ̃d] n. Artisan, ouvrier qui fabrique des tissus. – De *tisser.*

tisserin [tisʀɛ̃] n. m. ZOOL Passériforme africain (genre princ. *Ploceus,* fam. plocéidés), dont les nids sont faits d'herbes entrelacées. – De *tisser.*

tisseur, euse [tisœʀ, øz] n. Ouvrier, ouvrière dont le métier est de tisser. – De *tisser.*

tissu [tisy] n. m. **1.** Entrelacement régulier de fils textiles formant une surface souple. *Tissu de soie, de laine.* ▷ *Tissu-éponge.* V. éponge. **2.** HISTOL Ensemble de cellules dont la structure est proche et qui concourent à une même fonction dans un organe ou une partie d'organe. *Tissu conjonctif, musculaire. L'étude des tissus, ou histologie, a beaucoup bénéficié du perfectionnement des instruments optiques.* **3.** Fig. (Péjor., avec un compl. de nom abstrait.) Suite ininterrompue, enchevêtrement. *Un tissu de mensonges, de lieux communs.* **4.** Fig. *Tissu urbain:* ensemble des éléments (maisons, rues, jardins publics, etc.) qui constituent la structure d'une ville, d'un quartier. – Pp. subst. de l'anc. v. *tistre,* «tisser», du lat. *texere.*

tissulaire [tisylɛʀ] adj. Didac. Qui concerne les tissus. *Régénération tissulaire.* – De *tissu,* d'ap. *cellulaire.*

titan [titɑ̃] n. m. Fig., litt. Géant. *Une œuvre de titan. Combat de titans.* – Lat. *Titan,* mot gr., n. du fils aîné d'Ouranos, le Ciel, et de Gaia, la Terre, dans la mythologie.

titane [titan] n. m. Métal à l'éclat gris brillant, ductile et malléable; élément de numéro atomique $Z = 22$, de masse atomique 47,90 (symbole Ti). – Lat. mod. *titanium,* du gr. *titanos,* «chaux, plâtre».
ENCYCL Le titane fond à 1 668 °C et bout à 3 260 °C. Il possède des qualités mécaniques analogues à celles des aciers, mais il est beaucoup plus léger que ceux-ci (masse volumique 4 340 kg/m^3). Le titane est utilisé en peinture sous forme de dioxyde de titane *(blanc de titane)* à fort pouvoir couvrant. L'industrie aérospatiale l'utilise sous forme d'alliages (aluminium, étain et molybdène). Les structures des avions supersoniques conçus pour des vitesses supérieures à Mach 2,2 doivent être constituées d'une forte proportion de titane pour résister à l'échauffement aérodynamique.

titanesque [titanɛsk] ou (litt.) **titanique** [titanik] adj. Digne d'un titan. Syn. gigantesque. – De *titan.*

titi [titi] n. m. (France) Pop. Gamin des rues, gouailleur et malicieux. *Titi parisien.* – Mot pop. de formation enfantine.

titillation [titijasjɔ̃] n. f. Litt. Fait de titiller; sensation qui en résulte. – Lat. *titillatio.*

titiller [titije] v. tr. [1] Litt. Chatouiller légèrement et agréablement. ▷ Fig., fam. Taquiner, agacer; tracasser. *Il ne cesse de la titiller. La pensée de son examen le titille.* – Lat. *titillare.*

titisme [titism] n. m. Le socialisme, neutraliste et autogestionnaire tel que l'a conçu Tito. – Du n. de Josip Broz (1892-1980), dit *Tito,* homme d'État yougoslave.

titiste [titist] adj. et n. Partisan de Tito, du titisme. – Du préc.

titrage [titʀaʒ] n. m. **1.** CHIM Action de titrer une solution. *Titrage d'une liqueur.* **2.** TECH Indication de grosseur (d'un fil textile). – De *titrer.*

titre [titʀ] n. m. **I. 1.** Énoncé servant à nommer un texte et qui, le plus souvent, évoque le contenu de celui-ci. *Titre d'une pièce de théâtre, d'un roman, d'un recueil de vers. Titre d'un chapitre.* – *Page de titre* ou *titre:* page comportant le titre, le nom de l'auteur, de l'éditeur, etc. *Faux titre:* titre abrégé imprimé sur le feuillet qui précède la page de titre. *Titre courant,* qui est reproduit sur chaque page d'un livre. ▷ L'une des subdivisions de certains ouvrages juridiques. *Titres et articles d'un code de lois.* **2.** Désignation analogue d'une œuvre enregistrée, filmée, d'un morceau de musique, d'un tableau, etc. **II. 1.** Dignité, qualification honorifique. *Titre nobiliaire. Le titre de duc, d'altesse.* **2.** Qualification obtenue en vertu d'un diplôme, des fonctions que l'on exerce. *Titres universitaires. Le titre d'ingénieur, d'avocat, de directeur.* ▷ *En titre:* qui exerce une fonction en tant que titulaire. *Professeur en titre.* **3.** Nom donné à qqn pour exprimer sa qualité, son état. *Le titre de père, d'ami.* **4.** État, qualité de vainqueur, de champion pour un sportif, un joueur. *Remporter, détenir, mettre en jeu un titre.* **5.** loc. prép. *À titre de:* en tant que. *À titre d'héritier. À titre de cadeau.* ▷ *À titre* (+ adj.): de façon... *À titre bénévole.* – *À juste titre:* justement, avec raison. **III. 1.** Acte écrit, document établissant un droit, une qualité. *Titres de propriété.* **2.** Valeur négociable en Bourse. **3.** Fig. Ce qui permet de prétendre à qqch. *Il a plus d'un titre à votre reconnaissance. C'est son titre de gloire.* **IV. 1.** Proportion de métal précieux pur contenu dans un alliage. **2.** CHIM *Titre d'une solution:* rapport de la masse d'une substance dissoute à la masse totale *(titre massique)* ou du nombre de moles d'un constituant au nombre total de moles *(titre molaire).* ▷ *Titre hydrotimétrique* (abrév. TH): nombre qui exprime la dureté* d'une eau. **3.** PHYS *Titre de vapeur:* rapport de la masse de vapeur à la masse totale du fluide. **4.** TECH *Titre d'un fil,* numéro exprimant sa grosseur. – Du lat. *titulus,* «inscription, titre d'honneur».

titré, ée [titʀe] adj. **1.** Qui a un titre de noblesse. **2.** CHIM *Solution titrée,* dont la composition est connue. – Pp. de *titrer.*

titrer [titʀe] v. tr. [1] **1.** Rare Pourvoir (qqn) d'un titre nobiliaire. **2.** CHIM *Titrer une solution:* déterminer par dosage la quantité de corps dissous dans cette solution. ▷ *Liqueur qui titre 15 (16, 17, etc.) degrés,* dont le titre est de 15 (16, 17, etc.) degrés. **3.** (En parlant d'un journal.) Avoir comme titre d'article. *«Le Journal de Montréal» titre en première page: «Les Nordiques ont gagné».* – De *titre.*

titreuse [titʀøz] n. f. TECH Appareil servant à filmer les titres et les sous-titres d'un film. ▷ Dans un atelier de composition, machine permettant de composer les gros titres. – De *titrer.*

titrimétrie [titʀimetʀi] n. f. CHIM Syn. de *volumétrie.* – De *titrer* (sens 2), et *-métrie.*

titubant, ante [titybɑ̃, ɑ̃t] adj. Qui titube. – Ppr. de *tituber.*

titubation [titybasjɔ̃] n. f. Rare Action de tituber. – Lat. *titubatio.*

tituber [titybe] v. intr. [1] Marcher en chancelant. *Homme ivre qui titube.* – Lat. *titubare.*

titulaire [titylɛʀ] adj. et n. **1.** Qui est possesseur d'une fonction, d'une charge garantie par un titre. *Professeur titulaire.* **2.** Qui possède qqch selon le droit. *Être titulaire d'un passeport.* **3.** RELIG CATHOL *Évêque titulaire,* qui porte le titre d'un diocèse dépourvu d'existence canonique. Cf. in partibus. – Du lat. *titulus,* «titre».

titularisation [titylaʀizasjɔ̃] n. f. Action de titulariser. ▷ Procédure administrative en vue de la nomination d'un professeur d'université au rang de titulaire; la nomination elle-même. – De *titulariser.*

titulariser [titylaʀize] v. tr. [1] Nommer (qqn) titulaire de sa charge. *Titulariser un fonctionnaire.* ▷ Promouvoir un professeur d'université au rang de titulaire. – De *titulaire.*

titulature [titylatyʀ] n. f. Didac. Ensemble des titres d'un individu, d'une famille noble. – Du lat. *titulus,* «titre».

tjäle [tjal] n. m. GEOGR Sol gelé en permanence. – Mot suédois.

Tl CHIM Symbole du thallium.

Tm CHIM Symbole du thulium.

T.N.T. ou **TNT** Abrév. de *trinitrotoluène.*

tmèse [tmɛz] n. f. LING Séparation des éléments d'un mot par l'intercalation d'un ou de plusieurs autres mots. (Ex.: *Lors* donc *que.*) – Lat. gram. *tmesis,* mot gr., de *temnein,* «couper».

1. toast [tos(t)] n. f. Tranche de pain grillée. – *Toast dorée:* pain doré. V. pain. – Mot angl., «pain grillé».

2. toast [tost] n. m. Mot de circonstance invitant à boire à la santé de qqn, à la réussite d'une entreprise, etc. *Porter un toast,* lever son verre pour s'associer aux vœux ainsi formulés. – Angl. *toast,* V. toast 1.

tobagane. V. tabagane.

toboggan [tɔbɔgɑ̃] n. m. **1.** Traîneau sans patins servant à glisser sur la neige et, autrefois, à transporter des marchandises. Rem. Surtout dans la langue écrite. V. tabagane. ▷ (France) Traîneau bas muni de deux patins. **2.** Dispositif constitué d'une piste en matériau lisse en forme de gouttière, le long de laquelle on se laisse glisser par jeu. *Toboggans d'un parc d'attractions.* ▷ *Par anal.* Dispositif de forme analogue destiné à la manutention des marchandises. **3.** Viaduc provisoire, constitué d'éléments démontables, qui permet le franchissement d'un obstacle par une voie de circulation automobile. – Mot angl., d'orig. algonquienne, diffusé en français du Canada depuis la fin du XIXe s. sous l'influence du français de France.

toc [tɔk] n. et adj. **I.** n. m. **1.** Péjor. Imitation d'une matière, d'une chose de prix (dans *du toc, en toc,* etc.). *Ce n'est que du toc. Bijou en toc.* ▷ Adj. inv. Fam. Faux et de mauvais goût. *Des meubles toc.* **2.** TECH Pièce d'un tour servant à entraîner la pièce à tourner. **II.** Onomatopée évoquant un petit bruit sec fait en frappant. *J'ai entendu un toc-toc à la porte.* ▷ Adj. Fam. *Être toc-toc,* toqué. – Onomat.

tocade. V. toquade.

tocan. V. tacon.

tocante ou **toquante** [tɔkɑ̃t] n. f. Fam. Montre. – Ppr. fém. subst. de *toquer* 1.

tocard ou **toquard, arde** [tɔkaʀ, aʀd] adj. et n. Fam. **1.** adj. Laid, médiocre. **2.** n. m. TURF Mauvais cheval. *Miser sur un tocard.* Fam. Individu incapable. – De *toc.*

toccata [tɔkata] n. f. MUS Composition instrumentale de forme libre écrite pour un instrument à clavier. – Mot ital.

tocographie [tɔkɔgʀafi] n. f. MED Enregistrement graphique des contractions utérines effectué au cours de l'accouchement, et qui permet de contrôler le déroulement de ce dernier. – Du gr. *tokos,* «accouchement», et *-graphie.*

tocophérol [tɔkɔfeʀɔl] n. m. BIOCHIM Syn. de *vitamine E.* – Du gr. *tokos,* «accouchement», de *pherein,* «porter, produire», et *-ol.*

tocsin [tɔksɛ̃] n. m. Sonnerie d'une cloche qu'on fait tinter à coups redoublés pour donner l'alarme. *Sonner le tocsin.* – Anc. provenç. *tocasenh,* de *tocar,* «toucher», et *senh,* «la cloche», du lat. *signum.*

toge [tɔʒ] n. f. **1.** ANTIQ ROM Grande pièce d'étoffe formant un vêtement ample que les Romains portaient par-dessus la tunique. **2.** Robe que portent les avocats, les magistrats dans l'exercice de leurs fonctions, les professeurs de l'enseignement supérieur dans certaines cérémonies, etc. – Lat. *toga.*

togolais, aise [togolɛ, ɛz] adj. et n. Du Togo, État d'Afrique occidentale.

tohu-bohu [tɔybɔy] n. m. Confusion, désordre bruyant. *La séance s'acheva dans le tohu-bohu.* – Transcription de l'hébreu *tohū wābōhū,* «désert et vide», de *tohū,* «désert aride», et *bōhū,* «désolé», expression appliquée dans la Bible (Genèse I, 2) à l'état primordial de la Terre au moment de la Création.

toi [twa] pron. pers. Forme tonique de la 2e pers. du sing. des deux genres. **1.** Complément d'objet après un impératif (pron.). *Gare-toi à gauche. Laisse-toi aller.* **2.** (Sujet d'un v. à l'infinitif.) *Toi, ne pas lui pardonner?* – (Avec un infinitif de narration). *Et toi de poursuivre, comme si de rien n'était.* **3.** (Sujet d'un participe.) *Toi riant, il fallait que je reste sérieux.* **4.** (Sujet coordonné avec un nom ou avec un autre pron.) *Yves et toi le ferez.* **5.** (Complément coordonné.) *Vous, je veux dire ta femme et toi.* **6.** (Sujet, renforçant *tu.*) *Toi, tu devras le faire.* – (Renforçant le pron. atone *te*) *Je te le dis à toi. Il t'aime toi.* **7.** (Complément indirect après une préposition.) *C'est à toi. L'idée est de toi.* **8.** (Forme renforcée.) Toi-même. *Toi-même, tu ne saurais y répondre.* – Toi seul. *Toi seul es maître à bord.* **9.** Toi qui... *Toi qui sais tout, dis-moi...* – Toi que... *Toi que j'aime.* – N.B. Devant *en* et *y, toi* devient *t'. Vas-t'en. Fais t'y.* – Lat. *te,* en position accentuée.

toile [twal] n. f. **1.** Tissu de l'armure* portant ce nom, fait de lin, de chanvre, de coton, etc. *Toile fine. Toile d'emballage. Toile à voile. Vêtement de toile.* Appos. *Armure toile,* obtenue par division des fils de chaîne en deux trames qu'on lève et abaisse alternativement pour insérer le fil conduit par la navette.– *Toile cirée,* recouverte d'un enduit imperméable. *Nappes de toile cirée.* ▷ Par anal. *Toile d'amiante. Toile métallique.* ▷ *Toile d'araignée:* réseau tissé par les araignées au moyen de fils de soie qu'elles sécrètent et dans lequel elles capturent leurs proies. **2.** Pièce de toile fixée sur un cadre de bois et destinée à être peinte; tableau réalisé sur ce support. – Par méton. *Peinture sur toile. Toiles de maîtres.* ▷ *Toile de fond:* grand panneau formant le fond d'une scène de théâtre et sur lequel est peint un décor. – *Par ext.*, fig. *La toile de fond d'un récit, d'un roman,* le cadre, le contexte dans lequel il se déroule. **3.** MAR *La toile:* la voilure. *Navire qui porte beaucoup de toile.* – Lat. *tela.*

toilerie [twalʀi] n. f. Industrie, commerce de la toile; établissement où l'on fabrique de la toile. – Du préc.

toilettage [twalɛt(t)aʒ] n. m. Ensemble des soins de propreté (donnés à un chien, à un chat, etc.). – De *toiletter.*

toilette [twalɛt] n. f. **1.** Action de se laver et, éventuellement, de se parer. *Faire sa toilette. Cabinet de toilette.* **2.** Meuble sur lequel on range les objets qui servent à se parer. **3.** Ensemble des vêtements et des parures d'une femme; costume féminin. *Elle porte bien la toilette. Une toilette élégante, classique.* ▷ Anc. *Marchande à la toilette:* femme qui vendait des vêtements, des bijoux, etc., d'occasion. **4.** Par euph. *Les toilettes (ou la toilette):* les cabinets. ▷ *Papier de toilette.* **5.** En boucherie, épiploon (dont on enveloppe certaines pièces). – De *toile.*

toiletter [twalɛt(t)e] v. tr. [1] Procéder au toilettage de (un animal). – De *toilette.*

toise [twaz] n. f. **1.** Anc. Mesure de longueur égale à six pieds. ▷ Mesure de superficie équivalant à 100 pieds carrés, utilisée notam. dans le commerce du bardeau. *Une toise de bardeaux d'asphalte.* ▷ FOREST Mesure de volume équivalant à 216 pieds cubes, utilisée pour le bois empilé. **2.** Règle verticale graduée, munie d'un index coulissant, qui sert à mesurer la taille des personnes. – Du lat. médiév. *tensa, teisia,* «étendue», du pp. de *tendere,* «tendre».

toiser [twaze] v. tr. [1] **1.** Mesurer (qqn) au moyen d'une toise. *Toiser un enfant.* **2.** Fig. Regarder avec dédain, mépris. *Toiser qqn:* le regarder de haut. – De *toise.*

toison [twazõ] n. f. **1.** Poil épais et laineux de certains animaux, en partic. du mouton. ▷ MYTH *Toison d'or:* toison d'un bélier volant donnée au roi de Colchide Aiêtês; Jason organisa l'expédition des Argonautes pour s'en emparer. **2.** Chevelure abondante, poils particulièrement fournis. *Démêler sa toison.* – Du bas lat. *tonsio, tonsionis,* «tonte (des brebis)», de *tondere,* «tondre».

toit [twa] n. m. **1.** Partie supérieure d'un bâtiment, d'un véhicule, qui protège des intempéries. *Toit de bardeaux d'asphalte. Voiture à toit ouvrant.* ▷ Loc. fig. *Crier qqch sur les toits,* le faire savoir à tous. **2.** Maison, logement. *Se retrouver sans toit.* – *Sous le toit de qqn,* dans sa maison. **3.** MINES Plafond d'une galerie. – Du lat. *tectum.*

toiture [twatyʀ] n. f. Ensemble des éléments constituant le toit d'une construction. *Réparer une toiture.* – Du préc.

tokai, tokay [tɔkɛ] ou **tokaï** [tɔkaj] n. m. **1.** (Prononcé [tɔkaj]) Vin hongrois produit dans la région de Tokay. **2.** (Prononcé [tɔkɛ]) Vin de même cépage, produit dans le midi de la France et en Alsace. – De *Tokay,* rég. de Hongrie.

tokamak [tɔkamak] n. m. PHYS NUCL Appareil en forme de tore pour le confinement de plasmas, que l'on utilise dans les recherches sur la fusion nucléaire contrôlée. – Mot russe, de *tok,* «courant».

tokharien, ienne [tɔkaʀjɛ̃, jɛn] n. m. et adj. LING Langue indo-européenne dont quelques fragments écrits datant des premiers siècles de l'ère chrétienne ont été découverts au Turkestan chinois. – Du gr. *Tokharoi,* désignant un peuple d'Asie centrale.

1. tôle [tol] n. f. Métal laminé en plaques larges et minces. *De la tôle. Tôle ondulée,* utilisée en partic. pour les toits de constructions légères. ▷ Plaque de tôle. *Une tôle carrée.* – Forme dial. de *table.*

2. tôle. V. taule.

tôlée [tole] adj. **1.** Fam. (Argot des skieurs). *Neige tôlée,* présentant une croûte de glace superficielle. **2.** TECH Recouvert de tôle (en parlant de la caisse d'un véhicule automobile). – De *tôle* 1.

tolérable [tɔleʀabl] adj. Qu'on peut tolérer, supporter. – Lat. *tolerabilis.*

tolérance [tɔleʀɑ̃s] n. f. **1.** Attitude consistant à tolérer ce qu'on pourrait rejeter, refuser ou interdire; dérogation admise à certaines lois, à certaines règles. *Ce n'est pas un droit, c'est une tolérance.* ▷ Anc. *Maisons de tolérance:* maisons de prostitution fonctionnant sous surveillance administrative. **2.** Fait d'accepter les opinions (religieuses, philosophiques, politiques, etc.) d'autrui, même si on ne les partage pas. *Prôner la tolérance.* **3.** Différence tolérée entre le poids, les dimensions, etc., théoriques d'un produit marchand et ses caractéristiques réelles. **4.** MED Fait, pour l'organisme, de bien supporter un agent chimique, physique ou médicamenteux. *Tolérance immunitaire:* suppression de la réaction immunologique à un antigène donné. – Lat. *tolerantia.*

tolérant, ante [tɔleʀɑ̃, ɑ̃t] adj. Qui fait preuve de tolérance. *Être d'un naturel tolérant.* – Ppr. de *tolérer.*

tolérer [tɔleʀe] v. tr. [16] **1.** Accepter sans autoriser formellement (qqch qu'on est en droit d'interdire). *Tolérer certaines infractions au règlement.* **2.** Supporter par indulgence, en faisant un effort sur soi-même. *Tolérer qqn. Il ne tolère pas la moindre remarque, qu'on le contredise.* **3.** (En parlant d'un organisme vivant.) Bien supporter (un médicament, un traitement, etc.). – Lat. *tolerare.*

tôlerie [tolʀi] n. f. **1.** Industrie, commerce ou atelier du tôlier. **2.** Ensemble d'éléments en tôle. – De *tôle* 1.

tolet [tɔlɛ] n. m. MAR Cheville enfoncée dans un renfort du plat-bord *(toletière),* qui sert de point d'appui à l'aviron. – Mot normand; de l'anc. scand. *thollr.*

1. tôlier [tolje] n. m. Celui qui fabrique, vend ou travaille la tôle. – De *tôle* 1.

2. tôlier. V. taulier.

tolite [tɔlit] n. f. TECH Syn. de *trinitrotoluène.* – De *tol(uène),* et suff. *-ite* 2.

tollé [tɔl(l)e] n. m. Cri, mouvement collectif d'indignation, de protestation. – De l'a. fr. *tolez,* impér. de *toldre,* du lat. *tollere,* «soulever, enlever, faire disparaître»; devenu cri de protestation et modifié sous l'influence du lat. *tolle hunc,* «enlève-le, prends-le», cri par lequel les Juifs demandèrent à Pilate de crucifier le Christ.

tolu [tɔly] n. m. PHARM *Baume de tolu:* baume fait de résine de myroxylon purifiée par fusion et filtration, utilisé notam. en dermatologie. – De *Tolu,* v. de Colombie.

toluène [tɔlɥɛn] n. m. CHIM Hydrocarbure aromatique de formule $C_6H_5 - CH_3$, extrait du benzol lors de la distillation de la houille ou obtenu par synthèse à partir du benzène, qui sert de point de départ à la fabrication de matières colorantes, d'explosifs, de parfums et de produits pharmaceutiques. – De (baume de) *Tolu* (ville de Colombie), et *-ène.*

toluidine [tɔlɥidin] n. f. CHIM Matière colorante dérivée du toluène. – De *tolu(ène).*

toluol [tɔlyɔl] n. m. TECH Toluène brut. – De *tolu(ène), et -ol.*

tom(o)-, -tome, -tomie. Éléments, du gr. *-tomos*, et *-tomia*, rad. *temnein*, «couper, découper» (ex.: atome; phlébotomie).

tom [tɔm] ou **tom-tom** [tɔmtɔm] n. m. MUS Tambour cylindrique de 20 à 50 cm de diamètre, à une ou deux peaux, employé dans la batterie de jazz. – Angl. *tom tom*, d'une langue de l'Inde orientale.

tomahawk [tɔmaok] n. m. Anc. Hache de guerre des Amérindiens d'Amérique du Nord. (On dit, on écrit aussi *tomawak*, graphie fautive.) – Mot angl., de l'algonquien.

tomaison [tomɛzõ] n. f. IMPRIM Indication du numéro du tome (sur une page, sur la reliure). ▷ Division d'un ouvrage en tomes. – De *tome*.

tomate [tɔmat] n. f. **I. 1.** Plante herbacée annuelle (*Solanum lycopersicum*, fam. solanacées), de grande taille, velue, à feuilles alternes charnues, cultivée pour ses fruits. **2.** Fruit rouge, à la saveur légèrement acidulée, de cette plante. *Salade de tomates. Sauce tomate.* ▷ *Être rouge comme une tomate*, très rouge (de confusion). **II.** *Une tomate:* un verre de pastis additionné de grenadine. – Esp. *tomata*, de l'aztèque.

tombal, ale, als [tõbal] adj. Relatif à une tombe, aux tombes. *Pierre tombale.* – De *tombe*.

tombant, ante [tõbɑ̃, ɑ̃t] adj. **1.** *À la nuit tombante:* à l'heure où la nuit tombe. **2.** Qui est incliné. *Épaules tombantes.* – Ppr. de *tomber*.

tombe [tõb] n. f. Lieu où est enterré un mort; fosse couverte d'un tertre, d'une dalle, d'un monument. Syn. sépulture. *Rangées de tombes dans un cimetière. Aller prier sur la tombe de qqn.* ▷ Loc. fig. *Se retourner dans sa tombe:* se dit d'un mort dont on imagine que, s'il vivait encore, il serait indigné (par des actes, des paroles). *Arracher qqn à la tombe*, à la mort. *Avoir un pied dans la tombe:* être près de la mort. *Suivre qqn dans la tombe*, lui survivre peu de temps. *Être muet comme une tombe*, d'un silence, d'une discrétion absolus. – Gr. *tumbos*, «tertre»; lat. ecclés. *tumba*.

tombeau [tõbo] n. m. **1.** Sépulture monumentale d'un mort ou de plusieurs. ▷ *Mise au tombeau:* sculpture, peinture représentant la mise au tombeau du Christ. **2.** Litt. Lieu sombre, humide, sinistre. *Cette pièce est un vrai tombeau.* **3.** Fig. Fin, mort, destruction. *Ce serait le tombeau de nos libertés.* ▷ Loc. fig. *Rouler à tombeau ouvert:* conduire très vite, en prenant des risques mortels. – De *tombe*.

tombée [tõbe] n. f. *La tombée de la nuit, du jour:* le crépuscule. – Pp. fém. subst. de *tomber*.

tomber [tõbe] v. [1] **A.** v. intr. **I. 1.** Être entraîné subitement de haut en bas, par perte d'équilibre; faire une chute. *Le vent fait tomber les arbres. Tomber à la renverse.* **2.** Être entraîné vers un lieu plus bas, plus profond. *Tomber d'un arbre, d'un toit. Le vase est tombé par terre et s'est cassé.* – Loc. *Tomber des nues:* être très surpris. – Fam. *Laisser tomber:* abandonner. *Il a laissé tomber ce projet depuis longtemps.* ▷ v. impers. *Il tombe d'énormes grêlons.* **3.** (Choses.) S'effacer, disparaître. *Les obstacles tombent les uns après les autres.* **4.** (Personnes.) Perdre le pouvoir, être renversé. *La dictature est enfin tombée.* **5.** (Choses.) Perdre de sa vigueur, diminuer, décliner. *Son enthousiasme commence à tomber.* **II.** (Mouvement vers le bas, sans chute brutale). **1.** Arriver d'un lieu plus élevé. *Le brouillard tombe.* **2.** (Choses.) Devenir plus bas, plus faible. *Les cours tombent.* Syn. baisser. *Conversation qui tombe.* **3.** (Personnes.) Déchoir, dégénérer. *Il est tombé bien bas.* **4.** (Choses.) Pendre. *Ses cheveux lui tombent sur les épaules.* **III. 1.** *Tomber sur:* attaquer violemment. *Tomber à bras raccourcis sur qqn.* **2.** *Tomber en, dans:* passer dans (un état considéré comme inférieur au précédent). *Tomber dans un vice, dans le désordre.* **3.** (Suivi d'un qualificatif.) Devenir subitement. *Tomber gravement malade. Tomber amoureux. Tomber enceinte. Tomber endormi.* ▷ (Dans les loc.) *Tomber d'accord avec qqn.* – Fam. *Tomber en vacances:* commencer ses vacances. *Tomber en amour**. **IV. 1.** Arriver inopinément, survenir. *Tomber bien, mal, à pic.* ▷ Fam. (Personnes.) *Tomber sur un ami. Tomber sur une difficulté.* Syn. rencontrer. **2.** Arriver, se produire. *Cette année, le 1er juillet tombe un lundi.* **B.** v. tr. **1.** SPORT Faire tomber, vaincre. *Lutteur qui tombe tous ses adversaires.* **2.** Fam. *Tomber une femme*, la séduire. **3.** Fam. *Tomber la veste*, la retirer. – Probabl. formation expressive, avec infl. de l'a. fr. *tumer*, «danser, gambader, culbuter», frq. *tûmon*.

tombereau [tõbʀo] n. m. Véhicule utilisé pour le transport des matériaux, comprenant une benne à pans inclinés qui se décharge par basculement. – Son contenu. *Un tombereau de gravier.* – De *tomber*.

tombeur [tõbœʀ] n. m. Fam. Celui qui fait tomber, qui renverse. ▷ Fam. *Un tombeur:* un homme qui «tombe» de nombreuses femmes, un séducteur, un don Juan. – De *tomber*.

tombola [tõbɔla] n. f. Loterie où les numéros sortants gagnent des lots en nature. *Le tirage de la tombola.* – Ital. *tombola*, propr. «culbute», puis «loto».

tombolo [tõbɔlo] n. m. GEOMORPH Cordon de galets et de sable qui relie un ancien îlot au continent. – Mot ital., «tumulus, tertre», du lat. *tumulus*.

tome [tɔm] n. m. **1.** Division d'un ouvrage, contenant généralement plusieurs chapitres (et indépendante de la division en volumes). *Le tome second est dans le premier volume.* **2.** *Par ext.* Volume. – Lat. *tomus*, gr. *tomos*, propr. «portion».

-tome. V. tom(o)-.

tomenteux, euse [tɔmɑ̃tø, øz] adj. BOT Couvert de poils fins et serrés. *Tiges tomenteuses.* – Du lat. *tomentum*, «bourre, duvet».

tomer [tome] v. tr. [1] TECH Diviser (un ouvrage) en tomes. – De *tome*.

tomette. V. tommette.

-tomie. V. tom(o)-.

tomme [tɔm] n. f. Fromage à pâte pressée, en forme de gros cylindre aplati, fabriqué en Savoie. – Lat. pop. **toma*, probabl. d'orig. prélatine; anc. provenç. *toma*.

tommette ou **tomette** [tɔmɛt] n. f. Briquette plate hexagonale utilisée pour le revêtement des sols. – Du dauphinois *tometa*, de *toma*, «fromage plat» (V. tomme).

tomo-. V. tom(o)-.

tomodensitomètre. V. scannographe.

tomographie [tɔmogʀafi] n. f. MED Procédé radiologique permettant de prendre des clichés par plans d'un organe. – Cliché ainsi obtenu. V. scannographe. – De *tomo-*, et *(radio)graphie*.

1. ton, ta, tes [tõ, ta, te] adj. poss. **I.** (Sens subjectif.) **1.** Qui est à toi (rapport général d'appartenance). *Montre ta main. J'admire ton courage. Tes parents, tes amis.* – (On remplace *ta* par *ton* devant un n. f. qui commence par une voyelle, ou un *h* muet.) *Ton amie. Ton habitude.* **2.** *Par ext.* (Marquant différents rapports d'intérêt.) *Tu nous le présenteras, ton jeune peintre génial? Éteins ta lumière.* **II.** (Sens objectif.) *Ton éditeur*, celui qui t'édite. *Ton hospitalisation.* – Formes atones des adj. lat. *tuum, tua*. V. tien.

2. ton [tõ] n. m. **I. 1.** Degré de hauteur, intensité ou timbre de la voix. *Ton aigu, grave. Ton perçant, sourd.* **2.** Façon de parler, inflexion expressive de la voix qui révèle un sentiment, une intention. Syn. accent. *Prendre un ton assuré.* **3.** Manière d'exprimer sa pensée. Syn. manière, style. *Le ton épique.* **4.** (En loc.) Façon de se conduire et de parler en société. *Donner le ton. De bon ton:* qui convient socialement. **II. 1.** MUS Hauteur des sons produits par la voix ou par un instrument. *Donner le ton,* le la. *Sortir du ton:* détonner. **2.** MUS Intervalle fondamental qui s'exprime par le rapport des fréquences de 8 à 9 *(ton majeur)* ou de 9 à 10 *(ton mineur);* degré de l'échelle diatonique. ▷ Échelle musicale d'une hauteur déterminée, désignée par le nom de sa tonique. *Ton principal et modulation.* **3.** LING Hauteur du son de la voix. – Accent de hauteur. ▷ *Langue à tons,* où les différences de hauteur des syllabes entraînent des différences de sens. **III.** Couleur, considérée dans son intensité, dans son éclat, sa nuance, ou par rapport à l'impression qu'elle produit. *Ton neutre. Ton chaud.* ▷ *Ton sur ton:* en utilisant différentes nuances d'une même couleur. – Gr. *tonos,* lat. *tonus.*

tonal, ale, als [tɔnal] adj. **1.** Relatif au ton. **2.** Qui utilise la tonalité. *Musique tonale.* Ant. atonal. – De *ton* 2.

tonalité [tɔnalite] n. f. **I. 1.** Organisation des sons musicaux telle que les intervalles (tons et demi-tons) se succèdent dans le même ordre, chaque gamme ayant pour base une tonique. *Modalité et tonalité.* **2.** Ton (sens II, 2). *Tonalité d'un morceau.* **3.** Caractère des sons produits par la voix ou par un instrument. *Une tonalité agréable.* ▷ *Spécial.* Son continu qu'on entend en décrochant le téléphone et qui signifie qu'on peut composer le numéro d'appel. **II.** Couleur dominante; impression qu'elle dégage. *Tonalité triste.* – Fig. *Un roman d'une tonalité désenchantée.* – De *tonal.*

tonca. V. tonka.

tondage [tõdaʒ] n. m. **1.** Action de tondre (une étoffe). **2.** Action de tondre (un cheval). – De *tondre.*

tondeur, euse [tõdœʀ, øz] n. Celui, celle qui tond. *Tondeur de chiens.* – De *tondre.*

tondeuse [tõdøz] n. f. **1.** Machine utilisée pour tondre le drap, le gazon, etc. **2.** Instrument utilisé pour tondre les cheveux, ou le poil des animaux. – De *tondre.*

tondo, tondi [tõdo, tõdi] n. m. BX-A Tableau rond. – Mot ital., aphérèse de *rotondo.*

tondre [tõdʀ] v. tr. [5] **1.** Couper ras. *Tondre la laine d'un mouton. Tondre le gazon.* **2.** Couper ras les cheveux, les poils de. *Tondre un enfant. Tondre un chien.* ▷ Couper ras le poil de (une étoffe). *Tondre le drap.* **3.** Fig., fam. Dépouiller. *Tondre le client.* – Lat. *tondere.*

tondu, ue [tõdy] adj. et n. m. Coupé ras. *Cheveux tondus.* – Dont les poils, les cheveux ont été coupés ras. *Un caniche tondu.* ▷ N. m. Loc. *Trois* (ou *quatre*) *pelés et un tondu:* presque personne. – Pp. de *tondre.*

tonicardiaque [tɔnikaʀdjak] adj. et n. m. PHARM Qui exerce sur le cœur une action tonique. *Médicament tonicardiaque.* ▷ N. m. *Un tonicardiaque.* – De *toni(que),* et *cardiaque.*

tonicité [tɔnisite] n. f. **1.** Qualité, caractère de ce qui est tonique. *La tonicité de l'air des montagnes.* **2.** PHYSIOL Tonus musculaire. – De *tonique* 1.

1. -tonie. Élément, du gr. *tonos,* «tension».

2. tonie [tɔni] n. f. PHYSIOL Caractère de la sensation auditive, lié à la fréquence des vibrations sonores. Syn. hauteur tonale. – De *ton* 2.

tonifiant, iante [tɔnifjɑ̃, jɑ̃t] adj. et n. m. Qui tonifie. ▷ n. m. Remède tonique. – Ppr. de *tonifier.*

tonifier [tɔnifje] v. tr. [1] **1.** Rendre ferme et élastique (un tissu). *Les ablutions à l'eau froide tonifient la peau.* **2.** Fortifier, stimuler. *Cette vie au grand air le tonifiait.* – De *tonique* 1, et *-fier.*

-tonine. Élément, du gr. *tonos,* «tension», et suff. *-ine.*

1. tonique [tɔnik] adj. et n. m. **1.** Qui augmente la vigueur de l'organisme. *Substance tonique.* ▷ N. m. *Un tonique:* un fortifiant. Syn. reconstituant, stimulant. **2.** Qui stimule le corps ou l'esprit, rend plus alerte. *Un climat tonique. Un enthousiasme tonique.* – Gr. *tonikos,* «qui se tend», de *tonos,* «tension».

2. tonique [tɔnik] n. f. et adj. **1.** n. f. MUS La première note de la gamme du ton considéré, auquel elle donne son nom. *La tonique du ton de* do *majeur est* do. *La tonique, la dominante et la sensible.* **2.** adj. LING Sur quoi porte l'accent. *Voyelle tonique. Accent tonique:* accent d'intensité ou de hauteur. ▷ *Formes toniques* (oppos. à *atones*) *des pronoms personnels.* – V. préc.

tonitruant, ante [tɔnitʀyɑ̃, ɑ̃t] adj. Qui fait un bruit énorme, semblable à celui du tonnerre, en parlant de la voix. *Une voix tonitruante.* – Bas lat. *tonitruans,* du class. *tonitrus,* «tonnerre».

tonitruer [tɔnitʀye] v. intr. [1] Parler d'une voix très forte, en criant. – Bas lat. *tonitruare,* «tonner», du class. *tonitrus,* «tonnerre».

tonka ou **tonca** [tõka] n. m. BOT Plante (*Coumarouna odorata,* fam. légumineuses) dont la graine *(fève de tonka* ou *fève tonka)* est riche en coumarine. – Mot guyanais.

tonnage [tɔnaʒ] n. m. **1.** MAR Capacité intérieure, mesurée en tonneaux, d'un navire. Syn. jauge. *Navires de tout tonnage.* **2.** Capacité totale de plusieurs navires considérés comme constituant un ensemble. *Le tonnage de la flotte pétrolière d'un pays.* – De *tonne* 2.

tonnant, ante [tɔnɑ̃, ɑ̃t] adj. **1.** Qui tonne. *Jupiter tonnant.* **2.** Qui fait un bruit comparable à celui du tonnerre. Syn. éclatant, retentissant. *Une voix tonnante.* – Ppr. de *tonner.*

1. tonne [tɔn] n. f. Tonneau large et fortement renflé. – Bas lat. d'orig. celt. *tunna, tonna.*

2. tonne [tɔn] n. f. **1.** Unité de masse du système international valant 1 000 kilogrammes (abrév. *t*). ▷ Unité de masse valant 2 000 livres (907 kg) au Canada et aux États-Unis et 2 200 livres (1 016 kg) en Angleterre. **2.** Fam. Très grande quantité. *Il en a mangé des tonnes et des tonnes.* **3.** MAR Unité valant 1 000 kg, utilisée pour mesurer le déplacement et le port en lourd des navires. *Pétrolier de 500 000 tonnes.* ▷ Unité servant à mesurer la masse des véhicules. *Un camion de 15 tonnes, un 15 tonnes.* – De *tonne* 1.

3. tonne [tɔn] n. f. ZOOL Mollusque gastéropode prosobranche (genre *Dolium*), dont la trompe très longue sécrète une salive acide capable d'attaquer le test des oursins, dont il se nourrit. – De *tonne* 1, par anal. de forme.

1. tonneau [tɔno] n. m. **1.** Grand récipient de bois fait de douves assemblées par des cerceaux, limité à chaque extrémité par un fond plat et destiné à contenir un liquide. *Tonneau à vin, à huile.* Syn. baril, barrique, fût. *Boire au tonneau. Mettre un tonneau en perce.* ▷ Pop. *Du même tonneau:* du même acabit. ▷ MYTH *Tonneau des Danaïdes :* tonneau sans fond que celles-ci furent condamnées à remplir pour avoir égorgé leur mari la nuit de leurs noces. **2.** AVIAT Figure de voltige aérienne dans laquelle l'avion effectue un tour complet autour de son axe longitudinal. ▷ Par anal. *La voiture a dérapé et a fait trois tonneaux.* – De *tonne* 1.

2. tonneau [tɔno] n. m. MAR Unité de volume servant à mesurer la jauge d'un navire, qui vaut 2,83 mètres cubes. – De *tonne* 2.

tonnelet [tɔnlɛ] n. m. Petit tonneau. – Dimin. de *tonnel,* anc. forme de *tonneau.*

tonnelier [tɔnəlje] n. m. Ouvrier qui fabrique ou répare les tonneaux. – De *tonnel,* anc. forme de *tonneau.*

tonnelle [tɔnɛl] n. f. **1.** Berceau de treillage couvert de verdure. **2.** CHASSE Filet en forme de tonneau ouvert, pour la chasse aux perdrix. – Dimin. de *tonne* 1.

tonnellerie [tɔnɛlʀi] n. f. Profession, industrie du tonnelier. – De *tonnelier.*

tonner [tɔne] v. [1] **I.** v. impers. *Il tonne* : le tonnerre se fait entendre. **II.** v. intr. **1.** Faire un bruit comparable au tonnerre. *Le canon a tonné toute la nuit.* **2.** Parler avec emportement, avec violence. *Tonner contre les abus.* – Lat. *tonare.*

tonnerre [tɔnɛʀ] n. m. **1.** Grondement qui accompagne la foudre. *Un roulement de tonnerre. Avoir peur du tonnerre.* **2.** Fig. Bruit très violent et prolongé. *Le tonnerre des canons. Un tonnerre d'applaudissements.* **3.** *De tonnerre:* qui produit un effet semblable au tonnerre. *Un fracas, une voix de tonnerre.* **4.** loc. adj. Fam. *Du tonnerre:* extraordinaire, étonnant; qui suscite l'enthousiasme. *C'est une idée du tonnerre. Une fille du tonnerre.* – Lat. *tonitrus.*

tonométrie [tɔnometʀi] n. f. PHYS Détermination des masses molaires des corps dissous dans une solution, par mesure de l'abaissement de la tension de vapeur. – Du gr. *tonos,* «tension», et *-métrie.*

tonsillaire [tõsilɛʀ] adj. ANAT Qui se rapporte aux amygdales. *Plexus tonsillaire.* – Du lat. *tonsillae,* «amygdales».

tonsure [tõsyʀ] n. f. **1.** Petite portion circulaire du cuir chevelu, au sommet de la tête, que les ecclésiastiques gardaient rasée. ▷ Fam. Calvitie circulaire. **2.** Cérémonie de l'Église catholique par laquelle l'évêque confère l'état ecclésiastique en coupant les cheveux situés sur le sommet de la tête. – Lat. *tonsura,* «action de tondre».

tonsurer [tõsyʀe] v. tr. [1] Donner la tonsure à. – Du préc.

tonte [tõt] n. f. **1.** Action de tondre. *La tonte des moutons, du gazon.* **2.** Laine qui a été tondue. **3.** Période de l'année où l'on tond les moutons. – De *tondre.*

tontine [tõtin] n. f. HORTIC Revêtement de mousse ou de paille entourant les racines d'un arbuste en cours de transplantation. – Orig. incert.

tontiner [tõtine] v. tr. [1] HORTIC Garnir d'une tontine. – De *tontine* 2.

tonton [tõtõ] n. m. (Dans le langage enfantin.) Oncle. *Tonton Jean.* – Formation enfantine à redoublement, de *tante, tantine,* d'ap. *oncle.*

tonus [tɔnys] n. m. **1.** MED Tension légère à laquelle est soumis tout muscle strié à l'état de repos. ▷ Excitabilité du tissu nerveux. **2.** Cour. Énergie vitale, entrain. *Il a du tonus.* Syn. dynamisme. – Mot latin, du gr. *tonos,* «tension».

top(o)-, -tope. Éléments, du gr. *topos,* «lieu».

top [tɔp] n. m. Bref signal sonore indiquant un moment précis. *Au quatrième top, il sera exactement 10 heures. Top de départ.* – Onomat.

topaze [tɔpaz] n. f. **1.** Pierre fine jaune composée de silicate d'aluminium contenant deux atomes de fluor d'aluminium, souvent présente dans les pegmatites. **2.** *Par ext.* Pierre fine de couleur jaune. *Fausse topaze,* ou *topaze d'Espagne:* quartz jaune. *Topaze orientale:* corindon jaune. – Lat. *topazus,* de *Topazos,* nom d'une île de la mer Rouge.

-tope. V. top(o)-.

toper [tɔpe] v. intr. [1] Donner un petit coup dans la main du partenaire pour signifier que le marché est conclu. *Tope, topez là!* – Mot de formation expressive (d'abord interj. *tope!*).

topette [tɔpɛt] n. f. Fam. Petite bouteille (de vin, d'alcool). *Topette de rhum.* – Mot dial., du frq. ***toppin,** «pot».

tophus, ou **tophi** [tɔfys ou tofi] n. m. inv. MED Dépôt (sous-cutané, articulaire ou rénal) de sels de l'acide urique, sous forme de concrétions, qui se produit notam. chez les goutteux. – Lat. *tofus* ou *tophus,* «pierre spongieuse et friable».

topicalisation [tɔpikalizasjõ] n. f. Anglicisme LING Mise en relief, en tant que topique, d'une unité linguistique, par détachement ou accentuation. – De *topique.*

topinambour [tɔpinɑ̃buʀ] n. m. **1.** Plante vivace, herbacée de grande taille (*Helianthus tuberosus,* fam. composées), cultivée pour ses tubercules, dans les pays tempérés. **2.** Ce tubercule comestible, riche en inuline (sucre). – De *Topinambous,* peuplade du Brésil vivant dans une région d'où l'on a cru cette plante originaire (elle est en fait originaire d'Amérique du Nord).

topique [tɔpik] adj. et n. **1.** Vx Relatif à un lieu particulier. – MED Se dit de tout médicament d'application externe qui agit localement. ▷ Subst. *Un topique.* **2.** Didac. Qui s'applique exactement à une question, à un sujet. *Argument topique.* Syn. caractéristique, typique. **3.** RHET Relatif aux lieux communs. ▷ N. m. Lieu commun. **4.** LING Anglicisme Personne ou chose dont on dit qqch (par oppos. à *commentaire,* ce qui est dit de cette personne ou chose). *Les topiques sont généralement les sujets alors que les commentaires constituent les prédicats.* **5.** PSYCHAN Schéma, système de l'appareil psychique profond, doué de caractères ou de fonctions spéciales (V. encycl. psychanalyse). – Lat. *topicus,* gr. *topikos,* de *topos,* «lieu».

topo [tɔpo] n. m. **1.** Vx Plan topographique. **2.** *Par ext.* Plan schématique, exposé sommaire d'une question. *Faire un topo.* – Abrév. de *topographie.*

topo-. V. top(o)-

topographe [tɔpɔgʀaf] n. Spécialiste de topographie. – De *topographie.*

topographie [tɔpɔgʀafi] n. f. **1.** Vx Description détaillée d'un lieu. – Mod. Représentation graphique d'un lieu, avec indication de son relief. **2.** Technique d'établissement des plans et cartes de terrains d'une certaine étendue. **3.** Configuration d'un lieu. *Étudier la topographie d'un endroit.* – Bas lat. *topographia,* mot gr.

ENCYCL Sur un relevé, *la topographie* d'un terrain donné est figurée par sa *planimétrie* (projection sur un plan horizontal des différents détails du terrain) et par son *altimétrie* (figuration de son relief, notam. au moyen des courbes de niveau). Les levés topographiques sont effectués à l'aide de nombr. instruments, radars en partic., et en faisant appel à des techniques telles que la *photogrammétrie.*

topographique [tɔpɔgʀafik] adj. Relatif à la topographie. *Relevé topographique.* – Du préc.

topologie [tɔpɔlɔʒi] n. f. MATH **1.** Branche des mathématiques (appelée d'abord *analysis situs* ou *géométrie de situation*) qui étudie les propriétés de l'espace et des ensembles de fonctions au seul point de vue qualitatif, en utilisant notam. les notions de déformation et de continuité. **2.** Syn. de *structure topologique.* (V. encycl.) – De *topo-,* et *-logie.*

ENCYCL Une *structure topologique* (ou *topologie*) sur un ensemble X est un ensemble T de parties de X qui satisfait aux conditions suivantes: la réunion de toute famille d'éléments de T appartient à T; l'intersection de toute famille finie d'éléments de T appartient à T (et donc l'ensemble X et sa partie vide appartiennent à T). Le couple formé par X et par T est appelé *espace topologique.* Les éléments de T sont appelés des *ouverts* de X et les complémentaires de ces éléments dans X des *fermés* de X. Ainsi, dans le plan euclidien, un disque (on disait autref. «cercle») sera dit *ouvert* si l'on considère l'ensemble des points dont la distance au centre est *strictement inférieure* au rayon du disque et *fermé* si l'on considère les points dont la distance est *inférieure* (on disait autref. «inférieure ou égale») au rayon; autrement dit, un disque ouvert ne comprend pas les points appartenant au cercle (dit autref. «circonférence»); ces points appartiennent à la *fermeture* du disque ouvert. La topologie définit bien d'autres notions, notam. celles de voisinage, d'adhérence et de filtre, qui permettent de formaliser les notions intuitives de borne, de frontière, de limite et de continuité.

topologique [tɔpɔlɔʒik] adj. MATH Relatif à la topologie. – Du préc.

topométrie [tɔpometʀi] n. f. TECH Mesure des terrains ou territoires, par les techniques topographiques. – De *topo-*, et *-métrie*.

toponyme [tɔpɔnim] n. m. LING Nom de lieu. – De *toponymie*.

toponymie [tɔpɔnimi] n. f. **1.** LING Science qui étudie les noms de lieux. **2.** Ensemble des noms de lieux d'une région, d'un pays, d'une langue. – De *topo-*, et gr. *onoma*, «nom».

ENCYCL La **toponymie** se définit comme la science dont l'objet est l'étude et la gestion des noms propres de lieux. Chacun d'entre eux est identifié comme un toponyme. Elle désigne aussi la totalité des noms de lieux. La toponymie se présente comme une science-carrefour (Henri Dorion, 1972) où convergent la linguistique, la géographie, l'histoire, l'ethnologie... Chacune de ces sciences contribue à l'explication de l'origine du nom de lieu. La linguistique vise à comprendre initialement le sens du mot qu'est le toponyme. La géographie et l'histoire cherchent à évaluer les dimensions de l'objet géographique, la datation de ce même objet et à comprendre les motifs culturels qui se retrouvent derrière ce nom de lieu.
La toponymie et la cueillette des noms de lieux sont fondées prioritairement sur l'usage populaire qui constitue la trame de base dans la recherche des assises du nom propre de lieu qui se révèle un signe de l'appropriation du territoire ou de son apprivoisement. Sous divers rapports, la toponymie d'une région représente une relation intime et complexe entre un peuple et son environnement.
Au Québec, l'histoire de la recherche toponymique remonte à la fin du XIXe siècle avec une étude sur les noms géographiques publiée en 1874 par La Minerve et reprise en 1906 par Pierre-Georges Roy dans Les noms géographiques de la Province de Québec, Lévis, 514 pages.
La création de la Commission de géographie du Canada en 1897, suivie de celle du Québec en 1912, devenue en 1977 la Commission de toponymie, aura participé dans une certaine mesure à la diffusion de la recherche sur la toponymie québécoise par les nombreuses publications parues à ce jour.

toponymique [tɔpɔnimik] adj. LING Relatif à la toponymie. – Du préc.

toponymiste [tɔpɔnimist] n. LING Spécialiste en toponymie. – De *toponymie*.

toquade ou **tocade** [tɔkad] n. f. Fam. Engouement passager, caprice. – De *toquer* 2.

toquante. V. tocante.

toquard. V. tocard.

toque [tɔk] n. f. Coiffure ronde et sans bords. *Toque de fourrure. Toque blanche de cuisinier. Toque de jockey.* – Esp. *toca*, orig. incon.

toqué, ée [tɔke] adj. et n. Fam. Qui a le cerveau dérangé. *Il est complètement toqué.* ▷ Subst. *Un(e) toqué(e).* Syn. cinglé, piqué. – Pp. de *toquer* 1.

toquer (se) [tɔke] v. pron. [11] Fam. (généralement péjor.). Se prendre de passion (pour qqn, qqch). *Se toquer d'une femme.* Syn. s'engouer. – De *toquer*, «sonner les cloches», ou de *toque*.

Torah ou **Thora (la)** [tɔʀa] n. f. RELIG Nom donné par les Juifs à la loi mosaïque. – Mot hébreu, propr. «doctrine, enseignement».

ENCYCL En son sens premier, la Torah désigne le Pentateuque, dont la tradition attribue la rédaction à Moïse inspiré par Dieu. Le Talmud l'appellera plus tard *Torah chébiketav*, la «Loi qui est par écrit». Parallèlement à cette loi écrite, de nombr. traditions circulaient dans l'anc. Israël. Elles concernaient l'histoire des Hébreux, mais aussi l'interprétation du texte révélé. Ainsi apparut la notion de Loi orale, la *Torah chébealpé*, la «Loi qui est dans la bouche», pour l'essentiel consignée dans le Talmud*.

torche [tɔʀʃ] n. f. **1.** Poignée de paille tortillée, roulée en torsade. – TECH Tresse d'osier bordant certains ouvrages de vannerie. ▷ AVIAT *Parachute en torche*, dont la corolle qui ne s'est pas déployée correctement reste enroulée en torsade. **2.** Flambeau grossier fait d'une matière inflammable (tortis, bâton, corde, etc.) enduite de résine, de cire ou de suif. – Par métaph. *Victimes d'un incendie transformées en torches vivantes.* – Mod. *Torche électrique* ou *torche:* lampe électrique portative de forme généralement cylindrique. – Lat. pop. **torca*, class. *torques*, «torsade, collier».

torche-cul [tɔʀʃky] n. m. **1.** Vx et grossier Linge ou papier servant à s'essuyer après avoir été à la selle. **2.** Fig., fam. Écrit méprisable ou sans valeur. *Des torche-culs.* – De *torcher*, et *cul*.

torché, ée [tɔʀʃe] adj. Fam. Exécuté d'une manière enlevée; bien tourné. *Une réplique bien torchée.* – Pp. de *torcher*.

torchée [tɔʀʃe] n. f. Fam. Volée de coups; défaite infamante. – Pp. fém. subst. de *torcher*.

torcher [tɔʀʃe] v. tr. [1] **I. 1.** Fam. Essuyer. *Torcher le nez d'un enfant. Le chien a torché son écuelle.* Syn. nettoyer. – Pop. *Torcher (le derrière de) qqn. Torcher son marmot.* ▷ v. pron. Fig. et fam. *S'en torcher:* s'en moquer complètement. **2.** loc. fig. et fam. vieilli *Se faire torcher par :* être vaincu par. **3.** Fig. et fam. Exécuter vite et mal. *Torcher un travail.* Syn. bâcler. **II.** CONSTR Construire en torchis. **III.** TECH Envoyer dans une torchère (les résidus gazeux d'une raffinerie). – De *torche*.

torchère [tɔʀʃɛʀ] n. f. **1.** Vx Vase de fer où l'on fait brûler des matières combustibles pour un éclairage de fête. **2.** Grand candélabre destiné à recevoir des flambeaux. *Torchères de bronze.* **3.** TECH Canalisation verticale par où s'échappent et brûlent les résidus gazeux d'une raffinerie. – De *torche*.

torchis [tɔʀʃi] n. m. CONSTR Matériau fait d'un mélange d'argile et de paille. – De *torcher*.

torchon [tɔʀʃõ] n. m. **1.** Pièce de toile destinée à essuyer la vaisselle. – Loc. fam. *Il ne faut pas mélanger les torchons et les serviettes*, mélanger ou confondre des gens et des choses qui n'ont pas de rapport. ▷ Fig. *Coup de torchon* : querelle, bagarre, épuration. ▷ Fig. et fam. *Le torchon brûle* : il y a une vive dispute (entre deux personnes, deux groupes, etc.). ▷ TECH *Papier-torchon:* papier de chiffons, pour l'aquarelle. **2.** Fig., fam. Écrit peu soigné; écrit sans valeur. Syn. torche-cul. – De *torche;* d'abord «poignée de paille tordue».

torchonner [tɔʀʃɔne] v. tr. [1] **1.** Vx Frotter avec un torchon. **2.** Fig. et fam. Exécuter rapidement et sans soins. – Du préc.

torcol [tɔʀkɔl] n. m. ZOOL Oiseau grimpeur voisin du pic (genre *Yunx*). – De *tordre*, et *col*, à cause de la souplesse de son cou.

tordage [tɔʀdaʒ] n. m. TECH Opération consistant à doubler les fils de chaîne sur les moulinets. – De *tordre.*

tordant, ante [tɔʀdɑ̃, ɑ̃t] adj. Fam. Très amusant, très drôle. – Ppr. de *(se) tordre.*

tord-boyaux [tɔʀbwajo] n. m. inv. Fam. Eau-de-vie très forte et de mauvaise qualité. – De *tordre,* et *boyau.*

tordeur, euse [tɔʀdœʀ, øz] n. **1.** TECH Personne chargée du tordage. ▷ N. f. Machine servant à tordre des fils. **2.** n. f. ZOOL Nom de diverses chenilles de papillons *tortricidés,* qui roulent les feuilles pour s'y abriter. *La tordeuse des bourgeons de l'épinette.* – De *tordre.*

tord-nez [tɔʀnɛ] n. m. inv. MED VET Instrument servant à serrer les naseaux d'un cheval pour l'immobiliser afin de le soigner ou le ferrer. – De *tordre,* et *nez.*

tordoir [tɔʀdwaʀ] n. m. TECH Bâton servant à tordre, à serrer une corde. – De *tordre.*

tordre [tɔʀdʀ] **I.** v. tr. **[5] 1.** Soumettre (un corps) à une torsion, notam. en tournant en sens contraire ses deux extrémités. *Tordre du fil, du linge.* **2.** Tourner violemment en forçant. *Tordre le bras à qqn. Se tordre la cheville.* ▷ *Tordre le cou à qqn,* le tuer en lui tournant le cou, d'où, fam., tuer. ▷ Fig. Faire un mauvais sort, régler son compte à qqn. *Si tu recommences, je te tords le cou!* **3.** Tourner de travers. *Elle implorait en se tordant les mains.* – Déformer. *Une grimace de douleur tordait sa bouche.* **4.** Plier, gauchir. *Tordre une barre de fer.* **II.** v. pron. **1.** (Sans indication de la partie du corps intéressée.) Se plier en deux, se tortiller sous l'effet d'une sensation ou d'une émotion vive. *Se tordre de douleur. Se tordre de rire,* ou absol. et fam., *se tordre. C'est à se tordre!* **2.** (Choses.) Être tordu. *Racines qui se tordent.* – Du lat. pop. *torcere,* class. *torquere.*

tordu, ue [tɔʀdy] adj. et n. **1.** Qui était droit mais ne l'est plus; recourbé, déformé. Cf. aussi tors. **2.** Fig. et fam. Bizarre, un peu fou. ▷ Subst. *Quel tordu! – Avoir l'esprit tordu,* compliqué ou mal tourné. – Pp. de *tordre.*

tore [tɔʀ] n. m. **1.** ARCHI Moulure épaisse de forme semi-cylindrique. Syn. boudin. **2.** GEOM Volume engendré par un cercle qui tourne autour d'un axe situé dans son plan et qui ne passe pas par son centre. **3.** INFORM *Tore magnétique:* anneau de ferrite utilisé dans les ordinateurs pour stocker les informations. – Lat. *torus.*

toréador [tɔʀeadɔʀ] n. m. Syn. anc. de *torero,* encore utilisé par les profanes de la tauromachie. – Mot esp.

toréer [tɔʀee] v. intr. [1] Combattre le taureau dans l'arène, selon les règles de la tauromachie. – Esp. *torear,* de *toro,* «taureau», du lat. *taurus.*

torero [tɔʀeʀo] n. m. Personne qui torée. – Mot esp..

toreutique [tɔʀøtik] n. f. BX-A Art de ciseler sur les métaux, le bois, l'ivoire. – Gr. *toreutikê (tekhnê),* «art de graver *(toreuein)».*

torgnole [tɔʀɲɔl] n. f. Fam. Coup, gifle. *Donner, recevoir une torgnole.* – De l'a. fr. *to(u)rniole,* «mouvement circulaire»; de *tornier,* «tournoyer» (cf. tournée).

torii [tɔʀii] n. m. inv. Portique de bois, de pierre ou de bronze placé devant les temples shintoïstes japonais. – Mot jap.

toril [tɔʀil] n. m. Annexe de l'arène où sont enfermés les taureaux avant le combat. – Mot esp., de *toro* «taureau».

torique [tɔʀik] adj. GEOM En forme de tore. – De *tore.*

tormentille [tɔʀmɑ̃tij] n. f. BOT Potentille *(Potentilla tormentilla)* au rhizome astringent. – Lat. *tormentilla,* de *tormentum,* «tourment».

tornade [tɔʀnad] n. f. Mouvement tourbillonnaire, très violent, de l'atmosphère. ▷ Fig. Irruption impétueuse. Syn. tourbillon. – Esp. *tornado,* de *tornar,* «tourner», du lat. *tornare.*

toron [tɔʀɔ̃] n. m. TECH Réunion de plusieurs fils tordus ensemble. *Un cordage est constitué de plusieurs torons.* – Du lat. *torus,* «corde».

toronneuse [tɔʀɔnøz] n. f. TECH Machine servant à fabriquer des torons. – Du préc.

torontois, oise [tɔʀɔ̃twa, waz] adj. et n. De Toronto (Ontario).

torpédo [tɔʀpedo] n. f. Type anc. d'automobile à carrosserie découverte, de forme allongée. – angl. *torpedo* du lat. , «torpille», par l'esp.

torpeur [tɔʀpœʀ] n. f. **1.** Engourdissement, pesanteur qui affecte l'organisme. *Une trop forte dose de calmants l'a fait sombrer dans la torpeur.* **2.** Fig. Engourdissement intellectuel, abattement moral, apathie. *Il essayait vainement de les faire sortir de leur torpeur.* – Lat. *torpor,* de *torpere,* «être engourdi».

torpide [tɔʀpid] adj. **1.** Caractérisé par la torpeur. **2.** MED Se dit d'une lésion, d'une affection qui semble en sommeil, ne manifestant aucune tendance à l'amélioration ou à l'aggravation. – Lat. *torpidus.*

torpillage [tɔʀpijaʒ] n. m. MILIT Action de torpiller; résultat de cette action. – De *torpiller.*

1. torpille [tɔʀpij] n. f. ICHTYOL Poisson sélacien (genre *Torpedo*) des côtes océaniques et méditerranéennes, sorte de raie aux nageoires circulaires et à queue courte, qui possède un organe fonctionnant comme un appareil électrique dont la décharge lui permet d'immobiliser ses proies ou de se défendre. – Provenç. *torpio,* du lat. *torpedo.*

2. torpille [tɔʀpij] n. f. MILIT **1.** MAR Engin autopropulsé, chargé d'explosifs, destiné à la destruction de navires ennemis. **2.** Bombe aérienne munie d'ailettes. – Trad. de l'angl. *torpedo,* de *torpille* 1.

torpiller [tɔʀpije] v. tr. [1] **1.** MILIT Attaquer, détruire à la torpille. *Torpiller un sous-marin.* **2.** Fig. Attaquer clandestinement de manière à faire échouer. *Torpiller des négociations.* – De *torpille* 2.

torpilleur [tɔʀpijœʀ] n. m. **1.** MAR Bâtiment de guerre de faible tonnage destiné à lancer des torpilles. **2.** Marin chargé du lancement des torpilles. – De *torpille* 2.

1. torque [tɔʀk] n. m. **1.** ARCHEOL Collier de métal porté par les guerriers gaulois, puis par les soldats romains en tant que récompense militaire. – Lat. *torques.*

2. torque [tɔʀk] n. f. TECH Rouleau de fil de fer. – Forme dial. de *torche.*

torr [tɔʀ] n. m. Anc. unité de pression correspondant à une hauteur de 1 mm de mercure (1 torr = 133,3 Pa). – Du n. de *Torr(icelli),* physicien et mathématicien ital. (1608-1647).

torréfacteur [tɔʀʀefaktœʀ] n. m. **1.** TECH Appareil servant à torréfier. **2.** Spécialiste en torréfaction (notam. des cafés). – De *torréfaction.*

torréfaction [tɔʀʀefaksjɔ̃] n. f. Action de torréfier. – Lat. médiév. *torrefactio,* de *torrefacere,* «torréfier».

torréfier [tɔʀʀefje] v. tr. [1] Soumettre à sec (certaines substances) à l'action du feu. *Torréfier du café.* – Lat. *torrefacere.*

torrent [tɔʀɑ̃] n. m. **1.** Cours d'eau de montagne, à débit rapide, aux crues subites. ▷ Par exag. Fig. *Il pleut à torrents. Un torrent de larmes.* Syn. déluge.

2. Flot, écoulement violent et abondant. *Des torrents de fumée.* ▷ Fig. *Un torrent d'injures.* – Lat. *torrens*, n. m., du ppr. de *torrere*, «brûler», au sens de «dévorant, impétueux».

torrentiel, ielle [tɔʀɑ̃sjɛl] adj. **1.** GEOGR Propre ou relatif aux torrents. **2.** Qui s'écoule avec violence. *Pluie torrentielle.* – Du préc.

torrentueux, euse [tɔʀɑ̃tɥø, øz] adj. Qui forme un torrent. ▷ Litt. Torrentiel, impétueux comme un torrent. – De *torrent.*

torride [tɔʀ(ʀ)id] adj. Excessivement chaud (en ce qui concerne l'atmosphère). *Climat, zone torride. Un été torride.* – Lat. *torridus*, de *torrere*, «brûler».

tors, torse [tɔʀ, tɔʀs] adj. et n. **I.** adj. et n. m. **1.** Enroulé en torsade. *Fil tors.* – *Colonne torse*, au fût contourné en hélice. ▷ CONSTR *Fer tors* ou, n. m., *un tors:* rond à béton crénelé, tordu autour de son axe, servant au ferraillage des ouvrages en béton armé. **2.** Tordu, difforme. *Jambes torses.* **II.** n. m. Action de tordre les brins pour former le fil, la laine. – Anc. pp. de *tordre.*

torsade [tɔʀsad] n. f. Assemblage de fils, cordons, cheveux, etc., enroulés ou tordus en hélice. ▷ ARCHI Motif ornemental figurant cet assemblage. – Du préc.

torsader [tɔʀsade] v. tr. [1] Mettre en torsade. *Torsader de la soie.* – Du préc.

torse [tɔʀs] n. m. **1.** Thorax d'un être humain. Cf. buste, poitrine. *Se mettre torse nu. Bomber le torse.* **2.** BX-A Statue tronquée, corps humain représenté du cou à la ceinture, sans tête et sans membres. – Ital. *torso*, «trognon de chou», du lat. *tursus*, forme parlée de *thyrsus*, «tige des plantes».

torseur [tɔʀsœʀ] n. m. PHYS Ensemble de deux vecteurs servant à caractériser l'action d'un système de forces sur un solide. – De *tors.*

torsion [tɔʀsjɔ̃] n. f. Action de tordre; déformation qui en résulte. *Torsion d'une tige. Torsion de la bouche.* ▷ PHYS Sollicitation exercée sur un solide par deux couples opposés agissant dans des plans parallèles et ayant pour effet de déformer ce solide en le tordant. – Bas lat. *torsio*, de *torquere*, «tordre».

tort [tɔʀ] n. m. **1.** Action, comportement, pensée contraire à la justice ou à la raison. *Reconnaître ses torts.* ▷ *Prononcer un jugement aux torts d'une partie.* Ant. au profit de. ▷ Loc. *Avoir tort:* n'avoir pas pour soi le droit, la vérité (par oppos. à *avoir raison*). Prov. *Les absents ont toujours tort:* on rejette les fautes sur ceux qui ne sont pas là. *Avoir tort de...* (et l'inf.) *Vous avez tort de vous plaindre.* – *Donner tort à qqn*, condamner ses idées, sa conduite. – *Être, se mettre en tort, dans son tort :* être, se rendre coupable d'une action blâmable. *C'est un tort de croire...*, on a tort de croire... **2.** loc. adv. *À tort:* sans raison, injustement. *À tort ou à raison :* avec ou sans raison valable. *À tort et à travers:* sans discernement. **3.** Dommage, préjudice causé à qqn. *Cela lui a fait du tort. Un redresseur de torts.* – Du lat. pop. *tortum*, neutre subst. de *tortus*, «tordu, de travers», de *torquere*, «tordre».

torticolis [tɔʀtikɔli] n. m. MED Position anormale de la tête et du cou s'accompagnant d'un raidissement musculaire douloureux. – Probabl. création plaisante d'ap. un lat. fictif *tortum collum*, «qui a le cou de travers».

tortil [tɔʀtil] n. m. HERALD Cercle de la couronne de baron, tortillée d'un rang de petites perles. ▷ *Par ext.* Cette couronne. – Autre forme de *tortis.*

tortillard [tɔʀtijaʀ] n. m. Fam. Train roulant sur une voie secondaire qui fait de nombreux détours pour desservir un grand nombre de petites localités. – De *tortiller.*

tortillement [tɔʀtijmɑ̃] n. m. Action de tortiller, de se tortiller; état de ce qui est tortillé. – De *tortiller.*

tortiller [tɔʀtije] v. [1] **1.** v. tr. Tordre (une chose) sur elle-même à plusieurs reprises, tourner et retourner. *Il tortillait nerveusement son mouchoir.* **2.** v. intr. *Tortiller des hanches:* marcher en balançant les hanches. ▷ *Absol.* Fam. *Il n'y a pas à tortiller*, à chercher des détours, à tergiverser. **3.** v. pron. Se tordre sur soi-même, de côté et d'autre, s'agiter en tous sens. *Serpent qui se tortille. Se tortiller sur sa chaise.* – P.-ê. du lat. *tortilis*, «enroulé».

tortillon [tɔʀtijɔ̃] n. m. **1.** Chose tortillée. *Un tortillon de papier.* ▷ *Spécial.* Estompe. **2.** Bourrelet de tissu que l'on met sur sa tête pour porter un fardeau. **3.** Gâteau sec en forme de torsade. – De *tortiller.*

tortionnaire [tɔʀsjɔnɛʀ] n. **1.** n. m. Anc. Bourreau qui appliquait la torture. **2.** n. Mod. Personne qui torture qqn. – Du lat. médiév. *tortionarius*, «injuste», du bas lat. *tortionare*, «tourmenter».

tortis [tɔʀti] n. m. Assemblage de fils tordus en même temps. – Du lat. pop. *torticium*, de *tortum*, supin de *torquere*, «tordre».

tortricidés [tɔʀtʀiside] n. m. pl. ENTOM Famille de papillons nocturnes ou diurnes, de petite taille, dont les ailes antérieures sont quadrangulaires. (Leurs chenilles sont appelées *tordeuses**.) – Du lat. zool. *tortrix, tortricis*, «tordeuse».

tortu, ue [tɔʀty] adj. Vx ou litt. Qui est tordu, de travers. *Nez tortu.* ▷ Fig. *Esprit tortu.* – De *tort(e)*, anc. pp. de *tordre.*

tortue [tɔʀty] n. f. **1.** Reptile tétrapode archaïque caractérisé par une carapace dorsale et ventrale, et par la lenteur de sa marche. V. chéloniens. ▷ Fig. *À pas de tortue:* avec une grande lenteur. *C'est une vraie tortue:* il est très lent. **2.** ANTIQ ROM Sorte de toit que les soldats romains faisaient en imbriquant leurs boucliers, pour se protéger des projectiles ennemis. – Du lat. pop. **tartaruca (bestia)*, de **tartarucus*, class. *tartareus*, «du Tartare (les Enfers dans la myth. romaine)».

tortueusement [tɔʀtɥøzmɑ̃] adv. D'une manière tortueuse. – De *tortueux.*

tortueux, euse [tɔʀtɥø, øz] adj. **1.** Qui fait des tours et des détours. Syn. sinueux. *Sentier tortueux.* **2.** Fig. Dépourvu de droiture, de franchise. *Âme tortueuse.* – Lat. *tortuosus.*

torturant, ante [tɔʀtyʀɑ̃, ɑ̃t] adj. Qui torture. – Ppr. de *torturer.*

torture [tɔʀtyʀ] n. f. **1.** Souffrance grave que l'on fait subir volontairement à qqn, en partic. pour lui arracher des aveux. V. supplice. *Instruments de torture.* ▷ Loc. fig. *Mettre qqn à la torture*, dans un embarras, une incertitude extrêmement pénible. *Mettre son esprit à la torture:* s'efforcer désespérément de trouver une solution, une idée. **2.** Litt. Souffrance intolérable. Syn. tourment. *En proie aux tortures du doute, de la jalousie.* – Du bas lat. *tortura*, proprement «action de tordre», du class. *tortum*, supin de *torquere*, «tordre».

torturer [tɔʀtyʀe] **I.** v. tr. [1] **1.** Soumettre (qqn) à la torture. *Torturer un prisonnier.* **2.** Causer une vive souffrance à (qqn). *Cette obsession le torturait.* – Fig. *Torturer un texte*, le remanier, le modifier d'une façon forcée. **II.** v. pron. Fig. *Se torturer l'esprit.* – De *torture.*

torve [tɔʀv] adj. *Œil torve, regard torve*, en coin et menaçant. – Lat. *torvus.*

tory [tɔʀi] n. m. et adj. HIST Nom donné en Angleterre aux partisans de Jacques d'York (le futur Jacques II), qui dans les années 1679-1680 défendirent l'absolutisme royal et le pouvoir de l'Église anglicane, puis aux membres du parti qui s'opposa aux whigs*. ▷ Pl. *Les tories. Les tories exercèrent rarement le pouvoir* *au XVIIIe siècle, puis dirigèrent le pays en lutte avec la France à partir de 1807.* ▷ Adj. *Le parti, le mouvement tory (ou torysme) se disloqua au milieu du XIXe siècle et donna naissance au parti conservateur.* – Mot angl., de l'irlandais *toraidhe,* proprement «poursuivant», nom qui à l'origine désignait des rebelles irlandais (catholiques).

toscan, ane [tɔskɑ̃, an] adj. et n. **1.** adj. et n. De la Toscane. ▷ ARCHI *Ordre toscan:* l'un des cinq ordres de l'architecture classique, qui est une simplification stylistique du dorique grec. ▷ Subst. *Un(e) Toscan(e).* **2.** n. m. Dialecte parlé en Toscane. – Ital. *toscano,* «de Toscane», région de l'Italie centrale.

tosser [tɔse] v. intr. [1] MAR Cogner de façon répétée sous l'effet du ressac. *Le clapot fait tosser le canot contre le quai.* – P.-ê. de l'angl. *to toss,* «agiter».

tôt [to] adv. **1.** Vx Vite. – Mod. *Il aura tôt fait de...:* il aura vite fait de... **2.** À un moment jugé antérieur au moment habituel ou normal. *Les vacances de Pâques commencent tôt cette année. Il s'est enfin décidé, ce n'est pas trop tôt! Tôt ou tard:* V. tard. – (Avec *plus.*) *Cela arrivera plus tôt que vous ne croyez. Ne... pas plus tôt... que...:* à peine... que... *Il n'était pas plus tôt sorti que tout le monde disait du mal de lui.* – (Avec *le plus.*) *Venez me voir le plus tôt possible. Le plus tôt sera le mieux.* – *Au plus tôt* (accompagné d'une indication temporelle). *Il aura fini lundi prochain au plus tôt,* pas avant lundi. – *Pas de si tôt* (mieux que *pas de sitôt*): dans un lointain avenir, jamais éventuellement. ▷ *Spécial.* (L'espace de temps considéré étant la journée.) *Je me suis levé tôt,* de bonne heure. *L'école a libéré les élèves plus tôt que d'habitude.* – Probabl. lat. pop. **tostum,* neutre adverbial de *tostus,* «brûlé, grillé», pp. de *torrere,* par métaph.

total, ale, aux [tɔtal, o] adj. et n. m. **I.** adj. **1.** Qui s'étend à tous les éléments (de la réalité considérée), auquel il ne manque rien. Syn. complet, entier. *Un dénuement total. Guerre totale. Avec une confiance totale.* **2.** Qui est entier. *La somme totale. La production totale en blé s'élève à...* **II.** n. m. Résultat d'une addition, ou d'un ensemble d'opérations équivalentes. *Le total des dépenses.* ▷ Loc. adv. *Au total:* tout compte fait, en somme, en définitive. *Au total, c'est plutôt une bonne chose.* – Fam. *Total:* résultat final. *Il s'est cru le plus malin, total il a tout perdu.* – Lat. pop. *totalis,* du class. *totus,* «tout».

totalement [tɔtalmɑ̃] adv. D'une manière totale. *Il m'est totalement dévoué.* – De *total.*

totalisant, ante [tɔtalizɑ̃, ɑ̃t] adj. PHILO Qui réunit par une synthèse. – Ppr. de *totaliser.*

totalisateur, trice [tɔtalizatœʀ, tʀis] adj. et n. m. Se dit d'un appareil qui additionne des valeurs et en indique la somme. – N. m. *Le totalisateur (des paris) sur un hippodrome.* – De *totaliser.*

totalisation [tɔtalizasjɔ̃] n. f. Action de totaliser. – De *totaliser.*

totaliser [tɔtalize] v. tr. [1] **1.** Réunir en un total, additionner. *Totaliser des quantités.* **2.** Avoir au total. *Champion qui totalise dix victoires.* – De *total.*

totalitaire [tɔtalitɛʀ] adj. Se dit d'un régime, d'un État dans lequel la totalité des pouvoirs appartient à un parti unique qui ne tolère aucune opposition. – Ital. *totalitario* (mot créé par Mussolini).

totalitarisme [tɔtalitaʀism] n. m. Système, doctrine d'un État totalitaire. – Du préc.

totalité [tɔtalite] n. f. Réunion de tous les éléments d'un ensemble. *La totalité d'un héritage.* ▷ Loc. adv. *En totalité:* sans excepter aucun élément, aucune partie. – De *total.*

totem [tɔtɛm] n. m. Animal, végétal (exceptionnellement objet matériel) représentant, dans de nombreuses sociétés dites «primitives», l'ancêtre d'un clan. – *Par ext.* Cet emblème. – Mot angl., d'une langue amérindienne de la famille de l'algonquin (V. encycl. langue).

totémique [tɔtemik] adj. ETHNOL Qui concerne les totems, le totémisme. – De *totem.*

totémisme [tɔtemism] n. m. ETHNOL **1.** Organisation de certaines sociétés humaines fondée sur les totems et leur culte. **2.** Théorie qui voit dans le culte du totem la forme primitive de la religion, et dans le tabou, celle de la morale. – De *totem.*

toton [tɔtɔ̃] n. m. **1.** Dé traversé d'une petite tige sur laquelle on le fait tourner. **2.** Petite toupie. – Du lat. *totum,* «tout (l'enjeu)», marqué T sur une face du dé.

touage [twaʒ] n. m. MAR Action de touer un navire. *Entreprise de touage et de remorquage.* – De *touer.*

touareg [twaʀɛg] adj. et n. m. pl. **1.** adj. inv. Relatif, propre aux Touareg. **2.** n. m. pl. (sing. m. *Tarqui,* sing. f. *Targuia*) *Les Touareg sont des nomades* (les Touareg, Berbères islamisés, nomadisent dans le Sud saharien). – Mot ar.

toubib [tubib] n. m. Fam. Médecin. – Ar. d'Algérie *t'bib,* de l'ar. class. *tabīb,* «médecin».

toucan [tukɑ̃] n. m. Oiseau d'Amérique du Sud (genre princ. *Ramphastos,* ordre des piciformes), au bec énorme mais très léger, au plumage mi-sombre mi-éclatant. – Mot tupi.

1. touchant [tuʃɑ̃] prép. Vx ou litt. Au sujet de. *Il n'a rien dit touchant cette affaire.* – Ppr. de *toucher* 1.

2. touchant, ante [tuʃɑ̃, ɑ̃t] adj. Qui touche en attendrissant. *Une manifestation très touchante.* ▷ N. m. *C'est d'un touchant!* – Ppr. de *toucher* 1.

touchau [tuʃo] n. m. TECH Étoile d'or ou d'argent dont chaque branche, d'un titre déterminé, est utilisée pour le contrôle des métaux précieux à la pierre de touche. – De *toucher* 1.

touche [tuʃ] n. f. **I. 1.** Fait, pour un poisson, de mordre à l'hameçon. *Sentir une touche.* ▷ Fig., fam. *Faire une touche:* plaire, provoquer une certaine attirance chez qqn qu'on rencontre. – *Avoir une touche, la touche avec qqn,* lui plaire. **2.** Coup qui atteint l'adversaire, à l'escrime. **3.** Épreuve que l'on fait subir à l'or ou à l'argent au moyen de la *pierre de touche* (morceau de jaspe noir) et du *touchau.* ▷ Fig. *Pierre de touche:* moyen d'éprouver qqn, qqch. **4.** Manière dont un peintre applique la couleur sur la toile. – Coup de pinceau. *Procéder par petites touches.* ▷ Fig. Élément distinctif à l'intérieur d'un ensemble que l'on compare à un tableau. *Mettre une touche spirituelle dans une description. Mettre la dernière touche à son livre.* **5.** Pop. Allure, aspect de qqn. *Il a une drôle de touche.* **6.** SPORT *Ligne de touche* ou *touche:* au soccer, etc., chacune des deux lignes de démarcation latérales du terrain, au-delà desquelles le ballon n'est plus en jeu. *Juge* de touche. Jouer la touche:* remettre en jeu le ballon. – Sortie du ballon au-delà de cette ligne; sa remise en jeu; manière de jouer cette remise en jeu. *Touche longue.* ▷ Fig. *Rester, être mis sur la touche:* être tenu à l'écart d'une activité. **II.** MUS Chacune des petites tablettes noires ou blanches qui forment le clavier d'un orgue, d'un piano, etc. – Partie du manche d'un instrument à cordes contre laquelle on presse ces dernières. ▷ TECH Petite commande manuelle. *Touche d'un magnétophone.* – Déverbal de *toucher* 1.

touche-à-tout [tuʃatu] n. inv. **1.** Personne, enfant surtout, qui touche tout ce qui est à sa portée. **2.** Fig. Personne qui s'occupe de beaucoup de choses sans s'y consacrer à fond. – De *toucher, à,* et *tout.*

1. toucher [tuʃe] **I.** v. tr. [1] **1.** Mettre la main sur, se mettre en contact avec (qqn, qqch). *Toucher légèrement. Toucher qqch du pied, avec une baguette. Toucher du bois,* par superstition, pour détourner le malheur. ▷ *Toucher les bœufs*, les aiguillonner (sens 1) pour les faire avancer. **2.** (Sujet n. de chose.) Entrer en contact avec. *Voiture qui touche le trottoir en reculant.* ▷ MAR *Toucher le port*, y aborder, y mouiller. – Absol. *Le navire touche:* il touche le fond, un rocher, etc. **3.** Atteindre avec une arme, un projectile. *Toucher la cible. Il a été touché au bras. – Plusieurs immeubles ont été touchés par l'explosion.* – (Absol.) En escrime, faire une touche (sens 2). **4.** Recevoir (une somme d'argent). *Toucher ses appointements.* ▷ TURF *Toucher le tiercé.* **5.** Fig. Entrer en communication avec (qqn). *Toucher qqn par lettre, par téléphone.* **6.** Atteindre (qqn) dans sa sensibilité (en l'émouvant, le blessant, l'attendrissant). *La remarque l'a touché au vif. Son repentir m'a touché.* **7.** Fam. *Toucher un mot de qqch à qqn*, lui en parler sans s'étendre. **8.** Être en contact avec. *Ma maison touche la sienne.* **9.** Avoir un rapport avec, concerner. *Ce qui touche cette affaire m'intéresse.* **10.** Fig. Avoir des liens de parenté avec. *Il a perdu qqn qui le touche de près.* **II.** v. tr. indir. (prép. *à*.) **1.** Mettre la main en contact (avec). *Cet enfant touche à tout. Ne touchez pas à cela.* ▷ Fig., fam. *Ne pas avoir l'air d'y toucher:* agir de façon dissimulée. **2.** (Surtout nég.) Se servir, faire usage (de). *Il jura de ne plus toucher à un fusil.* **3.** (Surtout nég.) Prélever une partie (de). *Ne pas toucher à un mets, à ses économies.* **4.** Apporter un changement (à). *Toucher à un texte, à une légende.* **5.** Être presque arrivé (à un terme). *Toucher au port. Toucher à sa fin. Toucher au but.* **6.** Parvenir (à un point, une question) au cours d'un développement. *Nous touchons maintenant à un problème important.* **7.** Syn. de I, 8. *Clocher qui semble toucher au ciel.* **III.** v. pron. **1.** (Récipr.) Être contigu. *Leurs maisons se touchent.* Prov. *Les extrêmes se touchent.* **2.** (Réfl.) Pop. Se masturber. – Du lat. pop. **toccare*, rad. onomat. *tokk-*.

2. toucher [tuʃe] n. m. **1.** L'un des cinq sens, par lequel nous percevons, par contact ou palpation, certaines propriétés physiques des corps. (V. tact.) *Surface rude au toucher.* **2.** MUS Sensibilité dans le jeu de certains instruments. **3.** MED Mode d'exploration manuelle de certaines cavités naturelles. *Toucher rectal, vaginal.* – De *toucher* 1.

touche-touche (à) [tuʃtuʃ] loc. adv. Fam. En se touchant presque. – De *toucher* 1.

toue [tu] n. f. MAR Bateau plat transportant des marchandises d'un navire à un autre ou à la côte ou servant de bac. – Déverbal de *touer.*

touée [twe] n. f. MAR Chaîne servant à touer. ▷ *Par ext.* Longueur de cordage ou chaîne filée pour le mouillage. – Pp. fém. subst. de *touer.*

touer [twe] v. tr. [1] MAR Faire avancer (un navire) par traction sur une chaîne immergée. – Frq. **togôn*, «tirer».

toueur [twœʀ] n. m. MAR Remorqueur qui prend appui sur une chaîne de touage. – De *touer.*

touffe [tuf] n. f. Assemblage de choses qui poussent naturellement serrées. *Une touffe d'herbe, de poils.* – Probabl. de l'anc. alémanique **topf.*

touffeur [tufœʀ] n. f. Litt. Chaleur lourde, étouffante. *Une touffeur d'orage.* – Aphérèse d'*étouffeur*, dial. «chaleur étouffante».

touffu, ue [tufy] adj. **1.** Qui se présente en touffes, est épais. *Bois touffu.* **2.** Fig. Confus par excès de densité, de complexité (discours, écrit). – De *touffe.*

touillage [tujaʒ] n. m. Fam. Action de touiller. – De *touiller.*

touille [tuj] n. f. Syn. de *lamie* (poisson). – Orig. incert.

touiller [tuje] v. tr. [1] Fam. Remuer (qqch) pour mélanger les éléments. *Touiller une pâte, la salade.* – Du lat. *tudiculare*, «piler, broyer».

toujours [tuʒuʀ] adv. **1.** Pendant la totalité d'une durée considérée (limitée ou illimitée). *Elle est toujours prête à rendre service. Cela a toujours existé et existera toujours.* ▷ Loc. adv. *Pour toujours:* pour toute la durée de l'avenir, sans esprit de retour. *Depuis toujours:* depuis très longtemps. **2.** D'une façon qui se répète invariablement. *Je gagne toujours contre lui. Il prend toujours la même route* – Loc. adv. *Comme toujours:* comme dans tous les autres cas, les autres circonstances. *Presque toujours:* très souvent. **3.** (En parlant de qqch qui continue.) Encore. *Il court toujours. Je ne lui ai toujours pas pardonné.* **4.** En tout état de cause, quoi qu'il en soit. *Prenez toujours cet acompte. C'est toujours ça (de pris).* ▷ Loc. conj. (Exprimant une restriction, une opposition.) *Toujours est-il que...:* ce qu'il y a de sûr, en tout cas, c'est que... – De *tous* (tout), et *jour(s).*

touladi [tuladi] n. m. ou f. Poisson salmonidé indigène (*Salvelinus namaycush*), à nageoire caudale fourchue, dont le corps de couleur variable (vert, gris ou brun) est marqué de taches pâles, vivant surtout dans les lacs profonds. Rem. Souvent appelé *truite grise.* – Mot d'origine algonquienne.

touloupe [tulup] n. f. Vêtement en peau de mouton des paysans russes; cette peau elle-même. – Mot russe.

toulousain, aine [tuluzɛ̃, ɛn] adj. et n. De Toulouse (Haute-Garonne, France).

toundra [tundʀa] n. f. Vaste plaine des zones périphériques des pôles, dont la végétation est constituée de mousses, de lichens et parfois de quelques arbres rabougris et où les caribous trouvent l'été leur pâture. – Russe *tundra.*

toungouse ou **toungouze** [tunguz] adj. et n. Didac. Nom donné aux groupes ethniques de Sibérie orient. – Relatif aux dialectes de ces groupes (cf. encycl. langue, *famille altaïque*). – Nom turc d'un de ces peuples.

toupaye ou **toupaïe** [tupaj] n. m. ZOOL Mammifère insectivore proche des singes (genre princ. *Tupaia*) d'Amérique du S., d'Inde et de Malaisie, qui a l'allure d'un écureuil. – Lat. scientif. *tupaia*, mot malais.

toupet [tupɛ] n. m. **1.** Touffe de cheveux (en partic., en haut du front). **2.** Fig., fam. Hardiesse effrontée, aplomb. *Avoir un drôle de toupet.* – De l'a. fr. *top*, frq. **top*, «sommet, pointe».

toupie [tupi] n. f. **1.** Jouet de forme plus ou moins arrondie, muni d'une pointe sur laquelle on le fait tourner. **2.** TECH Machine à bois généralement constituée d'une table traversée d'un arbre tournant vertical sur lequel on peut monter divers outils. Syn. toupilleuse. – Du frq. **top*, «pointe»; anglo-norm. *topet*, dimin. de l'angl. *top*, «sommet, pointe».

toupiller [tupije] v. intr. [1] TECH Travailler (le bois) avec une toupie. – Du préc.

toupilleur [tupijœʀ] n. m. TECH Ouvrier qui toupille. – De *toupiller.*

toupilleuse [tupijøz] n. f. TECH Syn. de *toupie* (sens 2). – De *toupiller.*

touque [tuk] n. f. Récipient de métal dans lequel on transporte certaines substances. *Touque d'eau douce* (sur un navire). – Probabl. du provenç. *tuc*; var. mérid. *tuco*, «courge, gourde», rad. prélatin **tukka*, «courge».

1. tour [tuʀ] n. m. **I. 1.** Mouvement de rotation. *Un tour de roue. Tour de vis, de clef. Fermer une porte à double tour.* ▷ Loc. *Moteur qui part au quart de tour*, à la première impulsion du démarreur. – Fig. *Partir au quart de tour.* ▷ *À tour de bras:* de toute la force du bras. ▷ *Tour de reins:* distension douloureuse des muscles lombaires. **2.** GEOM Unité d'angle hors système (symbole tr), égale à 2 π radians, c.-à-d. à l'angle que doit décrire un point pour effectuer un tour complet. ▷ TECH *Tour par minute, par seconde:* unité de vitesse angulaire (symbole SI tr/mn, tr/s). **3.** Chose qui en entoure une autre. *Tour de cou:* fourrure, ruban, etc., se mettant autour du cou. **4.** Circonférence, courbe limitant un corps, un lieu. *Tour de taille. Ville qui a dix kilomètres de tour.* **5.** Parcours plus ou moins circulaire autour d'un lieu. *Tour de piste.* ▷ *Faire le tour de:* faire un circuit autour de (un lieu). *Faire le tour d'un jardin.* – S'étendre autour de. *Les fossés font le tour du château.* – Fig. Considérer rapidement dans son ensemble (une situation, une question). *Faire le tour d'un problème.* **6.** *Faire un tour,* une petite promenade. **7.** Tracé sinueux. *Les tours et les détours d'un labyrinthe.* **II. 1.** Action, mouvement dont l'accomplissement exige des aptitudes particulières, notam. de l'adresse. *Tours de prestidigitation, de passe-passe.* ▷ *Tour de force:* action difficile considérée comme un exploit. ▷ *Tour de main:* manière de faire nécessitant une habileté manuelle acquise par la pratique. – *En un tour de main:* très rapidement. **2.** Action dénotant de la ruse, de la malice. *Jouer un mauvais tour, un tour de cochon à qqn.* **III.** Manière dont se présente qqch. *Affaire qui prend un tour dramatique.* ▷ *Tour de phrase* ou, absol., *tour:* façon d'exprimer sa pensée par la construction de la phrase. *Un tour familier.* ▷ *Tour d'esprit:* disposition à considérer les choses d'une certaine manière. *Un tour d'esprit original.* **IV.** Moment auquel qqn accomplit une action, dans une suite d'actions semblables accomplies par des personnes différentes. *Je passerai à mon tour. Chacun son tour!:* chacun doit passer à son tour. ▷ *Tour de chant:* représentation comportant plusieurs chansons, donnée par un chanteur. ▷ Loc. adv. *Tour à tour,* marque l'alternance dans le temps. *Les trois généraux commandaient tour à tour.* – *À tour de rôle:* V. rôle. – Déverbal de *tourner.*

2. tour [tuʀ] n. m. **1.** Machine-outil utilisée pour façonner des pièces de bois, de métal, etc., en les faisant tourner sur elles-mêmes. – *Tour de potier:* instrument auquel le potier imprime un mouvement de rotation pour modeler l'argile. ▷ Fig., vieilli *Fait au tour:* d'une forme parfaite. *Jambe faite au tour.* **2.** Sorte d'armoire cylindrique tournant sur un pivot, placée dans l'épaisseur d'un mur, permettant des échanges de l'extérieur à l'intérieur et utilisée autref. dans les monastères (cf. tourier), les hospices. – Du lat. *tornus,* gr. *tornos,* «tour de tourneur».

3. tour [tuʀ] n. f. **1.** Bâtiment dont la hauteur est importante par rapport à ses autres dimensions, faisant corps avec un édifice qu'il domine, ou isolé. *Les tours d'une cathédrale. La tour penchée de Pise. La tour Eiffel. La tour du CN à Toronto.* ▷ MILIT Anc. Machine de guerre haute et mobile servant au siège des villes, des forteresses défendues par des remparts. ▷ TECH *Tour de forage:* charpente servant aux manœuvres de descente et de relevage des outils de forage. ▷ AVIAT *Tour de commande* ou *tour de contrôle:* bâtiment dominant un aérodrome, d'où est assurée la régulation du trafic aérien. ▷ ESP *Tour de montage:* ouvrage servant au montage d'un engin spatial avant son lancement. – *Tour de lancement:* ouvrage à partir duquel est effectué le lancement d'un engin spatial. ▷ Fig. *Tour d'ivoire:* retraite hautaine, isolement volontaire. *Se retirer dans sa tour d'ivoire.* **2.** Au jeu d'échecs, pièce en forme de tour crénelée se déplaçant sur la verticale ou l'horizontale. – Lat. *turris.*

touraco [tuʀako] n. m. ZOOL Oiseau africain (genre princ. *Turacus,* ordre des cuculiformes), au plumage vert, à bec court et aux ailes arrondies. V. musophage. – Orig. incert.

touraillage [tuʀajaʒ] n. m. TECH Arrêt de la germination de l'orge par dessiccation des grains. – De *touraille.*

touraille [tuʀaj] n. f. TECH Étuve à air chaud servant, dans les malteries, à sécher les grains d'orge pour arrêter leur germination. – Les grains ainsi séchés. – Mot picard, du lat. *torrere,* «rôtir, brûler».

touraillon [tuʀajõ] n. m. TECH Germes d'orge desséchés à la touraille. – De *touraille.*

tourangeau, elle [tuʀɑ̃ʒo, ɛl] adj. et n. **1.** De la Touraine. *La douceur tourangelle.* **2.** De Tours. – De *Touraine,* région de France.

1. tourbe [tuʀb] n. f. Vx Multitude, foule. – Litt. Troupe méprisable, ramassis. – Lat. *turba.*

2. tourbe [tuʀb] n. f. **1.** Combustible noirâtre, souvent spongieux, au faible pouvoir calorifique, constitué de végétaux plus ou moins décomposés et qui se forme dans les tourbières. **2.** Plaque de gazon dont on se sert pour faire des pelouses. – Frq. **turba.*

tourber [tuʀbe] v. intr. [1] TECH Extraire de la tourbe d'une tourbière. – De *tourbe* 2.

tourbeux, euse [tuʀbø, øz] adj. Qui contient de la tourbe, est de la nature de la tourbe. – De *tourbe* 2.

tourbier, ière [tuʀbje, jɛʀ] adj. et n. **I.** adj. Qui contient de la tourbe. **II.** n. **1.** Ouvrier, ouvrière, exploitant d'une tourbière. **2.** n. f. Lieu où se forme la tourbe; gisement de tourbe. – De *tourbe* 2.

tourbillon [tuʀbijõ] n. m. **1.** Masse d'air qui se déplace dans un mouvement tournant impétueux. *Tourbillon de vent.* – Ce mouvement, caractérisé par les matières qu'il déplace avec force. *Tourbillons de poussière.* **2.** PHYS Mouvement en spirale des particules d'un fluide. – Masse d'eau tournant avec violence autour d'une dépression. **3.** Fig. Agitation tumultueuse dans laquelle on est entraîné. *Le tourbillon des plaisirs.* – Du lat. pop. **turbiculum,* du lat. *turbo, turbinis,* «tourbillon».

tourbillonnaire [tuʀbijɔnɛʀ] adj. En forme de tourbillon. – De *tourbillon.*

tourbillonnant, ante [tuʀbijɔnɑ̃, ɑ̃t] adj. Qui tourbillonne, tournoie. – De *tourbillonner.*

tourbillonnement [tuʀbijɔnmɑ̃] n. m. Mouvement de ce qui tourbillonne. – Fig. Mouvement vif et entraînant. – De *tourbillonner.*

tourbillonner [tuʀbijɔne] v. intr. [1] **1.** Former un tourbillon; se mouvoir dans un tourbillon, tournoyer rapidement. *Les feuilles mortes tourbillonnent.* **2.** Fig. Être l'objet d'une agitation semblable à un tourbillon. *Toutes ces idées tourbillonnaient dans sa tête.* – De *tourbillon.*

tourd [tuʀ] n. m. **1.** Vx Nom cour. de diverses grives (la litorne, notam.). **2.** Nom cour. de divers labres méditerranéens. – Lat. *turdus.*

tourdille [tuʀdij] adj. m. *Gris tourdille,* d'un gris jaune (en parlant de la robe d'un cheval). – De *tourd.*

tourelle [tuʀɛl] n. f. **1.** ARCHI Petite tour. *Château à tourelles.* **2.** MILIT Abri blindé orientable renfermant les pièces d'artilleries d'un char, d'un avion, d'un navire de guerre ou d'un ouvrage fortifié. **3.** TECH Dispositif mobile autour d'un axe qui peut placer en position de travail les outils d'un tour automatique, les objectifs d'une caméra. – Dimin. de *tour* 3.

touret [tuʀɛ] n. m. TECH **1.** Plateau tournant sur lequel on dispose une meule ou des disques abrasifs pour polir une pièce. **2.** Petit tour des graveurs en pierres fines. **3.** Dévidoir servant à enrouler des lignes, des câbles, etc. – De *tour* 2.

tourie [tuʀi] n. f. TECH Bonbonne de verre ou de grès entourée d'osier, servant au transport des acides. – P.-ê. du lat. *torrere,* «consumer», par le picard *touraille.*

tourière [tuʀjeʀ] adj. et n. f. Se dit de la religieuse préposée au tour (V. tour 2, sens 2) dans un couvent et, par ext., chargée des relations avec l'extérieur. *Sœur tourière.* ▷ Subst. *La tourière.* (Le masculin *tourier* a disparu de l'usage courant.) – De *tour* 2.

tourillon [tuʀijɔ̃] n. m. TECH Nom de divers axes ou pivots. ▷ *Spécial.* Pièce métallique servant à assujettir un canon sur un affût. – De *tour* 2.

tourisme [tuʀism] n. m. **1.** Activité de loisir qui consiste à voyager pour son agrément. *Faire du tourisme.* – Ensemble des services et des activités liés à l'organisation des déplacements des touristes. *Office du tourisme. Agence de tourisme. Le tourisme est la principale ressource de ce pays.* **2.** *De tourisme:* d'usage privé (par oppos. à *commercial, militaire,* etc.). *Aviation de tourisme. Voiture de tourisme.* – Angl. *tourism,* terme péjoratif pour *touring,* de *tour,* «voyage», dér. du fr. *tour* 1.

touriste [tuʀist] n. Personne qui voyage pour son agrément. *Une boutique de souvenirs pour touristes.* ▷ Appos. *Classe touriste,* sur les paquebots, les avions, classe inférieure. Syn. classe économique (avions). – Angl. *tourist,* de *tour,* «voyage», V. préc.

touristique [tuʀistik] adj. **1.** Relatif au tourisme. *Dépliant touristique.* **2.** Fréquenté par les touristes. *Région touristique.* – De *touriste.*

tourmaline [tuʀmalin] n. f. MINER Sel double alumineux de borate et de silicate, qui contient de l'oxyde de fer, du manganèse, de la potasse, de la soude, de la magnésie, de la lithine en quantités variables, et qu'on rencontre dans les roches éruptives et métamorphiques où il donne de beaux cristaux aciculaires de couleur noire, rouge (rubellite), verte (émeraude du Brésil) ou bleue, utilisés en joaillerie. – Du cingalais *toramalli.*

tourment [tuʀmɑ̃] n. m. **1.** Vx Supplice, torture. **2.** Litt. Très grande souffrance (surtout d'ordre moral). *Sa jalousie lui fait endurer mille tourments.* **3.** Grande inquiétude, grave souci. *Cette affaire me donne bien du tourment.* Syn. tracas. – Du lat. *tormentum,* «instrument de torture», de *torquere,* «tordre».

tourmente [tuʀmɑ̃t] n. f. **1.** Litt. Bourrasque, tempête violentes. *Être pris dans une tourmente.* **2.** Fig. Troubles graves, déchaînement de violence. *La tourmente révolutionnaire.* – Du lat. imp. *tormenta,* plur. neutre de *tormentum,* «instrument de torture», pris comme fém. sing.

tourmenté, ée [tuʀmɑ̃te] adj. **1.** En proie à un tourment moral. *Âme tourmentée.* ▷ Subst. *Un tourmenté.* **2.** Très irrégulier. *Sol, relief tourmenté.* – Agité. *Mer tourmentée.* ▷ Fig. Troublé, agité. *Vivre une époque tourmentée.* **3.** LITTER, BX-A. Qui dénote une recherche excessive, un manque de simplicité. *Style tourmenté.* – Pp. de *tourmenter.*

tourmenter [tuʀmɑ̃te] **I.** v. tr. [1] **1.** Faire souffrir. *Cet enfant est tourmenté par ses dents.* **2.** Importuner, ennuyer sans cesse, harceler. *Cessez de tourmenter ce pauvre chien!* **3.** Préoccuper vivement, obséder. *Le remords, la jalousie le tourmente.* **II.** v. pron. S'inquiéter vivement. *Vous vous tourmentez inutilement.* Syn. se ronger, se tracasser. – De *tourment.*

tourmenteur, euse [tuʀmɑ̃tœʀ, øz] n. et adj. **1.** Vx Bourreau. **2.** Litt. Qui tourmente. Syn. persécuteur. – De *tourmenter.*

tourmentin [tuʀmɑ̃tɛ̃] n. m. MAR Petit foc de mauvais temps. – De *tourmente.*

tournage [tuʀnaʒ] n. m. **1.** TECH Action de façonner au tour. **2.** CINE Action de tourner un film. – De *tourner.*

tournailler [tuʀnaje] v. intr. [1] Fam. Errer paresseusement en tournant en rond. – De *tourner,* et *-ailler.*

tournant [tuʀnɑ̃] n. m. **1.** Endroit où une voie change de direction en formant un coude; sinuosité de la route. *Tournant dangereux.* – Fig., fam. *Je l'aurai au tournant,* à la première occasion que j'aurai de le surprendre. **2.** Fig. Moment où le cours des événements change de direction; événement qui marque ce changement. *Être à un tournant de sa vie.* – Ppr. subst. de *tourner.*

tournant, ante [tuʀnɑ̃, ɑ̃t] adj. **1.** Qui tourne, pivote. *Pont tournant.* ▷ Spécial. *Grève tournante:* V. grève. ▷ ELECTR *Champ tournant:* champ magnétique de grandeur constante dont la direction tourne de manière uniforme. (Un tel champ, produit par ex. en faisant parcourir deux bobines d'axes perpendiculaires par des courants sinusoïdaux en quadrature, est utilisé dans certains moteurs électriques.) **2.** Qui contourne. *Mouvement tournant.* – Ppr. de *tourner.*

1. tourne [tuʀn] n. f. Dans la langue de la presse, suite d'un article de journal continué sur une autre page. – Déverbal de *tourner* (une page).

2. tourne [tuʀn] n. f. Altération du vin, de la bière, du lait, due à une bactérie; cette bactérie. – De *tourner,* sens II, 6.

tourné, ée [tuʀne] adj. **1.** Façonné au tour. *Table aux pieds tournés.* **2.** Qui a une certaine tournure. *Lettre bien tournée.* – (Personnes.) *Une femme bien tournée.* – *Esprit mal tourné,* disposé à voir du mal partout. **3.** Orienté. *Maison tournée vers le levant.* **4.** Altéré, aigri. *Lait tourné.* – Pp. de *tourner.*

tourne-à-gauche [tuʀnagoʃ] n. m. inv. TECH Outil servant à serrer une tige pour la faire tourner sur elle-même. – Outil servant au filetage d'une tige. – De *tourner, à,* et *gauche.*

tournebouler [tuʀnəbule] v. tr. [1] Fam. Bouleverser, retourner (qqn). *Cette nouvelle l'a tourneboulé !* – De l'a. fr. *torneboele,* «culbute», de *tourner,* et *boele,* «boyau».

tournebride [tuʀnəbʀid] n. m. Anc. Auberge proche d'un château, destinée aux domestiques et aux chevaux des visiteurs. – De *tourner,* et *bride.*

tournebroche [tuʀnəbʀɔʃ] n. m. Dispositif servant à faire tourner la broche à rôtir. – De *tourner,* et *broche.*

tourne-disque [tuʀnədisk] n. m. Appareil à plateau tournant et tête de lecture, sur lequel on passe des disques. *Des tourne-disques.* Syn. électrophone. – De *tourner,* et *disque.*

tournedos [tuʀnədo] n. m. CUIS Tranche de filet de bœuf, généralement bardée. *Tournedos Rossini.* – De *tourner,* et *dos,* (le rapport est obscur).

tournée [tuʀne] n. f. **1.** Voyage effectué selon un itinéraire fixé, en s'arrêtant à divers endroits. *Tournée d'un représentant de commerce, d'une compagnie théâtrale.* **2.** Fam. Consommations offertes par qqn à tous ceux qui sont avec lui. *Payer une tournée d'apéritifs.* **3.** Pop. Volée de coups. *Flanquer une tournée.* – Pp. fém. subst. de *tourner.*

tournemain (en un) [tuʀnəmɛ̃] Vieilli loc. adv. En un instant, avec autant de rapidité que d'adresse. (On dit auj. *en un tour de main.*) – De *tourner,* et *main.*

tournepierre ou **tourne-pierre** [tuʀnəpjɛʀ] n. m. ZOOL Oiseau charadriiforme *(Arenaria interpres),* au plumage roux et noir, qui retourne les galets pour chercher les petits animaux dont il se nourrit. *Des tourne-pierres* ou *des tournepierres.* – De *tourner,* et *pierre,* d'ap. l'angl. *turnstone.*

tourner [tuʀne] v. [1] **I.** v. tr. **1.** Imprimer un mouvement de rotation à. *Tourner une broche. Tourner la tête.* **2.** Présenter (qqch) sous une autre face; retourner. *Il tournait et retournait l'objet sans comprendre. Tourner les pages d'un livre.* ▷ Fig. *Tourner la page:* oublier le passé. ▷ *Tourner les talons:* faire demi-tour; s'enfuir. **3.** Diriger, porter dans une direction. *Tourner les yeux vers le ciel.* – Fig. *Tourner son attention* *vers qqn.* **4.** Longer en contournant. – Spécial. *Tourner les positions de l'ennemi,* pour le prendre à revers. – Fig. Trouver, utiliser un biais pour éluder, éviter. *Tourner un obstacle, une difficulté. Tourner la loi.* **5.** Transformer (dans un sens exprimé par un complément introduit par *à* ou *en*). *Tourner les choses à son profit. Tourner qqch, qqn en ridicule.* **6.** Troubler, faire éprouver une sensation de vertige. *L'alcool tourne la tête.* – Fig. *Le succès lui a tourné la tête.* ▷ Loc. fam. *Tourner le sang, les sangs:* inquiéter vivement. **7.** TECH Façonner au tour (un ouvrage de bois, de métal, etc.). – Fig. Donner un tour, une façon; composer, arranger d'une certaine manière. *Savoir tourner un compliment.* **8.** CINE *Tourner un film,* en filmer les séquences (les anciennes caméras fonctionnaient à la manivelle). – Absol. *Silence, on tourne!.* **II.** v. intr. **1.** Se mouvoir en décrivant une courbe. *La Terre tourne autour du Soleil.* ▷ Loc. *Avoir la tête qui tourne:* éprouver un vertige. *Tourner de l'œil**. ▷ Pivoter autour d'un axe. *La porte tourna sur ses gonds.* – *Faire tourner les tables:* mettre en mouvement (ou croire qu'on met en mouvement) des tables censées transmettre des messages des esprits. – Loc. fig. *Tourner autour de:* évoluer à proximité de; graviter autour de, être proche de. *La dépense tourne autour de mille dollars.* – *Tourner autour d'une femme,* lui faire la cour. – Fam. *Tourner autour du pot:* employer des circonlocutions au lieu d'aller droit au fait. **2.** En parlant d'un mécanisme, fonctionner en décrivant une rotation. *Moteur qui tourne.* – *Par ext.* Fonctionner. *Machine qui tourne 24 h sur 24.* ▷ *Tourner rond:* fonctionner correctement; fig. (en parlant de personnes): aller bien, raisonner sainement. **3.** Effectuer une permutation circulaire. *Au volley-ball, les joueurs tournent à chaque service.* **4.** Changer de direction, virer. *Tourner à gauche, à droite. Le vent a tourné.* – Fig. *La chance a tourné.* **5.** Se transformer, tendre vers. *Affaire qui tourne à la catastrophe. Leurs rapports tournent à l'aigre.* ▷ *Tourner bien, mal:* finir bien, mal. – (Personnes.) Évoluer d'une manière positive, négative. *Il a (bien) mal tourné.* ▷ *Tourner court:* finir brusquement, sans transition. **6.** *Absol.* S'altérer, devenir aigre. *Le lait a tourné.* **III.** v. pron. **1.** Se mettre dans une position opposée à celle que l'on avait; changer de position. *Elle se tourna, offrant ainsi son meilleur profil.* **2.** Se diriger. *Les regards se tournèrent vers lui.* – Fig. *Se tourner vers la religion.* ▷ *Ne savoir de quel côté se tourner:* ne savoir quel parti prendre. – Lat. *tornare,* «façonner au tour, tourner».

tournesol [tuʀnəsɔl] n. m. **1.** Nom de diverses plantes (hélianthes, héliotropes, soleils) dont la fleur s'oriente vers le soleil, qu'elle suit dans sa course. **2.** CHIM Matière colorante bleue (autref. tirée de diverses plantes, dont un héliotrope), qui rougit au contact des acides et que l'on utilise comme réactifs. – Ital. *tornasole,* ou esp. *tornasol.*

tourneur, euse [tuʀnœʀ, øz] n. et adj. **1.** TECH Ouvrier qui façonne des ouvrages au tour. **2.** Ouvrière qui dévide de la soie. **3.** adj. Qui tourne sur lui-même. *Derviche tourneur.* – De *tourner.*

tournevis [tuʀnəvis] n. m. Instrument d'acier, terminé en biseau non tranchant et servant à serrer ou desserrer les vis. – De *tourner,* et *vis.*

tournicoter [tuʀnikɔte] v. intr. [1] Fam. Var. de tourniquer. – De *tourniquer.*

tourniquer [tuʀnike] v. intr. [1] Fam. Tourner sur place, sans raison apparente, sans quitter le lieu où l'on se trouve. – De *tourner,* d'ap. *tourniquet.*

tourniquet [tuʀnikɛ] n. m. **1.** Dispositif de fermeture, généralement constitué de barres mobiles autour d'un axe, qui ne peut être franchi que dans un seul sens et par une personne à la fois. **2.** Pièce métallique articulée autour d'un axe, servant à maintenir ouvert un volet ou un châssis. ▷ Présentoir mobile autour d'un axe. *Tourniquet de cartes postales.* **3.** Appareil constitué d'une tige qui tourne autour d'un axe sous l'effet de l'éjection de matière (eau, gaz) aux deux extrémités de cette tige. *Tourniquet d'arrosage, de feux d'artifice.* – De l'anc. fr. *turniquet,* «vêtement de dessus», du lat. *tunicula,* «petite tunique»; signifia d'abord «cotte d'armes», puis «poutre armée de pointes de fer».

tournis [tuʀni] n. m. **1.** MED VET Maladie des bovins et des moutons, due à la présence dans l'encéphale de *Tænia cœnurus* (V. cœnure et ténia) et qui se traduit par un tournoiement de la bête. **2.** Fig., fam. Sensation de vertige. *Ça me donne le tournis.* – De *tourner.*

tournoi [tuʀnwa] n. m. **1.** Au Moyen Âge, combat de chevaliers à armes courtoises*. Syn. joute **2.** *Par ext.*.et mod. Compétition comprenant plusieurs séries de rencontres. *Tournoi de bridge, de tennis.* – Subst. verbal de *tournoyer,* sens 2.

tournoiement [tuʀnwamɑ̃] n. m. Action de tournoyer; mouvement de ce qui tournoie. – De *tournoyer,* sens 1.

tournois [tuʀnwa] adj. inv. et n. m. Anc. Se disait d'une monnaie d'abord frappée à Tours, devenue ensuite monnaie royale. *Une livre tournois valait vingt sous tournois.* – Subst. *Un tournois,* un denier tournois. –Lat. *turonensis,* «de la v. de Tours».

tournoyer [tuʀnwaje] v. intr. [26] **1.** Évoluer en décrivant des cercles. *Les vautours tournoyaient déjà au-dessus des morts.* ▷ Tourner sur soi-même. *La barque tournoyait dans le tourbillon.* **2.** Anc. Participer à un tournoi. – De *tourner.*

tournure [tuʀnyʀ] n. f. **1.** Manière dont une chose est faite; forme qu'elle présente. *La tournure d'une phrase. Tournure d'esprit.* ▷ *Prendre tournure:* prendre forme, se dessiner. – Taille, forme du corps. *Une jolie tournure.* **2.** Anc. Rembourrage plus familièrement appelé *faux cul.* **3.** TECH Copeaux qui se détachent des ouvrages travaillés au tour. – Du bas lat. *tornatura,* class. *tornatum,* de *tornare,* «tourner».

touron ou **tourron** [tuʀɔ̃] n. m. Confiserie analogue au nougat, originaire d'Espagne, faite de pâte d'amandes mêlée de fruits confits, de noisettes, etc. – Esp. *turrón,* du lat. *torrere,* «griller».

1. tourte [tuʀt] n. f. **1.** Tarte ronde, faite dans un moule à bord assez haut, recouverte d'une croûte de pâte, et renfermant diverses préparations salées ou sucrées. **2.** Pop. Niais, peu dégourdi. *Quelle tourte!* ▷ Adj. *Il est assez tourte.* – Du lat. ecclés. *torta,* «pain rond», du class. *tortus,* «tordu», de *torquere,* «tordre, tourner».

2. tourte [tuʀt] n. f. Gros pigeon grégaire (*Ectopistes migratorius*) autref. très répandu en Amérique du Nord, dont l'espèce est disparue en raison du massacre dont elle a fait l'objet. *La tourte, dont le dernier spécimen est mort en captivité à Cincinnati (Ohio) en 1914, était pratiquement disparue à la fin du XIXᵉ s.* – Lat. *turtur.*

1. tourteau [tuʀto] n. m. **1.** Vx Gâteau ou pain rond. **2.** AGRIC Masse pâteuse formée avec les résidus de divers oléagineux après extraction de l'huile et qui constitue un excellent aliment pour le bétail. **3.** HERALD Pièce d'émail de couleur, de forme circulaire. – De *tourte.*

2. tourteau [tuʀto] n. m. Gros crabe comestible *(Cancer pagurus),* commun sur les côtes atlantiques. – De l'a. fr. *tort, tourt,* «tordu», du lat. *tortus.*

tourtereau [tuʀtəʀo] n. m. **1.** Rare Jeune tourterelle. **2.** Fig., fam. *Des tourtereaux:* des jeunes gens qui s'aiment tendrement. – De *turtrel,* anc. forme masc. de *tourterelle.*

tourterelle [tuʀtəʀɛl] n. f. Oiseau columbidé (genre *Streptopelia*) de taille inférieure à celle du pigeon, dont une variété est un oiseau de volière. *La tourterelle triste (Zenaïda macroura) est commune en Amérique du Nord.* ▷ Appos. *Gris tourterelle:* gris légèrement rosé. – Lat. pop. **turturella*, class. *turturilla*, dimin. de *turtur*, même sens.

tourtière [tuʀtjɛʀ] n. f. **1.** Moule à tourte. **2.** Pâté fait à base de viande de porc hachée. Syn. pâté à la viande. ▷ Rég. Pâté profond fait d'une préparation de pommes de terre et de plusieurs sortes de viandes coupées en morceaux. *Tourtière du Lac-Saint-Jean.* – De *tourte* 1.

ENCYCL Par étymologie populaire, on a souvent vu dans *tourtière*, désignant une sorte de pâté, une création typiquement canadienne dérivée de *tourte*, «espèce de pigeon voyageur sauvage d'Amérique du Nord dont l'extinction remonte au début du XXe s.» Il est probable que la tourte a servi autrefois dans la préparation des tourtières, mais il est certain que le mot *tourtière* lui-même est sans lien avec le nom de l'oiseau. Il s'agit plutôt d'un apport des parlers de France, de l'Ouest en particulier, où *tourtière* s'emploie encore en parlant d'un mets fait à base de viande enveloppée dans de la pâte, et généralement de grande dimension. Dans ce sens, *tourtière* est un emploi métonymique à partir du sens de «moule, ustensile de cuisine». Au Canada, on trouve dès 1646, dans les Relations des Jésuites, une attestation du mot désignant un mets: «les Ursulines [envoyerent] force belles estreines avec bougies, chapelets, crucifix, etc. & sur le disner deux belles pieces de tourtiere». De nos jours, la tourtière correspond à deux pâtés différents. Le premier, appelé aussi *pâté à la viande*, est une pâtisserie peu profonde, de même dimension qu'une tarte, faite à base de viande de porc hachée; cette sorte de tourtière est traditionnellement associée à la période des fêtes. Le deuxième, qui s'apparente beaucoup à cet autre mets qu'on appelle *cipaille* ou *cipâte*, est une pâtisserie profonde et de grande dimension faite à base de plusieurs sortes de viandes de gibier ou de boucherie et qui peut nourrir plusieurs personnes; cette sorte de tourtière est souvent considérée comme typique de la cuisine du Saguenay–Lac-Saint-Jean.

touselle [tuzɛl] n. f. AGRIC Variété de blé dont l'épi est dépourvu de barbes. – Anc. provenç. *tosela*, du lat. *tonsus*, «tondu».

Toussaint [tusɛ̃] n. f. Fête catholique, célébrée en l'honneur de tous les saints, le 1er novembre. *Un temps de Toussaint*, pluvieux, gris. – De *tous (les) saints.*

tousser [tuse] v. intr. [1] **1.** Être pris d'un accès de toux. *Il tousse surtout la nuit. La fumée le fait tousser.* – *Par anal.* Faire un bruit comparable à celui de la toux. *Moteur qui tousse*, qui a des ratés. **2.** Se racler la gorge (pour s'éclaircir la voix, avertir, attirer l'attention de qqn qui est en train de faire une gaffe, etc.). – Lat. *tussire*, de *tussis*, «toux»; d'abord *toussir*.

tousserie [tusʀi] n. f. Vx Toux répétée, prolongée. – De *tousser.*

tousseur, euse [tusœʀ, øz] n. Fam. Personne qui tousse. – De *tousser.*

toussotement [tusɔtmɑ̃] n. m. Action de toussoter; petite toux. – De *toussoter.*

toussoter [tusɔte] v. intr. [1] Tousser légèrement. – Dimin de *tousser.*

tous(-)terrains. V. terrain.

tout [tu] **toute** [tut] **tous** [tus] **toutes** [tut] adj., pron., n. et adv. **A.** adj. **I.** (Suivi du sing.) **1.** Entier, complet, plein. *Tout l'univers. Veiller toute la nuit. Tout ce qu'il y a de bien.* – Loc. pron. indéf. *Tout le monde:* tous les gens. ▷ (En loc., sans article.) *Donner toute satisfaction. À toute vitesse.* ▷ (Devant le nom d'un auteur, d'une ville.) *Il a lu tout Hugo. Tout Québec le savait.* – *Tout-Montréal, le Tout-Montréal*, les Montréalais les plus en vue. **2.** (Sans article.) Chaque, n'importe lequel. *Toute peine mérite salaire. À tout moment.* **3.** Unique, seul. *C'est tout l'effet que ça te fait?* ▷ (Précédé de *pour.*) *Pour toute nourriture.* **4.** (Suivi de *un, une.*) Vrai, véritable. *Il en fait toute une histoire, tout un drame.* **II.** (Suivi du plur.) **1.** L'ensemble, sans exception, des... *Tous les hommes.* ▷ (Devant un numéral, pour souligner l'association.) *Vous êtes tous deux bien imprudents. Ils nient tous les trois.* **2.** Marquant la périodicité. *Toutes les cinq minutes. Tous les dix mètres.* **B.** pron. indéf. **1.** *Tous, toutes*, désignant des personnes ou des choses mentionnées précédemment. *Ses enfants l'aiment bien, tous sont venus le voir.* – (Comme nominal.) *Connu et estimé de tous.* **2.** *Tout* (inv.). Toutes les parties d'une chose ou la chose prise dans sa totalité. *Tout est bon dans cet ouvrage. Bonne* à tout faire. Il ignore tout de cette affaire. C'est tout? Non, ce n'est pas tout.* ▷ *À tout prendre:* en somme, tout bien considéré. ▷ *Après tout:* en définitive. ▷ *C'est tout ou rien:* il n'y a pas de milieu, d'autre choix. – INFORM *Tout ou rien* (ou *tout-ou-rien*), se dit d'organes de régulation qui ne peuvent occuper que deux états (par ex., ouvert ou fermé). ▷ *Avoir tout de qqch, de qqn*, toutes ses caractéristiques. *Habillé ainsi, il a tout du clown.* ▷ *Ce n'est pas tout de:* ce n'est pas assez de. ▷ *Comme tout* (servant de superlatif). *Il est gentil comme tout.* **3.** Loc. adv. *En tout:* pour l'ensemble. *Cela lui revient en tout à cent dollars.* – *En tout et pour tout:* au total. ▷ Vieilli ou rég. (Prononcé [tut]; aussi orthogr. *en toute.*) Sert à renforcer une négation; du tout. *Ça (ne) nous fait rien en toute.* ▷ *Pas en tout, pas en toute:* pas du tout, du tout. Rem. Var. orthogr. vieillie ou litt. de pantoute*. **C.** n. m. **1.** Chose considérée dans son entier, par rapport aux parties qu'elle renferme. *Former un tout. Le tout et la partie.* Syn. ensemble. **2.** L'essentiel. *Ce n'est pas le tout de s'amuser.* **3.** loc. adv. *Du tout:* en aucune façon, nullement (renforce souvent *pas, point, rien*). ▷ *Changer du tout au tout*, complètement. **D.** adv. (Est variable devant un fém. commençant par une consonne ou un h aspiré.) **1.** Entièrement, complètement. *La ville tout entière. Elle est tout heureuse, toute contente.* ▷ (Devant un nom.) *Être tout yeux, tout oreilles:* être très attentif. *Tissu tout coton.* **2.** (Renforçant le mot qui suit ou marquant un superlatif relatif.) *Tout enfant, il s'intéressait déjà à la musique. De toutes jeunes filles. Tout à côté. Parler tout haut.* – Fam. *C'est tout comme:* cela revient exactement au même. ▷ *Tout au plus:* à peine. **3.** (Devant un gérondif, marque la simultanéité.) *Il lisait tout en marchant.* ▷ (Introduisant une concession.) *Tout en le souhaitant, je n'y crois guère.* **4.** *Tout... que*, loc. conj. exprimant la concession. *Tout sage qu'il est. Toute femme qu'elle est.* **5.** loc. adv. *Tout à coup:* soudain. ▷ *Tout d'un coup:* d'un seul coup. ▷ *Tout à fait:* complètement. ▷ *Tout à l'heure:* dans quelques instants. ▷ *Tout de même:* cependant. – (Renforçant un ton exclamatif.) *C'est tout de même un peu fort!* ▷ *Tout de suite:* immédiatement. ▷ Fam. *Tout plein:* très, beaucoup. – Bas lat. *tottus*, forme expressive du class. *totus*.

tout-à-l'égout [tutalegu] n. m. inv. Système d'évacuation des eaux-vannes et des eaux usées dans le réseau d'assainissement public. – De *tout* (nominal), *à*, et *égout.*

toutefois [tutfwa] adv. (Marque l'opposition.) *Je ne suis pas convaincu, toutefois, j'accepte.* Syn. néanmoins, pourtant. – (Renforce la condition.) *Nous irons, si toutefois elle nous accompagne.* – De *tout(es)*, et *fois.*

toute-puissance [tutpɥisɑ̃s] n. f. inv. Puissance absolue ou à son plus haut degré. Syn. omnipotence. – De *tout(e)*, et *puissance.*

toutou [tutu] n. m. **1.** Fam. Chien; *spécial.* chien fidèle. – Loc. comparative. *Obéir comme un toutou. Suivre comme un toutou.* – Onomat. enfantine.

tout-petit [tup(ə)tit] n. m. Bébé, enfant en bas âge. *L'alimentation des tout-petits.* – De *tout,* et *petit.*

tout-puissant, toute-puissante [tupɥisɑ̃, tutpɥisɑ̃t] adj. Dont le pouvoir est sans bornes. *Monarques tout-puissants. Des influences toutes-puissantes.* ▷ N. m. *Le Tout-Puissant:* Dieu. – De *tout,* et *puissant.*

tout(-)terrain. V. terrain.

tout-venant [tuv(ə)nɑ̃] n. m. sing. **1.** MINES Minerai non encore trié, tel qu'il est extrait du gisement. **2.** Ce qui se présente, sans avoir fait l'objet d'un choix; qualité ordinaire. – De *tout,* et ppr. de *venir.*

toux [tu] n. f. Expiration bruyante brusque, saccadée, habituellement réflexe, mais qui peut être volontaire, témoignant d'une irritation ou d'une infection des voies respiratoires et permettant de les dégager. *Quinte de toux. Toux sèche, grasse* (suivie généralement d'expectoration). – Lat. *tussis.*

tox(o)-, toxi-, toxico-. Préfixes, du lat. *toxicum,* «poison», du gr. *toxikon,* «poison pour flèches», de *toxon,* «arc, flèche».

toxémie [tɔksemi] n. f. MED Passage de toxines dans le sang, par insuffisance des organes chargés de les éliminer. ▷ *Toxémie gravidique:* affection qui se déclare dans les derniers mois de la grossesse, caractérisée essentiellement par l'albuminurie, l'œdème et l'hypertension artérielle. – De *tox(ine),* et *-émie.*

toxi-. V. tox(o)-.

toxicité [tɔksisite] n. f. Caractère de ce qui est toxique. *Le coefficient de toxicité d'une substance est défini par sa dose minimale mortelle.* – De *toxique.*

toxico-. V. tox(o)-.

toxicodermie [tɔksikodɛʀmi] ou **toxidermie** [tɔksidɛʀmi] n. f. MED Lésion cutanée due à un produit toxique (quelle qu'en soit la voie d'administration). – De *toxico-,* et *-dermie.*

toxicologie [tɔksikolɔʒi] n. f. MED Science qui étudie les toxiques, leur identification, leur mode d'action et les remèdes à leur opposer. – De *toxico-,* et *-logie.*

toxicologique [tɔksikolɔʒik] adj. MED. Relatif à la toxicologie. – Du préc.

toxicologue [tɔksikolɔg] n. Didac. Spécialiste en toxicologie. – De *toxicologie.*

toxicomane [tɔksikoman] adj. et n. Didac. et cour. Atteint de toxicomanie. – De *toxicomanie.*

toxicomanie [tɔksikomani] n. f. Didac Intoxication chronique ou périodique engendrée par la consommation de médicaments et de substances toxiques (V. drogue), et entraînant généralement chez le sujet un état d'accoutumance et de dépendance. – De *toxico-,* et *-manie.*

toxicose [tɔksikoz] n. f. MED Intoxication endogène. ▷ *Toxicose du nouveau-né,* altération grave de l'état général, habituellement due à une diarrhée infectieuse entraînant une déshydratation aiguë. – De *toxic(o)-,* et *-ose* 2.

toxidermie. V. toxicodermie.

toxi-infection [tɔksiɛ̃fɛksjɔ̃] n. f. MED Maladie infectieuse dans laquelle le caractère pathogène vient surtout des toxines que sécrètent les germes. – De *toxi-,* et *infection.*

toxine [tɔksin] n. f. MED Substance toxique élaborée par un micro-organisme. (On distingue les *endotoxines,* contenues à l'intérieur des bactéries, et les *exotoxines,* émises dans le milieu extérieur.) – All. *Toxin,* du rad. de *toxique.*

toxique [tɔksik] adj. et n. m. **1.** adj. Se dit d'une substance qui a un effet nocif sur l'organisme ou sur un organe. *Gaz toxique.* **2.** n. m. Substance toxique. Syn. poison, venin. – Lat. *toxicum,* du gr. *toxikon,* «poison pour flèches», de *toxon,* «arc, flèche».

toxo-. V. tox(o)-.

toxoplasme [tɔksoplasm] n. m. MICROB Protozoaire parasite dont une espèce est responsable de la toxoplasmose. – De *toxo-,* et *-plasme.*

toxoplasmose [tɔksoplasmoz] n. f. MED Maladie parasitaire, due à *Toxoplasma gondii,* dont la symptomatologie est variable et qui peut être responsable de malformations fœtales lorsqu'elle est contractée au cours de la grossesse. – Du préc., et *-ose* 2.

traban [tʀabɑ̃] n. m. HIST Soldat (scandinave ou suisse) de la garde d'un prince ou d'un chef militaire du XVIe au XVIIe s. – All. *Trabant,* «garde du corps».

trabe [tʀab] n. f. HERALD Hampe de bannière. – Du lat. *trabs, trabis,* «poutre».

trabécule [tʀabekyl] n. f. HISTOL Terminaison fine et détachée d'une paroi, souvent anastomosée avec d'autres voisines. – Du lat. *trabecula,* «petite poutre».

trabée [tʀabe] n. f. ANTIQ ROM Toge de cérémonie ornée de bandes de pourpre. – Lat. *trabea.*

trac [tʀak] n. m. Angoisse, peur que l'on ressent juste avant de se produire en public ou de mettre à exécution un projet. *Avoir le trac. Ne pouvoir se défendre contre le trac.* – Orig. incert., de *traquer,* ou de *tracas.*

trac (tout à) [tʀak] loc. adv. (Avec un verbe de parole.) Sans préparation, sans précaution. *Il déclara tout à trac qu'il ne reviendrait plus jamais.* – Probabl. de *traquer.*

traçage [tʀasaʒ] n. m. Action de tracer. – De *tracer.*

traçant, ante [tʀasɑ̃, ɑ̃t] adj. **1.** BOT *Racine traçante,* qui trace (sens 2). **2.** *Balle traçante,* qui laisse derrière elle une trace lumineuse (on dit aussi *traceuse*). – Ppr. de *tracer.*

tracas [tʀaka] n. m. Souci, ennui durable, généralement d'ordre matériel. *La santé de sa mère lui causait bien du tracas, des tracas.* – Déverbal de *tracasser.*

tracasser [tʀakase] v. tr. [1] (Sujet généralement nom de chose.) Inquiéter, tourmenter de façon persistante, mais généralement sans gravité. *Cette histoire la tracassait depuis longtemps.* ▷ v. pron. S'inquiéter, se tourmenter. *Il se tracasse pour l'avenir de sa fille.* – Du rad. de *traquer.*

tracasserie [tʀakasʀi] n. f. (Surtout au plur.) Querelle ou chicane que l'on cherche à qqn, souvent à propos de choses insignifiantes. *Il était en butte à des tracasseries incessantes.* – De *tracasser.*

tracassier, ière [tʀakasje, jɛʀ] adj. Qui se plaît à faire des tracasseries. *Une administration tracassière.* – De *tracasser.*

tracassin [tʀakasɛ̃] n. m. Fam. Inquiétude, léger tourment. ▷ *Avoir le tracassin:* se faire du souci. – De *tracasser.*

trace [tʀas] n. f. **1.** Suite de marques, d'empreintes laissées par le passage d'un homme, d'un animal ou d'une chose. *Traces de pas. Traces de pneu dans la boue. Suivre un gibier à la trace.* ▷ Loc. fig. *Suivre les traces, marcher sur les traces de qqn,* suivre son exemple, la voie qu'il a ouverte. **2.** Marque laissée par une action, par un événement passé. *Des traces d'effraction. Traces de la marée noire.* Fig. *Cette aventure laissa en lui des traces profondes. On ne trouve aucune trace de cet épisode chez les chroniqueurs.* **3.** Quantité infime. *Traces d'albumine dans l'urine.*

4. GEOM Lieu d'intersection (d'une droite, d'un plan) avec le plan de projection. – Déverbal de *tracer.*

tracé [tʀase] n. m. **1.** Ensemble des lignes d'un plan. *Le tracé de la future autoroute.* **2.** Ligne effectivement suivie. *Le tracé d'un fleuve.* – Pp. subst. de *tracer.*

tracer [tʀase] v. **[14] I.** v. tr. **1.** Dessiner schématiquement à l'aide de traits. *Tracer une figure géométrique, le plan d'une maison.* ▷ Fig. *Tracer le tableau de ses malheurs,* les décrire. **2.** Ouvrir et marquer par une trace. *Tracer une piste, un sillon.* ▷ Fig. *Tracer le chemin à qqn,* lui donner l'exemple. **II.** v. intr. BOT (En parlant de racine, de rhizome.) Se développer horizontalement à la surface du sol. – Du lat. class. *trahere,* «tirer, traîner», lat. pop. **tractiare,* «suivre à la trace».

traceret [tʀasʀɛ] ou **traçoir** [tʀaswaʀ] n. m. TECH **1.** Instrument, poinçon pour faire des traces sur divers matériaux (bois, métal, etc.). **2.** Instrument pour marquer les divisions sur les appareils de mesure. – De *tracer.*

traceur, euse [tʀasœʀ, øz] n. m. et adj. **I.** n. m. **1.** CHIM *Traceur radioactif:* isotope radioactif permettant de suivre l'évolution d'un phénomène, d'une réaction, en détectant le rayonnement qu'il émet, à des fins biologiques, océanographiques, géologiques, etc. **2.** INFORM *Traceur de courbes:* appareil annexe d'un ordinateur, programmé pour le tracé de graphes et de courbes. **II.** adj. Qui laisse une trace. *Balle traceuse.* – De *tracer.*

trachéal, ale, aux [tʀakeal, o] adj. ANAT Qui se rapporte à la trachée. – De *trachée.*

trachéates [tʀakeat] n. m. pl. ZOOL Important groupe d'arthropodes qui respirent par des trachées. – De *trachée.*

trachée [tʀaʃe] n. f. **1.** ANAT Conduit aérien musculo-cartilagineux faisant suite au pharynx et qui, se divisant, donne naissance aux bronches souches droite et gauche. **2.** ZOOL Chez les trachéates, tube étroit dont la paroi, mince, est perméable aux gaz et qui apporte directement l'oxygène de l'air aux cellules et aux organes. (Elle débouche à l'extérieur par le stigmate.) – Bas lat. *trachia,* du gr. *(artêria) trakheia,* propr. «conduit respiratoire raboteux».

trachée-artère [tʀaʃeaʀtɛʀ] n. f. Vx Trachée. *Des trachées-artères.* – Du gr. *artêria trakheia,* propr. «conduit respiratoire raboteux».

trachéen, éenne [tʀakeɛ̃, eɛn] adj. ZOOL Relatif aux trachées des trachéates. – De *trachée.*

trachéide [tʀakeid] n. f. BOT Élément conducteur de la sève brute constitué de cellules soudées longitudinalement mais chez lesquelles les parois transversales ne sont pas résorbées. (Les trachéides, tubes discontinus, s'opposent aux vaisseaux, continus.) – De *trachée,* et *-ide.*

trachéite [tʀakeit] n. f. MED Atteinte inflammatoire aiguë ou chronique de la trachée. – De *trachée,* et *-ite* 1.

trachéo-bronchite [tʀakeobʀɔ̃ʃit] n. f. MED Atteinte inflammatoire ou infectieuse de la trachée et des bronches. – De *trachée,* et *bronchite.*

trachéoscopie [tʀakeoskɔpi] n. f. MED Exploration de la trachée à l'aide d'un endoscope. – De *trachée,* et *-scopie.*

trachéotomie [tʀakeotɔmi] n. f. CHIR Intervention consistant à pratiquer une ouverture de la trachée au niveau de la partie antéro-inférieure du cou et à y introduire une canule, pour permettre une respiration assistée. – De *trachée,* et *-tomie.*

trachome [tʀakom] n. m. MED Atteinte oculaire de nature virale, endémique dans certains pays chauds où elle est une cause fréquente de cécité. – Gr. *trakhôma,* propr. «aspérité».

trachyte [tʀakit] n. m. PETROG Roche volcanique, rude au toucher, dépourvue de quartz et riche en feldspaths. – Du gr. *trakhutês,* «rugosité», de *trakhus,* «raboteux».

traçoir. V. traceret.

tract [tʀakt] n. m. Feuille, petite brochure de propagande politique, commerciale, etc. *La police a interpellé des distributeurs de tracts subversifs.* – Mot angl.

tractation [tʀaktasjɔ̃] n. f. (Surtout au plur.) Péjor. Démarche, négociation impliquant diverses opérations et manœuvres officieuses. *Tractations entre milieux industriels et politiques.* – Du lat. *tractatio,* «manière d'agir», de *tractare,* «traiter».

tracté, ée [tʀakte] adj. Remorqué par un tracteur mécanique. *Artillerie tractée.* – De *tracteur.*

tracter [tʀakte] v. tr. [1] Remorquer avec un véhicule ou par un procédé mécanique. *Voiture tractant un bateau.* – De *tracté.*

tracteur, trice [tʀaktœʀ, tʀis] **1.** n. m. Véhicule automobile utilisé pour traîner en remorque un ou plusieurs véhicules, utilisé notam. dans l'agriculture. *Tracteur qui traîne une charrue.* **2.** adj. Qui tracte. *Véhicule tracteur, voiture tractrice.* – Du lat. *tractum,* supin de *trahere,* «tirer, traîner».

tractif, ive [tʀaktif, iv] adj. Didac. Qui exerce une traction. – Du lat. *tractum* (V. préc.).

traction [tʀaksjɔ̃] n. f. **1.** Action de tirer sans déplacer, pour tendre, allonger; résultat de cette action. ▷ Exercice musculaire où l'on tire sur les bras pour amener ou soulever le corps. ▷ TECH *Résistance des matériaux à la traction. Essai de traction,* consistant à exercer une traction sur une éprouvette métallique et à enregistrer l'allongement en fonction de l'effort de traction. **2.** Action de tirer pour déplacer. *Système de traction d'un véhicule* (à vapeur, électrique, etc.). ▷ *Traction avant:* dispositif de transmission dans lequel les roues motrices sont à l'avant du véhicule. – Automobile munie de ce dispositif. – Bas lat. *tractio,* de *trahere,* «tirer».

tractoriste [tʀaktɔʀist] n. AGRIC Personne qui conduit un tracteur. – De *tracteur.*

tractrice [tʀaktʀis] n. f. GEOM Courbe telle qu'en chacun de ses points le segment de tangente compris entre le point de tangence et l'axe des abscisses est constant. – De *traction.*

tractus [tʀaktys] n. m. ANAT **1.** Ensemble de fibres ou de filaments, formant un réseau histologique. **2.** Ensemble d'organes formant un appareil. *Le tractus digestif. Le tractus génital.* – Mot lat., «traînée».

trade-union [tʀedjunjɔn] n. f. En GrandeBretagne, association syndicale d'ouvriers d'une même industrie. *Des trade-unions.* – Mot angl., de *trade,* «métier», et *union,* «union».

trade-unionisme [tʀedynjɔnism] n. m. Conception des luttes ouvrières reposant sur l'action des trade-unions. – De *trade-union.*

trade-unioniste [tʀedynjɔnist] n. Rare. Partisan du trade-unionisme. – De *trade-union.*

tradition [tʀadisjɔ̃] n. f. **1.** Opinion, manière de faire transmise par les générations antérieures. *Il y a dans son milieu une solide tradition de syndicalisme. C'est contraire aux bonnes traditions.* Syn. coutume, habitude. ▷ Loc. adj. *De tradition:* traditionnel. **2.** Mode de transmission d'une information de génération en génération; ensemble d'informations de ce type. *La tradition orale d'une légende. La tradition populaire.* ▷ *Spécial.* Transmission des connaissances, des doctrines relatives à une religion. *La tra-*

dition juive. – Absol. *La Tradition:* les doctrines et pratiques qui se sont développées dans l'Église depuis le début du christianisme. *La Tradition et l'Écriture.* – Lat. *traditio,* de *tradere,* «remettre, transmettre».

traditionalisme [tʀadisjɔnalism] n. m. **1.** Attachement aux notions et valeurs transmises par la tradition. **2.** THEOL Doctrine ne reconnaissant d'autre source de la vérité que la Tradition et la Révélation (devant lesquelles la raison doit s'incliner). – De *traditionaliste.*

traditionaliste [tʀadisjɔnalist] adj. et n. **1.** Qui appartient au traditionalisme. **2.** Qui est partisan du traditionalisme. ▷ Subst. *Un(e) traditionaliste.* – De *traditionnel.*

traditionnaire [tʀadisjɔnɛʀ] adj. et n. RELIG Qui donne une interprétation de la Bible conforme à la tradition talmudique des juifs. – De *tradition.*

traditionnel, elle [tʀadisjɔnɛl] adj. **1.** Qui s'appuie sur une tradition. *Croyances traditionnelles d'une région. La grammaire traditionnelle.* **2.** (Objet concret.) Qui est passé dans les usages. *La traditionnelle dinde de Noël.* – De *tradition.*

traditionnellement [tʀadisjɔnɛlmɑ̃] adv. De façon traditionnelle. – De *traditionnel.*

traducteur, trice [tʀadyktœʀ, tʀis] n. **1.** Personne qui traduit d'une langue dans une autre, auteur d'une traduction. *C'est le traducteur de ce livre.* **2.** n. m. INFORM Programme traduisant un langage dans un autre. **4.** n. m. En cybernétique, élément qui traduit la grandeur physique d'un signal d'entrée en une autre grandeur physique à la sortie. Syn. transducteur. – Du lat. *traductor,* «qui fait passer», avec infl. de *traduire.*

traduction [tʀadyksjɔ̃] n. f. **1.** Action de traduire. *Traduction littérale,* mot à mot. *Traduction libre,* qui s'éloigne du texte original. *Traduction assistée par ordinateur.* **2.** Résultat de l'action de traduire, version d'un ouvrage dans une langue autre que sa langue d'origine. *De nombreux romans policiers sont des traductions.* – Du lat. *traductio,* «action de faire passer d'un point à un autre».

traduire [tʀadɥiʀ] v. tr. [71]. **I.** *Traduire qqn en justice,* le faire passer devant un tribunal. **II. 1.** Faire passer d'une langue dans une autre en visant à l'équivalence entre l'énoncé original et l'énoncé obtenu. *Cet ouvrage a été traduit en six langues. Bien, mal traduit.* **2.** Exprimer par des moyens divers. *Traduis ta pensée en termes plus simples.* ▷ Manifester. *Une peinture qui traduit une grande sensibilité aux couleurs.* ▷ v. pron. *Sa nervosité se traduisait par un léger tremblement des mains.* – Du lat. *traducere,* propr. «faire passer d'un point à un autre».

traduisible [tʀadɥizibl] adj. Qu'on peut traduire. *Poème peu traduisible.* – De *traduire.*

1. trafic [tʀafik] n. m. Péjor. Commerce illicite. *Trafic d'armes, de drogue.* ▷ Plaisant. *Faire trafic de ses charmes:* se prostituer. ▷ *Trafic d'influence:* fait d'obtenir de l'autorité publique des avantages pour qqn, en échange d'une récompense. – Ital. *traffico;* orig. incert.

2. trafic [tʀafik] n. m. Anglicisme **1.** Fréquence des trains, des avions, des navires, des voitures sur un itinéraire, un réseau. *Trafic ralenti en raison d'une grève.* **2.** Circulation de nombreux véhicules. *Quel trafic dans ma rue!* – Angl. *traffic,* du fr. *trafic* 1.

traficoter [tʀafikɔte] v. intr. [1] Fam. Trafiquer médiocrement. – De *trafiquer.*

trafiquant, ante [tʀafikɑ̃, ɑ̃t] n. Personne qui fait un trafic. *Trafiquant de drogue.* – Ppr. subst. de *trafiquer.*

trafiquer [tʀafike] v. tr. [1] **1.** v. tr. indir. Faire un trafic de. *Trafiquer de son influence.* Plaisant. *Trafiquer de ses charmes:* se livrer à la prostitution. – Absol. *Trafiquer au marché noir.* **2.** v. tr. dir. Modifier, transformer dans le but de tromper. *Trafiquer du vin. Trafiquer un chèque.* – Ital. *trafficare.*

tragacanthe [tʀagakɑ̃t] n. m. BOT Arbrisseau du genre *Astragalus,* qui produit la *gomme adragante.* – Lat. *tragacantha,* du gr. *tragos,* «bouc», et *akantha,* «épine».

tragédie [tʀaʒedi] n. f. **1.** Œuvre dramatique en vers qui représente des personnages héroïques dans des situations de conflit exceptionnelles, propres à exciter la terreur ou la pitié. *Tragédies de Sophocle, de Racine.* ▷ Genre dramatique que constituent ces pièces. *La tragédie antique. La tragédie classique* (XVIIe s. fr.). **2.** Événement funeste, terrible. *Les tragédies de la guerre, de la mine.* – Lat. d'orig. gr. *tragœdia.*

tragédien, ienne [tʀaʒedjɛ̃, jɛn] n. Acteur, actrice spécialisé dans les rôles de tragédie. – Du préc.

tragi-comédie [tʀaʒikɔmedi] n. f. **1.** LITTER Tragédie où sont introduits certains éléments comiques et dont le dénouement est heureux. **2.** Fig. Situation où alternent des événements tragiques et des incidents comiques. *Des tragi-comédies.* – Lat. *tragicomœdia.*

tragi-comique [tʀaʒikɔmik] adj. **1.** LITTER Relatif à la tragi-comédie (sens 1). **2.** À la fois tragique et comique. – Du préc.

tragique [tʀaʒik] adj. et n. **I.** adj. **1.** Relatif à la tragédie (sens 1). *Le genre tragique.* ▷ Qui évoque la tragédie. *Une voix aux accents tragiques.* **2.** Funeste, terrible, effroyable. *Conséquences tragiques d'une inondation.* **II.** n. m. **1.** Auteur de tragédies. *Les grands tragiques grecs.* ▷ *Le tragique:* la tragédie comme genre dramatique. **2.** Caractère de ce qui est tragique. *Il ne voyait pas le tragique de sa situation.* ▷ *Prendre une chose au tragique,* la considérer comme plus grave qu'elle ne l'est en réalité. – Lat. *tragicus,* gr. *tragikos.*

tragiquement [tʀaʒikmɑ̃] adv. De façon tragique (sens 2). *Tout cela a fini tragiquement.* – De *tragique.*

tragus [tʀagys] n. m. ANAT Saillie externe de l'oreille, plate et triangulaire, au-dessous de l'hélix. – Mot lat. sav., du gr. *tragos,* «bouc».

trahir [tʀaiʀ] **I.** v. tr. [2] **1.** Livrer ou abandonner par perfidie. *Trahir son pays, sa patrie. Trahir un secret.* **2.** Se montrer infidèle, déloyal; tromper. *Trahir un ami. – Trahir la confiance de qqn.* **3.** Exprimer d'une manière peu fidèle. *La traduction a trahi le texte. Mes paroles ont trahi ma pensée.* **4.** (Sujet n. de chose.) Livrer, dénoncer, révéler (ce qu'on voulait dissimuler). *Son attitude trahissait son trouble.* ▷ (Comp. n. de personne.) Faire reconnaître, dénoncer. *Cette imprudence a trahi le criminel.* – Ne pas seconder, abandonner. *Ses forces l'ont trahi.* **II.** v. pron. Laisser paraître, révéler par inadvertance ce qu'on voulait dissimuler. *Il s'est trahi par un mot.* – Du lat. *tradere,* «livrer», au sens péjoratif.

trahison [tʀaizɔ̃] n. f. **1.** Crime de celui qui trahit. *La trahison de Judas.* ▷ Intelligence avec l'ennemi. **2.** Grave tromperie; acte déloyal. – De *trahir.*

traille [tʀaj] n. f. Chaîne, câble aérien qui retient et guide un bac pendant ses traversées; ce bac lui-même. – Du lat. *tragula,* propr. «javelot muni d'une courroie».

train [tʀɛ̃] n. m. **I. 1.** Vx Ensemble de voitures, de chevaux, de domestiques qui accompagnent qqn. *Le train d'un prince.* ▷ *Train de maison,* l'ensemble des domestiques. **2.** Ensemble d'éléments attachés les uns aux autres et tirés par l'élément de tête. *Train de péniches. Train de planeurs. Train spatial.* ▷ PHYS

Train d'ondes: ensemble, relativement restreint, d'ondes se propageant dans la même direction. **3.** *Absol.* Ensemble constitué par une rame de wagons et la locomotive qui les tire. *Train de voyageurs, de marchandises. Train postal.* – Le moyen de transport que constituent les trains; chemin de fer. *Préférer le train à l'avion.* ▷ Fig. *Monter dans le train, prendre le train en marche:* prendre part à qqch qui a commencé depuis longtemps. **4.** Ensemble d'organes qui fonctionnent conjointement. *Train de pneus. Train d'engrenages. Train de laminoir.* **5.** Série, ensemble de mesures, de projets, etc. *Un train de lois.* **II. 1.** Partie portante d'un véhicule. *Train avant, arrière.* ▷ AVIAT *Train d'atterrissage:* ensemble du système de roulement au sol d'un avion. **2.** Partie antérieure, postérieure d'un quadrupède. – *Absol.* Train arrière. *Chien assis sur son train.* **III. 1.** Allure, mouvement considéré dans sa vitesse et son rythme. *Aller bon train. Au train où vont les choses, je n'aurai pas fini avant demain.* ▷ *Train de sénateur:* allure lente et majestueuse. ▷ SPORT Allure à laquelle se déroule une course. *Train soutenu.* ▷ Loc. adv. *À fond de train:* à toute vitesse. **2.** Fam. Bruit, tapage, vacarme. «Calmez-vous. C'est l'orage sur le toit qui fait tout ce train.» (Anne Hébert, *Le torrent,* 1963.) – *Mener un train d'enfer:* faire un bruit infernal. ▷ Désordre, agitation. – *Faire le train, mener le train:* semer le désordre. *Aller mener le train quelque part.* **3.** Rural Soins quotidiens apportés aux animaux logés dans une étable, une écurie. *Faire le train.* – *Spécial.* Traite (des vaches). «Quand la sortie des écoles, le train des vaches et le souper des enfants eurent rappelé chez elles la plupart de ses auditrices, Anita décida de rentrer à la maison.» (Bertrand Vac, *Saint-Pépin, P.Q.,* 1955.) **4.** Manière de vivre, pied sur lequel on vit. *Mener grand train.* – *Train de vie:* manière de vivre vue sous l'angle du rapport entre les dépenses et les ressources d'un foyer, d'un individu. **5.** loc. adv. *En train:* en mouvement, en marche. *L'affaire est en train.* ▷ *Mettre qqch en train,* la commencer. – (Personnes.) *Être en train,* bien disposé et de bonne humeur. **6.** loc. verb. *Être en train de,* exprime le déroulement d'une action en cours. *J'étais en train de prendre mon bain quand on a sonné. Le rôti est en train de refroidir.* – Déverbal de *traîner.*

traînage [tʀɛnaʒ] n. m. Action, fait de traîner (par traîneaux). – De *traîner.*

traînailler. V. traînasser.

traînant, ante [tʀɛ̃nɑ̃, ɑ̃t] adj. **1.** Qui traîne par terre. *Robe traînante.* **2.** Se dit d'une voix, d'un accent qui traîne. – Ppr. de *traîner.*

traînard, arde [tʀɛ̃naʀ, aʀd] n. **1.** Personne trop lente. – Personne qui reste à la traîne, en arrière d'un groupe. *Des traînards ont été faits prisonniers.* **2.** n. m. TECH Dispositif coulissant qui supporte le chariot transversal porte-outil d'un tour. – De *traîner,* et suff. péjor. *-ard.*

traînasse [tʀɛnas] n. f. BOT Nom cour. de diverses mauvaises herbes à tiges rampantes (renouée des oiseaux, par ex.). – De *traîner.*

traînasser [tʀɛnase] ou **traînailler** [tʀɛnaje] v. intr. [1] Péjor. Traîner paresseusement; lambiner. – De *traîner.*

traîne [tʀɛn] n. f. **1.** Action de traîner. *Tout est à la traîne dans la maison.* **2.** Partie du bas arrière d'une robe qui traîne à terre. *Robe à traîne. La traîne d'une mariée.* **3.** METEO Partie postérieure d'un système nuageux. **4.** MAR Objet (filet, corde) qu'on traîne derrière un navire. *Pêche à la traîne.* – *Bateau à la traîne,* remorqué. **5.** Véhicule à patins que l'on fait glisser sur la neige ou la glace, servant à transporter du bois, des marchandises. ▷ Syn. de *traîne sauvage**. – Déverbal de *traîner.*

traîneau [tʀɛno] n. m. **1.** Véhicule à patins, de dimension variable, servant pour le transport des personnes sur la neige ou la glace. *Promenade en traîneau.* «Dans les villages, dans les *rangs,* on se réunit par bandes nombreuses, puis les traîneaux glissent comme le vent, emportés par de petits chevaux tout feu, dont les naseaux fument d'impatience et qu'excite encore le tintinnabulum des clochettes de leurs attelages.» (Sylva Clapin, *Le Canada,* 1885.) – *Traîneau à chiens,* tiré par des chiens. ▷ Petit véhicule semblable qu'utilisent les enfants pour glisser sur les pentes enneigées. *Faire une glissade en traîneau.* ▷ Syn. de *traîne** (sens 5). **2.** Grand filet de chasse ou de pêche. – De *traîner.*

traîne-bûches [tʀɛnbyʃ] n. m. inv. PECHE Larve de la phrygane, utilisée comme amorce par les pêcheurs. – De *traîner,* et *bûche.*

traînée [tʀɛne] n. f. **I. 1.** Trace laissée sur une surface par une substance répandue sur une certaine longueur. *Traînée de poudre,* transmettant le feu jusqu'à l'amorce. Fig. *La nouvelle s'est propagée comme une traînée de poudre,* très rapidement. **2.** Trace allongée se formant dans le sillage d'un corps en mouvement. *Traînée d'une fusée. L'avion laissait derrière lui une traînée blanche.* **3.** PHYS En mécanique des fluides, force résistante qui s'oppose à l'avancement d'un avion en mouvement et qui doit être compensée par la force de propulsion. **4.** PECHE Ligne de fond. **II.** Pop. Fille des rues, prostituée. – Pp. fém. subst. de *traîner.*

traînement [tʀɛnmɑ̃] n. m. Action de traîner. *Un traînement de pieds.* – De *traîner.*

traîne-misère [tʀɛnmizɛʀ] n. m. inv. Vieilli. Miséreux, gueux. – De *traîner,* et *misère.*

traîner [tʀɛne] v. [1] **I.** v. tr. **1.** Tirer derrière soi. *Cheval qui traîne une charrette.* – Déplacer, tirer en faisant glisser. *Traîner un sac.* – Fig. *Traîner qqn dans la boue,* salir sa réputation. ▷ *Traîner les pieds,* marcher sans les lever. **2.** Mener de force. *Traîner un homme en prison.* **3.** Emmener partout avec soi, avoir à sa remorque. *Il traîne sa marmaille dans tous ses déplacements.* – Fig. *Traîner son ennui.* **4.** Supporter désespérément (un état douloureux qui se prolonge). *Traîner une vieillesse malheureuse.* **5.** Faire durer. *Traîner* ou *faire traîner une affaire en longueur.* **II.** v. intr. **1.** Pendre jusqu'à terre, toucher, balayer le sol. *Votre robe traîne dans la boue.* **2.** Être laissé n'importe comment, n'importe où, en désordre. *Vêtement qui traîne sur une chaise.* ▷ *Laisser traîner:* ne pas prendre soin, ne pas ranger. ▷ Fig. *Cela traîne partout,* se dit d'une expression, d'une pensée, etc., qu'on retrouve dans de nombreux ouvrages. **3.** Rester en arrière (par rapport à d'autres qui avancent). *Pressons, derrière, ne traînons pas!* – S'attarder, être trop lent. *Si vous voulez finir à temps, il ne faut pas traîner.* **4.** Durer trop longtemps; faire peu ou pas de progrès. *Traîner en longueur. Sa maladie traîne.* – (En parlant d'un malade.) Tarder à se rétablir. *Il y a longtemps qu'il traîne.* **5.** Péjor. Flâner, s'attarder oisivement. *Traîner dans les rues, dans les cafés.* **III.** v. pron. **1.** Marcher avec peine, difficulté. ▷ Fig. Être languissant. *Dans ce drame, l'action se traîne.* **2.** *Il se traîne par terre,* en rampant. – Fig. *Se traîner aux pieds de qqn,* s'humilier devant lui, le supplier. – Lat. pop. **traginare,* de **tragere,* «tirer, traire», du class. *trahere,* «tirer, traîner».

traîne-savates [tʀɛnsavat] n. inv. Fam. Oisif sans ressources. – De *traîner,* et *semelle.*

traîneur, euse [tʀɛnœʀ, øz] n. **1.** Rare Personne qui traîne qqch. – *Traîneur de sabre:* militaire qui fait le bravache, en traînant son sabre. **2.** Pop. Personne qui traîne (dans les rues, les cafés). – De *traîner.*

trainglot. V. tringlot.

train-train ou **traintrain** [tʀɛ̃tʀɛ̃] n. m. Fam. Cours routinier des occupations. *Le traintrain quotidien.* – Altér. de *trantran,* anc. onomat., d'ap. *train,* au sens de «allure».

traire [tʀɛʀ] v. tr. [78] Tirer le lait des mamelles de (un animal domestique). *Traire une vache, une chèvre.* – Lat. pop. **tragere,* class. *trahere,* «tirer».

trait [tʀɛ] n. m. **I. 1.** Action de lancer. *Armes de trait.* – Projectile, arme de jet. *Lancer un trait.* – Par ext. *Trait de lumière:* rayon. – Fig. Idée claire et soudaine. – Litt. Regard décoché comme une flèche. ▷ *Partir comme un trait,* très rapidement. **2.** Fig., litt. Sarcasme, plaisanterie acerbe. *Décocher un trait mordant.* **II. 1.** Action de tirer, de tracter. *Cheval, bête de trait.* **2.** Longe avec laquelle les animaux domestiques tirent un véhicule; longe à laquelle est attaché un chien. **III.** Manière d'avaler une gorgée. *Boire à longs traits. Vider son verre d'un trait.* ▷ *D'un (seul) trait:* sans discontinuer. *Il a raconté son histoire d'un trait.* **IV. 1.** Aptitude ou manière de tracer une ligne, un dessin. *Avoir le trait juste.* ▷ Ligne tracée avec un crayon, une plume, etc. *Tracer, tirer des traits.* – Fig. *Tirer un trait sur une aspiration, un projet,* y renoncer. ▷ *Reproduire trait pour trait,* avec une parfaite exactitude. ▷ *Trait d'union:* signe de ponctuation (-) qui joint plusieurs mots pour n'en former qu'un seul par le sens. – Fig. Intermédiaire. *Il servira de trait d'union entre nous, entre ces deux groupes.* **2.** Fig. Manière d'exprimer, de dépeindre. *S'exprimer en traits nets et précis.* **3.** Plur. Lignes caractéristiques du visage. *Traits réguliers. Traits tirés par la fatigue.* **4.** Élément auquel on reconnaît clairement qqn ou qqch. *Trait de caractère. C'est là un trait caractéristique de l'époque.* ▷ LING *Trait distinctif, pertinent.* **5.** Fig. Manifestation remarquable. *Trait de bravoure, de génie. Trait d'esprit.* **6.** MUS Suite de notes jouées à la même cadence rapide. ▷ LITURG CATHOL Psaume chanté après le graduel. **V.** loc. verb. *Avoir trait à:* avoir un rapport avec. Syn. concerner. *Tout ce qui avait trait à cette affaire.* – Du lat. *tractus,* «action de tirer, de traîner»; sens V, de l'a. fr. *traire à,* «ressembler à».

traitable [tʀɛtabl] adj. Litt. Conciliant, accommodant. – De *traiter.*

traitant, ante [tʀɛtɑ̃, ɑ̃t] adj. Qui traite, soigne. *Lotion traitante. Médecin traitant,* qui soigne qqn habituellement. – Ppr. de *traiter.*

traite [tʀɛt] n. f. **I.** Parcours effectué sans s'arrêter. ▷ *Tout d'une traite:* sans s'interrompre. **II. 1.** Vx Action de faire venir; transport. – *Spécial.* Importation en Europe de produits coloniaux, denrées agricoles et matières premières notam. *Économie de traite.* – *Traite des fourrures.* V. encycl. – Mod. *Traite des Noirs:* déportation de Noirs africains qu'on vendait comme esclaves (en Amérique, notam.). ▷ *Traite des blanches:* exploitation de jeunes femmes qu'on livre à la prostitution. **2.** Vx Action de tirer de l'argent. – Mod. Lettre de change, effet de commerce. *Accepter une traite.* **III.** AGRIC Action de traire. *Traite manuelle, mécanique.* – Ce qui a été trait. *Toute la traite est vendue à la coopérative.* – Pp. fém. subst. de *traire,* «tirer».

ENCYCL Réduit à sa plus simple expression, le commerce de la traite des fourrures au Canada réunit, du XVIe au XIXe siècle, Indiens et Blancs qui troquent des fourrures contre des marchandises. Cependant, derrière les participants à cet échange, il y a généralement deux réseaux commerciaux. L'un, indien, fait pénétrer les couvertures, les chaudrons de cuivre, les haches, les fusils, l'eau-de-vie, le tabac, etc. loin à l'intérieur des terres, là où les commerçants blancs ne s'aventurent pas eux-mêmes. L'autre réseau lie ceux-ci à des marchands, seuls ou regroupés en société, qui se chargent du commerce de gros et du volet atlantique. Dans ce circuit d'échanges, qui pèse peu par ailleurs dans la balance du commerce européen, la plus grande partie des profits est réalisée sur les marchandises. La plupart du temps, les fourrures servent plutôt de «retours», de transfert de valeur qui permettent d'acheter d'autres articles de traite en Europe.
À l'exception de la fin du XVIIe siècle, le marché des fourrures est en expansion en Europe et s'étend progressivement en Russie et en Chine. Ce mouvement se double d'une diversification: le castor, utilisé surtout dans la chapellerie, cède peu à peu sa place à toute une gamme d'autres types de fourrure. Toutefois la demande indienne pour les marchandises est plutôt limitée, et les populations animales (notamment le castor) résistent mal à une chasse plus intensive. Étendre le commerce signifie donc rejoindre d'autres groupes indiens plus éloignés, mieux pourvus en fourrures et prêts à payer plus cher les marchandises. Le commerce est ainsi voué à l'expansion territoriale, même sans l'impulsion additionnelle d'une concurrence parfois vive entre groupes de commerçants. À l'intérieur de cette invasion commerciale, il convient de distinguer quatre mouvements, d'importance et de rythme inégaux. Le premier et le plus dynamique emprunte la voie du Saint-Laurent. Prenant son origine dans des échanges fortuits entre pêcheurs et Indiens sur la côte vers le début du XVIe siècle, ce commerce se concentre d'abord à Tadoussac, terminus de l'ancienne «route du cuivre» des Indiens, et bientôt (1608) à Québec puis à Montréal (1642), villes-comptoirs autour desquelles prend naissance la colonie. Par suite d'une baisse du prix européen du castor au cours des années 1660, des «coureurs de bois» se lancent à la recherche d'un produit moins coûteux que celui que les intermédiaires outaouais avaient livré jusque-là. Au terme d'un siècle et demi, la traite conduira ces hommes, devenus des voyageurs et des engagés à l'emploi des marchands, jusqu'au bord du Pacifique. Au cours des dernières décennies du Régime français, l'expansion de la traite revêt aussi un caractère impérial, car la stratégie française vise à contenir les colonies anglaises par un réseau de postes fortifiés et d'alliances avec les Autochtones. Des autres mouvements d'expansion, seul celui qui émane de la Baie d'Hudson, où la compagnie du même nom s'établit dès 1670, prend une telle ampleur, et ce, tardivement. C'est néanmoins cette compagnie, aux reins financiers solides, qui triomphe de sa rivale canadienne, la Compagnie du Nord-ouest, en 1820. Deux autres systèmes commerciaux, l'un basé à Albany, New York (le Fort Orange), entre les années 1610 et la Révolution américaine, et l'autre sur la côte ouest dès le milieu du XVIIIe siècle, ne dépassent guère le stade du comptoir.
Cédant peu à peu le pas à la colonisation au XIXe siècle, le commerce des fourrures aura été le cadre principal de contacts entre Indiens et Européens pendant près de 400 ans.

traité [tʀete] n. m. **1.** Ouvrage qui traite d'une matière, d'un sujet déterminé. *Le «Traité sur la Tolérance» de Voltaire (1763). Traité de droit criminel.* **2.** Convention faite entre des souverains, des États. *Traité de paix.* **3.** Vx Contrat. – Pp. subst. de *traiter.*

traitement [tʀɛtmɑ̃] n. m. **1.** Comportement, manière d'agir envers qqn. *Traitement de faveur.* ▷ *Mauvais traitements:* violences, voies de fait. **2.** MED Ensemble des moyens mis en œuvre pour soigner une maladie, un malade. *Prescrire un traitement.* Syn. thérapeutique. **3.** Action de traiter une substance; ensemble des opérations, des procédés destinés à modifier cette substance. ▷ *Par anal.* INFORM *Traitement de l'information:* ensemble des techniques permettant de stocker des informations, d'y accéder, de les combiner, en vue de leur exploitation. **4.** Appointements attachés à une place, un emploi, notam. dans la fonction publique. – De *traiter.*

traiter [tʀete] v. [1] **I.** v. tr. **1.** Agir, se conduire envers (qqn) d'une certaine manière. *Il traite ses enfants comme des étrangers. Traiter qqn en ami. Être bien, mal traité.* **2.** Vx ou litt. Recevoir (un hôte), et en partic. offrir un repas à (qqn); régaler. **3.** *Traiter (qqn) de*, le qualifier de. *Traiter qqn de menteur.* ▷ v. pron. (sens réciproque). *Ils se sont traités d'incapables.* **4.** Prendre pour matière d'étude et d'exposé, disserter sur. *Traiter un sujet, un problème.* – Représenter, exprimer. *Ce thème a été traité par les artistes de toutes les époques.* **5.** Travailler à la conclusion de (une affaire), négocier. *Traiter une affaire.* ▷ v. pron. (au passif). *Un tel sujet se traite avec discrétion.* **6.** Soumettre à un traitement. – (Personnes.) Pour soigner. *Traiter un malade.* – (Choses.) Pour modifier utilement. *Traiter un minerai.* ▷ INFORM *Traiter des informations.* V. traitement, sens 3. **II.** v. tr. indir. *Traiter de :* exposer des informations ou des vues sur, avoir pour propos. *Le conférencier a traité des récentes découvertes en biologie. Ouvrage qui traite d'astronomie.* **III.** v. intr. Mener une négociation en vue de conclure un accord. *Ils n'accepteront pas de traiter sur cette base.* – Entretenir des relations d'affaires. *Nous ne traitons qu'avec les grandes maisons. Traiter d'égal à égal.* Syn. négocier. – Du lat. *tractare*, de *trahere*, «tirer, traîner».

traiteur [tʀetœʀ] n. m. Professionnel qui fournit mets et boissons pour les réceptions à domicile; préparateur de plats cuisinés. (Rem.: Comme forme féminine, l'OLF recommande *traiteuse.*) – De *traiter;* d'abord «négociateur».

traître, traîtresse [tʀɛtʀ, tʀɛtʀɛs] adj. et n. **1.** Qui commet une trahison. *Être traître à sa patrie.* (Rem. Le féminin *traîtresse* est litt.). ▷ N. m. *Les traîtres seront fusillés.* ▷ Loc. adv. *En traître:* traîtreusement. *Prendre qqn en traître.* **2.** Qui est plus dangereux qu'il ne le paraît. *Ces vins sucrés sont traîtres.* **3.** Loc. fam. *Il ne m'en a pas dit un traître mot,* pas un seul mot. – Du lat. *traditor*, même sens.

traîtreusement [tʀɛtʀøzmɑ̃] adv. De manière perfide, par trahison. – De l'anc. adj. *traitreux*, «traître».

traîtrise [tʀɛtʀiz] n. f. **1.** Caractère de celui qui est traître. **2.** (Choses.) Caractère de ce qui est traître. ▷ Piège aussi dangereux qu'imprévisible. *Une piste pleine de traîtrises.* – De *traître.*

trajectographie [tʀaʒɛktɔgʀafi] n. f. ESP Détermination et étude de la trajectoire d'un mobile (satellite, vaisseau spatial, missile). – De *trajectoire*, et *-graphie.*

trajectoire [tʀaʒɛktwaʀ] n. f. Courbe décrite par un point matériel en mouvement, par le centre de gravité d'un mobile. ▷ Fig. Cheminement. *Trajectoire d'un ambitieux qui retourne sa veste.* ▷ GEOM *Trajectoire isogonale:* courbe dont l'angle d'intersection avec une famille de courbes est constant. (Elle est dite *orthogonale* si l'angle est droit.) – Lat. scientif. *trajectoria*, de *trajectus*, «traversée».

trajet [tʀaʒɛ] n. m. **1.** Espace à parcourir pour aller d'un point à un autre. Syn. parcours. – Action de parcourir cet espace; temps nécessaire pour l'accomplir. *Il faut compter deux heures de trajet.* **2.** ANAT, MED Suite des points par où passe un conduit, un nerf, une fistule. – Ital. *tragetto*, lat. *trajectus*, «traversée».

tralala [tʀalala] n. m. Fam. Tout ce qui concourt à donner un caractère fastueux et recherché (à une réception, une cérémonie). *Une soirée à grand tralala.* – Onomat.

tram [tʀam] n. m. Abrév. courante de tramway. *Prendre le tram.*

tramail [tʀamaj] ou **trémail, ails** [tʀemaj] n. m. PÊCHE Filet de pêche composé de trois réseaux superposés. – Du lat. médiév. *tremaculum*, de *tres*, «trois», et *macula*, «maille».

trame [tʀam] n. f. **1.** TECH Ensemble des fils passés au moyen de la navette au travers des fils de chaîne pour former un tissu. ▷ TECH Écran transparent quadrillé utilisé en similigravure. ▷ CONSTR Élément géométrique répétitif autour duquel est structurée une construction. ▷ AUDIOV Ensemble des lignes d'une image de télévision. **2.** Fig. Ce qui constitue le fond, le support continu. *Tout ce qui fait la trame de notre vie. La trame d'un roman,* sa texture. – Lat. *trama.*

tramer [tʀame] v. tr. [1] **1.** TECH Tisser en passant la trame entre les fils de chaîne. ▷ Reproduire par l'intermédiaire d'une trame. *Cliché tramé.* **2.** Fig. Élaborer par une savante préparation (une intrigue, un complot). Syn. ourdir. ▷ v. pron. *Il se trame qqch de louche.* – Lat. pop. *tramare*, du class. *trama*, «trame».

trameur, euse [tʀamœʀ, øz] n. TECH **1.** Ouvrier, ouvrière du tissage chargés de préparer les fils de trame. **2.** n. f. Machine produisant les fils de trame. – De *tramer.*

traminot [tʀamino] n. m. Agent d'une ligne ou d'un réseau de tramway. – De *tram(way)*, et *(chem)inot.*

tramontane [tʀamɔ̃tan] n. f. **1.** Vx Étoile polaire. ▷ Loc. fig. *Perdre la tramontane:* perdre le nord, être désorienté. **2.** Vent froid, et en partic. vent du nord, dans les régions méditerranéennes. – De l'ital. *tramontana (stella)*, «(étoile) qui est au-delà des monts», lat. *transmontanus.*

trampoline [tʀɑ̃pɔlin] n. f. SPORT Tremplin très souple formé d'une toile fixée à un cadre par des tendeurs élastiques et sur lequel on exécute diverses figures de saut. – De l'ital. *trampolino*, «tremplin».

tramway [tʀamwɛ] n. m. Mode de transport urbain électrifié utilisant une voie ferrée formée de rails sans saillie. – Voiture circulant sur cette voie. – Mot angl., de *tram*, «rail plat», et *way*, «voie».

tranchage [tʀɑ̃ʃaʒ] n. m. TECH Action de débiter des grumes en plaques minces. – De *trancher.*

tranchant, ante [tʀɑ̃ʃɑ̃, ɑ̃t] adj. et n. m. **I.** adj. **1.** Qui tranche, coupe bien. *Instrument tranchant.* **2.** Fig. Qui tranche (sens II, 2). *Il a été tranchant.* – Par ext. *Ton tranchant,* péremptoire. **II.** n. m. **1.** Bord tranchant, fil d'une lame, d'un instrument tranchant. *Hache à double tranchant.* ▷ Fig. *À double tranchant:* se dit d'un argument, d'un moyen qui peut se retourner contre celui qui l'utilise. – Par ext. *Le tranchant de la main,* côté opposé au pouce. *Frapper avec le tranchant de la main.* **2.** TECH Lame, couteau employé par les apiculteurs, les tanneurs. – Ppr. de *trancher.*

tranche [tʀɑ̃ʃ] n. f. **1.** Morceau plus ou moins mince coupé sur toute la largeur d'une masse, d'un bloc. *Tranche de jambon, de rôti, de pain.* **2.** (Abstrait.) Fraction d'un tout. *Tranche de temps, de vie.* – Pop. *S'en payer une tranche:* prendre du bon temps, s'amuser. ARITH Série de chiffres constitutive d'un nombre. – FIN Ensemble des revenus imposés au même taux. *Tranches inférieures et supérieures.* **3.** Bord, côté mince d'un objet. *Tranche d'une pièce de monnaie.* – Côté d'un livre relié, une fois les feuillets rognés. *Livre doré sur tranches.* Fig. *Doré sur tranches:* très riche. **4.** En boucherie, parties supérieures et moyennes de la cuisse du bœuf. *Morceau dans la tranche.* – Déverbal de *trancher.*

tranché, ée [tʀɑ̃ʃe] adj. **1.** Séparé par une coupure nette. **2.** Coupé en tranches. *Pain tranché. Jambon tranché.* **3.** Fig. Net, bien marqué. *Couleurs tranchées.* – Catégorique. *Opinion trop tranchée.* – Pp. de *trancher.*

tranchée [tʀɑ̃ʃe] n. f. **1.** TRAV PUBL Ouverture, excavation pratiquée en longueur dans le sol, en vue d'asseoir des fondations, de placer des conduites, etc. **2.** MILIT Fossé creusé et aménagé pour servir de couvert et de position de tir à l'infanterie. – *Guerre de* *tranchées:* guerre de position où les adversaires cherchent à se déloger de leurs retranchements. **3.** Plur. MED Coliques violentes. ▷ *Tranchées utérines:* contractions douloureuses de l'utérus, après l'accouchement. – Pp. fém. subst. de *trancher.*

tranchée-abri [tʀɑ̃ʃeabʀi] n. f. MILIT Tranchée couverte servant d'abri, utilisée dans la défense antiaérienne. *Des tranchées-abris.* – De *tranchée,* et *abri.*

tranchefile [tʀɑ̃ʃfil] n. f. TECH **1.** Couture en forme de bordure à l'intérieur des souliers. **2.** En reliure, bourrelet recouvert de soies de couleur, collé à chaque extrémité du dos d'un volume. – De *trancher,* et *filer.*

tranchefiler [tʀɑ̃ʃfile] v. tr. [1] TECH Garnir de tranchefiles. – Du préc.

tranchelard [tʀɑ̃ʃlaʀ] n. m. Vx TECH Couteau à découper le lard en tranches. – De *trancher,* et *lard.*

tranche-montagne [tʀɑ̃ʃmɔ̃taɲ] n. m. Vx ou litt. Fanfaron. *Des tranche-montagnes.* – De *trancher,* «traverser», et *montagne.*

trancher [tʀɑ̃ʃe] v. [1] **I.** v. tr. **1.** Couper net, séparer en coupant. *Trancher une amarre qu'on ne peut larguer. Trancher la tête d'un condamné.* ▷ Loc. *Trancher le nœud gordien:* V. gordien. **2.** Fig. Résoudre définitivement, en finir avec (une question difficile). *Il faut trancher cette difficulté.* **II.** v. intr. **1.** Vx Couper. – Mod. *Trancher dans le vif:* couper dans un tissu sain pour empêcher une infection de s'étendre. – Fig. Employer des solutions radicales. **2.** Décider hardiment, d'une manière catégorique. *Il tranche sur tout.* **3.** Contraster, s'opposer vivement. *Ces couleurs tranchent sur le fond.* – Du lat. pop. **trinicare,* «couper en trois».

tranchet [tʀɑ̃ʃɛ] n. m. TECH Couteau plat sans manche, servant à couper le cuir. – De *trancher.*

trancheur, euse [tʀɑ̃ʃœʀ, øz] n. **1.** n. m. Ouvrier chargé de trancher, de couper, de débiter (une matière). **2.** n. f. TECH Machine servant à débiter des grumes en tranches minces. – TRAV PUBL Engin automoteur utilisé pour creuser des tranchées. – De *trancher.*

tranchoir [tʀɑ̃ʃwaʀ] n. m. **1.** Plateau de bois sur lequel on coupe la viande. **2.** Couteau servant à trancher. **3.** ZOOL (Par anal. de forme). Poisson perciforme des mers de Malaisie *(Zangulus cornutus)* au corps mince en forme de faucille. – De *trancher.*

tranquille [tʀɑ̃kil] adj. **1.** Qui n'est pas agité. *Mer tranquille.* – (Êtres vivants.) Qui est peu remuant, peu bruyant. *Un enfant tranquille.* – (Abstrait.) Que rien ne vient troubler, déranger. *Vie tranquille.* Syn. calme, paisible. **2.** Qui est en paix, qui n'est pas importuné. *Laisser qqn tranquille.* – *Laisse ça tranquille,* n'y touche pas. **3.** Qui est sans inquiétude. *Je ne suis tranquille qu'en sa présence.* – Qui est en paix, serein. *Avoir la conscience tranquille.* – Lat. *tranquillus.*

tranquillement [tʀɑ̃kilmɑ̃] adv. **1.** De façon calme, paisible. **2.** Sans inquiétude, sans émotion. – Du préc.

tranquillisant, ante [tʀɑ̃kilizɑ̃, ɑ̃t] adj. et n. m. **1.** adj. Qui tranquillise, rassure. **2.** n. m. MED Substance médicamenteuse ayant un effet sédatif (neuroleptique) ou qui dissipe un état d'anxiété, d'angoisse. – Ppr. de *tranquilliser.*

tranquilliser [tʀɑ̃kilize] v. tr. [1] Rendre tranquille, faire cesser l'inquiétude de (qqn). Syn. rassurer. ▷ v. pron. *Tranquillisez-vous:* rassurez-vous. – De *tranquille.*

tranquillité [tʀɑ̃kilite] n. f. État de ce qui est tranquille, calme. – (Sens moral.) État de ce qui est sans inquiétude, sans angoisse. Syn. calme, paix. – Lat. *tranquillitas.*

trans-. Préfixe, du lat. *trans,* «à travers», exprimant l'idée de *au-delà* (ex.: *transalpin), à travers* (ex.: *transsibérien),* ou indiquant un changement (ex.: *transformation).*

transactinide [tʀɑ̃zaktinid] n. m. CHIM Élément dont le numéro atomique est supérieur à ceux des actinides. (On connaît les éléments 104, 105 et 106: V. tableau des éléments en annexe.) – De *trans-,* et *actinide.*

transaction [tʀɑ̃zaksjɔ̃] n. f. **1.** DR Acte par lequel on transige; contrat par lequel les parties terminent ou préviennent une contestation, moyennant des concessions réciproques. *Ils ont terminé leur procès par une transaction.* **2.** COMM, FIN Opération boursière ou commerciale. – Bas lat. *transactio,* de *transigere,* «arranger, accommoder».

transactionnel, elle [tʀɑ̃zaksjɔnɛl] adj. **1.** Qui comporte ou concerne une transaction (sens 1). *Des dispositions transactionnelles.* **2.** Didac. *Analyse transactionnelle:* analyse des relations et des échanges interindividuels fondée sur des concepts d'inspiration psychanalytique et psychosociologique. – Du préc.; sens 2, angl. *transactional analysis.*

transafricain, aine [tʀɑ̃zafʀikɛ̃, ɛn] adj. Qui traverse le continent africain. – De *trans-,* et *africain.*

transalpin, ine [tʀɑ̃zalpɛ̃, in] adj. Qui est au-delà des Alpes (par rapport à l'Italie). Ant. cisalpin. – HIST *Gaule transalpine:* partie de la Gaule située au-delà des Alpes par rapport à Rome. – Lat. *transalpinus.*

transaméricain, aine [tʀɑ̃zameʀikɛ̃, ɛn] adj. Qui traverse l'Amérique. *Chemin de fer transaméricain.* – De *trans-,* et *américain.*

transaminase [tʀɑ̃zaminaz] n. f. BIOCHIM Enzyme dont le rôle est de transporter les radicaux aminés (NH_2) d'un acide aminé vers un autre acide aminé. – De *trans-, amine,* et *-ase.*

transandin, ine [tʀɑ̃zɑ̃dɛ̃, in] adj. Qui traverse la chaîne des Andes. ▷ *Chemin de fer transandin,* reliant Buenos Aires à Valparaiso. – De *trans-,* et *andin.*

transatlantique [tʀɑ̃zatlɑ̃tik] adj. et n. m. **1.** adj. Qui traverse l'Atlantique. *Ligne transatlantique.* ▷ *Paquebot transatlantique* ou, n. m., *un transatlantique:* paquebot assurant la liaison régulière entre l'Europe et l'Amérique. **2.** n. m. Chaise longue articulée et pliante (d'abord utilisée sur les paquebots). Abrév. fam. *transat.* – De *trans-,* et *atlantique.*

transbahuter [tʀɑ̃sbayte] v. tr. [1] Fam. Transporter. *Transbahuter une tente.* – De *trans-,* et *bahuter,* dér. anc. de *bahut.*

transbordement [tʀɑ̃sbɔʀdəmɑ̃] n. m. Action de transborder. – De *transborder.*

transborder [tʀɑ̃sbɔʀde] v. tr. [1] Faire passer d'un bord d'un navire à un autre, d'un avion, d'un train, etc., à un autre. *Transborder des voyageurs, des marchandises.* – De *trans-,* et *bord.*

transbordeur [tʀɑ̃sbɔʀdœʀ] n. m. et adj. m. **1.** Véhicule servant à transporter les voyageurs d'un avion à l'aérogare. *Les transbordeurs de l'aéroport de Mirabel.* **2.** Châssis servant à faire passer des wagons d'une voie sur une autre. **3.** Pont à plate-forme mobile suspendue par câbles à un tablier élevé. ▷ Adj. m. *Pont transbordeur.* – Du préc.

transcanadien, ienne [tʀɑ̃skanadjɛ̃, jɛn] adj. Qui traverse le Canada. ▷ N. f. *La Transcanadienne:* import. route du Canada allant de Victoria à Saint-Jean (Terre-Neuve), couvrant environ 7 800 km. – De *trans-,* et *canadien.*

transcaspien, ienne [tʀɑ̃skaspjɛ̃, jɛn] adj. Situé au-delà de la mer Caspienne. – De *trans-,* et *Caspienne.*

transcendance [tʀɑ̃sɑ̃dɑ̃s] n. f. PHILO Caractère de ce qui est transcendant. – *Transcendance de Dieu:* existence de Dieu au-delà des formes qui le rendraient présent au monde et à la conscience humaine. Ant. immanence. – De *transcendant.*

transcendant, ante [tʀɑ̃sɑ̃dɑ̃, ɑ̃t] adj. **1.** Qui excelle en son genre. *Esprit transcendant.* Syn. sublime, supérieur. **2.** PHILO Qui dépasse un certain ordre de réalités ou, pour Kant, toute expérience possible (par oppos. à *immanent*). **3.** MATH Se dit d'un nombre non algébrique, c.-à-d. qui n'est la racine d'aucun polynôme. *Le nombre π est transcendant.* – Du lat. *transcendens,* ppr. de *transcendere,* «monter en passant au-delà».

transcendantal, ale, aux [tʀɑ̃sɑ̃dɑ̃tal, o] adj. PHILO Dans le système de Kant, qualifie tout élément de la pensée qui est une condition a priori de l'expérience. *Connaissance transcendantale.* – Lat. scolast. *transcendentalis.*

transcendantalisme [tʀɑ̃sɑ̃dɑ̃talism] n. m. PHILO Système selon lequel des concepts a priori préexistent à l'expérience et la dépassent. *Le transcendantalisme d'Emerson.* – Du préc.

transcender [tʀɑ̃sɑ̃de] v. tr. [1] **1.** Dépasser, en étant d'un autre ordre, d'un ordre supérieur. ▷ v. pron. Se dépasser. **2.** PHILO Dépasser les possibilités de l'entendement. – Du lat. *transcendere,* «monter en passant au-delà».

transcodage [tʀɑ̃skɔdaʒ] n. m. **1.** TECH Transformation d'un codage selon un code différent. **2.** INFORM Transcription des instructions d'un programme en un autre code que celui d'origine. – De *trans-,* et *codage.*

transcodeur [tʀɑ̃skɔdœʀ] n. m. TECH Appareil servant à effectuer un transcodage. – De *transcoder.*

transconteneur [tʀɑ̃skɔ̃tənœʀ] [tʀɑ̃skɔ̃tenœʀ] n. m. TECH **1.** Conteneur de grande capacité, utilisé pour les transports sur grandes distances. **2.** Navire servant au transport des conteneurs. – De *trans-,* et *conteneur.*

transcontinental, ale, aux [tʀɑ̃skɔ̃tinɑ̃tal, o] adj. Qui traverse un continent. – De *trans-,* et *continental.*

transcriptase [tʀɑ̃skʀiptaz] n. f. BIOCHIM Enzyme qui catalyse la synthèse d'un acide ribonucléique (A.R.N.). – *Transcriptase inverse* ou *reverse,* qui permet la reproduction d'un acide désoxyribonucléique à partir de l'acide ribonucléique correspondant. – De *transcript(ion), et -ase.*

transcripteur, trice [tʀɑ̃skʀiptœʀ, tʀis] n. **1.** n. Personne, appareil qui transcrit. **2.** n. m. Appareil qui transcrit. – Du lat. *transcriptus,* pp. de *transcribere,* «transcrire».

transcription [tʀɑ̃skʀipsjɔ̃] n. f. **1.** Action de transcrire; son résultat. *Transcription d'un manuscrit. Transcription phonétique, musicale.* **2.** BIOL Étape de la synthèse des protéines qui consiste en la synthèse d'un A.R.N. messager par copie de l'A.D.N. V. encycl. code (génétique). – Lat. *transcriptio.*

transcrire [tʀɑ̃skʀiʀ] v. tr. **[65]** **1.** Copier, reporter fidèlement (un écrit) sur un autre support. *Transcrire un acte notarié.* **2.** Transposer (un énoncé) d'un code graphique dans un autre. *Transcrire un mot grec en caractères latins. Transcrire un livre en braille.* ▷ *Transcrire phonétiquement:* noter, écrire (un énoncé, une suite d'énoncés) en utilisant l'alphabet phonétique. **3.** MUS Arranger (un morceau) pour un ou plusieurs instruments autres que ceux pour lesquels il a été écrit. – Du lat. *transcribere,* finale d'ap. *écrire.*

transducteur [tʀɑ̃sdyktœʀ] n. m. **1.** En cybernétique, syn. de *traducteur.* **2.** ELECTR Dispositif qui transforme une énergie en une autre. *Transducteurs électroacoustiques* (ex.: microphones), *électromécaniques* (ex.: têtes de lecture). – De *trans-,* et *(con)ducteur,* d'ap. l'angl. *transducer.*

transduction [tʀɑ̃sdyksjɔ̃] n. f. **1.** BIOL Passage d'un fragment d'A.D.N. d'une bactérie dans une autre, le vecteur étant un virus bactériophage. V. transformation. **2.** ELECTR Transformation d'une énergie en une autre de nature différente. – De *trans-,* et lat. *ductio,* «action de conduire».

transe [tʀɑ̃s] n. f. **1.** Plur. Grande appréhension, vive anxiété. *Être dans les transes.* **2.** (Spiritisme.) État du médium en communication avec un esprit. ▷ Cour. *Entrer en transe:* perdre tout contrôle de soi sous l'effet d'une surexcitation ou d'une émotion intense. – Déverbal de *transir.*

transept [tʀɑ̃sɛpt] n. m. ARCHI Nef transversale d'une église, qui coupe à angle droit la nef principale, et qui donne à l'édifice la forme symbolique d'une croix. – Mot angl., du lat. *trans,* «au-delà», et *sæptum,* «enclos».

transférable [tʀɑ̃sfeʀabl] adj. Que l'on peut transférer. – De *transférer.*

transférase [tʀɑ̃sfeʀɑz] n. f. BIOCHIM Enzyme qui catalyse les réactions de transfert de radicaux carbonés et non carbonés. *Les transférases constituent une importante famille d'enzymes.* – De *transfér(er),* et *-ase.*

transfèrement [tʀɑ̃sfɛʀmɑ̃] n. m. Action de transférer (un détenu). – De *transférer.*

transférer [tʀɑ̃sfeʀe] v. tr. **[16]** **1.** Faire passer (qqn, qqch) d'un lieu dans un autre d'une façon convenue, réglée. *Transférer un détenu.* **2.** Céder, transmettre (qqch à qqn) en observant les formalités requises. *Transférer une obligation.* **3.** Fig. Reporter ailleurs (un sentiment, un désir). V. transfert (sens 3). – Lat. *transferre.*

transfert [tʀɑ̃sfɛʀ] n. m. **1.** Action de transférer d'un lieu dans un autre. *Le transfert des bureaux d'une administration.* – *Transfert de populations:* déplacement massif et forcé de populations d'une région dans une autre. ▷ INFORM Transport d'une information d'une zone de mémoire dans une autre. ▷ TECH *Machine-transfert:* machine-outil qui comprend plusieurs postes de travail entre lesquels la pièce à usiner se déplace automatiquement. **2.** ECON Redistribution des revenus par laquelle une partie des revenus primaires des uns est affectée aux autres sous forme de revenus secondaires (par le mécanisme du budget de l'État, de la Sécurité sociale, des allocations familiales, etc.). **3.** Action de transférer un état affectif (d'un objet à un autre). ▷ PSYCHAN Processus par lequel un sujet reporte sur une personne (en partic. sur l'analyste au cours de la cure) des désirs inconscients éprouvés durant l'enfance vis-à-vis d'une figure parentale (père, mère, substitut). ▷ PSYCHO Dans la psychologie de l'apprentissage, cas où une habitude ancienne facilite l'acquisition d'une nouvelle habitude. – Mot lat., propr. «il transfère».

transfiguration [tʀɑ̃sfigyʀasjɔ̃] n. f. **1.** Action de transfigurer; son résultat. **2.** RELIG (Avec une majuscule.) Forme glorieuse sous laquelle Jésus apparut à trois de ses disciples sur le mont Thabor. – Lat. *transfiguratio.*

transfigurer [tʀɑ̃sfigyʀe] v. tr. [1] Transformer en rendant beau, radieux. *Visage transfiguré par la joie.* – Lat. *transfigurare,* de *trans,* «à travers», et *figura,* «forme, figure».

transfiler [tʀɑ̃sfile] v. tr. [1] MAR Lier au moyen d'un cordage passant dans des œillets. – Var. de *tranchefiler,* par infl. de *trans-.*

transfini, ie [tʀɑ̃sfini] adj. MATH *Nombres transfinis,* imaginés pour dénombrer les ensembles infinis. V. encycl. infini. – All. *transfinit,* du lat. *trans,* «à travers», et *finitus,* «fini».

transfixion [tʀɑ̃sfiksjɔ̃] n. f. CHIR Procédé d'amputation consistant à percer d'un coup de bistouri la partie à amputer puis à couper les chairs de l'intérieur vers l'extérieur. – Du lat. *transfixum,* supin de *transfigere,* «transpercer».

transfo [tʀɑ̃sfo] n. m. Abrév. de *transformateur.*

transformable [tʀɑ̃sfɔʀmabl] adj. Que l'on peut transformer. – De *transformer.*

transformateur, trice [tʀɑ̃sfɔʀmatœʀ, tʀis] adj. et n. m. **1.** adj. Qui transforme. **2.** n. m. ELECTR Appareil électromagnétique qui comprend un circuit magnétique et deux enroulements de fils conducteurs, servant à transférer une énergie électrique d'un circuit à un autre après en avoir modifié la tension. (Abrév. fam. *transfo.*) ▷ *Transformateur abaisseur,* qui réduit la tension, par oppos. à *élévateur.* – De *transformer.*

transformation [tʀɑ̃sfɔʀmasjɔ̃] n. f. **1.** Action de transformer, de se transformer. *La transformation d'un appartement. Les industries de transformation (des matières premières). La transformation de l'eau en glace.* ▷ SPORT Au football, action de transformer* un essai. **2.** PHYS *Les transformations de l'énergie:* V. encycl. énergie. ▷ ELECTR Action de modifier la tension d'un courant au moyen d'un transformateur. **3.** GEOM Opération qui fait correspondre un point à un autre suivant une loi déterminée (similitude, translation, homothétie, affinité, inversion, par ex.). **4.** BIOL Intégration, dans le génome d'une bactérie, d'un fragment d'A.D.N. libre provenant du génome d'une autre bactérie. V. transduction. **5.** LING En grammaire générative, chacune des opérations consistant à convertir les structures profondes de phrases (seules pertinentes en ce qui concerne le sens) en structures de surface qui sont les images syntaxiques des phrases effectivement réalisées. *Règles de transformation. Procédures de transformation (effacement, permutation, addition, réduction).* V. encycl. linguistique. – Lat. ecclés. *transformatio,* de *transformare,* «transformer».

transformationnel, elle [tʀɑ̃sfɔʀmasjɔnɛl] adj. LING Qui concerne ou utilise les transformations. *Les procédures transformationnelles. Grammaire transformationnelle:* ensemble des règles de transformation*. – Du préc.

transformer [tʀɑ̃sfɔʀme] **I.** v. tr. **[1]** **1.** Donner (à qqn, qqch) une autre forme, un autre aspect. *Transformer une énergie en une autre. Ce déguisement la transforme complètement.* ▷ SPORT *Transformer un essai* (au football): à la suite d'un essai marqué, faire passer d'un coup de pied la balle entre les poteaux. **2.** Fig. Changer le caractère de (qqn). *Cette dure épreuve l'a transformé.* **II.** v. pron. Prendre une forme, un aspect, un caractère différent. *Fillette qui se transforme en jeune fille. La société se transforme.* – Lat. *transformare.*

transformisme [tʀɑ̃sfɔʀmism] n. m. Didac. Théorie de l'évolution des êtres vivants (par oppos. au *fixisme*), depuis les plus rudimentaires jusqu'aux plus compliqués, les organismes se succédant dans le temps et se transformant en d'autres. (Ainsi, certains reptiles se sont transformés en oiseaux, d'autres en mammifères, etc.) – De *transformer.*

transformiste [tʀɑ̃sfɔʀmist] n. et adj. **1.** n. Didac. Partisan du transformisme. **2.** adj. Qui appartient, se rapporte au transformisme. – Du préc.

transfuge [tʀɑ̃sfyʒ] n. **1.** n. m. Soldat qui passe à l'ennemi. **2.** n. Celui, celle qui abandonne son parti, ses opinions pour un parti, des opinions adverses. **3.** n. (sens atténué) Personne qui a changé de lieu, de situation. *Transfuge d'un pays, d'une équipe sportive.* – Lat. *transfuga,* de *fugere,* «fuir».

transfuser [tʀɑ̃sfyze] v. tr. **[1]** Injecter (du sang) à qqn par une transfusion. – Du lat. *transfusum,* supin de *transfundere,* «répandre au-delà».

transfusion [tʀɑ̃sfyzjɔ̃] n. f. MED Opération consistant à injecter à un sujet *(récepteur),* par perfusion intraveineuse, du sang (ou des dérivés sanguins) prélevé chez un autre sujet *(donneur).* – Du lat. *transfusio,* «transvasement».

transgresser [tʀɑ̃sgʀɛse] v. tr. **[1]** Contrevenir à (un ordre, une loi). *Transgresser un interdit.* – De *transgression,* d'après le lat. *transgressum,* supin de *transgredi,* «passer outre».

transgresseur [tʀɑ̃sgʀɛsœʀ] n. m. Litt. Celui qui transgresse. – Bas lat. *transgressor,* du class. *transgredi,* «passer de l'autre côté, traverser».

transgression [tʀɑ̃sgʀɛsjɔ̃] n. f. **1.** Action de transgresser. **2.** GEOL Submersion, par la mer, d'une partie des continents, à la suite d'une subsidence de ceux-ci ou de l'élévation du niveau marin. Ant. régression. – Lat. *transgressio,* du class. *transgredi,* «passer outre».

transhumance [tʀɑ̃zymɑ̃s] n. f. Action de transhumer. – De *transhumer.*

transhumant, ante [tʀɑ̃zymɑ̃, ɑ̃t] adj. Se dit des troupeaux qui transhument. ▷ *Apiculture transhumante,* qui implique que l'on déplace les ruches au cours de l'année pour suivre les floraisons (colza, bruyère, etc.). – Ppr. de *transhumer.*

transhumer [tʀɑ̃zyme] v. **[1]** **1.** v. tr. AGRIC Conduire (les troupeaux, notam. les troupeaux de moutons) de pâturage en pâturage. ▷ *Spécial.* Mener (les troupeaux) dans les alpages pour l'été et les en faire redescendre avant l'hiver. **2.** v. intr. (Troupeaux.) Changer de pâturages selon les saisons. – Esp. *trashumar,* de *tras,* «au-delà», et du lat. *humus,* «terre».

1. transi [tʀɑ̃zi] n. m. BX-A. Gisant nu à l'état de cadavre décomposé, sculpté au Moyen Âge ou à la Renaissance. – De l'anc. fr. *transi,* «trépassé».

2. transi, ie [tʀɑ̃zi] adj. Pénétré, saisi de froid. ▷ Fig. *Amoureux transi,* que sa passion rend timide et tremblant. – Pp. de *transir.*

transiger [tʀɑ̃ziʒe] v. intr. **[15]** **1.** DR Régler un différend par une transaction. *Engager les parties à transiger.* ▷ Faire des concessions réciproques. **2.** (Dans l'ordre moral.) Être peu exigeant, manquer de fermeté. *Transiger avec sa conscience. Ne pas transiger sur l'honnêteté.* – Lat. jurid. *transigere,* «mener à bonne fin».

transillumination [tʀɑ̃sillyminasjɔ̃] n. f. MED Procédé consistant à examiner un organe par transparence, en le plaçant devant une source lumineuse. – Mot angl.

transir [tʀɑ̃ziʀ] v. inus. sauf au prés. indic., temps composés et inf. **[2]** **1.** v. tr. Pénétrer, engourdir (de froid). **2.** v. intr. Éprouver une sensation de froid, d'engourdissement. – Lat. *transire,* propr. «aller audelà, mourir».

transistor [tʀɑ̃zistɔʀ] n. m. **1.** ELECTRON Composant en matériau semiconducteur*, constitué de deux zones de même conductibilité séparées par une zone de conductibilité contraire, utilisé en électronique pour amplifier des signaux. **2.** *Par méton.* Radiorécepteur portatif muni de transistors. – Mot angl., de *trans(fer) (res)istor,* «résistance de transfert».

ENCYCL Les transistors actuellement les plus répandus ont été inventés aux É.-U. en 1948 et, en 1949, Shockley en a établi la théorie définitive: ce sont des transistors à jonctions, constitués par l'association de zones de conductibilités différentes, caractérisées par un excès d'électrons (zone N) ou par un défaut d'électrons (zone P). La zone centrale est appelée *base*; les deux zones situées de part et d'autre, l'*émetteur* et le *collecteur*. On distingue les transistors NPN (la base est une zone P) et PNP (la base est une zone N). Les transistors sont utilisés pour amplifier les signaux; en effet, le courant qui passe par le collecteur (courant de sortie) est sensiblement proportionnel au courant qui passe par la base (courant d'entrée) mais son intensité est beaucoup plus élevée. La découverte des transistors a conduit à l'abandon des tubes dans les montages électroniques, à une diminution de la consommation d'énergie dans ces montages et à la miniaturisation des circuits.

transistorisation [tʀɑ̃zistɔʀizasjɔ̃] n. f. TECH Action de transistoriser. – De *transistoriser.*

transistoriser [tʀɑ̃zistɔʀize] v. tr. [1] Équiper de transistors. – Pp. *Téléviseur transistorisé.* – De *transistor.*

transit [tʀɑ̃zit] n. m. **1.** Passage de marchandises, de voyageurs, à travers un lieu, un pays situé sur leur itinéraire. *Passagers en transit sur un aéroport.* ▷ COMM Possibilité de faire traverser à des marchandises un pays autre que leur pays de destination sans payer de droits de douane. **2.** PHYSIOL Progression du bol alimentaire dans le tube digestif. ▷ MED *Transit baryté:* progression d'un bol alimentaire additionné de sulfate baryté, produit de contraste qui favorise l'examen radiologique du tube digestif. – Ital. *transito,* lat. *transitus,* «passage».

transitaire [tʀɑ̃zitɛʀ] adj. et n. **1.** adj. Qui concerne ou admet le transit (sens 1). *Pays transitaire.* **2.** n. Commissionnaire qui fait voyager les marchandises en transit. – De *transit,* sens 1.

transiter [tʀɑ̃zite] **1.** v. tr. [1] Faire passer en transit. *Transiter des denrées.* **2.** v. intr. Voyager en transit. – De *transit,* sens 1.

transitif, ive [tʀɑ̃zitif, iv] adj. **1.** GRAM *Verbe transitif (direct),* qui demande ou admet un complément d'objet direct (ex.: il mange son repas). – *Verbe transitif employé absolument,* c.-à-d. s. comp. (ex.: il mange). ▷ *Verbe transitif indirect,* qui est suivi d'un complément d'objet indirect (ex.: ressembler à). Ant. intransitif. **2.** PHILO *Cause transitive,* dont l'action s'exerce sur un objet étranger au sujet agissant, par oppos. à *cause immanente.* **3.** MATH, LOG Se dit d'une relation binaire R telle que xRy et yRz entraînent xRz. *L'égalité est une relation transitive* (si x = y et si y = z, on a x = z). – Bas lat. gram. *transitivus,* de *transire,* «aller au-delà».

transition [tʀɑ̃zisjɔ̃] n. f. **1.** Manière de lier entre elles les idées qu'on exprime, de passer d'une partie d'un discours, d'un écrit à une autre. *Phrase de transition.* **2.** MUS Passage d'un mode, d'un ton à un autre. **3.** CHIM *Métaux de transition:* éléments intermédiaires entre les métaux et les non-métaux, dont la couche électronique interne n'est pas saturée en électrons. V. tableau des éléments en annexe. (Les métaux de transition forment des complexes, comme le ferrocyanure $Fe(CN)_6^{4-}$, qui possèdent parfois des propriétés magnétiques spéciales. Ils forment également des composés organométalliques, volatils et solubles dans les composés organiques.) **4.** PHYS NUCL *Transition électronique:* passage d'un électron d'un niveau énergétique à un autre, se traduisant par l'émission ou l'absorption d'un photon. **5.** Fig. Passage graduel d'un état, d'un ordre à un autre. *Passer sans transition du rire aux larmes.* ▷ *De transition:* intermédiaire, transitoire. *Un gouvernement de transition.* – Lat. *transitio.*

transitionnel, elle [tʀɑ̃zisjɔnɛl] adj. Qui constitue une transition. – Du préc.

transitivement [tʀɑ̃zitivmɑ̃] adv. GRAM À la manière d'un verbe transitif. *Verbe intransitif employé transitivement.* – De *transitif.*

transitivité [tʀɑ̃zitivite] n. f. Caractère de ce qui est transitif. – De *transitif.*

transitoire [tʀɑ̃zitwaʀ] adj. **1.** Qui ne dure pas longtemps. Syn. passager. **2.** Qui forme une transition entre deux états. *Un régime politique transitoire.* – Lat. *transitorius.*

translater [tʀɑ̃slate] v. tr. [1] **1.** Vx. Traduire. **2.** INFORM Traduire les instructions d'une forme dans une autre ou d'un code dans un autre. – Du lat. *translatum,* supin de *transferre* (V. translation).

translatif, ive [tʀɑ̃slatif, iv] adj. DR *Acte translatif de propriété, de droits,* concernant la translation de cette propriété, de ces droits. – Lat. *translativus.*

translation [tʀɑ̃slasjɔ̃] n. f. **1.** Litt. Action de faire passer (des cendres, des reliques) d'un lieu dans un autre. **2.** DR Action de transmettre (une propriété, un droit) d'une personne à une autre. **3.** GEOM Transformation dans laquelle à tout point M on fait correspondre un point M' tel que le vecteur $\overrightarrow{MM'}$ soit constant. **4.** PHYS *Mouvement de translation* (d'un corps), par lequel tous les points du corps se déplacent le long de courbes parallèles. – *Mouvement de translation uniforme,* qui s'effectue à vitesse constante. – Lat. *translatio,* de *translatum,* supin de *transferre,* «porter d'un lieu à un autre».

translittération [tʀɑ̃sliteʀasjɔ̃] n. f. LING Transcription lettre pour lettre des mots d'une langue dans l'alphabet d'une autre langue. *Translittération du grec en caractères latins.* – De *trans-,* d'ap. *trans(cription),* et du lat. *littera,* «lettre».

translocation [tʀɑ̃slɔkasjɔ̃] n. f. BIOL Déplacement d'un segment de chromosome sur un chromosome non analogue. – De *trans-,* d'apr. *transcription,* et du lat. *locatio,* «disposition».

translucide [tʀɑ̃slysid] adj. Se dit d'un corps qui laisse passer la lumière sans être vraiment transparent. Syn. diaphane. – Lat. *translucidus.*

translucidité [tʀɑ̃slysidite] n. f. État, propriété d'un corps translucide. – Du préc.

transmetteur, trice [tʀɑ̃smɛtœʀ, tʀis] adj. et n. m. PHYS Qui transmet des sons, des signaux. ▷ N. m. MAR *Transmetteur d'ordres:* appareil par l'intermédiaire duquel les ordres sont transmis de la passerelle aux machines. Syn. chadburn. – De *transmettre.*

transmettre [tʀɑ̃smɛtʀ] **I.** v. tr. [68] **1.** Mettre par voie légale en possession d'un autre. *Transmettre un droit, un héritage, des pouvoirs (à qqn).* **2.** Faire passer (qqch) à d'autres, d'une personne à une autre. *Transmettre une nouvelle, un ordre. Transmettre une maladie.* – *Spécial.* (D'une génération à une autre.) *Transmettre son nom à la postérité.* **3.** (Sujet n. de chose.) Faire passer d'un lieu, d'un organe à un autre. *Dispositif qui transmet le mouvement. Nerf transmettant une excitation.* **II.** v. pron. (Sens passif et sens récipr.) Passer d'une personne à une autre, d'un lieu à un autre. – Du lat. *transmittere,* d'ap. *mettre.*

transmigration [tʀɑ̃smigʀasjɔ̃] n. f. RELIG Fait de transmigrer (âmes). V. métempsychose. – Lat. ecclés. *transmigratio,* du class. *transmigrare,* «émigrer».

transmigrer [tʀɑ̃smigʀe] v. intr. [1] RELIG Passer d'un corps dans un autre, en parlant des âmes. – Du lat. *transmigrare,* «émigrer».

transmissibilité [tʀɑ̃smisibilite] n. f. Caractère de ce qui est transmissible. – De *transmissible.*

transmissible [tʀɑ̃smisibl] adj. Qui peut être transmis. – Du lat. *transmissum,* supin de *transmittere,* «transmettre».

transmission [tʀɑ̃smisjɔ̃] n. f. **1.** Action de transmettre légalement. *La transmission de la propriété aux héritiers. Transmission de pouvoirs.* **2.** Action de faire passer (qqch). *Transmission des caractères biologiques des parents aux enfants.* – *Transmission de pensée :* V. télépathie. **3.** PHYS Propagation. *Transmission d'une onde.* ▷ BIOL *Transmission nerveuse:* propagation de l'influx nerveux le long d'un neurone ou d'une fibre nerveuse. V. encycl. nerf. **4.** MECA Fait, pour un mouvement, d'être transmis d'un organe à un autre. – Organe qui transmet un mouvement. ▷ AUTO Ensemble des organes qui transmettent aux roues motrices le mouvement du moteur, à partir de la sortie de la boîte de vitesses (différentiel, cardans, pont). – *Par ext.* Ensemble des organes qui transmettent ce mouvement (embrayage et boîte de vitesses, en partic.). – *Transmission automatique,* qui supprime les opérations manuelles d'embrayage et le changement de vitesses (en les réalisant automatiquement ou au moyen d'un convertisseur de couple). **5.** Plur. MILIT Ensemble des moyens (hommes de liaison, signaux, appareils de radio, téléphone, etc.) qui permettent aux troupes et aux états-majors de communiquer. *Services de transmissions* ou *les transmissions:* troupes spécialisées qui mettent en œuvre ces moyens. – Lat. *transmissio.*

transmuable [tʀɑ̃smɥabl] ou **transmutable** [tʀɑ̃smytabl] adj. Qui peut être transmué. – De *transmuer,* de *transmuter.*

transmuer [tʀɑ̃smɥe] ou **transmuter** [tʀɑ̃smyte] v. tr. [1] Transformer (un corps) en un autre de nature entièrement différente. *Les alchimistes voulaient transmuer le plomb en or.* ▷ PHYS NUCL V. transmutation. – Du lat. *transmutare,* «transporter ailleurs».

transmutabilité [tʀɑ̃smytabilite] n. f. Propriété de ce qui est transmutable. – Du lat. *transmutare,* «transporter ailleurs».

transmutable. V. transmuable.

transmutation [tʀɑ̃smytasjɔ̃] n. f. Action de transmuer. ▷ PHYS NUCL Transformation d'un élément simple en un autre par modification du nombre de ses protons. *Transmutations naturelles (radioactivité) ou provoquées.* – Du lat. *transmutatio,* «changement, modification».

transmuter. V. transmuer.

transnational, ale, aux [tʀɑ̃snasjɔnal, o] adj. Didac. Se dit d'organismes, d'associations qui dépassent le cadre national et sont dépourvus de caractère gouvernemental ou lucratif. – Infl. de l'angl.; de *trans-,* et *national.*

transocéanien, ienne [tʀɑ̃zɔseanjɛ̃, jɛn] ou **transocéanique** [tʀɑ̃zɔseanik] adj. **1.** Qui est situé au-delà de l'océan. **2.** Qui traverse l'océan. *Câble transocéanique.* – De *trans-,* et *océanien* ou *océanique.*

transpadan, ane [tʀɑ̃spadɑ̃, an] adj. Didac. Situé au-delà du Pô. *La Gaule transpadane.* – De *trans-,* et du lat. *padanus,* «du Pô», de *Padus,* «le Pô», fleuve d'Italie du N.

transpalette [tʀɑ̃spalɛt] n. f. TECH Chariot servant à la manutention des palettes. – De *trans(porter),* et *palette.*

transparaître [tʀɑ̃spaʀɛtʀ] v. intr. **[59]** Paraître (à travers qqch de transparent). *Veines qui transparaissent à travers la peau.* – Fig. *Laisser transparaître son embarras.* – De *trans-,* et *paraître.*

transparence [tʀɑ̃spaʀɑ̃s] n. f. **1.** Propriété des substances qui laissent passer la lumière et au travers desquelles on voit distinctement les objets. *La transparence du verre.* Ant. opacité. **2.** Fig. Qualité de ce qui est, psychologiquement ou intellectuellement, facilement pénétrable. *La transparence d'une âme, d'un style, d'une politique.* – De *transparent.*

transparent, ente [tʀɑ̃spaʀɑ̃, ɑ̃t] adj. et n. m. **1.** adj. Doué de transparence. *Étoffe, eau transparente.* ▷ Fig. *Allégorie, allusion transparente.* **2.** n. m. Nom donné à diverses surfaces de matière transparente (papier, plastique, tissu, etc.) dont la transparence permet de réaliser certaines opérations ou d'obtenir certains effets. – Lat. médiév. *transparens,* du class. *trans,* «au-delà de», et du ppr. de *parere,* «paraître».

transpercer [tʀɑ̃spɛʀse] v. tr. [14] **1.** Percer de part en part. ▷ Fig. *Transpercer le cœur,* le pénétrer de douleur. **2.** Pénétrer à travers. *La pluie a transpercé son manteau.* – De *trans-,* et *percer.*

transpiration [tʀɑ̃spiʀasjɔ̃] n. f. **1.** Excrétion de la sueur par les pores de la peau. – La sueur elle-même. *Être en transpiration:* transpirer abondamment. **2.** BOT Émission de vapeur d'eau à travers la cuticule ou les stomates des organes végétaux. – De *transpirer.*

transpirer [tʀɑ̃spiʀe] v. intr. [1] **1.** Syn. cour. de *suer.* **2.** Fig. Commencer à être connu (chose tenue secrète). *Le secret avait transpiré.* – Lat. médiév. *transpirare,* de *trans,* «au-delà de», et *spirare,* «respirer, exhaler».

transplant [tʀɑ̃splɑ̃] n. m. CHIR Organe, tissu transplanté ou à transplanter. – Déverbal de *transplanter.*

transplantation [tʀɑ̃splɑ̃tasjɔ̃] n. f. **1.** Action de transplanter un végétal. **2.** CHIR Greffe d'un organe, provenant d'un sujet donneur, sur un sujet receveur, avec rétablissement des connexions vasculaires. *Transplantation rénale, cardiaque.* **3.** Action de transplanter d'un pays ou d'un milieu dans un autre. – De *transplanter.*

transplanter [tʀɑ̃splɑ̃te] v. tr. [1] **1.** Sortir (une plante) de terre pour la replanter dans un autre endroit. *Transplanter un arbuste.* **2.** CHIR Effectuer la transplantation de (un organe, un fragment d'organe). *Transplanter un rein, un segment d'artère.* **3.** Faire passer d'un pays ou d'un milieu dans un autre, en vue d'un établissement durable. ▷ v. pron. S'établir dans un autre lieu. *Protestants persécutés qui se sont transplantés au XVII*[e] *s. en Hollande.* – Lat. *transplantare.*

transplantoir [tʀɑ̃splɑ̃twaʀ] n. m. AGRIC Outil ou appareil utilisé pour transplanter un végétal. – De *transplanter.*

transport [tʀɑ̃spɔʀ] n. m. **1.** Action, manière de transporter qqn, qqch dans un autre lieu. *Transport de troupes. Moyens de transport.* – *Transport de l'énergie électrique.* ▷ Plur. Ensemble des moyens permettant de transporter des personnes ou des marchandises. *Les transports routiers, aériens. Une politique des transports.* ▷ GEOL *Terrains de transport,* constitués d'alluvions. **2.** MAR, AVIAT Navire, avion de guerre destinés à transporter des troupes, du matériel. **3.** DR Cession d'un droit, d'une créance, etc. **4.** Litt. Émotion violente qui transporte (sens I, 4). *Transports de colère. Transport poétique, amoureux.* – Absol. *Accueillir avec transport(s)* (de joie). **5.** Vieilli *Transport au cerveau:* congestion cérébrale. – Déverbal de *transporter.*

transportable [tʀɑ̃spɔʀtabl] adj. Qui peut être transporté. *Le malade a été jugé transportable.* – De *transporter.*

transporté, ée [tʀɑ̃spɔʀte] adj. Qui est mis hors de soi par une vive émotion. *Transporté d'admiration, de plaisir.* ▷ N. m. Anc. Condamné à la transportation. – Pp. de *transporter.*

transporter [tʀɑ̃spɔʀte] **I.** v. tr. [1] **1.** Porter, faire parvenir d'un lieu dans un autre. *Transporter des marchandises, des passagers.* ▷ Par métaph. *Film qui* *nous transporte dans une contrée, une époque lointaine.* **2.** DR *Transporter un droit à qqn,* le lui céder. **3.** Faire passer (qqch) dans un autre domaine. *Transporter des faits réels dans un roman.* **4.** Mettre (qqn) hors de soi-même. *La joie le transportait.* **II.** v. pron. Se rendre (en un lieu). *Le coroner s'est transporté sur les lieux de l'accident.* ▷ Fig. *Se transporter dans la Rome antique.* – Lat. *transportare,* de *trans-,* et *portare,* «porter».

transporteur, euse [tʀɑ̃spɔʀtœʀ, øz] n. **1.** Personne qui fait métier de transporter des personnes ou des marchandises; personne qui dirige une entreprise de transports. **2.** n. m. TECH Engin destiné au transport continu de pièces, de matériaux. – De *transporter.*

transposable [tʀɑ̃spozabl] adj. Que l'on peut transposer. – De *transposer.*

transposée [tʀɑ̃spoze] n. f. MATH Matrice obtenue par transposition d'une autre matrice. – Adj. *Matrice transposée.* – Pp. fém. subst. de *transposer.*

transposer [tʀɑ̃spoze] v. tr. [1] **1.** Vx Syn. de *intervertir.* **2.** Présenter sous une autre forme (plus ou moins éloignée de l'original), dans un autre contexte (et spécial. dans un contexte moderne). *Transposer librement un mythe, une tragédie antique.* **3.** MUS Exécuter ou transcrire (un morceau) dans un autre ton que celui dans lequel il a été noté. – De *trans-,* et *poser.*

transpositeur, trice [tʀɑ̃spozitœʀ, tʀis] n. et adj. MUS **1.** Celui, celle qui transpose. **2.** Instrument, clavier qui transpose la musique directement. – *Clavier transpositeur:* sur un harmonium, clavier qui se déplace latéralement devant les anches. – De *transposer.*

transposition [tʀɑ̃spozisjɔ̃] n. f. **1.** Interversion. **2.** MATH Permutation de deux éléments (définie par une relation). – Transformation d'une matrice en une autre par interversion des lignes et des colonnes. **3.** MED Malformation congénitale par anomalie de position d'un ou de plusieurs organes. **4.** Action de présenter différemment, de transposer dans une œuvre littéraire. *La transposition du vécu dans le rêve. L'«Ulysse» de Joyce est une transposition parodique de «l'Odyssée».* **5.** MUS Action de transposer un morceau. **6.** CHIM Syn. de *réarrangement.* – De *transposer,* d'ap. *position.*

transposon [tʀɑ̃spɔzɔ̃] n. m. BIOL Élément mobile du génome, capable de se transposer d'un point de celui-ci à un autre et constitué de quelques milliers de nucléotides assurant une régulation fonctionnelle des gènes. – De *transpos(ition),* et *-on,* sur le modèle de *électron.*

transpyrénéen, enne [tʀɑ̃spiʀeneɛ̃, ɛn] adj. **1.** Situé au-delà des Pyrénées. **2.** Qui traverse les Pyrénées. – De *trans-,* et *pyrénéen.*

transsaharien, ienne [tʀɑ̃ssaaʀjɛ̃, jɛn] adj. et n. Qui traverse le Sahara. *Rallye automobile transsaharien.* – De *trans-,* et *saharien.*

transsexualisme [tʀɑ̃ssɛksɥalism] n. m. PSYCHOPATHOL Sentiment délirant qu'éprouve un sujet de morphologie sexuelle normale d'appartenir au sexe opposé, généralement accompagné du désir de changer de sexe. *Les souffrances psychologiques causées par le transsexualisme incitent parfois à avoir recours à un changement de sexe par la chirurgie.* – De *transsexuel.*

transsexualité [tʀɑ̃ssɛksyalite] n. f. Didac. État du transsexuel. – De *transsexuel,* d'ap. *sexualité.*

transsexuel, elle [tʀɑ̃ssɛksɥɛl] adj. et n. Didac. Atteint ou marqué de transsexualisme. ▷ Subst. *Un(e) transsexuel(le).* – De *trans-,* et *sexuel.*

transsibérien, enne [tʀɑ̃ssibeʀjɛ̃, ɛn] adj. et n. m. **1.** GEOGR Qui est situé au-delà de la Sibérie. **2.** Qui traverse la Sibérie. *Chemin de fer transsibérien* ou, n. m., *le transsibérien:* voie ferrée (9 000 km) qui traverse la Sibérie méridionale de Moscou à Vladivostok (construit de 1891 à 1904). – De *trans-,* et *sibérien.*

transsonique [tʀɑ̃ssɔnik] adj. AVIAT Qualifie des vitesses voisines de celles du son, par oppos. à *subsonique* et à *supersonique.* – De *trans-,* et *sonique.*

transsubstantiation [tʀɑ̃ssybstɑ̃sjasjɔ̃] n. f. Rare Transmutation. ▷ RELIG CATHOL Changement intégral du pain et du vin eucharistiques en la substance du corps et du sang de Jésus-Christ. (Admise par les orthodoxes, la transsubstantiation l'est avec des nuances par certaines églises protestantes alors que d'autres la contestent.)– Lat. ecclés. *transsubstantiatio,* de *trans,* «à travers», et *substantia,* «substance».

transsudat [tʀɑ̃ssyda] n. m. MED Liquide suintant qui se forme par transsudation, sur une surface non enflammée. – De *transsudation,* d'ap. *exsudat.*

transsudation [tʀɑ̃ssydasjɔ̃] n. f. Didac. Action de transsuder. *Transsudation de l'eau à travers un récipient poreux.* – De *transsuder.*

transsuder [tʀɑ̃ssyde] v. [1] Didac. **1.** v. intr. Passer à travers les pores d'un corps pour se rassembler en gouttelettes à sa surface. **2.** v. tr. Émettre sous forme de gouttelettes qui passent par les pores. – Du lat. *trans,* «à travers», et *sudare,* «suer».

transuranien, enne [tʀɑ̃syʀanjɛ̃, ɛn] adj. et n. m. CHIM *Élément transuranien* ou, n. m., *un transuranien,* élément radioactif de numéro atomique supérieur à celui de l'uranium, produit par des réacteurs nucléaires (plutonium, neptunium, américium, lawrencium, par ex.). – De *trans-,* et *uranium.*

transvasement [tʀɑ̃svazmɑ̃] n. m. Action de transvaser; son résultat. – De *transvaser.*

transvaser [tʀɑ̃svaze] v. tr. [1] Faire passer (le contenu liquide d'un récipient) dans un autre récipient. – De *trans-,* et *vase.*

transversal, ale, aux [tʀɑ̃svɛʀsal, o] adj. et n. f. **1.** adj. Qui coupe (qqch) en travers, perpendiculairement à l'axe principal. *Route transversale.* ▷ ANAT *Muscle transversal, artère transversale.* **2.** n. f. Ligne qui coupe une autre ligne ou d'autres lignes. ▷ SPORT Au hockey, aux jeux de ballon, barre rejoignant les poteaux de but. – Lat. médiév. *transversalis.*

transversalement [tʀɑ̃svɛʀsalmɑ̃] adv. En position transversale. – Du préc.

transverse [tʀɑ̃svɛʀs] adj. et n. m. ANAT Qui est en travers de l'axe du corps. *Apophyses transverses,* implantées de part et d'autre des vertèbres. – *Muscle transverse* ou, n. m., *le transverse abdominal:* muscle de l'abdomen. – Lat. *transversus,* «oblique, transversal».

transvestisme [tʀɑ̃svɛstism] n. m. Syn. de *travestisme.* – De l'angl. *transvestism,* de *to transvest,* «se travestir».

transvider [tʀɑ̃svide] v. tr. [1] Vider (le contenu d'un récipient) dans un autre récipient. – De *trans-,* et *vider.*

transylvain, aine [tʀɑ̃silvɛ̃, ɛn] ou **transylvanien, enne** [tʀɑ̃silvanjɛ̃, jɛn] adj. et n. De la Transylvanie. ▷ Subst. *Un(e) Transylvain(e).* – Du lat médiév. *Transylvania,* «Transylvanie», proprt. «le pays au-delà de la forêt», auj. rég. du centre de la Roumanie.

trantran ou **tran-tran** [tʀɑ̃tʀɑ̃] n. m. Vx Train-train. – Formation expressive.

trapèze [tʀapɛz] n. m. et adj. **I.** n. m. **1.** GEOM Quadrilatère comportant deux côtés parallèles et inégaux (les bases). *La surface d'un trapèze s'obtient en multi-*

pliant la demi-somme des bases par la hauteur. – Trapèze rectangle, dont un angle est droit. **2.** Appareil de gymnastique composé d'une barre de bois horizontale suspendue à ses extrémités par deux cordes. ▷ *Trapèze volant:* au cirque ou au music-hall, trapèze attaché par de longues cordes aux cintres de l'édifice et associé à un autre trapèze, les acrobates (trapézistes) sautant de l'un à l'autre par des balancements. **II.** adj. En forme de trapèze. ▷ ANAT *Os trapèze* ou, n. m., *le trapèze:* premier os de la seconde rangée du carpe. ▷ *Muscle trapèze* ou, n. m., *le trapèze:* muscle de la partie postérieure du cou et de l'épaule. – Bas lat. *trapezium,* gr. *trapezion,* de *trapeza,* «table à quatre pieds».

trapéziste [tʀapezist] n. Acrobate qui se livre aux exercices du trapèze volant. – De *trapèze.*

trapézoèdre [tʀapezɔɛdʀ] n. m. GEOM, MINER Solide délimité par 24 faces qui sont des quadrilatères. – De *trapèze,* et du gr. *hedra,* «siège, base, face».

trapézoïdal, ale, aux [tʀapezɔidal, o] adj. Didac. Qui ressemble à un trapèze; en forme de trapèze. – De *trapézoïde.*

trapézoïde [tʀapezɔid] adj. et n. m. Didac. Qui a la forme d'un trapèze. ▷ ANAT *Os trapézoïde* ou, n. m., *le trapézoïde:* second os de la deuxième rangée du carpe. – Gr. *trapezoeides,* «en forme de table».

trappe [tʀap] n. f. **I.** CHASSE Piège formé d'un trou recouvert par une bascule ou par des branchages. **II. 1.** Ouverture munie d'un abattant, ménagée dans un plancher ou un plafond pour donner accès à une cave, à un grenier. **2.** THEAT Ouverture pratiquée dans le plancher d'une scène, qui permet de faire apparaître ou disparaître un acteur. **3.** TECH Porte ou fenêtre à coulisse. ▷ Panneau mobile de faible section qui donne accès à l'intérieur d'un appareil, d'une construction, pour y effectuer une opération d'entretien. *Trappe de visite. – Trappe de ramonage.* ▷ *Spécial.* Tablier d'une cheminée. – P.-ê. du frq. *trappa,* «lacet», ou *trappon,* «fouler aux pieds».

trappeur [tʀapœʀ] n. m. Chasseur professionnel, en Amérique du N., qui pratique la chasse à la trappe, partic. celle des bêtes à fourrure. (Rem.: Comme forme féminine, l'OLF recommande *trappeuse.*) – Angl. *trapper,* de *to trap,* «prendre à la trappe».

trappillon [tʀapijõ] n. m. **1.** Dispositif permettant de tenir fermée une trappe. **2.** THEAT Trappe permettant le passage des fermes (V. ferme 3, sens 2). – Dimin. de *trappe.*

trappiste [tʀapist] n. m. Religieux appartenant à des cisterciens* réformés de la stricte observance, dit «ordre de la Trappe». – Du n. de l'abbaye bénédictine de Notre-Dame de la *Trappe,* fondée au mil. du XIIe s. à Soligny, dans le Perche (France).

trappistine [tʀapistin] n. f. **1.** Religieuse de l'ordre de la Trappe. **2.** Liqueur fabriquée par les trappistes. – Du préc.

trapu, ue [tʀapy] adj. **1.** Large et court, dont les proportions ramassées donnent une impression de force et de solidité. *Un homme trapu. – Un bâtiment de forme trapu.* **2.** Arg. Très fort, savant. *Un prof trapu.* ▷ (Choses.) Difficile, épineux. *Une question trapue.* – P.-ê. de l'a. fr. *tarpe,* «grosse patte, grosse main».

traque [tʀak] n. f. Action de traquer le gibier. ▷ Fig et fam. Chasse à l'homme. – Déverbal de *traquer.*

traquenard [tʀaknaʀ] n. m. **1.** Piège en forme de trébuchet pour prendre les animaux nuisibles. **2.** Fig. Piège (tendu à qqn). *Tomber dans un traquenard.* **3.** Amble rompu (du cheval). *Jument qui va le traquenard.* – Du gascon *traconard,* même rac. que *traquer,* au sens de «balancer».

traquer [tʀake] v. tr. [1] **1.** Pourchasser (du gibier dans un bois) en resserrant toujours l'enceinte formée autour de lui. ▷ (Par comparaison). *Le malheureux candidat avait un air de bête traquée.* **2.** Serrer de près, poursuivre avec acharnement (qqn). *Traquer l'ennemi.* – Du lat. *trahere* «tirer», d'où «tirer de côté et d'autre, tirailler, balancer».

1. traquet [tʀakɛ] n. m. CHASSE Piège qu'on tend aux bêtes puantes. – De *traquer.*

2. traquet [tʀakɛ] n. m. Oiseau passériforme (genre *Saxicola, Œnanthe,* etc.), de petite taille, habitant les landes, les prairies, les friches, etc. *Traquet fourmilier, motteux, tarier, pâtre,* etc. – Orig. incert.

traqueur, euse [tʀakœʀ, øz] n. CHASSE Personne employée pour traquer le gibier. – De *traquer.*

trattoria [tʀatɔʀ(i)ja] n. f. En Italie, restaurant sans prétention, où l'on mange simplement. – Mot ital, de *trattore,* adaptation du fr. *traiteur.*

trauma [tʀoma] n. m. **1.** MED, CHIR Lésion ou blessure produite par l'impact mécanique d'un agent extérieur. **2.** PSYCHO Violent choc émotif, qui marque la personnalité d'un sujet et le sensibilise aux émotions de même nature. – Mot gr., «blessure».

traumatique [tʀomatik] adj. MED Qui a rapport aux plaies ou aux blessures; qui est causé par un trauma (sens 1). ▷ Qui a rapport à un trauma psychologique. – Bas lat. *traumaticus,* gr. *traumatikos,* de *trauma,* «blessure».

traumatisant, ante [tʀomatizɑ̃, ɑ̃t] adj. MED, PSYCHO Qui traumatise, est susceptible de traumatiser. *Une expérience traumatisante.* – Ppr. de *traumatiser.*

traumatiser [tʀomatize] v. tr. [1] Infliger un traumatisme à (qqn). *Enfant traumatisé par un événement, un spectacle.* – De *traumatique.*

traumatisme [tʀomatism] n. m. **1.** MED, CHIR Ensemble des conséquences physiques ou psychologiques engendrées par un trauma (sens 1). **2.** PSYCHO et cour. Ensemble des troubles de la vie affective et de la personnalité déclenchés chez un sujet par un choc émotionnel. – De *traumatique.*

traumatologie [tʀomatɔlɔʒi] n. f. Didac. Partie de la médecine et de la chirurgie consacrée à l'étude et au traitement des traumatismes. – De *traumat(ique),* et *-logie.*

traumatologique [tʀomatɔlɔʒik] adj. MED Qui concerne la traumatologie, les traumatismes. – Du préc.

traumatologiste [tʀomatɔlɔʒist] ou **traumatologue** [tʀomatɔlɔg] n. Médecin, chirurgien spécialisé en traumatologie. – De *traumatologie.*

1. travail, aux [tʀavaj, o] n. m. **I. 1.** Effort que l'on fait, peine que l'on prend pour faire une chose; effort long et pénible. *Ces lignes sentent le travail.* **2.** MED Période de l'accouchement où se produisent les contractions utérines jusqu'à l'expulsion de l'enfant. *Femme en travail. – Salle de travail,* où se déroule l'accouchement. **3.** Altération ou déformation qui se produit au sein d'une matière (sous l'action de certains agents). *Le travail du bois sous l'action de l'humidité.* **4.** Activité, fonctionnement qui aboutit à un résultat utile. *Le travail d'une machine. – Le travail de l'imagination.* – SPORT Entraînement, séance d'entraînement. *Dernier travail d'un cheval avant la course.* **5.** PHYS V. encycl. ci-après. ▷ Énergie mécanique produite par un ensemble de forces pendant un temps donné (on parle alors de *quantité de travail*). **II. 1.** Ensemble des activités économiques des hommes, d'un pays, en vue de produire quelque chose d'utile pour la communauté. *La division du travail. – Ministère du Travail. Bureau international du Travail* (B.I.T.): organisme directeur de l'Organisation internationale du Travail (O.I.T.), organisme de l'O.N.U. **2.** Ensemble de la population active. *Le monde du travail.* ▷ *Spécial.* Ensemble des travailleurs salariés de l'agriculture et de l'industrie. *Rapport entre le capital et le travail.* **III.** Ensemble des activités, des efforts nécessaires pour produire quelque chose, pour obtenir un résultat déterminé. **1.** Manière dont est façonné un objet, une matière, dont une tâche est accomplie. *Un travail très soigné.* ▷ L'ouvrage, le résultat ainsi obtenu. *Il nous a remis un travail parfait.* ▷ Iron. *Quel travail! C'est du joli travail!* **2.** Transformation d'une matière nécessitant l'intervention de l'homme. *Le travail du bois, de l'ivoire.* **3.** Activité rémunérée. *Chercher du travail.* – *Perdre son travail.* ▷ Fam. Lieu où s'exerce cette activité. *Aller à pied à son travail.* ▷ DR Obligation exécutée sur les ordres et sous le contrôle d'un employeur en contrepartie d'une rémunération. *Code du travail. Droit du travail. Contrat de travail. Le travail féminin.* **4.** Ouvrage que l'on fait ou qui est à faire; activité, ouvrage qui demande du temps et des efforts. *Répartir le travail entre les membres de la famille. Avoir beaucoup de travail.* ▷ Plur. (Qualifié.) *Travaux ménagers. Travaux des champs. Travaux de couture.* **5.** Plur. Entreprises, ouvrages remarquables nécessitant de grands efforts. *Les travaux d'Hercule.* ▷ *Travaux publics:* ouvrages d'utilité publique (ouvrages d'art, d'équipement, etc.) exécutés pour le compte d'une personne morale administrative et entrepris aux frais de l'État ou des collectivités locales. ▷ Anc. *Travaux forcés:* peine afflictive et infamante que le condamné exécutait dans un bagne. **6.** Plur. Discussions, délibérations (d'une assemblée) en vue d'élaborer un texte, d'adopter une résolution. *L'assemblée a suspendu ses travaux.* **7.** Plur. Recherches, activités menées en vue d'obtenir un résultat précis dans le domaine intellectuel. *Travaux d'un chercheur et de son équipe.* ▷ Sing. et plur. Ouvrage, résultat de ces travaux. *Il m'a prêté son travail sur le Moyen Âge. Lire les travaux d'un historien.* – Déverbal de *travailler.*

ENCYCL **Phys.** – Lorsque, sous l'action d'une force $\vec{F}$, un corps passe d'un point A à un point B, le travail W fourni par cette force est égal au produit scalaire $\vec{F}.\overrightarrow{AB}$, c.-à-d. au produit de la distance $\overline{AB}$ par la projection de la force $\vec{F} \times \overrightarrow{AB}$. En partic., si le corps se déplace parallèlement à la force, le travail W est égal au produit de la force par le déplacement. Un travail positif est dit *moteur* et un travail négatif *résistant.* Le travail des forces appliquées à un solide est égal à la variation, pendant le même temps, de son énergie cinétique. En thermodynamique, on réserve le nom de travail à la partie de l'énergie transférée à un système et qui se traduit par un mouvement macroscopique, le complément étant appelé quantité de chaleur ou énergie calorifique. Il y a équivalence entre le travail et la chaleur; ces deux grandeurs s'expriment par la même unité: le joule.

2. travail, ails [tʀavaj] n. m. TECH Dispositif formé de quatre piliers verticaux et de sangles, utilisé pour immobiliser les grands animaux (bœufs, chevaux) pendant qu'on les ferre ou qu'on les soigne. – Du bas lat. *trepalium,* var. de *tripalium,* «instrument de torture», du lat. class. *tripalis,* «à trois pieux».

travaillé, ée [tʀavaje] adj. **1.** Qui a été exécuté avec soin, où l'on sent le travail. *Un bijou très travaillé. Style travaillé.* ▷ SPORT *Balle travaillée,* à laquelle le joueur imprime un effet particulier. **2.** *Heures travaillées,* pendant lesquelles on occupe un emploi salarié, pendant lesquelles on travaille. – Pp. de *travailler.*

travailler [tʀavaje] v. [1] **I.** v. intr. Faire un ouvrage; faire des efforts de manière suivie en vue d'obtenir un résultat. **1.** Avoir une activité professionnelle, une occupation rémunérée. *Il travaille tout en poursuivant ses études.* **2.** Avoir de l'occupation, se consacrer à une tâche. *Aimer travailler. Cultivateur qui travaille du matin au soir.* ▷ Faire des efforts pour se perfectionner, s'exercer. **3.** (Choses.) Fonctionner, produire. *Usine qui travaille pour l'exportation.* – *Faire travailler son imagination.* ▷ *Faire travailler son argent,* le placer de manière qu'il produise un revenu. **4.** *Travailler pour, contre* (qqn, qqch): se donner de la peine pour faire réussir, échouer. *Travailler pour un candidat aux élections.* – *Le temps travaille pour nous:* plus le temps passe et mieux cela vaut pour nous. **5.** (Choses.) Être soumis à un travail (sens I, 3). *Bois qui a travaillé.* – *Le vin travaille,* fermente. **6.** (Abstrait) Être agité. *Depuis sa disparition, les esprits travaillent.* – Loc. fam. *Travailler du chapeau:* être un peu fou. **II.** v. tr. **1.** Façonner, soumettre à un travail (sens III, 2). *Travailler le bois, la pâte.* **2.** Soigner, perfectionner. *Travailler son style.* ▷ Chercher à acquérir la maîtrise de, consacrer ses efforts à. *Travailler le piano. Travailler sa thèse.* **3.** Tourmenter, préoccuper. *Ce problème le travaille.* **4.** Litt. Agiter, exciter à la révolte. ▷ Soumettre à des pressions de manière à influencer. *Travailler les esprits, l'opinion.* **5.** SPORT (En boxe.) *Travailler l'adversaire au corps,* l'user par des coups au corps. (En équitation.) *Travailler un cheval,* l'exercer, l'entraîner. *Travailler sa balle:* V. travaillé. **III.** v. tr. indir. *Travailler à (qqch):* se donner de la peine pour (un ouvrage, un résultat). *Travailler à un nouveau livre, à redresser la situation.* – Du lat. pop. **tripaliare,* «torturer avec le tripalium», du bas lat. *tripalium,* «instrument de torture»; signif. d'abord «faire souffrir».

travailleur, euse [tʀavajœʀ, øz] n. et adj. **1.** Personne qui travaille, se consacre à une tâche. *Travailleur manuel, intellectuel.* **2.** Personne qui exerce une activité rémunérée. ▷ *Les travailleurs:* l'ensemble de la population active et, spécial., les employés, les ouvriers exerçant une activité pénible. – Adj. *Classes, masses travailleuses.* **3.** Personne qui aime le travail, est très active. *C'est un gros travailleur, un travailleur acharné.* – Adj. *Élève consciencieux et travailleur.* – De *travailler.*

travailleuse [tʀavajøz] n. f. Table à ouvrage portative, munie de petits compartiments de rangement, pour les travaux de couture. – De *travailleur.*

travaillisme [tʀavajism] n. m. Doctrine, mouvement des partis de tendance socialiste de divers pays et, notam. du Labour Party (parti du Travail) en Grande-Bretagne. – De *travailliste.*

travailliste [tʀavajist] n. et adj. Partisan du travaillisme, notam., en Grande-Bretagne, membre du parti du Travail. ▷ Adj. *Le parti travailliste.* – De *travail,* pour trad. l'angl. *Labour (party),* «parti du travail».

travailloter [tʀavajɔte] v. intr. [1] Fam. Travailler peu, irrégulièrement, en dilettante. – Dimin. de *travailler.*

travée [tʀave] n. f. **1.** ARCHI Espace compris entre deux poutres d'un plancher et, d'une façon générale, entre deux points d'appui (d'une voûte, d'une charpente, etc.). ▷ *Par ext.* Espace délimité par deux supports successifs (colonnes, arcs doubleaux) d'une voûte. *Nef à cinq travées.* **2.** Rangée de tables, de bancs alignés les uns derrière les autres. *Les travées d'un amphithéâtre.* – De l'a. fr. *tref,* lat. *trabs, trabis,* «poutre».

travelage [tʀavlaʒ] n. m. CH de F Ensemble des traverses d'une voie ferrée; nombre de traverses pour un kilomètre de voie. – De *travée.*

travelo [tʀavlo] n. m. Fam. Travesti (sens 3). – Déformation pop. de *travesti.*

travers [tʀavɛʀ] n. m. **I.** n. m. **1.** Vx Étendue d'un corps considéré dans sa largeur ou son épaisseur. *Deux travers de doigt.* ▷ *Travers de porc:* côtes de porc coupées en travers. ▷ MAR Direction perpendiculaire à celle suivie par le navire. *Vent de travers. Vagues venues par le travers.* **2.** Petit défaut ou bizarrerie (de l'esprit, de l'humeur); réaction qui s'écarte de ce qui est considéré comme normal. *Les travers de son caractère.* **II.** loc. adv. et prép. **1.** *À travers* (qqch): au milieu de, par un mouvement qui traverse d'un bout à l'autre (une surface, un espace). *Courir à travers champs. Regarder à travers la vitre.* – (Espace de temps.) *À travers les siècles.* – Fig. *À travers son sourire perçait une colère contenue.* **2.** *Au travers (de) :* d'un bout à l'autre, en traversant de part en part. *Avancer difficilement au travers de la foule. – Il mit ses lunettes et nous examina au travers.* ▷ Fig. *Passer au travers (de):* échapper (à). *Il est passé au travers de multiples épurations.* **3.** *En travers de:* dans une position transversale, par rapport à l'axe (d'un objet), ou à la direction habituelle. *Barrage de troncs d'arbres placés en travers de la chaussée.* ▷ Fig. *Se jeter, se mettre en travers de:* empêcher l'accomplissement de, s'opposer à. **4.** *De travers:* obliquement, dans une position ou une direction qui n'est pas droite, pas normale. *Marcher de travers.* ▷ Fig. Mal, autrement qu'il ne faudrait. *Il comprend tout de travers. – Regarder qqn de travers,* avec malveillance, animosité ou méfiance. **5.** *À tort et à travers:* sans discernement, inconsidérément. *Bavarder à tort et à travers.* – Du lat. *tra(ns)versus,* «transversal, oblique».

traversable [tʀavɛʀsabl] adj. Qu'on peut traverser. *Rivière traversable à gué,* guéable. – De *traverser.*

traverse [tʀavɛʀs] n. f. **1.** Pièce de bois, de fer qu'on met en travers dans certains ouvrages pour assembler ou consolider des pièces. *Traverses d'une porte.* ▷ CH de F Pièce de bois, de béton ou de fer placée en travers de la voie pour supporter les rails et maintenir leur écartement. **2.** *Chemin de traverse* ou, ellipt., *une traverse:* chemin qui s'écarte de la route, qui permet de couper court (généralement à travers champs); raccourci. **3.** Lieu de passage d'une étendue d'eau où l'on exploite un service de traversier. *La traverse de Lévis.* **4.** Fig., litt. Obstacle, difficulté qu'on rencontre en chemin. *Une vie pleine de traverses.* **5.** loc. adv. et prép. Litt. *À la traverse (de):* en s'opposant, en faisant obstacle (à). – Fém. de *travers.*

traversée [tʀavɛʀse] n. f. **1.** Trajet qui se fait par mer. *Avoir le mal de mer pendant la traversée.* **2.** Action de traverser, de parcourir (un espace) d'une extrémité à l'autre. *Traversée de la France en automobile.* – Pp. fém. subst. de *traverser.*

traverser [tʀavɛʀse] v. tr. [1] **1.** Passer à travers, d'un côté à l'autre. *Le cortège traversa la place. Traverser une rue.* – Absol. *Piéton qui traverse imprudemment.* – (Moyens de transport.) *Avion qui traverse l'Atlantique.* ▷ Couper, se croiser avec (en parlant de voies de communication, de cours d'eau). *La route traverse la voie ferrée.* **2.** Pénétrer, passer de part en part. *La pluie a traversé son manteau.* **3.** Franchir d'un bout à l'autre (un laps de temps). *Son nom a traversé les siècles.* ▷ Vivre, passer par (une période). *Elle a traversé des moments difficiles.* **4.** (Sujet abstrait.) Passer par. *Un doute lui traversa l'esprit.* – Lat. pop. **traversare,* du lat. class. *transversare,* «remuer en travers».

traversier, ière [tʀavɛʀsje, jɛʀ] adj. et n. m. **I.** adj. Dirigé de travers, qui traverse. *Rue traversière.* ▷ *Flûte traversière:* V. flûte. **II.** Adj. Qui sert à traverser. *Barque traversière.* **2.** n. m. Navire servant au transport des véhicules et des passagers d'une rive à l'autre d'une étendue d'eau. «Les passagers en attente dans les salles de Québec et Lévis devaient s'armer de patience lorsque l'un des traversiers, prisonnier des glaces, dérivait pendant des heures jusqu'à la pointe de l'île d'Orléans, ou jusqu'au pont de Québec.» (Roger Bruneau, *La petite histoire de la traverse de Lévis,* 1983.) – Du lat. pop. *traversarius,* lat. class. *transversarius,* "transversal".

traversin [tʀavɛʀsɛ̃] n. m. **1.** Coussin de chevet de forme cylindrique qui s'étend sur toute la largeur du lit. *Poser un oreiller sur le traversin.* **2.** MAR Pièce de bois posée en travers de la charpente d'un navire. *Traversin de hune.* ▷ TECH Nom donné à certaines traverses. – De *travers.*

traversine [tʀavɛʀsin] n. f. TECH Pièce de bois reliant horizontalement des pilotis. ▷ Traverse renforçant un grillage, une palissade. – Fém. du préc.

travertin [tʀavɛʀtɛ̃] n. m. GEOL Roche vacuolaire formée par les dépôts (en couches) d'une source. *Travertin de Tivoli.* – De l'ital. pop. *travertino;* du lat. *tiburtinus,* «de Tibur», anc. n. de la v. ital. de Tivoli.

travesti, ie [tʀavɛsti] adj. et n. **1.** Qui porte un travestissement. *Un acteur travesti* ou, n. m., *un travesti.* ▷ Où l'on est déguisé. *Bal travesti.* **2.** n. m. Costume pour se déguiser. **3.** n. Homosexuel qui s'habille en femme. (Le féminin – une homosexuelle qui s'habille en homme – est rare.) – Pp. de *(se) travestir.*

travestir [tʀavɛstiʀ] **I.** v. tr. [2] **1.** Déguiser (pour un bal costumé, un rôle de théâtre) en faisant prendre l'habit d'une autre condition ou de l'autre sexe. *Comédie où l'on travestit en fille un jeune page.* ▷ v. pron. *Se travestir pour le carnaval.* **2.** Fig. Donner une apparence mensongère ou trompeuse à... *Travestir la vérité. – Travestir la pensée de qqn,* la rendre d'une manière inexacte, la falsifier. ▷ Vx *Travestir un auteur,* faire une adaptation burlesque d'un de ses ouvrages. **II.** v. pron. *Spécial.* Prendre le costume et l'apparence de l'autre sexe. – Ital. *travestire,* du lat. *trans,* «de l'autre côté», et *vestire,* «vêtir».

travestisme [tʀavɛstism] n. m. PSYCHIAT Adoption par un inverti des vêtements et du comportement du sexe opposé. Syn. transvestisme. – De *travesti,* d'ap. l'all.

travestissement [tʀavɛstismɑ̃] n. m. Action, manière de (se) travestir; habits permettant de se travestir. ▷ Fig. *C'est un odieux travestissement de sa pensée.* – De *travestir.*

traviole (de) [tʀavjɔl] loc. adv. Pop. De travers. – Altér. arg. de *de travers.*

trayeur, euse [tʀɛjœʀ, øz] n. **1.** Personne chargée de la traite des vaches, des chèvres. **2.** n. f. Machine à traire. – De *traire.*

trayon [tʀɛjɔ̃] n. m. Extrémité du pis d'une vache, d'une chèvre, etc. – De *traire.*

tré -. V. tres -.

trébuchant, ante [tʀebyʃɑ̃, ɑ̃t] adj. **1.** Qui trébuche (sens 1). **2.** Vx Qui a le poids exigé (en parlant des monnaies d'or et d'argent). ▷ Mod. *Espèces sonnantes et trébuchantes:* argent liquide. – Ppr. de *trébucher.*

trébuchement [tʀebyʃmɑ̃] n. m. Vx et rare. Action de trébucher; chute. – De *trébucher.*

trébucher [tʀebyʃe] v. [1] **1.** v. intr. Faire un faux pas, perdre l'équilibre. *Trébucher sur, contre une pierre.* ▷ Fig. Buter sur une difficulté, avoir des défaillances. *Avec l'âge, sa mémoire trébuche.* **2.** v. tr. Peser au trébuchet (des pièces de monnaie). – De *tres-,* et a. fr. *buc,* «tronc du corps», frq. **bûk.*

trébuchet [tʀebyʃɛ] n. m. **1.** HIST Au Moyen Âge, machine de guerre servant à lancer des pierres pour abattre les murailles. **2.** Piège pour petits oiseaux, en forme de cage à toit basculant. **3.** Petite balance très sensible pour peser des corps légers. – De *trébucher.*

trécheur. V. trescheur.

tréfilage [tʀefilaʒ] n. m. TECH Action de tréfiler; résultat de cette action. – De *tréfiler.*

tréfiler [tʀefile] v. tr. [1] TECH Faire passer (un métal) à travers une filière pour l'étirer en fil. – De *tréfilerie.*

trépider [tʀepide] v. intr. [1] Être agité, trembler par petites secousses rapides. *Les marteaux piqueurs faisaient trépider les trottoirs.* – Lat. *trepidare,* «s'agiter».

trépied [tʀepje] n. m. **1.** Meuble, support à trois pieds. *Vase posé sur un trépied. Trépied d'appareil photographique.* (N. B. On dit plus souvent *pied* ou *pied photo.*) **2.** ANTIQ GR Siège sur lequel la Pythie rendait les oracles d'Apollon. – Du lat. *tripes, tripedis,* «à trois pieds».

trépignement [tʀepiɲmɑ̃] n. m. Action de trépigner; mouvement qui y correspond. – De *trépigner.*

trépigner [tʀepiɲe] v. intr. [1] Frapper des pieds contre terre, à coups rapides et renouvelés. *Trépigner d'impatience, de colère.* – De l'a. fr. *treper,* «frapper du pied, sauter, danser»; frq. **trippôn,* «sauter».

trépointe [tʀepwɛ̃t] n. f. TECH Bande de cuir mince cousue entre deux cuirs plus épais pour renforcer une couture (notam. dans une chaussure). – De l'a. fr. *trépoindre,* «piquer (poindre) au travers».

tréponématose [tʀepɔnematoz] n. f. MED Affection produite par les tréponèmes. – De *tréponème,* et *-ose* 2.

tréponème [tʀepɔnɛm] n. m. MICROB Bactérie du genre *Treponema* (groupe ayant des affinités avec les protozoaires), aux cellules très petites et flexueuses, et comprenant plusieurs espèces pathogènes (dont *Treponema pallidum,* agent de la syphilis, et *Treponema pertenue,* agent du pian). – Du gr. *trepein,* «tourner», et *nêma,* «fil».

tres-, tré-. Préfixes du lat. *trans,* «au-delà de, à travers».

très [tʀɛ] adv. Sert à renforcer un adjectif, un participe ou un nom pris adjectivement, un adverbe, une locution adverbiale ou prépositionnelle, pour marquer un superlatif absolu. *Il est très grand. Très aimé. Il est resté très enfant. Il court très vite. C'est très loin d'ici. Ça n'est pas très fort.* – Devant un nom abstrait dans une locution verbale. *Avoir très peur. Il fait très chaud.* – Fam. (Avec ellipse de l'adj., surtout dans une réponse.) *Est-il intelligent? – Très.* – Du lat. *trans,* prononcé *tras,* «au-delà de», par ext. «de part en part, complètement», d'où son emploi comme adv. superlatif.

trésaille [tʀezaj] n. f. TECH Pièce de bois horizontale qui maintient les ridelles d'une charrette. – De l'anc. v. *teseiller,* de l'anc. v. *teser,* «tendre»; d'un lat. pop. **tensare.*

trescheur ou **trécheur** [tʀeʃœʀ] n. m. HERALD Orle étroit figurant une tresse. – De l'anc. fr. *treceor, treçoir,* «galon».

trésor [tʀezɔʀ] n. m. **I. 1.** Amas d'or, d'argent, d'objets précieux mis en réserve. *Cachette d'un trésor.* – DR Toute chose cachée ou enfouie et sur laquelle personne ne peut faire preuve de propriété. **2.** Plur. Grandes richesses, somme considérable. *Il a dépensé des trésors pour réparer ce château.* – Fig. *Déployer des trésors de patience, d'amabilité.* **3.** Bien particulièrement précieux, chose de grande valeur ou considérée comme telle. *La santé est un grand trésor. Les trésors du sol et du sous-sol. Trésors artistiques. Ces menus objets étaient pour l'enfant autant de trésors.* ▷ Personne d'un rare mérite ou très aimée. *Ma femme est un trésor.* – (Terme d'affection.) *Mon trésor.* **4.** Ensemble, accumulation d'objets et d'œuvres de valeur ou rares, mis à la disposition de tous. *Un trésor de documents.* Syn. mine. **5.** Nom donné à certains ouvrages d'érudition. *Trésor de la langue française.* Syn. thesaurus. **6.** Lieu où est conservée la collection d'objets précieux d'une église. *Trésor de Notre-Dame.* **II.** *Le Trésor public* ou, absol., *le Trésor:* service de l'État assurant l'exécution du budget, la rentrée des recettes, le règlement des dépenses publiques, fonctionnant comme agent de la politique monétaire de l'État et organe de contrôle des finances des collectivités locales. *Le Conseil du Trésor.* ▷ *Bons du Trésor:* emprunts à court terme émis par le Trésor. – Du lat. *thesaurus,* gr. *thêsauros.*

trésorerie [tʀezɔʀʀi] n. f. **1.** Bureau d'un trésorier-payeur général et de ses subordonnés. **2.** Ensemble des ressources immédiatement disponibles d'une entreprise (caisse, comptes courants, effets négociables) qui lui permettent de faire face aux dépenses. *Avoir des difficultés de trésorerie.* **3.** Plaisant. Argent dont dispose un particulier. – De *trésorier.*

trésorier, ière [tʀezɔʀje, jɛʀ] n. **1.** Personne qui gère les finances d'une société, d'une association, etc. **2.** Celui qui a la charge d'un trésor (sens I, 6). – De *trésor.*

tressaillement [tʀesajmɑ̃] n. m. Fait de tressaillir. Syn. frémissement, frissonnement. – De *tressaillir.*

tressaillir [tʀesajiʀ] v. intr. [31] Avoir une brusque secousse musculaire involontaire sous l'effet d'une émotion subite, d'une douleur physique. *Pas un muscle ne tressaillait sur son visage. Un pas dans le couloir la fit tressaillir d'espoir.* – De *tres-,* et *saillir.*

tressautement [tʀesotmɑ̃] n. m. Action, fait de tressauter; sursaut. – De *tressauter.*

tressauter [tʀesote] v. intr. [1] **1.** Tressaillir fortement, sursauter, sous l'effet de la surprise. **2.** Être secoué par des cahots. *La voiture tressautait sur la piste.* – De *tres-,* et *sauter.*

tresse [tʀɛs] n. f. **1.** Forme donnée aux cheveux partagés en mèches qu'on entrelace. Syn. natte. **2.** Cordon, galon fait de brins entrelacés. **3.** ARCHI Ornement formé de bandelettes entrelacées. – Probabl. lat. pop. **trichia,* gr. tardif *trikhia,* «filasse pour cordage», du gr. class. *thrix, trikhos,* «cheveu, crin».

tresser [tʀese] v. tr. [1] Mettre, arranger en tresse. ▷ Fig. *Tresser des couronnes à qqn,* faire son éloge. – De *tresse.*

tréteau [tʀeto] n. m. **1.** Pièce de bois ou de métal longue et étroite, portée le plus souvent sur quatre pieds, employée en général par paire pour soutenir une table, une estrade, etc. **2.** Plur. Vx Théâtre populaire ambulant (dont la scène était sommairement dressée). *Les tréteaux de Tabarin.* ▷ *Monter sur les tréteaux:* se faire comédien. – Du lat. *transtillum,* dimin. de *transtrum,* «traverse».

treuil [tʀœj] n. m. TECH Appareil comprenant un tambour, entraîné par une manivelle ou un moteur et sur lequel s'enroule un câble, ce qui lui permet de lever ou de tirer une charge. *Treuil de pont roulant.* – Du lat. *torculum,* «pressoir», de *torquere,* «tordre».

trêve [tʀɛv] n. f. **1.** Suspension temporaire des hostilités entre deux belligérants. ▷ HIST *Trêve de Dieu:* défense faite par l'Église aux seigneurs féodaux de guerroyer certains jours. – *Par ext.* Relâchement dans les conflits sociaux et politiques. **2.** Fig. Relâche dans le développement de comportements hostiles ou pénibles. *Faisons trêve à nos querelles. Observer une trêve.* ▷ *Sans trêve, sans paix ni trêve:* sans un instant de repos. ▷ Loc. *Trêve de:* assez de. *Trêve de discussions, de plaisanteries.* – Frq. **treuwa,* «contrat, traité».

trévire [tʀeviʀ] n. f. MAR Cordage en double utilisé pour faire rouler un corps cylindrique sur un plan incliné. – Déverbal de *trévirer.*

trévirer [tʀeviʀe] v. tr. [1] MAR Déplacer au moyen d'une, de trévire(s). – De *tres-,* et *virer.*

tri [tʀi] n. m. Action de trier. *Le tri des lettres. Faire un tri.* – INFORM Classement des informations enregistrées sur un fichier. ▷ *Argument de tri:* ensemble des critères selon lesquels s'effectue un tri. – Déverbal de *trier.*

tri-. Préfixe, du lat. et du gr. *tri-*, «trois».

triacétate [tʀiasetat] n. m. CHIM Ester de l'acide acétique comportant trois fois le groupement CH_3COO. *Obtenus artificiellement, les triacétates de cellulose constituent des textiles fort employés.* – De *tri-* et *acétate*.

triacide [tʀiasid] n. m. CHIM Composé qui possède trois fois la fonction acide. – De *tri-*, et *acide*.

triade [tʀiad] n. f. Didac. **1.** Ensemble de trois unités, de trois personnes. *Jupiter, Minerve et Junon forment la triade capitoline.* **2.** Dans la grande ode grecque, ensemble formé par la strophe, l'antistrophe et l'épode. – Bas lat. *trias, triadis*, gr. *trias, triados*.

triage [tʀiaʒ] n. m. **1.** Action de trier, de choisir. *Triage des lentilles, du linge.* **2.** Action de séparer (les éléments d'un ensemble) pour répartir, distribuer différemment. *Gare de triage.* – De *trier*.

triaire [tʀiɛʀ] n. m. ANTIQ ROM Fantassin du troisième rang dans la légion romaine. – Lat. *triarius*.

trialcool [tʀialkɔl] ou **triol** [tʀiɔl] n. m. CHIM Corps possédant trois fois la fonction alcool (glycérol, par ex.). – De *tri-*, et *alcool*.

triangle [tʀi(j)ɑ̃gl] n. m. **1.** GEOM Polygone qui a trois côtés et par conséquent trois angles. *Triangle équilatéral*, isocèle*, rectangle*, scalène*, sphérique*.* – *En triangle:* en forme de triangle. ▷ ELECTR *Montage en triangle*, dans lequel les enroulements d'un système triphasé sont montés en série de façon à former un triangle (par oppos. à *montage en étoile*). – *Par ext.* Forme ou espace triangulaire. *Le Triangle austral:* petite constellation dont les étoiles principales dessinent un triangle.– Fig. Le triangle du vaudeville, ou alors, *le triangle:* le mari, la femme et l'amant (ou la maîtresse). **2.** MUS Instrument de percussion fait d'une baguette métallique pliée en forme de triangle (non fermé), que l'on frappe avec une tige de même métal. – Lat. *triangulum*.

ENCYCL **Géom.** – La surface d'un triangle est égale au demi-produit de sa base par sa hauteur. Les 3 hauteurs d'un triangle sont concourantes en un point appelé *orthocentre*; les 3 médianes le sont au *centre de gravité*; les 3 médiatrices sont concourantes au centre du cercle circonscrit; les trois bissectrices intérieures sont concourantes au centre du cercle inscrit.

triangulaire [tʀi(j)ɑ̃gylɛʀ] adj. **1.** Qui a la forme d'un triangle. *Muscles triangulaires du nez, des lèvres.* ▷ *Pyramide triangulaire*, dont la base est un triangle. **2.** Fig. Qui oppose trois éléments, trois groupes. *Élections triangulaires.* – Bas lat. *triangularis*.

triangulation [tʀi(j)ɑ̃gylasjɔ̃] n. f. TECH Ensemble des opérations géodésiques servant à établir le canevas géométrique d'un terrain (ou d'un vaste territoire) divisé en triangles, auxquels se rattache le levé topographique des détails. – Bas lat. *triangulatio*.

trianguler [tʀi(j)ɑ̃gyle] v. tr. [1] TECH Effectuer la triangulation de (un terrain, un pays). – Du préc.

trias [tʀi(j)as] n. m. GEOL Période géologique la plus ancienne et la plus courte du Secondaire, qui doit son nom au fait que ses terrains présentent (en Allemagne) *trois* faciès caractéristiques (grès bigarré, calcaire coquillier et marnes irisées). – Mot lat., «triade».

ENCYCL Le Trias est une période calme succédant à l'orogenèse hercynienne et précédant la phase sédimentaire du cycle alpin. Au Trias apparaissent les premiers insectes à métamorphose complète et les premiers mammifères. Dans les mers, les ammonites sont abondants; sur terre, les équisétales (prêles), les conifères et les reptiles dominent. Tous les grands types de végétaux et d'animaux sont présents, à l'exception des angiospermes et des oiseaux.

triasique [tʀi(j)asik] adj. GEOL Relatif au Trias. – Du préc.

triathlon [tʀiatlɔ̃] n. m. SPORT Compétition comprenant trois épreuves différentes, généralement course à pied, course cycliste sur route et natation. – De *tri-*, d'ap. *pentathlon*.

triatomique [tʀiatɔmik] adj. CHIM Se dit d'un corps dont la molécule renferme trois atomes. – De *tri-*, et *atomique*.

triazine [tʀiazin] n. f. CHIM Composé hétérocyclique hexagonal dont trois sommets sont occupés par un atome d'azote. – De *tri-*, et *az(ote)*.

tribade [tʀibad] n. f. Vx ou litt. Homosexuelle. Syn. lesbienne. – Lat. *tribas, tribadis*, mot gr. de *tribein*, «frotter».

tribal, ale, aux [tʀibal, o] adj. SOCIOL Relatif à la tribu. *Luttes tribales*, entre des tribus (ou ethnies) différentes. – De *tribu*, p.-ê. d'ap. l'angl. *tribal*.

tribalisme [tʀibalism] n. m. SOCIOL Organisation en tribus. – De *tribal*.

triballe [tʀibal] n. m. TECH Tringle de fer servant à battre les peaux pour les assouplir. – Déverbal de *triballer*.

triballer [tʀibale] v. tr. [1] Assouplir avec la triballe. – De l'anc. v. *tribaler*. V. trimbaler.

tribart [tʀibaʀ] n. m. TECH Collier de bois qu'on met aux animaux pour les empêcher de traverser les haies. – Mot angevin, d'orig. incert.

tribasique [tʀibazik] adj. CHIM Qui possède trois fois la fonction base (hydroxyde d'aluminium, par ex.). – De *tri-*, et *basique*.

triblastique [tʀiblastik] adj. BIOL Syn. de *triploblastique*. – De *tri-*, et *-blaste*.

tribo-. Élément, du gr. *tribein*, «frotter».

tribo-électricité [tʀiboelɛktʀisite] n. f. PHYS Électricité produite par frottement. – De *tribo-*, et *électricité*.

tribo-électrique [tʀibɔelɛktʀik] adj. PHYS Relatif à la tribo-électricité ou qui la produit. – De *tribo-*, et *électrique*.

triboluminescence [tʀibolyminɛsɑ̃s] n. f. PHYS Luminescence produite par frottement, par choc. – De *tribo-*, et *luminescence*.

tribomètre [tʀibɔmɛtʀ] n. m. PHYS, TECH Instrument de mesure des forces de frottement. – De *tribo-*, et *-mètre*.

tribométrie [tʀibɔmetʀi] n. f. PHYS Mesure des forces de frottement. – De *tribo-*, et *-métrie*.

tribord [tʀibɔʀ] n. m. MAR Côté droit d'un navire (lorsqu'on regarde vers l'avant). Ant. bâbord. – Moyen néerl. *stierboord*, propr. «bord du gouvernail».

tribordais [tʀibɔʀdɛ] n. m. MAR Matelot de la bordée de tribord. – Du préc.

triboulet [tʀibulɛ] n. m. TECH En orfèvrerie, instrument en forme de cône allongé, gradué, servant à mesurer ou à élargir le diamètre intérieur des bagues. – Anc. provenç. *tribolet*, de l'a. fr. *tribo(u)ler*, «agiter, secouer», du lat. *tribulare*.

tribu [tʀiby] n. f. **1.** ANTIQ Division (ethnique d'abord) de la population grecque. – Division territoriale de la population romaine. *La tribu était divisée en dix curies.* **2.** Dans la Bible, chacun des groupes qui constituent le peuple d'Israël. (Les tribus d'Israël, au nombre de douze, sont issues des douze fils de Jacob.). **3.** ETHNOL Groupe présentant (généralement) une unité politique, linguistique et culturelle, dont les membres vivent le plus souvent sur un même territoire. Rem. En parlant des Amérindiens, souvent employé comme syn. de *nation*. **4.** *Par anal.* Fam. Ensemble des membres d'une famille, d'un groupe nombreux. **5.** SC NAT Subdivision d'une famille d'animaux ou de végétaux. – Lat. *tribus.*

tribulation [tribylasjõ] n. f. **1.** RELIG Tourment moral, épreuve. **2.** *Par ext.* (Au plur.) Aventures, mésaventures. *Nous avons fini par arriver après toutes sortes de tribulations.* – Lat. imp. *tribulatio,* «tourment», du class. *tribulare,* propr. «battre avec le *tribulum* (herse à battre le blé)».

tribun [tribœ̃] n. m. **1.** ANTIQ ROM *Tribun militaire:* officier qui commandait une légion. – *Tribun de la plèbe* ou absol. *tribun:* chacun des magistrats civils, élus pour un an, chargés de défendre les droits et les intérêts des plébéiens romains. **2.** *Par anal.* Orateur éloquent, défenseur du peuple. *Une éloquence de tribun.* – Lat. *tribunus.*

tribunal, aux [tribynal, o] n. m. **1.** Lieu où la justice est rendue; palais de justice. **2.** Juridiction d'un ou de plusieurs magistrats qui jugent ensemble; ces magistrats. *Porter une affaire devant les tribunaux. Tribunaux judiciaires.* – DR *Tribunal administratif:* organisme de l'État, autre qu'une cour de justice, qui est appelé à trancher des litiges opposant les justiciables et l'administration publique lorsque l'action de celle-ci porte atteinte à leurs droits. ▷ DR *Tribunal de la jeunesse:* tribunal ayant juridiction pour entendre, en matière civile, les causes relatives à l'adoption et à la protection de la jeunesse et, en matière pénale, les poursuites relatives aux infractions commises par une personne de moins de dix-huit ans. **3.** Fig. Ce qui juge. *Le tribunal de la conscience. Le tribunal de l'histoire.* ▷ *Tribunal de Dieu:* justice de Dieu. – Mot lat., «estrade en demi-cercle où siégeaient les magistrats», de *tribunus,* «tribun».

tribunat [tribyna] n. m. ANTIQ ROM Charge de tribun; exercice de cette charge, sa durée. – Lat. *tribunatus,* de *tribunus,* «tribun».

tribune [tribyn] n. f. **I. 1.** Emplacement surélevé, réservé à certaines personnes, dans les églises ou les salles d'assemblées publiques. *Tribune officielle.* **2.** Dans un stade, un champ de courses, etc., gradins généralement couverts réservés aux spectateurs. *Des tribunes noires de monde.* **3.** *Tribune d'orgue* : grande tribune où est placé le buffet d'orgues dans une église. **II. 1.** Estrade d'où parle un orateur (dans une assemblée délibérante notam.). ▷ *L'éloquence de la tribune,* propre aux débats parlementaires, politiques. **2.** *Par anal.* Rubrique d'un journal, émission de radio, de télévision dans laquelle on s'adresse au public. *Tribune libre.* – Lat. médiév. *tribuna,* du class. *tribunal.*

tribunitien, ienne [tribynisjɛ̃, jɛn] adj. **1.** ANTIQ ROM Relatif au tribunat. *Puissance tribunitienne.* **2.** Qui appartient au tribun, à l'orateur. *Éloquence tribunitienne.* – Bas lat. *tribunitius.*

tribut [triby] n. m. **1.** Anc. Redevance payée par un peuple vaincu au vainqueur, comme marque de dépendance. – Litt. Contribution, impôt. **2.** Fig. Ce qu'on est obligé d'accorder, de souffrir, de faire. *Payer un lourd tribut à son pays, à une cause.* ▷ *Payer le tribut à la nature:* mourir. – Lat. *tributum,* «impôt, taxe».

tributaire [tribytɛr] adj. Qui paye un tribut. – Par ext. *Tributaire de:* dépendant de. *La récolte est tributaire de l'ensoleillement. – Ce paralytique est tributaire de son entourage.* ▷ GEOGR *Fleuve tributaire d'une mer,* qui s'y jette. – Lat. *tributarius.*

tricalcique [trikalsik] adj. CHIM Dont la molécule contient trois atomes de calcium. *Phosphate tricalcique* $Ca_3(PO_4)_2$. – De *tri-,* et *calcique.*

tricennal, ale, aux [trisenal, o] adj. Didac. D'une durée de trente ans. – Bas lat. *tricennalis.*

tricentenaire [trisɑ̃tnɛr] n. m. et adj. Troisième centenaire. – De *tri-,* et *centenaire.*

tricéphale [trisefal] adj. Didac. Qui a trois têtes. *Cerbère était un monstre tricéphale.* – Gr. *trikephalos.*

triceps [trisɛps] adj. et n. m. ANAT Se dit d'un muscle ayant trois groupes de faisceaux musculaires. – N. m. *Triceps brachial, crural.* – Mot lat., «à trois têtes, triple».

tricératops [triseratɔps] n. m. PALEONT Reptile dinosaure du Crétacé supérieur (genre *Triceratops*) long de 7 m, pourvu d'une corne nasale et de deux cornes frontales. – De *tri-,* gr. *keras, keratos,* «corne», et *ôps,* «face».

trich(o)-. Élément, du gr. *thrix, trikhos,* «poil, cheveu».

triche [triʃ] n. f. Fam. (Seulement avec l'article déf. sing.) Action de tricher, de tromper. *C'est de la triche.* – Déverbal de *tricher.*

tricher [triʃe] v. intr. [1] **1.** Agir d'une manière déloyale pour gagner, réussir. *Tricher au jeu. Tricher à un examen.* **2.** Tromper, mentir (à propos de qqch). *Elle triche sur son âge.* **3.** Dissimuler habilement un défaut (de symétrie, de dimension, etc.) dans un ouvrage. – Du lat. pop. **triccare,* class. *tricari,* «chicaner».

tricherie [triʃri] n. f. Action de tricher; tromperie. *Assez de tricheries!* – De *tricher.*

tricheur, euse [triʃœr, øz] n. Personne qui triche, qui a l'habitude de tricher. – De *tricher.*

trichinal, ale, aux [trikinal, o] ou **trichineux, euse** [trikinø, øz] adj. Didac. Relatif à la trichine. – De *trichine.*

trichine [trikin] n. f. Didac. Petit ver nématode *(Trichinella spiralis)* long de 1,5 mm (mâle) à 3,5 mm (femelle), qui se développe dans l'intestin de nombreux mammifères, notam. de l'homme et du porc, et qui gagne ensuite les muscles. – Lat. mod. *trichina,* du gr. *trikhinos,* «fait de poils».

trichiné, ée [trikine] adj. Didac. Envahi par les trichines. – De *trichine.*

trichinose [trikinoz] n. f. MED Maladie parasitaire due à une trichine, provoquée par l'ingestion de viande de porc trichinée, se manifestant par des troubles digestifs, un œdème, des douleurs musculaires et de la fièvre. – De *trichine,* et *-ose* 2.

trichite [trikit] n. f. TECH Fibre minérale constituée de fils très fins, monocristaux dont la résistance à la rupture est de 5 à 10 fois plus élevée que celle des aciers. – Du gr. *trikhitis,* «chevelu».

trichloréthylène [trikloretilɛn] n. m. CHIM Composé chloré dérivé de l'éthylène, liquide incolore et volatil utilisé comme solvant (en partic. pour le nettoyage à sec). – De *tri-, chlore,* et *éthylène.*

trichlorure [trikloryr] n. m. CHIM Composé dont la molécule contient trois atomes de chlore. – De *tri-,* et *chlorure.*

tricho-. V. trich(o)-.

trichocéphale [trikosefal] n. m. MED Ver nématode *(Trichocephalus hominis),* long de 4 cm (mâle) à 5 cm (femelle), caractérisé par un rétrécissement de sa région antérieure, et qui vit dans le cæcum, l'appendice ou le côlon de l'homme. – De *tricho-,* et *-céphale.*

trichocéphalose [trikosefaloz] n. f. MED Maladie provoquée par les trichocéphales, caractérisée par divers troubles digestifs et nerveux. – Du préc. et *-ose* 2.

trichologie [trikolɔʒi] n. f. Didac. Étude des cheveux et des poils. – De *tricho-,* et *-logie.*

tricholome [trikolom] n. m. BOT Champignon basidiomycète (genre *Tricholoma,* nombr. espèces), dont le carpophore porte des lamelles blanches décurrentes. *La plupart des tricholomes sont comestibles; certains sont vénéneux.* – De *tricho-*, et du gr. *lôma*, «frange».

trichoma [tʀikɔma] ou **trichome** [tʀikom] n. m. MED Enchevêtrement des cheveux dû à la malpropreté. (Un feutrage s'effectue, qui renferme saletés et parasites.) – Gr. *trikhôma*, «touffe de poils».

trichomonas [tʀikɔmɔnas] n. m. BIOL Protozoaire flagellé (genre *Trichomonas*) ayant de 3 à 6 flagelles et une membrane ondulante, parasite des cavités naturelles chez l'homme. – De *tricho-*, et du gr. *monas*, «unité».

trichophytie [tʀikofiti] n. f. MED Maladie causée par le trichophyton. – De *trichophyton*.

trichophyton [tʀikɔfitõ] n. m. MED Champignon ascomycète (genre *Trichophyton*), parasite de l'homme, provoquant une sorte de teigne des cheveux, des poils, des ongles et de la peau. – Lat. sav., du gr.; cf. *tricho-*, et *-phyte*.

trichoptères [tʀikɔptɛʀ] n. m. pl. ZOOL Ordre d'insectes comprenant les phryganes. – De *tricho-*, et *-ptère*.

trichrome [tʀikʀom] adj. TECH Relatif à la trichromie; obtenu par trichromie. – Gr. *trikhrômos*.

trichromie [tʀikʀɔmi] n. f. TECH Procédé de reproduction en couleurs à partir des trois couleurs primaires. – De *tri-*, et *-chromie*.

trick. V. tric.

triclinique [tʀiklinik] adj. MINER Se dit de l'un des systèmes cristallins ne présentant aucun axe de symétrie. ▷ *Maille triclinique:* prisme constitué de six faces égales, en forme de parallélogramme. – Du gr. *triklinos*, «à trois couches, à trois lits».

triclinium [tʀiklinjɔm] n. m. ANTIQ ROM Salle à manger comportant trois lits (sur lesquels on s'allongeait pour prendre les repas), placés à angle droit autour d'une table. – Mot lat. d'orig. gr., propr. «lit de table pour trois».

tricoises [tʀikwaz] n. f. pl. TECH Anc. Tenailles de maréchal-ferrant. – Altér. de *turcoise*, propr. «(tenailles) turques».

tricolore [tʀikɔlɔʀ] adj. (et n.) **1.** Qui est de trois couleurs. **2.** (France) *Par ext.* Qui porte les trois couleurs nationales (bleu, blanc, rouge) adoptées par les Français depuis 1789. *Drapeau tricolore.* – (Dans le journalisme sportif). Français. Subst. *Les tricolores ont gagné le match.* ▷ Au Québec, nom donné parfois au club de hockey *les Canadiens de Montréal*, en raison des couleurs de l'équipe (bleu, blanc, rouge). *Une victoire du Tricolore.* – Lat. *tricolor*.

tricorne [tʀikɔʀn] adj. et n. **1.** adj. Vx Qui a trois cornes ou trois pointes. **2.** n. m. Chapeau dont les bords repliés forment trois cornes. *Tricorne des carabiniers espagnols.* – Lat. *tricornis*.

tricot [tʀiko] n. m. **1.** Action de tricoter, d'exécuter avec des aiguilles spéciales un ouvrage en une matière textile disposée en mailles. *Faire du tricot.* **2.** Tissu de mailles, fait à la main ou au métier. *Une écharpe en tricot.* **3.** Vêtement (veste, chandail) tricoté. *Un tricot chaud.* – Maillot. *Tricot de marin. Tricot de peau.* – Déverbal de *tricoter*.

tricotage [tʀikɔtaʒ] n. m. Action, manière de tricoter. – De *tricoter*.

tricoter [tʀikɔte] v. [1] **I.** v. tr. **1.** Confectionner au tricot. *Tricoter un chandail.* **2.** Fig. (par attract. de *triquer*.) Pop., vieilli *Tricoter les côtes de qqn*, le battre. **II.** v. intr. Exécuter un tricot. *Tricoter à la main, à la machine. Aiguilles à tricoter.* – De l'a. fr. *tricote*, *triquot*, «bâton»; frq **strikan*, «caresser, frotter».

tricotets [tʀikɔtɛ] n. m. pl. Anc. Danse sur un rythme vif et gai. – Musique sur laquelle on la dansait. – De *tricoter*.

tricoteur, euse [tʀikɔtœʀ, øz] n. **1.** Personne qui tricote. **2.** n. f. Table à ouvrage aménagée pour le tricot. ▷ TECH Machine à tricoter. – De *tricoter*.

trictrac [tʀiktʀak] n. m. Jeu dans lequel on fait avancer, selon les dés amenés, des pions sur une table à deux compartiments portant 24 cases en forme de flèches de deux couleurs, opposées pointe à pointe. – Cette table elle-même. – Onomat.

tricuspide [tʀikyspid] adj. SC NAT Qui comporte trois pointes. ▷ ANAT *Valvule tricuspide*, qui fait communiquer le ventricule et l'oreillette droits du cœur. – Lat. *tricuspis, tricuspidis*.

tricycle [tʀisikl] n. m. Cycle à trois roues. *Tricycle d'enfant, de livreur.* – De *tri-*, et *cycle*.

tridacne [tʀidakn] n. m. ZOOL Mollusque lamellibranche (genre *Tridacna*) des océans Indien et Pacifique dont une espèce géante est le bénitier*. – Lat. d'orig. gr. *tridacna*, propr. «à mordre trois fois», parce qu'il est impossible de le manger en moins de trois bouchées.

tridactyle [tʀidaktil] adj. BIOL Qui a trois doigts. *Mouette tridactyle.* – Gr. *tridaktulos*; cf. *tri-* et *-dactyle*.

trident [tʀidɑ̃] n. m. **1.** Fourche à trois dents donnée pour sceptre à Neptune. **2.** AGRIC Outil (bêche, fourche, etc.) pourvu de trois dents. – PECHE Harpon à trois dents. – Lat. *tridens, tridentis*, «à trois dents».

tridenté, ée [tʀidɑ̃te] adj. BOT Qui présente trois divisions en forme de dent. *Feuille tridentée.* – De *tri-*, et *denté*.

tridimensionnel, elle [tʀidimɑ̃sjɔnɛl] adj. Qui a trois dimensions. *L'espace euclidien est tridimensionnel.* – De *tri-*, et *dimensionnel*.

trièdre [tʀijɛ] adj. et n. m. GEOM **1.** Qui a trois faces. **2.** *Angle trièdre:* figure formée par trois plans qui se coupent deux à deux. ▷ N. m. *Un trièdre. Trièdre trirectangle.* – De *tri-*, et du gr. *hedra*, «siège, base, face».

triennal, ale, aux [tʀienal, o] adj. **1.** Qui dure trois ans. *Bail triennal.* – Qui est élu pour trois ans. **2.** Qui a lieu tous les trois ans. *Assolement triennal. Révision triennale du prix d'un loyer.* – Lat. *triennalis*.

trier [tʀi(j)e] v. tr. [1] **1.** Choisir, prendre parmi d'autres en laissant de côté ce qui ne convient pas. *Trier des grains, des lentilles.* ▷ Fig. *Trier sur le volet :* opérer une sélection avec une grande rigueur. **2.** Séparer pour répartir et regrouper. *Trier des papiers, du courrier. Trier des informations. Trier des wagons.* V. triage. Syn. classer. – Probabl. bas lat. *tritare*, «broyer», du class. *terere*, «frotter, broyer».

triérarque [tʀieʀaʀk] n. m. ANTIQ GR Commandant d'une trière. – Citoyen d'Athènes qui, étant donné sa fortune, était tenu d'armer une trière. – Gr. *triêrarchos*, par le lat.

trière [tʀiɛʀ] n. f. ANTIQ GR Galère à trois rangs de rameurs superposés. – Gr. *triêrês*, lat. *trieris*.

triergol [tʀiɛʀgɔl] n. m. ESP Propergol composé de trois ergols, utilisé en aéronautique. – De *tri-*, et *ergol*.

trieur, euse [tʀi(j)œʀ, øz] n. **1.** Personne qui trie, effectue un triage. **2.** n. m. Appareil servant à trier (du minerai, des graines, etc.). **3.** n. f. Machine utilisée en mécanographie pour trier, classer les cartes perforées. – De *trier*.

trifide [tʀifid] adj. BOT Qui est fendu profondément en trois parties. – Lat. *trifidus*, de *findere*, «fendre».

trifluvien, ienne [tʀiflyvjɛ̃, jɛn] adj. et n. De Trois-Rivières, ville du Québec. *L'industrie trifluvienne du* *textile. Un(e) Trifluvien(ne).* – Du lat. *tri,* «trois», et *fluvius,* «fleuve, rivière».

trifoliolé, ée [tʀifɔljɔle] adj. BOT Se dit des feuilles composées comportant trois folioles. – De *tri-,* et *foliole.*

triforium [tʀifɔʀjɔm] n. m. ARCHI Dans une église, ensemble des baies par lesquelles la galerie placée au-dessus des bas-côtés s'ouvre sur l'intérieur de la nef. – Mot angl., empr. de l'a. fr. *trifoire,* «ouvrage ciselé», du lat. *transforare,* «percer à jour».

trifouiller [tʀifuje] v. [1] **1.** v. tr. Fam. Remuer en tous sens (notam. pour chercher qqch). *Les chiens ont trifouillé la poubelle.* **2.** v. intr. Fam. Fouiller. Syn. farfouiller. *Le petit a trifouillé dans une boîte à couture.* – Crois. de *fouiller,* et de *tripoter.*

trige [tʀiʒ] n. m. ANTIQ ROM Char à trois chevaux. – Lat. *triga.*

trigémellaire [tʀiʒemɛllɛʀ] adj. Rare Se dit d'une grossesse multiple, d'où naîtront des triplés. – De *tri-,* et *gémellaire.*

trigéminé, ée [tʀiʒemine] adj. Didac. Composé de trois paires d'éléments. ▷ MED *Pouls trigéminé,* présentant à intervalles plus ou moins longs des séquences de trois pulsations. – De *tri-,* et *géminé.*

trigle [tʀigl] n. m. ZOOL Poisson (genre *Trigla*) dont les nombr. espèces sont cour. appelées *grondins* ou *rougets.* – Gr. *trigla,* «rouget».

triglycéride [tʀigliseʀid] n. f. BIOCHIM Ester du glycérol, ayant trois fonctions ester. *Les acides gras sont stockés dans l'organisme sous la forme de triglycérides.* – De *tri-,* et *glycéride.*

triglyphe [tʀiglif] n. m. ARCHI Ornement de la frise dorique, formé d'une plaque décorée de deux glyphes et de deux demi-glyphes. – Lat. *triglyphus,* du gr. *gluphos,* «entaille».

trigone [tʀigon] n. m. ANAT *Trigone cérébral:* formation en forme de lame triangulaire qui permet le passage de fibres nerveuses d'un hémisphère cérébral à l'autre. *Trigone vésical:* espace triangulaire dans la partie inférieure de la vessie. – Du lat. d'orig. gr. *trigonus,* «triangulaire».

trigonelle [tʀigɔnɛl] n. f. BOT Plante herbacée (genre *Trigonella,* fam. papilionacées) des prés. *La trigonelle fenugrec fournit du fourrage.* – Lat. bot. *trigonella,* de *trigonus,* «triangulaire».

trigonocéphale [tʀigɔnosefal] n. m. ZOOL Grand serpent venimeux voisin du crotale, brun rougeâtre *(Agkistrodon rhodostoma),* d'Asie et d'Amérique. – Lat. zool. *trigonocephalus;* de *trigone,* et *-céphale.*

trigonométrie [tʀigɔnometʀi] n. f. Branche des mathématiques ayant pour objet l'étude des triangles et des relations qui existent entre les angles et les côtés d'un triangle (fonctions circulaires ou lignes trigonométriques). ▷ *Trigonométrie hyperbolique:* extension de la trigonométrie aux angles dont la valeur est un nombre complexe. (Elle fait appel aux fonctions hyperboliques.) ▷ *Trigonométrie sphérique,* qui étudie la résolution des triangles sphériques. – Lat. scientif. *trigonometria.*

trigonométrique [tʀigɔnometʀik] adj. MATH Propre à la trigonométrie. *Ligne trigonométrique:* chacune des fonctions circulaires (cosinus, sinus, tangente, cotangente, sécante, cosécante) utilisées en trigonométrie. ▷ *Sens trigonométrique:* sens inverse de celui des aiguilles d'une montre. – Du préc.

trijumeau [tʀiʒymo] adj. et n. m. **1.** *Nerf trijumeau:* nerf pair formant la 5e paire crânienne qui se divise en trois branches, innervant l'œil et les deux maxillaires. – N. m. *Le trijumeau* – De *tri-,* et *jumeau.*

trilingue [tʀilɛ̃g] adj. **1.** Qui est en trois langues. *Notice trilingue.* **2.** Qui parle trois langues. – De *tri-,* et du lat. *lingua,* «langue».

trilit(t)ère [tʀilitɛʀ] adj. LING *Racine trilitère,* qui comporte trois consonnes servant de support aux éléments vocaliques. ▷ Par ext. *Les langues sémitiques sont trilitères.* – De *tri-,* et du lat. *littera,* «lettre».

1. trille [tʀij] n. m. MUS Ornement consistant à produire une alternance rapide entre deux notes voisines. – Ital. *trillo,* onomat.

2. trille [tʀij] n. m. Plante vivace (genre *Trillium*) à floraison printanière, commune dans les forêts nord-américaines, caractérisée par ses trois feuilles disposées sur le même axe et sa fleur (blanche ou rouge foncé) à trois pétales. *Le trille à fleurs blanches a été choisi comme emblème floral par l'Ontario.* – Du lat. scientif. *trillium.*

triller [tʀije] v. [1] Litt. **1.** v. tr. Orner de trilles. **2.** v. intr. Produire un trille. – Du préc.

trillion [tʀiljɔ̃] n. m. Un million à la puissance 3, soit un milliard de milliards. (Avant 1948, on appelait *trillion* un million de millions.) – De *tri-,* sur le modèle de *million.*

trilobé, ée (tʀilɔbe] adj. **1.** BOT Qui a trois lobes. *Feuille trilobée.* **2.** ARCHI À trois lobes. *Arcature trilobée,* qui présente une suite d'arcs en forme de trèfle. Syn. tréflé. – De *tri-,* et *lobé.*

trilobites [tʀilɔbit] n. m. pl. PALEONT Classe d'arthropodes primitifs fossiles dont le corps, ovale, aplati et protégé par une cuticule très épaisse, était divisé en un lobe axial et deux lobes pleuraux. *Les trilobites peuplèrent les mers, du Cambrien inférieur au Permien moyen.* – Lat. mod. *trilobites.*

triloculaire [tʀilɔkylɛʀ] adj. SC NAT Divisé en trois loges. – De *tri-,* et du lat. *loculus,* «loge».

trilogie [tʀilɔʒi] n. f. **1.** ANTIQ GR Ensemble de trois tragédies dont les sujets se font suite et que l'on présentait aux concours dramatiques (ex.: l'*Orestie* d'Eschyle). *La trilogie était toujours accompagnée d'une comédie avec laquelle elle formait une tétralogie.* **2.** *Par anal.* Ensemble de trois œuvres dont les sujets se font suite. **3.** MED Réunion de trois symptômes. *Trilogie de Fallot:* malformation cardiaque congénitale, auj. opérable, associant un rétrécissement pulmonaire, une communication interauriculaire et une hypertrophie ventriculaire droite qui s'accompagnent d'une cyanose (maladie bleue). – Gr. *trilogia.*

trimaran [tʀimaʀɑ̃] n. m. MAR Embarcation comportant une coque centrale reliée par des bras à deux flotteurs latéraux. *Trimaran à voile.* – De *tri-,* et *catamaran.*

trimbal(l)age [tʀɛ̃balaʒ] ou **trimbal(l)ement** [tʀɛ̃balmɑ̃] n. m. Fam. Fait de trimballer. – De *trimballer.*

trimbal(l)er [tʀɛ̃bale] v. tr. [1] Fam. Traîner, porter partout avec soi. *Un représentant qui trimballe sa boîte d'échantillons.* ▷ v. pron. *Il se trimballe partout avec sa mère.* ▷ Pop. *Qu'est-ce qu'il trimballe!:* Qu'il est bête! – Probablement var., d'ap. *baller,* de l'a. fr. *triboler,* altér. de *tribaler,* «agiter», du lat. *tribulare.*

trimer [tʀime] v. intr. [1] Fam. Travailler durement. *Il a trimé tout l'après-midi, à couper du bois. Il s'enrichit à nous faire trimer.* – P.-ê. altér. de l'a. fr. *trumer,* «courir», de *trumel,* «mollet».

trimère [tʀimɛʀ] adj. BIOL Constitué de trois parties. *Molécule, organe trimère.* – Gr. *trimerês,* de *meros,* «partie».

trimestre [tʀimɛstʀ] n. m. **1.** Période de trois mois. *Loyer payable par trimestre. Le premier trimestre de l'année scolaire* (de la rentrée des vacances d'été jusqu'aux vacances de Noël). **2.** Somme que l'on paye ou que l'on reçoit tous les trois mois. – Lat. *trimestris*, de *mensis*, «mois».

trimestriel, ielle [tʀimɛstʀijɛl] adj. **1.** Qui dure trois mois. **2.** Qui a lieu, qui paraît tous les trois mois. *Bulletin trimestriel. Revue trimestrielle.* – Du préc.

trimestriellement [tʀimɛstʀijɛlmɑ̃] adv. Tous les trimestres. – Du préc.

trimètre [tʀimɛtʀ] n. m. En prosodie ancienne, vers composé de trois mètres. *Trimètre iambique.* – Lat. d'orig. gr. *trimetrus.*

trimoteur [tʀimɔtœʀ] n. m. Avion à trois moteurs. – De *tri-*, et *moteur.*

trinervé, ée [tʀinɛʀve] adj. BOT Qui a trois nervures. *Feuille trinervée.* – De *tri-*, et rad. de *nervure.*

tringle [tʀɛ̃gl] n. f. **1.** Tige, généralement métallique, qui sert à soutenir (un rideau, des cintres, etc.). *Tringle à rideau.* ▷ Élément d'un mécanisme. *Tringle de commande.* **2.** ARCHI Moulure plate à la partie inférieure du triglyphe dorique. – Néerl. *tingel;* altér. de l'a. fr. *tingle.*

tringler [tʀɛ̃gle] v. tr. [1] **1.** TECH *Tringler du bois, du tissu*, tracer sur sa surface une ligne droite au moyen d'une cordelette tendue et enduite de craie. **2.** Vulg. Posséder sexuellement. – Du préc.

trinitaire [tʀinitɛʀ] adj. THEOL Qui a rapport à la Trinité. ▷ *Subst.* Religieux de l'ordre de la Très Sainte Trinité, fondé par Jean de Matha et Félix de Valois au XIIe s. pour racheter les chrétiens captifs des infidèles. – Religieuse de l'une des congrégations de la Sainte-Trinité. – De *trinité.*

trinité [tʀinite] n. f. **1.** THEOL (Avec une majuscule) Dans la doctrine chrétienne, union de trois personnes distinctes qui ne forment cependant qu'un seul et même Dieu: le Père, le Fils et l'Esprit-Saint. *La Sainte Trinité.* ▷ *Par ext.* Groupe de trois divinités, de trois entités ou personnes sacralisées. **2.** Fête célébrée le premier dimanche après la Pentecôte. Loc. fam. *À Pâques ou à la Trinité:* à une date bien incertaine (et peut-être jamais). – Lat. ecclés. *trinitas*, de *trinus*, «triple».

trinitré, ée [tʀinitʀe] adj. CHIM Se dit d'un composé renfermant trois fois le radical NO_2. – De *tri-*, et *nitré.*

trinitrine [tʀinitʀin] n. f. PHARM Autre nom de la nitroglycérine, forme sous laquelle celle-ci est utilisée en solution alcoolique dans le traitement de l'angine de poitrine. – De *trinitré*, et *glycérine.*

trinitrotoluène [tʀinitʀotɔlɥɛn] n. m. TECH Explosif brisant de grande puissance, dérivé nitré du toluène. (Abrév. T.N.T.) Syn. tolite. – De *trinitré*, et *toluène.*

trinôme [tʀinom] n. m. MATH Polynôme à trois termes. – De *tri-*, d'ap. *binôme.*

trinquer [tʀɛ̃ke] v. intr. [1] **1.** Boire (avec qqn, avec d'autres) après avoir choqué les verres en formulant des souhaits. *Lever son verre pour trinquer.* **2.** Fam. et vieilli Boire avec excès. **3.** Pop. Subir de graves préjudices ou désagréments. *C'est lui qui fait l'idiot, et c'est moi qui trinque! Les parents boivent, les enfants trinquent* (slogan antialcoolique). – All. *trinken*, «boire».

trinquette [tʀɛ̃kɛt] n. f. MAR Voile d'avant triangulaire qui se grée en arrière du foc. *Les cotres portent foc et trinquette.* – Ital. *trinchetto*, «voile triangulaire».

trinqueur, euse [tʀɛ̃kœʀ, øz] n. Vieilli Personne qui a l'habitude de boire beaucoup. – De *trinquer.*

trio [tʀi(j)o] n. m. **1.** MUS Morceau composé pour trois voix ou trois instruments. *Les trios de Haydn.* **2.** Formation de trois musiciens. **3.** Plaisant. Groupe de trois personnes. *Ces enfants formaient un inséparable trio.* – Mot ital.

triode [tʀiɔd] n. f. ELECTR Tube électronique à trois électrodes (une anode, une cathode et une grille de commande) utilisé pour amplifier un signal. (On la remplace généralement auj. par un transistor.) – De *tri-*, et *-ode* d'ap. *électrode.*

triol. V. trialcool.

triolet [tʀijɔlɛ] n. m. **1.** LITTER Petit poème de huit vers, sur deux rimes, dans lequel le premier, le quatrième et le septième vers sont identiques. *Les triolets de Guillaume de Machault.* **2.** MUS Cellule rythmique divisant un temps en trois parties égales. – Emploi métaph. de *triolet*, var. dial. de *trèfle.*

triomphal, ale, aux [tʀi(j)ɔ̃fal, o] adj. **1.** ANTIQ ROM Relatif au triomphe. *Couronne triomphale.* **2.** Qui constitue une réussite éclatante. *Une élection triomphale.* **3.** Entouré de manifestations d'enthousiasme. *Recevoir un accueil triomphal.* **4.** Triomphant (sens 2). *Un geste triomphal.* – Lat. *triumphalis.*

triomphalement [tʀi(j)ɔ̃falmɑ̃] adv. **1.** D'une manière digne d'un triomphe. **2.** (Souvent iron.) Avec un air triomphant. – De *triomphal.*

triomphalisme [tʀi(j)ɔ̃falism] n. m. Péjor. Attitude (individuelle ou collective) de ceux qui considèrent que leur action mérite les plus grandes louanges. – De *triomphal.*

triomphaliste [tʀi(j)ɔ̃falist] adj. Qui exprime, dénote le triomphalisme. – Du préc.

triomphant, ante [tʀi(j)ɔ̃fɑ̃, ɑ̃t] adj. **1.** Victorieux. ▷ RELIG *L'Église triomphante :* les justes au paradis. **2.** Qui montre une intense satisfaction. *Air triomphant.* – Ppr. de *triompher.*

triomphateur, trice [tʀi(j)ɔ̃fatœʀ, tʀis] n. **1.** ANTIQ ROM Général à qui l'on rendait les honneurs du triomphe. **2.** Personne qui remporte un éclatant succès. *Leur équipe a été la grande triomphatrice aux jeux Olympiques.* – Lat. *triumphator.*

triomphe [tʀi(j)ɔ̃f] n. m. **1.** ANTIQ ROM Honneur rendu à un général après d'importants succès militaires. *Arc de triomphe.* ▷ Loc. mod. *Porter qqn en triomphe*, le porter au-dessus d'une foule pour le faire acclamer. **2.** Grande victoire (autre que militaire), succès éclatant (de qqn ou de qqch). *Triomphe d'un parti à une élection. «Le Triomphe de l'amour», pièce de Marivaux (1732).* ▷ *Le triomphe de... :* la manifestation la plus éclatante de... *C'est le triomphe de la médiocrité.* **3.** Grande joie provoquée par un succès. *Pousser un cri de triomphe.* ▷ Témoignage d'enthousiasme du public. *Ce film a remporté un triomphe inattendu.* ▷ Ce qui reçoit une vive approbation du public. *Son discours fut un triomphe.* – Lat. *triumphus.*

triompher [tʀi(j)ɔ̃fe] v. [1] **I.** v. tr. indir. *Triompher de:* l'emporter sur (un adversaire), se rendre maître de (une force contraire). *Triompher de tous ses ennemis.* Syn. vaincre, battre. *Triompher d'une difficulté, d'une résistance.* Syn. surmonter. **II.** v. intr. **1.** Remporter un grand succès. *Les Finlandais ont triomphé en ski de fond.* ▷ S'imposer avec éclat. *La vérité triomphera.* **2.** Exceller. *Rembrandt triomphe dans le clair-obscur.* **3.** Manifester une grande joie (avec une certaine vanité), chanter victoire. *Ne triomphe pas tant!* – Lat. *triumphare.*

trionix [tʀiɔniks] n. m. ZOOL Tortue d'eau douce (genre *Trionix*), à carapace molle, carnassière, répandue en Amérique du N., en Afrique et dans le S. de l'Asie. – De *tri-*, et du gr. *onux*, «ongle» (parce qu'il n'a d'ongles qu'à trois doigts).

triose [tʀioz] n. m. BIOCHIM Sucre simple (ose) comportant trois atomes de carbone. – De *tri-*, et *ose.*

tripaille [tʀipaj] n. f. Fam. Amas de tripes, d'entrailles. – De *tripe.*

tripang. V. trépang.

triparti, ie [tʀiparti] ou **tripartite** [tʀipartit] adj. Didac. **1.** Partagé en trois. **2.** Qui réunit trois parties contractantes. *Gouvernement tripartite. Pacte tripartite.* – Lat. *tripartitus.*

tripartisme [tʀipartism] n. m. POLIT Système de gouvernement tripartite. – Du préc.

tripartition [tʀipartisjõ] n. f. Didac Division en trois parties. – Lat. *tripartitio.*

tripatouillage [tʀipatujaʒ] n. m. Fam. Action de tripatouiller. *Il y a eu des tripatouillages dans les statistiques.* – De *tripatouiller.*

tripatouiller [tʀipatuje] v. tr. [1] Fam. **1.** Faire subir à (certains documents) des modifications malhonnêtes, des changements destinés à tromper. *Tripatouiller des comptes, des textes.* ▷ *Absol.* Vivre d'expédients, d'affaires malhonnêtes. *Il tripatouille dans l'immobilier.* **2.** Manier sans précaution. Syn. tripoter. – Var. de *tripoter.*

tripatouilleur, euse [tʀipatujœʀ, øz] n. Fam. Personne qui tripatouille. – De *tripatouiller.*

tripe [tʀip] n. f. **1.** Pl. Boyaux d'un animal. ▷ *Spécial.* Intestins et estomac des ruminants préparés et cuisinés. *Tripes à la mode de Cæn.* **2.** *Par ext.* Pop. Entrailles de l'homme. ▷ Loc. *Rendre tripes et boyaux:* vomir. ▷ *Ça vous prend aux tripes:* c'est très émouvant. ▷ Sing. *Avoir la tripe nationaliste:* être viscéralement nationaliste. – Esp. *tripa,* ou ital. *trippa.*

triperie [tʀipʀi] n. f. Boutique, commerce du tripier. – De *tripe.*

tripette [tʀipɛt] n. f. Loc. fam. *Ça ne vaut pas tripette:* ça ne vaut rien. – Dimin. de *tripe.*

triphasé, ée [tʀifaze] adj. ELECTR Se dit d'un système de trois grandeurs sinusoïdales (courant ou tension) de même fréquence et déphasées l'une par rapport à l'autre de $\frac{2\pi}{3}$ radians. (Une distribution triphasée comprend trois conducteurs de phase et un neutre.) ▷ *Appareil triphasé,* alimenté par un réseau triphasé. – De *tri-,* et *phase.*

triphosphate [tʀifɔsfat] adj. BIOCHIM *Adénosine triphosphate* (A.T.P.): V. adénosine-phosphate. – De *tri-,* et *phosphate.*

triphtongue [tʀiftõg] n. f. PHON Séquence de trois voyelles (phonétiquement parlant et non graphiquement) réunies dans une même articulation. *Les triphtongues anglaises. Le mot anglais «fire» contient une triphtongue mais pas le français «eau».* – De *tri-,* d'ap. diphtongue.

tripier, ière [tʀipje, jɛʀ] n. Marchand(e) de tripes et abats divers. – De *tripe.*

triple [tʀipl] adj. **1.** Qui comporte trois éléments. *Faire un triple nœud. Un problème qu'il faut considérer à un triple point de vue. Triple menton. Triple croche*.* ▷ CHIM *Liaison triple :* ensemble de trois liaisons (une liaison axiale sigma et deux liaisons latérales pi) entre deux atomes, représenté par le symbole ≡. *La molécule de l'acétylène, de formule HC≡CH, comprend une triple liaison.* V. liaison. ▷ PHYS *Point triple:* point du diagramme thermodynamique correspondant à l'équilibre des trois phases solide, liquide et gazeuse, qui se trouve à l'intersection des courbes de fusion, de vaporisation et de sublimation. **2.** Trois fois plus grand. *Recevoir un salaire triple. Prendre une triple dose.* ▷ N. m. Quantité trois fois plus grande. *Six est le triple de deux. Il travaille le triple de ses collègues.* **3.** Fam. *Triple idiot :* parfait idiot. ▷ *Au triple galop:* au grand galop. – Lat. *triplus,* var. de *triplex.*

1. triplé [tʀiple] n. m. **1.** TURF Pari sur la combinaison des trois premiers chevaux d'une course, dans un ordre quelconque. **2.** SPORT Série de trois victoires dans des épreuves importantes. – De *tripler.*

2. triplé. V. triplés.

triplement [tʀipləmɑ̃] n. m. Action de tripler. ▷ Adv. D'une manière triple. – De *triple.*

tripler [tʀiple] v. [1] **1.** v. tr. Rendre trois fois plus grand. *Tripler une dose, une offre.* **2.** v. intr. Devenir trois fois plus grand. *Le prix de l'essence a triplé.* – De *triple.*

triplés, ées [tʀiple] n. pl. Enfants nés au nombre de trois d'un même accouchement. – Sing. L'un de ces trois enfants. – De *tripler.*

triplet [tʀiplɛ] n. m. **1.** OPT Ensemble de trois lentilles. ▷ Ensemble de trois raies spectrales. **2.** MATH Groupe formé par trois éléments dont chacun appartient à un ensemble distinct. **3.** BIOCHIM Unité d'information, constitutive d'un nucléotide, formée par la combinaison de trois bases puriques ou pyrimidiques. *Les triplets, dits aussi codons, commandent l'assemblage des acides aminés en protéines.* – De *triple.*

triplette [tʀiplɛt] n. f. Équipe de trois joueurs (aux boules, à la pétanque). – De *triple.*

triploblastique [tʀiplɔblastik] adj. et n. m. ZOOL Se dit des métazoaires à trois feuillets cellulaires: ectoderme, mésoderme et endoderme. ▷ N. m. pl. *Tous les animaux, à l'exception des spongiaires, des cnidaires et des cténaires, diploblastiques, sont des triploblastiques.* – De *triple,* et *(blasto)derme.*

triploïde [tʀiplɔid] adj. et n. m. BIOL Se dit d'un être vivant dont les cellules contiennent 3n chromosomes. V. diploïde et haploïde. – Du gr. *triplous,* «triple», et de *-oïde.*

triplure [tʀiplyʀ] n. f. COUT Étoffe raidie d'apprêt que l'on glisse entre tissu et doublure. *Triplure des revers d'un veston.* – De *triple,* d'ap. *doublure.*

tripode [tʀipɔd] adj. MAR *Mât tripode:* mât soutenu par deux mâts plus petits formant arcs-boutants. – Gr. *tripous, tripodos,* «à trois pieds».

tripolaire [tʀipɔlɛʀ] adj. ELECTR Qui comprend trois pôles. – De *tri-,* et *polaire.*

tripoli [tʀipɔli] n. m. **1.** Roche siliceuse, variété de diatomite. **2.** Matière pulvérulente tirée de cette roche, employée pour le polissage des métaux et du verre. – De *Tripoli,* cap. de la Libye, autr. exportatrice de cette roche.

triporteur [tʀipɔʀtœʀ] n. m. Tricycle à pédales ou à moteur, muni d'une caisse à l'avant pour le transport des marchandises légères. – De *tri(cycle),* et *porteur.*

tripot [tʀipo] n. m. Péjor. Maison de jeu. – Probablement de l'a. fr. *treper, triper,* «frapper du pied» (V. trépigner).

tripotage [tʀipɔtaʒ] n. m. Fait de tripoter; intrigue, opération louche. *Il y a eu des tripotages aux dernières élections.* – De *tripoter.*

tripotée [tʀipɔte] n. f. Fam. **1.** Volée de coups. *Je lui ai donné une sacrée tripotée.* **2.** Grand nombre. *Une tripotée d'enfants.* – Pp. fém. subst. de *tripoter.*

tripoter [tʀipɔte] v. [1] **I.** v. tr. Toucher, tâter sans cesse (d'une manière peu délicate, ou machinale). *Ne tripotez pas ces pêches! Il tripotait nerveusement son trousseau de clés.* ▷ Fam. Faire des attouchements indiscrets (à qqn), peloter. **II.** v. intr. Fam. **1.** Mettre les choses en désordre en les maniant en tous sens. Syn. farfouiller, trifouiller. **2.** Fig. Se livrer à des opérations et combinaisons plus ou moins louches. *Il semble qu'elle ait tripoté dans la contrebande des cigarettes.* Syn. trafiquer. – De *tripot,* au sens anc., «intrigue».

tripoteur, euse [tʀipɔtœʀ, øz] n. Personne qui tripote, se livre à des tripotages. – De *tripoter.*

triptyque [tʀiptik] n. m. **1.** BX-A Triple panneau peint ou sculpté à deux volets exactement repliables sur le panneau central. *Les triptyques de Van der Weyden.* ▷ Fig. Œuvre (littéraire, musicale, etc.) en trois parties. **2.** DR COMM Document douanier en trois feuillets, délivré pour l'importation et la réexportation (notam. des automobiles). – Du gr. *triptukhos,* «plié en trois, triple».

trique [tʀik] n. f. Gros bâton court. *Il a reçu une volée de coups de trique.* – Fig. *Mener les gens à la trique.* ▷ *Sec comme un coup de trique:* très sec, très maigre. – Du frq. **strikan,* «frotter».

triqueballe [tʀikbal] n. m. Fardier à deux roues servant à transporter des charges longues et lourdes (troncs d'arbre, etc.). – Orig. incert.

triquer [tʀike] v. tr. [1] **1.** Pop, vieilli Battre à coups de trique. **2.** Vulg. Être en érection. – De *trique.*

trirectangle [tʀiʀɛktɑ̃gl] adj. GEOM *Trièdre trirectangle,* qui a trois angles droits. – De *tri-,* et *rectangle.*

trirème [tʀiʀɛm] n. f. ANTIQ Vaisseau de guerre des Romains, des Carthaginois, à trois rangs de rames. – Lat. *triremis.*

trisaïeul, eule [tʀizajœl] n. Père, mère de l'arrière-grand-père, de l'arrière-grand-mère. – De *tri-,* et *aïeul,* d'ap. *bisaïeul.*

trisannuel, elle [tʀizanɥɛl] adj. Qui a lieu tous les trois ans. ▷ Qui dure trois ans. – De *tri-,* et *annuel,* d'ap. *bisannuel.*

trisecteur, trice [tʀisɛktœʀ, tʀis] adj. GEOM Qui divise en trois parties. – De *tri-,* et *secteur.*

trisection [tʀisɛksjõ] n. f. GEOM *Trisection de l'angle:* division de l'angle en trois angles égaux. – De *tri-,* et *section.*

trismégiste [tʀismeʒist] adj. ANTIQ En Égypte, surnom donné par les Grecs au dieu Thôt, patron des magiciens, qu'ils assimilèrent à Hermès. *Hermès trismégiste.* – Du gr. *tris,* «trois fois», et *megistos,* «très grand».

trismus [tʀismys] n. m. MED Contracture des muscles masticateurs observée en partic. dans le tétanos. – Du gr. *trismos,* «grincement».

trisoc [tʀisɔk] n. m. Charrue à trois socs. – De *tri-,* et *soc.*

trisomie [tʀisɔmi] n. f. BIOL Anomalie génétique correspondant à la présence d'un «brelan» de trois chromosomes identiques au lieu d'une paire (cf. diploïde). *Chez l'homme, la trisomie du chromosome nº 21 est la cause du mongolisme.* – De *tri-,* et *(chromo)some.*

1. trisser [tʀise] v. intr. [1] Crier en parlant de l'hirondelle. – Du gr. *trizein,* «grincer»; lat. *trissare.*

2. trisser [tʀise] v. tr. [1] Rare Reprendre une troisième fois (un morceau, un air, une réplique). – Par ext. *Trisser un soliste:* lui faire reprendre son morceau une troisième fois – De *tri-,* d'ap. *bisser.*

3. trisser [tʀise] v. intr. [1] Pop. Courir, se sauver très vite. (On dit plus cour. *se trisser.*) – De l'all. *stritzen,* anc. var. onomat. de *spritzen,* «jaillir».

tris(s)yllabe [tʀisil(l)ab] ou **tris(s)yllabique** [tʀisil(l)abik] adj. Formé de trois syllabes. *Mot trisyllabe.* ▷ N. m. *Un trisyllabe. Vers trisyllabiques.* – De *tri-,* et *syllabe.*

triste [tʀist] adj. **I. 1.** (Personnes.) Qui est dans un état d'abattement et d'insatisfaction dû à un chagrin, à des soucis. *L'enfant était triste de voir sa mère partir.* Syn. affligé, morose, sombre. Ant. gai, joyeux. ▷ Fam. *Triste comme la mort :* très triste. **2.** (Personnes.) Qui est naturellement dans cet état. *Un enfant triste, qui ne rit jamais.* ▷ Subst. *Un(e) triste. Ce n'est pas un triste:* il aime à s'amuser. **3.** Qui dénote la tristesse. *Un air, un sourire triste. Faire triste mine.* **4.** (Choses.) Qui incite à la tristesse. *Une maison triste. Un temps triste.* ▷ Fam. *C'est pas triste:* se dit de qqch qui incite à rire, souvent par dérision. *Tu as vu comment elle était habillée? C'était pas triste.* **II. 1.** Qui fait de la peine; affligeant, pénible. *Il a eu une triste fin. C'est vraiment une triste histoire.* Syn. douloureux, navrant, tragique. *C'est un film trop triste. Il est arrivé dans un triste état.* Syn. mauvais, lamentable. **2.** Péjor. (Devant le nom.) Qui suscite le mépris. *Un triste sire. Il a une triste réputation.* – Lat. *tristis.*

tristement [tʀistəmɑ̃] adv. **1.** En étant envahi par la tristesse. *Il se résolut tristement à la quitter.* **2.** D'une façon navrante, pénible. *Il est tristement célèbre.* – De *triste.*

tristesse [tʀistɛs] n. f. **1.** État d'une personne triste. Syn. abattement, mélancolie, peine; (fam.) cafard. Ant. gaieté, joie. *Une tristesse passagère, durable. Traits empreints de tristesse.* **2.** Événement qui rend triste, moment où l'on est triste. *Les petites tristesses de tous les jours.* **3.** Caractère de ce qui a l'air triste, ou rend triste. *La tristesse d'un paysage.* – De *triste.*

tristounet, ette [tʀistunɛ, ɛt] adj. Fam. Un peu triste, guère réjouissant. *Mine tristounette.* – Dimin. de *triste.*

triticale [tʀitikal] n. m. AGRIC Hybride du blé et du seigle à très bon rendement dans les terrains pauvres de montagne. – Du lat. *triti(cium),* «blé», et *(se)cale,* «seigle».

tritium [tʀitjɔm] n. m. PHYS NUCL Isotope radioactif de l'hydrogène $^3{}_1$H, de symbole T, dont le noyau contient trois nucléons (un proton et deux neutrons) et dont la fusion avec un noyau de deutérium conduit à un noyau d'hélium. – Du gr. *tritos,* «troisième», d'ap. *deutérium.*

1. triton [tʀitõ] n. m. **1.** MYTH Divinité marine à tête d'homme et à queue de poisson. **2.** ZOOL Amphibien urodèle (genre *Triturus*) proche des salamandres, qui vit près des eaux stagnantes. **3.** Mollusque gastéropode prosobranche *(Charonia tritonis)* dont la coquille était utilisée comme trompette de guerre. – Du lat. *Triton,* gr. *Tritôn,* n. du dieu marin, fils de Neptune.

2. triton [tʀitõ] n. m. MUS Intervalle de trois tons. Syn. quarte augmentée. – Gr. *tritonon;* lat. médiév. *tritonum.*

3. triton [tʀitõ] n. m. PHYS NUCL Noyau de tritium. – De *tritium,* d'ap. *(électr)on.*

trituration [tʀityʀasjõ] n. f. Action de triturer (sens 1). ▷ Broyage des aliments au cours de la mastication. – De *triturer.*

triturer [tʀityʀe] v. tr. [1] **1.** Broyer pour réduire en fines particules ou en pâte. *On préparait les onguents et les emplâtres en triturant diverses substances.* **2.** Vieilli Manier et malaxer à fond. Syn. pétrir. ▷ Mod. Manier et tâter brutalement, sans précaution. *Cesse de triturer ces fruits. Le masseur m'a trituré.* **3.** Fam. *Se triturer les méninges:* chercher désespérément une solution, se creuser la tête. – Bas lat. *triturare,* «battre (le blé)».

tritureuse [tʀityʀøz] n. f. TRAV PUBL Engin automoteur servant à incorporer dans un sol des matériaux d'apport. – De *triturer.*

triumvir [tʀijɔmviʀ] n. m. ANTIQ ROM Membre d'un collège administratif comprenant trois magistrats. ▷ *Spécial.* Membre d'un des deux triumvirats (V. triumvirat, sens I, 2). – Mot lat., du génitif *trium virum,* «de trois hommes».

triumvirat [tʀijɔmviʀa] n. m. **I.** ANTIQ ROM **1.** Charge d'un triumvir; durée de ce mandat. **2.** Chacune des deux associations de trois personnalités politiques qui se partagèrent le pouvoir à Rome avant l'instauration de l'Empire. *Pompée, César et Crassus formèrent en 60 av. J.-C. le premier triumvirat; Octavien, Antoine et Lépide le second (43 av. J.-C.).* **II.** *Par anal.* Union de trois personnes pour exercer le pouvoir, ou une fonction quelconque. – Lat. *triumviratus.*

trivalent, ente [tʀivalɑ̃, ɑ̃t] adj. CHIM Qui a une valence triple. – De *tri-*, et *valence*, d'ap. *équivalent.*

trivalve [tʀivalv] adj. SC NAT Qui a trois valves. – De *tri-*, et *valve.*

trivial, ale, aux [tʀivjal, o] adj. **1.** Litt. Très commun, courant. *Objets triviaux.* ▷ (Abstrait.) D'une simplicité et d'une évidence qui ne satisfont que les esprits peu instruits. *Notion, démonstration triviale.* **2.** Cour. Grossier, malséant, extrêmement vulgaire. *Plaisanteries triviales. Mot signalé comme trivial dans les dictionnaires.* – Lat. *trivialis*, «grossier, vulgaire», de *trivium*, «carrefour».

trivialement [tʀivjalmɑ̃] adv. **1.** Litt. De façon banale. **2.** De façon vulgaire. – De *trivial.*

trivialité [tʀivjalite] n. f. **1.** Litt. Caractère de ce qui est commun, banal. *La trivialité d'une argumentation.* ▷ *Par ext.* Parole, chose banale. **2.** Cour. Caractère de ce qui est choquant, vulgaire. *Il est d'une trivialité inadmissible.* ▷ *Par ext.* Parole triviale. – De *trivial.*

trivium [tʀivjɔm] n. m. Anc. Ensemble des trois arts libéraux (grammaire, rhétorique, dialectique). V. quadrivium. – Mot lat. médiév., en lat. class. «carrefour».

tr/min Abrév. de *tour par minute* (unité de vitesse angulaire).

troc [tʀɔk] n. m. Échange d'objets, sans l'intermédiaire de la monnaie. *Faire du troc. Le troc est la forme primitive du commerce.* – Déverbal de *troquer.*

trocart [tʀɔkaʀ] n. m. CHIR Instrument servant à pratiquer des ponctions. – Altér. de *trois-quarts.*

trochaïque [tʀɔkaik] adj. Composé de trochées. *Vers trochaïque.* – Gr. *trokhaïkos*, lat. *trochaicus.*

trochanter [tʀɔkɑ̃tɛʀ] n. m. **1.** ANAT *Grand et petit trochanter:* les deux apophyses de la partie supérieure du fémur. **2.** ZOOL Second article des appendices locomoteurs des arthropodes. – Gr. *trokhantêr*, «organe ou instrument pour courir», de *trokhazein*,, «courir».

trochantérien, ienne [tʀɔkɑ̃teʀjɛ̃, jɛn] adj. ANAT Relatif au trochanter (sens 1 et 2). – Du préc.

troche [tʀɔʃ] ou **troque** [tʀɔk] n. f. ZOOL Mollusque gastéropode prosobranche dont de nombreuses espèces (*Trochus niloticus*, par ex.) ont une belle coquille colorée et nacrée utilisée pour fabriquer des bijoux. – Lat. *trochus*, gr. *trokhos*, «roue».

1. trochée [tʀɔʃe] n. f. ARBOR Syn. de *cépée.* – De l'a. fr. *troche*, «touffe, grappe».

2. trochée [tʀɔʃe] n. m. LITTER Pied de la métrique grecque ou latine composé de deux syllabes, une longue et une brève. – Du lat. *trochæus*, gr. *trokhaîos*, «propre à la course».

trochet [tʀɔʃɛ] n. m. BOT Groupe de fleurs ou de fruits en bouquet. – Dimin. de l'a. fr. *troche*, «touffe, grappe».

trochilidés [tʀɔkilide] n. m. pl. ZOOL Famille de petits oiseaux américains (sous-ordre des trochiliformes), au plumage coloré (colibris et oiseaux-mouches), qui se nourrissent de nectar et d'insectes. – Du lat. zool. *trochilus*, «colibri».

trochin [tʀɔʃɛ̃] n. m. ANAT Petite tubérosité de l'extrémité supérieure de l'humérus. – Formé d'ap. *trochiter*, comme dimin.

trochiter [tʀɔkitɛʀ] n. m. ANAT Grosse tubérosité de l'extrémité supérieure de l'humérus située en arrière du trochin. – Var. arbitraire de *trochanter.*

trochlée [tʀɔkle] n. f. ANAT Articulation dont les surfaces, en forme de poulie, permettent une seule direction de mouvement. *Le coude, le genou sont des trochlées* (ou *articulations trochléennes*). – Lat. d'orig. gr. *trochlea*, «poulie».

troène [tʀɔɛn] n. m. Arbuste ornemental souvent taillé en haie (*Ligustrum vulgare*, fam. oléacées) à feuilles simples elliptiques, à fleurs blanches odorantes groupées en panicules, et à fruits noirs persistants. – Du frq. **trugil.*

troglodyte [tʀɔglɔdit] n. m. **1.** Personne qui vit dans une caverne, une grotte ou une excavation artificielle. *Les troglodytes du Sud tunisien.* **2.** ZOOL Petit oiseau passériforme brun (genre *Troglodytes*), aux ailes et à la queue courtes, marchant la queue relevée et construisant, à l'aide de mousse et de brindilles, un nid volumineux à ouverture latérale. – Lat. *troglodyta*, «habitant des cavernes», du gr. *trôglodutês*, de *trôglê*, «trou».

troglodytique [tʀɔglɔditik] adj. Propre aux troglodytes (sens 1), à leur habitat. *Les habitations troglodytiques de Touraine.* – Du préc.

trogne [tʀɔɲ] n. f. Fam. Visage plein et rubicond révélant le goût de la bonne chère. *Trogne enluminée d'un gros buveur.* ▷ *Par ext.* Visage. *Il a une bonne trogne*, un visage sympathique. – Gaul. **trugna*, «museau, groin».

trognon [tʀɔɲɔ̃] n. m. (et adj.) **1.** Partie centrale, non comestible d'un fruit à pépins ou d'un légume. *Jeter un trognon de pomme. Trognon de chou.* ▷ Loc. pop. *Jusqu'au trognon:* jusqu'au bout. **2.** Fam. Terme d'affection, désignant un enfant, une petite femme. ▷ Adj. *Il est trognon*, charmant. – De l'a. fr. *estro(i)gner*, var. de *estronchier*, «élaguer», du lat. *truncare*, «tronquer».

trogoniformes [tʀɔgɔnifɔʀm] n. m. pl. ZOOL Ordre d'oiseaux tropicaux aux couleurs irisées, à longue queue, au bec court et fort. – Du lat. zool *trogon*, altér. du gr. *trugôn*, «tourterelle», et de *-forme.*

troïka [tʀɔjka] n. f. Traîneau russe tiré par trois chevaux attelés de front. ▷ Fig. Triumvirat politique (d'abord en U.R.S.S.). – Mot russe.

trois [tʀwa] adj. num. **1.** adj. card. Deux plus un. *Les trois mousquetaires. Midi moins trois* (minutes). *Trois cents. Trois mille.* ▷ *Deux ou trois, trois ou quatre:* très peu de. ▷ *Règle de trois:* opération qui permet de calculer l'un des quatre termes d'une proportion lorsqu'on connaît les trois autres. (Ainsi, pour obtenir un pourcentage à partir d'un rapport, $\frac{3}{28}$ par ex., on pose $\frac{x}{100} = \frac{3}{28}$, soit $x = \frac{300}{28} = 10{,}714\ \%$.) **2.** adj. ord. Troisième. *Page trois. Louis trois. Le trois juin. Trois heures.* ▷ Subst. *L'accident a eu lieu en face du trois rue Legendre.* **3.** n. m. Le nombre, le chiffre ou le numéro correspondant. *Diviser par trois. Ajouter trois. Mettez un trois à la place du deux.* ▷ Prov. *Jamais deux sans trois:* ce qui est arrivé déjà deux fois se reproduira. ▷ Pièce d'un jeu dont la valeur est égale à trois, marquée de trois signes. *Le trois de pique. Elle jette le dé, c'est le trois qui sort.* – Lat. *tres.*

trois-deux [tʀwadø] n. m. MUS Mesure à trois temps dont l'unité est la blanche. – De *trois* et *deux.*

trois étoiles ou **trois-étoiles** [tʀwazetwal] n. m. et adj. inv. **1.** Sert à désigner qqn qu'on ne veut pas nommer. *Madame trois étoiles (Mme***).* **2.** Hôtel, *restaurant trois étoiles*, ou, absol., *un trois étoiles:* en France, hôtel, restaurant de très grande qualité. – De *trois*, et *étoile*.

1. trois-huit [tʀwaɥit] n. m. MUS Mesure à trois temps dont l'unité est la croche. – De *trois*, et *huit*.

2. trois-huit [tʀwaɥit] n. m. pl. Système de travail dans lequel trois équipes se relaient sans arrêt toutes les huit heures. *On fait les trois-huit dans cette aciérie.* – De *trois*, et *huit*.

troisième [tʀwazjɛm] adj. et n. **I.** adj. num. ord. correspondant à trois. *Le troisième jour. La troisième fois.* **II.** n. **1.** n. m. Troisième étage. *Elle a sauté du troisième.* **2.** n. f. Troisième classe (dans l'enseignement secondaire). *Il entre en troisième.* ▷ Troisième vitesse. *Passer la troisième.* **3.** Celui, celle qui occupe la troisième place. – De *trois*.

troisièmement [tʀwazjɛmmɑ̃] adv. En troisième lieu. – Du préc.

trois-mâts [tʀwamɑ] n. m. inv. Navire à voiles à trois mâts. – De *trois*, et *mât*.

trois-quarts [tʀwakaʀ] n. m. inv. **1.** Manteau court. **2.** MUS Petit violon d'enfant. **3.** SPORT Au rugby, chacun des quatre joueurs situés entre les demis et l'arrière. – De *trois*, et *quart*.

trois-quatre [tʀwakatʀ] n. m. MUS Mesure à trois temps dont l'unité est la noire. – De *trois*, et *quatre*.

troll [tʀɔl] n. m. Lutin des légendes scandinaves. – Mot scand.

trolley [tʀɔlɛ] n. m. **1.** Perche flexible fixée à un véhicule électrique, mettant en relation le moteur avec une ligne aérienne. **2.** Fam. Abrév. de *trolleybus*. – Mot angl., de *to troll*, «rouler».

trolleybus [tʀɔlɛbys] n. m. Autobus à trolley. Abrév. fam.: trolley. – De *trolley*, d'ap. *autobus*, *omnibus*.

trombe [tʀɔ̃b] n. f. **1.** METEO Cyclone caractérisé par la formation d'une colonne nébuleuse tourbillonnante et aspirante allant de la masse nuageuse à la mer. **2.** Cour. *Trombe d'eau:* averse très violente. *Des trombes d'eau s'abattirent sur la ville.* **3.** *En trombe:* très vite et brusquement. *Passer en trombe.* – Ital. *tromba*, propr. «trompe, canal d'une pompe».

trombidion [tʀɔ̃bidjɔ̃] n. m. ZOOL Acarien terricole (genre *Trombidium*), de couleur rouge, dont les larves piquent l'homme et les animaux à sang chaud. (V. aoûtat.) – Lat. zool. *trombidium*.

trombine [tʀɔ̃bin] n. f. Pop. Visage, tête. *Il a une drôle de trombine.* – Probablement du rad. de *trompe*.

trombinoscope [tʀɔ̃binoskɔp] n. m. Fam. Document sur lequel est reproduit le portrait de chacun des membres d'un groupe, d'un comité. – De *trombine*, et *-scope*.

tromblon [tʀɔ̃blɔ̃] n. m. Ancienne arme à feu au canon évasé. ▷ Dispositif lance-grenades qu'on adaptait au fusil. – De l'ital. *trombone*, «grande trompette».

trombone [tʀɔ̃bɔn] n. m. **1.** Instrument de musique à vent à embouchure, de la famille des cuivres. ▷ *Trombone à coulisse*, formé de deux tubes en U qui glissent l'un dans l'autre, permettant ainsi de faire varier la longueur du tuyau sonore (variation obtenue par un jeu de pistons dans le *trombone à pistons*). ▷ *Par méton.* Celui qui joue de cet instrument. **2.** Agrafe repliée en forme de trombone, servant à assembler des papiers. – Mot ital., «grande trompette», de *tromba*, «trompette».

trommel [tʀɔmɛl] n. m. TECH Cylindre rotatif, percé de trous, servant à trier des morceaux de minerai ou de roche selon leur grosseur. – Mot all., propr. «tambour».

trompe [tʀɔ̃p] n. f. **I.** Instrument à vent à embouchure, simple tube évasé. *Trompe de berger. Trompe de chasse:* V. cor. *Sonner de la trompe.* ▷ Vx Avertisseur sonore, d'une automobile, d'une bicyclette. **II. 1.** Appendice plus ou moins développé, servant d'organe du tact et de la préhension, résultant de l'hypertrophie de la lèvre supérieure et du nez chez le tapir et l'éléphant. **2.** Chez certains insectes, les vers et les mollusques, appendice buccal tubulaire, servant au pompage et à l'aspiration des aliments. **3.** ANAT *Trompe d'Eustache:* conduit qui unit l'oreille moyenne au rhinopharynx. ▷ *Trompe utérine* ou *trompe de Fallope:* chacun des deux conduits qui va de l'utérus à l'un des deux ovaires et permet à l'œuf fécondé de gagner la cavité utérine. **III. 1.** ARCHI Portion de voûte en saillie qui sert à supporter une construction en encorbellement et notam. à passer du plan circulaire ou polygonal au plan carré. *Coupole sur trompes.* **2.** TECH *Trompe à eau:* appareil utilisant un écoulement d'eau pour faire le vide dans un récipient. – Frq. **trumba*.

trompe-la-mort [tʀɔ̃plamɔʀ] n. inv. Vieilli Personne très vieille ou très malade qui demeure en vie contre tout pronostic. ▷ Personne qui risque la mort et parvient à y échapper. – De *tromper*, *la*, et *mort*.

trompe-l'œil [tʀɔ̃plœj] n. m. inv. **1.** Peinture utilisant des effets de perspective pour donner l'illusion d'objets réels et d'un véritable relief. ▷ Par ext. *Décor en trompe-l'œil.* **2.** Fig. Ce qui fait illusion. – De *tromper*, et *œil*.

tromper [tʀɔ̃pe] **I.** v. tr. [1] **1.** Induire volontairement (qqn) en erreur. Syn. abuser, berner, duper, rouler; (fam.) avoir, faire marcher. *On nous a trompés sur la qualité de la marchandise.* **2.** Être infidèle à (qqn) en amour. *Louis XIV trompait la reine avec Mme de Montespan.* **3.** Mettre en défaut. Syn. déjouer. *Tromper la vigilance de ses gardes.* **4.** (Choses.) Donner lieu à une erreur. *La ressemblance l'a trompé. C'est ce qui vous trompe:* c'est là que vous vous méprenez. **5.** Ne pas répondre à (une attente), décevoir. *L'événement a trompé leurs calculs.* **6.** Faire diversion à. *Tromper la faim, la soif. Tromper son ennui.* **II.** v. pron. Faire une erreur. Syn. se méprendre; (fam.) se gourer. *Il s'est trompé sur ses possibilités. Tout le monde peut se tromper. Personne ne s'y trompe.* ▷ *Se tromper de:* prendre (une chose) pour une autre. *Vous vous trompez de numéro. Je me suis trompé d'adresse.* ▷ Loc. *Si je ne me trompe:* sauf erreur de ma part. – Orig. incert.

tromperie [tʀɔ̃pʀi] n. f. Action de tromper, artifice visant à tromper. *Il y a tromperie sur la marchandise.* – De *tromper*.

trompette [tʀɔ̃pɛt] n. **I.** n. f. **1.** Instrument de musique à vent à embouchure, de la famille des cuivres. – *Trompette d'harmonie*, à pistons. *Trompette de cavalerie*, sans pistons (V. clairon). *Trompette bouchée*, à sourdine. ▷ Loc. *Partir sans tambour ni trompette*, sans se faire remarquer. ▷ *Nez en trompette*, relevé. **2.** *Trompette-de-la-mort*, ou *-des-morts:* syn. de *craterelle*. **II.** n. m. Syn. vieilli de *trompettiste*. – Dimin. de *trompe*.

trompettiste [tʀɔ̃petist] n. Joueur de trompette. – De *trompette*.

trompeur, euse [tʀɔ̃pœʀ, øz] adj. et n. **1.** adj. (Choses.) Qui induit en erreur. *Discours trompeurs. Il est d'une gentillesse trompeuse. Les apparences sont trompeuses.* **2.** n. Vx Personne qui trompe. ▷ Loc. prov. *À trompeur, trompeur et demi:* un trompeur est souvent trompé à son tour. – De *tromper*.

trompeusement [tʀɔ̃pøzmɑ̃] adv. Litt. De manière trompeuse. – De *trompeur*.

trompillon [tʀɔ̃pijɔ̃] n. m. ARCHI Petite trompe. – Dimin. de *trompe*.

tronc [tʀɔ̃] n. m. **1.** Partie de la tige ligneuse (des arbres dicotylédones), depuis les racines jusqu'aux premières branches. (S'oppose à *stipe.*) *Tronc tordu d'un olivier, tronc droit du pin.* ▷ Par anal. *Tronc de colonne:* partie inférieure du fût. **2.** Partie centrale du corps des animaux, du corps humain sur laquelle s'attachent la tête et les membres. **3.** ANAT Partie la plus grosse (d'un vaisseau ou d'un nerf), située en amont des branches de dérivation. ▷ *Tronc cérébral:* partie de l'encéphale formée par le bulbe rachidien, la protubérance annulaire et les pédoncules cérébraux, située dans la fosse postérieure. **4.** Boîte percée d'une fente, destinée à recevoir les offrandes dans une église. **5.** GEOM Solide compris entre la base et une section plane parallèle. *Tronc de cône. Tronc de pyramide.* **6.** (Abstrait.) *Tronc commun:* partie commune (à plusieurs formations). ▷ *Spécial.* Enseignement de base, commun à tous les élèves au début du secondaire (avant le cycle d'orientation). – Lat. *truncus.*

troncature [tʀɔ̃katyʀ] n. f. MINER Dans un cristal, remplacement d'une arête, d'un angle, par une facette. – De *tronquer.*

tronche [tʀɔ̃ʃ] n. f. Pop. Tête, visage. *Il a une sale tronche.* – Forme fém. de *tronc.*

tronçon [tʀɔ̃sɔ̃] n. m. **1.** Morceau rompu ou coupé d'un objet long. *Les fouilles ont mis au jour des tronçons de colonnes. Anguille découpée en tronçons.* **2.** Partie (d'une route, etc.). *Ouverture du dernier tronçon d'autoroute.* – Du lat. pop. **trunceus*, class. *truncus*, «tronqué».

tronconique [tʀɔ̃kɔnik] adj. En forme de tronc de cône. – De *tronc*, et *cône.*

tronçonnage [tʀɔ̃sɔnaʒ] ou **tronçonnement** [tʀɔ̃sɔnmɑ̃] n. m. Action de tronçonner, son résultat. – De *tronçonner.*

tronçonner [tʀɔ̃sɔne] v. tr. [1] Couper, débiter en tronçons. *Tronçonner des arbres.* – De *tronçon.*

tronçonneuse [tʀɔ̃sɔnøz] n. f. Machine qui sert à tronçonner (le bois, le métal). – De *tronçonner.*

trône [tʀon] n. m. **1.** Siège élevé où les souverains (ou certains pontifes) prennent place dans des cérémonies solennelles. *Roi qui reçoit sur son trône. Trône pontifical.* ▷ Pop. et plaisant. Siège des lieux d'aisances. **2.** Symbole du pouvoir d'un souverain. *Monter sur le trône. Les héritiers du trône.* ▷ HIST *Le Trône et l'Autel:* la monarchie et l'Église. ▷ *Discours du Trône:* discours inaugural de la session parlementaire canadienne, prononcé par le gouverneur général. – Lat. *thronus*, gr. *thronos*, «siège».

trôner [tʀone] v. intr. [1] **1.** (Personnes.) Être assis à une place d'honneur (avec un air de majesté). *Le directeur trônait derrière son bureau.* **2.** (Choses.) Être placé bien en vue. *Ses diplômes trônaient sur la cheminée.* – De *trône.*

tronquer [tʀɔ̃ke] v. tr. [1] Effectuer des suppressions importantes dans (un texte, une chose abstraite). *Tronquer une déclaration, une citation.* ▷ Au pp. *Colonne tronquée :* fût de colonne brisé obliquement par le haut. – Lat. *truncare.*

trop [tʀo] adv. **I.** (Marquant l'excès.) **1.** À un degré excessif, en quantité excessive. *Il est trop jeune. Vous arrivez trop tard. Tu nourris trop ton chien.* **2.** (Emploi nominal.) *Trop de... :* une quantité excessive de..., un excès de... *Elle a trop d'élèves dans sa classe, trop de travail. Vous en avez trop dit.* ▷ Litt. *C'en est trop :* cela dépasse la mesure. ▷ Absol. *Cinquante dollars? C'est trop! Il mange trop. – De trop, en trop,* exprime une quantité qui excède ce qui est nécessaire. *Il y a deux cents dollars de trop, en trop dans ma caisse. Si vous avez du temps de trop.* (Personnes.) *Si je suis de trop:* si l'on n'a pas besoin de moi, si je suis indésirable. **3.** adv. ou nominal *Trop... pour* (+ inf.), *trop... pour que* (+ subj.), marque que, étant donné l'excès, la conséquence est exclue. *Il est trop poli pour être honnête, trop malade pour qu'on le transporte. Vous avez trop d'expérience pour ne pas comprendre ça.* **4.** (Avec un déterminant.) Litt. Excès. *Le trop de précautions peut nuire.* **II.** (Valeur de superlatif.) **1.** (En phrase positive, *trop* étant une manière affectueuse ou polie de dire *très* ou *beaucoup.*) *Vous être trop gentil. Cet enfant est trop mignon. Vous me gâtez trop.* **2.** (En phrase négative, sans nuance particulière.) *Il n'était pas trop content. Comment allez-vous? Pas trop mal, merci.* – Du frq. **throp*, «village, troupeau, tas».

tropæloacées [tʀɔpelɔase] n. f. pl. BOT Famille des angiospermes dicotylédones dialypétales. – Du lat. sc. *tropælum*, «capucine».

trope [tʀɔp] n. m. RHET Figure qui implique un changement du sens premier, habituel, des mots. (Ex.: les ailes d'un moulin, d'un château.) *Métaphore, métonymie, synecdoque sont des tropes.* – Lat. *tropus*, gr. *tropos*, «tour, manière».

-trope, -tropie, -tropisme, tropo-. Éléments, du gr. *tropos*, «tour, manière, direction»; de *trepein*, «tourner».

troph(o)-, -trophie. Éléments, du gr. *trophê*, «nourriture».

trophée [tʀɔfe] n. m. **1.** ANTIQ Dépouille d'un ennemi vaincu. ▷ BX-A Monument ou motif décoratif évoquant une victoire, un événement héroïque. **2.** Objet qui témoigne d'une victoire (non militaire), d'un succès. *Trophée de chasse. Trophées sportifs.* – Gr. *tropaion*, de *tropê*, «fuite, déroute»; lat. class. *tropæum*; bas lat. *trophæum.*

trophicité [tʀɔfisite] n. f. PHYSIOL Ensemble des phénomènes qui conditionnent la nutrition et le développement d'un tissu ou d'un organe. – De *trophique.*

trophine [tʀɔfin] n. f. BIOL Syn de *stimuline.* – Du gr. *trophê*, «nourriture», et *-ine.*

trophique [tʀɔfik] adj. PHYSIOL Qui se rapporte à la nutrition des tissus. – Du gr. *trophê*, «nourriture».

trophoblaste [tʀɔfoblast] n. m. EMBRYOL Couche périphérique de l'œuf fécondé permettant son implantation dans l'utérus et riche en matières nutritives. – De *tropho-*, et *blaste.*

tropical, ale, aux [tʀɔpikal, o] adj. **1.** Qui appartient à un, aux tropiques; situé sous un tropique; qui caractérise la zone intertropicale. *Climat tropical,* qui règne de part et d'autre des tropiques, caractérisé par l'alternance d'une saison chaude et humide, et d'une saison sèche. – Par exag. *Une température tropicale,* très élevée. **2.** Conçu spécialement pour le climat tropical, pour les climats chauds. *Vêtements tropicaux.* – De *tropique.*

tropicalisation [tʀɔpikalizasjɔ̃] n. f. TECH Action de tropicaliser; son résultat. – De *tropicaliser.*

tropicaliser [tʀɔpikalize] v. tr. [1] TECH Traiter (un matériau, un matériel) de manière à l'adapter au climat tropical, notam. à la chaleur humide. – De *tropical.*

-tropie. V. -trope.

tropique [tʀɔpik] n. et adj. ASTRO **1.** n. m. Chacun des deux cercles imaginaires parallèles à l'équateur, situés de part et d'autre à la latitude de 23°27' (angle d'inclinaison de l'écliptique sur l'équateur). *Tropique du Cancer,* dans l'hémisphère Nord. *Tropique du Capricorne,* dans l'hémisphère Sud. ▷ Cour. *Les tropiques:* la région comprise entre les deux tropiques. **2.** adj. *Année tropique:* durée séparant deux passages consécutifs du Soleil à l'équinoxe de printemps. *L'année tropique est légèrement inférieure à l'année sidérale, à cause de la précession des équinoxes.* – Lat. imp. *tropicus*, gr. *tropikos*, «qui concerne les changements de saison».

ENCYCL **Astro.** – Placé sur l'un des tropiques, on voit le Soleil au zénith une fois par an. Dans la zone de la Terre comprise entre les deux tropiques, on voit le Soleil au zénith à deux époques de l'année qui sont d'autant plus proches qu'on est proche d'un des tropiques. Dans chacun des hémisphères, entre le tropique et le pôle il n'est pas possible d'observer le Soleil à son zénith.

Météo. – La zone située entre les tropiques couvre une partie importante du globe. Les tropiques sont surmontés de hautes pressions atmosphériques qui contribuent à la clarté du ciel et à la sécheresse de ces régions. De ces zones s'échappent les alizés, qui soufflent en direction de l'équateur. Le climat tropical se décompose en différents sous-climats au fur et à mesure que l'on s'approche de l'équateur: le climat désertique, le climat tropical sec (saison sèche de 8 à 9 mois), le climat tropical humide (saison humide de plus de 6 mois) et le climat subéquatorial, où la pluviosité, très importante, s'étend sur une durée de 7 à 8 mois.

tropie, – tropisme. V. – trope.

tropisme [tʀɔpism] n. m. BIOL Mouvement par lequel un organisme s'oriente par rapport à une source stimulante. *Tropisme (chimiotropisme, géotropisme, phototropisme, thermotropisme) et tactisme.* ▷ Fig. Réaction élémentaire à un stimulus quelconque. – Du gr. *tropos,* «tour, direction» (V. -trope).

tropo –. V. – trope.

tropopause [tʀɔpopoz] n. f. METEO Surface qui sépare la troposphère de la stratosphère. – De *tropo(sphère),* et gr. *pausis,* «cessation».

troposphère [tʀɔposfɛʀ] n. f. METEO Partie de l'atmosphère située entre la surface du sol et une altitude de 10 km env. V. encycl. atmosphère. – De *tropo-,* et *(atmo)sphère.*

trop-perçu [tʀopɛʀsy] n. m. Somme qui, dans un compte, a été perçue en trop. ▷ FIN Bénéfice réalisé par une société coopérative. *Le trop-perçu des coopératives est souvent ristourné aux associés. Des trop-perçus.* – De *trop,* et pp. de *percevoir.*

trop-plein [tʀoplɛ̃] n. m. **1.** Ce qui excède la capacité d'un récipient, ce qui en déborde. **2.** Fig. Ce qui est en excès, en surabondance. *Laisser déborder le trop-plein de son cœur. Un trop-plein d'énergie.* **3.** TECH Dispositif qui sert à évacuer un liquide en excès dans un réservoir. *Des trop-pleins.* – De *trop,* et *plein.*

troque. V. troche.

troquer [tʀɔke] v. tr. [1] **1.** Échanger (une chose contre une autre); donner en troc. *Troquer des peaux contre du blé.* ▷ Fig., prov. *Troquer son cheval borgne contre un aveugle:* échanger qqch de médiocre pour qqch de pire. **2.** (Sans idée de transaction) Changer pour autre chose. *Il avait troqué sa culotte courte contre un pantalon.* – Lat. médiév. *trocare,* d'orig. incert.

troquet [tʀɔkɛ] n. m. Pop. **1.** Vx Débitant de vins, cafetier. **2.** Mod. Bistro, petit café. *Prendre un verre au troquet d'en face.* – Abrév. de *mastroquet.*

troqueur, euse [tʀɔkœʀ, øz] n. Rare Personne qui troque, qui aime à troquer. – De *troquer.*

trot [tʀo] n. m. **1.** Allure intermédiaire entre le pas et le galop, l'antérieur gauche et le postérieur droit, l'antérieur droit et le postérieur gauche étant lancés deux à deux. *Courses de trot,* disputées par des chevaux qui doivent trotter (et non galoper). *Trot monté* (avec jockeys), *attelé* (avec conducteurs, dans des sulkies). **2.** Fig., fam. *Au trot:* vivement et sans délai. *Allez me chercher ce livre, et au trot!* – Déverbal de *trotter.*

trotskisme ou **trotskysme** [tʀɔtskism] n. m. Courant politique issu des conceptions de Léon Trotski, selon lequel la révolution doit être permanente et mondiale. – De Lev Davidovitch Bronstein, dit Léon *Trotski* (1877-1940), révolutionnaire russe.

trotskiste ou **trotskyste** [tʀɔtskist] n. Partisan de Léon Trotski, de ses thèses (var. péjor. *trotskard*). ▷ Adj. *Groupe trotskiste.* – Du n. du révolutionnaire russe (V. préc.).

trotte [tʀɔt] n. f. Fam. Chemin, distance assez longue à parcourir à pied. *Il y a une bonne trotte jusqu'au village.* – Déverbal de *trotter.*

trotte-menu [tʀɔtməny] adj. inv. Vx Qui trotte à très petits pas. *«La gent trotte-menu»* (La Fontaine): les souris. – De *trotter,* et *menu.*

trotter [tʀɔte] v. intr. [1] **1.** (En parlant du cheval et de certains animaux dont l'allure rappelle celle du cheval.) Aller au trot. – *Spécial.* Disputer une course de trot. ▷ Par ext. *Jockey qui trotte,* qui fait trotter sa monture. **2.** (En parlant de quelques animaux et de l'homme.) Marcher à petits pas, à une allure rapide. *Les souris trottent.* ▷ v. pron. Fam. Se sauver. **3.** Marcher beaucoup, aller et venir. *J'ai trotté toute la journée.* **4.** Fig. Aller et venir. *Cette idée lui trotte dans la tête.* – Frq. **trottôn,* forme intensive de *treten,* «marcher».

trotteur [tʀɔtœʀ] n. m. **1.** Cheval que l'on a dressé à trotter, notam. pour les courses de trot. *Élever, entraîner des trotteurs.* **2.** Chaussure de ville à talon bas et large, commode pour la marche. ▷ Adj. *Bottines à talons trotteurs.* – De *trotter.*

trotteuse [tʀɔtøz] n. f. Petite aiguille qui marque les secondes. *Trotteuse d'une montre, d'un réveil.* – De *trotter.*

trottinement [tʀɔtinmɑ̃] n. m. Action de trottiner; allure de qqn, d'un animal qui trottine. – De *trottiner.*

trottiner [tʀɔtine] v. intr. [1] **1.** Aller d'un trot très court. **2.** Marcher à petits pas pressés. – De *trotter.*

trottinette [tʀɔtinɛt] n. f. **1.** Jouet d'enfant formé d'une planchette rectangulaire montée sur deux petites roues, la roue avant étant commandée par une tige de direction. Syn. patinette. **2.** Fam., plaisant. Petite automobile. – De *trottiner.*

trottoir [tʀɔtwaʀ] n. m. **1.** Chemin surélevé, le plus souvent dallé ou bitumé, de chaque côté d'une rue, d'une voie de passage, aménagé pour la circulation et la sécurité des piétons. ▷ Fam. *Faire le trottoir:* se prostituer, racoler les passants sur la voie publique. **2.** *Trottoir roulant:* tapis roulant pour les piétons. – De *trotter;* d'abord «piste où l'on fait trotter les chevaux».

trou [tʀu] n. m. Ouverture naturelle ou artificielle dans un solide. **I. 1.** Creux, cavité pratiquée à la surface d'un corps, du sol. *Creuser, reboucher des trous dans un jardin. Trou d'obus. Trous d'un terrain de golf.* ▷ Fig. *Boucher un trou:* s'acquitter d'une dette (parmi beaucoup d'autres). ▷ Pop. Fosse, tombe. *Mettre qqn dans le trou.* **2.** Petite cavité servant d'abri, de cachette. *Trou de souris.* ▷ Fig. *Faire son trou:* parvenir à une bonne situation, réussir. **3.** METEO, AVIAT *Trou d'air:* courant atmosphérique descendant qui, rencontré par un aéronef, lui fait perdre brusquement de l'altitude. **4.** Fig. *Trou normand* : rasade d'eau-de-vie prise au milieu d'un repas copieux pour stimuler la digestion (en «creusant» l'estomac). ▷ SPORT *Faire le trou:* se dit d'un coureur qui «creuse» la distance entre lui et ses adversaires. **5.** Fig. Lacune, manque. *Avoir un trou de mémoire* ou, ellipt., *un trou.* ▷ Somme qui manque dans un compte, déficit. *Trou dans un budget. Le comptable s'est enfui en laissant un trou d'un million.* **6.** ELECTR *Trou* ou *lacune d'électron:* emplacement laissé libre dans un réseau cristallin à la suite du départ d'un électron. (Il en résulte une charge positive.) **7.** Fig., fam. Petite localité retirée, à vie ralentie. *Végéter dans un trou.* – *Sortir un* *peu de son trou.* **8.** Pop. Prison. *Être au trou.* **II. 1.** Ouverture pratiquée dans une surface, un corps qu'elle traverse. *Le trou d'une serrure,* l'ouverture par où l'on passe la clef. *Trou du souffleur,* pratiqué sur le devant de la scène. ▷ MAR *Trou de chat:* ouverture pratiquée dans la hune d'un mât permettant le passage d'un homme. ▷ TECH *Trou d'homme:* ouverture servant à pénétrer dans un appareil (citerne, en partic.) pour en visiter l'intérieur. **2.** Fam. Orifice, cavité dans le corps humain. *Trous de nez.* ▷ Vulg. *Trou de balle, trou du cul:* anus. – Fig., injur. *Trou-du-cul:* être méprisable, bon à rien. **3.** ANAT Orifice limité par des parois osseuses, musculaires ou aponévrotiques et permettant notam. le passage de nerfs et de vaisseaux. *Trou occipital, obturateur, vertébral.* **4.** Ouverture qui endommage un vêtement, un tissu (due à l'usure, à une déchirure, etc.). *Repriser des chaussettes pleines de trous.* **5.** ASTRO *Trou noir:* V. encycl. ci-après. – Du lat. pop. **traucum,* lat. médiév. attesté *traugum,* probabl. d'orig. prélatine.

ENCYCL **Astro.** – *Trou noir.* Au cours de sa vie, une étoile dégage de l'énergie par fusion thermonucléaire en créant une pression suffisante pour compenser les effets de la gravitation. Lorsque son combustible est épuisé, cette pression diminue et l'étoile commence à s'effondrer sur elle-même. Lorsque l'étoile est très massive (10 fois la masse du Soleil), l'effondrement est radical, la densité devient gigantesque et le champ gravitationnel retient les photons: l'étoile n'est plus observable; c'est donc un «trou noir»; l'autre nom utilisé, *collapsar,* fait allusion à l'effondrement de l'étoile. Les trous noirs ont quelque chance d'être un jour détectés: par leurs effets secondaires s'ils appartiennent à un système composé de plusieurs étoiles; par l'action de leur fort champ de gravitation sur les étoiles voisines.

troubadour [tʀubaduʀ] n. m. Poète courtois qui, aux XIIe et XIIIe s., composait des œuvres lyriques en langue d'oc. Cf. aussi trouvère. ▷ Appos. LITTER, BX-A *Genre troubadour:* genre littéraire, courant artistique caractérisés par une imitation des œuvres du Moyen Âge, en vogue en France à l'époque romantique – De l'anc. provenç. *trobador,* «trouveur», de *trobar,* du lat. pop. *tropare,* «composer».

troublant, ante [tʀublɑ̃, ɑ̃t] adj. **1.** Vieilli Qui cause des troubles. **2.** Qui inquiète ou déconcerte. *Ressemblance troublante. Découvrir des indices troublants* **3.** Qui provoque le désir. *Une démarche troublante.* . – Ppr. de *troubler.*

1. trouble [tʀubl] adj. **1.** Qui manque de limpidité, de transparence. *Vin trouble. Verre trouble.* ▷ Loc. fig. *Pêcher en eau trouble:* V. eau. **2.** Flou, que l'on ne distingue pas nettement. *Image, film trouble.* ▷ Par méton. *Avoir la vue trouble* ou, adv., *voir trouble:* ne pas voir nettement. **3.** Fig. Équivoque, qui manque de clarté. *Sentiments, motivations troubles.* ▷ Péjor. Louche, suspect. *Conduite trouble.* – Du lat. pop. **turbulus,* croisement de *turbidus,* «agité», et *turbulentus,* «turbulent».

2. trouble [tʀubl] n. m. **1.** État de ce qui est troublé, contraire à la paix, à l'ordre; confusion, agitation désordonnée. *Semer le trouble dans les esprits.* **2.** Mésintelligence, dissension. *Porter le trouble dans un ménage.* **3.** État d'inquiétude, d'agitation de l'esprit, du cœur. *Le trouble se lisait sur son visage.* ▷ *Spécial.* Émotion suscitée par l'amour, le désir. **4.** Plur. Désordre, anomalie dans le fonctionnement d'un organe, dans le comportement. *Troubles respiratoires, de la vue.* **5.** Plur. Agitation, dissensions civiles et politiques. *Une période de troubles. Réprimer des troubles. Fauteur de troubles.* – Déverbal de *troubler.*

3. trouble, troubleau. V. truble.

trouble-fête [tʀubləfɛt] n. inv. Importun qui interrompt les plaisirs d'une réunion, d'une réjouissance. – De *troubler,* et *fête.*

troubler [tʀuble] **I.** v. tr. [1] **1.** Rendre moins limpide, moins transparent. *L'orage a troublé l'eau de la rivière.* **2.** Rendre trouble (1, sens 2). *Le brouillard troublait l'horizon.* **3.** Interrompre, perturber le déroulement, le bon fonctionnement de. *Troubler le sommeil. Les manifestants, les contradicteurs ont troublé la réunion.* **4.** Gêner; susciter le doute, l'inquiétude chez (qqn). *Cette question l'a troublé.* **5.** Émouvoir, faire naître un certain émoi, un désir chez (qqn). *Adolescent troublé par une jeune fille, par une lecture.* **II.** v. pron. **1.** Réfl. Devenir trouble (1, sens 1 et 2). **2.** Être ému, perdre le contrôle de soi, de ses facultés. *Le candidat s'est troublé.* – Lat. pop. **turbulare* (class. *turbare*), de *turbulus* (V. trouble 1).

trouée [tʀue] n. f. **1.** Ouverture naturelle ou artificielle (au travers d'un bois, d'une haie, etc.) qui permet le passage. **2.** MILIT Ouverture faite dans une ligne ennemie par une charge de cavalerie, de blindés ou un tir d'armes à feu. **3.** GEOGR Passage naturel entre deux montagnes. – Pp. fém. subst. de *trouer.*

trouer [tʀue] v. tr. [1] **1.** Percer, faire un trou, des trous dans. – Loc. fam. *Se faire trouer la peau:* se faire tuer (par balles). **2.** (Choses.) Former un trou, une trouée, un passage dans. *Un mur que trouaient çà et là de larges brèches.* – De *trou.*

troufion [tʀufjɔ̃] n. m. Pop. Simple soldat. – Probabl. altér. de *troupier.*

trouillard, arde [tʀujaʀ, aʀd] adj. et n. Pop. Poltron, peureux. – De *trouille.*

trouille [tʀuj] n. f. Pop. Peur. *Avoir la trouille.* – Orig. incon.; p.-ê. altér. de *drouille,* dial., du néerl. *drollen,* «aller à la selle».

troupe [tʀup] n. f. **1.** Vieilli Assemblée, réunion de personnes liées par un intérêt commun. *Une troupe de brigands.* **2.** Groupe d'animaux qui vivent ensemble. *Une troupe d'oies sauvages.* **3.** Unité régulière de soldats. **4.** Collect. *La troupe:* l'armée. ▷ Les sous-officiers et les soldats (par oppos. aux officiers). ▷ *Les troupes:* le corps des gens de guerre composant une armée. – *Par ext.* Armée (d'un pays). *Ils furent vaincus par les troupes espagnoles.* **5.** *Troupe de comédiens* ou, ellipt., *troupe:* groupe de comédiens associés, jouant ensemble. – Frq. *throp,* «village, troupeau».

troupeau [tʀupo] n. m. **1.** Troupe d'animaux domestiques de même espèce, élevés et nourris ensemble. *Un troupeau de vaches.* ▷ *Spécial.* (S. comp.) Troupeau de moutons et de brebis. *Le berger et son troupeau.* ▷ Groupe d'animaux vivant ensemble. *Un troupeau de girafes.* **2.** Groupe de personnes qui suit passivement qqn, qqch. *Escorté de son troupeau d'admirateurs.* **3.** RELIG Ensemble des fidèles. *Le pasteur et son troupeau.* – Frq. **throp.*

troupiale [tʀupjal] n. m. ZOOL Oiseau passériforme américain migrateur (genre *Icterus*), à plumage jaune ou orangé, vivant en colonies. – Probabl. de *troupe.*

troupier [tʀupje] n. m. Vieilli Soldat, homme de troupe. ▷ Adj. *Comique troupier:* chansons, comique grossier à base d'histoires de soldats, en vogue de 1900 à 1930 (env.). – Le comédien, le chanteur qui exploite cette veine comique. – De *troupe.*

troussage [tʀusaʒ] n. m. CUIS Action de trousser une volaille. – De *trousser.*

trousse [tʀus] n. f. **1.** Vx Assemblage de choses attachées ensemble. **2.** Anc. (surtout au plur.) Chausses, hauts-de-chausses que portaient les pages. ▷ Plur., loc. mod., fam. *Aux trousses:* à la poursuite. *Il a la police aux trousses, à ses trousses.* **3.** Mod. Étui, petite sacoche à compartiments pour ranger ou regrouper des instruments, divers objets usuels. *Trousse de chirurgien, d'infirmière.* – *Trousse de toilette,* qui contient des objets de toilette. – Déverbal de *trousser, au sens anc. de* «charger».

trousseau [tʀuso] n. m. **1.** Vx Petite trousse (sens 1). ▷ Mod. *Trousseau de clefs:* ensemble de clefs réunies par un même lien (anneau, porte-clefs, etc.). **2.** Linge, vêtements, que l'on donne à une jeune fille qui quitte sa famille pour se marier, entrer au couvent, ou à un enfant qui entre en pension, part en apprentissage, etc. – De *trousse.*

trousse-pied [tʀuspje] n. m. TECH Lanière servant à tenir plié le pied d'un gros animal (cheval, notam.) lorsqu'on le soigne ou le ferre. *Des trousse-pied(s).* – De *trousser,* et *pied.*

trousse-queue [tʀuskø] n. m. Pièce de harnais, boucle de cuir rembourrée dans laquelle on passe la queue d'un cheval pour la maintenir levée. *Des trousse-queue(s).* – De *trousser,* et *queue.*

1. troussequin [tʀuskɛ̃] n. m. TECH Partie postérieure et relevée de l'arçon de la selle. – Dér. dial. de *trousse,* et suff. picard.

2. troussequin. V. trusquin.

trousser [tʀuse] v. tr. [1] **1.** Vx Botteler. **2.** Plus cour. Retrousser. ▷ Fam. *Trousser la jupe, les jupons d'une femme* et, par ext., *trousser une femme.* ▷ v. pron. Relever ses jupes. **3.** CUIS *Trousser une volaille,* ramener et lier près du corps ses ailes et ses cuisses pour la faire cuire. **4.** Litt. Expédier rapidement. *Trousser une affaire.* ▷ *Trousser un poème, un compliment,* le faire avec rapidité et élégance. – Au pp. *Un compliment bien troussé.* – Bas lat. **torsare,* du class. *torquere,* «tordre».

trousseur [tʀusœʀ] n. m. Fam. *Trousseur de jupons:* coureur de filles. – De *trousser.*

trou-trou [tʀutʀu] n. m. Fam. Motif ornemental fait d'une suite de trous de forme régulière parsemés dans un tissu et rebrodés, dans lesquels on passe un ruban. *Corsage à trou-trou(s).* – De *trou.*

trouvable [tʀuvabl] adj. Qui peut être trouvé. – De *trouver.*

trouvaille [tʀuvaj] n. f. **1.** Découverte heureuse, opportune et agréable. *Faire une trouvaille.* **2.** Chose heureusement trouvée, idée originale. *Un style plein de trouvailles.* – De *trouver.*

trouvé, ée [tʀuve] adj. **1.** Qui a été trouvé (sens A, I, 2). *Enfant trouvé.* **2.** *Bien trouvé:* heureusement découvert; original. ▷ *Tout trouvé :* trouvé avant même d'avoir été recherché. *Voilà un remède tout trouvé.* – Pp. de *trouver.*

trouver [tʀuve] **A.** v. tr. [1] **I. 1.** Rencontrer, apercevoir, découvrir (qqn, qqch que l'on cherchait). *Trouver la maison de ses rêves. Vous le trouverez chez lui.* ▷ *Aller trouver qqn,* se rendre auprès de lui, aller le voir. – (Suivi d'un comp. désignant un état.) *Je n'ai pu trouver le sommeil.* **2.** Rencontrer, découvrir (qqn, qqch que l'on ne cherchait pas, par hasard). *Trouver un parapluie dans l'autobus. Il a trouvé à qui parler. – Trouver la mort dans un accident.* **II.** (Abstrait.) **1.** Découvrir, parvenir à obtenir (un résultat recherché) au moyen de l'étude, par un effort de l'intelligence, de l'imagination. *Trouver la solution d'un problème.* ▷ Inventer. *Trouver un nouveau procédé.* ▷ Fam. *Trouver le moyen de* (+ inf.): se débrouiller pour. ▷ *Trouver à* (+ inf.): trouver la possibilité de. *Il a trouvé à s'occuper. – Trouver à redire:* critiquer, blâmer. **2.** Parvenir à avoir, à disposer de. *Trouver le temps, le courage de faire qqch.* **III.** Fig. **1.** *Trouver (une sensation, un sentiment, etc.) à, dans :* éprouver, ressentir à, dans. *Trouver un malin plaisir à contredire qqn. Trouver une consolation dans l'amitié.* **2.** Voir (qqn, qqch) se présenter dans tel état, telle situation. *Je l'ai trouvé malade. Il l'a trouvé en train de lire. Trouver porte close.* ▷ Surprendre. *On l'a trouvé en train de fouiller dans les tiroirs.* **3.** Estimer, juger. *Il trouve ce livre passionnant. Je trouve que tu as tort. Trouver le temps long.* ▷ Fam., loc. *La trouver mauvaise:* être très mécontent de, trouver (une chose) fâcheuse. *On lui a tout volé, il l'a trouvé mauvaise.* ▷ *Trouver bon, mauvais (de* + inf., *que):* estimer bon, mauvais (de, que). *Il a trouvé bon de partir et que je l'accompagne.* **4.** *Trouver (une qualité, un état) à (qqn, qqch):* reconnaître, attribuer (à qqn, qqch cette qualité, cet état). *Je vous trouve bonne mine. Trouver beaucoup d'avantages à une situation.* **B.** v. pron. **1.** Se découvrir, se voir tel que l'on est. *Avec le temps et l'expérience, il s'est enfin trouvé.* **2.** Être présent (en un lieu, en une occasion). *Se trouver là par hasard.* ▷ (Choses.) Être (dans tel lieu); être situé. *Le livre se trouve sur le premier rayon.* **3.** Être (dans tel ou tel état). *Se trouver dans l'embarras.* **4.** (Réfl.) S'estimer, se sentir. *Il se trouve lésé par ce marché.* ▷ *Se trouver mal:* s'évanouir, avoir un malaise. ▷ *Se trouver bien de qqch,* en être content, en tirer satisfaction. **5.** v. impers. Être, exister, se rencontrer. *Il s'est trouvé quelqu'un pour l'accuser.* ▷ *Il se trouve que:* il arrive que, il se révèle que. *Il se trouva que personne n'avait été prévenu.* ▷ Fam. *Si ça se trouve,* se dit pour présenter une chose comme une éventualité qui n'est pas à écarter. *Si ça se trouve, ils ont combiné ça tous les deux.* – Du lat. pop. **tropare,* «composer (un air, un poème)», puis «inventer, découvrir».

trouvère [tʀuvɛʀ] n. m. Jongleur et poète de langue d'oïl, aux XIIe et XIIIe s., dans le nord de la France. Cf. aussi troubadour. *Thibaud de Champagne fut surnommé le «prince des trouvères».* – De *trouver,* au sens anc. de «composer un poème» (V. préc.); adaptation de *troverre,* cas sujet de *troveor,* «trouveur».

trouveur, euse [tʀuvœʀ, øz] n. Rare Personne qui trouve, découvre ou invente. – De *trouver.*

troyen, enne [tʀwajɛ̃, ɛn] n. et adj. **1.** De l'ancienne ville Troie. ▷ *«Les Troyennes»: tragédie d'Euripide.* – Lat. *trojanus,* de *Troja,* «Troie», anc. ville d'Asie mineure (vestiges en Turquie d'Asie) dont la guerre contre les Grecs fut relatée dans «l'Iliade» d'Homère.

tr/s TECH Abrév. de *tour par seconde,* unité de vitesse angulaire.

truand, ande [tʀyɑ̃, ɑ̃d] n. **1.** Vx Vagabond, mendiant. **2.** Mod. Personne qui tire ses ressources d'opérations illégales ou malhonnêtes. – Homme du «milieu». – Du gaul. **trugant;* cf. irland. *truag,* «misérable».

truander [tʀyɑ̃de] v. [1] **1.** v. intr. Vx Mendier, vagabonder. **2.** v. tr. Mod., fam. Voler, escroquer. *Truander qqn.* – Du préc.

truanderie [tʀyɑ̃dʀi] n. f. **1.** Vx État de truand. ▷ Société des mendiants. **2.** Action de truand. – De *truand.*

truble [tʀybl] n. f. Filet de pêche en forme de poche, monté sur un cercle fixé au bout d'un long manche. – Du gr. *trublê,* «bol».

trublion [tʀyblijɔ̃] n. m. Fauteur de troubles. – Mot créé par A. France pour désigner les partisans de la monarchie au moment de l'affaire Dreyfus, du lat. *trublium,* «écuelle» (par allus. au surnom de *Gamelle* donné au duc d'Orléans, prétendant au trône), avec infl. de *troubler.*

truc [tʀyk] n. m. **I. 1.** Fam. Façon d'agir, procédé habile permettant de réussir qqch. *Connaître tous les trucs du métier.* Syn. astuce, ruse, ficelle. **2.** Moyen propre à exécuter un tour de passe-passe. *Les prestidigitateurs ne révèlent jamais leurs trucs.* **3.** Dispositif de théâtre destiné à faire mouvoir des décors, à exécuter des changements à vue. – Au cinéma, procédé destiné à créer une illusion. V. truquage. **II.** Fam. Mot général par lequel on désigne une chose qu'on ne peut ou ne veut nommer. *Qu'est-ce que c'est que ce* *truc-là?* Syn. machin, chose. – Mot provenç., de *trucar*, «cogner», lat. pop. **trudicare*, de *trudere*, «pousser».

trucage [tʀykaʒ] n. m. V. truquage.

truchement [tʀyʃmɑ̃] n. m. **1.** Vx Interprète. **2.** Litt. Personne qui explique les intentions d'une autre, lui sert d'intermédiaire. ▷ Fig et litt. Réalité qui exprime, traduit une autre réalité. ▷ Cour. *Par le truchement de:* par l'intermédiaire de. – De l'ar. *tardjumān*. Cf. drogman.

trucider [tʀyside] v. tr. [1] Fam. Tuer, massacrer. – Lat. *trucidare*, «massacrer».

truculence [tʀykylɑ̃s] n. f. Caractère, état de ce qui est truculent. – De *truculent*.

truculent, ente [tʀykylɑ̃, ɑ̃t] adj. **1.** Vx Qui a une allure sauvage, farouche. **2.** Qui se fait remarquer, haut en couleur, pittoresque. *Personnage truculent.* – (Choses.) Réaliste, très coloré. *Style, langage truculent.* – Lat. *truculentus*, «farouche, cruel».

truelle [tʀɥɛl] n. f. **1.** Outil formé d'une lame en triangle ou en trapèze et d'un manche coudé, servant à appliquer le plâtre, le mortier. **2.** Spatule coupante servant à découper et à servir le poisson. – Bas lat. *truella*, class. *trulla*.

truellée [tʀɥele] n. f. Quantité de plâtre, de mortier, pouvant tenir sur la truelle. – Du préc.

truffe [tʀyf] n. f. **1.** Champignon ascomycète comestible (genre *Tuber*), qui se développe uniquement dans le sol, particulièrement recherché pour la saveur qu'il donne aux mets qu'il accompagne. *Garniture de truffes.* **2.** Confiserie au chocolat en forme de truffe. **3.** Nez du chien. – Anc. provenç. *trufa*, lat. pop. *tufera*, de *tufer*, forme dial. du class. *tuber*.

truffer [tʀyfe] v. tr. [1] **1.** Garnir de truffes. *Truffer une dinde. Foie gras truffé.* **2.** Fig. Parsemer en abondance. *Discours truffé de citations.* – Du préc.

trufficulture [tʀyfikyltyʀ] n. f. AGRIC Production rationalisée de truffes. – De *truffe*, d'ap. *agriculture*.

truffier, ière [tʀyfje, jɛʀ] adj. AGRIC Relatif aux truffes. ▷ *Chêne truffier*, au voisinage duquel on trouve des truffes. ▷ *Chien, porc truffier*, dressé pour la recherche des truffes. – De *truffe*.

truffière [tʀyfjɛʀ] n. f. AGRIC Terrain où poussent des truffes. – De *truffe*.

truie [tʀɥi] n. f. Femelle du porc. – Bas lat. *troia*.

truisme [tʀɥism] n. m. Vérité aussi évidente que banale. – Angl. *truism*, de *true*, «vrai».

truite [tʀɥit] n. f. Poisson salmonidé comestible, du genre *Salmo*, plus petit que le saumon, tacheté et de couleurs variables, qui vit surtout dans les eaux froides et vives et se nourrit de proies vivantes. *Truite brune (Salmo trutta)*, introduite d'Europe (où on l'appelle *truite de mer*) en Amérique du Nord à la fin du XIXe s. *Truite arc-en-ciel (Salmo gairdneri)*, à reflets irisés, originaire de la côte ouest nord-américaine, souvent élevée en pisciculture. ▷ *Par ext.* poisson salmonidé du genre *Salvelinus*, aussi appelé *omble*, qui diffère de la truite (*Salmo*) par quelques traits anatomiques internes. *Truite mouchetée (Salvelinus fontinalis)*, portant au dos des petites stries sinueuses et aux flancs quelques taches rouges cerclées de bleu, indigène dans le nord-est de l'Amérique du Nord et introduite en Europe sous son nom scientif. d'*omble de fontaine* (la truite mouchetée qui vit en eau salée porte au Canada le nom de *truite de mer*). *Truite grise* ou *touladi* (*Salvelinus namaycush*), marquée de taches pâles. ▷ CUIS *Truite aux amandes, au bleu*, meunière**. – Bas lat. *tructa*.

truité, ée [tʀɥite] adj. **1.** Marqué de petites taches rougeâtres et noires comme une truite. *Chien truité.* **2.** TECH *Fonte truitée:* fonte blanchâtre tachetée de gris. – *Poterie truitée*, dont la glaçure est craquelée. – Du préc.

truiticulture [tʀɥitikyltyʀ] n. f. Didac. Élevage de truites. – De *truite*, d'ap. *agriculture*.

trullo, trulli [tʀulo, tʀuli] n. m. Construction ronde des Pouilles (Italie du S.), faite de très grosses pierres chaulées, à toit de lauze, servant d'habitation ou de grange. – Mot ital., p.-ê. d'orig. grecque.

trumeau [tʀymo] n. m. **I. 1.** Vx Jambe, gras de la jambe. **2.** Jarret de bœuf. **II.** ARCHI **1.** Portion d'un mur comprise entre deux fenêtres. – Glace, panneau décoré qui occupe cet espace. – Glace, panneau disposé au-dessus d'une cheminée, d'une porte. **2.** Dans les églises gothiques, pilier qui soutient en son milieu le linteau d'un portail. – Du frq. **thrum*, «morceau».

truquage ou **trucage** [tʀykaʒ] n. m. **1.** Fait de truquer; ensemble de moyens employés à cet effet. **2.** Procédé technique (optique ou de laboratoire) utilisé surtout au cinéma pour créer une illusion; ensemble de ces procédés et art de les utiliser. – De *truquer*.

truquer [tʀyke] v. [1] **1.** v. intr. User de trucs. **2.** v. tr. Donner une fausse apparence à, modifier frauduleusement (un objet). *Truquer un dossier.* Syn. falsifier, maquiller. *Photos truquées.* ▷ Fausser dans le déroulement ou les résultats. *On soupçonne les organisateurs d'avoir truqué ce match de boxe. Élections truquées.* – De *truc*.

truqueur, euse [tʀykœʀ, øz] n. **1.** Personne qui truque, falsifie (des objets, des opérations). *L'antiquaire nous a mis en garde contre les truqueurs.* **2.** TECH Syn. de *truquiste*. – De *truquer*.

truquiste [tʀykist] n. TECH Spécialiste des truquages cinématographiques. – De *truquer*.

trusquin [tʀyskɛ̃] ou **troussequin** [tʀuskɛ̃] n. m. TECH Outil (de menuisier, d'ajusteur, etc.) servant à tracer sur une pièce des lignes parallèles à un bord. – Mot wallon, altér. de *crusquin*, flamand *kruisken*, «petite croix».

trusquiner [tʀyskine] v. tr. [1] TECH Tracer au trusquin des parallèles sur (le bois, le marbre, etc.). – Du préc.

trust [tʀœst] n. m. Combinaison économique ou financière réunissant plusieurs entreprises sous une même direction à qui elle assure la prépondérance, voire un monopole, sur un produit ou un secteur. – *Législation contre les trusts* (ou *antitrust*). (Rem. Le terme trust est souvent employé pour désigner une société de fiducie.) *Trust Royal. Trust de Montréal.* – Mot anglo-amér., de *to trust*, «confier (les pleins pouvoirs)».

truste [tʀyst] ou **trustis** [tʀystis] n. f. HIST (France) Association de guerriers libres groupés, chez les Francs, autour d'un chef, en une sorte de garde d'honneur. Cf. antrustion. – De *trustis*, latinisation de l'anc. haut all. *Trost*, «fidélité».

trypanosome [tʀipanɔzom] n. m. MED, MED VET Protozoaire flagellé fusiforme, parasite du sang, agent de diverses maladies épizootiques ou humaines. – Du gr. *trupanon*, «tarière», et *sôma*, «corps».

ENCYCL Les trypanosomes parasitent les vertébrés et certains insectes hématophages (glossines, moustiques, etc.), qui en sont les vecteurs. Ils ne sont pas tous pathogènes. En Afrique, *Trypanosoma gambiense*, long de 15 à 30 μm, est l'agent de la *maladie du sommeil*, la plus grave des trypanosomiases; il est véhiculé par la *mouche tsé-tsé (Glossina palpalis)*, qui pique également les animaux. D'autres trypanosomes sévissent en Afrique et en Amérique du Sud. Les équidés, les bovidés et les porcins d'Afrique tropicale et équatoriale sont les animaux les plus touchés par les diverses trypanosomiases. La lutte contre les insectes vecteurs est le seul moyen efficace de combattre l'extension de ce mal.

trypanosomiase [tʀipanosɔmjɑz] n. f. MED, MED VET Maladie parasitaire due à un trypanosome. – Du préc.

trypsine [tʀipsin] n. f. BIOCHIM Enzyme protéolytique du suc pancréatique. – Du gr. *tripsis*, «frottement»; ou *thrupsis*, «broiement», d'ap. *pepsine*.

trypsinogène [tʀipsinɔʒɛn] n. m. BIOCHIM Protéine présente dans le pancréas ou le suc pancréatique, qui se transforme en trypsine notam. sous l'effet de l'entérokinase. – De *trypsine*, et *-gène*.

tryptophane [tʀiptɔfan] n. m. BIOCHIM Acide aminé, de structure cyclique, précurseur de la sérotonine et de la nicotinamide. – Du rad. gr. de *trypsine*, et *phainein*, «rendre visible».

tsar, tzar [tsaʀ] ou [dzaʀ], **csar** [ksaʀ] ou **czar** [kzaʀ] n. m. HIST Titre des empereurs de Russie et des anciens souverains serbes et bulgares. – Mot slave, du lat. *Cæsar; czar*, forme polonaise.

tsarévitch [tsaʀevitʃ] ou **tzarévitch** [dzaʀevitʃ] n. m. HIST Titre que portait le fils aîné du tsar de Russie. – Mot russe, de *tsar*.

tsarine ou **tzarine** [tsaʀine] ou [dzaʀin] n. f. HIST Titre que portait la femme du tsar, l'impératrice de Russie. – De *tsar*.

tsarisme ou **tzarisme** [tsaʀism] ou [dzaʀism] n. m. HIST Régime politique de la Russie avant la révolution de fév. 1917. – De *tsar*.

tsariste [tsaʀist] adj. et n. HIST Relatif au tsarisme, partisan du tsarisme. – *Subst. Un (une) tsariste*. – Du préc.

tsé-tsé [tsetse] n. f. inv. *Mouche tsé-tsé:* nom cour. de la *glossine* vectrice de divers trypanosomes (V. ce mot ainsi que l'encycl.). – Mot bantou.

T.S.F. [teɛsɛf] n. f. **1.** Abrév. de *télégraphie* ou *téléphonie sans fil*. **2.** *Par ext.*, vieilli Radiodiffusion. *Poste (récepteur) de T.S.F.* – *Absol.* Poste de radio.

T-shirt. V. tee-shirt.

tsigane [tsigan] ou **tzigane** [dzigan] adj. et n. Qui concerne les Tsiganes, nomades probabl. originaires du nord de l'Inde, qui ne furent jamais conquérants ni pasteurs, auj. disséminés en Europe et en Amérique, plus partic. en Europe centrale. *La musique tsigane*. ▷ N. m. *Le tsigane:* langue indo-européenne purement orale, assez proche du sanskrit, parlée par les tsiganes. Syn. romani. – Probabl. du gr. byzantin *atsinganos*, prononciation pop. de *athinganos*, «qui ne touche pas», appliqué à une secte de manichéens venus de Phrygie et réputés comme magiciens.

tsoin-tsoin! [tswɛ̃tswɛ̃] Onomat. plaisant. pour imiter la fin d'un air qu'on fredonne ou, par ext., de qqch. que l'on raconte. *Tagada tsoin-tsoin!* – Formation expressive.

tsuga [tsugɑ] n. m. Nom scientif. de la pruche. – Mot japonais, «mélèze».

tsunami [tsunami] n. m. GEOGR Le long des côtes du Pacifique, raz de marée dû à un choc tellurique sous-marin. (Les scientifiques, généralisant le terme, l'ont substitué à celui de raz de marée.) – Mot jap., «vague d'orage».

1. tu, tue. Pp. du v. *taire*.

2. tu [ty] pron. per. **1.** Pronom personnel de la 2e personne du singulier des deux genres et ayant toujours la fonction de sujet. *Tu es venu hier*. – En inversion dans les interrogatives et les exclamatives. *Crois-tu? Penses-tu!* – Pop. Élidé en *t'* devant une voyelle ou un *h* muet. *T'es cinglé!* **2.** Emploi nominal. *Dire tu à qqn*, le tutoyer. ▷ *Être à tu et à toi avec qqn*, être intime, familier avec lui. – Mot lat., cas nominatif et vocatif.

T.U. ASTRO Sigle de *temps universel*. V. encycl. temps.

tuable [tɥabl] adj. Rare Bon à tuer, qu'on peut tuer. – De *tuer*.

tuant, ante [tɥɑ̃, ɑ̃t] adj. Fam. (Choses.) Très fatigant, épuisant. *Un travail tuant*. – (Personnes.) Ennuyeux, insupportable. – Ppr. de *tuer*.

1. tuba [tyba] n. m. MUS Instrument à vent de la famille des saxhorns, surtout utilisé comme basse de trombones. – Mot lat., «trompette»; par l'all. *Basstuba*.

2. tuba [tyba] n. m. SPORT Tube respiratoire utilisé en plongée sous-marine. – Mot lat. «trompette».

tubage [tybaʒ] n. m. **1.** MED Introduction dans un organe creux (estomac, bronches, notam.) et par les voies naturelles, d'un tube souple à une fin thérapeutique (ex.: *tubage de larynx*, pour empêcher l'asphyxie) ou diagnostique. **2.** TECH Mise en place de tubes. – De *tube*.

tubaire [tybɛʀ] adj. MED **1.** Relatif aux trompes de Fallope. *Grossesse tubaire:* forme de grossesse extra-utérine. ▷ Relatif aux trompes d'Eustache. **2.** *Souffle tubaire:* souffle inspiratoire perçu à l'auscultation dans la pneumonie (comme si l'air passait dans un tube). – Du lat. *tubus*, «tuyau, conduit».

tubard, arde [tybaʀ, aʀd] adj. et n. Pop. Atteint de tuberculose. – De *tuberculeux*.

tube [tyb] n. m. **1.** Conduit généralement rigide, à section circulaire et d'un petit diamètre; appareil cylindrique, rectiligne ou coudé, ouvert à une ou aux deux extrémités et servant à divers usages. *Tube d'une canalisation* (en métal). *Les tubes d'une chaudière*. – *Tube à essai*, en verre, fermé à un bout et utilisé notam. en chimie. ▷ *Tubes électroniques* ou *tubes à vide:* ampoules contenant au moins deux électrodes entre lesquelles peut s'établir un courant électrique. – *Tube luminescent, tube fluorescent* (pour l'éclairage). – *Tube cathodique*, dans lequel un faisceau d'électrons balayant un écran fluorescent (pinceaux d'électrons) permet de visualiser des signaux. ▷ PHYS *Tube de Pitot:* pour mesurer la vitesse d'écoulement d'un fluide. **2.** Loc. fig., fam. *À pleins tubes:* à pleine puissance. *Rouler à pleins tubes. Faire marcher la télé à pleins tubes*. **3.** Arg. Chanson, disque à succès. **4.** Conduit naturel. ▷ ANAT *Tube digestif:* œsophage. ▷ BOT *Tube criblé:* conducteur de la sève élaborée. – *Tube pollinique* : prolongement émis par le grain de pollen au cours de sa germination et par lequel il atteint l'oosphère de l'ovule. **5.** Emballage cylindrique fermé d'un bouchon. *Tube d'aspirine*. **6.** *Par ext.* Emballage souple, de forme cylindrique, à bouchon vissé, destiné à recevoir une matière pâteuse. *Tube de dentifrice*. **7.** Anc. Chapeau haut de forme. – Lat. *tubus*; d'abord «voûte».

tuber [tybe] v. tr. [1] TECH Garnir de tubes (un trou après forage). – De *tube*.

tubercule [tybɛʀkyl] n. m. **I. 1.** Excroissance d'une racine, d'un rhizome (plus rarement d'une tige aérienne), où sont accumulées diverses substances (glucides, principalement) qui servent à la plante de réserve nutritive. *Tubercules comestibles* (pomme de terre, betterave, manioc, etc.). **2.** ANAT Petite éminence à la surface d'un organe. *Tubercules quadrijumeaux*. **II.** MED Vx Tumeur. ▷ Nodule de formation pathologique, contenant des bacilles de Koch, caractéristique de la tuberculose. – Lat. méd. *tuberculum*, de *tuber*, «truffe, excroissance».

tuberculeux, euse [tybɛʀkylø, øz] adj. et n. **I.** BOT Qui produit des tubercules. *Plante tuberculeuse*. **II.** MED **1.** Qui s'accompagne de production de tubercules pathologiques. **2.** Relatif à la tuberculose ou qui en est atteint. *Méningite tuberculeuse.* ▷ Subst. *Un tuberculeux, une tuberculeuse.* (Par abrév. pop. *tubard, arde.*) – Du préc.

tuberculination [tybɛʀkylinasjõ] ou **tuberculinisation** [tybɛʀkylinizasjõ] n. f. MED, MED VET Injection de tuberculine (pour déceler une tuberculose). – De *tuberculine.*

tuberculine [tybɛʀkylin] n. f. MED Substance extraite de la culture de bacilles tuberculeux et qui, injectée par voie intradermique, provoque chez les sujets déjà sensibilisés (malades tuberculeux, sujets vaccinés par le B.C.G.) une cuti-réaction caractéristique. – De *tuberculeux.*

tuberculinique [tybɛʀkylinik] adj. MED Relatif à la tuberculine. *Réaction tuberculinique.* – Du préc.

tuberculinisation. V. tuberculination.

tuberculisation [tybɛʀkylizasjõ] n. f. MED Envahissement de l'organisme par le bacille de Koch. – De *tuberculiser.*

tuberculiser (se) [tybɛʀkylize] v. pron. [11] Subir une tuberculisation. – De *tubercule.*

tuberculose [tybɛʀkyloz] n. f. Maladie infectieuse contagieuse due au bacille de Koch et qui affecte les poumons (le plus souvent), les reins, les os, etc. – De *tubercule.*

ENCYCL Grâce à la vaccination par le B.C.G. et à l'antibiothérapie, la tuberculose est devenue plus rare et surtout moins grave en Europe et en Amérique du Nord, où elle constitua longtemps un fléau. Elle est due au bacille de Koch (qui l'identifia en 1882), bacille qui résiste aux acides et à l'alcool à 90º. L'infection par le bacille de Koch (B.K.) détermine une allergie spécifique (hypersensibilité aux protéines bacillaires et à la tuberculine). L'infestation se fait habituellement par voie respiratoire et l'infection évolue en 3 phases. **1.** La phase primaire, ou primo-infection, de quelques semaines, est caractérisée par le chancre pulmonaire d'inoculation et l'apparition d'une positivité de la cuti-réaction à la tuberculine; à ce stade, la guérison peut être spontanée ou survenir rapidement à la suite d'un traitement par les antibiotiques. **2.** La phase secondaire correspond à la dissémination du B.K. dans les tissus et les viscères (poumons le plus souvent, os, foie ou rein) ou dans les séreuses (méninges, plèvre, péricarde ou péritoine). **3.** La phase tertiaire témoigne de la fixation et de la réaction fibreuse et caséeuse des tissus environnants. Actuellement, la tuberculose peut être traitée à ses débuts (dépistage radiographique). La tuberculose méningée reste une maladie très grave. La tuberculose osseuse et ganglionnaire est particulièrement fréquente chez les Africains. Bien que les antibiotiques actifs sur le B.K. soient peu nombreux et que la résistance de ce bacille tende à s'accroître, l'emploi des moyens chirurgicaux (pneumothorax, pneumonectomie) est devenu rare.

tubéreuse [tybeʀøz] n. f. Plante vivace bulbeuse (*Polianthes tuberosa,* fam. amaryllidacées) à haute tige portant des grappes de fleurs blanches très parfumées. – Ces fleurs. – Fém. subst. de *tubéreux.*

tubéreux, euse [tybeʀø, øz] adj. BOT Qui présente des tubercules ou des tubérosités. Syn. tuberculeux (bot.). *Racines tubéreuses.* – Lat. *tuberosus,* «garni de protubérances».

tubérisation [tybeʀizasjõ] n. f. BOT Transformation en tubercule d'une tige, d'une racine. – Du lat. *tuber,* «excroissance».

tubérisé, ée [tybeʀize] adj. BOT Qui forme un tubercule. *Racine tubérisée.* – Du préc.

tubérosité [tybeʀozite] n. f. **1.** BOT Épaississement ou nodosité en forme de tubercule. **2.** ANAT Éminence arrondie, protubérance. *Tubérosité osseuse* (où s'accrochent des muscles ou des ligaments). – De *tubéreux.*

tubi-. Élément, du lat. *tubus,* «tube».

tubicole [tybikɔl] adj. ZOOL Se dit des animaux (certains vers annélides, notam.) qui vivent dans un tube calcaire ou membraneux qu'ils construisent. – De *tubi-,* et *-cole.*

tubifère [tybifeʀ] adj. Qui porte un ou plusieurs tubes. – De *tubi-,* et *-fère.*

tubifex [tybifɛks] n. m. ZOOL Petit ver annélide tubicole oligochète *(Tubifex tubifex)* qui vit dans la vase des ruisseaux. – De *tubi-,* et suff. lat. *-fex,* «qui fait».

tubiflorales [tybiflɔʀal] n. f. pl. BOT Ordre de plantes dicotylédones gamopétales à fleurs en cornet régulières (convolvulacées, par ex.) ou zygomorphes (labiées, par ex.). – De *tubi-,* et *floral.*

tubipore [tybipɔʀ] n. m. ZOOL Coralliaire *(Tubipora musica)* dont les polypes sécrètent un squelette compact, rouge intense, formant des petits tubes parallèles. (Dits aussi *orgues de mer,* les tubipores participent à la formation des récifs coralliens.) – De *tubi-,* et *pore.*

tubiste [tybist] n. TECH Ouvrier qui travaille en caisson pressurisé, sous l'eau. – De *tube.*

tubitèle [tybitɛl] adj. ZOOL Se dit d'araignées qui tissent une toile munie d'un tube où elles se mettent à l'affût. ▷ N. m. *Un tubitèle.* – De *tubi-,* et lat. *tela,* «toile».

tubulaire [tybylɛʀ] adj. **1.** Qui a la forme d'un tube. *Conduit tubulaire.* **2.** Qui est formé de tubes métalliques. *Châssis tubulaire.* **3.** ANAT Relatif au(x) tubule(s) urinaire(s). – Du lat. *tubulus,* «petit tuyau».

tubule [tybyl] n. m. ANAT *Tubule rénal* ou *urinaire:* deuxième partie du néphron, qui fait suite au glomérule. – Du lat. *tubulus,* dim. de *tubus,* «tube».

tubulé, ée [tybyle] adj. **1.** SC NAT Qui présente un ou plusieurs tubes. *Fleur tubulée* **2.** TECH Qui présente une ou plusieurs tubulures. – Lat. *tubulatus,* «pourvu de tuyaux».

tubuleux, euse [tybylø, øz] adj. SC NAT En forme de tube. *Corolle tubuleuse.* – Du lat. *tubulus,* «petit tuyau».

tubulidentés [tybylidɑ̃te] n. m. pl. ZOOL Ordre de mammifères ongulés aux dents en forme de tubes, ne comprenant qu'une seule espèce, l'oryctérope*. – Du lat. *tubulus,* dim. de *tubus,* «tube», et de *denté.*

tubuliflores [tybyliflɔʀ] n. f. pl. BOT Tribu de composées (chardon, bleuet, artichaut, etc.) dont les capitules présentent un réceptacle convexe et dont les fleurs comportent une corolle tubuleuse. – Du lat. *tubulus,* «petit tuyau», et *flos, floris,* «fleur».

tubulonéphrite [tybylonefʀit] n. f. MED Néphropathie affectant exclusivement les tubules rénaux. – De *tubule,* et *néphrite.*

tubulure [tybylyʀ] n. f. **1.** TECH Orifice cylindrique destiné à recevoir un tube. **2.** Ensemble des tubes d'un système tubulaire. *La tubulure de cet appareil est réalisée dans un alliage spécial.* ▷ Petit tube servant de conduit. *Tubulure d'admission, d'alimentation* (dans un moteur). – Du lat. *tubulus,* «petit tube».

tudesque [tydɛsk] adj. **1.** Vx Germanique. **2.** Vx, fig. et péjor. Rude, brutal. *Manières tudesques.* – Lat. médiév. *theudiscus,* frq. **theudisk,* «teuton»; cf. all. mod. *deutsch.*

tudieu! [tydjø] interj. Ancien juron (XVIe et XVIIe s.), encore employé parfois par plaisanterie. – Abrév. de *(par la ver)tu (de) Dieu.*

tue-diable [tydjabl] n. m. inv. PECHE Poisson artificiel servant d'appât pour la pêche. – De *tuer*, et *diable*.

tue-mouche [tymuʃ] n. m. et adj. **1.** (Appos.) *Amanite tue-mouche:* fausse oronge, champignon vénéneux mais non mortel. ▷ N. m. inv. *Un tue-mouche.* **2.** adj. *Papier, ruban tue-mouche(s):* papier recouvert d'une substance gluante et nocive qui attire les mouches et sur lequel elles meurent. – De *tuer*, et *mouche*.

tuer [tɥe] **I.** v. tr. [1] **1.** (Sujet n. de personne.) Faire mourir (qqn) de manière violente. *Il est en prison pour avoir tué sa femme. Tuer qqn accidentellement.* ▷ Au pp. (Passif.) *Les soldats tués au front.* – Subst. Victime. *Il y eut plus de cent tués dans cette catastrophe.* **2.** (Sujet n. de chose.) *La route tue chaque année plusieurs milliers de personnes. Le chagrin l'a tué.* **3.** Mettre à mort (un animal). *Tuer un sanglier à la chasse. Tuer le cochon.* ▷ *Les insecticides tuent les insectes.* **4.** Fig. Faire cesser; ruiner. *L'argent tue l'amour.* – *Tuer dans l'œuf:* écraser (qqch) avant tout développement. *Tuer le temps*, l'occuper pour ne pas trop s'ennuyer. **5.** Exténuer, éreinter; agacer, importuner excessivement. *Ces courses en ville m'ont tué.* – Fam. *Ça me tue, de vous entendre parler comme ça!* **II.** v. pron. **1.** Se donner la mort, se suicider. ▷ Mourir dans un accident. *Il s'est tué en voiture.* **2.** Fig. Ruiner sa santé. *Se tuer au travail.* – Se donner beaucoup de peine. *Je me suis tué à essayer de le leur faire comprendre.* – Orig. indéterminée, p.-ê. lat. pop. **tutare*, class. *tutari*, «protéger», en lat. médiév. «éteindre» (ex.: *tutare candelam*, «couvrir, étouffer la chandelle»); mais en a. fr. *tuer* signifie d'abord «frapper, assommer», comme le lat. *tundere*.

tuerie [tyʀi] n. f. Carnage, massacre. – Du préc.

tue-tête (à) [tytɛt] loc. adv. *Crier, chanter à tue-tête*, de toutes ses forces, au point d'étourdir (de casser la tête à) son entourage. – De *tuer*, et *tête*.

tueur, euse [tɥœʀ, øz] n. **1.** Personne qui tue; assassin. ▷ Spécial. *Tueur à gages**. *Il a été assassiné par un tueur.* **2.** n. m. TECH Ouvrier chargé de l'abattage des animaux de boucherie. – De *tuer*.

tuf [tyf] n. m. **1.** Roche non homogène poreuse, souvent pulvérulente, soit d'origine sédimentaire *(tuf calcaire)*, soit d'origine éruptive *(tuf volcanique)*, agrégat qu'on trouve sous forme de strates grossiers, souvent sous une mince couche de terre. **2.** Fig. et litt. Éléments originels cachés. – Lat. *tofus*; ital. *tufo*.

tuffeau ou **tufeau** [tyfo] n. m. TECH Variété de tuf calcaire utilisé en construction. – Du préc.

tuile [tɥil] n. f. **1.** Plaque de terre cuite (ou, par ext., d'une autre matière), servant à la couverture de certains édifices. *Tuile ronde, tuile plate.* – (Sens collectif.) *Couverture en tuile.* ▷ *Par ext.* Plaque de même forme mais d'une autre matière destinée au même usage. *Des tuiles d'ardoise.* **2.** Fig. et fam. Événement imprévu et fâcheux (comme une tuile qui tomberait sur la tête de qqn). **3.** *Par anal.* Biscuit aux amandes dont la forme rappelle celle des tuiles rondes. – Lat. *tegula*, de *tegere*, «couvrir».

tuileau [tɥilo] n. m. TECH Fragment de tuile cassée. – Dimin. de *tuile*.

tuilerie [tɥilʀi] n. f. Fabrique de tuiles; four où les tuiles sont cuites. – De *tuile*.

tuilier, ière [tɥilje, jɛʀ] adj. et n. **1.** adj. Relatif à la fabrication des tuiles. *L'industrie tuilière.* **2.** n. Ouvrier, ouvrière qui fait des tuiles. – De *tuile*.

tularémie [tylaʀemi] n. f. MED, MED VET Maladie endémo-épidémique du lapin et du lièvre due à une bactérie *(Francisella tularensis)* et transmise à l'homme par contact avec le gibier infecté. – Du nom du comté de *Tulare*, en Californie, où la maladie fut découverte.

tulipe [tylip] n. f. **1.** Plante bulbeuse ornementale (genre *Tulipa*, fam. liliacées) à haute tige, portant une fleur de couleur variable (blanche, rouge, etc.); cette fleur. *La culture des tulipes a permis de sélectionner plusieurs centaines de variétés.* **2.** Objet en forme de tulipe. – Du turc *tülbend*, «(plante) turban».

tulipier [tylipje] n. m. Arbre ornemental d'Amérique du Nord (*Liriodendron tulipifera*, fam. magnoliacées), dit aussi *tulipier de Virginie*, et dont les grosses fleurs ressemblent aux tulipes. – De *tulipe*.

tulle [tyl] n. m. Tissu léger et transparent à mailles rondes ou polygonales. *Tulle de coton, de soie. Robe, voile de tulle.* ▷ *Tulle gras*, employé dans les pansements. – Du nom de la ville de *Tulle*, en Corrèze (France).

tullerie [tylʀi] n. f. TECH Fabrique de tulle, commerce du tulle. – Du préc.

tulliste [tylist] n. TECH Patron ou ouvrier d'une tullerie. – De *tulle*.

tumba [tumbɑ] n. m. Tambour oblong à une seule peau, originaire d'Afrique. – Mot bantou.

tuméfaction [tymefaksjɔ̃] n. f. **1.** Augmentation pathologique du volume d'un organe ou d'un tissu. **2.** Partie tuméfiée. – Lat. mod. *tumefactio*, de *tumefacere*, «tuméfier».

tuméfier [tymefje] v. tr. [1] Causer une tuméfaction. *Le coup lui a tuméfié la lèvre.* ▷ v. pron. S'enfler anormalement. – Du lat. *tumefacere*, «gonfler».

tumescence [tymɛssɑ̃s] n. f. ANAT, MED Gonflement (des tissus). – Du lat. *tumescens*, de *tumescere*, «gonfler».

tumescent, ente [tymɛssɑ̃, ɑ̃t] adj. ANAT, MED Qui s'enfle, qui grossit, qui se boursoufle. – Lat. *tumescens*.

tumeur [tymœʀ] n. f. Néoformation tissulaire pathologique résultant d'une activité anormale des cellules et ayant tendance à persister ou à augmenter de volume. *Tumeur bénigne:* tumeur localisée, circonscrite, ne se généralisant pas et ne présentant aucune monstruosité cellulaire (verrue, adénome, lipome, fibrome, etc.). *Tumeur maligne:* V. cancer. ▷ BOT *Tumeur végétale:* prolifération tissulaire désordonnée, provoquée par une blessure ou d'origine bactérienne. V. galle. – Lat. *tumor*, de *tumere*, «enfler».

tumoral, ale, aux [tymɔʀal, o] adj. MED Relatif ou propre à une tumeur. – Du préc.

tumulte [tymylt] n. m. **1.** Grand mouvement de personnes, accompagné de bruit et de désordre. *Un grand tumulte s'éleva dans l'assemblée.* ▷ Loc. adv. Vieilli *En tumulte:* en désordre et bruyamment. **2.** Agitation bruyante. *Le tumulte de la rue.* ▷ *Par ext.* (en parlant des éléments déchaînés). *Le tumulte des flots.* **3.** Activité fébrile, désordonnée. *Le tumulte des affaires.* ▷ Fig. Agitation, grand désordre (des sentiments, des passions). – Lat. *tumultus*, «soulèvement», de *tumere*, «enfler».

tumultueusement [tymyltɥøzmɑ̃] adv. En tumulte. – De *tumultueux*.

tumultueux, euse [tymyltɥø, øz] adj. **1.** Qui se fait avec tumulte. *Séance tumultueuse*, orageuse. **2.** Litt. (En parlant des éléments.) Furieux, violent. *Flots tumultueux.* **3.** Qui est plein d'agitation, de désordre. *Une vie, une passion tumultueuse.* – Lat. *tumultuosus*.

tumulus [tymylys] n. m. ARCHEOL Grand amas de terre ou de pierres que certains peuples anciens élevaient au-dessus de leurs sépultures. *Des tumulus* ou *des tumuli.* – Mot lat., «tertre».

tungstate [tœgstat] n. m. CHIM Sel d'un acide tungstique. – De *tungst(ène),* et *-ate.*

tungstène [tœgstɛn] n. m. Métal gris, brillant, de densité élevée, hautement réfractaire, employé notam. dans la fabrication des filaments de lampe à incandescence; élément de numéro atomique Z = 74, de masse atomique 183,85 (symbole W, de *wolfram,* son minerai). – Suédois *tungsten,* «pierre *(sten)* lourde *(tung)*».

ENCYCL Le tungstène, de masse volumique 19 300 kg/m³, possède le point de fusion le plus élevé de tous les métaux (3 400 °C); il bout à 5 900 °C. Ses excellentes propriétés mécaniques et son haut point de fusion en font un matériau de choix dans l'industrie. Conférant à l'acier une grande résistance à l'usure, il entre, avec le vanadium et le chrome, dans la composition d'aciers utilisés pour fabriquer des outils à grande vitesse de coupe.

tungstique [tœgstik] adj. CHIM Se dit de divers acides dérivés du tungstène, correspondant au degré d'oxydation + 6. – De *tungst(ène).*

tunicelle [tynisɛl] n. f. LITURG CATHOL Ornement sacerdotal autrefois porté par les évêques. – Lat médiév. *tunicella,* du class. *tunica,* «tunique».

tuniciers [tynisje] n. m. pl. ZOOL Syn. d'*urocordés.* – De *tunique.*

tunique [tynik] n. f. **I. 1.** ANTIQ Vêtement de dessous, sorte de chemise avec ou sans manches. **2.** LITURG CATHOL Ornement que porte le sous-diacre quand il officie. **3.** Veste d'uniforme à col droit, sans basques, serrée à la taille. *Tunique d'officier.* **4.** Corsage long avec ou sans manches, vêtement couvrant le buste, en général en étoffe légère, porté par-dessus une jupe, un pantalon. **II.** ANAT Enveloppe membraneuse, gaine qui protège certains organes. *Les tuniques de l'œil.* ▷ BOT Enveloppe d'un bulbe. – Lat. *tunica.*

tuniqué, ée [tynike] adj. SC NAT Enveloppé d'une ou de plusieurs tuniques. *Bulbe tuniqué.* – De *tunique.*

tunisien, enne [tynizjɛ̃, ɛn] adj. et n. De Tunisie, État d'Afrique du Nord.

tunnel [tynɛl] n. m. **1.** Passage souterrain, galerie creusée pour livrer passage à une voie de communication. *Tunnel ferroviaire, routier. Les tunnels du métro.* ▷ *Par ext.* Toute galerie souterraine. *Le prisonnier a creusé un tunnel pour s'évader.* **2.** Galerie aveugle de certains dispositifs techniques. *Tunnel aérodynamique d'une soufflerie. Four à tunnel.* **3.** Fig. Période sombre, pénible, difficile. *Voir le bout du tunnel, sortir du tunnel.* **4.** PHYS *Effet tunnel:* en mécanique quantique, phénomène selon lequel une particule, arrivant sur une «barrière» au potentiel d'énergie plus élevé que la particule elle-même, possède une probabilité non nulle de traverser cette barrière (comme dans un tunnel). – Mot angl., du fr. *tonnelle,* «longue voûte en berceau».

tupaïa ou **tupaja** [tupaja]. V. toupaye.

tupi [typi] adj. inv. et n. inv. **1.** D'un groupe ethnique amérindien (Brésil, Paraguay, notam.) *Tribus tupi.* **2.** Relatif à la langue des Tupi. ▷ N. m. inv. *Le tupi:* la langue amérindienne de ce groupe. – Mot indigène.

tupi-guarani [typigwaʀani] adj. inv. et n. m. Relatif à une famille de langues amérindiennes d'Amérique du Sud. ▷ N. m. inv. Cette famille de langues. – Mot indigène.

tuque [tyk] n. f. **1.** Bonnet d'hiver en laine, porté serré à la tête, souvent de forme conique et surmonté d'un pompon ou d'un gland. «Le gars me cache le soleil. Il est roux. On dirait que la tête lui flambe sous sa tuque de laine.» (Jean-Jules Richard, *Centre-ville,* 1973.) – Lot. *Tenez bien vos tuques:* attention, tenez-vous bien. **2.** *Par anal.,* vieilli. Bonnet de nuit. «Aussi vite qu'il put, il mit ses chaussures et coiffé de la tuque qu'il mettait pour dormir, saisit son tisonnier, ouvrit la porte et se trouva presqu'en face d'un grand gaillard qui sortait de la glacière avec une poche sur l'épaule.» (Albert Laberge, *La fin du voyage,* 1942.) – D'un préroman **tukka,* "courge; colline".

turban [tyʀbɑ̃] n. m. **1.** Coiffure masculine faite d'une longue pièce d'étoffe enroulée autour de la tête, chez plusieurs peuples orientaux. **2.** Coiffure féminine analogue au turban oriental. **3.** Nom de fleurs, de coquilles affectant la forme du turban. ▷ Appos. *Lis turban* ou *martagon.* – Altér. du turc *tülbend.*

turbe [tyʀb] n. f. DR ANC *Enquête par turbe,* faite d'après le témoignage de plusieurs habitants pour constater les usages, les coutumes d'un lieu. – Lat. *turba,* «foule».

turbé ou **turbeh** [tyʀbe] n. m. Petite chapelle cubique surmontée d'une coupole en pierre, élevée sur le tombeau d'un haut personnage chez les musulmans. – Ar. *torbeh,* «tombe».

turbellariés [tyʀbelaʀje] n. m. pl. ZOOL Classe de plathelminthes carnassiers, le plus souvent libres et marins, caractérisés par un épiderme entièrement couvert de cils locomoteurs. ▷ Sing. *Un turbellarié.* Syn. planaires. – Du lat. *turbella,* de *turba,* «agitation», à cause du mouvement des cils vibratiles.

turbidité [tyʀbidite] n. f. Rare État d'un liquide trouble. – Du lat. *turbidus,* «agité».

turbin [tyʀbɛ̃] n. m. Arg. Travail. ▷ *Spécial.* Travail rémunéré. – Déverbal de *turbiner* 2.

turbinage [tyʀbinaʒ] n. m. TECH Action de turbiner. – De *turbiner* 1.

turbine [tyʀbin] n. f. **1.** Moteur dont l'élément essentiel est une roue portant à sa périphérie des ailettes ou des aubes, mise en rotation par un fluide; cette roue elle-même. *Turbine à vapeur, à gaz, hydraulique. Rotor* d'une turbine.* **2.** Machine à essorer par centrifugation, utilisée notam. dans l'industrie sucrière. – Du lat. *turbo, turbinis,* «tourbillon, toupie».

turbiné, ée [tyʀbine] adj. SC NAT En forme de toupie; conique. *Coquille turbinée.* – Lat. *turbinatus,* de *turbo, turbinis,* «toupie».

1. turbiner [tyʀbine] v. tr. [1] TECH **1.** Faire passer (un fluide) dans une, des turbines, pour en utiliser la force motrice. *Turbiner l'eau d'une retenue.* **2.** Essorer (des cristaux de sucre) au moyen d'une turbine. – De *turbine.*

2. turbiner [tyʀbine] v. intr. [1] Arg. Travailler dur. – D'ap. le lat. *turbo,* «tourbillon, toupie».

1. turbo [tyʀbo] n. m. ZOOL Mollusque gastéropode des océans Indien et Pacifique *(Turbo marmoratus),* dont la belle coquille spiralée atteint 15 à 20 cm. – Mot lat. «toupie».

2. turbo [tyʀbo] Abrév. de *turbocompresseur* ou de *turbomoteur.* ▷ Adj. *Moteur turbo,* suralimenté par un turbocompresseur. – N. f. Voiture munie de ce type de moteur.

turbo-. Élément, de *turbine.*

turbo-alternateur [tyʀboaltɛʀnatœʀ] n. m. TECH Groupe électrogène dans lequel sont montés sur le même axe un alternateur et une turbine. – De *turbo-,* et *alternateur.*

turbocompresseur [tyʀbokɔ̃pʀesœʀ] n. m. TECH Compresseur entraîné par une turbine. – Abrév.: *turbo.* – De *turbo-,* et *compresseur.*

turboforage [tyʀbofɔʀaʒ] n. m. TECH Forage effectué par un trépan couplé à une turbine actionnée par la circulation des boues. – De *turbo-,* et *forage.*

turbomachine [tyʀbomaʃin] n. f. Didac. Toute machine qui agit sur un fluide ou qu'actionne un fluide par l'intermédiaire d'un organe rotatif (roue à aubes ou à ailettes, hélices, etc.). – De *turbo-*, et *machine.*

turbomoteur [tyʀbomɔtœʀ] n. m. TECH Moteur dont l'élément essentiel est une turbine. – Abrév.: *turbo.* – De *turbo-*, et *moteur.*

turbopompe [tyʀbopɔ̃p] n. f. TECH Pompe entraînée par une turbine. – De *turbo-*, et *pompe.*

turbopropulseur [tyʀbopʀɔpylsœʀ] n. m. AVIAT Moteur constitué d'une turbine à gaz entraînant une ou plusieurs hélices. – De *turbo-*, et *propulseur.*

turboréacteur [tyʀboʀeaktœʀ] n. m. AVIAT Moteur à réaction à combustion continue, comprenant une turbine à gaz et un compresseur d'alimentation tournant sur le même arbre. – De *turbo-*, et *réacteur.*

turbosoufflante [tyʀbosuflɑ̃t] n. f. TECH Groupe comprenant une turbine motrice et un dispositif soufflant (ventilateur, etc.) montés sur le même axe. – De *turbo-*, et *soufflante.*

turbostatoréacteur [tyʀbostatoʀeaktœʀ] n. m. AVIAT Propulseur d'avion combinant un turboréacteur et un statoréacteur, et permettant d'obtenir des poussées élevées dans une large gamme de vitesses. – De *turbo-*, et *statoréacteur.*

turbot [tyʀbo] n. m. Poisson carnassier de l'Atlantique Nord et de la Méditerranée (*Rhombus maximus*, fam. pleuronectidés), comestible, au corps plat en forme de losange coloré sur la face supérieure d'un gris verdâtre marbré de brun. – Du scand. **thorn*, «épine», et *-butr*, «barbue».

turbotière [tyʀbɔtjɛʀ] n. f. Récipient en losange destiné à faire cuire des turbots. – Du préc.

turbotin [tyʀbɔtɛ̃] n. m. Jeune turbot. – Dimin. de *turbot.*

turbotrain [tyʀbotʀɛ̃] n. m. CH de F Train dont la motrice est équipée d'une turbine à gaz et qui peut atteindre des vitesses élevées (de l'ordre de 300 km/h). – De *turbo-*, et *train.*

turbulence [tyʀbylɑ̃s] n. f. **1.** Caractère d'une personne turbulente. **2.** Agitation, désordre bruyant. **3.** PHYS Irrégularité du mouvement d'un fluide (en écoulement turbulent). ▷ METEO *Turbulence atmosphérique:* agitation de l'atmosphère imputable aux variations de température, aux courants, au relief du sol, etc. – Lat. *turbulentia.*

turbulent, ente [tyʀbylɑ̃, ɑ̃t] adj. **1.** Qui est porté à faire du bruit, à s'agiter, à causer du désordre. *Des enfants turbulents.* ▷ *Par ext.* (Choses.) *Joie turbulente.* Syn. agité, bruyant. Ant. calme. **2.** PHYS *Écoulement turbulent* (d'un fluide): écoulement irrégulier, caractérisé par la formation de tourbillons et par l'interaction des filets fluides (opposé à *écoulement laminaire**). – Lat. *turbulentus*, rad. *turbare*, «troubler».

1. turc, turque [tyʀk] adj. et n. **I.** adj. et n. **1.** adj. De Turquie, État d'Asie occidentale et d'Europe. ▷ *Bain turc:* bain de vapeur suivi d'un massage. – *Café turc:* café noir très fort, servi avec le marc. ▷ *À la turque:* à la manière turque. *Cabinets d'aisances à la turque*, sans siège. – MUS Se dit d'un morceau à 2/4 au rythme accentué. **2.** n. Habitant ou personne originaire de la Turquie. ▷ Loc. *Fort comme un Turc:* très fort. – *Tête de Turc:* V. tête. **II.** n. m. **1.** LING Branche de la famille des langues altaïques qui comprend notam. le turc proprement dit, le kirghiz, l'ouzbek et l'azerbaïdjanais, et qui couvre une aire très vaste, s'étendant de l'Asie Mineure jusqu'aux extrémités nord-est de la Sibérie. ▷ Adj. *Les langues turques.* **2.** *Spécial.* La langue turque parlée en Turquie. – Gr. byzantin *Tourkos*, mot persan et ar., de *Türküt*, mot mongol.

2. turc [tyʀk] n. m. **1.** Larve du hanneton, ver blanc. **2.** Larve nuisible de divers insectes des vergers. – P.-ê. métaph. plaisante de *turc* 1, parce qu'il s'attaque aux poiriers de *bon-chrétien.*

turcique [tyʀsik] adj. ANAT *Selle turcique:* dépression de l'os sphénoïde dans laquelle est logée l'hypophyse. – De l'anc. expression *selle turque*, par le lat. mod. *turcicus*, «turc».

turco-mongol, ole [tyʀkomɔ̃gɔl] adj. et n. m. LING Se dit d'une famille de langues, dites aussi altaïques. V. encycl. langue. ▷ *Par ext.* Se dit des peuplades qui parlent ou parlèrent ces langues. – De *turc* 1; et *mongol.*

turdidés [tyʀdide] n. m. pl. ZOOL Famille d'oiseaux passériformes insectivores (merles, grives, rossignols, rouges-gorges, traquets, etc.), au bec robuste, aux pattes souvent longues et fortes. – Du lat. *turdus*, «grive», et *-idé.*

turf [tœʀf] n. m. **1.** Endroit où ont lieu les courses de chevaux. **2.** *Le turf:* tout ce qui se rattache au monde des courses, aux chevaux de course. **3.** Fig., arg. Prostitution. *Faire le turf.* – Mot angl. «pelouse».

turfiste [tœʀfist] n. Habitué des champs de courses, parieur. – Du préc.

turgescence [tyʀʒɛsɑ̃s] n. f. **1.** PHYSIOL Augmentation du volume d'un organe due à une rétention de sang veineux (pénis en érection, par ex.). **2.** BOT État normal des cellules végétales gorgées d'eau. Ant. plasmolyse. – Lat. sav. *turgescentia*, de *turgescere*, «se gonfler».

turgescent, ente [tyʀʒɛsɑ̃, ɑ̃t] adj. PHYSIOL En état de turgescence. ▷ Litt. Gonflé. – Lat. *turgescens*, ppr. de *turgescere*, «se gonfler».

turion [tyʀjɔ̃] n. m. BOT **1.** Bourgeon dormant de certaines plantes (plantes aquatiques, notam.), leur permettant de résister à la mauvaise saison. **2.** Jeune pousse souterraine. *Turions d'asperge.* – Lat. *turio*, «jeune pousse».

turkmène [tyʀkmɛn] adj. et n. **1.** adj. Relatif aux Turkmènes; du Turkménistan, république fédérée d'U.R.S.S. **2.** n. m. *Le turkmène:* la langue turque parlée principalement au Turkménistan. – Mot persan.

turlupinade [tyʀlypinad] n. f. **1.** Vieilli Farce (généralement désagréable). **2.** Tracasserie. – De *Turlupin* (1587-1637), surnom d'un acteur français qui créa un personnage de farce.

turlupiner [tyʀlypine] v. [1] **1.** v. intr. Vx Faire des farces. **2.** v. tr. Fam. Tracasser, tourmenter. *Ça me turlupine, cette histoire.* – De *Turlupin.* V. préc.

turlutaine [tyʀlytɛn] n. f. Vieilli Propos qu'on répète sans cesse; manie, marotte. – Du rad. onomat. de *turlututu.*

turlutte [tyʀlyt] n. f. TECH Engin de pêche constitué d'une tige de plomb armée à la base d'hameçons disposés en couronne. – Probablement de l'a. fr. *ture lure*, dans les refrains de chanson, exprimant la répétition.

turlututu [tyʀlytyty] interj. Exclamation exprimant la moquerie. *Turlututu chapeau pointu!* – Onomat. pour imiter le son de la flûte.

turne [tyʀn] n. f. Pop. Chambre ou maison malpropre et inconfortable. – Alsacien *türn*, «prison», all. *Turm*, «tour».

turnep [tyʀnɛp] ou **turneps** [tyʀnɛps] n. m. AGRIC Variété de navet. – Angl. *turnip*, de *to turn*, «tourner», et anc. angl. *naep*, «navet», lat. *napus.*

turpide [tyʀpid] adj. Litt. Qui est moralement laid. – Lat. *turpis*, «laid, honteux».

turpitude [tyʀpityd] n. f. **1.** Ignominie qui résulte d'actions basses, honteuses. **2.** *Une (des) turpitude(s):* action, parole honteuse. – Lat. *turpitudo,* de *turpis,* «honteux».

turquerie [tyʀkəʀi] n. f. (Souvent péjor.) Composition littéraire ou artistique à la manière turque, dans le goût turc. – De *turc, turque.*

turquin [tyʀkɛ̃] adj. m. Litt. D'un bleu foncé. ▷ Spécial. *Marbre turquin,* bleu à veines blanches. – Ital. *turchino,* «turquoise», propr. «de Turquie».

turquoise [tyʀkwaz] n. et adj. **1.** n. f. Pierre semi-précieuse de couleur bleu clair à bleu-vert (phosphate hydraté naturel d'aluminium et de cuivre), utilisée en joaillerie. **2.** adj. inv. Qui a la couleur de la turquoise. *D'un bleu turquoise.* ▷ N. m. *Le turquoise:* la couleur turquoise. – Fém. de l'anc. adj. *turquois,* «turc», var. *turquesse, turquesque.*

turriculé, ée [tyʀ(ʀ)ikyle] adj. ZOOL Se dit des coquilles univalves spiralées en forme de petite tour. – Du lat. *turricula,* «petite tour».

turritelle [tyʀ(ʀ)itɛl] n. f. ZOOL Mollusque gastéropode prosobranche (genre *Turritella,* plus de 400 espèces connues), à coquille turriculée, très répandu depuis le secondaire (nombreuses espèces fossiles). – Lat. mod. *turritella,* de *turris,* «tour».

tussah [tysa] ou **tussau** [tyso] n. m. Soie indienne sauvage produite par un ver autre que le bombyx du mûrier. – Angl. *tussah,* de l'hindoustani *tasar.*

tussilage [tysilaʒ] n. m. Plante herbacée très commune (*Tussilago farfara,* fam. composées), connue pour ses propriétés pectorales. Syn. pas-d'âne. – Lat. *tussilago,* de *tussis,* «toux».

tussor ou (vieilli) **tussore** [tysɔʀ] n. m. Étoffe de tussah. ▷ *Par ext.* Étoffe de soie légère. – Angl. *tussore,* de l'hindoustani *tasar,* «tussah».

tutélaire [tytelɛʀ] adj. **1.** Qui protège. ▷ Spécial. (vieilli) *Ange tutélaire:* ange gardien. **2.** DR Qui concerne la tutelle. – Lat. imp. *tutelaris,* de *tutela,* «tutelle».

tutelle [tytɛl] n. f. DR **1.** Institution légale conférant à un tuteur la charge de prendre soin de la personne et des biens d'un enfant mineur; charge, autorité du tuteur. ▷ *Tutelle administrative:* contrôle du gouvernement sur les collectivités ou les services publics. *Ministère de tutelle.* ▷ *Territoire sous tutelle:* territoire (souvent une ancienne colonie) dont l'administration avait été confiée par l'O.N.U. à une grande puissance. **2.** Fig. Protection. *Se placer sous la tutelle des lois.* ▷ Dépendance, surveillance gênante. *Cette tutelle lui pesait.* – Lat. *tutela,* de *tutus,* pp. de *tueri,* «surveiller, regarder».

tuteur, tutrice [tytœʀ, tytʀis] n. **I. 1.** DR et cour. Personne chargée légalement de veiller sur la personne et les biens d'un mineur, de les représenter juridiquement, etc. *Tuteur légal, tutrice légale:* père, mère, ascendant. *Subrogé tuteur.* V. subrogé. – *Tuteur ad hoc:* tuteur désigné pour protéger certains intérêts d'un mineur, partic. lorsqu'ils risquent de se trouver en conflit avec les intérêts du tuteur. **2.** Fig. Personne qui protège et soutient qqn, ou qui exerce sur lui une surveillance gênante. **II.** n. m. Piquet destiné à soutenir, à redresser une plante. – Lat. *tutor, tutrix,* de *tueri,* «surveiller».

tuteurer [tytœʀe] v. tr. [1] AGRIC Munir d'un tuteur. – De *tuteur.*

tutoiement [tytwamɑ̃] n. m. L'action, le fait de tutoyer. – De *tutoyer.*

tutoyer [tytwaje] v. tr. [26] User de la deuxième personne du singulier en s'adressant à (qqn). ▷ v. pron. (récipr.) *Ils se tutoient.* ▷ SPORT *Tutoyer l'obstacle,* dans un concours hippique, le toucher avec les sabots lors de son franchissement (en parlant du cheval). – De *tu,* et *toi.*

tutti [tutti] n. m. inv. MUS Signe sur une partition, pour indiquer que tous les instruments doivent jouer. ▷ Passage musical exécuté par tous les instruments. *Un tutti de cuivres. Un tutti d'orchestre.* – Mot ital., «tous».

tutti frutti [tut(t)ifʀutti] loc. adj. inv. Où se trouve un mélange de fruits divers. ▷ Spécial. *Une crème glacée tutti frutti* ou, n. m. inv., *un tutti frutti.* – Mots ital., «tous fruits».

tutti quanti [tut(t)ikwɑ̃ti] loc. nomi. inv. (À la suite d'une énumération de noms de personnes; employé souvent par dénigrement.) Et toutes les autres personnes de cette espèce. – Mots ital., «tous tant qu'ils sont».

tutu [tyty] n. m. Tenue de scène des danseuses de ballet, composée de plusieurs jupes courtes de gaze, de tulle ou de tarlatane, superposées et très froncées. *Des tutus.* – Déformation enfantine de *cucu,* redoublement de *cul;* d'abord «caleçon collant».

tuyau [tɥijo] n. m. **1.** Conduit à section circulaire, en matière rigide, servant à l'écoulement d'un liquide, d'un gaz. *Tuyau de cuivre. Tuyau de poêle, de cheminée.* (En France, peut se dire aussi d'un conduit en matière souple. *Tuyau d'arrosage.* V. boyau.) – **2.** Conduit; cavité cylindrique. *Tuyau (d'une plume):* bout creux de la plume des oiseaux. – Tige creuse des céréales. ▷ Fam. *Le tuyau de l'oreille:* le conduit auditif. *Dire qqch* (une confidence) *dans le tuyau de l'oreille.* **3.** *Par ext.* Fam. Renseignement confidentiel dont la connaissance peut déterminer la réussite d'une opération. *Avoir de bons tuyaux sur une course* (pour parier sans risque). Plaisant. *Un tuyau crevé,* sans valeur. **4.** Anc. Haut-de-forme. *Tuyau de castor**. **5.** Pli cylindrique dont on orne du linge empesé. *Collerette à tuyaux* (syn. à godrons). – Frq. **thuta,* gothique *thuthaurn,* «cor à sonner»; d'abord *tuiel, tuel.*

tuyautage [tɥijotaʒ] n. m. **1.** Action de tuyauter (du linge); son résultat. **2.** Fam. L'action, le fait de donner des tuyaux (sens 3). – De *tuyauter.*

tuyauter [tɥijote] v. tr. [1] **1.** Orner (du linge) de tuyaux (sens 4). **2.** Fam. Fournir des renseignements, des tuyaux à (qqn). – De *tuyau.*

tuyauterie [tɥijotʀi] n. f. Ensemble des tuyaux d'une installation. – De *tuyau.*

tuyère [tɥijɛʀ] n. f. TECH **1.** Organe d'éjection des gaz d'un moteur à réaction. **2.** Canalisation qui injecte l'air à la base d'un haut fourneau. – De *tuyau;* d'abord *toiere,* «ouverture où aboutit un tuyau de soufflerie».

tweed [twid] n. m. Étoffe de laine cardée (d'abord fabriquée en Écosse) avec un sergé. – Mot angl., altér. de l'écossais *tweel,* angl. *twill,* «étoffe croisée», probabl. sous l'infl. du fl. *Tweed.*

twill [twil] n. m. **1.** Tissu en armure sergé; cette armure. **2.** Très légère étoffe de soie (ou de rayonne) souple. – Mot angl. de *to twill,* «croiser».

twist [twist] n. m. Danse sur un rythme rapide, caractérisée par un mouvement de rotation des hanches et des genoux, très en vogue au début des années 1960. ▷ Musique sur laquelle se danse le twist. *L'orchestre jouait un twist.* – Mot angl. de *to twist,* «tordre, tourner».

twister [twiste] v. intr. [1] Danser le twist. – Du préc.

twisteur, euse [twistœʀ, øz] n. Danseur, danseuse de twist. – De *twister.*

tylenchus [tilɛ̃kys] n. m. ZOOL Ver nématode parasite qui attaque diverses cultures (maïs, pomme de terre, etc.), provoquant notam. la *nielle du blé.* – Du gr. *tulos,* «bosse», et *egkhelus,* «anguille».

tympan [tɛ̃pɑ̃] n. m. **1.** ARCHI Espace triangulaire délimité par la corniche et les deux rampants d'un fronton. – Dans un portail d'église romane ou gothique, espace généralement décoré de sculptures entre le linteau et l'archivolte. **2.** ANAT Cavité de l'oreille moyenne entre le conduit externe et l'oreille interne, traversée par une chaîne d'osselets et fermée par la *membrane du tympan.* – Cour. Membrane du tympan. V. oreille. **3.** IMPRIM Cadre de la presse typographique à bras sur lequel se place la feuille à imprimer. **4.** MECA Pignon fixé sur un arbre et qui engrène dans les dents d'une roue. *Tympan d'une horloge.* – Du lat. *tympanum,* gr. *tumpanon,* «tambour, tambourin».

tympanal, ale, aux [tɛ̃panal, o] adj. ANAT Du tympan. *Os tympanal:* anneau osseux sur lequel est tendu le tympan. ▷ N. m. *Le tympanal.* – Du préc.

tympanoplastie [tɛ̃panoplasti] n. f. CHIR Opération effectuée en vue de la réparation du tympan et des 3 osselets de l'oreille moyenne. – De *tympan,* et *-plastie.*

tympanique [tɛ̃panik] adj. **1.** ANAT Du tympan. *Cavité, artère tympanique.* **2.** MED *Son tympanique:* sonorité aiguë particulière à la percussion de certaines régions du corps. – De *tympan.*

tympanon [tɛ̃panɔ̃] n. m. MUS Instrument de musique à caisse trapézoïdale tendue de cordes métalliques que l'on frappe avec de fines baguettes. – Gr. *tumpanon,* «tambour».

tyndallisation [tɛ̃dalizasjɔ̃] n. f. TECH Procédé de stérilisation, dû à Tyndall, consistant à chauffer à une température nettement inférieure à 100 °C, pendant une heure env., des substances qu'on laisse refroidir, puis qu'on chauffe à nouveau, etc. (De telles températures inhibent la sporulation bactérienne et n'altèrent pas la substance à traiter.) – De J. *Tyndall* (1820-1893), physicien irlandais.

type [tip] n. m. **I.** TECH **1.** Pièce portant une empreinte, servant à faire de nouvelles empreintes semblables; cette empreinte. **2.** TYPO Modèle de caractère. *Type elzévir.* **II. 1.** Modèle idéal réunissant en lui à un haut degré de perfection les caractères essentiels d'une espèce déterminée d'objets ou de personnes; ce qui correspond plus ou moins exactement à un tel modèle. *Chercher à définir un certain type de beau. Harpagon est le type même de l'avare.* – En appos. *C'est l'avare type.* **2.** Ensemble des caractères distinctifs propres à une catégorie spécifique d'objets, d'individus, etc. *Les types sanguins.* BIOL Individu qui présente tous les caractères distinctifs d'une unité taxonomique (taxon); spécimen servant à la description d'une telle unité. – En appos. *Le genre «Rosa» est le genre type de la famille des rosacées.* ▷ Cour. *Types humains* (considérés selon des critères divers, souvent arbitraires). *Le type anglais.* ▷ *Par ext.* Fam. *C'est mon type:* il a l'ensemble des caractères physiques, esthétiques, etc., qui m'attirent. **3.** Ensemble des spécifications techniques qui définissent un objet déterminé construit en série. *La Jaguar «Type E»* (automobile). *Un bombardier du type B 22.* **4.** Fam. et vieilli Personnage remarquable (soit qu'il corresponde exactement à un type déterminé, soit que, par son originalité, il constitue un type à lui tout seul). *Quel type! Quel drôle de type!* ▷ Mod. Individu quelconque. *Un type comme il y en a des milliers. Qui c'est, ce type?* Syn. bonhomme, gars, mec. – Lat. *typus,* «image», du gr. *tupos,* «empreinte, marque; caractère d'écriture», de *tuptein,* «appliquer, frapper».

-type, -typie, typo-. Éléments, du gr. *tupos,* «empreinte, modèle».

typé, ée [tipe] adj. Qui correspond à un type, à un modèle du genre. *Personnage très typé.* – *Spécial.* Qui possède toutes les caractéristiques physiques de son peuple, de son ethnie. *Cette Amérindienne est très typée.* – De *type.*

typer [tipe] v. tr. [1] **1.** TECH Marquer d'un type (sens 1). **2.** Donner les caractères d'un type à un personnage de création. *Cet écrivain a su typer son personnage.* – De *type.*

typh(o)-. Élément, du gr. *tuphos,* «fumée, torpeur».

typha [tifa] n. m. BOT Plante herbacée aquatique (genre *Typha*) à rhizome rampant, aux feuilles en forme de ruban et à fleurs unisexuées réunies en épi au sommet de hautes tiges droites. Syn. cour. massette, masse d'eau, roseau des étangs. – Lat. mod., gr. *tuphê.*

typhacées [tifase] n. f. pl. BOT Famille de plantes monocotylédones aquatiques dont le genre *Typha* est le type. – Du préc.

typhique [tifik] adj. MED Qui a rapport au typhus ou à la fièvre typhoïde. ▷ Subst. Sujet atteint de l'une de ces maladies. – De *typhus.*

typhlite [tiflit] n. f. Rare MED Inflammation du cæcum. – Du gr. *tuphlos,* «aveugle», appliqué au cæcum, «intestin aveugle», et *-ite* 1.

typho -. V. typh(o) -.

typhobacillose [tifobasilloz] n. f. MED Forme de primo-infection tuberculeuse caractérisée par une température dont la courbe rappelle celle de la fièvre typhoïde. – De *typho-,* et *bacillose.*

typhoïde [tifɔid] adj. et n. *Fièvre typhoïde:* maladie infectieuse (salmonellose), contagieuse et le plus souvent épidémique, due au bacille typhique (*Salmonella typhi,* dit aussi *bacille d'Eberth*), caractérisée par une température élevée (syndrome septicémique), par des signes neurologiques (état de stupeur, dit aussi *tuphos*) et par de graves troubles digestifs. (La contamination s'effectue par ingestion d'aliments pollués.) ▷ Cour. N. f. *La typhoïde. Aujourd'hui, la vaccination (T.A.B.) a fait considérablement régresser la typhoïde.* – Du gr. *tuphôdês,* «qui s'accompagne de délire».

typhoïdique [tifɔidik] adj. MED De la typhoïde. – Du préc.

typhon [tifɔ̃] n. m. Cyclone des mers du Sud-Est asiatique (mer de Chine, mer du Japon) et de l'océan Indien. – Chinois *t'ai-fung,* «grand vent», par le portug. *tufaõ;* ou bien lat. *typhon,* gr. *tuphôn,* «tourbillon».

typhose [tifoz] n. f. MED VET Maladie contagieuse de la poule, due à un bacille *(Salmonella pullorum gallinarum),* qui se manifeste par un état d'abattement fébrile. – De *typh-,* et *-ose* 2.

typhus [tifys] n. m. MED **1.** *Typhus exanthématique* ou, absol., *typhus:* maladie infectieuse due à une rickettsie *(Rickettsia prowasecki),* transmise par le pou, et caractérisée par une éruption de taches rosées (exanthème purpurique) sur tout le corps, par une fièvre élevée et par un état de prostration profonde *(tuphos).* **2.** *Typhus murin:* maladie infectieuse analogue à la précédente, mais moins grave, due à une rickettsie *(Rickettsia mooseri)* transmise à l'homme par la puce du rat. **3.** Nom de diverses autres maladies infectieuses caractérisées notam. par une forte fièvre. – Lat. méd. *typhus,* gr. *tuphos,* «torpeur».

-typie. V. -type.

typique [tipik] adj. **1.** Caractéristique. *Réaction typique.* ▷ Qui peut servir d'exemple. *Cas typique.* **2.** (Dans une classification scientifique.) Qui est essentiel à la caractérisation d'un type. *Caractères typiques et atypiques.* – Lat. ecclés. *typicus,* gr. *tupikos,* «symbolique, exemplaire», de *tupos,* «empreinte».

typiquement [tipikmɑ̃] adv. D'une manière typique, caractéristique. *Un comportement typiquement masculin.* – Du préc.

typo-. V. -type.

typo [tipo] n. Abrév. de *typographe* et de *typographie.*

typographe [tipɔgʀaf] n. Professionnel de la typographie. ▷ *Spécial.* Ouvrier qui compose à la main, avec des caractères mobiles (types). ▷ Abrév. fam. *Un typo* (fém., en arg. de métier: *une typote*). – De *typo-*, et *-graphe.*

typographie [tipɔgʀafi] n. f. **1.** Composition (d'un texte) à l'aide de caractères mobiles en plomb. *La typographie cède la place à la photocomposition.* ▷ Le résultat de cette composition. *La typographie de cet ouvrage est particulièrement soignée.* **2.** Aspect d'un texte composé, que l'on ait utilisé ou non des caractères mobiles. *La typographie du «Dictionnaire du français plus», réalisée en photocomposition programmée, est particulièrement lisible.* **3.** Procédé de reproduction par impression d'une forme en relief (composition faite avec des caractères mobiles, cliché, etc.). ▷ Abrév. fam. *Texte imprimé en typo.* – De *typo-*, et *graphie.*

typographique [tipɔgʀafik] adj. Qui a rapport à la typographie. *Procédés d'impression typographiques* (par oppos. aux procédés *par report:* offset, lithographie). – *Fautes typographiques* (mastics, coquilles, etc.). – Du préc.

typologie [tipɔlɔʒi] n. f. Didac. **1.** Partie de la psychologie qui étudie les divers types humains, considérés du point de vue des rapports entre les caractères somatiques et mentaux. **2.** Science qui vise à élaborer des types à partir d'ensembles, constitués par regroupement de données ayant en commun certains traits caractéristiques. – Classification par types. *Établir une typologie des névroses.* – De *typo-*, et *-logie.*

typologique [tipɔlɔʒik] adj. Didac. Relatif à la typologie; fondé sur une typologie. *Classification typologique.* – Du préc.

typomètre [tipɔmɛtʀ] n. m. TECH Règle portant des divisions en points typographiques (cicéros, demi-cicéros et quarts de cicéros), utilisée en imprimerie pour évaluer les compositions typographiques. – De *typo-*, et *-mètre.*

typon [tipõ] n. m. IMPRIM Film positif tramé, qui peut être reproduit en offset. – Nom déposé.

typtologie [tiptɔlɔʒi] n. f. Didac. Dans le spiritisme, moyen d'obtenir des communications avec les esprits par des coups frappés sur ou par les tables tournantes. – Du gr. *tuptein*, «frapper», et de *-logie.*

tyr(o)-. Élément, du gr. *turos*, «fromage».

1. tyran [tiʀɑ̃] n. m. **1.** ANTIQ GR Celui qui, à la tête d'un État, exerçait le pouvoir absolu après s'en être emparé par la force. ▷ *Spécial.* Usurpateur de l'autorité royale. **2.** Cour. Celui qui, détenant le pouvoir suprême, l'exerce avec cruauté et sans respect des lois. **3.** Fig. Personne autoritaire, qui exerce durement son autorité ou qui en abuse. *C'est un tyran domestique.* – Lat. *tyrannus*, gr. *turannos*, «maître».

2. tyran [tiʀɑ̃] n. m. ZOOL Oiseau passériforme insectivore d'Amérique (genre princ. *Tyrannus*, fam. tyrannidés, qui regroupe des centaines d'espèces). – De *tyran* 1 (Buffon l'aurait ainsi nommé à cause de son naturel supposé «méchant»).

tyranneau [tiʀano] n. m. Litt. Celui qui se conduit comme un petit tyran, tyran subalterne. *Tyranneau de village.* – Dimin. de *tyran* 1.

tyrannicide [tiʀanisid] n. Litt. **1.** Celui, celle qui a tué un tyran. **2.** n. m. Meurtre d'un tyran. – Sens 1, lat. *tyrannicida*; sens 2, lat. *tyrannicidium.*

tyrannie [tiʀani] n. f. **1.** ANTIQ GR Usurpartion et exercice du pouvoir par un tyran. *Sous la tyrannie de Pisistrate, à Athènes.* **2.** Cour. Gouvernement du tyran, ou d'un groupe d'oppresseurs dans ce qu'il a d'injuste et de cruel. **3.** Fig. Autorité exercée de manière absolue, oppressive. *Il exerce une véritable tyrannie sur ses employés.* ▷ (Choses.) Pouvoir irrésistible et contraignant. *La tyrannie de la mode.* – De *tyran* 1.

tyrannique [tiʀanik] adj. **1.** Qui tient de la tyrannie. *Pouvoir tyrannique.* **2.** Autoritaire, injuste et violent. *Un père tyrannique.* **3.** Fig. Qui exerce un pouvoir irrésistible et contraignant. – Lat. *tyrannicus*, gr. *tyrannikos.*

tyranniquement [tiʀanikmɑ̃] adv. De manière tyrannique. – Du préc.

tyranniser [tiʀanize] v. tr. [1] **1.** Traiter (qqn) avec tyrannie. *Tyranniser un peuple. – Tyranniser ses enfants.* **2.** (Choses.) Exercer un pouvoir irrésistible et contraignant sur (qqn). *La passion du jeu le tyrannisait.* – De *tyran* 1.

tyrannosaure [tiʀanozɔʀ] n. m. PALEONT Reptile fossile (genre *Tyrannosaurus*), grand carnassier bipède du Jurassique (jusqu'à 15 m de long). – Lat. sav. *tyrannosaurus*, du gr. *turannos*, «maître», et *sauros*, «lézard».

tyro-. V. tyr(o)-.

tyrolien, ienne [tiʀɔljɛ̃, jɛn] adj. et n. **1.** adj. Du Tyrol. **2.** n. f. Chant à trois temps, franchissant en sauts brusques de grands intervalles tonaux et passant de la voix de poitrine à la voix de tête. V. jodler. – De *Tyrol*, rég. des Alpes orient. entre l'Autriche et l'Italie.

tyrosine [tiʀozin] n. f. BIOCHIM Acide aminé très répandu dans les protéines, dont dérivent certains médiateurs du système nerveux (dopamine et noradrénaline, notam.) ainsi que certaines hormones (adrénaline, thyroxine). – De *tyro-*, et *-ine.*

tyrrhénien [tiʀenjɛ̃] n. m. GEOL Étage du Pléistocène correspondant à diverses transgressions marines comprises entre les glaciations du Mindel, du Riss et du Würm. – Du n. de la mer *Tyrrhénienne*, partie de la Méditerranée comprise entre la Corse, la Sardaigne, la Sicile et la côte ouest de l'Italie.

tzar, tzarévitch, tzarine, tzarisme. V. tsar, tsarévitch, tsarine, tsarisme.

tzigane. V. tsigane.

U u

u [y] n. m. Vingt et unième lettre et cinquième voyelle de l'alphabet français. *Le U et le V ont été notés indifféremment V jusqu'au XVIIIe s. – La voyelle palatale arrondie* [y] *est notée u.* (Rem. Le *u tréma (ü)* doit se prononcer séparément de la voyelle qui la précède. Ex.: *Emmaüs*). ▷ *En U:* en forme de U. *Tube en U.* ▷ PHYS NUCL *u:* symbole de l'unité* de masse atomique.

U CHIM Symbole de l'uranium.

UA ASTRO Symbole de l'unité* astronomique.

ubac [ybak] n. m. GEOGR Versant d'une montagne exposé au nord, à l'ombre (par oppos. à *adret*). – Du lat. *opacus,* «qui est à l'ombre, sombre».

ubiquiste [ybikɥist] adj. et n. **1.** adj. Qui est (ou paraît être) partout à la fois. **2.** n. Membre d'une secte luthérienne qui n'admettait le dogme de la présence réelle qu'en raison de l'ubiquité de Dieu. – Du lat. *ubique,* «partout».

ubiquitaire [ybikyitɛʀ] adj. et n. Syn. de *ubiquiste* (sens 2). – De *ubiquité.*

ubiquité [ybikɥite] n. f. Qualité propre à Dieu d'être présent partout en même temps. ▷ Par exag. *Avoir le don d'ubiquité:* être partout à la fois. *Il a le don d'ubiquité:* on le voit partout. – Du lat. *ubique,* «partout».

ubuesque [ybyɛsk] adj. Qui est digne du père Ubu (personnage d'A. Jarry) dont la cruauté et la lâcheté, énormes et comiques, sont poussées jusqu'à l'absurde. – De *Ubu roi,* farce dramatique d'A. Jarry (1873-1907).

U.H.F. PHYS Abrév. de *ultra-haute fréquence.*

uhlan [ylɑ̃] n. m. HIST Lancier (cavalier), d'abord polonais ou lituanien, qui servait comme mercenaire dans les armées prussienne, autrichienne, polonaise, française, etc. *Les derniers uhlans servirent pendant la guerre de 1914-1918 dans les armées allemande, russe et polonaise.* – Mot all., du polonais; du tartare *oglan,* «enfant».

ukase [ykɑz] ou **oukase** [ukɑz] n. m. **1.** HIST Édit du tsar. **2.** Fig. Ordre impératif; décision arbitraire et sans appel. – Du russe *ukaz,* «décret», de *ukazat',* «publier».

ukiyo-e [ukijɔ'e] n. m. BX-A École japonaise de peinture de genre qui fut vulgarisée en Occident par l'estampe en couleur (XVIIIe et XIXe s.). *L'ukiyo-e dérive du yamato-e*.* – Mot jap., «peinture du monde qui passe», de *ukiyo,* terme bouddhique, propr. «monde lassant des misères».

ukrainien, ienne [ykʀɛnjɛ̃, jɛn] adj. et n. **1.** adj. De l'Ukraine, rép. féd. d'U.R.S.S., sur la mer Noire. ▷ Subst. *Un(e) Ukrainien(ne).* **2.** n. m. *L'ukrainien:* la langue slave parlée en Ukraine. – Du russe *oukraïna,* «frontière».

ukulélé [jukulele] n. m. MUS Instrument à quatre cordes, analogue à une petite guitare («guitare hawaïenne»), originaire d'Hawaï. – Hawaïen *ukulele,* par l'angl.

ulcération [ylseʀasjɔ̃] n. f. MED **1.** Formation d'un ulcère. **2.** Perte de substance tégumentaire due à la formation d'un ulcère. – Lat. *ulceratio.*

ulcère [ylsɛʀ] n. m. **1.** Perte de substance de la peau ou d'une muqueuse, prenant la forme d'une lésion qui ne se cicatrise pas et tend à s'étendre et à suppurer. **2.** ARBOR Plaie d'une plante qui ne se cicatrise pas. – Lat. *ulcus, ulceris.*

ulcérer [ylseʀe] v. tr. [16] **1.** MED Produire un ulcère sur. **2.** Fig. Faire naître un profond ressentiment chez. *Ce discours l'a ulcéré.* – Du lat. *ulcerare,* «blesser».

ulcéreux, euse [ylseʀø, øz] adj. **1.** MED Qui a les caractères d'un ulcère. **2.** Qui souffre d'un ulcère à l'estomac ou au duodénum. ▷ Subst. *Un ulcéreux, une ulcéreuse.* – Lat. *ulcerosus.*

uléma [ylema] ou **ouléma** [ulema] n. m. RELIG Docteur de la loi, interprète du Coran, dans les pays musulmans. – Ar. *oulamā',* plur. de *ālim,* «savant».

ulluque [ylyk] n. m. BOT Plante herbacée vivace (genre *Ullucus,* fam. chénopodiacées) d'Amérique du S., cultivée en Bolivie et au Pérou pour ses tubercules comestibles. – Esp. *ulluco,* quechua *ullucu.*

U.L.M. [yɛlɛm] n. m. inv. SPORT Engin volant, monoplace ou biplace, de construction très légère, possédant un moteur de faible cylindrée. – Sigle de *ultra léger motorisé.*

ulmacées [ylmase] n. f. pl. BOT Famille de plantes dicotylédones apétales arborescentes (orme, micocoulier, etc.), qui portent parfois sur le même pied des fleurs hermaphrodites et des fleurs unisexuées. Sing. *Une ulmacée.* – Du lat. *ulmus,* «orme».

ulmaire [ylmɛʀ] n. f. BOT Plante herbacée des lieux humides (*Filipendula ulmaria,* fam. rosacées), dont les fleurs blanches très odorantes sont groupées en ombelles. Syn. reine-des-prés, spirée. – Lat. bot. *ulmaria,* de *ulmus,* «orme».

ultérieur, eure [ylteʀjœʀ] adj. Qui vient après, dans le temps. *La réunion est remise à une date ultérieure.* Syn. futur, postérieur. Ant. antérieur. – Lat. *ulterior,* «qui est au-delà», de *ultra,* «au-delà».

ultérieurement [ylteʀjœʀmɑ̃] adv. Plus tard. Syn. ensuite, après. *Nous réglerons cette question ultérieurement.* – Du préc.

ultimatum [yltimatɔm] n. m. **1.** Mise en demeure ultime et formelle adressée par un pays à un autre, et dont le rejet entraîne la guerre. **2.** Mise en demeure impérative, sommation. *Les ravisseurs ont envoyé leur ultimatum.* – Du lat. médiév. *ultimatus,* class. *ultimus,* «dernier».

ultime [yltim] adj. Litt. Dernier, dans le temps. *Ce furent ses ultimes paroles.* – Lat. *ultimus,* «dernier».

ultra [yltʀa] n. et adj. Extrémiste. *Les ultras du stalinisme.* – Adj. *Ils sont ultras.* – D'abord par abrév. de *ultraroyaliste.*

ultra-. Élément, du lat. *ultra,* «au-delà de».

ultracentrifugation [yltʀasɑ̃tʀifygasjɔ̃] n. f. TECH Centrifugation opérée à des vitesses angulaires élevées (de l'ordre de 50 000 à 100 000 tours/minute). *L'ultracentrifugation est utilisée dans les laboratoires de biologie et de microbiologie.* – De *ultra-,* et *centrifugation.*

ultracentrifugeuse [yltʀasɑ̃tʀifyʒøz] n. f. TECH Centrifugeuse permettant de réaliser l'ultracentrifugation. – Du préc.

ultracourt, courte [yltʀakuʀ, kuʀt] adj. RADIOELECTR *Ondes ultracourtes:* syn. anc. de *ondes centimétriques.* (V. encycl. radioélectricité). – De *ultra-,* et *court.*

ultra-haute fréquence [yltʀaotfʀekɑ̃s] n. f. PHYS Fréquence élevée, comprise entre 300 et 3 000 MHz. (Par abrév. *U.H.F.*) – De *ultra -, haut* et *fréquence.*

ultramicroscope [yltʀamikʀɔskɔp] n. m. Didac. Microscope pourvu d'un dispositif d'éclairage permettant d'apercevoir, grâce à la lumière qu'elles diffractent, des particules invisibles au microscope ordinaire. – De *ultra-*, et *microscope.*

ultramicroscopie [yltʀamikʀɔskɔpi] n. f. Didac. Ensemble des techniques d'observation à l'ultramicroscope. – Du préc.

ultramicroscopique [yltʀamikʀɔskɔpik] adj. Didac. **1.** Anc. Qui est trop petit pour être observé à l'aide d'un microscope. **2.** Mod. Qui ne peut être observé qu'à l'ultramicroscope. – De *ultra-*, et *microscopique.*

ultramoderne [yltʀamɔdɛʀn] adj. Très moderne. *Équipement ultramoderne.* – De *ultra-*, et *moderne.*

ultramontain, aine [yltʀamɔ̃tɛ̃, ɛn] adj. et n. **1.** Vx Qui est au-delà des Alpes, par rapport à la France. **2.** HIST RELIG Partisan du maintien des pouvoirs temporel et spirituel du pape. Ant. gallican. ▷ Subst. *Un ultramontain.* – Lat. médiév. *ultramontanus*, de *ultra*, et *mons, montis*, «montagne».

ultramontanisme [yltʀamɔ̃tanism] n. m. HIST RELIG Ensemble des doctrines favorables à l'autorité absolue du pape; position des ultramontains. *Les principaux théoriciens de l'ultramontanisme en France furent La Mennais et Veuillot.* – Du préc.

ultra-petita [yltʀapetita] adv. et n. m. DR Au-delà de ce qui a été demandé. *Le tribunal a statué ultra-petita.* ▷ N. m. Fait, pour un tribunal, de statuer ultra-petita. *Jugement entaché d'ultra-petita.* – Mots lat.

ultrason ou **ultra-son** [yltʀasɔ̃] n. m. Vibration acoustique de fréquence trop élevée pour provoquer une sensation auditive chez l'être humain. – De *ultra-*, et *son.*

ENCYCL Un ultrason correspond à une fréquence supérieure à 20 000 Hz, par oppos. aux *infrasons*, dont la fréquence, également non audible, est inférieure à 20 Hz. Les ultrasons se propagent en ligne droite comme les ondes hertziennes millimétriques et les infrarouges, dont la gamme de longueurs d'onde est la même. Ils peuvent former des faisceaux d'une haute énergie. La vitesse de propagation des ultrasons varie avec le milieu traversé (331 m/s dans l'air, 6 400 m/s dans l'aluminium). Les ultrasons provoquent des changements de l'indice de réfraction des liquides, donnant naissance à des phénomènes de diffraction. Ils améliorent les propriétés catalytiques de certains corps et produisent dans la matière vivante une désagrégation des noyaux cellulaires, l'éclatement des hématies et l'arrêt des fermentations. On produit les ultrasons au moyen de générateurs piézoélectriques, à magnétostriction* ou à électrostriction*. Les applications des ultrasons sont très nombreuses: contrôle des matériaux, mesure de la vitesse d'écoulement des fluides, usinage, mise en émulsion des peintures, télécommunication et détection sous-marine (échosondeurs et sonars), destruction des microorganismes, localisation de lésions de certains organes, traitement des névralgies, holographie, etc. De nombr. animaux (les chauves-souris, notam.) utilisent les ultrasons, qu'ils sont aptes à percevoir et à émettre, pour se diriger et pour localiser leurs proies la nuit, par réverbération acoustique (écholocation).

ultraviolet, ette ou **ultra-violet, ette** [yltʀa vjɔlɛ, ɛt] adj. et n. m. Se dit de radiations dont la longueur d'onde est comprise entre celle des rayons lumineux visibles de l'extrémité violette du spectre (4 000 angströms) et celle des rayons X (100 angströms). ▷ N. m. *L'ultraviolet:* le spectre ultraviolet. (Par abrév. *U.V.*) – De *ultra-*, et *violet.*

ENCYCL Les rayonnements ultraviolets ont un pouvoir ionisant très élevé. Ceux qui proviennent du Soleil ionisent les gaz de la haute atmosphère et sont à l'origine de l'ionosphère. Les rayons ultraviolets sont fortement absorbés par les cellules vivantes qu'ils modifient (pigmentation de la peau, multiplication des globules sanguins, parfois cancers). La couche d'ozone de la haute atmosphère nous protège de l'action néfaste des ultraviolets (V. ozone.). Les ultraviolets impressionnent les émulsions photographiques et excitent la fluorescence de certaines substances (tubes fluorescents à vapeur de mercure).

ululement, ululer. V. hululement, hululer.

ulve [ylv] n. f. BOT Algue verte marine très courante (genre *Ulva*), au thalle foliacé, appelée aussi *laitue de mer.* – Lat. *ulva.*

umlaut [umlau(w)t] n. m. LING En allemand, inflexion vocalique indiquée par un tréma sur la voyelle; ce tréma lui-même. – Mot all., «inflexion».

1. un, une [œ̃, yn] adj. (et n.), article et pron. **A.** adj. **I.** adj. numéral. **1.** (Cardinal) Premier des nombres entiers, exprimant l'unité. *Un mètre. Un dollar. Une minute. Une seule fois.* ▷ Loc. *Pas un:* aucun, nul. – *Un à un, un par un:* à tour de rôle et un seul à la fois. – *Ne faire qu'un avec une chose, une personne*, se confondre avec elle. *Lui et son associé ne font qu'un.* – *C'est tout un:* c'est la même chose; c'est égal. ▷ N. m. Une unité; chiffre (1) notant l'unité. *Un et un font deux. Onze s'écrit avec deux un.* – PHILO *L'Un:* l'Être unique dont tout émane et qui n'exclut rien. **2.** (Ordinal) Premier. *Livre un. Il était une heure du matin.* ▷ Fam. n. f. *La une:* la première page d'un journal. *Cinq colonnes à la une.* ▷ Loc. fam. *Ne faire ni une ni deux:* ne pas hésiter. **II.** adj. qualificatif (en fonction d'épithète ou d'attribut). Simple, qui n'admet pas de division, de pluralité. *La vérité est une. «Le Dieu un et indivisible»* (Bossuet). ▷ Qui, tout en pouvant avoir des parties, forme un tout organique, harmonieux. *Toute œuvre doit être une*, constituer un tout. (N. B. Dans cet emploi, *un* admet le pluriel: *des théories unes et cohérentes.*) **B.** article indéf. (Plur. *des*) **1.** (Marquant que l'être ou l'objet désigné est présenté comme un individu distinct des autres de l'espèce, mais sans caractérisation plus particulière.) *Je vois un chien.* ▷ (Marquant que l'on se réfère à un individu, quel qu'il soit, de l'espèce.) Tout, n'importe quel. *Une terre bien cultivée doit produire.* **2.** (En relation avec le pronom *en*) *En voilà un qui a du caractère!* (sous-entendu, un *homme*). Fam. *En fumer une*, une cigarette. **3.** (Dans une phrase exclamative, avec une valeur emphatique ou intensive.) ▷ (Devant un nom.) *Elle marchait avec une grâce!* ▷ (Devant un adj.) *Il était d'un laid!* **4.** (Avec la valeur d'un adj. indéf.) Certain, quelque. *Il reste ici pour un temps.* **5.** (Devant un nom propre.) Une personne qui ressemble à. ▷ Une personne telle que. *Un Balzac en aurait fait un chef-d'œuvre.* ▷ Une personne de la famille de. *C'est une Beaudry.* ▷ Une œuvre de. *Un joli Fragonard.* **C.** pronom indéf. **1.** Un, une. *C'est une des personnes que j'ai le plus appréciées. C'est un de mes fromages préférés.* ▷ L'un, l'une. *L'un de ceux qui ont travaillé à cette œuvre collective. L'une d'elles m'a dit...* ▷ (En corrélation avec *l'autre.*) *L'un est riche et l'autre est pauvre. Ni l'un ni l'autre:* aucun des deux. – Loc. *L'un dans l'autre:* en moyenne; tout compte fait. *L'un(e) l'autre:* mutuellement. **2.** (Nominal) Quelqu'un, une personne. *Un de la Beauce.* – Lat. *unus.*

2. un-. CHIM Préfixe (du lat. *unus*, «un») utilisé par la nomenclature internationale pour noter le chiffre 1 des numéros atomiques Z des éléments dont Z est supérieur à 100. (Ex.: l'élément 105, dit aussi hahnium, est nommé *unnilpentium, nil* notant le chiffre 0 et *pent* le chiffre 5, avec la terminaison *ium* des éléments tardivement découverts.)

unanime [ynanim] adj. **1.** Qui réunit tous les suffrages, qui exprime un consensus collectif. *Vote, approbation unanimes.* ▷ Que tous font en même temps. *Cri unanime.* **2.** (Au pl.) Qui sont tous du même avis. *Les critiques sont unanimes à louer ce spectacle.* – Lat. *unanimus*, de *unus*, «un», et *animus*, «âme, esprit».

unanimement [ynanimmɑ̃] adv. D'une manière unanime; d'un commun accord, tous ensemble. *Rejeter unanimement une proposition.* – Du préc.

unanimisme [ynanimism] n. m. LITTER Doctrine littéraire selon laquelle l'écrivain doit exprimer la psychologie collective des groupes plutôt que les états d'âme d'un individu. *Jules Romains fut le principal représentant, en langue française, de l'unanimisme.* – De *unanime*.

unanimiste [ynanimist] n. LITTER Partisan de l'unanimisme. ▷ Adj. *La littérature unanimiste.* – Du préc.

unanimité [ynanimite] n. f. **1.** Conformité des avis de tous, accord des suffrages de la totalité des membres d'un groupe. *Proposition qui fait l'unanimité.* **2.** Caractère de ce qui est unanime, collectif. *L'unanimité du sentiment national.* – Lat. *unanimitas*, «accord, harmonie».

unau [yno] n. m. ZOOL Mammifère xénarthre (genre *Cholœpus*) d'Amérique du S. au long poil gris-brun, qui ne possède que deux doigts munis de griffes. *Des unaus.* Syn. paresseux à deux doigts. – Mot tupi.

unci-. Élément, du lat. *uncus*, «crochet».

unciforme [ɔ̃sifɔʀm; œsifɔʀm] adj. ANAT En forme de crochet. – De *unci-*, et *forme*.

unciné, ée [ɔ̃sine; œsine] adj. BOT Qui se termine en crochet. – Du lat. *uncinatus*, «crochu».

unguéal, ale, aux [œg(ɥ)eal; ɔ̃g(ɥ)eal, o] adj. ANAT Qui a rapport à l'ongle. – Du lat. *unguis*, «ongle».

ungu(i)-. Élément, du lat. *unguis*, «ongle».

unguifère [œg(ɥ)ifɛʀ; ɔ̃g(ɥ)ifɛʀ] adj. Didac. Qui porte un ongle, qui possède des ongles. – De *ungui-*, et *-fère*.

unguis [œg(ɥ)is; ɔ̃g(ɥ)is] n. m. ANAT Petit os mince, en forme de quadrilatère, de la paroi interne de la cavité orbitaire. – Mot lat., «ongle».

uni-. Élément, du lat. *unus*, «un».

uni, ie [yni] adj. (et n. m.) **I.** (Sens correspondant à ceux du v. unir.) **II. 1.** Qui ne présente aucune inégalité, qui est parfaitement lisse. *Surface unie.* ▷ Sans ornement. *Une façade unie. Un manteau uni. Étoffe unie*, d'une seule couleur. ▷ N. m. *De l'uni:* du tissu uni. **2.** Vx ou litt. Dont aucun changement ne vient troubler le cours. *Mener une vie unie et tranquille.* – Pp. de *unir*.

uniate [ynjat] adj. et n. RELIG Se dit des Églises orientales, des fidèles de ces Églises, qui reconnaissent l'autorité du pape, mais conservent leur organisation et leurs rites particuliers. *Les Grecs uniates.* – Du russe *ounyiat*, de *ounyia*, «union»; bas lat. ecclés. *unio*.

uniaxe [yniaks] adj. **1.** MINER Qui n'a qu'un axe. *Cristaux uniaxes.* **2.** PHYS Se dit d'un milieu dans lequel divers phénomènes physiques (propagation de la chaleur, du son, de la lumière, élasticité, dilatation) sont symétriques par rapport à un seul axe. – De *uni-*, et *axe*.

unicaule [ynikol] adj. BOT Qui n'a qu'une tige. – Lat. *unicaulis*, de *caulis*, «tige».

unicellulaire [yniselylɛʀ] adj. et n. m. pl. BIOL Formé d'une seule cellule. *Les bactéries sont unicellulaires.* ▷ N. m. pl. *Les unicellulaires :* les êtres vivants composés d'une cellule unique (bactéries, algues unicellulaires, protozoaires). Syn. protistes. Ant. pluricellulaire. – De *uni-*, et *cellulaire*.

unicité [ynisite] n. f. Didac. Caractère de ce qui est unique. *Unicité d'un événement, d'une thèse.* – De *unique*.

unicolore [ynikɔlɔʀ] adj. D'une seule couleur. Syn. monochrome. Ant. multicolore, polychrome. – Lat. *unicolor*.

unicorne [ynikɔʀn] adj. et n. **1.** adj. ZOOL Qui n'a qu'une corne. *Rhinocéros unicorne.* **2.** n. m. MYTH ou VX Licorne. – Lat. *unicornis*.

unidirectionnel, elle [ynidiʀɛksjɔnɛl] adj. Qui n'exerce une action efficace que dans une direction, en parlant d'appareillage radioélectrique ou électroacoustique. *Antenne unidirectionnelle.* – De *uni-*, et *directionnel*.

unième [ynjɛm] adj. num. ord. (Seulement en composition avec un numéral.) Qui vient immédiatement après la dizaine, la centaine, le millier. *Trente et unième. Cent unième. La mille et unième nuit.* – De *un*.

unièmement [ynjɛmmɑ̃] adv. (Seulement en composition.) *Vingt (trente, quarante, etc.) et unièmement:* en vingt et unième lieu. – Du préc.

unifamilial, ale, aux [ynifamiljal, o] adj. À l'usage d'une seule famille. *Une maison unifamiliale.* – De *uni-*, et *familial*.

unificateur, trice [ynifikatœʀ, tʀis] adj. et n. Qui unifie, qui tend à unifier. – De *unifier*.

unification [ynifikasjɔ̃] n. f. Action d'unifier. *L'unification de textes de loi, d'un pays.* – De *unifier*.

unifier [ynifje] v. tr. [1] **1.** Rassembler pour faire un tout, faire l'unité de (plusieurs éléments distincts). *Les territoires italiens ont été unifiés en 1870.* **2.** Rendre homogène, donner une certaine unité à (un tout, ou les parties d'un tout déjà constitué). *Unifier une surface. Unifier un parti politique.* – Du lat. médiév. *unificare*.

uniflore [ynifl ɔʀ] adj. BOT Qui ne porte qu'une fleur. – De *uni-*, et *flore*.

unifolié, ée [ynifɔlje] adj. BOT Qui ne porte qu'une feuille. – De *uni-*, et *folié*.

uniforme [ynifɔʀm] adj. et n. m. **I.** adj. **1.** Qui ne présente pas de variation dans son étendue, sa durée, ses caractères. *Une plaine uniforme. Une existence uniforme.* ▷ PHYS *Mouvement uniforme*, dont la vitesse reste constante. **2.** Qui ressemble en tout point aux autres. *Des rues uniformes. Des opinions uniformes.* **II.** n. m. Costume dont le modèle, la couleur, le tissu sont rigoureusement fixés et qui est imposé aux personnes appartenant à un corps de l'armée, aux membres d'un groupe social déterminé (employés de certaines administrations, élèves de certains établissements, etc.). ▷ Par ext. *Endosser, quitter l'uniforme:* entrer dans l'armée, cesser de lui appartenir. – Lat. *uniformis*, de *unus*, «un, un seul, le même», et *forma*, «forme».

uniformément [ynifɔʀmemɑ̃] adv. D'une façon uniforme. ▷ MECA *Mouvement uniformément varié*, dont l'accélération (positive ou négative) reste constante. – Du préc.

uniformisation [ynifɔʀmizasjɔ̃] n. f. Action d'uniformiser; son résultat. – De *uniformiser*.

uniformiser [ynifɔʀmize] v. tr. [1] Rendre uniforme. *Uniformiser l'enseignement. Uniformiser les individus.* – De *uniforme*.

uniformité [ynifɔʀmite] n. f. Caractère de ce qui est uniforme. *Uniformité d'une teinte. Uniformité des coutumes.* – Lat. *uniformitas.*

unijambiste [yniʒɑ̃bist] n. et adj. Personne amputée d'une jambe. – De *uni-*, et *jambe.*

unilatéral, ale, aux [ynilateʀal, o] adj. **1.** Qui se trouve, qui se fait d'un seul côté. *Stationnement unilatéral,* autorisé, pour les véhicules, d'un seul côté de la voie. **2.** Qui émane d'une seule des parties intéressées ou qui n'engage qu'une seule d'entre elles. *Décision unilatérale. Contrat unilatéral.* – De *uni-*, et *latéral.*

unilatéralement [ynilateʀalmɑ̃] adv. D'une manière unilatérale. – De *unilatéral.*

unilinéaire [ynilineɛʀ] adj. ETHNOL Qualifie un système de filiation qui ne tient compte que d'une seule lignée, paternelle (filiation patrilinéaire) ou maternelle (filiation matrilinéaire). – De *uni-*, et *linéaire.*

unilingue [ynilɛ̃g] adj. Didac. Qui est en une seule langue. *Dictionnaire unilingue.* ▷ Qui ne parle, où l'on ne parle qu'une seule langue. *Au contraire du Canada, la France est un État unilingue.* – Syn. monolingue. – De *uni-*, et du lat. *lingua.*

unilobé, ée [ynilɔbe] adj. BOT Qui n'a qu'un seul lobe. – De *uni-*, et *lobé.*

uniloculaire [ynilɔkylɛʀ] adj. BOT Qui n'a qu'une seule loge. *Ovaire uniloculaire.* – De *uni-*, et *loculaire.*

uniment [ynimɑ̃] adv. **1.** D'une manière unie, régulière. *Peinture uniment répartie.* **2.** *Tout uniment:* sans façon, très simplement. – De *uni.*

uninominal, ale, aux [yninɔminal, o] adj. Se dit d'un scrutin, d'un vote, par lequel on élit un seul candidat. – De *uni-*, et *nominal.*

union [ynjɔ̃] n. f. **1.** Fait, pour des éléments, de constituer un tout. *Union de l'esprit et du corps. Union des cellules d'un tissu.* – RELIG *Union mystique,* de l'âme et de Dieu. **2.** Fait, pour des personnes, des groupes, d'être unis par des liens affectifs ou des intérêts communs; entente qui en résulte. *Union des membres d'une même famille. Union des partis politiques de gauche, de droite.* – Prov. *L'union fait la force.* ▷ *Spécial.* Fait de former un couple. *Union conjugale. Union libre,* en dehors du mariage, concubinage. **3.** Ensemble organisé de personnes ou de groupes qu'unissent des intérêts communs. *Union de consommateurs. Union de syndicats, d'États.* ▷ *Acte d'Union,* adopté par le Parlement de la Grande-Bretagne en 1840 et qui réunissait le Haut-Canada et le Bas-Canada sous un même gouvernement. **4.** MATH Syn. de *réunion.* ($A \cup B$ s'énonce «A union B».) **5.** GRAM *Trait d'union:* V. trait. – Lat. ecclés. *unio, unionis* , «union».

unionisme [ynjɔnism] n. m. Doctrine des unionistes. – De *union.*

unioniste [ynjɔnist] n. et adj. HIST Partisan de l'intégration dans un même État de diverses entités nationales ou politiques (notam. aux É.-U. pendant la guerre de Sécession et en Grande-Bretagne lorsque les Irlandais revendiquèrent au XIXe s. le Home Rule). – De *union.*

unipare [ynipaʀ] adj. BIOL Se dit des femelles qui n'ont qu'un petit par portée. ▷ Se dit d'une femme qui n'a qu'un seul enfant. – De *uni-*, et *-pare* 1.

unipolaire [ynipɔlɛʀ] adj. Didac. Qui n'a qu'un seul pôle. ▷ ELECTR *Interrupteur unipolaire,* qui ne permet de couper qu'un seul des conducteurs d'une ligne. ▷ BIOL *Neurone unipolaire,* dont le corps cellulaire ne possède qu'un seul prolongement le reliant à l'axone. – De *uni-*, et *polaire.*

unique [ynik] adj. **1.** Seul de son espèce. *Fils unique.* ▷ (Placé après *seul* pour le renforcer.) *Son seul et unique espoir.* **2.** Qu'on ne peut comparer à rien ou à personne d'autre, en raison de son caractère très particulier ou de sa supériorité. *Fait unique dans l'histoire. Un peintre unique en son genre.* ▷ Fam. Qui a un comportement inhabituel, extravagant ou ridicule. *Vous alors, vous êtes unique !* – Lat. *unicus,* de *unus,* «un».

uniquement [ynikmɑ̃] adv. Exclusivement, seulement. *Je vous demande uniquement cela.* – Du préc.

unir [yniʀ] **I.** v. tr. [2] **1.** Joindre de manière à former un tout. *Unir un territoire à un autre.* **2.** Établir une liaison entre (des choses). *Unir deux mots par une conjonction de coordination. Canal qui unit deux mers.* **3.** Créer un lien d'affection, d'intérêt, de parenté entre (des personnes, des groupes). *C'est l'amitié qui les unit. Alliance qui unit plusieurs pays.* ▷ Spécial. *Unir un homme et une femme,* les marier. **4.** Allier, associer en soi (des caractères dissemblables). *Il unissait l'intelligence de l'esprit à celle du cœur.* **II.** v. pron. Se joindre, s'associer. – *Spécial.* Se marier. – Lat. *unire,* de *unus,* «un».

unisexe [ynisɛks] adj. Qui peut être porté indifféremment par les hommes ou par les femmes (vêtement, coiffure, etc.). – De *uni-*, et *sexe.*

unisexualité [ynisɛksɥalite] n. f. BIOL, BOT Caractère d'un organisme, d'une fleur unisexués. – De *uni-*, et *sexualité.*

unisexué, ée [ynisɛksɥe] adj. BIOL, BOT Qui possède les caractères d'un seul sexe. *Organisme unisexué. Fleur unisexuée.* – De *uni-*, et *sexué.*

unisson [ynisɔ̃] n. m. **1.** MUS Accord de plusieurs voix ou de plusieurs instruments qui émettent au même moment des sons de même hauteur. *Chanter, jouer à l'unisson.* **2.** Fig. Harmonie intellectuelle, affective. *Leurs esprits sont à l'unisson.* – Du bas lat. *unisonus,* «d'un seul son».

unitaire [ynitɛʀ] adj. et n. **I.** adj. **1.** Qui tend vers, concerne l'unité politique. *Un programme unitaire.* **2.** Propre à chaque élément d'un ensemble composé d'éléments semblables; de chaque unité. *Le prix unitaire d'une douzaine d'oranges.* **II.** n. RELIG Vx Syn. de *unitarien.* – De *unité.*

unitarien, ienne [ynitaʀjɛ̃, jɛn] n. RELIG Personne qui nie le dogme de la Trinité, y voyant, comme Michel Servet (1511-1553), un abandon du monothéisme. ▷ Adj. *Doctrine unitarienne.* ▷ HIST *Les unitariens:* les membres des diverses communautés unitariennes. – De *unitaire.*

unitarisme [ynitaʀism] n. m. **1.** Doctrine de ceux qui recherchent l'unité politique. **2.** RELIG Doctrine des unitariens. – De *unitaire.*

unité [ynite] n. f. **I. 1.** Chacun des éléments semblables composant un nombre. *Le nombre vingt est composé de vingt unités.* ▷ Le nombre un. *Nombre supérieur à l'unité.* ▷ ARITH Chiffre qui est placé le plus à droite, dans un nombre à plusieurs chiffres. *La colonne des unités, dans une addition.* **2.** Élément d'un ensemble. *Les unités lexicales.* ▷ INFORM Élément d'un ordinateur, qui remplit certaines fonctions. *Unité centrale,* dans laquelle sont exécutées les instructions des programmes à traiter. *Unité arithmétique et logique,* qui effectue les calculs arithmétiques et les opérations logiques. ▷ MILIT Formation ayant une composition, un armement, des fonctions déterminés. *Petites unités,* section, compagnie, bataillon, régiment. *Grandes unités,* division, corps d'armée, armée. **3.** Grandeur choisie pour mesurer les grandeurs de même espèce. *Le mètre est l'unité de longueur du système métrique.* ▷ ASTRO *Unité astronomique* (sigle UA): unité hors système valant

149 597 870 km, longueur proche de la distance de la Terre au Soleil. ▷ PHYS NUCL *Unité de masse atomique* (symbole u): unité qui, par définition, vaut $\frac{1}{N}$ gramme, N étant égal à $6{,}022.10^{23}$ (Cf. mole). **4.** Ce qui forme un tout organisé, cohérent. *Une unité urbaine.* **II. 1.** Caractère, état de ce qui est un, de ce qui forme un tout cohérent, harmonieux. *L'unité de l'Église, de la nation. Cette œuvre manque d'unité.* **2.** Caractère de ce qui est unique. *Instaurer l'unité du commandement.* ▷ LITTER *Règle des trois unités (unités d'action, de lieu et de temps):* dans le théâtre classique, règle selon laquelle une pièce doit comporter une seule action principale se déroulant dans le même lieu, dans l'espace d'un jour. – Lat. *unitas,* de *unus,* «un».

ENCYCL Les grandeurs physiques sont habituellement regroupées en catégorie contenant des grandeurs mutuellement comparables. Ainsi les longueurs, les largeurs, les épaisseurs, les hauteurs, les distances, les profondeurs forment une telle catégorie. On dit souvent que ces grandeurs sont de même nature. Dans chacune des catégories on choisit une grandeur de référence, appelée unité, et la mesure de toute autre grandeur de cette catégorie est exprimée par le produit d'une valeur numérique et de cette unité. Chez les anciens, on choisissait ces unités à partir de référence à la vie courante en faisant abstraction des relations pouvant exister entre elles. On pouvait exprimer un temps en nombre de lunes ou une distance en nombre de jours nécessaires pour effectuer le parcours. Le même nom d'unité pouvait avoir un signifié différent selon la ville ou la région où il était utilisé. Un pied n'avait pas la même longueur à Paris, à Rouen ou à Tours tout comme on retrouvait au début du siècle quatre milles différents, mais officiels, au Royaume-Uni. Au Québec, on utilise encore l'arpent, défini en fonction du pied français, alors que dans la vie de tous les jours, on n'utilise que le pied anglais qui est totalement différent. Le développement des sciences exactes et la métrologie en particulier a conduit à l'élaboration de systèmes cohérents d'unités, c'est-à-dire de systèmes où les équations entre les valeurs numériques ont la même forme que les équations entre les grandeurs correspondantes. Un premier système cohérent d'unités fut le système métrique établi en France par la loi du 7 avril 1795. Diverses transformations de ce système sont apparues au cours des siècles; on vit apparaître le M.Kp.S., le C.G.S., le M.T.S. et le M.K.S.A. Ces systèmes sont aujourd'hui abandonnés pour le Système international d'unités (SI) adopté en 1960 par la Conférence générale des poids et mesures et mis à jour régulièrement depuis ce temps par le même organisme. Les unités de base de ce système sont le *mètre* pour la longueur, le *kilogramme* pour la masse, la *seconde* pour le temps, l'*ampère* pour le courant électrique, le *kelvin* pour la température thermodynamique, la *mole* pour la quantité de matière et la *candela* pour l'intensité lumineuse. L'ensemble de ces unités de base permet de définir, en relation avec les équations entre les grandeurs, des unités dérivées auxquelles on donne dans certains cas des noms spéciaux. Ainsi on appelle *newton* l'unité qui correspond à la force nécessaire pour donner à une masse d'un kilogramme une accélération d'un mètre par seconde. La cohérence du système ne donne donc qu'une seule unité par grandeur physique mesurable. Certaines unités largement répandues peuvent être utilisées avec le SI (minute, heure, jour, année, degré, minute et seconde d'arc, litre, tonne, électronvolt, unité de masse atomique). Les autres unités métriques doivent être abandonnées. Au Canada la conversion au SI va dans le même sens et vise à faire disparaître également l'usage d'unités d'origine anglo-saxonne ou française. V. liste des unités dans les pages en annexe.

unitif, ive [ynitif, iv] adj. **1.** RELIG *Vie unitive,* vécue en union* mystique avec Dieu. **2.** ANAT Qui sert à unir. *Fibres unitives du cœur.* – Lat. scolast. *unitivus.*

univalent, ente [ynivalɑ̃, ɑ̃t] adj. CHIM Syn. de *monovalent.* – De *uni-,* et *-valent.*

univalve [ynivalv] adj. ZOOL Dont la coquille ne comporte qu'une valve. *Mollusque univalve.* – De *uni-,* et *valve.*

univers [ynivɛʀ] n. m. **1.** Ensemble de tout ce qui existe dans le temps et dans l'espace. **2.** (Avec une majuscule.) Ensemble de tous les corps célestes et de l'espace où ils se meuvent. *Les astronomes étudient la structure de l'Univers.* **3.** La Terre, en tant que lieu où vivent les hommes; l'humanité. *Une arme dont la puissance fait trembler l'univers.* **4.** Fig. Milieu où se cantonnent les activités, les pensées de qqn; monde particulier. *Son village est tout son univers. L'univers de la folie.* ▷ LOG *Univers du discours:* ensemble des éléments et des classes logiques auxquels on se réfère dans un jugement ou un raisonnement. – Lat. *universum,* neutre substantivé de l'adj. *universus,* «intégral», «tourné *(versus)* de manière à former un ensemble, un tout *(unus)*».

ENCYCL **Astro.** – Aussi loin que portent les observations, l'Univers, dont l'âge serait d'au moins 15 milliards d'années de lumière, semble constitué de galaxies. Dans le volume observé, on dénombre plusieurs dizaines de milliards de galaxies. Chacune de ces galaxies est constituée d'étoiles; une galaxie moyenne, comme la nôtre, en compte près de 100 milliards. Les galaxies sont regroupées en amas; notre Galaxie (dont le Soleil est une étoile parmi des centaines de milliards d'autres étoiles) appartient à un amas d'une quinzaine de galaxies. L'observation des galaxies lointaines met en évidence un phénomène curieux: le décalage vers le rouge; les raies spectrales des galaxies sont d'autant plus décalées vers le rouge que la galaxie considérée est plus lointaine. Dès que ce phénomène fut constaté, de nombreux astronomes l'attribuèrent à l'effet Doppler: toutes les galaxies semblent se fuir d'autant plus vite qu'elles sont plus éloignées. Le coefficient de proportionnalité entre la vitesse d'éloignement et la distance entre deux galaxies étant d'au moins 50 km/s par mégaparsec (1 mégaparsec valant 3,26 millions d'années de lumière et représentant la distance entre ces deux galaxies), l'hypothèse d'un Univers en expansion fut admise. Un pas supplémentaire fut franchi: l'Univers est en expansion parce qu'il provient de l'explosion catastrophique d'un «œuf primordial», il y a quelque 15 milliards d'années. Cette théorie du «big bang» semble confirmée par l'existence d'un rayonnement radioélectrique que l'on reçoit de toutes les directions de l'espace et qui correspond à celui d'un corps noir dont la température, proche du «zéro absolu», serait de 2,7 kelvins. Cette température serait le résidu du rayonnement émis par l'explosion initiale et qu'a refroidi l'expansion de la matière émise par l'explosion. On notera que les astronomes qui admettent l'expansion de l'Univers n'admettent pas forcément le «big bang»; ainsi, nous pourrions vivre dans un Univers ballon de baudruche: à une phase d'expansion succéderait une phase de contraction. Les astronomes qui n'admettent ni le «big bang» ni l'expansion de l'Univers s'appuient sur des anomalies du décalage vers le rouge: des objets qui semblent à la même distance de nous ont des décalages différents. D'autres modèles d'Univers sont proposés, celui d'un Univers stationnaire, par ex., dont l'âge serait infini et dans lequel la densité de matière resterait la même: de la matière serait créée pour remplacer celle que la fuite des galaxies fait disparaître; on a également imaginé un Univers formé de matière et d'antimatière, la matière étant aspirée par les trous noirs et réapparaissant en d'autres points du système espace-temps. Les lois qui tentent d'expliquer la nature de l'Univers reposent toutes aujourd'hui sur les principes de la relativité générale élaborée par Einstein.

universalisation [yniversalizasjõ] n. f. Action d'universaliser; son résultat. – De *universaliser.*

universaliser [yniversalize] v. tr. [1] Rendre universel, généraliser. *Universaliser l'instruction.* – De *universel.*

universalisme [yniversalism] n. m. **1.** PHILO Doctrine de ceux qui comprennent la réalité comme une unicité englobant tous les individus et qui ne voient d'autorité que dans le consentement universel. **2.** THEOL Croyance selon laquelle Dieu veut la rédemption de tous les hommes. – De *universel.*

universaliste [yniversalist] n. et adj. **1.** PHILO, THEOL Qui professe l'universalisme; qui adhère à l'universalisme. **2.** Qui s'adresse à l'humanité entière. – De *universel.*

universalité [yniversalite] n. f. **1.** Caractère universel. *L'universalité d'une loi. L'universalité d'une croyance.* ▷ LOG *Universalité d'une proposition.* **2.** DR Ensemble de biens ou ensemble de biens et de dettes considéré comme constituant un tout. – Bas lat. *universalitas.*

universaux [yniverso] n. m. pl. PHILO *Les universaux:* les idées générales, opposées aux individus singuliers dans la philosophie scolastique. – Sing. *Un universel. L'humanité est le genre, l'universel; l'homme Socrate en est la réalité singulière.* – Pl. de *universal,* anc. forme de *universel.*

ENCYCL La fameuse *querelle des universaux* roula sur la question de savoir si les idées générales sont de purs mots (nominalisme), si ces abstractions constituent la seule réalité ou s'il existe une solution médiane selon laquelle l'intelligence découvre dans les individualités du monde extérieur le fondement de toute généralisation. Le problème fut, à partir du XIIe s., au cœur de la discussion dans toutes les universités médiévales.

universel, elle [yniversɛl] adj. **1.** Qui porte sur tout ce qui existe. *Connaissances universelles.* **2.** Qui s'étend à tout l'Univers physique. ▷ *Gravitation universelle.* ▷ PHYS *Constante universelle:* constante (dite aussi *invariant*) qui ne varie pas dans l'Univers, quel que soit le système de référence utilisé. *La vitesse de la lumière, égale à 299 792,457 km/s, est une constante universelle.* **3.** Qui se rapporte, qui s'étend au monde entier, à l'humanité tout entière. *L'histoire universelle. Gloire universelle.* **4.** Qui concerne toutes les personnes, toutes les choses considérées. *Suffrage universel:* droit de vote donné à tous les citoyens. **5.** LOG *Proposition universelle,* dans laquelle le sujet est pris dans toute son extension. ▷ N. m. PHILO Ce qu'il y a de commun à tous les individus d'une classe (opposé à *particulier*). V. universaux. **6.** Qui a des connaissances, des aptitudes dans tous les domaines. *Léonard de Vinci fut un génie universel.* **7.** DR *Légataire universel,* à qui on a légué la totalité des biens. ▷ *Légataire à titre universel,* à qui on a légué une quotité des biens. – Lat. imp. *universalis,* du class. *universus,* «tout entier».

universellement [yniversɛlmɑ̃] adv. D'une façon universelle, par tous. – De *universel.*

universitaire [yniversitɛr] adj. et n. **1.** adj. Qui appartient, qui a rapport aux universités. *Enseignement universitaire. Cité universitaire,* où sont hébergés les étudiants. **2.** n. Personne qui enseigne dans une université. – De *université.*

université [yniversite] n. f. **1.** Établissement public d'enseignement supérieur groupant plusieurs établissements scolaires. *L'université de Montréal. L'université Laval.* **2.** *L'Université:* en France, depuis 1806, l'ensemble du corps enseignant recruté par l'État, qui dispense l'enseignement supérieur, secondaire et primaire. – Du lat. jur. *universitas,* «communauté».

ENCYCL L'université (qui dispense l'enseignement supérieur) est née au cours du Moyen Âge. Dépendant alors du clergé, subdivisée en facultés, elle réunissait professeurs et élèves en une véritable communauté. Les universités apparurent presque simultanément dans la plupart des pays d'Europe: celles de Bologne (Italie), d'Oxford et de Cambridge (Angleterre), de Louvain (Belgique), de Heidelberg (Allemagne) comptaient parmi les plus célèbres. En France, où les universités étaient créées par charte royale, une charte de Philippe Auguste fonda en 1200 l'université de Paris (appelée par la suite Sorbonne), qui connut son apogée du XIIIe au XIVe s.; à partir du XVIe s., son opposition à la Renaissance humaniste entraîna son déclin. En province, d'autres universités virent le jour (notamment à Toulouse et à Montpellier). En 1806, Napoléon fit de l'université l'organisation nationale de l'enseignement, caractérisée par le monopole d'État de l'enseignement et une structure fortement hiérarchisée. Par la suite, l'université française évolua, au cours du XIXe siècle, et surtout après le milieu du XXe siècle: beaucoup plus décentralisée et plus souple, elle acquit une plus grande autonomie et un visage résolument moderne.

Au Québec, la première université de langue française, l'université Laval, fut fondée à Québec, en vertu d'une charte royale, en 1852. En 1878, elle donna naissance à l'université de Montréal, qui, devenue indépendante dans les faits, obtint une charte provinciale en 1920. Ces deux institutions étaient reconnues par Rome comme universités pontificales. L'université Laval, jusque-là sous la juridiction du Séminaire de Québec, devint une corporation privée en 1971. En 1954, une loi de l'Assemblée législative du Québec créait l'université de Sherbrooke. Seule université publique au Québec (et même au Canada), l'université du Québec fut fondée en 1968, par une loi de l'Assemblée nationale du Québec: avec ses six constituantes et ses quelque 80 000 étudiants, c'est la plus grande institution universitaire de la province. Quant aux universités de langue anglaise du Québec, elles sont au nombre de trois: les universités McGill (1821), Bishop (1853) et Concordia (fusion en 1974 de l'université Sir George Williams et du collège Loyola).

univitellin, ine [ynivitɛl(l)ɛ̃, in] adj. BIOL Qualifie les jumeaux issus d'un même œuf (vrais jumeaux). Syn. homozygote. Ant. bivitellin. – De *uni-,* et *vitellin.*

univocité [ynivɔsite] n. f. Didac. Caractère de ce qui est univoque. – De *univoque.*

univoque [ynivɔk] adj. **1.** Didac. Se dit des noms qui s'appliquent dans le même sens à plusieurs choses d'un même genre. *Animal est un terme univoque à l'aigle et au lion.* **2.** Non équivoque. **3.** MATH *Correspondance univoque:* correspondance entre deux ensembles telle qu'à tout élément de l'un ne correspond qu'un élément et un seul de l'autre. *Une application est une correspondance univoque.* – Bas lat. *univocus,* du class. *unus,* et *vox, vocis,* «voix».

untel, unetelle ou **un tel, une telle** [œ̃tɛl, yntɛl] n. *Monsieur Untel* (ou *un tel*), *Madame Untel* (ou *une telle*): l'individu anonyme, quelqu'un, n'importe qui; la personne que l'on ne veut pas nommer. *Dîner chez les Untel(s), dans la famille Untel.* – De *un,* et *tel.*

upas [ypas] n. m. Sève extrêmement vénéneuse d'un grand arbre du Sud-Est asiatique *(Antiaris toxicaria),* utilisée par les indigènes pour empoisonner leurs flèches. – Mot malais, «poison».

upérisation [yperizasjõ] n. f. TECH Méthode de stérilisation continue des liquides (le lait en particulier) par injection de vapeur surchauffée. – Angl. *uperiza-*

tion, de *to uperize*, de *u(ltra)-p(ast)e(u)rize*, «ultra-pasteuriser».

uppercut [ypɛʀkyt] n. m. SPORT En boxe, coup de poing donné de bas en haut au menton. – Mot angl., de *upper*, «vers le haut», et *cut*, «coup».

upsilon [ypsilɔn] n. m. **1.** Vingtième lettre de l'alphabet grec (υ, γ) qui équivaut au *u* français et est devenue *y* dans la plupart des mots français tirés du grec. **2.** PHYS NUCL Particule de la famille des mésons, la plus lourde particule de matière connue. *La particule upsilon est dépourvue de charge électrique (d'où la notation* γ_0*).* – Gr. *upsilon*, «u mince».

ur(o)-. V. uro- 1.

uracile [yʀasil] n. m. BIOCHIM Base pyrimidique entrant dans la composition des acides nucléiques. – De *ur(o)-*, et *acétique*.

uraète [yʀaɛt] n. m. ZOOL Grand aigle australien brun-noir *(Aquila audax uraëtus)* atteignant 2,40 m d'envergure. – Du gr. *oura*, «queue», et *aetos*, «aigle».

uræus [yʀeys] n. m. inv. ARCHEOL Figure de serpent naja, attribut des pharaons. – Lat. mod., du gr. *ouraios*, «de la queue».

uranate [yʀanat] n. m. CHIM Sel dérivé de l'uranium. – De *urane*, et *-ate*.

urane [yʀan] n. m. CHIM Ancien nom de l'oxyde d'uranium, longtemps considéré comme l'uranium lui-même. – All. *Uran*, du n. de la planète *Uranus*.

uraneux [yʀanø] adj. m. CHIM Se dit des sels dérivés du dioxyde d'uranium UO_2. – De *urane*.

uranie [yʀani] n. f. ENTOM Grand papillon sud-américain (genre *Urania*) aux couleurs vives, irisées, et aux ailes postérieures pourvues de longs appendices. – Lat. zool. *urania*, d'ap. le lat. *Urania*, n. de la muse de l'Astronomie.

uranifère [yʀanifɛʀ] adj. Didac. Qui contient de l'uranium. – De *urane*, et *-fère*.

uranique [yʀanik] adj. CHIM Se dit de l'hydroxyde $U(OH)_6$ et des sels dérivés de cet hydroxyde ou de l'hydroxyde d'uranyle $UO_2(OH)_2$. – De *urane*.

uranisme [yʀanism] n. m. Rare, vieilli Homosexualité masculine. – All. *Uranismus*, du gr. *Ourania*, «la Céleste», surnom d'Aphrodite, déesse de l'amour.

uranium [yʀanjɔm] n. m. Métal blanc, mou, oxydable à l'air, que l'on trouve dans la nature à l'état d'oxyde; élément de numéro atomique Z = 92 et de masse atomique 238,03 (symbole U). – De *urane*.
ENCYCL L'uranium a une masse volumique de 19 070 kg/m^3; il fond à 1 132 °C et bout à 3 818 °C. Très réactif, il se combine avec la plupart des non-métaux. On le trouve à l'état d'oxyde UO_2 dans la pechblende*, que l'on traite pour obtenir l'uranium, ou sous forme de fluorure UF_6, produit de départ pour la séparation des isotopes de l'uranium: l'uranium 238 (99,3 %) et l'uranium 235 (0,7 %). L'uranium naturel, radioactif, tend, par une série de transmutations, à se transformer en plomb 206. L'uranium 235 étant le plus intéressant lors des réactions de fission nucléaire, on enrichit l'uranium naturel en uranium 235 par séparation isotopique (diffusion gazeuse ou ultracentrifugation). En dehors des usages militaires, l'uranium est utilisé comme combustible dans les centrales nucléaires. Avec le modérateur et le fluide caloporteur il forme une filière; si le modérateur est de l'eau lourde ou du graphite, et le fluide du gaz carbonique, on parle de filière *uranium-eau lourde-gaz* ou de filière *uranium-graphite-gaz*. (V. encycl. fission).

urano-. Élément, du gr. *ouranos*, «ciel», et en lat. anat. «voûte du palais».

uranoplastie [yʀanɔplasti] n. f. CHIR Restauration du voile du palais et obturation des perforations congénitales ou acquises de la voûte palatale. – De *urano-*, et *-plastie*.

uranoscope [yʀanɔskɔp] n. m. ICHTYOL Poisson téléostéen des mers chaudes *(Uranoscopus scaber)* dont les yeux sont situés sur la partie dorsale de la tête, et qui est cour. appelé *rascasse blanche* dans la région méditerranéenne. – Du gr. *ouranoskopos*, «qui regarde le ciel».

uranyle [yʀanil] n. m. CHIM Radical bivalent UO_2. *Hydroxyde d'uranyle.* – De *uranium*.

urate [yʀat] n. m. BIOCHIM Sel de l'acide urique. *La précipitation des urates dans l'organisme détermine les accès douloureux de la goutte et les calculs urinaires.* – Du rad. de *urique*, et *-ate*.

urbain, aine [yʀbɛ̃, ɛn] adj. **I. 1.** ANTIQ De Rome. *Les quatre tribus urbaines.* **2.** De la ville, propre à la ville. *Voirie urbaine. Populations urbaines.* Ant. rural. **II.** Litt. Qui fait preuve d'urbanité. *Un homme fort urbain.* – Lat. *urbanus*, «de la ville» (*Urbs:* Rome).

urbanisation [yʀbanizasjɔ̃] n. f. Action d'urbaniser; son résultat. – De *urbaniser*.

urbaniser [yʀbanize] v. tr. [1] Transformer (un espace rural) en un espace à caractère urbain, par la création de routes, d'équipements, de logements, d'activités commerciales et industrielles, etc. ▷ v. pron. *Cette région s'est rapidement urbanisées.* – De *urbain*.

urbanisme [yʀbanism] n. m. Ensemble des études et conceptions ayant pour objet l'implantation et l'aménagement des villes. – De *urbain*.

urbaniste [yʀbanist] n. et adj. Spécialiste de l'urbanisme. ▷ Adj. *Réglementation urbaniste*, qui concerne l'urbanisme. – De *urbanisme*.

urbanistique [yʀbanistik] adj. Didac. Relatif à l'urbanisation, à l'urbanisme. – De *urbanisme*.

urbanité [yʀbanite] n. f. Politesse raffinée que l'on acquiert par l'usage du monde. – Lat. *urbanitas*.

urbi et orbi [yʀbiɛtɔʀbi] loc. adv. **1.** LITURG CATHOL Paroles qui accompagnent les bénédictions du pape à toute la chrétienté (du haut du balcon de la basilique Saint-Pierre, dans la ville de Rome). **2.** *Par ext.* Partout. *Annoncer quelque chose urbi et orbi.* – Mots lat., «à la ville (Rome) et à l'univers».

urcéolé, ée [yʀseɔle] adj. BOT Renflé, en forme de vase. – Du lat. *urceolus*, de *urceus*, «pot».

urdu ou **ourdou** [uʀdu] n. m. Langue officielle du Pakistan, apparentée à l'hindi. – Mot indien, du turc *ordu*, «camp».

ure. V. urus.

-ure. Suffixe de certains termes de chimie, marquant que le composé est un sel d'hydracide (ex.: chlorure, sulfure).

uréase [yʀeɑz] n. f. BIOCHIM Enzyme (absente chez l'homme, présente chez de nombreux organismes marins) qui transforme l'urée en carbonate d'ammonium. – De *urée*, et *-ase*.

urédinales [yʀedinal] ou **urédinées** [yʀedine] n. f. pl. BOT Ordre de champignons basidiomycètes parasites responsables des *rouilles* des végétaux. Sing. *Une urédinale, une urédinée.* – Du lat. *uredo*, «nielle, charbon», de *urere*, «brûler».

urédospore [yʀedɔspɔʀ] n. f. BOT Spore des urédinales, assurant leur multiplication végétative. – Du lat. *uredo*, «nielle, charbon», et *spore*.

urée [yʀe] n. f. BIOCHIM Diamide de l'acide carbonique, produit final de la dégradation par le foie des acides aminés. *L'urée est éliminée dans les urines.* – Du rad. de *urine*.
ENCYCL L'urée est un solide inodore et incolore qui,

soluble dans l'eau et dans l'alcool, fond à 132 °C. On l'utilise comme engrais azoté et pour la fabrication de barbituriques et de matières plastiques thermodurcissables (résines synthétiques urée-formol). L'urée existe normalement dans le sang (de 0,2 à 0,5 g/l) et dans l'urine (autour de 2,5 g/l). Les taux d'urée s'élèvent chez les sujets atteints d'insuffisance rénale.

uréide [yʀeid] n. m. CHIM Nom générique des dérivés de l'urée, dont certains, comme l'acide barbiturique, jouent un rôle physiologique important. – De *urée*, et *-ide*.

uréique [yʀeik] adj. MED Relatif à l'urée. – De *urée*, et *-ique*.

urémie [yʀemi] n. f. MED Intoxication liée à une insuffisance rénale et provoquée par l'accumulation dans le sang de produits azotés (urée, notam.) que le rein élimine à l'état normal. – De *urée*, et *-émie*.

urémique [yʀemik] adj. MED Relatif à l'urémie. – De *urémie*.

uréogenèse [yʀeɔʒənɛz] n. f. BIOCHIM Formation d'urée à partir de l'ammoniaque provenant essentiellement de l'azote des acides aminés dégradés dans le foie. – De *urée*, et *-genèse*.

-urèse, -urie. Éléments, du gr. *ourêsis*, «action d'uriner», *oûron*, «urine».

urétéral, ale, aux [yʀeteʀal, o] adj. Didac. Relatif à l'uretère. – De *uretère*.

uretère [yʀtɛʀ] n. m. ANAT Chacun des deux canaux qui conduisent l'urine depuis le bassinet du rein jusqu'à la vessie. – Gr. *ourêtêr*.

urétérite [yʀeteʀit] n. f. MED Inflammation des uretères. – De *uretère*, et *-ite* 1.

uréthane ou **uréthanne** [yʀetan] n. m. CHIM Nom générique des esters de formule R-O-CO-NH_2, dont dérivent, par polymérisation, les polyuréthanes. – De *urée*, et *éthane*.

urétral, ale, aux [yʀetʀal, o] adj. Didac. Relatif à l'urètre. – De *urètre*.

urètre [yʀɛtʀ] n. m. ANAT Canal musculo-membraneux qui mène de la vessie à l'extérieur, où il s'ouvre par le méat urétral; il sert à l'évacuation de l'urine et, chez l'homme, au passage du sperme. – Lat. méd. *urethra*, gr. *ourêthra*.

urétrite [yʀetʀit] n. f. MED Inflammation de l'urètre. – De *urètre*, et *-ite* 1.

urgence [yʀʒɑ̃s] n. f. **1.** Caractère de ce qui est urgent. *Il y a urgence.* **2.** Ce qui est urgent; cas, situation, devant être réglés sans délai. *C'est une urgence. Service des urgences d'un hôpital.* **3.** Loc. adv. *D'urgence:* immédiatement, sans délai. *Télégramme à expédier d'urgence.* – De *urgent*.

urgent, ente [yʀʒɑ̃, ɑ̃t] adj. Pressant, qui ne souffre aucun retard. *Des affaires urgentes.* – Lat. imp. *urgens, urgentis*, de *urgere*, «presser, pousser».

urger [yʀʒe] v. intr. [1] Fam. Devenir urgent, pressant. – De *urgent*.

urgonien, enne [yʀgɔnjɛ̃, ɛn] n. et adj. GEOL *L'Urgonien*, étage du crétacé inférieur. ▷ Adj. *La période urgonienne.* – Orig. incert.

uric(o)-. Élément, de *urique*.

uricémie [yʀisemi] n. f. MED Taux d'acide urique dans le sang. – De *uric-*, et *-émie*.

uridine [yʀidin] n. f. BIOCHIM Nucléoside entrant dans la composition de l'A.R.N. – De *uracile, ribose*, et *-ine*.

-urie. V. -urèse.

urinaire [yʀinɛʀ] adj. Relatif à l'urine. *Voies urinaires.* – De *urine*.

urinal, aux [yʀinal, o] n. m. Récipient à col incliné destiné à permettre aux malades (hommes) alités d'uriner commodément. Syn. (fam.) pistolet. – Bas lat. *urinal*, du class. *urina*, «urine».

urine [yʀin] n. f. Liquide organique excrémentiel de couleur jaune ambré, sécrété par les reins, composé essentiellement d'eau, de sels minéraux et de matières organiques. – *Les urines:* l'urine évacuée. *Analyse d'urines.* – Du lat. pop. **aurina*, d'ap. *aurum*, «or», à cause de la couleur, refait sur le lat. class. *urina*.

uriner [yʀine] v. intr. [1] Évacuer l'urine. Syn. (pop.) pisser. – De *urine*.

urineux, euse [yʀinø, øz] adj. MED De la nature de l'urine, relatif à l'urine. – De *urine*.

urinifère [yʀinifɛʀ] adj. ANAT Qui conduit l'urine. *Tubes urinifères du rein.* – De *urine*, et *-fère*.

urinoir [yʀinwaʀ] n. m. Endroit, édicule aménagé pour uriner, à l'usage des hommes. – De *uriner*.

urique [yʀik] adj. BIOCHIM *Acide urique:* produit de la dégradation des acides nucléiques, éliminé par les urines. V. goutte 2. – De *urine*.

urne [yʀn] n. f. **1.** ANTIQ Vase oblong à corps renflé. **2.** Vase qui contient les cendres d'un mort. **3.** Boîte dans laquelle les votants déposent leur bulletin, lors d'un scrutin. **4.** BOT Partie du sporange des mousses contenant les spores. – Lat. *urna*.

1. uro-. Élément, du gr. *ouron*, «urine».

2. uro-, -oure, -ure. Éléments, du gr. *oura*, «queue».

urobiline [yʀɔbilin] n. f. BIOCHIM Pigment urinaire provenant de la dégradation de l'hémoglobine. – De *uro-* 1, *bile*, et *-ine*.

urochrome [yʀɔkʀom] n. m. BIOCHIM Principale substance colorante de l'urine. – De *uro-* 1, et *chrome*.

urocordés [yʀɔkɔʀde] n. m. pl. ZOOL Sous-embranchement de cordés marins, nommés aussi tuniciers, solitaires ou coloniaux, fixés (ascidies du littoral) ou libres (formes planctoniques et pélagiques). Sing. *Un urocordé.* – De *uro-* 2, et *cordés*.

urodèles [yʀɔdɛl] n. m. pl. ZOOL Ordre d'amphibiens des régions tempérées de l'hémisphère N., dont la queue subsiste après la métamorphose (protées, salamandres, tritons, etc.). Sing. *Un urodèle.* – De *uro-* 2, et gr. *dêlos*, «apparent».

urogénital, ale, aux [yʀɔʒenital, o] adj. ANAT, MED Qui concerne à la fois l'appareil urinaire et l'appareil génital. Syn. génito-urinaire. – De *uro-* 1, et *génital*.

urographie [yʀɔgʀafi] n. f. MED *Urographie intraveineuse* (U.I.V.): radiographie de l'appareil urinaire après injection d'un produit opaque aux rayons X, qui est ensuite éliminé par les reins. – De *uro-* 1, et *-graphie*.

urolagnie [yʀɔlaɲi] n. f. Didac. Perversion sexuelle qui consiste en une érotisation de la miction et des fonctions urinaires. – De *uro-* 1, et du gr. *lagneia*, «rapport intime».

urologie [yʀɔlɔʒi] n. f. Didac. Branche de la médecine qui traite des affections de l'appareil urinaire (et génital, chez l'homme). – De *uro-* 1, et *-logie*.

urologue [yʀɔlɔg] n. Didac. Médecin spécialisé en urologie. – De *urologie*.

uromastix [yʀɔmastiks] n. m. ZOOL Agame du Sahara, long de 40 cm, à la queue épineuse et mobile, nommé cour. fouette-queue. *L'uromastix est inoffensif.* – De *uro-* 2, et gr. *mastix*, «fouet».

uropode [yʀɔpɔd] n. m. ZOOL Appendice du dernier segment de l'abdomen des crustacés; leur queue. – De *uro-* 2, et *-pode*.

uropyge [yʀɔpiʒ] n. m. Croupion des oiseaux. – De *uro-* 2, et du gr. *pugê,* «fesse, derrière».

uropygial, ale, aux [yʀɔpiʒjal, o] adj. ORNITH Du croupion. *Pennes uropygiales.* – Du préc.

uropygien, ienne [yʀɔpiʒjɛ̃, jɛn] adj. ORNITH *Glande uropygienne:* glande du croupion, dont la sécrétion grasse imperméabilise les plumes. – De *uropyge.*

ursidés [yʀside] n. m. pl. ZOOL Famille de grands mammifères carnivores plantigrades aux formes lourdes et aux membres massifs, dont le type est l'ours. – Sing. *Le panda est un ursidé.* – Du lat. *ursus,* «ours», et *-idés.*

ursuline [yʀsylin] n. f. RELIG CATHOL Religieuse appartenant à l'une des congrégations placées sous le patronage de Sainte-Ursule. – *Spécial.* Religieuse appartenant à l'ordre fondé à Brescia par Sainte Angèle Merici en 1535 *(ordre de Sainte-Ursule* ou *congrégation des Ursulines de l'Union romaine)* et introduit en France en 1612. – Du n. de sainte *Ursule.*

urticacées [yʀtikase] n. f. pl. BOT Famille de plantes, pour la plupart herbacées, aux feuilles alternes simples, parfois urticantes, comme l'ortie. – Sing. *Une urticacée.* – Du lat. *urtica,* «ortie».

urticaire [yʀtikɛʀ] n. f. Éruption subite de papules rouges ou rosées, souvent décolorées au centre, rappelant les piqûres d'ortie et causant de vives démangeaisons. *L'urticaire est le plus souvent d'origine allergique.* – Du lat. *urtica,* «ortie».

urticant, ante [yʀtikɑ̃, ɑ̃t] adj. Didac. Qui détermine des rougeurs, des démangeaisons analogues à celles que causent les piqûres d'ortie. *Cellules urticantes des méduses.* – Du lat. *urtica,* «ortie».

urtication [yʀtikasjɔ̃] n. f. Didac. Rubéfaction qui accompagne l'irritation due aux orties. ▷ Par anal. MED *Urtication provoquée par une méduse.* – Du lat. *urtica,* «ortie».

urubu [yʀyby] n. m. ORNITH Vautour noir charognard d'Amérique tropicale *(Coragyps atratus).* – Mot tupi.

uruguayen, enne [yʀygy(w)ejɛ̃, ɛn] adj et n. De l'Uruguay, État d'Amérique latine.

urus [yʀys] ou (vx) **ure** [yʀ] n. m. ZOOL Syn. de *aurochs.* – Mot lat. d'orig. germ.

us [ys] n. m. pl. Vx Usage. ▷ Loc. mod. *Les us et coutumes:* les usages, les habitudes héritées du passé; *par ext.,* les habitudes, la manière de vivre. – Lat. *usus,* «usage».

usage [yzaʒ] n. m. **I. 1.** Fait d'utiliser, de se servir de (un objet, un procédé, une faculté). Syn. emploi, utilisation. *L'usage de cet outil, de ce produit remonte à telle époque. Faire bon usage de son pouvoir. C'est un tissu qui vous fera de l'usage,* que vous garderez longtemps. **2.** Possibilité d'utiliser. *Perdre l'usage de l'ouïe.* ▷ Loc. *Hors d'usage:* qui ne fonctionne plus, usé au point de ne plus être utilisable. ▷ Loc. *À usage (de):* prévu pour (telle utilisation). *Lotion à usage externe.* **3.** *À l'usage de:* destiné spécialement à. *Projecteur à l'usage des chirurgiens.* **4.** Mise en œuvre effective de la langue dans le discours. *Faire un usage fréquent d'une expression. L'usage écrit, oral.* ▷ S. comp. *L'usage:* la manière dont, à une époque et dans un milieu social donnés, se réalisent dans le discours les structures d'une langue. *Grammaire et usage. Le bon usage:* l'usage considéré comme correct par référence à une norme socioculturelle donnée. **II. 1.** Habitude traditionnelle, coutume. *Ne pas connaître les usages d'un pays étranger. Usages qui se perdent.* ▷ *Les usages:* l'ensemble des façons d'agir, de se conduire, considérées comme correctes dans une société. *Contraire aux usages.* ▷ *L'usage:* ce qui se fait habituellement, la coutume. *Il est d'usage de... Politesses d'usage.* **2.** Litt. Pratique de la bonne société, bonnes manières. *Manquer d'usage.* **III. 1.** DR Droit de se servir d'une chose appartenant à autrui et d'en percevoir les fruits. **2.** DR Règle de droit née de pratiques courantes dans un milieu ou une profession, à laquelle les parties adhèrent dans leurs actes juridiques sans qu'il soit nécessaire d'y référer expressément. *Usages forestiers.* – Du lat. *usus,* «usage».

usagé, ée [yzaʒe] adj. Qui a beaucoup servi, usé. – De *usage.*

usager, ère [yzaʒe, ɛʀ] n. **1.** DR Personne qui a un droit d'usage. **2.** Personne qui utilise (un service public). Syn. utilisateur. *Les usagers de la poste. Comité d'usagers.* ▷ Par ext. *Les usagers d'une langue.* – De *usage.*

user [yze] v. [1] **I.** v. tr. indir. **1.** *User de.* Se servir de, avoir recours à. *User de persuasion. Il use de termes savants.* **2.** Litt. *En user* (suivi d'un adv. ou comp. de manière): agir, se comporter (de telle manière). *C'est en user avec désinvolture ! En user bien, mal avec qqn,* se conduire bien, mal envers lui. **II.** v. tr. **1.** Utiliser, consommer. *Cet appareil use peu d'électricité.* **2.** Détériorer (un objet) à force de s'en servir. Syn. abîmer, altérer, élimer, râper. *Il use trois paires de chaussures par an.* **3.** Diminuer, affaiblir dans son fonctionnement. *User sa santé. La maladie l'a usé prématurément.* **III.** v. pron. **1.** Se détériorer à force d'usage. *Un tissu qui s'use vite.* **2.** (Abstrait) Devenir plus faible, s'amoindrir. *Sa résistance a fini par s'user.* **3.** (Personnes) S'affaiblir. *Il s'est usé à trop travailler.* – Du bas lat. **usare,* du lat. class. *usum,* supin de *uti,* «se servir de».

usinage [yzinaʒ] n. m. Ensemble des opérations effectuées à l'aide de machines-outils et qui ont pour but de façonner, de finir une pièce (par tournage, fraisage, rabotage, perçage, etc.). – De *usiner.*

usine [yzin] n. f. **1.** Important établissement industriel employant des machines, destiné à transformer des matières premières ou des produits semi-finis en produits finis, ou à produire de l'énergie. *Usine d'automobiles, de produits chimiques, de conserves, etc.* ▷ Spécial. *L'usine,* considérée comme un lieu de travail ou comme un outil de production particulier, spécifique. *Quitter la terre pour l'usine. Travailler en usine. – Pièces fournies au prix d'usine.* **2.** Fig., fam. Lieu où travaille un nombreux personnel, où règne une activité intense. *Ce bureau est une véritable usine.* – Du lat. *officina,* «atelier».

usiner [yzine] v. [1] **I.** v. tr. **1.** Fabriquer dans une usine. **2.** Façonner (une pièce) avec une machine-outil. **II.** v. intr. (le plus souvent impers.). Pop. *Ça usine !:* on travaille dur. – De *usine.*

usinier, ière [yzinje, jɛʀ] adj. Didac. Relatif à l'usine. *Production usinière.* – Où l'on trouve des usines. *Ville usinière.* – n. m. Vx Propriétaire, directeur d'une usine – De *usine.*

usité, ée [yzite] adj. Vieilli Courant, en usage. ▷ Mod. LING *Locution, mot encore usités.* Syn. usuel. *Peu usité:* rare. – Lat. *usitatus,* «accoutumé, entré dans l'usage», de *usitari,* fréquentatif de *uti,* «se servir de».

usnée [ysne] n. f. BOT Lichen (genre *Usnea*) à thalle fruticuleux très ramifié, qui croît sur les rochers et sur les arbres. – Du lat. médiév. *usnea* d'orig. arabe.

ustensile [ystɑ̃sil] n. m. Objet, outil d'usage quotidien, ne comportant généralement pas de mécanisme, ou seulement un mécanisme de conception élémentaire. *Ustensile de cuisine, de ménage.* – Lat. *utensilia,* «tout le nécessaire», de *uti,* «se servir de»; *s* d'ap. *user.*

ustilaginales [ystilaʒinal] n. f. pl. BOT Ordre de champignons basidiomycètes (genres *Ustilago* et voisins) agents des charbons* et des caries*, caractérisés par des spores noires formant des masses pulvérulentes. Sing. *Une ustilaginale.* – Du lat. tardif *ustilago,* «chardon sauvage».

usuel, elle [yzɥɛl] adj. et n. m. Dont on se sert couramment. *Objet usuel. Terme usuel.* Syn. habituel, fréquent. ▷ N. m. Volume de consultation courante (dictionnaire, catalogue bibliographique, etc.) mis en permanence à la disposition des lecteurs d'une bibliothèque pour être consulté sur place. *Le rayon des usuels.* – Bas lat. *usualis,* de *usus,* «usage».

usuellement [yzɥɛlmɑ̃] adv. De façon usuelle, habituelle. – Du préc.

usufructuaire [yzyfʀyktɥɛʀ] adj. DR Relatif ou propre à l'usufruit. – De *usufruit.*

usufruit [yzyfʀɥi] n. m. DR Jouissance des revenus d'un bien dont la nue-propriété appartient à un autre. – Du lat. jur. *ususfructus.*

usufruitier, ière [yzyfʀɥitje, jɛʀ] n. DR Personne qui a un bien en usufruit. ▷ Adj. Syn. de *usufructuaire.* – De *usufruit.*

usuraire [yzyʀɛʀ] adj. D'usure, relatif à l'usure (2). *Taux usuraire.* – Lat. *usurarius,* «relatif aux intérêts».

1. usure [yzyʀ] n. f. Détérioration due à l'usage; état de ce qui est usé. *L'usure d'une pièce par frottement. Degré d'usure d'un pneu.* ▷ *Guerre d'usure,* dans laquelle chacun des adversaires s'efforce d'user petit à petit, à la longue, les forces de l'autre. ▷ Fam. *Avoir qqn à l'usure,* l'amener à céder à force de démarches, de prières répétées. – De *user.*

2. usure [yzyʀ] n. f. Intérêt supérieur au taux légal, exigé par un prêteur; infraction de celui qui prête à un taux supérieur au taux légal. ▷ Fig. *Rendre, payer avec usure,* bien au-delà de ce qu'on a reçu. *Je lui rendrai avec usure les avanies qu'il m'a fait subir.* – Lat. *usura,* «usage, jouissance de qqch, intérêt de l'argent».

usurier, ière [yzyʀje, jɛʀ] n. Personne qui prête de l'argent avec usure. – De *usure* 2.

usurpateur, trice [yzyʀpatœʀ, tʀis] n. Personne qui s'arroge un pouvoir (pouvoir souverain, en partic.) auquel elle n'a pas droit. – Bas lat. *usurpator.*

usurpation [uzyʀpasjɔ̃] n. f. Action d'usurper; son résultat. – Lat. *usurpatio.*

usurper [yzyʀpe] v. tr. [1] S'emparer, par la violence ou par la ruse de (un bien, une dignité, un pouvoir auxquels on n'a pas droit). Syn. s'approprier, s'arroger. *Usurper le trône.* ▷ Obtenir sans l'avoir mérité. *Il a usurpé sa réputation de lexicographe.* – Lat. *usurpare.*

ut [yt] n. m. 1. MUS Première note de la gamme majeure ne comportant pas d'altération* à la clé* et sur laquelle est fondé notre système de notation musicale. Syn. (cour.) do. 2. Ton de do. *Quatuor en ut majeur.* – Latin *ut,* premier mot de l'hymne à saint Jean-Baptiste d'où ont été tirés les noms des notes: *«UT queant laxis – REsonare fibris – MIra gestorum – FAmuli tuorum – SOLve polluti – LAbii reatum – Sancte Iohannes.*

utérin, ine [yteʀɛ̃, in] adj. 1. ANAT Qui concerne l'utérus. *Artère utérine.* 2. DR *Frères utérins, sœurs utérines:* nés de la même mère mais de pères différents. – Bas lat. jurid. *uterinus,* «de la même mère», du class. *uterus,* «matrice».

utérus [yteʀys] n. m. ANAT Chez la femme (et les femelles des mammifères supérieurs), organe musculeux creux qui sert de réceptacle à l'œuf fécondé pendant tout son développement jusqu'à l'accouchement (ou la mise bas). *Col de l'utérus.* – Lat. *uterus,* «matrice».

ENCYCL Chez les marsupiaux, on retrouve la disposition embryonnaire primitive, à savoir: deux utérus et deux vagins. Chez les lapins, le vagin est devenu unique, mais l'utérus est double; chez les rongeurs, il s'est produit une fusion des deux utérus dans leur partie inférieure. Chez les carnivores, les insectivores, les ongulés, l'utérus est unique mais il présente deux cornes (utérus bicorne) dans la partie supérieure. Seuls les primates ont un utérus simple. Dans l'espèce humaine, l'utérus est situé dans le petit bassin entre la vessie et le rectum, au-dessus du vagin. Il a la forme d'un cône tronqué aplati d'avant en arrière et comprend deux parties séparées par un étranglement (l'isthme): le corps, en haut, au-dessus de l'isthme, triangulaire et aplati; le col, en bas, plus étroit, qui a la forme d'un barillet et dont la partie inférieure est située dans le vagin. L'utérus est relié aux ovaires par les trompes de Fallope, qui s'insèrent à chaque angle supérieur. Les maladies touchant l'utérus sont fréquentes: infection (endométrite), tumeurs bénignes (polype, fibrome), tumeurs malignes (cancer), prolapsus.

utile [ytil] adj. et n. m. I. adj. 1. (Choses) Propre à satisfaire un besoin. Syn. avantageux, profitable. *Une découverte utile à la société. Un cadeau utile. Utile à* (+ inf.): qu'il est utile de. *Adresse utile à connaître.* ▷ Loc. *En temps utile:* en son temps, au moment opportun. ▷ PHYS *Travail, énergie, puissance utiles,* utilisables. 2. (Personnes) Qui rend ou qui peut rendre un service. *Il sait se rendre utile. Ménage-le, il peut t'être utile un jour.* II. n. m. Ce qui est utile. *Joindre l'utile à l'agréable.* – Lat. *utilis.*

utilement [ytilmɑ̃] adv. De façon utile, avec fruit. *On consultera utilement cet ouvrage.* – De *utile.*

utilisable [ytilizabl] adj. Qui peut être utilisé. – De *utiliser.*

utilisateur, trice [ytilizatœʀ, tʀis] n. Personne qui utilise (qqch). *Recommandations aux utilisateurs de la machine.* Syn. usager. – De *utiliser.*

utilisation [ytilizasjɔ̃] n. f. Action, manière d'utiliser. *Pour une bonne utilisation de ce produit.* – De *utiliser.*

utiliser [ytilize] v. tr. [1] 1. Se servir de, employer. *Utiliser un outil, un produit.* 2. Faire servir à tel usage particulier (ce qui n'y était pas spécialement destiné). *Colleur d'affiche qui utilise tous les bouts de mur.* – De *utile.*

utilitaire [ytilitɛʀ] adj. 1. Qui a avant tout un caractère d'utilité pratique; qui n'est pas destiné à la distraction, aux loisirs, etc. *Véhicules utilitaires et véhicules de tourisme.* 2. Qui s'attache à l'aspect utile, matériel des choses, *Souci, calcul strictement utilitaire.* 3. PHILO Syn. de *utilitariste.* – De *utilité,* par l'angl. *utilitarian.*

utilitarisme [ytilitaʀism] n. m. PHILO Toute doctrine selon laquelle l'utile est la source de toutes les valeurs, dans l'ordre de l'action comme dans celui de la connaissance. *L'utilitarisme de Bentham, de Stuart Mill, de Herbert Spencer.* – De *utilitaire.*

utilitariste [ytilitaʀist] adj. PHILO Qui a rapport à l'utilitarisme. ▷ *Subst.* Partisan de l'utilitarisme. – Du préc.

utilité [ytilite] n. f. 1. Fait d'être utile; qualité, caractère de ce qui est utile. *Utilité d'un nouveau procédé.* 2. Commodité, convenance (de qqn). *Cela ne lui est d'aucune utilité. Expropriation pour cause d'utilité publique.* 3. Petit rôle. *Acteur qui joue les utilités.* – De *utile.*

utopie [ytɔpi] n. f. 1. Didac. Projet d'organisation politique idéale (comme celle du pays d'*Utopie* imaginé par Thomas More). ▷ Cour. Idéal, projet politique qui ne tient pas compte des réalités. 2. *Par ext.* Toute idée, tout projet considéré comme irréalisable, chimérique. *Le mouvement perpétuel est-il une utopie?* – Du lat. mod. *utopia,* «lieu qui n'existe pas», forgé sur le gr. *ou,* «non», et *topos,* «lieu».

utopique [ytɔpik] adj. Qui a les caractères d'une utopie. *Projet utopique. Socialisme utopique, opposé par Engels au socialisme scientifique.* – Du préc.

utopiste [ytɔpist] n. et adj. **I.** n. **1.** Didac. Auteur d'une utopie (sens 1). **2.** Personne qui a des idées utopiques, qui forme des projets utopiques. **II.** adj. Vx Utopique. – De *utopie.*

utriculaire [ytʀikylɛʀ] adj. et n. **1.** adj. SC NAT En forme d'utricule. **2.** n. f. BOT Plante carnivore d'eau douce dont les feuilles immergées, transformées en utricules, assurent la capture d'animaux planctoniques. – De *utricule.*

utricule [ytʀikyl] n. m. **1.** BOT Organe en forme de petite outre, présent notam. chez l'utriculaire. **2.** ANAT Petite vésicule de l'oreille interne, où aboutissent les canaux semi-circulaires. – Du lat. *utriculus,* de *uter, utris,* «outre».

1. U.V. Abrév. de *ultraviolet.*

2. U.V. Abrév. de *unité* de valeur.*

uval, ale, aux [yval, o] adj. Didac. Qui a rapport au raisin. *Cure uvale,* à base de raisin. – Du lat. *uva,* «raisin».

uva-ursi [yvayʀsi] n. m. BOT Petit arbuste (*Arctostaphylos uva ursi,* fam. éricacées), aux rameaux rampants, aux petites feuilles écailleuses, et persistantes, répandu dans tout l'hémisphère N. Syn. busserole. – Mots lat., «raisin d'ours».

uvéal, e, aux [yveal, o] adj. ANAT Relatif à l'uvée. – De *uvée.*

uvée [yve] n. f. ANAT Tunique vasculaire de l'œil, entre la sclérotique et la rétine. – Du lat. *uva,* «raisin», par anal. de couleur.

uvéite [yveit] n. f. MED Inflammation de l'uvée. – De *uvée,* et *-ite* 1.

uvulaire [yvylɛʀ] adj. ANAT Qui a rapport à la luette. ▷ PHON *R uvulaire,* que l'on prononce en faisant vibrer la luette (opposé à *R apical**). – De *uvule.*

uvule [yvyl] n. f. ANAT Luette. – Lat. médiév. *uvula,* dimin. de *uva,* au sens de «luette».

V v

v [ve] n. m. Vingt-deuxième lettre et dix-septième consonne de l'alphabet, notant la fricative labiodentale sonore [v]. ▷ *En V:* disposé selon les branches d'un V, en forme de V. *Moteur à huit cylindres en V.* ▷ ELECTR *V:* symbole du volt. ▷ GEOM *V:* symbole de volume. ▷ PHYS *V, v:* symbole de vitesse. ▷ PHYS *V:* symbole de potentiel.

V CHIM Symbole du vanadium.

V1, V2 [veœ̃, vedø] n. m. Fusée porteuse d'explosifs, à grand rayon d'action, utilisée par les Allemands en 1944 et 1945. – Abrév. de l'all. *Vergeltungswaffe,* «arme de représailles».

va [va] Forme du v. aller (cf. aller 1) **1.** Loc. *Va pour:* soit, j'accepte. *Va pour cent dollars, je te signe le chèque.* **2.** Interj. (Accompagnant une approbation, un encouragement ou une menace.) *Je te comprends, va!* ▷ Pop. (Accompagnant une injure.) *Va donc, eh, chauffard!* ▷ Loc. *À la va-vite:* sans soin et rapidement. *Il a fait ce travail à la va-vite.* – Troisième pers. du sing. de l'indic. prés., et première pers. de l'imper. du v. *aller,* issue de *vedere.* V. aller 1.

vacance [vakɑ̃s] n. f. **I.** Sing. **1.** État d'une dignité, d'une charge vacante. *La vacance du trône.* **2.** Dignité, charge vacante. *Il y a une vacance à la Faculté de droit.* **II.** Plur. **1.** Période de l'année pendant laquelle une activité donnée est interrompue. *Les vacances scolaires, universitaires.* ▷ *Spécial.* DR Période annuelle d'interruption des séances des tribunaux. **2.** Période de l'année correspondant à peu près aux vacances scolaires, et pendant laquelle de nombreuses personnes partent en congé. *Les grandes vacances,* pendant les mois d'été. *Vacances d'hiver. Le magasin fermera quinze jours au moment des vacances.* **3.** Temps pendant lequel une personne interrompt ses occupations habituelles pour prendre du repos; période de congé. *Prendre quelques jours de vacances.* – De *vacant.*

vacancier, ière [vakɑ̃sje, jɛʀ] n. Personne qui est en vacances dans un lieu de villégiature. – Du préc.

vacant, ante [vakɑ̃, ɑ̃t] adj. Qui n'est pas occupé. *Appartement vacant.* Syn. inoccupé, libre, vide. ▷ *Spécial.* (En parlant d'un emploi, d'une charge.) *Poste vacant..* ▷ DR *Biens vacants,* qui n'ont pas de propriétaire. *Succession vacante,* ouverte et non réclamée. – Lat. *vacans,* ppr. de *vacare,* propr. «être vide».

vacarme [vakaʀm] n. m. Bruit très fort; tapage, tumulte. – Moyen néerl. *wacharme,* «hélas! pauvre!».

vacataire [vakatɛʀ] n. Personne qui, pour un temps déterminé, occupe un emploi sans en être titulaire. – Du lat. *vacare,* «être libre, inoccupé».

vacation [vakasjɔ̃] n. f. DR Temps consacré à une affaire par un expert (ou assimilé); rémunération de cette activité. ▷ *Spécial.* Séance de vente aux enchères. ▷ *Par ext.* Temps pendant lequel une personne est affectée, à titre d'auxiliaire, à une tâche précise (d'ordinaire intellectuelle); cette tâche elle-même. *Ce médecin assure trois vacations par semaine à l'hôpital.* – Sens 1, de *vaquer;* sens 2, du lat. *vacatio;* «exemption».

vaccin [vaksɛ̃] n. m. MED **1.** Anc. Virus de la vaccine, employé d'abord par Jenner dans la vaccination contre la variole. **2.** *Par ext.* Préparation dont l'inoculation dans un organisme provoque un état d'immunité à l'égard d'un microorganisme (virus, bactérie, etc.) déterminé. ▷ Fig., plaisant. *Un vaccin contre le sectarisme, contre la paresse.* – De *vaccine.*

vaccinal, ale, aux [vaksinal, o] adj. MED Qui se rapporte à la vaccination. *Immunité vaccinale,* provoquée par la vaccination. – De *vaccine.*

vaccination [vaksinasjɔ̃] n. f. Action de vacciner. – De *vacciner.*

ENCYCL **Méd.** – La première vaccination a été pratiquée par Jenner (1796), pour protéger de la variole, en inoculant le liquide prélevé dans les pustules du pis de vaches atteintes de la vaccine. Mais il fallut attendre Pasteur, qui réalisa le vaccin contre la rage, pour qu'une véritable théorie de la vaccination voie le jour: l'injection dans un organisme d'un antigène microbien non virulent provoque le développement d'une défense immunitaire active (immunité humorale et cellulaire) face à l'infection par ce microorganisme. Le vaccin peut consister en une toxine inactivée, ou anatoxine (vaccin antitétanique, antidiphtérique), en des bactéries tuées ou atténuées (coqueluche), en des virus tués ou atténués (rougeole, poliomyélite); enfin, les méthodes biotechnologiques ouvrent de nouvelles possibilités de production. Les voies d'administration sont variées: sous-cutanée, intradermique, intramusculaire, scarification, voie buccale. En général, une immunité durable est obtenue après plusieurs contacts avec l'antigène vaccinant. Le maintien d'une immunité correcte nécessite des vaccinations de rappel, dont l'intervalle est variable (5 ans pour le vaccin antitétanique, 10 ans pour la fièvre jaune). La législation a rendu certains vaccins obligatoires.

vaccine [vaksin] n. f. **1.** Maladie infectieuse des bovidés et du cheval, due à un virus, qui se manifeste par une éruption contagieuse et qui est transmissible à l'homme (qu'elle immunise contre la variole). **2.** Réactions apparaissant chez l'homme après l'inoculation du vaccin contre la variole. – Du lat. méd. *variola vaccina,* «variole de la vache».

vacciner [vaksine] v. tr. [1] **1.** Immuniser par un vaccin. **2.** Fig., plaisant. Immuniser contre, préserver de (un désagrément, un danger). *Après trois divorces, il doit être vacciné contre le mariage.* – De *vaccine* ou de *vaccin.*

vaccinostyle [vaksinostil] n. m. MED Petite lame métallique qui permet de vacciner par scarification. – De *vaccin,* et *style* 2.

vaccinothérapie [vaksinoteʀapi] n. f. MED Utilisation d'un vaccin à des fins thérapeutiques (et non préventives). – De *vaccin,* et *thérapie.*

vachard, arde [vaʃaʀ, aʀd] adj. Fam. Méchant. – De *vache* 2.

1. vache [vaʃ] n. f. **1.** Femelle du taureau. *Vache laitière. Traire les vaches.* **2.** Cuir de cet animal. *Sac en vache.* **3.** Vx Malle ou valise en cuir de vache. ▷ Mod. *Vache à eau :* sac de toile dans lequel les campeurs conservent l'eau. **4.** loc. fam. *Manger de la vache enragée:* endurer de nombreuses privations. – Fam. *Période de vaches maigres,* de privations. – Fam. *Parler français comme une vache espagnole,* très mal. – Fam. *Il pleut comme vache qui pisse,* très fort. – Fam. *Vache à lait :* personne dont on tire un profit. – Lat. *vacca.*

2. vache [vaʃ] n. et adj. Fam. **I.** n. f. Personne dure, méchante. *C'est une sacrée vache, une vraie peau de vache. Les vaches! Ils nous ont bien eus!* **II.** adj. **1.** Dur, méchant, impitoyable. *L'examinateur a été très vache. C'est vache :* c'est dur, pénible. **2.** (Avant le nom.) Pop. Très bon, très beau, sensationnel. *On m'a* *offert un vache de bouquin. Il a trouvé un vache de boulot.* – De *vache* 1.

vachement [vaʃmɑ̃] adv. Fam. Beaucoup, très. *Tu lui as fait vachement plaisir.* – De *vache* 2 (sens 2).

vacher, ère [vaʃe, ɛʀ] n. **1.** Personne qui garde les vaches et les soigne. **2.** n. m. Oiseau passériforme (*Molothrus ater,* fam. embérizidés), à tête brune et à plumage noir comportant des reflets métalliques, qui vit dans les champs et les pâturages, près des bestiaux. *Vacher à tête brune. La femelle du vacher pond ses œufs dans le nid d'autres oiseaux.* – Du lat pop. *vaccarius,* du class. *vacca,* «vache».

vacherie [vaʃʀi] n. f. **I.** Étable à vaches; endroit où l'on trait les vaches. **II.** Fam. **1.** Action, parole méchante, sournoise. *Faire dire des vacheries à qqn.* **2.** Caractère d'une personne, d'une action vache. *Il est d'une vacherie!* ▷ Chose désagréable. *Vacherie de temps!* – Sens I, de *vache* 1; sens II, de *vache* 2.

vacherin [vaʃʀɛ̃] n. m. **1.** Fromage suisse et franc-comtois au lait de vache, à pâte molle et onctueuse. **2.** Gâteau fait de meringue et de crème glacée. – De *vache* 1.

vachette [vaʃɛt] n. f. **1.** Jeune vache; petite vache. **2.** Cuir de la jeune vache. – Dimin. de *vache* 1.

vacillant, ante [vasijɑ̃, ɑ̃t] adj. Qui vacille. – Ppr. de *vaciller.*

vacillation [vasijasjɔ̃] n. f. Fait de vaciller. *Les vacillations d'une lueur.* – Lat. *vacillatio.*

vaciller [vasije] v. intr. [1] **1.** Bouger en penchant d'un côté puis de l'autre, en risquant de tomber. *Il vacillait de fatigue.* **2.** (En parlant d'un appareil d'éclairage à flamme vive.) Trembler, éclairer de façon incertaine. *La flamme de la bougie vacillait au moindre souffle.* **3.** Fig. Perdre son équilibre, sa fermeté. *Il sentait sa raison vaciller.* – Lat. *vacillare.*

vacillement [vasijmɑ̃] n. m. **1.** Mouvement de ce qui vacille. **2.** Syn. de *vacillation.* – Dér. de *vaciller.*

vacive. V. vassive.

vacuité [vakɥite] n. f. Didac. Fait d'être vide; état, caractère de ce qui est vide. ▷ Litt. Vide intellectuel, moral. – Lat. *vacuitas,* de *vacuus,* «vide».

vacuolaire [vakɥɔlɛʀ] adj. Didac. Relatif aux vacuoles, pourvu de vacuoles. *Le système vacuolaire* (ou *vacuome*). – De *vacuole.*

vacuole [vakɥɔl] n. f. **1.** GEOL Petite cavité à l'intérieur d'une roche. **2.** BIOL Région dilatée du *réticulum endoplasmique* dans laquelle se trouvent, en solution ou cristallisées, diverses substances. (Fréquemment inexistantes dans les cellules animales, elles peuvent occuper 80 % du volume des cellules végétales et servent souvent de lieu d'accumulation de déchets.) – Du lat. *vacuum,* «vide».

vacuome [vakɥom] n. m. BIOL Ensemble des vacuoles d'une cellule. – De *vacuole.*

vacuomètre [vakɥɔmɛtʀ] n. m. PHYS Appareil servant à mesurer la pression des gaz résiduels dans un tube à vide. – Du lat. *vacuum,* «vide», et *-mètre.*

vacuum [vakyɔm] n. m. Didac. Espace vide, sans matière. – Mot lat.

vade-mecum [vademekɔm] n. m. inv. Litt. Agenda, aide-mémoire que l'on garde sur soi. – Mots lat., «viens *(vade)* avec *(cum)* moi *(me)*».

vade retro (satana[s])! [vadeʀetʀosatana(s)] Interj. Litt. ou plaisant. Arrière! Éloigne-toi! (pour repousser une proposition ou une tentation avec indignation). – Mots lat., *«retire-toi, Satan»,* de la version en latin (Vulgate*) du Nouveau Testament, prononcés à deux reprises par le Christ, une fois s'adressant à Satan (tentation dans le désert), la deuxième fois parlant à saint Pierre pris en flagrant délit de tiédeur.

1. vadrouille [vadʀuj] n. f. **1.** MAR Instrument de nettoyage fait de bouts de cordages fixés à un manche. **2.** Rare Instrument semblable fait de grosses ficelles effilochées, utilisé pour laver les planchers. V. mop. ▷ Cour. Sorte de tampon à franges fixé à un manche, qui sert à essuyer la poussière sur les planchers. *Passer la vadrouille. Vadrouille sèche, humide.* «[...] depuis ton départ, Julia était demeurée dans la maison sans venir, sur la galerie, secouer ni la vadrouille ni la nappe, ces signaux qui annoncent que la vie continue.» (Madeleine Ferron, *La fin des loups-garous,* 1966.) – Probabl. de *drouilles,* «hardes».

2. vadrouille [vadʀuj] n. f. Fam. et rare Promenade, action de vadrouiller. *Partir en vadrouille.* – Déverbal de *vadrouiller.*

vadrouiller [vadʀuje] v. intr. [1] Fam. Se promener au hasard, sans but précis. Syn. errer, rôder, traîner. – Orig. incert.

vadrouilleur, euse [vadʀujœʀ, øz] n. et adj. Fam. (Personnes.) Qui vadrouille, qui se promène sans but précis. – De *vadrouiller.*

va-et-vient [vaevjɛ̃] n. m. inv. **1.** Allées et venues incessantes de personnes. *Il y a beaucoup de va-et-vient dans ces bureaux.* **2.** Mouvement qui s'effectue régulièrement dans un sens, puis dans l'autre. *Le va-et-vient d'un balancier.* **3.** TECH Dispositif qui assure une communication, dans un sens puis dans un autre, entre deux objets ou deux points. ▷ *Spécial.* Branchement électrique qui permet de commander un circuit à partir de deux interrupteurs. **4.** MAR Système de double cordage. **5.** Gond de porte à ressort permettant l'ouverture dans les deux sens; porte munie de ce système. – De *aller et,* et *venir.*

vagabond, onde [vagabɔ̃, ɔ̃d] adj. et n. **I.** adj. **1.** Litt. Qui voyage sans cesse, qui n'a pas de lieu de résidence fixe. Syn. nomade. ▷ *Avoir une existence vagabonde.* Syn. errant. ▷ Fig., litt. Qui ne se fixe pas sur un objet, qui varie constamment, en parlant des pensées, de l'imagination. *Imagination vagabonde.* **2.** ELECTR *Courants vagabonds,* qui retournent au générateur par un circuit moins résistant que le circuit normal de retour. **II.** n. Personne sans domicile ni ressources fixes, qui vit d'expédients. Syn. chemineau, clochard. – Bas lat. *vagabundus,* de *vagari,* «errer».

vagabondage [vagabɔ̃daʒ] n. m. **1.** Fait d'être un vagabond. *Délit de vagabondage.* **2.** Fait d'errer sans but. *Il avait l'habitude de ces vagabondages nocturnes.* **3.** Fig., litt. *Les vagabondages de l'imagination.* – De *vagabonder.*

vagabonder [vagabɔ̃de] v. intr. [1] **1.** Se déplacer à l'aventure. *Vagabonder à travers le monde.* **2.** Fig., litt. Aller d'un objet à un autre, sans suite (pensées, imagination). – De *vagabond.*

vagal, ale, aux [vagal, o] adj. ANAT, PHYSIOL Relatif au nerf pneumogastrique. *Bradycardie vagale.* – De *vague* 3.

vagin [vaʒɛ̃] n. m. Conduit qui relie le col utérin à la vulve chez la femme et les femelles des mammifères. – Lat. *vagina,* propr. «gaine».

vaginal, ale, aux [vaʒinal, o] adj. ANAT, MED **1.** Relatif au vagin. **2.** *Tunique vaginale:* chez l'homme, membrane séreuse qui entoure le testicule. – N. f. *La vaginale (du testicule).* – Du préc.

vaginalite [vaʒinalit] n. f. MED Inflammation de la tunique vaginale. – De *vaginal,* et *-ite* 1.

vaginé, ée [vaʒine] adj. BOT Entouré d'une gaine. – Du lat. *vagina,* «gaine».

vaginisme [vaʒinism] n. m. MED Contraction douloureuse des muscles constricteurs du vagin gênant les rapports sexuels chez la femme. – De *vagin.*

vaginite [vaʒinit] n. f. MED Inflammation de la muqueuse du vagin. – De *vagin,* et *-ite* 1.

vagir [vaʒiʀ] v. intr. [2] Pousser des vagissements. – Lat. *vagire.*

vagissement [vaʒismɑ̃] n. m. **1.** Cri d'un enfant nouveau-né. **2.** *Par ext.* Cri faible et plaintif de certains animaux (lièvre et crocodile, notam.). – De *vagir.*

vagolytique [vagɔlitik] adj. PHYSIOL Qui inhibe l'activité du nerf pneumogastrique *(nerf vague).* – De *(nerf) vague,* et *-lytique.*

vagotomie [vagɔtɔmi] n. f. CHIR Section chirurgicale du nerf pneumogastrique. – De *(nerf) vague,* et *-tomie.*

vagotonie [vagɔtɔni] n. f. MED État de désordre physique causé par une prédominance anormale de l'activité du système parasympathique (régi par le pneumogastrique ou nerf vague), entraînant divers troubles (sudation intense, bradycardie, hypotension artérielle, myosis, pâleur). – De *(nerf) vague,* et *-tonie.*

1. vague [vag] n. f. **1.** Soulèvement local, plus ou moins volumineux, de la surface d'une étendue liquide dû à diverses forces naturelles (vent, courants, etc.); masse d'eau ainsi soulevée, au moment où elle déferle sur un rivage. *Plonger dans une vague.* **2.** Par anal. de forme. Ondulation (sur une étendue non liquide: sables, herbes, etc.). – ARCHI Ornement imitant les flots de la mer. **3.** Fig. Ce qui évoque le mouvement, le flux des vagues. *Les vacanciers arrivèrent par vagues successives. Une vague de froid.* – Anc. scand. *vâgr.*

2. vague [vag] adj. et n. **1.** adj. *Terrain vague:* terrain qui n'est ni planté, ni construit, dans une ville ou à proximité. **2.** n. m. *Avoir les yeux dans le vague, regarder dans le vague,* dans le vide. – Lat. *vacuus,* «vide».

3. vague [vag] adj. et n. **I.** Vx Errant. ▷ Mod. ANAT *Nerf vague:* le nerf pneumogastrique (à cause de ses ramifications très étendues). ▷ N. m. *Le vague.* **II. 1.** Dont les contours, les limites manquent de précision, de netteté. *Formes vagues.* ▷ N. m. *Le vague des contours, dans un tableau.* **2.** Se dit d'un vêtement qui n'est pas ajusté; ample. *Robe, manteau vague.* **3.** Qui manque de précision, mal défini. *Des explications, des indications trop vagues.* Syn. flou, imprécis. ▷ N. m. *Rester, être dans le vague.* **4.** (Personnes.) Évasif. *Il est resté vague quant à son avenir.* **5.** Que l'esprit ne sait analyser de façon précise. *Il a la vague impression de s'être fait duper.* Syn. confus, obscur. ▷ N. m. *Vague à l'âme:* mélancolie sans raison bien définie. **6.** (Avant le nom.) Péjor. Quelconque, insignifiant. *Il n'a qu'un vague diplôme d'une école inconnue.* – Lat. *vagus,* «errant».

vaguelette [vaglɛt] n. f. Petite vague. – Dimin. de *vague* 1.

vaguement [vagmɑ̃] adv. **1.** D'une manière vague, peu distincte. *On aperçoit vaguement une lueur.* **2.** D'une manière peu précise. *Il nous a répondu très vaguement.* **3.** Faiblement, confusément. *Vaguement ému.* – De *vague* 3.

vaguemestre [vagmɛstʀ] n. m. (France) MILIT, MAR Sous-officier, officier marinier chargé du service postal, dans un régiment, à bord d'un navire. – All. *Wagenmeister,* «maître des équipages».

vaguer [vage] v. intr. [1] Litt. Errer. ▷ Fig. Vagabonder. *Laisser vaguer ses pensées.* – Lat. *vagari,* «errer».

vahiné [vaine] n. f. Femme tahitienne. – Mot tahitien, «femme».

vaiçya [vajʃja] n. m. inv. En Inde, membre de la caste des marchands, éleveurs et agriculteurs. – Mot sanskrit.

vaigrage [vɛgʀaʒ] n. m. MAR Bordé intérieur d'un navire. – De *vaigre.*

vaigre [vɛgʀ] n. f. MAR Planche de bordage intérieur d'un navire. Mot d'origine scandinave; danois *voeger,* suédois *vaegare.*

vaillamment [vajamɑ̃] adj. Avec vaillance, courage. – De *vaillant.*

vaillance [vajɑ̃s] n. f. **1.** Litt. Bravoure. **2.** Courage devant la difficulté, l'adversité. – De *vaillant.*

vaillant, ante [vajɑ̃, ɑ̃t] adj. **1.** Litt. Brave. *Vaillants soldats.* **2.** Laborieux, travailleur. **3.** (Surtout en tournure négative.) En bonne santé, en bonne forme. *Il ne se sentait pas très vaillant ce jour-là.* **4.** Loc. *N'avoir pas un sou vaillant,* n'avoir pas d'argent. – Anc. ppr. de *valoir.*

vaillantie [vajɑ̃ti] n. f. Plante herbacée des rocailles et des vieux murs (genre *Vaillantia,* fam. rubiacées). – Du nom du botaniste fr. Sébastien *Vaillant* (1669-1722).

vain, vaine [vɛ̃, vɛn] adj. **1.** Vx Vide. ▷ *Vaine pâture:* droit de faire paître des bêtes sur les terres d'autrui quand elles ne portent pas de récolte. **2.** Vide de sens. *Ce n'est pas un vain mot.* – Qui n'est pas fondé, illusoire. *Vain espoir.* **3.** (Sens moral.) Litt. Dépourvu de profondeur, de valeur. *Plaisirs vains.* – (Personnes.) Dont l'esprit, les préoccupations manquent de profondeur; plein de vanité. Syn. futile, frivole. **4.** Qui reste sans effet. *Démarche vaine. Vains efforts.* Syn. inutile, inefficace. **5.** Loc. adv. *En vain:* inutilement; sans succès. – Lat. *vanus,* «vide».

vaincre [vɛ̃kʀ] v. tr. [79] **1.** Remporter une victoire militaire sur. *Vaincre l'ennemi.* ▷ *Par ext.* (Dans une compétition.) *Vaincre un concurrent à la course.* Syn. battre. **2.** Surmonter, venir à bout de. *Vaincre la résistance, l'obstination de qqn.* Syn. triompher (de). ▷ (Sens moral.) Maîtriser, dominer. *Vaincre sa colère, ses passions.* – Lat. *vincere.*

vaincu, ue [vɛ̃ky] adj. et n. Qui a subi une défaite. *Ennemi vaincu. Vaincu d'avance:* qui ne peut qu'être vaincu (étant donné son état d'esprit, la situation, etc.). ▷ Subst. *Les vaincus doivent se soumettre. Malheur aux vaincus.* – Pp. de *vaincre.*

vainement [vɛnmɑ̃] adv. En vain. – De *vain.*

vainqueur [vɛ̃kœʀ] n. m. et adj. **I.** n. m. **1.** Celui qui a vaincu dans un combat. **2.** Celui qui a remporté une compétition. *La coupe du vainqueur.* Syn. gagnant. **3.** Celui qui a triomphé (de qqch). *Une lutte contre la maladie dont il est le vainqueur.* **II.** adj. m. Qui marque la victoire, victorieux. *Un air vainqueur. Elle est vainqueur.* – De *vaincre.*

vair [vɛʀ] n. m. **1.** Vx Fourrure blanche et grise de quelques écureuils, et partic. celle du petit-gris. **2.** HERALD Fourrure de l'écu représentée par des rangées de pièces en forme de clochetons d'argent et d'azur. – Du lat. *varius,* «tacheté, bigarré»; d'abord adj., «gris-bleu».

1. vairon [vɛʀɔ̃] adj. m. Se dit des yeux dont l'iris est entouré d'un cercle blanchâtre ou qui ne sont pas de la même couleur. – De *vair.*

2. vairon [vɛʀɔ̃] n. m. Poisson cyprinidé comestible des eaux douces courantes (genre *Phoxinus*), dépassant rarement une dizaine de cm de long, au dos brun-vert à reflets métalliques. – De *vair.*

vaisseau [vɛso] n. m. **I. 1.** Vx Récipient destiné à contenir un liquide. Syn. vase. **2.** ANAT Canal dans lequel circule le sang (artères, veines ou capillaires) ou la lymphe (vaisseaux lymphatiques). **3.** BOT Élément conducteur de la sève brute. **II. 1.** Vx Grand navire à voile. – MAR Bâtiment de guerre. *Enseigne de vaisseau. Vaisseau amiral.* **2.** ESP *Vaisseau spatial:* engin spatial de grandes dimensions, généralement piloté par un cosmonaute. Syn. astronef. **3.** ARCHI Espace intérieur d'un grand édifice (édifice voûté, en partic.). *Le* *vaisseau de Notre-Dame de Paris.* – Du bas lat. *vascellum,* class. *vasculum,* dimin. de *vas,* «vase».

vaisselier [vɛsəlje] n. m. Meuble servant à ranger la vaisselle. – De *vaisselle.*

vaisselle [vɛsɛl] n. f. **1.** Ensemble des récipients dont on se sert à table. *Vaisselle de porcelaine.* ▷ *Vaisselle plate:* vaisselle d'or ou d'argent faite d'une seule lame de métal. **2.** Ensemble des récipients et des ustensiles qui ont servi pour un repas et qui restent à nettoyer. *Laver la vaisselle.* ▷ L'opération de nettoyage elle-même. *Faire la vaisselle.* – Lat. pop. *vascella,* pl. de *vascellum,* «plat», pris pour un fém. sing.

val, vals ou **vaux** [val, vo] n. m. **1.** Vx ou poét. (sauf dans les noms de lieux). Vallée. *Val-d'Or, Val de Loire. Les Vaux-de-Cernay.* ▷ Loc. adv. Mod. *Par monts et par vaux:* par tous les chemins, partout. **2.** GEOL Synclinal. – Lat. *vallis.*

valable [valabl] adj. **1.** Qui a les formes requises pour être reconnu, reçu en justice. *Quittance valable.* – Qui a les conditions requises pour être accepté par une autorité. *Mon passeport n'est plus valable.* **2.** Qui est fondé, admissible. *Cette excuse n'est pas valable. Argument, théorie qui reste valable.* **3.** (Emploi critiqué.) Qui a une certaine valeur. *Un écrivain valable.* – *Un interlocuteur valable,* qualifié. – De *valoir.*

valablement [valabləmɑ̃] adv. D'une manière valable. *On peut valablement objecter que...* – Du préc.

valaque [valak] adj. et n. Didac. De la Valachie, anc. principauté danubienne, auj. rég. de Roumanie. *Les Valaques étaient des bergers, sans doute originaires de Thrace, qui descendirent des montagnes vers la plaine danubienne au début du XIII*e s. – Mot slave.

valdinguer [valdɛ̃ge] v. intr. [1] Fam. Dinguer, tomber violemment. – De *val(ser),* et *dinguer.*

1. valence [valɑ̃s] n. f. Variété d'orange d'Espagne. – De *Valence,* v. d'Espagne.

2. valence [valɑ̃s] n. f. **1.** CHIM Nombre de liaisons chimiques engagées par un atome dans une combinaison avec un autre atome. **2.** ZOOL *Valence écologique:* possibilité pour une espèce vivante d'habiter des milieux variés. **3.** PSYCHO *Valence d'un objet:* attirance *(valence positive)* ou répulsion *(valence négative)* qu'un sujet éprouve à son égard. – Bas lat. *valentia,* «valeur», du class. *valere,* «avoir de l'effet», d'ap. *équivalence.*

valence-gramme [valɑ̃s gʀam] n. f. PHYS, CHIM Masse atomique (en grammes) d'un élément divisée par sa valence. *Des valences-grammes.* – De *valence,* et *gramme.*

valenciennes [valɑ̃sjɛn] n. f. inv. Dentelle très fine. – De *Valenciennes,* ville du nord de la France, où cette dentelle était fabriquée à l'origine.

-valent. Élément, du lat. *valens,* ppr. de *valere,* «valoir».

valentinite [valɑ̃tinit] n. f. MINER Oxyde naturel d'antimoine Sb_2O_3. – Du nom de Basile *Valentin,* alchimiste du XVe s.

valérianacées [valeʀjanase] n. f. pl. BOT Famille de plantes dicotylédones gamopétales herbacées, dont la valériane est le type. – De *valériane.*

valériane [valeʀjan] n. f. BOT Plante herbacée à fleurs roses, blanches ou jaunâtres, dont une espèce, *Valeriana officinalis,* l'herbe-aux-chats, a une racine aux propriétés antispasmodiques. – Lat. médiév. *valeriana,* de *Valeria,* province romaine détachée de la Pannonie sous Dioclétien.

valérianelle [valeʀjanɛl] n. f. BOT Plante herbacée à fleurs roses ou blanches, dont une espèce, *Valerianella olitoria,* est connue sous le nom de mâche, ou doucette. – De *valériane.*

valérianique [valeʀjanik] ou **valérique** [valeʀik] adj. CHIM Se dit d'acides isomères extraits de la valériane, et de l'aldéhyde qui leur correspond. – De *valériane.*

valet [valɛ] n. m. **1.** Anc. Jeune écuyer au service d'un seigneur. ▷ Officier d'une maison royale ou princière. *Valet de la chambre du roi.* **2.** Domestique. *Valet de chambre:* anc. domestique chargé du service personnel d'un maître; mod. domestique masculin. *Valet de pied:* anc. homme en livrée à la suite des grands personnages; mod. domestique en livrée des grandes maisons. ▷ Vieilli Ouvrier agricole. *Valet de ferme, d'écurie.* **3.** Fig., péjor. Personne qui obéit servilement. *Âme de valet.* Syn. larbin. **4.** TECH Nom donné à certains outils ou organes mécaniques aidant à l'exécution d'un travail (notam., en maintenant ou soutenant). *Valet de menuisier,* qui maintient sur l'établi des pièces à travailler. **5.** *Valet de nuit:* cintre sur pied sur lequel on dispose ses habits avant de se coucher. **6.** JEU Carte figurant un valet (sens 1). *Valet de cœur.* – Du lat. pop. *vassellittus,* du gaul. *vassus,* «serviteur».

valetaille [valtaj] n. f. Péjor. Ensemble des valets d'une maison. – Du préc.

valétudinaire [valetydinɛʀ] adj. et n. Vx ou litt. Maladif, de santé précaire. – Lat. *valetudinarius.*

valeur [valœʀ] n. f. **A. I. 1.** Ce par quoi une personne est digne d'estime, ensemble des qualités qui la recommandent. (V. mérite.) *Avoir conscience de sa valeur. C'est un homme de grande valeur.* **2.** Vx Vaillance, bravoure (spécial., au combat). *«La valeur n'attend pas le nombre des années»* (Corneille). **II. 1.** Ce en quoi une chose est digne d'intérêt. *Les souvenirs attachés à cet objet font pour moi sa valeur.* ▷ Importance, intérêt accordés subjectivement à une chose. *La valeur que j'accorde à votre appui, à votre opinion.* **2.** Caractère de ce qui est reconnu digne d'intérêt, d'estime, de ce qui a de la qualité. *L'éminente valeur de cette œuvre.* **3.** Qualité de ce qui a une certaine utilité, une certaine efficacité. *Comme il ignore cette affaire, ses conseils sont sans valeur.* **4.** Caractère de ce qui est recevable, de ce qui peut faire autorité (du point de vue d'une règle, d'un ensemble de principes). *Les conditions qui fondent la valeur d'une théorie scientifique.* **B. I. 1.** Caractère mesurable d'un objet, en tant qu'il est susceptible d'être échangé, désiré, vendu, etc. (V. prix.) *Faire estimer la valeur d'un objet d'art.* – *De valeur:* dont la valeur est élevée. *Des timbres de valeur.* ▷ *Mettre en valeur un bien, un capital,* le faire valoir, le faire fructifier. – Fig. Présenter avantageusement. *Objet mis en valeur dans une vitrine.* ▷ (Abstrait.) *Son article a mis en valeur cet aspect de la question,* il en a fait ressortir toute l'importance. **2.** ECON Qualité d'une chose, liée à son utilité (objective ou subjective), à la quantité de travail fourni pour la produire, au rapport de l'offre et de la demande, etc. *Valeur d'usage et valeur d'échange d'un objet. La théorie marxiste de la valeur* (V. marxisme et plus-value). – *Valeur-or d'une monnaie.* **3.** FIN *Valeurs (mobilières):* tous titres négociables (obligations, actions, etc.). *Valeurs cotées en Bourse.* **II. 1.** Mesure (d'une grandeur, d'un nombre). – MATH *Valeur algébrique,* affectée d'un signe (plus ou moins). *Valeur absolue d'un nombre réel,* le nombre réel positif dont il est l'égal ou l'opposé. (On note $|a|$ la valeur absolue d'un nombre quelconque *a*; ainsi, $|5| = 5$ et $|-5| = 5$.) ▷ Cour. Quantité approximative. *Ajoutez la valeur de deux cuillerées à table de farine.* **2.** MUS Durée relative de chaque note, indiquée par sa figure. *La valeur d'une blanche est de deux noires.* **3.** Mesure conventionnelle (d'un signe dans une série). *Valeur d'une carte, d'un pion.* ▷ LING Ce qu'un signe doit à son appartenance à un système, aux relations qu'il entretient avec les autres signes. *La théorie saussurienne de la valeur du signe.* **4.** BX-A Intensité relative d'une couleur, définie par son degré de saturation. *Un jeu très réussi entre les valeurs d'un même* *vert.* – *Par anal.* Sens ou pouvoir lié à un effet littéraire, expressivité obtenue par le moyen du style. *Le mot prend à cette place toute sa valeur.* **C. I.** *Jugement de valeur.* **1.** PHILO (Par oppos. à *jugement de réalité*). Assertion qui implique une appréciation sur ce qui est énoncé comme un fait. (En ce sens, «le vin est bon» est un jugement de valeur et «j'aime le vin» est un jugement de réalité.) **2.** Cour. Assertion par laquelle on affirme qu'une chose est plus ou moins digne d'estime. **II.** Principe idéal auquel se réfèrent communément les membres d'une collectivité pour fonder leur jugement, pour diriger leur conduite. *Les valeurs morales, sociales, esthétiques. Échelles de valeurs. Les valeurs chrétiennes.* **D.** Fam., cour. loc. adj. *De valeur:* dommage, malheureux, fâcheux (en parlant de qqch.). *C'est de valeur. Je trouve ça de valeur que tu (ne) viennes pas. Le plus de valeur, c'est qu'il est en train de se ruiner la santé.* – Lat. *valor.*

valeureusement [valøʀøzmɑ̃] adv. Rare Bravement, courageusement. – De *valeureux.*

valeureux, euse [valøʀø, øz] adj. Litt. Qui a de la bravoure, de la vaillance. – De *valeur* (sens A, I, 2).

valgus [valgys] n. m. inv. et adj. MED Déviation en dehors (en parlant du pied ou de la jambe). *Valgus du pied.* ▷ Adj. (Dans les loc. lat. employées en anatomie, l'adj. s'accorde). *Genu valgum:* genou dévié en dehors. *Tibia valga.* Ant. varus. – Mot lat. «bancal».

validation [validasjɔ̃] n. f. Fait, action de valider; son résultat. – De *valider.*

valide [valid] adj. **1.** Qui est en bonne santé, capable de se mouvoir, d'accomplir sa tâche, etc. *Un homme valide.* Ant. infirme, malade. **2.** Qui a les conditions requises pour produire son effet. *Cet acte n'est pas valide.* Syn. valable. – Lat. *validus,* «fort, robuste».

validement [validmɑ̃] adv. DR Valablement. – De *valide.*

valider [valide] v. tr. [1] Rendre, déclarer valide. *Valider une élection.* – Bas lat. *validare,* de *validus,* «fort, robuste».

validité [validite] n. f. **1.** Caractère de ce qui est valide, valable. *Faire proroger la validité d'un passeport.* **2.** Caractère de ce qui est valable, recevable. *La validité d'un point de vue.* – Lat. impér. *validitas,* de *validus,* «fort, robuste».

valine [valin] n. f. BIOCHIM Acide aminé indispensable à la formation du glucose. – De *val(ériane),* et de *(am)ine.*

valise [valiz] n. f. **1.** Bagage de forme rectangulaire, muni d'une poignée pour être porté à la main. ▷ *Faire sa valise, ses valises,* y mettre ce que l'on emporte en voyage; *par ext.,* se préparer à partir, à quitter un lieu. **2.** *Valise diplomatique:* paquet contenant le courrier d'un ambassadeur et dont le secret est garanti par les conventions internationales; ensemble de colis couverts par les mêmes garanties. – Ital. *valigia,* lat. médiév. *valisia.*

valkyrie. V. walkyrie.

vallée [vale] n. f. **1.** Dépression plus ou moins large creusée par un cours d'eau. *Vallée jeune,* assez encaissée, aux versants irréguliers. *Vallée morte, sèche,* où il ne coule plus de cours d'eau. *Vallée en U, en auge* ou *glaciaire,* creusée par un glacier. ▷ Région arrosée par un cours d'eau. *La vallée du Saint-Laurent.* **2.** Dans les régions montagneuses, partie moins élevée (par oppos. à *sommet, pente*). **3.** Fig. *Vallée de larmes, de misère:* le séjour sur la terre (par oppos. à celui au ciel, séjour de la béatitude). – De *val.*

vallisnérie [valisneʀi] n. f. BOT Plante d'eau douce (genre *Vallisneria*) à feuilles en ruban et à fleurs rougeâtres. – De *Vallisneri* (1661-1730), botaniste et médecin italien.

vallon [valɔ̃] n. m. Petite vallée. – De l'ital. *vallone,* «grande vallée».

vallonné, ée [valɔne] adj. Qui présente des vallons. *Région vallonnée.* – Du préc.

vallonnement [valɔnmɑ̃] n. m. Relief vallonné. – De *vallon.*

valoche [valɔʃ] n. f. Pop. Valise. – Du rad. de *valise,* et suff. arg. *-oche.*

valoir [valwaʀ] v. [48] **A.** v. intr. **I. 1.** (Personnes.) Avoir certaines qualités, certains mérites généralement reconnus. *«Je sais ce que je vaux et crois ce qu'on m'en dit»* (Corneille). *Comme poète, il ne vaut rien.* **2.** (Choses.) Avoir une certaine qualité, une certaine utilité, un certain intérêt. *Cet habit ne vaut plus rien. Ces vers ne valent pas grand-chose.* – *Ne rien valoir pour qqn,* lui être néfaste. *L'alcool ne vous vaut rien.* – *Rien qui vaille:* rien de bon. *Ne faire rien qui vaille.* **3.** Avoir, être estimé un certain prix. *Cette étoffe vaut trente dollars le mètre. Tableau qui vaut très cher.* Syn. coûter. **4.** Être égal en valeur ou en utilité à. *Cent cents valent un dollar.* Prov. *Un homme averti en vaut deux.* ▷ v. pron. *Ces deux œuvres se valent.* – Tenir lieu, avoir la signification de. *En chiffres romains, M vaut mille.* Syn. équivaloir. **5.** Mériter, avoir assez d'importance pour. *Valoir la peine.* – Fam. *Ça vaut le coup.* **6.** Être valable. Prov. *Donner et retenir ne vaut.* – Intéresser, concerner. *Ce que je lui dis vaut également pour vous.* **II.** loc. verb. *À valoir,* se dit d'une somme que l'on verse en acompte. *Mille dollars à valoir sur le montant d'une facture.* **III.** *Faire valoir.* **1.** Donner du prix à, faire paraître meilleur, plus beau. *Cet acteur fait valoir le texte.* ▷ v. pron. Se mettre en vedette. *Il cherche toujours à se faire valoir.* **2.** Faire fructifier, exploiter. *Faire* valoir une terre.* **3.** Exposer, donner à considérer. *Faire valoir ses droits.* **IV.** loc. adv. *Vaille que vaille:* tant bien que mal. *Il lui fallut poursuivre sa route vaille que vaille.* **V.** *Valoir mieux:* être meilleur, préférable. *Un tiens vaut mieux que deux tu l'auras.* – v. impers. *Il vaut mieux tenir que courir.* Fam. *Ça vaut mieux comme ça:* il est préférable que cela se soit passé ainsi. **B.** v. tr. *Valoir (qqch) à qqn,* lui procurer, lui amener comme conséquences. Syn. attirer. *Cette affaire ne lui a valu que des ennuis.* – Lat. *valere,* «être fort, avoir de la valeur, être en bonne santé».

valorem (ad). V. ad valorem.

valorisation [valɔʀizasjɔ̃] n. f. Action de valoriser. – De *valeur.*

valoriser [valɔʀize] v. tr. [1] Donner une valeur économique plus grande à... *De grands travaux ont valorisé cette région.* ▷ (Abstrait.) Ériger en valeur, mettre l'accent sur (telle chose), en tant que possédant une valeur morale, esthétique, etc. *Le romantisme a valorisé la passion.* **3.** (Emploi critiqué) ECON Donner une valeur chiffrée à. *Valoriser un investissement.* – Du préc; sens 3: calque de l'angl. *to valorize,* «évaluer».

valpolicella [valpɔlitʃel(l)a] n. m. inv. Vin rouge de la région de Valpolicella (Italie, prov. de Vérone).

valse [vals] n. f. **1.** Danse à trois temps dans laquelle le couple de danseurs tourne sur lui-même en marquant chaque mesure par une évolution. ▷ Air sur lequel on exécute cette danse. *Les valses de Johann Strauss.* ▷ MUS Composition sur un rythme de valse. *Valses de Chopin. Valses de Strauss.* **2.** Fig., fam. Changement fréquent d'attribution d'une fonction, d'une charge. *Valse des ministres.* – *Par ext.* (Choses.) Instabilité. *Valse des prix.* – All. *Walzer.*

valser [valse] v. intr. [1] **1.** Danser la valse. **2.** Fig., fam. Tomber, culbuter violemment, être projeté. *Il l'a envoyé valser contre un mur.* – *Faire valser le personnel,* le renvoyer, le déplacer sans ménagements. ▷ *Faire valser l'argent:* dépenser sans compter. – All. *walzen.*

valseur, euse [valsœʀ, øz] n. Personne qui danse la valse. *Un bon valseur.* – Du préc.

valvaire [valvɛʀ] adj. BOT Relatif aux valves. – De *valve.*

valve [valv] n. f. **1.** ZOOL Chacune des parties de la coquille des mollusques et du test des diatomées. *La coquille des lamellibranches comporte deux valves.* **2.** BOT Partie d'un fruit sec qui se sépare lors de la déhiscence. **3.** ANAT *Valve cardiaque:* repli membraneux entrant dans la constitution des valvules auriculo-ventriculaires du cœur. **4.** ELECTR Diode utilisée pour le redressement. **5.** TECH Appareil servant à réguler un courant de liquide ou de gaz dans une canalisation, en fonction des nécessités des organes utilisateurs. ▷ Soupape à clapet d'une chambre à air. – Du lat. *valva,* «battant de porte».

valvé, ée [valve] adj. SC NAT Qui est muni ou formé de valves. – Du préc.

valvulaire [valvylɛʀ] adj. ANAT Relatif aux valvules cardiaques. – Qui remplit le rôle d'une valvule. – De *valvule.*

valvule [valvyl] n. f. **1.** ANAT Repli de la paroi du cœur ou d'un vaisseau, empêchant leur contenu de refluer. *Valvule tricuspide.* **2.** BOT Petite valve. – Lat. *valvula,* dimin. de *valva.* V. valve.

vamp [vɑ̃p] n. f. Femme fatale*. – Mot anglo-amér., abrév. de *vampire.*

vamper [vɑ̃pe] v. tr. [1] Fam. Séduire à la manière des vamps. *Elle m'a vampé.* – Du préc.

vampire [vɑ̃piʀ] n. m. **1.** Mort (notam. mort impénitent et excommunié) qui, selon certaines croyances populaires, sort de son tombeau pour aller aspirer le sang des vivants. **2.** Fig. Assassin coupable de crimes mystérieux et sadiques. **3.** Chauve-souris des régions tropicales d'Amérique du S. qui se repaît souvent du sang des mammifères. – All. *Vampir,* du serbe.

vampirique [vɑ̃piʀik] adj. Litt. Propre à un vampire, qui en a les caractères. – De *vampire.*

vampiriser [vɑ̃piʀize] v. tr. [1] **1.** Sucer le sang (de qqn). **2.** Fig. Dominer psychologiquement qqn en lui retirant sa force vitale, sa volonté. – De *vampire.*

vampirisme [vɑ̃piʀism] n. m. **1.** Vieilli Crimes que les superstitions populaires attribuent aux vampires. **2.** PSYCHOPATHOL Perversion sexuelle consistant à blesser sa victime jusqu'au sang avant de la violer. – Du préc.

van [vɑ̃] n. m. AGRIC Panier plat à deux anses, servant à vanner le grain. – Lat. *vannus.*

vanadate [vanadat] n. m. CHIM Sel d'un des acides vanadiques. – De *vanadium.*

vanadinite [vanadinit] n. f. MINER Vanadate chloré de plomb, que l'on trouve à l'état naturel sous forme de cristaux brun-rouge. – De *vanadium,* et *-ite* 3.

vanadique [vanadik] adj. CHIM Qualifie l'anhydride de formule V_2O_5 et les acides correspondants. – De *vanadium.*

vanadium [vanadjɔm] n. m. CHIM Métal blanc, très toxique; élément de numéro atomique Z = 23 et de masse atomique 50,94 (symbole V). *Acier au vanadium.* – Mot du lat. mod., de *Vana-dis,* nom de la divinité scandinave Freyja (mot forgé par le Suédois Sefström).

ENCYCL **Chim.** – Le vanadium, de masse volumique 6 100 kg/m³, fond à 1 900 °C et bout à 3 000 °C. Réducteur énergique, il possède de nombreux degrés d'oxydation. On l'utilise pour fabriquer des aciers spéciaux résistant à l'usure et aux chocs (ressorts, soupapes, outils à grande vitesse).

vancouvérois, oise [vɑ̃kuveʀwa, waz] n. et adj. De la ville de Vancouver (Colombie-Britannique). – Subst. *Un(e) Vancouvérois(e).*

vanda [vɑ̃da] n. f. BOT Orchidée (genre *Vanda*) d'Extrême-Orient, cultivée en serre. – Lat. bot., de l'hindi.

vandale [vɑ̃dal] adj. et n. **1.** adj. HIST Des Vandales. (v. encycl.) **2.** n. Fig. Personne qui détruit, qui détériore par ignorance, bêtise ou malveillance. *Cabine téléphonique mise hors d'usage par des vandales.* – Bas lat. *Vandali.*

ENCYCL *Les Vandales* sont un groupement de peuples germaniques qui se fixèrent entre la Vistule et l'Oder au IIIe s. ap. J.-C. et que des migrations entraînèrent sur les bords du Danube à la fin du IVe s. Mêlés à d'autres peuples, ils participèrent au passage du Rhin (406) et à l'invasion de la Gaule, et, dès 409, pénétrèrent en Espagne, où ils s'initièrent à la navigation. Conduits par leur roi Geiséric, ils franchirent le détroit de Gibraltar (429) et, progressant le long des côtes, s'installèrent en Numidie, puis conquirent une partie de la Tunisie actuelle (439), la Corse, la Sardaigne, les Baléares, la Sicile et pillèrent Rome en 455. Mais le roy. d'Afrique qu'ils fondèrent fut éphémère; les Vandales s'affaiblirent face aux Byzantins et furent finalement vaincus par Bélisaire (533-534).

vandalisme [vɑ̃dalism] n. m. Comportement destructeur du vandale. *Actes de vandalisme.* – Du préc.

vandoise [vɑ̃dwaz] n. f. ZOOL Poisson cyprinidé d'eau douce *(Leuciscus leuciscus),* très proche du chevesne, mais plus petit (de 15 à 30 cm de long). – Gaul. **vindisia,* de **vindos,* «blanc».

vanesse [vanɛs] n. f. ENTOM Nom de genre d'un papillon diurne au vol rapide et aux ailes de couleurs vives. *Vanesse des chardons,* ou *belle-dame.* Cf. morio, paon-de-jour, vulcain. – Lat. scientif. *vanessa,* orig. incon.

vanille [vanij] n. f. Fruit (gousse) de vanillier; substance aromatique extraite de ce fruit, utilisée en pâtisserie et en confiserie. *Crème glacée à la vanille.* – Esp. *vainilla,* dimin. de *vaina,* lat. *vagina,* «gaine».

vanillé, ée [vanije] adj. Parfumé à la vanille. *Sucre vanillé.* – Du préc.

vanillier [vanije] n. m. Orchidée grimpante (genre *Vanilla*) originaire d'Amérique du S., cultivée pour ses fruits. – De *vanille.*

vanilline [vanilin] n. f. CHIM Principe odorant de la vanille se présentant sous forme de cristaux incolores fondant à 81 °C. – De *vanille,* et *-ine.*

vanillisme [vanilism] n. m. MED Intoxication due à un acarien, parasite des gousses de vanille. – De *vanille.*

vanillon [vanijɔ̃] n. m. Variété de vanille antillaise à petites gousses produite par *Vanilla pompona.* – Dimin. de *vanille.*

vanité [vanite] n. f. **1.** Litt. État, caractère de ce qui est vain, frivole, futile. *La vanité des plaisirs terrestres.* ▷ Chose vaine, futile. *Les vanités du monde.* **2.** Caractère, défaut d'une personne vaine, qui a trop bonne opinion d'elle-même; manifestation de ce défaut, du désir de produire un certain effet sur son entourage. *Flatter la vanité de qqn.* Syn. fatuité. ▷ *Tirer vanité de qqch,* s'en glorifier, s'en enorgueillir. – Lat. *vanitas,* de *vanus,* «vide».

vaniteusement [vanitøzmɑ̃] adv. Avec vanité. – De *vaniteux.*

vaniteux, euse [vanitø, øz] adj. et n. Plein de vanité. *Il est sot et vaniteux. Paroles vaniteuses.* ▷ Subst. *Quel vaniteux!* – De *vanité.*

1. vannage [vanaʒ] n. m. TECH Ensemble, système de vannes. – De *vanne* 1.

2. vannage [vanaʒ] n. m. Action de vanner des grains. – De *vanner* 2.

1. vanne [van] n. f. Dispositif permettant de régler l'écoulement d'un fluide. *Vanne d'écluse.* – Lat. médiév. *venna,* p.-ê. d'orig. gauloise.

2. vanne [van] n. f. Pop. Plaisanterie ou allusion désobligeante. *Envoyer une vanne à qqn.* – Déverbal de *vanner* 3.

vanneau [vano] n. m. Oiseau charadriiforme d'Eurasie, dont une espèce, le vanneau huppé *(Vanellus vanellus),* de la taille d'un pigeon, se reconnaît à sa huppe. – De *van* 1, à cause du bruit des ailes de l'oiseau.

vanneaux. V. vannes.

vannelle [vanɛl] ou **vantelle** [vɑ̃tɛl] n. f. TECH Vanne qui obture une ouverture sur une porte d'écluse. ▷ Petite valve d'une conduite d'eau. – Dimin. de *vanne* 1.

1. vanner [vane] v. tr. [1] TECH Pourvoir de vannes. – De *vanne* 1.

2. vanner [vane] v. tr. [1] **1.** AGRIC Nettoyer (les grains) en les secouant dans un van, un tarare, etc. **2.** Fam. Causer une fatigue extrême à. *Cet effort m'a vanné.* – Au pp. *Je suis vanné!* – Lat. pop. **vannare,* class. *vannere.*

3. vanner [vane] v. intr. [1] Rare Envoyer des vannes (2) à (qqn.). – De *vanner* 2, sens 2, a. fr. «poursuivre, tourmenter, railler».

vannerie [vanʀi] n. f. **1.** Confection d'objets tressés avec des brins d'osier, de jonc, de rotin, etc. **2.** Marchandise ainsi fabriquée. – De *vannier.*

vannes [van] n. f. pl. ou **vanneaux** [vano] n. m. pl. Les plus grandes pennes des ailes des oiseaux de proie. – De *van* 1.

vanneur, euse [vanœʀ, øz] n. **1.** Personne qui vanne le grain. **2.** n. f. Syn. de *tarare.* – De *vanner* 2.

vannier, ière [vanje, jɛʀ] n. Personne qui fabrique des objets en vannerie. – De *van* 1.

vannure [vanyʀ] n. f. AGRIC Matières résiduaires séparées du grain lors du vannage. – De *vanner* 2.

vantail, aux [vɑ̃taj, o] n. m. Partie mobile d'une porte, d'une fenêtre, d'un volet, etc. – De *vent.*

vantard, arde [vɑ̃taʀ, aʀd] adj. et n. Qui a l'habitude de se vanter. Syn. fanfaron. – De *vanter.*

vantardise [vɑ̃taʀdiz] n. f. Caractère de vantard; propos, acte de vantard. Syn. fanfaronnade, forfanterie. – Du préc.

vantelle. V. vannelle.

vanter [vɑ̃te] **I.** v. tr. [1] Présenter (qqch, qqn) en louant exagérément. *Vanter sa marchandise. Des affiches colorées vantent les charmes de ces îles.* **II.** v. pron. **1.** Se louer avec exagération; mentir par vanité. *Il dit qu'il osera, mais je pense qu'il se vante.* **2.** Se glorifier, tirer vanité. Loc. *Il n'y a pas de quoi se vanter:* c'est une chose dont il y a lieu d'avoir honte. **3.** Se faire fort (de). *Il se vante d'en venir à bout.* – Lat. ecclés. *vanitare,* de *vanitas,* «vanité».

va-nu-pieds [vanypje] n. inv. Personne qui vit misérablement. Syn. gueux, vagabond. – Propr. «(qui) *va nu-pieds*», de *va, nu* 2, et *pied.*

vape [vap] n. f. loc. pop. *Être dans les vapes* (ou, plus rare, *dans la vape*), dans un état d'hébétude, de demi-conscience. – *Tomber dans les vapes:* s'évanouir. – Abrév. arg. de *vapeurs* (sens I, 4).

vapeur [vapœʀ] n. **I.** n. f. **1.** Exhalaison perceptible se dégageant de liquides, de corps humides. *Des vapeurs traînent, s'élèvent au-dessus du marais.* **2.** PHYS Phase gazeuse d'un corps (habituellement à l'état solide ou liquide). *Vapeur sèche,* qui n'est pas en équilibre avec la phase liquide du corps dont elle émane, par oppos. à *vapeur saturante* ou *humide.* **3.** *Absol.* Vapeur d'eau. *Faire cuire des aliments à la vapeur. Bain de vapeur:* étuve humide. *Machine à vapeur.* – Fam. *À toute vapeur:* à toute vitesse. **4.** Plur. Vieilli Malaise passager (que la médecine ancienne attribuait aux exhalaisons des humeurs). *Avoir des vapeurs.* ▷ Litt. *Les vapeurs de l'ivresse, de l'orgueil,* les troubles qu'ils engendrent. Syn. fumées. **II.** n. m. Vieilli Bateau à vapeur. – Lat. *vapor.*

vapocraquage [vapɔkʀakaʒ] n. m. TECH Craquage* d'hydrocarbures en présence de vapeur. – De *vapeur,* et *craquage.*

vapocraqueur [vapɔkʀakœʀ] n. m. TECH Installation servant au vapocraquage. – De *vapocraquage.*

vaporeusement [vapɔʀøzmɑ̃] adv. Rare D'une façon vaporeuse. – De *vaporeux.*

vaporeux, euse [vapɔʀø, øz] adj. **1.** Litt. Dont la luminosité, la netteté est estompée par une brume légère. *Ciel vaporeux.* **2.** Qui est fin, léger, flou et transparent (s'emploie surtout pour désigner un tissu, un vêtement). *Robe vaporeuse.* – Lat. imp. *vaporosus,* du class. *vapor,* «vapeur».

vaporisateur [vapɔʀizatœʀ] n. m. **1.** Appareil servant à projeter un liquide en fines gouttelettes. V. aussi pulvérisateur et atomiseur. **2.** TECH Appareil servant à produire de la vapeur. – De *vaporiser.*

vaporisation [vapɔʀizasjɔ̃] n. f. **1.** Pulvérisation d'un liquide. **2.** PHYS Passage de l'état liquide à l'état gazeux (par oppos. à *sublimation,* passage de l'état solide à l'état gazeux). – De *vaporiser.*

ENCYCL **Phys.** – La vaporisation d'un liquide cesse dès que la pression de la vapeur qui surmonte ce liquide atteint une valeur, qui dépend de la température, appelée *pression* ou *tension de vapeur saturante.* Lorsque l'on chauffe un liquide, il arrive un moment où la pression de vapeur saturante devient égale à la pression ambiante. Il y a alors ébullition. À l'air libre, si la pression ambiante est inférieure à la pression de vapeur saturante, la vaporisation n'est pas limitée: il y a *évaporation.* La vaporisation se produit toujours avec absorption de chaleur, soit par refroidissement du liquide, soit par apport de chaleur (par ex., ébullition, s'effectuant à température constante, d'un liquide que l'on chauffe). Cette chaleur est restituée par la vapeur lorsque celle-ci se condense. Dans les moteurs à vapeur, l'énergie fournie par le combustible de la chaudière (source chaude) transforme l'eau en vapeur, laquelle en se détendant dans la turbine fournit de l'énergie mécanique. Une source froide permet la condensation de la vapeur qui sera à nouveau vaporisée.

vaporiser [vapɔʀize] **I.** v. tr. [1] **1.** Projeter (un liquide) en fines gouttelettes. *Vaporiser du parfum.* – Par ext. *Vaporiser ses cheveux.* **2.** Faire passer (un liquide) à l'état gazeux. **II.** v. pron. (Liquide.) Passer à l'état gazeux. – De *vapeur.*

vaquer [vake] v. [1] **1.** v. intr. ADMIN Interrompre ses activités pour quelque temps. *Les tribunaux vaqueront pendant un mois.* **2.** v. tr. indir. Se consacrer (à une activité). *Vaquer à ses occupations.* – Lat. *vacare,* propr. «être vide».

vaquero [vakeʀo] n. m. (Dans les pays de langue espagnole) Vacher. – *Spécial.* Celui qui conduit les taureaux à la *plaza de toros* avant la corrida. – Mot esp. de *vaca,* «vache».

var [vaʀ] n. m. ELECTR Unité de puissance réactive du système SI qui correspond à un courant alternatif de 1 ampère sous une chute de tension de 1 volt. – Initiales de *Volt Ampère Réactif.*

vara. V. varus.

varan [vaʀɑ̃] n. m. Reptile saurien carnivore d'Asie du Sud, d'Égypte, d'Australie et d'Afrique noire, dont une espèce (*Varanus komodoensis*, le dragon de Komodo), peut atteindre 3 m de long. – Lat. zool. *varanus*, de l'ar. *waran*, var. de *warāl*.

varangue [vaʀɑ̃g] n. f. MAR Dans la construction en bois, pièce courbe fixée perpendiculairement à la quille du navire et jointe au couple qui lui correspond. ▷ Dans la construction en acier, membrure transversale des fonds du navire. – Mot germ.

varappe [vaʀap] n. f. Escalade de pentes rocheuses abruptes. – De *Varappe*, nom d'un couloir rocheux du mont Salève, près de Genève.

varapper [vaʀape] v. intr. [1] Faire de la varappe. – Du préc.

varappeur, euse [vaʀapœʀ, øz] n. Personne qui fait habituellement de la varappe. – Du préc.

varech [vaʀɛk] n. m. (Sing. collectif.) Algues (fucus divers, notam.) rejetées par la mer et utilisées comme amendement. – Anc. scand. *vagrek*, «épave».

varenne [vaʀɛn] n. f. Terrain sablonneux et inculte où l'on ne trouve que peu d'herbe pour le bétail et que fréquente du petit gibier. – Var. de *garenne*.

vareuse [vaʀøz] n. f. **1.** Blouse de matelot en grosse toile. **2.** Veste de certains uniformes. *Vareuse d'officier.* **3.** Veste ample. – De *varer*, var. norm. de *garer*.

varheure [vaʀœʀ] n. m. ELECTR Unité d'énergie réactive correspondant à la mise en jeu, pendant une heure, d'une puissance de 1 var. – De *var*, et *heure*.

varheuremètre [vaʀœʀmɛtʀ] n. m. TECH Appareil de mesure de l'énergie réactive, gradué en varheures. – De *varheure*, et *-mètre*.

varia [vaʀja] n. m. plur. **1.** Didac. Collection, recueil de textes variés. **2.** Article ou reportage sur des sujets variés et souvent anecdotiques. – Mot lat. «choses variées».

variabilité [vaʀjabilite] n. f. Caractère de ce qui est variable. *La variabilité des goûts.* ▷ BIOL Aptitude à présenter des variations. – De *variable*.

variable [vaʀjabl] adj. et n. **I.** adj. **1.** (Choses) Qui peut varier, qui est sujet à varier. *Un courant d'intensité variable. Temps variable.* ▷ ASTRO *Étoile variable*, dont l'éclat varie au cours du temps, de façon périodique ou irrégulière. ▷ MATH *Grandeur, quantité variable.* (V. sens II, 2.) ▷ GRAM *Mot variable*, dont la forme varie selon le genre, le nombre, le temps, etc. **2.** Que l'on peut faire varier à volonté. *Hélice à pas variable.* **II.** n. **1.** n. m. Zone centrale de la graduation du baromètre, correspondant à une pression atmosphérique comprise entre 755 et 765 mm de mercure (de 1 000 à 1 020 millibars). *L'aiguille du baromètre est passée du variable au beau fixe.* **2.** n. f. MATH Quantité susceptible de changer de valeur. *x représente la variable dans la fonction $f(x) = x^2$, qui associe à un nombre variable (x) son carré (x^2).* – Lat. *variabilis*.

variablement [vaʀjabləmɑ̃] adv. Rare D'une façon variable. – De *variable*.

variance [vaʀjɑ̃s] n. f. **1.** CHIM, PHYS Nombre de paramètres (température, pression, volume, par ex.) qu'il suffit de connaître pour déterminer entièrement l'état d'équilibre d'un système. **2.** STATIST Moyenne des carrés des écarts (par rapport à la valeur moyenne) qui caractérise la dispersion des individus d'une population. *L'écart type est égal à la racine carrée de la variance.* – De *varier*.

variante [vaʀjɑ̃t] n. f. **1.** Version d'un texte différente de celle habituellement adoptée. *Variantes réunies dans une édition critique.* **2.** LING Chacune des réalisations sonores d'un phonème, qu'elles soient indépendantes du contexte (*variantes libres*, ainsi le *r* grasseyé et le *r* roulé), ou dépendantes du contexte (*variantes complémentaires*, ainsi le *b* selon qu'il est ou non suivi des dentales *t* et *d*). ▷ Forme différente sous laquelle peut apparaître un même signifiant. *Ten!* ou *té! sont des variantes régionales (ou dialectales) de tiens!* **3.** Forme légèrement différente, altérée ou modifiée, d'une même chose. *Les variantes d'une recette de cuisine.* – Ppr. fém. subst. de *varier*.

variateur [vaʀjatœʀ] n. m. **1.** TECH Dispositif qui permet de faire varier une grandeur. *Variateur de tension.* **2.** MECA *Variateur de vitesse:* appareil permettant de transmettre le mouvement d'un arbre à un autre arbre, avec la possibilité de modifier la vitesse de rotation de ce dernier. – De *variation*.

variation [vaʀjasjɔ̃] n. f. **1.** Fait de varier (pour une chose); changement qui en résulte. *Variation de la couleur dans un dégradé. Les variations de l'opinion.* ▷ Changement de la valeur d'une quantité ou d'une grandeur; écart entre deux valeurs numériques d'une quantité variable. *Variation de température. Variation d'intensité d'un courant.* ▷ BIOL Fait (pour une espèce donnée) d'avoir ou de produire des éléments non identiques à l'élément type, de présenter des variétés (sens 3). **2.** MUS Modification apportée à un thème (altération du rythme, changement de mode, etc.). ▷ Composition écrite sur un thème qu'on continue de reconnaître sous les ornements successifs qui le modifient. *Variations pour piano de Beethoven.* – Lat *variatio*.

varice [vaʀis] n. f. Dilatation pathologique permanente d'une veine, généralement située dans le réseau veineux superficiel des membres inférieurs. – Lat. *varix, varicis*.

varicelle [vaʀisɛl] n. f. MED Maladie infectieuse, contagieuse et immunisante d'origine virale, caractérisée par une éruption vésiculeuse, qui touche essentiellement les enfants. – De *variole*, d'ap. les dimin. lat. en *-cellus, -cella*.

varicocèle [vaʀikɔsɛl] n. f. MED Dilatation variqueuse des veines du cordon spermatique. – Du rad. de *varice*, et *-cèle*.

varié, ée [vaʀje] adj. **1.** Dont les parties, les caractères sont dissemblables; qui n'est pas monotone. *Une nourriture variée. – Terrain varié*, qui présente des accidents. ▷ MUS *Air varié*, que l'on a modifié en y introduisant des variations. ▷ PHYS *Mouvement uniformément varié*, dont la vitesse varie en fonction linéaire du temps (accélération constante). **2.** Plur. Se dit de choses différentes entre elles mais de même espèce. *Hors-d'œuvre variés. Des tâches variées.* – Pp. de *varier*.

varier [vaʀje] v. [1] **I.** v. tr. **1.** Apporter divers changements à (une chose). *Varier la présentation d'un produit.* **2.** Introduire de la diversité dans (des choses de même espèce). *Chercher à varier les menus. Varier les plaisirs.* **II.** v. intr. **1.** Changer, se modifier à plusieurs reprises. *Son humeur varie souvent.* **2.** Être différent selon les cas. *Les mœurs varient d'un pays à l'autre. Les prix varient d'un quartier à l'autre.* **3.** (Sujet n. de personne.) Manquer de constance dans ses opinions, ses sentiments. – (Sujet plur.) Avoir des avis différents. *Les philosophes varient sur ce point.* – Lat. *variare*.

variété [vaʀjete] n. f. **1.** Caractère de ce qui est varié, divers. *Travail qui manque de variété. La variété des opinions.* **2.** Ensemble de choses variées. *Ce commerçant dispose d'une grande variété d'articles.* **3.** BIOL La plus petite des unités systématiques (plus petite que l'espèce). **4.** MATH Ensemble des éléments d'un espace topologique. **5.** Plur. Spectacle combinant numéros musicaux et attractions diverses. *Émission télévisée de variétés.* – Lat. *varietas*.

variole [vaʀjɔl] n. f. MED Maladie infectieuse grave, éruptive, immunisante, contagieuse et épidémique, due à un virus du groupe auquel appartient la vaccine*. *Louis XV mourut de la variole. La variole a disparu dans les pays où la vaccination a été rendue obligatoire.* Syn. vx petite vérole. – Bas lat. méd. *variola,* dimin. de *varus,* «pustule», avec attract. de *varius,* «tacheté».

variolé, ée [vaʀjɔle] adj. MED Marqué de cicatrices dues à la variole. – De *variole.*

varioleux, euse [vaʀjɔlø, øz] adj. et n. MED Qui est atteint de la variole. – De *variole.*

variolique [vaʀjɔlik] adj. MED Relatif à la variole. *Pustule variolique.* – De *variole.*

variomètre [vaʀjɔmɛtʀ] n. m. **1.** ELECTR Appareil de mesure des inductances. **2.** AVIAT Appareil qui mesure la vitesse verticale d'un aéronef et permet ainsi de contrôler l'horizontalité du vol. – De *varier,* et *-mètre.*

variqueux, euse [vaʀikø, øz] adj. MED Qui a rapport aux varices; qui est de la nature des varices. *Ulcère variqueux.* – Lat. *varicosus,* de *varix, varicis,* «varice».

varistance [vaʀistɑ̃s] n. f. ELECTR Semi-conducteur dont la résistance varie avec la tension appliquée à ses bornes. – De *vari(able),* et *(rési)stance.*

varlet [vaʀlɛ] n. m. Vx Valet; page. – Var. de *vaslet,* forme anc. de *valet.*

varlope [vaʀlɔp] n. f. TECH Rabot à très long fût, muni d'une poignée. – Mot dial. du nord-est de la France; du néerl. *voorloper,* propr. «qui court devant».

varloper [vaʀlɔpe] v. tr. [1] TECH Travailler (le bois) à la varlope. – Du préc.

varron [vaʀɔ̃] n. m. MED VET **1.** Larve d'un insecte diptère brachycère (mouche du genre *Hypoderma*) qui provoque une hypodermose dont la phase terminale est sous-cutanée . **2.** Tumeur avec perforation provoquée par cette larve. – Mot dial. (anc. provenç.), du lat. *varus,* «pustule».

varronné, ée [vaʀɔne] adj. MED VET Infesté, marqué par des varrons. – Du préc.

varus [vaʀys] n. m. inv. et adj. MED Déviation en dedans (opposé à *valgus*). ▷ Adj. *Pied bot varus.* (Dans les loc. lat. employées en anatomie, l'adj. s'accorde). *Coxa vara:* hanche bote. *Genu varum:* jambes arquées. – Mot lat.

varve [vaʀv] n. f. GEOL Unité annuelle de sédimentation constituée d'une couche mince, noire, à grain très fin, correspondant à l'hiver, et d'une couche plus épaisse, claire, à gros grain, correspondant à l'été. *L'étude des varves (glaciaires) permet de dater les terrains quaternaires.* – Du suéd. *varv,* «révolution périodique».

vas(o)-. Élément, du lat. *vas,* «récipient», et, en lat. anat., «vaisseau, canal».

vasard, arde [vazaʀ, aʀd] adj. MAR Vaseux. *Sable vasard.* ▷ N. m. Fond de sable mêlé de vase. – De *vase* 1.

vasculaire [vaskylɛʀ] adj. **1.** ANAT Qui a rapport, qui appartient aux vaisseaux. *Système vasculaire.* **2.** BOT *Plantes vasculaires:* plantes (fougères, gymnospermes et angiospermes) qui possèdent des éléments conducteurs différenciés (trachéides ou vaisseaux), par oppos. aux plantes qui en sont dépourvues (algues, champignons, mousses, etc.). ▷ *Les cryptogames vasculaires:* les fougères. – Du lat. *vasculum,* «petit ruisseau» .

vascularisation [vaskylaʀizasjɔ̃] n. f. ANAT Disposition des vaisseaux dans un organe. – Formation de vaisseaux dans un tissu ou un organe. – De *vascularisé.*

vascularisé, ée [vaskylaʀize] adj. ANAT Qui contient des vaisseaux. *Organe vascularisé.* – De *vasculaire.*

1. vase [vɑz] n. f. Mélange de très fines particules terreuses et de matières organiques formant un dépôt au fond des eaux calmes. – Moyen néerl. *wase.*

2. vase [vɑz] n. m. Récipient de forme et de matière variables, destiné à contenir des liquides, des fleurs, ou servant d'ornement. *Vase en verre, en bronze. Vase antique.* – *Vase de nuit:* pot de chambre. ▷ Récipient servant aux expériences de physique et de chimie. ▷ RELIG CATHOL *Vases sacrés,* dont on se sert pour célébrer la messe ou pour conserver les saintes espèces. ▷ PHYS *Vases communicants:* ensemble de récipients de formes différentes qui communiquent entre eux par leur base. – *Principe des vases communicants,* selon lequel les surfaces libres d'un liquide contenu dans des vases communicants se trouvent toujours à la même hauteur. ▷ Loc. fig. *En vase clos:* sans contact avec le monde extérieur. *Enfant élevé en vase clos.* ▷ TECH *Vase d'expansion:* dispositif destiné à compenser la dilatation d'un liquide contenu dans une installation de chauffage ou de refroidissement en circuit fermé. – Lat. *vas.*

vasectomie [vazɛktɔmi] n. f. CHIR Section du canal déférent, destinée à provoquer la stérilité masculine. – De *vas(o)-* et *-ectomie.*

vaseline [vazlin] n. f. Graisse minérale constituée d'un mélange de carbures saturés, utilisée notam. en pharmacie. – Mot angl.; marque déposée; de l'all. *Wasser,* «eau», et du gr. *elaion,* «huile».

vaseliner [vazline] v. tr. [1] Enduire de vaseline. – Du préc.

vaseux, euse [vazø, øz] adj. **1.** De la nature de la vase. **2.** Fig., fam. Qui éprouve un malaise vague. *Être vaseux.* **3.** Fam. Confus, embrouillé. *Discours vaseux.* – De *vase* 1.

vasière [vazjɛʀ] n. f. TECH **1.** Endroit où il y a de la vase. **2.** Premier bassin d'un marais salant où se dépose la vase. **3.** Parc à moules. – De *vase* 1.

vasistas [vasistas] n. m. Petite ouverture pratiquée dans une porte ou une fenêtre, et munie d'un vantail. – All. *was ist das?,* «qu'est-ce que c'est?», question posée à travers un guichet.

vaso-. V. vas(o)-.

vaso(-)constricteur, trice [vazokɔ̃stʀiktœʀ, tʀis] adj. et n. m. PHYSIOL, MED Qui réduit le calibre des vaisseaux. *Nerf, médicament vasoconstricteur.* ▷ N. m. *Un vasoconstricteur.* – De *vaso-,* et *constricteur.*

vaso(-)constriction [vazokɔ̃stʀiksjɔ̃] n. f. Réduction du calibre des vaisseaux. – De *vaso-,* et *constriction.*

vaso(-)dilatateur, trice [vazodilatatœʀ, tʀis] adj. PHYSIOL, MED Qui augmente le calibre des vaisseaux. ▷ N. m. *La papavérine est un vasodilatateur.* – De *vaso-,* et *dilatateur.*

vaso(-)dilatation [vazodilatasjɔ̃] n. f. Dilatation des vaisseaux. – De *vaso-,* et *dilatation.*

vaso(-)moteur, trice [vazomɔtœʀ, tʀis] adj. PHYSIOL, MED Qui se rapporte aux modifications de calibre des vaisseaux, ou qui les provoque. *Action vasomotrice.* ▷ N. m. *Les vasomoteurs:* les nerfs vasomoteurs. – De *vaso-,* et *moteur.*

vasomotricité [vazomɔtʀisite] n. f. PHYSIOL Ensemble des phénomènes de régulation de la circulation du sang (vasoconstriction et vasodilatation). – De *vaso-,* et *motricité.*

vasopresseur [vazopʀɛsœʀ] n. m. MED Substance qui contracte les artères. – De *vaso-,* et *presseur.*

vasopressine [vazopʀɛsin] n. f. MED Hormone hypophysaire antidiurétique. Syn. Hormone antidiurétique (abrév. A.D.H.) – De *vaso-, pression,* et *-ine.*

vasouillard, arde [vazujaʀ, aʀd] adj. Fam. Qui vasouille. *Une excuse vasouillarde.* – De *vasouiller.*

vasouiller [vazuje] v. intr. [1] Fam. S'empêtrer dans une explication, une action, etc. *Il a vasouillé devant l'examinateur.* – Dér. arg. de *vaseux.*

vasque [vask] n. f. Bassin en forme de coupe peu profonde recevant l'eau d'une fontaine ornementale. ▷ Coupe large et peu profonde, servant à décorer une table. *Vasque fleurie.* – Du lat. *vascula,* plur. de *vasculum,* «petit vase»; ital. *vasca.*

vassal, ale, aux [vasal, o] n. et adj. HIST Personne qui dépendait d'un seigneur dont elle avait reçu un fief. ▷ Fig. Personne, nation assujettie à une autre. – Bas lat. *vassallus,* de *vassus,* «serviteur», d'orig. gaul.

vassalisation [vasalizasjõ] n. f. Action de vassaliser; état de ce qui est vassalisé. *La vassalisation des démocraties populaires d'Europe centrale par l'Union soviétique.*– De *vassaliser.*

vassaliser [vasalize] v. tr. [1] Mettre (qqn) sous sa dépendance; asservir. ▷ Fig. *L'Inde a vassalisé le Bhoutan.*

vassalité [vasalite] n. f. HIST État, condition du vassal. ▷ Fig. Assujettissement, soumission. – De *vassal.*

vaste [vast] adj. (et n. m.) **1.** D'une très grande étendue. *Un vaste domaine.* **2.** De grandes dimensions. *Un vaste hangar.* – Fig. De grande ampleur, de grande portée. *De vastes desseins.* – Fam. *Une vaste fumisterie.* **3.** Important en quantité. *Un vaste groupement d'animaux.* **4.** ANAT *Les muscles vastes:* gros muscles du triceps et du quadriceps. ▷ Subst. *Les vastes interne et externe.* – Lat. *vastus,* «vide, désert, ravagé, immense, monstrueux».

vastement [vastəmɑ̃] adv. Rare D'une manière vaste. – De *vaste.*

vaticane [vatikan] adj. f. Relative à la papauté, au Vatican (État dont le pape est le souverain temporel). *La diplomatie vaticane.* – Subst. *La Vaticane:* la Bibliothèque vaticane. – De *Vatican,* lat. *Vaticanus (mons),* une des sept collines de Rome, qui a donné son nom à l'État du Vatican.

vaticinateur, trice [vatisinatœʀ, tʀis] n. Litt. Personne qui vaticine. – Lat. *vaticinator,* «devin, prophète».

vaticination [vatisinasjõ] n. f. Litt. Prophétie, prédiction. – Lat. *vaticinatio.*

vaticiner [vatisine] v. intr. [1] Litt. Prophétiser. ▷ Péjor. Tenir des discours prophétiques. – Lat. *vaticinari.*

va-tout [vatu] n. m. inv. À certains jeux, mise ou relance d'un joueur qui risque en un seul coup tout ce qu'il possède. ▷ Fig. *Jouer son va-tout:* jouer le tout pour le tout. – De *va,* et *tout.*

vau [vo] n. m. CONSTR Pièce d'un cintre, qui supporte une voûte en construction. *Des vaux.* – Emploi métaph. de *veau.*

vauchérie [voʃeʀi] n. f. BOT Algue xanthophycée (genre *Vaucheria*), à siphon, formant une sorte de gazon ras dans les lieux humides. – De P. E. *Vaucher* (1763-1841), botaniste suisse.

vauclusien, ienne [voklyzjɛ̃, jɛn] adj. et n. Du Vaucluse. ▷ GEOL *Source vauclusienne:* résurgence d'eaux d'infiltration en pays calcaire, à gros débit régulier, dont la *fontaine de Vaucluse* (à 25 km à l'E. d'Avignon) fournit le type. – Du n. du dép. fr.

vaudeville [vodvil] n. m. **1.** Vx Chanson populaire satirique. **2.** Au XVIIIe s., pièce de théâtre entremêlée de chansons et de ballets. **3.** Mod. Comédie légère dont l'intrigue, fertile en rebondissements, repose généralement sur des quiproquos. – Altér. de *vaudevire* «chanson de circonstance», mot norm., probabl. de *vauder,* «tourner», et *virer.*

vaudevillesque [vodvilɛsk] adj. Qui tient du vaudeville (sens 3). *Situation, aventure vaudevillesque.* – Du préc.

vaudevilliste [vodvilist] n. Auteur de vaudevilles (sens 2 et 3). – De *vaudeville.*

1. vaudois, oise, [vodwa, waz] n. RELIG Membre d'une secte chrétienne du XIIe s. qui n'admettait comme source de foi que les Écritures. ▷ Adj. *Secte vaudoise.* – Du nom de Pierre *Valdo* (v. 1140-v. 1217).
ENCYCL La secte des vaudois, fondée par Pierre Valdo à Lyon («pauvres de Lyon»), quitta presque immédiatement l'Église (1179), à laquelle elle reprochait notam. ses richesses; elle fut excommuniée en 1184. Préfigurant la Réforme, elle ne voulait retenir de la doctrine chrétienne que la foi en les Écritures, renonçant même à la messe. La secte essaima dans le S.-E. de la France et en Italie, ainsi qu'en Allemagne, en Flandre, en Espagne. La répression du mouvement fut impitoyable jusqu'au XVIe s. La secte ne demeura vivace que dans les Alpes et en Italie du N.; ces vaudois alpins adhérèrent à la Réforme en 1532.

2. vaudois, oise [vodwa, waz] adj. et n. Qui est du canton de Vaud en Suisse. – Du lat. médiév. *(pagus) Valdensis,* «pays de Vaud».

vaudou [vodu] n. m. et adj. inv. Culte animiste (mélange de sorcellerie, de magie et d'éléments empruntés au rituel chrétien) pratiqué par les peuples du golfe de Guinée et qui, avec la traite des Noirs, s'est répandu aux Antilles (princ. à Haïti) et au Brésil (Bahia). – Divinité de ce culte. ▷ Adj. inv. *Cérémonie vaudou.* – Mot du Bénin et du Togo, *vodu.*

vau-l'eau (à). V. à vau-l'eau.

vaurien, ienne [voʀjɛ̃, jɛn] n. **1.** Vieilli Personne sans scrupules; mauvais sujet. ▷ *Par exag.* Enfant qui joue de vilains tours. Syn. garnement. **2.** (Avec la majuscule.) *Vaurien:* voilier gréé en sloop, très répandu. – De *(qui ne) vaut rien.*

vautour [votuʀ] n. m. **1.** Grand oiseau falconiforme à la tête dénudée, de mœurs charognardes. *Vautours américains* (vautour à tête rouge, condor de Californie). *Vautours de l'Ancien Monde (gypaète, griffon), classés dans la même famille que les buses et les aigles.* **2.** Fig., litt. Homme impitoyable ou rapace. – Lat. *vultur, vulturis.*

vautrait [votʀɛ] n. m. VEN Équipage de chiens dressés à la chasse au sanglier. – De *vautre,* «chien courant», de *vertragus,* «sorte de lévrier», mot lat. d'orig. celt.

vautrer (se) [votʀe] v. pron. [11] **1.** S'enfoncer, se coucher en se roulant. *Porc qui se vautrait dans la boue.* **2.** S'abandonner, s'étaler de tout son corps. *Se vautrer sur son lit.* ▷ Fig., péjor. *Se vautrer dans le vice, la paresse,* s'y livrer entièrement, s'y complaire. – Lat. pop. **volutulare,* du pp. *volutus* du class. *volvere,* «tourner, rouler».

vavasseur [vavasœʀ] n. m. HIST Arrière-vassal. Syn. (rare) vavassal. – Bas lat. *vassus vassorum,* «vassal des vassaux», de *vassus,* «serviteur», d'orig. gaul.

va-vite (à la) [alavavit] loc. adv. Fam. De façon hâtive, négligée. – De *à, la, va* et *vite.*

veau [vo] n. m. **I. 1.** Petit de la vache, âgé de moins d'un an. *Veau de lait,* qui tète encore sa mère, ou que l'on nourrit de lait et de farines pour lui donner une chair blanche. ▷ Loc. *Pleurer comme un veau,* à gros sanglots. – *Tuer le veau gras* (allus. à la parabole de l'enfant prodigue*): faire une fête, un grand repas de famille. – *Adorer le veau d'or* (par allusion à l'idole d'or qu'adorèrent passagèrement les Hébreux): avoir le culte de l'argent. **2.** Chair de veau. *Blanquette de veau.* **3.** Cuir de veau et, par ext., de bouvillon ou de génisse. *Sac en veau.* **4.** Fig., fam. Personne lourde et sans ressort, au physique ou au moral. ▷ Fam. Voiture peu nerveuse. – Mauvais cheval de course. – Voilier peu rapide et remontant mal au vent. **II.** (France) *Veau marin :* phoque (*Phoca vitulina*) des mers européennes. Rem. Appelé loup-marin au Canada. – Du lat. *vitellus*, «petit veau»; par l'anc. fr. *veel.*

vecteur [vɛktœʀ] n. m. **1.** MATH Segment orienté comportant une origine et une extrémité; grandeur orientée constitutive d'un espace vectoriel. ▷ *Champ de vecteurs:* ensemble de vecteurs tel que chaque point M de l'espace à n. dimensions et de coordonnées x, y, z. est associé à un vecteur dont chacune des n composantes est une fonction uniforme continue et dérivable de x, y, z... ▷ Adj. *Rayon vecteur:* segment orienté reliant un point fixe à un point mobile sur une courbe donnée. **2.** MILIT Engin, avion, etc., capable de transporter une charge explosive (nucléaire, partic.). **3.** MED Animal (insecte, notam.) qui transmet un agent infectieux. *L'anophèle, vecteur du paludisme.* – Lat. *vector*, de *vehere*, «porter, transporter».

vectoriel, ielle [vɛktɔʀjɛl] adj. MATH Relatif aux vecteurs. *Espace vectoriel :* structure algébrique particulière munie de deux lois de composition et définie sur le corps des nombres réels. – De *vecteur.*

vécu, ue [veky] adj. et n. m. Qui s'est passé ou qui aurait pu se passer réellement; qui fait référence à la vie elle-même, à l'expérience que l'on en a. *Un roman vécu.* ▷ PHILO *Le temps vécu:* le temps subjectif. ▷ N. m. *Le vécu :* l'expérience vécue. – Pp. du v. *vivre.*

Veda [veda] n. m. Didac. Texte sacré constituant la révélation et la référence la plus anc. du védisme et du brahmanisme. *Les quatre Vedas sont le Rigveda, le Yajurveda, le Sâmaveda et l'Atharvaveda et se composent de recueils d'hymnes et de préceptes sacerdotaux rédigés en sanskrit archaïque.* – Mot sanskrit, «savoir».

vedettariat [vədetaʀja] n. m. Condition, état de vedette (sens II, 3). ▷ Comportement de vedette. *Donner dans le vedettariat.* – De *vedette.*

vedette [vədɛt] n. f. **I.** Sentinelle de guet (autref. à cheval). **II. 1.** *Mettre en vedette un mot, un nom*, etc., l'imprimer isolément en gros caractères. – Fig. *Mettre qqn en vedette*, le mettre en vue, en valeur. **2.** *Avoir la vedette:* au théâtre, au cinéma, etc., avoir son nom en tête d'affiche, d'un programme, etc. – Fig. *Avoir, tenir la vedette, être en vedette :* tenir le premier rôle dans l'actualité. **3.** Acteur, artiste en renom. *Vedette de cinéma, de la chanson.* – *Par anal.* Personnalité en vue. *Vedette du barreau.* **III. 1.** Petit bâtiment de guerre destiné princ. à la surveillance côtière. **2.** Petite embarcation rapide à moteur. – Ital. *vedetta*, d'orig. incert.

védique [vedik] adj. Relatif aux Vedas. *Langue védique :* sanskrit archaïque des Vedas. – De *Veda.*

védisme [vedism] n. m. Forme primitive du brahmanisme. – De *védique.*

vedutiste [vedytist] n. m. BX-A Peintre (du XVIIIe s. vénitien, notam.) de paysages citadins pittoresques et animés de scènes de la vie quotidienne. – Mot ital., de *veduta*, «vue».

végétal, ale, aux [veʒetal, o] n. m. et adj. **I.** n. m. Être vivant qui se distingue des animaux par son absence (pas forcément totale) de motilité, par son mode particulier de nutrition (V. autotrophie) et de reproduction, et par sa composition chimique (chlorophylle, cellulose, notam.). V. encycl. botanique. **II.** adj. **1.** Des plantes, des végétaux. *Cellule végétale.* **2.** *Spécial.* Qui provient des végétaux, qui en est tiré. *Huile végétale. Terre végétale:* couche superficielle du sol, riche en matières organiques provenant de la décomposition des débris végétaux. – Lat. médiév. *vegetalis*, du lat. *vegetare*, «croître».

végétalisme [veʒetalism] n. m. Rare Régime alimentaire plus rigoureux que le végétarisme, excluant strictement tous les aliments non végétaux. – De *végétal.*

végétarien, ienne [veʒetaʀjɛ̃, jɛn] adj. **1.** Propre au végétarisme. *Régime végétarien.* **2.** Partisan du végétarisme. ▷ Subst. *Un végétarien.* – Angl. *vegetarian.*

végétarisme [veʒetaʀism] n. m. Régime alimentaire excluant la consommation de viande mais autorisant certains aliments d'origine animale (lait, beurre, œufs, notam.) – Du préc.

végétatif, ive [veʒetatif, iv] adj. **1.** Qui a rapport à la croissance, à la nutrition des plantes. – *Appareil, organes végétatifs des plantes*, qui assurent la nutrition (par oppos. à l'appareil, aux organes reproducteurs). ▷ *Multiplication végétative :* multiplication asexuée des végétaux par boutures, marcottes, stolons, etc. **2.** PHYSIOL Qui concerne l'activité du système neurovégétatif ou système nerveux autonome. *Fonctions végétatives de l'organisme* (circulation, métabolisme, etc.). **3.** Fig. Qui, par son inaction, rappelle la vie des plantes. *Mener une vie végétative.* – Lat. médiév. *vegetativus*, de *vegetare*, «croître».

végétation [veʒetasjɔ̃] n. f. **1.** Croissance (des végétaux). *Période de végétation.* **2.** Ensemble des végétaux qui croissent en un lieu. *La végétation riante de cette vallée. La végétation tropicale.* **3.** ANAT Toute production pathologique charnue à la surface de la peau ou d'une muqueuse. ▷ Spécial. *Les végétations (adénoïdes) :* hypertrophie du tissu lymphoïde qui constitue l'amygdale pharyngée. *Les végétations apparaissent surtout dans l'enfance.* – Lat. médiév. *vegetatio.*

végéter [veʒete] v. intr. **[16] 1.** Rare Croître, en parlant des plantes. **2.** Fig., péjor. Avoir une existence peu active et morne. *Végéter dans un emploi subalterne.* – Avoir une activité réduite, médiocre. *Cette affaire végète.* – Bas lat. *vegetare*, «croître», du class. *vegetus*, «vivant, vif».

véhémence [veemɑ̃s] n. f. Litt. Impétuosité, violence (des sentiments, de l'expression). *Parler avec véhémence.* – Lat. *vehementia.*

véhément, ente [veemɑ̃, ɑ̃t] adj. Litt. Ardent, impétueux. *Un orateur, un discours véhément.* – Lat. *vehemens, véhémentis.*

véhémentement [veemɑ̃tmɑ̃] adv. Litt. et vieilli Avec véhémence. – De *véhément.*

véhiculaire [veikylɛʀ] adj. Didac. Se dit d'une langue servant à la communication entre des communautés ayant des langues maternelles différentes (opposé à *vernaculaire*). – De *véhicule.*

véhicule [veikyl] n. m. **1.** Litt. Ce qui sert à transporter, à transmettre. *L'air est le véhicule du son.* – PHARM Excipient liquide. **2.** (Abstrait.) Ce qui sert à communiquer. *La télévision est un puissant véhicule de l'information.* ▷ RELIG Chemin du salut, dans le bouddhisme (V. encycl. bouddhisme). **3.** Toute espèce de moyen de transport (spécial. engin à roues). *Véhicule automobile. Véhicules utilitaires.* ▷ *Véhicule spatial* ou *de lancement :* engin conçu pour transporter dans l'espace un corps terrestre (satellite artificiel, etc.). – Lat. *vehiculum*, de *vehere*, «porter, transporter».

véhiculer [veikyle] v. tr. **[1] 1.** Servir de véhicule à (qqch). *Les médias qui véhiculent l'information.* **2.** Transporter par véhicule. – De *véhicule.*

veille [vɛj] n. f. **I. 1.** Action de veiller; absence de sommeil. *Longue veille. L'état de veille et l'état de sommeil.* **2.** Surveillance, garde effectuée pendant la nuit. *Prendre la veille.* – *Poste de veille*, sur un navire. **II.** Le jour qui en précède un autre. *La veille de Pâques.* – Loc. *À la veille de :* peu avant, dans la période qui précède immédiatement (tel événement). *À la veille de la Révolution.* – *À la veille de* (+ inf.). Sur le point de... *Il était à la veille d'y renoncer.* ▷ Loc. fam. *C'est pas demain la veille :* ce n'est pas pour bientôt. – Du lat. *vigilia.*

veillée [vɛje] n. f. **1.** Temps consacré à une réunion familiale ou amicale qui se tient (dans les campagnes, surtout) après le repas du soir et jusqu'au coucher. *Les longues veillées d'hiver.* **2.** Action de veiller un malade ou un mort; nuit passée à le veiller. ▷ Loc. *Veillée d'armes:* nuit où le futur chevalier veillait avant d'être armé. – Fig. Soirée qui précède une action difficile, une épreuve. – De *veille.*

veiller [vɛje] v. [1] **I.** v. intr. **1.** S'abstenir volontairement de dormir pendant le temps destiné au sommeil. *Veiller auprès d'un malade.* **2.** Être de garde pendant la nuit. – *Par ext.* Être vigilant. **3.** Faire une veillée; y participer. **II.** v. tr. **1.** tr. dir. Rester la nuit auprès de (un malade, un mort). *Veiller un blessé.* **2.** tr. indir. *Veiller à qqch,* y prendre garde, s'en occuper activement. *Veiller au salut de l'État. Veillez à ce qu'il n'arrive rien.* ▷ *Veiller sur qqn,* faire en sorte qu'il ne lui arrive rien de fâcheux. – Du lat. *vigilare.*

veilleur, euse [vɛjœʀ,øz] n. Personne qui veille. ▷ Soldat de garde, la nuit. – *Veilleur de nuit :* personne chargée de faire des rondes pour surveiller un établissement, le quartier d'une ville, etc., durant la nuit; employé d'hôtel qui assure la réception et le service pendant la nuit. – De *veiller.*

veilleuse [vɛjøz] n. f. **1.** Petite lampe éclairant peu et qu'on laisse allumée la nuit ou en permanence, dans un lieu sombre. ▷ *Mettre une lampe en veilleuse,* réduire sa flamme, son éclairement. Fig. *Mettre une affaire en veilleuse,* en réduire provisoirement l'activité; cesser provisoirement de s'en occuper. **2.** TECH Petit bec brûlant en permanence, dans une chaudière à gaz ou à mazout, un chauffe-eau, etc. – Fém. du préc.

veinard, arde [venaʀ, aʀd] n. Fam. Personne qui a de la veine, de la chance. ▷ Adj. *Il est veinard.* – De *veine,* sens III, 2.

veine [vɛn] n. f. **I. 1.** Vaisseau qui ramène le sang des capillaires aux oreillettes. *Veines caves, coronaires.* ▷ Loc. *S'ouvrir les veines :* se trancher les veines du poignet pour se suicider. – Fig. *Se saigner aux quatre veines pour qqn :* V. saigner. **2.** *Par métaph.* Ce qui contient le sang considéré comme source de vie. *Avoir du sang dans les veines,* de l'ardeur, du courage. **II. 1.** Filon, couche étroite et longue (de minerai). **2.** Dessin de couleur contrastante, long et étroit, qui sinue dans les pierres dures, le bois. *Un marbre gris avec des veines noires.* **3.** Nervure saillante (de certaines feuilles). **III.** Fig. **1.** Inspiration. *La veine poétique de cet auteur. Une œuvre de la même veine.* ▷ *Être en veine de,* disposé à. *Être en veine de confidence.* **2.** Fam. Heureux hasard, chance. *Avoir de la veine.* – Lat. *vena.*

veiné, ée [vene] adj. Qui présente des veines. – De *veine.*

veiner [vene] v. tr. [1] Orner (une surface) en imitant les veines du bois ou du marbre. – De *veine.*

veinette [vɛnɛt] n. f. TECH Brosse de peintre servant à imiter les veines du bois, des pierres dures. – Dimin. de *veine.*

veineux, euse [vɛnø, øz] adj. **1.** Qui a rapport aux veines. *Système veineux.* **2.** Qui présente de nombreuses veines. *Marbre veineux.* – De *veine.*

veinule [venyl] n. f. **1.** ANAT Petit vaisseau veineux. **2.** BOT Ramification finale des nervures (des feuilles). – Lat. imp. *venula,* dimin. du class. *vena.*

veinure [venyʀ] n. f. Réseau de veines (du bois, du marbre, etc.). – De *veiné.*

vêlage [vɛlaʒ] ou **vêlement** [vɛlmɑ̃] n. m. **1.** Action de vêler. **2.** GEOGR *Vêlage :* libération d'icebergs par désagrégation de la banquise. – De *vêler.*

vélaire [velɛʀ] adj. et n. f. PHON Se dit de phonèmes dont le point d'articulation est situé à la hauteur du voile du palais. *Consonne vélaire.* ▷ N. f. [k] *est une vélaire.* – De *velum,* «voile» (du palais).

vélani [velani] n. m. BOT Variété de chêne dont les grosses cupules écailleuses sont recherchées pour leur tanin. – Gr. mod. *balanidi,* «gland», du class. *balanos,* même sens.

vélar [velaʀ] n. m. BOT **1.** Plante herbacée annuelle (genre Erysimum, fam. crucifères) dont une espèce, le vélar giroflée, très commune au Québec, est communément appelé herbe au chantre. **2.** Syn. de *sisymbre.* – Mot gaul.; lat. médiév. *velarum,* lat. *vela.*

vélarisation [velaʀizasjɔ̃] n. f. PHON Fait d'articuler (un phonème) comme une vélaire. – De *vélaire.*

velarium ou **vélarium** [velaʀjɔm] n. m. ANTIQ ROM Grande toile que les Romains tendaient au-dessus des théâtres et des amphithéâtres pour abriter les spectateurs. – Mot lat.; de *velare,* «voiler».

velche ou **welche** [vɛlʃ] n. Péjor., vx **1.** Français ignorant, montrant des préjugés. – *Par ext.* Homme ignorant, naïf et lourd. **2.** Pour les All., terme de mépris appliqué à ce qui est français, belge, suisse romand ou (parfois) italien. – All. *Welsch,* «étranger», du lat. *gallicus,* «gaulois».

veld ou **veldt** [vɛlt] n. m. GEOGR Steppe herbacée du N.-E. de l'Afrique du Sud. – Mot holl. «champ, campagne».

vêler [vɛle] v. intr. [1] Mettre bas, en parlant de la vache. – De l'anc. fr. *veel,* «veau».

vélie [veli] n. f. ZOOL Punaise d'eau douce (genre *Velia*), cour. appelée *araignée d'eau.* – Lat. zool. *velia,* probabl. de *velum,* «voile».

véligère [veliʒɛʀ] adj. ZOOL Pourvu d'un voile, d'une membrane. *Larve véligère de certains mollusques* (qui se déplace à l'aide d'une membrane). – Lat. *velum,* «voile», et *gerere,* «faire, porter».

vélin [velɛ̃] n. m. **1.** Peau de veau mort-né, qui a l'apparence d'un très fin parchemin. *Manuscrit sur vélin.* **2.** En appos. *Papier vélin* ou, absol., *vélin:* papier très blanc, de qualité supérieure. – De l'a. fr. *veel,* «veau».

véliplanchiste [veliplɑ̃ʃist] n. SPORT Celui, celle qui pratique la planche à voile. – Du lat. *velum,* «voile», et *planche.*

vélique [velik] adj. MAR Qui a rapport aux voiles d'un navire. – *Centre, point vélique :* point d'application de la résultante des actions du vent sur les voiles. – Du lat. *velum,* «voile».

vélite [velit] n. m. **1.** ANTIQ ROM Soldat d'infanterie légère. **2.** HIST Soldat d'un corps de chasseurs légers, créé par Napoléon. –Lat. *veles, velitis.*

vélivole [velivɔl] adj. et n. Didac. Relatif au vol à voile; qui pratique le vol à voile. ▷ Subst. *Un(e) vélivole.* – Lat. *velivolus,* «qui vole, va vite *(volare)* à la voile *(velum)*».

velléitaire [vɛlleitɛʀ] adj. et n. Qui n'a pas de volonté; dont les intentions sont sans effet. ▷ Subst. *Un(e) velléitaire.* – De *velleité.*

velléité [vɛlleite] n. f. Intention peu ferme, que ne suit aucune action. *Les velléités de réforme de l'État. Les velléités de ce lâche.* – Lat. médiév. *velleitas,* de *velle,* «vouloir».

vélo [velo] n. m. Fam. Bicyclette. *Partir en (à) vélo. Faire du vélo.* – Abrév. de *vélocipède.*

véloce [velɔs] adj. Litt. Qui se meut avec rapidité, avec agilité. – Lat. *velox, velocis.*

vélocipède [velosipɛd] n. m. Ancêtre de la bicyclette (les pédales étaient fixées sur le moyeu de la roue avant). ▷ Mod., plaisant. Bicyclette. – Du lat. *velox, velocis,* «véloce», et *-pède.*

vélocipédique [velosipedik] adj. Anc. ou plaisant. Du vélocipède. – Du préc.

vélocité [velɔsite] n. f. Littér. ou didac. Rapidité, agilité. *Exercices de vélocité, au piano, à la guitare, etc.* – Lat. *velocitas.*

vélodrome [velodʀom] n. m. Piste aménagée pour les courses cyclistes, entourée de gradins. – De *vélo,* et *-drome.*

vélomoteur [velomɔtœʀ] n. m. Motocycle de petite cylindrée (cyclomoteur, vélomoteur). – De *vélo,* et *moteur.*

vélomotoriste [velomɔtɔʀist] n. Personne qui conduit un vélomoteur. – De *vélomoteur.*

velot [vəlo] n. m. TECH Veau mort-né dont la peau est utilisée pour la fabrication du vélin; cette peau. – De l'a. fr. *veel,* «veau».

velours [vəluʀ] n. m. **1.** Étoffe à deux chaînes, dont l'endroit offre un poil court et serré, doux au toucher, et dont l'envers est ras. *Velours de soie, de coton. Velours uni, côtelé.* ▷ *Velours de laine :* tissu de laine pelucheux sur l'endroit. *Tapis de velours d'une table de jeu.* – Loc. JEU *Jouer sur le velours,* avec les gains déjà réalisés, sans entamer sa mise. – Fig. *Dans cette affaire, il joue sur du velours,* il agit sans risque. **2.** Ce qui est doux au toucher. *Le velours de sa peau.* – Loc. *Chat qui fait patte de velours,* qui rentre ses griffes. – Fig. *Faire patte de velours :* affecter la douceur pour dissimuler une mauvaise intention. ▷ *Par ext.* Ce qui procure une impression de douceur. *Ce vin est un velours pour l'estomac. – Faire des (ses) yeux de velours.* – Du lat. *villosus,* «velu» a. fr. *velos.*

velouté, ée [vəlute] adj. et n. m. **I.** adj. **1.** Doux au toucher comme du velours. *Pêche veloutée.* ▷ *Par ext.* Qui produit une impression de douceur analogue à celle du velours au toucher; doux, onctueux. *Potage velouté.* **2.** Se dit d'une étoffe, d'un papier qui porte des applications (fleurs, ramage) de velours ou imitant le velours. **II.** n. m. **1.** Douceur, aspect de ce qui est velouté. *Le velouté d'un fruit, d'un vin.* **2.** Potage velouté. *Un velouté de tomates.* – De *velours.*

velouter [vəlute] v. tr. [1] **1.** Donner l'apparence du velours à (une surface). **2.** Rendre plus doux, plus onctueux. – De *velouté.*

velouteux, euse [vəlutø, øz] adj. Qui a la douceur du velours. – De *velouté.*

veloutier [vəlutje] n. m. TECH Tisseur spécialisé qui fabrique du velours. – De *velouté,* d'apr. *velours*

veloutine [vəlutin] n. f. Tissu de coton pelucheux qui a l'aspect du velours. – De *velouté.*

velte [vɛlt] n. f. **1.** Ancienne mesure de capacité valant env. 7,5 l. **2.** Règle graduée servant à jauger les tonneaux. – All. *Viertel,* «quart».

velu, ue [vəly] adj. **1.** Abondamment couvert de poils. *Des bras velus.* **2.** BOT Garni de poils fins et serrés. *Feuille velue.* – Bas lat. *villutus,* du class. *villosus,* de *villus,* «poil».

velum ou **vélum** [velɔm] n. m. **I.** Grande pièce de toile qui sert à abriter un espace sans toiture ou à simuler un plafond (pour tamiser la lumière, décorer, etc.). *Velum d'une terrasse de café.* **II.** ZOOL **1.** Repli marginal contractile de l'ombrelle de certaines méduses, servant à la locomotion. **2.** Membrane munie de cils chez la larve veligère des mollusques. – Mot lat., «voile».

velvote [vɛlvɔt] n. f. BOT Plante à feuilles linaires* *(Linaria elatine)* commune dans les décombres. – De *velu.*

venaison [vənɛzõ] n. f. Chair du gros gibier (daim, sanglier, etc.). *Un pâté de venaison.* – Lat. *venatio,* «chasse, gibier».

vénal, ale, aux [venal, o] adj. **1.** Péjor. Qui se vend. *L'amour vénal :* la prostitution. ▷ (Personnes.) Qui aime l'argent; qui se laisse acheter. **2.** HIST *Charge vénale,* qui peut être obtenue pour de l'argent. **3.** ECON *Valeur vénale d'un objet:* la valeur de cet objet, estimée en argent. – Lat. *venalis,* de *venum,* «vente».

vénalement [venalmɑ̃] adv. D'une manière vénale. – Du préc.

vénalité [venalite] n. f. **1.** HIST Le fait (pour une charge, une fonction) de pouvoir être obtenu et cédé pour de l'argent. **2.** Fait d'être vénal; caractère d'une personne vénale. – Bas lat. *venalitas,* du class. *venalis,* «venal».

venant, ante [vənɑ̃, ɑ̃t] adj. et n. **1.** adj. Vx *Bien venant:* qui pousse bien. **2.** Litt. n. *Les allants et les venants :* ceux qui vont et viennent. – *Le tout-venant:* V. tout-venant. ▷ *À tout venant, à tous venants :* à quiconque se présente, à tout le monde. – Ppr. *venir.*

vendable [vɑ̃dabl] adj. Qui peut être vendu. *Tissu passé qui n'est plus vendable.* – De *vendre.*

vendange [vɑ̃dɑ̃ʒ] n. f. Le fait de récolter le raisin mûr destiné à faire du vin. *Faire la vendange, les vendanges.* – Le raisin récolté. *Porter la vendange au pressoir.* ▷ Par ext. *Les vendanges:* la période où se fait cette récolte, en automne. – Lat. *vindemia,* de *vinum,* «vin», et *demere,* «récolter».

vendangeoir [vɑ̃dɑ̃ʒwaʀ] ou **vendangerot** [vɑ̃dɑ̃ʒʀo] n. m. TECH Hotte, panier pour la vendange. – De *vendanger.*

vendanger [vɑ̃dɑ̃ʒe] v. tr. [15] *Vendanger une vigne,* en récolter le raisin. ▷ *Absol.* Faire la vendange. – Lat. *vindemiare,* de *vindemia,* «vendange».

vendangerot. V. vendangeoir.

vendangeur, euse [vɑ̃dɑ̃ʒœʀ, øz] n. Personne qui vendange. – De *vendanger.*

vendéen, enne [vɑ̃deɛ̃, ɛn] adj. et n. **1.** De la Vendée. **2.** HIST (France) Relatif à l'insurrection royaliste de Vendée pendant la Révolution. ▷ N. m. pl. *Les Vendéens :* les insurgés des guerres de Vendée. De *Vendée,* dép. correspondant à une région située à l'ouest de la France.

vendémiaire [vɑ̃demjɛʀ] n. m. HIST (France) Premier mois de l'année, dans le calendrier républicain (du 22 septembre au 21 octobre). – Du lat. *vindemia,* «vendange».

venderesse [vɑ̃dʀɛs] n. f. DR V. vendeur, euse (sens 1).

vendetta [vɑ̃dɛtta] n. f. Coutume corse qui consiste, pour tous les membres d'une famille, à poursuivre la vengeance de l'un des leurs. – Mot ital. «vengeance», repris au corse.

vendeur, euse [vɑ̃dœʀ, øz] n. **1.** Personne qui vend ou qui a vendu un bien quelconque. *L'acquéreur du terrain et le vendeur doivent aller voir le notaire.* (fém., DR : *venderesse.*) **2.** Personne dont la profession est de vendre. *Vendeur ambulant. Vendeur de journaux.* ▷ Employé(e) d'un magasin préposé(e) à la vente. **3.** Personne qui sait vendre. *Cet exportateur est un bon vendeur des produits canadiens à l'étranger.* – De *vendre.*

vendre [vɑ̃dʀ] **I.** v. tr. [5] **1.** Échanger contre de l'argent. *Vendre ses bijoux. Vendre aux enchères.* ▷ Loc. fig. *Vendre chèrement sa vie :* tuer beaucoup d'ennemis avant de succomber. **2.** Exercer le commerce de.

Vendre des vêtements. Vendre en gros et au détail. **3.** Accorder, abandonner pour de l'argent ou contre un avantage quelconque (ce qui, normalement, n'est pas objet de commerce). *Vendre son suffrage, sa liberté.* **4.** Trahir, dénoncer par intérêt. *C'est un complice qui l'a vendu.* **II.** v. pron. **1.** (Passif.) Être vendu (sens 1). *Un article qui se vend bien.* **2.** (Réfl.) Péjor. Faire un commerce honteux de sa personne, de ses services. *Fille qui se vend au premier venu. Se vendre aux puissants, à l'ennemi.* – Lat. *vendere.*

vendredi [vɑ̃dʀədi] n. m. Jour de la semaine entre le jeudi et le samedi. *Vendredi saint :* le vendredi qui précède Pâques, anniversaire de la mort de Jésus-Christ. – Lat. *Veneris dies,* «jour de Vénus».

vendu, ue [vɑ̃dy] adj. et n. **1.** Cédé contre argent. **2.** Qui sert le plus offrant, en abdiquant tout honneur, toute dignité. *Un politicien vendu.* ▷ Subst. *C'est un vendu.* – Pp. de *vendre.*

venelle [vənɛl] n. f. Vieilli Ruelle. – Dimin. de *veine.*

vénéneux, euse [venenø, øz] adj. Se dit d'une plante qui renferme naturellement des substances toxiques. *L'amanite phalloïde est un champignon très vénéneux.* – Bas lat. *venenosus,* du class. *venenum,* «poison, venin».

vénérable [veneʀabl] adj. et n. **I.** adj. Digne de vénération. *Vieillard vénérable. Une vénérable institution* (le plus souvent en raison de son ancienneté). – *Âge vénérable:* âge très avancé. **II.** adj. et n. **1.** DR CANON Titre donné à un chrétien dont on a entamé le procès en béatification et dont le pape a proclamé l'héroïcité des vertus. **2.** Titre que donnent les francs-maçons au président d'une loge. – Lat. *venerabilis.*

vénération [veneʀasjɔ̃] n. f. **1.** Respect voué aux choses sacrées. *Exposer des reliques à la vénération des fidèles.* **2.** Profond respect que l'on éprouve pour qqn. *La vénération d'un disciple pour son maître.* – Lat. *veneratio.*

vénérer [veneʀe] v. tr. **[16]** Avoir de la vénération pour (qqn, qqch). *Vénérer les saints. Vénérer la mémoire de qqn.* – Lat. *venerari.*

vénéridés [veneʀide] n. m. pl. ZOOL Famille de mollusques lamellibranches des fonds sableux ou vaseux, à coquille peu striée, souvent ornée de bandes colorées. V. vénus. – Du lat. zool. *venus, veneris,* «vénus (mollusque)», et *-idés.*

vénerie [vɛnʀi] n. f. **1.** Art de la chasse à courre. **2.** Anc. Service de la vénerie et du corps des officiers qui y étaient attachés. – De l'anc. v. *vener,* «chasser à courre», du lat. *venari.*

vénérien, enne [veneʀjɛ̃, ɛn] adj. Vx ou didac. Qui a rapport aux plaisirs de l'amour, à l'amour physique. *Acte vénérien.* ▷ Mod. *Maladies vénériennes:* maladies infectieuses qui se transmettent surtout par le contact sexuel (V. blennorragie, chancre, syphilis). Syn. mod. maladies transmissibles sexuellement (M.T.S.). – Lat. *venerius,* «de Vénus», déesse romaine de l'amour.

vénérologie [veneʀɔlɔʒi]] n. f. MED Partie de la médecine qui étudie et traite les maladies vénériennes. – De *vénérien,* et *-logie.*

veneur [vənœʀ] n. m. Celui qui est chargé de faire chasser les chiens courants. *Grand veneur :* chef des officiers de vénerie. – Du lat. *venator,* «chasseur», de *venari.* V. vénerie.

vénézuélien, ienne [venezɥeljɛ̃, jɛn] adj. et n. Du Venezuela, État du N.-O. de l'Amérique du S. – De *Venezuela,* mot esp.; «petite Venise».

vengeance [vɑ̃ʒɑ̃s] n. f. Action de se venger; acte par lequel on se venge. *Tirer vengeance d'une insulte. Crier vengeance.* – De *venger.*

venger [vɑ̃ʒe] **I.** v. tr. **[15] 1.** Donner à (qqn) une compensation morale pour l'offense qu'il a subie, pour le mal qu'on lui a fait, en châtiant l'offenseur, l'auteur du mal. *Venger un mort.* ▷ (Sujet n. de chose.) *Cela nous vengera.* **2.** Effacer, réparer (une offense) en châtiant son auteur. *Venger un affront.* **II.** v. pron. *Se venger de.* **1.** Châtier (qqn) en lui rendant l'offense, le mal qu'il a fait. *Se venger de qqn.* **2.** Réparer moralement (un affront, un acte nuisible) en châtiant son auteur. *Se venger d'une humiliation.* – Du lat. *vindicare,* «réclamer en justice».

vengeur, vengeresse [vɑ̃ʒœʀ, vɑ̃ʒəʀɛs] n. et adj. Personne qui venge. ▷ Adj. *Une satire vengeresse.* – Bas lat. *vindicator.*

véniel, elle [venjɛl] adj. RELIG CATHOL *Péché véniel,* qui ne fait pas perdre la grâce (opposé à *péché mortel*). ▷ Cour. Sans gravité. *Faute vénielle.* – Bas lat. *venialis,* du class *venia,* «pardon».

venimeux, euse [vənimø, øz] adj. **1.** Se dit des animaux à venin et de leurs glandes, aiguillons, etc. *Serpent venimeux.* – Par anal. *Les piquants venimeux de certaines plantes.* **2.** Fig. Haineux, malveillant. *Propos venimeux.* – De *venim,* anc. forme de *venin.*

venin [vənɛ̃] n. m. **1.** Vx Poison. **2.** Substance toxique sécrétée par certains animaux et qu'ils injectent par piqûre ou morsure, pour se défendre ou pour attaquer. *Venin de vipère, d'abeille.* **3.** Fig. Haine, malveillance. *Venin répandu par les mauvaises langues. Cracher du venin,* dire des méchancetés. – Lat. pop. *venimen,* du class. *venenum,* par substitution de suff.

ENCYCL Les venins sont sécrétés aussi bien par des invertébrés (abeilles, guêpes, scorpions, etc.) que par des vertébrés (serpents, crapauds, etc.); l'animal venimeux peut posséder un appareil inoculateur (guêpes, serpents) ou non (crapauds). Les venins des serpents, fréquemment mortels pour l'homme, ont deux propriétés principales: ils sont *neurotoxiques,* déprimant le système nerveux central et paralysant les muscles respiratoires (venin de cobra); ils sont *hémolytiques,* détruisant les cellules sanguines et provoquant des troubles de la coagulation sanguine. On soigne une morsure de serpent par *sérothérapie,* c.-à-d. par injection d'un sérum antivenimeux, spécifique ou non, obtenu par inoculation de venin à des animaux qui synthétisent alors les antitoxines.

venir [vəniʀ] **I.** v. intr. **[39] 1.** Gagner le lieu où se trouve celui qui parle ou celui à qui l'on parle. *Il viendra dans une heure. Viens chez moi. Je suis venu à pied de la gare. Aller et venir :* V. aller 1. – *Faire venir qqn,* le prier de venir. *Faire venir qqch,* se le faire livrer. ▷ Loc. fig. *Voir venir qqn,* deviner ses intentions. ▷ (Suivi d'un inf.) *Venez me voir un de ces jours. Les soupçons qui venaient le tourmenter.* **2.** S'étendre dans une dimension (jusqu'à une certaine limite). *Des manches qui viennent au coude.* – Fig. *Venir à maturité,* y parvenir. ▷ *En venir à:* en arriver (après une évolution) à un point essentiel ou extrême. *J'en viens au problème qui vous préoccupe. En venir à la violence. En venir aux mains :* finir par se battre. – *Où veut-il en venir?:* quel est en fin de compte le sens de ses paroles, le but de ses actes? – (Suivi d'un inf.) *J'en viens à me demander si... :* je finis par me demander. **3.** Provenir, tirer son origine de, découler de. *Cette marchandise vient de tel pays. Ce mot vient du grec. Son erreur vient de là.* ▷ *Venir à qqn:* avoir été légué par. *Cette maison lui vient de sa tante.* **4.** Arriver, se produire. *Le moment du départ est venu. L'orage vint brusquement.* – *La semaine, l'année qui vient,* prochaine. – Loc. adj. *À venir:* qui suivra (dans le temps), futur. *Les jours, les malheurs à venir.* ▷ Loc. *Voir venir (les choses):* s'abstenir d'agir avant de savoir à quoi s'en tenir. *Laisser venir:* ne pas brusquer les choses. ▷ *Venir à qqn:* apparaître sur son corps ou dans son esprit. *Avec l'âge, des rides lui sont venues. Des doutes me viennent.* **5.** Croître, se développer (plante). *Ces arbres viennent bien.* **II.** v. semi-auxiliaire (suivi de l'inf.). **1.** *Venir de* (au prés. et à l'imparf. pour marquer un passé récent). *Il vient de sortir, vous le manquez de peu. Je venais de lui écrire quand il m'a téléphoné.* **2.** (Dans une propos. conditionnelle.) *Venir à* (pour renforcer l'idée d'éventualité). *Si le temps vient à se couvrir, rentrez.* **III.** v. pron. Fam. *S'en venir:* revenir, venir. *Je m'en viens avec vous.* – Lat. *venire.*

vénitien, ienne [venisjɛ̃, jɛn] adj. et n. **1.** adj. De Venise. *La peinture vénitienne.* ▷ Subst. *Un(e) Vénitien(ne).* **2.** n. m. *Le vénitien:* le dialecte italien parlé en Vénétie. – Ital. anc. *venetiano,* mod. *veneziano,* de *Venezia,* «Venise».

vent [vɑ̃] n. m. **1.** Mouvement naturel d'une masse d'air qui se déplace suivant une direction déterminée. *Vent du nord, du sud. La force du vent. Moulin à vent.* – *Coup de vent.* Cour. Mouvement brusque de l'air, bourrasque. Fig. *Passer en coup de vent,* très rapidement. ▷ METEO, MAR *Vent frais,* qui souffle à une vitesse comprise entre 39 et 49 km/h (force 6 Beaufort). *Coup de vent,* quand le vent souffle à une vitesse comprise entre 62 et 74 km/h (force 8 Beaufort); *fort coup de vent,* entre 75 et 88 km/h (force 9 Beaufort). – Fig. *Contre vents et marées:* en dépit de tous les obstacles. – *Aller comme le vent, plus vite que le vent,* très vite. – *Le vent tourne:* il change de direction. Fig. Le cours des choses change. ▷ *En plein vent:* dans un lieu non abrité. – *Local ouvert aux quatre vents,* ouvert de tous les côtés. ▷ CHASSE *Chien qui prend le vent,* qui flaire. Fig. *Avoir vent de qqch,* l'apprendre par hasard, en avoir vaguement connaissance. *Aller le nez au vent,* au hasard. *Être dans le vent,* à la mode. *Observer d'où vient le vent:* étudier la situation pour déterminer comment elle va évoluer. – *Quel bon vent vous amène?:* qu'est-ce qui me vaut le plaisir de votre visite? **2.** ASTRO *Vent solaire:* flux de particules qui s'échappent du Soleil et dont certains effets dans l'espace interplanétaire sont comparables à ceux du vent. (La vitesse du vent solaire au voisinage de la Terre varie, selon l'activité du Soleil, entre 250 et 850 km/s; le vent solaire a une grande influence sur le champ magnétique terrestre.) V. orage. **3.** Agitation de l'air due à une cause quelconque. *Sentir le vent du boulet.* **4.** MUS Air sous pression, provenant du souffle ou d'une machinerie, qui met en résonance certains instruments de musique, dits *instruments à vent. Boîte à vent d'un orgue.* **5.** Vieilli Gaz qui s'échappe de l'intestin. *Avoir des vents.* **6.** Fig. Chose, parole vaine. *Toutes ces belles promesses ne sont que du vent.* – Lat. *ventus.*

ENCYCL **Météo.** – *Les vents* sont constitués par de l'air en mouvement. La cause essentielle des mouvements de l'air réside dans les différences de pression atmosphérique et de température entre les diverses régions du globe. Les vents sont sensiblement parallèles aux isobares (lignes d'égale pression) et tournent, à cause de la rotation de la Terre, en laissant les centres de hautes pressions sur leur droite dans l'hémisphère Nord et sur leur gauche dans l'hémisphère Sud. L'ensemble des mouvements aériens qui animent l'atmosphère a un aspect ordonné quand on le regarde à une assez grande échelle, par ex. à partir de satellites. À plus petite échelle, la distribution réelle de la pression atmosphérique et le relief entraînent la formation des vents particuliers. L'énergie des vents (dite éolienne) peut être utilisée par l'homme, l'utilisation la plus simple étant l'antique moulin à vent. Le vent est un important agent d'érosion, car les poussières et particules qu'il transporte viennent frapper les reliefs. Dans les régions très ventées, le vent modifie la forme des végétaux qui se développent préférentiellement dans le sens des vents dominants (formation d'arbres en drapeau). Pour des végétaux comme les arbres à chatons (amentiflores tels le hêtre, le noyer) et les graminées, le vent est le principal agent de pollinisation *(anémophilie).*

ventage [vɑ̃taʒ] n. m. AGRIC Syn. de *vannage.* – De *venter.*

ventail, aux [vɑ̃taj, o] n. m. Partie de la visière du casque, du heaume d'une armure, percée de trous pour permettre le passage de l'air. – De *vent.*

vente [vɑ̃t] n. f. **I. 1.** Action de vendre, occasionnellement ou dans l'exercice d'une activité commerciale. *Mettre sa maison en vente. Achat et vente de livres anciens. Vente à crédit. Service* après vente.* **2.** Réunion au cours de laquelle certains biens sont vendus publiquement. *Acheter un tableau dans une vente. Salle des ventes.* ▷ *Vente de charité,* au bénéfice d'une œuvre. **II.** SYLVIC Chacune des coupes qui se font dans une forêt en des temps réglés; partie d'une forêt qui vient d'être coupée. *Jeune vente,* où le bois commence à repousser. – Du lat. pop. *vendita,* du class. *venditus,* pp. de *vendere,* «vendre».

venté, ée [vɑ̃te] adj. Exposé au vent. *Plateau venté.* – Pp. de *venter,* au sens transitif (rare) de «pousser par le vent».

venter [vɑ̃te] v. impers. [1] Faire du vent. *Il a venté cette nuit.* ▷ Loc. *Qu'il pleuve ou qu'il vente:* par tous les temps. – De *vent.*

venteux, euse [vɑ̃tø, øz] adj. Où le vent souffle souvent; où il y a du vent. *Pays venteux. Temps venteux.* – Lat. *ventosus,* de *ventus,* «vent».

ventilateur [vɑ̃tilatœʀ] n. m. Dispositif, appareil servant à créer un courant d'air (pour rafraîchir ou renouveler l'air d'une pièce, pour activer une combustion, pour refroidir un moteur, etc.). *Hélice, turbine d'un ventilateur. Ventilateur d'une forge.* – De *ventiler.*

ventilation [vɑ̃tilasjɔ̃] n. f. **I.** Action de ventiler, d'aérer; fait d'être ventilé. *Ventilation d'une pièce.* ▷ MED *La ventilation pulmonaire. La ventilation artificielle est utilisée en cas de défaillance respiratoire.* **II. 1.** DR Évaluation de chacun des lots d'un tout proportionnellement à la valeur du tout. ▷ COMPTA Répartition d'une somme entre divers comptes, divers chapitres d'un budget, etc. **2.** *Par anal.* Répartition. *La ventilation des stagiaires dans les groupes de travail selon leur niveau.* – Lat. *ventilatio.*

ventiler [vɑ̃tile] v. tr. [1] **1.** Aérer en produisant un courant d'air; alimenter en air frais. *Ventiler un entrepôt, un moteur.* **2.** Procéder à la ventilation (sens II, 1 et 2) de. *Ventiler des crédits. Ventiler des fournitures dans les différents ateliers d'une usine.* – Lat. *ventilare.*

ventileuse [vɑ̃tiløz] n. f. ZOOL Abeille qui bat des ailes à l'entrée de la ruche pour en assurer la ventilation et permettre l'évaporation de l'excès d'eau du miel. – De *ventiler.*

ventis [vɑ̃ti] n. m. pl. AGRIC Arbres abattus par le vent. – De *vent.*

ventôse [vɑ̃toz] n. m. HIST (France) Sixième mois du calendrier républicain (du 19, 20 ou 21 février au 20, 21 ou 22 mars, suivant les années). – Du lat. *ventosus,* «venteux».

1. ventouse [vɑ̃tuz] n. f. **1.** Petite cloche de verre que l'on applique sur la peau après y avoir créé un vide relatif (en général par la combustion d'un morceau de coton imbibé d'alcool), de manière à provoquer une congestion superficielle. *On ne pose plus guère de ventouses aujourd'hui.* **2.** Pièce concave en matière souple (caoutchouc, etc.) que la pression atmosphérique permet de faire adhérer à des surfaces planes et lisses. *Ventouses utilisées par les miroitiers pour mettre en place les glaces de grande dimension.* – Loc. *Faire ventouse:* adhérer comme une ventouse. **3.** ZOOL Organe de succion qui permet à certains animaux de se fixer sur une proie, un support, etc. *Ventouses du poulpe, du ténia.* ▷ BOT Organe de fixation en forme de disque de certaines plantes. – Du lat. médiév. *ventosa (cucurbita)*, «(courge) pleine d'air» .

2. ventouse [vɑ̃tuz] n. f. TECH Bouche d'extraction d'air, dans une installation d'aération contrôlée. – De *vent.*

ventral, ale, aux [vɑ̃tʀal, o] adj. **1.** Qui a rapport au ventre; qui est situé sur le ventre, du côté du ventre. *Nageoire ventrale. – Parachute ventral*, accroché sur la partie antérieure du corps, par oppos. à *parachute dorsal.* ▷ SPORT Rouleau ventral: technique de saut en hauteur par laquelle l'athlète franchit la barre en la faisant passer sous son ventre. **2.** ANAT Qui occupe une position médiane et basse. *Noyau ventral du thalamus.* – Lat. *ventralis.*

ventre [vɑ̃tʀ] n. m. **1.** Chez l'être humain, partie antérieure et inférieure du tronc, où se trouve la cavité qui renferme les intestins. *Se coucher sur le ventre, à plat ventre.* – Loc. fig. *Se mettre à plat ventre devant qqn*, s'abaisser servilement devant lui. *Passer sur le ventre de qqn :* éliminer sans vergogne un concurrent. – Fam. *Taper sur le ventre à qqn*, être très familier avec lui. ▷ Proéminence de cette partie du corps. *Avoir, prendre du ventre. Rentrer le ventre.* **2.** Partie molle de l'abdomen des mammifères, en arrière des côtes. – Fig. *Cheval qui court ventre à terre*, à toute vitesse. ▷ *Par ext.* Partie inférieure du corps de certains animaux (opposé à *dos*). *Ventre de poisson.* **3.** (En tant que siège des organes de la digestion.) *Avoir mal au ventre. Avoir le ventre creux, plein.* ▷ Fam. *Avoir les yeux plus gros, plus grands que le ventre:* se servir de plus d'aliments qu'on n'en peut manger; fig., avoir des ambitions qui dépassent ses capacités. **4.** (Chez la femme, en tant que siège des organes de la gestation.) *Enfant qui bouge dans le ventre de sa mère.* **5.** (Seulement en loc.) Le fond du caractère, de la personnalité de qqn. *Avoir qqch dans le ventre:* avoir du caractère, de la volonté. *Je voudrais savoir ce qu'il a dans le ventre*, ce dont il est capable, ses intentions cachées. *Remettre du cœur au ventre à qqn*, lui redonner du courage. **6.** (Choses.) Renflement, partie convexe. *Le ventre d'une jarre. – Le ventre d'un bateau*, la partie centrale de sa coque. – *Avion qui atterrit sur le ventre*, sans avoir sorti son train d'atterrissage. – *Mur qui fait ventre*, qui devient convexe, qui se bombe sous les forces de poussée. **7.** PHYS Chacune des zones d'un mouvement vibratoire où l'amplitude est maximale, par oppos. à *nœud.* – Du lat. *venter, ventris*, «estomac».

ventrée [vɑ̃tʀe] n. f. Fam. Grosse quantité de nourriture qu'on ingurgite. – De *ventre.*

ventriculaire [vɑ̃tʀikylɛʀ] adj. ANAT Relatif à un ventricule cardiaque ou cérébral. *Cavité ventriculaire.* – De *ventricule.*

ventricule [vɑ̃tʀikyl] n. m. **1.** ANAT Chacune des deux cavités aplaties et allongées, de forme conique, de la partie inférieure du cœur (V. ce mot). *Les oreillettes et les ventricules.* **2.** ANAT *Ventricule cérébral:* chacune des quatre cavités du cerveau dans lesquelles circule le liquide céphalo-rachidien. V. encéphale. **3.** ZOOL *Ventricule succenturié :* première poche de l'estomac des oiseaux, qui sécrète les sucs digestifs. – Du lat. *ventriculus (cordis)*, «petit ventre (du cœur)».

ventrière [vɑ̃tʀijɛʀ] n. f. **1.** Sangle utilisée pour soulever les chevaux. **2.** MAR Chacune des pièces courbes sur lesquelles repose la coque d'un navire en construction. – De *ventre.*

ventriloque [vɑ̃tʀilɔk] n. et adj. Personne capable d'émettre des sons articulés sans remuer les lèvres, donnant ainsi l'impression que ce n'est pas elle qui parle. – Lat. *ventriloquus*, «qui parle *(loqui)* du ventre».

ventriloquie [vɑ̃tʀilɔki] n. f. Didac. Art du ventriloque. – Du préc.

ventripotent, ente [vɑ̃tʀipɔtɑ̃, ɑ̃t] adj. et n. Fam. Qui a un gros ventre. ▷ Subst. *Les ventripotents.* – De *ventre*, et du lat. *potens*, «puissant», d'ap. *omnipotent.*

ventru, ue [vɑ̃tʀy] adj. **1.** Qui a un gros ventre. *Un quinquagénaire ventru.* **2.** Renflé. *Vase ventru.* – De *ventre.*

venu, ue [vəny] adj. et n. **I.** adj. **1.** *Bien, mal venu:* à (hors de) propos; bien (mal) accueilli. ▷ Harmonieusement développé; retardé dans son développement (êtres vivants). *Un veau mal venu.* – Bien fait, agréable (choses). *Une aquarelle bien venue.* **2.** (Suivi d'un inf.) *Être mal venu à, de:* ne pas être moralement en droit de. *Vous seriez mal venu de lui faire des reproches.* **II.** n. **1.** *Nouveau venu:* personne qui vient d'arriver. ▷ *Le premier venu:* celui qui arrive le premier et, par ext., personne prise au hasard. **2.** n. f. Arrivée. *J'ai appris sa venue. – La venue des premiers froids.* ▷ *Allées et venues.* V. allée. **3.** n. f. Manière de pousser, de se développer. *D'une belle, d'une seule venue, tout d'une venue:* se dit d'un végétal bien droit, aux lignes régulières. – Fig. *Des pages d'une belle venue.* – Pp. de *venir.*

1. vénus [venys] n. f. ZOOL Mollusque de la famille des vénéridés et partic. du genre *Venus*, qui comprend la praire *(Venus verrucosa).* – De *Vénus*, déesse romaine de la beauté et de l'amour; d'abord *conque de Vénus*, repris en lat. scientif., *venus.*

2. vénus [venys] n. f. **1.** Femme d'une grande beauté. ▷ Plaisant. *Une vénus de carrefour :* une prostituée. **2.** Représentation par l'art (notam. préhistorique) d'un type féminin. *Les vénus aurignaciennes :* statuettes en ivoire de femmes stéatopyges. – Du nom de la déesse romaine de l'Amour et de la Beauté.

vénusien, ienne [venyzjɛ̃, jɛn] adj. De la planète Vénus.

vénusté [venyste] n. f. Litt. Beauté gracieuse (d'une femme). – Lat. *venustas* «beauté physique, grâce, charme», de *Venus*, déesse romaine de la Beauté.

vêpres [vɛpʀ] n. f. pl. RELIG CATHOL Office célébré autrefois le soir, aujourd'hui l'après-midi, après none et avant complies. *Aller aux vêpres.* – Du lat. ecclés. *vesperæ*, du class. *vespera*, «soir».

ver [vɛʀ] n. m. **1.** Petit animal invertébré, de forme allongée, au corps mou dépourvu de pattes. (Les vers ne constituent pas un groupe systématique, mais plusieurs embranchements dont certains sont des acœlomates et les autres des cœlomates.) *Chercher des vers de vase pour la pêche. Ver de terre* ou, absol., *ver:* lombric. *Ver solitaire:* ténia. – ZOOL *Vers plats* (plathelminthes*), *ronds* (némathelminthes*). **2.** Larve de certains insectes. *Ver blanc:* larve du hanneton. *Ver à soie:* chenille du bombyx du mûrier, dont le cocon fournit la soie (V. ce mot). *Bois rongé par les vers.* ▷ Loc. *n'être pas piqué* des vers.* **3.** *Ver luisant:* femelle aptère et luminescente du lampyre. **4.** Loc. Fig., fam. *Tirer les vers du nez à qqn*, l'amener par des questions habiles à parler, à faire des révélations. – Du lat. *vermis.*

véracité [veʀasite] n. f. Litt. **1.** Qualité de ce qui est attaché à la vérité. *La véracité d'une étude historique.* **2.** Caractère de ce qui est dépourvu de mensonge ou d'erreur. *Je m'assurerai de la véracité de vos dires.* – Du lat. *verax, veracis*, «véridique», rac. *verus*, «vrai».

véraison [veʀɛzɔ̃] n. f. AGRIC État des fruits, notam. du raisin, commençant leur maturation. – Du v. dial. *varier*, «commencer à mûrir», du lat. *variare.*

véranda [veʀɑ̃da] n. f. Galerie couverte longeant la façade d'une maison. ▷ Balcon couvert et clos par un vitrage. – Mot angl. de l'Inde, du portug. *baranda*, «balustrade», du lat. *vara*, «traverse, bâton».

vératre [veʀatʀ] n. m. BOT Plante vénéneuse des pays tempérés (genre *Veratrum*, fam. liliacées), voisine du colchique. *Le vératre vert (Veratrum viride) est communément appelé tabac du diable ou ellébore.* – Lat. *veratrum*, «ellébore».

vératrine [veʀatʀin] n. f. PHARM Alcaloïde extrait du rhizome du vératre. – Du préc.

verbal, ale, aux [vɛʀbal, o] adj. **1.** De vive voix (opposé à *écrit, par écrit*). *Promesse verbale.* **2.** Par ext. *Note verbale*, remise sans signature à un ambassadeur. **3.** Exprimé par des mots. *Expression verbale, orale ou écrite.* **4.** GRAM, LING Du verbe, relatif au verbe. *Forme, locution *verbale.* – Bas lat. *verbalis.*

verbalement [vɛʀbalmɑ̃] adv. **1.** De vive voix. **2.** Au moyen des mots. *Se faire comprendre verbalement et par gestes.* – Du préc.

verbalisation [vɛʀbalizasjɔ̃] n. f. **1.** Action de dresser un procès-verbal. **2.** PSYCHO Fait d'exprimer ou de s'exprimer par le langage. *Verbalisation d'une sensation, d'un sentiment.* – De *verbaliser.*

verbaliser [vɛʀbalize] v. [1] **1.** v. intr. Dresser un procès-verbal. **2.** v. tr. et intr. PSYCHO Exprimer par le langage, en mots. – De *verbal.*

verbalisme [vɛʀbalism] n. m. Péjor. Excès de paroles; usage des mots pour les mots, et non pour exprimer une idée. – De *verbal.*

verbe [vɛʀb] n. m. **I. 1.** THEOL (Avec une majuscule.) Parole que Dieu adresse aux hommes. – Dieu, en la seconde personne de la Trinité. *Le Verbe s'est fait chair.* **2.** Vieilli ou litt. Discours, langage. *Action magnifiée par la magie du verbe.* **3.** Ton de voix. *Avoir le verbe haut:* parler fort; au fig.: parler avec morgue, hauteur. **II.** GRAM Partie du discours, mot exprimant une action, un état, un processus et variant en personne, en nombre, en temps, en mode et en voix. *Verbes transitifs, intransitifs. Verbes auxiliaires. Verbes défectifs.* – Lat. *verbum*, «parole».

verbénacées [vɛʀbenase] n. f. pl. BOT Famille de dicotylédones gamopétales, comprenant des arbres *(teck)* et des plantes herbacées *(verveine).* – Du lat. *verbena*, «verveine».

verbeux, euse [vɛʀbø, øz] adj. Péjor. Trop prolixe, qui abonde en paroles, diffus. *Orateur, discours verbeux.* – Lat. *verbosus.*

verbiage [vɛʀbjaʒ] n. m. Péjor. Abondance de paroles vides de sens; bavardage lassant. – De l'anc. v. *verboier*, «gazouiller».

verboquet [vɛʀbɔkɛ] n. m. TECH, MAR Cordage attaché à un fardeau que l'on hisse, pour le guider. – De *virer*, et *bouquet*, «faisceau».

verbosité [vɛʀbozite] n. f. Péjor. Fait d'être verbeux. – Bas lat. *verbositas*, «bavardage».

verchère [vɛʀʃɛʀ] n. f. Embarcation légère à fond plat, en bois et de forme triangulaire, reconnue pour sa grande stabilité. – (En appos.) *Chaloupe verchère.* «L'été brûlant, les étés fous Quand nous r'montions la rivière Dans la grande chaloupe Verchères À quelques milles de chez nous.» (Chanson de Clémence DesRochers, dans *La grosse tête*, 1972.) Rem. Aussi orthogr. *Verchères.* – De *Verchères*, nom du lieu où ces embarcations ont d'abord été fabriquées.

ver-coquin [vɛʀkɔkɛ̃] n. m. AGRIC Chenille d'un papillon *(Cochyllis ambiguella)* nuisible à la vigne. – De *ver*, et *coquin.*

verdage [vɛʀdaʒ] n. m. AGRIC Plante herbacée enterrée pour servir d'engrais vert. – De *verd* (V. vert).

verdâtre [vɛʀdɑtʀ] adj. D'une couleur tirant sur le vert. – De *verd*, et *-âtre* (V. vert).

verdelet, ette [vɛʀdəlɛ, ɛt] adj. *Vin verdelet*, un peu vert, acidulé. – Dimin. de *verd* (V. vert).

verdet [vɛʀdɛ] n. m. TECH Acétate basique de cuivre. – De *verd* (V. vert).

verdeur [vɛʀdœʀ] n. f. **1.** Acidité d'un fruit vert, d'un vin jeune. **2.** Fig. Vigueur, plénitude des forces et de la santé chez qqn qui n'est plus jeune. **3.** Liberté, crudité de langage. *Verdeur de propos.* – De *verd.* (V. vert) .

verdict [vɛʀdikt] n. m. **1.** DR Déclaration du jury en réponse aux questions posées en cour d'assises au sujet de la culpabilité d'un accusé. *Verdict positif*, de culpabilité. *Verdict négatif*, d'acquittement. **2.** *Par exag.* Avis, jugement. *Le verdict de la critique.* – Mot angl. de l'a. fr. *veirdit, voirdit*, de *ver, veir* «vrai» et *dit*; lat. médiév. *veredictum* «proprement dit».

verdier [vɛʀdje] n. m. Oiseau passériforme au plumage verdâtre, au gros bec, commun dans les parcs et les jardins d'Europe. – De *verd* (V. vert).

verdir [vɛʀdiʀ] v. [2] **1.** v. tr. Donner une couleur verte à. **2.** v. intr. Devenir vert. – De *verd* (V. vert).

verdissage [vɛʀdisaʒ] n. m. Action de rendre vert. – De *verdir.*

verdissement [vɛʀdismɑ̃] n. m. Fait de verdir. – *Verdissement d'une huître:* V. navicule. – De *verdir.*

verdoiement [vɛʀdwamɑ̃] n. m. Fait de verdoyer. – De *verdoyer.*

verdoyant, ante [vɛʀdwajɑ̃, ɑ̃t] adj. Qui verdoie. – Ppr. de *verdoyer.*

verdoyer [vɛʀdwaje] v. intr. [26] Rare Devenir vert. ▷ Cour. Être de couleur verte, déterminer la sensation du vert (en parlant d'un paysage, de plantes, etc.). *«L'herbe qui verdoie»* (Perrault). – De *verd* (V. vert).

verdunisation [vɛʀdynizasjɔ̃] n. f. TECH Stérilisation de l'eau par addition de chlore en doses très faibles. – De *Verdun*, le procédé ayant d'abord été utilisé pendant la bataille de Verdun (Guerre de 1914-1918).

verdure [vɛʀdyʀ] n. f. **1.** Couleur verte des végétaux. **2.** (Sing. collectif.) Herbes, plantes, feuilles, arbres. *Aller se promener dans la verdure. Théâtre de verdure*, aménagé en plein air. ▷ Plantes potagères vertes (salade, etc.); crudités. *Manger de la verdure.* – De *verd* (V. vert).

vérétille [veʀetij] n. f. ou m. ZOOL Animal octocoralliaire des vases et des sables littoraux, formant des colonies de polypes rattachés à un axe cylindrique commun. – Lat. *veretilla*, de *veretrum*, «parties sexuelles»; par anal. de forme.

véreux, euse [veʀø, øz] adj. **1.** Qui contient des vers. *Fruits véreux.* **2.** Fig., péjor. (Personnes) Malhonnête. *Homme d'affaires véreux.* (Choses) Suspect, douteux. *Une affaire véreuse* – De *ver.*

verge [vɛʀʒ] n. f. **I. 1.** Vx Baguette. ▷ *Spécial.* (surtout au pl.) Baguettes servant à fouetter. ▷ Loc. fig., mod. *Vous lui donnez des verges pour vous fouetter :* vous lui apportez des armes (des arguments, par ex.) qu'il utilisera contre vous. ▷ Anc. Baguette, insigne de certaines fonctions. **2.** Mesure de longueur valant trois pieds ou 36 pouces soit 0,9144 m. *Avant l'adoption du système métrique, le tissu se vendait à la verge.* **3.** TECH Tige métallique. ▷ MAR *La verge d'une ancre*, sa tige centrale. **II.** Organe de la miction et de la copulation, chez l'homme et les mammifères mâles. Syn. pénis. – Lat. *virga*, «baguette».

vergé, ée [vɛʀʒe] adj. **1.** *Étoffe vergée*, dans laquelle se trouvent des fils plus gros que le reste, ou d'une teinture plus claire ou plus foncée. **2.** *Papier vergé*, qui présente un filigrane rectiligne. – Du lat. *virgatus*, «tressé avec des baguettes, rayé».

vergence [vɛʀʒɑ̃s] n. f. PHYS Inverse de la distance focale d'un système optique centré. – De *convergence, divergence.*

vergeoise [vɛʀʒwaz] n. f. TECH Sucre fabriqué avec des sirops de qualité inférieure. – De *verge*, le mot *vergeoise* ayant d'abord désigné la forme garnie de cerceaux de coudrier* qui servait à la fabrication des pains de sucre.

verger [vɛʀʒe] n. m. Terrain planté d'arbres fruitiers. – Du lat. *viridarium*, rad. *viridis*, «vert».

vergerette [vɛʀʒəʀɛt] n. f. BOT Syn. de *érigéron*. – De *verge*.

vergeté, ée [vɛʀʒəte] adj. **1.** Marqué de petites raies; marqué de vergetures (peau). **2.** HERALD *Écu vergeté*, couvert de vergettes. – De *verge*.

vergette [vɛʀʒɛt] n. f. **1.** Rare Petite baguette, petite verge. **2.** HERALD Pal étroit. – Dimin. de *verge*.

vergeture [vɛʀʒətyʀ] n. f. Didac. (Surtout au plur.) Petites stries cutanées, ressemblant à des cicatrices, qui sillonnent une peau fortement distendue. – De *vergeté*.

vergeure [vɛʀʒyʀ] n. f. TECH Marque en filigrane laissée sur le papier vergé; fil métallique de la forme* (sens II, 3) qui laisse cette marque. – De *verge*.

verglacé, ée [vɛʀglase] adj. Couvert de verglas. *Route verglacée*. – De *verglas*.

verglas [vɛʀgla] n. m. Mince couche de glace qui se forme quand une pluie en état de surfusion (température légèrement inférieure à 0 °C) atteint le sol. – De *verre*, et *glas*, autre forme de *glace*, propr. «glace comme du verre».

vergne. V. verne.

vergobret [vɛʀgɔbʀɛ] n. m. HIST Magistrat suprême, chez plusieurs peuples de l'anc. Gaule. – Lat. *vergobretus*, mot gaul.

vergogne [vɛʀgɔɲ] n. f. Vx Honte, pudeur. ▷ Loc. mod. *Sans vergogne:* sans retenue, sans scrupule; effrontément. – Du lat. *verecundia*.

vergue [vɛʀg] n. f. MAR Chacun des longs espars disposés perpendiculairement aux mâts et auxquels sont fixées les voiles, dans les gréements à phare carré. ▷ Vx Corne (du gréement aurique). – Forme norm. ou picarde de *verge* .

véridicité [veʀidisite] n. f. Litt. Caractère véridique (de qqn ou de qqch). – De *véridique*.

véridique [veʀidik] adj. **1.** Litt. Qui dit la vérité. *Témoin véridique*. **2.** Conforme à la vérité. *Récit véridique*. – Lat. *veridicus*, de *verus*, «vrai», et *dicere*, «dire».

véridiquement [veʀidikmɑ̃] adv. D'une manière véridique, authentique. – Du préc.

vérifiable [veʀifjabl] adj. Qu'on peut vérifier. – De *vérifier*.

vérificateur, trice [veʀifikatœʀ, tʀis] n. Personne qui vérifie. ▷ FIN Expert-comptable chargé de vérifier les états, comptes ou registres d'une entreprise et d'en déterminer l'authenticité et l'exactitude. – *Vérificateur général:* haut fonctionnaire de l'État responsable devant le parlement de la vérification des comptes publics. – De *vérifier*.

vérificatif, ive [veʀifikatif, iv] adj. Qui sert à vérifier. – De *vérifier*, d'ap. *vérification*.

vérification [veʀifikasjɔ̃] n. f. **1.** Action de vérifier. *Vérification d'une addition*. ▷ DR *Vérification d'écritures:* examen en justice d'un acte privé. – *Vérification des pouvoirs:* examen par une assemblée de la régularité de l'élection de ses membres. **2.** Confirmation. *Vérification d'un pronostic*. – De *vérifier*.

vérifier [veʀifje] v. tr. [1] **1.** Contrôler l'exactitude ou la véracité de. *Vérifier un calcul. Vérifier les déclarations d'un témoin*. **2.** Confirmer l'exactitude de. *Diagnostic vérifié après divers examens*. ▷ v. pron. Se trouver confirmé. *Votre prédiction s'est vérifiée*. – Du bas lat. *verificare*, de *verus*, «vrai», et *facere*, «faire».

vérin [veʀɛ̃] n. m. TECH Appareil utilisé pour soulever des charges très pesantes sur une faible hauteur et constitué essentiellement, soit d'une vis à faible pas tournant dans un support, soit d'un piston mû dans un cylindre par un fluide comprimé (eau ou air, le plus souvent). *Vérin hydraulique, pneumatique*. – Du lat. *veruina*, «dard», de *veru*, «broche, pique».

vérisme [veʀism] n. m. École littéraire et artistique italienne de la fin du XIXe s., inspirée par le naturalisme* et qui se proposait de présenter la réalité (notam. sociale) telle quelle, sans dissimuler ses aspects sordides. ▷ Par ext. *Le vérisme d'un cinéaste*. – Ital. *verismo*, de *vero*, «vrai».

vériste [veʀist] adj. et n. **1.** adj. Du vérisme. **2.** adj. et n. Inspiré par le vérisme. – Ital. *verista*.

véritable [veʀitabl] adj. **1.** Vieilli Exact; sincère. **2.** Vrai, réel (opposé à *apparent, faux, imité*). *Un foulard en soie véritable*. **3.** Digne de son nom. *Une véritable œuvre d'art*. **4.** Fig. Vrai (pour renforcer l'exactitude d'une image, d'une comparaison). *Cet exploit est un véritable tour de force*. – De *vérité*.

véritablement [veʀitabləmɑ̃] adv. **1.** Conformément à la vérité. **2.** Vraiment, effectivement. – Du préc.

vérité [veʀite] n. f. **1.** Qualité de ce qui est vrai; conformité de l'idée à son projet (opposé à *erreur*). *Le but de la philosophie est la recherche de la vérité*. **2.** Toute proposition vraie, dont l'énoncé exprime la conformité d'une idée avec son objet. *Les vérités mathématiques*. ▷ Loc. fam. *Dire à qqn ses (quatre) vérités*, lui dire sans ambages ce que l'on pense de lui, de ses défauts. ▷ INFORM *Table de vérité:* V. table (sens B, 2). **3.** Conformité d'un récit, d'une relation avec un fait (opposé à *mensonge*). *Altérer, trahir la vérité:* mentir. **4.** Ressemblance. *Portrait d'une grande vérité*. **5.** Sincérité, bonne foi. *Il y a dans son récit un air de vérité*. ▷ Loc. adv. *En vérité:* assurément, certainement. – *À la vérité:* pour être tout à fait sincère; en fait. **6.** *La Vérité*, personnifiée sous forme d'une jeune femme nue qui sort d'un puits en tenant un miroir. *«Le Triomphe de la Vérité», de Rubens*. – Lat. *veritas*, de *verus*, «vrai».

verjus [vɛʀʒy] n. m. Jus acide tiré de raisins cueillis encore verts. – De *vert*, et *jus*.

verlan [vɛʀlɑ̃] n. m. Procédé argotique consistant à inverser les syllabes des mots. *Laisse béton* pour *laisser tomber*. – Inversion de *à l'envers*.

verm(i)- Élément, du lat. *vermis*, «ver».

vermeil, eille [vɛʀmɛj] adj. et n. m. **1.** adj. Rouge vif. *Lèvres vermeilles*. **2.** n. m. Argent doré. *Service de vermeil*. – Du lat. *vermiculus*, «vermisseau»; «cochenille, teinture écarlate».

vermet [vɛʀmɛ] n. m. ZOOL Mollusque gastéropode prosobranche (genre princ. *Vermetus*) qui vit fixé à un support et que son pied fait ressembler à un ver annélide. – Lat. zool. *vermetus*, de *verm*, var. de *ver*.

vermicelle [vɛʀmisɛl] n. m. Pâte à potage façonnée en fils très minces. *Potage au(x) vermicelle(s)*. – Ital. *vermicelli*, propr. «vermisseaux (de pâte)», du lat. *vermiculus*.

vermiculaire [vɛʀmikylɛʀ] adj. Didac. Qui a la forme, l'aspect d'un ver. ▷ ANAT *Appendice vermiculaire:* V. appendice. – Du lat. *vermiculus*, dimin. de *vermis*, «ver».

vermiculé, ée [vɛʀmikyle] adj. ARCHI Orné d'évidements sinueux. – Lat. *vermiculatus*, de *vermiculus*, dimin. de *vermis*, «ver».

vermiculure [vɛʀmikylyʀ] n. f. ARCHI Ornement d'une surface vermiculée. – De *vermiculé*.

vermidiens [vɛʀmidjɛ̃] n. m. pl. ZOOL Ancien groupe qui réunissait des animaux proches des vers (brachiopodes, rotifères, etc.). – Du lat. *vermis*, «ver».

vermiforme [vɛʀmifɔʀm] adj. Didac. Qui a la forme d'un ver. – De *vermi-*, et *-forme.*

vermifuge [vɛʀmifyʒ] adj. et n. m. MED Se dit d'une substance, d'un médicament qui provoque l'expulsion des vers intestinaux. ▷ N. m. *Un vermifuge.* – De *vermi-*, et *-fuge.*

vermiller [vɛʀmije] v. intr. [1] VEN Fouiller la terre avec son groin, en parlant du sanglier, du porc, pour y trouver des vers. – Du bas lat. *vermicellus*, lat. class. *vermiculus* «petit ver».

vermillon [vɛʀmijõ] n. m. et adj. inv. **1.** Cinabre ou sulfure rouge de mercure réduit en poudre, utilisé en peinture. **2.** Couleur rouge vif tirant sur l'orangé. (Cf. cinabre.). ▷ Adj. inv. *Étoffe vermillon.* – De *vermeil.*

1. vermillonner [vɛʀmijɔne] v. intr. [1] VEN Vermiller, en parlant du blaireau. – De *vermiller.*

2. vermillonner [vɛʀmijɔne] v. tr. [1] Teindre, colorer de vermillon. – De *vermillon* .

vermine [vɛʀmin] n. f. (Sing. collectif.) **1.** Insectes nuisibles, parasites de l'homme et des animaux, tels que poux, puces, punaises, etc. *Des cheveux grouillants de vermine.* **2.** Fig. Gens vils et nuisibles. Syn. lie, racaille. – Lat. *vermina*, plur. de *vermen* (doublet inusité de *vermis*), «ver».

1. vermineux, euse [vɛʀminø, øz] adj. Rare Couvert de vermine, pouilleux. – De *vermine*, ou du lat. *verminosus.*

2. vermineux, euse [vɛʀminø, øz] adj. MED vieilli Causé par les vers intestinaux. *Fièvre vermineuse.* – Lat. *verminosus.*

vermis [vɛʀmi] n. m. ANAT Région centrale du cervelet, entre les deux hémisphères cérébelleux. – Mot lat., «ver».

vermisseau [vɛʀmiso] n. m. **1.** Petit ver. *«Pas un seul petit morceau / De mouche ou de vermisseau»* (La Fontaine). **2.** Fig. Individu misérable et chétif. – Lat. pop. **vermicellus* du class. *vermiculus*, dimin. de *vermis*, *«ver».*

vermivore [vɛʀmivɔʀ] adj. ZOOL Qui se nourrit de vers. – De *vermi-*, et *-vore.*

vermouler (se) [vɛʀmule] v. pron. [11] Devenir vermoulu. – De *vermoulu.*

vermoulu, ue [vɛʀmuly] adj. **1.** Rongé, piqué par des larves d'insectes, en parlant du bois, d'un objet en bois. *Une poutre vermoulue.* **2.** Fig. Qui a fait son temps; usé, caduc. *Des institutions vermoulues.* – De *ver*, et *moulu*, pp. de *moudre.*

vermoulure [vɛʀmulyʀ] n. f. **1.** Trace, dégâts causés à un bois par des larves d'insectes. – De *vermoulu.*

vermouth ou **vermout** [vɛʀmut] n. m. Apéritif à base de vin aromatisé avec des plantes amères et toniques. – All. *Wermut*, «absinthe».

vernaculaire [vɛʀnakylɛʀ] adj. Du pays. *Langue vernaculaire*, propre à un pays, une région (par oppos. à *véhiculaire*). ▷ *Nom vernaculaire:* nom d'un animal ou d'une plante dans la langue courante (par oppos. à son nom scientif. latin). – Lat. *vernaculus*, «indigène», de *verna*, «esclave né dans la maison du maître».

vernal, ale, aux [vɛʀnal, o] adj. Qui appartient, qui se produit au printemps. *Floraison vernale.* ▷ ASTRO *Point vernal:* celui des deux points d'intersection de l'écliptique et de l'équateur céleste qui correspond à l'équinoxe de printemps. – Lat. *vernalis*, de *vernus*, «printanier», de *ver*, «printemps».

vernalisation [vɛʀnalizasjõ] n. f. AGRIC Traitement consistant à exposer au froid des semences qui, après germination, seront aptes à produire des fleurs et des graines. *Vernalisation du blé*, transformant le blé d'hiver en blé de printemps. Syn. jarovisation. – Du préc.

verne [vɛʀn] n. m. (Acadie) Aulne (*Alnus rugosa*, fam. bétulacées). Var.: vergne. – Gaul. **verno-*.

ENCYCL Le mot *verne*, tradit. prononcé [vaʀn] ou [vaʀɲ], est courant en Acadie et dans quelques localités québécoises où se sont implantées des familles acadiennes (par ex. Natashquan, Havre-Saint-Pierre); il a même donné naissance au nom de lieu *La Vernière* (Îles-de-la-Madeleine). Au Québec et dans les autres régions francophones du Canada, c'est le mot *aune* qui est en usage, d'où la fréquence de ce mot et de son dérivé *aulnaie* dans la toponymie (par ex. *Saint-Roch-des-Aulnaies*). Cette répartition géographique des mots *aune* et *verne* coïncide avec les limites actuelles des domaines linguistiques acadien et québécois (ou canadien, comme on disait autref., V. encycl. canadien). On observe que ces mots occupent également des aires géographiques distinctes sur le territoire français; le type *verne* se rencontre dans la plus grande partie de la France au sud d'une ligne (isoglosse) allant de l'embouchure de la Loire jusqu'aux Vosges méridionales (domaine d'oc), le nord (domaine d'oïl) étant dominé par le type *aune.* C'est précisément cette distribution géographique des deux mots en France qui explique celle qu'on trouve en terre d'Amérique. La colonie acadienne s'est en effet développée à partir d'un noyau d'immigrants originaires de régions situées au sud de la Loire (notam. du Poitou), alors que la colonie laurentienne a été peuplée surtout par des immigrants venus de régions situées au nord du même fleuve (notam. de la Normandie et de l'Île-de-France). L'origine distincte du peuplement de chacune des deux colonies est la première cause des différences linguistiques qu'on observe encore de nos jours entre le parler des Acadiens et celui des Québécois (V. aussi bombe 2 et paire 2), mais d'autres facteurs doivent également être pris en considération, par ex. la séparation plus ancienne de l'Acadie d'avec la France (séparation définitive en 1713, après une période de ballottement de près d'un siècle entre le pouvoir français et le pouvoir anglais), les rapports plus étroits que les Acadiens ont entretenus avec les populations anglaises voisines et l'influence prépondérante qu'ont eue, dans la formation du français acadien, les familles fondatrices venues de la seigneurie du Loudunais (auj. dép. de la Vienne) alors que le français du Québec était soumis à des influences plus diversifiées et à une emprise plus grande du parler de la région parisienne. V. français, québécisme.

verni, ie [vɛʀni] adj. **1.** Recouvert d'un verni. *Bois verni.* **2.** Fig., pop. Chanceux. – Pp. de *vernir.*

vernier [vɛʀnje] n. m. TECH Instrument de précision pour la mesure des longueurs, constitué d'une petite règle graduée coulissant le long d'une grande. *Vernier au dixième, au vingtième.* – *Vernier circulaire*, pour la mesure des angles. ▷ Petite règle mobile du vernier. *Vernier d'un pied à coulisse.* – Du nom de l'inventeur, le géomètre Pierre *Vernier* (1580-1637) .

vernir [vɛʀniʀ] v. tr. [2] **1.** Recouvrir, enduire d'un vernis. **2.** Fig. Donner une apparence brillante à. *Vernir un discours en y incluant quelques citations.* – De *vernis.*

vernis [vɛʀni] n. m. **1.** Solution résineuse dont l'évaporation laisse sur la surface qui en a été couverte une pellicule solide, lisse et brillante, destinée à protéger ou à décorer. *Vernis à bois, à porcelaine. Vernis à ongles.* **2.** BOT *Vernis du Japon* ou *arbre à laque:* arbre (*Rhus vernicifera*, fam. térébinthacées) qui fournit une sève dite *laque**, recueillie après incision du tronc. **3.** Fig. Apparence brillante mais superficielle. *Un vernis de science.* – Lat. médiév. *veronice*, «sandaraque», gr. tardif *beronikê*, prononcé en néo-grec *veronikê*, probabl. de *Berenikê* (ou *Bérénice*), v. de Cyrénaïque (auj. Benghazi, Lybie) d'où provenait cette résine.

vernissage [vɛʀnisaʒ] n. m. **1.** Action de vernir ou de vernisser; résultat de cette action. **2.** BX-A Réception pour l'inauguration d'une exposition de peinture, de sculpture (les peintres étaient autorisés à y vernir leurs toiles). – De *vernir*.

vernissé, ée [vɛʀnise] adj. **1.** Verni (poteries). **2.** Qui semble couvert d'un vernis. *Feuille vernissée.* – Pp. de *vernisser*.

vernisser [vɛʀnise] v. tr. [1] Recouvrir d'un vernis (une poterie, une faïence, etc.). – De *vernis*.

vernisseur, euse [vɛʀnisœʀ, øz] n. Spécialiste du vernissage (sens 1). – De *vernir*.

vernix caseosa [vɛʀnikskazeɔza] n. m. ANAT Enduit jaunâtre, gras, qui recouvre le corps d'un enfant à sa naissance, notam. dans les régions dorsale, axillaire et inguinale. – Lat. scientif., «vernis caséeux».

vérole [veʀɔl] n. f. **1.** Vx Maladie éruptive qui laisse des marques, des cicatrices. ▷ Vieilli *Petite vérole:* variole. **2.** Mod., fam. Syphilis. – Bas lat. *vayrola*, var. de *variola*, «variole».

vérolé, ée [veʀɔle] adj. Pop. Qui a la vérole; syphilitique. – De *vérole*.

véronal [veʀɔnal] n. m. PHARM Barbiturique, hypnotique puissant. – Nom déposé, de la ville de *Vérone*, où se trouvait l'inventeur, l'Allemand Fischer.

1. véronique [veʀɔnik] n. f. Plante herbacée (genre *Veronica*, fam. scrofulariacées) aux fleurs blanches, roses ou bleues, commune dans les bois et les champs. – P.-ê. de *véronique* «voile de sainte Véronique».

2. véronique [veʀɔnik] n. f. Passe au cours de laquelle le torero amène le taureau près de lui et le conduit le plus loin possible au moyen de la cape. – Esp. *veronica*, du nom de sainte *Véronique*, par allus. au geste par lequel elle essuya la face du Christ.

verrat [veʀa] n. m. Porc mâle non castré. – A. fr. *ver*, lat. *verres*.

verre [vɛʀ] n. m. **1.** Matière transparente, dure, cassante, fabriquée à partir de silicates. *Solide amorphe, le verre présente une forte viscosité à l'état liquide; au refroidissement, il se fige sans cristallisation. Coupe de verre.* – *Verre armé*, qui contient une armature métallique. – *Verre feuilleté:* verre de sécurité formé de deux lames de verre soudées de part et d'autre d'une feuille de matière plastique. *Pare-brise en verre feuilleté.* – *Laine de verre:* isolant constitué de fibres de verre de quelques micromètres de diamètre. – *Papier de verre:* abrasif constitué par de la poudre de verre collée sur du papier. ▷ *Verre organique:* matière plastique transparente analogue au verre. **2.** Plaque, lame de verre destinée à protéger un objet. *Mettre une estampe sous verre. Verre de montre.* **3.** Lame, lentille de verre, utilisée en optique (en partic. pour corriger la vue). *Verres fumés. Porter des verres.* ▷ *Verre de contact:* mince cupule de matière plastique placée au contact direct de la cornée, pour corriger la vue. **4.** Récipient à boire, fait de verre. *Verre à champagne.* – *Par méton.* Le contenu d'un verre. *Verre d'eau. Prendre, boire, vider un verre.* – Du lat. *vitrum*.

verré, ée [veʀe] adj. TECH Couvert d'une poudre de verre. *Papier verré.* – De *verre*.

verrerie [vɛʀʀi] n. f. **1.** Art, technique de la fabrication du verre. **2.** Usine où l'on fabrique le verre, les objets en verre. **3.** Marchandise de verre. – De *verre*.

verrier [vɛʀje] n. m. **1.** Personne qui fabrique du verre, des ouvrages de verre. **2.** Artiste qui fabrique des vitraux. ▷ Artiste qui peint sur verre. – De *verre*.

verrière [vɛʀjɛʀ] n. f. **1.** ARCHI Grand vitrail. **2.** Grand vitrage. *Les verrières d'un atelier de peintre.* **3.** AERON Dôme de matière plastique transparente qui recouvre l'habitacle, sur les avions monoplaces et biplaces. – De *verre*.

verrine [vɛʀin] n. f. TECH Globe de verre (de certaines lampes). *Verrine d'une lampe tempête.* – De l'anc. adj. *verrin*, «en verre», du lat. pop. **vitrinus*.

verroterie [vɛʀɔtʀi] n. f. Ensemble de petites pièces de verre coloré et travaillé; pacotille. *Un collier en verroterie.* – De *verre*, sur le modèle de *bimbeloterie*.

verrou [vɛʀu] n. m. **1.** Dispositif de fermeture constitué d'une barre métallique qui, en coulissant horizontalement, vient se loger entre deux crampons ou dans une gâche. *Mettre, tirer le verrou.* ▷ *Verrou de sûreté*, que l'on peut faire jouer de l'extérieur au moyen d'une clé. ▷ Loc. *Être sous les verrous:* être en prison. **2.** Pièce destinée à immobiliser la culasse d'une arme à feu. **3.** GEOL Masse rocheuse barrant une vallée glaciaire. **4.** MILIT Éléments (troupes, matériel) qui constituent un verrouillage. ▷ *Par ext.* Ce qui constitue un barrage, un obstacle. – Du lat. *veruculum*, dimin. de *veru*, «broche».

verrouillage [vɛʀujaʒ] n. m. **1.** Action de verrouiller. *Verrouillage d'une arme à feu.* **2.** MILIT Opération défensive consistant à barrer le passage à l'ennemi. **3.** TECH Dispositif empêchant la manipulation d'un appareil. – De *verrouiller*.

verrouiller [vɛʀuje] v. tr. [1] **1.** Fermer au verrou. *Verrouiller une porte.* ▷ Bloquer, immobiliser (des éléments mobiles). **2.** Bloquer, barrer un passage. *Verrouiller une brèche.* **3.** Enfermer, mettre sous les verrous. ▷ v. pron. *Se verrouiller chez soi.* – De *verrou*.

verrucosité [veʀykɔzite] n. f. MED Végétation de la peau, de couleur grisâtre. – Du lat. *verrucosus*, «qui a une verrue».

verrue [veʀy] n. f. **1.** Excroissance épidermique d'origine virale, siégeant le plus souvent sur le visage, les mains ou les pieds. *Traitement des verrues par cryothérapie, par électrocoagulation.* ▷ BOT *Herbe aux verrues:* la chélidoine (*Chelidonium majus*, fam. papavéracées) dont le suc passait pour guérir les verrues. **2.** Fig., litt. Imperfection déparant l'harmonie d'un ensemble. – Lat. *verruca*.

verruqueux, euse [veʀykø, øz] adj. **1.** Couvert de verrues. **2.** Qui a la forme, l'aspect d'une verrue. – Lat *verrucosus*, de *verruca*, «verrue».

1. vers [vɛʀ] prép. **1.** Dans la direction de. *Tourné vers l'Orient.* **2.** (Abstrait, marquant l'objet d'une visée, le terme d'une évolution.) *Cela constitue un premier pas vers la libération, vers la vérité. Tendre vers un but.* **3.** (Marquant l'approximation.) ▷ (Dans le temps.) Aux environs de. *Vers le soir. Vers la fin de sa vie.* ▷ (Dans l'espace.) Du côté de. *Vers Sept-Îles, ils rencontrèrent un autre bateau.* – Lat. *versus*, var. *versum*, de *vertere*, «tourner».

2. vers [vɛʀ] n. m. Suite de mots mesurée et cadencée selon certaines règles, et constituant une unité rythmique. *Vers alexandrin. Vers iambique.* ▷ *Les vers et la prose. Pièce en vers.* – Lat. *versus*, «sillon, ligne, vers», du pp. de *vertere*, «tourner».

versaillais, aise [vɛʀsajɛ, ɛz] adj. et n. De Versailles; habitant de Versailles. – De la v. de *Versailles* (France).

versant [vɛʀsɑ̃] n. m. Chacune des pentes d'une montagne ou d'une vallée. *Le versant ouest du mont Orford.* – Ppr. subst. de *verser*.

vesse-de-loup [vɛsdəlu] n. f. Champignon basidiomycète en forme d'outre (genre *Lycoperdon*), renfermant des spores grisâtres. *Des vesses-de-loup*. – *De vesse*, et *loup*.

vesser [vese] v. intr. [1] Vieilli. Lâcher une vesse. – Altér. de l'anc. v. *vessir* (V. vesse).

vessie [vesi] n. f. **1.** Réservoir musculo-membraneux dans lequel s'accumule l'urine, entre les mictions. **2.** ICHTYOL *Vessie natatoire* ou, mieux, *vessie gazeuse :* chez certains poissons, poche abdominale emplie de gaz, au rôle encore mal connu. (Elle contribue probablement à l'équilibration, à la régulation de la pression interne et à l'audition.) ▷ Loc. fig. *Prendre des vessies pour des lanternes**. – Du lat. pop. *vessica*, altér. de *vesica*.

vestale [vɛstal] n. f. **1.** ANTIQ ROM Prêtresse de Vesta. **2.** Fig., vieilli ou plaisant. Femme très chaste. – Lat. *vestalis*, de *Vesta*, déesse du foyer domestique, dont les prêtresses étaient astreintes à la chasteté.

vestalies [vɛstali] n. f. pl. ANTIQ ROM Fêtes de la déesse Vesta, célébrées en juin. – De *vestale*.

veste [vɛst] n. f. Vêtement de dessus à manches, couvrant le buste et boutonné devant. ▷ Loc. fig. Fam. *Retourner sa veste :* changer d'opinion, de parti. – *Ramasser, prendre une veste :* essuyer une défaite, un échec. – Mot italien, «habit», du lat. *vestis*, «vêtement».

vestiaire [vɛstjɛʀ] n. m. **1.** Lieu où l'on dépose son manteau, son parapluie, etc., à l'entrée de certains établissements publics. **2.** Les vêtements et les objets déposés ensemble au vestiaire. *Demander son vestiaire*. **3.** L'ensemble des vêtements constituant une garde-robe. – Lat. *vestiarium*, «armoire à vêtements», de *vestis*, «vêtement».

vestibulaire [vɛstibylɛʀ] adj. ANAT Qui a rapport au vestibule de l'oreille. – De *vestibule*.

vestibule [vɛstibyl] n. m. **1.** Pièce d'entrée d'une maison, d'un appartement, etc. **2.** ANAT Cavité ovoïde du labyrinthe osseux de l'oreille interne, jouant un rôle important dans l'équilibration. – L at. *vestibulum* .

vestige [vɛstiʒ] n. m. (Surtout au plur.) Restes d'un ancien édifice, ruines. ▷ Fig. Ce qui reste d'une chose qui n'est plus. *Cette tradition est un vestige d'une très vieille croyance*. – Lat. *vestigium*, propr. «trace du pied».

vestigial, ale, aux [vɛstiʒjal, o] adj. SC NAT Réduit à l'état de vestige par l'évolution de l'espèce (organes). *Œil vestigial des lamproies*. – Du préc.

vestimentaire [vɛstimɑ̃tɛʀ] adj. Des vêtements, qui a rapport aux vêtements. *Élégance vestimentaire*. – Du lat. *vestimentum*, «vêtement».

veston [vɛstɔ̃] n. m. Veste d'un complet* d'homme. – De *veste*.

vêtement [vɛtmɑ̃] n. m. Ce qui sert à vêtir le corps. *Dépenses de vêtement*. – *Les vêtements :* les pièces de l'habillement, à l'exception des chaussures. *Vêtements d'été. Vêtements et sous-vêtements*. – Fig. *«La parole est le vêtement de la pensée»* (Rivarol). – Du lat. *vestimentum*, de *vestis*, «habit».

vétéran [veteʀɑ̃] n. m. **1.** ANTIQ ROM Soldat de métier ayant accompli son temps de service. **2.** Soldat âgé; ancien combattant. **3.** Personne vieillie dans un service, un métier, une activité, etc. – Lat. *veteranus*, de *vetus, veteris*, «vieux».

vétérinaire [veteʀinɛʀ] adj. et n. Qui concerne l'élevage des animaux et l'étude de la pathologie animale. *Art, médecine vétérinaire*. ▷ Subst. Médecin vétérinaire. – Lat. *veterinarius*, de *veterina*, plur. neutre, «bêtes de somme».

vétille [vetij] n. f. Chose insignifiante. *Discuter sur des vétilles*. – Déverbal de *vétiller*.

vétiller [vetije] v. intr. [1] Vx **1.** S'occuper à des vétilles. **2.** Faire des difficultés pour des riens. – De l'a. fr. *vette*, «lien, ruban»; lat. *vitta*, «bandelette»; propr. «s'occuper de rubans».

vétilleux, euse [vetijø, øz] adj. Qui s'arrête à des vétilles; pointilleux et mesquin. – De *vétille*.

vêtir [vɛtiʀ] v. tr. [36] **1.** Habiller, mettre ses vêtements à (qqn). *Vêtir un enfant*. ▷ Donner des habits à. *Vêtir ceux qui sont nus*. **2.** Mettre sur soi (un vêtement). *Vêtir un manteau*. ▷ v. pron. S'habiller. *Se vêtir de neuf*. – Lat. *vestire*.

vétiver ou **vétyver** [vetivɛʀ] n. m. Plante indienne (*Andropogon muricatus*, fam. graminées) cultivée pour le parfum de ses racines; ce parfum. – Tamoul *vettiveru*.

veto [veto] n. m. **1.** ANTIQ ROM Formule employée par le tribun du peuple pour s'opposer aux décrets du Sénat, des consuls, aux actes des magistrats. **2.** Droit conféré à une autorité (chef de l'État, État membre du Conseil de sécurité de l'O.N.U., etc.) de s'opposer à la promulgation d'une loi votée, à l'adoption d'une résolution. ▷ Fig. Opposition, refus. *Mettre son veto à une transaction*. – Mot lat., «je m'oppose».

vêtu, ue [vɛty] adj. Habillé. *Être bien, mal vêtu*. – Pp. de *vêtir*.

vêture [vɛtyʀ] n. f. **1.** Vx ou litt. Vêtement. **2.** RELIG CATHOL Cérémonie de prise d'habit d'un religieux ou d'une religieuse. – De *vêtir*.

vétuste [vetyst] adj. (Choses.) Vieux, détérioré par le temps. *Bâtiment vétuste*. – Lat. *vetustus*, rac. *vetus*, «vieux».

vétusté [vetyste] n. f. État de ce qui est vétuste. – Lat. *vetustas*.

vétyver. V. vétiver.

veuf, veuve [vœf, vœv] adj. et n. **I.** adj. Dont le conjoint est mort, et qui n'est pas remarié. *Il est veuf*. – Subst. *Un veuf, une veuve*. ▷ Fig., litt. *Veuf de :* privé, dépourvu de. *Être veuf d'espoir*. **II.** n. f. **1.** Arg., vx *La veuve:* la guillotine. **2.** Oiseau passériforme d'Afrique au plumage noir et blanc et à longue queue (genres *Steganura, Vidua*, etc., fam. plocéidés). **3.** *Veuve noire:* araignée noire (genre *Latrodectus*) à taches rouges des régions chaudes et tempérées, dont la piqûre est dangereuse. – Du lat. *vidua*, «veuve», de *viduus*, «vide, privé de».

veuglaire [vøglɛʀ] n. m. ou f. HIST Bouche à feu des XIVe et XVe s., qui se chargeait par la culasse. – Moyen néerl. *vogelaer*, propr. «canon à tirer les oiseaux *(vogel)*».

veule [vøl] adj. **1.** Qui est sans vigueur morale, sans volonté; mou et faible. **2.** Rare (Choses.) Qui manque de vigueur. *Branche veule*. ▷ AGRIC *Terre veule*, trop légère. – Lat. pop. **volus*, «volant, léger», de *volare*, «voler».

veulerie [vølʀi] n. f. Fait d'être veule; caractère d'une personne veule. – Du préc.

veuvage [vœvaʒ] n. m. Fait d'avoir perdu son conjoint, d'être veuf ou veuve. *Un récent veuvage*. – De *veuve*.

vexant, ante [vɛksɑ̃, ɑ̃t] adj. **1.** Contrariant. *Je l'ai manqué d'un quart d'heure, c'est vexant*. **2.** Froissant, blessant. *Vos soupçons sont vexants*. – Ppr. de *vexer*.

vexateur, trice [vɛksatœʀ, tʀis] adj. et n. Qui cause des vexations. – Lat. *vexator*, «persécuteur».

vexation [vɛksasjɔ̃] n. f. **1.** Vieilli Mauvais traitement, brimade. **2.** Piqûre, blessure d'amour-propre. – Lat. *vexatio*, «souffrance, persécution».

vexatoire [vɛksatwaʀ] adj. Qui a le caractère d'une vexation. *Procédé vexatoire.* – De *vexer.*

vexer [vɛkse] v. tr. [1] **1.** Vx Tourmenter. **2.** Piquer, blesser qqn dans son amour-propre. ▷ v. pron. Être vexé, se froisser. – Lat. *vexare,* «tourmenter».

vexillaire [vɛksilɛʀ] n. m. ANTIQ ROM Porte-étendard. – Lat. *vexillarius.*

vexille [vɛksil] n. m. **1.** ANTIQ ROM Étendard. **2.** ZOOL Ensemble des barbes du même côté du rachis d'une plume d'oiseau. – Lat. *vexillum,* de *velum,* «toile».

V.H.F. [veaʃɛf] adj, inv. et n. f. TECH Qui reçoit ou qui émet des ondes très courtes (donc de très haute fréquence). *Poste V.H.F.* ▷ N. f. *Une V.H.F., la V.H.F.:* un émetteur ou un récepteur V.H.F. – Abrév. de l'angl. *very high frequency,* «très haute fréquence».

via [vja] prép. En passant par. *Aller de Montréal à Washington via Boston.* – Mot lat. , «chemin, route».

viabiliser [vjabilize] v. tr. [1] Équiper un terrain des aménagements (voirie, adductions, etc.) propres à le rendre habitable, constructible. – De *viabilité* 2.

1. viabilité [vjabilite] n. f. Didac. Fait d'être viable; état d'un fœtus, d'un nouveau-né viable. ▷ Fig. *Viabilité d'un pouvoir.* – De *viable.*

2. viabilité [vjabilite] n. f. Bon état d'un chemin, d'une route. ▷ URBAN État d'un terrain viabilisé. *Travaux de viabilité.* – Du bas lat. *viabilis,* «où l'on peut passer», du lat. class. *via,* «chemin, voie».

viable [vjabl] adj. **1.** Apte à vivre, en parlant d'un fœtus, d'un nouveau-né. **2.** Fig. Qui peut durer. *Système viable.* – *Projet viable,* qui peut prendre corps. – De *vie.*

viaduc [vjadyk] n. m. Pont très élevé ou très long permettant le franchissement d'une vallée par une voie ferrée ou par une route. – Angl. *viaduct* (du lat. *via,* et *ductus*), d'ap. *aqueduc.*

viager, ère [vjaʒe, ɛʀ] adj. et n. m. Dont on jouit sa vie durant. *Pension* ou *rente viagère.* – *Rentier viager,* qui jouit d'une rente viagère. ▷ N. m. *Le viager :* le revenu viager. *Mettre son bien en viager,* le céder contre une rente viagère. – De l'anc. fr. *viage,* «durée de vie» et, en dr., «usufruit»; de *vie.*

viande [vjɑ̃d] n. f. **1.** Vx Aliment en général. *Viande creuse :* nourriture peu substantielle. – Mod., fig. *Se repaître de viande creuse,* d'idées vagues et chimériques. **2.** Cour. Chair des mammifères et des oiseaux, en tant qu'aliment. *Viande rouge* (le bœuf, le mouton, le cheval). *Viande blanche* (le veau, le porc, la volaille, le lapin). *Viande noire* (le gibier). **3.** Pop. Corps humain. *Amène ta viande! :* Approche! ▷ Fam. *Sac à viande:* drap cousu en forme de sac que l'on glisse dans un sac de couchage. – Lat. pop. **vivenda,* de *vivere,* «vivre».

viander [vjɑ̃de] **1.** v. intr. [1] VEN Paître, en parlant des bêtes fauves (cerf, daim, chevreuil). **2.** v. pron. Pop. *Se viander :* avoir un accident entraînant un dommage corporel grave, la mort. *Ils se sont viandés dans un virage.* (Cf. la loc. pop. *de la viande froide :* un [des] cadavre[s].) – De *viande.*

viatique [vjatik] n. m. **1.** Provisions, argent qu'on donne à qqn pour un voyage. ▷ Fig. Soutien, secours. **2.** RELIG CATHOL Sacrement de l'eucharistie administré à un malade en péril de mort. – Lat. *viaticum,* de *via,* «chemin, voyage».

vibices [vibis] n. f. pl. MED Purpura qui forme des stries sur la peau. – Du lat. *vibex, vibicis,* «meurtrissure».

vibrage [vibʀaʒ] n. m. TECH Série d'impulsions, de chocs, destinés à faire entrer un corps en vibration. *Vibrage du béton.* – De *vibrer.*

vibrant, ante [vibʀɑ̃, ɑ̃t] adj. **1.** Qui produit des vibrations, entre en vibration. *Lame vibrante.* ▷ PHON *Consonne vibrante,* dont l'articulation comporte la vibration d'un organe articulateur (langue, luette, etc.). – N. f. *Le r est une vibrante.* **2.** D'un timbre ou d'une sonorité qui vibre (sens I, 2), qui retentit. *Voix vibrante.* ▷ Fig. *Discours vibrant,* d'un sentiment ou d'une ardeur intense. – Ppr. de *vibrer.*

vibraphone [vibʀafɔn] n. m. Instrument à percussion analogue au xylophone, comportant des lamelles métalliques au-dessous desquelles sont disposés des tubes résonateurs. – Du rad. de *vibrer,* et *-phone.*

vibraphoniste [vibʀafɔnist] n. Musicien, musicienne qui joue du vibraphone. – Du préc.

vibrateur [vibʀatœʀ] n. m. TECH **1.** Appareil qui produit ou qui transmet des vibrations. **2.** Appareil servant à vibrer le béton. – De *vibration.*

vibratile [vibʀatil] adj. Susceptible de vibrer. ▷ BIOL *Cils vibratiles :* expansions cellulaires filiformes douées de mouvement, assurant diverses fonctions (circulation d'un fluide, locomotion chez les protozoaires, etc.). – De *vibration.*

vibration [vibʀasjɔ̃] n. f. **1.** PHYS Oscillation périodique de tout ou partie d'un système matériel. *Vibrations du diapason. Vibrations des atomes, des molécules.* **2.** Mouvement, caractère de ce qui vibre; impression (sonore, visuelle) de tremblement. *Vibration d'une voix.* – Bas lat. *vibratio,* «action de brandir».

vibrato [vibʀato] n. m. MUS Effet de tremblement dû à la variation rapide du son émis par un instrument ou par la voix. – Mot ital.

vibratoire [vibʀatwaʀ] adj. Composé d'une suite de vibrations. *Mouvement vibratoire.* – De *vibration.*

vibrer [vibʀe] v. [1] **I.** v. intr. **1.** Produire des vibrations; entrer en vibration. **2.** Être animé d'un tremblement sonore. *Voix qui vibre.* ▷ Fig. Réagir comme par un tremblement intérieur à une émotion intense. *Vibrer d'enthousiasme. Faire vibrer:* toucher vivement, émouvoir. **II.** v. tr. Soumettre (un corps) à des vibrations. *Vibrer le béton,* pour le rendre plus compact. – Lat. *vibrare,* «brandir», puis «vibrer».

vibreur [vibʀœʀ] n. m ELECTR Appareil constitué d'une lame mise en vibration par un courant électrique. *Vibreur d'une sonnerie.* – De *vibrer.*

vibrion [vibʀijɔ̃] n. m. **1.** BIOL Bactérie ciliée et mobile de forme plus ou moins incurvée. *Vibrion septique.* **2.** Fig., fam. Personne agitée. – De *vibrer.*

vibrionner [vibʀijɔne] v. intr. [1] Fam. S'agiter continuellement. – Du préc.

vibrisse [vibʀis] n. f. Didac. **1.** Poil de l'intérieur des narines de l'homme. **2.** Poil tactile de certains mammifères. *Les vibrisses du museau du chat sont couramment appelées «moustaches».* **3.** Plume filiforme des oiseaux. – Bas lat. *vibrissæ.*

vibromasseur [vibʀomasœʀ] n. m. Appareil électrique de massage par vibrations. – De *vibrer,* et *masseur.*

vicaire [vikɛʀ] n. m. **1.** Vx Substitut. ▷ *Le vicaire de Jésus-Christ :* le pape. **2.** RELIG CATHOL Prêtre qui assiste le curé d'une paroisse. – *Grand vicaire* ou *vicaire général :* auxiliaire d'un évêque. *Vicaire apostolique:* évêque responsable d'un territoire de mission qui n'est pas encore constitué en diocèse. – Lat. *vicarius,* «suppléant», de *vicis,* «tour, succession».

vicarial, ale, aux [vikaʀjal, o] adj. RELIG CATHOL Relatif au vicaire ou au vicariat. – De *vicaire.*

vicariance [vikaʀjɑ̃s] n. f. PHYSIOL Suppléance fonctionnelle d'un organe déficient par un autre. – De *vicariant.*

vicariant, ante [vikaʀjɑ̃, ɑ̃t] adj. Didac. Qui supplée. ▷ PHYSIOL *Organe vicariant*, qui assure la vicariance. ▷ BIOL *Hôte vicariant* (d'un parasite): hôte occasionnel remplaçant l'hôte habituel. – *Plante vicariante*, qui en remplace une autre dans une association végétale. –Du lat. *vicarius*, «suppléant».

vicariat [vikaʀja] n. m. RELIG CATHOL Fonction du vicaire; durée de cette fonction. ▷ Territoire sur lequel s'étend le pouvoir d'un vicaire apostolique. ▷ Résidence du vicaire. – De *vicaire*.

vice [vis] n. m. **I. 1.** Vieilli Disposition habituelle au mal. *«Le vice nous est naturel»* (Pascal). ▷ Mod. Inconduite, débauche. *Vivre dans le vice.* ▷ Fam. Étrangeté de goût, de comportement. *Mettre un meuble aussi laid dans son salon, c'est vraiment du vice!* **2.** Penchant que la morale sociale réprouve (en matière sexuelle, notam.). ▷ Mauvaise habitude qui procure du plaisir. *Vice de fumer.* **II.** Défaut, imperfection grave. *Vice de construction d'un édifice.* ▷ DR *Vice caché :* défectuosité d'une chose qui n'apparaît qu'à l'usage ou à l'occasion d'une expertise, et qui rend la chose impropre à l'usage auquel elle était destinée. – *Vice de forme :* défaut (par erreur de rédaction ou par omission d'une formalité légale) qui rend nul un acte juridique. – Lat. *vitium*.

vice-. Élément inv., du lat. *vice*, «à la place de», impliquant l'idée d'une fonction exercée en second.

vice-consul [viskõsyl] n. m. Celui qui supplée le consul. ▷ Celui qui remplit les fonctions d'un consul dans les lieux où il n'y en a pas. *Des vice-consuls.* – De *vice-*, et *consul*.

vice-consulat [viskõsyla] n. m. Charge, fonction de vice-consul. – Du préc., d'ap. *consulat*.

vicelard, arde [vislaʀ, aʀd] adj. et n. Arg. Vicieux. – De *vice*.

vice-légat [vislega] n. m. RELIG CATHOL Prélat nommé par le pape pour remplacer le légat en son absence. *Des vice-légats.* – De *vice-*, et *légat*.

vice-légation [vislegasjõ] n. f. Fonction de vice-légat. – Du préc., d'ap. *légation*.

vicennal, ale, aux [visenal, o] adj. **1.** Qui dure vingt ans. **2.** Qui a lieu tous les vingt ans. – Lat. *vicennalis*, de *vicies*, «vingt fois», et *annus*, «année».

vice-présidence [vispʀezidɑ̃s] n. f. Fonction de vice-président. *Des vice-présidences.* – De *vice-président*.

vice-président, ente [vispʀezidɑ̃, ɑ̃t] n. Personne qui seconde le (la) président(e) et éventuellement le (la) supplée. *Des vice-présidents (entes).* – De *vice-*, et *président*.

vice-recteur [visʀɛktœʀ] n. m. Celui qui seconde le recteur et éventuellement le supplée. *Des vice-recteurs.* – De *vice-*, et *recteur*.

vice-reine [visʀɛn] n. f. **1.** Épouse d'un vice-roi. **2.** Femme qui gouverne avec l'autorité d'un vice-roi. *Des vice-reines.* – De *vice-*, et *reine*.

vice-roi [visʀwa] n. m. Gouverneur d'un État qui a ou qui a eu le nom de royaume et qui dépend d'un autre État. *Le vice-roi des Indes. Des vice-rois.* – De *vice-*, et *roi*.

vice-royauté [visʀwajote] n. f. **1.** Rare Dignité de vice-roi. **2.** Pays gouverné par un vice-roi. *Les vice-royautés.* – Du préc., d'apr. *royauté*.

vicésimal, ale, aux [visezimal, o] adj. MATH Qui a pour base le nombre vingt. *Système vicésimal de numération.* – Lat. *vicesimus*, «vingtième».

vice versa ou **vice-versa** [vis(e)vɛʀsa] loc. adv. Réciproquement, inversement. – Mots lat., propr. «à tour *(vice)* renversé *(versa)*».

vichy [viʃi] n. m. **1.** Eau minérale de Vichy. **2.** Toile de coton à carreaux, rayée. – De *Vichy*, v. de l'Allier (France).

vichyssois, oise [viʃiswa, waz] adj. et n. De Vichy (France). – Subst. *Les Vychissois.*

viciation [visjasjõ] n. f. Didac. Action de vicier, de corrompre (l'air, le sang); fait de se vicier. – De *vicier*.

vicier [visje] v. tr. [1] **1.** DR Rendre défectueux ou nul. *Cette omission ne vicie pas l'acte.* **2.** Gâter, corrompre, altérer. *Air vicié.* – Fig. *Vicier le jugement de qqn.* – Lat. *vitiare*, de *vitium*, «vice».

vicieusement [visjøzmɑ̃] adv. D'une façon vicieuse. – De *vicieux*.

vicieux, euse [visjø, øz] adj. et n. **1.** Qui comporte un vice, un défaut; incorrect. *Locution vicieuse.* ▷ LOG *Cercle vicieux :* V. cercle (sens III, 2). ▷ MED Qui se forme dans une mauvaise position. *Cal vicieux.* **2.** Qui a de mauvais penchants. *Un enfant vicieux.* ▷ (En parlant d'un animal.) Rétif, ombrageux. *Jument vicieuse.* – (Choses.) SPORT Qui recèle un piège; qui est conçu, préparé pour leurrer, pour tromper. *Un coup vicieux, une rondelle vicieuse.* **3.** Qui a une disposition au vice, qui a des goûts dépravés, pervers. ▷ Subst. *Un vicieux, une vicieuse.* – Lat. *vitiosus*, de *vitium*, «vice».

vicinal, ale, aux [visinal, o] adj. *Chemin vicinal*, qui relie des villages. – Lat. *vicinalis*, de *vicinus*, «voisin», de *vicus*, «bourg».

vicinalité [visinalite] n. f. **1.** Caractère vicinal d'un chemin. **2.** Ensemble des chemins vicinaux. – Du préc.

vicinité [visinite] n. f. PHILO Proximité, voisinage entre des concepts, des notions. – Lat. *vicinitas*, de *vicinus*, «voisin».

vicissitude [visisityd] n. f. **1.** Vx Succession régulière de choses différentes. *La vicissitude des saisons.* **2.** Plur. Litt. Variations, changements. *Les vicissitudes de la mode.* ▷ Événements heureux et malheureux qui se succèdent. *Il l'a suivi à travers les vicissitudes de sa vie.* ▷ Événements malheureux. – Lat. *vicissitudo*.

vicomtal, ale, aux [vikõtal, o] adj. Didac. Relatif à un vicomte, à une vicomté. – De *vicomte*.

vicomte [vikõt] n. m. **1.** HIST Suppléant du comte, vice-comte, à l'époque carolingienne. ▷ Seigneur d'une terre érigée en vicomté. **2.** Titre de noblesse inférieur à celui de comte. – Lat. médiév. *vicecomes*, *vicecomitis*.

vicomté [vikõte] n. f. HIST Titre de noblesse attaché à certaines terres; ces terres elles-mêmes. – De *vicomte*.

vicomtesse [vikõtɛs] n. f. Femme d'un vicomte. – HIST Femme qui, de son chef, possédait une vicomté. – De *vicomte*.

victimaire [viktimɛʀ] n. m. ANTIQ Prêtre qui, dans les sacrifices, frappait la victime. – Lat. *victimarius*.

victime [viktim] n. f. **1.** ANTIQ Être vivant que l'on offrait en sacrifice à une divinité. **2.** Personne qui subit un préjudice par la faute de qqn ou par sa propre faute. *Les victimes de cet escroc témoigneront au procès.* ▷ (Attribut.) *Être victime de sa générosité.* **3.** Personne tuée ou blessée (dans une guerre, un accident, etc.). *Les victimes d'un tremblement de terre.* – Par ext. *Les victimes du devoir*, qui ont péri en accomplissant leur devoir. – Lat. *victima*.

victoire [viktwaʀ] n. f. **1.** Succès remporté dans une bataille, dans une guerre. ▷ *Victoire à la Pyrrhus*, trop chèrement acquise. **2.** Avantage, succès remporté sur un rival, sur un concurrent. *Victoire de l'équipe tricolore.* ▷ *Crier, chanter victoire :* se glorifier d'un succès. Syn. triomphe. Ant. échec. **3.** (Sens moral.) Avantage remporté au terme d'une lutte contre une force contraire. *Remporter une victoire sur soi-même.* – Lat. *victoria.*

victoria [viktɔʀja] n. f. **1.** BOT Plante aquatique ornementale (*Victoria regia*, fam. nymphéacées), originaire d'Amazonie, dont les larges feuilles flottantes peuvent atteindre 1 m de diamètre. **2.** Ancienne voiture hippomobile découverte, à quatre roues. – Du nom de *Victoria* Ire (1819-1901), reine d'Angleterre.

victorien, enne [viktɔʀjɛ̃, ɛn] adj. Qui a rapport à la reine Victoria, à son règne. *Les romanciers de l'ère victorienne.* ▷ *Style victorien*, qui caractérise l'architecture et les arts décoratifs de cette époque. – *Par ext.* Qui a des caractères de la société de cette époque (puritanisme, etc.). – Du nom de *Victoria* Ire. V. préc.

victorieusement [viktɔʀjøzmɑ̃] adv. D'une manière victorieuse. – De *victorieux.*

victorieux, euse [viktɔʀjø, øz] adj. **1.** Qui a remporté la victoire. *Armée victorieuse.* – Fig. *La vérité est victorieuse des erreurs.* **2.** Qui exprime la victoire. *Arborer un air victorieux.* Syn. triomphant. – Bas lat. *victoriosus.*

victuailles [viktɥaj] n. f. pl. Provisions de bouche, nourriture. – Bas lat. *victualia*, plur. neutre de *victualis*, «relatif aux vivres».

vidage [vidaʒ] n. m. Action de vider; son résultat. ▷ TECH Dispositif de vidage. *Vidage à clapet, à bouchon.* – De *vider.*

vidame [vidam] n. m. FEOD Titre de l'officier qui représentait l'évêque dans l'administration de la justice temporelle et dans le commandement de ses troupes. – Adaptation du lat. ecclés. *vice dominus, vice* «à la place de», *dominus*, «maître».

vidange [vidɑ̃ʒ] n. f. **1.** Action de vider; opération consistant à vider pour nettoyer, curer, rendre de nouveau utilisable. *Vidange d'un puits, d'un réservoir. Vidange et graissage d'une automobile.* **2.** Dispositif, canalisation pour l'évacuation des eaux usées. *Vidange d'un lavabo, d'une machine à laver.* **3.** Plur. Les matières retirées d'une fosse d'aisances. *Épandage des vidanges.* – Mot des Flandres, dér. de *vider.*

vidanger [vidɑ̃ʒe] v. tr. **[15]** Vider, faire la vidange de. *Vidanger un réservoir, une fosse d'aisances.* – De *vidange.*

vidangeur [vidɑ̃ʒœʀ] n. m. Personne qui fait la vidange des fosses d'aisances. – De *vidange.*

vide [vid] adj. et n. m. **I.** adj. **1.** Qui ne contient rien. *Une boîte vide. Espace vide.* MATH *Ensemble vide*, qui ne contient aucun élément. ▷ Qui est dépourvu de son contenu habituel. *Avoir l'estomac vide. Avoir le porte-monnaie, les poches vides.* ▷ Loc. *Arriver les mains vides*, sans rien apporter. **2.** Où il n'y a personne; qui n'a pas d'occupant. *Place, fauteuil vides. La représentation eut lieu devant une salle presque vide.* Syn. désert. – *Par exag.* Qui est loin d'être plein. *Les rues sont vides après minuit.* **3.** Qui n'est pas garni. *Des murs vides. Appartement, chambre vides*, sans mobilier. Syn. nu. **4.** Qui n'est pas employé, en parlant du temps. *Les moments vides de la journée.* Syn. libre. **5.** (Absol.) Qui n'a pas d'intérêt; creux, insignifiant. *Mener une existence vide. Paroles vides.* ▷ Sans expression. *Des yeux vides.* **6.** *Vide de:* dépourvu de, sans. *Maison vide de ses habitants. Expression vide de sens.* **II.** n. m. **1.** Milieu où la densité de la matière est très faible. *Vide spatial. Vide absolu:* milieu théorique d'où toute matière est absente. ▷ Diminution très importante de la pression d'un gaz à l'intérieur d'une enceinte. *Faire le vide. Pompe à vide. Emballage sous vide*, dans lequel le vide a été fait entre l'emballage et le produit emballé. **2.** *Le vide:* espace, étendue vide. *Se jeter dans le vide. Faire le vide autour de qqn*, l'isoler, l'éloigner de son entourage. *Parler dans le vide*, parler sans que personne n'écoute. **3.** *Un vide:* espace, surface vides, non occupés. *Ménager des vides dans une bibliothèque pour y placer des bibelots.* ▷ *Spécial.* CONSTR Espace qui n'est pas occupé par la maçonnerie ou la charpente. ▷ *Vide sanitaire*, ménagé entre le plancher d'une construction et le sol et servant notam. au passage des canalisations d'assainissement. **4.** Fig. Absence qui donne un sentiment de manque, de privation. *Sa mort laisse un grand vide.* **5.** Fig. Caractère de ce qui est vain, inconsistant. *Le vide des grandeurs humaines.* Syn. vanité, néant. **6.** loc. adv. *À vide*, sans rien contenir. *La voiture est partie à vide.* – Sans produire d'effet. *La clé tourne à vide dans la serrure.* – *Passage à vide:* moment où un moteur tourne sans effet utile; fig. moment de fléchissement de l'activité ou de l'efficacité (d'une personne). – De l'a. fr. *vuit, voide*, «friche (terre)»; du lat. pop. **vocitus*, de *vocuus*, forme archaïque du class. *vacuus*, «vide».

ENCYCL **Tech.** – Bien que l'unité de pression du système SI soit le pascal, on mesure encore le vide en torrs*. Pour réaliser un vide poussé, on utilise une pompe *primaire*, qui réduit la pression jusqu'à env. 10^{-3} torr (pompe rotative à palettes ou pompe absorbant les gaz portés à basse température), puis une pompe *secondaire*, qui permet de réduire la pression jusqu'au niveau souhaité (les turbopompes moléculaires et les pompes à diffusion permettent d'atteindre 10^{-9} torr). Les pressions les plus faibles obtenues jusqu'ici sont d'env. 10^{-14} torr. On utilise le vide dans de très nombreux domaines scientifiques et industriels: microscopie électronique, obtention de métaux de très grande pureté, semiconducteurs, lyophilisation, simulation du milieu spatial, anneaux des accélérateurs de particules, etc.

vide-bouteille(s) [vidbutɛj] n. m. inv. Instrument qui permet de vider une bouteille sans la déboucher, constitué d'un siphon que l'on enfonce dans le bouchon. *Des vide-bouteilles.* – De *vider*, et *bouteille.*

vide-gousset [vidgusɛ] n. m. Vx ou plaisant. Voleur. *Des vide-goussets.* – De *vider*, et *gousset.*

vidéo [video] adj. et n. AUDIOV **I.** adj. inv. Se dit des signaux servant à la transmission d'images, et des appareils, des installations qui utilisent ces signaux. *Caméra vidéo.* ▷ Qui concerne les images et les sons enregistrés et transmis par ces appareils. *Image vidéo.* **II.** n. f. **1.** Abrév. de *vidéophonie* et de *vidéofréquence.* **2.** Cour. *(Une, la vidéo.)* Appareillage, installation vidéo. – Angl. *video*, du lat. *video*, «je vois», de *videre*, «voir».

ENCYCL Les images peuvent être enregistrées sur un support magnétique (bande magnétique ou vidéocassette) ou sur disque (vidéodisque). L'enregistrement s'effectue à partir de signaux générés par une caméra électronique (qui transforme les images de la prise de vues en signaux électriques) ou par un télécinéma (qui transfère les films obtenus au moyen d'une caméra optique). L'enregistrement sur support magnétique est réalisé au moyen d'un magnétoscope (lequel reproduit également les images), l'enregistrement sur vidéodisque par gravure, comme sur un disque classique, et la lecture par un procédé optique ou mécanique.

vidéo-. Élément, du lat. *video*, «je vois».

vidéocassette [videokasɛt] n. f. Cassette qui contient une bande magnétique sur laquelle sont enregistrés des images et des sons que l'on peut reproduire sur un téléviseur au moyen d'un magnétoscope. – De *vidéo-*, et *cassette.*

vidéoclip. V. clip 2.

vidéocomposite [videokɔ̃pozit] adj. AUDIOV *Signal vidéocomposite*, qui transporte des images et des sons. – De *vidéo-*, et *composite.*

vidéodisque [videodisk] n. m. Disque sur lequel sont enregistrés par gravure des images et des sons

vigil, e [viʒil] adj. MED De veille; qui se produit à l'état de veille. *État vigil. Coma vigil:* coma caractérisé par l'existence de réactions aux stimuli sensoriels. – Lat. *vigil*, «éveillé».

vigilance [viʒilɑ̃s] n. f. Attention, surveillance active. *Observer avec vigilance. Redoubler de vigilance.* – Lat. *vigilantia.*

vigilant, ante [viʒilɑ̃, ɑ̃t] adj. Attentif, qui fait preuve de vigilance. *Gardien vigilant.* ▷ Qui dénote la vigilance. *Soins vigilants.* – Lat. *vigilans, vigilantis.*

1. vigile [viʒil] n. f. RELIG CATHOL Veille de grande fête. *La vigile de Noël, de la Pentecôte.* ▷ Office célébré un jour de vigile. – Lat. *vigilia*, «veille, veillée».

2. vigile [viʒil] n. m. **1.** ANTIQ ROM Chacun des gardes chargés de la surveillance nocturne de Rome. **2.** Mod. Veilleur de nuit. ▷ *Par ext.* Garde, dans certains lieux publics, certains grands ensembles d'habitation. – Lat. *vigil.*

vigne [viɲ] n. f. **1.** Arbrisseau sarmenteux (*Vitis vinifera*, fam. ampélidacées ou vitacées) cultivé pour son fruit, le raisin (consommé comme tel ou dont on tire le vin). *Cep de vigne.* **2.** Terrain planté de vignes; vignoble. *Posséder une petite vigne.* ▷ *Pêche de vigne:* fruit du pêcher en plein vent. ▷ Fig., plaisant *Être dans les vignes du Seigneur:* être ivre. **3.** *Vigne blanche:* clématite. ▷ *Vigne vierge:* plante grimpante ornementale (genre *Parthenocissus* ou *Ampelopsis*, fam. ampélidacées), qui s'accroche à son support par des vrilles ou des crampons selon les espèces et dont le feuillage prend en automne une très belle teinte rouge intense. – Lat. *vinea*, de *vinum*, «vin».

ENCYCL La vigne est une liane dont on compte plus de 80 espèces. *Vitis sylvestris*, du Caucase, est la souche de *Vitis vinifera*, la vigne cultivée. Celle-ci, à la suite de l'invasion de l'Europe par le phylloxera, en 1870, fut greffée sur des souches américaines, plus résistantes (*Vitis labrusca, rupestris*, etc.). La vigne est cultivée depuis 4 000 à 5 000 ans; elle grimpe et s'accroche à divers supports (arbres, fils tendus, etc.) grâce à ses vrilles; elle redoute les grands froids et a besoin, pour une bonne maturation des raisins, d'une saison chaude et ensoleillée. C'est une plante des terrains secs et caillouteux dont les racines, extrêmement développées, vont chercher l'eau en profondeur; la nature du terrain est fondamentale pour obtenir un vin de qualité. La vigne cultivée est sujette à diverses maladies, notam. cryptogamiques (mildiou, oïdium).

vigneau. V. vignot.

vigneron, onne [viɲ(ə)ʀɔ̃, ɔn] n. et adj. **1.** n. Personne qui cultive la vigne et qui élève le vin. **2.** adj. Relatif à la vigne. *Pays vigneron.* – De *vigne.*

vignette [viɲɛt] n. f. **1.** Petite gravure placée en manière d'ornement sur la page de titre d'un livre ou au commencement et à la fin des chapitres (et qui représentait à l'origine des feuilles de vigne). **2.** Dessin d'encadrement de certaines gravures. **3.** *Par ext.* Étiquette servant de marque de fabrique ou constatant le paiement de certains droits (vignettes des plaques d'immatriculation des automobiles, par ex.). – Dimin. de *vigne*, au sens de «ornement à motifs représentant des feuilles de vigne, etc.».

vignettiste [viɲɛtist] n. Anc. Dessinateur, graveur de vignettes. – Du préc.

vigneture [viɲ(ə)tyʀ] n. f. ART Ornement de feuilles de vigne qui encadre les miniatures médiévales. – De *vignette.*

vignoble [viɲɔbl] n. m. **1.** Terre plantée de vignes. **2.** Ensemble des vignes d'une région, d'un pays. *Le vignoble californien.* – Altér. de l'anc. provençal *vinhobre*, du lat. pop. **vineoporus*, avec infl. du gr. *ampelophoros*, «qui porte des vignes».

vignot ou **vigneau** [viɲo] n. m. Bigorneau. – De *vigne*, par anal. d'aspect de la coquille et des vrilles.

vigogne [vigɔɲ] n. f. Mammifère camélidé des hautes terres des Andes *(Lama vicugna)* que les autochtones capturent pour sa laine et qu'ils relâchent après la tonte car, contrairement aux autres espèces de lamas, les vigognes supportent mal les tentatives de domestication. ▷ Laine de vigogne; tissu fait avec cette laine. – Esp. *vicuña*, mot quichua (Pérou).

vigoureusement [viguʀøzmɑ̃] adv. Avec vigueur. – De *vigoureux.*

vigoureux, euse [viguʀø, øz] adj. **1.** Plein de vigueur, de force. *Un sportif vigoureux.* ▷ Par ext. *Jeunes plantes drues et vigoureuses.* **2.** Qui dénote la vigueur. *Résistance vigoureuse.* **3.** Actif, puissant, intense. *Parfum vigoureux.* ▷ BX-A Exécuté avec fermeté, netteté. *Un dessin vigoureux.* – De *vigueur.*

vigueur [vigœʀ] n. f. **1.** Force physique, énergie. *Un homme plein de vigueur. La vigueur de la jeunesse.* ▷ Par ext. *Vigueur d'une plante.* **2.** Fermeté du cœur, de l'esprit, des facultés. *Vigueur d'un caractère.* **3.** Puissance, intensité. *Vigueur du style.* ▷ BX-A Caractère d'une peinture, d'un dessin exécutés avec netteté, fermeté. ▷ Loc. adj. *En vigueur:* encore appliqué au moment dont il est question; en usage. *La réglementation en vigueur.* – Lat. *vigor*, de *vigere*, «être plein de force».

viguier [vigje] n. m. **1.** HIST Officier de justice, en Provence et dans le Languedoc, sous l'Ancien Régime en France. **2.** Mod. Magistrat, en Andorre. – De l'anc. provenç., du lat. *vicarius*, «suppléant».

vihāra [viaʀa] n. m. inv. Monastère bouddhique en Inde. – Mot sanskrit.

viking [vikiŋ] n. et adj. HIST *Les Vikings:* navigateurs scandinaves, connus aussi sous le nom de Normands et de Varègues, qui, du VIIIe au XIe s., pillèrent et parfois, colonisèrent les côtes de l'Europe et descendirent jusqu'à la mer Noire. ▷ Adj. *Des royaumes vikings se constituèrent en Norvège et au Danemark.* – Mot scandinave.

ENCYCL En Europe occid., à partir de 840, les Vikings saccagèrent Paris, Hambourg, Rouen, Séville, Pise, etc. Ils soumirent les îles Britanniques, et, à la faveur d'un réchauffement marqué du climat, ils naviguèrent d'île en île jusqu'au Groenland, et de là en Amérique, où ils abordèrent vers l'an 1000. Ils y fondèrent trois colonies, dont la plus méridionale, le Vinland (ou Terre du Vin, parce que la vigne y poussait à l'état sauvage), était située à la pointe nord-est de Terre-Neuve (anse aux Maedows), sur le détroit de Belle Isle. Vers le milieu du XIVe siècle, le refroidissement graduel du climat mit fin aux voyages des Vikings en Amérique. Ces bandes disparates, héritières d'une riche civilisation, se fondirent progressivement dans les populations locales partout où elles se fixèrent.

vil, vile [vil] adj. **1.** Vx De peu de valeur. ▷ Loc. mod. *À vil prix:* à un prix très bas. **2.** Litt. Bas, abject, méprisable. *Une action bien vile. Une âme vile.* ▷ (Choses.) Grossier, bas, sans noblesse. *Être employé à de viles besognes.* – Lat. *vilis*, «à bas prix, de peu de valeur».

vilain, aine [vilɛ̃, ɛn] adj. et n. **I.** adj. **1.** Méprisable. *Une vilaine action.* **2.** Laid. *Un homme très vilain. De vilaines mains.* **3.** Mauvais. *Vilain temps.* – Ellipt. *Il fait vilain.* ▷ D'apparence inquiétante. *Une vilaine toux. Une vilaine blessure.* ▷ N. m. (en loc.) *Ça va faire du vilain*, du scandale, du grabuge. *Discussion qui tourne au vilain*, qui dégénère en querelle, en rixe. **4.** (Surtout en s'adressant à un enfant.) Qui ne se conduit pas comme il faut; indocile, turbulent. *Puisque tu as été vilain, tu n'auras pas de dessert.* ▷ Subst. *En voilà une vilaine!* **II.** n. m. Paysan libre au Moyen Âge. Prov. *Jeu de main, jeu de vilain.* V.

jeu (I). – Du bas lat. *villanus*, «habitant de la campagne», de *villa*, «ferme».

vilainement [vilɛnmɑ̃] adv. D'une vilaine manière. – Du préc.

vilebrequin [vilbʀəkɛ̃] n. m. **1.** Outil à main pour le perçage du bois, constitué d'une pièce métallique quatre fois coudée munie d'un mandrin auquel s'adaptent des mèches. **2.** MECA Arbre coudé. ▷ *Spécial.* Arbre coudé qui transforme le mouvement alternatif des pistons d'un moteur à explosion en mouvement rotatif. – Du néerlandais *wimmelkijn**, de *wimmel*, «tarière».

vilenie [vileni] n. f. Litt. **1.** Action vile, basse. *Commettre une vilenie.* **2.** Caractère vil (de qqn, de qqch). – De *vilain.*

vilipender [vilipɑ̃de] v. tr. [1] Litt. Décrier, dénoncer comme méprisable. – Bas lat. *vilipendere*; lat. class. *vili*, «vil», et *pendere*, «estimer, peser».

villa [villa] n. f. **1.** HIST Domaine rural (Italie antique, Gaule romaine, mérovingienne, carolingienne). **2.** Mod. Maison individuelle avec un jardin. – Mot ital. «maison de campagne, ferme», mot lat.

villafranchien, ienne [villafʀɑ̃ʃjɛ̃, jɛn] adj. et n. m. GEOL De la première partie du Quaternaire, au cours de laquelle les mammifères du Tertiaire évoluèrent vers les formes actuelles. ▷ N. m. *Le Villafranchien.* – De *Villafranca d'Asti* (Piémont, Italie).

village [vilaʒ] n. m. **1.** Petite agglomération rurale. ▷ (Dans une paroisse rurale.) Agglomération qui entoure l'église et où sont établis les principaux commerces. *Habiter dans le village.* **2.** Ensemble des habitants d'un village. *Tout le village était rassemblé devant l'église.* – Lat. médiév. *villagium*, de *villa*, «ferme».

villageois, oise [vilaʒwa, waz] n. et adj. **1.** n. Habitant d'un village. **2.** adj. De village. *Fête villageoise.* – Du préc.

villanelle [vilanɛl] n. f. Didac. **1.** Poésie ou chanson pastorale; danse qu'elle accompagnait. **2.** Poème à forme fixe (XVIᵉ s.) composé de tercets alternant avec un refrain de deux vers, et se terminant par un quatrain. – Ital. *villanella*, «chanson, danse villageoise», de *villano*, «paysan».

ville [vil] n. f. **1.** Agglomération importante (à la différence du village) dont les habitants exercent en majorité des activités non agricoles (commerce, industrie, administration). *Ville ouverte, fortifiée. Bâtir, fonder une ville. Ville nouvelle:* ville créée près d'un centre urbain important, offrant à ses habitants une structure d'accueil complète (emplois, services, loisirs). *Ville dortoir**. *La Ville éternelle:* Rome. *La Ville lumière* (c.-à-d. au grand rayonnement culturel): Paris. *Hôtel de ville:* siège des autorités municipales. **2.** loc. *À la ville, en ville:* au-dehors, dans la ville (par oppos. à *chez soi*). *Dîner en ville.* ▷ *En ville*, par abrév., *E. V.*, dans la suscription d'une lettre que l'on n'adresse pas par la poste. *Monsieur Untel, E. V.* **3.** Population de la ville. *Toute la ville est en fête.* **4.** loc. *Tenue, vêtements de ville*, que l'on porte ordinairement pour sortir dans la journée (opposé à *de sport, de travail, de soirée*). – Du lat. *villa*, «ferme, maison de campagne».

villégiature [vileʒjatyʀ] n. f. **1.** Séjour de vacances à la campagne (et, par ext., au bord de la mer, etc.). *Être en villégiature à...* **2.** Endroit de ce séjour. – Ital. *villeggiatura*, de *villeggiare*, «aller à la campagne».

villégiaturer [vileʒjatyʀe] v. intr. [1] Vieilli ou plaisant. Être en villégiature. – Du préc.

villeux, euse [vilø, øz] adj. Didac. Qui présente des villosités. – Lat. *villosus*, de *villus*, «poil».

villosité [villozite] n. f. **1.** BOT, ZOOL État d'une surface velue. **2.** ANAT Chacune des petites saillies en doigts de gant qui donnent un aspect velu à certaines surfaces. *Villosités de la muqueuse intestinale.* – Du rad. lat. de *villeux.*

vin [vɛ̃] n. m. **1.** Boisson alcoolisée obtenue par fermentation du jus de raisin. *Vin blanc, rosé, rouge. Vin mousseux. Vin de table*, de consommation courante. ▷ Loc. *Vin d'honneur*, offert pour honorer qqn., qqch. – Fig., fam. *Mettre de l'eau dans son vin:* se modérer dans ses opinions; rabattre de ses prétentions. – *Être entre deux vins*, à moitié ivre. – *Cuver son vin:* dormir après s'être enivré. – *Avoir le vin gai, mauvais, triste:* être gai, méchant, triste lorsqu'on a bu. – Prov. *Quand le vin est tiré, il faut le boire:* lorsqu'une affaire est engagée, il faut la mener à son terme, en acceptant d'en supporter les conséquences. **2.** LITURG CATHOL L'une des deux espèces sous lesquelles se fait la consécration*. *Consacrer le pain et le vin.* **3.** MED *Tache de vin:* angiome*. **4.** Boisson alcoolisée obtenue par fermentation d'un produit végétal. *Vin de palme.* – Lat. *vinum.*

ENCYCL Le vin est la boisson alcoolisée obtenue après fermentation du jus de raisin sous l'action de la levure de bière, qui transforme les sucres en alcool éthylique et en gaz carbonique («ébullition» du moût). Les autres constituants du vin sont pour la plupart déjà présents avant la fermentation: tannin, qui provient de la rafle, des peaux et des pépins des grumes; divers esters, dont certains sont essentiels pour le bouquet du vin; divers acides organiques: acides malique, tartrique et acétique, ce dernier provenant de la transformation de l'alcool par oxydation. On trouve également de la glycérine et divers sels minéraux, l'ensemble étant en solution dans de l'eau plus ou moins chargée de matières colorantes. Les proportions de ces divers constituants, extrêmement variables, dépendent beaucoup du terrain où pousse la vigne. Le vin peut être sujet à diverses maladies: la *piqûre* transforme l'alcool en acide acétique (fabrication du vinaigre); la *graisse* le transforme en liquide huileux, à la suite d'une infection bactérienne.

vinage [vinaʒ] n. m. Addition d'alcool à un vin pour en augmenter la teneur alcoolique. – De *viner.*

vinaigre [vinɛgʀ] n. m. **1.** Liquide riche en acide acétique obtenu par fermentation du vin, d'autres liquides alcoolisés ou de diverses solutions sucrées, et employé comme condiment. *Assaisonnement à l'huile et au vinaigre.* – *Mère du vinaigre.* V. mère. **2.** loc. *Cela tourne au vinaigre:* cela tourne mal. – Fam. *Faire vinaigre:* se dépêcher. – Prov. *On ne prend pas les mouches avec du vinaigre :* la douceur, l'amabilité réussissent mieux que l'âpreté, la rudesse. – De *vin*, et *aigre.*

vinaigrer [vinɛgʀe] v. tr. [1] Assaisonner avec du vinaigre. – De *vinaigre.*

vinaigrerie [vinɛgʀəʀi] n. f. **1.** Fabrique de vinaigre. **2.** Industrie, commerce du vinaigre. – De *vinaigrier.*

vinaigrette [vinɛgʀɛt] n. f. **1.** Sauce faite avec du vinaigre, de l'huile, et divers condiments. *Cœurs d'artichauts à la vinaigrette.* **2.** Anc. Petite voiture à deux roues, analogue à la chaise à porteurs. – De *vinaigre.*

vinaigrier [vinɛgʀije] n. m. **1.** Fabricant, marchand de vinaigre. **2.** Flacon destiné à contenir du vinaigre. **3.** BOT Arbuste (*Rhus typhina*) à feuilles pennées, dont les fruits forment des épis rougeâtres couverts de poils, commun dans les terrains secs ou rocheux où il peut devenir envahissant. – De *vinaigre.*

vinaire [vinɛʀ] adj. Rare Du vin. – Lat. *vinarius.*

vinasse [vinas] n. f. **1.** TECH Liquide restant après qu'on a enlevé par distillation l'alcool des liqueurs alcooliques. **2.** Cour., péjor. Mauvais vin. – De *vin.*

vindas [vɛ̃dɑs] ou **vindau** [vɛ̃do] n. m. TECH Cabestan à bras. ▷ GYM Pas-de-géant*. – Du scand. *winda,* «hausser».

vindicatif, ive [vɛ̃dikatif, iv] adj. Enclin à la vengeance. *Caractère vindicatif.* – Du lat. *vindicare* (V. vindicte).

vindicativement [vɛ̃dikativmɑ̃] adv. D'une manière vindicative. – Du préc.

vindicte [vɛ̃dikt] n. f. *Vindicte publique:* poursuite d'un crime au nom de la société. – Litt. *Désigner qqn à la vindicte publique,* l'accuser publiquement. – Lat. *vindicta,* «vengeance» («punition», en lat. imp.), de *vindicare,* «revendiquer, punir, châtier».

vinée [vine] n. f. VITIC **1.** Vieilli Récolte de vin. **2.** Branche à fruits de la vigne. – De *vin.*

viner [vine] v. tr. [1] Ajouter de l'alcool à (un vin, un moût). – De *vin.*

vineux, euse [vinø, øz] adj. **1.** Qui a la couleur, l'odeur, le goût du vin. *Rouge vineux.* **2.** Riche en vin. *Région vineuse.* **3.** *Vin vineux,* riche en alcool, plein de force. – Lat. *vinosus.*

vingt [vɛ̃] adj. et n. **I.** adj. num. **1.** adj. num. cardin. Deux fois dix. *Vingt mois.* – *Vingt-quatre heures:* un jour plein. ▷ *Je vous l'ai dit vingt fois,* de nombreuses fois. **2.** adj. num. ordin. Vingtième. *Page vingt.* **II.** n. m. Le nombre vingt. *Deux fois vingt.* ▷ Le numéro vingt. *Jouer le vingt.* – La maison portant le numéro vingt. *Habiter au vingt.* ▷ Le vingtième jour du mois. *Payer le vingt.* – Bas lat. *vinti,* contract. du class. *viginti.*

vingtaine [vɛ̃tɛn] n. f. Nombre de vingt environ. *Une vingtaine d'absents.* – De *vingt.*

vingtième [vɛ̃tjɛm] adj. num. ordin. et n. **1.** Dont le nombre vingt définit le rang. *Le vingtième jour.* ▷ Subst. *Être le (la) vingtième sur la liste.* **2.** *La vingtième partie:* chacune des parties d'un tout divisé en vingt parties égales. ▷ N. m. *Le vingtième d'une somme.* – De *vingt.*

vingtièmement [vɛ̃tjɛmmɑ̃] adv. En vingtième lieu. – Du préc.

vinicole [vinikɔl] adj. Relatif à la culture de la vigne, à la production du vin. – De *vin,* et *-cole.*

vinifère [vinifɛʀ] adj. Didac. Qui produit du vin. *Terrain vinifère.* – De *vin,* et *-fère.*

vinification [vinifikasjɔ̃] n. f. Ensemble des opérations qui transforment le moût en vin. – De *vin,* d'ap. les mots en *-fication.*

vinifier [vinifje] v. tr. [1] Opérer la vinification de. – De *vinification.*

vinosité [vinozite] n. f. TECH Caractère d'un vin riche en alcool. – Lat. imp. *vinositas,* ou de *vineux.*

vinyle [vinil] n. m. CHIM *Radical vinyle:* radical monovalent $CH_2{=}CH-$. ▷ Corps qui contient ce radical. *La polymérisation du chlorure de vinyle permet d'obtenir le polychlorure de vinyle, matière plastique très utilisée.* – De *vin,* d'ap. *éthyle.*

vinylique [vinilik] adj. CHIM, TECH Se dit des corps contenant le radical vinyle. *Résine vinylique.* – De *vinyle.*

vinylite [vinilit] n. f. TECH Résine vinylique utilisée notam. dans la fabrication des disques microsillons. – Nom déposé, de *vinyle.*

vioc ou **vioque** [vjɔk] adj. et n. Pop. Vieux. – *Mes viocs:* mes parents. – De *vieux* ou provenç. *velhaco.*

viol [vjɔl] n. m. **1.** Acte de violence par lequel une personne non consentante est contrainte à des relations sexuelles. **2.** Action de violer (sens 1 et 2). *Viol des lois, d'une clôture monastique.* – Déverbal de *violer.*

violacé, ée [vjɔlase] adj. et n. **1.** adj. D'une couleur tirant sur le violet. *Visage violacé.* **2.** n. f. pl. BOT Famille de dicotylédones pariétales comprenant les violettes et les pensées ainsi que des arbres et arbustes tropicaux. – Sing. *Une violacée.* – Lat. *violaceus,* «couleur de violette».

violacer [vjɔlase] v. tr. [14] Rendre violet ou violacé. ▷ v. pron. *Peau qui se violace.* – Du préc.

violat [vjɔla] adj. m. PHARM Où il entre de l'extrait de violette. *Miel violat.* – Bas lat. *violatus.*

violateur, trice [vjɔlatœʀ, tʀis] n. **1.** Personne qui viole, enfreint, profane. **2.** Vx Violeur. – Lat. *violator.*

violation [vjɔlasjɔ̃] n. f. Action de violer (sens 1 et 2). *Violation d'un droit, de domicile.* – Lat. *violatio.*

violâtre [vjɔlɑtʀ] adj. Rare Violacé. – De *violet.*

viole [vjɔl] n. f. Instrument de musique à archet, monté de 3 ou 4 cordes (*viole de bras,* tenue sur le bras) ou de 6 ou 7 cordes (*viole de gambe,* tenue entre les genoux), ancêtre du violon et du violoncelle. – Anc. provenç. *viola,* de *violar,* «jouer (de la vielle, etc.)», verbe d'orig. onomat. (V. vieller).

violemment [vjɔlamɑ̃] adv. **1.** Avec violence. *Arracher violemment.* ▷ Avec impétuosité. *Répliquer violemment.* **2.** Avec ardeur. *Haïr violemment.* – De *violent.*

violence [vjɔlɑ̃s] n. f. **1.** Force brutale exercée contre quelqu'un. *User de violence.* Contrainte illégitime, physique ou morale. ▷ *Faire violence à qqn,* le contraindre par la force ou l'intimidation. – *Faire violence à une femme,* la violer. – *Se faire violence:* se contraindre, se contenir. – *Se faire une douce violence:* accepter une chose agréable refusée jusque-là pour la forme. – Fig. *Faire violence à un texte,* en forcer le sens. **2.** Plur. Actes de violence. *Avez-vous eu à subir des violences?* **3.** Brutalité du caractère, de l'expression. *Réprimer sa violence. Violence verbale.* **4.** (Choses.) Intensité, force brutale (d'un phénomène naturel, d'un sentiment, etc.). *Violence du vent, des passions.* – Lat. *violentia.*

violent, ente [vjɔlɑ̃, ɑ̃t] adj. (et n.) **1.** Brutal, emporté, irascible. *Un homme violent.* – Par ext. *Une scène violente.* ▷ Subst. *C'est un violent.* **2.** D'une grande force, d'une grande intensité. *Une violente explosion. Une douleur violente.* **3.** Qui nécessite de la force, de l'énergie. *Un effort violent.* ▷ *Mort violente,* causée par un acte de violence ou un accident. **4.** Fam. Excessif, intolérable. *C'est un peu violent!* – Lat. *violentus.*

violenter [vjɔlɑ̃te] v. tr. [1] **1.** Vx Contraindre par la violence. – Mod. *Violenter une femme,* la violer. **2.** Litt. Faire violence à. *Violenter une loi.* – De *violent.*

violer [vjɔle] v. tr. [1] **1.** Enfreindre, agir contre. *Violer la loi.* – *Violer un engagement,* ne pas le respecter. – *Violer un secret,* le trahir. **2.** Pénétrer (dans un lieu sacré ou interdit); profaner. *Violer un sanctuaire, une sépulture.* – *Violer les consciences,* forcer leur secret, les amener de force à certaines idées. **3.** Faire subir un viol (sens 1) à. *Violer une femme, un enfant.* – Lat. *violare.*

violet, ette [vjɔlɛ, ɛt] adj. et n. m. **1.** D'une couleur résultant d'un mélange de bleu et de rouge (radiations lumineuses dont la longueur d'onde avoisine 0,4 μm). ▷ N. m. Couleur violette. *Un violet clair.* **2.** Syn. de *figue* de mer.* – De *violette.*

violette [vjɔlɛt] n. f. **1.** Plante herbacée (genre *Viola,* fam. violacées) à fleurs solitaires, violettes, blanches ou jaunes. *Certaines violettes sont odorantes. L'emblème floral du Nouveau-Brunswick est une violette.* **2.** *Bois de violette:* palissandre du Brésil, utilisé surtout en marqueterie. – Dimin. de l'a. fr. *viole,* du lat. *viola..*

violeur, euse [vjɔlœʀ, øz] n. Personne qui commet, qui a commis un viol (sens 1). – De *violer*.

violier [vjɔlje] n. m. Nom cour. de la giroflée rouge *(Matthiola incana)* et de la giroflée jaune *(Cheiranthus cheiri)*. – De l'a. fr. *viole*, du lat. *viola* (V. violette).

violine [vjɔlin] adj. D'une couleur violet pourpre. *Rideau violine*. – De *violette*.

violiste [vjɔlist] n. Musicien(ne) qui joue de la viole. – De *viole*.

violon [vjɔlõ] n. m. **I. 1.** Instrument de musique à quatre cordes accordées par quintes (sol, ré, la, mi) et à archet. ▷ Fig. *Accorder ses violons:* se mettre d'accord. – *Violon d'Ingres:* activité (artistique, notam.) exercée avec assiduité en dehors de sa profession (par allusion au fait que le peintre Ingres pratiquait le violon). **2.** Personne qui joue du violon dans un ensemble musical; violoniste d'orchestre. *Premier, second violon*. ▷ Vieilli, fig. *Payer les violons du bal:* payer les frais d'une entreprise dont les autres ont le profit. **II.** *Par anal.* (Généralt au plur.) *Tête de violon* (pfs *queue de violon*): pousse comestible de la fougère à l'autruche, qu'on récolte au printemps. **III.** (France) Fam. Prison attenant à un corps de garde ou à un poste de police. *Passer la nuit au violon*. – Ital. *violone*, «grosse viole, contrebasse», le mot pour «violon» étant *violino*.

violoncelle [vjɔlõsɛl] n. m. **1.** Instrument de musique à quatre cordes, analogue au violon, mais de plus grande taille et dont on joue assis en le tenant entre les jambes. **2.** Rare Violoncelliste. – Ital. *violoncello*, dimin. de *violone*.

violoncelliste [vjɔlõsɛlist] n. Musicien(ne) qui joue du violoncelle. – Du préc.

violoné, ée [vjɔlɔne] adj. BX-A Se dit d'un meuble, d'une partie de meuble en forme de violon. *Fauteuil violoné*. – De *violon*.

violoner [vjɔlɔne] v. intr. [1] Fam. Jouer, racler du violon. – De *violon*.

violoneux [vjɔlɔnø] n. m. Ménétrier. – Fam. Mauvais violoniste. – De *violoner*.

violoniste [vjɔlɔnist] n. Musicien(ne) qui joue du violon. – De *violon*.

vioque. V. vioc.

viorne [vjɔʀn] n. f. **1.** BOT Arbrisseau (genre *Viburnum*, fam. caprifoliacées) à fleurs blanches, dont on cultive certaines espèces ornementales (obier, laurier-tin). *Le pimbina est une viorne indigène*. **2.** Clématite. – Lat. *viburnum*, plur. *viburna*, pris pour un fém. sing.

vipère [vipɛʀ] n. f. **1.** Serpent venimeux de l'Ancien Monde, au corps épais, à la tête triangulaire, dont deux espèces, la vipère aspic *(Vipera aspis)* et la vipère péliade *(Vipera berus)*, vivent en France. **2.** Fig. Personne malfaisante, d'une méchanceté sournoise. *Un nid de vipères*. ▷ *Langue de vipère:* personne très médisante. – Lat. *vipera*.

ENCYCL Les vipères sont de taille variable (de 30 cm à 1,80 m de long). Elles ont de longs crochets venimeux, repliés en arrière lorsque la gueule est fermée. Vivipares, elles mettent au monde des vipereaux venimeux dès leur naissance. Généralement sombre, la coloration des vipères varie selon le milieu où elles évoluent: jaune chez les espèces des déserts, bariolée chez les espèces forestières, etc. La nourriture des vipères est constituée princ. de petits vertébrés (rats, souris, lézards, etc.), plus rarement d'amphibiens et d'oiseaux. Ces serpents chassent à l'affût et sont de bons nageurs. Il en existe de très nombreux genres, répandus dans le monde entier: vipère des pyramides (genre *Echis*), vipère heurtante (genre *Bitis*), etc.

vipereau [vipʀo] n. m. Petit d'une vipère. – Dimin. de *vipère*.

vipéridés [vipeʀide] n. m. pl. ZOOL Famille de serpents venimeux comprenant les vipères. – De *vipère*, et *-idés*.

vipérin, ine [vipeʀɛ̃, in] adj. et n. **I.** adj. **1.** Vx *Langue vipérine:* langue de vipère, médisante. **2.** Mod. De la vipère, qui a rapport à la vipère. – *Couleuvre vipérine:* couleuvre aquatique. **II.** n. f. Plante (genre *Echium*, fam. borraginacées) des lieux incultes et des sables, d'aspect velu, à fleurs bleues et roses. – Lat. *viperinus*, de *vipera*, «vipère».

virage [viʀaʒ] n. m. **1.** MAR Syn. anc. de *virement**. **2.** Mouvement tournant d'un véhicule. *Amorcer un virage. Virage à la corde*, effectué au plus près du bord intérieur de la route. – Fig. Changement d'orientation. *Virage politique*. ▷ Portion courbe d'une route. *Virage dangereux*. **3.** PHOTO Opération consistant à modifier la couleur d'une épreuve. **4.** *Virage d'une cutiréaction :* V. virer, sens III, 3. – De *virer*.

virago [viʀago] n. f. Péjor. Femme d'allure masculine, autoritaire ou revêche. – Mot latin, «femme qui a le courage d'un homme».

viral, ale, aux [viʀal, o] adj. MICROB, MED Relatif à un virus; dû à un virus. *Maladie virale*. – De *virus*.

vire [viʀ] n. f. ALPIN Étroite corniche sur une paroi rocheuse. – Chemin à flanc de montagne. – Déverbal de *virer*.

virée [viʀe] n. f. Fam. Promenade rapide; court voyage; tournée des lieux de distraction. – Pp. fém. subst. de *virer*.

virelai [viʀ(ə)lɛ] n. m. Didac. Poème du Moyen Âge, construit sur deux rimes et à quatre strophes, dont la première est reprise en partie dans les autres. – Probabl. d'un refrain de danse, de *virer*, «tourner».

virement [viʀmɑ̃] n. m. **1.** MAR Mod. Action de virer de bord. **2.** Transfert de fonds d'un compte à un autre, d'un chapitre du budget à un autre. *Virement postal, budgétaire*. ▷ *Virement automatique:* opération consistant à déposer dans le compte en banque des bénéficiaires les prestations de leur régime de retraite ou d'assurance sociale. (Expression proposée par l'OLF en remplacement de *dépôt direct*, calque de l'angl. *direct deposit*.) – De *virer*.

virer [viʀe] v. [1] **I.** v. tr. **1.** COMPTA et cour. Faire passer d'un compte à un autre. *Virer une somme*. **2.** PHOTO *Virer une épreuve*, lui faire subir un virage. ▷ Fam. *Virer sa cuti:* avoir une cutiréaction positive; fig.: changer de parti, de mœurs, etc. **3.** Fam. *Virer qqn*, le renvoyer, l'expulser. **4.** MAR Haler sur (un cordage, une chaîne) au moyen d'un treuil, d'un guindeau ou d'un cabestan. **II.** v. tr. indir. Passer (à un autre état, une autre couleur). *Virer à l'aigre, au bleu*. **III.** v. intr. **1.** Tourner sur soi ou tourner en rond. *Virer d'un demi-tour*. **2.** MAR *Virer de bord* ou, absol. *virer:* pour un navire, offrir au vent le côté qui était sous le vent; fig., cour.: changer de parti. ▷ Cour. Aller en tournant, prendre un virage. *Virer trop court*. **3.** PHOTO Subir un virage (sens 3). *Épreuve qui vire*. – *Par ext.* Changer de teinte. *Étoffe, couleur qui vire*. PHOTO *Cette diapositive a viré au magenta*. ▷ MED *Cutiréaction qui vire*, qui devient positive. – Lat. pop. **virare*, du class. *vibrare*, «faire tournoyer, faire vibrer».

vireton [viʀtõ] n. m. Trait d'arbalète empenné de manière à tourner sur lui-même pendant sa trajectoire. – De *virer*.

vireur [viʀœʀ] n. m. TECH Mécanisme permettant de positionner ou de faire tourner l'arbre d'une machine lorsqu'il est débrayé. – De *virer*.

vireux, euse [viʀø, øz] adj. Didac. Se dit des plantes ou des substances végétales toxiques. – Par ext. *Odeur,* *saveur vireuse du chanvre indien.* – Lat. *virosus*, de *virus*, «poison».

virevolte [viʀvɔlt] n. f. Tour et retour rapides sur soi-même. ▷ Fig. Volte-face, revirement. – Déverbal de *virevolter.*

virevolter [viʀvɔlte] v. intr. [1] Faire une ou des virevoltes. – Altér. de l'anc. v. *virevouster*, de *virer*, et *vouter*, «tourner», du lat. pop. **volvitare*, sous l'infl. de l'ital. *giravolta*, «tour en rond».

1. virginal, ale, aux [viʀʒinal, o] adj. D'une vierge; propre à une vierge. *Innocence virginale.* ▷ Pur, immaculé. *Blancheur virginale.* – Lat. *virginalis*, de *virgo, virginis*, «vierge»..

2. virginal, n. m. ou **virginale** n. f. [viʀʒinal] MUS Épinette en vogue en Angleterre du XVIe au XVIIIe s. – Du préc., p.-ê. «instrument pour les jeunes filles».

virginipare [viʀʒinipaʀ] adj. et n. f. ZOOL Se dit des femelles qui peuvent engendrer par parthénogenèse. – Du lat. *virgo, virginis*, «vierge», et *-pare.*

virginité [viʀʒinite] n. f. État d'une personne vierge. ▷ Fig. Pureté. – *Refaire une virginité à qqn*, lui rendre l'innocence, la pureté, et, par ext., la réputation. – Lat. *virginitas*, de *virgo, virginis*, «vierge».

virgule [viʀgyl] n. f. **1.** Signe de ponctuation (,) qui indique une pause peu marquée et s'emploie pour séparer des propositions subordonnées non coordonnées, pour isoler les mots mis en apostrophe ou en apposition, ou entre les termes d'une énumération. ▷ MATH Signe qui sépare la partie entière et la partie décimale d'un nombre décimal. **2.** *Appos.* MED *Bacille virgule:* agent du choléra, dont la forme évoque celle d'une virgule. – Lat. *virgula*, «petit trait, accent», dimin. de *virga*, «verge, baguette».

virguler [viʀgyle] v. tr. [1] Rare Ponctuer de virgules (un texte). – Du préc.

viril, ile [viʀil] adj. **1.** Qui appartient, qui est propre aux humains adultes du sexe masculin. *Force virile. Toge virile. Membre viril.* **2.** Qui a les qualités que l'on prête traditionnellement aux hommes; qui dénote ces qualités, ou qui participe de leur nature. *Se montrer viril. Faire preuve d'un courage viril.* – Lat. *virilis*, de *vir, viris*, «homme».

virilement [viʀilmɑ̃] adv. D'une manière virile; avec énergie. – Du préc.

virilisation [viʀilizasjɔ̃] n. f. MED Apparition chez la femme pubère de caractères sexuels secondaires masculins. V. virilisme. – De *viriliser.*

viriliser [viʀilize] v. tr. [1] Rendre viril; donner un caractère viril à. – De *viril.*

virilisme [viʀilism] n. m. MED Ensemble de troubles (pilosité accrue, tessiture basse de la voix, hypertrophie musculaire, absence de règles) qui apparaissent chez la femme souffrant d'un excès de sécrétion d'hormones androgènes. – De *viril.*

virilité [viʀilite] n. f. **1.** Ensemble des caractéristiques physiques de l'être humain adulte de sexe masculin. ▷ Âge viril, âge d'homme. *Parvenir à la virilité.* **2.** Aptitude à engendrer, puissance sexuelle chez l'homme. **3.** Ensemble des qualités traditionnellement considérées comme spécifiquement masculines. – Lat. *virilitas*, «caractère mâle, âge viril, sexe de l'homme».

virion [viʀjɔ̃] n. m. MICROB Particule virale infectieuse. V. encycl. virus. – De *virus.*

virolage [viʀɔlaʒ] n. m. TECH Action de viroler (sens 1 et 2). – De *viroler.*

virole [viʀɔl] n. f. TECH **1.** Petit cercle de métal mis au bout d'une canne, d'un manche d'outil ou de couteau, etc., pour empêcher le bois de se fendre. **2.** Moule d'acier circulaire dans lequel sont frappées les monnaies, les médailles. **3.** Anneau de tôle constituant un élément de chaudière, de réservoir. – Lat. *viriola*, dimin. de *viria*, «sorte de bracelet».

viroler [viʀɔle] v. tr. [1] TECH **1.** Garnir d'une virole. **2.** Mettre (les flans) dans la virole (sens 2). – De *virole..*

virologie [viʀɔlɔʒi] n. f. Partie de la biologie qui étudie les virus. – De *virus*, et *-logie.*

virologiste [viʀɔlɔʒist] ou **virologue** [viʀɔlɔg] n. Spécialiste de virologie. – Du préc.

virose [viʀoz] n. f. MED Infection par un virus. – De *virus*, et *-ose* 2.

virtualité [viʀtɥalite] n. f. PHILO, litt. Caractère de ce qui est virtuel. – Ce qui est virtuel. *Réaliser les virtualités qu'on porte en soi.* – De *virtuel.*

virtuel, elle [viʀtɥɛl] adj. **1.** PHILO et cour. Qui existe en puissance seulement; potentiel. Ant. actuel. **2.** PHYS *Image virtuelle*, dont les points se trouvent sur le prolongement géométrique des rayons lumineux. *Image virtuelle d'un miroir* (opposé à *image réelle*). – Lat. scolast. *virtualis*, du lat. *virtus*, «vertu».

virtuellement [viʀtɥɛlmɑ̃] adv. **1.** D'une manière virtuelle, en puissance. **2.** Cour. À peu de chose près. *Il a virtuellement gagné.* – De *virtuel.*

virtuose [viʀtɥoz] n. et adj. **1.** Personne douée d'une grande habileté (dans un art, une activité quelconque). **2.** Musicien, exécutant dont la technique est sans défaut. ▷ Adj. *Violoniste virtuose.* – Ital. *virtuoso*, de *virtu*, «énergie, qualité», du lat. *virtus*, «vertu, force».

virtuosité [viʀtɥozite] n. f. Talent, technique de virtuose. *La virtuosité d'un pianiste.* – De *virtuose.*

virulence [viʀylɑ̃s] n. f. **1.** MED Pouvoir infectant et pathogène d'un germe. **2.** Fig. Violence, dureté, âpreté. *La virulence d'une satire.* – Bas lat. *virulentia*, «infection».

virulent, ente [viʀylɑ̃, ɑ̃t] adj. **1.** MED Doué de virulence. **2.** Fig. Âpre, dur, violent. *Critiques virulentes.* – Bas lat. *virulentus*, «venimeux».

virure [viʀyʀ] n. f. MAR Bande longitudinale du bordé*, constituée d'une succession de bordages* de même largeur dans la construction en bois, ou de tôles assemblées par leurs petits côtés dans la construction métallique. – De *virer.*

virus [viʀys] n. m. **1.** Microorganisme parasite et infectieux. *Virus de la grippe, de la poliomyélite.* **2.** Fig. Source de contagion morale. Le *virus du jeu.* – Mot lat., «suc, venin, poison».

ENCYCL Les virus sont tous des parasites, ce qui laisse penser qu'il s'agit d'organismes régressés, simplifiés, et non des formes primitives de la vie. Ils prolifèrent en synthétisant les acides nucléiques de la cellule parasitée. La particule virale a une partie centrale, le virion, constituée d'acide nucléique (A.D.N. ou A.R.N.) et qu'enveloppe une coque, la capside, formée essentiellement de protéines. Autour de la capside peut exister une nouvelle enveloppe, qui contient des éléments de la cellule hôte et assure, semble-t-il, un «camouflage» immunitaire. Les virions sont disposés de façon très régulière, géométrique et, selon leur forme, on distingue trois grandes classes: **1.** *les virus à symétrie cubique*, où les virions forment des solides polyédriques, et à l'intérieur desquels l'acide nucléique se présente sous forme de filaments enchevêtrés; **2.** *les virus à structure hélicoïdale*, où les virions présentent un canal central entouré d'un cylindre d'acide nucléique aux filaments régulièrement agencés et entouré d'un manchon; **3.** *les virus à structure double*, dont les virions possèdent une tête à structure cubique et une sorte de queue à structure spiralée; ce sont les principaux bactériophages. La nature biochimique du virion permet de déterminer deux grands groupes: *les virus à A.D.N.* et *les virus à A.R.N.* Dans le premier groupe, le virion est constitué par un fragment d'A.D.N. capable de s'insérer sur des sites particuliers de l'A.D.N. chromosomique de la cellule parasitée. Dans le second groupe, exceptionnel parmi les êtres vivants, le virion ne possède que de l'A.R.N. Lors de l'infection virale, l'enveloppe du virion, grâce à sa nature de membrane cytoplasmique, se met en continuité avec celle de la cellule parasitée. De la vésicule ainsi formée, le contenu est libéré dans le cytoplasme selon un processus qui rappelle la phagocytose et le virion est dissocié (phase d'éclipse) comme s'il était digéré; bien qu'il ne soit plus détectable, il n'est pas détruit et la cellule élabore les constituants nécessaires à sa multiplication. Les virus à A.R.N. présentent deux modes de multiplication. Au cours de la phase d'éclipse, les molécules d'A.R.N. viral peuvent être répliquées en nouvelles molécules d'A.R.N. viral, sous l'effet d'enzymes; chez certains virus à A.R.N., une enzyme, la transcriptase-inverse, peut transcrire une copie sur une molécule d'A.D.N. (opération inverse de celle qui se déroule normalement lors de la protéosynthèse). Quant aux virus à A.D.N., ils détournent une partie des mécanismes de protéosynthèse à leur profit. On estime que la plupart des virus peuvent avoir: soit une activité pathologique banale et spécifique; soit une activité génétique et cancérigène; les conditions physico-chimiques de l'environnement cellulaire chez l'organisme parasité jouent un rôle majeur dans les diverses activités virales.

vis [vis] n. f. **1.** Tige cylindrique ou tronconique en matière dure (métal, le plus souvent) présentant un relief en spirale (le *filet*), et que l'on utilise pour effectuer des assemblages ou pour transmettre un effort ou un mouvement. *Vis à bois, à métaux. Pas de vis. Vis sans fin:* vis à corps cylindrique dont le filet entraîne une roue dentée. *Vérin à vis.* ▷ Loc. fig. et fam. *Serrer la vis à qqn,* le traiter avec sévérité, dureté. – *Donner un tour de vis:* renforcer une sujétion, une contrainte. **2.** Rare Escalier à cage cylindrique dont les marches sont soutenues par un axe vertical central (le *noyau*). ▷ Cour. *Escalier à vis* (appelé aussi *escalier en colimaçon**). **3.** AUTO *Vis platinées:* V. platiné. – Du lat. *vitis,* «vigne», et par ext. «vrille de vigne».

visa [viza] n. m. Formule, sceau que l'on appose sur un acte pour le valider, le légaliser. ▷ *Spécial.* Cachet apposé sur un passeport, exigé par certains pays, et valant autorisation de séjour. – Mot lat. *visa,* «choses vues», plur. neutre de *visus,* pp. de *videre,* «voir».

visage [vizaʒ] n. m. **1.** Face de l'être humain, partie antérieure de la tête. *Les traits du visage.* ▷ Expression, mine, physionomie. *Visage gai, ouvert, triste, renfrogné. Faire bon (mauvais) visage à qqn,* être avenant (désagréable) avec lui. ▷ Loc. *Se montrer à visage découvert,* tel qu'on est réellement. **2.** Fig. Aspect (de qqch). *Voir qqch sous son vrai visage.* – Du lat. *visus,* «aspect, apparence», propr. «vue».

visagisme [vizaʒism] n. m. Didac. Ensemble des règles ayant pour but de faire ressortir la spécificité d'un visage, par la coiffure ou le maquillage. – Nom déposé; de *visage.*

visagiste [vizaʒist] n. Spécialiste du visagisme. – Nom déposé; de *visage.*

vis-à-vis [vizavi] loc. prép. et n. m. **I.** loc. prép. **1.** En face de. *J'étais placé vis-à-vis de M. Untel.* **2.** En comparaison de. *Mon malheur n'est rien vis-à-vis du vôtre.* **3.** (Emploi critiqué.) Envers. *Mes sentiments vis-à-vis d'elle.* **II.** n. m. **1.** Situation de deux personnes, de deux choses qui se trouvent l'une en face de l'autre. *Nous étions en vis-à-vis. Un vis-à-vis piquant.* **2.** Personne (et, par ext., chose) placée en face d'une autre. *J'ai demandé du feu à mon vis-à-vis.* **3.** Petit fauteuil à deux places, en forme de S, qui permet à deux personnes de converser en se faisant face. – De l'a. fr. *vis,* «visage», du lat. *visus,* «vue».

viscache [viskaʃ] n. f. ZOOL Rongeur d'Amérique du Sud *(Lagostomus maximus),* proche du chinchilla. – Mot esp., d'orig. quichua.

viscéral, ale, aux [viseʀal, o] adj. **1.** ANAT Relatif aux viscères. **2.** Fig. Qui vient du plus profond de soi, en parlant de sentiments, d'affects. *L'attachement viscéral du paysan à sa terre.* – Bas lat. *visceralis,* «intime», du class. *viscus,* «chair».

viscéralement [viseʀalmɑ̃] adv. De façon viscérale, profondément. – De *viscéral.*

viscère [viseʀ] n. m. ANAT Chacun des organes contenus dans les cavités crânienne, thoracique et abdominale. ▷ *Spécial.,* cour. *Les viscères,* ceux de l'abdomen. – Lat. *viscus, visceris,* «chair», par ext. «viscère».

viscose [viskoz] n. f. CHIM Solution épaisse à base de cellulose utilisée pour la préparation de la rayonne, de la fibranne et de la cellophane. – Du rad. de *visqueux,* et *-ose* 1.

viscosimètre [viskozimɛtʀ] n. m. TECH Appareil servant à mesurer la viscosité des liquides. – De *viscosité,* et *-mètre.*

viscosité [viskozite] n. f. État de ce qui est visqueux. ▷ PHYS Propriété qu'a tout fluide d'opposer une résistance aux forces qui tendent à déplacer les unes par rapport aux autres les particules qui le constituent. – Lat. médiév. *viscositas,* du class. *viscosus,* «visqueux».

ENCYCL **Phys.** – Les forces de viscosité ont une très grande importance pratique, car elles conditionnent l'écoulement des fluides dans les canalisations et le long des parois. Elles sont à l'origine des pertes de charge qui s'opposent à l'écoulement des fluides dans les conduites en régime laminaire et en régime turbulent, si la vitesse dépasse un certain seuil. La viscosité dynamique des gaz augmente avec la température mais ne varie pratiquement pas avec la pression. Celle des liquides décroît avec la température mais croît fortement avec la pression. Exprimée en poiseuilles, la viscosité dynamique de l'eau est égale à 10^{-3}; celle de la glycérine à 0,85.

visé [vize] n. m. Action de viser avec une arme à feu. *Tirer au visé* (opposé à *au jugé*). – Pp. subst. de *viser* 1.

visée [vize] n. f. **1.** Action de diriger la vue (et, par ext., une arme, un instrument d'optique, un appareil photographique, etc.) vers un point donné. **2.** Fig. (Surtout au pl.) Ce que l'on se fixe comme but à atteindre, comme avantage à obtenir; ambition, dessein, désir. *Avoir des visées sur qqch, qqn.* – Pp. fém. subst. de *viser* 1.

1. viser [vize] v. [1] **I.** v. tr. dir. **1.** Regarder attentivement (le but, la cible) que l'on cherche à atteindre au moyen d'une arme, d'un projectile, etc. *Chasseur qui vise un buffle.* **2.** Fig. Chercher à atteindre. *Qui visiez-vous par cette allusion?* – (Sujet n. de chose.) *Ce reproche nous vise,* nous concerne directement, nous est adressé. ▷ Avoir des vues sur; ambitionner, briguer. *Viser un poste important.* **3.** Pop. Regarder. *Vise un peu cette pépée!* **II.** v. tr. indir. *Viser à.* **1.** Pointer une arme, un objet vers. *Il a visé au cœur.* **2.** Chercher à atteindre, avoir en vue (une certaine fin). *Cette équipe vise à sa qualification pour la finale.* ▷ (+ inf.) *La comédie vise à corriger les mœurs.* **III.** v. intr. *Tirer sans viser.* ▷ Fig. *Viser trop haut, trop bas:* avoir des ambitions trop grandes, trop modestes. – Lat. pop. *visare,* class. *visere,* intensif de *videre,* «voir».

2. viser [vize] v. tr. [1] Examiner (un acte) et le revêtir d'une formule, d'un cachet, etc., qui le rend valide. *Fonctionnaire qui vise un document comptable.* – De *visa.*

viseur [vizœʀ] n. m. Dispositif optique de visée. *Regarder dans le viseur d'une arme à feu.* ▷ *Spécial.* PHOTO Dispositif permettant d'évaluer exactement le champ embrassé par l'objectif de l'appareil, de la caméra. – De *viser* 1.

visibilité [vizibilite] n. f. **1.** Fait d'être visible; caractère visible d'une chose. **2.** Possibilité de voir plus ou moins bien. *Doubler dans un virage sans visibilité.* ▷ *Spécial.* Possibilité de voir plus ou moins loin, en fonction de l'état de l'atmosphère. *La brume réduit la visibilité.* – Bas lat. *visibilitas,* du class. *visibilis,* «qu'on peut voir».

visible [vizibl] adj. et n. **I.** adj. **1.** Que l'on peut voir, qui peut être perçu par la vue. *Éclipse visible à Québec.* **2.** Évident, manifeste. *Il est visible que...* **3.** Prêt à recevoir une visite; que l'on peut voir. *M. le Directeur est-il visible?* ▷ Fam. Tout habillé, prêt à être vu. *Entrez, maintenant je suis visible.* **II.** n. m. *Le visible.* **1.** OPT Le domaine des radiations lumineuses perceptibles par l'œil humain (longueurs d'onde comprises entre 0,4 et 0,8 μm). **2.** Ce qui peut être perçu par les sens, et partic. par la vue; le monde sensible, matériel. *Le visible et l'invisible.* – Lat. *visibilis,* de *videre,* «voir».

visiblement [visibləmɑ̃] adv. **1.** De manière perceptible à la vue. **2.** De toute évidence; manifestement. *Être visiblement contrarié.* – Du préc.

visière [vizjɛʀ] n. f. **1.** HIST Partie antérieure mobile du heaume, qui protégeait le visage. ▷ Vx *Rompre en visière:* rompre sa lance dans la visière du heaume de son adversaire, dans une joute. ▷ Vieilli *Rompre en visière à, avec qqn,* l'attaquer violemment. **2.** Partie d'une casquette, d'un képi qui abrite le front et les yeux. – Par anal. *Mettre sa main en visière.* – De l'a. fr. *vis,* «visage».

visigoth. V. wisigoth.

vision [vizjɔ̃] n. f. **I. 1.** Perception du monde extérieur par les organes de la vue; exercice du sens de la vue, action de voir. *Vision diurne, nocturne, crépusculaire. Défauts de la vision* (myopie, hypermétropie, astigmatisme, presbytie). *Vision des couleurs.* **2.** Fig. Façon de voir; conception. *Une curieuse vision des choses. Vision du monde.* **II.** Chose surnaturelle que voient ou croient voir certaines personnes. *Les visions d'une extatique.* ▷ Hallucination visuelle. – Fam. *Avoir des visions:* déraisonner. – Lat. *visio,* «action de voir».

ENCYCL **Physiol.** – La vision est le résultat de la traduction, au niveau de certains centres nerveux, d'impressions spécifiques, de nature électromagnétique, recueillies par les organes sensoriels adéquats. La plupart des espèces bactériennes, végétales, animales, sont munies de photorécepteurs spécialisés (chloroplastes des végétaux chlorophylliens, par ex.), mais on ne parle guère de vision que pour les animaux supérieurs chez lesquels les photorécepteurs se trouvent au niveau de la rétine, sous la forme de cellules à cônes et de cellules à bâtonnets, riches en pigments sensoriels qu'excitent les photons. La stimulation lumineuse est transmise, par l'intermédiaire des prolongements nerveux du nerf optique, à une zone du cerveau située dans le lobe occipital, où s'effectuent les opérations complexes de traduction des différents paramètres du stimulus lumineux (intensité, contraste, déplacement, couleur).

visionnaire [vizjɔnɛʀ] adj. et n. **1.** Qui a, qui croit avoir des visions surnaturelles. **2.** Se dit d'une personne dotée d'une vision juste de l'avenir ou de certaines réalités. ▷ Subst. *Un, une visionnaire.* – Du préc.

visionner [vizjɔne] v. tr. [1] Examiner (un film, des diapositives, etc.), du point de vue technique. *Visionner quelques séquences d'un film en cours de tournage.* – De *vision.*

visionneuse [vizjɔnøz] n. f. Appareil permettant l'examen des films, des diapositives, des microfilms. – Du préc.

visiophone [vizjɔfɔn] n. m. TELECOM Appareil associant un téléphone, un écran cathodique et une caméra de télévision, et permettant aux correspondants de se voir. Syn. vidéophone. – De *vision,* et *-phone.*

visitandine [vizitɑ̃din] n. f. RELIG CATHOL Religieuse de l'ordre de la Visitation. – De *visit(ation).*

Visitation [vizitasjɔ̃] n. f. RELIG CATHOL Visite que la Vierge Marie fit, peu après l'Annonciation, à sa cousine sainte Élisabeth, alors enceinte de Jean Baptiste; fête célébrée le 31 mai (naguère, le 2 juillet), pour commémorer cet événement. ▷ Tableau représentant la Visitation. ▷ *Ordre de la Visitation:* ordre religieux de femmes fondé en 1610 à Annecy par saint François de Sales et sainte Jeanne de Chantal. – Lat. ecclés. *visitatio,* de *visitare,* «visiter».

visitatrice [vizitatʀis] n. f. RELIG CATHOL Religieuse qui visite les couvents de son ordre. – Lat. ecclés. *visitatrix,* fém. de *visitator,* «visiteur», du class. *visitare,* «visiter».

visite [vizit] n. f. Action, fait de visiter. **1.** Fait d'aller dans un lieu pour l'inspecter. *Visite domiciliaire.* ▷ Fait d'examiner, de contrôler qqch. *Visite du chargement d'un poids lourd par la police.* **2.** Fait d'aller dans un lieu pour sa propre distraction, pour son propre plaisir. *Visite d'une ville d'art.* **3.** Fait d'aller voir qqn chez lui. *Rendre visite à un ami. Rendre une, sa visite à qqn:* aller le voir après l'avoir reçu. ▷ *Visite officielle:* visite, à titre officiel, d'un homme d'État, d'un souverain, dans un pays étranger. ▷ *Visite médicale:* examen d'un patient par un médecin. **4.** *Par méton.* Personne qui en visite une autre; visiteur, visiteuse. *J'ai reçu une visite.* **5.** DR *Droit de visite:* droit de voir un enfant ou de le garder pendant une période déterminée, attribué aux personnes qui n'en ont pas la garde (conjoint divorcé, grands-parents). – Déverbal de *visiter.*

visiter [vizite] v. tr. [1] **1.** Examiner (un lieu; qqch) complètement, en détail. *Les douaniers ont visité nos bagages.* **2.** Parcourir, aller voir par curiosité, pour son plaisir (un lieu, un monument, etc.). *Visiter un musée.* **3.** Aller voir (qqn) chez lui. *Visiter un malade.* – Lat. *visitare,* fréquentatif de *visere,* «voir».

visiteur, euse [vizitœʀ, øz] n. **1.** Personne qui inspecte (un lieu, qqch). *Visiteur des douanes.* **2.** Personne qui visite (un lieu) pour son plaisir. *Les visiteurs d'une exposition.* **3.** Personne qui rend visite à qqn chez lui. *Recevoir des visiteurs.* ▷ *Spécial.* Personne qui va voir qqn dans un collège, un hôpital, une prison, etc. *Visiteur des prisons.* **4.** Personne qui visite ses clients à domicile. *Visiteur médical:* représentant d'un laboratoire pharmaceutique qui rend visite aux médecins pour leur présenter les produits de sa firme. – De *visiter.*

vison [vizɔ̃] n. m. **1.** Petit mammifère carnivore (*Mustela vison,* fam. mustélidés) au corps long, à tête courte, chassé et élevé pour sa fourrure. ▷ Cette fourrure. *Manteau de vison.* **2.** Fam. Manteau, veste de vison. *Elle avait mis ses bijoux et son vison.* – Du lat. *vissio,* «puanteur», de *vissire,* «vesser»; «belette», en Saintonge, à cause de son odeur.

ENCYCL Les poils courts et brillants du vison forment un pelage épais et souple. Excellent nageur, il vit au bord de l'eau. Deux espèces sont courantes: le *vison eurasien,* long de 40 cm, avec une queue de 20 cm, disparu à l'état sauvage, et le *vison d'Amérique du N.,* un peu plus grand (le mâle peut atteindre 60 cm de longueur); tous deux sont élevés dans des fermes pour leur fourrure. Les éleveurs, par la sélection, ont créé une gamme importante de visons de couleurs variées (blanc, noir, gris argenté, bleuté, etc.).

visonnière [vizɔnjɛʀ] n. f. Établissement d'élevage de visons. – De *vison.*

visqueux, euse [viskø, øz] adj. **1.** Qui s'écoule lentement, avec difficulté; poisseux, collant. *Liquide épais et visqueux.* ▷ PHYS, TECH Dont la viscosité* est élevée. *Huile très visqueuse.* **2.** Dont la surface est rendue glissante ou gluante par un liquide, une mucosité, etc. *Peau visqueuse des poissons.* **3.** Fig., péjor. D'une bassesse immonde, qui répugne. *Une obséquiosité visqueuse.* – Bas lat. *viscosus,* de *viscum,* «glu».

vissage [visaʒ] n. m. **1.** Action de visser, d'assembler au moyen de vis. **2.** TECH Défaut de fabrication d'une poterie faite au tour, consistant en une trace de sillon en spirale. – De *visser.*

visser [vise] v. tr. [1] **1.** Fixer, assembler au moyen d'une ou de plusieurs vis. *Visser une serrure.* – Par métaph. *Il resta vissé sur sa chaise.* **2.** Fermer, serrer (une chose munie d'un pas de vis). *Visser le capuchon de son stylo.* **3.** Fig., fam. *Visser qqn :* cf. *serrer la vis** à qqn. – De *vis.*

visserie [visʀi] n. f. **1.** Fabrique, atelier qui produit des pièces comportant un pas de vis, telles que vis, boulons, écrous, pitons, etc. **2.** Ensemble de ces pièces. – De *vis.*

visu (de). V. de visu.

visualisation [vizɥalizasjɔ̃] n. f. **1.** Didac. Le fait de visualiser. **2.** INFORM Affichage d'informations sur un visuel. *Console de visualisation.* – De *visualiser.*

visualiser [vizɥalize] v. tr. [1] **1.** Didac. Faire percevoir par la vue (ce qui normalement n'est pas visible). *Visualiser le trajet d'un nerf au moyen d'un crayon dermique.* **2.** INFORM Faire apparaître des informations sur un visuel. – Angl. *to visualize,* de *visual,* «visuel»; du fr.

visuel, elle [vizɥɛl] adj. et n. **1.** adj. De la vue, qui a rapport à la vue. *Rayon visuel. Mémoire visuelle :* mémoire des images, des choses vues. ▷ Subst. Personne chez qui les perceptions visuelles produisent des sensations plus fortes que les autres perceptions; personne chez qui la mémoire visuelle est prépondérante. *Je suis un visuel, la peinture me touche plus que la musique.* **2.** n. m. INFORM Dispositif permettant l'affichage de données sur l'écran d'un ordinateur. **3.** Dans le jargon des métiers de la communication (presse, publicité, notam.): aspect visuel d'une affiche, d'une brochure, d'un encart publicitaire. *L'idée est excellente, le visuel n'est pas au point.* – Lat. médiév. *visualis,* du class. *videre,* «voir».

visuellement [vizɥɛlmɑ̃] adv. Par la vue, au moyen de la vue. – Du préc.

vit [vi ou vit] n. m. Vx ou litt. Membre viril, pénis. – Du lat. *vectis,* «levier, pilon».

vitacées [vitase] n. f. pl. BOT Syn. d'*ampélidacées.* – Du lat. *vitis,* «vigne».

vital, ale, aux [vital, o] adj. **1.** De la vie, qui a rapport à la vie. *Phénomènes vitaux.* **2.** Indispensable à la vie. *Échanges vitaux.* **3.** Fondamental; d'une importance capitale. *Question vitale.* – Lat. *vitalis,* de *vita,* «vie».

vitalisme [vitalism] n. m. PHILO, BIOL Théorie, surtout développée au XVIIIe s., selon laquelle la vie est une force *sui generis,* un principe autre que celui de l'âme et autre que celui des phénomènes physico-chimiques, et qui régit l'organisme d'un être vivant. – Du préc.

vitaliste [vitalist] n. et adj. PHILO **1.** n. Partisan du vitalisme. **2.** adj. Relatif au vitalisme. *Mouvement vitaliste.* – Du préc.

vitalité [vitalite] n. f. **1.** BIOL Rare Ensemble des forces qui président aux fonctions propres des corps organisés. **2.** Cour. Intensité de l'énergie vitale; ardeur, dynamisme, vigueur. *Vitalité d'une plante. Enfant plein de vitalité.* – Lat. *vitalitas.*

vitamine [vitamin] n. f. Substance azotée indispensable, en doses infinitésimales, au métabolisme de l'organisme, qui ne peut en effectuer lui-même la synthèse. – Mot angl., du lat. *vita,* «vie», et *amine.*
ENCYCL La vitamine est une molécule organique, d'origine extrinsèque (c.-à-d. apportée par l'alimentation), qui renferme un ou plusieurs radicaux indispensables à la synthèse d'une enzyme ou d'une hormone. Une vitamine est une coenzyme (c.-à-d. le groupement actif d'une enzyme). Le nombre des vitamines connues ne cesse de croître. On définit habituellement l'action globale des vitamines selon deux centres d'intérêts: **1.** l'absence ou la réduction d'apport d'un facteur vitaminique entraîne la réduction ou même la suppression de certaines réactions spécifiques d'une chaîne métabolique; **2.** de nombreuses vitamines possèdent une action physiologique. Ainsi, la vitamine C joue un grand rôle dans les phénomènes de perméabilité capillaire et l'acide folique dans l'hématopoïèse. Une autre classification, plus scientifique, est utilisée: **1.** vitamines dont le rôle est de transporter des électrons, comme les vitamines B_2, B_3 (ou PP); **2.** vitamines dont le rôle est de transporter des radicaux chimiques, comme les vitamines B_1, B_6. Ainsi, le rôle essentiel d'une vitamine consiste en un transfert d'une molécule vers une autre, d'un électron d'un atome (ou d'un groupe limité d'atomes) vers un autre, selon des processus que l'on peut assimiler à des phénomènes enzymatiques. Les vitamines sont désignées par des lettres (éventuellement suivies d'un numéro) ou par le composé chimique lui-même. *Vitamine A,* facteur de croissance nécessaire à la formation du pourpre rétinien; sa carence provoque des troubles de la croissance et de la vue, ainsi qu'une altération des épithéliums. *Vitamine* B_1 (thiamine), dont la carence, rare sous les climats tempérés, provoque le béribéri. *Vitamine* B_2 (riboflavine), hydrosoluble, abondante dans les légumes et les levures des céréales. *Vitamine* B_6 (pyridoxine), dont la carence donne des troubles cutanés, digestifs, hématologiques et surtout neurologiques. *Vitamine* B_{12}, qui joue un rôle important dans l'hématopoïèse; sa carence provoque une anémie. *Vitamine C* (acide ascorbique), dont la carence provoque le scorbut; elle est administrée dans certains états infectieux. *Vitamine D,* qui intervient dans la croissance osseuse; elle est administrée contre le rachitisme. *Vitamine E,* à l'action mal connue; elle interviendrait dans les fonctions de reproduction. *Vitamine K,* indispensable à la synthèse de certains facteurs de la coagulation; cette propriété est utilisée pour désigner une classe d'anticoagulants (antivitamines K). *Vitamine PP* ou B_3 (nicotinamide), qui a notam. une action sur la peau; sa carence provoque la pellagre.

vitaminé, ée [vitamine] adj. Qui contient des vitamines. – De *vitamine.*

vitaminique [vitaminik] adj. BIOL, MED Qui se rapporte aux vitamines. – De *vitamine.*

vitaminothérapie [vitaminɔteʀapi] n. f. MED Administration de vitamines à des fins thérapeutiques. – De *vitamine,* et *thérapie.*

vite [vit] adv. **1.** Avec rapidité. *Marcher vite. Manger trop vite.* **2.** En toute hâte. *Venez vite!* **3.** Bientôt, sous peu. *Il sera vite guéri.* ▷ Loc. adv. *Au plus vite:* dans le plus bref délai. – Orig. incon., probabl. rad. expressif; «prompt, hâtif», en a. fr.

vitellin, ine [vitel(l)ɛ̃, in] adj. BIOL Relatif au vitellus. – De *vitellus.*

vitellus [vitel(l)ys] n. m. BIOL Ensemble des substances de réserve accumulées par l'ovocyte* et utilisées par l'embryon au cours de son développement. *Œufs pauvres en vitellus (échinodermes, mammifères),* *œufs riches en vitellus (batraciens, reptiles, oiseaux).* – Mot lat., «jaune d'œuf».

vitelotte [vitlɔt] n. f. AGRIC Variété de pomme de terre, allongée et cylindrique. – Dimin. de *vit,* par analogie de forme.

vitesse [vitɛs] n. f. **1.** Rapidité à se déplacer ou à agir. ▷ Loc. adv. Fam. *En vitesse:* au plus vite. – *En quatrième vitesse:* très rapidement. **2.** Fait de se déplacer plus ou moins vite. *Panneau de limitation de vitesse.* – Loc. *En perte de vitesse,* se dit d'un avion dont la vitesse devient insuffisante pour assurer la sustentation; fig. se dit d'une personne, d'un groupe dont l'influence, les performances, etc., sont en baisse. ▷ Rapport d'une distance au temps mis pour la parcourir. *Vitesse angulaire* (d'un mobile tournant autour d'un point): rapport entre l'angle dont a tourné le mobile et le temps mis pour effectuer cette rotation. – *Vitesse de rotation :* nombre de tours par unité de temps effectués par un mobile tournant sur lui-même. *Vitesse de rotation d'un arbre, d'une roue dentée.* ▷ ESP *Vitesse de libération:* V. libération. ▷ AUTO *Boîte de vitesses :* V. boîte. – De *vite.*

viti-. Élément, du lat. *vitis,* «vigne».

viticole [vitikɔl] adj. Relatif à la viticulture. – De *viti-,* d'ap. *agricole.*

viticulteur, trice [vitikyltœʀ, tʀis] n. Celui, celle qui cultive la vigne pour la production du vin. – De *viti-,* d'ap. *agriculteur.*

viticulture [vitikyltyʀ] n. f. Culture de la vigne. – De *viti-,* et *culture.*

vitiligo [vitiligo] n. m. MED Trouble de la pigmentation cutanée, dont les causes sont encore mal connues et qui se caractérise par des taches blanches entourées d'une bordure fortement pigmentée. – Mot lat., «tache blanche», de *vitium,* «défaut».

vitrage [vitʀaʒ] n. m. **1.** Action de vitrer. **2.** Ensemble des vitres d'un édifice. **3.** Châssis garni de vitres, servant de cloison, de toit, etc. *La pièce est divisée en deux par un vitrage. Rideau de vitrage,* ou, ellipt., *un vitrage:* rideau transparent, store appliqué contre un vitrage. – De *vitre.*

vitrail, aux [vitʀaj, o] n. m. Panneau fait de morceaux de verre généralement peints ou colorés dans la masse et assemblés, le plus souvent au moyen de plomb, de manière à former une décoration. *Les vitraux des cathédrales. L'art du vitrail.* – De *vitre.*
ENCYCL L'emploi de verres colorés était connu des Anciens mais c'est surtout l'art chrétien, et partic. l'art ogival, qui lui a donné un grand développement: vitraux de Chartres, Sens, Bourges, Tours, Le Mans; grandes roses de Paris, Reims, Strasbourg, etc. L'art du vitrail connut un second âge d'or au XVIe s., puis tomba en désuétude aux XVIIe et XVIIIe s. (le style de l'archi. ne sollicitant guère son emploi), avant de réapparaître au XIXe s. sur le mode du pittoresque médiéval. Au XXe s., Rouault (égl. d'Assy), Braque, Léger, Villon (chap. du Sacré-Cœur de la cath. de Metz), Matisse (chap. de Vence), Manessier (égl. St-Pierre à Arles-Trinquetaille) et Chagall (synagogue de Jérusalem) ont renouvelé l'art du vitrail.

vitre [vitʀ] n. f. **1.** Plaque de verre dont on garnit une ouverture (porte, fenêtre, etc.) par laquelle on veut laisser passer la lumière. *Poser, mastiquer, laver des vitres.* «Qu'avait-on à faire de la propreté d'une maison d'où bientôt l'on serait tiré, après y être mort dévoré par les serpents de lumière qui grugeaient sagacement les vitres des fenêtres?» (Victor-Lévy Beaulieu, *Don Quichotte de la démanche,* 1974.) ▷ Glace d'un véhicule. *Les vitres d'une auto. Monter, baisser les vitres.* **2.** *Par ext.* Toute plaque ou lame de verre permettant de voir, de protéger qqch. *La vitre d'une montre, d'un cadre. Mettre une vitre sur un bureau.* **3.** Verre. *Bouteille de vitre. Se couper avec de la vitre.* – Lat. *vitrum,* "verre".

vitré, ée [vitʀe] adj. (et n. m.) **1.** Garni de vitres. *Porte vitrée.* **2.** ANAT *Humeur vitrée* ou, n. m., *le vitré:* liquide transparent et visqueux, contenu dans la cavité oculaire en arrière du cristallin. – Sens 1, pp. de *vitrer;* sens 2, du lat. *vitreus.*

vitrer [vitʀe] v. tr. [1] Garnir de vitres. *Vitrer une fenêtre.* – De *vitre.*

vitrerie [vitʀəʀi] n. f. **1.** Technique de la fabrication et de la pose des vitres. **2.** Activité, commerce du vitrier; marchandises qui en font l'objet. – De *vitre,* ou de *vitrier.*

vitreux, euse [vitʀø, øz] adj. **1.** Qui ressemble au verre, qui en a l'aspect. *Porcelaine vitreuse,* à demi translucide. ▷ *État vitreux:* en cristallographie, état d'un corps dont les atomes sont disposés aléatoirement (par oppos. à l'état cristallin, dans lequel les atomes sont régulièrement répartis). – *Roches vitreuses et roches cristallines.* **2.** *Œil, regard vitreux,* sans éclat, sans vie. – De *vitre,* «verre».

vitrier [vitʀije] n. m. Celui qui vend, qui pose les vitres. – De *vitre.*

vitrifiable [vitʀifiabl] adj. Susceptible de se vitrifier. – De *vitrifier.*

vitrification [vitʀifikasjõ] n. f. Action de vitrifier, fait de se vitrifier; son résultat. – De *vitrifier.*

vitrifier [vitʀifje] v. tr. [1] **1.** Transformer en verre par fusion; donner l'aspect du verre à. ▷ v. pron. *Lave qui se vitrifie en refroidissant.* **2.** Recouvrir (une surface) d'un produit transparent et imperméable pour faciliter son entretien. *Vitrifier un parquet.* – De *vitre,* et *-fier.*

vitrine [vitʀin] n. f. **1.** Devanture vitrée d'un magasin; glace derrière laquelle un commerçant expose des marchandises à la vue des passants. *La vitrine d'un bijoutier. Laver une vitrine.* ▷ *Par méton.* Ce qui est exposé en vitrine; étalage. *Une vitrine de Noël.* **2.** Meuble vitré où sont exposés des objets de collection, dans un salon, un musée, etc. – Altér. de l'a. fr. *verrine,* «vitre devant un tableau», d'ap. *vitre.*

vitriol [vitʀijɔl] n. m. **1.** Vx (Avec un adj.) Sulfate. *Vitriol blanc:* sulfate de zinc. *Vitriol bleu:* sulfate de cuivre. *Vitriol vert:* sulfate de fer. **2.** *Vitriol* ou, vieilli, *huile de vitriol:* acide sulfurique concentré, très corrosif. ▷ Fig. *Au vitriol:* d'un caractère violent, caustique, corrosif (en parlant d'un discours, d'un écrit, etc.) *Pamphlet au vitriol.* – Du lat. *vitreolus,* «vitreux».

vitriolage [vitʀijɔlaʒ] n. m. Action de vitrioler. – De *vitrioler.*

vitrioler [vitʀijɔle] v. tr. [1] **1.** TECH Passer (des toiles) dans un bain de vitriol étendu pour les débarrasser de leurs impuretés. **2.** Arroser, brûler (qqn) avec du vitriol dans un but criminel. – De *vitriol.*

vitrioleur, euse [vitʀijɔlœʀ, øz] n. Celui, celle qui vitriole qqn. – De *vitrioler.*

vitro (in). V. in vitro.

vitrocérame [vitʀoseʀam] n. m. ou **vitrocéramique** [vitʀoseʀamik] n. f. TECH Matière faite de microcristaux régulièrement répartis dans une masse vitreuse homogène, présentant des caractéristiques analogues à celles des céramiques. – De *vitre,* et *céramique.*

vitulaire [vitylɛʀ] adj. MED VET *Fièvre vitulaire,* survenant chez la vache qui vient de mettre bas. – Du lat. *vitulus,* «veau».

vitupération [vitypeʀasjõ] n. f. Litt. Action de vitupérer. ▷ Plur. Paroles de celui qui vitupère. – Lat. *vituperatio,* «blâme».

vitupérer [vitypeʀe] v. [16] v. tr. dir. Litt. Blâmer violemment. *Vitupérer qqn, qqch.* ▷ v. tr. indir. (construction critiquée). *Vitupérer contre qqn, contre qqch.* – Lat. *vituperare,* «trouver des défauts».

vivable [vivabl] adj. **1.** Qui peut être vécu. *Une cohabitation très vivable.* **2.** Où il est agréable de vivre. *Un appartement vivable.* **3.** (Surtout en tournure négative.) D'humeur douce et accommodante. *Il n'est vraiment pas vivable.* – De *vivre.*

1. vivace [vivas] adj. **1.** Susceptible de vivre longtemps. ▷ BOT Se dit des plantes herbacées qui vivent plusieurs années. **2.** Qui dure, qui est difficile à détruire. *Préjugés vivaces.* – Lat. *vivax, vivacis,* de *vivere,* «vivre».

2. vivace [vivatʃe] adj. MUS Vif, rapide. *Allegro vivace.* – Mot ital., du lat. *vivax,* «vif, animé».

vivacité [vivasite] n. f. **1.** Fait d'être vif de caractère, d'avoir de l'allant. *Sa vivacité lui permet d'entreprendre beaucoup de choses.* – *Vivacité d'esprit:* faculté de saisir rapidement les données d'un problème, d'une situation. **2.** Ardeur, force. *Vivacité des passions.* **3.** Intensité, éclat. *Vivacité des couleurs.* **4.** Fait d'être vif*, promptitude à s'emporter. – Par ext. *Vivacité d'une réplique.* – Lat. *vivacitas,* «force de vie».

vivandier, ière [vivɑ̃dje, jɛʀ] n. Anc. Personne qui suivait les troupes pour leur vendre des vivres et des boissons. – Anc. adj. signif. , «hospitalier»; réfection de *viandier,* de *viande,* d'ap. le lat. médiév. *vivenda,* «vivres».

vivant, ante [vivɑ̃, ɑ̃t] adj. et n. **I.** adj. **1.** Qui est en vie (opposé à *mort*). *Il est blessé mais vivant.* **2.** Qui possède la vie (opposé à *inanimé,* à *inorganique*). *La matière vivante. Les êtres vivants.* **3.** Qui manifeste de la vitalité. *Une personne gaie et vivante.* **4.** Où il y a de l'activité, de l'animation. *Un quartier très vivant.* **5.** (Souvent avant le nom.) Qui, par ses traits, ses qualités, rappelle de façon frappante une personne vivante ou disparue. *C'est le vivant portrait de son père.* **6.** Qui restitue l'impression de la vie. *Une description chaleureuse et vivante.* **7.** Qui continue à vivre dans l'esprit des hommes. *Son souvenir demeure vivant parmi nous.* ▷ *Langue vivante,* encore parlée (opposé à *langue morte,* qui n'est plus parlée). **II.** n. m. **1.** Personne qui est en vie. *Les vivants et les morts.* **2.** *Un bon vivant:* un homme qui apprécie les plaisirs de la vie. **3.** loc. *Du vivant de qqn,* pendant qu'il était en vie. – Ppr. de *vivre.*

vivarium [vivaʀjɔm] n. m. Cage vitrée, où l'on élève de petits animaux (insectes, reptiles, etc.) en s'efforçant de reconstituer leur milieu naturel. ▷ Établissement, bâtiment où sont rassemblées ces cages. – Mot lat., «vivier», de *vivus,* «vivant».

vivat [viva] interj. et n. m. Acclamation enthousiaste. *Accueillir qqn par des vivats.* – Mot lat., subj. de *vivere,* «vive!».

1. vive! ou **vivent!** [viv] interj. **1.** (Accompagné du nom de qqn que l'on acclame et à qui l'on souhaite longue vie.) *Vive le roi!* – Par ext. *Vive la République! Vive* (ou, plus rare, *vivent*) *les vacances!* **2.** *Qui vive?:* V. qui vive? – De *vivre.*

2. vive [viv] n. f. Poisson marin (genre *Trachinus*) comestible, au corps allongé, vivant sur les fonds sableux et dont la nageoire dorsale est armée d'épines venimeuses. – Du lat. *vipera,* «vipère»; a. fr. *wivre.*

vive-eau [vivo] n. f. Forte marée, de nouvelle lune ou de pleine lune. (On dit aussi *marée de vive eau.*) *Des vives-eaux.* – De *vive,* et *eau.*

vivement [vivmɑ̃] adv. et interj. **I.** adv. **1.** D'une façon vive, rapide. *S'enfuir vivement.* **2.** Avec quelque emportement. *Répliquer vivement.* **3.** Avec vivacité, intensément. *Ressentir vivement un affront.* **II.** interj. (Marquant une attente impatiente.) *Vivement que ce soit terminé!* – Du fém. de *vif.*

vivent! V. vive!

viverridés [viveʀide] n. m. pl. ZOOL Famille de mammifères carnivores fissipèdes au corps svelte et au museau pointu (civettes, genettes, mangoustes, etc.). – Sing. *Un viverridé.* – Du lat. zool. *viverra,* «civette».

viveur, euse [vivœʀ, øz] n. (Rare au fém.) Vieilli Personne qui mène une vie de plaisirs. – De *vivre.*

vivier [vivje] n. m. Réservoir, bassin dans lequel on conserve le poisson vivant. – Lat. *vivarium,* de *vivus,* «vivant».

vivifiant, ante [vivifjɑ̃, ɑ̃t] adj. Qui vivifie. *Le climat vivifiant de la haute montagne.* – Ppr. de *vivifier.*

vivification [vivifikasjɔ̃] n. f. Rare Action de vivifier; son résultat. – Bas lat. *vivificatio,* de *vivificare,* «vivifier».

vivifier [vivifje] v. tr. [1] **1.** Augmenter, par une action physique ou psychique, la vitalité de. *L'air frais l'avait réveillé et vivifié.* **2.** Fig. Rendre actif, plus actif (qqch). *Vivifier l'industrie.* – Lat. ecclés. *vivificare,* de *vivus,* «vivant», et *facere,* «faire».

vivipare [vivipaʀ] adj. ZOOL Se dit d'un animal dont l'œuf se développe au sein de l'organisme maternel et qui donne naissance à un jeune ayant achevé son embryogenèse (par oppos. à *ovipare* et *ovovivipare*). – Lat. *viviparus.*

viviparité [vivipaʀite] n. f. ZOOL Mode de reproduction des animaux vivipares. – Du préc.

vivisection [vivisɛksjɔ̃] n. f. Dissection, opération pratiquée sur un animal vivant. *Ligue contre la vivisection.* – Du lat. *vivus,* «vivant», et de *section,* d'ap. *dissection.*

vivo (in). V. in vivo.

vivoter [vivɔte] v. intr. [1] Vivre médiocrement, subsister avec peine. – Dimin. de *vivre.*

vivre [vivʀ] v., interj. et n. m. **A.** v. [80] **I.** v. intr. **1.** Être, rester en vie. *Vivre jusqu'à tel âge. Être las de vivre. Raisons de vivre.* – Loc. *Âme qui vive* (uniquement en tournure négative, dans des emplois tels que: *ne pas rencontrer âme qui vive:* ne rencontrer personne.) ▷ *Ne vivre que pour:* s'intéresser uniquement à. *Il ne vit que pour le plaisir, que pour l'étude.* ▷ Litt., par euphém. *Il a vécu:* il est mort. **2.** Fig. (Sujet n. de chose.) Exister, continuer d'exister (dans les esprits). *Sa mémoire vivra longtemps encore parmi les hommes.* **3.** Jouir de la vie. *Mourir sans avoir vécu. Vivre pleinement.* **4.** Subvenir à ses propres besoins; avoir de quoi assurer sa subsistance, son existence matérielle. *Vivre chichement, largement.* ▷ *Vivre de:* se nourrir ou tirer sa subsistance de. *Vivre de pain et de lait. Vivre de son travail. Écrivain qui vit de sa plume.* – Loc. plaisant. *Vivre d'amour et d'eau fraîche.* – Fig. Être soutenu moralement par une idée, un sentiment. *Vivre d'espérance.* – *Faire vivre qqn,* subvenir à ses besoins. *Il fait vivre sa famille.* **5.** Passer sa vie (à une époque, dans un lieu). *Les hommes qui vivaient au Moyen Âge. Vivre loin de son pays.* **6.** Passer sa vie dans certaines conditions, d'une certaine façon. *Vivre en marge de la société. Vivre dans l'agitation.* – *Vivre avec qqn,* habiter ou vivre maritalement avec lui. *Elle vit avec ses parents. Elle vit avec son ami.* – *Personne facile (difficile) à vivre,* avec laquelle il est facile (difficile) de vivre; qui est d'humeur accommodante (peu traitable). **7.** Avoir telle conduite. *Vivre en honnête homme.* ▷ (À l'inf., dans des emplois tels que *savoir vivre, apprendre à vivre.*) Connaître les usages; se comporter avec distinction, avec élégance morale. *Il aurait bien besoin qu'on lui apprenne à vivre. Un homme qui sait vivre.* **II.** v. tr. **1.** Passer (une période bonne ou mauvaise). *Vivre des heures troublées.* ▷ *Vivre sa vie:* mener la vie qu'on entend mener. **2.** Éprouver, ressentir profondément. *Vivre une expérience exaltante.* **B.** Interj. *Vive! vivent!* et *qui vive?*: V. vive! et qui vive? **C.** n. m. **1.** Loc. *Avoir, fournir le vivre et le couvert,* de la nourriture et un toit. **2.** Plur. Aliments. *Manquer de vivres.* – Loc. fig. *Couper les vivres à qqn,* ne plus lui donner d'argent pour subsister. – Lat. *vivere.*

vivrier, ière [vivʀije, ijɛʀ] adj. Dont les produits sont destinés à l'alimentation. *Cultures vivrières.* – De *vivre.*

vizir [viziʀ] n. m. HIST Ministre du sultan. ▷ *Grand vizir:* Premier ministre de l'Empire ottoman. – Mot turc, du persan, d'où vient aussi l'ar. *wazīr.*

vizirat [viziʀa] n. m. HIST Dignité, fonction de vizir; durée de cette fonction. – Du préc.

vlan! ou **v'lan!** [vlɑ̃] interj. Onomat. exprimant un bruit, un coup brusque, violent. *Et vlan! un courant d'air claque la porte.*

vocable [vɔkabl] n. m. Didac. **1.** Mot, terme. *Vocable peu usité.* **2.** Nom du saint sous l'invocation duquel une église est placée. *Église sous le vocable de saint Joseph.* – Lat. *vocabulum* .

vocabulaire [vɔkabylɛʀ] n. m. **1.** Dictionnaire abrégé d'une langue. Syn. lexique. **2.** Ensemble des mots d'une langue. *Le vocabulaire anglais.* **3.** Ensemble de termes que connaît, qu'emploie une personne, un groupe ou qui sont propres à une science, un art. *Cet enfant possède déjà un vocabulaire étendu. Le vocabulaire de la chimie.* – Lat. médiév. *vocabularium,* du class. *vocabulum,* «vocable».

vocal, ale, aux [vɔkal, o] adj. De la voix, qui a rapport à la voix. *Cordes vocales.* ▷ *Musique vocale:* musique pour le chant, par oppos. à la musique instrumentale. – Lat. *vocalis,* «doué de la voix».

vocalement [vɔkalmɑ̃] adv. En se servant de la voix, par la voix. – Du préc.

vocalique [vɔkalik] adj. LING Relatif aux voyelles. – Du lat. *vocalis,* «voyelle».

vocalisation [vɔkalizasjɔ̃] n. f. **1.** LING Changement d'une consonne en voyelle. (Ex.: *chevals* en a. fr. a donné *chevaux* en fr. mod.) **2.** MUS Action de vocaliser. – De *vocaliser.*

vocalise [vɔkaliz] n. f. MUS Exercice vocal consistant à exécuter une série de notes, soit sur une voyelle (le plus souvent *a*), sans articulation de syllabes, soit sur une ou plusieurs syllabes. – Déverbal de *vocaliser.*

vocaliser [vɔkalize] v. [1] **1.** v. tr. Transformer (une consonne) en voyelle. ▷ v. pron. *Consonne qui se vocalise.* **2.** v. intr. MUS Exécuter des vocalises. – Du lat. *vocalis,* «voyelle, doué de la voix».

vocalisme [vɔkalism] n. m. LING **1.** Système des voyelles d'une langue. **2.** Ensemble des voyelles d'un mot. **3.** Théorie phonétique concernant les lois qui régissent la formation des voyelles. – Du lat. *vocalis,* «voyelle».

vocatif, ive [vɔkatif, iv] n. m. et adj. LING **1.** Cas des mots utilisés pour interpeller, pour s'adresser à qqn, dans les langues à déclinaison. *Dans la phrase de César mourant: «Tu quoque fili mi»* («Toi aussi, mon fils»), *les mots «fili mi» sont au vocatif.* **2.** Tour exclamatif utilisé pour s'adresser à qqn, à qqch, pour l'interpeller, dans les langues sans déclinaison. (Ex.: le début de la *Nuit de Mai* de Musset «Poète, prends ton luth...») ▷ Adj. *Tour vocatif. Phrase vocative.* – Lat. *vocativus,* de *vocare,* «appeler».

vocation [vɔkasjɔ̃] n. f. **1.** RELIG Appel de Dieu à un accomplissement intégral, tant au plan général (*vocation surnaturelle:* appel universel à la sainteté adressé à tous les hommes) qu'au plan individuel (*vocation personnelle:* propre à chacun), suivant la place que Dieu lui assigne pour la réalisation de ses desseins providentiels. *La vocation d'Abraham, des Apôtres.* **2.** Vive inclination, aptitude spéciale pour un état, une profession, une branche d'activité. *Il est devenu médecin par vocation.* **3.** Ce pour quoi une chose existe, est faite; ce à quoi elle semble être destinée. *Région à vocation agricole.* ▷ *Avoir vocation à:* se trouver naturellement désigné pour. – Lat. *vocatio,* «action d'appeler».

voceratrice [vɔtʃeʀatʀitʃe] ou **vocératrice** [vɔseʀatʀis] n. f. Femme qui chante un vocero. – De *vocero.*

vocero, voceri [vɔtʃeʀo, vɔtʃeʀi] ou **vocéro, vocéri** [vɔseʀo, vɔseʀi] n. m. Chant funèbre des pleureuses corses. . – Mot corse.

vociférateur, trice [vɔsifeʀatœʀ, tʀis] n. Litt. Personne qui vocifère. – Bas lat. *vociferator.*

vocifération [vɔsifeʀasjɔ̃] n. f. (Surtout au pl.) Paroles d'une personne qui vocifère. – Lat. *vociferatio.*

vociférer [vɔsifeʀe] v. [16] v. intr. Parler avec colère et en criant. ▷ v. tr. *Vociférer des injures.* – Lat. *vociferare* ou *vociferari,* de *vox, vocis,* «voix«, et *ferre,* «porter».

vodka [vɔdka] n. f. Alcool de grain (seigle, orge) fabriqué notam. en U.R.S.S. et en Pologne. – Mot russe, dimin. de *voda,* «eau».

vœu [vø] n. m. **1.** RELIG CATHOL Promesse par laquelle on s'engage envers Dieu. *Vœux de pauvreté, de chasteté et d'obéissance des religieux.* ▷ Plur. Profession, engagement solennel dans l'état religieux. *Prononcer ses vœux.* **2.** Résolution fermement prise. *Faire vœu de se venger.* **3.** Souhait. *Faire des vœux pour que qqch se réalise.* – (Dans des formules de politesse.) *Je vous présente tous mes vœux pour la nouvelle année.* **4.** Volonté, désir exprimé. *Le vœu de la nation.* – Lat. *votum.*

vogoul ou **vogoule** [vɔgul] adj. et n. Des Vogoul(es), peuple d'orig. finno-ougrienne vivant en Sibérie occid. ▷ n. m. La langue vogoule. *Le vogoul(e) et l'ostiak.* – Nom donné par les Russes au *kanti,* n. autochtone de cette langue.

vogue [vɔg] n. f. Succès passager de qqn, de qqch, auprès du public. *La vogue des cheveux longs.* – *En vogue:* à la mode. *Chanteur, chanson en vogue.* – Déverbal de *voguer.*

voguer [vɔge] v. intr. [1] Vx Être poussé sur l'eau à force de rames. *La galère voguait.* – Par ext. Vieilli ou litt. Naviguer, avancer sur l'eau. *Navire qui vogue à pleines voiles.* ▷ Loc. fig. Mod. *Vogue la galère! :* advienne que pourra! – De l'anc. bas all. **wogon,* «rouler».

voici [vwasi] prép. **1.** (Indiquant la proximité dans l'espace ou dans le temps.) *Voici, à nos pieds, la rivière. Me voici. Voici l'aube.* ▷ Litt. *Voici venir...* (pour indiquer que qqn, qqch approche.) *Voici venir le cortège, l'hiver.* ▷ (Précédé du pron. relat. *que,* avec la valeur d'un démonstratif.) *La belle que voici.* **2.** (Pour annoncer, pour appeler l'attention sur ce qui va suivre.) *Voici ce que vous allez faire.* **3.** (Marquant un état actuel, une action qui a lieu au moment où l'on parle.) *Nous voici libres.* ▷ *Nous y voici :* nous arrivons au terme de notre déplacement ou à la question qui nous intéresse. **4.** (Suivi de la conj. *que,* pour souligner le caractère brusque, inopiné de ce qui arrive.) *Voici qu'il s'interrompt et se tourne vers moi.* **5.** (Devant un complément de temps, pour marquer l'écoulement d'une durée.) *Voici un an qu'il est parti.* (Rem. *Voici* tend auj. à être remplacé par *voilà* dans la plupart de ses emplois.) – De *vois,* impér. de *voir* (ou thème verbal issu de l'indicatif), et *ci; vois ci,* d'abord; a supplanté la forme *veci (vez ci)* .

voie [vwa] n. f. **1.** Espace sur lequel on se déplace pour aller d'un lieu à un autre (chemin, route, rue, etc.). *Voies de communication. Voie d'eau :* voie navigable. ▷ ADMIN *La voie publique :* l'ensemble des routes, rues, places, etc. publiques. **2.** Grande route de l'Antiquité. *Voies romaines.* **3.** *Voie ferrée* ou absol. *voie :* ensemble des rails sur lesquels circule un train; espace entre les rails. *Voie de garage :* V. garage. **4.** Milieu emprunté pour les transports, les déplacements. *Courrier acheminé par voie aérienne.* **5.** CHASSE Chemin par où la bête a passé. ▷ Loc. fig. *Mettre qqn sur la voie,* lui donner des renseignements propres à le guider dans ses recherches. **6.** MAR *Voie d'eau :* ouverture accidentelle dans la coque d'un navire, par laquelle l'eau entre. **7.** Plur. ANAT Ensemble de conduits assurant une même fonction. *Voies urinaires, digestives.* **8.** Trace que laisse une voiture qui roule. – Intervalle entre les roues droites et gauches d'une voiture. – Partie d'une route sur laquelle ne peut circuler qu'une file de voitures. *Route à trois voies.* **9.** TECH *Voie d'une scie :* largeur de l'entaille que fait sa lame. – Écartement, vers l'extérieur, des dents d'une scie. *Donner de la voie à une scie.* **10.** *Voie lactée :* V. lacté. **11.** Fig. Intermédiaire ou suite d'intermédiaires qui permet de transmettre une requête, de faire aboutir une démarche, etc. *Votre demande de mutation a suivi la voie hiérarchique.* **12.** Fig. Direction, conduite suivie; façon d'opérer. *Réussir par la voie de l'intrigue. Être en bonne voie :* aller vers le succès. *Être en voie de...,* en train de, sur le point de... ▷ (Dans diverses loc. figées.) RELIG *Les voies de la Providence,* ses desseins. *La voie étroite,* celle du salut. – *Voies de droit :* recours à la justice suivant les formes prescrites par la loi. – *Voies de fait :* actes de violence exercés contre qqn. – CHIM *Voie sèche :* traitement d'une substance par la chaleur en l'absence de tout liquide (opposé à *voie humide*). – Lat. *via.*

voiévode, voïévode [vɔjevɔd] ou **voïvode** [vɔjvɔd] n. m. **1.** HIST Gouverneur, chef militaire, dans certains pays d'Europe orientale. – Officier de cour, dans l'ancienne Pologne. **2.** HIST Titre des souverains de certaines régions des Balkans (Moldavie, Valachie, notam.) du temps de la domination ottomane. **3.** Mod. Gouverneur d'une voiévodie, en Pologne. – Mot slave, «chef d'armée».

voiévodie, voïévodie [vɔjevɔdi] ou **voïvodie** [vɔjvɔdi] n. f. **1.** HIST Gouvernement d'un voiévode, d'un voïvode. **2.** Mod. Division administrative, en Pologne. – Du préc.

voilà [vwala] prép. **1.** (Indiquant l'éloignement.) *Voilà le bois, à l'horizon.* ▷ Loc. adv. *En veux-tu, en voilà :* à profusion. ▷ (Précédé du pron. relat. *que,* avec la valeur d'un démonstratif.) *La belle que voilà.* **2.** (Renvoyant à ce qui vient d'être dit, énoncé.) *Voilà ce qu'il fallait faire.* – Fam. *Voilà ce que c'est que de désobéir :* telle est la conséquence de la désobéissance. – Ellipt. *Tu as désobéi, et voilà!* (ce qu'il en est résulté). **3.** (Employé pour *voici.*) V. voici, sens 3, 4 et 5 et rem. finale. – De *vois,* impér. (ou thème verbal) de *voir,* et *là.*

voilage [vwalaʒ] n. m. Pièce d'étoffe légère ou transparente servant de rideau. – De *voile* 1.

1. voile [vwal] n. m. **1.** Pièce d'étoffe destinée à cacher qqch. *Couvrir une statue d'un voile. Corps sans voiles,* nu. **2.** Morceau de tissu qui cache le visage. *Voile des femmes musulmanes.* **3.** Coiffure féminine faite d'une pièce d'étoffe. *Voile de mariée. Prendre le voile :* entrer en religion, en parlant d'une femme. **4.** Tissu fin et léger. *Des rideaux en voile.* **5.** Fig. Ce qui dissimule à la vue ou à l'esprit. *Un voile de fumée légère. Le voile qui nous cache l'avenir.* – *Jeter un voile sur un événement,* tenter de le cacher; ne pas ou ne plus en parler. **6.** Nuage floconneux se formant dans un liquide. **7.** PHOTO Défaut d'une épreuve surexposée, qui amoindrit les contrastes et donne l'impression d'un voile (sens 1) interposé entre l'objectif et le sujet. **8.** MED *Voile au poumon :* opacité anormale et homogène d'une partie du poumon, visible à la radiographie. **9.** AVIAT *Voile noir, rouge :* trouble de la vue se produisant chez les aviateurs soumis à une forte accélération. **10.** BOT *Voile partiel,* qui enveloppe le chapeau des champignons supérieurs jeunes et qui subsiste parfois sous forme d'un anneau autour du pied. *Voile général,* qui enveloppe les jeunes carpophores des champignons supérieurs et qui persiste parfois à la maturité, formant la *volve* et des écailles sur le chapeau. **11.** CONSTR *Voile mince :* élément de construction en béton de grande surface et de faible épaisseur. – Lat. *velum;* «toile, rideau».

2. voile [vwal] n. f. **1.** Pièce d'étoffe résistante destinée à recevoir l'action du vent et à assurer la propulsion d'un navire. *Bateau à voiles. Voile carrée, latine, aurique, marconi.* ▷ Loc. *Faire voile sur :* naviguer vers. *Mettre à la voile :* appareiller. *Mettre toutes voiles dehors,* les déployer toutes. Fig., fam. Mettre tout en œuvre pour réussir. ▷ Loc. fig., fam. *Avoir le vent dans les voiles :* se dit d'une personne, d'une entreprise en train de réussir. *Mettre les voiles :* partir. – *À voile et à vapeur,* se dit d'une personne à la fois homosexuelle et hétérosexuelle. **2.** Par méton. *Une voile:* un voilier. *Escadre de tant de voiles.* **3.** Sport consistant à naviguer en voilier. *Faire de la voile.* **4.** *Vol à voile :* pilotage des planeurs. – De *voile* 1.

3. voile [vwal] n. m. Gauchissement, renflement d'une pièce de bois, de métal, etc. *Cette porte prend du voile.* – Déverbal de *voiler* 3 .

1. voilé, ée [vwale] adj. **1.** Couvert d'un voile. *Femmes voilées.* **2.** Qui manque d'éclat, de netteté. *Ciel voilé. Regard voilé.* – *Voix voilée,* un peu rauque. **3.** Qui présente un voile (sens 7 et 8). *Négatif voilé. Poumon voilé.* **4.** Fig. Atténué, affaibli. *Un reproche voilé.* – Pp. de *voiler* 1.

2. voilé, ée [vwale] adj. Qui a du voile, gauchi. *Roue voilée.* – Pp. de *voiler* 3.

voilement [vwalmɑ̃] n. m. État d'une pièce voilée; voile, gauchissement. – De *voiler* 3.

1. voiler [vwale] **I.** v. tr. [1] **1.** Couvrir d'un voile. *Voiler son visage.* **2.** Dissimuler; rendre moins visible. *Le brouillard voilait les collines.* **3.** Fig. Cacher, dissimuler. *Voiler son trouble.* **II.** v. pron. Se couvrir d'un voile. ▷ Par anal. *Le soleil se voile.* – De *voile* 1.

2. voiler [vwale] v. tr. [1] MAR Munir d'une voile, de voiles. – Au pp. *Navire trop, pas assez voilé.* – De *voile*2.

3. voiler [vwale] v. tr. [1] Gauchir, rendre une pièce, une surface, voilée, convexe ou renflée. *Voiler une roue,* la déformer de telle sorte qu'elle ne puisse plus tourner perpendiculairement à l'axe de rotation. ▷ v. pron. Devenir voilé. – De *voile* 1.

voilerie [vwalʀi] n. f. Lieu où l'on confectionne, où l'on raccommode, où l'on entrepose des voiles de navire. – De *voile* 2.

voilette [vwalɛt] n. f. Petit voile transparent fixé sur un chapeau de femme et qu'on peut abaisser pour couvrir le visage. – Dimin. de *voile* 1.

voilier [vwalje] n. m. **1.** Bateau à voiles. **2.** Celui qui confectionne ou répare les voiles. *Un maître-voilier.* **3.** Oiseau à ailes puissantes. – De *voile* 2.

1. voilure [vwalyʀ] n. f. **1.** Ensemble des voiles d'un navire. **2.** AVIAT Ensemble des surfaces assurant la sustentation d'un avion (ailes et empennage). – *Spécial.* Les ailes. ▷ *Voilure tournante:* surface en rotation permettant l'envol et la descente verticaux d'un hélicoptère ou d'un autogire. Syn. rotor. ▷ Calotte de tissu qui constitue l'élément sustentateur d'un parachute. *La voilure est reliée au harnais par les suspentes.* – De *voile* 2.

2. voilure [vwalyʀ] n. f. Courbure d'une surface voilée. – De *voiler* 3.